KOREN PUBLISHERS JERUSALEM

תורה נביאים כתובים

THE
HOLY
SCRIPTURES

הוצאת קורֶן ירושלים

הוגה בעיון נמרץ על ידי ד׳ גולדשמידט, א״מ הברמן, מ׳ מדן ונסדר באות קוֹרן. לוחות הדפוס הותקנו על ידי פרינטון בע״מ בירושלים. הספר נדפס בדפוס דורות בע״מ בירושלים.

The English text
revised and edited
by HAROLD FISCH.

KORÉN PUBLISHERS JERUSALEM LTD.
P.O.B. 4044, Jerusalem 91040
Tel: 02-6330533, Fax: 02-6330534

הוצאת קוֹרן ירושלים בע״מ
ת״ד 4044, ירושלים 91040
טל׳: 02-6330533, פקס: 02-6330534

Printed in Israel

ISBN: 978 965 301 055 0 (BLUE COVER) (כריכה כחולה)
ISBN: 978 965 301 133 5 (LEATHER BOUND) (כריכת עור)

תורה

בראשית
שמות
ויקרא
במדבר
דברים

TORA

BERESHIT-GENESIS
SHEMOT-EXODUS
VAYYIQRA-LEVITICUS
BEMIDBAR-NUMBERS
DEVARIM-DEUTERONOMY

בראשית

BERESHIT-GENESIS

א א ב בְּרֵאשִׁית בָּרָא אֱלֹהִים אֵת הַשָּׁמַיִם וְאֵת הָאָרֶץ: וְהָאָרֶץ
הָיְתָה תֹהוּ וָבֹהוּ וְחֹשֶׁךְ עַל־פְּנֵי תְהוֹם וְרוּחַ אֱלֹהִים מְרַחֶפֶת
ג ד עַל־פְּנֵי הַמָּיִם: וַיֹּאמֶר אֱלֹהִים יְהִי אוֹר וַיְהִי־אוֹר: וַיַּרְא אֱלֹהִים
ה אֶת־הָאוֹר כִּי־טוֹב וַיַּבְדֵּל אֱלֹהִים בֵּין הָאוֹר וּבֵין הַחֹשֶׁךְ: וַיִּקְרָא
אֱלֹהִים ׀ לָאוֹר יוֹם וְלַחֹשֶׁךְ קָרָא לָיְלָה וַיְהִי־עֶרֶב וַיְהִי־בֹקֶר יוֹם
אֶחָד:
ו וַיֹּאמֶר אֱלֹהִים יְהִי רָקִיעַ בְּתוֹךְ הַמָּיִם וִיהִי מַבְדִּיל בֵּין מַיִם
ז לָמָיִם: וַיַּעַשׂ אֱלֹהִים אֶת־הָרָקִיעַ וַיַּבְדֵּל בֵּין הַמַּיִם אֲשֶׁר
ח מִתַּחַת לָרָקִיעַ וּבֵין הַמַּיִם אֲשֶׁר מֵעַל לָרָקִיעַ וַיְהִי־כֵן: וַיִּקְרָא
אֱלֹהִים לָרָקִיעַ שָׁמָיִם וַיְהִי־עֶרֶב וַיְהִי־בֹקֶר יוֹם שֵׁנִי:
ט וַיֹּאמֶר אֱלֹהִים יִקָּווּ הַמַּיִם מִתַּחַת הַשָּׁמַיִם אֶל־מָקוֹם אֶחָד
י וְתֵרָאֶה הַיַּבָּשָׁה וַיְהִי־כֵן: וַיִּקְרָא אֱלֹהִים ׀ לַיַּבָּשָׁה אֶרֶץ וּלְמִקְוֵה
יא הַמַּיִם קָרָא יַמִּים וַיַּרְא אֱלֹהִים כִּי־טוֹב: וַיֹּאמֶר אֱלֹהִים תַּדְשֵׁא
הָאָרֶץ דֶּשֶׁא עֵשֶׂב מַזְרִיעַ זֶרַע עֵץ פְּרִי עֹשֶׂה פְּרִי לְמִינוֹ אֲשֶׁר
יב זַרְעוֹ־בוֹ עַל־הָאָרֶץ וַיְהִי־כֵן: וַתּוֹצֵא הָאָרֶץ דֶּשֶׁא עֵשֶׂב מַזְרִיעַ
זֶרַע לְמִינֵהוּ וְעֵץ עֹשֶׂה־פְּרִי אֲשֶׁר זַרְעוֹ־בוֹ לְמִינֵהוּ וַיַּרְא אֱלֹהִים
יג כִּי־טוֹב: וַיְהִי־עֶרֶב וַיְהִי־בֹקֶר יוֹם שְׁלִישִׁי:
יד וַיֹּאמֶר אֱלֹהִים יְהִי מְאֹרֹת בִּרְקִיעַ הַשָּׁמַיִם לְהַבְדִּיל בֵּין הַיּוֹם
טו וּבֵין הַלָּיְלָה וְהָיוּ לְאֹתֹת וּלְמוֹעֲדִים וּלְיָמִים וְשָׁנִים: וְהָיוּ
טז לִמְאוֹרֹת בִּרְקִיעַ הַשָּׁמַיִם לְהָאִיר עַל־הָאָרֶץ וַיְהִי־כֵן: וַיַּעַשׂ
אֱלֹהִים אֶת־שְׁנֵי הַמְּאֹרֹת הַגְּדֹלִים אֶת־הַמָּאוֹר הַגָּדֹל לְמֶמְשֶׁלֶת
הַיּוֹם וְאֶת־הַמָּאוֹר הַקָּטֹן לְמֶמְשֶׁלֶת הַלַּיְלָה וְאֵת הַכּוֹכָבִים:
יז יח וַיִּתֵּן אֹתָם אֱלֹהִים בִּרְקִיעַ הַשָּׁמָיִם לְהָאִיר עַל־הָאָרֶץ: וְלִמְשֹׁל
בַּיּוֹם וּבַלַּיְלָה וּלְהַבְדִּיל בֵּין הָאוֹר וּבֵין הַחֹשֶׁךְ וַיַּרְא אֱלֹהִים
יט כִּי־טוֹב: וַיְהִי־עֶרֶב וַיְהִי־בֹקֶר יוֹם רְבִיעִי:
כ וַיֹּאמֶר אֱלֹהִים יִשְׁרְצוּ הַמַּיִם שֶׁרֶץ נֶפֶשׁ חַיָּה וְעוֹף יְעוֹפֵף עַל־
כא הָאָרֶץ עַל־פְּנֵי רְקִיעַ הַשָּׁמָיִם: וַיִּבְרָא אֱלֹהִים אֶת־הַתַּנִּינִם
הַגְּדֹלִים וְאֵת כָּל־נֶפֶשׁ הַחַיָּה ׀ הָרֹמֶשֶׂת אֲשֶׁר שָׁרְצוּ הַמַּיִם
לְמִינֵהֶם וְאֵת כָּל־עוֹף כָּנָף לְמִינֵהוּ וַיַּרְא אֱלֹהִים כִּי־טוֹב:
כב וַיְבָרֶךְ אֹתָם אֱלֹהִים לֵאמֹר פְּרוּ וּרְבוּ וּמִלְאוּ אֶת־הַמַּיִם בַּיַּמִּים
כג וְהָעוֹף יִרֶב בָּאָרֶץ: וַיְהִי־עֶרֶב וַיְהִי־בֹקֶר יוֹם חֲמִישִׁי:
כד וַיֹּאמֶר אֱלֹהִים תּוֹצֵא הָאָרֶץ נֶפֶשׁ חַיָּה לְמִינָהּ בְּהֵמָה וָרֶמֶשׂ
כה וְחַיְתוֹ־אֶרֶץ לְמִינָהּ וַיְהִי־כֵן: וַיַּעַשׂ אֱלֹהִים אֶת־חַיַּת הָאָרֶץ לְמִינָהּ
וְאֶת־הַבְּהֵמָה לְמִינָהּ וְאֵת כָּל־רֶמֶשׂ הָאֲדָמָה לְמִינֵהוּ וַיַּרְא
כו אֱלֹהִים כִּי־טוֹב: וַיֹּאמֶר אֱלֹהִים נַעֲשֶׂה אָדָם בְּצַלְמֵנוּ כִּדְמוּתֵנוּ
וְיִרְדּוּ בִדְגַת הַיָּם וּבְעוֹף הַשָּׁמַיִם וּבַבְּהֵמָה וּבְכָל־הָאָרֶץ וּבְכָל־

IN THE BEGINNING GOD created the heaven and the earth. And   1,2
the earth was without form and void; and darkness was on
the face of the deep. And a wind from GOD moved over
the surface of the waters. And GOD said, Let there be light: and   3
there was light. And GOD saw the light, that it was good: and   4
GOD divided the light from the darkness. And GOD called the   5
light Day, and the darkness he called Night. And there was
evening and there was morning, one day.

And GOD said, Let there be a firmament in the midst of the   6
waters, and let it divide water from water. And GOD made the   7
firmament, and divided the waters which were under the firma-
ment from the waters which were above the firmament: and it   8
was so. And GOD called the firmament Heaven. And there was
evening and there was morning, a second day.

And GOD said, Let the waters under the heaven be gathered   9
together to one place, and let the dry land appear: and it was so.
And GOD called the dry land Earth; and the gathering together   10
of the waters he called Seas: and GOD saw that it was good.
And GOD said, Let the earth bring forth grass, herb yielding seed,   11
and fruit tree yielding fruit after its kind, whose seed is in
itself, upon the earth: and it was so. And the earth brought   12
forth grass, herb yielding seed after its kind, and tree yielding
fruit, whose seed was in itself, after its kind: and GOD saw
that it was good. And there was evening and there was morning,   13
a third day.

And GOD said, Let there be lights in the firmament of heaven   14
to divide the day from the night; and let them be for signs, and
for seasons, and for days, and years: and let them be for lights   15
in the firmament of heaven to give light upon the earth: and it
was so. And GOD made the two great lights; the greater light to   16
rule the day, and the lesser light to rule the night: and the stars
also. And GOD set them in the firmament of heaven to give light   17
upon the earth, and to rule over the day and over the night, and   18
to divide the light from the darkness: and GOD saw that it was
good. And there was evening and there was morning, a fourth   19
day.

And GOD said, Let the waters swarm abundantly with moving   20
creatures that have life, and let birds fly above the earth in the
open firmament of heaven. And GOD created the great crocodiles,   21
and every living creature that moves, which the waters brought
forth abundantly, after their kind, and every winged bird after
its kind: and GOD saw that it was good. And GOD blessed them,   22
saying, Be fruitful, and multiply, and fill the waters in the seas,
and let birds multiply in the earth. And there was evening and   23
there was morning, a fifth day.

And GOD said, Let the earth bring forth living creatures after   24
their kind, cattle, and creeping things, and beasts of the earth
after their kind: and it was so. And GOD made the beasts of the   25
earth after their kind, and cattle after their kind, and everything
that creeps on the earth after its kind: and GOD saw that it was
good. And GOD said, Let us make Mankind in our image, after   26
our likeness: and let them have dominion over the fish of the
sea, and over the birds of the air, and over the cattle, and over

הָרֹמֵשׂ עַל־הָאָרֶץ׃ וַיִּבְרָא אֱלֹהִים ׀ אֶת־הָאָדָם בְּצַלְמוֹ כז
בְּצֶלֶם אֱלֹהִים בָּרָא אֹתוֹ זָכָר וּנְקֵבָה בָּרָא אֹתָם׃ וַיְבָרֶךְ כח
אֹתָם אֱלֹהִים וַיֹּאמֶר לָהֶם אֱלֹהִים פְּרוּ וּרְבוּ וּמִלְאוּ אֶת־הָאָרֶץ
וְכִבְשֻׁהָ וּרְדוּ בִּדְגַת הַיָּם וּבְעוֹף הַשָּׁמַיִם וּבְכָל־חַיָּה הָרֹמֶשֶׂת
עַל־הָאָרֶץ׃ וַיֹּאמֶר אֱלֹהִים הִנֵּה נָתַתִּי לָכֶם אֶת־כָּל־עֵשֶׂב ׀ זֹרֵעַ כט
זֶרַע אֲשֶׁר עַל־פְּנֵי כָל־הָאָרֶץ וְאֶת־כָּל־הָעֵץ אֲשֶׁר־בּוֹ פְרִי־עֵץ
זֹרֵעַ זָרַע לָכֶם יִהְיֶה לְאָכְלָה׃ וּלְכָל־חַיַּת הָאָרֶץ וּלְכָל־עוֹף ל
הַשָּׁמַיִם וּלְכֹל ׀ רוֹמֵשׂ עַל־הָאָרֶץ אֲשֶׁר־בּוֹ נֶפֶשׁ חַיָּה אֶת־כָּל־
יֶרֶק עֵשֶׂב לְאָכְלָה וַיְהִי־כֵן׃ וַיַּרְא אֱלֹהִים אֶת־כָּל־אֲשֶׁר עָשָׂה לא
וְהִנֵּה־טוֹב מְאֹד וַיְהִי־עֶרֶב וַיְהִי־בֹקֶר יוֹם הַשִּׁשִּׁי׃
וַיְכֻלּוּ הַשָּׁמַיִם וְהָאָרֶץ וְכָל־צְבָאָם׃ וַיְכַל אֱלֹהִים בַּיּוֹם הַשְּׁבִיעִי ב א
מְלַאכְתּוֹ אֲשֶׁר עָשָׂה וַיִּשְׁבֹּת בַּיּוֹם הַשְּׁבִיעִי מִכָּל־מְלַאכְתּוֹ ב
אֲשֶׁר עָשָׂה׃ וַיְבָרֶךְ אֱלֹהִים אֶת־יוֹם הַשְּׁבִיעִי וַיְקַדֵּשׁ אֹתוֹ כִּי ג
בוֹ שָׁבַת מִכָּל־מְלַאכְתּוֹ אֲשֶׁר־בָּרָא אֱלֹהִים לַעֲשׂוֹת׃
שני ב אֵלֶּה תוֹלְדוֹת הַשָּׁמַיִם וְהָאָרֶץ בְּהִבָּרְאָם בְּיוֹם עֲשׂוֹת יְהוָה ד
אֱלֹהִים אֶרֶץ וְשָׁמָיִם׃ וְכֹל ׀ שִׂיחַ הַשָּׂדֶה טֶרֶם יִהְיֶה בָאָרֶץ וְכָל־ ה
עֵשֶׂב הַשָּׂדֶה טֶרֶם יִצְמָח כִּי לֹא הִמְטִיר יְהוָה אֱלֹהִים עַל־הָאָרֶץ
וְאָדָם אַיִן לַעֲבֹד אֶת־הָאֲדָמָה׃ וְאֵד יַעֲלֶה מִן־הָאָרֶץ וְהִשְׁקָה ו
אֶת־כָּל־פְּנֵי הָאֲדָמָה׃ וַיִּיצֶר יְהוָה אֱלֹהִים אֶת־הָאָדָם עָפָר ז
מִן־הָאֲדָמָה וַיִּפַּח בְּאַפָּיו נִשְׁמַת חַיִּים וַיְהִי הָאָדָם לְנֶפֶשׁ חַיָּה׃
וַיִּטַּע יְהוָה אֱלֹהִים גַּן בְּעֵדֶן מִקֶּדֶם וַיָּשֶׂם שָׁם אֶת־הָאָדָם אֲשֶׁר ח
יָצָר׃ וַיַּצְמַח יְהוָה אֱלֹהִים מִן־הָאֲדָמָה כָּל־עֵץ נֶחְמָד לְמַרְאֶה ט
וְטוֹב לְמַאֲכָל וְעֵץ הַחַיִּים בְּתוֹךְ הַגָּן וְעֵץ הַדַּעַת טוֹב וָרָע׃ וְנָהָר י
יֹצֵא מֵעֵדֶן לְהַשְׁקוֹת אֶת־הַגָּן וּמִשָּׁם יִפָּרֵד וְהָיָה לְאַרְבָּעָה
רָאשִׁים׃ שֵׁם הָאֶחָד פִּישׁוֹן הוּא הַסֹּבֵב אֵת כָּל־אֶרֶץ הַחֲוִילָה יא
אֲשֶׁר־שָׁם הַזָּהָב׃ וּזֲהַב הָאָרֶץ הַהִוא טוֹב שָׁם הַבְּדֹלַח וְאֶבֶן יב
הַשֹּׁהַם׃ וְשֵׁם־הַנָּהָר הַשֵּׁנִי גִּיחוֹן הוּא הַסּוֹבֵב אֵת כָּל־אֶרֶץ יג
כּוּשׁ׃ וְשֵׁם הַנָּהָר הַשְּׁלִישִׁי חִדֶּקֶל הוּא הַהֹלֵךְ קִדְמַת אַשּׁוּר יד
וְהַנָּהָר הָרְבִיעִי הוּא פְרָת׃ וַיִּקַּח יְהוָה אֱלֹהִים אֶת־הָאָדָם טו
וַיַּנִּחֵהוּ בְגַן־עֵדֶן לְעָבְדָהּ וּלְשָׁמְרָהּ׃ וַיְצַו יְהוָה אֱלֹהִים עַל־הָאָדָם טז
לֵאמֹר מִכֹּל עֵץ־הַגָּן אָכֹל תֹּאכֵל׃ וּמֵעֵץ הַדַּעַת טוֹב וָרָע לֹא יז
תֹאכַל מִמֶּנּוּ כִּי בְּיוֹם אֲכָלְךָ מִמֶּנּוּ מוֹת תָּמוּת׃ וַיֹּאמֶר יְהוָה יח
אֱלֹהִים לֹא־טוֹב הֱיוֹת הָאָדָם לְבַדּוֹ אֶעֱשֶׂה־לּוֹ עֵזֶר כְּנֶגְדּוֹ׃ וַיִּצֶר יט
יְהוָה אֱלֹהִים מִן־הָאֲדָמָה כָּל־חַיַּת הַשָּׂדֶה וְאֵת כָּל־עוֹף הַשָּׁמַיִם
וַיָּבֵא אֶל־הָאָדָם לִרְאוֹת מַה־יִּקְרָא־לוֹ וְכֹל אֲשֶׁר יִקְרָא־

all the earth, and over every creeping thing that creeps on the
earth. So God created Mankind in his own image, in the image of 27
God he created him; male and female he created them. And 28
God blessed them, and God said to them, Be fruitful, and mul-
tiply, replenish the earth, and subdue it: and have dominion
over the fish of the sea, and over the birds of the air, and over
every living thing that moves on the earth. And God said, Behold 29
I have given you every herb bearing seed, which is upon the face
of all the earth, and every tree, on which is the fruit yielding
seed; to you it shall be for food. And to every beast of the earth, 30
and to every bird of the air, and to everything that creeps on
the earth, wherein there is life, I have given every green herb for
food: and it was so. And God saw everything that he had made, 31
and, behold, it was very good. And there was evening and there
was morning, the sixth day.
Thus the heavens and the earth were finished, and all their **2**
host. And by the seventh day God ended his work which he 2
had done; and he rested on the seventh day from all his work
which he had done. And God blessed the seventh day, and sanc- 3
tified it: because in it he rested from all his work which God
had created and performed.
These are the generations of the heaven and of the earth when 4
they were created, in the day that the Lord God made the earth
and the heavens. And no plant of the field was yet in the earth, 5
and no herb of the field had yet grown: for the Lord God had
not caused it to rain upon the earth, and there was not a man
to till the ground. But there went up a mist from the earth, and 6
watered the whole face of the ground. And the Lord God formed 7
man of the dust of the ground, and breathed into his nostrils
the breath of life; and man became a living soul. And the Lord 8
God planted a garden eastward in ‘Eden; and there he put the 9
man whom he had formed. And out of the ground the Lord God
made to grow every tree that is pleasant to the sight, and good
for food; the tree of life also in the midst of the garden, and the
tree of the knowledge of good and evil. And a river went out of 10
‘Eden to water the garden; and from thence it was parted, and
branched into four streams. The name of the first is Pishon: 11
that it is which compasses the whole land of Ḥavila, where 12
there is gold; and the gold of that land is good: there is bdellium
and the shoham stone. And the name of the second river is 13
Giḥon: it compasses the whole land of Kush. And the name of 14
the third river is Ḥiddeqel: that is it which goes toward the
east of Ashshur. And the fourth river is Perat. And the Lord God 15
took the man, and put him into the garden of ‘Eden to till it
and to keep it. And the Lord God commanded the man, saying, 16
Of every tree of the garden thou mayst freely eat: but of the 17
tree of the knowledge of good and evil, thou shalt not eat of it:
for on the day that thou eatest of it thou shalt surely die. And 18
the Lord God said, It is not good that the man should be alone;
I will make him a help to match him. And out of the ground 19
the Lord God formed every beast of the field, and every bird
of the air; and brought them to the man to see what he would
call them: and whatever the man called every living creature,

כ לוֹ הָאָדָם נֶפֶשׁ חַיָּה הוּא שְׁמוֹ: וַיִּקְרָא הָאָדָם שֵׁמוֹת לְכׇל־
הַבְּהֵמָה וּלְעוֹף הַשָּׁמַיִם וּלְכֹל חַיַּת הַשָּׂדֶה וּלְאָדָם לֹא־מָצָא
כא עֵזֶר כְּנֶגְדּוֹ: וַיַּפֵּל יהוה אֱלֹהִים ׀ תַּרְדֵּמָה עַל־הָאָדָם וַיִּישָׁן
כב וַיִּקַּח אַחַת מִצַּלְעֹתָיו וַיִּסְגֹּר בָּשָׂר תַּחְתֶּנָּה: וַיִּבֶן יהוה אֱלֹהִים ׀
אֶת־הַצֵּלָע אֲשֶׁר־לָקַח מִן־הָאָדָם לְאִשָּׁה וַיְבִאֶהָ אֶל־הָאָדָם:
כג וַיֹּאמֶר הָאָדָם זֹאת הַפַּעַם עֶצֶם מֵעֲצָמַי וּבָשָׂר מִבְּשָׂרִי לְזֹאת
כד יִקָּרֵא אִשָּׁה כִּי מֵאִישׁ לֻקֳחָה־זֹּאת: עַל־כֵּן יַעֲזׇב־אִישׁ אֶת־
כה אָבִיו וְאֶת־אִמּוֹ וְדָבַק בְּאִשְׁתּוֹ וְהָיוּ לְבָשָׂר אֶחָד: וַיִּהְיוּ שְׁנֵיהֶם
ג א עֲרוּמִּים הָאָדָם וְאִשְׁתּוֹ וְלֹא יִתְבֹּשָׁשׁוּ: וְהַנָּחָשׁ הָיָה עָרוּם מִכֹּל
חַיַּת הַשָּׂדֶה אֲשֶׁר עָשָׂה יהוה אֱלֹהִים וַיֹּאמֶר אֶל־הָאִשָּׁה אַף
ב כִּי־אָמַר אֱלֹהִים לֹא תֹאכְלוּ מִכֹּל עֵץ הַגָּן: וַתֹּאמֶר הָאִשָּׁה
ג אֶל־הַנָּחָשׁ מִפְּרִי עֵץ־הַגָּן נֹאכֵל: וּמִפְּרִי הָעֵץ אֲשֶׁר בְּתוֹךְ־הַגָּן
אָמַר אֱלֹהִים לֹא תֹאכְלוּ מִמֶּנּוּ וְלֹא תִגְּעוּ בּוֹ פֶּן תְּמֻתוּן:
ד ה וַיֹּאמֶר הַנָּחָשׁ אֶל־הָאִשָּׁה לֹא־מוֹת תְּמֻתוּן: כִּי יֹדֵעַ אֱלֹהִים כִּי
בְּיוֹם אֲכׇלְכֶם מִמֶּנּוּ וְנִפְקְחוּ עֵינֵיכֶם וִהְיִיתֶם כֵּאלֹהִים יֹדְעֵי טוֹב
ו וָרָע: וַתֵּרֶא הָאִשָּׁה כִּי טוֹב הָעֵץ לְמַאֲכָל וְכִי תַאֲוָה־הוּא
לָעֵינַיִם וְנֶחְמָד הָעֵץ לְהַשְׂכִּיל וַתִּקַּח מִפִּרְיוֹ וַתֹּאכַל וַתִּתֵּן גַּם־
ז לְאִישָׁהּ עִמָּהּ וַיֹּאכַל: וַתִּפָּקַחְנָה עֵינֵי שְׁנֵיהֶם וַיֵּדְעוּ כִּי עֵירֻמִּם
ח הֵם וַיִּתְפְּרוּ עֲלֵה תְאֵנָה וַיַּעֲשׂוּ לָהֶם חֲגֹרֹת: וַיִּשְׁמְעוּ אֶת־קוֹל
יהוה אֱלֹהִים מִתְהַלֵּךְ בַּגָּן לְרוּחַ הַיּוֹם וַיִּתְחַבֵּא הָאָדָם וְאִשְׁתּוֹ
ט מִפְּנֵי יהוה אֱלֹהִים בְּתוֹךְ עֵץ הַגָּן: וַיִּקְרָא יהוה אֱלֹהִים אֶל־
י הָאָדָם וַיֹּאמֶר לוֹ אַיֶּכָּה: וַיֹּאמֶר אֶת־קֹלְךָ שָׁמַעְתִּי בַּגָּן וָאִירָא
יא כִּי־עֵירֹם אָנֹכִי וָאֵחָבֵא: וַיֹּאמֶר מִי הִגִּיד לְךָ כִּי עֵירֹם אָתָּה
יב הֲמִן־הָעֵץ אֲשֶׁר צִוִּיתִיךָ לְבִלְתִּי אֲכׇל־מִמֶּנּוּ אָכָלְתָּ: וַיֹּאמֶר
הָאָדָם הָאִשָּׁה אֲשֶׁר נָתַתָּה עִמָּדִי הִוא נָתְנָה־לִּי מִן־הָעֵץ
יג וָאֹכֵל: וַיֹּאמֶר יהוה אֱלֹהִים לָאִשָּׁה מַה־זֹּאת עָשִׂית וַתֹּאמֶר
יד הָאִשָּׁה הַנָּחָשׁ הִשִּׁיאַנִי וָאֹכֵל: וַיֹּאמֶר יהוה אֱלֹהִים ׀ אֶל־הַנָּחָשׁ
כִּי עָשִׂיתָ זֹּאת אָרוּר אַתָּה מִכׇּל־הַבְּהֵמָה וּמִכֹּל חַיַּת הַשָּׂדֶה
טו עַל־גְּחֹנְךָ תֵלֵךְ וְעָפָר תֹּאכַל כׇּל־יְמֵי חַיֶּיךָ: וְאֵיבָה ׀ אָשִׁית בֵּינְךָ
וּבֵין הָאִשָּׁה וּבֵין זַרְעֲךָ וּבֵין זַרְעָהּ הוּא יְשׁוּפְךָ רֹאשׁ וְאַתָּה
טז תְּשׁוּפֶנּוּ עָקֵב: אֶל־הָאִשָּׁה אָמַר הַרְבָּה אַרְבֶּה
עִצְּבוֹנֵךְ וְהֵרֹנֵךְ בְּעֶצֶב תֵּלְדִי בָנִים וְאֶל־אִישֵׁךְ תְּשׁוּקָתֵךְ וְהוּא
יז יִמְשׇׁל־בָּךְ: וּלְאָדָם אָמַר כִּי שָׁמַעְתָּ לְקוֹל אִשְׁתֶּךָ
וַתֹּאכַל מִן־הָעֵץ אֲשֶׁר צִוִּיתִיךָ לֵאמֹר לֹא תֹאכַל מִמֶּנּוּ אֲרוּרָה
יח הָאֲדָמָה בַּעֲבוּרֶךָ בְּעִצָּבוֹן תֹּאכְלֶנָּה כֹּל יְמֵי חַיֶּיךָ: וְקוֹץ

that was its name. And the man gave names to all cattle, and   20
to the birds of the air, and to every beast of the field; but for
the man there was not found a help to match him. And the Lord   21
God caused a deep sleep to fall upon the man, and he slept: and
he took one of his sides, and closed up the flesh in its place, and   22
of the side, which the Lord God had taken from the man, he
made a woman, and brought her to the man. And the man said,   23
This is now bone of my bones, and flesh of my flesh: she shall
be called Woman, because she was taken out of Man. That is   24
why a man leaves his father and his mother, and cleaves to his
wife: and they become one flesh. And they were both naked,   25
the man and his wife, and they felt no shame. Now the serpent   **3**
was craftier than all the beasts of the field which the Lord God
had made. And he said to the woman, Has God said, You shall
not eat of any tree of the garden? And the woman said to the   2
serpent, We may eat of the fruit of the trees of the garden: but   3
of the fruit of the tree which is in the midst of the garden, God
has said, You shall not eat of it, neither shall you touch it, lest
you die. And the serpent said to the woman, You shall not surely   4
die: for God knows that on the day you eat of it, then your   5
eyes shall be opened, and you shall be as gods, knowing good
and evil. And when the woman saw that the tree was good for   6
food, and that it was a delight to the eyes, and a tree to be
desired to make one wise, she took of its fruit, and did eat, and
gave also to her husband with her; and he did eat. And the eyes   7
of them both were opened, and they knew that they were naked;
and they sewed fig leaves together, and made themselves
loincloths. And they heard the voice of the Lord God walking   8
in the garden in the breeze of the day: and the man and his
wife hid themselves from the presence of the Lord God amongst
the trees of the garden. And the Lord God called to the man,   9
and said to him, Where art thou? And he said, I heard thy voice   10
in the garden, and I was afraid, because I was naked; and I hid
myself. And he said, Who told thee that thou wast naked? Hast   11
thou eaten of the tree, of which I commanded thee that thou
shouldst not eat? And the man said, The woman whom thou   12
didst give to be with me, she gave me of the tree, and I did eat.
And the Lord God said to the woman, What is this that thou   13
hast done? And the woman said, The serpent beguiled me, and
I did eat. And the Lord God said to the serpent, Because thou   14
hast done this, thou art cursed above all cattle, and above every
beast of the field; upon thy belly shalt thou go, and dust shalt
thou eat all the days of thy life: and I will put enmity between   15
thee and the woman, and between thy seed and her seed; it shall
bruise thy head, and thou shalt bruise his heel.   Unto the   16
woman he said, I will greatly multiply the pain of thy child-
bearing; in sorrow thou shalt bring forth children; and yet
thy desire shall be to thy husband, and he shall rule over
thee.   And to the man he said, Because thou hast heark-   17
ened to the voice of thy wife, and hast eaten of the tree, of
which I commanded thee, saying, Thou shalt not eat of it:
cursed is the ground for thy sake; in sorrow shalt thou eat of
it all the days of thy life; thorns also and thistles shall it bring   18

ט וְדַרְדַּר תַּצְמִיחַ לָךְ וְאָכַלְתָּ אֶת־עֵשֶׂב הַשָּׂדֶה: בְּזֵעַת אַפֶּיךָ
תֹּאכַל לֶחֶם עַד שׁוּבְךָ אֶל־הָאֲדָמָה כִּי מִמֶּנָּה לֻקָּחְתָּ כִּי־

כ עָפָר אַתָּה וְאֶל־עָפָר תָּשׁוּב: וַיִּקְרָא הָאָדָם שֵׁם אִשְׁתּוֹ חַוָּה

כא כִּי הִוא הָיְתָה אֵם כָּל־חָי: וַיַּעַשׂ יְהֹוָה אֱלֹהִים לְאָדָם וּלְאִשְׁתּוֹ
כָּתְנוֹת עוֹר וַיַּלְבִּשֵׁם:

כב וַיֹּאמֶר ׀ יְהֹוָה אֱלֹהִים הֵן הָאָדָם הָיָה כְּאַחַד מִמֶּנּוּ לָדַעַת טוֹב   רביעי ג
וָרָע וְעַתָּה ׀ פֶּן־יִשְׁלַח יָדוֹ וְלָקַח גַּם מֵעֵץ הַחַיִּים וְאָכַל וָחַי

כג לְעֹלָם: וַיְשַׁלְּחֵהוּ יְהֹוָה אֱלֹהִים מִגַּן־עֵדֶן לַעֲבֹד אֶת־הָאֲדָמָה

כד אֲשֶׁר לֻקַּח מִשָּׁם: וַיְגָרֶשׁ אֶת־הָאָדָם וַיַּשְׁכֵּן מִקֶּדֶם לְגַן־עֵדֶן
אֶת־הַכְּרֻבִים וְאֵת לַהַט הַחֶרֶב הַמִּתְהַפֶּכֶת לִשְׁמֹר אֶת־דֶּרֶךְ

ד א עֵץ הַחַיִּים: וְהָאָדָם יָדַע אֶת־חַוָּה אִשְׁתּוֹ וַתַּהַר

ב וַתֵּלֶד אֶת־קַיִן וַתֹּאמֶר קָנִיתִי אִישׁ אֶת־יְהֹוָה: וַתֹּסֶף לָלֶדֶת
אֶת־אָחִיו אֶת־הָבֶל וַיְהִי־הֶבֶל רֹעֵה צֹאן וְקַיִן הָיָה עֹבֵד אֲדָמָה:

ג וַיְהִי מִקֵּץ יָמִים וַיָּבֵא קַיִן מִפְּרִי הָאֲדָמָה מִנְחָה לַיהֹוָה: וְהֶבֶל
הֵבִיא גַם־הוּא מִבְּכֹרוֹת צֹאנוֹ וּמֵחֶלְבֵהֶן וַיִּשַׁע יְהֹוָה אֶל־

ה הֶבֶל וְאֶל־מִנְחָתוֹ: וְאֶל־קַיִן וְאֶל־מִנְחָתוֹ לֹא שָׁעָה וַיִּחַר
לְקַיִן מְאֹד וַיִּפְּלוּ פָּנָיו: וַיֹּאמֶר יְהֹוָה אֶל־קָיִן לָמָּה חָרָה לָךְ

ז וְלָמָּה נָפְלוּ פָנֶיךָ: הֲלוֹא אִם־תֵּיטִיב שְׂאֵת וְאִם לֹא תֵיטִיב
לַפֶּתַח חַטָּאת רֹבֵץ וְאֵלֶיךָ תְּשׁוּקָתוֹ וְאַתָּה תִּמְשָׁל־בּוֹ:

ח וַיֹּאמֶר קַיִן אֶל־הֶבֶל אָחִיו וַיְהִי בִּהְיוֹתָם בַּשָּׂדֶה וַיָּקָם קַיִן
אֶל־הֶבֶל אָחִיו וַיַּהַרְגֵהוּ: וַיֹּאמֶר יְהֹוָה אֶל־קַיִן אֵי הֶבֶל

ט אָחִיךָ וַיֹּאמֶר לֹא יָדַעְתִּי הֲשֹׁמֵר אָחִי אָנֹכִי: וַיֹּאמֶר מֶה

י עָשִׂיתָ קוֹל דְּמֵי אָחִיךָ צֹעֲקִים אֵלַי מִן־הָאֲדָמָה: וְעַתָּה אָרוּר

יא אָתָּה מִן־הָאֲדָמָה אֲשֶׁר פָּצְתָה אֶת־פִּיהָ לָקַחַת אֶת־דְּמֵי
אָחִיךָ מִיָּדֶךָ: כִּי תַעֲבֹד אֶת־הָאֲדָמָה לֹא־תֹסֵף תֵּת־כֹּחָהּ לָךְ

יב נָע וָנָד תִּהְיֶה בָאָרֶץ: וַיֹּאמֶר קַיִן אֶל־יְהֹוָה גָּדוֹל עֲוֹנִי מִנְּשֹׂא:

יג הֵן גֵּרַשְׁתָּ אֹתִי הַיּוֹם מֵעַל פְּנֵי הָאֲדָמָה וּמִפָּנֶיךָ אֶסָּתֵר וְהָיִיתִי

יד נָע וָנָד בָּאָרֶץ וְהָיָה כָל־מֹצְאִי יַהַרְגֵנִי: וַיֹּאמֶר לוֹ יְהֹוָה לָכֵן
כָּל־הֹרֵג קַיִן שִׁבְעָתַיִם יֻקָּם וַיָּשֶׂם יְהֹוָה לְקַיִן אוֹת לְבִלְתִּי

טו הַכּוֹת־אֹתוֹ כָּל־מֹצְאוֹ: וַיֵּצֵא קַיִן מִלִּפְנֵי יְהֹוָה וַיֵּשֶׁב בְּאֶרֶץ־

טז נוֹד קִדְמַת־עֵדֶן: וַיֵּדַע קַיִן אֶת־אִשְׁתּוֹ וַתַּהַר וַתֵּלֶד אֶת־חֲנוֹךְ

יז וַיְהִי בֹּנֶה עִיר וַיִּקְרָא שֵׁם הָעִיר כְּשֵׁם בְּנוֹ חֲנוֹךְ: וַיִּוָּלֵד לַחֲנוֹךְ
אֶת־עִירָד וְעִירָד יָלַד אֶת־מְחוּיָאֵל וּמְחִיָּיאֵל יָלַד אֶת־מְתוּשָׁאֵל

יח וּמְתוּשָׁאֵל יָלַד אֶת־לָמֶךְ: וַיִּקַּח־לוֹ לֶמֶךְ שְׁתֵּי נָשִׁים שֵׁם הָאַחַת   חמישי

כ עָדָה וְשֵׁם הַשֵּׁנִית צִלָּה: וַתֵּלֶד עָדָה אֶת־יָבָל הוּא הָיָה אֲבִי

forth to thee; and thou shalt eat the herb of the field; in the 19
sweat of thy face shalt thou eat bread, till thou return to the
ground; for out of it wast thou taken: for dust thou art, and to
dust shalt thou return. And the man called his wife's name 20
Ḥavva; because she was the mother of all living (Ḥay). For 21
the man also and for his wife did the Lord God make coats of
skins, and clothed them.
And the Lord God said, Behold, the man is become like one of 22
us, knowing good and evil: and now, what if he put forth his
hand, and take also of the tree of life, and eating, live for ever:
therefore the Lord God sent him out of the garden of 'Eden, to 23
till the ground from whence he was taken. So he drove out the 24
man; and he placed the keruvim at the east of the garden of
'Eden, and the bright blade of a revolving sword to guard the
way to the tree of life. And the man knew Ḥavva his wife; 4
and she conceived, and bore Qayin saying, I have acquired a
manchild from the Lord. And she again bore, his brother Hevel. 2
And Hevel was a keeper of sheep, but Qayin was a tiller of the
ground. And in process of time it came to pass, that Qayin 3
brought of the fruit of the ground an offering to the Lord. And 4
Hevel, he also brought of the firstlings of his flock and of the fat
parts thereof. And the Lord had respect to Hevel and to his
offering: but to Qayin and to his offering he had not respect. 5
And Qayin was very angry, and his face fell. And the Lord said 6
to Qayin, Why art thou angry? and why art thou crestfallen?
If thou doest well, shalt thou not be accepted? and if thou doest 7
not well, sin crouches at the door, and to thee shall be his desire.
Yet thou mayst rule over him. And Qayin talked with Hevel his 8
brother: and it came to pass, when they were in the field, that
Qayin rose up against Hevel his brother, and slew him. And the 9
Lord said to Qayin, Where is Hevel thy brother? And he said,
I know not: am I my brother's keeper? And he said, What hast 10
thou done? the voice of thy brother's blood cries to me from
the ground. And now cursed art thou from the earth, which has 11
opened her mouth to receive thy brother's blood from thy hand;
when thou tillest the ground, it shall not henceforth yield to 12
thee her strength; a fugitive and a vagabond shalt thou be on
the earth. And Qayin said to the Lord, My punishment is greater 13
than I can bear. Behold, thou hast driven me out this day from 14
the face of the earth; and from thy face I shall be hid; and I
shall be a fugitive and a vagabond in the earth; and it shall come
to pass, that anyone that finds me shall slay me. And the Lord 15
said to him, Therefore whoever slays Qayin, vengeance shall be
taken on him sevenfold. And the Lord set a mark upon Qayin,
lest any finding him should smite him. And Qayin went out 16
from the presence of the Lord, and dwelt in the land of Nod,
to the east of 'Eden. And Qayin knew his wife; and she con- 17
ceived, and bore Ḥanokh: and he built a city, and called the
name of the city, after the name of his son, Ḥanokh. And to 18
Ḥanokh was born 'Irad: and 'Irad begot Meḥuya'el: and Me-
ḥiyya'el begot Metusha'el: and Metusha'el begot Lemekh. And 19
Lemekh took to him two wives: the name of the one was 'Ada,
and the name of the other Ẕilla. And 'Ada bore Yaval: he was 20

כא יֹשֵׁב אֹהֶל וּמִקְנֶה׃ וְשֵׁם אָחִיו יוּבָל הוּא הָיָה אֲבִי כָּל־תֹּפֵשׂ
כב כִּנּוֹר וְעוּגָב׃ וְצִלָּה גַם־הִוא יָלְדָה אֶת־תּוּבַל קַיִן לֹטֵשׁ כָּל־
כג חֹרֵשׁ נְחֹשֶׁת וּבַרְזֶל וַאֲחוֹת תּוּבַל־קַיִן נַעֲמָה׃ וַיֹּאמֶר לֶמֶךְ לְנָשָׁיו
עָדָה וְצִלָּה שְׁמַעַן קוֹלִי נְשֵׁי לֶמֶךְ הַאְזֵנָּה אִמְרָתִי כִּי אִישׁ
כד הָרַגְתִּי לְפִצְעִי וְיֶלֶד לְחַבֻּרָתִי׃ כִּי שִׁבְעָתַיִם יֻקַּם־קָיִן וְלֶמֶךְ
כה שִׁבְעִים וְשִׁבְעָה׃ וַיֵּדַע אָדָם עוֹד אֶת־אִשְׁתּוֹ וַתֵּלֶד בֵּן וַתִּקְרָא
אֶת־שְׁמוֹ שֵׁת כִּי שָׁת־לִי אֱלֹהִים זֶרַע אַחֵר תַּחַת הֶבֶל כִּי הֲרָגוֹ
כו קָיִן׃ וּלְשֵׁת גַּם־הוּא יֻלַּד־בֵּן וַיִּקְרָא אֶת־שְׁמוֹ אֱנוֹשׁ אָז הוּחַל
ה א לִקְרֹא בְּשֵׁם יְהוָה׃ זֶה סֵפֶר תּוֹלְדֹת אָדָם בְּיוֹם ששי ד
ב בְּרֹא אֱלֹהִים אָדָם בִּדְמוּת אֱלֹהִים עָשָׂה אֹתוֹ׃ זָכָר וּנְקֵבָה
בְּרָאָם וַיְבָרֶךְ אֹתָם וַיִּקְרָא אֶת־שְׁמָם אָדָם בְּיוֹם הִבָּרְאָם׃
ג וַיְחִי אָדָם שְׁלֹשִׁים וּמְאַת שָׁנָה וַיּוֹלֶד בִּדְמוּתוֹ כְּצַלְמוֹ וַיִּקְרָא
ד אֶת־שְׁמוֹ שֵׁת׃ וַיִּהְיוּ יְמֵי־אָדָם אַחֲרֵי הוֹלִידוֹ אֶת־שֵׁת שְׁמֹנֶה
ה מֵאֹת שָׁנָה וַיּוֹלֶד בָּנִים וּבָנוֹת׃ וַיִּהְיוּ כָּל־יְמֵי אָדָם אֲשֶׁר־חַי
ו תְּשַׁע מֵאוֹת שָׁנָה וּשְׁלֹשִׁים שָׁנָה וַיָּמֹת׃ וַיְחִי־
ז שֵׁת חָמֵשׁ שָׁנִים וּמְאַת שָׁנָה וַיּוֹלֶד אֶת־אֱנוֹשׁ׃ וַיְחִי־שֵׁת אַחֲרֵי
הוֹלִידוֹ אֶת־אֱנוֹשׁ שֶׁבַע שָׁנִים וּשְׁמֹנֶה מֵאוֹת שָׁנָה וַיּוֹלֶד בָּנִים
ח וּבָנוֹת׃ וַיִּהְיוּ כָּל־יְמֵי־שֵׁת שְׁתֵּים עֶשְׂרֵה שָׁנָה וּתְשַׁע מֵאוֹת
ט שָׁנָה וַיָּמֹת׃ וַיְחִי אֱנוֹשׁ תִּשְׁעִים שָׁנָה וַיּוֹלֶד אֶת־
י קֵינָן׃ וַיְחִי אֱנוֹשׁ אַחֲרֵי הוֹלִידוֹ אֶת־קֵינָן חֲמֵשׁ עֶשְׂרֵה שָׁנָה
יא וּשְׁמֹנֶה מֵאוֹת שָׁנָה וַיּוֹלֶד בָּנִים וּבָנוֹת׃ וַיִּהְיוּ כָּל־יְמֵי אֱנוֹשׁ
יב חָמֵשׁ שָׁנִים וּתְשַׁע מֵאוֹת שָׁנָה וַיָּמֹת׃ וַיְחִי קֵינָן
יג שִׁבְעִים שָׁנָה וַיּוֹלֶד אֶת־מַהֲלַלְאֵל׃ וַיְחִי קֵינָן אַחֲרֵי הוֹלִידוֹ
אֶת־מַהֲלַלְאֵל אַרְבָּעִים שָׁנָה וּשְׁמֹנֶה מֵאוֹת שָׁנָה וַיּוֹלֶד
יד בָּנִים וּבָנוֹת׃ וַיִּהְיוּ כָּל־יְמֵי קֵינָן עֶשֶׂר שָׁנִים וּתְשַׁע מֵאוֹת
טו שָׁנָה וַיָּמֹת׃ וַיְחִי מַהֲלַלְאֵל חָמֵשׁ שָׁנִים וְשִׁשִּׁים
טז שָׁנָה וַיּוֹלֶד אֶת־יָרֶד׃ וַיְחִי מַהֲלַלְאֵל אַחֲרֵי הוֹלִידוֹ אֶת־יֶרֶד
יז שְׁלֹשִׁים שָׁנָה וּשְׁמֹנֶה מֵאוֹת שָׁנָה וַיּוֹלֶד בָּנִים וּבָנוֹת׃ וַיִּהְיוּ
כָּל־יְמֵי מַהֲלַלְאֵל חָמֵשׁ וְתִשְׁעִים שָׁנָה וּשְׁמֹנֶה מֵאוֹת שָׁנָה
יח וַיָּמֹת׃ וַיְחִי־יֶרֶד שְׁתַּיִם וְשִׁשִּׁים שָׁנָה וּמְאַת שָׁנָה
יט וַיּוֹלֶד אֶת־חֲנוֹךְ׃ וַיְחִי־יֶרֶד אַחֲרֵי הוֹלִידוֹ אֶת־חֲנוֹךְ שְׁמֹנֶה
כ מֵאוֹת שָׁנָה וַיּוֹלֶד בָּנִים וּבָנוֹת׃ וַיִּהְיוּ כָּל־יְמֵי־יֶרֶד שְׁתַּיִם
כא וְשִׁשִּׁים שָׁנָה וּתְשַׁע מֵאוֹת שָׁנָה וַיָּמֹת׃ וַיְחִי חֲנוֹךְ
כב חָמֵשׁ וְשִׁשִּׁים שָׁנָה וַיּוֹלֶד אֶת־מְתוּשָׁלַח׃ וַיִּתְהַלֵּךְ חֲנוֹךְ אֶת־
הָאֱלֹהִים אַחֲרֵי הוֹלִידוֹ אֶת־מְתוּשֶׁלַח שְׁלֹשׁ מֵאוֹת שָׁנָה וַיּוֹלֶד
כג בָּנִים וּבָנוֹת׃ וַיְהִי כָּל־יְמֵי חֲנוֹךְ חָמֵשׁ וְשִׁשִּׁים שָׁנָה וּשְׁלֹשׁ

the father of such as dwell in tents, and of such as have cattle.
And his brother's name was Yuval: he was the father of all such 21
as handle the lyre and pipe. And Ẕilla, she also bore Tuval- 22
qayin, forger of every sharp instrument in brass and iron: and
the sister of Tuval-qayin was Na'ama. And Lemekh said to his 23
wives, 'Ada and Ẕilla, Hear my voice; wives of Lemekh, heark-
en to my speech: for I have slain a man for wounding me, and a
young man for my hurt. If Qayin shall be avenged sevenfold, 24
truly Lemekh seventy and sevenfold. And Adam (Man) knew his 25
wife again; and she bore a son, and called his name Shet: For
God, said she, has appointed me another seed instead of Hevel
whom Qayin slew. And to Shet, to him also there was born a 26
son; and he called his name Enosh: then men began to call
upon the Lord by name. This is the book of the genera- 5
tions of Adam (Man). In the day that God created mankind, in
the likeness of God he made him; male and female he created 2
them; and blessed them, and called their name Man, in the day
when they were created. And Adam lived a hundred and thirty 3
years, and begot a son in his own likeness, after his image;
and called his name Shet: and the days of Adam after he had 4
begotten Shet were eight hundred years: and he begot sons and
daughters: and all the days that Adam lived were nine hundred 5
and thirty years: and he died. And Shet lived a hundred 6
and five years, and begot Enosh: and Shet lived after he begot 7
Enosh eight hundred and seven years, and begot sons and
daughters: and all the days of Shet were nine hundred and 8
twelve years: and he died. And Enosh lived ninety years, 9
and begot Qenan: and Enosh lived after he begot Qenan eight 10
hundred and fifteen years, and begot sons and daughters: and 11
all the days of Enosh were nine hundred and five years: and
he died. And Qenan lived seventy years, and begot Ma- 12
halal'el: and Qenan lived after he begot Mahalal'el eight hun- 13
dred and forty years, and begot sons and daughters: and all 14
the days of Qenan were nine hundred and ten years: and he
died. And Mahalal'el lived sixty five years, and begot 15
Yered: and Mahalal'el lived after he begot Yered eight hundred 16
and thirty years, and he begot sons and daughters: and all the 17
days of Mahalal'el were eight hundred and ninety five years:
and he died. And Yered lived a hundred and sixty two 18
years, and he begot H̱anokh: and Yered lived after he begot 19
H̱anokh eight hundred years, and begot sons and daughters:
and all the days of Yered were nine hundred and sixty two years: 20
and he died. And H̱anokh lived sixty five years, and begot 21
Metushelaẖ: and H̱anokh walked with God after he begot Me- 22
tushelaẖ three hundred years, and begot sons and daughters:
and all the days of H̱anokh were three hundred and sixty five 23

כד מְאוֹת שָׁנָה: וַיִּתְהַלֵּךְ חֲנוֹךְ אֶת־הָאֱלֹהִים וְאֵינֶנּוּ כִּי־לָקַח
כה אֹתוֹ אֱלֹהִים: וַיְחִי מְתוּשֶׁלַח שֶׁבַע וּשְׁמֹנִים שָׁנָה שביעי
כו וּמְאַת שָׁנָה וַיּוֹלֶד אֶת־לָמֶךְ: וַיְחִי מְתוּשֶׁלַח אַחֲרֵי הוֹלִידוֹ
אֶת־לֶמֶךְ שְׁתַּיִם וּשְׁמוֹנִים שָׁנָה וּשְׁבַע מֵאוֹת שָׁנָה וַיּוֹלֶד
כז בָּנִים וּבָנוֹת: וַיִּהְיוּ כָּל־יְמֵי מְתוּשֶׁלַח תֵּשַׁע וְשִׁשִּׁים שָׁנָה
כח וּתְשַׁע מֵאוֹת שָׁנָה וַיָּמֹת: וַיְחִי־לֶמֶךְ שְׁתַּיִם
כט וּשְׁמֹנִים שָׁנָה וּמְאַת שָׁנָה וַיּוֹלֶד בֵּן: וַיִּקְרָא אֶת־שְׁמוֹ נֹחַ
לֵאמֹר זֶה יְנַחֲמֵנוּ מִמַּעֲשֵׂנוּ וּמֵעִצְּבוֹן יָדֵינוּ מִן־הָאֲדָמָה
ל אֲשֶׁר אֵרְרָהּ יהוה: וַיְחִי־לֶמֶךְ אַחֲרֵי הוֹלִידוֹ אֶת־נֹחַ חָמֵשׁ
וְתִשְׁעִים שָׁנָה וַחֲמֵשׁ מֵאֹת שָׁנָה וַיּוֹלֶד בָּנִים וּבָנוֹת:
לא וַיְהִי כָּל־יְמֵי־לֶמֶךְ שֶׁבַע וְשִׁבְעִים שָׁנָה וּשְׁבַע מֵאוֹת שָׁנָה
לב וַיָּמֹת: וַיְהִי־נֹחַ בֶּן־חֲמֵשׁ מֵאוֹת שָׁנָה וַיּוֹלֶד נֹחַ
ו א אֶת־שֵׁם אֶת־חָם וְאֶת־יָפֶת: וַיְהִי כִּי־הֵחֵל הָאָדָם לָרֹב עַל־
ב פְּנֵי הָאֲדָמָה וּבָנוֹת יֻלְּדוּ לָהֶם: וַיִּרְאוּ בְנֵי־הָאֱלֹהִים אֶת־
בְּנוֹת הָאָדָם כִּי טֹבֹת הֵנָּה וַיִּקְחוּ לָהֶם נָשִׁים מִכֹּל אֲשֶׁר
ג בָּחָרוּ: וַיֹּאמֶר יהוה לֹא־יָדוֹן רוּחִי בָאָדָם לְעֹלָם בְּשַׁגַּם הוּא
ד בָשָׂר וְהָיוּ יָמָיו מֵאָה וְעֶשְׂרִים שָׁנָה: הַנְּפִלִים הָיוּ בָאָרֶץ
בַּיָּמִים הָהֵם וְגַם אַחֲרֵי־כֵן אֲשֶׁר יָבֹאוּ בְּנֵי הָאֱלֹהִים אֶל־
בְּנוֹת הָאָדָם וְיָלְדוּ לָהֶם הֵמָּה הַגִּבֹּרִים אֲשֶׁר מֵעוֹלָם אַנְשֵׁי
הַשֵּׁם:
ה וַיַּרְא יהוה כִּי רַבָּה רָעַת הָאָדָם בָּאָרֶץ וְכָל־יֵצֶר מַחְשְׁבֹת מפטיר
ו לִבּוֹ רַק רַע כָּל־הַיּוֹם: וַיִּנָּחֶם יהוה כִּי־עָשָׂה אֶת־הָאָדָם
ז בָּאָרֶץ וַיִּתְעַצֵּב אֶל־לִבּוֹ: וַיֹּאמֶר יהוה אֶמְחֶה אֶת־הָאָדָם
אֲשֶׁר־בָּרָאתִי מֵעַל פְּנֵי הָאֲדָמָה מֵאָדָם עַד־בְּהֵמָה עַד־
ח רֶמֶשׂ וְעַד־עוֹף הַשָּׁמָיִם כִּי נִחַמְתִּי כִּי עֲשִׂיתִם: וְנֹחַ מָצָא חֵן
בְּעֵינֵי יהוה:
ט אֵלֶּה תּוֹלְדֹת נֹחַ נֹחַ אִישׁ צַדִּיק תָּמִים הָיָה בְּדֹרֹתָיו אֶת־ נח ה
י הָאֱלֹהִים הִתְהַלֶּךְ־נֹחַ: וַיּוֹלֶד נֹחַ שְׁלֹשָׁה בָנִים אֶת־שֵׁם אֶת־
יא חָם וְאֶת־יָפֶת: וַתִּשָּׁחֵת הָאָרֶץ לִפְנֵי הָאֱלֹהִים וַתִּמָּלֵא הָאָרֶץ
יב חָמָס: וַיַּרְא אֱלֹהִים אֶת־הָאָרֶץ וְהִנֵּה נִשְׁחָתָה כִּי־הִשְׁחִית כָּל־
יג בָּשָׂר אֶת־דַּרְכּוֹ עַל־הָאָרֶץ: וַיֹּאמֶר אֱלֹהִים לְנֹחַ
קֵץ כָּל־בָּשָׂר בָּא לְפָנַי כִּי־מָלְאָה הָאָרֶץ חָמָס מִפְּנֵיהֶם וְהִנְנִי
יד מַשְׁחִיתָם אֶת־הָאָרֶץ: עֲשֵׂה לְךָ תֵּבַת עֲצֵי־גֹפֶר קִנִּים תַּעֲשֶׂה
טו אֶת־הַתֵּבָה וְכָפַרְתָּ אֹתָהּ מִבַּיִת וּמִחוּץ בַּכֹּפֶר: וְזֶה אֲשֶׁר
תַּעֲשֶׂה אֹתָהּ שְׁלֹשׁ מֵאוֹת אַמָּה אֹרֶךְ הַתֵּבָה חֲמִשִּׁים אַמָּה
טז רָחְבָּהּ וּשְׁלֹשִׁים אַמָּה קוֹמָתָהּ: צֹהַר תַּעֲשֶׂה לַתֵּבָה וְאֶל־אַמָּה

ו

years: and H̱anokh walked with God: and he was not; for 24
God took him. And Metushelaẖ lived a hundred and eighty 25
seven years, and begot Lemekh: and Metushelaẖ lived after he 26
begot Lemekh seven hundred and eighty two years, and begot
sons and daughters: and all the days of Metushelaẖ were nine 27
hundred and sixty nine years: and he died. And Lemekh 28
lived a hundred and eighty two years, and begot a son: and he 29
called his name Noaẖ, saying, This one shall comfort us for our
work and the toil of our hands, because of the ground which the
Lord has cursed. And Lemekh lived after he begot Noaẖ five 30
hundred and ninety five years, and begot sons and daughters:
and all the days of Lemekh were seven hundred and seventy 31
seven years: and he died. And Noaẖ was five hundred 32
years old: and Noaẖ begot Shem, H̱am, and Yefet. And it came **6**
to pass, when men began to multiply on the face of the earth, and
daughters were born to them, that the distinguished men* saw 2
that the daughters of men were fair; and they took them wives
of all whom they chose. And the Lord said, My spirit shall not al- 3
ways strive on account of man, for that he also is flesh: and his days
shall be a hundred and twenty years. There were Nefilim in the 4
earth in those days; and also after that, when the distinguished
men* came in to the daughters of men, and they bore children to
them; the same were mighty men of old, men of renown.
And the Lord saw that the wickedness of man was great in the 5
earth, and that all the impulse of the thoughts of his heart was
only evil continually. And the Lord repented that he had made 6
man on the earth, and it grieved him at his heart. And the Lord 7
said, I will destroy man whom I have created from the face of
the earth: both man, and beast, and creeping things, and the
birds of the air; for I repent that I have made them. But Noaẖ 8
found favour in the eyes of the Lord.

NOAH̱

These are the generations of Noaẖ: Noaẖ was a just man and 9
perfect in his generations, and Noaẖ walked with God. And Noaẖ 10
begot three sons, Shem, H̱am, and Yefet. The earth also was 11
corrupt before God, and the earth was filled with violence. And 12
God looked upon the earth, and, behold, it was corrupt; for all
flesh had corrupted its way upon the earth. And God said 13
to Noaẖ, The end of all flesh is come before me; for the earth
is filled with violence through them; and, behold, I will destroy
them with the earth. Make thee an ark of gofer wood; rooms 14
shalt thou make in the ark, and shalt pitch it within and without
with pitch. And this is the fashion of which thou shalt make it: 15
the length of the ark shall be three hundred cubits, the breadth
of it fifty cubits, and the height of it thirty cubits. A window 16

*lit.: the sons of God

תַּכְלֶנָּה מִלְמַעְלָה וּפֶתַח הַתֵּבָה בְּצִדָּהּ תָּשִׂים תַּחְתִּיִּם שְׁנִיִּם
יז וּשְׁלִשִׁים תַּעֲשֶׂהָ׃ וַאֲנִי הִנְנִי מֵבִיא אֶת־הַמַּבּוּל מַיִם עַל־הָאָרֶץ
לְשַׁחֵת כָּל־בָּשָׂר אֲשֶׁר־בּוֹ רוּחַ חַיִּים מִתַּחַת הַשָּׁמָיִם כֹּל אֲשֶׁר־
יח בָּאָרֶץ יִגְוָע׃ וַהֲקִמֹתִי אֶת־בְּרִיתִי אִתָּךְ וּבָאתָ אֶל־הַתֵּבָה אַתָּה
יט וּבָנֶיךָ וְאִשְׁתְּךָ וּנְשֵׁי־בָנֶיךָ אִתָּךְ׃ וּמִכָּל־הָחַי מִכָּל־בָּשָׂר שְׁנַיִם
כ מִכֹּל תָּבִיא אֶל־הַתֵּבָה לְהַחֲיֹת אִתָּךְ זָכָר וּנְקֵבָה יִהְיוּ׃ מֵהָעוֹף
לְמִינֵהוּ וּמִן־הַבְּהֵמָה לְמִינָהּ מִכֹּל רֶמֶשׂ הָאֲדָמָה לְמִינֵהוּ שְׁנַיִם
כא מִכֹּל יָבֹאוּ אֵלֶיךָ לְהַחֲיוֹת׃ וְאַתָּה קַח־לְךָ מִכָּל־מַאֲכָל אֲשֶׁר
כב יֵאָכֵל וְאָסַפְתָּ אֵלֶיךָ וְהָיָה לְךָ וְלָהֶם לְאָכְלָה׃ וַיַּעַשׂ נֹחַ כְּכֹל
ז א אֲשֶׁר צִוָּה אֹתוֹ אֱלֹהִים כֵּן עָשָׂה׃ וַיֹּאמֶר יהוה לְנֹחַ בֹּא־אַתָּה שני
וְכָל־בֵּיתְךָ אֶל־הַתֵּבָה כִּי־אֹתְךָ רָאִיתִי צַדִּיק לְפָנַי בַּדּוֹר
ב הַזֶּה׃ מִכֹּל ׀ הַבְּהֵמָה הַטְּהוֹרָה תִּקַּח־לְךָ שִׁבְעָה שִׁבְעָה אִישׁ
וְאִשְׁתּוֹ וּמִן־הַבְּהֵמָה אֲשֶׁר לֹא טְהֹרָה הִוא שְׁנַיִם אִישׁ
ג וְאִשְׁתּוֹ׃ גַּם מֵעוֹף הַשָּׁמַיִם שִׁבְעָה שִׁבְעָה זָכָר וּנְקֵבָה לְחַיּוֹת
ד זֶרַע עַל־פְּנֵי כָל־הָאָרֶץ׃ כִּי לְיָמִים עוֹד שִׁבְעָה אָנֹכִי מַמְטִיר
עַל־הָאָרֶץ אַרְבָּעִים יוֹם וְאַרְבָּעִים לָיְלָה וּמָחִיתִי אֶת־כָּל־
ה הַיְקוּם אֲשֶׁר עָשִׂיתִי מֵעַל פְּנֵי הָאֲדָמָה׃ וַיַּעַשׂ נֹחַ כְּכֹל אֲשֶׁר־
ו צִוָּהוּ יהוה׃ וְנֹחַ בֶּן־שֵׁשׁ מֵאוֹת שָׁנָה וְהַמַּבּוּל הָיָה מַיִם עַל־
ז הָאָרֶץ׃ וַיָּבֹא נֹחַ וּבָנָיו וְאִשְׁתּוֹ וּנְשֵׁי־בָנָיו אִתּוֹ אֶל־הַתֵּבָה
ח מִפְּנֵי מֵי הַמַּבּוּל׃ מִן־הַבְּהֵמָה הַטְּהוֹרָה וּמִן־הַבְּהֵמָה אֲשֶׁר
ט אֵינֶנָּה טְהֹרָה וּמִן־הָעוֹף וְכֹל אֲשֶׁר־רֹמֵשׂ עַל־הָאֲדָמָה׃ שְׁנַיִם
שְׁנַיִם בָּאוּ אֶל־נֹחַ אֶל־הַתֵּבָה זָכָר וּנְקֵבָה כַּאֲשֶׁר צִוָּה אֱלֹהִים
י אֶת־נֹחַ׃ וַיְהִי לְשִׁבְעַת הַיָּמִים וּמֵי הַמַּבּוּל הָיוּ עַל־הָאָרֶץ׃
יא בִּשְׁנַת שֵׁשׁ־מֵאוֹת שָׁנָה לְחַיֵּי־נֹחַ בַּחֹדֶשׁ הַשֵּׁנִי בְּשִׁבְעָה־עָשָׂר
יוֹם לַחֹדֶשׁ בַּיּוֹם הַזֶּה נִבְקְעוּ כָּל־מַעְיְנֹת תְּהוֹם רַבָּה וַאֲרֻבֹּת
יב הַשָּׁמַיִם נִפְתָּחוּ׃ וַיְהִי הַגֶּשֶׁם עַל־הָאָרֶץ אַרְבָּעִים יוֹם וְאַרְבָּעִים
יג לָיְלָה׃ בְּעֶצֶם הַיּוֹם הַזֶּה בָּא נֹחַ וְשֵׁם־וְחָם וָיֶפֶת בְּנֵי־נֹחַ וְאֵשֶׁת
יד נֹחַ וּשְׁלֹשֶׁת נְשֵׁי־בָנָיו אִתָּם אֶל־הַתֵּבָה׃ הֵמָּה וְכָל־הַחַיָּה לְמִינָהּ
וְכָל־הַבְּהֵמָה לְמִינָהּ וְכָל־הָרֶמֶשׂ הָרֹמֵשׂ עַל־הָאָרֶץ לְמִינֵהוּ
טו וְכָל־הָעוֹף לְמִינֵהוּ כֹּל צִפּוֹר כָּל־כָּנָף׃ וַיָּבֹאוּ אֶל־נֹחַ אֶל־
טז הַתֵּבָה שְׁנַיִם שְׁנַיִם מִכָּל־הַבָּשָׂר אֲשֶׁר־בּוֹ רוּחַ חַיִּים׃ וְהַבָּאִים
זָכָר וּנְקֵבָה מִכָּל־בָּשָׂר בָּאוּ כַּאֲשֶׁר צִוָּה אֹתוֹ אֱלֹהִים וַיִּסְגֹּר
יז יהוה בַּעֲדוֹ׃ וַיְהִי הַמַּבּוּל אַרְבָּעִים יוֹם עַל־הָאָרֶץ וַיִּרְבּוּ הַמַּיִם שלישי
יח וַיִּשְׂאוּ אֶת־הַתֵּבָה וַתָּרָם מֵעַל הָאָרֶץ׃ וַיִּגְבְּרוּ הַמַּיִם וַיִּרְבּוּ
יט מְאֹד עַל־הָאָרֶץ וַתֵּלֶךְ הַתֵּבָה עַל־פְּנֵי הַמָּיִם׃ וְהַמַּיִם גָּבְרוּ
מְאֹד מְאֹד עַל־הָאָרֶץ וַיְכֻסּוּ כָּל־הֶהָרִים הַגְּבֹהִים אֲשֶׁר־תַּחַת

shalt thou make to the ark, and to a cubit shalt thou finish it
above; and the door of the ark shalt thou set in its side; with
lower, second, and third stories shalt thou make it. And, behold,   17
I will bring the flood of waters upon the earth, to destroy all flesh,
in which is the breath of life, from under heaven; and every
thing that is on the earth shall die. But with thee will I establish   18
my covenant; and thou shalt come into the ark, thou, and thy
sons, and thy wife, and thy sons' wives with thee. And of every   19
living thing of all flesh, two of every sort shalt thou bring into
the ark, to keep them alive with thee; they shall be male and
female. Of birds after their kind, and of cattle after their kind,   20
of every creeping thing of the earth after its kind, two of every
sort shall come to thee, to keep them alive. And take thou to   21
thee of all food that is eaten, and gather it to thee; and it shall
be for food for thee, and for them. So Noaḥ did according to all   22
that GOD commanded him; thus he did. And the LORD said to   **7**
Noaḥ, Come thou and all thy house into the ark; for thee have
I seen righteous before me in this generation. Of every clean   2
beast thou shalt take to thee by sevens, male and female: and
of beasts that are not clean by twos, male and female. Of birds   3
of the air, also by sevens, the male and the female; to keep seed
alive upon the face of all the earth. For in another seven days,   4
I will cause it to rain upon the earth forty days and forty
nights; and every living substance that I have made will I
destroy from off the face of the earth. And Noaḥ did according   5
to all that the LORD commanded him. And Noaḥ was six hundred   6
years old when the flood of waters was upon the earth. And   7
Noaḥ went in, and his sons, and his wife, and his sons' wives
with him, into the ark, because of the waters of the flood. Of   8
clean beasts, and of beasts that are not clean, and of birds and
of everything that creeps upon the earth, there went in two and   9
two to Noaḥ into the ark, male and female, as God had com-
manded Noaḥ. And it came to pass after seven days, that the   10
waters of the flood were upon the earth. In the six hundredth   11
year of Noaḥ's life, in the second month, the seventeenth day
of the month, on that same day were all the fountains of the
great deep broken open, and the windows of heaven were opened.
And the rain was upon the earth forty days and forty nights.   12
In the selfsame day Noaḥ, and Shem, and Ḥam, and Yefet, the   13
sons of Noaḥ, and Noaḥ's wife, and the three wives of his sons
with them, entered into the ark; they, and every beast after   14
its kind, and all the cattle after their kind, and every creeping
thing that creeps on the earth after its kind, and every bird
after its kind, every bird of every sort. And they went in to Noaḥ   15
into the ark, two and two of all flesh in which is the breath of
life. And they that went in, went in male and female of all flesh,   16
as GOD had commanded him: and the LORD shut him in. And   17
the flood was forty days upon the earth; and the waters in-
creased, and bore up the ark, and it was raised above the earth.
And the waters prevailed, and were increased greatly upon the   18
earth; and the ark went upon the face of the waters. And the wa-   19
ters prevailed exceedingly upon the earth; and all the high moun-

כ כֹּל־הַשָּׁמָיִם׃ חֲמֵשׁ עֶשְׂרֵה אַמָּה מִלְמַעְלָה גָּבְרוּ הַמָּיִם וַיְכֻסּוּ
כא הֶהָרִים׃ וַיִּגְוַע כָּל־בָּשָׂר ׀ הָרֹמֵשׂ עַל־הָאָרֶץ בָּעוֹף וּבַבְּהֵמָה
כב וּבַחַיָּה וּבְכָל־הַשֶּׁרֶץ הַשֹּׁרֵץ עַל־הָאָרֶץ וְכֹל הָאָדָם׃ כֹּל אֲשֶׁר
כג נִשְׁמַת־רוּחַ חַיִּים בְּאַפָּיו מִכֹּל אֲשֶׁר בֶּחָרָבָה מֵתוּ׃ וַיִּמַח אֶת־
כָּל־הַיְקוּם ׀ אֲשֶׁר ׀ עַל־פְּנֵי הָאֲדָמָה מֵאָדָם עַד־בְּהֵמָה עַד־
רֶמֶשׂ וְעַד־עוֹף הַשָּׁמַיִם וַיִּמָּחוּ מִן־הָאָרֶץ וַיִּשָּׁאֶר אַךְ־נֹחַ וַאֲשֶׁר
כד אִתּוֹ בַּתֵּבָה׃ וַיִּגְבְּרוּ הַמַּיִם עַל־הָאָרֶץ חֲמִשִּׁים וּמְאַת יוֹם׃
ח א וַיִּזְכֹּר אֱלֹהִים אֶת־נֹחַ וְאֵת כָּל־הַחַיָּה וְאֶת־כָּל־הַבְּהֵמָה אֲשֶׁר ו
אִתּוֹ בַּתֵּבָה וַיַּעֲבֵר אֱלֹהִים רוּחַ עַל־הָאָרֶץ וַיָּשֹׁכּוּ הַמָּיִם׃
ב וַיִּסָּכְרוּ מַעְיְנֹת תְּהוֹם וַאֲרֻבֹּת הַשָּׁמָיִם וַיִּכָּלֵא הַגֶּשֶׁם מִן־
ג הַשָּׁמָיִם׃ וַיָּשֻׁבוּ הַמַּיִם מֵעַל הָאָרֶץ הָלוֹךְ וָשׁוֹב וַיַּחְסְרוּ הַמַּיִם
ד מִקְצֵה חֲמִשִּׁים וּמְאַת יוֹם׃ וַתָּנַח הַתֵּבָה בַּחֹדֶשׁ הַשְּׁבִיעִי
ה בְּשִׁבְעָה־עָשָׂר יוֹם לַחֹדֶשׁ עַל הָרֵי אֲרָרָט׃ וְהַמַּיִם הָיוּ הָלוֹךְ
וְחָסוֹר עַד הַחֹדֶשׁ הָעֲשִׂירִי בָּעֲשִׂירִי בְּאֶחָד לַחֹדֶשׁ נִרְאוּ רָאשֵׁי
ו הֶהָרִים׃ וַיְהִי מִקֵּץ אַרְבָּעִים יוֹם וַיִּפְתַּח נֹחַ אֶת־חַלּוֹן הַתֵּבָה
ז אֲשֶׁר עָשָׂה׃ וַיְשַׁלַּח אֶת־הָעֹרֵב וַיֵּצֵא יָצוֹא וָשׁוֹב עַד־יְבֹשֶׁת
ח הַמַּיִם מֵעַל הָאָרֶץ׃ וַיְשַׁלַּח אֶת־הַיּוֹנָה מֵאִתּוֹ לִרְאוֹת הֲקַלּוּ
ט הַמַּיִם מֵעַל פְּנֵי הָאֲדָמָה׃ וְלֹא־מָצְאָה הַיּוֹנָה מָנוֹחַ לְכַף־רַגְלָהּ
וַתָּשָׁב אֵלָיו אֶל־הַתֵּבָה כִּי־מַיִם עַל־פְּנֵי כָל־הָאָרֶץ וַיִּשְׁלַח יָדוֹ
י וַיִּקָּחֶהָ וַיָּבֵא אֹתָהּ אֵלָיו אֶל־הַתֵּבָה׃ וַיָּחֶל עוֹד שִׁבְעַת יָמִים
יא אֲחֵרִים וַיֹּסֶף שַׁלַּח אֶת־הַיּוֹנָה מִן־הַתֵּבָה׃ וַתָּבֹא אֵלָיו הַיּוֹנָה
לְעֵת עֶרֶב וְהִנֵּה עֲלֵה־זַיִת טָרָף בְּפִיהָ וַיֵּדַע נֹחַ כִּי־קַלּוּ הַמַּיִם
יב מֵעַל הָאָרֶץ׃ וַיִּיָּחֶל עוֹד שִׁבְעַת יָמִים אֲחֵרִים וַיְשַׁלַּח אֶת־הַיּוֹנָה
יג וְלֹא־יָסְפָה שׁוּב־אֵלָיו עוֹד׃ וַיְהִי בְּאַחַת וְשֵׁשׁ־מֵאוֹת שָׁנָה
בָּרִאשׁוֹן בְּאֶחָד לַחֹדֶשׁ חָרְבוּ הַמַּיִם מֵעַל הָאָרֶץ וַיָּסַר נֹחַ אֶת־
יד מִכְסֵה הַתֵּבָה וַיַּרְא וְהִנֵּה חָרְבוּ פְּנֵי הָאֲדָמָה׃ וּבַחֹדֶשׁ הַשֵּׁנִי
טו בְּשִׁבְעָה וְעֶשְׂרִים יוֹם לַחֹדֶשׁ יָבְשָׁה הָאָרֶץ׃ וַיְדַבֵּר רביעי ז
טז אֱלֹהִים אֶל־נֹחַ לֵאמֹר׃ צֵא מִן־הַתֵּבָה אַתָּה וְאִשְׁתְּךָ וּבָנֶיךָ
יז וּנְשֵׁי־בָנֶיךָ אִתָּךְ׃ כָּל־הַחַיָּה אֲשֶׁר־אִתְּךָ מִכָּל־בָּשָׂר בָּעוֹף
וּבַבְּהֵמָה וּבְכָל־הָרֶמֶשׂ הָרֹמֵשׂ עַל־הָאָרֶץ הוצא אִתָּךְ וְשָׁרְצוּ היצא
יח בָאָרֶץ וּפָרוּ וְרָבוּ עַל־הָאָרֶץ׃ וַיֵּצֵא־נֹחַ וּבָנָיו וְאִשְׁתּוֹ וּנְשֵׁי־
יט בָנָיו אִתּוֹ׃ כָּל־הַחַיָּה כָּל־הָרֶמֶשׂ וְכָל־הָעוֹף כֹּל רוֹמֵשׂ עַל־
כ הָאָרֶץ לְמִשְׁפְּחֹתֵיהֶם יָצְאוּ מִן־הַתֵּבָה׃ וַיִּבֶן נֹחַ מִזְבֵּחַ לַיהוה
וַיִּקַּח מִכֹּל ׀ הַבְּהֵמָה הַטְּהֹרָה וּמִכֹּל הָעוֹף הַטָּהוֹר וַיַּעַל עֹלֹת
כא בַּמִּזְבֵּחַ׃ וַיָּרַח יהוה אֶת־רֵיחַ הַנִּיחֹחַ וַיֹּאמֶר יהוה אֶל־לִבּוֹ לֹא

tains, that were under the whole heaven, were covered. Fifteen 20
cubits upward did the waters prevail; and the mountains were
covered. And all flesh perished that moved upon the earth, both 21
of birds, and of cattle, and of beasts, and of every creeping thing
that creeps upon the earth, and all mankind: all in whose nos- 22
trils was the breath of life, of all that was on the dry land, died.
And he destroyed every living substance which was upon the 23
face of the ground, both man, and cattle, and creeping things,
and the birds of the heaven; they were destroyed from the earth:
and Noaḥ only remained alive, and they that were with him in
the ark. And the waters prevailed upon the earth a hundred and 24
fifty days. And GOD remembered Noaḥ, and every living thing, **8**
and all the cattle that was with him in the ark: and GOD made
a wind to pass over the earth, and the waters were assuaged;
the fountains also of the deep and the windows of heaven were 2
stopped, and the rain from heaven was restrained; and the 3
waters receded from the earth continually: and after the end
of a hundred and fifty days the waters were abated. And the 4
ark rested in the seventh month, on the seventeenth day of the
month, upon the mountains of Ararat. And the waters decreased 5
continually until the tenth month: in the tenth month, on the
first day of the month, were the tops of the mountains seen. And 6
it came to pass at the end of forty days, that Noaḥ opened the
window of the ark which he had made: and he sent forth the 7
raven, which went forth to and fro, until the waters were dried
up from off the earth. Also he sent forth the dove from him, to 8
see if the waters were abated from the face of the ground;
but the dove found no rest for the sole of her foot, and she 9
returned to him into the ark, for the waters were on the face
of the whole earth: then he put out his hand, and took her, and
pulled her in to him into the ark. And he waited yet another 10
seven days; and again he sent forth the dove out of the ark; and 11
the dove came in to him in the evening; and, lo, in her mouth
was an olive leaf plucked off: so Noaḥ knew that the waters
were abated from off the earth. And he waited yet another seven 12
days; and sent forth the dove; which returned not again to him
any more. And it came to pass in the six hundred and first year, 13
in the first month on the first day of the month, that the waters
were dried up from off the earth: and Noaḥ removed the
covering of the ark, and looked, and, behold, the face of the
ground was dry. And in the second month, on the twenty- 14
seventh day of the month, was the earth dried.   And GOD 15
spoke to Noaḥ, saying, Go out of the ark, thou, and thy wife, 16
and thy sons, and thy sons' wives with thee. Bring out with 17
thee every living thing that is with thee, of all flesh, both of
birds, and of cattle, and of every creeping thing that creeps
on the earth; that they may breed abundantly on the earth, and
be fruitful, and multiply upon the earth. And Noaḥ went out, 18
and his sons, and his wjfe, and his sons' wives with him: every 19
beast, every creeping thing, and every bird, and whatever creeps
on the earth, after their kinds, went out of the ark. And Noaḥ 20
built an altar to the LORD; and took of every clean beast, and of
every clean bird, and offered burnt offerings on the altar. And 21

אֹסִף לְקַלֵּל עוֹד אֶת־הָאֲדָמָה בַּעֲבוּר הָאָדָם כִּי יֵצֶר לֵב הָאָדָם
כב רַע מִנְּעֻרָיו וְלֹא־אֹסִף עוֹד לְהַכּוֹת אֶת־כָּל־חַי כַּאֲשֶׁר עָשִׂיתִי׃
עֹד כָּל־יְמֵי הָאָרֶץ זֶרַע וְקָצִיר וְקֹר וָחֹם וְקַיִץ וָחֹרֶף וְיוֹם וָלַיְלָה
ט א לֹא יִשְׁבֹּתוּ׃ וַיְבָרֶךְ אֱלֹהִים אֶת־נֹחַ וְאֶת־בָּנָיו וַיֹּאמֶר לָהֶם
ב פְּרוּ וּרְבוּ וּמִלְאוּ אֶת־הָאָרֶץ׃ וּמוֹרַאֲכֶם וְחִתְּכֶם יִהְיֶה עַל כָּל־
חַיַּת הָאָרֶץ וְעַל כָּל־עוֹף הַשָּׁמָיִם בְּכֹל אֲשֶׁר תִּרְמֹשׂ הָאֲדָמָה
ג וּבְכָל־דְּגֵי הַיָּם בְּיֶדְכֶם נִתָּנוּ׃ כָּל־רֶמֶשׂ אֲשֶׁר הוּא־חַי לָכֶם
ד יִהְיֶה לְאָכְלָה כְּיֶרֶק עֵשֶׂב נָתַתִּי לָכֶם אֶת־כֹּל׃ אַךְ־בָּשָׂר
ה בְּנַפְשׁוֹ דָמוֹ לֹא תֹאכֵלוּ׃ וְאַךְ אֶת־דִּמְכֶם לְנַפְשֹׁתֵיכֶם אֶדְרֹשׁ
מִיַּד כָּל־חַיָּה אֶדְרְשֶׁנּוּ וּמִיַּד הָאָדָם מִיַּד אִישׁ אָחִיו אֶדְרֹשׁ
ו אֶת־נֶפֶשׁ הָאָדָם׃ שֹׁפֵךְ דַּם הָאָדָם בָּאָדָם דָּמוֹ יִשָּׁפֵךְ כִּי בְּצֶלֶם
ז אֱלֹהִים עָשָׂה אֶת־הָאָדָם׃ וְאַתֶּם פְּרוּ וּרְבוּ שִׁרְצוּ בָאָרֶץ
חמישי ח וּרְבוּ־בָהּ׃ וַיֹּאמֶר אֱלֹהִים אֶל־נֹחַ וְאֶל־בָּנָיו אִתּוֹ
ט לֵאמֹר׃ וַאֲנִי הִנְנִי מֵקִים אֶת־בְּרִיתִי אִתְּכֶם וְאֶת־זַרְעֲכֶם
י אַחֲרֵיכֶם׃ וְאֵת כָּל־נֶפֶשׁ הַחַיָּה אֲשֶׁר אִתְּכֶם בָּעוֹף בַּבְּהֵמָה
וּבְכָל־חַיַּת הָאָרֶץ אִתְּכֶם מִכֹּל יֹצְאֵי הַתֵּבָה לְכֹל חַיַּת הָאָרֶץ׃
יא וַהֲקִמֹתִי אֶת־בְּרִיתִי אִתְּכֶם וְלֹא־יִכָּרֵת כָּל־בָּשָׂר עוֹד מִמֵּי
יב הַמַּבּוּל וְלֹא־יִהְיֶה עוֹד מַבּוּל לְשַׁחֵת הָאָרֶץ׃ וַיֹּאמֶר אֱלֹהִים
זֹאת אוֹת־הַבְּרִית אֲשֶׁר־אֲנִי נֹתֵן בֵּינִי וּבֵינֵיכֶם וּבֵין כָּל־נֶפֶשׁ
יג חַיָּה אֲשֶׁר אִתְּכֶם לְדֹרֹת עוֹלָם׃ אֶת־קַשְׁתִּי נָתַתִּי בֶּעָנָן וְהָיְתָה
יד לְאוֹת בְּרִית בֵּינִי וּבֵין הָאָרֶץ׃ וְהָיָה בְּעַנְנִי עָנָן עַל־הָאָרֶץ
טו וְנִרְאֲתָה הַקֶּשֶׁת בֶּעָנָן׃ וְזָכַרְתִּי אֶת־בְּרִיתִי אֲשֶׁר בֵּינִי וּבֵינֵיכֶם
וּבֵין כָּל־נֶפֶשׁ חַיָּה בְּכָל־בָּשָׂר וְלֹא־יִהְיֶה עוֹד הַמַּיִם לְמַבּוּל
טז לְשַׁחֵת כָּל־בָּשָׂר׃ וְהָיְתָה הַקֶּשֶׁת בֶּעָנָן וּרְאִיתִיהָ לִזְכֹּר בְּרִית
עוֹלָם בֵּין אֱלֹהִים וּבֵין כָּל־נֶפֶשׁ חַיָּה בְּכָל־בָּשָׂר אֲשֶׁר עַל־
יז הָאָרֶץ׃ וַיֹּאמֶר אֱלֹהִים אֶל־נֹחַ זֹאת אוֹת־הַבְּרִית אֲשֶׁר הֲקִמֹתִי
בֵּינִי וּבֵין כָּל־בָּשָׂר אֲשֶׁר עַל־הָאָרֶץ׃
ששי ח יח וַיִּהְיוּ בְנֵי־נֹחַ הַיֹּצְאִים מִן־הַתֵּבָה שֵׁם וְחָם וָיָפֶת וְחָם הוּא אֲבִי
יט כ כְנָעַן׃ שְׁלֹשָׁה אֵלֶּה בְּנֵי־נֹחַ וּמֵאֵלֶּה נָפְצָה כָל־הָאָרֶץ׃ וַיָּחֶל
כא נֹחַ אִישׁ הָאֲדָמָה וַיִּטַּע כָּרֶם׃ וַיֵּשְׁתְּ מִן־הַיַּיִן וַיִּשְׁכָּר וַיִּתְגַּל
כב בְּתוֹךְ אָהֳלֹה׃ וַיַּרְא חָם אֲבִי כְנַעַן אֵת עֶרְוַת אָבִיו וַיַּגֵּד לִשְׁנֵי־
כג אֶחָיו בַּחוּץ׃ וַיִּקַּח שֵׁם וָיֶפֶת אֶת־הַשִּׂמְלָה וַיָּשִׂימוּ עַל־שְׁכֶם
שְׁנֵיהֶם וַיֵּלְכוּ אֲחֹרַנִּית וַיְכַסּוּ אֵת עֶרְוַת אֲבִיהֶם וּפְנֵיהֶם אֲחֹרַנִּית
כד וְעֶרְוַת אֲבִיהֶם לֹא רָאוּ׃ וַיִּיקֶץ נֹחַ מִיֵּינוֹ וַיֵּדַע אֵת אֲשֶׁר־

the LORD smelled the sweet savour; and the LORD said in his heart, I will not again curse the ground any more for man's sake; for the impulse of man's heart is evil from his youth; neither will I again smite any more everything living, as I have done. While the earth remains, seed time and harvest, and cold 22 and heat, and summer and winter, and day and night shall not cease. And GOD blessed Noaḥ and his sons, and said to them, Be **9** fruitful, and multiply, and replenish the earth. And the fear of 2 you and the dread of you shall be upon every beast of the earth, and upon every bird of the air, upon all that moves upon the earth, and upon all the fishes of the sea; into your hand are they delivered. Every moving thing that lives shall be food for you; 3 even as the green herb have I given you all things. But flesh with 4 its life, which is its blood, you shall not eat. And surely your 5 blood of your lives will I require; at the hand of every beast will I require it, and at the hand of man; at the hand of every man's brother will I require the life of man. Whoso sheds man's 6 blood by man shall his blood be shed: for in the image of GOD made he man. And as for you, be fruitful, and multiply; bring 7 forth abundantly in the earth, and multiply in it.   And GOD 8 spoke to Noaḥ, and to his sons with him, saying, And behold, I 9 establish my covenant with you, and with your seed after you; and with every living creature that is with you, of the birds, of 10 the cattle, and of every beast of the earth with you; from all that came out of the ark, to every beast of the earth. And I will 11 establish my covenant with you; neither shall all flesh be cut off any more by the waters of the flood; neither shall there any more be a flood to destroy the earth. And GOD said, This is the 12 token of the covenant which I make between me and you and every living creature that is with you, for perpetual generations: 13 I have set my bow in the cloud, and it shall be for a token of a covenant between me and the earth. And it shall come to pass, 14 when I bring a cloud over the earth, that the bow shall be seen in the cloud: and I will remember my covenant, which is between 15 me and you and every living creature of all flesh; and the waters shall no more become a flood to destroy all flesh. And the bow 16 shall be in the cloud; and I will look upon it, that I may remem- ber the everlasting covenant between GOD and every living crea- ture of all flesh that is upon the earth. And GOD said to Noaḥ, 17 This is the token of the covenant, which I have established be- tween me and all flesh that is upon the earth.

And the sons of Noaḥ, that went out of the ark, were Shem, 18 and Ḥam, and Yefet: and Ḥam is the father of Kena‘an. These 19 are the three sons of Noaḥ: and of them was the whole earth overspread. And Noaḥ began to be a husbandman, and he plant- 20 ed a vineyard: and he drank of the wine, and was drunk; 21 and he was uncovered within his tent. And Ḥam, the father of 22 Kena‘an saw the nakedness of his father, and told his two brethren outside. And Shem and Yefet took the garment, and 23 laid it upon both their shoulders, and went backward, and cov- ered the nakedness of their father; and their faces were back- ward, and they saw not their father's nakedness. And Noaḥ 24 awoke from his wine, and knew what his younger son had done

עָשָׂה לוֹ בְּנוֹ הַקָּטָן׃ וַיֹּאמֶר אָרוּר כְּנָעַן עֶבֶד עֲבָדִים יִהְיֶה כה
לְאֶחָיו׃ וַיֹּאמֶר בָּרוּךְ יהוה אֱלֹהֵי שֵׁם וִיהִי כְנַעַן עֶבֶד לָמוֹ׃ כו
יַפְתְּ אֱלֹהִים לְיֶפֶת וְיִשְׁכֹּן בְּאָהֳלֵי־שֵׁם וִיהִי כְנַעַן עֶבֶד לָמוֹ׃ כז
וַיְחִי־נֹחַ אַחַר הַמַּבּוּל שְׁלֹשׁ מֵאוֹת שָׁנָה וַחֲמִשִּׁים שָׁנָה׃ וַיְהִי כח כט
כָּל־יְמֵי־נֹחַ תְּשַׁע מֵאוֹת שָׁנָה וַחֲמִשִּׁים שָׁנָה וַיָּמֹת׃
וְאֵלֶּה תּוֹלְדֹת בְּנֵי־נֹחַ שֵׁם חָם וָיָפֶת וַיִּוָּלְדוּ לָהֶם בָּנִים אַחַר י א
הַמַּבּוּל׃ בְּנֵי יֶפֶת גֹּמֶר וּמָגוֹג וּמָדַי וְיָוָן וְתֻבָל וּמֶשֶׁךְ וְתִירָס׃ ב
וּבְנֵי גֹּמֶר אַשְׁכְּנַז וְרִיפַת וְתֹגַרְמָה׃ וּבְנֵי יָוָן אֱלִישָׁה וְתַרְשִׁישׁ ג ד
כִּתִּים וְדֹדָנִים׃ מֵאֵלֶּה נִפְרְדוּ אִיֵּי הַגּוֹיִם בְּאַרְצֹתָם אִישׁ לִלְשֹׁנוֹ ה
לְמִשְׁפְּחֹתָם בְּגוֹיֵהֶם׃ וּבְנֵי חָם כּוּשׁ וּמִצְרַיִם וּפוּט וּכְנָעַן׃ וּבְנֵי ו ז
כוּשׁ סְבָא וַחֲוִילָה וְסַבְתָּה וְרַעְמָה וְסַבְתְּכָא וּבְנֵי רַעְמָה שְׁבָא
וּדְדָן׃ וְכוּשׁ יָלַד אֶת־נִמְרֹד הוּא הֵחֵל לִהְיוֹת גִּבֹּר בָּאָרֶץ׃ ח
הוּא־הָיָה גִבֹּר־צַיִד לִפְנֵי יהוה עַל־כֵּן יֵאָמַר כְּנִמְרֹד גִּבּוֹר צַיִד ט
לִפְנֵי יהוה׃ וַתְּהִי רֵאשִׁית מַמְלַכְתּוֹ בָּבֶל וְאֶרֶךְ וְאַכַּד וְכַלְנֵה י
בְּאֶרֶץ שִׁנְעָר׃ מִן־הָאָרֶץ הַהִוא יָצָא אַשּׁוּר וַיִּבֶן אֶת־נִינְוֵה יא
וְאֶת־רְחֹבֹת עִיר וְאֶת־כָּלַח׃ וְאֶת־רֶסֶן בֵּין נִינְוֵה וּבֵין כָּלַח יב
הִוא הָעִיר הַגְּדֹלָה׃ וּמִצְרַיִם יָלַד אֶת־לוּדִים וְאֶת־עֲנָמִים יג
וְאֶת־לְהָבִים וְאֶת־נַפְתֻּחִים׃ וְאֶת־פַּתְרֻסִים וְאֶת־כַּסְלֻחִים יד
אֲשֶׁר יָצְאוּ מִשָּׁם פְּלִשְׁתִּים וְאֶת־כַּפְתֹּרִים׃ וּכְנַעַן טו
יָלַד אֶת־צִידֹן בְּכֹרוֹ וְאֶת־חֵת׃ וְאֶת־הַיְבוּסִי וְאֶת־הָאֱמֹרִי טז
וְאֵת הַגִּרְגָּשִׁי׃ וְאֶת־הַחִוִּי וְאֶת־הָעַרְקִי וְאֶת־הַסִּינִי׃ וְאֶת־ יז יח
הָאַרְוָדִי וְאֶת־הַצְּמָרִי וְאֶת־הַחֲמָתִי וְאַחַר נָפֹצוּ מִשְׁפְּחוֹת
הַכְּנַעֲנִי׃ וַיְהִי גְּבוּל הַכְּנַעֲנִי מִצִּידֹן בֹּאֲכָה גְרָרָה עַד־עַזָּה יט
בֹּאֲכָה סְדֹמָה וַעֲמֹרָה וְאַדְמָה וּצְבֹיִם עַד־לָשַׁע׃ אֵלֶּה בְנֵי־חָם כ
לְמִשְׁפְּחֹתָם לִלְשֹׁנֹתָם בְּאַרְצֹתָם בְּגוֹיֵהֶם׃ וּלְשֵׁם כא
יֻלַּד גַּם־הוּא אֲבִי כָּל־בְּנֵי־עֵבֶר אֲחִי יֶפֶת הַגָּדוֹל׃ בְּנֵי שֵׁם כב
עֵילָם וְאַשּׁוּר וְאַרְפַּכְשַׁד וְלוּד וַאֲרָם׃ וּבְנֵי אֲרָם עוּץ וְחוּל כג
וְגֶתֶר וָמַשׁ׃ וְאַרְפַּכְשַׁד יָלַד אֶת־שָׁלַח וְשֶׁלַח יָלַד אֶת־עֵבֶר׃ כד
וּלְעֵבֶר יֻלַּד שְׁנֵי בָנִים שֵׁם הָאֶחָד פֶּלֶג כִּי בְיָמָיו נִפְלְגָה הָאָרֶץ כה
וְשֵׁם אָחִיו יָקְטָן׃ וְיָקְטָן יָלַד אֶת־אַלְמוֹדָד וְאֶת־שָׁלֶף וְאֶת־ כו
חֲצַרְמָוֶת וְאֶת־יָרַח׃ וְאֶת־הֲדוֹרָם וְאֶת־אוּזָל וְאֶת־דִּקְלָה׃ כז
וְאֶת־עוֹבָל וְאֶת־אֲבִימָאֵל וְאֶת־שְׁבָא׃ וְאֶת־אוֹפִר וְאֶת־ כח כט
חֲוִילָה וְאֶת־יוֹבָב כָּל־אֵלֶּה בְּנֵי יָקְטָן׃ וַיְהִי מוֹשָׁבָם מִמֵּשָׁא ל
בֹּאֲכָה סְפָרָה הַר הַקֶּדֶם׃ אֵלֶּה בְנֵי־שֵׁם לְמִשְׁפְּחֹתָם לִלְשֹׁנֹתָם לא
בְּאַרְצֹתָם לְגוֹיֵהֶם׃ אֵלֶּה מִשְׁפְּחֹת בְּנֵי־נֹחַ לְתוֹלְדֹתָם בְּגוֹיֵהֶם לב
וּמֵאֵלֶּה נִפְרְדוּ הַגּוֹיִם בָּאָרֶץ אַחַר הַמַּבּוּל׃

to him. And he said, Cursed be Kena'an; a servant of servants 25
shall he be to his brethren. And he said, Blessed be the LORD 26
GOD of Shem; and Kena'an shall be his servant. GOD shall en- 27
large Yefet, and he shall dwell in the tents of Shem; and Kena'an
shall be his servant. And Noaḥ lived after the flood three hundred 28
and fifty years. And all the days of Noaḥ were nine hundred 29
and fifty years: and he died.

Now these are the generations of the sons of Noaḥ: Shem, Ḥam, **10**
and Yefet; and to them were sons born after the flood. The 2
sons of Yefet; Gomer, and Magog, and Maday, and Yavan, and
Tuval, and Meshekh, and Tiras. And the sons of Gomer; Ash- 3
kenaz, and Rifat, and Togarma. And the sons of Yavan; Elisha, 4
and Tarshish, Kittim, and Dodanim. By these were the isles of 5
the nations divided in their lands; everyone after his tongue,
after their families, in their nations. And the sons of Ḥam; Kush, 6
and Miẓrayim, and Put, and Kena'an. And the sons of Kush; 7
Seva, and Ḥavila, and Savta, and Ra'ma, and Savtekha, and the
sons of Ra'ma; Sheva, and Dedan. And Kush begot Nimrod: he 8
began to be a mighty one in the earth. He was a mighty hunter 9
before the LORD: wherefore it is said, Like Nimrod the mighty
hunter before the LORD. And the beginning of his kingdom was 10
Bavel, and Erekh, and Akkad, and Kalne, in the land of Shin'ar.
Out of that land went forth Ashshur, and built Nineve, and the 11
city Reḥovot, and Kelaḥ. And Resen between Nineve and Kelaḥ: 12
that is a great city. And Miẓrayim begot Ludim, and 'Anamim, 13
and Lehavim and Naftuḥim. And Patrusim, and Kasluḥim, (out 14
of whom came Pelishtim) and Kaftorim.   And Kena'an 15
begot Ẓidon his firstborn, and Ḥet, and the Yevusi, and the 16
Emori, and the Girgashi. And the Ḥivvi, and the 'Arqi, and the 17
Sini, and the Arvadi, and the Ẓemari, and the Ḥamati: and after- 18
wards the families of the Kena'ani were spread abroad. And the 19
border of the Kena'ani was from Ẓidon, as thou comest to Gerar,
unto 'Azza; as thou goest to Sedom, and 'Amora, and Adma, and
Ẓevoyim, unto Lesha. These are the sons of Ḥam, after their 20
families, after their tongues, in their lands, in their na-
tions.   To Shem also, the father of all the children of 21
'Ever, the brother of Yefet the elder, to him were children born.
The children of Shem; 'Elam, and Ashshur, and Arpakhshad, and 22
Lud, and Aram. And the children of Aram; 'Uẓ, and Ḥul, and 23
Geter, and Mash. And Arpakhshad begot Shelaḥ, and Shelaḥ 24
begot 'Ever. And to 'Ever were born two sons: the name of 25
one was Peleg; for in his days was the earth divided; and his
brother's name was Yoqtan. And Yoqtan begot Almodad, and 26
Shelef, and Ḥaẓarmavet, and Yeraḥ, and Hadoram, and Uzal, 27
and Diqla, and 'Oval, and Avima'el, and Sheva, and Ofir, and 28,29
Ḥavila, and Yovav: all these were the sons of Yoqtan. And their 30
dwelling was from Mesha, as thou goest to Sefar a mountain of
the east. These are the sons of Shem, after their families, after 31
their tongues, in their lands, after their nations. These are the 32
families of the sons of Noaḥ, after their generations, in their
nations: and from these were the nations divided in the earth
after the flood.

וַיְהִי כָל־הָאָרֶץ שָׂפָה אֶחָת וּדְבָרִים אֲחָדִים: וַיְהִי בְּנָסְעָם א

מִקֶּדֶם וַיִּמְצְאוּ בִקְעָה בְּאֶרֶץ שִׁנְעָר וַיֵּשְׁבוּ שָׁם: וַיֹּאמְרוּ אִישׁ ג

אֶל־רֵעֵהוּ הָבָה נִלְבְּנָה לְבֵנִים וְנִשְׂרְפָה לִשְׂרֵפָה וַתְּהִי לָהֶם

הַלְּבֵנָה לְאָבֶן וְהַחֵמָר הָיָה לָהֶם לַחֹמֶר: וַיֹּאמְרוּ הָבָה ׀ נִבְנֶה־ ד

לָנוּ עִיר וּמִגְדָּל וְרֹאשׁוֹ בַשָּׁמַיִם וְנַעֲשֶׂה־לָּנוּ שֵׁם פֶּן־נָפוּץ עַל־

פְּנֵי כָל־הָאָרֶץ: וַיֵּרֶד יְהוָה לִרְאֹת אֶת־הָעִיר וְאֶת־הַמִּגְדָּל ה

אֲשֶׁר בָּנוּ בְּנֵי הָאָדָם: וַיֹּאמֶר יְהוָה הֵן עַם אֶחָד וְשָׂפָה אַחַת ו

לְכֻלָּם וְזֶה הַחִלָּם לַעֲשׂוֹת וְעַתָּה לֹא־יִבָּצֵר מֵהֶם כֹּל אֲשֶׁר

יָזְמוּ לַעֲשׂוֹת: הָבָה נֵרְדָה וְנָבְלָה שָׁם שְׂפָתָם אֲשֶׁר לֹא יִשְׁמְעוּ ז

אִישׁ שְׂפַת רֵעֵהוּ: וַיָּפֶץ יְהוָה אֹתָם מִשָּׁם עַל־פְּנֵי כָל־הָאָרֶץ ח

וַיַּחְדְּלוּ לִבְנֹת הָעִיר: עַל־כֵּן קָרָא שְׁמָהּ בָּבֶל כִּי־שָׁם ט

בָּלַל יְהוָה שְׂפַת כָּל־הָאָרֶץ וּמִשָּׁם הֱפִיצָם יְהוָה עַל־פְּנֵי

כָּל־הָאָרֶץ:

אֵלֶּה תּוֹלְדֹת שֵׁם שֵׁם בֶּן־מְאַת שָׁנָה וַיּוֹלֶד אֶת־אַרְפַּכְשָׁד י

שְׁנָתַיִם אַחַר הַמַּבּוּל: וַיְחִי־שֵׁם אַחֲרֵי הוֹלִידוֹ אֶת־אַרְפַּכְשָׁד יא

חֲמֵשׁ מֵאוֹת שָׁנָה וַיּוֹלֶד בָּנִים וּבָנוֹת: וְאַרְפַּכְשַׁד יב

חַי חָמֵשׁ וּשְׁלֹשִׁים שָׁנָה וַיּוֹלֶד אֶת־שָׁלַח: וַיְחִי אַרְפַּכְשַׁד יג

אַחֲרֵי הוֹלִידוֹ אֶת־שֶׁלַח שָׁלֹשׁ שָׁנִים וְאַרְבַּע מֵאוֹת שָׁנָה

וַיּוֹלֶד בָּנִים וּבָנוֹת: וְשֶׁלַח חַי שְׁלֹשִׁים שָׁנָה וַיּוֹלֶד יד

אֶת־עֵבֶר: וַיְחִי־שֶׁלַח אַחֲרֵי הוֹלִידוֹ אֶת־עֵבֶר שָׁלֹשׁ שָׁנִים טו

וְאַרְבַּע מֵאוֹת שָׁנָה וַיּוֹלֶד בָּנִים וּבָנוֹת: וַיְחִי־עֵבֶר טז

אַרְבַּע וּשְׁלֹשִׁים שָׁנָה וַיּוֹלֶד אֶת־פָּלֶג: וַיְחִי־עֵבֶר אַחֲרֵי הוֹלִידוֹ יז

אֶת־פֶּלֶג שְׁלֹשִׁים שָׁנָה וְאַרְבַּע מֵאוֹת שָׁנָה וַיּוֹלֶד בָּנִים

וּבָנוֹת: וַיְחִי־פֶלֶג שְׁלֹשִׁים שָׁנָה וַיּוֹלֶד אֶת־רְעוּ: חי

וַיְחִי־פֶלֶג אַחֲרֵי הוֹלִידוֹ אֶת־רְעוּ תֵּשַׁע שָׁנִים וּמָאתַיִם שָׁנָה יט

וַיּוֹלֶד בָּנִים וּבָנוֹת: וַיְחִי רְעוּ שְׁתַּיִם וּשְׁלֹשִׁים שָׁנָה כ

וַיּוֹלֶד אֶת־שְׂרוּג: וַיְחִי רְעוּ אַחֲרֵי הוֹלִידוֹ אֶת־שְׂרוּג שֶׁבַע שָׁנִים כא

וּמָאתַיִם שָׁנָה וַיּוֹלֶד בָּנִים וּבָנוֹת: וַיְחִי שְׂרוּג שְׁלֹשִׁים כב

שָׁנָה וַיּוֹלֶד אֶת־נָחוֹר: וַיְחִי שְׂרוּג אַחֲרֵי הוֹלִידוֹ אֶת־נָחוֹר מָאתַיִם כג

שָׁנָה וַיּוֹלֶד בָּנִים וּבָנוֹת: וַיְחִי נָחוֹר תֵּשַׁע וְעֶשְׂרִים כד

שָׁנָה וַיּוֹלֶד אֶת־תָּרַח: וַיְחִי נָחוֹר אַחֲרֵי הוֹלִידוֹ אֶת־תֶּרַח תְּשַׁע־ כה

עֶשְׂרֵה שָׁנָה וּמְאַת שָׁנָה וַיּוֹלֶד בָּנִים וּבָנוֹת: וַיְחִי־ כו

תֶרַח שִׁבְעִים שָׁנָה וַיּוֹלֶד אֶת־אַבְרָם אֶת־נָחוֹר וְאֶת־הָרָן:

וְאֵלֶּה תּוֹלְדֹת תֶּרַח תֶּרַח הוֹלִיד אֶת־אַבְרָם אֶת־נָחוֹר וְאֶת־ כז

הָרָן וְהָרָן הוֹלִיד אֶת־לוֹט: וַיָּמָת הָרָן עַל־פְּנֵי תֶּרַח אָבִיו בְּאֶרֶץ כח

מוֹלַדְתּוֹ בְּאוּר כַּשְׂדִּים: וַיִּקַּח אַבְרָם וְנָחוֹר לָהֶם נָשִׁים שֵׁם כט

And the whole earth was of one language, and of one speech. 1
And it came to pass, as they journeyed from the east, that they 2
found a plain in the land of Shin'ar; and they dwelt there. And 3
they said to one another, Come, let us make bricks, and burn
them thoroughly. And they had brick for stone, and slime had
they for mortar. And they said, Come, let us build us a city and 4
a tower, whose top may reach to heaven; and let us make us a
name, lest we be scattered abroad upon the face of the whole
earth. And the LORD came down to see the city and the tower, 5
which the children of men were building. And the LORD said, 6
Behold, the people is one, and they have all one language; and
this they begin to do: and now nothing will be withheld from
them, which they have schemed to do. Come, let us go down, 7
and there confound their language, that they may not understand
one another's speech. So the LORD scattered them abroad from 8
there upon the face of all the earth: and they ceased to build
the city. Therefore is the name of it called Bavel; because the 9
LORD did there confound the language of all the earth: and from
thence did the LORD scatter them abroad upon the face of all
the earth.

These are the generations of Shem: Shem was a hundred years 10
old, and begot Arpakhshad two years after the flood: and Shem 11
lived after he begot Arpakhshad five hundred years, and begot
sons and daughters.   And Arpakhshad lived thirty five 12
years, and begot Shelaḥ. And Arpakhshad lived after he begot 13
Shelaḥ four hundred and three years, and begot sons and
daughters.   And Shelaḥ lived thirty years, and begot 'Ever: 14
and Shelaḥ lived after he begot 'Ever four hundred and three 15
years, and begot sons and daughters.   And 'Ever lived 16
thirty four years, and begot Peleg: and 'Ever lived after he begot 17
Peleg four hundred and thirty years, and begot sons and daugh-
ters.   And Peleg lived thirty years, and begot Re'u: and 18
Peleg lived after he begot Re'u two hundred and nine years, 19
and begot sons and daughters.   And Re'u lived thirty two 20
years, and begot Serug: and Re'u lived after he begot Serug 21
two hundred and seven years, and begot sons and daughters.
          And Serug lived thirty years, and begot Naḥor: and 22
Serug lived after he begot Naḥor two hundred years, and be- 23
got sons and daughters.   And Naḥor lived twenty nine 24
years, and begot Teraḥ: and Naḥor lived after he begot Teraḥ 25
a hundred and nineteen years, and begot sons and daughters.
          And Teraḥ lived seventy years, and begot Avram, Naḥor, 26
and Haran. Now these are the generations of Teraḥ: Teraḥ 27
begot Avram, Naḥor, and Haran; and Haran begot Lot. And 28
Haran died before his father Teraḥ in the land of his nativity,
in Ur-kasdim. And Avram and Naḥor took wives for themselves; 29

אֵ֣שֶׁת־אַבְרָ֔ם שָׂרָ֑י וְשֵׁ֤ם אֵֽשֶׁת־נָחוֹר֙ מִלְכָּ֔ה בַּת־הָרָ֥ן אֲבִֽי־
ל לא מִלְכָּ֖ה וַאֲבִ֥י יִסְכָּֽה׃ וַתְּהִ֥י שָׂרַ֖י עֲקָרָ֑ה אֵ֥ין לָ֖הּ וָלָֽד׃ וַיִּקַּ֨ח תֶּ֜רַח
אֶת־אַבְרָ֣ם בְּנ֗וֹ וְאֶת־ל֤וֹט בֶּן־הָרָן֙ בֶּן־בְּנ֔וֹ וְאֵת֙ שָׂרַ֣י כַּלָּת֔וֹ
אֵ֖שֶׁת אַבְרָ֣ם בְּנ֑וֹ וַיֵּצְא֨וּ אִתָּ֜ם מֵא֣וּר כַּשְׂדִּ֗ים לָלֶ֙כֶת֙ אַ֣רְצָה
לב כְּנַ֔עַן וַיָּבֹ֥אוּ עַד־חָרָ֖ן וַיֵּ֥שְׁבוּ שָֽׁם׃ וַיִּהְי֣וּ יְמֵי־תֶ֔רַח חָמֵ֥שׁ שָׁנִ֖ים
וּמָאתַ֣יִם שָׁנָ֑ה וַיָּ֥מָת תֶּ֖רַח בְּחָרָֽן׃
יב א וַיֹּ֤אמֶר יהוה֙ אֶל־אַבְרָ֔ם לֶךְ־לְךָ֛ מֵאַרְצְךָ֥ וּמִמּֽוֹלַדְתְּךָ֖ וּמִבֵּ֣ית לך לך י
ב אָבִ֑יךָ אֶל־הָאָ֖רֶץ אֲשֶׁ֥ר אַרְאֶֽךָּ׃ וְאֶֽעֶשְׂךָ֙ לְג֣וֹי גָּד֔וֹל וַאֲבָ֣רֶכְךָ֔
ג וַאֲגַדְּלָ֖ה שְׁמֶ֑ךָ וֶהְיֵ֖ה בְּרָכָֽה׃ וַאֲבָֽרְכָה֙ מְבָ֣רְכֶ֔יךָ וּמְקַלֶּלְךָ֖ אָאֹ֑ר
ד וְנִבְרְכ֣וּ בְךָ֔ כֹּ֖ל מִשְׁפְּחֹ֥ת הָאֲדָמָֽה׃ וַיֵּ֣לֶךְ אַבְרָ֗ם כַּאֲשֶׁ֨ר דִּבֶּ֤ר
אֵלָיו֙ יהוה וַיֵּ֥לֶךְ אִתּ֖וֹ ל֑וֹט וְאַבְרָ֗ם בֶּן־חָמֵ֤שׁ שָׁנִים֙ וְשִׁבְעִ֣ים
ה שָׁנָ֔ה בְּצֵאת֖וֹ מֵחָרָֽן׃ וַיִּקַּ֣ח אַבְרָם֩ אֶת־שָׂרַ֨י אִשְׁתּ֜וֹ וְאֶת־ל֣וֹט
בֶּן־אָחִ֗יו וְאֶת־כָּל־רְכוּשָׁם֙ אֲשֶׁ֣ר רָכָ֔שׁוּ וְאֶת־הַנֶּ֖פֶשׁ אֲשֶׁר־עָשׂ֣וּ
ו בְחָרָ֑ן וַיֵּצְא֗וּ לָלֶ֙כֶת֙ אַ֣רְצָה כְּנַ֔עַן וַיָּבֹ֖אוּ אַ֥רְצָה כְּנָֽעַן׃ וַיַּעֲבֹ֤ר
אַבְרָם֙ בָּאָ֔רֶץ עַ֚ד מְק֣וֹם שְׁכֶ֔ם עַ֖ד אֵל֣וֹן מוֹרֶ֑ה וְהַֽכְּנַעֲנִ֖י אָ֥ז
ז בָּאָֽרֶץ׃ וַיֵּרָ֤א יהוה֙ אֶל־אַבְרָ֔ם וַיֹּ֕אמֶר לְזַ֨רְעֲךָ֔ אֶתֵּ֖ן אֶת־הָאָ֣רֶץ
ח הַזֹּ֑את וַיִּ֤בֶן שָׁם֙ מִזְבֵּ֔חַ לַיהוה הַנִּרְאֶ֥ה אֵלָֽיו׃ וַיַּעְתֵּ֨ק מִשָּׁ֜ם
הָהָ֗רָה מִקֶּ֛דֶם לְבֵֽית־אֵ֖ל וַיֵּ֣ט אָהֳלֹ֑ה בֵּֽית־אֵ֤ל מִיָּם֙ וְהָעַ֣י מִקֶּ֔דֶם
ט וַיִּֽבֶן־שָׁ֤ם מִזְבֵּ֙חַ֙ לַיהוה וַיִּקְרָ֖א בְּשֵׁ֥ם יהוה׃ וַיִּסַּ֣ע אַבְרָ֔ם הָל֥וֹךְ
וְנָס֖וֹעַ הַנֶּֽגְבָּה׃
י וַיְהִ֥י רָעָ֖ב בָּאָ֑רֶץ וַיֵּ֨רֶד אַבְרָ֤ם מִצְרַ֙יְמָה֙ לָג֣וּר שָׁ֔ם כִּֽי־כָבֵ֥ד
יא הָרָעָ֖ב בָּאָֽרֶץ׃ וַיְהִ֕י כַּאֲשֶׁ֥ר הִקְרִ֖יב לָב֣וֹא מִצְרָ֑יְמָה וַיֹּ֙אמֶר֙
אֶל־שָׂרַ֣י אִשְׁתּ֔וֹ הִנֵּה־נָ֣א יָדַ֔עְתִּי כִּ֛י אִשָּׁ֥ה יְפַת־מַרְאֶ֖ה אָֽתְּ׃
יב וְהָיָ֗ה כִּֽי־יִרְא֤וּ אֹתָךְ֙ הַמִּצְרִ֔ים וְאָמְר֖וּ אִשְׁתּ֣וֹ זֹ֑את וְהָרְג֥וּ אֹתִ֖י
יג וְאֹתָ֥ךְ יְחַיּֽוּ׃ אִמְרִי־נָ֖א אֲחֹ֣תִי אָ֑תְּ לְמַ֙עַן֙ יִֽיטַב־לִ֣י בַעֲבוּרֵ֔ךְ
יד וְחָיְתָ֥ה נַפְשִׁ֖י בִּגְלָלֵֽךְ׃ וַיְהִ֕י כְּב֥וֹא אַבְרָ֖ם מִצְרָ֑יְמָה וַיִּרְא֤וּ שני
טו הַמִּצְרִים֙ אֶת־הָ֣אִשָּׁ֔ה כִּֽי־יָפָ֥ה הִ֖וא מְאֹֽד׃ וַיִּרְא֤וּ אֹתָהּ֙ שָׂרֵ֣י
פַרְעֹ֔ה וַיְהַֽלְל֥וּ אֹתָ֖הּ אֶל־פַּרְעֹ֑ה וַתֻּקַּ֥ח הָאִשָּׁ֖ה בֵּ֥ית פַּרְעֹֽה׃
טז וּלְאַבְרָ֥ם הֵיטִ֖יב בַּעֲבוּרָ֑הּ וַֽיְהִי־ל֤וֹ צֹאן־וּבָקָר֙ וַחֲמֹרִ֔ים וַעֲבָדִים֙
יז וּשְׁפָחֹ֔ת וַאֲתֹנֹ֖ת וּגְמַלִּֽים׃ וַיְנַגַּ֨ע יהוה ׀ אֶת־פַּרְעֹ֛ה נְגָעִ֥ים גְּדֹלִ֖ים
יח וְאֶת־בֵּית֑וֹ עַל־דְּבַ֥ר שָׂרַ֖י אֵ֥שֶׁת אַבְרָֽם׃ וַיִּקְרָ֤א פַרְעֹה֙ לְאַבְרָ֔ם
וַיֹּ֕אמֶר מַה־זֹּ֖את עָשִׂ֣יתָ לִּ֑י לָ֚מָּה לֹא־הִגַּ֣דְתָּ לִּ֔י כִּ֥י אִשְׁתְּךָ֖ הִֽוא׃
יט לָמָ֤ה אָמַ֙רְתָּ֙ אֲחֹ֣תִי הִ֔וא וָאֶקַּ֥ח אֹתָ֛הּ לִ֖י לְאִשָּׁ֑ה וְעַתָּ֕ה הִנֵּ֥ה
כ אִשְׁתְּךָ֖ קַ֥ח וָלֵֽךְ׃ וַיְצַ֥ו עָלָ֛יו פַּרְעֹ֖ה אֲנָשִׁ֑ים וַֽיְשַׁלְּח֥וּ אֹת֛וֹ

the name of Avram's wife was Saray; and the name of Naḥor's
wife, Milka, the daughter of Haran, the father of Milka, and the
father of Yiska. But Saray was barren; she had no child. 30
And Teraḥ took Avram his son, and Lot the son of Haran his 31
son's son, and Saray his daughter in law, his son Avram's wife;
and they went out with them from Ur-kasdim, to go into the
land of Kena'an; and they came to Ḥaran, and dwelt there. And 32
the days of Teraḥ were two hundred and five years: and Teraḥ
died in Ḥaran.

LEKH-LEKHA

Now the Lord said to Avram, Get thee out of thy country, and **12**
from thy kindred, and from thy father's house, to the land that
I will show thee: and I will make of thee a great nation, and I 2
will bless thee, and make thy name great; and thou shalt be a
blessing: and I will bless them that bless thee, and curse him 3
that curses thee: and in thee shall all the families of the earth
be blessed. So Avram departed, as the Lord had spoken to him; 4
and Lot went with him: and Avram was seventy five years old
when he departed out of Ḥaran. And Avram took Saray his wife, 5
and Lot his brother's son, and all their substance that they had
gathered, and the souls that they had acquired in Ḥaran; and
they went forth to go to the land of Kena'an; and into the land
of Kena'an they came. And Avram passed through the land to 6
the place of Shekhem unto the terebinth of More. And the
Kena'ani was then in the land. And the Lord appeared to Avram, 7
and said, To thy seed will I give this land: and there he built
an altar to the Lord, who had appeared to him. And he removed 8
from there to a mountain on the east of Bet-el, and pitched his
tent, having Bet-el on the west, and 'Ay on the east: and there
he built an altar to the Lord, and called upon the name of
the Lord. And Avram journeyed, going on still toward the 9
Negev.

And there was famine in the land: and Avram went down to 10
Miẕrayim to sojourn there; for the famine was severe in the
land. And it came to pass, when he was come near to enter to 11
Miẕrayim that he said to Saray his wife, Behold now, I know
that thou art a fair woman to look upon: therefore it shall come 12
to pass, when the Miẕrim shall see thee, that they shall say, This
is his wife: and they will kill me, but they will save thee alive. 13
Say, I pray thee, thou art my sister: that it may be well with me
for thy sake; and my soul shall live because of thee. And it came 14
to pass, that, when Avram was come to Miẕrayim, the Miẕrim
beheld the woman that she was very fair. The princes also of 15
Par'o saw her, and commended her before Par'o: and the woman
was taken into Par'o's house. And he treated Avram well for her 16
sake: and he had sheep, and oxen, and he asses, and men-
servants, and maidservants, and she asses, and camels. And the 17
Lord plagued Par'o and his house with great plagues because
of Saray, Avram's wife. And Par'o called Avram, and said, What 18
is this that thou hast done to me? why didst thou not tell me
that she was thy wife? Why didst thou say, She is my sister? so 19
I might have taken her to me to wife: now therefore behold thy
wife, take her, and go thy way. And Par'o commanded his men 20
concerning him: and they sent him away, and his wife, and all

א וְאֶת־אִשְׁתּוֹ וְאֶת־כָּל־אֲשֶׁר־לוֹ: וַיַּעַל אַבְרָם מִמִּצְרַיִם הוּא
ב וְאִשְׁתּוֹ וְכָל־אֲשֶׁר־לוֹ וְלוֹט עִמּוֹ הַנֶּגְבָּה: וְאַבְרָם כָּבֵד מְאֹד
ג בַּמִּקְנֶה בַּכֶּסֶף וּבַזָּהָב: וַיֵּלֶךְ לְמַסָּעָיו מִנֶּגֶב וְעַד־בֵּית־אֵל עַד־
הַמָּקוֹם אֲשֶׁר־הָיָה שָׁם אָהֳלֹה בַּתְּחִלָּה בֵּין בֵּית־אֵל וּבֵין הָעָי:
ד אֶל־מְקוֹם הַמִּזְבֵּחַ אֲשֶׁר־עָשָׂה שָׁם בָּרִאשֹׁנָה וַיִּקְרָא שָׁם
ה אַבְרָם בְּשֵׁם יהוה: וְגַם־לְלוֹט הַהֹלֵךְ אֶת־אַבְרָם הָיָה צֹאן־ שלישי
ו וּבָקָר וְאֹהָלִים: וְלֹא־נָשָׂא אֹתָם הָאָרֶץ לָשֶׁבֶת יַחְדָּו כִּי־הָיָה
ז רְכוּשָׁם רָב וְלֹא יָכְלוּ לָשֶׁבֶת יַחְדָּו: וַיְהִי־רִיב בֵּין רֹעֵי מִקְנֵה־
אַבְרָם וּבֵין רֹעֵי מִקְנֵה־לוֹט וְהַכְּנַעֲנִי וְהַפְּרִזִּי אָז יֹשֵׁב בָּאָרֶץ:
ח וַיֹּאמֶר אַבְרָם אֶל־לוֹט אַל־נָא תְהִי מְרִיבָה בֵּינִי וּבֵינֶךָ וּבֵין
ט רֹעַי וּבֵין רֹעֶיךָ כִּי־אֲנָשִׁים אַחִים אֲנָחְנוּ: הֲלֹא כָל־הָאָרֶץ
לְפָנֶיךָ הִפָּרֶד נָא מֵעָלָי אִם־הַשְּׂמֹאל וְאֵימִנָה וְאִם־הַיָּמִין
י וְאַשְׂמְאִילָה: וַיִּשָּׂא־לוֹט אֶת־עֵינָיו וַיַּרְא אֶת־כָּל־כִּכַּר הַיַּרְדֵּן
כִּי כֻלָּהּ מַשְׁקֶה לִפְנֵי ׀ שַׁחֵת יהוה אֶת־סְדֹם וְאֶת־עֲמֹרָה כְּגַן־
יא יהוה כְּאֶרֶץ מִצְרַיִם בֹּאֲכָה צֹעַר: וַיִּבְחַר־לוֹ לוֹט אֵת כָּל־כִּכַּר
יב הַיַּרְדֵּן וַיִּסַּע לוֹט מִקֶּדֶם וַיִּפָּרְדוּ אִישׁ מֵעַל אָחִיו: אַבְרָם יָשַׁב
יג בְּאֶרֶץ־כְּנָעַן וְלוֹט יָשַׁב בְּעָרֵי הַכִּכָּר וַיֶּאֱהַל עַד־סְדֹם: וְאַנְשֵׁי
יד סְדֹם רָעִים וְחַטָּאִים לַיהוה מְאֹד: וַיהוה אָמַר אֶל־אַבְרָם
אַחֲרֵי הִפָּרֶד־לוֹט מֵעִמּוֹ שָׂא־נָא עֵינֶיךָ וּרְאֵה מִן־הַמָּקוֹם
טו אֲשֶׁר־אַתָּה שָׁם צָפֹנָה וָנֶגְבָּה וָקֵדְמָה וָיָמָּה: כִּי אֶת־כָּל־
הָאָרֶץ אֲשֶׁר־אַתָּה רֹאֶה לְךָ אֶתְּנֶנָּה וּלְזַרְעֲךָ עַד־עוֹלָם:
טז וְשַׂמְתִּי אֶת־זַרְעֲךָ כַּעֲפַר הָאָרֶץ אֲשֶׁר ׀ אִם־יוּכַל אִישׁ לִמְנוֹת
יז אֶת־עֲפַר הָאָרֶץ גַּם־זַרְעֲךָ יִמָּנֶה: קוּם הִתְהַלֵּךְ בָּאָרֶץ לְאָרְכָּהּ
יח וּלְרָחְבָּהּ כִּי לְךָ אֶתְּנֶנָּה: וַיֶּאֱהַל אַבְרָם וַיָּבֹא וַיֵּשֶׁב בְּאֵלֹנֵי
מַמְרֵא אֲשֶׁר בְּחֶבְרוֹן וַיִּבֶן־שָׁם מִזְבֵּחַ לַיהוה:
יד א וַיְהִי בִּימֵי אַמְרָפֶל מֶלֶךְ־שִׁנְעָר אַרְיוֹךְ מֶלֶךְ אֶלָּסָר כְּדָרְלָעֹמֶר רביעי יא
ב מֶלֶךְ עֵילָם וְתִדְעָל מֶלֶךְ גּוֹיִם: עָשׂוּ מִלְחָמָה אֶת־בֶּרַע מֶלֶךְ
סְדֹם וְאֶת־בִּרְשַׁע מֶלֶךְ עֲמֹרָה שִׁנְאָב ׀ מֶלֶךְ אַדְמָה וְשֶׁמְאֵבֶר
ג מֶלֶךְ צביים וּמֶלֶךְ בֶּלַע הִיא־צֹעַר: כָּל־אֵלֶּה חָבְרוּ אֶל־עֵמֶק צְבוֹיִם
ד הַשִּׂדִּים הוּא יָם הַמֶּלַח: שְׁתֵּים עֶשְׂרֵה שָׁנָה עָבְדוּ אֶת־
ה כְּדָרְלָעֹמֶר וּשְׁלֹשׁ־עֶשְׂרֵה שָׁנָה מָרָדוּ: וּבְאַרְבַּע עֶשְׂרֵה שָׁנָה
בָּא כְדָרְלָעֹמֶר וְהַמְּלָכִים אֲשֶׁר אִתּוֹ וַיַּכּוּ אֶת־רְפָאִים בְּעַשְׁתְּרֹת
ו קַרְנַיִם וְאֶת־הַזּוּזִים בְּהָם וְאֵת הָאֵימִים בְּשָׁוֵה קִרְיָתָיִם: וְאֶת־
ז הַחֹרִי בְּהַרְרָם שֵׂעִיר עַד אֵיל פָּארָן אֲשֶׁר עַל־הַמִּדְבָּר: וַיָּשֻׁבוּ
וַיָּבֹאוּ אֶל־עֵין מִשְׁפָּט הִוא קָדֵשׁ וַיַּכּוּ אֶת־כָּל־שְׂדֵה הָעֲמָלֵקִי
ח וְגַם אֶת־הָאֱמֹרִי הַיֹּשֵׁב בְּחַצְצֹן תָּמָר: וַיֵּצֵא מֶלֶךְ־סְדֹם וּמֶלֶךְ

that he had. And Avram went up out of Miẕrayim, he, and his 1
wife, and all that he had, and Lot with him, into the Negev. And 2
Avram was very rich in cattle, in silver, and in gold. And he went 3
on his journeys from the Negev even to Bet-el, to the place
where his tent had been at the beginning, between Bet-el and
'Ay; to the place of the altar, which he had made there at the 4
first: and there Avram called on the name of the Lord. And Lot 5
also, who went with Avram, had flocks, and herds, and tents.
And the land was not able to bear them, that they might dwell 6
together: for their substance was great, so that they could not
dwell together. And there was a strife between the herdmen of 7
Avram's cattle and the herdmen of Lot's cattle: and the Ken'a-
ani and the Perizzi dwelt then in the land. And Avram said to 8
Lot, Let there be no strife, I pray thee, between me and thee,
and between my herdmen and thy herdmen, for we are brethren.
Is not the whole land before thee? separate thyself, I pray thee, 9
from me: if thou wilt take the left hand, then I will go to the
right; or if thou depart to the right hand, then I will go to the
left. And Lot lifted up his eyes, and beheld all the plain of the 10
Yarden, that it was well watered everywhere, before the Lord
destroyed Sedom and 'Amora, like the garden of the Lord, like
the land of Miẕrayim, as thou comest to Ẕo'ar. Then Lot chose 11
him all the plain of the Yarden; and Lot journeyed east; and
they separated themselves one from the other. Avram dwelt in 12
the land of Kena'an, and Lot dwelt in the cities of the plain,
and pitched his tent toward Sedom. But the men of Sedom were 13
wicked and sinners before the Lord exceedingly. And the Lord 14
said to Avram, after Lot was separated from him, Lift up now
thy eyes, and look from the place where thou art, northward, and
southward, and eastward, and westward; for all the land which 15
thou seest, to thee will I give it, and to thy seed for ever. And I 16
will make thy seed as the dust of the earth: so that if a man
can number the dust of the earth, then shall thy seed also be
numbered. Arise, walk through the land in the length of it and in 17
the breadth of it; for I will give it to thee. Then Avram removed 18
his tent, and came and dwelt by the terebinths of Mamre, which
is in H̱evron, and built there an altar to the Lord.
And it came to pass in the days of Amrafel king of Shin'ar, **14**
Aryokh king of Ellasar, Kedorla'omer king of 'Elam, and Tid'al
king of Goyim, that these made war with Bera king of Sedom, 2
and with Birsha king of 'Amora, Shin'av, king of Adma, and
Shem'ever, king of Ẕevoyim, and the king of Bela which is 3
Ẕo'ar. All these were joined together in the vale of Siddim, 4
which is the salt sea. Twelve years they served Kedorla'omer, 5
and in the thirteenth year they rebelled. And in the fourteenth
year came Kedorla'omer, and the kings that were with him
and smote the Refa'im in 'Ashterot-qarnayim, and the Zuzim
in Ham, and the Emim in Shave-qiryatayim, and the H̱ori 6
in their mount Se'ir, unto El-paran, which is by the wilder-
ness. And they returned, and came to 'En-mishpat, which is 7
Qadesh, and smote all the country of the 'Amaleqi, and also
the Emori, that dwelt in H̱aẕaẕon-tamar. And there went 8
out the king of Sedom, and the king of 'Amora, and the

צְבוֹיִם עֲמֹרָה וּמֶלֶךְ אַדְמָה וּמֶלֶךְ צביים וּמֶלֶךְ בֶּלַע הִוא־צֹעַר וַיַּעַרְכוּ
אִתָּם מִלְחָמָה בְּעֵמֶק הַשִּׂדִּים׃ אֵת כְּדָרְלָעֹמֶר מֶלֶךְ עֵילָם ט
וְתִדְעָל מֶלֶךְ גּוֹיִם וְאַמְרָפֶל מֶלֶךְ שִׁנְעָר וְאַרְיוֹךְ מֶלֶךְ אֶלָּסָר
אַרְבָּעָה מְלָכִים אֶת־הַחֲמִשָּׁה׃ וְעֵמֶק הַשִּׂדִּים בֶּאֱרֹת בֶּאֱרֹת י
חֵמָר וַיָּנֻסוּ מֶלֶךְ־סְדֹם וַעֲמֹרָה וַיִּפְּלוּ־שָׁמָּה וְהַנִּשְׁאָרִים הֶרָה
נָּסוּ׃ וַיִּקְחוּ אֶת־כָּל־רְכֻשׁ סְדֹם וַעֲמֹרָה וְאֶת־כָּל־אָכְלָם וַיֵּלֵכוּ׃ יא
וַיִּקְחוּ אֶת־לוֹט וְאֶת־רְכֻשׁוֹ בֶּן־אֲחִי אַבְרָם וַיֵּלֵכוּ וְהוּא יֹשֵׁב יב
בִּסְדֹם׃ וַיָּבֹא הַפָּלִיט וַיַּגֵּד לְאַבְרָם הָעִבְרִי וְהוּא שֹׁכֵן בְּאֵלֹנֵי יג
מַמְרֵא הָאֱמֹרִי אֲחִי אֶשְׁכֹּל וַאֲחִי עָנֵר וְהֵם בַּעֲלֵי בְרִית־אַבְרָם׃
וַיִּשְׁמַע אַבְרָם כִּי נִשְׁבָּה אָחִיו וַיָּרֶק אֶת־חֲנִיכָיו יְלִידֵי בֵיתוֹ יד
שְׁמֹנָה עָשָׂר וּשְׁלֹשׁ מֵאוֹת וַיִּרְדֹּף עַד־דָּן׃ וַיֵּחָלֵק עֲלֵיהֶם ׀ לַיְלָה טו
הוּא וַעֲבָדָיו וַיַּכֵּם וַיִּרְדְּפֵם עַד־חוֹבָה אֲשֶׁר מִשְּׂמֹאל לְדַמָּשֶׂק׃
וַיָּשֶׁב אֵת כָּל־הָרְכֻשׁ וְגַם אֶת־לוֹט אָחִיו וּרְכֻשׁוֹ הֵשִׁיב וְגַם טז
אֶת־הַנָּשִׁים וְאֶת־הָעָם׃ וַיֵּצֵא מֶלֶךְ־סְדֹם לִקְרָאתוֹ אַחֲרֵי שׁוּבוֹ יז
מֵהַכּוֹת אֶת־כְּדָרְלָעֹמֶר וְאֶת־הַמְּלָכִים אֲשֶׁר אִתּוֹ אֶל־עֵמֶק
שָׁוֵה הוּא עֵמֶק הַמֶּלֶךְ׃ וּמַלְכִּי־צֶדֶק מֶלֶךְ שָׁלֵם הוֹצִיא לֶחֶם יח
וָיָיִן וְהוּא כֹהֵן לְאֵל עֶלְיוֹן׃ וַיְבָרְכֵהוּ וַיֹּאמַר בָּרוּךְ אַבְרָם לְאֵל יט
עֶלְיוֹן קֹנֵה שָׁמַיִם וָאָרֶץ׃ וּבָרוּךְ אֵל עֶלְיוֹן אֲשֶׁר־מִגֵּן צָרֶיךָ כ
חמישי בְּיָדֶךָ וַיִּתֶּן־לוֹ מַעֲשֵׂר מִכֹּל׃ וַיֹּאמֶר מֶלֶךְ־סְדֹם אֶל־אַבְרָם כא
תֶּן־לִי הַנֶּפֶשׁ וְהָרְכֻשׁ קַח־לָךְ׃ וַיֹּאמֶר אַבְרָם אֶל־מֶלֶךְ סְדֹם כב
הֲרִמֹתִי יָדִי אֶל־יהוה אֵל עֶלְיוֹן קֹנֵה שָׁמַיִם וָאָרֶץ׃ אִם־מִחוּט כג
וְעַד שְׂרוֹךְ־נַעַל וְאִם־אֶקַּח מִכָּל־אֲשֶׁר־לָךְ וְלֹא תֹאמַר אֲנִי
הֶעֱשַׁרְתִּי אֶת־אַבְרָם׃ בִּלְעָדַי רַק אֲשֶׁר אָכְלוּ הַנְּעָרִים וְחֵלֶק כד
הָאֲנָשִׁים אֲשֶׁר הָלְכוּ אִתִּי עָנֵר אֶשְׁכֹּל וּמַמְרֵא הֵם יִקְחוּ
יב חֶלְקָם׃ אַחַר ׀ הַדְּבָרִים הָאֵלֶּה הָיָה דְבַר־יהוה א טו
אֶל־אַבְרָם בַּמַּחֲזֶה לֵאמֹר אַל־תִּירָא אַבְרָם אָנֹכִי מָגֵן לָךְ
שְׂכָרְךָ הַרְבֵּה מְאֹד׃ וַיֹּאמֶר אַבְרָם אֲדֹנָי יֱהוִה מַה־תִּתֶּן־לִי ב
וְאָנֹכִי הוֹלֵךְ עֲרִירִי וּבֶן־מֶשֶׁק בֵּיתִי הוּא דַּמֶּשֶׂק אֱלִיעֶזֶר׃
וַיֹּאמֶר אַבְרָם הֵן לִי לֹא נָתַתָּה זָרַע וְהִנֵּה בֶן־בֵּיתִי יוֹרֵשׁ אֹתִי׃ ג
וְהִנֵּה דְבַר־יהוה אֵלָיו לֵאמֹר לֹא יִירָשְׁךָ זֶה כִּי־אִם אֲשֶׁר ד
יֵצֵא מִמֵּעֶיךָ הוּא יִירָשֶׁךָ׃ וַיּוֹצֵא אֹתוֹ הַחוּצָה וַיֹּאמֶר הַבֶּט־ ה
נָא הַשָּׁמַיְמָה וּסְפֹר הַכּוֹכָבִים אִם־תּוּכַל לִסְפֹּר אֹתָם וַיֹּאמֶר
לוֹ כֹּה יִהְיֶה זַרְעֶךָ׃ וְהֶאֱמִן בַּיהוה וַיַּחְשְׁבֶהָ לּוֹ צְדָקָה׃ ו
ששי וַיֹּאמֶר אֵלָיו אֲנִי יהוה אֲשֶׁר הוֹצֵאתִיךָ מֵאוּר כַּשְׂדִּים לָתֶת ז
לְךָ אֶת־הָאָרֶץ הַזֹּאת לְרִשְׁתָּהּ׃ וַיֹּאמַר אֲדֹנָי יֱהוִה בַּמָּה ח
אֵדַע כִּי אִירָשֶׁנָּה׃ וַיֹּאמֶר אֵלָיו קְחָה לִי עֶגְלָה מְשֻׁלֶּשֶׁת ט

יד

king of Adma, and the king of Ẕevoyim, and the king of Bela
(the same is Ẕo'ar;) and they joined battle with them in the
vale of Siddim; with Kedorla'omer the king of 'Elam, and with 9
Tid'al, king of Goyim, and Amrafel, king of Shin'ar, and Aryokh,
king of Ellasar; four kings against five. And the vale of Siddim 10
was full of slime pits; and the kings of Sedom and 'Amora fled,
and fell there; and they that remained fled to the mountain.
And they took all the goods of Sedom and 'Amora, and all their 11
foodstuff, and went their way. And they took Lot, Avram's 12
brother's son, who dwelt in Sedom, and his goods, and departed.
And there came one that had escaped, and told Avram the Heb- 13
rew; for he dwelt by the terebinths of Mamre the Emori, brother
of Eshkol, and brother of 'Aner: and these were confederate
with Avram. And when Avram heard that his brother was taken 14
captive, he led forth his trained servants, born in his own house,
three hundred and eighteen, and pursued them to Dan. And he 15
divided himself against them, he and his servants by night, and
smote them, and pursued them to H̱ova, which is on the left hand
of Dammeseq. And he brought back all the goods, and also 16
brought back his brother Lot, and his goods, and the women
also, and the people. And the king of Sedom went out to meet 17
him after his return from the slaughter of Kedorla'omer and of
the kings that were with him, at the valley of Shave, which is
the king's dale. And Malki-ẕedeq king of Shalem brought out 18
bread and wine: and he was a priest of the most high God. And 19
he blessed him, and said, Blessed be Avram of the most high
God, possessor of heaven and earth: and blessed be the most 20
high God, who has delivered thy enemies into thy hand. And
he gave him a tithe of everything. And the king of Sedom said 21
to Avram, Give me the persons, and take the goods to thyself.
And Avram said to the king of Sedom, I have raised my hand 22
to the Lord, the most high God, the possessor of heaven and
earth, that I will take nothing from a thread even to a shoe- 23
latchet, and that I will not take anything that is thine, lest thou
shouldst say, I have made Avram rich: save only that which 24
the young men have eaten, and the share of the men who
went with me, 'Aner, Eshkol, and Mamre; let them take their
share. After these things the word of the Lord came to **15**
Avram in a vision, saying, Fear not, Avram: I am thy shield;
thy reward will be very great. And Avram said, Lord God, what 2
wilt thou give me, seeing I go childless, and the steward of my
house is Eli'ezer of Dammeseq? And Avram said, Behold, to 3
me thou hast given no seed: and, one born in my house is
my heir. And, behold, the word of the Lord came to him, 4
saying, This shall not be thy heir; but he that shall come forth
out of thy own bowels shall be thy heir. And he brought him 5
outside, and said, Look now toward heaven, and count the stars, if
thou be able to number them: and he said to him, So shall thy
seed be. And he believed in the Lord; and he counted it to him for 6
righteousness. And he said to him, I am the Lord that brought 7
thee out of Ur-kasdim, to give thee this land to inherit it. And he 8
said, Lord God, by what shall I know that I shall inherit it? And 9
he said to him, Take me a heifer three years old, and a goat three 9

י וְעֵז מְשֻׁלֶּשֶׁת וְאַיִל מְשֻׁלָּשׁ וְתֹר וְגוֹזָל׃ וַיִּקַּח־לוֹ אֶת־כׇּל־
אֵלֶּה וַיְבַתֵּר אֹתָם בַּתָּוֶךְ וַיִּתֵּן אִישׁ־בִּתְרוֹ לִקְרַאת רֵעֵהוּ
יא וְאֶת־הַצִּפֹּר לֹא בָתָר׃ וַיֵּרֶד הָעַיִט עַל־הַפְּגָרִים וַיַּשֵּׁב אֹתָם
יב אַבְרָם׃ וַיְהִי הַשֶּׁמֶשׁ לָבוֹא וְתַרְדֵּמָה נָפְלָה עַל־אַבְרָם וְהִנֵּה
יג אֵימָה חֲשֵׁכָה גְדֹלָה נֹפֶלֶת עָלָיו׃ וַיֹּאמֶר לְאַבְרָם יָדֹעַ תֵּדַע
כִּי־גֵר ׀ יִהְיֶה זַרְעֲךָ בְּאֶרֶץ לֹא לָהֶם וַעֲבָדוּם וְעִנּוּ אֹתָם אַרְבַּע
יד מֵאוֹת שָׁנָה׃ וְגַם אֶת־הַגּוֹי אֲשֶׁר יַעֲבֹדוּ דָּן אָנֹכִי וְאַחֲרֵי־
טו כֵן יֵצְאוּ בִּרְכֻשׁ גָּדוֹל׃ וְאַתָּה תָּבוֹא אֶל־אֲבֹתֶיךָ בְּשָׁלוֹם
טז תִּקָּבֵר בְּשֵׂיבָה טוֹבָה׃ וְדוֹר רְבִיעִי יָשׁוּבוּ הֵנָּה כִּי לֹא־שָׁלֵם
יז עֲוֺן הָאֱמֹרִי עַד־הֵנָּה׃ וַיְהִי הַשֶּׁמֶשׁ בָּאָה וַעֲלָטָה הָיָה וְהִנֵּה
יח תַנּוּר עָשָׁן וְלַפִּיד אֵשׁ אֲשֶׁר עָבַר בֵּין הַגְּזָרִים הָאֵלֶּה׃ בַּיּוֹם
הַהוּא כָּרַת יהוה אֶת־אַבְרָם בְּרִית לֵאמֹר לְזַרְעֲךָ נָתַתִּי אֶת־
יט הָאָרֶץ הַזֹּאת מִנְּהַר מִצְרַיִם עַד־הַנָּהָר הַגָּדֹל נְהַר־פְּרָת׃ אֶת־
כ הַקֵּינִי וְאֶת־הַקְּנִזִּי וְאֵת הַקַּדְמֹנִי׃ וְאֶת־הַחִתִּי וְאֶת־הַפְּרִזִּי וְאֶת־
כא הָרְפָאִים׃ וְאֶת־הָאֱמֹרִי וְאֶת־הַכְּנַעֲנִי וְאֶת־הַגִּרְגָּשִׁי וְאֶת־
טז א הַיְבוּסִי׃ וְשָׂרַי אֵשֶׁת אַבְרָם לֹא יָלְדָה לוֹ וְלָהּ יג
ב שִׁפְחָה מִצְרִית וּשְׁמָהּ הָגָר׃ וַתֹּאמֶר שָׂרַי אֶל־אַבְרָם הִנֵּה־נָא
עֲצָרַנִי יהוה מִלֶּדֶת בֹּא־נָא אֶל־שִׁפְחָתִי אוּלַי אִבָּנֶה מִמֶּנָּה
ג וַיִּשְׁמַע אַבְרָם לְקוֹל שָׂרָי׃ וַתִּקַּח שָׂרַי ׀ אֵשֶׁת אַבְרָם אֶת־הָגָר
הַמִּצְרִית שִׁפְחָתָהּ מִקֵּץ עֶשֶׂר שָׁנִים לְשֶׁבֶת אַבְרָם בְּאֶרֶץ כְּנָעַן
ד וַתִּתֵּן אֹתָהּ לְאַבְרָם אִישָׁהּ לוֹ לְאִשָּׁה׃ וַיָּבֹא אֶל־הָגָר וַתַּהַר
ה וַתֵּרֶא כִּי הָרָתָה וַתֵּקַל גְּבִרְתָּהּ בְּעֵינֶיהָ׃ וַתֹּאמֶר שָׂרַי אֶל־
אַבְרָם חֲמָסִי עָלֶיךָ אָנֹכִי נָתַתִּי שִׁפְחָתִי בְּחֵיקֶךָ וַתֵּרֶא כִּי
ו הָרָתָה וָאֵקַל בְּעֵינֶיהָ יִשְׁפֹּט יהוה בֵּינִי וּבֵינֶיךָ׃ וַיֹּאמֶר אַבְרָם
אֶל־שָׂרַי הִנֵּה שִׁפְחָתֵךְ בְּיָדֵךְ עֲשִׂי־לָהּ הַטּוֹב בְּעֵינָיִךְ וַתְּעַנֶּהָ
ז שָׂרַי וַתִּבְרַח מִפָּנֶיהָ׃ וַיִּמְצָאָהּ מַלְאַךְ יהוה עַל־עֵין הַמַּיִם
ח בַּמִּדְבָּר עַל־הָעַיִן בְּדֶרֶךְ שׁוּר׃ וַיֹּאמַר הָגָר שִׁפְחַת שָׂרַי אֵי־
מִזֶּה בָאת וְאָנָה תֵלֵכִי וַתֹּאמֶר מִפְּנֵי שָׂרַי גְּבִרְתִּי אָנֹכִי בֹּרַחַת׃
ט וַיֹּאמֶר לָהּ מַלְאַךְ יהוה שׁוּבִי אֶל־גְּבִרְתֵּךְ וְהִתְעַנִּי תַּחַת יָדֶיהָ׃
י וַיֹּאמֶר לָהּ מַלְאַךְ יהוה הַרְבָּה אַרְבֶּה אֶת־זַרְעֵךְ וְלֹא יִסָּפֵר
יא מֵרֹב׃ וַיֹּאמֶר לָהּ מַלְאַךְ יהוה הִנָּךְ הָרָה וְיֹלַדְתְּ בֵּן וְקָרָאת
יב שְׁמוֹ יִשְׁמָעֵאל כִּי־שָׁמַע יהוה אֶל־עָנְיֵךְ׃ וְהוּא יִהְיֶה פֶּרֶא
יג אָדָם יָדוֹ בַכֹּל וְיַד כֹּל בּוֹ וְעַל־פְּנֵי כׇל־אֶחָיו יִשְׁכֹּן׃ וַתִּקְרָא
שֵׁם־יהוה הַדֹּבֵר אֵלֶיהָ אַתָּה אֵל רֳאִי כִּי אָמְרָה הֲגַם הֲלֹם
יד רָאִיתִי אַחֲרֵי רֹאִי׃ עַל־כֵּן קָרָא לַבְּאֵר בְּאֵר לַחַי רֹאִי הִנֵּה
טו בֵין־קָדֵשׁ וּבֵין בָּרֶד׃ וַתֵּלֶד הָגָר לְאַבְרָם בֵּן וַיִּקְרָא אַבְרָם שֵׁם־

טו

years old, and a ram three years old, and a turtledove, and a young
pigeon. And he took to him all these, and divided them in the 10
midst, and laid each half against the other: but the birds he
divided not. And the eagle came down upon the carcasses, and 11
Avram drove them away. And when the sun was going down, 12
a deep sleep fell upon Avram; and, lo, a horror of great darkness
fell upon him. And he said to Avram, Know surely that thy seed 13
shall be a stranger in a land that is not theirs, and shall serve
them; and they shall afflict them four hundred years; and also 14
that nation, whom they shall serve, will I judge: and afterwards
shall they come out with great substance. And thou shalt go to 15
thy fathers in peace; thou shalt be buried in a good old age.
But in the fourth generation they shall come back here, for the 16
iniquity of the Emori is not yet full. And it came to pass, that, 17
when the sun went down, and it was dark, behold a smoking
furnace, and a burning torch that passed between those pieces.
In the same day the Lord made a covenant with Avram, saying, 18
To thy seed have I given this land, from the river of Miẕrayim
to the great river, the river Perat: the Qeni, and the Qenizzi, 19
and the Qadmoni, and the H̱itti, and the Perizzi, and the Refa'im, 20
and the Emori, and the Kena'ani, and the Girgashi, and the 21
Yevusi. Now Saray Avram's wife bore him no children: **16**
and she had a Miẕrian handmaid, whose name was Hagar. And 2
Saray said to Avram, Behold now, the Lord has restrained me
from bearing: I pray thee, go in to my maid; it may be that I
may obtain children by her. And Avram hearkened to the voice
of Saray. And Saray Avram's wife took Hagar, her maid, the 3
Miẕrian, after Avram had dwelt ten years in the land of Kena'an,
and gave her to her husband Avram for a wife. And he went in 4
to Hagar, and she conceived: and when she saw that she had
conceived, her mistress was despised in her eyes. And Saray said 5
to Avram, My wrong be upon thee: I have given my maid into
thy bosom; and when she saw that she had conceived, I was
despised in her eyes: the Lord judge between me and thee. But 6
Avram said to Saray, Behold, thy maid is in thy hand; do to her
as it pleases thee. And when Saray dealt harshly with her, she
fled from her face. And an angel of the Lord found her by a foun- 7
tain of water in the wilderness, by the fountain on the way to
Shur. And he said, Hagar, Saray's maid, whence camest thou? 8
and whither wilt thou go? And she said, I flee from the face of
my mistress Saray. And the angel of the Lord said to her, Return 9
to thy mistress, and submit thyself to her hands. And the angel 10
of the Lord said to her, I will multiply thy seed exceedingly,
that it shall not be numbered for multitude. And the angel of the 11
Lord said to her, Behold, thou art with child, and shalt bear a
son, and shalt call his name Yishma'el; because the Lord has
heard thy affliction. And he will be a wild man; his hand will 12
be against every man, and every man's hand against him; and
he shall dwell in the presence of all his brethren. And she called 13
the name of the Lord that spoke to her, Thou God seest me: for
she said, Have I also here looked after him that sees me? There- 14
fore the well was called Be'er-laẖay-ro'i; behold, it is between
Qadesh and Bered. And Hagar bore Avram a son: and Avram 15

טז בְּנוֹ אֲשֶׁר־יָלְדָה הָגָר יִשְׁמָעֵאל׃ וְאַבְרָם בֶּן־שְׁמֹנִים שָׁנָה וְשֵׁשׁ
יד א יז שָׁנִים בְּלֶדֶת־הָגָר אֶת־יִשְׁמָעֵאל לְאַבְרָם׃ וַיְהִי
אַבְרָם בֶּן־תִּשְׁעִים שָׁנָה וְתֵשַׁע שָׁנִים וַיֵּרָא יְהוָה אֶל־אַבְרָם
ב וַיֹּאמֶר אֵלָיו אֲנִי־אֵל שַׁדַּי הִתְהַלֵּךְ לְפָנַי וֶהְיֵה תָמִים׃ וְאֶתְּנָה
ג בְרִיתִי בֵּינִי וּבֵינֶךָ וְאַרְבֶּה אוֹתְךָ בִּמְאֹד מְאֹד׃ וַיִּפֹּל אַבְרָם
ד עַל־פָּנָיו וַיְדַבֵּר אִתּוֹ אֱלֹהִים לֵאמֹר׃ אֲנִי הִנֵּה בְרִיתִי אִתָּךְ
ה וְהָיִיתָ לְאַב הֲמוֹן גּוֹיִם׃ וְלֹא־יִקָּרֵא עוֹד אֶת־שִׁמְךָ אַבְרָם
ו וְהָיָה שִׁמְךָ אַבְרָהָם כִּי אַב־הֲמוֹן גּוֹיִם נְתַתִּיךָ׃ וְהִפְרֵתִי אֹתְךָ
שביעי ז בִּמְאֹד מְאֹד וּנְתַתִּיךָ לְגוֹיִם וּמְלָכִים מִמְּךָ יֵצֵאוּ׃ וַהֲקִמֹתִי אֶת־
בְּרִיתִי בֵּינִי וּבֵינֶךָ וּבֵין זַרְעֲךָ אַחֲרֶיךָ לְדֹרֹתָם לִבְרִית עוֹלָם
ח לִהְיוֹת לְךָ לֵאלֹהִים וּלְזַרְעֲךָ אַחֲרֶיךָ׃ וְנָתַתִּי לְךָ וּלְזַרְעֲךָ אַחֲרֶיךָ
אֵת ׀ אֶרֶץ מְגֻרֶיךָ אֵת כָּל־אֶרֶץ כְּנַעַן לַאֲחֻזַּת עוֹלָם וְהָיִיתִי
ט לָהֶם לֵאלֹהִים׃ וַיֹּאמֶר אֱלֹהִים אֶל־אַבְרָהָם וְאַתָּה אֶת־בְּרִיתִי
י תִשְׁמֹר אַתָּה וְזַרְעֲךָ אַחֲרֶיךָ לְדֹרֹתָם׃ זֹאת בְּרִיתִי אֲשֶׁר תִּשְׁמְרוּ
יא בֵּינִי וּבֵינֵיכֶם וּבֵין זַרְעֲךָ אַחֲרֶיךָ הִמּוֹל לָכֶם כָּל־זָכָר׃ וּנְמַלְתֶּם
יב אֵת בְּשַׂר עָרְלַתְכֶם וְהָיָה לְאוֹת בְּרִית בֵּינִי וּבֵינֵיכֶם׃ וּבֶן־
שְׁמֹנַת יָמִים יִמּוֹל לָכֶם כָּל־זָכָר לְדֹרֹתֵיכֶם יְלִיד בָּיִת וּמִקְנַת־
יג כֶּסֶף מִכֹּל בֶּן־נֵכָר אֲשֶׁר לֹא מִזַּרְעֲךָ הוּא׃ הִמּוֹל ׀ יִמּוֹל יְלִיד
בֵּיתְךָ וּמִקְנַת כַּסְפֶּךָ וְהָיְתָה בְרִיתִי בִּבְשַׂרְכֶם לִבְרִית עוֹלָם׃
יד וְעָרֵל ׀ זָכָר אֲשֶׁר לֹא־יִמּוֹל אֶת־בְּשַׂר עָרְלָתוֹ וְנִכְרְתָה הַנֶּפֶשׁ
טו הַהִוא מֵעַמֶּיהָ אֶת־בְּרִיתִי הֵפַר׃ וַיֹּאמֶר אֱלֹהִים
אֶל־אַבְרָהָם שָׂרַי אִשְׁתְּךָ לֹא־תִקְרָא אֶת־שְׁמָהּ שָׂרָי כִּי שָׂרָה
טז שְׁמָהּ׃ וּבֵרַכְתִּי אֹתָהּ וְגַם נָתַתִּי מִמֶּנָּה לְךָ בֵּן וּבֵרַכְתִּיהָ וְהָיְתָה
יז לְגוֹיִם מַלְכֵי עַמִּים מִמֶּנָּה יִהְיוּ׃ וַיִּפֹּל אַבְרָהָם עַל־פָּנָיו וַיִּצְחָק
וַיֹּאמֶר בְּלִבּוֹ הַלְּבֶן מֵאָה־שָׁנָה יִוָּלֵד וְאִם־שָׂרָה הֲבַת־תִּשְׁעִים
יח שָׁנָה תֵּלֵד׃ וַיֹּאמֶר אַבְרָהָם אֶל־הָאֱלֹהִים לוּ יִשְׁמָעֵאל יִחְיֶה
יט לְפָנֶיךָ׃ וַיֹּאמֶר אֱלֹהִים אֲבָל שָׂרָה אִשְׁתְּךָ יֹלֶדֶת לְךָ בֵּן וְקָרָאתָ
אֶת־שְׁמוֹ יִצְחָק וַהֲקִמֹתִי אֶת־בְּרִיתִי אִתּוֹ לִבְרִית עוֹלָם לְזַרְעוֹ
כ אַחֲרָיו׃ וּלְיִשְׁמָעֵאל שְׁמַעְתִּיךָ הִנֵּה ׀ בֵּרַכְתִּי אֹתוֹ וְהִפְרֵיתִי אֹתוֹ
וְהִרְבֵּיתִי אֹתוֹ בִּמְאֹד מְאֹד שְׁנֵים־עָשָׂר נְשִׂיאִם יוֹלִיד וּנְתַתִּיו
כא לְגוֹי גָּדוֹל׃ וְאֶת־בְּרִיתִי אָקִים אֶת־יִצְחָק אֲשֶׁר תֵּלֵד לְךָ שָׂרָה
כב לַמּוֹעֵד הַזֶּה בַּשָּׁנָה הָאַחֶרֶת׃ וַיְכַל לְדַבֵּר אִתּוֹ וַיַּעַל אֱלֹהִים
כג מֵעַל אַבְרָהָם׃ וַיִּקַּח אַבְרָהָם אֶת־יִשְׁמָעֵאל בְּנוֹ וְאֵת כָּל־
יְלִידֵי בֵיתוֹ וְאֵת כָּל־מִקְנַת כַּסְפּוֹ כָּל־זָכָר בְּאַנְשֵׁי בֵּית
אַבְרָהָם וַיָּמָל אֶת־בְּשַׂר עָרְלָתָם בְּעֶצֶם הַיּוֹם הַזֶּה כַּאֲשֶׁר

called his son's name, whom Hagar bore, Yishma'el. And Avram 16
was eighty six years old, when Hagar bore Yishma'el to
Avram. And when Avram was ninety nine years old, the **17**
Lord appeared to Avram, and said to him, I am the Almighty
God; walk before me, and be perfect. And I will make my cove- 2
nant between me and thee, and will multiply thee exceedingly.
And Avram fell on his face: and God talked with him, saying, 3
As for me, behold, my covenant is with thee, and thou shalt be 4
a father of many nations. Neither shall thy name any more be 5
called Avram, but thy name shall be Avraham; for a father of
many nations have I made thee. And I will make thee exceedingly 6
fruitful, and I will make nations of thee, and kings shall come
out of thee. And I will establish my covenant between me and 7
thee and thy seed after thee in their generations for an everlast-
ing covenant, to be a God to thee, and to thy seed after thee.
And I will give to thee, and to thy seed after thee, the land in 8
which thou dost sojourn, all the land of Kena'an, for an ever-
lasting possession; and I will be their God. And God said to 9
Avraham, Thou shalt keep my covenant therefore, thou, and thy
seed after thee in their generations. This is my covenant, which 10
you shall keep, between me and you and thy seed after thee;
Every manchild among you shall be circumcised. And you shall 11
circumcise the flesh of your foreskin; and it shall be a token of
the covenant between me and you. And he that is eight days 12
old shall be circumcised among you, every manchild in your
generations, he that is born in the house, or bought with money
of any stranger, who is not of thy seed. He that is born in thy 13
house, and he that is bought with thy money, must needs be
circumcised: and my covenant shall be in your flesh for an
everlasting covenant. And the uncircumcised manchild the flesh 14
of whose foreskin is not circumcised, that soul shall be cut off
from his people; he has broken my covenant. And God 15
said to Avraham, As for Saray thy wife, thou shalt not call her
name Saray, but Sara shall her name be. And I will bless her, 16
and give thee a son also of her: and I will bless her, and she
shall be a mother of nations; kings of peoples shall issue from
her. Then Avraham fell upon his face, and laughed, and said in 17
his heart, Shall a child be born to him that is a hundred years
old? and shall Sara, that is ninety years old, give birth? And 18
Avraham said to God, O that Yishma'el might live before thee!
And God said, Sara thy wife shall bear thee a son indeed; and 19
thou shalt call his name Yiẕḥaq: and I will establish my covenant
with him for an everlasting covenant, and with his seed after
him. And as for Yishma'el I have heard thee: Behold, I have 20
blessed him, and will make him fruitful, and will multiply him
exceedingly; twelve princes shall he beget, and I will make him
a great nation. But my covenant will I establish with Yiẕḥaq, 21
whom Sara shall bear to thee at this time next year. And he 22
finished talking with him, and God went up from Avraham. And 23
Avraham took Yishma'el his son, and all that were born in his
house, and all that were bought with his money, every male
among the men of Avraham's house; and circumcised the flesh
of their foreskin in the selfsame day, as God had said to him.

כד מפטיר דִּבֶּר אִתּוֹ אֱלֹהִים׃ וְאַבְרָהָם בֶּן־תִּשְׁעִים וָתֵשַׁע שָׁנָה בְּהִמֹּלוֹ
כה בְּשַׂר עָרְלָתוֹ׃ וְיִשְׁמָעֵאל בְּנוֹ בֶּן־שְׁלֹשׁ עֶשְׂרֵה שָׁנָה בְּהִמֹּלוֹ
כו אֵת בְּשַׂר עָרְלָתוֹ׃ בְּעֶצֶם הַיּוֹם הַזֶּה נִמּוֹל אַבְרָהָם וְיִשְׁמָעֵאל
כז בְּנוֹ׃ וְכָל־אַנְשֵׁי בֵיתוֹ יְלִיד בָּיִת וּמִקְנַת־כֶּסֶף מֵאֵת בֶּן־נֵכָר
נִמֹּלוּ אִתּוֹ׃

וירא טו
א יח וַיֵּרָא אֵלָיו יהוה בְּאֵלֹנֵי מַמְרֵא וְהוּא יֹשֵׁב פֶּתַח־הָאֹהֶל כְּחֹם
ב הַיּוֹם׃ וַיִּשָּׂא עֵינָיו וַיַּרְא וְהִנֵּה שְׁלֹשָׁה אֲנָשִׁים נִצָּבִים עָלָיו וַיַּרְא
ג וַיָּרָץ לִקְרָאתָם מִפֶּתַח הָאֹהֶל וַיִּשְׁתַּחוּ אָרְצָה׃ וַיֹּאמַר אֲדֹנָי
ד אִם־נָא מָצָאתִי חֵן בְּעֵינֶיךָ אַל־נָא תַעֲבֹר מֵעַל עַבְדֶּךָ׃ יֻקַּח־
ה נָא מְעַט־מַיִם וְרַחֲצוּ רַגְלֵיכֶם וְהִשָּׁעֲנוּ תַּחַת הָעֵץ׃ וְאֶקְחָה
פַת־לֶחֶם וְסַעֲדוּ לִבְּכֶם אַחַר תַּעֲבֹרוּ כִּי־עַל־כֵּן עֲבַרְתֶּם עַל־
ו עַבְדְּכֶם וַיֹּאמְרוּ כֵּן תַּעֲשֶׂה כַּאֲשֶׁר דִּבַּרְתָּ׃ וַיְמַהֵר אַבְרָהָם
הָאֹהֱלָה אֶל־שָׂרָה וַיֹּאמֶר מַהֲרִי שְׁלֹשׁ סְאִים קֶמַח סֹלֶת לוּשִׁי
ז וַעֲשִׂי עֻגוֹת׃ וְאֶל־הַבָּקָר רָץ אַבְרָהָם וַיִּקַּח בֶּן־בָּקָר רַךְ וָטוֹב
ח וַיִּתֵּן אֶל־הַנַּעַר וַיְמַהֵר לַעֲשׂוֹת אֹתוֹ׃ וַיִּקַּח חֶמְאָה וְחָלָב וּבֶן־
הַבָּקָר אֲשֶׁר עָשָׂה וַיִּתֵּן לִפְנֵיהֶם וְהוּא עֹמֵד עֲלֵיהֶם תַּחַת הָעֵץ
ט וַיֹּאכֵלוּ׃ וַיֹּאמְרוּ אֵלָיו אַיֵּה שָׂרָה אִשְׁתֶּךָ וַיֹּאמֶר הִנֵּה בָאֹהֶל׃
י וַיֹּאמֶר שׁוֹב אָשׁוּב אֵלֶיךָ כָּעֵת חַיָּה וְהִנֵּה־בֵן לְשָׂרָה אִשְׁתֶּךָ
יא וְשָׂרָה שֹׁמַעַת פֶּתַח הָאֹהֶל וְהוּא אַחֲרָיו׃ וְאַבְרָהָם וְשָׂרָה זְקֵנִים
יב בָּאִים בַּיָּמִים חָדַל לִהְיוֹת לְשָׂרָה אֹרַח כַּנָּשִׁים׃ וַתִּצְחַק שָׂרָה
יג בְּקִרְבָּהּ לֵאמֹר אַחֲרֵי בְלֹתִי הָיְתָה־לִּי עֶדְנָה וַאדֹנִי זָקֵן׃ וַיֹּאמֶר
יהוה אֶל־אַבְרָהָם לָמָּה זֶּה צָחֲקָה שָׂרָה לֵאמֹר הַאַף אֻמְנָם
יד אֵלֵד וַאֲנִי זָקַנְתִּי׃ הֲיִפָּלֵא מֵיהוה דָּבָר לַמּוֹעֵד אָשׁוּב אֵלֶיךָ
טו שני כָּעֵת חַיָּה וּלְשָׂרָה בֵן׃ וַתְּכַחֵשׁ שָׂרָה ׀ לֵאמֹר לֹא צָחַקְתִּי כִּי ׀
טז יָרֵאָה וַיֹּאמֶר ׀ לֹא כִּי צָחָקְתְּ׃ וַיָּקֻמוּ מִשָּׁם הָאֲנָשִׁים וַיַּשְׁקִפוּ
יז עַל־פְּנֵי סְדֹם וְאַבְרָהָם הֹלֵךְ עִמָּם לְשַׁלְּחָם׃ וַיהוה אָמָר הַמְכַסֶּה
יח אֲנִי מֵאַבְרָהָם אֲשֶׁר אֲנִי עֹשֶׂה׃ וְאַבְרָהָם הָיוֹ יִהְיֶה לְגוֹי גָּדוֹל
יט וְעָצוּם וְנִבְרְכוּ־בוֹ כֹּל גּוֹיֵי הָאָרֶץ׃ כִּי יְדַעְתִּיו לְמַעַן אֲשֶׁר
יְצַוֶּה אֶת־בָּנָיו וְאֶת־בֵּיתוֹ אַחֲרָיו וְשָׁמְרוּ דֶּרֶךְ יהוה לַעֲשׂוֹת
צְדָקָה וּמִשְׁפָּט לְמַעַן הָבִיא יהוה עַל־אַבְרָהָם אֵת אֲשֶׁר־
כ דִּבֶּר עָלָיו׃ וַיֹּאמֶר יהוה זַעֲקַת סְדֹם וַעֲמֹרָה כִּי־רָבָּה וְחַטָּאתָם
כא כִּי כָבְדָה מְאֹד׃ אֵרְדָה־נָּא וְאֶרְאֶה הַכְּצַעֲקָתָהּ הַבָּאָה אֵלַי
כב עָשׂוּ ׀ כָּלָה וְאִם־לֹא אֵדָעָה׃ וַיִּפְנוּ מִשָּׁם הָאֲנָשִׁים וַיֵּלְכוּ סְדֹמָה
כג וְאַבְרָהָם עוֹדֶנּוּ עֹמֵד לִפְנֵי יהוה׃ וַיִּגַּשׁ אַבְרָהָם וַיֹּאמַר הַאַף
כד תִּסְפֶּה צַדִּיק עִם־רָשָׁע׃ אוּלַי יֵשׁ חֲמִשִּׁים צַדִּיקִם בְּתוֹךְ הָעִיר

And Avraham was ninety nine years old, when he was circum- 24
cised in the flesh of his foreskin. And Yishma'el his son was 25
thirteen years old, when he was circumcised in the flesh of his
foreskin. In the selfsame day was Avraham circumcised, and 26
Yishma'el his son. And all the men of his house, born in the 27
house, and bought with money of a stranger, were circumcised
with him.

VAYYERA   And the LORD appeared to him by the terebinths of Mamre, as he **18**
sat in the tent door in the heat of the day ; and he raised his eyes 2
and looked, and, lo, three men stood by him ; and when he saw
them, he ran to meet them from the tent door, and bowed himself
to the ground, and said, My LORD, if now I have found favour in 3
thy sight, pass not away, I pray thee, from thy servant : let a 4
little water, I pray you, be fetched, and wash your feet, and rest
yourselves under the tree : and I will fetch a morsel of bread, 5
and comfort your hearts ; after that you shall pass on : seeing
that you are come to your servant. And they said, So do, as
thou hast said. And Avraham hastened into the tent to Sara, 6
and said, Make ready quickly three measures of fine meal, knead
it, and make cakes. And Avraham ran to the herd, and fetched 7
a calf tender and good, and gave it to the young man ; and he
hurried to prepare it. And he took butter, and milk, and the 8
calf which he had dressed, and set it before them ; and he stood
by them under the tree, and they ate. And they said to him, 9
Where is Sara thy wife? And he said, Behold, in the tent. And 10
he said, I will certainly return to thee at this season ; and, lo,
Sara thy wife shall have a son. And Sara heard it in the tent
door, which was behind him. Now Avraham and Sara were old, 11
advanced in age ; and it had ceased to be with Sara after
the manner of women. Therefore Sara laughed within herself, 12
saying, After I am grown old shall I have pleasure, my lord
being old also? And the LORD said to Avraham, Why did Sara 13
laugh, saying, Shall I indeed bear a child, who am old? Is any- 14
thing too hard for the LORD? At the time appointed I will return
to thee, at this season, and Sara shall have a son. Then Sara 15
denied, saying, I laughed not ; for she was afraid. And he said,
No ; but thou didst laugh. And the men rose up from there, and 16
looked toward Sedom : and Avraham went with them to bring
them on the way. And the LORD said, Shall I hide from Avraham 17
that thing which I intend to do ; seeing that Avraham shall 18
surely become a great and mighty nation, and all the nations of
the earth shall be blessed in him? For I know him, that he will 19
command his children and his household after him, and they
shall keep the way of the LORD, to do justice and judgment ;
that the LORD may bring upon Avraham that which he has
spoken of him. And the LORD said, Because the cry of Sedom 20
and 'Amora is great, and because their sin is very grievous ;
I will go down now, and see whether they have done altogether 21
according to the cry of it, which is come to me ; and if not, I will
know. And the men turned their faces from there and went 22
toward Sedom : but Avraham stood yet before the LORD. And 23
Avraham drew near, and said, Wilt thou also destroy the
righteous with the wicked? Perhaps there are fifty righteous 24

הַאַף תִּסְפֶּה וְלֹא־תִשָּׂא לַמָּקוֹם לְמַעַן חֲמִשִּׁים הַצַּדִּיקִם אֲשֶׁר
בְּקִרְבָּהּ: חָלִלָה לְּךָ מֵעֲשֹׂת ׀ כַּדָּבָר הַזֶּה לְהָמִית צַדִּיק עִם־ ‖ כה
רָשָׁע וְהָיָה כַצַּדִּיק כָּרָשָׁע חָלִלָה לָּךְ הֲשֹׁפֵט כָּל־הָאָרֶץ לֹא
יַעֲשֶׂה מִשְׁפָּט: וַיֹּאמֶר יְהוָה אִם־אֶמְצָא בִסְדֹם חֲמִשִּׁים צַדִּיקִם ‖ כו
בְּתוֹךְ הָעִיר וְנָשָׂאתִי לְכָל־הַמָּקוֹם בַּעֲבוּרָם: וַיַּעַן אַבְרָהָם ‖ כז
וַיֹּאמַר הִנֵּה־נָא הוֹאַלְתִּי לְדַבֵּר אֶל־אֲדֹנָי וְאָנֹכִי עָפָר וָאֵפֶר:
אוּלַי יַחְסְרוּן חֲמִשִּׁים הַצַּדִּיקִם חֲמִשָּׁה הֲתַשְׁחִית בַּחֲמִשָּׁה אֶת־ ‖ כח
כָּל־הָעִיר וַיֹּאמֶר לֹא אַשְׁחִית אִם־אֶמְצָא שָׁם אַרְבָּעִים וַחֲמִשָּׁה:
וַיֹּסֶף עוֹד לְדַבֵּר אֵלָיו וַיֹּאמַר אוּלַי יִמָּצְאוּן שָׁם אַרְבָּעִים וַיֹּאמֶר ‖ כט
לֹא אֶעֱשֶׂה בַּעֲבוּר הָאַרְבָּעִים: וַיֹּאמֶר אַל־נָא יִחַר לַאדֹנָי ‖ ל
וַאֲדַבֵּרָה אוּלַי יִמָּצְאוּן שָׁם שְׁלֹשִׁים וַיֹּאמֶר לֹא אֶעֱשֶׂה אִם־
אֶמְצָא שָׁם שְׁלֹשִׁים: וַיֹּאמֶר הִנֵּה־נָא הוֹאַלְתִּי לְדַבֵּר אֶל־ ‖ לא
אֲדֹנָי אוּלַי יִמָּצְאוּן שָׁם עֶשְׂרִים וַיֹּאמֶר לֹא אַשְׁחִית בַּעֲבוּר
הָעֶשְׂרִים: וַיֹּאמֶר אַל־נָא יִחַר לַאדֹנָי וַאֲדַבְּרָה אַךְ־הַפַּעַם ‖ לב
אוּלַי יִמָּצְאוּן שָׁם עֲשָׂרָה וַיֹּאמֶר לֹא אַשְׁחִית בַּעֲבוּר הָעֲשָׂרָה:
וַיֵּלֶךְ יְהוָה כַּאֲשֶׁר כִּלָּה לְדַבֵּר אֶל־אַבְרָהָם וְאַבְרָהָם שָׁב ‖ לג
לִמְקֹמוֹ: וַיָּבֹאוּ שְׁנֵי הַמַּלְאָכִים סְדֹמָה בָּעֶרֶב וְלוֹט יֹשֵׁב בְּשַׁעַר־ ‖ א　יט ‖ שלישי טז
סְדֹם וַיַּרְא־לוֹט וַיָּקָם לִקְרָאתָם וַיִּשְׁתַּחוּ אַפַּיִם אָרְצָה: וַיֹּאמֶר ‖ ב
הִנֶּה נָּא־אֲדֹנַי סוּרוּ נָא אֶל־בֵּית עַבְדְּכֶם וְלִינוּ וְרַחֲצוּ רַגְלֵיכֶם
וְהִשְׁכַּמְתֶּם וַהֲלַכְתֶּם לְדַרְכְּכֶם וַיֹּאמְרוּ לֹּא כִּי בָרְחוֹב נָלִין:
וַיִּפְצַר־בָּם מְאֹד וַיָּסֻרוּ אֵלָיו וַיָּבֹאוּ אֶל־בֵּיתוֹ וַיַּעַשׂ לָהֶם מִשְׁתֶּה ‖ ג
וּמַצּוֹת אָפָה וַיֹּאכֵלוּ: טֶרֶם יִשְׁכָּבוּ וְאַנְשֵׁי הָעִיר אַנְשֵׁי סְדֹם ‖ ד
נָסַבּוּ עַל־הַבַּיִת מִנַּעַר וְעַד־זָקֵן כָּל־הָעָם מִקָּצֶה: וַיִּקְרְאוּ אֶל־ ‖ ה
לוֹט וַיֹּאמְרוּ לוֹ אַיֵּה הָאֲנָשִׁים אֲשֶׁר־בָּאוּ אֵלֶיךָ הַלָּיְלָה הוֹצִיאֵם
אֵלֵינוּ וְנֵדְעָה אֹתָם: וַיֵּצֵא אֲלֵהֶם לוֹט הַפֶּתְחָה וְהַדֶּלֶת סָגַר ‖ ו
אַחֲרָיו: וַיֹּאמַר אַל־נָא אַחַי תָּרֵעוּ: הִנֵּה־נָא לִי שְׁתֵּי בָנוֹת ‖ ז　ח
אֲשֶׁר לֹא־יָדְעוּ אִישׁ אוֹצִיאָה־נָּא אֶתְהֶן אֲלֵיכֶם וַעֲשׂוּ לָהֶן
כַּטּוֹב בְּעֵינֵיכֶם רַק לָאֲנָשִׁים הָאֵל אַל־תַּעֲשׂוּ דָבָר כִּי־עַל־
כֵּן בָּאוּ בְּצֵל קֹרָתִי: וַיֹּאמְרוּ ׀ גֶּשׁ־הָלְאָה וַיֹּאמְרוּ הָאֶחָד בָּא־ ‖ ט
לָגוּר וַיִּשְׁפֹּט שָׁפוֹט עַתָּה נָרַע לְךָ מֵהֶם וַיִּפְצְרוּ בָאִישׁ בְּלוֹט
מְאֹד וַיִּגְּשׁוּ לִשְׁבֹּר הַדָּלֶת: וַיִּשְׁלְחוּ הָאֲנָשִׁים אֶת־יָדָם וַיָּבִיאוּ ‖ י
אֶת־לוֹט אֲלֵיהֶם הַבָּיְתָה וְאֶת־הַדֶּלֶת סָגָרוּ: וְאֶת־הָאֲנָשִׁים ‖ יא
אֲשֶׁר־פֶּתַח הַבַּיִת הִכּוּ בַּסַּנְוֵרִים מִקָּטֹן וְעַד־גָּדוֹל וַיִּלְאוּ לִמְצֹא
הַפָּתַח: וַיֹּאמְרוּ הָאֲנָשִׁים אֶל־לוֹט עֹד מִי־לְךָ פֹה חָתָן וּבָנֶיךָ ‖ יב
וּבְנֹתֶיךָ וְכֹל אֲשֶׁר־לְךָ בָּעִיר הוֹצֵא מִן־הַמָּקוֹם: כִּי־מַשְׁחִתִים ‖ יג
אֲנַחְנוּ אֶת־הַמָּקוֹם הַזֶּה כִּי־גָדְלָה צַעֲקָתָם אֶת־פְּנֵי יְהוָה

within the city: wilt thou also destroy and not spare the place
for the fifty righteous that are therein? Far be it from thee to do   25
after this manner, to slay the righteous with the wicked: and
that the righteous should be as the wicked, far be it from thee:
Shall not the Judge of all the earth do right? And the Lord said,   26
If I find in Sedom fifty just men within the city, then I will
spare all the place for their sakes. And Avraham answered and   27
said, Behold now, I have taken upon me to speak to the Lord,
who am but dust and ashes: perhaps there shall lack five of the   28
fifty righteous: wilt thou destroy all the city for lack of five?
And he said, If I find there forty five, I will not destroy it. And   29
he spoke to him yet again, and said, perhaps there shall be forty
found there. And he said, I will not do it for the forty's sake.
And he said to him, Oh let not the Lord be angry, and I will   30
speak: perhaps there shall thirty be found there. And he said, I
will not do it, if I find thirty there. And he said, Behold now, I   31
have taken upon me to speak to the Lord: perhaps there shall
be twenty found there. And he said, I will not destroy it for the
twenty's sake. And he said, Oh let not the Lord be angry, and I   32
will speak yet but this once: perhaps ten shall be found there.
And he said, I will not destroy it for the sake of the ten. And the   33
Lord went his way, as soon as he had left speaking to Avraham:
and Avraham returned to his place. And there came two   **19**
angels to Sedom at evening, and Lot sat in the gate of Sedom:
and Lot seeing them rose up to meet them; and he bowed himself
with his face to the ground; and he said, Behold now, my lords,   2
turn in, I pray you, into your servant's house, and tarry all night,
and wash your feet, and you may rise up early, and go your
ways. And they said, No; but we will abide in the street all night.
And he pressed upon them greatly; and they turned in to him,   3
and entered into his house; and he made them a feast, and did
bake unleavened bread, and they did eat. But before they lay   4
down, the men of the city, the men of Sedom, compassed
the house round, both old and young, all the people from every
quarter: and they called to Lot, and said to him, Where are the   5
men who came in to thee this night? bring them out to us, that
we may know them. And Lot went out at the door to them, and   6
shut the door after him, And said, I pray you, brethren, do not   7
so wickedly. Behold now, I have two daughters who have not   8
known man; let me, I pray you, bring them out unto you, and
do to them as is good in your eyes: only to these men do
nothing; seeing that they have come under the shadow of my
roof. And they said, Stand back. And they said again, This one   9
fellow came in to sojourn, and he will needs be a judge: now
will we deal worse with thee than with them. And they strongly
urged the man, Lot, and came near to break the door. But the   10
men put out their hand, and pulled Lot into the house to them,
and shut the door. And they smote the men that were at the   11
door of the house with blindness, both small and great: so that
they wearied themselves to find the door. And the men said to   12
Lot, Hast thou here any besides? son in law, and thy sons, and
thy daughters, and whatever thou hast in the city, bring them
out of this place: for we will destroy this place, because the cry   13

יד וַיְשַׁלְּחֵנוּ יְהוָה לְשַׁחֲתָהּ: וַיֵּצֵא לוֹט וַיְדַבֵּר ׀ אֶל־חֲתָנָיו ׀ לֹקְחֵי
בְנֹתָיו וַיֹּאמֶר קוּמוּ צְּאוּ מִן־הַמָּקוֹם הַזֶּה כִּי־מַשְׁחִית יְהוָה

טו אֶת־הָעִיר וַיְהִי כִמְצַחֵק בְּעֵינֵי חֲתָנָיו: וּכְמוֹ הַשַּׁחַר עָלָה וַיָּאִיצוּ
הַמַּלְאָכִים בְּלוֹט לֵאמֹר קוּם קַח אֶת־אִשְׁתְּךָ וְאֶת־שְׁתֵּי בְנֹתֶיךָ

טז הַנִּמְצָאֹת פֶּן־תִּסָּפֶה בַּעֲוֹן הָעִיר: וַיִּתְמַהְמָהּ ׀ וַיַּחֲזִיקוּ הָאֲנָשִׁים
בְּיָדוֹ וּבְיַד־אִשְׁתּוֹ וּבְיַד שְׁתֵּי בְנֹתָיו בְּחֶמְלַת יְהוָה עָלָיו וַיֹּצִאֻהוּ

יז וַיַּנִּחֻהוּ מִחוּץ לָעִיר: וַיְהִי כְהוֹצִיאָם אֹתָם הַחוּצָה וַיֹּאמֶר הִמָּלֵט
עַל־נַפְשֶׁךָ אַל־תַּבִּיט אַחֲרֶיךָ וְאַל־תַּעֲמֹד בְּכָל־הַכִּכָּר הָהָרָה

יח הִמָּלֵט פֶּן־תִּסָּפֶה: וַיֹּאמֶר לוֹט אֲלֵהֶם אַל־נָא אֲדֹנָי: הִנֵּה־נָא
מָצָא עַבְדְּךָ חֵן בְּעֵינֶיךָ וַתַּגְדֵּל חַסְדְּךָ אֲשֶׁר עָשִׂיתָ עִמָּדִי לְהַחֲיוֹת
אֶת־נַפְשִׁי וְאָנֹכִי לֹא אוּכַל לְהִמָּלֵט הָהָרָה פֶּן־תִּדְבָּקַנִי הָרָעָה

כ וָמַתִּי: הִנֵּה־נָא הָעִיר הַזֹּאת קְרֹבָה לָנוּס שָׁמָּה וְהִוא מִצְעָר
אִמָּלְטָה נָּא שָׁמָּה הֲלֹא מִצְעָר הִוא וּתְחִי נַפְשִׁי: וַיֹּאמֶר אֵלָיו

כא הִנֵּה נָשָׂאתִי פָנֶיךָ גַּם לַדָּבָר הַזֶּה לְבִלְתִּי הָפְכִּי אֶת־הָעִיר

כב אֲשֶׁר דִּבַּרְתָּ: מַהֵר הִמָּלֵט שָׁמָּה כִּי לֹא אוּכַל לַעֲשׂוֹת דָּבָר

כג עַד־בֹּאֲךָ שָׁמָּה עַל־כֵּן קָרָא שֵׁם־הָעִיר צוֹעַר: הַשֶּׁמֶשׁ יָצָא

כד עַל־הָאָרֶץ וְלוֹט בָּא צֹעֲרָה: וַיהוָה הִמְטִיר עַל־סְדֹם וְעַל־
עֲמֹרָה גָּפְרִית וָאֵשׁ מֵאֵת יְהוָה מִן־הַשָּׁמָיִם: וַיַּהֲפֹךְ אֶת־הֶעָרִים

כה הָאֵל וְאֵת כָּל־הַכִּכָּר וְאֵת כָּל־יֹשְׁבֵי הֶעָרִים וְצֶמַח הָאֲדָמָה:

כו וַתַּבֵּט אִשְׁתּוֹ מֵאַחֲרָיו וַתְּהִי נְצִיב מֶלַח: וַיַּשְׁכֵּם אַבְרָהָם בַּבֹּקֶר
אֶל־הַמָּקוֹם אֲשֶׁר־עָמַד שָׁם אֶת־פְּנֵי יְהוָה: וַיַּשְׁקֵף עַל־פְּנֵי

כח סְדֹם וַעֲמֹרָה וְעַל כָּל־פְּנֵי אֶרֶץ הַכִּכָּר וַיַּרְא וְהִנֵּה עָלָה קִיטֹר

כט הָאָרֶץ כְּקִיטֹר הַכִּבְשָׁן: וַיְהִי בְּשַׁחֵת אֱלֹהִים אֶת־עָרֵי הַכִּכָּר
וַיִּזְכֹּר אֱלֹהִים אֶת־אַבְרָהָם וַיְשַׁלַּח אֶת־לוֹט מִתּוֹךְ הַהֲפֵכָה

ל בַּהֲפֹךְ אֶת־הֶעָרִים אֲשֶׁר־יָשַׁב בָּהֵן לוֹט: וַיַּעַל לוֹט מִצּוֹעַר
וַיֵּשֶׁב בָּהָר וּשְׁתֵּי בְנֹתָיו עִמּוֹ כִּי יָרֵא לָשֶׁבֶת בְּצוֹעַר וַיֵּשֶׁב

לא בַּמְּעָרָה הוּא וּשְׁתֵּי בְנֹתָיו: וַתֹּאמֶר הַבְּכִירָה אֶל־הַצְּעִירָה
אָבִינוּ זָקֵן וְאִישׁ אֵין בָּאָרֶץ לָבוֹא עָלֵינוּ כְּדֶרֶךְ כָּל־הָאָרֶץ:

לב לְכָה נַשְׁקֶה אֶת־אָבִינוּ יַיִן וְנִשְׁכְּבָה עִמּוֹ וּנְחַיֶּה מֵאָבִינוּ זָרַע:

לג וַתַּשְׁקֶיןָ אֶת־אֲבִיהֶן יַיִן בַּלַּיְלָה הוּא וַתָּבֹא הַבְּכִירָה וַתִּשְׁכַּב
אֶת־אָבִיהָ וְלֹא־יָדַע בְּשִׁכְבָהּ וּבְקוּמָהּ: וַיְהִי מִמָּחֳרָת וַתֹּאמֶר

לד הַבְּכִירָה אֶל־הַצְּעִירָה הֵן־שָׁכַבְתִּי אֶמֶשׁ אֶת־אָבִי נַשְׁקֶנּוּ יַיִן
גַּם־הַלַּיְלָה וּבֹאִי שִׁכְבִי עִמּוֹ וּנְחַיֶּה מֵאָבִינוּ זָרַע: וַתַּשְׁקֶיןָ גַּם

לה בַּלַּיְלָה הַהוּא אֶת־אֲבִיהֶן יָיִן וַתָּקָם הַצְּעִירָה וַתִּשְׁכַּב עִמּוֹ

of them has grown great before the face of the LORD; and the
LORD has sent us to destroy it. And Lot went out, and spoke to   14
his sons in law, who married his daughters, and said, Up, get
you out of this place; for the LORD will destroy the city. But he
seemed to his sons in law as one that jested. And when the   15
morning arose, then the angels hastened Lot, saying, Arise, take
thy wife, and thy two daughters, who are here; lest thou be
consumed in the iniquity of the city. And while he lingered, the   16
men laid hold upon his hand, and upon the hand of his wife,
and upon the hand of his two daughters; the LORD being merciful
to him: and they brought him out, and set him outside the city.
And it came to pass, when they had brought them outside, that   17
he said, Escape for thy life; look not behind thee, neither stay
thou in all the plain; escape to the mountain, lest thou be con-
sumed. And Lot said to them, Oh, not so, my LORD: behold now,   18,19
thy servant has found favour in thy sight, and thou hast
magnified thy mercy, which thou hast shown to me in saving
my life; I cannot escape to the mountain, lest some evil take
me, and I die: behold now, this city is near to flee to, and it is   20
a little one: Oh, let me escape there, (is it not a little one?)
and my soul shall live. And he said to him, See, I have accepted   21
thee concerning this thing also, that I will not overthrow this
city, for which thou hast spoken. Haste thee, escape there; for   22
I cannot do anything till thou be come there. Therefore the name
of the city was called Zo'ar. The sun was risen upon the earth   23
when Lot entered into Zo'ar. Then the LORD rained upon Sedom   24
and upon 'Amora brimstone and fire from the LORD out of
heaven; and he overthrew those cities, and all the plain, and all   25
the inhabitants of the cities, and that which grew upon the
ground. But his wife looked back from behind him, and she be-   26
came a pillar of salt. And Avraham went early in the morning   27
to the place where he had stood before the LORD: and he looked   28
toward Sedom and 'Amora, and toward all the land of the
plain, and beheld, and, lo, the smoke of the country went up
like the smoke of a furnace. And it came to pass, when GOD   29
destroyed the cities of the plain, that GOD remembered Avraham,
and sent Lot out of the midst of the overthrow, when he over-
threw the cities in which Lot dwelt. And Lot went up out   30
of Zo'ar, and dwelt in the mountain, and his two daughters
with him; for he feared to dwell in Zo'ar: and he dwelt in a cave,
he and his two daughters. And the firstborn said to the younger,   31
Our father is old, and there is not a man in the earth to come
in to us after the manner of all the earth: come, let us make our   32
father drink wine, and we will lie with him, that we may pre-
serve seed of our father. And they made their father drink wine   33
that night: and the firstborn went in, and lay with her father;
and he perceived not when she lay down, nor when she arose.
And it came to pass on the morrow, that the firstborn said to the   34
younger, Behold, I lay last night with my father: let us make
him drink wine this night also; and go thou in, and lie with him,
that we may preserve seed of our father. And they made their   35
father drink wine that night also: and the younger arose, and
lay with him; and he perceived not when she lay down, nor

לו וְלֹא־יָדַע בְּשִׁכְבָהּ וּבְקוּמָהּ׃ וַתַּהֲרֶיןָ שְׁתֵּי בְנוֹת־לוֹט מֵאֲבִיהֶן׃
לז וַתֵּלֶד הַבְּכִירָה בֵּן וַתִּקְרָא שְׁמוֹ מוֹאָב הוּא אֲבִי־מוֹאָב עַד־
לח הַיּוֹם׃ וְהַצְּעִירָה גַם־הִוא יָלְדָה בֵּן וַתִּקְרָא שְׁמוֹ בֶּן־עַמִּי הוּא
כ א אֲבִי בְנֵי־עַמּוֹן עַד־הַיּוֹם׃   וַיִּסַּע מִשָּׁם אַבְרָהָם יז
ב אַרְצָה הַנֶּגֶב וַיֵּשֶׁב בֵּין־קָדֵשׁ וּבֵין שׁוּר וַיָּגָר בִּגְרָר׃ וַיֹּאמֶר
אַבְרָהָם אֶל־שָׂרָה אִשְׁתּוֹ אֲחֹתִי הִוא וַיִּשְׁלַח אֲבִימֶלֶךְ מֶלֶךְ
ג גְּרָר וַיִּקַּח אֶת־שָׂרָה׃ וַיָּבֹא אֱלֹהִים אֶל־אֲבִימֶלֶךְ בַּחֲלוֹם הַלָּיְלָה
וַיֹּאמֶר לוֹ הִנְּךָ מֵת עַל־הָאִשָּׁה אֲשֶׁר־לָקַחְתָּ וְהִוא בְּעֻלַת בָּעַל׃
ד וַאֲבִימֶלֶךְ לֹא קָרַב אֵלֶיהָ וַיֹּאמַר אֲדֹנָי הֲגוֹי גַּם־צַדִּיק תַּהֲרֹג׃
ה הֲלֹא הוּא אָמַר־לִי אֲחֹתִי הִוא וְהִיא־גַם־הִוא אָמְרָה אָחִי הוּא
ו בְּתָם־לְבָבִי וּבְנִקְיֹן כַּפַּי עָשִׂיתִי זֹאת׃ וַיֹּאמֶר אֵלָיו הָאֱלֹהִים
בַּחֲלֹם גַּם אָנֹכִי יָדַעְתִּי כִּי בְתָם־לְבָבְךָ עָשִׂיתָ זֹּאת וָאֶחְשֹׂךְ
גַּם־אָנֹכִי אוֹתְךָ מֵחֲטוֹ־לִי עַל־כֵּן לֹא־נְתַתִּיךָ לִנְגֹּעַ אֵלֶיהָ׃
ז וְעַתָּה הָשֵׁב אֵשֶׁת־הָאִישׁ כִּי־נָבִיא הוּא וְיִתְפַּלֵּל בַּעַדְךָ וֶחְיֵה
וְאִם־אֵינְךָ מֵשִׁיב דַּע כִּי־מוֹת תָּמוּת אַתָּה וְכָל־אֲשֶׁר־לָךְ׃
ח וַיַּשְׁכֵּם אֲבִימֶלֶךְ בַּבֹּקֶר וַיִּקְרָא לְכָל־עֲבָדָיו וַיְדַבֵּר אֶת־כָּל־
ט הַדְּבָרִים הָאֵלֶּה בְּאָזְנֵיהֶם וַיִּירְאוּ הָאֲנָשִׁים מְאֹד׃ וַיִּקְרָא
אֲבִימֶלֶךְ לְאַבְרָהָם וַיֹּאמֶר לוֹ מֶה־עָשִׂיתָ לָּנוּ וּמֶה־חָטָאתִי לָךְ
כִּי־הֵבֵאתָ עָלַי וְעַל־מַמְלַכְתִּי חֲטָאָה גְדֹלָה מַעֲשִׂים אֲשֶׁר לֹא־
י יֵעָשׂוּ עָשִׂיתָ עִמָּדִי׃ וַיֹּאמֶר אֲבִימֶלֶךְ אֶל־אַבְרָהָם מָה רָאִיתָ
יא כִּי עָשִׂיתָ אֶת־הַדָּבָר הַזֶּה׃ וַיֹּאמֶר אַבְרָהָם כִּי אָמַרְתִּי רַק
יב אֵין־יִרְאַת אֱלֹהִים בַּמָּקוֹם הַזֶּה וַהֲרָגוּנִי עַל־דְּבַר אִשְׁתִּי׃ וְגַם־
אָמְנָה אֲחֹתִי בַת־אָבִי הִוא אַךְ לֹא בַת־אִמִּי וַתְּהִי־לִי לְאִשָּׁה׃
יג וַיְהִי כַּאֲשֶׁר הִתְעוּ אֹתִי אֱלֹהִים מִבֵּית אָבִי וָאֹמַר לָהּ זֶה
חַסְדֵּךְ אֲשֶׁר תַּעֲשִׂי עִמָּדִי אֶל כָּל־הַמָּקוֹם אֲשֶׁר נָבוֹא שָׁמָּה
יד אִמְרִי־לִי אָחִי הוּא׃ וַיִּקַּח אֲבִימֶלֶךְ צֹאן וּבָקָר וַעֲבָדִים וּשְׁפָחֹת
טו וַיִּתֵּן לְאַבְרָהָם וַיָּשֶׁב לוֹ אֵת שָׂרָה אִשְׁתּוֹ׃ וַיֹּאמֶר אֲבִימֶלֶךְ
טז הִנֵּה אַרְצִי לְפָנֶיךָ בַּטּוֹב בְּעֵינֶיךָ שֵׁב׃ וּלְשָׂרָה אָמַר הִנֵּה נָתַתִּי
אֶלֶף כֶּסֶף לְאָחִיךְ הִנֵּה הוּא־לָךְ כְּסוּת עֵינַיִם לְכֹל אֲשֶׁר אִתָּךְ
יז וְאֵת כֹּל וְנֹכָחַת׃ וַיִּתְפַּלֵּל אַבְרָהָם אֶל־הָאֱלֹהִים וַיִּרְפָּא אֱלֹהִים
יח אֶת־אֲבִימֶלֶךְ וְאֶת־אִשְׁתּוֹ וְאַמְהֹתָיו וַיֵּלֵדוּ׃ כִּי־עָצֹר עָצַר
יהוה בְּעַד כָּל־רֶחֶם לְבֵית אֲבִימֶלֶךְ עַל־דְּבַר שָׂרָה אֵשֶׁת
כא א אַבְרָהָם׃   וַיהוה פָּקַד אֶת־שָׂרָה כַּאֲשֶׁר אָמָר יח
ב וַיַּעַשׂ יהוה לְשָׂרָה כַּאֲשֶׁר דִּבֵּר׃ וַתַּהַר וַתֵּלֶד שָׂרָה לְאַבְרָהָם
ג בֵּן לִזְקֻנָיו לַמּוֹעֵד אֲשֶׁר־דִּבֶּר אֹתוֹ אֱלֹהִים׃ וַיִּקְרָא אַבְרָהָם
ד אֶת־שֶׁם־בְּנוֹ הַנּוֹלַד־לוֹ אֲשֶׁר־יָלְדָה־לּוֹ שָׂרָה יִצְחָק׃ וַיָּמָל

when she arose. Thus were both the daughters of Lot with   36
child by their father. And the firstborn bore a son, and called   37
his name Mo'av: he is the father of Mo'av to this day. And the   38
younger, she also bore a son, and called his name Ben-'ammi:
he is the father of the children of 'Ammon to this day.

And Avraham journeyed from there toward the Negev,   **20**
and dwelt between Qadesh and Shur, and sojourned in Gerar.
And Avraham said of Sara his wife, She is my sister: and Avi-   2
melekh king of Gerar sent, and took Sara. But GOD came to   3
Avimelekh in a dream by night, and said to him, Behold, thou
art a dead man, because of the woman whom thou hast taken,
for she is a man's wife. But Avimelekh had not come near her: 4
and he said, LORD, wilt thou slay also a righteous nation? Said he   5
not to me, She is my sister? and she, even she herself said, He
is my brother: in the integrity of my heart and innocency of my
hands have I done this. And GOD said to him in a dream, I too   6
know that thou didst this in the integrity of thy heart; for I also
withheld thee from sinning against me: therefore I did not
permit thee to touch her. Now therefore restore the man's wife;   7
for he is a prophet, and he shall pray for thee, and thou shalt
live: and if thou restore her not, know thou that thou shalt
surely die, thou, and all that are thine. Therefore Avimelekh   8
rose early in the morning, and called all his servants, and told
all these things in their ears: and the men were sore afraid.
Then Avimelekh called Avraham, and said to him, What hast   9
thou done to us? and in what have I offended thee, that thou hast
brought on me and on my kingdom a great sin? thou hast done
deeds to me that ought not to be done. And Avimelekh said to   10
Avraham, What sawest thou, that thou hast done this thing?
And Avraham said, Because I thought, Surely the fear of GOD   11
is not in this place; and they will slay me for my wife's sake.
And yet indeed she is my sister; she is the daughter of my   12
father, but not the daughter of my mother; and she became
my wife. And it came to pass, when GOD caused me to wander   13
from my father's house, that I said to her, This is thy kindness
which thou shalt show to me; at every place where we shall
come, say of me, He is my brother. And Avimelekh took sheep,   14
and oxen, and menservants, and womenservants, and gave them
to Avraham, and restored him Sara his wife. And Avimelekh   15
said, Behold, my land is before thee: dwell where it pleases
thee. And to Sara he said, Behold, I have given thy brother a   16
thousand pieces of silver: behold, it is to thee a covering of
the eyes, to all that are with thee, and unto all others: thus she
was reproved. So Avraham prayed to GOD: and GOD healed   17
Avimelekh, and his wife, and his maidservants; and they bore
children. For the LORD had fast closed up all the wombs of the   18
house of Avimelekh, because of Sara Avraham's wife.   And   **21**
the LORD visited Sara as he had said, and the LORD did to Sara
as he had spoken. For Sara conceived, and bore Avraham a son   2
in his old age, at the set time of which GOD had spoken to him.
And Avraham called the name of his son that was born to him,   3
whom Sara bore to him, Yizḥaq. And Avraham circumcised his   4

אַבְרָהָם אֶת־יִצְחָק בְּנוֹ בֶּן־שְׁמֹנַת יָמִים כַּאֲשֶׁר צִוָּה אֹתוֹ
חמישי ה אֱלֹהִים׃ וְאַבְרָהָם בֶּן־מְאַת שָׁנָה בְּהִוָּלֶד לוֹ אֵת יִצְחָק בְּנוֹ׃
ו וַתֹּאמֶר שָׂרָה צְחֹק עָשָׂה לִי אֱלֹהִים כָּל־הַשֹּׁמֵעַ יִצְחַק־לִי׃
ז וַתֹּאמֶר מִי מִלֵּל לְאַבְרָהָם הֵינִיקָה בָנִים שָׂרָה כִּי־יָלַדְתִּי בֵן
ח לִזְקֻנָיו׃ וַיִּגְדַּל הַיֶּלֶד וַיִּגָּמַל וַיַּעַשׂ אַבְרָהָם מִשְׁתֶּה גָדוֹל בְּיוֹם
ט הִגָּמֵל אֶת־יִצְחָק׃ וַתֵּרֶא שָׂרָה אֶת־בֶּן־הָגָר הַמִּצְרִית אֲשֶׁר־
י יָלְדָה לְאַבְרָהָם מְצַחֵק׃ וַתֹּאמֶר לְאַבְרָהָם גָּרֵשׁ הָאָמָה הַזֹּאת
וְאֶת־בְּנָהּ כִּי לֹא יִירַשׁ בֶּן־הָאָמָה הַזֹּאת עִם־בְּנִי עִם־יִצְחָק׃
יא יב וַיֵּרַע הַדָּבָר מְאֹד בְּעֵינֵי אַבְרָהָם עַל אוֹדֹת בְּנוֹ׃ וַיֹּאמֶר אֱלֹהִים
אֶל־אַבְרָהָם אַל־יֵרַע בְּעֵינֶיךָ עַל־הַנַּעַר וְעַל־אֲמָתֶךָ כֹּל אֲשֶׁר
יג תֹּאמַר אֵלֶיךָ שָׂרָה שְׁמַע בְּקֹלָהּ כִּי בְיִצְחָק יִקָּרֵא לְךָ זָרַע׃ וְגַם
יד אֶת־בֶּן־הָאָמָה לְגוֹי אֲשִׂימֶנּוּ כִּי זַרְעֲךָ הוּא׃ וַיַּשְׁכֵּם אַבְרָהָם ׀
בַּבֹּקֶר וַיִּקַּח־לֶחֶם וְחֵמַת מַיִם וַיִּתֵּן אֶל־הָגָר שָׂם עַל־שִׁכְמָהּ
טו וְאֶת־הַיֶּלֶד וַיְשַׁלְּחֶהָ וַתֵּלֶךְ וַתֵּתַע בְּמִדְבַּר בְּאֵר שָׁבַע׃ וַיִּכְלוּ
טז הַמַּיִם מִן־הַחֵמֶת וַתַּשְׁלֵךְ אֶת־הַיֶּלֶד תַּחַת אַחַד הַשִּׂיחִם׃ וַתֵּלֶךְ
וַתֵּשֶׁב לָהּ מִנֶּגֶד הַרְחֵק כִּמְטַחֲוֵי קֶשֶׁת כִּי אָמְרָה אַל־אֶרְאֶה
יז בְּמוֹת הַיָּלֶד וַתֵּשֶׁב מִנֶּגֶד וַתִּשָּׂא אֶת־קֹלָהּ וַתֵּבְךְּ׃ וַיִּשְׁמַע
אֱלֹהִים אֶת־קוֹל הַנַּעַר וַיִּקְרָא מַלְאַךְ אֱלֹהִים ׀ אֶל־הָגָר מִן־
הַשָּׁמַיִם וַיֹּאמֶר לָהּ מַה־לָּךְ הָגָר אַל־תִּירְאִי כִּי־שָׁמַע אֱלֹהִים
יח אֶל־קוֹל הַנַּעַר בַּאֲשֶׁר הוּא־שָׁם׃ קוּמִי שְׂאִי אֶת־הַנַּעַר וְהַחֲזִיקִי
יט אֶת־יָדֵךְ בּוֹ כִּי־לְגוֹי גָּדוֹל אֲשִׂימֶנּוּ׃ וַיִּפְקַח אֱלֹהִים אֶת־עֵינֶיהָ
וַתֵּרֶא בְּאֵר מָיִם וַתֵּלֶךְ וַתְּמַלֵּא אֶת־הַחֵמֶת מַיִם וַתַּשְׁקְ אֶת־
כ הַנָּעַר׃ וַיְהִי אֱלֹהִים אֶת־הַנַּעַר וַיִּגְדָּל וַיֵּשֶׁב בַּמִּדְבָּר וַיְהִי רֹבֶה
כא קַשָּׁת׃ וַיֵּשֶׁב בְּמִדְבַּר פָּארָן וַתִּקַּח־לוֹ אִמּוֹ אִשָּׁה מֵאֶרֶץ
מִצְרָיִם׃
ששי כב וַיְהִי בָּעֵת הַהִוא וַיֹּאמֶר אֲבִימֶלֶךְ וּפִיכֹל שַׂר־צְבָאוֹ אֶל־אַבְרָהָם
כג לֵאמֹר אֱלֹהִים עִמְּךָ בְּכֹל אֲשֶׁר־אַתָּה עֹשֶׂה׃ וְעַתָּה הִשָּׁבְעָה
לִּי בֵאלֹהִים הֵנָּה אִם־תִּשְׁקֹר לִי וּלְנִינִי וּלְנֶכְדִּי כַּחֶסֶד אֲשֶׁר־
עָשִׂיתִי עִמְּךָ תַּעֲשֶׂה עִמָּדִי וְעִם־הָאָרֶץ אֲשֶׁר־גַּרְתָּה בָּהּ׃
כד כה וַיֹּאמֶר אַבְרָהָם אָנֹכִי אִשָּׁבֵעַ׃ וְהוֹכִחַ אַבְרָהָם אֶת־אֲבִימֶלֶךְ
כו עַל־אֹדוֹת בְּאֵר הַמַּיִם אֲשֶׁר גָּזְלוּ עַבְדֵי אֲבִימֶלֶךְ׃ וַיֹּאמֶר
אֲבִימֶלֶךְ לֹא יָדַעְתִּי מִי עָשָׂה אֶת־הַדָּבָר הַזֶּה וְגַם־אַתָּה לֹא־
כז הִגַּדְתָּ לִּי וְגַם אָנֹכִי לֹא שָׁמַעְתִּי בִּלְתִּי הַיּוֹם׃ וַיִּקַּח אַבְרָהָם
כח צֹאן וּבָקָר וַיִּתֵּן לַאֲבִימֶלֶךְ וַיִּכְרְתוּ שְׁנֵיהֶם בְּרִית׃ וַיַּצֵּב
כט אַבְרָהָם אֶת־שֶׁבַע כִּבְשֹׂת הַצֹּאן לְבַדְּהֶן׃ וַיֹּאמֶר אֲבִימֶלֶךְ אֶל־
אַבְרָהָם מָה הֵנָּה שֶׁבַע כְּבָשֹׂת הָאֵלֶּה אֲשֶׁר הִצַּבְתָּ לְבַדָּנָה׃

son Yiẕẖaq being eight days old, as God had commanded him.
And Avraham was a hundred years old, when his son Yiẕẖaq 5
was born to him. And Sara said, God has made laughter for me, 6
so that all that hear will laugh with me. And she said, Who would 7
have said to Avraham, that Sara should give children suck? for
I have born him a son in his old age. And the child grew, and 8
was weaned: and Avraham made a great feast on the same day
that Yiẕẖaq was weaned. And Sara saw the son of Hagar the 9
Miẕrian, whom she had born to Avraham, mocking. So she said 10
to Avraham, Cast out this bondwoman and her son: for the son
of this bondwoman shall not be heir with my son, with Yiẕẖaq.
And the thing was very grievous in Avraham's eyes because of 11
his son. And God said to Avraham, Let it not be grievous in thy 12
sight because of the lad, and because of thy bondwoman; in
all that Sara has said to thee, hearken to her voice; for in Yiẕẖaq
shall thy seed be called. And also of the son of the bondwoman 13
will I make a nation, because he is thy seed. And Avraham rose 14
up early in the morning, and took bread, and a bottle of water,
and gave it to Hagar, putting it on her shoulder, and the child,
and sent her away: and she departed, and wandered in the
wilderness of Be'er-sheva. And the water was spent in the 15
bottle, and she cast the child under one of the shrubs. And she 16
went, and sat her down over against him a good way off, as it
were a bowshot: for she said, Let me not see the death of the
child. And she sat over against him, and lifted up her voice,
and wept. And God heard the voice of the lad; and the angel 17
of God called to Hagar out of heaven, and said to her, What
ails thee, Hagar? fear not; for God has heard the voice of the
lad where he is. Arise, lift up the lad, and hold him in thy hand; 18
for I will make him a great nation. And God opened her eyes, 19
and she saw a well of water; and she went, and filled the bottle
with water, and gave the lad drink. And God was with the lad; 20
and he grew, and dwelt in the wilderness, and became an archer.
And he dwelt in the wilderness of Paran: and his mother took 21
him a wife out of the land of Miẕrayim.
And it came to pass at that time, that Avimelekh and Pikhol 22
captain of his host spoke to Avraham, saying, God is with thee
in all that thou doest: now therefore swear to me here by God 23
that thou wilt not deal falsely with me, nor with my son, nor
with my son's son: but according to the kindness that I have
done to thee, thou shalt do to me, and to the land in which thou
hast sojourned. And Avraham said, I will swear. And Avraham 24 25
reproved Avimelekh because of the well of water, which Avi-
melekh's servants had violently taken away. And Avimelekh 26
said, I know not who has done this thing: neither didst thou
tell me, neither yet heard I of it, but today. And Avraham took 27
sheep and oxen, and gave them to Avimelekh; and both of them
made a covenant. And Avraham set seven ewe lambs of the 28
flock by themselves. And Avimelekh said to Avraham, What 29
mean these seven ewe lambs which thou hast set by themselves?

ל   וַיֹּאמֶר כִּי אֶת־שֶׁבַע כְּבָשֹׂת תִּקַּח מִיָּדִי בַּעֲבוּר תִּהְיֶה־לִּי

לא   לְעֵדָה כִּי חָפַרְתִּי אֶת־הַבְּאֵר הַזֹּאת: עַל־כֵּן קָרָא לַמָּקוֹם

   הַהוּא בְּאֵר שָׁבַע כִּי שָׁם נִשְׁבְּעוּ שְׁנֵיהֶם: וַיִּכְרְתוּ בְרִית בִּבְאֵר

לב   שָׁבַע וַיָּקָם אֲבִימֶלֶךְ וּפִיכֹל שַׂר־צְבָאוֹ וַיָּשֻׁבוּ אֶל־אֶרֶץ פְּלִשְׁתִּים:

לג   וַיִּטַּע אֶשֶׁל בִּבְאֵר שָׁבַע וַיִּקְרָא־שָׁם בְּשֵׁם יְהוָה אֵל עוֹלָם:

לד   וַיָּגָר אַבְרָהָם בְּאֶרֶץ פְּלִשְׁתִּים יָמִים רַבִּים:

כב א   וַיְהִי אַחַר הַדְּבָרִים הָאֵלֶּה וְהָאֱלֹהִים נִסָּה אֶת־אַבְרָהָם וַיֹּאמֶר

ב   אֵלָיו אַבְרָהָם וַיֹּאמֶר הִנֵּנִי: וַיֹּאמֶר קַח־נָא אֶת־בִּנְךָ אֶת־

   יְחִידְךָ אֲשֶׁר־אָהַבְתָּ אֶת־יִצְחָק וְלֶךְ־לְךָ אֶל־אֶרֶץ הַמֹּרִיָּה

   וְהַעֲלֵהוּ שָׁם לְעֹלָה עַל אַחַד הֶהָרִים אֲשֶׁר אֹמַר אֵלֶיךָ: וַיַּשְׁכֵּם

ג   אַבְרָהָם בַּבֹּקֶר וַיַּחֲבֹשׁ אֶת־חֲמֹרוֹ וַיִּקַּח אֶת־שְׁנֵי נְעָרָיו אִתּוֹ

   וְאֵת יִצְחָק בְּנוֹ וַיְבַקַּע עֲצֵי עֹלָה וַיָּקָם וַיֵּלֶךְ אֶל־הַמָּקוֹם אֲשֶׁר־

ד   אָמַר־לוֹ הָאֱלֹהִים: בַּיּוֹם הַשְּׁלִישִׁי וַיִּשָּׂא אַבְרָהָם אֶת־עֵינָיו

ה   וַיַּרְא אֶת־הַמָּקוֹם מֵרָחֹק: וַיֹּאמֶר אַבְרָהָם אֶל־נְעָרָיו שְׁבוּ־לָכֶם

   פֹּה עִם־הַחֲמוֹר וַאֲנִי וְהַנַּעַר נֵלְכָה עַד־כֹּה וְנִשְׁתַּחֲוֶה וְנָשׁוּבָה

ו   אֲלֵיכֶם: וַיִּקַּח אַבְרָהָם אֶת־עֲצֵי הָעֹלָה וַיָּשֶׂם עַל־יִצְחָק בְּנוֹ

   וַיִּקַּח בְּיָדוֹ אֶת־הָאֵשׁ וְאֶת־הַמַּאֲכֶלֶת וַיֵּלְכוּ שְׁנֵיהֶם יַחְדָּו:

ז   וַיֹּאמֶר יִצְחָק אֶל־אַבְרָהָם אָבִיו וַיֹּאמֶר אָבִי וַיֹּאמֶר הִנֶּנִּי בְנִי

ח   וַיֹּאמֶר הִנֵּה הָאֵשׁ וְהָעֵצִים וְאַיֵּה הַשֶּׂה לְעֹלָה: וַיֹּאמֶר אַבְרָהָם

ט   אֱלֹהִים יִרְאֶה־לּוֹ הַשֶּׂה לְעֹלָה בְּנִי וַיֵּלְכוּ שְׁנֵיהֶם יַחְדָּו: וַיָּבֹאוּ

   אֶל־הַמָּקוֹם אֲשֶׁר אָמַר־לוֹ הָאֱלֹהִים וַיִּבֶן שָׁם אַבְרָהָם אֶת־

   הַמִּזְבֵּחַ וַיַּעֲרֹךְ אֶת־הָעֵצִים וַיַּעֲקֹד אֶת־יִצְחָק בְּנוֹ וַיָּשֶׂם אֹתוֹ

י   עַל־הַמִּזְבֵּחַ מִמַּעַל לָעֵצִים: וַיִּשְׁלַח אַבְרָהָם אֶת־יָדוֹ וַיִּקַּח

יא   אֶת־הַמַּאֲכֶלֶת לִשְׁחֹט אֶת־בְּנוֹ: וַיִּקְרָא אֵלָיו מַלְאַךְ יְהוָה

   מִן־הַשָּׁמַיִם וַיֹּאמֶר אַבְרָהָם אַבְרָהָם וַיֹּאמֶר הִנֵּנִי: וַיֹּאמֶר אַל־

יב   תִּשְׁלַח יָדְךָ אֶל־הַנַּעַר וְאַל־תַּעַשׂ לוֹ מְאוּמָה כִּי עַתָּה יָדַעְתִּי

   כִּי־יְרֵא אֱלֹהִים אַתָּה וְלֹא חָשַׂכְתָּ אֶת־בִּנְךָ אֶת־יְחִידְךָ מִמֶּנִּי:

יג   וַיִּשָּׂא אַבְרָהָם אֶת־עֵינָיו וַיַּרְא וְהִנֵּה־אַיִל אַחַר נֶאֱחַז בַּסְּבַךְ

   בְּקַרְנָיו וַיֵּלֶךְ אַבְרָהָם וַיִּקַּח אֶת־הָאַיִל וַיַּעֲלֵהוּ לְעֹלָה תַּחַת

יד   בְּנוֹ: וַיִּקְרָא אַבְרָהָם שֵׁם־הַמָּקוֹם הַהוּא יְהוָה יִרְאֶה אֲשֶׁר

   יֵאָמֵר הַיּוֹם בְּהַר יְהוָה יֵרָאֶה: וַיִּקְרָא מַלְאַךְ יְהוָה אֶל־אַבְרָהָם

טו   שֵׁנִית מִן־הַשָּׁמָיִם: וַיֹּאמֶר בִּי נִשְׁבַּעְתִּי נְאֻם־יְהוָה כִּי יַעַן אֲשֶׁר

טז   עָשִׂיתָ אֶת־הַדָּבָר הַזֶּה וְלֹא חָשַׂכְתָּ אֶת־בִּנְךָ אֶת־יְחִידֶךָ: כִּי־

יז   בָרֵךְ אֲבָרֶכְךָ וְהַרְבָּה אַרְבֶּה אֶת־זַרְעֲךָ כְּכוֹכְבֵי הַשָּׁמַיִם וְכַחוֹל

   אֲשֶׁר עַל־שְׂפַת הַיָּם וְיִרַשׁ זַרְעֲךָ אֵת שַׁעַר אֹיְבָיו: וְהִתְבָּרֲכוּ

יח   בְזַרְעֲךָ כֹּל גּוֹיֵי הָאָרֶץ עֵקֶב אֲשֶׁר שָׁמַעְתָּ בְּקֹלִי: וַיָּשָׁב אַבְרָהָם

יט

And he said, For these seven ewe lambs shalt thou take of my 30
hand, that they may be a witness to me, that I have dug this well.
Therefore he called that place Be'er-sheva; because there they 31
swore both of them. Thus they made a covenant at Be'er-sheva; 32
then Avimelekh rose up, and Pikhol the captain of his host, and
they returned to the land of the Pelishtim. And Avraham planted 33
a tamarisk in Be'er-sheva, and called there on the name of the
LORD, the everlasting GOD. And Avraham sojourned in the land 34
of the Pelishtim many days.

And it came to pass after these things, that GOD did test **22**
Avraham, and said to him, Avraham: and he said, Here I am!
And he said, Take now thy son, thy only son Yizḥaq, whom 2
thou lovest, and get thee into the land of Moriyya; and offer
him there for a burnt offering upon one of the mountains which
I will tell thee of. And Avraham rose up early in the morning, 3
and saddled his ass, and took two of his young men with him,
and Yizḥaq his son, and broke up the wood for the burnt offer-
ing, and rose up, and went to the place of which GOD had told
him. Then on the third day Avraham lifted up his eyes, and saw 4
the place afar off. And Avraham said to his young men, stay here 5
with the ass; and I and the lad will go yonder and prostrate
ourselves, and come again to you. And Avraham took the wood 6
of the burnt offering, and laid it upon Yizḥaq his son; and he
took the fire in his hand, and the knife; and they went both of
them together. And Yizḥaq spoke to Avraham his father, and 7
said, My father: and he said, Here I am, my son. And he said,
Behold the fire and the wood: but where is the lamb for a burnt
offering? And Avraham said, My son, GOD will provide himself 8
a lamb for a burnt offering: so they went both of them together.
And they came to the place which GOD had told him of; and 9
Avraham built an altar there, and laid the wood in order, and
bound Yizḥaq his son, and laid him on the altar upon the wood.
And Avraham stretched out his hand, and took the knife to slay 10
his son. And an angel of the LORD called to him out of heaven, 11
and said, Avraham, Avraham: and he said, Here I am. And he 12
said, Lay not thy hand upon the lad, neither do anything to
him: for now I know that thou fearest GOD, seeing thou hast
not withheld thy son, thy only son from me. And Avraham 13
lifted up his eyes, and looked and behold behind him a ram
caught in the thicket by his horns: and Avraham went and
took the ram, and offered him up for a burnt offering in place
of his son. And Avraham called the name of that place Ado- 14
nay-yir'e: as it is said to this day, In the mount the LORD will
appear. And the angel of the LORD called to Avraham out of 15
heaven the second time, and said, By myself have I sworn, says 16
the LORD, because thou hast done this thing, and hast not with-
held thy son, thy only son: that I will exceedingly bless thee, 17
and I will exceedingly multiply thy seed as the stars of the
heaven, and as the sand which is upon the sea shore; and thy
seed shall possess the gate of its enemies; and in thy seed shall 18
all the nations of the earth be blessed; because thou hast obeyed
my voice. So Avraham returned to his young men, and they rose 19

אֶל־נְעָרָיו וַיָּקֻמוּ וַיֵּלְכוּ יַחְדָּו אֶל־בְּאֵר שָׁבַע וַיֵּשֶׁב אַבְרָהָם
בִּבְאֵר שָׁבַע׃
כ וַיְהִי אַחֲרֵי הַדְּבָרִים הָאֵלֶּה וַיֻּגַּד לְאַבְרָהָם לֵאמֹר הִנֵּה יָלְדָה מפטיר
כא מִלְכָּה גַם־הִוא בָּנִים לְנָחוֹר אָחִיךָ׃ אֶת־עוּץ בְּכֹרוֹ וְאֶת־בּוּז
כב אָחִיו וְאֶת־קְמוּאֵל אֲבִי אֲרָם׃ וְאֶת־כֶּשֶׂד וְאֶת־חֲזוֹ וְאֶת־
כג פִּלְדָּשׁ וְאֶת־יִדְלָף וְאֵת בְּתוּאֵל׃ וּבְתוּאֵל יָלַד אֶת־רִבְקָה
כד שְׁמֹנָה אֵלֶּה יָלְדָה מִלְכָּה לְנָחוֹר אֲחִי אַבְרָהָם׃ וּפִילַגְשׁוֹ
וּשְׁמָהּ רְאוּמָה וַתֵּלֶד גַּם־הִוא אֶת־טֶבַח וְאֶת־גַּחַם וְאֶת־
תַּחַשׁ וְאֶת־מַעֲכָה׃
כג א וַיִּהְיוּ חַיֵּי שָׂרָה מֵאָה שָׁנָה וְעֶשְׂרִים שָׁנָה וְשֶׁבַע שָׁנִים שְׁנֵי חַיֵּי חיי שרה
ב שָׂרָה׃ וַתָּמָת שָׂרָה בְּקִרְיַת אַרְבַּע הִוא חֶבְרוֹן בְּאֶרֶץ כְּנָעַן
ג וַיָּבֹא אַבְרָהָם לִסְפֹּד לְשָׂרָה וְלִבְכֹּתָהּ׃ וַיָּקָם אַבְרָהָם מֵעַל
ד פְּנֵי מֵתוֹ וַיְדַבֵּר אֶל־בְּנֵי־חֵת לֵאמֹר׃ גֵּר־וְתוֹשָׁב אָנֹכִי עִמָּכֶם
ה תְּנוּ לִי אֲחֻזַּת־קֶבֶר עִמָּכֶם וְאֶקְבְּרָה מֵתִי מִלְּפָנָי׃ וַיַּעֲנוּ בְנֵי־
ו חֵת אֶת־אַבְרָהָם לֵאמֹר לוֹ׃ שְׁמָעֵנוּ ׀ אֲדֹנִי נְשִׂיא אֱלֹהִים
אַתָּה בְּתוֹכֵנוּ בְּמִבְחַר קְבָרֵינוּ קְבֹר אֶת־מֵתֶךָ אִישׁ מִמֶּנּוּ אֶת־
ז קִבְרוֹ לֹא־יִכְלֶה מִמְּךָ מִקְּבֹר מֵתֶךָ׃ וַיָּקָם אַבְרָהָם וַיִּשְׁתַּחוּ
ח לְעַם־הָאָרֶץ לִבְנֵי־חֵת׃ וַיְדַבֵּר אִתָּם לֵאמֹר אִם־יֵשׁ אֶת־
נַפְשְׁכֶם לִקְבֹּר אֶת־מֵתִי מִלְּפָנַי שְׁמָעוּנִי וּפִגְעוּ־לִי בְּעֶפְרוֹן
ט בֶּן־צֹחַר׃ וְיִתֶּן־לִי אֶת־מְעָרַת הַמַּכְפֵּלָה אֲשֶׁר־לוֹ אֲשֶׁר בִּקְצֵה
י שָׂדֵהוּ בְּכֶסֶף מָלֵא יִתְּנֶנָּה לִּי בְּתוֹכְכֶם לַאֲחֻזַּת־קָבֶר׃ וְעֶפְרוֹן
יֹשֵׁב בְּתוֹךְ בְּנֵי־חֵת וַיַּעַן עֶפְרוֹן הַחִתִּי אֶת־אַבְרָהָם בְּאָזְנֵי
יא בְנֵי־חֵת לְכֹל בָּאֵי שַׁעַר־עִירוֹ לֵאמֹר׃ לֹא־אֲדֹנִי שְׁמָעֵנִי הַשָּׂדֶה
נָתַתִּי לָךְ וְהַמְּעָרָה אֲשֶׁר־בּוֹ לְךָ נְתַתִּיהָ לְעֵינֵי בְנֵי־עַמִּי נְתַתִּיהָ
יב יג לָּךְ קְבֹר מֵתֶךָ׃ וַיִּשְׁתַּחוּ אַבְרָהָם לִפְנֵי עַם־הָאָרֶץ׃ וַיְדַבֵּר
אֶל־עֶפְרוֹן בְּאָזְנֵי עַם־הָאָרֶץ לֵאמֹר אַךְ אִם־אַתָּה לוּ שְׁמָעֵנִי
יד נָתַתִּי כֶּסֶף הַשָּׂדֶה קַח מִמֶּנִּי וְאֶקְבְּרָה אֶת־מֵתִי שָׁמָּה׃ וַיַּעַן
טו עֶפְרוֹן אֶת־אַבְרָהָם לֵאמֹר לוֹ׃ אֲדֹנִי שְׁמָעֵנִי אֶרֶץ אַרְבַּע מֵאֹת
טז שֶׁקֶל־כֶּסֶף בֵּינִי וּבֵינְךָ מַה־הִוא וְאֶת־מֵתְךָ קְבֹר׃ וַיִּשְׁמַע
אַבְרָהָם אֶל־עֶפְרוֹן וַיִּשְׁקֹל אַבְרָהָם לְעֶפְרֹן אֶת־הַכֶּסֶף אֲשֶׁר
דִּבֶּר בְּאָזְנֵי בְנֵי־חֵת אַרְבַּע מֵאוֹת שֶׁקֶל כֶּסֶף עֹבֵר לַסֹּחֵר׃
יז וַיָּקָם ׀ שְׂדֵה עֶפְרוֹן אֲשֶׁר בַּמַּכְפֵּלָה אֲשֶׁר לִפְנֵי מַמְרֵא הַשָּׂדֶה שני
וְהַמְּעָרָה אֲשֶׁר־בּוֹ וְכָל־הָעֵץ אֲשֶׁר בַּשָּׂדֶה אֲשֶׁר בְּכָל־גְּבֻלוֹ
יח סָבִיב׃ לְאַבְרָהָם לְמִקְנָה לְעֵינֵי בְנֵי־חֵת בְּכֹל בָּאֵי שַׁעַר־עִירוֹ׃
יט וְאַחֲרֵי־כֵן קָבַר אַבְרָהָם אֶת־שָׂרָה אִשְׁתּוֹ אֶל־מְעָרַת שְׂדֵה
כ הַמַּכְפֵּלָה עַל־פְּנֵי מַמְרֵא הִוא חֶבְרוֹן בְּאֶרֶץ כְּנָעַן׃ וַיָּקָם

up and went together to Be'er-sheva; and Avraham dwelt at
Be'er-sheva.
And it came to pass after these things, that it was told Avraham, 20
saying, Behold Milka, she also has born children to thy brother
Naḥor; 'Uẕ his firstborn, and Buz his brother, and Qemu'el the 21
father of Aram, and Kesed, and Ḥazo, and Pildash, and Yidlaf, 22
and Betu'el. And Betu'el begot Rivqa: these eight did Milka 23
bear to Naḥor, Avraham's brother. And his concubine, whose 24
name was Re'uma, she bore also Tevaḥ, and Gaḥam, and Taḥash,
and Ma'akha.

ḤAYYE SARA

And Sara was a hundred and twenty seven years old: these **23**
were the years of Sara's life. And Sara died in Qiryat-arba; that 2
is Ḥevron, in the land of Kena'an: and Avraham came to mourn
for Sara, and to weep for her. And Avraham stood up from 3
before his dead, and spoke to the sons of Ḥet, saying, I am a
stranger and a sojourner with you: give me a possession of a 4
buryingplace with you, that I may bury my dead out of my
sight. And the children of Ḥet answered Avraham, saying to him, 5
Hear us, my lord: thou art a mighty prince among us: in the 6
choice of our sepulchres bury thy dead; none of us shall with-
hold from thee his tomb, but that thou mayst bury thy dead.
And Avraham stood up, and bowed himself to the people of the 7
land, to the children of Ḥet. And he spoke with them, saying, 8
If it be your mind that I should bury my dead out of my sight;
hear me, and intreat for me to 'Efron the son of Ẕoḥar, that 9
he may give me the cave of Makhpela, which he has, which
is in the end of his field; for the full price he shall give it
me for a possession of a buryingplace amongst you. And 10
'Efron dwelt among the children of Ḥet: and 'Efron the Ḥitti
answered Avraham in the hearing of the children of Ḥet, even
of all that went in at the gate of his city, saying, No, my lord, 11
hear me: the field I give thee, and the cave that is in it, I give
it thee; in the presence of the sons of my people I give it thee:
bury thy dead. And Avraham bowed himself down before the 12
people of the land. And he spoke to 'Efron in the hearing of the 13
people of the land, saying, But if thou wilt give it, I pray thee,
hear me: I will give thee the price of the field; take it of me, and
I will bury my dead there. And 'Efron answered Avraham, saying 14
to him, My lord, hearken to me: a piece of land worth four 15
hundred shekels of silver; what is that between me and thee?
bury therefore thy dead. And Avraham hearkened to 'Efron; 16
and Avraham weighed to 'Efron the silver, which he had named
in the hearing of the sons of Ḥet, four hundred shekels of silver,
current money with the merchant. And the field of 'Efron, which 17
was in Makhpela, which was before Mamre, the field, and the
cave which was in it, and all the trees that were in the field,
that were in all the borders round about, were made over
to Avraham for a possession in the presence of the children of 18
Ḥet, before all that went in at the gate of his city. And after 19
this, Avraham buried Sara his wife in the cave of the field of
Makhpela before Mamre: the same is Ḥevron in the land of
Kena'an. And the field, and the cave that is in it, were made 20

הַשָּׂדֶה וְהַמְּעָרָה אֲשֶׁר־בּוֹ לְאַבְרָהָם לַאֲחֻזַּת־קָבֶר מֵאֵת
כ בְּנֵי־חֵת׃ וְאַבְרָהָם זָקֵן בָּא בַּיָּמִים וַיהוָה בֵּרַךְ א כד
אֶת־אַבְרָהָם בַּכֹּל׃ וַיֹּאמֶר אַבְרָהָם אֶל־עַבְדּוֹ זְקַן בֵּיתוֹ הַמֹּשֵׁל ב
בְּכָל־אֲשֶׁר־לוֹ שִׂים־נָא יָדְךָ תַּחַת יְרֵכִי׃ וְאַשְׁבִּיעֲךָ בַּיהוָה ג
אֱלֹהֵי הַשָּׁמַיִם וֵאלֹהֵי הָאָרֶץ אֲשֶׁר לֹא־תִקַּח אִשָּׁה לִבְנִי מִבְּנוֹת
הַכְּנַעֲנִי אֲשֶׁר אָנֹכִי יוֹשֵׁב בְּקִרְבּוֹ׃ כִּי אֶל־אַרְצִי וְאֶל־מוֹלַדְתִּי ד
תֵּלֵךְ וְלָקַחְתָּ אִשָּׁה לִבְנִי לְיִצְחָק׃ וַיֹּאמֶר אֵלָיו הָעֶבֶד אוּלַי ה
לֹא־תֹאבֶה הָאִשָּׁה לָלֶכֶת אַחֲרַי אֶל־הָאָרֶץ הַזֹּאת הֶהָשֵׁב
אָשִׁיב אֶת־בִּנְךָ אֶל־הָאָרֶץ אֲשֶׁר־יָצָאתָ מִשָּׁם׃ וַיֹּאמֶר אֵלָיו ו
אַבְרָהָם הִשָּׁמֶר לְךָ פֶּן־תָּשִׁיב אֶת־בְּנִי שָׁמָּה׃ יְהוָה ׀ אֱלֹהֵי ז
הַשָּׁמַיִם אֲשֶׁר לְקָחַנִי מִבֵּית אָבִי וּמֵאֶרֶץ מוֹלַדְתִּי וַאֲשֶׁר דִּבֶּר־
לִי וַאֲשֶׁר נִשְׁבַּע־לִי לֵאמֹר לְזַרְעֲךָ אֶתֵּן אֶת־הָאָרֶץ הַזֹּאת
הוּא יִשְׁלַח מַלְאָכוֹ לְפָנֶיךָ וְלָקַחְתָּ אִשָּׁה לִבְנִי מִשָּׁם׃ וְאִם־לֹא ח
תֹאבֶה הָאִשָּׁה לָלֶכֶת אַחֲרֶיךָ וְנִקִּיתָ מִשְּׁבֻעָתִי זֹאת רַק אֶת־
בְּנִי לֹא תָשֵׁב שָׁמָּה׃ וַיָּשֶׂם הָעֶבֶד אֶת־יָדוֹ תַּחַת יֶרֶךְ אַבְרָהָם ט
שלישי אֲדֹנָיו וַיִּשָּׁבַע לוֹ עַל־הַדָּבָר הַזֶּה׃ וַיִּקַּח הָעֶבֶד עֲשָׂרָה גְמַלִּים י
מִגְּמַלֵּי אֲדֹנָיו וַיֵּלֶךְ וְכָל־טוּב אֲדֹנָיו בְּיָדוֹ וַיָּקָם וַיֵּלֶךְ אֶל־אֲרַם
נַהֲרַיִם אֶל־עִיר נָחוֹר׃ וַיַּבְרֵךְ הַגְּמַלִּים מִחוּץ לָעִיר אֶל־בְּאֵר יא
הַמָּיִם לְעֵת עֶרֶב לְעֵת צֵאת הַשֹּׁאֲבֹת׃ וַיֹּאמַר ׀ יְהוָה אֱלֹהֵי יב
אֲדֹנִי אַבְרָהָם הַקְרֵה־נָא לְפָנַי הַיּוֹם וַעֲשֵׂה־חֶסֶד עִם אֲדֹנִי
אַבְרָהָם׃ הִנֵּה אָנֹכִי נִצָּב עַל־עֵין הַמָּיִם וּבְנוֹת אַנְשֵׁי הָעִיר יג
יֹצְאֹת לִשְׁאֹב מָיִם׃ וְהָיָה הַנַּעֲרָ אֲשֶׁר אֹמַר אֵלֶיהָ הַטִּי־נָא יד
כַדֵּךְ וְאֶשְׁתֶּה וְאָמְרָה שְׁתֵה וְגַם־גְּמַלֶּיךָ אַשְׁקֶה אֹתָהּ הֹכַחְתָּ
לְעַבְדְּךָ לְיִצְחָק וּבָהּ אֵדַע כִּי־עָשִׂיתָ חֶסֶד עִם־אֲדֹנִי׃ וַיְהִי־הוּא טו
טֶרֶם כִּלָּה לְדַבֵּר וְהִנֵּה רִבְקָה יֹצֵאת אֲשֶׁר יֻלְּדָה לִבְתוּאֵל
בֶּן־מִלְכָּה אֵשֶׁת נָחוֹר אֲחִי אַבְרָהָם וְכַדָּהּ עַל־שִׁכְמָהּ׃ וְהַנַּעֲרָ טז
טֹבַת מַרְאֶה מְאֹד בְּתוּלָה וְאִישׁ לֹא יְדָעָהּ וַתֵּרֶד הָעַיְנָה
וַתְּמַלֵּא כַדָּהּ וַתָּעַל׃ וַיָּרָץ הָעֶבֶד לִקְרָאתָהּ וַיֹּאמֶר הַגְמִיאִינִי יז
נָא מְעַט־מַיִם מִכַּדֵּךְ׃ וַתֹּאמֶר שְׁתֵה אֲדֹנִי וַתְּמַהֵר וַתֹּרֶד כַּדָּהּ יח
עַל־יָדָהּ וַתַּשְׁקֵהוּ׃ וַתְּכַל לְהַשְׁקֹתוֹ וַתֹּאמֶר גַּם לִגְמַלֶּיךָ יט
אֶשְׁאָב עַד אִם־כִּלּוּ לִשְׁתֹּת׃ וַתְּמַהֵר וַתְּעַר כַּדָּהּ אֶל־הַשֹּׁקֶת כ
וַתָּרָץ עוֹד אֶל־הַבְּאֵר לִשְׁאֹב וַתִּשְׁאַב לְכָל־גְּמַלָּיו׃ וְהָאִישׁ כא
מִשְׁתָּאֵה לָהּ מַחֲרִישׁ לָדַעַת הַהִצְלִיחַ יְהוָה דַּרְכּוֹ אִם־לֹא׃
וַיְהִי כַּאֲשֶׁר כִּלּוּ הַגְּמַלִּים לִשְׁתּוֹת וַיִּקַּח הָאִישׁ נֶזֶם זָהָב בֶּקַע כב
מִשְׁקָלוֹ וּשְׁנֵי צְמִידִים עַל־יָדֶיהָ עֲשָׂרָה זָהָב מִשְׁקָלָם׃ וַיֹּאמֶר כג

over to Avraham for a possession of a buryingplace by the
sons of Ḥet. **24** And Avraham was old, advanced in age:
2 and the LORD had blessed Avraham in all things. And Avra-
ham said to the eldest servant of his house, that ruled over all
3 that he had, Put, I pray thee, thy hand under my thigh: and I
will make thee swear by the LORD, the GOD of heaven, and the
GOD of the earth, that thou shalt not take a wife to my son of
4 the daughters of the Kena'ani, among whom I dwell; but thou
shalt go to my country, and to my kindred, and take a wife to
5 my son Yiẕḥaq. And the servant said to him, Perhaps the woman
will not be willing to follow me to this land: must I needs
bring thy son back to the land from where thou didst come?
6 And Avraham said to him, Beware lest thou bring my son
7 back there. The LORD GOD of heaven, who took me from my
father's house, and from the land of my kindred, and who spoke
to me, and swore to me, saying, To thy seed will I give this land;
he shall send his angel before thee, and thou shalt take a wife
8 for my son from there. And if the woman will not be willing to
follow thee, then thou shalt be clear from this my oath: only
9 bring not my son back there. And the servant put his hand
under the thigh of Avraham his master, and swore to him con-
10 cerning that matter. And the servant took ten camels of the
camels of his master, and departed; for all the goods of his
master were in his hand: and he arose, and went to Aram-
11 naharayim, to the city of Naḥor. And he made his camels kneel
down outside the city by a well of water at the time of
evening, at the time that the women go out to draw water.
12 And he said, O LORD GOD of my master Avraham, I pray thee,
send me good speed this day, and show kindness to my master
13 Avraham. Behold, I stand here by the well of water; and the
14 daughters of the men of the city come out to draw water: and
let it come to pass, that the girl to whom I shall say, Let down
thy pitcher, I pray thee, that I may drink; and she shall say,
Drink, and I will give thy camels drink also: let her be she that
thou hast appointed for thy servant Yiẕḥaq; and thereby shall
15 I know that thou hast shown kindness to my master. And it came
to pass, before he had done speaking, that, behold, Rivqa came
out, who was born to Betu'el, son of Milka, the wife of Naḥor,
16 Avraham's brother, with her pitcher upon her shoulder. And the
girl was very fair to look upon, a virgin, neither had any man
known her: and she went down to the well, and filled her
17 pitcher, and came up. And the servant ran to meet her, and said,
18 Let me, I pray thee, drink a little water of thy pitcher. And she
said, Drink, my lord: and she hastened, and let down her pitcher
19 upon her hand, and gave him drink. And when she had done
giving him drink, she said, I will draw water for thy camels also,
20 until they have done drinking. And she hastened, and emptied
her pitcher into the trough, and ran again to the well to draw
21 water, and drew for all his camels. And the man wondering at
her held his peace, to know whether the LORD had made his
22 journey prosperous or not. And it came to pass, as the camels
had done drinking, that the man took a golden earring of half a
shekel weight, and two bracelets for her hands of ten shekels

בַּת־מִי אַתְּ הַגִּידִי נָא לִי הֲיֵשׁ בֵּית־אָבִיךְ מָקוֹם לָנוּ לָלִין׃
וַתֹּאמֶר אֵלָיו בַּת־בְּתוּאֵל אָנֹכִי בֶּן־מִלְכָּה אֲשֶׁר יָלְדָה לְנָחוֹר׃ כד
וַתֹּאמֶר אֵלָיו גַּם־תֶּבֶן גַּם־מִסְפּוֹא רַב עִמָּנוּ גַּם־מָקוֹם לָלוּן׃ כה
רביעי וַיִּקֹּד הָאִישׁ וַיִּשְׁתַּחוּ לַיהוָה׃ וַיֹּאמֶר בָּרוּךְ יהוה אֱלֹהֵי אֲדֹנִי כו כז
אַבְרָהָם אֲשֶׁר לֹא־עָזַב חַסְדּוֹ וַאֲמִתּוֹ מֵעִם אֲדֹנִי אָנֹכִי בַּדֶּרֶךְ
נָחַנִי יהוה בֵּית אֲחֵי אֲדֹנִי׃ וַתָּרָץ הַנַּעֲרָ וַתַּגֵּד לְבֵית אִמָּהּ כח
כַּדְּבָרִים הָאֵלֶּה׃ וּלְרִבְקָה אָח וּשְׁמוֹ לָבָן וַיָּרָץ לָבָן אֶל־הָאִישׁ כט
הַחוּצָה אֶל־הָעָיִן׃ וַיְהִי׀ כִּרְאֹת אֶת־הַנֶּזֶם וְאֶת־הַצְּמִדִים עַל־ ל
יְדֵי אֲחֹתוֹ וּכְשָׁמְעוֹ אֶת־דִּבְרֵי רִבְקָה אֲחֹתוֹ לֵאמֹר כֹּה־דִבֶּר
אֵלַי הָאִישׁ וַיָּבֹא אֶל־הָאִישׁ וְהִנֵּה עֹמֵד עַל־הַגְּמַלִּים עַל־
הָעָיִן׃ וַיֹּאמֶר בּוֹא בְּרוּךְ יהוה לָמָּה תַעֲמֹד בַּחוּץ וְאָנֹכִי פִּנִּיתִי לא
הַבַּיִת וּמָקוֹם לַגְּמַלִּים׃ וַיָּבֹא הָאִישׁ הַבַּיְתָה וַיְפַתַּח הַגְּמַלִּים לב
וַיִּתֵּן תֶּבֶן וּמִסְפּוֹא לַגְּמַלִּים וּמַיִם לִרְחֹץ רַגְלָיו וְרַגְלֵי הָאֲנָשִׁים
וַיּוּשַׂם אֲשֶׁר אִתּוֹ׃ ויישם לְפָנָיו לֶאֱכֹל וַיֹּאמֶר לֹא אֹכַל עַד אִם־דִּבַּרְתִּי לג
דְּבָרָי וַיֹּאמֶר דַּבֵּר׃ וַיֹּאמַר עֶבֶד אַבְרָהָם אָנֹכִי׃ וַיהוָה בֵּרַךְ לד לה
אֶת־אֲדֹנִי מְאֹד וַיִּגְדָּל וַיִּתֶּן־לוֹ צֹאן וּבָקָר וְכֶסֶף וְזָהָב וַעֲבָדִם
וּשְׁפָחֹת וּגְמַלִּים וַחֲמֹרִים׃ וַתֵּלֶד שָׂרָה אֵשֶׁת אֲדֹנִי בֵן לַאדֹנִי לו
אַחֲרֵי זִקְנָתָהּ וַיִּתֶּן־לוֹ אֶת־כָּל־אֲשֶׁר־לוֹ׃ וַיַּשְׁבִּעֵנִי אֲדֹנִי לֵאמֹר לז
לֹא־תִקַּח אִשָּׁה לִבְנִי מִבְּנוֹת הַכְּנַעֲנִי אֲשֶׁר אָנֹכִי יֹשֵׁב בְּאַרְצוֹ׃
אִם־לֹא אֶל־בֵּית־אָבִי תֵּלֵךְ וְאֶל־מִשְׁפַּחְתִּי וְלָקַחְתָּ אִשָּׁה לִבְנִי׃ לח
וָאֹמַר אֶל־אֲדֹנִי אֻלַי לֹא־תֵלֵךְ הָאִשָּׁה אַחֲרָי׃ וַיֹּאמֶר אֵלָי יהוה לט מ
אֲשֶׁר־הִתְהַלַּכְתִּי לְפָנָיו יִשְׁלַח מַלְאָכוֹ אִתָּךְ וְהִצְלִיחַ דַּרְכֶּךָ
וְלָקַחְתָּ אִשָּׁה לִבְנִי מִמִּשְׁפַּחְתִּי וּמִבֵּית אָבִי׃ אָז תִּנָּקֶה מֵאָלָתִי מא
כִּי תָבוֹא אֶל־מִשְׁפַּחְתִּי וְאִם־לֹא יִתְּנוּ לָךְ וְהָיִיתָ נָקִי מֵאָלָתִי׃
כא וָאָבֹא הַיּוֹם אֶל־הָעָיִן וָאֹמַר יהוה אֱלֹהֵי אֲדֹנִי אַבְרָהָם אִם־ מב
יֶשְׁךָ־נָּא מַצְלִיחַ דַּרְכִּי אֲשֶׁר אָנֹכִי הֹלֵךְ עָלֶיהָ׃ הִנֵּה אָנֹכִי מג
נִצָּב עַל־עֵין הַמָּיִם וְהָיָה הָעַלְמָה הַיֹּצֵאת לִשְׁאֹב וְאָמַרְתִּי
אֵלֶיהָ הַשְׁקִינִי־נָא מְעַט־מַיִם מִכַּדֵּךְ׃ וְאָמְרָה אֵלַי גַּם־אַתָּה מד
שְׁתֵה וְגַם לִגְמַלֶּיךָ אֶשְׁאָב הִוא הָאִשָּׁה אֲשֶׁר־הֹכִיחַ יהוה לְבֶן־
אֲדֹנִי׃ אֲנִי טֶרֶם אֲכַלֶּה לְדַבֵּר אֶל־לִבִּי וְהִנֵּה רִבְקָה יֹצֵאת מה
וְכַדָּהּ עַל־שִׁכְמָהּ וַתֵּרֶד הָעַיְנָה וַתִּשְׁאָב וָאֹמַר אֵלֶיהָ הַשְׁקִינִי
נָא׃ וַתְּמַהֵר וַתּוֹרֶד כַּדָּהּ מֵעָלֶיהָ וַתֹּאמֶר שְׁתֵה וְגַם־גְּמַלֶּיךָ מו
אַשְׁקֶה וָאֵשְׁתְּ וְגַם הַגְּמַלִּים הִשְׁקָתָה׃ וָאֶשְׁאַל אֹתָהּ וָאֹמַר מז

weight of gold; and said, Whose daughter art thou? tell me, I   23
pray thee: is there room in thy father's house for us to lodge in?
And she said to him, I am the daughter of Betu'el the son of   24
Milka, whom she bore to Naḥor. And she said to him, We have   25
both straw and provender enough, and room to lodge in. And   26
the man bowed down his head, and prostrated himself to the
LORD. And he said, Blessed be the LORD GOD of my master   27
Avraham, who has not left my master destitute of his love
and his truth: as for me, the LORD has guided me in the way
to the house of my master's brethren. And the girl ran, and told   28
them of her mother's house these things. And Rivqa had a   29
brother, and his name was Lavan: and Lavan ran out to the
man, to the well. And it came to pass, when he saw the earring   30
and bracelets upon his sister's hands, and when he heard the
words of Rivqa his sister, saying, Thus spoke the man to me;
that he came to the man; and, behold, he stood by the camels
at the well. And he said, Come in, thou blessed of the LORD;   31
why dost thou stand outside? for I have prepared the house,
and room for the camels. And the man came into the house: 32
and he ungirded his camels, and gave straw and provender for
the camels, and water to wash his feet, and the men's feet that
were with him. And there was set food before him to eat: but   33
he said, I will not eat, until I have told my errand. And he said,
Speak on. And he said, I am Avraham's servant. And the LORD   34, 35
has blessed my master greatly; and he is become great: and
he has given him flocks, and herds, and silver, and gold, and
menservants, and maidservants, and camels, and asses. And   36
Sara my master's wife bore a son to my master when she was
old: and to him he has given all that he has. And my master   37
made me swear, saying, Thou shalt not take a wife to my son
of the daughters of the Kena'ani, in whose land I dwell: but   38
thou shalt go to my father's house, and to my kindred, and take
a wife for my son. And I said to my master, Perhaps the woman   39
will not follow me. And he said to me, The LORD, before whom   40
I walk, will send his angel with thee, and prosper thy way; and
thou shalt take a wife for my son of my kindred, and of my
father's house: then shalt thou be clear from this my oath,   41
when thou comest to my kindred; and if they grant it not to
thee, thou shalt be clear of my oath. And I came this day to   42
the well, and said, O LORD GOD of my master Avraham, if now
thou do prosper my way which I go: behold, I stand by the well   43
of water; and it shall come to pass, that the maid who comes
forth to draw, and I say to her, Give me, I pray thee, a
little water from thy pitcher to drink; and she say to me,   44
Both drink thou, and I will also draw for thy camels: she
shall be the woman whom the LORD has appointed for my mas-
ter's son. And before I had done speaking in my heart, behold,   45
Rivqa came out with her pitcher on her shoulder; and she went
down to the well, and drew water: and I said to her, Let me
drink, I pray thee. And she made haste, and let down her pitcher   46
from her shoulder, and said, Drink, and I will give thy camels to
drink also: so I drank, and she made the camels drink also.
And I asked her, and said, Whose daughter art thou? And she   47

בַּת־מִי אַתְּ וַתֹּאמֶר בַּת־בְּתוּאֵל בֶּן־נָחוֹר אֲשֶׁר יָלְדָה־לּוֹ
מח מִלְכָּה וָאָשִׂם הַנֶּזֶם עַל־אַפָּהּ וְהַצְּמִידִים עַל־יָדֶיהָ: וָאֶקֹּד
וָאֶשְׁתַּחֲוֶה לַיהוָה וָאֲבָרֵךְ אֶת־יְהוָה אֱלֹהֵי אֲדֹנִי אַבְרָהָם אֲשֶׁר
מט הִנְחַנִי בְּדֶרֶךְ אֱמֶת לָקַחַת אֶת־בַּת־אֲחִי אֲדֹנִי לִבְנוֹ: וְעַתָּה
אִם־יֶשְׁכֶם עֹשִׂים חֶסֶד וֶאֱמֶת אֶת־אֲדֹנִי הַגִּידוּ לִי וְאִם־לֹא
נ הַגִּידוּ לִי וְאֶפְנֶה עַל־יָמִין אוֹ עַל־שְׂמֹאל: וַיַּעַן לָבָן וּבְתוּאֵל
וַיֹּאמְרוּ מֵיְהוָה יָצָא הַדָּבָר לֹא נוּכַל דַּבֵּר אֵלֶיךָ רַע אוֹ־טוֹב:
נא הִנֵּה־רִבְקָה לְפָנֶיךָ קַח וָלֵךְ וּתְהִי אִשָּׁה לְבֶן־אֲדֹנֶיךָ כַּאֲשֶׁר
נב דִּבֶּר יְהוָה: וַיְהִי כַּאֲשֶׁר שָׁמַע עֶבֶד אַבְרָהָם אֶת־דִּבְרֵיהֶם
חמישי נג וַיִּשְׁתַּחוּ אַרְצָה לַיהוָה: וַיּוֹצֵא הָעֶבֶד כְּלֵי־כֶסֶף וּכְלֵי זָהָב
נד וּבְגָדִים וַיִּתֵּן לְרִבְקָה וּמִגְדָּנֹת נָתַן לְאָחִיהָ וּלְאִמָּהּ: וַיֹּאכְלוּ
וַיִּשְׁתּוּ הוּא וְהָאֲנָשִׁים אֲשֶׁר־עִמּוֹ וַיָּלִינוּ וַיָּקוּמוּ בַבֹּקֶר וַיֹּאמֶר
נה שַׁלְּחֻנִי לַאדֹנִי: וַיֹּאמֶר אָחִיהָ וְאִמָּהּ תֵּשֵׁב הַנַּעֲרָ אִתָּנוּ יָמִים
נו אוֹ עָשׂוֹר אַחַר תֵּלֵךְ: וַיֹּאמֶר אֲלֵהֶם אַל־תְּאַחֲרוּ אֹתִי וַיהוָה
נז הִצְלִיחַ דַּרְכִּי שַׁלְּחוּנִי וְאֵלְכָה לַאדֹנִי: וַיֹּאמְרוּ נִקְרָא לַנַּעֲרָ
נח וְנִשְׁאֲלָה אֶת־פִּיהָ: וַיִּקְרְאוּ לְרִבְקָה וַיֹּאמְרוּ אֵלֶיהָ הֲתֵלְכִי
נט עִם־הָאִישׁ הַזֶּה וַתֹּאמֶר אֵלֵךְ: וַיְשַׁלְּחוּ אֶת־רִבְקָה אֲחֹתָם
ס וְאֶת־מֵנִקְתָּהּ וְאֶת־עֶבֶד אַבְרָהָם וְאֶת־אֲנָשָׁיו: וַיְבָרְכוּ אֶת־
רִבְקָה וַיֹּאמְרוּ לָהּ אֲחֹתֵנוּ אַתְּ הֲיִי לְאַלְפֵי רְבָבָה וְיִירַשׁ זַרְעֵךְ
סא אֵת שַׁעַר שֹׂנְאָיו: וַתָּקָם רִבְקָה וְנַעֲרֹתֶיהָ וַתִּרְכַּבְנָה עַל־
הַגְּמַלִּים וַתֵּלַכְנָה אַחֲרֵי הָאִישׁ וַיִּקַּח הָעֶבֶד אֶת־רִבְקָה וַיֵּלַךְ:
סב וְיִצְחָק בָּא מִבּוֹא בְּאֵר לַחַי רֹאִי וְהוּא יוֹשֵׁב בְּאֶרֶץ הַנֶּגֶב:
סג וַיֵּצֵא יִצְחָק לָשׂוּחַ בַּשָּׂדֶה לִפְנוֹת עָרֶב וַיִּשָּׂא עֵינָיו וַיַּרְא וְהִנֵּה
סד גְמַלִּים בָּאִים: וַתִּשָּׂא רִבְקָה אֶת־עֵינֶיהָ וַתֵּרֶא אֶת־יִצְחָק
סה וַתִּפֹּל מֵעַל הַגָּמָל: וַתֹּאמֶר אֶל־הָעֶבֶד מִי־הָאִישׁ הַלָּזֶה הַהֹלֵךְ
בַּשָּׂדֶה לִקְרָאתֵנוּ וַיֹּאמֶר הָעֶבֶד הוּא אֲדֹנִי וַתִּקַּח הַצָּעִיף
סו וַתִּתְכָּס: וַיְסַפֵּר הָעֶבֶד לְיִצְחָק אֵת כָּל־הַדְּבָרִים אֲשֶׁר עָשָׂה:
סז וַיְבִאֶהָ יִצְחָק הָאֹהֱלָה שָׂרָה אִמּוֹ וַיִּקַּח אֶת־רִבְקָה וַתְּהִי־לוֹ
לְאִשָּׁה וַיֶּאֱהָבֶהָ וַיִּנָּחֵם יִצְחָק אַחֲרֵי אִמּוֹ:

ששי כב כה א ב וַיֹּסֶף אַבְרָהָם וַיִּקַּח אִשָּׁה וּשְׁמָהּ קְטוּרָה: וַתֵּלֶד לוֹ אֶת־זִמְרָן
ג וְאֶת־יָקְשָׁן וְאֶת־מְדָן וְאֶת־מִדְיָן וְאֶת־יִשְׁבָּק וְאֶת־שׁוּחַ: וְיָקְשָׁן
יָלַד אֶת־שְׁבָא וְאֶת־דְּדָן וּבְנֵי דְדָן הָיוּ אַשּׁוּרִם וּלְטוּשִׁם וּלְאֻמִּים:
ד וּבְנֵי מִדְיָן עֵיפָה וָעֵפֶר וַחֲנֹךְ וַאֲבִידָע וְאֶלְדָּעָה כָּל־אֵלֶּה בְּנֵי
ה ו קְטוּרָה: וַיִּתֵּן אַבְרָהָם אֶת־כָּל־אֲשֶׁר־לוֹ לְיִצְחָק: וְלִבְנֵי
הַפִּילַגְשִׁים אֲשֶׁר לְאַבְרָהָם נָתַן אַבְרָהָם מַתָּנֹת וַיְשַׁלְּחֵם מֵעַל
ז יִצְחָק בְּנוֹ בְּעוֹדֶנּוּ חַי קֵדְמָה אֶל־אֶרֶץ קֶדֶם: וְאֵלֶּה יְמֵי שְׁנֵי־

said, The daughter of Betu'el, Naḥor's son, whom Milka bore to
him: and I put the ring upon her nose, and the bracelets upon
her hands. And I bowed down my head, and worshipped the 48
Lord, and blessed the Lord God of my master Avraham, who
had led me in the right way to take my master's brother's
daughter for his son. And now if you will deal kindly and 49
truly with my master, tell me: and if not, tell me; so that I may
turn to the right hand, or to the left. Then Lavan and Betu'el 50
answered and said, The thing comes from the Lord: we cannot
speak to thee bad or good. Behold, Rivqa is before thee, take 51
her, and go, and let her be thy master's son's wife, as the Lord
has spoken. And it came to pass, that, when Avraham's servant 52
heard their words, he prostrated himself to the earth before the
Lord. And the servant brought out jewels of silver, and jewels 53
of gold, and garments, and gave them to Rivqa: he gave also
to her brother and to her mother precious things. And they did 54
eat and drink, he and the men that were with him, and tarried
all night; and they rose up in the morning, and he said, Send me
away to my master. And her brother and her mother said, Let 55
the girl stay with us a few days, at the least ten; after that she
shall go. And he said to them, Hinder me not, seeing the Lord 56
has prospered my way; send me away that I may go to my
master. And they said, We will call the girl, and inquire at her 57
mouth. And they called Rivqa, and said to her, Wilt thou go 58
with this man? And she said, I will go. And they sent away 59
Rivqa their sister, and her nurse, and Avraham's servant, and
his men. And they blessed Rivqa, and said to her, Thou art our 60
sister, be thou the mother of thousands of ten thousands, and
let thy seed possess the gate of those which hate them. And 61
Rivqa, and her maids arose, and they rode upon the camels, and
followed the man: and the servant took Rivqa, and went his
way. And Yiẕḥaq came from the way of Be'er-laḥay-ro'i; for he 62
dwelt in the land of the Negev. And Yiẕḥaq went out to meditate 63
in the field at the evening time: and he lifted up his eyes, and
saw, and, behold, camels were coming. And Rivqa lifted up her 64
eyes, and when she saw Yiẕḥaq, she descended from the camel.
And she said to the servant, What man is this that walks in the 65
field to meet us? And the servant said, It is my master: there-
fore she took her veil, and covered herself. And the servant told 66
Yiẕḥaq all the things that he had done. And Yiẕḥaq brought her 67
into his mother Sara's tent, and took Rivqa, and she became his
wife; and he loved her: and Yiẕḥaq was comforted after his
mother's death.
Then again Avraham took a wife, and her name was Qetura. **25**
And she bore him Zimran, and Yoqshan, and Medan, and 2
Midyan, and Yishbaq, and Shuaḥ. And Yoqshan begot Sheva, 3
and Dedan. And the sons of Dedan were Ashshurim, and Letu-
shim, and Le'ummim. And the sons of Midyan; 'Efa and 4
'Efer, and Ḥanokh, and Avida, and Elda'a. All these were
the children of Qetura. And Avraham gave all that he had 5
to Yiẕḥaq. But to the sons of the concubines, which Avraham 6
had, Avraham gave gifts, and sent them away from his son,
while he yet lived, eastward, to the east country. And these are 7

חַיֵּי אַבְרָהָם אֲשֶׁר־חָי מְאַת שָׁנָה וְשִׁבְעִים שָׁנָה וְחָמֵשׁ שָׁנִים׃
ח וַיִּגְוַע וַיָּמָת אַבְרָהָם בְּשֵׂיבָה טוֹבָה זָקֵן וְשָׂבֵעַ וַיֵּאָסֶף אֶל־
ט עַמָּיו׃ וַיִּקְבְּרוּ אֹתוֹ יִצְחָק וְיִשְׁמָעֵאל בָּנָיו אֶל־מְעָרַת הַמַּכְפֵּלָה
י אֶל־שְׂדֵה עֶפְרֹן בֶּן־צֹחַר הַחִתִּי אֲשֶׁר עַל־פְּנֵי מַמְרֵא׃ הַשָּׂדֶה
אֲשֶׁר־קָנָה אַבְרָהָם מֵאֵת בְּנֵי־חֵת שָׁמָּה קֻבַּר אַבְרָהָם וְשָׂרָה
יא אִשְׁתּוֹ׃ וַיְהִי אַחֲרֵי מוֹת אַבְרָהָם וַיְבָרֶךְ אֱלֹהִים אֶת־יִצְחָק
בְּנוֹ וַיֵּשֶׁב יִצְחָק עִם־בְּאֵר לַחַי רֹאִי׃
שביעי יב וְאֵלֶּה תֹּלְדֹת יִשְׁמָעֵאל בֶּן־אַבְרָהָם אֲשֶׁר יָלְדָה הָגָר הַמִּצְרִית
יג שִׁפְחַת שָׂרָה לְאַבְרָהָם׃ וְאֵלֶּה שְׁמוֹת בְּנֵי יִשְׁמָעֵאל בִּשְׁמֹתָם
לְתוֹלְדֹתָם בְּכֹר יִשְׁמָעֵאל נְבָיֹת וְקֵדָר וְאַדְבְּאֵל וּמִבְשָׂם׃
יד טו וּמִשְׁמָע וְדוּמָה וּמַשָּׂא׃ חֲדַד וְתֵימָא יְטוּר נָפִישׁ וָקֵדְמָה׃
מפטיר טז אֵלֶּה הֵם בְּנֵי יִשְׁמָעֵאל וְאֵלֶּה שְׁמֹתָם בְּחַצְרֵיהֶם וּבְטִירֹתָם
יז שְׁנֵים־עָשָׂר נְשִׂיאִם לְאֻמֹּתָם׃ וְאֵלֶּה שְׁנֵי חַיֵּי יִשְׁמָעֵאל מְאַת
שָׁנָה וּשְׁלֹשִׁים שָׁנָה וְשֶׁבַע שָׁנִים וַיִּגְוַע וַיָּמָת וַיֵּאָסֶף אֶל־עַמָּיו׃
יח וַיִּשְׁכְּנוּ מֵחֲוִילָה עַד־שׁוּר אֲשֶׁר עַל־פְּנֵי מִצְרַיִם בֹּאֲכָה אַשּׁוּרָה
עַל־פְּנֵי כָל־אֶחָיו נָפָל׃
תולדת כג יט וְאֵלֶּה תּוֹלְדֹת יִצְחָק בֶּן־אַבְרָהָם אַבְרָהָם הוֹלִיד אֶת־יִצְחָק׃
כ וַיְהִי יִצְחָק בֶּן־אַרְבָּעִים שָׁנָה בְּקַחְתּוֹ אֶת־רִבְקָה בַּת־בְּתוּאֵל
כא הָאֲרַמִּי מִפַּדַּן אֲרָם אֲחוֹת לָבָן הָאֲרַמִּי לוֹ לְאִשָּׁה׃ וַיֶּעְתַּר
יִצְחָק לַיהוה לְנֹכַח אִשְׁתּוֹ כִּי עֲקָרָה הִוא וַיֵּעָתֶר לוֹ יהוה
כב וַתַּהַר רִבְקָה אִשְׁתּוֹ׃ וַיִּתְרֹצְצוּ הַבָּנִים בְּקִרְבָּהּ וַתֹּאמֶר אִם־
כג כֵּן לָמָּה זֶּה אָנֹכִי וַתֵּלֶךְ לִדְרֹשׁ אֶת־יהוה׃ וַיֹּאמֶר יהוה לָהּ
גוים שְׁנֵי גֹיִים בְּבִטְנֵךְ וּשְׁנֵי לְאֻמִּים מִמֵּעַיִךְ יִפָּרֵדוּ וּלְאֹם מִלְאֹם
כד יֶאֱמָץ וְרַב יַעֲבֹד צָעִיר׃ וַיִּמְלְאוּ יָמֶיהָ לָלֶדֶת וְהִנֵּה תוֹמִם
כה בְּבִטְנָהּ׃ וַיֵּצֵא הָרִאשׁוֹן אַדְמוֹנִי כֻּלּוֹ כְּאַדֶּרֶת שֵׂעָר וַיִּקְרְאוּ
כו שְׁמוֹ עֵשָׂו׃ וְאַחֲרֵי־כֵן יָצָא אָחִיו וְיָדוֹ אֹחֶזֶת בַּעֲקֵב עֵשָׂו וַיִּקְרָא
כז שְׁמוֹ יַעֲקֹב וְיִצְחָק בֶּן־שִׁשִּׁים שָׁנָה בְּלֶדֶת אֹתָם׃ וַיִּגְדְּלוּ
הַנְּעָרִים וַיְהִי עֵשָׂו אִישׁ יֹדֵעַ צַיִד אִישׁ שָׂדֶה וְיַעֲקֹב אִישׁ תָּם
כח יֹשֵׁב אֹהָלִים׃ וַיֶּאֱהַב יִצְחָק אֶת־עֵשָׂו כִּי־צַיִד בְּפִיו וְרִבְקָה
כט אֹהֶבֶת אֶת־יַעֲקֹב׃ וַיָּזֶד יַעֲקֹב נָזִיד וַיָּבֹא עֵשָׂו מִן־הַשָּׂדֶה וְהוּא
ל עָיֵף׃ וַיֹּאמֶר עֵשָׂו אֶל־יַעֲקֹב הַלְעִיטֵנִי נָא מִן־הָאָדֹם הָאָדֹם
לא הַזֶּה כִּי עָיֵף אָנֹכִי עַל־כֵּן קָרָא־שְׁמוֹ אֱדוֹם׃ וַיֹּאמֶר יַעֲקֹב
לב מִכְרָה כַיּוֹם אֶת־בְּכֹרָתְךָ לִי׃ וַיֹּאמֶר עֵשָׂו הִנֵּה אָנֹכִי הוֹלֵךְ
לג לָמוּת וְלָמָּה־זֶּה לִי בְּכֹרָה׃ וַיֹּאמֶר יַעֲקֹב הִשָּׁבְעָה לִּי כַּיּוֹם
לד וַיִּשָּׁבַע לוֹ וַיִּמְכֹּר אֶת־בְּכֹרָתוֹ לְיַעֲקֹב׃ וְיַעֲקֹב נָתַן לְעֵשָׂו

כז

the days of the years of Avraham's life which he lived, a hundred
and seventy five years. Then Avraham expired, and died in a 8
good old age, an old man, and full of years; and was gathered
to his people. And his sons Yiẕḥaq and Yishma'el buried him in 9
the cave of Makhpela, in the field of 'Efron the son of Ẕoḥar the
Ḥittite, which is before Mamre; the field which Avraham pur- 10
chased of the sons of Ḥet: there was Avraham buried, and
Sara his wife. And it came to pass after the death of Av- 11
raham, that God blessed his son Yiẕḥaq; and Yiẕḥaq dwelt by
Be'er-laḥay-ro'i.
Now these are the generations of Yishma'el, Avraham's son, 12
whom Hagar the Miẕrian, Sara's handmaid, bore to Avraham:
and these are the names of the sons of Yishma'el, by their names, 13
according to their generations: the firstborn of Yishma'el,
Nevayot; and Qedar, and Adbe'el, and Mivsam, and Mishma, 14
and Duma, and Massa, Ḥadad, and Tema, Yetur, Nafish, and 15
Qedema. These are the sons of Yishma'el, and these are their 16
names, by their towns, and by their encampments; twelve
princes according to their nations. And these are the years of 17
the life of Yishma'el, a hundred and thirty seven years: and he
expired and died; and was gathered to his people. And they 18
dwelt from Ḥavila to Shur, that is before Miẕrayim, as thou
goest toward Ashshur: and he dwelt in the presence of all his
brethren.

TOLEDOT

And these are the generations of Yiẕḥaq, Avraham's son: Avra- 19
ham begot Yiẕḥaq: and Yiẕḥaq was forty years old when he took 20
Rivqa to wife, the daughter of Betu'el the Arammian of Paddan-
aram, the sister to Lavan the Arammian. And Yiẕḥaq entreated 21
the Lord for his wife, because she was barren: and the Lord
was entreated of him, and Rivqa his wife conceived. And the 22
children struggled together within her; and she said, If it be so,
why am I thus? And she went to inquire of the Lord. And the 23
Lord said to her, Two nations are in thy womb, and two peoples
shall be separated from thy bowels; and the one people shall
be stronger than the other people; and the elder shall serve the
younger. And when her days to be delivered were fulfilled, 24
behold, there were twins in her womb. And the first came out 25
red, all over like a hairy garment; and they called his name
'Esav. And after that came out his brother, and his hand took 26
hold on 'Esav's heel; and his name was called Ya'aqov: and
Yiẕḥaq was sixty years old when she bore them. And the boys 27
grew: and 'Esav was a cunning hunter, a man of the field; and
Ya'aqov was a plain man, dwelling in tents. And Yiẕḥaq loved 28
'Esav, for he relished his venison: but Rivqa loved Ya'aqov.
And Ya'aqov cooked pottage: and 'Esav came from the field, 29
and he was faint: and 'Esav said to Ya'aqov, Give me to swal- 30
low, I pray thee, of that red pottage; for I am faint: therefore
was his name called Edom (red). And Ya'aqov said, Sell me 31
this day thy birthright. And 'Esav said, Behold, I am at the point 32
of death, and what profit shall this birthright do to me? And 33
Ya'aqov said, Swear to me this day; and he swore to him: and he
sold his birthright to Ya'aqov. Then Ya'aqov gave 'Esav bread 34

לֶחֶם וּנְזִיד עֲדָשִׁים וַיֹּאכַל וַיֵּשְׁתְּ וַיָּקָם וַיֵּלַךְ וַיִּבֶז עֵשָׂו אֶת־
הַבְּכֹרָה׃
כו א וַיְהִי רָעָב בָּאָרֶץ מִלְּבַד הָרָעָב הָרִאשׁוֹן אֲשֶׁר הָיָה בִּימֵי אַבְרָהָם
ב וַיֵּלֶךְ יִצְחָק אֶל־אֲבִימֶלֶךְ מֶלֶךְ־פְּלִשְׁתִּים גְּרָרָה׃ וַיֵּרָא אֵלָיו
יהוה וַיֹּאמֶר אַל־תֵּרֵד מִצְרָיְמָה שְׁכֹן בָּאָרֶץ אֲשֶׁר אֹמַר
ג אֵלֶיךָ׃ גּוּר בָּאָרֶץ הַזֹּאת וְאֶהְיֶה עִמְּךָ וַאֲבָרְכֶךָּ כִּי־לְךָ וּלְזַרְעֲךָ
אֶתֵּן אֶת־כָּל־הָאֲרָצֹת הָאֵל וַהֲקִמֹתִי אֶת־הַשְּׁבֻעָה אֲשֶׁר
ד נִשְׁבַּעְתִּי לְאַבְרָהָם אָבִיךָ׃ וְהִרְבֵּיתִי אֶת־זַרְעֲךָ כְּכוֹכְבֵי הַשָּׁמַיִם
וְנָתַתִּי לְזַרְעֲךָ אֵת כָּל־הָאֲרָצֹת הָאֵל וְהִתְבָּרְכוּ בְזַרְעֲךָ כֹּל
ה גּוֹיֵי הָאָרֶץ׃ עֵקֶב אֲשֶׁר־שָׁמַע אַבְרָהָם בְּקֹלִי וַיִּשְׁמֹר מִשְׁמַרְתִּי
ו ז מִצְוֺתַי חֻקּוֹתַי וְתוֹרֹתָי׃ וַיֵּשֶׁב יִצְחָק בִּגְרָר׃ וַיִּשְׁאֲלוּ אַנְשֵׁי שני
הַמָּקוֹם לְאִשְׁתּוֹ וַיֹּאמֶר אֲחֹתִי הִוא כִּי יָרֵא לֵאמֹר אִשְׁתִּי פֶּן־
ח יַהַרְגֻנִי אַנְשֵׁי הַמָּקוֹם עַל־רִבְקָה כִּי־טוֹבַת מַרְאֶה הִוא׃ וַיְהִי
כִּי־אָרְכוּ־לוֹ שָׁם הַיָּמִים וַיַּשְׁקֵף אֲבִימֶלֶךְ מֶלֶךְ פְּלִשְׁתִּים בְּעַד
ט הַחַלּוֹן וַיַּרְא וְהִנֵּה יִצְחָק מְצַחֵק אֵת רִבְקָה אִשְׁתּוֹ׃ וַיִּקְרָא
אֲבִימֶלֶךְ לְיִצְחָק וַיֹּאמֶר אַךְ הִנֵּה אִשְׁתְּךָ הִוא וְאֵיךְ אָמַרְתָּ
אֲחֹתִי הִוא וַיֹּאמֶר אֵלָיו יִצְחָק כִּי אָמַרְתִּי פֶּן־אָמוּת עָלֶיהָ׃
י וַיֹּאמֶר אֲבִימֶלֶךְ מַה־זֹּאת עָשִׂיתָ לָּנוּ כִּמְעַט שָׁכַב אַחַד הָעָם
יא אֶת־אִשְׁתֶּךָ וְהֵבֵאתָ עָלֵינוּ אָשָׁם׃ וַיְצַו אֲבִימֶלֶךְ אֶת־כָּל־הָעָם
יב לֵאמֹר הַנֹּגֵעַ בָּאִישׁ הַזֶּה וּבְאִשְׁתּוֹ מוֹת יוּמָת׃ וַיִּזְרַע יִצְחָק
בָּאָרֶץ הַהִוא וַיִּמְצָא בַּשָּׁנָה הַהִוא מֵאָה שְׁעָרִים וַיְבָרְכֵהוּ
יג יד יהוה׃ וַיִּגְדַּל הָאִישׁ וַיֵּלֶךְ הָלוֹךְ וְגָדֵל עַד כִּי־גָדַל מְאֹד׃ וַיְהִי־ שלישי
לוֹ מִקְנֵה־צֹאן וּמִקְנֵה בָקָר וַעֲבֻדָּה רַבָּה וַיְקַנְאוּ אֹתוֹ פְּלִשְׁתִּים׃
טו וְכָל־הַבְּאֵרֹת אֲשֶׁר חָפְרוּ עַבְדֵי אָבִיו בִּימֵי אַבְרָהָם אָבִיו
טז סִתְּמוּם פְּלִשְׁתִּים וַיְמַלְאוּם עָפָר׃ וַיֹּאמֶר אֲבִימֶלֶךְ אֶל־יִצְחָק
יז לֵךְ מֵעִמָּנוּ כִּי־עָצַמְתָּ מִמֶּנּוּ מְאֹד׃ וַיֵּלֶךְ מִשָּׁם יִצְחָק וַיִּחַן
יח בְּנַחַל־גְּרָר וַיֵּשֶׁב שָׁם׃ וַיָּשָׁב יִצְחָק וַיַּחְפֹּר ׀ אֶת־בְּאֵרֹת הַמַּיִם
אֲשֶׁר חָפְרוּ בִּימֵי אַבְרָהָם אָבִיו וַיְסַתְּמוּם פְּלִשְׁתִּים אַחֲרֵי מוֹת
אַבְרָהָם וַיִּקְרָא לָהֶן שֵׁמוֹת כַּשֵּׁמֹת אֲשֶׁר־קָרָא לָהֶן אָבִיו׃
יט כ וַיַּחְפְּרוּ עַבְדֵי־יִצְחָק בַּנָּחַל וַיִּמְצְאוּ־שָׁם בְּאֵר מַיִם חַיִּים׃ וַיָּרִיבוּ
רֹעֵי גְרָר עִם־רֹעֵי יִצְחָק לֵאמֹר לָנוּ הַמָּיִם וַיִּקְרָא שֵׁם־הַבְּאֵר
כא עֵשֶׂק כִּי הִתְעַשְּׂקוּ עִמּוֹ׃ וַיַּחְפְּרוּ בְּאֵר אַחֶרֶת וַיָּרִיבוּ גַּם־עָלֶיהָ
כב וַיִּקְרָא שְׁמָהּ שִׂטְנָה׃ וַיַּעְתֵּק מִשָּׁם וַיַּחְפֹּר בְּאֵר אַחֶרֶת וְלֹא
רָבוּ עָלֶיהָ וַיִּקְרָא שְׁמָהּ רְחֹבוֹת וַיֹּאמֶר כִּי־עַתָּה הִרְחִיב יהוה
כג כד לָנוּ וּפָרִינוּ בָאָרֶץ׃ וַיַּעַל מִשָּׁם בְּאֵר שָׁבַע׃ וַיֵּרָא אֵלָיו יהוה רביעי
בַּלַּיְלָה הַהוּא וַיֹּאמֶר אָנֹכִי אֱלֹהֵי אַבְרָהָם אָבִיךָ אַל־תִּירָא

and pottage of lentils; and he did eat and drink, and rose up, and
went his way: thus ‘Esav despised the birthright.
And there was a famine in the land, beside the first famine that **26**
was in the days of Avraham. And Yiẕẖaq went to Avimelekh,
king of the Pelishtim to Gerar. And the Lord appeared to him, 2
and said, Go not down into Miẕrayim; dwell in the land which
I shall tell thee of: sojourn in this land, and I will be with thee, 3
and will bless thee; for to thee, and to thy seed, I will give all
these countries and I will perform the oath which I swore to
Avraham thy father; and I will multiply thy seed as the stars 4
of heaven, and will give to thy seed all these countries; and in
thy seed shall all the nations of the earth be blessed; because 5
Avraham obeyed my voice, and kept my charge, my command-
ments, my statutes, and my laws. And Yiẕẖaq dwelt in Gerar: 6
and the men of the place asked him of his wife; and he said, 7
She is my sister: for he feared to say, She is my wife; lest, said
he, the men of the place should kill me on account of Rivqa;
because she was fair to look upon. And it came to pass, when 8
he had been there a long time, that Avimelekh king of the Pelish-
tim looked out at a window, and saw, and behold, Yiẕẖaq was
sporting with Rivqa his wife. And Avimelekh call Yiẕẖhaq, and 9
said, Behold, surely she is thy wife: and how didst thou say,
She is my sister? And Yiẕẖaq said to him, Because I said, Lest
I die for her. And Avimelekh said, What is this thou hast done 10
to us? one of the people might easily have lain with thy wife,
and thou shouldst have brought guiltiness upon us. And Avi- 11
melekh charged all his people, saying, He that touches this man
or his wife shall surely be put to death. Then Yiẕẖaq sowed in 12
that land, and received in the same year a hundredfold: for
the Lord blessed him. And the man grew great, and went for- 13
ward, and grew until he became very great: for he had posses- 14
sions of flocks, and possessions of herds, and a great store of
servants: and the Pelishtim envied him. For all the wells which 15
his father's servants had dug in the days of Avraham his father,
the Pelishtim had stopped them up, and filled them with earth.
And Avimelekh said to Yiẕẖaq, Go from us; for thou art much 16
mightier than we. And Yiẕẖaq departed from there, and 17
pitched in the valley of Gerar, and dwelt there. And Yiẕẖaq dug 18
again the wells of water, which they had dug in the days of
Avraham his father; for the Pelishtim had stopped them up
after the death of Avraham: and he called their names after
the names by which his father had called them. And Yiẕẖhaq's 19
servants dug in the valley, and found there a well of springing
water. And the herdmen of Gerar did strive with Yiẕẖaq's 20
herdmen, saying, The water is ours: and he called the name of
the well ‘Eseq; because they strove with him. And they dug 21
another well, and strove for that also: and he called the name
of it Sitna. And he removed from there, and dug another well; 22
and for that they strove not: and he called the name of it
Reẖovot; and he said, For now the Lord has made room for us,
and we shall be fruitful in the land. And he went up from there 23
to Be'er-sheva. And the Lord appeared to him the same night, 24
and said, I am the God of Avraham thy father: fear not, for I

כִּי־אִתְּךָ אָנֹכִי וּבֵרַכְתִּיךָ וְהִרְבֵּיתִי אֶת־זַרְעֲךָ בַּעֲבוּר אַבְרָהָם
כה עַבְדִּי׃ וַיִּבֶן שָׁם מִזְבֵּחַ וַיִּקְרָא בְּשֵׁם יהוה וַיֶּט־שָׁם אָהֳלוֹ
כו וַיִּכְרוּ־שָׁם עַבְדֵי־יִצְחָק בְּאֵר׃ וַאֲבִימֶלֶךְ הָלַךְ אֵלָיו מִגְּרָר
כז וַאֲחֻזַּת מֵרֵעֵהוּ וּפִיכֹל שַׂר־צְבָאוֹ׃ וַיֹּאמֶר אֲלֵהֶם יִצְחָק מַדּוּעַ
כח בָּאתֶם אֵלָי וְאַתֶּם שְׂנֵאתֶם אֹתִי וַתְּשַׁלְּחוּנִי מֵאִתְּכֶם׃ וַיֹּאמְרוּ
רָאוֹ רָאִינוּ כִּי־הָיָה יהוה ׀ עִמָּךְ וַנֹּאמֶר תְּהִי נָא אָלָה בֵּינוֹתֵינוּ
כט בֵּינֵינוּ וּבֵינֶךָ וְנִכְרְתָה בְרִית עִמָּךְ׃ אִם־תַּעֲשֵׂה עִמָּנוּ רָעָה
כַּאֲשֶׁר לֹא נְגַעֲנוּךָ וְכַאֲשֶׁר עָשִׂינוּ עִמְּךָ רַק־טוֹב וַנְּשַׁלֵּחֲךָ
חמישי ל בְּשָׁלוֹם אַתָּה עַתָּה בְּרוּךְ יהוה׃ וַיַּעַשׂ לָהֶם מִשְׁתֶּה וַיֹּאכְלוּ
לא וַיִּשְׁתּוּ׃ וַיַּשְׁכִּימוּ בַבֹּקֶר וַיִּשָּׁבְעוּ אִישׁ לְאָחִיו וַיְשַׁלְּחֵם יִצְחָק
לב וַיֵּלְכוּ מֵאִתּוֹ בְּשָׁלוֹם׃ וַיְהִי ׀ בַּיּוֹם הַהוּא וַיָּבֹאוּ עַבְדֵי יִצְחָק
וַיַּגִּדוּ לוֹ עַל־אֹדוֹת הַבְּאֵר אֲשֶׁר חָפָרוּ וַיֹּאמְרוּ לוֹ מָצָאנוּ מָיִם׃
לג וַיִּקְרָא אֹתָהּ שִׁבְעָה עַל־כֵּן שֵׁם־הָעִיר בְּאֵר שֶׁבַע עַד הַיּוֹם
לד הַזֶּה׃ וַיְהִי עֵשָׂו בֶּן־אַרְבָּעִים שָׁנָה וַיִּקַּח אִשָּׁה
אֶת־יְהוּדִית בַּת־בְּאֵרִי הַחִתִּי וְאֶת־בָּשְׂמַת בַּת־אֵילֹן הַחִתִּי׃
כד לה כז א וַתִּהְיֶיןָ מֹרַת רוּחַ לְיִצְחָק וּלְרִבְקָה׃ וַיְהִי כִּי־זָקֵן
יִצְחָק וַתִּכְהֶיןָ עֵינָיו מֵרְאֹת וַיִּקְרָא אֶת־עֵשָׂו ׀ בְּנוֹ הַגָּדֹל וַיֹּאמֶר
ב אֵלָיו בְּנִי וַיֹּאמֶר אֵלָיו הִנֵּנִי׃ וַיֹּאמֶר הִנֵּה־נָא זָקַנְתִּי לֹא יָדַעְתִּי
ג יוֹם מוֹתִי׃ וְעַתָּה שָׂא־נָא כֵלֶיךָ תֶּלְיְךָ וְקַשְׁתֶּךָ וְצֵא הַשָּׂדֶה
ציד ד וְצוּדָה לִּי צידה׃ וַעֲשֵׂה־לִי מַטְעַמִּים כַּאֲשֶׁר אָהַבְתִּי וְהָבִיאָה
ה לִּי וְאֹכֵלָה בַּעֲבוּר תְּבָרֶכְךָ נַפְשִׁי בְּטֶרֶם אָמוּת׃ וְרִבְקָה שֹׁמַעַת
בְּדַבֵּר יִצְחָק אֶל־עֵשָׂו בְּנוֹ וַיֵּלֶךְ עֵשָׂו הַשָּׂדֶה לָצוּד צַיִד לְהָבִיא׃
ו וְרִבְקָה אָמְרָה אֶל־יַעֲקֹב בְּנָהּ לֵאמֹר הִנֵּה שָׁמַעְתִּי אֶת־אָבִיךָ
ז מְדַבֵּר אֶל־עֵשָׂו אָחִיךָ לֵאמֹר׃ הָבִיאָה לִּי צַיִד וַעֲשֵׂה־לִי
ח מַטְעַמִּים וְאֹכֵלָה וַאֲבָרֶכְכָה לִפְנֵי יהוה לִפְנֵי מוֹתִי׃ וְעַתָּה
ט בְנִי שְׁמַע בְּקֹלִי לַאֲשֶׁר אֲנִי מְצַוָּה אֹתָךְ׃ לֶךְ־נָא אֶל־הַצֹּאן
וְקַח־לִי מִשָּׁם שְׁנֵי גְּדָיֵי עִזִּים טֹבִים וְאֶעֱשֶׂה אֹתָם מַטְעַמִּים
י לְאָבִיךָ כַּאֲשֶׁר אָהֵב׃ וְהֵבֵאתָ לְאָבִיךָ וְאָכָל בַּעֲבֻר אֲשֶׁר
יא יְבָרֶכְךָ לִפְנֵי מוֹתוֹ׃ וַיֹּאמֶר יַעֲקֹב אֶל־רִבְקָה אִמּוֹ הֵן עֵשָׂו
יב אָחִי אִישׁ שָׂעִר וְאָנֹכִי אִישׁ חָלָק׃ אוּלַי יְמֻשֵּׁנִי אָבִי וְהָיִיתִי
יג בְעֵינָיו כִּמְתַעְתֵּעַ וְהֵבֵאתִי עָלַי קְלָלָה וְלֹא בְרָכָה׃ וַתֹּאמֶר
יד לוֹ אִמּוֹ עָלַי קִלְלָתְךָ בְּנִי אַךְ שְׁמַע בְּקֹלִי וְלֵךְ קַח־לִי׃ וַיֵּלֶךְ
וַיִּקַּח וַיָּבֵא לְאִמּוֹ וַתַּעַשׂ אִמּוֹ מַטְעַמִּים כַּאֲשֶׁר אָהֵב אָבִיו׃
טו וַתִּקַּח רִבְקָה אֶת־בִּגְדֵי עֵשָׂו בְּנָהּ הַגָּדֹל הַחֲמֻדֹת אֲשֶׁר אִתָּהּ
טז בַּבָּיִת וַתַּלְבֵּשׁ אֶת־יַעֲקֹב בְּנָהּ הַקָּטָן׃ וְאֵת עֹרֹת גְּדָיֵי הָעִזִּים
יז הִלְבִּישָׁה עַל־יָדָיו וְעַל חֶלְקַת צַוָּארָיו׃ וַתִּתֵּן אֶת־הַמַּטְעַמִּים

am with thee, and will bless thee, and multiply thy seed for my
25 servant Avraham's sake. And he built an altar there, and called
upon the name of the LORD, and pitched his tent there: and
26 there Yiẕẖaq's servants dug a well. Then Avimelekh went to
him from Gerar, and Aẖuzzat his friend, and Pikhol the captain
27 of his army. And Yiẕẖaq said to them, Why do you come to me,
28 seeing you hate me, and have sent me away from you? And
they said, We saw indeed that the LORD was with thee: and we
said, Let there be now an oath between us, between us and thee,
29 and let us make a covenant with thee; that thou wilt do us no
hurt, as we have not touched thee, and as we have done to thee
nothing but good, and have sent thee away in peace: thou art
30 now the blessed of the LORD. And he made them a feast, and
31 they did eat and drink. And they rose up early in the morning,
and swore one to another: and Yiẕẖaq sent them away, and
32 they departed from him in peace. And it came to pass the same
day, that Yiẕẖaq's servants came, and told him concerning the
well which they had dug, and said to him, We have found water.
33 And he called it Shiv'a: therefore the name of the city is Be'er-
34 sheva to this day. And 'Esav was forty years old when he
took to wife Yehudit the daughter of Be'eri the Ḥittite, and Base-
35 mat the daughter of Elon the Ḥittite: and they were a grief of
27 mind to Yiẕẖaq and to Rivqa. And it came to pass, that
when Yiẕẖaq was old, and his eyes were dim, so that he could
not see, he called 'Esav his eldest son, and said to him, My son:
2 and he said to him, Here I am. And he said, Behold now, I am
3 old, I know not the day of my death: now therefore take, I pray
thee, thy weapons, thy quiver and thy bow, and go out to the
4 field, and catch me some venison; and make me savoury food,
such as I love, and bring it to me, that I may eat, that my soul
5 may bless thee before I die. And Rivqa heard when Yiẕẖaq spoke
to 'Esav his son. And 'Esav went to the field to hunt for venison,
6 and to bring it. And Rivqa spoke to Ya'aqov her son, saying,
Behold, I heard thy father speak to 'Esav thy brother, saying,
7 Bring me venison, and make me savoury food, that I may eat,
8 and bless thee before the LORD before my death. Now therefore,
my son, obey my voice according to that which I command thee.
9 Go now to the flock, and fetch me from there two good kids
of the goats; and I will make them into savoury food for thy
10 father, such as he loves: and thou shalt bring it to thy father,
that he may eat, and that he may bless thee before his death.
11 And Ya'aqov said to Rivqa his mother, Behold, 'Esav my brother
12 is a hairy man, and I am a smooth man: my father perhaps will
feel me, and I shall seem to him a deceiver; and I shall bring a
13 curse upon me, and not a blessing. And his mother said to him,
Upon me be thy curse, my son: only obey my voice, and go
14 fetch me them. And he went, and fetched, and brought them to
his mother: and his mother made savoury food, such as his
15 father loved. And Rivqa took the best clothes of her eldest
son 'Esav, which were with her in the house, and put them
16 upon Ya'aqov her younger son: and she put the skins of the
kids of the goats upon his hands, and upon the smooth of his
17 neck: and she gave the savoury food and the bread, which

יח וְאֶת־הַלֶּחֶם אֲשֶׁר עָשָׂתָה בְּיַד יַעֲקֹב בְּנָהּ׃ וַיָּבֹא אֶל־אָבִיו
יט וַיֹּאמֶר אָבִי וַיֹּאמֶר הִנֶּנִּי מִי אַתָּה בְּנִי׃ וַיֹּאמֶר יַעֲקֹב אֶל־אָבִיו
אָנֹכִי עֵשָׂו בְּכֹרֶךָ עָשִׂיתִי כַּאֲשֶׁר דִּבַּרְתָּ אֵלָי קוּם־נָא שְׁבָה
כ וְאָכְלָה מִצֵּידִי בַּעֲבוּר תְּבָרְכַנִּי נַפְשֶׁךָ׃ וַיֹּאמֶר יִצְחָק אֶל־בְּנוֹ
מַה־זֶּה מִהַרְתָּ לִמְצֹא בְּנִי וַיֹּאמֶר כִּי הִקְרָה יְהוָה אֱלֹהֶיךָ
כא לְפָנָי׃ וַיֹּאמֶר יִצְחָק אֶל־יַעֲקֹב גְּשָׁה־נָּא וַאֲמֻשְׁךָ בְּנִי הַאַתָּה
כב זֶה בְּנִי עֵשָׂו אִם־לֹא׃ וַיִּגַּשׁ יַעֲקֹב אֶל־יִצְחָק אָבִיו וַיְמֻשֵּׁהוּ
כג וַיֹּאמֶר הַקֹּל קוֹל יַעֲקֹב וְהַיָּדַיִם יְדֵי עֵשָׂו׃ וְלֹא הִכִּירוֹ כִּי־הָיוּ
כד יָדָיו כִּידֵי עֵשָׂו אָחִיו שְׂעִרֹת וַיְבָרְכֵהוּ׃ וַיֹּאמֶר אַתָּה זֶה בְּנִי
כה עֵשָׂו וַיֹּאמֶר אָנִי׃ וַיֹּאמֶר הַגִּשָׁה לִּי וְאֹכְלָה מִצֵּיד בְּנִי לְמַעַן
כו תְּבָרֶכְךָ נַפְשִׁי וַיַּגֶּשׁ־לוֹ וַיֹּאכַל וַיָּבֵא לוֹ יַיִן וַיֵּשְׁתְּ׃ וַיֹּאמֶר אֵלָיו
כז יִצְחָק אָבִיו גְּשָׁה־נָּא וּשְׁקָה־לִּי בְּנִי׃ וַיִּגַּשׁ וַיִּשַּׁק־לוֹ וַיָּרַח אֶת־רֵיחַ
בְּגָדָיו וַיְבָרְכֵהוּ וַיֹּאמֶר רְאֵה רֵיחַ בְּנִי כְּרֵיחַ שָׂדֶה אֲשֶׁר בֵּרֲכוֹ
כח יְהוָה׃ וְיִתֶּן־לְךָ הָאֱלֹהִים מִטַּל הַשָּׁמַיִם וּמִשְׁמַנֵּי הָאָרֶץ וְרֹב ששי כה
כט דָּגָן וְתִירֹשׁ׃ יַעַבְדוּךָ עַמִּים וְיִשְׁתַּחֲווּ לְךָ לְאֻמִּים הֱוֵה גְבִיר
לְאַחֶיךָ וְיִשְׁתַּחֲווּ לְךָ בְּנֵי אִמֶּךָ אֹרְרֶיךָ אָרוּר וּמְבָרְכֶיךָ בָּרוּךְ׃
ל וַיְהִי כַּאֲשֶׁר כִּלָּה יִצְחָק לְבָרֵךְ אֶת־יַעֲקֹב וַיְהִי אַךְ יָצֹא יָצָא
לא יַעֲקֹב מֵאֵת פְּנֵי יִצְחָק אָבִיו וְעֵשָׂו אָחִיו בָּא מִצֵּידוֹ׃ וַיַּעַשׂ גַּם־
הוּא מַטְעַמִּים וַיָּבֵא לְאָבִיו וַיֹּאמֶר לְאָבִיו יָקֻם אָבִי וְיֹאכַל
לב מִצֵּיד בְּנוֹ בַּעֲבֻר תְּבָרְכַנִּי נַפְשֶׁךָ׃ וַיֹּאמֶר לוֹ יִצְחָק אָבִיו מִי־
לג אָתָּה וַיֹּאמֶר אֲנִי בִּנְךָ בְכֹרְךָ עֵשָׂו׃ וַיֶּחֱרַד יִצְחָק חֲרָדָה גְּדֹלָה
עַד־מְאֹד וַיֹּאמֶר מִי־אֵפוֹא הוּא הַצָּד־צַיִד וַיָּבֵא לִי וָאֹכַל
לד מִכֹּל בְּטֶרֶם תָּבוֹא וָאֲבָרְכֵהוּ גַּם־בָּרוּךְ יִהְיֶה׃ כִּשְׁמֹעַ עֵשָׂו
אֶת־דִּבְרֵי אָבִיו וַיִּצְעַק צְעָקָה גְּדֹלָה וּמָרָה עַד־מְאֹד וַיֹּאמֶר
לה לְאָבִיו בָּרְכֵנִי גַם־אָנִי אָבִי׃ וַיֹּאמֶר בָּא אָחִיךָ בְּמִרְמָה וַיִּקַּח
לו בִּרְכָתֶךָ׃ וַיֹּאמֶר הֲכִי קָרָא שְׁמוֹ יַעֲקֹב וַיַּעְקְבֵנִי זֶה פַעֲמַיִם
אֶת־בְּכֹרָתִי לָקָח וְהִנֵּה עַתָּה לָקַח בִּרְכָתִי וַיֹּאמַר הֲלֹא־
לז אָצַלְתָּ לִּי בְּרָכָה׃ וַיַּעַן יִצְחָק וַיֹּאמֶר לְעֵשָׂו הֵן גְּבִיר שַׂמְתִּיו
לָךְ וְאֶת־כָּל־אֶחָיו נָתַתִּי לוֹ לַעֲבָדִים וְדָגָן וְתִירֹשׁ סְמַכְתִּיו
לח וּלְכָה אֵפוֹא מָה אֶעֱשֶׂה בְּנִי׃ וַיֹּאמֶר עֵשָׂו אֶל־אָבִיו הַבְרָכָה
אַחַת הִוא־לְךָ אָבִי בָּרְכֵנִי גַם־אָנִי אָבִי וַיִּשָּׂא עֵשָׂו קֹלוֹ
לט וַיֵּבְךְּ׃ וַיַּעַן יִצְחָק אָבִיו וַיֹּאמֶר אֵלָיו הִנֵּה מִשְׁמַנֵּי הָאָרֶץ

she had prepared, into the hand of her son Ya'aqov. And he 18
came to his father, and said, My father: and he said, Here am
I: who art thou, my son? And Ya'aqov said to his father, I am 19
'Esav thy firstborn; I have done according as thou didst tell
me: arise, I pray thee, sit and eat of my venison, that thy soul
may bless me. And Yiẕẖaq said to his son, How is it that thou 20
hast found it so quickly, my son? And he said, Because, the Lord
thy God sent me good speed. And Yiẕẖaq said to Ya'aqov, Come 21
near, I pray thee, that I may feel thee, my son, whether thou
art really my son 'Esav or not. And Ya'aqov went near to 22
Yiẕẖaq his father; and he felt him, and said, The voice is
Ya'aqov's voice, but the hands are the hands of 'Esav. And he 23
recognised him not, because his hands were hairy, as his brother
'Esav's hands: so he blessed him. And he said, Art thou really 24
my son 'Esav? And he said, I am. And he said, Bring it near 25
to me, and I will eat of my son's venison, that my soul may
bless thee. And he brought it near to him, and he did eat: and
he brought him wine, and he drank. And his father Yiẕẖaq said 26
to him, Come near now, and kiss me, my son. And he came 27
near, and kissed him: and he smelt the smell of his garments,
and blessed him, and said, See, the smell of my son is like the
smell of a field which the Lord has blessed: therefore God 28
give thee of the dew of heaven, and the fatness of the earth,
and plenty of corn and wine: let peoples serve thee, and nations 29
bow down to thee: be lord over thy brethren, and let thy
mother's sons bow down to thee: cursed be those that curse
thee, and blessed be those that bless thee. And it came 30
to pass, as soon as Yiẕẖaq had made an end of blessing Ya'aqov,
and Ya'aqov was yet scarce gone out from the presence of
Yiẕẖaq his father, that 'Esav his brother came in from his hunt-
ing. And he also had made savoury food, and brought it to 31
his father, and said to his father, Let my father arise, and eat
of his son's venison, that thy soul may bless me. And Yiẕẖaq 32
his father said to him, Who art thou? And he said, I am thy
son, thy firstborn 'Esav. And Yiẕẖaq trembled very much, and 33
said, Who then is he that has taken venison, and brought it
me, and I have eaten of all before thou camest, and have blessed
him? moreover, he shall be blessed. And when 'Esav heard the 34
words of his father, he cried with a great and exceedingly bitter
cry, and said to his father, Bless me, me also, O my father.
And he said, Thy brother came with cunning and has taken 35
away thy blessing. And he said, Is not he rightly named Ya'aqov? 36
for he has supplanted me these two times: he took away my
birthright; and, behold, now he has taken away my blessing.
And he said, Hast thou not reserved a blessing for me? And 37
Yiẕẖaq answered and said to 'Esav, Behold, I have made him
thy lord, and all his brethren have I given to him for servants;
and with corn and wine have I sustained him: and what shall
I do now for thee, my son? And 'Esav said to his father, Hast 38
thou but one blessing, my father? bless me, even me also, O my
father. And 'Esav raised his voice, and wept. And Yiẕẖaq his 39
father answered and said to him, Behold, thy dwelling shall be
of the fatness of the earth, and of the dew of heaven from

מ יִהְיֶה מוֹשָׁבֶךָ וּמִטַּל הַשָּׁמַיִם מֵעָל: וְעַל־חַרְבְּךָ תִחְיֶה וְאֶת־
אָחִיךָ תַּעֲבֹד וְהָיָה כַּאֲשֶׁר תָּרִיד וּפָרַקְתָּ עֻלּוֹ מֵעַל צַוָּארֶךָ:

מא וַיִּשְׂטֹם עֵשָׂו אֶת־יַעֲקֹב עַל־הַבְּרָכָה אֲשֶׁר בֵּרֲכוֹ אָבִיו וַיֹּאמֶר
עֵשָׂו בְּלִבּוֹ יִקְרְבוּ יְמֵי אֵבֶל אָבִי וְאַהַרְגָה אֶת־יַעֲקֹב אָחִי:

מב וַיֻּגַּד לְרִבְקָה אֶת־דִּבְרֵי עֵשָׂו בְּנָהּ הַגָּדֹל וַתִּשְׁלַח וַתִּקְרָא
לְיַעֲקֹב בְּנָהּ הַקָּטֹן וַתֹּאמֶר אֵלָיו הִנֵּה עֵשָׂו אָחִיךָ מִתְנַחֵם לְךָ
מג לְהָרְגֶךָ: וְעַתָּה בְנִי שְׁמַע בְּקֹלִי וְקוּם בְּרַח־לְךָ אֶל־לָבָן אָחִי
מד חָרָנָה: וְיָשַׁבְתָּ עִמּוֹ יָמִים אֲחָדִים עַד אֲשֶׁר־תָּשׁוּב חֲמַת אָחִיךָ:
מה עַד־שׁוּב אַף־אָחִיךָ מִמְּךָ וְשָׁכַח אֵת אֲשֶׁר־עָשִׂיתָ לּוֹ וְשָׁלַחְתִּי
מו וּלְקַחְתִּיךָ מִשָּׁם לָמָה אֶשְׁכַּל גַּם־שְׁנֵיכֶם יוֹם אֶחָד: וַתֹּאמֶר
רִבְקָה אֶל־יִצְחָק קַצְתִּי בְחַיַּי מִפְּנֵי בְּנוֹת חֵת אִם־לֹקֵחַ יַעֲקֹב
כח אִשָּׁה מִבְּנוֹת־חֵת כָּאֵלֶּה מִבְּנוֹת הָאָרֶץ לָמָּה לִּי חַיִּים: וַיִּקְרָא
יִצְחָק אֶל־יַעֲקֹב וַיְבָרֶךְ אֹתוֹ וַיְצַוֵּהוּ וַיֹּאמֶר לוֹ לֹא־תִקַּח
ב אִשָּׁה מִבְּנוֹת כְּנָעַן: קוּם לֵךְ פַּדֶּנָה אֲרָם בֵּיתָה בְתוּאֵל אֲבִי
ג אִמֶּךָ וְקַח־לְךָ מִשָּׁם אִשָּׁה מִבְּנוֹת לָבָן אֲחִי אִמֶּךָ: וְאֵל שַׁדַּי
ד יְבָרֵךְ אֹתְךָ וְיַפְרְךָ וְיַרְבֶּךָ וְהָיִיתָ לִקְהַל עַמִּים: וְיִתֶּן־לְךָ אֶת־
בִּרְכַּת אַבְרָהָם לְךָ וּלְזַרְעֲךָ אִתָּךְ לְרִשְׁתְּךָ אֶת־אֶרֶץ מְגֻרֶיךָ
ה אֲשֶׁר־נָתַן אֱלֹהִים לְאַבְרָהָם: וַיִּשְׁלַח יִצְחָק אֶת־יַעֲקֹב וַיֵּלֶךְ
שביעי
פַּדֶּנָה אֲרָם אֶל־לָבָן בֶּן־בְּתוּאֵל הָאֲרַמִּי אֲחִי רִבְקָה אֵם
ו יַעֲקֹב וְעֵשָׂו: וַיַּרְא עֵשָׂו כִּי־בֵרַךְ יִצְחָק אֶת־יַעֲקֹב וְשִׁלַּח אֹתוֹ
פַּדֶּנָה אֲרָם לָקַחַת־לוֹ מִשָּׁם אִשָּׁה בְּבָרֲכוֹ אֹתוֹ וַיְצַו עָלָיו
ז לֵאמֹר לֹא־תִקַּח אִשָּׁה מִבְּנוֹת כְּנָעַן: וַיִּשְׁמַע יַעֲקֹב אֶל־
מפטיר
ח אָבִיו וְאֶל־אִמּוֹ וַיֵּלֶךְ פַּדֶּנָה אֲרָם: וַיַּרְא עֵשָׂו כִּי רָעוֹת בְּנוֹת
ט כְּנָעַן בְּעֵינֵי יִצְחָק אָבִיו: וַיֵּלֶךְ עֵשָׂו אֶל־יִשְׁמָעֵאל וַיִּקַּח אֶת־
מַחֲלַת בַּת־יִשְׁמָעֵאל בֶּן־אַבְרָהָם אֲחוֹת נְבָיוֹת עַל־נָשָׁיו לוֹ
לְאִשָּׁה:

ויצא כח   וַיֵּצֵא יַעֲקֹב מִבְּאֵר שָׁבַע וַיֵּלֶךְ
חָרָנָה: וַיִּפְגַּע בַּמָּקוֹם וַיָּלֶן שָׁם כִּי־בָא הַשֶּׁמֶשׁ וַיִּקַּח מֵאַבְנֵי
יא הַמָּקוֹם וַיָּשֶׂם מְרַאֲשֹׁתָיו וַיִּשְׁכַּב בַּמָּקוֹם הַהוּא: וַיַּחֲלֹם וְהִנֵּה
יב סֻלָּם מֻצָּב אַרְצָה וְרֹאשׁוֹ מַגִּיעַ הַשָּׁמָיְמָה וְהִנֵּה מַלְאֲכֵי
יג אֱלֹהִים עֹלִים וְיֹרְדִים בּוֹ: וְהִנֵּה יְהוָה נִצָּב עָלָיו וַיֹּאמַר אֲנִי
יְהוָה אֱלֹהֵי אַבְרָהָם אָבִיךָ וֵאלֹהֵי יִצְחָק הָאָרֶץ אֲשֶׁר אַתָּה
יד שֹׁכֵב עָלֶיהָ לְךָ אֶתְּנֶנָּה וּלְזַרְעֶךָ: וְהָיָה זַרְעֲךָ כַּעֲפַר הָאָרֶץ
וּפָרַצְתָּ יָמָּה וָקֵדְמָה וְצָפֹנָה וָנֶגְבָּה וְנִבְרֲכוּ בְךָ כָּל־מִשְׁפְּחֹת
טו הָאֲדָמָה וּבְזַרְעֶךָ: וְהִנֵּה אָנֹכִי עִמָּךְ וּשְׁמַרְתִּיךָ בְּכֹל אֲשֶׁר־תֵּלֵךְ

above; and by thy sword shalt thou live, and thou shalt serve 40
thy brother; and it shall come to pass when thou shalt have
the dominion, that thou shalt break his yoke from off thy neck.
And 'Esav hated Ya'aqov because of the blessing with which 41
his father blessed him: and 'Esav said in his heart, When the
days of mourning for my father are at hand; then will I slay
my brother Ya'aqov. And these words of 'Esav, her elder son, 42
were told to Rivqa: and she sent and called Ya'aqov her
younger son, and said to him, Behold, thy brother 'Esav com-
forts himself, purposing to kill thee. Now therefore, my son, 43
obey my voice; and arise, flee to Lavan my brother, to Ḫaran;
and dwell with him a few days, until thy brother's fury turn 44
away; until thy brother's anger turn away from thee, and he 45
forget that which thou hast done to him: then I will send, and
fetch thee from there: why should I be bereaved of you both in
one day? And Rivqa said to Yiẕḫaq, I am weary of my life be- 46
cause of the daughters of Ḫet: if Ya'aqov take a wife of the
daughters of Ḫet, such as these, of the daughters of the land,
what good shall my life be to me? And Yiẕḫaq called Ya'aqov, **28**
and blessed him, and charged him, and said to him, Thou shalt
not take a wife of the daughters of Kena'an. Arise, go to Paddan- 2
aram, to the house of Betu'el thy mother's father; and take thee
a wife from there of the daughters of Lavan thy mother's
brother. And God Almighty bless thee, and make thee fruitful, 3
and multiply thee, that thou mayst be a multitude of people;
and give thee the blessing of Avraham, to thee, and to thy seed 4
with thee; that thou mayst inherit the land in which thou art
a sojourner, and which God gave to Avraham. And Yiẕḫaq sent 5
away Ya'aqov: and he went to Paddan-aram to Lavan, son of
Betu'el the Arammian, the brother of Rivqa, mother of Ya'aqov
and 'Esav. When 'Esav saw that Yiẕḫaq had blessed Ya'aqov, 6
and sent him away to Paddan-aram, to take him a wife from
there; and that as he blessed him he gave him a charge, saying,
Thou shalt not take a wife of the daughters of Kena'an: and that 7
Ya'aqov obeyed his father and his mother, and was gone to
Paddan-aram, and 'Esav saw that the daughters of Kena'an 8
pleased not Yiẕḫaq his father; then 'Esav went and took to wife 9
besides the wives he had, Maḫalat the daughter of Yishma'el
Avraham's son, the sister of Nevayot.

VAYYEẔE

And Ya'aqov went 10
out from Be'er-sheva, and went toward Ḫaran. And he lighted 11
on a certain place, and tarried there all night, because the sun
was set; and he took of the stones of that place, and put them
under his head, and lay down in that place to sleep. And he 12
dreamed, and behold a ladder set up on the earth, and the top
of it reached to heaven: and behold the angels of God ascending
and descending on it. And, behold, the Lord stood above it, and 13
said, I am the Lord God of Avraham thy father, and the God of
Yiẕḫaq: the land on which thou liest, to thee will I give it, and
to thy seed; and thy seed shall be as the dust of the earth, and 14
thou shalt spread abroad to the west, and to the east, and to
the north, and to the south: and in thee and in thy seed shall
all the families of the earth be blessed. And, behold, I am with 15
thee, and will keep thee in all places to which thou goest, and

וַהֲשִׁבֹתִיךָ אֶל־הָאֲדָמָה הַזֹּאת כִּי לֹא אֶעֱזָבְךָ עַד אֲשֶׁר אִם־
עָשִׂיתִי אֵת אֲשֶׁר־דִּבַּרְתִּי לָךְ׃ וַיִּיקַץ יַעֲקֹב מִשְּׁנָתוֹ וַיֹּאמֶר טז
אָכֵן יֵשׁ יהוה בַּמָּקוֹם הַזֶּה וְאָנֹכִי לֹא יָדָעְתִּי׃ וַיִּירָא וַיֹּאמַר יז
מַה־נּוֹרָא הַמָּקוֹם הַזֶּה אֵין זֶה כִּי אִם־בֵּית אֱלֹהִים וְזֶה
שַׁעַר הַשָּׁמָיִם׃ וַיַּשְׁכֵּם יַעֲקֹב בַּבֹּקֶר וַיִּקַּח אֶת־הָאֶבֶן אֲשֶׁר־ יח
שָׂם מְרַאֲשֹׁתָיו וַיָּשֶׂם אֹתָהּ מַצֵּבָה וַיִּצֹק שֶׁמֶן עַל־רֹאשָׁהּ׃
וַיִּקְרָא אֶת־שֵׁם־הַמָּקוֹם הַהוּא בֵּית־אֵל וְאוּלָם לוּז שֵׁם־הָעִיר יט
לָרִאשֹׁנָה׃ וַיִּדַּר יַעֲקֹב נֶדֶר לֵאמֹר אִם־יִהְיֶה אֱלֹהִים עִמָּדִי כ
וּשְׁמָרַנִי בַּדֶּרֶךְ הַזֶּה אֲשֶׁר אָנֹכִי הוֹלֵךְ וְנָתַן־לִי לֶחֶם לֶאֱכֹל
וּבֶגֶד לִלְבֹּשׁ׃ וְשַׁבְתִּי בְשָׁלוֹם אֶל־בֵּית אָבִי וְהָיָה יהוה לִי כא
לֵאלֹהִים׃ וְהָאֶבֶן הַזֹּאת אֲשֶׁר־שַׂמְתִּי מַצֵּבָה יִהְיֶה בֵּית כב
אֱלֹהִים וְכֹל אֲשֶׁר תִּתֶּן־לִי עַשֵּׂר אֲעַשְּׂרֶנּוּ לָךְ׃ וַיִּשָּׂא יַעֲקֹב כט א שני
רַגְלָיו וַיֵּלֶךְ אַרְצָה בְנֵי־קֶדֶם׃ וַיַּרְא וְהִנֵּה בְאֵר בַּשָּׂדֶה וְהִנֵּה־ ב
שָׁם שְׁלֹשָׁה עֶדְרֵי־צֹאן רֹבְצִים עָלֶיהָ כִּי מִן־הַבְּאֵר הַהִוא
יַשְׁקוּ הָעֲדָרִים וְהָאֶבֶן גְּדֹלָה עַל־פִּי הַבְּאֵר׃ וְנֶאֶסְפוּ־שָׁמָּה ג
כָל־הָעֲדָרִים וְגָלְלוּ אֶת־הָאֶבֶן מֵעַל פִּי הַבְּאֵר וְהִשְׁקוּ אֶת־הַצֹּאן
וְהֵשִׁיבוּ אֶת־הָאֶבֶן עַל־פִּי הַבְּאֵר לִמְקֹמָהּ׃ וַיֹּאמֶר לָהֶם יַעֲקֹב ד
אַחַי מֵאַיִן אַתֶּם וַיֹּאמְרוּ מֵחָרָן אֲנָחְנוּ׃ וַיֹּאמֶר לָהֶם הַיְדַעְתֶּם ה
אֶת־לָבָן בֶּן־נָחוֹר וַיֹּאמְרוּ יָדָעְנוּ׃ וַיֹּאמֶר לָהֶם הֲשָׁלוֹם לוֹ ו
וַיֹּאמְרוּ שָׁלוֹם וְהִנֵּה רָחֵל בִּתּוֹ בָּאָה עִם־הַצֹּאן׃ וַיֹּאמֶר הֵן ז
עוֹד הַיּוֹם גָּדוֹל לֹא־עֵת הֵאָסֵף הַמִּקְנֶה הַשְׁקוּ הַצֹּאן וּלְכוּ
רְעוּ׃ וַיֹּאמְרוּ לֹא נוּכַל עַד אֲשֶׁר יֵאָסְפוּ כָּל־הָעֲדָרִים וְגָלְלוּ ח
אֶת־הָאֶבֶן מֵעַל פִּי הַבְּאֵר וְהִשְׁקִינוּ הַצֹּאן׃ עוֹדֶנּוּ מְדַבֵּר עִמָּם ט
וְרָחֵל ׀ בָּאָה עִם־הַצֹּאן אֲשֶׁר לְאָבִיהָ כִּי רֹעָה הִוא׃ וַיְהִי י
כַּאֲשֶׁר רָאָה יַעֲקֹב אֶת־רָחֵל בַּת־לָבָן אֲחִי אִמּוֹ וְאֶת־צֹאן
לָבָן אֲחִי אִמּוֹ וַיִּגַּשׁ יַעֲקֹב וַיָּגֶל אֶת־הָאֶבֶן מֵעַל פִּי הַבְּאֵר
וַיַּשְׁקְ אֶת־צֹאן לָבָן אֲחִי אִמּוֹ׃ וַיִּשַּׁק יַעֲקֹב לְרָחֵל וַיִּשָּׂא יא
אֶת־קֹלוֹ וַיֵּבְךְּ׃ וַיַּגֵּד יַעֲקֹב לְרָחֵל כִּי אֲחִי אָבִיהָ הוּא וְכִי יב
בֶן־רִבְקָה הוּא וַתָּרָץ וַתַּגֵּד לְאָבִיהָ׃ וַיְהִי כִשְׁמֹעַ לָבָן אֶת־ יג
שֵׁמַע ׀ יַעֲקֹב בֶּן־אֲחֹתוֹ וַיָּרָץ לִקְרָאתוֹ וַיְחַבֶּק־לוֹ וַיְנַשֶּׁק־לוֹ
וַיְבִיאֵהוּ אֶל־בֵּיתוֹ וַיְסַפֵּר לְלָבָן אֵת כָּל־הַדְּבָרִים הָאֵלֶּה׃
וַיֹּאמֶר לוֹ לָבָן אַךְ עַצְמִי וּבְשָׂרִי אָתָּה וַיֵּשֶׁב עִמּוֹ חֹדֶשׁ יָמִים׃ יד
וַיֹּאמֶר לָבָן לְיַעֲקֹב הֲכִי־אָחִי אַתָּה וַעֲבַדְתַּנִי חִנָּם הַגִּידָה טו
לִּי מַה־מַּשְׂכֻּרְתֶּךָ׃ וּלְלָבָן שְׁתֵּי בָנוֹת שֵׁם הַגְּדֹלָה לֵאָה טז
וְשֵׁם הַקְּטַנָּה רָחֵל׃ וְעֵינֵי לֵאָה רַכּוֹת וְרָחֵל הָיְתָה יְפַת־ יז
תֹּאַר וִיפַת מַרְאֶה׃ וַיֶּאֱהַב יַעֲקֹב אֶת־רָחֵל וַיֹּאמֶר אֶעֱבָדְךָ יח שלישי

will bring thee back to this land; for I will not leave thee, until
I have done that which I have spoken to thee of. And Ya'aqov 16
awoke out of his sleep, and he said, Surely the LORD is in this
place; and I knew it not. And he was afraid, and said, How 17
dreadful is this place! this is no other than the house of GOD,
and this is the gate of heaven. And Ya'aqov rose up early in the 18
morning, and took the stone that he had put under his head,
and set it up for a pillar, and poured oil on the top of it. And he 19
called the name of that place Bet-el: but the name of that city
was called Luz at first. And Ya'aqov vowed a vow, saying, If 20
GOD will be with me, and will keep me in this way that I go, and
will give me bread to eat, and clothing to wear, so that I come 21
back to my father's house in peace, then the LORD shall be my
GOD: and this stone, which I have set for a pillar, shall be GOD's 22
house: and of all that thou shalt give me I will surely give the
tenth to thee. Then Ya'aqov lifted up his feet, and went to **29**
the land of the people of the east. And he looked, and behold a 2
well in the field, and, lo, there were three flocks of sheep lying
by it; for out of that well they watered the flocks: and a great
stone was upon the well's mouth. And there were all the flocks 3
gathered: and they rolled the stone from the well's mouth, and
watered the sheep, and put the stone back upon the well's mouth
in its place. And Ya'aqov said to them, My brethren, where are 4
you from? And they said, Of H̱aran are we. And he said to them, 5
Do you know Lavan the son of Naẖor? And they said, We know
him. And he said to them, Is he well? And they said, He is well: 6
and, behold, Raẖel his daughter comes with the sheep. And he 7
said, Lo, it is yet high day, neither is it time that the cattle should
be gathered together: water the sheep, and go and feed them.
And they said, We cannot, until all the flocks are gathered 8
together, and till they roll the stone from the well's mouth;
then we may water the sheep. And while he was still speaking 9
with them, Raẖel came with her father's sheep: for she kept them.
And it came to pass, when Ya'aqov saw Raẖel the daughter of 10
Lavan his mother's brother, and the sheep of Lavan his mother's
brother, that Ya'aqov went near, and rolled the stone from the
well's mouth, and watered the flock of Lavan his mother's
brother. And Ya'aqov kissed Raẖel, and raised his voice, and 11
wept. And Ya'aqov told Raẖel that he was her father's brother, 12
and that he was Rivqa's son: and she ran and told her father.
And it came to pass, when Lavan heard the tidings of Ya'aqov 13
his sister's son, that he ran to meet him, and embraced him,
and kissed him, and brought him to his house. And he told Lavan
all these things. And Lavan said to him, Surely thou art my bone 14
and my flesh. And he stayed with him a month. And Lavan 15
said to Ya'aqov, Because thou art my brother, shouldst thou
therefore serve me for nothing? tell me, what shall thy wages be?
And Lavan had two daughters: the name of the elder was 16
Le'a, and the name of the younger was Raẖel. And Le'a's eyes 17
were weak; but Raẖel was beautiful and well favoured. And Ya'a- 18
qov loved Raẖel; and said, I will serve thee seven years for Raẖel

יט שֶׁבַע שָׁנִים בְּרָחֵל בִּתְּךָ הַקְּטַנָּה: וַיֹּאמֶר לָבָן טוֹב תִּתִּי
כ אֹתָהּ לָךְ מִתִּתִּי אֹתָהּ לְאִישׁ אַחֵר שְׁבָה עִמָּדִי: וַיַּעֲבֹד יַעֲקֹב
בְּרָחֵל שֶׁבַע שָׁנִים וַיִּהְיוּ בְעֵינָיו כְּיָמִים אֲחָדִים בְּאַהֲבָתוֹ
כא אֹתָהּ: וַיֹּאמֶר יַעֲקֹב אֶל־לָבָן הָבָה אֶת־אִשְׁתִּי כִּי מָלְאוּ
כב יָמָי וְאָבוֹאָה אֵלֶיהָ: וַיֶּאֱסֹף לָבָן אֶת־כָּל־אַנְשֵׁי הַמָּקוֹם
כג וַיַּעַשׂ מִשְׁתֶּה: וַיְהִי בָעֶרֶב וַיִּקַּח אֶת־לֵאָה בִתּוֹ וַיָּבֵא אֹתָהּ
כד אֵלָיו וַיָּבֹא אֵלֶיהָ: וַיִּתֵּן לָבָן לָהּ אֶת־זִלְפָּה שִׁפְחָתוֹ לְלֵאָה
כה בִתּוֹ שִׁפְחָה: וַיְהִי בַבֹּקֶר וְהִנֵּה־הִוא לֵאָה וַיֹּאמֶר אֶל־לָבָן
מַה־זֹּאת עָשִׂיתָ לִּי הֲלֹא בְרָחֵל עָבַדְתִּי עִמָּךְ וְלָמָּה רִמִּיתָנִי:
כו וַיֹּאמֶר לָבָן לֹא־יֵעָשֶׂה כֵן בִּמְקוֹמֵנוּ לָתֵת הַצְּעִירָה לִפְנֵי
כז הַבְּכִירָה: מַלֵּא שְׁבֻעַ זֹאת וְנִתְּנָה לְךָ גַּם־אֶת־זֹאת בַּעֲבֹדָה
כח אֲשֶׁר תַּעֲבֹד עִמָּדִי עוֹד שֶׁבַע־שָׁנִים אֲחֵרוֹת: וַיַּעַשׂ יַעֲקֹב כֵּן
כט וַיְמַלֵּא שְׁבֻעַ זֹאת וַיִּתֶּן־לוֹ אֶת־רָחֵל בִּתּוֹ לוֹ לְאִשָּׁה: וַיִּתֵּן
ל לָבָן לְרָחֵל בִּתּוֹ אֶת־בִּלְהָה שִׁפְחָתוֹ לָהּ לְשִׁפְחָה: וַיָּבֹא גַּם
אֶל־רָחֵל וַיֶּאֱהַב גַּם־אֶת־רָחֵל מִלֵּאָה וַיַּעֲבֹד עִמּוֹ עוֹד שֶׁבַע־
לא שָׁנִים אֲחֵרוֹת: וַיַּרְא יהוה כִּי־שְׂנוּאָה לֵאָה וַיִּפְתַּח אֶת־רַחְמָהּ כז
לב וְרָחֵל עֲקָרָה: וַתַּהַר לֵאָה וַתֵּלֶד בֵּן וַתִּקְרָא שְׁמוֹ רְאוּבֵן כִּי
לג אָמְרָה כִּי־רָאָה יהוה בְּעָנְיִי כִּי עַתָּה יֶאֱהָבַנִי אִישִׁי: וַתַּהַר
עוֹד וַתֵּלֶד בֵּן וַתֹּאמֶר כִּי־שָׁמַע יהוה כִּי־שְׂנוּאָה אָנֹכִי וַיִּתֶּן־
לד לִי גַּם־אֶת־זֶה וַתִּקְרָא שְׁמוֹ שִׁמְעוֹן: וַתַּהַר עוֹד וַתֵּלֶד בֵּן
וַתֹּאמֶר עַתָּה הַפַּעַם יִלָּוֶה אִישִׁי אֵלַי כִּי־יָלַדְתִּי לוֹ שְׁלֹשָׁה
לה בָנִים עַל־כֵּן קָרָא־שְׁמוֹ לֵוִי: וַתַּהַר עוֹד וַתֵּלֶד בֵּן וַתֹּאמֶר
הַפַּעַם אוֹדֶה אֶת־יהוה עַל־כֵּן קָרְאָה שְׁמוֹ יְהוּדָה וַתַּעֲמֹד
ל א מִלֶּדֶת: וַתֵּרֶא רָחֵל כִּי לֹא יָלְדָה לְיַעֲקֹב וַתְּקַנֵּא רָחֵל בַּאֲחֹתָהּ
ב וַתֹּאמֶר אֶל־יַעֲקֹב הָבָה־לִּי בָנִים וְאִם־אַיִן מֵתָה אָנֹכִי: וַיִּחַר־
אַף יַעֲקֹב בְּרָחֵל וַיֹּאמֶר הֲתַחַת אֱלֹהִים אָנֹכִי אֲשֶׁר־מָנַע מִמֵּךְ
ג פְּרִי־בָטֶן: וַתֹּאמֶר הִנֵּה אֲמָתִי בִלְהָה בֹּא אֵלֶיהָ וְתֵלֵד עַל־
ד בִּרְכַּי וְאִבָּנֶה גַם־אָנֹכִי מִמֶּנָּה: וַתִּתֶּן־לוֹ אֶת־בִּלְהָה שִׁפְחָתָהּ
ה לְאִשָּׁה וַיָּבֹא אֵלֶיהָ יַעֲקֹב: וַתַּהַר בִּלְהָה וַתֵּלֶד לְיַעֲקֹב בֵּן:
ו וַתֹּאמֶר רָחֵל דָּנַנִּי אֱלֹהִים וְגַם שָׁמַע בְּקֹלִי וַיִּתֶּן־לִי בֵּן עַל־
ז כֵּן קָרְאָה שְׁמוֹ דָּן: וַתַּהַר עוֹד וַתֵּלֶד בִּלְהָה שִׁפְחַת רָחֵל בֵּן
ח שֵׁנִי לְיַעֲקֹב: וַתֹּאמֶר רָחֵל נַפְתּוּלֵי אֱלֹהִים ׀ נִפְתַּלְתִּי עִם־
ט אֲחֹתִי גַּם־יָכֹלְתִּי וַתִּקְרָא שְׁמוֹ נַפְתָּלִי: וַתֵּרֶא לֵאָה כִּי עָמְדָה
מִלֶּדֶת וַתִּקַּח אֶת־זִלְפָּה שִׁפְחָתָהּ וַתִּתֵּן אֹתָהּ לְיַעֲקֹב לְאִשָּׁה:
י יא וַתֵּלֶד זִלְפָּה שִׁפְחַת לֵאָה לְיַעֲקֹב בֵּן: וַתֹּאמֶר לֵאָה בגד בָּא גָד
יב וַתִּקְרָא אֶת־שְׁמוֹ גָּד: וַתֵּלֶד זִלְפָּה שִׁפְחַת לֵאָה בֵּן שֵׁנִי לְיַעֲקֹב:

לג

thy younger daughter. And Lavan said, It is better that I give   19
her to thee, than that I should give her to another man: stay
with me. And Ya‘aqov served seven years for Raḥel and they   20
seemed to him but a few days, for the love he had to her. And   21
Ya‘aqov said to Lavan, Give me my wife, for my days are fulfil-
led, that I may go in to her. And Lavan gathered together all   22
the men of the place, and made a feast. And it came to pass in   23
the evening, that he took Le'a his daughter, and brought her to
him; and he went in to her. And Lavan gave to his daughter   24
Le'a Zilpa his maid for a handmaid. And it came to pass, that in   25
the morning, behold, it was Le'a: and he said to Lavan, What is
this thou hast done to me? did not I serve with thee for Raḥel?
why then hast thou beguiled me? And Lavan said, It must not   26
be so done in our country, to give the younger before the first-
born. Fulfil her week, and we will give thee this also for the   27
service which thou shalt serve with me yet another seven years.
And Ya‘aqov did so, and fulfilled her week: and he gave him   28
Raḥel his daughter to wife also. And Lavan gave to Raḥel his   29
daughter Bilha his maid to be her handmaid. And he went in   30
also to Raḥel, and moreover he loved Raḥel more than Le'a, and
served with him yet another seven years. And when the LORD   31
saw that Le'a was hated, he opened her womb: but Raḥel was
barren. And Le'a conceived, and bore a son, and she called his   32
name Re'uven: for she said, Surely the LORD has looked upon
my affliction; now therefore my husband will love me. And she   33
conceived again, and bore a son; and said, Because the LORD has
heard that I was hated, he has therefore given me this son also:
and she called his name Shim‘on. And she conceived again, and   34
bore a son; and said, Now this time will my husband be joined
to me, because I have born him three sons; therefore was his
name called Levi. And she conceived again, and bore a son   35
and she said, Now will I praise the LORD: therefore she called
his name Yehuda, and she left off bearing. And when Raḥel saw   **30**
that she bore Ya‘aqov no children, Raḥel envied her sister; and
said, Give me children, or else I die. And Ya‘aqov's anger burned   2
against Raḥel: and he said, Am I in the place of GOD, who has
withheld from thee the fruit of the womb? And she said, Behold   3
my maid Bilha, go in to her; and she shall bear upon my knees,
that I may also have children by her. And she gave him Bilha   4
her handmaid to wife: and Ya‘aqov went in to her. And Bilha   5
conceived, and bore Ya‘aqov a son. And Raḥel said, GOD has   6
judged me, and has also heard my voice, and has given me a
son: therefore called she his name Dan. And Bilha Raḥel's maid   7
conceived again, and bore Ya‘aqov a second son. And Raḥel said,   8
With great wrestlings have I wrestled with my sister, and I have
prevailed: and she called his name Naftali. When Le'a saw that   9
she had stopped bearing, she took Zilpa her maid, and gave her
to Ya‘aqov to wife. And Zilpa Le'a's maid bore Ya‘aqov a son.   10
And Le'a said, Fortune comes, and she called his name Gad.   11
And Zilpa Le'a's maid bore Ya‘aqov a second son. And Le'a said,   12, 13

יג וַתֹּאמֶר לֵאָה בְּאָשְׁרִי כִּי אִשְּׁרוּנִי בָּנוֹת וַתִּקְרָא אֶת־שְׁמוֹ
יד אָשֵׁר׃ וַיֵּלֶךְ רְאוּבֵן בִּימֵי קְצִיר־חִטִּים וַיִּמְצָא דוּדָאִים בַּשָּׂדֶה רביעי
וַיָּבֵא אֹתָם אֶל־לֵאָה אִמּוֹ וַתֹּאמֶר רָחֵל אֶל־לֵאָה תְּנִי־נָא לִי
טו מִדּוּדָאֵי בְּנֵךְ׃ וַתֹּאמֶר לָהּ הַמְעַט קַחְתֵּךְ אֶת־אִישִׁי וְלָקַחַת
גַּם אֶת־דּוּדָאֵי בְּנִי וַתֹּאמֶר רָחֵל לָכֵן יִשְׁכַּב עִמָּךְ הַלַּיְלָה
טז תַּחַת דּוּדָאֵי בְנֵךְ׃ וַיָּבֹא יַעֲקֹב מִן־הַשָּׂדֶה בָּעֶרֶב וַתֵּצֵא לֵאָה
לִקְרָאתוֹ וַתֹּאמֶר אֵלַי תָּבוֹא כִּי שָׂכֹר שְׂכַרְתִּיךָ בְּדוּדָאֵי בְּנִי
יז וַיִּשְׁכַּב עִמָּהּ בַּלַּיְלָה הוּא׃ וַיִּשְׁמַע אֱלֹהִים אֶל־לֵאָה וַתַּהַר
יח וַתֵּלֶד לְיַעֲקֹב בֵּן חֲמִישִׁי׃ וַתֹּאמֶר לֵאָה נָתַן אֱלֹהִים שְׂכָרִי
יט אֲשֶׁר־נָתַתִּי שִׁפְחָתִי לְאִישִׁי וַתִּקְרָא שְׁמוֹ יִשָּׂשכָר׃ וַתַּהַר עוֹד
כ לֵאָה וַתֵּלֶד בֵּן־שִׁשִּׁי לְיַעֲקֹב׃ וַתֹּאמֶר לֵאָה זְבָדַנִי אֱלֹהִים ׀ אֹתִי
זֶבֶד טוֹב הַפַּעַם יִזְבְּלֵנִי אִישִׁי כִּי־יָלַדְתִּי לוֹ שִׁשָּׁה בָנִים וַתִּקְרָא
כא אֶת־שְׁמוֹ זְבֻלוּן׃ וְאַחַר יָלְדָה בַּת וַתִּקְרָא אֶת־שְׁמָהּ דִּינָה׃
כב וַיִּזְכֹּר אֱלֹהִים אֶת־רָחֵל וַיִּשְׁמַע אֵלֶיהָ אֱלֹהִים וַיִּפְתַּח אֶת־ כח
כג רַחְמָהּ׃ וַתַּהַר וַתֵּלֶד בֵּן וַתֹּאמֶר אָסַף אֱלֹהִים אֶת־חֶרְפָּתִי׃
כד כה וַתִּקְרָא אֶת־שְׁמוֹ יוֹסֵף לֵאמֹר יֹסֵף יְהוָה לִי בֵּן אַחֵר׃ וַיְהִי
כַּאֲשֶׁר יָלְדָה רָחֵל אֶת־יוֹסֵף וַיֹּאמֶר יַעֲקֹב אֶל־לָבָן שַׁלְּחֵנִי
כו וְאֵלְכָה אֶל־מְקוֹמִי וּלְאַרְצִי׃ תְּנָה אֶת־נָשַׁי וְאֶת־יְלָדַי אֲשֶׁר
עָבַדְתִּי אֹתְךָ בָּהֵן וְאֵלֵכָה כִּי אַתָּה יָדַעְתָּ אֶת־עֲבֹדָתִי אֲשֶׁר
כז עֲבַדְתִּיךָ׃ וַיֹּאמֶר אֵלָיו לָבָן אִם־נָא מָצָאתִי חֵן בְּעֵינֶיךָ נִחַשְׁתִּי
כח וַיְבָרְכֵנִי יְהוָה בִּגְלָלֶךָ׃ וַיֹּאמַר נָקְבָה שְׂכָרְךָ עָלַי וְאֶתֵּנָה׃ חמישי
כט וַיֹּאמֶר אֵלָיו אַתָּה יָדַעְתָּ אֵת אֲשֶׁר עֲבַדְתִּיךָ וְאֵת אֲשֶׁר־הָיָה
ל מִקְנְךָ אִתִּי׃ כִּי מְעַט אֲשֶׁר־הָיָה לְךָ לְפָנַי וַיִּפְרֹץ לָרֹב וַיְבָרֶךְ
לא יְהוָה אֹתְךָ לְרַגְלִי וְעַתָּה מָתַי אֶעֱשֶׂה גַם־אָנֹכִי לְבֵיתִי׃ וַיֹּאמֶר
מָה אֶתֶּן־לָךְ וַיֹּאמֶר יַעֲקֹב לֹא־תִתֶּן־לִי מְאוּמָה אִם־תַּעֲשֶׂה־
לב לִּי הַדָּבָר הַזֶּה אָשׁוּבָה אֶרְעֶה צֹאנְךָ אֶשְׁמֹר׃ אֶעֱבֹר בְּכָל־
צֹאנְךָ הַיּוֹם הָסֵר מִשָּׁם כָּל־שֶׂה ׀ נָקֹד וְטָלוּא וְכָל־שֶׂה־חוּם
לג בַּכְּשָׂבִים וְטָלוּא וְנָקֹד בָּעִזִּים וְהָיָה שְׂכָרִי׃ וְעָנְתָה־בִּי צִדְקָתִי
בְּיוֹם מָחָר כִּי־תָבוֹא עַל־שְׂכָרִי לְפָנֶיךָ כֹּל אֲשֶׁר־אֵינֶנּוּ נָקֹד
לד וְטָלוּא בָּעִזִּים וְחוּם בַּכְּשָׂבִים גָּנוּב הוּא אִתִּי׃ וַיֹּאמֶר לָבָן
לה הֵן לוּ יְהִי כִדְבָרֶךָ׃ וַיָּסַר בַּיּוֹם הַהוּא אֶת־הַתְּיָשִׁים הָעֲקֻדִּים
וְהַטְּלֻאִים וְאֵת כָּל־הָעִזִּים הַנְּקֻדּוֹת וְהַטְּלֻאֹת כֹּל אֲשֶׁר־לָבָן
לו בּוֹ וְכָל־חוּם בַּכְּשָׂבִים וַיִּתֵּן בְּיַד־בָּנָיו׃ וַיָּשֶׂם דֶּרֶךְ שְׁלֹשֶׁת יָמִים
לז בֵּינוֹ וּבֵין יַעֲקֹב וְיַעֲקֹב רֹעֶה אֶת־צֹאן לָבָן הַנּוֹתָרֹת׃ וַיִּקַּח־
לוֹ יַעֲקֹב מַקַּל לִבְנֶה לַח וְלוּז וְעַרְמוֹן וַיְפַצֵּל בָּהֵן פְּצָלוֹת

Happy am I, for the daughters will call me blessed: and she
called his name Asher. And Re'uven went in the days of the   14
wheat harvest, and found mandrakes in the field, and brought
them to his mother Le'a. Then Raḥel said to Le'a, Give me, I
pray thee, of thy son's mandrakes. And she said to her, Is it a   15
small matter that thou hast taken my husband? and wouldst
thou take away my son's mandrakes also? And Raḥel said,
Therefore he shall lie with thee tonight for thy son's mandrakes.
And Ya'aqov came out of the field in the evening, and Le'a went   16
out to meet him, and said, Thou must come in to me; for indeed
I have hired thee with my son's mandrakes. And he lay with her
that night. And GOD hearkened to Le'a, and she conceived, and   17
bore Ya'aqov a fifth son. And Le'a said, God has given me my   18
hire, because I have given my maiden to my husband: and she
called his name Yissakhar. And Le'a conceived again, and bore   19
Ya'aqov a sixth son. And Le'a said, God has endowed me with   20
a good dowry; now will my husband dwell with me, because I
have born him six sons: and she called his name Zevulun.
And afterwards she bore a daughter, and called her name Dina.   21
And GOD remembered Raḥel, and GOD hearkened to her, and   22
opened her womb. And she conceived, and bore a son; and said,   23
GOD has taken away my reproach: and she called his name   24
Yosef; and said, The LORD shall add to me another son. And it   25
came to pass, when Raḥel had born Yosef, that Ya'aqov said to
Lavan, Send me away, that I may go to my own place, and to
my country. Give me my wives and my children, for whom I   26
have served thee, and let me go: for thou knowst my service
which I have done thee. And Lavan said to him, I pray thee, if   27
I have found favour in thine eyes, I have learned by signs that
the LORD has blessed me for thy sake. And he said, Appoint me   28
thy wages, and I will give it. And he said to him, Thou knowst   29
how I have served thee, and how thy cattle was with me. For the   30
little which thou hadst before I came is now increased to a
multitude; and the LORD has blessed thee since my coming: and
now when shall I provide for my own house also? And he said,   31
What shall I give thee? And Ya'aqov said, Thou shalt not give me
anything: if thou wilt do this thing for me, I will again feed and
keep thy flock. I will pass through all thy flock today, removing   32
from there all the speckled and spotted cattle, and all the brown
ones among the sheep, and the spotted and speckled among the
goats: and of such shall be my hire. So shall my righteousness   33
answer for me in time to come, when thou shalt come to see my
hire before thy face: every one that is not speckled and spotted
among the goats, and brown among the sheep, that shall be
counted stolen with me. And Lavan said, Behold, would it might   34
be according to thy word. And he removed that day the he goats   35
that were streaked and spotted, and all the she goats that were
speckled and spotted, and every one that had some white in it,
and all the brown ones among the sheep, and gave them into the
hand of his sons. And he set three days' journey between himself   36
and Ya'aqov: and Ya'aqov tended the rest of Lavan's flocks. And   37
Ya'aqov took him rods of green poplar, and of the almond and
plane tree; and peeled white streaks in them, and made the

לח לְבָנוֹת מַחְשֹׂף הַלָּבָן אֲשֶׁר עַל־הַמַּקְלוֹת: וַיַּצֵּג אֶת־הַמַּקְלוֹת
אֲשֶׁר פִּצֵּל בָּרֳהָטִים בְּשִׁקֲתוֹת הַמָּיִם אֲשֶׁר תָּבֹאןָ הַצֹּאן

לט לִשְׁתּוֹת לְנֹכַח הַצֹּאן וַיֵּחַמְנָה בְּבֹאָן לִשְׁתּוֹת: וַיֶּחֱמוּ הַצֹּאן
מ אֶל־הַמַּקְלוֹת וַתֵּלַדְןָ הַצֹּאן עֲקֻדִּים נְקֻדִּים וּטְלֻאִים: וְהַכְּשָׂבִים
הִפְרִיד יַעֲקֹב וַיִּתֵּן פְּנֵי הַצֹּאן אֶל־עָקֹד וְכָל־חוּם בְּצֹאן לָבָן

מא וַיָּשֶׁת לוֹ עֲדָרִים לְבַדּוֹ וְלֹא שָׁתָם עַל־צֹאן לָבָן: וְהָיָה בְּכָל־
יַחֵם הַצֹּאן הַמְקֻשָּׁרוֹת וְשָׂם יַעֲקֹב אֶת־הַמַּקְלוֹת לְעֵינֵי הַצֹּאן

מב בָּרֳהָטִים לְיַחְמֵנָּה בַּמַּקְלוֹת: וּבְהַעֲטִיף הַצֹּאן לֹא יָשִׂים וְהָיָה
מג הָעֲטֻפִים לְלָבָן וְהַקְּשֻׁרִים לְיַעֲקֹב: וַיִּפְרֹץ הָאִישׁ מְאֹד מְאֹד
א לא וַיְהִי־לוֹ צֹאן רַבּוֹת וּשְׁפָחוֹת וַעֲבָדִים וּגְמַלִּים וַחֲמֹרִים: וַיִּשְׁמַע
אֶת־דִּבְרֵי בְנֵי־לָבָן לֵאמֹר לָקַח יַעֲקֹב אֵת כָּל־אֲשֶׁר לְאָבִינוּ

ב וּמֵאֲשֶׁר לְאָבִינוּ עָשָׂה אֵת כָּל־הַכָּבֹד הַזֶּה: וַיַּרְא יַעֲקֹב אֶת־
כט ג פְּנֵי לָבָן וְהִנֵּה אֵינֶנּוּ עִמּוֹ כִּתְמוֹל שִׁלְשׁוֹם: וַיֹּאמֶר יְהוָה אֶל־
ד יַעֲקֹב שׁוּב אֶל־אֶרֶץ אֲבוֹתֶיךָ וּלְמוֹלַדְתֶּךָ וְאֶהְיֶה עִמָּךְ: וַיִּשְׁלַח
ה יַעֲקֹב וַיִּקְרָא לְרָחֵל וּלְלֵאָה הַשָּׂדֶה אֶל־צֹאנוֹ: וַיֹּאמֶר לָהֶן
רֹאֶה אָנֹכִי אֶת־פְּנֵי אֲבִיכֶן כִּי־אֵינֶנּוּ אֵלַי כִּתְמֹל שִׁלְשֹׁם וֵאלֹהֵי

ו אָבִי הָיָה עִמָּדִי: וְאַתֵּנָה יְדַעְתֶּן כִּי בְּכָל־כֹּחִי עָבַדְתִּי אֶת־
ז אֲבִיכֶן: וַאֲבִיכֶן הֵתֶל בִּי וְהֶחֱלִף אֶת־מַשְׂכֻּרְתִּי עֲשֶׂרֶת מֹנִים
ח וְלֹא־נְתָנוֹ אֱלֹהִים לְהָרַע עִמָּדִי: אִם־כֹּה יֹאמַר נְקֻדִּים יִהְיֶה
שְׂכָרֶךָ וְיָלְדוּ כָל־הַצֹּאן נְקֻדִּים וְאִם־כֹּה יֹאמַר עֲקֻדִּים יִהְיֶה

ט שְׂכָרֶךָ וְיָלְדוּ כָל־הַצֹּאן עֲקֻדִּים: וַיַּצֵּל אֱלֹהִים אֶת־מִקְנֵה
י אֲבִיכֶם וַיִּתֶּן־לִי: וַיְהִי בְּעֵת יַחֵם הַצֹּאן וָאֶשָּׂא עֵינַי וָאֵרֶא
בַּחֲלוֹם וְהִנֵּה הָעַתֻּדִים הָעֹלִים עַל־הַצֹּאן עֲקֻדִּים נְקֻדִּים

יא וּבְרֻדִּים: וַיֹּאמֶר אֵלַי מַלְאַךְ הָאֱלֹהִים בַּחֲלוֹם יַעֲקֹב וָאֹמַר
יב הִנֵּנִי: וַיֹּאמֶר שָׂא־נָא עֵינֶיךָ וּרְאֵה כָּל־הָעַתֻּדִים הָעֹלִים עַל־
הַצֹּאן עֲקֻדִּים נְקֻדִּים וּבְרֻדִּים כִּי רָאִיתִי אֵת כָּל־אֲשֶׁר לָבָן

יג עֹשֶׂה לָּךְ: אָנֹכִי הָאֵל בֵּית־אֵל אֲשֶׁר מָשַׁחְתָּ שָּׁם מַצֵּבָה אֲשֶׁר
נָדַרְתָּ לִּי שָׁם נֶדֶר עַתָּה קוּם צֵא מִן־הָאָרֶץ הַזֹּאת וְשׁוּב אֶל־

יד אֶרֶץ מוֹלַדְתֶּךָ: וַתַּעַן רָחֵל וְלֵאָה וַתֹּאמַרְנָה לוֹ הַעוֹד לָנוּ
טו חֵלֶק וְנַחֲלָה בְּבֵית אָבִינוּ: הֲלוֹא נָכְרִיּוֹת נֶחְשַׁבְנוּ לוֹ כִּי
מְכָרָנוּ וַיֹּאכַל גַּם־אָכוֹל אֶת־כַּסְפֵּנוּ: כִּי כָל־הָעֹשֶׁר אֲשֶׁר הִצִּיל

טז אֱלֹהִים מֵאָבִינוּ לָנוּ הוּא וּלְבָנֵינוּ וְעַתָּה כֹּל אֲשֶׁר אָמַר אֱלֹהִים
ששי יז אֵלֶיךָ עֲשֵׂה: וַיָּקָם יַעֲקֹב וַיִּשָּׂא אֶת־בָּנָיו וְאֶת־נָשָׁיו עַל־
יח הַגְּמַלִּים: וַיִּנְהַג אֶת־כָּל־מִקְנֵהוּ וְאֶת־כָּל־רְכֻשׁוֹ אֲשֶׁר רָכָשׁ
מִקְנֵה קִנְיָנוֹ אֲשֶׁר רָכַשׁ בְּפַדַּן אֲרָם לָבוֹא אֶל־יִצְחָק אָבִיו

יט אַרְצָה כְּנָעַן: וְלָבָן הָלַךְ לִגְזֹז אֶת־צֹאנוֹ וַתִּגְנֹב רָחֵל אֶת־

white appear which was in the rods. And he set the rods which 38
he had peeled before the flocks in the gutters in the watering
troughs when the flocks came to drink, that they should con-
ceive when they came to drink. And the flocks conceived before 39
the rods, and brought forth cattle streaked, speckled, and spot-
ted. And Ya'aqov separated the lambs, and set the faces of the 40
flocks toward the streaked and all the brown in the flock of
Lavan; and he put his own flocks by themselves, and put them
not to Lavan's cattle. And it came to pass, whenever the stronger 41
cattle did conceive, that Ya'aqov laid the rods before the eyes of
the cattle in the gutters, that they might conceive among the
rods. But when the cattle were feeble, he did not put them in: 42
so the feebler were Lavan's, and the stronger Ya'aqov's. And the 43
man increased exceedingly, and had much cattle, and maidser-
vants, and menservants, and camels, and asses. And he heard the **31**
words of Lavan's sons, saying, Ya'aqov has taken away all that
was our father's; and of that which was our father's has he
gotten all his glory. And Ya'aqov beheld the face of Lavan, and, 2
behold, it was not towards him as before. And the LORD said to 3
Ya'aqov, Return to the land of thy fathers, and to thy kindred;
and I will be with thee. And Ya'aqov sent and called Raḥel and 4
Le'a to the field to his flock, and he said to them, I see your 5
father's face, that it is not towards me as before; but the GOD of
my father has been with me. And you know that with all my 6
power I have served your father. And your father has deceived 7
me, and changed my wages ten times; but GOD did not allow
him to hurt me. If he said thus, The speckled shall be thy wages; 8
then all the flock bore speckled: and if he said thus, The streaked
shall be thy hire; then all the flock bore streaked. Thus GOD 9
has taken away the cattle of your father, and given it to me.
And it came to pass at the time that the flock conceived, that 10
I raised my eyes, and saw in a dream, and, behold, the rams
which leaped upon the cattle were streaked, speckled, and
grizzled. And the angel of GOD spoke to me in a dream, saying, 11
Ya'aqov: And I said, Here I am. And he said, Lift up now thy 12
eyes, and see, all the rams which leap upon the flock are
streaked, speckled, and grizzled: for I have seen all that Lavan
does to thee. I am the GOD of Bet-el, where thou didst anoint 13
a pillar, and where thou didst vow a vow to me: now arise, get
out of this land, and return to the land of thy birth. And Raḥel 14
and Le'a answered and said to him, Is there yet any portion or
inheritance for us in our father's house? Are we not counted 15
strangers by him? for he has sold us, and has quite devoured also
our money. For all the riches which GOD has taken from our 16
father, it is ours, and our children's: now then, whatever GOD
has said to thee, do. Then Ya'aqov rose up, and set his sons and 17
his wives on the camels; and he carried away all his cattle, and 18
all his goods which he had acquired, the cattle of his getting,
which he had acquired in Paddan-aram, to go to Yiẕḥaq his father
in the land of Kena'an. And Lavan went to shear his sheep. Now 19

כ הַתְּרָפִים אֲשֶׁר לְאָבִיהָ: וַיִּגְנֹב יַעֲקֹב אֶת־לֵב לָבָן הָאֲרַמִּי
כא עַל־בְּלִי הִגִּיד לוֹ כִּי בֹרֵחַ הוּא: וַיִּבְרַח הוּא וְכָל־אֲשֶׁר־לוֹ
כב וַיָּקָם וַיַּעֲבֹר אֶת־הַנָּהָר וַיָּשֶׂם אֶת־פָּנָיו הַר הַגִּלְעָד: וַיֻּגַּד לְלָבָן
כג בַּיּוֹם הַשְּׁלִישִׁי כִּי בָרַח יַעֲקֹב: וַיִּקַּח אֶת־אֶחָיו עִמּוֹ וַיִּרְדֹּף
כד אַחֲרָיו דֶּרֶךְ שִׁבְעַת יָמִים וַיַּדְבֵּק אֹתוֹ בְּהַר הַגִּלְעָד: וַיָּבֹא
אֱלֹהִים אֶל־לָבָן הָאֲרַמִּי בַּחֲלֹם הַלָּיְלָה וַיֹּאמֶר לוֹ הִשָּׁמֶר לְךָ
כה פֶּן־תְּדַבֵּר עִם־יַעֲקֹב מִטּוֹב עַד־רָע: וַיַּשֵּׂג לָבָן אֶת־יַעֲקֹב
וְיַעֲקֹב תָּקַע אֶת־אָהֳלוֹ בָּהָר וְלָבָן תָּקַע אֶת־אֶחָיו בְּהַר
כו הַגִּלְעָד: וַיֹּאמֶר לָבָן לְיַעֲקֹב מֶה עָשִׂיתָ וַתִּגְנֹב אֶת־לְבָבִי
כז וַתְּנַהֵג אֶת־בְּנֹתַי כִּשְׁבֻיוֹת חָרֶב: לָמָּה נַחְבֵּאתָ לִבְרֹחַ וַתִּגְנֹב
אֹתִי וְלֹא־הִגַּדְתָּ לִּי וָאֲשַׁלֵּחֲךָ בְּשִׂמְחָה וּבְשִׁרִים בְּתֹף וּבְכִנּוֹר:
כח כט וְלֹא נְטַשְׁתַּנִי לְנַשֵּׁק לְבָנַי וְלִבְנֹתָי עַתָּה הִסְכַּלְתָּ עֲשׂוֹ: יֶשׁ־
לְאֵל יָדִי לַעֲשׂוֹת עִמָּכֶם רָע וֵאלֹהֵי אֲבִיכֶם אֶמֶשׁ ׀ אָמַר אֵלַי
ל לֵאמֹר הִשָּׁמֶר לְךָ מִדַּבֵּר עִם־יַעֲקֹב מִטּוֹב עַד־רָע: וְעַתָּה הָלֹךְ
הָלַכְתָּ כִּי־נִכְסֹף נִכְסַפְתָּה לְבֵית אָבִיךָ לָמָּה גָנַבְתָּ אֶת־אֱלֹהָי:
לא וַיַּעַן יַעֲקֹב וַיֹּאמֶר לְלָבָן כִּי יָרֵאתִי כִּי אָמַרְתִּי פֶּן־תִּגְזֹל אֶת־
לב בְּנוֹתֶיךָ מֵעִמִּי: עִם אֲשֶׁר תִּמְצָא אֶת־אֱלֹהֶיךָ לֹא יִחְיֶה נֶגֶד
אַחֵינוּ הַכֶּר־לְךָ מָה עִמָּדִי וְקַח־לָךְ וְלֹא־יָדַע יַעֲקֹב כִּי רָחֵל
לג גְּנָבָתַם: וַיָּבֹא לָבָן בְּאֹהֶל־יַעֲקֹב ׀ וּבְאֹהֶל לֵאָה וּבְאֹהֶל שְׁתֵּי
הָאֲמָהֹת וְלֹא מָצָא וַיֵּצֵא מֵאֹהֶל לֵאָה וַיָּבֹא בְּאֹהֶל רָחֵל:
לד וְרָחֵל לָקְחָה אֶת־הַתְּרָפִים וַתְּשִׂמֵם בְּכַר הַגָּמָל וַתֵּשֶׁב עֲלֵיהֶם
לה וַיְמַשֵּׁשׁ לָבָן אֶת־כָּל־הָאֹהֶל וְלֹא מָצָא: וַתֹּאמֶר אֶל־אָבִיהָ
אַל־יִחַר בְּעֵינֵי אֲדֹנִי כִּי לוֹא אוּכַל לָקוּם מִפָּנֶיךָ כִּי־דֶרֶךְ נָשִׁים
לו לִי וַיְחַפֵּשׂ וְלֹא מָצָא אֶת־הַתְּרָפִים: וַיִּחַר לְיַעֲקֹב וַיָּרֶב בְּלָבָן
וַיַּעַן יַעֲקֹב וַיֹּאמֶר לְלָבָן מַה־פִּשְׁעִי מַה חַטָּאתִי כִּי דָלַקְתָּ
לז אַחֲרָי: כִּי־מִשַּׁשְׁתָּ אֶת־כָּל־כֵּלַי מַה־מָּצָאתָ מִכֹּל כְּלֵי־בֵיתֶךָ
לח שִׂים כֹּה נֶגֶד אַחַי וְאַחֶיךָ וְיוֹכִיחוּ בֵּין שְׁנֵינוּ: זֶה עֶשְׂרִים שָׁנָה
אָנֹכִי עִמָּךְ רְחֵלֶיךָ וְעִזֶּיךָ לֹא שִׁכֵּלוּ וְאֵילֵי צֹאנְךָ לֹא אָכָלְתִּי:
לט טְרֵפָה לֹא־הֵבֵאתִי אֵלֶיךָ אָנֹכִי אֲחַטֶּנָּה מִיָּדִי תְּבַקְשֶׁנָּה גְּנֻבְתִי
מ יוֹם וּגְנֻבְתִי לָיְלָה: הָיִיתִי בַיּוֹם אֲכָלַנִי חֹרֶב וְקֶרַח בַּלָּיְלָה
מא וַתִּדַּד שְׁנָתִי מֵעֵינָי: זֶה־לִּי עֶשְׂרִים שָׁנָה בְּבֵיתֶךָ עֲבַדְתִּיךָ
אַרְבַּע־עֶשְׂרֵה שָׁנָה בִּשְׁתֵּי בְנֹתֶיךָ וְשֵׁשׁ שָׁנִים בְּצֹאנֶךָ וַתַּחֲלֵף
מב אֶת־מַשְׂכֻּרְתִּי עֲשֶׂרֶת מֹנִים: לוּלֵי אֱלֹהֵי אָבִי אֱלֹהֵי אַבְרָהָם
וּפַחַד יִצְחָק הָיָה לִי כִּי עַתָּה רֵיקָם שִׁלַּחְתָּנִי אֶת־עָנְיִי וְאֶת־

לו

20 Raḥel had stolen the images that were her father's. And Ya'aqov
outwitted Lavan the Arammian, in that he told him not that he
21 fled. So he fled with all that he had; and he rose up, and passed
22 over the river and set his face toward the mount Gil'ad. And it
23 was told Lavan on the third day that Ya'aqov was fled. And he
took his brethren with him, and pursued after him a seven days'
24 journey; and they overtook him in the mount Gil'ad. And God
came to Lavan the Arammian in a dream by night, and said to
him, Take heed that thou speak not to Ya'aqov either good or
25 bad. Then Lavan overtook Ya'akov. Now Ya'aqov had pitched his
tent in the mount: and Lavan with his brethren pitched in the
26 mount of Gil'ad. And Lavan said to Ya'aqov, What hast thou
done, that thou hast cheated me, and carried away my daughters,
27 as captives taken with the sword? Why didst thou flee away
secretly, and rob me; and didst not tell me, that I might have
sent thee away with mirth, and with songs, with timbrel, and with
28 lyre? And hast not suffered me to kiss my sons and my daugh-
29 ters? thou hast now done foolishly. It is in the power of my hand
to do you hurt: but the God of your father spoke to me last
night, saying, Take thou heed that thou speak not to Ya'aqov
30 either good or bad. And now, though thou wouldst needs be
gone, because thou dost long after thy father's house, yet why
31 hast thou stolen my gods? And Ya'aqov answered and said to
Lavan, Because I was afraid: for I said, Perhaps thou wouldst
32 take by force thy daughters from me. Anyone with whom thou
findest thy gods, let him not live: before our brethren discern
thou what is thine with me, and take it to thee. For Ya'aqov
33 knew not that Raḥel had stolen them. And Lavan went into
Ya'aqov's tent, and into Le'a's tent, and into the two maidser-
vants' tents; but he found them not. Then he went out of Le'a's
34 tent, and entered into Raḥel's tent. Now Raḥel had taken the
images, and put them in the camel's saddle, and sat upon them.
35 And Lavan searched all the tent, but found them not. And she
said to her father, Let it not displease my lord that I cannot rise
up before thee; for the way of women is upon me. And he
36 searched, but found not the images. And Ya'aqov was angry
and strove with Lavan: and Ya'aqov answered and said to Lavan,
What is my trespass? what is my sin, that thou hast so hotly
37 pursued after me? Although thou hast searched all my stuff what
hast thou found of all thy household goods? set it here before
my brethren and thy brethren, that they may judge between
38 us both. This twenty years have I been with thee; thy ewes and
thy she goats have not cast their young, and the rams of thy
39 flock have I not eaten. That which was torn of beasts I brought
not to thee; I bore the loss of it; of my hand didst thou require
40 it, whether stolen by day, or stolen by night. Thus I was; in the
day the drought consumed me, and the frost by night; and my
41 sleep departed from my eyes. Thus have I been twenty years in
thy house; I served thee fourteen years for thy two daughters,
and six years for thy cattle: and thou hast changed my wages
42 ten times. Were it not that the God of my father, the God of
Avraham, and the Fear of Yiẓḥaq, had been with me, surely
thou hadst sent me away now empty. God has seen my affliction

מג יְגִיעַ כַּפַּי רָאָה אֱלֹהִים וַיּוֹכַח אָמֶשׁ: וַיַּעַן לָבָן וַיֹּאמֶר אֶל־
יַעֲקֹב הַבָּנוֹת בְּנֹתַי וְהַבָּנִים בָּנַי וְהַצֹּאן צֹאנִי וְכֹל אֲשֶׁר־אַתָּה
רֹאֶה לִי־הוּא וְלִבְנֹתַי מָה־אֶעֱשֶׂה לָאֵלֶּה הַיּוֹם אוֹ לִבְנֵיהֶן

מד אֲשֶׁר יָלָדוּ: וְעַתָּה לְכָה נִכְרְתָה בְרִית אֲנִי וָאָתָּה וְהָיָה לְעֵד
מה בֵּינִי וּבֵינֶךָ: וַיִּקַּח יַעֲקֹב אָבֶן וַיְרִימֶהָ מַצֵּבָה: וַיֹּאמֶר יַעֲקֹב
לְאֶחָיו לִקְטוּ אֲבָנִים וַיִּקְחוּ אֲבָנִים וַיַּעֲשׂוּ־גָל וַיֹּאכְלוּ שָׁם עַל־

מז הַגָּל: וַיִּקְרָא־לוֹ לָבָן יְגַר שָׂהֲדוּתָא וְיַעֲקֹב קָרָא לוֹ גַּלְעֵד:
מח וַיֹּאמֶר לָבָן הַגַּל הַזֶּה עֵד בֵּינִי וּבֵינֶךָ הַיּוֹם עַל־כֵּן קָרָא־שְׁמוֹ
מט גַּלְעֵד: וְהַמִּצְפָּה אֲשֶׁר אָמַר יִצֶף יְהוָה בֵּינִי וּבֵינֶךָ כִּי נִסָּתֵר
נ אִישׁ מֵרֵעֵהוּ: אִם־תְּעַנֶּה אֶת־בְּנֹתַי וְאִם־תִּקַּח נָשִׁים עַל־
נא בְּנֹתַי אֵין אִישׁ עִמָּנוּ רְאֵה אֱלֹהִים עֵד בֵּינִי וּבֵינֶךָ: וַיֹּאמֶר
לָבָן לְיַעֲקֹב הִנֵּה‧הַגַּל הַזֶּה וְהִנֵּה הַמַּצֵּבָה אֲשֶׁר יָרִיתִי בֵּינִי
נב וּבֵינֶךָ: עֵד הַגַּל הַזֶּה וְעֵדָה הַמַּצֵּבָה אִם־אָנִי לֹא־אֶעֱבֹר אֵלֶיךָ
אֶת־הַגַּל הַזֶּה וְאִם־אַתָּה לֹא־תַעֲבֹר אֵלַי אֶת־הַגַּל הַזֶּה וְאֶת־
נג הַמַּצֵּבָה הַזֹּאת לְרָעָה: אֱלֹהֵי אַבְרָהָם וֵאלֹהֵי נָחוֹר יִשְׁפְּטוּ
בֵינֵינוּ אֱלֹהֵי אֲבִיהֶם וַיִּשָּׁבַע יַעֲקֹב בְּפַחַד אָבִיו יִצְחָק: וַיִּזְבַּח
נד יַעֲקֹב זֶבַח בָּהָר וַיִּקְרָא לְאֶחָיו לֶאֱכָל־לָחֶם וַיֹּאכְלוּ לֶחֶם וַיָּלִינוּ

לב בָּהָר: וַיַּשְׁכֵּם לָבָן בַּבֹּקֶר וַיְנַשֵּׁק לְבָנָיו וְלִבְנוֹתָיו וַיְבָרֶךְ אֶתְהֶם
ב וַיֵּלֶךְ וַיָּשָׁב לָבָן לִמְקֹמוֹ: וְיַעֲקֹב הָלַךְ לְדַרְכּוֹ וַיִּפְגְּעוּ־בוֹ מַלְאֲכֵי
ג אֱלֹהִים: וַיֹּאמֶר יַעֲקֹב כַּאֲשֶׁר רָאָם מַחֲנֵה אֱלֹהִים זֶה וַיִּקְרָא
שֵׁם־הַמָּקוֹם הַהוּא מַחֲנָיִם:

ד וַיִּשְׁלַח יַעֲקֹב מַלְאָכִים לְפָנָיו אֶל־עֵשָׂו אָחִיו אַרְצָה שֵׂעִיר
ה שְׂדֵה אֱדוֹם: וַיְצַו אֹתָם לֵאמֹר כֹּה תֹאמְרוּן לַאדֹנִי לְעֵשָׂו כֹּה
ו אָמַר עַבְדְּךָ יַעֲקֹב עִם־לָבָן גַּרְתִּי וָאֵחַר עַד־עָתָּה: וַיְהִי־לִי־
שׁוֹר וַחֲמוֹר צֹאן וְעֶבֶד וְשִׁפְחָה וָאֶשְׁלְחָה לְהַגִּיד לַאדֹנִי לִמְצֹא־
ז חֵן בְּעֵינֶיךָ: וַיָּשֻׁבוּ הַמַּלְאָכִים אֶל־יַעֲקֹב לֵאמֹר בָּאנוּ אֶל־
אָחִיךָ אֶל־עֵשָׂו וְגַם הֹלֵךְ לִקְרָאתְךָ וְאַרְבַּע־מֵאוֹת אִישׁ עִמּוֹ:
ח וַיִּירָא יַעֲקֹב מְאֹד וַיֵּצֶר לוֹ וַיַּחַץ אֶת־הָעָם אֲשֶׁר־אִתּוֹ וְאֶת־
הַצֹּאן וְאֶת־הַבָּקָר וְהַגְּמַלִּים לִשְׁנֵי מַחֲנוֹת: וַיֹּאמֶר אִם־יָבוֹא
ט עֵשָׂו אֶל־הַמַּחֲנֶה הָאַחַת וְהִכָּהוּ וְהָיָה הַמַּחֲנֶה הַנִּשְׁאָר לִפְלֵיטָה:
י וַיֹּאמֶר יַעֲקֹב אֱלֹהֵי אָבִי אַבְרָהָם וֵאלֹהֵי אָבִי יִצְחָק יְהוָה
יא הָאֹמֵר אֵלַי שׁוּב לְאַרְצְךָ וּלְמוֹלַדְתְּךָ וְאֵיטִיבָה עִמָּךְ: קָטֹנְתִּי
מִכֹּל הַחֲסָדִים וּמִכָּל־הָאֱמֶת אֲשֶׁר עָשִׂיתָ אֶת־עַבְדֶּךָ כִּי
בְמַקְלִי עָבַרְתִּי אֶת־הַיַּרְדֵּן הַזֶּה וְעַתָּה הָיִיתִי לִשְׁנֵי מַחֲנוֹת:
יב הַצִּילֵנִי נָא מִיַּד אָחִי מִיַּד עֵשָׂו כִּי־יָרֵא אָנֹכִי אֹתוֹ פֶּן־יָבוֹא

and the labour of my hands, and he rebuked thee last night. And   43
Lavan answered and said to Ya'aqov, These daughters are my
daughters, and these children are my children, and these cattle
are my cattle, and all that thou seest is mine: and what can I
do this day for these my daughters, or for their children whom
they have born? Now therefore come thou, let us make a cove-   44
nant, I and thou; and let it be for a witness between me and
thee. And Ya'aqov took a stone, and set it up for a pillar.   45
And Ya'aqov said to his brethren, Gather stones; and they took   46
stones, and made a heap: and they did eat there upon the heap.
And Lavan called it Yegar-sahaduta: but Ya'aqov called it   47
Gal'ed. And Lavan said, This heap is a witness between me and   48
thee this day. Therefore was the name of it called Gal'ed; and   49
also Mizpa; for he said, The LORD watch between me and thee,
when we are absent one from another. If thou shalt afflict my   50
daughters, or if thou shalt take other wives beside my daughters,
no man is with us; see, GOD is witness between me and thee.
And Lavan said to Ya'aqov, Behold this heap, and behold this   51
pillar, which I have set between me and thee; this heap be   52
witness, and this pillar be witness, that I will not pass over this
heap to thee, and that thou shalt not pass over this heap and
this pillar to me, for harm. The GOD of Avraham, and the god   53
of Nahor, the god of their father, judge between us. And Ya'aqov
swore by the Fear of his father Yizhaq. Then Ya'aqov offered   54
sacrifice upon the mount, and called his brethren to eat bread:
and they did eat bread, and tarried all night on the mountain.
And early in the morning Lavan rose up, and kissed his sons and   **32**
his daughters, and blessed them: and Lavan departed, and re-
turned to his place. And Ya'aqov went on his way, and angels   2
of GOD met him. And when Ya'aqov saw them, he said, This is   3
GOD's camp: and he called the name of that place Maha-
nayim.

VAYYISHLAH   And Ya'aqov sent messengers before him to 'Esav his brother   4
to the land of Se'ir, the country of Edom. And he commanded   5
them, saying, Thus shall you speak to my lord 'Esav; Thy ser-
vant Ya'aqov says thus, I have sojourned with Lavan, and stayed
there until now: and I have oxen, and asses, flocks, and men-   6
servants, and womenservants: and I have sent to tell my lord,
that I may find favour in thy sight. And the messengers returned   7
to Ya'aqov, saying, We came to thy brother 'Esav, and also he
is coming to meet thee, and four hundred men with him. Then   8
Ya'aqov was greatly afraid and distressed: and he divided the
people that were with him, and the flocks, and herds, and the
camels, into two camps; and said, If 'Esav come to the one camp,   9
and smite it, then the camp which is left shall escape. And   10
Ya'aqov said, O GOD of my father Avraham, and GOD of my
father Yizhaq, the LORD who did say to me, Return to thy coun-
try, and to thy kindred, and I will deal well with thee: I am   11
unworthy of the least of all the mercies, and of all the truth,
which thou hast shown thy servant; for with my staff I passed
over this Yarden; and now I am become two camps. Deliver   12
me, I pray thee, from the hand of my brother, from the hand of
'Esav: for I fear him, lest he come and smite me, the mother

יג וְהִכַּנִי אֵם עַל־בָּנִים: וְאַתָּה אָמַרְתָּ הֵיטֵב אֵיטִיב עִמָּךְ וְשַׂמְתִּי
יד אֶת־זַרְעֲךָ כְּחוֹל הַיָּם אֲשֶׁר לֹא־יִסָּפֵר מֵרֹב: וַיָּלֶן שָׁם בַּלַּיְלָה שני
טו הַהוּא וַיִּקַּח מִן־הַבָּא בְיָדוֹ מִנְחָה לְעֵשָׂו אָחִיו: עִזִּים מָאתַיִם
טז וּתְיָשִׁים עֶשְׂרִים רְחֵלִים מָאתַיִם וְאֵילִים עֶשְׂרִים: גְּמַלִּים
מֵינִיקוֹת וּבְנֵיהֶם שְׁלֹשִׁים פָּרוֹת אַרְבָּעִים וּפָרִים עֲשָׂרָה אֲתֹנֹת
יז עֶשְׂרִים וַעְיָרִם עֲשָׂרָה: וַיִּתֵּן בְּיַד־עֲבָדָיו עֵדֶר עֵדֶר לְבַדּוֹ וַיֹּאמֶר
יח אֶל־עֲבָדָיו עִבְרוּ לְפָנַי וְרֶוַח תָּשִׂימוּ בֵּין עֵדֶר וּבֵין עֵדֶר: וַיְצַו
אֶת־הָרִאשׁוֹן לֵאמֹר כִּי יִפְגָּשְׁךָ עֵשָׂו אָחִי וּשְׁאֵלְךָ לֵאמֹר לְמִי־
יט אַתָּה וְאָנָה תֵלֵךְ וּלְמִי אֵלֶּה לְפָנֶיךָ: וְאָמַרְתָּ לְעַבְדְּךָ לְיַעֲקֹב
כ מִנְחָה הִוא שְׁלוּחָה לַאדֹנִי לְעֵשָׂו וְהִנֵּה גַם־הוּא אַחֲרֵינוּ: וַיְצַו
גַּם אֶת־הַשֵּׁנִי גַּם אֶת־הַשְּׁלִישִׁי גַּם אֶת־כָּל־הַהֹלְכִים אַחֲרֵי
הָעֲדָרִים לֵאמֹר כַּדָּבָר הַזֶּה תְּדַבְּרוּן אֶל־עֵשָׂו בְּמֹצַאֲכֶם אֹתוֹ:
כא וַאֲמַרְתֶּם גַּם הִנֵּה עַבְדְּךָ יַעֲקֹב אַחֲרֵינוּ כִּי־אָמַר אֲכַפְּרָה פָנָיו
בַּמִּנְחָה הַהֹלֶכֶת לְפָנָי וְאַחֲרֵי־כֵן אֶרְאֶה פָנָיו אוּלַי יִשָּׂא פָנָי:
כב וַתַּעֲבֹר הַמִּנְחָה עַל־פָּנָיו וְהוּא לָן בַּלַּיְלָה־הַהוּא בַּמַּחֲנֶה:
כג וַיָּקָם ׀ בַּלַּיְלָה הוּא וַיִּקַּח אֶת־שְׁתֵּי נָשָׁיו וְאֶת־שְׁתֵּי שִׁפְחֹתָיו
כד וְאֶת־אַחַד עָשָׂר יְלָדָיו וַיַּעֲבֹר אֵת מַעֲבַר יַבֹּק: וַיִּקָּחֵם וַיַּעֲבִרֵם
כה אֶת־הַנָּחַל וַיַּעֲבֵר אֶת־אֲשֶׁר־לוֹ: וַיִּוָּתֵר יַעֲקֹב לְבַדּוֹ וַיֵּאָבֵק
כו אִישׁ עִמּוֹ עַד עֲלוֹת הַשָּׁחַר: וַיַּרְא כִּי לֹא יָכֹל לוֹ וַיִּגַּע בְּכַף־
כז יְרֵכוֹ וַתֵּקַע כַּף־יֶרֶךְ יַעֲקֹב בְּהֵאָבְקוֹ עִמּוֹ: וַיֹּאמֶר שַׁלְּחֵנִי כִּי
כח עָלָה הַשָּׁחַר וַיֹּאמֶר לֹא אֲשַׁלֵּחֲךָ כִּי אִם־בֵּרַכְתָּנִי: וַיֹּאמֶר
כט אֵלָיו מַה־שְּׁמֶךָ וַיֹּאמֶר יַעֲקֹב: וַיֹּאמֶר לֹא יַעֲקֹב יֵאָמֵר עוֹד
שִׁמְךָ כִּי אִם־יִשְׂרָאֵל כִּי־שָׂרִיתָ עִם־אֱלֹהִים וְעִם־אֲנָשִׁים
ל וַתּוּכָל: וַיִּשְׁאַל יַעֲקֹב וַיֹּאמֶר הַגִּידָה־נָּא שְׁמֶךָ וַיֹּאמֶר לָמָּה
לא זֶּה תִּשְׁאַל לִשְׁמִי וַיְבָרֶךְ אֹתוֹ שָׁם: וַיִּקְרָא יַעֲקֹב שֵׁם הַמָּקוֹם שלישי
לב פְּנִיאֵל כִּי־רָאִיתִי אֱלֹהִים פָּנִים אֶל־פָּנִים וַתִּנָּצֵל נַפְשִׁי: וַיִּזְרַח־
לג לוֹ הַשֶּׁמֶשׁ כַּאֲשֶׁר עָבַר אֶת־פְּנוּאֵל וְהוּא צֹלֵעַ עַל־יְרֵכוֹ: עַל־
כֵּן לֹא־יֹאכְלוּ בְנֵי־יִשְׂרָאֵל אֶת־גִּיד הַנָּשֶׁה אֲשֶׁר עַל־כַּף הַיָּרֵךְ
אלג עַד הַיּוֹם הַזֶּה כִּי נָגַע בְּכַף־יֶרֶךְ יַעֲקֹב בְּגִיד הַנָּשֶׁה: וַיִּשָּׂא
יַעֲקֹב עֵינָיו וַיַּרְא וְהִנֵּה עֵשָׂו בָּא וְעִמּוֹ אַרְבַּע מֵאוֹת אִישׁ
וַיַּחַץ אֶת־הַיְלָדִים עַל־לֵאָה וְעַל־רָחֵל וְעַל שְׁתֵּי הַשְּׁפָחוֹת:
ב וַיָּשֶׂם אֶת־הַשְּׁפָחוֹת וְאֶת־יַלְדֵיהֶן רִאשֹׁנָה וְאֶת־לֵאָה וִילָדֶיהָ
ג אַחֲרֹנִים וְאֶת־רָחֵל וְאֶת־יוֹסֵף אַחֲרֹנִים: וְהוּא עָבַר לִפְנֵיהֶם
ד וַיִּשְׁתַּחוּ אַרְצָה שֶׁבַע פְּעָמִים עַד־גִּשְׁתּוֹ עַד־אָחִיו: וַיָּרָץ עֵשָׂו
ה לִקְרָאתוֹ וַיְחַבְּקֵהוּ וַיִּפֹּל עַל־צַוָּארָו וַיִּשָּׁקֵהוּ וַיִּבְכּוּ: וַיִּשָּׂא
אֶת־עֵינָיו וַיַּרְא אֶת־הַנָּשִׁים וְאֶת־הַיְלָדִים וַיֹּאמֶר מִי־אֵלֶּה

with the children. And thou didst say, I will surely do thee good, 13
and make thy seed like the sand of the sea, which cannot be
numbered for multitude. And he lodged there that same night; 14
and took of that which came to his hand a present for 'Esav
his brother; two hundred she goats, and twenty he goats, two 15
hundred ewes, and twenty rams, thirty milch camels with their 16
colts, forty cows, and ten bulls, twenty she asses, and ten foals.
And he delivered them into the hand of his servants, every drove 17
by itself; and said to his servants, Pass over before me, and put
a space between drove and drove. And he commanded the fore- 18
most, saying, When 'Esav my brother meets thee, and asks thee,
saying, Whose art thou? and whither dost thou go? and whose
are these before thee? Then thou shalt say, They are thy servant 19
Ya'aqov's, it is a present sent to my lord 'Esav: and, behold, also
he is behind us. And so commanded he the second, and the third, 20
and all that followed the droves, saying, In this manner shall
you speak to 'Esav, when you find him. And say moreover, Be- 21
hold, thy servant Ya'aqov is behind us. For he said, I will
appease him with the present that goes before me, and after-
wards I will see his face; perhaps he will accept me. So the 22
present went over before him: and he himself lodged that night
in the camp. And he rose up that night, and took his two 23
wives, and his two womenservants, and his eleven sons, and
passed over the ford of Yabboq. And he took them, and sent 24
them over the wadi, and sent over that which he had. And 25
Ya'aqov was left alone; and there wrestled a man with him
until the breaking of the day. And when he saw that he did 26
not prevail against him, he touched the hollow of his thigh; and
the hollow of Ya'aqov's thigh was put out of joint, as he wrestled
with him. And he said, Let me go, for the day breaks. And he 27
said, I will not let thee go, unless thou bless me. And he said to 28
him, What is thy name? And he said, Ya'aqov. And he said, 29
Thy name shall be called no more Ya'aqov, but Yisra'el: for
thou hast contended with GOD and with men, and hast prevailed.
And Ya'aqov asked him, and said, Tell me, I pray thee, thy 30
name. And he said, Why is it that thou dost ask after my
name? And he blessed him there. And Ya'aqov called the name 31
of the place Peni'el: for I have seen GOD face to face, and my
life is preserved. And as he passed over Penu'el the sun rose 32
upon him, and he limped upon his thigh. Therefore the children 33
of Yisra'el eat not of the sinew of the vein, which is upon the
hollow of the thigh, to this day: because he touched the hollow
of Ya'aqov's thigh in the sinew of the vein. And Ya'aqov lifted **33**
up his eyes, and looked, and, behold, 'Esav came, and with him
four hundred men. And he divided the children to Le'a, and to
Raḥel, and to the two handmaids. And he put the handmaids 2
and their children foremost, and Le'a and her children after,
and Raḥel and Yosef last of all. And he passed over before them, 3
and bowed himself to the ground seven times, until he came
near to his brother. And 'Esav ran to meet him, and embraced 4
him, and fell on his neck, and kissed him: and they wept. And 5
he lifted up his eyes, and saw the women and the children;
and said, Who are those with thee? And he said, The children

ו לָךְ וַיֹּאמַר הַיְלָדִים אֲשֶׁר־חָנַן אֱלֹהִים אֶת־עַבְדֶּךָ׃ וַתִּגַּשְׁןָ רביעי
ז הַשְּׁפָחוֹת הֵנָּה וְיַלְדֵיהֶן וַתִּשְׁתַּחֲוֶיןָ׃ וַתִּגַּשׁ גַּם־לֵאָה וִילָדֶיהָ
ח וַיִּשְׁתַּחֲווּ וְאַחַר נִגַּשׁ יוֹסֵף וְרָחֵל וַיִּשְׁתַּחֲווּ׃ וַיֹּאמֶר מִי לְךָ כָּל־
הַמַּחֲנֶה הַזֶּה אֲשֶׁר פָּגָשְׁתִּי וַיֹּאמֶר לִמְצֹא־חֵן בְּעֵינֵי אֲדֹנִי׃
ט וַיֹּאמֶר עֵשָׂו יֶשׁ־לִי רָב אָחִי יְהִי לְךָ אֲשֶׁר־לָךְ׃ וַיֹּאמֶר יַעֲקֹב
אַל־נָא אִם־נָא מָצָאתִי חֵן בְּעֵינֶיךָ וְלָקַחְתָּ מִנְחָתִי מִיָּדִי
יא כִּי עַל־כֵּן רָאִיתִי פָנֶיךָ כִּרְאֹת פְּנֵי אֱלֹהִים וַתִּרְצֵנִי׃ קַח־נָא
אֶת־בִּרְכָתִי אֲשֶׁר הֻבָאת לָךְ כִּי־חַנַּנִי אֱלֹהִים וְכִי יֶשׁ־לִי־כֹל
יב יג וַיִּפְצַר־בּוֹ וַיִּקָּח׃ וַיֹּאמֶר נִסְעָה וְנֵלֵכָה וְאֵלְכָה לְנֶגְדֶּךָ׃ וַיֹּאמֶר
אֵלָיו אֲדֹנִי יֹדֵעַ כִּי־הַיְלָדִים רַכִּים וְהַצֹּאן וְהַבָּקָר עָלוֹת עָלָי
יד וּדְפָקוּם יוֹם אֶחָד וָמֵתוּ כָּל־הַצֹּאן׃ יַעֲבָר־נָא אֲדֹנִי לִפְנֵי עַבְדּוֹ
וַאֲנִי אֶתְנַהֲלָה לְאִטִּי לְרֶגֶל הַמְּלָאכָה אֲשֶׁר־לְפָנַי וּלְרֶגֶל
טו הַיְלָדִים עַד אֲשֶׁר־אָבֹא אֶל־אֲדֹנִי שֵׂעִירָה׃ וַיֹּאמֶר עֵשָׂו אַצִּיגָה־
נָּא עִמְּךָ מִן־הָעָם אֲשֶׁר אִתִּי וַיֹּאמֶר לָמָּה זֶּה אֶמְצָא־חֵן בְּעֵינֵי
טז יז אֲדֹנִי׃ וַיָּשָׁב בַּיּוֹם הַהוּא עֵשָׂו לְדַרְכּוֹ שֵׂעִירָה׃ וְיַעֲקֹב נָסַע
סֻכֹּתָה וַיִּבֶן לוֹ בָּיִת וּלְמִקְנֵהוּ עָשָׂה סֻכֹּת עַל־כֵּן קָרָא שֵׁם־
יח הַמָּקוֹם סֻכּוֹת׃ וַיָּבֹא יַעֲקֹב שָׁלֵם עִיר שְׁכֶם אֲשֶׁר לא
יט בְּאֶרֶץ כְּנַעַן בְּבֹאוֹ מִפַּדַּן אֲרָם וַיִּחַן אֶת־פְּנֵי הָעִיר׃ וַיִּקֶן
אֶת־חֶלְקַת הַשָּׂדֶה אֲשֶׁר נָטָה־שָׁם אָהֳלוֹ מִיַּד בְּנֵי־חֲמוֹר אֲבִי
כ שְׁכֶם בְּמֵאָה קְשִׂיטָה׃ וַיַּצֶּב־שָׁם מִזְבֵּחַ וַיִּקְרָא־לוֹ אֵל אֱלֹהֵי
לד א יִשְׂרָאֵל׃ וַתֵּצֵא דִינָה בַּת־לֵאָה אֲשֶׁר יָלְדָה לְיַעֲקֹב חמישי
ב לִרְאוֹת בִּבְנוֹת הָאָרֶץ׃ וַיַּרְא אֹתָהּ שְׁכֶם בֶּן־חֲמוֹר הַחִוִּי נְשִׂיא
ג הָאָרֶץ וַיִּקַּח אֹתָהּ וַיִּשְׁכַּב אֹתָהּ וַיְעַנֶּהָ׃ וַתִּדְבַּק נַפְשׁוֹ בְּדִינָה
ד בַּת־יַעֲקֹב וַיֶּאֱהַב אֶת־הַנַּעֲרָ וַיְדַבֵּר עַל־לֵב הַנַּעֲרָ׃ וַיֹּאמֶר
שְׁכֶם אֶל־חֲמוֹר אָבִיו לֵאמֹר קַח־לִי אֶת־הַיַּלְדָּה הַזֹּאת לְאִשָּׁה׃
ה וְיַעֲקֹב שָׁמַע כִּי טִמֵּא אֶת־דִּינָה בִתּוֹ וּבָנָיו הָיוּ אֶת־מִקְנֵהוּ
ו בַּשָּׂדֶה וְהֶחֱרִשׁ יַעֲקֹב עַד־בֹּאָם׃ וַיֵּצֵא חֲמוֹר אֲבִי־שְׁכֶם
ז אֶל־יַעֲקֹב לְדַבֵּר אִתּוֹ׃ וּבְנֵי יַעֲקֹב בָּאוּ מִן־הַשָּׂדֶה כְּשָׁמְעָם
וַיִּתְעַצְּבוּ הָאֲנָשִׁים וַיִּחַר לָהֶם מְאֹד כִּי נְבָלָה עָשָׂה בְיִשְׂרָאֵל
ח לִשְׁכַּב אֶת־בַּת־יַעֲקֹב וְכֵן לֹא יֵעָשֶׂה׃ וַיְדַבֵּר חֲמוֹר אִתָּם
לֵאמֹר שְׁכֶם בְּנִי חָשְׁקָה נַפְשׁוֹ בְּבִתְּכֶם תְּנוּ נָא אֹתָהּ לוֹ
ט לְאִשָּׁה׃ וְהִתְחַתְּנוּ אֹתָנוּ בְּנֹתֵיכֶם תִּתְּנוּ־לָנוּ וְאֶת־בְּנֹתֵינוּ
י תִּקְחוּ לָכֶם׃ וְאִתָּנוּ תֵּשֵׁבוּ וְהָאָרֶץ תִּהְיֶה לִפְנֵיכֶם שְׁבוּ וּסְחָרוּהָ
יא וְהֵאָחֲזוּ בָּהּ׃ וַיֹּאמֶר שְׁכֶם אֶל־אָבִיהָ וְאֶל־אַחֶיהָ אֶמְצָא־חֵן

which God has graciously given thy servant. Then the hand- 6
maidens came near, they and their children, and they bowed
themselves. And Le'a also with her children came near, and 7
bowed themselves: and after came Yosef near and Raẖel, and
they bowed themselves. And he said, What meanest thou by 8
all this drove which I met? And he said, These are to find favour
in the sight of my lord. And 'Esav said, I have enough, my bro- 9
ther; keep what thou hast to thyself. And Ya'aqov said, By no 10
means, if now I have found favour in thy sight, then receive my
present at my hand: for truly I have seen thy face, as though I
had seen the face an angel, and thou wast pleased with me.
Take, I pray thee, my blessing that is brought to thee; because 11
God has dealt graciously with me, and because I have enough.
And he urged him, and he took it. And he said, Let us take our 12
journey, and let us go, and I will go before thee. And he said to 13
him, My lord knows that the children are tender, and the flocks
and herds giving suck are a care for me: and if they should over-
drive them one day, all the flock will die. Let my lord, I pray 14
thee, pass over before his servant: and I will lead on slowly,
according to the pace of the cattle that goes before me and the
children, until I come to my lord to Se'ir. And 'Esav said, Let me 15
now leave with thee some of the folk that are with me. And
he said, What need is there? let me find favour in the sight
of my lord. So 'Esav returned that day on his way to Se'ir. 16
And Ya'aqov journeyed to Sukkot, and built him a house, and 17
made booths for his cattle: therefore the name of the place is
called Sukkot. And Ya'aqov came to Shalem, a city of 18
Shekhem, which is in the land of Kena'an, when he came from
Paddan-aram; and pitched his tent before the city. And he 19
bought the piece of land on which he had spread his tent, at
the hand of the children of H̱amor, Shekhem's father, for a
hundred pieces of money. And he erected there an altar, and 20
called it El-elohe-yisra'el. And Dina the daughter of Le'a, **34**
whom she bore to Ya'aqov, went out to see the daughters of the
land. And when Shekhem the son of H̱amor the H̱ivvite, prince 2
of the country, saw her, he took her, and lay with her, and
defiled her. And his soul was drawn to Dina the daughter of 3
Ya'aqov, and he loved the girl, and spoke kindly to the girl.
And Shekhem spoke to his father H̱amor, saying, Get me this 4
child for a wife. And Ya'aqov heard that he had defiled Dina 5
his daughter: now his sons were with his cattle in the field:
and Ya'aqov held his peace until they were come. And H̱amor 6
the father of Shekhem went out to Ya'aqov to speak with him.
And the sons of Ya'aqov came from the field when they heard 7
it: and the men were grieved, and they were very angry, because
he had done a disgraceful thing in Yisra'el in lying with Ya'aqov's
daughter; which thing ought not to be done. And H̱amor spoke 8
with them, saying, The soul of my son Shekhem longs for your
daughter: I pray you give her him to wife. And make marriages 9
with us; give your daughters to us, and take our daughters to
you. And you shall dwell with us: and the land shall be before 10
you; dwell and trade in it, and get property in it. And Shekhem 11
said to her father and to her brethren, Let me find favour in

יב בְּעֵינֵיכֶם וַאֲשֶׁר תֹּאמְרוּ אֵלַי אֶתֵּן: הַרְבּוּ עָלַי מְאֹד מֹהַר
וּמַתָּן וְאֶתְּנָה כַּאֲשֶׁר תֹּאמְרוּ אֵלָי וּתְנוּ־לִי אֶת־הַנַּעֲרָ לְאִשָּׁה:
יג וַיַּעֲנוּ בְנֵי־יַעֲקֹב אֶת־שְׁכֶם וְאֶת־חֲמוֹר אָבִיו בְּמִרְמָה וַיְדַבֵּרוּ
יד אֲשֶׁר טִמֵּא אֵת דִּינָה אֲחֹתָם: וַיֹּאמְרוּ אֲלֵיהֶם לֹא נוּכַל לַעֲשׂוֹת
הַדָּבָר הַזֶּה לָתֵת אֶת־אֲחֹתֵנוּ לְאִישׁ אֲשֶׁר־לוֹ עָרְלָה כִּי־
טו חֶרְפָּה הִוא לָנוּ: אַךְ־בְּזֹאת נֵאוֹת לָכֶם אִם תִּהְיוּ כָמֹנוּ
טז לְהִמֹּל לָכֶם כָּל־זָכָר: וְנָתַנּוּ אֶת־בְּנֹתֵינוּ לָכֶם וְאֶת־בְּנֹתֵיכֶם
יז נִקַּח־לָנוּ וְיָשַׁבְנוּ אִתְּכֶם וְהָיִינוּ לְעַם אֶחָד: וְאִם־לֹא תִשְׁמְעוּ
יח אֵלֵינוּ לְהִמּוֹל וְלָקַחְנוּ אֶת־בִּתֵּנוּ וְהָלָכְנוּ: וַיִּיטְבוּ דִבְרֵיהֶם
יט בְּעֵינֵי חֲמוֹר וּבְעֵינֵי שְׁכֶם בֶּן־חֲמוֹר: וְלֹא־אֵחַר הַנַּעַר לַעֲשׂוֹת
כ הַדָּבָר כִּי חָפֵץ בְּבַת־יַעֲקֹב וְהוּא נִכְבָּד מִכֹּל בֵּית אָבִיו: וַיָּבֹא
חֲמוֹר וּשְׁכֶם בְּנוֹ אֶל־שַׁעַר עִירָם וַיְדַבְּרוּ אֶל־אַנְשֵׁי עִירָם
כא לֵאמֹר: הָאֲנָשִׁים הָאֵלֶּה שְׁלֵמִים הֵם אִתָּנוּ וְיֵשְׁבוּ בָאָרֶץ
וְיִסְחֲרוּ אֹתָהּ וְהָאָרֶץ הִנֵּה רַחֲבַת־יָדַיִם לִפְנֵיהֶם אֶת־בְּנֹתָם
כב נִקַּח־לָנוּ לְנָשִׁים וְאֶת־בְּנֹתֵינוּ נִתֵּן לָהֶם: אַךְ־בְּזֹאת יֵאֹתוּ
לָנוּ הָאֲנָשִׁים לָשֶׁבֶת אִתָּנוּ לִהְיוֹת לְעַם אֶחָד בְּהִמּוֹל לָנוּ כָּל־
כג זָכָר כַּאֲשֶׁר הֵם נִמֹּלִים: מִקְנֵהֶם וְקִנְיָנָם וְכָל־בְּהֶמְתָּם הֲלוֹא
כד לָנוּ הֵם אַךְ נֵאוֹתָה לָהֶם וְיֵשְׁבוּ אִתָּנוּ: וַיִּשְׁמְעוּ אֶל־חֲמוֹר
וְאֶל־שְׁכֶם בְּנוֹ כָּל־יֹצְאֵי שַׁעַר עִירוֹ וַיִּמֹּלוּ כָּל־זָכָר כָּל־יֹצְאֵי
כה שַׁעַר עִירוֹ: וַיְהִי בַיּוֹם הַשְּׁלִישִׁי בִּהְיוֹתָם כֹּאֲבִים וַיִּקְחוּ שְׁנֵי־
בְנֵי־יַעֲקֹב שִׁמְעוֹן וְלֵוִי אֲחֵי דִינָה אִישׁ חַרְבּוֹ וַיָּבֹאוּ עַל־הָעִיר
כו בֶּטַח וַיַּהַרְגוּ כָּל־זָכָר: וְאֶת־חֲמוֹר וְאֶת־שְׁכֶם בְּנוֹ הָרְגוּ לְפִי־
כז חָרֶב וַיִּקְחוּ אֶת־דִּינָה מִבֵּית שְׁכֶם וַיֵּצֵאוּ: בְּנֵי יַעֲקֹב בָּאוּ
כח עַל־הַחֲלָלִים וַיָּבֹזּוּ הָעִיר אֲשֶׁר טִמְּאוּ אֲחוֹתָם: אֶת־צֹאנָם
וְאֶת־בְּקָרָם וְאֶת־חֲמֹרֵיהֶם וְאֵת אֲשֶׁר־בָּעִיר וְאֶת־אֲשֶׁר בַּשָּׂדֶה
כט לָקָחוּ: וְאֶת־כָּל־חֵילָם וְאֶת־כָּל־טַפָּם וְאֶת־נְשֵׁיהֶם שָׁבוּ וַיָּבֹזּוּ
ל וְאֵת כָּל־אֲשֶׁר בַּבָּיִת: וַיֹּאמֶר יַעֲקֹב אֶל־שִׁמְעוֹן וְאֶל־לֵוִי
עֲכַרְתֶּם אֹתִי לְהַבְאִישֵׁנִי בְּיֹשֵׁב הָאָרֶץ בַּכְּנַעֲנִי וּבַפְּרִזִּי וַאֲנִי
לא מְתֵי מִסְפָּר וְנֶאֶסְפוּ עָלַי וְהִכּוּנִי וְנִשְׁמַדְתִּי אֲנִי וּבֵיתִי: וַיֹּאמְרוּ
הַכְזוֹנָה יַעֲשֶׂה אֶת־אֲחוֹתֵנוּ:
לה א וַיֹּאמֶר אֱלֹהִים אֶל־יַעֲקֹב קוּם עֲלֵה בֵית־אֵל וְשֶׁב־שָׁם וַעֲשֵׂה־
שָׁם מִזְבֵּחַ לָאֵל הַנִּרְאֶה אֵלֶיךָ בְּבָרְחֲךָ מִפְּנֵי עֵשָׂו אָחִיךָ:
ב וַיֹּאמֶר יַעֲקֹב אֶל־בֵּיתוֹ וְאֶל כָּל־אֲשֶׁר עִמּוֹ הָסִרוּ אֶת־אֱלֹהֵי
ג הַנֵּכָר אֲשֶׁר בְּתֹכְכֶם וְהִטַּהֲרוּ וְהַחֲלִיפוּ שִׂמְלֹתֵיכֶם: וְנָקוּמָה
וְנַעֲלֶה בֵּית־אֵל וְאֶעֱשֶׂה־שָּׁם מִזְבֵּחַ לָאֵל הָעֹנֶה אֹתִי בְּיוֹם

your eyes, and what you shall say to me I will give. Ask me   12
never so much dowry and gift, and I will give according as you
shall say to me: but give me the girl for a wife. And the sons   13
of Ya'aqov answered Shekhem and Hamor his father with cun-
ning, because he had defiled Dina their sister, and they spoke:
and they said to them, We cannot do this thing, to give our   14
sister to one that is uncircumcised; for that would be a reproach
to us: but in this will we consent to you: If you will be as we   15
are, that every male of you be circumcised; then will we give our   16
daughters to you, and we will take your daughters to us, and we
will dwell with you, and we will become one people. But if you   17
will not hearken to us, to be circumcised; then will we take our
daughter, and we will be gone. And their words pleased Hamor,   18
and Shekhem, Hamor's son. And the young man did not delay   19
to do the thing, because he had delight in Ya'aqov's daughter:
and he was the most honoured of all the house of his father.
And Hamor and Shekhem his son came to the gate of their city,   20
and spoke with the men of their city, saying, These men are   21
peaceable with us; therefore let them dwell in the land, and
trade in it; for the land, behold, it is large enough for them;
let us take their daughters to us for wives, and let us give them
our daughters. Only on this condition will the men consent to   22
us to dwell with us, to be one people, if every male among us
be circumcised, as they are circumcised. Shall not their cattle   23
and their substance and every beast of theirs be ours? only let
us consent to them, and they will dwell with us. And to Hamor   24
and to Shekhem his son all that went out of the gate of his city
hearkened; and every male was circumcised, all that went out
of the gate of his city. And it came to pass on the third day,   25
when they were in pain, that two of the sons of Ya'aqov, Shim'on
and Levi, Dina's brethren, took each man his sword, and came
upon the city unresisted, and slew all the males. And they slew   26
Hamor and Shekhem his son with the edge of the sword, and took
Dina out of Shekhem's house, and went out. The sons of Ya'aqov   27
came upon the slain, and plundered the city, because they had
defiled their sister. They took their sheep, and their oxen, and   28
their asses, and that which was in the city, and that which was
in the field, and all their wealth, and all their little ones, and   29
their wives they took captive, and plundered all that was in the
house. And Ya'aqov said to Shim'on and Levi, You have brought   30
trouble on me to make me odious among the inhabitants of the
land, among the Kena'ani and the Perizzi; and I being few in
number, they shall gather themselves together against me, and
slay me; and I shall be destroyed, I and my house. But they said,   31
Should he deal with our sister as with a harlot?
And GOD said to Ya'aqov, Arise, go up to Bet-el, and dwell there: **35**
and make there an altar to GOD, who appeared to thee when
thou didst flee from the face of 'Esav thy brother. Then Ya'aqov   2
said to his household, and to all that were with him, Put away
the strange gods that are among you, and make yourselves clean,
and change your garments: and let us arise, and go up to Bet-   3
el; and I will make there an altar to GOD, who answers me
in the day of my distress, and was with me in the way on which

צָרָתִי וַיְהִי עִמָּדִי בַּדֶּרֶךְ אֲשֶׁר הָלָכְתִּי: וַיִּתְּנוּ אֶל־יַעֲקֹב אֵת ד
כָּל־אֱלֹהֵי הַנֵּכָר אֲשֶׁר בְּיָדָם וְאֶת־הַנְּזָמִים אֲשֶׁר בְּאָזְנֵיהֶם
וַיִּטְמֹן אֹתָם יַעֲקֹב תַּחַת הָאֵלָה אֲשֶׁר עִם־שְׁכֶם: וַיִּסָּעוּ וַיְהִי ה
חִתַּת אֱלֹהִים עַל־הֶעָרִים אֲשֶׁר סְבִיבוֹתֵיהֶם וְלֹא רָדְפוּ אַחֲרֵי
בְּנֵי יַעֲקֹב: וַיָּבֹא יַעֲקֹב לוּזָה אֲשֶׁר בְּאֶרֶץ כְּנַעַן הִוא בֵּית־אֵל ו
הוּא וְכָל־הָעָם אֲשֶׁר־עִמּוֹ: וַיִּבֶן שָׁם מִזְבֵּחַ וַיִּקְרָא לַמָּקוֹם אֵל ז
בֵּית־אֵל כִּי שָׁם נִגְלוּ אֵלָיו הָאֱלֹהִים בְּבָרְחוֹ מִפְּנֵי אָחִיו: וַתָּמָת ח
דְּבֹרָה מֵינֶקֶת רִבְקָה וַתִּקָּבֵר מִתַּחַת לְבֵית־אֵל תַּחַת הָאַלּוֹן
וַיִּקְרָא שְׁמוֹ אַלּוֹן בָּכוּת:

לב וַיֵּרָא אֱלֹהִים אֶל־יַעֲקֹב עוֹד בְּבֹאוֹ מִפַּדַּן אֲרָם וַיְבָרֶךְ אֹתוֹ: ט
וַיֹּאמֶר־לוֹ אֱלֹהִים שִׁמְךָ יַעֲקֹב לֹא־יִקָּרֵא שִׁמְךָ עוֹד יַעֲקֹב כִּי י
אִם־יִשְׂרָאֵל יִהְיֶה שְׁמֶךָ וַיִּקְרָא אֶת־שְׁמוֹ יִשְׂרָאֵל: וַיֹּאמֶר לוֹ יא
אֱלֹהִים אֲנִי אֵל שַׁדַּי פְּרֵה וּרְבֵה גּוֹי וּקְהַל גּוֹיִם יִהְיֶה מִמֶּךָּ
ששי וּמְלָכִים מֵחֲלָצֶיךָ יֵצֵאוּ: וְאֶת־הָאָרֶץ אֲשֶׁר נָתַתִּי לְאַבְרָהָם יב
וּלְיִצְחָק לְךָ אֶתְּנֶנָּה וּלְזַרְעֲךָ אַחֲרֶיךָ אֶתֵּן אֶת־הָאָרֶץ: וַיַּעַל יג
מֵעָלָיו אֱלֹהִים בַּמָּקוֹם אֲשֶׁר־דִּבֶּר אִתּוֹ: וַיַּצֵּב יַעֲקֹב מַצֵּבָה יד
בַּמָּקוֹם אֲשֶׁר־דִּבֶּר אִתּוֹ מַצֶּבֶת אָבֶן וַיַּסֵּךְ עָלֶיהָ נֶסֶךְ וַיִּצֹק
עָלֶיהָ שָׁמֶן: וַיִּקְרָא יַעֲקֹב אֶת־שֵׁם הַמָּקוֹם אֲשֶׁר דִּבֶּר אִתּוֹ טו
שָׁם אֱלֹהִים בֵּית־אֵל: וַיִּסְעוּ מִבֵּית אֵל וַיְהִי־עוֹד כִּבְרַת־הָאָרֶץ טז
לָבוֹא אֶפְרָתָה וַתֵּלֶד רָחֵל וַתְּקַשׁ בְּלִדְתָּהּ: וַיְהִי בְהַקְשֹׁתָהּ יז
בְּלִדְתָּהּ וַתֹּאמֶר לָהּ הַמְיַלֶּדֶת אַל־תִּירְאִי כִּי־גַם־זֶה לָךְ בֵּן:
וַיְהִי בְּצֵאת נַפְשָׁהּ כִּי מֵתָה וַתִּקְרָא שְׁמוֹ בֶּן־אוֹנִי וְאָבִיו קָרָא־ יח
לוֹ בִנְיָמִין: וַתָּמָת רָחֵל וַתִּקָּבֵר בְּדֶרֶךְ אֶפְרָתָה הִוא בֵּית לָחֶם: יט
וַיַּצֵּב יַעֲקֹב מַצֵּבָה עַל־קְבֻרָתָהּ הִוא מַצֶּבֶת קְבֻרַת־רָחֵל עַד־ כ
הַיּוֹם: וַיִּסַּע יִשְׂרָאֵל וַיֵּט אָהֳלֹה מֵהָלְאָה לְמִגְדַּל־עֵדֶר: וַיְהִי כא כב
בִּשְׁכֹּן יִשְׂרָאֵל בָּאָרֶץ הַהִוא וַיֵּלֶךְ רְאוּבֵן וַיִּשְׁכַּב אֶת־בִּלְהָה
פִּילֶגֶשׁ אָבִיו וַיִּשְׁמַע יִשְׂרָאֵל

וַיִּהְיוּ בְנֵי־יַעֲקֹב שְׁנֵים עָשָׂר: בְּנֵי לֵאָה בְּכוֹר יַעֲקֹב רְאוּבֵן כג
וְשִׁמְעוֹן וְלֵוִי וִיהוּדָה וְיִשָּׂשכָר וּזְבוּלֻן: בְּנֵי רָחֵל יוֹסֵף וּבִנְיָמִן: כד
וּבְנֵי בִלְהָה שִׁפְחַת רָחֵל דָּן וְנַפְתָּלִי: וּבְנֵי זִלְפָּה שִׁפְחַת לֵאָה כה כו
גָּד וְאָשֵׁר אֵלֶּה בְּנֵי יַעֲקֹב אֲשֶׁר יֻלַּד־לוֹ בְּפַדַּן אֲרָם: וַיָּבֹא יַעֲקֹב כז
אֶל־יִצְחָק אָבִיו מַמְרֵא קִרְיַת הָאַרְבַּע הִוא חֶבְרוֹן אֲשֶׁר־גָּר־
שָׁם אַבְרָהָם וְיִצְחָק: וַיִּהְיוּ יְמֵי יִצְחָק מְאַת שָׁנָה וּשְׁמֹנִים שָׁנָה: כח
וַיִּגְוַע יִצְחָק וַיָּמָת וַיֵּאָסֶף אֶל־עַמָּיו זָקֵן וּשְׂבַע יָמִים וַיִּקְבְּרוּ כט
אֹתוֹ עֵשָׂו וְיַעֲקֹב בָּנָיו:

וְאֵלֶּה תֹּלְדוֹת עֵשָׂו הוּא אֱדוֹם: עֵשָׂו לָקַח אֶת־נָשָׁיו מִבְּנוֹת לו א ב

I went. And they gave to Ya'aqov all the strange gods which 4
were in their hand, and all their earrings which were in their
ears; and Ya'aqov hid them under the oak which was by She-
khem. And they journeyed: and the terror of God was upon the 5
cities that were round about them, and they did not pursue after
the sons of Ya'aqov. So Ya'aqov came to Luz, which is in the 6
land of Kena'an, that is, Bet-el, he and all the people that were
with him. And he built there an altar, and called the place El- 7
bet-el: because there God appeared to him, when he fled from
the face of his brother. And Devora, Rivqa's nurse died, and she 8
was buried beneath Bet-el under an oak: and the name of it
was called Allon-bakhut.
And God appeared to Ya'aqov again, when he came out of 9
Paddan-aram, and blessed him. And God said to him, Thy name 10
Ya'aqov: thy name shall not be called any more Ya'aqov, but
Yisra'el shall be thy name: and he called his name Yisra'el.
And God said to him, I am God Almighty: be fruitful and mul- 11
tiply; a nation and a company of nations shall be of thee, and
kings shall come out of thy loins; and the land which I gave to 12
Avraham and Yiz̲haq, to thee I will give it, and to thy seed after
thee will I give the land. And God went up from him in the place 13
where he talked with him. And Ya'aqov set up a pillar in the 14
place where he talked with him, a pillar of stone: and he poured
a drink offering on it, and he poured oil on it. And Ya'aqov 15
called the name of the place where God had spoken with him,
Bet-el. And they journeyed from Bet-el; and there was but a 16
little way to come to Efrat: and Rah̲el travailed, and she had
hard labour. And it came to pass, when she was in hard labour, 17
that the midwife said to her, Fear not; thou shalt have this
son also. And it came to pass, as her soul was departing (for 18
she died), that she called his name Ben-oni: but his father
called him Binyamin. And Rah̲el died, and was buried in the 19
way to Efrat, which is Bet-leh̲em. And Ya'aqov set a pillar upon 20
her grave: that is the pillar of Rah̲el's grave to this day. And 21
Yisra'el journeyed, and pitched his tent beyond the tower of
'Eder. And it came to pass, when Yisra'el dwelt in that land, 22
that Re'uven went and lay with Bilha his father's concubine:
and Yisra'el heard of it.
Now the sons of Ya'aqov were twelve: the sons of Le'a; Re'u- 23
ven, Ya'aqov's first-born, and Shim'on and Levi, and Yehuda,
and Yissakhar and Zevulun. The sons of Rah̲el; Yosef and 24
Binyamin. And the sons of Bilha, Rah̲el's handmaid; Dan, and 25
Naftali. And the sons of Zilpa, Le'a's handmaid; Gad, and 26
Asher: these are the sons of Ya'aqov who were born to him in
Paddan-aram. And Ya'aqov came to Yiz̲haq his father to Mamre, 27
to the city of Arba, which is H̲evron, where Avraham and Yiz̲haq
sojourned. And the days of Yiz̲haq were a hundred and eighty 28
years. And Yiz̲haq expired, and died, and was gathered to his 29
people, being old and full of days: and his sons 'Esav and
Ya'aqov buried him. **36**
Now these are the generations of 'Esav, who is Edom. 'Esav 1,2
took his wives of the daughters of Kena'an; 'Ada the daughter of

כְּנַעַן אֶת־עָדָה בַּת־אֵילוֹן הַחִתִּי וְאֶת־אָהֳלִיבָמָה בַּת־עֲנָה

בַּת־צִבְעוֹן הַחִוִּי: וְאֶת־בָּשְׂמַת בַּת־יִשְׁמָעֵאל אֲחוֹת נְבָיוֹת: ג

וַתֵּלֶד עָדָה לְעֵשָׂו אֶת־אֱלִיפָז וּבָשְׂמַת יָלְדָה אֶת־רְעוּאֵל: ד

וְאָהֳלִיבָמָה יָלְדָה אֶת־יְעִישׁ וְאֶת־יַעְלָם וְאֶת־קֹרַח אֵלֶּה בְּנֵי   ה

עֵשָׂו אֲשֶׁר יֻלְּדוּ־לוֹ בְּאֶרֶץ כְּנָעַן: וַיִּקַּח עֵשָׂו אֶת־נָשָׁיו וְאֶת־   ו

בָּנָיו וְאֶת־בְּנֹתָיו וְאֶת־כָּל־נַפְשׁוֹת בֵּיתוֹ וְאֶת־מִקְנֵהוּ וְאֶת־

כָּל־בְּהֶמְתּוֹ וְאֵת כָּל־קִנְיָנוֹ אֲשֶׁר רָכַשׁ בְּאֶרֶץ כְּנָעַן וַיֵּלֶךְ אֶל־

אֶרֶץ מִפְּנֵי יַעֲקֹב אָחִיו: כִּי־הָיָה רְכוּשָׁם רָב מִשֶּׁבֶת יַחְדָּו וְלֹא   ז

יָכְלָה אֶרֶץ מְגוּרֵיהֶם לָשֵׂאת אֹתָם מִפְּנֵי מִקְנֵיהֶם: וַיֵּשֶׁב עֵשָׂו   ח

בְּהַר שֵׂעִיר עֵשָׂו הוּא אֱדוֹם: וְאֵלֶּה תֹּלְדוֹת עֵשָׂו אֲבִי אֱדוֹם   ט

בְּהַר שֵׂעִיר: אֵלֶּה שְׁמוֹת בְּנֵי־עֵשָׂו אֱלִיפַז בֶּן־עָדָה אֵשֶׁת עֵשָׂו   י

רְעוּאֵל בֶּן־בָּשְׂמַת אֵשֶׁת עֵשָׂו: וַיִּהְיוּ בְּנֵי אֱלִיפָז תֵּימָן אוֹמָר   יא

צְפוֹ וְגַעְתָּם וּקְנַז: וְתִמְנַע ׀ הָיְתָה פִילֶגֶשׁ לֶאֱלִיפַז בֶּן־עֵשָׂו   יב

וַתֵּלֶד לֶאֱלִיפַז אֶת־עֲמָלֵק אֵלֶּה בְּנֵי עָדָה אֵשֶׁת עֵשָׂו: וְאֵלֶּה   יג

בְּנֵי רְעוּאֵל נַחַת וָזֶרַח שַׁמָּה וּמִזָּה אֵלֶּה הָיוּ בְּנֵי בָשְׂמַת אֵשֶׁת

עֵשָׂו: וְאֵלֶּה הָיוּ בְּנֵי אָהֳלִיבָמָה בַת־עֲנָה בַּת־צִבְעוֹן אֵשֶׁת   יד

עֵשָׂו וַתֵּלֶד לְעֵשָׂו אֶת־יְעִישׁ וְאֶת־יַעְלָם וְאֶת־קֹרַח: אֵלֶּה   טו

אַלּוּפֵי בְנֵי־עֵשָׂו בְּנֵי אֱלִיפַז בְּכוֹר עֵשָׂו אַלּוּף תֵּימָן אַלּוּף אוֹמָר

אַלּוּף צְפוֹ אַלּוּף קְנַז: אַלּוּף־קֹרַח אַלּוּף גַּעְתָּם אַלּוּף עֲמָלֵק   טז

אֵלֶּה אַלּוּפֵי אֱלִיפַז בְּאֶרֶץ אֱדוֹם אֵלֶּה בְּנֵי עָדָה: וְאֵלֶּה בְּנֵי   יז

רְעוּאֵל בֶּן־עֵשָׂו אַלּוּף נַחַת אַלּוּף זֶרַח אַלּוּף שַׁמָּה אַלּוּף מִזָּה

אֵלֶּה אַלּוּפֵי רְעוּאֵל בְּאֶרֶץ אֱדוֹם אֵלֶּה בְּנֵי בָשְׂמַת אֵשֶׁת עֵשָׂו:

וְאֵלֶּה בְּנֵי אָהֳלִיבָמָה אֵשֶׁת עֵשָׂו אַלּוּף יְעוּשׁ אַלּוּף יַעְלָם אַלּוּף   יח

קֹרַח אֵלֶּה אַלּוּפֵי אָהֳלִיבָמָה בַּת־עֲנָה אֵשֶׁת עֵשָׂו: אֵלֶּה בְנֵי־   יט

עֵשָׂו וְאֵלֶּה אַלּוּפֵיהֶם הוּא אֱדוֹם: אֵלֶּה בְנֵי־   כ

שֵׂעִיר הַחֹרִי יֹשְׁבֵי הָאָרֶץ לוֹטָן וְשׁוֹבָל וְצִבְעוֹן וַעֲנָה: וְדִשׁוֹן   כא

וְאֵצֶר וְדִישָׁן אֵלֶּה אַלּוּפֵי הַחֹרִי בְּנֵי שֵׂעִיר בְּאֶרֶץ אֱדוֹם: וַיִּהְיוּ   כב

בְנֵי־לוֹטָן חֹרִי וְהֵימָם וַאֲחוֹת לוֹטָן תִּמְנָע: וְאֵלֶּה בְּנֵי שׁוֹבָל   כג

עַלְוָן וּמָנַחַת וְעֵיבָל שְׁפוֹ וְאוֹנָם: וְאֵלֶּה בְנֵי־צִבְעוֹן וְאַיָּה וַעֲנָה   כד

הוּא עֲנָה אֲשֶׁר מָצָא אֶת־הַיֵּמִם בַּמִּדְבָּר בִּרְעֹתוֹ אֶת־הַחֲמֹרִים

לְצִבְעוֹן אָבִיו: וְאֵלֶּה בְנֵי־עֲנָה דִּשֹׁן וְאָהֳלִיבָמָה בַּת־עֲנָה: כה

וְאֵלֶּה בְּנֵי דִישָׁן חֶמְדָּן וְאֶשְׁבָּן וְיִתְרָן וּכְרָן: אֵלֶּה בְּנֵי־אֵצֶר   כו כז

בִּלְהָן וְזַעֲוָן וַעֲקָן: אֵלֶּה בְנֵי־דִישָׁן עוּץ וַאֲרָן: אֵלֶּה אַלּוּפֵי   כח כט

הַחֹרִי אַלּוּף לוֹטָן אַלּוּף שׁוֹבָל אַלּוּף צִבְעוֹן אַלּוּף עֲנָה: אַלּוּף   ל

דִּשֹׁן אַלּוּף אֵצֶר אַלּוּף דִּישָׁן אֵלֶּה אַלּוּפֵי הַחֹרִי לְאַלֻּפֵיהֶם

בְּאֶרֶץ שֵׂעִיר:

Elon the H̲ittite, and Aholivama, daughter of ‘Ana, daughter of
Z̲iv‘on the H̲ivvite; and Basemat, daughter of Yishma‘el, sister 3
of Nevayot. And ‘Ada bore to ‘Esav Elifaz; and Basemat bore 4
Re‘u’el; and Aholivama bore Ye‘ush and Ya‘lam, and Qorah̲: 5
these were the sons of ‘Esav who were born to him in the land
of Kena‘an. And ‘Esav took his wives, and his sons, and his 6
daughters, and all the persons of his house, and his cattle, and
all his beasts, and all his substance, which he had acquired in
the land of Kena‘an; and went into another country away from
his brother Ya‘aqov. For their property was too great for them 7
to dwell together; and the land in which they sojourned could
not bear them because of their cattle. Thus dwelt ‘Esav in mount 8
Se‘ir: ‘Esav is Edom. And these are the generations of ‘Esav the 9
father of Edom in mount Se‘ir: these are the names of ‘Esav’s 10
sons; Elifaz the son of ‘Ada the wife of ‘Esav, Re‘u’el the son
of Basemat the wife of ‘Esav. And the sons of Elifaz were Teman, 11
Omar, Z̲efo, and Ga‘tam, and Qenaz. And Timna was concubine 12
to Elifaz ‘Esav’s son; and she bore to Elifaz ‘Amaleq; these were
the sons of ‘Ada ‘Esav’s wife. And these are the sons of Re‘u’el; 13
Nah̲at, and Zerah̲, Shamma, and Mizza: these were the sons of
Basemat ‘Esav’s wife. And these were the sons of Aholivama, 14
the daughter of ‘Ana the daughter of Z̲iv‘on, ‘Esav’s wife: and
she bore to ‘Esav Ye‘ush, and Ya‘lam, and Qorah̲. These were 15
the chiefs of the sons of ‘Esav: the sons of Elifaz the firstborn
son of ‘Esav; the chief Teman, the chief Omar, the chief Z̲efo,
the chief Qenaz, the chief Qorah̲, the chief Ga‘tam, the chief 16
‘Amaleq: these are the chiefs of Elifaz in the land of Edom;
these were the sons of ‘Ada. And these are the sons of Re‘u’el 17
‘Esav’s son; the chief Nah̲at, the chief Zerah̲, the chief Shamma,
the chief Mizza: these are the chiefs that came of Re‘u’el in the
land of Edom; these are the sons of Basemat ‘Esav’s wife. And 18
these are the sons of Aholivama ‘Esav’s wife; the chief Ye‘ush,
the chief Ya‘lam, the chief Qorah̲: these were the chiefs that
came of Aholivama the daughter of ‘Ana, ‘Esav’s wife. These are 19
the sons of ‘Esav, who is Edom, and these are their chiefs.

These are the sons of Se‘ir the H̲orian who inhabited the 20
land; Lotan, and Shoval, and Z̲iv‘on and ‘Ana. And Dishon, and 21
Ez̲er, and Dishan: these are the chiefs of the H̲ori, the children
of Se‘ir in the land of Edom. And the children of Lotan were 22
H̲ori and Hemam; and Lotan’s sister was Timna. And the child- 23
ren of Shoval were these; ‘Alevan, and Manah̲at, and ‘Eval,
Shefo, and Onam. And these are the children of Z̲iv‘on; both 24
Ayya, and ‘Ana: this was that ‘Ana that found the hot springs
in the wilderness, as he fed the asses of Z̲iv‘on his father. And 25
the children of ‘Ana were these; Dishon, and Aholivama the
daughter of ‘Ana. And these are the children of Dishan; H̲emdan, 26
and Eshban, and Yitran, and Keran. The children of Ez̲er are 27
these; Bilhan, and Za‘avan, and ‘Aqan. The children of Dishan 28
are these; Uz̲, and Aran. These are the chiefs that came of the 29
H̲ori: the chief Lotan, the chief Shoval, the chief Z̲iv‘on, the 30
chief ‘Ana, the chief Dishon, the chief Ez̲er, the chief Dishan:
these are the chiefs that came of the H̲ori, according to their
chiefs in the land of Se‘ir.

לא וְאֵ֣לֶּה הַמְּלָכִ֔ים אֲשֶׁ֥ר מָלְכ֖וּ בְּאֶ֣רֶץ אֱד֑וֹם לִפְנֵ֥י מְלָךְ־מֶ֖לֶךְ
לב לִבְנֵ֥י יִשְׂרָאֵֽל׃ וַיִּמְלֹ֣ךְ בֶּאֱד֔וֹם בֶּ֖לַע בֶּן־בְּע֑וֹר וְשֵׁ֥ם עִיר֖וֹ דִּנְהָֽבָה׃
לג לד וַיָּ֖מָת בָּ֑לַע וַיִּמְלֹ֣ךְ תַּחְתָּ֔יו יוֹבָ֥ב בֶּן־זֶ֖רַח מִבָּצְרָֽה׃ וַיָּ֖מָת יוֹבָ֑ב
לה וַיִּמְלֹ֣ךְ תַּחְתָּ֔יו חֻשָׁ֖ם מֵאֶ֥רֶץ הַתֵּימָנִֽי׃ וַיָּ֖מָת חֻשָׁ֑ם וַיִּמְלֹ֣ךְ תַּחְתָּ֗יו
הֲדַ֤ד בֶּן־בְּדַד֙ הַמַּכֶּ֤ה אֶת־מִדְיָן֙ בִּשְׂדֵ֣ה מוֹאָ֔ב וְשֵׁ֥ם עִיר֖וֹ עֲוִֽית׃
לו לז וַיָּ֖מָת הֲדָ֑ד וַיִּמְלֹ֣ךְ תַּחְתָּ֔יו שַׂמְלָ֖ה מִמַּשְׂרֵקָֽה׃ וַיָּ֖מָת שַׂמְלָ֑ה
לח וַיִּמְלֹ֣ךְ תַּחְתָּ֔יו שָׁא֖וּל מֵרְחֹב֥וֹת הַנָּהָֽר׃ וַיָּ֖מָת שָׁא֑וּל וַיִּמְלֹ֣ךְ
לט תַּחְתָּ֔יו בַּ֥עַל חָנָ֖ן בֶּן־עַכְבּֽוֹר׃ וַיָּ֘מָת֮ בַּ֣עַל חָנָ֣ן בֶּן־עַכְבּוֹר֒ וַיִּמְלֹ֣ךְ
תַּחְתָּיו֙ הֲדַ֔ר וְשֵׁ֥ם עִיר֖וֹ פָּ֑עוּ וְשֵׁ֨ם אִשְׁתּ֤וֹ מְהֵֽיטַבְאֵל֙ בַּת־
מפטיר מ מַטְרֵ֔ד בַּ֖ת מֵ֥י זָהָֽב׃ וְאֵ֨לֶּה שְׁמ֜וֹת אַלּוּפֵ֤י עֵשָׂו֙ לְמִשְׁפְּחֹתָ֔ם
לִמְקֹמֹתָ֖ם בִּשְׁמֹתָ֑ם אַלּ֥וּף תִּמְנָ֛ע אַלּ֥וּף עַֽלְוָ֖ה אַלּ֥וּף יְתֵֽת׃
מא מב אַלּ֧וּף אָהֳלִיבָמָ֛ה אַלּ֥וּף אֵלָ֖ה אַלּ֥וּף פִּינֹֽן׃ אַלּ֥וּף קְנַ֛ז אַלּ֥וּף תֵּימָ֖ן
מג אַלּ֥וּף מִבְצָֽר׃ אַלּ֥וּף מַגְדִּיאֵ֖ל אַלּ֣וּף עִירָ֑ם אֵ֣לֶּה ׀ אַלּוּפֵ֣י אֱד֗וֹם
לְמֹֽשְׁבֹתָם֙ בְּאֶ֣רֶץ אֲחֻזָּתָ֔ם ה֖וּא עֵשָׂ֥ו אֲבִ֥י אֱדֽוֹם׃
וישב לג לז א ב וַיֵּ֣שֶׁב יַעֲקֹ֔ב בְּאֶ֖רֶץ מְגוּרֵ֣י אָבִ֑יו בְּאֶ֖רֶץ כְּנָֽעַן׃ אֵ֣לֶּה ׀ תֹּלְד֣וֹת
יַעֲקֹ֗ב יוֹסֵ֞ף בֶּן־שְׁבַֽע־עֶשְׂרֵ֤ה שָׁנָה֙ הָיָ֨ה רֹעֶ֤ה אֶת־אֶחָיו֙ בַּצֹּ֔אן
וְה֣וּא נַ֗עַר אֶת־בְּנֵ֥י בִלְהָ֛ה וְאֶת־בְּנֵ֥י זִלְפָּ֖ה נְשֵׁ֣י אָבִ֑יו וַיָּבֵ֥א
ג יוֹסֵ֛ף אֶת־דִּבָּתָ֥ם רָעָ֖ה אֶל־אֲבִיהֶֽם׃ וְיִשְׂרָאֵ֗ל אָהַ֤ב אֶת־יוֹסֵף֙
ד מִכָּל־בָּנָ֔יו כִּֽי־בֶן־זְקֻנִ֥ים ה֖וּא ל֑וֹ וְעָ֥שָׂה ל֖וֹ כְּתֹ֥נֶת פַּסִּֽים׃ וַיִּרְא֣וּ
אֶחָ֗יו כִּֽי־אֹת֞וֹ אָהַ֤ב אֲבִיהֶם֙ מִכָּל־אֶחָ֔יו וַֽיִּשְׂנְא֖וּ אֹת֑וֹ וְלֹ֥א
ה יָכְל֖וּ דַּבְּר֥וֹ לְשָׁלֹֽם׃ וַיַּחֲלֹ֤ם יוֹסֵף֙ חֲל֔וֹם וַיַּגֵּ֖ד לְאֶחָ֑יו וַיּוֹסִ֥פוּ
ו ע֖וֹד שְׂנֹ֥א אֹתֽוֹ׃ וַיֹּ֖אמֶר אֲלֵיהֶ֑ם שִׁמְעוּ־נָ֕א הַחֲל֥וֹם הַזֶּ֖ה אֲשֶׁ֥ר
ז חָלָֽמְתִּי׃ וְהִנֵּ֨ה אֲנַ֜חְנוּ מְאַלְּמִ֤ים אֲלֻמִּים֙ בְּת֣וֹךְ הַשָּׂדֶ֔ה וְהִנֵּ֛ה
קָ֥מָה אֲלֻמָּתִ֖י וְגַם־נִצָּ֑בָה וְהִנֵּ֤ה תְסֻבֶּ֨ינָה֙ אֲלֻמֹּ֣תֵיכֶ֔ם וַתִּֽשְׁתַּחֲוֶ֖יןָ
ח לַאֲלֻמָּתִֽי׃ וַיֹּ֤אמְרוּ לוֹ֙ אֶחָ֔יו הֲמָלֹ֤ךְ תִּמְלֹךְ֙ עָלֵ֔ינוּ אִם־מָשׁ֥וֹל
תִּמְשֹׁ֖ל בָּ֑נוּ וַיּוֹסִ֤פוּ עוֹד֙ שְׂנֹ֣א אֹת֔וֹ עַל־חֲלֹמֹתָ֖יו וְעַל־דְּבָרָֽיו׃
ט וַיַּחֲלֹ֥ם עוֹד֙ חֲל֣וֹם אַחֵ֔ר וַיְסַפֵּ֥ר אֹת֖וֹ לְאֶחָ֑יו וַיֹּ֗אמֶר הִנֵּ֨ה חָלַ֤מְתִּֽי
חֲלוֹם֙ ע֔וֹד וְהִנֵּ֧ה הַשֶּׁ֣מֶשׁ וְהַיָּרֵ֗חַ וְאַחַ֤ד עָשָׂר֙ כּֽוֹכָבִ֔ים מִֽשְׁתַּחֲוִ֖ים
י לִֽי׃ וַיְסַפֵּ֣ר אֶל־אָבִיו֮ וְאֶל־אֶחָיו֒ וַיִּגְעַר־בּ֣וֹ אָבִ֔יו וַיֹּ֣אמֶר ל֔וֹ מָ֛ה
הַחֲל֥וֹם הַזֶּ֖ה אֲשֶׁ֣ר חָלָ֑מְתָּ הֲב֣וֹא נָב֗וֹא אֲנִי֙ וְאִמְּךָ֣ וְאַחֶ֔יךָ
יא לְהִשְׁתַּחֲוֺ֥ת לְךָ֖ אָֽרְצָה׃ וַיְקַנְאוּ־ב֖וֹ אֶחָ֑יו וְאָבִ֖יו שָׁמַ֥ר אֶת־
שני יב יג הַדָּבָֽר׃ וַיֵּלְכ֖וּ אֶחָ֑יו לִרְע֛וֹת אֶת־צֹ֥אן אֲבִיהֶ֖ם בִּשְׁכֶֽם׃ וַיֹּ֨אמֶר
יִשְׂרָאֵ֜ל אֶל־יוֹסֵ֗ף הֲל֤וֹא אַחֶ֨יךָ֙ רֹעִ֣ים בִּשְׁכֶ֔ם לְכָ֖ה וְאֶשְׁלָחֲךָ֣
יד אֲלֵיהֶ֑ם וַיֹּ֥אמֶר ל֖וֹ הִנֵּֽנִי׃ וַיֹּ֣אמֶר ל֗וֹ לֶךְ־נָ֨א רְאֵ֜ה אֶת־שְׁל֤וֹם
אַחֶ֨יךָ֙ וְאֶת־שְׁל֣וֹם הַצֹּ֔אן וַהֲשִׁבֵ֖נִי דָּבָ֑ר וַיִּשְׁלָחֵ֨הוּ֙ מֵעֵ֣מֶק חֶבְר֔וֹן

31 And these are the kings that reigned in the land of Edom, before
32 there reigned any king over the children of Yisra'el. And Bela
the son of Be'or reigned in Edom: and the name of his city was
33 Dinhava. And Bela died, and Yovav the son of Zeraḥ of Boẕra
34 reigned in his place; and Yovav died, and Ḥusham of the land
35 of the Temani reigned in his place; and Ḥusham died, and Hadad
the son of Bedad, who smote Midyan in the field of Mo'av,
36 reigned in his place; and the name of his city was 'Avit. And
37 Hadad died, and Samla of Masreqa reigned in his place; and
Samla died, and Sha'ul of Reḥovot by the river reigned in his
38 place; and Sha'ul died, and Ba'al-ḥanan the son of 'Akhbor reig-
39 ned in his place; and Ba'al-ḥanan the son of 'Akhbor died, and
Hadar reigned in his place, and the name of his city was Pa'u;
and his wife's name was Mehetav'el, daughter of Matred, daugh-
40 ter of Me-zahav. And these are the names of the chiefs that came
of 'Esav, according to their families, after their places, by their
41 names; the chief Timna, the chief 'Aleva, the chief Yetet, the
42 chief Aholivama, the chief Ela, the chief Pinon, the chief Qenaz,
43 the chief Teman, the chief Mivẕar, the chief Magdi'el, the chief
'Iram: these are the chiefs of Edom, according to their settle-
ments in the land of their possession. He is 'Esav the father
of Edom.

VAYYESHEV

37 And Ya'aqov dwelt in the land in which his father had sojourned,
2 in the land of Kena'an. These are the generations of Ya'aqov.
Yosef being seventeen years old, was feeding the flock with his
brethren; and the lad was with the sons of Bilha, and with the
sons of Zilpa, his father's wives: and Yosef brought to his father
3 their evil report. Now Yisra'el loved Yosef more than all his
children, because he was the son of his old age: and he made
4 him a coat with long sleeves. And when his brethren saw that
their father loved him more than all his brothers, they hated
5 him, and could not speak peaceably to him. And Yosef dreamed
a dream, and he told it his brethren: and they hated him yet the
6 more. And he said to them, Hear, I pray you, this dream which
7 I have dreamed: for, behold, we were binding sheaves in the
field, and, lo, my sheaf arose, and also stood upright; and, be-
hold, your sheaves stood round about, and bowed down to my
8 sheaf. And his brethren said to him, Shalt thou indeed reign
over us? or shalt thou indeed have dominion over us? And they
9 hated him yet the more for his dreams, and for his words. And
he dreamed yet another dream, and told it his brethren, and
said, Behold, I have again dreamed a dream; and, behold, the
10 sun and the moon and the eleven stars bowed down to me. And
he told it to his father, and to his brothers: and his father rebuked
him, and said to him, What is this dream that thou hast dreamed?
Shall I and thy mother and thy brothers indeed come to bow
11 down ourselves to thee to the earth? And his brothers envied
12 him; but his father kept the matter in mind. And his brothers
13 went to feed their father's flock in Shekhem. And Yisra'el said
to Yosef, Do not thy brothers feed the flock in Shekhem? come,
and I will send thee to them. And he said to him, Here I am.
14 And he said to him, Go, I pray thee, see whether it be well with
thy brothers, and well with the flocks; and bring me word again.

טו וַיָּבֹא שְׁכֶמָה: וַיִּמְצָאֵהוּ אִישׁ וְהִנֵּה תֹעֶה בַּשָּׂדֶה וַיִּשְׁאָלֵהוּ
טז הָאִישׁ לֵאמֹר מַה־תְּבַקֵּשׁ: וַיֹּאמֶר אֶת־אַחַי אָנֹכִי מְבַקֵּשׁ
יז הַגִּידָה־נָּא לִי אֵיפֹה הֵם רֹעִים: וַיֹּאמֶר הָאִישׁ נָסְעוּ מִזֶּה כִּי
שָׁמַעְתִּי אֹמְרִים נֵלְכָה דֹּתָיְנָה וַיֵּלֶךְ יוֹסֵף אַחַר אֶחָיו וַיִּמְצָאֵם
יח בְּדֹתָן: וַיִּרְאוּ אֹתוֹ מֵרָחֹק וּבְטֶרֶם יִקְרַב אֲלֵיהֶם וַיִּתְנַכְּלוּ
יט אֹתוֹ לַהֲמִיתוֹ: וַיֹּאמְרוּ אִישׁ אֶל־אָחִיו הִנֵּה בַּעַל הַחֲלֹמוֹת
כ הַלָּזֶה בָּא: וְעַתָּה ׀ לְכוּ וְנַהַרְגֵהוּ וְנַשְׁלִכֵהוּ בְּאַחַד הַבֹּרוֹת
כא וְאָמַרְנוּ חַיָּה רָעָה אֲכָלָתְהוּ וְנִרְאֶה מַה־יִּהְיוּ חֲלֹמֹתָיו: וַיִּשְׁמַע
כב רְאוּבֵן וַיַּצִּלֵהוּ מִיָּדָם וַיֹּאמֶר לֹא נַכֶּנּוּ נָפֶשׁ: וַיֹּאמֶר אֲלֵהֶם ׀
רְאוּבֵן אַל־תִּשְׁפְּכוּ־דָם הַשְׁלִיכוּ אֹתוֹ אֶל־הַבּוֹר הַזֶּה אֲשֶׁר
בַּמִּדְבָּר וְיָד אַל־תִּשְׁלְחוּ־בוֹ לְמַעַן הַצִּיל אֹתוֹ מִיָּדָם לַהֲשִׁיבוֹ
כג אֶל־אָבִיו: וַיְהִי כַּאֲשֶׁר־בָּא יוֹסֵף אֶל־אֶחָיו וַיַּפְשִׁיטוּ אֶת־יוֹסֵף שלישי
כד אֶת־כֻּתָּנְתּוֹ אֶת־כְּתֹנֶת הַפַּסִּים אֲשֶׁר עָלָיו: וַיִּקָּחֻהוּ וַיַּשְׁלִכוּ
כה אֹתוֹ הַבֹּרָה וְהַבּוֹר רֵק אֵין בּוֹ מָיִם: וַיֵּשְׁבוּ לֶאֱכָל־לֶחֶם וַיִּשְׂאוּ
עֵינֵיהֶם וַיִּרְאוּ וְהִנֵּה אֹרְחַת יִשְׁמְעֵאלִים בָּאָה מִגִּלְעָד וּגְמַלֵּיהֶם
כו נֹשְׂאִים נְכֹאת וּצְרִי וָלֹט הוֹלְכִים לְהוֹרִיד מִצְרָיְמָה: וַיֹּאמֶר
יְהוּדָה אֶל־אֶחָיו מַה־בֶּצַע כִּי נַהֲרֹג אֶת־אָחִינוּ וְכִסִּינוּ אֶת־
כז דָּמוֹ: לְכוּ וְנִמְכְּרֶנּוּ לַיִּשְׁמְעֵאלִים וְיָדֵנוּ אַל־תְּהִי־בוֹ כִּי־אָחִינוּ
כח בְשָׂרֵנוּ הוּא וַיִּשְׁמְעוּ אֶחָיו: וַיַּעַבְרוּ אֲנָשִׁים מִדְיָנִים סֹחֲרִים
וַיִּמְשְׁכוּ וַיַּעֲלוּ אֶת־יוֹסֵף מִן־הַבּוֹר וַיִּמְכְּרוּ אֶת־יוֹסֵף לַיִּשְׁמְעֵאלִים
כט בְּעֶשְׂרִים כָּסֶף וַיָּבִיאוּ אֶת־יוֹסֵף מִצְרָיְמָה: וַיָּשָׁב רְאוּבֵן אֶל־
ל הַבּוֹר וְהִנֵּה אֵין־יוֹסֵף בַּבּוֹר וַיִּקְרַע אֶת־בְּגָדָיו: וַיָּשָׁב אֶל־
לא אֶחָיו וַיֹּאמַר הַיֶּלֶד אֵינֶנּוּ וַאֲנִי אָנָה אֲנִי־בָא: וַיִּקְחוּ אֶת־
כְּתֹנֶת יוֹסֵף וַיִּשְׁחֲטוּ שְׂעִיר עִזִּים וַיִּטְבְּלוּ אֶת־הַכֻּתֹּנֶת בַּדָּם:
לב וַיְשַׁלְּחוּ אֶת־כְּתֹנֶת הַפַּסִּים וַיָּבִיאוּ אֶל־אֲבִיהֶם וַיֹּאמְרוּ זֹאת
לג מָצָאנוּ הַכֶּר־נָא הַכְּתֹנֶת בִּנְךָ הִוא אִם־לֹא: וַיַּכִּירָהּ וַיֹּאמֶר
לד כְּתֹנֶת בְּנִי חַיָּה רָעָה אֲכָלָתְהוּ טָרֹף טֹרַף יוֹסֵף: וַיִּקְרַע יַעֲקֹב
שִׂמְלֹתָיו וַיָּשֶׂם שַׂק בְּמָתְנָיו וַיִּתְאַבֵּל עַל־בְּנוֹ יָמִים רַבִּים:
לה וַיָּקֻמוּ כָל־בָּנָיו וְכָל־בְּנֹתָיו לְנַחֲמוֹ וַיְמָאֵן לְהִתְנַחֵם וַיֹּאמֶר כִּי־
לו אֵרֵד אֶל־בְּנִי אָבֵל שְׁאֹלָה וַיֵּבְךְּ אֹתוֹ אָבִיו: וְהַמְּדָנִים מָכְרוּ אֹתוֹ
אֶל־מִצְרָיִם לְפוֹטִיפַר סְרִיס פַּרְעֹה שַׂר הַטַּבָּחִים:
לח א וַיְהִי בָּעֵת הַהִוא וַיֵּרֶד יְהוּדָה מֵאֵת אֶחָיו וַיֵּט עַד־אִישׁ עֲדֻלָּמִי רביעי לד
ב וּשְׁמוֹ חִירָה: וַיַּרְא־שָׁם יְהוּדָה בַּת־אִישׁ כְּנַעֲנִי וּשְׁמוֹ שׁוּעַ
ג וַיִּקָּחֶהָ וַיָּבֹא אֵלֶיהָ: וַתַּהַר וַתֵּלֶד בֵּן וַיִּקְרָא אֶת־שְׁמוֹ עֵר:
ד ה וַתַּהַר עוֹד וַתֵּלֶד בֵּן וַתִּקְרָא אֶת־שְׁמוֹ אוֹנָן: וַתֹּסֶף עוֹד וַתֵּלֶד

So he sent him out of the vale of Ḥevron, and he came to Shekhem. And a certain man found him, and, behold, he was wandering in the field: and the man asked him, saying, What seekest thou? And he said, I seek my brothers: tell me, I pray thee, where they feed their flocks. And the man said, They are departed from here; for I heard them say, Let us go to Dotan. And Yosef went after his brothers, and found them in Dotan. And when they saw him afar off, even before he came near to them, they conspired against him to slay him. And they said one to another, Behold, this dreamer comes. Come now therefore, and let us slay him, and cast him into some pit, and we will say, An evil beast has devoured him: and we shall see what will become of his dreams. And Re'uven heard it, and he delivered him out of their hands; and said, Let us not kill him. And Re'uven said to them, Shed no blood, but cast him into this pit that is in the wilderness, and lay no hand upon him; that he might save him out of their hands, to deliver him back to his father. And it came to pass, when Yosef was come to his brethren, that they stripped Yosef of his coat, the long sleeved coat that was on him. And they took him, and cast him into a pit: and the pit was empty; there was no water in it. And they sat down to eat bread: and they lifted up their eyes and looked, and, behold, a company of Yishme'elim came from Gil'ad with their camels bearing gum balm and ladanum, going to carry it down to Miẓrayim. And Yehuda said to his brothers, What profit is it if we slay our brother, and conceal his blood? Come, and let us sell him to the Yishme'elim, and let not our hand be upon him; for he is our brother and our flesh. And his brothers hearkened to him. Then there passed by Midyanim, merchants; and they drew and lifted up Yosef out of the pit, and sold Yosef to the Yishme'elim for twenty pieces of silver: and they brought Yosef into Miẓrayim. And Re'uven returned to the pit; and, behold, Yosef was not in the pit; and he rent his clothes. And he returned to his brothers, and said, The child is not; and I, where shall I go? And they took Yosef's coat, and killed a kid of the goats, and dipped the coat in the blood; and they sent the coat with long sleeves, and they brought it to their father; and said, This we have found: know now whether it be thy son's coat or no. And he knew it, and said, It is my son's coat; an evil beast has devoured him; Yosef is without doubt torn in pieces. And Ya'aqov rent his clothes, and put sackcloth on his loins, and mourned for his son many days. And all his sons and all his daughters rose up to comfort him; but he refused to be comforted; and he said, For I will go down to my son mourning into She'ol. Thus his father wept for him. And the Midyanim sold him to Miẓrayim to Potifar, Par'o's chamberlain, a captain of the guard.

And it came to pass at that time, that Yehuda went down from his brothers, and turned in to a certain 'Adullamite, whose name was Ḥira. And Yehuda saw there a daughter of a certain Kena'anite, whose name was Shu'a; and he took her, and went in to her. And she conceived, and bore a son; and he called his name 'Er. And she conceived again, and bore a son; and she called his name Onan. And she yet again conceived, and bore a son; and

15
16
17
18
19
20
21
22
23
24
25
26
27
28
29
30
31
32
33
34
35
36

38
2
3
4
5

בֶּן וַתִּקְרָא אֶת־שְׁמוֹ שֵׁלָה וְהָיָה בִכְזִיב בְּלִדְתָּהּ אֹתוֹ: וַיִּקַּח

יְהוּדָה אִשָּׁה לְעֵר בְּכוֹרוֹ וּשְׁמָהּ תָּמָר: וַיְהִי עֵר בְּכוֹר יְהוּדָה

רַע בְּעֵינֵי יְהוָה וַיְמִתֵהוּ יְהוָה: וַיֹּאמֶר יְהוּדָה לְאוֹנָן בֹּא אֶל־

אֵשֶׁת אָחִיךָ וְיַבֵּם אֹתָהּ וְהָקֵם זֶרַע לְאָחִיךָ: וַיֵּדַע אוֹנָן כִּי לֹּא

לוֹ יִהְיֶה הַזָּרַע וְהָיָה אִם־בָּא אֶל־אֵשֶׁת אָחִיו וְשִׁחֵת אַרְצָה

לְבִלְתִּי נְתָן־זֶרַע לְאָחִיו: וַיֵּרַע בְּעֵינֵי יְהוָה אֲשֶׁר עָשָׂה וַיָּמֶת

גַּם־אֹתוֹ: וַיֹּאמֶר יְהוּדָה לְתָמָר כַּלָּתוֹ שְׁבִי אַלְמָנָה בֵית־

אָבִיךְ עַד־יִגְדַּל שֵׁלָה בְנִי כִּי אָמַר פֶּן־יָמוּת גַּם־הוּא כְּאֶחָיו

וַתֵּלֶךְ תָּמָר וַתֵּשֶׁב בֵּית אָבִיהָ: וַיִּרְבּוּ הַיָּמִים וַתָּמָת בַּת־שׁוּעַ

אֵשֶׁת־יְהוּדָה וַיִּנָּחֶם יְהוּדָה וַיַּעַל עַל־גֹּזֲזֵי צֹאנוֹ הוּא וְחִירָה

רֵעֵהוּ הָעֲדֻלָּמִי תִּמְנָתָה: וַיֻּגַּד לְתָמָר לֵאמֹר הִנֵּה חָמִיךְ עֹלֶה

תִמְנָתָה לָגֹז צֹאנוֹ: וַתָּסַר בִּגְדֵי אַלְמְנוּתָהּ מֵעָלֶיהָ וַתְּכַס

בַּצָּעִיף וַתִּתְעַלָּף וַתֵּשֶׁב בְּפֶתַח עֵינַיִם אֲשֶׁר עַל־דֶּרֶךְ תִּמְנָתָה

כִּי רָאֲתָה כִּי־גָדַל שֵׁלָה וְהִוא לֹא־נִתְּנָה לוֹ לְאִשָּׁה: וַיִּרְאֶהָ

יְהוּדָה וַיַּחְשְׁבֶהָ לְזוֹנָה כִּי כִסְּתָה פָּנֶיהָ: וַיֵּט אֵלֶיהָ אֶל־הַדֶּרֶךְ

וַיֹּאמֶר הָבָה־נָּא אָבוֹא אֵלַיִךְ כִּי לֹא יָדַע כִּי כַלָּתוֹ הִוא וַתֹּאמֶר

מַה־תִּתֶּן־לִי כִּי תָבוֹא אֵלָי: וַיֹּאמֶר אָנֹכִי אֲשַׁלַּח גְּדִי־עִזִּים

מִן־הַצֹּאן וַתֹּאמֶר אִם־תִּתֵּן עֵרָבוֹן עַד שָׁלְחֶךָ: וַיֹּאמֶר מָה

הָעֵרָבוֹן אֲשֶׁר אֶתֶּן־לָךְ וַתֹּאמֶר חֹתָמְךָ וּפְתִילֶךָ וּמַטְּךָ אֲשֶׁר

בְּיָדֶךָ וַיִּתֶּן־לָהּ וַיָּבֹא אֵלֶיהָ וַתַּהַר לוֹ: וַתָּקָם וַתֵּלֶךְ וַתָּסַר

צְעִיפָהּ מֵעָלֶיהָ וַתִּלְבַּשׁ בִּגְדֵי אַלְמְנוּתָהּ: וַיִּשְׁלַח יְהוּדָה אֶת־

גְּדִי הָעִזִּים בְּיַד רֵעֵהוּ הָעֲדֻלָּמִי לָקַחַת הָעֵרָבוֹן מִיַּד הָאִשָּׁה

וְלֹא מְצָאָהּ: וַיִּשְׁאַל אֶת־אַנְשֵׁי מְקֹמָהּ לֵאמֹר אַיֵּה הַקְּדֵשָׁה

הִוא בָעֵינַיִם עַל־הַדָּרֶךְ וַיֹּאמְרוּ לֹא־הָיְתָה בָזֶה קְדֵשָׁה: וַיָּשָׁב

אֶל־יְהוּדָה וַיֹּאמֶר לֹא מְצָאתִיהָ וְגַם אַנְשֵׁי הַמָּקוֹם אָמְרוּ

לֹא־הָיְתָה בָזֶה קְדֵשָׁה: וַיֹּאמֶר יְהוּדָה תִּקַּח־לָהּ פֶּן נִהְיֶה

לָבוּז הִנֵּה שָׁלַחְתִּי הַגְּדִי הַזֶּה וְאַתָּה לֹא מְצָאתָהּ: וַיְהִי כְּמִשְׁלֹשׁ

חֳדָשִׁים וַיֻּגַּד לִיהוּדָה לֵאמֹר זָנְתָה תָּמָר כַּלָּתֶךָ וְגַם הִנֵּה הָרָה

לִזְנוּנִים וַיֹּאמֶר יְהוּדָה הוֹצִיאוּהָ וְתִשָּׂרֵף: הִוא מוּצֵאת וְהִיא

שָׁלְחָה אֶל־חָמִיהָ לֵאמֹר לְאִישׁ אֲשֶׁר־אֵלֶּה לּוֹ אָנֹכִי הָרָה

וַתֹּאמֶר הַכֶּר־נָא לְמִי הַחֹתֶמֶת וְהַפְּתִילִים וְהַמַּטֶּה הָאֵלֶּה:

וַיַּכֵּר יְהוּדָה וַיֹּאמֶר צָדְקָה מִמֶּנִּי כִּי־עַל־כֵּן לֹא־נְתַתִּיהָ לְשֵׁלָה

בְנִי וְלֹא־יָסַף עוֹד לְדַעְתָּהּ: וַיְהִי בְּעֵת לִדְתָּהּ וְהִנֵּה תְאוֹמִים

בְּבִטְנָהּ: וַיְהִי בְלִדְתָּהּ וַיִּתֶּן־יָד וַתִּקַּח הַמְיַלֶּדֶת וַתִּקְשֹׁר עַל־

called his name Shela: and he was at Keziv, when she bore him.
And Yehuda took a wife for 'Er his firstborn, whose name was   6
Tamar. And 'Er, Yehuda's firstborn, was wicked in the sight   7
of the Lord; and the Lord slew him. And Yehuda said to Onan,   8
Go in to thy brother's wife, and perform the duty of a brother
in law, and raise up seed to thy brother. And Onan knew that   9
the seed would not be his; and it came to pass, when he went
in to his brother's wife, that he spilled it on the ground, lest he
should give seed to his brother. And the thing which he did   10
displeased the Lord: So he slew him also. Then said Yehu-   11
da to Tamar his daughter in law, Remain a widow at thy
father's home, till Shela my son be grown: for he said, Lest
perchance he die also, as his brothers did. And Tamar went and
dwelt in her father's house. And in process of time the daughter 12
of Shu'a Yehuda's wife died; and when Yehuda was comforted,
he went up to his sheepshearers to Timna, he and his friend
Ḥira the 'Adullamite. And it was told Tamar, saying, Behold thy 13
father in law goes up to Timna to shear his sheep. And she put 14
off her widow's garments, and covered herself with a veil, and
wrapped herself, and sat by the entrance to 'Enayim, which is
by the way to Timna; for she saw that Shela was grown, and she
was not given to him to wife. When Yehuda saw her, he thought 15
her to be a harlot; because she had covered her face. And he turned 16
to her by the way, and said, Come now, I pray thee, let me come
in to thee (for he knew not that she was his daughter in law.)
And she said, What wilt thou give me, that thou mayst come
in to me? And he said, I will send thee a kid from the flock. And 17
she said, Wilt thou give me a pledge, till thou send it? And he 18
said, What pledge shall I give thee? And she said, Thy signet, and
thy cord, and thy staff that is in thy hand. And he gave it her,
and came in to her, and she conceived by him. And she arose,   19
and went away, and laid by her veil from her, and put on the
garments of her widowhood. And Yehuda sent the kid by the   20
hand of his friend the 'Adullamite, to receive his pledge from the
woman's hand: but he found her not. Then he asked the men   21
of that place, saying, Where is the harlot, that was at 'Enayim
by the wayside? And they said, There was no harlot in this place.
And he returned to Yehuda, and said, I cannot find her; and   22
also the men of the place said, There was no harlot in this
place. And Yehuda said, Let her take it to her, lest we be   23
shamed: behold, I sent this kid, and thou hast not found her.
And it came to pass about three months after, that it was told 24
Yehuda, saying, Tamar thy daughter in law has played the
harlot; and also, behold, she is with child by harlotry. And Yehu-
da said, Bring her out and let her be burnt. When she was   25
brought forth, she sent to her father in law, saying, By the man,
whose these are, am I with child: and she said, Discern, I pray
thee, whose are these, the signet, and the cord, and the staff. And 26
Yehuda acknowledged them, and said, She has been more righte-
ous than I; because I gave her not to Shela my son. And he
knew her again no more. And it came to pass in the time of her 27
travail, that, behold, twins were in her womb. And it came to   28
pass, when she travailed, that the one put out his hand: and

כט יָדוֹ שֵׁנִי לֵאמֹר זֶה יָצָא רִאשֹׁנָה: וַיְהִי ׀ כְּמֵשִׁיב יָדוֹ וְהִנֵּה יָצָא
ל אָחִיו וַתֹּאמֶר מַה־פָּרַצְתָּ עָלֶיךָ פָּרֶץ וַיִּקְרָא שְׁמוֹ פָּרֶץ: וְאַחַר
יָצָא אָחִיו אֲשֶׁר עַל־יָדוֹ הַשָּׁנִי וַיִּקְרָא שְׁמוֹ זָרַח: חמישי לה
לט א וְיוֹסֵף הוּרַד מִצְרָיְמָה וַיִּקְנֵהוּ פּוֹטִיפַר סְרִיס פַּרְעֹה שַׂר הַטַּבָּחִים
ב אִישׁ מִצְרִי מִיַּד הַיִּשְׁמְעֵאלִים אֲשֶׁר הוֹרִדֻהוּ שָׁמָּה: וַיְהִי יהוה
ג אֶת־יוֹסֵף וַיְהִי אִישׁ מַצְלִיחַ וַיְהִי בְּבֵית אֲדֹנָיו הַמִּצְרִי: וַיַּרְא
אֲדֹנָיו כִּי יהוה אִתּוֹ וְכֹל אֲשֶׁר־הוּא עֹשֶׂה יהוה מַצְלִיחַ בְּיָדוֹ:
ד וַיִּמְצָא יוֹסֵף חֵן בְּעֵינָיו וַיְשָׁרֶת אֹתוֹ וַיַּפְקִדֵהוּ עַל־בֵּיתוֹ וְכָל־
ה יֶשׁ־לוֹ נָתַן בְּיָדוֹ: וַיְהִי מֵאָז הִפְקִיד אֹתוֹ בְּבֵיתוֹ וְעַל כָּל־
אֲשֶׁר יֶשׁ־לוֹ וַיְבָרֶךְ יהוה אֶת־בֵּית הַמִּצְרִי בִּגְלַל יוֹסֵף וַיְהִי
ו בִּרְכַּת יהוה בְּכָל־אֲשֶׁר יֶשׁ־לוֹ בַּבַּיִת וּבַשָּׂדֶה: וַיַּעֲזֹב כָּל־
אֲשֶׁר־לוֹ בְּיַד־יוֹסֵף וְלֹא־יָדַע אִתּוֹ מְאוּמָה כִּי אִם־הַלֶּחֶם
ז אֲשֶׁר־הוּא אוֹכֵל וַיְהִי יוֹסֵף יְפֵה־תֹאַר וִיפֵה מַרְאֶה: וַיְהִי אַחַר ששי
הַדְּבָרִים הָאֵלֶּה וַתִּשָּׂא אֵשֶׁת־אֲדֹנָיו אֶת־עֵינֶיהָ אֶל־יוֹסֵף
ח וַתֹּאמֶר שִׁכְבָה עִמִּי: וַיְמָאֵן ׀ וַיֹּאמֶר אֶל־אֵשֶׁת אֲדֹנָיו הֵן אֲדֹנִי
ט לֹא־יָדַע אִתִּי מַה־בַּבָּיִת וְכֹל אֲשֶׁר־יֶשׁ־לוֹ נָתַן בְּיָדִי: אֵינֶנּוּ
גָדוֹל בַּבַּיִת הַזֶּה מִמֶּנִּי וְלֹא־חָשַׂךְ מִמֶּנִּי מְאוּמָה כִּי אִם־אוֹתָךְ
בַּאֲשֶׁר אַתְּ־אִשְׁתּוֹ וְאֵיךְ אֶעֱשֶׂה הָרָעָה הַגְּדֹלָה הַזֹּאת וְחָטָאתִי
י לֵאלֹהִים: וַיְהִי כְּדַבְּרָהּ אֶל־יוֹסֵף יוֹם ׀ יוֹם וְלֹא־שָׁמַע אֵלֶיהָ
יא לִשְׁכַּב אֶצְלָהּ לִהְיוֹת עִמָּהּ: וַיְהִי כְּהַיּוֹם הַזֶּה וַיָּבֹא הַבַּיְתָה
לַעֲשׂוֹת מְלַאכְתּוֹ וְאֵין אִישׁ מֵאַנְשֵׁי הַבַּיִת שָׁם בַּבָּיִת:
יב וַתִּתְפְּשֵׂהוּ בְּבִגְדוֹ לֵאמֹר שִׁכְבָה עִמִּי וַיַּעֲזֹב בִּגְדוֹ בְּיָדָהּ וַיָּנָס
יג וַיֵּצֵא הַחוּצָה: וַיְהִי כִּרְאוֹתָהּ כִּי־עָזַב בִּגְדוֹ בְּיָדָהּ וַיָּנָס הַחוּצָה:
יד וַתִּקְרָא לְאַנְשֵׁי בֵיתָהּ וַתֹּאמֶר לָהֶם לֵאמֹר רְאוּ הֵבִיא לָנוּ
אִישׁ עִבְרִי לְצַחֶק בָּנוּ בָּא אֵלַי לִשְׁכַּב עִמִּי וָאֶקְרָא בְּקוֹל גָּדוֹל:
טו וַיְהִי כְשָׁמְעוֹ כִּי־הֲרִימֹתִי קוֹלִי וָאֶקְרָא וַיַּעֲזֹב בִּגְדוֹ אֶצְלִי וַיָּנָס
טז וַיֵּצֵא הַחוּצָה: וַתַּנַּח בִּגְדוֹ אֶצְלָהּ עַד־בּוֹא אֲדֹנָיו אֶל־בֵּיתוֹ:
יז וַתְּדַבֵּר אֵלָיו כַּדְּבָרִים הָאֵלֶּה לֵאמֹר בָּא אֵלַי הָעֶבֶד הָעִבְרִי
יח אֲשֶׁר־הֵבֵאתָ לָּנוּ לְצַחֶק בִּי: וַיְהִי כַּהֲרִימִי קוֹלִי וָאֶקְרָא וַיַּעֲזֹב
יט בִּגְדוֹ אֶצְלִי וַיָּנָס הַחוּצָה: וַיְהִי כִשְׁמֹעַ אֲדֹנָיו אֶת־דִּבְרֵי אִשְׁתּוֹ
אֲשֶׁר דִּבְּרָה אֵלָיו לֵאמֹר כַּדְּבָרִים הָאֵלֶּה עָשָׂה לִי עַבְדֶּךָ
כ וַיִּחַר אַפּוֹ: וַיִּקַּח אֲדֹנֵי יוֹסֵף אֹתוֹ וַיִּתְּנֵהוּ אֶל־בֵּית הַסֹּהַר
מְקוֹם אֲשֶׁר־אסוּרֵי הַמֶּלֶךְ אֲסוּרִים וַיְהִי־שָׁם בְּבֵית הַסֹּהַר: אֲסִירֵי
כא וַיְהִי יהוה אֶת־יוֹסֵף וַיֵּט אֵלָיו חָסֶד וַיִּתֵּן חִנּוֹ בְּעֵינֵי שַׂר בֵּית־

the midwife took and bound upon his hand a scarlet thread,
saying, This came out first. And it came to pass, as he drew 29
back his hand, that, behold, his brother came out: and she said,
Why hast thou made such a breach for thyself? Therefore
his name was called Pereẕ. And afterward his brother came 30
out, that had the scarlet thread upon his hand: and his name
was called Zeraẖ. And Yosef was brought down to Miẕra- 39
yim; and Potifar, the chamberlain of Par'o, captain of the guard,
a Miẕrian, bought him of the hands of the Yishme'elim, who
had brought him down there. And the LORD was with Yosef, 2
and he was a successful man; and he was in the house of his
master the Miẕrian. And his master saw that the LORD was with 3
him, and that the LORD made all that he did to prosper in his
hand. And Yosef found favour in his sight, and served him: 4
and he made him overseer over his house, and all that he had he
put into his hand. And it came to pass from the time that he 5
had made him overseer in his house, and over all that he had,
that the LORD blessed the Miẕrian's house for Yosef's sake;
and the blessing of the LORD was upon all that he had in the
house, and in the field. And he left all that he had in Yosef's 6
hand; and he knew not ought he had, save the bread which he
did eat. And Yosef was a goodlooking person, and well favoured.
And it came to pass after these things, that his master's wife 7
cast her eyes upon Yosef; and she said, Lie with me. But he 8
refused, and said to his master's wife, Behold, my master knows
not what is with me in the house, and he has committed all
that he has to my hand; there is none greater in this house 9
than I; neither has he kept back anything from me but thee,
because thou art his wife: how then can I do this great wicked-
ness, and sin against GOD? And it came to pass, as she spoke 10
to Yosef day by day, that he hearkened not to her, to lie by
her, or to be with her. And it came to pass about this time, 11
that Yosef went into the house to do his work; and there was
none of the men of the house there within. And she caught him 12
by his garment, saying, Lie with me: and he left his garment
in her hand, and fled, and went outside. And it came to pass, 13
when she saw that he had left his garment in her hand, and
was fled outside, that she called to the men of her house, and 14
spoke to them, saying, See, he has brought in a Hebrew to us
to mock us; he came in to me to lie with me, and I cried with
a loud voice: and it came to pass, when he heard that I lifted 15
up my voice and cried, that he left his garment with me, and
fled, and went outside. And she laid up his garment by her, 16
until his lord came home. And she spoke to him according to 17
these words, saying, The Hebrew servant, whom thou hast
brought to us, came in to me to have his sport with me. And it 18
came to pass, as I lifted up my voice and cried, that he left his
garment with me, and fled outside. And it came to pass, when 19
his master heard the words of his wife, which she spoke to
him, saying, After this manner did thy servant to me; that
his anger burned. And Yosef's master took him, and put him 20
into the prison, a place where the king's prisoners were bound:
and he was there in the prison. But the LORD was with Yosef, 21

כב הַסֹּהַר: וַיִּתֵּן שַׂר בֵּית־הַסֹּהַר בְּיַד־יוֹסֵף אֵת כָּל־הָאֲסִירִם
אֲשֶׁר בְּבֵית הַסֹּהַר וְאֵת כָּל־אֲשֶׁר עֹשִׂים שָׁם הוּא הָיָה עֹשֶׂה:

כג אֵין ׀ שַׂר בֵּית־הַסֹּהַר רֹאֶה אֶת־כָּל־מְאוּמָה בְּיָדוֹ בַּאֲשֶׁר יְהוָה
אִתּוֹ וַאֲשֶׁר־הוּא עֹשֶׂה יְהוָה מַצְלִיחַ:

שביעי

מ א וַיְהִי אַחַר הַדְּבָרִים הָאֵלֶּה חָטְאוּ מַשְׁקֵה מֶלֶךְ־מִצְרַיִם וְהָאֹפֶה
ב לַאֲדֹנֵיהֶם לְמֶלֶךְ מִצְרָיִם: וַיִּקְצֹף פַּרְעֹה עַל שְׁנֵי סָרִיסָיו עַל
ג שַׂר הַמַּשְׁקִים וְעַל שַׂר הָאוֹפִים: וַיִּתֵּן אֹתָם בְּמִשְׁמַר בֵּית שַׂר
ד הַטַּבָּחִים אֶל־בֵּית הַסֹּהַר מְקוֹם אֲשֶׁר יוֹסֵף אָסוּר שָׁם: וַיִּפְקֹד
שַׂר הַטַּבָּחִים אֶת־יוֹסֵף אִתָּם וַיְשָׁרֶת אֹתָם וַיִּהְיוּ יָמִים בְּמִשְׁמָר:

ה וַיַּחַלְמוּ חֲלוֹם שְׁנֵיהֶם אִישׁ חֲלֹמוֹ בְּלַיְלָה אֶחָד אִישׁ כְּפִתְרוֹן
חֲלֹמוֹ הַמַּשְׁקֶה וְהָאֹפֶה אֲשֶׁר לְמֶלֶךְ מִצְרַיִם אֲשֶׁר אֲסוּרִים
ו בְּבֵית הַסֹּהַר: וַיָּבֹא אֲלֵיהֶם יוֹסֵף בַּבֹּקֶר וַיַּרְא אֹתָם וְהִנָּם
ז זֹעֲפִים: וַיִּשְׁאַל אֶת־סְרִיסֵי פַרְעֹה אֲשֶׁר אִתּוֹ בְמִשְׁמַר בֵּית
ח אֲדֹנָיו לֵאמֹר מַדּוּעַ פְּנֵיכֶם רָעִים הַיּוֹם: וַיֹּאמְרוּ אֵלָיו חֲלוֹם
חָלַמְנוּ וּפֹתֵר אֵין אֹתוֹ וַיֹּאמֶר אֲלֵהֶם יוֹסֵף הֲלוֹא לֵאלֹהִים
ט פִּתְרֹנִים סַפְּרוּ־נָא לִי: וַיְסַפֵּר שַׂר־הַמַּשְׁקִים אֶת־חֲלֹמוֹ לְיוֹסֵף
י וַיֹּאמֶר לוֹ בַּחֲלוֹמִי וְהִנֵּה־גֶפֶן לְפָנָי: וּבַגֶּפֶן שְׁלֹשָׁה שָׂרִיגִם
יא וְהִוא כְפֹרַחַת עָלְתָה נִצָּהּ הִבְשִׁילוּ אַשְׁכְּלֹתֶיהָ עֲנָבִים: וְכוֹס
פַּרְעֹה בְּיָדִי וָאֶקַּח אֶת־הָעֲנָבִים וָאֶשְׂחַט אֹתָם אֶל־כּוֹס פַּרְעֹה
יב וָאֶתֵּן אֶת־הַכּוֹס עַל־כַּף פַּרְעֹה: וַיֹּאמֶר לוֹ יוֹסֵף זֶה פִּתְרֹנוֹ
יג שְׁלֹשֶׁת הַשָּׂרִגִים שְׁלֹשֶׁת יָמִים הֵם: בְּעוֹד ׀ שְׁלֹשֶׁת יָמִים יִשָּׂא
פַרְעֹה אֶת־רֹאשֶׁךָ וַהֲשִׁיבְךָ עַל־כַּנֶּךָ וְנָתַתָּ כוֹס־פַּרְעֹה בְּיָדוֹ
יד כַּמִּשְׁפָּט הָרִאשׁוֹן אֲשֶׁר הָיִיתָ מַשְׁקֵהוּ: כִּי אִם־זְכַרְתַּנִי אִתְּךָ
כַּאֲשֶׁר יִיטַב לָךְ וְעָשִׂיתָ־נָּא עִמָּדִי חָסֶד וְהִזְכַּרְתַּנִי אֶל־פַּרְעֹה
טו וְהוֹצֵאתַנִי מִן־הַבַּיִת הַזֶּה: כִּי־גֻנֹּב גֻּנַּבְתִּי מֵאֶרֶץ הָעִבְרִים
טז וְגַם־פֹּה לֹא־עָשִׂיתִי מְאוּמָה כִּי־שָׂמוּ אֹתִי בַּבּוֹר: וַיַּרְא שַׂר־
הָאֹפִים כִּי טוֹב פָּתָר וַיֹּאמֶר אֶל־יוֹסֵף אַף־אֲנִי בַּחֲלוֹמִי וְהִנֵּה
יז שְׁלֹשָׁה סַלֵּי חֹרִי עַל־רֹאשִׁי: וּבַסַּל הָעֶלְיוֹן מִכֹּל מַאֲכַל פַּרְעֹה
יח מַעֲשֵׂה אֹפֶה וְהָעוֹף אֹכֵל אֹתָם מִן־הַסַּל מֵעַל רֹאשִׁי: וַיַּעַן
יוֹסֵף וַיֹּאמֶר זֶה פִּתְרֹנוֹ שְׁלֹשֶׁת הַסַּלִּים שְׁלֹשֶׁת יָמִים הֵם:
יט בְּעוֹד ׀ שְׁלֹשֶׁת יָמִים יִשָּׂא פַרְעֹה אֶת־רֹאשְׁךָ מֵעָלֶיךָ וְתָלָה

מפטיר

כ אוֹתְךָ עַל־עֵץ וְאָכַל הָעוֹף אֶת־בְּשָׂרְךָ מֵעָלֶיךָ: וַיְהִי ׀ בַּיּוֹם
הַשְּׁלִישִׁי יוֹם הֻלֶּדֶת אֶת־פַּרְעֹה וַיַּעַשׂ מִשְׁתֶּה לְכָל־עֲבָדָיו
וַיִּשָּׂא אֶת־רֹאשׁ ׀ שַׂר הַמַּשְׁקִים וְאֶת־רֹאשׁ שַׂר הָאֹפִים בְּתוֹךְ
כא עֲבָדָיו: וַיָּשֶׁב אֶת־שַׂר הַמַּשְׁקִים עַל־מַשְׁקֵהוּ וַיִּתֵּן הַכּוֹס עַל־

and showed him mercy, and gave him favour in the sight of
the officer of the prison. And the officer of the prison com-   22
mitted to Yosef's hand all the prisoners that were in the prison;
and whatever they did there, he was the doer of it. The keeper   23
of the prison looked not to anything that was under his hand;
because the LORD was with him, and that which he did, the
LORD made it prosper.

And it came to pass after these things, that the butler of the   **40**
king of Miẓrayim, and his baker, offended their lord the king of
Miẓrayim. And Par'o was angry against two of his officers,   2
against the chief of the butlers, and against the chief of the
bakers. And he put them in custody in the house of the captain   3
of the guard, into the prison, the place where Yosef was bound.
And the captain of the guard charged Yosef with them, and he   4
served them: and they continued a season in custody. And   5
they dreamed a dream both of them, each man his dream on
the same night, each man according to the interpretation of his
dream, the butler and the baker of the king of Miẓrayim, who
were bound in the prison. And Yosef came in to them in the   6
morning, and looked upon them, and, behold, they were sad. And   7
he asked Par'o's officers that were with him in custody in his
lord's house, saying, Why do you look so sadly today? And   8
they said to him, We have dreamed a dream, and there is no
interpreter of it. And Yosef said to them, Do not interpretations
belong to GOD? tell me them, I pray you. And the chief butler   9
told his dream to Yosef, and said to him, In my dream, behold,
a vine was before me; and on the vine were three tendrils: 10
and it was as though it budded, and its blossoms shot forth;
and its clusters brought forth ripe grapes: and Par'o's cup was 11
in my hand: and I took the grapes, and pressed them into Par'o's
cup, and I gave the cup into Par'o's hand. And Yosef said to   12
him, This is the interpretation of it: The three tendrils are
three days: within another three days shall Par'o lift up thy   13
head, and restore thee to thy place: and thou shalt deliver
Par'o's cup into his hand, after the former manner when thou
wast his butler. But think of me when it shall be well with thee, 14
and show kindness, I pray thee, to me, and make mention of
me to Par'o, and bring me out of this house: for I was stolen   15
away out of the land of the Hebrews: and here also have I
done nothing that they should put me into the dungeon. When   16
the chief baker saw that the interpretation was good, he said
to Yosef, I also in my dream, behold, I had three baskets of
white bread on my head. And in the uppermost basket there   17
was of all manner of baked food for Par'o; and the birds did
eat them out of the basket upon my head. And Yosef answered   18
and said, This is its interpretation: The three baskets are three
days: within another three days shall Par'o lift up thy head   19
from off thee, and shall hang thee on a tree; and the birds shall
eat thy flesh from off thee. And it came to pass on the third day, 20
which was Par'o's birthday, that he made a feast for all his
servants: and he lifted up the head of the chief butler and of
the chief baker among his servants. And he restored the chief   21
butler to his butlership again; and he gave the cup into Par'o's

כב כַּף פַּרְעֹה׃ וְאֵת שַׂר הָאֹפִים תָּלָה כַּאֲשֶׁר פָּתַר לָהֶם יוֹסֵף׃
כג וְלֹא־זָכַר שַׂר־הַמַּשְׁקִים אֶת־יוֹסֵף וַיִּשְׁכָּחֵהוּ׃
מא א וַיְהִי מִקֵּץ שְׁנָתַיִם יָמִים וּפַרְעֹה חֹלֵם וְהִנֵּה עֹמֵד עַל־הַיְאֹר׃ מקץ לו
ב וְהִנֵּה מִן־הַיְאֹר עֹלֹת שֶׁבַע פָּרוֹת יְפוֹת מַרְאֶה וּבְרִיאֹת בָּשָׂר
ג וַתִּרְעֶינָה בָּאָחוּ׃ וְהִנֵּה שֶׁבַע פָּרוֹת אֲחֵרוֹת עֹלוֹת אַחֲרֵיהֶן מִן־
הַיְאֹר רָעוֹת מַרְאֶה וְדַקּוֹת בָּשָׂר וַתַּעֲמֹדְנָה אֵצֶל הַפָּרוֹת עַל־
ד שְׂפַת הַיְאֹר׃ וַתֹּאכַלְנָה הַפָּרוֹת רָעוֹת הַמַּרְאֶה וְדַקֹּת הַבָּשָׂר
ה אֵת שֶׁבַע הַפָּרוֹת יְפֹת הַמַּרְאֶה וְהַבְּרִיאֹת וַיִּיקַץ פַּרְעֹה׃ וַיִּישָׁן
וַיַּחֲלֹם שֵׁנִית וְהִנֵּה ׀ שֶׁבַע שִׁבֳּלִים עֹלוֹת בְּקָנֶה אֶחָד בְּרִיאוֹת
ו וְטֹבוֹת׃ וְהִנֵּה שֶׁבַע שִׁבֳּלִים דַּקּוֹת וּשְׁדוּפֹת קָדִים צֹמְחוֹת
ז אַחֲרֵיהֶן׃ וַתִּבְלַעְנָה הַשִּׁבֳּלִים הַדַּקּוֹת אֵת שֶׁבַע הַשִּׁבֳּלִים
ח הַבְּרִיאוֹת וְהַמְּלֵאוֹת וַיִּיקַץ פַּרְעֹה וְהִנֵּה חֲלוֹם׃ וַיְהִי בַבֹּקֶר
וַתִּפָּעֶם רוּחוֹ וַיִּשְׁלַח וַיִּקְרָא אֶת־כָּל־חַרְטֻמֵּי מִצְרַיִם וְאֶת־
כָּל־חֲכָמֶיהָ וַיְסַפֵּר פַּרְעֹה לָהֶם אֶת־חֲלֹמוֹ וְאֵין־פּוֹתֵר אוֹתָם
ט לְפַרְעֹה׃ וַיְדַבֵּר שַׂר הַמַּשְׁקִים אֶת־פַּרְעֹה לֵאמֹר אֶת־חֲטָאַי
י אֲנִי מַזְכִּיר הַיּוֹם׃ פַּרְעֹה קָצַף עַל־עֲבָדָיו וַיִּתֵּן אֹתִי בְּמִשְׁמַר
יא בֵּית שַׂר הַטַּבָּחִים אֹתִי וְאֵת שַׂר הָאֹפִים׃ וַנַּחַלְמָה חֲלוֹם
יב בְּלַיְלָה אֶחָד אֲנִי וָהוּא אִישׁ כְּפִתְרוֹן חֲלֹמוֹ חָלָמְנוּ׃ וְשָׁם
אִתָּנוּ נַעַר עִבְרִי עֶבֶד לְשַׂר הַטַּבָּחִים וַנְּסַפֶּר־לוֹ וַיִּפְתָּר־לָנוּ
יג אֶת־חֲלֹמֹתֵינוּ אִישׁ כַּחֲלֹמוֹ פָּתָר׃ וַיְהִי כַּאֲשֶׁר פָּתַר־לָנוּ כֵּן
יד הָיָה אֹתִי הֵשִׁיב עַל־כַּנִּי וְאֹתוֹ תָלָה׃ וַיִּשְׁלַח פַּרְעֹה וַיִּקְרָא
אֶת־יוֹסֵף וַיְרִיצֻהוּ מִן־הַבּוֹר וַיְגַלַּח וַיְחַלֵּף שִׂמְלֹתָיו וַיָּבֹא אֶל־
טו פַּרְעֹה׃ וַיֹּאמֶר פַּרְעֹה אֶל־יוֹסֵף חֲלוֹם חָלַמְתִּי וּפֹתֵר אֵין אֹתוֹ שני
טז וַאֲנִי שָׁמַעְתִּי עָלֶיךָ לֵאמֹר תִּשְׁמַע חֲלוֹם לִפְתֹּר אֹתוֹ׃ וַיַּעַן
יוֹסֵף אֶת־פַּרְעֹה לֵאמֹר בִּלְעָדָי אֱלֹהִים יַעֲנֶה אֶת־שְׁלוֹם פַּרְעֹה׃
יז וַיְדַבֵּר פַּרְעֹה אֶל־יוֹסֵף בַּחֲלֹמִי הִנְנִי עֹמֵד עַל־שְׂפַת הַיְאֹר׃
יח וְהִנֵּה מִן־הַיְאֹר עֹלֹת שֶׁבַע פָּרוֹת בְּרִיאוֹת בָּשָׂר וִיפֹת תֹּאַר
יט וַתִּרְעֶינָה בָּאָחוּ׃ וְהִנֵּה שֶׁבַע פָּרוֹת אֲחֵרוֹת עֹלוֹת אַחֲרֵיהֶן
דַּלּוֹת וְרָעוֹת תֹּאַר מְאֹד וְרַקּוֹת בָּשָׂר לֹא־רָאִיתִי כָהֵנָּה בְּכָל־
כ אֶרֶץ מִצְרַיִם לָרֹעַ׃ וַתֹּאכַלְנָה הַפָּרוֹת הָרַקּוֹת וְהָרָעוֹת אֵת
כא שֶׁבַע הַפָּרוֹת הָרִאשֹׁנוֹת הַבְּרִיאֹת׃ וַתָּבֹאנָה אֶל־קִרְבֶּנָה
וְלֹא נוֹדַע כִּי־בָאוּ אֶל־קִרְבֶּנָה וּמַרְאֵיהֶן רַע כַּאֲשֶׁר בַּתְּחִלָּה
כב וָאִיקָץ׃ וָאֵרֶא בַּחֲלֹמִי וְהִנֵּה ׀ שֶׁבַע שִׁבֳּלִים עֹלֹת בְּקָנֶה
כג אֶחָד מְלֵאֹת וְטֹבוֹת׃ וְהִנֵּה שֶׁבַע שִׁבֳּלִים צְנֻמוֹת דַּקּוֹת
כד שְׁדֻפוֹת קָדִים צֹמְחוֹת אַחֲרֵיהֶם׃ וַתִּבְלַעְןָ הַשִּׁבֳּלִים הַדַּקֹּת
אֵת שֶׁבַע הַשִּׁבֳּלִים הַטֹּבוֹת וָאֹמַר אֶל־הַחַרְטֻמִּים וְאֵין מַגִּיד

hand; but he hanged the chief baker: as Yosef had interpreted 22
to them. Nevertheless the chief butler did not remember Yosef, 23
but forgot him.

MIQQEẔ And it came to pass at the end of two years, that Par'o dreamed: **41**
and, behold, he stood by the River. And, behold, there came up 2
out of the River seven cows, well favoured, and fat of flesh; and
they fed in the reed grass. And, behold, seven other cows came up 3
after them out of the River, ill favoured and lean of flesh; and
stood by the other cows upon the brink of the River. And the 4
ill favoured and leanfleshed cows ate up the seven well favoured
and fat cows. So Par'o awoke. And he slept and dreamed a 5
second time: and, behold, seven ears of corn came up on one
stalk, plump and good. And, behold, seven ears thin, and blasted 6
by the east wind sprang up after them. And the seven thin 7
ears devoured the seven plump and full ears. And Par'o awoke,
and, behold, it was a dream. And it came to pass in the morning 8
that his spirit was troubled; and he sent and called for all the
magicians of Miẕrayim, and all her wise men: and Par'o told
them his dream; but there was none that could interpret them
to Par'o. Then spoke the chief butler to Par'o, saying, I do re- 9
member my faults this day: Par'o was angry with his servants, 10
and put me in custody in the officer of the guard's house, both
me and the chief baker: and we dreamed a dream in one night, 11
I and he; we dreamed each man according to the interpretation
of his dream. And there was there with us a young man, a 12
Hebrew, servant to the officer of the guard; and we told him,
and he interpreted to us our dreams; to each man according
to his dream he did interpret. And it came to pass, as he inter- 13
preted to us, so it was; I was restored to my office, and he
was hanged. Then Par'o sent and called Yosef, and they brought 14
him hastily out of the dungeon: and he shaved himself, and
changed his garments, and came in to Par'o. And Par'o said 15
to Yosef, I have dreamed a dream, and there is none that
can interpret it: and I have heard say of thee, that thou canst
understand a dream to interpret it. And Yosef answered Par'o, 16
saying, it is not me: God shall give Par'o a favourable answer.
And Par'o said to Yosef, In my dream, behold, I stood upon the 17
bank of the River: and, behold, there came up out of the River 18
seven cows, fat of flesh and well favoured; and they fed in the
reed grass: and, behold, seven other cows came up after them, 19
poor and very ill favoured and lean of flesh, such as I never saw
in all the land of Miẕrayim for badness: and the lean and the 20
ill favoured cows did eat up the first seven fat cows: and when 21
they had eaten them up, it could not be known that they had
eaten them; for they were still ill favoured, as at the beginning.
So I awoke. And I saw in my dream, and, behold, seven ears 22
came up on one stalk, full and good: and, behold, seven ears, 23
withered, thin, and blasted by the east wind, sprang up after
them: and the thin ears devoured the seven good ears: and 24
I told this to the magicians; but there was none that could

כה לִי: וַיֹּאמֶר יוֹסֵף אֶל־פַּרְעֹה חֲלוֹם פַּרְעֹה אֶחָד הוּא אֵת אֲשֶׁר
כו הָאֱלֹהִים עֹשֶׂה הִגִּיד לְפַרְעֹה: שֶׁבַע פָּרֹת הַטֹּבֹת שֶׁבַע שָׁנִים
הֵנָּה וְשֶׁבַע הַשִּׁבֳּלִים הַטֹּבֹת שֶׁבַע שָׁנִים הֵנָּה חֲלוֹם אֶחָד
כז הוּא: וְשֶׁבַע הַפָּרוֹת הָרַקּוֹת וְהָרָעֹת הָעֹלֹת אַחֲרֵיהֶן שֶׁבַע
שָׁנִים הֵנָּה וְשֶׁבַע הַשִּׁבֳּלִים הָרֵקוֹת שְׁדֻפוֹת הַקָּדִים יִהְיוּ שֶׁבַע
כח שְׁנֵי רָעָב: הוּא הַדָּבָר אֲשֶׁר דִּבַּרְתִּי אֶל־פַּרְעֹה אֲשֶׁר הָאֱלֹהִים
כט עֹשֶׂה הֶרְאָה אֶת־פַּרְעֹה: הִנֵּה שֶׁבַע שָׁנִים בָּאוֹת שָׂבָע גָּדוֹל
ל בְּכָל־אֶרֶץ מִצְרָיִם: וְקָמוּ שֶׁבַע שְׁנֵי רָעָב אַחֲרֵיהֶן וְנִשְׁכַּח
לא כָּל־הַשָּׂבָע בְּאֶרֶץ מִצְרָיִם וְכִלָּה הָרָעָב אֶת־הָאָרֶץ: וְלֹא־
יִוָּדַע הַשָּׂבָע בָּאָרֶץ מִפְּנֵי הָרָעָב הַהוּא אַחֲרֵי־כֵן כִּי־כָבֵד
לב הוּא מְאֹד: וְעַל הִשָּׁנוֹת הַחֲלוֹם אֶל־פַּרְעֹה פַּעֲמָיִם כִּי־נָכוֹן
לג הַדָּבָר מֵעִם הָאֱלֹהִים וּמְמַהֵר הָאֱלֹהִים לַעֲשֹׂתוֹ: וְעַתָּה יֵרֶא
לד פַרְעֹה אִישׁ נָבוֹן וְחָכָם וִישִׁיתֵהוּ עַל־אֶרֶץ מִצְרָיִם: יַעֲשֶׂה
פַרְעֹה וְיַפְקֵד פְּקִדִים עַל־הָאָרֶץ וְחִמֵּשׁ אֶת־אֶרֶץ מִצְרַיִם
לה בְּשֶׁבַע שְׁנֵי הַשָּׂבָע: וְיִקְבְּצוּ אֶת־כָּל־אֹכֶל הַשָּׁנִים הַטֹּבֹת
הַבָּאֹת הָאֵלֶּה וְיִצְבְּרוּ־בָר תַּחַת יַד־פַּרְעֹה אֹכֶל בֶּעָרִים וְשָׁמָרוּ:
לו וְהָיָה הָאֹכֶל לְפִקָּדוֹן לָאָרֶץ לְשֶׁבַע שְׁנֵי הָרָעָב אֲשֶׁר תִּהְיֶיןָ
לז בְּאֶרֶץ מִצְרָיִם וְלֹא־תִכָּרֵת הָאָרֶץ בָּרָעָב: וַיִּיטַב הַדָּבָר בְּעֵינֵי
לח פַרְעֹה וּבְעֵינֵי כָּל־עֲבָדָיו: וַיֹּאמֶר פַּרְעֹה אֶל־עֲבָדָיו הֲנִמְצָא לז
לט כָזֶה אִישׁ אֲשֶׁר רוּחַ אֱלֹהִים בּוֹ: וַיֹּאמֶר פַּרְעֹה אֶל־יוֹסֵף אַחֲרֵי שלישי
הוֹדִיעַ אֱלֹהִים אוֹתְךָ אֶת־כָּל־זֹאת אֵין־נָבוֹן וְחָכָם כָּמוֹךָ:
מ אַתָּה תִּהְיֶה עַל־בֵּיתִי וְעַל־פִּיךָ יִשַּׁק כָּל־עַמִּי רַק הַכִּסֵּא אֶגְדַּל
מא מִמֶּךָּ: וַיֹּאמֶר פַּרְעֹה אֶל־יוֹסֵף רְאֵה נָתַתִּי אֹתְךָ עַל כָּל־
מב אֶרֶץ מִצְרָיִם: וַיָּסַר פַּרְעֹה אֶת־טַבַּעְתּוֹ מֵעַל יָדוֹ וַיִּתֵּן אֹתָהּ
עַל־יַד יוֹסֵף וַיַּלְבֵּשׁ אֹתוֹ בִּגְדֵי־שֵׁשׁ וַיָּשֶׂם רְבִד הַזָּהָב עַל־
מג צַוָּארוֹ: וַיַּרְכֵּב אֹתוֹ בְּמִרְכֶּבֶת הַמִּשְׁנֶה אֲשֶׁר־לוֹ וַיִּקְרְאוּ לְפָנָיו
מד אַבְרֵךְ וְנָתוֹן אֹתוֹ עַל כָּל־אֶרֶץ מִצְרָיִם: וַיֹּאמֶר פַּרְעֹה אֶל־
יוֹסֵף אֲנִי פַרְעֹה וּבִלְעָדֶיךָ לֹא־יָרִים אִישׁ אֶת־יָדוֹ וְאֶת־רַגְלוֹ
מה בְּכָל־אֶרֶץ מִצְרָיִם: וַיִּקְרָא פַרְעֹה שֵׁם־יוֹסֵף צָפְנַת פַּעְנֵחַ וַיִּתֶּן־
לוֹ אֶת־אָסְנַת בַּת־פּוֹטִי פֶרַע כֹּהֵן אֹן לְאִשָּׁה וַיֵּצֵא יוֹסֵף עַל־
מו אֶרֶץ מִצְרָיִם: וְיוֹסֵף בֶּן־שְׁלֹשִׁים שָׁנָה בְּעָמְדוֹ לִפְנֵי פַּרְעֹה
מֶלֶךְ־מִצְרָיִם וַיֵּצֵא יוֹסֵף מִלִּפְנֵי פַרְעֹה וַיַּעֲבֹר בְּכָל־אֶרֶץ
מז מח מִצְרָיִם: וַתַּעַשׂ הָאָרֶץ בְּשֶׁבַע שְׁנֵי הַשָּׂבָע לִקְמָצִים: וַיִּקְבֹּץ
אֶת־כָּל־אֹכֶל ׀ שֶׁבַע שָׁנִים אֲשֶׁר הָיוּ בְּאֶרֶץ מִצְרַיִם וַיִּתֶּן־
אֹכֶל בֶּעָרִים אֹכֶל שְׂדֵה־הָעִיר אֲשֶׁר סְבִיבֹתֶיהָ נָתַן בְּתוֹכָהּ:
מט וַיִּצְבֹּר יוֹסֵף בָּר כְּחוֹל הַיָּם הַרְבֵּה מְאֹד עַד כִּי־חָדַל לִסְפֹּר

explain it to me. And Yosef said to Par'o, The dream of Par'o 25
is one: God has declared to Par'o what he is about to do. The se- 26
ven good cows are seven years; and the seven good ears are se-
ven years: the dream is one. And the seven thin and ill favoured 27
cows that came up after them are seven years: and the seven
empty ears blasted with the east wind shall be seven years
of famine. This is the thing which I have spoken to Par'o: What 28
God is about to do he has shown to Par'o. Behold, there come 29
seven years of great plenty throughout all the land of Miẕrayim.
And there shall arise after them seven years of famine; and all 30
the plenty shall be forgotten in the land of Miẕrayim; and the
famine shall consume the land; and the plenty shall not be 31
known in the land by reason of that famine following; for it
shall be very grievous. And as for the repetition of the dream 32
to Par'o twice; it is because the thing is fast determined by
God, and God will shortly bring it to pass. Now therefore let 33
Par'o look out a man discreet and wise, and set him over the
land of Miẕrayim. Let Par'o do this, and let him appoint officers 34
over the land, and take up the fifth part of the land of Miẕrayim
in the seven years of plenty. And let them gather all the food 35
of those good years that come, and lay up corn under the hand
of Par'o, and let them keep food in the cities. And that food 36
shall be for store to the land against the seven years of famine,
which shall be in the land of Miẕrayim; that the land perish
not through the famine. And the thing was good in the eyes 37
of Par'o, and in the eyes of all his servants. And Par'o said 38
to his servants, Can we find such a one as this is, a man in
whom is the spirit of God? And Par'o said to Yosef, since God 39
has shown thee all this, there is none so discreet and wise as
thou art: thou shalt be over my house, and according to thy 40
word shall all my people be ruled: only in the throne will I be
greater than thou. And Par'o said to Yosef, See, I have set thee 41
over all the land of Miẕrayim. And Par'o took off his ring from 42
his hand, and put it on Yosef's hand, and arrayed him in gar-
ments of fine linen, and put a gold chain about his neck; and he
made him to ride in the second chariot which he had; and they 43
cried before him, Avrekh (Bow the knee): and made him ruler
over all the land of Miẕrayim. And Par'o said to Yosef, I am 44
Par'o, and without thee shall no man lift up his hand or foot
in all the land of Miẕrayim. And Par'o called Yosef's name, 45
Ẕafenat-pa'neaḥ; and he gave him to wife Asenat the daughter
of Poti-fera priest of On. And Yosef went out over all the land
of Miẕrayim. And Yosef was thirty years old when he stood 46
before Par'o, king of Miẕrayim. And Yosef went out from the
presence of Par'o, and went through all the land of Miẕrayim.
And in the seven years of plenty the earth brought forth by 47
heaps. And he gathered up all the food of the seven years, 48
which were in the land of Miẕrayim, and laid up the food in
the cities: the food of the field, which was round about every
city, laid he up within it. And Yosef gathered corn like the 49
sand of the sea, very much, until he stopped numbering; for it

כִּי־אֵין מִסְפָּר: וּלְיוֹסֵף יֻלַּד שְׁנֵי בָנִים בְּטֶרֶם תָּבוֹא שְׁנַת   נ

הָרָעָב אֲשֶׁר יָלְדָה־לּוֹ אָסְנַת בַּת־פּוֹטִי פֶרַע כֹּהֵן אוֹן: וַיִּקְרָא   נא

יוֹסֵף אֶת־שֵׁם הַבְּכוֹר מְנַשֶּׁה כִּי־נַשַּׁנִי אֱלֹהִים אֶת־כָּל־עֲמָלִי

וְאֵת כָּל־בֵּית אָבִי: וְאֵת שֵׁם הַשֵּׁנִי קָרָא אֶפְרָיִם כִּי־הִפְרַנִי   נב

אֱלֹהִים בְּאֶרֶץ עָנְיִי: וַתִּכְלֶינָה שֶׁבַע שְׁנֵי הַשָּׂבָע אֲשֶׁר הָיָה   נג   רביעי

בְּאֶרֶץ מִצְרָיִם: וַתְּחִלֶּינָה שֶׁבַע שְׁנֵי הָרָעָב לָבוֹא כַּאֲשֶׁר אָמַר   נד

יוֹסֵף וַיְהִי רָעָב בְּכָל־הָאֲרָצוֹת וּבְכָל־אֶרֶץ מִצְרַיִם הָיָה לָחֶם:

וַתִּרְעַב כָּל־אֶרֶץ מִצְרַיִם וַיִּצְעַק הָעָם אֶל־פַּרְעֹה לַלָּחֶם וַיֹּאמֶר   נה

פַּרְעֹה לְכָל־מִצְרַיִם לְכוּ אֶל־יוֹסֵף אֲשֶׁר־יֹאמַר לָכֶם תַּעֲשׂוּ:

וְהָרָעָב הָיָה עַל כָּל־פְּנֵי הָאָרֶץ וַיִּפְתַּח יוֹסֵף אֶת־כָּל־אֲשֶׁר   נו

בָּהֶם וַיִּשְׁבֹּר לְמִצְרַיִם וַיֶּחֱזַק הָרָעָב בְּאֶרֶץ מִצְרָיִם: וְכָל־הָאָרֶץ   נז

בָּאוּ מִצְרַיְמָה לִשְׁבֹּר אֶל־יוֹסֵף כִּי־חָזַק הָרָעָב בְּכָל־הָאָרֶץ:

וַיַּרְא יַעֲקֹב כִּי יֶשׁ־שֶׁבֶר בְּמִצְרָיִם וַיֹּאמֶר יַעֲקֹב לְבָנָיו לָמָּה   א   מב

תִּתְרָאוּ: וַיֹּאמֶר הִנֵּה שָׁמַעְתִּי כִּי יֶשׁ־שֶׁבֶר בְּמִצְרָיִם רְדוּ־שָׁמָּה   ב

וְשִׁבְרוּ־לָנוּ מִשָּׁם וְנִחְיֶה וְלֹא נָמוּת: וַיֵּרְדוּ אֲחֵי־יוֹסֵף עֲשָׂרָה   ג

לִשְׁבֹּר בָּר מִמִּצְרָיִם: וְאֶת־בִּנְיָמִין אֲחִי יוֹסֵף לֹא־שָׁלַח יַעֲקֹב   ד

אֶת־אֶחָיו כִּי אָמַר פֶּן־יִקְרָאֶנּוּ אָסוֹן: וַיָּבֹאוּ בְּנֵי יִשְׂרָאֵל לִשְׁבֹּר   ה

בְּתוֹךְ הַבָּאִים כִּי־הָיָה הָרָעָב בְּאֶרֶץ כְּנָעַן: וְיוֹסֵף הוּא הַשַּׁלִּיט   ו

עַל־הָאָרֶץ הוּא הַמַּשְׁבִּיר לְכָל־עַם הָאָרֶץ וַיָּבֹאוּ אֲחֵי יוֹסֵף

וַיִּשְׁתַּחֲווּ־לוֹ אַפַּיִם אָרְצָה: וַיַּרְא יוֹסֵף אֶת־אֶחָיו וַיַּכִּרֵם וַיִּתְנַכֵּר   ז

אֲלֵיהֶם וַיְדַבֵּר אִתָּם קָשׁוֹת וַיֹּאמֶר אֲלֵהֶם מֵאַיִן בָּאתֶם וַיֹּאמְרוּ

מֵאֶרֶץ כְּנַעַן לִשְׁבָּר־אֹכֶל: וַיַּכֵּר יוֹסֵף אֶת־אֶחָיו וְהֵם לֹא   ח

הִכִּרֻהוּ: וַיִּזְכֹּר יוֹסֵף אֵת הַחֲלֹמוֹת אֲשֶׁר חָלַם לָהֶם וַיֹּאמֶר   ט

אֲלֵהֶם מְרַגְּלִים אַתֶּם לִרְאוֹת אֶת־עֶרְוַת הָאָרֶץ בָּאתֶם:

וַיֹּאמְרוּ אֵלָיו לֹא אֲדֹנִי וַעֲבָדֶיךָ בָּאוּ לִשְׁבָּר־אֹכֶל: כֻּלָּנוּ בְּנֵי   יא

אִישׁ־אֶחָד נָחְנוּ כֵּנִים אֲנַחְנוּ לֹא־הָיוּ עֲבָדֶיךָ מְרַגְּלִים: וַיֹּאמֶר   יב

אֲלֵהֶם לֹא כִּי־עֶרְוַת הָאָרֶץ בָּאתֶם לִרְאוֹת: וַיֹּאמְרוּ שְׁנֵים   יג

עָשָׂר עֲבָדֶיךָ אַחִים ׀ אֲנַחְנוּ בְּנֵי אִישׁ־אֶחָד בְּאֶרֶץ כְּנָעַן וְהִנֵּה

הַקָּטֹן אֶת־אָבִינוּ הַיּוֹם וְהָאֶחָד אֵינֶנּוּ: וַיֹּאמֶר אֲלֵהֶם יוֹסֵף   יד

הוּא אֲשֶׁר דִּבַּרְתִּי אֲלֵכֶם לֵאמֹר מְרַגְּלִים אַתֶּם: בְּזֹאת תִּבָּחֵנוּ   טו

חֵי פַרְעֹה אִם־תֵּצְאוּ מִזֶּה כִּי אִם־בְּבוֹא אֲחִיכֶם הַקָּטֹן הֵנָּה:

שִׁלְחוּ מִכֶּם אֶחָד וְיִקַּח אֶת־אֲחִיכֶם וְאַתֶּם הֵאָסְרוּ וְיִבָּחֲנוּ   טז

דִּבְרֵיכֶם הַאֱמֶת אִתְּכֶם וְאִם־לֹא חֵי פַרְעֹה כִּי מְרַגְּלִים אַתֶּם:

וַיֶּאֱסֹף אֹתָם אֶל־מִשְׁמָר שְׁלֹשֶׁת יָמִים: וַיֹּאמֶר אֲלֵהֶם יוֹסֵף   יז   לח

בַּיּוֹם הַשְּׁלִישִׁי זֹאת עֲשׂוּ וִחְיוּ אֶת־הָאֱלֹהִים אֲנִי יָרֵא: אִם־   יט   חמישי

כֵּנִים אַתֶּם אֲחִיכֶם אֶחָד יֵאָסֵר בְּבֵית מִשְׁמַרְכֶם וְאַתֶּם לְכוּ

was without number. And to Yosef were born two sons before   50
the years of famine came, whom Asenat the daughter of Poti-
fera priest of On bore to him. And Yosef called the name of   51
the firstborn Menashshe: For GOD, said he, has made me forget
all my toil, and all my father's house. And the name of the   52
second he called Efrayim: For GOD has caused me to be fruitful
in the land of my affliction. And the seven years of plenty, that   53
were in the land of Miẓrayim, were ended. And the seven years   54
of famine began to come, according as Yosef had said: and the
famine was in all the lands; but in all the land of Miẓrayim there
was bread. And when all the land of Miẓrayim was famished,   55
the people cried to Par'o for bread: and Par'o said to all
Miẓrayim, Go to Yosef; what he says to you, do. And the famine   56
was over all the face of the earth: And Yosef opened all the
storehouses, and sold to Miẓrayim; and the famine grew severe
in the land of Miẓrayim. And all countries came to Miẓrayim to   57
Yosef to buy corn; because the famine was so severe in all the
earth. Now when Ya'aqov saw that there was corn in Miẓrayim,   **42**
Ya'aqov said to his sons, Why do you look at one another? And   2
he said, Behold, I have heard that there is corn in Miẓrayim:
go down there, and buy for us from there, that we may live,
and not die. And Yosef's ten brothers went down to buy corn   3
in Miẓrayim. But Binyamin, Yosef's brother, Ya'aqov sent not   4
with his brethren; for he said, Lest mischief befall him. And   5
the sons of Yiśra'el came to buy corn among those that came:
for the famine was in the land of Kena'an. And Yosef was the   6
governor of the land, and he it was that sold to all the people
of the land: and Yosef's brothers came, and bowed themselves
down before him with their faces to the earth. And Yosef saw   7
his brethren, and he knew them, but made himself strange to
them, and spoke roughly to them; and he said to them, Where
do you come from? And they said, From the land of Kena'an
to buy food. And Yosef knew his brethren, but they knew   8
him not. And Yosef remembered the dreams which he had   9
dreamed about them, and he said to them, You are spies; to
see the nakedness of the land are you come. And they said   10
to him, No, my lord, but to buy food are thy servants come.
We are all one man's sons; we are true men, thy servants are   11
no spies. And he said to them, No, but you are come to see   12
the nakedness of the land. And they said, Thy servants are   13
twelve, we are brothers, sons of one man in the land of Kena'an;
and, behold, the youngest is this day with our father, and one
is no more. And Yosef said to them, That is what I spoke to   14
you, saying, you are spies: hereby you shall be proved; by the   15
life of Par'o you shall not go out of here unless your youngest
brother comes here. Send one of you, and let him fetch your   16
brother, and you shall be kept in prison, that your words may
be proved, whether there be any truth in you: or else by the
life of Par'o surely you are spies. And he put them all together   17
into custody for three days. And Yosef said to them on the third   18
day, This do, and live: I fear GOD: if you are true men, let one   19
of your brothers be bound in the house of your confinement:

הֲבִיאוּ שֶׁבֶר רַעֲבוֹן בָּתֵּיכֶם: וְאֶת־אֲחִיכֶם הַקָּטֹן תָּבִיאוּ אֵלַי כ
וְיֵאָמְנוּ דִבְרֵיכֶם וְלֹא תָמוּתוּ וַיַּעֲשׂוּ־כֵן: וַיֹּאמְרוּ אִישׁ אֶל־ כא
אָחִיו אֲבָל אֲשֵׁמִים ׀ אֲנַחְנוּ עַל־אָחִינוּ אֲשֶׁר רָאִינוּ צָרַת נַפְשׁוֹ
בְּהִתְחַנְנוֹ אֵלֵינוּ וְלֹא שָׁמָעְנוּ עַל־כֵּן בָּאָה אֵלֵינוּ הַצָּרָה הַזֹּאת:
וַיַּעַן רְאוּבֵן אֹתָם לֵאמֹר הֲלוֹא אָמַרְתִּי אֲלֵיכֶם ׀ לֵאמֹר אַל־ כב
תֶּחֶטְאוּ בַיֶּלֶד וְלֹא שְׁמַעְתֶּם וְגַם־דָּמוֹ הִנֵּה נִדְרָשׁ: וְהֵם לֹא כג
יָדְעוּ כִּי שֹׁמֵעַ יוֹסֵף כִּי הַמֵּלִיץ בֵּינֹתָם: וַיִּסֹּב מֵעֲלֵיהֶם וַיֵּבְךְּ כד
וַיָּשָׁב אֲלֵהֶם וַיְדַבֵּר אֲלֵהֶם וַיִּקַּח מֵאִתָּם אֶת־שִׁמְעוֹן וַיֶּאֱסֹר
אֹתוֹ לְעֵינֵיהֶם: וַיְצַו יוֹסֵף וַיְמַלְאוּ אֶת־כְּלֵיהֶם בָּר וּלְהָשִׁיב כה
כַּסְפֵּיהֶם אִישׁ אֶל־שַׂקּוֹ וְלָתֵת לָהֶם צֵדָה לַדָּרֶךְ וַיַּעַשׂ לָהֶם
כֵּן: וַיִּשְׂאוּ אֶת־שִׁבְרָם עַל־חֲמֹרֵיהֶם וַיֵּלְכוּ מִשָּׁם: וַיִּפְתַּח כו כז
הָאֶחָד אֶת־שַׂקּוֹ לָתֵת מִסְפּוֹא לַחֲמֹרוֹ בַּמָּלוֹן וַיַּרְא אֶת־כַּסְפּוֹ
וְהִנֵּה־הוּא בְּפִי אַמְתַּחְתּוֹ: וַיֹּאמֶר אֶל־אֶחָיו הוּשַׁב כַּסְפִּי וְגַם כח
הִנֵּה בְאַמְתַּחְתִּי וַיֵּצֵא לִבָּם וַיֶּחֶרְדוּ אִישׁ אֶל־אָחִיו לֵאמֹר מַה־
זֹּאת עָשָׂה אֱלֹהִים לָנוּ: וַיָּבֹאוּ אֶל־יַעֲקֹב אֲבִיהֶם אַרְצָה כְּנָעַן כט
וַיַּגִּידוּ לוֹ אֵת כָּל־הַקֹּרֹת אֹתָם לֵאמֹר: דִּבֶּר הָאִישׁ אֲדֹנֵי ל
הָאָרֶץ אִתָּנוּ קָשׁוֹת וַיִּתֵּן אֹתָנוּ כִּמְרַגְּלִים אֶת־הָאָרֶץ: וַנֹּאמֶר לא
אֵלָיו כֵּנִים אֲנָחְנוּ לֹא הָיִינוּ מְרַגְּלִים: שְׁנֵים־עָשָׂר אֲנַחְנוּ אַחִים לב
בְּנֵי אָבִינוּ הָאֶחָד אֵינֶנּוּ וְהַקָּטֹן הַיּוֹם אֶת־אָבִינוּ בְּאֶרֶץ כְּנָעַן:
וַיֹּאמֶר אֵלֵינוּ הָאִישׁ אֲדֹנֵי הָאָרֶץ בְּזֹאת אֵדַע כִּי כֵנִים אַתֶּם לג
אֲחִיכֶם הָאֶחָד הַנִּיחוּ אִתִּי וְאֶת־רַעֲבוֹן בָּתֵּיכֶם קְחוּ וָלֵכוּ:
וְהָבִיאוּ אֶת־אֲחִיכֶם הַקָּטֹן אֵלַי וְאֵדְעָה כִּי לֹא מְרַגְּלִים אַתֶּם לד
כִּי כֵנִים אַתֶּם אֶת־אֲחִיכֶם אֶתֵּן לָכֶם וְאֶת־הָאָרֶץ תִּסְחָרוּ: וַיְהִי לה
הֵם מְרִיקִים שַׂקֵּיהֶם וְהִנֵּה־אִישׁ צְרוֹר־כַּסְפּוֹ בְּשַׂקּוֹ וַיִּרְאוּ אֶת־
צְרֹרוֹת כַּסְפֵּיהֶם הֵמָּה וַאֲבִיהֶם וַיִּירָאוּ: וַיֹּאמֶר אֲלֵהֶם יַעֲקֹב לו
אֲבִיהֶם אֹתִי שִׁכַּלְתֶּם יוֹסֵף אֵינֶנּוּ וְשִׁמְעוֹן אֵינֶנּוּ וְאֶת־בִּנְיָמִן
תִּקָּחוּ עָלַי הָיוּ כֻלָּנָה: וַיֹּאמֶר רְאוּבֵן אֶל־אָבִיו לֵאמֹר אֶת־ לז
שְׁנֵי בָנַי תָּמִית אִם־לֹא אֲבִיאֶנּוּ אֵלֶיךָ תְּנָה אֹתוֹ עַל־יָדִי וַאֲנִי
אֲשִׁיבֶנּוּ אֵלֶיךָ: וַיֹּאמֶר לֹא־יֵרֵד בְּנִי עִמָּכֶם כִּי־אָחִיו מֵת וְהוּא לח
לְבַדּוֹ נִשְׁאָר וּקְרָאָהוּ אָסוֹן בַּדֶּרֶךְ אֲשֶׁר תֵּלְכוּ־בָהּ וְהוֹרַדְתֶּם
אֶת־שֵׂיבָתִי בְּיָגוֹן שְׁאוֹלָה: וְהָרָעָב כָּבֵד בָּאָרֶץ: וַיְהִי כַּאֲשֶׁר מג א ב
כִּלּוּ לֶאֱכֹל אֶת־הַשֶּׁבֶר אֲשֶׁר הֵבִיאוּ מִמִּצְרָיִם וַיֹּאמֶר אֲלֵיהֶם
אֲבִיהֶם שֻׁבוּ שִׁבְרוּ־לָנוּ מְעַט־אֹכֶל: וַיֹּאמֶר אֵלָיו יְהוּדָה ג
לֵאמֹר הָעֵד הֵעִד בָּנוּ הָאִישׁ לֵאמֹר לֹא־תִרְאוּ פָנַי בִּלְתִּי
אֲחִיכֶם אִתְּכֶם: אִם־יֶשְׁךָ מְשַׁלֵּחַ אֶת־אָחִינוּ אִתָּנוּ נֵרְדָה ד
וְנִשְׁבְּרָה לְךָ אֹכֶל: וְאִם־אֵינְךָ מְשַׁלֵּחַ לֹא נֵרֵד כִּי־הָאִישׁ אָמַר ה

and you go, carry corn for the famine of your houses: but bring 20
your youngest brother to me; so shall your words be verified,
and you shall not die. And they did so. And they said one to 21
another, Truly, we are guilty concerning our brother, in that we
saw the anguish of his soul, when he besought us, and we
would not hear; therefore is this distress come upon us. And 22
Re'uven answered them, saying, Did I not speak to you, saying,
Do not sin against the child; and you would not hear? therefore,
behold, even his blood is required. And they knew not that Yosef 23
understood them; for he spoke to them by an interpreter. And 24
he turned himself about from them, and wept; and turned back
to them, and spoke with them, and took from them Shim'on, and
bound him before their eyes. Then Yosef gave orders to fill their 25
sacks with corn, and to restore every man's money into his
sack, and to give them provision for the way: and thus it was
performed. And they loaded their asses with the corn, and de- 26
parted from there. And as one of them opened his sack to give 27
his ass provender in the lodging place, he saw his money; for,
behold, it was in the mouth of his sack. And he said to his breth- 28
ren, My money is returned; and, lo, it is in my sack: and their
heart failed them, and they were afraid, saying one to another,
What is this that God has done to us? And they came to Ya'aqov 29
their father to the land of Kena'an, and told him all that had be-
fallen them; saying, The man, who is the lord of the land, spoke 30
roughly to us, and took us for spies of the country. And we said 31
to him, We are true men; we are no spies: We are twelve breth- 32
ren, sons of our father; one is no more, and the youngest is this
day with our father in the land of Kena'an. And the man, 33
the lord of the country, said to us, Hereby shall I know that
you are true men; leave one of your brethren here with me,
and take food for the famine of your households, and be gone:
and bring your youngest brother to me: then shall I know 34
that you are no spies, but that you are true men: so will I deliver
you your brother, and you shall traffic in the land. And it 35
came to pass as they emptied their sacks, that, behold, every
man's bundle of money was in his sack: and when both they
and their father saw the bundles of money, they were afraid.
And Ya'aqov their father said to them, You have bereaved me 36
of my children: Yosef is not, and Shim'on is not, and you
will take Binyamin away: all these things have come upon me.
And Re'uven spoke to his father, saying, Slay my two sons, if 37
I bring him not to thee: deliver him into my hand, and I will
bring him back to thee. And he said, My son shall not go down 38
with you; for his brother is dead, and he is left alone: if mischief
befall him by the way in which you go, then shall you bring
down my grey hairs with sorrow to She'ol. And the famine **43**
was severe in the land. And it came to pass, when they had 2
eaten up the corn which they had brought out of Mizrayim,
their father said to them, Go back, buy us a little food. And 3
Yehuda spoke to him, saying, The man did solemnly protest
to us, saying, You shall not see my face, unless your brother
is with you. If thou wilt send our brother with us, we will go 4
down and buy thee food: but if thou wilt not send him, we 5

ו אֵלֵינוּ לֹא־תִרְאוּ פָנַי בִּלְתִּי אֲחִיכֶם אִתְּכֶם׃ וַיֹּאמֶר יִשְׂרָאֵל
ז לָמָה הֲרֵעֹתֶם לִי לְהַגִּיד לָאִישׁ הַעוֹד לָכֶם אָח׃ וַיֹּאמְרוּ שָׁאוֹל
שָׁאַל־הָאִישׁ לָנוּ וּלְמוֹלַדְתֵּנוּ לֵאמֹר הַעוֹד אֲבִיכֶם חַי הֲיֵשׁ
לָכֶם אָח וַנַּגֶּד־לוֹ עַל־פִּי הַדְּבָרִים הָאֵלֶּה הֲיָדוֹעַ נֵדַע כִּי יֹאמַר
ח הוֹרִידוּ אֶת־אֲחִיכֶם׃ וַיֹּאמֶר יְהוּדָה אֶל־יִשְׂרָאֵל אָבִיו שִׁלְחָה
הַנַּעַר אִתִּי וְנָקוּמָה וְנֵלֵכָה וְנִחְיֶה וְלֹא נָמוּת גַּם־אֲנַחְנוּ גַם־
ט אַתָּה גַּם־טַפֵּנוּ׃ אָנֹכִי אֶעֶרְבֶנּוּ מִיָּדִי תְּבַקְשֶׁנּוּ אִם־לֹא הֲבִיאֹתִיו
י אֵלֶיךָ וְהִצַּגְתִּיו לְפָנֶיךָ וְחָטָאתִי לְךָ כָּל־הַיָּמִים׃ כִּי לוּלֵא
יא הִתְמַהְמָהְנוּ כִּי־עַתָּה שַׁבְנוּ זֶה פַעֲמָיִם׃ וַיֹּאמֶר אֲלֵהֶם יִשְׂרָאֵל
אֲבִיהֶם אִם־כֵּן ׀ אֵפוֹא זֹאת עֲשׂוּ קְחוּ מִזִּמְרַת הָאָרֶץ בִּכְלֵיכֶם
וְהוֹרִידוּ לָאִישׁ מִנְחָה מְעַט צֳרִי וּמְעַט דְּבַשׁ נְכֹאת וָלֹט בָּטְנִים
יב וּשְׁקֵדִים׃ וְכֶסֶף מִשְׁנֶה קְחוּ בְיֶדְכֶם וְאֶת־הַכֶּסֶף הַמּוּשָׁב בְּפִי
יג אַמְתְּחֹתֵיכֶם תָּשִׁיבוּ בְיֶדְכֶם אוּלַי מִשְׁגֶּה הוּא׃ וְאֶת־אֲחִיכֶם
לט יד קָחוּ וְקוּמוּ שׁוּבוּ אֶל־הָאִישׁ׃ וְאֵל שַׁדַּי יִתֵּן לָכֶם רַחֲמִים לִפְנֵי
הָאִישׁ וְשִׁלַּח לָכֶם אֶת־אֲחִיכֶם אַחֵר וְאֶת־בִּנְיָמִין וַאֲנִי כַּאֲשֶׁר
טו שָׁכֹלְתִּי שָׁכָלְתִּי׃ וַיִּקְחוּ הָאֲנָשִׁים אֶת־הַמִּנְחָה הַזֹּאת וּמִשְׁנֶה־
כֶּסֶף לָקְחוּ בְיָדָם וְאֶת־בִּנְיָמִן וַיָּקֻמוּ וַיֵּרְדוּ מִצְרַיִם וַיַּעַמְדוּ
ששי טז לִפְנֵי יוֹסֵף׃ וַיַּרְא יוֹסֵף אִתָּם אֶת־בִּנְיָמִין וַיֹּאמֶר לַאֲשֶׁר עַל־
בֵּיתוֹ הָבֵא אֶת־הָאֲנָשִׁים הַבָּיְתָה וּטְבֹחַ טֶבַח וְהָכֵן כִּי אִתִּי
יז יֹאכְלוּ הָאֲנָשִׁים בַּצָּהֳרָיִם׃ וַיַּעַשׂ הָאִישׁ כַּאֲשֶׁר אָמַר יוֹסֵף
יח וַיָּבֵא הָאִישׁ אֶת־הָאֲנָשִׁים בֵּיתָה יוֹסֵף׃ וַיִּירְאוּ הָאֲנָשִׁים כִּי
הוּבְאוּ בֵּית יוֹסֵף וַיֹּאמְרוּ עַל־דְּבַר הַכֶּסֶף הַשָּׁב בְּאַמְתְּחֹתֵינוּ
בַּתְּחִלָּה אֲנַחְנוּ מוּבָאִים לְהִתְגֹּלֵל עָלֵינוּ וּלְהִתְנַפֵּל עָלֵינוּ
יט וְלָקַחַת אֹתָנוּ לַעֲבָדִים וְאֶת־חֲמֹרֵינוּ׃ וַיִּגְּשׁוּ אֶל־הָאִישׁ אֲשֶׁר
כ עַל־בֵּית יוֹסֵף וַיְדַבְּרוּ אֵלָיו פֶּתַח הַבָּיִת׃ וַיֹּאמְרוּ בִּי אֲדֹנִי יָרֹד
כא יָרַדְנוּ בַּתְּחִלָּה לִשְׁבָּר־אֹכֶל׃ וַיְהִי כִּי־בָאנוּ אֶל־הַמָּלוֹן וַנִּפְתְּחָה
אֶת־אַמְתְּחֹתֵינוּ וְהִנֵּה כֶסֶף־אִישׁ בְּפִי אַמְתַּחְתּוֹ כַּסְפֵּנוּ
כב בְּמִשְׁקָלוֹ וַנָּשֶׁב אֹתוֹ בְּיָדֵנוּ׃ וְכֶסֶף אַחֵר הוֹרַדְנוּ בְיָדֵנוּ לִשְׁבָּר־
כג אֹכֶל לֹא יָדַעְנוּ מִי־שָׂם כַּסְפֵּנוּ בְּאַמְתְּחֹתֵינוּ׃ וַיֹּאמֶר שָׁלוֹם
לָכֶם אַל־תִּירָאוּ אֱלֹהֵיכֶם וֵאלֹהֵי אֲבִיכֶם נָתַן לָכֶם מַטְמוֹן
בְּאַמְתְּחֹתֵיכֶם כַּסְפְּכֶם בָּא אֵלָי וַיּוֹצֵא אֲלֵהֶם אֶת־שִׁמְעוֹן׃
כד וַיָּבֵא הָאִישׁ אֶת־הָאֲנָשִׁים בֵּיתָה יוֹסֵף וַיִּתֶּן־מַיִם וַיִּרְחֲצוּ
כה רַגְלֵיהֶם וַיִּתֵּן מִסְפּוֹא לַחֲמֹרֵיהֶם׃ וַיָּכִינוּ אֶת־הַמִּנְחָה עַד־בּוֹא
כו יוֹסֵף בַּצָּהֳרָיִם כִּי שָׁמְעוּ כִּי־שָׁם יֹאכְלוּ לָחֶם׃ וַיָּבֹא יוֹסֵף
הַבַּיְתָה וַיָּבִיאוּ לוֹ אֶת־הַמִּנְחָה אֲשֶׁר־בְּיָדָם הַבָּיְתָה וַיִּשְׁתַּחֲווּ־
כז לוֹ אָרְצָה׃ וַיִּשְׁאַל לָהֶם לְשָׁלוֹם וַיֹּאמֶר הֲשָׁלוֹם אֲבִיכֶם הַזָּקֵן

will not go down: for the man said to us, You shall not see
my face, unless your brother is with you. And Yisra'el said, 6
Why did you treat me so ill, as to tell the man whether you had
another brother? And they said, The man asked us particularly 7
of our state, and of our kindred, saying, Is your father yet
alive? have you another brother? and we told him according to
the tenor of these words: could we possibly know that he
would say, Bring your brother down? And Yehuda said to 8
Yisra'el his father, Send the lad with me, and we will arise and
go; that we may live, and not die, both we, and thou, and also
our little ones. I will be surety for him; of my hand shalt thou 9
require him: if I bring him not to thee, and set him before thee,
then I shall have sinned to thee for ever. For if we had not 10
lingered, surely now we had returned this second time. And 11
their father Yisra'el said to them, If it must be so now, do
this; take of the best fruits in the land in your vessels, and
carry down the man a present, a little balm, and a little honey,
gum, ladanum, nuts, and almonds: and take double money in 12
your hand; and the money that was returned in the mouth
of your sacks, carry it back in your hand; perhaps it was an
oversight: take also your brother, and arise, go again to the 13
man: and God Almighty give you mercy before the man, that 14
he may release to you your other brother, and Binyamin. If I be
bereaved of my children, then I am bereaved. And the men took 15
that present, and they took double money in their hand, and
Binyamin; and they rose up, and went down to Miẕrayim, and
stood before Yosef. And when Yosef saw Binyamin with them, 16
he said to the ruler of his house, Bring these men home, and
slaughter a beast, and make it ready; for the men shall dine
with me at noon. And the man did as Yosef bade; and the man 17
brought the men into Yosef's house. And the men were afraid, 18
because they were brought into Yosef's house; and they said,
Because of the money that was returned in our sacks at the first
time are we brought in; that he may seek occasion against us,
and fall upon us, and take us for bondmen, and our asses. And 19
they came near to the steward of Yosef's house, and they spoke
with him at the door of the house, and said, O sir, we came 20
down indeed at the first time to buy food: and it came to pass, 21
when we came to the lodging place, that we opened our sacks,
and, behold, every man's money was in the mouth of his sack,
our money in full weight: and we have brought it back in our 22
hand. And other money have we brought down in our hands to
buy food: we cannot tell who put our money in our sacks. And 23
he said, Peace be to you, fear not: your God, and the God of
your father, has given you treasure in your sacks: I had your
money. And he brought Shim'on out to them. And the man 24
brought the men into Yosef's house, and gave them water, and
they washed their feet; and he gave their asses provender. And 25
they made ready the present for when Yosef came at noon: for
they had heard that they should eat bread there. And when 26
Yosef came home, they brought him the present which was in
their hand into the house, and bowed themselves to him to the
earth. And he asked them of their welfare, and said, Is your 27

כח אֲשֶׁר אֲמַרְתֶּם הַעוֹדֶנּוּ חָי: וַיֹּאמְרוּ שָׁלוֹם לְעַבְדְּךָ לְאָבִינוּ
כט עוֹדֶנּוּ חָי וַיִּקְּדוּ וַיִּשְׁתַּחֲוּוּ: וַיִּשָּׂא עֵינָיו וַיַּרְא אֶת־בִּנְיָמִין אָחִיו
בֶּן־אִמּוֹ וַיֹּאמֶר הֲזֶה אֲחִיכֶם הַקָּטֹן אֲשֶׁר אֲמַרְתֶּם אֵלָי וַיֹּאמַר
ל אֱלֹהִים יָחְנְךָ בְּנִי: וַיְמַהֵר יוֹסֵף כִּי־נִכְמְרוּ רַחֲמָיו אֶל־אָחִיו שביעי
לא וַיְבַקֵּשׁ לִבְכּוֹת וַיָּבֹא הַחַדְרָה וַיֵּבְךְּ שָׁמָּה: וַיִּרְחַץ פָּנָיו וַיֵּצֵא
לב וַיִּתְאַפַּק וַיֹּאמֶר שִׂימוּ לָחֶם: וַיָּשִׂימוּ לוֹ לְבַדּוֹ וְלָהֶם לְבַדָּם
וְלַמִּצְרִים הָאֹכְלִים אִתּוֹ לְבַדָּם כִּי לֹא יוּכְלוּן הַמִּצְרִים לֶאֱכֹל
לג אֶת־הָעִבְרִים לֶחֶם כִּי־תוֹעֵבָה הִוא לְמִצְרָיִם: וַיֵּשְׁבוּ לְפָנָיו
הַבְּכֹר כִּבְכֹרָתוֹ וְהַצָּעִיר כִּצְעִרָתוֹ וַיִּתְמְהוּ הָאֲנָשִׁים אִישׁ אֶל־
לד רֵעֵהוּ: וַיִּשָּׂא מַשְׂאֹת מֵאֵת פָּנָיו אֲלֵהֶם וַתֵּרֶב מַשְׂאַת בִּנְיָמִן
מד א מִמַּשְׂאֹת כֻּלָּם חָמֵשׁ יָדוֹת וַיִּשְׁתּוּ וַיִּשְׁכְּרוּ עִמּוֹ: וַיְצַו אֶת־אֲשֶׁר
עַל־בֵּיתוֹ לֵאמֹר מַלֵּא אֶת־אַמְתְּחֹת הָאֲנָשִׁים אֹכֶל כַּאֲשֶׁר
ב יוּכְלוּן שְׂאֵת וְשִׂים כֶּסֶף־אִישׁ בְּפִי אַמְתַּחְתּוֹ: וְאֶת־גְּבִיעִי
גְּבִיעַ הַכֶּסֶף תָּשִׂים בְּפִי אַמְתַּחַת הַקָּטֹן וְאֵת כֶּסֶף שִׁבְרוֹ וַיַּעַשׂ
ג כִּדְבַר יוֹסֵף אֲשֶׁר דִּבֵּר: הַבֹּקֶר אוֹר וְהָאֲנָשִׁים שֻׁלְּחוּ הֵמָּה
ד וַחֲמֹרֵיהֶם: הֵם יָצְאוּ אֶת־הָעִיר לֹא הִרְחִיקוּ וְיוֹסֵף אָמַר לַאֲשֶׁר
עַל־בֵּיתוֹ קוּם רְדֹף אַחֲרֵי הָאֲנָשִׁים וְהִשַּׂגְתָּם וְאָמַרְתָּ אֲלֵהֶם
ה לָמָּה שִׁלַּמְתֶּם רָעָה תַּחַת טוֹבָה: הֲלוֹא זֶה אֲשֶׁר יִשְׁתֶּה אֲדֹנִי
ו בּוֹ וְהוּא נַחֵשׁ יְנַחֵשׁ בּוֹ הֲרֵעֹתֶם אֲשֶׁר עֲשִׂיתֶם: וַיַּשִּׂגֵם וַיְדַבֵּר
ז אֲלֵהֶם אֶת־הַדְּבָרִים הָאֵלֶּה: וַיֹּאמְרוּ אֵלָיו לָמָּה יְדַבֵּר אֲדֹנִי
ח כַּדְּבָרִים הָאֵלֶּה חָלִילָה לַעֲבָדֶיךָ מֵעֲשׂוֹת כַּדָּבָר הַזֶּה: הֵן כֶּסֶף
אֲשֶׁר מָצָאנוּ בְּפִי אַמְתְּחֹתֵינוּ הֱשִׁיבֹנוּ אֵלֶיךָ מֵאֶרֶץ כְּנָעַן וְאֵיךְ
ט נִגְנֹב מִבֵּית אֲדֹנֶיךָ כֶּסֶף אוֹ זָהָב: אֲשֶׁר יִמָּצֵא אִתּוֹ מֵעֲבָדֶיךָ
י וָמֵת וְגַם־אֲנַחְנוּ נִהְיֶה לַאדֹנִי לַעֲבָדִים: וַיֹּאמֶר גַּם־עַתָּה
כְדִבְרֵיכֶם כֶּן־הוּא אֲשֶׁר יִמָּצֵא אִתּוֹ יִהְיֶה־לִּי עָבֶד וְאַתֶּם
יא תִּהְיוּ נְקִיִּם: וַיְמַהֲרוּ וַיּוֹרִדוּ אִישׁ אֶת־אַמְתַּחְתּוֹ אָרְצָה וַיִּפְתְּחוּ
יב אִישׁ אַמְתַּחְתּוֹ: וַיְחַפֵּשׂ בַּגָּדוֹל הֵחֵל וּבַקָּטֹן כִּלָּה וַיִּמָּצֵא הַגָּבִיעַ
יג בְּאַמְתַּחַת בִּנְיָמִן: וַיִּקְרְעוּ שִׂמְלֹתָם וַיַּעֲמֹס אִישׁ עַל־חֲמֹרוֹ
יד וַיָּשֻׁבוּ הָעִירָה: וַיָּבֹא יְהוּדָה וְאֶחָיו בֵּיתָה יוֹסֵף וְהוּא עוֹדֶנּוּ מפטיר
טו שָׁם וַיִּפְּלוּ לְפָנָיו אָרְצָה: וַיֹּאמֶר לָהֶם יוֹסֵף מָה־הַמַּעֲשֶׂה הַזֶּה
אֲשֶׁר עֲשִׂיתֶם הֲלוֹא יְדַעְתֶּם כִּי־נַחֵשׁ יְנַחֵשׁ אִישׁ אֲשֶׁר כָּמֹנִי:
טז וַיֹּאמֶר יְהוּדָה מַה־נֹּאמַר לַאדֹנִי מַה־נְּדַבֵּר וּמַה־נִּצְטַדָּק
הָאֱלֹהִים מָצָא אֶת־עֲוֹן עֲבָדֶיךָ הִנֶּנּוּ עֲבָדִים לַאדֹנִי גַּם־אֲנַחְנוּ
יז גַּם אֲשֶׁר־נִמְצָא הַגָּבִיעַ בְּיָדוֹ: וַיֹּאמֶר חָלִילָה לִּי מֵעֲשׂוֹת זֹאת
הָאִישׁ אֲשֶׁר נִמְצָא הַגָּבִיעַ בְּיָדוֹ הוּא יִהְיֶה־לִּי עָבֶד וְאַתֶּם

father well, the old man of whom you spoke? Is he still alive?
And they answered, Thy servant our father is in good health, he 28
is still alive. And they bowed down their heads, and made obeis-
ance. And he lifted up his eyes, and saw his brother Binyamin, 29
his mother's son, and said, Is this your younger brother, of whom
you spoke to me? And he said, God be gracious to thee, my son.
And Yosef made haste: for his affection was kindled towards his 30
brother: and he sought where to weep; and he entered into his
chamber, and wept there. And he washed his face, and went out, 31
and restrained himself, and said, Set on bread. And they set on 32
for him by himself, and for them by themselves, and for the Miẕ-
rim who did eat with them, by themselves: because the Miẕrim
might not eat bread with the Hebrews; for that is an abomina-
tion to the Miẕrim. And they sat before him, the firstborn ac- 33
cording to his birthright, and the youngest according to his
youth: and the men marvelled one at another. And he took and 34
sent portions to them from before him: but Binyamin's portion
was five times as much as any of theirs. And they drank, and
were merry with him. And he commanded the steward of his **44**
house, saying, Fill the men's sacks with food, as much as they
can carry, and put every man's money in the mouth of his sack.
And put my cup, the silver cup, in the mouth of the sack of 2
the youngest, and his corn money. And he did according to the
word that Yosef had spoken. As soon as the morning was light, 3
the men were sent away, they and their asses. And when they 4
were gone out of the city, and not yet far off, Yosef said to
his steward, Up, follow after the men; and when thou dost over-
take them, say to them, Why have you rewarded evil for good?
Is not this that from which my lord drinks, and whereby 5
indeed he divines? you have done evil in so doing. And he over- 6
took them, and he spoke to them these same words. And 7
they said to him, Why does my lord say these words? Far be it
from thy servants to do according to this thing: behold, the 8
money, which we found in our sacks' mouths, we brought again
to thee out of the land of Kena'an: how then should we steal
out of thy lord's house silver or gold? With whomever of thy 9
servants it be found, let him die, and we also will be my lord's
bondmen. And he said, Now also let it be according to your 10
words: he with whom it is found shall be my bondman; and
you shall be blameless. Then they speedily took down every man 11
his sack to the ground, and opened every man his sack. And he 12
searched, and began at the eldest, and ended at the youngest:
and the cup was found in Binyamin's sack. Then they rent their 13
clothes, and loaded every man his ass, and returned to the city.
And Yehuda and his brethren came to Yosef's house; for he was 14
still there: and they fell before him to the ground. And Yosef 15
said to them, What deed is this that you have done? do you not
know that such a man as I can certainly divine? And Yehuda 16
said, What shall we say to my lord? what shall we speak? or
how shall we clear ourselves? God has found out the inquity of
thy servants: behold, we are my lord's bondmen, both we, and
he also with whom the cup is found. And he said, Far be it from 17
me that I should do so: but the man in whose hand the cup is

יח עֲל֥וּ לְשָׁל֖וֹם אֶל־אֲבִיכֶֽם׃ וַיִּגַּ֨שׁ אֵלָ֜יו יְהוּדָ֗ה מ
וַיֹּאמֶר֮ בִּ֣י אֲדֹנִי֒ יְדַבֶּר־נָ֨א עַבְדְּךָ֤ דָבָר֙ בְּאָזְנֵ֣י אֲדֹנִ֔י וְאַל־יִ֥חַר
יט אַפְּךָ֖ בְּעַבְדֶּ֑ךָ כִּ֥י כָמ֖וֹךָ כְּפַרְעֹֽה׃ אֲדֹנִ֣י שָׁאַ֔ל אֶת־עֲבָדָ֖יו לֵאמֹ֑ר
כ הֲיֵשׁ־לָכֶ֥ם אָ֖ב אוֹ־אָֽח׃ וַנֹּ֙אמֶר֙ אֶל־אֲדֹנִ֔י יֶשׁ־לָ֙נוּ֙ אָ֣ב זָקֵ֔ן
וְיֶ֥לֶד זְקֻנִ֖ים קָטָ֑ן וְאָחִ֣יו מֵ֗ת וַיִּוָּתֵ֨ר ה֧וּא לְבַדּ֛וֹ לְאִמּ֖וֹ וְאָבִ֥יו
כא אֲהֵבֽוֹ׃ וַתֹּ֙אמֶר֙ אֶל־עֲבָדֶ֔יךָ הוֹרִדֻ֖הוּ אֵלָ֑י וְאָשִׂ֥ימָה עֵינִ֖י עָלָֽיו׃
כב וַנֹּ֙אמֶר֙ אֶל־אֲדֹנִ֔י לֹא־יוּכַ֥ל הַנַּ֖עַר לַעֲזֹ֣ב אֶת־אָבִ֑יו וְעָזַ֥ב אֶת־
כג אָבִ֖יו וָמֵֽת׃ וַתֹּ֙אמֶר֙ אֶל־עֲבָדֶ֔יךָ אִם־לֹ֥א יֵרֵ֛ד אֲחִיכֶ֥ם הַקָּטֹ֖ן
כד אִתְּכֶ֑ם לֹ֥א תֹסִפ֖וּן לִרְא֥וֹת פָּנָֽי׃ וַיְהִי֙ כִּ֣י עָלִ֔ינוּ אֶֽל־עַבְדְּךָ֖ אָבִ֑י
כה וַנַּ֨גֶּד־ל֔וֹ אֵ֖ת דִּבְרֵ֥י אֲדֹנִֽי׃ וַיֹּ֖אמֶר אָבִ֑ינוּ שֻׁ֖בוּ שִׁבְרוּ־לָ֥נוּ מְעַט־
כו אֹֽכֶל׃ וַנֹּ֕אמֶר לֹ֥א נוּכַ֖ל לָרֶ֑דֶת אִם־יֵשׁ֩ אָחִ֨ינוּ הַקָּטֹ֤ן אִתָּ֙נוּ֙
וְיָרַ֔דְנוּ כִּי־לֹ֣א נוּכַ֗ל לִרְאוֹת֙ פְּנֵ֣י הָאִ֔ישׁ וְאָחִ֥ינוּ הַקָּטֹ֖ן אֵינֶ֥נּוּ
כז אִתָּֽנוּ׃ וַיֹּ֛אמֶר עַבְדְּךָ֥ אָבִ֖י אֵלֵ֑ינוּ אַתֶּ֣ם יְדַעְתֶּ֔ם כִּ֥י שְׁנַ֖יִם יָֽלְדָה־
כח לִּ֥י אִשְׁתִּֽי׃ וַיֵּצֵ֤א הָֽאֶחָד֙ מֵֽאִתִּ֔י וָאֹמַ֕ר אַ֖ךְ טָרֹ֣ף טֹרָ֑ף וְלֹ֥א
כט רְאִיתִ֖יו עַד־הֵֽנָּה׃ וּלְקַחְתֶּ֧ם גַּם־אֶת־זֶ֛ה מֵעִ֥ם פָּנַ֖י וְקָרָ֣הוּ אָס֑וֹן
ל וְהֽוֹרַדְתֶּ֧ם אֶת־שֵׂיבָתִ֛י בְּרָעָ֖ה שְׁאֹֽלָה׃ וְעַתָּ֗ה כְּבֹאִי֙ אֶל־עַבְדְּךָ֣
לא אָבִ֔י וְהַנַּ֖עַר אֵינֶ֣נּוּ אִתָּ֑נוּ וְנַפְשׁ֖וֹ קְשׁוּרָ֥ה בְנַפְשֽׁוֹ׃ וְהָיָ֗ה כִּרְאוֹת֛וֹ שני
כִּי־אֵ֥ין הַנַּ֖עַר וָמֵ֑ת וְהוֹרִ֨ידוּ עֲבָדֶ֜יךָ אֶת־שֵׂיבַ֨ת עַבְדְּךָ֥ אָבִ֛ינוּ
לב בְּיָג֖וֹן שְׁאֹֽלָה׃ כִּ֤י עַבְדְּךָ֙ עָרַ֣ב אֶת־הַנַּ֔עַר מֵעִ֥ם אָבִ֖י לֵאמֹ֑ר
לג אִם־לֹ֤א אֲבִיאֶ֙נּוּ֙ אֵלֶ֔יךָ וְחָטָ֥אתִי לְאָבִ֖י כָּל־הַיָּמִֽים׃ וְעַתָּ֗ה
יֵֽשֶׁב־נָ֤א עַבְדְּךָ֙ תַּ֣חַת הַנַּ֔עַר עֶ֖בֶד לַֽאדֹנִ֑י וְהַנַּ֖עַר יַ֥עַל עִם־אֶחָֽיו׃
לד כִּי־אֵיךְ֙ אֶֽעֱלֶ֣ה אֶל־אָבִ֔י וְהַנַּ֖עַר אֵינֶ֣נּוּ אִתִּ֑י פֶּ֚ן אֶרְאֶ֣ה בָרָ֔ע
אמה אֲשֶׁ֥ר יִמְצָ֖א אֶת־אָבִֽי׃ וְלֹֽא־יָכֹ֨ל יוֹסֵ֜ף לְהִתְאַפֵּ֗ק לְכֹ֤ל הַנִּצָּבִים֙
עָלָ֔יו וַיִּקְרָ֕א הוֹצִ֥יאוּ כָל־אִ֖ישׁ מֵעָלָ֑י וְלֹא־עָ֤מַד אִישׁ֙ אִתּ֔וֹ
ב בְּהִתְוַדַּ֥ע יוֹסֵ֖ף אֶל־אֶחָֽיו׃ וַיִּתֵּ֥ן אֶת־קֹל֖וֹ בִּבְכִ֑י וַיִּשְׁמְע֣וּ מִצְרַ֔יִם
ג וַיִּשְׁמַ֖ע בֵּ֥ית פַּרְעֹֽה׃ וַיֹּ֨אמֶר יוֹסֵ֤ף אֶל־אֶחָיו֙ אֲנִ֣י יוֹסֵ֔ף הַע֥וֹד
ד אָבִ֖י חָ֑י וְלֹֽא־יָכְל֤וּ אֶחָיו֙ לַעֲנ֣וֹת אֹת֔וֹ כִּ֥י נִבְהֲל֖וּ מִפָּנָֽיו׃ וַיֹּ֨אמֶר
יוֹסֵ֧ף אֶל־אֶחָ֛יו גְּשׁוּ־נָ֥א אֵלַ֖י וַיִּגָּ֑שׁוּ וַיֹּ֗אמֶר אֲנִי֙ יוֹסֵ֣ף אֲחִיכֶ֔ם
ה אֲשֶׁר־מְכַרְתֶּ֥ם אֹתִ֖י מִצְרָֽיְמָה׃ וְעַתָּ֣ה ׀ אַל־תֵּעָצְב֗וּ וְאַל־יִ֙חַר֙
בְּעֵ֣ינֵיכֶ֔ם כִּֽי־מְכַרְתֶּ֥ם אֹתִ֖י הֵ֑נָּה כִּ֣י לְמִחְיָ֔ה שְׁלָחַ֥נִי אֱלֹהִ֖ים
ו לִפְנֵיכֶֽם׃ כִּי־זֶ֛ה שְׁנָתַ֥יִם הָרָעָ֖ב בְּקֶ֣רֶב הָאָ֑רֶץ וְעוֹד֙ חָמֵ֣שׁ שָׁנִ֔ים
ז אֲשֶׁ֥ר אֵין־חָרִ֖ישׁ וְקָצִֽיר׃ וַיִּשְׁלָחֵ֤נִי אֱלֹהִים֙ לִפְנֵיכֶ֔ם לָשׂ֥וּם לָכֶ֛ם
ח שְׁאֵרִ֖ית בָּאָ֑רֶץ וּלְהַחֲי֣וֹת לָכֶ֔ם לִפְלֵיטָ֖ה גְּדֹלָֽה׃ וְעַתָּ֗ה לֹא־אַתֶּ֞ם שלישי
שְׁלַחְתֶּ֤ם אֹתִי֙ הֵ֔נָּה כִּ֖י הָאֱלֹהִ֑ים וַיְשִׂימֵ֨נִי לְאָ֜ב לְפַרְעֹ֗ה וּלְאָדוֹן֙
ט לְכָל־בֵּית֔וֹ וּמֹשֵׁ֖ל בְּכָל־אֶ֥רֶץ מִצְרָֽיִם׃ מַהֲרוּ֮ וַעֲל֣וּ אֶל־אָבִי֒

found, he shall be my bondman; and as for you, go up in peace to
VAYYIGGASH your father. Then Yehuda came near to him, and said, Oh 18
my lord, let thy servant, I pray thee, speak a word in my lord's
ears, and let not thy anger burn against thy servant: for thou
art even as Par'o. My lord asked his servants, saying, Have you 19
a father, or a brother? And we said to my lord, We have a father, 20
an old man, and a child of his old age, a little one; and his
brother is dead, and he alone is left of his mother, and his father
loves him. And thou didst say to thy servants, Bring him down 21
to me, that I may set my eyes upon him. And we said to my lord, 22
The lad cannot leave his father: for if he should leave his father,
his father would die. And thou didst say to thy servants, Unless 23
your youngest brother comes down with you, you shall see my
face no more. And it came to pass when we came up to thy 24
servant my father, we told him the words of my lord. And our 25
father said, Go back, and buy us a little food. And we said, We 26
cannot go down: if our youngest brother be with us, then will
we go down: for we may not see the man's face, unless our
youngest brother is with us. And thy servant my father said 27
to us, You know that my wife bore me two sons: and the one 28
went out from me, and I said, Surely he is torn in pieces; and
I saw him not since: and if you take this also from me, and 29
mischief befall him, you shall bring down my grey hairs with
sorrow to She'ol. Now therefore when I come to thy servant 30
my father, and the lad is not with us; seeing that his life is
bound up in the lad's life; it shall come to pass, when he sees 31
that the lad is not with us, that he will die: and thy servants
shall bring down the grey hairs of thy servant our father with
sorrow to She'ol. For thy servant became surety for the lad 32
to my father, saying, If I bring him not to thee, then I shall have
sinned to my father for ever. Now therefore, I pray thee, let thy 33
servant remain instead of the lad a bondman to my lord; and
let the lad go up with his brothers. For how shall I go up to my 34
father, and the lad be not with me? lest I see the evil that shall
come on my father. Then Yosef could not restrain himself be- **45**
fore all them that stood by him; and he cried, Cause every man
to go out from me. And no man stood with him, while
Yosef made himself known to his brethren. And he wept aloud: 2
and Miẕrayim and the house of Par'o heard. And Yosef said 3
to his brethren, I am Yosef: does my father yet live? And his
brothers could not answer him; for they were terrified at his
presence. And Yosef said to his brothers, Come near to me, I 4
pray you. And they came near. And he said, I am Yosef your
brother, whom you sold into Miẕrayim. Now therefore be not 5
grieved, nor angry with yourselves, that you sold me here: for
God did send me before you to preserve life. For these two years 6
has the famine been in the land: and there are five more years,
in which there shall neither be ploughing nor harvest. And God 7
sent me before you to preserve you a remnant in the earth, and
to save your lives by a great deliverance. So now it was not you 8
that sent me here, but God: and he has made me a father to
Par'o, and lord of all his house, and a ruler throughout all the
land of Miẕrayim. Hasten, and go up to my father, and say to 9

וַאֲמַרְתֶּם אֵלָיו כֹּה אָמַר בִּנְךָ יוֹסֵף שָׂמַנִי אֱלֹהִים לְאָדוֹן לְכָל־
י מִצְרָיִם רְדָה אֵלַי אַל־תַּעֲמֹד׃ וְיָשַׁבְתָּ בְאֶרֶץ־גֹּשֶׁן וְהָיִיתָ קָרוֹב
אֵלַי אַתָּה וּבָנֶיךָ וּבְנֵי בָנֶיךָ וְצֹאנְךָ וּבְקָרְךָ וְכָל־אֲשֶׁר־לָךְ׃
יא וְכִלְכַּלְתִּי אֹתְךָ שָׁם כִּי־עוֹד חָמֵשׁ שָׁנִים רָעָב פֶּן־תִּוָּרֵשׁ אַתָּה
יב וּבֵיתְךָ וְכָל־אֲשֶׁר־לָךְ׃ וְהִנֵּה עֵינֵיכֶם רֹאוֹת וְעֵינֵי אָחִי בִנְיָמִין
יג כִּי־פִי הַמְדַבֵּר אֲלֵיכֶם׃ וְהִגַּדְתֶּם לְאָבִי אֶת־כָּל־כְּבוֹדִי בְּמִצְרַיִם
וְאֵת כָּל־אֲשֶׁר רְאִיתֶם וּמִהַרְתֶּם וְהוֹרַדְתֶּם אֶת־אָבִי הֵנָּה׃
יד וַיִּפֹּל עַל־צַוְּארֵי בִנְיָמִן־אָחִיו וַיֵּבְךְּ וּבִנְיָמִן בָּכָה עַל־צַוָּארָיו׃
טו וַיְנַשֵּׁק לְכָל־אֶחָיו וַיֵּבְךְּ עֲלֵהֶם וְאַחֲרֵי כֵן דִּבְּרוּ אֶחָיו אִתּוֹ׃
טז וְהַקֹּל נִשְׁמַע בֵּית פַּרְעֹה לֵאמֹר בָּאוּ אֲחֵי יוֹסֵף וַיִּיטַב בְּעֵינֵי
יז פַרְעֹה וּבְעֵינֵי עֲבָדָיו׃ וַיֹּאמֶר פַּרְעֹה אֶל־יוֹסֵף אֱמֹר אֶל־אַחֶיךָ
יח זֹאת עֲשׂוּ טַעֲנוּ אֶת־בְּעִירְכֶם וּלְכוּ־בֹאוּ אַרְצָה כְּנָעַן׃ וּקְחוּ
אֶת־אֲבִיכֶם וְאֶת־בָּתֵּיכֶם וּבֹאוּ אֵלָי וְאֶתְּנָה לָכֶם אֶת־טוּב
רביעי יט אֶרֶץ מִצְרַיִם וְאִכְלוּ אֶת־חֵלֶב הָאָרֶץ׃ וְאַתָּה צֻוֵּיתָה זֹאת עֲשׂוּ
קְחוּ־לָכֶם מֵאֶרֶץ מִצְרַיִם עֲגָלוֹת לְטַפְּכֶם וְלִנְשֵׁיכֶם וּנְשָׂאתֶם
כ אֶת־אֲבִיכֶם וּבָאתֶם׃ וְעֵינְכֶם אַל־תָּחֹס עַל־כְּלֵיכֶם כִּי־טוּב
כא כָּל־אֶרֶץ מִצְרַיִם לָכֶם הוּא׃ וַיַּעֲשׂוּ־כֵן בְּנֵי יִשְׂרָאֵל וַיִּתֵּן לָהֶם
כב יוֹסֵף עֲגָלוֹת עַל־פִּי פַרְעֹה וַיִּתֵּן לָהֶם צֵדָה לַדָּרֶךְ׃ לְכֻלָּם נָתַן
לָאִישׁ חֲלִפוֹת שְׂמָלֹת וּלְבִנְיָמִן נָתַן שְׁלֹשׁ מֵאוֹת כֶּסֶף וְחָמֵשׁ
כג חֲלִפֹת שְׂמָלֹת׃ וּלְאָבִיו שָׁלַח כְּזֹאת עֲשָׂרָה חֲמֹרִים נֹשְׂאִים
מִטּוּב מִצְרָיִם וְעֶשֶׂר אֲתֹנֹת נֹשְׂאֹת בָּר וָלֶחֶם וּמָזוֹן לְאָבִיו
כד לַדָּרֶךְ׃ וַיְשַׁלַּח אֶת־אֶחָיו וַיֵּלֵכוּ וַיֹּאמֶר אֲלֵהֶם אַל־תִּרְגְּזוּ
כה בַּדָּרֶךְ׃ וַיַּעֲלוּ מִמִּצְרָיִם וַיָּבֹאוּ אֶרֶץ כְּנַעַן אֶל־יַעֲקֹב אֲבִיהֶם׃
כו וַיַּגִּדוּ לוֹ לֵאמֹר עוֹד יוֹסֵף חַי וְכִי־הוּא מֹשֵׁל בְּכָל־אֶרֶץ מִצְרָיִם
כז וַיָּפָג לִבּוֹ כִּי לֹא־הֶאֱמִין לָהֶם׃ וַיְדַבְּרוּ אֵלָיו אֵת כָּל־דִּבְרֵי
יוֹסֵף אֲשֶׁר דִּבֶּר אֲלֵהֶם וַיַּרְא אֶת־הָעֲגָלוֹת אֲשֶׁר־שָׁלַח יוֹסֵף
חמישי כח לָשֵׂאת אֹתוֹ וַתְּחִי רוּחַ יַעֲקֹב אֲבִיהֶם׃ וַיֹּאמֶר יִשְׂרָאֵל רַב עוֹד־
מו א יוֹסֵף בְּנִי חָי אֵלְכָה וְאֶרְאֶנּוּ בְּטֶרֶם אָמוּת׃ וַיִּסַּע יִשְׂרָאֵל וְכָל־
אֲשֶׁר־לוֹ וַיָּבֹא בְּאֵרָה שָּׁבַע וַיִּזְבַּח זְבָחִים לֵאלֹהֵי אָבִיו יִצְחָק׃
ב וַיֹּאמֶר אֱלֹהִים לְיִשְׂרָאֵל בְּמַרְאֹת הַלַּיְלָה וַיֹּאמֶר יַעֲקֹב ׀ יַעֲקֹב
ג וַיֹּאמֶר הִנֵּנִי׃ וַיֹּאמֶר אָנֹכִי הָאֵל אֱלֹהֵי אָבִיךָ אַל־תִּירָא מֵרְדָה
ד מִצְרַיְמָה כִּי־לְגוֹי גָּדוֹל אֲשִׂימְךָ שָׁם׃ אָנֹכִי אֵרֵד עִמְּךָ מִצְרַיְמָה
ה וְאָנֹכִי אַעַלְךָ גַם־עָלֹה וְיוֹסֵף יָשִׁית יָדוֹ עַל־עֵינֶיךָ׃ וַיָּקָם יַעֲקֹב
מִבְּאֵר שָׁבַע וַיִּשְׂאוּ בְנֵי־יִשְׂרָאֵל אֶת־יַעֲקֹב אֲבִיהֶם וְאֶת־טַפָּם
ו וְאֶת־נְשֵׁיהֶם בָּעֲגָלוֹת אֲשֶׁר־שָׁלַח פַּרְעֹה לָשֵׂאת אֹתוֹ׃ וַיִּקְחוּ
אֶת־מִקְנֵיהֶם וְאֶת־רְכוּשָׁם אֲשֶׁר רָכְשׁוּ בְּאֶרֶץ כְּנַעַן וַיָּבֹאוּ

him, Thus says thy son Yosef, GOD has made me lord of all
Miẓrayim: come down to me, do not delay: and thou shalt   10
dwell in the land of Goshen, and thou shalt be near me, thou,
and thy children, and thy children's children, and thy flocks, and
thy herds, and all that thou hast: and there will I nourish thee;   11
for there are still five years of famine; lest thou, and thy house-
hold, and all that thou hast, come to poverty. And, behold, your   12
eyes see, and the eyes of my brother Binyamin, that it is my
mouth that speaks to you. And you shall tell my father of all   13
my glory in Miẓrayim, and of all that you have seen: and you
shall hasten and bring down my father here. And he fell on   14
his brother Binyamin's neck, and wept; and Binyamin wept
on his neck. And he kissed all his brethren, and wept on them: 15
and after that his brethren talked with him. And the report was   16
heard in Par'o's house, saying, Yosef's brethren are come: and
it pleased Par'o well, and his servants. And Par'o said to Yosef,   17
Say to thy brethren, Do this: load your beasts, and go, get you
to the land of Kena'an; and take your father and your house-   18
holds, and come to me: and I will give you the good of the land
of Miẓrayim, and you shall eat the fat of the land. Now thou art   19
commanded, do this; take wagons out of the land of Miẓrayim
for your little ones, and for your wives, and bring your father,
and come. Also give no thought to your goods; for the good of   20
all the land of Miẓrayim is yours. And the children of Yisra'el   21
did so: and Yosef gave them wagons, according to the com-
mandment of Par'o, and gave them provision for the way. To   22
all of them he gave each man changes of clothing; but to Bin-
yamin he gave three hundred pieces of silver, and five changes
of clothing. And to his father he sent after this manner; ten   23
asses laden with the good things of Miẓrayim and ten she asses
laden with corn and bread and food for his father by the way.
So he sent his brethren away, and they departed: and he said   24
to them, See that you do not fall out by the way. And they went   25
up out of Miẓrayim, and came to the land of Kena'an to Ya'aqov
their father, and told him, saying, Yosef is still alive, and he   26
is governor over all the land of Miẓrayim. And his heart fainted,
for he believed them not. And they told him all the words of   27
Yosef, which he had said to them: and when he saw the wagons
which Yosef had sent to carry him, the spirit of Ya'aqov their
father revived: and Yisra'el said, It is enough; Yosef my son   28
is still alive: I will go and see him before I die. And Yisra'el   **46**
took his journey with all that he had, and came to Be'er-sheva,
and offered sacrifices to the GOD of his father Yiẓḥaq. And GOD   2
spoke to Yisra'el in the visions of the night, and said, Ya'aqov,
Ya'aqov. And he said, Here I am. And he said, I am GOD, the   3
GOD of thy father: fear not to go down to Miẓrayim; for I will
there make of thee a great nation: I will go down with thee into   4
Miẓrayim; and I will also surely bring thee up again: and Yosef
shall put his hand on thy eyes. And Ya'aqov rose up from Be'er-   5
sheva, and the sons of Yisra'el carried Ya'aqov their father, and
their little ones, and their wives, in the wagons which Par'o
had sent to carry him. And they took their cattle, and their   6
goods, which they had acquired in the land of Kena'an; and came

ז מִצְרָיְמָה יַעֲקֹב וְכָל־זַרְעוֹ אִתּוֹ׃ בָּנָיו וּבְנֵי בָנָיו אִתּוֹ בְּנֹתָיו וּבְנוֹת
ח בָּנָיו וְכָל־זַרְעוֹ הֵבִיא אִתּוֹ מִצְרָיְמָה׃ וְאֵלֶּה שְׁמוֹת
בְּנֵי־יִשְׂרָאֵל הַבָּאִים מִצְרַיְמָה יַעֲקֹב וּבָנָיו בְּכֹר יַעֲקֹב רְאוּבֵן׃
ט י וּבְנֵי רְאוּבֵן חֲנוֹךְ וּפַלּוּא וְחֶצְרֹן וְכַרְמִי׃ וּבְנֵי שִׁמְעוֹן יְמוּאֵל
יא וְיָמִין וְאֹהַד וְיָכִין וְצֹחַר וְשָׁאוּל בֶּן־הַכְּנַעֲנִית׃ וּבְנֵי לֵוִי גֵּרְשׁוֹן
יב קְהָת וּמְרָרִי׃ וּבְנֵי יְהוּדָה עֵר וְאוֹנָן וְשֵׁלָה וָפֶרֶץ וָזָרַח וַיָּמָת
יג עֵר וְאוֹנָן בְּאֶרֶץ כְּנַעַן וַיִּהְיוּ בְנֵי־פֶרֶץ חֶצְרֹן וְחָמוּל׃ וּבְנֵי
יד יִשָּׂשכָר תּוֹלָע וּפֻוָּה וְיוֹב וְשִׁמְרֹן׃ וּבְנֵי זְבֻלוּן סֶרֶד וְאֵלוֹן וְיַחְלְאֵל׃
טו אֵלֶּה ׀ בְּנֵי לֵאָה אֲשֶׁר יָלְדָה לְיַעֲקֹב בְּפַדַּן אֲרָם וְאֵת דִּינָה
טז בִתּוֹ כָּל־נֶפֶשׁ בָּנָיו וּבְנוֹתָיו שְׁלֹשִׁים וְשָׁלֹשׁ׃ וּבְנֵי גָד צִפְיוֹן
יז וְחַגִּי שׁוּנִי וְאֶצְבֹּן עֵרִי וַאֲרוֹדִי וְאַרְאֵלִי׃ וּבְנֵי אָשֵׁר יִמְנָה וְיִשְׁוָה
יח וְיִשְׁוִי וּבְרִיעָה וְשֶׂרַח אֲחֹתָם וּבְנֵי בְרִיעָה חֶבֶר וּמַלְכִּיאֵל׃ אֵלֶּה
בְּנֵי זִלְפָּה אֲשֶׁר־נָתַן לָבָן לְלֵאָה בִתּוֹ וַתֵּלֶד אֶת־אֵלֶּה לְיַעֲקֹב
יט כ שֵׁשׁ עֶשְׂרֵה נָפֶשׁ׃ בְּנֵי רָחֵל אֵשֶׁת יַעֲקֹב יוֹסֵף וּבִנְיָמִן׃ וַיִּוָּלֵד
לְיוֹסֵף בְּאֶרֶץ מִצְרַיִם אֲשֶׁר יָלְדָה־לּוֹ אָסְנַת בַּת־פּוֹטִי פֶרַע
כא כֹּהֵן אֹן אֶת־מְנַשֶּׁה וְאֶת־אֶפְרָיִם׃ וּבְנֵי בִנְיָמִן בֶּלַע וָבֶכֶר
כב וְאַשְׁבֵּל גֵּרָא וְנַעֲמָן אֵחִי וָרֹאשׁ מֻפִּים וְחֻפִּים וָאָרְדְּ׃ אֵלֶּה בְּנֵי
כג רָחֵל אֲשֶׁר יֻלַּד לְיַעֲקֹב כָּל־נֶפֶשׁ אַרְבָּעָה עָשָׂר׃ וּבְנֵי־דָן חֻשִׁים׃
כד כה וּבְנֵי נַפְתָּלִי יַחְצְאֵל וְגוּנִי וְיֵצֶר וְשִׁלֵּם׃ אֵלֶּה בְּנֵי בִלְהָה אֲשֶׁר־
נָתַן לָבָן לְרָחֵל בִּתּוֹ וַתֵּלֶד אֶת־אֵלֶּה לְיַעֲקֹב כָּל־נֶפֶשׁ שִׁבְעָה׃
כו כָּל־הַנֶּפֶשׁ הַבָּאָה לְיַעֲקֹב מִצְרַיְמָה יֹצְאֵי יְרֵכוֹ מִלְּבַד נְשֵׁי
כז בְנֵי־יַעֲקֹב כָּל־נֶפֶשׁ שִׁשִּׁים וָשֵׁשׁ׃ וּבְנֵי יוֹסֵף אֲשֶׁר־יֻלַּד־לוֹ
בְמִצְרַיִם נֶפֶשׁ שְׁנָיִם כָּל־הַנֶּפֶשׁ לְבֵית־יַעֲקֹב הַבָּאָה מִצְרַיְמָה
כח שִׁבְעִים׃ וְאֶת־יְהוּדָה שָׁלַח לְפָנָיו אֶל־יוֹסֵף לְהוֹרֹת ששי מא
כט לְפָנָיו גֹּשְׁנָה וַיָּבֹאוּ אַרְצָה גֹּשֶׁן׃ וַיֶּאְסֹר יוֹסֵף מֶרְכַּבְתּוֹ וַיַּעַל
לִקְרַאת־יִשְׂרָאֵל אָבִיו גֹּשְׁנָה וַיֵּרָא אֵלָיו וַיִּפֹּל עַל־צַוָּארָיו וַיֵּבְךְּ
ל עַל־צַוָּארָיו עוֹד׃ וַיֹּאמֶר יִשְׂרָאֵל אֶל־יוֹסֵף אָמוּתָה הַפָּעַם
לא אַחֲרֵי רְאוֹתִי אֶת־פָּנֶיךָ כִּי עוֹדְךָ חָי׃ וַיֹּאמֶר יוֹסֵף אֶל־אֶחָיו
וְאֶל־בֵּית אָבִיו אֶעֱלֶה וְאַגִּידָה לְפַרְעֹה וְאֹמְרָה אֵלָיו אַחַי
לב וּבֵית־אָבִי אֲשֶׁר בְּאֶרֶץ־כְּנַעַן בָּאוּ אֵלָי׃ וְהָאֲנָשִׁים רֹעֵי צֹאן
כִּי־אַנְשֵׁי מִקְנֶה הָיוּ וְצֹאנָם וּבְקָרָם וְכָל־אֲשֶׁר לָהֶם הֵבִיאוּ׃
לג לד וְהָיָה כִּי־יִקְרָא לָכֶם פַּרְעֹה וְאָמַר מַה־מַּעֲשֵׂיכֶם׃ וַאֲמַרְתֶּם
אַנְשֵׁי מִקְנֶה הָיוּ עֲבָדֶיךָ מִנְּעוּרֵינוּ וְעַד־עַתָּה גַּם־אֲנַחְנוּ גַּם־
אֲבֹתֵינוּ בַּעֲבוּר תֵּשְׁבוּ בְּאֶרֶץ גֹּשֶׁן כִּי־תוֹעֲבַת מִצְרַיִם כָּל־

to Miẕrayim, Ya'aqov, and all his seed with him: his sons, and 7
his sons' sons with him, his daughters, and his sons' daughters,
and all his seed brought he with him to Miẕrayim. And 8
these are the names of the children of Yisra'el, who came into
Miẕrayim, Ya'aqov and his sons: Re'uven, Ya'aqov's firstborn.
And the sons of Re'uven; H̱anokh, and Pallu, and H̱eẕron, and 9
Karmi. And the sons of Shim'on; Yemu'el, and Yamin, and Ohad, 10
and Yakhin, and Ẕohar, and Sha'ul the son of the Kena'anite
woman. And the sons of Levi; Gershon, Qehat, and Merari. 11
And the sons of Yehuda; 'Er, and Onan, and Shela, and Pereẕ, 12
and Zeraẖ: but 'Er and Onan died in the land of Kena'an. And
the sons of Pereẕ were H̱ezron and H̱amul. And the sons of 13
Yissakhar; Tola, and Puvva, and Yov, and Shimron. And the 14
sons of Zevulun; Sered, and Elon, and Yaẖle'el. These are the 15
sons of Le'a, whom she bore to Ya'aqov in Paddan-aram, with
his daughter Dina: all the souls of his sons and his daughters
were thirty three. And the sons of Gad; Ẕifyon, and H̱aggi, Shuni, 16
and Eẕbon, 'Eri, and Arodi, and Ar'eli. And the sons of Asher; 17
Yimna, and Yishva, and Yishvi, and Beri'a, and Seraẖ their
sister: and the sons of Beri'a were H̱ever and Malki'el. These are 18
the sons of Zilpa, whom Lavan gave to Le'a his daughter, and
these she bore to Ya'aqov, sixteen souls. The sons of Raẖel, 19
Ya'aqov's wife; Yosef and Binyamin. And to Yosef in the land 20
of Miẕrayim were born Menashshe and Efrayim, whom Asenat,
daughter of Poti-fera; the priest of On bore to him. And the 21
sons of Binyamin were Bela, and Bekher, and Ashbel, Gera, and
Na'aman, Eẖi, and Rosh, Muppim, and H̱uppim, and Ard. These 22
are the sons of Raẖel, who were born to Ya'aqov: all the souls
were fourteen. And the sons of Dan; H̱ushim. And the sons of 23,24
Naftali; Yaẖze'el, and Guni, and Yeẕer, and Shillem. These are 25
the sons of Bilha, whom Lavan gave to Raẖel his daughter, and
she bore these to Ya'aqov: all the souls were seven. All the souls 26
that came with Ya'aqov into Miẕrayim, who came out of his
loins, besides Ya'aqov's sons' wives, all the souls were sixty
six. And the sons of Yosef, who were born him in Miẕrayim, 27
were two souls: all the souls of the house of Ya'aqov who came
into Miẕrayim were seventy. And he sent Yehuda before 28
him to Yosef, to show the way before him to Goshen; and they
came into the land of Goshen. And Yosef made ready his chariot, 29
and went up to meet Yisra'el his father, to Goshen, and pre-
sented himself to him; and he fell on his neck, and wept on his
neck a good while. And Yisra'el said to Yosef, Now let me die, 30
since I have seen thy face, because thou art still alive. And Yosef 31
said to his brethren, and to his father's house, I will go up, and
tell Par'o, and say to him, My brethren, and my father's house,
who were in the land of Kena'an, are come to me; and the men 32
are shepherds, for they have ever been owners of cattle; and
they have brought their flocks, and their herds, and all that they
have. And it shall come to pass, when Par'o shall call you, and 33
shall say, What is your occupation? that you shall say, Thy ser- 34
vants' trade has been about cattle from our youth even until now,
both we, and also our fathers: that you may dwell in the land of
Goshen; for every shepherd is an abomination to Miẕrayim.

מז א רֹעֵה צֹאן: וַיָּבֹא יוֹסֵף וַיַּגֵּד לְפַרְעֹה וַיֹּאמֶר אָבִי וְאַחַי וְצֹאנָם
וּבְקָרָם וְכָל־אֲשֶׁר לָהֶם בָּאוּ מֵאֶרֶץ כְּנָעַן וְהִנָּם בְּאֶרֶץ גֹּשֶׁן:
ב ג וּמִקְצֵה אֶחָיו לָקַח חֲמִשָּׁה אֲנָשִׁים וַיַּצִּגֵם לִפְנֵי פַרְעֹה: וַיֹּאמֶר
פַּרְעֹה אֶל־אֶחָיו מַה־מַּעֲשֵׂיכֶם וַיֹּאמְרוּ אֶל־פַּרְעֹה רֹעֵה צֹאן
ד עֲבָדֶיךָ גַּם־אֲנַחְנוּ גַּם־אֲבוֹתֵינוּ: וַיֹּאמְרוּ אֶל־פַּרְעֹה לָגוּר
בָּאָרֶץ בָּאנוּ כִּי־אֵין מִרְעֶה לַצֹּאן אֲשֶׁר לַעֲבָדֶיךָ כִּי־כָבֵד
הָרָעָב בְּאֶרֶץ כְּנָעַן וְעַתָּה יֵשְׁבוּ־נָא עֲבָדֶיךָ בְּאֶרֶץ גֹּשֶׁן:
ה ו וַיֹּאמֶר פַּרְעֹה אֶל־יוֹסֵף לֵאמֹר אָבִיךָ וְאַחֶיךָ בָּאוּ אֵלֶיךָ: אֶרֶץ
מִצְרַיִם לְפָנֶיךָ הִוא בְּמֵיטַב הָאָרֶץ הוֹשֵׁב אֶת־אָבִיךָ וְאֶת־
אַחֶיךָ יֵשְׁבוּ בְּאֶרֶץ גֹּשֶׁן וְאִם־יָדַעְתָּ וְיֶשׁ־בָּם אַנְשֵׁי־חַיִל וְשַׂמְתָּם
ז שָׂרֵי מִקְנֶה עַל־אֲשֶׁר־לִי: וַיָּבֵא יוֹסֵף אֶת־יַעֲקֹב אָבִיו וַיַּעֲמִדֵהוּ
ח לִפְנֵי פַרְעֹה וַיְבָרֶךְ יַעֲקֹב אֶת־פַּרְעֹה: וַיֹּאמֶר פַּרְעֹה אֶל־יַעֲקֹב
ט כַּמָּה יְמֵי שְׁנֵי חַיֶּיךָ: וַיֹּאמֶר יַעֲקֹב אֶל־פַּרְעֹה יְמֵי שְׁנֵי מְגוּרַי
שְׁלֹשִׁים וּמְאַת שָׁנָה מְעַט וְרָעִים הָיוּ יְמֵי שְׁנֵי חַיַּי וְלֹא הִשִּׂיגוּ
י אֶת־יְמֵי שְׁנֵי חַיֵּי אֲבֹתַי בִּימֵי מְגוּרֵיהֶם: וַיְבָרֶךְ יַעֲקֹב אֶת־
יא פַּרְעֹה וַיֵּצֵא מִלִּפְנֵי פַרְעֹה: וַיּוֹשֵׁב יוֹסֵף אֶת־אָבִיו וְאֶת־אֶחָיו שביעי
וַיִּתֵּן לָהֶם אֲחֻזָּה בְּאֶרֶץ מִצְרַיִם בְּמֵיטַב הָאָרֶץ בְּאֶרֶץ רַעְמְסֵס
יב כַּאֲשֶׁר צִוָּה פַרְעֹה: וַיְכַלְכֵּל יוֹסֵף אֶת־אָבִיו וְאֶת־אֶחָיו וְאֵת
יג כָּל־בֵּית אָבִיו לֶחֶם לְפִי הַטָּף: וְלֶחֶם אֵין בְּכָל־הָאָרֶץ כִּי־
כָבֵד הָרָעָב מְאֹד וַתֵּלַהּ אֶרֶץ מִצְרַיִם וְאֶרֶץ כְּנַעַן מִפְּנֵי הָרָעָב:
יד וַיְלַקֵּט יוֹסֵף אֶת־כָּל־הַכֶּסֶף הַנִּמְצָא בְאֶרֶץ־מִצְרַיִם וּבְאֶרֶץ
כְּנַעַן בַּשֶּׁבֶר אֲשֶׁר־הֵם שֹׁבְרִים וַיָּבֵא יוֹסֵף אֶת־הַכֶּסֶף בֵּיתָה
טו פַרְעֹה: וַיִּתֹּם הַכֶּסֶף מֵאֶרֶץ מִצְרַיִם וּמֵאֶרֶץ כְּנַעַן וַיָּבֹאוּ כָל־
מִצְרַיִם אֶל־יוֹסֵף לֵאמֹר הָבָה־לָּנוּ לֶחֶם וְלָמָּה נָמוּת נֶגְדֶּךָ כִּי
טז אָפֵס כָּסֶף: וַיֹּאמֶר יוֹסֵף הָבוּ מִקְנֵיכֶם וְאֶתְּנָה לָכֶם בְּמִקְנֵיכֶם
יז אִם־אָפֵס כָּסֶף: וַיָּבִיאוּ אֶת־מִקְנֵיהֶם אֶל־יוֹסֵף וַיִּתֵּן לָהֶם יוֹסֵף
לֶחֶם בַּסּוּסִים וּבְמִקְנֵה הַצֹּאן וּבְמִקְנֵה הַבָּקָר וּבַחֲמֹרִים וַיְנַהֲלֵם
יח בַּלֶּחֶם בְּכָל־מִקְנֵהֶם בַּשָּׁנָה הַהִוא: וַתִּתֹּם הַשָּׁנָה הַהִוא וַיָּבֹאוּ
אֵלָיו בַּשָּׁנָה הַשֵּׁנִית וַיֹּאמְרוּ לוֹ לֹא־נְכַחֵד מֵאֲדֹנִי כִּי אִם־תַּם
הַכֶּסֶף וּמִקְנֵה הַבְּהֵמָה אֶל־אֲדֹנִי לֹא נִשְׁאַר לִפְנֵי אֲדֹנִי בִּלְתִּי
יט אִם־גְּוִיָּתֵנוּ וְאַדְמָתֵנוּ: לָמָּה נָמוּת לְעֵינֶיךָ גַּם־אֲנַחְנוּ גַּם־
אַדְמָתֵנוּ קְנֵה־אֹתָנוּ וְאֶת־אַדְמָתֵנוּ בַּלָּחֶם וְנִהְיֶה אֲנַחְנוּ
וְאַדְמָתֵנוּ עֲבָדִים לְפַרְעֹה וְתֶן־זֶרַע וְנִחְיֶה וְלֹא נָמוּת וְהָאֲדָמָה
כ לֹא תֵשָׁם: וַיִּקֶן יוֹסֵף אֶת־כָּל־אַדְמַת מִצְרַיִם לְפַרְעֹה כִּי־
מָכְרוּ מִצְרַיִם אִישׁ שָׂדֵהוּ כִּי־חָזַק עֲלֵהֶם הָרָעָב וַתְּהִי הָאָרֶץ
כא לְפַרְעֹה: וְאֶת־הָעָם הֶעֱבִיר אֹתוֹ לֶעָרִים מִקְצֵה גְבוּל־מִצְרַיִם

Then Yosef came and told Par'o, and said, My father and my 1
brethren, and their flocks, and their herds, and all that they
have, are come out of the land of Kena'an; and, behold, they
are in the land of Goshen. And he took some of his brothers, 2
five men, and presented them to Par'o. And Par'o said to his 3
brothers, What is your occupation? And they said to Par'o, Thy
servants are shepherds, both we, and also our fathers. They said 4
moreover to Par'o, To sojourn in the land are we come; for
thy servants have no pasture for their flocks; for the famine is
severe in the land of Kena'an: now therefore, we pray thee, let
thy servants dwell in the land of Goshen. And Par'o spoke to 5
Yosef, saying, Thy father and thy brethren are come to thee:
the land of Miẕrayim is before thee; in the best of the land 6
make thy father and brethren to dwell; in the land of Goshen
let them dwell: and if thou knowst any able men among them,
then make them rulers over my cattle. And Yosef brought in 7
Ya'aqov his father, and set him before Par'o: and Ya'aqov
blessed Par'o. And Par'o said to Ya'aqov, How old art thou? 8
And Ya'aqov said to Par'o, The days of the years of my sojourn- 9
ings are a hundred and thirty years: few and evil have the days
of the years of my life been, and they have not attained to the
days of the years of the life of my fathers in the days of their
sojournings. And Ya'aqov blessed Par'o, and went out from be- 10
fore Par'o. And Yosef provided abodes for his father and his 11
brethren, and gave them a possession in the land of Miẕrayim,
in the best of the land, in the land of Ra'meses, as Par'o had
commanded. And Yosef nourished his father, and his brethren, 12
and all his father's household, with bread, according to their
little ones. And there was no bread in all the land; for the 13
famine was very severe, so that the land of Miẕrayim and all
the land of Kena'an languished by reason of the famine. And 14
Yosef gathered up all the money that was found in the land of
Miẕrayim, and in the land of Kena'an, for the corn which they
bought: and Yosef brought the money to Par'o's house. And 15
when money failed in the land of Miẕrayim, and in the land of
Kena'an, all Miẕrayim came to Yosef, and said, Give us bread:
for why should we die in thy presence? for the money fails.
And Yosef said, Give your cattle; and I will give you for your 16
cattle, if money fail. And they brought their cattle to Yosef; and 17
Yosef gave them bread in exchange for horses, and for the
flocks, and for the herds, and for the asses: and he fed them
with bread in exchange for all their cattle for that year. When 18
that year was ended, they came to him in the second year, and
said to him, We will not hide from my lord, how that our money
is spent; my lord also has our herds of cattle; there is nothing
left in the sight of my lord, but our bodies, and our lands: why 19
shall we die before thy eyes, both we and our land? buy us and
our land for bread, and we and our land will be servants to
Par'o: and give us grain, that we may live, and not die, that
the land be not desolate. And Yosef bought all the land of 20
Miẕrayim for Par'o; for Miẕrayim sold every man his field,
because the famine prevailed over them: so the land became
Par'o's. And as for the people, he removed them to the cities 21

וְעַד־קָצֵהוּ׃ רַק אַדְמַת הַכֹּהֲנִים לֹא קָנָה כִּי חֹק לַכֹּהֲנִים מֵאֵת כב
פַּרְעֹה וְאָכְלוּ אֶת־חֻקָּם אֲשֶׁר נָתַן לָהֶם פַּרְעֹה עַל־כֵּן לֹא
מָכְרוּ אֶת־אַדְמָתָם׃ וַיֹּאמֶר יוֹסֵף אֶל־הָעָם הֵן קָנִיתִי אֶתְכֶם כג
הַיּוֹם וְאֶת־אַדְמַתְכֶם לְפַרְעֹה הֵא־לָכֶם זֶרַע וּזְרַעְתֶּם אֶת־
הָאֲדָמָה׃ וְהָיָה בַּתְּבוּאֹת וּנְתַתֶּם חֲמִישִׁית לְפַרְעֹה וְאַרְבַּע כד
הַיָּדֹת יִהְיֶה לָכֶם לְזֶרַע הַשָּׂדֶה וּלְאָכְלְכֶם וְלַאֲשֶׁר בְּבָתֵּיכֶם
מפטיר וְלֶאֱכֹל לְטַפְּכֶם׃ וַיֹּאמְרוּ הֶחֱיִתָנוּ נִמְצָא־חֵן בְּעֵינֵי אֲדֹנִי וְהָיִינוּ כה
עֲבָדִים לְפַרְעֹה׃ וַיָּשֶׂם אֹתָהּ יוֹסֵף לְחֹק עַד־הַיּוֹם הַזֶּה עַל־ כו
אַדְמַת מִצְרַיִם לְפַרְעֹה לַחֹמֶשׁ רַק אַדְמַת הַכֹּהֲנִים לְבַדָּם לֹא
הָיְתָה לְפַרְעֹה׃ וַיֵּשֶׁב יִשְׂרָאֵל בְּאֶרֶץ מִצְרַיִם בְּאֶרֶץ גֹּשֶׁן כז
ויחי וַיֵּאָחֲזוּ בָהּ וַיִּפְרוּ וַיִּרְבּוּ מְאֹד׃ וַיְחִי יַעֲקֹב בְּאֶרֶץ מִצְרַיִם שְׁבַע כח
עֶשְׂרֵה שָׁנָה וַיְהִי יְמֵי־יַעֲקֹב שְׁנֵי חַיָּיו שֶׁבַע שָׁנִים וְאַרְבָּעִים
וּמְאַת שָׁנָה׃ וַיִּקְרְבוּ יְמֵי־יִשְׂרָאֵל לָמוּת וַיִּקְרָא ׀ לִבְנוֹ לְיוֹסֵף כט
וַיֹּאמֶר לוֹ אִם־נָא מָצָאתִי חֵן בְּעֵינֶיךָ שִׂים־נָא יָדְךָ תַּחַת יְרֵכִי
וְעָשִׂיתָ עִמָּדִי חֶסֶד וֶאֱמֶת אַל־נָא תִקְבְּרֵנִי בְּמִצְרָיִם׃ וְשָׁכַבְתִּי ל
עִם־אֲבֹתַי וּנְשָׂאתַנִי מִמִּצְרַיִם וּקְבַרְתַּנִי בִּקְבֻרָתָם וַיֹּאמַר
אָנֹכִי אֶעֱשֶׂה כִדְבָרֶךָ׃ וַיֹּאמֶר הִשָּׁבְעָה לִי וַיִּשָּׁבַע לוֹ וַיִּשְׁתַּחוּ לא
יִשְׂרָאֵל עַל־רֹאשׁ הַמִּטָּה׃

מב וַיְהִי אַחֲרֵי הַדְּבָרִים הָאֵלֶּה וַיֹּאמֶר לְיוֹסֵף הִנֵּה אָבִיךָ חֹלֶה א מח
וַיִּקַּח אֶת־שְׁנֵי בָנָיו עִמּוֹ אֶת־מְנַשֶּׁה וְאֶת־אֶפְרָיִם׃ וַיַּגֵּד לְיַעֲקֹב ב
וַיֹּאמֶר הִנֵּה בִּנְךָ יוֹסֵף בָּא אֵלֶיךָ וַיִּתְחַזֵּק יִשְׂרָאֵל וַיֵּשֶׁב עַל־
הַמִּטָּה׃ וַיֹּאמֶר יַעֲקֹב אֶל־יוֹסֵף אֵל שַׁדַּי נִרְאָה־אֵלַי בְּלוּז ג
בְּאֶרֶץ כְּנָעַן וַיְבָרֶךְ אֹתִי׃ וַיֹּאמֶר אֵלַי הִנְנִי מַפְרְךָ וְהִרְבִּיתִךָ ד
וּנְתַתִּיךָ לִקְהַל עַמִּים וְנָתַתִּי אֶת־הָאָרֶץ הַזֹּאת לְזַרְעֲךָ אַחֲרֶיךָ
אֲחֻזַּת עוֹלָם׃ וְעַתָּה שְׁנֵי־בָנֶיךָ הַנּוֹלָדִים לְךָ בְּאֶרֶץ מִצְרַיִם עַד־ ה
בֹּאִי אֵלֶיךָ מִצְרַיְמָה לִי־הֵם אֶפְרַיִם וּמְנַשֶּׁה כִּרְאוּבֵן וְשִׁמְעוֹן
יִהְיוּ־לִי׃ וּמוֹלַדְתְּךָ אֲשֶׁר־הוֹלַדְתָּ אַחֲרֵיהֶם לְךָ יִהְיוּ עַל שֵׁם ו
אֲחֵיהֶם יִקָּרְאוּ בְּנַחֲלָתָם׃ וַאֲנִי ׀ בְּבֹאִי מִפַּדָּן מֵתָה עָלַי רָחֵל ז
בְּאֶרֶץ כְּנַעַן בַּדֶּרֶךְ בְּעוֹד כִּבְרַת־אֶרֶץ לָבֹא אֶפְרָתָה וָאֶקְבְּרֶהָ
שָּׁם בְּדֶרֶךְ אֶפְרָת הִוא בֵּית לָחֶם׃ וַיַּרְא יִשְׂרָאֵל אֶת־בְּנֵי ח
יוֹסֵף וַיֹּאמֶר מִי־אֵלֶּה׃ וַיֹּאמֶר יוֹסֵף אֶל־אָבִיו בָּנַי הֵם אֲשֶׁר־ ט
שני נָתַן־לִי אֱלֹהִים בָּזֶה וַיֹּאמַר קָחֶם־נָא אֵלַי וַאֲבָרְכֵם׃ וְעֵינֵי י
יִשְׂרָאֵל כָּבְדוּ מִזֹּקֶן לֹא יוּכַל לִרְאוֹת וַיַּגֵּשׁ אֹתָם אֵלָיו וַיִּשַּׁק
לָהֶם וַיְחַבֵּק לָהֶם׃ וַיֹּאמֶר יִשְׂרָאֵל אֶל־יוֹסֵף רְאֹה פָנֶיךָ לֹא יא
פִלָּלְתִּי וְהִנֵּה הֶרְאָה אֹתִי אֱלֹהִים גַּם אֶת־זַרְעֶךָ׃ וַיּוֹצֵא יוֹסֵף יב

from one end of the borders of Miẓrayim, to the other end. Only 22
the land of the priests he bought not; for the priests had a por-
tion assigned them by Par'o, and did eat their portion which
Par'o gave them: therefore they sold not their lands. Then Yosef 23
said to the people, Behold, I have bought you this day and your
land for Par'o: lo, here is grain for you, and you shall sow the
land. And it shall come to pass at harvest times, that you shall 24
give the fifth part to Par'o, and four parts shall be your own,
for seed of the field, and for your food, and for them of your
households, and for food for your little ones. And they said, 25
Thou hast saved our lives: let us find favour in the sight of my
lord, and we will be Par'o's servants. And Yosef made it a law 26
over the land of Miẓrayim to this day, that Par'o should have
the fifth part; except the land of the priests only, which became
not Par'o's. And Yisra'el dwelt in the land of Miẓrayim in the 27
country of Goshen; and they took possession of it, and grew,
VAYḤI and multiplied exceedingly. And Ya'aqov lived in the land 28
of Miẓrayim seventeen years: so the whole age of Ya'aqov was
a hundred and forty seven years. And the time drew near for 29
Yisra'el to die: and he called his son Yosef, and said to him, If
now I have found favour in thy sight, put, I pray thee, thy hand
under my thigh, and deal kindly and truly with me; bury me
not, I pray thee, in Miẓrayim: but I will lie with my fathers, 30
and thou shalt carry me out of Miẓrayim, and bury me in their
buryingplace. And he said, I will do as thou hast said. And he 31
said, Swear to me. And he swore to him. And Yisra'el bowed
himself upon the bed's head.
And it came to pass after these things, that one told Yosef, **48**
Behold, thy father is sick: and he took with him his two sons,
Menashshe and Efrayim. And one told Ya'aqov, and said, Behold, 2
thy son Yosef comes to thee: and Yisra'el strengthened himself,
and sat upon the bed. And Ya'aqov said to Yosef, God Almighty 3
appeared to me at Luz in the land of Kena'an, and blessed me,
and said to me, Behold, I will make thee fruitful, and multiply 4
thee, and I will make of thee a multitude of people; and will
give this land to thy seed after thee for an everlasting posses-
sion. And now thy two sons, Efrayim and Menashshe, who 5
were born to thee in the land of Miẓrayim before I came to
thee into Miẓrayim, are mine; as Re'uven and Shim'on they shall
be mine. And thy issue, which thou begettest after them, shall 6
be thine, and shall be called after the name of their brothers in
their inheritance. And as for me, when I came from Paddan, 7
Raḥel died by me in the land of Kena'an on the way, when yet
there was but a little way to come to Efrat: and I buried her
there in the way of Efrat; that is Bet-leḥem. And Yisra'el be- 8
held Yosef's sons, and said, Who are these? And Yosef said to 9
his father, They are my sons, whom GOD has given me in this
place. And he said, Bring them, I pray thee, to me, and I will
bless them. Now the eyes of Yisra'el were dim from age, so that 10
he could not see. And he brought them near to him; and he
kissed them, and embraced them. And Yisra'el said to Yosef, 11
I had not thought to see thy face: and, lo, God has shown me
also thy children. And Yosef brought them out from between 12

יג אֹתָם מֵעִם בִּרְכָּיו וַיִּשְׁתַּחוּ לְאַפָּיו אָרְצָה: וַיִּקַּח יוֹסֵף אֶת־
שְׁנֵיהֶם אֶת־אֶפְרַיִם בִּימִינוֹ מִשְּׂמֹאל יִשְׂרָאֵל וְאֶת־מְנַשֶּׁה
יד בִשְׂמֹאלוֹ מִימִין יִשְׂרָאֵל וַיַּגֵּשׁ אֵלָיו: וַיִּשְׁלַח יִשְׂרָאֵל אֶת־
יְמִינוֹ וַיָּשֶׁת עַל־רֹאשׁ אֶפְרַיִם וְהוּא הַצָּעִיר וְאֶת־שְׂמֹאלוֹ עַל־
טו רֹאשׁ מְנַשֶּׁה שִׂכֵּל אֶת־יָדָיו כִּי מְנַשֶּׁה הַבְּכוֹר: וַיְבָרֶךְ אֶת־
יוֹסֵף וַיֹּאמַר הָאֱלֹהִים אֲשֶׁר הִתְהַלְּכוּ אֲבֹתַי לְפָנָיו אַבְרָהָם
טז וְיִצְחָק הָאֱלֹהִים הָרֹעֶה אֹתִי מֵעוֹדִי עַד־הַיּוֹם הַזֶּה: הַמַּלְאָךְ
הַגֹּאֵל אֹתִי מִכָּל־רָע יְבָרֵךְ אֶת־הַנְּעָרִים וְיִקָּרֵא בָהֶם שְׁמִי
שלישי יז וְשֵׁם אֲבֹתַי אַבְרָהָם וְיִצְחָק וְיִדְגּוּ לָרֹב בְּקֶרֶב הָאָרֶץ: וַיַּרְא
יוֹסֵף כִּי־יָשִׁית אָבִיו יַד־יְמִינוֹ עַל־רֹאשׁ אֶפְרַיִם וַיֵּרַע בְּעֵינָיו
וַיִּתְמֹךְ יַד־אָבִיו לְהָסִיר אֹתָהּ מֵעַל רֹאשׁ־אֶפְרַיִם עַל־רֹאשׁ
יח מְנַשֶּׁה: וַיֹּאמֶר יוֹסֵף אֶל־אָבִיו לֹא־כֵן אָבִי כִּי־זֶה הַבְּכֹר שִׂים
יט יְמִינְךָ עַל־רֹאשׁוֹ: וַיְמָאֵן אָבִיו וַיֹּאמֶר יָדַעְתִּי בְנִי יָדַעְתִּי גַּם־
הוּא יִהְיֶה־לְּעָם וְגַם־הוּא יִגְדָּל וְאוּלָם אָחִיו הַקָּטֹן יִגְדַּל מִמֶּנּוּ
כ וְזַרְעוֹ יִהְיֶה מְלֹא־הַגּוֹיִם: וַיְבָרְכֵם בַּיּוֹם הַהוּא לֵאמוֹר בְּךָ
יְבָרֵךְ יִשְׂרָאֵל לֵאמֹר יְשִׂמְךָ אֱלֹהִים כְּאֶפְרַיִם וְכִמְנַשֶּׁה וַיָּשֶׂם
כא אֶת־אֶפְרַיִם לִפְנֵי מְנַשֶּׁה: וַיֹּאמֶר יִשְׂרָאֵל אֶל־יוֹסֵף הִנֵּה
אָנֹכִי מֵת וְהָיָה אֱלֹהִים עִמָּכֶם וְהֵשִׁיב אֶתְכֶם אֶל־אֶרֶץ
כב אֲבֹתֵיכֶם: וַאֲנִי נָתַתִּי לְךָ שְׁכֶם אַחַד עַל־אַחֶיךָ אֲשֶׁר לָקַחְתִּי
מִיַּד הָאֱמֹרִי בְּחַרְבִּי וּבְקַשְׁתִּי:

רביעי מג מט א וַיִּקְרָא יַעֲקֹב אֶל־בָּנָיו וַיֹּאמֶר הֵאָסְפוּ וְאַגִּידָה לָכֶם אֵת אֲשֶׁר־
ב יִקְרָא אֶתְכֶם בְּאַחֲרִית הַיָּמִים: הִקָּבְצוּ וְשִׁמְעוּ בְּנֵי יַעֲקֹב
ג וְשִׁמְעוּ אֶל־יִשְׂרָאֵל אֲבִיכֶם: רְאוּבֵן בְּכֹרִי אַתָּה כֹּחִי וְרֵאשִׁית
ד אוֹנִי יֶתֶר שְׂאֵת וְיֶתֶר עָז: פַּחַז כַּמַּיִם אַל־תּוֹתַר כִּי עָלִיתָ
מִשְׁכְּבֵי אָבִיךָ אָז חִלַּלְתָּ יְצוּעִי עָלָה:

ה ו שִׁמְעוֹן וְלֵוִי אַחִים כְּלֵי חָמָס מְכֵרֹתֵיהֶם: בְּסֹדָם אַל־תָּבֹא
נַפְשִׁי בִּקְהָלָם אַל־תֵּחַד כְּבֹדִי כִּי בְאַפָּם הָרְגוּ אִישׁ וּבִרְצֹנָם
ז עִקְּרוּ־שׁוֹר: אָרוּר אַפָּם כִּי עָז וְעֶבְרָתָם כִּי קָשָׁתָה אֲחַלְּקֵם
בְּיַעֲקֹב וַאֲפִיצֵם בְּיִשְׂרָאֵל:

ח יְהוּדָה אַתָּה יוֹדוּךָ אַחֶיךָ יָדְךָ בְּעֹרֶף אֹיְבֶיךָ יִשְׁתַּחֲווּ לְךָ בְּנֵי
ט אָבִיךָ: גּוּר אַרְיֵה יְהוּדָה מִטֶּרֶף בְּנִי עָלִיתָ כָּרַע רָבַץ כְּאַרְיֵה
י וּכְלָבִיא מִי יְקִימֶנּוּ: לֹא־יָסוּר שֵׁבֶט מִיהוּדָה וּמְחֹקֵק מִבֵּין
יא רַגְלָיו עַד כִּי־יָבֹא שִׁילֹה וְלוֹ יִקְּהַת עַמִּים: אֹסְרִי לַגֶּפֶן עִירֹה

his knees, and he bowed himself with his face to the earth. And 13
Yosef took them both, Efrayim in his right hand toward Yisra'el's
left hand, and Menashshe in his left hand toward Yisra'el's
right hand, and he presented them to him. And Yisra'el stretched 14
out his right hand, and laid it upon Efrayim's head, who was the
younger, and his left hand upon Menashshe's head, changing his
hands; for Menashshe was the first-born. And he blessed Yosef, 15
and said, God, before whom my fathers Avraham and Yiẕḥaq
did walk, the God who has been my shepherd all my life long
until this day, the angel who redeemed me from all evil, bless 16
the lads; and let my name be named on them, and the name
of my fathers Avraham and Yiẕḥaq; and let them grow into a
multitude in the midst of the earth. And when Yosef saw that 17
his father laid his right hand upon the head of Efrayim, it dis-
pleased him: and he held up his father's hand, to remove it
from Efrayim's head to Menashshe's head. And Yosef said to 18
his father, Not so, my father: for this is the firstborn; put thy
right hand upon his head. And his father refused, and said, I 19
know it, my son, I know it: he also shall become a people, and
he also shall be great: but truly his younger brother shall be
greater than he, and his seed shall become a multitude of na-
tions. And he blessed them that day, saying, By thee shall Yis- 20
ra'el bless, saying, God make thee as Efrayim and as Menashshe:
and he set Efrayim before Menashshe. And Yisra'el said to 21
Yosef, Behold, I die: but God shall be with you, and bring you
back to the land of your fathers. Moreover I have given to thee 22
one portion more than thy brothers, which I took out of the hand
of the Emori with my sword and with my bow.

And Ya'aqov called to his sons, and said, Gather yourselves **49**
together, that I may tell you that which shall befall you in the
last days. Gather yourselves together, and hear, you sons of 2
Ya'aqov; and hearken to Yisra'el your father. Re'uven, thou art 3
my firstborn, my might and the beginning of my strength, the
excellency of dignity, and the excellency of power: unstable 4
as water, thou shalt not excel; because thou wentest up to thy
father's bed; then thou didst defile it: he went up to my
couch.

Shim'on and Levi are brothers; instruments of cruelty are their 5
swords. Let my soul not come into their council; to their assem-
bly let my honour not be united: for in their anger they slew
a man, and in their selfwill they lamed an ox. Cursed be their 7
anger, for it was fierce; and their wrath, for it was cruel: I will
divide them in Ya'aqov, and scatter them in Yisra'el.

Yehuda thou art he whom thy brethren shall praise: thy hand 8
shall be on the neck of thy enemies; thy father's children shall
bow down before thee. Yehuda is a lion's whelp: from the prey, 9
my son, thou art gone up: he stooped down, he couched as a
lion, and as a lioness; who shall rouse him up? The staff shall 10
not depart from Yehuda, nor the sceptre from between his feet,
until Shilo come, and the obedience of the people be his. Binding 11
his foal to the vine, and his ass's colt to the choice vine; he

וּלְשֹׂרֵקָה בְּנִי אֲתֹנוֹ כִּבֵּס בַּיַּיִן לְבֻשׁוֹ וּבְדַם־עֲנָבִים סוּתֹה׃
יב חַכְלִילִי עֵינַיִם מִיָּיִן וּלְבֶן־שִׁנַּיִם מֵחָלָב׃
יג זְבוּלֻן לְחוֹף יַמִּים יִשְׁכֹּן וְהוּא לְחוֹף אֳנִיֹּת וְיַרְכָתוֹ עַל־צִידֹן׃
יד טו יִשָּׂשכָר חֲמֹר גָּרֶם רֹבֵץ בֵּין הַמִּשְׁפְּתָיִם׃ וַיַּרְא מְנֻחָה כִּי
טוֹב וְאֶת־הָאָרֶץ כִּי נָעֵמָה וַיֵּט שִׁכְמוֹ לִסְבֹּל וַיְהִי לְמַס־
טז עֹבֵד׃ דָּן יָדִין עַמּוֹ כְּאַחַד שִׁבְטֵי יִשְׂרָאֵל׃
יז יְהִי־דָן נָחָשׁ עֲלֵי־דֶרֶךְ שְׁפִיפֹן עֲלֵי־אֹרַח הַנֹּשֵׁךְ עִקְּבֵי־סוּס
חמישי יח יט וַיִּפֹּל רֹכְבוֹ אָחוֹר׃ לִישׁוּעָתְךָ קִוִּיתִי יהוה׃ גָּד
כ גְּדוּד יְגוּדֶנּוּ וְהוּא יָגֻד עָקֵב׃ מֵאָשֵׁר שְׁמֵנָה לַחְמוֹ
כא וְהוּא יִתֵּן מַעֲדַנֵּי־מֶלֶךְ׃ נַפְתָּלִי אַיָּלָה שְׁלֻחָה
כב הַנֹּתֵן אִמְרֵי־שָׁפֶר׃ בֵּן פֹּרָת יוֹסֵף בֵּן פֹּרָת
כג עֲלֵי־עָיִן בָּנוֹת צָעֲדָה עֲלֵי־שׁוּר׃ וַיְמָרְרֻהוּ וָרֹבּוּ וַיִּשְׂטְמֻהוּ
כד בַּעֲלֵי חִצִּים׃ וַתֵּשֶׁב בְּאֵיתָן קַשְׁתּוֹ וַיָּפֹזּוּ זְרֹעֵי יָדָיו מִידֵי
כה אֲבִיר יַעֲקֹב מִשָּׁם רֹעֶה אֶבֶן יִשְׂרָאֵל׃ מֵאֵל אָבִיךָ וְיַעְזְרֶךָּ
וְאֵת שַׁדַּי וִיבָרְכֶךָּ בִּרְכֹת שָׁמַיִם מֵעָל בִּרְכֹת תְּהוֹם רֹבֶצֶת
כו תָּחַת בִּרְכֹת שָׁדַיִם וָרָחַם׃ בִּרְכֹת אָבִיךָ גָּבְרוּ עַל־בִּרְכֹת הוֹרַי
עַד־תַּאֲוַת גִּבְעֹת עוֹלָם תִּהְיֶיןָ לְרֹאשׁ יוֹסֵף וּלְקָדְקֹד נְזִיר
אֶחָיו׃

ששי כז כח בִּנְיָמִין זְאֵב יִטְרָף בַּבֹּקֶר יֹאכַל עַד וְלָעֶרֶב יְחַלֵּק שָׁלָל׃ כָּל־
אֵלֶּה שִׁבְטֵי יִשְׂרָאֵל שְׁנֵים עָשָׂר וְזֹאת אֲשֶׁר־דִּבֶּר לָהֶם אֲבִיהֶם
כט וַיְבָרֶךְ אוֹתָם אִישׁ אֲשֶׁר כְּבִרְכָתוֹ בֵּרַךְ אֹתָם׃ וַיְצַו אוֹתָם
וַיֹּאמֶר אֲלֵהֶם אֲנִי נֶאֱסָף אֶל־עַמִּי קִבְרוּ אֹתִי אֶל־אֲבֹתָי אֶל־
ל הַמְּעָרָה אֲשֶׁר בִּשְׂדֵה עֶפְרוֹן הַחִתִּי׃ בַּמְּעָרָה אֲשֶׁר בִּשְׂדֵה
הַמַּכְפֵּלָה אֲשֶׁר־עַל־פְּנֵי מַמְרֵא בְּאֶרֶץ כְּנָעַן אֲשֶׁר קָנָה
לא אַבְרָהָם אֶת־הַשָּׂדֶה מֵאֵת עֶפְרֹן הַחִתִּי לַאֲחֻזַּת־קָבֶר׃ שָׁמָּה
קָבְרוּ אֶת־אַבְרָהָם וְאֵת שָׂרָה אִשְׁתּוֹ שָׁמָּה קָבְרוּ אֶת־יִצְחָק
לב וְאֵת רִבְקָה אִשְׁתּוֹ וְשָׁמָּה קָבַרְתִּי אֶת־לֵאָה׃ מִקְנֵה הַשָּׂדֶה
לג וְהַמְּעָרָה אֲשֶׁר־בּוֹ מֵאֵת בְּנֵי־חֵת׃ וַיְכַל יַעֲקֹב לְצַוֹּת אֶת־
נ א בָּנָיו וַיֶּאֱסֹף רַגְלָיו אֶל־הַמִּטָּה וַיִּגְוַע וַיֵּאָסֶף אֶל־עַמָּיו׃ וַיִּפֹּל
ב יוֹסֵף עַל־פְּנֵי אָבִיו וַיֵּבְךְּ עָלָיו וַיִּשַּׁק־לוֹ׃ וַיְצַו יוֹסֵף אֶת־
עֲבָדָיו אֶת־הָרֹפְאִים לַחֲנֹט אֶת־אָבִיו וַיַּחַנְטוּ הָרֹפְאִים אֶת־
ג יִשְׂרָאֵל׃ וַיִּמְלְאוּ־לוֹ אַרְבָּעִים יוֹם כִּי כֵּן יִמְלְאוּ יְמֵי הַחֲנֻטִים
ד וַיִּבְכּוּ אֹתוֹ מִצְרַיִם שִׁבְעִים יוֹם׃ וַיַּעַבְרוּ יְמֵי בְכִיתוֹ וַיְדַבֵּר
יוֹסֵף אֶל־בֵּית פַּרְעֹה לֵאמֹר אִם־נָא מָצָאתִי חֵן בְּעֵינֵיכֶם
ה דַּבְּרוּ־נָא בְּאָזְנֵי פַרְעֹה לֵאמֹר׃ אָבִי הִשְׁבִּיעַנִי לֵאמֹר הִנֵּה
אָנֹכִי מֵת בְּקִבְרִי אֲשֶׁר כָּרִיתִי לִי בְּאֶרֶץ כְּנַעַן שָׁמָּה תִּקְבְּרֵנִי

washes his garments in wine, and his clothes in the blood of
grapes; his eyes are red with wine, and his teeth white with 12
milk.
Zevulun shall dwell at the shore of the sea; and he shall be 13
a haven for ships; and his border shall be at Ẕidon.
Yissakhar is a strong ass couching down between the sheep- 14
folds: and he saw that rest was good, and the land that it was 15
pleasant; and he bowed his shoulder to bear, and became a servant
to tribute. Dan shall judge his people, as one of the tribes 16
of Yisra'el. Dan shall be a serpent by the way, an adder in the 17
path, that bites the horse's heels, so that his rider shall fall
backward. I wait for thy salvation, O LORD. Gad, raiders 18, 19
shall maraud him, but he shall overcome at the last. Out 20
of Asher his bread shall be fat, and he shall yield royal
dainties. Naftali is a hind let loose: he gives goodly 21
words. Yosef is a fruitful bough, a fruitful bough by a 22
well; whose branches run over the wall: the archers fiercely 23
attacked him, and shot at him, and hated him: but his bow 24
abode in strength, and the arms of his hands were made supple
by the hands of the mighty GOD of Ya'aqov; (from thence from
the shepherd, the Stone of Yisra'el:) by the GOD of thy father, 25
who shall help thee; and by the Almighty, who shall bless thee,
with blessings of heaven above, blessings of the deep that couches
beneath, blessings of the breasts, and of the womb: the bles- 26
sings of thy father are potent above the blessings of my pro-
genitors to the utmost bound of the everlasting hills: they shall
be on the head of Yosef, and on the crown of the head of him
that was separated from his brothers.
Binyamin is a ravenous wolf: in the morning he shall devour 27
the prey, and at night he shall divide the spoil. All these are the 28
twelve tribes of Yisra'el: and this is that which their father
spoke to them, and blessed them; every one according to his
blessing he blessed them. And he charged them, and said to 29
them, I am to be gathered to my people: bury me with my
fathers in the cave that is in the field of 'Efron, the Ḥittite,
in the cave that is in the field of Makhpela, which is before 30
Mamre, in the land of Kena'an, which Avraham bought with the
field from 'Efron the Ḥittite for a possession of a buryingplace.
There they buried Avraham and Sara his wife; there they buried 31
Yizḥaq and Rivqa his wife; and there I buried Le'a. The purchase 32
of the field and of the cave that is in it was from the children
of Ḥet. And when Ya'aqov had made an end of commanding his 33
sons, he gathered up his feet into the bed, and expired, and was
gathered to his people. And Yosef fell on his father's face, and **50**
wept upon him, and kissed him. And Yosef commanded his 2
servants the physicians to embalm his father: and the phy-
sicians embalmed Yisra'el. And forty days were fulfilled for 3
him: for so are fulfilled the days of those who are embalmed:
and Mizrayim wept for him seventy days. And when the days 4
of his mourning were past, Yosef spoke to the house of Par'o,
saying, If now I have found favour in your eyes, speak, I pray
you, in the ears of Par'o, saying, My father made me swear, 5
saying, Lo, I die: in my grave which I have dug for myself in the

ו וְעַתָּה אֶעֱלֶה־נָּא וְאֶקְבְּרָה אֶת־אָבִי וְאָשׁוּבָה׃ וַיֹּאמֶר פַּרְעֹה
ז עֲלֵה וּקְבֹר אֶת־אָבִיךָ כַּאֲשֶׁר הִשְׁבִּיעֶךָ׃ וַיַּעַל יוֹסֵף לִקְבֹּר
אֶת־אָבִיו וַיַּעֲלוּ אִתּוֹ כָּל־עַבְדֵי פַרְעֹה זִקְנֵי בֵיתוֹ וְכֹל זִקְנֵי
ח אֶרֶץ־מִצְרָיִם׃ וְכֹל בֵּית יוֹסֵף וְאֶחָיו וּבֵית אָבִיו רַק טַפָּם וְצֹאנָם
ט וּבְקָרָם עָזְבוּ בְּאֶרֶץ גֹּשֶׁן׃ וַיַּעַל עִמּוֹ גַּם־רֶכֶב גַּם־פָּרָשִׁים וַיְהִי
י הַמַּחֲנֶה כָּבֵד מְאֹד׃ וַיָּבֹאוּ עַד־גֹּרֶן הָאָטָד אֲשֶׁר בְּעֵבֶר הַיַּרְדֵּן
וַיִּסְפְּדוּ־שָׁם מִסְפֵּד גָּדוֹל וְכָבֵד מְאֹד וַיַּעַשׂ לְאָבִיו אֵבֶל שִׁבְעַת
יא יָמִים׃ וַיַּרְא יוֹשֵׁב הָאָרֶץ הַכְּנַעֲנִי אֶת־הָאֵבֶל בְּגֹרֶן הָאָטָד
וַיֹּאמְרוּ אֵבֶל־כָּבֵד זֶה לְמִצְרָיִם עַל־כֵּן קָרָא שְׁמָהּ אָבֵל מִצְרַיִם
יב יג אֲשֶׁר בְּעֵבֶר הַיַּרְדֵּן׃ וַיַּעֲשׂוּ בָנָיו לוֹ כֵּן כַּאֲשֶׁר צִוָּם׃ וַיִּשְׂאוּ
אֹתוֹ בָנָיו אַרְצָה כְּנַעַן וַיִּקְבְּרוּ אֹתוֹ בִּמְעָרַת שְׂדֵה הַמַּכְפֵּלָה
אֲשֶׁר קָנָה אַבְרָהָם אֶת־הַשָּׂדֶה לַאֲחֻזַּת־קֶבֶר מֵאֵת עֶפְרֹן
יד הַחִתִּי עַל־פְּנֵי מַמְרֵא׃ וַיָּשָׁב יוֹסֵף מִצְרַיְמָה הוּא וְאֶחָיו וְכָל־
טו הָעֹלִים אִתּוֹ לִקְבֹּר אֶת־אָבִיו אַחֲרֵי קָבְרוֹ אֶת־אָבִיו׃ וַיִּרְאוּ
אֲחֵי־יוֹסֵף כִּי־מֵת אֲבִיהֶם וַיֹּאמְרוּ לוּ יִשְׂטְמֵנוּ יוֹסֵף וְהָשֵׁב
טז יָשִׁיב לָנוּ אֵת כָּל־הָרָעָה אֲשֶׁר גָּמַלְנוּ אֹתוֹ׃ וַיְצַוּוּ אֶל־יוֹסֵף
יז לֵאמֹר אָבִיךָ צִוָּה לִפְנֵי מוֹתוֹ לֵאמֹר׃ כֹּה־תֹאמְרוּ לְיוֹסֵף אָנָּא
שָׂא נָא פֶּשַׁע אַחֶיךָ וְחַטָּאתָם כִּי־רָעָה גְמָלוּךָ וְעַתָּה שָׂא נָא
יח לְפֶשַׁע עַבְדֵי אֱלֹהֵי אָבִיךָ וַיֵּבְךְּ יוֹסֵף בְּדַבְּרָם אֵלָיו׃ וַיֵּלְכוּ גַּם־
יט אֶחָיו וַיִּפְּלוּ לְפָנָיו וַיֹּאמְרוּ הִנֶּנּוּ לְךָ לַעֲבָדִים׃ וַיֹּאמֶר אֲלֵהֶם
כ יוֹסֵף אַל־תִּירָאוּ כִּי הֲתַחַת אֱלֹהִים אָנִי׃ וְאַתֶּם חֲשַׁבְתֶּם עָלַי
רָעָה אֱלֹהִים חֲשָׁבָהּ לְטֹבָה לְמַעַן עֲשֹׂה כַּיּוֹם הַזֶּה לְהַחֲיֹת
כא עַם־רָב׃ וְעַתָּה אַל־תִּירָאוּ אָנֹכִי אֲכַלְכֵּל אֶתְכֶם וְאֶת־טַפְּכֶם שביעי
כב וַיְנַחֵם אוֹתָם וַיְדַבֵּר עַל־לִבָּם׃ וַיֵּשֶׁב יוֹסֵף בְּמִצְרַיִם הוּא וּבֵית
כג אָבִיו וַיְחִי יוֹסֵף מֵאָה וָעֶשֶׂר שָׁנִים׃ וַיַּרְא יוֹסֵף לְאֶפְרַיִם בְּנֵי מפטיר
כד שִׁלֵּשִׁים גַּם בְּנֵי מָכִיר בֶּן־מְנַשֶּׁה יֻלְּדוּ עַל־בִּרְכֵּי יוֹסֵף׃ וַיֹּאמֶר
יוֹסֵף אֶל־אֶחָיו אָנֹכִי מֵת וֵאלֹהִים פָּקֹד יִפְקֹד אֶתְכֶם וְהֶעֱלָה
אֶתְכֶם מִן־הָאָרֶץ הַזֹּאת אֶל־הָאָרֶץ אֲשֶׁר נִשְׁבַּע לְאַבְרָהָם
כה לְיִצְחָק וּלְיַעֲקֹב׃ וַיַּשְׁבַּע יוֹסֵף אֶת־בְּנֵי יִשְׂרָאֵל לֵאמֹר פָּקֹד
כו יִפְקֹד אֱלֹהִים אֶתְכֶם וְהַעֲלִתֶם אֶת־עַצְמֹתַי מִזֶּה׃ וַיָּמָת יוֹסֵף
בֶּן־מֵאָה וָעֶשֶׂר שָׁנִים וַיַּחַנְטוּ אֹתוֹ וַיִּישֶׂם בָּאָרוֹן בְּמִצְרָיִם׃

land of Kena'an there shalt thou bury me. Now therefore let
me go up, I pray thee, and bury my father, and I will come
back. And Par'o said, Go up, and bury thy father, according   6
as he made thee swear. And Yosef went up to bury his father: 7
and with him went up all the servants of Par'o, the elders of his
house, and all the elders of the land of Miẓrayim. And all the   8
house of Yosef, and his brothers, and his father's house: only
their little ones, and their flocks, and their herds, they left in
the land of Goshen. And there went up with him both chariots   9
and horsemen: and it was a very great company. And they came   10
to the threshing floor of Atad, which is beyond the Yarden, and
there they mourned with a great and very sore lamentation:
and he made a mourning for his father of seven days. And when   11
the inhabitants of the land, the Kena'ani, saw the mourning at
the floor of Atad, they said, This is a grievous mourning to
Miẓrayim: so that the name of it was called Avel-miẓrayim,
which is beyond the Yarden. And his sons did to him according   12
as he had commanded them: for his sons carried him into the   13
land of Kena'an, and buried him in the cave of the field of
Makhpela, which Avraham bought with the field for a possession
of a buryingplace from 'Efrom the Ḥittite, before Mamre. And   14
Yosef returned to Miẓrayim, he, and his brethren, and all that
went up with him to bury his father, after he had buried his
father. And when Yosef's brothers saw that their father was   15
dead, they said, What if Yosef will hate us, and will pay us back
the evil which we did to him. And they sent word urgently to   16
Yosef, saying, Thy father did command before he died, saying,
So shall you say to Yosef, Forgive, I pray thee now, the trespass 17
of thy brothers, and their sin; for they did evil to thee: and now,
we pray thee, forgive the trespass of the servants of the GOD of
thy father. And Yosef wept when they spoke to him. And his   18
brothers even went and fell down before his face; and they
said, Behold, we are thy servants. And Yosef said to them, Fear   19
not: for am I in the place of GOD? But as for you, you thought   20
evil against me; but GOD meant it for good, to bring it to pass
at this day that much people should be saved alive. Now there-   21
fore fear not: I will nourish you, and your little ones. And he
comforted them, and spoke kindly to them. And Yosef dwelt in   22
Miẓrayim, he, and his father's house: and Yosef lived a hundred
and ten years. And Yosef saw Efrayim's children of the third   23
generation: the children also of Makhir the son of Menashshe
were born on Yosef's knees. And Yosef said to his brothers,   24
I die: and GOD will surely visit you, and bring you up out
of this land to the land of which he swore to Avraham, to
Yiẓḥaq, and to Ya'aqov. And Yosef took an oath of the children   25
of Yisra'el, saying, GOD will surely visit you, and you shall
carry up my bones from here. So Yosef died, being a hundred   26
and ten years old: and they embalmed him, and he was put
in a coffin in Miẓrayim.

שמות

SHEMOT-EXODUS

וְאֵ֗לֶּה שְׁמוֹת֙ בְּנֵ֣י יִשְׂרָאֵ֔ל הַבָּאִ֖ים מִצְרָ֑יְמָה אֵ֣ת יַעֲקֹ֔ב אִ֖ישׁ

וּבֵיתֽוֹ בָּֽאוּ: רְאוּבֵ֣ן שִׁמְע֔וֹן לֵוִ֖י וִיהוּדָֽה: יִשָּׂשכָ֥ר זְבוּלֻ֖ן וּבִנְיָמִֽן:

דָּ֥ן וְנַפְתָּלִ֖י גָּ֥ד וְאָשֵֽׁר: וַֽיְהִ֗י כָּל־נֶ֛פֶשׁ יֹצְאֵ֥י יֶֽרֶךְ־יַעֲקֹ֖ב שִׁבְעִ֣ים

נָ֑פֶשׁ וְיוֹסֵ֖ף הָיָ֥ה בְמִצְרָֽיִם: וַיָּ֤מָת יוֹסֵף֙ וְכָל־אֶחָ֔יו וְכֹ֖ל הַדּ֥וֹר

הַהֽוּא: וּבְנֵ֣י יִשְׂרָאֵ֗ל פָּר֧וּ וַֽיִּשְׁרְצ֛וּ וַיִּרְבּ֥וּ וַיַּֽעַצְמ֖וּ בִּמְאֹ֣ד מְאֹ֑ד

וַתִּמָּלֵ֥א הָאָ֖רֶץ אֹתָֽם:

וַיָּ֥קָם מֶֽלֶךְ־חָדָ֖שׁ עַל־מִצְרָ֑יִם אֲשֶׁ֥ר לֹֽא־יָדַ֖ע אֶת־יוֹסֵֽף: וַיֹּ֖אמֶר

אֶל־עַמּ֑וֹ הִנֵּ֗ה עַ֚ם בְּנֵ֣י יִשְׂרָאֵ֔ל רַ֥ב וְעָצ֖וּם מִמֶּֽנּוּ: הָ֥בָה נִֽתְחַכְּמָ֖ה

ל֑וֹ פֶּן־יִרְבֶּ֗ה וְהָיָ֞ה כִּֽי־תִקְרֶ֤אנָה מִלְחָמָה֙ וְנוֹסַ֤ף גַּם־הוּא֙ עַל־

שֹֽׂנְאֵ֔ינוּ וְנִלְחַם־בָּ֖נוּ וְעָלָ֥ה מִן־הָאָֽרֶץ: וַיָּשִׂ֤ימוּ עָלָיו֙ שָׂרֵ֣י מִסִּ֔ים

לְמַ֖עַן עַנֹּת֣וֹ בְּסִבְלֹתָ֑ם וַיִּ֜בֶן עָרֵ֤י מִסְכְּנוֹת֙ לְפַרְעֹ֔ה אֶת־פִּתֹ֖ם

וְאֶת־רַֽעַמְסֵֽס: וְכַֽאֲשֶׁר֙ יְעַנּ֣וּ אֹת֔וֹ כֵּ֥ן יִרְבֶּ֖ה וְכֵ֣ן יִפְרֹ֑ץ וַיָּקֻ֕צוּ

מִפְּנֵ֖י בְּנֵ֥י יִשְׂרָאֵֽל: וַיַּעֲבִ֧דוּ מִצְרַ֛יִם אֶת־בְּנֵ֥י יִשְׂרָאֵ֖ל בְּפָֽרֶךְ:

וַיְמָרְר֨וּ אֶת־חַיֵּיהֶ֜ם בַּעֲבֹדָ֣ה קָשָׁ֗ה בְּחֹ֙מֶר֙ וּבִלְבֵנִ֔ים וּבְכָל־

עֲבֹדָ֖ה בַּשָּׂדֶ֑ה אֵ֚ת כָּל־עֲבֹ֣דָתָ֔ם אֲשֶׁר־עָבְד֥וּ בָהֶ֖ם בְּפָֽרֶךְ:

וַיֹּ֙אמֶר֙ מֶ֣לֶךְ מִצְרַ֔יִם לַֽמְיַלְּדֹ֖ת הָֽעִבְרִיֹּ֑ת אֲשֶׁ֨ר שֵׁ֤ם הָֽאַחַת֙ שִׁפְרָ֔ה

וְשֵׁ֥ם הַשֵּׁנִ֖ית פּוּעָֽה: וַיֹּ֗אמֶר בְּיַלֶּדְכֶן֙ אֶת־הָֽעִבְרִיּ֔וֹת וּרְאִיתֶ֖ן עַל־

הָאָבְנָ֑יִם אִם־בֵּ֥ן הוּא֙ וַהֲמִתֶּ֣ן אֹת֔וֹ וְאִם־בַּ֥ת הִ֖וא וָחָֽיָה: וַתִּירֶ֤אןָ

הַֽמְיַלְּדֹת֙ אֶת־הָ֣אֱלֹהִ֔ים וְלֹ֣א עָשׂ֔וּ כַּאֲשֶׁ֛ר דִּבֶּ֥ר אֲלֵיהֶ֖ן מֶ֣לֶךְ

מִצְרָ֑יִם וַתְּחַיֶּ֖יןָ אֶת־הַיְלָדִֽים: וַיִּקְרָ֤א מֶֽלֶךְ־מִצְרַ֙יִם֙ לַֽמְיַלְּדֹ֔ת

וַיֹּ֣אמֶר לָהֶ֔ן מַדּ֥וּעַ עֲשִׂיתֶ֖ן הַדָּבָ֣ר הַזֶּ֑ה וַתְּחַיֶּ֖יןָ אֶת־הַיְלָדִֽים:

וַתֹּאמַ֤רְןָ הַֽמְיַלְּדֹת֙ אֶל־פַּרְעֹ֔ה כִּ֣י לֹ֧א כַנָּשִׁ֛ים הַמִּצְרִיֹּ֖ת הָֽעִבְרִיֹּ֑ת

כִּֽי־חָי֣וֹת הֵ֔נָּה בְּטֶ֨רֶם תָּב֧וֹא אֲלֵהֶ֛ן הַמְיַלֶּ֖דֶת וְיָלָֽדוּ: וַיֵּ֥יטֶב

אֱלֹהִ֖ים לַֽמְיַלְּדֹ֑ת וַיִּ֧רֶב הָעָ֛ם וַיַּֽעַצְמ֖וּ מְאֹֽד: וַיְהִ֕י כִּֽי־יָֽרְא֥וּ

הַֽמְיַלְּדֹ֖ת אֶת־הָאֱלֹהִ֑ים וַיַּ֥עַשׂ לָהֶ֖ם בָּתִּֽים: וַיְצַ֣ו פַּרְעֹ֔ה לְכָל־

עַמּ֖וֹ לֵאמֹ֑ר כָּל־הַבֵּ֣ן הַיִּלּ֗וֹד הַיְאֹ֙רָה֙ תַּשְׁלִיכֻ֔הוּ וְכָל־הַבַּ֖ת

תְּחַיּֽוּן:

וַיֵּ֥לֶךְ אִ֖ישׁ מִבֵּ֣ית לֵוִ֑י וַיִּקַּ֖ח אֶת־בַּת־לֵוִֽי: וַתַּ֥הַר הָאִשָּׁ֖ה וַתֵּ֣לֶד

בֵּ֑ן וַתֵּ֤רֶא אֹתוֹ֙ כִּי־ט֣וֹב ה֔וּא וַֽתִּצְפְּנֵ֖הוּ שְׁלֹשָׁ֥ה יְרָחִֽים: וְלֹא־

יָכְלָ֣ה עוֹד֮ הַצְּפִינוֹ֒ וַתִּֽקַּֽח־לוֹ֙ תֵּ֣בַת גֹּ֔מֶא וַתַּחְמְרָ֥ה בַחֵמָ֖ר וּבַזָּ֑פֶת

וַתָּ֤שֶׂם בָּהּ֙ אֶת־הַיֶּ֔לֶד וַתָּ֥שֶׂם בַּסּ֖וּף עַל־שְׂפַ֥ת הַיְאֹֽר: וַתֵּתַצַּ֥ב

אֲחֹת֖וֹ מֵֽרָחֹ֑ק לְדֵעָ֕ה מַה־יֵּעָשֶׂ֖ה לֽוֹ: וַתֵּ֤רֶד בַּת־פַּרְעֹה֙ לִרְחֹ֣ץ

עַל־הַיְאֹ֔ר וְנַעֲרֹתֶ֥יהָ הֹלְכֹ֖ת עַל־יַ֣ד הַיְאֹ֑ר וַתֵּ֤רֶא אֶת־הַתֵּבָה֙

בְּת֣וֹךְ הַסּ֔וּף וַתִּשְׁלַ֥ח אֶת־אֲמָתָ֖הּ וַתִּקָּחֶֽהָ: וַתִּפְתַּח֙ וַתִּרְאֵ֙הוּ֙

NOW these are the names of the children of Yisra'el who 1
came into Miẕrayim, with Ya'aqov; every man came
with his household. Re'uven, Shim'on, Levi, and Yehu- 2,3
da; Yissakhar, Zevulun, and Binyamin; Dan, Naftali, Gad, and 4,5
Asher. And all the souls that came out of the loins of Ya'aqov
were seventy souls: for Yosef was already in Miẕrayim. And 6
Yosef died, and all his brethren, and all that generation. And the 7
children of Yisra'el were fruitful, and increased abundantly, and
multiplied, and grew exceedingly mighty; and the land was
filled with them.

Now there arose a new king over Miẕrayim, who knew not 8
Yosef. And he said to his people, Behold, the people of the 9
children of Yisra'el are more and mightier than we: come, 10
let us deal wisely with them; lest they multiply, and it come
to pass, that, when any war should chance, they also join our
enemies, and fight against us, and so go up out of the land.
Therefore they did set over them taskmasters to afflict them 11
with their burdens. And they built for Par'o treasure cities,
namely Pitom and Ra'amses. But the more they afflicted them, 12
the more they multiplied and grew. And they were mortified on
account of the children of Yisra'el. And Miẕrayim made the 13
children of Yisra'el serve with rigour: and they made their lives 14
bitter with hard bondage, in mortar, and in brick, and in all
manner of bondage in the field: all their bondage, wherein
they made them serve, was with rigour. And the king of Miẕ- 15
rayim spoke to the Hebrew midwives, of whom the name of
the one was Shifra, and the name of the other Pu'a: and he 16
said, When you do the office of midwife to the Hebrew women,
you shall look upon the birth stones; if it be a son, then you
shall kill him: but if it be a daughter, then she shall live. But 17
the midwives feared God, and did not as the king of Miẕrayim
commanded them, but saved the men children alive. And the 18
king of Miẕrayim called for the midwives, and said to them,
Why have you done this thing, and saved the men children
alive? And the midwives said to Par'o, Because the Hebrew 19
women are not as the Miẕrian women; for they are lively, and
are delivered before the midwives come to them. Therefore 20
God dealt well with the midwives: and the people multiplied,
and grew very mighty. And it came to pass, because the mid- 21
wives feared God, that he made them houses. And Par'o charged 22
all his people, saying, Every son that is born you shall cast into
the River, and every daughter you shall save alive.

And there went a man of the house of Levi, and took to wife **2**
a daughter of Levi. And the woman conceived, and bore a son: 2
and when she saw that he was a goodly child, she hid him three
months. And when she could not longer hide him, she took for 3
him a box made of papyrus, and daubed it with slime and
with pitch, and put the child in it; and she laid it in the
rushes by the River's brink. And his sister stood afar off, to 4
know what would be done to him. And the daughter of Par'o 5
came down to wash herself at the River; and her maidens walked
along by the River's side; and when she saw the box among the
rushes, she sent her maid to fetch it. And when she had opened 6

אֶת־הַיֶּלֶד וְהִנֵּה־נַעַר בֹּכֶה וַתַּחְמֹל עָלָיו וַתֹּאמֶר מִיַּלְדֵי
הָעִבְרִים זֶה׃ וַתֹּאמֶר אֲחֹתוֹ אֶל־בַּת־פַּרְעֹה הַאֵלֵךְ וְקָרָאתִי ז
לָךְ אִשָּׁה מֵינֶקֶת מִן הָעִבְרִיֹּת וְתֵינִק לָךְ אֶת־הַיָּלֶד׃ וַתֹּאמֶר־ ח
לָהּ בַּת־פַּרְעֹה לֵכִי וַתֵּלֶךְ הָעַלְמָה וַתִּקְרָא אֶת־אֵם הַיָּלֶד׃
וַתֹּאמֶר לָהּ בַּת־פַּרְעֹה הֵילִיכִי אֶת־הַיֶּלֶד הַזֶּה וְהֵינִקִהוּ לִי ט
וַאֲנִי אֶתֵּן אֶת־שְׂכָרֵךְ וַתִּקַּח הָאִשָּׁה הַיֶּלֶד וַתְּנִיקֵהוּ׃ וַיִּגְדַּל הַיֶּלֶד י
וַתְּבִאֵהוּ לְבַת־פַּרְעֹה וַיְהִי־לָהּ לְבֵן וַתִּקְרָא שְׁמוֹ מֹשֶׁה וַתֹּאמֶר
שלישי כִּי מִן־הַמַּיִם מְשִׁיתִהוּ׃ וַיְהִי ׀ בַּיָּמִים הָהֵם וַיִּגְדַּל מֹשֶׁה וַיֵּצֵא יא
אֶל־אֶחָיו וַיַּרְא בְּסִבְלֹתָם וַיַּרְא אִישׁ מִצְרִי מַכֶּה אִישׁ־עִבְרִי
מֵאֶחָיו׃ וַיִּפֶן כֹּה וָכֹה וַיַּרְא כִּי אֵין אִישׁ וַיַּךְ אֶת־הַמִּצְרִי יב
וַיִּטְמְנֵהוּ בַּחוֹל׃ וַיֵּצֵא בַּיּוֹם הַשֵּׁנִי וְהִנֵּה שְׁנֵי־אֲנָשִׁים עִבְרִים יג
נִצִּים וַיֹּאמֶר לָרָשָׁע לָמָּה תַכֶּה רֵעֶךָ׃ וַיֹּאמֶר מִי שָׂמְךָ לְאִישׁ יד
שַׂר וְשֹׁפֵט עָלֵינוּ הַלְהָרְגֵנִי אַתָּה אֹמֵר כַּאֲשֶׁר הָרַגְתָּ אֶת־
הַמִּצְרִי וַיִּירָא מֹשֶׁה וַיֹּאמַר אָכֵן נוֹדַע הַדָּבָר׃ וַיִּשְׁמַע פַּרְעֹה טו
אֶת־הַדָּבָר הַזֶּה וַיְבַקֵּשׁ לַהֲרֹג אֶת־מֹשֶׁה וַיִּבְרַח מֹשֶׁה מִפְּנֵי
פַרְעֹה וַיֵּשֶׁב בְּאֶרֶץ־מִדְיָן וַיֵּשֶׁב עַל־הַבְּאֵר׃ וּלְכֹהֵן מִדְיָן שֶׁבַע טז
בָּנוֹת וַתָּבֹאנָה וַתִּדְלֶנָה וַתְּמַלֶּאנָה אֶת־הָרְהָטִים לְהַשְׁקוֹת
צֹאן אֲבִיהֶן׃ וַיָּבֹאוּ הָרֹעִים וַיְגָרְשׁוּם וַיָּקָם מֹשֶׁה וַיּוֹשִׁעָן וַיַּשְׁקְ יז
אֶת־צֹאנָם׃ וַתָּבֹאנָה אֶל־רְעוּאֵל אֲבִיהֶן וַיֹּאמֶר מַדּוּעַ מִהַרְתֶּן יח
בֹּא הַיּוֹם׃ וַתֹּאמַרְןָ אִישׁ מִצְרִי הִצִּילָנוּ מִיַּד הָרֹעִים וְגַם־דָּלֹה יט
דָלָה לָנוּ וַיַּשְׁקְ אֶת־הַצֹּאן׃ וַיֹּאמֶר אֶל־בְּנֹתָיו וְאַיּוֹ לָמָּה זֶּה כ
עֲזַבְתֶּן אֶת־הָאִישׁ קִרְאֶן לוֹ וְיֹאכַל לָחֶם׃ וַיּוֹאֶל מֹשֶׁה לָשֶׁבֶת כא
אֶת־הָאִישׁ וַיִּתֵּן אֶת־צִפֹּרָה בִתּוֹ לְמֹשֶׁה׃ וַתֵּלֶד בֵּן וַיִּקְרָא אֶת־ כב
שְׁמוֹ גֵּרְשֹׁם כִּי אָמַר גֵּר הָיִיתִי בְּאֶרֶץ נָכְרִיָּה׃
וַיְהִי בַיָּמִים הָרַבִּים הָהֵם וַיָּמָת מֶלֶךְ מִצְרַיִם וַיֵּאָנְחוּ בְנֵי־ כג
יִשְׂרָאֵל מִן־הָעֲבֹדָה וַיִּזְעָקוּ וַתַּעַל שַׁוְעָתָם אֶל־הָאֱלֹהִים מִן־
הָעֲבֹדָה׃ וַיִּשְׁמַע אֱלֹהִים אֶת־נַאֲקָתָם וַיִּזְכֹּר אֱלֹהִים אֶת־ כד
רביעי ב בְּרִיתוֹ אֶת־אַבְרָהָם אֶת־יִצְחָק וְאֶת־יַעֲקֹב׃ וַיַּרְא אֱלֹהִים כה
אֶת־בְּנֵי יִשְׂרָאֵל וַיֵּדַע אֱלֹהִים׃ וּמֹשֶׁה הָיָה רֹעֶה א ג
אֶת־צֹאן יִתְרוֹ חֹתְנוֹ כֹּהֵן מִדְיָן וַיִּנְהַג אֶת־הַצֹּאן אַחַר הַמִּדְבָּר
וַיָּבֹא אֶל־הַר הָאֱלֹהִים חֹרֵבָה׃ וַיֵּרָא מַלְאַךְ יהוה אֵלָיו בְּלַבַּת־ ב
אֵשׁ מִתּוֹךְ הַסְּנֶה וַיַּרְא וְהִנֵּה הַסְּנֶה בֹּעֵר בָּאֵשׁ וְהַסְּנֶה אֵינֶנּוּ
אֻכָּל׃ וַיֹּאמֶר מֹשֶׁה אָסֻרָה־נָּא וְאֶרְאֶה אֶת־הַמַּרְאֶה הַגָּדֹל ג
הַזֶּה מַדּוּעַ לֹא־יִבְעַר הַסְּנֶה׃ וַיַּרְא יהוה כִּי סָר לִרְאוֹת וַיִּקְרָא ד
אֵלָיו אֱלֹהִים מִתּוֹךְ הַסְּנֶה וַיֹּאמֶר מֹשֶׁה מֹשֶׁה וַיֹּאמֶר הִנֵּנִי׃

it, she saw the child: and, behold, a weeping boy. And she
had compassion on him, and said, This is one of the Hebrews'
children. Then said his sister to Par'o's daughter, Shall I go and   7
call to thee a nurse of the Hebrew women, that she may nurse
the child for thee? And Par'o's daughter said to her, Go. And   8
the maid went and called the child's mother. And Par'o's   9
daughter said to her, Take this child away, and nurse it for me,
and I will give thee thy wages. And the woman took the child,
and nursed it. And the child grew, and she brought him to   10
Par'o's daughter, and he became her son. And she called his
name Moshe: and she said, Because I drew him out of the water.
And it came to pass in those days, when Moshe was grown,   11
that he went out to his brothers, and looked on their burdens:
and he noticed a Miẓrian smiting a Hebrew, one of his brothers.
And he looked this way and that, and when he saw that there   12
was no man, he slew the Miẓrian, and hid him in the sand. And   13
when he went out the second day, behold, two men of the Heb-
rews strove together: and he said to him that was in the
wrong, Why dost thou smite thy fellow? And he said, Who   14
made thee a prince and a judge over us? dost thou intend to kill
me, as thou didst kill the Miẓrian? And Moshe feared, and said,
Surely this thing is known. Now when Par'o heard this thing,   15
he sought to slay Moshe. But Moshe fled from before Par'o
and dwelt in the land of Midyan: and he sat down by a well. Now   16
the priest of Midyan had seven daughters: and they came and
drew water, and filled the troughs to water their father's flock.
And the shepherds came and drove them away: but Moshe stood   17
up and helped them, and watered their flock. And when they   18
came to Re'u'el their father, he said, How is it that you are come
so soon today? And they said, A Miẓrian man delivered us out   19
of the hand of the shepherds, and also drew water enough for us,
and watered the flock. And he said to his daughters, And where   20
is he? why is it that you have left the man? call him, that he may
eat bread. And Moshe was content to dwell with the man: and   21
he gave Moshe Ẓippora his daughter. And she bore him a son,   22
and he called his name Gershom: for he said, I have been a
stranger in a strange land.

And it came to pass in the course of those many days, that the   23
king of Miẓrayim died: and the children of Yisra'el sighed by
reason of the bondage, and they cried, and their cry rose up
to GOD by reason of the bondage. And GOD heard their groan-   24
ing, and GOD remembered his covenant with Avraham, with
Yiẓḥaq, and with Ya'aqov. And GOD looked upon the children   25
of Yisra'el, and GOD apprehended.   Now Moshe kept the   **3**
flock of Yitro his father in law, the priest of Midyan: and he
led the flock far away into the desert, and came to the moun-
tain of GOD, to Ḥorev. And the angel of the LORD appeared to   2
him in a flame of fire out of the midst of a bush: and he looked,
and, behold, the bush burned with fire, but the bush was not
consumed. And Moshe said, I will now turn aside, and see this   3
great sight, why the bush is not burnt. And when the LORD saw   4
that he turned aside to see, GOD called to him out of the midst
of the bush, and said, Moshe, Moshe. And he said, Here I am.

ה וַיֹּאמֶר אַל־תִּקְרַב הֲלֹם שַׁל־נְעָלֶיךָ מֵעַל רַגְלֶיךָ כִּי הַמָּקוֹם
ו אֲשֶׁר אַתָּה עוֹמֵד עָלָיו אַדְמַת־קֹדֶשׁ הוּא: וַיֹּאמֶר אָנֹכִי אֱלֹהֵי
אָבִיךָ אֱלֹהֵי אַבְרָהָם אֱלֹהֵי יִצְחָק וֵאלֹהֵי יַעֲקֹב וַיַּסְתֵּר מֹשֶׁה
ז פָּנָיו כִּי יָרֵא מֵהַבִּיט אֶל־הָאֱלֹהִים: וַיֹּאמֶר יהוה רָאֹה רָאִיתִי
אֶת־עֳנִי עַמִּי אֲשֶׁר בְּמִצְרָיִם וְאֶת־צַעֲקָתָם שָׁמַעְתִּי מִפְּנֵי
ח נֹגְשָׂיו כִּי יָדַעְתִּי אֶת־מַכְאֹבָיו: וָאֵרֵד לְהַצִּילוֹ ׀ מִיַּד מִצְרַיִם
וּלְהַעֲלֹתוֹ מִן־הָאָרֶץ הַהִוא אֶל־אֶרֶץ טוֹבָה וּרְחָבָה אֶל־אֶרֶץ
זָבַת חָלָב וּדְבָשׁ אֶל־מְקוֹם הַכְּנַעֲנִי וְהַחִתִּי וְהָאֱמֹרִי וְהַפְּרִזִּי
ט וְהַחִוִּי וְהַיְבוּסִי: וְעַתָּה הִנֵּה צַעֲקַת בְּנֵי־יִשְׂרָאֵל בָּאָה אֵלָי וְגַם־
י רָאִיתִי אֶת־הַלַּחַץ אֲשֶׁר מִצְרַיִם לֹחֲצִים אֹתָם: וְעַתָּה לְכָה
וְאֶשְׁלָחֲךָ אֶל־פַּרְעֹה וְהוֹצֵא אֶת־עַמִּי בְנֵי־יִשְׂרָאֵל מִמִּצְרָיִם:
יא וַיֹּאמֶר מֹשֶׁה אֶל־הָאֱלֹהִים מִי אָנֹכִי כִּי אֵלֵךְ אֶל־פַּרְעֹה וְכִי
יב אוֹצִיא אֶת־בְּנֵי יִשְׂרָאֵל מִמִּצְרָיִם: וַיֹּאמֶר כִּי־אֶהְיֶה עִמָּךְ וְזֶה־
לְּךָ הָאוֹת כִּי אָנֹכִי שְׁלַחְתִּיךָ בְּהוֹצִיאֲךָ אֶת־הָעָם מִמִּצְרַיִם
יג תַּעַבְדוּן אֶת־הָאֱלֹהִים עַל הָהָר הַזֶּה: וַיֹּאמֶר מֹשֶׁה אֶל־
הָאֱלֹהִים הִנֵּה אָנֹכִי בָא אֶל־בְּנֵי יִשְׂרָאֵל וְאָמַרְתִּי לָהֶם אֱלֹהֵי
אֲבוֹתֵיכֶם שְׁלָחַנִי אֲלֵיכֶם וְאָמְרוּ־לִי מַה־שְּׁמוֹ מָה אֹמַר אֲלֵהֶם:
יד וַיֹּאמֶר אֱלֹהִים אֶל־מֹשֶׁה אֶהְיֶה אֲשֶׁר אֶהְיֶה וַיֹּאמֶר כֹּה תֹאמַר
טו לִבְנֵי יִשְׂרָאֵל אֶהְיֶה שְׁלָחַנִי אֲלֵיכֶם: וַיֹּאמֶר עוֹד אֱלֹהִים אֶל־
מֹשֶׁה כֹּה תֹאמַר אֶל־בְּנֵי יִשְׂרָאֵל יהוה אֱלֹהֵי אֲבֹתֵיכֶם אֱלֹהֵי
אַבְרָהָם אֱלֹהֵי יִצְחָק וֵאלֹהֵי יַעֲקֹב שְׁלָחַנִי אֲלֵיכֶם זֶה־שְּׁמִי
טז לְעֹלָם וְזֶה זִכְרִי לְדֹר דֹּר: לֵךְ וְאָסַפְתָּ אֶת־זִקְנֵי יִשְׂרָאֵל וְאָמַרְתָּ חמישי
אֲלֵהֶם יהוה אֱלֹהֵי אֲבֹתֵיכֶם נִרְאָה אֵלַי אֱלֹהֵי אַבְרָהָם
יִצְחָק וְיַעֲקֹב לֵאמֹר פָּקֹד פָּקַדְתִּי אֶתְכֶם וְאֶת־הֶעָשׂוּי לָכֶם
יז בְּמִצְרָיִם: וָאֹמַר אַעֲלֶה אֶתְכֶם מֵעֳנִי מִצְרַיִם אֶל־אֶרֶץ הַכְּנַעֲנִי
וְהַחִתִּי וְהָאֱמֹרִי וְהַפְּרִזִּי וְהַחִוִּי וְהַיְבוּסִי אֶל־אֶרֶץ זָבַת חָלָב
יח וּדְבָשׁ: וְשָׁמְעוּ לְקֹלֶךָ וּבָאתָ אַתָּה וְזִקְנֵי יִשְׂרָאֵל אֶל־מֶלֶךְ
מִצְרַיִם וַאֲמַרְתֶּם אֵלָיו יהוה אֱלֹהֵי הָעִבְרִיִּים נִקְרָה עָלֵינוּ
וְעַתָּה נֵלְכָה־נָּא דֶּרֶךְ שְׁלֹשֶׁת יָמִים בַּמִּדְבָּר וְנִזְבְּחָה לַיהוה
יט אֱלֹהֵינוּ: וַאֲנִי יָדַעְתִּי כִּי לֹא־יִתֵּן אֶתְכֶם מֶלֶךְ מִצְרַיִם לַהֲלֹךְ
כ וְלֹא בְּיָד חֲזָקָה: וְשָׁלַחְתִּי אֶת־יָדִי וְהִכֵּיתִי אֶת־מִצְרַיִם בְּכֹל
כא נִפְלְאֹתַי אֲשֶׁר אֶעֱשֶׂה בְּקִרְבּוֹ וְאַחֲרֵי־כֵן יְשַׁלַּח אֶתְכֶם: וְנָתַתִּי
אֶת־חֵן הָעָם־הַזֶּה בְּעֵינֵי מִצְרָיִם וְהָיָה כִּי תֵלֵכוּן לֹא תֵלְכוּ
כב רֵיקָם: וְשָׁאֲלָה אִשָּׁה מִשְּׁכֶנְתָּהּ וּמִגָּרַת בֵּיתָהּ כְּלֵי־כֶסֶף וּכְלֵי
זָהָב וּשְׂמָלֹת וְשַׂמְתֶּם עַל־בְּנֵיכֶם וְעַל־בְּנֹתֵיכֶם וְנִצַּלְתֶּם אֶת־

And he said, Do not come near: put off thy shoes from off thy 5
feet, for the place on which thou dost stand is holy ground.
Moreover, he said, I am the God of thy father, the God of Avra- 6
ham, the God of Yiẕẖaq, and the God of Ya'aqov. And Moshe
hid his face; for he was afraid to look upon God. And the Lord 7
said, I have surely seen the affliction of my people who are in
Miẕrayim, and have heard their cry by reason of their task-
masters; for I know their sorrows; and I am come down to 8
deliver them out of the hand of Miẕrayim, and to bring them
up out of that land to a good land and a large, to a land flow-
ing with milk and honey; to the place of the Kena'ani, and the
Ḥitti, and the Emori, and the Perizzi, and the Ḥivvi, and the Yevusi.
Now therefore, behold, the cry of the children of Yisra'el is 9
come to me: and I have also seen the oppression with which
Miẕrayim oppresses them. Come now therefore, and I will send 10
thee to Par'o, that thou mayst bring my people the children
of Yisra'el out of Miẕrayim. And Moshe said to God, Who am 11
I, that I should go to Par'o, and that I should bring the children
of Yisra'el out of Miẕrayim? And he said, Certainly I will be 12
with thee; and this shall be a token to thee, that I have sent
thee. When thou hast brought the people out of Miẕrayim, you
shall serve God upon this mountain. And Moshe said to God, 13
Behold, when I come to the children of Yisra'el, and shall say
to them, The God of your fathers has sent me to you; and they
shall say to me, What is his name? what shall I say to them?
And God said to Moshe, EHEYE ASHER EHEYE (I will ever be 14
what I now am): and he said, Thus shalt thou say to the
children of Yisra'el, EHEYE (I AM) has sent me to you. And 15
God said moreover to Moshe, Thus shalt thou say to the children
of Yisra'el, The Lord God of your fathers, the God of Avraham
the God of Yiẕẖaq, and the God of Ya'aqov, has sent me to
you: this is my name for ever, and this is my memorial to
all generations. Go, and gather the elders of Yisra'el together, 16
and say to them, The Lord God of your fathers, the God of
Avraham, of Yiẕẖaq, and of Ya'aqov, has appeared to me,
saying, I have surely visited you, and seen that which is done
to you in Miẕrayim: and I have said, I will bring you up out 17
of the affliction of Miẕrayim to the land of the Kena'ani, and
the Ḥitti, and the Emori, and the Perizzi, and the Ḥivvi, and
the Yevusi, to a land flowing with milk and honey. And they 18
shall hearken to thy voice: and thou shalt come, thou and
the elders of Yisra'el, to the king of Miẕrayim, and you shall
say to him, The Lord God of the Hebrews has met with us:
and now let us go, we pray thee, three days' journey into the
wilderness, that we may sacrifice to the Lord our God. And I 19
know that the king of Miẕrayim will not let you go, if not
by a mighty hand. And I will stretch out my hand, and smite 20
Miẕrayim with all my wonders which I will do in their midst:
and after that he will let you go. And I will give this people 21
favour in the sight of Miẕrayim: and it shall come to pass, that,
when you go, you shall not go empty: but every woman shall 22
ask of her neighbour, and of her that sojourns in her house,
jewels of silver, and jewels of gold, and garments: and you

א מִצְרָיִם: וַיַּעַן מֹשֶׁה וַיֹּאמֶר וְהֵן לֹא־יַאֲמִינוּ לִי וְלֹא יִשְׁמְעוּ
ב בְּקֹלִי כִּי יֹאמְרוּ לֹא־נִרְאָה אֵלֶיךָ יהוה: וַיֹּאמֶר אֵלָיו יהוה
ג מַזֶּה בְיָדֶךָ וַיֹּאמֶר מַטֶּה: וַיֹּאמֶר הַשְׁלִיכֵהוּ אַרְצָה וַיַּשְׁלִכֵהוּ מַה־זֶּה
ד אַרְצָה וַיְהִי לְנָחָשׁ וַיָּנָס מֹשֶׁה מִפָּנָיו: וַיֹּאמֶר יהוה אֶל־מֹשֶׁה
שְׁלַח יָדְךָ וֶאֱחֹז בִּזְנָבוֹ וַיִּשְׁלַח יָדוֹ וַיַּחֲזֶק־בּוֹ וַיְהִי לְמַטֶּה בְּכַפּוֹ:
ה לְמַעַן יַאֲמִינוּ כִּי־נִרְאָה אֵלֶיךָ יהוה אֱלֹהֵי אֲבֹתָם אֱלֹהֵי
ו אַבְרָהָם אֱלֹהֵי יִצְחָק וֵאלֹהֵי יַעֲקֹב: וַיֹּאמֶר יהוה לוֹ עוֹד הָבֵא־
נָא יָדְךָ בְּחֵיקֶךָ וַיָּבֵא יָדוֹ בְּחֵיקוֹ וַיּוֹצִאָהּ וְהִנֵּה יָדוֹ מְצֹרַעַת
ז כַּשָּׁלֶג: וַיֹּאמֶר הָשֵׁב יָדְךָ אֶל־חֵיקֶךָ וַיָּשֶׁב יָדוֹ אֶל־חֵיקוֹ וַיּוֹצִאָהּ
ח מֵחֵיקוֹ וְהִנֵּה־שָׁבָה כִּבְשָׂרוֹ: וְהָיָה אִם־לֹא יַאֲמִינוּ לָךְ וְלֹא
יִשְׁמְעוּ לְקֹל הָאֹת הָרִאשׁוֹן וְהֶאֱמִינוּ לְקֹל הָאֹת הָאַחֲרוֹן:
ט וְהָיָה אִם־לֹא יַאֲמִינוּ גַּם לִשְׁנֵי הָאֹתוֹת הָאֵלֶּה וְלֹא יִשְׁמְעוּן
לְקֹלֶךָ וְלָקַחְתָּ מִמֵּימֵי הַיְאֹר וְשָׁפַכְתָּ הַיַּבָּשָׁה וְהָיוּ הַמַּיִם אֲשֶׁר
י תִּקַּח מִן־הַיְאֹר וְהָיוּ לְדָם בַּיַּבָּשֶׁת: וַיֹּאמֶר מֹשֶׁה אֶל־יהוה
בִּי אֲדֹנָי לֹא אִישׁ דְּבָרִים אָנֹכִי גַּם מִתְּמוֹל גַּם מִשִּׁלְשֹׁם גַּם
יא מֵאָז דַּבֶּרְךָ אֶל־עַבְדֶּךָ כִּי כְבַד־פֶּה וּכְבַד לָשׁוֹן אָנֹכִי: וַיֹּאמֶר
יהוה אֵלָיו מִי שָׂם פֶּה לָאָדָם אוֹ מִי־יָשׂוּם אִלֵּם אוֹ חֵרֵשׁ אוֹ
יב פִקֵּחַ אוֹ עִוֵּר הֲלֹא אָנֹכִי יהוה: וְעַתָּה לֵךְ וְאָנֹכִי אֶהְיֶה עִם־פִּיךָ
יג וְהוֹרֵיתִיךָ אֲשֶׁר תְּדַבֵּר: וַיֹּאמֶר בִּי אֲדֹנָי שְׁלַח־נָא בְּיַד־תִּשְׁלָח:
יד וַיִּחַר־אַף יהוה בְּמֹשֶׁה וַיֹּאמֶר הֲלֹא אַהֲרֹן אָחִיךָ הַלֵּוִי יָדַעְתִּי
כִּי־דַבֵּר יְדַבֵּר הוּא וְגַם הִנֵּה־הוּא יֹצֵא לִקְרָאתֶךָ וְרָאֲךָ וְשָׂמַח
טו בְּלִבּוֹ: וְדִבַּרְתָּ אֵלָיו וְשַׂמְתָּ אֶת־הַדְּבָרִים בְּפִיו וְאָנֹכִי אֶהְיֶה
טז עִם־פִּיךָ וְעִם־פִּיהוּ וְהוֹרֵיתִי אֶתְכֶם אֵת אֲשֶׁר תַּעֲשׂוּן: וְדִבֶּר־
הוּא לְךָ אֶל־הָעָם וְהָיָה הוּא יִהְיֶה־לְּךָ לְפֶה וְאַתָּה תִּהְיֶה־
יז לּוֹ לֵאלֹהִים: וְאֶת־הַמַּטֶּה הַזֶּה תִּקַּח בְּיָדֶךָ אֲשֶׁר תַּעֲשֶׂה־
בּוֹ אֶת־הָאֹתֹת:
יח וַיֵּלֶךְ מֹשֶׁה וַיָּשָׁב אֶל־יֶתֶר חֹתְנוֹ וַיֹּאמֶר לוֹ אֵלְכָה־נָּא וְאָשׁוּבָה ששי ג
אֶל־אַחַי אֲשֶׁר־בְּמִצְרַיִם וְאֶרְאֶה הַעוֹדָם חַיִּים וַיֹּאמֶר יִתְרוֹ
יט לְמֹשֶׁה לֵךְ לְשָׁלוֹם: וַיֹּאמֶר יהוה אֶל־מֹשֶׁה בְּמִדְיָן לֵךְ שֻׁב
כ מִצְרָיִם כִּי־מֵתוּ כָּל־הָאֲנָשִׁים הַמְבַקְשִׁים אֶת־נַפְשֶׁךָ: וַיִּקַּח
מֹשֶׁה אֶת־אִשְׁתּוֹ וְאֶת־בָּנָיו וַיַּרְכִּבֵם עַל־הַחֲמֹר וַיָּשָׁב אַרְצָה
כא מִצְרָיִם וַיִּקַּח מֹשֶׁה אֶת־מַטֵּה הָאֱלֹהִים בְּיָדוֹ: וַיֹּאמֶר יהוה
אֶל־מֹשֶׁה בְּלֶכְתְּךָ לָשׁוּב מִצְרַיְמָה רְאֵה כָּל־הַמֹּפְתִים אֲשֶׁר־
שַׂמְתִּי בְיָדֶךָ וַעֲשִׂיתָם לִפְנֵי פַרְעֹה וַאֲנִי אֲחַזֵּק אֶת־לִבּוֹ וְלֹא

shall put them on your sons, and on your daughters; and you
shall despoil Miẓrayim. And Moshe answered and said, But,   1
behold they will not believe me, nor hearken to my voice: for
they will say, The Lord has not appeared to thee. And the Lord   2
said to him, What is that in thy hand? And he said, A rod. And   3
he said, Cast it on the ground. And he cast it on the ground,
and it turned into a snake; and Moshe fled from it. And the Lord   4
said to Moshe, Put out thy hand, and take it by its tail. And
he put out his hand, and caught it, and it became a rod in his
hand: that they may believe that the Lord God of their fathers,   5
the God of Avraham, the God of Yiẓḥaq, and the God of
Ya'aqov, has appeared to thee. And the Lord said furthermore   6
to him, Put now thy hand into thy bosom. And he put his hand
into his bosom: and when he took it out, behold, his hand
was diseased, as white as snow. And he said, Put thy hand   7
into thy bosom again. And he put his hand into his bosom
again; and when he took it out of his bosom, behold, it was
turned again as his other flesh. And it shall come to pass, if they   8
will not believe thee, nor hearken to the voice of the first sign,
that they will believe the voice of the latter sign. And it shall   9
come to pass, if they will not believe even these two signs, nor
hearken to thy voice, that thou shalt take of the water of the
River, and pour it upon the dry land: and the water which
thou dost take out of the River shall become blood on the dry
land. And Moshe said to the Lord, O my Lord, I am not an   10
eloquent man, neither yesterday nor the day before, nor since
thou hast spoken to thy servant: but I am slow of speech,
and of a slow tongue. And the Lord said to him, Who has made   11
man's mouth? or who makes a man dumb, or deaf, or seeing,
or blind? is it not I the Lord? Now therefore go, and I will be   12
with thy mouth, and teach thee what thou shalt say. And he   13
said, O my Lord, send, I pray thee, by the hand of him whom
thou wilt send. And the anger of the Lord burned against Moshe,   14
and he said, Is not Aharon the Levite thy brother? I know that
he can speak well. And also, behold, he comes to meet thee:
and when he sees thee, he will be glad in his heart. And thou   15
shalt speak to him, and put the words in his mouth: and I will
be with thy mouth, and with his mouth, and will teach you
what you shall do. And he shall be thy spokesman to the   16
people: and he shall be to thee instead of a mouth, and thou
shalt be to him instead of God. And thou shalt take this rod in   17
thy hand, with which thou shalt do the signs.

And Moshe went and returned to Yeter his father in law, and   18
said to him, Let me go, I pray thee, and return to my brethren
who are in Miẓrayim, and see whether they are still alive. And
Yitro said to Moshe, Go in peace. And the Lord said to Moshe   19
in Midyan, Go return to Miẓrayim: for all the men are dead
who sought thy life. And Moshe took his wife and his sons,   20
and set them upon an ass, and he returned to the land of
Miẓrayim: and Moshe took the rod of God in his hand. And   21
the Lord said to Moshe, When thou goest to return to Miẓ-
rayim, see that thou do before Par'o all those wonders which
I have put in thy hand: but I will harden his heart, that he

כב יְשַׁלַּח אֶת־הָעָם׃ וְאָמַרְתָּ אֶל־פַּרְעֹה כֹּה אָמַר יהוה בְּנִי בְכֹרִי
כג יִשְׂרָאֵל׃ וָאֹמַר אֵלֶיךָ שַׁלַּח אֶת־בְּנִי וְיַעַבְדֵנִי וַתְּמָאֵן לְשַׁלְּחוֹ
כד הִנֵּה אָנֹכִי הֹרֵג אֶת־בִּנְךָ בְּכֹרֶךָ׃ וַיְהִי בַדֶּרֶךְ בַּמָּלוֹן וַיִּפְגְּשֵׁהוּ
כה יהוה וַיְבַקֵּשׁ הֲמִיתוֹ׃ וַתִּקַּח צִפֹּרָה צֹר וַתִּכְרֹת אֶת־עָרְלַת
כו בְּנָהּ וַתַּגַּע לְרַגְלָיו וַתֹּאמֶר כִּי חֲתַן־דָּמִים אַתָּה לִי׃ וַיִּרֶף
מִמֶּנּוּ אָז אָמְרָה חֲתַן דָּמִים לַמּוּלֹת׃
כז וַיֹּאמֶר יהוה אֶל־אַהֲרֹן לֵךְ לִקְרַאת מֹשֶׁה הַמִּדְבָּרָה וַיֵּלֶךְ
כח וַיִּפְגְּשֵׁהוּ בְּהַר הָאֱלֹהִים וַיִּשַּׁק־לוֹ׃ וַיַּגֵּד מֹשֶׁה לְאַהֲרֹן אֵת כָּל־
כט דִּבְרֵי יהוה אֲשֶׁר שְׁלָחוֹ וְאֵת כָּל־הָאֹתֹת אֲשֶׁר צִוָּהוּ׃ וַיֵּלֶךְ
ל מֹשֶׁה וְאַהֲרֹן וַיַּאַסְפוּ אֶת־כָּל־זִקְנֵי בְּנֵי יִשְׂרָאֵל׃ וַיְדַבֵּר אַהֲרֹן
אֵת כָּל־הַדְּבָרִים אֲשֶׁר־דִּבֶּר יהוה אֶל־מֹשֶׁה וַיַּעַשׂ הָאֹתֹת
לא לְעֵינֵי הָעָם׃ וַיַּאֲמֵן הָעָם וַיִּשְׁמְעוּ כִּי־פָקַד יהוה אֶת־בְּנֵי
ה א שביעי יִשְׂרָאֵל וְכִי רָאָה אֶת־עָנְיָם וַיִּקְּדוּ וַיִּשְׁתַּחֲווּ׃ וְאַחַר בָּאוּ מֹשֶׁה
וְאַהֲרֹן וַיֹּאמְרוּ אֶל־פַּרְעֹה כֹּה־אָמַר יהוה אֱלֹהֵי יִשְׂרָאֵל שַׁלַּח
ב אֶת־עַמִּי וְיָחֹגּוּ לִי בַּמִּדְבָּר׃ וַיֹּאמֶר פַּרְעֹה מִי יהוה אֲשֶׁר אֶשְׁמַע
בְּקֹלוֹ לְשַׁלַּח אֶת־יִשְׂרָאֵל לֹא יָדַעְתִּי אֶת־יהוה וְגַם אֶת־
ג יִשְׂרָאֵל לֹא אֲשַׁלֵּחַ׃ וַיֹּאמְרוּ אֱלֹהֵי הָעִבְרִים נִקְרָא עָלֵינוּ
נֵלֲכָה־נָּא דֶּרֶךְ שְׁלֹשֶׁת יָמִים בַּמִּדְבָּר וְנִזְבְּחָה לַיהוה אֱלֹהֵינוּ
ד פֶּן־יִפְגָּעֵנוּ בַּדֶּבֶר אוֹ בֶחָרֶב׃ וַיֹּאמֶר אֲלֵהֶם מֶלֶךְ מִצְרַיִם לָמָּה
מֹשֶׁה וְאַהֲרֹן תַּפְרִיעוּ אֶת־הָעָם מִמַּעֲשָׂיו לְכוּ לְסִבְלֹתֵיכֶם׃
ה וַיֹּאמֶר פַּרְעֹה הֵן־רַבִּים עַתָּה עַם הָאָרֶץ וְהִשְׁבַּתֶּם אֹתָם
ו מִסִּבְלֹתָם׃ וַיְצַו פַּרְעֹה בַּיּוֹם הַהוּא אֶת־הַנֹּגְשִׂים בָּעָם וְאֶת־
ז שֹׁטְרָיו לֵאמֹר׃ לֹא תֹאסִפוּן לָתֵת תֶּבֶן לָעָם לִלְבֹּן הַלְּבֵנִים
ח כִּתְמוֹל שִׁלְשֹׁם הֵם יֵלְכוּ וְקֹשְׁשׁוּ לָהֶם תֶּבֶן׃ וְאֶת־מַתְכֹּנֶת
הַלְּבֵנִים אֲשֶׁר הֵם עֹשִׂים תְּמוֹל שִׁלְשֹׁם תָּשִׂימוּ עֲלֵיהֶם לֹא
תִגְרְעוּ מִמֶּנּוּ כִּי־נִרְפִּים הֵם עַל־כֵּן הֵם צֹעֲקִים לֵאמֹר נֵלְכָה
ט נִזְבְּחָה לֵאלֹהֵינוּ׃ תִּכְבַּד הָעֲבֹדָה עַל־הָאֲנָשִׁים וְיַעֲשׂוּ־בָהּ
י וְאַל־יִשְׁעוּ בְּדִבְרֵי־שָׁקֶר׃ וַיֵּצְאוּ נֹגְשֵׂי הָעָם וְשֹׁטְרָיו וַיֹּאמְרוּ
יא אֶל־הָעָם לֵאמֹר כֹּה אָמַר פַּרְעֹה אֵינֶנִּי נֹתֵן לָכֶם תֶּבֶן׃ אַתֶּם
לְכוּ קְחוּ לָכֶם תֶּבֶן מֵאֲשֶׁר תִּמְצָאוּ כִּי אֵין נִגְרָע מֵעֲבֹדַתְכֶם
יב דָּבָר׃ וַיָּפֶץ הָעָם בְּכָל־אֶרֶץ מִצְרָיִם לְקֹשֵׁשׁ קַשׁ לַתֶּבֶן׃
יג וְהַנֹּגְשִׂים אָצִים לֵאמֹר כַּלּוּ מַעֲשֵׂיכֶם דְּבַר־יוֹם בְּיוֹמוֹ כַּאֲשֶׁר
יד בִּהְיוֹת הַתֶּבֶן׃ וַיֻּכּוּ שֹׁטְרֵי בְּנֵי יִשְׂרָאֵל אֲשֶׁר־שָׂמוּ עֲלֵהֶם נֹגְשֵׂי
פַּרְעֹה לֵאמֹר מַדּוּעַ לֹא כִלִּיתֶם חָקְכֶם לִלְבֹּן כִּתְמוֹל שִׁלְשֹׁם
טו גַּם־תְּמוֹל גַּם־הַיּוֹם׃ וַיָּבֹאוּ שֹׁטְרֵי בְּנֵי יִשְׂרָאֵל וַיִּצְעֲקוּ אֶל־

shall not let the people go. And thou shalt say to Par'o, Thus 22
says the Lord, Yisra'el is my son, my firstborn: and I say to thee, 23
Let my son go, that he may serve me: and if thou refuse to let
him go, behold, I will slay thy son, thy firstborn. And it came 24
to pass on the way, in the place where they spent the night,
that the Lord met him, and sought to kill him. Then Ẕippora 25
took a sharp stone, and cut off the foreskin of her son, and cast
it at his feet, and said, Surely a bloody bridegroom art thou to
me. So he let him go: then she said, A bloody bridegroom thou 26
art, because of the circumcision.
And the Lord said to Aharon, Go to the wilderness to meet 27
Moshe. And he went, and met him in the mount of God, and
kissed him. And Moshe told Aharon all the words of the Lord 28
who had sent him, and all the signs which he had commanded
him. And Moshe and Aharon went and gathered together all 29
the elders of the children of Yisra'el: and Aharon spoke all the 30
words which the Lord had spoken to Moshe, and did the signs
in the sight of the people. And the people believed: and when 31
they heard that the Lord had visited the children of Yisra'el,
and that he had looked upon their affliction, then they bowed
their heads and worshipped. And afterwards Moshe and Aharon **5**
went in, and told Par'o, Thus says the Lord God of Yisra'el,
Let my people go, that they may hold a feast to me in the
wilderness. And Par'o said, Who is the Lord, that I should obey 2
his voice to let Yisra'el go? I know not the Lord, nor will I let
Yisra'el go. And they said, The God of the Hebrews has met 3
with us: let us go, we pray thee, three days' journey into the
desert, and sacrifice to the Lord our God; lest he fall upon us
with pestilence, or with the sword. And the king of Miẕrayim 4
said to them, Why do you, Moshe and Aharon, distract the people
from their works? get you to your burdens. And Par'o, said, 5
Behold, the people of the land now are many, and you make
them rest from their burdens. And Par'o the same day com- 6
manded the taskmasters of the people, and their officers, saying,
You shall no more give the people straw to make brick, as 7
heretofore: let them go and gather straw for themselves. And 8
the quantity of the bricks, which they did make heretofore, you
shall lay upon them; you shall not diminish aught of it: for
they are idle; therefore they cry, saying, Let us go and sacrifice
to our God. Let more work be laid upon the men, that they 9
may labour in it; and let them not regard vain words. And 10
the taskmasters of the people went out, and their officers, and
they spoke to the people, saying, Thus says Par'o, I will not
give you straw. Go, get you straw wherever you can find it: 11
yet nothing of your work shall be diminished. So the people 12
were scattered abroad throughout all the land of Miẕrayim
to gather stubble for straw. And the taskmasters urged them 13
on, saying, Fulfill your work, your daily tasks, as when there
was straw. And the officers of the children of Yisra'el, whom 14
Par'o's taskmasters had set over them, were beaten, saying,
Wherefore have you not fulfilled your task in making brick
both yesterday and today, as heretofore? Then the officers 15

טז פַּרְעֹה לֵאמֹר לָמָּה תַעֲשֶׂה כֹה לַעֲבָדֶיךָ: תֶּבֶן אֵין נִתָּן לַעֲבָדֶיךָ
וּלְבֵנִים אֹמְרִים לָנוּ עֲשׂוּ וְהִנֵּה עֲבָדֶיךָ מֻכִּים וְחָטָאת עַמֶּךָ:
יז וַיֹּאמֶר נִרְפִּים אַתֶּם נִרְפִּים עַל־כֵּן אַתֶּם אֹמְרִים נֵלְכָה נִזְבְּחָה
יח לַיהוה: וְעַתָּה לְכוּ עִבְדוּ וְתֶבֶן לֹא־יִנָּתֵן לָכֶם וְתֹכֶן לְבֵנִים
יט תִּתֵּנוּ: וַיִּרְאוּ שֹׁטְרֵי בְנֵי־יִשְׂרָאֵל אֹתָם בְּרָע לֵאמֹר לֹא־תִגְרְעוּ
כ מִלִּבְנֵיכֶם דְּבַר־יוֹם בְּיוֹמוֹ: וַיִּפְגְּעוּ אֶת־מֹשֶׁה וְאֶת־אַהֲרֹן
כא נִצָּבִים לִקְרָאתָם בְּצֵאתָם מֵאֵת פַּרְעֹה: וַיֹּאמְרוּ אֲלֵהֶם יֵרֶא
יהוה עֲלֵיכֶם וְיִשְׁפֹּט אֲשֶׁר הִבְאַשְׁתֶּם אֶת־רֵיחֵנוּ בְּעֵינֵי פַרְעֹה
כב וּבְעֵינֵי עֲבָדָיו לָתֶת־חֶרֶב בְּיָדָם לְהָרְגֵנוּ: וַיָּשָׁב מֹשֶׁה אֶל־ מפטיר
יהוה וַיֹּאמַר אֲדֹנָי לָמָה הֲרֵעֹתָה לָעָם הַזֶּה לָמָּה זֶּה שְׁלַחְתָּנִי:
כג וּמֵאָז בָּאתִי אֶל־פַּרְעֹה לְדַבֵּר בִּשְׁמֶךָ הֵרַע לָעָם הַזֶּה וְהַצֵּל
ו א לֹא־הִצַּלְתָּ אֶת־עַמֶּךָ: וַיֹּאמֶר יהוה אֶל־מֹשֶׁה עַתָּה תִרְאֶה
אֲשֶׁר אֶעֱשֶׂה לְפַרְעֹה כִּי בְיָד חֲזָקָה יְשַׁלְּחֵם וּבְיָד חֲזָקָה יְגָרְשֵׁם
ב מֵאַרְצוֹ: וַיְדַבֵּר אֱלֹהִים אֶל־מֹשֶׁה וַיֹּאמֶר אֵלָיו וארא ד
ג אֲנִי יהוה: וָאֵרָא אֶל־אַבְרָהָם אֶל־יִצְחָק וְאֶל־יַעֲקֹב בְּאֵל
ד שַׁדָּי וּשְׁמִי יהוה לֹא נוֹדַעְתִּי לָהֶם: וְגַם הֲקִמֹתִי אֶת־בְּרִיתִי
אִתָּם לָתֵת לָהֶם אֶת־אֶרֶץ כְּנָעַן אֵת אֶרֶץ מְגֻרֵיהֶם אֲשֶׁר־
ה גָּרוּ בָהּ: וְגַם אֲנִי שָׁמַעְתִּי אֶת־נַאֲקַת בְּנֵי יִשְׂרָאֵל אֲשֶׁר מִצְרַיִם
ו מַעֲבִדִים אֹתָם וָאֶזְכֹּר אֶת־בְּרִיתִי: לָכֵן אֱמֹר לִבְנֵי־יִשְׂרָאֵל
אֲנִי יהוה וְהוֹצֵאתִי אֶתְכֶם מִתַּחַת סִבְלֹת מִצְרַיִם וְהִצַּלְתִּי
אֶתְכֶם מֵעֲבֹדָתָם וְגָאַלְתִּי אֶתְכֶם בִּזְרוֹעַ נְטוּיָה וּבִשְׁפָטִים
ז גְּדֹלִים: וְלָקַחְתִּי אֶתְכֶם לִי לְעָם וְהָיִיתִי לָכֶם לֵאלֹהִים וִידַעְתֶּם
כִּי אֲנִי יהוה אֱלֹהֵיכֶם הַמּוֹצִיא אֶתְכֶם מִתַּחַת סִבְלוֹת מִצְרָיִם:
ח וְהֵבֵאתִי אֶתְכֶם אֶל־הָאָרֶץ אֲשֶׁר נָשָׂאתִי אֶת־יָדִי לָתֵת אֹתָהּ
לְאַבְרָהָם לְיִצְחָק וּלְיַעֲקֹב וְנָתַתִּי אֹתָהּ לָכֶם מוֹרָשָׁה אֲנִי יהוה:
ט וַיְדַבֵּר מֹשֶׁה כֵּן אֶל־בְּנֵי יִשְׂרָאֵל וְלֹא שָׁמְעוּ אֶל־מֹשֶׁה מִקֹּצֶר
רוּחַ וּמֵעֲבֹדָה קָשָׁה:
י יא וַיְדַבֵּר יהוה אֶל־מֹשֶׁה לֵּאמֹר: בֹּא דַבֵּר אֶל־פַּרְעֹה מֶלֶךְ
יב מִצְרָיִם וִישַׁלַּח אֶת־בְּנֵי־יִשְׂרָאֵל מֵאַרְצוֹ: וַיְדַבֵּר מֹשֶׁה לִפְנֵי
יהוה לֵאמֹר הֵן בְּנֵי־יִשְׂרָאֵל לֹא־שָׁמְעוּ אֵלַי וְאֵיךְ יִשְׁמָעֵנִי
פַרְעֹה וַאֲנִי עֲרַל שְׂפָתָיִם:
יג וַיְדַבֵּר יהוה אֶל־מֹשֶׁה וְאֶל־אַהֲרֹן וַיְצַוֵּם אֶל־בְּנֵי יִשְׂרָאֵל
וְאֶל־פַּרְעֹה מֶלֶךְ מִצְרָיִם לְהוֹצִיא אֶת־בְּנֵי־יִשְׂרָאֵל מֵאֶרֶץ
יד מִצְרָיִם: אֵלֶּה רָאשֵׁי בֵית־אֲבֹתָם בְּנֵי רְאוּבֵן שני
בְּכֹר יִשְׂרָאֵל חֲנוֹךְ וּפַלּוּא חֶצְרֹן וְכַרְמִי אֵלֶּה מִשְׁפְּחֹת רְאוּבֵן:
טו וּבְנֵי שִׁמְעוֹן יְמוּאֵל וְיָמִין וְאֹהַד וְיָכִין וְצֹחַר וְשָׁאוּל בֶּן־הַכְּנַעֲנִית

of the children of Yisra'el came and cried to Par'o, saying,
Why dost thou deal thus with thy servants? There is no straw 16
given to thy servants, and they say to us, Make bricks: and,
behold, thy servants are beaten; but the fault is in thy own
people. But he said, You are idle, you are idle: therefore you 17
say, Let us go and do sacrifice to the LORD. Go therefore now, 18
and work; for no straw shall be given you, yet shall you
deliver the quantity of bricks. And the officers of the child- 19
ren of Yisra'el saw that they were in evil case, after it was said,
You shall not in any way reduce your bricks or your daily
task. And they met Moshe and Aharon, who stood in the way, 20
as they came out from Par'o. And they said to them, The LORD 21
look upon you, and judge; because you have made us abhorrent
in the eyes of Par'o, and in the eyes of his servants, to put a
sword in their hand to slay us. And Moshe returned to the 22
LORD, and said, LORD, why hast thou dealt ill with this people?
why is it that thou hast sent me? for since I came to Par'o 23
to speak in thy name, he has done evil to this people; neither
hast thou delivered thy people at all. Then the LORD said to 6
Moshe, Now shalt thou see what I will do to Par'o: for with
a strong hand shall he let them go, and with a strong hand
VA'ERA shall he drive them out of his land. And GOD spoke to 2
Moshe, and said to him, I am the LORD: and I appeared to 3
Avraham, to Yiẕḥaq, and to Ya'aqov, by the name of GOD Al-
mighty, but by my name, The LORD, I was not known to them.
And I have also established my covenant with them, to give 4
them the land of Kena'an, the land of their sojournings, in
which they sojourned. And I have also heard the groaning of 5
the children of Yisra'el, kept in bondage by Miẕrayim; and I
have remembered my covenant. Therefore say to the children 6
of Yisra'el, I am the LORD, and I will bring you out from under
the burdens of Miẕrayim, and I will deliver you out of their
bondage, and I will reedem you with an outstretched arm, and
with great judgments: and I will take you to me for a people, 7
and I will be to you a GOD: and you shall know that I am the
LORD your GOD, who brings you out from under the burdens of
Miẕrayim. And I will bring you into the land, which I swore to 8
give to Avraham, to Yiẕḥaq, and to Ya'aqov; and I will give it
you for a heritage: I am the LORD. And Moshe spoke so to the 9
children of Yisra'el: but they hearkened not to Moshe for an-
guish of spirit, and for cruel bondage.
And the LORD spoke to Moshe, saying, Go in, speak to Par'o, 10, 11
king of Miẕrayim, that he let the children of Yisra'el go out of
his land. And Moshe spoke before the LORD, saying, Behold, the 12
children of Yisra'el have not hearkened to me; how then shall
Par'o hear me, who am of uncircumcised lips?
And the LORD spoke to Moshe and to Aharon, and gave them a 13
charge to the children of Yisra'el, and to Par'o king of Miẕrayim,
to bring the children of Yisra'el out of the land of Miẕrayim.
These are the heads of their fathers' houses: the sons 14
of Re'uven, the firstborn of Yisra'el, Ḥanokh and Pallu, Ḥeẕron,
and Karmi: these are the families of Re'uven. And the sons of 15
Shim'on, Yemu'el and Yamin, and Ohad, and Yakhin, and Ẕoḥar,

טז אֵלֶּה מִשְׁפְּחֹת שִׁמְעוֹן: וְאֵלֶּה שְׁמוֹת בְּנֵי־לֵוִי לְתֹלְדֹתָם גֵּרְשׁוֹן
יז וּקְהָת וּמְרָרִי וּשְׁנֵי חַיֵּי לֵוִי שֶׁבַע וּשְׁלֹשִׁים וּמְאַת שָׁנָה: בְּנֵי
יח גֵרְשׁוֹן לִבְנִי וְשִׁמְעִי לְמִשְׁפְּחֹתָם: וּבְנֵי קְהָת עַמְרָם וְיִצְהָר
וְחֶבְרוֹן וְעֻזִּיאֵל וּשְׁנֵי חַיֵּי קְהָת שָׁלֹשׁ וּשְׁלֹשִׁים וּמְאַת שָׁנָה:
יט כ וּבְנֵי מְרָרִי מַחְלִי וּמוּשִׁי אֵלֶּה מִשְׁפְּחֹת הַלֵּוִי לְתֹלְדֹתָם: וַיִּקַּח
עַמְרָם אֶת־יוֹכֶבֶד דֹּדָתוֹ לוֹ לְאִשָּׁה וַתֵּלֶד לוֹ אֶת־אַהֲרֹן וְאֶת־
כא מֹשֶׁה וּשְׁנֵי חַיֵּי עַמְרָם שֶׁבַע וּשְׁלֹשִׁים וּמְאַת שָׁנָה: וּבְנֵי יִצְהָר
כב כג קֹרַח וָנֶפֶג וְזִכְרִי: וּבְנֵי עֻזִּיאֵל מִישָׁאֵל וְאֶלְצָפָן וְסִתְרִי: וַיִּקַּח
אַהֲרֹן אֶת־אֱלִישֶׁבַע בַּת־עַמִּינָדָב אֲחוֹת נַחְשׁוֹן לוֹ לְאִשָּׁה
וַתֵּלֶד לוֹ אֶת־נָדָב וְאֶת־אֲבִיהוּא אֶת־אֶלְעָזָר וְאֶת־אִיתָמָר:
כד וּבְנֵי קֹרַח אַסִּיר וְאֶלְקָנָה וַאֲבִיאָסָף אֵלֶּה מִשְׁפְּחֹת הַקָּרְחִי:
כה וְאֶלְעָזָר בֶּן־אַהֲרֹן לָקַח־לוֹ מִבְּנוֹת פּוּטִיאֵל לוֹ לְאִשָּׁה
וַתֵּלֶד לוֹ אֶת־פִּינְחָס אֵלֶּה רָאשֵׁי אֲבוֹת הַלְוִיִּם לְמִשְׁפְּחֹתָם:
כו הוּא אַהֲרֹן וּמֹשֶׁה אֲשֶׁר אָמַר יהוה לָהֶם הוֹצִיאוּ אֶת־
כז בְּנֵי יִשְׂרָאֵל מֵאֶרֶץ מִצְרַיִם עַל־צִבְאֹתָם: הֵם הַמְדַבְּרִים
אֶל־פַּרְעֹה מֶלֶךְ־מִצְרַיִם לְהוֹצִיא אֶת־בְּנֵי־יִשְׂרָאֵל מִמִּצְרָיִם
כח הוּא מֹשֶׁה וְאַהֲרֹן: וַיְהִי בְּיוֹם דִּבֶּר יהוה אֶל־מֹשֶׁה בְּאֶרֶץ
כט מִצְרָיִם: וַיְדַבֵּר יהוה אֶל־מֹשֶׁה לֵּאמֹר אֲנִי יהוה שלישי
דַּבֵּר אֶל־פַּרְעֹה מֶלֶךְ מִצְרַיִם אֵת כָּל־אֲשֶׁר אֲנִי דֹּבֵר אֵלֶיךָ:
ל וַיֹּאמֶר מֹשֶׁה לִפְנֵי יהוה הֵן אֲנִי עֲרַל שְׂפָתַיִם וְאֵיךְ יִשְׁמַע
אֵלַי פַּרְעֹה:

ז א וַיֹּאמֶר יהוה אֶל־מֹשֶׁה רְאֵה נְתַתִּיךָ אֱלֹהִים לְפַרְעֹה וְאַהֲרֹן
ב אָחִיךָ יִהְיֶה נְבִיאֶךָ: אַתָּה תְדַבֵּר אֵת כָּל־אֲשֶׁר אֲצַוֶּךָּ וְאַהֲרֹן
ג אָחִיךָ יְדַבֵּר אֶל־פַּרְעֹה וְשִׁלַּח אֶת־בְּנֵי־יִשְׂרָאֵל מֵאַרְצוֹ: וַאֲנִי
אַקְשֶׁה אֶת־לֵב פַּרְעֹה וְהִרְבֵּיתִי אֶת־אֹתֹתַי וְאֶת־מוֹפְתַי בְּאֶרֶץ
ד מִצְרָיִם: וְלֹא־יִשְׁמַע אֲלֵכֶם פַּרְעֹה וְנָתַתִּי אֶת־יָדִי בְּמִצְרָיִם
וְהוֹצֵאתִי אֶת־צִבְאֹתַי אֶת־עַמִּי בְנֵי־יִשְׂרָאֵל מֵאֶרֶץ מִצְרַיִם
ה בִּשְׁפָטִים גְּדֹלִים: וְיָדְעוּ מִצְרַיִם כִּי־אֲנִי יהוה בִּנְטֹתִי אֶת־
ו יָדִי עַל־מִצְרָיִם וְהוֹצֵאתִי אֶת־בְּנֵי־יִשְׂרָאֵל מִתּוֹכָם: וַיַּעַשׂ
ז מֹשֶׁה וְאַהֲרֹן כַּאֲשֶׁר צִוָּה יהוה אֹתָם כֵּן עָשׂוּ: וּמֹשֶׁה בֶּן־
שְׁמֹנִים שָׁנָה וְאַהֲרֹן בֶּן־שָׁלֹשׁ וּשְׁמֹנִים שָׁנָה בְּדַבְּרָם אֶל־
פַּרְעֹה:

ח ט וַיֹּאמֶר יהוה אֶל־מֹשֶׁה וְאֶל־אַהֲרֹן לֵאמֹר: כִּי יְדַבֵּר אֲלֵכֶם ה רביעי
פַּרְעֹה לֵאמֹר תְּנוּ לָכֶם מוֹפֵת וְאָמַרְתָּ אֶל־אַהֲרֹן קַח אֶת־
י מַטְּךָ וְהַשְׁלֵךְ לִפְנֵי־פַרְעֹה יְהִי לְתַנִּין: וַיָּבֹא מֹשֶׁה וְאַהֲרֹן אֶל־
פַּרְעֹה וַיַּעֲשׂוּ־כֵן כַּאֲשֶׁר צִוָּה יהוה וַיַּשְׁלֵךְ אַהֲרֹן אֶת־מַטֵּהוּ

and Sha'ul the son of the Kena'anite woman; these are the
families of Shim'on. And these are the names of the sons of 16
Levi, by generations, Gershon, and Qehat, and Merari: and the
years of Levi's life were a hundred and thirty seven years. The 17
sons of Gershon, Livni and Shim'i, according to their families.
And the sons of Qehat, 'Amram, and Yizhar, and Ḥevron, and 18
'Uzzi'el; and the years of the life of Qehat were a hundred and
thirty three years. And the sons of Merari were Maḥli and 19
Mushi: these are the families of Levi by their generations. And 20
'Amram took him Yokheved his father's sister to wife; and she
bore him Aharon and Moshe: and the years of the life of
'Amram were a hundred and thirty seven years. And the sons 21
of Yizhar; Qoraḥ, and Nefeg, and Zikhri. And the sons of 'Uz- 22
zi'el; Misha'el, and Elzafan and Sitri. And Aharon took him Eli- 23
sheva daughter of 'Amminadav, sister of Naḥshon, to wife; and
she bore him Nadav, and Avihu, El'azar and Itamar. And the sons 24
of Qoraḥ; Assir, and Elqana, and Avi'asaf: these are the fam-
ilies of the Qorḥi. And El'azar Aharon's son took him one 25
of the daughters of Puti'el to wife; and she bore him Pineḥas:
these are the heads of the fathers of the Levites according to
their families. These are that Aharon and Moshe, to whom the 26
LORD said, Bring out the children of Yisra'el from the land of
Mizrayim according to their hosts. These are they who spoke to 27
Par'o king of Mizrayim, to bring out the children of Yisra'el
from Mizrayim: these are that Moshe and Aharon. And it came 28
to pass on the day when the LORD spoke to Moshe in the land
of Mizrayim, that the LORD spoke to Moshe, saying, I 29
am the LORD: speak to Par'o king of Mizrayim all that I say to
thee. And Moshe said before the LORD, Behold, I am of uncir- 30
cumcised lips, and how shall Par'o hearken to me?

And the LORD said to Moshe, See, I have made thee a god to 7
Par'o: and Aharon thy brother shall be thy prophet. Thou shalt 2
speak all that I command thee: and Aharon thy brother shall
speak to Par'o, that he send the children of Yisra'el out of his
land. And I will harden Par'o's heart, and multiply my signs and 3
my wonders in the land of Mizrayim. But Par'o shall not hearken 4
to you, that I may lay my hand upon Mizrayim, and bring out
my armies, my people the children of Yisra'el, out of the land
of Mizrayim by great judgments. And Mizrayim shall know that 5
I am the LORD, when I stretch out my hand upon Mizrayim, and
bring out the children of Yisra'el from among them. And Moshe 6
and Aharon did as the LORD commanded them, so they did. And 7
Moshe was eighty years old, and Aharon, eighty three years
old, when they spoke to Par'o.

And the LORD spoke to Moshe and to Aharon, saying, When 8, 9
Par'o shall speak to you, saying, Show a miracle for yourselves:
then thou shalt say to Aharon, Take thy rod, and cast it before
Par'o, and it shall turn into a snake. And Moshe and Aharon 10
went in to Par'o, and they did so as the LORD had commanded:
and Aharon threw down his rod before Par'o, and before his

יא לִפְנֵי פַרְעֹה וְלִפְנֵי עֲבָדָיו וַיְהִי לְתַנִּין׃ וַיִּקְרָא גַּם־פַּרְעֹה לַחֲכָמִים
וְלַמְכַשְּׁפִים וַיַּעֲשׂוּ גַם־הֵם חַרְטֻמֵּי מִצְרַיִם בְּלַהֲטֵיהֶם כֵּן׃
יב וַיַּשְׁלִיכוּ אִישׁ מַטֵּהוּ וַיִּהְיוּ לְתַנִּינִם וַיִּבְלַע מַטֵּה־אַהֲרֹן אֶת־
יג מַטֹּתָם׃ וַיֶּחֱזַק לֵב פַּרְעֹה וְלֹא שָׁמַע אֲלֵהֶם כַּאֲשֶׁר דִּבֶּר
יד יהוה׃ וַיֹּאמֶר יהוה אֶל־מֹשֶׁה כָּבֵד לֵב פַּרְעֹה
טו מֵאֵן לְשַׁלַּח הָעָם׃ לֵךְ אֶל־פַּרְעֹה בַּבֹּקֶר הִנֵּה יֹצֵא הַמַּיְמָה
וְנִצַּבְתָּ לִקְרָאתוֹ עַל־שְׂפַת הַיְאֹר וְהַמַּטֶּה אֲשֶׁר־נֶהְפַּךְ לְנָחָשׁ
טז תִּקַּח בְּיָדֶךָ׃ וְאָמַרְתָּ אֵלָיו יהוה אֱלֹהֵי הָעִבְרִים שְׁלָחַנִי אֵלֶיךָ
לֵאמֹר שַׁלַּח אֶת־עַמִּי וְיַעַבְדֻנִי בַּמִּדְבָּר וְהִנֵּה לֹא־שָׁמַעְתָּ
יז עַד־כֹּה׃ כֹּה אָמַר יהוה בְּזֹאת תֵּדַע כִּי אֲנִי יהוה הִנֵּה אָנֹכִי
מַכֶּה ׀ בַּמַּטֶּה אֲשֶׁר־בְּיָדִי עַל־הַמַּיִם אֲשֶׁר בַּיְאֹר וְנֶהֶפְכוּ לְדָם׃
יח וְהַדָּגָה אֲשֶׁר־בַּיְאֹר תָּמוּת וּבָאַשׁ הַיְאֹר וְנִלְאוּ מִצְרַיִם לִשְׁתּוֹת
יט מַיִם מִן־הַיְאֹר׃ וַיֹּאמֶר יהוה אֶל־מֹשֶׁה אֱמֹר
אֶל־אַהֲרֹן קַח מַטְּךָ וּנְטֵה־יָדְךָ עַל־מֵימֵי מִצְרַיִם עַל־נַהֲרֹתָם ׀
עַל־יְאֹרֵיהֶם וְעַל־אַגְמֵיהֶם וְעַל כָּל־מִקְוֵה מֵימֵיהֶם וְיִהְיוּ־דָם
כ וְהָיָה דָם בְּכָל־אֶרֶץ מִצְרַיִם וּבָעֵצִים וּבָאֲבָנִים׃ וַיַּעֲשׂוּ־כֵן
מֹשֶׁה וְאַהֲרֹן כַּאֲשֶׁר ׀ צִוָּה יהוה וַיָּרֶם בַּמַּטֶּה וַיַּךְ אֶת־הַמַּיִם
אֲשֶׁר בַּיְאֹר לְעֵינֵי פַרְעֹה וּלְעֵינֵי עֲבָדָיו וַיֵּהָפְכוּ כָּל־הַמַּיִם אֲשֶׁר־
כא בַּיְאֹר לְדָם׃ וְהַדָּגָה אֲשֶׁר־בַּיְאֹר מֵתָה וַיִּבְאַשׁ הַיְאֹר וְלֹא־
יָכְלוּ מִצְרַיִם לִשְׁתּוֹת מַיִם מִן־הַיְאֹר וַיְהִי הַדָּם בְּכָל־אֶרֶץ
כב מִצְרָיִם׃ וַיַּעֲשׂוּ־כֵן חַרְטֻמֵּי מִצְרַיִם בְּלָטֵיהֶם וַיֶּחֱזַק לֵב־פַּרְעֹה
כג וְלֹא־שָׁמַע אֲלֵהֶם כַּאֲשֶׁר דִּבֶּר יהוה׃ וַיִּפֶן פַּרְעֹה וַיָּבֹא אֶל־
כד בֵּיתוֹ וְלֹא־שָׁת לִבּוֹ גַּם־לָזֹאת׃ וַיַּחְפְּרוּ כָל־מִצְרַיִם סְבִיבֹת
כה הַיְאֹר מַיִם לִשְׁתּוֹת כִּי לֹא יָכְלוּ לִשְׁתֹּת מִמֵּימֵי הַיְאֹר׃ וַיִּמָּלֵא
שִׁבְעַת יָמִים אַחֲרֵי הַכּוֹת־יהוה אֶת־הַיְאֹר׃

כו וַיֹּאמֶר יהוה אֶל־מֹשֶׁה בֹּא אֶל־פַּרְעֹה וְאָמַרְתָּ אֵלָיו כֹּה אָמַר
כז יהוה שַׁלַּח אֶת־עַמִּי וְיַעַבְדֻנִי׃ וְאִם־מָאֵן אַתָּה לְשַׁלֵּחַ הִנֵּה
כח אָנֹכִי נֹגֵף אֶת־כָּל־גְּבוּלְךָ בַּצְפַרְדְּעִים׃ וְשָׁרַץ הַיְאֹר צְפַרְדְּעִים
וְעָלוּ וּבָאוּ בְּבֵיתֶךָ וּבַחֲדַר מִשְׁכָּבְךָ וְעַל־מִטָּתֶךָ וּבְבֵית עֲבָדֶיךָ
כט וּבְעַמֶּךָ וּבְתַנּוּרֶיךָ וּבְמִשְׁאֲרוֹתֶיךָ׃ וּבְכָה וּבְעַמְּךָ וּבְכָל־עֲבָדֶיךָ
ח א יַעֲלוּ הַצְפַרְדְּעִים׃ וַיֹּאמֶר יהוה אֶל־מֹשֶׁה אֱמֹר אֶל־אַהֲרֹן
נְטֵה אֶת־יָדְךָ בְּמַטֶּךָ עַל־הַנְּהָרֹת עַל־הַיְאֹרִים וְעַל־הָאֲגַמִּים
ב וְהַעַל אֶת־הַצְפַרְדְּעִים עַל־אֶרֶץ מִצְרָיִם׃ וַיֵּט אַהֲרֹן אֶת־יָדוֹ
עַל מֵימֵי מִצְרָיִם וַתַּעַל הַצְּפַרְדֵּעַ וַתְּכַס אֶת־אֶרֶץ מִצְרָיִם׃
ג וַיַּעֲשׂוּ־כֵן הַחַרְטֻמִּים בְּלָטֵיהֶם וַיַּעֲלוּ אֶת־הַצְפַרְדְּעִים עַל־

servants, and it turned into a snake. Then Par'o also called the   11
wise men and the sorcerers: and the magicians of Miẓrayim,
they also did in like manner with their secret arts. For they cast   12
down every man his rod, and they turned to snakes: but Aha-
ron's rod swallowed up their rods. And the heart of Par'o was   13
hardened, that he did not hearken to them; as the LORD had
said.   And the LORD said to Moshe, Par'o's heart is hard-   14
ened, he refuses to let the people go. Get thee to Par'o in the   15
morning; lo, he goes out to the water; and thou shalt stand
by the River's brink to meet him; and the rod which was turned
to a snake shalt thou take in thy hand. And thou shalt say to   16
him, The LORD GOD of the Hebrews has sent me to thee, saying,
Let my people go, that they may serve me in the wilderness:
and, behold, till now thou wouldst not hear. Thus says the   17
LORD, In this thou shalt know that I am the LORD: behold, I
will smite with the rod that is in my hand upon the water in
the River, and it shall be turned to blood. And the fish that is   18
in the River shall die, and the river shall stink; and Miẓrayim
shall no longer be able to drink the water of the River.   And   19
the LORD spoke to Moshe, Say to Aharon, Take thy rod, and
stretch out thy hand upon the waters of Miẓrayim, upon their
streams, upon their canals, and upon their ponds, and upon all
their pools of water, that they may become blood; and that
there may be blood throughout all the land of Miẓrayim, both
in vessels of wood, and in vessels of stone. And Moshe and   20
Aharon did so, as the LORD commanded; and he lifted up the
rod, and smote the waters that were in the River, in the sight
of Par'o, and in the sight of his servants; and all the water that
was in the River was turned to blood. And the fish that was in   21
the River died; and the River stank, and Miẓrayim could not
drink of the water of the River; and there was blood throughout
all the land of Miẓrayim. And the magicians of Par'o did so   22
with their secret arts: and Par'o's heart was hardened, neither
did he hearken to them; as the LORD had said. And Par'o turned   23
and went to his house, neither did he set his heart even to this.
And all Miẓrayim dug round about the River for water to drink;   24
for they could not drink of the water of the River. And seven   25
days were completed, after the LORD had smitten the River.
And the LORD spoke to Moshe, Go to Par'o, and say to him,   26
Thus says the LORD, Let my people go, that they may serve me.
And if thou refuse to let them go, behold, I will smite all thy   27
borders with frogs: and the river shall bring forth frogs in   28
swarms, and these will go up and come into thy house, and into
thy bedchamber, and upon thy bed, and into the house of thy
servants, and upon thy people, and into thy ovens, and into thy
kneading troughs: and the frogs shall come up both on thee,   29
and on thy people, and on all thy servants. And the LORD spoke   **8**
to Moshe, Say to Aharon, Stretch forth thy hand with thy rod
over the streams, over the canals, and over the ponds, and cause
frogs to come up upon the land of Miẓrayim. And Aharon   2
stretched out his hand over the waters of Miẓrayim. And the
frogs came up, and covered the land of Miẓrayim. And the   3
magicians did so with their secret arts, and brought up frogs on

ד אֶרֶץ מִצְרָיִם: וַיִּקְרָא פַרְעֹה לְמֹשֶׁה וּלְאַהֲרֹן וַיֹּאמֶר הַעְתִּירוּ
אֶל־יהוה וְיָסֵר הַצְפַרְדְּעִים מִמֶּנִּי וּמֵעַמִּי וַאֲשַׁלְּחָה אֶת־הָעָם
ה וְיִזְבְּחוּ לַיהוה: וַיֹּאמֶר מֹשֶׁה לְפַרְעֹה הִתְפָּאֵר עָלַי לְמָתַי ׀
אַעְתִּיר לְךָ וְלַעֲבָדֶיךָ וּלְעַמְּךָ לְהַכְרִית הַצְפַרְדְּעִים מִמְּךָ
ו וּמִבָּתֶּיךָ רַק בַּיְאֹר תִּשָּׁאַרְנָה: וַיֹּאמֶר לְמָחָר וַיֹּאמֶר כִּדְבָרְךָ
ז לְמַעַן תֵּדַע כִּי־אֵין כַּיהוה אֱלֹהֵינוּ: וְסָרוּ הַצְפַרְדְּעִים מִמְּךָ חמישי
ח וּמִבָּתֶּיךָ וּמֵעֲבָדֶיךָ וּמֵעַמֶּךָ רַק בַּיְאֹר תִּשָּׁאַרְנָה: וַיֵּצֵא מֹשֶׁה
וְאַהֲרֹן מֵעִם פַּרְעֹה וַיִּצְעַק מֹשֶׁה אֶל־יהוה עַל־דְּבַר הַצְפַרְדְּעִים
ט אֲשֶׁר־שָׂם לְפַרְעֹה: וַיַּעַשׂ יהוה כִּדְבַר מֹשֶׁה וַיָּמֻתוּ הַצְפַרְדְּעִים
י מִן־הַבָּתִּים מִן־הַחֲצֵרֹת וּמִן־הַשָּׂדֹת: וַיִּצְבְּרוּ אֹתָם חֳמָרִם
יא חֳמָרִם וַתִּבְאַשׁ הָאָרֶץ: וַיַּרְא פַּרְעֹה כִּי הָיְתָה הָרְוָחָה וְהַכְבֵּד
יב אֶת־לִבּוֹ וְלֹא שָׁמַע אֲלֵהֶם כַּאֲשֶׁר דִּבֶּר יהוה: וַיֹּאמֶר
יהוה אֶל־מֹשֶׁה אֱמֹר אֶל־אַהֲרֹן נְטֵה אֶת־מַטְּךָ וְהַךְ אֶת־
יג עֲפַר הָאָרֶץ וְהָיָה לְכִנִּם בְּכָל־אֶרֶץ מִצְרָיִם: וַיַּעֲשׂוּ־כֵן וַיֵּט
אַהֲרֹן אֶת־יָדוֹ בְמַטֵּהוּ וַיַּךְ אֶת־עֲפַר הָאָרֶץ וַתְּהִי הַכִּנָּם בָּאָדָם
וּבַבְּהֵמָה כָּל־עֲפַר הָאָרֶץ הָיָה כִנִּים בְּכָל־אֶרֶץ מִצְרָיִם:
יד וַיַּעֲשׂוּ־כֵן הַחַרְטֻמִּים בְּלָטֵיהֶם לְהוֹצִיא אֶת־הַכִּנִּים וְלֹא יָכֹלוּ
טו וַתְּהִי הַכִּנָּם בָּאָדָם וּבַבְּהֵמָה: וַיֹּאמְרוּ הַחַרְטֻמִּם אֶל־פַּרְעֹה
אֶצְבַּע אֱלֹהִים הִוא וַיֶּחֱזַק לֵב־פַּרְעֹה וְלֹא־שָׁמַע אֲלֵהֶם כַּאֲשֶׁר
טז דִּבֶּר יהוה: וַיֹּאמֶר יהוה אֶל־מֹשֶׁה הַשְׁכֵּם בַּבֹּקֶר ו
וְהִתְיַצֵּב לִפְנֵי פַרְעֹה הִנֵּה יוֹצֵא הַמָּיְמָה וְאָמַרְתָּ אֵלָיו כֹּה
יז אָמַר יהוה שַׁלַּח עַמִּי וְיַעַבְדֻנִי: כִּי אִם־אֵינְךָ מְשַׁלֵּחַ אֶת־עַמִּי
הִנְנִי מַשְׁלִיחַ בְּךָ וּבַעֲבָדֶיךָ וּבְעַמְּךָ וּבְבָתֶּיךָ אֶת־הֶעָרֹב וּמָלְאוּ
יח בָּתֵּי מִצְרַיִם אֶת־הֶעָרֹב וְגַם הָאֲדָמָה אֲשֶׁר־הֵם עָלֶיהָ: וְהִפְלֵיתִי
בַיּוֹם הַהוּא אֶת־אֶרֶץ גֹּשֶׁן אֲשֶׁר עַמִּי עֹמֵד עָלֶיהָ לְבִלְתִּי הֱיוֹת־
יט שָׁם עָרֹב לְמַעַן תֵּדַע כִּי אֲנִי יהוה בְּקֶרֶב הָאָרֶץ: וְשַׂמְתִּי ששי
כ פְדֻת בֵּין עַמִּי וּבֵין עַמֶּךָ לְמָחָר יִהְיֶה הָאֹת הַזֶּה: וַיַּעַשׂ יהוה
כֵּן וַיָּבֹא עָרֹב כָּבֵד בֵּיתָה פַרְעֹה וּבֵית עֲבָדָיו וּבְכָל־אֶרֶץ
כא מִצְרַיִם תִּשָּׁחֵת הָאָרֶץ מִפְּנֵי הֶעָרֹב: וַיִּקְרָא פַרְעֹה אֶל־מֹשֶׁה
כב וּלְאַהֲרֹן וַיֹּאמֶר לְכוּ זִבְחוּ לֵאלֹהֵיכֶם בָּאָרֶץ: וַיֹּאמֶר מֹשֶׁה
לֹא נָכוֹן לַעֲשׂוֹת כֵּן כִּי תּוֹעֲבַת מִצְרַיִם נִזְבַּח לַיהוה אֱלֹהֵינוּ
כג הֵן נִזְבַּח אֶת־תּוֹעֲבַת מִצְרַיִם לְעֵינֵיהֶם וְלֹא יִסְקְלֻנוּ: דֶּרֶךְ
שְׁלֹשֶׁת יָמִים נֵלֵךְ בַּמִּדְבָּר וְזָבַחְנוּ לַיהוה אֱלֹהֵינוּ כַּאֲשֶׁר יֹאמַר
כד אֵלֵינוּ: וַיֹּאמֶר פַּרְעֹה אָנֹכִי אֲשַׁלַּח אֶתְכֶם וּזְבַחְתֶּם לַיהוה
אֱלֹהֵיכֶם בַּמִּדְבָּר רַק הַרְחֵק לֹא־תַרְחִיקוּ לָלֶכֶת הַעְתִּירוּ
כה בַּעֲדִי: וַיֹּאמֶר מֹשֶׁה הִנֵּה אָנֹכִי יוֹצֵא מֵעִמָּךְ וְהַעְתַּרְתִּי אֶל־

the land of Miẕrayim. Then Par'o called to Moshe and Aharon, 4
and said, Entreat the Lord, that he may take away the frogs from
me, and from my people; and I will let the people go, that they
may do sacrifice to the Lord. And Moshe said to Par'o, Challenge 5
me to fix a time when I should entreat for thee, and for thy ser-
vants, and for thy people, to destroy the frogs from thee and thy
houses, that they may remain in the River only? And he said, 6
Tomorrow. And he said, Be it according to thy word: that thou
mayst know that there is none like the Lord our God. And the 7
frogs shall depart from thee, and from thy houses, and from thy
servants, and from thy people; they shall remain in the River
only. And Moshe and Aharon went out from Par'o: and Moshe 8
cried to the Lord because of the frogs which he had brought
against Par'o. And the Lord did according to the word of Moshe; 9
and the frogs died out of the houses, out of the courts, and out
of the fields. And they gathered them together in heaps: and 10
the land stank. But when Par'o saw that there was respite, he 11
hardened his heart, and hearkened not to them; as the Lord
had said. And the Lord said to Moshe, Say to Aharon, 12
Stretch out thy rod, and smite the dust of the land, that it may
turn into lice throughout all the land of Miẕrayim. And they did 13
so; for Aharon stretched out his hand with his rod, and smote
the dust of the earth, and it became lice in man, and in beast;
all the dust of the land became lice throughout all the land of
Miẕrayim. And the magicians did so with their secret arts to 14
bring forth lice, but they could not: so there were lice on man
and beast. Then the magicians said to Par'o, This is the finger 15
of God: and Par'o's heart was hardened, and he hearkened not
to them; as the Lord had said. And the Lord said to 16
Moshe, Rise up early in the morning, and stand before Par'o; lo
he comes forth to the water; and say to him, Thus says the
Lord, Let my people go, that they may serve me. Else, if thou 17
wilt not let my people go, behold, I will send swarms of gnats
upon thee, and upon thy servants, and upon thy people, and into
thy houses: and the houses of Miẕrayim shall be full of swarms
of gnats, and also the ground on which they are. And I will 18
separate in that day the land of Goshen, in which my people
dwell, that no swarms of gnats shall be there; to the end that
thou mayst know that I am the Lord in the midst of the earth. 19
And I will put a division between my people and thy people: to-
morrow shall this sign be. And the Lord did so; and there came 20
a grievous swarm of gnats into the house of Par'o, and into his
servants' houses; and in all the land of Miẕrayim the land was
devastated by reason of the swarm of gnats. And Par'o called 21
for Moshe and for Aharon, and said, Go, sacrifice to your God
in the land. And Moshe said, It is not proper so to do; for we 22
shall sacrifice the abomination of Miẕrayim to the Lord our
God: lo, shall we sacrifice the abomination of Miẕrayim before
their eyes, and will they not stone us? We will go three days' 23
journey into the wilderness, and sacrifice to the Lord our God,
as he shall command us. And Par'o said, I will let you go, that 24
you may sacrifice to the Lord your God in the wilderness; only
you shall not go very far away: entreat for me. And Moshe said, 25

יהוה וְסָר הֶעָרֹב מִפַּרְעֹה מֵעֲבָדָיו וּמֵעַמּוֹ מָחָר רַק אַל־יֹסֵף
כו פַּרְעֹה הָתֵל לְבִלְתִּי שַׁלַּח אֶת־הָעָם לִזְבֹּחַ לַיהוה: וַיֵּצֵא מֹשֶׁה
כז מֵעִם פַּרְעֹה וַיֶּעְתַּר אֶל־יהוה: וַיַּעַשׂ יהוה כִּדְבַר מֹשֶׁה וַיָּסַר
כח הֶעָרֹב מִפַּרְעֹה מֵעֲבָדָיו וּמֵעַמּוֹ לֹא נִשְׁאַר אֶחָד: וַיַּכְבֵּד פַּרְעֹה
אֶת־לִבּוֹ גַּם בַּפַּעַם הַזֹּאת וְלֹא שִׁלַּח אֶת־הָעָם:
ט א וַיֹּאמֶר יהוה אֶל־מֹשֶׁה בֹּא אֶל־פַּרְעֹה וְדִבַּרְתָּ אֵלָיו כֹּה־אָמַר
ב יהוה אֱלֹהֵי הָעִבְרִים שַׁלַּח אֶת־עַמִּי וְיַעַבְדֻנִי: כִּי אִם־מָאֵן אַתָּה
ג לְשַׁלֵּחַ וְעוֹדְךָ מַחֲזִיק בָּם: הִנֵּה יַד־יהוה הוֹיָה בְּמִקְנְךָ אֲשֶׁר
בַּשָּׂדֶה בַּסּוּסִים בַּחֲמֹרִים בַּגְּמַלִּים בַּבָּקָר וּבַצֹּאן דֶּבֶר כָּבֵד
ד מְאֹד: וְהִפְלָה יהוה בֵּין מִקְנֵה יִשְׂרָאֵל וּבֵין מִקְנֵה מִצְרָיִם
ה וְלֹא יָמוּת מִכָּל־לִבְנֵי יִשְׂרָאֵל דָּבָר: וַיָּשֶׂם יהוה מוֹעֵד לֵאמֹר
ו מָחָר יַעֲשֶׂה יהוה הַדָּבָר הַזֶּה בָּאָרֶץ: וַיַּעַשׂ יהוה אֶת־הַדָּבָר
הַזֶּה מִמָּחֳרָת וַיָּמָת כֹּל מִקְנֵה מִצְרָיִם וּמִמִּקְנֵה בְנֵי־יִשְׂרָאֵל
ז לֹא־מֵת אֶחָד: וַיִּשְׁלַח פַּרְעֹה וְהִנֵּה לֹא־מֵת מִמִּקְנֵה יִשְׂרָאֵל
עַד־אֶחָד וַיִּכְבַּד לֵב פַּרְעֹה וְלֹא שִׁלַּח אֶת־הָעָם:
ח וַיֹּאמֶר יהוה אֶל־מֹשֶׁה וְאֶל־אַהֲרֹן קְחוּ לָכֶם מְלֹא חָפְנֵיכֶם
ט פִּיחַ כִּבְשָׁן וּזְרָקוֹ מֹשֶׁה הַשָּׁמַיְמָה לְעֵינֵי פַרְעֹה: וְהָיָה לְאָבָק
עַל כָּל־אֶרֶץ מִצְרָיִם וְהָיָה עַל־הָאָדָם וְעַל־הַבְּהֵמָה לִשְׁחִין
י פֹּרֵחַ אֲבַעְבֻּעֹת בְּכָל־אֶרֶץ מִצְרָיִם: וַיִּקְחוּ אֶת־פִּיחַ הַכִּבְשָׁן
וַיַּעַמְדוּ לִפְנֵי פַרְעֹה וַיִּזְרֹק אֹתוֹ מֹשֶׁה הַשָּׁמָיְמָה וַיְהִי שְׁחִין
יא אֲבַעְבֻּעֹת פֹּרֵחַ בָּאָדָם וּבַבְּהֵמָה: וְלֹא־יָכְלוּ הַחַרְטֻמִּים לַעֲמֹד
לִפְנֵי מֹשֶׁה מִפְּנֵי הַשְּׁחִין כִּי־הָיָה הַשְּׁחִין בַּחַרְטֻמִּם וּבְכָל־מִצְרָיִם:
יב וַיְחַזֵּק יהוה אֶת־לֵב פַּרְעֹה וְלֹא שָׁמַע אֲלֵהֶם כַּאֲשֶׁר דִּבֶּר
יג יהוה אֶל־מֹשֶׁה: וַיֹּאמֶר יהוה אֶל־מֹשֶׁה הַשְׁכֵּם
בַּבֹּקֶר וְהִתְיַצֵּב לִפְנֵי פַרְעֹה וְאָמַרְתָּ אֵלָיו כֹּה־אָמַר יהוה
יד אֱלֹהֵי הָעִבְרִים שַׁלַּח אֶת־עַמִּי וְיַעַבְדֻנִי: כִּי ׀ בַּפַּעַם הַזֹּאת אֲנִי
שֹׁלֵחַ אֶת־כָּל־מַגֵּפֹתַי אֶל־לִבְּךָ וּבַעֲבָדֶיךָ וּבְעַמֶּךָ בַּעֲבוּר תֵּדַע
טו כִּי אֵין כָּמֹנִי בְּכָל־הָאָרֶץ: כִּי עַתָּה שָׁלַחְתִּי אֶת־יָדִי וָאַךְ אוֹתְךָ
טז וְאֶת־עַמְּךָ בַּדָּבֶר וַתִּכָּחֵד מִן־הָאָרֶץ: וְאוּלָם בַּעֲבוּר זֹאת
הֶעֱמַדְתִּיךָ בַּעֲבוּר הַרְאֹתְךָ אֶת־כֹּחִי וּלְמַעַן סַפֵּר שְׁמִי בְּכָל־
שביעי יז יח הָאָרֶץ: עוֹדְךָ מִסְתּוֹלֵל בְּעַמִּי לְבִלְתִּי שַׁלְּחָם: הִנְנִי מַמְטִיר
כָּעֵת מָחָר בָּרָד כָּבֵד מְאֹד אֲשֶׁר לֹא־הָיָה כָמֹהוּ בְּמִצְרַיִם לְמִן־
יט הַיּוֹם הִוָּסְדָה וְעַד־עָתָּה: וְעַתָּה שְׁלַח הָעֵז אֶת־מִקְנְךָ וְאֵת כָּל־
אֲשֶׁר לְךָ בַּשָּׂדֶה כָּל־הָאָדָם וְהַבְּהֵמָה אֲשֶׁר־יִמָּצֵא בַשָּׂדֶה
כ וְלֹא יֵאָסֵף הַבַּיְתָה וְיָרַד עֲלֵהֶם הַבָּרָד וָמֵתוּ: הַיָּרֵא אֶת־דְּבַר

Behold, I go out from thee, and I will entreat the Lord that the swarm of gnats may depart from Par'o, from his servants, and from his people, tomorrow: but let not Par'o deal deceitfully any more in not letting the people go to sacrifice to the Lord. And Moshe went out from Par'o, and entreated the Lord. 26 And the Lord did according to the word of Moshe; and he 27 removed the swarm of gnats from Par'o, from his servants, and from his people; there remained not one. And Par'o hardened his 28 heart at this time also, neither would he let the people go.

Then the Lord said to Moshe, Go in to Par'o, and tell him, Thus **9** says the Lord God of the Hebrews, Let my people go, that they may serve me. For if thou refuse to let them go, and wilt hold 2 them still, behold, the hand of the Lord is upon thy cattle which 3 is in the field, upon the horses, upon the asses, upon the camels, upon the oxen, and upon the sheep: there shall be a very grievous plague. And the Lord shall separate the cattle of Yisra'el 4 from the cattle of Miẓrayim: and nothing shall die of all that belongs to the children of Yisra'el. And the Lord appointed 5 a set time, saying, Tomorrow the Lord shall do this thing in the land. And the Lord did that thing on the morrow, and all the 6 cattle of Miẓrayim died: but of the cattle of the children of Yisra'el not one died. And Par'o sent, and, behold, there was not 7 one of the cattle of Yisra'el dead. And the heart of Par'o was hard, and he did not let the people go.

And the Lord said to Moshe and to Aharon, Take for yourselves 8 handfuls of soot of the furnace, and let Moshe sprinkle it heavenwards in the sight of Par'o. And it shall become small dust in all 9 the land of Miẓrayim, and shall be a pox breaking out in blisters upon man, and upon beast, throughout all the land of Miẓrayim. And they took soot of the furnace, and stood before Par'o; and 10 Moshe sprinkled it up heavenwards; and it became a pox breaking out in blisters on man and beast. And the magicians could 11 not stand before Moshe because of the pox; for the pox was on the magicians, and on all Miẓrayim. And the Lord hardened the 12 heart of Par'o, and he hearkened not to them; as the Lord had spoken to Moshe.   And the Lord said to Moshe, Rise up 13 early in the morning, and stand before Par'o, and say to him, Thus says the Lord God of the Hebrews, Let my people go, that they may serve me. For I will at this time send all my plagues 14 upon thy heart, and on thy servants, and on thy people; that thou mayst know that there is none like me in all the earth. For now if I would stretch out my hand, I might smite thee and 15 thy people with pestilence; and thou shouldst be cut off from the earth. And in very deed for this cause have I raised thee up, 16 to show in thee my power; and that my name may be proclaimed throughout all the earth. If as yet thou dost exalt thyself against 17 my people, so as not to let them go, behold, tomorrow about 18 this time I will cause it to rain a very grievous hail, such as has not been in Miẓrayim since its foundation until now. Send there- 19 fore now, and gather thy cattle, and all that thou hast in the field; for upon every man and beast which shall be found in the field, and shall not be brought home, the hail shall come down, and they shall die. He that feared the word of the Lord among 20

יְהוָה מֵעַבְדֵי פַּרְעֹה הֵנִיס אֶת־עֲבָדָיו וְאֶת־מִקְנֵהוּ אֶל־
כא הַבָּתִּים: וַאֲשֶׁר לֹא־שָׂם לִבּוֹ אֶל־דְּבַר יְהוָה וַיַּעֲזֹב אֶת־עֲבָדָיו
וְאֶת־מִקְנֵהוּ בַּשָּׂדֶה:
כב וַיֹּאמֶר יְהוָה אֶל־מֹשֶׁה נְטֵה אֶת־יָדְךָ עַל־הַשָּׁמַיִם וִיהִי בָרָד
בְּכָל־אֶרֶץ מִצְרָיִם עַל־הָאָדָם וְעַל־הַבְּהֵמָה וְעַל כָּל־עֵשֶׂב
כג הַשָּׂדֶה בְּאֶרֶץ מִצְרָיִם: וַיֵּט מֹשֶׁה אֶת־מַטֵּהוּ עַל־הַשָּׁמַיִם
וַיהוָה נָתַן קֹלֹת וּבָרָד וַתִּהֲלַךְ־אֵשׁ אָרְצָה וַיַּמְטֵר יְהוָה בָּרָד
כד עַל־אֶרֶץ מִצְרָיִם: וַיְהִי בָרָד וְאֵשׁ מִתְלַקַּחַת בְּתוֹךְ הַבָּרָד כָּבֵד
מְאֹד אֲשֶׁר לֹא־הָיָה כָמֹהוּ בְּכָל־אֶרֶץ מִצְרַיִם מֵאָז הָיְתָה לְגוֹי:
כה וַיַּךְ הַבָּרָד בְּכָל־אֶרֶץ מִצְרַיִם אֵת כָּל־אֲשֶׁר בַּשָּׂדֶה מֵאָדָם
וְעַד־בְּהֵמָה וְאֵת כָּל־עֵשֶׂב הַשָּׂדֶה הִכָּה הַבָּרָד וְאֶת־כָּל־עֵץ
כו הַשָּׂדֶה שִׁבֵּר: רַק בְּאֶרֶץ גֹּשֶׁן אֲשֶׁר־שָׁם בְּנֵי יִשְׂרָאֵל לֹא הָיָה
כז בָּרָד: וַיִּשְׁלַח פַּרְעֹה וַיִּקְרָא לְמֹשֶׁה וּלְאַהֲרֹן וַיֹּאמֶר אֲלֵהֶם
כח חָטָאתִי הַפָּעַם יְהוָה הַצַּדִּיק וַאֲנִי וְעַמִּי הָרְשָׁעִים: הַעְתִּירוּ
אֶל־יְהוָה וְרַב מִהְיֹת קֹלֹת אֱלֹהִים וּבָרָד וַאֲשַׁלְּחָה אֶתְכֶם וְלֹא
כט תֹסִפוּן לַעֲמֹד: וַיֹּאמֶר אֵלָיו מֹשֶׁה כְּצֵאתִי אֶת־הָעִיר אֶפְרֹשׂ
אֶת־כַּפַּי אֶל־יְהוָה הַקֹּלוֹת יֶחְדָּלוּן וְהַבָּרָד לֹא יִהְיֶה־עוֹד לְמַעַן
ל תֵּדַע כִּי לַיהוָה הָאָרֶץ: וְאַתָּה וַעֲבָדֶיךָ יָדַעְתִּי כִּי טֶרֶם תִּירְאוּן
לא מִפְּנֵי יְהוָה אֱלֹהִים: וְהַפִּשְׁתָּה וְהַשְּׂעֹרָה נֻכָּתָה כִּי הַשְּׂעֹרָה
לב אָבִיב וְהַפִּשְׁתָּה גִּבְעֹל: וְהַחִטָּה וְהַכֻּסֶּמֶת לֹא נֻכּוּ כִּי אֲפִילֹת
לג הֵנָּה: וַיֵּצֵא מֹשֶׁה מֵעִם פַּרְעֹה אֶת־הָעִיר וַיִּפְרֹשׂ כַּפָּיו אֶל־יְהוָה מפטיר
לד וַיַּחְדְּלוּ הַקֹּלוֹת וְהַבָּרָד וּמָטָר לֹא־נִתַּךְ אָרְצָה: וַיַּרְא פַּרְעֹה
כִּי־חָדַל הַמָּטָר וְהַבָּרָד וְהַקֹּלֹת וַיֹּסֶף לַחֲטֹא וַיַּכְבֵּד לִבּוֹ הוּא
לה וַעֲבָדָיו: וַיֶּחֱזַק לֵב פַּרְעֹה וְלֹא שִׁלַּח אֶת־בְּנֵי יִשְׂרָאֵל כַּאֲשֶׁר
דִּבֶּר יְהוָה בְּיַד־מֹשֶׁה:

י א וַיֹּאמֶר יְהוָה אֶל־מֹשֶׁה בֹּא אֶל־פַּרְעֹה כִּי־אֲנִי הִכְבַּדְתִּי אֶת־ בא ז
ב לִבּוֹ וְאֶת־לֵב עֲבָדָיו לְמַעַן שִׁתִי אֹתֹתַי אֵלֶּה בְּקִרְבּוֹ: וּלְמַעַן
תְּסַפֵּר בְּאָזְנֵי בִנְךָ וּבֶן־בִּנְךָ אֵת אֲשֶׁר הִתְעַלַּלְתִּי בְּמִצְרַיִם
ג וְאֶת־אֹתֹתַי אֲשֶׁר־שַׂמְתִּי בָם וִידַעְתֶּם כִּי־אֲנִי יְהוָה: וַיָּבֹא
מֹשֶׁה וְאַהֲרֹן אֶל־פַּרְעֹה וַיֹּאמְרוּ אֵלָיו כֹּה־אָמַר יְהוָה אֱלֹהֵי
הָעִבְרִים עַד־מָתַי מֵאַנְתָּ לֵעָנֹת מִפָּנָי שַׁלַּח עַמִּי וְיַעַבְדֻנִי:
ד כִּי אִם־מָאֵן אַתָּה לְשַׁלֵּחַ אֶת־עַמִּי הִנְנִי מֵבִיא מָחָר אַרְבֶּה
ה בִּגְבֻלֶךָ: וְכִסָּה אֶת־עֵין הָאָרֶץ וְלֹא יוּכַל לִרְאֹת אֶת־הָאָרֶץ
וְאָכַל ׀ אֶת־יֶתֶר הַפְּלֵטָה הַנִּשְׁאֶרֶת לָכֶם מִן־הַבָּרָד וְאָכַל אֶת־
ו כָּל־הָעֵץ הַצֹּמֵחַ לָכֶם מִן־הַשָּׂדֶה: וּמָלְאוּ בָתֶּיךָ וּבָתֵּי כָל־
עֲבָדֶיךָ וּבָתֵּי כָל־מִצְרַיִם אֲשֶׁר לֹא־רָאוּ אֲבֹתֶיךָ וַאֲבוֹת אֲבֹתֶיךָ

the servants of Par'o made his servants and his cattle flee into
the houses: and he that regarded not the word of the LORD left   21
his servants and his cattle in the field.

And the LORD said to Moshe, Stretch out thy hand towards   22
heaven, that there may be hail in all the land of Miẓrayim, on
man and beast, and on every plant of the field, throughout the
land of Miẓrayim. And Moshe stretched out his rod towards   23
heaven: and the LORD sent thunder and hail, and the fire ran
down upon the ground; and the LORD rained hail upon the land
of Miẓrayim. So there was hail, and fire flaring up amidst the   24
hail, very grievous, such as there was none like it in all the
land of Miẓrayim since it became a nation. And the hail smote   25
throughout all the land of Miẓrayim all that was in the field,
both man and beast; and the hail smote every plant of the field,
and broke every tree of the field. Only in the land of Goshen,   26
where the children of Yisra'el were, was there no hail. And   27
Par'o sent, and called for Moshe and Aharon, and said to them,
I have sinned this time: the LORD is righteous, and I and my
people are wicked. Entreat the LORD that there be no more   28
mighty thunderings and hail; and I will let you go, and you
shall stay no longer. And Moshe said to him, As soon as I am   29
gone out of the city, I will spread out my hands to the LORD; and
the thunder shall cease, neither shall there be any more hail;
that thou mayst know that the earth is the LORD's. But as for   30
thee and thy servants, I know that you will not yet fear the
LORD GOD. And the flax and the barley were struck: for the   31
barley was in the ear, and the flax was in bud. But the wheat and   32
the spelt were not struck: for they were late ripening. And   33
Moshe went out of the city from Par'o, and spread out his hands
to the LORD: and the thunders and hail ceased, and the rain was
no longer poured upon the earth. And when Par'o saw that the   34
rain and the hail and the thunders had ceased, he sinned yet
again, and hardened his heart, he and his servants. And the heart   35
of Par'o was hard, neither would he let the children of Yisra'el
go; as the LORD had spoken by Moshe.

BO   And the LORD said to Moshe, Go in to Par'o: for I have hardened   **10**
his heart, and the heart of his servants, that I might show these
my signs before him: and that thou mayst tell in the ears of   2
thy son, and of thy son's son, what things I have done in
Miẓrayim, and my signs which I have done among them; that
you may know that I am the LORD. And Moshe and Aharon came   3
to Par'o and said to him, Thus says the LORD GOD of the Hebrews,
How long wilt thou refuse to humble thyself before me? let my
people go, that they may serve me. Else, if thou refuse to let   4
my people go, behold, tomorrow I will bring the locusts into
thy border: and they shall cover the face of the earth, so that   5
it will not be possible to see the earth: and they shall eat the
residue of that which is escaped, which remains to you from the
hail, and shall eat every tree which grows for you out of the
field: and they shall fill thy houses, and the houses of all thy   6
servants, and the houses of all Miẓrayim; which neither thy
fathers, nor thy fathers' fathers have seen, since the day that
they were upon the earth to this day. And he turned, and went

מִיּוֹם הֱיֽוֹתְךָ֙ עַל־הָ֣אֲדָמָ֔ה עַ֖ד הַיּ֣וֹם הַזֶּ֑ה וַיִּ֗פֶן וַיֵּצֵ֖א מֵעִ֥ם פַּרְעֹֽה:

ז וַיֹּאמְרוּ֩ עַבְדֵ֨י פַרְעֹ֜ה אֵלָ֗יו עַד־מָתַי֙ יִהְיֶ֨ה זֶ֥ה לָ֨נוּ֙ לְמוֹקֵ֔שׁ
שַׁלַּח֙ אֶת־הָ֣אֲנָשִׁ֔ים וְיַֽעַבְד֖וּ אֶת־יְהֹוָ֣ה אֱלֹֽהֵיהֶ֑ם הֲטֶ֣רֶם תֵּדַ֔ע

ח כִּ֥י אָֽבְדָ֖ה מִצְרָֽיִם: וַיּוּשַׁ֞ב אֶת־מֹשֶׁ֤ה וְאֶֽת־אַֽהֲרֹן֙ אֶל־פַּרְעֹ֔ה
וַיֹּ֣אמֶר אֲלֵהֶ֔ם לְכ֥וּ עִבְד֖וּ אֶת־יְהֹוָ֣ה אֱלֹֽהֵיכֶ֑ם מִ֥י וָמִ֖י הַהֹֽלְכִֽים:

ט וַיֹּ֣אמֶר מֹשֶׁ֔ה בִּנְעָרֵ֥ינוּ וּבִזְקֵנֵ֖ינוּ נֵלֵ֑ךְ בְּבָנֵ֨ינוּ וּבִבְנוֹתֵ֜נוּ בְּצֹאנֵ֤נוּ
וּבִבְקָרֵ֨נוּ֙ נֵלֵ֔ךְ כִּ֥י חַג־יְהֹוָ֖ה לָֽנוּ: וַיֹּ֣אמֶר אֲלֵהֶ֗ם יְהִ֨י כֵ֤ן יְהֹוָה֙

י עִמָּכֶ֔ם כַּֽאֲשֶׁ֛ר אֲשַׁלַּ֥ח אֶתְכֶ֖ם וְאֶֽת־טַפְּכֶ֑ם רְא֕וּ כִּ֥י רָעָ֖ה נֶ֥גֶד

יא פְּנֵיכֶֽם: לֹ֣א כֵ֗ן לְכֽוּ־נָ֤א הַגְּבָרִים֙ וְעִבְד֣וּ אֶת־יְהֹוָ֔ה כִּ֥י אֹתָ֖הּ אַתֶּ֣ם
מְבַקְשִׁ֑ים וַיְגָ֣רֶשׁ אֹתָ֔ם מֵאֵ֖ת פְּנֵ֥י פַרְעֹֽה: שני וַיֹּ֨אמֶר

יב יְהֹוָ֜ה אֶל־מֹשֶׁ֗ה נְטֵ֨ה יָֽדְךָ֜ עַל־אֶ֤רֶץ מִצְרַ֨יִם֙ בָּֽאַרְבֶּ֔ה וְיַ֖עַל עַל־
אֶ֣רֶץ מִצְרָ֑יִם וְיֹאכַל֙ אֶת־כָּל־עֵ֣שֶׂב הָאָ֔רֶץ אֵ֛ת כָּל־אֲשֶׁ֥ר

יג הִשְׁאִ֖יר הַבָּרָֽד: וַיֵּ֨ט מֹשֶׁ֣ה אֶת־מַטֵּ֘הוּ֮ עַל־אֶ֣רֶץ מִצְרַ֒יִם֒ וַֽיהֹוָ֗ה
נִהַ֤ג רֽוּחַ־קָדִים֙ בָּאָ֔רֶץ כָּל־הַיּ֥וֹם הַה֖וּא וְכָל־הַלָּ֑יְלָה הַבֹּ֣קֶר

יד הָיָ֔ה וְר֨וּחַ֙ הַקָּדִ֔ים נָשָׂ֖א אֶת־הָֽאַרְבֶּֽה: וַיַּ֣עַל הָֽאַרְבֶּ֗ה עַ֚ל כָּל־
אֶ֣רֶץ מִצְרַ֔יִם וַיָּ֕נַח בְּכֹ֖ל גְּב֣וּל מִצְרָ֑יִם כָּבֵ֣ד מְאֹ֔ד לְ֠פָנָ֠יו לֹא־

טו הָ֨יָה כֵ֤ן אַרְבֶּה֙ כָּמֹ֔הוּ וְאַֽחֲרָ֖יו לֹ֥א יִֽהְיֶה־כֵּֽן: וַיְכַ֞ס אֶת־עֵ֣ין
כָּל־הָאָ֘רֶץ֮ וַתֶּחְשַׁ֣ךְ הָאָ֒רֶץ֒ וַיֹּ֜אכַל אֶת־כָּל־עֵ֣שֶׂב הָאָ֗רֶץ וְאֵת֙
כָּל־פְּרִ֣י הָעֵ֔ץ אֲשֶׁ֥ר הוֹתִ֖יר הַבָּרָ֑ד וְלֹֽא־נוֹתַ֨ר כָּל־יֶ֧רֶק בָּעֵ֛ץ

טז וּבְעֵ֥שֶׂב הַשָּׂדֶ֖ה בְּכָל־אֶ֥רֶץ מִצְרָֽיִם: וַיְמַהֵ֣ר פַּרְעֹ֔ה לִקְרֹ֖א

יז לְמֹשֶׁ֣ה וּֽלְאַֽהֲרֹ֑ן וַיֹּ֗אמֶר חָטָ֛אתִי לַֽיהֹוָ֥ה אֱלֹֽהֵיכֶ֖ם וְלָכֶֽם: וְעַתָּ֗ה
שָׂ֣א נָ֤א חַטָּאתִי֙ אַ֣ךְ הַפַּ֔עַם וְהַעְתִּ֖ירוּ לַֽיהֹוָ֣ה אֱלֹֽהֵיכֶ֑ם וְיָסֵר֙

יח מֵֽעָלַ֔י רַ֖ק אֶת־הַמָּ֥וֶת הַזֶּֽה: וַיֵּצֵ֖א מֵעִ֣ם פַּרְעֹ֑ה וַיֶּעְתַּ֖ר אֶל־יְהֹוָֽה:

יט וַיַּֽהֲפֹ֨ךְ יְהֹוָ֤ה רֽוּחַ־יָם֙ חָזָ֣ק מְאֹ֔ד וַיִּשָּׂא֙ אֶת־הָ֣אַרְבֶּ֔ה וַיִּתְקָעֵ֖הוּ

כ יָ֣מָּה סּ֑וּף לֹ֤א נִשְׁאַר֙ אַרְבֶּ֣ה אֶחָ֔ד בְּכֹ֖ל גְּב֥וּל מִצְרָֽיִם: וַיְחַזֵּ֥ק
יְהֹוָ֖ה אֶת־לֵ֣ב פַּרְעֹ֑ה וְלֹ֥א שִׁלַּ֖ח אֶת־בְּנֵ֥י יִשְׂרָאֵֽל:

כא וַיֹּ֨אמֶר יְהֹוָ֜ה אֶל־מֹשֶׁ֗ה נְטֵ֤ה יָֽדְךָ֙ עַל־הַשָּׁמַ֔יִם וִ֥יהִי חֹ֖שֶׁךְ עַל־

כב אֶ֣רֶץ מִצְרָ֑יִם וְיָמֵ֖שׁ חֹֽשֶׁךְ: וַיֵּ֥ט מֹשֶׁ֛ה אֶת־יָד֖וֹ עַל־הַשָּׁמָ֑יִם

כג וַיְהִ֧י חֹֽשֶׁךְ־אֲפֵלָ֛ה בְּכָל־אֶ֥רֶץ מִצְרַ֖יִם שְׁלֹ֥שֶׁת יָמִֽים: לֹֽא־רָא֞וּ
אִ֣ישׁ אֶת־אָחִ֗יו וְלֹא־קָ֧מוּ אִ֛ישׁ מִתַּחְתָּ֖יו שְׁלֹ֣שֶׁת יָמִ֑ים וּֽלְכָל־

כד בְּנֵ֧י יִשְׂרָאֵ֛ל הָ֥יָה א֖וֹר בְּמֽוֹשְׁבֹתָֽם: שלישי וַיִּקְרָ֨א פַרְעֹ֜ה אֶל־מֹשֶׁ֗ה
וַיֹּ֨אמֶר֙ לְכוּ֙ עִבְד֣וּ אֶת־יְהֹוָ֔ה רַ֛ק צֹֽאנְכֶ֥ם וּבְקַרְכֶ֖ם יֻצָּ֑ג גַּֽם־

כה טַפְּכֶ֖ם יֵלֵ֥ךְ עִמָּכֶֽם: וַיֹּ֣אמֶר מֹשֶׁ֔ה גַּם־אַתָּ֛ה תִּתֵּ֥ן בְּיָדֵ֖נוּ זְבָחִ֣ים
וְעֹלֹ֑ת וְעָשִׂ֖ינוּ לַֽיהֹוָ֥ה אֱלֹהֵֽינוּ: וְגַם־מִקְנֵ֜נוּ יֵלֵ֣ךְ עִמָּ֗נוּ לֹ֤א

כו תִשָּׁאֵר֙ פַּרְסָ֔ה כִּ֚י מִמֶּ֣נּוּ נִקַּ֔ח לַֽעֲבֹ֖ד אֶת־יְהֹוָ֣ה אֱלֹהֵ֑ינוּ וַֽאֲנַ֗חְנוּ

כז לֹֽא־נֵדַ֗ע מַֽה־נַּֽעֲבֹד֙ אֶת־יְהֹוָ֔ה עַד־בֹּאֵ֖נוּ שָׁ֑מָּה: וַיְחַזֵּ֨ק

out from Par'o. And Par'o's servants said to him, How long shall   7
this man be a snare to us? let the men go, that they may serve
the LORD their GOD: knowst thou not yet that Miẓrayim is
destroyed? And Moshe and Aharon were brought back to Par'o: 8
and he said to them, Go, serve the LORD your GOD: but who are
they that shall go? And Moshe said, We will go with our young   9
and with our old, with our sons and with our daughters, with
our flocks and with our herds will we go; for we must hold a
feast to the LORD. And he said to them, Let the LORD be so with   10
you, as I will let you go, and your little ones: look to it; for
evil is before you. Not so: go now you that are men, and serve   11
the LORD; for that is what you desire. And they were driven out
from Par'o's presence.   And the LORD said to Moshe, Stretch   12
out thy hand over the land of Miẓrayim for the locusts, that they
may come up on the land of Miẓrayim, and eat every plant of
the land, all that the hail has left. So Moshe stretched out his   13
rod over the land of Miẓrayim, and the LORD brought an east
wind upon the land all that day, and all that night; and when
it was morning, the east wind brought the locusts. And the lo-   14
custs went up over all the land of Miẓrayim, and rested in all the
borders of Miẓrayim: very grievous they were; before them
there were no such locusts as they, neither after them shall there
be such. For they covered the surface of the whole earth, so that   15
the land was darkened; and they did eat every plant of the
land, and all the fruit of the trees which the hail had left: and
there remained no green thing in the trees, or in the plants of
the field, through all the land of Miẓrayim. Then Par'o called for   16
Moshe and Aharon in haste; and he said, I have sinned against
the LORD your GOD, and against you. Now therefore forgive, I   17
pray thee, my sin only this once, and entreat the LORD your GOD,
that he may take away from me this death only. And he went   18
out from Par'o, and entreated the LORD. And the LORD turned a   19
very strong west wind, which took away the locusts, and cast
them into the Sea of Suf; there remained not one locust in all the
borders of Miẓrayim. But the LORD hardened Par'o's heart, so   20
that he would not let the children of Yisra'el go.
And the LORD said to Moshe, Stretch out thy hand towards   21
heaven, that there may be darkness over the land of Miẓrayim,
darkness which may be felt. And Moshe stretched out his   22
hand towards heaven; and there was a thick darkness in all the
land of Miẓrayim three days: they saw not one another, neither   23
rose any from his place for three days: but all the children of
Yisra'el had light in their dwellings. And Par'o called to Moshe   24
and said, Go, serve the LORD; only let your flocks and your herds
stay behind: let your little ones also go with you. And Moshe   25
said, Thou must give us also sacrifices and burnt offerings, that
we may sacrifice to the LORD our GOD. Our cattle also shall go   26
with us; there shall not a hoof be left behind; for of them must
we take to serve the LORD our GOD; and we know not with what
we must serve the LORD, until we come there. But the LORD   27

כח יהוה אֶת־לֵב פַּרְעֹה וְלֹא אָבָה לְשַׁלְּחָם: וַיֹּאמֶר־לוֹ פַרְעֹה
לֵךְ מֵעָלָי הִשָּׁמֶר לְךָ אַל־תֹּסֶף רְאוֹת פָּנַי כִּי בְּיוֹם רְאֹתְךָ
כט פָנַי תָּמוּת: וַיֹּאמֶר מֹשֶׁה כֵּן דִּבַּרְתָּ לֹא־אֹסִף עוֹד רְאוֹת
פָּנֶיךָ:
א יא וַיֹּאמֶר יהוה אֶל־מֹשֶׁה עוֹד נֶגַע אֶחָד אָבִיא עַל־פַּרְעֹה וְעַל־ ח
מִצְרַיִם אַחֲרֵי־כֵן יְשַׁלַּח אֶתְכֶם מִזֶּה כְּשַׁלְּחוֹ כָּלָה גָּרֵשׁ יְגָרֵשׁ
ב אֶתְכֶם מִזֶּה: דַּבֶּר־נָא בְּאָזְנֵי הָעָם וְיִשְׁאֲלוּ אִישׁ ׀ מֵאֵת רֵעֵהוּ
ג וְאִשָּׁה מֵאֵת רְעוּתָהּ כְּלֵי־כֶסֶף וּכְלֵי זָהָב: וַיִּתֵּן יהוה אֶת־חֵן
הָעָם בְּעֵינֵי מִצְרָיִם גַּם ׀ הָאִישׁ מֹשֶׁה גָּדוֹל מְאֹד בְּאֶרֶץ מִצְרַיִם
ד בְּעֵינֵי עַבְדֵי־פַרְעֹה וּבְעֵינֵי הָעָם: וַיֹּאמֶר מֹשֶׁה רביעי
ה כֹּה אָמַר יהוה כַּחֲצֹת הַלַּיְלָה אֲנִי יוֹצֵא בְּתוֹךְ מִצְרָיִם: וּמֵת
כָּל־בְּכוֹר בְּאֶרֶץ מִצְרַיִם מִבְּכוֹר פַּרְעֹה הַיֹּשֵׁב עַל־כִּסְאוֹ עַד
ו בְּכוֹר הַשִּׁפְחָה אֲשֶׁר אַחַר הָרֵחָיִם וְכֹל בְּכוֹר בְּהֵמָה: וְהָיְתָה
צְעָקָה גְדֹלָה בְּכָל־אֶרֶץ מִצְרָיִם אֲשֶׁר כָּמֹהוּ לֹא נִהְיָתָה
ז וְכָמֹהוּ לֹא תֹסִף: וּלְכֹל ׀ בְּנֵי יִשְׂרָאֵל לֹא יֶחֱרַץ־כֶּלֶב לְשֹׁנוֹ
לְמֵאִישׁ וְעַד־בְּהֵמָה לְמַעַן תֵּדְעוּן אֲשֶׁר יַפְלֶה יהוה בֵּין מִצְרַיִם
ח וּבֵין יִשְׂרָאֵל: וְיָרְדוּ כָל־עֲבָדֶיךָ אֵלֶּה אֵלַי וְהִשְׁתַּחֲווּ־לִי לֵאמֹר
צֵא אַתָּה וְכָל־הָעָם אֲשֶׁר־בְּרַגְלֶיךָ וְאַחֲרֵי־כֵן אֵצֵא וַיֵּצֵא
ט מֵעִם־פַּרְעֹה בָּחֳרִי־אָף: וַיֹּאמֶר יהוה אֶל־
מֹשֶׁה לֹא־יִשְׁמַע אֲלֵיכֶם פַּרְעֹה לְמַעַן רְבוֹת מוֹפְתַי בְּאֶרֶץ
י מִצְרָיִם: וּמֹשֶׁה וְאַהֲרֹן עָשׂוּ אֶת־כָּל־הַמֹּפְתִים הָאֵלֶּה לִפְנֵי
פַרְעֹה וַיְחַזֵּק יהוה אֶת־לֵב פַּרְעֹה וְלֹא־שִׁלַּח אֶת־בְּנֵי־יִשְׂרָאֵל
א יב מֵאַרְצוֹ: וַיֹּאמֶר יהוה אֶל־מֹשֶׁה וְאֶל־אַהֲרֹן
ב בְּאֶרֶץ מִצְרַיִם לֵאמֹר: הַחֹדֶשׁ הַזֶּה לָכֶם רֹאשׁ חֳדָשִׁים רִאשׁוֹן
ג הוּא לָכֶם לְחָדְשֵׁי הַשָּׁנָה: דַּבְּרוּ אֶל־כָּל־עֲדַת יִשְׂרָאֵל לֵאמֹר
בֶּעָשֹׂר לַחֹדֶשׁ הַזֶּה וְיִקְחוּ לָהֶם אִישׁ שֶׂה לְבֵית־אָבֹת שֶׂה
ד לַבָּיִת: וְאִם־יִמְעַט הַבַּיִת מִהְיוֹת מִשֶּׂה וְלָקַח הוּא וּשְׁכֵנוֹ
הַקָּרֹב אֶל־בֵּיתוֹ בְּמִכְסַת נְפָשֹׁת אִישׁ לְפִי אָכְלוֹ תָּכֹסּוּ עַל־
ה הַשֶּׂה: שֶׂה תָמִים זָכָר בֶּן־שָׁנָה יִהְיֶה לָכֶם מִן־הַכְּבָשִׂים וּמִן־
ו הָעִזִּים תִּקָּחוּ: וְהָיָה לָכֶם לְמִשְׁמֶרֶת עַד אַרְבָּעָה עָשָׂר יוֹם
לַחֹדֶשׁ הַזֶּה וְשָׁחֲטוּ אֹתוֹ כֹּל קְהַל עֲדַת־יִשְׂרָאֵל בֵּין הָעַרְבָּיִם:
ז וְלָקְחוּ מִן־הַדָּם וְנָתְנוּ עַל־שְׁתֵּי הַמְּזוּזֹת וְעַל־הַמַּשְׁקוֹף עַל
ח הַבָּתִּים אֲשֶׁר־יֹאכְלוּ אֹתוֹ בָּהֶם: וְאָכְלוּ אֶת־הַבָּשָׂר בַּלַּיְלָה
ט הַזֶּה צְלִי־אֵשׁ וּמַצּוֹת עַל־מְרֹרִים יֹאכְלֻהוּ: אַל־תֹּאכְלוּ מִמֶּנּוּ
נָא וּבָשֵׁל מְבֻשָּׁל בַּמָּיִם כִּי אִם־צְלִי־אֵשׁ רֹאשׁוֹ עַל־כְּרָעָיו
י וְעַל־קִרְבּוֹ: וְלֹא־תוֹתִירוּ מִמֶּנּוּ עַד־בֹּקֶר וְהַנֹּתָר מִמֶּנּוּ עַד־

hardened Par'o's heart, and he would not let them go. And Par'o   28
said to him, Get thee from me, take heed to thyself, see my face
no more; for in the day thou seest my face thou shalt die. And   29
Moshe said, Thou hast spoken well, I will see thy face again
no more.

And the LORD said to Moshe, Yet will I bring one plague more   **11**
upon Par'o, and upon Miẓrayim; afterwards he will let you go
from here: when he shall let you go, he shall surely thrust you
out altogether from here. Speak now in the ears of the people,   2
and let every man ask of his neighbour, and every woman of her
neighbour, jewels of silver, and jewels of gold. And the LORD   3
gave the people favour in the sight of Miẓrayim; moreover the
man Moshe was very great in the land of Miẓrayim, in the sight
of Par'o's servants, and in the sight of the people.   And   4
Moshe said, Thus says the LORD, About midnight will I go out
into the midst of Miẓrayim: and all the firstborn in the land of   5
Miẓrayim shall die, from the firstborn of Par'o that sits on his
throne, even to the firstborn of the maidservant that is behind
the mill; and all the firstborn of cattle. And there shall be a   6
great cry throughout all the land of Miẓrayim, such as there
was none like it, nor shall be like it any more. But against any   7
of the children of Yisra'el not a dog shall move its tongue,
neither against man or beast: that you may know that the
LORD differentiates between Miẓrayim and between Yisra'el. And   8
all these thy servants shall come down to me, and bow down
themselves to me, saying, Get thee gone, and all the people that
follow thee: and after that I will go out. And he went out from
Par'o in great anger.   And the LORD said to Moshe, Par'o   9
shall not hearken to you; that my wonders may be multiplied
in the land of Miẓrayim. And Moshe and Aharon did all these   10
wonders before Par'o: and the LORD hardened Par'o's heart, so
that he would not let the children of Yisra'el go out of his land.

   And the LORD spoke to Moshe and Aharon in the land   **12**
of Miẓrayim, saying, This month shall be to you the beginning   2
of months: it shall be the first month of the year to you.
Speak to all the congregation of Yisra'el, saying, On the tenth   3
day of this month they shall take to them every man a lamb,
according to the house of their fathers, a lamb for a house:
and if the household be too little for a lamb, let him and his   4
neighbour next to his house take it according to the number of
the souls; according to every man's eating shall you make your
count for the lamb. Your lamb shall be without blemish, a male   5
of the first year: you shall take it from the sheep, or from the
goats: and you shall keep it until the fourteenth day of the   6
same month: and the whole assembly of the congregation of
Yisra'el shall kill it towards evening. And they shall take the   7
blood, and put it on the two side posts and on the upper door
post of the houses, in which they shall eat it. And they shall eat   8
the meat in that night, roast with fire, and unleavened bread;
and with bitter herbs they shall eat it. Eat not of it raw, nor   9
boiled at all in water, but roast with fire; its head with its legs,
and with its entrails. And you shall let nothing of it remain until   10
the morning; and that which remains of it until the morning you

יא בֹּקֶר בָּאֵשׁ תִּשְׂרֹפוּ׃ וְכָכָה תֹּאכְלוּ אֹתוֹ מָתְנֵיכֶם חֲגֻרִים
נַעֲלֵיכֶם בְּרַגְלֵיכֶם וּמַקֶּלְכֶם בְּיֶדְכֶם וַאֲכַלְתֶּם אֹתוֹ בְּחִפָּזוֹן
יב פֶּסַח הוּא לַיהוה׃ וְעָבַרְתִּי בְאֶרֶץ־מִצְרַיִם בַּלַּיְלָה הַזֶּה וְהִכֵּיתִי
כָל־בְּכוֹר בְּאֶרֶץ מִצְרַיִם מֵאָדָם וְעַד־בְּהֵמָה וּבְכָל־אֱלֹהֵי
יג מִצְרַיִם אֶעֱשֶׂה שְׁפָטִים אֲנִי יהוה׃ וְהָיָה הַדָּם לָכֶם לְאֹת עַל
הַבָּתִּים אֲשֶׁר אַתֶּם שָׁם וְרָאִיתִי אֶת־הַדָּם וּפָסַחְתִּי עֲלֵכֶם
יד וְלֹא־יִהְיֶה בָכֶם נֶגֶף לְמַשְׁחִית בְּהַכֹּתִי בְּאֶרֶץ מִצְרָיִם׃ וְהָיָה
הַיּוֹם הַזֶּה לָכֶם לְזִכָּרוֹן וְחַגֹּתֶם אֹתוֹ חַג לַיהוה לְדֹרֹתֵיכֶם
טו חֻקַּת עוֹלָם תְּחָגֻּהוּ׃ שִׁבְעַת יָמִים מַצּוֹת תֹּאכֵלוּ אַךְ בַּיּוֹם
הָרִאשׁוֹן תַּשְׁבִּיתוּ שְּׂאֹר מִבָּתֵּיכֶם כִּי ׀ כָּל־אֹכֵל חָמֵץ וְנִכְרְתָה
טז הַנֶּפֶשׁ הַהִוא מִיִּשְׂרָאֵל מִיּוֹם הָרִאשֹׁן עַד־יוֹם הַשְּׁבִעִי׃ וּבַיּוֹם
הָרִאשׁוֹן מִקְרָא־קֹדֶשׁ וּבַיּוֹם הַשְּׁבִיעִי מִקְרָא־קֹדֶשׁ יִהְיֶה לָכֶם
כָּל־מְלָאכָה לֹא־יֵעָשֶׂה בָהֶם אַךְ אֲשֶׁר יֵאָכֵל לְכָל־נֶפֶשׁ הוּא
יז לְבַדּוֹ יֵעָשֶׂה לָכֶם׃ וּשְׁמַרְתֶּם אֶת־הַמַּצּוֹת כִּי בְּעֶצֶם הַיּוֹם
הַזֶּה הוֹצֵאתִי אֶת־צִבְאוֹתֵיכֶם מֵאֶרֶץ מִצְרָיִם וּשְׁמַרְתֶּם אֶת־
יח הַיּוֹם הַזֶּה לְדֹרֹתֵיכֶם חֻקַּת עוֹלָם׃ בָּרִאשֹׁן בְּאַרְבָּעָה עָשָׂר
יוֹם לַחֹדֶשׁ בָּעֶרֶב תֹּאכְלוּ מַצֹּת עַד יוֹם הָאֶחָד וְעֶשְׂרִים
יט לַחֹדֶשׁ בָּעָרֶב׃ שִׁבְעַת יָמִים שְׂאֹר לֹא יִמָּצֵא בְּבָתֵּיכֶם כִּי ׀ כָּל־
אֹכֵל מַחְמֶצֶת וְנִכְרְתָה הַנֶּפֶשׁ הַהִוא מֵעֲדַת יִשְׂרָאֵל בַּגֵּר
כ וּבְאֶזְרַח הָאָרֶץ׃ כָּל־מַחְמֶצֶת לֹא תֹאכֵלוּ בְּכֹל מוֹשְׁבֹתֵיכֶם
תֹּאכְלוּ מַצּוֹת׃
כא וַיִּקְרָא מֹשֶׁה לְכָל־זִקְנֵי יִשְׂרָאֵל וַיֹּאמֶר אֲלֵהֶם מִשְׁכוּ וּקְחוּ חמישי
כב לָכֶם צֹאן לְמִשְׁפְּחֹתֵיכֶם וְשַׁחֲטוּ הַפָּסַח׃ וּלְקַחְתֶּם אֲגֻדַּת אֵזוֹב
וּטְבַלְתֶּם בַּדָּם אֲשֶׁר־בַּסַּף וְהִגַּעְתֶּם אֶל־הַמַּשְׁקוֹף וְאֶל־שְׁתֵּי
הַמְּזוּזֹת מִן־הַדָּם אֲשֶׁר בַּסָּף וְאַתֶּם לֹא תֵצְאוּ אִישׁ מִפֶּתַח־
כג בֵּיתוֹ עַד־בֹּקֶר׃ וְעָבַר יהוה לִנְגֹּף אֶת־מִצְרַיִם וְרָאָה אֶת־
הַדָּם עַל־הַמַּשְׁקוֹף וְעַל שְׁתֵּי הַמְּזוּזֹת וּפָסַח יהוה עַל־הַפֶּתַח
כד וְלֹא יִתֵּן הַמַּשְׁחִית לָבֹא אֶל־בָּתֵּיכֶם לִנְגֹּף׃ וּשְׁמַרְתֶּם אֶת־
כה הַדָּבָר הַזֶּה לְחָק־לְךָ וּלְבָנֶיךָ עַד־עוֹלָם׃ וְהָיָה כִּי־תָבֹאוּ אֶל־
הָאָרֶץ אֲשֶׁר יִתֵּן יהוה לָכֶם כַּאֲשֶׁר דִּבֵּר וּשְׁמַרְתֶּם אֶת־
כו הָעֲבֹדָה הַזֹּאת׃ וְהָיָה כִּי־יֹאמְרוּ אֲלֵיכֶם בְּנֵיכֶם מָה הָעֲבֹדָה
כז הַזֹּאת לָכֶם׃ וַאֲמַרְתֶּם זֶבַח־פֶּסַח הוּא לַיהוה אֲשֶׁר פָּסַח עַל־
בָּתֵּי בְנֵי־יִשְׂרָאֵל בְּמִצְרַיִם בְּנָגְפּוֹ אֶת־מִצְרַיִם וְאֶת־בָּתֵּינוּ הִצִּיל
כח וַיִּקֹּד הָעָם וַיִּשְׁתַּחֲווּ׃ וַיֵּלְכוּ וַיַּעֲשׂוּ בְּנֵי יִשְׂרָאֵל כַּאֲשֶׁר צִוָּה יהוה
כט אֶת־מֹשֶׁה וְאַהֲרֹן כֵּן עָשׂוּ׃ וַיְהִי ׀ בַּחֲצִי הַלַּיְלָה ט ששי

shall burn with fire. And thus shall you eat it; with your loins 11
girded, your shoes on your feet, and your staff in your hand;
and you shall eat it in haste; it is the LORD's passover. For I will 12
pass through the land of Miẕrayim this night, and will smite all
the firstborn in the land of Miẕrayim, both man and beast: and
against all the gods of Miẕrayim I will execute judgments: I am
the LORD. And the blood shall be to you for a token upon the 13
houses where you are: and when I see the blood, I will pass
over you, and the plague shall not be upon you to destroy you,
when I smite the land of Miẕrayim. And this day shall be to you 14
for a memorial; and you shall keep it a feast to the LORD;
throughout your generations shall you keep it a feast by or-
dinance for ever. Seven days shall you eat unleavened bread; 15
but on the first day you shall have put away leaven out of your
houses: for whoever eats leavened bread from the first day until
the seventh day, that soul shall be cut off from Yisra'el. And on 16
the first day there shall be a holy gathering, and on the seventh
day there shall be a holy gathering to you; no manner of
work shall be done on them, save that which every person must
eat, that only may be done by you. And you shall observe the 17
commandment of unleavened bread; for on this very day have
I brought your hosts out of the land of Miẕrayim: therefore shall
you observe this day in your generations by an ordinance for
ever. In the first month, on the fourteenth day of the month at 18
evening, shall you eat unleavened bread, until the twenty first
day of the month at evening. Seven days shall there be no leaven 19
found in your houses: for whoever eats that which is leavened,
even that soul shall be cut off from the congregation of Yisra'el,
whether he be a stranger, or born in the land. You shall eat 20
nothing leavened; in all your habitations shall you eat unleav-
ened bread.
Then Moshe called for all the elders of Yisra'el, and said to 21
them, Draw out and take you lambs according to your families,
and kill the passover. And take a bunch of hyssop, and dip it 22
in the blood that is in the basin, and touch with it the lintel and
the two side posts, with the blood that is in the basin; and none
of you shall go out at the door of his house until the morning.
For the LORD will pass through to smite Miẕrayim; and when 23
he sees the blood upon the lintel, and on the two side posts, the
LORD will pass over the door, and will not allow the destroyer
to come into your houses to smite you. And you shall observe 24
this thing for an ordinance to thee and to thy sons for ever.
And it shall come to pass, when you shall come to the land 25
which the LORD will give you, according as he has promised,
that you shall keep this service. And it shall come to pass, when 26
your children shall say to you, What mean you by this service?
that you shall say, It is the sacrifice of the LORD's passover, who 27
passed over the houses of the children of Yisra'el in Miẕrayim,
when he smote Miẕrayim, and delivered our houses. And the
people bowed the head and worshipped. And the children of 28
Yisra'el went away, and did as the LORD had commanded Moshe
and Aharon, so they did. And it came to pass, that at 29
midnight the LORD smote all the firstborn in the land of Miẕ-

וַיהוָה הִכָּה כָל־בְּכוֹר בְּאֶרֶץ מִצְרַיִם מִבְּכֹר פַּרְעֹה הַיֹּשֵׁב עַל־
כִּסְאוֹ עַד בְּכוֹר הַשְּׁבִי אֲשֶׁר בְּבֵית הַבּוֹר וְכֹל בְּכוֹר בְּהֵמָה׃
ל וַיָּקָם פַּרְעֹה לַיְלָה הוּא וְכָל־עֲבָדָיו וְכָל־מִצְרַיִם וַתְּהִי צְעָקָה
לא גְדֹלָה בְּמִצְרָיִם כִּי־אֵין בַּיִת אֲשֶׁר אֵין־שָׁם מֵת׃ וַיִּקְרָא לְמֹשֶׁה
וּלְאַהֲרֹן לַיְלָה וַיֹּאמֶר קוּמוּ צְּאוּ מִתּוֹךְ עַמִּי גַּם־אַתֶּם גַּם־
לב בְּנֵי יִשְׂרָאֵל וּלְכוּ עִבְדוּ אֶת־יְהוָה כְּדַבֶּרְכֶם׃ גַּם־צֹאנְכֶם גַּם־
לג בְּקַרְכֶם קְחוּ כַּאֲשֶׁר דִּבַּרְתֶּם וָלֵכוּ וּבֵרַכְתֶּם גַּם־אֹתִי׃ וַתֶּחֱזַק
מִצְרַיִם עַל־הָעָם לְמַהֵר לְשַׁלְּחָם מִן־הָאָרֶץ כִּי אָמְרוּ כֻּלָּנוּ
לד מֵתִים׃ וַיִּשָּׂא הָעָם אֶת־בְּצֵקוֹ טֶרֶם יֶחְמָץ מִשְׁאֲרֹתָם צְרֻרֹת
לה בְּשִׂמְלֹתָם עַל־שִׁכְמָם׃ וּבְנֵי־יִשְׂרָאֵל עָשׂוּ כִּדְבַר מֹשֶׁה וַיִּשְׁאֲלוּ
לו מִמִּצְרַיִם כְּלֵי־כֶסֶף וּכְלֵי זָהָב וּשְׂמָלֹת׃ וַיהוָה נָתַן אֶת־חֵן הָעָם
בְּעֵינֵי מִצְרַיִם וַיַּשְׁאִלוּם וַיְנַצְּלוּ אֶת־מִצְרָיִם׃
לז וַיִּסְעוּ בְנֵי־יִשְׂרָאֵל מֵרַעְמְסֵס סֻכֹּתָה כְּשֵׁשׁ־מֵאוֹת אֶלֶף רַגְלִי
לח הַגְּבָרִים לְבַד מִטָּף׃ וְגַם־עֵרֶב רַב עָלָה אִתָּם וְצֹאן וּבָקָר
לט מִקְנֶה כָּבֵד מְאֹד׃ וַיֹּאפוּ אֶת־הַבָּצֵק אֲשֶׁר הוֹצִיאוּ מִמִּצְרַיִם
עֻגֹת מַצּוֹת כִּי לֹא חָמֵץ כִּי־גֹרְשׁוּ מִמִּצְרַיִם וְלֹא יָכְלוּ לְהִתְמַהְמֵהַּ
מ וְגַם־צֵדָה לֹא־עָשׂוּ לָהֶם׃ וּמוֹשַׁב בְּנֵי יִשְׂרָאֵל אֲשֶׁר יָשְׁבוּ
מא בְּמִצְרָיִם שְׁלֹשִׁים שָׁנָה וְאַרְבַּע מֵאוֹת שָׁנָה׃ וַיְהִי מִקֵּץ שְׁלֹשִׁים
שָׁנָה וְאַרְבַּע מֵאוֹת שָׁנָה וַיְהִי בְּעֶצֶם הַיּוֹם הַזֶּה יָצְאוּ כָּל־
מב צִבְאוֹת יְהוָה מֵאֶרֶץ מִצְרָיִם׃ לֵיל שִׁמֻּרִים הוּא לַיהוָה
לְהוֹצִיאָם מֵאֶרֶץ מִצְרָיִם הוּא־הַלַּיְלָה הַזֶּה לַיהוָה שִׁמֻּרִים
לְכָל־בְּנֵי יִשְׂרָאֵל לְדֹרֹתָם׃
מג וַיֹּאמֶר יְהוָה אֶל־מֹשֶׁה וְאַהֲרֹן זֹאת חֻקַּת הַפָּסַח כָּל־בֶּן־נֵכָר
מד לֹא־יֹאכַל בּוֹ׃ וְכָל־עֶבֶד אִישׁ מִקְנַת־כָּסֶף וּמַלְתָּה אֹתוֹ אָז
מה מו יֹאכַל בּוֹ׃ תּוֹשָׁב וְשָׂכִיר לֹא־יֹאכַל בּוֹ׃ בְּבַיִת אֶחָד יֵאָכֵל לֹא־
תוֹצִיא מִן־הַבַּיִת מִן־הַבָּשָׂר חוּצָה וְעֶצֶם לֹא תִשְׁבְּרוּ־בוֹ׃
מז מח כָּל־עֲדַת יִשְׂרָאֵל יַעֲשׂוּ אֹתוֹ׃ וְכִי־יָגוּר אִתְּךָ גֵּר וְעָשָׂה פֶסַח
לַיהוָה הִמּוֹל לוֹ כָל־זָכָר וְאָז יִקְרַב לַעֲשֹׂתוֹ וְהָיָה כְּאֶזְרַח הָאָרֶץ
מט וְכָל־עָרֵל לֹא־יֹאכַל בּוֹ׃ תּוֹרָה אַחַת יִהְיֶה לָאֶזְרָח וְלַגֵּר הַגָּר
נ בְּתוֹכְכֶם׃ וַיַּעֲשׂוּ כָּל־בְּנֵי יִשְׂרָאֵל כַּאֲשֶׁר צִוָּה יְהוָה אֶת־מֹשֶׁה
נא וְאֶת־אַהֲרֹן כֵּן עָשׂוּ׃ וַיְהִי בְּעֶצֶם הַיּוֹם הַזֶּה הוֹצִיא
יְהוָה אֶת־בְּנֵי יִשְׂרָאֵל מֵאֶרֶץ מִצְרַיִם עַל־צִבְאֹתָם׃
יג א ב וַיְדַבֵּר יְהוָה אֶל־מֹשֶׁה לֵּאמֹר׃ קַדֶּשׁ־לִי כָל־בְּכוֹר פֶּטֶר כָּל־רֶחֶם שביעי

rayim, from the firstborn of Par'o that sat on his throne to the
firstborn of the captive that was in the dungeon; and all the
firstborn of cattle. And Par'o rose up in the night, he, and all   30
his servants, and all Miẓrayim; and there was a great cry in
Miẓrayim; for there was not a house where there was not one
dead. And he called for Moshe and Aharon by night, and said,   31
Rise up, and get you out from among my people, both you and
the children of Yisra'el; and go, serve the LORD, as you have said.
Also take your flocks and your herds, as you have said, and be   32
gone; and bless me also. And Miẓrayim was urgent upon the   33
people, that they might send them out of the land in haste; for
they said, We are all dead men. And the people took their dough   34
before it was leavened, their kneading troughs being bound up
in their clothes upon their shoulders. And the children of Yisra'el   35
did according to the word of Moshe; and they asked of Miẓrayim
jewels of silver, and jewels of gold, and garments: and the   36
LORD gave the people favour in the sight of Miẓrayim, so
that they gave them such things as they required. And they
despoiled Miẓrayim.

And the children of Yisra'el journeyed from Ra'meses to Sukkot,   37
about six hundred thousand men on foot, besides children. And   38
a mixed multitude went up also with them; and flocks, and
herds, very much cattle. And they baked unleavened cakes of   39
the dough which they brought out of Miẓrayim, for it was
not leavened; because they were driven out of Miẓrayim, and
could not delay, neither had they prepared for themselves any
provision. Now the sojourning of the children of Yisra'el, who   40
dwelt in Miẓrayim, was four hundred and thirty years. And it   41
came to pass at the end of four hundred and thirty years,
even on that very day it came to pass, that all the hosts of the
LORD went out from the land of Miẓrayim. It is a night of watch-   42
fulness to the LORD for bringing them out from the land of
Miẓrayim: this is the LORD's watchnight, for all the children
of Yisra'el in their generations.

And the LORD said to Moshe and Aharon, This is the ordinance   43
of the passover: no stranger shall eat of it: but every man's   44
servant that is bought for money, when thou hast circumcised
him, then shall he eat of it. A foreigner and a hired servant shall   45
not eat of it. In one house shall it be eaten: thou shalt not take   46
any of the meat outside, out of the house; neither shall you
break a bone of it. All the congregation of Yisra'el shall keep it.   47
And when a stranger shall sojourn with thee, and will keep the   48
passover to the LORD, let all his males be circumcised, and then
let him come near and keep it; and he shall be as one that is
born in the land: for no uncircumcised person shall eat of it.
One Tora shall be to him that is homeborn, and to the stranger   49
that sojourns among you. Thus did all the children of Yisra'el;   50
as the LORD commanded Moshe and Aharon so they did.

And it came to pass on that selfsame day, that the LORD   51
did bring the children of Yisra'el out of the land of Miẓrayim
by their hosts.

And the LORD spoke to Moshe, saying, Sanctify to me all the   **13**
firstborn, whatever opens the womb among the children of   2

י ג בִּבְנֵי יִשְׂרָאֵל בָּאָדָם וּבַבְּהֵמָה לִי הוּא׃ וַיֹּאמֶר מֹשֶׁה אֶל־הָעָם
זָכוֹר אֶת־הַיּוֹם הַזֶּה אֲשֶׁר יְצָאתֶם מִמִּצְרַיִם מִבֵּית עֲבָדִים כִּי
ד בְּחֹזֶק יָד הוֹצִיא יהוה אֶתְכֶם מִזֶּה וְלֹא יֵאָכֵל חָמֵץ׃ הַיּוֹם
ה אַתֶּם יֹצְאִים בְּחֹדֶשׁ הָאָבִיב׃ וְהָיָה כִי־יְבִיאֲךָ יהוה אֶל־אֶרֶץ
הַכְּנַעֲנִי וְהַחִתִּי וְהָאֱמֹרִי וְהַחִוִּי וְהַיְבוּסִי אֲשֶׁר נִשְׁבַּע לַאֲבֹתֶיךָ
לָתֶת לָךְ אֶרֶץ זָבַת חָלָב וּדְבָשׁ וְעָבַדְתָּ אֶת־הָעֲבֹדָה הַזֹּאת
ו בַּחֹדֶשׁ הַזֶּה׃ שִׁבְעַת יָמִים תֹּאכַל מַצֹּת וּבַיּוֹם הַשְּׁבִיעִי חַג
ז לַיהוה׃ מַצּוֹת יֵאָכֵל אֵת שִׁבְעַת הַיָּמִים וְלֹא־יֵרָאֶה לְךָ חָמֵץ
ח וְלֹא־יֵרָאֶה לְךָ שְׂאֹר בְּכָל־גְּבֻלֶךָ׃ וְהִגַּדְתָּ לְבִנְךָ בַּיּוֹם הַהוּא
ט לֵאמֹר בַּעֲבוּר זֶה עָשָׂה יהוה לִי בְּצֵאתִי מִמִּצְרָיִם׃ וְהָיָה לְךָ
לְאוֹת עַל־יָדְךָ וּלְזִכָּרוֹן בֵּין עֵינֶיךָ לְמַעַן תִּהְיֶה תּוֹרַת יהוה
י בְּפִיךָ כִּי בְּיָד חֲזָקָה הוֹצִאֲךָ יהוה מִמִּצְרָיִם׃ וְשָׁמַרְתָּ אֶת־
הַחֻקָּה הַזֹּאת לְמוֹעֲדָהּ מִיָּמִים יָמִימָה׃

יא וְהָיָה כִּי־יְבִאֲךָ יהוה אֶל־אֶרֶץ הַכְּנַעֲנִי כַּאֲשֶׁר נִשְׁבַּע לְךָ
יב וְלַאֲבֹתֶיךָ וּנְתָנָהּ לָךְ׃ וְהַעֲבַרְתָּ כָל־פֶּטֶר־רֶחֶם לַיהוה וְכָל־
יג פֶּטֶר ׀ שֶׁגֶר בְּהֵמָה אֲשֶׁר יִהְיֶה לְךָ הַזְּכָרִים לַיהוה׃ וְכָל־פֶּטֶר
חֲמֹר תִּפְדֶּה בְשֶׂה וְאִם־לֹא תִפְדֶּה וַעֲרַפְתּוֹ וְכֹל בְּכוֹר אָדָם
מפטיר יד בְּבָנֶיךָ תִּפְדֶּה׃ וְהָיָה כִּי־יִשְׁאָלְךָ בִנְךָ מָחָר לֵאמֹר מַה־זֹּאת
וְאָמַרְתָּ אֵלָיו בְּחֹזֶק יָד הוֹצִיאָנוּ יהוה מִמִּצְרַיִם מִבֵּית עֲבָדִים׃
טו וַיְהִי כִּי־הִקְשָׁה פַרְעֹה לְשַׁלְּחֵנוּ וַיַּהֲרֹג יהוה כָּל־בְּכוֹר בְּאֶרֶץ
מִצְרַיִם מִבְּכֹר אָדָם וְעַד־בְּכוֹר בְּהֵמָה עַל־כֵּן אֲנִי זֹבֵחַ לַיהוה
טז כָּל־פֶּטֶר רֶחֶם הַזְּכָרִים וְכָל־בְּכוֹר בָּנַי אֶפְדֶּה׃ וְהָיָה לְאוֹת
עַל־יָדְכָה וּלְטוֹטָפֹת בֵּין עֵינֶיךָ כִּי בְּחֹזֶק יָד הוֹצִיאָנוּ יהוה
בשלח יז מִמִּצְרָיִם׃ וַיְהִי בְּשַׁלַּח פַּרְעֹה אֶת־הָעָם וְלֹא־
נָחָם אֱלֹהִים דֶּרֶךְ אֶרֶץ פְּלִשְׁתִּים כִּי קָרוֹב הוּא כִּי ׀ אָמַר
יח אֱלֹהִים פֶּן־יִנָּחֵם הָעָם בִּרְאֹתָם מִלְחָמָה וְשָׁבוּ מִצְרָיְמָה׃ וַיַּסֵּב
אֱלֹהִים ׀ אֶת־הָעָם דֶּרֶךְ הַמִּדְבָּר יַם־סוּף וַחֲמֻשִׁים עָלוּ בְנֵי־
יט יִשְׂרָאֵל מֵאֶרֶץ מִצְרָיִם׃ וַיִּקַּח מֹשֶׁה אֶת־עַצְמוֹת יוֹסֵף עִמּוֹ
כִּי הַשְׁבֵּעַ הִשְׁבִּיעַ אֶת־בְּנֵי יִשְׂרָאֵל לֵאמֹר פָּקֹד יִפְקֹד אֱלֹהִים
כ אֶתְכֶם וְהַעֲלִיתֶם אֶת־עַצְמֹתַי מִזֶּה אִתְּכֶם׃ וַיִּסְעוּ מִסֻּכֹּת
כא וַיַּחֲנוּ בְאֵתָם בִּקְצֵה הַמִּדְבָּר׃ וַיהוה הֹלֵךְ לִפְנֵיהֶם יוֹמָם
בְּעַמּוּד עָנָן לַנְחֹתָם הַדֶּרֶךְ וְלַיְלָה בְּעַמּוּד אֵשׁ לְהָאִיר לָהֶם
כב לָלֶכֶת יוֹמָם וָלָיְלָה׃ לֹא־יָמִישׁ עַמּוּד הֶעָנָן יוֹמָם וְעַמּוּד הָאֵשׁ
לָיְלָה לִפְנֵי הָעָם׃

Yisrael, both of man and of beast: it is mine. And Moshe said   3
to the people, Remember this day, in which you came out from
Miẓrayim, out of the house of bondage; for by strength of hand
the Lᴏʀᴅ brought you out from this place: no leavened bread
shall be eaten. This day you came out, in the month Aviv.   4
And it shall be when the Lᴏʀᴅ shall bring thee into the land of   5
the Kena'ani, and the Ḥitti, and the Emori, and the Ḥivvi, and
the Yevusi, which he swore to thy fathers to give thee, a land
flowing with milk and honey, that thou shalt keep this service
in this month. Seven days thou shalt eat unleavened bread, and   6
on the seventh day there shall be a feast to the Lᴏʀᴅ. Unleavened 7
bread shall be eaten for seven days; and there shall no leavened
bread be seen with thee, neither shall leaven be seen with
thee in all thy borders. And thou shalt relate to thy son on that 8
day, saying, This is done because of that which the Lᴏʀᴅ did
to me when I came out of Miẓrayim. And it shall be for a sign   9
to thee upon thy hand, and for a memorial between thy eyes,
that the Lᴏʀᴅ's Tora may be in thy mouth: for with a strong
hand did the Lᴏʀᴅ bring thee out of Miẓrayim. Thou shalt there-   10
fore keep this ordinance in its season from year to year.
And it shall be when the Lᴏʀᴅ shall bring thee into the land of   11
the Kena'ani, as he swore to thee and to thy fathers, and shall
give it thee, that thou shalt set apart to the Lᴏʀᴅ all that opens 12
the womb, and every firstling that comes of a beast which thou
hast; the males shall be the Lᴏʀᴅ's. And every firstling of an   13
ass thou shalt redeem with a lamb; and if thou wilt not redeem
it, then thou shalt break its neck: and all the firstborn of man
among thy children shalt thou redeem. And it shall be when thy   14
son asks thee in time to come, saying, What is this? that thou
shalt say to him, By strength of hand the Lᴏʀᴅ brought us out
of Miẓrayim, from the house of bondage: and it came to pass,   15
when Par'o would hardly let us go, that the Lᴏʀᴅ slew all the
firstborn in the land of Miẓrayim, both the firstborn of man, and
the firstborn of beast: therefore I sacrifice to the Lᴏʀᴅ all that
opens the womb, being males; but all the firstborn of my child-
ren I redeem. And it shall be for a token upon thy hand, and for 16
frontlets between thy eyes: for by strength of hand the Lᴏʀᴅ
BESHALLAḤ   brought us forth out of Miẓrayim.   And it came to pass, 17
when Par'o had let the people go, that Gᴏᴅ led them not through
the way of the land of the Pelishtim, although that was near; for
Gᴏᴅ said, Lest the people repent when they see war, and they
return to Miẓrayim: but Gᴏᴅ led the people about, through the   18
way of the wilderness of the Sea of Suf: and the children of Yis-
ra'el went up armed out of the land of Miẓrayim. And Moshe   19
took the bones of Yosef with him: for he had laid an oath on
the children of Yisra'el, saying, Gᴏᴅ will surely visit you; and
you shall carry up my bones away from here with you. And they   20
took their journey from Sukkot, and encamped in Etam, at the
edge of the wilderness. And the Lᴏʀᴅ went before them by day   21
in a pillar of a cloud, to lead them the way; and by night in a
pillar of fire, to give them light; that they might go by day and
night: he took not away the pillar of the cloud by day, nor the   22
pillar of fire by night, from before the people.

א ב וַיְדַבֵּר יהוה אֶל־מֹשֶׁה לֵּאמֹר: דַּבֵּר אֶל־בְּנֵי יִשְׂרָאֵל וְיָשֻׁבוּ וְיַחֲנוּ
לִפְנֵי פִּי הַחִירֹת בֵּין מִגְדֹּל וּבֵין הַיָּם לִפְנֵי בַּעַל צְפֹן נִכְחוֹ תַחֲנוּ
ג עַל־הַיָּם: וְאָמַר פַּרְעֹה לִבְנֵי יִשְׂרָאֵל נְבֻכִים הֵם בָּאָרֶץ סָגַר
ד עֲלֵיהֶם הַמִּדְבָּר: וְחִזַּקְתִּי אֶת־לֵב־פַּרְעֹה וְרָדַף אַחֲרֵיהֶם וְאִכָּבְדָה
בְּפַרְעֹה וּבְכָל־חֵילוֹ וְיָדְעוּ מִצְרַיִם כִּי־אֲנִי יהוה וַיַּעֲשׂוּ־כֵן:
ה וַיֻּגַּד לְמֶלֶךְ מִצְרַיִם כִּי בָרַח הָעָם וַיֵּהָפֵךְ לְבַב פַּרְעֹה וַעֲבָדָיו
אֶל־הָעָם וַיֹּאמְרוּ מַה־זֹּאת עָשִׂינוּ כִּי־שִׁלַּחְנוּ אֶת־יִשְׂרָאֵל
ו ז מֵעָבְדֵנוּ: וַיֶּאְסֹר אֶת־רִכְבּוֹ וְאֶת־עַמּוֹ לָקַח עִמּוֹ: וַיִּקַּח שֵׁשׁ־
ח מֵאוֹת רֶכֶב בָּחוּר וְכֹל רֶכֶב מִצְרָיִם וְשָׁלִשִׁם עַל־כֻּלּוֹ: וַיְחַזֵּק
יהוה אֶת־לֵב פַּרְעֹה מֶלֶךְ מִצְרַיִם וַיִּרְדֹּף אַחֲרֵי בְּנֵי יִשְׂרָאֵל
ט וּבְנֵי יִשְׂרָאֵל יֹצְאִים בְּיָד רָמָה: וַיִּרְדְּפוּ מִצְרַיִם אַחֲרֵיהֶם וַיַּשִּׂיגוּ שני
אוֹתָם חֹנִים עַל־הַיָּם כָּל־סוּס רֶכֶב פַּרְעֹה וּפָרָשָׁיו וְחֵילוֹ עַל־
י פִּי הַחִירֹת לִפְנֵי בַּעַל צְפֹן: וּפַרְעֹה הִקְרִיב וַיִּשְׂאוּ בְנֵי־יִשְׂרָאֵל
אֶת־עֵינֵיהֶם וְהִנֵּה מִצְרַיִם ׀ נֹסֵעַ אַחֲרֵיהֶם וַיִּירְאוּ מְאֹד וַיִּצְעֲקוּ
יא בְנֵי־יִשְׂרָאֵל אֶל־יהוה: וַיֹּאמְרוּ אֶל־מֹשֶׁה הֲמִבְּלִי אֵין־קְבָרִים
בְּמִצְרַיִם לְקַחְתָּנוּ לָמוּת בַּמִּדְבָּר מַה־זֹּאת עָשִׂיתָ לָּנוּ לְהוֹצִיאָנוּ
יב מִמִּצְרָיִם: הֲלֹא־זֶה הַדָּבָר אֲשֶׁר דִּבַּרְנוּ אֵלֶיךָ בְמִצְרַיִם לֵאמֹר
חֲדַל מִמֶּנּוּ וְנַעַבְדָה אֶת־מִצְרָיִם כִּי טוֹב לָנוּ עֲבֹד אֶת־מִצְרַיִם
יג מִמֻּתֵנוּ בַּמִּדְבָּר: וַיֹּאמֶר מֹשֶׁה אֶל־הָעָם אַל־תִּירָאוּ הִתְיַצְּבוּ
וּרְאוּ אֶת־יְשׁוּעַת יהוה אֲשֶׁר־יַעֲשֶׂה לָכֶם הַיּוֹם כִּי אֲשֶׁר
רְאִיתֶם אֶת־מִצְרַיִם הַיּוֹם לֹא תֹסִפוּ לִרְאֹתָם עוֹד עַד־עוֹלָם:
יד יהוה יִלָּחֵם לָכֶם וְאַתֶּם תַּחֲרִשׁוּן:
טו וַיֹּאמֶר יהוה אֶל־מֹשֶׁה מַה־תִּצְעַק אֵלָי דַּבֵּר אֶל־בְּנֵי־יִשְׂרָאֵל שלישי יא
טז וְיִסָּעוּ: וְאַתָּה הָרֵם אֶת־מַטְּךָ וּנְטֵה אֶת־יָדְךָ עַל־הַיָּם וּבְקָעֵהוּ
יז וְיָבֹאוּ בְנֵי־יִשְׂרָאֵל בְּתוֹךְ הַיָּם בַּיַּבָּשָׁה: וַאֲנִי הִנְנִי מְחַזֵּק אֶת־
לֵב מִצְרַיִם וְיָבֹאוּ אַחֲרֵיהֶם וְאִכָּבְדָה בְּפַרְעֹה וּבְכָל־חֵילוֹ
יח בְּרִכְבּוֹ וּבְפָרָשָׁיו: וְיָדְעוּ מִצְרַיִם כִּי־אֲנִי יהוה בְּהִכָּבְדִי בְּפַרְעֹה
יט בְּרִכְבּוֹ וּבְפָרָשָׁיו: וַיִּסַּע מַלְאַךְ הָאֱלֹהִים הַהֹלֵךְ לִפְנֵי מַחֲנֵה
יִשְׂרָאֵל וַיֵּלֶךְ מֵאַחֲרֵיהֶם וַיִּסַּע עַמּוּד הֶעָנָן מִפְּנֵיהֶם וַיַּעֲמֹד
כ מֵאַחֲרֵיהֶם: וַיָּבֹא בֵּין ׀ מַחֲנֵה מִצְרַיִם וּבֵין מַחֲנֵה יִשְׂרָאֵל
וַיְהִי הֶעָנָן וְהַחֹשֶׁךְ וַיָּאֶר אֶת־הַלָּיְלָה וְלֹא־קָרַב זֶה אֶל־זֶה
כא כָּל־הַלָּיְלָה: וַיֵּט מֹשֶׁה אֶת־יָדוֹ עַל־הַיָּם וַיּוֹלֶךְ יהוה ׀ אֶת־
הַיָּם בְּרוּחַ קָדִים עַזָּה כָּל־הַלַּיְלָה וַיָּשֶׂם אֶת־הַיָּם לֶחָרָבָה
כב וַיִּבָּקְעוּ הַמָּיִם: וַיָּבֹאוּ בְנֵי־יִשְׂרָאֵל בְּתוֹךְ הַיָּם בַּיַּבָּשָׁה וְהַמַּיִם

And the LORD spoke to Moshe, saying, Speak to the children of 1,2
Yisra'el, that they turn and encamp before Pi-haḥirot, between
Migdol and the sea, over against Ba'al-ẓefon: before it shall
you encamp by the sea. For Par'o will say of the children of 3
Yisra'el, They are entangled in the land, the wilderness has shut
them in. And I will harden Par'o's heart, that he shall follow 4
after them; and I will gain honour by Par'o, and by all his host;
that Miẓrayim may know that I am the LORD. And they did so.
And it was told the king of Miẓrayim that the people had fled: 5
and the heart of Par'o and of his servants was turned against the
people, and they said, Why have we done this, that we have let
Yisra'el go from serving us? And he made ready his chariot, 6
and took his people with him: and he took six hundred chosen 7
chariots, and all the chariots of Miẓrayim, and captains over
every one of them. And the LORD hardened the heart of Par'o 8
king of Miẓrayim, and he pursued after the children of Yisra'el:
and the children of Yisra'el went out with a high hand. And 9
Miẓrayim pursued after them, all the horses and chariots of
Par'o, and his horsemen, and his army, and overtook them en-
camping by the sea, beside Pi-haḥirot, before Ba'al-ẓefon. And 10
when Par'o drew near, the children of Yisra'el lifted up their
eyes, and, behold, Miẓrayim marched after them; and they were
very much afraid: and the children of Yisra'el cried out to the
LORD. And they said to Moshe, Because there were no graves in 11
Miẓrayim, hast thou taken us away to die in the wilderness? why
hast thou dealt thus with us, to carry us out of Miẓrayim? Is not 12
this the word that we did tell thee in Miẓrayim, saying, Let us
alone, that we may serve Miẓrayim? For it had been better for
us to serve Miẓrayim, than that we should die in the wilderness.
And Moshe said to the people, Fear not, stand still, and see the 13
salvation of the LORD, which he will show you today: for as you
have seen Miẓrayim this day, you shall not see them again any
more for ever. The LORD shall fight for you, and you shall hold 14
your peace.
And the LORD said to Moshe, Why dost thou cry to me? speak 15
to the children of Yisra'el, that they go forward: but lift up 16
thy rod, and stretch out thy hand over the sea, and divide it:
and the children of Yisra'el shall go on dry ground through the
midst of the sea. And I, behold I will harden the heart of Miẓ- 17
rayim, and they shall follow them: and I will gain honour by
Par'o, and all his host, his chariots, and his horsemen. And 18
Miẓrayim shall know that I am the LORD, when I have gained
honour by Par'o, by his chariots, and his horsemen. And the 19
angel of GOD, who went before the camp of Yisra'el, removed
and went behind them; and the pillar of the cloud went from
before their face, and stood behind them: and it came between 20
the camp of Miẓrayim and the camp of Yisra'el; and it was a
cloud and darkness to them, but it gave light by night to these:
so that the one came not near the other all the night. And Moshe 21
stretched out his hand over the sea; and the LORD caused the
sea to go back by a strong east wind all that night, and made
the sea dry land, and the waters were divided. And the children 22
of Yisra'el went into the midst of the sea on the dry ground:

כג לָהֶם חוֹמָה מִימִינָם וּמִשְּׂמֹאלָם: וַיִּרְדְּפוּ מִצְרַיִם וַיָּבֹאוּ אַחֲרֵיהֶם
כד כֹּל סוּס פַּרְעֹה רִכְבּוֹ וּפָרָשָׁיו אֶל־תּוֹךְ הַיָּם: וַיְהִי בְּאַשְׁמֹרֶת
הַבֹּקֶר וַיַּשְׁקֵף יהוה אֶל־מַחֲנֵה מִצְרַיִם בְּעַמּוּד אֵשׁ וְעָנָן
כה וַיָּהָם אֵת מַחֲנֵה מִצְרָיִם: וַיָּסַר אֵת אֹפַן מַרְכְּבֹתָיו וַיְנַהֲגֵהוּ
בִּכְבֵדֻת וַיֹּאמֶר מִצְרַיִם אָנוּסָה מִפְּנֵי יִשְׂרָאֵל כִּי יהוה נִלְחָם
לָהֶם בְּמִצְרָיִם:
כו רביעי וַיֹּאמֶר יהוה אֶל־מֹשֶׁה נְטֵה אֶת־יָדְךָ עַל־הַיָּם וְיָשֻׁבוּ הַמַּיִם
כז עַל־מִצְרַיִם עַל־רִכְבּוֹ וְעַל־פָּרָשָׁיו: וַיֵּט מֹשֶׁה אֶת־יָדוֹ עַל־הַיָּם
וַיָּשָׁב הַיָּם לִפְנוֹת בֹּקֶר לְאֵיתָנוֹ וּמִצְרַיִם נָסִים לִקְרָאתוֹ וַיְנַעֵר
כח יהוה אֶת־מִצְרַיִם בְּתוֹךְ הַיָּם: וַיָּשֻׁבוּ הַמַּיִם וַיְכַסּוּ אֶת־הָרֶכֶב
וְאֶת־הַפָּרָשִׁים לְכֹל חֵיל פַּרְעֹה הַבָּאִים אַחֲרֵיהֶם בַּיָּם לֹא־
כט נִשְׁאַר בָּהֶם עַד־אֶחָד: וּבְנֵי יִשְׂרָאֵל הָלְכוּ בַיַּבָּשָׁה בְּתוֹךְ הַיָּם
ל וְהַמַּיִם לָהֶם חֹמָה מִימִינָם וּמִשְּׂמֹאלָם: וַיּוֹשַׁע יהוה בַּיּוֹם הַהוּא
אֶת־יִשְׂרָאֵל מִיַּד מִצְרָיִם וַיַּרְא יִשְׂרָאֵל אֶת־מִצְרַיִם מֵת עַל־
לא שְׂפַת הַיָּם: וַיַּרְא יִשְׂרָאֵל אֶת־הַיָּד הַגְּדֹלָה אֲשֶׁר עָשָׂה יהוה
בְּמִצְרַיִם וַיִּירְאוּ הָעָם אֶת־יהוה וַיַּאֲמִינוּ בַּיהוה וּבְמֹשֶׁה עַבְדּוֹ:

טו א אָז יָשִׁיר־מֹשֶׁה וּבְנֵי יִשְׂרָאֵל אֶת־הַשִּׁירָה הַזֹּאת לַיהוה וַיֹּאמְרוּ
לֵאמֹר אָשִׁירָה לַיהוה כִּי־גָאֹה גָּאָה סוּס
ב וְרֹכְבוֹ רָמָה בַיָּם: עָזִּי וְזִמְרָת יָהּ וַיְהִי־לִי
לִישׁוּעָה זֶה אֵלִי וְאַנְוֵהוּ אֱלֹהֵי
ג אָבִי וַאֲרֹמְמֶנְהוּ: יהוה אִישׁ מִלְחָמָה יהוה
ד שְׁמוֹ: מַרְכְּבֹת פַּרְעֹה וְחֵילוֹ יָרָה בַיָּם וּמִבְחַר
ה שָׁלִשָׁיו טֻבְּעוּ בְיַם־סוּף: תְּהֹמֹת יְכַסְיֻמוּ יָרְדוּ בִמְצוֹלֹת כְּמוֹ־
ו אָבֶן: יְמִינְךָ יהוה נֶאְדָּרִי בַּכֹּחַ יְמִינְךָ
ז יהוה תִּרְעַץ אוֹיֵב: וּבְרֹב גְּאוֹנְךָ תַּהֲרֹס
ח קָמֶיךָ תְּשַׁלַּח חֲרֹנְךָ יֹאכְלֵמוֹ כַּקַּשׁ: וּבְרוּחַ
אַפֶּיךָ נֶעֶרְמוּ מַיִם נִצְּבוּ כְמוֹ־נֵד
ט נֹזְלִים קָפְאוּ תְהֹמֹת בְּלֶב־יָם: אָמַר
אוֹיֵב אֶרְדֹּף אַשִּׂיג אֲחַלֵּק שָׁלָל תִּמְלָאֵמוֹ
י נַפְשִׁי אָרִיק חַרְבִּי תּוֹרִישֵׁמוֹ יָדִי: נָשַׁפְתָּ
בְרוּחֲךָ כִּסָּמוֹ יָם צָלְלוּ כַּעוֹפֶרֶת בְּמַיִם
יא אַדִּירִים: מִי־כָמֹכָה בָּאֵלִם יהוה מִי
כָּמֹכָה נֶאְדָּר בַּקֹּדֶשׁ נוֹרָא תְהִלֹּת עֹשֵׂה
יב יג פֶלֶא: נָטִיתָ יְמִינְךָ תִּבְלָעֵמוֹ אָרֶץ: נָחִיתָ
בְחַסְדְּךָ עַם־זוּ גָּאָלְתָּ נֵהַלְתָּ בְעָזְּךָ אֶל־נְוֵה

and the waters were a wall to them on their right hand and on
their left. And Miz̲rayim pursued, and went in after them to the 23
midst of the sea, even all Par'o's horses, his chariots, and his
horsemen. And it came to pass, that in the morning watch the 24
LORD looked to the camp of Miz̲rayim through the pillar of fire
and of the cloud and brought confusion into the camp of Miz̲-
rayim. And he took off their chariot wheels, that they drove 25
heavily: so that Miz̲rayim said, Let us flee from the face of
Yisra'el; for the LORD fights for them against Miz̲rayim.
And the LORD said to Moshe, Stretch out thy hand over the sea, 26
that the waters may come back upon Miz̲rayim, upon their char-
iots, and upon their horsemen. And Moshe stretched out his 27
hand over the sea, and the sea returned to its strength when
the morning appeared; and Miz̲rayim fled towards it; and the
LORD overthrew Miz̲rayim in the midst of the sea. And the 28
waters returned, and covered the chariots, and the horsemen,
and all the host of Par'o that came into the sea after them;
there remained not so much as one of them. But the children 29
of Yisra'el walked on dry land in the midst of the sea; and the
waters were a wall to them on their right hand, and on their
left. Thus the LORD saved Yisra'el that day out of the hand of 30
Miz̲rayim; and Yisra'el saw Miz̲rayim dead upon the sea shore.
And Yisrael saw that great work which the LORD did upon 31
Miz̲rayim: and the people feared the LORD, and believed in the
LORD, and in his servant Moshe.

Then sang Moshe and the children of Yisra'el this song to the **15**
LORD, and spoke, saying, / I will sing to the LORD, for he has
triumphed gloriously: / the horse and his rider has he thrown
into the sea. / The LORD is my strength and song, and he is be- 2
come my salvation: / he is my GOD, and I will praise him; /
my father's GOD, and I will exalt him. / The LORD is a man of 3
war: the LORD is his name. / Par'o's chariots and his host 4
has he thrown into the sea: / his chosen captains also are
drowned in the Sea of Suf. / The depths have covered them: 5
they sank into the bottom like stone. / Thy right hand, O 6
LORD, is glorious in power: / thy right hand, O LORD, has
dashed the enemy in pieces. / And in the greatness of thy 7
excellency thou hast overthrown them that rose up against
thee: / thou didst send forth thy anger, which consumed them
as stubble. / And with the blast of thy nostrils the waters were 8
piled up, / the floods stood upright like a heap, / and the depths
were congealed in the heart of the sea. / The enemy said, I will 9
pursue, I will overtake, / I will divide the spoil; my lust shall be
satisfied upon them; / I will draw my sword, my hand shall
destroy them. / Thou didst blow with thy wind, the sea covered 10
them, / they sank as lead in the mighty waters. / Who is like 11
thee, O LORD, among the gods? / who is like thee, glorious in
holiness, / fearful in praises, doing wonders? / Thou didst stretch 12
out thy right hand, the earth swallowed them. / Thou in thy 13
mercy hast led forth the people whom thou hast redeemed: /
thou hast guided them in thy strength to thy holy habitation. /

יד קָדְשֶׁךָ׃ שָׁמְעוּ עַמִּים יִרְגָּזוּן חִיל
טו אָחַז יֹשְׁבֵי פְּלָשֶׁת׃ אָז נִבְהֲלוּ אַלּוּפֵי
אֱדוֹם אֵילֵי מוֹאָב יֹאחֲזֵמוֹ רָעַד נָמֹגוּ
טז כֹּל יֹשְׁבֵי כְנָעַן׃ תִּפֹּל עֲלֵיהֶם אֵימָתָה
וָפַחַד בִּגְדֹל זְרוֹעֲךָ יִדְּמוּ כָּאָבֶן עַד־
יַעֲבֹר עַמְּךָ יְהוָה עַד־יַעֲבֹר עַם־זוּ
יז קָנִיתָ׃ תְּבִאֵמוֹ וְתִטָּעֵמוֹ בְּהַר נַחֲלָתְךָ מָכוֹן
לְשִׁבְתְּךָ פָּעַלְתָּ יְהוָה מִקְּדָשׁ אֲדֹנָי כּוֹנְנוּ
יח יט יָדֶיךָ׃ יְהוָה ׀ יִמְלֹךְ לְעֹלָם וָעֶד׃ כִּי
בָא סוּס פַּרְעֹה בְּרִכְבּוֹ וּבְפָרָשָׁיו בַּיָּם וַיָּשֶׁב יְהוָה עֲלֵהֶם אֶת־מֵי
הַיָּם וּבְנֵי יִשְׂרָאֵל הָלְכוּ בַיַּבָּשָׁה בְּתוֹךְ הַיָּם׃

כ וַתִּקַּח מִרְיָם הַנְּבִיאָה אֲחוֹת אַהֲרֹן אֶת־הַתֹּף בְּיָדָהּ וַתֵּצֶאןָ
כא כָל־הַנָּשִׁים אַחֲרֶיהָ בְּתֻפִּים וּבִמְחֹלֹת׃ וַתַּעַן לָהֶם מִרְיָם שִׁירוּ
כב לַיהוָה כִּי־גָאֹה גָּאָה סוּס וְרֹכְבוֹ רָמָה בַיָּם׃ וַיַּסַּע
מֹשֶׁה אֶת־יִשְׂרָאֵל מִיַּם־סוּף וַיֵּצְאוּ אֶל־מִדְבַּר־שׁוּר וַיֵּלְכוּ שְׁלֹשֶׁת־
כג יָמִים בַּמִּדְבָּר וְלֹא־מָצְאוּ מָיִם׃ וַיָּבֹאוּ מָרָתָה וְלֹא יָכְלוּ לִשְׁתֹּת
כד מַיִם מִמָּרָה כִּי מָרִים הֵם עַל־כֵּן קָרָא־שְׁמָהּ מָרָה׃ וַיִּלֹּנוּ
כה הָעָם עַל־מֹשֶׁה לֵּאמֹר מַה־נִּשְׁתֶּה׃ וַיִּצְעַק אֶל־יְהוָה וַיּוֹרֵהוּ
יְהוָה עֵץ וַיַּשְׁלֵךְ אֶל־הַמַּיִם וַיִּמְתְּקוּ הַמָּיִם שָׁם שָׂם לוֹ חֹק
כו וּמִשְׁפָּט וְשָׁם נִסָּהוּ׃ וַיֹּאמֶר אִם־שָׁמוֹעַ תִּשְׁמַע לְקוֹל ׀ יְהוָה
אֱלֹהֶיךָ וְהַיָּשָׁר בְּעֵינָיו תַּעֲשֶׂה וְהַאֲזַנְתָּ לְמִצְוֺתָיו וְשָׁמַרְתָּ כָּל־
חֻקָּיו כָּל־הַמַּחֲלָה אֲשֶׁר־שַׂמְתִּי בְמִצְרַיִם לֹא־אָשִׂים עָלֶיךָ כִּי
כז אֲנִי יְהוָה רֹפְאֶךָ׃ וַיָּבֹאוּ אֵילִמָה וְשָׁם שְׁתֵּים חמישי
עֶשְׂרֵה עֵינֹת מַיִם וְשִׁבְעִים תְּמָרִים וַיַּחֲנוּ־שָׁם עַל־הַמָּיִם׃
טז א וַיִּסְעוּ מֵאֵילִם וַיָּבֹאוּ כָּל־עֲדַת בְּנֵי־יִשְׂרָאֵל אֶל־מִדְבַּר־סִין
אֲשֶׁר בֵּין־אֵילִם וּבֵין סִינָי בַּחֲמִשָּׁה עָשָׂר יוֹם לַחֹדֶשׁ הַשֵּׁנִי
ב לְצֵאתָם מֵאֶרֶץ מִצְרָיִם׃ וילינו כָּל־עֲדַת בְּנֵי־יִשְׂרָאֵל עַל־מֹשֶׁה וַיִּלּוֹנוּ
ג וְעַל־אַהֲרֹן בַּמִּדְבָּר׃ וַיֹּאמְרוּ אֲלֵהֶם בְּנֵי יִשְׂרָאֵל מִי־יִתֵּן מוּתֵנוּ
בְיַד־יְהוָה בְּאֶרֶץ מִצְרַיִם בְּשִׁבְתֵּנוּ עַל־סִיר הַבָּשָׂר בְּאָכְלֵנוּ
לֶחֶם לָשֹׂבַע כִּי־הוֹצֵאתֶם אֹתָנוּ אֶל־הַמִּדְבָּר הַזֶּה לְהָמִית
ד אֶת־כָּל־הַקָּהָל הַזֶּה בָּרָעָב׃ וַיֹּאמֶר יְהוָה אֶל־ יב
מֹשֶׁה הִנְנִי מַמְטִיר לָכֶם לֶחֶם מִן־הַשָּׁמָיִם וְיָצָא הָעָם וְלָקְטוּ
ה דְּבַר־יוֹם בְּיוֹמוֹ לְמַעַן אֲנַסֶּנּוּ הֲיֵלֵךְ בְּתוֹרָתִי אִם־לֹא׃ וְהָיָה
בַּיּוֹם הַשִּׁשִּׁי וְהֵכִינוּ אֵת אֲשֶׁר־יָבִיאוּ וְהָיָה מִשְׁנֶה עַל אֲשֶׁר־
ו יִלְקְטוּ יוֹם ׀ יוֹם׃ וַיֹּאמֶר מֹשֶׁה וְאַהֲרֹן אֶל־כָּל־בְּנֵי יִשְׂרָאֵל

The people shall hear, and be afraid: / trembling shall take   14
hold of the inhabitants of Peleshet. / Then the chiefs of Edom   15
shall be amazed; / the mighty men of Mo'av, trembling shall
take hold upon them; / all the inhabitants of Kena'an shalt melt
away. / Fear and dread shall fall upon them; / by the greatness   16
of thy arm they shall be as still as a stone; / till thy people pass
over, O Lord, / till the people pass over, whom thou hast
acquired. / Thou shalt bring them in, and plant them in the   17
mountain of thy inheritance, / in the place, O Lord, which thou
hast made for thee to dwell in, / in the sanctuary, O Lord, which
thy hands have established. / The Lord shall reign for ever and   18
ever. / For the horse of Par'o went in with his chariots and with   19
his horsemen into the sea, and the Lord brought the waters of
the sea back upon them; / but the children of Yisra'el went on
dry land in the midst of / the sea.

And Miryam the prophetess, the sister of Aharon, took a timbrel   20
in her hand; and all the women went out after her with timbrels
and with dances. And Miryam answered them, Sing to the Lord,   21
for he has triumphed gloriously; the horse and his rider has he
thrown into the sea.   So Moshe brought Yisra'el from the   22
Sea of Suf, and they went out to the wilderness of Shur; and
they marched three days in the wilderness, and found no water.   23
And when they came to Mara, they could not drink of the waters
of Mara, for they were bitter: therefore the name of it was called
Mara. And the people murmured against Moshe, saying, What   24
shall we drink? And he cried to the Lord; and the Lord showed   25
him a tree, which when he had cast into the waters, the waters
were made sweet: there he made for them a statute and an
ordinance, and there he tested them, and he said, If thou wilt   26
diligently hearken to the voice of the Lord thy God, and wilt do
that which is right in his sight, and wilt give ear to his com-
mandments, and keep all his statutes, I will put none of these
diseases upon thee, which I have brought upon Miẓrayim: for
I am the Lord that heàls thee.   And they came to Elim,   27
where were twelve springs of water, and seventy palm trees:
and they encamped there by the water. And they took their   **16**
journey from Elim, and all the congregation of the children of
Yisra'el came to the wilderness of Sin, which is between Elim
and Sinay, on the fifteenth day of the second month after their
departing out of the land of Miẓrayim. And the whole congrega-   2
tion of the children of Yisra'el murmured against Moshe and
Aharon in the wilderness: and the children of Yisra'el said to   3
them, Would we had died by the hand of the Lord in the land
of Miẓrayim, when we sat by the flesh pots, and when we ate
our fill of bread; for you have brought us out into this wilder-
ness, to kill this whole assembly with hunger.   Then said   4
the Lord to Moshe, Behold, I will rain bread from heaven for
you; and the people shall go out and gather a certain portion
every day, that I may test them, whether they will follow my
Tora, or no. And it shall come to pass, on the sixth day when   5
they shall prepare that which they bring in; that it shall be twice
as much as they gather daily. And Moshe and Aharon said to all   6

ז עֶרֶב וִידַעְתֶּם כִּי יהוה הוֹצִיא אֶתְכֶם מֵאֶרֶץ מִצְרָיִם: וּבֹקֶר
וּרְאִיתֶם אֶת־כְּבוֹד יהוה בְּשָׁמְעוֹ אֶת־תְּלֻנֹּתֵיכֶם עַל־יהוה
ח וְנַחְנוּ מָה כִּי תלונו עָלֵינוּ: וַיֹּאמֶר מֹשֶׁה בְּתֵת יהוה לָכֶם תַלִּינוּ
בָּעֶרֶב בָּשָׂר לֶאֱכֹל וְלֶחֶם בַּבֹּקֶר לִשְׂבֹּעַ בִּשְׁמֹעַ יהוה אֶת־
תְּלֻנֹּתֵיכֶם אֲשֶׁר־אַתֶּם מַלִּינִם עָלָיו וְנַחְנוּ מָה לֹא־עָלֵינוּ
ט תְלֻנֹּתֵיכֶם כִּי עַל־יהוה: וַיֹּאמֶר מֹשֶׁה אֶל־אַהֲרֹן אֱמֹר אֶל־
כָּל־עֲדַת בְּנֵי יִשְׂרָאֵל קִרְבוּ לִפְנֵי יהוה כִּי שָׁמַע אֵת תְּלֻנֹּתֵיכֶם:
י וַיְהִי כְּדַבֵּר אַהֲרֹן אֶל־כָּל־עֲדַת בְּנֵי־יִשְׂרָאֵל וַיִּפְנוּ אֶל־הַמִּדְבָּר
וְהִנֵּה כְּבוֹד יהוה נִרְאָה בֶּעָנָן:
יא יב וַיְדַבֵּר יהוה אֶל־מֹשֶׁה לֵּאמֹר: שָׁמַעְתִּי אֶת־תְּלוּנֹּת בְּנֵי ששי
יִשְׂרָאֵל דַּבֵּר אֲלֵהֶם לֵאמֹר בֵּין הָעַרְבַּיִם תֹּאכְלוּ בָשָׂר וּבַבֹּקֶר
יג תִּשְׂבְּעוּ־לָחֶם וִידַעְתֶּם כִּי אֲנִי יהוה אֱלֹהֵיכֶם: וַיְהִי בָעֶרֶב
וַתַּעַל הַשְּׂלָו וַתְּכַס אֶת־הַמַּחֲנֶה וּבַבֹּקֶר הָיְתָה שִׁכְבַת הַטַּל
יד סָבִיב לַמַּחֲנֶה: וַתַּעַל שִׁכְבַת הַטָּל וְהִנֵּה עַל־פְּנֵי הַמִּדְבָּר דַּק
טו מְחֻסְפָּס דַּק כַּכְּפֹר עַל־הָאָרֶץ: וַיִּרְאוּ בְנֵי־יִשְׂרָאֵל וַיֹּאמְרוּ אִישׁ
אֶל־אָחִיו מָן הוּא כִּי לֹא יָדְעוּ מַה־הוּא וַיֹּאמֶר מֹשֶׁה אֲלֵהֶם
טז הוּא הַלֶּחֶם אֲשֶׁר נָתַן יהוה לָכֶם לְאָכְלָה: זֶה הַדָּבָר אֲשֶׁר
צִוָּה יהוה לִקְטוּ מִמֶּנּוּ אִישׁ לְפִי אָכְלוֹ עֹמֶר לַגֻּלְגֹּלֶת מִסְפַּר
יז נַפְשֹׁתֵיכֶם אִישׁ לַאֲשֶׁר בְּאָהֳלוֹ תִּקָּחוּ: וַיַּעֲשׂוּ־כֵן בְּנֵי יִשְׂרָאֵל
יח וַיִּלְקְטוּ הַמַּרְבֶּה וְהַמַּמְעִיט: וַיָּמֹדּוּ בָעֹמֶר וְלֹא הֶעְדִּיף הַמַּרְבֶּה
יט וְהַמַּמְעִיט לֹא הֶחְסִיר אִישׁ לְפִי־אָכְלוֹ לָקָטוּ: וַיֹּאמֶר מֹשֶׁה
כ אֲלֵהֶם אִישׁ אַל־יוֹתֵר מִמֶּנּוּ עַד־בֹּקֶר: וְלֹא־שָׁמְעוּ אֶל־מֹשֶׁה
וַיּוֹתִרוּ אֲנָשִׁים מִמֶּנּוּ עַד־בֹּקֶר וַיָּרֻם תּוֹלָעִים וַיִּבְאַשׁ וַיִּקְצֹף
כא עֲלֵהֶם מֹשֶׁה: וַיִּלְקְטוּ אֹתוֹ בַּבֹּקֶר בַּבֹּקֶר אִישׁ כְּפִי אָכְלוֹ
כב וְחַם הַשֶּׁמֶשׁ וְנָמָס: וַיְהִי ׀ בַּיּוֹם הַשִּׁשִּׁי לָקְטוּ לֶחֶם מִשְׁנֶה שְׁנֵי
כג הָעֹמֶר לָאֶחָד וַיָּבֹאוּ כָּל־נְשִׂיאֵי הָעֵדָה וַיַּגִּידוּ לְמֹשֶׁה: וַיֹּאמֶר
אֲלֵהֶם הוּא אֲשֶׁר דִּבֶּר יהוה שַׁבָּתוֹן שַׁבַּת־קֹדֶשׁ לַיהוה מָחָר
אֵת אֲשֶׁר־תֹּאפוּ אֵפוּ וְאֵת אֲשֶׁר־תְּבַשְּׁלוּ בַּשֵּׁלוּ וְאֵת כָּל־
כד הָעֹדֵף הַנִּיחוּ לָכֶם לְמִשְׁמֶרֶת עַד־הַבֹּקֶר: וַיַּנִּיחוּ אֹתוֹ עַד־
הַבֹּקֶר כַּאֲשֶׁר צִוָּה מֹשֶׁה וְלֹא הִבְאִישׁ וְרִמָּה לֹא־הָיְתָה־בּוֹ:
כה וַיֹּאמֶר מֹשֶׁה אִכְלֻהוּ הַיּוֹם כִּי־שַׁבָּת הַיּוֹם לַיהוה הַיּוֹם לֹא
כו תִמְצָאֻהוּ בַּשָּׂדֶה: שֵׁשֶׁת יָמִים תִּלְקְטֻהוּ וּבַיּוֹם הַשְּׁבִיעִי שַׁבָּת
כז לֹא יִהְיֶה־בּוֹ: וַיְהִי בַּיּוֹם הַשְּׁבִיעִי יָצְאוּ מִן־הָעָם לִלְקֹט וְלֹא
כח מָצָאוּ: וַיֹּאמֶר יהוה אֶל־מֹשֶׁה עַד־אָנָה מֵאַנְתֶּם יג

the children of Yisra'el, At evening you shall know that the
Lord has brought you out from the land of Miẓrayim: and in   7
the morning, you shall see the glory of the Lord when he hears
your murmurings against the Lord: and what are we, that you
murmur against us? And Moshe said, This shall be, when the   8
Lord shall give you in the evening meat to eat, and in the morn-
ing your fill of bread; when the Lord hears your murmurings
which you murmur against him: and what are we? your mur-
murings are not against us, but against the Lord. And Moshe   9
spoke to Aharon, Say to all the congregation of the children of
Yisra'el, Come near before the Lord: for he has heard your
murmurings. And it came to pass, as Aharon spoke to the whole   10
congregation of the children of Yisra'el, that they looked toward
the wilderness, and, behold, the glory of the Lord appeared in
the cloud.

And the Lord spoke to Moshe, saying, I have heard the murmur-   11, 12
ings of the children of Yisra'el: speak to them, saying, At evening
you shall eat meat, and in the morning you shall be filled with
bread; and you shall know that I am the Lord your God. And it   13
came to pass, that at evening the quails came up, and covered
the camp: and in the morning the dew lay round about the camp.
And when the layer of dew was gone up, behold, upon the face   14
of the wilderness there lay a fine flaky substance, as fine as the
hoar frost on the ground. And when the children of Yisra'el saw   15
it, they said one to another, Man-hu (what is it?): for they knew
not what it was. And Moshe said to them, This is the bread which
the Lord has given you to eat. This is the thing which the Lord   16
has commanded, Gather of it every man according to his eating,
an 'omer for every man, according to the number of your persons
shall you take it, every man for them who are in his tent.
And the children of Yisra'el did so, and gathered, some more,   17
some less. And when they did measure it with an 'omer, he that   18
gathered much had nothing over, and he that gathered little had
no lack; they gathered every man according to his eating. And   19
Moshe said, Let no man leave of it till the morning. But they   20
hearkened not to Moshe; but some of them left of it until the
morning, and it bred worms, and stank: and Moshe was angry
with them. And they gathered it every morning, every man ac-   21
cording to his eating: and when the sun grew hot, it melted. And 22
it came to pass, that on the sixth day they gathered a double
provision, two 'omer for one man: and all the rulers of the
congregation came and told Moshe. And he said to them, This   23
is that which the Lord has said, Tomorrow is the rest of the holy
sabbath to the Lord: bake that which you will bake today, and
what you will boil, boil today; and that which remains over
lay up for you to be kept until the morning. And they laid it up 24
till the morning, as Moshe commanded: and it did not stink,
neither was there any worm in it. And Moshe said, Eat that   25
today; for today is a sabbath to the Lord: today you shall not
find it in the field. Six days you shall gather it; but on the   26
seventh day, which is the sabbath, on it there shall be none. And 27
it came to pass, that some of the people went out on the seventh
day to gather, and they found none.   And the Lord said to 28

כט לִשְׁמֹר מִצְוֹתַי וְתוֹרֹתָי: רְאוּ כִּי־יְהוָה נָתַן לָכֶם הַשַּׁבָּת עַל־
כֵּן הוּא נֹתֵן לָכֶם בַּיּוֹם הַשִּׁשִּׁי לֶחֶם יוֹמָיִם שְׁבוּ | אִישׁ תַּחְתָּיו
ל אַל־יֵצֵא אִישׁ מִמְּקֹמוֹ בַּיּוֹם הַשְּׁבִיעִי: וַיִּשְׁבְּתוּ הָעָם בַּיּוֹם
לא הַשְּׁבִעִי: וַיִּקְרְאוּ בֵית־יִשְׂרָאֵל אֶת־שְׁמוֹ מָן וְהוּא כְּזֶרַע גַּד
לב לָבָן וְטַעְמוֹ כְּצַפִּיחִת בִּדְבָשׁ: וַיֹּאמֶר מֹשֶׁה זֶה הַדָּבָר אֲשֶׁר
צִוָּה יְהוָה מְלֹא הָעֹמֶר מִמֶּנּוּ לְמִשְׁמֶרֶת לְדֹרֹתֵיכֶם לְמַעַן | יִרְאוּ
אֶת־הַלֶּחֶם אֲשֶׁר הֶאֱכַלְתִּי אֶתְכֶם בַּמִּדְבָּר בְּהוֹצִיאִי אֶתְכֶם
לג מֵאֶרֶץ מִצְרָיִם: וַיֹּאמֶר מֹשֶׁה אֶל־אַהֲרֹן קַח צִנְצֶנֶת אַחַת
וְתֶן־שָׁמָּה מְלֹא־הָעֹמֶר מָן וְהַנַּח אֹתוֹ לִפְנֵי יְהוָה לְמִשְׁמֶרֶת
לד לְדֹרֹתֵיכֶם: כַּאֲשֶׁר צִוָּה יְהוָה אֶל־מֹשֶׁה וַיַּנִּיחֵהוּ אַהֲרֹן לִפְנֵי
לה הָעֵדֻת לְמִשְׁמָרֶת: וּבְנֵי יִשְׂרָאֵל אָכְלוּ אֶת־הַמָּן אַרְבָּעִים שָׁנָה
עַד־בֹּאָם אֶל־אֶרֶץ נוֹשָׁבֶת אֶת־הַמָּן אָכְלוּ עַד־בֹּאָם אֶל־
לו קְצֵה אֶרֶץ כְּנָעַן: וְהָעֹמֶר עֲשִׂרִית הָאֵיפָה הוּא:

יז א וַיִּסְעוּ כָּל־עֲדַת בְּנֵי־יִשְׂרָאֵל מִמִּדְבַּר־סִין לְמַסְעֵיהֶם עַל־פִּי יְהוָה שביעי
ב וַיַּחֲנוּ בִּרְפִידִים וְאֵין מַיִם לִשְׁתֹּת הָעָם: וַיָּרֶב הָעָם עִם־מֹשֶׁה
וַיֹּאמְרוּ תְּנוּ־לָנוּ מַיִם וְנִשְׁתֶּה וַיֹּאמֶר לָהֶם מֹשֶׁה מַה־תְּרִיבוּן
ג עִמָּדִי מַה־תְּנַסּוּן אֶת־יְהוָה: וַיִּצְמָא שָׁם הָעָם לַמַּיִם וַיָּלֶן הָעָם
עַל־מֹשֶׁה וַיֹּאמֶר לָמָּה זֶּה הֶעֱלִיתָנוּ מִמִּצְרַיִם לְהָמִית אֹתִי
ד וְאֶת־בָּנַי וְאֶת־מִקְנַי בַּצָּמָא: וַיִּצְעַק מֹשֶׁה אֶל־יְהוָה לֵאמֹר
ה מָה אֶעֱשֶׂה לָעָם הַזֶּה עוֹד מְעַט וּסְקָלֻנִי: וַיֹּאמֶר יְהוָה אֶל־
מֹשֶׁה עֲבֹר לִפְנֵי הָעָם וְקַח אִתְּךָ מִזִּקְנֵי יִשְׂרָאֵל וּמַטְּךָ אֲשֶׁר
ו הִכִּיתָ בּוֹ אֶת־הַיְאֹר קַח בְּיָדְךָ וְהָלָכְתָּ: הִנְנִי עֹמֵד לְפָנֶיךָ
שָּׁם | עַל־הַצּוּר בְּחֹרֵב וְהִכִּיתָ בַצּוּר וְיָצְאוּ מִמֶּנּוּ מַיִם וְשָׁתָה
ז הָעָם וַיַּעַשׂ כֵּן מֹשֶׁה לְעֵינֵי זִקְנֵי יִשְׂרָאֵל: וַיִּקְרָא שֵׁם הַמָּקוֹם
מַסָּה וּמְרִיבָה עַל־רִיב | בְּנֵי יִשְׂרָאֵל וְעַל נַסֹּתָם אֶת־יְהוָה
לֵאמֹר הֲיֵשׁ יְהוָה בְּקִרְבֵּנוּ אִם־אָיִן:

ח ט וַיָּבֹא עֲמָלֵק וַיִּלָּחֶם עִם־יִשְׂרָאֵל בִּרְפִידִם: וַיֹּאמֶר מֹשֶׁה אֶל־
יְהוֹשֻׁעַ בְּחַר־לָנוּ אֲנָשִׁים וְצֵא הִלָּחֵם בַּעֲמָלֵק מָחָר אָנֹכִי נִצָּב
י עַל־רֹאשׁ הַגִּבְעָה וּמַטֵּה הָאֱלֹהִים בְּיָדִי: וַיַּעַשׂ יְהוֹשֻׁעַ כַּאֲשֶׁר
אָמַר־לוֹ מֹשֶׁה לְהִלָּחֵם בַּעֲמָלֵק וּמֹשֶׁה אַהֲרֹן וְחוּר עָלוּ רֹאשׁ
יא הַגִּבְעָה: וְהָיָה כַּאֲשֶׁר יָרִים מֹשֶׁה יָדוֹ וְגָבַר יִשְׂרָאֵל וְכַאֲשֶׁר
יב יָנִיחַ יָדוֹ וְגָבַר עֲמָלֵק: וִידֵי מֹשֶׁה כְּבֵדִים וַיִּקְחוּ־אֶבֶן וַיָּשִׂימוּ
תַחְתָּיו וַיֵּשֶׁב עָלֶיהָ וְאַהֲרֹן וְחוּר תָּמְכוּ בְיָדָיו מִזֶּה אֶחָד וּמִזֶּה
יג אֶחָד וַיְהִי יָדָיו אֱמוּנָה עַד־בֹּא הַשָּׁמֶשׁ: וַיַּחֲלֹשׁ יְהוֹשֻׁעַ אֶת־
עֲמָלֵק וְאֶת־עַמּוֹ לְפִי־חָרֶב:

Moshe, How long will you refuse to keep my commandments
and my Torot? See, that the LORD has given you the sabbath, 29
therefore he gives you on the sixth day the bread of two days;
remain every man in his place, let no man go out of his place
on the seventh day. So the people rested on the seventh day. 30
And the house of Yisra'el called the name thereof Man (manna): 31
and it was like coriander seed, white; and the taste of it was
like wafers made with honey. And Moshe said, This is the thing 32
which the LORD commands, Fill an 'omer of it to be kept for
your generations; that they may see the bread with which I fed
you in the wilderness, when I brought you out from the land of
Miẕrayim. And Moshe said to Aharon, Take a jar, and put an 33
'omer full of manna in it, and lay it up before the LORD, to be
kept for your generations. As the LORD commanded Moshe, so 34
Aharon laid it up before the Testimony, to be kept. And the 35
children of Yisra'el did eat the manna for forty years, until they
came to an inhabited land; they did eat the manna, until they
came to the borders of the land of Kena'an. Now an 'omer is 36
the tenth part of an efa.
And all the congregation of the children of Yisra'el journeyed **17**
from the wilderness of Sin, by their stages, according to the
commandment of the LORD, and pitched in Refidim: and there
was no water for the people to drink. Wherefore the people did 2
strive with Moshe, and said, Give us water that we may drink.
And Moshe said to them, Why do you strive with me? why do
you tempt the LORD? And the people thirsted there for water; 3
and the people murmured against Moshe, and said, Why is it
that thou hast brought us up out of Miẕrayim, to kill us and our
children and our cattle with thirst? And Moshe cried to the LORD, 4
saying, What shall I do to this people? they are almost ready
to stone me. And the LORD said to Moshe, Pass before the people, 5
and take with thee of the elders of Yisra'el; and thy rod, with
which thou smotest the river, take in thy hand, and go. Behold, 6
I will stand before thee there upon the rock in Ḥorev; and thou
shalt smite the rock, and there shall come water out of it, that
the people may drink. And Moshe did so in the sight of the elders
of Yisra'el. And he called the name of the place Massa and 7
Meriva, because of the strife of the children of Yisra'el, and
because they tempted the LORD, saying, Is the LORD among
us, or not?
Then came 'Amaleq, and fought with Yisra'el in Refidim. And 8, 9
Moshe said to Yehoshua, Choose us out men, and go out, fight
with 'Amaleq: tomorrow I will stand on the top of the hill
with the rod of GOD in my hand. So Yehoshua did as Moshe had 10
said to him, and fought with 'Amaleq: and Moshe, Aharon and
Ḥur went up to the top of the hill. And it came to pass, when 11
Moshe held up his hand, that Yisra'el prevailed: and when he
let down his hand, 'Amaleq prevailed. But Moshe's hands were 12
heavy; and they took a stone, and put it under him, and he sat
on it; and Aharon and Ḥur supported his hands, the one on the
one side, and the other on the other side; and his hands were
steady until the going down of the sun. And Yehoshua harried 13
'Amaleq and his people with the edge of the sword.

יד וַיֹּאמֶר יְהוָה אֶל־מֹשֶׁה כְּתֹב זֹאת זִכָּרוֹן בַּסֵּפֶר וְשִׂים בְּאָזְנֵי

טו יְהוֹשֻׁעַ כִּי־מָחֹה אֶמְחֶה אֶת־זֵכֶר עֲמָלֵק מִתַּחַת הַשָּׁמָיִם: וַיִּבֶן

טז מֹשֶׁה מִזְבֵּחַ וַיִּקְרָא שְׁמוֹ יְהוָה ׀ נִסִּי: וַיֹּאמֶר כִּי־יָד עַל־כֵּס

יָהּ מִלְחָמָה לַיהוָה בַּעֲמָלֵק מִדֹּר דֹּר:

יח א וַיִּשְׁמַע יִתְרוֹ כֹהֵן מִדְיָן חֹתֵן מֹשֶׁה אֵת כָּל־אֲשֶׁר עָשָׂה אֱלֹהִים

לְמֹשֶׁה וּלְיִשְׂרָאֵל עַמּוֹ כִּי־הוֹצִיא יְהוָה אֶת־יִשְׂרָאֵל מִמִּצְרָיִם:

ב וַיִּקַּח יִתְרוֹ חֹתֵן מֹשֶׁה אֶת־צִפֹּרָה אֵשֶׁת מֹשֶׁה אַחַר שִׁלּוּחֶיהָ:

ג וְאֵת שְׁנֵי בָנֶיהָ אֲשֶׁר שֵׁם הָאֶחָד גֵּרְשֹׁם כִּי אָמַר גֵּר הָיִיתִי

ד בְּאֶרֶץ נָכְרִיָּה: וְשֵׁם הָאֶחָד אֱלִיעֶזֶר כִּי־אֱלֹהֵי אָבִי בְּעֶזְרִי

ה וַיַּצִּלֵנִי מֵחֶרֶב פַּרְעֹה: וַיָּבֹא יִתְרוֹ חֹתֵן מֹשֶׁה וּבָנָיו וְאִשְׁתּוֹ

אֶל־מֹשֶׁה אֶל־הַמִּדְבָּר אֲשֶׁר־הוּא חֹנֶה שָׁם הַר הָאֱלֹהִים:

ו וַיֹּאמֶר אֶל־מֹשֶׁה אֲנִי חֹתֶנְךָ יִתְרוֹ בָּא אֵלֶיךָ וְאִשְׁתְּךָ וּשְׁנֵי

ז בָנֶיהָ עִמָּהּ: וַיֵּצֵא מֹשֶׁה לִקְרַאת חֹתְנוֹ וַיִּשְׁתַּחוּ וַיִּשַּׁק־לוֹ

ח וַיִּשְׁאֲלוּ אִישׁ־לְרֵעֵהוּ לְשָׁלוֹם וַיָּבֹאוּ הָאֹהֱלָה: וַיְסַפֵּר מֹשֶׁה

לְחֹתְנוֹ אֵת כָּל־אֲשֶׁר עָשָׂה יְהוָה לְפַרְעֹה וּלְמִצְרַיִם עַל אוֹדֹת

יִשְׂרָאֵל אֵת כָּל־הַתְּלָאָה אֲשֶׁר מְצָאָתַם בַּדֶּרֶךְ וַיַּצִּלֵם יְהוָה:

ט וַיִּחַדְּ יִתְרוֹ עַל כָּל־הַטּוֹבָה אֲשֶׁר־עָשָׂה יְהוָה לְיִשְׂרָאֵל אֲשֶׁר

י הִצִּילוֹ מִיַּד מִצְרָיִם: וַיֹּאמֶר יִתְרוֹ בָּרוּךְ יְהוָה אֲשֶׁר הִצִּיל

אֶתְכֶם מִיַּד מִצְרַיִם וּמִיַּד פַּרְעֹה אֲשֶׁר הִצִּיל אֶת־הָעָם מִתַּחַת

יא יַד־מִצְרָיִם: עַתָּה יָדַעְתִּי כִּי־גָדוֹל יְהוָה מִכָּל־הָאֱלֹהִים כִּי

יב בַדָּבָר אֲשֶׁר זָדוּ עֲלֵיהֶם: וַיִּקַּח יִתְרוֹ חֹתֵן מֹשֶׁה עֹלָה וּזְבָחִים

לֵאלֹהִים וַיָּבֹא אַהֲרֹן וְכֹל ׀ זִקְנֵי יִשְׂרָאֵל לֶאֱכָל־לֶחֶם עִם־חֹתֵן

יג מֹשֶׁה לִפְנֵי הָאֱלֹהִים: וַיְהִי מִמָּחֳרָת וַיֵּשֶׁב מֹשֶׁה לִשְׁפֹּט אֶת־

הָעָם וַיַּעֲמֹד הָעָם עַל־מֹשֶׁה מִן־הַבֹּקֶר עַד־הָעָרֶב: וַיַּרְא חֹתֵן

יד מֹשֶׁה אֵת כָּל־אֲשֶׁר־הוּא עֹשֶׂה לָעָם וַיֹּאמֶר מָה־הַדָּבָר הַזֶּה

אֲשֶׁר אַתָּה עֹשֶׂה לָעָם מַדּוּעַ אַתָּה יוֹשֵׁב לְבַדֶּךָ וְכָל־הָעָם

נִצָּב עָלֶיךָ מִן־בֹּקֶר עַד־עָרֶב: וַיֹּאמֶר מֹשֶׁה לְחֹתְנוֹ כִּי־יָבֹא

טו אֵלַי הָעָם לִדְרֹשׁ אֱלֹהִים: כִּי־יִהְיֶה לָהֶם דָּבָר בָּא אֵלַי וְשָׁפַטְתִּי

בֵּין אִישׁ וּבֵין רֵעֵהוּ וְהוֹדַעְתִּי אֶת־חֻקֵּי הָאֱלֹהִים וְאֶת־תּוֹרֹתָיו:

יז וַיֹּאמֶר חֹתֵן מֹשֶׁה אֵלָיו לֹא־טוֹב הַדָּבָר אֲשֶׁר אַתָּה עֹשֶׂה:

יח נָבֹל תִּבֹּל גַּם־אַתָּה גַּם־הָעָם הַזֶּה אֲשֶׁר עִמָּךְ כִּי־כָבֵד מִמְּךָ

יט הַדָּבָר לֹא־תוּכַל עֲשֹׂהוּ לְבַדֶּךָ: עַתָּה שְׁמַע בְּקֹלִי אִיעָצְךָ וִיהִי

אֱלֹהִים עִמָּךְ הֱיֵה אַתָּה לָעָם מוּל הָאֱלֹהִים וְהֵבֵאתָ אַתָּה

כ אֶת־הַדְּבָרִים אֶל־הָאֱלֹהִים: וְהִזְהַרְתָּה אֶתְהֶם אֶת־הַחֻקִּים

וְאֶת־הַתּוֹרֹת וְהוֹדַעְתָּ לָהֶם אֶת־הַדֶּרֶךְ יֵלְכוּ בָהּ וְאֶת־הַמַּעֲשֶׂה

כא אֲשֶׁר יַעֲשׂוּן: וְאַתָּה תֶחֱזֶה מִכָּל־הָעָם אַנְשֵׁי־חַיִל יִרְאֵי אֱלֹהִים

And the LORD said to Moshe, Write this for a memorial in a 14
book, and rehearse it in the ears of Yehoshua: that I will utterly
blot out the remembrance of ʻAmaleq from under the heaven.
And Moshe built an altar, and called the name of it Adonay 15
Nissi (the LORD is my Banner:) for he said. Because the LORD 16
has sworn by his throne that the LORD will have war with
ʻAmaleq from generation to generation.

YITRO

When Yitro, the priest of Midyan, Moshe's father in law, heard **18**
of all that GOD had done for Moshe, and for Yisra'el his people,
and that the LORD had brought Yisra'el out of Miẕrayim; then 2
Yitro, Moshe's father in law, took Ẕippora, Moshe's wife, after
he had sent her back, and her two sons; of whom the name of 3
the one was Gershom (for he said, I have been an alien in a
strange land:) and the name of the other was Eliʻezer (for the 4
GOD of my father was my help, and delivered me from the
sword of Parʻo:) and Yitro, Moshe's father in law, came, with 5
his sons and his wife to Moshe into the wilderness, where he
encamped at the mount of GOD: and he said to Moshe, I thy 6
father in law Yitro am come to thee, and thy wife, and her two
sons with her. And Moshe went out to meet his father in law, 7
and bowed, and kissed him; and they asked each other of their
welfare; and they came into the tent. And Moshe told his father 8
in law all that the LORD had done to Parʻo and to Miẕrayim for
the sake of Yisra'el, and all the travail that had come upon them
by the way, and how the LORD delivered them. And Yitro re- 9
joiced for all the goodness which the LORD had done to Yisra'el,
whom he had delivered out of the hand of Miẕrayim. And Yitro 10
said, Blessed be the LORD, who has delivered you out of the hand
of Miẕrayim, and out of the hand of Parʻo, who has delivered
the people from under the hand of Miẕrayim. Now I know that 11
the LORD is greater than all gods: for in the thing wherein they
dealt proudly he was above them. And Yitro, Moshe's father in 12
law, took a burnt offering and sacrifices for GOD: and Aharon
came, and all the elders of Yisra'el, to eat bread with Moshe's
father in law before GOD. And it came to pass on the morrow, 13
that Moshe sat to judge the people: and the people stood by Mo-
she from the morning to the evening. And when Moshe's father 14
in law saw all that he did for the people, he said, What is this
thing that thou doest for the people? why dost thou sit alone, and
all the people stand by thee from morning to evening? And Mo- 15
she said to his father in law, Because the people come to me to
inquire of GOD: When they have a matter, they come to me; 16
and I judge between one and another, and I do make them know
the statutes of GOD and his Torot. And Moshe's father in law 17
said to him, The thing that thou doest is not good. Thou wilt 18
surely wear away, both thou, and this people that is with thee:
for this thing is too heavy for thee; thou art not able to perform
it thyself alone. Hearken now to my voice, I will give thee 19
counsel, and may GOD be with thee: Be thou the link between
the people and GOD, that thou mayst bring the cases to GOD:
and thou shalt teach them the ordinances and the Torot, and 20
shalt show them the way in which they must walk, and the
work that they must do. Moreover thou shalt provide out of all 21

אַנְשֵׁי אֱמֶת שֹׂנְאֵי בָצַע וְשַׂמְתָּ עֲלֵהֶם שָׂרֵי אֲלָפִים שָׂרֵי מֵאוֹת
כב שָׂרֵי חֲמִשִּׁים וְשָׂרֵי עֲשָׂרֹת: וְשָׁפְטוּ אֶת־הָעָם בְּכָל־עֵת וְהָיָה
כָּל־הַדָּבָר הַגָּדֹל יָבִיאוּ אֵלֶיךָ וְכָל־הַדָּבָר הַקָּטֹן יִשְׁפְּטוּ־הֵם
כג וְהָקֵל מֵעָלֶיךָ וְנָשְׂאוּ אִתָּךְ: אִם אֶת־הַדָּבָר הַזֶּה תַּעֲשֶׂה וְצִוְּךָ
אֱלֹהִים וְיָכָלְתָּ עֲמֹד וְגַם כָּל־הָעָם הַזֶּה עַל־מְקֹמוֹ יָבֹא בְשָׁלוֹם:
שלישי כד כה וַיִּשְׁמַע מֹשֶׁה לְקוֹל חֹתְנוֹ וַיַּעַשׂ כֹּל אֲשֶׁר אָמָר: וַיִּבְחַר
מֹשֶׁה אַנְשֵׁי־חַיִל מִכָּל־יִשְׂרָאֵל וַיִּתֵּן אֹתָם רָאשִׁים עַל־הָעָם
כו שָׂרֵי אֲלָפִים שָׂרֵי מֵאוֹת שָׂרֵי חֲמִשִּׁים וְשָׂרֵי עֲשָׂרֹת: וְשָׁפְטוּ
אֶת־הָעָם בְּכָל־עֵת אֶת־הַדָּבָר הַקָּשֶׁה יְבִיאוּן אֶל־מֹשֶׁה וְכָל־
כז הַדָּבָר הַקָּטֹן יִשְׁפּוּטוּ הֵם: וַיְשַׁלַּח מֹשֶׁה אֶת־חֹתְנוֹ וַיֵּלֶךְ לוֹ
אֶל־אַרְצוֹ:
רביעי יט א בַּחֹדֶשׁ הַשְּׁלִישִׁי לְצֵאת בְּנֵי־יִשְׂרָאֵל מֵאֶרֶץ מִצְרָיִם בַּיּוֹם הַזֶּה
ב בָּאוּ מִדְבַּר סִינָי: וַיִּסְעוּ מֵרְפִידִים וַיָּבֹאוּ מִדְבַּר סִינַי וַיַּחֲנוּ
ג בַּמִּדְבָּר וַיִּחַן־שָׁם יִשְׂרָאֵל נֶגֶד הָהָר: וּמֹשֶׁה עָלָה אֶל־הָאֱלֹהִים
וַיִּקְרָא אֵלָיו יהוה מִן־הָהָר לֵאמֹר כֹּה תֹאמַר לְבֵית יַעֲקֹב
ד וְתַגֵּיד לִבְנֵי יִשְׂרָאֵל: אַתֶּם רְאִיתֶם אֲשֶׁר עָשִׂיתִי לְמִצְרָיִם
ה וָאֶשָּׂא אֶתְכֶם עַל־כַּנְפֵי נְשָׁרִים וָאָבִא אֶתְכֶם אֵלָי: וְעַתָּה
אִם־שָׁמוֹעַ תִּשְׁמְעוּ בְּקֹלִי וּשְׁמַרְתֶּם אֶת־בְּרִיתִי וִהְיִיתֶם לִי
ו סְגֻלָּה מִכָּל־הָעַמִּים כִּי־לִי כָּל־הָאָרֶץ: וְאַתֶּם תִּהְיוּ־לִי מַמְלֶכֶת טו
כֹּהֲנִים וְגוֹי קָדוֹשׁ אֵלֶּה הַדְּבָרִים אֲשֶׁר תְּדַבֵּר אֶל־בְּנֵי יִשְׂרָאֵל:
חמישי ז וַיָּבֹא מֹשֶׁה וַיִּקְרָא לְזִקְנֵי הָעָם וַיָּשֶׂם לִפְנֵיהֶם אֵת כָּל־הַדְּבָרִים
ח הָאֵלֶּה אֲשֶׁר צִוָּהוּ יהוה: וַיַּעֲנוּ כָל־הָעָם יַחְדָּו וַיֹּאמְרוּ כֹּל
אֲשֶׁר־דִּבֶּר יהוה נַעֲשֶׂה וַיָּשֶׁב מֹשֶׁה אֶת־דִּבְרֵי הָעָם אֶל־
ט יהוה: וַיֹּאמֶר יהוה אֶל־מֹשֶׁה הִנֵּה אָנֹכִי בָּא אֵלֶיךָ בְּעַב
הֶעָנָן בַּעֲבוּר יִשְׁמַע הָעָם בְּדַבְּרִי עִמָּךְ וְגַם־בְּךָ יַאֲמִינוּ לְעוֹלָם
י וַיַּגֵּד מֹשֶׁה אֶת־דִּבְרֵי הָעָם אֶל־יהוה: וַיֹּאמֶר יהוה אֶל־מֹשֶׁה
יא לֵךְ אֶל־הָעָם וְקִדַּשְׁתָּם הַיּוֹם וּמָחָר וְכִבְּסוּ שִׂמְלֹתָם: וְהָיוּ
נְכֹנִים לַיּוֹם הַשְּׁלִישִׁי כִּי ׀ בַּיּוֹם הַשְּׁלִשִׁי יֵרֵד יהוה לְעֵינֵי כָל־
יב הָעָם עַל־הַר סִינָי: וְהִגְבַּלְתָּ אֶת־הָעָם סָבִיב לֵאמֹר הִשָּׁמְרוּ
לָכֶם עֲלוֹת בָּהָר וּנְגֹעַ בְּקָצֵהוּ כָּל־הַנֹּגֵעַ בָּהָר מוֹת יוּמָת:
יג לֹא־תִגַּע בּוֹ יָד כִּי־סָקוֹל יִסָּקֵל אוֹ־יָרֹה יִיָּרֶה אִם־בְּהֵמָה אִם־
יד אִישׁ לֹא יִחְיֶה בִּמְשֹׁךְ הַיֹּבֵל הֵמָּה יַעֲלוּ בָהָר: וַיֵּרֶד מֹשֶׁה
טו מִן־הָהָר אֶל־הָעָם וַיְקַדֵּשׁ אֶת־הָעָם וַיְכַבְּסוּ שִׂמְלֹתָם: וַיֹּאמֶר
אֶל־הָעָם הֱיוּ נְכֹנִים לִשְׁלֹשֶׁת יָמִים אַל־תִּגְּשׁוּ אֶל־אִשָּׁה:
טז וַיְהִי בַיּוֹם הַשְּׁלִישִׁי בִּהְיֹת הַבֹּקֶר וַיְהִי קֹלֹת וּבְרָקִים וְעָנָן כָּבֵד
עַל־הָהָר וְקֹל שֹׁפָר חָזָק מְאֹד וַיֶּחֱרַד כָּל־הָעָם אֲשֶׁר בַּמַּחֲנֶה:

the people able men, such as fear GOD, men of truth, hating
unjust gain; and place such over them, to be rulers of thou-
sands, and rulers of hundreds, rulers of fifties, and rulers of tens;
and let them judge the people at all seasons: and it shall be,   22
that every great matter they shall bring to thee, but every small
matter they shall judge: so shall it be easier for thyself, and
they shall bear the burden with thee. If thou shalt do this thing,   23
and GOD command thee so, then thou shalt be able to endure,
and all this people shall go to their place in peace. So Moshe   24
hearkened to the voice of his father in law, and did all that he
had said. And Moshe chose able men out of all Yisra'el, and   25
made them heads over the people, rulers of thousands, rulers
of hundreds, rulers of fifties, and rulers of tens. And they judged   26
the people at all times: the hard cases they brought to Moshe,
but every small matter they judged themselves. And Moshe let   27
his father in law depart; and he went his way to his own
land.

In the third month, after the children of Yisra'el were gone out   **19**
of the land of Miẓrayim, the same day they came into the wil-
derness of Sinay. For they were departed from Refidim, and   2
were come to the desert of Sinay, and had pitched in the wilder-
ness; and there Yisra'el camped before the mountain. And   3
Moshe went up to GOD, and the LORD called to him out of the
mountain, saying, Thus shalt thou say to the house of Ya'aqov,
and tell the children of Yisra'el; You have seen what I did to   4
Miẓrayim, and how I bore you on eagles' wings, and brought
you to myself. Now therefore, if you will obey my voice indeed,   5
and keep my covenant, then you shall be my own treasure from
among all peoples: for all the earth is mine: and you shall be   6
to me a kingdom of priests, and a holy nation. These are the
words which thou shalt speak to the children of Yisra'el. And   7
Moshe came and called for the elders of the people, and laid
before them all these words which the LORD had commanded
him, and all the people answered together, and said, All that   8
the LORD has spoken we will do. And Moshe reported the words
of the people to the LORD. And the LORD said to Moshe, Lo, I   9
come to thee in a thick cloud, that the people may hear when I
speak with thee, and believe thee for ever. And Moshe told the
words of the people to the LORD. And the LORD said to Moshe,   10
Go to the people, and sanctify them today and tomorrow, and
let them wash their clothes, and be ready by the third day: 11
for on the third day the LORD will come down in the sight of all
the people upon mount Sinay. And thou shalt set bounds to the   12
people round about, saying, Take heed to yourselves, that you
go not up into the mountain, or touch the border of it: whoever
touches the mountain shall be surely put to death: no hand   13
shall touch him, but he shall surely be stoned, or shot through;
whether it be beast or man, it shall not live: when the horn
sounds long, they shall come up to the mountain. And Moshe   14
went down from the mountain to the people, and sanctified the
people; and they washed their clothes. And he said to the people,   15
Be ready by the third day: come not near a woman. And it came   16
to pass on the third day in the morning, that there were

יז וַיּוֹצֵ֨א מֹשֶׁ֧ה אֶת־הָעָ֛ם לִקְרַ֥את הָאֱלֹהִ֖ים מִן־הַֽמַּחֲנֶ֑ה וַיִּֽתְיַצְּב֖וּ
יח בְּתַחְתִּ֥ית הָהָֽר׃ וְהַ֤ר סִינַי֙ עָשַׁ֣ן כֻּלּ֔וֹ מִ֠פְּנֵי אֲשֶׁ֨ר יָרַ֥ד עָלָ֛יו יְהוָ֖ה
יט בָּאֵ֑שׁ וַיַּ֤עַל עֲשָׁנוֹ֙ כְּעֶ֣שֶׁן הַכִּבְשָׁ֔ן וַיֶּחֱרַ֥ד כָּל־הָהָ֖ר מְאֹֽד׃ וַֽיְהִי֙
ק֣וֹל הַשֹּׁפָ֔ר הוֹלֵ֖ךְ וְחָזֵ֣ק מְאֹ֑ד מֹשֶׁ֣ה יְדַבֵּ֔ר וְהָאֱלֹהִ֖ים יַעֲנֶ֥נּוּ בְק֖וֹל׃
ששי כ וַיֵּ֧רֶד יְהוָ֛ה עַל־הַ֥ר סִינַ֖י אֶל־רֹ֣אשׁ הָהָ֑ר וַיִּקְרָ֨א יְהוָ֧ה לְמֹשֶׁ֛ה
כא אֶל־רֹ֥אשׁ הָהָ֖ר וַיַּ֥עַל מֹשֶֽׁה׃ וַיֹּ֤אמֶר יְהוָה֙ אֶל־מֹשֶׁ֔ה רֵ֖ד הָעֵ֣ד
כב בָּעָ֑ם פֶּן־יֶהֶרְס֤וּ אֶל־יְהוָה֙ לִרְא֔וֹת וְנָפַ֥ל מִמֶּ֖נּוּ רָֽב׃ וְגַ֧ם הַכֹּהֲנִ֛ים
כג הַנִּגָּשִׁ֥ים אֶל־יְהוָ֖ה יִתְקַדָּ֑שׁוּ פֶּן־יִפְרֹ֥ץ בָּהֶ֖ם יְהוָֽה׃ וַיֹּ֤אמֶר מֹשֶׁה֙
אֶל־יְהוָ֔ה לֹא־יוּכַ֣ל הָעָ֔ם לַעֲלֹ֖ת אֶל־הַ֣ר סִינָ֑י כִּֽי־אַתָּ֞ה הַעֵדֹ֤תָה
כד בָּ֙נוּ֙ לֵאמֹ֔ר הַגְבֵּ֥ל אֶת־הָהָ֖ר וְקִדַּשְׁתּֽוֹ׃ וַיֹּ֨אמֶר אֵלָ֤יו יְהוָה֙ לֶךְ־
רֵ֔ד וְעָלִ֥יתָ אַתָּ֖ה וְאַהֲרֹ֣ן עִמָּ֑ךְ וְהַכֹּהֲנִ֣ים וְהָעָ֗ם אַל־יֶֽהֶרְס֛וּ
כה לַעֲלֹ֥ת אֶל־יְהוָ֖ה פֶּן־יִפְרָץ־בָּֽם׃ וַיֵּ֥רֶד מֹשֶׁ֖ה אֶל־הָעָ֑ם וַיֹּ֖אמֶר
כ א אֲלֵהֶֽם׃ וַיְדַבֵּ֣ר אֱלֹהִ֔ים אֵ֛ת כָּל־הַדְּבָרִ֥ים הָאֵ֖לֶּה
ב לֵאמֹֽר׃ אָֽנֹכִ֖י יְהוָ֣ה אֱלֹהֶ֑יךָ אֲשֶׁ֧ר הוֹצֵאתִ֛יךָ
ג מֵאֶ֥רֶץ מִצְרַ֖יִם מִבֵּ֥ית עֲבָדִֽים׃ לֹֽא־יִהְיֶֽה־לְךָ֛ אֱלֹהִ֥ים אֲחֵרִ֖ים
ד עַל־פָּנָֽי׃ לֹֽא־תַעֲשֶׂ֨ה לְךָ֥ פֶ֙סֶל֙ וְכָל־תְּמוּנָ֔ה אֲשֶׁ֤ר בַּשָּׁמַ֙יִם֙ מִמַּ֔עַל
ה וַאֲשֶׁ֥ר בָּאָ֖רֶץ מִתָּ֑חַת וַאֲשֶׁ֥ר בַּמַּ֖יִם מִתַּ֥חַת לָאָֽרֶץ׃ לֹֽא־
תִשְׁתַּחֲוֶ֥ה לָהֶ֖ם וְלֹ֣א תָעָבְדֵ֑ם כִּ֣י אָנֹכִ֞י יְהוָ֤ה אֱלֹהֶ֙יךָ֙ אֵ֣ל קַנָּ֔א
פֹּ֠קֵד עֲוֺ֨ן אָבֹ֧ת עַל־בָּנִ֛ים עַל־שִׁלֵּשִׁ֥ים וְעַל־רִבֵּעִ֖ים לְשֹׂנְאָֽי׃
ו וְעֹ֥שֶׂה חֶ֖סֶד לַאֲלָפִ֑ים לְאֹהֲבַ֖י וּלְשֹׁמְרֵ֥י מִצְוֺתָֽי׃ לֹ֥א
ז תִשָּׂ֛א אֶת־שֵֽׁם־יְהוָ֥ה אֱלֹהֶ֖יךָ לַשָּׁ֑וְא כִּ֣י לֹ֤א יְנַקֶּה֙ יְהוָ֔ה אֵ֛ת
אֲשֶׁר־יִשָּׂ֥א אֶת־שְׁמ֖וֹ לַשָּֽׁוְא׃
ח ט זָכ֛וֹר אֶת־י֥וֹם הַשַּׁבָּ֖ת לְקַדְּשֽׁוֹ׃ שֵׁ֤שֶׁת יָמִים֙ תַּעֲבֹ֔ד וְעָשִׂ֖יתָ כָּל־
י מְלַאכְתֶּֽךָ׃ וְי֙וֹם֙ הַשְּׁבִיעִ֔י שַׁבָּ֖ת לַיהוָ֣ה אֱלֹהֶ֑יךָ לֹֽא־תַעֲשֶׂ֨ה כָל־
מְלָאכָ֜ה אַתָּ֣ה ׀ וּבִנְךָ֣ וּבִתֶּ֗ךָ עַבְדְּךָ֤ וַאֲמָתְךָ֙ וּבְהֶמְתֶּ֔ךָ וְגֵרְךָ֖ אֲשֶׁ֥ר
יא בִּשְׁעָרֶֽיךָ׃ כִּ֣י שֵֽׁשֶׁת־יָמִים֩ עָשָׂ֨ה יְהוָ֜ה אֶת־הַשָּׁמַ֣יִם וְאֶת־הָאָ֗רֶץ
אֶת־הַיָּם֙ וְאֶת־כָּל־אֲשֶׁר־בָּ֔ם וַיָּ֖נַח בַּיּ֣וֹם הַשְּׁבִיעִ֑י עַל־כֵּ֗ן בֵּרַ֧ךְ
יב יְהוָ֛ה אֶת־י֥וֹם הַשַּׁבָּ֖ת וַֽיְקַדְּשֵֽׁהוּ׃ כַּבֵּ֥ד אֶת־אָבִ֖יךָ
וְאֶת־אִמֶּ֑ךָ לְמַ֙עַן֙ יַאֲרִכ֣וּן יָמֶ֔יךָ עַ֚ל הָֽאֲדָמָ֔ה אֲשֶׁר־יְהוָ֥ה אֱלֹהֶ֖יךָ
יג נֹתֵ֥ן לָֽךְ׃ לֹ֥א תִּֿרְצָֽח׃ לֹ֥א
תִּֿנְאָֽף׃ לֹ֥א תִּֿגְנֹֽב׃ לֹֽא־
יד תַעֲנֶ֥ה בְרֵעֲךָ֖ עֵ֥ד שָֽׁקֶר׃ לֹ֥א
תַחְמֹ֖ד בֵּ֣ית רֵעֶ֑ךָ לֹֽא־
תַחְמֹ֞ד אֵ֣שֶׁת רֵעֶ֗ךָ וְעַבְדּ֤וֹ וַאֲמָתוֹ֙ וְשׁוֹר֣וֹ וַחֲמֹר֔וֹ וְכֹ֖ל אֲשֶׁ֥ר
לְרֵעֶֽךָ׃
שביעי טו וְכָל־הָעָם֩ רֹאִ֨ים אֶת־הַקּוֹלֹ֜ת וְאֶת־הַלַּפִּידִ֗ם וְאֵת֙ ק֣וֹל הַשֹּׁפָ֔ר

thunders and lightnings, and a thick cloud upon the mountain,
and the sound of a shofar exceeding loud; so that all the people
in the camp trembled. And Moshe brought the people out of the 17
camp to meet with God; and they stood at the foot of the
mountain. And mount Sinay smoked in every part, because the 18
Lord descended upon it in fire: and the smoke of it ascended
like the smoke of a furnace, and the whole mountain quaked
greatly. And then the voice of the shofar sounded louder and 19
louder; Moshe speaks, and God answers him by a voice. And the 20
Lord came down upon mount Sinay, on the top of the mountain:
and the Lord called Moshe up to the top of the mount; and
Moshe went up. And the Lord said to Moshe, Go down, charge 21
the people, lest they break through to the Lord to gaze, and many
of them perish. And let the priests also, who come near to the 22
Lord, sanctify themselves, lest the Lord break forth upon them.
And Moshe said to the Lord, The people cannot come up to 23
mount Sinay: for thou didst charge us, saying, Set bounds about
the mountain, and sanctify it. And the Lord said to him, Go, get 24
thee down, and thou shalt come up, thou, and Aharon with
thee: but let not the priests and the people break through to
come up to the Lord, lest he break forth upon them. So Moshe 25
went down to the people, and spoke to them. And God **20**
spoke all these words, saying, I am the Lord thy God, who 2
have brought thee out of the land of Miẕrayim, out of the house
of bondage. Thou shalt have no other gods beside me. Thou shalt 3, 4
not make for thyself any carved idol, or any likeness of any
thing that is in heaven above, or that is in the earth beneath,
or that is in the water under the earth: thou shalt not bow down 5
to them, nor serve them: for I the Lord thy God am a jealous God,
punishing the iniquity of the fathers upon the children unto the
third and fourth generation of those that hate me; but showing 6
mercy to thousands of generations of those that love me, and
keep my commandments. Thou shalt not take the name 7
of the Lord thy God in vain; for the Lord will not hold him
guiltless that takes his name in vain.
Remember the sabbath day, to keep it holy. Six days shalt thou 8, 9
labour, and do all thy work: but the seventh day is a sabbath 10
to the Lord thy God: in it thou shalt not do any work, thou,
nor thy son, nor thy daughter, thy manservant, nor thy maid-
servant, nor thy cattle, nor thy stranger that is within thy gates:
for in six days the Lord made heaven and earth, the sea, and all 11
that is in them, and rested on the seventh day: therefore the
Lord blessed the sabbath day, and hallowed it. Honour thy 12
father and thy mother: that thy days may be long in the land
which the Lord thy God gives thee. Thou shalt not mur- 13
der. Thou shalt not commit adultery. Thou shalt not
steal. Thou shalt not bear false witness against thy neigh-
bour. Thou shalt not covet thy neighbour's house, thou 14
shalt not covet thy neighbour's wife, nor his manservant, nor
his maidservant, nor his ox, nor his ass, nor anything that is
thy neighbour's.
And all the people perceived the thunderings, and the lightnings, 15
and the sound of the shofar, and the mountain smoking: and

וְאֶת־הָהָר עָשֵׁן וַיַּרְא הָעָם וַיָּנֻעוּ וַיַּעַמְדוּ מֵרָחֹק: וַיֹּאמְרוּ אֶל־ טז
מֹשֶׁה דַּבֵּר־אַתָּה עִמָּנוּ וְנִשְׁמָעָה וְאַל־יְדַבֵּר עִמָּנוּ אֱלֹהִים פֶּן־
נָמוּת: וַיֹּאמֶר מֹשֶׁה אֶל־הָעָם אַל־תִּירָאוּ כִּי לְבַעֲבוּר נַסּוֹת יז
אֶתְכֶם בָּא הָאֱלֹהִים וּבַעֲבוּר תִּהְיֶה יִרְאָתוֹ עַל־פְּנֵיכֶם לְבִלְתִּי
תֶחֱטָאוּ: וַיַּעֲמֹד הָעָם מֵרָחֹק וּמֹשֶׁה נִגַּשׁ אֶל־הָעֲרָפֶל אֲשֶׁר־ יח
מפטיר שָׁם הָאֱלֹהִים: וַיֹּאמֶר יהוה אֶל־מֹשֶׁה כֹּה יט
תֹאמַר אֶל־בְּנֵי יִשְׂרָאֵל אַתֶּם רְאִיתֶם כִּי מִן־הַשָּׁמַיִם דִּבַּרְתִּי
עִמָּכֶם: לֹא תַעֲשׂוּן אִתִּי אֱלֹהֵי כֶסֶף וֵאלֹהֵי זָהָב לֹא תַעֲשׂוּ כ
לָכֶם: מִזְבַּח אֲדָמָה תַּעֲשֶׂה־לִּי וְזָבַחְתָּ עָלָיו אֶת־עֹלֹתֶיךָ כא
וְאֶת־שְׁלָמֶיךָ אֶת־צֹאנְךָ וְאֶת־בְּקָרֶךָ בְּכָל־הַמָּקוֹם אֲשֶׁר
אַזְכִּיר אֶת־שְׁמִי אָבוֹא אֵלֶיךָ וּבֵרַכְתִּיךָ: וְאִם־מִזְבַּח אֲבָנִים כב
תַּעֲשֶׂה־לִּי לֹא־תִבְנֶה אֶתְהֶן גָּזִית כִּי חַרְבְּךָ הֵנַפְתָּ עָלֶיהָ
וַתְּחַלְלֶהָ: וְלֹא־תַעֲלֶה בְמַעֲלֹת עַל־מִזְבְּחִי אֲשֶׁר לֹא־תִגָּלֶה כג
עֶרְוָתְךָ עָלָיו:
משפטים טז וְאֵלֶּה הַמִּשְׁפָּטִים אֲשֶׁר תָּשִׂים לִפְנֵיהֶם: כִּי תִקְנֶה עֶבֶד עִבְרִי כא א ב
שֵׁשׁ שָׁנִים יַעֲבֹד וּבַשְּׁבִעִת יֵצֵא לַחָפְשִׁי חִנָּם: אִם־בְּגַפּוֹ יָבֹא ג
בְּגַפּוֹ יֵצֵא אִם־בַּעַל אִשָּׁה הוּא וְיָצְאָה אִשְׁתּוֹ עִמּוֹ: אִם־אֲדֹנָיו ד
יִתֶּן־לוֹ אִשָּׁה וְיָלְדָה־לוֹ בָנִים אוֹ בָנוֹת הָאִשָּׁה וִילָדֶיהָ תִּהְיֶה
לַאדֹנֶיהָ וְהוּא יֵצֵא בְגַפּוֹ: וְאִם־אָמֹר יֹאמַר הָעֶבֶד אָהַבְתִּי ה
אֶת־אֲדֹנִי אֶת־אִשְׁתִּי וְאֶת־בָּנָי לֹא אֵצֵא חָפְשִׁי: וְהִגִּישׁוֹ אֲדֹנָיו ו
אֶל־הָאֱלֹהִים וְהִגִּישׁוֹ אֶל־הַדֶּלֶת אוֹ אֶל־הַמְּזוּזָה וְרָצַע אֲדֹנָיו
אֶת־אָזְנוֹ בַּמַּרְצֵעַ וַעֲבָדוֹ לְעֹלָם: וְכִי־יִמְכֹּר אִישׁ ז
אֶת־בִּתּוֹ לְאָמָה לֹא תֵצֵא כְּצֵאת הָעֲבָדִים: אִם־רָעָה בְּעֵינֵי ח
לו אֲדֹנֶיהָ אֲשֶׁר־לֹא יְעָדָהּ וְהֶפְדָּהּ לְעַם נָכְרִי לֹא־יִמְשֹׁל לְמָכְרָהּ
בְּבִגְדוֹ־בָהּ: וְאִם־לִבְנוֹ יִיעָדֶנָּה כְּמִשְׁפַּט הַבָּנוֹת יַעֲשֶׂה־לָּהּ: אִם־ ט י
אַחֶרֶת יִקַּח־לוֹ שְׁאֵרָהּ כְּסוּתָהּ וְעֹנָתָהּ לֹא יִגְרָע: וְאִם־שְׁלָשׁ־ יא
אֵלֶּה לֹא יַעֲשֶׂה לָהּ וְיָצְאָה חִנָּם אֵין כָּסֶף: מַכֵּה יב
אִישׁ וָמֵת מוֹת יוּמָת: וַאֲשֶׁר לֹא צָדָה וְהָאֱלֹהִים אִנָּה לְיָדוֹ יג
וְשַׂמְתִּי לְךָ מָקוֹם אֲשֶׁר יָנוּס שָׁמָּה: וְכִי־ יד
יָזִד אִישׁ עַל־רֵעֵהוּ לְהָרְגוֹ בְעָרְמָה מֵעִם מִזְבְּחִי תִּקָּחֶנּוּ
לָמוּת: וּמַכֵּה אָבִיו וְאִמּוֹ מוֹת יוּמָת: וְגֹנֵב טו טז
אִישׁ וּמְכָרוֹ וְנִמְצָא בְיָדוֹ מוֹת יוּמָת: וּמְקַלֵּל יז
אָבִיו וְאִמּוֹ מוֹת יוּמָת: וְכִי־יְרִיבֻן אֲנָשִׁים וְהִכָּה־ יח
אִישׁ אֶת־רֵעֵהוּ בְּאֶבֶן אוֹ בְאֶגְרֹף וְלֹא יָמוּת וְנָפַל לְמִשְׁכָּב:
אִם־יָקוּם וְהִתְהַלֵּךְ בַּחוּץ עַל־מִשְׁעַנְתּוֹ וְנִקָּה הַמַּכֶּה רַק יט

when the people saw it, they were shaken, and stood afar off.
And they said to Moshe, Speak thou with us, and we will hear: 16
but let not GOD speak with us, lest we die. And Moshe said to 17
the people, Fear not: for GOD is come to test you, and that his
fear may be before your faces, that you sin not. And the people 18
stood afar off, and Moshe drew near to the thick darkness where
GOD was.   And the LORD said to Moshe, Thus thou shalt say 19
to the children of Yisra'el, You have seen that I have talked with
you from heaven. You shall not make with me gods of silver, 20
neither shall you make for yourselves gods of gold. An altar of 21
earth thou shalt make to me, and thou shalt sacrifice on it thy
burnt offerings, and thy peace offerings, thy sheep, and thy oxen:
in all places where I cause my name to be pronounced, I will
come to thee, and I will bless thee. And if thou wilt make me 22
an altar of stone, thou shalt not build it of hewn stone: for if
thou lift up thy tool upon it, thou hast defiled it. Neither shalt 23
thou go up by steps to my altar, that thy nakedness be not ex-
posed on it.

MISHPATIM   Now these are the judgments which thou shalt set before them. **21**
If thou buy a Hebrew servant, six years he shall serve: and in 2
the seventh he shall go out free, for nothing. If he came in by 3
himself, he shall go out by himself: if he is married, then his
wife shall go out with him. If his master has given him a wife, 4
and she has born him sons or daughters; the wife and her child-
ren shall be her master's, and he shall go out by himself. And if 5
the servant shall plainly say, I love my master, my wife, and my
children; I will not go out free: then his master shall bring him 6
to the judges; he shall also bring him to the door, or to the door
post; and his master shall bore his ear through with an awl;
and he shall serve him for ever.   And if a man sell his 7
daughter to be a maidservant, she shall not go out as the men-
servants do. If she please not her master, who has designated 8
her for himself, then shall he let her be redeemed: to sell her
to a strange nation he shall have no power, seeing he has dealt
deceitfully with her. And if he designated her for his son, he shall 9
deal with her after the manner of daughters. If he take another 10
wife for himself; her food, her clothing, and her duty of mar-
riage, shall he not diminish. And if he do not these three to her, 11
then shall she go out free without money.   He that smites 12
a man, so that he die, shall be surely put to death. And if a man 13
did not lie in wait, but GOD allowed it to happen to him; then I
will appoint thee a place to which he shall flee.   But if a 14
man come presumptuously upon his neighbour, to slay him with
guile; thou shalt take him from my altar, that he may die.

        And he that smites his father, or his mother, shall be 15
surely put to death.   And he that steals a man, and sells 16
him, if he be found in his hand, he shall surely be put to
death.   And he that curses his father, or his mother, shall 17
surely be put to death.   And if men strive together, and one 18
smite another with a stone, or with his fist, and he die not, but
keeps his bed: if he rise again, and walk abroad upon his staff, 19
then shall he that struck him be acquitted: only he shall pay
for the loss of his time, and shall cause him to be thoroughly

שני שִׁבְתּוֹ יִתֵּן וְרַפֹּא יְרַפֵּא׃ וְכִי־יַכֶּה אִישׁ אֶת־עַבְדּוֹ כ
אוֹ אֶת־אֲמָתוֹ בַּשֵּׁבֶט וּמֵת תַּחַת יָדוֹ נָקֹם יִנָּקֵם׃ אַךְ אִם־יוֹם כא
אוֹ יוֹמַיִם יַעֲמֹד לֹא יֻקַּם כִּי כַסְפּוֹ הוּא׃ וְכִי־ כב
יִנָּצוּ אֲנָשִׁים וְנָגְפוּ אִשָּׁה הָרָה וְיָצְאוּ יְלָדֶיהָ וְלֹא יִהְיֶה אָסוֹן
עָנוֹשׁ יֵעָנֵשׁ כַּאֲשֶׁר יָשִׁית עָלָיו בַּעַל הָאִשָּׁה וְנָתַן בִּפְלִלִים׃
וְאִם־אָסוֹן יִהְיֶה וְנָתַתָּה נֶפֶשׁ תַּחַת נָפֶשׁ׃ עַיִן תַּחַת עַיִן שֵׁן כג כד
תַּחַת שֵׁן יָד תַּחַת יָד רֶגֶל תַּחַת רָגֶל׃ כְּוִיָּה תַּחַת כְּוִיָּה פֶּצַע כה
תַּחַת פָּצַע חַבּוּרָה תַּחַת חַבּוּרָה׃ וְכִי־יַכֶּה אִישׁ כו
אֶת־עֵין עַבְדּוֹ אוֹ־אֶת־עֵין אֲמָתוֹ וְשִׁחֲתָהּ לַחָפְשִׁי יְשַׁלְּחֶנּוּ
תַּחַת עֵינוֹ׃ וְאִם־שֵׁן עַבְדּוֹ אוֹ־שֵׁן אֲמָתוֹ יַפִּיל לַחָפְשִׁי יְשַׁלְּחֶנּוּ כז
תַּחַת שִׁנּוֹ׃
וְכִי־יִגַּח שׁוֹר אֶת־אִישׁ אוֹ אֶת־אִשָּׁה וָמֵת סָקוֹל יִסָּקֵל הַשּׁוֹר כח
וְלֹא יֵאָכֵל אֶת־בְּשָׂרוֹ וּבַעַל הַשּׁוֹר נָקִי׃ וְאִם שׁוֹר נַגָּח הוּא כט
מִתְּמֹל שִׁלְשֹׁם וְהוּעַד בִּבְעָלָיו וְלֹא יִשְׁמְרֶנּוּ וְהֵמִית אִישׁ אוֹ
אִשָּׁה הַשּׁוֹר יִסָּקֵל וְגַם־בְּעָלָיו יוּמָת׃ אִם־כֹּפֶר יוּשַׁת עָלָיו וְנָתַן ל
פִּדְיֹן נַפְשׁוֹ כְּכֹל אֲשֶׁר־יוּשַׁת עָלָיו׃ אוֹ־בֵן יִגָּח אוֹ־בַת יִגָּח כַּמִּשְׁפָּט לא
הַזֶּה יֵעָשֶׂה לּוֹ׃ אִם־עֶבֶד יִגַּח הַשּׁוֹר אוֹ אָמָה כֶּסֶף ׀ שְׁלֹשִׁים לב
שְׁקָלִים יִתֵּן לַאדֹנָיו וְהַשּׁוֹר יִסָּקֵל׃ וְכִי־יִפְתַּח לג
אִישׁ בּוֹר אוֹ כִּי־יִכְרֶה אִישׁ בֹּר וְלֹא יְכַסֶּנּוּ וְנָפַל־שָׁמָּה שּׁוֹר
אוֹ חֲמוֹר׃ בַּעַל הַבּוֹר יְשַׁלֵּם כֶּסֶף יָשִׁיב לִבְעָלָיו וְהַמֵּת יִהְיֶה־ לד
לּוֹ׃ וְכִי־יִגֹּף שׁוֹר־אִישׁ אֶת־שׁוֹר רֵעֵהוּ וָמֵת לה
וּמָכְרוּ אֶת־הַשּׁוֹר הַחַי וְחָצוּ אֶת־כַּסְפּוֹ וְגַם אֶת־הַמֵּת יֶחֱצוּן׃
אוֹ נוֹדַע כִּי שׁוֹר נַגָּח הוּא מִתְּמוֹל שִׁלְשֹׁם וְלֹא יִשְׁמְרֶנּוּ בְּעָלָיו לו
שַׁלֵּם יְשַׁלֵּם שׁוֹר תַּחַת הַשּׁוֹר וְהַמֵּת יִהְיֶה־לּוֹ׃ כִּי לז
יִגְנֹב־אִישׁ שׁוֹר אוֹ־שֶׂה וּטְבָחוֹ אוֹ מְכָרוֹ חֲמִשָּׁה בָקָר יְשַׁלֵּם
תַּחַת הַשּׁוֹר וְאַרְבַּע־צֹאן תַּחַת הַשֶּׂה׃ אִם־בַּמַּחְתֶּרֶת יִמָּצֵא כב א
הַגַּנָּב וְהֻכָּה וָמֵת אֵין לוֹ דָּמִים׃ אִם־זָרְחָה הַשֶּׁמֶשׁ עָלָיו ב
דָּמִים לוֹ שַׁלֵּם יְשַׁלֵּם אִם־אֵין לוֹ וְנִמְכַּר בִּגְנֵבָתוֹ׃ אִם־הִמָּצֵא ג
תִמָּצֵא בְיָדוֹ הַגְּנֵבָה מִשּׁוֹר עַד־חֲמוֹר עַד־שֶׂה חַיִּים שְׁנַיִם
שלישי יְשַׁלֵּם׃ כִּי יַבְעֶר־אִישׁ שָׂדֶה אוֹ־כֶרֶם וְשִׁלַּח ד
אֶת־בְּעִירֹה וּבִעֵר בִּשְׂדֵה אַחֵר מֵיטַב שָׂדֵהוּ וּמֵיטַב כַּרְמוֹ
יְשַׁלֵּם׃ כִּי־תֵצֵא אֵשׁ וּמָצְאָה קֹצִים וְנֶאֱכַל ה
גָּדִישׁ אוֹ הַקָּמָה אוֹ הַשָּׂדֶה שַׁלֵּם יְשַׁלֵּם הַמַּבְעִר אֶת־
הַבְּעֵרָה׃ כִּי־יִתֵּן אִישׁ אֶל־רֵעֵהוּ כֶּסֶף אוֹ־כֵלִים ו
לִשְׁמֹר וְגֻנַּב מִבֵּית הָאִישׁ אִם־יִמָּצֵא הַגַּנָּב יְשַׁלֵּם שְׁנָיִם׃ אִם־ ז
לֹא יִמָּצֵא הַגַּנָּב וְנִקְרַב בַּעַל־הַבַּיִת אֶל־הָאֱלֹהִים אִם־לֹא שָׁלַח

healed.   And if a man smite his servant, or his maid, with   20
a rod, and he die under his hand; he shall be surely punished.
But if he continues a day or two, he shall not be punished: for   21
he is his money.   If men strive, and hurt a woman with   22
child, so that her fruit depart from her, and yet no further
harm ensue: he shall be surely punished, according as the wo-
man's husband will lay upon him; and he shall pay as the
judges determine. But if any harm ensue, then thou shalt   23
give life for life. Eye for eye, tooth for tooth, hand for hand,   24
foot for foot, burning for burning, wound for wound, bruise   25
for bruise.   And if a man smite the eye of his servant, or   26
the eye of his maid, and destroy it; he shall let him go free for
his eye's sake. And if he strike out his manservant's tooth, or   27
his maidservant's tooth; he shall let him go free for his tooth's
sake.

If an ox gore a man or a woman, that they die: then the ox shall   28
be surely stoned, and his flesh shall not be eaten; but the owner
of the ox shall be acquitted. But if the ox was wont to gore with   29
his horn in time past, and his owner had been warned, yet he
had not kept him in, but it killed a man or a woman; the
ox shall be stoned, and its owner also shall be put to death.
If there be laid on him a sum of money, then he shall give for   30
the ransom of his life whatever is laid upon him. Whether he   31
has gored a son, or gored a daughter, according to this judgment
shall it be done to him. If the ox shall gore a manservant or a   32
maidservant; he shall give to their master thirty shekels of
silver, and the ox shall be stoned.   And if a man shall open   33
a pit, or if a man shall dig a pit, and not cover it, and an ox
or an ass fall into it; the owner of the pit shall make it good,   34
and give money to the owner of them; and the dead beast shall
be his.   And if one man's ox hurt another's, that he die;   35
then they shall sell the live ox, and divide the money of it; and
the dead ox also they shall divide. Or if it be known that the ox   36
has long been in the habit of goring, and his owner has not kept
him in; he shall surely pay ox for ox; and the dead shall be his
own.   If a man shall steal an ox, or a sheep, and kill it,   37
or sell it; he shall restore five oxen for an ox, and four sheep
for a sheep. If a thief be found breaking in, and be smitten that   **22**
he die, there shall no blood be shed on his account. If the sun   2
be risen upon him, there shall be blood shed on his account. He
should make full restitution; if he have nothing, then he shall
be sold for his theft. If the theft be at all found in his hand   3
alive, whether it be ox, or ass, or sheep; he shall restore double.

If a man shall cause a field or vineyard to be eaten, and   4
shall put in his beast, and shall feed in another man's field; of
the best of his field, and of the best of his vineyard, shall he
make restitution.   If fire break out, and catch in thorns,   5
so that the sheaves, or the standing corn, or the field, be con-
sumed; he that kindled the fire shall surely make restitution.

If a man shall deliver to his neighbour money or vessels   6
to keep, and it be stolen out of the man's house; if the thief be
found, he shall pay double. If the thief be not found, then the   7
master of the house shall be brought to the judges, to swear

ח   יָדוֹ בִּמְלֶאכֶת רֵעֵהוּ: עַל־כָּל־דְּבַר־פֶּשַׁע עַל־שׁוֹר עַל־חֲמוֹר עַל־
שֶׂה עַל־שַׂלְמָה עַל־כָּל־אֲבֵדָה אֲשֶׁר יֹאמַר כִּי־הוּא זֶה עַד
הָאֱלֹהִים יָבֹא דְּבַר־שְׁנֵיהֶם אֲשֶׁר יַרְשִׁיעֻן אֱלֹהִים יְשַׁלֵּם שְׁנַיִם
לְרֵעֵהוּ:   ט   כִּי־יִתֵּן אִישׁ אֶל־רֵעֵהוּ חֲמוֹר אוֹ־שׁוֹר
אוֹ־שֶׂה וְכָל־בְּהֵמָה לִשְׁמֹר וּמֵת אוֹ־נִשְׁבַּר אוֹ־נִשְׁבָּה אֵין
רֹאֶה: י   שְׁבֻעַת יְהוָה תִּהְיֶה בֵּין שְׁנֵיהֶם אִם־לֹא שָׁלַח יָדוֹ
בִּמְלֶאכֶת רֵעֵהוּ וְלָקַח בְּעָלָיו וְלֹא יְשַׁלֵּם: יא   וְאִם־גָּנֹב יִגָּנֵב
מֵעִמּוֹ יְשַׁלֵּם לִבְעָלָיו: יב   אִם־טָרֹף יִטָּרֵף יְבִאֵהוּ עֵד הַטְּרֵפָה
לֹא יְשַׁלֵּם:

יג   וְכִי־יִשְׁאַל אִישׁ מֵעִם רֵעֵהוּ וְנִשְׁבַּר אוֹ־מֵת בְּעָלָיו אֵין־עִמּוֹ
יד   שַׁלֵּם יְשַׁלֵּם: אִם־בְּעָלָיו עִמּוֹ לֹא יְשַׁלֵּם אִם־שָׂכִיר הוּא בָּא
בִּשְׂכָרוֹ:   טו   וְכִי־יְפַתֶּה אִישׁ בְּתוּלָה אֲשֶׁר לֹא־אֹרָשָׂה
וְשָׁכַב עִמָּהּ מָהֹר יִמְהָרֶנָּה לּוֹ לְאִשָּׁה: טז   אִם־מָאֵן יְמָאֵן אָבִיהָ
לְתִתָּהּ לוֹ כֶּסֶף יִשְׁקֹל כְּמֹהַר הַבְּתוּלֹת: יז   מְכַשֵּׁפָה
לֹא תְחַיֶּה: יח   כָּל־שֹׁכֵב עִם־בְּהֵמָה מוֹת יוּמָת: זֹבֵחַ
לָאֱלֹהִים יָחֳרָם בִּלְתִּי לַיהוָה לְבַדּוֹ:   כ   וְגֵר לֹא־תוֹנֶה וְלֹא
תִלְחָצֶנּוּ כִּי־גֵרִים הֱיִיתֶם בְּאֶרֶץ מִצְרָיִם: כא   כָּל־אַלְמָנָה וְיָתוֹם
לֹא תְעַנּוּן: כב   אִם־עַנֵּה תְעַנֶּה אֹתוֹ כִּי אִם־צָעֹק יִצְעַק אֵלַי
שָׁמֹעַ אֶשְׁמַע צַעֲקָתוֹ:   כג   וְחָרָה אַפִּי וְהָרַגְתִּי אֶתְכֶם בֶּחָרֶב וְהָיוּ
נְשֵׁיכֶם אַלְמָנוֹת וּבְנֵיכֶם יְתֹמִים:

רביעי   כד   אִם־כֶּסֶף ׀ תַּלְוֶה אֶת־עַמִּי אֶת־הֶעָנִי עִמָּךְ לֹא־תִהְיֶה לוֹ כְּנֹשֶׁה
לֹא־תְשִׂימוּן עָלָיו נֶשֶׁךְ:   כה   אִם־חָבֹל תַּחְבֹּל שַׂלְמַת רֵעֶךָ עַד־
בֹּא הַשֶּׁמֶשׁ תְּשִׁיבֶנּוּ לוֹ:   כו   כִּי הִוא כְסוּתֹה לְבַדָּהּ הִוא שִׂמְלָתוֹ
לְעֹרוֹ בַּמֶּה יִשְׁכָּב וְהָיָה כִּי־יִצְעַק אֵלַי וְשָׁמַעְתִּי כִּי־חַנּוּן
אָנִי: כז   אֱלֹהִים לֹא תְקַלֵּל וְנָשִׂיא בְעַמְּךָ לֹא תָאֹר:
מְלֵאָתְךָ וְדִמְעֲךָ לֹא תְאַחֵר בְּכוֹר בָּנֶיךָ תִּתֶּן־לִי: כח   כֵּן־תַּעֲשֶׂה
לְשֹׁרְךָ לְצֹאנֶךָ שִׁבְעַת יָמִים יִהְיֶה עִם־אִמּוֹ בַּיּוֹם הַשְּׁמִינִי
תִּתְּנוֹ־לִי: ל   וְאַנְשֵׁי־קֹדֶשׁ תִּהְיוּן לִי וּבָשָׂר בַּשָּׂדֶה טְרֵפָה לֹא
כג   א   תֹאכֵלוּ לַכֶּלֶב תַּשְׁלִכוּן אֹתוֹ:   לֹא תִשָּׂא שֵׁמַע
ב   שָׁוְא אַל־תָּשֶׁת יָדְךָ עִם־רָשָׁע לִהְיֹת עֵד חָמָס: לֹא־תִהְיֶה
אַחֲרֵי־רַבִּים לְרָעֹת וְלֹא־תַעֲנֶה עַל־רִב לִנְטֹת אַחֲרֵי רַבִּים
לְהַטֹּת: ג   וְדָל לֹא תֶהְדַּר בְּרִיבוֹ:   ד   כִּי תִפְגַּע שׁוֹר
אֹיִבְךָ אוֹ חֲמֹרוֹ תֹּעֶה הָשֵׁב תְּשִׁיבֶנּוּ לוֹ:   ה   כִּי־
תִרְאֶה חֲמוֹר שֹׂנַאֲךָ רֹבֵץ תַּחַת מַשָּׂאוֹ וְחָדַלְתָּ מֵעֲזֹב לוֹ עָזֹב

that he has not put his hand to his neighbour's goods. For all   8
manner of trespass, whether it be for ox, for ass, for sheep, for
a garment, or for any manner of lost thing, of which one can say,
This is it, the cause of both parties shall come before the judges;
and whom the judges shall condemn, he shall pay double to his
neighbour.   If a man deliver to his neighbour an ass, or an   9
ox, or a sheep, or any beast, to keep; and it die, or be hurt, or
be driven away, no man seeing it: then shall an oath of the   10
LORD be between them both, that he has not put his hand to
his neighbour's goods; and the owner of it shall accept this,
and he shall not make it good. But if it be stolen from him, he   11
shall make restitution to its owner. If it be torn in pieces, then   12
let him bring it as evidence; he shall not make good that which
was torn.

And if a man borrow aught of his neighbour, and it be hurt,   13
or die, its owner not being with it, he shall surely make it good.
But if its owner be with it, he shall not make it good: if it be   14
a hired thing, it came for his hire.   And if a man seduce a   15
virgin that is not betrothed, and lie with her, he shall pay the
bride price for her to be his wife. If her father utterly refuse   16
to give her to him, he shall pay money according to the mar-
riage price of virgins.   Thou shalt not suffer a witch to   17
live. Whoever cohabits with a beast shall surely be put to   18
death.   He that sacrifices to any god, save to the LORD   19
only, he shall be utterly destroyed. Thou shalt neither vex a   20
stranger, nor oppress him: for you were strangers in the land
of Miẓrayim. You shall not afflict any widow, or fatherless child.   21
If thou at all afflict them, and they cry to me, I will surely hear   22
their cry; and my anger shall be inflamed, and I will kill you   23
with the sword; then your wives shall be widows, and your
children fatherless.

If thou lend money to any of my people that is poor by thee,   24
thou shalt not be to him as a creditor, neither shall you lay upon
him interest. If thou at all take thy neighbour's garment for a   25
pledge, thou shalt deliver it to him by sundown: for that is   26
his only covering, it is his garment for his skin: in what shall
he sleep? and it shall come to pass, when he cries to me, that
I will hear; for I am gracious.   Thou shalt not revile the   27
judges, nor curse the ruler of thy people. Thou shalt not delay   28
to offer the first of thy ripe fruits, and of thy liquors: the first-
born of thy sons shalt thou give to me. In like manner shalt   29
thou do with thy oxen, and with thy sheep: seven days it shall
be with his dam; on the eighth day thou shalt give it me. And   30
you shall be holy men to me: neither shall you eat any meat
that is torn of beasts in the field; you shall cast it to the
dogs.   Thou shalt not raise a false report: put not thy   **23**
hand with the wicked to be an unrighteous witness. Thou shalt   2
not follow a multitude to do evil; neither shalt thou speak in a
cause to incline after a multitude to pervert justice: nor shalt   3
thou favour a poor man in his cause.   If thou meet thy   4
enemy's ox or his ass going astray, thou shalt surely bring it
back to him again.   If thou see the ass of him that hates   5
thee lying under its burden, and wouldst forbear to unload it,

ו תַּעֲזֹב עִמּוֹ׃ לֹא תַטֶּה מִשְׁפַּט אֶבְיֹנְךָ בְּרִיבוֹ׃ חמישי
ז מִדְּבַר־שֶׁקֶר תִּרְחָק וְנָקִי וְצַדִּיק אַל־תַּהֲרֹג כִּי לֹא־אַצְדִּיק
ח רָשָׁע׃ וְשֹׁחַד לֹא תִקָּח כִּי הַשֹּׁחַד יְעַוֵּר פִּקְחִים וִיסַלֵּף דִּבְרֵי
ט צַדִּיקִים׃ וְגֵר לֹא תִלְחָץ וְאַתֶּם יְדַעְתֶּם אֶת־נֶפֶשׁ הַגֵּר כִּי־
י גֵרִים הֱיִיתֶם בְּאֶרֶץ מִצְרָיִם׃ וְשֵׁשׁ שָׁנִים תִּזְרַע אֶת־אַרְצֶךָ
יא וְאָסַפְתָּ אֶת־תְּבוּאָתָהּ׃ וְהַשְּׁבִיעִת תִּשְׁמְטֶנָּה וּנְטַשְׁתָּהּ וְאָכְלוּ
אֶבְיֹנֵי עַמֶּךָ וְיִתְרָם תֹּאכַל חַיַּת הַשָּׂדֶה כֵּן־תַּעֲשֶׂה לְכַרְמְךָ
יב לְזֵיתֶךָ׃ שֵׁשֶׁת יָמִים תַּעֲשֶׂה מַעֲשֶׂיךָ וּבַיּוֹם הַשְּׁבִיעִי תִּשְׁבֹּת
יג לְמַעַן יָנוּחַ שׁוֹרְךָ וַחֲמֹרֶךָ וְיִנָּפֵשׁ בֶּן־אֲמָתְךָ וְהַגֵּר׃ וּבְכֹל אֲשֶׁר־
אָמַרְתִּי אֲלֵיכֶם תִּשָּׁמֵרוּ וְשֵׁם אֱלֹהִים אֲחֵרִים לֹא תַזְכִּירוּ
יד טו לֹא יִשָּׁמַע עַל־פִּיךָ׃ שָׁלֹשׁ רְגָלִים תָּחֹג לִי בַּשָּׁנָה׃ אֶת־חַג
הַמַּצּוֹת תִּשְׁמֹר שִׁבְעַת יָמִים תֹּאכַל מַצּוֹת כַּאֲשֶׁר צִוִּיתִךָ
לְמוֹעֵד חֹדֶשׁ הָאָבִיב כִּי־בוֹ יָצָאתָ מִמִּצְרָיִם וְלֹא־יֵרָאוּ פָנַי
טז רֵיקָם׃ וְחַג הַקָּצִיר בִּכּוּרֵי מַעֲשֶׂיךָ אֲשֶׁר תִּזְרַע בַּשָּׂדֶה וְחַג
יז הָאָסִף בְּצֵאת הַשָּׁנָה בְּאָסְפְּךָ אֶת־מַעֲשֶׂיךָ מִן־הַשָּׂדֶה׃ שָׁלֹשׁ
יח פְּעָמִים בַּשָּׁנָה יֵרָאֶה כָּל־זְכוּרְךָ אֶל־פְּנֵי הָאָדֹן ׀ יהוה׃ לֹא־
תִזְבַּח עַל־חָמֵץ דַּם־זִבְחִי וְלֹא־יָלִין חֵלֶב־חַגִּי עַד־בֹּקֶר׃
יט רֵאשִׁית בִּכּוּרֵי אַדְמָתְךָ תָּבִיא בֵּית יהוה אֱלֹהֶיךָ לֹא־תְבַשֵּׁל
גְּדִי בַּחֲלֵב אִמּוֹ׃
כ הִנֵּה אָנֹכִי שֹׁלֵחַ מַלְאָךְ לְפָנֶיךָ לִשְׁמָרְךָ בַּדָּרֶךְ וְלַהֲבִיאֲךָ אֶל־ ששי
כא הַמָּקוֹם אֲשֶׁר הֲכִנֹתִי׃ הִשָּׁמֶר מִפָּנָיו וּשְׁמַע בְּקֹלוֹ אַל־תַּמֵּר
כב בּוֹ כִּי לֹא יִשָּׂא לְפִשְׁעֲכֶם כִּי שְׁמִי בְּקִרְבּוֹ׃ כִּי אִם־שָׁמוֹעַ
תִּשְׁמַע בְּקֹלוֹ וְעָשִׂיתָ כֹּל אֲשֶׁר אֲדַבֵּר וְאָיַבְתִּי אֶת־אֹיְבֶיךָ
כג וְצַרְתִּי אֶת־צֹרְרֶיךָ׃ כִּי־יֵלֵךְ מַלְאָכִי לְפָנֶיךָ וֶהֱבִיאֲךָ אֶל־
כד הָאֱמֹרִי וְהַחִתִּי וְהַפְּרִזִּי וְהַכְּנַעֲנִי הַחִוִּי וְהַיְבוּסִי וְהִכְחַדְתִּיו׃ לֹא־
תִשְׁתַּחֲוֶה לֵאלֹהֵיהֶם וְלֹא תָעָבְדֵם וְלֹא תַעֲשֶׂה כְּמַעֲשֵׂיהֶם
כה כִּי הָרֵס תְּהָרְסֵם וְשַׁבֵּר תְּשַׁבֵּר מַצֵּבֹתֵיהֶם׃ וַעֲבַדְתֶּם אֵת
יהוה אֱלֹהֵיכֶם וּבֵרַךְ אֶת־לַחְמְךָ וְאֶת־מֵימֶיךָ וַהֲסִרֹתִי מַחֲלָה
כו מִקִּרְבֶּךָ׃ לֹא תִהְיֶה מְשַׁכֵּלָה וַעֲקָרָה בְּאַרְצֶךָ שביעי
כז אֶת־מִסְפַּר יָמֶיךָ אֲמַלֵּא׃ אֶת־אֵימָתִי אֲשַׁלַּח לְפָנֶיךָ וְהַמֹּתִי
אֶת־כָּל־הָעָם אֲשֶׁר תָּבֹא בָּהֶם וְנָתַתִּי אֶת־כָּל־אֹיְבֶיךָ אֵלֶיךָ
כח עֹרֶף׃ וְשָׁלַחְתִּי אֶת־הַצִּרְעָה לְפָנֶיךָ וְגֵרְשָׁה אֶת־הַחִוִּי אֶת־
כט הַכְּנַעֲנִי וְאֶת־הַחִתִּי מִלְּפָנֶיךָ׃ לֹא אֲגָרְשֶׁנּוּ מִפָּנֶיךָ בְּשָׁנָה
ל אֶחָת פֶּן־תִּהְיֶה הָאָרֶץ שְׁמָמָה וְרַבָּה עָלֶיךָ חַיַּת הַשָּׂדֶה׃ מְעַט
מְעַט אֲגָרְשֶׁנּוּ מִפָּנֶיךָ עַד אֲשֶׁר תִּפְרֶה וְנָחַלְתָּ אֶת־הָאָרֶץ׃

thou shalt surely unload it with him.   Thou shalt not per- 6
vert the judgment of thy poor in his cause. Keep thee far from a 7
false matter; and the innocent and righteous slay thou not:
for I will not justify the wicked. And thou shalt take no bribe: 8
for the bribe blinds the wise, and perverts the words of the
righteous. Also thou shalt not oppress a stranger: for you know 9
the heart of a stranger, seeing you were strangers in the land
of Miẓrayim. And six years thou shalt sow thy land, and shalt 10
gather in its fruits: but the seventh year thou shalt let it rest 11
and lie fallow; that the poor of thy people may eat: and what
they leave, the beasts of the field shall eat. In like manner thou
shalt deal with thy vineyard, and with thy olive grove. Six days 12
thou shalt do thy work, and on the seventh day thou shalt rest:
that thy ox and thy ass may rest; and the son of thy handmaid,
and the stranger, may be refreshed. And all things that I have 13
said to you be mindful of: and make no mention of the name
of other gods, neither let it be heard out of thy mouth. Three 14
times thou shalt keep a feast to me in the year. Thou shalt keep 15
the feast of unleavened bread: (thou shalt eat unleavened bread
seven days, as I commanded thee, in the time appointed of the
month Aviv; for in it thou didst come out from Miẓrayim: and
none shall appear before me empty:) and the feast of harvest, 16
the firstfruits of thy labours, which thou hast sown in the field:
and the feast of ingathering, which is at the end of the year,
when thou hast gathered in thy labours out of the field. Three 17
times in the year all thy males shall appear before the LORD
GOD. Thou shalt not offer the blood of my sacrifice with leavened 18
bread; neither shall the fat of my sacrifice remain until the
morning. The first of the firstfruits of thy land thou shalt bring 19
to the house of the LORD thy GOD. Thou shalt not boil a kid in
its mother's milk.

Behold, I send an angel before thee, to keep thee in the way, 20
and to bring thee to the place which I have prepared. Take heed 21
of him, and obey his voice, provoke him not; for he will not
pardon your transgressions: for my name is in him. But if thou 22
shalt indeed obey his voice, and do all that I speak; then I will
be an enemy to thy enemies, and an adversary to thy adver-
saries. For my angel shall go before thee, and bring thee in to 23
the Emori, and the Ḥitti, and the Perizzi, and the Kena'ani, and
the Ḥivvi, and the Yevusi; and I will cut them off. Thou shalt 24
not bow down to their gods, nor serve them, nor do after their
works: but thou shalt utterly overthrow them, and completely
break down their images. And you shall serve the LORD your GOD, 25
and he shall bless thy bread, and thy water; and I will take
sickness away from the midst of thee.   None shall miscarry, 26
nor be barren, in thy land: the number of thy days I will fulfil.
I will send my fear before thee, and will destroy all the people 27
to whom thou shalt come, and I will make all thy enemies turn
their backs to thee. And I will send hornets before thee, which 28
shall drive out the Ḥivvi, the Kena'ani, and the Ḥitti, from be-
fore thee. I will not drive them out from before thee in one year; 29
lest the land become desolate, and the wild beasts multiply
against thee. Little by little I will drive them out from before 30

לא וְשַׁתִּי אֶת־גְּבֻלְךָ מִיַּם־סוּף וְעַד־יָם פְּלִשְׁתִּים וּמִמִּדְבָּר עַד־
הַנָּהָר כִּי׀ אֶתֵּן בְּיֶדְכֶם אֵת יֹשְׁבֵי הָאָרֶץ וְגֵרַשְׁתָּמוֹ מִפָּנֶיךָ׃
לב לג לֹא־תִכְרֹת לָהֶם וְלֵאלֹהֵיהֶם בְּרִית׃ לֹא יֵשְׁבוּ בְּאַרְצְךָ
פֶּן־יַחֲטִיאוּ אֹתְךָ לִי כִּי תַעֲבֹד אֶת־אֱלֹהֵיהֶם כִּי־יִהְיֶה לְךָ
לְמוֹקֵשׁ׃
כד א וְאֶל־מֹשֶׁה אָמַר עֲלֵה אֶל־יהוה אַתָּה וְאַהֲרֹן נָדָב וַאֲבִיהוּא
ב וְשִׁבְעִים מִזִּקְנֵי יִשְׂרָאֵל וְהִשְׁתַּחֲוִיתֶם מֵרָחֹק׃ וְנִגַּשׁ מֹשֶׁה
ג לְבַדּוֹ אֶל־יהוה וְהֵם לֹא יִגָּשׁוּ וְהָעָם לֹא יַעֲלוּ עִמּוֹ׃ וַיָּבֹא
מֹשֶׁה וַיְסַפֵּר לָעָם אֵת כָּל־דִּבְרֵי יהוה וְאֵת כָּל־הַמִּשְׁפָּטִים
וַיַּעַן כָּל־הָעָם קוֹל אֶחָד וַיֹּאמְרוּ כָּל־הַדְּבָרִים אֲשֶׁר־דִּבֶּר
ד יהוה נַעֲשֶׂה׃ וַיִּכְתֹּב מֹשֶׁה אֵת כָּל־דִּבְרֵי יהוה וַיַּשְׁכֵּם בַּבֹּקֶר
וַיִּבֶן מִזְבֵּחַ תַּחַת הָהָר וּשְׁתֵּים עֶשְׂרֵה מַצֵּבָה לִשְׁנֵים עָשָׂר
ה שִׁבְטֵי יִשְׂרָאֵל׃ וַיִּשְׁלַח אֶת־נַעֲרֵי בְּנֵי יִשְׂרָאֵל וַיַּעֲלוּ עֹלֹת
ו וַיִּזְבְּחוּ זְבָחִים שְׁלָמִים לַיהוה פָּרִים׃ וַיִּקַּח מֹשֶׁה חֲצִי הַדָּם
ז וַיָּשֶׂם בָּאַגָּנֹת וַחֲצִי הַדָּם זָרַק עַל־הַמִּזְבֵּחַ׃ וַיִּקַּח סֵפֶר הַבְּרִית
וַיִּקְרָא בְּאָזְנֵי הָעָם וַיֹּאמְרוּ כֹּל אֲשֶׁר־דִּבֶּר יהוה נַעֲשֶׂה וְנִשְׁמָע׃
ח וַיִּקַּח מֹשֶׁה אֶת־הַדָּם וַיִּזְרֹק עַל־הָעָם וַיֹּאמֶר הִנֵּה דַם־הַבְּרִית
ט אֲשֶׁר כָּרַת יהוה עִמָּכֶם עַל כָּל־הַדְּבָרִים הָאֵלֶּה׃ וַיַּעַל מֹשֶׁה
י וְאַהֲרֹן נָדָב וַאֲבִיהוּא וְשִׁבְעִים מִזִּקְנֵי יִשְׂרָאֵל׃ וַיִּרְאוּ אֵת
אֱלֹהֵי יִשְׂרָאֵל וְתַחַת רַגְלָיו כְּמַעֲשֵׂה לִבְנַת הַסַּפִּיר וּכְעֶצֶם
יא הַשָּׁמַיִם לָטֹהַר׃ וְאֶל־אֲצִילֵי בְּנֵי יִשְׂרָאֵל לֹא שָׁלַח יָדוֹ וַיֶּחֱזוּ
יב אֶת־הָאֱלֹהִים וַיֹּאכְלוּ וַיִּשְׁתּוּ׃ וַיֹּאמֶר יהוה אֶל־
מֹשֶׁה עֲלֵה אֵלַי הָהָרָה וֶהְיֵה־שָׁם וְאֶתְּנָה לְךָ אֶת־לֻחֹת הָאֶבֶן
יג וְהַתּוֹרָה וְהַמִּצְוָה אֲשֶׁר כָּתַבְתִּי לְהוֹרֹתָם׃ וַיָּקָם מֹשֶׁה וִיהוֹשֻׁעַ
יד מְשָׁרְתוֹ וַיַּעַל מֹשֶׁה אֶל־הַר הָאֱלֹהִים׃ וְאֶל־הַזְּקֵנִים אָמַר
שְׁבוּ־לָנוּ בָזֶה עַד אֲשֶׁר־נָשׁוּב אֲלֵיכֶם וְהִנֵּה אַהֲרֹן וְחוּר עִמָּכֶם
טו מִי־בַעַל דְּבָרִים יִגַּשׁ אֲלֵהֶם׃ וַיַּעַל מֹשֶׁה אֶל־הָהָר וַיְכַס הֶעָנָן
טז אֶת־הָהָר׃ וַיִּשְׁכֹּן כְּבוֹד־יהוה עַל־הַר סִינַי וַיְכַסֵּהוּ הֶעָנָן שֵׁשֶׁת מפטיר
יז יָמִים וַיִּקְרָא אֶל־מֹשֶׁה בַּיּוֹם הַשְּׁבִיעִי מִתּוֹךְ הֶעָנָן׃ וּמַרְאֵה
יח כְּבוֹד יהוה כְּאֵשׁ אֹכֶלֶת בְּרֹאשׁ הָהָר לְעֵינֵי בְּנֵי יִשְׂרָאֵל׃ וַיָּבֹא
מֹשֶׁה בְּתוֹךְ הֶעָנָן וַיַּעַל אֶל־הָהָר וַיְהִי מֹשֶׁה בָּהָר אַרְבָּעִים
יוֹם וְאַרְבָּעִים לָיְלָה׃
כה א ב וַיְדַבֵּר יהוה אֶל־מֹשֶׁה לֵּאמֹר׃ דַּבֵּר אֶל־בְּנֵי יִשְׂרָאֵל וְיִקְחוּ־ תרומה יח
לִי תְּרוּמָה מֵאֵת כָּל־אִישׁ אֲשֶׁר יִדְּבֶנּוּ לִבּוֹ תִּקְחוּ אֶת־תְּרוּמָתִי׃
ג ד וְזֹאת הַתְּרוּמָה אֲשֶׁר תִּקְחוּ מֵאִתָּם זָהָב וָכֶסֶף וּנְחֹשֶׁת׃ וּתְכֵלֶת

thee, until thou be increased, and inherit the land. And I will   31
set thy bounds from the Sea of Suf even to the Sea of the Pelish-
tim, and from the desert to the river: for I will deliver the inhab-
itants of the land into your hand; and thou shalt drive them
out before thee. Thou shalt make no covenant with them, nor   32
with their gods. They shall not dwell in thy land, lest they make   33
thee sin against me: for if thou serve their gods, it will surely
be a snare to thee.

And he said to Moshe, Come up to the Lord, thou, and Aharon,   **24**
Nadav, and Avihu, and seventy of the elders of Yisra'el; and
bow down afar off. And Moshe alone shall come near the Lord: 2
but they shall not come near; nor shall the people go up with
him. And Moshe came and told the people all the words of   3
the Lord, and all the judgments: and all the people answered
with one voice, and said, All the words which the Lord has said
will we do. And Moshe wrote all the words of the Lord, and rose   4
up early in the morning, and built an altar under the hill, and
twelve pillars, according to the twelve tribes of Yisra'el. And   5
he sent the young men of the children of Yisra'el, who offered
burnt offerings, and sacrificed peace offerings of oxen to the
Lord. And Moshe took half of the blood, and put it in basins;   6
and half of the blood he sprinkled on the altar. And he took the   7
book of the covenant, and read in the hearing of the people: and
they said, All that the Lord has said will we do, and obey. And   8
Moshe took the blood, and sprinkled it on the people, and said,
Behold the blood of the covenant, which the Lord has made with
you concerning all these words. Then Moshe went up, and Aha-   9
ron, Nadav and Avihu, and seventy of the elders of Yisra'el:
and they saw the God of Yisra'el: and there was under his feet   10
a kind of paved work of sapphire stone, and as it were the very
heaven for clearness. And upon the nobles of the children of   11
Yisra'el he laid not his hand: and they beheld God, and did
eat and drink.   And the Lord said to Moshe, Come up to   12
me to the mountain, and be there: and I will give thee the tablets
of stone, and the Tora, and the commandments which I have
written; that thou mayst teach them. And Moshe rose up, and   13
his minister Yehoshua: and Moshe went up into the mount of
God. And he said to the elders, Wait here for us, until we come   14
back to you: and, behold, Aharon and Ḥur are with you: if
any man have any matters, let him come to them. And Moshe   15
went up into the mountain, and the cloud covered the mountain.
And the glory of the Lord rested upon mount Sinay, and the cloud   16
covered it for six days: on the seventh day he called to Moshe
out of the midst of the cloud. And the sight of the glory of the   17
Lord was like a devouring fire on the top of the mountain in
the eyes of the children of Yisra'el. And Moshe went into the   18
midst of the cloud, and went up into the mountain: and Moshe
was in the mountain forty days and forty nights.

TERUMA   And the Lord spoke to Moshe, saying, Speak to the children of   **25**
Yisra'el that they bring me an offering: of every man whose   2
heart prompts him to give you shall take my offering. And this   3
is the offering which you shall take of them; gold, and silver,
and brass, and blue, and purple, and scarlet, and fine linen, and   4

ה וְאַרְגָּמָן וְתוֹלַעַת שָׁנִי וְשֵׁשׁ וְעִזִּים: וְעֹרֹת אֵילִם מְאָדָּמִים
ו וְעֹרֹת תְּחָשִׁים וַעֲצֵי שִׁטִּים: שֶׁמֶן לַמָּאֹר בְּשָׂמִים לְשֶׁמֶן
ז הַמִּשְׁחָה וְלִקְטֹרֶת הַסַּמִּים: אַבְנֵי־שֹׁהַם וְאַבְנֵי מִלֻּאִים לָאֵפֹד
ח ט וְלַחֹשֶׁן: וְעָשׂוּ לִי מִקְדָּשׁ וְשָׁכַנְתִּי בְּתוֹכָם: כְּכֹל אֲשֶׁר אֲנִי
מַרְאֶה אוֹתְךָ אֵת תַּבְנִית הַמִּשְׁכָּן וְאֵת תַּבְנִית כָּל־כֵּלָיו וְכֵן
י תַּעֲשׂוּ: וְעָשׂוּ אֲרוֹן עֲצֵי שִׁטִּים אַמָּתַיִם וָחֵצִי
יא אָרְכּוֹ וְאַמָּה וָחֵצִי רָחְבּוֹ וְאַמָּה וָחֵצִי קֹמָתוֹ: וְצִפִּיתָ אֹתוֹ זָהָב
טָהוֹר מִבַּיִת וּמִחוּץ תְּצַפֶּנּוּ וְעָשִׂיתָ עָלָיו זֵר זָהָב סָבִיב:
יב וְיָצַקְתָּ לּוֹ אַרְבַּע טַבְּעֹת זָהָב וְנָתַתָּה עַל אַרְבַּע פַּעֲמֹתָיו
וּשְׁתֵּי טַבָּעֹת עַל־צַלְעוֹ הָאֶחָת וּשְׁתֵּי טַבָּעֹת עַל־צַלְעוֹ הַשֵּׁנִית:
יג יד וְעָשִׂיתָ בַדֵּי עֲצֵי שִׁטִּים וְצִפִּיתָ אֹתָם זָהָב: וְהֵבֵאתָ אֶת־הַבַּדִּים
טו בַּטַּבָּעֹת עַל צַלְעֹת הָאָרֹן לָשֵׂאת אֶת־הָאָרֹן בָּהֶם: בְּטַבְּעֹת
טז הָאָרֹן יִהְיוּ הַבַּדִּים לֹא יָסֻרוּ מִמֶּנּוּ: וְנָתַתָּ אֶל־הָאָרֹן אֵת
יז הָעֵדֻת אֲשֶׁר אֶתֵּן אֵלֶיךָ: וְעָשִׂיתָ כַפֹּרֶת זָהָב טָהוֹר אַמָּתַיִם שני
יח וָחֵצִי אָרְכָּהּ וְאַמָּה וָחֵצִי רָחְבָּהּ: וְעָשִׂיתָ שְׁנַיִם כְּרֻבִים זָהָב
יט מִקְשָׁה תַּעֲשֶׂה אֹתָם מִשְּׁנֵי קְצוֹת הַכַּפֹּרֶת: וַעֲשֵׂה כְּרוּב אֶחָד
מִקָּצָה מִזֶּה וּכְרוּב־אֶחָד מִקָּצָה מִזֶּה מִן־הַכַּפֹּרֶת תַּעֲשׂוּ אֶת־
כ הַכְּרֻבִים עַל־שְׁנֵי קְצוֹתָיו: וְהָיוּ הַכְּרֻבִים פֹּרְשֵׂי כְנָפַיִם לְמַעְלָה
סֹכְכִים בְּכַנְפֵיהֶם עַל־הַכַּפֹּרֶת וּפְנֵיהֶם אִישׁ אֶל־אָחִיו אֶל־
כא הַכַּפֹּרֶת יִהְיוּ פְּנֵי הַכְּרֻבִים: וְנָתַתָּ אֶת־הַכַּפֹּרֶת עַל־הָאָרֹן
מִלְמָעְלָה וְאֶל־הָאָרֹן תִּתֵּן אֶת־הָעֵדֻת אֲשֶׁר אֶתֵּן אֵלֶיךָ:
כב וְנוֹעַדְתִּי לְךָ שָׁם וְדִבַּרְתִּי אִתְּךָ מֵעַל הַכַּפֹּרֶת מִבֵּין שְׁנֵי
הַכְּרֻבִים אֲשֶׁר עַל־אֲרוֹן הָעֵדֻת אֵת כָּל־אֲשֶׁר אֲצַוֶּה אוֹתְךָ
אֶל־בְּנֵי יִשְׂרָאֵל:
כג וְעָשִׂיתָ שֻׁלְחָן עֲצֵי שִׁטִּים אַמָּתַיִם אָרְכּוֹ וְאַמָּה רָחְבּוֹ וְאַמָּה
כד וָחֵצִי קֹמָתוֹ: וְצִפִּיתָ אֹתוֹ זָהָב טָהוֹר וְעָשִׂיתָ לּוֹ זֵר זָהָב סָבִיב:
כה וְעָשִׂיתָ לּוֹ מִסְגֶּרֶת טֹפַח סָבִיב וְעָשִׂיתָ זֵר־זָהָב לְמִסְגַּרְתּוֹ
כו סָבִיב: וְעָשִׂיתָ לּוֹ אַרְבַּע טַבְּעֹת זָהָב וְנָתַתָּ אֶת־הַטַּבָּעֹת
כז עַל אַרְבַּע הַפֵּאֹת אֲשֶׁר לְאַרְבַּע רַגְלָיו: לְעֻמַּת הַמִּסְגֶּרֶת תִּהְיֶיןָ
כח הַטַּבָּעֹת לְבָתִּים לְבַדִּים לָשֵׂאת אֶת־הַשֻּׁלְחָן: וְעָשִׂיתָ אֶת־
הַבַּדִּים עֲצֵי שִׁטִּים וְצִפִּיתָ אֹתָם זָהָב וְנִשָּׂא־בָם אֶת־הַשֻּׁלְחָן:
כט וְעָשִׂיתָ קְּעָרֹתָיו וְכַפֹּתָיו וּקְשׂוֹתָיו וּמְנַקִּיֹּתָיו אֲשֶׁר יֻסַּךְ בָּהֵן
ל זָהָב טָהוֹר תַּעֲשֶׂה אֹתָם: וְנָתַתָּ עַל־הַשֻּׁלְחָן לֶחֶם פָּנִים לְפָנַי
תָּמִיד:
לא וְעָשִׂיתָ מְנֹרַת זָהָב טָהוֹר מִקְשָׁה תֵּיעָשֶׂה הַמְּנוֹרָה יְרֵכָהּ
לב וְקָנָהּ גְּבִיעֶיהָ כַּפְתֹּרֶיהָ וּפְרָחֶיהָ מִמֶּנָּה יִהְיוּ: וְשִׁשָּׁה קָנִים

goats' hair, and rams' skins dyed red, and taḥash skins, and shit- 5
tim wood, oil for the light, spices for the anointing oil, and for 6
the sweet incense, shoham stones, and stones to be set in the 7
efod, and in the breastplate. And let them make me a sanctuary; 8
that I may dwell among them. According to all that I show thee, 9
the pattern of the tabernacle, and the pattern of all its vessels,
even so shall you make it.   And they shall make an ark of 10
shittim wood: two cubits and a half shall be its length, and
a cubit and a half its breadth, and a cubit and a half its
height. And thou shalt overlay it with pure gold, inside and 11
outside shalt thou overlay it, and shalt make upon it a rim
of gold round about. And thou shalt cast four rings of gold for 12
it, and put them in its four corners, and two rings shall be
on the one side of it, and two rings on the other side of it. And 13
thou shalt make poles of shittim wood, and overlay them with
gold. And thou shalt put the poles into the rings on the sides of 14
the ark, that the ark may be carried therewith. The poles shall 15
be in the rings of the ark: they shall not be taken from it. And 16
thou shalt put into the ark the Testimony which I shall give thee.
And thou shalt make a covering of pure gold: two cubits and 17
a half shall be its length, and a cubit and a half its breadth.
And thou shalt make two keruvim of gold, of beaten work 18
shalt thou make them, at the two ends of the covering. And 19
make one keruv on the one end, and the other keruv on the
other end: of the covering shall you make the keruvim on the
two ends of it. And the keruvim shall stretch out their wings 20
on high, overspreading the covering with their wings, and their
faces shall look one to another; toward the covering shall the
faces of the keruvim be. And thou shalt put the covering above, 21
upon the ark; and in the ark thou shalt put the Testimony that
I shall give thee. And there I will meet with thee, and I will speak 22
with thee from above the covering, from between the two keru-
vim which are upon the ark of the Testimony, of all things which
I will give thee in commandment to the children of Yisra'el.
Thou shalt also make a table of shittim wood: two cubits shall 23
be its length, and a cubit its breadth, and a cubit and a
half its height. And thou shalt overlay it with pure gold, and 24
make for it a rim of gold round about. And thou shalt make 25
for it a border of a handbreadth round about, and thou shalt
make a golden crown for its border round about. And thou 26
shalt make for it four rings of gold, and put the rings in the
four corners that are on its four legs. Over against the border 27
shall the rings be for places of the poles to bear the table. And 28
thou shalt make the poles of shittim wood, and overlay them
with gold, and they shall be for carrying the table. And thou shalt 29
make its dishes, and its spoons, and its jars, and its bowls, used
for pouring out: of pure gold shalt thou make them. And thou 30
shalt set upon the table showbread before me always.
And thou shalt make a candlestick of pure gold: of beaten work 31
shall the candlestick be made: its shaft, and its branches, its
bowls, its bulbs, and its flowers, shall be of the same. And six 32
branches shall come out of its sides; three branches of the

יֹצְאִים מִצִּדֶּיהָ שְׁלֹשָׁה ׀ קְנֵי מְנֹרָה מִצִּדָּהּ הָאֶחָד וּשְׁלֹשָׁה קְנֵי
מְנֹרָה מִצִּדָּהּ הַשֵּׁנִי: שְׁלֹשָׁה גְבִעִים מְשֻׁקָּדִים בַּקָּנֶה הָאֶחָד   לג
כַּפְתֹּר וָפֶרַח וּשְׁלֹשָׁה גְבִעִים מְשֻׁקָּדִים בַּקָּנֶה הָאֶחָד כַּפְתֹּר
וָפָרַח כֵּן לְשֵׁשֶׁת הַקָּנִים הַיֹּצְאִים מִן־הַמְּנֹרָה: וּבַמְּנֹרָה אַרְבָּעָה   לד
גְבִעִים מְשֻׁקָּדִים כַּפְתֹּרֶיהָ וּפְרָחֶיהָ: וְכַפְתֹּר תַּחַת שְׁנֵי הַקָּנִים   לה
מִמֶּנָּה וְכַפְתֹּר תַּחַת שְׁנֵי הַקָּנִים מִמֶּנָּה וְכַפְתֹּר תַּחַת־שְׁנֵי
הַקָּנִים מִמֶּנָּה לְשֵׁשֶׁת הַקָּנִים הַיֹּצְאִים מִן־הַמְּנֹרָה: כַּפְתֹּרֵיהֶם   לו
וּקְנֹתָם מִמֶּנָּה יִהְיוּ כֻּלָּהּ מִקְשָׁה אַחַת זָהָב טָהוֹר: וְעָשִׂיתָ   לז
אֶת־נֵרֹתֶיהָ שִׁבְעָה וְהֶעֱלָה אֶת־נֵרֹתֶיהָ וְהֵאִיר עַל־עֵבֶר פָּנֶיהָ:
וּמַלְקָחֶיהָ וּמַחְתֹּתֶיהָ זָהָב טָהוֹר: כִּכָּר זָהָב טָהוֹר יַעֲשֶׂה אֹתָהּ   לח לט
אֵת כָּל־הַכֵּלִים הָאֵלֶּה: וּרְאֵה וַעֲשֵׂה בְּתַבְנִיתָם אֲשֶׁר־אַתָּה   מ
מָרְאֶה בָּהָר: וְאֶת־הַמִּשְׁכָּן תַּעֲשֶׂה עֶשֶׂר יְרִיעֹת   א כו

שלישי יט

שֵׁשׁ מָשְׁזָר וּתְכֵלֶת וְאַרְגָּמָן וְתֹלַעַת שָׁנִי כְּרֻבִים מַעֲשֵׂה חֹשֵׁב
תַּעֲשֶׂה אֹתָם: אֹרֶךְ ׀ הַיְרִיעָה הָאַחַת שְׁמֹנֶה וְעֶשְׂרִים בָּאַמָּה   ב
וְרֹחַב אַרְבַּע בָּאַמָּה הַיְרִיעָה הָאֶחָת מִדָּה אַחַת לְכָל־הַיְרִיעֹת:
חֲמֵשׁ הַיְרִיעֹת תִּהְיֶיןָ חֹבְרֹת אִשָּׁה אֶל־אֲחֹתָהּ וְחָמֵשׁ יְרִיעֹת   ג
חֹבְרֹת אִשָּׁה אֶל־אֲחֹתָהּ: וְעָשִׂיתָ לֻלְאֹת תְּכֵלֶת עַל שְׂפַת   ד
הַיְרִיעָה הָאֶחָת מִקָּצָה בַּחֹבָרֶת וְכֵן תַּעֲשֶׂה בִּשְׂפַת הַיְרִיעָה
הַקִּיצוֹנָה בַּמַּחְבֶּרֶת הַשֵּׁנִית: חֲמִשִּׁים לֻלָאֹת תַּעֲשֶׂה בַּיְרִיעָה   ה
הָאֶחָת וַחֲמִשִּׁים לֻלָאֹת תַּעֲשֶׂה בִּקְצֵה הַיְרִיעָה אֲשֶׁר בַּמַּחְבֶּרֶת
הַשֵּׁנִית מַקְבִּילֹת הַלֻּלָאֹת אִשָּׁה אֶל־אֲחֹתָהּ: וְעָשִׂיתָ חֲמִשִּׁים   ו
קַרְסֵי זָהָב וְחִבַּרְתָּ אֶת־הַיְרִיעֹת אִשָּׁה אֶל־אֲחֹתָהּ בַּקְּרָסִים
וְהָיָה הַמִּשְׁכָּן אֶחָד: וְעָשִׂיתָ יְרִיעֹת עִזִּים לְאֹהֶל עַל־הַמִּשְׁכָּן   ז
עַשְׁתֵּי־עֶשְׂרֵה יְרִיעֹת תַּעֲשֶׂה אֹתָם: אֹרֶךְ ׀ הַיְרִיעָה הָאַחַת   ח
שְׁלֹשִׁים בָּאַמָּה וְרֹחַב אַרְבַּע בָּאַמָּה הַיְרִיעָה הָאֶחָת מִדָּה
אַחַת לְעַשְׁתֵּי עֶשְׂרֵה יְרִיעֹת: וְחִבַּרְתָּ אֶת־חֲמֵשׁ הַיְרִיעֹת לְבָד   ט
וְאֶת־שֵׁשׁ הַיְרִיעֹת לְבָד וְכָפַלְתָּ אֶת־הַיְרִיעָה הַשִּׁשִּׁית אֶל־
מוּל פְּנֵי הָאֹהֶל: וְעָשִׂיתָ חֲמִשִּׁים לֻלָאֹת עַל שְׂפַת הַיְרִיעָה   י
הָאֶחָת הַקִּיצֹנָה בַּחֹבָרֶת וַחֲמִשִּׁים לֻלָאֹת עַל שְׂפַת הַיְרִיעָה
הַחֹבֶרֶת הַשֵּׁנִית: וְעָשִׂיתָ קַרְסֵי נְחֹשֶׁת חֲמִשִּׁים וְהֵבֵאתָ אֶת־   יא
הַקְּרָסִים בַּלֻּלָאֹת וְחִבַּרְתָּ אֶת־הָאֹהֶל וְהָיָה אֶחָד: וְסֶרַח הָעֹדֵף   יב
בִּירִיעֹת הָאֹהֶל חֲצִי הַיְרִיעָה הָעֹדֶפֶת תִּסְרַח עַל אֲחֹרֵי
הַמִּשְׁכָּן: וְהָאַמָּה מִזֶּה וְהָאַמָּה מִזֶּה בָּעֹדֵף בְּאֹרֶךְ יְרִיעֹת   יג
הָאֹהֶל יִהְיֶה סָרוּחַ עַל־צִדֵּי הַמִּשְׁכָּן מִזֶּה וּמִזֶּה לְכַסֹּתוֹ:
וְעָשִׂיתָ מִכְסֶה לָאֹהֶל עֹרֹת אֵילִם מְאָדָּמִים וּמִכְסֵה עֹרֹת   יד
תְּחָשִׁים מִלְמָעְלָה:

candlestick out of the one side, and three branches of the
candlestick out of the other side: three cups made like almonds, 33
with a bulb and a flower in one branch; and three cups made
like almonds in the other branch, with a bulb and a flower: so
in the six branches that come out of the candlestick. And in the 34
candlestick shall be four bowls made like almonds, with their
bulbs and flowers. And there shall be a bulb under two branches 35
of the same piece, and a bulb under two branches of the same
piece, and a bulb under two branches of the same piece, accord-
ing to the six branches that proceed out of the candlestick. Their 36
bulbs and their branches shall be made of the same piece: all
shall be one beaten work of pure gold. And thou shalt make its 37
seven lamps: and they shall light its lamps, that they may give
light over against it. And its tongs, and its ashpans, shall be 38
of pure gold. Of a talent of pure gold shall he make it, with all 39
these vessels. And look that thou make them after their pattern, 40
which was shown thee in the mountain. Moreover thou **26**
shalt make the tabernacle with ten curtains of fine twined linen,
and blue, and purple, and scarlet: with keruvim of artistic work
shalt thou make them. The length of one curtain shall be twenty 2
eight cubits, and the breadth of one curtain four cubits: and
the curtains shall be all of one measure. The five curtains shall 3
be coupled together one to another; and the other five curtains
shall be coupled one to another. And thou shalt make loops of 4
blue upon the edge of the one curtain that is at the edge of the
first coupling; and likewise shalt thou make in the uttermost
edge of the curtain, that is outmost in the second coupling. Fifty 5
loops shalt thou make in the one curtain, and fifty loops shalt
thou make in the edge of the curtain that is in the second
coupling; that the loops may take hold one of another. And thou 6
shalt make fifty golden clasps, and couple the curtains together
with the clasps: that the tabernacle may be one. And thou shalt 7
make curtains of goats' hair to be a covering upon the taber-
nacle: eleven curtains shalt thou make. The length of one cur- 8
tain shall be thirty cubits, and the breadth of one curtain four
cubits: and the eleven curtains shall be all of one measure.
And thou shalt couple five curtains by themselves, and six 9
curtains by themselves, and shalt double the sixth curtain
in the forefront of the tabernacle. And thou shalt make fifty 10
loops on the edge of the one curtain that is outmost in the
coupling, and fifty loops in the edge of the curtain of the second
coupling. And thou shalt make fifty clasps of brass, and put the 11
clasps into the loops, and couple the tent together, that it may
be one. And the remnant that remains of the curtains of the 12
tent, the half curtain that remains, shall hang over the back of
the tabernacle. And a cubit on the one side, and a cubit on the 13
other side, of that which remains in the length of the curtains
of the tent, shall hang over the sides of the tabernacle on this
side and on that side, to cover it. And thou shalt make a covering 14
for the Tent, of rams' skins dyed red, and a covering above of
taḥash skins.

טו טז וְעָשִׂיתָ אֶת־הַקְּרָשִׁים לַמִּשְׁכָּן עֲצֵי שִׁטִּים עֹמְדִים: עֶשֶׂר אַמּוֹת רביע׳
יז אֹרֶךְ הַקָּרֶשׁ וְאַמָּה וַחֲצִי הָאַמָּה רֹחַב הַקֶּרֶשׁ הָאֶחָד: שְׁתֵּי
יָדוֹת לַקֶּרֶשׁ הָאֶחָד מְשֻׁלָּבֹת אִשָּׁה אֶל־אֲחֹתָהּ כֵּן תַּעֲשֶׂה
יח לְכֹל קַרְשֵׁי הַמִּשְׁכָּן: וְעָשִׂיתָ אֶת־הַקְּרָשִׁים לַמִּשְׁכָּן עֶשְׂרִים
יט קֶרֶשׁ לִפְאַת נֶגְבָּה תֵימָנָה: וְאַרְבָּעִים אַדְנֵי־כֶסֶף תַּעֲשֶׂה
תַּחַת עֶשְׂרִים הַקָּרֶשׁ שְׁנֵי אֲדָנִים תַּחַת־הַקֶּרֶשׁ הָאֶחָד לִשְׁתֵּי
כ יְדֹתָיו וּשְׁנֵי אֲדָנִים תַּחַת־הַקֶּרֶשׁ הָאֶחָד לִשְׁתֵּי יְדֹתָיו: וּלְצֶלַע
כא הַמִּשְׁכָּן הַשֵּׁנִית לִפְאַת צָפוֹן עֶשְׂרִים קָרֶשׁ: וְאַרְבָּעִים אַדְנֵיהֶם
כֶּסֶף שְׁנֵי אֲדָנִים תַּחַת הַקֶּרֶשׁ הָאֶחָד וּשְׁנֵי אֲדָנִים תַּחַת הַקֶּרֶשׁ
כב כג הָאֶחָד: וּלְיַרְכְּתֵי הַמִּשְׁכָּן יָמָּה תַּעֲשֶׂה שִׁשָּׁה קְרָשִׁים: וּשְׁנֵי
כד קְרָשִׁים תַּעֲשֶׂה לִמְקֻצְעֹת הַמִּשְׁכָּן בַּיַּרְכָתָיִם: וְיִהְיוּ תֹאֲמִם
מִלְּמַטָּה וְיַחְדָּו יִהְיוּ תַמִּים עַל־רֹאשׁוֹ אֶל־הַטַּבַּעַת הָאֶחָת
כה כֵּן יִהְיֶה לִשְׁנֵיהֶם לִשְׁנֵי הַמִּקְצֹעֹת יִהְיוּ: וְהָיוּ שְׁמֹנָה קְרָשִׁים
וְאַדְנֵיהֶם כֶּסֶף שִׁשָּׁה עָשָׂר אֲדָנִים שְׁנֵי אֲדָנִים תַּחַת הַקֶּרֶשׁ
כו הָאֶחָד וּשְׁנֵי אֲדָנִים תַּחַת הַקֶּרֶשׁ הָאֶחָד: וְעָשִׂיתָ בְרִיחִם עֲצֵי
כז שִׁטִּים חֲמִשָּׁה לְקַרְשֵׁי צֶלַע־הַמִּשְׁכָּן הָאֶחָד: וַחֲמִשָּׁה בְרִיחִם
לְקַרְשֵׁי צֶלַע־הַמִּשְׁכָּן הַשֵּׁנִית וַחֲמִשָּׁה בְרִיחִם לְקַרְשֵׁי צֶלַע
כח הַמִּשְׁכָּן לַיַּרְכָתַיִם יָמָּה: וְהַבְּרִיחַ הַתִּיכֹן בְּתוֹךְ הַקְּרָשִׁים
כט מַבְרִחַ מִן־הַקָּצֶה אֶל־הַקָּצֶה: וְאֶת־הַקְּרָשִׁים תְּצַפֶּה זָהָב
וְאֶת־טַבְּעֹתֵיהֶם תַּעֲשֶׂה זָהָב בָּתִּים לַבְּרִיחִם וְצִפִּיתָ אֶת־
ל הַבְּרִיחִם זָהָב: וַהֲקֵמֹתָ אֶת־הַמִּשְׁכָּן כְּמִשְׁפָּטוֹ אֲשֶׁר הָרְאֵיתָ
לא בָּהָר: וְעָשִׂיתָ פָרֹכֶת תְּכֵלֶת וְאַרְגָּמָן וְתוֹלַעַת כ חמישי
לב שָׁנִי וְשֵׁשׁ מָשְׁזָר מַעֲשֵׂה חֹשֵׁב יַעֲשֶׂה אֹתָהּ כְּרֻבִים: וְנָתַתָּה
אֹתָהּ עַל־אַרְבָּעָה עַמּוּדֵי שִׁטִּים מְצֻפִּים זָהָב וָוֵיהֶם זָהָב עַל־
לג אַרְבָּעָה אַדְנֵי־כָסֶף: וְנָתַתָּה אֶת־הַפָּרֹכֶת תַּחַת הַקְּרָסִים
וְהֵבֵאתָ שָׁמָּה מִבֵּית לַפָּרֹכֶת אֵת אֲרוֹן הָעֵדוּת וְהִבְדִּילָה
לד הַפָּרֹכֶת לָכֶם בֵּין הַקֹּדֶשׁ וּבֵין קֹדֶשׁ הַקֳּדָשִׁים: וְנָתַתָּ אֶת־
לה הַכַּפֹּרֶת עַל אֲרוֹן הָעֵדֻת בְּקֹדֶשׁ הַקֳּדָשִׁים: וְשַׂמְתָּ אֶת־
הַשֻּׁלְחָן מִחוּץ לַפָּרֹכֶת וְאֶת־הַמְּנֹרָה נֹכַח הַשֻּׁלְחָן עַל צֶלַע
לו הַמִּשְׁכָּן תֵּימָנָה וְהַשֻּׁלְחָן תִּתֵּן עַל־צֶלַע צָפוֹן: וְעָשִׂיתָ מָסָךְ
לְפֶתַח הָאֹהֶל תְּכֵלֶת וְאַרְגָּמָן וְתוֹלַעַת שָׁנִי וְשֵׁשׁ מָשְׁזָר מַעֲשֵׂה
לז רֹקֵם: וְעָשִׂיתָ לַמָּסָךְ חֲמִשָּׁה עַמּוּדֵי שִׁטִּים וְצִפִּיתָ אֹתָם זָהָב
כז א וָוֵיהֶם זָהָב וְיָצַקְתָּ לָהֶם חֲמִשָּׁה אַדְנֵי נְחֹשֶׁת: וְעָשִׂיתָ ששי
אֶת־הַמִּזְבֵּחַ עֲצֵי שִׁטִּים חָמֵשׁ אַמּוֹת אֹרֶךְ וְחָמֵשׁ אַמּוֹת רֹחַב
ב רָבוּעַ יִהְיֶה הַמִּזְבֵּחַ וְשָׁלֹשׁ אַמּוֹת קֹמָתוֹ: וְעָשִׂיתָ קַרְנֹתָיו עַל
ג אַרְבַּע פִּנֹּתָיו מִמֶּנּוּ תִּהְיֶיןָ קַרְנֹתָיו וְצִפִּיתָ אֹתוֹ נְחֹשֶׁת: וְעָשִׂיתָ

And thou shalt make boards for the tabernacle of shittim wood 15
standing up. Ten cubits shall be the length of a board, and a 16
cubit and a half shall be the breadth of one board. Two tenons 17
shall there be in one board, connected one with the other: thus
shalt thou make for all the boards of the tabernacle. And thou 18
shalt make the boards for the tabernacle, twenty boards on the
south side southward. And thou shalt make forty sockets of 19
silver under the twenty boards; two sockets under one board
for its two tenons, and two sockets under another board for its
two tenons. And for the second side of the tabernacle on the 20
north side there shall be twenty boards: and their forty sockets 21
of silver: two sockets under one board, and two sockets under
another board. And for the side of the tabernacle westward thou 22
shalt make six boards. And two boards shalt thou make for the 23
corners of the tabernacle in the west side. And they shall be 24
coupled together beneath, and they shall be coupled together
above the head of it unto one ring: thus shall it be for them
both; they shall be for the two corners. And they shall be eight 25
boards, and their sockets of silver, sixteen sockets; two sockets
under one board, and two sockets under another board. And thou 26
shalt make bars of shittim wood; five for the boards of the
one side of the tabernacle, and five bars for the boards of the 27
other side of the tabernacle, and five bars for the boards of the
third side of the tabernacle, for the side westward. And the 28
middle bar in the midst of the boards shall reach from end to
end. And thou shalt overlay the boards with gold, and make their 29
rings of gold as places for the bars: and thou shalt overlay the
bars with gold. And thou shalt rear up the tabernacle according to 30
its fashion which was shown thee in the mountain.   And thou 31
shalt make a veil of blue, and purple, and scarlet, and fine twined
linen with keruvim shall it be made of artistic work: and thou 32
shalt hang it upon four pillars of shittim wood overlaid with
gold: their hooks shall be of gold, upon four sockets of silver.
And thou shalt hang up the veil under the clasps, that thou mayst 33
bring in there within the veil the ark of the Testimony: and the
veil shall be for you as a division between the holy place and the
most holy. And thou shalt put the covering upon the ark of the 34
Testimony in the most holy place. And thou shalt set the table 35
outside the veil, and the candlestick over against the table on the
side of the tabernacle toward the south: and thou shalt put the
table on the north side. And thou shalt make a screen for the 36
door of the tent, of blue, and purple, and scarlet, and fine twined
linen, the work of an embroiderer. And thou shalt make for the 37
screen five pillars of shittim wood, and overlay them with gold,
and their hooks shall be of gold: and thou shalt cast five sockets
of brass for them.   And thou shalt make an altar of shittim **27**
wood, five cubits long, and five cubits broad; the altar shall be
foursquare: and the height of it shall be three cubits. And thou 2
shalt make the horns of it upon its four corners: its horns shall
be of the same: and thou shalt overlay it with brass. And thou 3

סִירֹתָיו לְדַשְּׁנוֹ וְיָעָיו וּמִזְרְקֹתָיו וּמִזְלְגֹתָיו וּמַחְתֹּתָיו לְכָל־כֵּלָיו

ד תַּעֲשֶׂה נְחֹשֶׁת: וְעָשִׂיתָ לּוֹ מִכְבָּר מַעֲשֵׂה רֶשֶׁת נְחֹשֶׁת וְעָשִׂיתָ עַל־הָרֶשֶׁת אַרְבַּע טַבְּעֹת נְחֹשֶׁת עַל אַרְבַּע קְצוֹתָיו:

ה וְנָתַתָּה אֹתָהּ תַּחַת כַּרְכֹּב הַמִּזְבֵּחַ מִלְּמָטָּה וְהָיְתָה הָרֶשֶׁת עַד חֲצִי הַמִּזְבֵּחַ:

ו וְעָשִׂיתָ בַדִּים לַמִּזְבֵּחַ בַּדֵּי עֲצֵי שִׁטִּים וְצִפִּיתָ אֹתָם נְחֹשֶׁת:

ז וְהוּבָא אֶת־בַּדָּיו בַּטַּבָּעֹת וְהָיוּ הַבַּדִּים עַל־שְׁתֵּי צַלְעֹת הַמִּזְבֵּחַ בִּשְׂאֵת אֹתוֹ:

ח נְבוּב לֻחֹת תַּעֲשֶׂה אֹתוֹ כַּאֲשֶׁר הֶרְאָה אֹתְךָ בָּהָר כֵּן יַעֲשׂוּ:

שביעי

ט וְעָשִׂיתָ אֵת חֲצַר הַמִּשְׁכָּן לִפְאַת נֶגֶב־תֵּימָנָה קְלָעִים לֶחָצֵר שֵׁשׁ מָשְׁזָר מֵאָה בָאַמָּה אֹרֶךְ לַפֵּאָה הָאֶחָת:

י וְעַמֻּדָיו עֶשְׂרִים וְאַדְנֵיהֶם עֶשְׂרִים נְחֹשֶׁת וָוֵי הָעַמֻּדִים וַחֲשֻׁקֵיהֶם כָּסֶף:

יא וְכֵן לִפְאַת צָפוֹן בָּאֹרֶךְ קְלָעִים מֵאָה אֹרֶךְ וְעַמֻּדָו עֶשְׂרִים וְאַדְנֵיהֶם עֶשְׂרִים נְחֹשֶׁת וָוֵי הָעַמֻּדִים וַחֲשֻׁקֵיהֶם כָּסֶף:

יב וְרֹחַב הֶחָצֵר לִפְאַת־יָם קְלָעִים חֲמִשִּׁים אַמָּה עַמֻּדֵיהֶם עֲשָׂרָה וְאַדְנֵיהֶם עֲשָׂרָה:

יג וְרֹחַב הֶחָצֵר לִפְאַת קֵדְמָה מִזְרָחָה חֲמִשִּׁים אַמָּה:

יד וַחֲמֵשׁ עֶשְׂרֵה אַמָּה קְלָעִים לַכָּתֵף עַמֻּדֵיהֶם שְׁלֹשָׁה וְאַדְנֵיהֶם שְׁלֹשָׁה:

טו וּלְכָּתֵף הַשֵּׁנִית חֲמֵשׁ עֶשְׂרֵה קְלָעִים עַמֻּדֵיהֶם שְׁלֹשָׁה וְאַדְנֵיהֶם שְׁלֹשָׁה:

טז וּלְשַׁעַר הֶחָצֵר מָסָךְ עֶשְׂרִים אַמָּה תְּכֵלֶת וְאַרְגָּמָן וְתוֹלַעַת שָׁנִי וְשֵׁשׁ מָשְׁזָר מַעֲשֵׂה רֹקֵם עַמֻּדֵיהֶם אַרְבָּעָה וְאַדְנֵיהֶם אַרְבָּעָה:

מפטיר

יז כָּל־עַמּוּדֵי הֶחָצֵר סָבִיב מְחֻשָּׁקִים כֶּסֶף וָוֵיהֶם כָּסֶף וְאַדְנֵיהֶם נְחֹשֶׁת:

יח אֹרֶךְ הֶחָצֵר מֵאָה בָאַמָּה וְרֹחַב חֲמִשִּׁים בַּחֲמִשִּׁים וְקֹמָה חָמֵשׁ אַמּוֹת שֵׁשׁ מָשְׁזָר וְאַדְנֵיהֶם נְחֹשֶׁת:

יט לְכֹל כְּלֵי הַמִּשְׁכָּן בְּכֹל עֲבֹדָתוֹ וְכָל־יְתֵדֹתָיו וְכָל־יִתְדֹת הֶחָצֵר נְחֹשֶׁת:

תצוה כא

כ וְאַתָּה תְּצַוֶּה אֶת־בְּנֵי יִשְׂרָאֵל וְיִקְחוּ אֵלֶיךָ שֶׁמֶן זַיִת זָךְ כָּתִית לַמָּאוֹר לְהַעֲלֹת נֵר תָּמִיד:

כא בְּאֹהֶל מוֹעֵד מִחוּץ לַפָּרֹכֶת אֲשֶׁר עַל־הָעֵדֻת יַעֲרֹךְ אֹתוֹ אַהֲרֹן וּבָנָיו מֵעֶרֶב עַד־בֹּקֶר לִפְנֵי יְהוָה חֻקַּת עוֹלָם לְדֹרֹתָם מֵאֵת בְּנֵי יִשְׂרָאֵל:

כח א וְאַתָּה הַקְרֵב אֵלֶיךָ אֶת־אַהֲרֹן אָחִיךָ וְאֶת־בָּנָיו אִתּוֹ מִתּוֹךְ בְּנֵי יִשְׂרָאֵל לְכַהֲנוֹ־לִי אַהֲרֹן נָדָב וַאֲבִיהוּא אֶלְעָזָר וְאִיתָמָר בְּנֵי אַהֲרֹן:

ב וְעָשִׂיתָ בִגְדֵי־קֹדֶשׁ לְאַהֲרֹן אָחִיךָ לְכָבוֹד וּלְתִפְאָרֶת:

ג וְאַתָּה תְּדַבֵּר אֶל־כָּל־חַכְמֵי־לֵב אֲשֶׁר מִלֵּאתִיו רוּחַ חָכְמָה וְעָשׂוּ אֶת־בִּגְדֵי אַהֲרֹן לְקַדְּשׁוֹ לְכַהֲנוֹ־לִי:

ד וְאֵלֶּה הַבְּגָדִים אֲשֶׁר יַעֲשׂוּ חֹשֶׁן וְאֵפוֹד וּמְעִיל וּכְתֹנֶת תַּשְׁבֵּץ מִצְנֶפֶת וְאַבְנֵט וְעָשׂוּ בִגְדֵי־קֹדֶשׁ לְאַהֲרֹן אָחִיךָ וּלְבָנָיו

shalt make its pans to receive its ashes, and its shovels, and its
basins, and its forks, and its firepans: all its vessels thou shalt
make of brass. And thou shalt make for it a grate of network 4
of brass; and upon the net shalt thou make four brazen rings
on its four corners. And thou shalt put it under the ledge of the 5
altar beneath, that the net may reach to the midst of the altar.
And thou shalt make poles for the altar, poles of shittim wood, 6
and overlay them with brass. And the poles shall be put into 7
the rings, and the poles shall be upon the two sides of the altar,
to carry it. Hollow with boards shalt thou make it: as it was 8
shown thee in the mountain, so shall they make it. And 9
thou shalt make the court of the tabernacle: for the south side
southward there shall be hangings for the court of fine twined
linen of a hundred cubits long for one side: and its twenty pillars 10
and their twenty sockets shall be of brass; the hooks of the
pillars and their joints shall be of silver. And likewise for the 11
north side in length there shall be hangings of a hundred cubits
long, and its twenty pillars and their twenty sockets of brass;
the hooks of the pillars and their joints of silver. And for the 12
breadth of the court on the west side shall be hangings of fifty
cubits: their pillars ten, and their sockets ten. And the breadth 13
of the court on the east side eastward shall be fifty cubits. The 14
hangings of one side of the gate shall be fifteen cubits: their
pillars three, and their sockets three. And on the other side shall 15
be hangings of fifteen cubits: their pillars three, and their sockets
three. And for the gate of the court shall be a screen of twenty 16
cubits, of blue, and purple, and scarlet, and fine twined linen,
wrought with embroidery: and their pillars shall be four, and
their sockets four. All the pillars round about the court shall be 17
bound with silver; their hooks shall be of silver, and their sockets
of brass. The length of the court shall be a hundred cubits, and 18
the breadth fifty everywhere, and the height, five cubits of fine
twined linen, and their sockets of brass. All the vessels of the 19
tabernacle in all its service, and all its pegs, and all the pegs of
TEẔAVVE the court, shall be of brass. And thou shalt command the 20
children of Yisra'el, that they bring thee pure oil olive beaten
for the light, to cause the lamp to burn always. In the Tent of 21
Meeting outside the veil, which is before the Testimony, Aharon
and his sons shall order it from evening to morning before the
Lord: it shall be a statute for ever to their generations on
behalf of the children of Yisra'el. And take thou to thee **28**
Aharon thy brother, and his sons with him, from among the
children of Yisra'el that he may minister to me in the priest's
office, Aharon, Nadav, and Avihu, El'azar, and Itamar, the sons
of Aharon. And thou shalt make holy garments for Aharon thy 2
brother for honour and for beauty. And thou shalt speak to all
that are wise hearted, whom I have filled with the spirit of wis- 3
dom, that they may make Aharon's garments to consecrate him,
that he may minister to me in the priest's office. And these are 4
the garments which they shall make; a breastplate, and an efod,
and a robe, and a quilted undercoat, a mitre, and a girdle: and
they shall make holy garments for Aharon thy brother, and his
sons, that he may minister to me in the priest's office. And they 5

ה. לְכַהֲנוֹ־לִי: וְהֵם יִקְחוּ אֶת־הַזָּהָב וְאֶת־הַתְּכֵלֶת וְאֶת־הָאַרְגָּמָן
וְאֶת־תּוֹלַעַת הַשָּׁנִי וְאֶת־הַשֵּׁשׁ:

ו. וְעָשׂוּ אֶת־הָאֵפֹד זָהָב תְּכֵלֶת וְאַרְגָּמָן תּוֹלַעַת שָׁנִי וְשֵׁשׁ מָשְׁזָר

ז. מַעֲשֵׂה חֹשֵׁב: שְׁתֵּי כְתֵפֹת חֹבְרֹת יִהְיֶה־לּוֹ אֶל־שְׁנֵי קְצוֹתָיו

ח. וְחֻבָּר: וְחֵשֶׁב אֲפֻדָּתוֹ אֲשֶׁר עָלָיו כְּמַעֲשֵׂהוּ מִמֶּנּוּ יִהְיֶה זָהָב
תְּכֵלֶת וְאַרְגָּמָן וְתוֹלַעַת שָׁנִי וְשֵׁשׁ מָשְׁזָר: וְלָקַחְתָּ אֶת־שְׁתֵּי

ט. אַבְנֵי־שֹׁהַם וּפִתַּחְתָּ עֲלֵיהֶם שְׁמוֹת בְּנֵי יִשְׂרָאֵל: שִׁשָּׁה מִשְּׁמֹתָם

י. עַל הָאֶבֶן הָאֶחָת וְאֶת־שְׁמוֹת הַשִּׁשָּׁה הַנּוֹתָרִים עַל־הָאֶבֶן

יא. הַשֵּׁנִית כְּתוֹלְדֹתָם: מַעֲשֵׂה חָרַשׁ אֶבֶן פִּתּוּחֵי חֹתָם תְּפַתַּח
אֶת־שְׁתֵּי הָאֲבָנִים עַל־שְׁמֹת בְּנֵי יִשְׂרָאֵל מֻסַבֹּת מִשְׁבְּצוֹת

יב. זָהָב תַּעֲשֶׂה אֹתָם: וְשַׂמְתָּ אֶת־שְׁתֵּי הָאֲבָנִים עַל כִּתְפֹת הָאֵפֹד
אַבְנֵי זִכָּרֹן לִבְנֵי יִשְׂרָאֵל וְנָשָׂא אַהֲרֹן אֶת־שְׁמוֹתָם לִפְנֵי יְהוָה

שני יג. עַל־שְׁתֵּי כְתֵפָיו לְזִכָּרֹן: וְעָשִׂיתָ מִשְׁבְּצֹת זָהָב:

יד. וּשְׁתֵּי שַׁרְשְׁרֹת זָהָב טָהוֹר מִגְבָּלֹת תַּעֲשֶׂה אֹתָם מַעֲשֵׂה עֲבֹת

טו. וְנָתַתָּה אֶת־שַׁרְשְׁרֹת הָעֲבֹתֹת עַל־הַמִּשְׁבְּצֹת: וְעָשִׂיתָ
חֹשֶׁן מִשְׁפָּט מַעֲשֵׂה חֹשֵׁב כְּמַעֲשֵׂה אֵפֹד תַּעֲשֶׂנּוּ זָהָב תְּכֵלֶת

טז. וְאַרְגָּמָן וְתוֹלַעַת שָׁנִי וְשֵׁשׁ מָשְׁזָר תַּעֲשֶׂה אֹתוֹ: רָבוּעַ יִהְיֶה
כָּפוּל זֶרֶת אָרְכּוֹ וְזֶרֶת רָחְבּוֹ: וּמִלֵּאתָ בוֹ מִלֻּאַת אֶבֶן אַרְבָּעָה

יז. טוּרִים אָבֶן טוּר אֹדֶם פִּטְדָה וּבָרֶקֶת הַטּוּר הָאֶחָד: וְהַטּוּר

יח. הַשֵּׁנִי נֹפֶךְ סַפִּיר וְיָהֲלֹם: וְהַטּוּר הַשְּׁלִישִׁי לֶשֶׁם שְׁבוֹ וְאַחְלָמָה:

כ. וְהַטּוּר הָרְבִיעִי תַּרְשִׁישׁ וְשֹׁהַם וְיָשְׁפֵה מְשֻׁבָּצִים זָהָב יִהְיוּ

כא. בְּמִלּוּאֹתָם: וְהָאֲבָנִים תִּהְיֶיןָ עַל־שְׁמֹת בְּנֵי־יִשְׂרָאֵל שְׁתֵּים
עֶשְׂרֵה עַל־שְׁמֹתָם פִּתּוּחֵי חֹתָם אִישׁ עַל־שְׁמוֹ תִּהְיֶיןָ לִשְׁנֵי

כב. עָשָׂר שָׁבֶט: וְעָשִׂיתָ עַל־הַחֹשֶׁן שַׁרְשֹׁת גַּבְלֻת מַעֲשֵׂה עֲבֹת

כג. זָהָב טָהוֹר: וְעָשִׂיתָ עַל־הַחֹשֶׁן שְׁתֵּי טַבְּעוֹת זָהָב וְנָתַתָּ אֶת־

כד. שְׁתֵּי הַטַּבָּעוֹת עַל־שְׁנֵי קְצוֹת הַחֹשֶׁן: וְנָתַתָּה אֶת־שְׁתֵּי עֲבֹתֹת

כה. הַזָּהָב עַל־שְׁתֵּי הַטַּבָּעֹת אֶל־קְצוֹת הַחֹשֶׁן: וְאֵת שְׁתֵּי קְצוֹת
שְׁתֵּי הָעֲבֹתֹת תִּתֵּן עַל־שְׁתֵּי הַמִּשְׁבְּצוֹת וְנָתַתָּה עַל־כִּתְפוֹת

כו. הָאֵפֹד אֶל־מוּל פָּנָיו: וְעָשִׂיתָ שְׁתֵּי טַבְּעוֹת זָהָב וְשַׂמְתָּ אֹתָם
עַל־שְׁנֵי קְצוֹת הַחֹשֶׁן עַל־שְׂפָתוֹ אֲשֶׁר אֶל־עֵבֶר הָאֵפוֹד בָּיְתָה:

כז. וְעָשִׂיתָ שְׁתֵּי טַבְּעוֹת זָהָב וְנָתַתָּה אֹתָם עַל־שְׁתֵּי כִתְפוֹת
הָאֵפוֹד מִלְּמַטָּה מִמּוּל פָּנָיו לְעֻמַּת מַחְבַּרְתּוֹ מִמַּעַל לְחֵשֶׁב

כח. הָאֵפוֹד: וְיִרְכְּסוּ אֶת־הַחֹשֶׁן מִטַּבְּעֹתָו אֶל־טַבְּעֹת הָאֵפוֹד
בִּפְתִיל תְּכֵלֶת לִהְיוֹת עַל־חֵשֶׁב הָאֵפוֹד וְלֹא־יִזַּח הַחֹשֶׁן מֵעַל

כט. הָאֵפוֹד: וְנָשָׂא אַהֲרֹן אֶת־שְׁמוֹת בְּנֵי־יִשְׂרָאֵל בְּחֹשֶׁן הַמִּשְׁפָּט

shall take gold, and blue, and purple, and scarlet, and fine
linen.
And they shall make the efod of gold, of blue, and of purple, of   6
scarlet, and fine twined linen, the work of an artist. It shall   7
have its two shoulderpieces joined at its two edges; and so
it shall be joined together. And the finely wrought girdle of   8
the efod, which is upon it, shall be of the same, according
to its work; namely, of gold, of blue, and purple, and scarlet,
and fine twined linen. And thou shalt take two shoham stones,   9
and engrave on them the names of the children of Yisra'el:
six of their names on one stone, and the other six names on   10
the other stone, according to their birth. With the work of   11
an engraver in stone, like the engravings of a signet, shalt thou
engrave the two stones with the names of the children of Yis-
ra'el: thou shalt make them to be set in fixtures of gold. And   12
thou shalt put the two stones upon the shoulders of the efod for
stones of memorial to the children of Yisra'el: and Aharon shall
bear their names before the LORD upon his two shoulders for a
memorial.   And thou shalt make fixtures of gold; and two   13, 14
chains of pure gold at the ends; of wreathen work shalt thou
make them, and fasten the wreathen chains to the fixtures.
     And thou shalt make the breastplate of judgment the   15
work of an artist; after the work of the efod thou shalt make
it; of gold, of blue, and of purple, and of scarlet, and of fine
twined linen, shalt thou make it. Foursquare it shall be, being   16
doubled; a span shall be its length, and a span shall be the
breadth of it. And thou shalt set in it settings of stones, even four   17
rows of stones: the first row shall be a ruby, a chrysolithe, and
a beryl: this shall be the first row. And the second row shall   18
be a turquoise, a sapphire, and a diamond. And the third row   19
a ligure, an agate, and a jasper. And the fourth row an emerald,   20
and a shoham, and a jade: they shall be enclosed in settings of
gold. And the stones shall be with the names of the children of   21
Yisra'el, twelve, according to their names, like the engravings
of a signet; every one with its name shall they be, according to
the twelve tribes. And thou shalt make upon the breastplate   22
plaited chains of wreathen work of pure gold. And thou shalt   23
make upon the breastplate two rings of gold, and shalt put the
two rings on the two ends of the breastplate. And thou shalt   24
put the two wreathen chains of gold in the two rings which are
on the ends of the breastplate. And the other two ends of the   25
two wreathen chains thou shalt fasten in the two fixtures, and
put them on the shoulderpieces of the efod toward its forepart.
And thou shalt make two rings of gold, and thou shalt put them   26
upon the two ends of the breastplate in its border, which is on
the side of the efod inward. And two other rings of gold thou   27
shalt make, and shalt put them on the two shoulderpieces of
the efod underneath, toward the forepart of it, over against its
coupling, above the finely wrought girdle of the efod. And they   28
shall bind the breastplate by its rings to the rings of the efod
with a lace of blue, that it may be above the finely wrought
girdle of the efod, and that the breastplate be not loosed from
the efod. And Aharon shall bear the names of the children of   29

ל עַל־לִבּוֹ בְּבֹאוֹ אֶל־הַקֹּדֶשׁ לְזִכָּרֹן לִפְנֵי־יהוה תָּמִיד: וְנָתַתָּ אֶל־
חֹשֶׁן הַמִּשְׁפָּט אֶת־הָאוּרִים וְאֶת־הַתֻּמִּים וְהָיוּ עַל־לֵב אַהֲרֹן
בְּבֹאוֹ לִפְנֵי יהוה וְנָשָׂא אַהֲרֹן אֶת־מִשְׁפַּט בְּנֵי־יִשְׂרָאֵל עַל־
לא לִבּוֹ לִפְנֵי יהוה תָּמִיד: וְעָשִׂיתָ אֶת־מְעִיל הָאֵפוֹד שלישי
לב כְּלִיל תְּכֵלֶת: וְהָיָה פִי־רֹאשׁוֹ בְּתוֹכוֹ שָׂפָה יִהְיֶה לְפִיו סָבִיב
לג מַעֲשֵׂה אֹרֵג כְּפִי תַחְרָא יִהְיֶה־לּוֹ לֹא יִקָּרֵעַ: וְעָשִׂיתָ עַל־שׁוּלָיו
רִמֹּנֵי תְּכֵלֶת וְאַרְגָּמָן וְתוֹלַעַת שָׁנִי עַל־שׁוּלָיו סָבִיב וּפַעֲמֹנֵי
לד זָהָב בְּתוֹכָם סָבִיב: פַּעֲמֹן זָהָב וְרִמּוֹן פַּעֲמֹן זָהָב וְרִמּוֹן עַל־
לה שׁוּלֵי הַמְּעִיל סָבִיב: וְהָיָה עַל־אַהֲרֹן לְשָׁרֵת וְנִשְׁמַע קוֹלוֹ בְּבֹאוֹ
לו אֶל־הַקֹּדֶשׁ לִפְנֵי יהוה וּבְצֵאתוֹ וְלֹא יָמוּת: וְעָשִׂיתָ
לז צִּיץ זָהָב טָהוֹר וּפִתַּחְתָּ עָלָיו פִּתּוּחֵי חֹתָם קֹדֶשׁ לַיהוה: וְשַׂמְתָּ
אֹתוֹ עַל־פְּתִיל תְּכֵלֶת וְהָיָה עַל־הַמִּצְנָפֶת אֶל־מוּל פְּנֵי־
לח הַמִּצְנֶפֶת יִהְיֶה: וְהָיָה עַל־מֵצַח אַהֲרֹן וְנָשָׂא אַהֲרֹן אֶת־עֲוֺן
הַקֳּדָשִׁים אֲשֶׁר יַקְדִּישׁוּ בְּנֵי יִשְׂרָאֵל לְכָל־מַתְּנֹת קָדְשֵׁיהֶם
לט וְהָיָה עַל־מִצְחוֹ תָּמִיד לְרָצוֹן לָהֶם לִפְנֵי יהוה: וְשִׁבַּצְתָּ הַכְּתֹנֶת
מ שֵׁשׁ וְעָשִׂיתָ מִצְנֶפֶת שֵׁשׁ וְאַבְנֵט תַּעֲשֶׂה מַעֲשֵׂה רֹקֵם: וְלִבְנֵי
אַהֲרֹן תַּעֲשֶׂה כֻתֳּנֹת וְעָשִׂיתָ לָהֶם אַבְנֵטִים וּמִגְבָּעוֹת תַּעֲשֶׂה
מא לָהֶם לְכָבוֹד וּלְתִפְאָרֶת: וְהִלְבַּשְׁתָּ אֹתָם אֶת־אַהֲרֹן אָחִיךָ
וְאֶת־בָּנָיו אִתּוֹ וּמָשַׁחְתָּ אֹתָם וּמִלֵּאתָ אֶת־יָדָם וְקִדַּשְׁתָּ אֹתָם
מב וְכִהֲנוּ־לִי: וַעֲשֵׂה לָהֶם מִכְנְסֵי־בָד לְכַסּוֹת בְּשַׂר עֶרְוָה מִמָּתְנַיִם
מג וְעַד־יְרֵכַיִם יִהְיוּ: וְהָיוּ עַל־אַהֲרֹן וְעַל־בָּנָיו בְּבֹאָם ׀ אֶל־אֹהֶל
מוֹעֵד אוֹ בְגִשְׁתָּם אֶל־הַמִּזְבֵּחַ לְשָׁרֵת בַּקֹּדֶשׁ וְלֹא־יִשְׂאוּ עָוֺן
כט א וָמֵתוּ חֻקַּת עוֹלָם לוֹ וּלְזַרְעוֹ אַחֲרָיו: וְזֶה הַדָּבָר רביעי כב
אֲשֶׁר תַּעֲשֶׂה לָהֶם לְקַדֵּשׁ אֹתָם לְכַהֵן לִי לְקַח פַּר אֶחָד בֶּן־
ב בָּקָר וְאֵילִם שְׁנַיִם תְּמִימִם: וְלֶחֶם מַצּוֹת וְחַלֹּת מַצֹּת בְּלוּלֹת
בַּשֶּׁמֶן וּרְקִיקֵי מַצּוֹת מְשֻׁחִים בַּשָּׁמֶן סֹלֶת חִטִּים תַּעֲשֶׂה אֹתָם:
ג וְנָתַתָּ אוֹתָם עַל־סַל אֶחָד וְהִקְרַבְתָּ אֹתָם בַּסָּל וְאֶת־הַפָּר
ד וְאֵת שְׁנֵי הָאֵילִם: וְאֶת־אַהֲרֹן וְאֶת־בָּנָיו תַּקְרִיב אֶל־פֶּתַח אֹהֶל
ה מוֹעֵד וְרָחַצְתָּ אֹתָם בַּמָּיִם: וְלָקַחְתָּ אֶת־הַבְּגָדִים וְהִלְבַּשְׁתָּ
אֶת־אַהֲרֹן אֶת־הַכֻּתֹּנֶת וְאֵת מְעִיל הָאֵפֹד וְאֶת־הָאֵפֹד וְאֶת־
ו הַחֹשֶׁן וְאָפַדְתָּ לוֹ בְּחֵשֶׁב הָאֵפֹד: וְשַׂמְתָּ הַמִּצְנֶפֶת עַל־רֹאשׁוֹ
ז וְנָתַתָּ אֶת־נֵזֶר הַקֹּדֶשׁ עַל־הַמִּצְנָפֶת: וְלָקַחְתָּ אֶת־שֶׁמֶן
ח הַמִּשְׁחָה וְיָצַקְתָּ עַל־רֹאשׁוֹ וּמָשַׁחְתָּ אֹתוֹ: וְאֶת־בָּנָיו תַּקְרִיב

Yisra'el on the breastplate of judgment upon his heart, when he
goes in to the holy place, for a memorial before the LORD con-
tinually. And thou shalt put in the breastplate of judgment the 30
Urim and the Tummim; and they shall be upon Aharon's heart,
when he goes in before the LORD: and Aharon shall bear the
judgment of the children of Yisra'el upon his heart before the
LORD continually. And thou shalt make the robe of the 31
efod all of blue. And there shall be a hole for the head, in the 32
midst of it: it shall have a binding of woven work round about
the hole, as it were the hole of a suit of armour, that it be not
torn. And beneath upon the hem of it thou shalt make pome- 33
granates of blue, and of purple, and of scarlet, round about its
hem; and bells of gold between them round about: a golden 34
bell and a pomegranate, a golden bell and a pomegranate, upon
the hem of the robe round about. And it shall be upon Aharon 35
when he comes to minister: and its sound shall be heard when
he goes in to the holy place before the LORD, and when he comes
out, that he die not. And thou shalt make a plate of pure 36
gold, and engrave upon it, like the engravings of a signet,
Holiness to the LORD. And thou shalt put it on a blue lace, that 37
it may be upon the mitre; upon the forefront of the mitre it shall
be. And it shall be upon Aharon's forehead, that Aharon may bear 38
the iniquity of the holy things, which the children of Yisra'el
shall hallow in all their holy gifts; and it shall be always upon his
forehead, that they may be accepted before the LORD. And thou 39
shalt weave the coat of fine linen, and thou shalt make the
mitre of fine linen, and thou shalt make the girdle of em-
broidery. And for Aharon's sons thou shalt make coats, and 40
thou shalt make for them girdles, and turbans shalt thou make
for them, for honour and for beauty. And thou shalt put them 41
upon Aharon thy brother, and his sons with him; and shalt
anoint them, and consecrate them, and sanctify them, that they
may minister to me in the priest's office. And thou shalt make 42
them linen breeches to cover their nakedness; from the loins
even to the thighs they shall reach: and they shall be upon 43
Aharon, and upon his sons, when they come in the Tent of
Meeting, or when they come near to the altar to minister in the
holy place; that they bear not iniquity, and die: it shall be a
statute for ever to him and his seed after him. And this is **29**
the thing that thou shalt do to them to hallow them, to minister
to me in the priest's office: Take one young bullock, and two
rams without blemish, and unleavened bread, and cakes un- 2
leavened mingled with oil, and wafers unleavened anointed with
oil: of wheaten flour shalt thou make them. And thou shalt put 3
them into one basket, and bring them in the basket, with the
bullock and the two rams. And Aharon and his sons thou shalt 4
bring to the door of the Tent of Meeting, and shalt wash them
with water. And thou shalt take the garments, and put upon 5
Aharon the coat, and the robe of the efod, and the efod, and
the breastplate, and gird him with the finely wrought girdle of
the efod: and thou shalt put the mitre on his head, and put the 6
holy crown upon the mitre. Then shalt thou take the anointing 7
oil, and pour it on his head, and anoint him. And thou shalt bring 8

ט וְהִלְבַּשְׁתָּם כֻּתֳּנֹת: וְחָגַרְתָּ אֹתָם אַבְנֵט אַהֲרֹן וּבָנָיו וְחָבַשְׁתָּ
לָהֶם מִגְבָּעֹת וְהָיְתָה לָהֶם כְּהֻנָּה לְחֻקַּת עוֹלָם וּמִלֵּאתָ יַד־
י אַהֲרֹן וְיַד־בָּנָיו: וְהִקְרַבְתָּ אֶת־הַפָּר לִפְנֵי אֹהֶל מוֹעֵד וְסָמַךְ
יא אַהֲרֹן וּבָנָיו אֶת־יְדֵיהֶם עַל־רֹאשׁ הַפָּר: וְשָׁחַטְתָּ אֶת־הַפָּר
יב לִפְנֵי יהוה פֶּתַח אֹהֶל מוֹעֵד: וְלָקַחְתָּ מִדַּם הַפָּר וְנָתַתָּה עַל־
קַרְנֹת הַמִּזְבֵּחַ בְּאֶצְבָּעֶךָ וְאֶת־כָּל־הַדָּם תִּשְׁפֹּךְ אֶל־יְסוֹד
יג הַמִּזְבֵּחַ: וְלָקַחְתָּ אֶת־כָּל־הַחֵלֶב הַמְכַסֶּה אֶת־הַקֶּרֶב וְאֵת
הַיֹּתֶרֶת עַל־הַכָּבֵד וְאֵת שְׁתֵּי הַכְּלָיֹת וְאֶת־הַחֵלֶב אֲשֶׁר עֲלֵיהֶן
יד וְהִקְטַרְתָּ הַמִּזְבֵּחָה: וְאֶת־בְּשַׂר הַפָּר וְאֶת־עֹרוֹ וְאֶת־פִּרְשׁוֹ
טו תִּשְׂרֹף בָּאֵשׁ מִחוּץ לַמַּחֲנֶה חַטָּאת הוּא: וְאֶת־הָאַיִל הָאֶחָד
טז תִּקָּח וְסָמְכוּ אַהֲרֹן וּבָנָיו אֶת־יְדֵיהֶם עַל־רֹאשׁ הָאָיִל: וְשָׁחַטְתָּ
יז אֶת־הָאָיִל וְלָקַחְתָּ אֶת־דָּמוֹ וְזָרַקְתָּ עַל־הַמִּזְבֵּחַ סָבִיב: וְאֶת־
הָאַיִל תְּנַתֵּחַ לִנְתָחָיו וְרָחַצְתָּ קִרְבּוֹ וּכְרָעָיו וְנָתַתָּ עַל־נְתָחָיו
יח וְעַל־רֹאשׁוֹ: וְהִקְטַרְתָּ אֶת־כָּל־הָאַיִל הַמִּזְבֵּחָה עֹלָה הוּא
יט לַיהוה רֵיחַ נִיחוֹחַ אִשֶּׁה לַיהוה הוּא: וְלָקַחְתָּ אֵת הָאַיִל הַשֵּׁנִי חמישי
כ וְסָמַךְ אַהֲרֹן וּבָנָיו אֶת־יְדֵיהֶם עַל־רֹאשׁ הָאָיִל: וְשָׁחַטְתָּ אֶת־
הָאַיִל וְלָקַחְתָּ מִדָּמוֹ וְנָתַתָּה עַל־תְּנוּךְ אֹזֶן אַהֲרֹן וְעַל־תְּנוּךְ
אֹזֶן בָּנָיו הַיְמָנִית וְעַל־בֹּהֶן יָדָם הַיְמָנִית וְעַל־בֹּהֶן רַגְלָם
כא הַיְמָנִית וְזָרַקְתָּ אֶת־הַדָּם עַל־הַמִּזְבֵּחַ סָבִיב: וְלָקַחְתָּ מִן־הַדָּם
אֲשֶׁר עַל־הַמִּזְבֵּחַ וּמִשֶּׁמֶן הַמִּשְׁחָה וְהִזֵּיתָ עַל־אַהֲרֹן וְעַל־
בְּגָדָיו וְעַל־בָּנָיו וְעַל־בִּגְדֵי בָנָיו אִתּוֹ וְקָדַשׁ הוּא וּבְגָדָיו וּבָנָיו
כב וּבִגְדֵי בָנָיו אִתּוֹ: וְלָקַחְתָּ מִן־הָאַיִל הַחֵלֶב וְהָאַלְיָה וְאֶת־
הַחֵלֶב ׀ הַמְכַסֶּה אֶת־הַקֶּרֶב וְאֵת יֹתֶרֶת הַכָּבֵד וְאֵת ׀ שְׁתֵּי
הַכְּלָיֹת וְאֶת־הַחֵלֶב אֲשֶׁר עֲלֵיהֶן וְאֵת שׁוֹק הַיָּמִין כִּי אֵיל
כג מִלֻּאִים הוּא: וְכִכַּר לֶחֶם אַחַת וְחַלַּת לֶחֶם שֶׁמֶן אַחַת וְרָקִיק
כד אֶחָד מִסַּל הַמַּצּוֹת אֲשֶׁר לִפְנֵי יהוה: וְשַׂמְתָּ הַכֹּל עַל כַּפֵּי
כה אַהֲרֹן וְעַל כַּפֵּי בָנָיו וְהֵנַפְתָּ אֹתָם תְּנוּפָה לִפְנֵי יהוה: וְלָקַחְתָּ
אֹתָם מִיָּדָם וְהִקְטַרְתָּ הַמִּזְבֵּחָה עַל־הָעֹלָה לְרֵיחַ נִיחוֹחַ לִפְנֵי
כו יהוה אִשֶּׁה הוּא לַיהוה: וְלָקַחְתָּ אֶת־הֶחָזֶה מֵאֵיל הַמִּלֻּאִים
אֲשֶׁר לְאַהֲרֹן וְהֵנַפְתָּ אֹתוֹ תְּנוּפָה לִפְנֵי יהוה וְהָיָה לְךָ לְמָנָה:
כז וְקִדַּשְׁתָּ אֵת ׀ חֲזֵה הַתְּנוּפָה וְאֵת שׁוֹק הַתְּרוּמָה אֲשֶׁר הוּנַף
וַאֲשֶׁר הוּרָם מֵאֵיל הַמִּלֻּאִים מֵאֲשֶׁר לְאַהֲרֹן וּמֵאֲשֶׁר לְבָנָיו:
כח וְהָיָה לְאַהֲרֹן וּלְבָנָיו לְחָק־עוֹלָם מֵאֵת בְּנֵי יִשְׂרָאֵל כִּי תְרוּמָה
הוּא וּתְרוּמָה יִהְיֶה מֵאֵת בְּנֵי־יִשְׂרָאֵל מִזִּבְחֵי שַׁלְמֵיהֶם

his sons, and put coats upon them. And thou shalt gird them   9
with girdles, Aharon and his sons, and put the turbans on them:
and the priest's office shall be theirs for a perpetual statute: and
thou shalt consecrate Aharon and his sons. And thou shalt cause   10
a bullock to be brought before the Tent of Meeting: and Aha-
ron and his sons shall put their hands on the head of the bullock.
And thou shalt kill the bullock before the LORD, by the door   11
of the Tent of Meeting. And thou shalt take of the blood of the   12
bullock, and put it on the horns of the altar with thy finger, and
pour all the blood beside the bottom of the altar. And thou shalt   13
take all the fat that covers the inwards, and the appendage that is
above the liver, and the two kidneys, and the fat that is upon
them, and burn them upon the altar. But the flesh of the bullock,   14
and its skin, and its dung, shalt thou burn with fire outside the
camp: it is a sin offering. And thou shalt take one ram; and   15
Aharon and his sons shall put their hands upon the head of the
ram. And thou shalt slay the ram, and thou shalt take its blood,   16
and sprinkle it round about upon the altar. And thou shalt cut   17
the ram in pieces, and wash its inward parts and its legs, and
put them with its pieces, and with its head. And thou shalt burn   18
the whole ram upon the altar: it is a burnt offering to the LORD:
it is a sweet savour, an offering made by fire to the LORD. And   19
thou shalt take the other ram; and Aharon and his sons shall
put their hands on the head of the ram. Then shalt thou kill the   20
ram, and take of its blood, and put it upon the tip of Aharon's
right ear, and upon the tip of the right ear of his sons, and upon
the thumb of their right hand, and upon the great toe of their
right foot, and sprinkle the blood upon the altar round about.
And thou shalt take of the blood that is upon the altar, and of   21
the anointing oil, and sprinkle it upon Aharon, and upon his
garments, and upon his sons, and upon the garments of his sons
with him: and he shall be hallowed, and his garments, and his
sons, and his sons' garments with him. Also thou shalt take of   22
the ram the fat and the fat tail, and the fat that covers the
inwards, and the appendage of the liver, and the two kidneys,
and the fat that is upon them, and the right shoulder; for it is
a ram of consecration: and one loaf of bread, and one cake of   23
oiled bread, and one wafer out of the basket of the unleavened
bread that is before the LORD: and thou shalt put all in the   24
hands of Aharon, and in the hands of his sons; and shalt wave
them for a wave offering before the LORD. And thou shalt receive   25
them of their hands, and burn them upon the altar for a burnt
offering, for a sweet savour before the LORD: it is an offering
made by fire to the LORD. And thou shalt take the breast of the   26
ram of Aharon's consecration, and wave it for a wave offering
before the LORD: and it shall be thy part. And thou shalt sanctify 27
the breast of the wave offering, and the shoulder of the heave
offering, which is waved, and which is heaved up of the ram of
the consecration, of that which is for Aharon, and of that which
is for his sons: and it shall be Aharon's and his sons' by a sta-   28
tute for ever from the children of Yisra'el: for it is a heave offer-
ing: and it shall be a heave offering from the children of Yisra'el
of the sacrifice of their peace offerings, their heave offering to

כט תְּרוּמָתָם לַיהוָה׃ וּבִגְדֵי הַקֹּדֶשׁ אֲשֶׁר לְאַהֲרֹן יִהְיוּ לְבָנָיו
ל אַחֲרָיו לְמָשְׁחָה בָהֶם וּלְמַלֵּא־בָם אֶת־יָדָם׃ שִׁבְעַת יָמִים
יִלְבָּשָׁם הַכֹּהֵן תַּחְתָּיו מִבָּנָיו אֲשֶׁר יָבֹא אֶל־אֹהֶל מוֹעֵד לְשָׁרֵת
לא בַּקֹּדֶשׁ׃ וְאֵת אֵיל הַמִּלֻּאִים תִּקָּח וּבִשַּׁלְתָּ אֶת־בְּשָׂרוֹ בְּמָקֹם
לב קָדֹשׁ׃ וְאָכַל אַהֲרֹן וּבָנָיו אֶת־בְּשַׂר הָאַיִל וְאֶת־הַלֶּחֶם אֲשֶׁר
לג בַּסָּל פֶּתַח אֹהֶל מוֹעֵד׃ וְאָכְלוּ אֹתָם אֲשֶׁר כֻּפַּר בָּהֶם לְמַלֵּא
לד אֶת־יָדָם לְקַדֵּשׁ אֹתָם וְזָר לֹא־יֹאכַל כִּי־קֹדֶשׁ הֵם׃ וְאִם־
יִוָּתֵר מִבְּשַׂר הַמִּלֻּאִים וּמִן־הַלֶּחֶם עַד־הַבֹּקֶר וְשָׂרַפְתָּ אֶת־
לה הַנּוֹתָר בָּאֵשׁ לֹא יֵאָכֵל כִּי־קֹדֶשׁ הוּא׃ וְעָשִׂיתָ לְאַהֲרֹן וּלְבָנָיו
לו כָּכָה כְּכֹל אֲשֶׁר־צִוִּיתִי אֹתָכָה שִׁבְעַת יָמִים תְּמַלֵּא יָדָם׃ וּפַר
חַטָּאת תַּעֲשֶׂה לַיּוֹם עַל־הַכִּפֻּרִים וְחִטֵּאתָ עַל־הַמִּזְבֵּחַ בְּכַפֶּרְךָ
לז עָלָיו וּמָשַׁחְתָּ אֹתוֹ לְקַדְּשׁוֹ׃ שִׁבְעַת יָמִים תְּכַפֵּר עַל־הַמִּזְבֵּחַ
וְקִדַּשְׁתָּ אֹתוֹ וְהָיָה הַמִּזְבֵּחַ קֹדֶשׁ קָדָשִׁים כָּל־הַנֹּגֵעַ בַּמִּזְבֵּחַ
לח יִקְדָּשׁ׃ וְזֶה אֲשֶׁר תַּעֲשֶׂה עַל־הַמִּזְבֵּחַ כְּבָשִׂים ששי
לט בְּנֵי־שָׁנָה שְׁנַיִם לַיּוֹם תָּמִיד׃ אֶת־הַכֶּבֶשׂ הָאֶחָד תַּעֲשֶׂה
מ בַבֹּקֶר וְאֵת הַכֶּבֶשׂ הַשֵּׁנִי תַּעֲשֶׂה בֵּין הָעַרְבָּיִם׃ וְעִשָּׂרֹן סֹלֶת
בָּלוּל בְּשֶׁמֶן כָּתִית רֶבַע הַהִין וְנֵסֶךְ רְבִיעִת הַהִין יָיִן לַכֶּבֶשׂ
מא הָאֶחָד׃ וְאֵת הַכֶּבֶשׂ הַשֵּׁנִי תַּעֲשֶׂה בֵּין הָעַרְבָּיִם כְּמִנְחַת
מב הַבֹּקֶר וּכְנִסְכָּהּ תַּעֲשֶׂה־לָּהּ לְרֵיחַ נִיחֹחַ אִשֶּׁה לַיהוָה׃ עֹלַת
תָּמִיד לְדֹרֹתֵיכֶם פֶּתַח אֹהֶל־מוֹעֵד לִפְנֵי יְהוָה אֲשֶׁר אִוָּעֵד
מג לָכֶם שָׁמָּה לְדַבֵּר אֵלֶיךָ שָׁם׃ וְנֹעַדְתִּי שָׁמָּה לִבְנֵי יִשְׂרָאֵל
מד וְנִקְדַּשׁ בִּכְבֹדִי׃ וְקִדַּשְׁתִּי אֶת־אֹהֶל מוֹעֵד וְאֶת־הַמִּזְבֵּחַ
מה וְאֶת־אַהֲרֹן וְאֶת־בָּנָיו אֲקַדֵּשׁ לְכַהֵן לִי׃ וְשָׁכַנְתִּי בְּתוֹךְ בְּנֵי
מו יִשְׂרָאֵל וְהָיִיתִי לָהֶם לֵאלֹהִים׃ וְיָדְעוּ כִּי אֲנִי יְהוָה אֱלֹהֵיהֶם
אֲשֶׁר הוֹצֵאתִי אֹתָם מֵאֶרֶץ מִצְרַיִם לְשָׁכְנִי בְתוֹכָם אֲנִי יְהוָה
אֱלֹהֵיהֶם׃

ל א ב וְעָשִׂיתָ מִזְבֵּחַ מִקְטַר קְטֹרֶת עֲצֵי שִׁטִּים תַּעֲשֶׂה אֹתוֹ׃ אַמָּה שביעי כג
אָרְכּוֹ וְאַמָּה רָחְבּוֹ רָבוּעַ יִהְיֶה וְאַמָּתַיִם קֹמָתוֹ מִמֶּנּוּ קַרְנֹתָיו׃
ג וְצִפִּיתָ אֹתוֹ זָהָב טָהוֹר אֶת־גַּגּוֹ וְאֶת־קִירֹתָיו סָבִיב וְאֶת־
ד קַרְנֹתָיו וְעָשִׂיתָ לּוֹ זֵר זָהָב סָבִיב׃ וּשְׁתֵּי טַבְּעֹת זָהָב תַּעֲשֶׂה־
לּוֹ מִתַּחַת לְזֵרוֹ עַל שְׁתֵּי צַלְעֹתָיו תַּעֲשֶׂה עַל־שְׁנֵי צִדָּיו וְהָיָה
ה לְבָתִּים לְבַדִּים לָשֵׂאת אֹתוֹ בָּהֵמָּה׃ וְעָשִׂיתָ אֶת־הַבַּדִּים עֲצֵי
ו שִׁטִּים וְצִפִּיתָ אֹתָם זָהָב׃ וְנָתַתָּה אֹתוֹ לִפְנֵי הַפָּרֹכֶת אֲשֶׁר עַל־

the LORD. And the holy garments of Aharon shall be his sons' 29
after him, to be anointed in them, and to be consecrated in
them. And that son that is priest in his place shall put them 30
on seven days, when he enters the Tent of Meeting to minister
in the holy place. And thou shalt take the ram of the consecra- 31
tion, and boil its flesh in the holy place. And Aharon and his 32
sons shall eat the flesh of the ram, and the bread that is in the
basket, by the door of the Tent of Meeting. And they shall eat 33
those things with which atonement was made to consecrate
and to sanctify them: but a stranger shall not eat of them,
because they are holy. And if aught of the flesh of the consecra- 34
tions, or of the bread, remain to the morning, then thou shalt
burn the remainder with fire: it shall not be eaten, because it
is holy. And thus shalt thou do to Aharon, and to his sons, 35
according to all which I have commanded thee: seven days
shalt thou consecrate them. And thou shalt offer every day 36
a bullock for a sin offering for atonement: and thou shalt cleanse
the altar, when thou hast made atonement for it, and thou
shalt anoint it, to sanctify it. Seven days thou shalt make an 37
atonement for the altar, and sanctify it; and it shall be an altar
most holy: whatever touches the altar shall be holy. Now 38
this is what thou shalt offer on the altar; two lambs of the
first year day by day continually. The one lamb thou shalt offer 39
in the morning; and the other lamb thou shalt offer towards
evening. And with the one lamb thou shalt bring a tenth mea- 40
sure of flour mingled with the fourth part of a hin of beaten
oil; and the fourth part of a hin of wine for a drink offering.
And the other lamb thou shalt offer towards evening, and shalt 41
do to it according to the meal offering of the morning, and
according to the drink offering of it, for a sweet savour, an
offering made by fire to the LORD. This shall be a continual burnt 42
offering throughout your generations at the door of the Tent
of Meeting before the LORD: where I will meet you, to speak
there to thee. And there I will meet with the children of Yis- 43
ra'el, and it shall be sanctified by my glory. And I will sanctify 44
the Tent of Meeting, and the altar: I will sanctify also both
Aharon and his sons, to minister to me in the priest's office.
And I will dwell among the children of Yisra'cl, and will be 45
their GOD. And they shall know that I am the LORD their GOD, 46
that brought them out of the land of Miẕrayim, that I may dwell
among them: I am the LORD their GOD.
And thou shalt make an altar for the burning of incense: of **30**
shittim wood shalt thou make it. A cubit shall be the length 2
of it, and a cubit its breadth; foursquare shall it be: and two
cubits shall be its height: the horns thereof shall be of the
same. And thou shalt overlay it with pure gold, its top, and its 3
sides round about, and its horns; and thou shalt make for it a
rim of gold round about. And two golden rings shalt thou 4
make for it under its rim, by its two corners upon the
two sides of it shalt thou make it; and they shall be for places for
the poles with which to bear it. And thou shalt make the poles 5
of shittim wood, and overlay them with gold. And thou shalt 6
put it before the veil that is by the ark of the Testimony, before

אָרֹן הָעֵדֻת לִפְנֵי הַכַּפֹּרֶת אֲשֶׁר עַל־הָעֵדֻת אֲשֶׁר אִוָּעֵד לְךָ
ז שָׁמָּה׃ וְהִקְטִיר עָלָיו אַהֲרֹן קְטֹרֶת סַמִּים בַּבֹּקֶר בַּבֹּקֶר בְּהֵיטִיבוֹ
ח אֶת־הַנֵּרֹת יַקְטִירֶנָּה׃ וּבְהַעֲלֹת אַהֲרֹן אֶת־הַנֵּרֹת בֵּין הָעַרְבַּיִם מפטיר
ט יַקְטִירֶנָּה קְטֹרֶת תָּמִיד לִפְנֵי יהוה לְדֹרֹתֵיכֶם׃ לֹא־תַעֲלוּ עָלָיו
י קְטֹרֶת זָרָה וְעֹלָה וּמִנְחָה וְנֶסֶךְ לֹא תִסְּכוּ עָלָיו׃ וְכִפֶּר אַהֲרֹן
עַל־קַרְנֹתָיו אַחַת בַּשָּׁנָה מִדַּם חַטַּאת הַכִּפֻּרִים אַחַת בַּשָּׁנָה
יְכַפֵּר עָלָיו לְדֹרֹתֵיכֶם קֹדֶשׁ־קָדָשִׁים הוּא לַיהוה׃

יא יב וַיְדַבֵּר יהוה אֶל־מֹשֶׁה לֵּאמֹר׃ כִּי תִשָּׂא אֶת־רֹאשׁ בְּנֵי־יִשְׂרָאֵל כי תשא
לִפְקֻדֵיהֶם וְנָתְנוּ אִישׁ כֹּפֶר נַפְשׁוֹ לַיהוה בִּפְקֹד אֹתָם וְלֹא־
יג יִהְיֶה בָהֶם נֶגֶף בִּפְקֹד אֹתָם׃ זֶה ׀ יִתְּנוּ כָּל־הָעֹבֵר עַל־הַפְּקֻדִים
מַחֲצִית הַשֶּׁקֶל בְּשֶׁקֶל הַקֹּדֶשׁ עֶשְׂרִים גֵּרָה הַשֶּׁקֶל מַחֲצִית
יד הַשֶּׁקֶל תְּרוּמָה לַיהוה׃ כֹּל הָעֹבֵר עַל־הַפְּקֻדִים מִבֶּן עֶשְׂרִים
טו שָׁנָה וָמָעְלָה יִתֵּן תְּרוּמַת יהוה׃ הֶעָשִׁיר לֹא־יַרְבֶּה וְהַדַּל לֹא
יַמְעִיט מִמַּחֲצִית הַשָּׁקֶל לָתֵת אֶת־תְּרוּמַת יהוה לְכַפֵּר עַל־
טז נַפְשֹׁתֵיכֶם׃ וְלָקַחְתָּ אֶת־כֶּסֶף הַכִּפֻּרִים מֵאֵת בְּנֵי יִשְׂרָאֵל וְנָתַתָּ
אֹתוֹ עַל־עֲבֹדַת אֹהֶל מוֹעֵד וְהָיָה לִבְנֵי יִשְׂרָאֵל לְזִכָּרוֹן לִפְנֵי
יהוה לְכַפֵּר עַל־נַפְשֹׁתֵיכֶם׃

יז יח וַיְדַבֵּר יהוה אֶל־מֹשֶׁה לֵּאמֹר׃ וְעָשִׂיתָ כִּיּוֹר נְחֹשֶׁת וְכַנּוֹ נְחֹשֶׁת
לְרָחְצָה וְנָתַתָּ אֹתוֹ בֵּין־אֹהֶל מוֹעֵד וּבֵין הַמִּזְבֵּחַ וְנָתַתָּ שָׁמָּה
יט כ מָיִם׃ וְרָחֲצוּ אַהֲרֹן וּבָנָיו מִמֶּנּוּ אֶת־יְדֵיהֶם וְאֶת־רַגְלֵיהֶם׃ בְּבֹאָם
אֶל־אֹהֶל מוֹעֵד יִרְחֲצוּ־מַיִם וְלֹא יָמֻתוּ אוֹ בְגִשְׁתָּם אֶל־הַמִּזְבֵּחַ
כא לְשָׁרֵת לְהַקְטִיר אִשֶּׁה לַיהוה׃ וְרָחֲצוּ יְדֵיהֶם וְרַגְלֵיהֶם וְלֹא
יָמֻתוּ וְהָיְתָה לָהֶם חָק־עוֹלָם לוֹ וּלְזַרְעוֹ לְדֹרֹתָם׃

כב כג וַיְדַבֵּר יהוה אֶל־מֹשֶׁה לֵּאמֹר׃ וְאַתָּה קַח־לְךָ בְּשָׂמִים רֹאשׁ
מָר־דְּרוֹר חֲמֵשׁ מֵאוֹת וְקִנְּמָן־בֶּשֶׂם מַחֲצִיתוֹ חֲמִשִּׁים וּמָאתָיִם
כד וּקְנֵה־בֹשֶׂם חֲמִשִּׁים וּמָאתָיִם׃ וְקִדָּה חֲמֵשׁ מֵאוֹת בְּשֶׁקֶל
כה הַקֹּדֶשׁ וְשֶׁמֶן זַיִת הִין׃ וְעָשִׂיתָ אֹתוֹ שֶׁמֶן מִשְׁחַת־קֹדֶשׁ רֹקַח
כו מִרְקַחַת מַעֲשֵׂה רֹקֵחַ שֶׁמֶן מִשְׁחַת־קֹדֶשׁ יִהְיֶה׃ וּמָשַׁחְתָּ בוֹ
כז אֶת־אֹהֶל מוֹעֵד וְאֵת אֲרוֹן הָעֵדֻת׃ וְאֶת־הַשֻּׁלְחָן וְאֶת־כָּל־
כח כֵּלָיו וְאֶת־הַמְּנֹרָה וְאֶת־כֵּלֶיהָ וְאֵת מִזְבַּח הַקְּטֹרֶת׃ וְאֶת־
כט מִזְבַּח הָעֹלָה וְאֶת־כָּל־כֵּלָיו וְאֶת־הַכִּיֹּר וְאֶת־כַּנּוֹ׃ וְקִדַּשְׁתָּ
ל אֹתָם וְהָיוּ קֹדֶשׁ קָדָשִׁים כָּל־הַנֹּגֵעַ בָּהֶם יִקְדָּשׁ׃ וְאֶת־אַהֲרֹן

the covering that is over the Testimony, where I will meet with
thee. And Aharon shall burn upon it sweet incense every morn-   7
ing: when he dresses the lamps, he shall burn incense on it. And   8
when Aharon lights the lamps at evening, he shall burn incense
upon it, a perpetual incense before the LORD throughout your
generations. You shall offer no strange incense on it, nor burnt   9
sacrifice, nor meal offering; neither shall you pour drink offering
upon it. And Aharon shall sprinkle upon the horns of it once   10
in a year the blood of the sin offering of atonements: once in
the year shall he make atonement upon it throughout your
generations: it is most holy to the LORD.

KI TISSA   And the LORD spoke to Moshe, saying, When thou dost take   11, 12
the sum of the children of Yisra'el after their number, then shall
they give every man a ransom for his soul to the LORD, when
thou dost number them; that there be no plague among them,
when thou dost number them. This they shall give, every one   13
that passes among them that are numbered, half a shekel after
the shekel of the sanctuary: (a shekel is twenty gera:) a half
shekel shall be the offering of the LORD. Every one that passes   14
among them that are numbered, from twenty years old and
above, shall give the offering of the LORD. The rich shall not   15
give more, and the poor shall not give less than half a shekel,
when they give the offering of the LORD, to make atonement for
your souls. And thou shalt take the atonement money of the   16
children of Yisra'el, and shalt appoint it for the service of
the Tent of Meeting; that it may be a memorial to the children
of Yisra'el before the LORD, to make atonement for your
souls.

And the LORD spoke to Moshe, saying, Thou shalt also make a   17, 18
laver of brass, and its pedestal also of brass, for washing: and
thou shalt put it between the Tent of Meeting and the altar, and
thou shalt put water in it. For Aharon and his sons shall wash   19
their hands and their feet thereat: when they go into the Tent   20
of Meeting, they shall wash with water, that they die not; or
when they come near to the altar to minister, to burn offering
made by fire to the LORD: so they shall wash their hands and   21
their feet, that they die not: and it shall be a statute for ever
to them, to him and to his seed throughout their generations.

Moreover the LORD spoke to Moshe, saying, Take thou also to   22, 23
thee the best spices, of pure myrrh five hundred shekels, and of
sweet cinnamon half so much, two hundred and fifty shekels,
and of sweet calamus two hundred and fifty shekels, and of   24
cassia five hundred shekels, after the shekel of the sanctuary,
and of olive oil a hin: and thou shalt make it an oil of holy oint- 25
ment, an ointment compounded after the art of the perfumer:
it shall be a holy anointing oil. And thou shalt anoint the Tent   26
of Meeting with it, and the ark of the Testimony, and the table   27
and all its vessels, and the candlestick and its vessels, and the
altar of incense, and the altar of burnt offering with all its ves- 28
sels, and the laver and its pedestal. And thou shalt sanctify   29
them, that they may be most holy: whatever touches them shall
be holy. And thou shalt anoint Aharon and his sons, and con-   30
secrate them, that they may minister to me in the priest's office.

לא וְאֶת־בָּנָיו תִּמְשָׁח וְקִדַּשְׁתָּ אֹתָם לְכַהֵן לִי׃ וְאֶל־בְּנֵי יִשְׂרָאֵל
לב תְּדַבֵּר לֵאמֹר שֶׁמֶן מִשְׁחַת־קֹדֶשׁ יִהְיֶה זֶה לִי לְדֹרֹתֵיכֶם׃ עַל־
בְּשַׂר אָדָם לֹא יִיסָךְ וּבְמַתְכֻּנְתּוֹ לֹא תַעֲשׂוּ כָּמֹהוּ קֹדֶשׁ הוּא
לג קֹדֶשׁ יִהְיֶה לָכֶם׃ אִישׁ אֲשֶׁר יִרְקַח כָּמֹהוּ וַאֲשֶׁר יִתֵּן מִמֶּנּוּ
לד עַל־זָר וְנִכְרַת מֵעַמָּיו׃ וַיֹּאמֶר יהוה אֶל־מֹשֶׁה
קַח־לְךָ סַמִּים נָטָף ׀ וּשְׁחֵלֶת וְחֶלְבְּנָה סַמִּים וּלְבֹנָה זַכָּה בַּד
לה בְּבַד יִהְיֶה׃ וְעָשִׂיתָ אֹתָהּ קְטֹרֶת רֹקַח מַעֲשֵׂה רוֹקֵחַ מְמֻלָּח
לו טָהוֹר קֹדֶשׁ׃ וְשָׁחַקְתָּ מִמֶּנָּה הָדֵק וְנָתַתָּה מִמֶּנָּה לִפְנֵי הָעֵדֻת
בְּאֹהֶל מוֹעֵד אֲשֶׁר אִוָּעֵד לְךָ שָׁמָּה קֹדֶשׁ קָדָשִׁים תִּהְיֶה לָכֶם׃
לז וְהַקְּטֹרֶת אֲשֶׁר תַּעֲשֶׂה בְּמַתְכֻּנְתָּהּ לֹא תַעֲשׂוּ לָכֶם קֹדֶשׁ
לח תִּהְיֶה לְךָ לַיהוה׃ אִישׁ אֲשֶׁר־יַעֲשֶׂה כָמוֹהָ לְהָרִיחַ בָּהּ וְנִכְרַת
כא א ב מֵעַמָּיו׃ וַיְדַבֵּר יהוה אֶל־מֹשֶׁה לֵּאמֹר׃ רְאֵה כד
ג קָרָאתִי בְשֵׁם בְּצַלְאֵל בֶּן־אוּרִי בֶן־חוּר לְמַטֵּה יְהוּדָה׃ וָאֲמַלֵּא
אֹתוֹ רוּחַ אֱלֹהִים בְּחָכְמָה וּבִתְבוּנָה וּבְדַעַת וּבְכָל־מְלָאכָה׃
ד ה לַחְשֹׁב מַחֲשָׁבֹת לַעֲשׂוֹת בַּזָּהָב וּבַכֶּסֶף וּבַנְּחֹשֶׁת׃ וּבַחֲרֹשֶׁת
ו אֶבֶן לְמַלֹּאת וּבַחֲרֹשֶׁת עֵץ לַעֲשׂוֹת בְּכָל־מְלָאכָה׃ וַאֲנִי הִנֵּה
נָתַתִּי אִתּוֹ אֵת אָהֳלִיאָב בֶּן־אֲחִיסָמָךְ לְמַטֵּה־דָן וּבְלֵב כָּל־
ז חֲכַם־לֵב נָתַתִּי חָכְמָה וְעָשׂוּ אֵת כָּל־אֲשֶׁר צִוִּיתִךָ׃ אֵת ׀ אֹהֶל
מוֹעֵד וְאֶת־הָאָרֹן לָעֵדֻת וְאֶת־הַכַּפֹּרֶת אֲשֶׁר עָלָיו וְאֵת כָּל־
ח כְּלֵי הָאֹהֶל׃ וְאֶת־הַשֻּׁלְחָן וְאֶת־כֵּלָיו וְאֶת־הַמְּנֹרָה הַטְּהֹרָה
ט וְאֶת־כָּל־כֵּלֶיהָ וְאֵת מִזְבַּח הַקְּטֹרֶת׃ וְאֶת־מִזְבַּח הָעֹלָה
י וְאֶת־כָּל־כֵּלָיו וְאֶת־הַכִּיּוֹר וְאֶת־כַּנּוֹ׃ וְאֵת בִּגְדֵי הַשְּׂרָד וְאֶת־
יא בִּגְדֵי הַקֹּדֶשׁ לְאַהֲרֹן הַכֹּהֵן וְאֶת־בִּגְדֵי בָנָיו לְכַהֵן׃ וְאֵת שֶׁמֶן
הַמִּשְׁחָה וְאֶת־קְטֹרֶת הַסַּמִּים לַקֹּדֶשׁ כְּכֹל אֲשֶׁר־צִוִּיתִךָ
יַעֲשׂוּ׃
יב יג וַיֹּאמֶר יהוה אֶל־מֹשֶׁה לֵּאמֹר׃ וְאַתָּה דַּבֵּר אֶל־בְּנֵי יִשְׂרָאֵל
לֵאמֹר אַךְ אֶת־שַׁבְּתֹתַי תִּשְׁמֹרוּ כִּי אוֹת הִוא בֵּינִי וּבֵינֵיכֶם
יד לְדֹרֹתֵיכֶם לָדַעַת כִּי אֲנִי יהוה מְקַדִּשְׁכֶם׃ וּשְׁמַרְתֶּם אֶת־
הַשַּׁבָּת כִּי קֹדֶשׁ הִוא לָכֶם מְחַלְלֶיהָ מוֹת יוּמָת כִּי כָּל־הָעֹשֶׂה
טו בָהּ מְלָאכָה וְנִכְרְתָה הַנֶּפֶשׁ הַהִוא מִקֶּרֶב עַמֶּיהָ׃ שֵׁשֶׁת יָמִים
יֵעָשֶׂה מְלָאכָה וּבַיּוֹם הַשְּׁבִיעִי שַׁבַּת שַׁבָּתוֹן קֹדֶשׁ לַיהוה
טז כָּל־הָעֹשֶׂה מְלָאכָה בְּיוֹם הַשַּׁבָּת מוֹת יוּמָת׃ וְשָׁמְרוּ
בְנֵי־יִשְׂרָאֵל אֶת־הַשַּׁבָּת לַעֲשׂוֹת אֶת־הַשַּׁבָּת לְדֹרֹתָם בְּרִית
יז עוֹלָם׃ בֵּינִי וּבֵין בְּנֵי יִשְׂרָאֵל אוֹת הִוא לְעֹלָם כִּי־שֵׁשֶׁת יָמִים
עָשָׂה יהוה אֶת־הַשָּׁמַיִם וְאֶת־הָאָרֶץ וּבַיּוֹם הַשְּׁבִיעִי שָׁבַת
יח וַיִּנָּפַשׁ׃ וַיִּתֵּן אֶל־מֹשֶׁה כְּכַלֹּתוֹ לְדַבֵּר אִתּוֹ שני

And thou shalt speak to the children of Yisra'el, saying, This 31
shall be a holy anointing oil to me throughout your generations.
Upon man's flesh shall it not be poured, neither shall you make 32
any other like it, after the composition of it: it is holy, and holy
shall it be for you. Whoever compounds any like it, or whoever 33
puts any of it upon a stranger, shall even be cut off from his
people. And the LORD said to Moshe, Take to thee sweet 34
spices, storax, and onycha, and galbanum; sweet spices with
pure frankincense: of each shall there be a like weight: and 35
thou shalt make it a perfume, a confection after the art of the
perfumer, mingled with salt, pure and holy: and thou shalt 36
beat some of it very small, and put of it before the Testimony
in the Tent of Meeting, where I will meet with thee: it shall
be to you most holy. And as for the perfume which thou shalt 37
make, you shall not make it for yourselves according to its
prescribed composition: it shall be holy for the LORD. Whoever 38
shall make like to that, to partake of its scent, shall even be cut
off from his people. And the LORD spoke to Moshe, saying, **31**
See, I have called by name Beẕal'el the son of Uri, the son of 2
Ḥur, of the tribe of Yehuda: and I have filled him with the 3
spirit of GOD, in wisdom, and in understanding, and in know-
ledge, and in all manner of workmanship, to contrive works of 4
art, to work in gold, and in silver, and in brass, and in cutting of 5
stones, to set them, and in carving of timber, to work in all
manner of workmanship. And I, behold, I have given with him 6
Aholi'av, the son of Aḥisamakh, of the tribe of Dan: and in the
hearts of all that are wise hearted I have put wisdom, that they
may make all that I have commanded thee; the Tent of Meeting, 7
and the ark of the Testimony, and the covering that is on it, and
all the furniture of the Tent, and the table and its furniture, and 8
the pure candlestick with all its furniture, and the altar of in-
cense, and the altar of burnt offering with all its furniture, and 9
the laver and its pedestal, and the uniforms, and the holy gar- 10
ments for Aharon the priest, and the garments of his sons, to
minister in the priest's office, and the anointing oil, and incense 11
of spices for the holy place: according to all that I have com-
manded thee shall they do.
And the LORD spoke to Moshe, saying, Speak also to the children 12, 13
of Yisra'el saying, Verily my sabbaths shall you keep: for it is a
sign between me and you throughout your generations; that you
may know that I am the LORD who sanctifies you. You shall keep 14
the sabbath therefore; for it is holy to you: everyone that
profanes it shall surely be put to death: for whoever does any
work on it, that soul shall be cut off from among his people. Six 15
days may work be done; but on the seventh is the sabbath of
rest, holy to the LORD: whoever does any work on the sabbath
day, he shall surely be put to death. Wherefore the children of 16
Yisra'el shall keep the sabbath, to observe the sabbath through-
out their generations, for a perpetual covenant. It is a sign 17
between me and the children of Yisra'el for ever: for in six days
the LORD made heaven and earth, and on the seventh day he
rested, and was refreshed. And he gave to Moshe, when 18
he had made an end of speaking to him upon mount Sinay, two

בְּהַר סִינַי שְׁנֵי לֻחֹת הָעֵדֻת לֻחֹת אֶבֶן כְּתֻבִים בְּאֶצְבַּע אֱלֹהִים:

א וַיַּרְא הָעָם כִּי־בֹשֵׁשׁ מֹשֶׁה לָרֶדֶת מִן־הָהָר וַיִּקָּהֵל הָעָם עַל־
אַהֲרֹן וַיֹּאמְרוּ אֵלָיו קוּם ׀ עֲשֵׂה־לָנוּ אֱלֹהִים אֲשֶׁר יֵלְכוּ לְפָנֵינוּ
כִּי־זֶה ׀ מֹשֶׁה הָאִישׁ אֲשֶׁר הֶעֱלָנוּ מֵאֶרֶץ מִצְרַיִם לֹא יָדַעְנוּ

ב מֶה־הָיָה לוֹ: וַיֹּאמֶר אֲלֵהֶם אַהֲרֹן פָּרְקוּ נִזְמֵי הַזָּהָב אֲשֶׁר

ג בְּאָזְנֵי נְשֵׁיכֶם בְּנֵיכֶם וּבְנֹתֵיכֶם וְהָבִיאוּ אֵלָי: וַיִּתְפָּרְקוּ כָּל־

ד הָעָם אֶת־נִזְמֵי הַזָּהָב אֲשֶׁר בְּאָזְנֵיהֶם וַיָּבִיאוּ אֶל־אַהֲרֹן: וַיִּקַּח
מִיָּדָם וַיָּצַר אֹתוֹ בַּחֶרֶט וַיַּעֲשֵׂהוּ עֵגֶל מַסֵּכָה וַיֹּאמְרוּ אֵלֶּה
אֱלֹהֶיךָ יִשְׂרָאֵל אֲשֶׁר הֶעֱלוּךָ מֵאֶרֶץ מִצְרָיִם:

ה וַיַּרְא אַהֲרֹן וַיִּבֶן
מִזְבֵּחַ לְפָנָיו וַיִּקְרָא אַהֲרֹן וַיֹּאמַר חַג לַיהוָה מָחָר:

ו וַיַּשְׁכִּימוּ
מִמָּחֳרָת וַיַּעֲלוּ עֹלֹת וַיַּגִּשׁוּ שְׁלָמִים וַיֵּשֶׁב הָעָם לֶאֱכֹל וְשָׁתוֹ
וַיָּקֻמוּ לְצַחֵק:

ז וַיְדַבֵּר יְהוָה אֶל־מֹשֶׁה לֶךְ־רֵד כִּי שִׁחֵת עַמְּךָ אֲשֶׁר הֶעֱלֵיתָ
מֵאֶרֶץ מִצְרָיִם:

ח סָרוּ מַהֵר מִן־הַדֶּרֶךְ אֲשֶׁר צִוִּיתִם עָשׂוּ לָהֶם
עֵגֶל מַסֵּכָה וַיִּשְׁתַּחֲווּ־לוֹ וַיִּזְבְּחוּ־לוֹ וַיֹּאמְרוּ אֵלֶּה אֱלֹהֶיךָ
יִשְׂרָאֵל אֲשֶׁר הֶעֱלוּךָ מֵאֶרֶץ מִצְרָיִם:

ט וַיֹּאמֶר יְהוָה אֶל־מֹשֶׁה
רָאִיתִי אֶת־הָעָם הַזֶּה וְהִנֵּה עַם־קְשֵׁה־עֹרֶף הוּא: וְעַתָּה הַנִּיחָה

י לִּי וְיִחַר־אַפִּי בָהֶם וַאֲכַלֵּם וְאֶעֱשֶׂה אוֹתְךָ לְגוֹי גָּדוֹל: וַיְחַל מֹשֶׁה

יא אֶת־פְּנֵי יְהוָה אֱלֹהָיו וַיֹּאמֶר לָמָה יְהוָה יֶחֱרֶה אַפְּךָ בְּעַמֶּךָ אֲשֶׁר
הוֹצֵאתָ מֵאֶרֶץ מִצְרַיִם בְּכֹחַ גָּדוֹל וּבְיָד חֲזָקָה: לָמָּה יֹאמְרוּ

יב מִצְרַיִם לֵאמֹר בְּרָעָה הוֹצִיאָם לַהֲרֹג אֹתָם בֶּהָרִים וּלְכַלֹּתָם
מֵעַל פְּנֵי הָאֲדָמָה שׁוּב מֵחֲרוֹן אַפֶּךָ וְהִנָּחֵם עַל־הָרָעָה לְעַמֶּךָ:

יג זְכֹר לְאַבְרָהָם לְיִצְחָק וּלְיִשְׂרָאֵל עֲבָדֶיךָ אֲשֶׁר נִשְׁבַּעְתָּ לָהֶם
בָּךְ וַתְּדַבֵּר אֲלֵהֶם אַרְבֶּה אֶת־זַרְעֲכֶם כְּכוֹכְבֵי הַשָּׁמָיִם וְכָל־

יד הָאָרֶץ הַזֹּאת אֲשֶׁר אָמַרְתִּי אֶתֵּן לְזַרְעֲכֶם וְנָחֲלוּ לְעֹלָם: וַיִּנָּחֶם
יְהוָה עַל־הָרָעָה אֲשֶׁר דִּבֶּר לַעֲשׂוֹת לְעַמּוֹ:

כה טו וַיִּפֶן וַיֵּרֶד מֹשֶׁה מִן־הָהָר וּשְׁנֵי לֻחֹת הָעֵדֻת בְּיָדוֹ לֻחֹת כְּתֻבִים

טז מִשְּׁנֵי עֶבְרֵיהֶם מִזֶּה וּמִזֶּה הֵם כְּתֻבִים: וְהַלֻּחֹת מַעֲשֵׂה אֱלֹהִים

יז הֵמָּה וְהַמִּכְתָּב מִכְתַּב אֱלֹהִים הוּא חָרוּת עַל־הַלֻּחֹת: וַיִּשְׁמַע
יְהוֹשֻׁעַ אֶת־קוֹל הָעָם בְּרֵעֹה וַיֹּאמֶר אֶל־מֹשֶׁה קוֹל מִלְחָמָה

יח בַּמַּחֲנֶה: וַיֹּאמֶר אֵין קוֹל עֲנוֹת גְּבוּרָה וְאֵין קוֹל עֲנוֹת חֲלוּשָׁה

יט קוֹל עַנּוֹת אָנֹכִי שֹׁמֵעַ: וַיְהִי כַּאֲשֶׁר קָרַב אֶל־הַמַּחֲנֶה וַיַּרְא
אֶת־הָעֵגֶל וּמְחֹלֹת וַיִּחַר־אַף מֹשֶׁה וַיַּשְׁלֵךְ מִיָּדָו אֶת־הַלֻּחֹת

tablets of the Testimony, tablets of stone, written with the finger
of God. And when the people saw that Moshe delayed to come   1
down from the mountain, the people gathered themselves to-
gether to Aharon, and said to him, Up, make us gods, which shall
go before us; for as for this man Moshe, who brought us up
out of the land of Miżrayim, we know not what is become of
him. And Aharon said to them, Break off the golden earrings,   2
which are in the ears of your wives, of your sons, and of your
daughters, and bring them to me. And all the people broke off   3
the golden earrings which were in their ears, and brought them
to Aharon. And he received the gold at their hand, and fashioned 4
it with a graving tool and made it a molten calf: and they said,
These are thy gods, O Yisra'el, which brought thee up out of
the land of Miżrayim. And when Aharon saw it, he built an   5
altar before it; and Aharon made proclamation, and said,
Tomorrow is a feast to the Lord. And they rose up early on   6
the morrow, and offered burnt offerings, and brought peace
offerings; and the people sat down to eat and to drink, and rose
up to disport themselves.

And the Lord said to Moshe, Go, get thee down; for thy people,   7
which thou broughtest up out of the land of Miżrayim, have be-
come corrupt: they have turned aside quickly out of the way   8
which I commanded them: they have made them a molten calf,
and have worshipped it, and have sacrificed to it, and said, These
are thy gods, O Yisra'el, which have brought thee up out of the
land of Miżrayim. And the Lord said to Moshe, I have seen this   9
people, and, behold, it is a stiffnecked people: now therefore   10
let me alone, that my wrath may burn against them, and that
I may consume them: and I will make of thee a great nation.
And Moshe besought the Lord his God, and said, Lord, why   11
does thy wrath burn against thy people, whom thou hast brought
forth out of the land of Miżrayim with great power, and with
a mighty hand? Wherefore should Miżrayim speak, and say, In   12
an evil hour did he bring them out, to slay them in the moun-
tains, and to consume them from the face of the earth? Turn
from thy fierce anger, and relent of this evil against thy people.
Remember Avraham, Yiżhaq, and Yisra'el, thy servants, to whom   13
thou didst swear by thy own self, and didst say to them, I will
multiply your seed as the stars of heaven, and all this land that
I have spoken of will I give to your seed, and they shall inherit
it for ever. And the Lord relented of the evil which he thought   14
to do to his people.

And Moshe turned, and went down from the mountain, and the   15
two tablets of the Testimony were in his hand: tablets written
on both their sides; on the one side and on the other were they
written. And the tablets were the work of God, and the writing   16
was the writing of God, engraved upon the tablets. And when   17
Yehoshua heard the noise of the people as they shouted, he said
to Moshe, There is a noise of war in the camp. But he said, It   18
is not the voice of those who shout for mastery, neither is it the
voice of those who cry for being overcome: but the noise of
those who sing do I hear. And it came to pass, as soon as he   19
came near to the camp, that he saw the calf, and the dancing:

וַיְשַׁבֵּר אֹתָם תַּחַת הָהָר: וַיִּקַּח אֶת־הָעֵגֶל אֲשֶׁר עָשׂוּ וַיִּשְׂרֹף כ
בָּאֵשׁ וַיִּטְחַן עַד אֲשֶׁר־דָּק וַיִּזֶר עַל־פְּנֵי הַמַּיִם וַיַּשְׁקְ אֶת־בְּנֵי
יִשְׂרָאֵל: וַיֹּאמֶר מֹשֶׁה אֶל־אַהֲרֹן מֶה־עָשָׂה לְךָ הָעָם הַזֶּה כא
כִּי־הֵבֵאתָ עָלָיו חֲטָאָה גְדֹלָה: וַיֹּאמֶר אַהֲרֹן אַל־יִחַר אַף כב
אֲדֹנִי אַתָּה יָדַעְתָּ אֶת־הָעָם כִּי בְרָע הוּא: וַיֹּאמְרוּ לִי עֲשֵׂה־ כג
לָנוּ אֱלֹהִים אֲשֶׁר יֵלְכוּ לְפָנֵינוּ כִּי־זֶה ׀ מֹשֶׁה הָאִישׁ אֲשֶׁר
הֶעֱלָנוּ מֵאֶרֶץ מִצְרַיִם לֹא יָדַעְנוּ מֶה־הָיָה לוֹ: וָאֹמַר לָהֶם כד
לְמִי זָהָב הִתְפָּרָקוּ וַיִּתְּנוּ־לִי וָאַשְׁלִכֵהוּ בָאֵשׁ וַיֵּצֵא הָעֵגֶל
הַזֶּה: וַיַּרְא מֹשֶׁה אֶת־הָעָם כִּי פָרֻעַ הוּא כִּי־פְרָעֹה אַהֲרֹן כה
לְשִׁמְצָה בְּקָמֵיהֶם: וַיַּעֲמֹד מֹשֶׁה בְּשַׁעַר הַמַּחֲנֶה וַיֹּאמֶר מִי כו
לַיהוה אֵלָי וַיֵּאָסְפוּ אֵלָיו כָּל־בְּנֵי לֵוִי: וַיֹּאמֶר לָהֶם כֹּה־אָמַר כז
יהוה אֱלֹהֵי יִשְׂרָאֵל שִׂימוּ אִישׁ־חַרְבּוֹ עַל־יְרֵכוֹ עִבְרוּ וָשׁוּבוּ
מִשַּׁעַר לָשַׁעַר בַּמַּחֲנֶה וְהִרְגוּ אִישׁ־אֶת־אָחִיו וְאִישׁ אֶת־רֵעֵהוּ
וְאִישׁ אֶת־קְרֹבוֹ: וַיַּעֲשׂוּ בְנֵי־לֵוִי כִּדְבַר מֹשֶׁה וַיִּפֹּל מִן־הָעָם כח
בַּיּוֹם הַהוּא כִּשְׁלֹשֶׁת אַלְפֵי אִישׁ: וַיֹּאמֶר מֹשֶׁה מִלְאוּ יֶדְכֶם כט
הַיּוֹם לַיהוה כִּי אִישׁ בִּבְנוֹ וּבְאָחִיו וְלָתֵת עֲלֵיכֶם הַיּוֹם בְּרָכָה:
וַיְהִי מִמָּחֳרָת וַיֹּאמֶר מֹשֶׁה אֶל־הָעָם אַתֶּם חֲטָאתֶם חֲטָאָה ל
גְדֹלָה וְעַתָּה אֶעֱלֶה אֶל־יהוה אוּלַי אֲכַפְּרָה בְּעַד חַטַּאתְכֶם:
וַיָּשָׁב מֹשֶׁה אֶל־יהוה וַיֹּאמַר אָנָּא חָטָא הָעָם הַזֶּה חֲטָאָה גְדֹלָה לא
וַיַּעֲשׂוּ לָהֶם אֱלֹהֵי זָהָב: וְעַתָּה אִם־תִּשָּׂא חַטָּאתָם וְאִם־אַיִן לב
מְחֵנִי נָא מִסִּפְרְךָ אֲשֶׁר כָּתָבְתָּ: וַיֹּאמֶר יהוה אֶל־מֹשֶׁה מִי לג
אֲשֶׁר חָטָא־לִי אֶמְחֶנּוּ מִסִּפְרִי: וְעַתָּה לֵךְ ׀ נְחֵה אֶת־הָעָם אֶל לד
אֲשֶׁר־דִּבַּרְתִּי לָךְ הִנֵּה מַלְאָכִי יֵלֵךְ לְפָנֶיךָ וּבְיוֹם פָּקְדִי וּפָקַדְתִּי
עֲלֵיהֶם חַטָּאתָם: וַיִּגֹּף יהוה אֶת־הָעָם עַל אֲשֶׁר עָשׂוּ אֶת־ לה
הָעֵגֶל אֲשֶׁר עָשָׂה אַהֲרֹן: וַיְדַבֵּר יהוה אֶל־מֹשֶׁה א לג
לֵךְ עֲלֵה מִזֶּה אַתָּה וְהָעָם אֲשֶׁר הֶעֱלִיתָ מֵאֶרֶץ מִצְרָיִם אֶל־
הָאָרֶץ אֲשֶׁר נִשְׁבַּעְתִּי לְאַבְרָהָם לְיִצְחָק וּלְיַעֲקֹב לֵאמֹר
לְזַרְעֲךָ אֶתְּנֶנָּה: וְשָׁלַחְתִּי לְפָנֶיךָ מַלְאָךְ וְגֵרַשְׁתִּי אֶת־הַכְּנַעֲנִי ב
הָאֱמֹרִי וְהַחִתִּי וְהַפְּרִזִּי הַחִוִּי וְהַיְבוּסִי: אֶל־אֶרֶץ זָבַת חָלָב ג
וּדְבָשׁ כִּי לֹא אֶעֱלֶה בְּקִרְבְּךָ כִּי עַם־קְשֵׁה־עֹרֶף אַתָּה פֶּן־
אֲכֶלְךָ בַּדָּרֶךְ: וַיִּשְׁמַע הָעָם אֶת־הַדָּבָר הָרָע הַזֶּה וַיִּתְאַבָּלוּ ד
וְלֹא־שָׁתוּ אִישׁ עֶדְיוֹ עָלָיו: וַיֹּאמֶר יהוה אֶל־מֹשֶׁה אֱמֹר אֶל־ ה
בְּנֵי־יִשְׂרָאֵל אַתֶּם עַם־קְשֵׁה־עֹרֶף רֶגַע אֶחָד אֶעֱלֶה בְקִרְבְּךָ
וְכִלִּיתִיךָ וְעַתָּה הוֹרֵד עֶדְיְךָ מֵעָלֶיךָ וְאֵדְעָה מָה אֶעֱשֶׂה־לָּךְ:

and Moshe's anger burned, and he threw the tablets out of
his hands, and broke them at the foot of the mountain. And he   20
took the calf which they had made, and burnt it in the fire, and
ground it to powder, and scattered it upon the water, and made
the children of Yisra'el drink of it. And Moshe said to Aharon,   21
What has this people done to thee, that thou hast brought so
great a sin upon them? And Aharon said, Let not the anger of   22
my lord burn: thou knowst the people, that they are bent on
mischief. For they said to me, Make us gods, which shall go be-   23
fore us: for as for this Moshe, the man that brought us up out
of the land of Miẓrayim, we know not what is become of him.
And I said to them, Who has any gold? They broke it off and   24
gave it me: then I threw it into the fire, and there came out this
calf. And when Moshe saw that the people were in disorder;   25
(for Aharon had made them disorderly to the scandal of their
enemies:) then Moshe stood in the gate of the camp, and said,   26
Who is on the LORD's side? let him come to me. And all the sons
of Levi gathered themselves together to him. And he said to   27
them, Thus says the LORD GOD of Yisra'el, Put every man his
sword by his side, and go to and fro from gate to gate through-
out the camp, and slay every man his brother, and every man his
companion, and every man his neighbour. And the children of   28
Levi did according to the word of Moshe: and there fell of the
people that day about three thousand men. For Moshe said,   29
Consecrate yourselves today to the LORD, even every man against
his son, and against his brother; that he may bestow upon you a
blessing this day. And it came to pass on the morrow, that   30
Moshe said to the people, You have sinned a great sin: and now
I will go up to the LORD; perhaps I shall make atonement for
your sin. And Moshe returned to the LORD, and said, Oh, this   31
people has sinned a great sin, and they have made them gods of
gold. Yet now, if thou wilt forgive their sin —; and if not, blot   32
me, I pray thee, out of thy book which thou hast written. And   33
the LORD said to Moshe, Whoever has sinned against me, him
will I blot out of my book. Therefore now go, lead the people   34
to the place of which I have spoken to thee: behold, my angel
shall go before thee: nevertheless in the day when I punish, I
will punish their sin upon them. And the LORD plagued the   35
people, because they made the calf, which Aharon had made.

    And the LORD said to Moshe, Depart, and go up from here,   **33**
thou and the people whom thou hast brought up out of the land
of Miẓrayim, to the land of which I swore to Avraham, to Yiẓḥaq,
and to Ya'aqov, saying, To thy seed will I give it: and I will   2
send an angel before thee; and I will drive out the Kena'ani, the
Emori, and the Ḥitti, and the Perizzi, the Ḥivvi, and the Yevusi:
into a land flowing with milk and honey: for I will not go up   3
in the midst of thee; for thou art a stiffnecked people: lest I
consume thee on the way. And when the people heard these evil   4
tidings, they mourned: and no man put on him his ornaments.
For the LORD had said to Moshe, Say to the children of Yisra'el,   5
You are a stiffnecked people: I will come up into the midst of
thee for a moment and consume thee: therefore now put off
thy ornaments from thee, that I may know what to do to thee.

וַיִּתְנַצְּל֧וּ בְנֵֽי־יִשְׂרָאֵ֛ל אֶת־עֶדְיָ֖ם מֵהַ֥ר חוֹרֵֽב: וּמֹשֶׁה֩ יִקַּ֨ח
אֶת־הָאֹ֜הֶל וְנָֽטָה־ל֣וֹ ׀ מִח֣וּץ לַֽמַּחֲנֶ֗ה הַרְחֵק֙ מִן־הַֽמַּחֲנֶ֔ה וְקָ֥רָא
ל֖וֹ אֹ֣הֶל מוֹעֵ֑ד וְהָיָה֙ כָּל־מְבַקֵּ֣שׁ יְהֹוָ֔ה יֵצֵא֙ אֶל־אֹ֣הֶל מוֹעֵ֔ד

ח אֲשֶׁ֖ר מִח֥וּץ לַֽמַּחֲנֶֽה: וְהָיָ֗ה כְּצֵ֤את מֹשֶׁה֙ אֶל־הָאֹ֔הֶל יָק֨וּמוּ֙
כָּל־הָעָ֔ם וְנִ֨צְּב֔וּ אִ֖ישׁ פֶּ֣תַח אָֽהֳל֑וֹ וְהִבִּ֨יטוּ֙ אַֽחֲרֵ֣י מֹשֶׁ֔ה עַד־

ט בֹּא֖וֹ הָאֹֽהֱלָה: וְהָיָ֗ה כְּבֹ֤א מֹשֶׁה֙ הָאֹ֔הֱלָה יֵרֵד֙ עַמּ֣וּד הֶֽעָנָ֔ן
וְעָמַ֖ד פֶּ֣תַח הָאֹ֑הֶל וְדִבֶּ֖ר עִם־מֹשֶֽׁה: וְרָאָ֤ה כָל־הָעָם֙ אֶת־

י עַמּ֣וּד הֶֽעָנָ֔ן עֹמֵ֖ד פֶּ֣תַח הָאֹ֑הֶל וְקָ֤ם כָּל־הָעָם֙ וְהִֽשְׁתַּֽחֲוֻ֔ אִ֖ישׁ

יא פֶּ֥תַח אָֽהֳלֽוֹ: וְדִבֶּ֨ר יְהֹוָ֤ה אֶל־מֹשֶׁה֙ פָּנִ֣ים אֶל־פָּנִ֔ים כַּֽאֲשֶׁ֛ר
יְדַבֵּ֥ר אִ֖ישׁ אֶל־רֵעֵ֑הוּ וְשָׁב֙ אֶל־הַֽמַּחֲנֶ֔ה וּמְשָׁ֨רְת֜וֹ יְהוֹשֻׁ֤עַ בִּן־
נוּן֙ נַ֔עַר לֹ֥א יָמִ֖ישׁ מִתּ֥וֹךְ הָאֹֽהֶל:

שלישי
יב וַיֹּ֨אמֶר מֹשֶׁ֜ה אֶל־יְהֹוָ֗ה רְ֠אֵ֠ה אַתָּ֞ה אֹמֵ֤ר אֵלַי֙ הַ֚עַל אֶת־הָעָ֣ם
הַזֶּ֔ה וְאַתָּה֙ לֹ֣א הֽוֹדַעְתַּ֔נִי אֵ֥ת אֲשֶׁר־תִּשְׁלַ֖ח עִמִּ֑י וְאַתָּ֣ה אָמַ֗רְתָּ

יג יְדַעְתִּ֨יךָ֙ בְשֵׁ֔ם וְגַם־מָצָ֥אתָ חֵ֖ן בְּעֵינָֽי: וְעַתָּ֡ה אִם־נָא֩ מָצָ֨אתִי
חֵ֜ן בְּעֵינֶ֗יךָ הוֹדִעֵ֤נִי נָא֙ אֶת־דְּרָכֶ֔ךָ וְאֵ֣דָֽעֲךָ֔ לְמַ֥עַן אֶמְצָא־חֵ֖ן

יד בְּעֵינֶ֑יךָ וּרְאֵ֕ה כִּ֥י עַמְּךָ֖ הַגּ֥וֹי הַזֶּֽה: וַיֹּאמַ֑ר פָּנַ֥י יֵלֵ֖כוּ וַֽהֲנִחֹ֥תִי

טו לָֽךְ: וַיֹּ֖אמֶר אֵלָ֑יו אִם־אֵ֤ין פָּנֶ֨יךָ֙ הֹֽלְכִ֔ים אַֽל־תַּֽעֲלֵ֖נוּ מִזֶּֽה:

טז וּבַמֶּ֣ה ׀ יִוָּדַ֣ע אֵפ֗וֹא כִּֽי־מָצָ֨אתִי חֵ֤ן בְּעֵינֶ֨יךָ֙ אֲנִ֣י וְעַמֶּ֔ךָ הֲל֖וֹא
בְּלֶכְתְּךָ֣ עִמָּ֑נוּ וְנִפְלֵ֨ינוּ֙ אֲנִ֣י וְעַמְּךָ֔ מִכָּ֨ל־הָעָ֔ם אֲשֶׁ֖ר עַל־פְּנֵ֥י
הָֽאֲדָמָֽה:

רביעי
יז וַיֹּ֤אמֶר יְהֹוָה֙ אֶל־מֹשֶׁ֔ה גַּ֣ם אֶת־הַדָּבָ֥ר הַזֶּ֛ה אֲשֶׁ֥ר דִּבַּ֖רְתָּ אֶֽעֱשֶׂ֑ה

יח כִּֽי־מָצָ֤אתָ חֵן֙ בְּעֵינַ֔י וָֽאֵדָֽעֲךָ֖ בְּשֵֽׁם: וַיֹּאמַ֑ר הַרְאֵ֥נִי נָ֖א אֶת־

יט כְּבֹדֶֽךָ: וַיֹּ֗אמֶר אֲנִ֨י אַֽעֲבִ֤יר כָּל־טוּבִי֙ עַל־פָּנֶ֔יךָ וְקָרָ֧אתִֽי בְשֵׁ֛ם
יְהֹוָ֖ה לְפָנֶ֑יךָ וְחַנֹּתִי֙ אֶת־אֲשֶׁ֣ר אָחֹ֔ן וְרִֽחַמְתִּ֖י אֶת־אֲשֶׁ֥ר אֲרַחֵֽם:

כ וַיֹּ֕אמֶר לֹ֥א תוּכַ֖ל לִרְאֹ֣ת אֶת־פָּנָ֑י כִּ֛י לֹֽא־יִרְאַ֥נִי הָֽאָדָ֖ם וָחָֽי:

כא וַיֹּ֣אמֶר יְהֹוָ֔ה הִנֵּ֥ה מָק֖וֹם אִתִּ֑י וְנִצַּבְתָּ֖ עַל־הַצּֽוּר: וְהָיָה֙ בַּֽעֲבֹ֣ר

כב כְּבֹדִ֔י וְשַׂמְתִּ֖יךָ בְּנִקְרַ֣ת הַצּ֑וּר וְשַׂכֹּתִ֥י כַפִּ֛י עָלֶ֖יךָ עַד־עָבְרִֽי:

כג וַֽהֲסִֽרֹתִי֙ אֶת־כַּפִּ֔י וְרָאִ֖יתָ אֶת־אֲחֹרָ֑י וּפָנַ֖י לֹ֥א יֵֽרָאֽוּ:

חמישי
לד א וַיֹּ֤אמֶר יְהֹוָה֙ אֶל־מֹשֶׁ֔ה פְּסָל־לְךָ֛ שְׁנֵֽי־לֻחֹ֥ת אֲבָנִ֖ים כָּרִֽאשֹׁנִ֑ים
וְכָֽתַבְתִּי֙ עַל־הַלֻּחֹ֔ת אֶת־הַדְּבָרִ֔ים אֲשֶׁ֥ר הָי֛וּ עַל־הַלֻּחֹ֥ת

ב הָרִֽאשֹׁנִ֖ים אֲשֶׁ֥ר שִׁבַּֽרְתָּ: וֶהְיֵ֥ה נָכ֖וֹן לַבֹּ֑קֶר וְעָלִ֤יתָ בַבֹּ֨קֶר֙ אֶל־

ג הַ֣ר סִינַ֔י וְנִצַּבְתָּ֥ לִ֛י שָׁ֖ם עַל־רֹ֥אשׁ הָהָֽר: וְאִישׁ֙ לֹֽא־יַֽעֲלֶ֣ה עִמָּ֔ךְ
וְגַם־אִ֥ישׁ אַל־יֵרָ֖א בְּכָל־הָהָ֑ר גַּם־הַצֹּ֤אן וְהַבָּקָר֙ אַל־יִרְע֔וּ אֶל־

ד מ֖וּל הָהָ֥ר הַהֽוּא: וַיִּפְסֹ֡ל שְׁנֵֽי־לֻחֹ֨ת אֲבָנִ֜ים כָּרִֽאשֹׁנִ֗ים וַיַּשְׁכֵּ֨ם
מֹשֶׁ֤ה בַבֹּ֨קֶר֙ וַיַּ֨עַל֙ אֶל־הַ֣ר סִינַ֔י כַּֽאֲשֶׁ֛ר צִוָּ֥ה יְהֹוָ֖ה אֹת֑וֹ וַיִּקַּ֣ח

ה בְּיָד֔וֹ שְׁנֵ֖י לֻחֹ֥ת אֲבָנִֽים: וַיֵּ֤רֶד יְהֹוָה֙ בֶּֽעָנָ֔ן וַיִּתְיַצֵּ֥ב עִמּ֖וֹ שָׁ֑ם

And the children of Yisra'el stripped themselves of their orna-   6
ments by the mount Ḥorev. And Moshe would take the Tent, and   7
pitch it outside the camp, afar off from the camp, and he called
it the Tent of Meeting. And it came to pass, that everyone who
sought the LORD went out to the Tent of Meeting, which was
outside the camp. And it came to pass, when Moshe went out   8
to the Tent, that all the people rose up, and stood every man at
his tent door, and looked after Moshe until he was gone into the
Tent. And it came to pass, as Moshe entered the Tent, the cloudy   9
pillar descended, and stood at the door of the Tent, and one
talked with Moshe. And all the people saw the cloudy pillar stand   10
at the door of the Tent: and all the people rose up and wor-
shipped, every man in his tent door. And the LORD spoke to   11
Moshe face to face, as a man speaks to his friend. And he turned
back to the camp: but his servant Yehoshua, the son of Nun, a
young man, did not depart out of the Tent.

And Moshe said to the LORD, See, thou sayst to me, Bring up   12
this people: and thou hast not let me know whom thou wilt send
with me. Yet thou hast said, I know thee by name, and thou
hast also found favour in my sight. Now therefore, I pray thee,   13
if I have found favour in thy sight, show me now thy way, that
I may know thee, that I may find favour in thy sight: and con-
sider that this nation is thy people. And he said, My presence   14
shall go with thee, and I will give thee rest. And he said to him,   15
If thy presence go not with me, carry us not up from here. For   16
in what shall it be known here that I and thy people have found
favour in thy sight? is it not in that thou goest with us? so shall
we be differentiated, I and thy people, from all the people that
are upon the face of the earth.

And the LORD said to Moshe, I will do this thing also that thou   17, 18
hast spoken: for thou hast found favour in my sight, and I know
thee by name. And he said, I pray thee, show me thy glory. And   19
he said, I will make all my goodness pass before thee, and I will
proclaim the name of the LORD before thee; and will be gracious
to whom I will be gracious, and will show mercy on whom I will
show mercy. And he said, Thou canst not see my face; for no   20
man shall see me, and live. And the LORD said, Behold, there is   21
a place by me, and thou shalt stand upon a rock: and it shall   22
come to pass, while my glory passes by, that I will put thee in a
cleft of the rock, and will cover thee with my hand while I pass
by: and I will take away my hand and thou shalt see my back: 23
but my face shall not be seen.

And the LORD said to Moshe, Hew for thyself two tablets of   **34**
stone like the first: and I will write upon these tablets the
words that were on the first tablets, which thou didst break.
And be ready in the morning, and come up in the morning to   2
mount Sinay, and present thyself there to me on the top of the
mountain. And no man shall come up with thee, neither let any   3
man be seen throughout all the mountain; neither let the flocks
nor herds feed before that mountain. And he hewed two tablets   4
of stone like the first; and Moshe rose up early in the morning,
and went up to mount Sinay, as the LORD had commanded him,
and took in his hand the two tablets of stone. And the LORD de-   5

ו וַיִּקְרָ֥א בְשֵׁ֖ם יְהוָֽה׃ וַיַּעֲבֹ֨ר יְהוָ֥ה ׀ עַל־פָּנָיו֮ וַיִּקְרָא֒ יְהוָ֣ה ׀ יְהוָ֔ה
ז אֵ֥ל רַח֖וּם וְחַנּ֑וּן אֶ֥רֶךְ אַפַּ֖יִם וְרַב־חֶ֥סֶד וֶאֱמֶֽת׃ נֹצֵ֥ר חֶ֨סֶד֙
לָאֲלָפִ֔ים נֹשֵׂ֥א עָוֺ֛ן וָפֶ֖שַׁע וְחַטָּאָ֑ה וְנַקֵּה֙ לֹ֣א יְנַקֶּ֔ה פֹּקֵ֣ד ׀ עֲוֺ֣ן
ח אָב֗וֹת עַל־בָּנִים֙ וְעַל־בְּנֵ֣י בָנִ֔ים עַל־שִׁלֵּשִׁ֖ים וְעַל־רִבֵּעִֽים׃ וַיְמַהֵ֖ר
ט מֹשֶׁ֑ה וַיִּקֹּ֥ד אַ֖רְצָה וַיִּשְׁתָּֽחוּ׃ וַיֹּ֡אמֶר אִם־נָא֩ מָצָ֨אתִי חֵ֤ן בְּעֵינֶ֨יךָ֙
אֲדֹנָ֔י יֵֽלֶךְ־נָ֥א אֲדֹנָ֖י בְּקִרְבֵּ֑נוּ כִּ֤י עַם־קְשֵׁה־עֹ֨רֶף֙ ה֔וּא וְסָלַחְתָּ֛
י לַעֲוֺנֵ֥נוּ וּלְחַטָּאתֵ֖נוּ וּנְחַלְתָּֽנוּ׃ וַיֹּ֗אמֶר הִנֵּ֣ה אָנֹכִי֮ כֹּרֵ֣ת בְּרִית֒ ששי
נֶ֤גֶד כָּֽל־עַמְּךָ֙ אֶֽעֱשֶׂ֣ה נִפְלָאֹ֔ת אֲשֶׁ֛ר לֹא־נִבְרְא֥וּ בְכָל־הָאָ֖רֶץ
וּבְכָל־הַגּוֹיִ֑ם וְרָאָ֣ה כָל־הָ֠עָם אֲֽשֶׁר־אַתָּ֨ה בְקִרְבּ֜וֹ אֶת־מַעֲשֵׂ֤ה
יא יְהוָה֙ כִּֽי־נוֹרָ֣א ה֔וּא אֲשֶׁ֥ר אֲנִ֖י עֹשֶׂ֥ה עִמָּֽךְ׃ שְׁמָר־לְךָ֔ אֵ֛ת אֲשֶׁ֥ר
אָנֹכִ֖י מְצַוְּךָ֣ הַיּ֑וֹם הִנְנִ֧י גֹרֵ֣שׁ מִפָּנֶ֗יךָ אֶת־הָֽאֱמֹרִי֙ וְהַֽכְּנַעֲנִ֔י וְהַ֣חִתִּ֔י
יב וְהַפְּרִזִּ֖י וְהַֽחִוִּ֥י וְהַיְבוּסִֽי׃ הִשָּׁ֣מֶר לְךָ֗ פֶּן־תִּכְרֹ֤ת בְּרִית֙ לְיוֹשֵׁ֣ב
יג הָאָ֔רֶץ אֲשֶׁ֥ר אַתָּ֖ה בָּ֣א עָלֶ֑יהָ פֶּן־יִהְיֶ֥ה לְמוֹקֵ֖שׁ בְּקִרְבֶּֽךָ׃ כִּ֤י
אֶת־מִזְבְּחֹתָם֙ תִּתֹּצ֔וּן וְאֶת־מַצֵּבֹתָ֖ם תְּשַׁבֵּר֑וּן וְאֶת־אֲשֵׁרָ֖יו
יד תִּכְרֹתֽוּן׃ כִּ֛י לֹ֥א תִֽשְׁתַּחֲוֶ֖ה לְאֵ֣ל אַחֵ֑ר כִּ֤י יְהוָה֙ קַנָּ֣א שְׁמ֔וֹ אֵ֥ל
טו קַנָּ֖א הֽוּא׃ פֶּן־תִּכְרֹ֥ת בְּרִ֖ית לְיוֹשֵׁ֣ב הָאָ֑רֶץ וְזָנ֣וּ ׀ אַחֲרֵ֣י אֱלֹֽהֵיהֶ֗ם
טז וְזָבְחוּ֙ לֵאלֹ֣הֵיהֶ֔ם וְקָרָ֣א לְךָ֔ וְאָכַלְתָּ֖ מִזִּבְחֽוֹ׃ וְלָקַחְתָּ֥ מִבְּנֹתָ֖יו
לְבָנֶ֑יךָ וְזָנ֣וּ בְנֹתָ֗יו אַחֲרֵי֙ אֱלֹ֣הֵיהֶ֔ן וְהִזְנוּ֙ אֶת־בָּנֶ֔יךָ אַחֲרֵ֖י אֱלֹהֵיהֶֽן׃
יז יח אֱלֹהֵ֥י מַסֵּכָ֖ה לֹ֥א תַעֲשֶׂה־לָּֽךְ׃ אֶת־חַ֣ג הַמַּצּוֹת֮ תִּשְׁמֹר֒ שִׁבְעַ֨ת
יָמִ֜ים תֹּאכַ֤ל מַצּוֹת֙ אֲשֶׁ֣ר צִוִּיתִ֔ךָ לְמוֹעֵ֖ד חֹ֣דֶשׁ הָֽאָבִ֑יב כִּ֚י בְּחֹ֣דֶשׁ
יט הָֽאָבִ֔יב יָצָ֖אתָ מִמִּצְרָֽיִם׃ כָּל־פֶּ֥טֶר רֶ֖חֶם לִ֑י וְכָֽל־מִקְנְךָ֙ תִּזָּכָ֔ר
כ פֶּ֖טֶר שׁ֥וֹר וָשֶֽׂה׃ וּפֶ֤טֶר חֲמוֹר֙ תִּפְדֶּ֣ה בְשֶׂ֔ה וְאִם־לֹ֥א תִפְדֶּ֖ה
כא וַעֲרַפְתּ֑וֹ כֹּ֣ל בְּכ֤וֹר בָּנֶ֨יךָ֙ תִּפְדֶּ֔ה וְלֹא־יֵרָא֥וּ פָנַ֖י רֵיקָֽם׃ שֵׁ֤שֶׁת
יָמִים֙ תַּעֲבֹ֔ד וּבַיּ֥וֹם הַשְּׁבִיעִ֖י תִּשְׁבֹּ֑ת בֶּחָרִ֥ישׁ וּבַקָּצִ֖יר תִּשְׁבֹּֽת׃
כב וְחַ֤ג שָׁבֻעֹת֙ תַּעֲשֶׂ֣ה לְךָ֔ בִּכּוּרֵ֖י קְצִ֣יר חִטִּ֑ים וְחַג֙ הָֽאָסִ֔יף תְּקוּפַ֖ת
כג הַשָּׁנָֽה׃ שָׁלֹ֥שׁ פְּעָמִ֖ים בַּשָּׁנָ֑ה יֵרָאֶה֙ כָּל־זְכ֣וּרְךָ֔ אֶת־פְּנֵ֛י הָאָדֹ֥ן ׀
כד יְהוָ֖ה אֱלֹהֵ֥י יִשְׂרָאֵֽל׃ כִּֽי־אוֹרִ֤ישׁ גּוֹיִם֙ מִפָּנֶ֔יךָ וְהִרְחַבְתִּ֖י אֶת־
גְּבֻלֶ֑ךָ וְלֹא־יַחְמֹ֥ד אִישׁ֙ אֶת־אַרְצְךָ֔ בַּעֲלֹֽתְךָ֗ לֵרָאוֹת֙ אֶת־פְּנֵי֙ יְהוָ֣ה
כה אֱלֹהֶ֔יךָ שָׁלֹ֥שׁ פְּעָמִ֖ים בַּשָּׁנָֽה׃ לֹֽא־תִשְׁחַ֥ט עַל־חָמֵ֖ץ דַּם־זִבְחִ֑י
כו וְלֹא־יָלִ֣ין לַבֹּ֔קֶר זֶ֖בַח חַ֥ג הַפָּֽסַח׃ רֵאשִׁ֗ית בִּכּוּרֵי֙ אַדְמָ֣תְךָ֔ תָּבִ֕יא
בֵּ֖ית יְהוָ֣ה אֱלֹהֶ֑יךָ לֹֽא־תְבַשֵּׁ֥ל גְּדִ֖י בַּחֲלֵ֥ב אִמּֽוֹ׃
כז וַיֹּ֤אמֶר יְהוָה֙ אֶל־מֹשֶׁ֔ה כְּתָב־לְךָ֖ אֶת־הַדְּבָרִ֣ים הָאֵ֑לֶּה כִּ֞י עַל־ שביעי

scended in the cloud, and stood with him there, and proclaimed
the name of the LORD. And the LORD passed by before him, and   6
proclaimed, The LORD, The LORD, mighty, merciful and gracious,
longsuffering, and abundant in love and truth, keeping troth to   7
thousands, forgiving iniquity, and transgression, and sin, but who
will by no means clear the guilty; punishing the iniquity of the
fathers on the children, and on the children's children, to the
third and to the fourth generation. And Moshe made haste, and   8
bowed his head toward the earth, and worshipped. And he said,   9
If now I have found favour in thy sight, O LORD, let my LORD,
I pray thee, go among us; for it is a stiffnecked people; and
pardon our iniquity and our sin, and take us for thy inheritance.
And he said, Behold, I make a covenant: before all thy people   10
I will do marvels, such as have not been done in all the earth,
nor in any nation: and all the people among whom thou art shall
see the work of the LORD that I will do with thee, that it is
tremendous. Observe thou that which I command thee this day: 11
behold, I drive out before thee the Emori, and the Kena'ani, and
the Ḥitti, and the Perizzi, and the Ḥivvi, and the Yevusi. Take   12
heed to thyself, lest thou make a covenant with the inhabitants
of the land to which thou goest, lest it be for a snare in the
midst of thee: but you shall destroy their altars, break their   13
images, and cut down their asherim: for thou shalt worship no   14
other god: for the LORD, whose name is Jealous, is a jealous
GOD: lest thou make a covenant with the inhabitants of the land,   15
and they go astray after their gods, and do sacrifice to their
gods, and call thee, and thou eat of their sacrifice; and thou take 16
of their daughters to thy sons, and their daughters play the
harlot after their gods, and make thy sons play the harlot after
their gods. Thou shalt make thee no molten gods. The feast of   17, 18
unleavened bread shalt thou keep. Seven days thou shalt eat
unleavened bread, as I commanded thee, in the time of the month
Aviv: (for in the month Aviv thou didst come out from Miẓ-
rayim.) All that opens the womb is mine; and every firstling   19
among thy cattle, whether ox or sheep, that is male. But the   20
firstling of an ass thou shalt redeem with a lamb: and if thou
redeem it not, then shalt thou break its neck. All the firstborn
of thy sons thou shalt redeem. And none shall appear before me
empty. Six days thou shalt work, but on the seventh day thou   21
shalt rest: in plowing and in harvest thou shalt rest. And thou   22
shalt observe the feast of weeks, of the firstfruits of wheat
harvest, and the feast of ingathering at the year's end. Three   23
times in the year shall all your males appear before the LORD
GOD, the GOD of Yisra'el. For I will cast the nations before thee, 24
and enlarge thy borders: neither shall any man desire thy land,
when thou shalt go up to appear before the LORD thy GOD three
times in the year. Thou shalt not offer the blood of my sacrifice 25
with leaven; neither shall the sacrifice of the feast of the pass-
over be left to the morning. The first of the firstfruits of thy   26
land thou shalt bring to the house of the LORD thy GOD. Thou
shalt not boil a kid in its mother's milk.
And the LORD said to Moshe, Write thou these words: for after   27
the tenor of these words I have made a covenant with thee and

כח	פִּי הַדְּבָרִים הָאֵלֶּה כָּרַתִּי אִתְּךָ בְּרִית וְאֶת־יִשְׂרָאֵל: וַיְהִי־שָׁם עִם־יְהוָה אַרְבָּעִים יוֹם וְאַרְבָּעִים לַיְלָה לֶחֶם לֹא אָכַל וּמַיִם לֹא שָׁתָה וַיִּכְתֹּב עַל־הַלֻּחֹת אֵת דִּבְרֵי הַבְּרִית עֲשֶׂרֶת הַדְּבָרִים:
כט	וַיְהִי בְּרֶדֶת מֹשֶׁה מֵהַר סִינַי וּשְׁנֵי לֻחֹת הָעֵדֻת בְּיַד־מֹשֶׁה בְּרִדְתּוֹ מִן־הָהָר וּמֹשֶׁה לֹא־יָדַע כִּי קָרַן עוֹר פָּנָיו בְּדַבְּרוֹ אִתּוֹ: וַיַּרְא
ל	אַהֲרֹן וְכָל־בְּנֵי יִשְׂרָאֵל אֶת־מֹשֶׁה וְהִנֵּה קָרַן עוֹר פָּנָיו וַיִּירְאוּ
לא	מִגֶּשֶׁת אֵלָיו: וַיִּקְרָא אֲלֵהֶם מֹשֶׁה וַיָּשֻׁבוּ אֵלָיו אַהֲרֹן וְכָל־הַנְּשִׂאִים בָּעֵדָה וַיְדַבֵּר מֹשֶׁה אֲלֵהֶם: וְאַחֲרֵי־כֵן נִגְּשׁוּ כָּל־בְּנֵי
לב	יִשְׂרָאֵל וַיְצַוֵּם אֵת כָּל־אֲשֶׁר דִּבֶּר יְהוָה אִתּוֹ בְּהַר סִינָי: וַיְכַל
לג	מֹשֶׁה מִדַּבֵּר אִתָּם וַיִּתֵּן עַל־פָּנָיו מַסְוֶה: וּבְבֹא מֹשֶׁה לִפְנֵי
לד	יְהוָה לְדַבֵּר אִתּוֹ יָסִיר אֶת־הַמַּסְוֶה עַד־צֵאתוֹ וְיָצָא וְדִבֶּר אֶל־בְּנֵי יִשְׂרָאֵל אֵת אֲשֶׁר יְצֻוֶּה: וְרָאוּ בְנֵי־יִשְׂרָאֵל אֶת־פְּנֵי מֹשֶׁה
לה	כִּי קָרַן עוֹר פְּנֵי מֹשֶׁה וְהֵשִׁיב מֹשֶׁה אֶת־הַמַּסְוֶה עַל־פָּנָיו עַד־בֹּאוֹ לְדַבֵּר אִתּוֹ:

אלה	וַיַּקְהֵל מֹשֶׁה אֶת־כָּל־עֲדַת בְּנֵי יִשְׂרָאֵל וַיֹּאמֶר אֲלֵהֶם אֵלֶּה הַדְּבָרִים אֲשֶׁר־צִוָּה יְהוָה לַעֲשֹׂת
ב	אֹתָם: שֵׁשֶׁת יָמִים תֵּעָשֶׂה מְלָאכָה וּבַיּוֹם הַשְּׁבִיעִי יִהְיֶה לָכֶם
ג	קֹדֶשׁ שַׁבַּת שַׁבָּתוֹן לַיהוָה כָּל־הָעֹשֶׂה בוֹ מְלָאכָה יוּמָת: לֹא־תְבַעֲרוּ אֵשׁ בְּכֹל מֹשְׁבֹתֵיכֶם בְּיוֹם הַשַּׁבָּת:
ד	וַיֹּאמֶר מֹשֶׁה אֶל־כָּל־עֲדַת בְּנֵי־יִשְׂרָאֵל לֵאמֹר זֶה הַדָּבָר אֲשֶׁר־
ה	צִוָּה יְהוָה לֵאמֹר: קְחוּ מֵאִתְּכֶם תְּרוּמָה לַיהוָה כֹּל נְדִיב לִבּוֹ יְבִיאֶהָ אֵת תְּרוּמַת יְהוָה זָהָב וָכֶסֶף וּנְחֹשֶׁת: וּתְכֵלֶת
ו	וְאַרְגָּמָן וְתוֹלַעַת שָׁנִי וְשֵׁשׁ וְעִזִּים: וְעֹרֹת אֵילִם מְאָדָּמִים וְעֹרֹת
ז	
ח	תְּחָשִׁים וַעֲצֵי שִׁטִּים: וְשֶׁמֶן לַמָּאוֹר וּבְשָׂמִים לְשֶׁמֶן הַמִּשְׁחָה
ט	וְלִקְטֹרֶת הַסַּמִּים: וְאַבְנֵי־שֹׁהַם וְאַבְנֵי מִלֻּאִים לָאֵפוֹד וְלַחֹשֶׁן:
י	וְכָל־חֲכַם־לֵב בָּכֶם יָבֹאוּ וְיַעֲשׂוּ אֵת כָּל־אֲשֶׁר צִוָּה יְהוָה:
יא	אֶת־הַמִּשְׁכָּן אֶת־אָהֳלוֹ וְאֶת־מִכְסֵהוּ אֶת־קְרָסָיו וְאֶת־קְרָשָׁיו
יב	אֶת־בְּרִיחָו אֶת־עַמֻּדָיו וְאֶת־אֲדָנָיו: אֶת־הָאָרֹן וְאֶת־בַּדָּיו
יג	אֶת־הַכַּפֹּרֶת וְאֵת פָּרֹכֶת הַמָּסָךְ: אֶת־הַשֻּׁלְחָן וְאֶת־בַּדָּיו
יד	וְאֶת־כָּל־כֵּלָיו וְאֵת לֶחֶם הַפָּנִים: וְאֶת־מְנֹרַת הַמָּאוֹר וְאֶת־
טו	כֵּלֶיהָ וְאֶת־נֵרֹתֶיהָ וְאֵת שֶׁמֶן הַמָּאוֹר: וְאֶת־מִזְבַּח הַקְּטֹרֶת וְאֶת־בַּדָּיו וְאֵת שֶׁמֶן הַמִּשְׁחָה וְאֵת קְטֹרֶת הַסַּמִּים וְאֶת־
טז	מָסַךְ הַפֶּתַח לְפֶתַח הַמִּשְׁכָּן: אֵת מִזְבַּח הָעֹלָה וְאֶת־מִכְבַּר הַנְּחֹשֶׁת אֲשֶׁר־לוֹ אֶת־בַּדָּיו וְאֶת־כָּל־כֵּלָיו אֶת־הַכִּיֹּר וְאֶת־
יז	כַּנּוֹ: אֵת קַלְעֵי הֶחָצֵר אֶת־עַמֻּדָיו וְאֶת־אֲדָנֶיהָ וְאֵת מָסַךְ
יח	שַׁעַר הֶחָצֵר: אֶת־יִתְדֹת הַמִּשְׁכָּן וְאֶת־יִתְדֹת הֶחָצֵר וְאֶת־
יט	מֵיתְרֵיהֶם: אֶת־בִּגְדֵי הַשְּׂרָד לְשָׁרֵת בַּקֹּדֶשׁ אֶת־בִּגְדֵי הַקֹּדֶשׁ

with Yisra'el. And he was there with the LORD forty days and   28
forty nights ; he did neither eat bread, nor drink water. And he
wrote upon the tablets the words of the covenant, the ten
Words. And it came to pass, when Moshe came down from   29
mount Sinay with the two tablets of Testimony in Moshe's
hand, when he came down from the mountain, that Moshe knew
not that the skin of his face shone while he talked with him.
And when Aharon and all the children of Yisra'el saw Moshe,   30
behold, the skin of his face shone ; and they were afraid to come
near him. And Moshe called to them ; and Aharon and all the   31
rulers of the congregation returned to him : and Moshe talked
with them. And afterwards all the children of Yisra'el came near :   32
and he gave them in commandment all that the LORD had spoken
with him in mount Sinay. And when Moshe had finished speaking   33
with them, he put a veil on his face. But when Moshe went in   34
before the LORD to speak with him, he took the veil off, until he
came out. And he came out, and spoke to the children of Yisra'el
that which he was commanded. And the children of Yisra'el saw   35
the face of Moshe, that the skin of Moshe's face shone : and
Moshe put the veil upon his face again, until he went in to speak

VAYYAQHEL   with him.   And Moshe gathered all the congregation of the   **35**
children of Yisra'el together, and said to them, These are the
words which the LORD has commanded, that you should do them.
Six days shall work be done, but on the seventh day there shall   2
be to you a holy day, a sabbath of rest to the LORD : whoever
does work on it shall be put to death. You shall kindle no fire   3
throughout your habitations on the sabbath day.
And Moshe spoke to all the congregation of the children of   4
Yisra'el, saying, This is the thing which the LORD commanded,
saying, Take from among you an offering to the LORD : whoever   5
is of a willing heart, let him bring it, an offering of the LORD ;
gold, and silver, and brass, and blue, and purple, and scarlet,   6
and fine linen, and goats' hair, and rams' skins dyed red, and   7
taḥash skins, and shittim wood, and oil for the light, and spices   8
for anointing oil, and for the sweet incense, and shoham stones,   9
and stones to be set for the efod, and for the breastplate. And   10
every wisehearted man among you shall come, and make all that
the LORD has commanded ; the tabernacle, its tent, and its cover-   11
ing, its clasps, and its boards, its bars, its pillars, and its sockets,
the ark, and its poles, with the covering, and the veil of the   12
screen, the table, and its poles, and all its vessels, and the show-   13
bread, the candlestick also for the light, and its vessels, and its   14
lamps, with the oil for the light, and the incense altar, and its   15
poles, and the anointing oil, and the incense of spices, and the
screen for the door at the entrance of the tabernacle, the altar of   16
burnt offering, with its brazen grate, its poles, and all its vessels,
the laver and its pedestal, the hangings of the court, its pillars,   17
and their sockets, and the screen for the door of the court, the   18
pegs of the tabernacle, and the pegs of the court, and their cords,
the uniforms, to do service in the holy place, the holy garments   19
for Aharon the priest, and the garments of his sons, to minister

שני

לְאַהֲרֹ֣ן הַכֹּהֵ֔ן וְאֶת־בִּגְדֵ֥י בָנָ֖יו לְכַהֵֽן: וַיֵּ֥צְא֛וּ כָּל־עֲדַ֥ת בְּנֵֽי־   כ

יִשְׂרָאֵ֖ל מִלִּפְנֵ֥י מֹשֶֽׁה: וַיָּבֹ֕אוּ כָּל־אִ֖ישׁ אֲשֶׁר־נְשָׂא֣וֹ לִבּ֑וֹ וְכֹ֡ל   כא

אֲשֶׁר֩ נָדְבָ֨ה רוּח֜וֹ אֹת֗וֹ הֵ֠בִיאוּ אֶת־תְּרוּמַ֨ת יְהוָ֜ה לִמְלֶ֣אכֶת

אֹ֤הֶל מוֹעֵד֙ וּלְכָל־עֲבֹ֣דָת֔וֹ וּלְבִגְדֵ֖י הַקֹּֽדֶשׁ: וַיָּבֹ֥אוּ הָאֲנָשִׁ֖ים   כב

עַל־הַנָּשִׁ֑ים כֹּ֣ל ׀ נְדִ֣יב לֵ֗ב הֵ֠בִיאוּ חָ֣ח וָנֶ֜זֶם וְטַבַּ֤עַת וְכוּמָז֙ כָּל־

כְּלִ֣י זָהָ֔ב וְכָל־אִ֕ישׁ אֲשֶׁ֥ר הֵנִ֛יף תְּנוּפַ֥ת זָהָ֖ב לַֽיהוָֽה: וְכָל־אִ֞ישׁ   כג

אֲשֶׁר־נִמְצָ֣א אִתּ֗וֹ תְּכֵ֧לֶת וְאַרְגָּמָ֛ן וְתוֹלַ֥עַת שָׁנִ֖י וְשֵׁ֥שׁ וְעִזִּֽים

וְעֹרֹ֨ת אֵילִ֧ם מְאָדָּמִ֛ים וְעֹרֹ֥ת תְּחָשִׁ֖ים הֵבִֽיאוּ: כָּל־מֵרִ֗ים תְּרוּמַ֤ת   כד

כֶּ֙סֶף֙ וּנְחֹ֔שֶׁת הֵבִ֕יאוּ אֵ֖ת תְּרוּמַ֣ת יְהוָ֑ה וְכֹ֡ל אֲשֶׁר֩ נִמְצָ֨א אִתּ֜וֹ

עֲצֵ֥י שִׁטִּ֛ים לְכָל־מְלֶ֥אכֶת הָעֲבֹדָ֖ה הֵבִֽיאוּ: וְכָל־אִשָּׁ֥ה חַכְמַת־   כה

לֵ֖ב בְּיָדֶ֣יהָ טָו֑וּ וַיָּבִ֣יאוּ מַטְוֶ֗ה אֶֽת־הַתְּכֵ֙לֶת֙ וְאֶת־הָֽאַרְגָּמָ֔ן

אֶת־תּוֹלַ֥עַת הַשָּׁנִ֖י וְאֶת־הַשֵּֽׁשׁ: וְכָ֨ל־הַנָּשִׁ֔ים אֲשֶׁ֨ר נָשָׂ֥א לִבָּ֛ן   כו

אֹתָ֖נָה בְּחָכְמָ֑ה טָו֖וּ אֶת־הָעִזִּֽים: וְהַנְּשִׂאִ֣ם הֵבִ֔יאוּ אֵ֚ת אַבְנֵ֣י   כז

הַשֹּׁ֔הַם וְאֵ֖ת אַבְנֵ֣י הַמִּלֻּאִ֑ים לָאֵפ֖וֹד וְלַחֹֽשֶׁן: וְאֶת־הַבֹּ֖שֶׂם   כח

וְאֶת־הַשָּׁ֑מֶן לְמָא֕וֹר וּלְשֶׁ֙מֶן֙ הַמִּשְׁחָ֔ה וְלִקְטֹ֖רֶת הַסַּמִּֽים: כָּל־   כט

אִ֣ישׁ וְאִשָּׁ֗ה אֲשֶׁ֨ר נָדַ֣ב לִבָּם֮ אֹתָם֒ לְהָבִיא֙ לְכָל־הַמְּלָאכָ֔ה

אֲשֶׁ֨ר צִוָּ֧ה יְהוָ֛ה לַעֲשׂ֖וֹת בְּיַד־מֹשֶׁ֑ה הֵבִ֧יאוּ בְנֵֽי־יִשְׂרָאֵ֛ל נְדָבָ֖ה

לַיהוָֽה:

שלישי / שני

וַיֹּ֤אמֶר מֹשֶׁה֙ אֶל־בְּנֵ֣י יִשְׂרָאֵ֔ל רְא֛וּ קָרָ֥א יְהוָ֖ה בְּשֵׁ֑ם בְּצַלְאֵ֛ל   ל

בֶּן־אוּרִ֥י בֶן־ח֖וּר לְמַטֵּ֥ה יְהוּדָֽה: וַיְמַלֵּ֥א אֹת֖וֹ ר֣וּחַ אֱלֹהִ֑ים   לא

בְּחָכְמָ֛ה בִּתְבוּנָ֥ה וּבְדַ֖עַת וּבְכָל־מְלָאכָֽה: וְלַחְשֹׁ֖ב מַֽחֲשָׁבֹ֑ת   לב

לַעֲשֹׂ֛ת בַּזָּהָ֥ב וּבַכֶּ֖סֶף וּבַנְּחֹֽשֶׁת: וּבַחֲרֹ֤שֶׁת אֶ֙בֶן֙ לְמַלֹּ֔את   לג

וּבַחֲרֹ֖שֶׁת עֵ֑ץ לַעֲשׂ֖וֹת בְּכָל־מְלֶ֥אכֶת מַחֲשָֽׁבֶת: וּלְהוֹרֹ֖ת נָתַ֣ן   לד

בְּלִבּ֑וֹ ה֕וּא וְאָֽהֳלִיאָ֥ב בֶּן־אֲחִיסָמָ֖ךְ לְמַטֵּה־דָֽן: מִלֵּ֨א אֹתָ֜ם   לה

חָכְמַת־לֵ֗ב לַעֲשׂוֹת֮ כָּל־מְלֶ֣אכֶת חָרָ֣שׁ ׀ וְחֹשֵׁב֒ וְרֹקֵ֞ם בַּתְּכֵ֣לֶת

וּבָֽאַרְגָּמָ֗ן בְּתוֹלַ֧עַת הַשָּׁנִ֛י וּבַשֵּׁ֖שׁ וְאֹרֵ֑ג עֹשֵׂי֙ כָּל־מְלָאכָ֔ה

וְחֹשְׁבֵ֖י מַחֲשָׁבֹֽת: וְעָשָׂה֩ בְצַלְאֵ֨ל וְאָהֳלִיאָ֜ב וְכֹ֣ל ׀ אִ֣ישׁ חֲכַם־   לו א

לֵ֗ב אֲשֶׁר֩ נָתַ֨ן יְהוָ֧ה חָכְמָ֣ה וּתְבוּנָ֗ה בָּהֵ֙מָּה֙ לָדַ֣עַת לַעֲשֹׂ֔ת אֶֽת־

כָּל־מְלֶ֖אכֶת עֲבֹדַ֣ת הַקֹּ֑דֶשׁ לְכֹ֥ל אֲשֶׁר־צִוָּ֖ה יְהוָֽה: וַיִּקְרָ֣א   ב

מֹשֶׁ֗ה אֶל־בְּצַלְאֵל֮ וְאֶל־אָֽהֳלִיאָב֒ וְאֶל֙ כָּל־אִ֣ישׁ חֲכַם־לֵ֔ב

אֲשֶׁ֨ר נָתַ֧ן יְהוָ֛ה חָכְמָ֖ה בְּלִבּ֑וֹ כֹּ֚ל אֲשֶׁ֣ר נְשָׂא֣וֹ לִבּ֔וֹ לְקָרְבָ֥ה

אֶל־הַמְּלָאכָ֖ה לַעֲשֹׂ֥ת אֹתָֽהּ: וַיִּקְח֞וּ מִלִּפְנֵ֣י מֹשֶׁ֗ה אֵ֤ת כָּל־   ג

הַתְּרוּמָ֞ה אֲשֶׁ֧ר הֵבִ֣יאוּ בְּנֵ֣י יִשְׂרָאֵ֗ל לִמְלֶ֛אכֶת עֲבֹדַ֥ת הַקֹּ֖דֶשׁ

לַעֲשֹׂ֣ת אֹתָ֑הּ וְ֠הֵם הֵבִ֨יאוּ אֵלָ֥יו ע֛וֹד נְדָבָ֖ה בַּבֹּ֥קֶר בַּבֹּֽקֶר:

וַיָּבֹ֙אוּ֙ כָּל־הַ֣חֲכָמִ֔ים הָעֹשִׂ֕ים אֵ֖ת כָּל־מְלֶ֣אכֶת הַקֹּ֑דֶשׁ אִֽישׁ־   ד

אִ֥ישׁ מִמְּלַאכְתּ֖וֹ אֲשֶׁר־הֵ֥מָּה עֹשִֽׂים: וַיֹּֽאמְרוּ֙ אֶל־מֹשֶׁ֣ה לֵּאמֹ֔ר   ה

in the priest's office. And all the congregation of the children of   20
Yisra'el departed from the presence of Moshe. And they came,   21
everyone whose heart stirred him up, and everyone whom his
spirit made willing, and they brought the LORD's offering for the
work of the Tent of Meeting, and for all its service, and for the
holy garments. And they came, both men and women, as many   22
as were willing of heart, and brought bracelets, and earrings,
and rings, and bracelets, all jewels of gold: and every man that
had offered an offering of gold to the LORD. And every man, with   23
whom was found blue, and purple, and scarlet, and fine linen,
and goats' hair, and red skins of rams, and taḥash skins, brought
them. Everyone that did offer an offering of silver and brass   24
brought the LORD's offering: and every man, with whom was
found shittim wood for any work of the service, brought it.
And all the women that were wisehearted did spin with their   25
hands, and brought that which they had spun, both of blue, and
of purple, and of scarlet, and of fine linen. And all the women   26
whose heart stirred them up in wisdom spun goats' hair. And   27
the rulers brought shoham stones, and stones to be set, for the
efod, and for the breastplate; and spice, and oil: for the light,   28
and for the anointing oil, and for the incense of spices. The   29
children of Yisra'el brought a willing offering to the LORD,
every man and woman, whose heart made them willing to bring
for all manner of work, which the LORD had commanded by the
hand of Moshe, to be made.

And Moshe said to the children of Yisra'el, See, the LORD has   30
called by name Beẓal'el the son of Uri, the son of Ḥur, of
the tribe of Yehuda; and he has filled him with the spirit of   31
GOD, in wisdom, in understanding, and in knowledge, and in all
manner of workmanship; and to contrive works of art, to work   32
in gold, and in silver, and in brass, and in the cutting of stones,   33
to set them, and in carving of wood, to make all manner of
artistic work. And he has put in his heart that he may teach,   34
both he, and Aholi'av, the son of Aḥisamakh, of the tribe of Dan.
Them has he filled with wisdom of heart, to do all manner   35
of work, of the engraver, and of the craftsman, and of the em-
broiderer, in blue, and in purple, in scarlet, and in fine linen, and
of the weaver, even of them that do any work, and of those
that devise artistic work. Then Beẓal'el and Aholi'av, and   **36**
every wisehearted man, in whom the LORD put wisdom and
understanding to know how to work all manner of work for
the service of the sanctuary, did according to all that the LORD
had commanded. And Moshe called Beẓal'el and Aholi'av,   2
and every wisehearted man, in whose heart the LORD had
put wisdom, everyone whose heart stirred him up to come
to the work to do it: and they received from Moshe all the   3
offering, which the children of Yisra'el had brought for the
work of the service of the sanctuary, with which to make it.
And they brought yet to him free will offerings every morning.
And all the wise men, that carried out all the work of the   4
sanctuary, came every man from his work which they did;
and they spoke to Moshe saying, The people bring much more   5

מַרְבִּים הָעָם לְהָבִיא מִדֵּי הָעֲבֹדָה לַמְּלָאכָה אֲשֶׁר־צִוָּה יְהוָה
ו לַעֲשֹׂת אֹתָהּ׃ וַיְצַו מֹשֶׁה וַיַּעֲבִירוּ קוֹל בַּמַּחֲנֶה לֵאמֹר אִישׁ
וְאִשָּׁה אַל־יַעֲשׂוּ־עוֹד מְלָאכָה לִתְרוּמַת הַקֹּדֶשׁ וַיִּכָּלֵא הָעָם
ז מֵהָבִיא׃ וְהַמְּלָאכָה הָיְתָה דַיָּם לְכָל־הַמְּלָאכָה לַעֲשׂוֹת אֹתָהּ
ח רביעי וְהוֹתֵר׃ וַיַּעֲשׂוּ כָל־חֲכַם־לֵב בְּעֹשֵׂי הַמְּלָאכָה
אֶת־הַמִּשְׁכָּן עֶשֶׂר יְרִיעֹת שֵׁשׁ מָשְׁזָר וּתְכֵלֶת וְאַרְגָּמָן וְתוֹלַעַת
ט שָׁנִי כְּרֻבִים מַעֲשֵׂה חֹשֵׁב עָשָׂה אֹתָם׃ אֹרֶךְ הַיְרִיעָה הָאַחַת
שְׁמֹנֶה וְעֶשְׂרִים בָּאַמָּה וְרֹחַב אַרְבַּע בָּאַמָּה הַיְרִיעָה הָאֶחָת
י מִדָּה אַחַת לְכָל־הַיְרִיעֹת׃ וַיְחַבֵּר אֶת־חֲמֵשׁ הַיְרִיעֹת אַחַת
יא אֶל־אֶחָת וְחָמֵשׁ יְרִיעֹת חִבַּר אַחַת אֶל־אֶחָת׃ וַיַּעַשׂ לֻלְאֹת
תְּכֵלֶת עַל שְׂפַת הַיְרִיעָה הָאֶחָת מִקָּצָה בַּמַּחְבָּרֶת כֵּן עָשָׂה
יב בִּשְׂפַת הַיְרִיעָה הַקִּיצוֹנָה בַּמַּחְבֶּרֶת הַשֵּׁנִית׃ חֲמִשִּׁים לֻלָאֹת
עָשָׂה בַּיְרִיעָה הָאֶחָת וַחֲמִשִּׁים לֻלָאֹת עָשָׂה בִּקְצֵה הַיְרִיעָה
אֲשֶׁר בַּמַּחְבֶּרֶת הַשֵּׁנִית מַקְבִּילֹת הַלֻּלָאֹת אַחַת אֶל־אֶחָת׃
יג וַיַּעַשׂ חֲמִשִּׁים קַרְסֵי זָהָב וַיְחַבֵּר אֶת־הַיְרִיעֹת אַחַת אֶל־אַחַת
בַּקְּרָסִים וַיְהִי הַמִּשְׁכָּן אֶחָד׃
יד וַיַּעַשׂ יְרִיעֹת עִזִּים לְאֹהֶל עַל־הַמִּשְׁכָּן עַשְׁתֵּי־עֶשְׂרֵה יְרִיעֹת
טו עָשָׂה אֹתָם׃ אֹרֶךְ הַיְרִיעָה הָאַחַת שְׁלֹשִׁים בָּאַמָּה וְאַרְבַּע
אַמּוֹת רֹחַב הַיְרִיעָה הָאֶחָת מִדָּה אַחַת לְעַשְׁתֵּי עֶשְׂרֵה יְרִיעֹת׃
טז יז וַיְחַבֵּר אֶת־חֲמֵשׁ הַיְרִיעֹת לְבָד וְאֶת־שֵׁשׁ הַיְרִיעֹת לְבָד׃ וַיַּעַשׂ
לֻלָאֹת חֲמִשִּׁים עַל שְׂפַת הַיְרִיעָה הַקִּיצֹנָה בַּמַּחְבָּרֶת וַחֲמִשִּׁים
יח לֻלָאֹת עָשָׂה עַל־שְׂפַת הַיְרִיעָה הַחֹבֶרֶת הַשֵּׁנִית׃ וַיַּעַשׂ
יט קַרְסֵי נְחֹשֶׁת חֲמִשִּׁים לְחַבֵּר אֶת־הָאֹהֶל לִהְיֹת אֶחָד׃ וַיַּעַשׂ
מִכְסֶה לָאֹהֶל עֹרֹת אֵילִם מְאָדָּמִים וּמִכְסֵה עֹרֹת תְּחָשִׁים
כ חמישי מִלְמָעְלָה׃ וַיַּעַשׂ אֶת־הַקְּרָשִׁים לַמִּשְׁכָּן עֲצֵי
כא שִׁטִּים עֹמְדִים׃ עֶשֶׂר אַמֹּת אֹרֶךְ הַקָּרֶשׁ וְאַמָּה וַחֲצִי הָאַמָּה
כב רֹחַב הַקֶּרֶשׁ הָאֶחָד׃ שְׁתֵּי יָדֹת לַקֶּרֶשׁ הָאֶחָד מְשֻׁלָּבֹת אַחַת
כג אֶל־אֶחָת כֵּן עָשָׂה לְכֹל קַרְשֵׁי הַמִּשְׁכָּן׃ וַיַּעַשׂ אֶת־הַקְּרָשִׁים
כד לַמִּשְׁכָּן עֶשְׂרִים קְרָשִׁים לִפְאַת נֶגֶב תֵּימָנָה׃ וְאַרְבָּעִים אַדְנֵי־
כֶסֶף עָשָׂה תַּחַת עֶשְׂרִים הַקְּרָשִׁים שְׁנֵי אֲדָנִים תַּחַת־הַקֶּרֶשׁ
הָאֶחָד לִשְׁתֵּי יְדֹתָיו וּשְׁנֵי אֲדָנִים תַּחַת־הַקֶּרֶשׁ הָאֶחָד לִשְׁתֵּי
כה יְדֹתָיו׃ וּלְצֶלַע הַמִּשְׁכָּן הַשֵּׁנִית לִפְאַת צָפוֹן עָשָׂה עֶשְׂרִים
כו קְרָשִׁים׃ וְאַרְבָּעִים אַדְנֵיהֶם כָּסֶף שְׁנֵי אֲדָנִים תַּחַת הַקֶּרֶשׁ
כז הָאֶחָד וּשְׁנֵי אֲדָנִים תַּחַת הַקֶּרֶשׁ הָאֶחָד׃ וּלְיַרְכְּתֵי הַמִּשְׁכָּן
כח יָמָּה עָשָׂה שִׁשָּׁה קְרָשִׁים׃ וּשְׁנֵי קְרָשִׁים עָשָׂה לִמְקֻצְעֹת הַמִּשְׁכָּן
כט בַּיַּרְכָתָיִם׃ וְהָיוּ תוֹאֲמִם מִלְּמַטָּה וְיַחְדָּו יִהְיוּ תַמִּים אֶל־רֹאשׁוֹ

than enough for the service of the work, which the LORD com-
manded to do. And Moshe gave commandment, and they 6
caused it to be proclaimed throughout the camp saying, Let
neither man nor woman do any more work for the offering
of the sanctuary. So the people were restrained from bringing.
For the material they had was sufficient for all the work to do 7
it, and too much. And all wisehearted men among them 8
that carried out the work made the tabernacle; they made ten
curtains of fine twined linen, and blue, and purple, and scarlet:
with keruvim of artistic work he made them. The length of one 9
curtain was twenty eight cubits, and the breadth of one curtain
four cubits: the curtains were all of one size. And he coupled 10
the five curtains one to another: and the other five curtains he
coupled one to another. And he made loops of blue on the edge 11
of one curtain that was at the edge of the first coupling: like-
wise he made in the uttermost side of the curtain in the second
coupling. Fifty loops made he in one curtain, and fifty loops 12
made he in the edge of the curtain which was in the second
coupling: the loops held one curtain to another. And he made 13
fifty golden clasps, and coupled the curtain one to another with
the clasps: so that the tabernacle was one.
And he made curtains of goats' hair for the tent over the 14
tabernacle: eleven curtains he made them. The length of one 15
curtain was thirty cubits, and four cubits was the breadth of
one curtain: the eleven curtains were of one size. And he 16
coupled five curtains by themselves, and six curtains by them-
selves. And he made fifty loops upon the edge of the curtain 17
that was outmost in the first coupling, and fifty loops made he
upon the edge of the curtain of the second coupling. And he 18
made fifty clasps of brass to couple the tent together, that it
might be one. And he made a covering for the tent of rams' skins 19
dyed red, and a covering of taḥash skins above that. And 20
he made boards for the tabernacle of shittim wood, standing up.
The length of a board was ten cubits, and the breadth of a board 21
one cubit and a half. One board had two tenons, connected one 22
with the other: thus did he make for all the boards of the
tabernacle. And he made boards for the tabernacle; twenty 23
boards for the south side southward: and forty sockets of silver 24
he made under the twenty boards; two sockets under one board
for its two tenons, and two sockets under another board for its
two tenons. And for the other side of the tabernacle, which is 25
toward the north side, he made twenty boards, and their forty 26
sockets of silver; two sockets under one board, and two sockets
under another board. And for the side of the tabernacle west- 27
ward he made six boards. And two boards made he for the 28
corners of the tabernacle on the two sides. And they were 29
coupled beneath, and coupled together at the head thereof, to

ל אֶל־הַטַּבַּעַת הָאֶחָת כֵּן עָשָׂה לִשְׁנֵיהֶם לִשְׁנֵי הַמִּקְצֹעֹת: וְהָיוּ
שְׁמֹנָה קְרָשִׁים וְאַדְנֵיהֶם כֶּסֶף שִׁשָּׁה עָשָׂר אֲדָנִים שְׁנֵי אֲדָנִים
לא שְׁנֵי אֲדָנִים תַּחַת הַקֶּרֶשׁ הָאֶחָד: וַיַּעַשׂ בְּרִיחֵי עֲצֵי שִׁטִּים
לב חֲמִשָּׁה לְקַרְשֵׁי צֶלַע־הַמִּשְׁכָּן הָאֶחָת: וַחֲמִשָּׁה בְרִיחִם לְקַרְשֵׁי
צֶלַע־הַמִּשְׁכָּן הַשֵּׁנִית וַחֲמִשָּׁה בְרִיחִם לְקַרְשֵׁי הַמִּשְׁכָּן לַיַּרְכָתַיִם
לג יָמָּה: וַיַּעַשׂ אֶת־הַבְּרִיחַ הַתִּיכֹן לִבְרֹחַ בְּתוֹךְ הַקְּרָשִׁים מִן־
לד הַקָּצֶה אֶל־הַקָּצֶה: וְאֶת־הַקְּרָשִׁים צִפָּה זָהָב וְאֶת־טַבְּעֹתָם
לה עָשָׂה זָהָב בָּתִּים לַבְּרִיחִם וַיְצַף אֶת־הַבְּרִיחִם זָהָב: וַיַּעַשׂ אֶת־
הַפָּרֹכֶת תְּכֵלֶת וְאַרְגָּמָן וְתוֹלַעַת שָׁנִי וְשֵׁשׁ מָשְׁזָר מַעֲשֵׂה
לו חֹשֵׁב עָשָׂה אֹתָהּ כְּרֻבִים: וַיַּעַשׂ לָהּ אַרְבָּעָה עַמּוּדֵי שִׁטִּים
לז וַיְצַפֵּם זָהָב וָוֵיהֶם זָהָב וַיִּצֹק לָהֶם אַרְבָּעָה אַדְנֵי־כָסֶף: וַיַּעַשׂ
מָסָךְ לְפֶתַח הָאֹהֶל תְּכֵלֶת וְאַרְגָּמָן וְתוֹלַעַת שָׁנִי וְשֵׁשׁ מָשְׁזָר
לח מַעֲשֵׂה רֹקֵם: וְאֶת־עַמּוּדָיו חֲמִשָּׁה וְאֶת־וָוֵיהֶם וְצִפָּה רָאשֵׁיהֶם
וַחֲשֻׁקֵיהֶם זָהָב וְאַדְנֵיהֶם חֲמִשָּׁה נְחֹשֶׁת:
כז לז א וַיַּעַשׂ בְּצַלְאֵל אֶת־הָאָרֹן עֲצֵי שִׁטִּים אַמָּתַיִם וָחֵצִי אָרְכּוֹ וְאַמָּה
ב וָחֵצִי רָחְבּוֹ וְאַמָּה וָחֵצִי קֹמָתוֹ: וַיְצַפֵּהוּ זָהָב טָהוֹר מִבַּיִת
ג וּמִחוּץ וַיַּעַשׂ לוֹ זֵר זָהָב סָבִיב: וַיִּצֹק לוֹ אַרְבַּע טַבְּעֹת זָהָב
עַל אַרְבַּע פַּעֲמֹתָיו וּשְׁתֵּי טַבָּעֹת עַל־צַלְעוֹ הָאֶחָת וּשְׁתֵּי טַבָּעֹת
ד עַל־צַלְעוֹ הַשֵּׁנִית: וַיַּעַשׂ בַּדֵּי עֲצֵי שִׁטִּים וַיְצַף אֹתָם זָהָב:
ה וַיָּבֵא אֶת־הַבַּדִּים בַּטַּבָּעֹת עַל צַלְעֹת הָאָרֹן לָשֵׂאת אֶת־
ו הָאָרֹן: וַיַּעַשׂ כַּפֹּרֶת זָהָב טָהוֹר אַמָּתַיִם וָחֵצִי אָרְכָּהּ וְאַמָּה
ז וָחֵצִי רָחְבָּהּ: וַיַּעַשׂ שְׁנֵי כְרֻבִים זָהָב מִקְשָׁה עָשָׂה אֹתָם מִשְּׁנֵי
ח קְצוֹת הַכַּפֹּרֶת: כְּרוּב־אֶחָד מִקָּצָה מִזֶּה וּכְרוּב־אֶחָד מִקָּצָה מִזֶּה
קְצוֹתָיו ט מִן־הַכַּפֹּרֶת עָשָׂה אֶת־הַכְּרֻבִים מִשְּׁנֵי קְצוֹוֹתָו: וַיִּהְיוּ הַכְּרֻבִים
פֹּרְשֵׂי כְנָפַיִם לְמַעְלָה סֹכְכִים בְּכַנְפֵיהֶם עַל־הַכַּפֹּרֶת וּפְנֵיהֶם
אִישׁ אֶל־אָחִיו אֶל־הַכַּפֹּרֶת הָיוּ פְּנֵי הַכְּרֻבִים:
י וַיַּעַשׂ אֶת־הַשֻּׁלְחָן עֲצֵי שִׁטִּים אַמָּתַיִם אָרְכּוֹ וְאַמָּה רָחְבּוֹ
יא וְאַמָּה וָחֵצִי קֹמָתוֹ: וַיְצַף אֹתוֹ זָהָב טָהוֹר וַיַּעַשׂ לוֹ זֵר זָהָב
יב סָבִיב: וַיַּעַשׂ לוֹ מִסְגֶּרֶת טֹפַח סָבִיב וַיַּעַשׂ זֵר־זָהָב לְמִסְגַּרְתּוֹ
יג סָבִיב: וַיִּצֹק לוֹ אַרְבַּע טַבְּעֹת זָהָב וַיִּתֵּן אֶת־הַטַּבָּעֹת עַל
יד אַרְבַּע הַפֵּאֹת אֲשֶׁר לְאַרְבַּע רַגְלָיו: לְעֻמַּת הַמִּסְגֶּרֶת הָיוּ
טו הַטַּבָּעֹת בָּתִּים לַבַּדִּים לָשֵׂאת אֶת־הַשֻּׁלְחָן: וַיַּעַשׂ אֶת־הַבַּדִּים
טז עֲצֵי שִׁטִּים וַיְצַף אֹתָם זָהָב לָשֵׂאת אֶת־הַשֻּׁלְחָן: וַיַּעַשׂ אֶת־
הַכֵּלִים ׀ אֲשֶׁר עַל־הַשֻּׁלְחָן אֶת־קְעָרֹתָיו וְאֶת־כַּפֹּתָיו וְאֵת
מְנַקִּיֹּתָיו וְאֶת־הַקְּשָׂוֹת אֲשֶׁר יֻסַּךְ בָּהֵן זָהָב טָהוֹר:
ששי /שלישי/ יז וַיַּעַשׂ אֶת־הַמְּנֹרָה זָהָב טָהוֹר מִקְשָׁה עָשָׂה אֶת־הַמְּנֹרָה יְרֵכָהּ

one ring: thus he did to both of them in both the corners. And 30
there were eight boards; and their sockets were sixteen, sockets
of silver, under every board two sockets. And he made bars of 31
shittim wood; five for the boards of the one side of the tab- 32
ernacle, and five bars for the boards of the other side of the
tabernacle, and five bars for the boards of the tabernacle for
the side westward. And he made the middle bar to slide through 33
the boards from the one end to the other. And he overlaid the 34
boards with gold, and made their rings of gold to be places for
the bars, and overlaid the bars with gold. And he made a veil of 35
blue, and purple, and scarlet, and fine twined linen: with keru-
vim he made it, of artistic work. And he made for it four pillars 36
of shittim wood, and overlaid them with gold: their hooks were
of gold; and he cast for them four sockets of silver. And he 37
made a screen for the tabernacle door of blue, and purple, and
scarlet, and fine twined linen, of embroidered work; and the 38
five pillars of it with their hooks: and he overlaid their capitals
and their joints with gold: but their five sockets were of
brass.

And Beẕal'el made the ark of shittim wood: two cubits **37**
and a half was its length, and a cubit and a half its breadth,
and a cubit and a half its height: and he overlaid it with 2
pure gold within and without, and made a rim of gold to it
round about. And he cast for it four rings of gold, to be set by 3
its four corners; even two rings on the one side of it, and
two rings on the other side of it. And he made poles of shittim 4
wood, and overlaid them with gold. And he put the poles into 5
the rings by the sides of the ark, to bear the ark. And he made 6
the covering of pure gold: two cubits and a half was its length,
and one cubit and a half its breadth. And he made two keruvim 7
of gold, beaten out of one piece he made them, on the two ends
of the covering; one keruv on the end on this side, and another 8
keruv on the other end on that side: out of the covering made
he the keruvim at the two ends of it. And the keruvim spread 9
out their wings on high, and spread with their wings over the
covering, with their faces one to another; toward the covering
were the faces of the keruvim.

And he made the table of shittim wood: two cubits was its 10
length, and a cubit its breadth, and a cubit and a half its height:
and he overlaid it with pure gold, and made for it a rim of 11
gold round about. Also he made for it a border of a handbreadth 12
round about; and made a rim of gold for its border round
about. And he cast for it four rings of gold, and put the rings on 13
the four corners that were on its four legs. Over against the 14
border were the rings, the places for the poles to bear the table.
And he made the poles of shittim wood, and overlaid them with 15
gold, to bear the table. And he made the vessels which were 16
upon the table, its dishes, and its spoons, and its bowls, and its
jars for pouring out, of pure gold.

And he made the candlestick of pure gold: of beaten work made 17
he the candlestick; its shaft, and its branches, its bowls, its

יח וְקָנָהּ גְּבִיעֶיהָ כַּפְתֹּרֶיהָ וּפְרָחֶיהָ מִמֶּנָּה הָיוּ: וְשִׁשָּׁה קָנִים יֹצְאִים
מִצִּדֶּיהָ שְׁלֹשָׁה ׀ קְנֵי מְנֹרָה מִצִּדָּהּ הָאֶחָד וּשְׁלֹשָׁה קְנֵי מְנֹרָה
יט מִצִּדָּהּ הַשֵּׁנִי: שְׁלֹשָׁה גְבִעִים מְשֻׁקָּדִים בַּקָּנֶה הָאֶחָד כַּפְתֹּר
וָפֶרַח וּשְׁלֹשָׁה גְבִעִים מְשֻׁקָּדִים בְּקָנֶה אֶחָד כַּפְתֹּר וָפָרַח כֵּן
כ לְשֵׁשֶׁת הַקָּנִים הַיֹּצְאִים מִן־הַמְּנֹרָה: וּבַמְּנֹרָה אַרְבָּעָה גְבִעִים
כא מְשֻׁקָּדִים כַּפְתֹּרֶיהָ וּפְרָחֶיהָ: וְכַפְתֹּר תַּחַת שְׁנֵי הַקָּנִים מִמֶּנָּה
וְכַפְתֹּר תַּחַת שְׁנֵי הַקָּנִים מִמֶּנָּה וְכַפְתֹּר תַּחַת־שְׁנֵי הַקָּנִים מִמֶּנָּה
כב לְשֵׁשֶׁת הַקָּנִים הַיֹּצְאִים מִמֶּנָּה: כַּפְתֹּרֵיהֶם וּקְנֹתָם מִמֶּנָּה הָיוּ
כג כֻּלָּהּ מִקְשָׁה אַחַת זָהָב טָהוֹר: וַיַּעַשׂ אֶת־נֵרֹתֶיהָ שִׁבְעָה
כד וּמַלְקָחֶיהָ וּמַחְתֹּתֶיהָ זָהָב טָהוֹר: כִּכָּר זָהָב טָהוֹר עָשָׂה אֹתָהּ
וְאֵת כָּל־כֵּלֶיהָ:
כה וַיַּעַשׂ אֶת־מִזְבַּח הַקְּטֹרֶת עֲצֵי שִׁטִּים אַמָּה אָרְכּוֹ וְאַמָּה רָחְבּוֹ
כו רָבוּעַ וְאַמָּתַיִם קֹמָתוֹ מִמֶּנּוּ הָיוּ קַרְנֹתָיו: וַיְצַף אֹתוֹ זָהָב
טָהוֹר אֶת־גַּגּוֹ וְאֶת־קִירֹתָיו סָבִיב וְאֶת־קַרְנֹתָיו וַיַּעַשׂ לוֹ
כז זֵר זָהָב סָבִיב: וּשְׁתֵּי טַבְּעֹת זָהָב עָשָׂה־לוֹ ׀ מִתַּחַת לְזֵרוֹ
עַל שְׁתֵּי צַלְעֹתָיו עַל שְׁנֵי צִדָּיו לְבָתִּים לְבַדִּים לָשֵׂאת אֹתוֹ
כח כט בָּהֶם: וַיַּעַשׂ אֶת־הַבַּדִּים עֲצֵי שִׁטִּים וַיְצַף אֹתָם זָהָב: וַיַּעַשׂ
אֶת־שֶׁמֶן הַמִּשְׁחָה קֹדֶשׁ וְאֶת־קְטֹרֶת הַסַּמִּים טָהוֹר מַעֲשֵׂה
לח א שביעי /רביעי/ רֹקֵחַ: וַיַּעַשׂ אֶת־מִזְבַּח הָעֹלָה עֲצֵי שִׁטִּים חָמֵשׁ
אַמּוֹת אָרְכּוֹ וְחָמֵשׁ־אַמּוֹת רָחְבּוֹ רָבוּעַ וְשָׁלֹשׁ אַמּוֹת קֹמָתוֹ:
ב וַיַּעַשׂ קַרְנֹתָיו עַל אַרְבַּע פִּנֹּתָיו מִמֶּנּוּ הָיוּ קַרְנֹתָיו וַיְצַף אֹתוֹ
ג נְחֹשֶׁת: וַיַּעַשׂ אֶת־כָּל־כְּלֵי הַמִּזְבֵּחַ אֶת־הַסִּירֹת וְאֶת־הַיָּעִים
וְאֶת־הַמִּזְרָקֹת אֶת־הַמִּזְלָגֹת וְאֶת־הַמַּחְתֹּת כָּל־כֵּלָיו עָשָׂה
ד נְחֹשֶׁת: וַיַּעַשׂ לַמִּזְבֵּחַ מִכְבָּר מַעֲשֵׂה רֶשֶׁת נְחֹשֶׁת תַּחַת
ה כַּרְכֻּבּוֹ מִלְּמַטָּה עַד־חֶצְיוֹ: וַיִּצֹק אַרְבַּע טַבָּעֹת בְּאַרְבַּע
ו הַקְּצָוֹת לְמִכְבַּר הַנְּחֹשֶׁת בָּתִּים לַבַּדִּים: וַיַּעַשׂ אֶת־הַבַּדִּים
ז עֲצֵי שִׁטִּים וַיְצַף אֹתָם נְחֹשֶׁת: וַיָּבֵא אֶת־הַבַּדִּים בַּטַּבָּעֹת
עַל צַלְעֹת הַמִּזְבֵּחַ לָשֵׂאת אֹתוֹ בָּהֶם נְבוּב לֻחֹת עָשָׂה
ח אֹתוֹ: וַיַּעַשׂ אֵת הַכִּיּוֹר נְחֹשֶׁת וְאֵת כַּנּוֹ נְחֹשֶׁת בְּמַרְאֹת
ט הַצֹּבְאֹת אֲשֶׁר צָבְאוּ פֶּתַח אֹהֶל מוֹעֵד: וַיַּעַשׂ
אֶת־הֶחָצֵר לִפְאַת ׀ נֶגֶב תֵּימָנָה קַלְעֵי הֶחָצֵר שֵׁשׁ מָשְׁזָר מֵאָה
י בָּאַמָּה: עַמּוּדֵיהֶם עֶשְׂרִים וְאַדְנֵיהֶם עֶשְׂרִים נְחֹשֶׁת וָוֵי הָעַמּוּדִים
יא וַחֲשֻׁקֵיהֶם כָּסֶף: וְלִפְאַת צָפוֹן מֵאָה בָאַמָּה עַמּוּדֵיהֶם עֶשְׂרִים
יב וְאַדְנֵיהֶם עֶשְׂרִים נְחֹשֶׁת וָוֵי הָעַמּוּדִים וַחֲשֻׁקֵיהֶם כָּסֶף: וְלִפְאַת־
יָם קְלָעִים חֲמִשִּׁים בָּאַמָּה עַמּוּדֵיהֶם עֲשָׂרָה וְאַדְנֵיהֶם עֲשָׂרָה
יג וָוֵי הָעַמֻּדִים וַחֲשׁוּקֵיהֶם כָּסֶף: וְלִפְאַת קֵדְמָה מִזְרָחָה חֲמִשִּׁים

bulbs, and its flowers, were of the same piece: and six branches   18
going out of its sides; three branches of the candlestick out of
the one side of it, and three branches of the candlestick out of
the other side of it: three bowls made after the fashion of al-   19
monds in one branch, a bulb and a flower; and three bowls made
like almonds in another branch, a bulb and a flower: so through-
out the six branches going out of the candlestick. And in the   20
candlestick were four bowls made like almonds, its bulbs, and its
flowers: and a bulb under two branches of the same, and a   21
bulb under two branches of the same, and a bulb under two
branches of the same, according to the six branches going out
of it. Their bulbs and their branches were of the same: all of it   22
was one beaten work of pure gold. And he made its seven lamps,   23
and its tongs, and its ashpans of pure gold. Of a talent of pure   24
gold he made it, and all its vessels.

And he made the incense altar of shittim wood: the length of   25
it was a cubit, and the breadth of it a cubit; it was foursquare;
and two cubits was its height; its horns were of the same.
And he overlaid it with pure gold, both the top of it, and   26
the sides of it round about, and its horns: also he made for
it a rim of gold round about. And he made two rings of   27
gold for it under its crown, by its two corners, upon its
two sides, to be places for the poles with which to bear it.
And he made the poles of shittim wood, and overlaid them with   28
gold. And he made the holy anointing oil, and the pure incense of   29
sweet spices, according to the work of the perfumer.   And   **38**
he made the altar of burnt offering of shittim wood: five
cubits was its length, and five cubits its breadth; it was four-
square; and three cubits its height. And he made its horns on   2
the four corners of it; its horns were of the same: and he
overlaid it with brass. And he made all the vessels of the altar,   3
the pans, and the shovels, and the basins, and the forks, and
the firepans: all its vessels he made of brass. And he made for   4
the altar a brazen grate of network under its ledge beneath,
placed half way. And he cast four rings for the four ends of   5
the grate of brass, to be places for the poles. And he made the   6
poles of shittim wood, and overlaid them with brass. And he   7
put the poles into the rings on the sides of the altar, with which
to bear it; he made the altar hollow with boards.   And he   8
made the laver of brass, and its pedestal of brass, of the mirrors
of the women assembling, who assembled at the door of the
Tent of Meeting.   And he made the court: on the south   9
side southward the hangings of the court were of fine twined
linen, a hundred cubits: their pillars were twenty, and their   10
brazen sockets twenty; the hooks of the pillars and their joints
were of silver. And for the north side the hangings were a hun-   11
dred cubits, their pillars were twenty, and their sockets of brass
twenty; the hooks of the pillars and their joints of silver. And   12
for the west side were hangings of fifty cubits, their pillars ten,
and their sockets ten; the hooks of the pillars and their joints of
silver. And for the east side eastward fifty cubits. The hangings   13, 14

יד אַמָּה: קְלָעִים חֲמֵשׁ־עֶשְׂרֵה אַמָּה אֶל־הַכָּתֵף עַמֻּדֵיהֶם שְׁלֹשָׁה
טו וְאַדְנֵיהֶם שְׁלֹשָׁה: וְלַכָּתֵף הַשֵּׁנִית מִזֶּה וּמִזֶּה לְשַׁעַר הֶחָצֵר
קְלָעִים חֲמֵשׁ עֶשְׂרֵה אַמָּה עַמֻּדֵיהֶם שְׁלֹשָׁה וְאַדְנֵיהֶם שְׁלֹשָׁה:
טז יז כׇּל־קַלְעֵי הֶחָצֵר סָבִיב שֵׁשׁ מָשְׁזָר: וְהָאֲדָנִים לָעַמֻּדִים נְחֹשֶׁת
וָוֵי הָעַמּוּדִים וַחֲשׁוּקֵיהֶם כֶּסֶף וְצִפּוּי רָאשֵׁיהֶם כָּסֶף וְהֵם
יח מְחֻשָּׁקִים כֶּסֶף כֹּל עַמֻּדֵי הֶחָצֵר: וּמָסַךְ שַׁעַר הֶחָצֵר מַעֲשֵׂה מפטיר
רֹקֵם תְּכֵלֶת וְאַרְגָּמָן וְתוֹלַעַת שָׁנִי וְשֵׁשׁ מָשְׁזָר וְעֶשְׂרִים
אַמָּה אֹרֶךְ וְקוֹמָה בְרֹחַב חָמֵשׁ אַמּוֹת לְעֻמַּת קַלְעֵי הֶחָצֵר:
יט וְעַמֻּדֵיהֶם אַרְבָּעָה וְאַדְנֵיהֶם אַרְבָּעָה נְחֹשֶׁת וָוֵיהֶם כֶּסֶף וְצִפּוּי
כ רָאשֵׁיהֶם וַחֲשֻׁקֵיהֶם כָּסֶף: וְכׇל־הַיְתֵדֹת לַמִּשְׁכָּן וְלֶחָצֵר סָבִיב
כא נְחֹשֶׁת: אֵלֶּה פְקוּדֵי הַמִּשְׁכָּן מִשְׁכַּן הָעֵדֻת פקודי כח
אֲשֶׁר פֻּקַּד עַל־פִּי מֹשֶׁה עֲבֹדַת הַלְוִיִּם בְּיַד אִיתָמָר בֶּן־אַהֲרֹן
כב הַכֹּהֵן: וּבְצַלְאֵל בֶּן־אוּרִי בֶן־חוּר לְמַטֵּה יְהוּדָה עָשָׂה אֵת
כג כׇּל־אֲשֶׁר־צִוָּה יהוה אֶת־מֹשֶׁה: וְאִתּוֹ אׇהֳלִיאָב בֶּן־אֲחִיסָמָךְ
לְמַטֵּה־דָן חָרָשׁ וְחֹשֵׁב וְרֹקֵם בַּתְּכֵלֶת וּבָאַרְגָּמָן וּבְתוֹלַעַת
כד הַשָּׁנִי וּבַשֵּׁשׁ: כׇּל־הַזָּהָב הֶעָשׂוּי לַמְּלָאכָה בְּכֹל
מְלֶאכֶת הַקֹּדֶשׁ וַיְהִי ׀ זְהַב הַתְּנוּפָה תֵּשַׁע וְעֶשְׂרִים כִּכָּר וּשְׁבַע
כה מֵאוֹת וּשְׁלֹשִׁים שֶׁקֶל בְּשֶׁקֶל הַקֹּדֶשׁ: וְכֶסֶף פְּקוּדֵי הָעֵדָה מְאַת
כִּכָּר וְאֶלֶף וּשְׁבַע מֵאוֹת וַחֲמִשָּׁה וְשִׁבְעִים שֶׁקֶל בְּשֶׁקֶל הַקֹּדֶשׁ:
כו בֶּקַע לַגֻּלְגֹּלֶת מַחֲצִית הַשֶּׁקֶל בְּשֶׁקֶל הַקֹּדֶשׁ לְכֹל הָעֹבֵר עַל־
הַפְּקֻדִים מִבֶּן עֶשְׂרִים שָׁנָה וָמַעְלָה לְשֵׁשׁ־מֵאוֹת אֶלֶף וּשְׁלֹשֶׁת
כז אֲלָפִים וַחֲמֵשׁ מֵאוֹת וַחֲמִשִּׁים: וַיְהִי מְאַת כִּכַּר הַכֶּסֶף לָצֶקֶת
אֵת אַדְנֵי הַקֹּדֶשׁ וְאֵת אַדְנֵי הַפָּרֹכֶת מְאַת אֲדָנִים לִמְאַת
כח הַכִּכָּר כִּכָּר לָאָדֶן: וְאֶת־הָאֶלֶף וּשְׁבַע הַמֵּאוֹת וַחֲמִשָּׁה וְשִׁבְעִים
כט עָשָׂה וָוִים לָעַמּוּדִים וְצִפָּה רָאשֵׁיהֶם וְחִשַּׁק אֹתָם: וּנְחֹשֶׁת
ל הַתְּנוּפָה שִׁבְעִים כִּכָּר וְאַלְפַּיִם וְאַרְבַּע־מֵאוֹת שָׁקֶל: וַיַּעַשׂ
בָּהּ אֶת־אַדְנֵי פֶּתַח אֹהֶל מוֹעֵד וְאֵת מִזְבַּח הַנְּחֹשֶׁת וְאֶת־
לא מִכְבַּר הַנְּחֹשֶׁת אֲשֶׁר־לוֹ וְאֵת כׇּל־כְּלֵי הַמִּזְבֵּחַ: וְאֶת־אַדְנֵי
הֶחָצֵר סָבִיב וְאֶת־אַדְנֵי שַׁעַר הֶחָצֵר וְאֵת כׇּל־יִתְדֹת הַמִּשְׁכָּן
לט א וְאֶת־כׇּל־יִתְדֹת הֶחָצֵר סָבִיב: וּמִן־הַתְּכֵלֶת וְהָאַרְגָּמָן וְתוֹלַעַת
הַשָּׁנִי עָשׂוּ בִגְדֵי־שְׂרָד לְשָׁרֵת בַּקֹּדֶשׁ וַיַּעֲשׂוּ אֶת־בִּגְדֵי הַקֹּדֶשׁ
אֲשֶׁר לְאַהֲרֹן כַּאֲשֶׁר צִוָּה יהוה אֶת־מֹשֶׁה:
ב וַיַּעַשׂ אֶת־הָאֵפֹד זָהָב תְּכֵלֶת וְאַרְגָּמָן וְתוֹלַעַת שָׁנִי וְשֵׁשׁ שני /חמישי/
ג מָשְׁזָר: וַיְרַקְּעוּ אֶת־פַּחֵי הַזָּהָב וְקִצֵּץ פְּתִילִם לַעֲשׂוֹת בְּתוֹךְ
הַתְּכֵלֶת וּבְתוֹךְ הָאַרְגָּמָן וּבְתוֹךְ תּוֹלַעַת הַשָּׁנִי וּבְתוֹךְ הַשֵּׁשׁ
ד מַעֲשֵׂה חֹשֵׁב: כְּתֵפֹת עָשׂוּ־לוֹ חֹבְרֹת עַל־שְׁנֵי קְצוֹתָו חֻבָּר: קצותיו

of the one side of the gate were fifteen cubits; their pillars
three, and their sockets three. And for the other side of the 15
court gate, on this hand and that hand, were hangings of fifteen
cubits; their pillars three, and their sockets three. All the hang- 16
ings of the court round about were of fine twined linen. And 17
the sockets for the pillars were of brass; the hooks of the pillars
and their joints of silver; and the overlaying of their capitals of
silver; and all the pillars of the court were bound with silver.
And the screen for the gate of the court was embroidered work, 18
of blue, and purple, and scarlet, and fine twined linen: and
twenty cubits was the length, and the height in the breadth was
five cubits, answerable to the hangings of the court. And their 19
pillars were four, and their sockets of brass four; their hooks
of silver, and the overlaying of their capitals and their joints
of silver. And all the pegs of the tabernacle, and of the court 20
PEQUDE round about, were of brass. These are the accounts of the 21
tabernacle, the tabernacle of the Testimony, as they were coun-
ted, according to the commandment of Moshe, for the work of
the Levites by the hand of Itamar the son of Aharon the priest.
And Beẕal'el the son of Uri, the son of Ḥur, of the tribe of Yehu- 22
da, made all that the Lord commanded Moshe. And with him was 23
Aholi'av, son of Aḥisamakh, of the tribe of Dan, an engraver, and
an artist, and an embroiderer in blue, and in purple, and in
scarlet, and fine linen. All the gold that was applied for 24
the work in all the work of the holy place, even the gold of the
offering, was twenty nine talents, and seven hundred and thirty
shekels, after the shekel of the sanctuary. And the silver of 25
them that were numbered of the congregation was a hundred
talents, and a thousand seven hundred and seventy five shekels,
after the shekel of the sanctuary: a beqa for every man, that is, 26
half a shekel, after the shekel of the sanctuary, for everyone
that went to be numbered, from twenty years old and upward,
for six hundred and three thousand, five hundred and fifty men.
And of the hundred talents of silver were cast the sockets of 27
the sanctuary, and the sockets of the veil; a hundred sockets
of the hundred talents, a talent for a socket. And of the thousand 28
seven hundred and seventy five shekels he made hooks for the
pillars, and overlaid their capitals, and bound them. And the 29
brass of the offering was seventy talents, and two thousand four
hundred shekels. And with that he made the sockets to the door 30
of the Tent of Meeting, and the brazen altar, and the brazen
grate for it, and all the vessels of the altar, and the sockets of 31
the court round about, and the sockets of the court gate, and
all the pegs of the tabernacle, and all the pegs of the court round
about. And of the blue, and purple, and scarlet, they made 39
uniforms, with which to do service in the holy place, and they
made the holy garments for Aharon; as the Lord commanded
Moshe.
And he made the efod of gold, blue, and purple, and scarlet, and 2
fine twined linen. And they did beat the gold into thin plates, 3
and cut it into wires, to work it in the blue, and in the purple,
and in the scarlet, and in the fine linen, the work of an artist.
They made shoulderpieces for it, joined on: by the two edges 4

ה וְחֵשֶׁב אֲפֻדָּתוֹ אֲשֶׁר עָלָיו מִמֶּנּוּ הוּא כְּמַעֲשֵׂהוּ זָהָב תְּכֵלֶת
וְאַרְגָּמָן וְתוֹלַעַת שָׁנִי וְשֵׁשׁ מָשְׁזָר כַּאֲשֶׁר צִוָּה יְהוָה אֶת־
ו מֹשֶׁה׃ וַיַּעֲשׂוּ אֶת־אַבְנֵי הַשֹּׁהַם מֻסַבֹּת מִשְׁבְּצֹת
ז זָהָב מְפֻתָּחֹת פִּתּוּחֵי חוֹתָם עַל־שְׁמוֹת בְּנֵי יִשְׂרָאֵל׃ וַיָּשֶׂם
אֹתָם עַל כִּתְפֹת הָאֵפֹד אַבְנֵי זִכָּרוֹן לִבְנֵי יִשְׂרָאֵל כַּאֲשֶׁר צִוָּה
יְהוָה אֶת־מֹשֶׁה׃

ח וַיַּעַשׂ אֶת־הַחֹשֶׁן מַעֲשֵׂה חֹשֵׁב כְּמַעֲשֵׂה אֵפֹד זָהָב תְּכֵלֶת
ט וְאַרְגָּמָן וְתוֹלַעַת שָׁנִי וְשֵׁשׁ מָשְׁזָר׃ רָבוּעַ הָיָה כָּפוּל עָשׂוּ אֶת־
י הַחֹשֶׁן זֶרֶת אָרְכּוֹ וְזֶרֶת רָחְבּוֹ כָּפוּל׃ וַיְמַלְאוּ־בוֹ אַרְבָּעָה טוּרֵי
יא אָבֶן טוּר אֹדֶם פִּטְדָה וּבָרֶקֶת הַטּוּר הָאֶחָד׃ וְהַטּוּר הַשֵּׁנִי נֹפֶךְ
יב יג סַפִּיר וְיָהֲלֹם׃ וְהַטּוּר הַשְּׁלִישִׁי לֶשֶׁם שְׁבוֹ וְאַחְלָמָה׃ וְהַטּוּר
הָרְבִיעִי תַּרְשִׁישׁ שֹׁהַם וְיָשְׁפֵה מוּסַבֹּת מִשְׁבְּצוֹת זָהָב בְּמִלֻּאֹתָם׃
יד וְהָאֲבָנִים עַל־שְׁמֹת בְּנֵי־יִשְׂרָאֵל הֵנָּה שְׁתֵּים עֶשְׂרֵה עַל־שְׁמֹתָם
טו פִּתּוּחֵי חֹתָם אִישׁ עַל־שְׁמוֹ לִשְׁנֵים עָשָׂר שָׁבֶט׃ וַיַּעֲשׂוּ עַל־
טז הַחֹשֶׁן שַׁרְשְׁרֹת גַּבְלֻת מַעֲשֵׂה עֲבֹת זָהָב טָהוֹר׃ וַיַּעֲשׂוּ שְׁתֵּי
מִשְׁבְּצֹת זָהָב וּשְׁתֵּי טַבְּעֹת זָהָב וַיִּתְּנוּ אֶת־שְׁתֵּי הַטַּבָּעֹת
יז עַל־שְׁנֵי קְצוֹת הַחֹשֶׁן׃ וַיִּתְּנוּ שְׁתֵּי הָעֲבֹתֹת הַזָּהָב עַל־שְׁתֵּי
יח הַטַּבָּעֹת עַל־קְצוֹת הַחֹשֶׁן׃ וְאֵת שְׁתֵּי קְצוֹת שְׁתֵּי הָעֲבֹתֹת
נָתְנוּ עַל־שְׁתֵּי הַמִּשְׁבְּצֹת וַיִּתְּנֻם עַל־כִּתְפֹת הָאֵפֹד אֶל־מוּל
יט פָּנָיו׃ וַיַּעֲשׂוּ שְׁתֵּי טַבְּעֹת זָהָב וַיָּשִׂימוּ עַל־שְׁנֵי קְצוֹת הַחֹשֶׁן
כ עַל־שְׂפָתוֹ אֲשֶׁר אֶל־עֵבֶר הָאֵפֹד בָּיְתָה׃ וַיַּעֲשׂוּ שְׁתֵּי טַבְּעֹת
זָהָב וַיִּתְּנֻם עַל־שְׁתֵּי כִתְפֹת הָאֵפֹד מִלְּמַטָּה מִמּוּל פָּנָיו
כא לְעֻמַּת מַחְבַּרְתּוֹ מִמַּעַל לְחֵשֶׁב הָאֵפֹד׃ וַיִּרְכְּסוּ אֶת־הַחֹשֶׁן
מִטַּבְּעֹתָיו אֶל־טַבְּעֹת הָאֵפֹד בִּפְתִיל תְּכֵלֶת לִהְיֹת עַל־
חֵשֶׁב הָאֵפֹד וְלֹא־יִזַּח הַחֹשֶׁן מֵעַל הָאֵפֹד כַּאֲשֶׁר צִוָּה יְהוָה
אֶת־מֹשֶׁה׃

כב כג וַיַּעַשׂ אֶת־מְעִיל הָאֵפֹד מַעֲשֵׂה אֹרֵג כְּלִיל תְּכֵלֶת׃ וּפִי־הַמְּעִיל שלישי / ששי
כד בְּתוֹכוֹ כְּפִי תַחְרָא שָׂפָה לְפִיו סָבִיב לֹא יִקָּרֵעַ׃ וַיַּעֲשׂוּ עַל־
שׁוּלֵי הַמְּעִיל רִמּוֹנֵי תְּכֵלֶת וְאַרְגָּמָן וְתוֹלַעַת שָׁנִי מָשְׁזָר׃
כה וַיַּעֲשׂוּ פַעֲמֹנֵי זָהָב טָהוֹר וַיִּתְּנוּ אֶת־הַפַּעֲמֹנִים בְּתוֹךְ הָרִמֹּנִים
כו עַל־שׁוּלֵי הַמְּעִיל סָבִיב בְּתוֹךְ הָרִמֹּנִים׃ פַּעֲמֹן וְרִמֹּן פַּעֲמֹן
וְרִמֹּן עַל־שׁוּלֵי הַמְּעִיל סָבִיב לְשָׁרֵת כַּאֲשֶׁר צִוָּה יְהוָה אֶת־
כז מֹשֶׁה׃ וַיַּעֲשׂוּ אֶת־הַכָּתְנֹת שֵׁשׁ מַעֲשֵׂה אֹרֵג
כח לְאַהֲרֹן וּלְבָנָיו׃ וְאֵת הַמִּצְנֶפֶת שֵׁשׁ וְאֶת־פַּאֲרֵי הַמִּגְבָּעֹת שֵׁשׁ
כט וְאֶת־מִכְנְסֵי הַבָּד שֵׁשׁ מָשְׁזָר׃ וְאֶת־הָאַבְנֵט שֵׁשׁ מָשְׁזָר וּתְכֵלֶת
וְאַרְגָּמָן וְתוֹלַעַת שָׁנִי מַעֲשֵׂה רֹקֵם כַּאֲשֶׁר צִוָּה יְהוָה אֶת־

was it joined on. And the finely wrought girdle of the efod, that   5
was upon it, was of the same, according to its work; of gold,
blue, and purple, and scarlet, and fine twined linen; as the LORD
commanded Moshe.   And they arranged the shoham stones   6
enclosed in fixtures of gold, graven, as signets are graven, with
the names of the children of Yisra'el. And he put them on the   7
shoulders of the efod, that they should be stones of memorial to
the children of Yisra'el; as the LORD commanded Moshe.

And he made the breastplate of artistic work, like the work of   8
the efod; of gold, blue, and purple, and scarlet, and fine twined
linen. It was foursquare; they made the breastplate double: a   9
span was its length, and a span its breadth, being doubled. And   10
they set in it four rows of stones: the first row was a ruby, a
crysolithe, and a beryl: this was the first row. And the second   11
row, a turquoise, a sapphire, and a diamond. And the third row,   12
a ligure, and an agate, and a jasper. And the fourth row, an   13
emerald, a shoham, and a jade: they were inclosed in fixtures
of gold in their settings. And the stones were according to the   14
names of the children of Yisra'el, twelve, according to their
names, like the engravings of a signet, everyone with its name,
according to the twelve tribes. And they made upon the breast-   15
plate plaited chains, of wreathen work of pure gold. And they   16
made two fixtures of gold, and two gold rings; and put the two
rings in the two ends of the breastplate. And they put the two   17
wreathen chains of gold in the two rings on the ends of the
breastplate. And the two ends of the two wreathen chains they   18
fastened in the two fixtures, and put them on the shoulderpieces
of the efod, toward the forepart of it. And they made two rings   19
of gold, and put them on the two ends of the breastplate, upon
the border of it, which was on the side of the efod inwards. And   20
they made two other golden rings, and put them on the two sides
of the efod underneath, toward the forepart of it, over against
its coupling, above the finely wrought girdle of the efod. And   21
they did bind the breastplate by its rings to the rings of the efod
with a lace of blue, that it might be above the finely wrought
girdle of the efod, and that the breastplate might not be loosed
from the efod; as the LORD commanded Moshe.

And he made the robe of the efod of woven work, all of blue.   22
And there was a hole in the midst of the robe, like the hole of   23
a suit of armour, with a band round about the hole, that it should
not tear. And they made upon the hems of the robe pomegranates   24
of blue, and purple, and scarlet, and twined linen. And they made   25
bells of pure gold, and put the bells between the pomegranates
upon the hem of the robe, round about between the pome-
granates; a bell and a pomegranate, a bell and a pomegranate,   26
round about the hem of the robe to minister in; as the LORD
commanded Moshe.   And they made coats of fine linen   27
of woven work for Aharon, and for his sons, and the mitre of fine   28
linen, and goodly turbans of fine linen and linen breeches of fine   29
twined linen, and a girdle of fine twined linen, and blue, and
purple, and scarlet, the work of an embroiderer; as the LORD

ל מֹשֶׁה׃ וַיַּעֲשׂוּ אֶת־צִיץ נֵזֶר־הַקֹּדֶשׁ זָהָב טָהוֹר
לא וַיִּכְתְּבוּ עָלָיו מִכְתַּב פִּתּוּחֵי חוֹתָם קֹדֶשׁ לַיהוָה׃ וַיִּתְּנוּ עָלָיו
פְּתִיל תְּכֵלֶת לָתֵת עַל־הַמִּצְנֶפֶת מִלְמָעְלָה כַּאֲשֶׁר צִוָּה יְהוָה
לב אֶת־מֹשֶׁה׃ וַתֵּכֶל כָּל־עֲבֹדַת מִשְׁכַּן אֹהֶל
מוֹעֵד וַיַּעֲשׂוּ בְּנֵי יִשְׂרָאֵל כְּכֹל אֲשֶׁר צִוָּה יְהוָה אֶת־מֹשֶׁה כֵּן
עָשׂוּ׃

לג וַיָּבִיאוּ אֶת־הַמִּשְׁכָּן אֶל־מֹשֶׁה אֶת־הָאֹהֶל וְאֶת־כָּל־כֵּלָיו רביעי כט
לד קְרָסָיו קְרָשָׁיו בְּרִיחָו וְעַמֻּדָיו וַאֲדָנָיו׃ וְאֶת־מִכְסֵה עוֹרֹת הָאֵילִם
הַמְאָדָּמִים וְאֶת־מִכְסֵה עֹרֹת הַתְּחָשִׁים וְאֵת פָּרֹכֶת הַמָּסָךְ׃
לה לו אֶת־אֲרוֹן הָעֵדֻת וְאֶת־בַּדָּיו וְאֵת הַכַּפֹּרֶת׃ אֶת־הַשֻּׁלְחָן אֶת־
לז כָּל־כֵּלָיו וְאֵת לֶחֶם הַפָּנִים׃ אֶת־הַמְּנֹרָה הַטְּהֹרָה אֶת־נֵרֹתֶיהָ
לח נֵרֹת הַמַּעֲרָכָה וְאֶת־כָּל־כֵּלֶיהָ וְאֵת שֶׁמֶן הַמָּאוֹר׃ וְאֵת מִזְבַּח
הַזָּהָב וְאֵת שֶׁמֶן הַמִּשְׁחָה וְאֵת קְטֹרֶת הַסַּמִּים וְאֵת מָסַךְ
לט פֶּתַח הָאֹהֶל׃ אֵת ׀ מִזְבַּח הַנְּחֹשֶׁת וְאֶת־מִכְבַּר הַנְּחֹשֶׁת אֲשֶׁר־
מ לוֹ אֶת־בַּדָּיו וְאֶת־כָּל־כֵּלָיו אֶת־הַכִּיֹּר וְאֶת־כַּנּוֹ׃ אֵת קַלְעֵי
הֶחָצֵר אֶת־עַמֻּדֶיהָ וְאֶת־אֲדָנֶיהָ וְאֶת־הַמָּסָךְ לְשַׁעַר הֶחָצֵר
אֶת־מֵיתָרָיו וִיתֵדֹתֶיהָ וְאֵת כָּל־כְּלֵי עֲבֹדַת הַמִּשְׁכָּן לְאֹהֶל
מא מוֹעֵד׃ אֶת־בִּגְדֵי הַשְּׂרָד לְשָׁרֵת בַּקֹּדֶשׁ אֶת־בִּגְדֵי הַקֹּדֶשׁ
מב לְאַהֲרֹן הַכֹּהֵן וְאֶת־בִּגְדֵי בָנָיו לְכַהֵן׃ כְּכֹל אֲשֶׁר־צִוָּה יְהוָה
מג אֶת־מֹשֶׁה כֵּן עָשׂוּ בְּנֵי יִשְׂרָאֵל אֵת כָּל־הָעֲבֹדָה׃ וַיַּרְא מֹשֶׁה
אֶת־כָּל־הַמְּלָאכָה וְהִנֵּה עָשׂוּ אֹתָהּ כַּאֲשֶׁר צִוָּה יְהוָה כֵּן עָשׂוּ
וַיְבָרֶךְ אֹתָם מֹשֶׁה׃

מ א ב וַיְדַבֵּר יְהוָה אֶל־מֹשֶׁה לֵּאמֹר׃ בְּיוֹם־הַחֹדֶשׁ הָרִאשׁוֹן בְּאֶחָד חמישי /שביעי/
ג לַחֹדֶשׁ תָּקִים אֶת־מִשְׁכַּן אֹהֶל מוֹעֵד׃ וְשַׂמְתָּ שָׁם אֵת אֲרוֹן
ד הָעֵדוּת וְסַכֹּתָ עַל־הָאָרֹן אֶת־הַפָּרֹכֶת׃ וְהֵבֵאתָ אֶת־הַשֻּׁלְחָן
וְעָרַכְתָּ אֶת־עֶרְכּוֹ וְהֵבֵאתָ אֶת־הַמְּנֹרָה וְהַעֲלֵיתָ אֶת־נֵרֹתֶיהָ׃
ה וְנָתַתָּה אֶת־מִזְבַּח הַזָּהָב לִקְטֹרֶת לִפְנֵי אֲרוֹן הָעֵדֻת וְשַׂמְתָּ
ו אֶת־מָסַךְ הַפֶּתַח לַמִּשְׁכָּן׃ וְנָתַתָּה אֵת מִזְבַּח הָעֹלָה לִפְנֵי
ז פֶּתַח מִשְׁכַּן אֹהֶל־מוֹעֵד׃ וְנָתַתָּ אֶת־הַכִּיֹּר בֵּין־אֹהֶל מוֹעֵד
ח וּבֵין הַמִּזְבֵּחַ וְנָתַתָּ שָׁם מָיִם׃ וְשַׂמְתָּ אֶת־הֶחָצֵר סָבִיב וְנָתַתָּ
ט אֶת־מָסַךְ שַׁעַר הֶחָצֵר׃ וְלָקַחְתָּ אֶת־שֶׁמֶן הַמִּשְׁחָה וּמָשַׁחְתָּ
אֶת־הַמִּשְׁכָּן וְאֶת־כָּל־אֲשֶׁר־בּוֹ וְקִדַּשְׁתָּ אֹתוֹ וְאֶת־כָּל־כֵּלָיו
י וְהָיָה קֹדֶשׁ׃ וּמָשַׁחְתָּ אֶת־מִזְבַּח הָעֹלָה וְאֶת־כָּל־כֵּלָיו וְקִדַּשְׁתָּ
יא אֶת־הַמִּזְבֵּחַ וְהָיָה הַמִּזְבֵּחַ קֹדֶשׁ קָדָשִׁים׃ וּמָשַׁחְתָּ אֶת־הַכִּיֹּר
יב וְאֶת־כַּנּוֹ וְקִדַּשְׁתָּ אֹתוֹ׃ וְהִקְרַבְתָּ אֶת־אַהֲרֹן וְאֶת־בָּנָיו אֶל־
יג פֶּתַח אֹהֶל מוֹעֵד וְרָחַצְתָּ אֹתָם בַּמָּיִם׃ וְהִלְבַּשְׁתָּ אֶת־אַהֲרֹן

commanded Moshe.   And they made the plate of the holy   30
crown of pure gold, and wrote upon it a writing, like the engrav-
ings of a signet, Holiness to the LORD. And they tied to it a lace   31
of blue, to fasten it on the mitre above; as the LORD commanded
Moshe.   Thus was all the work of the tabernacle of the   32
Tent of Meeting finished: and the children of Yisra'el did ac-
cording to all that the LORD commanded Moshe, so they did.
And they brought the tabernacle to Moshe, the Tent, and all   33
its furniture, its clasps, its boards, its bars, and its pillars, and
its sockets, and the covering of rams' skins dyed red, and the   34
covering of taḥash skins, and the veil of the screen, the ark of   35
the Testimony, and its poles, and the covering, the table, and   36
all its vessels, and the showbread, the pure candlestick, with its   37
lamps, the lamps to be set in order, and all its vessels, and
the oil for light, and the golden altar, and the anointing oil,   38
and the incense of spices, and the screen for the tabernacle door,
the brass altar, and its grate of brass, its poles, and all its vessels,   39
the laver and its pedestal, the hangings of the court, its pillars,   40
and its sockets, and the screen for the court gate, its cords, and
its pegs, and all the vessels of the service of the tabernacle, for
the Tent of Meeting, the uniforms for service in the holy place,   41
and the holy garments for Aharon the priest, and his sons' gar-
ments, to minister in the priest's office. According to all that the   42
LORD commanded Moshe, so the children of Yisra'el did all the
work. And Moshe saw all the work, and, behold, they had done   43
it as the LORD had commanded, even so had they done it: and
Moshe blessed them.   **40**
And the LORD spoke to Moshe, saying, On the first day of the   **1,2**
first month shalt thou set up the tabernacle of the Tent of
Meeting. And thou shalt put in it the ark of the Testimony, and   3
hang the veil before the ark. And thou shalt bring in the table,   4
and set in order the things that are to be set in order upon it;
and thou shalt bring in the candlestick, and light its lamps. And   5
thou shalt set the altar of gold for incense before the ark of
the Testimony, and put the screen of the door to the tabernacle.
And thou shalt set the altar of the burnt offering before the door   6
of the tabernacle of the Tent of Meeting. And thou shalt set the   7
laver between the Tent of Meeting and the altar, and shalt put
water in it. And thou shalt set up the court round about, and   8
hang up the screen at the court gate, and thou shalt take the   9
anointing oil, and anoint the tabernacle, and all that is in it,
and shalt hallow it, and all its vessels: and it shall be holy. And   10
thou shalt anoint the altar of the burnt offering, and all its
vessels, and sanctify the altar: and it shall be an altar most
holy. And thou shalt anoint the laver and its pedestal, and   11
sanctify it. And thou shalt bring Aharon and his sons to the   12
door of the Tent of Meeting, and wash them with water. And   13
thou shalt put upon Aharon the holy garments, and anoint him,

יד אֶת בִּגְדֵי הַקֹּדֶשׁ וּמָשַׁחְתָּ אֹתוֹ וְקִדַּשְׁתָּ אֹתוֹ וְכִהֵן לִי: וְאֶת־
טו בָּנָיו תַּקְרִיב וְהִלְבַּשְׁתָּ אֹתָם כֻּתֳּנֹת: וּמָשַׁחְתָּ אֹתָם כַּאֲשֶׁר
מָשַׁחְתָּ אֶת־אֲבִיהֶם וְכִהֲנוּ לִי וְהָיְתָה לִהְיֹת לָהֶם מָשְׁחָתָם
טז לִכְהֻנַּת עוֹלָם לְדֹרֹתָם: וַיַּעַשׂ מֹשֶׁה כְּכֹל אֲשֶׁר צִוָּה יְהוָה
ששי יז אֹתוֹ כֵּן עָשָׂה: וַיְהִי בַּחֹדֶשׁ הָרִאשׁוֹן בַּשָּׁנָה
יח הַשֵּׁנִית בְּאֶחָד לַחֹדֶשׁ הוּקַם הַמִּשְׁכָּן: וַיָּקֶם מֹשֶׁה אֶת־
הַמִּשְׁכָּן וַיִּתֵּן אֶת־אֲדָנָיו וַיָּשֶׂם אֶת־קְרָשָׁיו וַיִּתֵּן אֶת־בְּרִיחָיו
יט וַיָּקֶם אֶת־עַמּוּדָיו: וַיִּפְרֹשׂ אֶת־הָאֹהֶל עַל־הַמִּשְׁכָּן וַיָּשֶׂם
אֶת־מִכְסֵה הָאֹהֶל עָלָיו מִלְמָעְלָה כַּאֲשֶׁר צִוָּה יְהוָה אֶת־
כ מֹשֶׁה: וַיִּקַּח וַיִּתֵּן אֶת־הָעֵדֻת אֶל־הָאָרֹן וַיָּשֶׂם
אֶת־הַבַּדִּים עַל־הָאָרֹן וַיִּתֵּן אֶת־הַכַּפֹּרֶת עַל־הָאָרֹן מִלְמָעְלָה:
כא וַיָּבֵא אֶת־הָאָרֹן אֶל־הַמִּשְׁכָּן וַיָּשֶׂם אֵת פָּרֹכֶת הַמָּסָךְ וַיָּסֶךְ עַל
כב אֲרוֹן הָעֵדוּת כַּאֲשֶׁר צִוָּה יְהוָה אֶת־מֹשֶׁה: וַיִּתֵּן
אֶת־הַשֻּׁלְחָן בְּאֹהֶל מוֹעֵד עַל יֶרֶךְ הַמִּשְׁכָּן צָפֹנָה מִחוּץ
כג לַפָּרֹכֶת: וַיַּעֲרֹךְ עָלָיו עֵרֶךְ לֶחֶם לִפְנֵי יְהוָה כַּאֲשֶׁר צִוָּה יְהוָה
כד אֶת־מֹשֶׁה: וַיָּשֶׂם אֶת־הַמְּנֹרָה בְּאֹהֶל מוֹעֵד
כה נֹכַח הַשֻּׁלְחָן עַל יֶרֶךְ הַמִּשְׁכָּן נֶגְבָּה: וַיַּעַל הַנֵּרֹת לִפְנֵי יְהוָה
כו כַּאֲשֶׁר צִוָּה יְהוָה אֶת־מֹשֶׁה: וַיָּשֶׂם אֶת־מִזְבַּח
כז הַזָּהָב בְּאֹהֶל מוֹעֵד לִפְנֵי הַפָּרֹכֶת: וַיַּקְטֵר עָלָיו קְטֹרֶת סַמִּים
שביעי כח כַּאֲשֶׁר צִוָּה יְהוָה אֶת־מֹשֶׁה: וַיָּשֶׂם אֶת־מָסַךְ
כט הַפֶּתַח לַמִּשְׁכָּן: וְאֵת מִזְבַּח הָעֹלָה שָׂם פֶּתַח מִשְׁכַּן אֹהֶל־
מוֹעֵד וַיַּעַל עָלָיו אֶת־הָעֹלָה וְאֶת־הַמִּנְחָה כַּאֲשֶׁר צִוָּה יְהוָה
ל אֶת־מֹשֶׁה: וַיָּשֶׂם אֶת־הַכִּיֹּר בֵּין־אֹהֶל מוֹעֵד
לא וּבֵין הַמִּזְבֵּחַ וַיִּתֵּן שָׁמָּה מַיִם לְרָחְצָה: וְרָחֲצוּ מִמֶּנּוּ מֹשֶׁה
לב וְאַהֲרֹן וּבָנָיו אֶת־יְדֵיהֶם וְאֶת־רַגְלֵיהֶם: בְּבֹאָם אֶל־אֹהֶל
מוֹעֵד וּבְקָרְבָתָם אֶל־הַמִּזְבֵּחַ יִרְחָצוּ כַּאֲשֶׁר צִוָּה יְהוָה אֶת־
לג מֹשֶׁה: וַיָּקֶם אֶת־הֶחָצֵר סָבִיב
לַמִּשְׁכָּן וְלַמִּזְבֵּחַ וַיִּתֵּן אֶת־מָסַךְ שַׁעַר הֶחָצֵר וַיְכַל מֹשֶׁה אֶת־
הַמְּלָאכָה:
מפטיר לד וַיְכַס הֶעָנָן אֶת־אֹהֶל מוֹעֵד וּכְבוֹד יְהוָה מָלֵא אֶת־הַמִּשְׁכָּן:
לה וְלֹא־יָכֹל מֹשֶׁה לָבוֹא אֶל־אֹהֶל מוֹעֵד כִּי־שָׁכַן עָלָיו הֶעָנָן
לו וּכְבוֹד יְהוָה מָלֵא אֶת־הַמִּשְׁכָּן: וּבְהֵעָלוֹת הֶעָנָן מֵעַל הַמִּשְׁכָּן
לז יִסְעוּ בְּנֵי יִשְׂרָאֵל בְּכֹל מַסְעֵיהֶם: וְאִם־לֹא יֵעָלֶה הֶעָנָן וְלֹא
לח יִסְעוּ עַד־יוֹם הֵעָלֹתוֹ: כִּי עֲנַן יְהוָה עַל־הַמִּשְׁכָּן יוֹמָם וְאֵשׁ
תִּהְיֶה לַיְלָה בּוֹ לְעֵינֵי כָל־בֵּית־יִשְׂרָאֵל בְּכָל־מַסְעֵיהֶם:

and sanctify him; that he may minister to me in the priest's
office. And thou shalt bring his sons, and clothe them with   14
coats: and thou shalt anoint them, as thou didst anoint their   15
father, that they may minister to me in the priest's office:
for their anointing shall be an everlasting priesthood through-
out their generations. Thus did Moshe: according to all that the 16
Lord commanded him, so he did.   And it came to pass in   17
the first month in the second year, on the first day of the month,
that the tabernacle was erected. And Moshe erected the taber-   18
nacle, and fastened its sockets, and set up its boards, and put
in its bars, and reared up its pillars. And he spread the tent over 19
the tabernacle, and put the covering of the tent above upon it;
as the Lord commanded Moshe.   And he took and put the   20
Testimony into the ark, and set the poles on the ark, and put the
covering above upon the ark: and he brought the ark into the   21
tabernacle, and set up the veil of the screen, and screened the ark
of the Testimony; as the Lord commanded Moshe.   And he   22
put the table in the Tent of Meeting, upon the side of the taber-
nacle northward, outside the veil. And he set the bread in order   23
upon it before the Lord; as the Lord had commanded Moshe.

And he put the candlestick in the Tent of Meeting, over   24
against the table, on the side of the tabernacle southward. And   25
he lighted the lamps before the Lord; as the Lord commanded
Moshe.   And he put the golden altar in the Tent of Meet-   26
ing before the veil: and he burnt sweet incense upon it as the   27
Lord commanded Moshe.   And he set up the screen at   28
the door of the tabernacle. And he put the altar of burnt of-   29
fering by the door of the tabernacle of the Tent of Meeting, and
offered upon it the burnt offering and the meal offering; as the
Lord commanded Moshe.   And he set the laver between   30
the Tent of Meeting and the altar, and put water there, for
washing. And Moshe and Aharon and his sons washed their   31
hands and their feet thereat: when they went into the Tent of   32
Meeting, and when they came near to the altar, they washed;
as the Lord commanded Moshe.   And he erected the court   33
round about the tabernacle and the altar, and set up the screen
of the court gate. So Moshe finished the work.

Then a cloud covered the Tent of Meeting, and the glory of the   34
Lord filled the tabernacle. And Moshe was not able to enter   35
the Tent of Meeting, because the cloud rested on it, and the glory
of the Lord filled the tabernacle. And when the cloud was taken   36
up from over the tabernacle, the children of Yisra'el went on-
ward in all their journeys: but if the cloud were not taken up,   37
then they journeyed not till the day that it was taken up. For the   38
cloud of the Lord was upon the tabernacle by day, and fire was
on it by night, in the sight of all the house of Yisra'el, through-
out all their journeys.

ויקרא

VAYYIQRA-LEVITICUS

א   וַיִּקְרָ֖א אֶל־מֹשֶׁ֑ה וַיְדַבֵּ֤ר יְהוָה֙ אֵלָ֔יו מֵאֹ֥הֶל מוֹעֵ֖ד לֵאמֹֽר׃

ב   דַּבֵּ֞ר אֶל־בְּנֵ֤י יִשְׂרָאֵל֙ וְאָמַרְתָּ֣ אֲלֵהֶ֔ם אָדָ֗ם כִּֽי־יַקְרִ֥יב מִכֶּ֛ם קׇרְבָּ֖ן לַֽיהוָ֑ה מִן־הַבְּהֵמָ֗ה מִן־הַבָּקָר֙ וּמִן־הַצֹּ֔אן תַּקְרִ֖יבוּ אֶת־

ג   קׇרְבַּנְכֶֽם׃ אִם־עֹלָ֤ה קׇרְבָּנוֹ֙ מִן־הַבָּקָ֔ר זָכָ֥ר תָּמִ֖ים יַקְרִיבֶ֑נּוּ אֶל־פֶּ֜תַח אֹ֤הֶל מוֹעֵד֙ יַקְרִ֣יב אֹת֔וֹ לִרְצֹנ֖וֹ לִפְנֵ֥י יְהוָֽה׃ וְסָמַ֤ךְ

ד   יָדוֹ֙ עַ֖ל רֹ֣אשׁ הָעֹלָ֑ה וְנִרְצָ֥ה ל֖וֹ לְכַפֵּ֥ר עָלָֽיו׃ וְשָׁחַ֛ט אֶת־בֶּ֥ן

ה   הַבָּקָ֖ר לִפְנֵ֣י יְהוָ֑ה וְ֠הִקְרִ֠יבוּ בְּנֵ֨י אַהֲרֹ֤ן הַכֹּֽהֲנִים֙ אֶת־הַדָּ֔ם וְזָרְק֨וּ אֶת־הַדָּ֤ם עַל־הַמִּזְבֵּ֙חַ֙ סָבִ֔יב אֲשֶׁר־פֶּ֖תַח אֹ֥הֶל מוֹעֵֽד׃ וְהִפְשִׁ֖יט

ו   אֶת־הָעֹלָ֑ה וְנִתַּ֥ח אֹתָ֖הּ לִנְתָחֶֽיהָ׃ וְ֠נָתְנ֠וּ בְּנֵ֨י אַהֲרֹ֧ן הַכֹּהֵ֛ן

ז   אֵ֖שׁ עַל־הַמִּזְבֵּ֑חַ וְעָרְכ֥וּ עֵצִ֖ים עַל־הָאֵֽשׁ׃ וְעָרְכ֗וּ בְּנֵ֤י אַהֲרֹן֙

ח   הַכֹּ֣הֲנִ֔ים אֵ֚ת הַנְּתָחִ֔ים אֶת־הָרֹ֖אשׁ וְאֶת־הַפָּ֑דֶר עַל־הָֽעֵצִים֙

ט   אֲשֶׁ֣ר עַל־הָאֵ֔שׁ אֲשֶׁ֖ר עַל־הַמִּזְבֵּֽחַ׃ וְקִרְבּ֥וֹ וּכְרָעָ֖יו יִרְחַ֣ץ בַּמָּ֑יִם וְהִקְטִ֨יר הַכֹּהֵ֤ן אֶת־הַכֹּל֙ הַמִּזְבֵּ֔חָה עֹלָ֛ה אִשֵּׁ֥ה רֵֽיחַ־נִיח֖וֹחַ לַֽיהוָֽה׃   וְאִם־מִן־הַצֹּ֨אן קׇרְבָּנ֧וֹ מִן־הַכְּשָׂבִ֛ים א֥וֹ

י   מִן־הָעִזִּ֖ים לְעֹלָ֑ה זָכָ֥ר תָּמִ֖ים יַקְרִיבֶֽנּוּ׃ וְשָׁחַ֣ט אֹת֗וֹ עַ֣ל יֶ֧רֶךְ

יא   הַמִּזְבֵּ֛חַ צָפֹ֖נָה לִפְנֵ֣י יְהוָ֑ה וְזָרְק֡וּ בְּנֵי֩ אַהֲרֹ֨ן הַכֹּהֲנִ֧ים אֶת־דָּמ֛וֹ עַל־הַמִּזְבֵּ֖חַ סָבִֽיב׃ וְנִתַּ֤ח אֹתוֹ֙ לִנְתָחָ֔יו וְאֶת־רֹאשׁ֖וֹ וְאֶת־

יב   פִּדְר֑וֹ וְעָרַ֤ךְ הַכֹּהֵן֙ אֹתָ֔ם עַל־הָֽעֵצִים֙ אֲשֶׁ֣ר עַל־הָאֵ֔שׁ אֲשֶׁ֖ר

יג   עַל־הַמִּזְבֵּֽחַ׃ וְהַקֶּ֥רֶב וְהַכְּרָעַ֖יִם יִרְחַ֣ץ בַּמָּ֑יִם וְהִקְרִ֨יב הַכֹּהֵ֤ן אֶת־הַכֹּל֙ וְהִקְטִ֣יר הַמִּזְבֵּ֔חָה עֹלָ֣ה ה֗וּא אִשֵּׁ֛ה רֵ֥יחַ נִיחֹ֖חַ לַֽיהוָֽה׃

יד   וְאִ֧ם מִן־הָע֛וֹף עֹלָ֥ה קׇרְבָּנ֖וֹ לַֽיהוָ֑ה וְהִקְרִ֣יב מִן־הַתֹּרִ֗ים א֛וֹ

טו   מִן־בְּנֵ֥י הַיּוֹנָ֖ה אֶת־קׇרְבָּנֽוֹ׃ וְהִקְרִיב֤וֹ הַכֹּהֵן֙ אֶל־הַמִּזְבֵּ֔חַ וּמָלַק֙ אֶת־רֹאשׁ֔וֹ וְהִקְטִ֖יר הַמִּזְבֵּ֑חָה וְנִמְצָ֣ה דָמ֔וֹ עַ֖ל קִ֥יר הַמִּזְבֵּֽחַ׃

טז   וְהֵסִ֥יר אֶת־מֻרְאָת֖וֹ בְּנֹצָתָ֑הּ וְהִשְׁלִ֨יךְ אֹתָ֜הּ אֵ֤צֶל הַמִּזְבֵּ֙חַ֙

יז   קֵ֔דְמָה אֶל־מְק֖וֹם הַדָּֽשֶׁן׃ וְשִׁסַּ֨ע אֹת֣וֹ בִכְנָפָיו֮ לֹ֣א יַבְדִּיל֒ וְהִקְטִ֨יר אֹת֤וֹ הַכֹּהֵן֙ הַמִּזְבֵּ֔חָה עַל־הָעֵצִ֖ים אֲשֶׁ֣ר עַל־הָאֵ֑שׁ עֹלָ֣ה ה֗וּא

ב   א   אִשֵּׁ֛ה רֵ֥יחַ נִיחֹ֖חַ לַֽיהוָֽה׃   וְנֶ֗פֶשׁ כִּֽי־תַקְרִ֞יב קׇרְבַּ֤ן מִנְחָה֙ לַֽיהוָ֔ה סֹ֖לֶת יִהְיֶ֣ה קׇרְבָּנ֑וֹ וְיָצַ֤ק עָלֶ֙יהָ֙ שֶׁ֔מֶן וְנָתַ֥ן עָלֶ֖יהָ

ב   לְבֹנָֽה׃ וֶֽהֱבִיאָ֗הּ אֶל־בְּנֵ֣י אַהֲרֹן֮ הַכֹּהֲנִים֒ וְקָמַ֨ץ מִשָּׁ֜ם מְלֹ֣א קֻמְצ֗וֹ מִסׇּלְתָּהּ֙ וּמִשַּׁמְנָ֔הּ עַ֖ל כׇּל־לְבֹנָתָ֑הּ וְהִקְטִ֨יר הַכֹּהֵ֤ן אֶת־אַזְכָּרָתָהּ֙

ג   הַמִּזְבֵּ֔חָה אִשֵּׁ֛ה רֵ֥יחַ נִיחֹ֖חַ לַֽיהוָֽה׃ וְהַנּוֹתֶ֙רֶת֙ מִן־הַמִּנְחָ֔ה לְאַהֲרֹ֖ן

ד   וּלְבָנָ֑יו קֹ֥דֶשׁ קׇֽדָשִׁ֖ים מֵאִשֵּׁ֥י יְהוָֽה׃   וְכִ֤י תַקְרִב֙ קׇרְבַּ֣ן מִנְחָ֔ה מַאֲפֵ֖ה תַנּ֑וּר סֹ֣לֶת חַלּ֤וֹת מַצֹּת֙ בְּלוּלֹ֣ת בַּשֶּׁ֔מֶן

ה   וּרְקִיקֵ֥י מַצּ֖וֹת מְשֻׁחִ֥ים בַּשָּֽׁמֶן׃   וְאִם־מִנְחָ֥ה עַל־

AND the Lord called to Moshe, and spoke to him out of 1
the Tent of Meeting, saying, Speak to the children of 2
Yisra'el, and say to them, If any man of you bring an
offering to the Lord, of the cattle shall you bring your offer-
ing, of the herd, and of the flock. If his offering be a burnt 3
sacrifice of the herd, let him offer a male without blemish: he
shall offer it at the door of the Tent of Meeting, that
he may be accepted before the Lord. And he shall put his 4
hand upon the head of the burnt offering; and it shall
be accepted for him to make atonement for him. And he 5
shall kill the bullock before the Lord: and the priests, Aharon's
sons, shall bring the blood, and sprinkle the blood round about
upon the altar that is by the door of the Tent of Meeting. And 6
he shall flay the burnt offering, and cut it into its pieces. And the 7
sons of Aharon the priest shall put fire upon the altar, and lay
the wood in order upon the fire: and the priests, Aharon's sons, 8
shall lay the parts, the head, and the fat, in order upon the wood
that is on the fire which is upon the altar: but its inwards and 9
its legs shall he wash in water: and the priest shall burn all on
the altar, to be a burnt sacrifice, an offering made by fire, of a
sweet savour to the Lord.   And if his offering be of the 10
flocks, namely, of the sheep, or of the goats, for a burnt sacri-
fice; he shall bring it a male without blemish. And he shall kill 11
it on the side of the altar northward before the Lord: and the
priests, Aharon's sons, shall sprinkle its blood round about on
the altar. And he shall cut it into its pieces, with its head and 12
its fat: and the priest shall lay them in order on the wood that
is on the fire which is on the altar: but he shall wash the inwards 13
and the legs with water: and the priest shall bring it all, and
burn it upon the altar: it is a burnt sacrifice, an offering made
by fire, of a sweet savour to the Lord.

And if the burnt sacrifice for his offering to the Lord be of birds, 14
then he shall bring his offering of turtledoves, or of young pi-
geons. And the priest shall bring it to the altar, and wring off its 15
head, and burn it on the altar; and its blood shall be wrung out
at the side of the altar: and he shall remove its crop with its 16
feathers, and cast it beside the altar on the east part, by the
place of the ashes: and he shall rend it by its wings, but shall 17
not divide it asunder: and the priest shall burn it on the altar,
on the wood that is on the fire: it is a burnt sacrifice, an offer-
ing made by fire, of a sweet savour to the Lord.   And when **2**
any will offer a meal offering to the Lord, his offering shall be
of fine flour; and he shall pour oil upon it, and put frankincense
upon it: and he shall bring it to Aharon's sons the priests: and 2
he shall take from it his handful of its fine flour, and of its oil,
with all its frankincense; and the priest shall burn the memorial
part of it on the altar, to be an offering made by fire, a sweet sa-
vour to the Lord: and the remnant of the meal offering shall be 3
Aharon's and his sons': it is a thing most holy of the offerings
of the Lord made by fire.   And if thou bring a sacrifice of 4
meal offering baked in the oven, it shall be unleavened cakes of
fine flour mingled with oil, or unleavened wafers anointed with
oil.   And if thy sacrifice be a meal offering baked in a pan, it 5

ו הַמַּחֲבַת קָרְבָּנֶךָ סֹלֶת בְּלוּלָה בַשֶּׁמֶן מַצָּה תִהְיֶה: פָּתוֹת אֹתָהּ
ז פִּתִּים וְיָצַקְתָּ עָלֶיהָ שָׁמֶן מִנְחָה הִוא: וְאִם־ שלישי
ח מִנְחַת מַרְחֶשֶׁת קָרְבָּנֶךָ סֹלֶת בַּשֶּׁמֶן תֵּעָשֶׂה: וְהֵבֵאתָ אֶת־
הַמִּנְחָה אֲשֶׁר יֵעָשֶׂה מֵאֵלֶּה לַיהוָה וְהִקְרִיבָהּ אֶל־הַכֹּהֵן וְהִגִּישָׁהּ
ט אֶל־הַמִּזְבֵּחַ: וְהֵרִים הַכֹּהֵן מִן־הַמִּנְחָה אֶת־אַזְכָּרָתָהּ וְהִקְטִיר
י הַמִּזְבֵּחָה אִשֵּׁה רֵיחַ נִיחֹחַ לַיהוָה: וְהַנּוֹתֶרֶת מִן־הַמִּנְחָה לְאַהֲרֹן
יא וּלְבָנָיו קֹדֶשׁ קָדָשִׁים מֵאִשֵּׁי יהוה: כָּל־הַמִּנְחָה אֲשֶׁר תַּקְרִיבוּ
לַיהוָה לֹא תֵעָשֶׂה חָמֵץ כִּי כָל־שְׂאֹר וְכָל־דְּבַשׁ לֹא־תַקְטִירוּ
יב מִמֶּנּוּ אִשֶּׁה לַיהוָה: קָרְבַּן רֵאשִׁית תַּקְרִיבוּ אֹתָם לַיהוָה וְאֶל־
יג הַמִּזְבֵּחַ לֹא־יַעֲלוּ לְרֵיחַ נִיחֹחַ: וְכָל־קָרְבַּן מִנְחָתְךָ בַּמֶּלַח תִּמְלָח
וְלֹא תַשְׁבִּית מֶלַח בְּרִית אֱלֹהֶיךָ מֵעַל מִנְחָתֶךָ עַל כָּל־קָרְבָּנְךָ
יד תַּקְרִיב מֶלַח: וְאִם־תַּקְרִיב מִנְחַת בִּכּוּרִים
לַיהוָה אָבִיב קָלוּי בָּאֵשׁ גֶּרֶשׂ כַּרְמֶל תַּקְרִיב אֵת מִנְחַת
טו בִּכּוּרֶיךָ: וְנָתַתָּ עָלֶיהָ שֶׁמֶן וְשַׂמְתָּ עָלֶיהָ לְבֹנָה מִנְחָה הִוא:
טז וְהִקְטִיר הַכֹּהֵן אֶת־אַזְכָּרָתָהּ מִגִּרְשָׂהּ וּמִשַּׁמְנָהּ עַל כָּל־לְבֹנָתָהּ
אִשֶּׁה לַיהוָה:
אג וְאִם־זֶבַח שְׁלָמִים קָרְבָּנוֹ אִם מִן־הַבָּקָר הוּא מַקְרִיב אִם־ רביעי
ב זָכָר אִם־נְקֵבָה תָּמִים יַקְרִיבֶנּוּ לִפְנֵי יהוה: וְסָמַךְ יָדוֹ עַל־רֹאשׁ
קָרְבָּנוֹ וּשְׁחָטוֹ פֶּתַח אֹהֶל מוֹעֵד וְזָרְקוּ בְּנֵי אַהֲרֹן הַכֹּהֲנִים
ג אֶת־הַדָּם עַל־הַמִּזְבֵּחַ סָבִיב: וְהִקְרִיב מִזֶּבַח הַשְּׁלָמִים אִשֶּׁה
לַיהוָה אֶת־הַחֵלֶב הַמְכַסֶּה אֶת־הַקֶּרֶב וְאֵת כָּל־הַחֵלֶב אֲשֶׁר
ד עַל־הַקֶּרֶב: וְאֵת שְׁתֵּי הַכְּלָיֹת וְאֶת־הַחֵלֶב אֲשֶׁר עֲלֵהֶן אֲשֶׁר
עַל־הַכְּסָלִים וְאֶת־הַיֹּתֶרֶת עַל־הַכָּבֵד עַל־הַכְּלָיוֹת יְסִירֶנָּה:
ה וְהִקְטִירוּ אֹתוֹ בְנֵי־אַהֲרֹן הַמִּזְבֵּחָה עַל־הָעֹלָה אֲשֶׁר עַל־הָעֵצִים
אֲשֶׁר עַל־הָאֵשׁ אִשֵּׁה רֵיחַ נִיחֹחַ לַיהוָה:
ו וְאִם־מִן־הַצֹּאן קָרְבָּנוֹ לְזֶבַח שְׁלָמִים לַיהוָה זָכָר אוֹ נְקֵבָה
ז תָּמִים יַקְרִיבֶנּוּ: אִם־כֶּשֶׂב הוּא־מַקְרִיב אֶת־קָרְבָּנוֹ וְהִקְרִיב
ח אֹתוֹ לִפְנֵי יהוה: וְסָמַךְ אֶת־יָדוֹ עַל־רֹאשׁ קָרְבָּנוֹ וְשָׁחַט אֹתוֹ
לִפְנֵי אֹהֶל מוֹעֵד וְזָרְקוּ בְּנֵי אַהֲרֹן אֶת־דָּמוֹ עַל־הַמִּזְבֵּחַ סָבִיב:
ט וְהִקְרִיב מִזֶּבַח הַשְּׁלָמִים אִשֶּׁה לַיהוָה חֶלְבּוֹ הָאַלְיָה תְמִימָה
לְעֻמַּת הֶעָצֶה יְסִירֶנָּה וְאֶת־הַחֵלֶב הַמְכַסֶּה אֶת־הַקֶּרֶב וְאֵת
י כָּל־הַחֵלֶב אֲשֶׁר עַל־הַקֶּרֶב: וְאֵת שְׁתֵּי הַכְּלָיֹת וְאֶת־הַחֵלֶב
אֲשֶׁר עֲלֵהֶן אֲשֶׁר עַל־הַכְּסָלִים וְאֶת־הַיֹּתֶרֶת עַל־הַכָּבֵד
יא עַל־הַכְּלָיֹת יְסִירֶנָּה: וְהִקְטִירוֹ הַכֹּהֵן הַמִּזְבֵּחָה לֶחֶם אִשֶּׁה
לַיהוָה:

shall be of fine flour unleavened, mingled with oil. Thou shalt part   6
it in pieces, and pour oil on it: it is a meal offering.   And   7
if thy sacrifice be a meal offering baked in a frying pan, it shall
be made of fine flour with oil. And thou shalt bring the meal   8
offering that is made of these things to the LORD: and when it
is presented to the priest, he shall bring it to the altar. And the   9
priest shall take from the meal offering its memorial part, and
shall burn it on the altar: it is an offering made by fire, of a
sweet savour to the LORD. And that which is left of the meal   10
offering shall be Aharon's and his sons': it is a thing most holy
of the offerings of the LORD made by fire. No meal offering, which   11
you shall bring to the LORD, shall be made with leaven: for you
shall burn no leaven, nor any honey, in any offering of the LORD
made by fire. As for the offerings of the firstfruits, you shall offer   12
them to the LORD: but they shall not be burnt on the altar for
a sweet savour. And thy every meal offering shalt thou season   13
with salt; nor shalt thou suffer the salt of the covenant of thy
GOD to be lacking from thy meal offering: with all thy offerings
thou shalt offer salt.   And if thou offer a meal offering of   14
thy firstfruits to the LORD, thou shalt offer for the meal offering
of thy firstfruits ears of corn dried by the fire, corn beaten out
of fresh ears. And thou shalt put oil upon it, and lay on frank-   15
incense: it is a meal offering. And the priest shall burn the   16
memorial part of it, of its beaten corn, and of its oil, with all
its frankincense: it is an offering made by fire to the LORD.

And if his offering be a sacrifice of peace offering, if he offer it   **3**
of the herd; whether it be a male or female, he shall offer it
without blemish before the LORD. And he shall lay his hand upon   2
the head of his offering, and kill it at the door of the Tent of
Meeting: and Aharon's sons the priests shall sprinkle the blood
on the altar round about. And he shall offer of the sacrifice of   3
the peace offering an offering made by fire to the LORD; the fat
that covers the inwards, and all the fat that is upon the inwards,
and the two kidneys, and the fat that is on them, which is by   4
the flanks, and the appendage of the liver, with the kidneys, it
shall he take away. And Aharon's sons shall burn it on the altar   5
upon the burnt sacrifice, which is upon the wood that is on the
fire: it is an offering made by fire of a sweet savour to the
LORD.

And if his offering for a sacrifice of peace offering to the LORD   6
be of the flock; male or female, he shall offer it without blemish.
If he offer a lamb for his offering, then shall he offer it before   7
the LORD. And he shall lay his hand upon the head of his offer-   8
ing, and kill it before the Tent of Meeting: and Aharon's sons
shall sprinkle its blood round about upon the altar. And he shall   9
offer of the sacrifice of the peace offering an offering made by
fire to the LORD; its fat, and the whole fat tail, it shall he take
off hard by the backbone; and the fat that covers the inwards,
and all the fat that is upon the inwards, and the two kidneys, and   10
the fat that is upon them, which is by the flanks; and the appen-
dage of the liver, with the kidneys, it shall he take away. And   11
the priest shall burn it on the altar: it is the food of the offering
made by fire to the LORD.

יב יג וְאִם־עֵז קָרְבָּנוֹ וְהִקְרִיבוֹ לִפְנֵי יהוה: וְסָמַךְ אֶת־יָדוֹ עַל־רֹאשׁוֹ
וְשָׁחַט אֹתוֹ לִפְנֵי אֹהֶל מוֹעֵד וְזָרְקוּ בְּנֵי אַהֲרֹן אֶת־דָּמוֹ עַל־
יד הַמִּזְבֵּחַ סָבִיב: וְהִקְרִיב מִמֶּנּוּ קָרְבָּנוֹ אִשֶּׁה לַיהוה אֶת־הַחֵלֶב
טו הַמְכַסֶּה אֶת־הַקֶּרֶב וְאֵת כָּל־הַחֵלֶב אֲשֶׁר עַל־הַקֶּרֶב: וְאֵת
שְׁתֵּי הַכְּלָיֹת וְאֶת־הַחֵלֶב אֲשֶׁר עֲלֵהֶן אֲשֶׁר עַל־הַכְּסָלִים
טז וְאֶת־הַיֹּתֶרֶת עַל־הַכָּבֵד עַל־הַכְּלָיוֹת יְסִירֶנָּה: וְהִקְטִירָם
הַכֹּהֵן הַמִּזְבֵּחָה לֶחֶם אִשֶּׁה לְרֵיחַ נִיחֹחַ כָּל־חֵלֶב לַיהוה:
יז חֻקַּת עוֹלָם לְדֹרֹתֵיכֶם בְּכֹל מוֹשְׁבֹתֵיכֶם כָּל־חֵלֶב וְכָל־דָּם
לֹא תֹאכֵלוּ:

ב חמישי ד א ב וַיְדַבֵּר יהוה אֶל־מֹשֶׁה לֵּאמֹר: דַּבֵּר אֶל־בְּנֵי יִשְׂרָאֵל לֵאמֹר
נֶפֶשׁ כִּי־תֶחֱטָא בִשְׁגָגָה מִכֹּל מִצְוֹת יהוה אֲשֶׁר לֹא תֵעָשֶׂינָה
ג וְעָשָׂה מֵאַחַת מֵהֵנָּה: אִם הַכֹּהֵן הַמָּשִׁיחַ יֶחֱטָא לְאַשְׁמַת
הָעָם וְהִקְרִיב עַל חַטָּאתוֹ אֲשֶׁר חָטָא פַּר בֶּן־בָּקָר תָּמִים
ד לַיהוה לְחַטָּאת: וְהֵבִיא אֶת־הַפָּר אֶל־פֶּתַח אֹהֶל מוֹעֵד לִפְנֵי
יהוה וְסָמַךְ אֶת־יָדוֹ עַל־רֹאשׁ הַפָּר וְשָׁחַט אֶת־הַפָּר לִפְנֵי
ה יהוה: וְלָקַח הַכֹּהֵן הַמָּשִׁיחַ מִדַּם הַפָּר וְהֵבִיא אֹתוֹ אֶל־אֹהֶל
ו מוֹעֵד: וְטָבַל הַכֹּהֵן אֶת־אֶצְבָּעוֹ בַּדָּם וְהִזָּה מִן־הַדָּם שֶׁבַע
ז פְּעָמִים לִפְנֵי יהוה אֶת־פְּנֵי פָּרֹכֶת הַקֹּדֶשׁ: וְנָתַן הַכֹּהֵן מִן־
הַדָּם עַל־קַרְנוֹת מִזְבַּח קְטֹרֶת הַסַּמִּים לִפְנֵי יהוה אֲשֶׁר בְּאֹהֶל
מוֹעֵד וְאֵת ׀ כָּל־דַּם הַפָּר יִשְׁפֹּךְ אֶל־יְסוֹד מִזְבַּח הָעֹלָה אֲשֶׁר־
ח פֶּתַח אֹהֶל מוֹעֵד: וְאֶת־כָּל־חֵלֶב פַּר הַחַטָּאת יָרִים מִמֶּנּוּ
אֶת־הַחֵלֶב הַמְכַסֶּה עַל־הַקֶּרֶב וְאֵת כָּל־הַחֵלֶב אֲשֶׁר עַל־
ט הַקֶּרֶב: וְאֵת שְׁתֵּי הַכְּלָיֹת וְאֶת־הַחֵלֶב אֲשֶׁר עֲלֵיהֶן אֲשֶׁר עַל־
י הַכְּסָלִים וְאֶת־הַיֹּתֶרֶת עַל־הַכָּבֵד עַל־הַכְּלָיוֹת יְסִירֶנָּה: כַּאֲשֶׁר
יוּרַם מִשּׁוֹר זֶבַח הַשְּׁלָמִים וְהִקְטִירָם הַכֹּהֵן עַל מִזְבַּח הָעֹלָה:
יא וְאֶת־עוֹר הַפָּר וְאֶת־כָּל־בְּשָׂרוֹ עַל־רֹאשׁוֹ וְעַל־כְּרָעָיו וְקִרְבּוֹ
יב וּפִרְשׁוֹ: וְהוֹצִיא אֶת־כָּל־הַפָּר אֶל־מִחוּץ לַמַּחֲנֶה אֶל־מָקוֹם
טָהוֹר אֶל־שֶׁפֶךְ הַדֶּשֶׁן וְשָׂרַף אֹתוֹ עַל־עֵצִים בָּאֵשׁ עַל־שֶׁפֶךְ
הַדֶּשֶׁן יִשָּׂרֵף:

יג וְאִם כָּל־עֲדַת יִשְׂרָאֵל יִשְׁגּוּ וְנֶעְלַם דָּבָר מֵעֵינֵי הַקָּהָל וְעָשׂוּ
יד אַחַת מִכָּל־מִצְוֹת יהוה אֲשֶׁר לֹא־תֵעָשֶׂינָה וְאָשֵׁמוּ: וְנוֹדְעָה
הַחַטָּאת אֲשֶׁר חָטְאוּ עָלֶיהָ וְהִקְרִיבוּ הַקָּהָל פַּר בֶּן־בָּקָר
טו לְחַטָּאת וְהֵבִיאוּ אֹתוֹ לִפְנֵי אֹהֶל מוֹעֵד: וְסָמְכוּ זִקְנֵי הָעֵדָה
אֶת־יְדֵיהֶם עַל־רֹאשׁ הַפָּר לִפְנֵי יהוה וְשָׁחַט אֶת־הַפָּר לִפְנֵי
טז יז יהוה: וְהֵבִיא הַכֹּהֵן הַמָּשִׁיחַ מִדַּם הַפָּר אֶל־אֹהֶל מוֹעֵד: וְטָבַל

And if his offering be a goat, then he shall offer it before the 12
Lord. And he shall lay his hand upon its head, and kill it 13
before the Tent of Meeting: and the sons of Aharon shall sprinkle
its blood upon the altar round about. And he shall offer his 14
offering from it, an offering made by fire to the Lord; the fat
that covers the inwards, and all the fat that is upon the inwards,
and the two kidneys, and the fat that is upon them, which is by 15
the flanks, and the appendage of the liver, with the kidneys, it
shall he take away. And the priest shall burn them upon the 16
altar: it is the food of the offering made by fire for a sweet
savour: all the fat is the Lord's. It shall be a perpetual statute 17
for your generations throughout all your dwellings, that you eat
neither fat nor blood.   **4**

And the Lord spoke to Moshe, saying, Speak to the children 1, 2
of Yisra'el saying, If a soul shall sin through ignorance against
any of the commandments of the Lord concerning things which
ought not to be done, and shall do against any of them: if the 3
priest that is anointed do sin to bring guiltiness on the people;
then let him bring for his sin, which he has sinned, a young
bullock without blemish to the Lord for a sin offering. And he 4
shall bring the bullock to the door of the Tent of Meeting before
the Lord; and shall lay his hand upon the bullock's head, and
kill the bullock before the Lord. And the priest that is anointed 5
shall take of the bullock's blood, and bring it to the Tent of
Meeting: and the priest shall dip his finger in the blood, and 6
sprinkle of the blood seven times before the Lord, before the
veil of the sanctuary. And the priest shall put some of the blood 7
upon the horns of the altar of sweet incense before the Lord,
which is in the Tent of Meeting: and shall pour all the blood of
the bullock at the bottom of the altar of the burnt offering, which
is at the door of the Tent of Meeting. And he shall take off from 8
it all the fat of the bullock for the sin offering; the fat that
covers the inwards, and all the fat that is upon the inwards,
and the two kidneys, and the fat that is upon them, which is by 9
the flanks, and the appendage of the liver, with the kidneys, it
shall he take away, as it was taken off from the bullock of the 10
peace offering: and the priest shall burn them upon the altar
of the burnt offering. And the skin of the bullock, and all its 11
flesh, with its head, and with its legs, and its inwards, and its
dung, even the whole bullock shall he carry forth outside the 12
camp to a clean place, where the ashes are poured out, and burn
it on the wood with fire: where the ashes are poured out shall
it be burnt.

And if the whole congregation of Yisra'el sin through ignorance, 13
and the thing be hid from the eyes of the assembly, and they
have done something against any of the commandments of the
Lord concerning things which should not be done, and have in-
curred guilt; when the sin, which they have sinned, is known, then 14
the congregation shall offer a young bullock for the sin, and
bring it before the Tent of Meeting. And the elders of the cong- 15
regation shall lay their hands on the head of the bullock before
the Lord: and the bullock shall be killed before the Lord. And 16
the priest that is anointed shall bring of the bullock's blood to

הַכֹּהֵן אֶצְבָּעוֹ מִן־הַדָּם וְהִזָּה שֶׁבַע פְּעָמִים לִפְנֵי יְהוָה אֶת־
יח פְּנֵי הַפָּרֹכֶת׃ וּמִן־הַדָּם יִתֵּן ׀ עַל־קַרְנֹת הַמִּזְבֵּחַ אֲשֶׁר לִפְנֵי
יְהוָה אֲשֶׁר בְּאֹהֶל מוֹעֵד וְאֵת כָּל־הַדָּם יִשְׁפֹּךְ אֶל־יְסוֹד מִזְבַּח
יט הָעֹלָה אֲשֶׁר־פֶּתַח אֹהֶל מוֹעֵד׃ וְאֵת כָּל־חֶלְבּוֹ יָרִים מִמֶּנּוּ
כ וְהִקְטִיר הַמִּזְבֵּחָה׃ וְעָשָׂה לַפָּר כַּאֲשֶׁר עָשָׂה לְפַר הַחַטָּאת כֵּן
כא יַעֲשֶׂה־לּוֹ וְכִפֶּר עֲלֵהֶם הַכֹּהֵן וְנִסְלַח לָהֶם׃ וְהוֹצִיא אֶת־הַפָּר
אֶל־מִחוּץ לַמַּחֲנֶה וְשָׂרַף אֹתוֹ כַּאֲשֶׁר שָׂרַף אֵת הַפָּר הָרִאשׁוֹן
חַטַּאת הַקָּהָל הוּא׃

כב אֲשֶׁר נָשִׂיא יֶחֱטָא וְעָשָׂה אַחַת מִכָּל־מִצְוֺת יְהוָה אֱלֹהָיו
כג אֲשֶׁר לֹא־תֵעָשֶׂינָה בִּשְׁגָגָה וְאָשֵׁם׃ אוֹ־הוֹדַע אֵלָיו חַטָּאתוֹ
אֲשֶׁר חָטָא בָּהּ וְהֵבִיא אֶת־קָרְבָּנוֹ שְׂעִיר עִזִּים זָכָר תָּמִים׃
כד וְסָמַךְ יָדוֹ עַל־רֹאשׁ הַשָּׂעִיר וְשָׁחַט אֹתוֹ בִּמְקוֹם אֲשֶׁר־
כה יִשְׁחַט אֶת־הָעֹלָה לִפְנֵי יְהוָה חַטָּאת הוּא׃ וְלָקַח הַכֹּהֵן
מִדַּם הַחַטָּאת בְּאֶצְבָּעוֹ וְנָתַן עַל־קַרְנֹת מִזְבַּח הָעֹלָה וְאֶת־
כו דָּמוֹ יִשְׁפֹּךְ אֶל־יְסוֹד מִזְבַּח הָעֹלָה׃ וְאֶת־כָּל־חֶלְבּוֹ יַקְטִיר
הַמִּזְבֵּחָה כְּחֵלֶב זֶבַח הַשְּׁלָמִים וְכִפֶּר עָלָיו הַכֹּהֵן מֵחַטָּאתוֹ
וְנִסְלַח לוֹ׃

כז וְאִם־נֶפֶשׁ אַחַת תֶּחֱטָא בִשְׁגָגָה מֵעַם הָאָרֶץ בַּעֲשֹׂתָהּ אַחַת ששי
כח מִמִּצְוֺת יְהוָה אֲשֶׁר לֹא־תֵעָשֶׂינָה וְאָשֵׁם׃ אוֹ הוֹדַע אֵלָיו
חַטָּאתוֹ אֲשֶׁר חָטָא וְהֵבִיא קָרְבָּנוֹ שְׂעִירַת עִזִּים תְּמִימָה נְקֵבָה
כט עַל־חַטָּאתוֹ אֲשֶׁר חָטָא׃ וְסָמַךְ אֶת־יָדוֹ עַל רֹאשׁ הַחַטָּאת
ל וְשָׁחַט אֶת־הַחַטָּאת בִּמְקוֹם הָעֹלָה׃ וְלָקַח הַכֹּהֵן מִדָּמָהּ
בְּאֶצְבָּעוֹ וְנָתַן עַל־קַרְנֹת מִזְבַּח הָעֹלָה וְאֶת־כָּל־דָּמָהּ יִשְׁפֹּךְ
לא אֶל־יְסוֹד הַמִּזְבֵּחַ׃ וְאֶת־כָּל־חֶלְבָּהּ יָסִיר כַּאֲשֶׁר הוּסַר חֵלֶב
מֵעַל זֶבַח הַשְּׁלָמִים וְהִקְטִיר הַכֹּהֵן הַמִּזְבֵּחָה לְרֵיחַ נִיחֹחַ לַיהוָה
וְכִפֶּר עָלָיו הַכֹּהֵן וְנִסְלַח לוֹ׃

לב וְאִם־כֶּבֶשׂ יָבִיא קָרְבָּנוֹ לְחַטָּאת נְקֵבָה תְמִימָה יְבִיאֶנָּה׃
לג וְסָמַךְ אֶת־יָדוֹ עַל רֹאשׁ הַחַטָּאת וְשָׁחַט אֹתָהּ לְחַטָּאת
לד בִּמְקוֹם אֲשֶׁר יִשְׁחַט אֶת־הָעֹלָה׃ וְלָקַח הַכֹּהֵן מִדַּם הַחַטָּאת
בְּאֶצְבָּעוֹ וְנָתַן עַל־קַרְנֹת מִזְבַּח הָעֹלָה וְאֶת־כָּל־דָּמָהּ יִשְׁפֹּךְ
לה אֶל־יְסוֹד הַמִּזְבֵּחַ׃ וְאֶת־כָּל־חֶלְבָּהּ יָסִיר כַּאֲשֶׁר יוּסַר חֵלֶב־
הַכֶּשֶׂב מִזֶּבַח הַשְּׁלָמִים וְהִקְטִיר הַכֹּהֵן אֹתָם הַמִּזְבֵּחָה עַל
אִשֵּׁי יְהוָה וְכִפֶּר עָלָיו הַכֹּהֵן עַל־חַטָּאתוֹ אֲשֶׁר־חָטָא וְנִסְלַח
לוֹ׃

the Tent of Meeting: and the priest shall dip his finger in some   17
of the blood, and sprinkle it seven times before the Lord,
before the veil. And he shall put some of the blood upon the   18
horns of the altar which is before the Lord, that is in the Tent
of Meeting, and shall pour out all the blood at the bottom of the
altar of the burnt offering, which is at the door of the Tent of
Meeting. And he shall lift off all its fat, and burn it on the altar.   19
And he shall do with the bullock as he did with the bullock for   20
a sin offering, so shall he do with this: and the priest shall make
atonement for them, and it shall be forgiven them. And he shall   21
carry the bullock outside the camp, and burn it as he burned
the first bullock: it is a sin offering for the congregation.

When a ruler has sinned, and done something through ignorance   22
against any one of the commandments of the Lord his God con-
cerning things which should not be done, and has incurred guilt;
or if his sin, wherein he has sinned, come to his knowledge; he   23
shall bring his offering, a kid of the goats, a male without blem-
ish: and he shall lay his hand upon the head of the goat, and kill   24
it in the place where they kill the burnt offering before the Lord:
it is a sin offering. And the priest shall take of the blood of the   25
sin offering with his finger, and put it upon the horns of the
altar of burnt offering, and shall pour out its blood at the bottom
of the altar of burnt offering. And he shall burn all its fat upon   26
the altar, as the fat of the sacrifice of the peace offering: and
the priest shall make atonement for him as concerning his sin,
and it shall be forgiven him.

And if anyone of the common people sin through ignorance, by   27
doing something against any one of the commandments of the
Lord concerning things which ought not to be done, and be guil-
ty; or if his sin, which he has sinned, come to his knowledge: 28
then he shall bring his offering, a kid of the goats, a female with-
out blemish, for his sin which he has sinned. And he shall lay his   29
hand upon the head of the sin offering, and slay the sin offering
in the place of the burnt offering. And the priest shall take of   30
its blood with his finger, and put it upon the horns of the altar
of burnt offering, and shall pour out all its blood at the bottom
of the altar. And he shall take away all its fat, as the fat is taken   31
away from off the sacrifice of the peace offering; and the priest
shall burn it upon the altar for a sweet savour to the Lord; and
the priest shall make atonement for him, and it shall be for-
given him.

And if he bring a lamb for a sin offering, he shall bring it a   32
female without blemish. And he shall lay his hand upon the   33
head of the sin offering, and slay it for a sin offering in the place
where they kill the burnt offering. And the priest shall take of   34
the blood of the sin offering with his finger, and put it upon the
horns of the altar of burnt offering, and shall pour out all its
blood at the bottom of the altar: and he shall take away all its   35
fat, as the fat of the lamb is taken away from the sacrifice of
the peace offering; and the priest shall burn them upon the
altar, upon the pyres of the Lord: and the priest shall make
atonement for his sin that he has committed, and it shall be
forgiven him.

א וְנֶפֶשׁ כִּי־תֶחֱטָא וְשָׁמְעָה קוֹל אָלָה וְהוּא עֵד אוֹ רָאָה אוֹ יָדָע
ב אִם־לוֹא יַגִּיד וְנָשָׂא עֲוֺנוֹ׃ אוֹ נֶפֶשׁ אֲשֶׁר תִּגַּע בְּכָל־דָּבָר טָמֵא
אוֹ בְנִבְלַת חַיָּה טְמֵאָה אוֹ בְּנִבְלַת בְּהֵמָה טְמֵאָה אוֹ בְּנִבְלַת
ג שֶׁרֶץ טָמֵא וְנֶעְלַם מִמֶּנּוּ וְהוּא טָמֵא וְאָשֵׁם׃ אוֹ כִי יִגַּע
בְּטֻמְאַת אָדָם לְכֹל טֻמְאָתוֹ אֲשֶׁר יִטְמָא בָּהּ וְנֶעְלַם מִמֶּנּוּ
ד וְהוּא יָדַע וְאָשֵׁם׃ אוֹ נֶפֶשׁ כִּי תִשָּׁבַע לְבַטֵּא בִשְׂפָתַיִם לְהָרַע׀
אוֹ לְהֵיטִיב לְכֹל אֲשֶׁר יְבַטֵּא הָאָדָם בִּשְׁבֻעָה וְנֶעְלַם מִמֶּנּוּ
ה וְהוּא־יָדַע וְאָשֵׁם לְאַחַת מֵאֵלֶּה׃ וְהָיָה כִי־יֶאְשַׁם לְאַחַת
ו מֵאֵלֶּה וְהִתְוַדָּה אֲשֶׁר חָטָא עָלֶיהָ׃ וְהֵבִיא אֶת־אֲשָׁמוֹ לַיהוה
עַל חַטָּאתוֹ אֲשֶׁר חָטָא נְקֵבָה מִן־הַצֹּאן כִּשְׂבָּה אוֹ־שְׂעִירַת
ז עִזִּים לְחַטָּאת וְכִפֶּר עָלָיו הַכֹּהֵן מֵחַטָּאתוֹ׃ וְאִם־לֹא תַגִּיעַ יָדוֹ
דֵּי שֶׂה וְהֵבִיא אֶת־אֲשָׁמוֹ אֲשֶׁר חָטָא שְׁתֵּי תֹרִים אוֹ־שְׁנֵי
ח בְנֵי־יוֹנָה לַיהוה אֶחָד לְחַטָּאת וְאֶחָד לְעֹלָה׃ וְהֵבִיא אֹתָם
אֶל־הַכֹּהֵן וְהִקְרִיב אֶת־אֲשֶׁר לַחַטָּאת רִאשׁוֹנָה וּמָלַק אֶת־
ט רֹאשׁוֹ מִמּוּל עָרְפּוֹ וְלֹא יַבְדִּיל׃ וְהִזָּה מִדַּם הַחַטָּאת עַל־קִיר
הַמִּזְבֵּחַ וְהַנִּשְׁאָר בַּדָּם יִמָּצֵה אֶל־יְסוֹד הַמִּזְבֵּחַ חַטָּאת הוּא׃
י וְאֶת־הַשֵּׁנִי יַעֲשֶׂה עֹלָה כַּמִּשְׁפָּט וְכִפֶּר עָלָיו הַכֹּהֵן מֵחַטָּאתוֹ
יא אֲשֶׁר־חָטָא וְנִסְלַח לוֹ׃ וְאִם־לֹא תַשִּׂיג יָדוֹ שביעי
לִשְׁתֵּי תֹרִים אוֹ לִשְׁנֵי בְנֵי־יוֹנָה וְהֵבִיא אֶת־קָרְבָּנוֹ אֲשֶׁר חָטָא
עֲשִׂירִת הָאֵפָה סֹלֶת לְחַטָּאת לֹא־יָשִׂים עָלֶיהָ שֶׁמֶן וְלֹא־יִתֵּן
יב עָלֶיהָ לְבֹנָה כִּי חַטָּאת הִוא׃ וֶהֱבִיאָהּ אֶל־הַכֹּהֵן וְקָמַץ הַכֹּהֵן׀
מִמֶּנָּה מְלוֹא קֻמְצוֹ אֶת־אַזְכָּרָתָהּ וְהִקְטִיר הַמִּזְבֵּחָה עַל אִשֵּׁי
יג יהוה חַטָּאת הִוא׃ וְכִפֶּר עָלָיו הַכֹּהֵן עַל־חַטָּאתוֹ אֲשֶׁר־חָטָא
יד מֵאַחַת מֵאֵלֶּה וְנִסְלַח לוֹ וְהָיְתָה לַכֹּהֵן כַּמִּנְחָה׃ וַיְדַבֵּר
טו יהוה אֶל־מֹשֶׁה לֵּאמֹר׃ נֶפֶשׁ כִּי־תִמְעֹל מַעַל וְחָטְאָה בִּשְׁגָגָה
מִקָּדְשֵׁי יהוה וְהֵבִיא אֶת־אֲשָׁמוֹ לַיהוה אַיִל תָּמִים מִן־הַצֹּאן
טז בְּעֶרְכְּךָ כֶּסֶף־שְׁקָלִים בְּשֶׁקֶל־הַקֹּדֶשׁ לְאָשָׁם׃ וְאֵת אֲשֶׁר חָטָא
מִן־הַקֹּדֶשׁ יְשַׁלֵּם וְאֶת־חֲמִישִׁתוֹ יוֹסֵף עָלָיו וְנָתַן אֹתוֹ לַכֹּהֵן
וְהַכֹּהֵן יְכַפֵּר עָלָיו בְּאֵיל הָאָשָׁם וְנִסְלַח לוֹ׃
יז וְאִם־נֶפֶשׁ כִּי תֶחֱטָא וְעָשְׂתָה אַחַת מִכָּל־מִצְוֺת יהוה אֲשֶׁר
יח לֹא תֵעָשֶׂינָה וְלֹא־יָדַע וְאָשֵׁם וְנָשָׂא עֲוֺנוֹ׃ וְהֵבִיא אַיִל תָּמִים
מִן־הַצֹּאן בְּעֶרְכְּךָ לְאָשָׁם אֶל־הַכֹּהֵן וְכִפֶּר עָלָיו הַכֹּהֵן עַל

And if a person sin, and hear the voice of adjuration, and is a   1
witness, whether he has seen or known of it; if he do not utter
it, then he shall bear his iniquity. Or if a person touch any   2
unclean thing, whether it be a carcass of an unclean beast, or
a carcass of unclean cattle, or the carcass of unclean creeping
things, and if it be hidden from him, so that he be unclean, and
guilty: or if he touch the uncleanness of man, whatever un-   3
cleanness it be with which a man shall be defiled, and it be hid
from him; and he come to know of it, and be guilty: or if a   4
person swear, pronouncing with his lips to do evil, or to do
good, whatever it be that a man shall pronounce with an oath,
and it be hid from him; when he knows of it, then he shall be
guilty in one of these. And it shall be, when he shall be guilty   5
in one of these things, that he shall confess that he has sinned
in that thing: and he shall bring his guilt offering to the Lord   6
for his sin which he has sinned, a female from the flock, a lamb
or a kid of the goats, for a sin offering; and the priest shall
make atonement for him concerning his sin. And if he be not   7
able to bring a lamb, then he shall bring for his trespass, which
he has committed, two turtledoves, or two young pigeons, to
the Lord; one for a sin offering, and the other for a burnt of-
fering. And he shall bring them to the priest, who shall offer that   8
which is for the sin offering first, and wring off its head from
its neck, but shall not divide it asunder: and he shall sprinkle   9
of the blood of the sin offering upon the side of the altar; and
the rest of the blood shall be wrung out at the bottom of the
altar: it is a sin offering. And he shall offer the second for a   10
burnt offering, according to the prescribed order: and the priest
shall make atonement for him for his sin which he has sinned,
and it shall be forgiven him.   But if he be not able to bring   11
two turtledoves, or two young pigeons, then he that sinned shall
bring for his offering the tenth part of an efa of fine flour for
a sin offering; he shall put no oil upon it, neither shall he put
any frankincense upon it: for it is a sin offering. Then shall he   12
bring it to the priest, and the priest shall take his handful of it,
the memorial part of it, and burn it on the altar, upon the pyres
of the Lord: it is a sin offering. And the priest shall make atone-   13
ment for him in regard to his sin that he has sinned in one of
these, and it shall be forgiven him : and it shall be the priest's,
like the meal offering.   And the Lord spoke to Moshe, say-   14
ing, If a person commit a trespass, and sin through ignorance, in   15
the holy things of the Lord; then he shall bring for his guilt to
the Lord a ram without blemish out of the flocks, by value (two)
silver shekels, after the shekel of the sanctuary, for a guilt
offering. And he shall make amends for the wrong that he has   16
done in the holy thing, and shall add the fifth part to it, and
give it to the priest: and the priest shall make atonement for
him with the ram of the guilt offering, and it shall be forgiven
him.

And if a person sin, and commit any of these things which are   17
forbidden to be done by the commandments of the Lord; though
he know it not, yet is he guilty, and shall bear his iniquity. And   18
he shall bring a ram without blemish out of the flock, according

ט שִׁגְגָתוֹ אֲשֶׁר־שָׁגָג וְהוּא לֹא־יָדַע וְנִסְלַח לוֹ: אָשָׁם הוּא אָשֹׁם
אָשַׁם לַיהוָה:

כא וַיְדַבֵּר יְהוָה אֶל־מֹשֶׁה לֵּאמֹר: נֶפֶשׁ כִּי תֶחֱטָא וּמָעֲלָה מַעַל
בַּיהוָה וְכִחֵשׁ בַּעֲמִיתוֹ בְּפִקָּדוֹן אוֹ־בִתְשׂוּמֶת יָד אוֹ בְגָזֵל אוֹ
כב עָשַׁק אֶת־עֲמִיתוֹ: אוֹ־מָצָא אֲבֵדָה וְכִחֶשׁ בָּהּ וְנִשְׁבַּע עַל־
כג שָׁקֶר עַל־אַחַת מִכֹּל אֲשֶׁר־יַעֲשֶׂה הָאָדָם לַחֲטֹא בָהֵנָּה: וְהָיָה
כִּי־יֶחֱטָא וְאָשֵׁם וְהֵשִׁיב אֶת־הַגְּזֵלָה אֲשֶׁר גָּזָל אוֹ אֶת־הָעֹשֶׁק
אֲשֶׁר עָשָׁק אוֹ אֶת־הַפִּקָּדוֹן אֲשֶׁר הָפְקַד אִתּוֹ אוֹ אֶת־הָאֲבֵדָה

כד אֲשֶׁר מָצָא: אוֹ מִכֹּל אֲשֶׁר־יִשָּׁבַע עָלָיו לַשֶּׁקֶר וְשִׁלַּם אֹתוֹ
בְּרֹאשׁוֹ וַחֲמִשִׁתָיו יֹסֵף עָלָיו לַאֲשֶׁר הוּא לוֹ יִתְּנֶנּוּ בְּיוֹם אַשְׁמָתוֹ:
כה וְאֶת־אֲשָׁמוֹ יָבִיא לַיהוָה אַיִל תָּמִים מִן־הַצֹּאן בְּעֶרְכְּךָ לְאָשָׁם
כו אֶל־הַכֹּהֵן: וְכִפֶּר עָלָיו הַכֹּהֵן לִפְנֵי יְהוָה וְנִסְלַח לוֹ עַל־אַחַת
מִכֹּל אֲשֶׁר־יַעֲשֶׂה לְאַשְׁמָה בָהּ:

ו א וַיְדַבֵּר יְהוָה אֶל־מֹשֶׁה לֵּאמֹר: צַו אֶת־אַהֲרֹן וְאֶת־בָּנָיו לֵאמֹר

ב זֹאת תּוֹרַת הָעֹלָה הִוא הָעֹלָה עַל מוֹקְדָה עַל־הַמִּזְבֵּחַ כָּל־
ג הַלַּיְלָה עַד־הַבֹּקֶר וְאֵשׁ הַמִּזְבֵּחַ תּוּקַד בּוֹ: וְלָבַשׁ הַכֹּהֵן מִדּוֹ
בַד וּמִכְנְסֵי־בַד יִלְבַּשׁ עַל־בְּשָׂרוֹ וְהֵרִים אֶת־הַדֶּשֶׁן אֲשֶׁר
תֹּאכַל הָאֵשׁ אֶת־הָעֹלָה עַל־הַמִּזְבֵּחַ וְשָׂמוֹ אֵצֶל הַמִּזְבֵּחַ:
ד וּפָשַׁט אֶת־בְּגָדָיו וְלָבַשׁ בְּגָדִים אֲחֵרִים וְהוֹצִיא אֶת־הַדֶּשֶׁן
אֶל־מִחוּץ לַמַּחֲנֶה אֶל־מָקוֹם טָהוֹר: וְהָאֵשׁ עַל־הַמִּזְבֵּחַ תּוּקַד־
ה בּוֹ לֹא תִכְבֶּה וּבִעֵר עָלֶיהָ הַכֹּהֵן עֵצִים בַּבֹּקֶר בַּבֹּקֶר וְעָרַךְ
ו עָלֶיהָ הָעֹלָה וְהִקְטִיר עָלֶיהָ חֶלְבֵי הַשְּׁלָמִים: אֵשׁ תָּמִיד תּוּקַד
ז עַל־הַמִּזְבֵּחַ לֹא תִכְבֶּה: וְזֹאת תּוֹרַת הַמִּנְחָה
הַקְרֵב אֹתָהּ בְּנֵי־אַהֲרֹן לִפְנֵי יְהוָה אֶל־פְּנֵי הַמִּזְבֵּחַ: וְהֵרִים
ח מִמֶּנּוּ בְּקֻמְצוֹ מִסֹּלֶת הַמִּנְחָה וּמִשַּׁמְנָהּ וְאֵת כָּל־הַלְּבֹנָה אֲשֶׁר
עַל־הַמִּנְחָה וְהִקְטִיר הַמִּזְבֵּחַ רֵיחַ נִיחֹחַ אַזְכָּרָתָהּ לַיהוָה:
ט וְהַנּוֹתֶרֶת מִמֶּנָּה יֹאכְלוּ אַהֲרֹן וּבָנָיו מַצּוֹת תֵּאָכֵל בְּמָקוֹם
י קָדֹשׁ בַּחֲצַר אֹהֶל־מוֹעֵד יֹאכְלוּהָ: לֹא תֵאָפֶה חָמֵץ חֶלְקָם
יא נָתַתִּי אֹתָהּ מֵאִשָּׁי קֹדֶשׁ קָדָשִׁים הִוא כַּחַטָּאת וְכָאָשָׁם: כָּל־
זָכָר בִּבְנֵי אַהֲרֹן יֹאכְלֶנָּה חָק־עוֹלָם לְדֹרֹתֵיכֶם מֵאִשֵּׁי יְהוָה
כֹּל אֲשֶׁר־יִגַּע בָּהֶם יִקְדָּשׁ:

יב וַיְדַבֵּר יְהוָה אֶל־מֹשֶׁה לֵּאמֹר: זֶה קָרְבַּן אַהֲרֹן וּבָנָיו אֲשֶׁר־

to the valuation, for a guilt offering, to the priest: and the
priest shall make atonement for him concerning his ignorance
wherein he erred and knew it not, and it shall be forgiven him.
It is a guilt offering: he has certainly trespassed against the   19
LORD.

And the LORD spoke to Moshe, saying, If a person sin, and com-   20, 21
mit a trespass against the LORD, and lie to his neighbour in that
which was delivered him to keep, or in a loan, or in a thing
taken away by violence, or have wronged his neighbour; or have   22
found that which was lost, and have lied concerning it, and have
sworn falsely; in any of all these that a man does, sinning in
that: then it shall be, because he has sinned, and is guilty, that   23
he shall restore that which he took violently away, or the thing
which he has deceitfully acquired, or that which was delivered
him to keep, or the lost thing which he found, or all that about   24
which he has sworn falsely; he shall even restore it in the prin-
cipal, and shall add the fifth part more to it, and give it to him
to whom it belongs, in the day of his trespass offering; and he   25
shall bring his guilt offering to the LORD, a ram without
blemish out of the flock, according to the value of a guilt offer-
ing, to the priest: and the priest shall make atonement for him   26
before the LORD: and it shall be forgiven him for anything of
all that he has done wherein to incur guilt.   **6**

ẒAV   And the LORD spoke to Moshe, saying, Command Aharon and   1, 2
his sons, saying, This is the Tora of the burnt offering: It is the
burnt offering, which shall be burning upon the altar all night
until the morning, and the fire of the altar shall be kept burning
in it. And the priest shall put on his linen garment, and his linen   3
breeches shall he put on his flesh, and take up the ashes which
the fire has consumed with the burnt offering on the altar, and
he shall put them beside the altar. And he shall put off his gar-   4
ments, and put on other garments, and carry the ashes outside
the camp to a clean place. And the fire upon the altar shall be   5
kept burning in it; it shall not be put out: and the priest shall
burn wood on it every morning, and lay the burnt offering in
order upon it; and he shall burn on it the fat of the peace offer-
ings. The fire shall ever be burning upon the altar; it shall never   6
go out.   And this is the Tora of the meal offering: the sons   7
of Aharon shall offer it before the LORD, before the altar. And   8
he shall lift from it his handful, of the flour of the meal offering,
and of its oil, and all the frankincense which is upon the meal
offering, and shall burn it upon the altar for a sweet savour,
even the memorial part of it, to the LORD. And the remainder   9
of it shall Aharon and his sons eat: with unleavened bread shall
it be eaten in the holy place; in the court of the Tent of Meeting
they shall eat it. It shall not be baked with leaven. I have given   10
it to them for their portion of my offerings made by fire; it is
most holy, as is the sin offering, and the guilt offering. All   11
the males among the children of Aharon shall eat of it. It shall
be a fixed portion throughout your generations of the offerings
of the LORD made by fire: everyone that touches them shall be
holy.

And the LORD spoke to Moshe, saying, This is the offering of   12, 13

יַקְרִיבוּ לַיהוָה בְּיוֹם הִמָּשַׁח אֹתוֹ עֲשִׂירִת הָאֵפָה סֹלֶת מִנְחָה
יד תָּמִיד מַחֲצִיתָהּ בַּבֹּקֶר וּמַחֲצִיתָהּ בָּעָרֶב: עַל־מַחֲבַת בַּשֶּׁמֶן
תֵּעָשֶׂה מֻרְבֶּכֶת תְּבִיאֶנָּה תֻּפִינֵי מִנְחַת פִּתִּים תַּקְרִיב רֵיחַ־
טו נִיחֹחַ לַיהוָה: וְהַכֹּהֵן הַמָּשִׁיחַ תַּחְתָּיו מִבָּנָיו יַעֲשֶׂה אֹתָהּ חָק־
טז עוֹלָם לַיהוָה כָּלִיל תָּקְטָר: וְכָל־מִנְחַת כֹּהֵן כָּלִיל תִּהְיֶה לֹא
תֵאָכֵל:
יז יח וַיְדַבֵּר יהוה אֶל־מֹשֶׁה לֵּאמֹר: דַּבֵּר אֶל־אַהֲרֹן וְאֶל־בָּנָיו לֵאמֹר
זֹאת תּוֹרַת הַחַטָּאת בִּמְקוֹם אֲשֶׁר תִּשָּׁחֵט הָעֹלָה תִּשָּׁחֵט
יט הַחַטָּאת לִפְנֵי יהוה קֹדֶשׁ קָדָשִׁים הִוא: הַכֹּהֵן הַמְחַטֵּא אֹתָהּ
כ יֹאכְלֶנָּה בְּמָקוֹם קָדֹשׁ תֵּאָכֵל בַּחֲצַר אֹהֶל מוֹעֵד: כֹּל אֲשֶׁר־
יִגַּע בִּבְשָׂרָהּ יִקְדָּשׁ וַאֲשֶׁר יִזֶּה מִדָּמָהּ עַל־הַבֶּגֶד אֲשֶׁר יִזֶּה
כא עָלֶיהָ תְּכַבֵּס בְּמָקוֹם קָדֹשׁ: וּכְלִי־חֶרֶשׂ אֲשֶׁר תְּבֻשַּׁל־בּוֹ
כב יִשָּׁבֵר וְאִם־בִּכְלִי נְחֹשֶׁת בֻּשָּׁלָה וּמֹרַק וְשֻׁטַּף בַּמָּיִם: כָּל־זָכָר
כג בַּכֹּהֲנִים יֹאכַל אֹתָהּ קֹדֶשׁ קָדָשִׁים הִוא: וְכָל־חַטָּאת אֲשֶׁר
יוּבָא מִדָּמָהּ אֶל־אֹהֶל מוֹעֵד לְכַפֵּר בַּקֹּדֶשׁ לֹא תֵאָכֵל בָּאֵשׁ
תִּשָּׂרֵף:
ז א ב וְזֹאת תּוֹרַת הָאָשָׁם קֹדֶשׁ קָדָשִׁים הוּא: בִּמְקוֹם אֲשֶׁר יִשְׁחֲטוּ
אֶת־הָעֹלָה יִשְׁחֲטוּ אֶת־הָאָשָׁם וְאֶת־דָּמוֹ יִזְרֹק עַל־הַמִּזְבֵּחַ
ג סָבִיב: וְאֵת כָּל־חֶלְבּוֹ יַקְרִיב מִמֶּנּוּ אֵת הָאַלְיָה וְאֶת־הַחֵלֶב
ד הַמְכַסֶּה אֶת־הַקֶּרֶב: וְאֵת שְׁתֵּי הַכְּלָיֹת וְאֶת־הַחֵלֶב אֲשֶׁר
עֲלֵיהֶן אֲשֶׁר עַל־הַכְּסָלִים וְאֶת־הַיֹּתֶרֶת עַל־הַכָּבֵד עַל־הַכְּלָיֹת
ה יְסִירֶנָּה: וְהִקְטִיר אֹתָם הַכֹּהֵן הַמִּזְבֵּחָה אִשֶּׁה לַיהוָה אָשָׁם
ו הוּא: כָּל־זָכָר בַּכֹּהֲנִים יֹאכְלֶנּוּ בְּמָקוֹם קָדוֹשׁ יֵאָכֵל קֹדֶשׁ
ז קָדָשִׁים הוּא: כַּחַטָּאת כָּאָשָׁם תּוֹרָה אַחַת לָהֶם הַכֹּהֵן אֲשֶׁר
ח יְכַפֶּר־בּוֹ לוֹ יִהְיֶה: וְהַכֹּהֵן הַמַּקְרִיב אֶת־עֹלַת אִישׁ עוֹר הָעֹלָה
ט אֲשֶׁר הִקְרִיב לַכֹּהֵן לוֹ יִהְיֶה: וְכָל־מִנְחָה אֲשֶׁר תֵּאָפֶה בַּתַּנּוּר
וְכָל־נַעֲשָׂה בַמַּרְחֶשֶׁת וְעַל־מַחֲבַת לַכֹּהֵן הַמַּקְרִיב אֹתָהּ לוֹ
י תִהְיֶה: וְכָל־מִנְחָה בְלוּלָה־בַשֶּׁמֶן וַחֲרֵבָה לְכָל־בְּנֵי אַהֲרֹן
תִּהְיֶה אִישׁ כְּאָחִיו:
יא יב וְזֹאת תּוֹרַת זֶבַח הַשְּׁלָמִים אֲשֶׁר יַקְרִיב לַיהוָה: אִם עַל־תּוֹדָה שלישי
יַקְרִיבֶנּוּ וְהִקְרִיב ׀ עַל־זֶבַח הַתּוֹדָה חַלּוֹת מַצּוֹת בְּלוּלֹת בַּשֶּׁמֶן
וּרְקִיקֵי מַצּוֹת מְשֻׁחִים בַּשָּׁמֶן וְסֹלֶת מֻרְבֶּכֶת חַלֹּת בְּלוּלֹת
יג בַּשָּׁמֶן: עַל־חַלֹּת לֶחֶם חָמֵץ יַקְרִיב קָרְבָּנוֹ עַל־זֶבַח תּוֹדַת
יד שְׁלָמָיו: וְהִקְרִיב מִמֶּנּוּ אֶחָד מִכָּל־קָרְבָּן תְּרוּמָה לַיהוָה לַכֹּהֵן

Aharon and of his sons, which they shall offer to the LORD on
the day when he is anointed; the tenth part of an efa of fine
flour for a meal offering perpetual, half of it in the morning, and
half of it at night. In a pan it shall be made with oil; and when   14
it is well soaked, thou shalt bring it in: and the baked pieces
of the meal offering shalt thou offer for a sweet savour to the
LORD. And the priest of his sons that is anointed in his place   15
shall offer it: it is a statute for ever to the LORD; it shall be
wholly burnt. For every meal offering of the priest shall be   16
wholly burnt: it shall not be eaten.

And the LORD spoke to Moshe, saying, Speak to Aharon and to   17, 18
his sons, saying, This is the Tora of the sin offering: In the
place where the burnt offering is killed shall the sin offering be
killed before the LORD: it is most holy. The priest that offers it   19
for sin shall eat it: in the holy place shall it be eaten, in the
court of the Tent of Meeting. Whatever shall touch its flesh   20
shall be holy: and when there is sprinkled of its blood upon
any garment, thou shalt wash that on which it was sprinkled
in the holy place. But the earthen vessel in which it is boiled   21
shall be broken: and if it be boiled in a brass pot, it shall be
both scoured, and rinsed in water. All the males among the   22
priests shall eat of it: it is most holy. And no sin offering, of   23
which any of the blood is brought into the Tent of Meeting to
be sprinkled in the holy place, shall be eaten: it shall be burnt
in the fire.

And this is the Tora of the guilt offering: it is most holy.   **7**
In the place where they kill the burnt offering shall they kill   2
the guilt offering: and its blood shall be sprinkled round about
upon the altar. And he shall offer of it all the fat; the fat tail, and   3
the fat that covers the inwards, and the two kidneys, and the   4
fat that is on them, which is by the flanks, and the appendage
above the liver, with the kidneys, it shall he take away: and   5
the priest shall burn them upon the altar for an offering made
by fire to the LORD: it is a guilt offering. Every male among the   6
priests shall eat of it: it shall be eaten in the holy place: it is
most holy. As the sin offering is, so is the guilt offering: there   7
is one Tora for them: the priest that makes atonement there-
with shall have it. And the priest that offers any man's burnt   8
offering, the priest shall have for himself the skin of the burnt
offering which he has offered. And all the meal offering that is   9
baked in the oven, and all that is dressed in the frying pan, and
in the pan, shall be the priest's that offers it. And every meal   10
offering, mingled with oil, and dry, shall all the sons of Aharon
have, one as well as another.

And this is the Tora of the peace offerings, which he shall offer   11
to the LORD. If he offer it for a thanksgiving, then he shall offer   12
with the sacrifice of thanksgiving unleavened cakes mingled
with oil, and unleavened wafers anointed with oil, and cakes
mingled with oil, of fine flour, well soaked. Together with loaves   13
of leavened bread shall he make his offering, these to be added
to his peace offering of thanksgiving. And of it he shall offer   14
one out of each offering for a heave offering to the LORD, and
it shall be the priest's that sprinkles the blood of the peace of-

טו הַזֹּרֵק אֶת־דַּם הַשְּׁלָמִים לוֹ יִהְיֶה: וּבְשַׂר זֶבַח תּוֹדַת שְׁלָמָיו
טז בְּיוֹם קׇרְבָּנוֹ יֵאָכֵל לֹא־יַנִּיחַ מִמֶּנּוּ עַד־בֹּקֶר: וְאִם־נֶדֶר ׀ אוֹ
נְדָבָה זֶבַח קׇרְבָּנוֹ בְּיוֹם הַקְרִיבוֹ אֶת־זִבְחוֹ יֵאָכֵל וּמִמׇּחֳרָת
יז וְהַנּוֹתָר מִמֶּנּוּ יֵאָכֵל: וְהַנּוֹתָר מִבְּשַׂר הַזָּבַח בַּיּוֹם הַשְּׁלִישִׁי
יח בָּאֵשׁ יִשָּׂרֵף: וְאִם הֵאָכֹל יֵאָכֵל מִבְּשַׂר־זֶבַח שְׁלָמָיו בַּיּוֹם
הַשְּׁלִישִׁי לֹא יֵרָצֶה הַמַּקְרִיב אֹתוֹ לֹא יֵחָשֵׁב לוֹ פִּגּוּל יִהְיֶה
יט וְהַנֶּפֶשׁ הָאֹכֶלֶת מִמֶּנּוּ עֲוֺנָהּ תִּשָּׂא: וְהַבָּשָׂר אֲשֶׁר־יִגַּע בְּכׇל־
טָמֵא לֹא יֵאָכֵל בָּאֵשׁ יִשָּׂרֵף וְהַבָּשָׂר כׇּל־טָהוֹר יֹאכַל בָּשָׂר:
כ וְהַנֶּפֶשׁ אֲשֶׁר־תֹּאכַל בָּשָׂר מִזֶּבַח הַשְּׁלָמִים אֲשֶׁר לַיהוה וְטֻמְאָתוֹ
כא עָלָיו וְנִכְרְתָה הַנֶּפֶשׁ הַהִוא מֵעַמֶּיהָ: וְנֶפֶשׁ כִּי־תִגַּע בְּכׇל־טָמֵא
בְּטֻמְאַת אָדָם אוֹ ׀ בִּבְהֵמָה טְמֵאָה אוֹ בְּכׇל־שֶׁקֶץ טָמֵא וְאָכַל
מִבְּשַׂר־זֶבַח הַשְּׁלָמִים אֲשֶׁר לַיהוה וְנִכְרְתָה הַנֶּפֶשׁ הַהִוא
כב כג מֵעַמֶּיהָ: וַיְדַבֵּר יהוה אֶל־מֹשֶׁה לֵּאמֹר: דַּבֵּר אֶל־בְּנֵי יִשְׂרָאֵל
כד לֵאמֹר כׇּל־חֵלֶב שׁוֹר וְכֶשֶׂב וָעֵז לֹא תֹאכֵלוּ: וְחֵלֶב נְבֵלָה
כה וְחֵלֶב טְרֵפָה יֵעָשֶׂה לְכׇל־מְלָאכָה וְאָכֹל לֹא תֹאכְלֻהוּ: כִּי
כׇּל־אֹכֵל חֵלֶב מִן־הַבְּהֵמָה אֲשֶׁר יַקְרִיב מִמֶּנָּה אִשֶּׁה לַיהוה
כו וְנִכְרְתָה הַנֶּפֶשׁ הָאֹכֶלֶת מֵעַמֶּיהָ: וְכׇל־דָּם לֹא תֹאכְלוּ בְּכֹל
כז מוֹשְׁבֹתֵיכֶם לָעוֹף וְלַבְּהֵמָה: כׇּל־נֶפֶשׁ אֲשֶׁר־תֹּאכַל כׇּל־דָּם
וְנִכְרְתָה הַנֶּפֶשׁ הַהִוא מֵעַמֶּיהָ:
כח כט וַיְדַבֵּר יהוה אֶל־מֹשֶׁה לֵּאמֹר: דַּבֵּר אֶל־בְּנֵי יִשְׂרָאֵל לֵאמֹר
הַמַּקְרִיב אֶת־זֶבַח שְׁלָמָיו לַיהוה יָבִיא אֶת־קׇרְבָּנוֹ לַיהוה
ל מִזֶּבַח שְׁלָמָיו: יָדָיו תְּבִיאֶינָה אֵת אִשֵּׁי יהוה אֶת־הַחֵלֶב עַל־
הֶחָזֶה יְבִיאֶנּוּ אֵת הֶחָזֶה לְהָנִיף אֹתוֹ תְּנוּפָה לִפְנֵי יהוה:
לא וְהִקְטִיר הַכֹּהֵן אֶת־הַחֵלֶב הַמִּזְבֵּחָה וְהָיָה הֶחָזֶה לְאַהֲרֹן וּלְבָנָיו:
לב וְאֵת שׁוֹק הַיָּמִין תִּתְּנוּ תְרוּמָה לַכֹּהֵן מִזִּבְחֵי שַׁלְמֵיכֶם:
לג הַמַּקְרִיב אֶת־דַּם הַשְּׁלָמִים וְאֶת־הַחֵלֶב מִבְּנֵי אַהֲרֹן לוֹ תִהְיֶה
לד שׁוֹק הַיָּמִין לְמָנָה: כִּי אֶת־חֲזֵה הַתְּנוּפָה וְאֵת ׀ שׁוֹק הַתְּרוּמָה
לָקַחְתִּי מֵאֵת בְּנֵי־יִשְׂרָאֵל מִזִּבְחֵי שַׁלְמֵיהֶם וָאֶתֵּן אֹתָם
לה לְאַהֲרֹן הַכֹּהֵן וּלְבָנָיו לְחׇק־עוֹלָם מֵאֵת בְּנֵי יִשְׂרָאֵל: זֹאת
מִשְׁחַת אַהֲרֹן וּמִשְׁחַת בָּנָיו מֵאִשֵּׁי יהוה בְּיוֹם הִקְרִיב אֹתָם
לו לְכַהֵן לַיהוה: אֲשֶׁר צִוָּה יהוה לָתֵת לָהֶם בְּיוֹם מׇשְׁחוֹ אֹתָם
לז מֵאֵת בְּנֵי יִשְׂרָאֵל חֻקַּת עוֹלָם לְדֹרֹתָם: זֹאת הַתּוֹרָה לָעֹלָה

fering. And the flesh of the sacrifice of his peace offering for   15
thanksgiving shall be eaten the same day that it is offered; he
shall not leave any of it until the morning. But if the sacrifice   16
of his offering be a vow, or a voluntary offering, it shall be eaten
on the same day that he offers his sacrifice: and on the morrow
also the remainder of it shall be eaten: but that which remains   17
of the flesh of the sacrifice on the third day shall be burnt with
fire. And if any of the flesh of the sacrifice of his peace offering   18
be eaten at all on the third day, it shall not be accepted, neither
shall it be imputed to him who offers it: it shall be an abomina-
tion, and the person that eats of it shall bear his iniquity. And   19
the flesh that touches any unclean thing shall not be eaten; it
shall be burnt with fire: and as for the flesh, all that are clean
shall eat of it. But the person that eats of the flesh of the sacri-   20
fice of peace offerings, that pertain to the LORD, having his un-
cleanness upon him, that soul shall be cut off from his people.
Moreover the person that shall touch any unclean thing, such as   21
the uncleanness of man, of any unclean beast, or any abominable
unclean thing, and eat of the flesh of the sacrifice of peace
offerings, which pertain to the LORD, that soul shall be cut off
from his people. And the LORD spoke to Moshe, saying, Speak   22, 23
to the children of Yisra'el, saying, You shall eat no manner of
fat, of ox, or of sheep, or of goat. And the fat of the beast that   24
dies of itself, and the fat of that which is torn with beasts, may
be used in any other use: but you shall by no means eat of it.
For whoever eats the fat of the beast, of which men offer an   25
offering made by fire to the LORD, the soul that eats it shall be
cut off from his people. Moreover you shall eat no manner of   26
blood, whether it be of bird or of beast, in any of your dwellings.
Whoever it be that eats any manner of blood, that soul shall be   27
cut off from his people.
And the LORD spoke to Moshe, saying, Speak to the children of   28, 29
Yisra'el, saying, He that offers his peace offering to the LORD
shall bring his offering to the LORD of the sacrifice of his peace
offering. His own hands shall bring the offerings of the LORD   30
made by fire, the fat with the breast, it shall he bring, that the
breast may be waved for a wave offering before the LORD. And   31
the priest shall burn the fat upon the altar: but the breast shall
be Aharon's and his sons'. And the right shoulder shall you give   32
to the priest for a heave offering from the sacrifices of your
peace offerings. He among the sons of Aharon, that offers the   33
blood of the peace offering, and the fat, shall have the right
shoulder for his part. For the wave breast and the heave shoul-   34
der have I taken of the children of Yisra'el from off the sacrifices
of their peace offerings, and have given them to Aharon the
priest and to his sons their fixed portion for ever from among
the children of Yisra'el. This is the portion of the anointing of   35
Aharon, and of the anointing of his sons, out of the offerings
of the LORD made by fire, on the day when he presented them to
minister to the LORD in the priest's office; which the LORD com-   36
manded to be given them of the children of Yisra'el, on the day
that he anointed them, as a fixed portion for ever throughout
their generations. This is the Tora of the burnt offering, of the   37

לַמִּנְחָה וְלַחַטָּאת וְלָאָשָׁם וְלַמִּלּוּאִים וּלְזֶבַח הַשְּׁלָמִים: אֲשֶׁר לה
צִוָּה יְהוָה אֶת־מֹשֶׁה בְּהַר סִינָי בְּיוֹם צַוֺּתוֹ אֶת־בְּנֵי יִשְׂרָאֵל
לְהַקְרִיב אֶת־קָרְבְּנֵיהֶם לַיהוָה בְּמִדְבַּר סִינָי:

וַיְדַבֵּר יְהוָה אֶל־מֹשֶׁה לֵּאמֹר: קַח אֶת־אַהֲרֹן וְאֶת־בָּנָיו אִתּוֹ ח רביעי ד
וְאֵת הַבְּגָדִים וְאֵת שֶׁמֶן הַמִּשְׁחָה וְאֵת פַּר הַחַטָּאת וְאֵת שְׁנֵי
הָאֵילִים וְאֵת סַל הַמַּצּוֹת: וְאֵת כָּל־הָעֵדָה הַקְהֵל אֶל־פֶּתַח ג
אֹהֶל מוֹעֵד: וַיַּעַשׂ מֹשֶׁה כַּאֲשֶׁר צִוָּה יְהוָה אֹתוֹ וַתִּקָּהֵל הָעֵדָה ד
אֶל־פֶּתַח אֹהֶל מוֹעֵד: וַיֹּאמֶר מֹשֶׁה אֶל־הָעֵדָה זֶה הַדָּבָר ה
אֲשֶׁר־צִוָּה יְהוָה לַעֲשׂוֹת: וַיַּקְרֵב מֹשֶׁה אֶת־אַהֲרֹן וְאֶת־בָּנָיו ו
וַיִּרְחַץ אֹתָם בַּמָּיִם: וַיִּתֵּן עָלָיו אֶת־הַכֻּתֹּנֶת וַיַּחְגֹּר אֹתוֹ בָּאַבְנֵט ז
וַיַּלְבֵּשׁ אֹתוֹ אֶת־הַמְּעִיל וַיִּתֵּן עָלָיו אֶת־הָאֵפֹד וַיַּחְגֹּר אֹתוֹ
בְּחֵשֶׁב הָאֵפֹד וַיֶּאְפֹּד לוֹ בּוֹ: וַיָּשֶׂם עָלָיו אֶת־הַחֹשֶׁן וַיִּתֵּן אֶל־ ח
הַחֹשֶׁן אֶת־הָאוּרִים וְאֶת־הַתֻּמִּים: וַיָּשֶׂם אֶת־הַמִּצְנֶפֶת עַל־ ט
רֹאשׁוֹ וַיָּשֶׂם עַל־הַמִּצְנֶפֶת אֶל־מוּל פָּנָיו אֵת צִיץ הַזָּהָב נֵזֶר
הַקֹּדֶשׁ כַּאֲשֶׁר צִוָּה יְהוָה אֶת־מֹשֶׁה: וַיִּקַּח מֹשֶׁה אֶת־שֶׁמֶן י
הַמִּשְׁחָה וַיִּמְשַׁח אֶת־הַמִּשְׁכָּן וְאֶת־כָּל־אֲשֶׁר־בּוֹ וַיְקַדֵּשׁ אֹתָם:
וַיַּז מִמֶּנּוּ עַל־הַמִּזְבֵּחַ שֶׁבַע פְּעָמִים וַיִּמְשַׁח אֶת־הַמִּזְבֵּחַ וְאֶת־ יא
כָּל־כֵּלָיו וְאֶת־הַכִּיֹּר וְאֶת־כַּנּוֹ לְקַדְּשָׁם: וַיִּצֹק מִשֶּׁמֶן הַמִּשְׁחָה יב
עַל רֹאשׁ אַהֲרֹן וַיִּמְשַׁח אֹתוֹ לְקַדְּשׁוֹ: וַיַּקְרֵב מֹשֶׁה אֶת־בְּנֵי יג
אַהֲרֹן וַיַּלְבִּשֵׁם כֻּתֳּנֹת וַיַּחְגֹּר אֹתָם אַבְנֵט וַיַּחֲבֹשׁ לָהֶם מִגְבָּעוֹת
כַּאֲשֶׁר צִוָּה יְהוָה אֶת־מֹשֶׁה: וַיַּגֵּשׁ אֵת פַּר הַחַטָּאת וַיִּסְמֹךְ יד חמישי
אַהֲרֹן וּבָנָיו אֶת־יְדֵיהֶם עַל־רֹאשׁ פַּר הַחַטָּאת: וַיִּשְׁחָט וַיִּקַּח טו
מֹשֶׁה אֶת־הַדָּם וַיִּתֵּן עַל־קַרְנוֹת הַמִּזְבֵּחַ סָבִיב בְּאֶצְבָּעוֹ וַיְחַטֵּא
אֶת־הַמִּזְבֵּחַ וְאֶת־הַדָּם יָצַק אֶל־יְסוֹד הַמִּזְבֵּחַ וַיְקַדְּשֵׁהוּ לְכַפֵּר
עָלָיו: וַיִּקַּח אֶת־כָּל־הַחֵלֶב אֲשֶׁר עַל־הַקֶּרֶב וְאֵת יֹתֶרֶת הַכָּבֵד טז
וְאֶת־שְׁתֵּי הַכְּלָיֹת וְאֶת־חֶלְבְּהֶן וַיַּקְטֵר מֹשֶׁה הַמִּזְבֵּחָה: וְאֶת־ יז
הַפָּר וְאֶת־עֹרוֹ וְאֶת־בְּשָׂרוֹ וְאֶת־פִּרְשׁוֹ שָׂרַף בָּאֵשׁ מִחוּץ
לַמַּחֲנֶה כַּאֲשֶׁר צִוָּה יְהוָה אֶת־מֹשֶׁה: וַיַּקְרֵב אֵת אֵיל הָעֹלָה יח
וַיִּסְמְכוּ אַהֲרֹן וּבָנָיו אֶת־יְדֵיהֶם עַל־רֹאשׁ הָאָיִל: וַיִּשְׁחָט וַיִּזְרֹק יט
מֹשֶׁה אֶת־הַדָּם עַל־הַמִּזְבֵּחַ סָבִיב: וְאֶת־הָאַיִל נִתַּח לִנְתָחָיו כ
וַיַּקְטֵר מֹשֶׁה אֶת־הָרֹאשׁ וְאֶת־הַנְּתָחִים וְאֶת־הַפָּדֶר: וְאֶת־ כא
הַקֶּרֶב וְאֶת־הַכְּרָעַיִם רָחַץ בַּמָּיִם וַיַּקְטֵר מֹשֶׁה אֶת־כָּל־הָאַיִל
הַמִּזְבֵּחָה עֹלָה הוּא לְרֵיחַ־נִיחֹחַ אִשֶּׁה הוּא לַיהוָה כַּאֲשֶׁר צִוָּה
יְהוָה אֶת־מֹשֶׁה: וַיַּקְרֵב אֶת־הָאַיִל הַשֵּׁנִי אֵיל הַמִּלֻּאִים וַיִּסְמְכוּ כב ששי
אַהֲרֹן וּבָנָיו אֶת־יְדֵיהֶם עַל־רֹאשׁ הָאָיִל: וַיִּשְׁחָט וַיִּקַּח מֹשֶׁה כג
מִדָּמוֹ וַיִּתֵּן עַל־תְּנוּךְ אֹזֶן־אַהֲרֹן הַיְמָנִית וְעַל־בֹּהֶן יָדוֹ הַיְמָנִית

meal offering, and of the sin offering, and of the guilt offering, and of the consecration offering, and of the sacrifice of the peace offering; which the LORD commanded Moshe in mount Sinay, on 38 the day that he commanded the children of Yisra'el to present their offerings to the LORD, in the wilderness of Sinay.

And the LORD spoke to Moshe, saying, Take Aharon and his **8** sons with him, and the garments, and the anointing oil, and a 1, 2 bullock for the sin offering, and two rams, and a basket of unleavened bread; and gather all the congregation together to 3 the door of the Tent of Meeting. And Moshe did as the LORD 4 commanded him; and the assembly was gathered together at the door of the Tent of Meeting. And Moshe said to the cong- 5 regation, This is the thing which the LORD commanded to be done. And Moshe brought Aharon and his sons, and washed 6 them with water. And he put upon him the coat, and girded 7 him with the girdle, and clothed him with the robe, and put the efod upon him, and he girded him with the artistically wrought girdle of the efod, and with it he bound it to him. And he put 8 the breastplate upon him: also he put in the breastplate the Urim and the Tummim. And he put the mitre upon his head; 9 also upon the mitre, upon its forepart, did he put the golden plate, the holy crown; as the LORD commanded Moshe. And 10 Moshe took the anointing oil, and anointed the tabernacle and all that was in it, and sanctified them. And he sprinkled of it 11 upon the altar seven times, and anointed the altar and all its vessels, both the laver and its pedestal, to sanctify them. And 12 he poured of the anointing oil upon Aharon's head, and anointed him, to sanctify him. And Moshe brought Aharon's sons, and 13 put coats upon them, and girded them with girdles, and put turbans upon them; as the LORD commanded Moshe. And he 14 brought the bullock for the sin offering: and Aharon and his sons laid their hands upon the head of the bullock for the sin offering. And he slaughtered it; and Moshe took the blood, and 15 put it upon the horns of the altar round about with his finger, and purified the altar, and poured the blood at the bottom of the altar, and sanctified it, to make atonement upon it. And he took 16 all the fat that was upon the inwards, and the appendage of the liver, and the two kidneys, and their fat, and Moshe burned it on the altar. But the bullock, and its hide, its flesh, and its dung, 17 he burnt with fire outside the camp; as the LORD commanded Moshe. And he brought the ram for the burnt offering: and 18 Aharon and his sons laid their hands upon the head of the ram. And he killed it; and Moshe sprinkled the blood upon the altar 19 round about. And he cut the ram into pieces; and Moshe burnt 20 the head, and the pieces, and the fat. And he washed the inwards 21 and the legs in water; and Moshe burnt the whole ram upon the altar: it was a burnt sacrifice for a sweet savour, an offering made by fire to the LORD; as the LORD commanded Moshe. And 22 he brought the other ram, the ram of consecration: and Aharon and his sons laid their hands upon the head of the ram. And he 23 slaughtered it; and Moshe took of its blood, and put it upon the tip of Aharon's right ear, and upon the thumb of his

כד וְעַל־בֹּהֶן רַגְלוֹ הַיְמָנִית׃ וַיַּקְרֵב אֶת־בְּנֵי אַהֲרֹן וַיִּתֵּן מֹשֶׁה מִן־
הַדָּם עַל־תְּנוּךְ אָזְנָם הַיְמָנִית וְעַל־בֹּהֶן יָדָם הַיְמָנִית וְעַל־בֹּהֶן
כה רַגְלָם הַיְמָנִית וַיִּזְרֹק מֹשֶׁה אֶת־הַדָּם עַל־הַמִּזְבֵּחַ סָבִיב׃ וַיִּקַּח
אֶת־הַחֵלֶב וְאֶת־הָאַלְיָה וְאֶת־כָּל־הַחֵלֶב אֲשֶׁר עַל־הַקֶּרֶב
וְאֵת יֹתֶרֶת הַכָּבֵד וְאֶת־שְׁתֵּי הַכְּלָיֹת וְאֶת־חֶלְבְּהֶן וְאֵת שׁוֹק
כו הַיָּמִין׃ וּמִסַּל הַמַּצּוֹת אֲשֶׁר ׀ לִפְנֵי יהוה לָקַח חַלַּת מַצָּה אַחַת
וְחַלַּת לֶחֶם שֶׁמֶן אַחַת וְרָקִיק אֶחָד וַיָּשֶׂם עַל־הַחֲלָבִים וְעַל
כז שׁוֹק הַיָּמִין׃ וַיִּתֵּן אֶת־הַכֹּל עַל כַּפֵּי אַהֲרֹן וְעַל כַּפֵּי בָנָיו וַיָּנֶף
כח אֹתָם תְּנוּפָה לִפְנֵי יהוה׃ וַיִּקַּח מֹשֶׁה אֹתָם מֵעַל כַּפֵּיהֶם וַיַּקְטֵר
הַמִּזְבֵּחָה עַל־הָעֹלָה מִלֻּאִים הֵם לְרֵיחַ נִיחֹחַ אִשֶּׁה הוּא לַיהוה׃
כט וַיִּקַּח מֹשֶׁה אֶת־הֶחָזֶה וַיְנִיפֵהוּ תְנוּפָה לִפְנֵי יהוה מֵאֵיל הַמִּלֻּאִים
ל שביעי לְמֹשֶׁה הָיָה לְמָנָה כַּאֲשֶׁר צִוָּה יהוה אֶת־מֹשֶׁה׃ וַיִּקַּח מֹשֶׁה
מִשֶּׁמֶן הַמִּשְׁחָה וּמִן־הַדָּם אֲשֶׁר עַל־הַמִּזְבֵּחַ וַיַּז עַל־אַהֲרֹן
עַל־בְּגָדָיו וְעַל־בָּנָיו וְעַל־בִּגְדֵי בָנָיו אִתּוֹ וַיְקַדֵּשׁ אֶת־אַהֲרֹן
לא אֶת־בְּגָדָיו וְאֶת־בָּנָיו וְאֶת־בִּגְדֵי בָנָיו אִתּוֹ׃ וַיֹּאמֶר מֹשֶׁה אֶל־
אַהֲרֹן וְאֶל־בָּנָיו בַּשְּׁלוּ אֶת־הַבָּשָׂר פֶּתַח אֹהֶל מוֹעֵד וְשָׁם
תֹּאכְלוּ אֹתוֹ וְאֶת־הַלֶּחֶם אֲשֶׁר בְּסַל הַמִּלֻּאִים כַּאֲשֶׁר צִוֵּיתִי
לב לֵאמֹר אַהֲרֹן וּבָנָיו יֹאכְלֻהוּ׃ וְהַנּוֹתָר בַּבָּשָׂר וּבַלָּחֶם בָּאֵשׁ
לג מפטיר תִּשְׂרֹפוּ׃ וּמִפֶּתַח אֹהֶל מוֹעֵד לֹא תֵצְאוּ שִׁבְעַת יָמִים עַד יוֹם
לד מְלֹאת יְמֵי מִלֻּאֵיכֶם כִּי שִׁבְעַת יָמִים יְמַלֵּא אֶת־יֶדְכֶם׃ כַּאֲשֶׁר
לה עָשָׂה בַּיּוֹם הַזֶּה צִוָּה יהוה לַעֲשֹׂת לְכַפֵּר עֲלֵיכֶם׃ וּפֶתַח אֹהֶל
מוֹעֵד תֵּשְׁבוּ יוֹמָם וָלַיְלָה שִׁבְעַת יָמִים וּשְׁמַרְתֶּם אֶת־מִשְׁמֶרֶת
לו יהוה וְלֹא תָמוּתוּ כִּי־כֵן צֻוֵּיתִי׃ וַיַּעַשׂ אַהֲרֹן וּבָנָיו אֵת כָּל־
ט א שמיני הַדְּבָרִים אֲשֶׁר־צִוָּה יהוה בְּיַד־מֹשֶׁה׃ וַיְהִי
ב בַּיּוֹם הַשְּׁמִינִי קָרָא מֹשֶׁה לְאַהֲרֹן וּלְבָנָיו וּלְזִקְנֵי יִשְׂרָאֵל׃ וַיֹּאמֶר
אֶל־אַהֲרֹן קַח־לְךָ עֵגֶל בֶּן־בָּקָר לְחַטָּאת וְאַיִל לְעֹלָה תְּמִימִם
ג וְהַקְרֵב לִפְנֵי יהוה׃ וְאֶל־בְּנֵי יִשְׂרָאֵל תְּדַבֵּר לֵאמֹר קְחוּ שְׂעִיר־
ד עִזִּים לְחַטָּאת וְעֵגֶל וָכֶבֶשׂ בְּנֵי־שָׁנָה תְּמִימִם לְעֹלָה׃ וְשׁוֹר
וָאַיִל לִשְׁלָמִים לִזְבֹּחַ לִפְנֵי יהוה וּמִנְחָה בְּלוּלָה בַשָּׁמֶן כִּי הַיּוֹם
ה יהוה נִרְאָה אֲלֵיכֶם׃ וַיִּקְחוּ אֵת אֲשֶׁר צִוָּה מֹשֶׁה אֶל־פְּנֵי אֹהֶל
ו מוֹעֵד וַיִּקְרְבוּ כָּל־הָעֵדָה וַיַּעַמְדוּ לִפְנֵי יהוה׃ וַיֹּאמֶר מֹשֶׁה זֶה
ז הַדָּבָר אֲשֶׁר־צִוָּה יהוה תַּעֲשׂוּ וְיֵרָא אֲלֵיכֶם כְּבוֹד יהוה׃ וַיֹּאמֶר
מֹשֶׁה אֶל־אַהֲרֹן קְרַב אֶל־הַמִּזְבֵּחַ וַעֲשֵׂה אֶת־חַטָּאתְךָ וְאֶת־
עֹלָתֶךָ וְכַפֵּר בַּעַדְךָ וּבְעַד הָעָם וַעֲשֵׂה אֶת־קָרְבַּן הָעָם וְכַפֵּר

right hand, and upon the great toe of his right foot. And he   24
brought Aharon's sons, and Moshe put of the blood upon the tip
of their right ear, and upon the thumbs of their right hands, and
upon the great toes of their right feet: and Moshe sprinkled the
blood upon the altar round about. And he took the fat, and the   25
fat tail, and all the fat that was upon the inwards, and the
appendage of the liver, and the two kidneys, and their fat, and
the right shoulder: and out of the basket of unleavened bread,   26
that was before the LORD, he took one unleavened cake, and a
cake of oiled bread, and one wafer, and put them on the fat, and
upon the right shoulder: and he put all upon Aharon's hands,   27
and upon his sons' hands, and waved them for a wave offering
before the LORD. And Moshe took them from off their hands,   28
and burnt them on the altar upon the burnt offering; they were
a consecration offering for a sweet savour: it was an offering
made by fire to the LORD. And Moshe took the breast, and waved   29
it for a wave offering before the LORD: for of the ram of con-
secration it was Moshe's part; as the LORD commanded Moshe.
And Moshe took of the anointing oil, and of the blood which   30
was upon the altar, and sprinkled it upon Aharon, and upon his
garments, and upon his sons, and upon his sons' garments with
him; and sanctified Aharon, and his garments, and his sons, and
his sons' garments with him. And Moshe said to Aharon and   31
to his sons, Boil the flesh at the door of the Tent of Meeting:
and there eat it with the bread that is in the basket of the bread
of consecration, as I commanded, saying, Aharon and his sons
shall eat it. And that which remains of the flesh and of the bread   32
shall you burn with fire. And you shall not go out of the door   33
of the Tent of Meeting for seven days, until the days of your
consecration be at an end: for seven days shall he consecrate
you. As he has done this day, so the LORD has commanded to do,   34
to make atonement for you. And you shall abide at the   35
door of the Tent of Meeting day and night for seven days, and
keep the charge of the LORD, that you die not: for so I am
commanded. So Aharon and his sons did all the things which   36
SHEMINI   the LORD had commanded by the hand of Moshe.   And it   **9**
came to pass on the eighth day, that Moshe called Aharon and
his sons, and the elders of Yisra'el: and he said to Aharon, Take   2
thee a young calf for a sin offering, and a ram for a burnt offer-
ing, without blemish, and offer them before the LORD. And to   3
the children of Yisra'el thou shalt speak, saying, Take a kid of
the goats for a sin offering; and a calf and a lamb, both of the
first year, without blemish, for a burnt offering; also a bullock   4
and a ram for peace offerings, to sacrifice before the LORD; and
a meal offering mingled with oil: for today the LORD will appear
to you. And they brought that which Moshe commanded before   5
the Tent of Meeting: and all the congregation drew near and
stood before the LORD. And Moshe said, This is the thing which   6
the LORD commanded you to do: and the glory of the LORD
shall appear to you. And Moshe said to Aharon, Go to the altar,   7
and offer thy sin offering, and thy burnt offering, and make
atonement for thyself, and for the people: and offer the offering
of the people, and make atonement for them; as the LORD com-

ח בְּעַדָם כַּאֲשֶׁר צִוָּה יהוה: וַיִּקְרַב אַהֲרֹן אֶל־הַמִּזְבֵּחַ וַיִּשְׁחַט
ט אֶת־עֵגֶל הַחַטָּאת אֲשֶׁר־לוֹ: וַיַּקְרִבוּ בְּנֵי אַהֲרֹן אֶת־הַדָּם אֵלָיו
וַיִּטְבֹּל אֶצְבָּעוֹ בַּדָּם וַיִּתֵּן עַל־קַרְנוֹת הַמִּזְבֵּחַ וְאֶת־הַדָּם יָצַק
י אֶל־יְסוֹד הַמִּזְבֵּחַ: וְאֶת־הַחֵלֶב וְאֶת־הַכְּלָיֹת וְאֶת־הַיֹּתֶרֶת מִן־
הַכָּבֵד מִן־הַחַטָּאת הִקְטִיר הַמִּזְבֵּחָה כַּאֲשֶׁר צִוָּה יהוה אֶת־
יא מֹשֶׁה: וְאֶת־הַבָּשָׂר וְאֶת־הָעוֹר שָׂרַף בָּאֵשׁ מִחוּץ לַמַּחֲנֶה:
יב וַיִּשְׁחַט אֶת־הָעֹלָה וַיַּמְצִאוּ בְּנֵי אַהֲרֹן אֵלָיו אֶת־הַדָּם וַיִּזְרְקֵהוּ
יג עַל־הַמִּזְבֵּחַ סָבִיב: וְאֶת־הָעֹלָה הִמְצִיאוּ אֵלָיו לִנְתָחֶיהָ וְאֶת־
יד הָרֹאשׁ וַיַּקְטֵר עַל־הַמִּזְבֵּחַ: וַיִּרְחַץ אֶת־הַקֶּרֶב וְאֶת־הַכְּרָעָיִם
טו וַיַּקְטֵר עַל־הָעֹלָה הַמִּזְבֵּחָה: וַיַּקְרֵב אֵת קָרְבַּן הָעָם וַיִּקַּח אֶת־
טז שְׂעִיר הַחַטָּאת אֲשֶׁר לָעָם וַיִּשְׁחָטֵהוּ וַיְחַטְּאֵהוּ כָּרִאשׁוֹן: וַיַּקְרֵב
שני יז אֶת־הָעֹלָה וַיַּעֲשֶׂהָ כַּמִּשְׁפָּט: וַיַּקְרֵב אֶת־הַמִּנְחָה וַיְמַלֵּא כַפּוֹ
יח מִמֶּנָּה וַיַּקְטֵר עַל־הַמִּזְבֵּחַ מִלְּבַד עֹלַת הַבֹּקֶר: וַיִּשְׁחַט אֶת־
הַשּׁוֹר וְאֶת־הָאַיִל זֶבַח הַשְּׁלָמִים אֲשֶׁר לָעָם וַיַּמְצִאוּ בְּנֵי אַהֲרֹן
יט אֶת־הַדָּם אֵלָיו וַיִּזְרְקֵהוּ עַל־הַמִּזְבֵּחַ סָבִיב: וְאֶת־הַחֲלָבִים
מִן־הַשּׁוֹר וּמִן־הָאַיִל הָאַלְיָה וְהַמְכַסֶּה וְהַכְּלָיֹת וְיֹתֶרֶת הַכָּבֵד:
כ וַיָּשִׂימוּ אֶת־הַחֲלָבִים עַל־הֶחָזוֹת וַיַּקְטֵר הַחֲלָבִים הַמִּזְבֵּחָה:
כא וְאֵת הֶחָזוֹת וְאֵת שׁוֹק הַיָּמִין הֵנִיף אַהֲרֹן תְּנוּפָה לִפְנֵי יהוה
כב כַּאֲשֶׁר צִוָּה מֹשֶׁה: וַיִּשָּׂא אַהֲרֹן אֶת־יָדָו אֶל־הָעָם וַיְבָרְכֵם
כג וַיֵּרֶד מֵעֲשֹׂת הַחַטָּאת וְהָעֹלָה וְהַשְּׁלָמִים: וַיָּבֹא מֹשֶׁה וְאַהֲרֹן
אֶל־אֹהֶל מוֹעֵד וַיֵּצְאוּ וַיְבָרְכוּ אֶת־הָעָם וַיֵּרָא כְבוֹד־יהוה אֶל־
שלישי כד כָּל־הָעָם: וַתֵּצֵא אֵשׁ מִלִּפְנֵי יהוה וַתֹּאכַל עַל־הַמִּזְבֵּחַ אֶת־
הָעֹלָה וְאֶת־הַחֲלָבִים וַיַּרְא כָּל־הָעָם וַיָּרֹנּוּ וַיִּפְּלוּ עַל־פְּנֵיהֶם:
י א וַיִּקְחוּ בְנֵי־אַהֲרֹן נָדָב וַאֲבִיהוּא אִישׁ מַחְתָּתוֹ וַיִּתְּנוּ בָהֵן אֵשׁ
וַיָּשִׂימוּ עָלֶיהָ קְטֹרֶת וַיַּקְרִיבוּ לִפְנֵי יהוה אֵשׁ זָרָה אֲשֶׁר לֹא
ב צִוָּה אֹתָם: וַתֵּצֵא אֵשׁ מִלִּפְנֵי יהוה וַתֹּאכַל אוֹתָם וַיָּמֻתוּ לִפְנֵי
ג יהוה: וַיֹּאמֶר מֹשֶׁה אֶל־אַהֲרֹן הוּא אֲשֶׁר־דִּבֶּר יהוה ׀ לֵאמֹר
ד בִּקְרֹבַי אֶקָּדֵשׁ וְעַל־פְּנֵי כָל־הָעָם אֶכָּבֵד וַיִּדֹּם אַהֲרֹן: וַיִּקְרָא
מֹשֶׁה אֶל־מִישָׁאֵל וְאֶל אֶלְצָפָן בְּנֵי עֻזִּיאֵל דֹּד אַהֲרֹן וַיֹּאמֶר
אֲלֵהֶם קִרְבוּ שְׂאוּ אֶת־אֲחֵיכֶם מֵאֵת פְּנֵי־הַקֹּדֶשׁ אֶל־מִחוּץ
ה לַמַּחֲנֶה: וַיִּקְרְבוּ וַיִּשָּׂאֻם בְּכֻתֳּנֹתָם אֶל־מִחוּץ לַמַּחֲנֶה כַּאֲשֶׁר
ו דִּבֶּר מֹשֶׁה: וַיֹּאמֶר מֹשֶׁה אֶל־אַהֲרֹן וּלְאֶלְעָזָר וּלְאִיתָמָר ׀ בָּנָיו
רָאשֵׁיכֶם אַל־תִּפְרָעוּ ׀ וּבִגְדֵיכֶם לֹא־תִפְרֹמוּ וְלֹא תָמֻתוּ וְעַל כָּל־
הָעֵדָה יִקְצֹף וַאֲחֵיכֶם כָּל־בֵּית יִשְׂרָאֵל יִבְכּוּ אֶת־הַשְּׂרֵפָה
ז אֲשֶׁר שָׂרַף יהוה: וּמִפֶּתַח אֹהֶל מוֹעֵד לֹא תֵצְאוּ פֶּן־תָּמֻתוּ כִּי־
שֶׁמֶן מִשְׁחַת יהוה עֲלֵיכֶם וַיַּעֲשׂוּ כִּדְבַר מֹשֶׁה:

manded. Aharon therefore went to the altar, and slaughtered 8
the calf of the sin offering, which was for himself. And the sons 9
of Aharon brought the blood to him: and he dipped his finger
in the blood, and put it upon the horns of the altar, and poured
out the blood at the bottom of the altar: but the fat, and the 10
kidneys, and the appendage above the liver of the sin offering,
he burnt upon the altar; as the LORD commanded Moshe. And 11
the flesh and the hide he burnt with fire outside the camp. And 12
he slaughtered the burnt offering; and Aharon's sons presented
to him the blood, which he sprinkled round about upon the altar.
And they presented the burnt offering to him, with its pieces, 13
and the head: and he burnt them upon the altar. And he did 14
wash the inwards and the legs, and burnt them upon the burnt
offering on the altar. And he brought the people's offering, and 15
took the goat which was the sin offering for the people, and
slaughtered it, and offered it for sin, as the first. And he brought 16
the burnt offering, and offered it according to the prescribed
manner. And he brought the meal offering, and took a handful 17
of it, and burnt it upon the altar, beside the burnt sacrifice of the
morning. He also slaughtered the bullock and the ram for a 18
sacrifice of peace offering, which was for the people: and Aha-
ron's sons presented to him the blood, which he sprinkled on the
altar round about. And the fat of the bullock and of the ram, the 19
fat tail, and that which covers the inwards, and the kidneys, and
the appendage of the liver: and they put the fat upon the 20
breasts, and he burnt the fat upon the altar: and the breasts and 21
the right shoulder Aharon waved for a wave offering before the
LORD; as Moshe commanded. And Aharon lifted up his hand 22
towards the people, and blessed them, and came down from
offering the sin offering, and the burnt offering, and the peace
offerings. And Moshe and Aharon went into the Tent of Meeting, 23
and came out, and blessed the people: and the glory of the LORD
appeared to all the people. And there came a fire out from before 24
the LORD, and consumed upon the altar the burnt offering and
the fat: which, when all the people saw, they shouted, and fell
on their faces. And Nadav and Avihu, the sons of Aharon, took **10**
each of them his censer, and put fire in it, and put incense on
it, and offered strange fire before the LORD, which he commanded
them not. And a fire went out from the LORD, and devoured 2
them, and they died before the LORD. Then Moshe said to Aha- 3
ron, This is it that which the LORD spoke, saying, I will be sanc-
tified in them that come near me, and before all the people I
will be glorified. And Aharon held his peace. And Moshe called 4
Misha'el and Elẕafan, the sons of 'Uzzi'el the uncle of Aharon,
and said to them, Come near, carry your brethren from before
the sanctuary out of the camp. So they went near, and carried 5
them in their coats out of the camp; as Moshe had said. And 6
Moshe said to Aharon, and to El'azar and to Itamar, his sons,
Let the hair of your heads not grow long, neither rend your
clothes; lest you die, and lest anger come upon all the people:
but let your brethren, the whole house of Yisra'el bewail the
burning which the LORD has kindled. And you shall not go out 7
from the door of the Tent of Meeting lest you die: for the

ה ח ט וַיְדַבֵּר יְהוָה אֶל־אַהֲרֹן לֵאמֹר: יַיִן וְשֵׁכָר אַל־תֵּשְׁתְּ ׀ אַתָּה ׀
וּבָנֶיךָ אִתָּךְ בְּבֹאֲכֶם אֶל־אֹהֶל מוֹעֵד וְלֹא תָמֻתוּ חֻקַּת עוֹלָם
י לְדֹרֹתֵיכֶם: וּלֲהַבְדִּיל בֵּין הַקֹּדֶשׁ וּבֵין הַחֹל וּבֵין הַטָּמֵא וּבֵין
יא הַטָּהוֹר: וּלְהוֹרֹת אֶת־בְּנֵי יִשְׂרָאֵל אֵת כָּל־הַחֻקִּים אֲשֶׁר דִּבֶּר
יְהוָה אֲלֵיהֶם בְּיַד־מֹשֶׁה:
רביעי יב וַיְדַבֵּר מֹשֶׁה אֶל־אַהֲרֹן וְאֶל אֶלְעָזָר וְאֶל־אִיתָמָר ׀ בָּנָיו הַנּוֹתָרִים
קְחוּ אֶת־הַמִּנְחָה הַנּוֹתֶרֶת מֵאִשֵּׁי יְהוָה וְאִכְלוּהָ מַצּוֹת אֵצֶל
יג הַמִּזְבֵּחַ כִּי קֹדֶשׁ קָדָשִׁים הִוא: וַאֲכַלְתֶּם אֹתָהּ בְּמָקוֹם קָדוֹשׁ
יד כִּי חָקְךָ וְחָק־בָּנֶיךָ הִוא מֵאִשֵּׁי יְהוָה כִּי־כֵן צֻוֵּיתִי: וְאֵת
חֲזֵה הַתְּנוּפָה וְאֵת ׀ שׁוֹק הַתְּרוּמָה תֹּאכְלוּ בְּמָקוֹם טָהוֹר
אַתָּה וּבָנֶיךָ וּבְנֹתֶיךָ אִתָּךְ כִּי־חָקְךָ וְחָק־בָּנֶיךָ נִתְּנוּ מִזִּבְחֵי
טו שַׁלְמֵי בְּנֵי יִשְׂרָאֵל: שׁוֹק הַתְּרוּמָה וַחֲזֵה הַתְּנוּפָה עַל אִשֵּׁי
הַחֲלָבִים יָבִיאוּ לְהָנִיף תְּנוּפָה לִפְנֵי יְהוָה וְהָיָה לְךָ וּלְבָנֶיךָ אִתְּךָ
חמישי טז לְחָק־עוֹלָם כַּאֲשֶׁר צִוָּה יְהוָה: וְאֵת ׀ שְׂעִיר הַחַטָּאת דָּרֹשׁ
דָּרַשׁ מֹשֶׁה וְהִנֵּה שֹׂרָף וַיִּקְצֹף עַל־אֶלְעָזָר וְעַל־אִיתָמָר בְּנֵי אַהֲרֹן
יז הַנּוֹתָרִם לֵאמֹר: מַדּוּעַ לֹא־אֲכַלְתֶּם אֶת־הַחַטָּאת בִּמְקוֹם
הַקֹּדֶשׁ כִּי קֹדֶשׁ קָדָשִׁים הִוא וְאֹתָהּ ׀ נָתַן לָכֶם לָשֵׂאת אֶת־
יח עֲוֹן הָעֵדָה לְכַפֵּר עֲלֵיהֶם לִפְנֵי יְהוָה: הֵן לֹא־הוּבָא אֶת־דָּמָהּ
אֶל־הַקֹּדֶשׁ פְּנִימָה אָכוֹל תֹּאכְלוּ אֹתָהּ בַּקֹּדֶשׁ כַּאֲשֶׁר צִוֵּיתִי:
יט וַיְדַבֵּר אַהֲרֹן אֶל־מֹשֶׁה הֵן הַיּוֹם הִקְרִיבוּ אֶת־חַטָּאתָם וְאֶת־
עֹלָתָם לִפְנֵי יְהוָה וַתִּקְרֶאנָה אֹתִי כָּאֵלֶּה וְאָכַלְתִּי חַטָּאת הַיּוֹם
כ הַיִיטַב בְּעֵינֵי יְהוָה: וַיִּשְׁמַע מֹשֶׁה וַיִּיטַב בְּעֵינָיו:
ששי ו יא א ב וַיְדַבֵּר יְהוָה אֶל־מֹשֶׁה וְאֶל־אַהֲרֹן לֵאמֹר אֲלֵהֶם: דַּבְּרוּ אֶל־
בְּנֵי יִשְׂרָאֵל לֵאמֹר זֹאת הַחַיָּה אֲשֶׁר תֹּאכְלוּ מִכָּל־הַבְּהֵמָה
ג אֲשֶׁר עַל־הָאָרֶץ: כֹּל ׀ מַפְרֶסֶת פַּרְסָה וְשֹׁסַעַת שֶׁסַע פְּרָסֹת
ד מַעֲלַת גֵּרָה בַּבְּהֵמָה אֹתָהּ תֹּאכֵלוּ: אַךְ אֶת־זֶה לֹא תֹאכְלוּ
מִמַּעֲלֵי הַגֵּרָה וּמִמַּפְרִסֵי הַפַּרְסָה אֶת־הַגָּמָל כִּי־מַעֲלֵה גֵרָה
ה הוּא וּפַרְסָה אֵינֶנּוּ מַפְרִיס טָמֵא הוּא לָכֶם: וְאֶת־הַשָּׁפָן כִּי־
ו מַעֲלֵה גֵרָה הוּא וּפַרְסָה לֹא יַפְרִיס טָמֵא הוּא לָכֶם: וְאֶת־
הָאַרְנֶבֶת כִּי־מַעֲלַת גֵּרָה הִוא וּפַרְסָה לֹא הִפְרִיסָה טְמֵאָה
ז הִוא לָכֶם: וְאֶת־הַחֲזִיר כִּי־מַפְרִיס פַּרְסָה הוּא וְשֹׁסַע שֶׁסַע
ח פַּרְסָה וְהוּא גֵּרָה לֹא־יִגָּר טָמֵא הוּא לָכֶם: מִבְּשָׂרָם לֹא
ט תֹאכֵלוּ וּבְנִבְלָתָם לֹא תִגָּעוּ טְמֵאִים הֵם לָכֶם: אֶת־זֶה תֹּאכְלוּ
מִכֹּל אֲשֶׁר בַּמָּיִם כֹּל אֲשֶׁר־לוֹ סְנַפִּיר וְקַשְׂקֶשֶׂת בַּמַּיִם בַּיַּמִּים
י וּבַנְּחָלִים אֹתָם תֹּאכֵלוּ: וְכֹל אֲשֶׁר אֵין־לוֹ סְנַפִּיר וְקַשְׂקֶשֶׂת
בַּיַּמִּים וּבַנְּחָלִים מִכֹּל שֶׁרֶץ הַמַּיִם וּמִכֹּל נֶפֶשׁ הַחַיָּה אֲשֶׁר

anointing oil of the Lord is upon you. And they did according to the word of Moshe.

And the Lord spoke to Aharon, saying, Do not drink wine or   8, 9
strong drink, thou, nor thy sons with thee, when you enter the Tent of Meeting, lest you die: it shall be a statute for ever throughout your generations: and that you may differentiate   10
between holy and unholy, and between unclean and clean; and   11
that you may teach the children of Yisra'el all the statutes which the Lord has spoken to them by the hand of Moshe.

And Moshe spoke to Aharon, and to El'azar and to Itamar, his   12
sons that were left, Take the meal offering that remains of the offerings of the Lord made by fire, and eat it without leaven beside the altar: for it is most holy: and you shall eat it in the   13
holy place, because it is thy due, and thy sons' due, of the sacrifices of the Lord made by fire: for so I am commanded. And the wave breast and heave shoulder shall you eat in a clean   14
place; thou, and thy sons, and thy daughters with thee: for they are thy due, and thy sons' due, which are given out of the sacrifices of peace offerings of the children of Yisra'el. The heave   15
shoulder and the wave breast shall they bring with the offerings made by fire of the fat, to wave it for a wave offering before the Lord; and it shall be thine, and thy sons' with thee, as a portion for ever; as the Lord commanded. And Moshe diligently   16
sought the goat of the sin offering, and, behold, it was burnt: and he was angry with El'azar and Itamar, the sons of Aharon that were left alive, saying, Why have you not eaten the sin   17
offering in the holy place, seeing it is most holy, and God has given it you to bear the iniquity of the congregation, to make atonement for them before the Lord? Behold, the blood of it   18
was not brought in within the holy place: you should indeed have eaten it in the holy place, as I commanded. And Aharon   19
said to Moshe, Behold, this day have they offered their sin offering and their burnt offering before the Lord; and such things have befallen me that if I had eaten the sin offering today, should it have been accepted in the sight of the Lord? And when Moshe   20
heard that, he was content.

And the Lord spoke to Moshe and to Aharon, saying to them,   **11**
Speak to the children of Yisra'el, saying, These are the beasts   2
which you shall eat among all the beasts that are on the earth. Whatever parts the hoof, and is clovenfooted, and chews the   3
cud, among the beasts, that shall you eat. Nevertheless these   4
shall you not eat of them that chew the cud, or of them that divide the hoof: the camel, because he chews the cud, but does not part the hoof: he is unclean to you. And the coney, because   5
he chews the cud, but does not part the hoof; he is unclean to you. And the hare, because he chews the cud, but does not part   6
the hoof; he is unclean to you. And the swine, though he divide   7
the hoof, and be clovenfooted, yet he chews not the cud; he is unclean to you. Of their flesh shall you not eat, and their carcass   8
shall you not touch; they are unclean to you. These shall you   9
eat of all that are in the waters: whatever has fins and scales in the waters, in the seas, and in the rivers, them shall you eat. And all that have not fins and scales in the seas, and in the   10

א   בַּמַּ֔יִם שֶׁ֥קֶץ הֵ֖ם לָכֶֽם: וְשֶׁ֤קֶץ יִהְי֣וּ לָכֶ֔ם מִבְּשָׂרָם֙ לֹ֣א תֹאכֵ֔לוּ

יב   וְאֶת־נִבְלָתָ֖ם תְּשַׁקֵּֽצוּ: כֹּ֣ל אֲשֶׁ֥ר אֵֽין־לֹ֛ו סְנַפִּ֥יר וְקַשְׂקֶ֖שֶׂת בַּמָּ֑יִם

יג   שֶׁ֥קֶץ ה֖וּא לָכֶֽם: וְאֶת־אֵ֙לֶּה֙ תְּשַׁקְּצ֣וּ מִן־הָע֔וֹף לֹ֥א יֵאָכְל֖וּ שֶׁ֣קֶץ

יד   הֵ֑ם אֶת־הַנֶּ֙שֶׁר֙ וְאֶת־הַפֶּ֔רֶס וְאֵ֖ת הָֽעָזְנִיָּֽה: וְאֶת־הַ֙דָּאָ֔ה וְאֶֽת־

טו   הָאַיָּ֖ה לְמִינָֽהּ: אֵ֥ת כָּל־עֹרֵ֖ב לְמִינֹֽו: וְאֵת֙ בַּ֣ת הַֽיַּעֲנָ֔ה וְאֶת־

טז   הַתַּחְמָ֥ס וְאֶת־הַשָּׁ֖חַף וְאֶת־הַנֵּ֥ץ לְמִינֵֽהוּ: וְאֶת־הַכּ֥וֹס וְאֶת־

יז   הַשָּׁלָ֖ךְ וְאֶת־הַיַּנְשֽׁוּף: וְאֶת־הַתִּנְשֶׁ֥מֶת וְאֶת־הַקָּאָ֖ת וְאֶת־

יח   הָֽרָחָֽם: וְאֵת֙ הַחֲסִידָ֔ה הָאֲנָפָ֖ה לְמִינָ֑הּ וְאֶת־הַדּוּכִיפַ֖ת וְאֶת־

יט   הָעֲטַלֵּֽף: כֹּ֚ל שֶׁ֣רֶץ הָע֔וֹף הַהֹלֵ֖ךְ עַל־אַרְבַּ֑ע שֶׁ֥קֶץ ה֖וּא לָכֶֽם:

כ   אַ֤ךְ אֶת־זֶה֙ תֹּֽאכְל֔וּ מִכֹּל֙ שֶׁ֣רֶץ הָע֔וֹף הַהֹלֵ֖ךְ עַל־אַרְבַּ֑ע אֲשֶׁר־

כא   לֹ֤ו כְרָעַ֙יִם֙ מִמַּ֣עַל לְרַגְלָ֔יו לְנַתֵּ֥ר בָּהֵ֖ן עַל־הָאָֽרֶץ: אֶת־אֵ֤לֶּה

כב   מֵהֶם֙ תֹּאכֵ֔לוּ אֶת־הָֽאַרְבֶּ֣ה לְמִינֹ֔ו וְאֶת־הַסָּלְעָ֖ם לְמִינֵ֑הוּ וְאֶת־

כג   הַֽחַרְגֹּ֣ל לְמִינֵ֔הוּ וְאֶת־הֶחָגָ֖ב לְמִינֵֽהוּ: וְכֹל֙ שֶׁ֣רֶץ הָע֔וֹף אֲשֶׁר־

כד   לֹ֖ו אַרְבַּ֣ע רַגְלָ֑יִם שֶׁ֥קֶץ ה֖וּא לָכֶֽם: וּלְאֵ֖לֶּה תִּטַּמָּ֑אוּ כָּל־הַנֹּגֵ֥עַ

כה   בְּנִבְלָתָ֖ם יִטְמָ֥א עַד־הָעָֽרֶב: וְכָל־הַנֹּשֵׂ֖א מִנִּבְלָתָ֑ם יְכַבֵּ֥ס בְּגָדָ֖יו

כו   וְטָמֵ֥א עַד־הָעָֽרֶב: לְֽכָל־הַבְּהֵמָ֡ה אֲשֶׁ֣ר הִוא֩ מַפְרֶ֨סֶת פַּרְסָ֜ה

וְשֶׁ֣סַע ׀ אֵינֶ֣נָּה שֹׁסַ֗עַת וְגֵרָה֙ אֵינֶ֣נָּה מַעֲלָ֔ה טְמֵאִ֥ים הֵ֖ם לָכֶ֑ם

כז   כָּל־הַנֹּגֵ֥עַ בָּהֶ֖ם יִטְמָֽא: וְכֹ֣ל ׀ הוֹלֵ֣ךְ עַל־כַּפָּ֗יו בְּכָל־הַֽחַיָּה֙

הַֽהֹלֶ֙כֶת֙ עַל־אַרְבַּ֔ע טְמֵאִ֥ים הֵ֖ם לָכֶ֑ם כָּל־הַנֹּגֵ֥עַ בְּנִבְלָתָ֖ם

כח   יִטְמָ֥א עַד־הָעָֽרֶב: וְהַנֹּשֵׂא֙ אֶת־נִבְלָתָ֔ם יְכַבֵּ֥ס בְּגָדָ֖יו וְטָמֵ֥א

כט   עַד־הָעָ֑רֶב טְמֵאִ֥ים הֵ֖מָּה לָכֶֽם: וְזֶ֤ה לָכֶם֙ הַטָּמֵ֔א

בַּשֶּׁ֖רֶץ הַשֹּׁרֵ֣ץ עַל־הָאָ֑רֶץ הַחֹ֥לֶד וְהָעַכְבָּ֖ר וְהַצָּ֥ב לְמִינֵֽהוּ:

ל, לא   וְהָאֲנָקָ֣ה וְהַכֹּ֔חַ וְהַלְּטָאָ֖ה וְהַחֹ֣מֶט וְהַתִּנְשָֽׁמֶת: אֵ֛לֶּה הַטְּמֵאִ֥ים

לב   לָכֶ֖ם בְּכָל־הַשָּׁ֑רֶץ כָּל־הַנֹּגֵ֧עַ בָּהֶ֛ם בְּמֹתָ֖ם יִטְמָ֥א עַד־הָעָֽרֶב: וְכֹ֣ל

אֲשֶׁר־יִפֹּ֣ל־עָלָיו֩ מֵהֶ֨ם ׀ בְּמֹתָ֜ם יִטְמָ֗א מִכָּל־כְּלִי־עֵץ֙ א֣וֹ בֶ֤גֶד אוֹ־

ע֙וֹר֙ א֣וֹ שָׂ֔ק כָּל־כְּלִ֕י אֲשֶׁר־יֵעָשֶׂ֥ה מְלָאכָ֖ה בָּהֶ֑ם בַּמַּ֥יִם יוּבָ֖א וְטָמֵ֥א

לג   עַד־הָעֶ֖רֶב וְטָהֵֽר: וְכָל־כְּלִי־חֶ֔רֶשׂ אֲשֶׁר־יִפֹּ֥ל מֵהֶ֖ם אֶל־תּוֹכֹ֑ו

לד   כֹּ֣ל אֲשֶׁ֧ר בְּתוֹכֹ֛ו יִטְמָ֖א וְאֹתֹ֥ו תִשְׁבֹּֽרוּ: מִכָּל־הָאֹ֜כֶל אֲשֶׁ֣ר

יֵאָכֵ֗ל אֲשֶׁ֨ר יָב֤וֹא עָלָיו֙ מַ֙יִם֙ יִטְמָ֔א וְכָל־מַשְׁקֶה֙ אֲשֶׁ֣ר יִשָּׁתֶ֔ה

לה   בְּכָל־כְּלִ֖י יִטְמָֽא: וְ֠כֹל אֲשֶׁר־יִפֹּ֨ל מִנִּבְלָתָ֥ם ׀ עָלָיו֮ יִטְמָא֒ תַּנּ֧וּר

וְכִירַ֛יִם יֻתָּ֖ץ טְמֵאִ֣ים הֵ֑ם וּטְמֵאִ֖ים יִהְי֥וּ לָכֶֽם: אַ֣ךְ מַעְיָ֣ן וּב֔וֹר

לו, לז   מִקְוֵה־מַ֖יִם יִהְיֶ֣ה טָה֑וֹר וְנֹגֵ֥עַ בְּנִבְלָתָ֖ם יִטְמָֽא: וְכִ֤י יִפֹּל֙ מִנִּבְלָתָ֔ם

לח   עַל־כָּל־זֶ֥רַע זֵר֖וּעַ אֲשֶׁ֣ר יִזָּרֵ֑עַ טָה֖וֹר הֽוּא: וְכִ֤י יֻתַּן־מַ֙יִם֙ עַל־

rivers, of all that move in the waters, and of any living thing
which is in the waters, they are abominable to you: and they   11
shall be abominable to you; you shall not eat of their flesh, but
their carcasses you shall abominate. Whatever has no fins or   12
scales in the waters, that shall be an abomination to you. And   13
these are they which you shall have in abomination among the
birds; they shall not be eaten, they are abominable: the eagle,
and the bearded vulture and the black vulture. And the kite, and   14
the buzzard after its kind; every raven after its kind; and the   15, 16
owl, and the kestrel, and the gull, and the sparrow hawk after
its kind. And the little owl, and the fish fowl, and the great   17
owl, and the barn owl, and the jackdaw, and the gier eagle.   18
And the stork, the heron after her kind, and the hoopoe, and   19
the bat. All swarming things that fly, going upon four, shall be   20
an abomination to you. Yet these may you eat of every flying   21
creeping thing that goes upon four, which have legs above their
feet, to leap with upon the earth; these of them you may eat;   22
the locust after its kind, and the grasshopper after its kind, and
the ḥargol after its kind, and the ḥagav after its kind. But all   23
other flying creeping things, which have four feet, shall be an
abomination to you. And for these you shall be unclean: who-   24
ever touches the carcass of them shall be unclean until evening.
And whoever bears aught of the carcass of them shall wash his   25
clothes, and be unclean until evening. The carcasses of every   26
beast which parts the hoof, and is not clovenfooted, nor chews
the cud, are unclean to you: everyone that touches them shall
be unclean. And whatever goes upon its paws, among all man-   27
ner of beasts that go on all four, those are unclean to you:
whoever touches their carcass shall be unclean until evening.
And he that bears the carcass of them shall wash his clothes, and   28
be unclean until evening: they are unclean to you.   These   29
also shall be unclean to you among the creeping things that
creep upon the earth; the rat, and the mouse, and the tortoise
after its kind. And the gecko, and the monitor, and the lizard,   30
and the skink, and the chameleon. These are unclean to you   31
among all that creep: whoever touches them, when they are
dead, shall be unclean until evening. And whatever any   32
of them falls upon, when they are dead, shall be unclean;
whether it be any vessel of wood, or clothing, or skin, or sack,
whatever vessel it be, in which any work is done, it must be
put into water, and it shall be unclean until evening, then it
shall be clean. And every earthen vessel, into which any of them   33
fall, whatever is in it shall be unclean; and you shall break it.
Of all food which may be eaten, that on which water comes   34
shall be unclean: and all drink that may be drunk in every vessel
shall be unclean. And everything upon which any part of their   35
carcass falls shall be unclean; whether it be oven, or ranges,
they shall be broken down: for they are unclean, and shall
be unclean to you. Nevertheless a fountain or pit, wherein there   36
is a collection of water, shall be clean: but that which touches
their carcass shall be unclean. And if any part of their carcass   37
fall upon any sowing seed which is to be sown, it shall be clean.
But if any water be put upon the seed, and any part of their   38

לט זָרַע וְנָפַל מִנִּבְלָתָם עָלָיו טָמֵא הוּא לָכֶם: וְכִי
יָמוּת מִן־הַבְּהֵמָה אֲשֶׁר־הִיא לָכֶם לְאָכְלָה הַנֹּגֵעַ בְּנִבְלָתָהּ
מ יִטְמָא עַד־הָעָרֶב: וְהָאֹכֵל מִנִּבְלָתָהּ יְכַבֵּס בְּגָדָיו וְטָמֵא עַד־
הָעָרֶב וְהַנֹּשֵׂא אֶת־נִבְלָתָהּ יְכַבֵּס בְּגָדָיו וְטָמֵא עַד־הָעָרֶב:
מא מב וְכָל־הַשֶּׁרֶץ הַשֹּׁרֵץ עַל־הָאָרֶץ שֶׁקֶץ הוּא לֹא יֵאָכֵל: כֹּל הוֹלֵךְ
עַל־גָּחוֹן וְכֹל ׀ הוֹלֵךְ עַל־אַרְבַּע עַד כָּל־מַרְבֵּה רַגְלַיִם לְכָל־
מג הַשֶּׁרֶץ הַשֹּׁרֵץ עַל־הָאָרֶץ לֹא תֹאכְלוּם כִּי־שֶׁקֶץ הֵם: אַל־
תְּשַׁקְּצוּ אֶת־נַפְשֹׁתֵיכֶם בְּכָל־הַשֶּׁרֶץ הַשֹּׁרֵץ וְלֹא תִטַּמְּאוּ בָּהֶם
מד וְנִטְמֵתֶם בָּם: כִּי אֲנִי יְהוָה אֱלֹהֵיכֶם וְהִתְקַדִּשְׁתֶּם וִהְיִיתֶם
קְדֹשִׁים כִּי קָדוֹשׁ אָנִי וְלֹא תְטַמְּאוּ אֶת־נַפְשֹׁתֵיכֶם בְּכָל־הַשֶּׁרֶץ
מה הָרֹמֵשׂ עַל־הָאָרֶץ: כִּי ׀ אֲנִי יְהוָה הַמַּעֲלֶה אֶתְכֶם מֵאֶרֶץ מִצְרַיִם מפטיר
מו לִהְיֹת לָכֶם לֵאלֹהִים וִהְיִיתֶם קְדֹשִׁים כִּי קָדוֹשׁ אָנִי: זֹאת
תּוֹרַת הַבְּהֵמָה וְהָעוֹף וְכֹל נֶפֶשׁ הַחַיָּה הָרֹמֶשֶׂת בַּמָּיִם וּלְכָל־
מז נֶפֶשׁ הַשֹּׁרֶצֶת עַל־הָאָרֶץ: לְהַבְדִּיל בֵּין הַטָּמֵא וּבֵין הַטָּהֹר וּבֵין
הַחַיָּה הַנֶּאֱכֶלֶת וּבֵין הַחַיָּה אֲשֶׁר לֹא תֵאָכֵל:

יב א ב וַיְדַבֵּר יְהוָה אֶל־מֹשֶׁה לֵּאמֹר: דַּבֵּר אֶל־בְּנֵי יִשְׂרָאֵל לֵאמֹר תזריע ז
אִשָּׁה כִּי תַזְרִיעַ וְיָלְדָה זָכָר וְטָמְאָה שִׁבְעַת יָמִים כִּימֵי נִדַּת
ג ד דְּוֹתָהּ תִּטְמָא: וּבַיּוֹם הַשְּׁמִינִי יִמּוֹל בְּשַׂר עָרְלָתוֹ: וּשְׁלֹשִׁים
יוֹם וּשְׁלֹשֶׁת יָמִים תֵּשֵׁב בִּדְמֵי טָהֳרָה בְּכָל־קֹדֶשׁ לֹא־תִגָּע
ה וְאֶל־הַמִּקְדָּשׁ לֹא תָבֹא עַד־מְלֹאת יְמֵי טָהֳרָהּ: וְאִם־נְקֵבָה
תֵלֵד וְטָמְאָה שְׁבֻעַיִם כְּנִדָּתָהּ וְשִׁשִּׁים יוֹם וְשֵׁשֶׁת יָמִים תֵּשֵׁב
ו עַל־דְּמֵי טָהֳרָה: וּבִמְלֹאת ׀ יְמֵי טָהֳרָהּ לְבֵן אוֹ לְבַת תָּבִיא
כֶּבֶשׂ בֶּן־שְׁנָתוֹ לְעֹלָה וּבֶן־יוֹנָה אוֹ־תֹר לְחַטָּאת אֶל־פֶּתַח אֹהֶל־
ז מוֹעֵד אֶל־הַכֹּהֵן: וְהִקְרִיבוֹ לִפְנֵי יְהוָה וְכִפֶּר עָלֶיהָ וְטָהֲרָה
ח מִמְּקֹר דָּמֶיהָ זֹאת תּוֹרַת הַיֹּלֶדֶת לַזָּכָר אוֹ לַנְּקֵבָה: וְאִם־לֹא
תִמְצָא יָדָהּ דֵּי שֶׂה וְלָקְחָה שְׁתֵּי־תֹרִים אוֹ שְׁנֵי בְּנֵי יוֹנָה אֶחָד
לְעֹלָה וְאֶחָד לְחַטָּאת וְכִפֶּר עָלֶיהָ הַכֹּהֵן וְטָהֵרָה:

יג א ב וַיְדַבֵּר יְהוָה אֶל־מֹשֶׁה וְאֶל־אַהֲרֹן לֵאמֹר: אָדָם כִּי־יִהְיֶה
בְעוֹר־בְּשָׂרוֹ שְׂאֵת אוֹ־סַפַּחַת אוֹ בַהֶרֶת וְהָיָה בְעוֹר־בְּשָׂרוֹ
לְנֶגַע צָרָעַת וְהוּבָא אֶל־אַהֲרֹן הַכֹּהֵן אוֹ אֶל־אַחַד מִבָּנָיו
ג הַכֹּהֲנִים: וְרָאָה הַכֹּהֵן אֶת־הַנֶּגַע בְּעוֹר־הַבָּשָׂר וְשֵׂעָר בַּנֶּגַע
הָפַךְ ׀ לָבָן וּמַרְאֵה הַנֶּגַע עָמֹק מֵעוֹר בְּשָׂרוֹ נֶגַע צָרַעַת הוּא
ד וְרָאָהוּ הַכֹּהֵן וְטִמֵּא אֹתוֹ: וְאִם־בַּהֶרֶת לְבָנָה הִוא בְּעוֹר בְּשָׂרוֹ

carcass fall on it, it shall be unclean to you. And if any 39
beast, of which you may eat, die; he that touches its carcass
shall be unclean until evening. And he that eats of the carcass 40
of it shall wash his clothes, and be unclean until evening: he
also that bears the carcass of it shall wash his clothes, and be
unclean until evening. And every creeping thing that creeps 41
upon the earth shall be held abominable; it shall not be eaten.
Whatever goes on its belly, and whatever goes upon four, or 42
whatever has many feet among all creeping things that creep
on the earth, them you shall not eat; for they are an abomina-
tion. You shall not make yourselves abominable with any creep- 43
ing thing that creeps, neither shall you make yourselves unclean
with them, that you should be defiled by them. For I am the 44
LORD your GOD: you shall therefore sanctify yourselves, and
you shall be holy; for I am holy: neither shall you defile your-
selves with any manner of creeping thing that creeps on the
earth. For I am the LORD that brings you up out of the land of 45
Miẓrayim, to be your GOD: you shall therefore be holy, for I am
holy. This is the Tora of the beasts, and of the birds, and of 46
every living creature that moves in the waters, and of every
creature that creeps on the earth: to make a distinction between 47
the unclean and the clean, and between the beast that may be
eaten and the beast that may not be eaten.   **12**

TAZRIA And the LORD spoke to Moshe saying, Speak to the children of 1, 2
Yisra'el, saying, If a woman have conceived seed, and born a
man child: then she shall be unclean seven days; as in the days
of her menstrual sickness shall she be unclean. And on the eighth 3
day the flesh of his foreskin shall be circumcised. And she shall 4
then continue in the blood of her purifying for thirty three days:
she shall touch no hallowed thing, nor come in to the sanctuary,
until the days of her purifying are fulfilled. But if she bear a 5
female child, then she shall be unclean two weeks, as in her
menstruation: and she shall continue in the blood of her puri-
fying for sixty six days. And when the days of her purifying 6
are fulfilled, for a son or for a daughter, she shall bring a lamb
of the first year for a burnt offering, and a young pigeon, or a
turtledove, for a sin offering, to the door of the Tent of Meeting,
to the priest: who shall offer it before the LORD, and make 7
atonement for her; and she shall be cleansed from the issue of
her blood. This is the Tora for her that has born a male or a
female. And if she be not able to bring a lamb, then she shall 8
bring two turtledoves, or two young pigeons; the one for the burnt
offering, and the other for a sin offering: and the priest shall
make atonement for her, and she shall be clean.

And the LORD spoke to Moshe and Aharon, saying When a man **13**
shall have in the skin of his flesh a swelling, a scab, or bright 2
spot, and it be in the skin of his flesh the plague of ẓara‘at;
then he shall be brought to Aharon the priest, or to one of his
sons the priests: and the priest shall look on the plague in the 3
skin of the flesh: and when the hair in the plague is turned
white, and the plague be deeper in appearance than the skin of
his flesh, it is a plague of ẓara‘at: and the priest shall look on
him, and pronounce him unclean. If the bright spot be white 4

וְעָמֹק אֵין־מַרְאֶהָ מִן־הָעוֹר וּשְׂעָרָה לֹא־הָפַךְ לָבָן וְהִסְגִּיר
ה הַכֹּהֵן אֶת־הַנֶּגַע שִׁבְעַת יָמִים׃ וְרָאָהוּ הַכֹּהֵן בַּיּוֹם הַשְּׁבִיעִי
וְהִנֵּה הַנֶּגַע עָמַד בְּעֵינָיו לֹא־פָשָׂה הַנֶּגַע בָּעוֹר וְהִסְגִּירוֹ הַכֹּהֵן
שני ו שִׁבְעַת יָמִים שֵׁנִית׃ וְרָאָה הַכֹּהֵן אֹתוֹ בַּיּוֹם הַשְּׁבִיעִי שֵׁנִית
וְהִנֵּה כֵּהָה הַנֶּגַע וְלֹא־פָשָׂה הַנֶּגַע בָּעוֹר וְטִהֲרוֹ הַכֹּהֵן מִסְפַּחַת
ז הִוא וְכִבֶּס בְּגָדָיו וְטָהֵר׃ וְאִם־פָּשֹׂה תִפְשֶׂה הַמִּסְפַּחַת בָּעוֹר
אַחֲרֵי הֵרָאֹתוֹ אֶל־הַכֹּהֵן לְטָהֳרָתוֹ וְנִרְאָה שֵׁנִית אֶל־הַכֹּהֵן׃
ח וְרָאָה הַכֹּהֵן וְהִנֵּה פָּשְׂתָה הַמִּסְפַּחַת בָּעוֹר וְטִמְּאוֹ הַכֹּהֵן
צָרַעַת הִוא׃
ט י נֶגַע צָרַעַת כִּי תִהְיֶה בְּאָדָם וְהוּבָא אֶל־הַכֹּהֵן׃ וְרָאָה הַכֹּהֵן
וְהִנֵּה שְׂאֵת־לְבָנָה בָּעוֹר וְהִיא הָפְכָה שֵׂעָר לָבָן וּמִחְיַת בָּשָׂר
יא חַי בַּשְּׂאֵת׃ צָרַעַת נוֹשֶׁנֶת הִוא בְּעוֹר בְּשָׂרוֹ וְטִמְּאוֹ הַכֹּהֵן
יב לֹא יַסְגִּרֶנּוּ כִּי טָמֵא הוּא׃ וְאִם־פָּרוֹחַ תִּפְרַח הַצָּרַעַת בָּעוֹר
וְכִסְּתָה הַצָּרַעַת אֵת כָּל־עוֹר הַנֶּגַע מֵרֹאשׁוֹ וְעַד־רַגְלָיו לְכָל־
יג מַרְאֵה עֵינֵי הַכֹּהֵן׃ וְרָאָה הַכֹּהֵן וְהִנֵּה כִסְּתָה הַצָּרַעַת אֶת־
יד כָּל־בְּשָׂרוֹ וְטִהַר אֶת־הַנָּגַע כֻּלּוֹ הָפַךְ לָבָן טָהוֹר הוּא׃ וּבְיוֹם
טו הֵרָאוֹת בּוֹ בָּשָׂר חַי יִטְמָא׃ וְרָאָה הַכֹּהֵן אֶת־הַבָּשָׂר הַחַי
טז וְטִמְּאוֹ הַבָּשָׂר הַחַי טָמֵא הוּא צָרַעַת הוּא׃ אוֹ כִי יָשׁוּב הַבָּשָׂר
יז הַחַי וְנֶהְפַּךְ לְלָבָן וּבָא אֶל־הַכֹּהֵן׃ וְרָאָהוּ הַכֹּהֵן וְהִנֵּה נֶהְפַּךְ
הַנֶּגַע לְלָבָן וְטִהַר הַכֹּהֵן אֶת־הַנֶּגַע טָהוֹר הוּא׃
שלישי יח יט וּבָשָׂר כִּי־יִהְיֶה בוֹ־בְעֹרוֹ שְׁחִין וְנִרְפָּא׃ וְהָיָה בִּמְקוֹם הַשְּׁחִין שְׂאֵת
כ לְבָנָה אוֹ בַהֶרֶת לְבָנָה אֲדַמְדָּמֶת וְנִרְאָה אֶל־הַכֹּהֵן׃ וְרָאָה
הַכֹּהֵן וְהִנֵּה מַרְאֶהָ שָׁפָל מִן־הָעוֹר וּשְׂעָרָהּ הָפַךְ לָבָן וְטִמְּאוֹ
כא הַכֹּהֵן נֶגַע־צָרַעַת הִוא בַּשְּׁחִין פָּרָחָה׃ וְאִם יִרְאֶנָּה הַכֹּהֵן וְהִנֵּה
אֵין־בָּהּ שֵׂעָר לָבָן וּשְׁפָלָה אֵינֶנָּה מִן־הָעוֹר וְהִיא כֵהָה וְהִסְגִּירוֹ
כב הַכֹּהֵן שִׁבְעַת יָמִים׃ וְאִם־פָּשֹׂה תִפְשֶׂה בָּעוֹר וְטִמֵּא הַכֹּהֵן אֹתוֹ
כג נֶגַע הִוא׃ וְאִם־תַּחְתֶּיהָ תַּעֲמֹד הַבַּהֶרֶת לֹא פָשָׂתָה צָרֶבֶת
רביעי /שני/ כד הַשְּׁחִין הִוא וְטִהֲרוֹ הַכֹּהֵן׃ אוֹ בָשָׂר כִּי־יִהְיֶה
בְעֹרוֹ מִכְוַת־אֵשׁ וְהָיְתָה מִחְיַת הַמִּכְוָה בַּהֶרֶת לְבָנָה אֲדַמְדֶּמֶת
כה אוֹ לְבָנָה׃ וְרָאָה אֹתָהּ הַכֹּהֵן וְהִנֵּה נֶהְפַּךְ שֵׂעָר לָבָן בַּבַּהֶרֶת
וּמַרְאֶהָ עָמֹק מִן־הָעוֹר צָרַעַת הִוא בַּמִּכְוָה פָּרָחָה וְטִמֵּא אֹתוֹ
כו הַכֹּהֵן נֶגַע צָרַעַת הִוא׃ וְאִם יִרְאֶנָּה הַכֹּהֵן וְהִנֵּה אֵין־בַּבַּהֶרֶת
שֵׂעָר לָבָן וּשְׁפָלָה אֵינֶנָּה מִן־הָעוֹר וְהִוא כֵהָה וְהִסְגִּירוֹ הַכֹּהֵן

in the skin of his flesh, and be not deeper in appearance than
the skin, and its hair be not turned white; then the priest shall
shut up him that has the plague seven days: and the priest shall 5
look on him on the seventh day: and, behold, if the plague in
his sight be at a stay, and the plague spread not in the skin;
then the priest shall shut him up seven days more: and the 6
priest shall look on him again on the seventh day: and, behold,
if the plague be somewhat dimmer, and the plague spread not
in the skin, the priest shall pronounce him clean: it is but a
scab: and he shall wash his clothes, and be clean. But if the 7
scab spread much abroad in the skin, after he has been seen by
the priest for his cleansing, he shall be seen by the priest again:
and if the priest see that, behold, the scab spreads in the skin, 8
then the priest shall pronounce him unclean: it is ẕara'at.

When the plague of ẕara'at is in a man, then he shall be brought 9
to the priest; and the priest shall see him: and, behold, if a 10
white swelling be in the skin, and it have turned the hair white,
and there be quick raw flesh in the rising; it is an old ẕara'at 11
in the skin of his flesh, and the priest shall pronounce him
unclean, and shall not shut him up: for he is unclean. And if 12
the ẕara'at breaks out abroad in the skin, and the ẕara'at covers
all the skin of him that has the plague from his head to his foot,
as far as the priest can see; then the priest shall consider: and, 13
behold, if the ẕara'at have covered all his flesh, he shall pro-
nounce him clean that has the plague: it is all turned white:
he is clean. But when raw flesh appears in him, he shall be 14
unclean. And the priest shall see the raw flesh, and pronounce 15
him to be unclean: for the raw flesh is unclean: it is ẕara'at.
Or if the raw flesh turn again, and be changed to white, he shall 16
come to the priest; and the priest shall see him: and, behold, 17
if the plague be turned white; then the priest shall pronounce
him clean that has the plague: he is clean.

The flesh also, the skin of which has on it a pox which is healed, 18
and in the place of the pox there be a white swelling, or a bright 19
spot, white, and somewhat reddish, and it be shown to the
priest; and if, when the priest sees it, behold, it be in sight 20
deeper than the skin, and the hair of it be turned white; the
priest shall pronounce him unclean: it is a plague of ẕara'at
broken out in the pox. But if the priest look on it, and behold, 21
there be no white hairs in it, and if it be not lower than the
skin, but be somewhat dimmer; then the priest shall shut him up
for seven days: and if it spread much abroad in the skin, then 22
the priest shall pronounce him unclean: it is a plague. But if 23
the bright spot stay in its place, and spread not, it is the scar
of the pox; and the priest shall pronounce him clean. Or if 24
there be any flesh, in the skin of which there is a burn caused
by fire, and the raw flesh of the burn have a white bright spot,
somewhat reddish, or white; then the priest shall look upon it: 25
and, behold, if the hair in the bright spot be turned white, and
it be in appearance deeper than the skin; it is a ẕara'at broken
out of the burn: and the priest shall pronounce him unclean:
it is the plague of ẕara'at. But if the priest look on it, and, 26
behold, there is no white hair in the bright spot, and it is no

שִׁבְעַת יָמִים: וְרָאָהוּ הַכֹּהֵן בַּיּוֹם הַשְּׁבִיעִי אִם־פָּשֹׂה תִפְשֶׂה

בָעוֹר וְטִמֵּא הַכֹּהֵן אֹתוֹ נֶגַע צָרַעַת הִוא: וְאִם־תַּחְתֶּיהָ תַעֲמֹד

הַבַּהֶרֶת לֹא־פָשְׂתָה בָעוֹר וְהִוא כֵהָה שְׂאֵת הַמִּכְוָה הִוא

וְטִהֲרוֹ הַכֹּהֵן כִּי־צָרֶבֶת הַמִּכְוָה הִוא:

חמישי ח

וְאִישׁ אוֹ אִשָּׁה כִּי־יִהְיֶה בוֹ נָגַע בְּרֹאשׁ אוֹ בְזָקָן: וְרָאָה הַכֹּהֵן

אֶת־הַנֶּגַע וְהִנֵּה מַרְאֵהוּ עָמֹק מִן־הָעוֹר וּבוֹ שֵׂעָר צָהֹב דָּק

וְטִמֵּא אֹתוֹ הַכֹּהֵן נֶתֶק הוּא צָרַעַת הָרֹאשׁ אוֹ הַזָּקָן הוּא:

וְכִי־יִרְאֶה הַכֹּהֵן אֶת־נֶגַע הַנֶּתֶק וְהִנֵּה אֵין־מַרְאֵהוּ עָמֹק מִן־

הָעוֹר וְשֵׂעָר שָׁחֹר אֵין בּוֹ וְהִסְגִּיר הַכֹּהֵן אֶת־נֶגַע הַנֶּתֶק שִׁבְעַת

יָמִים: וְרָאָה הַכֹּהֵן אֶת־הַנֶּגַע בַּיּוֹם הַשְּׁבִיעִי וְהִנֵּה לֹא־פָשָׂה

הַנֶּתֶק וְלֹא־הָיָה בוֹ שֵׂעָר צָהֹב וּמַרְאֵה הַנֶּתֶק אֵין עָמֹק מִן־

הָעוֹר: וְהִתְגַּלָּח וְאֶת־הַנֶּתֶק לֹא יְגַלֵּחַ וְהִסְגִּיר הַכֹּהֵן אֶת־הַנֶּתֶק

שִׁבְעַת יָמִים שֵׁנִית: וְרָאָה הַכֹּהֵן אֶת־הַנֶּתֶק בַּיּוֹם הַשְּׁבִיעִי

וְהִנֵּה לֹא־פָשָׂה הַנֶּתֶק בָּעוֹר וּמַרְאֵהוּ אֵינֶנּוּ עָמֹק מִן־הָעוֹר

וְטִהַר אֹתוֹ הַכֹּהֵן וְכִבֶּס בְּגָדָיו וְטָהֵר: וְאִם־פָּשֹׂה יִפְשֶׂה הַנֶּתֶק

בָּעוֹר אַחֲרֵי טָהֳרָתוֹ: וְרָאָהוּ הַכֹּהֵן וְהִנֵּה פָּשָׂה הַנֶּתֶק בָּעוֹר

לֹא־יְבַקֵּר הַכֹּהֵן לַשֵּׂעָר הַצָּהֹב טָמֵא הוּא: וְאִם־בְּעֵינָיו עָמַד

הַנֶּתֶק וְשֵׂעָר שָׁחֹר צָמַח־בּוֹ נִרְפָּא הַנֶּתֶק טָהוֹר הוּא וְטִהֲרוֹ

הַכֹּהֵן: וְאִישׁ אוֹ־אִשָּׁה כִּי־יִהְיֶה בְעוֹר־בְּשָׂרָם בֶּהָרֹת

בֶּהָרֹת לְבָנֹת: וְרָאָה הַכֹּהֵן וְהִנֵּה בְעוֹר־בְּשָׂרָם בֶּהָרֹת כֵּהוֹת

ששי
ושלישי

לְבָנֹת בֹּהַק הוּא פָּרַח בָּעוֹר טָהוֹר הוּא: וְאִישׁ

כִּי יִמָּרֵט רֹאשׁוֹ קֵרֵחַ הוּא טָהוֹר הוּא: וְאִם מִפְּאַת פָּנָיו יִמָּרֵט

רֹאשׁוֹ גִּבֵּחַ הוּא טָהוֹר הוּא: וְכִי־יִהְיֶה בַקָּרַחַת אוֹ בַגַּבַּחַת

נֶגַע לָבָן אֲדַמְדָּם צָרַעַת פֹּרַחַת הִוא בְּקָרַחְתּוֹ אוֹ בְגַבַּחְתּוֹ:

וְרָאָה אֹתוֹ הַכֹּהֵן וְהִנֵּה שְׂאֵת־הַנֶּגַע לְבָנָה אֲדַמְדֶּמֶת בְּקָרַחְתּוֹ

אוֹ בְגַבַּחְתּוֹ כְּמַרְאֵה צָרַעַת עוֹר בָּשָׂר: אִישׁ־צָרוּעַ הוּא טָמֵא

הוּא טַמֵּא יְטַמְּאֶנּוּ הַכֹּהֵן בְּרֹאשׁוֹ נִגְעוֹ: וְהַצָּרוּעַ אֲשֶׁר־בּוֹ הַנֶּגַע

בְּגָדָיו יִהְיוּ פְרֻמִים וְרֹאשׁוֹ יִהְיֶה פָרוּעַ וְעַל־שָׂפָם יַעְטֶה וְטָמֵא

טָמֵא יִקְרָא: כָּל־יְמֵי אֲשֶׁר הַנֶּגַע בּוֹ יִטְמָא טָמֵא הוּא בָּדָד

יֵשֵׁב מִחוּץ לַמַּחֲנֶה מוֹשָׁבוֹ:   וְהַבֶּגֶד כִּי־יִהְיֶה בוֹ

נֶגַע צָרָעַת בְּבֶגֶד צֶמֶר אוֹ בְּבֶגֶד פִּשְׁתִּים: אוֹ בִשְׁתִי אוֹ בְעֵרֶב

לַפִּשְׁתִּים וְלַצָּמֶר אוֹ בְעוֹר אוֹ בְּכָל־מְלֶאכֶת עוֹר: וְהָיָה הַנֶּגַע

יְרַקְרַק אוֹ אֲדַמְדָּם בַּבֶּגֶד אוֹ בָעוֹר אוֹ־בַשְּׁתִי אוֹ־בָעֵרֶב אוֹ

lower than the other skin, but is somewhat dimmer: then the
priest shall shut him up seven days: and the priest shall look 27
upon him on the seventh day: and if it be spread abroad in the
skin, then the priest shall pronounce him unclean: it is the
plague of ẕara‘at. And if the bright spot stay in its place, and 28
spread not in the skin, and it be somewhat dimmer; it is a
swelling caused by the burn, and the priest shall pronounce him
clean: for it is a scar of the burn.
If a man or a woman have a plague upon the head or the beard; 29
then the priest shall see the plague: and, behold, if it be in 30
appearance deeper than the skin; and there be in it a yellow
thin hair; then the priest shall pronounce him unclean: it is a
patch, a ẕara‘at of the head of beard. And if the priest look 31
on the plague of the patch, and, behold, it be not in appearance
deeper than the skin, and there is no black hair in it; then the
priest shall shut up him that has the plague of the patch seven
days: and on the seventh day the priest shall look on the plague: 32
and, behold, if the patch spread not, and there be in it no yellow
hair, and the patch be not in sight deeper than the skin; he shall 33
be shaved, but the patch shall not be shaved; and the priest shall
shut up him that has the patch seven days more: and on the 34
seventh day the priest shall look on the patch: and, behold, if
the patch be not spread in the skin, nor be in sight deeper than
the skin; then the priest shall pronounce him clean: and he shall
wash his clothes, and be clean. But if the patch spread much in 35
the skin after his cleansing; then the priest shall look on him: 36
and, behold, if the patch be spread in the skin, the priest shall
not seek for yellow hair; he is unclean. But if the patch remain 37
stationary in appearance, and there is black hair grown up in it;
the patch is healed, he is clean: and the priest shall pronounce
him clean. If a man also or a woman have in the skin of 38
their flesh bright white spots; then the priest shall look: and, 39
behold, if there be darkish white spots in the skin of their flesh;
it is a tetter breaking out in the skin; he is clean. And the 40
man whose hair is fallen off his head, he is bald; yet is he clean.
And he whose hair is fallen off from the part of his head toward 41
his face, he is forehead bald: yet is he clean. And if there be in 42
the bald head, or bald forehead, a white reddish sore; it is ẕara‘at
sprung up in his bald head, or his bald forehead. Then the priest 43
shall look upon it: and, behold, if the swelling of the plague
be white reddish in his bald head, or in his bald forehead, as the
appearance of ẕara‘at in the skin of the flesh; he is diseased, he 44
is unclean: the priest shall pronounce him utterly unclean; his
plague is in his head. And the diseased man in whom the plague 45
is, his clothes shall be rent, and the hair of his head shall grow
long, and he shall put a covering upon his upper lip, and shall
cry, Unclean, unclean. All the days during which the plague 46
shall be in him he shall be unclean; he is unclean: he shall dwell
alone; outside the camp shall his habitation be. The gar- 47
ment also in which is the plague of ẕara‘at, whether it be a wool-
len garment, or a linen garment; whether it be in the warp, or 48
woof; of linen, or of woollen; whether in a skin, or in anything
made of skin; and if the plague be greenish or reddish in the gar- 49

נ בְּכָל־כְּלִי־ע֔וֹר נֶ֥גַע צָרַ֖עַת ה֑וּא וְהָרְאָ֖ה אֶת־הַכֹּהֵֽן׃ וְרָאָ֨ה

נא הַכֹּהֵ֜ן אֶת־הַנֶּ֗גַע וְהִסְגִּ֛יר אֶת־הַנֶּ֖גַע שִׁבְעַ֥ת יָמִֽים׃ וְרָאָ֨ה אֶת־
הַנֶּ֜גַע בַּיּ֣וֹם הַשְּׁבִיעִ֗י כִּֽי־פָשָׂ֤ה הַנֶּ֙גַע֙ בַּ֠בֶּגֶד אֽוֹ־בַשְּׁתִ֤י אֽוֹ־בָעֵ֙רֶב֙
א֣וֹ בָע֔וֹר לְכֹ֛ל אֲשֶׁר־יֵעָשֶׂ֥ה הָע֖וֹר לִמְלָאכָ֑ה צָרַ֧עַת מַמְאֶ֛רֶת

נב הַנֶּ֖גַע טָמֵ֥א הֽוּא׃ וְשָׂרַ֨ף אֶת־הַבֶּ֜גֶד א֣וֹ אֶֽת־הַשְּׁתִ֣י ׀ א֣וֹ אֶת־
הָעֵ֗רֶב בַּצֶּ֙מֶר֙ א֣וֹ בַפִּשְׁתִּ֔ים א֚וֹ אֶת־כָּל־כְּלִ֣י הָע֔וֹר אֲשֶׁר־

נג יִהְיֶ֥ה ב֖וֹ הַנָּ֑גַע כִּֽי־צָרַ֤עַת מַמְאֶ֙רֶת֙ הִ֔וא בָּאֵ֖שׁ תִּשָּׂרֵֽף׃ וְאִם֙
יִרְאֶ֣ה הַכֹּהֵ֔ן וְהִנֵּה֙ לֹא־פָשָׂ֣ה הַנֶּ֔גַע בַּבֶּ֑גֶד א֥וֹ בַשְּׁתִ֖י א֥וֹ בָעֵ֑רֶב

נד א֣וֹ בְּכָל־כְּלִי־עֽוֹר׃ וְצִוָּה֙ הַכֹּהֵ֔ן וְכִ֨בְּס֔וּ אֵ֥ת אֲשֶׁר־בּ֖וֹ הַנָּ֑גַע

נה וְהִסְגִּיר֖וֹ שִׁבְעַת־יָמִ֥ים שֵׁנִֽית׃ וְרָאָ֣ה הַכֹּהֵ֗ן אַחֲרֵ֣י ׀ הֻכַּבֵּ֣ס
אֶת־הַנֶּ֗גַע וְ֠הִנֵּה לֹֽא־הָפַ֨ךְ הַנֶּ֤גַע אֶת־עֵינוֹ֙ וְהַנֶּ֣גַע לֹֽא־פָשָׂ֔ה
טָמֵ֣א ה֔וּא בָּאֵ֖שׁ תִּשְׂרְפֶ֑נּוּ פְּחֶ֣תֶת הִ֔וא בְּקָרַחְתּ֖וֹ א֥וֹ בְגַבַּחְתּֽוֹ׃

נו וְאִם֩ רָאָ֨ה הַכֹּהֵ֜ן וְהִנֵּה֙ כֵּהָ֣ה הַנֶּ֔גַע אַחֲרֵ֖י הֻכַּבֵּ֣ס אֹת֑וֹ וְקָרַ֣ע
אֹת֗וֹ מִן־הַבֶּ֙גֶד֙ א֣וֹ מִן־הָע֔וֹר א֥וֹ מִן־הַשְּׁתִ֖י א֥וֹ מִן־הָעֵֽרֶב׃

נז וְאִם־תֵּרָאֶ֨ה ע֜וֹד בַּ֠בֶּגֶד אֽוֹ־בַשְּׁתִ֤י אֽוֹ־בָעֵ֙רֶב֙ א֣וֹ בְכָל־כְּלִי־
ע֔וֹר פֹּרַ֖חַת הִ֑וא בָּאֵ֣שׁ תִּשְׂרְפֶ֔נּוּ אֵ֥ת אֲשֶׁר־בּ֖וֹ הַנָּֽגַע׃ וְהַבֶּ֡גֶד

נח אֽוֹ־הַשְּׁתִ֨י אֽוֹ־הָעֵ֜רֶב אֽוֹ־כָל־כְּלִ֣י הָע֗וֹר אֲשֶׁ֤ר תְּכַבֵּס֙ וְסָ֣ר
מֵהֶ֣ם הַנָּ֔גַע וְכֻבַּ֥ס שֵׁנִ֖ית וְטָהֵֽר׃ זֹ֠את תּוֹרַ֨ת נֶֽגַע־צָרַ֜עַת בֶּ֥גֶד

נט הַצֶּ֣מֶר ׀ א֣וֹ הַפִּשְׁתִּ֗ים א֤וֹ הַשְּׁתִי֙ א֣וֹ הָעֵ֔רֶב א֖וֹ כָּל־כְּלִי־ע֑וֹר
לְטַהֲר֖וֹ א֥וֹ לְטַמְּאֽוֹ׃

יד וַיְדַבֵּ֥ר יְהוָ֖ה אֶל־מֹשֶׁ֥ה לֵּאמֹֽר׃ זֹ֤את תִּֽהְיֶה֙ תּוֹרַ֣ת הַמְּצֹרָ֔ע

ב בְּי֖וֹם טָהֳרָת֑וֹ וְהוּבָ֖א אֶל־הַכֹּהֵֽן׃ וְיָצָא֙ הַכֹּהֵ֔ן אֶל־מִח֖וּץ לַֽמַּחֲנֶ֑ה

ג וְרָאָה֙ הַכֹּהֵ֔ן וְהִנֵּ֛ה נִרְפָּ֥א נֶֽגַע־הַצָּרַ֖עַת מִן־הַצָּרֽוּעַ׃ וְצִוָּה֙ הַכֹּהֵ֔ן

ד וְלָקַ֧ח לַמִּטַּהֵ֛ר שְׁתֵּֽי־צִפֳּרִ֥ים חַיּ֖וֹת טְהֹר֑וֹת וְעֵ֣ץ אֶ֔רֶז וּשְׁנִ֥י תוֹלַ֖עַת

ה וְאֵזֹֽב׃ וְצִוָּה֙ הַכֹּהֵ֔ן וְשָׁחַ֖ט אֶת־הַצִּפּ֣וֹר הָאֶחָ֑ת אֶל־כְּלִי־חֶ֖רֶשׂ

ו עַל־מַ֥יִם חַיִּֽים׃ אֶת־הַצִּפֹּ֤ר הַֽחַיָּה֙ יִקַּ֣ח אֹתָ֔הּ וְאֶת־עֵ֥ץ הָאֶ֖רֶז
וְאֶת־שְׁנִ֣י הַתּוֹלַ֖עַת וְאֶת־הָאֵזֹ֑ב וְטָבַ֨ל אוֹתָ֜ם וְאֵ֣ת ׀ הַצִּפֹּ֣ר הַֽחַיָּ֗ה

ז בְּדַם֙ הַצִּפֹּ֣ר הַשְּׁחֻטָ֔ה עַ֖ל הַמַּ֥יִם הַֽחַיִּֽים׃ וְהִזָּ֗ה עַ֧ל הַמִּטַּהֵ֛ר
מִן־הַצָּרַ֖עַת שֶׁ֣בַע פְּעָמִ֑ים וְטִ֣הֲר֔וֹ וְשִׁלַּ֛ח אֶת־הַצִּפֹּ֥ר הַֽחַיָּ֖ה

ח עַל־פְּנֵ֥י הַשָּׂדֶֽה׃ וְכִבֶּס֩ הַמִּטַּהֵ֨ר אֶת־בְּגָדָ֜יו וְגִלַּ֣ח אֶת־כָּל־
שְׂעָר֗וֹ וְרָחַ֤ץ בַּמַּ֙יִם֙ וְטָהֵ֔ר וְאַחַ֖ר יָב֣וֹא אֶל־הַֽמַּחֲנֶ֑ה וְיָשַׁ֛ב

ט מִח֥וּץ לְאָהֳל֖וֹ שִׁבְעַ֥ת יָמִֽים׃ וְהָיָה֩ בַיּ֨וֹם הַשְּׁבִיעִ֜י יְגַלַּ֣ח אֶת־
כָּל־שְׂעָר֡וֹ אֶת־רֹאשׁ֣וֹ וְאֶת־זְקָנוֹ֩ וְאֵ֨ת גַּבֹּ֤ת עֵינָיו֙ וְאֶת־כָּל־
שְׂעָר֖וֹ יְגַלֵּ֑חַ וְכִבֶּ֣ס אֶת־בְּגָדָ֗יו וְרָחַ֧ץ אֶת־בְּשָׂר֛וֹ בַּמַּ֖יִם וְטָהֵֽר׃

י וּבַיּ֣וֹם הַשְּׁמִינִ֗י יִקַּ֤ח שְׁנֵֽי־כְבָשִׂים֙ תְּמִימִ֔ם וְכַבְשָׂ֥ה אַחַ֖ת בַּת־

ment or in the skin, either in the warp, or in the woof, or in any-
thing of skin; it is a plague of ẕara'at, and shall be shown to the
priest: and the priest shall look at the plague, and shut up that 50
which has the plague seven days: and he shall look at the plague 51
on the seventh day: if the plague be spread in the garment,
either in the warp, or in the woof, or in a skin, or in any work
that is made of skin; the plague is a malignant ẕara'at; it is
unclean. He shall therefore burn that garment, whether warp or 52
woof, in woollen or in linen, or anything of skin, wherein the
plague is: for it is a malignant ẕara'at; it shall be burnt in the
fire. And if the priest shall look, and, behold, the plague be not 53
spread in the garment, either in the warp, or in the woof, or in
anything of skin; then the priest shall command that they wash 54
the thing in which the plague is, and he shall shut it up seven
days more: And the priest shall look after the plague is washed: 55
and, behold, if the plague have not changed its colour, and the
plague be not spread; it is unclean; thou shalt burn it in the
fire; it is a decay on the inner or outer surface. And if the priest 56
look, and, behold, the plague be somewhat dimmer after the
washing of it; then he shall tear it out of the garment, or out of
the skin, or out of the warp, or out of the woof: and if it appear 57
still in the garment, either in the warp, or in the woof, or in
anything of skin; it is a spreading plague: thou shalt burn that
in which the plague is with fire. And the garment, either warp, 58
or woof, or whatever thing of skin it be, which thou shalt wash,
if the plague be departed from them, then it shall be washed
the second time, and shall be clean. This is the Tora of the plague 59
of ẕara'at in a garment of woollen or linen, either in the warp,
or woof, or anything of skins, to pronounce it clean, or to pro-
nounce it unclean.

14

MEẔORA And the LORD spoke to Moshe, saying, This shall be the Tora of 1, 2
the one stricken with ẕara'at in the day of his cleansing: He shall
be brought to the priest: and the priest shall go out of the camp; 3
and the priest shall look, and, behold, if the plague of ẕara'at
be healed in the one afflicted; then shall the priest command to 4
take for him that is to be cleansed two birds alive and clean, and
cedar wood, and scarlet, and hyssop: and the priest shall com- 5
mand that one of the birds be killed in an earthen vessel over
running water: as for the living bird, he shall take it, and the 6
cedar wood, and the scarlet, and the hyssop, and shall dip them
and the living bird in the blood of the bird that was killed over
the running water: and he shall sprinkle upon him that is to be 7
cleansed from the ẕara'at seven times, and shall pronounce him
clean, and shall let the living bird loose into the open field. And 8
he that is to be cleansed shall wash his clothes, and shave off
all his hair, and bathe himself in water, and be clean: and after
that he shall come into the camp, but he shall remain outside his
tent seven days. And it shall be on the seventh day, that he 9
shall shave all his hair off his head and his beard and his eye-
brows, even all his hair he shall shave off: and he shall bathe
his clothes, also he shall wash his flesh in water, and he shall
be clean. And on the eighth day he shall take two he lambs with- 10
out blemish, and one ewe lamb of the first year without blemish,

שְׁנָתָהּ תְּמִימָה וּשְׁלֹשָׁה עֶשְׂרֹנִים סֹלֶת מִנְחָה בְּלוּלָה בַשֶּׁמֶן
יא וְלֹג אֶחָד שָׁמֶן׃ וְהֶעֱמִיד הַכֹּהֵן הַמְטַהֵר אֵת הָאִישׁ הַמִּטַּהֵר
יב וְאֹתָם לִפְנֵי יהוה פֶּתַח אֹהֶל מוֹעֵד׃ וְלָקַח הַכֹּהֵן אֶת־הַכֶּבֶשׂ
הָאֶחָד וְהִקְרִיב אֹתוֹ לְאָשָׁם וְאֶת־לֹג הַשָּׁמֶן וְהֵנִיף אֹתָם תְּנוּפָה
יג לִפְנֵי יהוה׃ וְשָׁחַט אֶת־הַכֶּבֶשׂ בִּמְקוֹם אֲשֶׁר יִשְׁחַט אֶת־ שני
הַחַטָּאת וְאֶת־הָעֹלָה בִּמְקוֹם הַקֹּדֶשׁ כִּי כַּחַטָּאת הָאָשָׁם הוּא
יד לַכֹּהֵן קֹדֶשׁ קָדָשִׁים הוּא׃ וְלָקַח הַכֹּהֵן מִדַּם הָאָשָׁם וְנָתַן
הַכֹּהֵן עַל־תְּנוּךְ אֹזֶן הַמִּטַּהֵר הַיְמָנִית וְעַל־בֹּהֶן יָדוֹ הַיְמָנִית
טו וְעַל־בֹּהֶן רַגְלוֹ הַיְמָנִית׃ וְלָקַח הַכֹּהֵן מִלֹּג הַשָּׁמֶן וְיָצַק עַל־
טז כַּף הַכֹּהֵן הַשְּׂמָאלִית׃ וְטָבַל הַכֹּהֵן אֶת־אֶצְבָּעוֹ הַיְמָנִית מִן־
הַשֶּׁמֶן אֲשֶׁר עַל־כַּפּוֹ הַשְּׂמָאלִית וְהִזָּה מִן־הַשֶּׁמֶן בְּאֶצְבָּעוֹ
יז שֶׁבַע פְּעָמִים לִפְנֵי יהוה׃ וּמִיֶּתֶר הַשֶּׁמֶן אֲשֶׁר עַל־כַּפּוֹ יִתֵּן
הַכֹּהֵן עַל־תְּנוּךְ אֹזֶן הַמִּטַּהֵר הַיְמָנִית וְעַל־בֹּהֶן יָדוֹ הַיְמָנִית
יח וְעַל־בֹּהֶן רַגְלוֹ הַיְמָנִית עַל דַּם הָאָשָׁם׃ וְהַנּוֹתָר בַּשֶּׁמֶן אֲשֶׁר
עַל־כַּף הַכֹּהֵן יִתֵּן עַל־רֹאשׁ הַמִּטַּהֵר וְכִפֶּר עָלָיו הַכֹּהֵן לִפְנֵי
יט יהוה׃ וְעָשָׂה הַכֹּהֵן אֶת־הַחַטָּאת וְכִפֶּר עַל־הַמִּטַּהֵר מִטֻּמְאָתוֹ
כ וְאַחַר יִשְׁחַט אֶת־הָעֹלָה׃ וְהֶעֱלָה הַכֹּהֵן אֶת־הָעֹלָה וְאֶת־
כא הַמִּנְחָה הַמִּזְבֵּחָה וְכִפֶּר עָלָיו הַכֹּהֵן וְטָהֵר׃ וְאִם־ שלישי /חמישי/
דַּל הוּא וְאֵין יָדוֹ מַשֶּׂגֶת וְלָקַח כֶּבֶשׂ אֶחָד אָשָׁם לִתְנוּפָה לְכַפֵּר
כב עָלָיו וְעִשָּׂרוֹן סֹלֶת אֶחָד בָּלוּל בַּשֶּׁמֶן לְמִנְחָה וְלֹג שָׁמֶן׃ וּשְׁתֵּי
תֹרִים אוֹ שְׁנֵי בְּנֵי יוֹנָה אֲשֶׁר תַּשִּׂיג יָדוֹ וְהָיָה אֶחָד חַטָּאת
כג וְהָאֶחָד עֹלָה׃ וְהֵבִיא אֹתָם בַּיּוֹם הַשְּׁמִינִי לְטָהֳרָתוֹ אֶל־הַכֹּהֵן
כד אֶל־פֶּתַח אֹהֶל־מוֹעֵד לִפְנֵי יהוה׃ וְלָקַח הַכֹּהֵן אֶת־כֶּבֶשׂ
הָאָשָׁם וְאֶת־לֹג הַשָּׁמֶן וְהֵנִיף אֹתָם הַכֹּהֵן תְּנוּפָה לִפְנֵי יהוה׃
כה וְשָׁחַט אֶת־כֶּבֶשׂ הָאָשָׁם וְלָקַח הַכֹּהֵן מִדַּם הָאָשָׁם וְנָתַן עַל־
תְּנוּךְ אֹזֶן־הַמִּטַּהֵר הַיְמָנִית וְעַל־בֹּהֶן יָדוֹ הַיְמָנִית וְעַל־בֹּהֶן
כו רַגְלוֹ הַיְמָנִית׃ וּמִן־הַשֶּׁמֶן יִצֹק הַכֹּהֵן עַל־כַּף הַכֹּהֵן הַשְּׂמָאלִית׃
כז וְהִזָּה הַכֹּהֵן בְּאֶצְבָּעוֹ הַיְמָנִית מִן־הַשֶּׁמֶן אֲשֶׁר עַל־כַּפּוֹ
כח הַשְּׂמָאלִית שֶׁבַע פְּעָמִים לִפְנֵי יהוה׃ וְנָתַן הַכֹּהֵן מִן־הַשֶּׁמֶן
אֲשֶׁר עַל־כַּפּוֹ עַל־תְּנוּךְ אֹזֶן הַמִּטַּהֵר הַיְמָנִית וְעַל־בֹּהֶן יָדוֹ
כט הַיְמָנִית וְעַל־בֹּהֶן רַגְלוֹ הַיְמָנִית עַל־מְקוֹם דַּם הָאָשָׁם׃ וְהַנּוֹתָר
מִן־הַשֶּׁמֶן אֲשֶׁר עַל־כַּף הַכֹּהֵן יִתֵּן עַל־רֹאשׁ הַמִּטַּהֵר לְכַפֵּר
ל עָלָיו לִפְנֵי יהוה׃ וְעָשָׂה אֶת־הָאֶחָד מִן־הַתֹּרִים אוֹ מִן־בְּנֵי

and three tenth measures of fine flour for a meal offering, min-
gled with oil, and one log of oil. And the priest that makes him   11
clean shall present the man that is to be made clean, and those
things, before the Lord, at the door of the Tent of Meeting: and   12
the priest shall take one he lamb, and offer it for a guilt offering,
and the log of oil, and wave them for a wave offering before the
Lord: and he shall slaughter the lamb in the place where he   13
shall kill the sin offering and the burnt offering, in the holy
place: for as the sin offering is the priest's, so is the guilt offer-
ing: it is most holy: and the priest shall take some of the blood   14
of the guilt offering, and the priest shall put it upon the tip of
the right ear of him that is to be cleansed, and upon the thumb
of his right hand, and upon the great toe of his right foot: and   15
the priest shall take some of the log of oil, and pour it into the
palm of his own left hand: and the priest shall dip his right   16
finger in the oil that is in his left hand, and shall sprinkle of the
oil with his finger seven times before the Lord: and of the rest   17
of the oil that is in his hand shall the priest put upon the tip of
the right ear of him that is to be cleansed, and upon the thumb
of his right hand, and upon the great toe of his right foot, upon
the blood of the guilt offering: and the remnant of the oil that   18
is in the priest's hand he shall pour upon the head of him that
is to be cleansed: and the priest shall make atonement for him
before the Lord. And the priest shall offer the sin offering, and   19
make atonement for him that is to be cleansed from his unclean-
ness; and afterwards he shall kill the burnt offering: and the   20
priest shall offer the burnt offering and the meal offering upon
the altar: and the priest shall make atonement for him, and he
shall be clean.   And if he be poor, and his means do not   21
suffice; then he shall take one lamb for a guilt offering to be
waved, to make atonement for him, and one tenth measure of
fine flour mingled with oil for a meal offering, and a log of oil;
and two turtledoves, or two young pigeons, such as his means   22
permit; and the one shall be a sin offering, and the other a burnt
offering. And he shall bring them on the eighth day for his   23
cleansing to the priest, to the door of the Tent of Meeting, be-
fore the Lord. And the priest shall take the lamb of the guilt   24
offering, and the log of oil, and the priest shall wave them for a
wave offering before the Lord: and he shall kill the lamb of the   25
guilt offering, and the priest shall take some of the blood of the
guilt offering, and put it upon the tip of the right ear of him that
is to be cleansed, and upon the thumb of his right hand, and
upon the great toe of his right foot: and the priest shall pour   26
of the oil into the palm of his own left hand: and the priest shall   27
sprinkle with his right finger some of the oil that is in his left
hand seven times before the Lord: and the priest shall put of   28
the oil that is in his hand upon the tip of the right ear of him
that is to be cleansed, and upon the thumb of his right hand,
and upon the great toe of his right foot, upon the place of the
blood of the guilt offering: and the rest of the oil that is in the   29
priest's hand he shall put upon the head of him that is to be
cleansed, to make atonement for him before the Lord. And he   30
shall offer one of the turtledoves, or of the young pigeons, such

לא הַיּוֹנָה מֵאֲשֶׁר תַּשִּׂיג יָדוֹ: אֵת אֲשֶׁר־תַּשִּׂיג יָדוֹ אֶת־הָאֶחָד
חַטָּאת וְאֶת־הָאֶחָד עֹלָה עַל־הַמִּנְחָה וְכִפֶּר הַכֹּהֵן עַל הַמִּטַּהֵר
לב לִפְנֵי יהוה: זֹאת תּוֹרַת אֲשֶׁר־בּוֹ נֶגַע צָרָעַת אֲשֶׁר לֹא־תַשִּׂיג
יָדוֹ בְּטָהֳרָתוֹ:
רביעי /ששי/ לג לד וַיְדַבֵּר יהוה אֶל־מֹשֶׁה וְאֶל־אַהֲרֹן לֵאמֹר: כִּי תָבֹאוּ אֶל־אֶרֶץ
כְּנַעַן אֲשֶׁר אֲנִי נֹתֵן לָכֶם לַאֲחֻזָּה וְנָתַתִּי נֶגַע צָרַעַת בְּבֵית
לה אֶרֶץ אֲחֻזַּתְכֶם: וּבָא אֲשֶׁר־לוֹ הַבַּיִת וְהִגִּיד לַכֹּהֵן לֵאמֹר
לו כְּנֶגַע נִרְאָה לִי בַּבָּיִת: וְצִוָּה הַכֹּהֵן וּפִנּוּ אֶת־הַבַּיִת בְּטֶרֶם
יָבֹא הַכֹּהֵן לִרְאוֹת אֶת־הַנֶּגַע וְלֹא יִטְמָא כָּל־אֲשֶׁר בַּבָּיִת וְאַחַר
לז כֵּן יָבֹא הַכֹּהֵן לִרְאוֹת אֶת־הַבָּיִת: וְרָאָה אֶת־הַנֶּגַע וְהִנֵּה
הַנֶּגַע בְּקִירֹת הַבַּיִת שְׁקַעֲרוּרֹת יְרַקְרַקֹּת אוֹ אֲדַמְדַּמֹּת וּמַרְאֵיהֶן
לח שָׁפָל מִן־הַקִּיר: וְיָצָא הַכֹּהֵן מִן־הַבַּיִת אֶל־פֶּתַח הַבָּיִת וְהִסְגִּיר
לט אֶת־הַבַּיִת שִׁבְעַת יָמִים: וְשָׁב הַכֹּהֵן בַּיּוֹם הַשְּׁבִיעִי וְרָאָה וְהִנֵּה
מ פָּשָׂה הַנֶּגַע בְּקִירֹת הַבָּיִת: וְצִוָּה הַכֹּהֵן וְחִלְּצוּ אֶת־הָאֲבָנִים
אֲשֶׁר בָּהֵן הַנָּגַע וְהִשְׁלִיכוּ אֶתְהֶן אֶל־מִחוּץ לָעִיר אֶל־מָקוֹם
מא טָמֵא: וְאֶת־הַבַּיִת יַקְצִעַ מִבַּיִת סָבִיב וְשָׁפְכוּ אֶת־הֶעָפָר אֲשֶׁר
מב הִקְצוּ אֶל־מִחוּץ לָעִיר אֶל־מָקוֹם טָמֵא: וְלָקְחוּ אֲבָנִים אֲחֵרוֹת
וְהֵבִיאוּ אֶל־תַּחַת הָאֲבָנִים וְעָפָר אַחֵר יִקַּח וְטָח אֶת־הַבָּיִת:
מג וְאִם־יָשׁוּב הַנֶּגַע וּפָרַח בַּבַּיִת אַחַר חִלֵּץ אֶת־הָאֲבָנִים וְאַחֲרֵי
מד הִקְצוֹת אֶת־הַבַּיִת וְאַחֲרֵי הִטּוֹחַ: וּבָא הַכֹּהֵן וְרָאָה וְהִנֵּה פָּשָׂה
מה הַנֶּגַע בַּבָּיִת צָרַעַת מַמְאֶרֶת הִוא בַּבַּיִת טָמֵא הוּא: וְנָתַץ
אֶת־הַבַּיִת אֶת־אֲבָנָיו וְאֶת־עֵצָיו וְאֵת כָּל־עֲפַר הַבָּיִת וְהוֹצִיא
מו אֶל־מִחוּץ לָעִיר אֶל־מָקוֹם טָמֵא: וְהַבָּא אֶל־הַבַּיִת כָּל־יְמֵי
מז הִסְגִּיר אֹתוֹ יִטְמָא עַד־הָעָרֶב: וְהַשֹּׁכֵב בַּבַּיִת יְכַבֵּס אֶת־בְּגָדָיו
מח וְהָאֹכֵל בַּבַּיִת יְכַבֵּס אֶת־בְּגָדָיו: וְאִם־בֹּא יָבֹא הַכֹּהֵן וְרָאָה
וְהִנֵּה לֹא־פָשָׂה הַנֶּגַע בַּבַּיִת אַחֲרֵי הִטֹּחַ אֶת־הַבָּיִת וְטִהַר
מט הַכֹּהֵן אֶת־הַבַּיִת כִּי נִרְפָּא הַנָּגַע: וְלָקַח לְחַטֵּא אֶת־הַבַּיִת
נ שְׁתֵּי צִפֳּרִים וְעֵץ אֶרֶז וּשְׁנִי תוֹלַעַת וְאֵזֹב: וְשָׁחַט אֶת־הַצִּפֹּר
נא הָאֶחָת אֶל־כְּלִי־חֶרֶשׂ עַל־מַיִם חַיִּים: וְלָקַח אֶת־עֵץ־הָאֶרֶז
וְאֶת־הָאֵזֹב וְאֵת ׀ שְׁנִי הַתּוֹלַעַת וְאֵת הַצִּפֹּר הַחַיָּה וְטָבַל אֹתָם
בְּדַם הַצִּפֹּר הַשְּׁחוּטָה וּבַמַּיִם הַחַיִּים וְהִזָּה אֶל־הַבַּיִת שֶׁבַע
נב פְּעָמִים: וְחִטֵּא אֶת־הַבַּיִת בְּדַם הַצִּפּוֹר וּבַמַּיִם הַחַיִּים וּבַצִּפֹּר
נג הַחַיָּה וּבְעֵץ הָאֶרֶז וּבָאֵזֹב וּבִשְׁנִי הַתּוֹלָעַת: וְשִׁלַּח אֶת־הַצִּפֹּר
הַחַיָּה אֶל־מִחוּץ לָעִיר אֶל־פְּנֵי הַשָּׂדֶה וְכִפֶּר עַל־הַבַּיִת וְטָהֵר:
חמישי נד נה זֹאת הַתּוֹרָה לְכָל־נֶגַע הַצָּרַעַת וְלַנָּתֶק: וּלְצָרַעַת הַבֶּגֶד וְלַבָּיִת:

as his means permit; even such as his means permit, the one for 31
a sin offering, and the other for a burnt offering, with the meal
offering: and the priest shall make atonement for him that is to
be cleansed before the LORD. This is the Tora of him in whom 32
is the plague of ẕara'at whose means do not permit much for
his cleansing.
And the LORD spoke to Moshe and to Aharon, saying, When you 33
come into the land of Kena'an, which I give to you for a posses- 34
sion, and I put the plague of ẕara'at in a house of the land of
your possession; and he that owns the house shall come and 35
tell the priest, saying, It seems to me there is as it were a plague
in the house: then the priest shall command that they empty 36
the house, before the priest go into it to see the plague, so that
all that is in the house be not made unclean: and afterward the
priest shall go in to see the house: and he shall look at the 37
plague, and, behold, if the plague be in the walls of the house
in greenish or reddish depressions, which in sight are lower than
the wall; then the priest shall go out of the house to the door 38
of the house, and shut up the house seven days: and the priest 39
shall come back on the seventh day, and shall look: and, behold,
if the plague be spread in the walls of the house; then the priest 40
shall command that they take away the stones in which the
plague is, and they shall cast them into an unclean place outside
the city: and he shall cause the house to be scraped within 41
round-about, and they shall pour out the dust that they scrape
off outside the city in an unclean place: and they shall take 42
other stones, and put them in the place of those stones; and he
shall take other mortar, and shall plaster the house. And if the 43
plague come back, and break out in the house, after he has
taken away the stones, and after he has scraped the house, and
after it is plastered; then the priest shall come and look, and, 44
behold, if the plague be spread in the house, it is a malignant
ẕara'at in the house: it is unclean. And he shall break down the 45
house, the stones of it, and its timber, and all the mortar of the
house; and he shall carry them out of the city into an unclean
place. Moreover he that goes into the house all the while that 46
it is shut up shall be unclean until evening. And he that lies in 47
the house shall wash his clothes; and he that eats in the house
shall wash his clothes. And if the priest shall come in, and look 48
upon it, and, behold, the plague has not spread in the house,
after the house was plastered: then the priest shall pronounce
the house clean, because the plague is healed. And he shall take 49
to cleanse the house two birds, and cedar wood, and scarlet, and
hyssop: and he shall kill one of the birds in an earthen vessel 50
over running water: and he shall take the cedar wood, and the 51
hyssop, and the scarlet, and the living bird, and dip them in the
blood of the slaughtered bird, and in the running water, and
sprinkle the house seven times: and he shall cleanse the house 52
with the blood of the bird, and with the running water, and with
the living bird, and with the cedar wood, and with the hyssop,
and with the scarlet: but he shall let go the living bird out of 53
the city into the open fields, and make atonement for the house:
and it shall be clean. This is the Tora for all manner of plague 54

נו נז וְלַשְׂאֵת וְלַסַּפַּחַת וְלַבֶּהָרֶת: לְהוֹרֹת בְּיוֹם הַטָּמֵא וּבְיוֹם הַטָּהֹר
זֹאת תּוֹרַת הַצָּרָעַת:
טו א ב וַיְדַבֵּר יְהוָה אֶל־מֹשֶׁה וְאֶל־אַהֲרֹן לֵאמֹר: דַּבְּרוּ אֶל־בְּנֵי יִשְׂרָאֵל יא
וַאֲמַרְתֶּם אֲלֵהֶם אִישׁ אִישׁ כִּי יִהְיֶה זָב מִבְּשָׂרוֹ זוֹבוֹ טָמֵא הוּא:
ג וְזֹאת תִּהְיֶה טֻמְאָתוֹ בְּזוֹבוֹ רָר בְּשָׂרוֹ אֶת־זוֹבוֹ אוֹ־הֶחְתִּים
ד בְּשָׂרוֹ מִזּוֹבוֹ טֻמְאָתוֹ הִוא: כָּל־הַמִּשְׁכָּב אֲשֶׁר יִשְׁכַּב עָלָיו
ה הַזָּב יִטְמָא וְכָל־הַכְּלִי אֲשֶׁר־יֵשֵׁב עָלָיו יִטְמָא: וְאִישׁ אֲשֶׁר יִגַּע
ו בְּמִשְׁכָּבוֹ יְכַבֵּס בְּגָדָיו וְרָחַץ בַּמַּיִם וְטָמֵא עַד־הָעָרֶב: וְהַיֹּשֵׁב
עַל־הַכְּלִי אֲשֶׁר־יֵשֵׁב עָלָיו הַזָּב יְכַבֵּס בְּגָדָיו וְרָחַץ בַּמַּיִם וְטָמֵא
ז עַד־הָעָרֶב: וְהַנֹּגֵעַ בִּבְשַׂר הַזָּב יְכַבֵּס בְּגָדָיו וְרָחַץ בַּמַּיִם וְטָמֵא
ח עַד־הָעָרֶב: וְכִי־יָרֹק הַזָּב בַּטָּהוֹר וְכִבֶּס בְּגָדָיו וְרָחַץ בַּמַּיִם
ט וְטָמֵא עַד־הָעָרֶב: וְכָל־הַמֶּרְכָּב אֲשֶׁר יִרְכַּב עָלָיו הַזָּב יִטְמָא:
י וְכָל־הַנֹּגֵעַ בְּכֹל אֲשֶׁר יִהְיֶה תַחְתָּיו יִטְמָא עַד־הָעָרֶב וְהַנּוֹשֵׂא
יא אוֹתָם יְכַבֵּס בְּגָדָיו וְרָחַץ בַּמַּיִם וְטָמֵא עַד־הָעָרֶב: וְכֹל אֲשֶׁר
יִגַּע־בּוֹ הַזָּב וְיָדָיו לֹא־שָׁטַף בַּמָּיִם וְכִבֶּס בְּגָדָיו וְרָחַץ בַּמַּיִם
יב וְטָמֵא עַד־הָעָרֶב: וּכְלִי־חֶרֶשׂ אֲשֶׁר־יִגַּע־בּוֹ הַזָּב יִשָּׁבֵר וְכָל־
יג כְּלִי־עֵץ יִשָּׁטֵף בַּמָּיִם: וְכִי־יִטְהַר הַזָּב מִזּוֹבוֹ וְסָפַר לוֹ שִׁבְעַת
יָמִים לְטָהֳרָתוֹ וְכִבֶּס בְּגָדָיו וְרָחַץ בְּשָׂרוֹ בְּמַיִם חַיִּים וְטָהֵר:
יד וּבַיּוֹם הַשְּׁמִינִי יִקַּח־לוֹ שְׁתֵּי תֹרִים אוֹ שְׁנֵי בְּנֵי יוֹנָה וּבָא ׀ לִפְנֵי
טו יְהוָה אֶל־פֶּתַח אֹהֶל מוֹעֵד וּנְתָנָם אֶל־הַכֹּהֵן: וְעָשָׂה אֹתָם
הַכֹּהֵן אֶחָד חַטָּאת וְהָאֶחָד עֹלָה וְכִפֶּר עָלָיו הַכֹּהֵן לִפְנֵי יְהוָה
טז מִזּוֹבוֹ: וְאִישׁ כִּי־תֵצֵא מִמֶּנּוּ שִׁכְבַת־זָרַע וְרָחַץ ששי/שביעי
יז בַּמַּיִם אֶת־כָּל־בְּשָׂרוֹ וְטָמֵא עַד־הָעָרֶב: וְכָל־בֶּגֶד וְכָל־עוֹר
אֲשֶׁר־יִהְיֶה עָלָיו שִׁכְבַת־זָרַע וְכֻבַּס בַּמַּיִם וְטָמֵא עַד־הָעָרֶב:
יח וְאִשָּׁה אֲשֶׁר יִשְׁכַּב אִישׁ אֹתָהּ שִׁכְבַת־זָרַע וְרָחֲצוּ בַמַּיִם וְטָמְאוּ
עַד־הָעָרֶב:
יט וְאִשָּׁה כִּי־תִהְיֶה זָבָה דָּם יִהְיֶה זֹבָהּ בִּבְשָׂרָהּ שִׁבְעַת יָמִים
כ תִּהְיֶה בְנִדָּתָהּ וְכָל־הַנֹּגֵעַ בָּהּ יִטְמָא עַד־הָעָרֶב: וְכֹל אֲשֶׁר
כא תִּשְׁכַּב עָלָיו בְּנִדָּתָהּ יִטְמָא וְכֹל אֲשֶׁר־תֵּשֵׁב עָלָיו יִטְמָא: וְכָל־
הַנֹּגֵעַ בְּמִשְׁכָּבָהּ יְכַבֵּס בְּגָדָיו וְרָחַץ בַּמַּיִם וְטָמֵא עַד־הָעָרֶב:
כב וְכָל־הַנֹּגֵעַ בְּכָל־כְּלִי אֲשֶׁר־תֵּשֵׁב עָלָיו יְכַבֵּס בְּגָדָיו וְרָחַץ בַּמַּיִם
כג וְטָמֵא עַד־הָעָרֶב: וְאִם עַל־הַמִּשְׁכָּב הוּא אוֹ עַל־הַכְּלִי אֲשֶׁר־

of ẕara'at, and the patch, and for the ẕara'at of a garment, and 55
of a house, and for a swelling, and for a scab, and for a bright 56
spot: to teach when it is unclean, and when it is clean: this is 57
the Tora of ẕara'at.

15

And the LORD spoke to Moshe and to Aharon, saying, Speak to 1,2
the children of Yisra'el, and say to them, When any man has a
running issue out of his flesh, because of his issue he is unclean.
And this shall be his uncleanness in his issue: whether his flesh 3
run with his issue, or his flesh be stopped from his issue, it is
his uncleanness. Every bed, whereon he that has the issue lies 4
down, is unclean: and everything, whereon he sits, shall be
unclean. And whoever touches his bed shall wash his clothes, 5
and bathe himself in water, and be unclean until evening. And 6
he that sits on anything on which he that has the issue sat, shall
wash his clothes, and bathe himself in water, and be unclean
until evening. And he that touches the flesh of him that has the 7
issue shall wash his clothes, and bathe himself in water, and be
unclean until evening. And if he that has the issue spit upon 8
him that is clean; then he shall wash his clothes, and bathe him-
self in water, and be unclean until evening. And whatever saddle 9
he that has the issue rides upon, shall be unclean. And whoever 10
touches anything that was under him shall be unclean until
evening: and he that bears any of those things shall wash his
clothes, and bathe himself in water, and be unclean until evening.
And whomever he touches that has the issue, and has not rinsed 11
his hands in water, he shall wash his clothes, and bathe himself
in water, and be unclean until evening. And the vessel of earth, 12
that he who has the issue touches, shall be broken: and every
vessel of wood shall be rinsed in water. And when he that has 13
an issue is cleansed of his issue; then he shall number to himself
seven days for his cleansing, and wash his clothes, and bathe his
flesh in running water, and he shall be clean. And on the eighth 14
day he shall take for himself two turtledoves, or two young
pigeons, and come before the LORD to the door of the Tent of
Meeting, and give them to the priest: and the priest shall offer 15
them, the one for a sin offering, and the other for a burnt offer-
ing; and the priest shall make atonement for him before the
LORD because of his issue. And if the semen goes out from 16
a man, then he shall bathe all his flesh in water, and be unclean
until evening. And every garment, and every skin, on which the 17
semen is, shall be washed with water and be unclean until even-
ing. The woman also with whom a man shall lie with emission 18
of semen, they shall both bathe themselves in water, and be
unclean until evening.
And if a woman have an issue, and her issue in her flesh be 19
blood, she shall be seven days in her menstrual separation: and
whoever touches her shall be unclean until evening. And every- 20
thing that she lies upon in her separation shall be unclean:
everything also that she sits upon shall be unclean. And whoever 21
touches her bed shall wash his clothes, and bathe himself in
water, and be unclean until evening. And whoever touches any- 22
thing that she sat upon shall wash his clothes, and bathe himself
in water, and be unclean until evening. And if it be on her bed, 23

הוּא יֹשֶׁבֶת־עָלָיו בְּנָגְעוֹ־בוֹ יִטְמָא עַד־הָעָרֶב׃ וְאִם שָׁכֹב יִשְׁכַּב כד
אִישׁ אֹתָהּ וּתְהִי נִדָּתָהּ עָלָיו וְטָמֵא שִׁבְעַת יָמִים וְכָל־הַמִּשְׁכָּב
יב אֲשֶׁר־יִשְׁכַּב עָלָיו יִטְמָא׃ וְאִשָּׁה כִּי־יָזוּב זוֹב כה
דָּמָהּ יָמִים רַבִּים בְּלֹא עֶת־נִדָּתָהּ אוֹ כִי־תָזוּב עַל־נִדָּתָהּ כָּל־
יְמֵי זוֹב טֻמְאָתָהּ כִּימֵי נִדָּתָהּ תִּהְיֶה טְמֵאָה הִוא׃ כָּל־הַמִּשְׁכָּב כו
אֲשֶׁר תִּשְׁכַּב עָלָיו כָּל־יְמֵי זוֹבָהּ כְּמִשְׁכַּב נִדָּתָהּ יִהְיֶה־לָּהּ
וְכָל־הַכְּלִי אֲשֶׁר תֵּשֵׁב עָלָיו טָמֵא יִהְיֶה כְּטֻמְאַת נִדָּתָהּ׃
וְכָל־הַנּוֹגֵעַ בָּם יִטְמָא וְכִבֶּס בְּגָדָיו וְרָחַץ בַּמַּיִם וְטָמֵא עַד־ כז
הָעָרֶב׃ וְאִם־טָהֲרָה מִזּוֹבָהּ וְסָפְרָה לָּהּ שִׁבְעַת יָמִים וְאַחַר כח
שביעי תִּטְהָר׃ וּבַיּוֹם הַשְּׁמִינִי תִּקַּח־לָהּ שְׁתֵּי תֹרִים אוֹ שְׁנֵי בְּנֵי יוֹנָה כט
וְהֵבִיאָה אוֹתָם אֶל־הַכֹּהֵן אֶל־פֶּתַח אֹהֶל מוֹעֵד׃ וְעָשָׂה הַכֹּהֵן ל
אֶת־הָאֶחָד חַטָּאת וְאֶת־הָאֶחָד עֹלָה וְכִפֶּר עָלֶיהָ הַכֹּהֵן לִפְנֵי
מפטיר יְהוָה מִזּוֹב טֻמְאָתָהּ׃ וְהִזַּרְתֶּם אֶת־בְּנֵי־יִשְׂרָאֵל מִטֻּמְאָתָם לא
וְלֹא יָמֻתוּ בְּטֻמְאָתָם בְּטַמְּאָם אֶת־מִשְׁכָּנִי אֲשֶׁר בְּתוֹכָם׃ זֹאת לב
תּוֹרַת הַזָּב וַאֲשֶׁר תֵּצֵא מִמֶּנּוּ שִׁכְבַת־זֶרַע לְטָמְאָה־בָהּ׃ וְהַדָּוָה לג
בְּנִדָּתָהּ וְהַזָּב אֶת־זוֹבוֹ לַזָּכָר וְלַנְּקֵבָה וּלְאִישׁ אֲשֶׁר יִשְׁכַּב עִם־
טְמֵאָה׃

אחרי מות וַיְדַבֵּר יְהוָה אֶל־מֹשֶׁה אַחֲרֵי מוֹת שְׁנֵי בְּנֵי אַהֲרֹן בְּקָרְבָתָם טז א
לִפְנֵי־יְהוָה וַיָּמֻתוּ׃ וַיֹּאמֶר יְהוָה אֶל־מֹשֶׁה דַּבֵּר אֶל־אַהֲרֹן אָחִיךָ ב
וְאַל־יָבֹא בְכָל־עֵת אֶל־הַקֹּדֶשׁ מִבֵּית לַפָּרֹכֶת אֶל־פְּנֵי הַכַּפֹּרֶת
אֲשֶׁר עַל־הָאָרֹן וְלֹא יָמוּת כִּי בֶּעָנָן אֵרָאֶה עַל־הַכַּפֹּרֶת׃ בְּזֹאת ג
יָבֹא אַהֲרֹן אֶל־הַקֹּדֶשׁ בְּפַר בֶּן־בָּקָר לְחַטָּאת וְאַיִל לְעֹלָה׃
כְּתֹנֶת־בַּד קֹדֶשׁ יִלְבָּשׁ וּמִכְנְסֵי־בַד יִהְיוּ עַל־בְּשָׂרוֹ וּבְאַבְנֵט ד
בַּד יַחְגֹּר וּבְמִצְנֶפֶת בַּד יִצְנֹף בִּגְדֵי־קֹדֶשׁ הֵם וְרָחַץ בַּמַּיִם אֶת־
בְּשָׂרוֹ וּלְבֵשָׁם׃ וּמֵאֵת עֲדַת בְּנֵי יִשְׂרָאֵל יִקַּח שְׁנֵי־שְׂעִירֵי עִזִּים ה
לְחַטָּאת וְאַיִל אֶחָד לְעֹלָה׃ וְהִקְרִיב אַהֲרֹן אֶת־פַּר הַחַטָּאת ו
אֲשֶׁר־לוֹ וְכִפֶּר בַּעֲדוֹ וּבְעַד בֵּיתוֹ׃ וְלָקַח אֶת־שְׁנֵי הַשְּׂעִירִם ז
וְהֶעֱמִיד אֹתָם לִפְנֵי יְהוָה פֶּתַח אֹהֶל מוֹעֵד׃ וְנָתַן אַהֲרֹן עַל־ ח
שְׁנֵי הַשְּׂעִירִם גֹּרָלוֹת גּוֹרָל אֶחָד לַיהוָה וְגוֹרָל אֶחָד לַעֲזָאזֵל׃
וְהִקְרִיב אַהֲרֹן אֶת־הַשָּׂעִיר אֲשֶׁר עָלָה עָלָיו הַגּוֹרָל לַיהוָה ט
וְעָשָׂהוּ חַטָּאת׃ וְהַשָּׂעִיר אֲשֶׁר עָלָה עָלָיו הַגּוֹרָל לַעֲזָאזֵל יָעֳמַד־ י
חַי לִפְנֵי יְהוָה לְכַפֵּר עָלָיו לְשַׁלַּח אֹתוֹ לַעֲזָאזֵל הַמִּדְבָּרָה׃
וְהִקְרִיב אַהֲרֹן אֶת־פַּר הַחַטָּאת אֲשֶׁר־לוֹ וְכִפֶּר בַּעֲדוֹ וּבְעַד יא

or on anything whereon she sits, when he touches it, he shall
24 be unclean until evening. And if any man lie with her at all, and
her menstrual flow be upon him, he shall be unclean seven days:
25 and all the bed on which he lies shall be unclean. And if
a woman have an issue of her blood many days not in the time
of her menstruation, or if it run beyond the time of her men-
struation; all the days of the issue of her uncleanness shall be
26 as the days of her menstruation: she shall be unclean. Every
bed on which she lies all the days of her issue shall be to her as
the bed of her menstruation: and whatever she sits upon shall
27 be unclean, as the uncleanness of her menstruation. And whoever
touches those things shall be unclean, and shall wash his clothes,
28 and bathe himself in water, and be unclean until evening. But if
she be cleansed of her issue, then she shall number to herself
29 seven days, and after that she shall be clean. And on the eighth
day she shall take for herself two turtles, or two young pigeons,
and bring them to the priest, to the door of the Tent of Meeting.
30 And the priest shall offer the one for a sin offering, and the other
for a burnt offering; and the priest shall make atonement for
31 her before the LORD for the issue of her uncleanness. Thus shall
you separate the children of Yisra'el from their uncleanness;
that they die not in their uncleanness, when they defile my
32 tabernacle that is among them. This is the Tora of him that has
an issue, and of him whose semen goes from him, and he is defiled
33 with it; and of her that is sick in her menstrual flow, and of him
that has an issue, of the man, and of the woman, and of him that
lies with her that is unclean.

AHARE MOT

16 And the LORD spoke to Moshe after the death of the two sons of
2 Aharon, when they came near before the LORD, and died; and
the LORD said to Moshe, Speak to Aharon thy brother, that he
come not at all times into the holy place within the veil before
the covering, which is upon the ark; that he die not: for I appear
3 in the cloud upon the ark cover. Thus shall Aharon come into
the holy place: with a young bullock for a sin offering, and a
4 ram for a burnt offering. He shall put on the holy linen coat, and
he shall have the linen breeches upon his flesh, and shall be
girded with a linen girdle, and with the linen mitre shall he be
attired: these are holy garments; therefore shall he bathe his
5 flesh in water, and so put them on. And he shall take from the
congregation of the children of Yisra'el two kids of the goats
6 for a sin offering, and one ram for a burnt offering. And Aharon
shall offer the bullock of the sin offering, which is for himself,
7 and make atonement for himself, and for his house. And he
shall take the two goats, and present them before the LORD at
8 the door of the Tent of Meeting. And Aharon shall cast lots
upon the two goats; one lot for the LORD, and the other lot for
9 'Azazel. And Aharon shall bring the goat upon which the LORD's
10 lot fell, and offer it for a sin offering. But the goat, on which
the lot fell for 'Azazel, shall be presented alive before the LORD,
to make atonement over him, and to let him go to 'Azazel into
11 the wilderness. And Aharon shall bring the bullock of the sin
offering, which is for himself, and shall make atonement for
himself, and for his house, and shall kill the bullock of the sin

יב בֵּיתוֹ וְשָׁחַט אֶת־פַּר הַחַטָּאת אֲשֶׁר־לוֹ: וְלָקַח מְלֹא־הַמַּחְתָּה
גַּחֲלֵי־אֵשׁ מֵעַל הַמִּזְבֵּחַ מִלִּפְנֵי יהוה וּמְלֹא חָפְנָיו קְטֹרֶת סַמִּים
יג דַּקָּה וְהֵבִיא מִבֵּית לַפָּרֹכֶת: וְנָתַן אֶת־הַקְּטֹרֶת עַל־הָאֵשׁ לִפְנֵי
יהוה וְכִסָּה ׀ עֲנַן הַקְּטֹרֶת אֶת־הַכַּפֹּרֶת אֲשֶׁר עַל־הָעֵדוּת וְלֹא
יד יָמוּת: וְלָקַח מִדַּם הַפָּר וְהִזָּה בְאֶצְבָּעוֹ עַל־פְּנֵי הַכַּפֹּרֶת קֵדְמָה
טו וְלִפְנֵי הַכַּפֹּרֶת יַזֶּה שֶׁבַע־פְּעָמִים מִן־הַדָּם בְּאֶצְבָּעוֹ: וְשָׁחַט
אֶת־שְׂעִיר הַחַטָּאת אֲשֶׁר לָעָם וְהֵבִיא אֶת־דָּמוֹ אֶל־מִבֵּית
לַפָּרֹכֶת וְעָשָׂה אֶת־דָּמוֹ כַּאֲשֶׁר עָשָׂה לְדַם הַפָּר וְהִזָּה אֹתוֹ עַל־
טז הַכַּפֹּרֶת וְלִפְנֵי הַכַּפֹּרֶת: וְכִפֶּר עַל־הַקֹּדֶשׁ מִטֻּמְאֹת בְּנֵי יִשְׂרָאֵל
וּמִפִּשְׁעֵיהֶם לְכָל־חַטֹּאתָם וְכֵן יַעֲשֶׂה לְאֹהֶל מוֹעֵד הַשֹּׁכֵן אִתָּם
יז בְּתוֹךְ טֻמְאֹתָם: וְכָל־אָדָם לֹא־יִהְיֶה ׀ בְּאֹהֶל מוֹעֵד בְּבֹאוֹ
לְכַפֵּר בַּקֹּדֶשׁ עַד־צֵאתוֹ וְכִפֶּר בַּעֲדוֹ וּבְעַד בֵּיתוֹ וּבְעַד כָּל־
שני יח קְהַל יִשְׂרָאֵל: וְיָצָא אֶל־הַמִּזְבֵּחַ אֲשֶׁר לִפְנֵי־יהוה וְכִפֶּר עָלָיו
וְלָקַח מִדַּם הַפָּר וּמִדַּם הַשָּׂעִיר וְנָתַן עַל־קַרְנוֹת הַמִּזְבֵּחַ סָבִיב:
יט וְהִזָּה עָלָיו מִן־הַדָּם בְּאֶצְבָּעוֹ שֶׁבַע פְּעָמִים וְטִהֲרוֹ וְקִדְּשׁוֹ
כ מִטֻּמְאֹת בְּנֵי יִשְׂרָאֵל: וְכִלָּה מִכַּפֵּר אֶת־הַקֹּדֶשׁ וְאֶת־אֹהֶל
כא מוֹעֵד וְאֶת־הַמִּזְבֵּחַ וְהִקְרִיב אֶת־הַשָּׂעִיר הֶחָי: וְסָמַךְ אַהֲרֹן
אֶת־שְׁתֵּי יָדָו עַל־רֹאשׁ הַשָּׂעִיר הַחַי וְהִתְוַדָּה עָלָיו אֶת־כָּל־
עֲוֹנֹת בְּנֵי יִשְׂרָאֵל וְאֶת־כָּל־פִּשְׁעֵיהֶם לְכָל־חַטֹּאתָם וְנָתַן אֹתָם
כב עַל־רֹאשׁ הַשָּׂעִיר וְשִׁלַּח בְּיַד־אִישׁ עִתִּי הַמִּדְבָּרָה: וְנָשָׂא
הַשָּׂעִיר עָלָיו אֶת־כָּל־עֲוֹנֹתָם אֶל־אֶרֶץ גְּזֵרָה וְשִׁלַּח אֶת־הַשָּׂעִיר
כג בַּמִּדְבָּר: וּבָא אַהֲרֹן אֶל־אֹהֶל מוֹעֵד וּפָשַׁט אֶת־בִּגְדֵי הַבָּד
כד אֲשֶׁר לָבַשׁ בְּבֹאוֹ אֶל־הַקֹּדֶשׁ וְהִנִּיחָם שָׁם: וְרָחַץ אֶת־בְּשָׂרוֹ
בַמַּיִם בְּמָקוֹם קָדוֹשׁ וְלָבַשׁ אֶת־בְּגָדָיו וְיָצָא וְעָשָׂה אֶת־עֹלָתוֹ
שלישי/ שני/ כה וְאֶת־עֹלַת הָעָם וְכִפֶּר בַּעֲדוֹ וּבְעַד הָעָם: וְאֵת חֵלֶב הַחַטָּאת
כו יַקְטִיר הַמִּזְבֵּחָה: וְהַמְשַׁלֵּחַ אֶת־הַשָּׂעִיר לַעֲזָאזֵל יְכַבֵּס בְּגָדָיו
כז וְרָחַץ אֶת־בְּשָׂרוֹ בַּמָּיִם וְאַחֲרֵי־כֵן יָבוֹא אֶל־הַמַּחֲנֶה: וְאֵת
פַּר הַחַטָּאת וְאֵת ׀ שְׂעִיר הַחַטָּאת אֲשֶׁר הוּבָא אֶת־דָּמָם לְכַפֵּר
בַּקֹּדֶשׁ יוֹצִיא אֶל־מִחוּץ לַמַּחֲנֶה וְשָׂרְפוּ בָאֵשׁ אֶת־עֹרֹתָם וְאֶת־
כח בְּשָׂרָם וְאֶת־פִּרְשָׁם: וְהַשֹּׂרֵף אֹתָם יְכַבֵּס בְּגָדָיו וְרָחַץ אֶת־
כט בְּשָׂרוֹ בַּמָּיִם וְאַחֲרֵי־כֵן יָבוֹא אֶל־הַמַּחֲנֶה: וְהָיְתָה לָכֶם לְחֻקַּת
עוֹלָם בַּחֹדֶשׁ הַשְּׁבִיעִי בֶּעָשׂוֹר לַחֹדֶשׁ תְּעַנּוּ אֶת־נַפְשֹׁתֵיכֶם
ל וְכָל־מְלָאכָה לֹא תַעֲשׂוּ הָאֶזְרָח וְהַגֵּר הַגָּר בְּתוֹכְכֶם: כִּי־בַיּוֹם
הַזֶּה יְכַפֵּר עֲלֵיכֶם לְטַהֵר אֶתְכֶם מִכֹּל חַטֹּאתֵיכֶם לִפְנֵי יהוה

offering which is for himself: and he shall take a censer full of 12
burning coals of fire from off the altar before the Lord, and his
hands full of sweet incense beaten small, and bring it inside the
veil: and he shall put the incense upon the fire before the Lord, 13
that the cloud of the incense may cover the covering that is upon
the Testimony, that he die not: and he shall take of the blood 14
of the bullock, and sprinkle it with his finger upon the covering
eastward; and before the covering shall he sprinkle of the blood
with his finger seven times. Then shall he kill the goat of the 15
sin offering, that is for the people, and bring its blood within the
veil, and do with that blood as he did with the blood of the
bullock, and sprinkle it upon the covering, and before the cover-
ing: and he shall make atonement for the holy place, because 16
of the uncleanness of the children of Yisra'el, and because of
their transgressions in all their sins: and so shall he do for the
Tent of Meeting, that remains among them in the midst of their
uncleanness. And there shall be no man in the Tent of Meeting 17
when he goes in to make atonement in the holy place, until he
comes out, and have made atonement for himself, and for his
household, and for all the congregation of Yisra'el. And he shall 18
go out to the altar that is before the Lord, and make atonement
for it; and shall take of the blood of the bullock, and of the
blood of the goat, and put it upon the horns of the altar round
about. And he shall sprinkle of the blood upon it with his finger 19
seven times, and cleanse it, and hallow it from the uncleanness
of the children of Yisra'el. And when he has made an end of 20
atoning for the holy place, and the Tent of Meeting, and the
altar, he shall present the live goat: and Aharon shall lay both 21
his hands upon the head of the live goat, and confess over him
all the iniquities of the children of Yisra'el, and all their trans-
gressions in all their sins, putting them upon the head of the
goat, and shall send him away by the hand of an appointed man
into the wilderness: and the goat shall bear upon it all their 22
iniquities to a barren land: and he shall let go the goat in the
wilderness. And Aharon shall come into the Tent of Meeting, 23
and shall put off the linen garments, which he put on when he
went into the holy place, and shall leave them there: and he 24
shall wash his flesh with water in the holy place, and put on his
garments, and come forth, and offer his burnt offering, and the
burnt offering of the people, and make atonement for himself,
and for the people. And the fat of the sin offering shall he burn 25
upon the altar. And he that let go the goat for 'Azazel shall wash 26
his clothes, and bathe his flesh in water, and afterwards come
into the camp. And the bullock for the sin offering, and the goat 27
for the sin offering, whose blood was brought in to make atone-
ment in the holy place, shall be taken outside the camp; and
they shall burn in the fire their skins, and their flesh, and their
dung. And he that burns them shall wash his clothes, and bathe 28
his flesh in water, and afterwards he shall come into the camp.
And this shall be a statute for ever to you: that in the seventh 29
month, on the tenth day of the month, you shall afflict your souls,
and do no work at all, the home born or the stranger that
sojourns among you: for on that day will he forgive you, to 30

לא תִּטְהָרוּ: שַׁבַּת שַׁבָּתוֹן הִיא לָכֶם וְעִנִּיתֶם אֶת־נַפְשֹׁתֵיכֶם חֻקַּת
לב עוֹלָם: וְכִפֶּר הַכֹּהֵן אֲשֶׁר־יִמְשַׁח אֹתוֹ וַאֲשֶׁר יְמַלֵּא אֶת־יָדוֹ
לג לְכַהֵן תַּחַת אָבִיו וְלָבַשׁ אֶת־בִּגְדֵי הַבָּד בִּגְדֵי הַקֹּדֶשׁ: וְכִפֶּר
אֶת־מִקְדַּשׁ הַקֹּדֶשׁ וְאֶת־אֹהֶל מוֹעֵד וְאֶת־הַמִּזְבֵּחַ יְכַפֵּר וְעַל
לד הַכֹּהֲנִים וְעַל־כָּל־עַם הַקָּהָל יְכַפֵּר: וְהָיְתָה־זֹּאת לָכֶם לְחֻקַּת
עוֹלָם לְכַפֵּר עַל־בְּנֵי יִשְׂרָאֵל מִכָּל־חַטֹּאתָם אַחַת בַּשָּׁנָה וַיַּעַשׂ
כַּאֲשֶׁר צִוָּה יהוה אֶת־מֹשֶׁה:
רביעי יג
יז א ב וַיְדַבֵּר יהוה אֶל־מֹשֶׁה לֵּאמֹר: דַּבֵּר אֶל־אַהֲרֹן וְאֶל־בָּנָיו וְאֶל
כָּל־בְּנֵי יִשְׂרָאֵל וְאָמַרְתָּ אֲלֵיהֶם זֶה הַדָּבָר אֲשֶׁר־צִוָּה יהוה
ג לֵאמֹר: אִישׁ אִישׁ מִבֵּית יִשְׂרָאֵל אֲשֶׁר יִשְׁחַט שׁוֹר אוֹ־כֶשֶׂב
ד אוֹ־עֵז בַּמַּחֲנֶה אוֹ אֲשֶׁר יִשְׁחַט מִחוּץ לַמַּחֲנֶה: וְאֶל־פֶּתַח
אֹהֶל מוֹעֵד לֹא הֱבִיאוֹ לְהַקְרִיב קָרְבָּן לַיהוה לִפְנֵי מִשְׁכַּן יהוה
דָּם יֵחָשֵׁב לָאִישׁ הַהוּא דָּם שָׁפָךְ וְנִכְרַת הָאִישׁ הַהוּא מִקֶּרֶב
ה עַמּוֹ: לְמַעַן אֲשֶׁר יָבִיאוּ בְּנֵי יִשְׂרָאֵל אֶת־זִבְחֵיהֶם אֲשֶׁר הֵם
זֹבְחִים עַל־פְּנֵי הַשָּׂדֶה וֶהֱבִיאֻם לַיהוה אֶל־פֶּתַח אֹהֶל מוֹעֵד
ו אֶל־הַכֹּהֵן וְזָבְחוּ זִבְחֵי שְׁלָמִים לַיהוה אוֹתָם: וְזָרַק הַכֹּהֵן אֶת־
הַדָּם עַל־מִזְבַּח יהוה פֶּתַח אֹהֶל מוֹעֵד וְהִקְטִיר הַחֵלֶב לְרֵיחַ
ז נִיחֹחַ לַיהוה: וְלֹא־יִזְבְּחוּ עוֹד אֶת־זִבְחֵיהֶם לַשְּׂעִירִם אֲשֶׁר הֵם
חמישי (שלישי)
ח זֹנִים אַחֲרֵיהֶם חֻקַּת עוֹלָם תִּהְיֶה־זֹּאת לָהֶם לְדֹרֹתָם: וַאֲלֵהֶם
תֹּאמַר אִישׁ אִישׁ מִבֵּית יִשְׂרָאֵל וּמִן־הַגֵּר אֲשֶׁר־יָגוּר בְּתוֹכָם
ט אֲשֶׁר־יַעֲלֶה עֹלָה אוֹ־זָבַח: וְאֶל־פֶּתַח אֹהֶל מוֹעֵד לֹא יְבִיאֶנּוּ
י לַעֲשׂוֹת אֹתוֹ לַיהוה וְנִכְרַת הָאִישׁ הַהוּא מֵעַמָּיו: וְאִישׁ אִישׁ
מִבֵּית יִשְׂרָאֵל וּמִן־הַגֵּר הַגָּר בְּתוֹכָם אֲשֶׁר יֹאכַל כָּל־דָּם
וְנָתַתִּי פָנַי בַּנֶּפֶשׁ הָאֹכֶלֶת אֶת־הַדָּם וְהִכְרַתִּי אֹתָהּ מִקֶּרֶב
יא עַמָּהּ: כִּי־נֶפֶשׁ הַבָּשָׂר בַּדָּם הִוא וַאֲנִי נְתַתִּיו לָכֶם עַל־הַמִּזְבֵּחַ
יב לְכַפֵּר עַל־נַפְשֹׁתֵיכֶם כִּי־הַדָּם הוּא בַּנֶּפֶשׁ יְכַפֵּר: עַל־כֵּן
אָמַרְתִּי לִבְנֵי יִשְׂרָאֵל כָּל־נֶפֶשׁ מִכֶּם לֹא־תֹאכַל דָּם וְהַגֵּר
יג הַגָּר בְּתוֹכְכֶם לֹא־יֹאכַל דָּם: וְאִישׁ אִישׁ מִבְּנֵי יִשְׂרָאֵל וּמִן־
הַגֵּר הַגָּר בְּתוֹכָם אֲשֶׁר יָצוּד צֵיד חַיָּה אוֹ־עוֹף אֲשֶׁר יֵאָכֵל
יד וְשָׁפַךְ אֶת־דָּמוֹ וְכִסָּהוּ בֶּעָפָר: כִּי־נֶפֶשׁ כָּל־בָּשָׂר דָּמוֹ בְנַפְשׁוֹ
הוּא וָאֹמַר לִבְנֵי יִשְׂרָאֵל דַּם כָּל־בָּשָׂר לֹא תֹאכֵלוּ כִּי נֶפֶשׁ
טו כָּל־בָּשָׂר דָּמוֹ הִוא כָּל־אֹכְלָיו יִכָּרֵת: וְכָל־נֶפֶשׁ אֲשֶׁר תֹּאכַל
נְבֵלָה וּטְרֵפָה בָּאֶזְרָח וּבַגֵּר וְכִבֶּס בְּגָדָיו וְרָחַץ בַּמַּיִם וְטָמֵא

cleanse you, that you may be clean from all your sins before
the Lord. It shall be a sabbath of solemn rest to you, and you   31
shall afflict your souls, by a statute for ever. And the priest, who   32
shall be anointed, and who shall be consecrated to minister in
the priest's office in his father's stead, shall make the atonement,
and shall put on the linen clothes, the holy garments: and he   33
shall make atonement for the holy sanctuary, and he shall make
atonement for the Tent of Meeting, and for the altar, and he
shall make atonement for the priests, and for all the people of
the congregation. And this shall be an everlasting statute to you,   34
to make atonement for the children of Yisra'el for all their sins
once a year. And he did as the Lord commanded Moshe.   **17**
And the Lord spoke to Moshe saying, Speak to Aharon, and to   1, 2
his sons, and to all the children of Yisra'el, and say to them;
This is the thing which the Lord has commanded, saying, What   3
man soever there be of the house of Yisra'el, that kills an ox,
or lamb, or goat, in the camp, or that kills it outside the camp,
and brings it not to the door of the Tent of Meeting, to offer   4
an offering to the Lord before the tabernacle of the Lord; blood
shall be imputed to that man; he has shed blood; and that man
shall be cut off from among his people: to the end that the   5
children of Yisra'el may bring their sacrifices, which they offer
in the open field, that they may bring them to the Lord, to the
door of the Tent of Meeting, to the priest, and offer them for
peace offerings to the Lord. And the priest shall sprinkle the   6
blood upon the altar of the Lord at the door of the Tent of
Meeting, and burn the fat for a sweet savour to the Lord. And   7
they shall no more offer their sacrifices to the demons, after
whom they have gone astray. This shall be a statute for ever
to them throughout their generations. And thou shalt say to   8
them, Whatever man there be of the house of Yisra'el, or of the
strangers who sojourn among you, that offers a burnt offering
or sacrifice, and brings it not to the door of the Tent of Meeting,   9
to offer it to the Lord; that man shall be cut off from among his
people. And whatever man there be of the house of Yisra'el,   10
or of the strangers that sojourn among you, that eats any
manner of blood: then I will set my face against that person
that eats blood, and will cut him off from among his people. For   11
the life of the flesh is in the blood: and I have given it to you
upon the altar to make atonement for your souls: for it is the
blood that makes an atonement for the soul. Therefore I said to   12
the children of Yisra'el, None of you shall eat blood, neither shall
any stranger that sojourns among you eat blood. And whatever   13
man there be of the children of Yisra'el, or of the strangers that
sojourn among you, who hunts venison of any beast or bird
that may be eaten; he shall even pour out its blood, and cover
it with dust. For the life of all flesh is its blood, on which its life   14
depends: therefore I said to the children of Yisra'el, you shall
eat the blood of no manner of flesh: for the life of all flesh is its
blood: whoever eats it shall be cut off. And every person that   15
eats that which died of itself, or that which was torn by beasts,
whether it be one of your own country, or a stranger, he shall
both wash his clothes, and bathe himself in water, and be un-

טז עַד־הָעֶרֶב וְטָהֵר׃ וְאִם לֹא יְכַבֵּס וּבְשָׂרוֹ לֹא יִרְחָץ וְנָשָׂא
עֲוֺנוֹ׃
יח א ב וַיְדַבֵּר יהוה אֶל־מֹשֶׁה לֵּאמֹר׃ דַּבֵּר אֶל־בְּנֵי יִשְׂרָאֵל וְאָמַרְתָּ יד
ג אֲלֵהֶם אֲנִי יהוה אֱלֹהֵיכֶם׃ כְּמַעֲשֵׂה אֶרֶץ־מִצְרַיִם אֲשֶׁר יְשַׁבְתֶּם־
בָּהּ לֹא תַעֲשׂוּ וּכְמַעֲשֵׂה אֶרֶץ־כְּנַעַן אֲשֶׁר אֲנִי מֵבִיא אֶתְכֶם
ד שָׁמָּה לֹא תַעֲשׂוּ וּבְחֻקֹּתֵיהֶם לֹא תֵלֵכוּ׃ אֶת־מִשְׁפָּטַי תַּעֲשׂוּ
ה וְאֶת־חֻקֹּתַי תִּשְׁמְרוּ לָלֶכֶת בָּהֶם אֲנִי יהוה אֱלֹהֵיכֶם׃ וּשְׁמַרְתֶּם
אֶת־חֻקֹּתַי וְאֶת־מִשְׁפָּטַי אֲשֶׁר יַעֲשֶׂה אֹתָם הָאָדָם וָחַי בָּהֶם אֲנִי
ו יהוה׃ אִישׁ אִישׁ אֶל־כָּל־שְׁאֵר בְּשָׂרוֹ לֹא תִקְרְבוּ ששי
ז לְגַלּוֹת עֶרְוָה אֲנִי יהוה׃ עֶרְוַת אָבִיךָ וְעֶרְוַת אִמְּךָ
ח לֹא תְגַלֵּה אִמְּךָ הִוא לֹא תְגַלֶּה עֶרְוָתָהּ׃ עֶרְוַת
ט אֵשֶׁת־אָבִיךָ לֹא תְגַלֵּה עֶרְוַת אָבִיךָ הִוא׃ עֶרְוַת
אֲחוֹתְךָ בַת־אָבִיךָ אוֹ בַת־אִמֶּךָ מוֹלֶדֶת בַּיִת אוֹ מוֹלֶדֶת חוּץ
י לֹא תְגַלֶּה עֶרְוָתָן׃ עֶרְוַת בַּת־בִּנְךָ אוֹ בַת־
יא בִּתְּךָ לֹא תְגַלֶּה עֶרְוָתָן כִּי עֶרְוָתְךָ הֵנָּה׃ עֶרְוַת
בַּת־אֵשֶׁת אָבִיךָ מוֹלֶדֶת אָבִיךָ אֲחוֹתְךָ הִוא לֹא תְגַלֶּה
יב עֶרְוָתָהּ׃ עֶרְוַת אֲחוֹת־אָבִיךָ לֹא תְגַלֵּה שְׁאֵר
יג אָבִיךָ הִוא׃ עֶרְוַת אֲחוֹת־אִמְּךָ לֹא תְגַלֵּה כִּי־
יד שְׁאֵר אִמְּךָ הִוא׃ עֶרְוַת אֲחִי־אָבִיךָ לֹא תְגַלֵּה אֶל־
טו אִשְׁתּוֹ לֹא תִקְרָב דֹּדָתְךָ הִוא׃ עֶרְוַת כַּלָּתְךָ לֹא
טז תְגַלֵּה אֵשֶׁת בִּנְךָ הִוא לֹא תְגַלֶּה עֶרְוָתָהּ׃ עֶרְוַת
יז אֵשֶׁת־אָחִיךָ לֹא תְגַלֵּה עֶרְוַת אָחִיךָ הִוא׃ עֶרְוַת
אִשָּׁה וּבִתָּהּ לֹא תְגַלֵּה אֶת־בַּת־בְּנָהּ וְאֶת־בַּת־בִּתָּהּ לֹא
יח תִקַּח לְגַלּוֹת עֶרְוָתָהּ שַׁאֲרָה הֵנָּה זִמָּה הִוא׃ וְאִשָּׁה אֶל־
יט אֲחֹתָהּ לֹא תִקָּח לִצְרֹר לְגַלּוֹת עֶרְוָתָהּ עָלֶיהָ בְּחַיֶּיהָ׃ וְאֶל־
כ אִשָּׁה בְּנִדַּת טֻמְאָתָהּ לֹא תִקְרַב לְגַלּוֹת עֶרְוָתָהּ׃ וְאֶל־אֵשֶׁת
כא עֲמִיתְךָ לֹא־תִתֵּן שְׁכָבְתְּךָ לְזָרַע לְטָמְאָה־בָהּ׃ וּמִזַּרְעֲךָ לֹא־
תִתֵּן לְהַעֲבִיר לַמֹּלֶךְ וְלֹא תְחַלֵּל אֶת־שֵׁם אֱלֹהֶיךָ אֲנִי יהוה׃
כב כג וְאֶת־זָכָר לֹא תִשְׁכַּב מִשְׁכְּבֵי אִשָּׁה תּוֹעֵבָה הִוא׃ וּבְכָל־בְּהֵמָה שביעי /רביעי/
לֹא־תִתֵּן שְׁכָבְתְּךָ לְטָמְאָה־בָהּ וְאִשָּׁה לֹא־תַעֲמֹד לִפְנֵי בְהֵמָה
כד לְרִבְעָהּ תֶּבֶל הוּא׃ אַל־תִּטַּמְּאוּ בְּכָל־אֵלֶּה כִּי בְכָל־אֵלֶּה
כה נִטְמְאוּ הַגּוֹיִם אֲשֶׁר־אֲנִי מְשַׁלֵּחַ מִפְּנֵיכֶם׃ וַתִּטְמָא הָאָרֶץ
כו וָאֶפְקֹד עֲוֺנָהּ עָלֶיהָ וַתָּקִא הָאָרֶץ אֶת־יֹשְׁבֶיהָ׃ וּשְׁמַרְתֶּם אַתֶּם
אֶת־חֻקֹּתַי וְאֶת־מִשְׁפָּטַי וְלֹא תַעֲשׂוּ מִכֹּל הַתּוֹעֵבֹת הָאֵלֶּה

clean until evening: then shall he be clean. But if he wash them   16
not, nor bathe his flesh; then he shall bear his iniquity.   **18**
And the Lord spoke to Moshe, saying, Speak to the children of   1, 2
Yisra'el, and say to them, I am the Lord your God. After the   3
doings of the land of Miẓrayim, in which you dwelt, shall you
not do: and after the doings of the land of Kena'an, into which
I bring you, shall you not do: neither shall you walk in their
practices. You shall do my judgments, and keep my ordinances,   4
to walk in them, I am the Lord your God. You shall therefore   5
keep my statutes, and my judgments: which if a man do, he
shall live in them: I am the Lord.   None of you shall ap-   6
proach to any that is near of kin to him, to uncover her naked-
ness: I am the Lord.   The nakedness of thy father, or the   7
nakedness of thy mother, shalt thou not uncover: she is thy
mother; thou shalt not uncover her nakedness.   The naked-   8
ness of thy father's wife shalt thou not uncover: it is thy father's
nakedness.   The nakedness of thy sister, the daughter of   9
thy father, or daughter of thy mother, whether she be born at
home, or born abroad, their nakedness thou shalt not uncover,
        The nakedness of thy son's daughter, or of thy daughter's   10
daughter, their nakedness thou shalt not uncover: for theirs
is thy own nakedness.   The nakedness of thy father's wife's   11
daughter, begotten of thy father, she is thy sister, thou shalt
not uncover her nakedness.   Thou shalt not uncover the   12
nakedness of thy father's sister: she is thy father's near kins-
woman.   Thou shalt not uncover the nakedness of thy   13
mother's sister: for she is thy mother's near kinswoman.
        Thou shalt not uncover the nakedness of thy father's   14
brother, thou shalt not approach to his wife: she is thy aunt.
        Thou shalt not uncover the nakedness of thy daughter   15
in law: she is thy son's wife; thou shalt not uncover her naked-
ness.   Thou shalt not uncover the nakedness of thy brother's 16
wife: it is thy brother's nakedness.   Thou shalt not uncover 17
the nakedness of a woman and her daughter, neither shalt thou
take her son's daughter, or her daughter's daughter, to uncover
her nakedness; for they are her near kinswomen: it is foulness.
Neither shalt thou take a wife to her sister, as her rival, and   18
uncover her nakedness, beside the other in her life time. Also   19
thou shalt not approach to a woman in the impurity of her
menstrual flow, to uncover her nakedness. Moreover thou shalt   20
not lie carnally with thy neighbour's wife, to defile thyself with
her. And thou shalt not let any of thy seed pass through (the   21
fire) to Molekh, neither shalt thou profane the name of thy
God: I am the Lord. Thou shalt not lie with a man after the   22
manner of a woman: it is abomination. Neither shalt thou lie   23
with any beast to defile thyself with it: neither shall any woman
stand before a beast to lie down before it: it is perversion. Defile 24
not yourselves in any of these things: for in all these the nations
were defiled which I cast out before you: and the land was   25
defiled: therefore I do punish its iniquity upon it, and the land
vomits out her inhabitants. You shall therefore keep my statutes   26
and my judgments, and shall not commit any of these abomina-
tions; neither any of your own nation, nor any stranger that

הָאֶזְרָח וְהַגֵּר הַגָּר בְּתוֹכְכֶם: כִּי אֶת־כָּל־הַתּוֹעֵבֹת הָאֵל עָשׂוּ

כז

אַנְשֵׁי־הָאָרֶץ אֲשֶׁר לִפְנֵיכֶם וַתִּטְמָא הָאָרֶץ: וְלֹא־תָקִיא הָאָרֶץ

כח

אֶתְכֶם בְּטַמַּאֲכֶם אֹתָהּ כַּאֲשֶׁר קָאָה אֶת־הַגּוֹי אֲשֶׁר לִפְנֵיכֶם:

כי כָּל־אֲשֶׁר יַעֲשֶׂה מִכֹּל הַתּוֹעֵבֹת הָאֵלֶּה וְנִכְרְתוּ הַנְּפָשׁוֹת

כט

הָעֹשֹׂת מִקֶּרֶב עַמָּם: וּשְׁמַרְתֶּם אֶת־מִשְׁמַרְתִּי לְבִלְתִּי עֲשׂוֹת

ל

מֵחֻקּוֹת הַתּוֹעֵבֹת אֲשֶׁר נַעֲשׂוּ לִפְנֵיכֶם וְלֹא תִטַּמְּאוּ בָּהֶם אֲנִי

יהוה אֱלֹהֵיכֶם:

וַיְדַבֵּר יהוה אֶל־מֹשֶׁה לֵּאמֹר: דַּבֵּר אֶל־כָּל־עֲדַת בְּנֵי־יִשְׂרָאֵל

יט

וְאָמַרְתָּ אֲלֵהֶם קְדֹשִׁים תִּהְיוּ כִּי קָדוֹשׁ אֲנִי יהוה אֱלֹהֵיכֶם:

אִישׁ אִמּוֹ וְאָבִיו תִּירָאוּ וְאֶת־שַׁבְּתֹתַי תִּשְׁמֹרוּ אֲנִי יהוה

ג

אֱלֹהֵיכֶם: אַל־תִּפְנוּ אֶל־הָאֱלִילִם וֵאלֹהֵי מַסֵּכָה לֹא תַעֲשׂוּ

ד

לָכֶם אֲנִי יהוה אֱלֹהֵיכֶם: וְכִי תִזְבְּחוּ זֶבַח שְׁלָמִים לַיהוה

ה

לִרְצֹנְכֶם תִּזְבָּחֻהוּ: בְּיוֹם זִבְחֲכֶם יֵאָכֵל וּמִמָּחֳרָת וְהַנּוֹתָר עַד־

ו

יוֹם הַשְּׁלִישִׁי בָּאֵשׁ יִשָּׂרֵף: וְאִם הֵאָכֹל יֵאָכֵל בַּיּוֹם הַשְּׁלִישִׁי

ז

פִּגּוּל הוּא לֹא יֵרָצֶה: וְאֹכְלָיו עֲוֹנוֹ יִשָּׂא כִּי־אֶת־קֹדֶשׁ יהוה

ח

חִלֵּל וְנִכְרְתָה הַנֶּפֶשׁ הַהִוא מֵעַמֶּיהָ: וּבְקֻצְרְכֶם אֶת־קְצִיר

ט

אַרְצְכֶם לֹא תְכַלֶּה פְּאַת שָׂדְךָ לִקְצֹר וְלֶקֶט קְצִירְךָ לֹא תְלַקֵּט:

וְכַרְמְךָ לֹא תְעוֹלֵל וּפֶרֶט כַּרְמְךָ לֹא תְלַקֵּט לֶעָנִי וְלַגֵּר תַּעֲזֹב

י

אֹתָם אֲנִי יהוה אֱלֹהֵיכֶם: לֹא תִּגְנֹבוּ וְלֹא־תְכַחֲשׁוּ וְלֹא־תְשַׁקְּרוּ

יא

אִישׁ בַּעֲמִיתוֹ: וְלֹא־תִשָּׁבְעוּ בִשְׁמִי לַשָּׁקֶר וְחִלַּלְתָּ אֶת־שֵׁם

יב

אֱלֹהֶיךָ אֲנִי יהוה: לֹא־תַעֲשֹׁק אֶת־רֵעֲךָ וְלֹא תִגְזֹל לֹא־תָלִין

יג

פְּעֻלַּת שָׂכִיר אִתְּךָ עַד־בֹּקֶר: לֹא־תְקַלֵּל חֵרֵשׁ וְלִפְנֵי עִוֵּר לֹא

יד

תִתֵּן מִכְשֹׁל וְיָרֵאתָ מֵּאֱלֹהֶיךָ אֲנִי יהוה: לֹא־תַעֲשׂוּ עָוֶל בַּמִּשְׁפָּט

טו

לֹא־תִשָּׂא פְנֵי־דָל וְלֹא תֶהְדַּר פְּנֵי גָדוֹל בְּצֶדֶק תִּשְׁפֹּט עֲמִיתֶךָ:

לֹא־תֵלֵךְ רָכִיל בְּעַמֶּיךָ לֹא תַעֲמֹד עַל־דַּם רֵעֶךָ אֲנִי יהוה:

טז

לֹא־תִשְׂנָא אֶת־אָחִיךָ בִּלְבָבֶךָ הוֹכֵחַ תּוֹכִיחַ אֶת־עֲמִיתֶךָ וְלֹא־

יז

תִשָּׂא עָלָיו חֵטְא: לֹא־תִקֹּם וְלֹא־תִטֹּר אֶת־בְּנֵי עַמֶּךָ וְאָהַבְתָּ

יח

לְרֵעֲךָ כָּמוֹךָ אֲנִי יהוה: אֶת־חֻקֹּתַי תִּשְׁמֹרוּ בְּהֶמְתְּךָ לֹא־תַרְבִּיעַ

יט

כִּלְאַיִם שָׂדְךָ לֹא־תִזְרַע כִּלְאָיִם וּבֶגֶד כִּלְאַיִם שַׁעַטְנֵז לֹא יַעֲלֶה

עָלֶיךָ: וְאִישׁ כִּי־יִשְׁכַּב אֶת־אִשָּׁה שִׁכְבַת־זֶרַע וְהִוא שִׁפְחָה

כ

נֶחֱרֶפֶת לְאִישׁ וְהָפְדֵּה לֹא נִפְדָּתָה אוֹ חֻפְשָׁה לֹא נִתַּן־לָהּ

בִּקֹּרֶת תִּהְיֶה לֹא יוּמְתוּ כִּי־לֹא חֻפָּשָׁה: וְהֵבִיא אֶת־אֲשָׁמוֹ

כא

sojourns among you: for all these abominations have the men   27
of the land done, who were before you, and the land is defiled;
that the land vomit not you out also, when you defile it, as it   28
has vomited out the nations that were before you. For whoever   29
shall commit any of these abominations, even the persons that
commit them shall be cut off from among their people. Therefore   30
shall you keep my ordinance, that you commit not any one of
these abominable customs, which were practised before you,
and that you defile not yourselves in them: I am the, LORD
your GOD.

QEDOSHIM   And the LORD spoke to Moshe saying, Speak to all the congre-   **19**
gation of the children of Yisra'el, and say to them, You shall be   2
holy: for I the LORD your GOD am holy. You shall fear every man   3
his mother, and his father, and keep my sabbaths: I am the
LORD your GOD. Turn not to idols, nor make to yourselves molten   4
gods: I am the LORD your GOD. And if you offer a sacrifice of   5
peace offering to the LORD, you shall offer it so that it may be
favourably accepted. It shall be eaten the same day you offer   6
it, and on the morrow: and if aught remain until the third day,
it shall be burnt in fire. And if it be eaten at all on the third day,   7
it is abominable; it shall not be accepted. Therefore everyone   8
that eats it shall bear his iniquity, because he has profaned the
hallowed thing of the LORD: and that soul shalt be cut off from
among his people. And when you reap the harvest of your land,   9
thou shalt not wholly reap the corners of thy field, neither shalt
thou gather the gleaning of thy harvest. And thou shalt not   10
glean thy vineyard, neither shalt thou gather the single grapes
of thy vineyard; thou shalt leave them for the poor and stranger:
I am the LORD your GOD. You shall not steal, neither deal falsely,   11
neither lie one to another. And you shall not swear by my name   12
falsely, neither shalt thou profane the name of thy GOD: I am
the LORD. Thou shalt not defraud thy neighbour, neither rob   13
him: the wages of him that is hired shall not abide with thee
all night until the morning. Thou shalt not curse the deaf, nor   14
put a stumbling block before the blind, but shalt fear thy GOD:
I am the LORD. You shall do no unrighteousness in judgment: 15
thou shalt not respect the person of the poor, nor honour the
person of the mighty: but in righteousness shalt thou judge thy
neighbour. Thou shalt not go up and down as a talebearer   16
among thy people: neither shalt thou stand aside when mischief
befalls thy neighbour: I am the LORD. Thou shalt not hate thy   17
brother in thy heart: thou shalt certainly rebuke thy neighbour,
and not suffer sin on his account. Thou shalt not avenge, nor   18
bear any grudge against the children of thy people, but thou
shalt love thy neighbour as thyself: I am the LORD. You shall   19
keep my statutes. Thou shalt not let thy cattle gender with a
diverse kind: thou shalt not sow thy field with mingled seed:
neither shall a garment mingled of linen and wool come upon
thee. And whoever lies carnally with a woman, that is a bond-   20
maid, designated to a man, and not wholly redeemed, nor free-
dom given her; inquiry shall be made; they shall not be put to
death, because she was not free. And he shall bring his guilt   21
offering to the LORD, to the door of the Tent of Meeting, a ram

כב לַיהוָה אֶל־פֶּתַח אֹהֶל מוֹעֵד אֵיל אָשָׁם: וְכִפֶּר עָלָיו הַכֹּהֵן
בְּאֵיל הָאָשָׁם לִפְנֵי יְהוָה עַל־חַטָּאתוֹ אֲשֶׁר חָטָא וְנִסְלַח לוֹ
מֵחַטָּאתוֹ אֲשֶׁר חָטָא:
כג שלישי טז וְכִי־תָבֹאוּ אֶל־הָאָרֶץ וּנְטַעְתֶּם כָּל־עֵץ מַאֲכָל וַעֲרַלְתֶּם עָרְלָתוֹ
כד אֶת־פִּרְיוֹ שָׁלֹשׁ שָׁנִים יִהְיֶה לָכֶם עֲרֵלִים לֹא יֵאָכֵל: וּבַשָּׁנָה
כה הָרְבִיעִת יִהְיֶה כָּל־פִּרְיוֹ קֹדֶשׁ הִלּוּלִים לַיהוָה: וּבַשָּׁנָה הַחֲמִישִׁת
תֹּאכְלוּ אֶת־פִּרְיוֹ לְהוֹסִיף לָכֶם תְּבוּאָתוֹ אֲנִי יְהוָה אֱלֹהֵיכֶם:
כו כז לֹא תֹאכְלוּ עַל־הַדָּם לֹא תְנַחֲשׁוּ וְלֹא תְעוֹנֵנוּ: לֹא תַקִּפוּ
כח פְּאַת רֹאשְׁכֶם וְלֹא תַשְׁחִית אֵת פְּאַת זְקָנֶךָ: וְשֶׂרֶט לָנֶפֶשׁ
לֹא תִתְּנוּ בִּבְשַׂרְכֶם וּכְתֹבֶת קַעֲקַע לֹא תִתְּנוּ בָּכֶם אֲנִי יְהוָה:
כט אַל־תְּחַלֵּל אֶת־בִּתְּךָ לְהַזְנוֹתָהּ וְלֹא־תִזְנֶה הָאָרֶץ וּמָלְאָה
ל הָאָרֶץ זִמָּה: אֶת־שַׁבְּתֹתַי תִּשְׁמֹרוּ וּמִקְדָּשִׁי תִּירָאוּ אֲנִי יְהוָה:
לא אַל־תִּפְנוּ אֶל־הָאֹבֹת וְאֶל־הַיִּדְּעֹנִים אַל־תְּבַקְשׁוּ לְטָמְאָה
לב בָהֶם אֲנִי יְהוָה אֱלֹהֵיכֶם: מִפְּנֵי שֵׂיבָה תָּקוּם וְהָדַרְתָּ פְּנֵי זָקֵן
לג רביעי/ששי/ וְיָרֵאתָ מֵּאֱלֹהֶיךָ אֲנִי יְהוָה: וְכִי־יָגוּר אִתְּךָ גֵּר
לד בְּאַרְצְכֶם לֹא תוֹנוּ אֹתוֹ: כְּאֶזְרָח מִכֶּם יִהְיֶה לָכֶם הַגֵּר ׀ הַגָּר
אִתְּכֶם וְאָהַבְתָּ לוֹ כָּמוֹךָ כִּי־גֵרִים הֱיִיתֶם בְּאֶרֶץ מִצְרָיִם אֲנִי
לה יְהוָה אֱלֹהֵיכֶם: לֹא־תַעֲשׂוּ עָוֶל בַּמִּשְׁפָּט בַּמִּדָּה בַּמִּשְׁקָל
לו וּבַמְּשׂוּרָה: מֹאזְנֵי צֶדֶק אַבְנֵי־צֶדֶק אֵיפַת צֶדֶק וְהִין צֶדֶק יִהְיֶה
לָכֶם אֲנִי יְהוָה אֱלֹהֵיכֶם אֲשֶׁר־הוֹצֵאתִי אֶתְכֶם מֵאֶרֶץ מִצְרָיִם:
לז וּשְׁמַרְתֶּם אֶת־כָּל־חֻקֹּתַי וְאֶת־כָּל־מִשְׁפָּטַי וַעֲשִׂיתֶם אֹתָם
אֲנִי יְהוָה:
כ א ב חמישי וַיְדַבֵּר יְהוָה אֶל־מֹשֶׁה לֵּאמֹר: וְאֶל־בְּנֵי יִשְׂרָאֵל תֹּאמַר אִישׁ
אִישׁ מִבְּנֵי יִשְׂרָאֵל וּמִן־הַגֵּר ׀ הַגָּר בְּיִשְׂרָאֵל אֲשֶׁר יִתֵּן מִזַּרְעוֹ
ג לַמֹּלֶךְ מוֹת יוּמָת עַם הָאָרֶץ יִרְגְּמֻהוּ בָאָבֶן: וַאֲנִי אֶתֵּן אֶת־
פָּנַי בָּאִישׁ הַהוּא וְהִכְרַתִּי אֹתוֹ מִקֶּרֶב עַמּוֹ כִּי מִזַּרְעוֹ נָתַן
ד לַמֹּלֶךְ לְמַעַן טַמֵּא אֶת־מִקְדָּשִׁי וּלְחַלֵּל אֶת־שֵׁם קָדְשִׁי: וְאִם
הַעְלֵם יַעְלִימוּ עַם הָאָרֶץ אֶת־עֵינֵיהֶם מִן־הָאִישׁ הַהוּא בְּתִתּוֹ
ה מִזַּרְעוֹ לַמֹּלֶךְ לְבִלְתִּי הָמִית אֹתוֹ: וְשַׂמְתִּי אֲנִי אֶת־פָּנַי בָּאִישׁ
הַהוּא וּבְמִשְׁפַּחְתּוֹ וְהִכְרַתִּי אֹתוֹ וְאֵת ׀ כָּל־הַזֹּנִים אַחֲרָיו לִזְנוֹת
ו אַחֲרֵי הַמֹּלֶךְ מִקֶּרֶב עַמָּם: וְהַנֶּפֶשׁ אֲשֶׁר תִּפְנֶה אֶל־הָאֹבֹת
וְאֶל־הַיִּדְּעֹנִים לִזְנוֹת אַחֲרֵיהֶם וְנָתַתִּי אֶת־פָּנַי בַּנֶּפֶשׁ הַהִוא
ז וְהִכְרַתִּי אֹתוֹ מִקֶּרֶב עַמּוֹ: וְהִתְקַדִּשְׁתֶּם וִהְיִיתֶם קְדֹשִׁים כִּי
ח ששי/שביעי/ אֲנִי יְהוָה אֱלֹהֵיכֶם: וּשְׁמַרְתֶּם אֶת־חֻקֹּתַי וַעֲשִׂיתֶם אֹתָם אֲנִי
ט יְהוָה מְקַדִּשְׁכֶם: כִּי־אִישׁ אִישׁ אֲשֶׁר יְקַלֵּל אֶת־אָבִיו וְאֶת־
י אִמּוֹ מוֹת יוּמָת אָבִיו וְאִמּוֹ קִלֵּל דָּמָיו בּוֹ: וְאִישׁ אֲשֶׁר יִנְאַף

for a guilt offering. And the priest shall make atonement for him   22
with the ram of the guilt offering before the Lord for his sin
which he has done: and the sin which he has done shall be
forgiven him.

And when you shall come into the land, and shall have planted   23
all manner of trees for food, then you shall reckon their fruit as
uncircumcised: three years shall it be as uncircumcised unto
you: it shall not be eaten. But in the fourth year all its fruit   24
shall be holy for praisegiving to the Lord. And in the fifth year   25
shall you eat of its fruit, that it may yield to you its increase:
I am the Lord your God. You shall not eat anything with the   26
blood: neither shall you use enchantment, nor observe times.
You shall not round the corners of your heads, neither shalt thou   27
mar the corners of thy beard. You shall not make any cuttings   28
in your flesh for the dead, nor print any marks upon you: I am
the Lord. Do not prostitute thy daughter, to cause her to be a   29
harlot; lest the land fall to harlotry, and the land become full
of foulness. You shall keep my sabbaths, and reverence my sanc-   30
tuary: I am the Lord. You shall not apply to mediums or   31
wizards, nor seek to be defiled by them: I am the Lord your
God. Thou shalt rise up before the hoary head, and honour   32
the face of the old man, and fear thy God: I am the Lord.

And if a stranger sojourn with thee in your land, you shall   33
not wrong him. But the stranger that dwells with you shall be   34
to you as one born among you, and thou shalt love him as thy-
self; for you were strangers in the land of Miẓrayim: I am the
Lord your God. You shall do no unrighteousness in judgment,   35
in meteyard, in weight, or in measure. Just balances, just weights,   36
a just efa, and a just hin, shall you have: I am the Lord your
God, who brought you out of the land of Miẓrayim. Therefore   37
shall you observe all my statutes, and all my judgments, and do
them: I am the Lord.   **20**

And the Lord spoke to Moshe, saying, Again, thou shalt say to   1, 2
the children of Yisra'el, Whoever he be of the children of Yisra'el,
or of the strangers that sojourn in Yisra'el, that gives any of his
seed to Molekh; he shall surely be put to death: the people
of the land shall stone him with stones. And I will set my face   3
against that man, and will cut him off from among his people;
because he has given of his seed to Molekh, to defile my sanc-
tuary, and to profane my holy name. And if the people of the   4
land do at all hide their eyes from that man, when he gives of
his seed to Molekh, and kill him not: then I will set my face   5
against that man, and against his family, and will cut him off,
and all that go astray after him, going astray after Molekh,
from among their people. And the person that applies to me-   6
diums and to wizards, to go astray after them, I will even
set my face against that person, and will cut him off from
among his people. Sanctify yourselves therefore, and be holy: 7
for I am the Lord your God. And you shall keep my sta-   8
tutes, and do them: I am the Lord who sanctifies you. For   9
everyone that curses his father or his mother shall be surely
put to death: he has cursed his father or his mother; his blood
shall be upon him. And the man that commits adultery with   10

אֶת־אֵשֶׁת אִישׁ אֲשֶׁר יִנְאַף אֶת־אֵשֶׁת רֵעֵהוּ מוֹת־יוּמַת הַנֹּאֵף

וְהַנֹּאָפֶת: וְאִישׁ אֲשֶׁר יִשְׁכַּב אֶת־אֵשֶׁת אָבִיו עֶרְוַת אָבִיו גִּלָּה   יא

מוֹת־יוּמְתוּ שְׁנֵיהֶם דְּמֵיהֶם בָּם: וְאִישׁ אֲשֶׁר יִשְׁכַּב אֶת־כַּלָּתוֹ   יב

מוֹת יוּמְתוּ שְׁנֵיהֶם תֶּבֶל עָשׂוּ דְּמֵיהֶם בָּם: וְאִישׁ אֲשֶׁר יִשְׁכַּב   יג

אֶת־זָכָר מִשְׁכְּבֵי אִשָּׁה תּוֹעֵבָה עָשׂוּ שְׁנֵיהֶם מוֹת יוּמָתוּ דְּמֵיהֶם

בָּם: וְאִישׁ אֲשֶׁר יִקַּח אֶת־אִשָּׁה וְאֶת־אִמָּהּ זִמָּה הִוא בָּאֵשׁ   יד

יִשְׂרְפוּ אֹתוֹ וְאֶתְהֶן וְלֹא־תִהְיֶה זִמָּה בְּתוֹכְכֶם: וְאִישׁ אֲשֶׁר   טו

יִתֵּן שְׁכָבְתּוֹ בִּבְהֵמָה מוֹת יוּמָת וְאֶת־הַבְּהֵמָה תַּהֲרֹגוּ: וְאִשָּׁה   טז

אֲשֶׁר תִּקְרַב אֶל־כָּל־בְּהֵמָה לְרִבְעָה אֹתָהּ וְהָרַגְתָּ אֶת־הָאִשָּׁה

וְאֶת־הַבְּהֵמָה מוֹת יוּמָתוּ דְּמֵיהֶם בָּם: וְאִישׁ אֲשֶׁר־יִקַּח אֶת־   יז

אֲחֹתוֹ בַּת־אָבִיו אוֹ בַת־אִמּוֹ וְרָאָה אֶת־עֶרְוָתָהּ וְהִיא־תִרְאֶה

אֶת־עֶרְוָתוֹ חֶסֶד הוּא וְנִכְרְתוּ לְעֵינֵי בְּנֵי עַמָּם עֶרְוַת אֲחֹתוֹ

גִּלָּה עֲוֺנוֹ יִשָּׂא: וְאִישׁ אֲשֶׁר־יִשְׁכַּב אֶת־אִשָּׁה דָּוָה וְגִלָּה אֶת־   יח

עֶרְוָתָהּ אֶת־מְקֹרָהּ הֶעֱרָה וְהִוא גִּלְּתָה אֶת־מְקוֹר דָּמֶיהָ וְנִכְרְתוּ

שְׁנֵיהֶם מִקֶּרֶב עַמָּם: וְעֶרְוַת אֲחוֹת אִמְּךָ וַאֲחוֹת אָבִיךָ לֹא   יט

תְגַלֵּה כִּי אֶת־שְׁאֵרוֹ הֶעֱרָה עֲוֺנָם יִשָּׂאוּ: וְאִישׁ אֲשֶׁר יִשְׁכַּב   כ

אֶת־דֹּדָתוֹ עֶרְוַת דֹּדוֹ גִּלָּה חֶטְאָם יִשָּׂאוּ עֲרִירִים יָמֻתוּ: וְאִישׁ   כא

אֲשֶׁר יִקַּח אֶת־אֵשֶׁת אָחִיו נִדָּה הִוא עֶרְוַת אָחִיו גִּלָּה עֲרִירִים

יִהְיוּ: וּשְׁמַרְתֶּם אֶת־כָּל־חֻקֹּתַי וְאֶת־כָּל־מִשְׁפָּטַי וַעֲשִׂיתֶם   כב

אֹתָם וְלֹא־תָקִיא אֶתְכֶם הָאָרֶץ אֲשֶׁר אֲנִי מֵבִיא אֶתְכֶם שָׁמָּה

שביעי לָשֶׁבֶת בָּהּ: וְלֹא תֵלְכוּ בְּחֻקֹּת הַגּוֹי אֲשֶׁר־אֲנִי מְשַׁלֵּחַ מִפְּנֵיכֶם   כג

כִּי אֶת־כָּל־אֵלֶּה עָשׂוּ וָאָקֻץ בָּם: וָאֹמַר לָכֶם אַתֶּם תִּירְשׁוּ   כד

אֶת־אַדְמָתָם וַאֲנִי אֶתְּנֶנָּה לָכֶם לָרֶשֶׁת אֹתָהּ אֶרֶץ זָבַת חָלָב

וּדְבָשׁ אֲנִי יְהוָה אֱלֹהֵיכֶם אֲשֶׁר־הִבְדַּלְתִּי אֶתְכֶם מִן־הָעַמִּים:

מפטיר וְהִבְדַּלְתֶּם בֵּין־הַבְּהֵמָה הַטְּהֹרָה לַטְּמֵאָה וּבֵין־הָעוֹף הַטָּמֵא   כה

לַטָּהֹר וְלֹא־תְשַׁקְּצוּ אֶת־נַפְשֹׁתֵיכֶם בַּבְּהֵמָה וּבָעוֹף וּבְכֹל

אֲשֶׁר תִּרְמֹשׂ הָאֲדָמָה אֲשֶׁר־הִבְדַּלְתִּי לָכֶם לְטַמֵּא: וִהְיִיתֶם לִי   כו

קְדֹשִׁים כִּי קָדוֹשׁ אֲנִי יְהוָה וָאַבְדִּל אֶתְכֶם מִן־הָעַמִּים לִהְיוֹת

לִי: וְאִישׁ אוֹ־אִשָּׁה כִּי־יִהְיֶה בָהֶם אוֹב אוֹ יִדְּעֹנִי מוֹת יוּמָתוּ   כז

בָּאֶבֶן יִרְגְּמוּ אֹתָם דְּמֵיהֶם בָּם:

אמר יז וַיֹּאמֶר יְהוָה אֶל־מֹשֶׁה אֱמֹר אֶל־הַכֹּהֲנִים בְּנֵי אַהֲרֹן וְאָמַרְתָּ   כא   א

אֲלֵהֶם לְנֶפֶשׁ לֹא־יִטַּמָּא בְּעַמָּיו: כִּי אִם־לִשְׁאֵרוֹ הַקָּרֹב אֵלָיו   ב

לְאִמּוֹ וּלְאָבִיו וְלִבְנוֹ וּלְבִתּוֹ וּלְאָחִיו: וְלַאֲחֹתוֹ הַבְּתוּלָה הַקְּרוֹבָה   ג

another man's wife, that commits adultery with his neighbour's
wife, the adulterer and the adulteress shall surely be put to
death. And the man that lies with his father's wife has uncovered   11
his father's nakedness: both of them shall surely be put to death;
their blood is upon them. And if a man lie with his daughter in   12
law, both of them shall surely be put to death: they have wrought
unnatural sin; their blood shall be upon them. If a man also lie   13
with a man, as one lies with a woman, both of them have com-
mitted an abomination: they shall surely be put to death; their
blood shall be upon them. And if a man take a wife and her   14
mother, it is wickedness: they shall be burnt with fire, both he
and they; that there be no wickedness among you. And if a   15
man lie with a beast, he shall surely be put to death: and you
shall slay the beast. And if a woman approach any beast, and   16
lie down before it, thou shalt kill the woman, and the beast: they
shall surely be put to death; their blood shall be upon them.
And if a man shall take his sister, his father's daughter, or his   17
mother's daughter, and see her nakedness, and she see his
nakedness; it is a disgraceful deed; and they shall be cut off
in the sight of their people: he has uncovered his sister's naked-
ness; he shall bear his iniquity. And if a man shall lie with a   18
woman during her menstrual sickness, and shall uncover her
nakedness; he has made naked her fountain, and she has un-
covered the fountain of her blood: and both of them shall be
cut off from among their people. And thou shalt not uncover the   19
nakedness of thy mother's sister, nor of thy father's sister: for
he uncovers his near kin: they shall bear their iniquity. And if   20
a man shall lie with his uncle's wife, he has uncovered his uncle's
nakedness: they shall bear their sin; they shall die childless.
And if a man shall take his brother's wife, it is an unclean   21
thing: he has uncovered his brother's nakedness; they shall be
childless. You shall therefore keep all my statutes, and all my   22
judgments, and do them: that the land, into which I bring you
to dwell, vomit you not out. And you shall not walk in the   23
practices of the nation, which I cast out before you: for they
committed all these things, and therefore I abhorred them.
But I have said to you, You shall inherit their land, and I will   24
give it to you to possess it, a land that flows with milk and
honey: I am the Lord your God, who have separated you from
the peoples. You shall therefore distinguish between clean beasts   25
and unclean, and between unclean birds and clean: and you
shall not make your souls abominable by beast, or by bird, or by
any manner of living thing that creeps on the ground, which I
have separated from you as unclean. And you shall be holy to   26
me: for I the Lord am holy, and have separated you from the
peoples, that you should be mine. A man also or woman that is   27
a medium or a wizard, shall surely be put to death: they shall
stone them with stones: their blood shall be upon them.

EMOR   And the Lord said to Moshe, Speak to the priests the sons of   **21**
Aharon, and say to them, There shall none be defiled for the
dead among his people: but for his kin, that is near to him,   2
for his mother, and for his father, and for his son and for his
daughter, and for his brother, and for his sister a virgin, that   3

ד אֵלָיו אֲשֶׁר לֹא־הָיְתָה לְאִישׁ לָהּ יִטַּמָּא: לֹא יִטַּמָּא בַּעַל בְּעַמָּיו
ה לְהֵחַלּוֹ: לֹא־יִקְרְחָה קָרְחָה בְּרֹאשָׁם וּפְאַת זְקָנָם לֹא יְגַלֵּחוּ יִקְרְחוּ
ו וּבִבְשָׂרָם לֹא יִשְׂרְטוּ שָׂרָטֶת: קְדֹשִׁים יִהְיוּ לֵאלֹהֵיהֶם וְלֹא
יְחַלְּלוּ שֵׁם אֱלֹהֵיהֶם כִּי אֶת־אִשֵּׁי יהוה לֶחֶם אֱלֹהֵיהֶם הֵם
ז מַקְרִיבִם וְהָיוּ קֹדֶשׁ: אִשָּׁה זֹנָה וַחֲלָלָה לֹא יִקָּחוּ וְאִשָּׁה גְּרוּשָׁה
ח מֵאִישָׁהּ לֹא יִקָּחוּ כִּי־קָדֹשׁ הוּא לֵאלֹהָיו: וְקִדַּשְׁתּוֹ כִּי־אֶת־
לֶחֶם אֱלֹהֶיךָ הוּא מַקְרִיב קָדֹשׁ יִהְיֶה־לָּךְ כִּי קָדוֹשׁ אֲנִי יהוה
ט מְקַדִּשְׁכֶם: וּבַת אִישׁ כֹּהֵן כִּי תֵחֵל לִזְנוֹת אֶת־אָבִיהָ הִיא
י מְחַלֶּלֶת בָּאֵשׁ תִּשָּׂרֵף: וְהַכֹּהֵן הַגָּדוֹל מֵאֶחָיו
אֲשֶׁר־יוּצַק עַל־רֹאשׁוֹ שֶׁמֶן הַמִּשְׁחָה וּמִלֵּא אֶת־יָדוֹ לִלְבֹּשׁ
יא אֶת־הַבְּגָדִים אֶת־רֹאשׁוֹ לֹא יִפְרָע וּבְגָדָיו לֹא יִפְרֹם: וְעַל כָּל־
יב נַפְשֹׁת מֵת לֹא יָבֹא לְאָבִיו וּלְאִמּוֹ לֹא יִטַּמָּא: וּמִן־הַמִּקְדָּשׁ
לֹא יֵצֵא וְלֹא יְחַלֵּל אֵת מִקְדַּשׁ אֱלֹהָיו כִּי נֵזֶר שֶׁמֶן מִשְׁחַת
יג יד אֱלֹהָיו עָלָיו אֲנִי יהוה: וְהוּא אִשָּׁה בִבְתוּלֶיהָ יִקָּח: אַלְמָנָה
וּגְרוּשָׁה וַחֲלָלָה זֹנָה אֶת־אֵלֶּה לֹא יִקָּח כִּי אִם־בְּתוּלָה
טו מֵעַמָּיו יִקַּח אִשָּׁה: וְלֹא־יְחַלֵּל זַרְעוֹ בְּעַמָּיו כִּי אֲנִי יהוה
טז יז מְקַדְּשׁוֹ: וַיְדַבֵּר יהוה אֶל־מֹשֶׁה לֵּאמֹר: דַּבֵּר שני
אֶל־אַהֲרֹן לֵאמֹר אִישׁ מִזַּרְעֲךָ לְדֹרֹתָם אֲשֶׁר יִהְיֶה בוֹ מוּם לֹא
יח יִקְרַב לְהַקְרִיב לֶחֶם אֱלֹהָיו: כִּי כָל־אִישׁ אֲשֶׁר־בּוֹ מוּם לֹא
יט יִקְרָב אִישׁ עִוֵּר אוֹ פִסֵּחַ אוֹ חָרֻם אוֹ שָׂרוּעַ: אוֹ אִישׁ אֲשֶׁר־
כ יִהְיֶה בוֹ שֶׁבֶר רָגֶל אוֹ שֶׁבֶר יָד: אוֹ־גִבֵּן אוֹ־דַק אוֹ תְּבַלֻּל בְּעֵינוֹ
כא אוֹ גָרָב אוֹ יַלֶּפֶת אוֹ מְרוֹחַ אָשֶׁךְ: כָּל־אִישׁ אֲשֶׁר־בּוֹ מוּם
מִזֶּרַע אַהֲרֹן הַכֹּהֵן לֹא יִגַּשׁ לְהַקְרִיב אֶת־אִשֵּׁי יהוה מוּם בּוֹ
כב אֵת לֶחֶם אֱלֹהָיו לֹא יִגַּשׁ לְהַקְרִיב: לֶחֶם אֱלֹהָיו מִקָּדְשֵׁי
כג הַקֳּדָשִׁים וּמִן־הַקֳּדָשִׁים יֹאכֵל: אַךְ אֶל־הַפָּרֹכֶת לֹא יָבֹא וְאֶל־
הַמִּזְבֵּחַ לֹא יִגַּשׁ כִּי־מוּם בּוֹ וְלֹא יְחַלֵּל אֶת־מִקְדָּשַׁי כִּי אֲנִי
כד יהוה מְקַדְּשָׁם: וַיְדַבֵּר מֹשֶׁה אֶל־אַהֲרֹן וְאֶל־בָּנָיו וְאֶל־כָּל־
בְּנֵי יִשְׂרָאֵל:

כב א ב וַיְדַבֵּר יהוה אֶל־מֹשֶׁה לֵּאמֹר: דַּבֵּר אֶל־אַהֲרֹן וְאֶל־בָּנָיו וְיִנָּזְרוּ
מִקָּדְשֵׁי בְנֵי־יִשְׂרָאֵל וְלֹא יְחַלְּלוּ אֶת־שֵׁם קָדְשִׁי אֲשֶׁר הֵם
ג מַקְדִּשִׁים לִי אֲנִי יהוה: אֱמֹר אֲלֵהֶם לְדֹרֹתֵיכֶם כָּל־אִישׁ אֲשֶׁר־
יִקְרַב מִכָּל־זַרְעֲכֶם אֶל־הַקֳּדָשִׁים אֲשֶׁר יַקְדִּישׁוּ בְנֵי־יִשְׂרָאֵל
לַיהוה וְטֻמְאָתוֹ עָלָיו וְנִכְרְתָה הַנֶּפֶשׁ הַהִוא מִלְּפָנַי אֲנִי יהוה:
ד אִישׁ אִישׁ מִזֶּרַע אַהֲרֹן וְהוּא צָרוּעַ אוֹ זָב בַּקֳּדָשִׁים לֹא יֹאכַל
עַד אֲשֶׁר יִטְהָר וְהַנֹּגֵעַ בְּכָל־טְמֵא־נֶפֶשׁ אוֹ אִישׁ אֲשֶׁר־תֵּצֵא

is near to him, and who has had no husband; for her may he
be defiled. But he shall not defile himself, being a chief man 4
among his people, to profane himself. They shall not make 5
baldness on their head, neither shall they shave off the corner
of their beard, nor make any cuttings in their flesh. They shall 6
be holy to their God, and not profane the name of their God:
for the offerings of the Lord made by fire, the bread of
their God, they do offer: therefore they shall be holy. They 7
shall not take a wife that is a harlot, or profaned; neither shall
they take a woman put away from her husband: for he is holy
to his God. Thou shalt sanctify him therefore; for he offers the 8
bread of thy God: he shall be holy to thee: for I the Lord, who
sanctify you, am holy. And the daughter of any priest, if she 9
profane herself by playing the harlot, she profanes her father:
she shall be burnt with fire. And he that is the high priest 10
among his brethren, upon whose head the anointing oil was
poured, and that is consecrated to put on the garments, shall
not suffer the hair of his head to grow long, nor rend his clothes;
neither shall he go in to any dead body, nor defile himself for 11
his father, or for his mother; neither shall he go out of the 12
sanctuary, nor profane the sanctuary of his God; for the crown
of the anointing oil of his God is upon him: I am the Lord. And 13
he shall take a wife in her virginity. A widow, or a divorced wo- 14
man, or a profaned, or a harlot, these shall he not take: but he
shall take a virgin of his own people to wife. Neither shall he 15
profane his seed among his people: for I the Lord do sanctify
him. And the Lord spoke to Moshe, saying, speak to 16, 17
Aharon, saying, Whoever he be of thy seed in their generations
that has any blemish, let him not approach to offer the bread
of his God. For whatever man he be that has a blemish, he shall 18
not approach: a blind man, or a lame, or he that has a flat nose,
or anything superfluous, or a man that is brokenfooted, or 19
brokenhanded, or crookbacked, or a dwarf, or that has a blem- 20
ish in his eye, or be scurvy, or scabbed, or whose stones are
crushed. No man that has a blemish of the seed of Aharon 21
the priest shall come near to offer the offerings of the Lord
made by fire: he has a blemish; he shall not come near to offer
the bread of his God. He shall eat the bread of his God, both 22
of the most holy, and of the holy. Only he shall not go in unto 23
the veil, nor come near to the altar, because he has a blemish;
that he profane not my holy places: for I the Lord do sanctify
them. And Moshe spoke to Aharon, and to his sons, and to 24
all the children of Yisra'el.

22

And the Lord spoke to Moshe saying, Speak to Aharon and to 1, 2
his sons, that they separate themselves from the holy things of
the children of Yisra'el which they hallow to me, and they pro-
fane not my holy name, I am the Lord. Say to them, Whoever 3
he be of all your seed among your generations, that approaches
the holy things, which the children of Yisra'el hallow to the
Lord, having his uncleanness upon him, that soul shall be cut off
from my presence: I am the Lord. What man soever of the seed 4
of Aharon that is stricken with ẕara'at, or has a running issue;
he shall not eat of the holy things, until he be clean. And who-

ה   מִמֶּנּוּ שִׁכְבַת־זָרַע: אוֹ־אִישׁ אֲשֶׁר יִגַּע בְּכָל־שֶׁרֶץ אֲשֶׁר יִטְמָא־

ו   לוֹ אוֹ בְאָדָם אֲשֶׁר יִטְמָא־לוֹ לְכֹל טֻמְאָתוֹ: נֶפֶשׁ אֲשֶׁר תִּגַּע־

בּוֹ וְטָמְאָה עַד־הָעָרֶב וְלֹא יֹאכַל מִן־הַקֳּדָשִׁים כִּי אִם־רָחַץ

ז   בְּשָׂרוֹ בַּמָּיִם: וּבָא הַשֶּׁמֶשׁ וְטָהֵר וְאַחַר יֹאכַל מִן־הַקֳּדָשִׁים

ח   כִּי לַחְמוֹ הוּא: נְבֵלָה וּטְרֵפָה לֹא יֹאכַל לְטָמְאָה־בָהּ אֲנִי יְהֹוָה:

ט   וְשָׁמְרוּ אֶת־מִשְׁמַרְתִּי וְלֹא־יִשְׂאוּ עָלָיו חֵטְא וּמֵתוּ בוֹ כִּי יְחַלְּלֻהוּ

י   אֲנִי יְהֹוָה מְקַדְּשָׁם: וְכָל־זָר לֹא־יֹאכַל קֹדֶשׁ תּוֹשַׁב כֹּהֵן וְשָׂכִיר

יא   לֹא־יֹאכַל קֹדֶשׁ: וְכֹהֵן כִּי־יִקְנֶה נֶפֶשׁ קִנְיַן כַּסְפּוֹ הוּא יֹאכַל

יב   בּוֹ וִילִיד בֵּיתוֹ הֵם יֹאכְלוּ בְלַחְמוֹ: וּבַת־כֹּהֵן כִּי תִהְיֶה לְאִישׁ

יג   זָר הִוא בִּתְרוּמַת הַקֳּדָשִׁים לֹא תֹאכֵל: וּבַת־כֹּהֵן כִּי תִהְיֶה

אַלְמָנָה וּגְרוּשָׁה וְזֶרַע אֵין לָהּ וְשָׁבָה אֶל־בֵּית אָבִיהָ כִּנְעוּרֶיהָ

יד   מִלֶּחֶם אָבִיהָ תֹּאכֵל וְכָל־זָר לֹא־יֹאכַל בּוֹ: וְאִישׁ כִּי־יֹאכַל

קֹדֶשׁ בִּשְׁגָגָה וְיָסַף חֲמִשִׁיתוֹ עָלָיו וְנָתַן לַכֹּהֵן אֶת־הַקֹּדֶשׁ:

טו   וְלֹא יְחַלְּלוּ אֶת־קָדְשֵׁי בְּנֵי יִשְׂרָאֵל אֵת אֲשֶׁר־יָרִימוּ לַיהֹוָה:

טז   וְהִשִּׂיאוּ אוֹתָם עֲוֹן אַשְׁמָה בְּאָכְלָם אֶת־קָדְשֵׁיהֶם כִּי אֲנִי יְהֹוָה

מְקַדְּשָׁם:

שלישי יח

יז   וַיְדַבֵּר יְהֹוָה אֶל־מֹשֶׁה לֵּאמֹר: דַּבֵּר אֶל־אַהֲרֹן וְאֶל־בָּנָיו וְאֶל

כָּל־בְּנֵי יִשְׂרָאֵל וְאָמַרְתָּ אֲלֵהֶם אִישׁ אִישׁ מִבֵּית יִשְׂרָאֵל וּמִן־

הַגֵּר בְּיִשְׂרָאֵל אֲשֶׁר יַקְרִיב קָרְבָּנוֹ לְכָל־נִדְרֵיהֶם וּלְכָל־נִדְבוֹתָם

יח   אֲשֶׁר־יַקְרִיבוּ לַיהֹוָה לְעֹלָה: לִרְצֹנְכֶם תָּמִים זָכָר בַּבָּקָר

יט   בַּכְּשָׂבִים וּבָעִזִּים: כֹּל אֲשֶׁר־בּוֹ מוּם לֹא תַקְרִיבוּ כִּי־לֹא לְרָצוֹן

כ   יִהְיֶה לָכֶם: וְאִישׁ כִּי־יַקְרִיב זֶבַח־שְׁלָמִים לַיהֹוָה לְפַלֵּא־נֶדֶר

כא   אוֹ לִנְדָבָה בַּבָּקָר אוֹ בַצֹּאן תָּמִים יִהְיֶה לְרָצוֹן כָּל־מוּם לֹא

כב   יִהְיֶה־בּוֹ: עַוֶּרֶת אוֹ שָׁבוּר אוֹ־חָרוּץ אוֹ־יַבֶּלֶת אוֹ גָרָב אוֹ

יַלֶּפֶת לֹא־תַקְרִיבוּ אֵלֶּה לַיהֹוָה וְאִשֶּׁה לֹא־תִתְּנוּ מֵהֶם עַל־

כג   הַמִּזְבֵּחַ לַיהֹוָה: וְשׁוֹר וָשֶׂה שָׂרוּעַ וְקָלוּט נְדָבָה תַּעֲשֶׂה אֹתוֹ

כד   וּלְנֵדֶר לֹא יֵרָצֶה: וּמָעוּךְ וְכָתוּת וְנָתוּק וְכָרוּת לֹא תַקְרִיבוּ

לַיהֹוָה וּבְאַרְצְכֶם לֹא תַעֲשׂוּ: וּמִיַּד בֶּן־נֵכָר לֹא תַקְרִיבוּ אֶת־

כה   לֶחֶם אֱלֹהֵיכֶם מִכָּל־אֵלֶּה כִּי מָשְׁחָתָם בָּהֶם מוּם בָּם לֹא יֵרָצוּ

לָכֶם: וַיְדַבֵּר יְהֹוָה אֶל־מֹשֶׁה לֵּאמֹר: שׁוֹר אוֹ־

כו   כֶשֶׂב אוֹ־עֵז כִּי יִוָּלֵד וְהָיָה שִׁבְעַת יָמִים תַּחַת אִמּוֹ וּמִיּוֹם הַשְּׁמִינִי

כז   וָהָלְאָה יֵרָצֶה לְקָרְבַּן אִשֶּׁה לַיהֹוָה: וְשׁוֹר אוֹ־שֶׂה אֹתוֹ וְאֶת־

כח

ever touches anything that is unclean by the dead, or a man
whose semen goes from him; or whoever touches any creeping   5
thing, whereby he may be made unclean, or a man of whom
he may take uncleanness, whatever uncleanness he has; the   6
person who has touched any such shall be unclean until even-
ing, and shall not eat of the holy things, unless he bathe his
flesh with water. And when the sun is down, he shall be clean,   7
and shall afterwards eat of the holy things; because it is his
food. That which dies of itself, or is torn with beasts, he shall   8
not eat to defile himself with it: I am the LORD. They shall   9
therefore keep my charge, lest they bear sin for it, and die
therefore, if they profane it: I the LORD do sanctify them.
No stranger shall eat of the holy thing: a tenant of a priest, or   10
a hired servant, shall not eat of the holy thing. But if a priest   11
buy any person with money, he may eat of it, and he that is
born in his house: they shall eat of his bread. And if a priest's   12
daughter be married to a stranger, she may not eat of an offering
of the holy things. But if a priest's daughter be a widow, or di-   13
vorced, and have no child, and has returned to her father's
house, as in her youth, she shall eat of her father's bread: but
no stranger shall eat of it. And if a man eat of the holy thing   14
unwittingly, then he shall add the fifth part thereof to it, and
shall give the holy thing to the priest. And they shall not pro-   15
fane the holy things of the children of Yisra'el, which they offer
to the LORD; and so cause them to bear the iniquity of trespass,   16
when they eat their holy things: for I the LORD do sanctify
them.

And the LORD spoke to Moshe, saying, Speak to Aharon, and   17, 18
to his sons, and to all the children of Yisra'el, and say to them,
Whatever he be of the house of Yisra'el, or of the strangers in
Yisra'el, that will offer their sacrifice for all their vows, and
for all their freewill offerings, which they will offer to the LORD
for a burnt offering; you shall offer, that you may be accepted,   19
a male without blemish, of the oxen, of the sheep, or of the
goats. But whatever has a blemish, that shall you not offer: for   20
it shall not be acceptable for you. And whoever offers a sacrifice   21
of peace offerings to the LORD to accomplish his vow, or a free-
will offering in oxen or sheep, it shall be perfect to be accepted;
no blemish shall be in it. Blind, or broken, or maimed, or having   22
a growth, or scurvy, or scabbed, you shall not offer these to the
LORD, nor make an offering by fire of them upon the altar to
the LORD. Either a bullock or a lamb that has anything super-   23
fluous or too short, that mayst thou offer for a freewill offering;
but for a vow it shall not be accepted. You shall not offer to the   24
LORD that which has its testicles bruised or crushed, or broken,
or cut; neither shall you do thus in your land. Neither from a   25
stranger's hand shall you offer the bread of your GOD from any
of these; because their corruption is in them, their blemish
is in them: they shall not be accepted for you.   And the   26, 27
LORD spoke to Moshe, saying, When a bullock, or a sheep,
or a goat, is brought forth, then it shall be seven days under
its dam; and from the eighth day and thenceforth it shall
be accepted for an offering made by fire to the LORD. And   28

כט בְּנוֹ לֹא תִשְׁחֲטוּ בְּיוֹם אֶחָד׃ וְכִי־תִזְבְּחוּ זֶבַח־תּוֹדָה לַיהוָה
ל לִרְצֹנְכֶם תִּזְבָּחוּ׃ בַּיּוֹם הַהוּא יֵאָכֵל לֹא־תוֹתִירוּ מִמֶּנּוּ עַד־
לא בֹּקֶר אֲנִי יְהוָה׃ וּשְׁמַרְתֶּם מִצְוֺתַי וַעֲשִׂיתֶם אֹתָם אֲנִי יְהוָה׃
לב וְלֹא תְחַלְּלוּ אֶת־שֵׁם קָדְשִׁי וְנִקְדַּשְׁתִּי בְּתוֹךְ בְּנֵי יִשְׂרָאֵל אֲנִי
לג יְהוָה מְקַדִּשְׁכֶם׃ הַמּוֹצִיא אֶתְכֶם מֵאֶרֶץ מִצְרַיִם לִהְיוֹת לָכֶם
לֵאלֹהִים אֲנִי יְהוָה׃

כג א ב וַיְדַבֵּר יְהוָה אֶל־מֹשֶׁה לֵּאמֹר׃ דַּבֵּר אֶל־בְּנֵי יִשְׂרָאֵל וְאָמַרְתָּ רביעי
אֲלֵהֶם מוֹעֲדֵי יְהוָה אֲשֶׁר־תִּקְרְאוּ אֹתָם מִקְרָאֵי קֹדֶשׁ אֵלֶּה
ג הֵם מוֹעֲדָי׃ שֵׁשֶׁת יָמִים תֵּעָשֶׂה מְלָאכָה וּבַיּוֹם הַשְּׁבִיעִי שַׁבַּת
שַׁבָּתוֹן מִקְרָא־קֹדֶשׁ כָּל־מְלָאכָה לֹא תַעֲשׂוּ שַׁבָּת הִוא לַיהוָה
בְּכֹל מוֹשְׁבֹתֵיכֶם׃

ד אֵלֶּה מוֹעֲדֵי יְהוָה מִקְרָאֵי קֹדֶשׁ אֲשֶׁר־תִּקְרְאוּ אֹתָם בְּמוֹעֲדָם׃
ה בַּחֹדֶשׁ הָרִאשׁוֹן בְּאַרְבָּעָה עָשָׂר לַחֹדֶשׁ בֵּין הָעַרְבָּיִם פֶּסַח
ו לַיהוָה׃ וּבַחֲמִשָּׁה עָשָׂר יוֹם לַחֹדֶשׁ הַזֶּה חַג הַמַּצּוֹת לַיהוָה
ז שִׁבְעַת יָמִים מַצּוֹת תֹּאכֵלוּ׃ בַּיּוֹם הָרִאשׁוֹן מִקְרָא־קֹדֶשׁ יִהְיֶה
ח לָכֶם כָּל־מְלֶאכֶת עֲבֹדָה לֹא תַעֲשׂוּ׃ וְהִקְרַבְתֶּם אִשֶּׁה לַיהוָה
שִׁבְעַת יָמִים בַּיּוֹם הַשְּׁבִיעִי מִקְרָא־קֹדֶשׁ כָּל־מְלֶאכֶת עֲבֹדָה
לֹא תַעֲשׂוּ׃

ט וַיְדַבֵּר יְהוָה אֶל־מֹשֶׁה לֵּאמֹר׃ דַּבֵּר אֶל־בְּנֵי יִשְׂרָאֵל וְאָמַרְתָּ
י אֲלֵהֶם כִּי־תָבֹאוּ אֶל־הָאָרֶץ אֲשֶׁר אֲנִי נֹתֵן לָכֶם וּקְצַרְתֶּם
אֶת־קְצִירָהּ וַהֲבֵאתֶם אֶת־עֹמֶר רֵאשִׁית קְצִירְכֶם אֶל־הַכֹּהֵן׃
יא וְהֵנִיף אֶת־הָעֹמֶר לִפְנֵי יְהוָה לִרְצֹנְכֶם מִמָּחֳרַת הַשַּׁבָּת יְנִיפֶנּוּ
יב הַכֹּהֵן׃ וַעֲשִׂיתֶם בְּיוֹם הֲנִיפְכֶם אֶת־הָעֹמֶר כֶּבֶשׂ תָּמִים בֶּן־
יג שְׁנָתוֹ לְעֹלָה לַיהוָה׃ וּמִנְחָתוֹ שְׁנֵי עֶשְׂרֹנִים סֹלֶת בְּלוּלָה
בַשֶּׁמֶן אִשֶּׁה לַיהוָה רֵיחַ נִיחֹחַ וְנִסְכֹּה יַיִן רְבִיעִת הַהִין׃
יד וְלֶחֶם וְקָלִי וְכַרְמֶל לֹא תֹאכְלוּ עַד־עֶצֶם הַיּוֹם הַזֶּה עַד
הֲבִיאֲכֶם אֶת־קָרְבַּן אֱלֹהֵיכֶם חֻקַּת עוֹלָם לְדֹרֹתֵיכֶם בְּכֹל
טו מֹשְׁבֹתֵיכֶם׃ וּסְפַרְתֶּם לָכֶם מִמָּחֳרַת הַשַּׁבָּת יט
מִיּוֹם הֲבִיאֲכֶם אֶת־עֹמֶר הַתְּנוּפָה שֶׁבַע שַׁבָּתוֹת תְּמִימֹת
טז תִּהְיֶינָה׃ עַד מִמָּחֳרַת הַשַּׁבָּת הַשְּׁבִיעִת תִּסְפְּרוּ חֲמִשִּׁים יוֹם
יז וְהִקְרַבְתֶּם מִנְחָה חֲדָשָׁה לַיהוָה׃ מִמּוֹשְׁבֹתֵיכֶם תָּבִיאוּ לֶחֶם
תְּנוּפָה שְׁתַּיִם שְׁנֵי עֶשְׂרֹנִים סֹלֶת תִּהְיֶינָה חָמֵץ תֵּאָפֶינָה בִּכּוּרִים
יח לַיהוָה׃ וְהִקְרַבְתֶּם עַל־הַלֶּחֶם שִׁבְעַת כְּבָשִׂים תְּמִימִם בְּנֵי
שָׁנָה וּפַר בֶּן־בָּקָר אֶחָד וְאֵילִם שְׁנָיִם יִהְיוּ עֹלָה לַיהוָה וּמִנְחָתָם
יט וְנִסְכֵּיהֶם אִשֵּׁה רֵיחַ־נִיחֹחַ לַיהוָה׃ וַעֲשִׂיתֶם שְׂעִיר־עִזִּים אֶחָד

whether it be cow or ewe, you shall not kill it and its young
both in one day. And when you will offer a sacrifice of thanks-   29
giving to the LORD, offer it that it may be accepted. On the   30
same day it shall be eaten up; you shall leave none of it until
the morrow: I am the LORD. And you shall keep my command-   31
ments, and do them: I am the LORD. Neither shall you profane   32
my holy name; but I will be hallowed among the children of
Yisra'el: I am the LORD who make you holy, who brought   33
you out of the land of Miẓrayim, to be your GOD: I am the
LORD.   **23**

And the LORD spoke to Moshe, saying, Speak to the children of   1, 2
Yisra'el, and say to them, The feasts of the LORD, which you
shall proclaim to be holy gatherings, these are my feasts. Six   3
days shall work be done: but the seventh day is the sabbath
of solemn rest, a holy gathering; you shall do no work: it is
a sabbath to the LORD in all your dwellings.

These are the feasts of the LORD, holy gatherings, which you   4
shall proclaim in their seasons. On the fourteenth day of the   5
first month towards evening is the LORD's passover. And on   6
the fifteenth day of the same month is the feast of unleavened
bread to the LORD: seven days you must eat unleavened bread.
On the first day you shall have a holy gathering: you shall do   7
no servile work. But you shall offer an offering made by fire to   8
the LORD for seven days: on the seventh day is a holy gather-
ing: you shall do no servile work.

And the LORD spoke to Moshe, saying, Speak to the children   9, 10
of Yisra'el, and say to them, When you are come to the land
which I give to you, and shall reap its harvest, then you shall
bring an 'omer of the firstfruits of your harvest to the priest:
and he shall wave the 'omer before the LORD, to be accepted for   11
you: on the morrow after the sabbath the priest shall wave it.
And you shall offer that day when you wave the 'omer a he   12
lamb without blemish of the first year for a burnt offering to
the LORD. And the meal offering thereof shall be two tenth   13
measures of fine flour mingled with oil, an offering made by
fire to the LORD for a sweet savour: and its drink offering shall
be of wine, the fourth part of a hin. And you shall eat neither   14
bread, nor parched corn, nor green ears, until that very day,
until you have brought an offering to your GOD: it shall be a
statute for ever throughout your generations in all your dwel-
lings.   And you shall count for yourselves from the mor-   15
row after the sabbath, from the day that you brought the 'omer
of the wave offering; seven complete sabbaths shall there be: to   16
the morrow after the seventh sabbath shall you number fifty
days and you shall offer a new meal offering to the LORD. You   17
shall bring out of your habitations two wave loaves of two tenth
measures: they shall be of fine flour; they shall be baked with
leaven; they are the firstfruits to the LORD. And you shall offer 18
with the bread seven lambs without blemish of the first year,
and one young bullock, and two rams: they shall be for a burnt
offering to the LORD, with their meal offering, and their drink
offerings, an offering made by fire, of sweet savour to the LORD.
Then you shall sacrifice one kid of the goats for a sin offering,   19

לְחַטָּאת וּשְׁנֵי כְבָשִׂים בְּנֵי שָׁנָה לְזֶבַח שְׁלָמִים: וְהֵנִיף הַכֹּהֵן ׀ כ

אֹתָם עַל לֶחֶם הַבִּכּוּרִים תְּנוּפָה לִפְנֵי יהוה עַל־שְׁנֵי כְּבָשִׂים

קֹדֶשׁ יִהְיוּ לַיהוה לַכֹּהֵן: וּקְרָאתֶם בְּעֶצֶם ׀ הַיּוֹם הַזֶּה מִקְרָא־ כא

קֹדֶשׁ יִהְיֶה לָכֶם כָּל־מְלֶאכֶת עֲבֹדָה לֹא תַעֲשׂוּ חֻקַּת עוֹלָם

בְּכָל־מוֹשְׁבֹתֵיכֶם לְדֹרֹתֵיכֶם: וּבְקֻצְרְכֶם אֶת־קְצִיר אַרְצְכֶם כב

לֹא־תְכַלֶּה פְּאַת שָׂדְךָ בְּקֻצְרֶךָ וְלֶקֶט קְצִירְךָ לֹא תְלַקֵּט לֶעָנִי

וְלַגֵּר תַּעֲזֹב אֹתָם אֲנִי יהוה אֱלֹהֵיכֶם:

חמישי   וַיְדַבֵּר יהוה אֶל־מֹשֶׁה לֵּאמֹר: דַּבֵּר אֶל־בְּנֵי יִשְׂרָאֵל לֵאמֹר כג כד

בַּחֹדֶשׁ הַשְּׁבִיעִי בְּאֶחָד לַחֹדֶשׁ יִהְיֶה לָכֶם שַׁבָּתוֹן זִכְרוֹן תְּרוּעָה

מִקְרָא־קֹדֶשׁ: כָּל־מְלֶאכֶת עֲבֹדָה לֹא תַעֲשׂוּ וְהִקְרַבְתֶּם אִשֶּׁה כה

לַיהוה: וַיְדַבֵּר יהוה אֶל־מֹשֶׁה לֵּאמֹר: אַךְ כו כז

בֶּעָשׂוֹר לַחֹדֶשׁ הַשְּׁבִיעִי הַזֶּה יוֹם הַכִּפֻּרִים הוּא מִקְרָא־קֹדֶשׁ

יִהְיֶה לָכֶם וְעִנִּיתֶם אֶת־נַפְשֹׁתֵיכֶם וְהִקְרַבְתֶּם אִשֶּׁה לַיהוה:

וְכָל־מְלָאכָה לֹא תַעֲשׂוּ בְּעֶצֶם הַיּוֹם הַזֶּה כִּי יוֹם כִּפֻּרִים הוּא כח

לְכַפֵּר עֲלֵיכֶם לִפְנֵי יהוה אֱלֹהֵיכֶם: כִּי כָל־הַנֶּפֶשׁ אֲשֶׁר לֹא־ כט

תְעֻנֶּה בְּעֶצֶם הַיּוֹם הַזֶּה וְנִכְרְתָה מֵעַמֶּיהָ: וְכָל־הַנֶּפֶשׁ אֲשֶׁר ל

תַּעֲשֶׂה כָּל־מְלָאכָה בְּעֶצֶם הַיּוֹם הַזֶּה וְהַאֲבַדְתִּי אֶת־הַנֶּפֶשׁ

הַהִוא מִקֶּרֶב עַמָּהּ: כָּל־מְלָאכָה לֹא תַעֲשׂוּ חֻקַּת עוֹלָם לא

לְדֹרֹתֵיכֶם בְּכֹל מֹשְׁבֹתֵיכֶם: שַׁבַּת שַׁבָּתוֹן הוּא לָכֶם וְעִנִּיתֶם לב

אֶת־נַפְשֹׁתֵיכֶם בְּתִשְׁעָה לַחֹדֶשׁ בָּעֶרֶב מֵעֶרֶב עַד־עֶרֶב תִּשְׁבְּתוּ

שַׁבַּתְּכֶם:

ששי   וַיְדַבֵּר יהוה אֶל־מֹשֶׁה לֵּאמֹר: דַּבֵּר אֶל־בְּנֵי יִשְׂרָאֵל לֵאמֹר לג לד

בַּחֲמִשָּׁה עָשָׂר יוֹם לַחֹדֶשׁ הַשְּׁבִיעִי הַזֶּה חַג הַסֻּכּוֹת שִׁבְעַת

יָמִים לַיהוה: בַּיּוֹם הָרִאשׁוֹן מִקְרָא־קֹדֶשׁ כָּל־מְלֶאכֶת עֲבֹדָה לה

לֹא תַעֲשׂוּ: שִׁבְעַת יָמִים תַּקְרִיבוּ אִשֶּׁה לַיהוה בַּיּוֹם הַשְּׁמִינִי לו

מִקְרָא־קֹדֶשׁ יִהְיֶה לָכֶם וְהִקְרַבְתֶּם אִשֶּׁה לַיהוה עֲצֶרֶת הִוא

כָּל־מְלֶאכֶת עֲבֹדָה לֹא תַעֲשׂוּ: אֵלֶּה מוֹעֲדֵי יהוה אֲשֶׁר־ לז

תִּקְרְאוּ אֹתָם מִקְרָאֵי קֹדֶשׁ לְהַקְרִיב אִשֶּׁה לַיהוה עֹלָה וּמִנְחָה

זֶבַח וּנְסָכִים דְּבַר־יוֹם בְּיוֹמוֹ: מִלְּבַד שַׁבְּתֹת יהוה וּמִלְּבַד לח

מַתְּנוֹתֵיכֶם וּמִלְּבַד כָּל־נִדְרֵיכֶם וּמִלְּבַד כָּל־נִדְבוֹתֵיכֶם אֲשֶׁר

תִּתְּנוּ לַיהוה: אַךְ בַּחֲמִשָּׁה עָשָׂר יוֹם לַחֹדֶשׁ הַשְּׁבִיעִי בְּאָסְפְּכֶם לט

אֶת־תְּבוּאַת הָאָרֶץ תָּחֹגּוּ אֶת־חַג־יהוה שִׁבְעַת יָמִים בַּיּוֹם

הָרִאשׁוֹן שַׁבָּתוֹן וּבַיּוֹם הַשְּׁמִינִי שַׁבָּתוֹן: וּלְקַחְתֶּם לָכֶם בַּיּוֹם מ

הָרִאשׁוֹן פְּרִי עֵץ הָדָר כַּפֹּת תְּמָרִים וַעֲנַף עֵץ־עָבֹת וְעַרְבֵי־

נַחַל וּשְׂמַחְתֶּם לִפְנֵי יהוה אֱלֹהֵיכֶם שִׁבְעַת יָמִים: וְחַגֹּתֶם מא

אֹתוֹ חַג לַיהוה שִׁבְעַת יָמִים בַּשָּׁנָה חֻקַּת עוֹלָם לְדֹרֹתֵיכֶם

and two lambs of the first year for a sacrifice of peace offer-
ings. And the priest shall wave them with the bread of the   20
firstfruits for a wave offering before the LORD, with the two
lambs: they shall be holy to the LORD for the priest. And you   21
shall proclaim on this very same day, that it may be a holy
gathering to you: you shall do no servile work: it shall be
a statute for ever in all your dwellings throughout your genera-
tions. And when you reap the harvest of your land, thou shalt   22
not altogether remove the corners of thy field when thou reapest,
nor shalt thou gather any gleaning of thy harvest: thou shalt
leave them to the poor, and to the stranger: I am the LORD
your GOD.

And the LORD spoke to Moshe, saying, Speak to the children   23, 24
of Yisra'el, saying, In the seventh month, on the first day of the
month, shall you have a sabbath, a memorial of blowing of
horns, a holy gathering. You shall do no servile work: but   25
you shall offer an offering made by fire to the LORD.   And   26
the LORD spoke to Moshe, saying, Also on the tenth day of this   27
seventh month there shall be a day of atonement: it shall be
a holy gathering to you; and you shall afflict your souls, and
offer an offering made by fire to the LORD. And you shall do no   28
work on that very same day: for it is a day of atonement, to
make atonement for you before the LORD your GOD. For what-   29
ever person shall not be afflicted on that same day, he shall be
cut off from his people. And whatever person does any work   30
on that same day, the same person will I destroy from among
his people. You shall do no manner of work: it shall be a statute 31
for ever throughout your generations in all your dwellings. It   32
shall be to you a sabbath of solemn rest, and you shall afflict
your souls: on the ninth day of the month at evening, from
evening to evening shall you celebrate your sabbath.

And the LORD spoke to Moshe, saying, Speak to the children of   33, 34
Yisra'el, saying, The fifteenth day of this seventh month shall
be the feast of booths for seven days to the LORD. On the   35
first day shall be a holy gathering: you shall do no servile
work. Seven days you shall offer an offering made by fire to   36
the LORD: on the eighth day shall be a holy gathering to
you; and you shall offer an offering made by fire to the LORD;
it is a solemn assembly; and you shall do no servile work. These 37
are the feasts of the LORD, which you shall proclaim to be holy
gatherings, to offer an offering made by fire to the LORD, a
burnt offering, and a meal offering, a sacrifice, and drink offer-
ings, every thing upon its day: beside the sabbaths of the LORD, 38
and beside your gifts, and beside all your vows, and beside all
your freewill offerings, which you give to the LORD. Also on the 39
fifteenth day of the seventh month, when you have gathered in
the fruit of the land, you shall keep a feast to the LORD seven
days: on the first day shall be a sabbath, and on the eighth day
shall be a sabbath. And you shall take for yourselves on the first 40
day the fruit of the tree hadar, branches of palm trees, and the
boughs of thick leaved trees, and willows of the brook; and you
shall rejoice before the LORD your GÓD seven days. And you shall 41
keep it a feast to the LORD seven days in the year. It shall be a

מב בַּחֹדֶשׁ הַשְּׁבִיעִי תָּחֹגּוּ אֹתוֹ: בַּסֻּכֹּת תֵּשְׁבוּ שִׁבְעַת יָמִים כָּל־
מג הָאֶזְרָח בְּיִשְׂרָאֵל יֵשְׁבוּ בַּסֻּכֹּת: לְמַעַן יֵדְעוּ דֹרֹתֵיכֶם כִּי בַסֻּכּוֹת
הוֹשַׁבְתִּי אֶת־בְּנֵי יִשְׂרָאֵל בְּהוֹצִיאִי אוֹתָם מֵאֶרֶץ מִצְרָיִם
מד אֲנִי יְהוָה אֱלֹהֵיכֶם: וַיְדַבֵּר מֹשֶׁה אֶת־מֹעֲדֵי יְהוָה אֶל־בְּנֵי
יִשְׂרָאֵל:

שביעי כד א ב וַיְדַבֵּר יְהוָה אֶל־מֹשֶׁה לֵּאמֹר: צַו אֶת־בְּנֵי יִשְׂרָאֵל וְיִקְחוּ אֵלֶיךָ
ג שֶׁמֶן זַיִת זָךְ כָּתִית לַמָּאוֹר לְהַעֲלֹת נֵר תָּמִיד: מִחוּץ לְפָרֹכֶת
הָעֵדֻת בְּאֹהֶל מוֹעֵד יַעֲרֹךְ אֹתוֹ אַהֲרֹן מֵעֶרֶב עַד־בֹּקֶר לִפְנֵי
ד יְהוָה תָּמִיד חֻקַּת עוֹלָם לְדֹרֹתֵיכֶם: עַל הַמְּנֹרָה הַטְּהֹרָה יַעֲרֹךְ
אֶת־הַנֵּרוֹת לִפְנֵי יְהוָה תָּמִיד:

ה וְלָקַחְתָּ סֹלֶת וְאָפִיתָ אֹתָהּ שְׁתֵּים עֶשְׂרֵה חַלּוֹת שְׁנֵי עֶשְׂרֹנִים יִהְיֶה
ו הַחַלָּה הָאֶחָת: וְשַׂמְתָּ אוֹתָם שְׁתַּיִם מַעֲרָכוֹת שֵׁשׁ הַמַּעֲרָכֶת
ז עַל הַשֻּׁלְחָן הַטָּהֹר לִפְנֵי יְהוָה: וְנָתַתָּ עַל־הַמַּעֲרֶכֶת לְבֹנָה
ח זַכָּה וְהָיְתָה לַלֶּחֶם לְאַזְכָּרָה אִשֶּׁה לַיהוָה: בְּיוֹם הַשַּׁבָּת בְּיוֹם
הַשַּׁבָּת יַעַרְכֶנּוּ לִפְנֵי יְהוָה תָּמִיד מֵאֵת בְּנֵי־יִשְׂרָאֵל בְּרִית עוֹלָם:
ט וְהָיְתָה לְאַהֲרֹן וּלְבָנָיו וַאֲכָלֻהוּ בְּמָקוֹם קָדֹשׁ כִּי קֹדֶשׁ קָדָשִׁים
י הוּא לוֹ מֵאִשֵּׁי יְהוָה חָק־עוֹלָם: וַיֵּצֵא בֶּן־אִשָּׁה
יִשְׂרְאֵלִית וְהוּא בֶּן־אִישׁ מִצְרִי בְּתוֹךְ בְּנֵי יִשְׂרָאֵל וַיִּנָּצוּ בַּמַּחֲנֶה
יא בֶּן הַיִּשְׂרְאֵלִית וְאִישׁ הַיִּשְׂרְאֵלִי: וַיִּקֹּב בֶּן־הָאִשָּׁה הַיִּשְׂרְאֵלִית
אֶת־הַשֵּׁם וַיְקַלֵּל וַיָּבִיאוּ אֹתוֹ אֶל־מֹשֶׁה וְשֵׁם אִמּוֹ שְׁלֹמִית
יב בַּת־דִּבְרִי לְמַטֵּה־דָן: וַיַּנִּיחֻהוּ בַּמִּשְׁמָר לִפְרֹשׁ לָהֶם עַל־פִּי
יְהוָה:

יג יד וַיְדַבֵּר יְהוָה אֶל־מֹשֶׁה לֵּאמֹר: הוֹצֵא אֶת־הַמְקַלֵּל אֶל־מִחוּץ
לַמַּחֲנֶה וְסָמְכוּ כָל־הַשֹּׁמְעִים אֶת־יְדֵיהֶם עַל־רֹאשׁוֹ וְרָגְמוּ אֹתוֹ
טו כָּל־הָעֵדָה: וְאֶל־בְּנֵי יִשְׂרָאֵל תְּדַבֵּר לֵאמֹר אִישׁ אִישׁ כִּי־
טז יְקַלֵּל אֱלֹהָיו וְנָשָׂא חֶטְאוֹ: וְנֹקֵב שֵׁם־יְהוָה מוֹת יוּמָת רָגוֹם
יז יִרְגְּמוּ־בוֹ כָּל־הָעֵדָה כַּגֵּר כָּאֶזְרָח בְּנָקְבוֹ־שֵׁם יוּמָת: וְאִישׁ כִּי
יח יַכֶּה כָּל־נֶפֶשׁ אָדָם מוֹת יוּמָת: וּמַכֵּה נֶפֶשׁ־בְּהֵמָה יְשַׁלְּמֶנָּה
יט נֶפֶשׁ תַּחַת נָפֶשׁ: וְאִישׁ כִּי־יִתֵּן מוּם בַּעֲמִיתוֹ כַּאֲשֶׁר עָשָׂה כֵּן
כ יֵעָשֶׂה לּוֹ: שֶׁבֶר תַּחַת שֶׁבֶר עַיִן תַּחַת עַיִן שֵׁן תַּחַת שֵׁן כַּאֲשֶׁר
מפטיר כא יִתֵּן מוּם בָּאָדָם כֵּן יִנָּתֶן בּוֹ: וּמַכֵּה בְהֵמָה יְשַׁלְּמֶנָּה וּמַכֵּה
כב אָדָם יוּמָת: מִשְׁפַּט אֶחָד יִהְיֶה לָכֶם כַּגֵּר כָּאֶזְרָח יִהְיֶה כִּי אֲנִי
כג יְהוָה אֱלֹהֵיכֶם: וַיְדַבֵּר מֹשֶׁה אֶל־בְּנֵי יִשְׂרָאֵל וַיּוֹצִיאוּ אֶת־
הַמְקַלֵּל אֶל־מִחוּץ לַמַּחֲנֶה וַיִּרְגְּמוּ אֹתוֹ אָבֶן וּבְנֵי־יִשְׂרָאֵל עָשׂוּ
כַּאֲשֶׁר צִוָּה יְהוָה אֶת־מֹשֶׁה:

statute for ever in your generations: you shall celebrate it in
the seventh month. You shall dwell in booths seven days; all 42
that are home born in Yisra'el shall dwell in booths: that your 43
generations may know that I made the children of Yisra'el to
dwell in booths, when I brought them out of the land of
Mizrayim: I am the LORD your GOD. And Moshe declared to the 44
children of Yisra'el the appointed seasons of the LORD.
And the LORD spoke to Moshe, saying, Command the children **24**
of Yisra'el, that they bring to thee pure oil olive beaten for the
light, to cause the lamps to burn continually. Outside the veil 3
of the Testimony, in the Tent of Meeting, shall Aharon order it
from evening unto morning before the LORD continually: it
shall be a statute for ever in your generations. He shall order 4
the lamps upon the pure candlestick, before the LORD con-
tinually.
And thou shalt take fine flour, and bake of it twelve cakes: 5
two tenth measures shall be in one cake. And thou shalt set them 6
in two rows, six on a row, upon the pure table before the
LORD. And thou shalt put pure frankincense upon each row, 7
that it may be on the bread for a memorial, an offering
made by fire to the LORD. Every sabbath he shall set it in order 8
before the LORD continually, an everlasting covenant from the
children of Yisra'el. And it shall be Aharon's and his sons'; 9
and they shall eat it in the holy place: for it is most holy to
him of the offerings of the LORD made by fire by a perpetual
due. And the son of a Yisra'elite woman, whose father was 10
a Mizrian man, went out among the children of Yisra'el: and
this son of the Yisra'elite woman and a man of Yisra'el strove to-
gether in the camp; and the Yisra'elite woman's son blasphemed 11
the name of the LORD, and cursed. And they brought him to
Moshe: (and his mother's name was Shelomit, the daughter of
Divri, of the tribe of Dan:) and they put him in custody, that 12
the mind of the LORD might be shown them.
And the LORD spoke to Moshe, saying, Bring forth him that has 13, 14
cursed outside the camp; and let all that heard him lay their
hands upon his head, and let all the congregation stone him.
And thou shalt speak to the children of Yisra'el, saying, Who- 15
ever curses his GOD shall bear his sin. And he who blasphemes 16
the name of the LORD, shall surely be put to death, and all the
congregation shall certainly stone him: both the stranger, and
he that is born in the land, when he blasphemes the name of
the LORD, shall be put to death. And he that kills any man shall 17
surely be put to death. And he that kills a beast shall make it 18
good; beast for beast. And if a man maim his neighbour; as 19
he has done, so shall it be done to him; breach for breach, eye 20
for eye, tooth for tooth: as he has maimed a man, so shall it
be done to him. And he that kills a beast, he shall restore it: 21
and he that kills a man, he shall be put to death. You shall have 22
one manner of law, as well for the stranger, as for one of your
own country: for I am the LORD your GOD. And Moshe spoke 23
to the children of Yisra'el, and they brought him that had cursed
out of the camp, and stoned him with stones. And the children
of Yisra'el did as the LORD commanded Moshe.

וַיְדַבֵּר יְהוָה אֶל־מֹשֶׁה בְּהַר סִינַי לֵאמֹר: דַּבֵּר אֶל־בְּנֵי יִשְׂרָאֵל א ב
וְאָמַרְתָּ אֲלֵהֶם כִּי תָבֹאוּ אֶל־הָאָרֶץ אֲשֶׁר אֲנִי נֹתֵן לָכֶם
וְשָׁבְתָה הָאָרֶץ שַׁבָּת לַיהוָה: שֵׁשׁ שָׁנִים תִּזְרַע שָׂדֶךָ וְשֵׁשׁ ג
שָׁנִים תִּזְמֹר כַּרְמֶךָ וְאָסַפְתָּ אֶת־תְּבוּאָתָהּ: וּבַשָּׁנָה הַשְּׁבִיעִת ד
שַׁבַּת שַׁבָּתוֹן יִהְיֶה לָאָרֶץ שַׁבָּת לַיהוָה שָׂדְךָ לֹא תִזְרָע וְכַרְמְךָ
לֹא תִזְמֹר: אֵת סְפִיחַ קְצִירְךָ לֹא תִקְצוֹר וְאֶת־עִנְּבֵי נְזִירֶךָ ה
לֹא תִבְצֹר שְׁנַת שַׁבָּתוֹן יִהְיֶה לָאָרֶץ: וְהָיְתָה שַׁבַּת הָאָרֶץ ו
לָכֶם לְאָכְלָה לְךָ וּלְעַבְדְּךָ וְלַאֲמָתֶךָ וְלִשְׂכִירְךָ וּלְתוֹשָׁבְךָ הַגָּרִים
עִמָּךְ: וְלִבְהֶמְתְּךָ וְלַחַיָּה אֲשֶׁר בְּאַרְצֶךָ תִּהְיֶה כָל־תְּבוּאָתָהּ ז
לֶאֱכֹל: וְסָפַרְתָּ לְךָ שֶׁבַע שַׁבְּתֹת שָׁנִים שֶׁבַע ח
שָׁנִים שֶׁבַע פְּעָמִים וְהָיוּ לְךָ יְמֵי שֶׁבַע שַׁבְּתֹת הַשָּׁנִים תֵּשַׁע
וְאַרְבָּעִים שָׁנָה: וְהַעֲבַרְתָּ שׁוֹפַר תְּרוּעָה בַּחֹדֶשׁ הַשְּׁבִעִי בֶּעָשׂוֹר ט
לַחֹדֶשׁ בְּיוֹם הַכִּפֻּרִים תַּעֲבִירוּ שׁוֹפָר בְּכָל־אַרְצְכֶם: וְקִדַּשְׁתֶּם י
אֵת שְׁנַת הַחֲמִשִּׁים שָׁנָה וּקְרָאתֶם דְּרוֹר בָּאָרֶץ לְכָל־יֹשְׁבֶיהָ
יוֹבֵל הִוא תִּהְיֶה לָכֶם וְשַׁבְתֶּם אִישׁ אֶל־אֲחֻזָּתוֹ וְאִישׁ אֶל־
מִשְׁפַּחְתּוֹ תָּשֻׁבוּ: יוֹבֵל הִוא שְׁנַת הַחֲמִשִּׁים שָׁנָה תִּהְיֶה לָכֶם יא
לֹא תִזְרָעוּ וְלֹא תִקְצְרוּ אֶת־סְפִיחֶיהָ וְלֹא תִבְצְרוּ אֶת־נְזִרֶיהָ:
כִּי יוֹבֵל הִוא קֹדֶשׁ תִּהְיֶה לָכֶם מִן־הַשָּׂדֶה תֹּאכְלוּ אֶת־תְּבוּאָתָהּ: יב
בִּשְׁנַת הַיּוֹבֵל הַזֹּאת תָּשֻׁבוּ אִישׁ אֶל־אֲחֻזָּתוֹ: וְכִי־תִמְכְּרוּ יג שני כ
מִמְכָּר לַעֲמִיתֶךָ אוֹ קָנֹה מִיַּד עֲמִיתֶךָ אַל־תּוֹנוּ אִישׁ אֶת־
אָחִיו: בְּמִסְפַּר שָׁנִים אַחַר הַיּוֹבֵל תִּקְנֶה מֵאֵת עֲמִיתֶךָ בְּמִסְפַּר טו
שְׁנֵי־תְבוּאֹת יִמְכָּר־לָךְ: לְפִי רֹב הַשָּׁנִים תַּרְבֶּה מִקְנָתוֹ טז
וּלְפִי מְעֹט הַשָּׁנִים תַּמְעִיט מִקְנָתוֹ כִּי מִסְפַּר תְּבוּאֹת הוּא
מֹכֵר לָךְ: וְלֹא תוֹנוּ אִישׁ אֶת־עֲמִיתוֹ וְיָרֵאתָ מֵאֱלֹהֶיךָ כִּי יז
אֲנִי יְהוָה אֱלֹהֵיכֶם: וַעֲשִׂיתֶם אֶת־חֻקֹּתַי וְאֶת־מִשְׁפָּטַי תִּשְׁמְרוּ יח
וַעֲשִׂיתֶם אֹתָם וִישַׁבְתֶּם עַל־הָאָרֶץ לָבֶטַח: וְנָתְנָה הָאָרֶץ יט שלישי
פִּרְיָהּ וַאֲכַלְתֶּם לָשֹׂבַע וִישַׁבְתֶּם לָבֶטַח עָלֶיהָ: וְכִי תֹאמְרוּ כ /שני
מַה־נֹּאכַל בַּשָּׁנָה הַשְּׁבִיעִת הֵן לֹא נִזְרָע וְלֹא נֶאֱסֹף אֶת־
תְּבוּאָתֵנוּ: וְצִוִּיתִי אֶת־בִּרְכָתִי לָכֶם בַּשָּׁנָה הַשִּׁשִּׁית וְעָשָׂת כא
אֶת־הַתְּבוּאָה לִשְׁלֹשׁ הַשָּׁנִים: וּזְרַעְתֶּם אֵת הַשָּׁנָה הַשְּׁמִינִת כב
וַאֲכַלְתֶּם מִן־הַתְּבוּאָה יָשָׁן עַד הַשָּׁנָה הַתְּשִׁיעִת עַד־בּוֹא
תְּבוּאָתָהּ תֹּאכְלוּ יָשָׁן: וְהָאָרֶץ לֹא תִמָּכֵר לִצְמִתֻת כִּי־לִי כג
הָאָרֶץ כִּי־גֵרִים וְתוֹשָׁבִים אַתֶּם עִמָּדִי: וּבְכֹל אֶרֶץ אֲחֻזַּתְכֶם כד
גְּאֻלָּה תִּתְּנוּ לָאָרֶץ: כִּי־יָמוּךְ אָחִיךָ וּמָכַר כה רביעי
מֵאֲחֻזָּתוֹ וּבָא גֹאֲלוֹ הַקָּרֹב אֵלָיו וְגָאַל אֵת מִמְכַּר אָחִיו:
וְאִישׁ כִּי לֹא יִהְיֶה־לּוֹ גֹּאֵל וְהִשִּׂיגָה יָדוֹ וּמָצָא כְּדֵי גְאֻלָּתוֹ: כו

And the LORD spoke to Moshe in mount Sinay, saying, 1
Speak to the children of Yisra'el, and say to them, When you 2
come to the land which I give you, then shall the land keep
a sabbath to the LORD. Six years thou shalt sow thy field, and 3
six years thou shalt prune thy vineyard, and gather in its fruit;
but in the seventh year shall be a sabbath of solemn rest for 4
the land, a sabbath for the LORD: thou shalt neither sow thy
field, nor prune thy vineyard. That which grows of its own 5
accord of thy harvest thou shalt not reap, nor gather the
grapes of thy undressed vine: for it shall be a year of rest for
the land. And the sabbath produce of the land shall be food for 6
you; for thee, and for thy servant, and for thy maid, and for
thy hired servant, and for thy stranger that sojourns with thee,
and for thy cattle, and for the beast in thy land, shall all its 7
increase be food.   And thou shalt number seven sabbaths 8
of years to thee, seven times seven years; and the space of the
seven sabbaths of years shall be to thee forty nine years. Then 9
shalt thou cause the shofar to sound on the tenth day of the
seventh month, on the day of atonement shall you sound the
shofar throughout all your land. And you shall hallow the fiftieth 10
year, and proclaim liberty throughout all the land to all its inhab-
itants: it shall be a jubilee for you; and you shall return every
man to his possession, and you shall return every man to his
family. A jubilee shall that fiftieth year be to you: you shall 11
not sow, neither reap that which grows of itself in it, nor gather
in it the grapes of thy undressed vine. For it is the jubilee; it 12
shall be holy to you: you shall eat its increase out of the field.
In the year of this jubilee you shall return every man to his 13
possession. And if thou sell aught to thy neighbour, or buy 14
aught of thy neighbour's hand, you shall not defraud one
another: according to the number of years after the jubilee 15
thou shalt buy of thy neighbour, and according to the number
of years of the fruits he shall sell to thee: according to the 16
multitude of years thou shalt increase its price, and according
to the fewness of years thou shalt diminish the price of it:
for what he sells thee is a number of years of produce. You 17
shall not therefore defraud one another; but thou shalt fear thy
GOD: for I am the LORD your GOD. And you shall do my sta- 18
tutes, and keep my judgments, and do them; and you shall
dwell in the land in safety. And the land shall yield her fruit, 19
and you shall eat your fill, and dwell therein in safety. And if 20
you shall say, What shall we eat in the seventh year? behold,
we shall not sow, nor gather in our increase: then I will com- 21
mand my blessing upon you in the sixth year, and it shall bring
forth fruit for three years. And you shall sow the eighth year, 22
and eat yet of old fruit until the ninth year; until her fruits
come in, you shall eat of the old store. The land shall not be 23
sold for ever: for the land is mine; for you are strangers and
sojourners with me. And in all the land of your possession you 24
shall grant a redemption for the land.   If thy brother be- 25
come poor, and has sold away some of his possession, then
shall his near kinsman come to redeem it, and shall redeem
that which his brother sold. And if the man have none to re- 26

וְחִשַּׁב אֶת־שְׁנֵי מִמְכָּרוֹ וְהֵשִׁיב אֶת־הָעֹדֵף לָאִישׁ אֲשֶׁר מָכַר־ כז
לוֹ וְשָׁב לַאֲחֻזָּתוֹ: וְאִם לֹא־מָצְאָה יָדוֹ דֵּי הָשִׁיב לוֹ וְהָיָה כח
מִמְכָּרוֹ בְּיַד הַקֹּנֶה אֹתוֹ עַד שְׁנַת הַיּוֹבֵל וְיָצָא בַּיֹּבֵל וְשָׁב
חמישי /שלישי/ לַאֲחֻזָּתוֹ: וְאִישׁ כִּי־יִמְכֹּר בֵּית־מוֹשַׁב עִיר כט
חוֹמָה וְהָיְתָה גְּאֻלָּתוֹ עַד־תֹּם שְׁנַת מִמְכָּרוֹ יָמִים תִּהְיֶה
גְאֻלָּתוֹ: וְאִם לֹא־יִגָּאֵל עַד־מְלֹאת לוֹ שָׁנָה תְמִימָה וְקָם ל
לו הַבַּיִת אֲשֶׁר־בָּעִיר אֲשֶׁר־לֹא חֹמָה לַצְּמִיתֻת לַקֹּנֶה אֹתוֹ
לְדֹרֹתָיו לֹא יֵצֵא בַּיֹּבֵל: וּבָתֵּי הַחֲצֵרִים אֲשֶׁר אֵין־לָהֶם לא
חֹמָה סָבִיב עַל־שְׂדֵה הָאָרֶץ יֵחָשֵׁב גְּאֻלָּה תִּהְיֶה־לּוֹ וּבַיֹּבֵל
יֵצֵא: וְעָרֵי הַלְוִיִּם בָּתֵּי עָרֵי אֲחֻזָּתָם גְּאֻלַּת עוֹלָם תִּהְיֶה לב
לַלְוִיִּם: וַאֲשֶׁר יִגְאַל מִן־הַלְוִיִּם וְיָצָא מִמְכַּר־בַּיִת וְעִיר לג
אֲחֻזָּתוֹ בַּיֹּבֵל כִּי בָתֵּי עָרֵי הַלְוִיִּם הִוא אֲחֻזָּתָם בְּתוֹךְ בְּנֵי
יִשְׂרָאֵל: וּשְׂדֵה מִגְרַשׁ עָרֵיהֶם לֹא יִמָּכֵר כִּי־אֲחֻזַּת עוֹלָם הוּא לד
כא לָהֶם: וְכִי־יָמוּךְ אָחִיךָ וּמָטָה יָדוֹ עִמָּךְ וְהֶחֱזַקְתָּ לה
בּוֹ גֵּר וְתוֹשָׁב וָחַי עִמָּךְ: אַל־תִּקַּח מֵאִתּוֹ נֶשֶׁךְ וְתַרְבִּית וְיָרֵאתָ לו
מֵאֱלֹהֶיךָ וְחֵי אָחִיךָ עִמָּךְ: אֶת־כַּסְפְּךָ לֹא־תִתֵּן לוֹ בְּנֶשֶׁךְ לז
וּבְמַרְבִּית לֹא־תִתֵּן אָכְלֶךָ: אֲנִי יהוה אֱלֹהֵיכֶם אֲשֶׁר־הוֹצֵאתִי לח
אֶתְכֶם מֵאֶרֶץ מִצְרָיִם לָתֵת לָכֶם אֶת־אֶרֶץ כְּנַעַן לִהְיוֹת לָכֶם
ששי /רביעי/ לֵאלֹהִים: וְכִי־יָמוּךְ אָחִיךָ עִמָּךְ וְנִמְכַּר־לָךְ לֹא־ לט
תַעֲבֹד בּוֹ עֲבֹדַת עָבֶד: כְּשָׂכִיר כְּתוֹשָׁב יִהְיֶה עִמָּךְ עַד־שְׁנַת מ
הַיֹּבֵל יַעֲבֹד עִמָּךְ: וְיָצָא מֵעִמָּךְ הוּא וּבָנָיו עִמּוֹ וְשָׁב אֶל־ מא
מִשְׁפַּחְתּוֹ וְאֶל־אֲחֻזַּת אֲבֹתָיו יָשׁוּב: כִּי־עֲבָדַי הֵם אֲשֶׁר־ מב
הוֹצֵאתִי אֹתָם מֵאֶרֶץ מִצְרָיִם לֹא יִמָּכְרוּ מִמְכֶּרֶת עָבֶד: לֹא־ מג
תִרְדֶּה בוֹ בְּפָרֶךְ וְיָרֵאתָ מֵאֱלֹהֶיךָ: וְעַבְדְּךָ וַאֲמָתְךָ אֲשֶׁר יִהְיוּ־ מד
לָךְ מֵאֵת הַגּוֹיִם אֲשֶׁר סְבִיבֹתֵיכֶם מֵהֶם תִּקְנוּ עֶבֶד וְאָמָה:
וְגַם מִבְּנֵי הַתּוֹשָׁבִים הַגָּרִים עִמָּכֶם מֵהֶם תִּקְנוּ וּמִמִּשְׁפַּחְתָּם מה
אֲשֶׁר עִמָּכֶם אֲשֶׁר הוֹלִידוּ בְּאַרְצְכֶם וְהָיוּ לָכֶם לַאֲחֻזָּה:
וְהִתְנַחַלְתֶּם אֹתָם לִבְנֵיכֶם אַחֲרֵיכֶם לָרֶשֶׁת אֲחֻזָּה לְעֹלָם בָּהֶם מו
תַּעֲבֹדוּ וּבְאַחֵיכֶם בְּנֵי־יִשְׂרָאֵל אִישׁ בְּאָחִיו לֹא־תִרְדֶּה בוֹ
שביעי בְּפָרֶךְ: וְכִי תַשִּׂיג יַד גֵּר וְתוֹשָׁב עִמָּךְ וּמָךְ אָחִיךָ מז
עִמּוֹ וְנִמְכַּר לְגֵר תּוֹשָׁב עִמָּךְ אוֹ לְעֵקֶר מִשְׁפַּחַת גֵּר: אַחֲרֵי מח
נִמְכַּר גְּאֻלָּה תִּהְיֶה־לּוֹ אֶחָד מֵאֶחָיו יִגְאָלֶנּוּ: אוֹ־דֹדוֹ אוֹ בֶן־ מט

deem it, and himself be able to redeem it; then let him count 27
the years of the sale of it, and restore the overplus to the
man to whom he sold it; that he may return to his possession.
But if his means do not suffice to regain it, then that which is 28
sold shall remain in the hand of him who has bought it until
the year of jubilee: and in the jubilee it shall go out, and he
shall return to his possession. And if a man sell a dwelling 29
house in a walled city, then he may redeem it within a whole
year after it is sold; within a full year may he redeem it. And 30
if it be not redeemed within the space of a full year, then the
house that is in the walled city shall become the permanent prop-
erty of him that bought it throughout his generations: it shall
not go out in the jubilee. But the houses of the villages which 31
have no wall round about them shall be counted as the fields of
the country: they may be redeemed, and they shall go out in
the jubilee. But the cities of the Levites, and the houses of the 32
cities of their possession, may the Levites redeem at any time.
And if a man purchase of the Levites, then the house that was 33
sold, and the city of his possession, shall go out in the year of
jubilee: for the houses of the cities of the Levites are their pos-
session among the children of Yisra'el. But the field of the pas- 34
ture lands of their·cities may not be sold; for it is their perpetual
possession. And if thy brother grow poor, and his means 35
fail with thee; then thou shalt relieve him: though he be a
stranger, or a sojourner; that he may live with thee. Take thou 36
no usury of him, or increase: but fear thy God; that thy brother
may live with thee. Thou shalt not give him thy money upon 37
usury, nor lend him thy foodstuffs for increase. I am the Lord 38
your God, who brought you out of the land of Miẓrayim, to give
you the land of Kena'an, and to be your God. And if thy 39
brother who dwells by thee be grown poor, and be sold to thee;
thou shalt not compel him to serve as a bondservant: but as 40
a hired servant, and as a sojourner, he shall be with thee, and
shall serve thee until the year of jubilee: and then shall he de- 41
part from thee, both he and his children with him, and shall
return to his own family, and to the possession of his fathers
shall he return. For they are my servants, whom I brought out 42
of the land of Miẓrayim: they shall not be sold as bondmen.
Thou shalt not rule over him with rigour; but shalt fear thy 43
God. Both thy bondmen, and thy bondmaids, whom thou shalt 44
have, shall be of the nations that are round about you; of them
may you buy bondmen and bondmaids. Moreover of the children 45
of the strangers that do sojourn among you, of them shall you
buy, and of their families that are with you, whom they have be-
gotten in your land: and they shall be your possession. And you 46
shall take them as an inheritance for your children after you, to
inherit them for a possession; they shall be your bondmen for
ever: but over your brethren the children of Yisra'el, you shall
not rule one over another with rigour. And if a sojourner 47
or stranger grow rich by thee, and thy brother that dwells by
him grows poor, and sell himself to the stranger or sojourner
by thee, or to the offspring of a stranger's family: after he is 48
sold he may be redeemed again; one of his brethren may re-

מט   דֹדוֹ יִגְאָלֶנּוּ אֽוֹ־מִשְּׁאֵר בְּשָׂרוֹ מִמִּשְׁפַּחְתּוֹ יִגְאָלֶנּוּ אֽוֹ־הִשִּׂיגָה

נ   יָדוֹ וְנִגְאָֽל: וְחִשַּׁב עִם־קֹנֵהוּ מִשְּׁנַת הִמָּֽכְרוֹ לוֹ עַד שְׁנַת הַיֹּבֵל

נא   וְהָיָה כֶּסֶף מִמְכָּרוֹ בְּמִסְפַּר שָׁנִים כִּימֵי שָׂכִיר יִֽהְיֶה עִמּֽוֹ: אִם־

נב   עוֹד רַבּוֹת בַּשָּׁנִים לְפִיהֶן יָשִׁיב גְּאֻלָּתוֹ מִכֶּסֶף מִקְנָתֽוֹ: וְאִם־

   מְעַט נִשְׁאַר בַּשָּׁנִים עַד־שְׁנַת הַיֹּבֵל וְחִשַּׁב־לוֹ כְּפִי שָׁנָיו יָשִׁיב

נג   אֶת־גְּאֻלָּתֽוֹ: כִּשְׂכִיר שָׁנָה בְּשָׁנָה יִֽהְיֶה עִמּוֹ לֹֽא־יִרְדֶּנּוּ בְּפֶרֶךְ

נד   לְעֵינֶֽיךָ: וְאִם־לֹא יִגָּאֵל בְּאֵלֶּה וְיָצָא בִּשְׁנַת הַיֹּבֵל הוּא וּבָנָיו

מפטיר
נה   עִמּֽוֹ: כִּֽי־לִי בְנֵֽי־יִשְׂרָאֵל עֲבָדִים עֲבָדַי הֵם אֲשֶׁר־הוֹצֵאתִי

א   כו   אוֹתָם מֵאֶרֶץ מִצְרָיִם אֲנִי יְהוָה אֱלֹֽהֵיכֶֽם: לֹֽא־תַעֲשׂוּ לָכֶם

   אֱלִילִם וּפֶסֶל וּמַצֵּבָה לֹֽא־תָקִימוּ לָכֶם וְאֶבֶן מַשְׂכִּית לֹא תִתְּנוּ

ב   בְּאַרְצְכֶם לְהִֽשְׁתַּחֲוֹת עָלֶיהָ כִּי אֲנִי יְהוָה אֱלֹֽהֵיכֶֽם: אֶת־שַׁבְּתֹתַי

   תִּשְׁמֹרוּ וּמִקְדָּשִׁי תִּירָאוּ אֲנִי יְהוָֽה:

ג   אִם־בְּחֻקֹּתַי תֵּלֵכוּ וְאֶת־מִצְוֹתַי תִּשְׁמְרוּ וַעֲשִׂיתֶם אֹתָֽם: וְנָתַתִּי

ד   גִשְׁמֵיכֶם בְּעִתָּם וְנָתְנָה הָאָרֶץ יְבוּלָהּ וְעֵץ הַשָּׂדֶה יִתֵּן פִּרְיֽוֹ:

ה   וְהִשִּׂיג לָכֶם דַּיִשׁ אֶת־בָּצִיר וּבָצִיר יַשִּׂיג אֶת־זָרַע וַאֲכַלְתֶּם

שני
ו   לַֽחְמְכֶם לָשֹׂבַע וִֽישַׁבְתֶּם לָבֶטַח בְּאַרְצְכֶֽם: וְנָתַתִּי שָׁלוֹם בָּאָרֶץ

   וּשְׁכַבְתֶּם וְאֵין מַחֲרִיד וְהִשְׁבַּתִּי חַיָּה רָעָה מִן־הָאָרֶץ וְחֶרֶב

ז   לֹֽא־תַעֲבֹר בְּאַרְצְכֶֽם: וּרְדַפְתֶּם אֶת־אֹֽיְבֵיכֶם וְנָפְלוּ לִפְנֵיכֶם

ח   לֶחָֽרֶב: וְרָדְפוּ מִכֶּם חֲמִשָּׁה מֵאָה וּמֵאָה מִכֶּם רְבָבָה יִרְדֹּפוּ

ט   וְנָפְלוּ אֹיְבֵיכֶם לִפְנֵיכֶם לֶחָֽרֶב: וּפָנִיתִי אֲלֵיכֶם וְהִפְרֵיתִי אֶתְכֶם

שלישי
/חמישי/
י   וְהִרְבֵּיתִי אֶתְכֶם וַהֲקִימֹתִי אֶת־בְּרִיתִי אִתְּכֶֽם: וַאֲכַלְתֶּם יָשָׁן

יא   נוֹשָׁן וְיָשָׁן מִפְּנֵי חָדָשׁ תּוֹצִֽיאוּ: וְנָתַתִּי מִשְׁכָּנִי בְּתוֹכְכֶם וְלֹֽא־

יב   תִגְעַל נַפְשִׁי אֶתְכֶֽם: וְהִתְהַלַּכְתִּי בְּתוֹכְכֶם וְהָיִיתִי לָכֶם לֵֽאלֹהִים

יג   וְאַתֶּם תִּֽהְיוּ־לִי לְעָֽם: אֲנִי יְהוָה אֱלֹֽהֵיכֶם אֲשֶׁר הוֹצֵאתִי אֶתְכֶם

   מֵאֶרֶץ מִצְרַיִם מִֽהְיֹת לָהֶם עֲבָדִים וָאֶשְׁבֹּר מֹטֹת עֻלְּכֶם וָאוֹלֵךְ

   אֶתְכֶם קֽוֹמְמִיּֽוּת:

יד   וְאִם־לֹא תִשְׁמְעוּ לִי וְלֹא תַעֲשׂוּ אֵת כָּל־הַמִּצְוֹת הָאֵֽלֶּה: וְאִם־

טו   בְּחֻקֹּתַי תִּמְאָסוּ וְאִם אֶת־מִשְׁפָּטַי תִּגְעַל נַפְשְׁכֶם לְבִלְתִּי עֲשׂוֹת

   אֶת־כָּל־מִצְוֹתַי לְהַפְרְכֶם אֶת־בְּרִיתִֽי: אַף־אֲנִי אֶֽעֱשֶׂה־זֹּאת

טז   לָכֶם וְהִפְקַדְתִּי עֲלֵיכֶם בֶּֽהָלָה אֶת־הַשַּׁחֶפֶת וְאֶת־הַקַּדַּחַת

   מְכַלּוֹת עֵינַיִם וּמְדִיבֹת נָפֶשׁ וּזְרַעְתֶּם לָרִיק זַרְעֲכֶם וַאֲכָלֻהוּ

יז   אֹיְבֵיכֶֽם: וְנָתַתִּי פָנַי בָּכֶם וְנִגַּפְתֶּם לִפְנֵי אֹיְבֵיכֶם וְרָדוּ בָכֶם

יח   שֹֽׂנְאֵיכֶם וְנַסְתֶּם וְאֵֽין־רֹדֵף אֶתְכֶֽם: וְאִם־עַד־אֵלֶּה לֹא תִשְׁמְעוּ

deem him: either his uncle, or his uncle's son, may redeem him,   49
or any that is near of kin to him of his family may redeem him;
or if his means suffice, he may redeem himself. And he shall   50
reckon with him who bought him from the year that he was sold
to him to the year of jubilee: and the price of his sale shall be
according to the number of years, according to the time of a
hired servant shall it be with him. If there are yet many years,   51
according to them he shall restore the price of his redemp-
tion out of the money that he was bought for. And if there re-   52
main but few years until the year of jubilee, then he shall
count with him, and according to his years shall he restore
the price of his redemption. As a yearly hired servant shall   53
he be with him: and the other shall not rule with rigour over
him in thy sight. And if he be not redeemed in these years, then   54
he shall go out in the year of jubilee, both he, and his children
with him. For to me the children of Yisra'el are servants; they   55
are my servants whom I brought forth out of the land of
Miẓrayim: I am the LORD your GOD. You shall make no idols,   **26**
nor shall you erect a carved idol, or a pillar, nor shall you install
a figured stone in your land, to bow down upon it: for I am the
LORD your GOD. You shall keep my sabbaths, and reverence my   2
sanctuary, I am the LORD.

BEḤUQQOTAY If you walk in my statutes, and keep my commandments, and   3
do them; then I will give you rain in due season, and the land   4
shall yield its increase, and the trees of the field shall yield their
fruit. And your threshing shall reach to the vintage, and the   5
vintage shall reach to the sowing time: and you shall eat your
bread to the full, and dwell in your land safely. And I will give   6
peace in the land, and you shall lie down, and none shall make
you afraid: and I will remove evil beasts out of the land, neither
shall the sword go through your land. And you shall chase your   7
enemies, and they shall fall before you by the sword. And five   8
of you shall chase a hundred, and a hundred of you shall put
ten thousand to flight: and your enemies shall fall before you
by the sword. For I will turn myself to you, and make you fruit-   9
ful, and multiply you, and establish my covenant with you. And   10
you shall eat old store, and remove the old because of the new.
And I will set my tabernacle among you: and my soul shall not   11
abhor you. And I will walk among you, and will be your GOD,   12
and you shall be my people. I am the LORD your GOD, who   13
brought you out of the land of Miẓrayim, that you should not
be their bondmen; and I have broken the bars of your yoke,
and made you walk upright.

But if you will not hearken to me, and will not do all these   14
commands: and if you shall despise my statutes, or if your   15
soul abhor my judgments, so that you will not do all my com-
mandments, but that you break my covenant: I also will do this   16
to you; I will even appoint over you terror, consumption, and
fever, that shall consume the eyes, and cause sorrow of heart:
and you shall sow your seed in vain, for your enemies shall eat
it. And I will set my face against you, and you shall be slain   17
before your enemies: they that hate you shall reign over you;
and you shall flee when none pursues you. And if you will not   18

יט לִי וְיָסַפְתִּי לְיַסְּרָה אֶתְכֶם שֶׁבַע עַל־חַטֹּאתֵיכֶם׃ וְשָׁבַרְתִּי אֶת־
גְּאוֹן עֻזְּכֶם וְנָתַתִּי אֶת־שְׁמֵיכֶם כַּבַּרְזֶל וְאֶת־אַרְצְכֶם כַּנְּחֻשָׁה׃
כ וְתַם לָרִיק כֹּחֲכֶם וְלֹא־תִתֵּן אַרְצְכֶם אֶת־יְבוּלָהּ וְעֵץ הָאָרֶץ
כא לֹא יִתֵּן פִּרְיוֹ׃ וְאִם־תֵּלְכוּ עִמִּי קֶרִי וְלֹא תֹאבוּ לִשְׁמֹעַ לִי
כב וְיָסַפְתִּי עֲלֵיכֶם מַכָּה שֶׁבַע כְּחַטֹּאתֵיכֶם׃ וְהִשְׁלַחְתִּי בָכֶם אֶת־
חַיַּת הַשָּׂדֶה וְשִׁכְּלָה אֶתְכֶם וְהִכְרִיתָה אֶת־בְּהֶמְתְּכֶם וְהִמְעִיטָה
כג אֶתְכֶם וְנָשַׁמּוּ דַּרְכֵיכֶם׃ וְאִם־בְּאֵלֶּה לֹא תִוָּסְרוּ לִי וַהֲלַכְתֶּם
כד עִמִּי קֶרִי׃ וְהָלַכְתִּי אַף־אֲנִי עִמָּכֶם בְּקֶרִי וְהִכֵּיתִי אֶתְכֶם גַּם־
כה אָנִי שֶׁבַע עַל־חַטֹּאתֵיכֶם׃ וְהֵבֵאתִי עֲלֵיכֶם חֶרֶב נֹקֶמֶת
נְקַם־בְּרִית וְנֶאֱסַפְתֶּם אֶל־עָרֵיכֶם וְשִׁלַּחְתִּי דֶבֶר בְּתוֹכְכֶם
כו וְנִתַּתֶּם בְּיַד־אוֹיֵב׃ בְּשִׁבְרִי לָכֶם מַטֵּה־לֶחֶם וְאָפוּ עֶשֶׂר נָשִׁים
לַחְמְכֶם בְּתַנּוּר אֶחָד וְהֵשִׁיבוּ לַחְמְכֶם בַּמִּשְׁקָל וַאֲכַלְתֶּם וְלֹא
כז תִשְׂבָּעוּ׃ וְאִם־בְּזֹאת לֹא תִשְׁמְעוּ לִי וַהֲלַכְתֶּם
כח עִמִּי בְּקֶרִי׃ וְהָלַכְתִּי עִמָּכֶם בַּחֲמַת־קֶרִי וְיִסַּרְתִּי אֶתְכֶם אַף־
כט אָנִי שֶׁבַע עַל־חַטֹּאתֵיכֶם׃ וַאֲכַלְתֶּם בְּשַׂר בְּנֵיכֶם וּבְשַׂר בְּנֹתֵיכֶם
ל תֹּאכֵלוּ׃ וְהִשְׁמַדְתִּי אֶת־בָּמֹתֵיכֶם וְהִכְרַתִּי אֶת־חַמָּנֵיכֶם וְנָתַתִּי
לא אֶת־פִּגְרֵיכֶם עַל־פִּגְרֵי גִּלּוּלֵיכֶם וְגָעֲלָה נַפְשִׁי אֶתְכֶם׃ וְנָתַתִּי
אֶת־עָרֵיכֶם חָרְבָּה וַהֲשִׁמּוֹתִי אֶת־מִקְדְּשֵׁיכֶם וְלֹא אָרִיחַ בְּרֵיחַ
לב נִיחֹחֲכֶם׃ וַהֲשִׁמֹּתִי אֲנִי אֶת־הָאָרֶץ וְשָׁמְמוּ עָלֶיהָ אֹיְבֵיכֶם
לג הַיֹּשְׁבִים בָּהּ׃ וְאֶתְכֶם אֱזָרֶה בַגּוֹיִם וַהֲרִיקֹתִי אַחֲרֵיכֶם חָרֶב
לד וְהָיְתָה אַרְצְכֶם שְׁמָמָה וְעָרֵיכֶם יִהְיוּ חָרְבָּה׃ אָז תִּרְצֶה הָאָרֶץ
אֶת־שַׁבְּתֹתֶיהָ כֹּל יְמֵי הָשַּׁמָּה וְאַתֶּם בְּאֶרֶץ אֹיְבֵיכֶם אָז תִּשְׁבַּת
לה הָאָרֶץ וְהִרְצָת אֶת־שַׁבְּתֹתֶיהָ׃ כָּל־יְמֵי הָשַּׁמָּה תִּשְׁבֹּת אֵת
לו אֲשֶׁר לֹא־שָׁבְתָה בְּשַׁבְּתֹתֵיכֶם בְּשִׁבְתְּכֶם עָלֶיהָ׃ וְהַנִּשְׁאָרִים
בָּכֶם וְהֵבֵאתִי מֹרֶךְ בִּלְבָבָם בְּאַרְצֹת אֹיְבֵיהֶם וְרָדַף אֹתָם קוֹל
לז עָלֶה נִדָּף וְנָסוּ מְנֻסַת־חֶרֶב וְנָפְלוּ וְאֵין רֹדֵף׃ וְכָשְׁלוּ אִישׁ־
בְּאָחִיו כְּמִפְּנֵי־חֶרֶב וְרֹדֵף אָיִן וְלֹא־תִהְיֶה לָכֶם תְּקוּמָה לִפְנֵי
לח אֹיְבֵיכֶם׃ וַאֲבַדְתֶּם בַּגּוֹיִם וְאָכְלָה אֶתְכֶם אֶרֶץ אֹיְבֵיכֶם׃
לט וְהַנִּשְׁאָרִים בָּכֶם יִמַּקּוּ בַּעֲוֺנָם בְּאַרְצֹת אֹיְבֵיכֶם וְאַף בַּעֲוֺנֹת
מ אֲבֹתָם אִתָּם יִמָּקּוּ׃ וְהִתְוַדּוּ אֶת־עֲוֺנָם וְאֶת־עֲוֺן אֲבֹתָם בְּמַעֲלָם
מא אֲשֶׁר מָעֲלוּ־בִי וְאַף אֲשֶׁר־הָלְכוּ עִמִּי בְּקֶרִי׃ אַף־אֲנִי אֵלֵךְ
עִמָּם בְּקֶרִי וְהֵבֵאתִי אֹתָם בְּאֶרֶץ אֹיְבֵיהֶם אוֹ־אָז יִכָּנַע לְבָבָם
מב הֶעָרֵל וְאָז יִרְצוּ אֶת־עֲוֺנָם׃ וְזָכַרְתִּי אֶת־בְּרִיתִי יַעֲקוֹב וְאַף

yet for all this hearken to me, then I will punish you seven times more for your sins. And I will break the pride of your power; 19 and I will make your skies like iron, and your earth like brass: and your strength shall be spent in vain: for your land shall 20 not yield her increase, neither shall the trees of the land yield their fruit. And if you walk contrary to me, and will not hearken 21 to me; I will bring seven times more plagues upon you according to your sins. I will also send wild beasts among you, which shall 22 rob you of your children, and destroy your cattle, and make you few in number; and your highways shall be desolate. And if you 23 will not be admonished by me as a result of these things, but will walk contrary to me; then will I also walk contrary to you, 24 and will punish you yet seven times for your sins. And I will 25 bring a sword upon you, that shall avenge my covenant: and when you are gathered together within your cities, I will send the pestilence among you; and you shall be delivered into the hand of the enemy. And when I have broken the staff of your 26 bread, ten women shall bake your bread in one oven, and they shall return you your bread by weight: and you shall eat, and not be satisfied.   And if you will not for all this hearken to 27 me, but walk contrary to me; then I will walk contrary to you 28 also in fury; and will chastise you seven times for your sins. And you shall eat the flesh of your sons, and the flesh of your 29 daughters shall you eat. And I will destroy your high places, 30 and cut down your images, and cast your carcasses upon the carcasses of your idols, and my soul shall abhor you. And I will 31 make your cities waste, and bring your sanctuaries to desolation, and I will not smell the savour of your sweet odours. And I will 32 bring the land into desolation: and your enemies who dwell in it shall be astonished at it. And I will scatter you among the 33 heathen, and will draw out a sword after you: and your land shall be desolate, and your cities waste. Then shall the land 34 enjoy her sabbaths, as long as it lies desolate, and you are in your enemies' land; then shall the land rest, and enjoy her sabbaths. As long as it lies desolate it shall rest; because it 35 did not rest in your sabbaths, when you dwelt upon it. And upon 36 those who are left alive of you I will send a faintness into their hearts in the lands of their enemies; and the sound of a shaken leaf shall chase them; and they shall flee, as fleeing from a sword; and they shall fall when none pursues. And they shall 37 fall one upon another, as it were before a sword, when none pursues: and you shall have no power to stand before your enemies. And you shall perish among the heathen, and the land 38 of your enemies shall eat you up. And they that are left of you 39 shall pine away in their iniquity in your enemies' lands; and also in the iniquities of their fathers shall they pine away with them. And they shall confess their iniquity, and the iniquity of their 40 fathers, with their trespass which they trespassed against me, and that also they have walked contrary to me; and that I also 41 walked contrary to them, and brought them into the land of their enemies; then only will their uncircumcised hearts be humbled, and then they will make amends for their sin. Then 42 will I remember my covenant with Ya'aqov, and also my cov-

אֶת־בְּרִיתִי יִצְחָק וְאַף אֶת־בְּרִיתִי אַבְרָהָם אֶזְכֹּר וְהָאָרֶץ אֶזְכֹּר׃
וְהָאָרֶץ תֵּעָזֵב מֵהֶם וְתִרֶץ אֶת־שַׁבְּתֹתֶיהָ בָּהְשַׁמָּה מֵהֶם וְהֵם מג
יִרְצוּ אֶת־עֲוֺנָם יַעַן וּבְיַעַן בְּמִשְׁפָּטַי מָאָסוּ וְאֶת־חֻקֹּתַי גָּעֲלָה
נַפְשָׁם׃ וְאַף גַּם־זֹאת בִּהְיוֹתָם בְּאֶרֶץ אֹיְבֵיהֶם לֹא־מְאַסְתִּים מד
וְלֹא־גְעַלְתִּים לְכַלֹּתָם לְהָפֵר בְּרִיתִי אִתָּם כִּי אֲנִי יְהוָה אֱלֹהֵיהֶם׃
וְזָכַרְתִּי לָהֶם בְּרִית רִאשֹׁנִים אֲשֶׁר הוֹצֵאתִי־אֹתָם מֵאֶרֶץ מִצְרַיִם מה
לְעֵינֵי הַגּוֹיִם לִהְיֹת לָהֶם לֵאלֹהִים אֲנִי יְהוָה׃ אֵלֶּה הַחֻקִּים מו
וְהַמִּשְׁפָּטִים וְהַתּוֹרֹת אֲשֶׁר נָתַן יְהוָה בֵּינוֹ וּבֵין בְּנֵי יִשְׂרָאֵל
בְּהַר סִינַי בְּיַד־מֹשֶׁה׃

רביעי כג וַיְדַבֵּר יְהוָה אֶל־מֹשֶׁה לֵּאמֹר׃ דַּבֵּר אֶל־בְּנֵי יִשְׂרָאֵל וְאָמַרְתָּ כז א ב
/ששי/ אֲלֵהֶם אִישׁ כִּי יַפְלִא נֶדֶר בְּעֶרְכְּךָ נְפָשֹׁת לַיהוָה׃ וְהָיָה עֶרְכְּךָ ג
הַזָּכָר מִבֶּן עֶשְׂרִים שָׁנָה וְעַד בֶּן־שִׁשִּׁים שָׁנָה וְהָיָה עֶרְכְּךָ
חֲמִשִּׁים שֶׁקֶל כֶּסֶף בְּשֶׁקֶל הַקֹּדֶשׁ׃ וְאִם־נְקֵבָה הִוא וְהָיָה ד
עֶרְכְּךָ שְׁלֹשִׁים שָׁקֶל׃ וְאִם מִבֶּן־חָמֵשׁ שָׁנִים וְעַד בֶּן־עֶשְׂרִים ה
שָׁנָה וְהָיָה עֶרְכְּךָ הַזָּכָר עֶשְׂרִים שְׁקָלִים וְלַנְּקֵבָה עֲשֶׂרֶת שְׁקָלִים׃
וְאִם מִבֶּן־חֹדֶשׁ וְעַד בֶּן־חָמֵשׁ שָׁנִים וְהָיָה עֶרְכְּךָ הַזָּכָר חֲמִשָּׁה ו
שְׁקָלִים כָּסֶף וְלַנְּקֵבָה עֶרְכְּךָ שְׁלֹשֶׁת שְׁקָלִים כָּסֶף׃ וְאִם מִבֶּן־ ז
שִׁשִּׁים שָׁנָה וָמַעְלָה אִם־זָכָר וְהָיָה עֶרְכְּךָ חֲמִשָּׁה עָשָׂר שָׁקֶל
וְלַנְּקֵבָה עֲשָׂרָה שְׁקָלִים׃ וְאִם־מָךְ הוּא מֵעֶרְכֶּךָ וְהֶעֱמִידוֹ לִפְנֵי ח
הַכֹּהֵן וְהֶעֱרִיךְ אֹתוֹ הַכֹּהֵן עַל־פִּי אֲשֶׁר תַּשִּׂיג יַד הַנֹּדֵר יַעֲרִיכֶנּוּ
הַכֹּהֵן׃ וְאִם־בְּהֵמָה אֲשֶׁר יַקְרִיבוּ מִמֶּנָּה קָרְבָּן ט
לַיהוָה כֹּל אֲשֶׁר יִתֵּן מִמֶּנּוּ לַיהוָה יִהְיֶה־קֹּדֶשׁ׃ לֹא יַחֲלִיפֶנּוּ י
וְלֹא־יָמִיר אֹתוֹ טוֹב בְּרָע אוֹ־רַע בְּטוֹב וְאִם־הָמֵר יָמִיר בְּהֵמָה
בִּבְהֵמָה וְהָיָה־הוּא וּתְמוּרָתוֹ יִהְיֶה־קֹּדֶשׁ׃ וְאִם כָּל־בְּהֵמָה יא
טְמֵאָה אֲשֶׁר לֹא־יַקְרִיבוּ מִמֶּנָּה קָרְבָּן לַיהוָה וְהֶעֱמִיד אֶת־
הַבְּהֵמָה לִפְנֵי הַכֹּהֵן׃ וְהֶעֱרִיךְ הַכֹּהֵן אֹתָהּ בֵּין טוֹב וּבֵין רָע יב
כְּעֶרְכְּךָ הַכֹּהֵן כֵּן יִהְיֶה׃ וְאִם־גָּאֹל יִגְאָלֶנָּה וְיָסַף חֲמִישִׁתוֹ עַל־ יג
עֶרְכֶּךָ׃ וְאִישׁ כִּי־יַקְדִּשׁ אֶת־בֵּיתוֹ קֹדֶשׁ לַיהוָה וְהֶעֱרִיכוֹ הַכֹּהֵן יד
בֵּין טוֹב וּבֵין רָע כַּאֲשֶׁר יַעֲרִיךְ אֹתוֹ הַכֹּהֵן כֵּן יָקוּם׃ וְאִם־ טו
הַמַּקְדִּישׁ יִגְאַל אֶת־בֵּיתוֹ וְיָסַף חֲמִישִׁית כֶּסֶף־עֶרְכְּךָ עָלָיו
חמישי וְהָיָה לוֹ׃ וְאִם ׀ מִשְּׂדֵה אֲחֻזָּתוֹ יַקְדִּישׁ אִישׁ לַיהוָה וְהָיָה עֶרְכְּךָ טז
/שביעי/ לְפִי זַרְעוֹ זֶרַע חֹמֶר שְׂעֹרִים בַּחֲמִשִּׁים שֶׁקֶל כָּסֶף׃ אִם־מִשְּׁנַת יז
הַיֹּבֵל יַקְדִּישׁ שָׂדֵהוּ כְּעֶרְכְּךָ יָקוּם׃ וְאִם־אַחַר הַיֹּבֵל יַקְדִּישׁ יח
שָׂדֵהוּ וְחִשַּׁב־לוֹ הַכֹּהֵן אֶת־הַכֶּסֶף עַל־פִּי הַשָּׁנִים הַנּוֹתָרֹת

enant with Yiẕḥaq, and also my covenant with Avraham will
I remember; and I will remember the land. The land also shall 43
be forsaken by them, and shall enjoy her sabbaths, while she
lies desolate without them: and they shall make amends for
their iniquity: because, even because they despised my judg-
ments, and because their soul abhorred my statutes. And yet for 44
all that, when they are in the land of their enemies, I will not
cast them away, nor will I abhor them, to destroy them ut-
terly, and to break my covenant with them: for I am the LORD
their GOD. But I will for their sakes remember the covenant of 45
their ancestors, whom I brought out of the land of Miẕrayim
in the sight of the nations, that I might be their GOD: I am
the LORD. These are the statutes and the judgments and the 46
Torot, which the LORD made between him and the children of
Yisra'el in mount Sinay by the hand of Moshe. **27**
And the LORD spoke to Moshe, saying, Speak to the children 1,2
of Yisra'el, and say to them, If a man make a singular vow,
to give to the LORD the estimated value of persons, then the 3
estimation shall be of the male from twenty years old even to
sixty years old, the estimation shall be fifty shekels of silver,
according to the shekel of the sanctuary. And if it be a female, 4
then the estimation shall be thirty shekels. And if it be from 5
five years old to twenty years old, then the estimation shall be
of the male twenty shekels, and for the female ten shekels. And 6
if it be from a month old to five years old, then the estimation
shall be of the male five shekels of silver, and for the female
the estimation shall be three shekels of silver. And if it be from 7
sixty years old and above; if it be a male, then the estimation
shall be fifteen shekels, and for the female ten shekels. But 8
if he be too poor for the estimated value, then he shall present
himself before the priest, and the priest shall value him; accord-
ing to the ability of him that vowed shall the priest value
him. And if it be a beast, of which men bring an offering 9
to the LORD, all that any man gives of such to the LORD shall
be holy. He shall not alter it, nor change it, a good for a bad, or 10
a bad for a good: and if he shall at all change beast for beast,
then it and its substitute shall be holy. And if it be any unclean 11
beast, of which they do not offer a sacrifice to the LORD, then he
shall present the beast before the priest: and the priest shall 12
value it, whether it be good or bad: as the priest values it, so
shall it be. But if he will at all redeem it, then he shall add a fifth 13
part thereof to the estimation. And when a man shall sanctify 14
his house to be dedicated to the LORD, then the priest shall esti-
mate it, whether it be good or bad: as the priest shall estimate
it, so shall it stand. And if he that sanctified it will redeem his 15
house, then he shall add the fifth part of the money of the esti-
mation to it, and it shall be his. And if a man shall dedicate to 16
the LORD some part of a field of his possession, then the estima-
tion shall be according to the seed required for it, a ḥomer of
barley seed shall be valued at fifty shekels of silver. If he ded- 17
icate his field from the year of jubilee, according to the estima-
tion it shall stand. But if he dedicate his field after the jubilee, 18
then the priest shall reckon to him the money according to the

יט עַד שְׁנַת הַיֹּבֵל וְנִגְרַע מֵעֶרְכֶּךָ: וְאִם־גָּאֹל יִגְאַל אֶת־הַשָּׂדֶה
כ הַמַּקְדִּישׁ אֹתוֹ וְיָסַף חֲמִשִׁית כֶּסֶף־עֶרְכְּךָ עָלָיו וְקָם לוֹ: וְאִם־
לֹא יִגְאַל אֶת־הַשָּׂדֶה וְאִם־מָכַר אֶת־הַשָּׂדֶה לְאִישׁ אַחֵר לֹא־
כא יִגָּאֵל עוֹד: וְהָיָה הַשָּׂדֶה בְּצֵאתוֹ בַיֹּבֵל קֹדֶשׁ לַיהוָה כִּשְׂדֵה
ששי כב הַחֵרֶם לַכֹּהֵן תִּהְיֶה אֲחֻזָּתוֹ: וְאִם אֶת־שְׂדֵה מִקְנָתוֹ אֲשֶׁר לֹא
כג מִשְּׂדֵה אֲחֻזָּתוֹ יַקְדִּישׁ לַיהוָה: וְחִשַּׁב־לוֹ הַכֹּהֵן אֵת מִכְסַת
הָעֶרְכְּךָ עַד שְׁנַת הַיֹּבֵל וְנָתַן אֶת־הָעֶרְכְּךָ בַּיּוֹם הַהוּא קֹדֶשׁ
כד לַיהוָה: בִּשְׁנַת הַיּוֹבֵל יָשׁוּב הַשָּׂדֶה לַאֲשֶׁר קָנָהוּ מֵאִתּוֹ
כה לַאֲשֶׁר־לוֹ אֲחֻזַּת הָאָרֶץ: וְכָל־עֶרְכְּךָ יִהְיֶה בְּשֶׁקֶל הַקֹּדֶשׁ
כו עֶשְׂרִים גֵּרָה יִהְיֶה הַשָּׁקֶל: אַךְ־בְּכוֹר אֲשֶׁר יְבֻכַּר לַיהוָה
בִּבְהֵמָה לֹא־יַקְדִּישׁ אִישׁ אֹתוֹ אִם־שׁוֹר אִם־שֶׂה לַיהוָה
כז הוּא: וְאִם בַּבְּהֵמָה הַטְּמֵאָה וּפָדָה בְעֶרְכֶּךָ וְיָסַף חֲמִשִׁתוֹ עָלָיו
כח וְאִם־לֹא יִגָּאֵל וְנִמְכַּר בְּעֶרְכֶּךָ: אַךְ כָּל־חֵרֶם אֲשֶׁר יַחֲרִם אִישׁ
לַיהוָה מִכָּל־אֲשֶׁר־לוֹ מֵאָדָם וּבְהֵמָה וּמִשְּׂדֵה אֲחֻזָּתוֹ לֹא יִמָּכֵר
שביעי כט וְלֹא יִגָּאֵל כָּל־חֵרֶם קֹדֶשׁ־קָדָשִׁים הוּא לַיהוָה: כָּל־חֵרֶם
ל אֲשֶׁר יָחֳרַם מִן־הָאָדָם לֹא יִפָּדֶה מוֹת יוּמָת: וְכָל־מַעְשַׂר
הָאָרֶץ מִזֶּרַע הָאָרֶץ מִפְּרִי הָעֵץ לַיהוָה הוּא קֹדֶשׁ לַיהוָה:
מפטיר לא לב וְאִם־גָּאֹל יִגְאַל אִישׁ מִמַּעַשְׂרוֹ חֲמִשִׁיתוֹ יֹסֵף עָלָיו: וְכָל־
מַעְשַׂר בָּקָר וָצֹאן כֹּל אֲשֶׁר־יַעֲבֹר תַּחַת הַשָּׁבֶט הָעֲשִׂירִי יִהְיֶה־
לג קֹדֶשׁ לַיהוָה: לֹא יְבַקֵּר בֵּין־טוֹב לָרַע וְלֹא יְמִירֶנּוּ וְאִם־הָמֵר
לד יְמִירֶנּוּ וְהָיָה־הוּא וּתְמוּרָתוֹ יִהְיֶה־קֹּדֶשׁ לֹא יִגָּאֵל: אֵלֶּה
הַמִּצְוֹת אֲשֶׁר צִוָּה יְהוָה אֶת־מֹשֶׁה אֶל־בְּנֵי יִשְׂרָאֵל בְּהַר סִינָי:

years that remain, even to the year of the jubilee, and it shall
be abated from the estimation. And if he that sanctified the field 19
will redeem it, then he shall add the fifth part of the money of
the estimation to it, and it shall become his property. And if 20
he will not redeem the field, or if he have sold the field to
another man, it shall not be redeemed any more. But the field, 21
when it goes out in the jubilee, shall be holy to the LORD, as a
field devoted; the possession of it shall be the priest's. And if 22
a man dedicate to the LORD a field which he has bought, which
is not of the fields of his possession; then the priest shall reckon 23
to him the worth of the estimation, to the year of the jub-
ilee, and he shall give the estimation in that day, as a holy thing
to the LORD. In the year of the jubilee the field shall return to 24
him of whom it was bought, to him to whom the possession
of the land did belong. And all estimations shall be according 25
to the shekel of the sanctuary: twenty gera shall be the shekel.
Only the firstling of the beasts, which should be the LORD's 26
firstling, no man shall dedicate that; whether it be ox, or sheep:
it is the LORD's. And if it be of an unclean beast, then he shall 27
redeem it according to the estimation, and shall add to it a fifth
part of it: or if it be not redeemed, then it shall be sold accord-
ing to the estimation. Notwithstanding no devoted thing, that 28
a man shall devote to the LORD of all that he has, both of man
and beast, and of the field of his possession, shall be sold or
redeemed: every devoted thing is most holy to the LORD. None 29
devoted of men, which shall be doomed to death, shall be re-
deemed; but shall surely be put to death. And all the tithe of 30
the land, whether of the seed of the land, or of the fruit of the
tree, is the LORD's: it is holy to the LORD. And if a man will at 31
all redeem of his tithes, he shall add to it the fifth part of it.
And concerning the tithe of the herd, or of the flock, of what- 32
ever passes under the rod, the tenth shall be holy to the LORD.
He shall not search whether it be good or bad, neither shall he 33
change it: and if he change it at all, then both it and its sub-
stitute shall be holy; it shall not be redeemed. These are the 34
commandments, which the LORD commanded Moshe for the
children of Yisra'el in mount Sinay.

במדבר

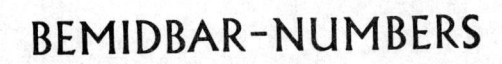

BEMIDBAR-NUMBERS

א א וַיְדַבֵּר יְהוָה אֶל־מֹשֶׁה בְּמִדְבַּר סִינַי בְּאֹהֶל מוֹעֵד בְּאֶחָד לַחֹדֶשׁ
ב הַשֵּׁנִי בַּשָּׁנָה הַשֵּׁנִית לְצֵאתָם מֵאֶרֶץ מִצְרַיִם לֵאמֹר: שְׂאוּ אֶת־
רֹאשׁ כָּל־עֲדַת בְּנֵי־יִשְׂרָאֵל לְמִשְׁפְּחֹתָם לְבֵית אֲבֹתָם בְּמִסְפַּר
ג שֵׁמוֹת כָּל־זָכָר לְגֻלְגְּלֹתָם: מִבֶּן עֶשְׂרִים שָׁנָה וָמַעְלָה כָּל־יֹצֵא
ד צָבָא בְּיִשְׂרָאֵל תִּפְקְדוּ אֹתָם לְצִבְאֹתָם אַתָּה וְאַהֲרֹן: וְאִתְּכֶם
ה יִהְיוּ אִישׁ אִישׁ לַמַּטֶּה אִישׁ רֹאשׁ לְבֵית־אֲבֹתָיו הוּא: וְאֵלֶּה
שְׁמוֹת הָאֲנָשִׁים אֲשֶׁר יַעַמְדוּ אִתְּכֶם לִרְאוּבֵן אֱלִיצוּר בֶּן־
ו ז שְׁדֵיאוּר: לְשִׁמְעוֹן שְׁלֻמִיאֵל בֶּן־צוּרִישַׁדָּי: לִיהוּדָה נַחְשׁוֹן בֶּן־
ח ט עַמִּינָדָב: לְיִשָּׂשכָר נְתַנְאֵל בֶּן־צוּעָר: לִזְבוּלֻן אֱלִיאָב בֶּן־חֵלֹן:
י לִבְנֵי יוֹסֵף לְאֶפְרַיִם אֱלִישָׁמָע בֶּן־עַמִּיהוּד לִמְנַשֶּׁה גַּמְלִיאֵל בֶּן־
יא יב פְּדָהצוּר: לְבִנְיָמִן אֲבִידָן בֶּן־גִּדְעֹנִי: לְדָן אֲחִיעֶזֶר בֶּן־עַמִּישַׁדָּי:
יג יד טו לְאָשֵׁר פַּגְעִיאֵל בֶּן־עָכְרָן: לְגָד אֶלְיָסָף בֶּן־דְּעוּאֵל: לְנַפְתָּלִי
טז אֲחִירַע בֶּן־עֵינָן: אֵלֶּה קְרִיאֵי הָעֵדָה נְשִׂיאֵי מַטּוֹת אֲבוֹתָם רָאשֵׁי קְרוּאֵי
יז אַלְפֵי יִשְׂרָאֵל הֵם: וַיִּקַּח מֹשֶׁה וְאַהֲרֹן אֵת הָאֲנָשִׁים הָאֵלֶּה
יח אֲשֶׁר נִקְּבוּ בְּשֵׁמוֹת: וְאֵת כָּל־הָעֵדָה הִקְהִילוּ בְּאֶחָד לַחֹדֶשׁ
הַשֵּׁנִי וַיִּתְיַלְדוּ עַל־מִשְׁפְּחֹתָם לְבֵית אֲבֹתָם בְּמִסְפַּר שֵׁמוֹת
יט מִבֶּן עֶשְׂרִים שָׁנָה וָמַעְלָה לְגֻלְגְּלֹתָם: כַּאֲשֶׁר צִוָּה יְהוָה אֶת־
כ מֹשֶׁה וַיִּפְקְדֵם בְּמִדְבַּר סִינָי: וַיִּהְיוּ בְנֵי־רְאוּבֵן שני
בְּכֹר יִשְׂרָאֵל תּוֹלְדֹתָם לְמִשְׁפְּחֹתָם לְבֵית אֲבֹתָם בְּמִסְפַּר
שֵׁמוֹת לְגֻלְגְּלֹתָם כָּל־זָכָר מִבֶּן עֶשְׂרִים שָׁנָה וָמַעְלָה כֹּל יֹצֵא
כא צָבָא: פְּקֻדֵיהֶם לְמַטֵּה רְאוּבֵן שִׁשָּׁה וְאַרְבָּעִים אֶלֶף וַחֲמֵשׁ
מֵאוֹת:
כב לִבְנֵי שִׁמְעוֹן תּוֹלְדֹתָם לְמִשְׁפְּחֹתָם לְבֵית אֲבֹתָם פְּקֻדָיו בְּמִסְפַּר
שֵׁמוֹת לְגֻלְגְּלֹתָם כָּל־זָכָר מִבֶּן עֶשְׂרִים שָׁנָה וָמַעְלָה כֹּל יֹצֵא
כג צָבָא: פְּקֻדֵיהֶם לְמַטֵּה שִׁמְעוֹן תִּשְׁעָה וַחֲמִשִּׁים אֶלֶף וּשְׁלֹשׁ
מֵאוֹת:
כד לִבְנֵי גָד תּוֹלְדֹתָם לְמִשְׁפְּחֹתָם לְבֵית אֲבֹתָם בְּמִסְפַּר שֵׁמוֹת
כה מִבֶּן עֶשְׂרִים שָׁנָה וָמַעְלָה כֹּל יֹצֵא צָבָא: פְּקֻדֵיהֶם לְמַטֵּה גָד
חֲמִשָּׁה וְאַרְבָּעִים אֶלֶף וְשֵׁשׁ מֵאוֹת וַחֲמִשִּׁים:
כו לִבְנֵי יְהוּדָה תּוֹלְדֹתָם לְמִשְׁפְּחֹתָם לְבֵית אֲבֹתָם בְּמִסְפַּר שֵׁמֹת
כז מִבֶּן עֶשְׂרִים שָׁנָה וָמַעְלָה כֹּל יֹצֵא צָבָא: פְּקֻדֵיהֶם לְמַטֵּה יְהוּדָה
אַרְבָּעָה וְשִׁבְעִים אֶלֶף וְשֵׁשׁ מֵאוֹת:
כח לִבְנֵי יִשָּׂשכָר תּוֹלְדֹתָם לְמִשְׁפְּחֹתָם לְבֵית אֲבֹתָם בְּמִסְפַּר

A ND the LORD spoke to Moshe in the wilderness of Sinay,   1
in the Tent of Meeting, on the first day of the second
month, in the second year after they were come out
of the land of Miẓrayim, saying, Take the sum of all the congre-   2
gation of the children of Yisra'el, after their families, by the
houses of their fathers, by the number of names, every male by
their polls; from twenty years old and upward, all that are able   3
to go forth to war in Yisra'el: thou and Aharon shall number
them by their hosts. And with you there shall be a man of every   4
tribe; every one head of the house of his fathers. And these   5
are the names of the men that shall stand with you: of the tribe
of Re'uven; Eliẓur the son of Shede'ur. Of Shim'on; Shelumi'el   6
the son of Ẓurishadday. Of Yehuda; Naḥshon the son of 'Ammi-   7
nadav. Of Yissakhar; Netan'el the son of Zu'ar. Of Zevulun;   8, 9
Eli'av the son of Ḥelon. Of the children of Yosef: of Efrayim;   10
Elishama the son of 'Ammihud: of Menashshe, Gamli'el the
son of Pedaẓur. Of Binyamin; Avidan the son of Gid'oni. Of   11, 12
Dan; Aḥi'ezer the son of 'Ammishadday. Of Asher; Pag'i'el   13
the son of 'Okhran. Of Gad; Elyasaf the son of De'u'el, Of   14, 15
Naftali, Aḥira the son of 'Enan. These were the men of mark   16
in the congregation, princes of the tribes of their fathers, heads
of thousands in Yisra'el. And Moshe and Aharon took these men   17
who were pointed out by their names: and they assembled all   18
the congregation together on the first day of the second month,
and they declared their pedigrees after their families, by the
houses of their fathers, according to the number of names, from
twenty years old and upward, by their polls. As the LORD com-   19
manded Moshe, so he numbered them in the wilderness of
Sinay.   And the children of Re'uven, Yisra'el's oldest son,   20
their generations, after their families, by the house of their
fathers, according to the number of names, by their polls, every
male from twenty years old and upward, all that were able to
go forth to war; those that were numbered of them, of the tribe   21
of Re'uven, were forty six thousand, five hundred.
Of the children of Shim'on, their generations, after their families,   22
by the house of their fathers, those that were numbered of them,
according to the number of names, by their polls, every male
from twenty years old and upward, all that were able to go
forth to war; those that were numbered of them, of the tribe of   23
Shim'on, were fifty nine thousand, three hundred.
Of the children of Gad, their generations, after their families,   24
by the house of their fathers, according to the number of names,
from twenty years old and upward, all that were able to go forth
to war; those that were numbered of them, of the tribe of Gad,   25
were forty five thousand, six hundred and fifty.
Of the children of Yehuda, their generations, after their families,   26
by the house of their fathers, according to the number of the
names, from twenty years old and upward, all that were able to
go forth to war; those that were numbered of them, of the tribe   27
of Yehuda, were seventy four thousand, six hundred.
Of the children of Yissakhar, their generations, after their fami-   28
lies, by the house of their fathers, according to the number of
names, from twenty years old and upward, all that were able to

כט שְׁמֹת מִבֶּן עֶשְׂרִים שָׁנָה וָמַעְלָה כֹּל יֹצֵא צָבָא: פְּקֻדֵיהֶם לְמַטֵּה
יִשָּׂשכָר אַרְבָּעָה וַחֲמִשִּׁים אֶלֶף וְאַרְבַּע מֵאוֹת:
ל לִבְנֵי זְבוּלֻן תּוֹלְדֹתָם לְמִשְׁפְּחֹתָם לְבֵית אֲבֹתָם בְּמִסְפַּר שֵׁמֹת
לא מִבֶּן עֶשְׂרִים שָׁנָה וָמַעְלָה כֹּל יֹצֵא צָבָא: פְּקֻדֵיהֶם לְמַטֵּה זְבוּלֻן
שִׁבְעָה וַחֲמִשִּׁים אֶלֶף וְאַרְבַּע מֵאוֹת:
לב לִבְנֵי יוֹסֵף לִבְנֵי אֶפְרַיִם תּוֹלְדֹתָם לְמִשְׁפְּחֹתָם לְבֵית אֲבֹתָם
לג בְּמִסְפַּר שֵׁמֹת מִבֶּן עֶשְׂרִים שָׁנָה וָמַעְלָה כֹּל יֹצֵא צָבָא: פְּקֻדֵיהֶם
לְמַטֵּה אֶפְרָיִם אַרְבָּעִים אֶלֶף וַחֲמֵשׁ מֵאוֹת:
לד לִבְנֵי מְנַשֶּׁה תּוֹלְדֹתָם לְמִשְׁפְּחֹתָם לְבֵית אֲבֹתָם בְּמִסְפַּר שֵׁמוֹת
לה מִבֶּן עֶשְׂרִים שָׁנָה וָמַעְלָה כֹּל יֹצֵא צָבָא: פְּקֻדֵיהֶם לְמַטֵּה מְנַשֶּׁה
שְׁנַיִם וּשְׁלֹשִׁים אֶלֶף וּמָאתָיִם:
לו לִבְנֵי בִנְיָמִן תּוֹלְדֹתָם לְמִשְׁפְּחֹתָם לְבֵית אֲבֹתָם בְּמִסְפַּר שֵׁמֹת
לז מִבֶּן עֶשְׂרִים שָׁנָה וָמַעְלָה כֹּל יֹצֵא צָבָא: פְּקֻדֵיהֶם לְמַטֵּה בִנְיָמִן
חֲמִשָּׁה וּשְׁלֹשִׁים אֶלֶף וְאַרְבַּע מֵאוֹת:
לח לִבְנֵי דָן תּוֹלְדֹתָם לְמִשְׁפְּחֹתָם לְבֵית אֲבֹתָם בְּמִסְפַּר שֵׁמֹת מִבֶּן
לט עֶשְׂרִים שָׁנָה וָמַעְלָה כֹּל יֹצֵא צָבָא: פְּקֻדֵיהֶם לְמַטֵּה דָן שְׁנַיִם
וְשִׁשִּׁים אֶלֶף וּשְׁבַע מֵאוֹת:
מ לִבְנֵי אָשֵׁר תּוֹלְדֹתָם לְמִשְׁפְּחֹתָם לְבֵית אֲבֹתָם בְּמִסְפַּר שֵׁמֹת
מא מִבֶּן עֶשְׂרִים שָׁנָה וָמַעְלָה כֹּל יֹצֵא צָבָא: פְּקֻדֵיהֶם לְמַטֵּה אָשֵׁר
אֶחָד וְאַרְבָּעִים אֶלֶף וַחֲמֵשׁ מֵאוֹת:
מב בְּנֵי נַפְתָּלִי תּוֹלְדֹתָם לְמִשְׁפְּחֹתָם לְבֵית אֲבֹתָם בְּמִסְפַּר שֵׁמֹת
מג מִבֶּן עֶשְׂרִים שָׁנָה וָמַעְלָה כֹּל יֹצֵא צָבָא: פְּקֻדֵיהֶם לְמַטֵּה נַפְתָּלִי
שְׁלֹשָׁה וַחֲמִשִּׁים אֶלֶף וְאַרְבַּע מֵאוֹת:
מד אֵלֶּה הַפְּקֻדִים אֲשֶׁר פָּקַד מֹשֶׁה וְאַהֲרֹן וּנְשִׂיאֵי יִשְׂרָאֵל שְׁנֵים
מה עָשָׂר אִישׁ אִישׁ־אֶחָד לְבֵית־אֲבֹתָיו הָיוּ: וַיִּהְיוּ כָּל־פְּקוּדֵי בְנֵי־
יִשְׂרָאֵל לְבֵית אֲבֹתָם מִבֶּן עֶשְׂרִים שָׁנָה וָמַעְלָה כָּל־יֹצֵא צָבָא
מו בְּיִשְׂרָאֵל: וַיִּהְיוּ כָּל־הַפְּקֻדִים שֵׁשׁ־מֵאוֹת אֶלֶף וּשְׁלֹשֶׁת אֲלָפִים
מז וַחֲמֵשׁ מֵאוֹת וַחֲמִשִּׁים: וְהַלְוִיִּם לְמַטֵּה אֲבֹתָם לֹא הָתְפָּקְדוּ
בְּתוֹכָם:
מח מט וַיְדַבֵּר יְהוָה אֶל־מֹשֶׁה לֵּאמֹר: אַךְ אֶת־מַטֵּה לֵוִי לֹא תִפְקֹד
נ וְאֶת־רֹאשָׁם לֹא תִשָּׂא בְּתוֹךְ בְּנֵי יִשְׂרָאֵל: וְאַתָּה הַפְקֵד אֶת־
הַלְוִיִּם עַל־מִשְׁכַּן הָעֵדֻת וְעַל כָּל־כֵּלָיו וְעַל כָּל־אֲשֶׁר־לוֹ הֵמָּה
יִשְׂאוּ אֶת־הַמִּשְׁכָּן וְאֶת־כָּל־כֵּלָיו וְהֵם יְשָׁרְתֻהוּ וְסָבִיב לַמִּשְׁכָּן

go forth to war; those that were numbered of them, of the tribe   29
of Yissakhar, were fifty four thousand, four hundred.

Of the children of Zevulun, their generations, after their families,   30
by the house of their fathers, according to the number of names,
from twenty years old and upward, all that were able to go forth
to war; those that were numbered of them, of the tribe of   31
Zevulun, were fifty seven thousand, four hundred.

Of the children of Yosef, of the children of Efrayim, their gene-   32
rations, after their families, by the house of their fathers, accord-
ing to the number of names, from twenty years old and upward,
all that were able to go forth to war; those that were numbered   33
of them, of the tribe of Efrayim, were forty thousand, five
hundred.

Of the children of Menashshe, their generations, after their fami-   34
lies, by the house of their fathers, according to the number of
names, from twenty years old and upward, all that were able to
go forth to war; those that were numbered of them, of the tribe   35
of Menashshe, were thirty two thousand, two hundred.

Of the children of Binyamin, their generations, after their fami-   36
lies, by the house of their fathers, according to the number of the
names, from twenty years old and upward, all that were able to
go forth to war; those that were numbered of them, of the tribe   37
of Binyamin, were thirty five thousand, four hundred.

Of the children of Dan, their generations, after their families,   38
by the house of their fathers, according to the number of names,
from twenty years old and upward, all that were able to go forth
to war; those that were numbered of them, of the tribe of Dan,   39
were sixty two thousand, seven hundred.

Of the children of Asher, their generations, after their families,   40
by the house of their fathers, according to the number of names,
from twenty years old and upward, all that were able to go forth
to war; those that were numbered of them, of the tribe of Asher,   41
were forty one thousand, five hundred.

Of the children of Naftali, their generations, after their families,   42
by the house of their fathers, according to the number of names,
from twenty years old and upward, all that were able to go forth
to war; those that were numbered of them, of the tribe of Naftali,   43
were fifty three thousand, four hundred.

These are those that were numbered, whom Moshe and Aharon   44
numbered, and the princes of Yisra'el, being twelve men: each
one represented the house of his fathers. So were all those that   45
were numbered of the children of Yisra'el, by the house of their
fathers, from twenty years old and upward, all that were able to
go forth to war in Yisra'el; all they that were numbered were six   46
hundred and three thousand, five hundred and fifty. But the   47
Levites after the tribe of their fathers were not numbered
among them.

For the Lord had spoken to Moshe, saying, Only thou shalt not   48, 49
number the tribe of Levi, nor take the sum of them among
the children of Yisra'el: but thou shalt appoint the Levites over   50
the tabernacle of testimony, and over all its vessels, and over
all things that belong to it: they shall bear the tabernacle, and
all its vessels; and they shall minister to it, and shall encamp

נא יַחֲנוּ: וּבִנְסֹעַ הַמִּשְׁכָּן יוֹרִידוּ אֹתוֹ הַלְוִיִּם וּבַחֲנֹת הַמִּשְׁכָּן יָקִימוּ
נב אֹתוֹ הַלְוִיִּם וְהַזָּר הַקָּרֵב יוּמָת: וְחָנוּ בְּנֵי יִשְׂרָאֵל אִישׁ עַל־
נג מַחֲנֵהוּ וְאִישׁ עַל־דִּגְלוֹ לְצִבְאֹתָם: וְהַלְוִיִּם יַחֲנוּ סָבִיב לְמִשְׁכַּן
הָעֵדֻת וְלֹא־יִהְיֶה קֶצֶף עַל־עֲדַת בְּנֵי יִשְׂרָאֵל וְשָׁמְרוּ הַלְוִיִּם
נד אֶת־מִשְׁמֶרֶת מִשְׁכַּן הָעֵדוּת: וַיַּעֲשׂוּ בְּנֵי יִשְׂרָאֵל כְּכֹל אֲשֶׁר
צִוָּה יהוה אֶת־מֹשֶׁה כֵּן עָשׂוּ:

שלישי ב א ב וַיְדַבֵּר יהוה אֶל־מֹשֶׁה וְאֶל־אַהֲרֹן לֵאמֹר: אִישׁ עַל־דִּגְלוֹ
בְאֹתֹת לְבֵית אֲבֹתָם יַחֲנוּ בְּנֵי יִשְׂרָאֵל מִנֶּגֶד סָבִיב לְאֹהֶל־
ג מוֹעֵד יַחֲנוּ: וְהַחֹנִים קֵדְמָה מִזְרָחָה דֶּגֶל מַחֲנֵה יְהוּדָה לְצִבְאֹתָם
ד וְנָשִׂיא לִבְנֵי יְהוּדָה נַחְשׁוֹן בֶּן־עַמִּינָדָב: וּצְבָאוֹ וּפְקֻדֵיהֶם
ה אַרְבָּעָה וְשִׁבְעִים אֶלֶף וְשֵׁשׁ מֵאוֹת: וְהַחֹנִים עָלָיו מַטֵּה
ו יִשָּׂשכָר וְנָשִׂיא לִבְנֵי יִשָּׂשכָר נְתַנְאֵל בֶּן־צוּעָר: וּצְבָאוֹ וּפְקֻדָיו
ז אַרְבָּעָה וַחֲמִשִּׁים אֶלֶף וְאַרְבַּע מֵאוֹת: מַטֵּה זְבוּלֻן וְנָשִׂיא
ח לִבְנֵי זְבוּלֻן אֱלִיאָב בֶּן־חֵלֹן: וּצְבָאוֹ וּפְקֻדָיו שִׁבְעָה וַחֲמִשִּׁים
ט אֶלֶף וְאַרְבַּע מֵאוֹת: כָּל־הַפְּקֻדִים לְמַחֲנֵה יְהוּדָה מְאַת אֶלֶף
וּשְׁמֹנִים אֶלֶף וְשֵׁשֶׁת־אֲלָפִים וְאַרְבַּע־מֵאוֹת לְצִבְאֹתָם רִאשֹׁנָה
י יִסָּעוּ: דֶּגֶל מַחֲנֵה רְאוּבֵן תֵּימָנָה לְצִבְאֹתָם
יא וְנָשִׂיא לִבְנֵי רְאוּבֵן אֱלִיצוּר בֶּן־שְׁדֵיאוּר: וּצְבָאוֹ וּפְקֻדָיו
יב שִׁשָּׁה וְאַרְבָּעִים אֶלֶף וַחֲמֵשׁ מֵאוֹת: וְהַחוֹנִם עָלָיו מַטֵּה שִׁמְעוֹן
יג וְנָשִׂיא לִבְנֵי שִׁמְעוֹן שְׁלֻמִיאֵל בֶּן־צוּרִישַׁדָּי: וּצְבָאוֹ וּפְקֻדֵיהֶם
יד תִּשְׁעָה וַחֲמִשִּׁים אֶלֶף וּשְׁלֹשׁ מֵאוֹת: וּמַטֵּה גָּד וְנָשִׂיא לִבְנֵי גָד
טו אֶלְיָסָף בֶּן־רְעוּאֵל: וּצְבָאוֹ וּפְקֻדֵיהֶם חֲמִשָּׁה וְאַרְבָּעִים אֶלֶף
טז וְשֵׁשׁ מֵאוֹת וַחֲמִשִּׁים: כָּל־הַפְּקֻדִים לְמַחֲנֵה רְאוּבֵן מְאַת
אֶלֶף וְאֶחָד וַחֲמִשִּׁים אֶלֶף וְאַרְבַּע־מֵאוֹת וַחֲמִשִּׁים לְצִבְאֹתָם
יז וּשְׁנִיִּם יִסָּעוּ: וְנָסַע אֹהֶל־מוֹעֵד מַחֲנֵה
הַלְוִיִּם בְּתוֹךְ הַמַּחֲנֹת כַּאֲשֶׁר יַחֲנוּ כֵּן יִסָּעוּ אִישׁ עַל־יָדוֹ
יח לְדִגְלֵיהֶם: דֶּגֶל מַחֲנֵה אֶפְרַיִם לְצִבְאֹתָם
יט יָמָּה וְנָשִׂיא לִבְנֵי אֶפְרַיִם אֱלִישָׁמָע בֶּן־עַמִּיהוּד: וּצְבָאוֹ וּפְקֻדֵיהֶם
כ אַרְבָּעִים אֶלֶף וַחֲמֵשׁ מֵאוֹת: וְעָלָיו מַטֵּה מְנַשֶּׁה וְנָשִׂיא לִבְנֵי
כא מְנַשֶּׁה גַּמְלִיאֵל בֶּן־פְּדָהצוּר: וּצְבָאוֹ וּפְקֻדֵיהֶם שְׁנַיִם וּשְׁלֹשִׁים
כב אֶלֶף וּמָאתָיִם: וּמַטֵּה בִּנְיָמִן וְנָשִׂיא לִבְנֵי בִנְיָמִן אֲבִידָן בֶּן־

round about the tabernacle. And when the tabernacle sets for- 51
ward, the Levites shall take it down: and when the tabernacle
is to be pitched, the Levites shall set it up: and the stranger that
comes near shall be put to death. And the children of Yisra'el 52
shall pitch their tents, every man by his own camp, and every
man by his own standard, throughout their hosts. But the Levites 53
shall pitch round about the tabernacle of testimony, that there
be no wrath upon the congregation of the children of Yisra'el:
and the Levites shall keep the charge of the tabernacle of testi-
mony. And the children of Yisra'el did according to all that the 54
Lord commanded Moshe, so they did.

2

And the Lord spoke to Moshe and to Aharon, saying, Every man 1,2
of the children of Yisra'el shall pitch by his own standard, with
the ensigns of their father's house: far off about the Tent of
Meeting shall they pitch. And on the east side toward the rising 3
of the sun shall they of the standard of the camp of Yehuda
pitch by their hosts: and Naḥshon the son of 'Amminadav shall
be captain of the children of Yehuda. And his host, and those 4
that were numbered of them, were seventy four thousand, six
hundred. And those that pitch next to him shall be the tribe of 5
Yissakhar: and Netan'el the son of Ẕu'ar shall be captain of the
children of Yissakhar. And his host, and those that were num- 6
bered thereof, were fifty four thousand, four hundred. Then the 7
tribe of Zevulun: and Eli'av the son of Ḥelon shall be captain of
the children of Zevulun. And his host, and those that were num- 8
bered of it, were fifty seven thousand, four hundred. All that 9
were numbered in the camp of Yehuda were a hundred and
eighty six thousand, four hundred, by their hosts. These shall
first set forth. On the south side shall be the standard of 10
the camp of Re'uven by their hosts: and the captain of the
children of Re'uven shall be Eliẕur the son of Shede'ur. And his 11
host, and those that were numbered of it, were forty six thou-
sand, five hundred. And those who pitch by him shall be the 12
tribe of Shim'on: and the captain of the children of Shim'on
shall be Shelumi'el the son of Ẕurishadday. And his host, and 13
those that were numbered of them, were fifty nine thousand,
three hundred. Then the tribe of Gad: and the captain of the 14
sons of Gad shall be Elyasaf the son of Re'u'el. And his host, 15
and those that were numbered of them, were forty five thou-
sand, six hundred and fifty. All that were numbered in the camp 16
of Re'uven were a hundred and fifty one thousand, four hundred
and fifty, by their hosts. And they shall set forth in the
second rank. Then the Tent of Meeting shall set for- 17
ward with the camp of the Levites in the midst of the camps:
as they encamp, so shall they set forward, every man in his
place by their standards. On the west side shall be the 18
standard of the camp of Efrayim by their hosts: and the captain
of the sons of Efrayim shall be Elishama the son of 'Ammihud.
And his host, and those that were numbered of them, were forty 19
thousand, five hundred. And by him shall be the tribe of Menash- 20
she: and the captain of the children of Menashshe shall be
Gamli'el the son of Pedaẕur. And his host, and those that were 21
numbered of them, were thirty two thousand, two hundred. Then 22

כג גִּדְעֹנִי: וּצְבָאוֹ וּפְקֻדֵיהֶם חֲמִשָּׁה וּשְׁלֹשִׁים אֶלֶף וְאַרְבַּע מֵאוֹת:
כד כָּל־הַפְּקֻדִים לְמַחֲנֵה אֶפְרַיִם מְאַת אֶלֶף וּשְׁמֹנַת־אֲלָפִים וּמֵאָה
כה לְצִבְאֹתָם וּשְׁלִשִׁים יִסָּעוּ: דֶּגֶל מַחֲנֵה דָן צָפֹנָה
כו לְצִבְאֹתָם וְנָשִׂיא לִבְנֵי דָן אֲחִיעֶזֶר בֶּן־עַמִּישַׁדָּי: וּצְבָאוֹ וּפְקֻדֵיהֶם
כז שְׁנַיִם וְשִׁשִּׁים אֶלֶף וּשְׁבַע מֵאוֹת: וְהַחֹנִים עָלָיו מַטֵּה אָשֵׁר
כח וְנָשִׂיא לִבְנֵי אָשֵׁר פַּגְעִיאֵל בֶּן־עָכְרָן: וּצְבָאוֹ וּפְקֻדֵיהֶם אֶחָד
כט וְאַרְבָּעִים אֶלֶף וַחֲמֵשׁ מֵאוֹת: וּמַטֵּה נַפְתָּלִי וְנָשִׂיא לִבְנֵי נַפְתָּלִי
ל אֲחִירַע בֶּן־עֵינָן: וּצְבָאוֹ וּפְקֻדֵיהֶם שְׁלֹשָׁה וַחֲמִשִּׁים אֶלֶף וְאַרְבַּע
לא מֵאוֹת: כָּל־הַפְּקֻדִים לְמַחֲנֵה דָן מְאַת אֶלֶף וְשִׁבְעָה וַחֲמִשִּׁים
אֶלֶף וְשֵׁשׁ מֵאוֹת לָאַחֲרֹנָה יִסְעוּ לְדִגְלֵיהֶם:
לב אֵלֶּה פְּקוּדֵי בְנֵי־יִשְׂרָאֵל לְבֵית אֲבֹתָם כָּל־פְּקוּדֵי הַמַּחֲנֹת
לְצִבְאֹתָם שֵׁשׁ־מֵאוֹת אֶלֶף וּשְׁלֹשֶׁת אֲלָפִים וַחֲמֵשׁ מֵאוֹת
לג וַחֲמִשִּׁים: וְהַלְוִיִּם לֹא הָתְפָּקְדוּ בְּתוֹךְ בְּנֵי יִשְׂרָאֵל כַּאֲשֶׁר צִוָּה
לד יהוה אֶת־מֹשֶׁה: וַיַּעֲשׂוּ בְּנֵי יִשְׂרָאֵל כְּכֹל אֲשֶׁר־צִוָּה יהוה
אֶת־מֹשֶׁה כֵּן־חָנוּ לְדִגְלֵיהֶם וְכֵן נָסָעוּ אִישׁ לְמִשְׁפְּחֹתָיו עַל־
בֵּית אֲבֹתָיו:
רביעי ג א וְאֵלֶּה תּוֹלְדֹת אַהֲרֹן וּמֹשֶׁה בְּיוֹם דִּבֶּר יהוה אֶת־מֹשֶׁה בְּהַר
ב סִינָי: וְאֵלֶּה שְׁמוֹת בְּנֵי־אַהֲרֹן הַבְּכֹר ׀ נָדָב וַאֲבִיהוּא אֶלְעָזָר
ג וְאִיתָמָר: אֵלֶּה שְׁמוֹת בְּנֵי אַהֲרֹן הַכֹּהֲנִים הַמְּשֻׁחִים אֲשֶׁר־מִלֵּא
ד יָדָם לְכַהֵן: וַיָּמָת נָדָב וַאֲבִיהוּא לִפְנֵי יהוה בְּהַקְרִבָם אֵשׁ זָרָה
לִפְנֵי יהוה בְּמִדְבַּר סִינַי וּבָנִים לֹא־הָיוּ לָהֶם וַיְכַהֵן אֶלְעָזָר
וְאִיתָמָר עַל־פְּנֵי אַהֲרֹן אֲבִיהֶם:
ה ו וַיְדַבֵּר יהוה אֶל־מֹשֶׁה לֵּאמֹר: הַקְרֵב אֶת־מַטֵּה לֵוִי וְהַעֲמַדְתָּ
ז אֹתוֹ לִפְנֵי אַהֲרֹן הַכֹּהֵן וְשֵׁרְתוּ אֹתוֹ: וְשָׁמְרוּ אֶת־מִשְׁמַרְתּוֹ
וְאֶת־מִשְׁמֶרֶת כָּל־הָעֵדָה לִפְנֵי אֹהֶל מוֹעֵד לַעֲבֹד אֶת־עֲבֹדַת
ח הַמִּשְׁכָּן: וְשָׁמְרוּ אֶת־כָּל־כְּלֵי אֹהֶל מוֹעֵד וְאֶת־מִשְׁמֶרֶת
ט בְּנֵי יִשְׂרָאֵל לַעֲבֹד אֶת־עֲבֹדַת הַמִּשְׁכָּן: וְנָתַתָּה אֶת־הַלְוִיִּם
לְאַהֲרֹן וּלְבָנָיו נְתוּנִם נְתוּנִם הֵמָּה לוֹ מֵאֵת בְּנֵי יִשְׂרָאֵל:
וְאֶת־אַהֲרֹן וְאֶת־בָּנָיו תִּפְקֹד וְשָׁמְרוּ אֶת־כְּהֻנָּתָם וְהַזָּר הַקָּרֵב
יוּמָת:
יא יב וַיְדַבֵּר יהוה אֶל־מֹשֶׁה לֵּאמֹר: וַאֲנִי הִנֵּה לָקַחְתִּי אֶת־הַלְוִיִּם
מִתּוֹךְ בְּנֵי יִשְׂרָאֵל תַּחַת כָּל־בְּכוֹר פֶּטֶר רֶחֶם מִבְּנֵי יִשְׂרָאֵל
יג וְהָיוּ לִי הַלְוִיִּם: כִּי לִי כָּל־בְּכוֹר בְּיוֹם הַכֹּתִי כָל־בְּכוֹר בְּאֶרֶץ

the tribe of Binyamin: and the captain of the sons of Binyamin
shall be Avidan the son of Gid'oni. And his host, and those that　23
were numbered of them, were thirty five thousand, four hundred.
All that were numbered of the camp of Efrayim were a hundred　24
and eight thousand and one hundred, by their hosts. And they
shall go forward in the third rank.　　　　The standard of the　25
camp of Dan shall be on the north side by their hosts: and the
captain of the children of Dan shall be Aḥie'zer the son of 'Am-
mishadday. And his host, and those that were numbered of　26
them, were sixty two thousand, seven hundred. And those that　27
encamp by him shall be the tribe of Asher: and the captain of
the children of Asher shall be Pag'i'el the son of 'Okhran. And　28
his host, and those that were numbered of them, were forty one
thousand, five hundred. Then the tribe of Naftali: and the　29
captain of the children of Naftali shall be Aḥira the son of 'Enan.
And his host, and those that were numbered of them, were fifty　30
three thousand, four hundred. All they that were numbered in　31
the camp of Dan were a hundred and fifty seven thousand, six
hundred. They shall go hindmost with their standards.

These are those who were numbered of the children of Yisra'el　32
by the houses of their fathers: all those that were numbered of
the camps by their hosts were six hundred and three thousand,
five hundred and fifty. But the Levites were not numbered among　33
the children of Yisra'el; as the Lord commanded Moshe. And　34
the children of Yisra'el did according to all that the Lord com-
manded Moshe: so they pitched by their standards, and so they
set forward, everyone after their families, according to the houses
of their fathers.

These also are the generations of Aharon and Moshe in the　3
day that the Lord spoke with Moshe in mount Sinay. And these　2
are the names of the sons of Aharon; Nadav the firstborn, and
Avihu, El'azar and Itamar. There are the names of the sons of　3
Aharon, the priests who were anointed, whom he consecrated
to minister in the priest's office. And Nadav and Avihu died　4
before the Lord, when they offered strange fire before the Lord,
in the wilderness of Sinay, and they had no children: and El'azar
and Itamar ministered in the priest's office in the sight of Aharon
their father.

And the Lord spoke to Moshe saying, Bring the tribe of Levi　5, 6
near, and present them before Aharon the priest, that they may
minister to him. And they shall keep his charge, and the charge　7
of the whole congregation before the Tent of Meeting, to do the
service of the tabernacle. And they shall keep all the instruments　8
of the Tent of Meeting, and the charge of the children of Yisra'el,
to do the service of the tabernacle. And thou shalt give the　9
Levites to Aharon and to his sons: they are wholly given to
him out of the children of Yisra'el. And thou shalt appoint　10
Aharon and his sons, and they shall keep their priest's office:
and the stranger that comes near shall be put to death.

And the Lord spoke to Moshe, saying, And I, behold, I have　11, 12
taken the Levites from among the children of Yisra'el instead
of all the firstborn that opens the womb among the children of
Yisra'el: therefore the Levites shall be mine; because all the　13

מִצְרַ֔יִם הִקְדַּ֥שְׁתִּי לִ֛י כָל־בְּכ֖וֹר בְּיִשְׂרָאֵ֑ל מֵאָדָ֖ם עַד־בְּהֵמָ֑ה
לִ֥י יִהְי֖וּ אֲנִ֥י יְהוָֽה׃

חמישי וַיְדַבֵּ֤ר יְהוָה֙ אֶל־מֹשֶׁ֔ה בְּמִדְבַּ֥ר סִינַ֖י לֵאמֹֽר׃ פְּקֹד֙ אֶת־בְּנֵ֣י לֵוִ֔י
לְבֵ֥ית אֲבֹתָ֖ם לְמִשְׁפְּחֹתָ֑ם כָּל־זָכָ֗ר מִבֶּן־חֹ֤דֶשׁ וָמַ֨עְלָה֙ תִּפְקְדֵֽם׃

וַיִּפְקֹ֥ד אֹתָ֛ם מֹשֶׁ֖ה עַל־פִּ֣י יְהוָ֑ה כַּאֲשֶׁ֖ר צֻוָּֽה׃ וַיִּֽהְיוּ־אֵ֥לֶּה בְנֵֽי־
לֵוִ֖י בִּשְׁמֹתָ֑ם גֵּרְשׁ֕וֹן וּקְהָ֖ת וּמְרָרִֽי׃ וְאֵ֛לֶּה שְׁמ֥וֹת בְּנֵֽי־גֵרְשׁ֖וֹן
לְמִשְׁפְּחֹתָ֑ם לִבְנִ֖י וְשִׁמְעִֽי׃ וּבְנֵ֤י קְהָת֙ לְמִשְׁפְּחֹתָ֔ם עַמְרָ֥ם וְיִצְהָ֖ר
חֶבְר֣וֹן וְעֻזִּיאֵ֑ל וּבְנֵ֤י מְרָרִי֙ לְמִשְׁפְּחֹתָ֔ם מַחְלִ֖י וּמוּשִׁ֑י אֵ֥לֶּה הֵ֛ם
מִשְׁפְּחֹ֥ת הַלֵּוִ֖י לְבֵ֥ית אֲבֹתָֽם׃ לְגֵ֣רְשׁ֔וֹן מִשְׁפַּ֨חַת֙ הַלִּבְנִ֔י וּמִשְׁפַּ֖חַת
הַשִּׁמְעִ֑י אֵ֥לֶּה הֵ֖ם מִשְׁפְּחֹ֥ת הַגֵּרְשֻׁנִּֽי׃ פְּקֻדֵיהֶם֙ בְּמִסְפַּ֣ר כָּל־זָכָ֔ר
מִבֶּן־חֹ֖דֶשׁ וָמָ֑עְלָה פְּקֻ֣דֵיהֶ֔ם שִׁבְעַ֥ת אֲלָפִ֖ים וַחֲמֵ֥שׁ מֵאֽוֹת׃

מִשְׁפְּחֹ֣ת הַגֵּרְשֻׁנִּ֔י אַחֲרֵ֥י הַמִּשְׁכָּ֖ן יַחֲנ֣וּ יָֽמָּה׃ וּנְשִׂ֤יא בֵֽית־אָב֙
לַגֵּ֣רְשֻׁנִּ֔י אֶלְיָסָ֖ף בֶּן־לָאֵֽל׃ וּמִשְׁמֶ֤רֶת בְּנֵֽי־גֵרְשׁוֹן֙ בְּאֹ֣הֶל מוֹעֵ֔ד
הַמִּשְׁכָּ֥ן וְהָאֹ֖הֶל מִכְסֵ֑הוּ וּמָסַ֕ךְ פֶּ֖תַח אֹ֥הֶל מוֹעֵֽד׃ וְקַלְעֵ֣י הֶֽחָצֵ֗ר
וְאֶת־מָסַךְ֙ פֶּ֣תַח הֶֽחָצֵ֔ר אֲשֶׁ֧ר עַל־הַמִּשְׁכָּ֛ן וְעַל־הַמִּזְבֵּ֖חַ סָבִ֑יב
וְאֵת֙ מֵֽיתָרָ֔יו לְכֹ֖ל עֲבֹדָתֽוֹ׃   וְלִקְהָ֕ת מִשְׁפַּ֨חַת֙
הָֽעַמְרָמִ֜י וּמִשְׁפַּ֣חַת הַיִּצְהָרִ֗י וּמִשְׁפַּ֨חַת֙ הַֽחֶבְרֹנִ֔י וּמִשְׁפַּ֖חַת
הָֽעָזִּיאֵלִ֑י אֵ֥לֶּה הֵ֖ם מִשְׁפְּחֹ֥ת הַקְּהָתִֽי׃ בְּמִסְפַּר֙ כָּל־זָכָ֔ר מִבֶּן־
חֹ֖דֶשׁ וָמָ֑עְלָה שְׁמֹנַ֤ת אֲלָפִים֙ וְשֵׁ֣שׁ מֵא֔וֹת שֹׁמְרֵ֖י מִשְׁמֶ֥רֶת
הַקֹּֽדֶשׁ׃ מִשְׁפְּחֹ֥ת בְּנֵי־קְהָ֖ת יַחֲנ֑וּ עַ֛ל יֶ֥רֶךְ הַמִּשְׁכָּ֖ן תֵּימָֽנָה׃ וּנְשִׂ֤יא
בֵֽית־אָב֙ לְמִשְׁפְּחֹ֣ת הַקְּהָתִ֔י אֱלִיצָפָ֖ן בֶּן־עֻזִּיאֵֽל׃ וּמִשְׁמַרְתָּ֗ם
הָאָרֹ֤ן וְהַשֻּׁלְחָן֙ וְהַמְּנֹרָ֣ה וְהַֽמִּזְבְּחֹ֔ת וּכְלֵ֣י הַקֹּ֔דֶשׁ אֲשֶׁ֥ר יְשָׁרְת֖וּ
בָּהֶ֑ם וְהַ֨מָּסָ֔ךְ וְכֹ֖ל עֲבֹדָתֽוֹ׃ וּנְשִׂיא֙ נְשִׂיאֵ֣י הַלֵּוִ֔י אֶלְעָזָ֖ר בֶּן־
אַהֲרֹ֣ן הַכֹּהֵ֑ן פְּקֻדַּ֕ת שֹׁמְרֵ֖י מִשְׁמֶ֥רֶת הַקֹּֽדֶשׁ׃ לִמְרָרִ֕י מִשְׁפַּ֨חַת֙
הַמַּחְלִ֔י וּמִשְׁפַּ֖חַת הַמּוּשִׁ֑י אֵ֥לֶּה הֵ֖ם מִשְׁפְּחֹ֥ת מְרָרִֽי׃ וּפְקֻדֵיהֶ֞ם
בְּמִסְפַּ֤ר כָּל־זָכָר֙ מִבֶּן־חֹ֣דֶשׁ וָמָ֑עְלָה שֵׁ֥שֶׁת אֲלָפִ֖ים וּמָאתָֽיִם׃
וּנְשִׂ֤יא בֵֽית־אָב֙ לְמִשְׁפְּחֹ֣ת מְרָרִ֔י צֽוּרִיאֵ֖ל בֶּן־אֲבִיחָ֑יִל עַ֣ל יֶ֧רֶךְ
הַמִּשְׁכָּ֛ן יַחֲנ֖וּ צָפֹֽנָה׃ וּפְקֻדַּ֣ת מִשְׁמֶ֗רֶת בְּנֵ֤י מְרָרִי֙ קַרְשֵׁי֙ הַמִּשְׁכָּ֔ן
וּבְרִיחָ֖יו וְעַמֻּדָ֣יו וַאֲדָנָ֑יו וְכָ֨ל־כֵּלָ֔יו וְכֹ֖ל עֲבֹדָתֽוֹ׃ וְעַמֻּדֵ֧י הֶחָצֵ֛ר
סָבִ֖יב וְאַדְנֵיהֶ֑ם וִיתֵֽדֹתָ֖ם וּמֵֽיתְרֵיהֶֽם׃ וְהַחֹנִ֣ים לִפְנֵ֣י הַמִּשְׁכָּ֡ן
קֵ֣דְמָה לִפְנֵי֩ אֹֽהֶל־מוֹעֵ֨ד ׀ מִזְרָ֜חָה מֹשֶׁ֣ה ׀ וְאַהֲרֹ֣ן וּבָנָ֗יו שֹֽׁמְרִים֙
מִשְׁמֶ֣רֶת הַמִּקְדָּ֔שׁ לְמִשְׁמֶ֖רֶת בְּנֵ֣י יִשְׂרָאֵ֑ל וְהַזָּ֥ר הַקָּרֵ֖ב יוּמָֽת׃

firstborn are mine; for on the day that I smote all the firstborn in the land of Miẓrayim I hallowed to me all the firstborn in Yisra'el, both man and beast: mine shall they be: I am the Lord.

And the Lord spoke to Moshe in the wilderness of Sinay, saying, 14
Number the children of Levi after the house of their fathers, by 15
their families: every male from a month old and upward shalt
thou number them. And Moshe numbered them according to the 16
word of the Lord, as he was commanded. And these were the 17
sons of Levi by their names; Gershon, and Qehat, and Merari.
And these are the names of the sons of Gershon by their fami- 18
lies; Livni, and Shim'i. And the sons of Qehat by their families; 19
'Amram, and Yiẓhar, Ḥevron, and 'Uzzi'el. And the sons of 20
Merari by their families; Maḥli, and Mushi. These are the
families of the Levites according to the house of their fathers.
Of Gershon was the family of the Livni, and the family of the 21
Shim'i: these are the families of the Gershoni. Those that were 22
numbered of them, according to the number of all the males,
from a month old and upward, even those that were numbered
of them were seven thousand five hundred. The families of the 23
Gershoni shall pitch behind the tabernacle westward. And the 24
chief of the house of the father of the Gershoni shall be Elyasaf
the son of La'el. And the charge of the sons of Gershon in the 25
Tent of Meeting shall be the tabernacle, and the tent, its cover-
ing, and the screen for the door of the Tent of Meeting, and the 26
hangings of the court, and the screen for the door of the court,
which is by the tabernacle, and by the altar round about, and
the cords of it for all its service.   And of Qehat was the 27
family of the 'Amrami, and the family of the Yiẓhari, and the
family of the Ḥevroni, and the family of the 'Uzzi'eli: these are
the families of the Qehati. In the number of all the males, from 28
a month old and upward, were eight thousand, six hundred,
keeping the charge of the sanctuary. The families of the sons 29
of Qehat shall pitch on the side of the tabernacle southward.
And the chief of the house of the father of the families of the 30
Qehati shall be Eliẓafan, the son of 'Uzzi'el. And their charge 31
shall be the ark, and the table, and the candlestick, and the
altars, and the vessels of the sanctuary with which they minis-
ter, and the screen, and all its service. And El'azar the son of 32
Aharon the priest shall be chief over the chiefs of the Levites,
and have the oversight of them that keep the charge of the
sanctuary. Of Merari was the family of the Maḥli, and the family 33
of the Mushi: these are the families of Merari. And those that 34
were numbered of them, according to the number of all the
males, from a month old and upward, were six thousand two
hundred. And the chief of the house of the father of the fami- 35
lies of Merari was Ẓuri'el the son of Aviḥayil: these shall pitch
on the side of the tabernacle northward. And under the custody 36
and charge of the sons of Merari shall be the boards of the
tabernacle, and its bars, and its pillars, and its sockets, and all
its vessels, and all that belongs to it. And the pillars of the court 37
round about, and their sockets, and their pegs, and their cords.
But those that encamp before the tabernacle toward the east, 38

לט כׇּל־פְּקוּדֵי הַלְוִיִּם אֲשֶׁר פָּקַד מֹשֶׁה וְאַהֲרֹן עַל־פִּי יְהוָה
לְמִשְׁפְּחֹתָם כׇּל־זָכָר מִבֶּן־חֹדֶשׁ וָמַעְלָה שְׁנַיִם וְעֶשְׂרִים
מ אָלֶף׃ וַיֹּאמֶר יְהוָה אֶל־מֹשֶׁה פְּקֹד כׇּל־בְּכֹר ששי
זָכָר לִבְנֵי יִשְׂרָאֵל מִבֶּן־חֹדֶשׁ וָמָעְלָה וְשָׂא אֵת מִסְפַּר שְׁמֹתָם׃
מא וְלָקַחְתָּ אֶת־הַלְוִיִּם לִי אֲנִי יְהוָה תַּחַת כׇּל־בְּכֹר בִּבְנֵי יִשְׂרָאֵל
וְאֵת בֶּהֱמַת הַלְוִיִּם תַּחַת כׇּל־בְּכוֹר בְּבֶהֱמַת בְּנֵי יִשְׂרָאֵל׃
מב וַיִּפְקֹד מֹשֶׁה כַּאֲשֶׁר צִוָּה יְהוָה אֹתוֹ אֶת־כׇּל־בְּכוֹר בִּבְנֵי יִשְׂרָאֵל׃
מג וַיְהִי כׇל־בְּכוֹר זָכָר בְּמִסְפַּר שֵׁמֹת מִבֶּן־חֹדֶשׁ וָמַעְלָה לִפְקֻדֵיהֶם
שְׁנַיִם וְעֶשְׂרִים אֶלֶף שְׁלֹשָׁה וְשִׁבְעִים וּמָאתָיִם׃
מד מה וַיְדַבֵּר יְהוָה אֶל־מֹשֶׁה לֵּאמֹר׃ קַח אֶת־הַלְוִיִּם תַּחַת כׇּל־בְּכוֹר
בִּבְנֵי יִשְׂרָאֵל וְאֶת־בֶּהֱמַת הַלְוִיִּם תַּחַת בְּהֶמְתָּם וְהָיוּ־לִי
מו הַלְוִיִּם אֲנִי יְהוָה׃ וְאֵת פְּדוּיֵי הַשְּׁלֹשָׁה וְהַשִּׁבְעִים וְהַמָּאתָיִם
מז הָעֹדְפִים עַל־הַלְוִיִּם מִבְּכוֹר בְּנֵי יִשְׂרָאֵל׃ וְלָקַחְתָּ חֲמֵשֶׁת
חֲמֵשֶׁת שְׁקָלִים לַגֻּלְגֹּלֶת בְּשֶׁקֶל הַקֹּדֶשׁ תִּקָּח עֶשְׂרִים גֵּרָה
מח הַשָּׁקֶל׃ וְנָתַתָּה הַכֶּסֶף לְאַהֲרֹן וּלְבָנָיו פְּדוּיֵי הָעֹדְפִים בָּהֶם׃
מט וַיִּקַּח מֹשֶׁה אֵת כֶּסֶף הַפִּדְיוֹם מֵאֵת הָעֹדְפִים עַל פְּדוּיֵי הַלְוִיִּם׃
נ מֵאֵת בְּכוֹר בְּנֵי יִשְׂרָאֵל לָקַח אֶת־הַכָּסֶף חֲמִשָּׁה וְשִׁשִּׁים
נא וּשְׁלֹשׁ מֵאוֹת וָאֶלֶף בְּשֶׁקֶל הַקֹּדֶשׁ׃ וַיִּתֵּן מֹשֶׁה אֶת־כֶּסֶף
הַפְּדֻיִם לְאַהֲרֹן וּלְבָנָיו עַל־פִּי יְהוָה כַּאֲשֶׁר צִוָּה יְהוָה אֶת־
מֹשֶׁה׃

ד א ב וַיְדַבֵּר יְהוָה אֶל־מֹשֶׁה וְאֶל־אַהֲרֹן לֵאמֹר׃ נָשֹׂא אֶת־רֹאשׁ בְּנֵי שביעי
ג קְהָת מִתּוֹךְ בְּנֵי לֵוִי לְמִשְׁפְּחֹתָם לְבֵית אֲבֹתָם׃ מִבֶּן שְׁלֹשִׁים
שָׁנָה וָמַעְלָה וְעַד בֶּן־חֲמִשִּׁים שָׁנָה כׇּל־בָּא לַצָּבָא לַעֲשׂוֹת
ד מְלָאכָה בְּאֹהֶל מוֹעֵד׃ זֹאת עֲבֹדַת בְּנֵי־קְהָת בְּאֹהֶל מוֹעֵד
ה קֹדֶשׁ הַקֳּדָשִׁים׃ וּבָא אַהֲרֹן וּבָנָיו בִּנְסֹעַ הַמַּחֲנֶה וְהוֹרִדוּ אֵת
ו פָּרֹכֶת הַמָּסָךְ וְכִסּוּ־בָהּ אֵת אֲרֹן הָעֵדֻת׃ וְנָתְנוּ עָלָיו כְּסוּי
עוֹר תַּחַשׁ וּפָרְשׂוּ בֶגֶד־כְּלִיל תְּכֵלֶת מִלְמָעְלָה וְשָׂמוּ בַּדָּיו׃
ז וְעַל ׀ שֻׁלְחַן הַפָּנִים יִפְרְשׂוּ בֶּגֶד תְּכֵלֶת וְנָתְנוּ עָלָיו אֶת־הַקְּעָרֹת
וְאֶת־הַכַּפֹּת וְאֶת־הַמְּנַקִּיֹּת וְאֵת קְשׂוֹת הַנָּסֶךְ וְלֶחֶם הַתָּמִיד
ח עָלָיו יִהְיֶה׃ וּפָרְשׂוּ עֲלֵיהֶם בֶּגֶד תּוֹלַעַת שָׁנִי וְכִסּוּ אֹתוֹ בְּמִכְסֵה
ט עוֹר תָּחַשׁ וְשָׂמוּ אֶת־בַּדָּיו׃ וְלָקְחוּ ׀ בֶּגֶד תְּכֵלֶת וְכִסּוּ אֶת־
מְנֹרַת הַמָּאוֹר וְאֶת־נֵרֹתֶיהָ וְאֶת־מַלְקָחֶיהָ וְאֶת־מַחְתֹּתֶיהָ

before the Tent of Meeting eastward, shall be Moshe and Aha-
ron and his sons, keeping the charge of the sanctuary for the
charge of the children of Yisra'el; and the stranger that comes
near shall be put to death. All that were numbered of the Levites,   39
whom Moshe and Aharon numbered at the commandment of
the Lord, by their families, all the males from a month old and
upward, were twenty two thousand.   And the Lord said   40
to Moshe, Number all the firstborn of the males of the children
of Yisra'el from a month old and upward, and take the number
of their names. And thou shalt take the Levites for me (I am   41
the Lord) instead of all the firstborn among the children of
Yisra'el; and the cattle of the Levites instead of all the first-
lings among the cattle of the children of Yisra'el. And Moshe   42
numbered, as the Lord commanded him, all the firstborn among
the children of Yisra'el. And all the firstborn males by the num-   43
ber of names, from a month old and upward, of those that were
numbered of them, were twenty two thousand, two hundred
and seventy three.

And the Lord spoke to Moshe, saying, Take the Levites instead   44, 45
of all the firstborn among the children of Yisra'el, and the cattle
of the Levites instead of their cattle; and the Levites shall be
mine: I am the Lord. And for those that are to be redeemed   46
of the two hundred and seventy three of the firstborn of the
children of Yisra'el who are more than the Levites: thou shalt   47
take five shekels for every man, after the shekel of the sanc-
tuary shalt thou take them: (the shekel is twenty gera:) and thou   48
shalt give the money, with which the surplus of them is to be re-
deemed, to Aharon and to his sons. And Moshe took the redemp-   49
tion money of those who were over and above those who were
redeemed by the Levites: of the firstborn of the children of   50
Yisra'el he took the money; a thousand three hundred and
sixty five shekels, after the shekel of the sanctuary: and Moshe   51
gave the money of those who were redeemed to Aharon and
to his sons, according to the word of the Lord, as the Lord
had commanded Moshe.   **4**

And the Lord spoke to Moshe and to Aharon, saying, Take   1, 2
the sum of the sons of Qehat from among the sons of Levi, after
their families, by the house of their fathers, from thirty years   3
old and upward until fifty years old, all that enter into the host,
to do the work in the Tent of Meeting. This shall be the service   4
of the sons of Qehat in the Tent of Meeting, namely, the most
holy things: and when the camp sets forward, Aharon shall   5
come, and his sons, and they shall take down the veil of the
screen, and cover the ark of testimony with it: and they shall put   6
on it the covering of taḥash skins, and shall spread over it a
cloth wholly of blue, and shall put in its poles. And upon the   7
table of showbread they shall spread a cloth of blue, and put on it
the dishes, and the spoons, and the bowls, and the jars for
pouring out: and the continual bread shall be on it: and they   8
shall spread upon them a cloth of scarlet, and cover the same
with a covering of taḥash skins, and shall put in its poles.
And they shall take a cloth of blue, and cover the candlestick   9
of the light, and its lamps, and its tongs, and its pans, and

וְאֵת כָּל־כְּלֵי שָׁמְנָ֔הּ אֲשֶׁ֥ר יְשָׁרְתוּ־לָ֖הּ בָּהֶ֑ם וְנָתְנ֤וּ אֹתָהּ֙ וְאֶת־ י

כָּל־כֵּלֶ֨יהָ֙ אֶל־מִכְסֵ֖ה ע֣וֹר תָּ֑חַשׁ וְנָתְנ֖וּ עַל־הַמּֽוֹט׃ וְעַ֣ל ׀ מִזְבַּ֣ח יא

הַזָּהָ֗ב יִפְרְשׂוּ֙ בֶּ֣גֶד תְּכֵ֔לֶת וְכִסּ֣וּ אֹת֔וֹ בְּמִכְסֵ֖ה ע֣וֹר תָּ֑חַשׁ וְשָׂמ֖וּ

אֶת־בַּדָּֽיו׃ וְלָקְח֣וּ אֶת־כָּל־כְּלֵ֣י הַשָּׁרֵ֗ת אֲשֶׁ֨ר יְשָֽׁרְתוּ־בָ֜ם בַּקֹּ֗דֶשׁ יב

וְנָֽתְנוּ֙ אֶל־בֶּ֣גֶד תְּכֵ֔לֶת וְכִסּ֣וּ אוֹתָ֔ם בְּמִכְסֵ֖ה ע֣וֹר תָּ֑חַשׁ וְנָתְנ֖וּ

עַל־הַמּֽוֹט׃ וְדִשְּׁנ֖וּ אֶת־הַמִּזְבֵּ֑חַ וּפָרְשׂ֣וּ עָלָ֔יו בֶּ֖גֶד אַרְגָּמָֽן׃ וְנָתְנ֣וּ יג

עָלָ֡יו אֶֽת־כָּל־כֵּלָ֡יו אֲשֶׁ֣ר יְֽשָׁרְת֣וּ עָלָ֣יו בָּהֶ֡ם אֶת־הַמַּחְתֹּ֣ת אֶת־ יד

הַמִּזְלָגֹ֣ת וְאֶת־הַיָּעִים֮ וְאֶת־הַמִּזְרָקֹת֒ כֹּ֖ל כְּלֵ֣י הַמִּזְבֵּ֑חַ וּפָרְשׂ֣וּ

עָלָ֗יו כְּס֛וּי ע֥וֹר תַּ֖חַשׁ וְשָׂמ֥וּ בַדָּֽיו׃ וְכִלָּ֣ה אַֽהֲרֹן־וּ֠בָנָיו לְכַסֹּ֨ת אֶת־ טו

הַקֹּ֜דֶשׁ וְאֶת־כָּל־כְּלֵ֣י הַקֹּדֶשׁ֮ בִּנְסֹ֣עַ הַֽמַּחֲנֶה֒ וְאַֽחֲרֵי־כֵ֗ן יָבֹ֤אוּ בְנֵי־

קְהָת֙ לָשֵׂ֔את וְלֹֽא־יִגְּע֥וּ אֶל־הַקֹּ֖דֶשׁ וָמֵ֑תוּ אֵ֛לֶּה מַשָּׂ֥א בְנֵֽי־קְהָ֖ת

בְּאֹ֥הֶל מוֹעֵֽד׃ וּפְקֻדַּ֞ת אֶלְעָזָ֣ר ׀ בֶּן־אַֽהֲרֹ֣ן הַכֹּהֵ֗ן שֶׁ֤מֶן הַמָּאוֹר֙ טז

וּקְטֹ֣רֶת הַסַּמִּ֔ים וּמִנְחַ֥ת הַתָּמִ֖יד וְשֶׁ֣מֶן הַמִּשְׁחָ֑ה פְּקֻדַּ֗ת כָּל־

הַמִּשְׁכָּן֙ וְכָל־אֲשֶׁר־בּ֔וֹ בְּקֹ֖דֶשׁ וּבְכֵלָֽיו׃

מפטיר ד וַיְדַבֵּ֣ר יְהֹוָ֔ה אֶל־מֹשֶׁ֥ה וְאֶֽל־אַֽהֲרֹ֖ן לֵאמֹֽר׃ אַל־תַּכְרִ֕יתוּ אֶת־ יז יח

שֵׁ֨בֶט֙ מִשְׁפְּחֹ֣ת הַקְּהָתִ֔י מִתּ֖וֹךְ הַֽלְוִיִּֽם׃ וְזֹ֣את ׀ עֲשׂ֣וּ לָהֶ֗ם וְחָיוּ֙ יט

וְלֹ֣א יָמֻ֔תוּ בְּגִשְׁתָּ֖ם אֶת־קֹ֣דֶשׁ הַקֳּדָשִׁ֑ים אַֽהֲרֹ֤ן וּבָנָיו֙ יָבֹ֔אוּ וְשָׂמ֣וּ

אוֹתָ֗ם אִ֥ישׁ אִ֛ישׁ עַל־עֲבֹֽדָת֖וֹ וְאֶל־מַשָּׂאֽוֹ׃ וְלֹֽא־יָבֹ֧אוּ לִרְא֛וֹת כ

כְּבַלַּ֥ע אֶת־הַקֹּ֖דֶשׁ וָמֵֽתוּ׃

נשא וַיְדַבֵּ֥ר יְהֹוָ֖ה אֶל־מֹשֶׁ֥ה לֵּאמֹֽר׃ נָשֹׂ֗א אֶת־רֹ֛אשׁ בְּנֵ֥י גֵרְשׁ֖וֹן גַּם־ כא כב

הֵ֑ם לְבֵ֥ית אֲבֹתָ֖ם לְמִשְׁפְּחֹתָֽם׃ מִבֶּן֩ שְׁלֹשִׁ֨ים שָׁנָ֜ה וָמַ֗עְלָה עַ֛ד

בֶּן־חֲמִשִּׁ֥ים שָׁנָ֖ה תִּפְקֹ֣ד אוֹתָ֑ם כָּל־הַבָּא֙ לִצְבֹ֣א צָבָ֔א לַֽעֲבֹ֥ד

עֲבֹדָ֖ה בְּאֹ֥הֶל מוֹעֵֽד׃ זֹ֣את עֲבֹדַ֔ת מִשְׁפְּחֹ֖ת הַגֵּֽרְשֻׁנִּ֑י לַֽעֲבֹ֖ד כג כד

וּלְמַשָּֽׂא׃ וְנָֽשְׂא֞וּ אֶת־יְרִיעֹ֤ת הַמִּשְׁכָּן֙ וְאֶת־אֹ֣הֶל מוֹעֵ֔ד מִכְסֵ֕הוּ כה

וּמִכְסֵ֛ה הַתַּ֥חַשׁ אֲשֶׁר־עָלָ֖יו מִלְמָ֑עְלָה וְאֶ֨ת־מָסַ֔ךְ פֶּ֖תַח אֹ֥הֶל

מוֹעֵֽד׃ וְאֵת֩ קַלְעֵ֨י הֶֽחָצֵ֜ר וְאֶת־מָסַ֣ךְ ׀ פֶּ֣תַח ׀ שַׁ֣עַר הֶֽחָצֵ֗ר אֲשֶׁ֨ר כו

עַל־הַמִּשְׁכָּ֤ן וְעַל־הַמִּזְבֵּ֨חַ֙ סָבִ֔יב וְאֵת֙ מֵֽיתְרֵיהֶ֔ם וְאֶֽת־כָּל־כְּלֵ֖י

עֲבֹֽדָתָ֑ם וְאֵ֨ת כָּל־אֲשֶׁ֧ר יֵֽעָשֶׂ֛ה לָהֶ֖ם וְעָבָֽדוּ׃ עַל־פִּי֩ אַֽהֲרֹ֨ן וּבָנָ֜יו כז

תִּֽהְיֶ֗ה כָּל־עֲבֹדַת֙ בְּנֵ֣י הַגֵּֽרְשֻׁנִּ֔י לְכָל־מַשָּׂאָ֖ם וּלְכֹ֣ל עֲבֹֽדָתָ֑ם

וּפְקַדְתֶּ֤ם עֲלֵהֶם֙ בְּמִשְׁמֶ֔רֶת אֵ֖ת כָּל־מַשָּׂאָֽם׃ זֹ֣את עֲבֹדַ֗ת כח

מִשְׁפְּחֹ֛ת בְּנֵ֥י הַגֵּֽרְשֻׁנִּ֖י בְּאֹ֣הֶל מוֹעֵ֑ד וּמִ֨שְׁמַרְתָּ֔ם בְּיַד֙ אִֽיתָמָ֔ר בֶּֽן־

אַֽהֲרֹ֖ן הַכֹּהֵֽן׃ בְּנֵ֣י מְרָרִ֔י לְמִשְׁפְּחֹתָ֖ם לְבֵית־ כט

אֲבֹתָ֖ם תִּפְקֹ֣ד אֹתָ֑ם מִבֶּן֩ שְׁלֹשִׁ֨ים שָׁנָ֜ה וָמַ֗עְלָה וְעַ֛ד בֶּן־חֲמִשִּׁ֥ים ל

שָׁנָ֖ה תִּפְקְדֵ֑ם כָּל־הַבָּא֙ לַצָּבָ֔א לַֽעֲבֹ֕ד אֶת־עֲבֹדַ֖ת אֹ֥הֶל מוֹעֵֽד׃

all its oil vessels, with which they minister to it: and they 10
shall put it and all its vessels within a covering of taḥash skins,
and shall put it upon a bar. And upon the golden altar they 11
shall spread a cloth of blue, and cover it with a covering of
taḥash skins, and shall put in its poles. And they shall take all 12
the instruments of ministry, with which they minister in the
sanctuary, and put them in a cloth of blue, and cover them with
a covering of taḥash skins, and shall put them on a bar: and 13
they shall take away the ashes from the altar, and spread a
purple cloth on it: and they shall put upon it all its vessels with 14
which they minister about it, the pans, the forks, and the
shovels, and the basins, all the vessels of the altar; and they
shall spread upon it a covering of taḥash skins, and put in its
poles. And when Aharon and his sons have made an end 15
of covering the sanctuary, and all the vessels of the sanctuary,
as the camp is to set forward; after that, the sons of Qehat
shall come to bear it: but they shall not touch any holy thing,
lest they die. These things are the burden of the sons of Qehat
in the Tent of Meeting. And to the office of El'azar the son of 16
Aharon the priest pertains the oil for the light, and the sweet
incense, and the daily meal offering, and the anointing oil, and
the oversight of all the tabernacle, and of all that is in it, as
to the sanctuary, and as to its vessels.

And the LORD spoke to Moshe and to Aharon, saying, Do not cut 17, 18
off the tribe of the families of the Qehati from among the
Levites: but thus do to them, that they may live, and not die, 19
when they approach the most holy things: Aharon and his sons
shall go in, and appoint them every one to his service and to his
burden: but they shall not go in to see when the holy things are 20
covered, lest they die.

NASO   And the LORD spoke to Moshe, saying, Take also the sum of the 21, 22
sons of Gershon, by the houses of their fathers, by their fami-
lies; from thirty years old and upward until fifty years old shalt 23
thou number them; all that enter in to perform the service, to
do the work in the Tent of Meeting. This is the service of the 24
families of the Gershoni, both for serving and for carrying:
and they shall bear the curtains of the tabernacle, and the Tent 25
of Meeting, its covering, and the covering of the taḥash skins
that is above upon it, and the screen for the door of the Tent
of Meeting, and the hangings of the court, and the screen for 26
the door of the gate of the court, which is by the tabernacle
and by the altar round about, and their cords, and all the
instruments of their service, and all that is made for them: so
shall they serve. By the order of Aharon and his sons shall be 27
all the service of the sons of the Gershoni, in all their burdens,
and in all their service: and you shall appoint to them in charge
all their burden. This is the service of the families of the sons 28
of Gershon in the Tent of Meeting: and their charge shall be
under the hand of Itamar the son of Aharon the priest.   As 29
for the sons of Merari, thou shalt number them after their fami-
lies, by the house of their fathers; from thirty years old and 30
upward to fifty years old shalt thou number them, everyone that
enters into the service, to do the work of the Tent of Meeting.

לא וְזֹאת מִשְׁמֶרֶת מַשָּׂאָם לְכָל־עֲבֹדָתָם בְּאֹהֶל מוֹעֵד קַרְשֵׁי הַמִּשְׁכָּן
לב וּבְרִיחָיו וְעַמּוּדָיו וַאֲדָנָיו: וְעַמּוּדֵי הֶחָצֵר סָבִיב וְאַדְנֵיהֶם וִיתֵדֹתָם
וּמֵיתְרֵיהֶם לְכָל־כְּלֵיהֶם וּלְכֹל עֲבֹדָתָם וּבְשֵׁמֹת תִּפְקְדוּ אֶת־
לג כְּלֵי מִשְׁמֶרֶת מַשָּׂאָם: זֹאת עֲבֹדַת מִשְׁפְּחֹת בְּנֵי מְרָרִי לְכָל־
לד עֲבֹדָתָם בְּאֹהֶל מוֹעֵד בְּיַד אִיתָמָר בֶּן־אַהֲרֹן הַכֹּהֵן: וַיִּפְקֹד
מֹשֶׁה וְאַהֲרֹן וּנְשִׂיאֵי הָעֵדָה אֶת־בְּנֵי הַקְּהָתִי לְמִשְׁפְּחֹתָם וּלְבֵית
לה אֲבֹתָם: מִבֶּן שְׁלֹשִׁים שָׁנָה וָמַעְלָה וְעַד בֶּן־חֲמִשִּׁים שָׁנָה כָּל־
לו הַבָּא לַצָּבָא לַעֲבֹדָה בְּאֹהֶל מוֹעֵד: וַיִּהְיוּ פְקֻדֵיהֶם לְמִשְׁפְּחֹתָם
לז אַלְפַּיִם שְׁבַע מֵאוֹת וַחֲמִשִּׁים: אֵלֶּה פְקוּדֵי מִשְׁפְּחֹת הַקְּהָתִי
כָּל־הָעֹבֵד בְּאֹהֶל מוֹעֵד אֲשֶׁר פָּקַד מֹשֶׁה וְאַהֲרֹן עַל־פִּי יְהוָה
לח בְּיַד־מֹשֶׁה: וּפְקוּדֵי בְּנֵי גֵּרְשׁוֹן לְמִשְׁפְּחוֹתָם שני
לט וּלְבֵית אֲבֹתָם: מִבֶּן שְׁלֹשִׁים שָׁנָה וָמַעְלָה וְעַד בֶּן־חֲמִשִּׁים
מ שָׁנָה כָּל־הַבָּא לַצָּבָא לַעֲבֹדָה בְּאֹהֶל מוֹעֵד: וַיִּהְיוּ פְּקֻדֵיהֶם
מא לְמִשְׁפְּחֹתָם לְבֵית אֲבֹתָם אַלְפַּיִם וְשֵׁשׁ מֵאוֹת וּשְׁלֹשִׁים: אֵלֶּה
פְקוּדֵי מִשְׁפְּחֹת בְּנֵי גֵרְשׁוֹן כָּל־הָעֹבֵד בְּאֹהֶל מוֹעֵד אֲשֶׁר פָּקַד
מב מֹשֶׁה וְאַהֲרֹן עַל־פִּי יְהוָה: וּפְקוּדֵי מִשְׁפְּחֹת בְּנֵי מְרָרִי לְמִשְׁפְּחֹתָם
מג לְבֵית אֲבֹתָם: מִבֶּן שְׁלֹשִׁים שָׁנָה וָמַעְלָה וְעַד בֶּן־חֲמִשִּׁים
מד שָׁנָה כָּל־הַבָּא לַצָּבָא לַעֲבֹדָה בְּאֹהֶל מוֹעֵד: וַיִּהְיוּ פְקֻדֵיהֶם
מה לְמִשְׁפְּחֹתָם שְׁלֹשֶׁת אֲלָפִים וּמָאתָיִם: אֵלֶּה פְקוּדֵי מִשְׁפְּחֹת
בְּנֵי מְרָרִי אֲשֶׁר פָּקַד מֹשֶׁה וְאַהֲרֹן עַל־פִּי יְהוָה בְּיַד־מֹשֶׁה:
מו כָּל־הַפְּקֻדִים אֲשֶׁר פָּקַד מֹשֶׁה וְאַהֲרֹן וּנְשִׂיאֵי יִשְׂרָאֵל אֶת־
מז הַלְוִיִּם לְמִשְׁפְּחֹתָם וּלְבֵית אֲבֹתָם: מִבֶּן שְׁלֹשִׁים שָׁנָה וָמַעְלָה
וְעַד בֶּן־חֲמִשִּׁים שָׁנָה כָּל־הַבָּא לַעֲבֹד עֲבֹדַת עֲבֹדָה וַעֲבֹדַת
מח מַשָּׂא בְּאֹהֶל מוֹעֵד: וַיִּהְיוּ פְּקֻדֵיהֶם שְׁמֹנַת אֲלָפִים וַחֲמֵשׁ מֵאוֹת
מט וּשְׁמֹנִים: עַל־פִּי יְהוָה פָּקַד אוֹתָם בְּיַד־מֹשֶׁה אִישׁ אִישׁ עַל־עֲבֹדָתוֹ
וְעַל־מַשָּׂאוֹ וּפְקֻדָיו אֲשֶׁר־צִוָּה יְהוָה אֶת־מֹשֶׁה:
ה א ב וַיְדַבֵּר יְהוָה אֶל־מֹשֶׁה לֵּאמֹר: צַו אֶת־בְּנֵי יִשְׂרָאֵל וִישַׁלְּחוּ מִן־ שלישי
ג הַמַּחֲנֶה כָּל־צָרוּעַ וְכָל־זָב וְכֹל טָמֵא לָנָפֶשׁ: מִזָּכָר עַד־נְקֵבָה
תְּשַׁלֵּחוּ אֶל־מִחוּץ לַמַּחֲנֶה תְּשַׁלְּחוּם וְלֹא יְטַמְּאוּ אֶת־מַחֲנֵיהֶם
ד אֲשֶׁר אֲנִי שֹׁכֵן בְּתוֹכָם: וַיַּעֲשׂוּ־כֵן בְּנֵי יִשְׂרָאֵל וַיְשַׁלְּחוּ אוֹתָם
אֶל־מִחוּץ לַמַּחֲנֶה כַּאֲשֶׁר דִּבֶּר יְהוָה אֶל־מֹשֶׁה כֵּן עָשׂוּ בְּנֵי
יִשְׂרָאֵל:

And this is the charge of their burden, according to all their 31
service in the Tent of Meeting; the boards of the tabernacle, and
its bars, and its pillars, and its sockets, and the pillars of the 32
court round about, and their sockets, and their pegs, and their
cords, with all their instruments, and with all their service:
and by name you shall reckon the instruments of the charge of
their burden. This is the service of the families of the sons of 33
Merari, according to all their service, in the Tent of Meeting,
under the hand of Itamar the son of Aharon the priest. And 34
Moshe and Aharon and the chiefs of the congregation numbered
the sons of the Qehati after their families, and after the house of
their fathers, from thirty years old and upward to fifty years 35
years old, everyone that enters into the service, for work in the
Tent of Meeting: and those that were numbered of them by 36
their families were two thousand seven hundred and fifty. These 37
were they that were numbered of the families of the Qehati, all
that might do service in the Tent of Meeting, whom Moshe and
Aharon did number according to the commandment of the Lord
by the hand of Moshe. And those that were numbered of 38
the sons of Gershon, throughout their families, and by the house
of their fathers, from thirty years old and upward to fifty years 39
old, everyone that enters into the service, for work in the Tent
of Meeting, even those that were numbered of them, by their 40
families, by the house of their fathers, were two thousand, six
hundred and thirty. These are they that were numbered of the 41
families of the sons of Gershon, of all that might do service in
the Tent of Meeting, whom Moshe and Aharon did number ac-
cording to the commandment of the Lord. And those that were 42
numbered of the families of the sons of Merari, by their families,
by the house of their fathers, from thirty years old and upward 43
to fifty years old, everyone that enters into the service, for work
in the Tent of Meeting, even those that were numbered of them 44
after their families, were three thousand, two hundred. These 45
are they that were numbered of the families of the sons of Mera-
ri, whom Moshe and Aharon numbered according to the word
of the Lord by the hand of Moshe. All those that were num- 46
bered of the Levites, whom Moshe and Aharon and the chiefs of
Yisra'el numbered, after their families, and after the house of
their fathers, from thirty years old and upward to fifty years 47
old, everyone that came to do the service of the ministry, and
the service of carrying in the Tent of Meeting. Those that 48
were numbered of them, were eight thousand, five hundred and
eighty. According to the commandment of the Lord they were 49
numbered by the hand of Moshe, everyone according to his
service, and according to his burden: thus were they numbered,
as the Lord commanded Moshe.

5

And the Lord spoke to Moshe, saying, Command the children of 1, 2
Yisra'el, that they put out of the camp everyone with ẕara'at,
and everyone that has an issue, and whoever is defiled by the
dead: both male and female shall you put out, outside the camp 3
shall you put them; that they defile not their camps, in the midst
of which I dwell. And the children of Yisra'el did so, and put 4
them out outside the camp: as the Lord spoke to Moshe, so did

ה ו וַיְדַבֵּר יְהוָה אֶל־מֹשֶׁה לֵּאמֹר׃ דַּבֵּר אֶל־בְּנֵי יִשְׂרָאֵל אִישׁ אֽוֹ־
אִשָּׁה כִּי יַעֲשׂוּ מִכָּל־חַטֹּאת הָאָדָם לִמְעֹל מַעַל בַּיהוָה
ז וְאָשְׁמָה הַנֶּפֶשׁ הַהִוא׃ וְהִתְוַדּוּ אֶת־חַטָּאתָם אֲשֶׁר עָשׂוּ וְהֵשִׁיב
אֶת־אֲשָׁמוֹ בְּרֹאשׁוֹ וַחֲמִישִׁתוֹ יֹסֵף עָלָיו וְנָתַן לַאֲשֶׁר אָשַׁם
ח לוֹ׃ וְאִם־אֵין לָאִישׁ גֹּאֵל לְהָשִׁיב הָאָשָׁם אֵלָיו הָאָשָׁם הַמּוּשָׁב
ט לַיהוָה לַכֹּהֵן מִלְּבַד אֵיל הַכִּפֻּרִים אֲשֶׁר יְכַפֶּר־בּוֹ עָלָיו׃ וְכָל־
תְּרוּמָה לְכָל־קָדְשֵׁי בְנֵי־יִשְׂרָאֵל אֲשֶׁר־יַקְרִיבוּ לַכֹּהֵן לוֹ
י יִהְיֶה׃ וְאִישׁ אֶת־קֳדָשָׁיו לוֹ יִהְיוּ אִישׁ אֲשֶׁר־יִתֵּן לַכֹּהֵן לוֹ
יִהְיֶה׃

רביעי ה
יא יב וַיְדַבֵּר יְהוָה אֶל־מֹשֶׁה לֵּאמֹר׃ דַּבֵּר אֶל־בְּנֵי יִשְׂרָאֵל וְאָמַרְתָּ
יג אֲלֵהֶם אִישׁ אִישׁ כִּי־תִשְׂטֶה אִשְׁתּוֹ וּמָעֲלָה בוֹ מָעַל׃ וְשָׁכַב
אִישׁ אֹתָהּ שִׁכְבַת־זֶרַע וְנֶעְלַם מֵעֵינֵי אִישָׁהּ וְנִסְתְּרָה וְהִיא
יד נִטְמָאָה וְעֵד אֵין בָּהּ וְהִוא לֹא נִתְפָּשָׂה׃ וְעָבַר עָלָיו רֽוּחַ־
קִנְאָה וְקִנֵּא אֶת־אִשְׁתּוֹ וְהִוא נִטְמָאָה אוֹ־עָבַר עָלָיו רֽוּחַ־
טו קִנְאָה וְקִנֵּא אֶת־אִשְׁתּוֹ וְהִיא לֹא נִטְמָאָה׃ וְהֵבִיא הָאִישׁ
אֶת־אִשְׁתּוֹ אֶל־הַכֹּהֵן וְהֵבִיא אֶת־קָרְבָּנָהּ עָלֶיהָ עֲשִׂירִת הָאֵיפָה
קֶמַח שְׂעֹרִים לֹא־יִצֹק עָלָיו שֶׁמֶן וְלֹא־יִתֵּן עָלָיו לְבֹנָה כִּי־
טז מִנְחַת קְנָאֹת הוּא מִנְחַת זִכָּרוֹן מַזְכֶּרֶת עָוֺן׃ וְהִקְרִיב אֹתָהּ
יז הַכֹּהֵן וְהֶעֱמִדָהּ לִפְנֵי יְהוָה׃ וְלָקַח הַכֹּהֵן מַיִם קְדֹשִׁים בִּכְלִי־
חָרֶשׂ וּמִן־הֶעָפָר אֲשֶׁר יִהְיֶה בְּקַרְקַע הַמִּשְׁכָּן יִקַּח הַכֹּהֵן וְנָתַן
יח אֶל־הַמָּיִם׃ וְהֶעֱמִיד הַכֹּהֵן אֶת־הָאִשָּׁה לִפְנֵי יְהוָה וּפָרַע אֶת־
רֹאשׁ הָאִשָּׁה וְנָתַן עַל־כַּפֶּיהָ אֵת מִנְחַת הַזִּכָּרוֹן מִנְחַת קְנָאֹת
יט הִוא וּבְיַד הַכֹּהֵן יִהְיוּ מֵי הַמָּרִים הַמְאָרְרִים׃ וְהִשְׁבִּיעַ אֹתָהּ
הַכֹּהֵן וְאָמַר אֶל־הָאִשָּׁה אִם־לֹא שָׁכַב אִישׁ אֹתָךְ וְאִם־לֹא
שָׂטִית טֻמְאָה תַּחַת אִישֵׁךְ הִנָּקִי מִמֵּי הַמָּרִים הַמְאָרְרִים הָאֵלֶּה׃
כ וְאַתְּ כִּי שָׂטִית תַּחַת אִישֵׁךְ וְכִי נִטְמֵאת וַיִּתֵּן אִישׁ בָּךְ אֶת־
כא שְׁכָבְתּוֹ מִבַּלְעֲדֵי אִישֵׁךְ׃ וְהִשְׁבִּיעַ הַכֹּהֵן אֶת־הָאִשָּׁה בִּשְׁבֻעַת
הָאָלָה וְאָמַר הַכֹּהֵן לָאִשָּׁה יִתֵּן יְהוָה אוֹתָךְ לְאָלָה וְלִשְׁבֻעָה
בְּתוֹךְ עַמֵּךְ בְּתֵת יְהוָה אֶת־יְרֵכֵךְ נֹפֶלֶת וְאֶת־בִּטְנֵךְ צָבָה׃
כב וּבָאוּ הַמַּיִם הַמְאָרְרִים הָאֵלֶּה בְּמֵעַיִךְ לַצְבּוֹת בֶּטֶן וְלַנְפִּל יָרֵךְ
כג וְאָמְרָה הָאִשָּׁה אָמֵן ׀ אָמֵן׃ וְכָתַב אֶת־הָאָלֹת הָאֵלֶּה הַכֹּהֵן
כד בַּסֵּפֶר וּמָחָה אֶל־מֵי הַמָּרִים׃ וְהִשְׁקָה אֶת־הָאִשָּׁה אֶת־מֵי
כה הַמָּרִים הַמְאָרְרִים וּבָאוּ בָהּ הַמַּיִם הַמְאָרְרִים לְמָרִים׃ וְלָקַח

the children of Yisra'el.

And the LORD spoke to Moshe, saying, Speak to the children of   5, 6
Yisra'el, When a man or woman shall commit any sin that men
commit, to do a trespass against the LORD, and that person be
guilty; then they shall confess their sin which they have done: 7
and he shall make restitution for his trespass in full, and add
to it its fifth part, and give it to him against whom he has
trespassed. But if the man have no kinsman to whom restitution   8
may be made for the trespass, let the trespass which is recom-
pensed to the LORD, be the priest's; beside the ram of the atone-
ment, whereby atonement shall be made for him. And every   9
offering of all the holy things of the children of Yisra'el, which
they bring to the priest, shall be his. And every man's hallowed   10
things shall be his: whatever any man gives the priest, it shall
be his.

And the LORD spoke to Moshe, saying, Speak to the children of   11, 12
Yisra'el, and say to them, If any man's wife go aside, and com-
mit a trespass against him, and a man lie with her carnally, and   13
it be hid from the eyes of her husband, and she be undetected,
and she be defiled, and there is no witness against her, nor is she
taken in the act; and the spirit of jealousy come upon him,   14
and he be jealous of his wife, and she be defiled: or if the spirit
of jealousy come upon him, and he be jealous of his wife, and
she be not defiled: then shall the man bring his wife to the   15
priest, and he shall bring her offering for her, the tenth part of
an efa of barley meal; he shall pour no oil upon it, nor put
frankincense on it; for it is an offering of jealousy, an offering
of memorial, bringing iniquity to remembrance. And the priest   16
shall bring her near, and set her before the LORD: and the priest   17
shall take holy water in an earthen vessel; and of the dust that
is on the floor of the tabernacle shall the priest take, and put it
into the water: and the priest shall set the woman before the   18
LORD, and loosen the hair of the woman's head, and put the
offering of memorial in her hands, which is the meal offering of
jealousy: and the priest shall have in his hand the bitter water
that causes the curse: and the priest shall charge her by an   19
oath, and say to the woman, If no man have lain with thee, and
if thou hast not gone aside to uncleanness with another instead
of thy husband, be thou free from this bitter water that causes
the curse: but if thou hast gone aside to another instead of thy   20
husband, and if thou be defiled, and some man have lain with
thee other than thy husband: then the priest shall charge the   21
woman with an oath of cursing, and the priest shall say to the
woman, The LORD make thee a curse and an oath among thy
people, when the LORD makes thy thigh to fall away, and thy
belly to swell; and this water that causes the curse shall go into   22
thy bowels, to make thy belly to swell, and thy thigh to fall
away: And the woman shall say, Amen, amen. And the priest   23
shall write these curses in a book, and he shall blot them out
with the bitter water: and he shall cause the woman to drink   24
the bitter water that causes the curse: and the water that
causes the curse shall enter into her, and become bitter. Then   25
the priest shall take the meal offering of jealousy out of the

הַכֹּהֵן מִיַּד הָאִשָּׁה אֵת מִנְחַת הַקְּנָאֹת וְהֵנִיף אֶת־הַמִּנְחָה
כו לִפְנֵי יְהוָה וְהִקְרִיב אֹתָהּ אֶל־הַמִּזְבֵּחַ: וְקָמַץ הַכֹּהֵן מִן־הַמִּנְחָה
אֶת־אַזְכָּרָתָהּ וְהִקְטִיר הַמִּזְבֵּחָה וְאַחַר יַשְׁקֶה אֶת־הָאִשָּׁה אֶת־
כז הַמָּיִם: וְהִשְׁקָהּ אֶת־הַמַּיִם וְהָיְתָה אִם־נִטְמְאָה וַתִּמְעֹל מַעַל
בְּאִישָׁהּ וּבָאוּ בָהּ הַמַּיִם הַמְאָרְרִים לְמָרִים וְצָבְתָה בִטְנָהּ
כח וְנָפְלָה יְרֵכָהּ וְהָיְתָה הָאִשָּׁה לְאָלָה בְּקֶרֶב עַמָּהּ: וְאִם־לֹא
כט נִטְמְאָה הָאִשָּׁה וּטְהֹרָה הִוא וְנִקְּתָה וְנִזְרְעָה זָרַע: זֹאת
תּוֹרַת הַקְּנָאֹת אֲשֶׁר תִּשְׂטֶה אִשָּׁה תַּחַת אִישָׁהּ וְנִטְמָאָה:
ל אוֹ אִישׁ אֲשֶׁר תַּעֲבֹר עָלָיו רוּחַ קִנְאָה וְקִנֵּא אֶת־אִשְׁתּוֹ
וְהֶעֱמִיד אֶת־הָאִשָּׁה לִפְנֵי יְהוָה וְעָשָׂה לָהּ הַכֹּהֵן אֵת כָּל־
לא הַתּוֹרָה הַזֹּאת: וְנִקָּה הָאִישׁ מֵעָוֺן וְהָאִשָּׁה הַהִוא תִּשָּׂא אֶת־
עֲוֺנָהּ:

ו א ב וַיְדַבֵּר יְהוָה אֶל־מֹשֶׁה לֵּאמֹר: דַּבֵּר אֶל־בְּנֵי יִשְׂרָאֵל וְאָמַרְתָּ
אֲלֵהֶם אִישׁ אוֹ־אִשָּׁה כִּי יַפְלִא לִנְדֹּר נֶדֶר נָזִיר לְהַזִּיר לַיהוָה:
ג מִיַּיִן וְשֵׁכָר יַזִּיר חֹמֶץ יַיִן וְחֹמֶץ שֵׁכָר לֹא יִשְׁתֶּה וְכָל־מִשְׁרַת
ד עֲנָבִים לֹא יִשְׁתֶּה וַעֲנָבִים לַחִים וִיבֵשִׁים לֹא יֹאכֵל: כֹּל יְמֵי
נִזְרוֹ מִכֹּל אֲשֶׁר יֵעָשֶׂה מִגֶּפֶן הַיַּיִן מֵחַרְצַנִּים וְעַד־זָג לֹא יֹאכֵל:
ה כָּל־יְמֵי נֶדֶר נִזְרוֹ תַּעַר לֹא־יַעֲבֹר עַל־רֹאשׁוֹ עַד־מְלֹאת הַיָּמִם
ו אֲשֶׁר־יַזִּיר לַיהוָה קָדֹשׁ יִהְיֶה גַּדֵּל פֶּרַע שְׂעַר רֹאשׁוֹ: כָּל־יְמֵי
ז הַזִּירוֹ לַיהוָה עַל־נֶפֶשׁ מֵת לֹא יָבֹא: לְאָבִיו וּלְאִמּוֹ לְאָחִיו
וּלְאַחֹתוֹ לֹא־יִטַּמָּא לָהֶם בְּמֹתָם כִּי נֵזֶר אֱלֹהָיו עַל־רֹאשׁוֹ:
ח ט כֹּל יְמֵי נִזְרוֹ קָדֹשׁ הוּא לַיהוָה: וְכִי־יָמוּת מֵת עָלָיו בְּפֶתַע
פִּתְאֹם וְטִמֵּא רֹאשׁ נִזְרוֹ וְגִלַּח רֹאשׁוֹ בְּיוֹם טָהֳרָתוֹ בַּיּוֹם הַשְּׁבִיעִי
י יְגַלְּחֶנּוּ: וּבַיּוֹם הַשְּׁמִינִי יָבִא שְׁתֵּי תֹרִים אוֹ שְׁנֵי בְּנֵי יוֹנָה אֶל־
יא הַכֹּהֵן אֶל־פֶּתַח אֹהֶל מוֹעֵד: וְעָשָׂה הַכֹּהֵן אֶחָד לְחַטָּאת וְאֶחָד
לְעֹלָה וְכִפֶּר עָלָיו מֵאֲשֶׁר חָטָא עַל־הַנָּפֶשׁ וְקִדַּשׁ אֶת־רֹאשׁוֹ
יב בַּיּוֹם הַהוּא: וְהִזִּיר לַיהוָה אֶת־יְמֵי נִזְרוֹ וְהֵבִיא כֶּבֶשׂ בֶּן־שְׁנָתוֹ
יג לְאָשָׁם וְהַיָּמִים הָרִאשֹׁנִים יִפְּלוּ כִּי טָמֵא נִזְרוֹ: וְזֹאת תּוֹרַת
הַנָּזִיר בְּיוֹם מְלֹאת יְמֵי נִזְרוֹ יָבִיא אֹתוֹ אֶל־פֶּתַח אֹהֶל מוֹעֵד:
יד וְהִקְרִיב אֶת־קָרְבָּנוֹ לַיהוָה כֶּבֶשׂ בֶּן־שְׁנָתוֹ תָמִים אֶחָד לְעֹלָה
וְכַבְשָׂה אַחַת בַּת־שְׁנָתָהּ תְּמִימָה לְחַטָּאת וְאַיִל־אֶחָד תָּמִים
טו לִשְׁלָמִים: וְסַל מַצּוֹת סֹלֶת חַלֹּת בְּלוּלֹת בַּשֶּׁמֶן וּרְקִיקֵי מַצּוֹת
טז מְשֻׁחִים בַּשָּׁמֶן וּמִנְחָתָם וְנִסְכֵּיהֶם: וְהִקְרִיב הַכֹּהֵן לִפְנֵי יְהוָה

woman's hand, and shall wave the offering before the Lord, and
offer it upon the altar: and the priest shall take a handful of the   26
offering, the memorial part of it, and burn it on the altar, and
afterward shall cause the woman to drink the water. And when   27
he has made her drink the water, then it shall come to pass, that,
if she be defiled, and have done trespass against her husband,
that the water that causes the curse shall enter into her, and
become bitter, and her belly shall swell, and her thigh shall fall
away: and the woman shall be a curse among her people. And if   28
the woman be not defiled, but be clean; then she shall be free,
and shall conceive seed. This is the Tora of jealousics, when a   29
wife goes aside to another instead of her husband, and is defiled;
or when the spirit of jealousy ccmes upon him, and he be jealous   30
of his wife, and shall set the woman before the Lord, and the
priest shall execute upon her all this Tora: then shall the man be   31
guiltless of iniquity, and this woman shall bear her iniquity.   **6**
And the Lord spoke to Moshe, saying, Speak to the children of   1, 2
Yisra'el, and say to them, When either man or woman shall
pronounce a special vow of a Nazir to separate themselves to
the Lord: he shall abstain from wine and strong drink, and   3
shall drink no vinegar of wine, or vinegar of strong drink, nor
shall he drink any liquor of grapes, nor eat moist grapes, or dried.
All the days of his abstinence shall he eat nothing that is made   4
of the vine tree, from the kernels even to the husk. All the days   5
of the vow of his separation there shall no razor come on his
head: until the days are fulfilled, during which he separates him-
self to the Lord, he shall be holy, and shall let the locks of the
hair of his head grow. All the days that he separates himself to   6
the Lord he shall come at no dead body. He shall not make him-   7
self unclean for his father, or for his mother, for his brother, or
for his sister, when they die: because the crown of his God is
upon his head. All the days of his separation he is holy to the   8
Lord. And if any man die very suddenly by him, and he has de-   9
filed the head of his consecration; then he shall shave his head in
the day of his cleansing, on the seventh day shall he shave it.
And on the eighth day he shall bring two turtle doves, or two   10
young pigeons, to the priest, to the door of the Tent of Meeting:
and the priest shall offer the one for a sin offering, and the other   11
for a burnt offering, and make atonement for him, for that he
sinned by the dead, and shall hallow his head that same day.
And he shall consecrate to the Lord the days of his abstinence,   12
and shall bring a lamb of the first year for a guilt offering:
and the days that were before shall be lost, because his separa-
tion was defiled. And this is the Tora of the Nazir, when the   13
days of his separation are fulfilled: he shall be brought to the
door of the Tent of Meeting. And he shall offer his offering to   14
the Lord, one he lamb of the first year without blemish for a
burnt offering, and one ewe lamb of the first year without blemish
for a sin offering, and one ram without blemish for a peace
offering, and a basket of unleavened bread, cakes of fine flour   15
mingled with oil, and wafers of unleavened bread anointed with
oil, and their meal offering, and their drink offerings. And the   16
priest shall bring them before the Lord, and shall offer his sin

יז וְעָשָׂה אֶת־חַטָּאתוֹ וְאֶת־עֹלָתוֹ׃ וְאֶת־הָאַיִל יַעֲשֶׂה זֶבַח
שְׁלָמִים לַיהוָה עַל סַל הַמַּצּוֹת וְעָשָׂה הַכֹּהֵן אֶת־מִנְחָתוֹ וְאֶת־
יח נִסְכּוֹ׃ וְגִלַּח הַנָּזִיר פֶּתַח אֹהֶל מוֹעֵד אֶת־רֹאשׁ נִזְרוֹ וְלָקַח
אֶת־שְׂעַר רֹאשׁ נִזְרוֹ וְנָתַן עַל־הָאֵשׁ אֲשֶׁר־תַּחַת זֶבַח הַשְּׁלָמִים׃
יט וְלָקַח הַכֹּהֵן אֶת־הַזְּרֹעַ בְּשֵׁלָה מִן־הָאַיִל וְחַלַּת מַצָּה אַחַת
מִן־הַסַּל וּרְקִיק מַצָּה אֶחָד וְנָתַן עַל־כַּפֵּי הַנָּזִיר אַחַר הִתְגַּלְּחוֹ
כ אֶת־נִזְרוֹ׃ וְהֵנִיף אוֹתָם הַכֹּהֵן ׀ תְּנוּפָה לִפְנֵי יְהוָה קֹדֶשׁ הוּא
לַכֹּהֵן עַל חֲזֵה הַתְּנוּפָה וְעַל שׁוֹק הַתְּרוּמָה וְאַחַר יִשְׁתֶּה הַנָּזִיר
כא יָיִן׃ זֹאת תּוֹרַת הַנָּזִיר אֲשֶׁר יִדֹּר קָרְבָּנוֹ לַיהוָה עַל־נִזְרוֹ מִלְּבַד
אֲשֶׁר־תַּשִּׂיג יָדוֹ כְּפִי נִדְרוֹ אֲשֶׁר יִדֹּר כֵּן יַעֲשֶׂה עַל תּוֹרַת
נִזְרוֹ׃
כב כג וַיְדַבֵּר יְהוָה אֶל־מֹשֶׁה לֵּאמֹר׃ דַּבֵּר אֶל־אַהֲרֹן וְאֶל־בָּנָיו לֵאמֹר כֹּה ו
כד תְבָרְכוּ אֶת־בְּנֵי יִשְׂרָאֵל אָמוֹר לָהֶם׃ יְבָרֶכְךָ יְהוָה
כה כו וְיִשְׁמְרֶךָ׃ יָאֵר יְהוָה ׀ פָּנָיו אֵלֶיךָ וִיחֻנֶּךָּ׃ יִשָּׂא
כז יְהוָה ׀ פָּנָיו אֵלֶיךָ וְיָשֵׂם לְךָ שָׁלוֹם׃ וְשָׂמוּ אֶת־שְׁמִי
א ז עַל־בְּנֵי יִשְׂרָאֵל וַאֲנִי אֲבָרְכֵם׃ וַיְהִי בְּיוֹם כַּלּוֹת מֹשֶׁה חמישי
לְהָקִים אֶת־הַמִּשְׁכָּן וַיִּמְשַׁח אֹתוֹ וַיְקַדֵּשׁ אֹתוֹ וְאֶת־כָּל־כֵּלָיו
ב וְאֶת־הַמִּזְבֵּחַ וְאֶת־כָּל־כֵּלָיו וַיִּמְשָׁחֵם וַיְקַדֵּשׁ אֹתָם׃ וַיַּקְרִיבוּ
נְשִׂיאֵי יִשְׂרָאֵל רָאשֵׁי בֵּית אֲבֹתָם הֵם נְשִׂיאֵי הַמַּטֹּת הֵם
ג הָעֹמְדִים עַל־הַפְּקֻדִים׃ וַיָּבִיאוּ אֶת־קָרְבָּנָם לִפְנֵי יְהוָה שֵׁשׁ־
עֶגְלֹת צָב וּשְׁנֵי־עָשָׂר בָּקָר עֲגָלָה עַל־שְׁנֵי הַנְּשִׂאִים וְשׁוֹר
ד לְאֶחָד וַיַּקְרִיבוּ אוֹתָם לִפְנֵי הַמִּשְׁכָּן׃ וַיֹּאמֶר יְהוָה אֶל־מֹשֶׁה
ה לֵּאמֹר׃ קַח מֵאִתָּם וְהָיוּ לַעֲבֹד אֶת־עֲבֹדַת אֹהֶל מוֹעֵד וְנָתַתָּה
ו אוֹתָם אֶל־הַלְוִיִּם אִישׁ כְּפִי עֲבֹדָתוֹ׃ וַיִּקַּח מֹשֶׁה אֶת־הָעֲגָלֹת
ז וְאֶת־הַבָּקָר וַיִּתֵּן אוֹתָם אֶל־הַלְוִיִּם׃ אֵת ׀ שְׁתֵּי הָעֲגָלוֹת וְאֵת
ח אַרְבַּעַת הַבָּקָר נָתַן לִבְנֵי גֵרְשׁוֹן כְּפִי עֲבֹדָתָם׃ וְאֵת ׀ אַרְבַּע
הָעֲגָלֹת וְאֵת שְׁמֹנַת הַבָּקָר נָתַן לִבְנֵי מְרָרִי כְּפִי עֲבֹדָתָם בְּיַד
ט אִיתָמָר בֶּן־אַהֲרֹן הַכֹּהֵן׃ וְלִבְנֵי קְהָת לֹא נָתָן כִּי־עֲבֹדַת הַקֹּדֶשׁ
י עֲלֵהֶם בַּכָּתֵף יִשָּׂאוּ׃ וַיַּקְרִיבוּ הַנְּשִׂאִים אֵת חֲנֻכַּת הַמִּזְבֵּחַ בְּיוֹם
יא הִמָּשַׁח אֹתוֹ וַיַּקְרִיבוּ הַנְּשִׂיאִם אֶת־קָרְבָּנָם לִפְנֵי הַמִּזְבֵּחַ׃ וַיֹּאמֶר
יְהוָה אֶל־מֹשֶׁה נָשִׂיא אֶחָד לַיּוֹם נָשִׂיא אֶחָד לַיּוֹם יַקְרִיבוּ
יב אֶת־קָרְבָּנָם לַחֲנֻכַּת הַמִּזְבֵּחַ׃ וַיְהִי הַמַּקְרִיב בַּיּוֹם
יג הָרִאשׁוֹן אֶת־קָרְבָּנוֹ נַחְשׁוֹן בֶּן־עַמִּינָדָב לְמַטֵּה יְהוּדָה׃ וְקָרְבָּנוֹ
קַעֲרַת־כֶּסֶף אַחַת שְׁלֹשִׁים וּמֵאָה מִשְׁקָלָהּ מִזְרָק אֶחָד כֶּסֶף
שִׁבְעִים שֶׁקֶל בְּשֶׁקֶל הַקֹּדֶשׁ שְׁנֵיהֶם ׀ מְלֵאִים סֹלֶת בְּלוּלָה
יד טו בַשֶּׁמֶן לְמִנְחָה׃ כַּף אַחַת עֲשָׂרָה זָהָב מְלֵאָה קְטֹרֶת׃ פַּר אֶחָד

offering, and his burnt offering: and he shall offer the ram for   17
a sacrifice of peace offering to the Lord, with the basket of
unleavened bread: the priest shall offer also his meal offering,
and his drink offering. And the Nazir shall shave the head of   18
his separation at the door of the Tent of Meeting, and shall take
the hair of the head of his separation, and put it in the fire which
is under the sacrifice of the peace offering. And the priest shall   19
take the boiled shoulder of the ram, and one unleavened cake
out of the basket, and one unleavened wafer, and shall put them
upon the hands of the Nazir, after the hair of his separation is
shaved: and the priest shall wave them for a wave offering   20
before the Lord: this is holy for the priest, with the wave breast
and heave shoulder: and after that the Nazir may drink wine.
This is the Tora of the Nazir who has vowed, and of his offering   21
to the Lord for his separation, beside that which his means
allow: according to the vow which he vowed, so he must do
beside the Tora of his abstinence.

And the Lord spoke to Moshe, saying, Speak to Aharon and to   22, 23
his sons, saying, In this way you shall bless the children of
Yisra'el, saying to them,   The Lord bless thee, and keep   24
thee: the Lord make his face shine upon thee, and be   25
gracious to thee: the Lord lift up his countenance to   26
thee, and give thee peace.   And they shall put my name   27
upon the children of Yisra'el; and I will bless them.   And   **7**
it came to pass on the day that Moshe had finished setting up the
tabernacle, and had anointed it, and sanctified it, and all its
instruments, both the altar and all its vessels, and had anointed
them, and sanctified them; that the princes of Yisra'el, heads of   2
the house of their fathers, who were the princes of the tribes,
and were over them that were numbered, offered: and they   3
brought their offering before the Lord, six covered wagons, and
twelve oxen; a wagon for every two of the princes, and for each
one an ox: and they brought them before the tabernacle. And   4
the Lord spoke to Moshe, saying, Take it of them, that they may   5
be to do the service of the Tent of Meeting; and thou shalt give
them to the Levites, to every man according to his service. And   6
Moshe took the wagons and the oxen, and gave them to the
Levites. Two wagons and four oxen he gave to the sons of Ger-   7
shon, according to their service: and four wagons and eight   8
oxen he gave to the sons of Merari, according to their service,
under the hand of Itamar the son of Aharon the priest. But to   9
the sons of Qehat he gave none: because the service of the
sanctuary belonged to them; they bore it on their shoulders.
And the princes offered for dedicating of the altar in the day   10
that it was anointed, and the princes offered their offering before
the altar. And the Lord said to Moshe, They shall offer their   11
offering, each prince on his day, for the dedicating of the altar.

And he that offered his offering the first day was Naḥshon   12
the son of 'Amminadav, of the tribe of Yehuda: and his offering   13
was one silver dish, the weight of which was a hundred and
thirty shekels, one silver bowl of seventy shekels, after the
shekel of the sanctuary; both of them were full of fine flour
mingled with oil for a meal offering: one spoon of ten shekels of   14

בֶּן־בָּקָ֗ר אַ֤יִל אֶחָד֙ כֶּֽבֶשׂ־אֶחָ֥ד בֶּן־שְׁנָת֖וֹ לְעֹלָֽה: שְׂעִיר־עִזִּ֥ים   טו

אֶחָ֖ד לְחַטָּֽאת: וּלְזֶ֣בַח הַשְּׁלָמִים֮ בָּקָ֣ר שְׁנַ֒יִם֒ אֵילִ֤ם חֲמִשָּׁה֙   יז

עַתּוּדִ֣ים חֲמִשָּׁ֔ה כְּבָשִׂ֥ים בְּנֵֽי־שָׁנָ֖ה חֲמִשָּׁ֑ה זֶ֛ה קָרְבַּ֥ן נַחְשׁ֖וֹן

בֶּן־עַמִּינָדָֽב:

בַּיּוֹם֙ הַשֵּׁנִ֔י הִקְרִ֖יב נְתַנְאֵ֣ל בֶּן־צוּעָ֑ר נְשִׂ֖יא יִשָּׂשכָֽר: הִקְרִ֨ב   יח

אֶֽת־קָרְבָּנ֜וֹ קַֽעֲרַת־כֶּ֣סֶף אַחַ֗ת שְׁלֹשִׁ֣ים וּמֵאָה֮ מִשְׁקָלָהּ֒ מִזְרָ֤ק

אֶחָד֙ כֶּ֔סֶף שִׁבְעִ֥ים שֶׁ֖קֶל בְּשֶׁ֣קֶל הַקֹּ֑דֶשׁ שְׁנֵיהֶ֣ם ׀ מְלֵאִ֗ים סֹ֛לֶת

בְּלוּלָ֥ה בַשֶּׁ֖מֶן לְמִנְחָֽה: כַּ֚ף אַחַ֣ת עֲשָׂרָ֣ה זָהָ֔ב מְלֵאָ֖ה קְטֹֽרֶת: כ

פַּ֣ר אֶחָ֞ד בֶּן־בָּקָ֗ר אַ֤יִל אֶחָד֙ כֶּֽבֶשׂ־אֶחָ֥ד בֶּן־שְׁנָת֖וֹ לְעֹלָֽה: כא

שְׂעִיר־עִזִּ֥ים אֶחָ֖ד לְחַטָּֽאת: וּלְזֶ֣בַח הַשְּׁלָמִים֮ בָּקָ֣ר שְׁנַ֒יִם֒ אֵילִ֤ם   כב כג

חֲמִשָּׁה֙ עַתֻּדִ֣ים חֲמִשָּׁ֔ה כְּבָשִׂ֥ים בְּנֵֽי־שָׁנָ֖ה חֲמִשָּׁ֑ה זֶ֛ה קָרְבַּ֥ן

נְתַנְאֵ֖ל בֶּן־צוּעָֽר:

בַּיּוֹם֙ הַשְּׁלִישִׁ֔י נָשִׂ֖יא לִבְנֵ֣י זְבוּלֻ֑ן אֱלִיאָ֖ב בֶּן־חֵלֹֽן: קָרְבָּנ֞וֹ   כד כה

קַֽעֲרַת־כֶּ֣סֶף אַחַ֗ת שְׁלֹשִׁ֣ים וּמֵאָה֮ מִשְׁקָלָהּ֒ מִזְרָ֤ק אֶחָד֙ כֶּ֔סֶף

שִׁבְעִ֥ים שֶׁ֖קֶל בְּשֶׁ֣קֶל הַקֹּ֑דֶשׁ שְׁנֵיהֶ֣ם ׀ מְלֵאִ֗ים סֹ֛לֶת בְּלוּלָ֥ה

בַשֶּׁ֖מֶן לְמִנְחָֽה: כַּ֚ף אַחַ֣ת עֲשָׂרָ֣ה זָהָ֔ב מְלֵאָ֖ה קְטֹֽרֶת: פַּ֣ר אֶחָ֞ד   כו

בֶּן־בָּקָ֗ר אַ֤יִל אֶחָד֙ כֶּֽבֶשׂ־אֶחָ֥ד בֶּן־שְׁנָת֖וֹ לְעֹלָֽה: שְׂעִיר־עִזִּ֥ים   כז

אֶחָ֖ד לְחַטָּֽאת: וּלְזֶ֣בַח הַשְּׁלָמִים֮ בָּקָ֣ר שְׁנַ֒יִם֒ אֵילִ֤ם חֲמִשָּׁה֙   כט

עַתֻּדִ֣ים חֲמִשָּׁ֔ה כְּבָשִׂ֥ים בְּנֵֽי־שָׁנָ֖ה חֲמִשָּׁ֑ה זֶ֛ה קָרְבַּ֥ן אֱלִיאָ֖ב

בֶּן־חֵלֹֽן:

בַּיּוֹם֙ הָֽרְבִיעִ֔י נָשִׂ֖יא לִבְנֵ֣י רְאוּבֵ֑ן אֱלִיצ֖וּר בֶּן־שְׁדֵיאֽוּר: קָרְבָּנ֞וֹ   לא

קַֽעֲרַת־כֶּ֣סֶף אַחַ֗ת שְׁלֹשִׁ֣ים וּמֵאָה֮ מִשְׁקָלָהּ֒ מִזְרָ֤ק אֶחָד֙ כֶּ֔סֶף

שִׁבְעִ֥ים שֶׁ֖קֶל בְּשֶׁ֣קֶל הַקֹּ֑דֶשׁ שְׁנֵיהֶ֣ם ׀ מְלֵאִ֗ים סֹ֛לֶת בְּלוּלָ֥ה

בַשֶּׁ֖מֶן לְמִנְחָֽה: כַּ֚ף אַחַ֣ת עֲשָׂרָ֣ה זָהָ֔ב מְלֵאָ֖ה קְטֹֽרֶת: פַּ֣ר   לב לג

אֶחָ֞ד בֶּן־בָּקָ֗ר אַ֤יִל אֶחָד֙ כֶּֽבֶשׂ־אֶחָ֥ד בֶּן־שְׁנָת֖וֹ לְעֹלָֽה: שְׂעִיר־   לד

עִזִּ֥ים אֶחָ֖ד לְחַטָּֽאת: וּלְזֶ֣בַח הַשְּׁלָמִים֮ בָּקָ֣ר שְׁנַ֒יִם֒ אֵילִ֤ם חֲמִשָּׁה֙   לה

עַתֻּדִ֣ים חֲמִשָּׁ֔ה כְּבָשִׂ֥ים בְּנֵֽי־שָׁנָ֖ה חֲמִשָּׁ֑ה זֶ֛ה קָרְבַּ֥ן אֱלִיצ֖וּר

בֶּן־שְׁדֵיאֽוּר:

בַּיּוֹם֙ הַֽחֲמִישִׁ֔י נָשִׂ֖יא לִבְנֵ֣י שִׁמְע֑וֹן שְׁלֻֽמִיאֵ֖ל בֶּן־צוּרִֽישַׁדָּֽי: לו

קָרְבָּנ֞וֹ קַֽעֲרַת־כֶּ֣סֶף אַחַ֗ת שְׁלֹשִׁ֣ים וּמֵאָה֮ מִשְׁקָלָהּ֒ מִזְרָ֤ק אֶחָד֙   לז

כֶּ֔סֶף שִׁבְעִ֥ים שֶׁ֖קֶל בְּשֶׁ֣קֶל הַקֹּ֑דֶשׁ שְׁנֵיהֶ֣ם ׀ מְלֵאִ֗ים סֹ֛לֶת בְּלוּלָ֥ה

בַשֶּׁ֖מֶן לְמִנְחָֽה: כַּ֚ף אַחַ֣ת עֲשָׂרָ֣ה זָהָ֔ב מְלֵאָ֖ה קְטֹֽרֶת: פַּ֣ר   לח

אֶחָ֞ד בֶּן־בָּקָ֗ר אַ֤יִל אֶחָד֙ כֶּֽבֶשׂ־אֶחָ֥ד בֶּן־שְׁנָת֖וֹ לְעֹלָֽה: שְׂעִיר־   מ

עִזִּ֥ים אֶחָ֖ד לְחַטָּֽאת: וּלְזֶ֣בַח הַשְּׁלָמִים֮ בָּקָ֣ר שְׁנַ֒יִם֒ אֵילִ֤ם חֲמִשָּׁה֙   מא

עַתֻּדִ֣ים חֲמִשָּׁ֔ה כְּבָשִׂ֥ים בְּנֵֽי־שָׁנָ֖ה חֲמִשָּׁ֑ה זֶ֛ה קָרְבַּ֥ן שְׁלֻֽמִיאֵ֖ל

בֶּן־צוּרִֽישַׁדָּֽי:

gold, full of incense: one young bullock, one ram, one lamb of   15
the first year, for a burnt offering: one kid of the goats for a   16
sin offering: and for a sacrifice of peace offerings, two oxen,   17
five rams, five he goats, five lambs of the first year: this was
the offering of Naḥshon the son of 'Amminadav.

On the second day Netan'el, the son of Ẕu'ar, prince of Yissa-   18
khar, did offer: he offered for his offering one silver dish, the   19
weight of which was a hundred and thirty shekels, one silver
bowl of seventy shekels, after the shekel of the sanctuary; both
of them full of fine flour mingled with oil for a meal offering:
one spoon of gold of ten shekels, full of incense: one young   20
bullock, one ram, one lamb of the first year, for a burnt offering: 21
one kid of the goats for a sin offering: and for a sacrifice of   22, 23
peace offerings, two oxen, five rams, five he goats, five lambs
of the first year: this was the offering of Netan'el the son
of Ẕu'ar.

On the third day Eli'av the son of Ḥelon, prince of the children   24
of Zevulun, did offer: his offering was one silver dish, the weight 25
of which was a hundred and thirty shekels, one silver bowl of
seventy shekels, after the shekel of the sanctuary; both of them
full of fine flour mingled with oil for a meal offering: one golden 26
spoon of ten shekels, full of incense: one young bullock, one   27
ram, one lamb of the first year, for a burnt offering: one kid   28
of the goats for a sin offering: and for a sacrifice of peace of-   29
ferings, two oxen, five rams, five he goats, five lambs of the first
year: this was the offering of Eli'av the son of Ḥelon.

On the fourth day Eliẕur the son of Shede'ur, prince of the child-   30
ren of Re'uven, did offer: his offering was one silver dish of the   31
weight of a hundred and thirty shekels, one silver bowl of seven-
ty shekels, after the shekel of the sanctuary; both of them full
of fine flour mingled with oil for a meal offering: one golden   32
spoon of ten shekels, full of incense: one young bullock, one   33
ram, one lamb of the first year, for a burnt offering: one kid of   34
the goats for a sin offering: and for a sacrifice of peace offer-   35
ings, two oxen, five rams, five he goats, five lambs of the first
year: this was the offering of Eliẕur the son of Shede'ur.

On the fifth day Shelumi'el the son of Ẕurishadday, prince of the   36
children of Shim'on, did offer: his offering was one silver dish,   37
the weight of which was a hundred and thirty shekels, one silver
bowl of seventy shekels, after the shekel of the sanctuary; both
of them full of fine flour mingled with oil for a meal offering:
one golden spoon of ten shekels, full of incense: one young   38, 39
bullock, one ram, one lamb of the first year, for a burnt offering:
one kid of the goats for a sin offering: and for a sacrifice of   40, 41
peace offerings, two oxen, five rams, five he goats, five lambs
of the first year: this was the offering of Shelumi'el the son
of Ẕurishadday.

ששי מב מג בַּיּוֹם הַשִּׁשִּׁי נָשִׂיא לִבְנֵי גָד אֶלְיָסָף בֶּן־דְּעוּאֵל: קָרְבָּנוֹ קַעֲרַת־
כֶּסֶף אַחַת שְׁלֹשִׁים וּמֵאָה מִשְׁקָלָהּ מִזְרָק אֶחָד כֶּסֶף שִׁבְעִים
שֶׁקֶל בְּשֶׁקֶל הַקֹּדֶשׁ שְׁנֵיהֶם ׀ מְלֵאִים סֹלֶת בְּלוּלָה בַשֶּׁמֶן
מד מה לְמִנְחָה: כַּף אַחַת עֲשָׂרָה זָהָב מְלֵאָה קְטֹרֶת: פַּר אֶחָד בֶּן־
מו בָּקָר אַיִל אֶחָד כֶּבֶשׂ־אֶחָד בֶּן־שְׁנָתוֹ לְעֹלָה: שְׂעִיר־עִזִּים
מז אֶחָד לְחַטָּאת: וּלְזֶבַח הַשְּׁלָמִים בָּקָר שְׁנַיִם אֵילִם חֲמִשָּׁה
עַתֻּדִים חֲמִשָּׁה כְּבָשִׂים בְּנֵי־שָׁנָה חֲמִשָּׁה זֶה קָרְבַּן אֶלְיָסָף
בֶּן־דְּעוּאֵל:
מח מט בַּיּוֹם הַשְּׁבִיעִי נָשִׂיא לִבְנֵי אֶפְרָיִם אֱלִישָׁמָע בֶּן־עַמִּיהוּד: קָרְבָּנוֹ
קַעֲרַת־כֶּסֶף אַחַת שְׁלֹשִׁים וּמֵאָה מִשְׁקָלָהּ מִזְרָק אֶחָד כֶּסֶף
שִׁבְעִים שֶׁקֶל בְּשֶׁקֶל הַקֹּדֶשׁ שְׁנֵיהֶם ׀ מְלֵאִים סֹלֶת בְּלוּלָה
נ נא בַשֶּׁמֶן לְמִנְחָה: כַּף אַחַת עֲשָׂרָה זָהָב מְלֵאָה קְטֹרֶת: פַּר אֶחָד
נב בֶּן־בָּקָר אַיִל אֶחָד כֶּבֶשׂ־אֶחָד בֶּן־שְׁנָתוֹ לְעֹלָה: שְׂעִיר־עִזִּים
נג אֶחָד לְחַטָּאת: וּלְזֶבַח הַשְּׁלָמִים בָּקָר שְׁנַיִם אֵילִם חֲמִשָּׁה
עַתֻּדִים חֲמִשָּׁה כְּבָשִׂים בְּנֵי־שָׁנָה חֲמִשָּׁה זֶה קָרְבַּן אֱלִישָׁמָע
בֶּן־עַמִּיהוּד:
נד נה בַּיּוֹם הַשְּׁמִינִי נָשִׂיא לִבְנֵי מְנַשֶּׁה גַּמְלִיאֵל בֶּן־פְּדָהצוּר: קָרְבָּנוֹ
קַעֲרַת־כֶּסֶף אַחַת שְׁלֹשִׁים וּמֵאָה מִשְׁקָלָהּ מִזְרָק אֶחָד כֶּסֶף
שִׁבְעִים שֶׁקֶל בְּשֶׁקֶל הַקֹּדֶשׁ שְׁנֵיהֶם ׀ מְלֵאִים סֹלֶת בְּלוּלָה
נו נז בַשֶּׁמֶן לְמִנְחָה: כַּף אַחַת עֲשָׂרָה זָהָב מְלֵאָה קְטֹרֶת: פַּר אֶחָד
נח בֶּן־בָּקָר אַיִל אֶחָד כֶּבֶשׂ־אֶחָד בֶּן־שְׁנָתוֹ לְעֹלָה: שְׂעִיר־עִזִּים
נט אֶחָד לְחַטָּאת: וּלְזֶבַח הַשְּׁלָמִים בָּקָר שְׁנַיִם אֵילִם חֲמִשָּׁה
עַתֻּדִים חֲמִשָּׁה כְּבָשִׂים בְּנֵי־שָׁנָה חֲמִשָּׁה זֶה קָרְבַּן גַּמְלִיאֵל
בֶּן־פְּדָהצוּר:
ס סא בַּיּוֹם הַתְּשִׁיעִי נָשִׂיא לִבְנֵי בִנְיָמִן אֲבִידָן בֶּן־גִּדְעֹנִי: קָרְבָּנוֹ
קַעֲרַת־כֶּסֶף אַחַת שְׁלֹשִׁים וּמֵאָה מִשְׁקָלָהּ מִזְרָק אֶחָד כֶּסֶף
שִׁבְעִים שֶׁקֶל בְּשֶׁקֶל הַקֹּדֶשׁ שְׁנֵיהֶם ׀ מְלֵאִים סֹלֶת בְּלוּלָה
סב סג בַשֶּׁמֶן לְמִנְחָה: כַּף אַחַת עֲשָׂרָה זָהָב מְלֵאָה קְטֹרֶת: פַּר אֶחָד
סד בֶּן־בָּקָר אַיִל אֶחָד כֶּבֶשׂ־אֶחָד בֶּן־שְׁנָתוֹ לְעֹלָה: שְׂעִיר־עִזִּים
סה אֶחָד לְחַטָּאת: וּלְזֶבַח הַשְּׁלָמִים בָּקָר שְׁנַיִם אֵילִם חֲמִשָּׁה
עַתֻּדִים חֲמִשָּׁה כְּבָשִׂים בְּנֵי־שָׁנָה חֲמִשָּׁה זֶה קָרְבַּן אֲבִידָן
בֶּן־גִּדְעֹנִי:
סו סז בַּיּוֹם הָעֲשִׂירִי נָשִׂיא לִבְנֵי דָן אֲחִיעֶזֶר בֶּן־עַמִּישַׁדָּי: קָרְבָּנוֹ
קַעֲרַת־כֶּסֶף אַחַת שְׁלֹשִׁים וּמֵאָה מִשְׁקָלָהּ מִזְרָק אֶחָד כֶּסֶף
סח שִׁבְעִים שֶׁקֶל בְּשֶׁקֶל הַקֹּדֶשׁ שְׁנֵיהֶם ׀ מְלֵאִים סֹלֶת בְּלוּלָה
סט בַשֶּׁמֶן לְמִנְחָה: כַּף אַחַת עֲשָׂרָה זָהָב מְלֵאָה קְטֹרֶת: פַּר

On the sixth day Elyasaf the son of De'u'el, prince of the child- 42
ren of Gad, offered: his offering was one silver dish of the 43
weight of a hundred and thirty shekels, a silver bowl of seventy
shekels, after the shekel of the sanctuary; both of them full of
fine flour mingled with oil for a meal offering: one golden spoon 44
of ten shekels, full of incense: one young bullock, one ram, one 45
lamb of the first year, for a burnt offering: one kid of the goats 46
for a sin offering: and for a sacrifice of peace offerings, two 47
oxen, five rams, five he goats, five lambs of the first year; this
was the offering of Elyasaf the son of De'u'el.
On the seventh day Elishama the son of 'Ammihud, prince of the 48
children of Efrayim, offered: his offering was one silver dish, 49
the weight of which was a hundred and thirty shekels, one silver
bowl of seventy shekels, after the shekel of the sanctuary; both
of them full of fine flour mingled with oil for a meal offering:
one golden spoon of ten shekels, full of incense: one young 50, 51
bullock, one ram, one lamb of the first year, for a burnt offer-
ing: one kid of the goats for a sin offering: and for a sacrifice 52, 53
of peace offerings, two oxen, five rams, five he goats, five lambs
of the first year: this was the offering of Elishama the son of
'Ammihud.
On the eighth day offered Gamli'el the son of Pedazur, prince 54
of the children of Menashshe offered: his offering was one silver 55
dish of the weight of a hundred and thirty shekels, one silver
bowl of seventy shekels, after the shekel of the sanctuary; both
of them full of fine flour mingled with oil for a meal offering:
one golden spoon of ten shekels, full of incense: one young 56, 57
bullock, one ram, one lamb of the first year, for a burnt offer-
ing: one kid of the goats for a sin offering: and for a sacrifice 58, 59
of peace offerings, two oxen, five rams, five he goats, five lambs
of the first year: this was the offering of Gamli'el the son of
Pedazur.
On the ninth day Avidan the son of Gid'oni, prince of the child- 60
ren of Binyamin, offered: his offering was one silver dish, the 61
weight of which was a hundred and thirty shekels, one silver
bowl of seventy shekels, after the shekel of the sanctuary: both
of them full of fine flour mingled with oil for a meal offering:
one golden spoon of ten shekels, full of incense: one young 62, 63
bullock, one ram, one lamb of the first year, for a burnt offering:
one kid of the goats for a sin offering: and for a sacrifice of 64, 65
peace offerings, two oxen, five rams, five he goats, five lambs
of the first year: this was the offering of Avidan son of
Gid'oni.
On the tenth day Aḥi'ezer the son of 'Ammishadday, prince of 66
the children of Dan, offered: his offering was one silver dish, 67
the weight of which was a hundred and thirty shekels, one silver
bowl of seventy shekels, after the shekel of the sanctuary; both
of them full of fine flour mingled with oil for a meal offer-
ing: one golden spoon of ten shekels, full of incense: one young 68, 69
bullock, one ram, one lamb of the first year, for a burnt offering:

אֶחָד בֶּן־בָּקָר אַיִל אֶחָד כֶּבֶשׂ־אֶחָד בֶּן־שְׁנָתוֹ לְעֹלָה: שְׂעִיר־ ע

עִזִּים אֶחָד לְחַטָּאת: וּלְזֶבַח הַשְּׁלָמִים בָּקָר שְׁנַיִם אֵילִם חֲמִשָּׁה עא

עַתֻּדִים חֲמִשָּׁה כְּבָשִׂים בְּנֵי־שָׁנָה חֲמִשָּׁה זֶה קָרְבַּן אֲחִיעֶזֶר

בֶּן־עַמִּישַׁדָּי:

בְּיוֹם עַשְׁתֵּי עָשָׂר יוֹם נָשִׂיא לִבְנֵי אָשֵׁר פַּגְעִיאֵל בֶּן־עָכְרָן: קָרְבָּנוֹ עב   שביעי

קַעֲרַת־כֶּסֶף אַחַת שְׁלֹשִׁים וּמֵאָה מִשְׁקָלָהּ מִזְרָק אֶחָד כֶּסֶף

שִׁבְעִים שֶׁקֶל בְּשֶׁקֶל הַקֹּדֶשׁ שְׁנֵיהֶם ׀ מְלֵאִים סֹלֶת בְּלוּלָה

בַשֶּׁמֶן לְמִנְחָה: כַּף אַחַת עֲשָׂרָה זָהָב מְלֵאָה קְטֹרֶת: פַּר אֶחָד עג

בֶּן־בָּקָר אַיִל אֶחָד כֶּבֶשׂ־אֶחָד בֶּן־שְׁנָתוֹ לְעֹלָה: שְׂעִיר־עִזִּים עה

אֶחָד לְחַטָּאת: וּלְזֶבַח הַשְּׁלָמִים בָּקָר שְׁנַיִם אֵילִם חֲמִשָּׁה עו

עַתֻּדִים חֲמִשָּׁה כְּבָשִׂים בְּנֵי־שָׁנָה חֲמִשָּׁה זֶה קָרְבַּן פַּגְעִיאֵל

בֶּן־עָכְרָן:

בְּיוֹם שְׁנֵים עָשָׂר יוֹם נָשִׂיא לִבְנֵי נַפְתָּלִי אֲחִירַע בֶּן־עֵינָן: קָרְבָּנוֹ עח

קַעֲרַת־כֶּסֶף אַחַת שְׁלֹשִׁים וּמֵאָה מִשְׁקָלָהּ מִזְרָק אֶחָד כֶּסֶף

שִׁבְעִים שֶׁקֶל בְּשֶׁקֶל הַקֹּדֶשׁ שְׁנֵיהֶם ׀ מְלֵאִים סֹלֶת בְּלוּלָה

בַשֶּׁמֶן לְמִנְחָה: כַּף אַחַת עֲשָׂרָה זָהָב מְלֵאָה קְטֹרֶת: פַּר אֶחָד פא

בֶּן־בָּקָר אַיִל אֶחָד כֶּבֶשׂ־אֶחָד בֶּן־שְׁנָתוֹ לְעֹלָה: שְׂעִיר־עִזִּים פב

אֶחָד לְחַטָּאת: וּלְזֶבַח הַשְּׁלָמִים בָּקָר שְׁנַיִם אֵילִם חֲמִשָּׁה פג

עַתֻּדִים חֲמִשָּׁה כְּבָשִׂים בְּנֵי־שָׁנָה חֲמִשָּׁה זֶה קָרְבַּן אֲחִירַע

בֶּן־עֵינָן:

זֹאת ׀ חֲנֻכַּת הַמִּזְבֵּחַ בְּיוֹם הִמָּשַׁח אֹתוֹ מֵאֵת נְשִׂיאֵי יִשְׂרָאֵל פד

קַעֲרֹת כֶּסֶף שְׁתֵּים עֶשְׂרֵה מִזְרְקֵי־כֶסֶף שְׁנֵים עָשָׂר כַּפּוֹת זָהָב

שְׁתֵּים עֶשְׂרֵה: שְׁלֹשִׁים וּמֵאָה הַקְּעָרָה הָאַחַת כֶּסֶף וְשִׁבְעִים פה

הַמִּזְרָק הָאֶחָד כֹּל כֶּסֶף הַכֵּלִים אַלְפַּיִם וְאַרְבַּע־מֵאוֹת בְּשֶׁקֶל

הַקֹּדֶשׁ: כַּפּוֹת זָהָב שְׁתֵּים־עֶשְׂרֵה מְלֵאֹת קְטֹרֶת עֲשָׂרָה עֲשָׂרָה פו

הַכַּף בְּשֶׁקֶל הַקֹּדֶשׁ כָּל־זְהַב הַכַּפּוֹת עֶשְׂרִים וּמֵאָה: כָּל־הַבָּקָר פז   מפטיר

לָעֹלָה שְׁנֵים עָשָׂר פָּרִים אֵילִם שְׁנֵים־עָשָׂר כְּבָשִׂים בְּנֵי־שָׁנָה

שְׁנֵים עָשָׂר וּמִנְחָתָם וּשְׂעִירֵי עִזִּים שְׁנֵים עָשָׂר לְחַטָּאת: וְכֹל פח

בְּקַר ׀ זֶבַח הַשְּׁלָמִים עֶשְׂרִים וְאַרְבָּעָה פָּרִים אֵילִם שִׁשִּׁים

עַתֻּדִים שִׁשִּׁים כְּבָשִׂים בְּנֵי־שָׁנָה שִׁשִּׁים זֹאת חֲנֻכַּת הַמִּזְבֵּחַ

אַחֲרֵי הִמָּשַׁח אֹתוֹ: וּבְבֹא מֹשֶׁה אֶל־אֹהֶל מוֹעֵד לְדַבֵּר אִתּוֹ פט

וַיִּשְׁמַע אֶת־הַקּוֹל מִדַּבֵּר אֵלָיו מֵעַל הַכַּפֹּרֶת אֲשֶׁר עַל־אֲרֹן

הָעֵדֻת מִבֵּין שְׁנֵי הַכְּרֻבִים וַיְדַבֵּר אֵלָיו:

וַיְדַבֵּר יְהוָה אֶל־מֹשֶׁה לֵּאמֹר: דַּבֵּר אֶל־אַהֲרֹן וְאָמַרְתָּ אֵלָיו   ח א   בהעלתך ח

בְּהַעֲלֹתְךָ אֶת־הַנֵּרֹת אֶל־מוּל פְּנֵי הַמְּנוֹרָה יָאִירוּ שִׁבְעַת הַנֵּרוֹת:

וַיַּעַשׂ כֵּן אַהֲרֹן אֶל־מוּל פְּנֵי הַמְּנוֹרָה הֶעֱלָה נֵרֹתֶיהָ כַּאֲשֶׁר ג

one kid of the goats for a sin offering: and for a sacrifice of 70,71
peace offerings, two oxen, five rams, five he goats, five lambs
of the first year: this was the offering of Aḫi'ezer the son of
'Ammishadday.
On the eleventh day Pag'i'el the son of 'Okhran, prince of the 72
children of Asher, offered: his offering was one silver dish, 73
the weight of which was a hundred and thirty shekels, one silver
bowl of seventy shekels, after the shekel of the sanctuary; both
of them full of fine flour mingled with oil for a meal offering:
one golden spoon of ten shekels, full of incense: one young 74,75
bullock, one ram, one lamb of the first year, for a burnt offer-
ing: one kid of the goats for a sin offering: and for a sacrifice 76,77
of peace offerings, two oxen, five rams, five he goats, five lambs
of the first year: this was the offering of Pag'i'el the son of
'Okhran.
On the twelfth day Aḫira the son of 'Enan, prince of the children 78
of Naftali, offered: his offering was one silver dish, the weight 79
of which was a hundred and thirty shekels, one silver bowl of
seventy shekels, after the shekel of the sanctuary; both of them
full of fine flour mingled with oil for a meal offering: one golden 80
spoon of ten shekels, full of incense: one young bullock, one 81
ram, one lamb of the first year, for a burnt offering: one kid of 82
the goats for a sin offering: and for a sacrifice of peace offer- 83
ings, two oxen, five rams, five he goats, five lambs of the first
year: this was the offering of Aḫira the son of 'Enan.
This was the dedication of the altar, in the day when it was 84
anointed, by the princes of Yisra'el: twelve dishes of silver,
twelve silver bowls, twelve spoons of gold: each dish of silver 85
weighing a hundred and thirty shekels, each bowl seventy: all
the silver vessels weighed two thousand four hundred shekels,
after the shekel of the sanctuary: the golden spoons were twelve, 86
full of incense, weighing ten shekels apiece, after the shekel of
the sanctuary: all the gold of the spoons was a hundred and
twenty shekels. All the oxen for the burnt offerings were twelve 87
bullocks, the rams twelve, the lambs of the first year twelve, with
their meal offering: and the kids of the goats for sin offering
twelve. And all the oxen for the sacrifice of the peace offerings 88
were twenty four bullocks, the rams sixty, the he goats sixty,
the lambs of the first year sixty. This was the dedication of the
altar, after it was anointed. And when Moshe was gone into the 89
Tent of Meeting to speak with him, then he heard the voice
speaking to him from off the covering that was upon the ark
of Testimony, from between the two keruvim: and it spoke
to him.

8

BEHA'ALOTEKHA

And the LORD spoke to Moshe, saying, Speak to Aharon, and 1,2
say to him, When thou lightest the lamps, the seven lamps shall
give light towards the body of the candlestick. And Aharon did 3
so; he lighted its lamps over against the body of the can-

ד צִוָּה יהוה אֶת־מֹשֶׁה: וְזֶה מַעֲשֵׂה הַמְּנֹרָה מִקְשָׁה זָהָב עַד־
יְרֵכָהּ עַד־פִּרְחָהּ מִקְשָׁה הִוא כַּמַּרְאֶה אֲשֶׁר הֶרְאָה יהוה אֶת־
מֹשֶׁה כֵּן עָשָׂה אֶת־הַמְּנֹרָה:
ה ו וַיְדַבֵּר יהוה אֶל־מֹשֶׁה לֵּאמֹר: קַח אֶת־הַלְוִיִּם מִתּוֹךְ בְּנֵי יִשְׂרָאֵל
ז וְטִהַרְתָּ אֹתָם: וְכֹה־תַעֲשֶׂה לָהֶם לְטַהֲרָם הַזֵּה עֲלֵיהֶם מֵי
חַטָּאת וְהֶעֱבִירוּ תַעַר עַל־כָּל־בְּשָׂרָם וְכִבְּסוּ בִגְדֵיהֶם וְהִטֶּהָרוּ:
ח וְלָקְחוּ פַּר בֶּן־בָּקָר וּמִנְחָתוֹ סֹלֶת בְּלוּלָה בַשָּׁמֶן וּפַר־שֵׁנִי בֶן־
ט בָּקָר תִּקַּח לְחַטָּאת: וְהִקְרַבְתָּ אֶת־הַלְוִיִּם לִפְנֵי אֹהֶל מוֹעֵד
י וְהִקְהַלְתָּ אֶת־כָּל־עֲדַת בְּנֵי יִשְׂרָאֵל: וְהִקְרַבְתָּ אֶת־הַלְוִיִּם
יא לִפְנֵי יהוה וְסָמְכוּ בְנֵי־יִשְׂרָאֵל אֶת־יְדֵיהֶם עַל־הַלְוִיִּם: וְהֵנִיף
אַהֲרֹן אֶת־הַלְוִיִּם תְּנוּפָה לִפְנֵי יהוה מֵאֵת בְּנֵי יִשְׂרָאֵל וְהָיוּ
יב לַעֲבֹד אֶת־עֲבֹדַת יהוה: וְהַלְוִיִּם יִסְמְכוּ אֶת־יְדֵיהֶם עַל רֹאשׁ
הַפָּרִים וַעֲשֵׂה אֶת־הָאֶחָד חַטָּאת וְאֶת־הָאֶחָד עֹלָה לַיהוה
יג לְכַפֵּר עַל־הַלְוִיִּם: וְהַעֲמַדְתָּ אֶת־הַלְוִיִּם לִפְנֵי אַהֲרֹן וְלִפְנֵי בָנָיו
יד וְהֵנַפְתָּ אֹתָם תְּנוּפָה לַיהוה: וְהִבְדַּלְתָּ אֶת־הַלְוִיִּם מִתּוֹךְ בְּנֵי
טו יִשְׂרָאֵל וְהָיוּ לִי הַלְוִיִּם: וְאַחֲרֵי־כֵן יָבֹאוּ הַלְוִיִּם לַעֲבֹד אֶת־ שני
טז אֹהֶל מוֹעֵד וְטִהַרְתָּ אֹתָם וְהֵנַפְתָּ אֹתָם תְּנוּפָה: כִּי נְתֻנִים
נְתֻנִים הֵמָּה לִי מִתּוֹךְ בְּנֵי יִשְׂרָאֵל תַּחַת פִּטְרַת כָּל־רֶחֶם בְּכוֹר
יז כֹּל מִבְּנֵי יִשְׂרָאֵל לָקַחְתִּי אֹתָם לִי: כִּי לִי כָל־בְּכוֹר בִּבְנֵי יִשְׂרָאֵל
בָּאָדָם וּבַבְּהֵמָה בְּיוֹם הַכֹּתִי כָל־בְּכוֹר בְּאֶרֶץ מִצְרַיִם הִקְדַּשְׁתִּי
יח אֹתָם לִי: וָאֶקַּח אֶת־הַלְוִיִּם תַּחַת כָּל־בְּכוֹר בִּבְנֵי יִשְׂרָאֵל:
יט וָאֶתְּנָה אֶת־הַלְוִיִּם נְתֻנִים ׀ לְאַהֲרֹן וּלְבָנָיו מִתּוֹךְ בְּנֵי יִשְׂרָאֵל
לַעֲבֹד אֶת־עֲבֹדַת בְּנֵי־יִשְׂרָאֵל בְּאֹהֶל מוֹעֵד וּלְכַפֵּר עַל־בְּנֵי
יִשְׂרָאֵל וְלֹא יִהְיֶה בִּבְנֵי יִשְׂרָאֵל נֶגֶף בְּגֶשֶׁת בְּנֵי־יִשְׂרָאֵל אֶל־
כ הַקֹּדֶשׁ: וַיַּעַשׂ מֹשֶׁה וְאַהֲרֹן וְכָל־עֲדַת בְּנֵי־יִשְׂרָאֵל לַלְוִיִּם
כְּכֹל אֲשֶׁר־צִוָּה יהוה אֶת־מֹשֶׁה לַלְוִיִּם כֵּן־עָשׂוּ לָהֶם בְּנֵי
כא יִשְׂרָאֵל: וַיִּתְחַטְּאוּ הַלְוִיִּם וַיְכַבְּסוּ בִּגְדֵיהֶם וַיָּנֶף אַהֲרֹן אֹתָם
כב תְּנוּפָה לִפְנֵי יהוה וַיְכַפֵּר עֲלֵיהֶם אַהֲרֹן לְטַהֲרָם: וְאַחֲרֵי־כֵן
בָּאוּ הַלְוִיִּם לַעֲבֹד אֶת־עֲבֹדָתָם בְּאֹהֶל מוֹעֵד לִפְנֵי אַהֲרֹן
וְלִפְנֵי בָנָיו כַּאֲשֶׁר צִוָּה יהוה אֶת־מֹשֶׁה עַל־הַלְוִיִּם כֵּן עָשׂוּ
כג כד לָהֶם: וַיְדַבֵּר יהוה אֶל־מֹשֶׁה לֵּאמֹר: זֹאת אֲשֶׁר
לַלְוִיִּם מִבֶּן חָמֵשׁ וְעֶשְׂרִים שָׁנָה וָמַעְלָה יָבוֹא לִצְבֹא צָבָא בַּעֲבֹדַת
כה אֹהֶל מוֹעֵד: וּמִבֶּן חֲמִשִּׁים שָׁנָה יָשׁוּב מִצְּבָא הָעֲבֹדָה וְלֹא יַעֲבֹד
כו עוֹד: וְשֵׁרֵת אֶת־אֶחָיו בְּאֹהֶל מוֹעֵד לִשְׁמֹר מִשְׁמֶרֶת וַעֲבֹדָה

dlestick, as the Lord commanded Moshe. And this was the work   4
of the candlestick: it was of beaten gold, from its shaft, to
its flowers, it was beaten work: according to the pattern which
the Lord had shown Moshe, so he made the candlestick.

And the Lord spoke to Moshe, saying, Take the Levites from   5, 6
among the children of Yisra'el, and cleanse them. And thus shalt   7
thou do to them, to cleanse them: Sprinkle water of purifying
on them, and let them shave all their flesh, and let them wash
their clothes, and so make themselves clean. Then let them take   8
a young bullock with its meal offering, even fine flour mingled
with oil, and another young bullock shalt thou take for a sin
offering. And thou shalt bring the Levites before the Tent of   9
Meeting: and thou shalt gather the whole assembly of the child-
ren of Yisra'el together: and thou shalt bring the Levites before   10
the Lord: and the children of Yisra'el shall put their hands upon
the Levites: and Aharon shall offer the Levites before the Lord   11
for an offering of the children of Yisra'el, that they may execute
the service of the Lord. And the Levites shall lay their hands   12
upon the heads of the bullocks: and thou shalt offer the one for
a sin offering, and the other for a burnt offering, to the Lord,
to make atonement for the Levites. And thou shalt set the   13
Levites before Aharon, and before his sons, and offer them for
a wave offering to the Lord. Thus shalt thou separate the Levites   14
from among the children of Yisra'el: and the Levites shall be
mine. And after that shall the Levites go in to do the service   15
of the Tent of Meeting: and thou shalt cleanse them, and offer
them for an offering. For they are wholly given to me from   16
among the children of Yisra'el; instead of such as open every
womb, the firstborn of all the children of Yisra'el, have I taken
them to me. For all the firstborn of the children of Yisra'el are   17
mine, both man and beast: on the day that I smote every first-
born in the land of Miẓrayim I sanctified them for myself. And   18
I have taken the Levites for all the firstborn of the children of
Yisra'el. And I have given the Levites as a gift to Aharon and   19
to his sons from among the children of Yisra'el, to do the service
of the children of Yisra'el in the Tent of Meeting, and to make
atonement for the children of Yisra'el: that there be no plague
among the children of Yisra'el, when the children of Yisra'el
come near to the sanctuary. And Moshe, and Aharon, and all the   20
congregation of the children of Yisra'el did to the Levites ac-
cording to all that the Lord commanded Moshe concerning the
Levites, so did the children of Yisra'el to them. And the Levites   21
were purified, and they washed their clothes; and Aharon of-
fered them as an offering before the Lord; and Aharon made
atonement for them to cleanse them. And after that, the Levites   22
went in to do their service in the Tent of Meeting before Aharon,
and before his sons: as the Lord had commanded Moshe con-
cerning the Levites, so they did to them.   And the Lord   23
spoke to Moshe, saying, This is that which belongs to the   24
Levites: from twenty five years old and upward they shall go
in to wait upon the service of the Tent of Meeting: and from   25
the age of fifty years they shall go out of the ranks of the ser-
vice, and shall serve no more: but shall minister with their   26

לֹא יַעֲבֹד כָּכָה תַּעֲשֶׂה לַלְוִיִּם בְּמִשְׁמְרֹתָם׃
א וַיְדַבֵּר יְהוָה אֶל־מֹשֶׁה בְמִדְבַּר־סִינַי בַּשָּׁנָה הַשֵּׁנִית לְצֵאתָם שלישי
ב מֵאֶרֶץ מִצְרַיִם בַּחֹדֶשׁ הָרִאשׁוֹן לֵאמֹר׃ וְיַעֲשׂוּ בְנֵי־יִשְׂרָאֵל
ג אֶת־הַפָּסַח בְּמוֹעֲדוֹ׃ בְּאַרְבָּעָה עָשָׂר־יוֹם בַּחֹדֶשׁ הַזֶּה בֵּין
הָעַרְבַּיִם תַּעֲשׂוּ אֹתוֹ בְּמֹעֲדוֹ כְּכָל־חֻקֹּתָיו וּכְכָל־מִשְׁפָּטָיו
ד תַּעֲשׂוּ אֹתוֹ׃ וַיְדַבֵּר מֹשֶׁה אֶל־בְּנֵי יִשְׂרָאֵל לַעֲשֹׂת הַפָּסַח׃
ה וַיַּעֲשׂוּ אֶת־הַפֶּסַח בָּרִאשׁוֹן בְּאַרְבָּעָה עָשָׂר יוֹם לַחֹדֶשׁ בֵּין
הָעַרְבַּיִם בְּמִדְבַּר סִינָי כְּכֹל אֲשֶׁר צִוָּה יְהוָה אֶת־מֹשֶׁה כֵּן עָשׂוּ
ו בְּנֵי יִשְׂרָאֵל׃ וַיְהִי אֲנָשִׁים אֲשֶׁר הָיוּ טְמֵאִים לְנֶפֶשׁ אָדָם וְלֹא־
יָכְלוּ לַעֲשֹׂת־הַפֶּסַח בַּיּוֹם הַהוּא וַיִּקְרְבוּ לִפְנֵי מֹשֶׁה וְלִפְנֵי
ז אַהֲרֹן בַּיּוֹם הַהוּא׃ וַיֹּאמְרוּ הָאֲנָשִׁים הָהֵמָּה אֵלָיו אֲנַחְנוּ
טְמֵאִים לְנֶפֶשׁ אָדָם לָמָּה נִגָּרַע לְבִלְתִּי הַקְרִיב אֶת־קָרְבַּן יְהוָה
ח בְּמֹעֲדוֹ בְּתוֹךְ בְּנֵי יִשְׂרָאֵל׃ וַיֹּאמֶר אֲלֵהֶם מֹשֶׁה עִמְדוּ וְאֶשְׁמְעָה
מַה־יְצַוֶּה יְהוָה לָכֶם׃
ט וַיְדַבֵּר יְהוָה אֶל־מֹשֶׁה לֵּאמֹר׃ דַּבֵּר אֶל־בְּנֵי יִשְׂרָאֵל לֵאמֹר
י אִישׁ אִישׁ כִּי־יִהְיֶה טָמֵא ׀ לָנֶפֶשׁ אוֹ בְדֶרֶךְ רְחֹקָה לָכֶם אוֹ
יא לְדֹרֹתֵיכֶם וְעָשָׂה פֶסַח לַיהוָה׃ בַּחֹדֶשׁ הַשֵּׁנִי בְּאַרְבָּעָה עָשָׂר
יוֹם בֵּין הָעַרְבַּיִם יַעֲשׂוּ אֹתוֹ עַל־מַצּוֹת וּמְרֹרִים יֹאכְלֻהוּ׃
יב לֹא־יַשְׁאִירוּ מִמֶּנּוּ עַד־בֹּקֶר וְעֶצֶם לֹא יִשְׁבְּרוּ־בוֹ כְּכָל־חֻקַּת
יג הַפֶּסַח יַעֲשׂוּ אֹתוֹ׃ וְהָאִישׁ אֲשֶׁר־הוּא טָהוֹר וּבְדֶרֶךְ לֹא־
הָיָה וְחָדַל לַעֲשׂוֹת הַפֶּסַח וְנִכְרְתָה הַנֶּפֶשׁ הַהִוא מֵעַמֶּיהָ
כִּי ׀ קָרְבַּן יְהוָה לֹא הִקְרִיב בְּמֹעֲדוֹ חֶטְאוֹ יִשָּׂא הָאִישׁ הַהוּא׃
יד וְכִי־יָגוּר אִתְּכֶם גֵּר וְעָשָׂה פֶסַח לַיהוָה כְּחֻקַּת הַפֶּסַח
וּכְמִשְׁפָּטוֹ כֵּן יַעֲשֶׂה חֻקָּה אַחַת יִהְיֶה לָכֶם וְלַגֵּר וּלְאֶזְרַח
טו הָאָרֶץ׃ וּבְיוֹם הָקִים אֶת־הַמִּשְׁכָּן כִּסָּה הֶעָנָן רביעי
אֶת־הַמִּשְׁכָּן לְאֹהֶל הָעֵדֻת וּבָעֶרֶב יִהְיֶה עַל־הַמִּשְׁכָּן כְּמַרְאֵה־
טז אֵשׁ עַד־בֹּקֶר׃ כֵּן יִהְיֶה תָמִיד הֶעָנָן יְכַסֶּנּוּ וּמַרְאֵה־אֵשׁ לָיְלָה׃
יז וּלְפִי הֵעָלֹת הֶעָנָן מֵעַל הָאֹהֶל וְאַחֲרֵי כֵן יִסְעוּ בְּנֵי יִשְׂרָאֵל
יח וּבִמְקוֹם אֲשֶׁר יִשְׁכָּן־שָׁם הֶעָנָן שָׁם יַחֲנוּ בְּנֵי יִשְׂרָאֵל׃ עַל־
פִּי יְהוָה יִסְעוּ בְּנֵי יִשְׂרָאֵל וְעַל־פִּי יְהוָה יַחֲנוּ כָּל־יְמֵי אֲשֶׁר
יט יִשְׁכֹּן הֶעָנָן עַל־הַמִּשְׁכָּן יַחֲנוּ׃ וּבְהַאֲרִיךְ הֶעָנָן עַל־הַמִּשְׁכָּן
יָמִים רַבִּים וְשָׁמְרוּ בְנֵי־יִשְׂרָאֵל אֶת־מִשְׁמֶרֶת יְהוָה וְלֹא יִסָּעוּ׃
כ וְיֵשׁ אֲשֶׁר יִהְיֶה הֶעָנָן יָמִים מִסְפָּר עַל־הַמִּשְׁכָּן עַל־פִּי יְהוָה

brothers in the Tent of Meeting, to keep the charge, and shall
do no service. Thus shalt thou do to the Levites as regards
their charge.
And the LORD spoke to Moshe in the wilderness of Sinay, in 1
the first month of the second year after they were come out of
the land of Miẕrayim, saying, Let the children of Yisra'el also 2
keep the passover at its appointed season. In the fourteenth day 3
of this month, at evening, you shall keep it in its appointed
season: according to all the rites of it, and according to all the
ceremonies of it, shall you keep it. And Moshe spoke to the 4
children of Yisra'el, that they should keep the passover. And 5
they kept the passover on the fourteenth day of the first month
at evening in the wilderness of Sinay: according to all that the
LORD commanded Moshe, so did the children of Yisra'el. And 6
there were certain men, who were defiled by the dead body of a
man, that could not keep the passover on that day: and they
came before Moshe and before Aharon on that day: and those 7
men said to him, We are defiled by the dead body of a man:
why are we kept back, that we may not offer an offering of the
LORD in its appointed season among the children of Yisra'el?
And Moshe said to them, Stand still, and I will hear what the 8
LORD will command concerning you.
And the LORD spoke to Moshe saying, Speak to the children of 9, 10
Yisra'el, saying, If any man of you or of your posterity shall be
unclean by reason of a dead body, or be on a journey afar off, yet
he shall keep the passover to the LORD. On the fourteenth day 11
of the second month at evening they shall keep it, and eat it with
unleavened bread and bitter herbs. They shall leave none of it 12
to the morning, nor break any bone of it: according to all the
ordinances of the passover they shall keep it. But the man that 13
is clean, and is not on a journey, and fails to keep the passover,
then that person shall be cut off from among his people: because
he brought not the offering of the LORD in its appointed season;
that man shall bear his sin. And if a stranger shall sojourn 14
among you, and will keep the passover to the LORD; according
to the ordinance of the passover, and according to its prescribed
manner, so shall he do: you shall have one ordinance, both for
the stranger, and for him that was born in the land. And 15
on the day that the tabernacle was erected the cloud covered
the tabernacle, namely, the tent of the testimony: and at even-
ing there was upon the tabernacle as it were the appearance of
fire, until the morning. So it was always: the cloud covered it by 16
day, and the appearance of fire by night. And when the cloud 17
was taken up from the tabernacle, then after that the children
of Yisra'el journeyed: and in the place where the cloud abode,
there the children of Yisra'el encamped. At the commandment 18
of the LORD the children of Yisra'el journeyed, and at the com-
mandment of the LORD they encamped: as long as the cloud
abode upon the tabernacle they remained encamped. And when 19
the cloud tarried long upon the tabernacle many days, then the
children of Yisra'el kept the charge of the LORD, and journeyed
not. And at times it was, that the cloud was a few days upon 20
the tabernacle; according to the commandment of the LORD they

כא יַחֲנוּ וְעַל־פִּי יהוה יִסָּעוּ׃ וְיֵשׁ אֲשֶׁר יִהְיֶה הֶעָנָן מֵעֶרֶב עַד־
בֹּקֶר וְנַעֲלָה הֶעָנָן בַּבֹּקֶר וְנָסָעוּ אוֹ יוֹמָם וָלַיְלָה וְנַעֲלָה הֶעָנָן
כב וְנָסָעוּ׃ אוֹ־יֹמַיִם אוֹ־חֹדֶשׁ אוֹ־יָמִים בְּהַאֲרִיךְ הֶעָנָן עַל־הַמִּשְׁכָּן
כג לִשְׁכֹּן עָלָיו יַחֲנוּ בְנֵי־יִשְׂרָאֵל וְלֹא יִסָּעוּ וּבְהֵעָלֹתוֹ יִסָּעוּ׃ עַל־
פִּי יהוה יַחֲנוּ וְעַל־פִּי יהוה יִסָּעוּ אֶת־מִשְׁמֶרֶת יהוה שָׁמָרוּ עַל־
פִּי יהוה בְּיַד־מֹשֶׁה׃

י א ב וַיְדַבֵּר יהוה אֶל־מֹשֶׁה לֵּאמֹר׃ עֲשֵׂה לְךָ שְׁתֵּי חֲצוֹצְרֹת כֶּסֶף ט
מִקְשָׁה תַּעֲשֶׂה אֹתָם וְהָיוּ לְךָ לְמִקְרָא הָעֵדָה וּלְמַסַּע אֶת־
ג הַמַּחֲנוֹת׃ וְתָקְעוּ בָּהֵן וְנוֹעֲדוּ אֵלֶיךָ כָּל־הָעֵדָה אֶל־פֶּתַח אֹהֶל
ד מוֹעֵד׃ וְאִם־בְּאַחַת יִתְקָעוּ וְנוֹעֲדוּ אֵלֶיךָ הַנְּשִׂיאִים רָאשֵׁי
ה אַלְפֵי יִשְׂרָאֵל׃ וּתְקַעְתֶּם תְּרוּעָה וְנָסְעוּ הַמַּחֲנוֹת הַחֹנִים קֵדְמָה׃
ו וּתְקַעְתֶּם תְּרוּעָה שֵׁנִית וְנָסְעוּ הַמַּחֲנוֹת הַחֹנִים תֵּימָנָה תְּרוּעָה
ז יִתְקְעוּ לְמַסְעֵיהֶם׃ וּבְהַקְהִיל אֶת־הַקָּהָל תִּתְקְעוּ וְלֹא תָרִיעוּ׃
ח וּבְנֵי אַהֲרֹן הַכֹּהֲנִים יִתְקְעוּ בַּחֲצֹצְרוֹת וְהָיוּ לָכֶם לְחֻקַּת עוֹלָם
ט לְדֹרֹתֵיכֶם׃ וְכִי־תָבֹאוּ מִלְחָמָה בְּאַרְצְכֶם עַל־הַצַּר הַצֹּרֵר אֶתְכֶם
וַהֲרֵעֹתֶם בַּחֲצֹצְרֹת וְנִזְכַּרְתֶּם לִפְנֵי יהוה אֱלֹהֵיכֶם וְנוֹשַׁעְתֶּם
י מֵאֹיְבֵיכֶם׃ וּבְיוֹם שִׂמְחַתְכֶם וּבְמוֹעֲדֵיכֶם וּבְרָאשֵׁי חָדְשֵׁכֶם
וּתְקַעְתֶּם בַּחֲצֹצְרֹת עַל עֹלֹתֵיכֶם וְעַל זִבְחֵי שַׁלְמֵיכֶם וְהָיוּ לָכֶם
לְזִכָּרוֹן לִפְנֵי אֱלֹהֵיכֶם אֲנִי יהוה אֱלֹהֵיכֶם׃

יא וַיְהִי בַּשָּׁנָה הַשֵּׁנִית בַּחֹדֶשׁ הַשֵּׁנִי בְּעֶשְׂרִים בַּחֹדֶשׁ נַעֲלָה הֶעָנָן חמישי
יב מֵעַל מִשְׁכַּן הָעֵדֻת׃ וַיִּסְעוּ בְנֵי־יִשְׂרָאֵל לְמַסְעֵיהֶם מִמִּדְבַּר סִינָי
יג וַיִּשְׁכֹּן הֶעָנָן בְּמִדְבַּר פָּארָן׃ וַיִּסְעוּ בָּרִאשֹׁנָה עַל־פִּי יהוה בְּיַד־
יד מֹשֶׁה׃ וַיִּסַּע דֶּגֶל מַחֲנֵה בְנֵי־יְהוּדָה בָּרִאשֹׁנָה לְצִבְאֹתָם וְעַל־
טו צְבָאוֹ נַחְשׁוֹן בֶּן־עַמִּינָדָב׃ וְעַל־צְבָא מַטֵּה בְּנֵי יִשָּׂשכָר נְתַנְאֵל
טז יז בֶּן־צוּעָר׃ וְעַל־צְבָא מַטֵּה בְּנֵי זְבוּלֻן אֱלִיאָב בֶּן־חֵלֹן׃ וְהוּרַד
יח הַמִּשְׁכָּן וְנָסְעוּ בְנֵי־גֵרְשׁוֹן וּבְנֵי מְרָרִי נֹשְׂאֵי הַמִּשְׁכָּן׃ וְנָסַע דֶּגֶל
יט מַחֲנֵה רְאוּבֵן לְצִבְאֹתָם וְעַל־צְבָאוֹ אֱלִיצוּר בֶּן־שְׁדֵיאוּר׃ וְעַל־

remained encamped, and according to the commandment of the
LORD they journeyed. And at times it was, that the cloud abode 21
from evening until morning, and that the cloud was taken
up in the morning, then they journeyed: whether it was by day
or by night that the cloud was taken up, they journeyed. Or 22
whether it were two days, or a month, or a year, that the cloud
tarried upon the tabernacle, remaining over it, the children of
Yisra'el remained encamped, and journeyed not: but when it
was taken up, they journeyed. At the commandment of the 23
LORD they remained encamped, and at the commandment of the
LORD they journeyed: they kept the charge of the LORD, at the
commandment of the LORD by the hand of Moshe. **10**
And the LORD spoke to Moshe, saying, Make thee two trumpets 1, 2
of silver; of a whole piece shalt thou make them: that thou
shalt use them for calling the assembly, and for the journey-
ing of the camps. And when they shall blow with them, 3
all the assembly shall assemble themselves to thee at the door
of the Tent of Meeting. And if they blow but with one trumpet, 4
then the princes, the heads of the thousands of Yisra'el, shall
gather themselves to thee. When you blow an alarm, then the 5
camps that lie on the east parts shall go forward. When you 6
blow an alarm the second time, then the camps that lie on the
south side shall take their journey: they shall blow an alarm
for their journeys. But when the congregation is to be gathered 7
together, you shall blow, but you shall not sound an alarm. And 8
the sons of Aharon, the priests, shall blow with the trumpets;
and they shall be to you for an ordinance for ever throughout
your generations. And if you go to war in your land against 9
the enemy that oppresses you, then you shall blow an alarm
with the trumpets; and you shall be remembered before the
LORD your GOD, and you shall be saved from your enemies. Also 10
in the day of your gladness, and in your solemn days, and in
the beginnings of your months, you shall blow with the trumpets
over your burnt offerings, and over the sacrifices of your peace
offerings; that they may be to you for a memorial before your
GOD: I am the LORD your GOD.
And it came to pass on the twentieth day of the second month, 11
in the second year, that the cloud was taken up from off the
tabernacle of the Testimony. And the children of Yisra'el took 12
their journeys out of the wilderness of Sinay; and the cloud
rested in the wilderness of Paran. And they first took their 13
journey according to the commandment of the LORD by the hand
of Moshe. In the first place went the standard of the camp of 14
the children of Yehuda according to their armies: and over his
host was Naḥshon the son of 'Amminadav. And over the host 15
of the tribe of the children of Yissakhar was Netan'el the son
of Ẓu'ar. And over the host of the tribe of the children of Zevu- 16
lun was Eli'av the son of Ḥelon. And the tabernacle was taken 17
down; and the sons of Gershon and the sons of Merari set for-
ward, bearing the tabernacle. And the standard of the camp of 18
Re'uven set forward according to their armies: over his host
was Eliẓur the son of Shede'ur. And over the host of the tribe 19
of the children of Shim'on was Shelumi'el the son of Ẓurishad-

כ צְבָא מַטֵּה בְּנֵי שִׁמְעוֹן שְׁלֻמִיאֵל בֶּן־צוּרִישַׁדָּי: וְעַל־צְבָא מַטֵּה
כא בְנֵי־גָד אֶלְיָסָף בֶּן־דְּעוּאֵל: וְנָסְעוּ הַקְּהָתִים נֹשְׂאֵי הַמִּקְדָּשׁ
כב וְהֵקִימוּ אֶת־הַמִּשְׁכָּן עַד־בֹּאָם: וְנָסַע דֶּגֶל מַחֲנֵה בְנֵי־אֶפְרַיִם
כג לְצִבְאֹתָם וְעַל־צְבָאוֹ אֱלִישָׁמָע בֶּן־עַמִּיהוּד: וְעַל־צְבָא מַטֵּה
כד בְּנֵי מְנַשֶּׁה גַּמְלִיאֵל בֶּן־פְּדָהצוּר: וְעַל־צְבָא מַטֵּה בְּנֵי בִנְיָמִן
כה אֲבִידָן בֶּן־גִּדְעוֹנִי: וְנָסַע דֶּגֶל מַחֲנֵה בְנֵי־דָן מְאַסֵּף לְכָל־
כו הַמַּחֲנֹת לְצִבְאֹתָם וְעַל־צְבָאוֹ אֲחִיעֶזֶר בֶּן־עַמִּישַׁדָּי: וְעַל־
כז צְבָא מַטֵּה בְּנֵי אָשֵׁר פַּגְעִיאֵל בֶּן־עָכְרָן: וְעַל־צְבָא מַטֵּה
כח בְּנֵי נַפְתָּלִי אֲחִירַע בֶּן־עֵינָן: אֵלֶּה מַסְעֵי בְנֵי־יִשְׂרָאֵל לְצִבְאֹתָם
כט וַיִּסָּעוּ: וַיֹּאמֶר מֹשֶׁה לְחֹבָב בֶּן־רְעוּאֵל הַמִּדְיָנִי
חֹתֵן מֹשֶׁה נֹסְעִים ׀ אֲנַחְנוּ אֶל־הַמָּקוֹם אֲשֶׁר אָמַר יהוה אֹתוֹ
אֶתֵּן לָכֶם לְכָה אִתָּנוּ וְהֵטַבְנוּ לָךְ כִּי־יהוה דִּבֶּר־טוֹב עַל־יִשְׂרָאֵל:
ל וַיֹּאמֶר אֵלָיו לֹא אֵלֵךְ כִּי אִם־אֶל־אַרְצִי וְאֶל־מוֹלַדְתִּי אֵלֵךְ:
לא וַיֹּאמֶר אַל־נָא תַּעֲזֹב אֹתָנוּ כִּי ׀ עַל־כֵּן יָדַעְתָּ חֲנֹתֵנוּ בַּמִּדְבָּר
לב וְהָיִיתָ לָּנוּ לְעֵינָיִם: וְהָיָה כִּי־תֵלֵךְ עִמָּנוּ וְהָיָה ׀ הַטּוֹב הַהוּא
לג אֲשֶׁר יֵיטִיב יהוה עִמָּנוּ וְהֵטַבְנוּ לָךְ: וַיִּסְעוּ מֵהַר יהוה דֶּרֶךְ
שְׁלֹשֶׁת יָמִים וַאֲרוֹן בְּרִית־יהוה נֹסֵעַ לִפְנֵיהֶם דֶּרֶךְ שְׁלֹשֶׁת
לד יָמִים לָתוּר לָהֶם מְנוּחָה: וַעֲנַן יהוה עֲלֵיהֶם יוֹמָם בְּנָסְעָם מִן־
לה הַמַּחֲנֶה: ׆ וַיְהִי בִּנְסֹעַ הָאָרֹן וַיֹּאמֶר מֹשֶׁה קוּמָה ׀ ששי
לו יהוה וְיָפֻצוּ אֹיְבֶיךָ וְיָנֻסוּ מְשַׂנְאֶיךָ מִפָּנֶיךָ: וּבְנֻחֹה יֹאמַר שׁוּבָה
יהוה רִבְבוֹת אַלְפֵי יִשְׂרָאֵל: ׆
יא א וַיְהִי הָעָם כְּמִתְאֹנְנִים רַע בְּאָזְנֵי יהוה וַיִּשְׁמַע יהוה וַיִּחַר אַפּוֹ
ב וַתִּבְעַר־בָּם אֵשׁ יהוה וַתֹּאכַל בִּקְצֵה הַמַּחֲנֶה: וַיִּצְעַק הָעָם
ג אֶל־מֹשֶׁה וַיִּתְפַּלֵּל מֹשֶׁה אֶל־יהוה וַתִּשְׁקַע הָאֵשׁ: וַיִּקְרָא שֵׁם־
ד הַמָּקוֹם הַהוּא תַּבְעֵרָה כִּי־בָעֲרָה בָם אֵשׁ יהוה: וְהָאסַפְסֻף
אֲשֶׁר בְּקִרְבּוֹ הִתְאַוּוּ תַּאֲוָה וַיָּשֻׁבוּ וַיִּבְכּוּ גַּם בְּנֵי יִשְׂרָאֵל וַיֹּאמְרוּ
ה מִי יַאֲכִלֵנוּ בָּשָׂר: זָכַרְנוּ אֶת־הַדָּגָה אֲשֶׁר־נֹאכַל בְּמִצְרַיִם חִנָּם
אֵת הַקִּשֻּׁאִים וְאֵת הָאֲבַטִּחִים וְאֶת־הֶחָצִיר וְאֶת־הַבְּצָלִים
ו וְאֶת־הַשּׁוּמִים: וְעַתָּה נַפְשֵׁנוּ יְבֵשָׁה אֵין כֹּל בִּלְתִּי אֶל־הַמָּן
ז ח עֵינֵינוּ: וְהַמָּן כִּזְרַע־גַּד הוּא וְעֵינוֹ כְּעֵין הַבְּדֹלַח: שָׁטוּ הָעָם
וְלָקְטוּ וְטָחֲנוּ בָרֵחַיִם אוֹ דָכוּ בַּמְּדֹכָה וּבִשְּׁלוּ בַּפָּרוּר וְעָשׂוּ אֹתוֹ
ט עֻגוֹת וְהָיָה טַעְמוֹ כְּטַעַם לְשַׁד הַשָּׁמֶן: וּבְרֶדֶת הַטַּל עַל־הַמַּחֲנֶה

day. And over the host of the tribe of the children of Gad was 20
Elyasaf the son of De'u'el. And the Qehati set forward, bearing 21
the sanctuary: that they might set up the tabernacle against
their arrival. And the standard of the camp of the children of 22
Efrayim set forward according to their armies: and over his
host was Elishama the son of 'Ammihud. And over the host of 23
the tribe of the children of Menashshe was Gamli'el the son of
Pedaẕur. And over the host of the tribe of the children of 24
Binyamin was Avidan the son of Gid'oni. And the standard of 25
the camp of the children of Dan set forward, which was the
rearward of all the camps throughout their hosts: and over his
host was Aḥi'ezer the son of 'Ammishadday. And over the host 26
of the tribe of the children of Asher was Pag'i'el the son of
'Okhran. And over the host of the tribe of the children of Naf- 27
tali was Aḥira the son of 'Enan. Thus were the journeyings of 28
the children of Yisra'el according to their armies; then they set
forward. And Moshe said to Ḥovav, the son of Re'u'el, 29
the Midyanite, Moshe's father in law, We are journeying to the
place of which the LORD said, I will give it you: come thou with
us, and we will do thee good: for the LORD has spoken good
concerning Yisra'el. And he said to him, I will not go; but I will 30
depart to my own land, and to my kindred. And he said, Leave 31
us not, I pray thee; since thou knowst how we are to encamp
in the wilderness, and thou mayst be to us instead of eyes.
And it shall be, if thou go with us, it shall be, that what good 32
the LORD shall do to us, the same will we do to thee. And they 33
departed from the mountain of the LORD three days' journey:
and the ark of the covenant of the LORD went before them in
the three days' journey, to search out a resting place for them.
And the cloud of the LORD was upon them by day, when they 34
went out of the camp. And it came to pass, when the ark 35
set forward, that Moshe said, Rise up, LORD, and let thy enemies
be scattered; and let those who hate thee flee before thee.
And when it rested, he said, Return, LORD, to the ten thousand 36
thousands of Yisra'el.
And when the people complained, it displeased the LORD: and **11**
the LORD heard it; and his anger was kindled; and the fire of the
LORD burned among them, and consumed those who were in the
uttermost parts of the camp. And the people cried out to Moshe; 2
but Moshe prayed to the LORD, and the fire was quenched. And 3
he called the name of the place Tav'era: because the fire of the
LORD burned among them. And the mixed multitude that was 4
among them fell a lusting: and the children of Yisra'el also
wept again, and said, Who shall give us meat to eat? We re- 5
member the fish, which we did eat in Miẕrayim for nothing;
the cucumbers, and the melons, and the leeks, and the onions,
and the garlic: but now our soul is dried away: there is nothing 6
at all, beside this manna, before our eyes. And the manna was 7
like coriander seed, and its colour was like the colour of
bdellium. And the people went about, and gathered it, and 8
ground it in mills, or beat it in a mortar, and boiled it in a pot,
and made cakes of it: and the taste of it was like the taste of
oil cake. And when the dew fell upon the camp in the night, 9

לַיְלָה יֵרֵד הַמָּן עָלָיו׃ וַיִּשְׁמַע מֹשֶׁה אֶת־הָעָם בֹּכֶה לְמִשְׁפְּחֹתָיו י
אִישׁ לְפֶתַח אָהֳלוֹ וַיִּחַר־אַף יְהוָה מְאֹד וּבְעֵינֵי מֹשֶׁה רָע׃ וַיֹּאמֶר יא
מֹשֶׁה אֶל־יְהוָה לָמָה הֲרֵעֹתָ לְעַבְדֶּךָ וְלָמָּה לֹא־מָצָתִי חֵן בְּעֵינֶיךָ
לָשׂוּם אֶת־מַשָּׂא כָּל־הָעָם הַזֶּה עָלָי׃ הֶאָנֹכִי הָרִיתִי אֵת כָּל־הָעָם יב
הַזֶּה אִם־אָנֹכִי יְלִדְתִּיהוּ כִּי־תֹאמַר אֵלַי שָׂאֵהוּ בְחֵיקֶךָ כַּאֲשֶׁר
יִשָּׂא הָאֹמֵן אֶת־הַיֹּנֵק עַל הָאֲדָמָה אֲשֶׁר נִשְׁבַּעְתָּ לַאֲבֹתָיו׃
מֵאַיִן לִי בָּשָׂר לָתֵת לְכָל־הָעָם הַזֶּה כִּי־יִבְכּוּ עָלַי לֵאמֹר תְּנָה־ יג
לָּנוּ בָשָׂר וְנֹאכֵלָה׃ לֹא־אוּכַל אָנֹכִי לְבַדִּי לָשֵׂאת אֶת־כָּל־הָעָם יד
הַזֶּה כִּי כָבֵד מִמֶּנִּי׃ וְאִם־כָּכָה ׀ אַתְּ־עֹשֶׂה לִּי הָרְגֵנִי נָא הָרֹג אִם־ טו
מָצָאתִי חֵן בְּעֵינֶיךָ וְאַל־אֶרְאֶה בְּרָעָתִי׃
וַיֹּאמֶר יְהוָה אֶל־מֹשֶׁה אֶסְפָה־לִּי שִׁבְעִים אִישׁ מִזִּקְנֵי יִשְׂרָאֵל טז
אֲשֶׁר יָדַעְתָּ כִּי־הֵם זִקְנֵי הָעָם וְשֹׁטְרָיו וְלָקַחְתָּ אֹתָם אֶל־אֹהֶל
מוֹעֵד וְהִתְיַצְּבוּ שָׁם עִמָּךְ׃ וְיָרַדְתִּי וְדִבַּרְתִּי עִמְּךָ שָׁם וְאָצַלְתִּי יז
מִן־הָרוּחַ אֲשֶׁר עָלֶיךָ וְשַׂמְתִּי עֲלֵיהֶם וְנָשְׂאוּ אִתְּךָ בְּמַשָּׂא
הָעָם וְלֹא־תִשָּׂא אַתָּה לְבַדֶּךָ׃ וְאֶל־הָעָם תֹּאמַר הִתְקַדְּשׁוּ יח
לְמָחָר וַאֲכַלְתֶּם בָּשָׂר כִּי בְּכִיתֶם בְּאָזְנֵי יְהוָה לֵאמֹר מִי יַאֲכִלֵנוּ
בָּשָׂר כִּי־טוֹב לָנוּ בְּמִצְרָיִם וְנָתַן יְהוָה לָכֶם בָּשָׂר וַאֲכַלְתֶּם׃
לֹא יוֹם אֶחָד תֹּאכְלוּן וְלֹא יוֹמָיִם וְלֹא ׀ חֲמִשָּׁה יָמִים וְלֹא יט
עֲשָׂרָה יָמִים וְלֹא עֶשְׂרִים יוֹם׃ עַד ׀ חֹדֶשׁ יָמִים עַד אֲשֶׁר־ כ
יֵצֵא מֵאַפְּכֶם וְהָיָה לָכֶם לְזָרָא יַעַן כִּי־מְאַסְתֶּם אֶת־יְהוָה
אֲשֶׁר בְּקִרְבְּכֶם וַתִּבְכּוּ לְפָנָיו לֵאמֹר לָמָּה זֶּה יָצָאנוּ מִמִּצְרָיִם׃
וַיֹּאמֶר מֹשֶׁה שֵׁשׁ־מֵאוֹת אֶלֶף רַגְלִי הָעָם אֲשֶׁר אָנֹכִי בְּקִרְבּוֹ כא
וְאַתָּה אָמַרְתָּ בָּשָׂר אֶתֵּן לָהֶם וְאָכְלוּ חֹדֶשׁ יָמִים׃ הֲצֹאן וּבָקָר כב
יִשָּׁחֵט לָהֶם וּמָצָא לָהֶם אִם אֶת־כָּל־דְּגֵי הַיָּם יֵאָסֵף לָהֶם וּמָצָא
לָהֶם׃
וַיֹּאמֶר יְהוָה אֶל־מֹשֶׁה הֲיַד יְהוָה תִּקְצָר עַתָּה תִרְאֶה הֲיִקְרְךָ כג יא
דְבָרִי אִם־לֹא׃ וַיֵּצֵא מֹשֶׁה וַיְדַבֵּר אֶל־הָעָם אֵת דִּבְרֵי יְהוָה כד
וַיֶּאֱסֹף שִׁבְעִים אִישׁ מִזִּקְנֵי הָעָם וַיַּעֲמֵד אֹתָם סְבִיבֹת הָאֹהֶל׃
וַיֵּרֶד יְהוָה ׀ בֶּעָנָן וַיְדַבֵּר אֵלָיו וַיָּאצֶל מִן־הָרוּחַ אֲשֶׁר עָלָיו וַיִּתֵּן כה
עַל־שִׁבְעִים אִישׁ הַזְּקֵנִים וַיְהִי כְּנוֹחַ עֲלֵיהֶם הָרוּחַ וַיִּתְנַבְּאוּ
וְלֹא יָסָפוּ׃ וַיִּשָּׁאֲרוּ שְׁנֵי־אֲנָשִׁים ׀ בַּמַּחֲנֶה שֵׁם הָאֶחָד ׀ אֶלְדָּד כו
וְשֵׁם הַשֵּׁנִי מֵידָד וַתָּנַח עֲלֵהֶם הָרוּחַ וְהֵמָּה בַּכְּתֻבִים וְלֹא יָצְאוּ
הָאֹהֱלָה וַיִּתְנַבְּאוּ בַּמַּחֲנֶה׃ וַיָּרָץ הַנַּעַר וַיַּגֵּד לְמֹשֶׁה וַיֹּאמַר כז
אֶלְדָּד וּמֵידָד מִתְנַבְּאִים בַּמַּחֲנֶה׃ וַיַּעַן יְהוֹשֻׁעַ בִּן־נוּן מְשָׁרֵת כח

the manna fell upon it. And Moshe heard the people weeping   10
throughout their families, every man in the door of his tent:
and the anger of the Lord burned greatly; Moshe also was dis-
pleased. And Moshe said to the Lord, Why hast thou afflicted   11
thy servant? and why have I not found favour in thy sight, that
thou layst the burden of all this people upon me? Have I   12
conceived all this people? have I begotten them, that thou
shouldst say to me, Carry them in thy bosom, as a nursing
father carries the sucking child, to the land which thou hast
sworn to their fathers? Whence should I have meat to give to   13
all this people? for they weep to me, saying, Give us meat, that
we may eat. I am not able to bear all this people alone, because   14
it is too heavy for me. And if thou deal thus with me, kill me,   15
I pray thee, out of hand, if I have found favour in thy sight:
and let me not see my own wretchedness.

And the Lord said to Moshe, Gather to me seventy men of the   16
elders of Yisra'el, whom thou knowst to be the elders of the
people, and officers over them; and bring them to the Tent of
Meeting, that they may stand there with thee. And I will come   17
down and talk with thee there: and I will take of the spirit
which is upon thee, and will put it upon them; and they shall
bear the burden of the people with thee that thou bear it not
thyself alone. And say to the people, Sanctify yourselves against   18
tomorrow, and you shall eat meat: for you have wept in the
ears of the Lord, saying, Who shall give us meat to eat? for
it was well with us in Mizrayim: therefore the Lord will
give you meat, and you shall eat. Not one day shall you eat,   19
nor two days, nor five days, nor ten days, nor twenty days;
but a whole month, until it come out at your nostrils, and it be   20
loathsome to you: because you have despised the Lord who is
among you, and have wept before him, saying, Why did we
come out of Mizrayim? And Moshe said, The people, among   21
whom I am, are six hundred thousand footmen; and thou hast
said, I will give them meat, that they may eat a whole month.
Shall flocks and herds be slain for them, to suffice them? or   22
shall all the fish of the sea be gathered together for them,
to suffice them?

And the Lord said to Moshe, Is the Lord's hand too short?   23
thou shalt see now whether my word shall come to pass to
thee or not. And Moshe went out, and told the people the words   24
of the Lord, and gathered seventy men of the elders of the
people, and set them round about the tent. And the Lord came   25
down in a cloud, and spoke to him, and took of the spirit that
was upon him, and gave it to the seventy elders: and it came
to pass, that, when the spirit rested upon them, they pro-
phesied, but continued not. And there remained two of the   26
men in the camp, the name of the one was Eldad, and the name
of the other Medad: and the spirit rested upon them; and they
were of them that were written, but went not out to the tent:
and they prophesied in the camp. And there ran a young man,   27
and told Moshe, and said, Eldad and Medad do prophesy in
the camp. And Yehoshua the son of Nun, the servant of Moshe   28
from his youth, answered and said, My lord Moshe restrain

מֹשֶׁה מִבְּחֻרָיו וַיֹּאמַר אֲדֹנִי מֹשֶׁה כְּלָאֵם׃ וַיֹּאמֶר לוֹ מֹשֶׁה כט
הַמְקַנֵּא אַתָּה לִי וּמִי יִתֵּן כָּל־עַם יהוה נְבִיאִים כִּי־יִתֵּן יהוה
שביעי אֶת־רוּחוֹ עֲלֵיהֶם׃ וַיֵּאָסֵף מֹשֶׁה אֶל־הַמַּחֲנֶה הוּא וְזִקְנֵי יִשְׂרָאֵל׃ ל
וְרוּחַ נָסַע מֵאֵת יהוה וַיָּגָז שַׂלְוִים מִן־הַיָּם וַיִּטֹּשׁ עַל־הַמַּחֲנֶה לא
כְּדֶרֶךְ יוֹם כֹּה וּכְדֶרֶךְ יוֹם כֹּה סְבִיבוֹת הַמַּחֲנֶה וּכְאַמָּתַיִם עַל־
פְּנֵי הָאָרֶץ׃ וַיָּקָם הָעָם כָּל־הַיּוֹם הַהוּא וְכָל־הַלַּיְלָה וְכֹל יוֹם לב
הַמָּחֳרָת וַיַּאַסְפוּ אֶת־הַשְּׂלָו הַמַּמְעִיט אָסַף עֲשָׂרָה חֳמָרִים
וַיִּשְׁטְחוּ לָהֶם שָׁטוֹחַ סְבִיבוֹת הַמַּחֲנֶה׃ הַבָּשָׂר עוֹדֶנּוּ בֵּין שִׁנֵּיהֶם לג
טֶרֶם יִכָּרֵת וְאַף יהוה חָרָה בָעָם וַיַּךְ יהוה בָּעָם מַכָּה רַבָּה
מְאֹד׃ וַיִּקְרָא אֶת־שֵׁם־הַמָּקוֹם הַהוּא קִבְרוֹת הַתַּאֲוָה כִּי־ לד
שָׁם קָבְרוּ אֶת־הָעָם הַמִּתְאַוִּים׃ מִקִּבְרוֹת הַתַּאֲוָה נָסְעוּ הָעָם לה
חֲצֵרוֹת וַיִּהְיוּ בַּחֲצֵרוֹת׃

וַתְּדַבֵּר מִרְיָם וְאַהֲרֹן בְּמֹשֶׁה עַל־אֹדוֹת הָאִשָּׁה הַכֻּשִׁית אֲשֶׁר א יב
לָקָח כִּי־אִשָּׁה כֻשִׁית לָקָח׃ וַיֹּאמְרוּ הֲרַק אַךְ־בְּמֹשֶׁה דִּבֶּר יהוה ב
הֲלֹא גַּם־בָּנוּ דִבֵּר וַיִּשְׁמַע יהוה׃ וְהָאִישׁ מֹשֶׁה עָנָו מְאֹד מִכֹּל ג
הָאָדָם אֲשֶׁר עַל־פְּנֵי הָאֲדָמָה׃ וַיֹּאמֶר יהוה ד
פִּתְאֹם אֶל־מֹשֶׁה וְאֶל־אַהֲרֹן וְאֶל־מִרְיָם צְאוּ שְׁלָשְׁתְּכֶם אֶל־
אֹהֶל מוֹעֵד וַיֵּצְאוּ שְׁלָשְׁתָּם׃ וַיֵּרֶד יהוה בְּעַמּוּד עָנָן וַיַּעֲמֹד ה
פֶּתַח הָאֹהֶל וַיִּקְרָא אַהֲרֹן וּמִרְיָם וַיֵּצְאוּ שְׁנֵיהֶם׃ וַיֹּאמֶר שִׁמְעוּ־ ו
נָא דְבָרָי אִם־יִהְיֶה נְבִיאֲכֶם יהוה בַּמַּרְאָה אֵלָיו אֶתְוַדָּע בַּחֲלוֹם
אֲדַבֶּר־בּוֹ׃ לֹא־כֵן עַבְדִּי מֹשֶׁה בְּכָל־בֵּיתִי נֶאֱמָן הוּא׃ פֶּה ז ח
אֶל־פֶּה אֲדַבֶּר־בּוֹ וּמַרְאֶה וְלֹא בְחִידֹת וּתְמֻנַת יהוה יַבִּיט
וּמַדּוּעַ לֹא יְרֵאתֶם לְדַבֵּר בְּעַבְדִּי בְמֹשֶׁה׃ וַיִּחַר־אַף יהוה בָּם ט
וַיֵּלַךְ׃ וְהֶעָנָן סָר מֵעַל הָאֹהֶל וְהִנֵּה מִרְיָם מְצֹרַעַת כַּשָּׁלֶג י
וַיִּפֶן אַהֲרֹן אֶל־מִרְיָם וְהִנֵּה מְצֹרָעַת׃ וַיֹּאמֶר אַהֲרֹן אֶל־ יא
מֹשֶׁה בִּי אֲדֹנִי אַל־נָא תָשֵׁת עָלֵינוּ חַטָּאת אֲשֶׁר נוֹאַלְנוּ וַאֲשֶׁר
חָטָאנוּ׃ אַל־נָא תְהִי כַּמֵּת אֲשֶׁר בְּצֵאתוֹ מֵרֶחֶם אִמּוֹ וַיֵּאָכֵל יב
חֲצִי בְשָׂרוֹ׃ וַיִּצְעַק מֹשֶׁה אֶל־יהוה לֵאמֹר אֵל נָא רְפָא נָא יג
לָהּ׃

מפטיר וַיֹּאמֶר יהוה אֶל־מֹשֶׁה וְאָבִיהָ יָרֹק יָרַק בְּפָנֶיהָ הֲלֹא תִכָּלֵם יד
שִׁבְעַת יָמִים תִּסָּגֵר שִׁבְעַת יָמִים מִחוּץ לַמַּחֲנֶה וְאַחַר תֵּאָסֵף׃
וַתִּסָּגֵר מִרְיָם מִחוּץ לַמַּחֲנֶה שִׁבְעַת יָמִים וְהָעָם לֹא נָסַע טו
עַד הֵאָסֵף מִרְיָם׃ וְאַחַר נָסְעוּ הָעָם מֵחֲצֵרוֹת וַיַּחֲנוּ בְּמִדְבַּר טז
פָּארָן׃

שלח יב וַיְדַבֵּר יהוה אֶל־מֹשֶׁה לֵּאמֹר׃ שְׁלַח־לְךָ אֲנָשִׁים וְיָתֻרוּ אֶת־ א ב יג
אֶרֶץ כְּנַעַן אֲשֶׁר־אֲנִי נֹתֵן לִבְנֵי יִשְׂרָאֵל אִישׁ אֶחָד אִישׁ אֶחָד

them. And Moshe said to him, Enviest thou for my sake? would 29
that all the LORD's people were prophets, and that the LORD
would put his spirit upon them! And Moshe retired into 30
the camp, he and the elders of Yisra'el. And a wind went out 31
from the LORD, and brought quails from the sea, and let them
fall by the camp, about a day's journey on this side, and about
a day's journey on the other side, round about the camp, and
about two cubits high upon the face of the earth. And the people 32
stood up all that day, and all that night, and all the next day,
and they gathered the quails: he that gathered least gathered
a quantity of ten ḥomer: and they spread them all abroad for
themselves round about the camp. And while the meat was yet 33
between their teeth, before it was chewed, the wrath of the LORD
was inflamed against the people, and the LORD smote the people
with a very great plague. And he called the name of that place 34
Qivrot-hatta'ava (Graves of Lust): because there they buried
the people that lusted. And the people journeyed from Qivrot- 35
hatta'ava to Ḥaẓerot, and at Ḥaẓerot they made a stay.
And Miryam and Aharon spoke against Moshe because of the **12**
Kushite woman whom he had taken, for he had taken a Kushite
woman. And they said, Has the LORD indeed spoken only with 2
Moshe? has he not spoken also with us? And the LORD heard it.
(Now the man Moshe was very meek, more so than all the 3
men that were upon the face of the earth.) And the LORD 4
spoke suddenly to Moshe, and to Aharon, and to Miryam, Come
out you three to the Tent of Meeting. And they three came out. 5
And the LORD came down in the pillar of cloud, and stood in the
door of the tent, and called Aharon and Miryam: and they both
came out. And he said, Hear now my words: If there be a 6
prophet among you, I the LORD make myself known to him in
a vision, and speak to him in a dream. My servant Moshe is 7
not so, for he is the trusted one in all my house. With him I 8
speak mouth to mouth, manifestly, and not in dark speeches;
and the similitude of the LORD does he behold: why then
were you not afraid to speak against my servant Moshe? And 9
the anger of the LORD was inflamed against them; and he de-
parted. And the cloud was removed from the tent; and, behold, 10
Miryam was snow white, stricken with ẕara'at; and Aharon
looked upon Miryam, and behold, she was diseased. And Aharon 11
said to Moshe, Alas, my lord, I pray thee, lay no sin upon us,
for we have done foolishly, and we have sinned. Let her not 12
be as one dead, of whom the flesh is half consumed when he
comes out of his mother's womb. And Moshe cried to the 13
LORD, saying, Heal her now, O GOD, I pray thee.
And the LORD said to Moshe, If her father had but spit in her 14
face, should she not be ashamed for seven days? let her be shut
out from the camp seven days, and after that let her be received
in again. And Miryam was shut out from the camp seven days: 15
and the people did not journey until Miryam was brought in
again. And afterwards the people removed from Ḥaẓerot, and 16
pitched in the wilderness of Paran.
13
SHELAḤ And the LORD spoke to Moshe, saying, Send thou men, that 1,2
they may spy out the land of Kena'an, which I give to the child-

לְמַטֵּה אֲבֹתָיו תִּשְׁלָחוּ כֹּל נָשִׂיא בָהֶם׃ וַיִּשְׁלַח אֹתָם מֹשֶׁה ג
מִמִּדְבַּר פָּארָן עַל־פִּי יְהוָה כֻּלָּם אֲנָשִׁים רָאשֵׁי בְנֵי־יִשְׂרָאֵל
הֵמָּה׃ וְאֵלֶּה שְׁמוֹתָם לְמַטֵּה רְאוּבֵן שַׁמּוּעַ בֶּן־זַכּוּר׃ לְמַטֵּה ד ה
שִׁמְעוֹן שָׁפָט בֶּן־חוֹרִי׃ לְמַטֵּה יְהוּדָה כָּלֵב בֶּן־יְפֻנֶּה׃ לְמַטֵּה ו ז
יִשָּׂשכָר יִגְאָל בֶּן־יוֹסֵף׃ לְמַטֵּה אֶפְרָיִם הוֹשֵׁעַ בִּן־נוּן׃ לְמַטֵּה ח ט
בִנְיָמִן פַּלְטִי בֶּן־רָפוּא׃ לְמַטֵּה זְבוּלֻן גַּדִּיאֵל בֶּן־סוֹדִי׃ לְמַטֵּה י יא
יוֹסֵף לְמַטֵּה מְנַשֶּׁה גַּדִּי בֶּן־סוּסִי׃ לְמַטֵּה דָן עַמִּיאֵל בֶּן־גְּמַלִּי׃ יב
לְמַטֵּה אָשֵׁר סְתוּר בֶּן־מִיכָאֵל׃ לְמַטֵּה נַפְתָּלִי נַחְבִּי בֶּן־וָפְסִי׃ יג יד
לְמַטֵּה גָד גְּאוּאֵל בֶּן־מָכִי׃ אֵלֶּה שְׁמוֹת הָאֲנָשִׁים אֲשֶׁר־שָׁלַח טו טז
מֹשֶׁה לָתוּר אֶת־הָאָרֶץ וַיִּקְרָא מֹשֶׁה לְהוֹשֵׁעַ בִּן־נוּן יְהוֹשֻׁעַ׃
וַיִּשְׁלַח אֹתָם מֹשֶׁה לָתוּר אֶת־אֶרֶץ כְּנָעַן וַיֹּאמֶר אֲלֵהֶם עֲלוּ יז
זֶה בַּנֶּגֶב וַעֲלִיתֶם אֶת־הָהָר׃ וּרְאִיתֶם אֶת־הָאָרֶץ מַה־הִוא יח
וְאֶת־הָעָם הַיֹּשֵׁב עָלֶיהָ הֶחָזָק הוּא הֲרָפֶה הַמְעַט הוּא אִם־
רָב׃ וּמָה הָאָרֶץ אֲשֶׁר־הוּא יֹשֵׁב בָּהּ הֲטוֹבָה הִוא אִם־רָעָה יט
וּמָה הֶעָרִים אֲשֶׁר־הוּא יוֹשֵׁב בָּהֵנָּה הַבְּמַחֲנִים אִם בְּמִבְצָרִים׃
וּמָה הָאָרֶץ הַשְּׁמֵנָה הִוא אִם־רָזָה הֲיֵשׁ־בָּהּ עֵץ אִם־אַיִן כ
וְהִתְחַזַּקְתֶּם וּלְקַחְתֶּם מִפְּרִי הָאָרֶץ וְהַיָּמִים יְמֵי בִּכּוּרֵי עֲנָבִים׃
שני וַיַּעֲלוּ וַיָּתֻרוּ אֶת־הָאָרֶץ מִמִּדְבַּר־צִן עַד־רְחֹב לְבֹא חֲמָת׃ כא
וַיַּעֲלוּ בַנֶּגֶב וַיָּבֹא עַד־חֶבְרוֹן וְשָׁם אֲחִימַן שֵׁשַׁי וְתַלְמַי יְלִידֵי כב
הָעֲנָק וְחֶבְרוֹן שֶׁבַע שָׁנִים נִבְנְתָה לִפְנֵי צֹעַן מִצְרָיִם׃ וַיָּבֹאוּ כג
עַד־נַחַל אֶשְׁכֹּל וַיִּכְרְתוּ מִשָּׁם זְמוֹרָה וְאֶשְׁכּוֹל עֲנָבִים אֶחָד
וַיִּשָּׂאֻהוּ בַמּוֹט בִּשְׁנָיִם וּמִן־הָרִמֹּנִים וּמִן־הַתְּאֵנִים׃ לַמָּקוֹם כד
הַהוּא קָרָא נַחַל אֶשְׁכּוֹל עַל אֹדוֹת הָאֶשְׁכּוֹל אֲשֶׁר־כָּרְתוּ מִשָּׁם
בְּנֵי יִשְׂרָאֵל׃ וַיָּשֻׁבוּ מִתּוּר הָאָרֶץ מִקֵּץ אַרְבָּעִים יוֹם׃ וַיֵּלְכוּ כה כו
וַיָּבֹאוּ אֶל־מֹשֶׁה וְאֶל־אַהֲרֹן וְאֶל־כָּל־עֲדַת בְּנֵי־יִשְׂרָאֵל אֶל־
מִדְבַּר פָּארָן קָדֵשָׁה וַיָּשִׁיבוּ אֹתָם דָּבָר וְאֶת־כָּל־הָעֵדָה וַיַּרְאוּם
אֶת־פְּרִי הָאָרֶץ׃ וַיְסַפְּרוּ־לוֹ וַיֹּאמְרוּ בָּאנוּ אֶל־הָאָרֶץ אֲשֶׁר כז
שְׁלַחְתָּנוּ וְגַם זָבַת חָלָב וּדְבַשׁ הִוא וְזֶה־פִּרְיָהּ׃ אֶפֶס כִּי־עַז כח
הָעָם הַיֹּשֵׁב בָּאָרֶץ וְהֶעָרִים בְּצֻרוֹת גְּדֹלֹת מְאֹד וְגַם־יְלִדֵי
הָעֲנָק רָאִינוּ שָׁם׃ עֲמָלֵק יוֹשֵׁב בְּאֶרֶץ הַנֶּגֶב וְהַחִתִּי וְהַיְבוּסִי כט
וְהָאֱמֹרִי יוֹשֵׁב בָּהָר וְהַכְּנַעֲנִי יֹשֵׁב עַל־הַיָּם וְעַל יַד הַיַּרְדֵּן׃
וַיַּהַס כָּלֵב אֶת־הָעָם אֶל־מֹשֶׁה וַיֹּאמֶר עָלֹה נַעֲלֶה וְיָרַשְׁנוּ ל
אֹתָהּ כִּי־יָכוֹל נוּכַל לָהּ׃ וְהָאֲנָשִׁים אֲשֶׁר עָלוּ עִמּוֹ אָמְרוּ לֹא לא
נוּכַל לַעֲלוֹת אֶל־הָעָם כִּי־חָזָק הוּא מִמֶּנּוּ׃ וַיֹּצִיאוּ דִּבַּת הָאָרֶץ לב
אֲשֶׁר תָּרוּ אֹתָהּ אֶל־בְּנֵי יִשְׂרָאֵל לֵאמֹר הָאָרֶץ אֲשֶׁר עָבַרְנוּ

ren of Yisra'el: of every tribe of their fathers shall you send a
man, every one a ruler among them. And Moshe by the com-   3
mandment of the LORD sent them from the wilderness of Paran:
all those men were heads of the children of Yisra'el. And these   4
were their names: of the tribe of Re'uven, Shammua son of
Zakkur. Of the tribe of Shim'on, Shafat son of Ḥori. Of the   5, 6
tribe of Yehuda, Kalev, son of Yefunne. Of the tribe of Yis-   7
sakhar, Yig'al son of Yosef. Of the tribe of Efrayim, Hoshea   8
son of Nun. Of the tribe of Binyamin, Palti, son of Rafu. Of   9, 10
the tribe of Zevulun, Gaddi'el son of Sodi. Of the tribe of Yosef, 11
that is of the tribe of Menashshe, Gaddi son of Susi. Of the   12
tribe of Dan, 'Ammi'el son of Gemalli. Of the tribe of Asher,   13
Setur son of Mikha'el. Of the tribe of Naftali, Naḥbi, son of   14
Vofsi. Of the tribe of Gad, Ge'u'el son of Makhi. These are   15, 16
the names of the men whom Moshe sent to spy out the land.
And Moshe called Hoshea son of Nun, Yehoshua. And Moshe   17
sent them to spy out the land of Kena'an, and he said to them,
Go up this way by the south, and go up into the high land:
and see the country, what it is; and the people who dwell in it, 18
whether they are strong or weak, few or many; and what the   19
land is that they dwell in, whether it is good or bad; and what
cities they dwell in, whether in tents, or in strongholds; and   20
what the land is, whether fat or lean, whether there are trees
in it, or not. And be of good courage, and bring of the fruit of
the land. Now the time was the time of the firstripe grapes.
So they went up, and searched the land from the wilderness   21
of Ẓin to Reḥov, on the way to Ḥamat. And they ascended into   22
the Negev, and came to Ḥevron, where Aḥiman, Sheshay, and
Talmay, the children of 'Anaq, were. (Now Ḥevron was built
seven years before Ẓo'an in Miẓrayim.) And they came to the   23
wadi of Eshkol, and cut down from thence a branch with one
cluster of grapes, and they carried it between two on a pole;
and they brought of the pomegranates, and the figs. The place   24
was called the wadi of Eshkol, because of the cluster of grapes
which the children of Yisra'el cut down from there. And they   25
returned from searching the land after forty days. And they   26
went and came to Moshe and to Aharon, and to all the congrega-
tion of the children of Yisra'el, to the wilderness of Paran, to
Qadesh; and brought back word to them, and to all the con-
gregation, and showed them the fruit of the land. And they   27
told him, and said, We came to the land where thou didst send
us, and indeed it flows with milk and honey; and this is the fruit
of it. But the people are strong that dwell in the land, and the 28
cities are fortified, and very great: and moreover we saw the
children of 'Anaq there. 'Amaleq dwells in the land of the   29
Negev: and the Ḥitti, and the Yevusi, and the Emori dwell
in the mountain: and the Kena'ani dwell by the sea and by the
side of the Yarden. And Kalev stilled the people before Moshe,   30
and said, Let us go up at once, and possess it; for we are well
able to overcome it. But the men who went up with him said,   31
We are not able to go up against the people; for they are
stronger than we. And they spread an evil report of the land   32
which they had spied out to the children of Yisra'el, saying, The

בָּהּ לָתוּר אֹתָהּ אֶרֶץ אֹכֶלֶת יוֹשְׁבֶיהָ הִוא וְכָל־הָעָם אֲשֶׁר־
לג רָאִינוּ בְתוֹכָהּ אַנְשֵׁי מִדּוֹת׃ וְשָׁם רָאִינוּ אֶת־הַנְּפִילִים בְּנֵי
עֲנָק מִן־הַנְּפִלִים וַנְּהִי בְעֵינֵינוּ כַּחֲגָבִים וְכֵן הָיִינוּ בְּעֵינֵיהֶם׃
יד א וַתִּשָּׂא כָּל־הָעֵדָה וַיִּתְּנוּ אֶת־קוֹלָם וַיִּבְכּוּ הָעָם בַּלַּיְלָה הַהוּא׃
ב וַיִּלֹּנוּ עַל־מֹשֶׁה וְעַל־אַהֲרֹן כֹּל בְּנֵי יִשְׂרָאֵל וַיֹּאמְרוּ אֲלֵהֶם כָּל־
הָעֵדָה לוּ־מַתְנוּ בְּאֶרֶץ מִצְרַיִם אוֹ בַּמִּדְבָּר הַזֶּה לוּ־מָתְנוּ׃
ג וְלָמָה יְהוָה מֵבִיא אֹתָנוּ אֶל־הָאָרֶץ הַזֹּאת לִנְפֹּל בַּחֶרֶב נָשֵׁינוּ
ד וְטַפֵּנוּ יִהְיוּ לָבַז הֲלוֹא טוֹב לָנוּ שׁוּב מִצְרָיְמָה׃ וַיֹּאמְרוּ אִישׁ
ה אֶל־אָחִיו נִתְּנָה רֹאשׁ וְנָשׁוּבָה מִצְרָיְמָה׃ וַיִּפֹּל מֹשֶׁה וְאַהֲרֹן
ו עַל־פְּנֵיהֶם לִפְנֵי כָּל־קְהַל עֲדַת בְּנֵי יִשְׂרָאֵל׃ וִיהוֹשֻׁעַ בִּן־נוּן
ז וְכָלֵב בֶּן־יְפֻנֶּה מִן־הַתָּרִים אֶת־הָאָרֶץ קָרְעוּ בִּגְדֵיהֶם׃ וַיֹּאמְרוּ
אֶל־כָּל־עֲדַת בְּנֵי־יִשְׂרָאֵל לֵאמֹר הָאָרֶץ אֲשֶׁר עָבַרְנוּ בָהּ לָתוּר
ח אֹתָהּ טוֹבָה הָאָרֶץ מְאֹד מְאֹד׃ אִם־חָפֵץ בָּנוּ יְהוָה וְהֵבִיא שלישי
אֹתָנוּ אֶל־הָאָרֶץ הַזֹּאת וּנְתָנָהּ לָנוּ אֶרֶץ אֲשֶׁר־הִוא זָבַת חָלָב
ט וּדְבָשׁ׃ אַךְ בַּיהוָה אַל־תִּמְרֹדוּ וְאַתֶּם אַל־תִּירְאוּ אֶת־עַם הָאָרֶץ
כִּי לַחְמֵנוּ הֵם סָר צִלָּם מֵעֲלֵיהֶם וַיהוָה אִתָּנוּ אַל־תִּירָאֻם׃
י וַיֹּאמְרוּ כָּל־הָעֵדָה לִרְגּוֹם אֹתָם בָּאֲבָנִים וּכְבוֹד יְהוָה נִרְאָה
בְּאֹהֶל מוֹעֵד אֶל־כָּל־בְּנֵי יִשְׂרָאֵל׃
יא וַיֹּאמֶר יְהוָה אֶל־מֹשֶׁה עַד־אָנָה יְנַאֲצֻנִי הָעָם הַזֶּה וְעַד־אָנָה יג
יב לֹא־יַאֲמִינוּ בִי בְּכֹל הָאֹתוֹת אֲשֶׁר עָשִׂיתִי בְּקִרְבּוֹ׃ אַכֶּנּוּ בַדֶּבֶר
יג וְאוֹרִשֶׁנּוּ וְאֶעֱשֶׂה אֹתְךָ לְגוֹי־גָּדוֹל וְעָצוּם מִמֶּנּוּ׃ וַיֹּאמֶר מֹשֶׁה
אֶל־יְהוָה וְשָׁמְעוּ מִצְרַיִם כִּי־הֶעֱלִיתָ בְכֹחֲךָ אֶת־הָעָם הַזֶּה
יד מִקִּרְבּוֹ׃ וְאָמְרוּ אֶל־יוֹשֵׁב הָאָרֶץ הַזֹּאת שָׁמְעוּ כִּי־אַתָּה יְהוָה
בְּקֶרֶב הָעָם הַזֶּה אֲשֶׁר־עַיִן בְּעַיִן נִרְאָה ׀ אַתָּה יְהוָה וַעֲנָנְךָ
עֹמֵד עֲלֵהֶם וּבְעַמֻּד עָנָן אַתָּה הֹלֵךְ לִפְנֵיהֶם יוֹמָם וּבְעַמּוּד אֵשׁ
טו לָיְלָה׃ וְהֵמַתָּה אֶת־הָעָם הַזֶּה כְּאִישׁ אֶחָד וְאָמְרוּ הַגּוֹיִם אֲשֶׁר־
טז שָׁמְעוּ אֶת־שִׁמְעֲךָ לֵאמֹר׃ מִבִּלְתִּי יְכֹלֶת יְהוָה לְהָבִיא אֶת־
יז הָעָם הַזֶּה אֶל־הָאָרֶץ אֲשֶׁר־נִשְׁבַּע לָהֶם וַיִּשְׁחָטֵם בַּמִּדְבָּר׃ וְעַתָּה
יח יִגְדַּל־נָא כֹּחַ אֲדֹנָי כַּאֲשֶׁר דִּבַּרְתָּ לֵאמֹר׃ יְהוָה אֶרֶךְ אַפַּיִם
וְרַב־חֶסֶד נֹשֵׂא עָוֹן וָפָשַׁע וְנַקֵּה לֹא יְנַקֶּה פֹּקֵד עֲוֹן אָבוֹת עַל־
יט בָּנִים עַל־שִׁלֵּשִׁים וְעַל־רִבֵּעִים׃ סְלַח־נָא לַעֲוֹן הָעָם הַזֶּה כְּגֹדֶל
כ חַסְדֶּךָ וְכַאֲשֶׁר נָשָׂאתָה לָעָם הַזֶּה מִמִּצְרַיִם וְעַד־הֵנָּה׃ וַיֹּאמֶר
כא יְהוָה סָלַחְתִּי כִּדְבָרֶךָ׃ וְאוּלָם חַי־אָנִי וְיִמָּלֵא כְבוֹד־יְהוָה אֶת־

land, through which we have gone to spy it out, is a land that
eats up its inhabitants; and all the people that we saw in it
are men of a great stature. And there we saw the Nefilim, the 33
sons of 'Anaq who come of the Nefilim: and we were in our
own sight as grasshoppers, and so we were in their sight.
And all the congregation lifted up their voice, and cried; and **14**
the people wept that night. And all the children of Yisra'el mur- 2
mured against Moshe and against Aharon: and the whole con-
gregation said to them, Would that we had died in the land of
Miẓrayim! or would we had died in this wilderness! And 3
why has the LORD brought us to this land, to fall by the sword,
that our wives and our children should be a prey? were it not
better for us to return to Miẓrayim? And they said to one 4
another, Let us appoint a chief, and let us return to Miẓrayim.
Then Moshe and Aharon fell on their faces before all the as- 5
sembly of the congregation of the children of Yisra'el. And 6
Yehoshua the son of Nun, and Kalev the son of Yefunne, of
those who spied out the land, rent their clothes: and they spoke 7
to all the congregation of the children of Yisra'el, saying, The
land, which we passed through to spy it out, is an exceedingly
good land. If the LORD delight in us, then he will bring us into 8
this land, and give it us; a land which flows with milk and
honey. Only rebel not against the LORD, nor fear the people 9
of the land; for they are bread for us: their defence is departed
from them, and the LORD is with us: fear them not. But all the 10
congregation said to stone them with stones. And the glory of
the LORD appeared in the Tent of Meeting before all the children
of Yisra'el.
And the LORD said to Moshe, How long will this people provoke 11
me? and how long will it be before they believe me, for all the
signs which I have performed among them? I will smite them 12
with the pestilence, and disinherit them, and will make of thee
a greater nation and mightier than they. And Moshe said to 13
the LORD, Then Miẓrayim shall hear it, (for thou didst bring up
this people in thy might from among them;) and they will tell 14
it to the inhabitants of this land: who have heard that thou
LORD art among this people, that thou LORD art seen face to face,
and that thy cloud stands over them, and that thou goest be-
fore them, by day time in a pillar of cloud, and in a pillar of
fire by night. Now if thou shalt kill all this people as one man, 15
then the nations which have heard the fame of thee will speak,
saying, Because the LORD was not able to bring this people into 16
the land which he swore to them, therefore he has slain them
in the wilderness. And now, I pray thee, let the power of my 17
LORD be great, according as thou hast spoken, saying, The LORD 18
is longsuffering, and great in love, forgiving iniquity and
transgression, but by no means clearing the guilty, punishing
the iniquity of the fathers upon the children to the third and
fourth generation. Pardon, I pray thee, the iniquity of this 19
people according to the greatness of thy love, and as thou
hast forgiven this people, from Miẓrayim until now. And the 20
LORD said, I have pardoned according to thy word: but truly, 21
as I live, and all the earth is filled with the glory of the LORD:

כב כָּל־הָאָֽרֶץ׃ כִּי כָל־הָאֲנָשִׁים הָרֹאִים אֶת־כְּבֹדִי וְאֶת־אֹתֹתַי
אֲשֶׁר־עָשִׂיתִי בְמִצְרַיִם וּבַמִּדְבָּר וַיְנַסּוּ אֹתִי זֶה עֶשֶׂר פְּעָמִים
כג וְלֹא שָׁמְעוּ בְּקוֹלִי׃ אִם־יִרְאוּ אֶת־הָאָרֶץ אֲשֶׁר נִשְׁבַּעְתִּי לַאֲבֹתָם
כד וְכָל־מְנַאֲצַי לֹא יִרְאוּהָ׃ וְעַבְדִּי כָלֵב עֵקֶב הָיְתָה רוּחַ אַחֶרֶת
עִמּוֹ וַיְמַלֵּא אַחֲרָי וַהֲבִיאֹתִיו אֶל־הָאָרֶץ אֲשֶׁר־בָּא שָׁמָּה וְזַרְעוֹ
כה יוֹרִשֶׁנָּה׃ וְהָעֲמָלֵקִי וְהַכְּנַעֲנִי יוֹשֵׁב בָּעֵמֶק מָחָר פְּנוּ וּסְעוּ לָכֶם
הַמִּדְבָּר דֶּרֶךְ יַם־סוּף׃
כו כז וַיְדַבֵּר יהוה אֶל־מֹשֶׁה וְאֶל־אַהֲרֹן לֵאמֹר׃ עַד־מָתַי לָעֵדָה רביעי
הָרָעָה הַזֹּאת אֲשֶׁר הֵמָּה מַלִּינִים עָלָי אֶת־תְּלֻנּוֹת בְּנֵי יִשְׂרָאֵל
כח אֲשֶׁר הֵמָּה מַלִּינִים עָלַי שָׁמָעְתִּי׃ אֱמֹר אֲלֵהֶם חַי־אָנִי נְאֻם־
כט יהוה אִם־לֹא כַּאֲשֶׁר דִּבַּרְתֶּם בְּאָזְנָי כֵּן אֶעֱשֶׂה לָכֶם׃ בַּמִּדְבָּר
הַזֶּה יִפְּלוּ פִגְרֵיכֶם וְכָל־פְּקֻדֵיכֶם לְכָל־מִסְפַּרְכֶם מִבֶּן עֶשְׂרִים
ל שָׁנָה וָמָעְלָה אֲשֶׁר הֲלִינֹתֶם עָלָי׃ אִם־אַתֶּם תָּבֹאוּ אֶל־הָאָרֶץ
אֲשֶׁר נָשָׂאתִי אֶת־יָדִי לְשַׁכֵּן אֶתְכֶם בָּהּ כִּי אִם־כָּלֵב בֶּן־יְפֻנֶּה
לא וִיהוֹשֻׁעַ בִּן־נוּן׃ וְטַפְּכֶם אֲשֶׁר אֲמַרְתֶּם לָבַז יִהְיֶה וְהֵבֵיאתִי
לב אֹתָם וְיָדְעוּ אֶת־הָאָרֶץ אֲשֶׁר מְאַסְתֶּם בָּהּ׃ וּפִגְרֵיכֶם אַתֶּם
לג יִפְּלוּ בַּמִּדְבָּר הַזֶּה׃ וּבְנֵיכֶם יִהְיוּ רֹעִים בַּמִּדְבָּר אַרְבָּעִים שָׁנָה
לד וְנָשְׂאוּ אֶת־זְנוּתֵיכֶם עַד־תֹּם פִּגְרֵיכֶם בַּמִּדְבָּר׃ בְּמִסְפַּר הַיָּמִים
אֲשֶׁר־תַּרְתֶּם אֶת־הָאָרֶץ אַרְבָּעִים יוֹם יוֹם לַשָּׁנָה יוֹם לַשָּׁנָה
תִּשְׂאוּ אֶת־עֲוֺנֹתֵיכֶם אַרְבָּעִים שָׁנָה וִידַעְתֶּם אֶת־תְּנוּאָתִי׃
לה אֲנִי יהוה דִּבַּרְתִּי אִם־לֹא ׀ זֹאת אֶעֱשֶׂה לְכָל־הָעֵדָה הָרָעָה
לו הַזֹּאת הַנּוֹעָדִים עָלָי בַּמִּדְבָּר הַזֶּה יִתַּמּוּ וְשָׁם יָמֻתוּ׃ וְהָאֲנָשִׁים
אֲשֶׁר־שָׁלַח מֹשֶׁה לָתוּר אֶת־הָאָרֶץ וַיָּשֻׁבוּ וילונו עָלָיו אֶת־ וַיַּלִּינוּ
לז כָּל־הָעֵדָה לְהוֹצִיא דִבָּה עַל־הָאָרֶץ׃ וַיָּמֻתוּ הָאֲנָשִׁים מוֹצִאֵי
לח דִבַּת־הָאָרֶץ רָעָה בַּמַּגֵּפָה לִפְנֵי יהוה׃ וִיהוֹשֻׁעַ בִּן־נוּן וְכָלֵב
בֶּן־יְפֻנֶּה חָיוּ מִן־הָאֲנָשִׁים הָהֵם הַהֹלְכִים לָתוּר אֶת־הָאָרֶץ׃
לט וַיְדַבֵּר מֹשֶׁה אֶת־הַדְּבָרִים הָאֵלֶּה אֶל־כָּל־בְּנֵי יִשְׂרָאֵל וַיִּתְאַבְּלוּ
מ הָעָם מְאֹד׃ וַיַּשְׁכִּמוּ בַבֹּקֶר וַיַּעֲלוּ אֶל־רֹאשׁ־הָהָר לֵאמֹר
מא הִנֶּנּוּ וְעָלִינוּ אֶל־הַמָּקוֹם אֲשֶׁר־אָמַר יהוה כִּי חָטָאנוּ׃ וַיֹּאמֶר
מֹשֶׁה לָמָּה זֶּה אַתֶּם עֹבְרִים אֶת־פִּי יהוה וְהִוא לֹא תִצְלָח׃
מב אַל־תַּעֲלוּ כִּי אֵין יהוה בְּקִרְבְּכֶם וְלֹא תִּנָּגְפוּ לִפְנֵי אֹיְבֵיכֶם׃
מג כִּי הָעֲמָלֵקִי וְהַכְּנַעֲנִי שָׁם לִפְנֵיכֶם וּנְפַלְתֶּם בֶּחָרֶב כִּי־עַל־כֵּן
מד שַׁבְתֶּם מֵאַחֲרֵי יהוה וְלֹא־יִהְיֶה יהוה עִמָּכֶם׃ וַיַּעְפִּלוּ לַעֲלוֹת
אֶל־רֹאשׁ הָהָר וַאֲרוֹן בְּרִית־יהוה וּמֹשֶׁה לֹא־מָשׁוּ מִקֶּרֶב
מה הַמַּחֲנֶה׃ וַיֵּרֶד הָעֲמָלֵקִי וְהַכְּנַעֲנִי הַיֹּשֵׁב בָּהָר הַהוּא וַיַּכּוּם
וַיַּכְּתוּם עַד־הַחָרְמָה׃

surely, all those men who have seen my glory, and my miracles,   22
which I did in Miẓrayim and in the wilderness, and yet have
tempted me now these ten times, and have not hearkened to
my voice: surely, they shall not see the land which I swore   23
to their fathers, nor shall any of those who provoked me
see it: but my servant Kalev, because he had another spirit   24
with him, and followed me fully, him will I bring into the land
into which he went; and his seed shall possess it, (Now the   25
ʻAmaleqi and the Kenaʻani dwelt in the valley.) Tomor-
row turn, and get you into the wilderness by way of the
Sea of Suf.

And the LORD spoke to Moshe and to Aharon, saying, How   26, 27
long shall I bear with this evil congregation, who murmur
against me? I have heard the murmurings of the children of
Yisraʼel, which they murmur against me. Say to them, As I   28
live, says the LORD, as you have spoken in my ears, so will
I do to you: your carcasses shall fall in this wilderness; and   29
all that were numbered of you, according to your whole number,
from twenty years old and upward, who have murmured
against me, shall by no means come into the land, concerning   30
which I swore to make you dwell there, except Kalev the son
of Yefunne, and Yehoshua the son of Nun. But your little ones,   31
who, you said, should be a prey, them will I bring in, and they
shall know the land which you have despised. But as for you,   32
your carcasses shall fall in this wilderness. And your child-   33
ren shall wander in the wilderness forty years, and bear your
backslidings, until your carcasses be consumed in the wilder-
ness. According to the number of the days in which you spied   34
out the land, even forty days, each day for a year, shall you bear
your iniquities, namely, forty years, and you shall know my
displeasure. I the LORD have said, I will surely do it to all this   35
evil congregation, that are gathered together against me: in
this wilderness they shall be consumed, and there they shall
die. And the men, whom Moshe sent to spy out the land, who   36
returned, and made all the congregation murmur against him,
by bringing up a slander upon the land; now those men that   37
brought up the evil report upon the land, died by the plague
before the LORD, but Yehoshua the son of Nun, and Kalev the   38
son of Yefunne, of the men who went to spy out the land; they
lived. And Moshe told these sayings to all the children of Yis-   39
raʼel: and the people mourned greatly. And they rose up early   40
in the morning, and went up to the top of the mountain, saying,
We are here, and will go up to the place which the LORD has pro-
mised: for we have sinned. And Moshe said, Why now do you   41
transgress the commandment of the LORD? it shall not prosper.
Go not up, for the LORD is not among you: so that you may   42
not be smitten before your enemies. For the ʻAmaleqi and the   43
Kenaʻani are there before you, and you shall fall by the sword:
because you have turned away from the LORD, therefore the
LORD will not be with you. But they presumed to go up to the   44
hill top: nevertheless the ark of the covenant of the LORD, and
Moshe, departed not out of the camp. Then the ʻAmaleqi came   45

א ב וַיְדַבֵּר יְהוָה אֶל־מֹשֶׁה לֵּאמֹר׃ דַּבֵּר אֶל־בְּנֵי יִשְׂרָאֵל וְאָמַרְתָּ יד
אֲלֵהֶם כִּי תָבֹאוּ אֶל־אֶרֶץ מוֹשְׁבֹתֵיכֶם אֲשֶׁר אֲנִי נֹתֵן לָכֶם׃
ג וַעֲשִׂיתֶם אִשֶּׁה לַיהוָה עֹלָה אוֹ־זֶבַח לְפַלֵּא־נֶדֶר אוֹ בִנְדָבָה
אוֹ בְּמֹעֲדֵיכֶם לַעֲשׂוֹת רֵיחַ נִיחֹחַ לַיהוָה מִן־הַבָּקָר אוֹ מִן־
ד הַצֹּאן׃ וְהִקְרִיב הַמַּקְרִיב קָרְבָּנוֹ לַיהוָה מִנְחָה סֹלֶת עִשָּׂרוֹן
ה בָּלוּל בִּרְבִעִית הַהִין שָׁמֶן׃ וְיַיִן לַנֶּסֶךְ רְבִיעִית הַהִין תַּעֲשֶׂה
ו עַל־הָעֹלָה אוֹ לַזָּבַח לַכֶּבֶשׂ הָאֶחָד׃ אוֹ לָאַיִל תַּעֲשֶׂה מִנְחָה
ז סֹלֶת שְׁנֵי עֶשְׂרֹנִים בְּלוּלָה בַשֶּׁמֶן שְׁלִשִׁית הַהִין׃ וְיַיִן לַנֶּסֶךְ
ח שְׁלִשִׁית הַהִין תַּקְרִיב רֵיחַ־נִיחֹחַ לַיהוָה׃ וְכִי־תַעֲשֶׂה בֶן־בָּקָר חמישי
ט עֹלָה אוֹ־זָבַח לְפַלֵּא־נֶדֶר אוֹ־שְׁלָמִים לַיהוָה׃ וְהִקְרִיב עַל־
בֶּן־הַבָּקָר מִנְחָה סֹלֶת שְׁלֹשָׁה עֶשְׂרֹנִים בָּלוּל בַּשֶּׁמֶן חֲצִי הַהִין׃
י יא וְיַיִן תַּקְרִיב לַנֶּסֶךְ חֲצִי הַהִין אִשֵּׁה רֵיחַ־נִיחֹחַ לַיהוָה׃ כָּכָה
יֵעָשֶׂה לַשּׁוֹר הָאֶחָד אוֹ לָאַיִל הָאֶחָד אוֹ־לַשֶּׂה בַכְּבָשִׂים אוֹ
יב בָעִזִּים׃ כַּמִּסְפָּר אֲשֶׁר תַּעֲשׂוּ כָּכָה תַּעֲשׂוּ לָאֶחָד כְּמִסְפָּרָם׃
יג כָּל־הָאֶזְרָח יַעֲשֶׂה־כָּכָה אֶת־אֵלֶּה לְהַקְרִיב אִשֵּׁה רֵיחַ־נִיחֹחַ
יד לַיהוָה׃ וְכִי־יָגוּר אִתְּכֶם גֵּר אוֹ אֲשֶׁר־בְּתוֹכְכֶם לְדֹרֹתֵיכֶם וְעָשָׂה
טו אִשֵּׁה רֵיחַ־נִיחֹחַ לַיהוָה כַּאֲשֶׁר תַּעֲשׂוּ כֵּן יַעֲשֶׂה׃ הַקָּהָל חֻקָּה
אַחַת לָכֶם וְלַגֵּר הַגָּר חֻקַּת עוֹלָם לְדֹרֹתֵיכֶם כָּכֶם כַּגֵּר יִהְיֶה
טז לִפְנֵי יְהוָה׃ תּוֹרָה אַחַת וּמִשְׁפָּט אֶחָד יִהְיֶה לָכֶם וְלַגֵּר הַגָּר
אִתְּכֶם׃
יז יח וַיְדַבֵּר יְהוָה אֶל־מֹשֶׁה לֵּאמֹר׃ דַּבֵּר אֶל־בְּנֵי יִשְׂרָאֵל וְאָמַרְתָּ ששי
יט אֲלֵהֶם בְּבֹאֲכֶם אֶל־הָאָרֶץ אֲשֶׁר אֲנִי מֵבִיא אֶתְכֶם שָׁמָּה׃ וְהָיָה
כ בַּאֲכָלְכֶם מִלֶּחֶם הָאָרֶץ תָּרִימוּ תְרוּמָה לַיהוָה׃ רֵאשִׁית עֲרִסֹתֵכֶם
כא חַלָּה תָּרִימוּ תְרוּמָה כִּתְרוּמַת גֹּרֶן כֵּן תָּרִימוּ אֹתָהּ׃ מֵרֵאשִׁית
כב עֲרִסֹתֵיכֶם תִּתְּנוּ לַיהוָה תְּרוּמָה לְדֹרֹתֵיכֶם׃ וְכִי
תִשְׁגּוּ וְלֹא תַעֲשׂוּ אֵת כָּל־הַמִּצְוֺת הָאֵלֶּה אֲשֶׁר־דִּבֶּר יְהוָה
כג אֶל־מֹשֶׁה׃ אֵת כָּל־אֲשֶׁר צִוָּה יְהוָה אֲלֵיכֶם בְּיַד־מֹשֶׁה מִן־
כד הַיּוֹם אֲשֶׁר צִוָּה יְהוָה וָהָלְאָה לְדֹרֹתֵיכֶם׃ וְהָיָה אִם מֵעֵינֵי
הָעֵדָה נֶעֶשְׂתָה לִשְׁגָגָה וְעָשׂוּ כָל־הָעֵדָה פַּר בֶּן־בָּקָר אֶחָד
לְעֹלָה לְרֵיחַ נִיחֹחַ לַיהוָה וּמִנְחָתוֹ וְנִסְכּוֹ כַּמִּשְׁפָּט וּשְׂעִיר־עִזִּים
כה אֶחָד לְחַטָּת׃ וְכִפֶּר הַכֹּהֵן עַל־כָּל־עֲדַת בְּנֵי יִשְׂרָאֵל וְנִסְלַח

down, and the Kena'ani who dwelt in that hill, and smote them,
and discomfited them, as far as H̲orma.
And the Lord spoke to Moshe, saying, Speak to the children 1,2
of Yisra'el, and say to then, When you come to the land of your
habitations, which I give to you, and will make an offering by 3
fire to the Lord, a burnt offering, or a sacrifice, in performing
a pronounced vow, or in a freewill offering, or in your solemn
feasts, to make a sweet savour to the Lord, of the herd, or
of the flock: then shall he that offers his offering to the Lord 4
bring a meal offering of a tenth measure of flour mingled with
the fourth part of a hin of oil. And the fourth part of a hin of 5
wine for a drink offering shalt thou prepare with the burnt offer-
ing or sacrifice, for one lamb. Or for a ram, thou shalt prepare 6
for a meal offering two tenth measures of flour mingled with the
third part of a hin of oil. And for a drink offering thou shalt offer 7
the third part of a hin of wine, for a sweet savour to the Lord.
And when thou preparest a bullock for a burnt offering, or for a 8
sacrifice, in performing a pronounced vow, or in offering a peace
offering to the Lord: then shall he bring with a bullock a meal 9
offering of three tenth measures of flour mingled with half a hin
of oil. And thou shalt bring for a drink offering half a hin of 10
wine, for an offering made by fire, of a sweet savour to the Lord.
Thus shall it be done for one bullock, or for one ram, or for a 11
lamb, or a kid. According to the number that you shall prepare, 12
so shall you do to every one according to their number. All 13
that are born of the country shall do these things after this
manner, in offering an offering made by fire, of a sweet savour
to the Lord. And if a stranger sojourn with you, or whoever 14
may be among you throughout your generations, and will offer
an offering made by fire, of a sweet savour to the Lord; as you
do, so he shall do. One ordinance shall be both for you of the 15
congregation, and also for the stranger that sojourns with you,
an ordinance for ever throughout your generations: as you
are, so shall the stranger be before the Lord. One Tora and 16
one code shall there be for you, and for the stranger that so-
journs with you.
And the Lord spoke to Moshe, saying, Speak to the children 17, 18
of Yisra'el, and say to them, When you come into the land
into which I bring you, then it shall be, that, when you eat 19
of the bread of the land, you shall offer up a gift to the Lord.
You shall offer up a cake of the first of your dough for a gift: 20
as you do the gift of the threshingfloor, so shall you set it apart.
Of the first of your dough you shall give to the Lord an offering 21
throughout your generations. And if you have erred, and 22
not observed all these commandments, which the Lord spoke
to Moshe, all that the Lord has commanded you by the hand 23
of Moshe, from the day that the Lord gave command, and
henceforward throughout your generations; then it shall be, if 24
it be committed by ignorance without the knowledge of the
congregation, that all the congregation shall offer one young
bullock for a burnt offering, for a sweet savour to the Lord,
with its meal offering, and its drink offering, according to the
ordinance, and one kid of the goats for a sin offering. And the 25

לָהֶם כִּי־שְׁגָגָה הִוא וְהֵם הֵבִיאוּ אֶת־קָרְבָּנָם אִשֶּׁה לַיהוה
וְחַטָּאתָם לִפְנֵי יהוה עַל־שִׁגְגָתָם: וְנִסְלַח לְכָל־עֲדַת בְּנֵי יִשְׂרָאֵל כו
שביעי וְלַגֵּר הַגָּר בְּתוֹכָם כִּי לְכָל־הָעָם בִּשְׁגָגָה: וְאִם־ כז
נֶפֶשׁ אַחַת תֶּחֱטָא בִשְׁגָגָה וְהִקְרִיבָה עֵז בַּת־שְׁנָתָהּ לְחַטָּאת:
וְכִפֶּר הַכֹּהֵן עַל־הַנֶּפֶשׁ הַשֹּׁגֶגֶת בְּחֶטְאָה בִשְׁגָגָה לִפְנֵי יהוה כח
לְכַפֵּר עָלָיו וְנִסְלַח לוֹ: הָאֶזְרָח בִּבְנֵי יִשְׂרָאֵל וְלַגֵּר הַגָּר בְּתוֹכָם כט
תּוֹרָה אַחַת יִהְיֶה לָכֶם לָעֹשֶׂה בִּשְׁגָגָה: וְהַנֶּפֶשׁ אֲשֶׁר־תַּעֲשֶׂה ׀ ל
בְּיָד רָמָה מִן־הָאֶזְרָח וּמִן־הַגֵּר אֶת־יהוה הוּא מְגַדֵּף וְנִכְרְתָה
הַנֶּפֶשׁ הַהִוא מִקֶּרֶב עַמָּהּ: כִּי דְבַר־יהוה בָּזָה וְאֶת־מִצְוָתוֹ לא
הֵפַר הִכָּרֵת ׀ תִּכָּרֵת הַנֶּפֶשׁ הַהִוא עֲוֺנָה בָהּ:
וַיִּהְיוּ בְנֵי־יִשְׂרָאֵל בַּמִּדְבָּר וַיִּמְצְאוּ אִישׁ מְקֹשֵׁשׁ עֵצִים בְּיוֹם לב
הַשַּׁבָּת: וַיַּקְרִיבוּ אֹתוֹ הַמֹּצְאִים אֹתוֹ מְקֹשֵׁשׁ עֵצִים אֶל־מֹשֶׁה לג
וְאֶל־אַהֲרֹן וְאֶל כָּל־הָעֵדָה: וַיַּנִּיחוּ אֹתוֹ בַּמִּשְׁמָר כִּי לֹא פֹרַשׁ לד
מַה־יֵּעָשֶׂה לוֹ: וַיֹּאמֶר יהוה אֶל־מֹשֶׁה מוֹת לה
יוּמַת הָאִישׁ רָגוֹם אֹתוֹ בָאֲבָנִים כָּל־הָעֵדָה מִחוּץ לַמַּחֲנֶה:
וַיֹּצִיאוּ אֹתוֹ כָּל־הָעֵדָה אֶל־מִחוּץ לַמַּחֲנֶה וַיִּרְגְּמוּ אֹתוֹ בָּאֲבָנִים לו
וַיָּמֹת כַּאֲשֶׁר צִוָּה יהוה אֶת־מֹשֶׁה:
מפטיר וַיֹּאמֶר יהוה אֶל־מֹשֶׁה לֵּאמֹר: דַּבֵּר אֶל־בְּנֵי יִשְׂרָאֵל וְאָמַרְתָּ לז לח
אֲלֵהֶם וְעָשׂוּ לָהֶם צִיצִת עַל־כַּנְפֵי בִגְדֵיהֶם לְדֹרֹתָם וְנָתְנוּ עַל־
צִיצִת הַכָּנָף פְּתִיל תְּכֵלֶת: וְהָיָה לָכֶם לְצִיצִת וּרְאִיתֶם אֹתוֹ לט
וּזְכַרְתֶּם אֶת־כָּל־מִצְוֺת יהוה וַעֲשִׂיתֶם אֹתָם וְלֹא תָתֻרוּ אַחֲרֵי
לְבַבְכֶם וְאַחֲרֵי עֵינֵיכֶם אֲשֶׁר־אַתֶּם זֹנִים אַחֲרֵיהֶם: לְמַעַן תִּזְכְּרוּ מ
וַעֲשִׂיתֶם אֶת־כָּל־מִצְוֺתָי וִהְיִיתֶם קְדֹשִׁים לֵאלֹהֵיכֶם: אֲנִי יהוה מא
אֱלֹהֵיכֶם אֲשֶׁר הוֹצֵאתִי אֶתְכֶם מֵאֶרֶץ מִצְרַיִם לִהְיוֹת לָכֶם
לֵאלֹהִים אֲנִי יהוה אֱלֹהֵיכֶם:

קרח טו וַיִּקַּח קֹרַח בֶּן־יִצְהָר בֶּן־קְהָת בֶּן־לֵוִי וְדָתָן וַאֲבִירָם בְּנֵי אֱלִיאָב א טז
וְאוֹן בֶּן־פֶּלֶת בְּנֵי רְאוּבֵן: וַיָּקֻמוּ לִפְנֵי מֹשֶׁה וַאֲנָשִׁים מִבְּנֵי־ ב
יִשְׂרָאֵל חֲמִשִּׁים וּמָאתָיִם נְשִׂיאֵי עֵדָה קְרִאֵי מוֹעֵד אַנְשֵׁי־שֵׁם:
וַיִּקָּהֲלוּ עַל־מֹשֶׁה וְעַל־אַהֲרֹן וַיֹּאמְרוּ אֲלֵהֶם רַב־לָכֶם כִּי כָל־ ג
הָעֵדָה כֻּלָּם קְדֹשִׁים וּבְתוֹכָם יהוה וּמַדּוּעַ תִּתְנַשְּׂאוּ עַל־קְהַל
יהוה: וַיִּשְׁמַע מֹשֶׁה וַיִּפֹּל עַל־פָּנָיו: וַיְדַבֵּר אֶל־קֹרַח וְאֶל־כָּל־ ד ה
עֲדָתוֹ לֵאמֹר בֹּקֶר וְיֹדַע יהוה אֶת־אֲשֶׁר־לוֹ וְאֶת־הַקָּדוֹשׁ וְהִקְרִיב

priest shall make atonement for all the congregation of the
children of Yisra'el, and it shall be forgiven them; for it is
ignorance, and they have brought their offering, a sacrifice made
by fire to the Lord, and their sin offering before the Lord, for
their ignorance. And it shall be forgiven all the congregation of   26
the children of Yisra'el, and the stranger that sojourns among
them; seeing all the people were in ignorance.   And if a   27
single person sin through ignorance, then he shall bring a she
goat of the first year for a sin offering. And the priest shall   28
make atonement for the person that sins ignorantly, when he
sins by ignorance before the Lord, to make atonement for him;
and it shall be forgiven him. You shall have one Tora for him   29
who sins through ignorance, both for him that is born among
the children of Yisra'el, and for the stranger that sojourns
among them. But the person that acts presumptuously, whether   30
he be born in the land, or a stranger, that person dishonours
the Lord; and that soul shall be cut off from among his peo-
ple. Because he has despised the word of the Lord, and has   31
broken his commandment, that soul shall utterly be cut off;
his iniquity shall be upon him.

And while the children of Yisra'el were in the wilderness, they   32
found a man gathering sticks upon the sabbath day. And   33
they that found him gathering sticks brought him to Moshe
and Aharon, and to all the congregation. And they put him in   34
custody, because it was not declared what should be done to
him.   And the Lord said to Moshe, The man shall be surely   35
put to death: all the congregation shall stone him with stones
outside the camp. And all the congregation brought him outside   36
the camp, and stoned him with stones, and he died; as the
Lord commanded Moshe.

And the Lord spoke to Moshe, saying, Speak to the children   37, 38
of Yisra'el, and bid them that they make them fringes in the
corners of their garments throughout their generations, and
that they put upon the fringe of each corner a thread of blue:
and it shall be to you as a fringe, that you may look upon   39
it, and remember all the commandments of the Lord, and do
them; and that you seek not after your own heart and your
own eyes, after which you go astray: that you may remember,   40
and do all my commandments, and be holy to your God. I am   41
the Lord your God, who brought you out of the land of Miẓ-
rayim, to be your God: I am the Lord your God.

QORAH   Now Qoraḥ, the son of Yiẓhar, the son of Qehat, the son of Levi,   **16**
and Datan and Aviram, the sons of Eli'av, and On, the son of
Pelet, of the sons of Re'uven, took men: and they rose up before   2
Moshe, with certain of the children of Yisra'el, two hundred
and fifty princes of the assembly, regularly summoned to the
congregation, men of renown: and they gathered themselves   3
together against Moshe and against Aharon, and said to them,
You take too much upon you, seeing all the congregation are
holy, every one of them, and the Lord is among them: why
then do you raise yourselves up above the congregation of
the Lord? And when Moshe heard it, he fell on his face: 4
and he spoke to Qoraḥ and to all his company, saying, Tomor-   5

ו אֵלָיו וְאֵת אֲשֶׁר יִבְחַר־בּוֹ יַקְרִיב אֵלָיו׃ זֹאת עֲשׂוּ קְחוּ־לָכֶם
ז מַחְתּוֹת קֹרַח וְכָל־עֲדָתוֹ׃ וּתְנוּ־בָהֵן ׀ אֵשׁ וְשִׂימוּ עֲלֵיהֶן ׀ קְטֹרֶת
לִפְנֵי יהוה מָחָר וְהָיָה הָאִישׁ אֲשֶׁר־יִבְחַר יהוה הוּא הַקָּדוֹשׁ
ח רַב־לָכֶם בְּנֵי לֵוִי׃ וַיֹּאמֶר מֹשֶׁה אֶל־קֹרַח שִׁמְעוּ־נָא בְּנֵי לֵוִי׃
ט הַמְעַט מִכֶּם כִּי־הִבְדִּיל אֱלֹהֵי יִשְׂרָאֵל אֶתְכֶם מֵעֲדַת יִשְׂרָאֵל
לְהַקְרִיב אֶתְכֶם אֵלָיו לַעֲבֹד אֶת־עֲבֹדַת מִשְׁכַּן יהוה וְלַעֲמֹד
י לִפְנֵי הָעֵדָה לְשָׁרְתָם׃ וַיַּקְרֵב אֹתְךָ וְאֶת־כָּל־אַחֶיךָ בְנֵי־לֵוִי אִתָּךְ
יא וּבִקַּשְׁתֶּם גַּם־כְּהֻנָּה׃ לָכֵן אַתָּה וְכָל־עֲדָתְךָ הַנֹּעָדִים עַל־יהוה
יב וְאַהֲרֹן מַה־הוּא כִּי תלונו עָלָיו׃ וַיִּשְׁלַח מֹשֶׁה לִקְרֹא לְדָתָן   תַּלִּינוּ
יג וְלַאֲבִירָם בְּנֵי אֱלִיאָב וַיֹּאמְרוּ לֹא נַעֲלֶה׃ הַמְעַט כִּי הֶעֱלִיתָנוּ
מֵאֶרֶץ זָבַת חָלָב וּדְבַשׁ לַהֲמִיתֵנוּ בַּמִּדְבָּר כִּי־תִשְׂתָּרֵר עָלֵינוּ
יד גַּם־הִשְׂתָּרֵר׃ אַף לֹא אֶל־אֶרֶץ זָבַת חָלָב וּדְבַשׁ הֲבִיאֹתָנוּ   שני
וַתִּתֶּן־לָנוּ נַחֲלַת שָׂדֶה וָכָרֶם הַעֵינֵי הָאֲנָשִׁים הָהֵם תְּנַקֵּר לֹא
טו נַעֲלֶה׃ וַיִּחַר לְמֹשֶׁה מְאֹד וַיֹּאמֶר אֶל־יהוה אַל־תֵּפֶן אֶל־
מִנְחָתָם לֹא חֲמוֹר אֶחָד מֵהֶם נָשָׂאתִי וְלֹא הֲרֵעֹתִי אֶת־אַחַד
טז מֵהֶם׃ וַיֹּאמֶר מֹשֶׁה אֶל־קֹרַח אַתָּה וְכָל־עֲדָתְךָ הֱיוּ לִפְנֵי יהוה
יז אַתָּה וָהֵם וְאַהֲרֹן מָחָר׃ וּקְחוּ ׀ אִישׁ מַחְתָּתוֹ וּנְתַתֶּם עֲלֵיהֶם
קְטֹרֶת וְהִקְרַבְתֶּם לִפְנֵי יהוה אִישׁ מַחְתָּתוֹ חֲמִשִּׁים וּמָאתַיִם
יח מַחְתֹּת וְאַתָּה וְאַהֲרֹן אִישׁ מַחְתָּתוֹ׃ וַיִּקְחוּ אִישׁ מַחְתָּתוֹ וַיִּתְּנוּ
עֲלֵיהֶם אֵשׁ וַיָּשִׂימוּ עֲלֵיהֶם קְטֹרֶת וַיַּעַמְדוּ פֶּתַח אֹהֶל מוֹעֵד
יט וּמֹשֶׁה וְאַהֲרֹן׃ וַיַּקְהֵל עֲלֵיהֶם קֹרַח אֶת־כָּל־הָעֵדָה אֶל־פֶּתַח אֹהֶל
כ מוֹעֵד וַיֵּרָא כְבוֹד־יהוה אֶל־כָּל־הָעֵדָה׃   וַיְדַבֵּר   שלישי
כא יהוה אֶל־מֹשֶׁה וְאֶל־אַהֲרֹן לֵאמֹר׃ הִבָּדְלוּ מִתּוֹךְ הָעֵדָה
כב הַזֹּאת וַאֲכַלֶּה אֹתָם כְּרָגַע׃ וַיִּפְּלוּ עַל־פְּנֵיהֶם וַיֹּאמְרוּ אֵל
אֱלֹהֵי הָרוּחֹת לְכָל־בָּשָׂר הָאִישׁ אֶחָד יֶחֱטָא וְעַל כָּל־הָעֵדָה
כג כד תִּקְצֹף׃   וַיְדַבֵּר יהוה אֶל־מֹשֶׁה לֵּאמֹר׃ דַּבֵּר
אֶל־הָעֵדָה לֵאמֹר הֵעָלוּ מִסָּבִיב לְמִשְׁכַּן־קֹרַח דָּתָן וַאֲבִירָם׃
כה וַיָּקָם מֹשֶׁה וַיֵּלֶךְ אֶל־דָּתָן וַאֲבִירָם וַיֵּלְכוּ אַחֲרָיו זִקְנֵי יִשְׂרָאֵל׃
כו וַיְדַבֵּר אֶל־הָעֵדָה לֵאמֹר סוּרוּ נָא מֵעַל אָהֳלֵי הָאֲנָשִׁים הָרְשָׁעִים
הָאֵלֶּה וְאַל־תִּגְּעוּ בְּכָל־אֲשֶׁר לָהֶם פֶּן־תִּסָּפוּ בְּכָל־חַטֹּאתָם׃
כז וַיֵּעָלוּ מֵעַל מִשְׁכַּן־קֹרַח דָּתָן וַאֲבִירָם מִסָּבִיב וְדָתָן וַאֲבִירָם
כח יָצְאוּ נִצָּבִים פֶּתַח אָהֳלֵיהֶם וּנְשֵׁיהֶם וּבְנֵיהֶם וְטַפָּם׃ וַיֹּאמֶר
מֹשֶׁה בְּזֹאת תֵּדְעוּן כִּי־יהוה שְׁלָחַנִי לַעֲשׂוֹת אֵת כָּל־הַמַּעֲשִׂים
כט הָאֵלֶּה כִּי־לֹא מִלִּבִּי׃ אִם־כְּמוֹת כָּל־הָאָדָם יְמֻתוּן אֵלֶּה וּפְקֻדַּת

row morning the Lord will show who is his, and who is holy;
and will cause him to come near to him: even him whom he
has chosen will he cause to come near to him. This do; Take   6
censers, Qorah, and all his company; and put fire in them, and   7
put incense in them before the Lord tomorrow: and it shall
be that the man whom the Lord chooses, he shall be holy: you
take too much upon you, you sons of Levi. And Moshe said   8
to Qorah, Hear, I pray you, sons of Levi: is it but a small   9
thing to you, that the God of Yisra'el has separated you from
the congregation of Yisra'el, to bring you near to himself to do
the service of the tabernacle of the Lord, and to stand before
the congregation to minister to them? And he has brought thee   10
near to him, and all thy brethren the sons of Levi with thee:
and do you seek the priesthood also? For which cause both thou   11
and all thy company who are gathered together are against
the Lord: and what is Aharon, that you murmur against him?
And Moshe sent to call Datan and Aviram, the sons of Eli'av;   12
but they said, We will not come up: is it a small thing that   13
thou hast brought us up out of a land flowing with milk and
honey, to kill us in the wilderness, and dost thou also make
thyself a prince over us? Moreover thou hast not brought us   14
to a land flowing with milk and honey, nor given us inheritance
of fields and vineyards: wilt thou put out the eyes of these
men? we will not come up. And Moshe was much angered,   15
and said to the Lord, Have no regard to their offering: I have
not taken one ass from them, nor have I hurt one of them.
And Moshe said to Qorah, Be thou and all thy company before   16
the Lord, thou, and they, and Aharon, tomorrow: and take
every man his censer, and put incense in them, and present be-   17
fore the Lord every man his censer, two hundred and fifty
censers; thou also, and Aharon, each of you his censer. And   18
they took every man his censer, and put fire in them, and laid
incense on them, and stood in the door of the Tent of Meeting
with Moshe and Aharon. And Qorah gathered all the congrega-   19
tion against them to the door of the Tent of Meeting: and the
glory of the Lord appeared to all the congregation.   And   20
the Lord spoke to Moshe and to Aharon, saying, Separate your-   21
selves from among this congregation, that I may consume them
in a moment. And they fell upon their faces, and said, O God,   22
the God of the spirits of all flesh, shall one man sin, and wilt
thou be angry with all the congregation?   And the Lord   23
spoke to Moshe, saying, Speak to the congregation, saying, Get   24
up from about the dwelling of Qorah, Datan, and Aviram.
And Moshe rose up and went to Datan and Aviram; and the   25
elders of Yisra'el followed him. And he spoke to the congrega-   26
tion, saying, Depart, I pray you, from the tents of these wicked
men, and touch nothing of theirs, lest you be consumed in all
their sins. So they went up from the dwelling of Qorah, Datan,   27
and Aviram, on every side: and Datan and Aviram came out,
and stood in the door of their tents, and their wives, and their
sons, and their little children. And Moshe said, Hereby you shall   28
know that the Lord has sent me to do all these works; for I
have not done them of my own mind. If these men die the com-   29

ל כׇּל־הָֽאָדָם יִפָּקֵד עֲלֵיהֶם לֹא יְהוָה שְׁלָחָֽנִי׃ וְאִם־בְּרִיאָה יִבְרָא
יְהוָה וּפָצְתָה הָאֲדָמָה אֶת־פִּיהָ וּבָלְעָה אֹתָם וְאֶת־כׇּל־אֲשֶׁר
לָהֶם וְיָרְדוּ חַיִּים שְׁאֹלָה וִידַעְתֶּם כִּי נִאֲצוּ הָאֲנָשִׁים הָאֵלֶּה
לא אֶת־יְהוָה׃ וַיְהִי כְּכַלֹּתוֹ לְדַבֵּר אֵת כׇּל־הַדְּבָרִים הָאֵלֶּה וַתִּבָּקַע
לב הָאֲדָמָה אֲשֶׁר תַּחְתֵּיהֶם׃ וַתִּפְתַּח הָאָרֶץ אֶת־פִּיהָ וַתִּבְלַע אֹתָם
לג וְאֶת־בָּתֵּיהֶם וְאֵת כׇּל־הָאָדָם אֲשֶׁר לְקֹרַח וְאֵת כׇּל־הָרְכוּשׁ׃ וַיֵּרְדוּ
הֵם וְכׇל־אֲשֶׁר לָהֶם חַיִּים שְׁאֹלָה וַתְּכַס עֲלֵיהֶם הָאָרֶץ וַיֹּאבְדוּ
לד מִתּוֹךְ הַקָּהָל׃ וְכׇל־יִשְׂרָאֵל אֲשֶׁר סְבִיבֹתֵיהֶם נָסוּ לְקֹלָם כִּי
לה אָמְרוּ פֶּן־תִּבְלָעֵנוּ הָאָרֶץ׃ וְאֵשׁ יָצְאָה מֵאֵת יְהוָה וַתֹּאכַל אֵת
א יז הַחֲמִשִּׁים וּמָאתַיִם אִישׁ מַקְרִיבֵי הַקְּטֹֽרֶת׃ וַיְדַבֵּר
ב יְהוָה אֶל־מֹשֶׁה לֵּאמֹר׃ אֱמֹר אֶל־אֶלְעָזָר בֶּן־אַהֲרֹן הַכֹּהֵן וְיָרֵם
אֶת־הַמַּחְתֹּת מִבֵּין הַשְּׂרֵפָה וְאֶת־הָאֵשׁ זְרֵה־הָלְאָה כִּי קָדֵֽשׁוּ׃
ג אֵת מַחְתּוֹת הַחַטָּאִים הָאֵלֶּה בְּנַפְשֹׁתָם וְעָשׂוּ אֹתָם רִקֻּעֵי
פַחִים צִפּוּי לַמִּזְבֵּחַ כִּי־הִקְרִיבֻם לִפְנֵי־יְהוָה וַיִּקְדָּשׁוּ וְיִהְיוּ לְאוֹת
ד לִבְנֵי יִשְׂרָאֵל׃ וַיִּקַּח אֶלְעָזָר הַכֹּהֵן אֵת מַחְתּוֹת הַנְּחֹשֶׁת אֲשֶׁר
ה הִקְרִיבוּ הַשְּׂרֻפִים וַיְרַקְּעוּם צִפּוּי לַמִּזְבֵּחַ׃ זִכָּרוֹן לִבְנֵי יִשְׂרָאֵל
לְמַעַן אֲשֶׁר לֹא־יִקְרַב אִישׁ זָר אֲשֶׁר לֹא מִזֶּרַע אַהֲרֹן הוּא
לְהַקְטִיר קְטֹרֶת לִפְנֵי יְהוָה וְלֹא־יִהְיֶה כְקֹרַח וְכַעֲדָתוֹ כַּאֲשֶׁר
דִּבֶּר יְהוָה בְּיַד־מֹשֶׁה לוֹ׃
ו וַיִּלֹּנוּ כׇּל־עֲדַת בְּנֵי־יִשְׂרָאֵל מִמׇּחֳרָת עַל־מֹשֶׁה וְעַל־אַהֲרֹן
ז לֵאמֹר אַתֶּם הֲמִתֶּם אֶת־עַם יְהוָה׃ וַיְהִי בְּהִקָּהֵל הָעֵדָה
עַל־מֹשֶׁה וְעַל־אַהֲרֹן וַיִּפְנוּ אֶל־אֹהֶל מוֹעֵד וְהִנֵּה כִסָּהוּ
ח הֶעָנָן וַיֵּרָא כְּבוֹד יְהוָה׃ וַיָּבֹא מֹשֶׁה וְאַהֲרֹן אֶל־פְּנֵי אֹהֶל
רביעי ט מוֹעֵד׃ וַיְדַבֵּר יְהוָה אֶל־מֹשֶׁה לֵּאמֹר׃ הֵרֹמּוּ
מִתּוֹךְ הָעֵדָה הַזֹּאת וַאֲכַלֶּה אֹתָם כְּרָגַע וַיִּפְּלוּ עַל־פְּנֵיהֶם׃
יא וַיֹּאמֶר מֹשֶׁה אֶל־אַהֲרֹן קַח אֶת־הַמַּחְתָּה וְתֶן־עָלֶיהָ אֵשׁ
מֵעַל הַמִּזְבֵּחַ וְשִׂים קְטֹרֶת וְהוֹלֵךְ מְהֵרָה אֶל־הָעֵדָה וְכַפֵּר
יב עֲלֵיהֶם כִּי־יָצָא הַקֶּצֶף מִלִּפְנֵי יְהוָה הֵחֵל הַנָּגֶף׃ וַיִּקַּח אַהֲרֹן
כַּאֲשֶׁר ׀ דִּבֶּר מֹשֶׁה וַיָּרׇץ אֶל־תּוֹךְ הַקָּהָל וְהִנֵּה הֵחֵל הַנֶּגֶף בָּעָם
יג וַיִּתֵּן אֶת־הַקְּטֹרֶת וַיְכַפֵּר עַל־הָעָם׃ וַיַּעֲמֹד בֵּין־הַמֵּתִים וּבֵין
יד הַחַיִּים וַתֵּעָצַר הַמַּגֵּפָה׃ וַיִּהְיוּ הַמֵּתִים בַּמַּגֵּפָה אַרְבָּעָה עָשָׂר
טו אֶלֶף וּשְׁבַע מֵאוֹת מִלְּבַד הַמֵּתִים עַל־דְּבַר־קֹרַח׃ וַיָּשׇׁב אַהֲרֹן
אֶל־מֹשֶׁה אֶל־פֶּתַח אֹהֶל מוֹעֵד וְהַמַּגֵּפָה נֶעֱצָרָה׃
חמישי טז טז יז וַיְדַבֵּר יְהוָה אֶל־מֹשֶׁה לֵּאמֹר׃ דַּבֵּר ׀ אֶל־בְּנֵי יִשְׂרָאֵל וְקַח

mon death of all men, or if they be visited after the visitation of
all men; then the LORD has not sent me. But if the LORD creates a 30
new thing, and the earth opens her mouth, and swallows them
up, with all that appertain to them, and they go down alive
into She'ol; then you shall understand that these men have
provoked the LORD. And it came to pass, as he had made an 31
end of speaking all these words, that the ground split beneath
them: and the earth opened her mouth, and swallowed them 32
up, and their houses, and all the men that appertained to Qoraḥ,
and all their goods. They, and all that appertained to them, 33
went down alive into She'ol, and the earth closed upon them:
and they perished from among the congregation. And all Yisra'el 34
that were round about them fled at the cry of them: for they
said, Lest the earth swallow us up also. And there came out 35
a fire from the LORD, and consumed the two hundred and fifty
men that offered the incense. And the LORD spoke to **17**
Moshe saying, Speak to El'azar the son of Aharon the priest, 2
that he take up the censers out of the burning, and scatter thou
the fire yonder; for they have become holy. As for the censers 3
of these sinners against their own lives, let them make them
into beaten plates for a covering of the altar: for they offered
them before the LORD, therefore they have become holy: and
they shall be a sign to the children of Yisra'el. And El'azar the 4
priest took the brazen censers, wherewith they that were burnt
had offered; and they made them into beaten plates for a cover-
ing of the altar: to be a memorial to the children of Yisra'el, 5
that no stranger, who is not of the seed of Aharon, come near
to offer incense before the LORD: that he be not like Qoraḥ
and his company: as the LORD said to him by the hand of
Moshe.
But on the morrow all the congregation of the children of Yis- 6
ra'el murmured against Moshe and against Aharon, saying, You
have killed the people of the LORD. And it came to pass, when 7
the congregation was gathered against Moshe and against
Aharon, that they looked toward the Tent of Meeting: and,
behold, the cloud covered it, and the glory of the LORD appeared.
And Moshe and Aharon came before the Tent of Meeting. 8
And the LORD spoke to Moshe, saying, Get away 9, 10
from among this congregation, that I may consume them in a
moment. And they fell upon their faces. And Moshe said to 11
Aharon. Take a censer, and put fire in it from off the altar,
and put on incense, and take it quickly to the congregation, and
make atonement for them: for wrath is gone out from the
LORD; the plague has begun. And Aharon took as Moshe com- 12
manded, and ran into the midst of the congregation; and,
behold, the plague had begun among the people: and he put
on incense, and made atonement for the people. And he stood 13
between the dead and the living; and the plague was stayed.
Now they that died in the plague were fourteen thousand, seven 14
hundred, besides those who died about the matter of Qoraḥ. And 15
Aharon returned to Moshe to the door of the Tent of Meeting:
and the plague was stayed.
And the LORD spoke to Moshe, saying, Speak to the children of 16, 17

מֵאִתָּם מַטֶּה מַטֶּה לְבֵית אָב מֵאֵת כָּל־נְשִׂיאֵהֶם לְבֵית אֲבֹתָם
יח שְׁנֵים עָשָׂר מַטּוֹת אִישׁ אֶת־שְׁמוֹ תִּכְתֹּב עַל־מַטֵּהוּ׃ וְאֵת שֵׁם
אַהֲרֹן תִּכְתֹּב עַל־מַטֵּה לֵוִי כִּי מַטֶּה אֶחָד לְרֹאשׁ בֵּית אֲבוֹתָם׃
יט וְהִנַּחְתָּם בְּאֹהֶל מוֹעֵד לִפְנֵי הָעֵדוּת אֲשֶׁר אִוָּעֵד לָכֶם שָׁמָּה׃
כ וְהָיָה הָאִישׁ אֲשֶׁר אֶבְחַר־בּוֹ מַטֵּהוּ יִפְרָח וַהֲשִׁכֹּתִי מֵעָלַי אֶת־
כא תְּלֻנּוֹת בְּנֵי יִשְׂרָאֵל אֲשֶׁר הֵם מַלִּינִם עֲלֵיכֶם׃ וַיְדַבֵּר מֹשֶׁה
אֶל־בְּנֵי יִשְׂרָאֵל וַיִּתְּנוּ אֵלָיו ׀ כָּל־נְשִׂיאֵיהֶם מַטֶּה לְנָשִׂיא אֶחָד
מַטֶּה לְנָשִׂיא אֶחָד לְבֵית אֲבֹתָם שְׁנֵים עָשָׂר מַטּוֹת וּמַטֵּה
כב אַהֲרֹן בְּתוֹךְ מַטּוֹתָם׃ וַיַּנַּח מֹשֶׁה אֶת־הַמַּטֹּת לִפְנֵי יהוה בְּאֹהֶל
כג הָעֵדֻת׃ וַיְהִי מִמָּחֳרָת וַיָּבֹא מֹשֶׁה אֶל־אֹהֶל הָעֵדוּת וְהִנֵּה פָּרַח
מַטֵּה־אַהֲרֹן לְבֵית לֵוִי וַיֹּצֵא פֶרַח וַיָּצֵץ צִיץ וַיִּגְמֹל שְׁקֵדִים׃
כד וַיֹּצֵא מֹשֶׁה אֶת־כָּל־הַמַּטֹּת מִלִּפְנֵי יהוה אֶל־כָּל־בְּנֵי יִשְׂרָאֵל
וַיִּרְאוּ וַיִּקְחוּ אִישׁ מַטֵּהוּ׃
ששי כה וַיֹּאמֶר יהוה אֶל־מֹשֶׁה הָשֵׁב אֶת־מַטֵּה אַהֲרֹן לִפְנֵי הָעֵדוּת
לְמִשְׁמֶרֶת לְאוֹת לִבְנֵי־מֶרִי וּתְכַל תְּלוּנֹּתָם מֵעָלַי וְלֹא יָמֻתוּ׃
כו וַיַּעַשׂ מֹשֶׁה כַּאֲשֶׁר צִוָּה יהוה אֹתוֹ כֵּן עָשָׂה׃
כז וַיֹּאמְרוּ בְּנֵי יִשְׂרָאֵל אֶל־מֹשֶׁה לֵאמֹר הֵן גָּוַעְנוּ אָבַדְנוּ כֻּלָּנוּ
כח אָבָדְנוּ׃ כֹּל הַקָּרֵב ׀ הַקָּרֵב אֶל־מִשְׁכַּן יהוה יָמוּת הַאִם תַּמְנוּ
יח א לִגְוֹעַ׃ וַיֹּאמֶר יהוה אֶל־אַהֲרֹן אַתָּה וּבָנֶיךָ וּבֵית־
אָבִיךָ אִתָּךְ תִּשְׂאוּ אֶת־עֲוֺן הַמִּקְדָּשׁ וְאַתָּה וּבָנֶיךָ אִתָּךְ תִּשְׂאוּ
ב אֶת־עֲוֺן כְּהֻנַּתְכֶם׃ וְגַם אֶת־אַחֶיךָ מַטֵּה לֵוִי שֵׁבֶט אָבִיךָ הַקְרֵב
אִתָּךְ וְיִלָּווּ עָלֶיךָ וִישָׁרְתוּךָ וְאַתָּה וּבָנֶיךָ אִתָּךְ לִפְנֵי אֹהֶל הָעֵדֻת׃
ג וְשָׁמְרוּ מִשְׁמַרְתְּךָ וּמִשְׁמֶרֶת כָּל־הָאֹהֶל אַךְ אֶל־כְּלֵי הַקֹּדֶשׁ
ד וְאֶל־הַמִּזְבֵּחַ לֹא יִקְרָבוּ וְלֹא־יָמֻתוּ גַם־הֵם גַּם־אַתֶּם׃ וְנִלְווּ
עָלֶיךָ וְשָׁמְרוּ אֶת־מִשְׁמֶרֶת אֹהֶל מוֹעֵד לְכֹל עֲבֹדַת הָאֹהֶל
ה וְזָר לֹא־יִקְרַב אֲלֵיכֶם׃ וּשְׁמַרְתֶּם אֵת מִשְׁמֶרֶת הַקֹּדֶשׁ וְאֵת
ו מִשְׁמֶרֶת הַמִּזְבֵּחַ וְלֹא־יִהְיֶה עוֹד קֶצֶף עַל־בְּנֵי יִשְׂרָאֵל׃ וַאֲנִי
הִנֵּה לָקַחְתִּי אֶת־אֲחֵיכֶם הַלְוִיִּם מִתּוֹךְ בְּנֵי יִשְׂרָאֵל לָכֶם
ז מַתָּנָה נְתֻנִים לַיהוה לַעֲבֹד אֶת־עֲבֹדַת אֹהֶל מוֹעֵד׃ וְאַתָּה
וּבָנֶיךָ אִתְּךָ תִּשְׁמְרוּ אֶת־כְּהֻנַּתְכֶם לְכָל־דְּבַר הַמִּזְבֵּחַ וּלְמִבֵּית
לַפָּרֹכֶת וַעֲבַדְתֶּם עֲבֹדַת מַתָּנָה אֶתֵּן אֶת־כְּהֻנַּתְכֶם וְהַזָּר הַקָּרֵב
יוּמָת׃
ח וַיְדַבֵּר יהוה אֶל־אַהֲרֹן וַאֲנִי הִנֵּה נָתַתִּי לְךָ אֶת־מִשְׁמֶרֶת
תְּרוּמֹתָי לְכָל־קָדְשֵׁי בְנֵי־יִשְׂרָאֵל לְךָ נְתַתִּים לְמָשְׁחָה וּלְבָנֶיךָ

Yisra'el, and take of every one of them a rod, one for each
father's house, of all their princes according to the house of
their fathers: twelve rods: write every man's name upon his
rod. And thou shalt write Aharon's name upon the rod of Levi: 18
for one rod shall be for the head of the house of their fathers.
And thou shalt lay them up in the Tent of Meeting before the 19
Testimony, where I will meet with you. And it shall come to 20
pass, that the man's rod, whom I shall choose, shall blossom:
and I will make to cease from me the murmurings of the children
of Yisra'el, whereby they murmur against you. And Moshe 21
spoke to the children of Yisra'el, and every one of their princes
gave him a rod apiece, for each prince one, according to their
fathers' houses: twelve rods: and the rod of Aharon was among
their rods. And Moshe laid up the rods before the LORD in the 22
tent of the testimony. And it came to pass, that on the .mor- 23
row Moshe went into the tent of the Testimony: and, behold,
the rod of Aharon for the house of Levi had sprouted, and
brought forth buds, and blossomed, and yielded almonds. And 24
Moshe brought out all the rods from before the LORD to all
the children of Yisra'el: and they looked, and took every man
his rod.

And the LORD said to Moshe, Put Aharon's rod back before 25
the Testimony, to be kept for a token against rebels; that there
may be an end of their murmurings against me, that they die
not. And Moshe did so: as the LORD commanded him, so 26
he did.

And the children of Yisra'el spoke to Moshe, saying, Behold, 27
we die, we perish, we all perish. Everyone that comes at all 28
near the tabernacle of the LORD dies; shall we totally
perish?   And the LORD said to Aharon, Thou and thy sons **18**
and thy father's house with thee shall bear the iniquity of the
sanctuary: and thou and thy sons with thee shall bear the iniq-
uity of your priesthood. And thy brethren also of the tribe of 2
Levi, the tribe of thy father, bring thou near with thee, that
they may be joined to thee, and minister to thee: but thou and
thy sons with thee shall minister before the tent of the Testi-
mony. And they shall keep thy charge, and the charge of all 3
the tent: only they shall not come near the vessels of the
sanctuary and the altar, that neither they, nor you, die.
And they shall be joined to thee, and keep the charge of the Tent 4
of Meeting, for all the service of the tent, and a stranger shall
not come near to you. And you shall keep the charge of the 5
sanctuary, and the charge of the altar: that there be no wrath
any more upon the children of Yisra'el. And I, behold, I have 6
taken your brethren the Levites from among the children of
Yisra'el: to you they are given as a gift for the LORD, to do
the service of the Tent of Meeting. Therefore thou and thy sons 7
with thee shall keep your priest's office for everything that
concerns the altar, and within the veil: and you shall serve:
I have given your priest's office to you as a service of gift:
and the stranger that comes near shall be put to death.

And the LORD spoke to Aharon, Behold, I also have given thee 8
the charge of my heave offerings of all the hallowed things of

ט לְחָק־עוֹלָֽם: זֶה יִהְיֶֽה־לְּךָ מִקֹּ֣דֶשׁ הַקֳּדָשִׁ֖ים מִן־הָאֵ֑שׁ כָּל־קָרְבָּנָ֡ם

לְכָל־מִנְחָתָ֩ם וּלְכָל־חַטָּאתָ֨ם וּלְכָל־אֲשָׁמָ֜ם אֲשֶׁ֣ר יָשִׁ֣יבוּ לִ֗י

י קֹ֤דֶשׁ קָֽדָשִׁים֙ לְךָ֣ ה֔וּא וּלְבָנֶֽיךָ: בְּקֹ֥דֶשׁ הַקֳּדָשִׁ֖ים תֹּֽאכְלֶ֑נּוּ כָּל־

יא זָכָר֙ יֹאכַ֣ל אֹת֔וֹ קֹ֥דֶשׁ יִֽהְיֶה־לָּֽךְ: וְזֶה־לְּךָ֞ תְּרוּמַ֣ת מַתָּנָ֗ם לְכָל־

תְּנוּפֹת֮ בְּנֵ֣י יִשְׂרָאֵל֒ לְךָ֣ נְתַתִּ֗ים וּלְבָנֶ֧יךָ וְלִבְנֹתֶ֛יךָ אִתְּךָ֖ לְחָק־

יב עוֹלָ֑ם כָּל־טָה֥וֹר בְּבֵֽיתְךָ֖ יֹאכַ֥ל אֹתֽוֹ: כֹּ֣ל חֵ֣לֶב יִצְהָ֗ר וְכָל־חֵ֛לֶב

יג תִּיר֥וֹשׁ וְדָגָ֖ן רֵֽאשִׁיתָ֛ם אֲשֶׁר־יִתְּנ֥וּ לַֽיהוָ֖ה לְךָ֥ נְתַתִּֽים: בִּכּוּרֵ֞י

כָּל־אֲשֶׁ֧ר בְּאַרְצָ֛ם אֲשֶׁר־יָבִ֥יאוּ לַֽיהוָ֖ה לְךָ֣ יִֽהְיֶ֑ה כָּל־טָה֥וֹר בְּבֵֽיתְךָ֖

יד יֹֽאכְלֶֽנּוּ: כָּל־חֵ֥רֶם בְּיִשְׂרָאֵ֖ל לְךָ֥ יִֽהְיֶֽה: כָּל־פֶּ֣טֶר רֶ֣חֶם לְֽכָל־

טו בָּשָׂ֡ר אֲשֶׁר־יַקְרִ֨יבוּ לַֽיהֹוָה֙ בָּֽאָדָ֣ם וּבַבְּהֵמָ֔ה יִֽהְיֶה־לָּ֑ךְ אַ֣ךְ ׀ פָּדֹ֣ה

תִפְדֶּ֗ה אֵ֚ת בְּכ֣וֹר הָֽאָדָ֔ם וְאֵ֛ת בְּֽכוֹר־הַבְּהֵמָ֥ה הַטְּמֵאָ֖ה תִּפְדֶּֽה:

טז וּפְדוּיָו֙ מִבֶּן־חֹ֣דֶשׁ תִּפְדֶּ֔ה בְּעֶרְכְּךָ֗ כֶּ֛סֶף חֲמֵ֥שֶׁת שְׁקָלִ֖ים בְּשֶׁ֣קֶל

יז הַקֹּ֑דֶשׁ עֶשְׂרִ֥ים גֵּרָ֖ה הֽוּא: אַ֣ךְ בְּכֽוֹר־שׁ֡וֹר אֽוֹ־בְכ֨וֹר כֶּ֜שֶׂב אֽוֹ־

בְכֹ֥ר עֵ֛ז לֹ֥א תִפְדֶּ֖ה קֹ֣דֶשׁ הֵ֑ם אֶת־דָּמָ֞ם תִּזְרֹ֤ק עַל־הַמִּזְבֵּ֨חַ֙

יח וְאֶת־חֶלְבָּ֣ם תַּקְטִ֔יר אִשֶּׁ֛ה לְרֵ֥יחַ נִיחֹ֖חַ לַֽיהוָֽה: וּבְשָׂרָ֖ם יִֽהְיֶה־

יט לָּ֑ךְ כַּֽחֲזֵ֧ה הַתְּנוּפָ֛ה וּכְשׁ֥וֹק הַיָּמִ֖ין לְךָ֥ יִֽהְיֶֽה: כֹּ֣ל ׀ תְּרוּמֹ֣ת

הַקֳּדָשִׁ֗ים אֲשֶׁ֨ר יָרִ֤ימוּ בְנֵֽי־יִשְׂרָאֵל֙ לַֽיהוָ֔ה נָתַ֧תִּי לְךָ֛ וּלְבָנֶ֥יךָ

וְלִבְנֹתֶ֛יךָ אִתְּךָ֖ לְחָק־עוֹלָ֑ם בְּרִית֩ מֶ֨לַח עוֹלָ֥ם הִוא֙ לִפְנֵ֣י יְהֹוָ֔ה

כ לְךָ֖ וּֽלְזַרְעֲךָ֥ אִתָּֽךְ: וַיֹּ֨אמֶר יְהוָ֜ה אֶֽל־אַהֲרֹ֗ן בְּאַרְצָם֙ לֹ֣א תִנְחָ֔ל

וְחֵ֕לֶק לֹא־יִֽהְיֶ֥ה לְךָ֖ בְּתוֹכָ֑ם אֲנִ֤י חֶלְקְךָ֙ וְנַחֲלָ֣תְךָ֔ בְּת֖וֹךְ בְּנֵ֥י

כא יִשְׂרָאֵֽל: שביעי   וְלִבְנֵ֣י לֵוִ֔י הִנֵּ֥ה נָתַ֛תִּי כָּל־מַֽעֲשֵׂ֥ר בְּיִשְׂרָאֵ֖ל

לְנַֽחֲלָ֑ה חֵ֤לֶף עֲבֹֽדָתָם֙ אֲשֶׁר־הֵ֣ם עֹֽבְדִ֔ים אֶת־עֲבֹדַ֖ת אֹ֥הֶל מוֹעֵֽד:

כב וְלֹֽא־יִקְרְב֥וּ ע֛וֹד בְּנֵ֥י יִשְׂרָאֵ֖ל אֶל־אֹ֣הֶל מוֹעֵ֑ד לָשֵׂ֥את חֵ֖טְא

כג לָמֽוּת: וְעָבַ֨ד הַלֵּוִ֜י ה֗וּא אֶת־עֲבֹדַת֙ אֹ֣הֶל מוֹעֵ֔ד וְהֵ֖ם יִשְׂא֣וּ

עֲוֺנָ֑ם חֻקַּ֤ת עוֹלָם֙ לְדֹרֹ֣תֵיכֶ֔ם וּבְתוֹךְ֙ בְּנֵ֣י יִשְׂרָאֵ֔ל לֹ֥א יִנְחֲל֖וּ

כד נַֽחֲלָֽה: כִּ֞י אֶת־מַעְשַׂ֣ר בְּנֵֽי־יִשְׂרָאֵ֗ל אֲשֶׁ֨ר יָרִ֤ימוּ לַֽיהוָה֙ תְּרוּמָ֔ה

נָתַ֥תִּי לַֽלְוִיִּ֖ם לְנַֽחֲלָ֑ה עַל־כֵּן֙ אָמַ֣רְתִּי לָהֶ֔ם בְּתוֹךְ֙ בְּנֵ֣י יִשְׂרָאֵ֔ל

לֹ֥א יִנְחֲל֖וּ נַֽחֲלָֽה:

כה וַיְדַבֵּ֥ר יְהוָ֖ה אֶל־מֹשֶׁ֥ה לֵּאמֹֽר: וְאֶל־הַלְוִיִּ֤ם תְּדַבֵּר֙ וְאָמַרְתָּ֣

יח אֲלֵהֶ֔ם כִּֽי־תִ֠קְחוּ מֵאֵ֨ת בְּנֵֽי־יִשְׂרָאֵ֜ל אֶת־הַֽמַּעֲשֵׂ֗ר אֲשֶׁ֨ר נָתַ֧תִּי

לָכֶ֛ם מֵֽאִתָּ֖ם בְּנַֽחֲלַתְכֶ֑ם וַהֲרֵֽמֹתֶ֤ם מִמֶּ֨נּוּ֙ תְּרוּמַ֣ת יְהֹוָ֔ה מַעֲשֵׂ֖ר

the children of Yisra'el; unto thee have I given them by reason of the anointing, and to thy sons, by an ordinance for ever. This shall be thine of the most holy things, reserved from the 9 fire: every offering of theirs, every meal offering of theirs, and every sin offering of theirs, and every guilt offering of theirs, which they shall render to me, shall be most holy for thee and for thy sons. In the most holy place shalt thou eat it; 10 every male shall eat it: it shall be holy to thee. And this is 11 thine; the heave offering of their gift, for all the wave offerings of the children of Yisra'el: I have given them to thee, and to thy sons and to thy daughters with thee, by a statute for ever: every one that is clean in thy house shall eat of it. All the best of the oil, and all the best of the wine, and of the 12 wheat, the first of them which they shall offer to the Lord, them have I given thee. The first ripe fruit of all that is in the 13 land, which they shall bring to the Lord, shall be thine; every one that is clean in thy house shall eat of it. Everything de- 14 voted in Yisra'el shall be thine. Everything that opens the 15 womb in all flesh, which they bring to the Lord, whether it be of men or beasts, shall be thine: nevertheless the firstborn of man shalt thou surely redeem, and the firstling of unclean beasts shalt thou redeem. And those that are to be redeemed 16 shall be redeemable from a month old according to the usual estimation, for the money of five shekels, after the shekel of the sanctuary, which is twenty gera. But the firstling of an ox, 17 or the firstling of a sheep, or the firstling of a goat, thou shalt not redeem; they are holy: thou shalt sprinkle their blood upon the altar, and shalt burn their fat for an offering made by fire, for a sweet savour to the Lord. And the flesh of them 18 shall be thine, as the wave breast and as the right shoulder shall they be thine. All the heave offerings of the holy things, 19 which the children of Yisra'el offer to the Lord, have I given thee, and thy sons and thy daughters with thee, by a statute for ever: it is a covenant of salt for ever before the Lord to thee and to thy seed with thee. And the Lord spoke to Aharon, 20 Thou shalt have no inheritance in their land, neither shalt thou have any part among them: I am thy portion and thy inheritance among the children of Yisra'el.   And, behold, I have given 21 the children of Levi all the tenth in Yisra'el for an inheritance, for their service which they serve, even the service of the Tent of Meeting. Neither must the children of Yisra'el henceforth 22 come near the Tent of Meeting, lest they bear sin, and die. But the Levites shall do the service of the Tent of Meeting, and 23 they shall bear their iniquity: it shall be a statute for ever throughout your generations, that among the children of Yisra'el they have no inheritance. But the tithes of the children 24 of Yisra'el, which they offer as a gift to the Lord, I have given to the Levites to inherit: therefore I have said to them, Among the children of Yisra'el they shall have no inheritance.

And the Lord spoke to Moshe, saying, Thus speak to the 25, 26 Levites, and say to them, When you take of the children of Yisra'el the tithes which I have given you from them for your

כז מִן־הַמַּעֲשֵׂר: וְנֶחְשַׁב לָכֶם תְּרוּמַתְכֶם כַּדָּגָן מִן־הַגֹּרֶן וְכַמְלֵאָה
כח מִן־הַיָּקֶב: כֵּן תָּרִימוּ גַם־אַתֶּם תְּרוּמַת יהוה מִכֹּל מַעְשְׂרֹתֵיכֶם
אֲשֶׁר תִּקְחוּ מֵאֵת בְּנֵי יִשְׂרָאֵל וּנְתַתֶּם מִמֶּנּוּ אֶת־תְּרוּמַת יהוה
כט לְאַהֲרֹן הַכֹּהֵן: מִכֹּל מַתְּנֹתֵיכֶם תָּרִימוּ אֵת כָּל־תְּרוּמַת יהוה
ל מִכָּל־חֶלְבּוֹ אֶת־מִקְדְּשׁוֹ מִמֶּנּוּ: וְאָמַרְתָּ אֲלֵהֶם בַּהֲרִימְכֶם מפטיר
אֶת־חֶלְבּוֹ מִמֶּנּוּ וְנֶחְשַׁב לַלְוִיִּם כִּתְבוּאַת גֹּרֶן וְכִתְבוּאַת יָקֶב:
לא וַאֲכַלְתֶּם אֹתוֹ בְּכָל־מָקוֹם אַתֶּם וּבֵיתְכֶם כִּי־שָׂכָר הוּא לָכֶם
לב חֵלֶף עֲבֹדַתְכֶם בְּאֹהֶל מוֹעֵד: וְלֹא־תִשְׂאוּ עָלָיו חֵטְא בַּהֲרִימְכֶם
אֶת־חֶלְבּוֹ מִמֶּנּוּ וְאֶת־קָדְשֵׁי בְנֵי־יִשְׂרָאֵל לֹא תְחַלְּלוּ וְלֹא
תָמוּתוּ:

יט א ב וַיְדַבֵּר יהוה אֶל־מֹשֶׁה וְאֶל־אַהֲרֹן לֵאמֹר: זֹאת חֻקַּת הַתּוֹרָה חקת
אֲשֶׁר־צִוָּה יהוה לֵאמֹר דַּבֵּר ׀ אֶל־בְּנֵי יִשְׂרָאֵל וְיִקְחוּ אֵלֶיךָ פָרָה
אֲדֻמָּה תְּמִימָה אֲשֶׁר אֵין־בָּהּ מוּם אֲשֶׁר לֹא־עָלָה עָלֶיהָ עֹל:
ג וּנְתַתֶּם אֹתָהּ אֶל־אֶלְעָזָר הַכֹּהֵן וְהוֹצִיא אֹתָהּ אֶל־מִחוּץ לַמַּחֲנֶה
ד וְשָׁחַט אֹתָהּ לְפָנָיו: וְלָקַח אֶלְעָזָר הַכֹּהֵן מִדָּמָהּ בְּאֶצְבָּעוֹ וְהִזָּה
ה אֶל־נֹכַח פְּנֵי אֹהֶל־מוֹעֵד מִדָּמָהּ שֶׁבַע פְּעָמִים: וְשָׂרַף אֶת־
הַפָּרָה לְעֵינָיו אֶת־עֹרָהּ וְאֶת־בְּשָׂרָהּ וְאֶת־דָּמָהּ עַל־פִּרְשָׁהּ
ו יִשְׂרֹף: וְלָקַח הַכֹּהֵן עֵץ אֶרֶז וְאֵזוֹב וּשְׁנִי תוֹלָעַת וְהִשְׁלִיךְ אֶל־
ז תּוֹךְ שְׂרֵפַת הַפָּרָה: וְכִבֶּס בְּגָדָיו הַכֹּהֵן וְרָחַץ בְּשָׂרוֹ בַּמַּיִם
ח וְאַחַר יָבֹא אֶל־הַמַּחֲנֶה וְטָמֵא הַכֹּהֵן עַד־הָעָרֶב: וְהַשֹּׂרֵף אֹתָהּ
יְכַבֵּס בְּגָדָיו בַּמַּיִם וְרָחַץ בְּשָׂרוֹ בַּמָּיִם וְטָמֵא עַד־הָעָרֶב:
ט וְאָסַף ׀ אִישׁ טָהוֹר אֵת אֵפֶר הַפָּרָה וְהִנִּיחַ מִחוּץ לַמַּחֲנֶה בְּמָקוֹם
טָהוֹר וְהָיְתָה לַעֲדַת בְּנֵי־יִשְׂרָאֵל לְמִשְׁמֶרֶת לְמֵי נִדָּה חַטָּאת
י הִוא: וְכִבֶּס הָאֹסֵף אֶת־אֵפֶר הַפָּרָה אֶת־בְּגָדָיו וְטָמֵא עַד־
הָעָרֶב וְהָיְתָה לִבְנֵי יִשְׂרָאֵל וְלַגֵּר הַגָּר בְּתוֹכָם לְחֻקַּת עוֹלָם:
יא יב הַנֹּגֵעַ בְּמֵת לְכָל־נֶפֶשׁ אָדָם וְטָמֵא שִׁבְעַת יָמִים: הוּא יִתְחַטָּא־
בוֹ בַּיּוֹם הַשְּׁלִישִׁי וּבַיּוֹם הַשְּׁבִיעִי יִטְהָר וְאִם־לֹא יִתְחַטָּא בַּיּוֹם
יג הַשְּׁלִישִׁי וּבַיּוֹם הַשְּׁבִיעִי לֹא יִטְהָר: כָּל־הַנֹּגֵעַ בְּמֵת בְּנֶפֶשׁ
הָאָדָם אֲשֶׁר־יָמוּת וְלֹא יִתְחַטָּא אֶת־מִשְׁכַּן יהוה טִמֵּא וְנִכְרְתָה
הַנֶּפֶשׁ הַהִוא מִיִּשְׂרָאֵל כִּי מֵי נִדָּה לֹא־זֹרַק עָלָיו טָמֵא יִהְיֶה
יד עוֹד טֻמְאָתוֹ בוֹ: זֹאת הַתּוֹרָה אָדָם כִּי־יָמוּת בְּאֹהֶל כָּל־
טו הַבָּא אֶל־הָאֹהֶל וְכָל־אֲשֶׁר בָּאֹהֶל יִטְמָא שִׁבְעַת יָמִים: וְכֹל
טז כְּלִי פָתוּחַ אֲשֶׁר אֵין־צָמִיד פָּתִיל עָלָיו טָמֵא הוּא: וְכֹל אֲשֶׁר־

inheritance, then you shall offer up from it a gift for the
LORD, even a tenth part of the tithe. And this your gift shall 27
be reckoned to you, as though it were the corn of the threshing-
floor, and as the fulness of the winepress. Thus you also shall 28
offer a gift to the LORD of all your tithes, which you receive
of the children of Yisra'el; and you shall give of it the LORD's
gift to Aharon the priest. Out of all that is given to you, you 29
shall set aside all that is due as a gift to the LORD, of all the
best thereof, even the hallowed part of it. Therefore thou shalt 30
say to them, When you have set aside the best of it, then it
shall be counted to the Levites as the increase of the threshing-
floor, and as the increase of the winepress. And you shall eat 31
it in every place, you and your households: for it is your reward
for your service in the Tent of Meeting. And you shall bear no 32
sin by reason of it, when you have set aside from it the best
of it: nor shall you pollute the holy things of the children
of Yisra'el, lest you die.

19

ḤUQQAT

And the LORD spoke to Moshe and to Aharon, saying, This is 1,2
the ordinance of the Tora which the LORD has commanded, say-
ing, Speak to the children of Yisra'el, that they bring thee a
red heifer without defect, in which there is no blemish, and
upon which never came a yoke: and you shall give her to El'azar 3
the priest, that he may bring her outside the camp, and she
shall be slaughtered before his face: and El'azar the priest shall 4
take of her blood with his finger, and sprinkle of her blood to-
wards the front of the Tent of Meeting seven times: and the 5
heifer shall be burnt in his sight; her skin, and her flesh, and her
blood, with her dung, shall be burnt: and the priest shall take 6
cedar wood, and hyssop, and scarlet, and cast it into the midst
of the burning of the heifer. Then the priest shall wash his 7
clothes, and shall bathe his flesh in water, and afterwards he
shall come into the camp, and the priest shall be unclean until
the evening. And he that burns her shall wash his clothes in 8
water, and bathe his flesh in water, and shall be unclean until
the evening. And a man that is clean shall gather up the ashes 9
of the heifer, and lay them outside the camp in a clean place,
and it shall be kept for the congregation of the children of
Yisra'el for the water of sprinkling: it is a purification offer-
ing. And he that gathers the ashes of the heifer shall wash his 10
clothes, and be unclean until the evening: and it shall be to the
children of Yisra'el, and to the stranger that sojourns among
them, for a statute for ever. He that touches the dead body of 11
any man shall be unclean seven days. If he purify himself with 12
it on the third day and on the seventh day, he shall be clean:
but if he do not purify himself on the third day and the seventh
day, he shall not be clean. Whoever touches the dead body of 13
any man that has died, and purifies not himself, he defiles the
tabernacle of the LORD; and that soul shall be cut off from Yis-
ra'el: because the water of sprinkling was not sprinkled upon
him, he shall be unclean; his uncleanness is yet upon him.
This is the Tora: when a man dies in a tent, all that come into 14
the tent, and all that is in the tent, shall be unclean seven days.
And every open vessel, which has no covering bound upon it, 15

יִגַּע עַל־פְּנֵי הַשָּׂדֶה בַּחֲלַל־חֶרֶב אוֹ בְמֵת אוֹ־בְעֶצֶם אָדָם אוֹ
יז בְקָבֶר יִטְמָא שִׁבְעַת יָמִים׃ וְלָקְחוּ לַטָּמֵא מֵעֲפַר שְׂרֵפַת
שני יח הַחַטָּאת וְנָתַן עָלָיו מַיִם חַיִּים אֶל־כֶּלִי׃ וְלָקַח אֵזוֹב וְטָבַל בַּמַּיִם
אִישׁ טָהוֹר וְהִזָּה עַל־הָאֹהֶל וְעַל־כָּל־הַכֵּלִים וְעַל־הַנְּפָשׁוֹת
אֲשֶׁר הָיוּ־שָׁם וְעַל־הַנֹּגֵעַ בַּעֶצֶם אוֹ בֶחָלָל אוֹ בַמֵּת אוֹ בַקָּבֶר׃
יט וְהִזָּה הַטָּהֹר עַל־הַטָּמֵא בַּיּוֹם הַשְּׁלִישִׁי וּבַיּוֹם הַשְּׁבִיעִי וְחִטְּאוֹ
כ בַּיּוֹם הַשְּׁבִיעִי וְכִבֶּס בְּגָדָיו וְרָחַץ בַּמַּיִם וְטָהֵר בָּעָרֶב׃ וְאִישׁ
אֲשֶׁר־יִטְמָא וְלֹא יִתְחַטָּא וְנִכְרְתָה הַנֶּפֶשׁ הַהִוא מִתּוֹךְ הַקָּהָל
כִּי אֶת־מִקְדַּשׁ יְהוָה טִמֵּא מֵי נִדָּה לֹא־זֹרַק עָלָיו טָמֵא הוּא׃
כא וְהָיְתָה לָהֶם לְחֻקַּת עוֹלָם וּמַזֵּה מֵי־הַנִּדָּה יְכַבֵּס בְּגָדָיו וְהַנֹּגֵעַ
כב בְּמֵי הַנִּדָּה יִטְמָא עַד־הָעָרֶב׃ וְכֹל אֲשֶׁר־יִגַּע־בּוֹ הַטָּמֵא יִטְמָא
וְהַנֶּפֶשׁ הַנֹּגַעַת תִּטְמָא עַד־הָעָרֶב׃
כ א וַיָּבֹאוּ בְנֵי־יִשְׂרָאֵל כָּל־הָעֵדָה מִדְבַּר־צִן בַּחֹדֶשׁ הָרִאשׁוֹן וַיֵּשֶׁב
ב הָעָם בְּקָדֵשׁ וַתָּמָת שָׁם מִרְיָם וַתִּקָּבֵר שָׁם׃ וְלֹא־הָיָה מַיִם
ג לָעֵדָה וַיִּקָּהֲלוּ עַל־מֹשֶׁה וְעַל־אַהֲרֹן׃ וַיָּרֶב הָעָם עִם־מֹשֶׁה
ד וַיֹּאמְרוּ לֵאמֹר וְלוּ גָוַעְנוּ בִּגְוַע אַחֵינוּ לִפְנֵי יְהוָה׃ וְלָמָה הֲבֵאתֶם
אֶת־קְהַל יְהוָה אֶל־הַמִּדְבָּר הַזֶּה לָמוּת שָׁם אֲנַחְנוּ וּבְעִירֵנוּ׃
ה וְלָמָה הֶעֱלִיתֻנוּ מִמִּצְרַיִם לְהָבִיא אֹתָנוּ אֶל־הַמָּקוֹם הָרָע הַזֶּה
ו לֹא ׀ מְקוֹם זֶרַע וּתְאֵנָה וְגֶפֶן וְרִמּוֹן וּמַיִם אַיִן לִשְׁתּוֹת׃ וַיָּבֹא
מֹשֶׁה וְאַהֲרֹן מִפְּנֵי הַקָּהָל אֶל־פֶּתַח אֹהֶל מוֹעֵד וַיִּפְּלוּ עַל־פְּנֵיהֶם
וַיֵּרָא כְבוֹד־יְהוָה אֲלֵיהֶם׃
שלישי / שני / ז ח וַיְדַבֵּר יְהוָה אֶל־מֹשֶׁה לֵּאמֹר׃ קַח אֶת־הַמַּטֶּה וְהַקְהֵל אֶת־
הָעֵדָה אַתָּה וְאַהֲרֹן אָחִיךָ וְדִבַּרְתֶּם אֶל־הַסֶּלַע לְעֵינֵיהֶם
וְנָתַן מֵימָיו וְהוֹצֵאתָ לָהֶם מַיִם מִן־הַסֶּלַע וְהִשְׁקִיתָ אֶת־הָעֵדָה
ט וְאֶת־בְּעִירָם׃ וַיִּקַּח מֹשֶׁה אֶת־הַמַּטֶּה מִלִּפְנֵי יְהוָה כַּאֲשֶׁר
י צִוָּהוּ׃ וַיַּקְהִלוּ מֹשֶׁה וְאַהֲרֹן אֶת־הַקָּהָל אֶל־פְּנֵי הַסָּלַע וַיֹּאמֶר
לָהֶם שִׁמְעוּ־נָא הַמֹּרִים הֲמִן־הַסֶּלַע הַזֶּה נוֹצִיא לָכֶם מָיִם׃
יא וַיָּרֶם מֹשֶׁה אֶת־יָדוֹ וַיַּךְ אֶת־הַסֶּלַע בְּמַטֵּהוּ פַּעֲמָיִם וַיֵּצְאוּ
יב מַיִם רַבִּים וַתֵּשְׁתְּ הָעֵדָה וּבְעִירָם׃ וַיֹּאמֶר יְהוָה
אֶל־מֹשֶׁה וְאֶל־אַהֲרֹן יַעַן לֹא־הֶאֱמַנְתֶּם בִּי לְהַקְדִּישֵׁנִי לְעֵינֵי
בְּנֵי יִשְׂרָאֵל לָכֵן לֹא תָבִיאוּ אֶת־הַקָּהָל הַזֶּה אֶל־הָאָרֶץ אֲשֶׁר־
יג נָתַתִּי לָהֶם׃ הֵמָּה מֵי מְרִיבָה אֲשֶׁר־רָבוּ בְנֵי־יִשְׂרָאֵל אֶת־

is unclean. And whoever touches one that is slain with a sword 16
in the open field, or a dead body, or a bone of a man, or a grave,
shall be unclean seven days. And for an unclean person they 17
shall take of the ashes of the burnt purification offering, and
running water shall be put thereto in a vessel: and a clean 18
person shall take hyssop, and dip it in the water, and sprinkle
it upon the tent, and upon all the vessels, and upon the persons
that were there, and upon him that touched a bone, or one slain,
or one dead, or a grave: and the clean person shall sprinkle 19
upon the unclean on the third day, and on the seventh day:
and on the seventh day he shall purify himself, and wash his
clothes, and bathe himself in water, and shall be clean at evening.
But the man that shall be unclean, and shall not purify himself, 20
that soul shall be cut off from among the congregation, because
he has defiled the sanctuary of the LORD: the water of sprinkling
has not been sprinkled upon him; he is unclean. And it shall 21
be a perpetual statute to them, that he that sprinkles the water
of sprinkling shall wash his clothes; and he that touches the
water of sprinkling shall be unclean until the evening. And 22
whatever the unclean person touches shall be unclean; and the
person that touches it shall be unclean until the evening.
Then came the children of Yisra'el, the whole congregation, **20**
into the desert of Ẕin in the first month: and the people
abode in Qadesh, and Miryam died there, and was buried
there. And there was no water for the congregation: and they 2
gathered themselves together against Moshe and against Aharon.
And the people quarrelled with Moshe, and spoke, saying, Would 3
that we had died when our brethren died before the LORD!
And why have you brought up the congregation of the LORD 4
into this wilderness, that we and our cattle should die there?
And why have you made us come up out of Miẓrayim, to bring 5
us in unto this evil place? it is no place of seed, or of figs,
or of vines, or of pomegranates; nor is there any water to
drink. And Moshe and Aharon went from the presence of the 6
assembly to the door of the Tent of Meeting, and they fell
upon their faces: and the glory of the LORD appeared to
them.
And the LORD spoke to Moshe, saying, Take the rod, and gather 7, 8
the assembly together, thou, and Aharon thy brother, and speak
to the rock before their eyes; and it shall give forth its water,
and thou shalt bring forth to them water out of the rock: so
thou shalt give the congregation and their beasts drink. And 9
Moshe took the rod from before the LORD, as he commanded
him. And Moshe and Aharon gathered the congregation together 10
before the rock, and he said to them, Hear now, you rebels;
shall we fetch you water out of this rock? And Moshe lifted 11
up his hand, and with his rod he smote the rock twice: and
the water came out abundantly, and the congregation drank,
and their beasts also. And the LORD spoke to Moshe and 12
Aharon, Because you did not believe in me, to sanctify me in
the eyes of the children of Yisra'el, therefore you shall not bring
this congregation in to the land which I have given them.
This is the water of Meriva; because the children of Yisra'el 13

רביעי יח יְהוָה וַיִּקָּדֵשׁ בָּם׃ וַיִּשְׁלַח מֹשֶׁה מַלְאָכִים מִקָּדֵשׁ יד
אֶל־מֶלֶךְ אֱדוֹם כֹּה אָמַר אָחִיךָ יִשְׂרָאֵל אַתָּה יָדַעְתָּ אֵת כָּל־
הַתְּלָאָה אֲשֶׁר מְצָאָתְנוּ׃ וַיֵּרְדוּ אֲבֹתֵינוּ מִצְרַיְמָה וַנֵּשֶׁב בְּמִצְרַיִם טו
יָמִים רַבִּים וַיָּרֵעוּ לָנוּ מִצְרַיִם וְלַאֲבֹתֵינוּ׃ וַנִּצְעַק אֶל־יְהוָה טז
וַיִּשְׁמַע קֹלֵנוּ וַיִּשְׁלַח מַלְאָךְ וַיֹּצִאֵנוּ מִמִּצְרָיִם וְהִנֵּה אֲנַחְנוּ בְקָדֵשׁ
עִיר קְצֵה גְבוּלֶךָ׃ נַעְבְּרָה־נָּא בְאַרְצֶךָ לֹא נַעֲבֹר בְּשָׂדֶה וּבְכֶרֶם יז
וְלֹא נִשְׁתֶּה מֵי בְאֵר דֶּרֶךְ הַמֶּלֶךְ נֵלֵךְ לֹא נִטֶּה יָמִין וּשְׂמֹאול
עַד אֲשֶׁר־נַעֲבֹר גְּבֻלֶךָ׃ וַיֹּאמֶר אֵלָיו אֱדוֹם לֹא תַעֲבֹר בִּי פֶּן־ יח
בַּחֶרֶב אֵצֵא לִקְרָאתֶךָ׃ וַיֹּאמְרוּ אֵלָיו בְּנֵי־יִשְׂרָאֵל בַּמְסִלָּה נַעֲלֶה יט
וְאִם־מֵימֶיךָ נִשְׁתֶּה אֲנִי וּמִקְנַי וְנָתַתִּי מִכְרָם רַק אֵין־דָּבָר בְּרַגְלַי
אֶעֱבֹרָה׃ וַיֹּאמֶר לֹא תַעֲבֹר וַיֵּצֵא אֱדוֹם לִקְרָאתוֹ בְּעַם כָּבֵד כ
וּבְיָד חֲזָקָה׃ וַיְמָאֵן ׀ אֱדוֹם נְתֹן אֶת־יִשְׂרָאֵל עֲבֹר בִּגְבֻלוֹ וַיֵּט כא
יִשְׂרָאֵל מֵעָלָיו׃

חמישי (שלישי) וַיִּסְעוּ מִקָּדֵשׁ וַיָּבֹאוּ בְנֵי־יִשְׂרָאֵל כָּל־הָעֵדָה הֹר הָהָר׃ וַיֹּאמֶר כב כג
יְהוָה אֶל־מֹשֶׁה וְאֶל־אַהֲרֹן בְּהֹר הָהָר עַל־גְּבוּל אֶרֶץ־אֱדוֹם
לֵאמֹר׃ יֵאָסֵף אַהֲרֹן אֶל־עַמָּיו כִּי לֹא יָבֹא אֶל־הָאָרֶץ אֲשֶׁר כד
נָתַתִּי לִבְנֵי יִשְׂרָאֵל עַל אֲשֶׁר־מְרִיתֶם אֶת־פִּי לְמֵי מְרִיבָה׃
קַח אֶת־אַהֲרֹן וְאֶת־אֶלְעָזָר בְּנוֹ וְהַעַל אֹתָם הֹר הָהָר׃ וְהַפְשֵׁט כה כו
אֶת־אַהֲרֹן אֶת־בְּגָדָיו וְהִלְבַּשְׁתָּם אֶת־אֶלְעָזָר בְּנוֹ וְאַהֲרֹן יֵאָסֵף
וּמֵת שָׁם׃ וַיַּעַשׂ מֹשֶׁה כַּאֲשֶׁר צִוָּה יְהוָה וַיַּעֲלוּ אֶל־הֹר הָהָר כז
לְעֵינֵי כָּל־הָעֵדָה׃ וַיַּפְשֵׁט מֹשֶׁה אֶת־אַהֲרֹן אֶת־בְּגָדָיו וַיַּלְבֵּשׁ כח
אֹתָם אֶת־אֶלְעָזָר בְּנוֹ וַיָּמָת אַהֲרֹן שָׁם בְּרֹאשׁ הָהָר וַיֵּרֶד מֹשֶׁה
וְאֶלְעָזָר מִן־הָהָר׃ וַיִּרְאוּ כָּל־הָעֵדָה כִּי גָוַע אַהֲרֹן וַיִּבְכּוּ אֶת־ כט
אַהֲרֹן שְׁלֹשִׁים יוֹם כֹּל בֵּית יִשְׂרָאֵל׃ וַיִּשְׁמַע א כא
הַכְּנַעֲנִי מֶלֶךְ־עֲרָד יֹשֵׁב הַנֶּגֶב כִּי בָּא יִשְׂרָאֵל דֶּרֶךְ הָאֲתָרִים
וַיִּלָּחֶם בְּיִשְׂרָאֵל וַיִּשְׁבְּ ׀ מִמֶּנּוּ שֶׁבִי׃ וַיִּדַּר יִשְׂרָאֵל נֶדֶר לַיהוָה ב
וַיֹּאמַר אִם־נָתֹן תִּתֵּן אֶת־הָעָם הַזֶּה בְּיָדִי וְהַחֲרַמְתִּי אֶת־
עָרֵיהֶם׃ וַיִּשְׁמַע יְהוָה בְּקוֹל יִשְׂרָאֵל וַיִּתֵּן אֶת־הַכְּנַעֲנִי וַיַּחֲרֵם ג
אֶתְהֶם וְאֶת־עָרֵיהֶם וַיִּקְרָא שֵׁם־הַמָּקוֹם חָרְמָה׃

וַיִּסְעוּ מֵהֹר הָהָר דֶּרֶךְ יַם־סוּף לִסְבֹב אֶת־אֶרֶץ אֱדוֹם וַתִּקְצַר ד
נֶפֶשׁ־הָעָם בַּדָּרֶךְ׃ וַיְדַבֵּר הָעָם בֵּאלֹהִים וּבְמֹשֶׁה לָמָה הֶעֱלִיתֻנוּ ה
מִמִּצְרַיִם לָמוּת בַּמִּדְבָּר כִּי אֵין לֶחֶם וְאֵין מַיִם וְנַפְשֵׁנוּ קָצָה
בַּלֶּחֶם הַקְּלֹקֵל׃ וַיְשַׁלַּח יְהוָה בָּעָם אֵת הַנְּחָשִׁים הַשְּׂרָפִים ו

strove with the Lord, and he was sanctified by them. And 14
Moshe sent messengers from Qadesh to the king of Edom, Thus
says thy brother Yisra'el, Thou knowst all the travail that has
befallen us: how our fathers went down into Miẕrayim, and we 15
have dwelt in Miẕrayim a long time; and Miẕrayim vexed us,
and our fathers: and when we cried to the Lord, he heard 16
our voice, and sent an angel, and brought us out of Miẕrayim:
and, behold, we are in Qadesh, a city in the uttermost of thy
border: let us pass, I pray thee, through thy country: we will 17
not pass through the fields, or through the vineyards, nor
will we drink of the water of the wells: we will go by the
king's highway, we will not turn to the right hand or to the
left, until we have passed thy borders. And Edom said to him, 18
Thou shalt not pass by me, lest I come out against thee with
the sword. And the children of Yisra'el said to him, We will 19
go by the highway: and if I and my cattle drink of thy water,
then I will pay for it: I will do thee no injury, only on foot will
I pass through. And he said, Thou shalt not go through. And 20
Edom came out against him with much people, and with a
strong hand. Thus Edom refused to give Yisra'el passage through 21
his border: so that Yisra'el turned away from him.
And they journeyed from Qadesh, and the children of Yisra'el, 22
the whole congregation came to mount Hor. And the Lord 23
spoke to Moshe and Aharon in mount Hor, by the border of the
land of Edom, saying, Aharon shall be gathered to his people: 24
for he shall not enter into the land which I have given to the
children of Yisra'el, because you rebelled against my word at
the water of Meriva. Take Aharon and El'azar his son, and 25
bring them up to mount Hor: and strip Aharon of his gar- 26
ments, and put them upon El'azar his son: and Aharon shall
be gathered to his people, and shall die there. And Moshe did 27
as the Lord commanded: and they went up to mount Hor in
the sight of all the congregation. And Moshe stripped Aharon 28
of his garments, and put them upon El'azar his son; and Aharon
died there in the top of the mount: and Moshe and El'azar came
down from the mountain. And when all the congregation saw 29
that Aharon was dead, they mourned for Aharon, thirty days,
all the house of Yisra'el. And when the Kena'anite, the **21**
king of 'Arad, who dwelt in the Negev, heard tell that Yisra'el
came by the way of Atarim; then he fought against Yisra'el, and
took some of them prisoners. And Yisra'el vowed a vow to the 2
Lord, and said, If thou wilt indeed deliver this people into my
hand, then I will devote their cities to destruction. And the Lord 3
hearkened to the voice of Yisra'el, and delivered up the Kena-
'ani; and they utterly destroyed them and their cities: and he
called the name of the place Ḥorma.
And they journeyed from mount Hor by the way of the Sea of 4
Suf, to compass the land of Edom: and the soul of the people
was much discouraged because of the way. And the people spoke 5
against God, and against Moshe, Why have you brought us up
out of Miẕrayim to die in the wilderness? for there is no bread,
nor is there any water; and our soul loathes this miserable
bread. And the Lord sent venomous serpents among the people, 6

ז וַיְנַשְּׁכוּ אֶת־הָעָם וַיָּמָת עַם־רָב מִיִּשְׂרָאֵל: וַיָּבֹא הָעָם אֶל־
מֹשֶׁה וַיֹּאמְרוּ חָטָאנוּ כִּי־דִבַּרְנוּ בַיהוָה וָבָךְ הִתְפַּלֵּל אֶל־יְהוָה

ח וְיָסֵר מֵעָלֵינוּ אֶת־הַנָּחָשׁ וַיִּתְפַּלֵּל מֹשֶׁה בְּעַד הָעָם: וַיֹּאמֶר
יְהוָה אֶל־מֹשֶׁה עֲשֵׂה לְךָ שָׂרָף וְשִׂים אֹתוֹ עַל־נֵס וְהָיָה כָּל־

ט הַנָּשׁוּךְ וְרָאָה אֹתוֹ וָחָי: וַיַּעַשׂ מֹשֶׁה נְחַשׁ נְחֹשֶׁת וַיְשִׂמֵהוּ
עַל־הַנֵּס וְהָיָה אִם־נָשַׁךְ הַנָּחָשׁ אֶת־אִישׁ וְהִבִּיט אֶל־נְחַשׁ

שישי יא הַנְּחֹשֶׁת וָחָי: וַיִּסְעוּ בְּנֵי יִשְׂרָאֵל וַיַּחֲנוּ בְּאֹבֹת: וַיִּסְעוּ מֵאֹבֹת
וַיַּחֲנוּ בְּעִיֵּי הָעֲבָרִים בַּמִּדְבָּר אֲשֶׁר עַל־פְּנֵי מוֹאָב מִמִּזְרַח

יב הַשָּׁמֶשׁ: מִשָּׁם נָסָעוּ וַיַּחֲנוּ בְּנַחַל זָרֶד: מִשָּׁם נָסָעוּ וַיַּחֲנוּ מֵעֵבֶר
אַרְנוֹן אֲשֶׁר בַּמִּדְבָּר הַיֹּצֵא מִגְּבֻל הָאֱמֹרִי כִּי אַרְנוֹן גְּבוּל מוֹאָב

יד בֵּין מוֹאָב וּבֵין הָאֱמֹרִי: עַל־כֵּן יֵאָמַר בְּסֵפֶר מִלְחֲמֹת יְהוָה
טו אֶת־וָהֵב בְּסוּפָה וְאֶת־הַנְּחָלִים אַרְנוֹן: וְאֶשֶׁד הַנְּחָלִים אֲשֶׁר
טז נָטָה לְשֶׁבֶת עָר וְנִשְׁעַן לִגְבוּל מוֹאָב: וּמִשָּׁם בְּאֵרָה הִוא
הַבְּאֵר אֲשֶׁר אָמַר יְהוָה לְמֹשֶׁה אֱסֹף אֶת־הָעָם וְאֶתְּנָה לָהֶם

יז מָיִם: אָז יָשִׁיר יִשְׂרָאֵל אֶת־הַשִּׁירָה הַזֹּאת עֲלִי
יח בְאֵר עֱנוּ־לָהּ: בְּאֵר חֲפָרוּהָ שָׂרִים כָּרוּהָ נְדִיבֵי הָעָם בִּמְחֹקֵק
יט בְּמִשְׁעֲנֹתָם וּמִמִּדְבָּר מַתָּנָה: וּמִמַּתָּנָה נַחֲלִיאֵל וּמִנַּחֲלִיאֵל
כ בָּמוֹת: וּמִבָּמוֹת הַגַּיְא אֲשֶׁר בִּשְׂדֵה מוֹאָב רֹאשׁ הַפִּסְגָּה וְנִשְׁקָפָה
עַל־פְּנֵי הַיְשִׁימֹן:

שביעי /רביעי/ כא וַיִּשְׁלַח יִשְׂרָאֵל מַלְאָכִים אֶל־סִיחֹן מֶלֶךְ־הָאֱמֹרִי לֵאמֹר:
כב אֶעְבְּרָה בְאַרְצֶךָ לֹא נִטֶּה בְּשָׂדֶה וּבְכֶרֶם לֹא נִשְׁתֶּה מֵי בְאֵר
כג בְּדֶרֶךְ הַמֶּלֶךְ נֵלֵךְ עַד אֲשֶׁר־נַעֲבֹר גְּבֻלֶךָ: וְלֹא־נָתַן סִיחֹן אֶת־
יִשְׂרָאֵל עֲבֹר בִּגְבֻלוֹ וַיֶּאֱסֹף סִיחֹן אֶת־כָּל־עַמּוֹ וַיֵּצֵא לִקְרַאת

כד יִשְׂרָאֵל הַמִּדְבָּרָה וַיָּבֹא יָהְצָה וַיִּלָּחֶם בְּיִשְׂרָאֵל: וַיַּכֵּהוּ יִשְׂרָאֵל
לְפִי־חָרֶב וַיִּירַשׁ אֶת־אַרְצוֹ מֵאַרְנֹן עַד־יַבֹּק עַד־בְּנֵי עַמּוֹן כִּי

כה עַז גְּבוּל בְּנֵי עַמּוֹן: וַיִּקַּח יִשְׂרָאֵל אֵת כָּל־הֶעָרִים הָאֵלֶּה וַיֵּשֶׁב
יִשְׂרָאֵל בְּכָל־עָרֵי הָאֱמֹרִי בְּחֶשְׁבּוֹן וּבְכָל־בְּנֹתֶיהָ: כִּי חֶשְׁבּוֹן

כו עִיר סִיחֹן מֶלֶךְ הָאֱמֹרִי הִוא וְהוּא נִלְחַם בְּמֶלֶךְ מוֹאָב הָרִאשׁוֹן
כז וַיִּקַּח אֶת־כָּל־אַרְצוֹ מִיָּדוֹ עַד־אַרְנֹן: עַל־כֵּן יֹאמְרוּ הַמֹּשְׁלִים
בֹּאוּ חֶשְׁבּוֹן תִּבָּנֶה וְתִכּוֹנֵן עִיר סִיחוֹן: כִּי־אֵשׁ יָצְאָה מֵחֶשְׁבּוֹן

כח לֶהָבָה מִקִּרְיַת סִיחֹן אָכְלָה עָר מוֹאָב בַּעֲלֵי בָּמוֹת אַרְנֹן: אוֹי־
כט לְךָ מוֹאָב אָבַדְתָּ עַם־כְּמוֹשׁ נָתַן בָּנָיו פְּלֵיטִם וּבְנֹתָיו בַּשְּׁבִית
ל לְמֶלֶךְ אֱמֹרִי סִיחוֹן: וַנִּירָם אָבַד חֶשְׁבּוֹן עַד־דִּיבֹן וַנַּשִּׁים עַד־

and they bit the people; and many people of Yisra'el died.
Therefore the people came to Moshe and said, We have sinned, 7
for we have spoken against the LORD, and against thee; pray
to the LORD, that he take away the serpents from us. And
Moshe prayed for the people. And the LORD said to Moshe, 8
Make thee a venomous serpent, and set it upon a pole: and it
shall come to pass, that every one that is bitten, when he looks
upon it, shall live. And Moshe made a serpent of brass, and 9
put it upon a pole, and it came to pass, that if a serpent had
bitten any man, when he beheld the serpent of brass, he lived.
And the children of Yisra'el set forward, and pitched in Ovot. 10
And they journeyed from Ovot, and pitched at 'Iyye-'avarim, 11
in the wilderness which is before Mo'av, toward the sunrising.
From thence they removed, and pitched in the wadi of Zered. 12
From thence they removed, and pitched on the side of Arnon 13
which is in the wilderness that comes out of the border of the
Emori: for Arnon is the border of Mo'av, between Mo'av and
the Emori. Wherefore it is said in the book of the wars of 14
the LORD, Vahev in Sufa and the wadis of Arnon. And the 15
stream of the wadis that goes down to the dwelling of 'Ar,
and lies upon the border of Mo'av. And from thence they 16
went to Be'er: that is the well of which the LORD spoke
to Moshe, Gather the people together, and I will give them
water. Then Yisra'el sang this song, Spring up, O well; 17
sing to it: the well that the princes dug out, that the nobles 18
of the people delved, with the sceptre, with their staves. And
from the wilderness they went to Mattana: and from Mat- 19
tana to Naḥali'el: and from Naḥali'el to Bamot: and from 20
Bamot to the valley, that is in the country of Mo'av, to the
top of Pisga, which looks out towards the desert.
And Yisra'el sent messengers to Siḥon king of the Emori, say- 21
ing, Let me pass through thy land: we will not turn aside 22
into the fields, or into the vineyards; we will not drink of the
waters of the well: but we will go along by the king's high-
way, until we have past thy borders. And Siḥon would not allow 23
Yisra'el to pass through his border: but Siḥon gathered all his
people together, and went out against Yisra'el into the wilder-
ness: and he came to Yahaẕ, and fought against Yisra'el. And 24
Yisra'el smote him with the edge of the sword, and possessed
his land from Arnon to Yabboq, as far as the children of 'Am-
mon: for the border of the children of 'Ammon was strong.
And Yisra'el took all these cities: and Yisra'el dwelt in all the 25
cities of the Emori, in Ḥeshbon, and in all its hamlets. For Ḥesh- 26
bon was the city of Siḥon the king of the Emori, who had fought
against the former king of Mo'av, and taken all his land out
of his hand, as far as Arnon. Wherefore they who speak in 27
similes say, Come to Ḥeshbon, let the city of Siḥon be built and
established: for there is a fire gone out of Ḥeshbon, a flame 28
from the city of Siḥon: it has consumed 'Ar of Mo'av, and the
lords of the high places of Arnon. Woe to thee, Mo'av! thou art 29
undone, O people of Kemosh: he has given his sons as fugitives,
and his daughters, as captives to Siḥon king of the Emori. We 30
have shot at them; Ḥeshbon is perished even to Divon, and we

לא נֹפַח אֲשֶׁר עַד־מֵידְבָא: וַיֵּשֶׁב יִשְׂרָאֵל בְּאֶרֶץ הָאֱמֹרִי: וַיִּשְׁלַח
לב

מֹשֶׁה לְרַגֵּל אֶת־יַעְזֵר וַיִּלְכְּדוּ בְּנֹתֶיהָ וַיּוֹרֶשׁ אֶת־הָאֱמֹרִי אֲשֶׁר־
לג שָׁם: וַיִּפְנוּ וַיַּעֲלוּ דֶּרֶךְ הַבָּשָׁן וַיֵּצֵא עוֹג מֶלֶךְ־הַבָּשָׁן לִקְרָאתָם

לד הוּא וְכָל־עַמּוֹ לַמִּלְחָמָה אֶדְרֶעִי: וַיֹּאמֶר יְהוָה אֶל־מֹשֶׁה אַל־
תִּירָא אֹתוֹ כִּי בְיָדְךָ נָתַתִּי אֹתוֹ וְאֶת־כָּל־עַמּוֹ וְאֶת־אַרְצוֹ וְעָשִׂיתָ
לּוֹ כַּאֲשֶׁר עָשִׂיתָ לְסִיחֹן מֶלֶךְ הָאֱמֹרִי אֲשֶׁר יוֹשֵׁב בְּחֶשְׁבּוֹן:
לה וַיַּכּוּ אֹתוֹ וְאֶת־בָּנָיו וְאֶת־כָּל־עַמּוֹ עַד־בִּלְתִּי הִשְׁאִיר־לוֹ שָׂרִיד
כב א וַיִּירְשׁוּ אֶת־אַרְצוֹ: וַיִּסְעוּ בְּנֵי יִשְׂרָאֵל וַיַּחֲנוּ בְּעַרְבוֹת מוֹאָב

ב מֵעֵבֶר לְיַרְדֵּן יְרֵחוֹ: וַיַּרְא בָּלָק בֶּן־צִפּוֹר אֵת
ג כָּל־אֲשֶׁר־עָשָׂה יִשְׂרָאֵל לָאֱמֹרִי: וַיָּגָר מוֹאָב מִפְּנֵי הָעָם מְאֹד
ד כִּי רַב־הוּא וַיָּקָץ מוֹאָב מִפְּנֵי בְּנֵי יִשְׂרָאֵל: וַיֹּאמֶר מוֹאָב אֶל־
זִקְנֵי מִדְיָן עַתָּה יְלַחֲכוּ הַקָּהָל אֶת־כָּל־סְבִיבֹתֵינוּ כִּלְחֹךְ הַשּׁוֹר
אֵת יֶרֶק הַשָּׂדֶה וּבָלָק בֶּן־צִפּוֹר מֶלֶךְ לְמוֹאָב בָּעֵת הַהִוא:
ה וַיִּשְׁלַח מַלְאָכִים אֶל־בִּלְעָם בֶּן־בְּעֹר פְּתוֹרָה אֲשֶׁר עַל־הַנָּהָר
אֶרֶץ בְּנֵי־עַמּוֹ לִקְרֹא־לוֹ לֵאמֹר הִנֵּה עַם יָצָא מִמִּצְרַיִם הִנֵּה
ו כִסָּה אֶת־עֵין הָאָרֶץ וְהוּא יֹשֵׁב מִמֻּלִי: וְעַתָּה לְכָה־נָּא אָרָה־
לִּי אֶת־הָעָם הַזֶּה כִּי־עָצוּם הוּא מִמֶּנִּי אוּלַי אוּכַל נַכֶּה־בּוֹ
וַאֲגָרְשֶׁנּוּ מִן־הָאָרֶץ כִּי יָדַעְתִּי אֵת אֲשֶׁר־תְּבָרֵךְ מְבֹרָךְ וַאֲשֶׁר
ז תָּאֹר יוּאָר: וַיֵּלְכוּ זִקְנֵי מוֹאָב וְזִקְנֵי מִדְיָן וּקְסָמִים בְּיָדָם וַיָּבֹאוּ
ח אֶל־בִּלְעָם וַיְדַבְּרוּ אֵלָיו דִּבְרֵי בָלָק: וַיֹּאמֶר אֲלֵיהֶם לִינוּ פֹה
הַלַּיְלָה וַהֲשִׁבֹתִי אֶתְכֶם דָּבָר כַּאֲשֶׁר יְדַבֵּר יְהוָה אֵלָי וַיֵּשְׁבוּ
ט שָׂרֵי־מוֹאָב עִם־בִּלְעָם: וַיָּבֹא אֱלֹהִים אֶל־בִּלְעָם וַיֹּאמֶר מִי
י הָאֲנָשִׁים הָאֵלֶּה עִמָּךְ: וַיֹּאמֶר בִּלְעָם אֶל־הָאֱלֹהִים בָּלָק בֶּן־
יא צִפֹּר מֶלֶךְ מוֹאָב שָׁלַח אֵלָי: הִנֵּה הָעָם הַיֹּצֵא מִמִּצְרַיִם וַיְכַס
אֶת־עֵין הָאָרֶץ עַתָּה לְכָה קָבָה־לִּי אֹתוֹ אוּלַי אוּכַל לְהִלָּחֶם
יב בּוֹ וְגֵרַשְׁתִּיו: וַיֹּאמֶר אֱלֹהִים אֶל־בִּלְעָם לֹא תֵלֵךְ עִמָּהֶם לֹא

יג תָאֹר אֶת־הָעָם כִּי בָרוּךְ הוּא: וַיָּקָם בִּלְעָם בַּבֹּקֶר וַיֹּאמֶר
אֶל־שָׂרֵי בָלָק לְכוּ אֶל־אַרְצְכֶם כִּי מֵאֵן יְהוָה לְתִתִּי לַהֲלֹךְ
יד עִמָּכֶם: וַיָּקוּמוּ שָׂרֵי מוֹאָב וַיָּבֹאוּ אֶל־בָּלָק וַיֹּאמְרוּ מֵאֵן בִּלְעָם
טו הֲלֹךְ עִמָּנוּ: וַיֹּסֶף עוֹד בָּלָק שְׁלֹחַ שָׂרִים רַבִּים וְנִכְבָּדִים מֵאֵלֶּה:
טז וַיָּבֹאוּ אֶל־בִּלְעָם וַיֹּאמְרוּ לוֹ כֹּה אָמַר בָּלָק בֶּן־צִפּוֹר אַל־
יז נָא תִמָּנַע מֵהֲלֹךְ אֵלָי: כִּי־כַבֵּד אֲכַבֶּדְךָ מְאֹד וְכֹל אֲשֶׁר־
תֹּאמַר אֵלַי אֶעֱשֶׂה וּלְכָה־נָּא קָבָה־לִּי אֵת הָעָם הַזֶּה: וַיַּעַן
יח בִּלְעָם וַיֹּאמֶר אֶל־עַבְדֵי בָלָק אִם־יִתֶּן־לִי בָלָק מְלֹא בֵיתוֹ
כֶּסֶף וְזָהָב לֹא אוּכַל לַעֲבֹר אֶת־פִּי יְהוָה אֱלֹהָי לַעֲשׂוֹת קְטַנָּה
יט אוֹ גְדוֹלָה: וְעַתָּה שְׁבוּ נָא בָזֶה גַּם־אַתֶּם הַלָּיְלָה וְאֵדְעָה מַה־

have laid them waste to Nofaḥ, which reaches to Medeva. Thus 31
Yisra'el dwelt in the land of the Emori. And Moshe sent to spy 32
out Ya'zer, and they took its hamlets, and drove out the Emori
who were there. And they turned and went up by the way of 33
Bashan: and 'Og the king of Bashan went out against them, he,
and all his people, to the battle at Edre'i. And the Lord said to 34
Moshe, Fear him not: for I have delivered him into thy hand,
and all his people, and his land; and thou shalt do to him as
thou didst to Siḥon king of the Emori, who dwelt at Ḥeshbon.
So they smote him, and his sons, and all his people, until there 35
was none left him alive: and they possessed his land. And the **22**
children of Yisra'el set forward, and pitched in the plains of
BALAQ Mo'av on the far side of the Yarden by Yereḥo. And Balaq 2
the son of Ẓippor saw all that Yisra'el had done to the Emori. 3
And Mo'av was sore afraid of the people, because they were
many: and Mo'av was seized with dread because of the children
of Yisra'el. And Mo'av said to the elders of Midyan, Now shall 4
this company lick up all that are round about us, as the ox
licks up the grass of the field. And Balaq the son of Ẓippor was
king of Mo'av at that time. So he sent messengers to Bil'am 5
the son of Be'or to Petor, which is by the river, to the land of the
children of his people, to call him, saying, Behold, there is a
people come out from Miẓrayim: behold, they cover the face
of the earth, and they abide over against me: come now there- 6
fore, I pray thee, curse me this people; for they are too mighty
for me: perhaps I shall prevail, that we may smite them, and
that I may drive them out of the land: for I know that he whom
thou blessest is blessed, and he whom thou cursest is cursed.
And the elders of Mo'av and the elders of Midyan departed with 7
the rewards of divination in their hand; and they came to Bil'am,
and spoke to him the words of Balaq. And he said to them, 8
Lodge here this night, and I will bring you back word, as the
Lord shall speak to me: and the princes of Mo'av abode with
Bil'am. And God came to Bil'am, and said, What men are these 9
with thee? And Bil'am said to God, Balaq the son of Ẓippor, 10
king of Mo'av, has sent to me, saying, Behold, the people that 11
is come out of Miẓrayim, covers the face of the earth: come
now, curse me them; perhaps I shall be able to overcome them,
and drive them out. And God said to Bil'am, Thou shalt not go 12
with them; thou shalt not curse the people: for they are blessed.
And Bil'am rose up in the morning, and said to the princes of 13
Balaq, Go back to your land: for the Lord refuses to give me
leave to go with you. And the princes of Mo'av rose up, and 14
they went to Balaq, and said, Bil'am refuses to come with us.
And Balaq sent again princes, greater, and more honourable 15
than they. And they came to Bil'am, and said to him, Thus says 16
Balaq the son of Ẓippor, Let nothing, I pray thee, hinder thee
from coming to me: for I will promote thee to very great 17
honour, and I will do whatever thou sayst to me: come there-
fore, I pray thee, curse me this people. And Bil'am answered 18
and said to the servants of Balaq, If Balaq would give me his
house full of silver and gold, I cannot go beyond the word of the
Lord my God, to do less or more. Now therefore, I pray you, 19

כ יֹסֵף יְהוָה דַּבֵּר עִמִּי׃ וַיָּבֹא אֱלֹהִים ׀ אֶל־בִּלְעָם לַיְלָה וַיֹּאמֶר
לוֹ אִם־לִקְרֹא לְךָ בָּאוּ הָאֲנָשִׁים קוּם לֵךְ אִתָּם וְאַךְ אֶת־הַדָּבָר
כא אֲשֶׁר־אֲדַבֵּר אֵלֶיךָ אֹתוֹ תַעֲשֶׂה׃ וַיָּקָם בִּלְעָם בַּבֹּקֶר וַיַּחֲבֹשׁ שלישי
כב אֶת־אֲתֹנוֹ וַיֵּלֶךְ עִם־שָׂרֵי מוֹאָב׃ וַיִּחַר־אַף אֱלֹהִים כִּי־הוֹלֵךְ
הוּא וַיִּתְיַצֵּב מַלְאַךְ יְהוָה בַּדֶּרֶךְ לְשָׂטָן לוֹ וְהוּא רֹכֵב עַל־אֲתֹנוֹ
כג וּשְׁנֵי נְעָרָיו עִמּוֹ׃ וַתֵּרֶא הָאָתוֹן אֶת־מַלְאַךְ יְהוָה נִצָּב בַּדֶּרֶךְ
וְחַרְבּוֹ שְׁלוּפָה בְּיָדוֹ וַתֵּט הָאָתוֹן מִן־הַדֶּרֶךְ וַתֵּלֶךְ בַּשָּׂדֶה וַיַּךְ
כד בִּלְעָם אֶת־הָאָתוֹן לְהַטֹּתָהּ הַדָּרֶךְ׃ וַיַּעֲמֹד מַלְאַךְ יְהוָה בְּמִשְׁעוֹל
כה הַכְּרָמִים גָּדֵר מִזֶּה וְגָדֵר מִזֶּה׃ וַתֵּרֶא הָאָתוֹן אֶת־מַלְאַךְ יְהוָה
וַתִּלָּחֵץ אֶל־הַקִּיר וַתִּלְחַץ אֶת־רֶגֶל בִּלְעָם אֶל־הַקִּיר וַיֹּסֶף
כו לְהַכֹּתָהּ׃ וַיּוֹסֶף מַלְאַךְ־יְהוָה עֲבוֹר וַיַּעֲמֹד בְּמָקוֹם צָר אֲשֶׁר
כז אֵין־דֶּרֶךְ לִנְטוֹת יָמִין וּשְׂמֹאול׃ וַתֵּרֶא הָאָתוֹן אֶת־מַלְאַךְ יְהוָה
וַתִּרְבַּץ תַּחַת בִּלְעָם וַיִּחַר־אַף בִּלְעָם וַיַּךְ אֶת־הָאָתוֹן בַּמַּקֵּל׃
כח וַיִּפְתַּח יְהוָה אֶת־פִּי הָאָתוֹן וַתֹּאמֶר לְבִלְעָם מֶה־עָשִׂיתִי לְךָ
כט כִּי הִכִּיתַנִי זֶה שָׁלֹשׁ רְגָלִים׃ וַיֹּאמֶר בִּלְעָם לָאָתוֹן כִּי הִתְעַלַּלְתְּ
ל בִּי לוּ יֶשׁ־חֶרֶב בְּיָדִי כִּי עַתָּה הֲרַגְתִּיךְ׃ וַתֹּאמֶר הָאָתוֹן אֶל־
בִּלְעָם הֲלוֹא אָנֹכִי אֲתֹנְךָ אֲשֶׁר־רָכַבְתָּ עָלַי מֵעוֹדְךָ עַד־הַיּוֹם
לא הַזֶּה הַהַסְכֵּן הִסְכַּנְתִּי לַעֲשׂוֹת לְךָ כֹּה וַיֹּאמֶר לֹא׃ וַיְגַל יְהוָה
אֶת־עֵינֵי בִלְעָם וַיַּרְא אֶת־מַלְאַךְ יְהוָה נִצָּב בַּדֶּרֶךְ וְחַרְבּוֹ
לב שְׁלֻפָה בְּיָדוֹ וַיִּקֹּד וַיִּשְׁתַּחוּ לְאַפָּיו׃ וַיֹּאמֶר אֵלָיו מַלְאַךְ יְהוָה
עַל־מָה הִכִּיתָ אֶת־אֲתֹנְךָ זֶה שָׁלוֹשׁ רְגָלִים הִנֵּה אָנֹכִי יָצָאתִי
לג לְשָׂטָן כִּי־יָרַט הַדֶּרֶךְ לְנֶגְדִּי׃ וַתִּרְאַנִי הָאָתוֹן וַתֵּט לְפָנַי זֶה שָׁלֹשׁ
רְגָלִים אוּלַי נָטְתָה מִפָּנַי כִּי עַתָּה גַּם־אֹתְכָה הָרַגְתִּי וְאוֹתָהּ
לד הֶחֱיֵיתִי׃ וַיֹּאמֶר בִּלְעָם אֶל־מַלְאַךְ יְהוָה חָטָאתִי כִּי לֹא יָדַעְתִּי
כִּי אַתָּה נִצָּב לִקְרָאתִי בַּדָּרֶךְ וְעַתָּה אִם־רַע בְּעֵינֶיךָ אָשׁוּבָה
לה לִּי׃ וַיֹּאמֶר מַלְאַךְ יְהוָה אֶל־בִּלְעָם לֵךְ עִם־הָאֲנָשִׁים וְאֶפֶס
אֶת־הַדָּבָר אֲשֶׁר־אֲדַבֵּר אֵלֶיךָ אֹתוֹ תְדַבֵּר וַיֵּלֶךְ בִּלְעָם עִם־
לו שָׂרֵי בָלָק׃ וַיִּשְׁמַע בָּלָק כִּי־בָא בִלְעָם וַיֵּצֵא לִקְרָאתוֹ אֶל־
לז עִיר מוֹאָב אֲשֶׁר עַל־גְּבוּל אַרְנֹן אֲשֶׁר בִּקְצֵה הַגְּבוּל׃ וַיֹּאמֶר
בָּלָק אֶל־בִּלְעָם הֲלֹא שָׁלֹחַ שָׁלַחְתִּי אֵלֶיךָ לִקְרֹא־לָךְ לָמָּה
לח לֹא־הָלַכְתָּ אֵלָי הַאֻמְנָם לֹא אוּכַל כַּבְּדֶךָ׃ וַיֹּאמֶר בִּלְעָם אֶל־
בָּלָק הִנֵּה־בָאתִי אֵלֶיךָ עַתָּה הֲיָכֹל אוּכַל דַּבֵּר מְאוּמָה הַדָּבָר
לט אֲשֶׁר יָשִׂים אֱלֹהִים בְּפִי אֹתוֹ אֲדַבֵּר׃ וַיֵּלֶךְ בִּלְעָם עִם־בָּלָק רביעי ושישי
מ וַיָּבֹאוּ קִרְיַת חֻצוֹת׃ וַיִּזְבַּח בָּלָק בָּקָר וָצֹאן וַיְשַׁלַּח לְבִלְעָם
מא וְלַשָּׂרִים אֲשֶׁר אִתּוֹ׃ וַיְהִי בַבֹּקֶר וַיִּקַּח בָּלָק אֶת־בִּלְעָם וַיַּעֲלֵהוּ
כג א בָּמוֹת בָּעַל וַיַּרְא מִשָּׁם קְצֵה הָעָם׃ וַיֹּאמֶר בִּלְעָם אֶל־בָּלָק

tarry you also here this night, that I may know what the Lord
will say further to me. And GOD came to Bil'am at night, and   20
said to him, If the men come to call thee, rise up, and go with
them; but only that word which I shall say to thee, shalt thou
do. And Bil'am rose up in the morning, and saddled his ass, and   21
went with the princes of Mo'av. And God's anger burned because   22
he went: and the angel of the Lord stood in the way as an
adversary against him. Now he was riding upon his ass, and
his two servants were with him. And the ass saw the angel of   23
the Lord standing in the way, and his sword drawn in his hand:
and the ass turned aside out of the way, and went into the
field : and Bil'am smote the ass, to turn her into the way. But   24
the angel of the LORD stood in a path of the vineyards, a wall
being on this side, and a wall on that side. And when the ass   25
saw the angel of the Lord, she thrust herself to the wall, and
crushed Bil,am's foot against the wall : and he struck her again.
And the angel of the Lord went further, and stood in a narrow   26
place, where was no way to turn either to the right hand or to
the left. And when the ass saw the angel of the Lord, she lay   27
down under Bil'am : and Bil'am's anger burned, and he struck
the ass with a staff. And the Lord opened the mouth of the ass,   28
and she said to Bil'am, What have I done to thee, that thou hast
struck me these three times ? And Bil'am said to the ass,   29
Because thou hast mocked me: I would there were a sword in
my hand, for now I would kill thee. And the ass said to Bil'am,   30
Am not I thy ass, upon which thou hast ridden all thy life
to this day ? was I ever wont to do so to thee ? And he said,
No, Then the LORD opened the eyes of Bil'am, and he saw the   31
angel of the Lord standing in the way, and his sword drawn in
his hand : and he bowed down his head, and fell on his face.
And the angel of the Lord said to him, Why hast thou struck   32
thy ass these three times ? behold, I went out to waylay thee,
because thy path is perverse before me : and the ass saw me,   33
and turned from me these three times: unless she had turned
from me, 1 would now have slain thee, and saved her alive.
And Bil'am said to the angel of the LORD, I have sinned ; for   34
I knew not that thou didst stand in the way against me : now
therefore, if it displease thee, I will get me back again. And   35
the angel of the LORD said to Bil'am, Go with the men : but only
the word that I shall speak to thee, that thou shalt speak. So
Bil'am went with the princes of Balaq. And when Balaq heard   36
that Bil'am was come, he went out to meet him to a city of
Mo'av, which is in the border of Arnon, in the utmost border.
And Balaq said to Bil'am, Did I not earnestly send to thee to   37
call thee ? Why camest thou not to me ? am I not able indeed
to promote thee to honour ? And Bil'am said to Balaq, Lo, I   38
am come to thee : have I now any power at all to say anything ?
the word that God puts in my mouth, that I shall speak. And   39
Bil'am went with Balaq, and they came to Qiryat-ḥuẓot. And   40
Balaq offered oxen and sheep, and sent to Bil'am and to the
princes that were with him. And it came to pass on the morrow,   41
that Balaq took Bil'am, and brought him up into Bamot-ba'al,
that thence he might see the utmost part of the peopie. And   **23**

בְּנֵה־לִ֤י בָזֶה֙ שִׁבְעָ֣ה מִזְבְּחֹ֔ת וְהָכֵ֥ן לִי֙ בָּזֶ֔ה שִׁבְעָ֥ה פָרִ֖ים וְשִׁבְעָ֥ה

ב אֵילִֽים: וַיַּ֣עַשׂ בָּלָ֔ק כַּאֲשֶׁ֖ר דִּבֶּ֣ר בִּלְעָ֑ם וַיַּ֧עַל בָּלָ֛ק וּבִלְעָ֖ם פָּ֥ר

וָאַ֖יִל בַּמִּזְבֵּֽחַ: ג וַיֹּ֨אמֶר בִּלְעָ֜ם לְבָלָ֗ק הִתְיַצֵּב֮ עַל־עֹלָתֶ֒ךָ֒ וְאֵֽלְכָ֗ה

אוּלַ֞י יִקָּרֵ֤ה יְהֹוָה֙ לִקְרָאתִ֔י וּדְבַ֥ר מַה־יַּרְאֵ֖נִי וְהִגַּ֣דְתִּי לָ֑ךְ וַיֵּ֖לֶךְ

ד שֶֽׁפִי: וַיִּקָּ֥ר אֱלֹהִ֖ים אֶל־בִּלְעָ֑ם וַיֹּ֣אמֶר אֵלָ֗יו אֶת־שִׁבְעַ֤ת הַֽמִּזְבְּחֹת֙

עָרַ֔כְתִּי וָאַ֛עַל פָּ֥ר וָאַ֖יִל בַּמִּזְבֵּֽחַ: ה וַיָּ֧שֶׂם יְהֹוָ֛ה דָּבָ֖ר בְּפִ֣י בִלְעָ֑ם

וַיֹּ֥אמֶר שׁ֖וּב אֶל־בָּלָ֥ק וְכֹ֥ה תְדַבֵּֽר: ו וַיָּ֣שָׁב אֵלָ֔יו וְהִנֵּ֥ה נִצָּ֖ב עַל־

עֹלָת֑וֹ ה֖וּא וְכָל־שָׂרֵ֥י מוֹאָֽב: ז וַיִּשָּׂ֥א מְשָׁל֖וֹ וַיֹּאמַ֑ר מִן־אֲ֠רָם

יַנְחֵ֨נִי בָלָ֤ק מֶֽלֶךְ־מוֹאָב֙ מֵֽהַרְרֵי־קֶ֔דֶם לְכָ֤ה אָֽרָה־לִּי֙ יַעֲקֹ֔ב וּלְכָ֖ה

ח זֹֽעֲמָ֥ה יִשְׂרָאֵֽל: מָ֣ה אֶקֹּ֔ב לֹ֥א קַבֹּ֖ה אֵ֑ל וּמָ֣ה אֶזְעֹ֔ם לֹ֥א זָעַ֖ם

ט יְהֹוָֽה: כִּֽי־מֵרֹ֤אשׁ צֻרִים֙ אֶרְאֶ֔נּוּ וּמִגְּבָע֖וֹת אֲשׁוּרֶ֑נּוּ הֶן־עָם֙

י לְבָדָ֣ד יִשְׁכֹּ֔ן וּבַגּוֹיִ֖ם לֹ֣א יִתְחַשָּֽׁב: מִ֤י מָנָה֙ עֲפַ֣ר יַעֲקֹ֔ב וּמִסְפָּ֖ר

אֶת־רֹ֣בַע יִשְׂרָאֵ֑ל תָּמֹ֤ת נַפְשִׁי֙ מ֣וֹת יְשָׁרִ֔ים וּתְהִ֥י אַחֲרִיתִ֖י

יא כָּמֹֽהוּ: וַיֹּ֤אמֶר בָּלָק֙ אֶל־בִּלְעָ֔ם מֶ֥ה עָשִׂ֖יתָ לִ֑י לָקֹ֤ב אֹֽיְבַי֙

יב לְקַחְתִּ֔יךָ וְהִנֵּ֖ה בֵּרַ֥כְתָּ בָרֵֽךְ: וַיַּ֖עַן וַיֹּאמַ֑ר הֲלֹ֗א אֵת֩ אֲשֶׁ֨ר יָשִׂ֤ים

יְהֹוָה֙ בְּפִ֔י אֹת֥וֹ אֶשְׁמֹ֖ר לְדַבֵּֽר: יג וַיֹּ֨אמֶר אֵלָ֜יו בָּלָ֗ק לְךָ־נָּ֨א אִתִּ֜י

אֶל־מָק֤וֹם אַחֵר֙ אֲשֶׁ֣ר תִּרְאֶ֣נּוּ מִשָּׁ֔ם אֶ֚פֶס קָצֵ֣הוּ תִרְאֶ֔ה וְכֻלּ֖וֹ

יד לֹ֣א תִרְאֶ֑ה וְקׇבְנוֹ־לִ֖י מִשָּֽׁם: וַיִּקָּחֵ֙הוּ֙ שְׂדֵ֣ה צֹפִ֔ים אֶל־רֹ֖אשׁ

הַפִּסְגָּ֑ה וַיִּ֙בֶן֙ שִׁבְעָ֣ה מִזְבְּחֹ֔ת וַיַּ֛עַל פָּ֥ר וָאַ֖יִל בַּמִּזְבֵּֽחַ: טו וַיֹּ֙אמֶר֙

אֶל־בָּלָ֔ק הִתְיַצֵּ֥ב כֹּ֖ה עַל־עֹלָתֶ֑ךָ וְאָנֹכִ֖י אִקָּ֥רֶה כֹּֽה: טז וַיִּקָּ֤ר יְהֹוָה֙

אֶל־בִּלְעָ֔ם וַיָּ֥שֶׂם דָּבָ֖ר בְּפִ֑יו וַיֹּ֛אמֶר שׁ֥וּב אֶל־בָּלָ֖ק וְכֹ֥ה תְדַבֵּֽר:

יז וַיָּבֹ֣א אֵלָ֗יו וְהִנּ֤וֹ נִצָּב֙ עַל־עֹ֣לָת֔וֹ וְשָׂרֵ֥י מוֹאָ֖ב אִתּ֑וֹ וַיֹּ֤אמֶר לוֹ֙

יח בָּלָ֔ק מַה־דִּבֶּ֖ר יְהֹוָֽה: וַיִּשָּׂ֥א מְשָׁל֖וֹ וַיֹּאמַ֑ר ק֤וּם בָּלָק֙ וּֽשֲׁמָ֔ע

יט הַאֲזִ֥ינָה עָדַ֖י בְּנ֥וֹ צִפֹּֽר: לֹ֣א אִ֥ישׁ אֵל֙ וִֽיכַזֵּ֔ב וּבֶן־אָדָ֖ם וְיִתְנֶחָ֑ם

הַה֤וּא אָמַר֙ וְלֹ֣א יַעֲשֶׂ֔ה וְדִבֶּ֖ר וְלֹ֥א יְקִימֶֽנָּה: כ הִנֵּ֥ה בָרֵ֖ךְ לָקָ֑חְתִּי

כא וּבֵרֵ֖ךְ וְלֹ֥א אֲשִׁיבֶֽנָּה: לֹֽא־הִבִּ֤יט אָ֙וֶן֙ בְּיַעֲקֹ֔ב וְלֹא־רָאָ֥ה עָמָ֖ל

בְּיִשְׂרָאֵ֑ל יְהֹוָ֤ה אֱלֹהָיו֙ עִמּ֔וֹ וּתְרוּעַ֥ת מֶ֖לֶךְ בּֽוֹ: כב אֵ֖ל מֽוֹצִיאָ֣ם

כג מִמִּצְרָ֑יִם כְּתוֹעֲפֹ֥ת רְאֵ֖ם לֽוֹ: כִּ֤י לֹא־נַ֙חַשׁ֙ בְּיַעֲקֹ֔ב וְלֹא־קֶ֖סֶם

בְּיִשְׂרָאֵ֑ל כָּעֵ֗ת יֵאָמֵ֤ר לְיַעֲקֹב֙ וּלְיִשְׂרָאֵ֔ל מַה־פָּ֖עַל אֵֽל: כד הֶן־עָם֙

כְּלָבִ֣יא יָק֔וּם וְכַאֲרִ֖י יִתְנַשָּׂ֑א לֹ֤א יִשְׁכַּב֙ עַד־יֹ֣אכַל טֶ֔רֶף וְדַם־

כה חֲלָלִ֖ים יִשְׁתֶּֽה: וַיֹּ֤אמֶר בָּלָק֙ אֶל־בִּלְעָ֔ם גַּם־קֹ֖ב לֹ֣א תִקֳּבֶ֑נּוּ

כו גַּם־בָּרֵ֖ךְ לֹ֥א תְבָרֲכֶֽנּוּ: וַיַּ֣עַן בִּלְעָ֔ם וַיֹּ֖אמֶר אֶל־בָּלָ֑ק הֲלֹ֗א

Bil'am said to Balaq, Build me here seven altars, and prepare me
here seven oxen and seven rams. And Balaq did as Bil'am had 2
spoken ; and Balaq and Bil'am offered on every altar a bullock
and a ram. And Bil'am said to Balaq, Stand by thy burnt offer- 3
ing, and I will go: perhaps the Lord will come to meet me;
and whatever he shows me I will tell thee. And he went to a
steep place. And God met Bil'am : and he said to him, I have 4
prepared the seven altars, and I have offered upon every altar a
bullock and a ram. And the Lord put a word in Bil'am's mouth, 5
and said, Return to Balaq, and thus thou shalt speak. And he 6
returned to him, and behold, he stood by his burnt sacrifice, he,
and all the princes of Mo'av. And he took up his discourse, and 7
said, Balaq the king of Mo'av has brought me from Aram, out
of the mountains of the east, saying, Come, curse me Ya'aqov,
and come, denounce Yisra'el. How shall I curse, whom God has 8
not cursed? or how shall I denounce whom the Lord has not
denounced ? For from the top of the rocks I see him, and from 9
the hills I behold him: it is a people that shall dwell alone, and
shall not be reckoned among the nations. Who can count the 10
dust of Ya'aqov, and the number of the fourth part of Yisra'el ?
Let me die the death of the righteous, and let my last end be
like his ! And Balaq said to Bil'am, What hast thou done to 11
me? I took thee to curse my enemies, and, behold, thou hast
blessed them altogether. And he answered and said, Must I 12
not take heed to speak that which the Lord has put in my
mouth? And Balaq said to him, Come, I pray thee, with me to 13
another place, from whence thou mayst see them : thou shalt
see but the utmost part of them, and shalt not see them all:
and curse me them from there. And he brought him into a field 14
of vantage, at the top of Pisga, and built seven altars, and
offered a bullock and a ram on every altar. And he said to 15
Balaq, Stand here by thy burnt offering, while I go to the meeting
yonder. And the Lord met Bil'am, and put a word in his mouth, 16
and said, Go back to Balaq, and say thus. And when he came 17
to him, behold, he stood by his burnt offering, and the princes
of Mo'av with him. And Balaq said to him, What has the Lord
spoken? And he took up his discourse, and said, Rise up, Balaq 18
and hear ; hearken to me, thou son of Ẕippor : God is not a man, 19
that he should lie ; nor the son of man, that he should re-
pent: has he said, and shall he not perform? or has he spoken,
and shall he not make it good? Behold, I am bidden to bless: 20
and he has blessed; and I cannot reverse it. He has not beheld 21
iniquity in Ya'aqov nor has he seen perverseness in Yisra'el :
the Lord his God is with him, and the trumpet blast of a king
is among them. God who brought them out of Miẕrayim; he has 22
as it were the strength of a wild ox. Surely there is no enchant- 23
ment in Ya'aqov, nor is there any divination in Yisra'el:
in due time Ya'aqov and Yisra'el are told what God has per-
formed. Behold, the people shall rise up as a great lion, and lift 24
up himself as a young lion: he shall not lie down until he eat
of the prey, and drink the blood of the slain. And Balaq said 25
to Bil'am, Neither curse them, nor bless them. But Bil'am 26
answered and said to Balaq, Did not I tell thee, saying, All

(ששי/שביעי) כז דִּבַּרְתִּי אֵלֶיךָ לֵאמֹר כֹּל אֲשֶׁר־יְדַבֵּר יְהוָה אֹתוֹ אֶעֱשֶׂה: וַיֹּאמֶר
בָּלָק אֶל־בִּלְעָם לְכָה־נָּא אֶקָּחֲךָ אֶל־מָקוֹם אַחֵר אוּלַי יִישַׁר בְּעֵינֵי
כח הָאֱלֹהִים וְקַבֹּתוֹ לִי מִשָּׁם: וַיִּקַּח בָּלָק אֶת־בִּלְעָם רֹאשׁ הַפְּעוֹר
כט הַנִּשְׁקָף עַל־פְּנֵי הַיְשִׁימֹן: וַיֹּאמֶר בִּלְעָם אֶל־בָּלָק בְּנֵה־לִי בָזֶה
ל שִׁבְעָה מִזְבְּחֹת וְהָכֵן לִי בָּזֶה שִׁבְעָה פָרִים וְשִׁבְעָה אֵילִם: וַיַּעַשׂ
א כד בָּלָק כַּאֲשֶׁר אָמַר בִּלְעָם וַיַּעַל פַּר וָאַיִל בַּמִּזְבֵּחַ: וַיַּרְא בִּלְעָם
כִּי טוֹב בְּעֵינֵי יְהוָה לְבָרֵךְ אֶת־יִשְׂרָאֵל וְלֹא־הָלַךְ כְּפַעַם־בְּפַעַם
ב לִקְרַאת נְחָשִׁים וַיָּשֶׁת אֶל־הַמִּדְבָּר פָּנָיו: וַיִּשָּׂא בִלְעָם אֶת־עֵינָיו
ג וַיַּרְא אֶת־יִשְׂרָאֵל שֹׁכֵן לִשְׁבָטָיו וַתְּהִי עָלָיו רוּחַ אֱלֹהִים: וַיִּשָּׂא
מְשָׁלוֹ וַיֹּאמַר נְאֻם בִּלְעָם בְּנוֹ בְעֹר וּנְאֻם הַגֶּבֶר שְׁתֻם הָעָיִן:
ד נְאֻם שֹׁמֵעַ אִמְרֵי־אֵל אֲשֶׁר מַחֲזֵה שַׁדַּי יֶחֱזֶה נֹפֵל וּגְלוּי עֵינָיִם:
ה ו מַה־טֹּבוּ אֹהָלֶיךָ יַעֲקֹב מִשְׁכְּנֹתֶיךָ יִשְׂרָאֵל: כִּנְחָלִים נִטָּיוּ כְּגַנֹּת
ז עֲלֵי נָהָר כַּאֲהָלִים נָטַע יְהוָה כַּאֲרָזִים עֲלֵי־מָיִם: יִזַּל־מַיִם
מִדָּלְיָו וְזַרְעוֹ בְּמַיִם רַבִּים וְיָרֹם מֵאֲגַג מַלְכּוֹ וְתִנַּשֵּׂא מַלְכֻתוֹ:
ח אֵל מוֹצִיאוֹ מִמִּצְרַיִם כְּתוֹעֲפֹת רְאֵם לוֹ יֹאכַל גּוֹיִם צָרָיו
ט וְעַצְמֹתֵיהֶם יְגָרֵם וְחִצָּיו יִמְחָץ: כָּרַע שָׁכַב כַּאֲרִי וּכְלָבִיא מִי
י יְקִימֶנּוּ מְבָרְכֶיךָ בָרוּךְ וְאֹרְרֶיךָ אָרוּר: וַיִּחַר־אַף בָּלָק אֶל־
בִּלְעָם וַיִּסְפֹּק אֶת־כַּפָּיו וַיֹּאמֶר בָּלָק אֶל־בִּלְעָם לָקֹב אֹיְבַי
יא קְרָאתִיךָ וְהִנֵּה בֵּרַכְתָּ בָרֵךְ זֶה שָׁלֹשׁ פְּעָמִים: וְעַתָּה בְּרַח־לְךָ
אֶל־מְקוֹמֶךָ אָמַרְתִּי כַּבֵּד אֲכַבֶּדְךָ וְהִנֵּה מְנָעֲךָ יְהוָה מִכָּבוֹד:
יב וַיֹּאמֶר בִּלְעָם אֶל־בָּלָק הֲלֹא גַּם אֶל־מַלְאָכֶיךָ אֲשֶׁר־שָׁלַחְתָּ
יג אֵלַי דִּבַּרְתִּי לֵאמֹר: אִם־יִתֶּן־לִי בָלָק מְלֹא בֵיתוֹ כֶּסֶף וְזָהָב
לֹא אוּכַל לַעֲבֹר אֶת־פִּי יְהוָה לַעֲשׂוֹת טוֹבָה אוֹ רָעָה מִלִּבִּי
שביעי יד אֲשֶׁר־יְדַבֵּר יְהוָה אֹתוֹ אֲדַבֵּר: וְעַתָּה הִנְנִי הוֹלֵךְ לְעַמִּי לְכָה
טו אִיעָצְךָ אֲשֶׁר יַעֲשֶׂה הָעָם הַזֶּה לְעַמְּךָ בְּאַחֲרִית הַיָּמִים: וַיִּשָּׂא
מְשָׁלוֹ וַיֹּאמַר נְאֻם בִּלְעָם בְּנוֹ בְעֹר וּנְאֻם הַגֶּבֶר שְׁתֻם הָעָיִן:
טז נְאֻם שֹׁמֵעַ אִמְרֵי־אֵל וְיֹדֵעַ דַּעַת עֶלְיוֹן מַחֲזֵה שַׁדַּי יֶחֱזֶה נֹפֵל
יז וּגְלוּי עֵינָיִם: אֶרְאֶנּוּ וְלֹא עַתָּה אֲשׁוּרֶנּוּ וְלֹא קָרוֹב דָּרַךְ כּוֹכָב
מִיַּעֲקֹב וְקָם שֵׁבֶט מִיִּשְׂרָאֵל וּמָחַץ פַּאֲתֵי מוֹאָב וְקַרְקַר כָּל־
יח בְּנֵי־שֵׁת: וְהָיָה אֱדוֹם יְרֵשָׁה וְהָיָה יְרֵשָׁה שֵׂעִיר אֹיְבָיו וְיִשְׂרָאֵל
יט כ עֹשֶׂה חָיִל: וְיֵרְדְּ מִיַּעֲקֹב וְהֶאֱבִיד שָׂרִיד מֵעִיר: וַיַּרְא אֶת־
עֲמָלֵק וַיִּשָּׂא מְשָׁלוֹ וַיֹּאמַר רֵאשִׁית גּוֹיִם עֲמָלֵק וְאַחֲרִיתוֹ עֲדֵי

that the Lord speaks, that I must do? And Balaq said to Bil'am,   27
Come, I pray thee, I will bring thee to another place; perhaps
it will please God that thou mayst curse me them from there.
And Balaq brought Bil'am to the top of Pe'or, that looks out   28
towards the desert. And Bil'am said to Balaq, Build me here   29
seven altars, and prepare me here seven bullocks and seven
rams. And Balaq did as Bil'am had said, and offered a bullock   30
and a ram on every altar. And when Bil'am saw that it pleased   **24**
the Lord to bless Yisra'el, he went not, as at other times, to
seek for enchantments, but he set his face toward the wilder-
ness. And Bil'am lifted up his eyes, and he saw Yisra'el abiding   2
according to their tribes; and the spirit of God came upon him.
And he took up his discourse, and said, The speech of Bil'am the   3
son Be'or, and the speech of the man whose eyes are open:
the saying of him who hears the words of God, who sees the   4
vision of the Almighty, falling down, but having his eyes open:
how goodly are thy tents, O, Ya'aqov, and thy tabernacles, O   5
Yisra'el! like the winding brooks, like gardens by the river's   6
side, like aloes which the Lord has planted, and cedar trees
beside the waters. He shall pour the water out of his buckets,   7
moistening his seed plentifully, and his king shall be higher than
Agag, and his kingdom shall be exalted. God brought him out   8
of Miẓrayim: he has as it were the strength of a wild ox: he
shall eat up the nations his enemies, and shall break their bones,
and pierce them through with his arrows. He couched, he lay   9
down like a lion, and like a great lion: who shall stir him up?
Blessed is he that blesses thee, and cursed is he that curses
thee. And Balaq's anger was kindled against Bil'am, and he   10
smote his hands together: and Balaq said to Bil'am, I called
thee to curse my enemies, and, behold, thou hast altogether
blessed them these three times. Therefore now flee to thy   11
place: I thought to promote thee to great honour; but, the
Lord has kept thee back from honour. And Bil'am said to   12
Balaq, Did I not speak also to thy messengers which thou
didst send to me, saying, If Balaq would give me his house full   13
of silver and gold, I cannot go beyond the commandment of the
Lord, to do either good or bad of my own mind; but what the
Lord says, that will I speak? And now, behold, I go to my   14
people: come therefore, and I will advise thee what this people
shall do to thy people in the latter days. And he took up his   15
discourse, and said, The speech of Bil'am the son of Be'or, and
the speech of the man whose eyes are open: the saying of him   16
that hears the words of God, and knows the knowledge of the
most High, seeing the vision of the Almighty, falling down but
having his eyes open: I see it, but not now: I behold it, but   17
it is not near: there shall come a star out of Ya'aqov, and a
sceptre shall rise out of Yisra'el, and shall smite the corners
of Mo'av, and destroy all the children of Shet. And Edom shall   18
be his possession, Se'ir also, his enemies, shall be his posses-
sion; and Yisra'el shall do valiantly. Out of Ya'aqov shall come   19
a ruler, and shall destroy him that remains of the city. And   20
when he looked on 'Amaleq, he took up his discourse, and said,
'Amaleq was the first of the nations; but his latter end shall

כא אֹבֵד: וַיַּרְא אֶת־הַקֵּינִי וַיִּשָּׂא מְשָׁלוֹ וַיֹּאמַר אֵיתָן מוֹשָׁבֶךָ וְשִׂים
כב בַּסֶּלַע קִנֶּךָ: כִּי אִם־יִהְיֶה לְבָעֵר קָיִן עַד־מָה אַשּׁוּר תִּשְׁבֶּךָּ:
כג כד וַיִּשָּׂא מְשָׁלוֹ וַיֹּאמַר אוֹי מִי יִחְיֶה מִשֻּׂמוֹ אֵל: וְצִים מִיַּד כִּתִּים
כה וְעִנּוּ אַשּׁוּר וְעִנּוּ־עֵבֶר וְגַם־הוּא עֲדֵי אֹבֵד: וַיָּקָם בִּלְעָם וַיֵּלֶךְ
וַיָּשָׁב לִמְקֹמוֹ וְגַם־בָּלָק הָלַךְ לְדַרְכּוֹ:
כה א וַיֵּשֶׁב יִשְׂרָאֵל בַּשִּׁטִּים וַיָּחֶל הָעָם לִזְנוֹת אֶל־בְּנוֹת מוֹאָב: כא
ב וַתִּקְרֶאןָ לָעָם לְזִבְחֵי אֱלֹהֵיהֶן וַיֹּאכַל הָעָם וַיִּשְׁתַּחֲווּ לֵאלֹהֵיהֶן:
ג ד וַיִּצָּמֶד יִשְׂרָאֵל לְבַעַל פְּעוֹר וַיִּחַר־אַף יהוה בְּיִשְׂרָאֵל: וַיֹּאמֶר
יהוה אֶל־מֹשֶׁה קַח אֶת־כָּל־רָאשֵׁי הָעָם וְהוֹקַע אוֹתָם לַיהוה
ה נֶגֶד הַשָּׁמֶשׁ וְיָשֹׁב חֲרוֹן אַף־יהוה מִיִּשְׂרָאֵל: וַיֹּאמֶר מֹשֶׁה אֶל־
ו שֹׁפְטֵי יִשְׂרָאֵל הִרְגוּ אִישׁ אֲנָשָׁיו הַנִּצְמָדִים לְבַעַל פְּעוֹר: וְהִנֵּה
אִישׁ מִבְּנֵי יִשְׂרָאֵל בָּא וַיַּקְרֵב אֶל־אֶחָיו אֶת־הַמִּדְיָנִית לְעֵינֵי
מֹשֶׁה וּלְעֵינֵי כָּל־עֲדַת בְּנֵי־יִשְׂרָאֵל וְהֵמָּה בֹכִים פֶּתַח אֹהֶל
ז מוֹעֵד: וַיַּרְא פִּינְחָס בֶּן־אֶלְעָזָר בֶּן־אַהֲרֹן הַכֹּהֵן וַיָּקָם מִתּוֹךְ מפטיר
ח הָעֵדָה וַיִּקַּח רֹמַח בְּיָדוֹ: וַיָּבֹא אַחַר אִישׁ־יִשְׂרָאֵל אֶל־הַקֻּבָּה
וַיִּדְקֹר אֶת־שְׁנֵיהֶם אֵת אִישׁ יִשְׂרָאֵל וְאֶת־הָאִשָּׁה אֶל־קֳבָתָהּ
ט וַתֵּעָצַר הַמַּגֵּפָה מֵעַל בְּנֵי יִשְׂרָאֵל: וַיִּהְיוּ הַמֵּתִים בַּמַּגֵּפָה אַרְבָּעָה
וְעֶשְׂרִים אָלֶף:
י יא וַיְדַבֵּר יהוה אֶל־מֹשֶׁה לֵּאמֹר: פִּינְחָס בֶּן־אֶלְעָזָר בֶּן־אַהֲרֹן הַכֹּהֵן פינחס כב
הֵשִׁיב אֶת־חֲמָתִי מֵעַל בְּנֵי־יִשְׂרָאֵל בְּקַנְאוֹ אֶת־קִנְאָתִי בְּתוֹכָם
יב וְלֹא־כִלִּיתִי אֶת־בְּנֵי־יִשְׂרָאֵל בְּקִנְאָתִי: לָכֵן אֱמֹר הִנְנִי נֹתֵן לוֹ
יג אֶת־בְּרִיתִי שָׁלוֹם: וְהָיְתָה לּוֹ וּלְזַרְעוֹ אַחֲרָיו בְּרִית כְּהֻנַּת עוֹלָם
יד תַּחַת אֲשֶׁר קִנֵּא לֵאלֹהָיו וַיְכַפֵּר עַל־בְּנֵי יִשְׂרָאֵל: וְשֵׁם אִישׁ
יִשְׂרָאֵל הַמֻּכֶּה אֲשֶׁר הֻכָּה אֶת־הַמִּדְיָנִית זִמְרִי בֶּן־סָלוּא נְשִׂיא
טו בֵית־אָב לַשִּׁמְעֹנִי: וְשֵׁם הָאִשָּׁה הַמֻּכָּה הַמִּדְיָנִית כָּזְבִּי בַת־
צוּר רֹאשׁ אֻמּוֹת בֵּית־אָב בְּמִדְיָן הוּא:
טז יז וַיְדַבֵּר יהוה אֶל־מֹשֶׁה לֵּאמֹר: צָרוֹר אֶת־הַמִּדְיָנִים וְהִכִּיתֶם
יח אוֹתָם: כִּי צֹרְרִים הֵם לָכֶם בְּנִכְלֵיהֶם אֲשֶׁר־נִכְּלוּ לָכֶם עַל־דְּבַר
פְּעוֹר וְעַל־דְּבַר כָּזְבִּי בַת־נְשִׂיא מִדְיָן אֲחֹתָם הַמֻּכָּה בְיוֹם־
כו א הַמַּגֵּפָה עַל־דְּבַר פְּעוֹר: וַיְהִי אַחֲרֵי הַמַּגֵּפָה
וַיֹּאמֶר יהוה אֶל־מֹשֶׁה וְאֶל אֶלְעָזָר בֶּן־אַהֲרֹן הַכֹּהֵן לֵאמֹר:
ב שְׂאוּ אֶת־רֹאשׁ ׀ כָּל־עֲדַת בְּנֵי־יִשְׂרָאֵל מִבֶּן עֶשְׂרִים שָׁנָה וָמַעְלָה

be everlasting perdition. And he looked on the Qeni, and took   21
up his discourse, and said, Strong is thy dwellingplace, and thou
puttest thy nest in a rock. Nevertheless Qayin shall be wasted;   22
whither shall Ashshur carry thee away captive? And he took   23
up his discourse, and said, Alas, who shall live when he does
these things. And ships shall come from the coast of Kittim,   24
and shall afflict Ashshur, and shall afflict 'Ever, and he also shall
perish for ever. And Bil'am rose up, and went and returned   25
to his place: and Balaq also went his way.

And Yisra'el abode in Shittim, and the people began to commit   **25**
harlotry with the daughters of Mo'av. And they called the   2
people to the sacrifices of their gods: and the people ate, and
bowed down to their gods. And Yisra'el joined himself to Ba'al-   3
pe'or: and the anger of the Lord was kindled against Yisra'el.
And the Lord said to Moshe, Take all the chiefs of the people,   4
and hang them up before the Lord against the sun, that the
burning anger of the Lord may be turned away from Yisra'el.
And Moshe said to the judges of Yisra'el, Slay every one his   5
men that have attached themselves to Ba'al-pe'or. And, behold,   6
one of the children of Yisra'el came and brought to his brethren
a Midyanite woman in the sight of Moshe, and in the sight of
all the congregation of the children of Yisra'el, who were weep-
ing before the door of the Tent of Meeting. And when Pineḥas,   7
the son of El'azar, the son of Aharon the priest, saw it, he rose
up from among the congregation, and took a spear in his hand;
and he went after the man of Yisra'el into the chamber, and   8
thrust both of them through, the man of Yisra'el, and the woman
through her belly. So the plague was stayed from the children
of Yisra'el. And those that died in the plague were twenty four   9
thousand.

PINEḤAS   And the Lord spoke to Moshe, saying, Pineḥas, the son of   10, 11
El'azar, the son of Aharon the priest, has turned my wrath
away from the children of Yisra'el, in that he was zealous for
my sake among them, that I consumed not the children of
Yisra'el in my jealousy. Wherefore say, Behold, I give to him   12
my covenant of peace: and he shall have it, and his seed after   13
him, the covenant of an everlasting priesthood; because he was
zealous for his God, and made atonement for the children of
Yisra'el. Now the name of the man of Yisra'el that was slain,   14
that was slain with the Midyanite woman, was Zimri, the son
of Salu, a prince of a father's house among the Shim'oni. And   15
the name of the Midyanite woman that was slain was Kozbi,
the daughter of Ẓur; he was head over the people of a father's
house in Midyan.

And the Lord spoke to Moshe, saying, Vex the Midyanim, and   16, 17
smite them: for they vex you with their wiles, with which they   18
have beguiled you in the matter of Pe'or, and in the matter of
Kozbi, the daughter of a prince of Midyan, their sister, who
was slain in the day of the plague in the affair of Pe'or. And it
came to pass after the plague,

that the Lord spoke to Moshe and to El'azar the son of Aharon   **26**
the priest, saying, Take the sum of all the congregation of the   2
children of Yisra'el, from twenty years old and upward, by

ג לְבֵית אֲבֹתָם כָּל־יֹצֵא צָבָא בְּיִשְׂרָאֵל: וַיְדַבֵּר מֹשֶׁה וְאֶלְעָזָר
ד הַכֹּהֵן אֹתָם בְּעַרְבֹת מוֹאָב עַל־יַרְדֵּן יְרֵחוֹ לֵאמֹר: מִבֶּן עֶשְׂרִים
שָׁנָה וָמָעְלָה כַּאֲשֶׁר צִוָּה יהוה אֶת־מֹשֶׁה וּבְנֵי יִשְׂרָאֵל הַיֹּצְאִים
ה מֵאֶרֶץ מִצְרָיִם: רְאוּבֵן בְּכוֹר יִשְׂרָאֵל בְּנֵי רְאוּבֵן חֲנוֹךְ מִשְׁפַּחַת שני
ו הַחֲנֹכִי לְפַלּוּא מִשְׁפַּחַת הַפַּלֻּאִי: לְחֶצְרֹן מִשְׁפַּחַת הַחֶצְרוֹנִי
ז לְכַרְמִי מִשְׁפַּחַת הַכַּרְמִי: אֵלֶּה מִשְׁפְּחֹת הָרֻאוּבֵנִי וַיִּהְיוּ פְקֻדֵיהֶם
ח שְׁלֹשָׁה וְאַרְבָּעִים אֶלֶף וּשְׁבַע מֵאוֹת וּשְׁלֹשִׁים: וּבְנֵי פַלּוּא
ט אֱלִיאָב: וּבְנֵי אֱלִיאָב נְמוּאֵל וְדָתָן וַאֲבִירָם הוּא־דָתָן וַאֲבִירָם
קרואי הָעֵדָה אֲשֶׁר הִצּוּ עַל־מֹשֶׁה וְעַל־אַהֲרֹן בַּעֲדַת־קֹרַח קְרִיאֵי
י בְּהַצֹּתָם עַל־יהוה: וַתִּפְתַּח הָאָרֶץ אֶת־פִּיהָ וַתִּבְלַע אֹתָם
וְאֶת־קֹרַח בְּמוֹת הָעֵדָה בַּאֲכֹל הָאֵשׁ אֵת חֲמִשִּׁים וּמָאתַיִם
יא יב אִישׁ וַיִּהְיוּ לְנֵס: וּבְנֵי־קֹרַח לֹא־מֵתוּ: בְּנֵי
שִׁמְעוֹן לְמִשְׁפְּחֹתָם לִנְמוּאֵל מִשְׁפַּחַת הַנְּמוּאֵלִי לְיָמִין מִשְׁפַּחַת
יג הַיָּמִינִי לְיָכִין מִשְׁפַּחַת הַיָּכִינִי: לְזֶרַח מִשְׁפַּחַת הַזַּרְחִי לְשָׁאוּל
יד מִשְׁפַּחַת הַשָּׁאוּלִי: אֵלֶּה מִשְׁפְּחֹת הַשִּׁמְעֹנִי שְׁנַיִם וְעֶשְׂרִים
טו אֶלֶף וּמָאתָיִם: בְּנֵי גָד לְמִשְׁפְּחֹתָם לִצְפוֹן מִשְׁפַּחַת
טז הַצְּפוֹנִי לְחַגִּי מִשְׁפַּחַת הַחַגִּי לְשׁוּנִי מִשְׁפַּחַת הַשּׁוּנִי: לְאָזְנִי מִשְׁפַּחַת
יז הָאָזְנִי לְעֵרִי מִשְׁפַּחַת הָעֵרִי: לַאֲרוֹד מִשְׁפַּחַת הָאֲרוֹדִי לְאַרְאֵלִי
יח מִשְׁפַּחַת הָאַרְאֵלִי: אֵלֶּה מִשְׁפְּחֹת בְּנֵי־גָד לִפְקֻדֵיהֶם אַרְבָּעִים
יט אֶלֶף וַחֲמֵשׁ מֵאוֹת: בְּנֵי יְהוּדָה עֵר וְאוֹנָן וַיָּמָת
כ עֵר וְאוֹנָן בְּאֶרֶץ כְּנָעַן: וַיִּהְיוּ בְנֵי־יְהוּדָה לְמִשְׁפְּחֹתָם לְשֵׁלָה
מִשְׁפַּחַת הַשֵּׁלָנִי לְפֶרֶץ מִשְׁפַּחַת הַפַּרְצִי לְזֶרַח מִשְׁפַּחַת הַזַּרְחִי:
כא וַיִּהְיוּ בְנֵי־פֶרֶץ לְחֶצְרֹן מִשְׁפַּחַת הַחֶצְרֹנִי לְחָמוּל מִשְׁפַּחַת הֶחָמוּלִי:
כב אֵלֶּה מִשְׁפְּחֹת יְהוּדָה לִפְקֻדֵיהֶם שִׁשָּׁה וְשִׁבְעִים אֶלֶף וַחֲמֵשׁ
כג מֵאוֹת: בְּנֵי יִשָּׂשכָר לְמִשְׁפְּחֹתָם תּוֹלָע מִשְׁפַּחַת
כד הַתּוֹלָעִי לְפֻוָּה מִשְׁפַּחַת הַפּוּנִי: לְיָשׁוּב מִשְׁפַּחַת הַיָּשֻׁבִי לְשִׁמְרֹן
כה מִשְׁפַּחַת הַשִּׁמְרֹנִי: אֵלֶּה מִשְׁפְּחֹת יִשָּׂשכָר לִפְקֻדֵיהֶם אַרְבָּעָה
כו וְשִׁשִּׁים אֶלֶף וּשְׁלֹשׁ מֵאוֹת: בְּנֵי זְבוּלֻן לְמִשְׁפְּחֹתָם
לְסֶרֶד מִשְׁפַּחַת הַסַּרְדִּי לְאֵלוֹן מִשְׁפַּחַת הָאֵלֹנִי לְיַחְלְאֵל מִשְׁפַּחַת
כז הַיַּחְלְאֵלִי: אֵלֶּה מִשְׁפְּחֹת הַזְּבוּלֹנִי לִפְקֻדֵיהֶם שִׁשִּׁים אֶלֶף וַחֲמֵשׁ
כח מֵאוֹת: בְּנֵי יוֹסֵף לְמִשְׁפְּחֹתָם מְנַשֶּׁה וְאֶפְרָיִם:
כט בְּנֵי מְנַשֶּׁה לְמָכִיר מִשְׁפַּחַת הַמָּכִירִי וּמָכִיר הוֹלִיד אֶת־גִּלְעָד
ל לְגִלְעָד מִשְׁפַּחַת הַגִּלְעָדִי: אֵלֶּה בְּנֵי גִלְעָד אִיעֶזֶר מִשְׁפַּחַת

their fathers' house, all that are able to go to war in Yisra'el.
And Moshe and El'azar the priest spoke with them in the plains 3
of Mo'av by the Yarden near Yereẖo, saying, Take the sum 4
of the people, from twenty years old and upward; as the Lord
commanded Moshe and the children of Yisra'el, who went forth
out of the land of Miẕrayim. Re'uven, the eldest son of Yisra'el: 5
the children of Re'uven; H̱anokh, the family of the H̱anokhi:
of Pallu, the family of the Pallu'i. Of H̱eẕron, the family of the 6
H̱eẕroni: of Karmi, the family of the Karmi. These are the 7
families of the Re'uveni: and they that were numbered of them
were forty three thousand, seven hundred and thirty. And the 8
sons of Pallu; Eli'av. And the sons of Eli'av; Nemu'el, and 9
Datan, and Aviram. This is that Datan and Aviram, who were
regularly summoned to the congregation, who strove against
Moshe and against Aharon in the company of Qoraẖ, when they
strove against the Lord: and the earth opened her mouth, and 10
swallowed them up together with Qoraẖ, when that company
died, at which time the fire devoured two hundred and fifty
men: and they became a sign. But the children of Qoraẖ died
not. The sons of Shim'on after their families: of Nemu'el, 11, 12
the family of the Nemu'eli: of Yamin, the family of the Yam-
ini: of Yakhin, the family of the Yakhini: of Zeraẖ, the fa- 13
mily of the Zarẖi: of Sha'ul, the family of the Sha'uli. These 14
are the families of the Shim'oni, twenty two thousand, two
hundred. The children of Gad after their families: of 15
Ẕefon, the family of the Ẕefoni: of H̱aggi, the family of the
H̱aggi: of Shuni, the family of the Shuni: of Ozni, the family 16
of the Ozni: of 'Eri, the family of the 'Eri: of Arod, the family 17
of the Arodi: of Ar'eli, the family of the Ar'eli. These are the 18
families of the children of Gad according to those that were
numbered of them, forty thousand, five hundred. The sons 19
of Yehuda were 'Er and Onan: and 'Er and Onan died in the
land of Kena'an. And the sons of Yehuda after their families 20
were; of Shela, the family of the Shelani: of Pereẕ, the family
of the Parẕi: of Zeraẖ, the family of the Zarẖi. And the sons 21
of Pereẕ were; of H̱eẕron, the family of the H̱eẕroni: of H̱amul,
the family of the H̱amuli. These are the families of Yehuda 22
according to those that were numbered of them, seventy six
thousand, five hundred. Of the sons of Yissakhar after 23
their families: of Tola, the family of the Tola'i: of Puvva, the
family of the Puni: of Yashuv, the family of the Yashuvi: of 24
Shimron, the family of the Shimroni. These are the families of 25
Yissakhar according to those that were numbered of them,
sixty four thousand, three hundred. Of the sons of Zevu- 26
lun after their families: of Sered, the family of the Sardi: of
Elon, the family of the Eloni: of Yaẖle'el, the family of the
Yahle'eli. These are the families of the Zevuloni according to 27
those that were numbered of them, sixty thousand, five
hundred. The sons of Yosef after their families, Menashshe 28
and Efrayim. Of the sons of Menashshe: of Makhir, the family 29
of the Makhiri: and Makhir begot Gil'ad: of Gil'ad come the
family of the Gil'adi. These are the sons of Gil'adi: of I'ezer, 30
the family of the I'ezri: of H̱eleq, the family of the H̱elqi:

לא הָאִיעֶזְרִי לְחֵלֶק מִשְׁפַּחַת הַחֶלְקִי: וְאַשְׂרִיאֵל מִשְׁפַּחַת הָאַשְׂרְאֵלִי
לב וְשֶׁכֶם מִשְׁפַּחַת הַשִּׁכְמִי: וּשְׁמִידָע מִשְׁפַּחַת הַשְּׁמִידָעִי וְחֵפֶר
לג מִשְׁפַּחַת הַחֶפְרִי: וּצְלָפְחָד בֶּן־חֵפֶר לֹא־הָיוּ לוֹ בָּנִים כִּי אִם־
בָּנוֹת וְשֵׁם בְּנוֹת צְלָפְחָד מַחְלָה וְנֹעָה חָגְלָה מִלְכָּה וְתִרְצָה:
לד אֵלֶּה מִשְׁפְּחֹת מְנַשֶּׁה וּפְקֻדֵיהֶם שְׁנַיִם וַחֲמִשִּׁים אֶלֶף וּשְׁבַע
לה מֵאוֹת: אֵלֶּה בְנֵי־אֶפְרַיִם לְמִשְׁפְּחֹתָם לְשׁוּתֶלַח
מִשְׁפַּחַת הַשֻּׁתַלְחִי לְבֶכֶר מִשְׁפַּחַת הַבַּכְרִי לְתַחַן מִשְׁפַּחַת
לו לז הַתַּחֲנִי: וְאֵלֶּה בְּנֵי שׁוּתָלַח לְעֵרָן מִשְׁפַּחַת הָעֵרָנִי: אֵלֶּה מִשְׁפְּחֹת
בְּנֵי־אֶפְרַיִם לִפְקֻדֵיהֶם שְׁנַיִם וּשְׁלֹשִׁים אֶלֶף וַחֲמֵשׁ מֵאוֹת אֵלֶּה
לח בְנֵי־יוֹסֵף לְמִשְׁפְּחֹתָם: בְּנֵי בִנְיָמִן לְמִשְׁפְּחֹתָם
לְבֶלַע מִשְׁפַּחַת הַבַּלְעִי לְאַשְׁבֵּל מִשְׁפַּחַת הָאַשְׁבֵּלִי לַאֲחִירָם
לט מִשְׁפַּחַת הָאֲחִירָמִי: לִשְׁפוּפָם מִשְׁפַּחַת הַשּׁוּפָמִי לְחוּפָם מִשְׁפַּחַת
מ הַחוּפָמִי: וַיִּהְיוּ בְנֵי־בֶלַע אַרְדְּ וְנַעֲמָן מִשְׁפַּחַת הָאַרְדִּי לְנַעֲמָן
מא מִשְׁפַּחַת הַנַּעֲמִי: אֵלֶּה בְנֵי־בִנְיָמִן לְמִשְׁפְּחֹתָם וּפְקֻדֵיהֶם חֲמִשָּׁה
מב וְאַרְבָּעִים אֶלֶף וְשֵׁשׁ מֵאוֹת: אֵלֶּה בְנֵי־
דָן לְמִשְׁפְּחֹתָם לְשׁוּחָם מִשְׁפַּחַת הַשּׁוּחָמִי אֵלֶּה מִשְׁפְּחֹת דָּן
מג לְמִשְׁפְּחֹתָם: כָּל־מִשְׁפְּחֹת הַשּׁוּחָמִי לִפְקֻדֵיהֶם אַרְבָּעָה וְשִׁשִּׁים
מד אֶלֶף וְאַרְבַּע מֵאוֹת: בְּנֵי אָשֵׁר לְמִשְׁפְּחֹתָם
לְיִמְנָה מִשְׁפַּחַת הַיִּמְנָה לְיִשְׁוִי מִשְׁפַּחַת הַיִּשְׁוִי לִבְרִיעָה
מה מִשְׁפַּחַת הַבְּרִיעִי: לִבְנֵי בְרִיעָה לְחֶבֶר מִשְׁפַּחַת הַחֶבְרִי
מו מז לְמַלְכִּיאֵל מִשְׁפַּחַת הַמַּלְכִּיאֵלִי: וְשֵׁם בַּת־אָשֵׁר שָׂרַח: אֵלֶּה
מִשְׁפְּחֹת בְּנֵי־אָשֵׁר לִפְקֻדֵיהֶם שְׁלֹשָׁה וַחֲמִשִּׁים אֶלֶף וְאַרְבַּע
מח מֵאוֹת: בְּנֵי נַפְתָּלִי לְמִשְׁפְּחֹתָם לְיַחְצְאֵל מִשְׁפַּחַת
מט הַיַּחְצְאֵלִי לְגוּנִי מִשְׁפַּחַת הַגּוּנִי: לְיֵצֶר מִשְׁפַּחַת הַיִּצְרִי לְשִׁלֵּם
נ מִשְׁפַּחַת הַשִּׁלֵּמִי: אֵלֶּה מִשְׁפְּחֹת נַפְתָּלִי לְמִשְׁפְּחֹתָם וּפְקֻדֵיהֶם
נא חֲמִשָּׁה וְאַרְבָּעִים אֶלֶף וְאַרְבַּע מֵאוֹת: אֵלֶּה פְּקוּדֵי בְּנֵי יִשְׂרָאֵל
שֵׁשׁ־מֵאוֹת אֶלֶף וָאָלֶף שְׁבַע מֵאוֹת וּשְׁלֹשִׁים:
נב נג וַיְדַבֵּר יְהוָה אֶל־מֹשֶׁה לֵּאמֹר: לָאֵלֶּה תֵּחָלֵק הָאָרֶץ בְּנַחֲלָה כג שלישי
נד בְּמִסְפַּר שֵׁמוֹת: לָרַב תַּרְבֶּה נַחֲלָתוֹ וְלַמְעַט תַּמְעִיט נַחֲלָתוֹ
נה אִישׁ לְפִי פְקֻדָיו יֻתַּן נַחֲלָתוֹ: אַךְ־בְּגוֹרָל יֵחָלֵק אֶת־הָאָרֶץ
נו לִשְׁמוֹת מַטּוֹת־אֲבֹתָם יִנְחָלוּ: עַל־פִּי הַגּוֹרָל תֵּחָלֵק נַחֲלָתוֹ
נז בֵּין רַב לִמְעָט: וְאֵלֶּה פְקוּדֵי הַלֵּוִי לְמִשְׁפְּחֹתָם
לְגֵרְשׁוֹן מִשְׁפַּחַת הַגֵּרְשֻׁנִּי לִקְהָת מִשְׁפַּחַת הַקְּהָתִי לִמְרָרִי
נח מִשְׁפַּחַת הַמְּרָרִי: אֵלֶּה ׀ מִשְׁפְּחֹת לֵוִי מִשְׁפַּחַת הַלִּבְנִי מִשְׁפַּחַת

and of Asri'el, the family of the Asri'eli: and of Shekhem, the   31
the family of the Shikhmi: and of Shemida, the family of the   32
Shemida'i: and of Ḥefer, the family of the Ḥefri. And Ẓelofḥad   33
the son of Ḥefer had no sons, but daughters: and the names of
the daughters of Ẓelofḥad were Maḥla, and No'a, Ḥogla, Milka
and Tirẓa. These are the families of Menashshe, and those that   34
were numbered of them, fifty two thousand seven hund-
red.   These are the sons of Efrayim after their families: 35
of Shutelaḥ, the family of the Shutalḥi: of Bekher, the family of
the Bakhri: of Taḥan, the family of the Taḥani. And these are   36
the sons of Shutelaḥ: of 'Eran, the family of the 'Erani. These   37
are the families of the sons of Efrayim according to those that
were numbered of them, thirty two thousand five hundred.
These are the sons of Yosef after their families.   The sons   38
of Binyamin after their families: of Bela, the family of the
Bal'i: of Ashbel, the family of the Ashbeli: of Aḥiram, the
family of the Aḥirami: of Shefufam, the family of the Shufami: 39
of Ḥufman, the family of the Ḥufami. And the sons of Bela were   40
Ard and Na'aman: of Ard, the family of the Ardi: and of
Na'aman, the family of the Na'ami. These are the sons of Binya-   41
min after their families: and they that were numbered of them
were forty five thousand, six hundred.   These are the sons   42
of Dan after their families: of Shuḥam, the family of the Shu-
ḥami. These are the families of Dan after their families. All   43
the families of the Shuḥami, according to those that were num-
bered of them, were sixty four thousand, four hundred.   Of   44
the children of Asher after their families: of Yimna the family
of the Yimna: of Yishvi, the family of the Yishvi: of Beri'a,
the family of the Beri'i. Of the sons of Beri'a: of Ḥever, the   45
family of the Ḥevri: of Malki'el, the family of the Malki'eli.
And the name of the daughter of Asher was Seraḥ. These are   46, 47
the families of the sons of Asher according to those that were
numbered of them; who were fifty three thousand, four
hundred.   Of the sons of Naftali after their families: of   48
Yaḥze'el, the family of the Yaḥze'eli: of Guni, the family of the
Guni: of Yeẓer, the family of the Yiẓri: of Shillem, the family   49
of the Shillemi. These are the families of Naftali according to   50
their families: and they that were numbered of them were forty
five thousand, four hundred. These were the numbered of the   51
children of Yisra'el, six hundred and one thousand, seven
hundred and thirty.
And the LORD spoke to Moshe, saying, To these the land shall   52, 53
be divided for an inheritance according to the number of names.
To the more numerous thou shalt give the more inheritance, and   54
to the fewer thou shalt give the less inheritance: to everyone
shall his inheritance be given according to those that were num-
bered of him. Nevertheless the land shall be divided by lot: 55
according to the names of the tribes of their fathers they shall
inherit. According to the lot shall their inheritance be divided   56
between many and few.   And these are they that were   57
numbered of the Levi after their families: of Gershon, the family
of the Gershoni: of Qehat, the family of the Qehati: of Merari,
the family of the Merari. These are the families of Levi: the   58

הַחֶבְרֹנִי מִשְׁפַּחַת הַמַּחְלִי מִשְׁפַּחַת הַמּוּשִׁי מִשְׁפַּחַת הַקָּרְחִי
נט וּקְהָת הוֹלִד אֶת־עַמְרָם: וְשֵׁם ׀ אֵשֶׁת עַמְרָם יוֹכֶבֶד בַּת־לֵוִי
אֲשֶׁר יָלְדָה אֹתָהּ לְלֵוִי בְּמִצְרָיִם וַתֵּלֶד לְעַמְרָם אֶת־אַהֲרֹן וְאֶת־
ס מֹשֶׁה וְאֵת מִרְיָם אֲחֹתָם: וַיִּוָּלֵד לְאַהֲרֹן אֶת־נָדָב וְאֶת־אֲבִיהוּא
סא אֶת־אֶלְעָזָר וְאֶת־אִיתָמָר: וַיָּמָת נָדָב וַאֲבִיהוּא בְּהַקְרִיבָם
סב אֵשׁ־זָרָה לִפְנֵי יְהוָה: וַיִּהְיוּ פְקֻדֵיהֶם שְׁלֹשָׁה וְעֶשְׂרִים אֶלֶף כָּל־
זָכָר מִבֶּן־חֹדֶשׁ וָמָעְלָה כִּי ׀ לֹא הָתְפָּקְדוּ בְּתוֹךְ בְּנֵי יִשְׂרָאֵל כִּי
סג לֹא־נִתַּן לָהֶם נַחֲלָה בְּתוֹךְ בְּנֵי יִשְׂרָאֵל: אֵלֶּה פְּקוּדֵי מֹשֶׁה
וְאֶלְעָזָר הַכֹּהֵן אֲשֶׁר פָּקְדוּ אֶת־בְּנֵי יִשְׂרָאֵל בְּעַרְבֹת מוֹאָב
סד עַל יַרְדֵּן יְרֵחוֹ: וּבְאֵלֶּה לֹא־הָיָה אִישׁ מִפְּקוּדֵי מֹשֶׁה וְאַהֲרֹן
סה הַכֹּהֵן אֲשֶׁר פָּקְדוּ אֶת־בְּנֵי יִשְׂרָאֵל בְּמִדְבַּר סִינָי: כִּי־אָמַר יְהוָה
לָהֶם מוֹת יָמֻתוּ בַּמִּדְבָּר וְלֹא־נוֹתַר מֵהֶם אִישׁ כִּי אִם־כָּלֵב
כז א בֶּן־יְפֻנֶּה וִיהוֹשֻׁעַ בִּן־נוּן: וַתִּקְרַבְנָה בְּנוֹת צְלָפְחָד
בֶּן־חֵפֶר בֶּן־גִּלְעָד בֶּן־מָכִיר בֶּן־מְנַשֶּׁה לְמִשְׁפְּחֹת מְנַשֶּׁה בֶן־
יוֹסֵף וְאֵלֶּה שְׁמוֹת בְּנֹתָיו מַחְלָה נֹעָה וְחָגְלָה וּמִלְכָּה וְתִרְצָה:
ב וַתַּעֲמֹדְנָה לִפְנֵי מֹשֶׁה וְלִפְנֵי אֶלְעָזָר הַכֹּהֵן וְלִפְנֵי הַנְּשִׂיאִם וְכָל־
ג הָעֵדָה פֶּתַח אֹהֶל־מוֹעֵד לֵאמֹר: אָבִינוּ מֵת בַּמִּדְבָּר וְהוּא לֹא־
הָיָה בְּתוֹךְ הָעֵדָה הַנּוֹעָדִים עַל־יְהוָה בַּעֲדַת־קֹרַח כִּי־בְחֶטְאוֹ
ד מֵת וּבָנִים לֹא־הָיוּ לוֹ: לָמָּה יִגָּרַע שֵׁם־אָבִינוּ מִתּוֹךְ מִשְׁפַּחְתּוֹ
ה כִּי אֵין לוֹ בֵּן תְּנָה־לָּנוּ אֲחֻזָּה בְּתוֹךְ אֲחֵי אָבִינוּ: וַיַּקְרֵב מֹשֶׁה
אֶת־מִשְׁפָּטָן לִפְנֵי יְהוָה:
ו ז וַיֹּאמֶר יְהוָה אֶל־מֹשֶׁה לֵּאמֹר: כֵּן בְּנוֹת צְלָפְחָד דֹּבְרֹת נָתֹן תִּתֵּן רביעי
לָהֶם אֲחֻזַּת נַחֲלָה בְּתוֹךְ אֲחֵי אֲבִיהֶם וְהַעֲבַרְתָּ אֶת־נַחֲלַת
ח אֲבִיהֶן לָהֶן: וְאֶל־בְּנֵי יִשְׂרָאֵל תְּדַבֵּר לֵאמֹר אִישׁ כִּי־יָמוּת וּבֵן
ט אֵין לוֹ וְהַעֲבַרְתֶּם אֶת־נַחֲלָתוֹ לְבִתּוֹ: וְאִם־אֵין לוֹ בַּת וּנְתַתֶּם
י אֶת־נַחֲלָתוֹ לְאֶחָיו: וְאִם־אֵין לוֹ אַחִים וּנְתַתֶּם אֶת־נַחֲלָתוֹ
יא לַאֲחֵי אָבִיו: וְאִם־אֵין אַחִים לְאָבִיו וּנְתַתֶּם אֶת־נַחֲלָתוֹ לִשְׁאֵרוֹ
הַקָּרֹב אֵלָיו מִמִּשְׁפַּחְתּוֹ וְיָרַשׁ אֹתָהּ וְהָיְתָה לִבְנֵי יִשְׂרָאֵל לְחֻקַּת
מִשְׁפָּט כַּאֲשֶׁר צִוָּה יְהוָה אֶת־מֹשֶׁה:
יב וַיֹּאמֶר יְהוָה אֶל־מֹשֶׁה עֲלֵה אֶל־הַר הָעֲבָרִים הַזֶּה וּרְאֵה אֶת־
יג הָאָרֶץ אֲשֶׁר נָתַתִּי לִבְנֵי יִשְׂרָאֵל: וְרָאִיתָה אֹתָהּ וְנֶאֱסַפְתָּ אֶל־
יד עַמֶּיךָ גַּם־אָתָּה כַּאֲשֶׁר נֶאֱסַף אַהֲרֹן אָחִיךָ: כַּאֲשֶׁר מְרִיתֶם פִּי
בְּמִדְבַּר־צִן בִּמְרִיבַת הָעֵדָה לְהַקְדִּישֵׁנִי בַמַּיִם לְעֵינֵיהֶם הֵם מֵי־

family of the Livni, the family of the Ḥevroni, the family of the
Maḥli, the family of the Mushi, the family of the Qorḥi. And
Qehat begot 'Amram. And the name of 'Amram's wife was 59
Yokheved, daughter of Levi, whom her mother bore to Levi in
Miẓrayim: and she bore to 'Amram Aharon and Moshe, and
Miryam their sister. And to Aharon was born Nadav, and Avihu, 60
El'azar and Itamar. And Nadav and Avihu died, when they 61
offered strange fire before the LORD. And those that were num- 62
bered of them were twenty three thousand, all males from a
month old and upward: for they were not numbered among
the children of Yisra'el, because there was no inheritance given
them among the children of Yisra'el. These are they that were 63
numbered by Moshe and El'azar the priest, who numbered the
children of Yisra'el in the plains of Mo'av by Yarden near
Yereḥo. But among these there was not a man of them whom 64
Moshe and Aharon the priest numbered, when they numbered
the children of Yisra'el in the wilderness of Sinay. For the 65
LORD had said of them, They shall surely die in the wilderness.
And there was not left a man of them, except Kalev the son of
Yefunne, and Yehoshua the son of Nun. Then came the **27**
daughters of Ẓelofḥad, the son of Ḥefer, the son of Gil'ad, the
son of Makhir, the son of Menashshe, of the families of Menash-
she the son of Yosef: and these are the names of his daughters;
Maḥla, No'a, and Ḥogla, and Milka and Tirẓa. And they stood 2
before Moshe, and before El'azar the priest, and before the
princes and all the congregation, by the door of the Tent of
Meeting, saying, Our father died in the wilderness, and he was 3
not in the company of them that gathered themselves together
against the LORD in the company of Qoraḥ; but he died in his
own sin, and had no sons. Why should the name of our father be 4
done away from his family, because he has no son? Give to us
a possession among the brethren of our father. And Moshe 5
brought their cause before the LORD.
And the LORD spoke to Moshe, saying, The daughters of Ẓelof- 6, 7
ḥad speak right: thou shalt surely give them a possession of
inheritance among their father's brethren; and thou shalt cause
the inheritance of their father to pass to them. And thou shalt 8
speak to the children of Yisra'el, saying, If a man die, and have
no son, then you shall cause his inheritance to pass to his
daughter. And if he have no daughter, then you shall give his 9
inheritance to his brothers. And if he have no brothers, then 10
you shall give his inheritance to his father's brothers. And if 11
his father have no brothers, then you shall give his inheritance
to his kinsman that is next to him of his family, and he shall
possess it: and it shall be to the children of Yisra'el a statute
of judgment, as the LORD commanded Moshe.
And the LORD said to Moshe, Go up into this mount 'Avarim, 12
and see the land which I have given to the children of Yisra'el.
And when thou hast seen it, thou also shalt be gathered to thy 13
people, as Aharon thy brother was gathered. For you rebelled 14
against my commandment in the desert of Ẓin, in the strife
of the congregation, to sanctify me at the water before their
eyes: that is the water of Merivat-qadesh in the wilderness of

כד מְרִיבַת קָדֵשׁ מִדְבַּר־צִן׃ וַיְדַבֵּר מֹשֶׁה אֶל־יְהוָה ט
לֵאמֹר׃ יִפְקֹד יְהוָה אֱלֹהֵי הָרוּחֹת לְכָל־בָּשָׂר אִישׁ עַל־הָעֵדָה׃ טז
אֲשֶׁר־יֵצֵא לִפְנֵיהֶם וַאֲשֶׁר יָבֹא לִפְנֵיהֶם וַאֲשֶׁר יוֹצִיאֵם וַאֲשֶׁר יז
יְבִיאֵם וְלֹא תִהְיֶה עֲדַת יְהוָה כַּצֹּאן אֲשֶׁר אֵין־לָהֶם רֹעֶה׃
וַיֹּאמֶר יְהוָה אֶל־מֹשֶׁה קַח־לְךָ אֶת־יְהוֹשֻׁעַ בִּן־נוּן אִישׁ אֲשֶׁר־ יח
רוּחַ בּוֹ וְסָמַכְתָּ אֶת־יָדְךָ עָלָיו׃ וְהַעֲמַדְתָּ אֹתוֹ לִפְנֵי אֶלְעָזָר יט
הַכֹּהֵן וְלִפְנֵי כָּל־הָעֵדָה וְצִוִּיתָה אֹתוֹ לְעֵינֵיהֶם׃ וְנָתַתָּה מֵהוֹדְךָ כ
עָלָיו לְמַעַן יִשְׁמְעוּ כָּל־עֲדַת בְּנֵי יִשְׂרָאֵל׃ וְלִפְנֵי אֶלְעָזָר הַכֹּהֵן כא
יַעֲמֹד וְשָׁאַל לוֹ בְּמִשְׁפַּט הָאוּרִים לִפְנֵי יְהוָה עַל־פִּיו יֵצְאוּ וְעַל־
פִּיו יָבֹאוּ הוּא וְכָל־בְּנֵי־יִשְׂרָאֵל אִתּוֹ וְכָל־הָעֵדָה׃ וַיַּעַשׂ מֹשֶׁה כב
כַּאֲשֶׁר צִוָּה יְהוָה אֹתוֹ וַיִּקַּח אֶת־יְהוֹשֻׁעַ וַיַּעֲמִדֵהוּ לִפְנֵי אֶלְעָזָר
הַכֹּהֵן וְלִפְנֵי כָּל־הָעֵדָה׃ וַיִּסְמֹךְ אֶת־יָדָיו עָלָיו וַיְצַוֵּהוּ כַּאֲשֶׁר כג
דִּבֶּר יְהוָה בְּיַד־מֹשֶׁה׃

חמישי וַיְדַבֵּר יְהוָה אֶל־מֹשֶׁה לֵּאמֹר׃ צַו אֶת־בְּנֵי יִשְׂרָאֵל וְאָמַרְתָּ א ב כח
אֲלֵהֶם אֶת־קָרְבָּנִי לַחְמִי לְאִשַּׁי רֵיחַ נִיחֹחִי תִּשְׁמְרוּ לְהַקְרִיב
לִי בְּמוֹעֲדוֹ׃ וְאָמַרְתָּ לָהֶם זֶה הָאִשֶּׁה אֲשֶׁר תַּקְרִיבוּ לַיהוָה ג
כְּבָשִׂים בְּנֵי־שָׁנָה תְמִימִם שְׁנַיִם לַיּוֹם עֹלָה תָמִיד׃ אֶת־הַכֶּבֶשׂ ד
אֶחָד תַּעֲשֶׂה בַבֹּקֶר וְאֵת הַכֶּבֶשׂ הַשֵּׁנִי תַּעֲשֶׂה בֵּין הָעַרְבָּיִם׃
וַעֲשִׂירִית הָאֵיפָה סֹלֶת לְמִנְחָה בְּלוּלָה בְּשֶׁמֶן כָּתִית רְבִיעִת ה
הַהִין׃ עֹלַת תָּמִיד הָעֲשֻׂיָה בְּהַר סִינַי לְרֵיחַ נִיחֹחַ אִשֶּׁה לַיהוָה׃ ו
וְנִסְכּוֹ רְבִיעִת הַהִין לַכֶּבֶשׂ הָאֶחָד בַּקֹּדֶשׁ הַסֵּךְ נֶסֶךְ שֵׁכָר לַיהוָה׃ ז
וְאֵת הַכֶּבֶשׂ הַשֵּׁנִי תַּעֲשֶׂה בֵּין הָעַרְבָּיִם כְּמִנְחַת הַבֹּקֶר וּכְנִסְכּוֹ ח
תַּעֲשֶׂה אִשֵּׁה רֵיחַ נִיחֹחַ לַיהוָה׃

וּבְיוֹם הַשַּׁבָּת שְׁנֵי־כְבָשִׂים בְּנֵי־שָׁנָה תְּמִימִם וּשְׁנֵי עֶשְׂרֹנִים סֹלֶת ט
מִנְחָה בְּלוּלָה בַשֶּׁמֶן וְנִסְכּוֹ׃ עֹלַת שַׁבַּת בְּשַׁבַּתּוֹ עַל־עֹלַת י
הַתָּמִיד וְנִסְכָּהּ׃

וּבְרָאשֵׁי חָדְשֵׁיכֶם תַּקְרִיבוּ עֹלָה לַיהוָה פָּרִים בְּנֵי־בָקָר שְׁנַיִם יא
וְאַיִל אֶחָד כְּבָשִׂים בְּנֵי־שָׁנָה שִׁבְעָה תְּמִימִם׃ וּשְׁלֹשָׁה עֶשְׂרֹנִים יב
סֹלֶת מִנְחָה בְּלוּלָה בַשֶּׁמֶן לַפָּר הָאֶחָד וּשְׁנֵי עֶשְׂרֹנִים סֹלֶת
מִנְחָה בְּלוּלָה בַשֶּׁמֶן לָאַיִל הָאֶחָד׃ וְעִשָּׂרֹן עִשָּׂרוֹן סֹלֶת יג
מִנְחָה בְּלוּלָה בַשֶּׁמֶן לַכֶּבֶשׂ הָאֶחָד עֹלָה רֵיחַ נִיחֹחַ אִשֶּׁה
לַיהוָה׃ וְנִסְכֵּיהֶם חֲצִי הַהִין יִהְיֶה לַפָּר וּשְׁלִישִׁת הַהִין לָאַיִל יד

Ẕin. And Moshe spoke to the LORD, saying, Let the LORD, 15, 16
the GOD of the spirits of all flesh, set a man over the congrega-
tion, who may go out before them, and who may go in before 17
them, and who may lead them out, and may bring them in;
that the congregation of the LORD be not as sheep that have no
shepherd. And the LORD said to Moshe, Take thee Yehoshua the 18
son of Nun, a man in whom is spirit, and lay thy hand upon
him; and set him before El'azar the priest, and before all the 19
congregation; and give him a charge in their sight. And thou 20
shalt put some of thy honour upon him, that all the congrega-
tion of the children of Yisra'el may be obedient. And he shall 21
stand before El'azar the priest, who shall ask counsel for him
after the judgment of the Urim before the LORD: at his word
shall they go out, and at his word they shall come in, both he,
and all the children of Yisra'el with him, even all the congrega-
tion. And Moshe did as the LORD commanded him: and he took 22
Yehoshua, and set him before El'azar the priest, and before all
the congregation: and he laid his hands upon him, and gave 23
him a charge, as the LORD commanded by the hand of
Moshe.

28

And the LORD spoke to Moshe, saying, Command the children 1, 2
of Yisra'el, and say to them, My offering, the provision of my
sacrifices made by fire, for a sweet savour to me, shall you
observe to offer to me in their due season. And thou shalt say 3
to them, This is the fire offering which you shall offer to the
LORD; two lambs of the first year without blemish day by day,
for a continual burnt offering. The one lamb shalt thou offer in 4
the morning, and the other lamb shalt thou offer at evening;
and a tenth part of an efa of flour for a meal offering, mingled 5
with the fourth part of a hin of beaten oil. It is a continual burnt 6
offering, which was ordained in mount Sinay for a sweet savour,
a sacrifice made by fire to the LORD. And its drink offering shall 7
be the fourth part of a hin for the one lamb: in the holy place
shalt thou cause the strong drink to be poured to the LORD for
a drink offering. And the other lamb shalt thou offer at evening: 8
like the meal offering of the morning, and like its drink offering,
thou shalt offer it, a sacrifice made by fire, of a sweet savour
to the LORD.

And on the sabbath day two lambs of the first year without 9
blemish, and two tenth measures of flour for a meal offering,
mingled with oil, and its drink offering: this is the burnt offer- 10
ing of every sabbath, beside the continual burnt offering, and
its drink offering.

And in the beginnings of your months you shall offer a burnt 11
offering to the LORD; two young bullocks, and one ram, seven
lambs of the first year without blemish; and three tenth mea- 12
sures of flour for a meal offering, mingled with oil, for one
bullock; and two tenth measures of flour for a meal offering,
mingled with oil, for one ram; and a tenth measure of flour 13
mingled with oil for a meal offering for every lamb; for a burnt
offering of a sweet savour, a sacrifice made by fire to the LORD.
And their drink offerings shall be half a hin of wine for a bullock, 14
and the third part of a hin for a ram, and a fourth part of a hin

וּרְבִיעִת הַהִין לַכֶּבֶשׂ יָיִן זֹאת עֹלַת חֹדֶשׁ בְּחָדְשׁוֹ לְחָדְשֵׁי הַשָּׁנָה׃
טו וּשְׂעִיר עִזִּים אֶחָד לְחַטָּאת לַיהוָה עַל־עֹלַת הַתָּמִיד יֵעָשֶׂה
טז וְנִסְכּוֹ׃ וּבַחֹדֶשׁ הָרִאשׁוֹן בְּאַרְבָּעָה עָשָׂר יוֹם ששי
יז לַחֹדֶשׁ פֶּסַח לַיהוָה׃ וּבַחֲמִשָּׁה עָשָׂר יוֹם לַחֹדֶשׁ הַזֶּה חָג שִׁבְעַת
יח יָמִים מַצּוֹת יֵאָכֵל׃ בַּיּוֹם הָרִאשׁוֹן מִקְרָא־קֹדֶשׁ כָּל־מְלֶאכֶת
יט עֲבֹדָה לֹא תַעֲשׂוּ׃ וְהִקְרַבְתֶּם אִשֶּׁה עֹלָה לַיהוָה פָּרִים בְּנֵי־
בָקָר שְׁנַיִם וְאַיִל אֶחָד וְשִׁבְעָה כְבָשִׂים בְּנֵי שָׁנָה תְּמִימִם יִהְיוּ
כ לָכֶם׃ וּמִנְחָתָם סֹלֶת בְּלוּלָה בַשָּׁמֶן שְׁלֹשָׁה עֶשְׂרֹנִים לַפָּר וּשְׁנֵי
כא עֶשְׂרֹנִים לָאַיִל תַּעֲשׂוּ׃ עִשָּׂרוֹן עִשָּׂרוֹן תַּעֲשֶׂה לַכֶּבֶשׂ הָאֶחָד
כב כג לְשִׁבְעַת הַכְּבָשִׂים׃ וּשְׂעִיר חַטָּאת אֶחָד לְכַפֵּר עֲלֵיכֶם׃ מִלְּבַד
כד עֹלַת הַבֹּקֶר אֲשֶׁר לְעֹלַת הַתָּמִיד תַּעֲשׂוּ אֶת־אֵלֶּה׃ כָּאֵלֶּה
תַּעֲשׂוּ לַיּוֹם שִׁבְעַת יָמִים לֶחֶם אִשֵּׁה רֵיחַ־נִיחֹחַ לַיהוָה עַל־
כה עוֹלַת הַתָּמִיד יֵעָשֶׂה וְנִסְכּוֹ׃ וּבַיּוֹם הַשְּׁבִיעִי מִקְרָא־קֹדֶשׁ יִהְיֶה
כו לָכֶם כָּל־מְלֶאכֶת עֲבֹדָה לֹא תַעֲשׂוּ׃ וּבְיוֹם כה
הַבִּכּוּרִים בְּהַקְרִיבְכֶם מִנְחָה חֲדָשָׁה לַיהוָה בְּשָׁבֻעֹתֵיכֶם
מִקְרָא־קֹדֶשׁ יִהְיֶה לָכֶם כָּל־מְלֶאכֶת עֲבֹדָה לֹא תַעֲשׂוּ׃
כז וְהִקְרַבְתֶּם עוֹלָה לְרֵיחַ נִיחֹחַ לַיהוָה פָּרִים בְּנֵי־בָקָר שְׁנַיִם אַיִל
כח אֶחָד שִׁבְעָה כְבָשִׂים בְּנֵי שָׁנָה׃ וּמִנְחָתָם סֹלֶת בְּלוּלָה בַשָּׁמֶן
כט שְׁלֹשָׁה עֶשְׂרֹנִים לַפָּר הָאֶחָד שְׁנֵי עֶשְׂרֹנִים לָאַיִל הָאֶחָד׃ עִשָּׂרוֹן
ל עִשָּׂרוֹן לַכֶּבֶשׂ הָאֶחָד לְשִׁבְעַת הַכְּבָשִׂים׃ שְׂעִיר עִזִּים אֶחָד
לא לְכַפֵּר עֲלֵיכֶם׃ מִלְּבַד עֹלַת הַתָּמִיד וּמִנְחָתוֹ תַּעֲשׂוּ תְּמִימִם
יִהְיוּ־לָכֶם וְנִסְכֵּיהֶם׃
כט א וּבַחֹדֶשׁ הַשְּׁבִיעִי בְּאֶחָד לַחֹדֶשׁ מִקְרָא־קֹדֶשׁ יִהְיֶה לָכֶם כָּל־
ב מְלֶאכֶת עֲבֹדָה לֹא תַעֲשׂוּ יוֹם תְּרוּעָה יִהְיֶה לָכֶם׃ וַעֲשִׂיתֶם
עֹלָה לְרֵיחַ נִיחֹחַ לַיהוָה פַּר בֶּן־בָּקָר אֶחָד אַיִל אֶחָד כְּבָשִׂים
ג בְּנֵי־שָׁנָה שִׁבְעָה תְּמִימִם׃ וּמִנְחָתָם סֹלֶת בְּלוּלָה בַשָּׁמֶן שְׁלֹשָׁה
ד עֶשְׂרֹנִים לַפָּר שְׁנֵי עֶשְׂרֹנִים לָאָיִל׃ וְעִשָּׂרוֹן אֶחָד לַכֶּבֶשׂ הָאֶחָד
ה לְשִׁבְעַת הַכְּבָשִׂים׃ וּשְׂעִיר־עִזִּים אֶחָד חַטָּאת לְכַפֵּר עֲלֵיכֶם׃
ו מִלְּבַד עֹלַת הַחֹדֶשׁ וּמִנְחָתָהּ וְעֹלַת הַתָּמִיד וּמִנְחָתָהּ וְנִסְכֵּיהֶם
ז כְּמִשְׁפָּטָם לְרֵיחַ נִיחֹחַ אִשֶּׁה לַיהוָה׃ וּבֶעָשׂוֹר
לַחֹדֶשׁ הַשְּׁבִיעִי הַזֶּה מִקְרָא־קֹדֶשׁ יִהְיֶה לָכֶם וְעִנִּיתֶם אֶת־
ח נַפְשֹׁתֵיכֶם כָּל־מְלָאכָה לֹא תַעֲשׂוּ׃ וְהִקְרַבְתֶּם עֹלָה לַיהוָה רֵיחַ
נִיחֹחַ פַּר בֶּן־בָּקָר אֶחָד אַיִל אֶחָד כְּבָשִׂים בְּנֵי־שָׁנָה שִׁבְעָה תְּמִימִם
ט יִהְיוּ לָכֶם׃ וּמִנְחָתָם סֹלֶת בְּלוּלָה בַּשָּׁמֶן שְׁלֹשָׁה עֶשְׂרֹנִים לַפָּר

for a lamb: this is the burnt offering of every month throughout
the months of the year. And one kid of the goats for a sin   15
offering to the LORD shall be offered, beside the continual burnt
offering, and its drink offering.   And on the fourteenth   16
day of the first month is the passover of the LORD. And on the   17
fifteenth day of this month is the feast: seven days shall un-
leavened bread be eaten. On the first day shall be a holy gath-   18
ering; you shall do no manner of servile work on it. And   19
you shall offer a sacrifice made by fire for a burnt offering to
the LORD; two young bullocks, and one ram, and seven lambs
of the first year: they shall be to you without blemish: and   20
their meal offering shall be of flour mingled with oil: three
tenth measures shall you offer for a bullock, and two tenth
measures for a ram; a tenth measure shalt thou offer for every   21
lamb, for the seven lambs: and one goat for a sin offering, to   22
make atonement for you. You shall offer these beside the burnt   23
offering in the morning, which is for a continual burnt offering.
After this manner you shall offer daily, throughout the seven   24
days, the provision of the sacrifice made by fire, of a sweet
savour to the LORD: it shall be offered beside the continual
burnt offering, and its drink offering. And on the seventh day   25
you shall have a holy gathering; you shall do no servile
work.   Also on the day of the firstfruits, when you bring   26
a new meal offering to the LORD, in your feast of weeks, you
shall have a holy gathering; you shall do no servile work.
And you shall offer the burnt offering for a sweet savour to the 27
LORD; two young bullocks, one ram, seven lambs of the first
year; and their meal offering of flour mingled with oil, three   28
tenth measures for one bullock, two tenth measures for one
ram, a tenth measure for one lamb, for the seven lambs; and   29, 30
one kid of the goats, to make atonement for you. You shall offer 31
them beside the continual burnt offering, and its meal offer-
ing, (they shall be to you without blemish) and their drink
offerings.
And in the seventh month, on the first day of the month,   **29**
you shall have a holy gathering; you shall do no servile work:
it is a day of blowing the horn to you. And you shall offer a   2
burnt offering for a sweet savour to the LORD: one young
bullock, one ram, and seven lambs of the first year without
blemish: and their meal offering shall be of flour mingled with   3
oil, three tenth measures for a bullock, and two tenth measures
for a ram, and one tenth measure for one lamb, throughout the   4
seven lambs: and one kid of the goats for a sin offering, to   5
make atonement for you: besides the burnt offering of the   6
month, and its meal offering, and the daily burnt offering, and
its meal offering, and their drink offerings, according to their
ordinance, for a sweet savour, a sacrifice made by fire to the
LORD.   And you shall have on the tenth day of this seventh 7
month a holy gathering; and you shall afflict your souls: you
shall not do any work: and you shall offer a burnt offering to   8
the LORD for a sweet savour; one young bullock, one ram, and
seven lambs of the first year; they shall be to you without
blemish: and their meal offering shall be of flour mingled with   9

י שְׁנֵי עֶשְׂרֹנִים לָאַיִל הָאֶחָד׃ עִשָּׂרוֹן עִשָּׂרוֹן לַכֶּבֶשׂ הָאֶחָד לְשִׁבְעַת
יא הַכְּבָשִׂים׃ שְׂעִיר־עִזִּים אֶחָד חַטָּאת מִלְּבַד חַטַּאת הַכִּפֻּרִים
יב וְעֹלַת הַתָּמִיד וּמִנְחָתָהּ וְנִסְכֵּיהֶם׃ שביעי וּבַחֲמִשָּׁה
עָשָׂר יוֹם לַחֹדֶשׁ הַשְּׁבִיעִי מִקְרָא־קֹדֶשׁ יִהְיֶה לָכֶם כָּל־מְלֶאכֶת
יג עֲבֹדָה לֹא תַעֲשׂוּ וְחַגֹּתֶם חַג לַיהוָה שִׁבְעַת יָמִים׃ וְהִקְרַבְתֶּם
עֹלָה אִשֵּׁה רֵיחַ נִיחֹחַ לַיהוָה פָּרִים בְּנֵי־בָקָר שְׁלֹשָׁה עָשָׂר אֵילִם
יד שְׁנָיִם כְּבָשִׂים בְּנֵי־שָׁנָה אַרְבָּעָה עָשָׂר תְּמִימִם יִהְיוּ׃ וּמִנְחָתָם
סֹלֶת בְּלוּלָה בַשָּׁמֶן שְׁלֹשָׁה עֶשְׂרֹנִים לַפָּר הָאֶחָד לִשְׁלֹשָׁה עָשָׂר
טו פָּרִים שְׁנֵי עֶשְׂרֹנִים לָאַיִל הָאֶחָד לִשְׁנֵי הָאֵילִם׃ וְעִשָּׂרוֹן עִשָּׂרוֹן
טז לַכֶּבֶשׂ הָאֶחָד לְאַרְבָּעָה עָשָׂר כְּבָשִׂים׃ וּשְׂעִיר־עִזִּים אֶחָד חַטָּאת
יז מִלְּבַד עֹלַת הַתָּמִיד מִנְחָתָהּ וְנִסְכָּהּ׃ וּבַיּוֹם
הַשֵּׁנִי פָּרִים בְּנֵי־בָקָר שְׁנֵים עָשָׂר אֵילִם שְׁנָיִם כְּבָשִׂים בְּנֵי־שָׁנָה
יח אַרְבָּעָה עָשָׂר תְּמִימִם׃ וּמִנְחָתָם וְנִסְכֵּיהֶם לַפָּרִים לָאֵילִם
יט וְלַכְּבָשִׂים בְּמִסְפָּרָם כַּמִּשְׁפָּט׃ וּשְׂעִיר־עִזִּים אֶחָד חַטָּאת מִלְּבַד
כ עֹלַת הַתָּמִיד וּמִנְחָתָהּ וְנִסְכֵּיהֶם׃ וּבַיּוֹם הַשְּׁלִישִׁי
פָּרִים עַשְׁתֵּי־עָשָׂר אֵילִם שְׁנָיִם כְּבָשִׂים בְּנֵי־שָׁנָה אַרְבָּעָה
כא עָשָׂר תְּמִימִם׃ וּמִנְחָתָם וְנִסְכֵּיהֶם לַפָּרִים לָאֵילִם וְלַכְּבָשִׂים
כב בְּמִסְפָּרָם כַּמִּשְׁפָּט׃ וּשְׂעִיר חַטָּאת אֶחָד מִלְּבַד עֹלַת הַתָּמִיד
כג וּמִנְחָתָהּ וְנִסְכָּהּ׃ וּבַיּוֹם הָרְבִיעִי פָּרִים עֲשָׂרָה
כד אֵילִם שְׁנָיִם כְּבָשִׂים בְּנֵי־שָׁנָה אַרְבָּעָה עָשָׂר תְּמִימִם׃ מִנְחָתָם
וְנִסְכֵּיהֶם לַפָּרִים לָאֵילִם וְלַכְּבָשִׂים בְּמִסְפָּרָם כַּמִּשְׁפָּט׃
כה וּשְׂעִיר־עִזִּים אֶחָד חַטָּאת מִלְּבַד עֹלַת הַתָּמִיד מִנְחָתָהּ
כו וְנִסְכָּהּ׃ וּבַיּוֹם הַחֲמִישִׁי פָּרִים תִּשְׁעָה אֵילִם שְׁנָיִם
כז כְּבָשִׂים בְּנֵי־שָׁנָה אַרְבָּעָה עָשָׂר תְּמִימִם׃ וּמִנְחָתָם וְנִסְכֵּיהֶם
כח לַפָּרִים לָאֵילִם וְלַכְּבָשִׂים בְּמִסְפָּרָם כַּמִּשְׁפָּט׃ וּשְׂעִיר חַטָּאת
כט אֶחָד מִלְּבַד עֹלַת הַתָּמִיד וּמִנְחָתָהּ וְנִסְכָּהּ׃ וּבַיּוֹם
הַשִּׁשִּׁי פָּרִים שְׁמֹנָה אֵילִם שְׁנָיִם כְּבָשִׂים בְּנֵי־שָׁנָה אַרְבָּעָה
ל עָשָׂר תְּמִימִם׃ וּמִנְחָתָם וְנִסְכֵּיהֶם לַפָּרִים לָאֵילִם וְלַכְּבָשִׂים
לא בְּמִסְפָּרָם כַּמִּשְׁפָּט׃ וּשְׂעִיר חַטָּאת אֶחָד מִלְּבַד עֹלַת הַתָּמִיד
לב מִנְחָתָהּ וּנְסָכֶיהָ׃ וּבַיּוֹם הַשְּׁבִיעִי פָּרִים שִׁבְעָה
לג אֵילִם שְׁנָיִם כְּבָשִׂים בְּנֵי־שָׁנָה אַרְבָּעָה עָשָׂר תְּמִימִם׃ וּמִנְחָתָם
לד וְנִסְכֵּהֶם לַפָּרִים לָאֵילִם וְלַכְּבָשִׂים בְּמִסְפָּרָם כְּמִשְׁפָּטָם׃ וּשְׂעִיר

oil, three tenth measures to a bullock, and two tenth measures
to one ram, a tenth measure for every lamb, for all the seven   10
lambs: one kid of the goats for a sin offering; besides the sin 11
offering of atonement, and the continual burnt offering, and the
meal offering of it, and their drink offerings.   And   12
on the fifteenth day of the seventh month you shall have a
holy gathering; you shall do no servile work, and you shall
keep a feast to the LORD seven days: and you shall offer a burnt   13
offering, a sacrifice made by fire, of a sweet savour to the LORD;
thirteen young bullocks, two rams, and fourteen lambs of the
first year: they shall be without blemish: and their meal offer-   14
ing shall be of flour mingled with oil, three tenth measures to
every bullock of the thirteen bullocks, two tenth measures to
each ram of the two rams, and a tenth measure to each lamb   15
of the fourteen lambs: and one kid of the goats for a sin   16
offering; beside the continual burnt offering, its meal offer-
ing, and its drink offering.   And on the second day you   17
shall offer twelve young bullocks, two rams, fourteen lambs
of the first year without blemish: and their meal offering and   18
their drink offerings for the bullocks, for the rams, and for
the lambs, shall be according to their number, after the
ordinance: and one kid of the goats for a sin offering; besides   19
the continual burnt offering, and its meal offering, and their
drink offerings.   And on the third day eleven bullocks,   20
two rams, fourteen lambs of the first year without blemish;
and their meal offering and their drink offerings for the   21
bullocks, for the rams, and for the lambs, shall be according
to their number, after the ordinance: and one goat for a sin   22
offering; besides the continual burnt offering, and its meal
offering, and its drink offering.   And on the fourth day ten   23
bullocks, two rams, and fourteen lambs of the first year with-
out blemish: their meal offering and their drink offerings for   24
the bullocks, for the rams, and for the lambs, shall be according
to their number, after the ordinance: and one kid of the goats   25
for a sin offering; beside the continual burnt offering, its meal
offering, and its drink offering.   And on the fifth day nine   26
bullocks, two rams, and fourteen lambs of the first year with-
out blemish: and their meal offering and their drink offerings for   27
the bullocks, for the rams, and for the lambs, shall be accord-
ing to their number, after the ordinance: and one goat for a sin   28
offering; besides the continual burnt offering, and its meal
offering, and its drink offering.   And on the sixth day   29
eight bullocks, two rams, and fourteen lambs of the first year
without blemish: and their meal offering and their drink offer-   30
ings for the bullocks, for the rams, and for the lambs, shall be
according to their number, after the ordinance: and one goat   31
for a sin offering; besides the continual burnt offering, its meal
offering, and its drink offerings.   And on the seventh day   32
seven bullocks, two rams, and fourteen lambs of the first year
without blemish: and their meal offering and their drink offer-   33
ings for the bullocks, for the rams, and for the lambs, shall be
according to their number, after their ordinance: and one goat   34
for a sin offering; besides the continual burnt offering, its meal

מפטיר חַטָּאת אֶחָד מִלְּבַד עֹלַת הַתָּמִיד מִנְחָתָהּ וְנִסְכָּהּ׃ בַּיּוֹם לה
הַשְּׁמִינִי עֲצֶרֶת תִּהְיֶה לָכֶם כָּל־מְלֶאכֶת עֲבֹדָה לֹא תַעֲשׂוּ׃
וְהִקְרַבְתֶּם עֹלָה אִשֵּׁה רֵיחַ נִיחֹחַ לַיהוה פַּר אֶחָד אַיִל אֶחָד לו
כְּבָשִׂים בְּנֵי־שָׁנָה שִׁבְעָה תְּמִימִם׃ מִנְחָתָם וְנִסְכֵּיהֶם לַפָּר לז
לָאַיִל וְלַכְּבָשִׂים בְּמִסְפָּרָם כַּמִּשְׁפָּט׃ וּשְׂעִיר חַטָּאת אֶחָד לח
מִלְּבַד עֹלַת הַתָּמִיד וּמִנְחָתָהּ וְנִסְכָּהּ׃ אֵלֶּה תַּעֲשׂוּ לַיהוה לט
בְּמוֹעֲדֵיכֶם לְבַד מִנִּדְרֵיכֶם וְנִדְבֹתֵיכֶם לְעֹלֹתֵיכֶם וּלְמִנְחֹתֵיכֶם
וּלְנִסְכֵּיכֶם וּלְשַׁלְמֵיכֶם׃ וַיֹּאמֶר מֹשֶׁה אֶל־בְּנֵי יִשְׂרָאֵל כְּכֹל אל
אֲשֶׁר־צִוָּה יהוה אֶת־מֹשֶׁה׃

מטות כו וַיְדַבֵּר מֹשֶׁה אֶל־רָאשֵׁי הַמַּטּוֹת לִבְנֵי יִשְׂרָאֵל לֵאמֹר זֶה הַדָּבָר ב
אֲשֶׁר צִוָּה יהוה׃ אִישׁ כִּי־יִדֹּר נֶדֶר לַיהוה אוֹ־הִשָּׁבַע שְׁבֻעָה ג
לֶאְסֹר אִסָּר עַל־נַפְשׁוֹ לֹא יַחֵל דְּבָרוֹ כְּכָל־הַיֹּצֵא מִפִּיו יַעֲשֶׂה׃
וְאִשָּׁה כִּי־תִדֹּר נֶדֶר לַיהוה וְאָסְרָה אִסָּר בְּבֵית אָבִיהָ בִּנְעֻרֶיהָ׃ ד
וְשָׁמַע אָבִיהָ אֶת־נִדְרָהּ וֶאֱסָרָהּ אֲשֶׁר אָסְרָה עַל־נַפְשָׁהּ וְהֶחֱרִישׁ ה
לָהּ אָבִיהָ וְקָמוּ כָּל־נְדָרֶיהָ וְכָל־אִסָּר אֲשֶׁר־אָסְרָה עַל־נַפְשָׁהּ
יָקוּם׃ וְאִם־הֵנִיא אָבִיהָ אֹתָהּ בְּיוֹם שָׁמְעוֹ כָּל־נְדָרֶיהָ וֶאֱסָרֶיהָ ו
אֲשֶׁר־אָסְרָה עַל־נַפְשָׁהּ לֹא יָקוּם וַיהוה יִסְלַח־לָהּ כִּי־הֵנִיא
אָבִיהָ אֹתָהּ׃ וְאִם־הָיוֹ תִהְיֶה לְאִישׁ וּנְדָרֶיהָ עָלֶיהָ אוֹ מִבְטָא ז
שְׂפָתֶיהָ אֲשֶׁר אָסְרָה עַל־נַפְשָׁהּ׃ וְשָׁמַע אִישָׁהּ בְּיוֹם שָׁמְעוֹ ח
וְהֶחֱרִישׁ לָהּ וְקָמוּ נְדָרֶיהָ וֶאֱסָרֶהָ אֲשֶׁר־אָסְרָה עַל־נַפְשָׁהּ
יָקֻמוּ׃ וְאִם בְּיוֹם שְׁמֹעַ אִישָׁהּ יָנִיא אוֹתָהּ וְהֵפֵר אֶת־נִדְרָהּ ט
אֲשֶׁר עָלֶיהָ וְאֵת מִבְטָא שְׂפָתֶיהָ אֲשֶׁר אָסְרָה עַל־נַפְשָׁהּ וַיהוה
יִסְלַח־לָהּ׃ וְנֵדֶר אַלְמָנָה וּגְרוּשָׁה כֹּל אֲשֶׁר־אָסְרָה עַל־נַפְשָׁהּ י
יָקוּם עָלֶיהָ׃ וְאִם־בֵּית אִישָׁהּ נָדָרָה אוֹ־אָסְרָה אִסָּר עַל־נַפְשָׁהּ יא
בִּשְׁבֻעָה׃ וְשָׁמַע אִישָׁהּ וְהֶחֱרִשׁ לָהּ לֹא הֵנִיא אֹתָהּ וְקָמוּ כָּל־ יב
נְדָרֶיהָ וְכָל־אִסָּר אֲשֶׁר־אָסְרָה עַל־נַפְשָׁהּ יָקוּם׃ וְאִם־הָפֵר יג
יָפֵר אֹתָם ׀ אִישָׁהּ בְּיוֹם שָׁמְעוֹ כָּל־מוֹצָא שְׂפָתֶיהָ לִנְדָרֶיהָ
וּלְאִסַּר נַפְשָׁהּ לֹא יָקוּם אִישָׁהּ הֲפֵרָם וַיהוה יִסְלַח־לָהּ׃ כָּל־ יד
נֵדֶר וְכָל־שְׁבֻעַת אִסָּר לְעַנֹּת נָפֶשׁ אִישָׁהּ יְקִימֶנּוּ וְאִישָׁהּ יְפֵרֶנּוּ׃
וְאִם־הַחֲרֵשׁ יַחֲרִישׁ לָהּ אִישָׁהּ מִיּוֹם אֶל־יוֹם וְהֵקִים אֶת־כָּל־ טו
נְדָרֶיהָ אוֹ אֶת־כָּל־אֱסָרֶיהָ אֲשֶׁר עָלֶיהָ הֵקִים אֹתָם כִּי־הֶחֱרִשׁ
לָהּ בְּיוֹם שָׁמְעוֹ׃ וְאִם־הָפֵר יָפֵר אֹתָם אַחֲרֵי שָׁמְעוֹ וְנָשָׂא אֶת־ טז
עֲוֺנָהּ׃ אֵלֶּה הַחֻקִּים אֲשֶׁר צִוָּה יהוה אֶת־מֹשֶׁה בֵּין אִישׁ יז

offering, and its drink offering.   On the eighth day you   35
shall have a solemn assembly : you shall do no servile work :
but you shall offer a burnt offering, a sacrifice made by fire,   36
of a sweet savour to the LORD : one bullock, one ram, seven
lambs of the first year without blemish : their meal offering and   37
their drink offerings for the bullock, for the ram, and for the
lambs, shall be according to their number, after the ordinance :
and one goat for a sin offering ; besides the continual burnt offer-   38
ing, and its meal offering, and its drink offering. These things   39
you shall do to the LORD in your set feasts, besides your vows,
and your freewill offerings, for your burnt offerings, and for
your meal offerings, and for your drink offerings, and for your
peace offerings. And Moshe told the children of Yisra'el accord-   **30**
ing to all that the LORD commanded Moshe.

MATTOT   And Moshe spoke to the heads of the tribes of the children   2
of Yisra'el, saying, This is the thing which the LORD has com-
manded. If a man vow a vow to the LORD, or swear an oath to   3
bind his soul with a bond ; he shall not break his word, he
shall do according to all that proceeds out of his mouth. If   4
a woman also vow a vow to the LORD, and bind herself by a
bond, being in her father's house in her youth ; and her father   5
hear her vow, and her bond with which she has bound herself,
and her father shall hold his peace at her : then all her vows
shall stand, and every bond with which she has bound herself
shall stand. But if her father disallow her in the day that he   6
hears ; not any of her vows, or of her bonds with which she has
bound herself, shall stand : and the LORD shall forgive her,
because her father disallowed her. And if she be married to a   7
husband, when she vowed, or uttered aught out of her lips,
with which she bound herself ; and her husband heard it, and   8
held his peace at her in the day that he heard it : then her vows
shall stand, and her bonds with which she bound herself shall
stand. But if her husband disallowed her on the day that he   9
heard it ; then he shall make her vow which she vowed, and
that which she uttered with her lips, with which she bound
her soul, of no effect : and the LORD shall forgive her. But every   10
vow of a widow, and of her that is divorced, with which they
have bound their souls, shall stand against her. And if she   11
vowed in her husband's house, or bound herself by a bond
with an oath ; and her husband heard it, and held his peace at   12
her, and disallowed her not : then all her vows shall stand, and
every bond with which she bound her soul shall stand. But   13
if her husband made them void on the day he heard them ;
then whatever proceeded out of her lips concerning her vows,
or concerning the bond of the soul, shall not stand : her hus-
band has made them void ; and the LORD shall forgive her.
Every vow, and every binding oath to afflict the soul, her   14
husband may let it stand, or her husband may make it void.
But if her husband hold his peace at her from day to day ;   15
then he confirms all her vows, or all her bonds, which are upon
her : he confirms them, because he held his peace at her in the
day that he heard them. But if he should annul them after he   16
has heard them ; then he shall bear her iniquity. These are the   17

לְאִשְׁתּוֹ בֵּין־אָב לְבִתּוֹ בִּנְעֻרֶיהָ בֵּית אָבִיהָ׃
שני כז א ב וַיְדַבֵּר יהוה אֶל־מֹשֶׁה לֵּאמֹר׃ נְקֹם נִקְמַת בְּנֵי יִשְׂרָאֵל מֵאֵת
ג הַמִּדְיָנִים אַחַר תֵּאָסֵף אֶל־עַמֶּיךָ׃ וַיְדַבֵּר מֹשֶׁה אֶל־הָעָם לֵאמֹר
הֵחָלְצוּ מֵאִתְּכֶם אֲנָשִׁים לַצָּבָא וְיִהְיוּ עַל־מִדְיָן לָתֵת נִקְמַת־
ד יהוה בְּמִדְיָן׃ אֶלֶף לַמַּטֶּה אֶלֶף לַמַּטֶּה לְכֹל מַטּוֹת יִשְׂרָאֵל
ה תִּשְׁלְחוּ לַצָּבָא׃ וַיִּמָּסְרוּ מֵאַלְפֵי יִשְׂרָאֵל אֶלֶף לַמַּטֶּה שְׁנֵים־
ו עָשָׂר אֶלֶף חֲלוּצֵי צָבָא׃ וַיִּשְׁלַח אֹתָם מֹשֶׁה אֶלֶף לַמַּטֶּה לַצָּבָא
אֹתָם וְאֶת־פִּינְחָס בֶּן־אֶלְעָזָר הַכֹּהֵן לַצָּבָא וּכְלֵי הַקֹּדֶשׁ וַחֲצֹצְרוֹת
ז הַתְּרוּעָה בְּיָדוֹ׃ וַיִּצְבְּאוּ עַל־מִדְיָן כַּאֲשֶׁר צִוָּה יהוה אֶת־מֹשֶׁה
ח וַיַּהַרְגוּ כָּל־זָכָר׃ וְאֶת־מַלְכֵי מִדְיָן הָרְגוּ עַל־חַלְלֵיהֶם אֶת־אֱוִי
וְאֶת־רֶקֶם וְאֶת־צוּר וְאֶת־חוּר וְאֶת־רֶבַע חֲמֵשֶׁת מַלְכֵי מִדְיָן
ט וְאֵת בִּלְעָם בֶּן־בְּעוֹר הָרְגוּ בֶּחָרֶב׃ וַיִּשְׁבּוּ בְנֵי־יִשְׂרָאֵל אֶת־
נְשֵׁי מִדְיָן וְאֶת־טַפָּם וְאֵת כָּל־בְּהֶמְתָּם וְאֶת־כָּל־מִקְנֵהֶם וְאֶת־
י כָּל־חֵילָם בָּזָזוּ׃ וְאֵת כָּל־עָרֵיהֶם בְּמוֹשְׁבֹתָם וְאֵת כָּל־טִירֹתָם
יא שָׂרְפוּ בָּאֵשׁ׃ וַיִּקְחוּ אֶת־כָּל־הַשָּׁלָל וְאֵת כָּל־הַמַּלְקוֹחַ בָּאָדָם
יב וּבַבְּהֵמָה׃ וַיָּבִאוּ אֶל־מֹשֶׁה וְאֶל־אֶלְעָזָר הַכֹּהֵן וְאֶל־עֲדַת בְּנֵי־
יִשְׂרָאֵל אֶת־הַשְּׁבִי וְאֶת־הַמַּלְקוֹחַ וְאֶת־הַשָּׁלָל אֶל־הַמַּחֲנֶה
שלישי (שני) יג אֶל־עַרְבֹת מוֹאָב אֲשֶׁר עַל־יַרְדֵּן יְרֵחוֹ׃ וַיֵּצְאוּ
מֹשֶׁה וְאֶלְעָזָר הַכֹּהֵן וְכָל־נְשִׂיאֵי הָעֵדָה לִקְרָאתָם אֶל־מִחוּץ
יד לַמַּחֲנֶה׃ וַיִּקְצֹף מֹשֶׁה עַל פְּקוּדֵי הֶחָיִל שָׂרֵי הָאֲלָפִים וְשָׂרֵי
טו הַמֵּאוֹת הַבָּאִים מִצְּבָא הַמִּלְחָמָה׃ וַיֹּאמֶר אֲלֵיהֶם מֹשֶׁה
טז הַחִיִּיתֶם כָּל־נְקֵבָה׃ הֵן הֵנָּה הָיוּ לִבְנֵי יִשְׂרָאֵל בִּדְבַר בִּלְעָם
לִמְסָר־מַעַל בַּיהוה עַל־דְּבַר פְּעוֹר וַתְּהִי הַמַּגֵּפָה בַּעֲדַת יהוה׃
יז וְעַתָּה הִרְגוּ כָל־זָכָר בַּטָּף וְכָל־אִשָּׁה יֹדַעַת אִישׁ לְמִשְׁכַּב
יח זָכָר הֲרֹגוּ׃ וְכֹל הַטַּף בַּנָּשִׁים אֲשֶׁר לֹא־יָדְעוּ מִשְׁכַּב זָכָר הַחֲיוּ
יט לָכֶם׃ וְאַתֶּם חֲנוּ מִחוּץ לַמַּחֲנֶה שִׁבְעַת יָמִים כֹּל הֹרֵג נֶפֶשׁ
וְכֹל ׀ נֹגֵעַ בֶּחָלָל תִּתְחַטְּאוּ בַּיּוֹם הַשְּׁלִישִׁי וּבַיּוֹם הַשְּׁבִיעִי אַתֶּם
כ וּשְׁבִיכֶם׃ וְכָל־בֶּגֶד וְכָל־כְּלִי־עוֹר וְכָל־מַעֲשֵׂה עִזִּים וְכָל־כְּלִי־
כא עֵץ תִּתְחַטָּאוּ׃ וַיֹּאמֶר אֶלְעָזָר הַכֹּהֵן אֶל־אַנְשֵׁי
הַצָּבָא הַבָּאִים לַמִּלְחָמָה זֹאת חֻקַּת הַתּוֹרָה אֲשֶׁר־צִוָּה יהוה
כב אֶת־מֹשֶׁה׃ אַךְ אֶת־הַזָּהָב וְאֶת־הַכָּסֶף אֶת־הַנְּחֹשֶׁת אֶת־הַבַּרְזֶל
כג אֶת־הַבְּדִיל וְאֶת־הָעֹפָרֶת׃ כָּל־דָּבָר אֲשֶׁר־יָבֹא בָאֵשׁ תַּעֲבִירוּ
בָאֵשׁ וְטָהֵר אַךְ בְּמֵי נִדָּה יִתְחַטָּא וְכֹל אֲשֶׁר לֹא־יָבֹא בָּאֵשׁ
כד תַּעֲבִירוּ בַמָּיִם׃ וְכִבַּסְתֶּם בִּגְדֵיכֶם בַּיּוֹם הַשְּׁבִיעִי וּטְהַרְתֶּם

statutes, which the LORD commanded Moshe, between a man and his wife, between the father and his daughter, being yet in her youth in her father's house.

And the LORD spoke to Moshe saying, Execute the vengeance   1, 2
of the children of Yisra'el on the Midyanim: afterwards thou
shalt be gathered to thy people. And Moshe spoke to the people,   3
saying, Arm from yourselves men for the army, and let them
go against Midyan and avenge the LORD on Midyan. Of every   4
tribe a thousand, throughout all the tribes of Yisra'el, shall you
send to the war. So there were delivered out of the thousands   5
of Yisra'el, a thousand of every tribe, twelve thousand armed
for war. And Moshe sent them to the war, a thousand of every   6
tribe, them and Pineḥas the son of El'azar the priest, to the war,
with the holy instruments, and the trumpets to blow in his
hand. And they warred against Midyan, as the LORD commanded   7
Moshe, and they slew all the males. And they slew the kings   8
of Midyan, beside the rest of them that were slain; namely,
Evi, and Reqem, and Ẓur, and Ḥur, and Reva, five kings of
Midyan: Bil'am also the son of Be'or they slew with the sword.
And the children of Yisra'el took all the women of Midyan   9
captives, and their little ones, and took the spoil of all their
cattle, and all their flocks, and all their goods. And they burnt   10
all the cities in which they dwelt, and all their encampments,
with fire. And they took all the spoil, and all the prey, both of   11
men and of beasts. And they brought the captives, and the   12
prey, and the spoil, to Moshe, and El'azar the priest, and to
the congregation of the children of Yisra'el, to the camp at the
plains of Mo'av, which are by Yarden near Yereḥo.   And   13
Moshe, and El'azar the priest, and all the princes of the con-
gregation, went out to meet them outside the camp. And Moshe   14
was angry with the officers of the host, the captains over
thousands, and captains over hundreds, who came from the
battle. And Moshe said to them, Have you saved all the women   15
alive? Behold, these caused the children of Yisra'el, through   16
the counsel of Bil'am, to revolt against the LORD in the matter
of Pe'or, and there was a plague among the congregation of
the LORD. Now therefore kill every male among the little ones,   17
and kill every woman that has known man by lying with him.
But all the women children, that have not known man by lying   18
with him, keep alive for yourselves. And abide outside the   19
camp seven days: whoever has killed any person, and whoever
has touched any slain, purify both yourselves and your captives
on the third day, and on the seventh day. And purify every   20
garment, and all that is made of skins, and all work of goats'
hair, and all things made of wood.   And El'azar the priest   21
said to the men of war which went to the battle, This is the
ordinance of the Tora which the LORD commanded Moshe;
only the gold, and the silver, the brass, the iron, the tin, and   22
the lead, every thing that passes through the fire, you shall   23
make it go through the fire, and it shall be clean: nevertheless
it shall be purified with the water of sprinkling: and all that
does not pass through the fire shall you make to go through
water. And you shall wash your clothes on the seventh day,   24

רביעי כח
כה וְאַחַר תָּבֹאוּ אֶל־הַמַּחֲנֶה׃ וַיֹּאמֶר יהוה אֶל־
כו מֹשֶׁה לֵּאמֹר׃ שָׂא אֵת רֹאשׁ מַלְקוֹחַ הַשְּׁבִי בָּאָדָם וּבַבְּהֵמָה
כז אַתָּה וְאֶלְעָזָר הַכֹּהֵן וְרָאשֵׁי אֲבוֹת הָעֵדָה׃ וְחָצִיתָ אֶת־הַמַּלְקוֹחַ
כח בֵּין תֹּפְשֵׂי הַמִּלְחָמָה הַיֹּצְאִים לַצָּבָא וּבֵין כָּל־הָעֵדָה׃ וַהֲרֵמֹתָ
מֶכֶס לַיהוה מֵאֵת אַנְשֵׁי הַמִּלְחָמָה הַיֹּצְאִים לַצָּבָא אֶחָד נֶפֶשׁ
מֵחֲמֵשׁ הַמֵּאוֹת מִן־הָאָדָם וּמִן־הַבָּקָר וּמִן־הַחֲמֹרִים וּמִן־הַצֹּאן׃
כט מִמַּחֲצִיתָם תִּקָּחוּ וְנָתַתָּה לְאֶלְעָזָר הַכֹּהֵן תְּרוּמַת יהוה׃
ל וּמִמַּחֲצִת בְּנֵי־יִשְׂרָאֵל תִּקַּח ׀ אֶחָד ׀ אָחֻז מִן־הַחֲמִשִּׁים מִן־הָאָדָם
מִן־הַבָּקָר מִן־הַחֲמֹרִים וּמִן־הַצֹּאן מִכָּל־הַבְּהֵמָה וְנָתַתָּה אֹתָם
לא לַלְוִיִּם שֹׁמְרֵי מִשְׁמֶרֶת מִשְׁכַּן יהוה׃ וַיַּעַשׂ מֹשֶׁה וְאֶלְעָזָר הַכֹּהֵן
לב כַּאֲשֶׁר צִוָּה יהוה אֶת־מֹשֶׁה׃ וַיְהִי הַמַּלְקוֹחַ יֶתֶר הַבָּז אֲשֶׁר בָּזְזוּ
עַם הַצָּבָא צֹאן שֵׁשׁ־מֵאוֹת אֶלֶף וְשִׁבְעִים אֶלֶף וַחֲמֵשֶׁת אֲלָפִים׃
לג לד לה וּבָקָר שְׁנַיִם וְשִׁבְעִים אָלֶף׃ וַחֲמֹרִים אֶחָד וְשִׁשִּׁים אָלֶף׃ וְנֶפֶשׁ
אָדָם מִן־הַנָּשִׁים אֲשֶׁר לֹא־יָדְעוּ מִשְׁכַּב זָכָר כָּל־נֶפֶשׁ שְׁנַיִם
לו וּשְׁלֹשִׁים אָלֶף׃ וַתְּהִי הַמֶּחֱצָה חֵלֶק הַיֹּצְאִים בַּצָּבָא מִסְפַּר
הַצֹּאן שְׁלֹשׁ־מֵאוֹת אֶלֶף וּשְׁלֹשִׁים אֶלֶף וְשִׁבְעַת אֲלָפִים וַחֲמֵשׁ
לז מֵאוֹת׃ וַיְהִי הַמֶּכֶס לַיהוה מִן־הַצֹּאן שֵׁשׁ מֵאוֹת חָמֵשׁ וְשִׁבְעִים׃
לח וְהַבָּקָר שִׁשָּׁה וּשְׁלֹשִׁים אָלֶף וּמִכְסָם לַיהוה שְׁנַיִם וְשִׁבְעִים׃
לט וַחֲמֹרִים שְׁלֹשִׁים אֶלֶף וַחֲמֵשׁ מֵאוֹת וּמִכְסָם לַיהוה אֶחָד וְשִׁשִּׁים׃
מ וְנֶפֶשׁ אָדָם שִׁשָּׁה עָשָׂר אָלֶף וּמִכְסָם לַיהוה שְׁנַיִם וּשְׁלֹשִׁים נָפֶשׁ׃
מא וַיִּתֵּן מֹשֶׁה אֶת־מֶכֶס תְּרוּמַת יהוה לְאֶלְעָזָר הַכֹּהֵן כַּאֲשֶׁר צִוָּה
מב יהוה אֶת־מֹשֶׁה׃ וּמִמַּחֲצִית בְּנֵי יִשְׂרָאֵל אֲשֶׁר חָצָה מֹשֶׁה מִן־
חמישי מג הָאֲנָשִׁים הַצֹּבְאִים׃ וַתְּהִי מֶחֱצַת הָעֵדָה מִן־הַצֹּאן שְׁלֹשׁ־מֵאוֹת
מד אֶלֶף וּשְׁלֹשִׁים אֶלֶף שִׁבְעַת אֲלָפִים וַחֲמֵשׁ מֵאוֹת׃ וּבָקָר שִׁשָּׁה
מה מו וּשְׁלֹשִׁים אָלֶף׃ וַחֲמֹרִים שְׁלֹשִׁים אֶלֶף וַחֲמֵשׁ מֵאוֹת׃ וְנֶפֶשׁ אָדָם
מז שִׁשָּׁה עָשָׂר אָלֶף׃ וַיִּקַּח מֹשֶׁה מִמַּחֲצִת בְּנֵי־יִשְׂרָאֵל אֶת־הָאָחֻז
אֶחָד מִן־הַחֲמִשִּׁים מִן־הָאָדָם וּמִן־הַבְּהֵמָה וַיִּתֵּן אֹתָם לַלְוִיִּם
שֹׁמְרֵי מִשְׁמֶרֶת מִשְׁכַּן יהוה כַּאֲשֶׁר צִוָּה יהוה אֶת־מֹשֶׁה׃
מח וַיִּקְרְבוּ אֶל־מֹשֶׁה הַפְּקֻדִים אֲשֶׁר לְאַלְפֵי הַצָּבָא שָׂרֵי הָאֲלָפִים
מט וְשָׂרֵי הַמֵּאוֹת׃ וַיֹּאמְרוּ אֶל־מֹשֶׁה עֲבָדֶיךָ נָשְׂאוּ אֶת־רֹאשׁ
נ אַנְשֵׁי הַמִּלְחָמָה אֲשֶׁר בְּיָדֵנוּ וְלֹא־נִפְקַד מִמֶּנּוּ אִישׁ׃ וַנַּקְרֵב
אֶת־קָרְבַּן יהוה אִישׁ אֲשֶׁר מָצָא כְלִי־זָהָב אֶצְעָדָה וְצָמִיד
נא טַבַּעַת עָגִיל וְכוּמָז לְכַפֵּר עַל־נַפְשֹׁתֵינוּ לִפְנֵי יהוה׃ וַיִּקַּח מֹשֶׁה
נב וְאֶלְעָזָר הַכֹּהֵן אֶת־הַזָּהָב מֵאִתָּם כֹּל כְּלִי מַעֲשֶׂה׃ וַיְהִי ׀ כָּל־
זְהַב הַתְּרוּמָה אֲשֶׁר הֵרִימוּ לַיהוה שִׁשָּׁה עָשָׂר אֶלֶף שְׁבַע־
מֵאוֹת וַחֲמִשִּׁים שָׁקֶל מֵאֵת שָׂרֵי הָאֲלָפִים וּמֵאֵת שָׂרֵי הַמֵּאוֹת׃

and you shall be clean, and afterwards you shall come into the
camp.   And the Lord spoke to Moshe saying, Take the   25, 26
sum of the prey that was taken, both of man and of beast, thou,
and El'azar the priest, and the chief fathers of the congrega-
tion: and divide the prey into two parts; between those who   27
took the war upon them, who went out to battle, and between
all the congregation: and levy a tribute to the Lord of the   28
men of war who went out to battle: one soul of five hundred,
both of the persons, and of the beef cattle, and of the asses,
and of the sheep: from their half shall you take it, and give   29
it to El'azar the priest, for an offering set apart to the Lord.
And of the children of Yisra'el's half, thou shalt take one portion   30
of fifty, of the persons, of the beef cattle, of the asses, and of
the flocks, of all manner of beasts, and give them to the Levites,
who keep the charge of the tabernacle of the Lord. And Moshe   31
and El'azar the priest did as the Lord commanded Moshe.
And the booty, being the rest of the prey which the men of   32
war had caught, was six hundred and seventy five thousand
sheep. And seventy two thousand head of beef, and sixty one   33, 34
thousand asses, and thirty two thousand persons in all, of   35
women that had not known man by lying with him. And the   36
half, which was the portion of those who went out to war, was
in number three hundred and thirty seven thousand, five hundred
sheep: and the Lord's tribute of the sheep was six hundred and   37
seventy five. And the beef cattle were thirty six thousand; of   38
which the Lord's tribute was seventy two. And the asses were   39
thirty thousand, five hundred; of which the Lord's tribute was
sixty one. And the persons were sixteen thousand; of which   40
the Lord's tribute was thirty two persons. And Moshe gave the   41
tribute, which was the Lord's gift, to El'azar the priest, as the
Lord commanded Moshe. And of the children of Yisra'el's half,   42
which Moshe divided from the men that warred, (now the half   43
that pertained to the congregation was three hundred and thirty
seven thousand, five hundred sheep, and thirty six thousand   44
head of beef, and thirty thousand five hundred asses, and   45, 46
sixteen thousand persons;) and of the children of Yisra'el's   47
half, Moshe took one portion of fifty, both of man and of beast,
and gave them to the Levites, who kept the charge of the
tabernacle of the Lord; as the Lord commanded Moshe. And   48
the officers who were over the thousands of the host, the cap-
tains of thousands, and captains of hundreds, came near to
Moshe: and they said to Moshe, Thy servants have taken the   49
sum of the men of war who are under our charge, and not one
man of us is missing. We have therefore brought an offering   50
for the Lord, what every man has gotten, of jewels of gold,
chains, and bracelets, rings, earrings, and girdles, to make
atonement for our souls before the Lord. And Moshe and El'azar   51
the priest took the gold of them, all wrought jewels. And ail   52
the gold of the offering that they offered up to the Lord, of the
captains of thousands, and of the captains of hundreds, was

נג נד אַנְשֵׁי הַצָּבָא בָּזְזוּ אִישׁ לוֹ׃ וַיִּקַּח מֹשֶׁה וְאֶלְעָזָר הַכֹּהֵן אֶת־הַזָּהָב
מֵאֵת שָׂרֵי הָאֲלָפִים וְהַמֵּאוֹת וַיָּבִאוּ אֹתוֹ אֶל־אֹהֶל מוֹעֵד זִכָּרוֹן
לִבְנֵי־יִשְׂרָאֵל לִפְנֵי יהוה׃
לב א וּמִקְנֶה ׀ רַב הָיָה לִבְנֵי רְאוּבֵן וְלִבְנֵי־גָד עָצוּם מְאֹד וַיִּרְאוּ אֶת־ כט ששי ושלישי
ב אֶרֶץ יַעְזֵר וְאֶת־אֶרֶץ גִּלְעָד וְהִנֵּה הַמָּקוֹם מְקוֹם מִקְנֶה׃ וַיָּבֹאוּ
בְנֵי־גָד וּבְנֵי רְאוּבֵן וַיֹּאמְרוּ אֶל־מֹשֶׁה וְאֶל־אֶלְעָזָר הַכֹּהֵן וְאֶל־
ג נְשִׂיאֵי הָעֵדָה לֵאמֹר׃ עֲטָרוֹת וְדִיבֹן וְיַעְזֵר וְנִמְרָה וְחֶשְׁבּוֹן
ד וְאֶלְעָלֵה וּשְׂבָם וּנְבוֹ וּבְעֹן׃ הָאָרֶץ אֲשֶׁר הִכָּה יהוה לִפְנֵי עֲדַת
ה יִשְׂרָאֵל אֶרֶץ מִקְנֶה הִוא וְלַעֲבָדֶיךָ מִקְנֶה׃ וַיֹּאמְרוּ
אִם־מָצָאנוּ חֵן בְּעֵינֶיךָ יֻתַּן אֶת־הָאָרֶץ הַזֹּאת לַעֲבָדֶיךָ לַאֲחֻזָּה
ו אַל־תַּעֲבִרֵנוּ אֶת־הַיַּרְדֵּן׃ וַיֹּאמֶר מֹשֶׁה לִבְנֵי־גָד וְלִבְנֵי רְאוּבֵן
ז הַאַחֵיכֶם יָבֹאוּ לַמִּלְחָמָה וְאַתֶּם תֵּשְׁבוּ פֹה׃ וְלָמָּה תנואון אֶת־ תְנִיאוּן
ח לֵב בְּנֵי יִשְׂרָאֵל מֵעֲבֹר אֶל־הָאָרֶץ אֲשֶׁר־נָתַן לָהֶם יהוה׃ כֹּה
עָשׂוּ אֲבֹתֵיכֶם בְּשָׁלְחִי אֹתָם מִקָּדֵשׁ בַּרְנֵעַ לִרְאוֹת אֶת־הָאָרֶץ׃
ט וַיַּעֲלוּ עַד־נַחַל אֶשְׁכּוֹל וַיִּרְאוּ אֶת־הָאָרֶץ וַיָּנִיאוּ אֶת־לֵב בְּנֵי
י יִשְׂרָאֵל לְבִלְתִּי־בֹא אֶל־הָאָרֶץ אֲשֶׁר־נָתַן לָהֶם יהוה׃ וַיִּחַר־אַף
יא יהוה בַּיּוֹם הַהוּא וַיִּשָּׁבַע לֵאמֹר׃ אִם־יִרְאוּ הָאֲנָשִׁים הָעֹלִים
מִמִּצְרַיִם מִבֶּן עֶשְׂרִים שָׁנָה וָמַעְלָה אֵת הָאֲדָמָה אֲשֶׁר נִשְׁבַּעְתִּי
יב לְאַבְרָהָם לְיִצְחָק וּלְיַעֲקֹב כִּי לֹא־מִלְאוּ אַחֲרָי׃ בִּלְתִּי כָּלֵב
יג בֶּן־יְפֻנֶּה הַקְּנִזִּי וִיהוֹשֻׁעַ בִּן־נוּן כִּי מִלְאוּ אַחֲרֵי יהוה׃ וַיִּחַר־
אַף יהוה בְּיִשְׂרָאֵל וַיְנִעֵם בַּמִּדְבָּר אַרְבָּעִים שָׁנָה עַד־תֹּם כָּל־
יד הַדּוֹר הָעֹשֶׂה הָרַע בְּעֵינֵי יהוה׃ וְהִנֵּה קַמְתֶּם תַּחַת אֲבֹתֵיכֶם
תַּרְבּוּת אֲנָשִׁים חַטָּאִים לִסְפּוֹת עוֹד עַל חֲרוֹן אַף־יהוה אֶל־
טו יִשְׂרָאֵל׃ כִּי תְשׁוּבֻן מֵאַחֲרָיו וְיָסַף עוֹד לְהַנִּיחוֹ בַּמִּדְבָּר וְשִׁחַתֶּם
טז לְכָל־הָעָם הַזֶּה׃ וַיִּגְּשׁוּ אֵלָיו וַיֹּאמְרוּ גִּדְרֹת צֹאן
יז נִבְנֶה לְמִקְנֵנוּ פֹּה וְעָרִים לְטַפֵּנוּ׃ וַאֲנַחְנוּ נֵחָלֵץ חֻשִׁים לִפְנֵי בְּנֵי
יִשְׂרָאֵל עַד אֲשֶׁר אִם־הֲבִיאֹנֻם אֶל־מְקוֹמָם וְיָשַׁב טַפֵּנוּ בְּעָרֵי
יח הַמִּבְצָר מִפְּנֵי יֹשְׁבֵי הָאָרֶץ׃ לֹא נָשׁוּב אֶל־בָּתֵּינוּ עַד הִתְנַחֵל בְּנֵי
יט יִשְׂרָאֵל אִישׁ נַחֲלָתוֹ׃ כִּי לֹא נִנְחַל אִתָּם מֵעֵבֶר לַיַּרְדֵּן וָהָלְאָה
כִּי בָאָה נַחֲלָתֵנוּ אֵלֵינוּ מֵעֵבֶר הַיַּרְדֵּן מִזְרָחָה׃
כ וַיֹּאמֶר אֲלֵיהֶם מֹשֶׁה אִם־תַּעֲשׂוּן אֶת־הַדָּבָר הַזֶּה אִם־תֵּחָלְצוּ שביעי ורביעי
כא לִפְנֵי יהוה לַמִּלְחָמָה׃ וְעָבַר לָכֶם כָּל־חָלוּץ אֶת־הַיַּרְדֵּן לִפְנֵי
כב יהוה עַד הוֹרִישׁוֹ אֶת־אֹיְבָיו מִפָּנָיו׃ וְנִכְבְּשָׁה הָאָרֶץ לִפְנֵי יהוה
וְאַחַר תָּשֻׁבוּ וִהְיִיתֶם נְקִיִּם מיהוה וּמִיִּשְׂרָאֵל וְהָיְתָה הָאָרֶץ

sixteen thousand seven hundred and fifty shekels. (For the 53
men of war had taken spoil, every man for himself.) And Moshe 54
and El'azar the priest took the gold of the captains of thousands
and of hundreds, and brought it to the Tent of Meeting, a memo-
rial for the children of Yisra'el before the Lord.

Now the children of Re'uven and the children of Gad had a very 32
great multitude of cattle: and when they saw the land of
Ya'zer, and the land of Gil'ad, that, behold, the place was a place
for cattle; the children of Gad and the children of Re'uven came 2
and spoke to Moshe, and to El'azar the priest, and to the princes
of the congregation, saying, 'Atarot, and Divon, and Ya'zer, and 3
Nimra, and Ḥeshbon, and El'ale, and Sevam, and Nevo, and
Be'on, the country which the Lord smote before the congrega- 4
tion of Yisra'el, is a land for cattle, and thy servants have
cattle: and they said, If we have found favour in thy 5
sight, let this land be given to thy servants for a possession, and
bring us not over the Yarden. And Moshe said to the children 6
of Gad and to the children of Re'uven, Shall your brethren go
to war, and shall you sit here? And why do you dishearten the 7
children of Yisra'el from going over into the land which the
Lord has given them? Thus did your fathers, when I sent them 8
from Qadesh-barnea to see the land. For when they went up 9
to the wadi of Eshkol, and saw the land, they disheartened the
children of Yisra'el, that they should not go into the land which
the Lord had given them. And the Lord's anger burned at that 10
time, and he swore, saying, Surely none of the men that came 11
up out of Miẕrayim, from twenty years old and upward, shall
see the land which I swore to Avraham to Yiẕḥaq, and to
Ya'aqov; because they have not wholly followed me: save Kalev 12
son of Yefunne the Qenizzite, and Yehoshua the son of Nun: for
they have wholly followed the Lord. And the Lord's anger 13
burned against Yisra'el, and he made them wander in the wilder-
ness for forty years, until all the generation, that had done evil
in the sight of the Lord, was consumed. And, behold, you are 14
risen up in place of your fathers, a brood of sinful men, to
augment yet the fierce anger of the Lord towards Yisra'el. For 15
if you turn away from after him, he will yet again leave them in
the wilderness; and you will destroy all this people. And 16
they came near to him, and said, We will build sheepfolds here
for our cattle, and cities for our little ones: but we ourselves 17
will go ready armed before the children of Yisra'el, until we
have brought them to their place: and our little ones shall dwell
in the fortified cities because of the inhabitants of the land.
We will not return to our houses, until the children of Yisra'el 18
have inherited every man his inheritance. For we will not inherit 19
with them on yonder side of the Yarden, and farther off;
because our inheritance is fallen to us on this side of the
Yarden eastward.

And Moshe said to them, If you will do this thing, if you will 20
go armed before the Lord to war, and will go all of you armed 21
over the Yarden before the Lord, until he has driven out his
enemies before him, and the land be subdued before the Lord: 22
then afterwards you shall return, and be guiltless before the

כג הַזֹּאת לָכֶם לַאֲחֻזָּה לִפְנֵי יְהוָה׃ וְאִם־לֹא תַעֲשׂוּן כֵּן הִנֵּה חֲטָאתֶם
כד לַיהוָה וּדְעוּ חַטַּאתְכֶם אֲשֶׁר תִּמְצָא אֶתְכֶם׃ בְּנוּ־לָכֶם עָרִים
כה לְטַפְּכֶם וּגְדֵרֹת לְצֹנַאֲכֶם וְהַיֹּצֵא מִפִּיכֶם תַּעֲשׂוּ׃ וַיֹּאמֶר בְּנֵי־
גָד וּבְנֵי רְאוּבֵן אֶל־מֹשֶׁה לֵאמֹר עֲבָדֶיךָ יַעֲשׂוּ כַּאֲשֶׁר אֲדֹנִי
כו מְצַוֶּה׃ טַפֵּנוּ נָשֵׁינוּ מִקְנֵנוּ וְכָל־בְּהֶמְתֵּנוּ יִהְיוּ־שָׁם בְּעָרֵי הַגִּלְעָד׃
כז וַעֲבָדֶיךָ יַעַבְרוּ כָּל־חֲלוּץ צָבָא לִפְנֵי יְהוָה לַמִּלְחָמָה כַּאֲשֶׁר
כח אֲדֹנִי דֹּבֵר׃ וַיְצַו לָהֶם מֹשֶׁה אֵת אֶלְעָזָר הַכֹּהֵן וְאֵת יְהוֹשֻׁעַ
כט בִּן־נוּן וְאֶת־רָאשֵׁי אֲבוֹת הַמַּטּוֹת לִבְנֵי יִשְׂרָאֵל׃ וַיֹּאמֶר מֹשֶׁה
אֲלֵהֶם אִם־יַעַבְרוּ בְנֵי־גָד וּבְנֵי־רְאוּבֵן ׀ אִתְּכֶם אֶת־הַיַּרְדֵּן כָּל־
חָלוּץ לַמִּלְחָמָה לִפְנֵי יְהוָה וְנִכְבְּשָׁה הָאָרֶץ לִפְנֵיכֶם וּנְתַתֶּם
ל לָהֶם אֶת־אֶרֶץ הַגִּלְעָד לַאֲחֻזָּה׃ וְאִם־לֹא יַעַבְרוּ חֲלוּצִים אִתְּכֶם
לא וְנֹאחֲזוּ בְתֹכְכֶם בְּאֶרֶץ כְּנָעַן׃ וַיַּעֲנוּ בְנֵי־גָד וּבְנֵי רְאוּבֵן לֵאמֹר
לב אֵת אֲשֶׁר דִּבֶּר יְהוָה אֶל־עֲבָדֶיךָ כֵּן נַעֲשֶׂה׃ נַחְנוּ נַעֲבֹר חֲלוּצִים
לִפְנֵי יְהוָה אֶרֶץ כְּנָעַן וְאִתָּנוּ אֲחֻזַּת נַחֲלָתֵנוּ מֵעֵבֶר לַיַּרְדֵּן׃
לג וַיִּתֵּן לָהֶם ׀ מֹשֶׁה לִבְנֵי־גָד וְלִבְנֵי רְאוּבֵן וְלַחֲצִי ׀ שֵׁבֶט ׀ מְנַשֶּׁה
בֶן־יוֹסֵף אֶת־מַמְלֶכֶת סִיחֹן מֶלֶךְ הָאֱמֹרִי וְאֶת־מַמְלֶכֶת עוֹג
לד מֶלֶךְ הַבָּשָׁן הָאָרֶץ לְעָרֶיהָ בִּגְבֻלֹת עָרֵי הָאָרֶץ סָבִיב׃ וַיִּבְנוּ
לה בְנֵי־גָד אֶת־דִּיבֹן וְאֶת־עֲטָרֹת וְאֵת עֲרֹעֵר׃ וְאֶת־עַטְרֹת שׁוֹפָן
לו וְאֶת־יַעְזֵר וְיָגְבֳּהָה׃ וְאֶת־בֵּית נִמְרָה וְאֶת־בֵּית הָרָן עָרֵי מִבְצָר
לז וְגִדְרֹת צֹאן׃ וּבְנֵי רְאוּבֵן בָּנוּ אֶת־חֶשְׁבּוֹן וְאֶת־אֶלְעָלֵא וְאֵת
לח קִרְיָתָיִם׃ וְאֶת־נְבוֹ וְאֶת־בַּעַל מְעוֹן מוּסַבֹּת שֵׁם וְאֶת־שִׂבְמָה
לט וַיִּקְרְאוּ בְשֵׁמֹת אֶת־שְׁמוֹת הֶעָרִים אֲשֶׁר בָּנוּ׃ וַיֵּלְכוּ בְּנֵי
מָכִיר בֶּן־מְנַשֶּׁה גִּלְעָדָה וַיִּלְכְּדֻהָ וַיּוֹרֶשׁ אֶת־הָאֱמֹרִי אֲשֶׁר־
מ בָּהּ׃ וַיִּתֵּן מֹשֶׁה אֶת־הַגִּלְעָד לְמָכִיר בֶּן־מְנַשֶּׁה וַיֵּשֶׁב בָּהּ׃ מפטיר
מא וְיָאִיר בֶּן־מְנַשֶּׁה הָלַךְ וַיִּלְכֹּד אֶת־חַוֺּתֵיהֶם וַיִּקְרָא אֶתְהֶן חַוֺּת
מב יָאִיר׃ וְנֹבַח הָלַךְ וַיִּלְכֹּד אֶת־קְנָת וְאֶת־בְּנֹתֶיהָ וַיִּקְרָא לָה
נֹבַח בִּשְׁמוֹ׃
לג א אֵלֶּה מַסְעֵי בְנֵי־יִשְׂרָאֵל אֲשֶׁר יָצְאוּ מֵאֶרֶץ מִצְרַיִם לְצִבְאֹתָם מסעי ל
ב בְּיַד־מֹשֶׁה וְאַהֲרֹן׃ וַיִּכְתֹּב מֹשֶׁה אֶת־מוֹצָאֵיהֶם לְמַסְעֵיהֶם
ג עַל־פִּי יְהוָה וְאֵלֶּה מַסְעֵיהֶם לְמוֹצָאֵיהֶם׃ וַיִּסְעוּ מֵרַעְמְסֵס
בַּחֹדֶשׁ הָרִאשׁוֹן בַּחֲמִשָּׁה עָשָׂר יוֹם לַחֹדֶשׁ הָרִאשׁוֹן מִמָּחֳרַת
ד הַפֶּסַח יָצְאוּ בְנֵי־יִשְׂרָאֵל בְּיָד רָמָה לְעֵינֵי כָּל־מִצְרָיִם׃ וּמִצְרַיִם
מְקַבְּרִים אֵת אֲשֶׁר הִכָּה יְהוָה בָּהֶם כָּל־בְּכוֹר וּבֵאלֹהֵיהֶם
ה עָשָׂה יְהוָה שְׁפָטִים׃ וַיִּסְעוּ בְנֵי־יִשְׂרָאֵל מֵרַעְמְסֵס וַיַּחֲנוּ בְּסֻכֹּת׃
ו ז וַיִּסְעוּ מִסֻּכֹּת וַיַּחֲנוּ בְאֵתָם אֲשֶׁר בִּקְצֵה הַמִּדְבָּר׃ וַיִּסְעוּ מֵאֵתָם

LORD, and before Yisra'el; and this land shall be your possession before the LORD. But if you will not do so, behold, you have 23 sinned against the LORD: and be sure your sin will find you out. Build cities for your little ones, and folds for your sheep; and 24 do that which has proceeded out of your mouth. And the 25 children of Gad and the children of Re'uven spoke to Moshe, saying, Thy servants will do as my lord commands. Our little 26 ones, our wives, our flocks, and all our cattle, shall be there in the cities of Gil'ad: but thy servants will pass over, every 27 man armed for war, before the LORD to battle, as my lord says. So concerning them Moshe commanded El'azar the priest, and 28 Yehoshua the son of Nun, and the chief fathers of the tribes of the children of Yisra'el: and Moshe said to them, If the 29 children of Gad and the children of Re'uven will pass with you over the Yarden, every man armed to battle, before the LORD, and the land shall be subdued before you; then you shall give them the land of Gil'ad for a possession: but if they will not 30 pass over with you armed, they shall have possessions among you in the land of Kena'an. And the children of Gad and the 31 children of Re'uven answered, saying, as the LORD has said to thy servants, so will we do. We will pass over armed before 32 the LORD into the land of Kena'an, that the possession of our inheritance may be ours on this side of the Yarden. And Moshe 33 gave to them, to the children of Gad, and to the children of Re'uven, and to half the tribe of Menashshe the son of Yosef, the kingdom of Siḥon king of the Emori, and the kingdom of 'Og king of Bashan, the land, with its cities in the borders, the cities of the country round about. And the children of Gad built 34 Divon, and 'Atarot, and 'Aro'er, and 'Atrot-shofan, and Ya'zer, 35 and Yogbeha, and Bet-nimra, and Bet-haran, fortified cities: 36 and folds for sheep. And the children of Re'uven built Ḥeshbon, 37 and El'ale, and Qiryatayim, and Nevo, and Ba'al-me'on, (their 38 names being changed,) and Sivma: and gave other names to the cities which they built. And the children of Makhir the son 39 of Menashshe went to Gil'ad, and took it, and dispossessed the Emori who were in it. And Moshe gave Gil'ad to Makhir the 40 son of Menashshe; and he dwelt in it. And Ya'ir the son of 41 Menashshe went and took their villages, and called them Ḥav-vot-ya'ir. And Novaḥ went and took Qenat, and its hamlets, 42 and called it Novaḥ, after his own name.

MAS'E   These are the journeys of the children of Yisra'el, who went 33 out of the land of Miẓrayim with their armies under the hand of Moshe and Aharon. And Moshe wrote their goings out ac- 2 cording to their journeys by the commandment of the LORD: and these are their journeys according to their goings out. And 3 they departed from Ra'meses in the first month, on the fifteenth day of the first month; on the morrow after the passover the children of Yisra'el went out with a high hand in the sight of all Miẓrayim. And Miẓrayim was burying all their firstborn, 4 whom the LORD had smitten among them: upon their gods also the LORD executed judgments. And the children of Yisra'el 5 removed from Ra'meses, and pitched in Sukkot. And they de- 6 parted from Sukkot, and pitched in Etam, which is in the edge

וַיֵּ֗שֶׁב עַל־פִּ֤י הַֽחִירֹת֙ אֲשֶׁר֙ עַל־פְּנֵ֣י בַ֣עַל צְפ֔וֹן וַֽיַּחֲנ֖וּ לִפְנֵ֥י מִגְדֹּֽל׃

ח וַיִּסְעוּ֙ מִפְּנֵ֣י הַֽחִירֹ֔ת וַיַּֽעַבְר֥וּ בְתֽוֹךְ־הַיָּ֖ם הַמִּדְבָּ֑רָה וַיֵּ֨לְכ֜וּ דֶּ֣רֶךְ
ט שְׁלֹ֤שֶׁת יָמִים֙ בְּמִדְבַּ֣ר אֵתָ֔ם וַֽיַּחֲנ֖וּ בְּמָרָֽה׃ וַיִּסְעוּ֙ מִמָּרָ֔ה וַיָּבֹ֖אוּ

אֵילִ֑מָה וּ֠בְאֵילִ֠ם שְׁתֵּ֣ים עֶשְׂרֵ֞ה עֵינֹ֥ת מַ֛יִם וְשִׁבְעִ֥ים תְּמָרִ֖ים

י שני וַֽיַּחֲנוּ־שָֽׁם׃ וַיִּסְע֖וּ מֵֽאֵילִ֑ם וַֽיַּחֲנ֖וּ עַל־יַם־סֽוּף׃ וַיִּסְע֖וּ מִיַּם־ס֑וּף
יא יב וַֽיַּחֲנ֖וּ בְּמִדְבַּר־סִֽין׃ וַיִּסְע֖וּ מִמִּדְבַּר־סִ֑ין וַֽיַּחֲנ֖וּ בְּדָפְקָֽה׃ וַיִּסְע֖וּ
יג יד מִדָּפְקָ֑ה וַֽיַּחֲנ֖וּ בְּאָלֽוּשׁ׃ וַיִּסְע֖וּ מֵֽאָל֑וּשׁ וַֽיַּחֲנוּ֙ בִּרְפִידִ֔ם וְלֹא־
היָ֨ה שָׁ֥ם מַ֛יִם לָעָ֖ם לִשְׁתּֽוֹת׃ וַיִּסְע֖וּ מֵרְפִידִ֑ם וַֽיַּחֲנ֖וּ בְּמִדְבַּ֥ר
טו טז סִינָֽי׃ וַיִּסְע֖וּ מִמִּדְבַּ֣ר סִינָ֑י וַֽיַּחֲנ֖וּ בְּקִבְרֹ֥ת הַֽתַּאֲוָֽה׃ וַיִּסְעוּ֙ מִקִּבְרֹ֣ת
יז הַֽתַּאֲוָ֔ה וַֽיַּחֲנ֖וּ בַּחֲצֵרֹֽת׃ וַיִּסְע֖וּ מֵחֲצֵרֹ֑ת וַֽיַּחֲנ֖וּ בְּרִתְמָֽה׃ וַיִּסְעוּ֙
יח יט מֵֽרִתְמָ֔ה וַֽיַּחֲנ֖וּ בְּרִמֹּ֥ן פָּֽרֶץ׃ וַיִּסְעוּ֙ מֵרִמֹּ֣ן פָּ֔רֶץ וַֽיַּחֲנ֖וּ בְּלִבְנָֽה׃
כ וַיִּסְע֖וּ מִלִּבְנָ֑ה וַֽיַּחֲנ֖וּ בְּרִסָּֽה׃ וַיִּסְע֖וּ מֵֽרִסָּ֑ה וַֽיַּחֲנ֖וּ בִּקְהֵלָֽתָה׃
כא כב וַיִּסְע֖וּ מִקְּהֵלָ֑תָה וַֽיַּחֲנ֖וּ בְּהַר־שָֽׁפֶר׃ וַיִּסְע֖וּ מֵֽהַר־שָׁ֑פֶר וַֽיַּחֲנ֖וּ
כג כד בַּחֲרָדָֽה׃ וַיִּסְע֖וּ מֵחֲרָדָ֑ה וַֽיַּחֲנ֖וּ בְּמַקְהֵלֹֽת׃ וַיִּסְע֖וּ מִמַּקְהֵלֹ֑ת
כה כו וַֽיַּחֲנ֖וּ בְּתָֽחַת׃ וַיִּסְע֖וּ מִתָּ֑חַת וַֽיַּחֲנ֖וּ בְּתָֽרַח׃ וַיִּסְע֖וּ מִתָּ֑רַח וַֽיַּחֲנ֖וּ
כז כח בְּמִתְקָֽה׃ וַיִּסְע֖וּ מִמִּתְקָ֑ה וַֽיַּחֲנ֖וּ בְּחַשְׁמֹנָֽה׃ וַיִּסְע֖וּ מֵחַשְׁמֹנָ֑ה
כט ל וַֽיַּחֲנ֖וּ בְּמֹסֵרֽוֹת׃ וַיִּסְע֖וּ מִמֹּסֵר֑וֹת וַֽיַּחֲנ֖וּ בִּבְנֵ֥י יַֽעֲקָֽן׃ וַיִּסְע֖וּ מִבְּנֵ֣י
לא לב יַֽעֲקָ֑ן וַֽיַּחֲנ֖וּ בְּחֹ֥ר הַגִּדְגָּֽד׃ וַיִּסְע֖וּ מֵחֹ֣ר הַגִּדְגָּ֑ד וַֽיַּחֲנ֖וּ בְּיָטְבָֽתָה׃
לג לד וַיִּסְע֖וּ מִיָּטְבָ֑תָה וַֽיַּחֲנ֖וּ בְּעַבְרֹנָֽה׃ וַיִּסְע֖וּ מֵֽעַבְרֹנָ֑ה וַֽיַּחֲנ֖וּ בְּעֶצְיֹ֥ן
לה גָּֽבֶר׃ וַיִּסְע֖וּ מֵעֶצְיֹ֣ן גָּ֑בֶר וַֽיַּחֲנ֥וּ בְמִדְבַּר־צִ֖ן הִ֥וא קָדֵֽשׁ׃ וַיִּסְעוּ֙
לו מִקָּדֵ֔שׁ וַֽיַּחֲנוּ֙ בְּהֹ֣ר הָהָ֔ר בִּקְצֵ֖ה אֶ֥רֶץ אֱדֽוֹם׃ וַיַּ֩עַל֩ אַהֲרֹ֨ן
לז הַכֹּהֵ֜ן אֶל־הֹ֥ר הָהָ֛ר עַל־פִּ֥י יְהוָ֖ה וַיָּ֣מָת שָׁ֑ם בִּשְׁנַ֣ת הָֽאַרְבָּעִ֗ים
לְצֵ֤את בְּנֵֽי־יִשְׂרָאֵל֙ מֵאֶ֣רֶץ מִצְרַ֔יִם בַּחֹ֥דֶשׁ הַֽחֲמִישִׁ֖י בְּאֶחָ֥ד
לַחֹֽדֶשׁ׃ וְאַהֲרֹ֣ן בֶּן־שָׁלֹ֧שׁ וְעֶשְׂרִ֛ים וּמְאַ֖ת שָׁנָ֑ה בְּמֹת֖וֹ בְּהֹ֥ר
לט הָהָֽר׃ מ וַיִּשְׁמַ֗ע הַֽכְּנַעֲנִי֙ מֶ֣לֶךְ עֲרָ֔ד וְהֽוּא־יֹשֵׁ֥ב

בַּנֶּ֖גֶב בְּאֶ֣רֶץ כְּנָ֑עַן בְּבֹ֖א בְּנֵ֥י יִשְׂרָאֵֽל׃ מא וַיִּסְע֖וּ מֵהֹ֣ר הָהָ֑ר וַֽיַּחֲנ֖וּ
מב מג בְּצַלְמֹנָֽה׃ וַיִּסְע֖וּ מִצַּלְמֹנָ֑ה וַֽיַּחֲנ֖וּ בְּפוּנֹֽן׃ וַיִּסְע֖וּ מִפּוּנֹ֑ן וַֽיַּחֲנ֖וּ
מד בְּאֹבֹֽת׃ וַיִּסְע֖וּ מֵאֹבֹ֑ת וַֽיַּחֲנ֛וּ בְּעִיֵּ֥י הָעֲבָרִ֖ים בִּגְב֥וּל מוֹאָֽב׃
מה מו וַיִּסְע֖וּ מֵעִיִּ֑ים וַֽיַּחֲנ֖וּ בְּדִיבֹ֥ן גָּֽד׃ וַיִּסְע֖וּ מִדִּיבֹ֣ן גָּ֑ד וַֽיַּחֲנ֖וּ בְּעַלְמֹ֥ן
דִּבְלָתָֽיְמָה׃ וַיִּסְע֖וּ מֵֽעַלְמֹ֣ן דִּבְלָתָ֑יְמָה וַֽיַּחֲנ֛וּ בְּהָרֵ֥י הָעֲבָרִ֖ים

7 of the wilderness. And they removed from Etam, and turned
back to Pi-haḥirot, which is before Ba'al-ẕefon: and they
8 pitched before Migdol. And they departed from before Pi-
haḥirot, and passed through the midst of the sea into the
wilderness, and went three days' journey in the wilderness of
9 Etam and pitched in Mara. And they removed from Mara, and
came to Elim: and in Elim were twelve fountains of water, and
10 seventy palm trees; and they pitched there. And they removed
11 from Elim, and encamped by the Sea of Suf. And they removed
12 from the Sea of Suf, and encamped in the wilderness of Sin. And
they took their journey out of the wilderness of Sin, and en-
13 camped in Dofqa. And they departed from Dofqa, and en-
14 camped in Alush. And they removed from Alush, and encamped
at Refidim, where there was no water for the people to drink.
15 And they departed from Refidim, and pitched in the wilderness
16 of Sinay. And they removed from the desert of Sinay, and
17 pitched at Qivrot-hatta'ava. And they departed from Qivrot-
18 hatta'ava, and encamped at Ḥaẕerot. And they departed from
19 Ḥaẕerot, and pitched in Ritma. And they departed from Ritma,
20 and pitched at Rimmon-pereẕ. And they departed from Rimmon-
21 pereẕ, and pitched in Livna. And they removed from Livna,
22 and pitched at Rissa. And they journeyed from Rissa, and
23 pitched in Qehelata. And they went from Qehelata, and pitched
24 in mount Shefer. And they removed from mount Shefer, and
25 encamped in Ḥarada. And they removed from Ḥarada, and
26 pitched in Maqhelot. And they removed from Maqhelot, and
27 encamped at Taḥat. And they departed from Taḥat, and pitched
28 at Teraḥ. And they removed from Teraḥ, and pitched in
29 Mitqa. And they went from Mitqa, and pitched in Ḥashmona.
30 And they departed from Ḥashmona, and encamped at Moserot.
31 And they departed from Moserot, and pitched in Bene-ya'aqan.
32 And they removed from Bene-ya'aqan, and encamped at Ḥor-
33 haggidgad. And they went from Ḥor-haggidgad, and pitched in
34 Yotvata. And they removed from Yotvata, and encamped at
35 'Avrona. And they departed from 'Avrona, and encamped at
36 'Eẕyon-gever. And they removed from 'Eẕyon-gever, and pitched
37 in the wilderness of Ẕin, which is Qadesh. And they removed
from Qadesh, and pitched in mount Hor, in the edge of the land
38 of Edom. And Aharon the priest went up into mount Hor at the
commandment of the Lord, and died there, in the fortieth year
after the children of Yisra'el were come out of the land of
39 Miẕrayim, in the first day of the fifth month. And Aharon was
a hundred and twenty three years old when he died in mount
40 Hor. And the Kena'anite king of 'Arad, who dwelt in the
Negev in the land of Kena'an, heard of the coming of the
41 children of Yisra'el. And they departed from mount Hor, and
42 pitched in Ẕalmona. And they departed from Ẕalmona, and
43 pitched in Punon. And they departed from Punon, and pitched
44 in Ovot. And they departed from Ovot, and pitched in 'Iyye-
45 ha'avarim, in the border of Mo'av. And they departed from
46 'Iyyim, and pitched in Divon-gad. And they removed from
47 Divon-gad, and encamped in 'Almon-divlatayema. And they
removed from 'Almon-divlatayema, and pitched in the moun-

מח לִפְנֵי נְבוֹ: וַיִּסְעוּ מֵהָרֵי הָעֲבָרִים וַיַּחֲנוּ בְּעַרְבֹת מוֹאָב עַל יַרְדֵּן
מט יְרֵחוֹ: וַיַּחֲנוּ עַל־הַיַּרְדֵּן מִבֵּית הַיְשִׁמֹת עַד אָבֵל הַשִּׁטִּים בְּעַרְבֹת
שלישי וחמישי נ מוֹאָב: וַיְדַבֵּר יהוה אֶל־מֹשֶׁה בְּעַרְבֹת מוֹאָב
נא עַל־יַרְדֵּן יְרֵחוֹ לֵאמֹר: דַּבֵּר אֶל־בְּנֵי יִשְׂרָאֵל וְאָמַרְתָּ אֲלֵהֶם
נב כִּי אַתֶּם עֹבְרִים אֶת־הַיַּרְדֵּן אֶל־אֶרֶץ כְּנָעַן: וְהוֹרַשְׁתֶּם אֶת־
כָּל־יֹשְׁבֵי הָאָרֶץ מִפְּנֵיכֶם וְאִבַּדְתֶּם אֵת כָּל־מַשְׂכִּיֹּתָם וְאֵת
נג כָּל־צַלְמֵי מַסֵּכֹתָם תְּאַבֵּדוּ וְאֵת כָּל־בָּמוֹתָם תַּשְׁמִידוּ: וְהוֹרַשְׁתֶּם
אֶת־הָאָרֶץ וִישַׁבְתֶּם־בָּהּ כִּי לָכֶם נָתַתִּי אֶת־הָאָרֶץ לָרֶשֶׁת
נד אֹתָהּ: וְהִתְנַחַלְתֶּם אֶת־הָאָרֶץ בְּגוֹרָל לְמִשְׁפְּחֹתֵיכֶם לָרַב
תַּרְבּוּ אֶת־נַחֲלָתוֹ וְלַמְעַט תַּמְעִיט אֶת־נַחֲלָתוֹ אֶל אֲשֶׁר־יֵצֵא
נה לוֹ שָׁמָּה הַגּוֹרָל לוֹ יִהְיֶה לְמַטּוֹת אֲבֹתֵיכֶם תִּתְנֶחָלוּ: וְאִם־
לֹא תוֹרִישׁוּ אֶת־יֹשְׁבֵי הָאָרֶץ מִפְּנֵיכֶם וְהָיָה אֲשֶׁר תּוֹתִירוּ
מֵהֶם לְשִׂכִּים בְּעֵינֵיכֶם וְלִצְנִינִם בְּצִדֵּיכֶם וְצָרְרוּ אֶתְכֶם עַל־
נו הָאָרֶץ אֲשֶׁר אַתֶּם יֹשְׁבִים בָּהּ: וְהָיָה כַּאֲשֶׁר דִּמִּיתִי לַעֲשׂוֹת
לָהֶם אֶעֱשֶׂה לָכֶם:

לא לד א ב וַיְדַבֵּר יהוה אֶל־מֹשֶׁה לֵּאמֹר: צַו אֶת־בְּנֵי יִשְׂרָאֵל וְאָמַרְתָּ
אֲלֵהֶם כִּי־אַתֶּם בָּאִים אֶל־הָאָרֶץ כְּנָעַן זֹאת הָאָרֶץ אֲשֶׁר
ג תִּפֹּל לָכֶם בְּנַחֲלָה אֶרֶץ כְּנַעַן לִגְבֻלֹתֶיהָ: וְהָיָה לָכֶם פְּאַת־
נֶגֶב מִמִּדְבַּר־צִן עַל־יְדֵי אֱדוֹם וְהָיָה לָכֶם גְּבוּל נֶגֶב מִקְצֵה יָם־
ד הַמֶּלַח קֵדְמָה: וְנָסַב לָכֶם הַגְּבוּל מִנֶּגֶב לְמַעֲלֵה עַקְרַבִּים וְעָבַר
צִנָה והיה תּוֹצְאֹתָיו מִנֶּגֶב לְקָדֵשׁ בַּרְנֵעַ וְיָצָא חֲצַר־אַדָּר וְעָבַר וְהָיוּ
ה עַצְמֹנָה: וְנָסַב הַגְּבוּל מֵעַצְמוֹן נַחְלָה מִצְרָיִם וְהָיוּ תוֹצְאֹתָיו
ו הַיָּמָּה: וּגְבוּל יָם וְהָיָה לָכֶם הַיָּם הַגָּדוֹל וּגְבוּל זֶה־יִהְיֶה לָכֶם
ז גְּבוּל יָם: וְזֶה־יִהְיֶה לָכֶם גְּבוּל צָפוֹן מִן־הַיָּם הַגָּדֹל תְּתָאוּ לָכֶם
ח הֹר הָהָר: מֵהֹר הָהָר תְּתָאוּ לְבֹא חֲמָת וְהָיוּ תּוֹצְאֹת הַגְּבֻל
ט צְדָדָה: וְיָצָא הַגְּבֻל זִפְרֹנָה וְהָיוּ תוֹצְאֹתָיו חֲצַר עֵינָן זֶה־יִהְיֶה
י לָכֶם גְּבוּל צָפוֹן: וְהִתְאַוִּיתֶם לָכֶם לִגְבוּל קֵדְמָה מֵחֲצַר עֵינָן
יא שְׁפָמָה: וְיָרַד הַגְּבֻל מִשְּׁפָם הָרִבְלָה מִקֶּדֶם לָעָיִן וְיָרַד הַגְּבֻל וּמָחָה
יב עַל־כֶּתֶף יָם־כִּנֶּרֶת קֵדְמָה: וְיָרַד הַגְּבוּל הַיַּרְדֵּנָה וְהָיוּ תוֹצְאֹתָיו
יג יָם הַמֶּלַח זֹאת תִּהְיֶה לָכֶם הָאָרֶץ לִגְבֻלֹתֶיהָ סָבִיב: וַיְצַו מֹשֶׁה
אֶת־בְּנֵי יִשְׂרָאֵל לֵאמֹר זֹאת הָאָרֶץ אֲשֶׁר תִּתְנַחֲלוּ אֹתָהּ בְּגוֹרָל
יד אֲשֶׁר צִוָּה יהוה לָתֵת לְתִשְׁעַת הַמַּטּוֹת וַחֲצִי הַמַּטֶּה: כִּי לָקְחוּ
מַטֵּה בְנֵי הָרְאוּבֵנִי לְבֵית אֲבֹתָם וּמַטֵּה בְנֵי־הַגָּדִי לְבֵית אֲבֹתָם

tains of 'Avarim, before Nevo. And they departed from the 48
mountains of 'Avarim, and pitched in the plains of Mo'av
by Yarden near Yereḫo. And they pitched by the Yarden, 49
from Bet-hayeshimot to Avel-hashshittim in the plains of
Mo'av. And the Lord spoke to Moshe in the plains of 50
Mo'av by the Yarden near Yereḫo, saying, Speak to the children 51
of Yisra'el, and say to them, When you pass over the Yarden into
the land of Kena'an; then you shall drive out all the inhabitants 52
of the land from before you, and destroy all their figured pave-
ments, and destroy all their molten images, and devastate all
their high places: and you shall dispossess the inhabitants of 53
the land, and dwell in it: for I have given you the land to possess
it. And you shall divide the land by lot for an inheritance among 54
your families: and to the more you shall give the more in-
heritance, and to the fewer you shall give the less inheritance:
every man's inheritance shall be in the place where his lot
falls; according to the tribes of your fathers you shall inherit.
But if you will not drive out the inhabitants of the land from 55
before you; then it shall come to pass, that those whom you
allow to remain of them shall be as thorns in your eyes, and
stings in your sides, and shall vex you in the land wherein
you dwell. Moreover it shall come to pass, that I shall do to 56
you, as I thought to do to them. **34**
And the Lord spoke to Moshe, saying, Command the children 1,2
of Yisra'el, and say to them, When you come into the land of
Kena'an; (this is the land that shall fall to you for an in-
heritance, the land of Kena'an with its borders:) then the Negev 3
quarter shall be from the wilderness of Ẕin along by the border
of Edom, and your south border shall be the outmost coast of
the Salt Sea eastward: and your border shall turn from the 4
Negev to Ma'ale-'aqrabbim, and pass on to Ẕin: and its limits
shall be from the south to Qadesh-barnea, and shall go on to
Ḥaẕar-addar, and pass on to 'Aẕmon: and the border shall 5
turn about, from 'Aẕmon to the wadi of Miẕrayim, and its
limits shall be at the Sea. And as for the western border, you 6
shall have the Great Sea for a border: this shall be your west
border. And this shall be your north border: from the Great 7
Sea you shall mark out your frontier at mount Hor: from mount 8
Hor you shall mark out your border to the entrance of Ḥamat;
and the limits of the border shall be to Ẕedad: and the border 9
shall go on to Zifron, and its limits shall be at Ḥaẕar-'enan:
this shall be your north border. And you shall point out your 10
east border from Ḥaẕar-'enan to Shefam: and the border shall go 11
down from Shefam to Rivla, on the east side of 'Ayin; and
the border descend, and shall reach the eastward projection of
the Sea of Kinneret: and the border shall go down to the 12
Yarden, and its limits shall be at the Salt Sea: this shall be
your land with its borders round about. And Moshe com- 13
manded the children of Yisra'el, saying, This is the land which
you shall inherit by lot, which the Lord commanded to give to
the nine tribes, and the half tribe: for the tribe of the children 14
of Re'uven according to the house of their fathers, and the
tribe of the children of Gad according to the house of their

טו וַחֲצִי מַטֵּה מְנַשֶּׁה לָקְחוּ נַחֲלָתָם: שְׁנֵי הַמַּטּוֹת וַחֲצִי הַמַּטֶּה לָקְחוּ
נַחֲלָתָם מֵעֵבֶר לְיַרְדֵּן יְרֵחוֹ קֵדְמָה מִזְרָחָה:
רביעי /ששי/ טז יז וַיְדַבֵּר יְהוָה אֶל־מֹשֶׁה לֵּאמֹר: אֵלֶּה שְׁמוֹת הָאֲנָשִׁים אֲשֶׁר־
יח יִנְחֲלוּ לָכֶם אֶת־הָאָרֶץ אֶלְעָזָר הַכֹּהֵן וִיהוֹשֻׁעַ בִּן־נוּן: וְנָשִׂיא
יט אֶחָד נָשִׂיא אֶחָד מִמַּטֶּה תִּקְחוּ לִנְחֹל אֶת־הָאָרֶץ: וְאֵלֶּה שְׁמוֹת
כ הָאֲנָשִׁים לְמַטֵּה יְהוּדָה כָּלֵב בֶּן־יְפֻנֶּה: וּלְמַטֵּה בְּנֵי שִׁמְעוֹן
כא כב שְׁמוּאֵל בֶּן־עַמִּיהוּד: לְמַטֵּה בִנְיָמִן אֱלִידָד בֶּן־כִּסְלוֹן: וּלְמַטֵּה
כג בְנֵי־דָן נָשִׂיא בֻּקִּי בֶּן־יָגְלִי: לִבְנֵי יוֹסֵף לְמַטֵּה בְנֵי־מְנַשֶּׁה נָשִׂיא
כד חַנִּיאֵל בֶּן־אֵפֹד: וּלְמַטֵּה בְנֵי־אֶפְרַיִם נָשִׂיא קְמוּאֵל בֶּן־שִׁפְטָן:
כה כו וּלְמַטֵּה בְנֵי־זְבוּלֻן נָשִׂיא אֱלִיצָפָן בֶּן־פַּרְנָךְ: וּלְמַטֵּה בְנֵי־יִשָּׂשכָר
כז נָשִׂיא פַּלְטִיאֵל בֶּן־עַזָּן: וּלְמַטֵּה בְנֵי־אָשֵׁר נָשִׂיא אֲחִיהוּד בֶּן־שְׁלֹמִי:
כח כט וּלְמַטֵּה בְנֵי־נַפְתָּלִי נָשִׂיא פְּדַהְאֵל בֶּן־עַמִּיהוּד: אֵלֶּה אֲשֶׁר צִוָּה
יְהוָה לְנַחֵל אֶת־בְּנֵי־יִשְׂרָאֵל בְּאֶרֶץ כְּנָעַן:
חמישי אלה וַיְדַבֵּר יְהוָה אֶל־מֹשֶׁה בְּעַרְבֹת מוֹאָב עַל־יַרְדֵּן יְרֵחוֹ לֵאמֹר:
ב צַו אֶת־בְּנֵי יִשְׂרָאֵל וְנָתְנוּ לַלְוִיִּם מִנַּחֲלַת אֲחֻזָּתָם עָרִים לָשָׁבֶת
ג וּמִגְרָשׁ לֶעָרִים סְבִיבֹתֵיהֶם תִּתְּנוּ לַלְוִיִּם: וְהָיוּ הֶעָרִים לָהֶם
לָשָׁבֶת וּמִגְרְשֵׁיהֶם יִהְיוּ לִבְהֶמְתָּם וְלִרְכֻשָׁם וּלְכֹל חַיָּתָם:
ד וּמִגְרְשֵׁי הֶעָרִים אֲשֶׁר תִּתְּנוּ לַלְוִיִּם מִקִּיר הָעִיר וָחוּצָה אֶלֶף אַמָּה
ה סָבִיב: וּמַדֹּתֶם מִחוּץ לָעִיר אֶת־פְּאַת־קֵדְמָה אַלְפַּיִם בָּאַמָּה
וְאֶת־פְּאַת־נֶגֶב אַלְפַּיִם בָּאַמָּה וְאֶת־פְּאַת־יָם ׀ אַלְפַּיִם בָּאַמָּה
וְאֵת פְּאַת צָפוֹן אַלְפַּיִם בָּאַמָּה וְהָעִיר בַּתָּוֶךְ זֶה יִהְיֶה לָהֶם
ו מִגְרְשֵׁי הֶעָרִים: וְאֵת הֶעָרִים אֲשֶׁר תִּתְּנוּ לַלְוִיִּם אֵת שֵׁשׁ־עָרֵי
הַמִּקְלָט אֲשֶׁר תִּתְּנוּ לָנֻס שָׁמָּה הָרֹצֵחַ וַעֲלֵיהֶם תִּתְּנוּ אַרְבָּעִים
ז וּשְׁתַּיִם עִיר: כָּל־הֶעָרִים אֲשֶׁר תִּתְּנוּ לַלְוִיִּם אַרְבָּעִים וּשְׁמֹנֶה עִיר
ח אֶתְהֶן וְאֶת־מִגְרְשֵׁיהֶן: וְהֶעָרִים אֲשֶׁר תִּתְּנוּ מֵאֲחֻזַּת בְּנֵי־יִשְׂרָאֵל
מֵאֵת הָרַב תַּרְבּוּ וּמֵאֵת הַמְעַט תַּמְעִיטוּ אִישׁ כְּפִי נַחֲלָתוֹ אֲשֶׁר
יִנְחָלוּ יִתֵּן מֵעָרָיו לַלְוִיִּם:
ששי לב /שביעי/ ט וַיְדַבֵּר יְהוָה אֶל־מֹשֶׁה לֵּאמֹר: דַּבֵּר אֶל־בְּנֵי יִשְׂרָאֵל וְאָמַרְתָּ
י אֲלֵהֶם כִּי אַתֶּם עֹבְרִים אֶת־הַיַּרְדֵּן אַרְצָה כְּנָעַן: וְהִקְרִיתֶם
לָכֶם עָרִים עָרֵי מִקְלָט תִּהְיֶינָה לָכֶם וְנָס שָׁמָּה רֹצֵחַ מַכֵּה־
יב נֶפֶשׁ בִּשְׁגָגָה: וְהָיוּ לָכֶם הֶעָרִים לְמִקְלָט מִגֹּאֵל וְלֹא יָמוּת הָרֹצֵחַ

fathers, have received their inheritance; and half the tribe of
Menashshe have received their inheritance: the two tribes and   15
the half tribe have received their inheritance on this side of
the Yarden near Yereḥo eastward, towards the sunrising.
And the LORD spoke to Moshe, saying, These are the names of   16, 17
the men who shall share out the land to you: El'azar the priest,
and Yehoshua the son of Nun. And you shall take one prince of   18
every tribe, to divide the land by inheritance. And the names   19
of the men are these: Of the tribe of Yehuda, Kalev the son
of Yefunne. And of the tribe of the children of Shim'on, Shem-   20
u'el the son of 'Ammihud. Of the tribe of Binyamin, Elidad the   21
son of Kislon. And the prince of the tribe of the children of   22
Dan, Buqqi the son of Yogli. The prince of the children of Yosef, 23
for the tribe of the children of Menashshe, Ḥanni'el the son of
Efod. And the prince of the tribe of the children of Efrayim,   24
Qemu'el the son of Shiftan. And the prince of the tribe of the   25
children of Zevulun, Eliẓafan the son of Parnakh. And the   26
prince of the tribe of the children of Yissakhar, Palti'el the son
of 'Azzan. And the prince of the tribe of the children of Asher, 27
Aḥihud the son of Shelomi. And the prince of the tribe of the   28
children of Naftali, Pedah'el the son of 'Ammihud. These are   29
they whom the LORD commanded to divide the inheritance to
the children of Yisra'el in the land of Kena'an.
And the LORD, spoke to Moshe in the plains of Mo'av by Yarden   **35**
near Yereḥo saying, Command the children of Yisra'el, that   2
they give to the Levites of the inheritance of their possession
cities to dwell in; and you shall give also to the Levites an
open space for the cities round about them. And the cities shall 3
they have to dwell in; and their open spaces shall be for their
cattle, and for their goods, and for all their beasts. And the   4
open spaces of the cities, that you shall give to the Levites,
shall reach from the wall of the city outwards a thousand cubits
round about. And you shall measure from outside the city on   5
the east side two thousand cubits, and on the south side two
thousand cubits, and on the west side two thousand cubits,
and on the north side two thousand cubits, and the city shall
be in the midst: this shall be to them the open spaces of the
cities. And among the cities which you shall give to the Levites 6
shall be six cities of refuge, which you shall appoint for the
manslayer, that he may flee there: and to them you shall add
forty two cities. So all the cities which you shall give to the   7
Levites shall be forty eight cities: both them and their open
spaces. And the cities which you shall give shall be of the pos- 8
session of the children of Yisra'el: from them that have many
you shall give many: and from them that have few you shall
give few: every one shall give of the cities to the Levites ac-
cording to his inheritance which he inherits.
And the LORD spoke to Moshe, saying, Speak to the children of   9, 10
Yisra'el, and say to them, When you come over the Yarden
into the land of Kena'an; then you shall appoint you cities to be 11
cities of refuge for you; that the slayer who kills any person
unawares may flee thither. And they shall be to you cities for   12
refuge from the avenger; that the manslayer die not, until

יג עַד־עָמְדוֹ לִפְנֵי הָעֵדָה לַמִּשְׁפָּט: וְהֶעָרִים אֲשֶׁר תִּתֵּנוּ שֵׁשׁ־
יד עָרֵי מִקְלָט תִּהְיֶינָה לָכֶם: אֵת ׀ שְׁלֹשׁ הֶעָרִים תִּתְּנוּ מֵעֵבֶר
לַיַּרְדֵּן וְאֵת שְׁלֹשׁ הֶעָרִים תִּתְּנוּ בְּאֶרֶץ כְּנָעַן עָרֵי מִקְלָט תִּהְיֶינָה:
טו לִבְנֵי יִשְׂרָאֵל וְלַגֵּר וְלַתּוֹשָׁב בְּתוֹכָם תִּהְיֶינָה שֵׁשׁ־הֶעָרִים הָאֵלֶּה
טז לְמִקְלָט לָנוּס שָׁמָּה כָּל־מַכֵּה־נֶפֶשׁ בִּשְׁגָגָה: וְאִם־בִּכְלִי בַרְזֶל ׀
יז הִכָּהוּ וַיָּמֹת רֹצֵחַ הוּא מוֹת יוּמַת הָרֹצֵחַ: וְאִם בְּאֶבֶן יָד אֲשֶׁר־
יח יָמוּת בָּהּ הִכָּהוּ וַיָּמֹת רֹצֵחַ הוּא מוֹת יוּמַת הָרֹצֵחַ: אוֹ בִּכְלִי
עֵץ־יָד אֲשֶׁר־יָמוּת בּוֹ הִכָּהוּ וַיָּמֹת רֹצֵחַ הוּא מוֹת יוּמַת הָרֹצֵחַ:
יט כ גֹּאֵל הַדָּם הוּא יָמִית אֶת־הָרֹצֵחַ בְּפִגְעוֹ־בוֹ הוּא יְמִתֶנּוּ: וְאִם־
כא בְּשִׂנְאָה יֶהְדָּפֶנּוּ אוֹ־הִשְׁלִיךְ עָלָיו בִּצְדִיָּה וַיָּמֹת: אוֹ בְאֵיבָה
הִכָּהוּ בְיָדוֹ וַיָּמֹת מוֹת־יוּמַת הַמַּכֶּה רֹצֵחַ הוּא גֹּאֵל הַדָּם יָמִית
כב אֶת־הָרֹצֵחַ בְּפִגְעוֹ־בוֹ: וְאִם־בְּפֶתַע בְּלֹא־אֵיבָה הֲדָפוֹ אוֹ־
כג הִשְׁלִיךְ עָלָיו כָּל־כְּלִי בְּלֹא צְדִיָּה: אוֹ בְכָל־אֶבֶן אֲשֶׁר־יָמוּת
בָּהּ בְּלֹא רְאוֹת וַיַּפֵּל עָלָיו וַיָּמֹת וְהוּא לֹא־אוֹיֵב לוֹ וְלֹא מְבַקֵּשׁ
כד רָעָתוֹ: וְשָׁפְטוּ הָעֵדָה בֵּין הַמַּכֶּה וּבֵין גֹּאֵל הַדָּם עַל הַמִּשְׁפָּטִים
כה הָאֵלֶּה: וְהִצִּילוּ הָעֵדָה אֶת־הָרֹצֵחַ מִיַּד גֹּאֵל הַדָּם וְהֵשִׁיבוּ אֹתוֹ
הָעֵדָה אֶל־עִיר מִקְלָטוֹ אֲשֶׁר־נָס שָׁמָּה וְיָשַׁב בָּהּ עַד־מוֹת
כו הַכֹּהֵן הַגָּדֹל אֲשֶׁר־מָשַׁח אֹתוֹ בְּשֶׁמֶן הַקֹּדֶשׁ: וְאִם־יָצֹא יֵצֵא
כז הָרֹצֵחַ אֶת־גְּבוּל עִיר מִקְלָטוֹ אֲשֶׁר יָנוּס שָׁמָּה: וּמָצָא אֹתוֹ
גֹּאֵל הַדָּם מִחוּץ לִגְבוּל עִיר מִקְלָטוֹ וְרָצַח גֹּאֵל הַדָּם אֶת־הָרֹצֵחַ
כח אֵין לוֹ דָּם: כִּי בְעִיר מִקְלָטוֹ יֵשֵׁב עַד־מוֹת הַכֹּהֵן הַגָּדֹל וְאַחֲרֵי־
כט מוֹת הַכֹּהֵן הַגָּדֹל יָשׁוּב הָרֹצֵחַ אֶל־אֶרֶץ אֲחֻזָּתוֹ: וְהָיוּ אֵלֶּה
ל לָכֶם לְחֻקַּת מִשְׁפָּט לְדֹרֹתֵיכֶם בְּכֹל מוֹשְׁבֹתֵיכֶם: כָּל־מַכֵּה־
נֶפֶשׁ לְפִי עֵדִים יִרְצַח אֶת־הָרֹצֵחַ וְעֵד אֶחָד לֹא־יַעֲנֶה בְנֶפֶשׁ
לא לָמוּת: וְלֹא־תִקְחוּ כֹפֶר לְנֶפֶשׁ רֹצֵחַ אֲשֶׁר־הוּא רָשָׁע לָמוּת
לב כִּי־מוֹת יוּמָת: וְלֹא־תִקְחוּ כֹפֶר לָנוּס אֶל־עִיר מִקְלָטוֹ לָשׁוּב
לג לָשֶׁבֶת בָּאָרֶץ עַד־מוֹת הַכֹּהֵן: וְלֹא־תַחֲנִיפוּ אֶת־הָאָרֶץ אֲשֶׁר
אַתֶּם בָּהּ כִּי הַדָּם הוּא יַחֲנִיף אֶת־הָאָרֶץ וְלָאָרֶץ לֹא־יְכֻפַּר
לד לַדָּם אֲשֶׁר שֻׁפַּךְ־בָּהּ כִּי־אִם בְּדַם שֹׁפְכוֹ: וְלֹא תְטַמֵּא אֶת־
הָאָרֶץ אֲשֶׁר אַתֶּם יֹשְׁבִים בָּהּ אֲשֶׁר אֲנִי שֹׁכֵן בְּתוֹכָהּ כִּי אֲנִי
יְהוָה שֹׁכֵן בְּתוֹךְ בְּנֵי יִשְׂרָאֵל:
לו א וַיִּקְרְבוּ רָאשֵׁי הָאָבוֹת לְמִשְׁפַּחַת בְּנֵי־גִלְעָד בֶּן־מָכִיר בֶּן־מְנַשֶּׁה שביעי

he stand before the congregation in judgment. And the cities 13
which you shall give shall be six cities for refuge. You shall 14
give three cities on this side of the Yarden, and three cities
shall you give in the land of Kena'an; cities of refuge shall they
be. These six cities shall be a refuge, both for the children of 15
Yisra'el, and for the stranger, and for the sojourner among
them: that everyone that kills any person unawares may flee
there. And if he smite him with an instrument of iron, so that 16
he die, he is a murderer: the murderer shall surely be put to
death. And if he smite him by hand with a stone, whereby he 17
may die, and he die, he is a murderer: the murderer shall surely
be put to death. Or if he smite him with a hand weapon of 18
wood, whereby he may die, and he die, he is a murderer: the
murderer shall surely be put to death. The revenger of blood 19
himself shall slay the murderer: when he meets him, he shall
slay him. And if he thrust him out of hatred, or hurl something 20
at him whilst lying in wait, that he die; or in enmity smite 21
him with his hand, that he die: he that smote him shall surely
be put to death; for he is a murderer: the revenger of blood
shall slay the murderer, when he encounters him. But if he 22
thrust him suddenly without enmity, or cast upon him anything
without lying in wait, or with any stone, whereby a man may 23
die, but without seeing him, and cast it upon him, that he die,
and was not his enemy, nor sought his harm: then the con- 24
gregation shall judge between the slayer and the revenger of
blood according to these judgments: and the congregation shall 25
deliver the slayer out of the hand of the revenger of blood,
and the congregation shall restore him to the city of his re-
fuge, whither he was fled: and he shall abide in it until the
death of the high priest, who was anointed with the holy oil.
But if the slayer shall at any time come outside the border of 26
the city of his refuge, whither he was fled; and the revenger 27
of blood find him outside the borders of the city of his refuge,
and the revenger of blood kill the slayer; he shall not be
guilty of blood: because he should have remained in the city 28
of his refuge until the death of the high priest: but after the
death of the high priest the slayer shall return to the land of
his possession. So these things shall be for a statute of judg- 29
ment to you throughout your generations in all your dwellings.
Whoever kills any person, the murderer shall be put to death 30
by the mouth of witnesses: but one witness shall not testify
against any person to cause him to die. Moreover you shall take 31
no ransom for the life of a murderer, who is guilty of death:
but he shall be surely put to death. And you shall take no ransom 32
for him that is fled to the city of his refuge, that he should come
back to dwell in the land, until the death of the priest. So you 33
shall not pollute the land in which you are: for blood pollutes
the land: and the land cannot be cleansed of the blood that is
shed therein, but by the blood of him that shed it. And 34
thou shalt not defile the land which you shall inhabit, in
which I dwell: for I the LORD dwell among the children of
Yisra'el.
And the chief fathers of the family of the children of Gil'ad, **36**

מִמִּשְׁפַּחַת בְּנֵי־יוֹסֵף וַיְדַבְּר֗וּ לִפְנֵי מֹשֶׁה֙ וְלִפְנֵי הַנְּשִׂאִ֔ים רָאשֵׁ֖י

אֲב֑וֹת לִבְנֵ֣י יִשְׂרָאֵֽל: וַיֹּאמְר֗וּ אֶת־אֲדֹנִי֙ צִוָּ֣ה יְהוָ֔ה לָתֵ֨ת אֶת־הָאָ֧רֶץ ב

בְּנַחֲלָ֛ה בְּגוֹרָ֖ל לִבְנֵ֣י יִשְׂרָאֵ֑ל וַאדֹנִי֙ צֻוָּ֣ה בַֽיהוָ֔ה לָתֵ֗ת אֶֽת־נַחֲלַ֛ת

צְלָפְחָ֥ד אָחִ֖ינוּ לִבְנֹתָֽיו: וְ֠הָיוּ לְאֶחָ֞ד מִבְּנֵ֨י שִׁבְטֵ֥י בְנֵֽי־יִשְׂרָאֵל֮ ג

לְנָשִׁים֒ וְנִגְרְעָ֣ה נַחֲלָתָ֗ן מִנַּחֲלַת֙ אֲבֹתֵ֔ינוּ וְנוֹסַ֕ף עַ֖ל נַחֲלַ֣ת הַמַּטֶּ֑ה

אֲשֶׁ֣ר תִּהְיֶ֣ינָה לָהֶ֔ם וּמִגֹּרַ֥ל נַחֲלָתֵ֖נוּ יִגָּרֵֽעַ: וְאִם־יִהְיֶ֣ה הַיֹּבֵל֮ לִבְנֵ֣י ד

יִשְׂרָאֵל֒ וְנֽוֹסְפָה֙ נַחֲלָתָ֔ן עַ֚ל נַחֲלַ֣ת הַמַּטֶּ֔ה אֲשֶׁ֥ר תִּהְיֶ֖ינָה לָהֶ֑ם

וּמִֽנַּחֲלַת֙ מַטֵּ֣ה אֲבֹתֵ֔ינוּ יִגָּרַ֖ע נַחֲלָתָֽן: וַיְצַ֤ו מֹשֶׁה֙ אֶת־בְּנֵ֣י יִשְׂרָאֵ֔ל ה

עַל־פִּ֥י יְהוָ֖ה לֵאמֹ֑ר כֵּ֛ן מַטֵּ֥ה בְנֵֽי־יוֹסֵ֖ף דֹּבְרִֽים: זֶ֣ה הַדָּבָ֗ר אֲשֶׁר־צִוָּ֣ה ו

יְהוָ֗ה לִבְנ֤וֹת צְלָפְחָד֙ לֵאמֹ֔ר לַטּ֥וֹב בְּעֵינֵיהֶ֖ם תִּהְיֶ֣ינָה לְנָשִׁ֑ים אַ֗ךְ

לְמִשְׁפַּ֛חַת מַטֵּ֥ה אֲבִיהֶ֖ם תִּהְיֶ֣ינָה לְנָשִֽׁים: וְלֹֽא־תִסֹּ֤ב נַחֲלָה֙ ז

לִבְנֵ֣י יִשְׂרָאֵ֔ל מִמַּטֶּ֖ה אֶל־מַטֶּ֑ה כִּ֣י אִ֗ישׁ בְּנַחֲלַת֙ מַטֵּ֣ה אֲבֹתָ֔יו

יִדְבְּק֖וּ בְּנֵ֥י יִשְׂרָאֵֽל: וְכָל־בַּ֞ת יֹרֶ֣שֶׁת נַחֲלָ֗ה מִמַּטּוֹת֙ בְּנֵ֣י יִשְׂרָאֵ֔ל ח

לְאֶחָ֗ד מִמִּשְׁפַּ֛חַת מַטֵּ֥ה אָבִ֖יהָ תִּהְיֶ֣ה לְאִשָּׁ֑ה לְמַ֗עַן יִֽירְשׁוּ֙

בְּנֵ֣י יִשְׂרָאֵ֔ל אִ֖ישׁ נַחֲלַ֥ת אֲבֹתָֽיו: וְלֹֽא־תִסֹּ֧ב נַחֲלָ֛ה מִמַּטֶּ֖ה ט

לְמַטֶּ֣ה אַחֵ֑ר כִּי־אִ֗ישׁ בְּנַֽחֲלָתוֹ֙ יִדְבְּק֔וּ מַטּ֖וֹת בְּנֵ֥י יִשְׂרָאֵֽל: כַּאֲשֶׁ֛ר י

מפטיר

צִוָּ֧ה יְהוָ֛ה אֶת־מֹשֶׁ֖ה כֵּ֣ן עָשׂ֑וּ בְּנ֖וֹת צְלָפְחָֽד: וַתִּהְיֶ֜ינָה מַחְלָ֣ה יא

תִרְצָ֗ה וְחָגְלָ֤ה וּמִלְכָּה֙ וְנֹעָ֔ה בְּנ֖וֹת צְלָפְחָ֑ד לִבְנֵ֥י דֹֽדֵיהֶ֖ן לְנָשִֽׁים:

מִמִּשְׁפְּחֹ֛ת בְּנֵֽי־מְנַשֶּׁ֥ה בֶן־יוֹסֵ֖ף הָי֣וּ לְנָשִׁ֑ים וַתְּהִי֙ נַחֲלָתָ֔ן עַל־ יב

מַטֵּ֖ה מִשְׁפַּ֥חַת אֲבִיהֶֽן: אֵ֣לֶּה הַמִּצְוֺ֞ת וְהַמִּשְׁפָּטִ֗ים אֲשֶׁ֨ר צִוָּ֧ה יג

יְהוָ֛ה בְּיַד־מֹשֶׁ֖ה אֶל־בְּנֵ֣י יִשְׂרָאֵ֑ל בְּעַֽרְבֹ֣ת מוֹאָ֔ב עַ֖ל יַרְדֵּ֥ן יְרֵחֽוֹ:

the son of Makhir, the son of Menashshe, of the families of the
sons of Yosef, came near, and spoke before Moshe, and be-
fore the princes, the chief fathers of the children of Yisra'el:
and they said, The Lord commanded my lord to give the 2
land for an inheritance by lot to the children of Yisra'el:
and my lord was commanded by the Lord to give the in-
heritance of Ẕelofḥad our brother to his daughters. And if 3
they be married to any of the sons of the other tribes of the
children of Yisra'el, then shall their inheritance be taken from the
inheritance of our fathers, and shall be added to the inheritance
of the tribe to which they are joined: so shall it be taken from
the lot of our inheritance. And when the jubilee of the children 4
of Yisra'el shall be, then shall their inheritance be added to
the inheritance of the tribe unto which they are joined: so
shall their inheritance be taken away from the inheritance of
the tribe of our fathers. And Moshe commanded the children of 5
Yisra'el according to the word of the Lord, saying, The tribe
of the sons of Yosef has said well. This is the thing which the 6
Lord commands concerning the daughters of Ẕelofḥad, saying,
Let them marry whom they think best; only within the family of
the tribe of their father shall they marry. So the inheritance of 7
the children of Yisra'el shall not remove from tribe to tribe: for
every one of the children of Yisra'el shall cleave to the inherit-
ance of the tribe of his fathers. And every daughter, who pos- 8
sesses an inheritance in any tribe of the children of Yisra'el shall
be wife to one of the family of the tribe of her father, that the
children of Yisra'el may enjoy every man the inheritance of
his fathers. Neither shall the inheritance remove from one tribe 9
to another tribe; but every one of the tribes of the children of
Yisra'el shall keep himself to his own inheritance. Even as the 10
Lord commanded Moshe, so did the daughters of Ẕelofḥad: for 11
Maḥla, Tirẕa, and Ḥogla, and Milka, and No'a, the daughters of
Ẕelofḥad, were married to their uncles' sons: and they were 12
married to the families of the sons of Menashshe the son of
Yosef, and their inheritance remained in the tribe of the family
of their father. These are the commandments and the judgments, 13
which the Lord commanded by the hand of Moshe to the
children of Yisra'el in the plains of Mo'av by Yarden near
Yereḥo.

דברים

DEVARIM-DEUTERONOMY

א

א אֵלֶּה הַדְּבָרִים אֲשֶׁר דִּבֶּר מֹשֶׁה אֶל־כָּל־יִשְׂרָאֵל בְּעֵבֶר הַיַּרְדֵּן
בַּמִּדְבָּר בָּעֲרָבָה מוֹל סוּף בֵּין־פָּארָן וּבֵין־תֹּפֶל וְלָבָן וַחֲצֵרֹת
ב וְדִי זָהָב׃ אַחַד עָשָׂר יוֹם מֵחֹרֵב דֶּרֶךְ הַר־שֵׂעִיר עַד קָדֵשׁ בַּרְנֵעַ׃
ג וַיְהִי בְּאַרְבָּעִים שָׁנָה בְּעַשְׁתֵּי־עָשָׂר חֹדֶשׁ בְּאֶחָד לַחֹדֶשׁ דִּבֶּר
ד מֹשֶׁה אֶל־בְּנֵי יִשְׂרָאֵל כְּכֹל אֲשֶׁר צִוָּה יְהוָה אֹתוֹ אֲלֵהֶם׃ אַחֲרֵי
הַכֹּתוֹ אֵת סִיחֹן מֶלֶךְ הָאֱמֹרִי אֲשֶׁר יוֹשֵׁב בְּחֶשְׁבּוֹן וְאֵת עוֹג
ה מֶלֶךְ הַבָּשָׁן אֲשֶׁר־יוֹשֵׁב בְּעַשְׁתָּרֹת בְּאֶדְרֶעִי׃ בְּעֵבֶר הַיַּרְדֵּן
בְּאֶרֶץ מוֹאָב הוֹאִיל מֹשֶׁה בֵּאֵר אֶת־הַתּוֹרָה הַזֹּאת לֵאמֹר׃
ו יְהוָה אֱלֹהֵינוּ דִּבֶּר אֵלֵינוּ בְּחֹרֵב לֵאמֹר רַב־לָכֶם שֶׁבֶת בָּהָר
ז הַזֶּה׃ פְּנוּ ׀ וּסְעוּ לָכֶם וּבֹאוּ הַר הָאֱמֹרִי וְאֶל־כָּל־שְׁכֵנָיו בָּעֲרָבָה
בָהָר וּבַשְּׁפֵלָה וּבַנֶּגֶב וּבְחוֹף הַיָּם אֶרֶץ הַכְּנַעֲנִי וְהַלְּבָנוֹן עַד־
ח הַנָּהָר הַגָּדֹל נְהַר־פְּרָת׃ רְאֵה נָתַתִּי לִפְנֵיכֶם אֶת־הָאָרֶץ בֹּאוּ
וּרְשׁוּ אֶת־הָאָרֶץ אֲשֶׁר נִשְׁבַּע יְהוָה לַאֲבֹתֵיכֶם לְאַבְרָהָם לְיִצְחָק
ט וּלְיַעֲקֹב לָתֵת לָהֶם וּלְזַרְעָם אַחֲרֵיהֶם׃ וָאֹמַר אֲלֵכֶם בָּעֵת הַהִוא
י לֵאמֹר לֹא־אוּכַל לְבַדִּי שְׂאֵת אֶתְכֶם׃ יְהוָה אֱלֹהֵיכֶם הִרְבָּה
יא אֶתְכֶם וְהִנְּכֶם הַיּוֹם כְּכוֹכְבֵי הַשָּׁמַיִם לָרֹב׃ יְהוָה אֱלֹהֵי אֲבוֹתֵכֶם שני
יֹסֵף עֲלֵיכֶם כָּכֶם אֶלֶף פְּעָמִים וִיבָרֵךְ אֶתְכֶם כַּאֲשֶׁר דִּבֶּר לָכֶם׃
יב יג אֵיכָה אֶשָּׂא לְבַדִּי טָרְחֲכֶם וּמַשַּׂאֲכֶם וְרִיבְכֶם׃ הָבוּ לָכֶם אֲנָשִׁים
יד חֲכָמִים וּנְבֹנִים וִידֻעִים לְשִׁבְטֵיכֶם וַאֲשִׂימֵם בְּרָאשֵׁיכֶם׃ וַתַּעֲנוּ
טו אֹתִי וַתֹּאמְרוּ טוֹב־הַדָּבָר אֲשֶׁר־דִּבַּרְתָּ לַעֲשׂוֹת׃ וָאֶקַּח אֶת־
רָאשֵׁי שִׁבְטֵיכֶם אֲנָשִׁים חֲכָמִים וִידֻעִים וָאֶתֵּן אֹתָם רָאשִׁים
עֲלֵיכֶם שָׂרֵי אֲלָפִים וְשָׂרֵי מֵאוֹת וְשָׂרֵי חֲמִשִּׁים וְשָׂרֵי עֲשָׂרֹת
טז וְשֹׁטְרִים לְשִׁבְטֵיכֶם׃ וָאֲצַוֶּה אֶת־שֹׁפְטֵיכֶם בָּעֵת הַהִוא לֵאמֹר
שָׁמֹעַ בֵּין־אֲחֵיכֶם וּשְׁפַטְתֶּם צֶדֶק בֵּין־אִישׁ וּבֵין־אָחִיו וּבֵין גֵּרוֹ׃
יז לֹא־תַכִּירוּ פָנִים בַּמִּשְׁפָּט כַּקָּטֹן כַּגָּדֹל תִּשְׁמָעוּן לֹא תָגוּרוּ
מִפְּנֵי־אִישׁ כִּי הַמִּשְׁפָּט לֵאלֹהִים הוּא וְהַדָּבָר אֲשֶׁר יִקְשֶׁה מִכֶּם
יח תַּקְרִבוּן אֵלַי וּשְׁמַעְתִּיו׃ וָאֲצַוֶּה אֶתְכֶם בָּעֵת הַהִוא אֵת כָּל־
יט הַדְּבָרִים אֲשֶׁר תַּעֲשׂוּן׃ וַנִּסַּע מֵחֹרֵב וַנֵּלֶךְ אֵת כָּל־הַמִּדְבָּר
הַגָּדוֹל וְהַנּוֹרָא הַהוּא אֲשֶׁר רְאִיתֶם דֶּרֶךְ הַר הָאֱמֹרִי כַּאֲשֶׁר
כ צִוָּה יְהוָה אֱלֹהֵינוּ אֹתָנוּ וַנָּבֹא עַד קָדֵשׁ בַּרְנֵעַ׃ וָאֹמַר אֲלֵכֶם
כא בָּאתֶם עַד־הַר הָאֱמֹרִי אֲשֶׁר־יְהוָה אֱלֹהֵינוּ נֹתֵן לָנוּ׃ רְאֵה נָתַן
יְהוָה אֱלֹהֶיךָ לְפָנֶיךָ אֶת־הָאָרֶץ עֲלֵה רֵשׁ כַּאֲשֶׁר דִּבֶּר יְהוָה
כב אֱלֹהֵי אֲבֹתֶיךָ לָךְ אַל־תִּירָא וְאַל־תֵּחָת׃ וַתִּקְרְבוּן אֵלַי כֻּלְּכֶם שלישי
וַתֹּאמְרוּ נִשְׁלְחָה אֲנָשִׁים לְפָנֵינוּ וְיַחְפְּרוּ־לָנוּ אֶת־הָאָרֶץ וְיָשִׁבוּ
אֹתָנוּ דָּבָר אֶת־הַדֶּרֶךְ אֲשֶׁר נַעֲלֶה־בָּהּ וְאֵת הֶעָרִים אֲשֶׁר נָבֹא
כג אֲלֵיהֶן׃ וַיִּיטַב בְּעֵינַי הַדָּבָר וָאֶקַּח מִכֶּם שְׁנֵים עָשָׂר אֲנָשִׁים אִישׁ

THESE are the words which Moshe spoke to all Yisra'el 1
on the other side of the Yarden, in the wilderness
over against Suf, between Paran, and Tofel, and
Lavan, and Ḥazerot, and Di-zahav. It is eleven days' journey 2
from Ḥorev by the way of mount Se'ir to Qadesh-barnea. And 3
it came to pass in the fortieth year, in the eleventh month, on
the first day of the month, that Moshe spoke to the children of
Yisra'el, according to all that the LORD had given him in com-
mandment to them; after he had slain Siḥon the king of the 4
Emori, who dwelt in Ḥeshbon, and 'Og the king of Bashan,
who dwelt at 'Ashtarot in Edre'i: beyond the Yarden, in the 5
land of Mo'av, Moshe began to declare this Tora, saying, The 6
LORD our GOD spoke to us in Ḥorev, saying, You have dwelt
long enough in this mountain: turn, and take your journey, and 7
go to the mountain of the Emori, and to all the places near it,
in the plain, in the hills, and in the lowland, and in the Negev,
and by the sea side, to the land of the Kena'ani, and the Levanon,
as far as the great river, the river Perat. Behold, I have set 8
the land before you: go in and possess the land which the LORD
swore to your fathers, Avraham, Yiẓḥaq, and Ya'aqov, to give
to them and to their seed after them. And I spoke to you at that 9
time, saying, I am not able to bear you myself alone: the LORD 10
your GOD has multiplied you, and, behold, you are this day like
the stars of heaven for multitude. (The LORD GOD of your fathers 11
make you a thousand times so many more as you are, and bless
you, as he has promised you!) How can I myself alone bear your 12
care, and your burden, and your strife? Take wise men, and 13
understanding, and known among your tribes, and I will make
them rulers over you. And you answered me, and said, The thing 14
which thou hast spoken is good for us to do. So I took the chief 15
of your tribes, wise men, and known, and made them heads over
you, captains over thousands, and captains over hundreds, and
captains over fifties, and captains over tens, and officers among
your tribes. And I charged your judges at that time, saying, Hear 16
the causes between your brethren, and judge righteously be-
tween every man and his brother, and the stranger that is with
him. Do not respect persons in judgment; but hear the small as 17
well as the great; do not be afraid of the face of any man; for
the judgment is GOD's: and the cause that is too hard for you,
bring it to me, and I will hear it. And I commanded you at that 18
time all the things which you should do. And when we departed 19
from Ḥorev, we went through all that great and terrible wil-
derness, which you saw; by the way of the mountain of the
Emori, as the LORD our GOD commanded us; and we came to
Qadesh-barnea. And I said to you, You are come to the moun- 20
tain of the Emori, which the LORD our GOD gives to us. Behold, 21
the LORD thy GOD has set the land before thee: go up and
possess it, as the LORD GOD of thy fathers has said to thee; fear
not, nor be discouraged. And you came near to me every one 22
of you, and said, We will send men before us, and they shall
search us out the land, and bring us back word by what way we
must go up, and into what cities we shall come. And the saying 23
pleased me well: and I took twelve men of you, one for a tribe:

אֶחָד לַשָּׁבֶט: וַיִּפְנוּ וַיַּעֲלוּ הָהָרָה וַיָּבֹאוּ עַד־נַחַל אֶשְׁכֹּל וַיְרַגְּלוּ כד
אֹתָהּ: וַיִּקְחוּ בְיָדָם מִפְּרִי הָאָרֶץ וַיּוֹרִדוּ אֵלֵינוּ וַיָּשִׁבוּ אֹתָנוּ כה
דָבָר וַיֹּאמְרוּ טוֹבָה הָאָרֶץ אֲשֶׁר־יְהוָה אֱלֹהֵינוּ נֹתֵן לָנוּ: וְלֹא כו
אֲבִיתֶם לַעֲלֹת וַתַּמְרוּ אֶת־פִּי יְהוָה אֱלֹהֵיכֶם: וַתֵּרָגְנוּ בְאָהֳלֵיכֶם כז
וַתֹּאמְרוּ בְּשִׂנְאַת יְהוָה אֹתָנוּ הוֹצִיאָנוּ מֵאֶרֶץ מִצְרָיִם לָתֵת
אֹתָנוּ בְּיַד הָאֱמֹרִי לְהַשְׁמִידֵנוּ: אָנָה | אֲנַחְנוּ עֹלִים אַחֵינוּ הֵמַסּוּ כח
אֶת־לְבָבֵנוּ לֵאמֹר עַם גָּדוֹל וָרָם מִמֶּנּוּ עָרִים גְּדֹלֹת וּבְצוּרֹת
בַּשָּׁמָיִם וְגַם־בְּנֵי עֲנָקִים רָאִינוּ שָׁם: וָאֹמַר אֲלֵכֶם לֹא־תַעַרְצוּן כט
וְלֹא־תִירְאוּן מֵהֶם: יְהוָה אֱלֹהֵיכֶם הַהֹלֵךְ לִפְנֵיכֶם הוּא יִלָּחֵם ל
לָכֶם כְּכֹל אֲשֶׁר עָשָׂה אִתְּכֶם בְּמִצְרַיִם לְעֵינֵיכֶם: וּבַמִּדְבָּר לא
אֲשֶׁר רָאִיתָ אֲשֶׁר נְשָׂאֲךָ יְהוָה אֱלֹהֶיךָ כַּאֲשֶׁר יִשָּׂא־אִישׁ אֶת־
בְּנוֹ בְּכָל־הַדֶּרֶךְ אֲשֶׁר הֲלַכְתֶּם עַד־בֹּאֲכֶם עַד־הַמָּקוֹם הַזֶּה:
וּבַדָּבָר הַזֶּה אֵינְכֶם מַאֲמִינִם בַּיהוָה אֱלֹהֵיכֶם: הַהֹלֵךְ לִפְנֵיכֶם לב לג
בַּדֶּרֶךְ לָתוּר לָכֶם מָקוֹם לַחֲנֹתְכֶם בָּאֵשׁ | לַיְלָה לַרְאֹתְכֶם בַּדֶּרֶךְ
אֲשֶׁר תֵּלְכוּ־בָהּ וּבֶעָנָן יוֹמָם: וַיִּשְׁמַע יְהוָה אֶת־קוֹל דִּבְרֵיכֶם לד
וַיִּקְצֹף וַיִּשָּׁבַע לֵאמֹר: אִם־יִרְאֶה אִישׁ בָּאֲנָשִׁים הָאֵלֶּה הַדּוֹר לה
הָרָע הַזֶּה אֵת הָאָרֶץ הַטּוֹבָה אֲשֶׁר נִשְׁבַּעְתִּי לָתֵת לַאֲבֹתֵיכֶם:
זוּלָתִי כָּלֵב בֶּן־יְפֻנֶּה הוּא יִרְאֶנָּה וְלוֹ־אֶתֵּן אֶת־הָאָרֶץ אֲשֶׁר לו
דָּרַךְ־בָּהּ וּלְבָנָיו יַעַן אֲשֶׁר מִלֵּא אַחֲרֵי יְהוָה: גַּם־בִּי הִתְאַנַּף לז
יְהוָה בִּגְלַלְכֶם לֵאמֹר גַּם־אַתָּה לֹא־תָבֹא שָׁם: יְהוֹשֻׁעַ בִּן־נוּן לח
הָעֹמֵד לְפָנֶיךָ הוּא יָבֹא שָׁמָּה אֹתוֹ חַזֵּק כִּי־הוּא יַנְחִלֶנָּה אֶת־
רביעי יִשְׂרָאֵל: וְטַפְּכֶם אֲשֶׁר אֲמַרְתֶּם לָבַז יִהְיֶה וּבְנֵיכֶם אֲשֶׁר לֹא־ לט
יָדְעוּ הַיּוֹם טוֹב וָרָע הֵמָּה יָבֹאוּ שָׁמָּה וְלָהֶם אֶתְּנֶנָּה וְהֵם
יִירָשׁוּהָ: וְאַתֶּם פְּנוּ לָכֶם וּסְעוּ הַמִּדְבָּרָה דֶּרֶךְ יַם־סוּף: וַתַּעֲנוּ | מ מא
וַתֹּאמְרוּ אֵלַי חָטָאנוּ לַיהוָה אֲנַחְנוּ נַעֲלֶה וְנִלְחַמְנוּ כְּכֹל אֲשֶׁר־
צִוָּנוּ יְהוָה אֱלֹהֵינוּ וַתַּחְגְּרוּ אִישׁ אֶת־כְּלֵי מִלְחַמְתּוֹ וַתָּהִינוּ
לַעֲלֹת הָהָרָה: וַיֹּאמֶר יְהוָה אֵלַי אֱמֹר לָהֶם לֹא תַעֲלוּ וְלֹא מב
תִלָּחֲמוּ כִּי אֵינֶנִּי בְּקִרְבְּכֶם וְלֹא תִּנָּגְפוּ לִפְנֵי אֹיְבֵיכֶם: וָאֲדַבֵּר מג
אֲלֵיכֶם וְלֹא שְׁמַעְתֶּם וַתַּמְרוּ אֶת־פִּי יְהוָה וַתָּזִדוּ וַתַּעֲלוּ הָהָרָה:
וַיֵּצֵא הָאֱמֹרִי הַיֹּשֵׁב בָּהָר הַהוּא לִקְרַאתְכֶם וַיִּרְדְּפוּ אֶתְכֶם מד
כַּאֲשֶׁר תַּעֲשֶׂינָה הַדְּבֹרִים וַיַּכְּתוּ אֶתְכֶם בְּשֵׂעִיר עַד־חָרְמָה:
וַתָּשֻׁבוּ וַתִּבְכּוּ לִפְנֵי יְהוָה וְלֹא־שָׁמַע יְהוָה בְּקֹלְכֶם וְלֹא הֶאֱזִין מה
אֲלֵיכֶם: וַתֵּשְׁבוּ בְקָדֵשׁ יָמִים רַבִּים כַּיָּמִים אֲשֶׁר יְשַׁבְתֶּם: מו
וַנֵּפֶן וַנִּסַּע הַמִּדְבָּרָה דֶּרֶךְ יַם־סוּף כַּאֲשֶׁר דִּבֶּר יְהוָה אֵלָי וַנָּסָב ב א
חמישי ב אֶת־הַר־שֵׂעִיר יָמִים רַבִּים: וַיֹּאמֶר יְהוָה אֵלָי ב
לֵאמֹר: רַב־לָכֶם סֹב אֶת־הָהָר הַזֶּה פְּנוּ לָכֶם צָפֹנָה: וְאֶת־הָעָם ג

and they turned and went up to the mountain, and came to the 24
wadi of Eshkol, and searched it out. And they took of the fruit 25
of the land in their hands, and brought it down to us, and
brought us back word, and said, It is a good land which the
LORD our GOD gives us. Yet you would not go up, but rebelled 26
against the commandment of the LORD your GOD: and you mur- 27
mured in your tents, and said, Because the LORD hated us, he has
brought us forth out of the land of Miẓrayim, to deliver us into
the hand of the Emori, to destroy us. Whither shall we go up? 28
our brethren have made our heart faint, saying, The people are
greater and taller than we; the cities are great and fortified up
to heaven; and moreover we have seen the sons of the 'Anaqim
there. Then I said to you, Dread not, neither be afraid of them. 29
The LORD your GOD who goes before you, he shall fight for you, 30
according to all that he did for you in Miẓrayim before your
eyes; and in the wilderness, where thou hast seen how that the 31
LORD thy GOD bore thee, as a man bears his son, in all the way
that you went, until you came to this place. Yet in this thing 32
you did not believe the LORD your GOD, who went in the way 33
before you, to search you out a place to pitch your tents in, in
fire by night, to show you by what way you should go, and in
a cloud by day. And the LORD heard the voice of your words, and 34
was angry, and swore, saying, Surely not one of these men of 35
this evil generation shall see that good land, which I swore to
give to your fathers, save Kalev the son of Yefunne; he shall 36
see it, and to him will I give the land that he has trodden upon,
and to his children, because he has wholly followed the LORD.
Also the LORD was angry with me for your sakes, saying, Thou 37
also shalt not go in there. But Yehoshua the son of Nun, who 38
stands before thee, he shall go in there: encourage him: for
he shall cause Yisra'el to inherit it. And your little ones, con- 39
cerning whom you said they should be a prey, and your children
who in that day had no knowledge of good and evil, they shall
go in there, and to them will I give it, and they shall possess it.
But as for you, turn, and take your journey into the wilderness 40
by the way of the Sea of Suf. Then you answered and said to 41
me, We have sinned against the LORD, we will go up and fight,
according to all that the LORD our GOD commanded us. And you
girded on every man his weapons of war, and ventured to go up
into the hill. And the LORD said to me, Say to them, Neither go 42
up, nor fight; for I am not among you; lest you be smitten
before your enemies. So I spoke to you; and you would not 43
hear, but rebelled against the commandment of the LORD, and
went presumptuously up into the hill. And the Emori, who 44
dwelt in that mountain, came out against you, and chased you,
as bees do, and beat you down in Se'ir, as far as Ḥorma. And 45
you returned and wept before the LORD; but the LORD would
not hearken to your voice, nor give ear to you. So you abode in 46
Qadesh many days, according to the days that you abode there.
Then we turned, and took our journey into the wilderness by 2
the way of the Sea of Suf, as the LORD spoke to me: and we
went about mount Se'ir many days.   And the LORD spoke 2
to me, saying, You have compassed this mountain long enough: 3

צַו לֵאמֹר אַתֶּם עֹבְרִים בִּגְבוּל אֲחֵיכֶם בְּנֵי־עֵשָׂו הַיֹּשְׁבִים
ה בְּשֵׂעִיר וְיִירְאוּ מִכֶּם וְנִשְׁמַרְתֶּם מְאֹד׃ אַל־תִּתְגָּרוּ בָם כִּי לֹא־
אֶתֵּן לָכֶם מֵאַרְצָם עַד מִדְרַךְ כַּף־רָגֶל כִּי־יְרֻשָּׁה לְעֵשָׂו נָתַתִּי
ו אֶת־הַר שֵׂעִיר׃ אֹכֶל תִּשְׁבְּרוּ מֵאִתָּם בַּכֶּסֶף וַאֲכַלְתֶּם וְגַם־
ז מַיִם תִּכְרוּ מֵאִתָּם בַּכֶּסֶף וּשְׁתִיתֶם׃ כִּי יהוה אֱלֹהֶיךָ בֵּרַכְךָ
בְּכֹל מַעֲשֵׂה יָדֶךָ יָדַע לֶכְתְּךָ אֶת־הַמִּדְבָּר הַגָּדֹל הַזֶּה זֶה ׀ אַרְבָּעִים
ח שָׁנָה יהוה אֱלֹהֶיךָ עִמָּךְ לֹא חָסַרְתָּ דָּבָר׃ וַנַּעֲבֹר מֵאֵת אַחֵינוּ
בְנֵי־עֵשָׂו הַיֹּשְׁבִים בְּשֵׂעִיר מִדֶּרֶךְ הָעֲרָבָה מֵאֵילַת וּמֵעֶצְיֹן
ט גָּבֶר וַנֵּפֶן וַנַּעֲבֹר דֶּרֶךְ מִדְבַּר מוֹאָב׃ וַיֹּאמֶר
יהוה אֵלַי אַל־תָּצַר אֶת־מוֹאָב וְאַל־תִּתְגָּר בָּם מִלְחָמָה כִּי
לֹא־אֶתֵּן לְךָ מֵאַרְצוֹ יְרֻשָּׁה כִּי לִבְנֵי־לוֹט נָתַתִּי אֶת־עָר יְרֻשָּׁה׃
יא הָאֵמִים לְפָנִים יָשְׁבוּ בָהּ עַם גָּדוֹל וְרַב וָרָם כָּעֲנָקִים׃ רְפָאִים
יב יֵחָשְׁבוּ אַף־הֵם כָּעֲנָקִים וְהַמֹּאָבִים יִקְרְאוּ לָהֶם אֵמִים׃ וּבְשֵׂעִיר
יָשְׁבוּ הַחֹרִים לְפָנִים וּבְנֵי עֵשָׂו יִירָשׁוּם וַיַּשְׁמִידוּם מִפְּנֵיהֶם וַיֵּשְׁבוּ
תַּחְתָּם כַּאֲשֶׁר עָשָׂה יִשְׂרָאֵל לְאֶרֶץ יְרֻשָּׁתוֹ אֲשֶׁר־נָתַן יהוה
יג לָהֶם׃ עַתָּה קֻמוּ וְעִבְרוּ לָכֶם אֶת־נַחַל זָרֶד וַנַּעֲבֹר אֶת־נַחַל זָרֶד׃
יד וְהַיָּמִים אֲשֶׁר־הָלַכְנוּ ׀ מִקָּדֵשׁ בַּרְנֵעַ עַד אֲשֶׁר־עָבַרְנוּ אֶת־נַחַל
זֶרֶד שְׁלֹשִׁים וּשְׁמֹנֶה שָׁנָה עַד־תֹּם כָּל־הַדּוֹר אַנְשֵׁי הַמִּלְחָמָה
טו מִקֶּרֶב הַמַּחֲנֶה כַּאֲשֶׁר נִשְׁבַּע יהוה לָהֶם׃ וְגַם יַד־יהוה הָיְתָה בָּם
טז לְהֻמָּם מִקֶּרֶב הַמַּחֲנֶה עַד תֻּמָּם׃ וַיְהִי כַאֲשֶׁר־תַּמּוּ כָּל־אַנְשֵׁי
יז הַמִּלְחָמָה לָמוּת מִקֶּרֶב הָעָם׃ וַיְדַבֵּר יהוה אֵלַי
יח יט לֵאמֹר׃ אַתָּה עֹבֵר הַיּוֹם אֶת־גְּבוּל מוֹאָב אֶת־עָר׃ וְקָרַבְתָּ
מוּל בְּנֵי עַמּוֹן אַל־תְּצֻרֵם וְאַל־תִּתְגָּר בָּם כִּי לֹא־אֶתֵּן מֵאֶרֶץ
כ בְּנֵי־עַמּוֹן לְךָ יְרֻשָּׁה כִּי לִבְנֵי־לוֹט נְתַתִּיהָ יְרֻשָּׁה׃ אֶרֶץ־רְפָאִים
תֵּחָשֵׁב אַף־הִוא רְפָאִים יָשְׁבוּ־בָהּ לְפָנִים וְהָעַמֹּנִים יִקְרְאוּ לָהֶם
כא זַמְזֻמִּים׃ עַם גָּדוֹל וְרַב וָרָם כָּעֲנָקִים וַיַּשְׁמִידֵם יהוה מִפְּנֵיהֶם
כב וַיִּירָשֻׁם וַיֵּשְׁבוּ תַחְתָּם׃ כַּאֲשֶׁר עָשָׂה לִבְנֵי עֵשָׂו הַיֹּשְׁבִים בְּשֵׂעִיר
אֲשֶׁר הִשְׁמִיד אֶת־הַחֹרִי מִפְּנֵיהֶם וַיִּירָשֻׁם וַיֵּשְׁבוּ תַחְתָּם עַד הַיּוֹם
כג הַזֶּה׃ וְהָעַוִּים הַיֹּשְׁבִים בַּחֲצֵרִים עַד־עַזָּה כַּפְתֹּרִים הַיֹּצְאִים
כד מִכַּפְתֹּר הִשְׁמִידֻם וַיֵּשְׁבוּ תַחְתָּם׃ קוּמוּ סְּעוּ וְעִבְרוּ אֶת־נַחַל
אַרְנֹן רְאֵה נָתַתִּי בְיָדְךָ אֶת־סִיחֹן מֶלֶךְ־חֶשְׁבּוֹן הָאֱמֹרִי וְאֶת־
כה אַרְצוֹ הָחֵל רָשׁ וְהִתְגָּר בּוֹ מִלְחָמָה׃ הַיּוֹם הַזֶּה אָחֵל תֵּת פַּחְדְּךָ
וְיִרְאָתְךָ עַל־פְּנֵי הָעַמִּים תַּחַת כָּל־הַשָּׁמָיִם אֲשֶׁר יִשְׁמְעוּן שִׁמְעֲךָ

turn northwards. And command the people, saying, You are   4
to pass through the border of your brethren the children of
'Esav, who dwell in Se'ir; and they shall be afraid of you: take
good heed to yourselves therefore: meddle not with them;   5
for I will not give you of their land, no, not so much as a foot
breadth; because I have given mount Se'ir to 'Esav for a pos-
session. You shall buy food of them for money, that you may   6
eat; and you shall also buy water of them for money, that you
may drink. For the Lᴏʀᴅ thy Gᴏᴅ has blessed thee in all the work   7
of thy hand: he knows thy walking through this great wilder-
ness: these forty years the Lᴏʀᴅ thy Gᴏᴅ has been with thee;
thou hast lacked nothing. And when we passed by from our   8
brethren the children of 'Esav, who dwelt in Se'ir, through the
way of the 'Arava from Elat and from 'Ezyon-gever, we turned
and passed by the way of the wilderness of Mo'av.   And   9
the Lᴏʀᴅ said to me, Do not harass Mo'av, nor contend with
them in battle: for I will not give thee of their land for a pos-
session; because I have given 'Ar to the children of Lot for a
possession. (The Emim dwelt there in times past, a people great,   10
and many, and tall, like the 'Anaqim; who also were considered   11
Refa'im as the 'Anaqim; but the Mo'avim call them Emim. The   12
Ḥorim also dwelt in Se'ir beforetime; but the children of 'Esav
succeeded them, and they destroyed them from before them,
and dwelt in their place; as Yisra'el did to the land of his pos-
session, which the Lᴏʀᴅ gave to them.) Now rise up, and get   13
you over the wadi Zered. And we went over the wadi Zered.
And the days in which we came from Qadesh-Barnea, until we   14
were come over the wadi Zered, were thirty eight years; until
all the generation of the men of war were wasted out from
among the host, as the Lᴏʀᴅ swore to them. For indeed the hand   15
of the Lᴏʀᴅ was against them, to destroy them from among the
host, until they were consumed. So it came to pass, when all the   16
men of war were consumed and dead from among the people,
        that the Lᴏʀᴅ spoke to me, saying, Thou art to pass   17, 18
over through 'Ar, the border of Mo'av, this day: and when thou   19
comest near, opposite the children of 'Ammon, harass them not,
nor contend with them: for I will not give thee of the land of
the children of 'Ammon any possession; because I have given
it to the children of Lot for a possession. (That also was con-   20
sidered a land of Refa'im: Refa'im dwelt therein in old time;
and the 'Ammonim call them Zamzummim. A people great, and   21
many, and tall, like the 'Anaqim; but the Lᴏʀᴅ destroyed them
before them; and they succeeded them, and dwelt in their place:
as he did to the children of 'Esav, who dwelt in Se'ir, when he   22
destroyed the Ḥorim from before them; and they succeeded
them, and dwelt in their stead until this very day: and the   23
'Avvim who dwelt in Ḥazerim, as far as 'Azza; Kaftorim who
came from Kaftor, destroyed them and dwelt in their stead.)
Rise up, take your journey, and pass over the wadi Arnon: 24
behold, I have given into thy hand Siḥon the Emorite, king of
Ḥeshbon, and his land: begin to possess it, and contend with
him in battle. This day will I begin to put the dread of thee and   25
the fear of thee upon the nations that are under the whole

וְרָגְזוּ וְחָלוּ מִפָּנֶיךָ׃ וָאֶשְׁלַח מַלְאָכִים מִמִּדְבַּר קְדֵמוֹת אֶל־ כו
כז סִיחוֹן מֶלֶךְ חֶשְׁבּוֹן דִּבְרֵי שָׁלוֹם לֵאמֹר׃ אֶעְבְּרָה בְאַרְצֶךָ בַּדֶּרֶךְ
כח בַּדֶּרֶךְ אֵלֵךְ לֹא אָסוּר יָמִין וּשְׂמֹאול׃ אֹכֶל בַּכֶּסֶף תַּשְׁבִּרֵנִי
וְאָכַלְתִּי וּמַיִם בַּכֶּסֶף תִּתֶּן־לִי וְשָׁתִיתִי רַק אֶעְבְּרָה בְרַגְלָי׃
כט כַּאֲשֶׁר עָשׂוּ־לִי בְּנֵי עֵשָׂו הַיֹּשְׁבִים בְּשֵׂעִיר וְהַמּוֹאָבִים הַיֹּשְׁבִים
בְּעָר עַד אֲשֶׁר־אֶעֱבֹר אֶת־הַיַּרְדֵּן אֶל־הָאָרֶץ אֲשֶׁר־יְהוָה
ל אֱלֹהֵינוּ נֹתֵן לָנוּ׃ וְלֹא אָבָה סִיחֹן מֶלֶךְ חֶשְׁבּוֹן הַעֲבִרֵנוּ בּוֹ
כִּי־הִקְשָׁה יְהוָה אֱלֹהֶיךָ אֶת־רוּחוֹ וְאִמֵּץ אֶת־לְבָבוֹ לְמַעַן תִּתּוֹ
לא בְיָדְךָ כַּיּוֹם הַזֶּה׃ וַיֹּאמֶר יְהוָה אֵלַי רְאֵה הַחִלֹּתִי ששי ג
תֵּת לְפָנֶיךָ אֶת־סִיחֹן וְאֶת־אַרְצוֹ הָחֵל רָשׁ לָרֶשֶׁת אֶת־אַרְצוֹ׃
לב לג וַיֵּצֵא סִיחֹן לִקְרָאתֵנוּ הוּא וְכָל־עַמּוֹ לַמִּלְחָמָה יָהְצָה׃ וַיִּתְּנֵהוּ
לד יְהוָה אֱלֹהֵינוּ לְפָנֵינוּ וַנַּךְ אֹתוֹ וְאֶת־בָּנָו וְאֶת־כָּל־עַמּוֹ׃ וַנִּלְכֹּד
אֶת־כָּל־עָרָיו בָּעֵת הַהִוא וַנַּחֲרֵם אֶת־כָּל־עִיר מְתִם וְהַנָּשִׁים
לה וְהַטָּף לֹא הִשְׁאַרְנוּ שָׂרִיד׃ רַק הַבְּהֵמָה בָּזַזְנוּ לָנוּ וּשְׁלַל הֶעָרִים
לו אֲשֶׁר לָכָדְנוּ׃ מֵעֲרֹעֵר אֲשֶׁר עַל־שְׂפַת־נַחַל אַרְנֹן וְהָעִיר אֲשֶׁר
בַּנַּחַל וְעַד־הַגִּלְעָד לֹא הָיְתָה קִרְיָה אֲשֶׁר שָׂגְבָה מִמֶּנּוּ אֶת־
לז הַכֹּל נָתַן יְהוָה אֱלֹהֵינוּ לְפָנֵינוּ׃ רַק אֶל־אֶרֶץ בְּנֵי־עַמּוֹן לֹא
קָרָבְתָּ כָּל־יַד נַחַל יַבֹּק וְעָרֵי הָהָר וְכֹל אֲשֶׁר־צִוָּה יְהוָה אֱלֹהֵינוּ׃
ג א וַנֵּפֶן וַנַּעַל דֶּרֶךְ הַבָּשָׁן וַיֵּצֵא עוֹג מֶלֶךְ־הַבָּשָׁן לִקְרָאתֵנוּ הוּא
ב וְכָל־עַמּוֹ לַמִּלְחָמָה אֶדְרֶעִי׃ וַיֹּאמֶר יְהוָה אֵלַי אַל־תִּירָא אֹתוֹ
כִּי בְיָדְךָ נָתַתִּי אֹתוֹ וְאֶת־כָּל־עַמּוֹ וְאֶת־אַרְצוֹ וְעָשִׂיתָ לּוֹ כַּאֲשֶׁר
ג עָשִׂיתָ לְסִיחֹן מֶלֶךְ הָאֱמֹרִי אֲשֶׁר יוֹשֵׁב בְּחֶשְׁבּוֹן׃ וַיִּתֵּן יְהוָה
אֱלֹהֵינוּ בְּיָדֵנוּ גַּם אֶת־עוֹג מֶלֶךְ־הַבָּשָׁן וְאֶת־כָּל־עַמּוֹ וַנַּכֵּהוּ
ד עַד־בִּלְתִּי הִשְׁאִיר־לוֹ שָׂרִיד׃ וַנִּלְכֹּד אֶת־כָּל־עָרָיו בָּעֵת הַהִוא
לֹא הָיְתָה קִרְיָה אֲשֶׁר לֹא־לָקַחְנוּ מֵאִתָּם שִׁשִּׁים עִיר כָּל־חֶבֶל
ה אַרְגֹּב מַמְלֶכֶת עוֹג בַּבָּשָׁן׃ כָּל־אֵלֶּה עָרִים בְּצֻרֹת חוֹמָה גְבֹהָה
ו דְּלָתַיִם וּבְרִיחַ לְבַד מֵעָרֵי הַפְּרָזִי הַרְבֵּה מְאֹד׃ וַנַּחֲרֵם אוֹתָם
כַּאֲשֶׁר עָשִׂינוּ לְסִיחֹן מֶלֶךְ חֶשְׁבּוֹן הַחֲרֵם כָּל־עִיר מְתִם הַנָּשִׁים
ז ח וְהַטָּף׃ וְכָל־הַבְּהֵמָה וּשְׁלַל הֶעָרִים בַּזּוֹנוּ לָנוּ׃ וַנִּקַּח בָּעֵת הַהִוא
אֶת־הָאָרֶץ מִיַּד שְׁנֵי מַלְכֵי הָאֱמֹרִי אֲשֶׁר בְּעֵבֶר הַיַּרְדֵּן מִנַּחַל
ט אַרְנֹן עַד־הַר חֶרְמוֹן׃ צִידֹנִים יִקְרְאוּ לְחֶרְמוֹן שִׂרְיֹן וְהָאֱמֹרִי
י יִקְרְאוּ־לוֹ שְׂנִיר׃ כֹּל עָרֵי הַמִּישֹׁר וְכָל־הַגִּלְעָד וְכָל־הַבָּשָׁן עַד־
יא סַלְכָה וְאֶדְרֶעִי עָרֵי מַמְלֶכֶת עוֹג בַּבָּשָׁן׃ כִּי רַק־עוֹג מֶלֶךְ הַבָּשָׁן
נִשְׁאַר מִיֶּתֶר הָרְפָאִים הִנֵּה עַרְשׂוֹ עֶרֶשׂ בַּרְזֶל הֲלֹה הִוא בְּרַבַּת
בְּנֵי עַמּוֹן תֵּשַׁע אַמּוֹת אָרְכָּהּ וְאַרְבַּע אַמּוֹת רָחְבָּהּ בְּאַמַּת־

heaven, who shall hear report of thee, and shall tremble, and
quake because of thee. And I sent messengers out of the wilder- 26
ness of Qedemot to Siẖon king of Ḥeshbon with words of peace,
saying, Let me pass through thy land: I will go along by the 27
high way, I will neither turn to the right hand nor to the left.
Thou shalt sell me food for money, that I may eat; and give me 28
water for money, that I may drink: only I will pass through with
those who follow me; (as the children of 'Esav who dwell in 29
Se'ir, and the Mo'avim who dwell in 'Ar, did to me;) until I
shall pass over the Yarden into the land which the LORD our
GOD gives us. But Siẖon king of Ḥeshbon would not let us pass 30
by him: for the LORD thy GOD hardened his spirit, and made his
heart obstinate, that he might deliver him into thy hand, as is
apparent this day. And the LORD said to me, Behold, I have 31
begun to give Siẖon and his land before thee: begin to possess,
that thou mayst inherit his land. Then Siẖon came out against 32
us, he and all his people, to fight at Yahaẕ. And the LORD our 33
GOD delivered him before us; and we smote him, and his sons,
and all his people. And we took all his cities at that time, and 34
devoted to destruction every city, the men, and the women, and
the little ones; we left none remaining: only the cattle we took 35
for a prey to ourselves, and the spoil of the cities which we took;
From 'Aro'er, which is by the edge of the wadi of Arnon, and 36
from the city that is by the wadi, as far as Gil'ad, there was not
one city too strong for us: the LORD our GOD delivered all to us:
only to the land of the children of 'Ammon thou didst not come, 37
nor to any place of the torrent of Yabboq, nor to the cities in
the mountains, nor to whatever place the LORD our GOD forbad
us. Then we turned, and went up the way to Bashan: and 'Og 3
the king of Bashan came out against us, he and all his people,
to battle at Edre'i. And the LORD said to me, Fear him not: for 2
I will deliver him, and all his people, and his land, into thy hand;
and thou shalt do to him as thou didst to Siẖon king of the
Emori, who dwelt at Ḥeshbon. So the LORD our GOD delivered 3
into our hands 'Og also, the king of Bashan, and all his people:
and we smote him until none was left to him remaining. And 4
we took all his cities at that time, there was not a city which
we took not from them, sixty cities, all the region of Argov, the
kingdom of 'Og in Bashan. All these cities were fortified with 5
high walls, gates, and bars; besides unwalled towns a great
many. And we devoted them to destruction, as we did to Siẖon 6
king of Ḥeshbon, utterly destroying the men, women, and child-
ren, of every city. But all the cattle, and the spoil of the cities, 7
we took for a prey to ourselves. And we took at that time out 8
of the hand of the two kings of the Emori the land that was on
this side of the Yarden, from the wadi of Arnon to mount Ḥer-
mon; (which Ḥermon the Ẕidonim call Siryon; and the Emori 9
call it Senir;) all the cities of the plain, and all Gil'ad, and 10
all Bashan, as far as Salkha and Edre'i, cities of the kingdom
of 'Og in Bashan. For only 'Og king of Bashan remained of the 11
remnant of the Refa'im; behold, his bed is a bed of iron; is it
not in Rabba of the children of 'Ammon? nine cubits is the length
of it, and four cubits the breadth of it, after the cubit of a man.

יב אִישׁ: וְאֶת־הָאָרֶץ הַזֹּאת יָרַשְׁנוּ בָּעֵת הַהִוא מֵעֲרֹעֵר אֲשֶׁר־עַל־
יג נַחַל אַרְנֹן וַחֲצִי הַר־הַגִּלְעָד וְעָרָיו נָתַתִּי לָרֽאוּבֵנִי וְלַגָּדִי: וְיֶתֶר
הַגִּלְעָד וְכָל־הַבָּשָׁן מַמְלֶכֶת עוֹג נָתַתִּי לַחֲצִי שֵׁבֶט הַמְנַשֶּׁה
יד כֹּל חֶבֶל הָאַרְגֹּב לְכָל־הַבָּשָׁן הַהוּא יִקָּרֵא אֶרֶץ רְפָאִים: יָאִיר
בֶּן־מְנַשֶּׁה לָקַח אֶת־כָּל־חֶבֶל אַרְגֹּב עַד־גְּבוּל הַגְּשׁוּרִי וְהַמַּעֲכָתִי
וַיִּקְרָא אֹתָם עַל־שְׁמוֹ אֶת־הַבָּשָׁן חַוֺּת יָאִיר עַד הַיּוֹם הַזֶּה:
טו טז וּלְמָכִיר נָתַתִּי אֶת־הַגִּלְעָד: וְלָרֽאוּבֵנִי וְלַגָּדִי נָתַתִּי מִן־הַגִּלְעָד שביעי
וְעַד־נַחַל אַרְנֹן תּוֹךְ הַנַּחַל וּגְבֻל וְעַד יַבֹּק הַנַּחַל גְּבוּל בְּנֵי עַמּוֹן:
יז וְהָעֲרָבָה וְהַיַּרְדֵּן וּגְבֻל מִכִּנֶּרֶת וְעַד יָם הָעֲרָבָה יָם הַמֶּלַח תַּחַת
יח אַשְׁדֹּת הַפִּסְגָּה מִזְרָחָה: וָאֲצַו אֶתְכֶם בָּעֵת הַהִוא לֵאמֹר יְהוָה
אֱלֹהֵיכֶם נָתַן לָכֶם אֶת־הָאָרֶץ הַזֹּאת לְרִשְׁתָּהּ חֲלוּצִים תַּעַבְרוּ
יט לִפְנֵי אֲחֵיכֶם בְּנֵי־יִשְׂרָאֵל כָּל־בְּנֵי־חָיִל: רַק נְשֵׁיכֶם וְטַפְּכֶם
וּמִקְנֵכֶם יָדַעְתִּי כִּי־מִקְנֶה רַב לָכֶם יֵשְׁבוּ בְּעָרֵיכֶם אֲשֶׁר נָתַתִּי
כ לָכֶם: עַד אֲשֶׁר־יָנִיחַ יְהוָה ׀ לַאֲחֵיכֶם כָּכֶם וְיָרְשׁוּ גַם־הֵם אֶת־ מפטיר
הָאָרֶץ אֲשֶׁר יְהוָה אֱלֹהֵיכֶם נֹתֵן לָהֶם בְּעֵבֶר הַיַּרְדֵּן וְשַׁבְתֶּם
כא אִישׁ לִירֻשָּׁתוֹ אֲשֶׁר נָתַתִּי לָכֶם: וְאֶת־יְהוֹשׁוּעַ צִוֵּיתִי בָּעֵת
הַהִוא לֵאמֹר עֵינֶיךָ הָרֹאֹת אֵת כָּל־אֲשֶׁר עָשָׂה יְהוָה אֱלֹהֵיכֶם
לִשְׁנֵי הַמְּלָכִים הָאֵלֶּה כֵּן־יַעֲשֶׂה יְהוָה לְכָל־הַמַּמְלָכוֹת אֲשֶׁר
כב אַתָּה עֹבֵר שָׁמָּה: לֹא תִּירָאוּם כִּי יְהוָה אֱלֹהֵיכֶם הוּא הַנִּלְחָם
כג לָכֶם: וָאֶתְחַנַּן אֶל־יְהוָה בָּעֵת הַהִוא לֵאמֹר: ואתחנן ד
כד אֲדֹנָי יֱהוִה אַתָּה הַחִלּוֹתָ לְהַרְאוֹת אֶת־עַבְדְּךָ אֶת־גָּדְלְךָ וְאֶת־
יָדְךָ הַחֲזָקָה אֲשֶׁר מִי־אֵל בַּשָּׁמַיִם וּבָאָרֶץ אֲשֶׁר־יַעֲשֶׂה כְמַעֲשֶׂיךָ
כה וְכִגְבוּרֹתֶךָ: אֶעְבְּרָה־נָּא וְאֶרְאֶה אֶת־הָאָרֶץ הַטּוֹבָה אֲשֶׁר בְּעֵבֶר
כו הַיַּרְדֵּן הָהָר הַטּוֹב הַזֶּה וְהַלְּבָנֹן: וַיִּתְעַבֵּר יְהוָה בִּי לְמַעַנְכֶם
וְלֹא שָׁמַע אֵלָי וַיֹּאמֶר יְהוָה אֵלַי רַב־לָךְ אַל־תּוֹסֶף דַּבֵּר אֵלַי
כז עוֹד בַּדָּבָר הַזֶּה: עֲלֵה ׀ רֹאשׁ הַפִּסְגָּה וְשָׂא עֵינֶיךָ יָמָּה וְצָפֹנָה
וְתֵימָנָה וּמִזְרָחָה וּרְאֵה בְעֵינֶיךָ כִּי־לֹא תַעֲבֹר אֶת־הַיַּרְדֵּן הַזֶּה:
כח וְצַו אֶת־יְהוֹשֻׁעַ וְחַזְּקֵהוּ וְאַמְּצֵהוּ כִּי־הוּא יַעֲבֹר לִפְנֵי הָעָם הַזֶּה
כט וְהוּא יַנְחִיל אוֹתָם אֶת־הָאָרֶץ אֲשֶׁר תִּרְאֶה: וַנֵּשֶׁב בַּגָּיְא מוּל
בֵּית פְּעוֹר:
ד א וְעַתָּה יִשְׂרָאֵל שְׁמַע אֶל־הַחֻקִּים וְאֶל־הַמִּשְׁפָּטִים אֲשֶׁר אָנֹכִי
מְלַמֵּד אֶתְכֶם לַעֲשׂוֹת לְמַעַן תִּחְיוּ וּבָאתֶם וִירִשְׁתֶּם אֶת־הָאָרֶץ
ב אֲשֶׁר יְהוָה אֱלֹהֵי אֲבֹתֵיכֶם נֹתֵן לָכֶם: לֹא תֹסִפוּ עַל־הַדָּבָר
אֲשֶׁר אָנֹכִי מְצַוֶּה אֶתְכֶם וְלֹא תִגְרְעוּ מִמֶּנּוּ לִשְׁמֹר אֶת־מִצְוֺת
ג יְהוָה אֱלֹהֵיכֶם אֲשֶׁר אָנֹכִי מְצַוֶּה אֶתְכֶם: עֵינֵיכֶם הָרֹאוֹת אֵת
אֲשֶׁר־עָשָׂה יְהוָה בְּבַעַל פְּעוֹר כִּי כָל־הָאִישׁ אֲשֶׁר הָלַךְ אַחֲרֵי

And this land, which we possessed at that time, from 'Aro'er, 12
which is by the wadi Arnon, and half mount Gil'ad, and its cities,
I gave to the Re'uveni and to the Gadi. And the rest of Gil'ad, 13
and all Bashan, being the kingdom of 'Og, I gave to the half
tribe of Menashshe; all the region of Argov, with all Bashan,
which was called the land of Refa'im. Ya'ir the son of Menash- 14
she took all the country of Argov as far as the border of the
Geshuri and the Ma'akhati; and called them (that is the Bashan)
after his name, Ḫavvot-ya'ir, to this day. And I gave Gil'ad to 15
Makhir. And to the Re'uveni and to the Gadi I gave from Gil'ad 16
to the wadi Arnon, the middle of the wadi as a border, as far as
the torrent of Yabboq, which is the border of the children of
'Ammon; the 'Arava also and the Yarden, as a border, from 17
Kinneret as far as the Sea of the 'Arava, even the Salt Sea, under
the slopes of Pisga eastward. And I commanded you at that time, 18
saying, The Lord your God has given you this land to possess
it: pass over armed before your brethren the children of Yis-
ra'el, all that are fit for the war. But your wives, and your little 19
ones, and your cattle, (for I know that you have much cattle,)
shall abide in your cities which I have given you; until the 20
Lord gives rest to your brethren, as well as to you, and until
they also possess the land which the Lord our God has given
them beyond the Yarden: and then shall you return every man
to his possession, which I have given you. And I commanded 21
Yehoshua at that time, saying, Thy eyes have seen all that the
Lord your God has done to these two kings; so shall the Lord
do to all the kingdoms into which thou dost pass. You shall 22
not fear them: for the Lord your God he shall fight for you.

VA'ETḪANNAN

And I besought the Lord at that time, saying, O Lord 23,24
God, thou hast begun to show thy servant thy greatness, and
thy mighty hand: for what God is there in heaven or in earth,
that can do according to thy works, and according to thy might?
I pray thee, let me go over, and see the good land that is beyond 25
the Yarden, that goodly mountain region and the Levanon. But 26
the Lord was angry with me for your sakes, and would not hear
me: and the Lord said to me, Let it suffice thee; speak no more
to me of this matter. Go up to the top of the Pisga, and lift up 27
thy eyes westward, and northward, and southward, and east-
ward, and behold with thy eyes: for thou shalt not go over this
Yarden. But charge Yehoshua, and encourage him, and 28
strengthen him: for he shall go over before this people, and he
shall cause them to inherit the land which thou shalt see. So 29
we abode in the valley over against Bet-pe'or.

Now therefore hearken, O Yisra'el, to the statutes and to the 4
judgments, which I teach you, to do them, that you may live,
and go in and possess the land which the Lord God of your
fathers gives you. You shall not add to the word which I com- 2
mand you, neither shall you diminish from it, that you may keep
the commandments of the Lord your God which I command
you. Your eyes have seen what the Lord did because of Ba'al- 3
pe'or: for all the men that followed Ba'al-pe'or, the Lord thy

ד בַּעַל־פְּעוֹר הִשְׁמִידוֹ יְהוָה אֱלֹהֶיךָ מִקִּרְבֶּךָ׃ וְאַתֶּם הַדְּבֵקִים
ה בַּיהוָה אֱלֹהֵיכֶם חַיִּים כֻּלְּכֶם הַיּוֹם׃ רְאֵה ׀ לִמַּדְתִּי אֶתְכֶם חֻקִּים שני
וּמִשְׁפָּטִים כַּאֲשֶׁר צִוַּנִי יְהוָה אֱלֹהָי לַעֲשׂוֹת כֵּן בְּקֶרֶב הָאָרֶץ
ו אֲשֶׁר אַתֶּם בָּאִים שָׁמָּה לְרִשְׁתָּהּ׃ וּשְׁמַרְתֶּם וַעֲשִׂיתֶם כִּי הִוא
חָכְמַתְכֶם וּבִינַתְכֶם לְעֵינֵי הָעַמִּים אֲשֶׁר יִשְׁמְעוּן אֵת כָּל־הַחֻקִּים
ז הָאֵלֶּה וְאָמְרוּ רַק עַם־חָכָם וְנָבוֹן הַגּוֹי הַגָּדוֹל הַזֶּה׃ כִּי מִי־
גוֹי גָדוֹל אֲשֶׁר־לוֹ אֱלֹהִים קְרֹבִים אֵלָיו כַּיהוָה אֱלֹהֵינוּ בְּכָל־
ח קָרְאֵנוּ אֵלָיו׃ וּמִי גּוֹי גָּדוֹל אֲשֶׁר־לוֹ חֻקִּים וּמִשְׁפָּטִים צַדִּיקִם
ט כְּכֹל הַתּוֹרָה הַזֹּאת אֲשֶׁר אָנֹכִי נֹתֵן לִפְנֵיכֶם הַיּוֹם׃ רַק הִשָּׁמֶר
לְךָ וּשְׁמֹר נַפְשְׁךָ מְאֹד פֶּן־תִּשְׁכַּח אֶת־הַדְּבָרִים אֲשֶׁר־רָאוּ
עֵינֶיךָ וּפֶן־יָסוּרוּ מִלְּבָבְךָ כֹּל יְמֵי חַיֶּיךָ וְהוֹדַעְתָּם לְבָנֶיךָ וְלִבְנֵי
י בָנֶיךָ׃ יוֹם אֲשֶׁר עָמַדְתָּ לִפְנֵי יְהוָה אֱלֹהֶיךָ בְּחֹרֵב בֶּאֱמֹר יְהוָה
אֵלַי הַקְהֶל־לִי אֶת־הָעָם וְאַשְׁמִעֵם אֶת־דְּבָרָי אֲשֶׁר יִלְמְדוּן
לְיִרְאָה אֹתִי כָּל־הַיָּמִים אֲשֶׁר הֵם חַיִּים עַל־הָאֲדָמָה וְאֶת־
יא בְּנֵיהֶם יְלַמֵּדוּן׃ וַתִּקְרְבוּן וַתַּעַמְדוּן תַּחַת הָהָר וְהָהָר בֹּעֵר
יב בָּאֵשׁ עַד־לֵב הַשָּׁמַיִם חֹשֶׁךְ עָנָן וַעֲרָפֶל׃ וַיְדַבֵּר יְהוָה אֲלֵיכֶם
מִתּוֹךְ הָאֵשׁ קוֹל דְּבָרִים אַתֶּם שֹׁמְעִים וּתְמוּנָה אֵינְכֶם רֹאִים
יג זוּלָתִי קוֹל׃ וַיַּגֵּד לָכֶם אֶת־בְּרִיתוֹ אֲשֶׁר צִוָּה אֶתְכֶם לַעֲשׂוֹת
יד עֲשֶׂרֶת הַדְּבָרִים וַיִּכְתְּבֵם עַל־שְׁנֵי לֻחוֹת אֲבָנִים׃ וְאֹתִי צִוָּה
יְהוָה בָּעֵת הַהִוא לְלַמֵּד אֶתְכֶם חֻקִּים וּמִשְׁפָּטִים לַעֲשֹׂתְכֶם
טו אֹתָם בָּאָרֶץ אֲשֶׁר אַתֶּם עֹבְרִים שָׁמָּה לְרִשְׁתָּהּ׃ וְנִשְׁמַרְתֶּם
מְאֹד לְנַפְשֹׁתֵיכֶם כִּי לֹא רְאִיתֶם כָּל־תְּמוּנָה בְּיוֹם דִּבֶּר יְהוָה
טז אֲלֵיכֶם בְּחֹרֵב מִתּוֹךְ הָאֵשׁ׃ פֶּן־תַּשְׁחִתוּן וַעֲשִׂיתֶם לָכֶם פֶּסֶל
יז תְּמוּנַת כָּל־סָמֶל תַּבְנִית זָכָר אוֹ נְקֵבָה׃ תַּבְנִית כָּל־בְּהֵמָה אֲשֶׁר
יח בָּאָרֶץ תַּבְנִית כָּל־צִפּוֹר כָּנָף אֲשֶׁר תָּעוּף בַּשָּׁמָיִם׃ תַּבְנִית כָּל־
רֹמֵשׂ בָּאֲדָמָה תַּבְנִית כָּל־דָּגָה אֲשֶׁר־בַּמַּיִם מִתַּחַת לָאָרֶץ׃
יט וּפֶן־תִּשָּׂא עֵינֶיךָ הַשָּׁמַיְמָה וְרָאִיתָ אֶת־הַשֶּׁמֶשׁ וְאֶת־הַיָּרֵחַ
וְאֶת־הַכּוֹכָבִים כֹּל צְבָא הַשָּׁמַיִם וְנִדַּחְתָּ וְהִשְׁתַּחֲוִיתָ לָהֶם
וַעֲבַדְתָּם אֲשֶׁר חָלַק יְהוָה אֱלֹהֶיךָ אֹתָם לְכֹל הָעַמִּים תַּחַת
כ כָּל־הַשָּׁמָיִם׃ וְאֶתְכֶם לָקַח יְהוָה וַיּוֹצִא אֶתְכֶם מִכּוּר הַבַּרְזֶל
כא מִמִּצְרָיִם לִהְיוֹת לוֹ לְעַם נַחֲלָה כַּיּוֹם הַזֶּה׃ וַיהוָה הִתְאַנֶּף־
בִּי עַל־דִּבְרֵיכֶם וַיִּשָּׁבַע לְבִלְתִּי עָבְרִי אֶת־הַיַּרְדֵּן וּלְבִלְתִּי־בֹא
כב אֶל־הָאָרֶץ הַטּוֹבָה אֲשֶׁר יְהוָה אֱלֹהֶיךָ נֹתֵן לְךָ נַחֲלָה׃ כִּי אָנֹכִי
מֵת בָּאָרֶץ הַזֹּאת אֵינֶנִּי עֹבֵר אֶת־הַיַּרְדֵּן וְאַתֶּם עֹבְרִים וִירִשְׁתֶּם
כג אֶת־הָאָרֶץ הַטּוֹבָה הַזֹּאת׃ הִשָּׁמְרוּ לָכֶם פֶּן־תִּשְׁכְּחוּ אֶת־בְּרִית
יְהוָה אֱלֹהֵיכֶם אֲשֶׁר כָּרַת עִמָּכֶם וַעֲשִׂיתֶם לָכֶם פֶּסֶל תְּמוּנַת

God destroyed them from among you. But you that did cleave 4
of the Lord your God are alive every one of you this day. Behold, 5
I have taught you statutes and judgments, even as the Lord
my God commanded me, that you should act accordingly in the
land whither you go to possess it. Keep them therefore and do 6
them; for this is your wisdom and your understanding in the
sight of the nations, who shall hear all these statutes, and say,
Surely this great nation is a wise and understanding people.
For what nation is there so great, that has God so near to them, 7
as the Lord our God is in all things that we call upon him for?
And what nation is there so great, that has statutes and judg- 8
ments so righteous as all this Tora, which I set before you this
day? Only take heed to thyself, and keep thy soul diligently, 9
lest thou forget the things which thy eyes have seen, and lest
they depart from thy heart all the days of thy life: but teach
them thy sons, and thy sons' sons—the day that thou stoodest 10
before the Lord thy God in Ḥorev, when the Lord said to me,
Gather me the people together, and I will make them hear my
words, that they may learn to fear me all the days that they
shall live upon the earth, and that they may teach their children.
And you came near and stood under the mountain; and the 11
mountain burned with fire to the heart of heaven, with darkness,
clouds, and thick darkness. And the Lord spoke to you out of 12
the midst of the fire: you heard the voice of the words, but saw
no form; only a voice. And he declared to you his covenant, 13
which he commanded you to perform, the ten Words; and he
wrote them upon two tablets of stone. And the Lord commanded 14
me at that time to teach you statutes and judgments, that you
might do them in the land into which you go over to possess it.
Take therefore good heed to yourselves; for you saw no man- 15
ner of form on the day that the Lord spoke to you in Ḥorev out
of the midst of the fire: lest you become corrupt, and make 16
a carved idol, the similitude of any figure, the likeness of male
or female, the likeness of any beast that is on the earth, the 17
likeness of any winged bird that flies in the air, the likeness 18
of any thing that creeps on the ground, the likeness of any fish
that is in the waters beneath the earth: and lest thou lift up 19
thy eyes to heaven, and when thou seest the sun, and the moon,
and the stars, all the host of heaven, thou shouldst be misled
to worship them, and serve them, which the Lord thy God has
allotted to all the nations under the whole heaven. But the Lord 20
has taken you, and brought you out of the iron furnace, out of
Miẓrayim, to be to him a people of inheritance, as you are this
day. But the Lord was angry with me for your sakes, and swore 21
that I should not go over the Yarden, and that I should not go
in to that good land, which the Lord thy God gives thee for an
inheritance: but I must die in this land, I must not go over the 22
Yarden: but you shall go over, and possess that good land. Take 23
heed to yourselves, lest you forget the covenant of the Lord
your God, which he made with you, and make you a carved
idol, or the likeness of anything, which the Lord thy God has

כד כֹּל אֲשֶׁר צִוְּךָ יהוה אֱלֹהֶיךָ: כִּי יהוה אֱלֹהֶיךָ אֵשׁ אֹכְלָה הוּא
אֵל קַנָּא:
כה כִּי־תוֹלִיד בָּנִים וּבְנֵי בָנִים וְנוֹשַׁנְתֶּם בָּאָרֶץ וְהִשְׁחַתֶּם וַעֲשִׂיתֶם
פֶּסֶל תְּמוּנַת כֹּל וַעֲשִׂיתֶם הָרַע בְּעֵינֵי־יהוה אֱלֹהֶיךָ לְהַכְעִיסוֹ:
כו הַעִידֹתִי בָכֶם הַיּוֹם אֶת־הַשָּׁמַיִם וְאֶת־הָאָרֶץ כִּי־אָבֹד תֹּאבֵדוּן
מַהֵר מֵעַל הָאָרֶץ אֲשֶׁר אַתֶּם עֹבְרִים אֶת־הַיַּרְדֵּן שָׁמָּה לְרִשְׁתָּהּ
כז לֹא־תַאֲרִיכֻן יָמִים עָלֶיהָ כִּי הִשָּׁמֵד תִּשָּׁמֵדוּן: וְהֵפִיץ יהוה אֶתְכֶם
בָּעַמִּים וְנִשְׁאַרְתֶּם מְתֵי מִסְפָּר בַּגּוֹיִם אֲשֶׁר יְנַהֵג יהוה אֶתְכֶם
כח שָׁמָּה: וַעֲבַדְתֶּם־שָׁם אֱלֹהִים מַעֲשֵׂה יְדֵי אָדָם עֵץ וָאֶבֶן אֲשֶׁר
כט לֹא־יִרְאוּן וְלֹא יִשְׁמְעוּן וְלֹא יֹאכְלוּן וְלֹא יְרִיחֻן: וּבִקַּשְׁתֶּם מִשָּׁם
אֶת־יהוה אֱלֹהֶיךָ וּמָצָאתָ כִּי תִדְרְשֶׁנּוּ בְּכָל־לְבָבְךָ וּבְכָל־
ל נַפְשֶׁךָ: בַּצַּר לְךָ וּמְצָאוּךָ כֹּל הַדְּבָרִים הָאֵלֶּה בְּאַחֲרִית הַיָּמִים
לא וְשַׁבְתָּ עַד־יהוה אֱלֹהֶיךָ וְשָׁמַעְתָּ בְּקֹלוֹ: כִּי אֵל רַחוּם יהוה
אֱלֹהֶיךָ לֹא יַרְפְּךָ וְלֹא יַשְׁחִיתֶךָ וְלֹא יִשְׁכַּח אֶת־בְּרִית אֲבֹתֶיךָ
לב אֲשֶׁר נִשְׁבַּע לָהֶם: כִּי שְׁאַל־נָא לְיָמִים רִאשֹׁנִים אֲשֶׁר־הָיוּ לְפָנֶיךָ
לְמִן־הַיּוֹם אֲשֶׁר בָּרָא אֱלֹהִים ׀ אָדָם עַל־הָאָרֶץ וּלְמִקְצֵה הַשָּׁמַיִם
וְעַד־קְצֵה הַשָּׁמָיִם הֲנִהְיָה כַּדָּבָר הַגָּדוֹל הַזֶּה אוֹ הֲנִשְׁמַע כָּמֹהוּ:
לג הֲשָׁמַע עָם קוֹל אֱלֹהִים מְדַבֵּר מִתּוֹךְ־הָאֵשׁ כַּאֲשֶׁר־שָׁמַעְתָּ
לד אַתָּה וַיֶּחִי: אוֹ ׀ הֲנִסָּה אֱלֹהִים לָבוֹא לָקַחַת לוֹ גוֹי מִקֶּרֶב גּוֹי
בְּמַסֹּת בְּאֹתֹת וּבְמוֹפְתִים וּבְמִלְחָמָה וּבְיָד חֲזָקָה וּבִזְרוֹעַ נְטוּיָה
וּבְמוֹרָאִים גְּדֹלִים כְּכֹל אֲשֶׁר־עָשָׂה לָכֶם יהוה אֱלֹהֵיכֶם בְּמִצְרַיִם
לה לְעֵינֶיךָ: אַתָּה הָרְאֵתָ לָדַעַת כִּי יהוה הוּא הָאֱלֹהִים אֵין עוֹד
לו מִלְבַדּוֹ: מִן־הַשָּׁמַיִם הִשְׁמִיעֲךָ אֶת־קֹלוֹ לְיַסְּרֶךָּ וְעַל־הָאָרֶץ
לז הֶרְאֲךָ אֶת־אִשּׁוֹ הַגְּדוֹלָה וּדְבָרָיו שָׁמַעְתָּ מִתּוֹךְ הָאֵשׁ: וְתַחַת
כִּי אָהַב אֶת־אֲבֹתֶיךָ וַיִּבְחַר בְּזַרְעוֹ אַחֲרָיו וַיּוֹצִאֲךָ בְּפָנָיו בְּכֹחוֹ
לח הַגָּדֹל מִמִּצְרָיִם: לְהוֹרִישׁ גּוֹיִם גְּדֹלִים וַעֲצֻמִים מִמְּךָ מִפָּנֶיךָ
לט לַהֲבִיאֲךָ לָתֶת־לְךָ אֶת־אַרְצָם נַחֲלָה כַּיּוֹם הַזֶּה: וְיָדַעְתָּ הַיּוֹם
וַהֲשֵׁבֹתָ אֶל־לְבָבֶךָ כִּי יהוה הוּא הָאֱלֹהִים בַּשָּׁמַיִם מִמַּעַל וְעַל־
מ הָאָרֶץ מִתָּחַת אֵין עוֹד: וְשָׁמַרְתָּ אֶת־חֻקָּיו וְאֶת־מִצְוֺתָיו אֲשֶׁר אָנֹכִי
מְצַוְּךָ הַיּוֹם אֲשֶׁר יִיטַב לְךָ וּלְבָנֶיךָ אַחֲרֶיךָ וּלְמַעַן תַּאֲרִיךְ יָמִים עַל־
הָאֲדָמָה אֲשֶׁר יהוה אֱלֹהֶיךָ נֹתֵן לְךָ כָּל־הַיָּמִים:
מא מב אָז יַבְדִּיל מֹשֶׁה שָׁלֹשׁ עָרִים בְּעֵבֶר הַיַּרְדֵּן מִזְרְחָה שָׁמֶשׁ: לָנֻס שלישי ה
שָׁמָּה רוֹצֵחַ אֲשֶׁר יִרְצַח אֶת־רֵעֵהוּ בִּבְלִי־דַעַת וְהוּא לֹא־שֹׂנֵא
מג לוֹ מִתְּמֹל שִׁלְשֹׁם וְנָס אֶל־אַחַת מִן־הֶעָרִים הָאֵל וָחָי: אֶת־בֶּצֶר
בַּמִּדְבָּר בְּאֶרֶץ הַמִּישֹׁר לָראוּבֵנִי וְאֶת־רָאמֹת בַּגִּלְעָד לַגָּדִי

forbidden thee. For the LORD thy GOD is a consuming fire, a   24
jealous GOD.

When thou shalt beget children, and children's children, and you   25
shall have remained long in the land, and shall deal corruptly,
and make a carved idol, the likeness of anything, and shall
do evil in the sight of the LORD thy GOD, to provoke him
to anger: I call heaven and earth to witness against you this   26
day, that you shall soon utterly perish from off the land into
which you go over the Yarden to possess it; you shall not
prolong your days upon it, but shall utterly be destroyed. And   27
the LORD shall scatter you among the nations, and you shall be
left few in number among the nations, where the LORD shall lead
you. And there you shall serve gods, the work of men's hands,   28
wood and stone, which neither see, nor hear, nor eat, nor smell.
But if from there thou shalt seek the LORD thy GOD, thou shalt   29
find him, if thou seek him with all thy heart and with all thy
soul. When thou art in distress, and all these things are come   30
upon thee, in the latter days, if thou turn to the LORD thy GOD,
and art obedient to his voice; (for the LORD thy GOD is a mer-   31
ciful GOD;) he will not forsake thee, nor will he destroy thee,
nor forget the covenant of thy fathers which he swore to them.
For ask now of the days that are past, which were before thee,   32
since the day that GOD created man upon the earth, and from the
one side of heaven to the other, whether there has been any such
thing as this great thing is, or whether aught has been heard
like it? Did ever people hear the voice of GOD speaking out of   33
the midst of the fire, as thou hast heard, and live? Or has GOD   34
ventured to go and take him a nation from the midst of another
nation, by trials, by signs, and by wonders, and by war, and by
a mighty hand, and by a stretched out arm, and by great terrors,
according to all that the LORD your GOD did for you in Miẓrayim
before your eyes? To thee it was shown, that thou mightest   35
know that the LORD he is GOD; there is none else beside him.
Out of heaven he made thee hear his voice, that he might in-   36
struct thee: and upon earth he showed thee his great fire; and
thou didst hear his words out of the midst of the fire. And be-   37
cause he loved thy fathers, therefore, he chose their seed after
them, and brought thee out, he himself being present, with his
mighty power out of Miẓrayim; to drive out nations from before   38
thee greater and mightier than thou art, to bring thee in, to
give thee their land for an inheritance, as it is this day. Know   39
therefore this day, and consider it in thy heart, that the LORD
he is GOD in heaven above, and upon the earth beneath: there
is no other. Thou shalt keep therefore his statutes, and his com-   40
mandments, which I command thee this day, that it may go
well with thee, and with thy children after thee, and that thou
mayst prolong thy days upon the earth, which the LORD thy
GOD gives thee, for ever.

Then Moshe set apart three cities on this side of the Yarden   41
toward the sun rising; that the slayer might flee there, who   42
should kill his neighbour unawares, and hated him not in times
past; and that fleeing unto one of these cities he might live: 43
Beẓer in the wilderness, in the plain country, for the Re'uveni;

מד וְאֶת־גּוֹלָן בַּבָּשָׁן לַמְנַשִּׁי: וְזֹאת הַתּוֹרָה אֲשֶׁר־שָׂם מֹשֶׁה לִפְנֵי
מה בְּנֵי יִשְׂרָאֵל: אֵלֶּה הָעֵדֹת וְהַחֻקִּים וְהַמִּשְׁפָּטִים אֲשֶׁר דִּבֶּר מֹשֶׁה
מו אֶל־בְּנֵי יִשְׂרָאֵל בְּצֵאתָם מִמִּצְרָיִם: בְּעֵבֶר הַיַּרְדֵּן בַּגַּיְא מוּל
בֵּית פְּעוֹר בְּאֶרֶץ סִיחֹן מֶלֶךְ הָאֱמֹרִי אֲשֶׁר יוֹשֵׁב בְּחֶשְׁבּוֹן אֲשֶׁר
מז הִכָּה מֹשֶׁה וּבְנֵי יִשְׂרָאֵל בְּצֵאתָם מִמִּצְרָיִם: וַיִּירְשׁוּ אֶת־אַרְצוֹ
וְאֶת־אֶרֶץ ׀ עוֹג מֶלֶךְ־הַבָּשָׁן שְׁנֵי מַלְכֵי הָאֱמֹרִי אֲשֶׁר בְּעֵבֶר
מח הַיַּרְדֵּן מִזְרַח שָׁמֶשׁ: מֵעֲרֹעֵר אֲשֶׁר עַל־שְׂפַת־נַחַל אַרְנֹן וְעַד־הַר
מט שִׂיאֹן הוּא חֶרְמוֹן: וְכָל־הָעֲרָבָה עֵבֶר הַיַּרְדֵּן מִזְרָחָה וְעַד יָם
הָעֲרָבָה תַּחַת אַשְׁדֹּת הַפִּסְגָּה:
ה א וַיִּקְרָא מֹשֶׁה אֶל־כָּל־יִשְׂרָאֵל וַיֹּאמֶר אֲלֵהֶם שְׁמַע יִשְׂרָאֵל רביעי
אֶת־הַחֻקִּים וְאֶת־הַמִּשְׁפָּטִים אֲשֶׁר אָנֹכִי דֹּבֵר בְּאָזְנֵיכֶם הַיּוֹם
ב וּלְמַדְתֶּם אֹתָם וּשְׁמַרְתֶּם לַעֲשֹׂתָם: יְהוָה אֱלֹהֵינוּ כָּרַת עִמָּנוּ
ג בְּרִית בְּחֹרֵב: לֹא אֶת־אֲבֹתֵינוּ כָּרַת יְהוָה אֶת־הַבְּרִית הַזֹּאת
ד כִּי אִתָּנוּ אֲנַחְנוּ אֵלֶּה פֹה הַיּוֹם כֻּלָּנוּ חַיִּים: פָּנִים ׀ בְּפָנִים דִּבֶּר
ה יְהוָה עִמָּכֶם בָּהָר מִתּוֹךְ הָאֵשׁ: אָנֹכִי עֹמֵד בֵּין־יְהוָה וּבֵינֵיכֶם
בָּעֵת הַהִוא לְהַגִּיד לָכֶם אֶת־דְּבַר יְהוָה כִּי יְרֵאתֶם מִפְּנֵי הָאֵשׁ
ו וְלֹא־עֲלִיתֶם בָּהָר לֵאמֹר: אָנֹכִי יְהוָה אֱלֹהֶיךָ
ז אֲשֶׁר הוֹצֵאתִיךָ מֵאֶרֶץ מִצְרַיִם מִבֵּית עֲבָדִים: לֹא־יִהְיֶה לְךָ
ח אֱלֹהִים אֲחֵרִים עַל־פָּנָי: לֹא־תַעֲשֶׂה לְךָ פֶסֶל כָּל־תְּמוּנָה
אֲשֶׁר בַּשָּׁמַיִם מִמַּעַל וַאֲשֶׁר בָּאָרֶץ מִתָּחַת וַאֲשֶׁר בַּמַּיִם
ט מִתַּחַת לָאָרֶץ: לֹא־תִשְׁתַּחֲוֶה לָהֶם וְלֹא תָעָבְדֵם כִּי אָנֹכִי יְהוָה
אֱלֹהֶיךָ אֵל קַנָּא פֹּקֵד עֲוֺן אָבוֹת עַל־בָּנִים וְעַל־שִׁלֵּשִׁים
י וְעַל־רִבֵּעִים לְשֹׂנְאָי: וְעֹשֶׂה חֶסֶד לַאֲלָפִים לְאֹהֲבַי וּלְשֹׁמְרֵי
יא מצותו: לֹא תִשָּׂא אֶת־שֵׁם־יְהוָה אֱלֹהֶיךָ לַשָּׁוְא כִּי לֹא מִצְוֺתָי
יב יְנַקֶּה יְהוָה אֵת אֲשֶׁר־יִשָּׂא אֶת־שְׁמוֹ לַשָּׁוְא: שָׁמוֹר
יג אֶת־יוֹם הַשַּׁבָּת לְקַדְּשׁוֹ כַּאֲשֶׁר צִוְּךָ יְהוָה אֱלֹהֶיךָ: שֵׁשֶׁת יָמִים
יד תַּעֲבֹד וְעָשִׂיתָ כָּל־מְלַאכְתֶּךָ: וְיוֹם הַשְּׁבִיעִי שַׁבָּת לַיהוָה
אֱלֹהֶיךָ לֹא־תַעֲשֶׂה כָל־מְלָאכָה אַתָּה ׀ וּבִנְךָ־וּבִתֶּךָ וְעַבְדְּךָ־
וַאֲמָתֶךָ וְשׁוֹרְךָ וַחֲמֹרְךָ וְכָל־בְּהֶמְתֶּךָ וְגֵרְךָ אֲשֶׁר בִּשְׁעָרֶיךָ לְמַעַן
טו יָנוּחַ עַבְדְּךָ וַאֲמָתְךָ כָּמוֹךָ: וְזָכַרְתָּ כִּי עֶבֶד הָיִיתָ בְּאֶרֶץ מִצְרַיִם
וַיֹּצִאֲךָ יְהוָה אֱלֹהֶיךָ מִשָּׁם בְּיָד חֲזָקָה וּבִזְרֹעַ נְטוּיָה עַל־כֵּן צִוְּךָ
טז יְהוָה אֱלֹהֶיךָ לַעֲשׂוֹת אֶת־יוֹם הַשַּׁבָּת: כַּבֵּד
אֶת־אָבִיךָ וְאֶת־אִמֶּךָ כַּאֲשֶׁר צִוְּךָ יְהוָה אֱלֹהֶיךָ לְמַעַן ׀ יַאֲרִיכֻן
יָמֶיךָ וּלְמַעַן יִיטַב לָךְ עַל הָאֲדָמָה אֲשֶׁר־יְהוָה אֱלֹהֶיךָ נֹתֵן
יז לָךְ: לֹא תִרְצָח וְלֹא
תִנְאָף וְלֹא תִגְנֹב וְלֹא

and Ramot of Gil'ad, for the Gadi; and Golan in Bashan, for the
Menashshi. And this is the Tora which Moshe set before the 44
children of Yisra'el: these are the testimonies, and the statutes, 45
and the judgments, which Moshe spoke to the children of Yis-
ra'el, after they came forth out of Miẕrayim. Beyond the Yarden, 46
in the valley over against Bet-pe'or, in the land of Siẖon king of
the Emori, who dwelt at H̱eshbon, whom Moshe and the children
of Yisra'el smote, after they were come forth out of Miẕrayim:
and they possessed his land, and the land of 'Og king of Bashan, 47
two kings of the Emori, which were beyond the Yarden toward
the sun rising; from 'Aro'er, which is by the bank of the wadi 48
of Arnon, to mount Si'on, which is H̱ermon, and all the 'Arava 49
beyond the Yarden eastward, even to the Sea of the 'Arava,
under the slopes of the Pisga.
And Moshe called all Yisra'el, and said to them, Hear, O Yisra'el, 5
the statutes and judgments which I speak in your ears this day,
that you may learn them, and keep, and do them. The LORD our 2
GOD made a covenant with us in H̱orev. The LORD made not this 3
covenant with our fathers, but with us, even us, who are all
of us here alive this day. The LORD talked with you face to 4
face in the mountain out of the midst of the fire, (I stood be- 5
tween the LORD and you at that time, to show you the word
of the LORD: for you were afraid by reason of the fire, and
went not up to the mountain;) saying, I am the LORD 6
thy GOD, who brought thee out of the land of Miẕrayim, from
the house of bondage. Thou shalt have no other gods beside 7
me. Thou shalt not make for thyself any carved idol, or any 8
likeness of anything that is in heaven above, or that is in the
earth beneath, or that is in the waters beneath the earth:
thou shalt not bow down to them, nor serve them: for I the 9
LORD thy GOD am a jealous GOD, punishing the iniquity of the
fathers upon the children to the third and fourth generation of
those who hate me, and showing mercy to the thousandth gen- 10
eration of those who love me and keep my commandments.
Thou shalt not take the name of the LORD thy GOD in 11
vain: for the LORD will not hold him guiltless that takes his
name in vain. Keep the sabbath day to sanctify it, as 12
the LORD thy GOD has commanded thee. Six days thou shalt 13
labour, and do all thy work: but the seventh day is the sab- 14
bath of the LORD thy GOD: on it thou shalt not do any work,
thou, nor thy son, nor thy daughter, nor thy manservant, nor
thy maidservant, nor thy ox, nor thy ass, nor any of thy cattle,
nor thy stranger that is within thy gates; that thy manservant
and thy maidservant may rest as well as thou. And remember 15
that thou wast a servant in the land of Miẕrayim, and that the
LORD thy GOD brought thee out from there with a mighty hand
and a stretched out arm: therefore the LORD thy GOD com-
manded thee to keep the sabbath day. Honour thy father 16
and thy mother, as the LORD thy GOD has commanded thee;
that thy days may be prolonged, and that it may go well with
thee, in the land which the LORD thy GOD gives thee. Thou 17
shalt not murder. Neither shalt thou commit adultery.
Neither shalt thou steal. Neither shalt thou bear

תַעֲנֶה בְרֵעֲךָ עֵד שָׁוְא׃ וְלֹא יח
תַחְמֹד אֵשֶׁת רֵעֶךָ וְלֹא
תִתְאַוֶּה בֵּית רֵעֶךָ שָׂדֵהוּ וְעַבְדּוֹ וַאֲמָתוֹ שׁוֹרוֹ וַחֲמֹרוֹ וְכֹל אֲשֶׁר
חמישי לְרֵעֶךָ׃ אֶת־הַדְּבָרִים הָאֵלֶּה דִּבֶּר יהוה אֶל־כָּל־ יט
קְהַלְכֶם בָּהָר מִתּוֹךְ הָאֵשׁ הֶעָנָן וְהָעֲרָפֶל קוֹל גָּדוֹל וְלֹא יָסָף
וַיִּכְתְּבֵם עַל־שְׁנֵי לֻחֹת אֲבָנִים וַיִּתְּנֵם אֵלָי׃ וַיְהִי כְּשָׁמְעֲכֶם אֶת־ כ
הַקּוֹל מִתּוֹךְ הַחֹשֶׁךְ וְהָהָר בֹּעֵר בָּאֵשׁ וַתִּקְרְבוּן אֵלַי כָּל־רָאשֵׁי
שִׁבְטֵיכֶם וְזִקְנֵיכֶם׃ וַתֹּאמְרוּ הֵן הֶרְאָנוּ יהוה אֱלֹהֵינוּ אֶת־כְּבֹדוֹ כא
וְאֶת־גָּדְלוֹ וְאֶת־קֹלוֹ שָׁמַעְנוּ מִתּוֹךְ הָאֵשׁ הַיּוֹם הַזֶּה רָאִינוּ כִּי־
יְדַבֵּר אֱלֹהִים אֶת־הָאָדָם וָחָי׃ וְעַתָּה לָמָּה נָמוּת כִּי תֹאכְלֵנוּ כב
הָאֵשׁ הַגְּדֹלָה הַזֹּאת אִם־יֹסְפִים ׀ אֲנַחְנוּ לִשְׁמֹעַ אֶת־קוֹל יהוה
אֱלֹהֵינוּ עוֹד וָמָתְנוּ׃ כִּי מִי כָל־בָּשָׂר אֲשֶׁר שָׁמַע קוֹל אֱלֹהִים כג
חַיִּים מְדַבֵּר מִתּוֹךְ־הָאֵשׁ כָּמֹנוּ וַיֶּחִי׃ קְרַב אַתָּה וּשְׁמָע אֵת כָּל־ כד
אֲשֶׁר יֹאמַר יהוה אֱלֹהֵינוּ וְאַתְּ ׀ תְּדַבֵּר אֵלֵינוּ אֵת כָּל־אֲשֶׁר
יְדַבֵּר יהוה אֱלֹהֵינוּ אֵלֶיךָ וְשָׁמַעְנוּ וְעָשִׂינוּ׃ וַיִּשְׁמַע יהוה אֶת־ כה
קוֹל דִּבְרֵיכֶם בְּדַבֶּרְכֶם אֵלָי וַיֹּאמֶר יהוה אֵלַי שָׁמַעְתִּי אֶת־קוֹל
דִּבְרֵי הָעָם הַזֶּה אֲשֶׁר דִּבְּרוּ אֵלֶיךָ הֵיטִיבוּ כָּל־אֲשֶׁר דִּבֵּרוּ׃ מִי־ כו
יִתֵּן וְהָיָה לְבָבָם זֶה לָהֶם לְיִרְאָה אֹתִי וְלִשְׁמֹר אֶת־כָּל־מִצְוֺתַי
כָּל־הַיָּמִים לְמַעַן יִיטַב לָהֶם וְלִבְנֵיהֶם לְעֹלָם׃ לֵךְ אֱמֹר לָהֶם שׁוּבוּ כז
לָכֶם לְאָהֳלֵיכֶם׃ וְאַתָּה פֹּה עֲמֹד עִמָּדִי וַאֲדַבְּרָה אֵלֶיךָ אֵת כָּל־ כח
הַמִּצְוָה וְהַחֻקִּים וְהַמִּשְׁפָּטִים אֲשֶׁר תְּלַמְּדֵם וְעָשׂוּ בָאָרֶץ אֲשֶׁר
אָנֹכִי נֹתֵן לָהֶם לְרִשְׁתָּהּ׃ וּשְׁמַרְתֶּם לַעֲשׂוֹת כַּאֲשֶׁר צִוָּה יהוה כט
אֱלֹהֵיכֶם אֶתְכֶם לֹא תָסֻרוּ יָמִין וּשְׂמֹאל׃ בְּכָל־הַדֶּרֶךְ אֲשֶׁר צִוָּה ל
יהוה אֱלֹהֵיכֶם אֶתְכֶם תֵּלֵכוּ לְמַעַן תִּחְיוּן וְטוֹב לָכֶם וְהַאֲרַכְתֶּם
יָמִים בָּאָרֶץ אֲשֶׁר תִּירָשׁוּן׃ וְזֹאת הַמִּצְוָה הַחֻקִּים וְהַמִּשְׁפָּטִים ו א
אֲשֶׁר צִוָּה יהוה אֱלֹהֵיכֶם לְלַמֵּד אֶתְכֶם לַעֲשׂוֹת בָּאָרֶץ אֲשֶׁר
אַתֶּם עֹבְרִים שָׁמָּה לְרִשְׁתָּהּ׃ לְמַעַן תִּירָא אֶת־יהוה אֱלֹהֶיךָ ב
לִשְׁמֹר אֶת־כָּל־חֻקֹּתָיו וּמִצְוֺתָיו אֲשֶׁר אָנֹכִי מְצַוֶּךָּ אַתָּה וּבִנְךָ
וּבֶן־בִּנְךָ כֹּל יְמֵי חַיֶּיךָ וּלְמַעַן יַאֲרִכֻן יָמֶיךָ׃ וְשָׁמַעְתָּ יִשְׂרָאֵל ג
וְשָׁמַרְתָּ לַעֲשׂוֹת אֲשֶׁר יִיטַב לְךָ וַאֲשֶׁר תִּרְבּוּן מְאֹד כַּאֲשֶׁר דִּבֶּר
יהוה אֱלֹהֵי אֲבֹתֶיךָ לָךְ אֶרֶץ זָבַת חָלָב וּדְבָשׁ׃
ששי ו שְׁמַע יִשְׂרָאֵל יהוה אֱלֹהֵינוּ יהוה ׀ אֶחָד׃ וְאָהַבְתָּ אֵת יהוה ד ה
אֱלֹהֶיךָ בְּכָל־לְבָבְךָ וּבְכָל־נַפְשְׁךָ וּבְכָל־מְאֹדֶךָ׃ וְהָיוּ הַדְּבָרִים ו
הָאֵלֶּה אֲשֶׁר אָנֹכִי מְצַוְּךָ הַיּוֹם עַל־לְבָבֶךָ׃ וְשִׁנַּנְתָּם לְבָנֶיךָ ז

false witness against thy neighbour.   Neither shalt thou   18
covet thy neighbour's wife,   neither shalt thou desire thy
neighbour's house, his field, or his manservant, or his maid-
servant, his ox, or his ass, or anything that is thy neighbour's.

These words the LORD spoke to all your assembly in   19
the mountain out of the midst of the fire, the cloud, and the
thick darkness, with a great voice which was not heard again.
And he wrote them on two tablets of stone, and delivered them
to me. And it came to pass, when you heard the voice out of   20
the midst of the darkness, (for the mountain did burn with
fire,) that you came near to me, all the heads of your tribes,
and your elders; and you said, Behold, the LORD our GOD has   21
shown us his glory and his greatness, and we have heard his
voice out of the midst of the fire: we have seen this day that
GOD does talk with man, and he lives. Now therefore why   22
should we die? for this great fire will consume us: if we hear
the voice of the LORD our GOD any more, then we shall die. For   23
who is there of all flesh, that has heard the voice of the living
GOD speaking out of the midst of the fire, as we have, and lived?
Go thou near, and hear all that the LORD our GOD shall say: 24
and speak to us all that the LORD our GOD shall speak to thee;
and we will hear it, and do it. And the LORD heard the voice   25
of your words, when you spoke to me; and the LORD said to
me, I have heard the voice of the words of this people, which
they have spoken to thee: they have well said all that they
have spoken. O that there were such a heart in them, that they   26
would fear me, and keep all my commandments always, that
it might be well with them, and with their children for ever!
Go say to them, Return again to your tents. But as for thee,   27, 28
stand here by me, and I will speak to thee all the command-
ments, and the statutes, and the judgments, which thou shalt
teach them, that they may do them in the land which I gave
them to possess it. You shall observe to do therefore as the   29
LORD your GOD has commanded you: you shall not turn aside
to the right hand or to the left. You shall walk in all the ways   30
which the LORD your GOD has commanded you, that you may
live, and that it may be well with you, and that you may pro-
long your days in the land which you shall possess. Now this   **6**
is the commandment, the statutes, and the judgments, which
the LORD your GOD commanded to teach you, that you might
do them in the land into which you go to possess it: that thou   2
mightest fear the LORD thy GOD, to keep all his statutes and his
commandments, which I command thee, thou, and thy son, and
thy son's son, all the days of thy life; and that thy days may
be prolonged. Hear therefore, O Yisra'el, and take care to do   3
it; that it may be well with thee, and that you may increase
mightily, as the LORD GOD of thy fathers has promised thee, in
the land that flows with milk and honey.

Hear, O Yisra'el: The LORD our GOD; the LORD is one. And   4, 5
thou shalt love the LORD thy GOD with all thy heart, and with
all thy soul, and with all thy might. And these words, which I   6
command thee this day, shall be in thy heart: and thou shalt   7
teach them diligently to thy children, and shalt talk of them

וְדִבַּרְתָּ֖ בָּ֑ם בְּשִׁבְתְּךָ֤ בְּבֵיתֶ֙ךָ֙ וּבְלֶכְתְּךָ֣ בַדֶּ֔רֶךְ וּֽבְשָׁכְבְּךָ֖ וּבְקוּמֶֽךָ׃

וּקְשַׁרְתָּ֥ם לְא֖וֹת עַל־יָדֶ֑ךָ וְהָי֥וּ לְטֹטָפֹ֖ת בֵּ֥ין עֵינֶֽיךָ׃ וּכְתַבְתָּ֛ם
עַל־מְזוּזֹ֥ת בֵּיתֶ֖ךָ וּבִשְׁעָרֶֽיךָ׃   וְהָיָ֞ה כִּֽי־יְבִיאֲךָ֣ ׀ יְהוָ֣ה
אֱלֹהֶ֗יךָ אֶל־הָאָ֜רֶץ אֲשֶׁ֨ר נִשְׁבַּ֧ע לַאֲבֹתֶ֛יךָ לְאַבְרָהָ֥ם לְיִצְחָ֖ק
וּֽלְיַעֲקֹ֑ב לָ֣תֶת לָ֑ךְ עָרִ֛ים גְּדֹלֹ֥ת וְטֹבֹ֖ת אֲשֶׁ֥ר לֹא־בָנִֽיתָ׃ וּבָ֨תִּ֜ים
מְלֵאִ֣ים כָּל־טוּב֮ אֲשֶׁ֣ר לֹא־מִלֵּאתָ֒ וּבֹרֹ֤ת חֲצוּבִים֙ אֲשֶׁ֣ר לֹֽא־
חָצַ֔בְתָּ כְּרָמִ֥ים וְזֵיתִ֖ים אֲשֶׁ֣ר לֹא־נָטָ֑עְתָּ וְאָכַלְתָּ֖ וְשָׂבָֽעְתָּ׃ הִשָּׁ֣מֶר
לְךָ֔ פֶּן־תִּשְׁכַּ֖ח אֶת־יְהוָ֑ה אֲשֶׁ֧ר הוֹצִֽיאֲךָ֛ מֵאֶ֥רֶץ מִצְרַ֖יִם מִבֵּ֥ית
עֲבָדִֽים׃ אֶת־יְהוָ֧ה אֱלֹהֶ֛יךָ תִּירָ֖א וְאֹת֣וֹ תַעֲבֹ֑ד וּבִשְׁמ֖וֹ תִּשָּׁבֵֽעַ׃ לֹ֣א
תֵֽלְכ֔וּן אַחֲרֵ֖י אֱלֹהִ֣ים אֲחֵרִ֑ים מֵאֱלֹהֵי֙ הָֽעַמִּ֔ים אֲשֶׁ֖ר סְבִיבוֹתֵיכֶֽם׃
כִּ֣י אֵ֥ל קַנָּ֛א יְהוָ֥ה אֱלֹהֶ֖יךָ בְּקִרְבֶּ֑ךָ פֶּן־יֶ֠חֱרֶה אַף־יְהוָ֤ה אֱלֹהֶ֙יךָ֙
בָּ֔ךְ וְהִשְׁמִֽידְךָ֔ מֵעַ֖ל פְּנֵ֥י הָאֲדָמָֽה׃   לֹ֣א תְנַסּ֔וּ אֶת־
יְהוָ֖ה אֱלֹהֵיכֶ֑ם כַּאֲשֶׁ֥ר נִסִּיתֶ֖ם בַּמַּסָּֽה׃ שָׁמ֣וֹר תִּשְׁמְר֔וּן אֶת־
מִצְוֺ֖ת יְהוָ֣ה אֱלֹהֵיכֶ֑ם וְעֵדֹתָ֥יו וְחֻקָּ֖יו אֲשֶׁ֥ר צִוָּֽךְ׃ וְעָשִׂ֛יתָ הַיָּשָׁ֥ר
וְהַטּ֖וֹב בְּעֵינֵ֣י יְהוָ֑ה לְמַ֙עַן֙ יִ֣יטַב לָ֔ךְ וּבָ֗אתָ וְיָֽרַשְׁתָּ֙ אֶת־הָאָ֣רֶץ
הַטֹּבָ֔ה אֲשֶׁר־נִשְׁבַּ֥ע יְהוָ֖ה לַאֲבֹתֶֽיךָ׃ לַהֲדֹ֥ף אֶת־כָּל־אֹיְבֶ֖יךָ
מִפָּנֶ֑יךָ כַּאֲשֶׁ֖ר דִּבֶּ֥ר יְהוָֽה׃   כִּֽי־יִשְׁאָלְךָ֥ בִנְךָ֛ מָחָ֖ר
לֵאמֹ֑ר מָ֣ה הָעֵדֹ֗ת וְהַֽחֻקִּים֙ וְהַמִּשְׁפָּטִ֔ים אֲשֶׁ֥ר צִוָּ֛ה יְהוָ֥ה אֱלֹהֵ֖ינוּ
אֶתְכֶֽם׃ וְאָמַרְתָּ֣ לְבִנְךָ֔ עֲבָדִ֛ים הָיִ֥ינוּ לְפַרְעֹ֖ה בְּמִצְרָ֑יִם וַיֹּצִיאֵ֧נוּ
יְהוָ֛ה מִמִּצְרַ֖יִם בְּיָ֥ד חֲזָקָֽה׃ וַיִּתֵּ֣ן יְהוָ֡ה אוֹתֹ֣ת וּ֠מֹפְתִ֣ים גְּדֹלִ֨ים
וְרָעִ֧ים ׀ בְּמִצְרַ֛יִם בְּפַרְעֹ֥ה וּבְכָל־בֵּית֖וֹ לְעֵינֵֽינוּ׃ וְאוֹתָ֖נוּ הוֹצִ֣יא
מִשָּׁ֑ם לְמַ֙עַן֙ הָבִ֣יא אֹתָ֔נוּ לָ֤תֶת לָ֙נוּ֙ אֶת־הָאָ֔רֶץ אֲשֶׁ֥ר נִשְׁבַּ֖ע
לַאֲבֹתֵֽינוּ׃ וַיְצַוֵּ֣נוּ יְהוָ֗ה לַעֲשׂוֹת֙ אֶת־כָּל־הַחֻקִּ֣ים הָאֵ֔לֶּה לְיִרְאָ֖ה
אֶת־יְהוָ֣ה אֱלֹהֵ֑ינוּ לְט֥וֹב לָ֙נוּ֙ כָּל־הַיָּמִ֔ים לְחַיֹּתֵ֖נוּ כְּהַיּ֥וֹם הַזֶּֽה׃
וּצְדָקָ֖ה תִּֽהְיֶה־לָּ֑נוּ כִּֽי־נִשְׁמֹ֗ר לַעֲשׂוֹת֙ אֶת־כָּל־הַמִּצְוָ֣ה הַזֹּ֔את

לִפְנֵ֛י יְהוָ֥ה אֱלֹהֵ֖ינוּ כַּאֲשֶׁ֥ר צִוָּֽנוּ׃   כִּ֤י יְבִיאֲךָ֙ יְהוָ֣ה
אֱלֹהֶ֔יךָ אֶל־הָאָ֕רֶץ אֲשֶׁר־אַתָּ֥ה בָא־שָׁ֖מָּה לְרִשְׁתָּ֑הּ וְנָשַׁ֣ל גּֽוֹיִם־
רַבִּ֣ים ׀ מִפָּנֶ֡יךָ הַֽחִתִּי֩ וְהַגִּרְגָּשִׁ֨י וְהָאֱמֹרִ֜י וְהַכְּנַעֲנִ֣י וְהַפְּרִזִּ֗י וְהַֽחִוִּי֙
וְהַיְבוּסִ֔י שִׁבְעָ֣ה גוֹיִ֔ם רַבִּ֥ים וַעֲצוּמִ֖ים מִמֶּֽךָּ׃ וּנְתָנָ֞ם יְהוָ֧ה אֱלֹהֶ֛יךָ
לְפָנֶ֖יךָ וְהִכִּיתָ֑ם הַחֲרֵ֤ם תַּחֲרִים֙ אֹתָ֔ם לֹא־תִכְרֹ֥ת לָהֶ֛ם בְּרִ֖ית
וְלֹ֥א תְחָנֵּֽם׃ וְלֹ֥א תִתְחַתֵּ֖ן בָּ֑ם בִּתְּךָ֙ לֹא־תִתֵּ֣ן לִבְנ֔וֹ וּבִתּ֖וֹ לֹא־
תִקַּ֥ח לִבְנֶֽךָ׃ כִּֽי־יָסִ֤יר אֶת־בִּנְךָ֙ מֵֽאַחֲרַ֔י וְעָבְד֖וּ אֱלֹהִ֣ים אֲחֵרִ֑ים

when thou sittest in thy house, and when thou walkest by the way, and when thou liest down, and when thou risest up. And thou shalt bind them for a sign upon thy arm, and they 8 shall be as frontlets between thy eyes. And thou shalt write 9 them upon the doorposts of thy house, and on thy gates.

And it shall be, when the Lord thy God shall bring thee 10 to the land of which he swore to thy fathers, to Avraham, to Yizḥaq, and to Ya'aqov, to give thee great and goodly cities, which thou didst not build, and houses full of all good things, 11 which thou didst not fill, and hewn out wells, which thou didst not dig, vineyards and olive trees, which thou didst not plant; when thou shalt eat and be replete; beware lest thou 12 forget the Lord, who brought thee out of the land of Mizrayim, from the house of bondage. Thou shalt fear the Lord thy God, 13 and serve him, and shalt swear by his name. You shall not go 14 after other gods, of the gods of the people who are round about you; (for the Lord thy God is a jealous God among 15 you) lest the anger of the Lord thy God be inflamed against thee, and he destroy thee from off the face of the earth.

Do not tempt the Lord your God, as you tempted him 16 in Massa. You shall diligently keep the commandments of the 17 Lord your God, and his testimonies, and his statutes, which he has commanded thee. And thou shalt do that which is right 18 and good in the sight of the Lord: that it may be well with thee, and that thou mayst go in and possess the good land which the Lord swore to thy fathers, to cast out all thy ene- 19 mies from before thee, as the Lord has spoken.   When 20 thy son asks thee in time to come, saying, What mean the testimonies, and the statutes, and the judgments, which the Lord our God has commanded you? Then thou shalt say to thy son, 21 We were the bondmen of Par'o in Mizrayim; and the Lord brought us out of Mizrayim with a mighty hand: and the Lord 22 showed signs and wonders, great and sore, upon Mizrayim, upon Par'o, and upon all his household, before our eyes: and 23 he brought us out from there, that he might bring us in, to give us the land which he swore to our fathers. And the Lord com- 24 manded us to do all these statutes, to fear the Lord our God, for our good always, that he might preserve us alive, as it is at this day. And it shall be accounted virtue in us, if we take care 25 to do all these commandments before the Lord our God, as he has commanded us.   When the Lord thy God shall bring **7** thee to the land into which thou goest to possess it, and shall cast out many nations before thee, the Ḥitti, and the Girgashi, and the Emori, and the Kena'ani, and the Perizzi, and the Ḥivvi, and the Yevusi, seven nations greater and mightier than thou; and 2 when the Lord thy God shall deliver them before thee, and thou shalt smite them, then thou shalt devote them to utter destruction; thou shalt make no covenant with them, nor show mercy to them: neither shalt thou make marriages with them; thy 3 daughter thou shalt not give to his son, nor shalt thou take his daughter to thy son. For they will turn away thy son from fol- 4 lowing me, that they may serve other gods: so will the anger of the Lord be inflamed against you, and he will destroy thee speed-

ה וְחָרָה אַף־יְהוָה בָּכֶם וְהִשְׁמִידְךָ מַהֵר : כִּי אִם־כֹּה תַעֲשׂוּ
לָהֶם מִזְבְּחֹתֵיהֶם תִּתֹּצוּ וּמַצֵּבֹתָם תְּשַׁבֵּרוּ וַאֲשֵׁירֵהֶם תְּגַדֵּעוּן
ו וּפְסִילֵיהֶם תִּשְׂרְפוּן בָּאֵשׁ : כִּי עַם קָדוֹשׁ אַתָּה לַיהוָה אֱלֹהֶיךָ
בְּךָ בָּחַר ׀ יְהוָה אֱלֹהֶיךָ לִהְיוֹת לוֹ לְעַם סְגֻלָּה מִכֹּל הָעַמִּים
ז אֲשֶׁר עַל־פְּנֵי הָאֲדָמָה : לֹא מֵרֻבְּכֶם מִכָּל־הָעַמִּים חָשַׁק יהוה
ח בָּכֶם וַיִּבְחַר בָּכֶם כִּי־אַתֶּם הַמְעַט מִכָּל־הָעַמִּים : כִּי מֵאַהֲבַת
יְהוָה אֶתְכֶם וּמִשָּׁמְרוֹ אֶת־הַשְּׁבֻעָה אֲשֶׁר נִשְׁבַּע לַאֲבֹתֵיכֶם
הוֹצִיא יהוה אֶתְכֶם בְּיָד חֲזָקָה וַיִּפְדְּךָ מִבֵּית עֲבָדִים מִיַּד פַּרְעֹה
ט מֶלֶךְ־מִצְרָיִם : וְיָדַעְתָּ כִּי־יְהוָה אֱלֹהֶיךָ הוּא הָאֱלֹהִים הָאֵל
מפטיר
הַנֶּאֱמָן שֹׁמֵר הַבְּרִית וְהַחֶסֶד לְאֹהֲבָיו וּלְשֹׁמְרֵי מִצְוֹתָו לְאֶלֶף
י דּוֹר : וּמְשַׁלֵּם לְשֹׂנְאָיו אֶל־פָּנָיו לְהַאֲבִידוֹ לֹא יְאַחֵר לְשֹׂנְאוֹ אֶל־
יא פָּנָיו יְשַׁלֶּם־לוֹ : וְשָׁמַרְתָּ אֶת־הַמִּצְוָה וְאֶת־הַחֻקִּים וְאֶת־הַמִּשְׁפָּטִים
אֲשֶׁר אָנֹכִי מְצַוְּךָ הַיּוֹם לַעֲשׂוֹתָם :

יב וְהָיָה ׀ עֵקֶב תִּשְׁמְעוּן אֵת הַמִּשְׁפָּטִים הָאֵלֶּה וּשְׁמַרְתֶּם וַעֲשִׂיתֶם
אֹתָם וְשָׁמַר יְהוָה אֱלֹהֶיךָ לְךָ אֶת־הַבְּרִית וְאֶת־הַחֶסֶד אֲשֶׁר
יג נִשְׁבַּע לַאֲבֹתֶיךָ : וַאֲהֵבְךָ וּבֵרַכְךָ וְהִרְבֶּךָ וּבֵרַךְ פְּרִי־בִטְנְךָ וּפְרִי־
אַדְמָתֶךָ דְּגָנְךָ וְתִירֹשְׁךָ וְיִצְהָרֶךָ שְׁגַר־אֲלָפֶיךָ וְעַשְׁתְּרֹת צֹאנֶךָ
יד עַל הָאֲדָמָה אֲשֶׁר־נִשְׁבַּע לַאֲבֹתֶיךָ לָתֶת לָךְ : בָּרוּךְ תִּהְיֶה מִכָּל־
טו הָעַמִּים לֹא־יִהְיֶה בְךָ עָקָר וַעֲקָרָה וּבִבְהֶמְתֶּךָ : וְהֵסִיר יְהוָה
מִמְּךָ כָּל־חֹלִי וְכָל־מַדְוֵי מִצְרַיִם הָרָעִים אֲשֶׁר יָדַעְתָּ לֹא יְשִׂימָם
טז בָּךְ וּנְתָנָם בְּכָל־שֹׂנְאֶיךָ : וְאָכַלְתָּ אֶת־כָּל־הָעַמִּים אֲשֶׁר יְהוָה
אֱלֹהֶיךָ נֹתֵן לָךְ לֹא־תָחֹס עֵינְךָ עֲלֵיהֶם וְלֹא תַעֲבֹד אֶת־אֱלֹהֵיהֶם
יז כִּי־מוֹקֵשׁ הוּא לָךְ : כִּי תֹאמַר בִּלְבָבְךָ רַבִּים
הַגּוֹיִם הָאֵלֶּה מִמֶּנִּי אֵיכָה אוּכַל לְהוֹרִישָׁם : לֹא תִירָא מֵהֶם
יח זָכֹר תִּזְכֹּר אֵת אֲשֶׁר־עָשָׂה יְהוָה אֱלֹהֶיךָ לְפַרְעֹה וּלְכָל־מִצְרָיִם :
יט הַמַּסֹּת הַגְּדֹלֹת אֲשֶׁר־רָאוּ עֵינֶיךָ וְהָאֹתֹת וְהַמֹּפְתִים וְהַיָּד הַחֲזָקָה
וְהַזְּרֹעַ הַנְּטוּיָה אֲשֶׁר הוֹצִאֲךָ יְהוָה אֱלֹהֶיךָ כֵּן־יַעֲשֶׂה יְהוָה אֱלֹהֶיךָ
כ לְכָל־הָעַמִּים אֲשֶׁר־אַתָּה יָרֵא מִפְּנֵיהֶם : וְגַם אֶת־הַצִּרְעָה
יְשַׁלַּח יְהוָה אֱלֹהֶיךָ בָּם עַד־אֲבֹד הַנִּשְׁאָרִים וְהַנִּסְתָּרִים מִפָּנֶיךָ :
כא לֹא תַעֲרֹץ מִפְּנֵיהֶם כִּי־יְהוָה אֱלֹהֶיךָ בְּקִרְבֶּךָ אֵל גָּדוֹל וְנוֹרָא :
כב וְנָשַׁל יְהוָה אֱלֹהֶיךָ אֶת־הַגּוֹיִם הָאֵל מִפָּנֶיךָ מְעַט מְעָט לֹא
כג תוּכַל כַּלֹּתָם מַהֵר פֶּן־תִּרְבֶּה עָלֶיךָ חַיַּת הַשָּׂדֶה : וּנְתָנָם יהוה
כד אֱלֹהֶיךָ לְפָנֶיךָ וְהָמָם מְהוּמָה גְדֹלָה עַד הִשָּׁמְדָם : וְנָתַן מַלְכֵיהֶם
בְּיָדֶךָ וְהַאֲבַדְתָּ אֶת־שְׁמָם מִתַּחַת הַשָּׁמָיִם לֹא־יִתְיַצֵּב אִישׁ בְּפָנֶיךָ

ily. But thus shall you deal with them: you shall destroy their   5
altars, and break down their images, and cut down their asherim,
and burn their carved idols with fire. For thou art a holy people   6
to the LORD thy GOD: the LORD thy GOD has chosen thee to be a
special people to himself, above all peoples that are upon the
face of the earth. The LORD did not set his love upon you, or   7
choose you, because you were more in number than any people;
for you were the fewest of all peoples: but because the LORD   8
loved you, and because he would keep the oath which he had
sworn to your fathers, has the LORD brought you out with a
mighty hand, and redeemed you out of the house of bondmen,
from the hand of Par'o king of Miẓrayim. Know therefore that   9
the LORD thy GOD, he is GOD, the faithful GOD, who keeps cove-
nant and troth with those who love him and keep his com-
mandments to a thousand generations; and repays them that   10
hate him to their face, to destroy them: he will not be slack to
him that hates him, he will repay him to his face. Thou shalt   11
therefore keep the commandments, and the statutes, and the
judgments, which I command thee this day, to do them.

'EQEV   Wherefore it shall come to pass, if you hearken to these judg-   12
ments, and keep, and do them, that the LORD thy GOD shall
keep unto thee the covenant and the troth which he swore to
thy fathers: and he will love thee, and bless thee, and multiply   13
thee: and will bless the fruit of thy womb, and the fruit of thy
land, thy corn, and thy wine, and thy oil, the increase of thy
cattle, and the flocks of thy sheep, in the land which he swore
to thy fathers to give thee. Thou shalt be blessed above all   14
peoples: there shall not be male or female barren among you, or
among your cattle. And the LORD will take away from thee all   15
sickness, and will put none of the evil diseases of Miẓrayim,
which thou knowst, upon thee; but will lay them upon all those
who hate thee. And thou shalt consume all the peoples which the   16
LORD thy GOD shall deliver to thee; thy eye shall have no pity
upon them: neither shalt thou serve their gods; for that will
be a snare to thee.   If thou shalt say in thy heart, These   17
nations are more than I; how can I dispossess them? Thou shalt   18
not be afraid of them: but shalt well remember what the LORD
thy GOD did to Par'o, and to all Miẓrayim; the great trials   19
which thy eyes saw, and the signs, and the wonders, and the
mighty hand, and the stretched out arm, whereby the LORD thy
GOD brought thee out: so shall the LORD thy GOD do to all the
people of whom thou art afraid. Moreover the LORD thy GOD   20
will send the hornet among them, until they that are left, and
hide themselves from thee, be destroyed. Thou shalt not be   21
terrified by them: for the LORD thy GOD is among you, a mighty
GOD and terrible. And the LORD thy GOD will put out those   22
nations before thee by little and little: thou mayst not consume
them at once, lest the wild beasts of the field increase upon
thee. But the LORD thy GOD shall deliver them to thee, and   23
shall destroy them with a mighty destruction, until they are
destroyed. And he shall deliver their kings into thy hand, and   24
thou shalt destroy their name from under heaven: there shall
no man be able to stand before thee, until thou hast destroyed

כה עַד הַשְׁמִדְךָ אֹתָם: פְּסִילֵי אֱלֹהֵיהֶם תִּשְׂרְפוּן בָּאֵשׁ לֹא־תַחְמֹד
כֶּסֶף וְזָהָב עֲלֵיהֶם וְלָקַחְתָּ לָךְ פֶּן תִּוָּקֵשׁ בּוֹ כִּי תוֹעֲבַת יְהוָה
כו אֱלֹהֶיךָ הוּא: וְלֹא־תָבִיא תוֹעֵבָה אֶל־בֵּיתֶךָ וְהָיִיתָ חֵרֶם כָּמֹהוּ
שַׁקֵּץ ׀ תְּשַׁקְּצֶנּוּ וְתַעֵב ׀ תְּתַעֲבֶנּוּ כִּי־חֵרֶם הוּא:
ח א כָּל־הַמִּצְוָה אֲשֶׁר אָנֹכִי מְצַוְּךָ הַיּוֹם תִּשְׁמְרוּן לַעֲשׂוֹת לְמַעַן
תִּחְיוּן וּרְבִיתֶם וּבָאתֶם וִירִשְׁתֶּם אֶת־הָאָרֶץ אֲשֶׁר־נִשְׁבַּע יְהוָה
ב לַאֲבֹתֵיכֶם: וְזָכַרְתָּ אֶת־כָּל־הַדֶּרֶךְ אֲשֶׁר הוֹלִיכְךָ יְהוָה אֱלֹהֶיךָ
זֶה אַרְבָּעִים שָׁנָה בַּמִּדְבָּר לְמַעַן עַנֹּתְךָ לְנַסֹּתְךָ לָדַעַת אֶת־
ג אֲשֶׁר בִּלְבָבְךָ הֲתִשְׁמֹר מִצְוֹתָו אִם־לֹא: וַיְעַנְּךָ וַיַּרְעִבֶךָ וַיַּאֲכִלְךָ
אֶת־הַמָּן אֲשֶׁר לֹא־יָדַעְתָּ וְלֹא יָדְעוּן אֲבֹתֶיךָ לְמַעַן הוֹדִיעֲךָ
כִּי לֹא עַל־הַלֶּחֶם לְבַדּוֹ יִחְיֶה הָאָדָם כִּי עַל־כָּל־מוֹצָא פִי־
ד יְהוָה יִחְיֶה הָאָדָם: שִׂמְלָתְךָ לֹא בָלְתָה מֵעָלֶיךָ וְרַגְלְךָ לֹא
ה בָצֵקָה זֶה אַרְבָּעִים שָׁנָה: וְיָדַעְתָּ עִם־לְבָבֶךָ כִּי כַּאֲשֶׁר יְיַסֵּר
ו אִישׁ אֶת־בְּנוֹ יְהוָה אֱלֹהֶיךָ מְיַסְּרֶךָּ: וְשָׁמַרְתָּ אֶת־מִצְוֹת יְהוָה
ז אֱלֹהֶיךָ לָלֶכֶת בִּדְרָכָיו וּלְיִרְאָה אֹתוֹ: כִּי יְהוָה אֱלֹהֶיךָ מְבִיאֲךָ
אֶל־אֶרֶץ טוֹבָה אֶרֶץ נַחֲלֵי מָיִם עֲיָנֹת וּתְהֹמֹת יֹצְאִים בַּבִּקְעָה
ח וּבָהָר: אֶרֶץ חִטָּה וּשְׂעֹרָה וְגֶפֶן וּתְאֵנָה וְרִמּוֹן אֶרֶץ־זֵית שֶׁמֶן
ט וּדְבָשׁ: אֶרֶץ אֲשֶׁר לֹא בְמִסְכֵּנֻת תֹּאכַל־בָּהּ לֶחֶם לֹא־תֶחְסַר
כֹּל בָּהּ אֶרֶץ אֲשֶׁר אֲבָנֶיהָ בַרְזֶל וּמֵהֲרָרֶיהָ תַּחְצֹב נְחֹשֶׁת:
י וְאָכַלְתָּ וְשָׂבָעְתָּ וּבֵרַכְתָּ אֶת־יְהוָה אֱלֹהֶיךָ עַל־הָאָרֶץ הַטֹּבָה
יא אֲשֶׁר נָתַן־לָךְ: הִשָּׁמֶר לְךָ פֶּן־תִּשְׁכַּח אֶת־יְהוָה אֱלֹהֶיךָ לְבִלְתִּי שני
יב שְׁמֹר מִצְוֹתָיו וּמִשְׁפָּטָיו וְחֻקֹּתָיו אֲשֶׁר אָנֹכִי מְצַוְּךָ הַיּוֹם: פֶּן־
יג תֹּאכַל וְשָׂבָעְתָּ וּבָתִּים טֹבִים תִּבְנֶה וְיָשָׁבְתָּ: וּבְקָרְךָ וְצֹאנְךָ
יד יִרְבְּיֻן וְכֶסֶף וְזָהָב יִרְבֶּה־לָּךְ וְכֹל אֲשֶׁר־לְךָ יִרְבֶּה: וְרָם לְבָבֶךָ
וְשָׁכַחְתָּ אֶת־יְהוָה אֱלֹהֶיךָ הַמּוֹצִיאֲךָ מֵאֶרֶץ מִצְרַיִם מִבֵּית
טו עֲבָדִים: הַמּוֹלִיכְךָ בַּמִּדְבָּר ׀ הַגָּדֹל וְהַנּוֹרָא נָחָשׁ ׀ שָׂרָף וְעַקְרָב
וְצִמָּאוֹן אֲשֶׁר אֵין־מָיִם הַמּוֹצִיא לְךָ מַיִם מִצּוּר הַחַלָּמִישׁ:
טז הַמַּאֲכִלְךָ מָן בַּמִּדְבָּר אֲשֶׁר לֹא־יָדְעוּן אֲבֹתֶיךָ לְמַעַן עַנֹּתְךָ
יז וּלְמַעַן נַסֹּתֶךָ לְהֵיטִבְךָ בְּאַחֲרִיתֶךָ: וְאָמַרְתָּ בִּלְבָבֶךָ כֹּחִי וְעֹצֶם
יח יָדִי עָשָׂה לִי אֶת־הַחַיִל הַזֶּה: וְזָכַרְתָּ אֶת־יְהוָה אֱלֹהֶיךָ כִּי הוּא
הַנֹּתֵן לְךָ כֹּחַ לַעֲשׂוֹת חָיִל לְמַעַן הָקִים אֶת־בְּרִיתוֹ אֲשֶׁר־נִשְׁבַּע
לַאֲבֹתֶיךָ כַּיּוֹם הַזֶּה:
יט וְהָיָה אִם־שָׁכֹחַ תִּשְׁכַּח אֶת־יְהוָה אֱלֹהֶיךָ וְהָלַכְתָּ אַחֲרֵי אֱלֹהִים
אֲחֵרִים וַעֲבַדְתָּם וְהִשְׁתַּחֲוִיתָ לָהֶם הַעִדֹתִי בָכֶם הַיּוֹם כִּי אָבֹד

them. The carvings of their gods shall you burn with fire: thou 25
shalt not desire the silver or gold that is on them, or take it
to thee, lest thou be snared with it: for it is an abomination
to the LORD thy GOD. Neither shalt thou bring an abomination 26
into thy house, lest thou become accursed like it: but thou shalt
utterly detest it, and thou shalt utterly abhor it; for it is a
cursed thing.

All the commandments which I command thee this day shall **8**
you observe to do, that you may live, and multiply, and go in
and possess the land which the LORD swore to your fathers.
And thou shalt remember all the way which the LORD thy GOD 2
led thee these forty years in the wilderness, to humble thee,
and to prove thee, to know what was in thy heart, whether
thou wouldst keep his commandments, or no. And he humbled 3
thee, and suffered thee to hunger, and fed thee with manna,
which thou knewest not, neither did thy fathers know; that
he might make thee know that man does not live by bread
only, but by every word that proceeds out of the mouth of the
LORD does man live. Thy garment grew not old upon thee, 4
nor did thy foot swell, these forty years. Thou shalt also 5
consider in thy heart, that, as a man chastens his son, so the
LORD thy GOD chastens thee. Therefore thou shalt keep the 6
commandments of the LORD thy GOD, to walk in his ways, and
to fear him. For the LORD thy GOD brings thee into a good land, 7
a land of water courses, of fountains and depths that spring out
of valleys and hills; a land of wheat, and barley, and vines, and 8
fig trees, and pomegranates; a land of olive oil, and honey; a
land in which thou shalt eat bread without scarceness, thou 9
shalt not lack any thing in it; a land the stones of which are
iron, and out of whose hills thou mayst dig brass. When thou 10
hast eaten and art replete, then thou shalt bless the LORD thy
GOD for the good land which he has given thee. Beware that 11
thou forget not the LORD thy GOD, in not keeping his command-
ments, and his judgments, and his statutes, which I command
thee this day: lest when thou hast eaten and art replete, and 12
hast built goodly houses, and dwelt in them; and when thy 13
herds and thy flocks multiply, and thy silver and thy gold are
multiplied, and all that thou hast is multiplied; then thy heart 14
be lifted up, and thou forget the LORD thy GOD, who brought
thee out of the land of Miẕrayim, from the house of bondage;
who led thee through that great and terrible wilderness, in 15
which were venomous serpents, and scorpions, and drought,
where there was no water; who brought forth water for thee out
of the rock of flint; who fed thee in the wilderness with manna, 16
which thy fathers knew not, that he might afflict thee, and that
he might prove thee, to do thee good at thy latter end; and 17
thou say in thy heart, My power and the might of my hand
have gotten me this wealth. But thou shalt remember the LORD 18
thy GOD: for it is he who gives thee power to get wealth, that
he may establish his covenant which he swore to thy fathers,
as it is this day.

And it shall be, if thou do at all forget the LORD thy GOD, and 19
walk after other gods, and serve them, and worship them, I

כ תֹּאבֵדוּן׃ כַּגּוֹיִם אֲשֶׁר יְהוָה מַאֲבִיד מִפְּנֵיכֶם כֵּן תֹּאבֵדוּן עֵקֶב
לֹא תִשְׁמְעוּן בְּקוֹל יְהוָה אֱלֹהֵיכֶם׃
ט א שְׁמַע יִשְׂרָאֵל אַתָּה עֹבֵר הַיּוֹם אֶת־הַיַּרְדֵּן לָבֹא לָרֶשֶׁת גּוֹיִם ח
ב גְּדֹלִים וַעֲצֻמִים מִמֶּךָּ עָרִים גְּדֹלֹת וּבְצֻרֹת בַּשָּׁמָיִם׃ עַם־גָּדוֹל
וָרָם בְּנֵי עֲנָקִים אֲשֶׁר אַתָּה יָדַעְתָּ וְאַתָּה שָׁמַעְתָּ מִי יִתְיַצֵּב לִפְנֵי
ג בְּנֵי עֲנָק׃ וְיָדַעְתָּ הַיּוֹם כִּי יְהוָה אֱלֹהֶיךָ הוּא־הָעֹבֵר לְפָנֶיךָ אֵשׁ
אֹכְלָה הוּא יַשְׁמִידֵם וְהוּא יַכְנִיעֵם לְפָנֶיךָ וְהוֹרַשְׁתָּם וְהַאֲבַדְתָּם
שלישי ד מַהֵר כַּאֲשֶׁר דִּבֶּר יְהוָה לָךְ׃ אַל־תֹּאמַר בִּלְבָבְךָ בַּהֲדֹף יְהוָה
אֱלֹהֶיךָ אֹתָם ׀ מִלְּפָנֶיךָ לֵאמֹר בְּצִדְקָתִי הֱבִיאַנִי יְהוָה לָרֶשֶׁת
אֶת־הָאָרֶץ הַזֹּאת וּבְרִשְׁעַת הַגּוֹיִם הָאֵלֶּה יְהוָה מוֹרִישָׁם מִפָּנֶיךָ׃
ה לֹא בְצִדְקָתְךָ וּבְיֹשֶׁר לְבָבְךָ אַתָּה בָא לָרֶשֶׁת אֶת־אַרְצָם כִּי
בְּרִשְׁעַת ׀ הַגּוֹיִם הָאֵלֶּה יְהוָה אֱלֹהֶיךָ מוֹרִישָׁם מִפָּנֶיךָ וּלְמַעַן
הָקִים אֶת־הַדָּבָר אֲשֶׁר נִשְׁבַּע יְהוָה לַאֲבֹתֶיךָ לְאַבְרָהָם לְיִצְחָק
ו וּלְיַעֲקֹב׃ וְיָדַעְתָּ כִּי לֹא בְצִדְקָתְךָ יְהוָה אֱלֹהֶיךָ נֹתֵן לְךָ אֶת־
ז הָאָרֶץ הַטּוֹבָה הַזֹּאת לְרִשְׁתָּהּ כִּי עַם־קְשֵׁה־עֹרֶף אָתָּה׃ זְכֹר
אַל־תִּשְׁכַּח אֵת אֲשֶׁר־הִקְצַפְתָּ אֶת־יְהוָה אֱלֹהֶיךָ בַּמִּדְבָּר לְמִן־
הַיּוֹם אֲשֶׁר־יָצָאתָ ׀ מֵאֶרֶץ מִצְרַיִם עַד־בֹּאֲכֶם עַד־הַמָּקוֹם הַזֶּה
ח מַמְרִים הֱיִיתֶם עִם־יְהוָה׃ וּבְחֹרֵב הִקְצַפְתֶּם אֶת־יְהוָה וַיִּתְאַנַּף
ט יְהוָה בָּכֶם לְהַשְׁמִיד אֶתְכֶם׃ בַּעֲלֹתִי הָהָרָה לָקַחַת לוּחֹת
הָאֲבָנִים לוּחֹת הַבְּרִית אֲשֶׁר־כָּרַת יְהוָה עִמָּכֶם וָאֵשֵׁב בָּהָר
אַרְבָּעִים יוֹם וְאַרְבָּעִים לַיְלָה לֶחֶם לֹא אָכַלְתִּי וּמַיִם לֹא שָׁתִיתִי׃
י וַיִּתֵּן יְהוָה אֵלַי אֶת־שְׁנֵי לוּחֹת הָאֲבָנִים כְּתֻבִים בְּאֶצְבַּע אֱלֹהִים
וַעֲלֵיהֶם כְּכָל־הַדְּבָרִים אֲשֶׁר דִּבֶּר יְהוָה עִמָּכֶם בָּהָר מִתּוֹךְ הָאֵשׁ
יא בְּיוֹם הַקָּהָל׃ וַיְהִי מִקֵּץ אַרְבָּעִים יוֹם וְאַרְבָּעִים לַיְלָה נָתַן יְהוָה
יב אֵלַי אֶת־שְׁנֵי לֻחֹת הָאֲבָנִים לֻחוֹת הַבְּרִית׃ וַיֹּאמֶר יְהוָה אֵלַי קוּם
רֵד מַהֵר מִזֶּה כִּי שִׁחֵת עַמְּךָ אֲשֶׁר הוֹצֵאתָ מִמִּצְרָיִם סָרוּ מַהֵר
יג מִן־הַדֶּרֶךְ אֲשֶׁר צִוִּיתִם עָשׂוּ לָהֶם מַסֵּכָה׃ וַיֹּאמֶר יְהוָה אֵלַי
יד לֵאמֹר רָאִיתִי אֶת־הָעָם הַזֶּה וְהִנֵּה עַם־קְשֵׁה־עֹרֶף הוּא׃ הֶרֶף
מִמֶּנִּי וְאַשְׁמִידֵם וְאֶמְחֶה אֶת־שְׁמָם מִתַּחַת הַשָּׁמָיִם וְאֶעֱשֶׂה
טו אוֹתְךָ לְגוֹי־עָצוּם וָרָב מִמֶּנּוּ׃ וָאֵפֶן וָאֵרֵד מִן־הָהָר וְהָהָר בֹּעֵר
טז בָּאֵשׁ וּשְׁנֵי לוּחֹת הַבְּרִית עַל שְׁתֵּי יָדָי׃ וָאֵרֶא וְהִנֵּה חֲטָאתֶם
לַיהוָה אֱלֹהֵיכֶם עֲשִׂיתֶם לָכֶם עֵגֶל מַסֵּכָה סַרְתֶּם מַהֵר מִן־

testify against you this day that you shall surely perish. As the 20
nations which the LORD destroys before your face, so shall you
perish; because you would not be obedient to the voice of the
LORD your GOD.
Hear, O Yisra'el: Thou art to pass over the Yarden this day, **9**
to go in to possess nations greater and mightier than thyself,
cities great and fortified up to heaven, a people great and tall, 2
the children of the 'Anaqim, whom thou knowst, and of whom
thou hast heard say, Who can stand before the children of
'Anaq! Understand therefore this day, that the LORD thy GOD 3
is he who goes over before thee; as a consuming fire he shall
destroy them, and he shall bring them down before thy face:
so shalt thou drive them out, and destroy them quickly, as the
LORD has said to thee. Speak not thou in thy heart, after the 4
LORD thy GOD has cast them out from before thee, saying, For
my righteousness the LORD has brought me in to possess this
land: and for the wickedness of these nations the LORD does
drive them out from before thee. Not for thy righteousness, or 5
for the uprightness of thine heart, dost thou go to possess their
land: but on account of the wickedness of these nations the
LORD thy GOD does drive them out from before thee, and that
he may perform the word which the LORD swore to thy fathers,
Avraham, Yiẕḥaq, and Ya'aqov. Understand therefore, that the 6
LORD thy GOD gives thee not this good land to possess it for
thy righteousness; for thou art a stiffnecked people. Remember, 7
and forget not, how thou didst provoke the LORD thy GOD to
anger in the wilderness: from the day that thou didst depart
out of the land of Miẕrayim, until you came to this place, you
have been rebellious against the LORD. Also in Ḥorev you pro- 8
voked the LORD to anger, so that the LORD was angry with
you to have destroyed you. When I was gone up into the moun- 9
tain to receive the tablets of stone, the tablets of the covenant
which the LORD made with you, then I abode in the moun-
tain forty days and forty nights, I neither did eat bread nor
drink water: and the LORD delivered to me two tablets of stone 10
written with the finger of GOD; and on them was written ac-
cording to all the words which the LORD spoke with you in the
mountain out of the midst of the fire on the day of the as-
sembly. And it came to pass at the end of forty days and forty 11
nights, that the LORD gave me the two tablets of stone, the
tables of the covenant. And the LORD said to me, Arise, get thee 12
down quickly from here; for thy people which thou hast
brought forth out of Miẕrayim have become corrupt; they are
quickly turned aside out of the way which I commanded them;
they have made them a molten image. And the LORD spoke to 13
me saying, I have seen this people, and, behold, it is a stiffnecked
people: let me alone, that I may destroy them, and blot out 14
their name from under heaven: and I will make of thee a nation
mightier and greater than they. So I turned and came down 15
from the mountain, and the mountain burned with fire: and
the two tablets of the covenant were in my two hands. And I 16
looked, and, behold, you had sinned against the LORD your GOD,
and had made a molten calf: you had turned aside quickly out

יז הַדֶּרֶךְ אֲשֶׁר־צִוָּה יהוה אֶתְכֶם: וָאֶתְפֹּשׂ בִּשְׁנֵי הַלֻּחֹת וָאַשְׁלִכֵם
יח מֵעַל שְׁתֵּי יָדָי וָאֲשַׁבְּרֵם לְעֵינֵיכֶם: וָאֶתְנַפַּל לִפְנֵי יהוה כָּרִאשֹׁנָה
אַרְבָּעִים יוֹם וְאַרְבָּעִים לַיְלָה לֶחֶם לֹא אָכַלְתִּי וּמַיִם לֹא שָׁתִיתִי
עַל כָּל־חַטַּאתְכֶם אֲשֶׁר חֲטָאתֶם לַעֲשׂוֹת הָרַע בְּעֵינֵי יהוה
יט לְהַכְעִיסוֹ: כִּי יָגֹרְתִּי מִפְּנֵי הָאַף וְהַחֵמָה אֲשֶׁר קָצַף יהוה עֲלֵיכֶם
כ לְהַשְׁמִיד אֶתְכֶם וַיִּשְׁמַע יהוה אֵלַי גַּם בַּפַּעַם הַהִוא: וּבְאַהֲרֹן
הִתְאַנַּף יהוה מְאֹד לְהַשְׁמִידוֹ וָאֶתְפַּלֵּל גַּם־בְּעַד אַהֲרֹן בָּעֵת
כא הַהִוא: וְאֶת־חַטַּאתְכֶם אֲשֶׁר־עֲשִׂיתֶם אֶת־הָעֵגֶל לָקַחְתִּי וָאֶשְׂרֹף
אֹתוֹ ׀ בָּאֵשׁ וָאֶכֹּת אֹתוֹ טָחוֹן הֵיטֵב עַד אֲשֶׁר־דַּק לְעָפָר וָאַשְׁלִךְ
כב אֶת־עֲפָרוֹ אֶל־הַנַּחַל הַיֹּרֵד מִן־הָהָר: וּבְתַבְעֵרָה וּבְמַסָּה
כג וּבְקִבְרֹת הַתַּאֲוָה מַקְצִפִים הֱיִיתֶם אֶת־יהוה: וּבִשְׁלֹחַ יהוה
אֶתְכֶם מִקָּדֵשׁ בַּרְנֵעַ לֵאמֹר עֲלוּ וּרְשׁוּ אֶת־הָאָרֶץ אֲשֶׁר נָתַתִּי
לָכֶם וַתַּמְרוּ אֶת־פִּי יהוה אֱלֹהֵיכֶם וְלֹא הֶאֱמַנְתֶּם לוֹ וְלֹא
כד שְׁמַעְתֶּם בְּקֹלוֹ: מַמְרִים הֱיִיתֶם עִם־יהוה מִיּוֹם דַּעְתִּי אֶתְכֶם:
כה וָאֶתְנַפַּל לִפְנֵי יהוה אֶת־אַרְבָּעִים הַיּוֹם וְאֶת־אַרְבָּעִים הַלַּיְלָה
כו אֲשֶׁר הִתְנַפָּלְתִּי כִּי־אָמַר יהוה לְהַשְׁמִיד אֶתְכֶם: וָאֶתְפַּלֵּל
אֶל־יהוה וָאֹמַר אֲדֹנָי יֱהוִה אַל־תַּשְׁחֵת עַמְּךָ וְנַחֲלָתְךָ אֲשֶׁר
כז פָּדִיתָ בְּגָדְלֶךָ אֲשֶׁר־הוֹצֵאתָ מִמִּצְרַיִם בְּיָד חֲזָקָה: זְכֹר לַעֲבָדֶיךָ
לְאַבְרָהָם לְיִצְחָק וּלְיַעֲקֹב אַל־תֵּפֶן אֶל־קְשִׁי הָעָם הַזֶּה וְאֶל־
כח רִשְׁעוֹ וְאֶל־חַטָּאתוֹ: פֶּן־יֹאמְרוּ הָאָרֶץ אֲשֶׁר הוֹצֵאתָנוּ מִשָּׁם
מִבְּלִי יְכֹלֶת יהוה לַהֲבִיאָם אֶל־הָאָרֶץ אֲשֶׁר־דִּבֶּר לָהֶם וּמִשִּׂנְאָתוֹ
כט אוֹתָם הוֹצִיאָם לַהֲמִתָם בַּמִּדְבָּר: וְהֵם עַמְּךָ וְנַחֲלָתֶךָ אֲשֶׁר
הוֹצֵאתָ בְּכֹחֲךָ הַגָּדֹל וּבִזְרֹעֲךָ הַנְּטוּיָה:
י א בָּעֵת הַהִוא אָמַר יהוה אֵלַי פְּסָל־לְךָ שְׁנֵי־לוּחֹת אֲבָנִים כָּרִאשֹׁנִים רביעי ט
ב וַעֲלֵה אֵלַי הָהָרָה וְעָשִׂיתָ לְּךָ אֲרוֹן עֵץ: וְאֶכְתֹּב עַל־הַלֻּחֹת אֶת־
הַדְּבָרִים אֲשֶׁר הָיוּ עַל־הַלֻּחֹת הָרִאשֹׁנִים אֲשֶׁר שִׁבַּרְתָּ וְשַׂמְתָּם
ג בָּאָרוֹן: וָאַעַשׂ אֲרוֹן עֲצֵי שִׁטִּים וָאֶפְסֹל שְׁנֵי־לֻחֹת אֲבָנִים
ד כָּרִאשֹׁנִים וָאַעַל הָהָרָה וּשְׁנֵי הַלֻּחֹת בְּיָדִי: וַיִּכְתֹּב עַל־הַלֻּחֹת
כַּמִּכְתָּב הָרִאשׁוֹן אֵת עֲשֶׂרֶת הַדְּבָרִים אֲשֶׁר דִּבֶּר יהוה אֲלֵיכֶם
ה בָּהָר מִתּוֹךְ הָאֵשׁ בְּיוֹם הַקָּהָל וַיִּתְּנֵם יהוה אֵלָי: וָאֵפֶן וָאֵרֵד
מִן־הָהָר וָאָשִׂם אֶת־הַלֻּחֹת בָּאָרוֹן אֲשֶׁר עָשִׂיתִי וַיִּהְיוּ שָׁם כַּאֲשֶׁר
ו צִוַּנִי יהוה: וּבְנֵי יִשְׂרָאֵל נָסְעוּ מִבְּאֵרֹת בְּנֵי־יַעֲקָן מוֹסֵרָה שָׁם
ז מֵת אַהֲרֹן וַיִּקָּבֵר שָׁם וַיְכַהֵן אֶלְעָזָר בְּנוֹ תַּחְתָּיו: מִשָּׁם נָסְעוּ

of the way which the LORD had commanded you. And I took 17
the two tablets, and cast them out of my two hands, and broke
them before your eyes. And I fell down before the LORD, as at 18
the first, forty days and forty nights: I did neither eat bread,
nor drink water, because of all your sins which you sinned, in
doing wickedly in the sight of the LORD, to provoke him to
anger. For I was afraid of the anger and hot displeasure, with 19
which the LORD was angry against you to destroy you. But the
LORD hearkened to me at that time also. And the LORD was 20
very angry with Aharon to have destroyed him: and I prayed
for Aharon also at the same time. And I took your sin, the 21
calf which you had made, and burnt it with fire, and stamped
it, and ground it very small, until it was as fine as dust:
and I cast the dust of it into the stream that descended
out of the mountain. And at Tav'era, and at Massa, and at 22
Qivrot-hatta'ava, you provoked the LORD to anger. Likewise 23
when the LORD sent you from Qadesh-barne'a, saying, Go up
and possess the land which I have given you; then you re-
belled against the commandment of the LORD your GOD, and
you believed him not, nor hearkened to his voice. You have 24
been rebellious against the LORD from the day that I knew you.
Thus I fell down before the LORD forty days and forty nights, 25
as I fell down at the first; because the LORD had said he would
destroy you. I prayed therefore to the LORD, and said, O LORD 26
GOD, destroy not thy people and thy inheritance, which thou
hast redeemed through thy greatness, which thou hast brought
out of Miẕrayim with a mighty hand. Remember thy servants, 27
Avraham, Yiẕḥaq, and Ya'aqov; look not to the stubbornness
of this people, nor to their wickedness, nor to their sin: lest 28
the land from which thou didst bring us out say, Because the
LORD was not able to bring them into the land which he pro-
mised them, and because he hated them, he has brought them
out to slay them in the wilderness. Yet they are thy people and 29
thy inheritance, which thou didst bring out by thy mighty power
and by thy stretched out arm.
At that time the LORD said to me, Hew for thyself two tab- **10**
lets of stone like the first, and come up to me into the mountain,
and make for thyself an ark of wood. And I will write on the 2
tablets the words that were on the first tablets which thou
didst break, and thou shalt put them in the ark. And I made 3
an ark of shittim wood, and hewed two tablets of stone like
the first, and went up to the mountain, having the two tablets in
my hand. And he wrote on the tablets, according to the first 4
writing, the ten Words, which the LORD spoke to you in the
mountain out of the midst of the fire in the day of the as-
sembly: and the LORD gave them to me. And I turned and 5
came down from the mountain, and put the tablets in the ark
which I had made; and there they were, as the LORD com-
manded me. And the children of Yisra'el took their journey 6
from Be'erot-bene-ya'aqan to Mosera: there Aharon died, and
there he was buried; and El'azar his son ministered in the
priest's office in his place. From thence they journeyed to Gud- 7
goda; and from Gudgoda to Yotvata, a land of streaming wadis.

ח הַגֻּדְגֹּדָה וּמִן־הַגֻּדְגֹּדָה יָטְבָתָה אֶרֶץ נַחֲלֵי־מָיִם׃ בָּעֵת הַהִוא
הִבְדִּיל יהוה אֶת־שֵׁבֶט הַלֵּוִי לָשֵׂאת אֶת־אֲרוֹן בְּרִית־יהוה
ט לַעֲמֹד לִפְנֵי יהוה לְשָׁרְתוֹ וּלְבָרֵךְ בִּשְׁמוֹ עַד הַיּוֹם הַזֶּה׃ עַל־
כֵּן לֹא־הָיָה לְלֵוִי חֵלֶק וְנַחֲלָה עִם־אֶחָיו יהוה הוּא נַחֲלָתוֹ
י כַּאֲשֶׁר דִּבֶּר יהוה אֱלֹהֶיךָ לוֹ׃ וְאָנֹכִי עָמַדְתִּי בָהָר כַּיָּמִים
הָרִאשֹׁנִים אַרְבָּעִים יוֹם וְאַרְבָּעִים לָיְלָה וַיִּשְׁמַע יהוה אֵלַי גַּם
יא בַּפַּעַם הַהִוא לֹא־אָבָה יהוה הַשְׁחִיתֶךָ׃ וַיֹּאמֶר יהוה אֵלַי קוּם
לֵךְ לְמַסַּע לִפְנֵי הָעָם וְיָבֹאוּ וְיִירְשׁוּ אֶת־הָאָרֶץ אֲשֶׁר־נִשְׁבַּעְתִּי
לַאֲבֹתָם לָתֵת לָהֶם׃
יב וְעַתָּה יִשְׂרָאֵל מָה יהוה אֱלֹהֶיךָ שֹׁאֵל מֵעִמָּךְ כִּי אִם־לְיִרְאָה חמישי
אֶת־יהוה אֱלֹהֶיךָ לָלֶכֶת בְּכָל־דְּרָכָיו וּלְאַהֲבָה אֹתוֹ וְלַעֲבֹד
יג אֶת־יהוה אֱלֹהֶיךָ בְּכָל־לְבָבְךָ וּבְכָל־נַפְשֶׁךָ׃ לִשְׁמֹר אֶת־מִצְוֺת
יד יהוה וְאֶת־חֻקֹּתָיו אֲשֶׁר אָנֹכִי מְצַוְּךָ הַיּוֹם לְטוֹב לָךְ׃ הֵן לַיהוה
טו אֱלֹהֶיךָ הַשָּׁמַיִם וּשְׁמֵי הַשָּׁמָיִם הָאָרֶץ וְכָל־אֲשֶׁר־בָּהּ׃ רַק
בַּאֲבֹתֶיךָ חָשַׁק יהוה לְאַהֲבָה אוֹתָם וַיִּבְחַר בְּזַרְעָם אַחֲרֵיהֶם
טז בָּכֶם מִכָּל־הָעַמִּים כַּיּוֹם הַזֶּה׃ וּמַלְתֶּם אֵת עָרְלַת לְבַבְכֶם
יז וְעָרְפְּכֶם לֹא תַקְשׁוּ עוֹד׃ כִּי יהוה אֱלֹהֵיכֶם הוּא אֱלֹהֵי הָאֱלֹהִים
וַאֲדֹנֵי הָאֲדֹנִים הָאֵל הַגָּדֹל הַגִּבֹּר וְהַנּוֹרָא אֲשֶׁר לֹא־יִשָּׂא פָנִים
יח וְלֹא יִקַּח שֹׁחַד׃ עֹשֶׂה מִשְׁפַּט יָתוֹם וְאַלְמָנָה וְאֹהֵב גֵּר לָתֶת לוֹ
יט לֶחֶם וְשִׂמְלָה׃ וַאֲהַבְתֶּם אֶת־הַגֵּר כִּי־גֵרִים הֱיִיתֶם בְּאֶרֶץ מִצְרָיִם׃
כ אֶת־יהוה אֱלֹהֶיךָ תִּירָא אֹתוֹ תַעֲבֹד וּבוֹ תִדְבָּק וּבִשְׁמוֹ תִּשָּׁבֵעַ׃
כא הוּא תְהִלָּתְךָ וְהוּא אֱלֹהֶיךָ אֲשֶׁר־עָשָׂה אִתְּךָ אֶת־הַגְּדֹלֹת
כב וְאֶת־הַנּוֹרָאֹת הָאֵלֶּה אֲשֶׁר רָאוּ עֵינֶיךָ׃ בְּשִׁבְעִים נֶפֶשׁ יָרְדוּ
אֲבֹתֶיךָ מִצְרָיְמָה וְעַתָּה שָׂמְךָ יהוה אֱלֹהֶיךָ כְּכוֹכְבֵי הַשָּׁמַיִם
יא א לָרֹב׃ וְאָהַבְתָּ אֵת יהוה אֱלֹהֶיךָ וְשָׁמַרְתָּ מִשְׁמַרְתּוֹ וְחֻקֹּתָיו
ב וּמִשְׁפָּטָיו וּמִצְוֺתָיו כָּל־הַיָּמִים׃ וִידַעְתֶּם הַיּוֹם כִּי לֹא אֶת־בְּנֵיכֶם
אֲשֶׁר לֹא־יָדְעוּ וַאֲשֶׁר לֹא־רָאוּ אֶת־מוּסַר יהוה אֱלֹהֵיכֶם אֶת־
ג גָּדְלוֹ אֶת־יָדוֹ הַחֲזָקָה וּזְרֹעוֹ הַנְּטוּיָה׃ וְאֶת־אֹתֹתָיו וְאֶת־מַעֲשָׂיו
אֲשֶׁר עָשָׂה בְּתוֹךְ מִצְרָיִם לְפַרְעֹה מֶלֶךְ־מִצְרַיִם וּלְכָל־אַרְצוֹ׃
ד וַאֲשֶׁר עָשָׂה לְחֵיל מִצְרַיִם לְסוּסָיו וּלְרִכְבּוֹ אֲשֶׁר הֵצִיף אֶת־מֵי
יַם־סוּף עַל־פְּנֵיהֶם בְּרָדְפָם אַחֲרֵיכֶם וַיְאַבְּדֵם יהוה עַד הַיּוֹם
ה הַזֶּה׃ וַאֲשֶׁר עָשָׂה לָכֶם בַּמִּדְבָּר עַד־בֹּאֲכֶם עַד־הַמָּקוֹם הַזֶּה׃
ו וַאֲשֶׁר עָשָׂה לְדָתָן וְלַאֲבִירָם בְּנֵי אֱלִיאָב בֶּן־רְאוּבֵן אֲשֶׁר פָּצְתָה
הָאָרֶץ אֶת־פִּיהָ וַתִּבְלָעֵם וְאֶת־בָּתֵּיהֶם וְאֶת־אָהֳלֵיהֶם וְאֵת כָּל־
ז הַיְקוּם אֲשֶׁר בְּרַגְלֵיהֶם בְּקֶרֶב כָּל־יִשְׂרָאֵל׃ כִּי עֵינֵיכֶם הָרֹאֹת
ח אֵת כָּל־מַעֲשֵׂה יהוה הַגָּדֹל אֲשֶׁר עָשָׂה׃ וּשְׁמַרְתֶּם אֶת־כָּל־

At that time the LORD separated the tribe of Levi, to bear the 8
ark of the covenant of the LORD, to stand before the LORD to
minister to him, and to bless in his name, to this day. There- 9
fore Levi has no part or inheritance with his brethren; the LORD
is his inheritance, according as the LORD thy GOD promised him.
And I stayed in the mountain, like the first time, forty days and 10
forty nights; and the LORD hearkened to me at that time also,
and the LORD would not destroy thee. And the LORD said to me, 11
Arise, take thy journey before the people, that they may go in
and possess the land, which I swore to their fathers to give
them.
And now, Yisra'el, what does the LORD thy GOD require of thee, 12
but to fear the LORD thy GOD, to walk in all his ways, and to
love him, and to serve the LORD thy GOD with all thy heart
and with all thy soul, to keep the commandments of the LORD, 13
and his statutes, which I command thee this day for thy good?
Behold, the heaven and the heaven of heavens belongs to the 14
LORD thy GOD, the earth also, with all that is on it. Only the 15
LORD took delight in thy fathers to love them, and he chose
their seed after them, even you above all people, as it is this
day. Circumcise therefore the foreskin of your heart, and be 16
stiffnecked no more. For the LORD your GOD is GOD of gods, 17
and LORD of lords, a great GOD, a mighty, and a terrible, who
favours no person, and takes no bribe: he executes the judg- 18
ment of the fatherless and widow, and loves the stranger, giving
him food and raiment. Love therefore the stranger: for you 19
were strangers in the land of Miẕrayim. Thou shalt fear the 20
LORD thy GOD; him shalt thou serve, and to him shalt thou
hold fast, and swear by his name. He is thy praise, and he is 21
thy GOD, who has done for thee these great and terrible things,
which thy eyes have seen. Thy fathers went down to Miẕrayim 22
with seventy persons; and now the LORD thy GOD has made
thee as the stars of heaven for multitude. Therefore thou shalt **11**
love the LORD thy GOD, and keep his charge, and his statutes,
and his judgments, and his commandments, always. And know 2
this day: for I speak not with your children who have not
known, and have not seen the chastisement of the LORD your
GOD, his greatness, his mighty hand, and his stretched out arm,
and his miracles, and his acts, which he did in the midst of 3
Miẕrayim to Par'o the king of Miẕrayim, and to all his land;
and what he did to the army of Miẕrayim, to their horses, and 4
to their chariots; how he made the water of the Sea of Suf
overflow them as they pursued after you, and how the LORD
destroyed them unto this day; and what he did to you in the 5
wilderness, until you came to this place; and what he did to 6
Datan and Aviram, the sons of Eli'av, the son of Re'uven: how
the earth opened its mouth, and swallowed them up, and their
households, and their tents, and all the living substance that
followed them, in the midst of all Yisra'el: but your eyes have 7
seen all the great acts of the LORD which he did. Therefore shall 8
you keep all the commandments which I command you this day,

הַמִּצְוָה אֲשֶׁר אָנֹכִי מְצַוְּךָ הַיּוֹם לְמַעַן תֶּחֶזְקוּ וּבָאתֶם וִירִשְׁתֶּם

אֶת־הָאָרֶץ אֲשֶׁר אַתֶּם עֹבְרִים שָׁמָּה לְרִשְׁתָּהּ: וּלְמַעַן תַּאֲרִיכוּ **ט**

יָמִים עַל־הָאֲדָמָה אֲשֶׁר נִשְׁבַּע יְהוָה לַאֲבֹתֵיכֶם לָתֵת לָהֶם

וּלְזַרְעָם אֶרֶץ זָבַת חָלָב וּדְבָשׁ:   כִּי הָאָרֶץ אֲשֶׁר **ששי י**

אַתָּה בָא־שָׁמָּה לְרִשְׁתָּהּ לֹא כְאֶרֶץ מִצְרַיִם הִוא אֲשֶׁר יְצָאתֶם

מִשָּׁם אֲשֶׁר תִּזְרַע אֶת־זַרְעֲךָ וְהִשְׁקִיתָ בְרַגְלְךָ כְּגַן הַיָּרָק: וְהָאָרֶץ **יא**

אֲשֶׁר אַתֶּם עֹבְרִים שָׁמָּה לְרִשְׁתָּהּ אֶרֶץ הָרִים וּבְקָעֹת לִמְטַר

הַשָּׁמַיִם תִּשְׁתֶּה־מָּיִם: אֶרֶץ אֲשֶׁר־יְהוָה אֱלֹהֶיךָ דֹּרֵשׁ אֹתָהּ **יב**

תָּמִיד עֵינֵי יְהוָה אֱלֹהֶיךָ בָּהּ מֵרֵשִׁית הַשָּׁנָה וְעַד אַחֲרִית

שָׁנָה: וְהָיָה אִם־שָׁמֹעַ תִּשְׁמְעוּ אֶל־מִצְוֹתַי אֲשֶׁר **יג**

אָנֹכִי מְצַוֶּה אֶתְכֶם הַיּוֹם לְאַהֲבָה אֶת־יְהוָה אֱלֹהֵיכֶם וּלְעָבְדוֹ

בְּכָל־לְבַבְכֶם וּבְכָל־נַפְשְׁכֶם: וְנָתַתִּי מְטַר־אַרְצְכֶם בְּעִתּוֹ יוֹרֶה **יד**

וּמַלְקוֹשׁ וְאָסַפְתָּ דְגָנֶךָ וְתִירֹשְׁךָ וְיִצְהָרֶךָ: וְנָתַתִּי עֵשֶׂב בְּשָׂדְךָ **טו**

לִבְהֶמְתֶּךָ וְאָכַלְתָּ וְשָׂבָעְתָּ: הִשָּׁמְרוּ לָכֶם פֶּן־יִפְתֶּה לְבַבְכֶם **טז**

וְסַרְתֶּם וַעֲבַדְתֶּם אֱלֹהִים אֲחֵרִים וְהִשְׁתַּחֲוִיתֶם לָהֶם: וְחָרָה **יז**

אַף־יְהוָה בָּכֶם וְעָצַר אֶת־הַשָּׁמַיִם וְלֹא־יִהְיֶה מָטָר וְהָאֲדָמָה

לֹא תִתֵּן אֶת־יְבוּלָהּ וַאֲבַדְתֶּם מְהֵרָה מֵעַל הָאָרֶץ הַטֹּבָה אֲשֶׁר

יְהוָה נֹתֵן לָכֶם: וְשַׂמְתֶּם אֶת־דְּבָרַי אֵלֶּה עַל־לְבַבְכֶם וְעַל־ **יח**

נַפְשְׁכֶם וּקְשַׁרְתֶּם אֹתָם לְאוֹת עַל־יֶדְכֶם וְהָיוּ לְטוֹטָפֹת בֵּין

עֵינֵיכֶם: וְלִמַּדְתֶּם אֹתָם אֶת־בְּנֵיכֶם לְדַבֵּר בָּם בְּשִׁבְתְּךָ בְּבֵיתֶךָ **יט**

וּבְלֶכְתְּךָ בַדֶּרֶךְ וּבְשָׁכְבְּךָ וּבְקוּמֶךָ: וּכְתַבְתָּם עַל־מְזוּזוֹת **כ**

בֵּיתֶךָ וּבִשְׁעָרֶיךָ: לְמַעַן יִרְבּוּ יְמֵיכֶם וִימֵי בְנֵיכֶם עַל הָאֲדָמָה **כא**

אֲשֶׁר נִשְׁבַּע יְהוָה לַאֲבֹתֵיכֶם לָתֵת לָהֶם כִּימֵי הַשָּׁמַיִם עַל־

הָאָרֶץ: כִּי אִם־שָׁמֹר תִּשְׁמְרוּן אֶת־כָּל־ **כב**

שביעי ומפטיר

הַמִּצְוָה הַזֹּאת אֲשֶׁר אָנֹכִי מְצַוֶּה אֶתְכֶם לַעֲשֹׂתָהּ לְאַהֲבָה

אֶת־יְהוָה אֱלֹהֵיכֶם לָלֶכֶת בְּכָל־דְּרָכָיו וּלְדָבְקָה־בוֹ: וְהוֹרִישׁ **כג**

יְהוָה אֶת־כָּל־הַגּוֹיִם הָאֵלֶּה מִלִּפְנֵיכֶם וִירִשְׁתֶּם גּוֹיִם גְּדֹלִים

וַעֲצֻמִים מִכֶּם: כָּל־הַמָּקוֹם אֲשֶׁר תִּדְרֹךְ כַּף־רַגְלְכֶם בּוֹ לָכֶם **כד**

יִהְיֶה מִן־הַמִּדְבָּר וְהַלְּבָנוֹן מִן־הַנָּהָר נְהַר־פְּרָת וְעַד הַיָּם הָאַחֲרוֹן

יִהְיֶה גְּבֻלְכֶם: לֹא־יִתְיַצֵּב אִישׁ בִּפְנֵיכֶם פַּחְדְּכֶם וּמוֹרַאֲכֶם יִתֵּן ׀ **כה**

יְהוָה אֱלֹהֵיכֶם עַל־פְּנֵי כָל־הָאָרֶץ אֲשֶׁר תִּדְרְכוּ־בָהּ כַּאֲשֶׁר דִּבֶּר

לָכֶם: **ראה** רְאֵה אָנֹכִי נֹתֵן לִפְנֵיכֶם הַיּוֹם בְּרָכָה **כו**

וּקְלָלָה: אֶת־הַבְּרָכָה אֲשֶׁר תִּשְׁמְעוּ אֶל־מִצְוֹת יְהוָה אֱלֹהֵיכֶם **כז**

אֲשֶׁר אָנֹכִי מְצַוֶּה אֶתְכֶם הַיּוֹם: וְהַקְּלָלָה אִם־לֹא תִשְׁמְעוּ **כח**

אֶל־מִצְוֹת יְהוָה אֱלֹהֵיכֶם וְסַרְתֶּם מִן־הַדֶּרֶךְ אֲשֶׁר אָנֹכִי

מְצַוֶּה אֶתְכֶם הַיּוֹם לָלֶכֶת אַחֲרֵי אֱלֹהִים אֲחֵרִים אֲשֶׁר לֹא־

that you may be strong, and go in and possess the land, into
which you go to possess it; and that you may prolong your   9
days in the land, which the LORD swore to your fathers to give
to them and to their seed, a land flowing with milk and
honey.   For the land, into which thou goest to possess it,   10
is not as the land of Miẓrayim, from whence you came out,
where thou didst sow thy seed, and didst water it with thy foot,
like a garden of vegetables: but the land, into which you go to   11
possess it, is a land of hills and valleys, and drinks water of the
rain of heaven: a land which the LORD thy GOD cares for: the   12
eyes of the LORD thy GOD are always upon it, from the be-
ginning of the year to the end of the year.   And it shall   13
come to pass, if you hearken diligently to my commandments
which I command you this day, to love the LORD your GOD, and
to serve him with all your heart and with all your soul,
that I will give you the rain of your land in its due season, the   14
early rain and the late rain, that thou mayst gather in thy
corn, and thy wine, and thy oil. And I will send grass in thy   15
fields for thy cattle, that thou mayst eat and be full. Take heed 16
to yourselves, that your heart be not deceived, and you turn
aside, and serve other gods, and worship them; and then the   17
LORD's anger be inflamed against you, and he shut up the heavens,
that there be no rain, and that the land yield not its fruit;
and you perish quickly from off the good land which the LORD
gives you. And you shall lay up these my words in your heart   18
and in your soul, and bind them for a sign upon your hand, and
they will be as frontlets between your eyes. And you shall teach 19
them your children, speaking of them when thou dost sit in
thy house, and when thou dost walk by the way, when thou
liest down, and when thou risest up. And thou shalt write them   20
upon the door posts of thy house, and upon thy gates: that   21
your days may be multiplied, and the days of your children,
in the land which the LORD swore to your fathers to give them,
as the days of heaven upon the earth.   For if you shall   22
diligently keep all these commandments which I command you,
to do them, to love the LORD your GOD, to walk in all his ways,
and to hold fast to him; then will the LORD drive out all these   23
nations from before you, and you shall possess greater nations
and mightier than yourselves. Every place whereon the sole of   24
your foot shall tread shall be yours: from the wilderness to
the Levanon, from the river, the river Perat, to the uttermost
sea shall be your border. There shall no man be able to stand   25
against you: for the LORD your GOD shall lay the fear of you
and the dread of you upon all the land that you shall tread
upon, as he has spoken to you.   Behold, I set before you   26
RE'E   this day a blessing and a curse; a blessing, if you obey the   27
commandments of the LORD your GOD, which I command you
this day: and a curse, if you do not obey the commandments   28
of the LORD your GOD, but turn aside out of the way which
I command you this day, to go after other gods, which you

כט יְדַעְתֶּם: וְהָיָה כִּי יְבִיאֲךָ יהוה אֱלֹהֶיךָ אֶל־
הָאָרֶץ אֲשֶׁר־אַתָּה בָא־שָׁמָּה לְרִשְׁתָּהּ וְנָתַתָּה אֶת־הַבְּרָכָה
ל עַל־הַר גְּרִזִים וְאֶת־הַקְּלָלָה עַל־הַר עֵיבָל: הֲלֹא־הֵמָּה בְּעֵבֶר
הַיַּרְדֵּן אַחֲרֵי דֶּרֶךְ מְבוֹא הַשֶּׁמֶשׁ בְּאֶרֶץ הַכְּנַעֲנִי הַיֹּשֵׁב בָּעֲרָבָה
לא מוּל הַגִּלְגָּל אֵצֶל אֵלוֹנֵי מֹרֶה: כִּי אַתֶּם עֹבְרִים אֶת־הַיַּרְדֵּן
לָבֹא לָרֶשֶׁת אֶת־הָאָרֶץ אֲשֶׁר־יהוה אֱלֹהֵיכֶם נֹתֵן לָכֶם וִירִשְׁתֶּם
לב אֹתָהּ וִישַׁבְתֶּם־בָּהּ: וּשְׁמַרְתֶּם לַעֲשׂוֹת אֵת כָּל־הַחֻקִּים וְאֶת־
יב א הַמִּשְׁפָּטִים אֲשֶׁר אָנֹכִי נֹתֵן לִפְנֵיכֶם הַיּוֹם: אֵלֶּה הַחֻקִּים
וְהַמִּשְׁפָּטִים אֲשֶׁר תִּשְׁמְרוּן לַעֲשׂוֹת בָּאָרֶץ אֲשֶׁר נָתַן יהוה
אֱלֹהֵי אֲבֹתֶיךָ לְךָ לְרִשְׁתָּהּ כָּל־הַיָּמִים אֲשֶׁר־אַתֶּם חַיִּים עַל־
ב הָאֲדָמָה: אַבֵּד תְּאַבְּדוּן אֶת־כָּל־הַמְּקֹמוֹת אֲשֶׁר עָבְדוּ־שָׁם
הַגּוֹיִם אֲשֶׁר אַתֶּם יֹרְשִׁים אֹתָם אֶת־אֱלֹהֵיהֶם עַל־הֶהָרִים
ג הָרָמִים וְעַל־הַגְּבָעוֹת וְתַחַת כָּל־עֵץ רַעֲנָן: וְנִתַּצְתֶּם אֶת־
מִזְבְּחֹתָם וְשִׁבַּרְתֶּם אֶת־מַצֵּבֹתָם וַאֲשֵׁרֵיהֶם תִּשְׂרְפוּן בָּאֵשׁ
וּפְסִילֵי אֱלֹהֵיהֶם תְּגַדֵּעוּן וְאִבַּדְתֶּם אֶת־שְׁמָם מִן־הַמָּקוֹם הַהוּא:
ד ה לֹא־תַעֲשׂוּן כֵּן לַיהוה אֱלֹהֵיכֶם: כִּי אִם־אֶל־הַמָּקוֹם אֲשֶׁר־יִבְחַר
יהוה אֱלֹהֵיכֶם מִכָּל־שִׁבְטֵיכֶם לָשׂוּם אֶת־שְׁמוֹ שָׁם לְשִׁכְנוֹ
ו תִדְרְשׁוּ וּבָאתָ שָׁמָּה: וַהֲבֵאתֶם שָׁמָּה עֹלֹתֵיכֶם וְזִבְחֵיכֶם וְאֵת
מַעְשְׂרֹתֵיכֶם וְאֵת תְּרוּמַת יֶדְכֶם וְנִדְרֵיכֶם וְנִדְבֹתֵיכֶם וּבְכֹרֹת
ז בְּקַרְכֶם וְצֹאנְכֶם: וַאֲכַלְתֶּם־שָׁם לִפְנֵי יהוה אֱלֹהֵיכֶם וּשְׂמַחְתֶּם
בְּכֹל מִשְׁלַח יֶדְכֶם אַתֶּם וּבָתֵּיכֶם אֲשֶׁר בֵּרַכְךָ יהוה אֱלֹהֶיךָ:
ח לֹא תַעֲשׂוּן כְּכֹל אֲשֶׁר אֲנַחְנוּ עֹשִׂים פֹּה הַיּוֹם אִישׁ כָּל־הַיָּשָׁר
ט בְּעֵינָיו: כִּי לֹא־בָאתֶם עַד־עָתָּה אֶל־הַמְּנוּחָה וְאֶל־הַנַּחֲלָה
י אֲשֶׁר־יהוה אֱלֹהֶיךָ נֹתֵן לָךְ: וַעֲבַרְתֶּם אֶת־הַיַּרְדֵּן וִישַׁבְתֶּם
בָּאָרֶץ אֲשֶׁר־יהוה אֱלֹהֵיכֶם מַנְחִיל אֶתְכֶם וְהֵנִיחַ לָכֶם מִכָּל־
יא אֹיְבֵיכֶם מִסָּבִיב וִישַׁבְתֶּם־בֶּטַח: וְהָיָה הַמָּקוֹם אֲשֶׁר־יִבְחַר יהוה שני
אֱלֹהֵיכֶם בּוֹ לְשַׁכֵּן שְׁמוֹ שָׁם שָׁמָּה תָבִיאוּ אֵת כָּל־אֲשֶׁר אָנֹכִי
מְצַוֶּה אֶתְכֶם עוֹלֹתֵיכֶם וְזִבְחֵיכֶם מַעְשְׂרֹתֵיכֶם וּתְרֻמַת יֶדְכֶם
יב וְכֹל מִבְחַר נִדְרֵיכֶם אֲשֶׁר תִּדְּרוּ לַיהוה: וּשְׂמַחְתֶּם לִפְנֵי יהוה
אֱלֹהֵיכֶם אַתֶּם וּבְנֵיכֶם וּבְנֹתֵיכֶם וְעַבְדֵיכֶם וְאַמְהֹתֵיכֶם וְהַלֵּוִי
יג אֲשֶׁר בְּשַׁעֲרֵיכֶם כִּי אֵין לוֹ חֵלֶק וְנַחֲלָה אִתְּכֶם: הִשָּׁמֶר לְךָ פֶּן־
יד תַּעֲלֶה עֹלֹתֶיךָ בְּכָל־מָקוֹם אֲשֶׁר תִּרְאֶה: כִּי אִם־בַּמָּקוֹם אֲשֶׁר־
יִבְחַר יהוה בְּאַחַד שְׁבָטֶיךָ שָׁם תַּעֲלֶה עֹלֹתֶיךָ וְשָׁם תַּעֲשֶׂה כֹּל
טו אֲשֶׁר אָנֹכִי מְצַוֶּךָּ: רַק בְּכָל־אַוַּת נַפְשְׁךָ תִּזְבַּח וְאָכַלְתָּ בָשָׂר
כְּבִרְכַּת יהוה אֱלֹהֶיךָ אֲשֶׁר נָתַן־לְךָ בְּכָל־שְׁעָרֶיךָ הַטָּמֵא וְהַטָּהוֹר
טז יֹאכְלֶנּוּ כַּצְּבִי וְכָאַיָּל: רַק הַדָּם לֹא תֹאכֵלוּ עַל־הָאָרֶץ תִּשְׁפְּכֶנּוּ

have not known.   And it shall come to pass, when the   29
Lord thy God has brought thee in to the land into which thou
dost go to possess it, that thou shalt put the blessing upon
mount Gerizzim, and the curse upon mount 'Eval. Are they   30
not on the other side of the Yarden, by the way where the sun
goes down, in the land of the Kena'ani, who dwell in the 'Arava
over against Gilgal, beside the terebinths of More? For you   31
shall pass over the Yarden to go in to possess the land which
the Lord your God gives you, and you shall possess it, and
dwell in it. And you shall observe to do all the statutes and   32
judgments which I set before you this day. These are the   **12**
statutes and judgments, which you shall observe to do in the
land, which the Lord God of thy fathers gives thee to possess
it, all the days that you live upon the earth. You shall utterly   2
destroy all the places, in which the nations whom you are to
dispossess, served their gods, upon the high mountains, and
upon the hills, and under every leafy tree: and you shall over-   3
throw their altars, and break their pillars, and burn their asher-
im with fire; and you shall hew down the carvings of their
gods, and destroy the name of them out of that place. This   4
you shall not do to the Lord your God. But to the place which   5
the Lord your God shall choose out of all your tribes to put
his name there, there shall you seek him, at his dwelling, and
there shalt thou come: and there you shall bring your burnt   6
offerings, and your sacrifices, and your tithes, and the offerings
of your hand, and your vows, and your freewill offerings, and
the firstlings of your herds and your flocks: and there you shall   7
eat before the Lord your God, and you shall rejoice in all that
to which you put your hand, you and your households, wherein
the Lord thy God has blessed thee. You shall not do after all   8
the things that we do here this day, every man whatever is
right in his own eyes. For you are not as yet come to the rest   9
and to the inheritance, which the Lord your God gives you.
But when you traverse the Yarden, and dwell in the land which   10
the Lord your God gives you to inherit, and when he gives you
rest from all your enemies round about, so that you dwell in
safety; then there shall be a place which the Lord your God shall   11
choose to cause his name to dwell there; there shall you bring all
that I command you; your burnt offerings, and your sacrifices,
your tithes, and the offering of your hand, and all your choice
vows which you vow to the Lord: and you shall rejoice before   12
the Lord your God, you and your sons, and your daughters, and
your menservants, and your maidservants, and the Levite who is
within your gates; for he has no part or inheritance with you.
Take heed to thyself that thou offer not thy burnt offerings in   13
every place that thou seest: but only in the place which the Lord   14
shall choose in one of thy tribes, there thou shalt offer thy burnt
offerings, and there thou shalt do all that I command thee.
Nonetheless, thou mayst slaughter animals and eat their flesh   15
to thy heart's desire, according to the blessing of the Lord thy
God which he has bestowed on thee, throughout all thy gates,
the unclean and the clean may eat of it as they do of the gazelle
and the deer. Only you shall not eat the blood; you shall pour   16

יז כַּמָּיִם׃ לֹא־תוּכַל לֶאֱכֹל בִּשְׁעָרֶיךָ מַעְשַׂר דְּגָנְךָ וְתִירֹשְׁךָ וְיִצְהָרֶךָ
וּבְכֹרֹת בְּקָרְךָ וְצֹאנֶךָ וְכָל־נְדָרֶיךָ אֲשֶׁר תִּדֹּר וְנִדְבֹתֶיךָ וּתְרוּמַת
יח יָדֶךָ׃ כִּי אִם־לִפְנֵי יהוה אֱלֹהֶיךָ תֹּאכְלֶנּוּ בַּמָּקוֹם אֲשֶׁר יִבְחַר
יהוה אֱלֹהֶיךָ בּוֹ אַתָּה וּבִנְךָ וּבִתֶּךָ וְעַבְדְּךָ וַאֲמָתֶךָ וְהַלֵּוִי אֲשֶׁר
יט בִּשְׁעָרֶיךָ וְשָׂמַחְתָּ לִפְנֵי יהוה אֱלֹהֶיךָ בְּכֹל מִשְׁלַח יָדֶךָ׃ הִשָּׁמֶר
יא כ לְךָ פֶּן־תַּעֲזֹב אֶת־הַלֵּוִי כָּל־יָמֶיךָ עַל־אַדְמָתֶךָ׃ כִּי־
יַרְחִיב יהוה אֱלֹהֶיךָ אֶת־גְּבֻלְךָ כַּאֲשֶׁר דִּבֶּר־לָךְ וְאָמַרְתָּ אֹכְלָה
בָשָׂר כִּי־תְאַוֶּה נַפְשְׁךָ לֶאֱכֹל בָּשָׂר בְּכָל־אַוַּת נַפְשְׁךָ תֹּאכַל
כא בָּשָׂר׃ כִּי־יִרְחַק מִמְּךָ הַמָּקוֹם אֲשֶׁר יִבְחַר יהוה אֱלֹהֶיךָ לָשׂוּם
שְׁמוֹ שָׁם וְזָבַחְתָּ מִבְּקָרְךָ וּמִצֹּאנְךָ אֲשֶׁר נָתַן יהוה לְךָ כַּאֲשֶׁר
כב צִוִּיתִךָ וְאָכַלְתָּ בִּשְׁעָרֶיךָ בְּכֹל אַוַּת נַפְשֶׁךָ׃ אַךְ כַּאֲשֶׁר יֵאָכֵל
אֶת־הַצְּבִי וְאֶת־הָאַיָּל כֵּן תֹּאכְלֶנּוּ הַטָּמֵא וְהַטָּהוֹר יַחְדָּו
כג יֹאכְלֶנּוּ׃ רַק חֲזַק לְבִלְתִּי אֲכֹל הַדָּם כִּי הַדָּם הוּא הַנָּפֶשׁ וְלֹא־
כד תֹאכַל הַנֶּפֶשׁ עִם־הַבָּשָׂר׃ לֹא תֹּאכְלֶנּוּ עַל־הָאָרֶץ תִּשְׁפְּכֶנּוּ
כה כַּמָּיִם׃ לֹא תֹּאכְלֶנּוּ לְמַעַן יִיטַב לְךָ וּלְבָנֶיךָ אַחֲרֶיךָ כִּי־תַעֲשֶׂה
כו הַיָּשָׁר בְּעֵינֵי יהוה׃ רַק קָדָשֶׁיךָ אֲשֶׁר־יִהְיוּ לְךָ וּנְדָרֶיךָ תִּשָּׂא וּבָאתָ
כז אֶל־הַמָּקוֹם אֲשֶׁר־יִבְחַר יהוה׃ וְעָשִׂיתָ עֹלֹתֶיךָ הַבָּשָׂר וְהַדָּם עַל־
מִזְבַּח יהוה אֱלֹהֶיךָ וְדַם־זְבָחֶיךָ יִשָּׁפֵךְ עַל־מִזְבַּח יהוה אֱלֹהֶיךָ
כח וְהַבָּשָׂר תֹּאכֵל׃ שְׁמֹר וְשָׁמַעְתָּ אֵת כָּל־הַדְּבָרִים הָאֵלֶּה אֲשֶׁר
אָנֹכִי מְצַוֶּךָּ לְמַעַן יִיטַב לְךָ וּלְבָנֶיךָ אַחֲרֶיךָ עַד־עוֹלָם כִּי תַעֲשֶׂה
שלישי כט הַטּוֹב וְהַיָּשָׁר בְּעֵינֵי יהוה אֱלֹהֶיךָ׃ כִּי־יַכְרִית
יהוה אֱלֹהֶיךָ אֶת־הַגּוֹיִם אֲשֶׁר אַתָּה בָא־שָׁמָּה לָרֶשֶׁת אוֹתָם
ל מִפָּנֶיךָ וְיָרַשְׁתָּ אֹתָם וְיָשַׁבְתָּ בְּאַרְצָם׃ הִשָּׁמֶר לְךָ פֶּן־תִּנָּקֵשׁ
אַחֲרֵיהֶם אַחֲרֵי הִשָּׁמְדָם מִפָּנֶיךָ וּפֶן־תִּדְרֹשׁ לֵאלֹהֵיהֶם לֵאמֹר
אֵיכָה יַעַבְדוּ הַגּוֹיִם הָאֵלֶּה אֶת־אֱלֹהֵיהֶם וְאֶעֱשֶׂה־כֵּן גַּם־אָנִי׃
לא לֹא־תַעֲשֶׂה כֵן לַיהוה אֱלֹהֶיךָ כִּי כָל־תּוֹעֲבַת יהוה אֲשֶׁר שָׂנֵא
עָשׂוּ לֵאלֹהֵיהֶם כִּי גַם אֶת־בְּנֵיהֶם וְאֶת־בְּנֹתֵיהֶם יִשְׂרְפוּ בָאֵשׁ
יג א לֵאלֹהֵיהֶם׃ אֵת כָּל־הַדָּבָר אֲשֶׁר אָנֹכִי מְצַוֶּה אֶתְכֶם אֹתוֹ תִשְׁמְרוּ
לַעֲשׂוֹת לֹא־תֹסֵף עָלָיו וְלֹא תִגְרַע מִמֶּנּוּ׃
ב כִּי־יָקוּם בְּקִרְבְּךָ נָבִיא אוֹ חֹלֵם חֲלוֹם וְנָתַן אֵלֶיךָ אוֹת אוֹ
ג מוֹפֵת׃ וּבָא הָאוֹת וְהַמּוֹפֵת אֲשֶׁר־דִּבֶּר אֵלֶיךָ לֵאמֹר נֵלְכָה
ד אַחֲרֵי אֱלֹהִים אֲחֵרִים אֲשֶׁר לֹא־יְדַעְתָּם וְנָעָבְדֵם׃ לֹא תִשְׁמַע
אֶל־דִּבְרֵי הַנָּבִיא הַהוּא אוֹ אֶל־חוֹלֵם הַחֲלוֹם הַהוּא כִּי מְנַסֶּה
יהוה אֱלֹהֵיכֶם אֶתְכֶם לָדַעַת הֲיִשְׁכֶם אֹהֲבִים אֶת־יהוה

it upon the earth like water. Thou mayst not eat within thy   17
gates the tithe of thy corn, or of thy wine, or of thy oil, or the
firstlings of thy herds or of thy flock, or any of thy vows which
thou vowest, or thy freewill offerings, or offering of thy hand:
but thou must eat them before the LORD thy GOD in the place   18
which the LORD thy GOD shall choose, thou, and thy son, and
thy daughter, and thy manservant, and thy maidservant, and
the Levite who is within thy gates: and thou shalt rejoice be-
fore the LORD thy GOD in all that to which thou puttest thy hand.
Take heed to thyself that thou forsake not the Levite as long   19
as thou livest upon the earth.   When the LORD thy GOD   20
shall enlarge thy border, as he has promised thee, and thou
shalt say, I will eat meat, because thou longest to eat meat;
thou mayst eat meat, to thy heart's desire. If the place which   21
the LORD thy GOD has chosen to put his name there be too
far from thee, then thou shalt kill of thy herd and of thy flock,
which the LORD has given thee, as I have commanded thee, and
thou shalt eat in thy gates to thy heart's desire. Even as the   22
gazelle and the deer is eaten, so thou shalt eat them: the un-
clean and the clean shall eat of them alike. Only be sure that   23
thou eat not the blood: for the blood is the life; and thou mayst
not eat the life with the meat. Thou shalt not eat it; thou shalt   24
pour it upon the earth like water. Thou shalt not eat it; that it   25
may go well with thee, and with thy children after thee, when
thou shalt do that which is right in the sight of the LORD. Only   26
thy holy things which thou hast, and thy vows, thou shalt take
and go to the place which the LORD shall choose: and thou   27
shalt offer thy burnt offerings, the meat and the blood, upon
the altar of the LORD thy GOD: and the blood of thy sacrifices
shall be poured out upon the altar of the LORD thy GOD, and
thou shalt eat the meat. Observe and hear all these words which   28
I command thee, that it may go well with thee, and with thy
children after thee for ever, when thou doest that which is good
and right in the sight of the LORD thy GOD.   When the   29
LORD thy GOD shall cut off the nations from before thee, whither
thou goest to dispossess them, and thou dost succeed them
and dost dwell in their land; take heed to thyself that thou be   30
not ensnared into following them, after they are destroyed
from before thee; and that thou inquire not after their gods,
saying, How did these nations serve their gods? even so will I
do likewise. Thou shalt not do so to the LORD thy GOD: for   31
every abomination to the LORD, which he hates, have they done
to their gods; for even their sons and their daughters they have
burnt in the fire to their gods. Every matter which I command   **13**
you, observe to do it: thou shalt not add thereto, nor diminish
from it.

If there arise among you a prophet, or a dreamer of dreams,   2
and he give thee a sign or a wonder, and the sign or the wonder   3
come to pass, of which he spoke to thee, saying, Let us go after
other gods, which thou hast not known, and let us serve them;
thou shalt not hearken to the words of that prophet, or that   4
dreamer of dreams: for the LORD your GOD puts you to the proof,
to know whether you love the LORD your GOD with all your

ה אֱלֹהֵיכֶם בְּכָל־לְבַבְכֶם וּבְכָל־נַפְשְׁכֶם׃ אַחֲרֵי יְהוָה אֱלֹהֵיכֶם
תֵּלֵכוּ וְאֹתוֹ תִירָאוּ וְאֶת־מִצְוֺתָיו תִּשְׁמֹרוּ וּבְקֹלוֹ תִשְׁמָעוּ וְאֹתוֹ
ו תַעֲבֹדוּ וּבוֹ תִדְבָּקוּן׃ וְהַנָּבִיא הַהוּא אוֹ חֹלֵם הַחֲלוֹם הַהוּא
יוּמָת כִּי דִבֶּר־סָרָה עַל־יְהוָה אֱלֹהֵיכֶם הַמּוֹצִיא אֶתְכֶם ׀ מֵאֶרֶץ
מִצְרַיִם וְהַפֹּדְךָ מִבֵּית עֲבָדִים לְהַדִּיחֲךָ מִן־הַדֶּרֶךְ אֲשֶׁר צִוְּךָ יְהוָה
ז אֱלֹהֶיךָ לָלֶכֶת בָּהּ וּבִעַרְתָּ הָרָע מִקִּרְבֶּךָ׃ כִּי
יְסִיתְךָ אָחִיךָ בֶן־אִמֶּךָ אוֹ־בִנְךָ אוֹ־בִתְּךָ אוֹ ׀ אֵשֶׁת חֵיקֶךָ אוֹ
רֵעֲךָ אֲשֶׁר כְּנַפְשְׁךָ בַּסֵּתֶר לֵאמֹר נֵלְכָה וְנַעַבְדָה אֱלֹהִים אֲחֵרִים
ח אֲשֶׁר לֹא יָדַעְתָּ אַתָּה וַאֲבֹתֶיךָ׃ מֵאֱלֹהֵי הָעַמִּים אֲשֶׁר סְבִיבֹתֵיכֶם
הַקְּרֹבִים אֵלֶיךָ אוֹ הָרְחֹקִים מִמֶּךָּ מִקְצֵה הָאָרֶץ וְעַד־קְצֵה
ט הָאָרֶץ׃ לֹא־תֹאבֶה לוֹ וְלֹא תִשְׁמַע אֵלָיו וְלֹא־תָחוֹס עֵינְךָ עָלָיו
י וְלֹא־תַחְמֹל וְלֹא־תְכַסֶּה עָלָיו׃ כִּי הָרֹג תַּהַרְגֶנּוּ יָדְךָ תִּהְיֶה־בּוֹ
יא בָרִאשׁוֹנָה לַהֲמִיתוֹ וְיַד כָּל־הָעָם בָּאַחֲרֹנָה׃ וּסְקַלְתּוֹ בָאֲבָנִים
וָמֵת כִּי בִקֵּשׁ לְהַדִּיחֲךָ מֵעַל יְהוָה אֱלֹהֶיךָ הַמּוֹצִיאֲךָ מֵאֶרֶץ
יב מִצְרַיִם מִבֵּית עֲבָדִים׃ וְכָל־יִשְׂרָאֵל יִשְׁמְעוּ וְיִרָאוּן וְלֹא־יוֹסִפוּ
יג לַעֲשׂוֹת כַּדָּבָר הָרָע הַזֶּה בְּקִרְבֶּךָ׃ כִּי־תִשְׁמַע
בְּאַחַת עָרֶיךָ אֲשֶׁר יְהוָה אֱלֹהֶיךָ נֹתֵן לְךָ לָשֶׁבֶת שָׁם לֵאמֹר׃
יד יָצְאוּ אֲנָשִׁים בְּנֵי־בְלִיַּעַל מִקִּרְבֶּךָ וַיַּדִּיחוּ אֶת־יֹשְׁבֵי עִירָם לֵאמֹר
טו נֵלְכָה וְנַעַבְדָה אֱלֹהִים אֲחֵרִים אֲשֶׁר לֹא־יְדַעְתֶּם׃ וְדָרַשְׁתָּ
וְחָקַרְתָּ וְשָׁאַלְתָּ הֵיטֵב וְהִנֵּה אֱמֶת נָכוֹן הַדָּבָר נֶעֶשְׂתָה הַתּוֹעֵבָה
טז הַזֹּאת בְּקִרְבֶּךָ׃ הַכֵּה תַכֶּה אֶת־יֹשְׁבֵי הָעִיר הַהִוא לְפִי־חָרֶב
הַחֲרֵם אֹתָהּ וְאֶת־כָּל־אֲשֶׁר־בָּהּ וְאֶת־בְּהֶמְתָּהּ לְפִי־חָרֶב׃
יז וְאֶת־כָּל־שְׁלָלָהּ תִּקְבֹּץ אֶל־תּוֹךְ רְחֹבָהּ וְשָׂרַפְתָּ בָאֵשׁ אֶת־
הָעִיר וְאֶת־כָּל־שְׁלָלָהּ כָּלִיל לַיהוָה אֱלֹהֶיךָ וְהָיְתָה תֵּל עוֹלָם
יח לֹא תִבָּנֶה עוֹד׃ וְלֹא־יִדְבַּק בְּיָדְךָ מְאוּמָה מִן־הַחֵרֶם לְמַעַן יָשׁוּב
יְהוָה מֵחֲרוֹן אַפּוֹ וְנָתַן־לְךָ רַחֲמִים וְרִחַמְךָ וְהִרְבֶּךָ כַּאֲשֶׁר
יט נִשְׁבַּע לַאֲבֹתֶיךָ׃ כִּי תִשְׁמַע בְּקוֹל יְהוָה אֱלֹהֶיךָ לִשְׁמֹר אֶת־
כָּל־מִצְוֺתָיו אֲשֶׁר אָנֹכִי מְצַוְּךָ הַיּוֹם לַעֲשׂוֹת הַיָּשָׁר בְּעֵינֵי יְהוָה
א יד אֱלֹהֶיךָ׃ בָּנִים אַתֶּם לַיהוָה אֱלֹהֵיכֶם לֹא תִתְגֹּדְדוּ רביעי יב
ב וְלֹא־תָשִׂימוּ קָרְחָה בֵּין עֵינֵיכֶם לָמֵת׃ כִּי עַם קָדוֹשׁ אַתָּה
לַיהוָה אֱלֹהֶיךָ וּבְךָ בָּחַר יְהוָה לִהְיוֹת לוֹ לְעַם סְגֻלָּה מִכֹּל
ג הָעַמִּים אֲשֶׁר עַל־פְּנֵי הָאֲדָמָה׃ לֹא תֹאכַל כָּל־
ד תּוֹעֵבָה׃ זֹאת הַבְּהֵמָה אֲשֶׁר תֹּאכֵלוּ שׁוֹר שֵׂה כְשָׂבִים וְשֵׂה
ה ו עִזִּים׃ אַיָּל וּצְבִי וְיַחְמוּר וְאַקּוֹ וְדִישֹׁן וּתְאוֹ וָזָמֶר׃ וְכָל־בְּהֵמָה

heart and with all your soul. You shall walk after the LORD your   5
GOD, and fear him, and keep his commandments, and obey his
voice, and you shall serve him, and hold fast to him. And that   6
prophet, or that dreamer of dreams, shall be put to death;
because he has spoken to turn you away from the LORD your
GOD, who brought you out of the land of Miẓrayim and re-
deemed you out of the house of bondage, to thrust thee out
of the way which the LORD thy GOD commanded thee to walk
in. So shalt thou put the evil away from the midst of thee.

If thy brother, the son of thy mother, or thy son, or   7
thy daughter, or the wife of thy bosom, or thy friend, who is
as thy own soul, entice thee secretly, saying, Let us go and
serve other gods, which thou hast not known, thou, nor thy
fathers; of the gods of the peoples who are round about you,   8
either near to thee, or far off from thee, from the one end of
the earth even to the other end of the earth; thou shalt not   9
consent to him, nor hearken to him; nor shall thy eye pity
him, nor shalt thou spare, nor shalt thou conceal him: but   10
thou shalt surely kill him; thy hand shall be first upon him to
put him to death, and afterwards the hand of all the people.
And thou shalt stone him with stones, that he die; because he   11
has sought to draw thee away from the LORD thy GOD, who
brought thee out of the land of Miẓrayim, from the house of
bondage. And all Yisra'el shall hear, and fear, and shall do no   12
more any such wickedness as this is among you.   If thou   13
shalt hear say in one of thy cities, which the LORD thy GOD has
given thee to dwell there, saying, Certain men, wicked persons,   14
are gone out from among you, and have drawn away the inhab-
itants of their city, saying, Let us go and serve other gods,
which you know not; then shalt thou inquire, and make search,   15
and ask diligently; and, behold, if it be truth, and the thing
certain, that such abomination was done among you; thou   16
shalt surely smite the inhabitants of that city with the edge
of the sword, destroying it utterly, and all that is in it, and
its cattle with the edge of the sword. And thou shalt gather   17
all the spoil of it into the midst of the open place of the city,
and shalt burn with fire both the city and the entire plunder
taken in it, for the LORD thy GOD: and it shall be a heap for
ever; it shall not be built again. And nothing of that which was   18
devoted to destruction shall remain in your hand: that the LORD
may turn from the fierceness of his anger, and show thee
mercy, and have compassion upon thee, and multiply thee,
as he has sworn to thy fathers; when thou shalt hearken to   19
the voice of the LORD thy GOD, to keep all his commandments
which I command thee this day, to do that which is right in
the eyes of the LORD thy GOD.   You are the children of   **14**
the LORD your GOD: you shall not gash yourselves, nor make any
baldness between your eyes for the dead. For thou art a holy   2
people to the LORD thy GOD, and the LORD has chosen thee to
be a special possession to himself, out of all the nations that
are upon the earth.   Thou shalt not eat any abominable   3
thing. These are the beasts which you may eat: the ox, the   4
sheep, and the goat, the deer, and the gazelle, and the fallow   5

מַפְרֶסֶת פַּרְסָה וְשֹׁסַעַת שֶׁסַע שְׁתֵּי פְרָסוֹת מַעֲלַת גֵּרָה בַּבְּהֵמָה
ז אֹתָהּ תֹּאכֵלוּ׃ אַךְ אֶת־זֶה לֹא תֹאכְלוּ מִמַּעֲלֵי הַגֵּרָה וּמִמַּפְרִיסֵי
הַפַּרְסָה הַשְּׁסוּעָה אֶת־הַגָּמָל וְאֶת־הָאַרְנֶבֶת וְאֶת־הַשָּׁפָן כִּי־
ח מַעֲלֵה גֵרָה הֵמָּה וּפַרְסָה לֹא הִפְרִיסוּ טְמֵאִים הֵם לָכֶם׃ וְאֶת־
הַחֲזִיר כִּי־מַפְרִיס פַּרְסָה הוּא וְלֹא גֵרָה טָמֵא הוּא לָכֶם מִבְּשָׂרָם
ט לֹא תֹאכֵלוּ וּבְנִבְלָתָם לֹא תִגָּעוּ׃ אֶת־זֶה
תֹּאכְלוּ מִכֹּל אֲשֶׁר בַּמָּיִם כֹּל אֲשֶׁר־לוֹ סְנַפִּיר וְקַשְׂקֶשֶׂת תֹּאכֵלוּ׃
י וְכֹל אֲשֶׁר אֵין־לוֹ סְנַפִּיר וְקַשְׂקֶשֶׂת לֹא תֹאכֵלוּ טָמֵא הוּא
יא יב לָכֶם׃ כָּל־צִפּוֹר טְהֹרָה תֹּאכֵלוּ׃ וְזֶה אֲשֶׁר לֹא־
יג תֹאכְלוּ מֵהֶם הַנֶּשֶׁר וְהַפֶּרֶס וְהָעָזְנִיָּה׃ וְהָרָאָה וְאֶת־הָאַיָּה וְהַדַּיָּה
יד טו לְמִינָהּ׃ וְאֵת כָּל־עֹרֵב לְמִינוֹ׃ וְאֵת בַּת הַיַּעֲנָה וְאֶת־הַתַּחְמָס וְאֶת־
טז הַשָּׁחַף וְאֶת־הַנֵּץ לְמִינֵהוּ׃ אֶת־הַכּוֹס וְאֶת־הַיַּנְשׁוּף וְהַתִּנְשָׁמֶת׃
יז יח וְהַקָּאָת וְאֶת־הָרָחָמָה וְאֶת־הַשָּׁלָךְ׃ וְהַחֲסִידָה וְהָאֲנָפָה לְמִינָהּ
יט וְהַדּוּכִיפַת וְהָעֲטַלֵּף׃ וְכֹל שֶׁרֶץ הָעוֹף טָמֵא הוּא לָכֶם לֹא יֵאָכֵלוּ׃
כ כא כָּל־עוֹף טָהוֹר תֹּאכֵלוּ׃ לֹא תֹאכְלוּ כָל־נְבֵלָה לַגֵּר אֲשֶׁר־בִּשְׁעָרֶיךָ
תִּתְּנֶנָּה וַאֲכָלָהּ אוֹ מָכֹר לְנָכְרִי כִּי עַם קָדוֹשׁ אַתָּה לַיהוה אֱלֹהֶיךָ
לֹא־תְבַשֵּׁל גְּדִי בַּחֲלֵב אִמּוֹ׃
כב עַשֵּׂר תְּעַשֵּׂר אֵת כָּל־תְּבוּאַת זַרְעֶךָ הַיֹּצֵא הַשָּׂדֶה שָׁנָה שָׁנָה׃ חמישי
כג וְאָכַלְתָּ לִפְנֵי ׀ יהוה אֱלֹהֶיךָ בַּמָּקוֹם אֲשֶׁר־יִבְחַר לְשַׁכֵּן שְׁמוֹ
שָׁם מַעְשַׂר דְּגָנְךָ תִּירֹשְׁךָ וְיִצְהָרֶךָ וּבְכֹרֹת בְּקָרְךָ וְצֹאנֶךָ לְמַעַן
כד תִּלְמַד לְיִרְאָה אֶת־יהוה אֱלֹהֶיךָ כָּל־הַיָּמִים׃ וְכִי־יִרְבֶּה
מִמְּךָ הַדֶּרֶךְ כִּי לֹא תוּכַל שְׂאֵתוֹ כִּי־יִרְחַק מִמְּךָ הַמָּקוֹם אֲשֶׁר
יִבְחַר יהוה אֱלֹהֶיךָ לָשׂוּם שְׁמוֹ שָׁם כִּי יְבָרֶכְךָ יהוה אֱלֹהֶיךָ׃
כה וְנָתַתָּה בַּכָּסֶף וְצַרְתָּ הַכֶּסֶף בְּיָדְךָ וְהָלַכְתָּ אֶל־הַמָּקוֹם אֲשֶׁר
כו יִבְחַר יהוה אֱלֹהֶיךָ בּוֹ׃ וְנָתַתָּה הַכֶּסֶף בְּכֹל אֲשֶׁר־תְּאַוֶּה
נַפְשְׁךָ בַּבָּקָר וּבַצֹּאן וּבַיַּיִן וּבַשֵּׁכָר וּבְכֹל אֲשֶׁר תִּשְׁאָלְךָ
נַפְשֶׁךָ וְאָכַלְתָּ שָּׁם לִפְנֵי יהוה אֱלֹהֶיךָ וְשָׂמַחְתָּ אַתָּה וּבֵיתֶךָ׃
כז וְהַלֵּוִי אֲשֶׁר־בִּשְׁעָרֶיךָ לֹא תַעַזְבֶנּוּ כִּי אֵין לוֹ חֵלֶק וְנַחֲלָה
כח עִמָּךְ׃ מִקְצֵה ׀ שָׁלֹשׁ שָׁנִים תּוֹצִיא אֶת־כָּל־מַעְשַׂר
כט תְּבוּאָתְךָ בַּשָּׁנָה הַהִוא וְהִנַּחְתָּ בִּשְׁעָרֶיךָ׃ וּבָא הַלֵּוִי כִּי אֵין־
לוֹ חֵלֶק וְנַחֲלָה עִמָּךְ וְהַגֵּר וְהַיָּתוֹם וְהָאַלְמָנָה אֲשֶׁר בִּשְׁעָרֶיךָ
וְאָכְלוּ וְשָׂבֵעוּ לְמַעַן יְבָרֶכְךָ יהוה אֱלֹהֶיךָ בְּכָל־מַעֲשֵׂה יָדְךָ
טו א אֲשֶׁר תַּעֲשֶׂה׃ מִקֵּץ שֶׁבַע־שָׁנִים תַּעֲשֶׂה שְׁמִטָּה׃ ששי
ב וְזֶה דְּבַר הַשְּׁמִטָּה שָׁמוֹט כָּל־בַּעַל מַשֵּׁה יָדוֹ אֲשֶׁר יַשֶּׁה בְּרֵעֵהוּ

deer, and the wild goat, and the adax, and the bison, and the
wild sheep. And every beast that parts the hoof, forming there- 6
by two entirely cloven hoofs, and chews the cud among the
beasts, that may you eat. Nevertheless these you shall not eat of 7
those which chew the cud, or of those which divide the cloven
hoof; the camel, and the hare, and the coney: for they chew
the cud, but do not divide the hoof; therefore they are unclean
to you. And the swine, because it divides the hoof, yet chews 8
not the cud, is unclean to you: you shall not eat of their meat,
nor touch their carcasses.   These you may eat of all that 9
are in the waters: all that have fins and scales shall you eat:
and whatever has no fins and scales you may not eat; it is 10
unclean to you.   All clean birds you may eat. But these 11, 12
are they of which you shall not eat: the griffon vulture, and
the bearded vulture, and the black vulture, and the buzzard, 13
and the kite, and the hawk after its kind, and every raven 14
after its kind, and the dark desert owl, and the kestrel, and 15
the gull, and the sparrow hawk after its kind, the little owl, 16
and the long eared owl, and the barn screech owl, and the 17
night prowler, and the gier eagle, and the fish owl, and the 18
stork, and the heron after its kind, and the hoopoe, and the
bat. And every creeping thing that flies is unclean to you: 19
they shall not be eaten. But of all clean fowls you may eat. 20
You shall not eat of any thing that dies of itself: thou shalt 21
give it to the stranger who is in thy gates, that he may eat it:
or thou mayst sell it to an alien: for thou art a holy people
to the LORD thy GOD. Thou shalt not boil a kid in its mother's
milk.

Thou shalt truly tithe all the increase of thy seed, that the 22
field brings forth year by year. And thou shalt eat before the 23
LORD thy GOD, in the place which he shall choose to place
his name there, the tithe of thy corn, of thy wine, and of thy
oil, and the firstlings of thy herds, and of thy flocks; that thou
mayst learn to fear the LORD thy GOD always. And if the way 24
be too long for thee, so that thou art not able to carry it; be-
cause the place is too far from thee, which the LORD thy GOD
shall choose to set his name there, when the LORD thy GOD has
blessed thee: then shalt thou turn it into money, and bind up 25
the money in thy hand, and shalt go to the place which the
LORD thy GOD shall choose: and thou shalt bestow that money 26
on all that thy heart desires, on oxen, or sheep, or wine, or
strong drink, or whatever thy soul requires: and thou shalt
eat there before the LORD thy GOD, and thou shalt rejoice, thou,
and thy household, and the Levite who is within thy gates; 27
thou shalt not forsake him; for he has no part or inheritance
with thee.   At the end of three years thou shalt bring 28
forth in that year, all the tithe of thy produce, and shalt lay it
up within thy gates: and the Levite, (because he has no part 29
or inheritance with thee,) and the stranger, and the fatherless,
and the widow, who are within thy gates, shall come, and shall
eat and be satisfied; that the LORD thy GOD may bless thee in
all the work of thy hand which thou doest.   At the end of **15**
every seven years thou shalt make a release. And this is the 2

ג לֹא־יִגֹּשׂ אֶת־רֵעֵהוּ וְאֶת־אָחִיו כִּי־קָרָא שְׁמִטָּה לַיהוָה׃ אֶת־
ד הַנָּכְרִי תִּגֹּשׂ וַאֲשֶׁר יִהְיֶה לְךָ אֶת־אָחִיךָ תַּשְׁמֵט יָדֶךָ׃ אֶפֶס
כִּי לֹא יִהְיֶה־בְּךָ אֶבְיוֹן כִּי־בָרֵךְ יְבָרֶכְךָ יְהוָה בָּאָרֶץ אֲשֶׁר יְהוָה
ה אֱלֹהֶיךָ נֹתֵן־לְךָ נַחֲלָה לְרִשְׁתָּהּ׃ רַק אִם־שָׁמוֹעַ תִּשְׁמַע בְּקוֹל
יְהוָה אֱלֹהֶיךָ לִשְׁמֹר לַעֲשׂוֹת אֶת־כָּל־הַמִּצְוָה הַזֹּאת אֲשֶׁר
ו אָנֹכִי מְצַוְּךָ הַיּוֹם׃ כִּי־יְהוָה אֱלֹהֶיךָ בֵּרַכְךָ כַּאֲשֶׁר דִּבֶּר־לָךְ
וְהַעֲבַטְתָּ גּוֹיִם רַבִּים וְאַתָּה לֹא תַעֲבֹט וּמָשַׁלְתָּ בְּגוֹיִם רַבִּים
ז וּבְךָ לֹא יִמְשֹׁלוּ׃ כִּי־יִהְיֶה בְךָ אֶבְיוֹן מֵאַחַד יג
אַחֶיךָ בְּאַחַד שְׁעָרֶיךָ בְּאַרְצְךָ אֲשֶׁר־יְהוָה אֱלֹהֶיךָ נֹתֵן לָךְ לֹא
ח תְאַמֵּץ אֶת־לְבָבְךָ וְלֹא תִקְפֹּץ אֶת־יָדְךָ מֵאָחִיךָ הָאֶבְיוֹן׃ כִּי־
פָתֹחַ תִּפְתַּח אֶת־יָדְךָ לוֹ וְהַעֲבֵט תַּעֲבִיטֶנּוּ דֵּי מַחְסֹרוֹ אֲשֶׁר
ט יֶחְסַר לוֹ׃ הִשָּׁמֶר לְךָ פֶּן־יִהְיֶה דָבָר עִם־לְבָבְךָ בְלִיַּעַל לֵאמֹר
קָרְבָה שְׁנַת־הַשֶּׁבַע שְׁנַת הַשְּׁמִטָּה וְרָעָה עֵינְךָ בְּאָחִיךָ הָאֶבְיוֹן
י וְלֹא תִתֵּן לוֹ וְקָרָא עָלֶיךָ אֶל־יְהוָה וְהָיָה בְךָ חֵטְא׃ נָתוֹן תִּתֵּן
לוֹ וְלֹא־יֵרַע לְבָבְךָ בְּתִתְּךָ לוֹ כִּי בִּגְלַל ׀ הַדָּבָר הַזֶּה יְבָרֶכְךָ יְהוָה
יא אֱלֹהֶיךָ בְּכָל־מַעֲשֶׂךָ וּבְכֹל מִשְׁלַח יָדֶךָ׃ כִּי לֹא־יֶחְדַּל אֶבְיוֹן
מִקֶּרֶב הָאָרֶץ עַל־כֵּן אָנֹכִי מְצַוְּךָ לֵאמֹר פָּתֹחַ תִּפְתַּח אֶת־
יב יָדְךָ לְאָחִיךָ לַעֲנִיֶּךָ וּלְאֶבְיֹנְךָ בְּאַרְצֶךָ׃ כִּי־יִמָּכֵר
לְךָ אָחִיךָ הָעִבְרִי אוֹ הָעִבְרִיָּה וַעֲבָדְךָ שֵׁשׁ שָׁנִים וּבַשָּׁנָה הַשְּׁבִיעִת
יג תְּשַׁלְּחֶנּוּ חָפְשִׁי מֵעִמָּךְ׃ וְכִי־תְשַׁלְּחֶנּוּ חָפְשִׁי מֵעִמָּךְ לֹא תְשַׁלְּחֶנּוּ
יד רֵיקָם׃ הַעֲנֵיק תַּעֲנִיק לוֹ מִצֹּאנְךָ וּמִגָּרְנְךָ וּמִיִּקְבֶךָ אֲשֶׁר בֵּרַכְךָ
טו יְהוָה אֱלֹהֶיךָ תִּתֶּן־לוֹ׃ וְזָכַרְתָּ כִּי עֶבֶד הָיִיתָ בְּאֶרֶץ מִצְרַיִם
וַיִּפְדְּךָ יְהוָה אֱלֹהֶיךָ עַל־כֵּן אָנֹכִי מְצַוְּךָ אֶת־הַדָּבָר הַזֶּה הַיּוֹם׃
טז וְהָיָה כִּי־יֹאמַר אֵלֶיךָ לֹא אֵצֵא מֵעִמָּךְ כִּי אֲהֵבְךָ וְאֶת־בֵּיתֶךָ
יז כִּי־טוֹב לוֹ עִמָּךְ׃ וְלָקַחְתָּ אֶת־הַמַּרְצֵעַ וְנָתַתָּה בְאָזְנוֹ וּבַדֶּלֶת
יח וְהָיָה לְךָ עֶבֶד עוֹלָם וְאַף לַאֲמָתְךָ תַּעֲשֶׂה־כֵּן׃ לֹא־יִקְשֶׁה בְעֵינֶךָ
בְּשַׁלֵּחֲךָ אֹתוֹ חָפְשִׁי מֵעִמָּךְ כִּי מִשְׁנֶה שְׂכַר שָׂכִיר עֲבָדְךָ שֵׁשׁ
שָׁנִים וּבֵרַכְךָ יְהוָה אֱלֹהֶיךָ בְּכֹל אֲשֶׁר תַּעֲשֶׂה׃
יט כָּל־הַבְּכוֹר אֲשֶׁר יִוָּלֵד בִּבְקָרְךָ וּבְצֹאנְךָ הַזָּכָר תַּקְדִּישׁ לַיהוָה שביעי
כ אֱלֹהֶיךָ לֹא תַעֲבֹד בִּבְכֹר שׁוֹרֶךָ וְלֹא תָגֹז בְּכוֹר צֹאנֶךָ׃ לִפְנֵי
יְהוָה אֱלֹהֶיךָ תֹאכְלֶנּוּ שָׁנָה בְשָׁנָה בַּמָּקוֹם אֲשֶׁר־יִבְחַר יְהוָה
כא אַתָּה וּבֵיתֶךָ׃ וְכִי־יִהְיֶה בוֹ מוּם פִּסֵּחַ אוֹ עִוֵּר כֹּל מוּם רָע

manner of the release: every creditor that lends anything to
his neighbour shall release it: he shall not exact it of his neigh-
bour, or of his brother; because he has proclaimed a release to
the LORD. Of a foreigner thou mayst exact it again: but that 3
which is thine with thy brother thy hand shall release. But there 4
shall be practically no poor among you; for the LORD shall
greatly bless thee in the land which the LORD thy GOD gives thee
for an inheritance to possess it: only if thou carefully hearken 5
to the voice of the LORD thy GOD, to observe to do all these
commandments which I command thee this day. For the LORD 6
thy GOD blesses thee, as he promised thee: and thou shalt lend
to many nations, but thou shalt not borrow; and thou shalt
reign over many nations, but they shall not reign over thee.
If there be among you a poor man, one of thy brethren 7
within any of thy gates in thy land which the LORD thy GOD
gives thee, thou shalt not harden thy heart, nor shut thy hand
from thy poor brother: but thou shalt open thy hand wide to 8
him, and shalt surely lend him sufficient for his need, in that
which he lacks. Beware that there be not an unworthy thought 9
in thy heart, saying, The seventh year, the year of release, is
at hand; and thy eye be evil against thy poor brother, and
thou give him nothing; and he cry to the LORD against thee; for
it shall be reckoned to you as sin. Thou shalt surely give him, 10
and thy heart shall not be grieved when thou givest to him:
because for this thing the LORD thy GOD shall bless thee in
all thy works, and in all that to which thou puttest thy hand.
For the poor shall never cease out of the land: therefore I 11
command thee, saying, Thou shalt open thy hand wide to thy
brother, to thy poor, and to thy needy, in thy land. And if 12
thy brother, a Hebrew man, or a Hebrew woman, be sold to
thee, he shall serve thee six years; and in the seventh year thou
shalt let him go free from thee. And when thou sendest him out 13
free from thee, thou shalt not let him go away empty: thou 14
shalt furnish him liberally out of thy flock, and out of thy
threshing floor, and out of thy winepress: of that with which
the LORD thy GOD has blessed thee thou shalt give him. And 15
thou shalt remember that thou wast a bondman in the land of
Miẕrayim and the LORD thy GOD redeemed thee: therefore I
command thee this thing today. And it shall be, if he say to 16
thee, I will not go away from thee; because he loves thee and
thy house, because he is happy with thee; then thou shalt take 17
an awl, and thrust it through his ear to the door, and he shall
be thy servant for ever. And also to thy maidservant thou shalt
do likewise. It shall not seem hard to thee, when thou sendest 18
him away free from thee; for he has been worth double a hired
servant to thee, in serving thee six years: and the LORD thy
GOD shall bless thee in all that thou doest.
All the firstling males that come of thy herd and of thy flock 19
thou shalt sanctify to the LORD thy GOD: thou shalt do no work
with the firstling of thy bullock, nor shear the firstling of thy
sheep. Thou shalt eat it before the LORD thy GOD year by year 20
in the place which the LORD shall choose, thou and thy house-
hold. And if there be any blemish in it, as if it be lame, or blind, 21

כב לֹא תִזְבָּחֶנּוּ לַיהוָה אֱלֹהֶיךָ׃ בִּשְׁעָרֶיךָ תֹּאכְלֶנּוּ הַטָּמֵא וְהַטָּהוֹר
כג יַחְדָּו כַּצְּבִי וְכָאַיָּל׃ רַק אֶת־דָּמוֹ לֹא תֹאכֵל עַל־הָאָרֶץ תִּשְׁפְּכֶנּוּ
כַּמָּיִם׃
טז א שָׁמוֹר אֶת־חֹדֶשׁ הָאָבִיב וְעָשִׂיתָ פֶּסַח לַיהוָה אֱלֹהֶיךָ כִּי בְּחֹדֶשׁ
ב הָאָבִיב הוֹצִיאֲךָ יְהוָה אֱלֹהֶיךָ מִמִּצְרַיִם לָיְלָה׃ וְזָבַחְתָּ פֶּסַח
לַיהוָה אֱלֹהֶיךָ צֹאן וּבָקָר בַּמָּקוֹם אֲשֶׁר יִבְחַר יְהוָה לְשַׁכֵּן
ג שְׁמוֹ שָׁם׃ לֹא־תֹאכַל עָלָיו חָמֵץ שִׁבְעַת יָמִים תֹּאכַל־עָלָיו מַצּוֹת
לֶחֶם עֹנִי כִּי בְחִפָּזוֹן יָצָאתָ מֵאֶרֶץ מִצְרַיִם לְמַעַן תִּזְכֹּר אֶת־יוֹם
ד צֵאתְךָ מֵאֶרֶץ מִצְרַיִם כֹּל יְמֵי חַיֶּיךָ׃ וְלֹא־יֵרָאֶה לְךָ שְׂאֹר בְּכָל־
גְּבֻלְךָ שִׁבְעַת יָמִים וְלֹא־יָלִין מִן־הַבָּשָׂר אֲשֶׁר תִּזְבַּח בָּעֶרֶב
ה בַּיּוֹם הָרִאשׁוֹן לַבֹּקֶר׃ לֹא תוּכַל לִזְבֹּחַ אֶת־הַפָּסַח בְּאַחַד
ו שְׁעָרֶיךָ אֲשֶׁר־יְהוָה אֱלֹהֶיךָ נֹתֵן לָךְ׃ כִּי אִם־אֶל־הַמָּקוֹם אֲשֶׁר־
יִבְחַר יְהוָה אֱלֹהֶיךָ לְשַׁכֵּן שְׁמוֹ שָׁם תִּזְבַּח אֶת־הַפֶּסַח בָּעָרֶב
ז כְּבוֹא הַשֶּׁמֶשׁ מוֹעֵד צֵאתְךָ מִמִּצְרָיִם׃ וּבִשַּׁלְתָּ וְאָכַלְתָּ בַּמָּקוֹם
אֲשֶׁר יִבְחַר יְהוָה אֱלֹהֶיךָ בּוֹ וּפָנִיתָ בַבֹּקֶר וְהָלַכְתָּ לְאֹהָלֶיךָ׃
ח שֵׁשֶׁת יָמִים תֹּאכַל מַצּוֹת וּבַיּוֹם הַשְּׁבִיעִי עֲצֶרֶת לַיהוָה אֱלֹהֶיךָ
ט לֹא תַעֲשֶׂה מְלָאכָה׃ שִׁבְעָה שָׁבֻעֹת תִּסְפָּר־לָךְ
י מֵהָחֵל חֶרְמֵשׁ בַּקָּמָה תָּחֵל לִסְפֹּר שִׁבְעָה שָׁבֻעוֹת׃ וְעָשִׂיתָ חַג
שָׁבֻעוֹת לַיהוָה אֱלֹהֶיךָ מִסַּת נִדְבַת יָדְךָ אֲשֶׁר תִּתֵּן כַּאֲשֶׁר
יא יְבָרֶכְךָ יְהוָה אֱלֹהֶיךָ׃ וְשָׂמַחְתָּ לִפְנֵי ׀ יְהוָה אֱלֹהֶיךָ אַתָּה וּבִנְךָ
וּבִתֶּךָ וְעַבְדְּךָ וַאֲמָתֶךָ וְהַלֵּוִי אֲשֶׁר בִּשְׁעָרֶיךָ וְהַגֵּר וְהַיָּתוֹם
וְהָאַלְמָנָה אֲשֶׁר בְּקִרְבֶּךָ בַּמָּקוֹם אֲשֶׁר יִבְחַר יְהוָה אֱלֹהֶיךָ
יב לְשַׁכֵּן שְׁמוֹ שָׁם׃ וְזָכַרְתָּ כִּי־עֶבֶד הָיִיתָ בְּמִצְרָיִם וְשָׁמַרְתָּ וְעָשִׂיתָ
אֶת־הַחֻקִּים הָאֵלֶּה׃
יג חַג הַסֻּכֹּת תַּעֲשֶׂה לְךָ שִׁבְעַת יָמִים בְּאָסְפְּךָ מִגָּרְנְךָ וּמִיִּקְבֶךָ׃ מפטיר
יד וְשָׂמַחְתָּ בְּחַגֶּךָ אַתָּה וּבִנְךָ וּבִתֶּךָ וְעַבְדְּךָ וַאֲמָתֶךָ וְהַלֵּוִי וְהַגֵּר
טו וְהַיָּתוֹם וְהָאַלְמָנָה אֲשֶׁר בִּשְׁעָרֶיךָ׃ שִׁבְעַת יָמִים תָּחֹג לַיהוָה
אֱלֹהֶיךָ בַּמָּקוֹם אֲשֶׁר־יִבְחַר יְהוָה כִּי יְבָרֶכְךָ יְהוָה אֱלֹהֶיךָ בְּכֹל־
טז תְּבוּאָתְךָ וּבְכֹל מַעֲשֵׂה יָדֶיךָ וְהָיִיתָ אַךְ שָׂמֵחַ׃ שָׁלוֹשׁ פְּעָמִים ׀
בַּשָּׁנָה יֵרָאֶה כָל־זְכוּרְךָ אֶת־פְּנֵי ׀ יְהוָה אֱלֹהֶיךָ בַּמָּקוֹם אֲשֶׁר
יִבְחָר בְּחַג הַמַּצּוֹת וּבְחַג הַשָּׁבֻעוֹת וּבְחַג הַסֻּכּוֹת וְלֹא יֵרָאֶה
יז אֶת־פְּנֵי יְהוָה רֵיקָם׃ אִישׁ כְּמַתְּנַת יָדוֹ כְּבִרְכַּת יְהוָה אֱלֹהֶיךָ

or have any ill blemish, thou shalt not sacrifice it to the LORD thy GOD. Thou shalt eat it within thy gates: the unclean and 22 the clean person alike shall eat it, as the gazelle and the deer. Only thou shalt not eat its blood; thou shalt pour it upon the 23 ground like water.

Observe the month of Aviv, and keep the passover to the LORD **16** thy GOD: for in the month of Aviv the LORD thy GOD brought thee forth out of Miẓrayim by night. Thou shalt therefore sacri- 2 fice the passover to the LORD thy GOD, of the flock and the herd, in the place which the LORD shall choose to place his name there. Thou shalt eat no leavened bread with it; seven days shalt 3 thou eat unleavened bread with it, the bread of affliction; for thou camest forth out of the land of Miẓrayim in haste: that thou mayst remember the day when thou camest out of the land of Miẓrayim all the days of thy life. And there shall be 4 no leaven seen with thee in all thy border for seven days; nor shall any thing of the meat, which thou dost sacrifice on the first day at evening, remain all night until the morning. Thou mayst not sacrifice the passover within any of thy gates, 5 which the LORD thy GOD gives thee: but only at the place which 6 the LORD thy GOD shall choose to place his name in, there thou shalt sacrifice the passover at evening, at the going down of the sun, at the season when thou camest out of Miẓrayim. And 7 thou shalt roast and eat it in the place which the LORD thy GOD shall choose: and thou shalt turn in the morning, and go to thy tents. Six days thou shalt eat unleavened bread, and on the 8 seventh day shall be a solemn assembly to the LORD thy GOD: thou shalt do no work.   Seven weeks shalt thou number 9 to thee: from such time as thou beginnest to put the sickle to the corn shalt thou commence to number seven weeks. And 10 thou shalt keep the feast of weeks to the LORD thy GOD with a tribute of a freewill offering of thy hand, which thou shalt give, according as the LORD thy GOD has blessed thee: and thou 11 shalt rejoice before the LORD thy GOD, thou, and thy son, and thy daughter, and thy manservant, and thy maidservant, and the Levite who is within thy gates, and the stranger, and the fatherless, and the widow, that are among you, in the place which the LORD thy GOD has chosen as the residence of his name. And thou shalt remember that thou wast a bondman in 12 Miẓrayim: therefore thou shalt observe and do these statutes. Thou shalt observe the feast of booths seven days, after 13 thou hast gathered in thy corn and thy wine: and thou shalt 14 rejoice in thy feast, thou, and thy son, and thy daughter, and thy manservant, and thy maidservant, and the Levite, the stran- ger, and the fatherless, and the widow, that are within thy gates. Seven days shalt thou keep a solemn feast to the LORD 15 thy GOD in the place which the LORD shall choose: because the LORD thy GOD shall bless thee in all thy produce, and in all the work of thy hands, therefore thou shalt surely rejoice. Three 16 times a year shall all thy males appear before the LORD thy GOD in the place which he shall choose; in the feast of unleavened bread, and in the feast of weeks, and in the feast of booths: and they shall not appear before the LORD empty: every man shall 17

יח אֲשֶׁר נָתַן־לָךְ׃ שֹׁפְטִים וְשֹׁטְרִים תִּתֶּן־לְךָ בְּכָל־ שפטים יד
שְׁעָרֶיךָ אֲשֶׁר יְהוָה אֱלֹהֶיךָ נֹתֵן לְךָ לִשְׁבָטֶיךָ וְשָׁפְטוּ אֶת־הָעָם
יט מִשְׁפַּט־צֶדֶק׃ לֹא־תַטֶּה מִשְׁפָּט לֹא תַכִּיר פָּנִים וְלֹא־תִקַּח
כ שֹׁחַד כִּי הַשֹּׁחַד יְעַוֵּר עֵינֵי חֲכָמִים וִיסַלֵּף דִּבְרֵי צַדִּיקִם׃ צֶדֶק
צֶדֶק תִּרְדֹּף לְמַעַן תִּחְיֶה וְיָרַשְׁתָּ אֶת־הָאָרֶץ אֲשֶׁר־יְהוָה אֱלֹהֶיךָ
כא נֹתֵן לָךְ׃ לֹא־תִטַּע לְךָ אֲשֵׁרָה כָּל־עֵץ אֵצֶל
כב מִזְבַּח יְהוָה אֱלֹהֶיךָ אֲשֶׁר תַּעֲשֶׂה־לָּךְ׃ וְלֹא־תָקִים לְךָ מַצֵּבָה
א יז אֲשֶׁר שָׂנֵא יְהוָה אֱלֹהֶיךָ׃ לֹא־תִזְבַּח לַיהוָה
אֱלֹהֶיךָ שׁוֹר וָשֶׂה אֲשֶׁר יִהְיֶה בוֹ מוּם כֹּל דָּבָר רָע כִּי תוֹעֲבַת
ב יְהוָה אֱלֹהֶיךָ הוּא׃ כִּי־יִמָּצֵא בְקִרְבְּךָ בְּאַחַד
שְׁעָרֶיךָ אֲשֶׁר־יְהוָה אֱלֹהֶיךָ נֹתֵן לָךְ אִישׁ אוֹ־אִשָּׁה אֲשֶׁר יַעֲשֶׂה
ג אֶת־הָרַע בְּעֵינֵי יְהוָה־אֱלֹהֶיךָ לַעֲבֹר בְּרִיתוֹ׃ וַיֵּלֶךְ וַיַּעֲבֹד אֱלֹהִים
אֲחֵרִים וַיִּשְׁתַּחוּ לָהֶם וְלַשֶּׁמֶשׁ ׀ אוֹ לַיָּרֵחַ אוֹ לְכָל־צְבָא הַשָּׁמַיִם
ד אֲשֶׁר לֹא־צִוִּיתִי׃ וְהֻגַּד־לְךָ וְשָׁמָעְתָּ וְדָרַשְׁתָּ הֵיטֵב וְהִנֵּה אֱמֶת
ה נָכוֹן הַדָּבָר נֶעֶשְׂתָה הַתּוֹעֵבָה הַזֹּאת בְּיִשְׂרָאֵל׃ וְהוֹצֵאתָ אֶת־
הָאִישׁ הַהוּא אוֹ אֶת־הָאִשָּׁה הַהִוא אֲשֶׁר עָשׂוּ אֶת־הַדָּבָר הָרָע
הַזֶּה אֶל־שְׁעָרֶיךָ אֶת־הָאִישׁ אוֹ אֶת־הָאִשָּׁה וּסְקַלְתָּם בָּאֲבָנִים
ו וָמֵתוּ׃ עַל־פִּי ׀ שְׁנַיִם עֵדִים אוֹ שְׁלֹשָׁה עֵדִים יוּמַת הַמֵּת לֹא יוּמַת
ז עַל־פִּי עֵד אֶחָד׃ יַד הָעֵדִים תִּהְיֶה־בּוֹ בָרִאשֹׁנָה לַהֲמִיתוֹ וְיַד כָּל־
הָעָם בָּאַחֲרֹנָה וּבִעַרְתָּ הָרָע מִקִּרְבֶּךָ׃
ח כִּי יִפָּלֵא מִמְּךָ דָבָר לַמִּשְׁפָּט בֵּין־דָּם ׀ לְדָם בֵּין־דִּין לְדִין וּבֵין
נֶגַע לָנֶגַע דִּבְרֵי רִיבֹת בִּשְׁעָרֶיךָ וְקַמְתָּ וְעָלִיתָ אֶל־הַמָּקוֹם
ט אֲשֶׁר יִבְחַר יְהוָה אֱלֹהֶיךָ בּוֹ׃ וּבָאתָ אֶל־הַכֹּהֲנִים הַלְוִיִּם וְאֶל־
הַשֹּׁפֵט אֲשֶׁר יִהְיֶה בַּיָּמִים הָהֵם וְדָרַשְׁתָּ וְהִגִּידוּ לְךָ אֵת דְּבַר
י הַמִּשְׁפָּט׃ וְעָשִׂיתָ עַל־פִּי הַדָּבָר אֲשֶׁר יַגִּידוּ לְךָ מִן־הַמָּקוֹם
הַהוּא אֲשֶׁר יִבְחַר יְהוָה וְשָׁמַרְתָּ לַעֲשׂוֹת כְּכֹל אֲשֶׁר יוֹרוּךָ׃
יא עַל־פִּי הַתּוֹרָה אֲשֶׁר יוֹרוּךָ וְעַל־הַמִּשְׁפָּט אֲשֶׁר־יֹאמְרוּ לְךָ
תַּעֲשֶׂה לֹא תָסוּר מִן־הַדָּבָר אֲשֶׁר־יַגִּידוּ לְךָ יָמִין וּשְׂמֹאל׃
יב וְהָאִישׁ אֲשֶׁר־יַעֲשֶׂה בְזָדוֹן לְבִלְתִּי שְׁמֹעַ אֶל־הַכֹּהֵן הָעֹמֵד
לְשָׁרֶת שָׁם אֶת־יְהוָה אֱלֹהֶיךָ אוֹ אֶל־הַשֹּׁפֵט וּמֵת הָאִישׁ הַהוּא
יג וּבִעַרְתָּ הָרָע מִיִּשְׂרָאֵל׃ וְכָל־הָעָם יִשְׁמְעוּ וְיִרָאוּ וְלֹא יְזִידוּן
יד עוֹד׃ כִּי־תָבֹא אֶל־הָאָרֶץ אֲשֶׁר יְהוָה אֱלֹהֶיךָ שני טו
נֹתֵן לָךְ וִירִשְׁתָּהּ וְיָשַׁבְתָּה בָּהּ וְאָמַרְתָּ אָשִׂימָה עָלַי מֶלֶךְ כְּכָל־

give as he is able, according to the blessing of the LORD thy GOD
SHOFETIM which he has given thee. Judges and officers shalt thou 18
make thee in all thy gates, which the LORD thy GOD gives thee,
throughout thy tribes: and they shall judge the people with
righteous judgment. Thou shalt not wrest judgment; thou 19
shalt not respect persons, neither take a bribe: for a bribe blinds
the eyes of the wise, and perverts the words of the righteous.
Justice, only justice shalt thou pursue, that thou mayst live, and 20
inherit the land which the LORD thy GOD gives thee. Thou 21
shalt not plant thee an ashera of any tree near the altar of the
LORD thy GOD, which thou shalt make thee. Neither shalt thou 22
set thee up any pillar; which the LORD thy GOD hates. Thou **17**
shalt not sacrifice to the LORD thy GOD any bullock, or sheep,
in which is a blemish, or anything evil: for that is an abomina-
tion to the LORD thy GOD. If there be found among you, 2
within any of thy gates which the LORD thy GOD gives thee, a
man or woman, who has perpetrated wickedness in the sight
of the LORD thy GOD, in transgressing his covenant, and has 3
gone and served other gods, and worshipped them, either the
sun, or moon, or any of the host of heaven, which I have not
commanded; and it be told thee, and thou hast heard of it, and 4
inquired diligently, and, behold, it be true, and the thing certain,
that such abomination has been perpetrated in Yisra'el: then 5
shalt thou bring forth that man or that woman, who has com-
mitted that wicked thing, unto thy gates, and shalt stone that
man or that woman with stones till they die. At the mouth 6
of two witnesses, or three witnesses, shall he that is worthy
of death be put to death; but at the mouth of one witness he
shall not be put to death. The hands of the witnesses shall be 7
first upon him to put him to death, and afterwards the hands
of all the people. So thou shalt put the evil away from among
you.
If there arise a matter too hard for thee in judgment, between 8
blood and blood, between plea and plea, and between plague
and plague, matters of controversy within thy gates: then shalt
thou arise, and go up to the place which the LORD thy GOD shall
choose; and thou shalt come to the priests the Levites, and to 9
the judge that shall be in those days, and inquire; and they shall
tell thee the sentence of judgment: and thou shalt do accord- 10
ing to the sentence, which they of that place which the LORD
shall choose shall tell thee; and thou shalt observe to do
according to all that they inform thee: according to the sentence 11
of the Tora which they shall teach thee, and according to the
judgment which they shall tell thee, thou shalt do: thou shalt
not deviate from the sentence which they shall tell thee, to
the right hand, or to the left. And the man that will act pre- 12
sumptuously, and will not hearken to the priest that stands to
minister there before the LORD thy GOD, or to the judge, that
man shall die: and thou shalt put away the evil from Yisra'el.
And all the people shall hear, and fear, and do no more pre- 13
sumptuously. When thou art come to the land which the 14
LORD thy GOD gives thee, and shalt possess it, and shalt dwell
in it, and shalt say, I will set a king over me, like all the nations

ט הַגּוֹיִ֖ם אֲשֶׁ֣ר סְבִיבֹתָ֑י׃ שׂ֣וֹם תָּשִׂ֤ים עָלֶ֙יךָ֙ מֶ֔לֶךְ אֲשֶׁ֤ר יִבְחַ֤ר יְהֹוָה֙
אֱלֹהֶ֔יךָ בּ֑וֹ מִקֶּ֣רֶב אַחֶ֔יךָ תָּשִׂ֤ים עָלֶ֙יךָ֙ מֶ֔לֶךְ לֹ֣א תוּכַ֗ל לָתֵ֤ת

טז עָלֶ֙יךָ֙ אִ֣ישׁ נׇכְרִ֔י אֲשֶׁ֥ר לֹֽא־אָחִ֖יךָ הֽוּא׃ רַק֮ לֹא־יַרְבֶּה־לּ֣וֹ סוּסִים֒
וְלֹֽא־יָשִׁ֤יב אֶת־הָעָם֙ מִצְרַ֔יְמָה לְמַ֖עַן הַרְבּ֣וֹת ס֑וּס וַֽיהֹוָה֙ אָמַ֣ר
לָכֶ֔ם לֹ֣א תֹסִפ֗וּן לָשׁ֛וּב בַּדֶּ֥רֶךְ הַזֶּ֖ה עֽוֹד׃ וְלֹ֣א יַרְבֶּה־לּ֣וֹ נָשִׁ֔ים

יז וְלֹ֥א יָס֖וּר לְבָב֑וֹ וְכֶ֣סֶף וְזָהָ֔ב לֹ֥א יַרְבֶּה־לּ֖וֹ מְאֹֽד׃ וְהָיָ֣ה כְשִׁבְתּ֔וֹ

יח עַ֖ל כִּסֵּ֣א מַמְלַכְתּ֑וֹ וְכָ֨תַב ל֜וֹ אֶת־מִשְׁנֵ֨ה הַתּוֹרָ֤ה הַזֹּאת֙ עַל־
סֵ֔פֶר מִלִּפְנֵ֥י הַכֹּהֲנִ֖ים הַלְוִיִּֽם׃ וְהָיְתָ֣ה עִמּ֔וֹ וְקָ֥רָא ב֖וֹ כׇּל־יְמֵ֣י

יט חַיָּ֑יו לְמַ֣עַן יִלְמַ֗ד לְיִרְאָה֙ אֶת־יְהֹוָ֣ה אֱלֹהָ֔יו לִ֠שְׁמֹ֠ר אֶֽת־כׇּל־דִּבְרֵ֞י
הַתּוֹרָ֤ה הַזֹּאת֙ וְאֶת־הַחֻקִּ֥ים הָאֵ֖לֶּה לַעֲשֹׂתָֽם׃ לְבִלְתִּ֤י רוּם־לְבָבוֹ֙

כ מֵֽאֶחָ֔יו וּלְבִלְתִּ֛י ס֥וּר מִן־הַמִּצְוָ֖ה יָמִ֣ין וּשְׂמֹ֑אול לְמַ֩עַן֩ יַאֲרִ֨יךְ
יָמִ֧ים עַל־מַמְלַכְתּ֛וֹ ה֥וּא וּבָנָ֖יו בְּקֶ֥רֶב יִשְׂרָאֵֽל׃

יח א לֹֽא־
יִ֠הְיֶ֠ה לַכֹּהֲנִ֨ים הַלְוִיִּ֜ם כׇּל־שֵׁ֧בֶט לֵוִ֛י חֵ֥לֶק וְנַחֲלָ֖ה עִם־יִשְׂרָאֵ֑ל

ב אִשֵּׁ֧י יְהֹוָ֛ה וְנַחֲלָת֖וֹ יֹאכֵלֽוּן׃ וְנַחֲלָ֥ה לֹא־יִֽהְיֶה־לּ֖וֹ בְּקֶ֣רֶב אֶחָ֑יו

ג יְהֹוָה֙ ה֣וּא נַחֲלָת֔וֹ כַּאֲשֶׁ֖ר דִּבֶּר־לֽוֹ׃ וְזֶ֡ה יִהְיֶה֩
מִשְׁפַּ֨ט הַכֹּהֲנִ֜ים מֵאֵ֣ת הָעָ֗ם מֵאֵ֛ת זֹבְחֵ֥י הַזֶּ֖בַח אִם־שׁ֣וֹר אִם־

ד שֶׂ֑ה וְנָתַן֙ לַכֹּהֵ֔ן הַזְּרֹ֥עַ וְהַלְּחָיַ֖יִם וְהַקֵּבָֽה׃ רֵאשִׁ֨ית דְּגָֽנְךָ֜ תִּירֹֽשְׁךָ֣

ה וְיִצְהָרֶ֗ךָ וְרֵאשִׁ֛ית גֵּ֥ז צֹֽאנְךָ֖ תִּתֶּן־לֽוֹ׃ כִּ֣י ב֗וֹ בָּחַ֛ר יְהֹוָ֥ה אֱלֹהֶ֖יךָ
מִכׇּל־שְׁבָטֶ֑יךָ לַעֲמֹ֨ד לְשָׁרֵ֧ת בְּשֵׁם־יְהֹוָ֛ה ה֥וּא וּבָנָ֖יו כׇּל־

ו הַיָּמִֽים׃ וְכִֽי־יָבֹ֨א הַלֵּוִ֜י מֵאַחַ֤ד שְׁעָרֶ֙יךָ֙ מִכׇּל־
יִשְׂרָאֵ֔ל אֲשֶׁר־ה֖וּא גָּ֣ר שָׁ֑ם וּבָא֙ בְּכׇל־אַוַּ֣ת נַפְשׁ֔וֹ אֶל־הַמָּק֖וֹם

ז אֲשֶׁר־יִבְחַ֥ר יְהֹוָֽה׃ וְשֵׁרֵ֕ת בְּשֵׁ֖ם יְהֹוָ֣ה אֱלֹהָ֑יו כְּכׇל־אֶחָיו֙ הַלְוִיִּ֔ם

ח הָעֹמְדִ֥ים שָׁ֖ם לִפְנֵ֥י יְהֹוָֽה׃ חֵ֥לֶק כְּחֵ֖לֶק יֹאכֵ֑לוּ לְבַ֥ד מִמְכָּרָ֖יו

ט עַל־הָאָבֽוֹת׃ כִּ֤י אַתָּה֙ בָּ֣א אֶל־הָאָ֔רֶץ אֲשֶׁר־
יְהֹוָ֥ה אֱלֹהֶ֖יךָ נֹתֵ֣ן לָ֑ךְ לֹֽא־תִלְמַ֣ד לַעֲשׂ֔וֹת כְּתוֹעֲבֹ֖ת הַגּוֹיִ֥ם הָהֵֽם׃

י לֹֽא־יִמָּצֵ֣א בְךָ֔ מַעֲבִ֥יר בְּנֽוֹ־וּבִתּ֖וֹ בָּאֵ֑שׁ קֹסֵ֣ם קְסָמִ֔ים מְעוֹנֵ֥ן

יא וּמְנַחֵ֖שׁ וּמְכַשֵּֽׁף׃ וְחֹבֵ֖ר חָ֑בֶר וְשֹׁאֵ֥ל אוֹב֙ וְיִדְּעֹנִ֔י וְדֹרֵ֖שׁ אֶל־

יב הַמֵּתִֽים׃ כִּֽי־תוֹעֲבַ֥ת יְהֹוָ֖ה כׇּל־עֹ֣שֵׂה אֵ֑לֶּה וּבִגְלַל֙ הַתּוֹעֵבֹ֣ת

יג הָאֵ֔לֶּה יְהֹוָ֣ה אֱלֹהֶ֔יךָ מוֹרִ֥ישׁ אוֹתָ֖ם מִפָּנֶֽיךָ׃ תָּמִ֣ים תִּֽהְיֶ֔ה עִ֖ם

יד יְהֹוָ֥ה אֱלֹהֶֽיךָ׃ כִּ֣י ׀ הַגּוֹיִ֣ם הָאֵ֗לֶּה אֲשֶׁ֤ר אַתָּה֙ יוֹרֵ֣שׁ אוֹתָ֔ם אֶל־
מְעֹֽנְנִ֥ים וְאֶל־קֹסְמִ֖ים יִשְׁמָ֑עוּ וְאַתָּ֕ה לֹ֣א כֵ֔ן נָ֥תַן לְךָ֖ יְהֹוָ֥ה אֱלֹהֶֽיךָ׃

טו נָבִ֨יא מִקִּרְבְּךָ֤ מֵאַחֶ֙יךָ֙ כָּמֹ֔נִי יָקִ֥ים לְךָ֖ יְהֹוָ֣ה אֱלֹהֶ֑יךָ אֵלָ֖יו תִּשְׁמָעֽוּן׃

טז כְּכֹ֨ל אֲשֶׁר־שָׁאַ֜לְתָּ מֵעִ֨ם יְהֹוָ֤ה אֱלֹהֶ֙יךָ֙ בְּחֹרֵ֔ב בְּי֥וֹם הַקָּהָ֖ל לֵאמֹ֑ר
לֹ֣א אֹסֵ֗ף לִשְׁמֹ֙עַ֙ אֶת־קוֹל֙ יְהֹוָ֣ה אֱלֹהָ֔י וְאֶת־הָאֵ֨שׁ הַגְּדֹלָ֤ה הַזֹּאת֙

that are about me; then thou mayst appoint a king over thee,   15
whom the LORD thy GOD shall choose: one from among thy
brethren shalt thou set as king over thee: thou mayst not set a
stranger over thee, who is not thy brother. But he shall not   16
multiply horses to himself, nor cause the people to return to
Miẓrayim, to the end that he should multiply horses: since the
LORD has said to you, You shall henceforth return no more that
way. Neither shall he multiply wives to himself, that his heart   17
turn not away: neither shall he greatly multiply to himself silver
and gold. And it shall be, when he sits upon the throne of his   18
kingdom, that he shall write for himself a copy of this Tora in
a book out of that which is before the priests the Levites: and   19
it shall be with him, and he shall read therein all the days of his
life: that he may learn to fear the LORD his GOD, to keep all
the words of this Tora and these statutes, to do them: that his   20
heart be not lifted up above his brethren, and that he turn not
aside from the commandment, to the right hand, or to the
left: to the end that he may prolong his days in his kingdom,
he, and his children, in the midst of Yisra'el.   The priests   **18**
the Levites, all the tribe of Levi, shall have no part or
inheritance with Yisra'el: the offerings of the LORD made by
fire, and his dues shall they eat. Therefore shall they have no   2
inheritance among their brethren: the LORD is their inheritance,
as he has said to them.   And this shall be the priest's allot-   3
ment from the people, from those who offer a sacrifice, whether
it be ox or sheep; they shall give to the priest the shoulder, and
the two cheeks, and the maw. The firstfruit also of thy corn, of   4
thy wine, and of thy oil, and the first of the fleece of thy
sheep, shalt thou give him. For the LORD thy GOD has chosen   5
him out of all thy tribes, to stand to minister in the name of
the LORD, him and his sons for ever.   And if a Levite come   6
from any of thy gates out of all Yisra'el, where he sojourned,
and come in all eagerness to the place which the LORD shall
choose; then he shall minister in the name of the LORD his GOD,   7
as all his brethren the Levites do, who stand there before the
LORD. They shall have like portions to eat, besides that which   8
comes of the sale of his patrimony.   When thou art come   9
to the land which the LORD thy GOD gives thee, thou shalt not
learn to do after the abominations of those nations. There must   10
not be found among you anyone that makes his son or his
daughter to pass through the fire, or that uses divination, a
soothsayer, or an enchanter, or a witch, or a charmer, or a   11
medium, or a wizard, or a necromancer. For all that do these   12
things are an abomination to the LORD: and because of these
abominations the LORD thy GOD drives them out from before
thee. Thou shalt be perfect with the LORD thy GOD. For these   13, 14
nations, which thou shalt dispossess, hearken to soothsayers,
and to diviners: but as for thee, the LORD thy GOD has
not permitted thee so to do. The LORD thy GOD will raise up to   15
thee a prophet from the midst of thee, of thy brethren, like me;
to him you shall hearken; according to all that thou didst desire   16
of the LORD thy GOD in Ḥorev in the day of the assembly, saying,
Let me not hear again the voice of the LORD my GOD, neither

יז לֹא־אֶרְאֶה עוֹד וְלֹא אָמוּת׃ וַיֹּאמֶר יהוה אֵלָי הֵיטִיבוּ אֲשֶׁר
יח דִּבֵּרוּ׃ נָבִיא אָקִים לָהֶם מִקֶּרֶב אֲחֵיהֶם כָּמוֹךָ וְנָתַתִּי דְבָרַי
יט בְּפִיו וְדִבֶּר אֲלֵיהֶם אֵת כָּל־אֲשֶׁר אֲצַוֶּנּוּ׃ וְהָיָה הָאִישׁ אֲשֶׁר
לֹא־יִשְׁמַע אֶל־דְּבָרַי אֲשֶׁר יְדַבֵּר בִּשְׁמִי אָנֹכִי אֶדְרֹשׁ מֵעִמּוֹ׃
כ אַךְ הַנָּבִיא אֲשֶׁר יָזִיד לְדַבֵּר דָּבָר בִּשְׁמִי אֵת אֲשֶׁר לֹא־צִוִּיתִיו
לְדַבֵּר וַאֲשֶׁר יְדַבֵּר בְּשֵׁם אֱלֹהִים אֲחֵרִים וּמֵת הַנָּבִיא הַהוּא׃
כא וְכִי תֹאמַר בִּלְבָבֶךָ אֵיכָה נֵדַע אֶת־הַדָּבָר אֲשֶׁר לֹא־דִבְּרוֹ
כב יהוה׃ אֲשֶׁר יְדַבֵּר הַנָּבִיא בְּשֵׁם יהוה וְלֹא־יִהְיֶה הַדָּבָר וְלֹא
יָבֹא הוּא הַדָּבָר אֲשֶׁר לֹא־דִבְּרוֹ יהוה בְּזָדוֹן דִּבְּרוֹ הַנָּבִיא לֹא
יט א תָּגוּר מִמֶּנּוּ׃ כִּי־יַכְרִית יהוה אֱלֹהֶיךָ אֶת־הַגּוֹיִם
אֲשֶׁר יהוה אֱלֹהֶיךָ נֹתֵן לְךָ אֶת־אַרְצָם וִירִשְׁתָּם וְיָשַׁבְתָּ בְעָרֵיהֶם
ב וּבְבָתֵּיהֶם׃ שָׁלוֹשׁ עָרִים תַּבְדִּיל לָךְ בְּתוֹךְ אַרְצְךָ אֲשֶׁר יהוה
ג אֱלֹהֶיךָ נֹתֵן לְךָ לְרִשְׁתָּהּ׃ תָּכִין לְךָ הַדֶּרֶךְ וְשִׁלַּשְׁתָּ אֶת־גְּבוּל
אַרְצְךָ אֲשֶׁר יַנְחִילְךָ יהוה אֱלֹהֶיךָ וְהָיָה לָנוּס שָׁמָּה כָּל־רֹצֵחַ׃
ד וְזֶה דְּבַר הָרֹצֵחַ אֲשֶׁר־יָנוּס שָׁמָּה וָחָי אֲשֶׁר יַכֶּה אֶת־רֵעֵהוּ
ה בִּבְלִי־דַעַת וְהוּא לֹא־שֹׂנֵא לוֹ מִתְּמֹל שִׁלְשֹׁם׃ וַאֲשֶׁר יָבֹא אֶת־
רֵעֵהוּ בַיַּעַר לַחְטֹב עֵצִים וְנִדְּחָה יָדוֹ בַגַּרְזֶן לִכְרֹת הָעֵץ וְנָשַׁל
הַבַּרְזֶל מִן־הָעֵץ וּמָצָא אֶת־רֵעֵהוּ וָמֵת הוּא יָנוּס אֶל־אַחַת
ו הֶעָרִים־הָאֵלֶּה וָחָי׃ פֶּן־יִרְדֹּף גֹּאֵל הַדָּם אַחֲרֵי הָרֹצֵחַ כִּי יֵחַם
לְבָבוֹ וְהִשִּׂיגוֹ כִּי־יִרְבֶּה הַדֶּרֶךְ וְהִכָּהוּ נָפֶשׁ וְלוֹ אֵין מִשְׁפַּט־
ז מָוֶת כִּי לֹא־שֹׂנֵא הוּא לוֹ מִתְּמוֹל שִׁלְשׁוֹם׃ עַל־כֵּן אָנֹכִי מְצַוְּךָ
ח לֵאמֹר שָׁלֹשׁ עָרִים תַּבְדִּיל לָךְ׃ וְאִם־יַרְחִיב יהוה אֱלֹהֶיךָ אֶת־
גְּבֻלְךָ כַּאֲשֶׁר נִשְׁבַּע לַאֲבֹתֶיךָ וְנָתַן לְךָ אֶת־כָּל־הָאָרֶץ אֲשֶׁר
ט דִּבֶּר לָתֵת לַאֲבֹתֶיךָ׃ כִּי־תִשְׁמֹר אֶת־כָּל־הַמִּצְוָה הַזֹּאת לַעֲשֹׂתָהּ
אֲשֶׁר אָנֹכִי מְצַוְּךָ הַיּוֹם לְאַהֲבָה אֶת־יהוה אֱלֹהֶיךָ וְלָלֶכֶת בִּדְרָכָיו
י כָּל־הַיָּמִים וְיָסַפְתָּ לְךָ עוֹד שָׁלֹשׁ עָרִים עַל הַשָּׁלֹשׁ הָאֵלֶּה׃ וְלֹא
יִשָּׁפֵךְ דָּם נָקִי בְּקֶרֶב אַרְצְךָ אֲשֶׁר יהוה אֱלֹהֶיךָ נֹתֵן לְךָ נַחֲלָה
וְהָיָה עָלֶיךָ דָּמִים׃
יא וְכִי־יִהְיֶה אִישׁ שֹׂנֵא לְרֵעֵהוּ וְאָרַב לוֹ וְקָם עָלָיו וְהִכָּהוּ נֶפֶשׁ וָמֵת
יב וְנָס אֶל־אַחַת הֶעָרִים הָאֵל׃ וְשָׁלְחוּ זִקְנֵי עִירוֹ וְלָקְחוּ אֹתוֹ מִשָּׁם
יג וְנָתְנוּ אֹתוֹ בְּיַד גֹּאֵל הַדָּם וָמֵת׃ לֹא־תָחוֹס עֵינְךָ עָלָיו וּבִעַרְתָּ דַם־
יד הַנָּקִי מִיִּשְׂרָאֵל וְטוֹב לָךְ׃ לֹא תַסִּיג גְּבוּל רֵעֲךָ ששי
אֲשֶׁר גָּבְלוּ רִאשֹׁנִים בְּנַחֲלָתְךָ אֲשֶׁר תִּנְחַל בָּאָרֶץ אֲשֶׁר יהוה
טו אֱלֹהֶיךָ נֹתֵן לְךָ לְרִשְׁתָּהּ׃ לֹא־יָקוּם עֵד אֶחָד
בְּאִישׁ לְכָל־עָוֹן וּלְכָל־חַטָּאת בְּכָל־חֵטְא אֲשֶׁר יֶחֱטָא עַל־

let me see this great fire any more, that I die not. And the 17
LORD said to me, They have well spoken that which they have
spoken. I will raise them up a prophet from among their breth- 18
ren, like thee, and will put my words in his mouth; and he shall
speak to them all that I shall command him. And it shall come 19
to pass, that whoever will not hearken to my words which he
shall speak in my name, I will require it of him. But the prophet, 20
who shall presume to speak a word in my name, which I have
not commanded him to speak, or that shall speak in the name
of other gods, that prophet shall die. And if thou say in thy 21
heart, How shall we know the word which the LORD has not
spoken? Know that when a prophet speaks in the name of the 22
LORD, if the thing follow not, nor come to pass, that is the thing
which the LORD has not spoken, but the prophet has spoken it
out of presumption; thou shalt not be afraid of him.　　When **19**
the LORD thy GOD has cut off the nations, whose land the
LORD thy GOD gives thee, and thou hast driven them out, and
dost dwell in their cities, and in their houses; thou shalt se- 2
parate three cities for thee in the midst of thy land, which the
LORD thy GOD gives thee to possess it. Thou shalt prepare 3
the way, and divide the border of thy land, which the LORD thy
GOD gives thee to inherit, into three parts, that every slayer
may flee thither. And this is the case of the slayer, who shall 4
flee there, that he may live: whoever unwittingly kills his
neighbour, whom he hated not in time past; as when a man goes 5
into the forest with his neighbour to hew wood, and his hand
fetches a stroke with the axe to cut down the tree, and the
head slips from the handle, and strikes his neighbour, that he
die; he shall flee to one of those cities, and live: lest the 6
avenger of blood pursue the slayer, while his heart is hot, and
overtake him, because the way is long, and slay him; though he
was not worthy of death, since he hated him not in time past.
Therefore I command thee, saying, Thou shalt separate three 7
cities for thee. And if the LORD thy GOD enlarge thy border, as 8
he has sworn to thy fathers, and give thee all the land which he
promised to give to thy fathers; if thou shalt keep all these 9
commandments to do them, which I command thee this day,
to love the LORD thy GOD, and to walk ever in his ways: then
shalt thou add three cities more for thee, beside these three:
that innocent blood be not shed in thy land, which the LORD 10
thy GOD gives thee for an inheritance, and so blood be upon
thee.

But if any man hate his neighbour, and lie in wait for him, and 11
rise up against him, and smite him mortally that he die, and
then flees into one of these cities: then the elders of his city 12
shall send and fetch him from there, and deliver him into the
hand of the avenger of blood, that he may die. Thy eye shall 13
not pity him, but thou shalt put away the guilt of innocent blood
from Yisra'el, that it may go well with thee.　　Thou shalt 14
not remove thy neighbour's landmark, which they of old time
have set in thy inheritance, which thou shalt inherit in the land
that the LORD thy GOD gives thee to possess it.　　One witness 15
shall not rise up against a man for any iniquity, or for any sin,

פִּי ׀ שְׁנֵי עֵדִים אוֹ עַל־פִּי שְׁלֹשָׁה־עֵדִים יָקוּם דָּבָר: כִּי־יָקוּם עֵד־ טז
חָמָס בְּאִישׁ לַעֲנוֹת בּוֹ סָרָה: וְעָמְדוּ שְׁנֵי־הָאֲנָשִׁים אֲשֶׁר־לָהֶם יז
הָרִיב לִפְנֵי יהוה לִפְנֵי הַכֹּהֲנִים וְהַשֹּׁפְטִים אֲשֶׁר יִהְיוּ בַּיָּמִים
הָהֵם: וְדָרְשׁוּ הַשֹּׁפְטִים הֵיטֵב וְהִנֵּה עֵד־שֶׁקֶר הָעֵד שֶׁקֶר עָנָה יח
בְאָחִיו: וַעֲשִׂיתֶם לוֹ כַּאֲשֶׁר זָמַם לַעֲשׂוֹת לְאָחִיו וּבִעַרְתָּ הָרָע יט
מִקִּרְבֶּךָ: וְהַנִּשְׁאָרִים יִשְׁמְעוּ וְיִרָאוּ וְלֹא־יֹסִפוּ לַעֲשׂוֹת עוֹד כַּדָּבָר כ
הָרָע הַזֶּה בְּקִרְבֶּךָ: וְלֹא תָחוֹס עֵינֶךָ נֶפֶשׁ בְּנֶפֶשׁ עַיִן בְּעַיִן שֵׁן כא
בְּשֵׁן יָד בְּיָד רֶגֶל בְּרָגֶל: כִּי־תֵצֵא לַמִּלְחָמָה עַל־ א כ
אֹיְבֶךָ וְרָאִיתָ סוּס וָרֶכֶב עַם רַב מִמְּךָ לֹא תִירָא מֵהֶם כִּי־יהוה
אֱלֹהֶיךָ עִמָּךְ הַמַּעַלְךָ מֵאֶרֶץ מִצְרָיִם: וְהָיָה כְּקָרָבְכֶם אֶל־ ב
הַמִּלְחָמָה וְנִגַּשׁ הַכֹּהֵן וְדִבֶּר אֶל־הָעָם: וְאָמַר אֲלֵהֶם שְׁמַע ג
יִשְׂרָאֵל אַתֶּם קְרֵבִים הַיּוֹם לַמִּלְחָמָה עַל־אֹיְבֵיכֶם אַל־יֵרַךְ
לְבַבְכֶם אַל־תִּירְאוּ וְאַל־תַּחְפְּזוּ וְאַל־תַּעַרְצוּ מִפְּנֵיהֶם: כִּי יהוה ד
אֱלֹהֵיכֶם הַהֹלֵךְ עִמָּכֶם לְהִלָּחֵם לָכֶם עִם־אֹיְבֵיכֶם לְהוֹשִׁיעַ
אֶתְכֶם: וְדִבְּרוּ הַשֹּׁטְרִים אֶל־הָעָם לֵאמֹר מִי־הָאִישׁ אֲשֶׁר בָּנָה ה
בַיִת־חָדָשׁ וְלֹא חֲנָכוֹ יֵלֵךְ וְיָשֹׁב לְבֵיתוֹ פֶּן־יָמוּת בַּמִּלְחָמָה
וְאִישׁ אַחֵר יַחְנְכֶנּוּ: וּמִי־הָאִישׁ אֲשֶׁר נָטַע כֶּרֶם וְלֹא חִלְּלוֹ יֵלֵךְ ו
וְיָשֹׁב לְבֵיתוֹ פֶּן־יָמוּת בַּמִּלְחָמָה וְאִישׁ אַחֵר יְחַלְּלֶנּוּ: וּמִי־ ז
הָאִישׁ אֲשֶׁר אֵרַשׂ אִשָּׁה וְלֹא לְקָחָהּ יֵלֵךְ וְיָשֹׁב לְבֵיתוֹ פֶּן־יָמוּת
בַּמִּלְחָמָה וְאִישׁ אַחֵר יִקָּחֶנָּה: וְיָסְפוּ הַשֹּׁטְרִים לְדַבֵּר אֶל־הָעָם ח
וְאָמְרוּ מִי־הָאִישׁ הַיָּרֵא וְרַךְ הַלֵּבָב יֵלֵךְ וְיָשֹׁב לְבֵיתוֹ וְלֹא יִמַּס
אֶת־לְבַב אֶחָיו כִּלְבָבוֹ: וְהָיָה כְּכַלֹּת הַשֹּׁטְרִים לְדַבֵּר אֶל־הָעָם ט
שביעי טז וּפָקְדוּ שָׂרֵי צְבָאוֹת בְּרֹאשׁ הָעָם: כִּי־תִקְרַב אֶל־ י
עִיר לְהִלָּחֵם עָלֶיהָ וְקָרָאתָ אֵלֶיהָ לְשָׁלוֹם: וְהָיָה אִם־שָׁלוֹם יא
תַּעַנְךָ וּפָתְחָה לָךְ וְהָיָה כָּל־הָעָם הַנִּמְצָא־בָהּ יִהְיוּ לְךָ לָמַס
וַעֲבָדוּךָ: וְאִם־לֹא תַשְׁלִים עִמָּךְ וְעָשְׂתָה עִמְּךָ מִלְחָמָה וְצַרְתָּ יב
עָלֶיהָ: וּנְתָנָהּ יהוה אֱלֹהֶיךָ בְּיָדֶךָ וְהִכִּיתָ אֶת־כָּל־זְכוּרָהּ לְפִי־ יג
חָרֶב: רַק הַנָּשִׁים וְהַטַּף וְהַבְּהֵמָה וְכֹל אֲשֶׁר יִהְיֶה בָעִיר כָּל־ יד
שְׁלָלָהּ תָּבֹז לָךְ וְאָכַלְתָּ אֶת־שְׁלַל אֹיְבֶיךָ אֲשֶׁר נָתַן יהוה אֱלֹהֶיךָ
לָךְ: כֵּן תַּעֲשֶׂה לְכָל־הֶעָרִים הָרְחֹקֹת מִמְּךָ מְאֹד אֲשֶׁר לֹא־מֵעָרֵי טו
הַגּוֹיִם־הָאֵלֶּה הֵנָּה: רַק מֵעָרֵי הָעַמִּים הָאֵלֶּה אֲשֶׁר יהוה אֱלֹהֶיךָ טז

in any sin that he may commit: at the mouth of two witnesses,
or at the mouth of three witnesses, shall the matter be es-
tablished. If a false witness rise up against any man to testify   16
against him that which is wrong; then both the men, between   17
whom is the controversy, shall stand before the LORD, before
the priests and the judges, who shall be in those days; and the   18
judges shall make diligent inquiry: and, behold, if the witness
is a false witness, and has testified falsely against his brother;
then shall you do to him, as he had thought to have done to   19
his brother: so shalt thou put the evil away from among you.
And those who remain shall hear, and fear, and shall hence-   20
forth commit no more any such evil among you. And thy eye   21
shall not pity; but life for life, eye for eye, tooth for tooth,
hand for hand, foot for foot.   When thou goest out to   **20**
battle against thy enemies, and seest horses, and chariots, and a
people more numerous than thou, be not afraid of them: for
the LORD thy GOD is with thee, who brought thee up out of
the land of Miẓrayim. And it shall be, when you are come near   2
to the battle, that the priest shall approach and speak to the
people, and shall say to them, Hear, O Yisra'el, you draw near   3
today to do battle against your enemies: let not your hearts
faint, fear not, and do not tremble, nor be terrified because of
them; for the LORD your GOD is he that goes with you, to fight   4
for you against your enemies, to save you. And the officers   5
shall speak to the people, saying, What man is there that has
built a new house, and has not dedicated it? let him go and
return to his house, lest he die in the battle, and another man
dedicate it. And what man is he that has planted a vineyard,   6
and has not yet eaten of it? let him also go and return to his
house, lest he die in the battle, and another man eat of it. And   7
what man is there that has betrothed a wife, and has not taken
her? let him go and return to his house, lest he die in the battle,
and another man take her. And the officers shall speak further   8
to the people, and they shall say, What man is there that is
fearful and fainthearted? let him go and return to his house,
lest his brethren's heart melt like his heart. And it shall be,   9
when the officers have made an end of speaking to the people,
that they shall make captains of the armies to lead the people.
        When thou comest near to a city to fight against it,   10
then proclaim peace to it. And it shall be, if it make thee answer   11
of peace, and open to thee, then it shall be, that all the people
to be found in it shall be tributaries to thee, and they shall serve
thee. And if it will make no peace with thee, but will make war   12
against thee, then thou shalt besiege it: and when the LORD   13
thy GOD has delivered it into thy hands, thou shalt smite every
male of it with the edge of the sword: but the women, and the   14
little ones, and the cattle, and all that is in the city, all the
spoil of it, shalt thou take to thyself; and thou shalt eat the
spoil of thy enemies, which the LORD thy GOD has given thee.
Thus shalt thou do to all the cities which are very far off from   15
thee, which are not of the cities of these nations. But of the   16
cities of these peoples, which the LORD thy GOD gives thee for
an inheritance, thou shalt save alive nothing that breathes:

יז נֹתֵן לְךָ נַחֲלָה לֹא תְחַיֶּה כָּל־נְשָׁמָה׃ כִּי־הַחֲרֵם תַּחֲרִימֵם הַחִתִּי
וְהָאֱמֹרִי הַכְּנַעֲנִי וְהַפְּרִזִּי הַחִוִּי וְהַיְבוּסִי כַּאֲשֶׁר צִוְּךָ יְהוָה אֱלֹהֶיךָ׃
יח לְמַעַן אֲשֶׁר לֹא־יְלַמְּדוּ אֶתְכֶם לַעֲשׂוֹת כְּכֹל תּוֹעֲבֹתָם אֲשֶׁר
יט עָשׂוּ לֵאלֹהֵיהֶם וַחֲטָאתֶם לַיהוָה אֱלֹהֵיכֶם׃ כִּי־
תָצוּר אֶל־עִיר יָמִים רַבִּים לְהִלָּחֵם עָלֶיהָ לְתָפְשָׂהּ לֹא־תַשְׁחִית
אֶת־עֵצָהּ לִנְדֹּחַ עָלָיו גַּרְזֶן כִּי מִמֶּנּוּ תֹאכֵל וְאֹתוֹ לֹא תִכְרֹת כִּי
כ הָאָדָם עֵץ הַשָּׂדֶה לָבֹא מִפָּנֶיךָ בַּמָּצוֹר׃ רַק עֵץ אֲשֶׁר־תֵּדַע כִּי־לֹא־
עֵץ מַאֲכָל הוּא אֹתוֹ תַשְׁחִית וְכָרָתָּ וּבָנִיתָ מָצוֹר עַל־הָעִיר
אֲשֶׁר־הִוא עֹשָׂה עִמְּךָ מִלְחָמָה עַד רִדְתָּהּ׃
כא א כִּי־יִמָּצֵא חָלָל בָּאֲדָמָה אֲשֶׁר יְהוָה אֱלֹהֶיךָ נֹתֵן לְךָ לְרִשְׁתָּהּ נֹפֵל
ב בַּשָּׂדֶה לֹא נוֹדַע מִי הִכָּהוּ׃ וְיָצְאוּ זְקֵנֶיךָ וְשֹׁפְטֶיךָ וּמָדְדוּ אֶל־
ג הֶעָרִים אֲשֶׁר סְבִיבֹת הֶחָלָל׃ וְהָיָה הָעִיר הַקְּרֹבָה אֶל־הֶחָלָל
וְלָקְחוּ זִקְנֵי הָעִיר הַהִוא עֶגְלַת בָּקָר אֲשֶׁר לֹא־עֻבַּד בָּהּ אֲשֶׁר
ד לֹא־מָשְׁכָה בְּעֹל׃ וְהוֹרִדוּ זִקְנֵי הָעִיר הַהִוא אֶת־הָעֶגְלָה אֶל־
נַחַל אֵיתָן אֲשֶׁר לֹא־יֵעָבֵד בּוֹ וְלֹא יִזָּרֵעַ וְעָרְפוּ־שָׁם אֶת־הָעֶגְלָה
ה בַּנָּחַל׃ וְנִגְּשׁוּ הַכֹּהֲנִים בְּנֵי לֵוִי כִּי בָם בָּחַר יְהוָה אֱלֹהֶיךָ לְשָׁרְתוֹ
ו וּלְבָרֵךְ בְּשֵׁם יְהוָה וְעַל־פִּיהֶם יִהְיֶה כָּל־רִיב וְכָל־נָגַע׃ וְכֹל
זִקְנֵי הָעִיר הַהִוא הַקְּרֹבִים אֶל־הֶחָלָל יִרְחֲצוּ אֶת־יְדֵיהֶם עַל־
ז הָעֶגְלָה הָעֲרוּפָה בַנָּחַל׃ וְעָנוּ וְאָמְרוּ יָדֵינוּ לֹא שפכה אֶת־ מפטיר שָׁפְכוּ
ח הַדָּם הַזֶּה וְעֵינֵינוּ לֹא רָאוּ׃ כַּפֵּר לְעַמְּךָ יִשְׂרָאֵל אֲשֶׁר־פָּדִיתָ
יְהוָה וְאַל־תִּתֵּן דָּם נָקִי בְּקֶרֶב עַמְּךָ יִשְׂרָאֵל וְנִכַּפֵּר לָהֶם
ט הַדָּם׃ וְאַתָּה תְּבַעֵר הַדָּם הַנָּקִי מִקִּרְבֶּךָ כִּי־תַעֲשֶׂה הַיָּשָׁר
י בְּעֵינֵי יְהוָה׃ כִּי־תֵצֵא לַמִּלְחָמָה עַל־אֹיְבֶיךָ כי תצא
יא וּנְתָנוֹ יְהוָה אֱלֹהֶיךָ בְּיָדֶךָ וְשָׁבִיתָ שִׁבְיוֹ׃ וְרָאִיתָ בַּשִּׁבְיָה אֵשֶׁת
יב יְפַת־תֹּאַר וְחָשַׁקְתָּ בָהּ וְלָקַחְתָּ לְךָ לְאִשָּׁה׃ וַהֲבֵאתָהּ אֶל־
יג תּוֹךְ בֵּיתֶךָ וְגִלְּחָה אֶת־רֹאשָׁהּ וְעָשְׂתָה אֶת־צִפָּרְנֶיהָ׃ וְהֵסִירָה
אֶת־שִׂמְלַת שִׁבְיָהּ מֵעָלֶיהָ וְיָשְׁבָה בְּבֵיתֶךָ וּבָכְתָה אֶת־אָבִיהָ
וְאֶת־אִמָּהּ יֶרַח יָמִים וְאַחַר כֵּן תָּבוֹא אֵלֶיהָ וּבְעַלְתָּהּ וְהָיְתָה
יד לְךָ לְאִשָּׁה׃ וְהָיָה אִם־לֹא חָפַצְתָּ בָּהּ וְשִׁלַּחְתָּהּ לְנַפְשָׁהּ
וּמָכֹר לֹא־תִמְכְּרֶנָּה בַּכָּסֶף לֹא־תִתְעַמֵּר בָּהּ תַּחַת אֲשֶׁר
טו עִנִּיתָהּ׃ כִּי־תִהְיֶיןָ לְאִישׁ שְׁתֵּי נָשִׁים הָאַחַת
אֲהוּבָה וְהָאַחַת שְׂנוּאָה וְיָלְדוּ־לוֹ בָנִים הָאֲהוּבָה וְהַשְּׂנוּאָה
טז וְהָיָה הַבֵּן הַבְּכֹר לַשְּׂנִיאָה׃ וְהָיָה בְּיוֹם הַנְחִילוֹ אֶת־בָּנָיו אֵת
אֲשֶׁר־יִהְיֶה לוֹ לֹא יוּכַל לְבַכֵּר אֶת־בֶּן־הָאֲהוּבָה עַל־פְּנֵי בֶן־

but thou shalt utterly destroy them; the Ḥitti, and the Emori, 17
the Kena'ani, and the Perizzi, the Ḥivvi, and the Yevusi; as the
Lord thy God has commanded thee: that they teach you not 18
to do after all their abominations, which they have done to their
gods; so should you sin against the Lord your God. When 19
thou shalt besiege a city a long time, in making war against
it to take it, thou shalt not destroy its trees by forcing an axe
against them: for thou mayst eat of them, and thou shalt not
cut them down; for is the tree of the field a man, that it should
be besieged by thee? Only the trees which thou knowst that 20
they be not trees for food, thou shalt destroy and cut them
down; and thou shalt build bulwarks against the city that makes
war with thee, until it be subdued.

If one be found slain in the land which the Lord thy God gives **21**
thee to possess it, lying in the field, and it be not known who
has slain him: then thy elders and thy judges shall come out, 2
and they shall measure to the cities which are round about him
that is slain: and it shall be, that as for the city which is nearest 3
to the slain man, the elders of that city shall take a heifer,
which has not been put to work, and which has not drawn in
the yoke; and the elders of that city shall bring down the heifer 4
to a rough ravine, which is neither ploughed nor sown, and shall
break the heifer's neck there in the ravine: and the priests 5
the sons of Levi shall come near; for them the Lord thy
God has chosen to minister to him, and to bless in the name
of the Lord; and by their word shall every controversy and
every stroke be tried: and all the elders of that city, that are 6
nearest to the slain man, shall wash their hands over the heifer
whose neck was broken in the ravine: and they shall answer and 7
say, Our hands have not shed this blood, nor have our eyes
seen it. Be merciful, O Lord, to thy people Yisra'el, whom thou 8
hast redeemed, and lay not innocent blood to the charge of thy
people Yisra'el. And the blood shall be forgiven them. So shalt 9
thou put away the innocent blood from among you, when thou
KI-TEẔE shalt do that which is right in the sight of the Lord. When 10
thou goest forth to war against thy enemies, and the Lord thy
God has delivered them into thy hands, and thou hast taken
them captive, and thou seest among the captives a beautiful 11
woman, and hast a desire to her, that thou wouldst have her
to thy wife; then thou shalt bring her home to thy house; and 12
she shall shave her head, and pare her nails; and she shall put 13
the raiment of her captivity from off her, and shall remain in thy
house, and bewail her father and her mother a full month: and
after that thou shalt go in to her, and be her husband, and she
shall be thy wife. And it shall be, if thou have no delight in her, 14
then thou shalt let her go where she will; but thou shalt not sell
her at all for money, thou shalt not treat her as a slave, because
thou hast humbled her. If a man have two wives, one be- 15
loved, and another hated, and they have born him children,
both the beloved and the hated; and if the firstborn son be hers
that was hated: then it shall be, when he makes his sons to 16
inherit that which he has, that he may not give the preference
to the son of the beloved wife, over the son of the hated wife

יז הַשְּׂנוּאָה הַבְּכֹר׃ כִּי אֶת־הַבְּכֹר בֶּן־הַשְּׂנוּאָה יַכִּיר לָתֶת לוֹ
פִּי שְׁנַיִם בְּכֹל אֲשֶׁר־יִמָּצֵא לוֹ כִּי־הוּא רֵאשִׁית אֹנוֹ לוֹ מִשְׁפַּט
יח הַבְּכֹרָה׃ כִּי־יִהְיֶה לְאִישׁ בֵּן סוֹרֵר וּמוֹרֶה אֵינֶנּוּ
שֹׁמֵעַ בְּקוֹל אָבִיו וּבְקוֹל אִמּוֹ וְיִסְּרוּ אֹתוֹ וְלֹא יִשְׁמַע אֲלֵיהֶם׃
יט וְתָפְשׂוּ בוֹ אָבִיו וְאִמּוֹ וְהוֹצִיאוּ אֹתוֹ אֶל־זִקְנֵי עִירוֹ וְאֶל־שַׁעַר
כ מְקֹמוֹ׃ וְאָמְרוּ אֶל־זִקְנֵי עִירוֹ בְּנֵנוּ זֶה סוֹרֵר וּמֹרֶה אֵינֶנּוּ שֹׁמֵעַ
כא בְּקֹלֵנוּ זוֹלֵל וְסֹבֵא׃ וּרְגָמֻהוּ כָּל־אַנְשֵׁי עִירוֹ בָאֲבָנִים וָמֵת וּבִעַרְתָּ
שני כב הָרָע מִקִּרְבֶּךָ וְכָל־יִשְׂרָאֵל יִשְׁמְעוּ וְיִרָאוּ׃ וְכִי־
יִהְיֶה בְאִישׁ חֵטְא מִשְׁפַּט־מָוֶת וְהוּמָת וְתָלִיתָ אֹתוֹ עַל־עֵץ׃
כג לֹא־תָלִין נִבְלָתוֹ עַל־הָעֵץ כִּי־קָבוֹר תִּקְבְּרֶנּוּ בַּיּוֹם הַהוּא כִּי־
קִלְלַת אֱלֹהִים תָּלוּי וְלֹא תְטַמֵּא אֶת־אַדְמָתְךָ אֲשֶׁר יְהוָה אֱלֹהֶיךָ
כב א נֹתֵן לְךָ נַחֲלָה׃ לֹא־תִרְאֶה אֶת־שׁוֹר אָחִיךָ אוֹ
ב אֶת־שֵׂיוֹ נִדָּחִים וְהִתְעַלַּמְתָּ מֵהֶם הָשֵׁב תְּשִׁיבֵם לְאָחִיךָ׃ וְאִם־
לֹא קָרוֹב אָחִיךָ אֵלֶיךָ וְלֹא יְדַעְתּוֹ וַאֲסַפְתּוֹ אֶל־תּוֹךְ בֵּיתֶךָ וְהָיָה
ג עִמְּךָ עַד דְּרֹשׁ אָחִיךָ אֹתוֹ וַהֲשֵׁבֹתוֹ לוֹ׃ וְכֵן תַּעֲשֶׂה לַחֲמֹרוֹ וְכֵן
תַּעֲשֶׂה לְשִׂמְלָתוֹ וְכֵן תַּעֲשֶׂה לְכָל־אֲבֵדַת אָחִיךָ אֲשֶׁר־תֹּאבַד
ד מִמֶּנּוּ וּמְצָאתָהּ לֹא תוּכַל לְהִתְעַלֵּם׃ לֹא־תִרְאֶה
אֶת־חֲמוֹר אָחִיךָ אוֹ שׁוֹרוֹ נֹפְלִים בַּדֶּרֶךְ וְהִתְעַלַּמְתָּ מֵהֶם הָקֵם
ה תָּקִים עִמּוֹ׃ לֹא־יִהְיֶה כְלִי־גֶבֶר עַל־אִשָּׁה וְלֹא־
יִלְבַּשׁ גֶּבֶר שִׂמְלַת אִשָּׁה כִּי תוֹעֲבַת יְהוָה אֱלֹהֶיךָ כָּל־עֹשֵׂה
אֵלֶּה׃
יז ו כִּי יִקָּרֵא קַן־צִפּוֹר ׀ לְפָנֶיךָ בַּדֶּרֶךְ בְּכָל־עֵץ ׀ אוֹ עַל־הָאָרֶץ
אֶפְרֹחִים אוֹ בֵיצִים וְהָאֵם רֹבֶצֶת עַל־הָאֶפְרֹחִים אוֹ עַל־הַבֵּיצִים
ז לֹא־תִקַּח הָאֵם עַל־הַבָּנִים׃ שַׁלֵּחַ תְּשַׁלַּח אֶת־הָאֵם וְאֶת־הַבָּנִים
שלישי ח תִּקַּח־לָךְ לְמַעַן יִיטַב לָךְ וְהַאֲרַכְתָּ יָמִים׃ כִּי
תִבְנֶה בַּיִת חָדָשׁ וְעָשִׂיתָ מַעֲקֶה לְגַגֶּךָ וְלֹא־תָשִׂים דָּמִים בְּבֵיתֶךָ
ט כִּי־יִפֹּל הַנֹּפֵל מִמֶּנּוּ׃ לֹא־תִזְרַע כַּרְמְךָ כִּלְאָיִם פֶּן־תִּקְדַּשׁ
י הַמְלֵאָה הַזֶּרַע אֲשֶׁר תִּזְרָע וּתְבוּאַת הַכָּרֶם׃ לֹא־
יא תַחֲרֹשׁ בְּשׁוֹר־וּבַחֲמֹר יַחְדָּו׃ לֹא תִלְבַּשׁ שַׁעַטְנֵז צֶמֶר וּפִשְׁתִּים
יב יַחְדָּו׃ גְּדִלִים תַּעֲשֶׂה־לָּךְ עַל־אַרְבַּע כַּנְפוֹת
יג כְּסוּתְךָ אֲשֶׁר תְּכַסֶּה־בָּהּ׃ כִּי־יִקַּח אִישׁ אִשָּׁה
יד וּבָא אֵלֶיהָ וּשְׂנֵאָהּ׃ וְשָׂם לָהּ עֲלִילֹת דְּבָרִים וְהוֹצִא עָלֶיהָ
שֵׁם רָע וְאָמַר אֶת־הָאִשָּׁה הַזֹּאת לָקַחְתִּי וָאֶקְרַב אֵלֶיהָ וְלֹא־
טו מָצָאתִי לָהּ בְּתוּלִים׃ וְלָקַח אֲבִי הַנַּעֲרָ וְאִמָּהּ וְהוֹצִיאוּ אֶת־

who is the firstborn: but he shall acknowledge the son of the   17
hated for the firstborn, by giving him a double portion of all
that he has: for he is the beginning of his strength; the right of
the firstborn is his.   If a man have a stubborn and rebellious   18
son, who will not obey the voice of his father, or the voice of
his mother, and that, when they have chastened him, will not
hearken to them: then shall his father and his mother lay hold   19
of him, and bring him out to the elders of his city, and to the
gate of his place; and they shall say to the elders of his city,   20
This our son is stubborn and rebellious, he will not obey our
voice; he is a glutton, and a drunkard. And all the men of his   21
city shall stone him with stones, that he die: so shalt thou put
evil away from among you; and all Yisra'el shall hear, and
fear.   And if a man have committed a sin worthy of death,   22
and he is put to death, and thou hang him on a tree: his body   23
shall not remain all night upon the tree, but thou shalt surely
bury him that day: (for he that is hanged is accursed of God;)
that thy land be not defiled, which the Lord thy God gives thee
for an inheritance.   Thou shalt not see thy brother's ox   **22**
or his sheep go astray, and hide thyself from them: thou shalt
surely bring them back to thy brother. And if thy brother be   2
not near to thee, or if thou know him not, then thou shalt bring
it to thy own house, and it shall be with thee until thy brother
seek after it, and thou shalt restore it to him again. In like   3
manner shalt thou do with his ass; and so shalt thou do with
his garment; and with every lost thing of thy brother's, which
he has lost, and thou hast found, shalt thou do likewise: thou
mayst not hide thyself.   Thou shalt not see thy brother's   4
ass or his ox fall down by the way, and hide thyself from them:
thou shalt surely help him to lift them up again.   A   5
woman shall not wear that which pertains to a man, neither
shall a man put on a woman's garment: for all that do so are
abomination to the Lord thy God.

If a bird's nest chance to be before thee in the way in any tree,   6
or on the ground, whether they be young ones, or eggs, and
the mother bird sitting upon the young, or upon the eggs, thou
shalt not take the mother bird together with the young: but   7
thou shalt surely let the mother go, and take the young to thee;
that it may be well with thee, and that thou mayst prolong thy
days.   When thou buildest a new house, then thou shalt   8
make a parapet for thy roof, that thou bring not blood upon
thy house, if any man fall from it. Thou shalt not sow thy   9
vineyard with divers seeds: lest the fruit of the seed which thou
hast sown, and the fruit of the vineyard, be forfeited.   Thou   10
shalt not plough with an ox and an ass together. Thou shalt not   11
wear a garment of divers kinds, of woollen and linen to-
gether.   Thou shalt make thee fringes upon the four corn-   12
ers of thy covering, with which thou coverest thyself.   If   13
any man take a wife, and go in to her, and hate her, and lay   14
accusing speeches against her, and bring out an evil name upon
her, saying, I took this woman, and when I came to her, I found
her not to be a virgin: then shall the father of the girl, and   15
her mother, take and bring forth the tokens of the girl's vir-

בְּתוּלֵי הַנַּעֲרָ אֶל־זִקְנֵי הָעִיר הַשָּׁעְרָה׃ וְאָמַר אֲבִי הַנַּעֲרָ אֶל־ טז
הַזְּקֵנִים אֶת־בִּתִּי נָתַתִּי לָאִישׁ הַזֶּה לְאִשָּׁה וַיִּשְׂנָאֶהָ׃ וְהִנֵּה־הוּא יז
שָׂם עֲלִילֹת דְּבָרִים לֵאמֹר לֹא־מָצָאתִי לְבִתְּךָ בְּתוּלִים וְאֵלֶּה
בְּתוּלֵי בִתִּי וּפָרְשׂוּ הַשִּׂמְלָה לִפְנֵי זִקְנֵי הָעִיר׃ וְלָקְחוּ זִקְנֵי הָעִיר־ יח
הַהִוא אֶת־הָאִישׁ וְיִסְּרוּ אֹתוֹ׃ וְעָנְשׁוּ אֹתוֹ מֵאָה כֶסֶף וְנָתְנוּ יט
לַאֲבִי הַנַּעֲרָה כִּי הוֹצִיא שֵׁם רָע עַל בְּתוּלַת יִשְׂרָאֵל וְלוֹ־תִהְיֶה
לְאִשָּׁה לֹא־יוּכַל לְשַׁלְּחָהּ כָּל־יָמָיו׃ וְאִם אֱמֶת הָיָה כ
הַדָּבָר הַזֶּה לֹא־נִמְצְאוּ בְתוּלִים לַנַּעֲרָ׃ וְהוֹצִיאוּ אֶת־הַנַּעֲרָ כא
אֶל־פֶּתַח בֵּית־אָבִיהָ וּסְקָלוּהָ אַנְשֵׁי עִירָהּ בָּאֲבָנִים וָמֵתָה
כִּי־עָשְׂתָה נְבָלָה בְּיִשְׂרָאֵל לִזְנוֹת בֵּית אָבִיהָ וּבִעַרְתָּ הָרָע
מִקִּרְבֶּךָ׃ כִּי־יִמָּצֵא אִישׁ שֹׁכֵב ׀ עִם־אִשָּׁה בְעֻלַת כב
בַּעַל וּמֵתוּ גַּם־שְׁנֵיהֶם הָאִישׁ הַשֹּׁכֵב עִם־הָאִשָּׁה וְהָאִשָּׁה וּבִעַרְתָּ
הָרָע מִיִּשְׂרָאֵל׃ כִּי יִהְיֶה נַעֲרָ בְתוּלָה מְאֹרָשָׂה כג
לְאִישׁ וּמְצָאָהּ אִישׁ בָּעִיר וְשָׁכַב עִמָּהּ׃ וְהוֹצֵאתֶם אֶת־שְׁנֵיהֶם אֶל־ כד
שַׁעַר ׀ הָעִיר הַהִוא וּסְקַלְתֶּם אֹתָם בָּאֲבָנִים וָמֵתוּ אֶת־הַנַּעֲרָ עַל־
דְּבַר אֲשֶׁר לֹא־צָעֲקָה בָעִיר וְאֶת־הָאִישׁ עַל־דְּבַר אֲשֶׁר־עִנָּה אֶת־
אֵשֶׁת רֵעֵהוּ וּבִעַרְתָּ הָרָע מִקִּרְבֶּךָ׃ וְאִם־בַּשָּׂדֶה כה
יִמְצָא הָאִישׁ אֶת־הַנַּעֲרָ הַמְאֹרָשָׂה וְהֶחֱזִיק־בָּהּ הָאִישׁ וְשָׁכַב
עִמָּהּ וּמֵת הָאִישׁ אֲשֶׁר־שָׁכַב עִמָּהּ לְבַדּוֹ׃ וְלַנַּעֲרָ לֹא־תַעֲשֶׂה כו
דָבָר אֵין לַנַּעֲרָ חֵטְא מָוֶת כִּי כַּאֲשֶׁר יָקוּם אִישׁ עַל־רֵעֵהוּ וּרְצָחוֹ
נֶפֶשׁ כֵּן הַדָּבָר הַזֶּה׃ כִּי בַשָּׂדֶה מְצָאָהּ צָעֲקָה הַנַּעֲרָ הַמְאֹרָשָׂה כז
וְאֵין מוֹשִׁיעַ לָהּ׃ כִּי־יִמְצָא אִישׁ נַעֲרָ בְתוּלָה כח
אֲשֶׁר לֹא־אֹרָשָׂה וּתְפָשָׂהּ וְשָׁכַב עִמָּהּ וְנִמְצָאוּ׃ וְנָתַן הָאִישׁ כט
הַשֹּׁכֵב עִמָּהּ לַאֲבִי הַנַּעֲרָ חֲמִשִּׁים כָּסֶף וְלוֹ־תִהְיֶה לְאִשָּׁה תַּחַת
אֲשֶׁר עִנָּהּ לֹא־יוּכַל שַׁלְּחָהּ כָּל־יָמָיו׃ לֹא־יִקַּח א כג
אִישׁ אֶת־אֵשֶׁת אָבִיו וְלֹא יְגַלֶּה כְּנַף אָבִיו׃ לֹא־ ב
יָבֹא פְצוּעַ־דַּכָּא וּכְרוּת שָׁפְכָה בִּקְהַל יהוה׃ לֹא־ ג
יָבֹא מַמְזֵר בִּקְהַל יהוה גַּם דּוֹר עֲשִׂירִי לֹא־יָבֹא לוֹ בִּקְהַל
יהוה׃ לֹא־יָבֹא עַמּוֹנִי וּמוֹאָבִי בִּקְהַל יהוה גַּם ד
דּוֹר עֲשִׂירִי לֹא־יָבֹא לָהֶם בִּקְהַל יהוה עַד־עוֹלָם׃ עַל־דְּבַר אֲשֶׁר ה
לֹא־קִדְּמוּ אֶתְכֶם בַּלֶּחֶם וּבַמַּיִם בַּדֶּרֶךְ בְּצֵאתְכֶם מִמִּצְרָיִם
וַאֲשֶׁר שָׂכַר עָלֶיךָ אֶת־בִּלְעָם בֶּן־בְּעוֹר מִפְּתוֹר אֲרַם נַהֲרַיִם
לְקַלְלֶךָּ׃ וְלֹא־אָבָה יהוה אֱלֹהֶיךָ לִשְׁמֹעַ אֶל־בִּלְעָם וַיַּהֲפֹךְ יהוה ו
אֱלֹהֶיךָ לְּךָ אֶת־הַקְּלָלָה לִבְרָכָה כִּי אֲהֵבְךָ יהוה אֱלֹהֶיךָ׃ לֹא־ ז
רביעי תִדְרֹשׁ שְׁלֹמָם וְטֹבָתָם כָּל־יָמֶיךָ לְעוֹלָם׃ לֹא־ ח
תְתַעֵב אֲדֹמִי כִּי אָחִיךָ הוּא לֹא־תְתַעֵב מִצְרִי כִּי־גֵר הָיִיתָ

ginity to the elders of the city in the gate: and the girl's   16
father shall say to the elders, I gave my daughter to this man
to wife, and he hated her; and, lo, he has laid accusing speeches   17
against her, saying, I found not thy daughter a virgin; and yet
these are the tokens of my daughter's virginity. And they shall
spread the cloth before the elders of the city. And the elders   18
of that city shall take that man and chastise him; and they   19
shall fine him a hundred shekels of silver, and give them to the
father of the girl, because he has brought out an evil name
upon a virgin of Yisra'el: and she shall be his wife; he may not
put her away all his days.   But if this thing be true, and   20
tokens of virginity be not found for the girl: then they shall   21
bring out the girl to the door of her father's house, and the
men of her city shall stone her with stones that she die: because
she has perpetrated wantonness in Yisra'el, to play the harlot
in her father's house: so shalt thou put evil away from among
you.   If a man be found lying with a woman married to   22
a husband, then they shall both of them die both the man that
lay with the woman, and the woman: so shalt thou put away
evil from Yisra'el.   It a girl that is a virgin be betrothed   23
to a husband, and a man find her in the city, and lie with her;
then you shall bring them both out to the gate of that city,   24
and you shall stone them with stones that they die; the girl,
because she cried not, being in the city; and the man, because
he has humbled his neighbour's wife: so thou shalt put away
evil from among you.   But if a man find a betrothed girl   25
in the field, and the man force her, and lie with her: then only
the man that lay with her shall die: but to the girl thou shalt   26
do nothing; there is in the girl no sin worthy of death: for
as when a man rises against his neighbour, and slays him, even
so is this matter: for he found her in the field, and the betrothed   27
maiden cried out, but there was none to save her.   If a   28
man find a girl that is a virgin, who is not betrothed, and lay
hold of her, and lie with her, and they be found; then the man   29
that lay with her shall give to the girl's father fifty shekels of
silver, and she shall be his wife; because he has humbled her,
he may not put her away all his days.   A man shall not   **23**
take his father's wife, nor uncover his father's skirt.   He   2
that is wounded in the stones, or has his privy member cut
off, shall not enter into the congregation of the LORD.   A   3
bastard shall not enter into the congregation of the LORD; even
to his tenth generation shall he not enter into the congregation
of the LORD.   An 'Ammonite or a Mo'avite shall not enter   4
into the congregation of the LORD; even to their tenth generation
shall they not enter into the congregation of the LORD for ever:
because they met you not with bread and with water in the   5
way, when you came out of Miẓrayim; and because they hired
against thee Bil'am, the son of Be'or, from Petor of Aram-
naharayim to curse thee. But the LORD thy GOD would not   6
hearken to Bil'am; but the LORD thy GOD turned the curse into
a blessing unto thee, because the LORD thy GOD loved thee. Thou   7
shalt not seek their peace nor their prosperity all thy days
for ever.   Thou shalt not abhor an Edomite; for he is thy   8

בְּאַרְצֽוֹ׃ בָּנִ֛ים אֲשֶׁר־יִוָּלְד֥וּ לָהֶ֖ם דּ֣וֹר שְׁלִישִׁ֑י יָבֹ֥א לָהֶ֖ם בִּקְהַ֥ל
יְהוָֽה׃   כִּֽי־תֵצֵ֥א מַחֲנֶ֖ה עַל־אֹיְבֶ֑יךָ וְנִ֨שְׁמַרְתָּ֔
מִכֹּ֖ל דָּבָ֥ר רָֽע׃ כִּֽי־יִהְיֶ֤ה בְךָ֙ אִ֔ישׁ אֲשֶׁ֛ר לֹא־יִהְיֶ֥ה טָה֖וֹר מִקְּרֵה־
לָ֑יְלָה וְיָצָא֙ אֶל־מִח֣וּץ לַֽמַּחֲנֶ֔ה לֹ֥א יָבֹ֖א אֶל־תּ֣וֹךְ הַֽמַּחֲנֶֽה׃ וְהָיָ֣ה
לִפְנֽוֹת־עֶ֗רֶב יִרְחַ֖ץ בַּמָּ֑יִם וּכְבֹ֣א הַשֶּׁ֔מֶשׁ יָבֹ֖א אֶל־תּ֥וֹךְ הַֽמַּחֲנֶֽה׃
וְיָד֙ תִּהְיֶ֣ה לְךָ֔ מִח֖וּץ לַֽמַּחֲנֶ֑ה וְיָצָ֥אתָ שָּׁ֖מָּה ח֑וּץ׃ וְיָתֵ֛ד תִּהְיֶ֥ה לְךָ֖
עַל־אֲזֵנֶ֑ךָ וְהָיָה֙ בְּשִׁבְתְּךָ֣ ח֔וּץ וְחָפַרְתָּ֣ה בָ֔הּ וְשַׁבְתָּ֖ וְכִסִּ֥יתָ אֶת־
צֵאָתֶֽךָ׃ כִּי֩ יְהוָ֨ה אֱלֹהֶ֜יךָ מִתְהַלֵּ֣ךְ ׀ בְּקֶ֣רֶב מַחֲנֶ֗ךָ לְהַצִּֽילְךָ֙ וְלָתֵ֤ת
אֹיְבֶ֨יךָ֙ לְפָנֶ֔יךָ וְהָיָ֥ה מַחֲנֶ֖יךָ קָד֑וֹשׁ וְלֹֽא־יִרְאֶ֤ה בְךָ֙ עֶרְוַ֣ת דָּבָ֔ר
וְשָׁ֖ב מֵאַחֲרֶֽיךָ׃   לֹא־תַסְגִּ֥יר עֶ֖בֶד אֶל־אֲדֹנָ֑יו אֲשֶׁר־
יִנָּצֵ֥ל אֵלֶ֖יךָ מֵעִ֥ם אֲדֹנָֽיו׃ עִמְּךָ֞ יֵשֵׁ֣ב בְּקִרְבְּךָ֗ בַּמָּק֧וֹם אֲשֶׁר־יִבְחַ֛ר
בְּאַחַ֥ד שְׁעָרֶ֖יךָ בַּטּ֣וֹב ל֑וֹ לֹ֖א תּוֹנֶֽנּוּ׃   לֹא־תִהְיֶ֥ה
קְדֵשָׁ֖ה מִבְּנ֣וֹת יִשְׂרָאֵ֑ל וְלֹֽא־יִהְיֶ֥ה קָדֵ֖שׁ מִבְּנֵ֥י יִשְׂרָאֵֽל׃ לֹא־תָבִ֣יא
אֶתְנַ֣ן זוֹנָ֗ה וּמְחִ֤יר כֶּ֨לֶב֙ בֵּ֣ית יְהוָ֣ה אֱלֹהֶ֔יךָ לְכָל־נֶ֑דֶר כִּ֧י תוֹעֲבַ֛ת
יְהוָ֥ה אֱלֹהֶ֖יךָ גַּם־שְׁנֵיהֶֽם׃   לֹא־תַשִּׁ֥יךְ לְאָחִ֖יךָ נֶ֣שֶׁךְ
כֶּ֗סֶף נֶ֚שֶׁךְ אֹ֔כֶל נֶ֕שֶׁךְ כָּל־דָּבָ֖ר אֲשֶׁ֥ר יִשָּֽׁךְ׃ לַנָּכְרִ֣י תַשִּׁ֔יךְ וּלְאָחִ֖יךָ
לֹ֣א תַשִּׁ֑יךְ לְמַ֨עַן֙ יְבָרֶכְךָ֔ יְהוָ֣ה אֱלֹהֶ֔יךָ בְּכֹל֙ מִשְׁלַ֣ח יָדֶ֔ךָ עַל־הָאָ֕רֶץ
אֲשֶׁר־אַתָּ֥ה בָא־שָׁ֖מָּה לְרִשְׁתָּֽהּ׃   כִּֽי־תִדֹּ֥ר נֶ֨דֶר֙
לַֽיהוָ֣ה אֱלֹהֶ֔יךָ לֹ֥א תְאַחֵ֖ר לְשַׁלְּמ֑וֹ כִּֽי־דָרֹ֨שׁ יִדְרְשֶׁ֜נּוּ יְהוָ֤ה אֱלֹהֶ֨יךָ֙
מֵֽעִמָּ֔ךְ וְהָיָ֥ה בְךָ֖ חֵֽטְא׃ וְכִ֥י תֶחְדַּ֖ל לִנְדֹּ֑ר לֹֽא־יִהְיֶ֥ה בְךָ֖ חֵֽטְא׃
מוֹצָ֥א שְׂפָתֶ֖יךָ תִּשְׁמֹ֣ר וְעָשִׂ֑יתָ כַּאֲשֶׁ֨ר נָדַ֜רְתָּ לַֽיהוָ֤ה אֱלֹהֶ֨יךָ֙ נְדָבָ֔ה
אֲשֶׁ֥ר דִּבַּ֖רְתָּ בְּפִֽיךָ׃   כִּ֤י תָבֹא֙ בְּכֶ֣רֶם רֵעֶ֔ךָ וְאָכַלְתָּ֧

עֲנָבִ֛ים כְּנַפְשְׁךָ֥ שָׂבְעֶ֖ךָ וְאֶֽל־כֶּלְיְךָ֖ לֹ֥א תִתֵּֽן׃   כִּ֤י
תָבֹא֙ בְּקָמַ֣ת רֵעֶ֔ךָ וְקָטַפְתָּ֥ מְלִילֹ֖ת בְּיָדֶ֑ךָ וְחֶרְמֵשׁ֙ לֹ֣א תָנִ֔יף עַ֖ל
קָמַ֥ת רֵעֶֽךָ׃   כִּֽי־יִקַּ֥ח אִ֛ישׁ אִשָּׁ֖ה וּבְעָלָ֑הּ וְהָיָ֞ה אִם־לֹ֧א

תִמְצָא־חֵ֣ן בְּעֵינָ֗יו כִּי־מָ֤צָא בָהּ֙ עֶרְוַ֣ת דָּבָ֔ר וְכָ֨תַב לָ֜הּ סֵ֤פֶר כְּרִיתֻת֙
וְנָתַ֣ן בְּיָדָ֔הּ וְשִׁלְּחָ֖הּ מִבֵּיתֽוֹ׃ וְיָצְאָ֖ה מִבֵּית֑וֹ וְהָלְכָ֖ה וְהָיְתָ֥ה
לְאִישׁ־אַחֵֽר׃ וּשְׂנֵאָהּ֮ הָאִ֣ישׁ הָאַחֲרוֹן֒ וְכָ֨תַב לָ֜הּ סֵ֤פֶר כְּרִיתֻת֙
וְנָתַ֣ן בְּיָדָ֔הּ וְשִׁלְּחָ֖הּ מִבֵּית֑וֹ א֣וֹ כִ֤י יָמוּת֙ הָאִ֣ישׁ הָאַחֲר֔וֹן אֲשֶׁר־
לְקָחָ֥הּ ל֖וֹ לְאִשָּֽׁה׃ לֹא־יוּכַ֣ל בַּעְלָ֣הּ הָרִאשׁ֣וֹן אֲשֶֽׁר־שִׁלְּחָ֜הּ לָשׁ֣וּב
לְקַחְתָּ֗הּ לִהְי֤וֹת לוֹ֙ לְאִשָּׁ֔ה אַחֲרֵי֙ אֲשֶׁ֣ר הֻטַּמָּ֔אָה כִּֽי־תוֹעֵבָ֥ה

brother: thou shalt not abhor a Miẕrian; because thou wast a
stranger in his land. The children that are begotten of them 9
shall enter into the congregation of the Lord in their third gen-
eration. When thou goest out to encamp against thy ene- 10
mies, then keep thee from every evil thing. If there be among 11
you any man, that is not clean by reason of uncleanness that
chances by night, then shall he go abroad out of the camp, he
shall not come within the camp: but it shall be, when evening 12
comes on, he shall bathe himself in water: and when the sun
is down, he shall come into the camp again. Thou shalt have 13
a place also outside the camp, where thou shalt withdraw thy-
self: and thou shalt have a spade among thy weapons, and it 14
shall be, when thou wilt ease thyself outside, thou shalt dig
with it, and shalt turn back and cover thy excrement: for the 15
Lord thy God walks in the midst of thy camp, to deliver thee,
and to give up thy enemies before thee; therefore shall thy
camp be holy: that he see no unclean thing in thee, and turn
away from thee. Thou shalt not deliver to his master the 16
servant who is escaped from his master to thee: he shall dwell 17
with thee, among you, in that place which he shall choose in
one of thy gates, where it likes him best: thou shalt not oppress
him. There shall be no female prostitute of the daughters 18
of Yisra'el, nor a male prostitute of the sons of Yisra'el. Thou 19
shalt not bring the hire of a prostitute, or the price of a dog,
into the house of the Lord thy God for any vow: for both these
are abomination to the Lord thy God. Thou shalt not give 20
interest to thy brother; interest of money, interest of foodstuff,
interest of anything that is lent upon interest; to a stranger 21
thou mayst give interest; but to thy brother thou shalt not give
interest: that the Lord thy God may bless thee in all that
thou settest thy hand to in the land into which thou goest to
possess it. When thou shalt vow a vow to the Lord thy 22
God, thou shalt not be slack to pay it: for the Lord thy God
will surely require it of thee; and it would be sin in thee. But if 23
thou shalt forbear to vow, it shall be no sin in thee. That which 24
is gone out of thy lips thou shalt keep and perform; according
as thou hast vowed of thy freewill to the Lord thy God, which
thou hast promised with thy mouth. When thou comest 25
into thy neighbour's vineyard, then thou mayst eat thy fill
of grapes at thy desire; but thou shalt not put any in thy
vessel. When thou comest into the standing corn of thy 26
neighbour, then thou mayst pluck the ears with thy hand; but
thou shalt not move a sickle to thy neighbour's standing
corn. When a man has taken a wife, and married her, and **24**
it come to pass that she find no favour in his eyes, because he
has found some unseemliness in her: then let him write her
a bill of divorce, and give it in her hand, and send her out of
his house. And when she is departed out of his house, she may 2
go and be another man's wife. And if the latter husband hate 3
her, and write her a bill of divorce, and give it in her hand,
and send her out of his house; or if the latter husband, who took
her to be his wife, should die, then her former husband, who 4
sent her away, may not take her again to be his wife, after she is

הוּא לִפְנֵי יהוה וְלֹא תַחֲטִיא אֶת־הָאָרֶץ אֲשֶׁר יהוה אֱלֹהֶיךָ נֹתֵן
ששי לְךָ נַחֲלָה׃ כִּי־יִקַּח אִישׁ אִשָּׁה חֲדָשָׁה לֹא יֵצֵא ה
בַּצָּבָא וְלֹא־יַעֲבֹר עָלָיו לְכָל־דָּבָר נָקִי יִהְיֶה לְבֵיתוֹ שָׁנָה אֶחָת
וְשִׂמַּח אֶת־אִשְׁתּוֹ אֲשֶׁר־לָקָח׃ לֹא־יַחֲבֹל רֵחַיִם וָרָכֶב כִּי־נֶפֶשׁ ו
הוּא חֹבֵל׃ כִּי־יִמָּצֵא אִישׁ גֹּנֵב נֶפֶשׁ מֵאֶחָיו מִבְּנֵי ז
יִשְׂרָאֵל וְהִתְעַמֶּר־בּוֹ וּמְכָרוֹ וּמֵת הַגַּנָּב הַהוּא וּבִעַרְתָּ הָרָע
מִקִּרְבֶּךָ׃ הִשָּׁמֶר בְּנֶגַע־הַצָּרַעַת לִשְׁמֹר מְאֹד ח
וְלַעֲשׂוֹת כְּכֹל אֲשֶׁר־יוֹרוּ אֶתְכֶם הַכֹּהֲנִים הַלְוִיִּם כַּאֲשֶׁר צִוִּיתִם
תִּשְׁמְרוּ לַעֲשׂוֹת׃ זָכוֹר אֵת אֲשֶׁר־עָשָׂה יהוה אֱלֹהֶיךָ לְמִרְיָם ט
בַּדֶּרֶךְ בְּצֵאתְכֶם מִמִּצְרָיִם׃ כִּי־תַשֶּׁה בְרֵעֲךָ י
מַשַּׁאת מְאוּמָה לֹא־תָבֹא אֶל־בֵּיתוֹ לַעֲבֹט עֲבֹטוֹ׃ בַּחוּץ יא
תַּעֲמֹד וְהָאִישׁ אֲשֶׁר אַתָּה נֹשֶׁה בוֹ יוֹצִיא אֵלֶיךָ אֶת־הַעֲבוֹט
הַחוּצָה׃ וְאִם־אִישׁ עָנִי הוּא לֹא תִשְׁכַּב בַּעֲבֹטוֹ׃ הָשֵׁב תָּשִׁיב יב יג
לוֹ אֶת־הַעֲבוֹט כְּבוֹא הַשֶּׁמֶשׁ וְשָׁכַב בְּשַׂלְמָתוֹ וּבֵרֲכֶךָּ וּלְךָ
שביעי תִּהְיֶה צְדָקָה לִפְנֵי יהוה אֱלֹהֶיךָ׃ לֹא־תַעֲשֹׁק יד
שָׂכִיר עָנִי וְאֶבְיוֹן מֵאַחֶיךָ אוֹ מִגֵּרְךָ אֲשֶׁר בְּאַרְצְךָ בִּשְׁעָרֶיךָ׃
בְּיוֹמוֹ תִתֵּן שְׂכָרוֹ וְלֹא־תָבוֹא עָלָיו הַשֶּׁמֶשׁ כִּי עָנִי הוּא וְאֵלָיו טו
הוּא נֹשֵׂא אֶת־נַפְשׁוֹ וְלֹא־יִקְרָא עָלֶיךָ אֶל־יהוה וְהָיָה בְךָ
חֵטְא׃ לֹא־יוּמְתוּ אָבוֹת עַל־בָּנִים וּבָנִים לֹא־ טז
יוּמְתוּ עַל־אָבוֹת אִישׁ בְּחֶטְאוֹ יוּמָתוּ׃ לֹא תַטֶּה יז
מִשְׁפַּט גֵּר יָתוֹם וְלֹא תַחֲבֹל בֶּגֶד אַלְמָנָה׃ וְזָכַרְתָּ כִּי עֶבֶד הָיִיתָ יח
בְּמִצְרַיִם וַיִּפְדְּךָ יהוה אֱלֹהֶיךָ מִשָּׁם עַל־כֵּן אָנֹכִי מְצַוְּךָ לַעֲשׂוֹת
כ אֶת־הַדָּבָר הַזֶּה׃ כִּי תִקְצֹר קְצִירְךָ בְשָׂדֶךָ וְשָׁכַחְתָּ יט
עֹמֶר בַּשָּׂדֶה לֹא תָשׁוּב לְקַחְתּוֹ לַגֵּר לַיָּתוֹם וְלָאַלְמָנָה יִהְיֶה
לְמַעַן יְבָרֶכְךָ יהוה אֱלֹהֶיךָ בְּכֹל מַעֲשֵׂה יָדֶיךָ׃ כִּי כ
תַחְבֹּט זֵיתְךָ לֹא תְפַאֵר אַחֲרֶיךָ לַגֵּר לַיָּתוֹם וְלָאַלְמָנָה יִהְיֶה׃
כִּי תִבְצֹר כַּרְמְךָ לֹא תְעוֹלֵל אַחֲרֶיךָ לַגֵּר לַיָּתוֹם וְלָאַלְמָנָה יִהְיֶה׃ כא
וְזָכַרְתָּ כִּי־עֶבֶד הָיִיתָ בְּאֶרֶץ מִצְרָיִם עַל־כֵּן אָנֹכִי מְצַוְּךָ לַעֲשׂוֹת כב
אֶת־הַדָּבָר הַזֶּה׃ כִּי־יִהְיֶה רִיב בֵּין אֲנָשִׁים וְנִגְּשׁוּ כה א
אֶל־הַמִּשְׁפָּט וּשְׁפָטוּם וְהִצְדִּיקוּ אֶת־הַצַּדִּיק וְהִרְשִׁיעוּ אֶת־
הָרָשָׁע׃ וְהָיָה אִם־בִּן הַכּוֹת הָרָשָׁע וְהִפִּילוֹ הַשֹּׁפֵט וְהִכָּהוּ ב
לְפָנָיו כְּדֵי רִשְׁעָתוֹ בְּמִסְפָּר׃ אַרְבָּעִים יַכֶּנּוּ לֹא יֹסִיף פֶּן־יֹסִיף ג

defiled; for that is abomination before the Lord: and thou shalt
not cause the land to be sinful, which the Lord thy God gives
thee for an inheritance. When a man has taken a new 5
wife, he shall not go out to war, neither shall he be charged
with any business: but he shall be free at home one year, and
shall cheer his wife whom he has taken. No man shall take the 6
nether or the upper millstone for a pledge: for he takes a man's
life for a pledge. If a man be found stealing any of his 7
brethren of the children of Yisra'el and deals with him as a
slave, or sells him; then that thief shall die; and thou shalt
put evil away from among you. Take heed in the plague 8
of ẕara'at, that thou observe diligently, and do according to all
that the priests the Levites shall teach you: as I commanded
them, so you shall observe to do. Remember what the Lord 9
thy God did to Miryam by the way, after you were come out
of Miẕrayim. When thou dost lend thy brother anything, 10
thou shalt not go into his house to fetch his pledge. Thou shalt 11
stand outside, and the man to whom thou dost lend shall bring
out the pledge to thee. And if the man be poor, thou shalt not 12
sleep with his pledge: thou shalt surely deliver him the pledge 13
again when the sun goes down, that he may sleep in his own
garment, and bless thee: and it shall be as righteousness to
thee before the Lord thy God. Thou shalt not oppress a 14
hired servant that is poor and needy, whether he be of thy
brethren, or of thy strangers that are in thy land within thy
gates. At his day thou shalt give him his hire, neither shall the 15
sun go down upon it; for he is poor, and sets his heart upon
it: lest he cry against thee to the Lord, and it be sin in
thee. Fathers shall not be put to death for children, 16
neither shall children be put to death for fathers: every
man shall be put to death for his own sin. Thou shalt not 17
pervert the judgment of the stranger, or of the fatherless;
nor take a widow's garment as a pledge: but thou shalt re- 18
member that thou wast a bondman in Miẕrayim, and the Lord
thy God redeemed thee from there: therefore I command thee
to do this thing. When thou reapest thy harvest in thy 19
field, and hast forgotten a sheaf in the field, thou shalt not go
back to fetch it: it shall be for the stranger, for the fatherless,
and for the widow: that the Lord thy God may bless thee in
all the work of thy hands. When thou beatest thy olive 20
tree, thou shalt not go over the boughs again: it shall be for
the stranger, for the fatherless, and for the widow. When thou 21
gatherest the grapes of thy vineyard, thou shalt not glean it
afterwards; it shall be for the stranger, for the fatherless, and
for the widow. And thou shalt remember that thou wast a slave 22
in the land of Miẕrayim: therefore I command thee to do this
thing. If there be a controversy between men, and they **25**
come to judgment, that the judges may judge them; then they
shall justify the righteous, and condemn the wicked. And it 2
shall be, if the wicked man be worthy to be beaten, that the
judge shall cause him to lie down, and he shall be beaten in
his presence, according to his fault, by a certain number. Forty 3
stripes he may give him, and not exceed: lest, if he should

ד לְהַכֹּתוֹ עַל־אֵלֶּה מַכָּה רַבָּה וְנִקְלָה אָחִיךָ לְעֵינֶיךָ׃ לֹא־תַחְסֹם
ה שׁוֹר בְּדִישׁוֹ׃ כִּי־יֵשְׁבוּ אַחִים יַחְדָּו וּמֵת אַחַד
מֵהֶם וּבֵן אֵין־לוֹ לֹא־תִהְיֶה אֵשֶׁת־הַמֵּת הַחוּצָה לְאִישׁ זָר יְבָמָהּ
ו יָבֹא עָלֶיהָ וּלְקָחָהּ לוֹ לְאִשָּׁה וְיִבְּמָהּ׃ וְהָיָה הַבְּכוֹר אֲשֶׁר תֵּלֵד
ז יָקוּם עַל־שֵׁם אָחִיו הַמֵּת וְלֹא־יִמָּחֶה שְׁמוֹ מִיִּשְׂרָאֵל׃ וְאִם־
לֹא יַחְפֹּץ הָאִישׁ לָקַחַת אֶת־יְבִמְתּוֹ וְעָלְתָה יְבִמְתּוֹ הַשַּׁעְרָה
אֶל־הַזְּקֵנִים וְאָמְרָה מֵאֵן יְבָמִי לְהָקִים לְאָחִיו שֵׁם בְּיִשְׂרָאֵל
ח לֹא אָבָה יַבְּמִי׃ וְקָרְאוּ־לוֹ זִקְנֵי־עִירוֹ וְדִבְּרוּ אֵלָיו וְעָמַד וְאָמַר
ט לֹא חָפַצְתִּי לְקַחְתָּהּ׃ וְנִגְּשָׁה יְבִמְתּוֹ אֵלָיו לְעֵינֵי הַזְּקֵנִים וְחָלְצָה
נַעֲלוֹ מֵעַל רַגְלוֹ וְיָרְקָה בְּפָנָיו וְעָנְתָה וְאָמְרָה כָּכָה יֵעָשֶׂה לָאִישׁ
י אֲשֶׁר לֹא־יִבְנֶה אֶת־בֵּית אָחִיו׃ וְנִקְרָא שְׁמוֹ בְּיִשְׂרָאֵל בֵּית חֲלוּץ
יא הַנָּעַל׃ כִּי־יִנָּצוּ אֲנָשִׁים יַחְדָּו אִישׁ וְאָחִיו וְקָרְבָה
אֵשֶׁת הָאֶחָד לְהַצִּיל אֶת־אִישָׁהּ מִיַּד מַכֵּהוּ וְשָׁלְחָה יָדָהּ וְהֶחֱזִיקָה
יב יג בִּמְבֻשָׁיו׃ וְקַצֹּתָה אֶת־כַּפָּהּ לֹא תָחוֹס עֵינֶךָ׃ לֹא־
יד יִהְיֶה לְךָ בְּכִיסְךָ אֶבֶן וָאָבֶן גְּדוֹלָה וּקְטַנָּה׃ לֹא־יִהְיֶה לְךָ בְּבֵיתְךָ
טו אֵיפָה וְאֵיפָה גְּדוֹלָה וּקְטַנָּה׃ אֶבֶן שְׁלֵמָה וָצֶדֶק יִהְיֶה־לָּךְ אֵיפָה
שְׁלֵמָה וָצֶדֶק יִהְיֶה־לָּךְ לְמַעַן יַאֲרִיכוּ יָמֶיךָ עַל הָאֲדָמָה אֲשֶׁר־
טז יְהוָה אֱלֹהֶיךָ נֹתֵן לָךְ׃ כִּי תוֹעֲבַת יְהוָה אֱלֹהֶיךָ כָּל־עֹשֵׂה אֵלֶּה
כֹּל עֹשֵׂה עָוֶל׃

מפטיר
יז יח זָכוֹר אֵת אֲשֶׁר־עָשָׂה לְךָ עֲמָלֵק בַּדֶּרֶךְ בְּצֵאתְכֶם מִמִּצְרָיִם׃ אֲשֶׁר
קָרְךָ בַּדֶּרֶךְ וַיְזַנֵּב בְּךָ כָּל־הַנֶּחֱשָׁלִים אַחֲרֶיךָ וְאַתָּה עָיֵף וְיָגֵעַ וְלֹא
יט יָרֵא אֱלֹהִים׃ וְהָיָה בְּהָנִיחַ יְהוָה אֱלֹהֶיךָ לְךָ מִכָּל־אֹיְבֶיךָ מִסָּבִיב
בָּאָרֶץ אֲשֶׁר־יְהוָה אֱלֹהֶיךָ נֹתֵן לְךָ נַחֲלָה לְרִשְׁתָּהּ תִּמְחֶה אֶת־
זֵכֶר עֲמָלֵק מִתַּחַת הַשָּׁמָיִם לֹא תִּשְׁכָּח׃

כי תבוא כא
כו א וְהָיָה כִּי־תָבוֹא אֶל־הָאָרֶץ אֲשֶׁר יְהוָה אֱלֹהֶיךָ נֹתֵן לְךָ נַחֲלָה
ב וִירִשְׁתָּהּ וְיָשַׁבְתָּ בָּהּ׃ וְלָקַחְתָּ מֵרֵאשִׁית ׀ כָּל־פְּרִי הָאֲדָמָה אֲשֶׁר
תָּבִיא מֵאַרְצְךָ אֲשֶׁר יְהוָה אֱלֹהֶיךָ נֹתֵן לָךְ וְשַׂמְתָּ בַטֶּנֶא וְהָלַכְתָּ
ג אֶל־הַמָּקוֹם אֲשֶׁר יִבְחַר יְהוָה אֱלֹהֶיךָ לְשַׁכֵּן שְׁמוֹ שָׁם׃ וּבָאתָ
אֶל־הַכֹּהֵן אֲשֶׁר יִהְיֶה בַּיָּמִים הָהֵם וְאָמַרְתָּ אֵלָיו הִגַּדְתִּי הַיּוֹם
לַיהוָה אֱלֹהֶיךָ כִּי־בָאתִי אֶל־הָאָרֶץ אֲשֶׁר נִשְׁבַּע יְהוָה לַאֲבֹתֵינוּ
ד לָתֶת לָנוּ׃ וְלָקַח הַכֹּהֵן הַטֶּנֶא מִיָּדֶךָ וְהִנִּיחוֹ לִפְנֵי מִזְבַּח יְהוָה
ה אֱלֹהֶיךָ׃ וְעָנִיתָ וְאָמַרְתָּ לִפְנֵי ׀ יְהוָה אֱלֹהֶיךָ אֲרַמִּי אֹבֵד אָבִי וַיֵּרֶד

exceed, and beat him above these with many stripes, then thy
brother shall be thus made vile before thee. Thou shalt not   4
muzzle the ox when he treads out the corn.   If brothers   5
dwell together, and one of them die, and have no child, the
wife of the dead shall not marry abroad to a stranger: her
husband's brother shall go in to her, and take her to him to
wife, and perform the duty of a husband's brother to her. And   6
it shall be, that the firstborn which she bears shall succeed
in the name of his brother who is dead, that his name be not
wiped out in Yisra'el. And if the man like not to take his   7
brother's wife, then let his brother's wife go up to the gate to
the elders, and say, My husband's brother refuses to raise up to
his brother a name in Yisra'el, he will not perform the duty of a
husband's brother. Then the elders of his city shall call him,   8
and speak to him: and he shall stand, and say, I do not wish to
take her; then shall his brother's wife approach him in the pres- 9
ence of the elders, and loose his shoe from off his foot, and spit
in his face, and shall answer and say, Thus shall it be done to
that man that will not build up his brother's house. And his   10
name shall be called in Yisra'el, The house of him that had his
shoe loosed.   When men strive together one with another,   11
and the wife of the one draws near to deliver her husband
out of the hand of him that smites him, and putting out her
hand, she takes hold of his private parts: then thou shalt cut   12
off her hand, thy eye shall not pity her.   Thou shalt not   13
have in thy bag divers weights, a great and a small. Thou shalt   14
not have in thy house divers measures, a great and a small.
But thou shalt have a perfect and just weight, a perfect and   15
just measure shalt thou have: that thy days may be lengthened
in the land which the LORD thy GOD gives thee. For all that do   16
such things, and all that do unrighteously, are an abomination
to the LORD thy GOD.

Remember what 'Amaleq did to thee by the way, when you   17
were come out of Mizrayim: how he met thee by the way,   18
and smote the hindmost of thee, all that were feeble in thy
rear, when thou wast faint and weary; and he feared not GOD.
Therefore it shall be, when the LORD thy GOD has given thee   19
rest from all thy enemies round about, in the land which the
LORD thy GOD gives thee for an inheritance to possess it, that
thou shalt blot out the remembrance of 'Amaleq from under
heaven; thou shalt not forget.

KI-TAVO   And it shall be, when thou art come in to the land which the   **26**
LORD thy GOD gives thee for an inheritance, and dost possess it
and dost dwell therein: that thou shalt take of the first of all   2
the fruit of the earth, which thou shalt bring of thy land that
the LORD thy GOD gives thee, and shalt put it in a basket, and
shalt go to the place which the LORD thy GOD shall choose to
place his name there. And thou shalt go to the priest that shall   3
be in those days, and say to him, I profess this day to the LORD
thy GOD, that I am come to the country which the LORD swore
to our fathers to give us. And the priest shall take the basket   4
out of thy hand, and set it down before the altar of the LORD
thy GOD. And thou shalt speak and say before the LORD thy GOD,   5

מִצְרַיְמָה וַיָּגָר שָׁם בִּמְתֵי מְעָט וַיְהִי־שָׁם לְגוֹי גָּדוֹל עָצוּם וָרָב׃
ו ז וַיָּרֵעוּ אֹתָנוּ הַמִּצְרִים וַיְעַנּוּנוּ וַיִּתְּנוּ עָלֵינוּ עֲבֹדָה קָשָׁה׃ וַנִּצְעַק
אֶל־יהוה אֱלֹהֵי אֲבֹתֵינוּ וַיִּשְׁמַע יהוה אֶת־קֹלֵנוּ וַיַּרְא אֶת־
ח עָנְיֵנוּ וְאֶת־עֲמָלֵנוּ וְאֶת־לַחֲצֵנוּ׃ וַיּוֹצִאֵנוּ יהוה מִמִּצְרַיִם בְּיָד חֲזָקָה
ט וּבִזְרֹעַ נְטוּיָה וּבְמֹרָא גָּדֹל וּבְאֹתוֹת וּבְמֹפְתִים׃ וַיְבִאֵנוּ אֶל־
הַמָּקוֹם הַזֶּה וַיִּתֶּן־לָנוּ אֶת־הָאָרֶץ הַזֹּאת אֶרֶץ זָבַת חָלָב וּדְבָשׁ׃
י וְעַתָּה הִנֵּה הֵבֵאתִי אֶת־רֵאשִׁית פְּרִי הָאֲדָמָה אֲשֶׁר־נָתַתָּה לִּי
יהוה וְהִנַּחְתּוֹ לִפְנֵי יהוה אֱלֹהֶיךָ וְהִשְׁתַּחֲוִיתָ לִפְנֵי יהוה אֱלֹהֶיךָ׃
יא וְשָׂמַחְתָּ בְכָל־הַטּוֹב אֲשֶׁר נָתַן־לְךָ יהוה אֱלֹהֶיךָ וּלְבֵיתֶךָ אַתָּה
יב וְהַלֵּוִי וְהַגֵּר אֲשֶׁר בְּקִרְבֶּךָ׃ כִּי תְכַלֶּה לַעְשֵׂר אֶת־ שני
כָּל־מַעְשַׂר תְּבוּאָתְךָ בַּשָּׁנָה הַשְּׁלִישִׁת שְׁנַת הַמַּעֲשֵׂר וְנָתַתָּה
יג לַלֵּוִי לַגֵּר לַיָּתוֹם וְלָאַלְמָנָה וְאָכְלוּ בִשְׁעָרֶיךָ וְשָׂבֵעוּ׃ וְאָמַרְתָּ
לִפְנֵי יהוה אֱלֹהֶיךָ בִּעַרְתִּי הַקֹּדֶשׁ מִן־הַבַּיִת וְגַם נְתַתִּיו לַלֵּוִי
וְלַגֵּר לַיָּתוֹם וְלָאַלְמָנָה כְּכָל־מִצְוָתְךָ אֲשֶׁר צִוִּיתָנִי לֹא־עָבַרְתִּי
יד מִמִּצְוֺתֶיךָ וְלֹא שָׁכָחְתִּי׃ לֹא־אָכַלְתִּי בְאֹנִי מִמֶּנּוּ וְלֹא־בִעַרְתִּי
מִמֶּנּוּ בְּטָמֵא וְלֹא־נָתַתִּי מִמֶּנּוּ לְמֵת שָׁמַעְתִּי בְּקוֹל יהוה אֱלֹהָי
טו עָשִׂיתִי כְּכֹל אֲשֶׁר צִוִּיתָנִי׃ הַשְׁקִיפָה מִמְּעוֹן קָדְשְׁךָ מִן־הַשָּׁמַיִם
וּבָרֵךְ אֶת־עַמְּךָ אֶת־יִשְׂרָאֵל וְאֵת הָאֲדָמָה אֲשֶׁר נָתַתָּה לָנוּ כַּאֲשֶׁר
טז נִשְׁבַּעְתָּ לַאֲבֹתֵינוּ אֶרֶץ זָבַת חָלָב וּדְבָשׁ׃ הַיּוֹם שלישי
הַזֶּה יהוה אֱלֹהֶיךָ מְצַוְּךָ לַעֲשׂוֹת אֶת־הַחֻקִּים הָאֵלֶּה וְאֶת־
הַמִּשְׁפָּטִים וְשָׁמַרְתָּ וְעָשִׂיתָ אוֹתָם בְּכָל־לְבָבְךָ וּבְכָל־נַפְשֶׁךָ׃
יז אֶת־יהוה הֶאֱמַרְתָּ הַיּוֹם לִהְיוֹת לְךָ לֵאלֹהִים וְלָלֶכֶת בִּדְרָכָיו
יח וְלִשְׁמֹר חֻקָּיו וּמִצְוֺתָיו וּמִשְׁפָּטָיו וְלִשְׁמֹעַ בְּקֹלוֹ׃ וַיהוה הֶאֱמִירְךָ
הַיּוֹם לִהְיוֹת לוֹ לְעַם סְגֻלָּה כַּאֲשֶׁר דִּבֶּר־לָךְ וְלִשְׁמֹר כָּל־מִצְוֺתָיו׃
יט וּלְתִתְּךָ עֶלְיוֹן עַל כָּל־הַגּוֹיִם אֲשֶׁר עָשָׂה לִתְהִלָּה וּלְשֵׁם וּלְתִפְאָרֶת
וְלִהְיֹתְךָ עַם־קָדֹשׁ לַיהוה אֱלֹהֶיךָ כַּאֲשֶׁר דִּבֵּר׃
כז א וַיְצַו מֹשֶׁה וְזִקְנֵי יִשְׂרָאֵל אֶת־הָעָם לֵאמֹר שָׁמֹר אֶת־כָּל־הַמִּצְוָה רביעי
ב אֲשֶׁר אָנֹכִי מְצַוֶּה אֶתְכֶם הַיּוֹם׃ וְהָיָה בַּיּוֹם אֲשֶׁר תַּעַבְרוּ אֶת־
הַיַּרְדֵּן אֶל־הָאָרֶץ אֲשֶׁר־יהוה אֱלֹהֶיךָ נֹתֵן לָךְ וַהֲקֵמֹתָ לְךָ אֲבָנִים
ג גְּדֹלוֹת וְשַׂדְתָּ אֹתָם בַּשִּׂיד׃ וְכָתַבְתָּ עֲלֵיהֶן אֶת־כָּל־דִּבְרֵי הַתּוֹרָה
הַזֹּאת בְּעָבְרֶךָ לְמַעַן אֲשֶׁר תָּבֹא אֶל־הָאָרֶץ אֲשֶׁר־יהוה אֱלֹהֶיךָ ׀
נֹתֵן לְךָ אֶרֶץ זָבַת חָלָב וּדְבַשׁ כַּאֲשֶׁר דִּבֶּר יהוה אֱלֹהֵי־אֲבֹתֶיךָ

An Arammian nomad was my father, and he went down to Miẓrayim, and sojourned there with a few, and became there a nation, great, mighty, and populous: and the Miẓrim dealt ill 6 with us, and afflicted us, and laid upon us hard bondage: and 7 when we cried to the Lord God of our fathers, the Lord heard our voice, and looked on our affliction, and our labour, and our oppression: and the Lord brought us out of Miẓrayim with a 8 mighty hand, and with an outstretched arm, and with great terribleness, and with signs, and with wonders: and he brought 9 us to this place, and gave us this land, a land flowing with milk and honey. And now, behold, I have brought the firstfruits of 10 the land, which thou, O Lord, hast given me. And thou shalt set it before the Lord thy God, and worship before the Lord thy God: and thou shalt rejoice in every good thing which the 11 Lord thy God has given thee, and thy house, thou, and the Levite, and the stranger that is among you.   When thou 12 hast made an end of tithing all the tithes of thy produce in the third year, which is the year of tithing, and hast given it the Levite, the stranger, the fatherless, and the widow, that they may eat within thy gates, and be replete; then thou shalt say 13 before the Lord thy God, I have removed the hallowed things out of my house, and also have given them to the Levite, and to the stranger, to the fatherless, and to the widow, according to all thy commandments which thou hast commanded me: I have not transgressed thy commandments, neither have I forgotten them: I have not eaten of it in my mourning, neither have 14 I consumed any part of it when unclean, nor given of it for the dead: but I have hearkened to the voice of the Lord my God, and have done according to all that thou hast commanded me. Look down from thy holy habitation, from heaven, and bless 15 thy people Yisra'el, and the land which thou hast given us, as thou didst swear to our fathers, a land flowing with milk and honey.   This day the Lord thy God has commanded thee 16 to do these statutes and judgments: thou shalt therefore keep and do them with all thy heart, and with all thy soul. Thou hast 17 avouched the Lord this day to be thy God, and to walk in his ways, and to keep his statutes, and his commandments, and his judgments, and to hearken to his voice: and the Lord has 18 avouched thee this day to be a people for his own possession, as he has promised thee, and that thou shouldst keep all his commandments; and to make thee high above all nations which 19 he has made, in praise, and in name, and in honour; and that thou mayst be a holy people to the Lord thy God, as he has spoken.

And Moshe with the elders of Yisra'el commanded the people, **27** saying, Keep all the commandments which I command you this day. And it shall be on the day when you shall pass over the 2 Yarden to the land which the Lord thy God gives thee, that thou shalt set thee up great stones, and cover them with plaster: and thou shalt write upon them all the words of this Tora, when 3 thou art passed over, that thou mayst go in to the land which the Lord thy God gives thee, a land flowing with milk and honey; as the Lord God of thy fathers has promised thee.

לֶךְ: וְהָיָה בְּעָבְרְכֶם אֶת־הַיַּרְדֵּן תָּקִימוּ אֶת־הָאֲבָנִים הָאֵלֶּה ד

אֲשֶׁר אָנֹכִי מְצַוֶּה אֶתְכֶם הַיּוֹם בְּהַר עֵיבָל וְשַׂדְתָּ אוֹתָם בַּשִּׂיד:

וּבָנִיתָ שָּׁם מִזְבֵּחַ לַיהוָה אֱלֹהֶיךָ מִזְבַּח אֲבָנִים לֹא־תָנִיף עֲלֵיהֶם ה

בַּרְזֶל: אֲבָנִים שְׁלֵמוֹת תִּבְנֶה אֶת־מִזְבַּח יְהוָה אֱלֹהֶיךָ וְהַעֲלִיתָ ו

עָלָיו עוֹלֹת לַיהוָה אֱלֹהֶיךָ: וְזָבַחְתָּ שְׁלָמִים וְאָכַלְתָּ שָּׁם וְשָׂמַחְתָּ ז

לִפְנֵי יְהוָה אֱלֹהֶיךָ: וְכָתַבְתָּ עַל־הָאֲבָנִים אֶת־כָּל־דִּבְרֵי הַתּוֹרָה ח

הַזֹּאת בַּאֵר הֵיטֵב: ט

וַיְדַבֵּר מֹשֶׁה וְהַכֹּהֲנִים הַלְוִיִּם

אֶל־כָּל־יִשְׂרָאֵל לֵאמֹר הַסְכֵּת ׀ וּשְׁמַע יִשְׂרָאֵל הַיּוֹם הַזֶּה נִהְיֵיתָ

לְעָם לַיהוָה אֱלֹהֶיךָ: וְשָׁמַעְתָּ בְּקוֹל יְהוָה אֱלֹהֶיךָ וְעָשִׂיתָ אֶת־ י

מִצְוֹתָו וְאֶת־חֻקָּיו אֲשֶׁר אָנֹכִי מְצַוְּךָ הַיּוֹם:　　　　　　　וַיְצַו חמישי יא

מֹשֶׁה אֶת־הָעָם בַּיּוֹם הַהוּא לֵאמֹר: אֵלֶּה יַעַמְדוּ לְבָרֵךְ אֶת־ יב

הָעָם עַל־הַר גְּרִזִים בְּעָבְרְכֶם אֶת־הַיַּרְדֵּן שִׁמְעוֹן וְלֵוִי וִיהוּדָה

וְיִשָּׂשכָר וְיוֹסֵף וּבִנְיָמִן: וְאֵלֶּה יַעַמְדוּ עַל־הַקְּלָלָה בְּהַר עֵיבָל יג

רְאוּבֵן גָּד וְאָשֵׁר וּזְבוּלֻן דָּן וְנַפְתָּלִי: וְעָנוּ הַלְוִיִּם וְאָמְרוּ אֶל־כָּל־ יד

אִישׁ יִשְׂרָאֵל קוֹל רָם:　　　　　　　　אָרוּר הָאִישׁ אֲשֶׁר יַעֲשֶׂה טו

פֶסֶל וּמַסֵּכָה תּוֹעֲבַת יְהוָה מַעֲשֵׂה יְדֵי חָרָשׁ וְשָׂם בַּסָּתֶר וְעָנוּ

כָל־הָעָם וְאָמְרוּ אָמֵן:　　　　　　אָרוּר מַקְלֶה אָבִיו וְאִמּוֹ טז

וְאָמַר כָּל־הָעָם אָמֵן:　　　　　אָרוּר מַסִּיג גְּבוּל רֵעֵהוּ יז

וְאָמַר כָּל־הָעָם אָמֵן:　　　　　אָרוּר מַשְׁגֶּה עִוֵּר בַּדָּרֶךְ ח/יט

וְאָמַר כָּל־הָעָם אָמֵן:　　　　　אָרוּר מַטֶּה מִשְׁפַּט גֵּר־ ט

יָתוֹם וְאַלְמָנָה וְאָמַר כָּל־הָעָם אָמֵן: אָרוּר שֹׁכֵב עִם־אֵשֶׁת כ

אָבִיו כִּי גִלָּה כְּנַף אָבִיו וְאָמַר כָּל־הָעָם אָמֵן:　　　　אָרוּר כא

שֹׁכֵב עִם־כָּל־בְּהֵמָה וְאָמַר כָּל־הָעָם אָמֵן:　　　　　אָרוּר כב

שֹׁכֵב עִם־אֲחֹתוֹ בַּת־אָבִיו אוֹ בַת־אִמּוֹ וְאָמַר כָּל־הָעָם

אָמֵן:　　　　　אָרוּר שֹׁכֵב עִם־חֹתַנְתּוֹ וְאָמַר כָּל־הָעָם כג

אָמֵן:　　　　אָרוּר מַכֵּה רֵעֵהוּ בַּסָּתֶר וְאָמַר כָּל־הָעָם כד

אָמֵן:　　אָרוּר לֹקֵחַ שֹׁחַד לְהַכּוֹת נֶפֶשׁ דָּם נָקִי כה

וְאָמַר כָּל־הָעָם אָמֵן:　　　　אָרוּר אֲשֶׁר לֹא־יָקִים כו

אֶת־דִּבְרֵי הַתּוֹרָה־הַזֹּאת לַעֲשׂוֹת אוֹתָם וְאָמַר כָּל־הָעָם

אָמֵן:

וְהָיָה אִם־שָׁמוֹעַ תִּשְׁמַע בְּקוֹל יְהוָה אֱלֹהֶיךָ לִשְׁמֹר לַעֲשׂוֹת אֶת־ א כח

כָּל־מִצְוֹתָיו אֲשֶׁר אָנֹכִי מְצַוְּךָ הַיּוֹם וּנְתָנְךָ יְהוָה אֱלֹהֶיךָ עֶלְיוֹן כב

עַל כָּל־גּוֹיֵי הָאָרֶץ: וּבָאוּ עָלֶיךָ כָּל־הַבְּרָכוֹת הָאֵלֶּה וְהִשִּׂיגֻךָ ב

כִּי תִשְׁמַע בְּקוֹל יְהוָה אֱלֹהֶיךָ: בָּרוּךְ אַתָּה בָּעִיר וּבָרוּךְ אַתָּה ג

בַּשָּׂדֶה: בָּרוּךְ פְּרִי־בִטְנְךָ וּפְרִי אַדְמָתְךָ וּפְרִי בְהֶמְתֶּךָ שְׁגַר ד

And it shall be when you have gone over the Yarden, that you 4
shall set up these stones, which I command you this day in
mount 'Eval, and thou shalt cover them with plaster. And there 5
shalt thou build an altar to the LORD thy GOD, an altar of stones:
thou shalt not lift up any iron tool upon them. Thou shalt build 6
the altar of the LORD thy GOD of whole stones: and thou shalt
offer burnt offerings upon it to the LORD thy GOD: and thou 7
shalt offer peace offerings, and shalt eat there, and rejoice be-
fore the LORD thy GOD. And thou shalt write upon the stones 8
all the words of this Tora very plainly.   And Moshe and 9
the priests the Levies spoke to all Yisra'el saying, Take heed,
and hearken, O Yisra'el; this day thou art become the people
of the LORD thy GOD. Thou shalt therefore obey the voice of the 10
LORD thy GOD, and do his commandments and his statutes, which
I command thee this day.   And Moshe charged the people 11
the same day, saying, These shall stand upon mount Gerizzim 12
to bless the people, when you are come over the Yarden;
Shim'on, and Levi, and Yehuda, and Yissakhar, and Yosef, and
Binyamin: and these shall stand on mount 'Eval to curse; 13
Re'uven, Gad, and Asher, and Zevulun, Dan, and Naftali. And 14
the Levites shall speak, and say to all the men of Yisra'el with
a loud voice,   Cursed be the man that makes any carved 15
or molten idol, an abomination to the LORD, the work of the
hands of a craftsman, and sets it up in secret. And all the people
shall answer and say, Amen.   Cursed be he that dis- 16
honours his father or his mother. And all the people shall say,
Amen.   Cursed be he that removes his neighbour's land- 17
mark. And all the people shall say, Amen.   Cursed be he 18
that makes the blind to wander out of the way. And all the
people shall say, Amen.   Cursed be he that perverts the 19
judgment of the stranger, fatherless, and widow. And all the
people shall say, Amen. Cursed be he that lies with his father's 20
wife; because he uncovers his father's skirt. And all the people
shall say, Amen.   Cursed be he that lies with any manner 21
of beast. And all the people shall say, Amen.   Cursed 22
be he that lies with his sister, the daughter of his father,
or the daughter of his mother. And all the people shall say,
Amen.   Cursed be he that lies with his mother in law. 23
And all the people shall say, Amen.   Cursed be he that 24
smites his neighbour secretly. And all the people shall say,
Amen.   Cursed be he that takes a bribe to slay an in- 25
nocent person. And all the people shall say, Amen.   Cursed 26
be he that does not maintain all the words of this Tora to do
them. And all the people shall, say, Amen.

And it shall come to pass, if thou shalt hearken diligently to the **28**
voice of the LORD thy GOD, to observe and to do all his com-
mandments which I command thee this day, that the LORD thy
GOD will set thee on high above all the nations of the earth:
and all these blessings shall come on thee, and overtake thee, 2
if thou shalt hearken to the voice of the LORD thy GOD. Blessed 3
shalt thou be in the city, and blessed shalt thou be in the field.
Blessed shall be the fruit of thy body, and the fruit of thy 4
ground, and the fruit of thy beasts, the increase of thy cattle,

ה   אֱלָפֶיךָ וְעַשְׁתְּרוֹת צֹאנֶךָ: בָּרוּךְ טַנְאֲךָ וּמִשְׁאַרְתֶּךָ: בָּרוּךְ אַתָּה

ז   בְּבֹאֶךָ וּבָרוּךְ אַתָּה בְּצֵאתֶךָ: יִתֵּן יְהוָה אֶת־אֹיְבֶיךָ הַקָּמִים

עָלֶיךָ נִגָּפִים לְפָנֶיךָ בְּדֶרֶךְ אֶחָד יֵצְאוּ אֵלֶיךָ וּבְשִׁבְעָה דְרָכִים

ח   יָנוּסוּ לְפָנֶיךָ: יְצַו יְהוָה אִתְּךָ אֶת־הַבְּרָכָה בַּאֲסָמֶיךָ וּבְכֹל

ט   מִשְׁלַח יָדֶךָ וּבֵרַכְךָ בָּאָרֶץ אֲשֶׁר־יְהוָה אֱלֹהֶיךָ נֹתֵן לָךְ: יְקִימְךָ

יְהוָה לוֹ לְעַם קָדוֹשׁ כַּאֲשֶׁר נִשְׁבַּע־לָךְ כִּי תִשְׁמֹר אֶת־מִצְוֹת

י   יְהוָה אֱלֹהֶיךָ וְהָלַכְתָּ בִּדְרָכָיו: וְרָאוּ כָּל־עַמֵּי הָאָרֶץ כִּי שֵׁם

יא   יְהוָה נִקְרָא עָלֶיךָ וְיָרְאוּ מִמֶּךָּ: וְהוֹתִרְךָ יְהוָה לְטוֹבָה בִּפְרִי

בִטְנְךָ וּבִפְרִי בְהֶמְתְּךָ וּבִפְרִי אַדְמָתֶךָ עַל הָאֲדָמָה אֲשֶׁר נִשְׁבַּע

יב   יְהוָה לַאֲבֹתֶיךָ לָתֶת לָךְ: יִפְתַּח יְהוָה ׀ לְךָ אֶת־אוֹצָרוֹ הַטּוֹב

אֶת־הַשָּׁמַיִם לָתֵת מְטַר־אַרְצְךָ בְּעִתּוֹ וּלְבָרֵךְ אֵת כָּל־מַעֲשֵׂה

יג   יָדֶךָ וְהִלְוִיתָ גּוֹיִם רַבִּים וְאַתָּה לֹא תִלְוֶה: וּנְתָנְךָ יְהוָה לְרֹאשׁ

וְלֹא לְזָנָב וְהָיִיתָ רַק לְמַעְלָה וְלֹא תִהְיֶה לְמָטָּה כִּי־תִשְׁמַע אֶל־

מִצְוֹת יְהוָה אֱלֹהֶיךָ אֲשֶׁר אָנֹכִי מְצַוְּךָ הַיּוֹם לִשְׁמֹר וְלַעֲשׂוֹת:

יד   וְלֹא תָסוּר מִכָּל־הַדְּבָרִים אֲשֶׁר אָנֹכִי מְצַוֶּה אֶתְכֶם הַיּוֹם יָמִין

וּשְׂמֹאול לָלֶכֶת אַחֲרֵי אֱלֹהִים אֲחֵרִים לְעָבְדָם:

טו   וְהָיָה אִם־לֹא תִשְׁמַע בְּקוֹל יְהוָה אֱלֹהֶיךָ לִשְׁמֹר לַעֲשׂוֹת אֶת־כָּל־

מִצְוֹתָיו וְחֻקֹּתָיו אֲשֶׁר אָנֹכִי מְצַוְּךָ הַיּוֹם וּבָאוּ עָלֶיךָ כָּל־הַקְּלָלוֹת

טז   הָאֵלֶּה וְהִשִּׂיגוּךָ: אָרוּר אַתָּה בָּעִיר וְאָרוּר אַתָּה בַּשָּׂדֶה: אָרוּר

יז   טַנְאֲךָ וּמִשְׁאַרְתֶּךָ: אָרוּר פְּרִי־בִטְנְךָ וּפְרִי אַדְמָתֶךָ שְׁגַר אֲלָפֶיךָ

יח   וְעַשְׁתְּרֹת צֹאנֶךָ: אָרוּר אַתָּה בְּבֹאֶךָ וְאָרוּר אַתָּה בְּצֵאתֶךָ:

יט   יְשַׁלַּח יְהוָה ׀ בְּךָ אֶת־הַמְּאֵרָה אֶת־הַמְּהוּמָה וְאֶת־הַמִּגְעֶרֶת

כ   בְּכָל־מִשְׁלַח יָדְךָ אֲשֶׁר תַּעֲשֶׂה עַד הִשָּׁמֶדְךָ וְעַד־אֲבָדְךָ מַהֵר

מִפְּנֵי רֹעַ מַעֲלָלֶיךָ אֲשֶׁר עֲזַבְתָּנִי: יַדְבֵּק יְהוָה בְּךָ אֶת־הַדָּבֶר עַד

כא   כַּלֹּתוֹ אֹתְךָ מֵעַל הָאֲדָמָה אֲשֶׁר־אַתָּה בָא־שָׁמָּה לְרִשְׁתָּהּ:

כב   יַכְּכָה יְהוָה בַּשַּׁחֶפֶת וּבַקַּדַּחַת וּבַדַּלֶּקֶת וּבַחַרְחֻר וּבַחֶרֶב

וּבַשִּׁדָּפוֹן וּבַיֵּרָקוֹן וּרְדָפוּךָ עַד אָבְדֶךָ: וְהָיוּ שָׁמֶיךָ אֲשֶׁר עַל־

כג   רֹאשְׁךָ נְחֹשֶׁת וְהָאָרֶץ אֲשֶׁר־תַּחְתֶּיךָ בַּרְזֶל: יִתֵּן יְהוָה אֶת־

כד   מְטַר אַרְצְךָ אָבָק וְעָפָר מִן־הַשָּׁמַיִם יֵרֵד עָלֶיךָ עַד הִשָּׁמְדָךְ:

כה   יִתֶּנְךָ יְהוָה ׀ נִגָּף לִפְנֵי אֹיְבֶיךָ בְּדֶרֶךְ אֶחָד תֵּצֵא אֵלָיו וּבְשִׁבְעָה

דְרָכִים תָּנוּס לְפָנָיו וְהָיִיתָ לְזַעֲוָה לְכֹל מַמְלְכוֹת הָאָרֶץ: וְהָיְתָה

כו   נִבְלָתְךָ לְמַאֲכָל לְכָל־עוֹף הַשָּׁמַיִם וּלְבֶהֱמַת הָאָרֶץ וְאֵין מַחֲרִיד:

and the flocks of thy sheep. Blessed shall be thy basket and 5
thy store. Blessed shalt thou be when thou comest in, and 6
blessed shalt thou be when thou goest out. The LORD shall cause 7
thy enemies that rise up against thee to be smitten before thy
face: they shall come out against thee one way, and flee before
thee seven ways. The LORD shall command the blessing upon 8
thee in thy barns, and in all that thou settest thy hand unto;
and he shall bless thee in the land which the LORD thy GOD gives
thee. The LORD shall establish thee a holy people to himself, 9
as he has sworn to thee, if thou shalt keep the commandments
of the LORD thy GOD, and walk in his ways. And all people 10
of the earth shall see that thou art called by the name of the
LORD; and they shall be afraid of thee. And the LORD shall make 11
thee plenteous in goods, in the fruit of thy body, and in the
fruit of thy cattle, and in the fruit of thy ground, in the land
which the LORD swore to thy fathers to give thee. The LORD 12
shall open to thee his good treasure, the heaven, to give the rain
to thy land in its season, and to bless all the work of thy hand:
and thou shalt lend to many nations, and thou shalt not bor-
row. And the LORD shall make thee the head, and not the tail; 13
and thou shalt be above only, and thou shalt not be beneath;
if thou hearken to the commandments of the LORD thy GOD,
which I command thee this day, to observe and to do them:
and thou shalt not go aside from any of the words which I com- 14
mand thee this day, to the right hand, or to the left, to go after
other gods to serve them.
But it shall come to pass, if thou will not heaken to the voice of 15
the LORD thy GOD, to observe to do all his commandments and
his statutes which I command thee this day: that all these
curses shall come upon thee, and overtake thee: cursed shalt 16
thou be in the city, and cursed shalt thou be in the field. Cursed 17
shall be thy basket and thy store. Cursed shall be the fruit of 18
thy body, and the fruit of thy land, the increase of thy cattle,
and the young of thy sheep. Cursed shalt thou be when thou 19
comest in, and cursed shalt thou be when thou goest out. The 20
LORD shall send upon thee cursing, confusion, and failure, in all
that thou settest thy hand to do, until thou art destroyed, and
until thou perish quickly: because of the wickedness of thy
doings, in that thou hast forsaken me. The LORD shall make the 21
pestilence cleave to thee, until it consumes thee from off the
land, into which thou goest to possess it. The LORD shall smite 22
thee with a consumption, and with a fever, and with an inflam-
mation, and with an extreme burning, and with the sword, and
with blasting, and with mildew; and they shall pursue thee
until thou perish. And thy heaven that is over thy head shall be 23
brass, and the earth that is under thee shall be iron. The LORD 24
shall make the rain of thy land powder and dust: from heaven
shall it come down upon thee, until thou be destroyed. The 25
LORD shall cause thee to be smitten before thy enemies: thou
shalt go out one way against them, and flee seven ways be-
fore them: and shalt be a horror to all the kingdoms of the
earth. And thy carcass shall be food for all birds of the air, and 26
for the beasts of the earth, and no man shall scare them away.

כז יַכְּכָה יְהוָה בִּשְׁחִין מִצְרַיִם וּבעפלים וּבַגָּרָב וּבֶחָרֶס אֲשֶׁר לֹא־ וּבַטְּחֹרִים
כח תוּכַל לְהֵרָפֵא׃ יַכְּכָה יְהוָה בְּשִׁגָּעוֹן וּבְעִוָּרוֹן וּבְתִמְהוֹן לֵבָב׃
כט וְהָיִיתָ מְמַשֵּׁשׁ בַּצָּהֳרַיִם כַּאֲשֶׁר יְמַשֵּׁשׁ הָעִוֵּר בָּאֲפֵלָה וְלֹא תַצְלִיחַ
אֶת־דְּרָכֶיךָ וְהָיִיתָ אַךְ עָשׁוּק וְגָזוּל כָּל־הַיָּמִים וְאֵין מוֹשִׁיעַ׃
ל אִשָּׁה תְאָרֵשׂ וְאִישׁ אַחֵר ישגלנה בַּיִת תִּבְנֶה וְלֹא־תֵשֵׁב בּוֹ יִשְׁכָּבֶנָּה
לא כֶּרֶם תִּטַּע וְלֹא תְחַלְּלֶנּוּ׃ שׁוֹרְךָ טָבוּחַ לְעֵינֶיךָ וְלֹא תֹאכַל מִמֶּנּוּ
חֲמֹרְךָ גָּזוּל מִלְּפָנֶיךָ וְלֹא יָשׁוּב לָךְ צֹאנְךָ נְתֻנוֹת לְאֹיְבֶיךָ וְאֵין לְךָ
לב מוֹשִׁיעַ׃ בָּנֶיךָ וּבְנֹתֶיךָ נְתֻנִים לְעַם אַחֵר וְעֵינֶיךָ רֹאוֹת וְכָלוֹת
לג אֲלֵיהֶם כָּל־הַיּוֹם וְאֵין לְאֵל יָדֶךָ׃ פְּרִי אַדְמָתְךָ וְכָל־יְגִיעֲךָ יֹאכַל
לד עַם אֲשֶׁר לֹא־יָדָעְתָּ וְהָיִיתָ רַק עָשׁוּק וְרָצוּץ כָּל־הַיָּמִים׃ וְהָיִיתָ
לה מְשֻׁגָּע מִמַּרְאֵה עֵינֶיךָ אֲשֶׁר תִּרְאֶה׃ יַכְּכָה יְהוָה בִּשְׁחִין רָע
עַל־הַבִּרְכַּיִם וְעַל־הַשֹּׁקַיִם אֲשֶׁר לֹא־תוּכַל לְהֵרָפֵא מִכַּף רַגְלְךָ
לו וְעַד קָדְקֳדֶךָ׃ יוֹלֵךְ יְהוָה אֹתְךָ וְאֶת־מַלְכְּךָ אֲשֶׁר תָּקִים עָלֶיךָ
אֶל־גּוֹי אֲשֶׁר לֹא־יָדַעְתָּ אַתָּה וַאֲבֹתֶיךָ וְעָבַדְתָּ שָּׁם אֱלֹהִים
לז אֲחֵרִים עֵץ וָאָבֶן׃ וְהָיִיתָ לְשַׁמָּה לְמָשָׁל וְלִשְׁנִינָה בְּכֹל הָעַמִּים
לח אֲשֶׁר־יְנַהֶגְךָ יְהוָה שָׁמָּה׃ זֶרַע רַב תּוֹצִיא הַשָּׂדֶה וּמְעַט תֶּאֱסֹף
לט כִּי יַחְסְלֶנּוּ הָאַרְבֶּה׃ כְּרָמִים תִּטַּע וְעָבָדְתָּ וְיַיִן לֹא־תִשְׁתֶּה וְלֹא
מ תֶאֱגֹר כִּי תֹאכְלֶנּוּ הַתֹּלָעַת׃ זֵיתִים יִהְיוּ לְךָ בְּכָל־גְּבוּלֶךָ וְשֶׁמֶן
מא לֹא תָסוּךְ כִּי יִשַּׁל זֵיתֶךָ׃ בָּנִים וּבָנוֹת תּוֹלִיד וְלֹא־יִהְיוּ לָךְ כִּי
מב מג יֵלְכוּ בַּשֶּׁבִי׃ כָּל־עֵצְךָ וּפְרִי אַדְמָתֶךָ יְיָרֵשׁ הַצְּלָצַל׃ הַגֵּר אֲשֶׁר
בְּקִרְבְּךָ יַעֲלֶה עָלֶיךָ מַעְלָה מָּעְלָה וְאַתָּה תֵרֵד מַטָּה מָּטָּה׃
מד הוּא יַלְוְךָ וְאַתָּה לֹא תַלְוֶנּוּ הוּא יִהְיֶה לְרֹאשׁ וְאַתָּה תִּהְיֶה לְזָנָב׃
מה וּבָאוּ עָלֶיךָ כָּל־הַקְּלָלוֹת הָאֵלֶּה וּרְדָפוּךָ וְהִשִּׂיגוּךָ עַד הִשָּׁמְדָךְ
כִּי־לֹא שָׁמַעְתָּ בְּקוֹל יְהוָה אֱלֹהֶיךָ לִשְׁמֹר מִצְוֺתָיו וְחֻקֹּתָיו אֲשֶׁר
מו מז צִוָּךְ׃ וְהָיוּ בְךָ לְאוֹת וּלְמוֹפֵת וּבְזַרְעֲךָ עַד־עוֹלָם׃ תַּחַת אֲשֶׁר
לֹא־עָבַדְתָּ אֶת־יְהוָה אֱלֹהֶיךָ בְּשִׂמְחָה וּבְטוּב לֵבָב מֵרֹב כֹּל׃
מח וְעָבַדְתָּ אֶת־אֹיְבֶיךָ אֲשֶׁר יְשַׁלְּחֶנּוּ יְהוָה בָּךְ בְּרָעָב וּבְצָמָא
וּבְעֵירֹם וּבְחֹסֶר כֹּל וְנָתַן עֹל בַּרְזֶל עַל־צַוָּארֶךָ עַד הִשְׁמִידוֹ
מט אֹתָךְ׃ יִשָּׂא יְהוָה עָלֶיךָ גּוֹי מֵרָחֹק מִקְצֵה הָאָרֶץ כַּאֲשֶׁר יִדְאֶה

The Lord will smite thee with the pox of Miẕrayim, and with 27
the emerods, and with the scab, and with the itch, whereof thou
canst not be healed. The Lord shall smite thee with madness, 28
and blindness, and astonishment of heart. And thou shalt grope 29
at noonday, as the blind man gropes in darkness, and thou shalt
not prosper in thy ways: and thou shalt be only oppressed and
robbed evermore, and no man shall save thee. Thou shalt 30
betroth a wife, and another man shall lie with her: thou shalt
build a house, and thou shalt not dwell in it: thou shalt plant
a vineyard, and shalt not gather its grapes. Thy ox shall be 31
slaughtered before thy eyes, and thou shalt not eat of it: thy
ass shall be violently taken away from before thy face, and
shall not be restored to thee: thy sheep shall be given to thy
enemies, and thou shalt have none to come to the rescue. Thy 32
sons and thy daughters shall be given to another people, and thy
eyes shall look, and fail with longing for them all the day long:
and there shall be no might in thy hand. The fruit of thy land, 33
and all thy labours, shall a nation which thou knowst not eat
up; and thou shalt be only oppressed and crushed always:
so that thou shalt be mad for the sight of thy eyes which thou 34
shalt see. The Lord shall smite thee in the knees, and in the legs, 35
with a festering eruption that cannot be healed, from the sole
of thy foot to the top of thy head. The Lord shall bring 36
thee, and thy king whom thou shalt set over thee, to a nation
which neither thou nor thy fathers have known; and there shalt
thou serve other gods, of wood and stone. And thou shalt be- 37
come an astonishment, a proverb, and a byword, among all na-
tions into which the Lord shall lead thee. Thou shalt carry much 38
grain out into the field, and shalt gather but little in; for the
locust shall consume it. Thou shalt plant vineyards, and dress 39
them, but shalt neither drink of the wine, nor gather the grapes;
for the worms shall eat them. Thou shalt have olive trees 40
throughout all thy borders, but thou shalt not anoint thyself
with the oil; for thy olive shall cast its fruit. Thou shalt beget 41
sons and daughters, but thou shalt not enjoy them; for they
shall go into captivity. All thy trees and fruit of thy land shall 42
the beetle consume. The stranger that is in the midst of thee 43
shall get up above thee very high; and thou shalt come down
very low. He shall lend to thee, and thou shalt not lend to 44
him: he shall be the head, and thou shalt be the tail. Moreover 45
all these curses shall come upon thee, and shall pursue thee,
and overtake thee, till thou be destroyed; because thou wouldst
not hearken to the voice of the Lord thy God, to keep his com-
mandments and his statutes which he commanded thee: and 46
they shall be upon thee for a sign and for a wonder, and upon
thy seed for ever. Because thou wouldst not serve the Lord thy 47
God with joyfulness, and with gladness of heart, for the abun-
dance of all things; therefore shalt thou serve thy enemies 48
which the Lord shall send against thee, in hunger, and in thirst,
and in nakedness, and in want of all things: and he shall put
a yoke of iron upon thy neck, until he have destroyed thee, The 49
Lord shall bring a nation against thee from far, from the end
of the earth, which will swoop down like the vulture; a nation

הַגּ֤וֹי גּ֣וֹי אֲשֶׁ֣ר לֹא־תִשְׁמַ֣ע לְשֹׁנ֑וֹ: גּ֚וֹי עַ֣ז פָּנִ֔ים אֲשֶׁ֨ר לֹא־יִשָּׂ֤א נ

פָּנִים֙ לְזָקֵ֔ן וְנַ֖עַר לֹ֥א יָחֹֽן: וְאָכַ֨ל פְּרִ֤י בְהֶמְתְּךָ֙ וּפְרִֽי־אַדְמָֽתְךָ֙ נא

עַ֣ד הִשָּֽׁמְדָ֔ךְ אֲשֶׁ֨ר לֹא־יַשְׁאִ֜יר לְךָ֗ דָּגָ֤ן תִּירוֹשׁ֙ וְיִצְהָ֔ר שְׁגַ֥ר אֲלָפֶ֖יךָ

וְעַשְׁתְּרֹ֣ת צֹאנֶ֑ךָ עַ֥ד הַאֲבִיד֖וֹ אֹתָֽךְ: וְהֵצַ֨ר לְךָ֜ בְּכָל־שְׁעָרֶ֗יךָ עַ֣ד נב

רֶ֤דֶת חֹמֹתֶ֨יךָ֙ הַגְּבֹהֹ֣ת וְהַבְּצֻר֔וֹת אֲשֶׁ֥ר אַתָּ֛ה בֹּטֵ֥חַ בָּהֵ֖ן בְּכָל־

אַרְצֶ֑ךָ וְהֵצַ֤ר לְךָ֙ בְּכָל־שְׁעָרֶ֔יךָ בְּכָ֨ל־אַרְצְךָ֔ אֲשֶׁ֥ר נָתַ֖ן יְהוָ֥ה

אֱלֹהֶ֖יךָ לָֽךְ: וְאָכַלְתָּ֣ פְרִֽי־בִטְנְךָ֗ בְּשַׂ֤ר בָּנֶ֨יךָ֙ וּבְנֹתֶ֔יךָ אֲשֶׁ֥ר נָֽתַן־ נג

לְךָ֖ יְהוָ֣ה אֱלֹהֶ֑יךָ בְּמָצוֹר֙ וּבְמָצ֔וֹק אֲשֶׁר־יָצִ֥יק לְךָ֖ אֹיְבֶֽךָ: הָאִישׁ֙ נד

הָרַ֣ךְ בְּךָ֗ וְהֶֽעָנֹ֣ג מְאֹ֑ד תֵּרַ֨ע עֵינ֤וֹ בְאָחִיו֙ וּבְאֵ֣שֶׁת חֵיק֔וֹ וּבְיֶ֥תֶר

בָּנָ֖יו אֲשֶׁ֥ר יוֹתִֽיר: מִתֵּ֣ת ׀ לְאַחַ֣ד מֵהֶ֗ם מִבְּשַׂ֤ר בָּנָיו֙ אֲשֶׁ֣ר יֹאכֵ֔ל נה

מִבְּלִ֥י הִשְׁאִֽיר־ל֖וֹ כֹּ֑ל בְּמָצוֹר֙ וּבְמָצ֔וֹק אֲשֶׁ֨ר יָצִ֥יק לְךָ֛ אֹיִבְךָ֖

בְּכָל־שְׁעָרֶֽיךָ: הָרַכָּ֨ה בְךָ֜ וְהָעֲנֻגָּ֗ה אֲשֶׁ֨ר לֹא־נִסְּתָ֤ה כַף־רַגְלָהּ֙ נו

הַצֵּ֣ג עַל־הָאָ֔רֶץ מֵהִתְעַנֵּ֖ג וּמֵרֹ֑ךְ תֵּרַ֤ע עֵינָהּ֙ בְּאִ֣ישׁ חֵיקָ֔הּ וּבִבְנָ֖הּ

וּבְבִתָּֽהּ: וּֽבְשִׁלְיָתָ֞הּ הַיּוֹצֵ֣ת ׀ מִבֵּ֣ין רַגְלֶ֗יהָ וּבְבָנֶ֨יהָ֙ אֲשֶׁ֣ר תֵּלֵ֔ד נז

כִּֽי־תֹאכְלֵ֥ם בְּחֹֽסֶר־כֹּ֖ל בַּסָּ֑תֶר בְּמָצוֹר֙ וּבְמָצ֔וֹק אֲשֶׁ֨ר יָצִ֥יק לְךָ֛

אֹיִבְךָ֖ בִּשְׁעָרֶֽיךָ: אִם־לֹ֣א תִשְׁמֹ֗ר לַֽעֲשׂוֹת֙ אֶת־כָּל־דִּבְרֵי֙ הַתּוֹרָ֣ה נח

הַזֹּ֔את הַכְּתֻבִ֖ים בַּסֵּ֣פֶר הַזֶּ֑ה לְ֠יִרְאָה אֶת־הַשֵּׁ֞ם הַנִּכְבָּ֤ד וְהַנּוֹרָא֙

הַזֶּ֔ה אֵ֖ת יְהוָ֥ה אֱלֹהֶֽיךָ: וְהִפְלָ֤א יְהוָה֙ אֶת־מַכֹּ֣תְךָ֔ וְאֵ֖ת מַכּ֣וֹת נט

זַרְעֶ֑ךָ מַכּ֤וֹת גְּדֹלֹת֙ וְנֶ֣אֱמָנ֔וֹת וָחֳלָיִ֥ם רָעִ֖ים וְנֶֽאֱמָנִֽים: וְהֵשִׁ֣יב ס

בְּךָ֗ אֵ֚ת כָּל־מַדְוֵ֣ה מִצְרַ֔יִם אֲשֶׁ֥ר יָגֹ֖רְתָּ מִפְּנֵיהֶ֑ם וְדָבְק֖וּ בָּֽךְ:

גַּ֤ם כָּל־חֳלִי֙ וְכָל־מַכָּ֔ה אֲשֶׁר֙ לֹ֣א כָת֔וּב בְּסֵ֖פֶר הַתּוֹרָ֣ה הַזֹּ֑את יַעְלֵ֣ם סא

יְהוָה֙ עָלֶ֔יךָ עַ֖ד הִשָּֽׁמְדָֽךְ: וְנִשְׁאַרְתֶּם֙ בִּמְתֵ֣י מְעָ֔ט תַּ֚חַת אֲשֶׁ֣ר סב

הֱיִיתֶ֔ם כְּכוֹכְבֵ֥י הַשָּׁמַ֖יִם לָרֹ֑ב כִּי־לֹ֣א שָׁמַ֔עְתָּ בְּק֖וֹל יְהוָ֥ה אֱלֹהֶֽיךָ:

וְ֠הָיָה כַּאֲשֶׁר־שָׂ֨שׂ יְהוָ֜ה עֲלֵיכֶ֗ם לְהֵיטִ֣יב אֶתְכֶם֮ וּלְהַרְבּ֣וֹת אֶתְכֶם֒ סג

כֵּ֣ן יָשִׂ֤ישׂ יְהוָה֙ עֲלֵיכֶ֔ם לְהַאֲבִ֥יד אֶתְכֶ֖ם וּלְהַשְׁמִ֣יד אֶתְכֶ֑ם

וְנִסַּחְתֶּם֙ מֵעַ֣ל הָֽאֲדָמָ֔ה אֲשֶׁר־אַתָּ֥ה בָא־שָׁ֖מָּה לְרִשְׁתָּֽהּ: וֶהֱפִֽיצְךָ֤ סד

יְהוָה֙ בְּכָל־הָ֣עַמִּ֔ים מִקְצֵ֥ה הָאָ֖רֶץ וְעַד־קְצֵ֣ה הָאָ֑רֶץ וְעָבַ֨דְתָּ שָּׁ֜ם

אֱלֹהִ֣ים אֲחֵרִ֗ים אֲשֶׁ֧ר לֹא־יָדַ֛עְתָּ אַתָּ֥ה וַאֲבֹתֶ֖יךָ עֵ֥ץ וָאָֽבֶן: וּבַגּוֹיִ֤ם סה

הָהֵם֙ לֹ֣א תַרְגִּ֔יעַ וְלֹא־יִהְיֶ֥ה מָנ֖וֹחַ לְכַף־רַגְלֶ֑ךָ וְנָתַן֩ יְהוָ֨ה לְךָ֥

שָׁם֙ לֵ֣ב רַגָּ֔ז וְכִלְי֥וֹן עֵינַ֖יִם וְדַאֲב֣וֹן נָ֑פֶשׁ: וְהָי֣וּ חַיֶּ֔יךָ תְּלֻאִ֥ים לְךָ֖ סו

מִנֶּ֑גֶד וּפָחַדְתָּ֙ לַ֣יְלָה וְיוֹמָ֔ם וְלֹ֥א תַאֲמִ֖ין בְּחַיֶּֽיךָ: בַּבֹּ֤קֶר תֹּאמַר֙ מִֽי־ סז

whose tongue thou shalt not understand; a nation of fierce 50
countenance, which shall not respect the person of the old,
nor show favour to the young: and he shall eat the fruit of 51
thy cattle, and the fruit of thy land, until thou be destroyed:
such a one as shall not leave thee either corn, wine, or oil, or
the increase of thy cattle, or the young of thy sheep, until he
have destroyed thee. And he shall besiege thee in all thy gates, 52
until thy high and fortified walls come down, wherein thou
didst trust, throughout all thy land: and he shall besiege thee
in all thy gates throughout all thy land, which the LORD thy
GOD has given thee. And thou shalt eat the fruit of thy own 53
body, the flesh of thy sons, and of thy daughters, which the
LORD thy GOD has given thee, in the siege, and in the distress,
with which thy enemy shall distress thee: the man that is tender 54
among you, and very delicate, his eye shall be evil towards his
brother, and towards the wife of his bosom, and towards the
remnant of his children which he shall leave: so that he will 55
not give to any of them of the flesh of his children whom he
shall eat, when he has nothing left him; because of the siege,
and of the distress, with which thy enemies shali distress thee
in all thy gates. The tender and delicate woman among you, 56
who would not venture to set the sole of her foot upon the
ground for fastidiousness and delicateness, her eye shall be evil
towards the husband of her bosom, and towards her son, and
towards her daughter, and towards her afterbirth that comes 57
out from her, and towards her children whom she shall bear:
for she shall eat them for want of all things in secret; because
of the siege and distress, wherewith thy enemy shall distress
thee in thy gates. If thou wilt not observe to do all the words 58
of this Tora that are written in this book, that thou mayst fear
this glorious and fearful name, the LORD thy GOD; then the LORD 59
will make thy plagues remarkable, and the plagues of thy off-
spring, even great plagues, and of long continuance, and severe
sicknesses, and of long continuance. Moreover he will bring 60
upon thee all the diseases of Mizrayim, which thou wast afraid
of; and they shall cleave to thee. Also every sickness, and every 61
plague, which is not written in the book of this Tora, them will
the LORD bring upon thee, until thou art destroyed. And you 62
shall be left few in number, whereas you were as the stars of
heaven for multitude; because thou wouldst not obey the voice
of the LORD thy GOD. And it shall come to pass, that as the LORD 63
rejoiced over you to do you good, and to multiply you; so the
LORD will rejoice over you to destroy you, and to annihilate you;
and you shall be plucked from off the land into which thou goest
to possess it. And the LORD shall scatter thee among all peoples, 64
from the one end of the earth to the other; and there thou shalt
serve other gods, which neither thou nor thy fathers have
known, wood and stone. And among these nations shalt thou 65
find no ease, neither shall the sole of thy foot have rest; but the
LORD shall give thee there a trembling heart, and failing of eyes,
and despair of mind: and thy life shall hang in doubt before 66
thee; and thou shalt fear day and night, and shalt have no
assurance of thy life: in the morning thou shalt say, Would it 67

יִתֵּן עֶ֫רֶב וּבָעֶ֫רֶב תֹּאמַ֖ר מִי־יִתֵּ֣ן בֹּ֑קֶר מִפַּ֤חַד לְבָֽבְךָ֙ אֲשֶׁ֣ר תִּפְחָ֔ד

סח וּמִמַּרְאֵ֥ה עֵינֶ֖יךָ אֲשֶׁ֥ר תִּרְאֶֽה: וֶהֱשִֽׁיבְךָ֨ יְהֹוָ֥ה । מִצְרַ֖יִם בָּֽאֳנִיּוֹת֒ בַּדֶּ֙רֶךְ֙ אֲשֶׁ֣ר אָמַ֣רְתִּי לְךָ֔ לֹא־תֹסִ֥יף ע֖וֹד לִרְאֹתָ֑הּ וְהִתְמַכַּרְתֶּ֨ם

סט שָׁ֧ם לְאֹיְבֶ֛יךָ לַעֲבָדִ֥ים וְלִשְׁפָח֖וֹת וְאֵ֥ין קֹנֶֽה: אֵ֣לֶּה דִבְרֵ֣י הַבְּרִ֗ית אֲשֶׁר־צִוָּ֤ה יְהֹוָה֙ אֶת־מֹשֶׁ֔ה לִכְרֹ֥ת אֶת־בְּנֵ֖י יִשְׂרָאֵ֑ל בְּאֶ֖רֶץ מוֹאָ֑ב מִלְּבַ֣ד הַבְּרִ֔ית אֲשֶׁר־כָּרַ֥ת אִתָּ֖ם בְּחֹרֵֽב:

כט א וַיִּקְרָ֥א מֹשֶׁ֛ה אֶל־כָּל־יִשְׂרָאֵ֖ל וַיֹּ֣אמֶר אֲלֵהֶ֑ם אַתֶּ֣ם רְאִיתֶ֗ם אֵ֣ת כָּל־אֲשֶׁר֩ עָשָׂ֨ה יְהֹוָ֤ה לְעֵֽינֵיכֶם֙ בְּאֶ֣רֶץ מִצְרַ֔יִם לְפַרְעֹ֥ה וּלְכָל־

ב עֲבָדָ֖יו וּלְכָל־אַרְצֽוֹ: הַמַּסּוֹת֙ הַגְּדֹלֹ֔ת אֲשֶׁ֥ר רָא֖וּ עֵינֶ֑יךָ הָאֹתֹ֥ת

ג וְהַמֹּפְתִ֥ים הַגְּדֹלִ֖ים הָהֵֽם: וְלֹֽא־נָתַן֩ יְהֹוָ֨ה לָכֶ֥ם לֵב֙ לָדַ֔עַת

ד וְעֵינַ֥יִם לִרְא֖וֹת וְאָזְנַ֣יִם לִשְׁמֹ֑עַ עַ֖ד הַיּ֥וֹם הַזֶּֽה: וָאוֹלֵ֥ךְ אֶתְכֶ֛ם אַרְבָּעִ֥ים שָׁנָ֖ה בַּמִּדְבָּ֑ר לֹֽא־בָל֤וּ שַׂלְמֹֽתֵיכֶם֙ מֵעֲלֵיכֶ֔ם וְנַֽעַלְךָ֥ לֹֽא־

ה בָלְתָ֖ה מֵעַ֥ל רַגְלֶֽךָ: לֶ֚חֶם לֹ֣א אֲכַלְתֶּ֔ם וְיַ֥יִן וְשֵׁכָ֖ר לֹ֣א שְׁתִיתֶ֑ם

ו לְמַ֙עַן֙ תֵּֽדְע֔וּ כִּ֛י אֲנִ֥י יְהֹוָ֖ה אֱלֹֽהֵיכֶֽם: וַתָּבֹ֖אוּ אֶל־הַמָּק֣וֹם הַזֶּ֑ה וַיֵּצֵ֣א סִיחֹ֣ן מֶֽלֶךְ־חֶ֠שְׁבּוֹן וְע֨וֹג מֶֽלֶךְ־הַבָּשָׁ֧ן לִקְרָאתֵ֛נוּ לַמִּלְחָמָ֖ה

ז וַנַּכֵּֽם: וַנִּקַּח֙ אֶת־אַרְצָ֔ם וַנִּתְּנָ֣הּ לְנַחֲלָ֔ה לָרֽאוּבֵנִ֖י וְלַגָּדִ֑י וְלַחֲצִ֖י

ח שֵׁ֥בֶט הַֽמְנַשִּֽׁי: וּשְׁמַרְתֶּ֗ם אֶת־דִּבְרֵי֙ הַבְּרִ֣ית הַזֹּ֔את וַעֲשִׂיתֶ֖ם אֹתָ֑ם לְמַ֣עַן תַּשְׂכִּ֔ילוּ אֵ֖ת כָּל־אֲשֶׁ֥ר תַּעֲשֽׂוּן:

ט אַתֶּ֨ם נִצָּבִ֤ים הַיּוֹם֙ כֻּלְּכֶ֔ם לִפְנֵ֖י יְהֹוָ֣ה אֱלֹֽהֵיכֶ֑ם רָֽאשֵׁיכֶ֣ם שִׁבְטֵיכֶ֗ם

י זִקְנֵיכֶם֙ וְשֹׁ֣טְרֵיכֶ֔ם כֹּ֖ל אִ֥ישׁ יִשְׂרָאֵֽל: טַפְּכֶ֣ם נְשֵׁיכֶ֔ם וְגֵ֣רְךָ֔ אֲשֶׁ֖ר

יא בְּקֶ֣רֶב מַחֲנֶ֑יךָ מֵחֹטֵ֣ב עֵצֶ֔יךָ עַ֖ד שֹׁאֵ֥ב מֵימֶֽיךָ: לְעָבְרְךָ֗ בִּבְרִ֛ית יְהֹוָ֥ה אֱלֹהֶ֖יךָ וּבְאָלָת֑וֹ אֲשֶׁר֙ יְהֹוָ֣ה אֱלֹהֶ֔יךָ כֹּרֵ֥ת עִמְּךָ֖ הַיּֽוֹם:

יב לְמַ֣עַן הָקִֽים־אֹתְךָ֩ הַיּ֨וֹם । ל֜וֹ לְעָ֗ם וְה֤וּא יִֽהְיֶה־לְּךָ֙ לֵֽאלֹהִ֔ים כַּאֲשֶׁ֖ר דִּבֶּר־לָ֑ךְ וְכַאֲשֶׁ֤ר נִשְׁבַּע֙ לַאֲבֹתֶ֔יךָ לְאַבְרָהָ֥ם לְיִצְחָ֖ק וּֽלְיַעֲקֹֽב:

יג וְלֹ֥א אִתְּכֶ֖ם לְבַדְּכֶ֑ם אָנֹכִ֗י כֹּרֵת֙ אֶת־הַבְּרִ֣ית הַזֹּ֔את וְאֶת־הָאָלָ֖ה

יד הַזֹּֽאת: כִּי֩ אֶת־אֲשֶׁ֨ר יֶשְׁנ֜וֹ פֹּ֗ה עִמָּ֙נוּ֙ עֹמֵ֣ד הַיּ֔וֹם לִפְנֵ֖י יְהֹוָ֣ה אֱלֹהֵ֑ינוּ

טו וְאֵ֨ת אֲשֶׁ֥ר אֵינֶ֛נּוּ פֹּ֖ה עִמָּ֥נוּ הַיּֽוֹם: כִּֽי־אַתֶּ֣ם יְדַעְתֶּ֔ם אֵ֥ת אֲשֶׁר־ יָשַׁ֖בְנוּ בְּאֶ֣רֶץ מִצְרָ֑יִם וְאֵ֧ת אֲשֶׁר־עָבַ֛רְנוּ בְּקֶ֥רֶב הַגּוֹיִ֖ם אֲשֶׁ֥ר

טז עֲבַרְתֶּֽם: וַתִּרְאוּ֙ אֶת־שִׁקּ֣וּצֵיהֶ֔ם וְאֵ֖ת גִּלֻּֽלֵיהֶ֑ם עֵ֣ץ וָאֶ֔בֶן כֶּ֖סֶף

יז וְזָהָ֑ב אֲשֶׁ֖ר עִמָּהֶֽם: פֶּן־יֵ֣שׁ בָּ֠כֶם אִ֣ישׁ אוֹ־אִשָּׁ֞ה א֧וֹ מִשְׁפָּחָ֣ה אֽוֹ־ שֵׁ֗בֶט אֲשֶׁר֩ לְבָב֨וֹ פֹנֶ֤ה הַיּוֹם֙ מֵעִם֙ יְהֹוָ֣ה אֱלֹהֵ֔ינוּ לָלֶ֣כֶת לַעֲבֹ֔ד אֶת־אֱלֹהֵ֖י הַגּוֹיִ֣ם הָהֵ֑ם פֶּן־יֵ֣שׁ בָּכֶ֗ם שֹׁ֛רֶשׁ פֹּרֶ֥ה רֹ֖אשׁ וְלַעֲנָֽה:

יח וְהָיָ֡ה בְּשָׁמְעוֹ֩ אֶת־דִּבְרֵ֨י הָאָלָ֜ה הַזֹּ֗את וְהִתְבָּרֵ֤ךְ בִּלְבָבוֹ֙ לֵאמֹ֔ר שָׁל֥וֹם יִֽהְיֶה־לִּ֖י כִּ֛י בִּשְׁרִר֥וּת לִבִּ֖י אֵלֵ֑ךְ לְמַ֛עַן סְפ֥וֹת הָרָוָ֖ה אֶת־

יט הַצְּמֵאָֽה: לֹא־יֹאבֶ֣ה יְהֹוָה֮ סְלֹ֣חַֽ לוֹ֒ כִּ֣י אָ֠ז יֶעְשַׁ֨ן אַף־יְהֹוָ֤ה וְקִנְאָתוֹ֙ בָּאִ֣ישׁ הַה֔וּא וְרָ֤בְצָה בּוֹ֙ כָּל־הָ֣אָלָ֔ה הַכְּתוּבָ֖ה בַּסֵּ֣פֶר הַזֶּ֑ה וּמָחָ֤ה

were evening! and at evening thou shalt say, Would it were morning! for the fear of thy heart with which thou shalt fear, and for the sight of thy eyes which thou shalt see. And the 68 Lord shall bring thee back into Miẓrayim with ships, by that road of which I spoke to thee, Thou shalt see it no more again: and there you shall be sold to your enemies for bondmen and bondwomen, and no man shall buy you.   These are the 69 words of the covenant, which the Lord commanded Moshe to make with the children of Yisra'el in the land of Mo'av, besides the covenant which he made with them in Ḥorev.

And Moshe called to all Yisra'el, and said to them, You have **29** seen all that the Lord did before your eyes in the land of Miẓrayim to Par'o, and to all his servants, and to all his land; the great trials which thy eyes have seen, the signs, and those 2 great miracles: yet the Lord has not given you a heart to per- 3 ceive, and eyes to see, and ears to hear, until this day. And I 4 have led you forty years in the wilderness: your clothes are not worn old upon you, and thy shoe is not worn old upon thy foot. You have not eaten bread, neither have you drunk wine 5 or strong drink: that you might know that I am the Lord your God. And when you came to this place, Siḥon the king of 6 Ḥeshbon, and 'Og the king of Bashan, came out against us to battle, and we smote them: and we took their land, and gave 7 it for an inheritance to the Re'uveni, and to the Gadi, and to the half tribe of the Menashshi. Keep therefore the words of this 8 covenant, and do them, that you may prosper in all that you do.

NIZZAVIM You stand this day all of you before the Lord your God; your 9 captains of your tribes, your elders, and your officers, with all the men of Yisra'el, your little ones, your wives, and thy stranger 10 that is in thy camp, from the hewer of thy wood to the drawer of thy water: that thou shouldst enter into the covenant of 11 the Lord thy God, and into his oath, which the Lord thy God makes with thee this day: that he may establish thee today 12 for a people to himself, and that he may be to thee a God, as he has said to thee, and as he has sworn to thy fathers, to Avraham, to Yiẓḥaq, and to Ya'aqov. Neither with you only 13 do I make this covenant and this oath; but with him that stands 14 here with us this day before the Lord our God, and also with him that is not here with us this day: (for you know how we 15 have dwelt in the land of Miẓrayim; and how we came through the nations which you passed by; and you have seen their 16 abominations, and their idols, wood and stone, silver and gold, which were among them:) lest there should be among you 17 man, or woman, or family, or tribe, whose heart turns away this day from the Lord our God, to go and serve the gods of these nations; lest there should be among you a root that bears gall and wormwood; and it come to pass, when he hears the 18 words of this curse, that he bless himself in his heart, saying, I shall have peace, though I walk in the stubbornness of my heart, to add drunkenness to thirst: the Lord will not spare him, but 19 then the anger of the Lord and his jealousy shall smoke against that man, and all the curses that are written in this book shall

כ יְהוָה אֶת־שְׁמוֹ מִתַּחַת הַשָּׁמָיִם: וְהִבְדִּילוֹ יְהוָה לְרָעָה מִכֹּל
שִׁבְטֵי יִשְׂרָאֵל כְּכֹל אָלוֹת הַבְּרִית הַכְּתוּבָה בְּסֵפֶר הַתּוֹרָה
כא הַזֶּה: וְאָמַר הַדּוֹר הָאַחֲרוֹן בְּנֵיכֶם אֲשֶׁר יָקוּמוּ מֵאַחֲרֵיכֶם
וְהַנָּכְרִי אֲשֶׁר יָבֹא מֵאֶרֶץ רְחוֹקָה וְרָאוּ אֶת־מַכּוֹת הָאָרֶץ הַהִוא
כב וְאֶת־תַּחֲלֻאֶיהָ אֲשֶׁר־חִלָּה יְהוָה בָּהּ: גָּפְרִית וָמֶלַח שְׂרֵפָה
כָל־אַרְצָהּ לֹא תִזָּרַע וְלֹא תַצְמִחַ וְלֹא־יַעֲלֶה בָהּ כָּל־עֵשֶׂב
כְּמַהְפֵּכַת סְדֹם וַעֲמֹרָה אַדְמָה וצביים אֲשֶׁר הָפַךְ יְהוָה בְּאַפּוֹ וּצְבוֹיִם
כג וּבַחֲמָתוֹ: וְאָמְרוּ כָּל־הַגּוֹיִם עַל־מֶה עָשָׂה יְהוָה כָּכָה לָאָרֶץ
כד הַזֹּאת מֶה חֳרִי הָאַף הַגָּדוֹל הַזֶּה: וְאָמְרוּ עַל אֲשֶׁר עָזְבוּ אֶת־
בְּרִית יְהוָה אֱלֹהֵי אֲבֹתָם אֲשֶׁר כָּרַת עִמָּם בְּהוֹצִיאוֹ אֹתָם
כה מֵאֶרֶץ מִצְרָיִם: וַיֵּלְכוּ וַיַּעַבְדוּ אֱלֹהִים אֲחֵרִים וַיִּשְׁתַּחֲווּ לָהֶם
כו אֱלֹהִים אֲשֶׁר לֹא־יְדָעוּם וְלֹא חָלַק לָהֶם: וַיִּחַר־אַף יְהוָה
בָּאָרֶץ הַהִוא לְהָבִיא עָלֶיהָ אֶת־כָּל־הַקְּלָלָה הַכְּתוּבָה בַּסֵּפֶר
כז הַזֶּה: וַיִּתְּשֵׁם יְהוָה מֵעַל אַדְמָתָם בְּאַף וּבְחֵמָה וּבְקֶצֶף גָּדוֹל
כח וַיַּשְׁלִכֵם אֶל־אֶרֶץ אַחֶרֶת כַּיּוֹם הַזֶּה: הַנִּסְתָּרֹת לַיהוָה אֱלֹהֵינוּ
וְהַנִּגְלֹת לָנוּ וּלְבָנֵינוּ עַד־עוֹלָם לַעֲשׂוֹת אֶת־כָּל־דִּבְרֵי הַתּוֹרָה
ל א הַזֹּאת: וְהָיָה כִי־יָבֹאוּ עָלֶיךָ כָּל־הַדְּבָרִים הָאֵלֶּה רביעי (שני)
הַבְּרָכָה וְהַקְּלָלָה אֲשֶׁר נָתַתִּי לְפָנֶיךָ וַהֲשֵׁבֹתָ אֶל־לְבָבֶךָ בְּכָל־
ב הַגּוֹיִם אֲשֶׁר הִדִּיחֲךָ יְהוָה אֱלֹהֶיךָ שָׁמָּה: וְשַׁבְתָּ עַד־יְהוָה
אֱלֹהֶיךָ וְשָׁמַעְתָּ בְקֹלוֹ כְּכֹל אֲשֶׁר־אָנֹכִי מְצַוְּךָ הַיּוֹם אַתָּה
ג וּבָנֶיךָ בְּכָל־לְבָבְךָ וּבְכָל־נַפְשֶׁךָ: וְשָׁב יְהוָה אֱלֹהֶיךָ אֶת־שְׁבוּתְךָ
וְרִחֲמֶךָ וְשָׁב וְקִבֶּצְךָ מִכָּל־הָעַמִּים אֲשֶׁר הֱפִיצְךָ יְהוָה אֱלֹהֶיךָ
ד שָׁמָּה: אִם־יִהְיֶה נִדַּחֲךָ בִּקְצֵה הַשָּׁמָיִם מִשָּׁם יְקַבֶּצְךָ יְהוָה
ה אֱלֹהֶיךָ וּמִשָּׁם יִקָּחֶךָ: וֶהֱבִיאֲךָ יְהוָה אֱלֹהֶיךָ אֶל־הָאָרֶץ אֲשֶׁר־
ו יָרְשׁוּ אֲבֹתֶיךָ וִירִשְׁתָּהּ וְהֵיטִבְךָ וְהִרְבְּךָ מֵאֲבֹתֶיךָ: וּמָל יְהוָה
אֱלֹהֶיךָ אֶת־לְבָבְךָ וְאֶת־לְבַב זַרְעֶךָ לְאַהֲבָה אֶת־יְהוָה אֱלֹהֶיךָ
ז בְּכָל־לְבָבְךָ וּבְכָל־נַפְשְׁךָ לְמַעַן חַיֶּיךָ: וְנָתַן יְהוָה אֱלֹהֶיךָ אֵת חמישי (שלישי)
ח כָּל־הָאָלוֹת הָאֵלֶּה עַל־אֹיְבֶיךָ וְעַל־שֹׂנְאֶיךָ אֲשֶׁר רְדָפוּךָ: וְאַתָּה
תָשׁוּב וְשָׁמַעְתָּ בְּקוֹל יְהוָה וְעָשִׂיתָ אֶת־כָּל־מִצְוֺתָיו אֲשֶׁר אָנֹכִי
ט מְצַוְּךָ הַיּוֹם: וְהוֹתִירְךָ יְהוָה אֱלֹהֶיךָ בְּכֹל מַעֲשֵׂה יָדֶךָ בִּפְרִי
בִטְנְךָ וּבִפְרִי בְהֶמְתְּךָ וּבִפְרִי אַדְמָתְךָ לְטֹבָה כִּי יָשׁוּב יְהוָה
י לָשׂוּשׂ עָלֶיךָ לְטוֹב כַּאֲשֶׁר־שָׂשׂ עַל־אֲבֹתֶיךָ: כִּי תִשְׁמַע
בְּקוֹל יְהוָה אֱלֹהֶיךָ לִשְׁמֹר מִצְוֺתָיו וְחֻקֹּתָיו הַכְּתוּבָה בְּסֵפֶר
הַתּוֹרָה הַזֶּה כִּי תָשׁוּב אֶל־יְהוָה אֱלֹהֶיךָ בְּכָל־לְבָבְךָ וּבְכָל־

lie upon him, and the LORD shall blot out his name from under
heaven. And the LORD shall mark him off for evil out of all the 20
tribes of Yisra'el, according to all the curses of the covenant that
are written in this book of the Tora: so that the generation 21
to come of your children that shall rise up after you, and the
alien that shall come from a far land, shall say, when they
see the plagues of that land, and the sicknesses which the LORD
has laid upon it; and that the whole land is brimstone, and 22
salt, and burning, that it is not sown, nor bears, nor does
any grass grow on it, like the overthrow of Sedom, and 'Amora,
Adma, and Z̲evoyim, which the LORD overthrew in his anger,
and in his wrath: then all the nations shall say, Why has the 23
LORD done thus to this land? what means the heat of this great
anger? Then men shall say, Because they have forsaken the 24
covenant of the LORD GOD of their fathers, which he made with
them when he brought them out of the land of Miz̲rayim:
for they went and served other gods, and worshipped them, 25
gods whom they knew not, and whom he had not given to
them: and the anger of the LORD burned against this land, to 26
bring upon it all the curses that are written in this book:
and the LORD rooted them out of their land in anger, and in 27
wrath, and in great indignation, and cast them into another
land, as it is this day. The secret things belong to the LORD 28
our GOD: but those things which are revealed belong to us and
to our children for ever, that we may do all the words of this
Tora. And it shall come to pass, when all these things **30**
are come upon thee, the blessing and the curse, which I have
set before thee, and thou shalt call them to mind among all the
nations, into which the LORD thy GOD has driven thee, and 2
shalt return to the LORD thy GOD, and shalt obey his voice
according to all that I command thee this day, thou and thy
children, with all thy heart, and with all thy soul; that then 3
the LORD thy GOD will turn thy captivity, and have compassion
upon thee, and will return and gather thee from all the nations,
amongst whom the LORD thy GOD has scattered thee. If thy 4
outcasts be at the utmost parts of heaven, from there will the
LORD thy GOD gather thee, and from there will he fetch thee:
and the LORD thy GOD will bring thee into the land which thy 5
fathers possessed, and thou shalt possess it; and he will do thee
good, and multiply thee more than thy fathers. And the LORD 6
thy GOD will circumcise thy heart, and the heart of thy seed,
to love the LORD thy GOD with all thy heart, and with all thy
soul, that thou mayst live. And the LORD thy GOD will put all 7
these curses upon thy enemies, and on them who hate thee, who
persecuted thee. And thou shalt return and obey the voice of 8
the LORD, and do all his commandments which I command thee
this day. And the LORD thy GOD will make thee plenteous in 9
every work of thy hand, in the fruit of thy body, and in the
fruit of thy cattle, and in the fruit of thy land, for good: for
the LORD will again rejoice over thee for good, as he rejoiced
over thy fathers: if thou shalt hearken to the voice of the LORD 10
thy GOD, to keep his commandments and his statutes which are
written in this book of the Tora, and if thou turn to the LORD

ששי כד יא נַפְשֶׁךָ׃ כִּי הַמִּצְוָה הַזֹּאת אֲשֶׁר אָנֹכִי מְצַוְּךָ הַיּוֹם
יב לֹא־נִפְלֵאת הִוא מִמְּךָ וְלֹא־רְחֹקָה הִוא׃ לֹא בַשָּׁמַיִם הִוא
לֵאמֹר מִי יַעֲלֶה־לָּנוּ הַשָּׁמַיְמָה וְיִקָּחֶהָ לָּנוּ וְיַשְׁמִעֵנוּ אֹתָהּ
יג וְנַעֲשֶׂנָּה׃ וְלֹא־מֵעֵבֶר לַיָּם הִוא לֵאמֹר מִי יַעֲבָר־לָנוּ אֶל־עֵבֶר
יד הַיָּם וְיִקָּחֶהָ לָּנוּ וְיַשְׁמִעֵנוּ אֹתָהּ וְנַעֲשֶׂנָּה׃ כִּי־קָרוֹב אֵלֶיךָ הַדָּבָר
שביעי ומפטיר /רביעי/ טו מְאֹד בְּפִיךָ וּבִלְבָבְךָ לַעֲשֹׂתוֹ׃ רְאֵה נָתַתִּי לְפָנֶיךָ
טז הַיּוֹם אֶת־הַחַיִּים וְאֶת־הַטּוֹב וְאֶת־הַמָּוֶת וְאֶת־הָרָע׃ אֲשֶׁר
אָנֹכִי מְצַוְּךָ הַיּוֹם לְאַהֲבָה אֶת־יהוה אֱלֹהֶיךָ לָלֶכֶת בִּדְרָכָיו
וְלִשְׁמֹר מִצְוֹתָיו וְחֻקֹּתָיו וּמִשְׁפָּטָיו וְחָיִיתָ וְרָבִיתָ וּבֵרַכְךָ יהוה
יז אֱלֹהֶיךָ בָּאָרֶץ אֲשֶׁר־אַתָּה בָא־שָׁמָּה לְרִשְׁתָּהּ׃ וְאִם־יִפְנֶה
לְבָבְךָ וְלֹא תִשְׁמָע וְנִדַּחְתָּ וְהִשְׁתַּחֲוִיתָ לֵאלֹהִים אֲחֵרִים
יח וַעֲבַדְתָּם׃ הִגַּדְתִּי לָכֶם הַיּוֹם כִּי אָבֹד תֹּאבֵדוּן לֹא־תַאֲרִיכֻן
יָמִים עַל־הָאֲדָמָה אֲשֶׁר אַתָּה עֹבֵר אֶת־הַיַּרְדֵּן לָבוֹא שָׁמָּה
יט לְרִשְׁתָּהּ׃ הַעִידֹתִי בָכֶם הַיּוֹם אֶת־הַשָּׁמַיִם וְאֶת־הָאָרֶץ הַחַיִּים
וְהַמָּוֶת נָתַתִּי לְפָנֶיךָ הַבְּרָכָה וְהַקְּלָלָה וּבָחַרְתָּ בַּחַיִּים לְמַעַן
כ תִּחְיֶה אַתָּה וְזַרְעֶךָ׃ לְאַהֲבָה אֶת־יהוה אֱלֹהֶיךָ לִשְׁמֹעַ בְּקֹלוֹ
וּלְדָבְקָה־בוֹ כִּי הוּא חַיֶּיךָ וְאֹרֶךְ יָמֶיךָ לָשֶׁבֶת עַל־הָאֲדָמָה
אֲשֶׁר נִשְׁבַּע יהוה לַאֲבֹתֶיךָ לְאַבְרָהָם לְיִצְחָק וּלְיַעֲקֹב לָתֵת
לָהֶם׃

וילך לא א ב וַיֵּלֶךְ מֹשֶׁה וַיְדַבֵּר אֶת־הַדְּבָרִים הָאֵלֶּה אֶל־כָּל־יִשְׂרָאֵל׃ וַיֹּאמֶר
אֲלֵהֶם בֶּן־מֵאָה וְעֶשְׂרִים שָׁנָה אָנֹכִי הַיּוֹם לֹא־אוּכַל עוֹד
לָצֵאת וְלָבוֹא וַיהוה אָמַר אֵלַי לֹא תַעֲבֹר אֶת־הַיַּרְדֵּן הַזֶּה׃
ג יהוה אֱלֹהֶיךָ הוּא ׀ עֹבֵר לְפָנֶיךָ הוּא־יַשְׁמִיד אֶת־הַגּוֹיִם הָאֵלֶּה
מִלְּפָנֶיךָ וִירִשְׁתָּם יְהוֹשֻׁעַ הוּא עֹבֵר לְפָנֶיךָ כַּאֲשֶׁר דִּבֶּר יהוה׃
שני ד וְעָשָׂה יהוה לָהֶם כַּאֲשֶׁר עָשָׂה לְסִיחוֹן וּלְעוֹג מַלְכֵי הָאֱמֹרִי
ה וּלְאַרְצָם אֲשֶׁר הִשְׁמִיד אֹתָם׃ וּנְתָנָם יהוה לִפְנֵיכֶם וַעֲשִׂיתֶם
ו לָהֶם כְּכָל־הַמִּצְוָה אֲשֶׁר צִוִּיתִי אֶתְכֶם׃ חִזְקוּ וְאִמְצוּ אַל־תִּירְאוּ
וְאַל־תַּעַרְצוּ מִפְּנֵיהֶם כִּי ׀ יהוה אֱלֹהֶיךָ הוּא הַהֹלֵךְ עִמָּךְ לֹא
שלישי /חמישי/ ז יַרְפְּךָ וְלֹא יַעַזְבֶךָּ׃ וַיִּקְרָא מֹשֶׁה לִיהוֹשֻׁעַ וַיֹּאמֶר
אֵלָיו לְעֵינֵי כָל־יִשְׂרָאֵל חֲזַק וֶאֱמָץ כִּי אַתָּה תָּבוֹא אֶת־הָעָם
הַזֶּה אֶל־הָאָרֶץ אֲשֶׁר נִשְׁבַּע יהוה לַאֲבֹתָם לָתֵת לָהֶם וְאַתָּה
ח תַּנְחִילֶנָּה אוֹתָם׃ וַיהוה ׀ הוּא ׀ הַהֹלֵךְ לְפָנֶיךָ הוּא יִהְיֶה עִמָּךְ
ט לֹא יַרְפְּךָ וְלֹא יַעַזְבֶךָּ לֹא תִירָא וְלֹא תֵחָת׃ וַיִּכְתֹּב מֹשֶׁה אֶת־
הַתּוֹרָה הַזֹּאת וַיִּתְּנָהּ אֶל־הַכֹּהֲנִים בְּנֵי לֵוִי הַנֹּשְׂאִים אֶת־אֲרוֹן
רביעי י בְּרִית יהוה וְאֶל־כָּל־זִקְנֵי יִשְׂרָאֵל׃ וַיְצַו מֹשֶׁה אוֹתָם לֵאמֹר
יא מִקֵּץ ׀ שֶׁבַע שָׁנִים בְּמֹעֵד שְׁנַת הַשְּׁמִטָּה בְּחַג הַסֻּכּוֹת׃ בְּבוֹא

thy God with all thy heart, and with all thy soul. For this 11
commandment which I command thee this day, it is not hidden
from thee, neither is it far off. It is not in heaven, that thou 12
shouldst say, Who shall go up for us to heaven, and bring it
to us, that we may hear it, and do it? Nor is it beyond the 13
sea, that thou shouldst say, Who shall go over the sea for us,
and bring it to us, that we may hear it, and do it? But the 14
word is very near to thee, in thy mouth, and in thy heart,
that thou mayst do it. See, I have set before thee this 15
day life and good, and death and evil; in that I command thee 16
this day to love the Lord thy God, to walk in his ways, and to
keep his commandments and his statutes and his judgments:
then thou shalt live and multiply: and the Lord thy God shall
bless thee in the land into which thou goest to possess it. But 17
if thy heart turn away, so that thou wilt not hear, but shalt
be drawn away, and worship other gods, and serve them; I 18
announce to you this day, that you shall surely perish, and
that you shall not prolong your days upon the land, whither
thou passest over the Yarden to go to possess it. I call heaven 19
and earth to witness this day against you, that I have set before
thee life and death, blessing and cursing: therefore choose life,
that both thou and thy seed may live: that thou mayst love 20
the Lord thy God, and that thou mayst obey his voice, and that
thou mayst cleave to him: for he is thy life, and the length of
thy days: that thou mayst dwell in the land which the Lord
swore to thy fathers, to Avraham, to Yiz̲h̲aq, and to Ya'aqov,
to give them.

31

VAYYELEKH

And Moshe went and spoke these words to all Yisra'el. And 1,2
he said to them, I am a hundred and twenty years old this day;
I can no more go out and come in: also the Lord has said to
me, Thou shalt not go over this Yarden. The Lord thy God, he 3
will go over before thee, and he will destroy these nations from
before thee, and thou shalt dispossess them: and Yehoshua,
he shall go over before thee, as the Lord has said. And the 4
Lord will do to them as he did to Sih̲on and to 'Og, the kings
of the Emori, and to their land; whom he destroyed, and the 5
Lord shall deliver them up before your face, that you may do
to them according to all the commandments which I have com-
manded you. Be strong and of a good courage, fear not, nor 6
be afraid of them: for the Lord thy God, he it is that goes
with thee; he will not fail thee, nor forsake thee. And 7
Moshe called to Yehoshua, and said to him in the sight of all
Yisra'el, Be strong and of a good courage: for thou must go
with this people to the land which the Lord has sworn to their
fathers to give them; and thou shalt cause them to inherit it.
And the Lord, he it is that goes before thee; he will be with 8
thee, he will not fail thee, nor forsake thee: fear not, nor
be dismayed. And Moshe wrote this Tora, and delivered it to the 9
priests the sons of Levi, who bore the ark of the covenant of
the Lord, and to all the elders of Yisra'el. And Moshe com- 10
manded them, saying, At the end of every seven years, in the
time of the year of release, in the feast of booths, when all 11
Yisra'el is come to appear before the Lord thy God in the place

כָּל־יִשְׂרָאֵל לֵרָאוֹת אֶת־פְּנֵי יְהוָה אֱלֹהֶיךָ בַּמָּקוֹם אֲשֶׁר יִבְחָר

תִּקְרָא אֶת־הַתּוֹרָה הַזֹּאת נֶגֶד כָּל־יִשְׂרָאֵל בְּאָזְנֵיהֶם: הַקְהֵל יב

אֶת־הָעָם הָאֲנָשִׁים וְהַנָּשִׁים וְהַטַּף וְגֵרְךָ אֲשֶׁר בִּשְׁעָרֶיךָ לְמַעַן

יִשְׁמְעוּ וּלְמַעַן יִלְמְדוּ וְיָרְאוּ אֶת־יְהוָה אֱלֹהֵיכֶם וְשָׁמְרוּ לַעֲשׂוֹת

אֶת־כָּל־דִּבְרֵי הַתּוֹרָה הַזֹּאת: וּבְנֵיהֶם אֲשֶׁר לֹא־יָדְעוּ יִשְׁמְעוּ יג

וְלָמְדוּ לְיִרְאָה אֶת־יְהוָה אֱלֹהֵיכֶם כָּל־הַיָּמִים אֲשֶׁר אַתֶּם

חַיִּים עַל־הָאֲדָמָה אֲשֶׁר אַתֶּם עֹבְרִים אֶת־הַיַּרְדֵּן שָׁמָּה

לְרִשְׁתָּהּ:

חמישי כה
(ששי)
וַיֹּאמֶר יְהוָה אֶל־מֹשֶׁה הֵן קָרְבוּ יָמֶיךָ לָמוּת קְרָא אֶת־יְהוֹשֻׁעַ יד

וְהִתְיַצְּבוּ בְּאֹהֶל מוֹעֵד וַאֲצַוֶּנּוּ וַיֵּלֶךְ מֹשֶׁה וִיהוֹשֻׁעַ וַיִּתְיַצְּבוּ בְּאֹהֶל

מוֹעֵד: וַיֵּרָא יְהוָה בָּאֹהֶל בְּעַמּוּד עָנָן וַיַּעֲמֹד עַמּוּד הֶעָנָן עַל־ טו

פֶּתַח הָאֹהֶל: וַיֹּאמֶר יְהוָה אֶל־מֹשֶׁה הִנְּךָ שֹׁכֵב עִם־אֲבֹתֶיךָ טז

וְקָם הָעָם הַזֶּה וְזָנָה ׀ אַחֲרֵי ׀ אֱלֹהֵי נֵכַר־הָאָרֶץ אֲשֶׁר הוּא בָא־

שָׁמָּה בְּקִרְבּוֹ וַעֲזָבַנִי וְהֵפֵר אֶת־בְּרִיתִי אֲשֶׁר כָּרַתִּי אִתּוֹ: וְחָרָה יז

אַפִּי בוֹ בַיּוֹם־הַהוּא וַעֲזַבְתִּים וְהִסְתַּרְתִּי פָנַי מֵהֶם וְהָיָה לֶאֱכֹל

וּמְצָאֻהוּ רָעוֹת רַבּוֹת וְצָרוֹת וְאָמַר בַּיּוֹם הַהוּא הֲלֹא עַל כִּי־

אֵין אֱלֹהַי בְּקִרְבִּי מְצָאוּנִי הָרָעוֹת הָאֵלֶּה: וְאָנֹכִי הַסְתֵּר אַסְתִּיר יח

פָּנַי בַּיּוֹם הַהוּא עַל כָּל־הָרָעָה אֲשֶׁר עָשָׂה כִּי פָנָה אֶל־אֱלֹהִים

אֲחֵרִים: וְעַתָּה כִּתְבוּ לָכֶם אֶת־הַשִּׁירָה הַזֹּאת וְלַמְּדָהּ אֶת־בְּנֵי־ יט

יִשְׂרָאֵל שִׂימָהּ בְּפִיהֶם לְמַעַן תִּהְיֶה־לִּי הַשִּׁירָה הַזֹּאת לְעֵד בִּבְנֵי

יִשְׂרָאֵל: כִּי־אֲבִיאֶנּוּ אֶל־הָאֲדָמָה ׀ אֲשֶׁר־נִשְׁבַּעְתִּי לַאֲבֹתָיו זָבַת כ

חָלָב וּדְבַשׁ וְאָכַל וְשָׂבַע וְדָשֵׁן וּפָנָה אֶל־אֱלֹהִים אֲחֵרִים וַעֲבָדוּם

וְנִאֲצוּנִי וְהֵפֵר אֶת־בְּרִיתִי: וְהָיָה כִּי־תִמְצֶאןָ אֹתוֹ רָעוֹת רַבּוֹת כא

וְצָרוֹת וְעָנְתָה הַשִּׁירָה הַזֹּאת לְפָנָיו לְעֵד כִּי לֹא תִשָּׁכַח מִפִּי

זַרְעוֹ כִּי יָדַעְתִּי אֶת־יִצְרוֹ אֲשֶׁר הוּא עֹשֶׂה הַיּוֹם בְּטֶרֶם אֲבִיאֶנּוּ

אֶל־הָאָרֶץ אֲשֶׁר נִשְׁבָּעְתִּי: וַיִּכְתֹּב מֹשֶׁה אֶת־הַשִּׁירָה הַזֹּאת כב

בַּיּוֹם הַהוּא וַיְלַמְּדָהּ אֶת־בְּנֵי יִשְׂרָאֵל: וַיְצַו אֶת־יְהוֹשֻׁעַ בִּן־ כג

נוּן וַיֹּאמֶר חֲזַק וֶאֱמָץ כִּי אַתָּה תָּבִיא אֶת־בְּנֵי יִשְׂרָאֵל אֶל־

הָאָרֶץ אֲשֶׁר־נִשְׁבַּעְתִּי לָהֶם וְאָנֹכִי אֶהְיֶה עִמָּךְ: וַיְהִי ׀ כְּכַלּוֹת כד

מֹשֶׁה לִכְתֹּב אֶת־דִּבְרֵי הַתּוֹרָה־הַזֹּאת עַל־סֵפֶר עַד תֻּמָּם:

שביעי
וַיְצַו מֹשֶׁה אֶת־הַלְוִיִּם נֹשְׂאֵי אֲרוֹן בְּרִית־יְהוָה לֵאמֹר: לָקֹחַ כה

אֵת סֵפֶר הַתּוֹרָה הַזֶּה וְשַׂמְתֶּם אֹתוֹ מִצַּד אֲרוֹן בְּרִית־יְהוָה

אֱלֹהֵיכֶם וְהָיָה־שָׁם בְּךָ לְעֵד: כִּי אָנֹכִי יָדַעְתִּי אֶת־מֶרְיְךָ כו

וְאֶת־עָרְפְּךָ הַקָּשֶׁה הֵן בְּעוֹדֶנִּי חַי עִמָּכֶם הַיּוֹם מַמְרִים הֱיִתֶם

עִם־יְהוָֹה וְאַף כִּי־אַחֲרֵי מוֹתִי: הַקְהִילוּ אֵלַי אֶת־כָּל־זִקְנֵי כז

מפטיר
שִׁבְטֵיכֶם וְשֹׁטְרֵיכֶם וַאֲדַבְּרָה בְאָזְנֵיהֶם אֵת הַדְּבָרִים הָאֵלֶּה

which he shall choose, thou shalt read this Tora before all Yisra'el in their hearing. Gather the people together, men, and 12
women, and children, and thy stranger that is within thy gates, that they may hear, and that they may learn, and fear the LORD your GOD, and observe to do all the words of this Tora: and 13
that their children, who have not known anything, may hear, and learn to fear the LORD your GOD, as long as you live in the land whither you go over the Yarden to possess it.

And the LORD said to Moshe, Behold, thy days approach that 14
thou must die: call Yehoshua, and present yourselves in the Tent of Meeting, that I may give him a charge. And Moshe and Yehoshua went, and presented themselves in the Tent of Meeting. And the LORD appeared in the Tent in a pillar of a cloud: 15
and the pillar of the cloud stood over the door of the Tent. And 16
the LORD said to Moshe, Behold, thou shalt sleep with thy fathers; and this people will rise up, and go astray after the gods of the strangers of the land, into which they go to be among them, and will forsake me, and break my covenant which I have made with them. Then my anger will burn against them 17
on that day, and I will forsake them, and I will hide my face from them, and they shall be devoured, and many evils and troubles shall befall them; so that they will say on that day, Are not these evils come upon us, because our GOD is not among us? And I will surely hide my face on that day for all the evils which 18
they shall have perpetrated, in that they have turned to other gods. Now therefore write this poem for yourselves, and teach 19
it the children of Yisra'el: put it in their mouths, that this poem may be a witness for me against the children of Yisra'el. For when I shall have brought them into the land of which I 20
swore to their fathers, one flowing with milk and honey; and they shall have eaten and filled themselves, and grown fat; then will they turn to other gods, and serve them, and provoke me, and break my covenant. And it shall come to pass, when 21
many evils and troubles have befallen them, that this poem shall testify against them as a witness; for it shall not be forgotten out of the mouths of their seed: for I know their inclination, and what they do, even now, before I have brought them into the land of which I swore. Moshe therefore wrote this poem 22
the same day, and taught it the children of Yisra'el. And he 23
gave Yehoshua the son of Nun a charge, and said, Be strong and of a good courage: for thou shalt bring the children of Yisra'el into the land of which I swore to them: and I will be with thee. And it came to pass, when Moshe had made an end 24
of writing the words of this Tora in a book, until they were finished, that Moshe commanded the Levites, who bore the ark 25
of the covenant of the LORD, saying, Take this book of the Tora, 26
and put it in the side of the ark of the covenant of the LORD your GOD, that it may be there for a witness against thee. For 27
I know thy rebellion, and thy stiff neck: behold, while I am yet alive with you this day, you have been rebellious against the LORD; and how much more after my death? Gather to me all 28
the elders of your tribes, and your officers, that I may speak these words in their ears, and call heaven and earth to witness

כט וְאָעִידָה בָּם אֶת־הַשָּׁמַיִם וְאֶת־הָאָרֶץ: כִּי יָדַעְתִּי אַחֲרֵי מוֹתִי
כִּי־הַשְׁחֵת תַּשְׁחִתוּן וְסַרְתֶּם מִן־הַדֶּרֶךְ אֲשֶׁר צִוִּיתִי אֶתְכֶם וְקָרָאת
אֶתְכֶם הָרָעָה בְּאַחֲרִית הַיָּמִים כִּי־תַעֲשׂוּ אֶת־הָרַע בְּעֵינֵי יהוה
ל לְהַכְעִיסוֹ בְּמַעֲשֵׂה יְדֵיכֶם: וַיְדַבֵּר מֹשֶׁה בְּאָזְנֵי כָּל־קְהַל יִשְׂרָאֵל
אֶת־דִּבְרֵי הַשִּׁירָה הַזֹּאת עַד תֻּמָּם:

האזינו כו

לב א הַאֲזִינוּ הַשָּׁמַיִם וַאֲדַבֵּרָה | וְתִשְׁמַע הָאָרֶץ אִמְרֵי־פִי:
ב יַעֲרֹף כַּמָּטָר לִקְחִי | תִּזַּל כַּטַּל אִמְרָתִי
כִּשְׂעִירִם עֲלֵי־דֶשֶׁא | וְכִרְבִיבִים עֲלֵי־עֵשֶׂב:
ג כִּי שֵׁם יהוה אֶקְרָא | הָבוּ גֹדֶל לֵאלֹהֵינוּ:
ד הַצּוּר תָּמִים פָּעֳלוֹ | כִּי כָל־דְּרָכָיו מִשְׁפָּט
אֵל אֱמוּנָה וְאֵין עָוֶל | צַדִּיק וְיָשָׁר הוּא:
ה שִׁחֵת לוֹ לֹא בָּנָיו מוּמָם | דּוֹר עִקֵּשׁ וּפְתַלְתֹּל:
ו הַ לַיהוה תִּגְמְלוּ־זֹאת | עַם נָבָל וְלֹא חָכָם
הֲלוֹא־הוּא אָבִיךָ קָּנֶךָ | הוּא עָשְׂךָ וַיְכֹנְנֶךָ:
ז שני זְכֹר יְמוֹת עוֹלָם | בִּינוּ שְׁנוֹת דֹּר־וָדֹר
שְׁאַל אָבִיךָ וְיַגֵּדְךָ | זְקֵנֶיךָ וְיֹאמְרוּ לָךְ:
ח בְּהַנְחֵל עֶלְיוֹן גּוֹיִם | בְּהַפְרִידוֹ בְּנֵי אָדָם
יַצֵּב גְּבֻלֹת עַמִּים | לְמִסְפַּר בְּנֵי יִשְׂרָאֵל:
ט כִּי חֵלֶק יהוה עַמּוֹ | יַעֲקֹב חֶבֶל נַחֲלָתוֹ:
י יִמְצָאֵהוּ בְּאֶרֶץ מִדְבָּר | וּבְתֹהוּ יְלֵל יְשִׁמֹן
יְסֹבְבֶנְהוּ יְבוֹנְנֵהוּ | יִצְּרֶנְהוּ כְּאִישׁוֹן עֵינוֹ:
יא כְּנֶשֶׁר יָעִיר קִנּוֹ | עַל־גּוֹזָלָיו יְרַחֵף
יִפְרֹשׂ כְּנָפָיו יִקָּחֵהוּ | יִשָּׂאֵהוּ עַל־אֶבְרָתוֹ:
יב יהוה בָּדָד יַנְחֶנּוּ | וְאֵין עִמּוֹ אֵל נֵכָר:
יג שלישי במתי יַרְכִּבֵהוּ עַל־בָּמוֹתֵי אָרֶץ | וַיֹּאכַל תְּנוּבֹת שָׂדָי
וַיֵּנִקֵהוּ דְבַשׁ מִסֶּלַע | וְשֶׁמֶן מֵחַלְמִישׁ צוּר:
יד חֶמְאַת בָּקָר וַחֲלֵב צֹאן | עִם־חֵלֶב כָּרִים
וְאֵילִים בְּנֵי־בָשָׁן וְעַתּוּדִים | עִם־חֵלֶב כִּלְיוֹת חִטָּה
וְדַם־עֵנָב תִּשְׁתֶּה־חָמֶר: |
טו וַיִּשְׁמַן יְשֻׁרוּן וַיִּבְעָט
שָׁמַנְתָּ עָבִיתָ כָּשִׂיתָ | וַיִּטֹּשׁ אֱלוֹהַ עָשָׂהוּ
וַיְנַבֵּל צוּר יְשֻׁעָתוֹ: |
טז יַקְנִאֻהוּ בְּזָרִים
בְּתוֹעֵבֹת יַכְעִיסֻהוּ: |
יז יִזְבְּחוּ לַשֵּׁדִים לֹא אֱלֹהַ
אֱלֹהִים לֹא יְדָעוּם | חֲדָשִׁים מִקָּרֹב בָּאוּ
לֹא שְׂעָרוּם אֲבֹתֵיכֶם: |
יח צוּר יְלָדְךָ תֶּשִׁי
רביעי וַתִּשְׁכַּח אֵל מְחֹלְלֶךָ: |
יט וַיַּרְא יהוה וַיִּנְאָץ

against them. For I know that after my death you will surely 29
become corrupted, and turn aside from the way which I have
commanded you; and evil will befall you in the latter days;
because you will do evil in the sight of the LORD, to provoke
him to anger through the work of your hands. And Moshe 30
spoke in the ears of all the congregation of Yisra'el, the words
of this poem, until they were ended.

HA'AZINU

Give ear, O heavens, and I will speak; / and hear, O earth, 32
the words of my mouth. / My doctrine shall drop as the rain, / 2
my speech shall distil as the dew, / as the small rain upon the
tender herb, / and as the showers upon the grass: / because I 3
will call on the name of the LORD: / ascribe greatness to our
GOD. / He is the Rock, his work is perfect: / for all his ways 4
are justice: / a GOD of truth and without iniquity, / just and
right is he. / Not his the corruption, but the blemish of his 5
sons: / they are a perverse and crooked generation. / Do you 6
thus requite the LORD, / O foolish people and unwise? / is not
he thy father that bought thee? / has he not made thee, and
established thee? / Remember the days of old / consider the 7
years of many generations: / ask thy father, and he will re-
count it to thee; / thy elders, and they will tell thee. / When 8
the most High divided to the nations their inheritance, / when
he separated the sons of Adam, / he set the bounds of the
people / according to the number of the children of Yisra'el. /
For the LORD's portion is his people; / Ya'aqov is the lot of 9
his inheritance. / He found him in a desert land, / and in the 10
waste howling wilderness; / he led him about, he instructed
him, / he kept him as the apple of his eye. / As an eagle stirs 11
up her nest, / broods over her young, / speads abroad her
wings / takes them, bears them on her pinions: / so the LORD 12
alone did lead him, / and there was no strange god with him. /
He made him ride on the high places of the earth, / and he 13
ate the produce of the fields; / and he made him suck honey
out of the rock, / and oil out of the flinty rock; / butter of kine, 14
and milk of sheep, / with fat of lambs, / and rams of the breed
of Bashan, and goats, / with the fat of kidneys of wheat; /
and thou didst drink wine of the pure blood of the grape. / But 15
Yeshurun grew fat, and kicked: / thou art grown fat, thou art
become thick, thou art covered with fatness; / then he forsook
GOD who made him, / and lightly esteemed the Rock of his
salvation. / They provoked him to jealousy with strange gods, / 16
with abominations they provoked him to anger. / They sacrificed 17
to powerless spirits; to gods whom they knew not, / to new
gods that came newly up, / whom your fathers feared not. /
Of the Rock that begot thee thou art unmindful, / and hast 18
forgotten GOD that formed thee. / And when the LORD saw it, 19

מִכַּעַס בָּנָיו וּבְנֹתָיו׃   וַיֹּאמֶר אַסְתִּירָה פָנַי מֵהֶם כ
אֶרְאֶה מָה אַחֲרִיתָם   כִּי דוֹר תַּהְפֻּכֹת הֵמָּה
בָּנִים לֹא־אֵמֻן בָּם׃   הֵם קִנְאוּנִי בְלֹא־אֵל כא
כִּעֲסוּנִי בְּהַבְלֵיהֶם   וַאֲנִי אַקְנִיאֵם בְּלֹא־עָם
בְּגוֹי נָבָל אַכְעִיסֵם׃   כִּי־אֵשׁ קָדְחָה בְאַפִּי כב
וַתִּיקַד עַד־שְׁאוֹל תַּחְתִּית   וַתֹּאכַל אֶרֶץ וִיבֻלָהּ
וַתְּלַהֵט מוֹסְדֵי הָרִים׃   אַסְפֶּה עָלֵימוֹ רָעוֹת כג
חִצַּי אֲכַלֶּה־בָּם׃   מְזֵי רָעָב וּלְחֻמֵי רֶשֶׁף כד
וְקֶטֶב מְרִירִי   וְשֶׁן־בְּהֵמֹת אֲשַׁלַּח־בָּם
עִם־חֲמַת זֹחֲלֵי עָפָר׃   מִחוּץ תְּשַׁכֶּל־חֶרֶב כה
וּמֵחֲדָרִים אֵימָה   גַּם־בָּחוּר גַּם־בְּתוּלָה
יוֹנֵק עִם־אִישׁ שֵׂיבָה׃   אָמַרְתִּי אַפְאֵיהֶם כו
אַשְׁבִּיתָה מֵאֱנוֹשׁ זִכְרָם׃   לוּלֵי כַּעַס אוֹיֵב אָגוּר כז
פֶּן־יְנַכְּרוּ צָרֵימוֹ   פֶּן־יֹאמְרוּ יָדֵנוּ רָמָה
וְלֹא יְהוָה פָּעַל כָּל־זֹאת׃   כִּי־גוֹי אֹבַד עֵצוֹת הֵמָּה כח
חמישי וְאֵין בָּהֶם תְּבוּנָה׃   לוּ חָכְמוּ יַשְׂכִּילוּ זֹאת כט
יָבִינוּ לְאַחֲרִיתָם׃   אֵיכָה יִרְדֹּף אֶחָד אֶלֶף ל
וּשְׁנַיִם יָנִיסוּ רְבָבָה   אִם־לֹא כִּי־צוּרָם מְכָרָם
וַיהוָה הִסְגִּירָם׃   כִּי לֹא כְצוּרֵנוּ צוּרָם לא
וְאֹיְבֵינוּ פְּלִילִים׃   כִּי־מִגֶּפֶן סְדֹם גַּפְנָם לב
וּמִשַּׁדְמֹת עֲמֹרָה   עֲנָבֵמוֹ עִנְּבֵי־רוֹשׁ
אַשְׁכְּלֹת מְרֹרֹת לָמוֹ׃   חֲמַת תַּנִּינִם יֵינָם לג
וְרֹאשׁ פְּתָנִים אַכְזָר׃   הֲלֹא־הוּא כָּמֻס עִמָּדִי לד
חָתוּם בְּאוֹצְרֹתָי׃   לִי נָקָם וְשִׁלֵּם לה
לְעֵת תָּמוּט רַגְלָם   כִּי קָרוֹב יוֹם אֵידָם
וְחָשׁ עֲתִדֹת לָמוֹ׃   כִּי־יָדִין יְהוָה עַמּוֹ לו
וְעַל־עֲבָדָיו יִתְנֶחָם   כִּי יִרְאֶה כִּי־אָזְלַת יָד
וְאֶפֶס עָצוּר וְעָזוּב׃   וְאָמַר אֵי אֱלֹהֵימוֹ לז
צוּר חָסָיוּ בוֹ׃   אֲשֶׁר חֵלֶב זְבָחֵימוֹ יֹאכֵלוּ לח
יִשְׁתּוּ יֵין נְסִיכָם   יָקוּמוּ וְיַעְזְרֻכֶם
יְהִי עֲלֵיכֶם סִתְרָה׃   רְאוּ ׀ עַתָּה כִּי אֲנִי אֲנִי הוּא לט
וְאֵין אֱלֹהִים עִמָּדִי   אֲנִי אָמִית וַאֲחַיֶּה
מָחַצְתִּי וַאֲנִי אֶרְפָּא   וְאֵין מִיָּדִי מַצִּיל׃
ששי כִּי־אֶשָּׂא אֶל־שָׁמַיִם יָדִי   וְאָמַרְתִּי חַי אָנֹכִי לְעֹלָם׃ מ
אִם־שַׁנּוֹתִי בְּרַק חַרְבִּי   וְתֹאחֵז בְּמִשְׁפָּט יָדִי מא
אָשִׁיב נָקָם לְצָרָי   וְלִמְשַׂנְאַי אֲשַׁלֵּם׃

he abhorred them, / because of the provocation of his sons, and
of his daughters. / And he said, I will hide my face from them, /   20
I will see what their end shall be: / for they are a very perverse
generation, / children in whom is no faith. / They have moved   21
me to jealousy with a no god; / they have provoked me to
anger with their vanities: / and I will move them to jealousy
with a no people; / I will provoke them to anger with a vile na-
tion. / For a fire is kindled in my anger, / and shall burn to   22
the nethermost parts of the earth, / and shall consume the earth
with its produce, / and set on fire the foundations of the moun-
tains. / I will heap mischiefs upon them; / I will spend my   23
arrows on them. / They shall be sucked empty by hunger, and   24
devoured with burning heat, / and with bitter destruction: / I
will also send the teeth of beasts upon them, / with the poison
of crawling things of the dust. / The sword without, / and terror   25
within, / shall destroy both the young man and the virgin, / the
suckling also with the man of grey hairs. / I said, I would scatter   26
them into corners, / I would make the remembrance of them
to cease from among men: / were it not for the heaped up   27
wrath of the enemy, / lest their adversaries should misdeem, /
and lest they should say, Our hand is high, / and the LORD has
not done all this. / For they are a nation void of counsel, /   28
neither is there any understanding in them. / O that they were   29
wise, that they understood this, / that they would consider
their latter end! / How should one man chase a thousand, /   30
and two put ten thousand to flight, / unless their Rock had sold
them, / and the LORD had shut them up? / For their rock is not   31
as our Rock, / even our enemies themselves being judges. /
For their vine is of the vine of Sedom, / and of the fields of   32
'Amora: / their grapes are grapes of gall, / their clusters are
bitter: / their wine is the fierceness of crocodiles, / and the   33
cruel venom of asps. / Is not this laid up in store with me, /   34
and sealed up among my treasures? / To me belongs vengeance,   35
and recompense, / when their foot slides: / for the day of their
calamity is at hand, / and the things that shall come upon them
make haste. / For the LORD shall judge his people, / and repent   36
himself for his servants, / when he sees that their power is
gone, / and there is none shut up, or left. / And he shall say,   37
Where are their gods, / their rock in whom they trusted, /
those that did eat the fat of their sacrifices, / and drank the   38
wine of their drink offerings? / let them rise up and help you, /
and be your protection. / See now that I, even I, am he, / and   39
there is no god with me: / I kill, and I make alive; / I wound,
and I heal: / neither is there any that can deliver out of my
hand. / For I lift up my hand to heaven, / and say, I live for   40
ever. / If I whet my glittering sword, / and my hand take hold   41
on judgment; / I will render vengeance to my enemies, / and

מב אַשְׁכִּיר חִצַּי מִדָּם וְחַרְבִּי תֹּאכַל בָּשָׂר
מִדַּם חָלָל וְשִׁבְיָה מֵרֹאשׁ פַּרְעוֹת אוֹיֵב:
מג הַרְנִינוּ גוֹיִם עַמּוֹ כִּי דַם־עֲבָדָיו יִקּוֹם
וְנָקָם יָשִׁיב לְצָרָיו וְכִפֶּר אַדְמָתוֹ עַמּוֹ:

שביעי מד וַיָּבֹא מֹשֶׁה וַיְדַבֵּר אֶת־כָּל־דִּבְרֵי הַשִּׁירָה־הַזֹּאת בְּאָזְנֵי הָעָם הוּא
מה וְהוֹשֵׁעַ בִּן־נוּן: וַיְכַל מֹשֶׁה לְדַבֵּר אֶת־כָּל־הַדְּבָרִים הָאֵלֶּה אֶל־
מו כָּל־יִשְׂרָאֵל: וַיֹּאמֶר אֲלֵהֶם שִׂימוּ לְבַבְכֶם לְכָל־הַדְּבָרִים אֲשֶׁר
אָנֹכִי מֵעִיד בָּכֶם הַיּוֹם אֲשֶׁר תְּצַוֻּם אֶת־בְּנֵיכֶם לִשְׁמֹר לַעֲשׂוֹת
מז אֶת־כָּל־דִּבְרֵי הַתּוֹרָה הַזֹּאת: כִּי לֹא־דָבָר רֵק הוּא מִכֶּם כִּי־הוּא
חַיֵּיכֶם וּבַדָּבָר הַזֶּה תַּאֲרִיכוּ יָמִים עַל־הָאֲדָמָה אֲשֶׁר אַתֶּם עֹבְרִים
אֶת־הַיַּרְדֵּן שָׁמָּה לְרִשְׁתָּהּ:
מפטיר מח מט וַיְדַבֵּר יהוה אֶל־מֹשֶׁה בְּעֶצֶם הַיּוֹם הַזֶּה לֵאמֹר: עֲלֵה אֶל־
הַר הָעֲבָרִים הַזֶּה הַר־נְבוֹ אֲשֶׁר בְּאֶרֶץ מוֹאָב אֲשֶׁר עַל־פְּנֵי
יְרֵחוֹ וּרְאֵה אֶת־אֶרֶץ כְּנַעַן אֲשֶׁר אֲנִי נֹתֵן לִבְנֵי יִשְׂרָאֵל
נ לַאֲחֻזָּה: וּמֻת בָּהָר אֲשֶׁר אַתָּה עֹלֶה שָׁמָּה וְהֵאָסֵף אֶל־עַמֶּיךָ
נא כַּאֲשֶׁר־מֵת אַהֲרֹן אָחִיךָ בְּהֹר הָהָר וַיֵּאָסֶף אֶל־עַמָּיו: עַל אֲשֶׁר
מְעַלְתֶּם בִּי בְּתוֹךְ בְּנֵי יִשְׂרָאֵל בְּמֵי־מְרִיבַת קָדֵשׁ מִדְבַּר־צִן
נב עַל אֲשֶׁר לֹא־קִדַּשְׁתֶּם אוֹתִי בְּתוֹךְ בְּנֵי יִשְׂרָאֵל: כִּי מִנֶּגֶד תִּרְאֶה
אֶת־הָאָרֶץ וְשָׁמָּה לֹא תָבוֹא אֶל־הָאָרֶץ אֲשֶׁר־אֲנִי נֹתֵן לִבְנֵי
יִשְׂרָאֵל:
וזאת הברכה כז לג א וְזֹאת הַבְּרָכָה אֲשֶׁר בֵּרַךְ מֹשֶׁה אִישׁ הָאֱלֹהִים אֶת־בְּנֵי יִשְׂרָאֵל
ב לִפְנֵי מוֹתוֹ: וַיֹּאמַר יהוה מִסִּינַי בָּא וְזָרַח מִשֵּׂעִיר לָמוֹ הוֹפִיעַ
אֵשׁ דָּת ג מֵהַר פָּארָן וְאָתָה מֵרִבְבֹת קֹדֶשׁ מִימִינוֹ אשדת לָמוֹ: אַף חֹבֵב
עַמִּים כָּל־קְדֹשָׁיו בְּיָדֶךָ וְהֵם תֻּכּוּ לְרַגְלֶךָ יִשָּׂא מִדַּבְּרֹתֶיךָ:
ד ה תּוֹרָה צִוָּה־לָנוּ מֹשֶׁה מוֹרָשָׁה קְהִלַּת יַעֲקֹב: וַיְהִי בִישֻׁרוּן מֶלֶךְ
ו בְּהִתְאַסֵּף רָאשֵׁי עָם יַחַד שִׁבְטֵי יִשְׂרָאֵל: יְחִי רְאוּבֵן וְאַל־יָמֹת
ז וִיהִי מְתָיו מִסְפָּר: וְזֹאת לִיהוּדָה וַיֹּאמַר שְׁמַע
יהוה קוֹל יְהוּדָה וְאֶל־עַמּוֹ תְּבִיאֶנּוּ יָדָיו רָב לוֹ וְעֵזֶר מִצָּרָיו
תִּהְיֶה:
שני ח וּלְלֵוִי אָמַר תֻּמֶּיךָ וְאוּרֶיךָ לְאִישׁ חֲסִידֶךָ אֲשֶׁר נִסִּיתוֹ בְּמַסָּה
ט תְּרִיבֵהוּ עַל־מֵי מְרִיבָה: הָאֹמֵר לְאָבִיו וּלְאִמּוֹ לֹא רְאִיתִיו וְאֶת־
אֶחָיו לֹא הִכִּיר וְאֶת־בָּנָו לֹא יָדָע כִּי שָׁמְרוּ אִמְרָתֶךָ וּבְרִיתְךָ
י יִנְצֹרוּ: יוֹרוּ מִשְׁפָּטֶיךָ לְיַעֲקֹב וְתוֹרָתְךָ לְיִשְׂרָאֵל יָשִׂימוּ קְטוֹרָה
יא בְּאַפֶּךָ וְכָלִיל עַל־מִזְבְּחֶךָ: בָּרֵךְ יהוה חֵילוֹ וּפֹעַל יָדָיו תִּרְצֶה

will reward those who hate me. / I will make my arrows drunk 42
with blood, / and my sword shall devour flesh; / with the blood
of the slain and of the captives; / with the head of the wild
bands of the enemy. / Rejoice, O nations, with his people: / 43
for he will avenge the blood of his servants, / and will render
vengeance to his adversaries / and will forgive his land, and
his people. /

And Moshe came and spoke all the words of this poem in the 44
ears of the people, he, and Hoshea the son of Nun. And Moshe 45
made an end of speaking all these words to all Yisra'el: and 46
he said to them, Set your hearts to all the words which I testify
among you this day, which you shall command your children
to observe to do, all the words of this Tora. For it is not a vain 47
thing for you; because it is your life: and through this word
you shall prolong your days in the land, into which you go over
the Yarden to possess it.
And the Lord spoke to Moshe that same day, saying, Go up 48, 49
into this mount 'Avarim, to mount Nevo, which is in the land
of Mo'av, that is facing Yereḥo; and behold the land of Kena'an,
which I give to the children of Yisra'el for a possession: and 50
die in the mount into which thou goest up, and be gathered to
thy people; as Aharon thy brother died in mount Hor, and was
gathered to his people: because you transgressed against me 51
among the children of Yisra'el at the waters of Merivat-qadesh,
in the wilderness of Ẕin; because you sanctified me not in the
midst of the children of Yisra'el. Yet thou shalt see the land 52
before thee; but thou shalt not go there into the land which I
give to the children of Yisra'el.

VEZOT HABBERAKHA

And this is the blessing, with which Moshe the man of God 33
blessed the children of Yisra'el before his death. And he said, 2
The Lord came from Sinay, and rose up from Se'ir to them;
he shone forth from mount Paran, and he came from holy
multitudes: from his right hand went a fiery law for them.
Truly he loves the peoples; all his holy ones are in thy hand: 3
and they sat down at thy feet; every one shall receive of thy
words. Moshe commanded us a Tora, the inheritance of the 4
congregation of Ya'aqov. And he was king in Yeshurun, when 5
the heads of the people and the tribes of Yisra'el were gathered
together. Let Re'uven live, and not die; and let not his men 6
be few. And this is the blessing of Yehuda: and he said, 7
Hear, Lord, the voice of Yehuda, and bring him to his people:
let his hands be sufficient for him; and be thou a help to him
from his enemies.
And of Levi he said, Let thy Tummim and thy Urim be with 8
thy pious one, whom thou didst prove at Massa, and with whom
thou didst strive at the waters of Meriva; who said of his 9
father and of his mother, I have not seen him; nor did he
acknowledge his brothers, nor knew his own children: for they
have observed thy word, and kept thy covenant. They shall 10
teach Ya'aqov thy judgments, and Yisra'el thy Tora: they shall
put incense before thee, and whole burnt sacrifice upon thy
altar. Bless, Lord, his substance, and accept the work of his 11

יב מֹחַץ מׇתְנַיִם קָמָיו וּמְשַׂנְאָיו מִן־יְקוּמוּן׃ לְבִנְיָמִן
אָמַר יְדִיד יהוה יִשְׁכֹּן לָבֶטַח עָלָיו חֹפֵף עָלָיו כׇּל־הַיּוֹם וּבֵין
יג שלישי כְּתֵפָיו שָׁכֵן׃ וּלְיוֹסֵף אָמַר מְבֹרֶכֶת יהוה אַרְצוֹ
יד מִמֶּגֶד שָׁמַיִם מִטָּל וּמִתְּהוֹם רֹבֶצֶת תָּחַת׃ וּמִמֶּגֶד תְּבוּאֹת שָׁמֶשׁ
טו וּמִמֶּגֶד גֶּרֶשׁ יְרָחִים׃ וּמֵרֹאשׁ הַרְרֵי־קֶדֶם וּמִמֶּגֶד גִּבְעוֹת עוֹלָם׃
טז וּמִמֶּגֶד אֶרֶץ וּמְלֹאָהּ וּרְצוֹן שֹׁכְנִי סְנֶה תָּבוֹאתָה לְרֹאשׁ יוֹסֵף
יז וּלְקׇדְקֹד נְזִיר אֶחָיו׃ בְּכוֹר שׁוֹרוֹ הָדָר לוֹ וְקַרְנֵי רְאֵם קַרְנָיו בָּהֶם
עַמִּים יְנַגַּח יַחְדָּו אַפְסֵי־אָרֶץ וְהֵם רִבְבוֹת אֶפְרַיִם וְהֵם אַלְפֵי
יח רביעי מְנַשֶּׁה׃ וְלִזְבוּלֻן אָמַר שְׂמַח זְבוּלֻן בְּצֵאתֶךָ
יט וְיִשָּׂשכָר בְּאֹהָלֶיךָ׃ עַמִּים הַר־יִקְרָאוּ שָׁם יִזְבְּחוּ זִבְחֵי־צֶדֶק כִּי
כ שֶׁפַע יַמִּים יִינָקוּ וּשְׂפֻנֵי טְמוּנֵי חוֹל׃ וּלְגָד אָמַר
כא בָּרוּךְ מַרְחִיב גָּד כְּלָבִיא שָׁכֵן וְטָרַף זְרוֹעַ אַף־קׇדְקֹד׃ וַיַּרְא
רֵאשִׁית לוֹ כִּי־שָׁם חֶלְקַת מְחֹקֵק סָפוּן וַיֵּתֵא רָאשֵׁי עָם צִדְקַת
כב חמישי יהוה עָשָׂה וּמִשְׁפָּטָיו עִם־יִשְׂרָאֵל׃ וּלְדָן אָמַר
כג דָּן גּוּר אַרְיֵה יְזַנֵּק מִן־הַבָּשָׁן׃ וּלְנַפְתָּלִי אָמַר נַפְתָּלִי שְׂבַע רָצוֹן
כד וּמָלֵא בִּרְכַּת יהוה יָם וְדָרוֹם יְרָשָׁה׃ וּלְאָשֵׁר
אָמַר בָּרוּךְ מִבָּנִים אָשֵׁר יְהִי רְצוּי אֶחָיו וְטֹבֵל בַּשֶּׁמֶן רַגְלוֹ׃
כה כו בַּרְזֶל וּנְחֹשֶׁת מִנְעָלֶךָ וּכְיָמֶיךָ דׇּבְאֶךָ׃ אֵין כָּאֵל יְשֻׁרוּן רֹכֵב
כז חתן התורה שָׁמַיִם בְּעֶזְרֶךָ וּבְגַאֲוָתוֹ שְׁחָקִים׃ מְעֹנָה אֱלֹהֵי קֶדֶם וּמִתַּחַת
כח זְרֹעֹת עוֹלָם וַיְגָרֶשׁ מִפָּנֶיךָ אוֹיֵב וַיֹּאמֶר הַשְׁמֵד׃ וַיִּשְׁכֹּן יִשְׂרָאֵל
בֶּטַח בָּדָד עֵין יַעֲקֹב אֶל־אֶרֶץ דָּגָן וְתִירוֹשׁ אַף־שָׁמָיו יַעַרְפוּ־
כט טָל׃ אַשְׁרֶיךָ יִשְׂרָאֵל מִי כָמוֹךָ עַם נוֹשַׁע בַּיהוה מָגֵן עֶזְרֶךָ
וַאֲשֶׁר־חֶרֶב גַּאֲוָתֶךָ וְיִכָּחֲשׁוּ אֹיְבֶיךָ לָךְ וְאַתָּה עַל־בָּמוֹתֵימוֹ
לד א תִדְרֹךְ׃ וַיַּעַל מֹשֶׁה מֵעַרְבֹת מוֹאָב אֶל־הַר נְבוֹ
רֹאשׁ הַפִּסְגָּה אֲשֶׁר עַל־פְּנֵי יְרֵחוֹ וַיַּרְאֵהוּ יהוה אֶת־כׇּל־הָאָרֶץ
ב אֶת־הַגִּלְעָד עַד־דָּן׃ וְאֵת כׇּל־נַפְתָּלִי וְאֶת־אֶרֶץ אֶפְרַיִם וּמְנַשֶּׁה
ג וְאֵת כׇּל־אֶרֶץ יְהוּדָה עַד הַיָּם הָאַחֲרוֹן׃ וְאֶת־הַנֶּגֶב וְאֶת־הַכִּכָּר
ד בִּקְעַת יְרֵחוֹ עִיר הַתְּמָרִים עַד־צֹעַר׃ וַיֹּאמֶר יהוה אֵלָיו זֹאת
הָאָרֶץ אֲשֶׁר נִשְׁבַּעְתִּי לְאַבְרָהָם לְיִצְחָק וּלְיַעֲקֹב לֵאמֹר לְזַרְעֲךָ

hands: smite through the loins those who rise against him, and
those who hate him, that they rise not again. And of 12
Binyamin he said, The beloved of the Lord; he shall dwell in
safety by him; he shall cover him all the day long, and he shall
dwell between his shoulders. And of Yosef he said, Blessed 13
of the Lord be his land, for the precious things of heaven, for
the dew, and for the deep that couches beneath, and for the 14
precious fruits brought forth by the sun, and for the precious
things put forth by the moon, and for the chief things of the 15
ancient mountains, and for the precious things of the primordial
hills, and for the precious things of the earth and its fulness, 16
and for the good will of him that dwelt in the bush: let the
blessing come upon the head of Yosef, and upon the top of the
head of him who was separated from his brothers. The firstling 17
of his herd, grandeur is his, and his horns are like the horns of a
wild ox: with them he shall push the peoples altogether to the
ends of the earth: and they are the ten thousands of Efrayim,
and they are the thousands of Menashshe. And of Zevulun 18
he said, Rejoice, Zevulun, in thy going out; and, Yissakhar, in thy
tents. They shall call the peoples to the mountain; there they 19
shall offer sacrifices of righteousness: for they shall suck of the
abundance of the seas, and of treasures hid in the sand.

And of Gad he said, Blessed is he that enlarges Gad: he 20
dwells as a lion, and tears the arm with the crown of the head.
And he provided the first part for himself, because there the por- 21
tion of a lawgiver was reserved; and he came with the heads of
the people, he executed the justice of the Lord, and his judg-
ments with Yisra'el. And of Dan he said, Dan is a lion's 22
whelp, that leaps from Bashan. And of Naftali he said, O Naftali, 23
satisfied with favour, and full with the blessing of the Lord: pos-
sess thou the west and the south. And of Asher he said, Be 24
Asher blessed above sons; let him be acceptable to his brethren,
and let him dip his foot in oil. Thy shoes shall be iron and 25
brass; and as thy days, so shall thy strength be. There is none 26
like to the God of Yeshurun, who rides upon the heaven to thy
help, and in his excellency on the clouds. The eternal God is a 27
dwelling place, and underneath are the everlasting arms: and
he shall thrust out the enemy from before thee; and shall say,
Destroy them. Yisra'el then shall dwell in safety alone: the 28
fountain of Ya'aqov shall dwell upon a land of corn and wine;
also his heavens shall drop down dew. Happy art thou, O Yis- 29
ra'el: who is like to thee, O people saved by the Lord, the
shield of thy help, and one that is the sword of thy excellency!
and thy enemies shall submit themselves to thee; and thou
shalt tread upon their high places. And Moshe went up 34
from the plains of Mo'av to the mountain of Nevo, to the top of
Pisga, facing Yereḥo, And the Lord showed him all the land
of Gil'ad, to Dan, and all Naftali, and the land of Efrayim, 2
and Menashshe, and all the land of Yehuda, as far as the utmost
sea, and the Negev, and the plain; the valley of Yereḥo, city 3
of the palm trees, as far as Ẓo'ar. And the Lord said to him, 4
This is the land which I swore to Avraham, to Yiẓḥaq and to
Ya'aqov, saying, I will give it to thy seed: I have caused thee

אֶתְנֶנָּה הֶרְאִיתִ֙יךָ֙ בְעֵינֶ֔יךָ וְשָׁ֖מָּה לֹ֥א תַעֲבֹֽר׃ וַיָּ֨מָת שָׁ֜ם מֹשֶׁ֧ה ה

עֶֽבֶד־יְהוָ֛ה בְּאֶ֥רֶץ מוֹאָ֖ב עַל־פִּ֣י יְהוָֽה׃ וַיִּקְבֹּ֨ר אֹת֤וֹ בַגַּי֙ בְּאֶ֣רֶץ ו

מוֹאָ֔ב מ֖וּל בֵּ֣ית פְּע֑וֹר וְלֹֽא־יָדַ֥ע אִישׁ֙ אֶת־קְבֻ֣רָת֔וֹ עַ֖ד הַיּ֥וֹם הַזֶּֽה׃

וּמֹשֶׁ֗ה בֶּן־מֵאָ֧ה וְעֶשְׂרִ֛ים שָׁנָ֖ה בְּמֹת֑וֹ לֹא־כָהֲתָ֥ה עֵינ֖וֹ וְלֹא־ ז

נָ֥ס לֵחֹֽה׃ וַיִּבְכּ֨וּ בְנֵ֤י יִשְׂרָאֵל֙ אֶת־מֹשֶׁ֔ה בְּעַֽרְבֹ֥ת מוֹאָ֖ב שְׁלֹשִׁ֣ים ח

י֑וֹם וַֽיִּתְּמ֔וּ יְמֵ֥י בְכִ֖י אֵ֥בֶל מֹשֶֽׁה׃ וִיהוֹשֻׁ֣עַ בִּן־נ֗וּן מָלֵא֙ ר֣וּחַ חָכְמָ֔ה ט

כִּֽי־סָמַ֥ךְ מֹשֶׁ֛ה אֶת־יָדָ֖יו עָלָ֑יו וַיִּשְׁמְע֨וּ אֵלָ֤יו בְּנֵֽי־יִשְׂרָאֵל֙ וַֽיַּעֲשׂ֔וּ

כַּאֲשֶׁ֛ר צִוָּ֥ה יְהוָ֖ה אֶת־מֹשֶֽׁה׃ וְלֹֽא־קָ֨ם נָבִ֥יא ע֛וֹד בְּיִשְׂרָאֵ֖ל י

כְּמֹשֶׁ֑ה אֲשֶׁר֙ יְדָע֣וֹ יְהוָ֔ה פָּנִ֖ים אֶל־פָּנִֽים׃ לְכָל־הָ֨אֹתֹ֜ת וְהַמּוֹפְתִ֗ים יא

אֲשֶׁ֨ר שְׁלָח֜וֹ יְהוָ֗ה לַעֲשׂ֤וֹת בְּאֶ֣רֶץ מִצְרַ֔יִם לְפַרְעֹ֥ה וּלְכָל־עֲבָדָ֖יו

וּלְכָל־אַרְצֽוֹ׃ וּלְכֹל֙ הַיָּ֣ד הַחֲזָקָ֔ה וּלְכֹ֖ל הַמּוֹרָ֣א הַגָּד֑וֹל אֲשֶׁר֙ יב

עָשָׂ֣ה מֹשֶׁ֔ה לְעֵינֵ֖י כָּל־יִשְׂרָאֵֽל׃

to see it with thy eyes, but thou shalt not go over there. So 5
Moshe the servant of the Lord died there in the land of Mo'av,
according to the word of the Lord. And he buried him in the 6
valley in the land of Mo'av, over against Bet-pe'or: but no man
knows his grave to this day. And Moshe was a hundred and 7
twenty years old when he died: his eye was not dim, nor his
natural force abated. And the children of Yisra'el wept for 8
Moshe in the plains of Mo'av thirty days: and the days of weep-
ing and mourning for Moshe were ended. And Yehoshua the 9
son of Nun was full of the spirit of wisdom; for Moshe had
laid his hands upon him: and the children of Yisra'el hearkened
to him, and did as the Lord commanded Moshe. And there arose 10
not a prophet since in Yisra'el like Moshe, whom the Lord knew
face to face, in all the signs and the wonders, which the Lord 11
sent him to do in the land of Miẕrayim to Par'o, and to all his
servants and to all his land, and in all that mighty hand, and in 12
all the great terror which Moshe performed in the sight of all
Yisra'el.

נביאים

יהושע
שופטים
שמואל
מלכים
ישעיה
ירמיה
יחזקאל
שנים עשר
הושע
יואל
עמוס
עובדיה
יונה
מיכה
נחום
חבקוק
צפניה
חגי
זכריה
מלאכי

YEHOSHUA-JOSHUA
SHOFETIM-JUDGES
SHEMU'EL-SAMUEL
MELAKHIM-KINGS
YESHA'YAHU-ISAIAH
YIRMEYAHU-JEREMIAH
YEḪEZQEL-EZEKIEL
THE TWELVE PROPHETS
HOSHEA-HOSEA
YO'EL-JOEL
'AMOS
'OVADYA-OBADIAH
YONA-JONAH
MIKHA-MICAH
NAḪUM-NAHUM
ḪAVAQQUQ-HABAKKUK
ẒEFANYA-ZEPHANIAH
ḪAGGAY-HAGGAI
ZEKHARYA-ZECHARIAH
MAL'AKI-MALACHI

THE PROPHETS

יהושע

YEHOSHUA-JOSHUA

א וַיְהִי אַחֲרֵי מוֹת מֹשֶׁה עֶבֶד יְהוָה וַיֹּאמֶר יְהוָה אֶל־יְהוֹשֻׁעַ בִּן־ א
נוּן מְשָׁרֵת מֹשֶׁה לֵאמֹר: מֹשֶׁה עַבְדִּי מֵת וְעַתָּה קוּם עֲבֹר אֶת־ ב
הַיַּרְדֵּן הַזֶּה אַתָּה וְכָל־הָעָם הַזֶּה אֶל־הָאָרֶץ אֲשֶׁר אָנֹכִי נֹתֵן
לָהֶם לִבְנֵי יִשְׂרָאֵל: כָּל־מָקוֹם אֲשֶׁר תִּדְרֹךְ כַּף־רַגְלְכֶם בּוֹ ג
לָכֶם נְתַתִּיו כַּאֲשֶׁר דִּבַּרְתִּי אֶל־מֹשֶׁה: מֵהַמִּדְבָּר וְהַלְּבָנוֹן הַזֶּה ד
וְעַד־הַנָּהָר הַגָּדוֹל נְהַר־פְּרָת כֹּל אֶרֶץ הַחִתִּים וְעַד־הַיָּם
הַגָּדוֹל מְבוֹא הַשָּׁמֶשׁ יִהְיֶה גְּבוּלְכֶם: לֹא־יִתְיַצֵּב אִישׁ לְפָנֶיךָ ה
כֹּל יְמֵי חַיֶּיךָ כַּאֲשֶׁר הָיִיתִי עִם־מֹשֶׁה אֶהְיֶה עִמָּךְ לֹא אַרְפְּךָ
וְלֹא אֶעֶזְבֶךָּ: חֲזַק וֶאֱמָץ כִּי אַתָּה תַּנְחִיל אֶת־הָעָם הַזֶּה אֶת־ ו
הָאָרֶץ אֲשֶׁר־נִשְׁבַּעְתִּי לַאֲבוֹתָם לָתֵת לָהֶם: רַק חֲזַק וֶאֱמַץ ז
מְאֹד לִשְׁמֹר לַעֲשׂוֹת כְּכָל־הַתּוֹרָה אֲשֶׁר צִוְּךָ מֹשֶׁה עַבְדִּי אַל־
תָּסוּר מִמֶּנּוּ יָמִין וּשְׂמֹאול לְמַעַן תַּשְׂכִּיל בְּכֹל אֲשֶׁר תֵּלֵךְ:
לֹא־יָמוּשׁ סֵפֶר הַתּוֹרָה הַזֶּה מִפִּיךָ וְהָגִיתָ בּוֹ יוֹמָם וָלַיְלָה לְמַעַן ח
תִּשְׁמֹר לַעֲשׂוֹת כְּכָל־הַכָּתוּב בּוֹ כִּי־אָז תַּצְלִיחַ אֶת־דְּרָכֶךָ וְאָז
תַּשְׂכִּיל: הֲלוֹא צִוִּיתִיךָ חֲזַק וֶאֱמָץ אַל־תַּעֲרֹץ וְאַל־תֵּחָת כִּי ט
עִמְּךָ יְהוָה אֱלֹהֶיךָ בְּכֹל אֲשֶׁר תֵּלֵךְ: וַיְצַו יְהוֹשֻׁעַ י
אֶת־שֹׁטְרֵי הָעָם לֵאמֹר: עִבְרוּ ׀ בְּקֶרֶב הַמַּחֲנֶה וְצַוּוּ אֶת־ יא
הָעָם לֵאמֹר הָכִינוּ לָכֶם צֵידָה כִּי בְּעוֹד ׀ שְׁלֹשֶׁת יָמִים אַתֶּם
עֹבְרִים אֶת־הַיַּרְדֵּן הַזֶּה לָבוֹא לָרֶשֶׁת אֶת־הָאָרֶץ אֲשֶׁר יְהוָה
אֱלֹהֵיכֶם נֹתֵן לָכֶם לְרִשְׁתָּהּ: וְלָרֻאוּבֵנִי וְלַגָּדִי יב
וְלַחֲצִי שֵׁבֶט הַמְנַשֶּׁה אָמַר יְהוֹשֻׁעַ לֵאמֹר: זָכוֹר אֶת־הַדָּבָר יג
אֲשֶׁר צִוָּה אֶתְכֶם מֹשֶׁה עֶבֶד־יְהוָה לֵאמֹר יְהוָה אֱלֹהֵיכֶם מֵנִיחַ
לָכֶם וְנָתַן לָכֶם אֶת־הָאָרֶץ הַזֹּאת: נְשֵׁיכֶם טַפְּכֶם וּמִקְנֵיכֶם יד
יֵשְׁבוּ בָּאָרֶץ אֲשֶׁר נָתַן לָכֶם מֹשֶׁה בְּעֵבֶר הַיַּרְדֵּן וְאַתֶּם תַּעַבְרוּ
חֲמֻשִׁים לִפְנֵי אֲחֵיכֶם כֹּל גִּבּוֹרֵי הַחַיִל וַעֲזַרְתֶּם אוֹתָם: עַד טו
אֲשֶׁר־יָנִיחַ יְהוָה ׀ לַאֲחֵיכֶם כָּכֶם וְיָרְשׁוּ גַם־הֵמָּה אֶת־הָאָרֶץ
אֲשֶׁר־יְהוָה אֱלֹהֵיכֶם נֹתֵן לָהֶם וְשַׁבְתֶּם לְאֶרֶץ יְרֻשַּׁתְכֶם
וִירִשְׁתֶּם אוֹתָהּ אֲשֶׁר ׀ נָתַן לָכֶם מֹשֶׁה עֶבֶד יְהוָה בְּעֵבֶר הַיַּרְדֵּן
מִזְרַח הַשָּׁמֶשׁ: וַיַּעֲנוּ אֶת־יְהוֹשֻׁעַ לֵאמֹר כֹּל אֲשֶׁר־צִוִּיתָנוּ טז
נַעֲשֶׂה וְאֶל־כָּל־אֲשֶׁר תִּשְׁלָחֵנוּ נֵלֵךְ: כְּכֹל אֲשֶׁר־שָׁמַעְנוּ אֶל־ יז
מֹשֶׁה כֵּן נִשְׁמַע אֵלֶיךָ רַק יִהְיֶה יְהוָה אֱלֹהֶיךָ עִמָּךְ כַּאֲשֶׁר הָיָה
עִם־מֹשֶׁה: כָּל־אִישׁ אֲשֶׁר־יַמְרֶה אֶת־פִּיךָ וְלֹא־יִשְׁמַע אֶת־ יח
דְּבָרֶיךָ לְכֹל אֲשֶׁר־תְּצַוֶּנּוּ יוּמָת רַק חֲזַק וֶאֱמָץ:
ב וַיִּשְׁלַח יְהוֹשֻׁעַ בִּן־נוּן מִן־הַשִּׁטִּים שְׁנַיִם אֲנָשִׁים מְרַגְּלִים חֶרֶשׁ א
לֵאמֹר לְכוּ רְאוּ אֶת־הָאָרֶץ וְאֶת־יְרִיחוֹ וַיֵּלְכוּ וַיָּבֹאוּ בֵּית אִשָּׁה
זוֹנָה וּשְׁמָהּ רָחָב וַיִּשְׁכְּבוּ־שָׁמָּה: וַיֵּאָמַר לְמֶלֶךְ יְרִיחוֹ לֵאמֹר ב

1

Now after the death of Moshe the servant of the LORD it 1
came to pass, that the LORD spoke to Yehoshua the son of
Nun, Moshe's minister, saying, Moshe my servant is dead; 2
now therefore arise, go over the Yarden, thou, and all this
people, to the land which I do give to them, to the children
of Yisra'el. Every place that the sole of your foot shall tread 3
upon, that have I given to you, as I said to Moshe. From 4
the wilderness and this Levanon as far as the great river, the
river Perat, all the land of the Ḥitti, as far as the great sea
toward the going down of the sun, shall be your border. No 5
man shall be able to stand before thee all the days of thy life:
as I was with Moshe, so I will be with thee: I will not fail thee,
nor forsake thee. Be strong and of a good courage: for thou 6
shalt cause this people to inherit the land, which I swore to their
fathers to give them. Only be strong and very courageous, and 7
observe to do according to all the Tora, which Moshe my servant
commanded thee: turn not from it to the right hand nor to the
left, that thou mayst prosper wherever thou goest. This book 8
of the Tora shall not depart out of thy mouth; but thou shalt
meditate therein day and night, that thou mayst observe to do
according to all that is written in it: for then thou shalt make
thy way prosperous, and then thou shalt have good success.
Have not I commanded thee? Be strong and of a good courage; 9
be not afraid, neither be thou dismayed: for the LORD thy GOD
is with thee wherever thou goest. Then Yehoshua com- 10
manded the officers of the people, saying, Pass through the midst 11
of the camp, and command the people, saying, Prepare your
food; for within three days you shall pass over this Yarden, to
go in to possess the land, which the LORD your GOD gives you
to possess it. And to the Re'uveni, and to the Gadi, and to 12
half the tribe of Menashshe, Yehoshua spoke saying, Remember 13
the word which Moshe the servant of the LORD commanded you,
saying, The LORD your GOD gives you rest, and will give you
this land. Your wives, your little ones, and your cattle, shall 14
remain in the land which Moshe gave you on the far side of the
Yarden; but you shall pass before your brethren armed, all the
mighty men of valour, and help them,; until the LORD has given 15
your brethren rest, as he has given you, and they also have
possessed the land which the LORD your GOD gives them: then
you shall return to the land of your possession, which Moshe the
LORD's servant gave you on the far side of the Yarden, toward
the sunrising, and occupy it. And they answered Yehoshua, 16
saying, All that thou commandest us we will do, and wherever
thou sendest us, we will go. As we hearkened to Moshe in all 17
things, so will we hearken to thee: only the LORD thy GOD be
with thee, as he was with Moshe. Whoever rebels against thy 18
commandment, and will not hearken to thy words in all that
thou commandest him, he shall be put to death: only be strong
and of a good courage.

2

And Yehoshua the son of Nun sent out of Shittim two men to
spy secretly, saying, Go view the land, and Yeriḥo. And they
went, and came to the house of a harlot named Raḥav, and lodged
there. And it was told the king of Yeriḥo, saying, Behold, there 2

הִנֵּה אֲנָשִׁים בָּאוּ הֵנָּה הַלַּיְלָה מִבְּנֵי יִשְׂרָאֵל לַחְפֹּר אֶת־הָאָרֶץ׃
ג וַיִּשְׁלַח מֶלֶךְ יְרִיחוֹ אֶל־רָחָב לֵאמֹר הוֹצִיאִי הָאֲנָשִׁים הַבָּאִים
ד אֵלַיִךְ אֲשֶׁר־בָּאוּ לְבֵיתֵךְ כִּי לַחְפֹּר אֶת־כָּל־הָאָרֶץ בָּאוּ׃ וַתִּקַּח
הָאִשָּׁה אֶת־שְׁנֵי הָאֲנָשִׁים וַתִּצְפְּנוֹ וַתֹּאמֶר כֵּן בָּאוּ אֵלַי
ה הָאֲנָשִׁים וְלֹא יָדַעְתִּי מֵאַיִן הֵמָּה׃ וַיְהִי הַשַּׁעַר לִסְגּוֹר בַּחֹשֶׁךְ
וְהָאֲנָשִׁים יָצָאוּ לֹא יָדַעְתִּי אָנָה הָלְכוּ הָאֲנָשִׁים רִדְפוּ מַהֵר
ו אַחֲרֵיהֶם כִּי תַשִּׂיגוּם׃ וְהִיא הֶעֱלָתַם הַגָּגָה וַתִּטְמְנֵם בְּפִשְׁתֵּי
ז הָעֵץ הָעֲרֻכוֹת לָהּ עַל־הַגָּג׃ וְהָאֲנָשִׁים רָדְפוּ אַחֲרֵיהֶם דֶּרֶךְ
הַיַּרְדֵּן עַל הַמַּעְבְּרוֹת וְהַשַּׁעַר סָגָרוּ אַחֲרֵי כַּאֲשֶׁר יָצְאוּ
ח הָרֹדְפִים אַחֲרֵיהֶם׃ וְהֵמָּה טֶרֶם יִשְׁכָּבוּן וְהִיא עָלְתָה עֲלֵיהֶם
ט עַל־הַגָּג׃ וַתֹּאמֶר אֶל־הָאֲנָשִׁים יָדַעְתִּי כִּי־נָתַן יְהוָה לָכֶם
אֶת־הָאָרֶץ וְכִי־נָפְלָה אֵימַתְכֶם עָלֵינוּ וְכִי נָמֹגוּ כָּל־יֹשְׁבֵי
י הָאָרֶץ מִפְּנֵיכֶם׃ כִּי שָׁמַעְנוּ אֵת אֲשֶׁר־הוֹבִישׁ יְהוָה אֶת־מֵי
יַם־סוּף מִפְּנֵיכֶם בְּצֵאתְכֶם מִמִּצְרָיִם וַאֲשֶׁר עֲשִׂיתֶם לִשְׁנֵי מַלְכֵי
הָאֱמֹרִי אֲשֶׁר בְּעֵבֶר הַיַּרְדֵּן לְסִיחֹן וּלְעוֹג אֲשֶׁר הַחֲרַמְתֶּם
יא אוֹתָם׃ וַנִּשְׁמַע וַיִּמַּס לְבָבֵנוּ וְלֹא־קָמָה עוֹד רוּחַ בְּאִישׁ
מִפְּנֵיכֶם כִּי יְהוָה אֱלֹהֵיכֶם הוּא אֱלֹהִים בַּשָּׁמַיִם מִמַּעַל וְעַל־
יב הָאָרֶץ מִתָּחַת׃ וְעַתָּה הִשָּׁבְעוּ־נָא לִי בַּיהוָה כִּי־עָשִׂיתִי עִמָּכֶם
חָסֶד וַעֲשִׂיתֶם גַּם־אַתֶּם עִם־בֵּית אָבִי חֶסֶד וּנְתַתֶּם לִי אוֹת
יג אֱמֶת׃ וְהַחֲיִתֶם אֶת־אָבִי וְאֶת־אִמִּי וְאֶת־אַחַי וְאֶת־אחותי אַחְיוֹתַי
יד וְאֵת כָּל־אֲשֶׁר לָהֶם וְהִצַּלְתֶּם אֶת־נַפְשֹׁתֵינוּ מִמָּוֶת׃ וַיֹּאמְרוּ
לָהּ הָאֲנָשִׁים נַפְשֵׁנוּ תַחְתֵּיכֶם לָמוּת אִם לֹא תַגִּידוּ אֶת־
דְּבָרֵנוּ זֶה וְהָיָה בְּתֵת־יְהוָה לָנוּ אֶת־הָאָרֶץ וְעָשִׂינוּ עִמָּךְ חֶסֶד
טו וֶאֱמֶת׃ וַתּוֹרִדֵם בַּחֶבֶל בְּעַד הַחַלּוֹן כִּי בֵיתָהּ בְּקִיר הַחוֹמָה
טז וּבַחוֹמָה הִיא יוֹשָׁבֶת׃ וַתֹּאמֶר לָהֶם הָהָרָה לֵּכוּ פֶּן־יִפְגְּעוּ
בָכֶם הָרֹדְפִים וְנַחְבֵּתֶם שָׁמָּה שְׁלֹשֶׁת יָמִים עַד שׁוֹב הָרֹדְפִים
יז וְאַחַר תֵּלְכוּ לְדַרְכְּכֶם׃ וַיֹּאמְרוּ אֵלֶיהָ הָאֲנָשִׁים נְקִיִּם אֲנַחְנוּ
יח מִשְּׁבֻעָתֵךְ הַזֶּה אֲשֶׁר הִשְׁבַּעְתָּנוּ׃ הִנֵּה אֲנַחְנוּ בָאִים בָּאָרֶץ
אֶת־תִּקְוַת חוּט הַשָּׁנִי הַזֶּה תִּקְשְׁרִי בַּחַלּוֹן אֲשֶׁר הוֹרַדְתֵּנוּ
בוֹ וְאֶת־אָבִיךְ וְאֶת־אִמֵּךְ וְאֶת־אַחַיִךְ וְאֵת כָּל־בֵּית אָבִיךְ
יט תַּאַסְפִי אֵלַיִךְ הַבָּיְתָה׃ וְהָיָה כֹּל אֲשֶׁר־יֵצֵא מִדַּלְתֵי בֵיתֵךְ
הַחוּצָה דָּמוֹ בְרֹאשׁוֹ וַאֲנַחְנוּ נְקִיִּם וְכֹל אֲשֶׁר יִהְיֶה אִתָּךְ בַּבַּיִת
כ דָּמוֹ בְרֹאשֵׁנוּ אִם־יָד תִּהְיֶה־בּוֹ׃ וְאִם־תַּגִּידִי אֶת־דְּבָרֵנוּ זֶה
כא וְהָיִינוּ נְקִיִּם מִשְּׁבֻעָתֵךְ אֲשֶׁר הִשְׁבַּעְתָּנוּ׃ וַתֹּאמֶר כְּדִבְרֵיכֶם
כֵּן־הוּא וַתְּשַׁלְּחֵם וַיֵּלֵכוּ וַתִּקְשֹׁר אֶת־תִּקְוַת הַשָּׁנִי בַּחַלּוֹן׃
כב וַיֵּלְכוּ וַיָּבֹאוּ הָהָרָה וַיֵּשְׁבוּ שָׁם שְׁלֹשֶׁת יָמִים עַד־שָׁבוּ הָרֹדְפִים

came men in here tonight of the children of Yisra'el to search
out the country. And the king of Yeriḥo sent to Raḥav, saying, 3
Bring forth the men that are come to thee, who are entered
into thy house: for they are come to search out all the country.
And the woman took the two men, and hid them, and said 4
thus, There came men to me, but I know not from where they
were: and it came to pass about the time of shutting of the gate, 5
when it was dark, that the men went out: whither the men
went I know not: pursue after them quickly; for you shall
overtake them. But she had brought them up to the roof of the 6
house, and hid them in the stalks of flax, which she had arranged
on the roof And the men pursued after them the way to the 7
Yarden over the fords: and as soon as they who pursued after
them were gone out, they shut the gate. And before they were 8
laid down, she came up to them upon the roof; and she said 9
to the men, I know that the Lord has given you the land, and
that your terror is fallen upon us, and that all the inhabitants
of the land melt away because of you. For we have heard how 10
the Lord dried up the waters of the Sea of Suf before you, when
you came out of Miẕrayim; and what you did to the two kings
of the Emori, that were on the far side of the Yarden, Siḥon
and 'Og, whom you utterly destroyed. And as soon as we heard 11
these things, our hearts melted, neither did there remain any
more courage in any man, because of you: for the Lord your
God, he is God in heaven above, and on the earth beneath.
Now therefore, I pray you, swear to me by the Lord, since I 12
have shown you kindness, that you will also show kindness to
my father's house, and give me a true token: and that you 13
will save alive my father, and my mother, and my brothers, and
my sisters, and all that they have, and deliver our lives from
death. And the men answered her, Our life for yours, if only 14
you do not tell of this our business. And it shall be, when the
Lord has given us the land, that we will deal kindly and truly
with thee. Then she let them down by a rope through the win- 15
dow: for her house was on the town wall, and she dwelt upon
the wall. And she said to them, Get you to the mountain, lest 16
the pursuers meet you; and hide yourselves there three days,
until the pursuers have returned: and afterwards you may go
your way. And the men said to her, We will be blameless of 17
this thy oath which thou hast made us swear. Behold, when we 18
come into the land, thou shalt bind this cord of scarlet thread
in the window which thou didst let us down by: and thou shalt
bring thy father, and thy mother, and thy brothers, and all thy
father's household, unto thee to the house. And it shall be, that 19
whoever shall go out of the doors of thy house into the street,
his blood shall be upon his head, and we will be guiltless: and
whoever shall be with thee in the house, his blood shall be on
our head, if any hand be upon him. And if thou tell of this our 20
business, then we will be quit of thy oath which thou hast made
us to swear. And she said, According to your words, so be it. 21
And she sent them away, and they departed: and she bound the
scarlet cord in the window. And they went, and came to the 22
mountain, and remained there three days, until the pursuers

כג וַיְבַקְשׁוּ הָרֹדְפִים בְּכָל־הַדֶּרֶךְ וְלֹא מָצָאוּ׃ וַיָּשֻׁבוּ שְׁנֵי הָאֲנָשִׁים
וַיֵּרְדוּ מֵהָהָר וַיַּעַבְרוּ וַיָּבֹאוּ אֶל־יְהוֹשֻׁעַ בִּן־נוּן וַיְסַפְּרוּ־
כד לוֹ אֵת כָּל־הַמֹּצְאוֹת אוֹתָם׃ וַיֹּאמְרוּ אֶל־יְהוֹשֻׁעַ כִּי־נָתַן
יְהוָה בְּיָדֵנוּ אֶת־כָּל־הָאָרֶץ וְגַם־נָמֹגוּ כָּל־יֹשְׁבֵי הָאָרֶץ

ג א מִפָּנֵינוּ׃ וַיַּשְׁכֵּם יְהוֹשֻׁעַ בַּבֹּקֶר וַיִּסְעוּ מֵהַשִּׁטִּים
וַיָּבֹאוּ עַד־הַיַּרְדֵּן הוּא וְכָל־בְּנֵי יִשְׂרָאֵל וַיָּלִנוּ שָׁם טֶרֶם יַעֲבֹרוּ׃
ב וַיְהִי מִקְצֵה שְׁלֹשֶׁת יָמִים וַיַּעַבְרוּ הַשֹּׁטְרִים בְּקֶרֶב הַמַּחֲנֶה׃
ג וַיְצַוּוּ אֶת־הָעָם לֵאמֹר כִּרְאֹתְכֶם אֵת אֲרוֹן בְּרִית־יְהוָה
אֱלֹהֵיכֶם וְהַכֹּהֲנִים הַלְוִיִּם נֹשְׂאִים אֹתוֹ וְאַתֶּם תִּסְעוּ מִמְּקוֹמְכֶם
ד וַהֲלַכְתֶּם אַחֲרָיו׃ אַךְ ׀ רָחוֹק יִהְיֶה בֵּינֵיכֶם וּבֵינָו כְּאַלְפַּיִם אַמָּה
בַּמִּדָּה אַל־תִּקְרְבוּ אֵלָיו לְמַעַן תֵּדְעוּ אֶת־הַדֶּרֶךְ אֲשֶׁר תֵּלְכוּ־
ה בָהּ כִּי לֹא עֲבַרְתֶּם בַּדֶּרֶךְ מִתְּמוֹל שִׁלְשׁוֹם׃ וַיֹּאמֶר
יְהוֹשֻׁעַ אֶל־הָעָם הִתְקַדָּשׁוּ כִּי מָחָר יַעֲשֶׂה יְהוָה בְּקִרְבְּכֶם
ו נִפְלָאוֹת׃ וַיֹּאמֶר יְהוֹשֻׁעַ אֶל־הַכֹּהֲנִים לֵאמֹר שְׂאוּ אֶת־אֲרוֹן
הַבְּרִית וְעִבְרוּ לִפְנֵי הָעָם וַיִּשְׂאוּ אֶת־אֲרוֹן הַבְּרִית וַיֵּלְכוּ
ז לִפְנֵי הָעָם׃ וַיֹּאמֶר יְהוָה אֶל־יְהוֹשֻׁעַ הַיּוֹם הַזֶּה
אָחֵל גַּדֶּלְךָ בְּעֵינֵי כָּל־יִשְׂרָאֵל אֲשֶׁר יֵדְעוּן כִּי כַּאֲשֶׁר הָיִיתִי
ח עִם־מֹשֶׁה אֶהְיֶה עִמָּךְ׃ וְאַתָּה תְּצַוֶּה אֶת־הַכֹּהֲנִים נֹשְׂאֵי
אֲרוֹן־הַבְּרִית לֵאמֹר כְּבֹאֲכֶם עַד־קְצֵה מֵי הַיַּרְדֵּן בַּיַּרְדֵּן
ט תַּעֲמֹדוּ׃ וַיֹּאמֶר יְהוֹשֻׁעַ אֶל־בְּנֵי יִשְׂרָאֵל גֹּשׁוּ הֵנָּה
י וְשִׁמְעוּ אֶת־דִּבְרֵי יְהוָה אֱלֹהֵיכֶם׃ וַיֹּאמֶר יְהוֹשֻׁעַ בְּזֹאת
תֵּדְעוּן כִּי אֵל חַי בְּקִרְבְּכֶם וְהוֹרֵשׁ יוֹרִישׁ מִפְּנֵיכֶם אֶת־הַכְּנַעֲנִי
וְאֶת־הַחִתִּי וְאֶת־הַחִוִּי וְאֶת־הַפְּרִזִּי וְאֶת־הַגִּרְגָּשִׁי וְהָאֱמֹרִי
יא וְהַיְבוּסִי׃ הִנֵּה אֲרוֹן הַבְּרִית אֲדוֹן כָּל־הָאָרֶץ עֹבֵר לִפְנֵיכֶם
יב בַּיַּרְדֵּן׃ וְעַתָּה קְחוּ לָכֶם שְׁנֵי עָשָׂר אִישׁ מִשִּׁבְטֵי יִשְׂרָאֵל אִישׁ־
יג אֶחָד אִישׁ־אֶחָד לַשָּׁבֶט׃ וְהָיָה כְּנוֹחַ כַּפּוֹת רַגְלֵי הַכֹּהֲנִים נֹשְׂאֵי
אֲרוֹן יְהוָה אֲדוֹן כָּל־הָאָרֶץ בְּמֵי הַיַּרְדֵּן מֵי הַיַּרְדֵּן יִכָּרֵתוּן
יד הַמַּיִם הַיֹּרְדִים מִלְמָעְלָה וְיַעַמְדוּ נֵד אֶחָד׃ וַיְהִי בִּנְסֹעַ הָעָם
מֵאָהֳלֵיהֶם לַעֲבֹר אֶת־הַיַּרְדֵּן וְהַכֹּהֲנִים נֹשְׂאֵי הָאָרוֹן הַבְּרִית
טו לִפְנֵי הָעָם׃ וּכְבוֹא נֹשְׂאֵי הָאָרוֹן עַד־הַיַּרְדֵּן וְרַגְלֵי הַכֹּהֲנִים
נֹשְׂאֵי הָאָרוֹן נִטְבְּלוּ בִּקְצֵה הַמָּיִם וְהַיַּרְדֵּן מָלֵא עַל־כָּל־גְּדוֹתָיו
טז כֹּל יְמֵי קָצִיר׃ וַיַּעַמְדוּ הַמַּיִם הַיֹּרְדִים מִלְמַעְלָה קָמוּ נֵד־אֶחָד
הַרְחֵק מְאֹד באדם מֵאָדָם הָעִיר אֲשֶׁר מִצַּד צָרְתָן וְהַיֹּרְדִים עַל יָם
הָעֲרָבָה יָם־הַמֶּלַח תַּמּוּ נִכְרָתוּ וְהָעָם עָבְרוּ נֶגֶד יְרִיחוֹ׃ וַיַּעַמְדוּ

were returned: and the pursuers sought them throughout all
the way, but found them not. So the two men returned, and 23
descended from the mountain, and passed over, and came to
Yehoshua the son of Nun, and told him all the things that had
befallen them: and they said to Yehoshua, Truly the LORD has 24
delivered all the land into our hands; and moreover all the in-
habitants of the country do melt away because of us. And **3**
Yehoshua rose early in the morning; and they removed from
Shittim, and came to the Yarden, he and all the children of
Yisra'el, and spent the night there before they passed over.
And it came to pass after three days, that the officers went 2
through the camp; and they commanded the people, saying, 3
When you see the ark of the covenant of the LORD your
GOD, and the priests the Levites bearing it, then you shall
remove from your place, and go after it, (yet there shall be 4
a space between you and it, about two thousand cubits by
measure: come not near to it;) that you may know the way
by which you must go: for you have not passed this way
heretofore. And Yehoshua said to the people, Sanctify 5
yourselves: for to morrow the LORD will do wonders among
you. And Yehoshua spoke to the priests, saying, Take up the 6
ark of the covenant, and pass over before the people. And they
took up the ark of the covenant, and went before the people.

And the LORD said to Yehoshua, This day will I begin to 7
magnify thee in the sight of all Yisra'el, that they may know
that, as I was with Moshe, so I will be with thee. And thou 8
shalt command the priests that bear the ark of the covenant,
saying, When you are come to the brink of the water of the
Yarden, you shall stand still in the Yarden. And Yeho- 9
shua said to the children of Yisra'el, Come here, and hear the
words of the LORD your GOD. And Yehoshua said, Hereby you 10
shall know that the living GOD is among you, and that he will
without fail drive out from before you the Kena'ani, and the
Ḥitti, and the Ḥivvi, and the Perizzi, and Girgashi, and the
Emori and the Yevusi. Behold, the ark of the covenant of the 11
LORD of all the earth passes over before you into the Yarden.
Now therefore take twelve men out of the tribes of Yisra'el, 12
out of every tribe a man. And it shall come to pass, as soon as 13
the soles of the feet of the priests that bear the ark of the
LORD, the Lord of all the earth, shall rest in the waters of
the Yarden, that the waters of the Yarden shall be cut off, those
waters that come down from above; and they shall stand in a
heap. And it came to pass, when the people removed from their 14
tents, to pass over the Yarden, and the priests bearing the ark of
the covenant before the people; and as they that bore the ark 15
were come to the Yarden. And the feet of the priests that bore
the ark were dipped in the brink of the water, (for the Yarden
overflows all its banks throughout the time of harvest,) that the 16
waters which came down from above stood and rose up in a heap
very far from the city Adam, that is beside Ẕaretan: and those
that came down toward the sea of the 'Arava, the salt sea,
failed, and were cut off: and the people passed over opposite
Yeriḥo. And the priests that bore the ark of the covenant of 17

הַכֹּהֲנִים נֹשְׂאֵי הָאָרוֹן בְּרִית־יְהוָה בֶּחָרָבָה בְּתוֹךְ הַיַּרְדֵּן
הָכֵן וְכָל־יִשְׂרָאֵל עֹבְרִים בֶּחָרָבָה עַד אֲשֶׁר־תַּמּוּ כָּל־הַגּוֹי
א לַעֲבוֹר אֶת־הַיַּרְדֵּן: וַיְהִי כַּאֲשֶׁר־תַּמּוּ כָל־הַגּוֹי לַעֲבוֹר אֶת־
ב הַיַּרְדֵּן וַיֹּאמֶר יְהוָה אֶל־יְהוֹשֻׁעַ לֵאמֹר: קְחוּ
לָכֶם מִן־הָעָם שְׁנֵים עָשָׂר אֲנָשִׁים אִישׁ־אֶחָד אִישׁ־אֶחָד
ג מִשָּׁבֶט: וְצַוּוּ אוֹתָם לֵאמֹר שְׂאוּ־לָכֶם מִזֶּה מִתּוֹךְ הַיַּרְדֵּן
מִמַּצַּב רַגְלֵי הַכֹּהֲנִים הָכִין שְׁתֵּים־עֶשְׂרֵה אֲבָנִים וְהַעֲבַרְתֶּם
אוֹתָם עִמָּכֶם וְהִנַּחְתֶּם אוֹתָם בַּמָּלוֹן אֲשֶׁר־תָּלִינוּ בוֹ
ד הַלָּיְלָה: וַיִּקְרָא יְהוֹשֻׁעַ אֶל־שְׁנֵים הֶעָשָׂר אִישׁ
ה אֲשֶׁר הֵכִין מִבְּנֵי יִשְׂרָאֵל אִישׁ־אֶחָד אִישׁ־אֶחָד מִשָּׁבֶט: וַיֹּאמֶר
לָהֶם יְהוֹשֻׁעַ עִבְרוּ לִפְנֵי אֲרוֹן יְהוָה אֱלֹהֵיכֶם אֶל־תּוֹךְ הַיַּרְדֵּן
וְהָרִימוּ לָכֶם אִישׁ אֶבֶן אַחַת עַל־שִׁכְמוֹ לְמִסְפַּר שִׁבְטֵי בְנֵי־
ו יִשְׂרָאֵל: לְמַעַן תִּהְיֶה זֹאת אוֹת בְּקִרְבְּכֶם כִּי־יִשְׁאָלוּן בְּנֵיכֶם
ז מָחָר לֵאמֹר מָה הָאֲבָנִים הָאֵלֶּה לָכֶם: וַאֲמַרְתֶּם לָהֶם אֲשֶׁר
נִכְרְתוּ מֵימֵי הַיַּרְדֵּן מִפְּנֵי אֲרוֹן בְּרִית־יְהוָה בְּעָבְרוֹ בַּיַּרְדֵּן
נִכְרְתוּ מֵי הַיַּרְדֵּן וְהָיוּ הָאֲבָנִים הָאֵלֶּה לְזִכָּרוֹן לִבְנֵי יִשְׂרָאֵל
ח עַד־עוֹלָם: וַיַּעֲשׂוּ־כֵן בְּנֵי־יִשְׂרָאֵל כַּאֲשֶׁר צִוָּה יְהוֹשֻׁעַ וַיִּשְׂאוּ
שְׁתֵּי־עֶשְׂרֵה אֲבָנִים מִתּוֹךְ הַיַּרְדֵּן כַּאֲשֶׁר דִּבֶּר יְהוָה אֶל־יְהוֹשֻׁעַ
לְמִסְפַּר שִׁבְטֵי בְנֵי־יִשְׂרָאֵל וַיַּעֲבִרוּם עִמָּם אֶל־הַמָּלוֹן וַיַּנִּחוּם
ט שָׁם: וּשְׁתֵּים עֶשְׂרֵה אֲבָנִים הֵקִים יְהוֹשֻׁעַ בְּתוֹךְ הַיַּרְדֵּן תַּחַת
מַצַּב רַגְלֵי הַכֹּהֲנִים נֹשְׂאֵי אֲרוֹן הַבְּרִית וַיִּהְיוּ שָׁם עַד הַיּוֹם
י הַזֶּה: וְהַכֹּהֲנִים נֹשְׂאֵי הָאָרוֹן עֹמְדִים בְּתוֹךְ הַיַּרְדֵּן עַד־תֹּם
כָּל־הַדָּבָר אֲשֶׁר־צִוָּה יְהוָה אֶת־יְהוֹשֻׁעַ לְדַבֵּר אֶל־הָעָם כְּכֹל
יא אֲשֶׁר־צִוָּה מֹשֶׁה אֶת־יְהוֹשֻׁעַ וַיְמַהֲרוּ הָעָם וַיַּעֲבֹרוּ: וַיְהִי
כַּאֲשֶׁר־תַּם כָּל־הָעָם לַעֲבוֹר וַיַּעֲבֹר אֲרוֹן־יְהוָה וְהַכֹּהֲנִים לִפְנֵי
יב הָעָם: וַיַּעַבְרוּ בְּנֵי־רְאוּבֵן וּבְנֵי־גָד וַחֲצִי שֵׁבֶט הַמְנַשֶּׁה חֲמֻשִׁים
יג לִפְנֵי בְּנֵי יִשְׂרָאֵל כַּאֲשֶׁר דִּבֶּר אֲלֵיהֶם מֹשֶׁה: כְּאַרְבָּעִים
אֶלֶף חֲלוּצֵי הַצָּבָא עָבְרוּ לִפְנֵי יְהוָה לַמִּלְחָמָה אֶל עַרְבוֹת
יד יְרִיחוֹ: בַּיּוֹם הַהוּא גִּדַּל יְהוָה אֶת־יְהוֹשֻׁעַ בְּעֵינֵי
כָּל־יִשְׂרָאֵל וַיִּרְאוּ אֹתוֹ כַּאֲשֶׁר יָרְאוּ אֶת־מֹשֶׁה כָּל־יְמֵי
טו טז חַיָּיו: וַיֹּאמֶר יְהוָה אֶל־יְהוֹשֻׁעַ לֵאמֹר: צַוֵּה
יז אֶת־הַכֹּהֲנִים נֹשְׂאֵי אֲרוֹן הָעֵדוּת וְיַעֲלוּ מִן־הַיַּרְדֵּן: וַיְצַו יְהוֹשֻׁעַ
יח אֶת־הַכֹּהֲנִים לֵאמֹר עֲלוּ מִן־הַיַּרְדֵּן: וַיְהִי בעלות הַכֹּהֲנִים כַּעֲלוֹת
נֹשְׂאֵי אֲרוֹן בְּרִית־יְהוָה מִתּוֹךְ הַיַּרְדֵּן נִתְּקוּ כַּפּוֹת רַגְלֵי
הַכֹּהֲנִים אֶל הֶחָרָבָה וַיָּשֻׁבוּ מֵי־הַיַּרְדֵּן לִמְקוֹמָם וַיֵּלְכוּ כִתְמוֹל־
יט שִׁלְשׁוֹם עַל־כָּל־גְּדוֹתָיו: וְהָעָם עָלוּ מִן־הַיַּרְדֵּן בֶּעָשׂוֹר לַחֹדֶשׁ

the LORD stood firm on dry ground in the midst of the Yarden, and all Yisra'el passed over on dry ground, until all the people were passed clean over the Yarden. And it came to pass, when 1 all the people were clean passed over the Yarden,   that the LORD spoke to Yehoshua saying, Take you twelve men 2 out of the people, out of every tribe a man, and command 3 them, saying, Take you hence out of the midst of the Yarden, out of the place where the priests' feet stood firm, twelve stones, and you shall carry them over with you, and leave them in the lodging place, where you shall lodge this night.

Then Yehoshua called the twelve men, whom he had 4 prepared of the children of Yisra'el out of every tribe a man: and Yehoshua said to them, Pass over before the ark of the 5 LORD your GOD into the midst of the Yarden, and take up every man of you a stone upon his shoulder, according to the number of the tribes of the children of Yisra'el: that this may 6 be a sign among you, that when your children ask their fathers in time to come, saying, What mean you by these stones? then you shall answer them, That the waters of the Yarden 7 were cut off before the ark of the covenant of the LORD; when it passed over the Yarden, the waters of the Yarden were cut off: and these stones shall be for a memorial to the children of Yisra'el forever. And the children of Yisra'el did as Yeho- 8 shua commanded, and took up twelve stones out of the midst of the Yarden, as the LORD spoke to Yehoshua, according to the number of the tribes of the children of Yisra'el, and carried them over with them to the place where they lodged, and laid them down there. And Yehoshua set up twelve stones 9 in the midst of the Yarden, in the place where the feet of the priests who bore the ark of the covenant stood: and they are there to this day. For the priests who bore the ark stood in 10 the midst of the Yarden, until every thing was finished that the LORD commanded Yehoshua to speak to the people, ac- cording to all that Moshe commanded Yehoshua: and the people hastened and passed over. And it came to pass, when 11 all the people were clean passed over, that the ark of the LORD passed over, and the priests, before the people. And the 12 children of Re'uven, and the children of Gad, and half the tribe of Menashshe, passed over armed before the children of Yisra'el, as Moshe spoke to them: about forty thousand pre- 13 pared for war passed over before the LORD to battle, to the plains of Yeriḥo.   On that day the LORD magnified Yeho- 14 shua in the sight of all Yisra'el; and they feared him, as they feared Moshe, all the days of his life.   And the LORD 15 spoke to Yehoshua, saying, Command the priests that bear 16 the ark of the testimony, that they come up out of the Yarden. Yehoshua therefore commanded the priests, saying, Come up 17 out of the Yarden. And it came to pass, when the priests that 18 bore the ark of the covenant of the LORD were come up out of the midst of the Yarden, and the soles of the priests' feet were lifted up to the dry land, that the waters of the Yarden returned to their place, and flowed over all its banks, as they did before. And the people came up out of the Yarden on the 19

כ הָרִאשׁוֹן וַיַּחֲנוּ בַּגִּלְגָּל בִּקְצֵה מִזְרַח יְרִיחוֹ׃ וְאֵת שְׁתֵּים עֶשְׂרֵה
הָאֲבָנִים הָאֵלֶּה אֲשֶׁר לָקְחוּ מִן־הַיַּרְדֵּן הֵקִים יְהוֹשֻׁעַ בַּגִּלְגָּל׃
כא וַיֹּאמֶר אֶל־בְּנֵי יִשְׂרָאֵל לֵאמֹר אֲשֶׁר יִשְׁאָלוּן בְּנֵיכֶם מָחָר אֶת־
כב אֲבוֹתָם לֵאמֹר מָה הָאֲבָנִים הָאֵלֶּה׃ וְהוֹדַעְתֶּם אֶת־בְּנֵיכֶם
כג לֵאמֹר בַּיַּבָּשָׁה עָבַר יִשְׂרָאֵל אֶת־הַיַּרְדֵּן הַזֶּה׃ אֲשֶׁר־הוֹבִישׁ
יהוה אֱלֹהֵיכֶם אֶת־מֵי הַיַּרְדֵּן מִפְּנֵיכֶם עַד־עָבְרְכֶם כַּאֲשֶׁר עָשָׂה
יהוה אֱלֹהֵיכֶם לְיַם־סוּף אֲשֶׁר־הוֹבִישׁ מִפָּנֵינוּ עַד־עָבְרֵנוּ׃
כד לְמַעַן דַּעַת כָּל־עַמֵּי הָאָרֶץ אֶת־יַד יהוה כִּי חֲזָקָה הִיא לְמַעַן ג
ה א יְרָאתֶם אֶת־יהוה אֱלֹהֵיכֶם כָּל־הַיָּמִים׃ וַיְהִי
כִשְׁמֹעַ כָּל־מַלְכֵי הָאֱמֹרִי אֲשֶׁר בְּעֵבֶר הַיַּרְדֵּן יָמָּה וְכָל־מַלְכֵי
הַכְּנַעֲנִי אֲשֶׁר עַל־הַיָּם אֵת אֲשֶׁר־הוֹבִישׁ יהוה אֶת־מֵי הַיַּרְדֵּן
מִפְּנֵי בְנֵי־יִשְׂרָאֵל עַד־עברנו וַיִּמַּס לְבָבָם וְלֹא־הָיָה בָם עוֹד עָבְרָם
ב רוּחַ מִפְּנֵי בְּנֵי־יִשְׂרָאֵל׃ בָּעֵת הַהִיא אָמַר יהוה
אֶל־יְהוֹשֻׁעַ עֲשֵׂה לְךָ חַרְבוֹת צֻרִים וְשׁוּב מֹל אֶת־בְּנֵי־יִשְׂרָאֵל
ג שֵׁנִית׃ וַיַּעַשׂ־לוֹ יְהוֹשֻׁעַ חַרְבוֹת צֻרִים וַיָּמָל אֶת־בְּנֵי יִשְׂרָאֵל
ד אֶל־גִּבְעַת הָעֲרָלוֹת׃ וְזֶה הַדָּבָר אֲשֶׁר־מָל יְהוֹשֻׁעַ כָּל־הָעָם
הַיֹּצֵא מִמִּצְרַיִם הַזְּכָרִים כֹּל ׀ אַנְשֵׁי הַמִּלְחָמָה מֵתוּ בַמִּדְבָּר
ה בַּדֶּרֶךְ בְּצֵאתָם מִמִּצְרָיִם׃ כִּי־מֻלִים הָיוּ כָּל־הָעָם הַיֹּצְאִים
וְכָל־הָעָם הַיִּלֹּדִים בַּמִּדְבָּר בַּדֶּרֶךְ בְּצֵאתָם מִמִּצְרַיִם לֹא־מָלוּ׃
ו כִּי ׀ אַרְבָּעִים שָׁנָה הָלְכוּ בְנֵי־יִשְׂרָאֵל בַּמִּדְבָּר עַד־תֹּם כָּל־
הַגּוֹי אַנְשֵׁי הַמִּלְחָמָה הַיֹּצְאִים מִמִּצְרַיִם אֲשֶׁר לֹא־שָׁמְעוּ בְּקוֹל
יהוה אֲשֶׁר נִשְׁבַּע יהוה לָהֶם לְבִלְתִּי הַרְאוֹתָם אֶת־הָאָרֶץ
אֲשֶׁר נִשְׁבַּע יהוה לַאֲבוֹתָם לָתֶת לָנוּ אֶרֶץ זָבַת חָלָב וּדְבָשׁ׃
ז וְאֶת־בְּנֵיהֶם הֵקִים תַּחְתָּם אֹתָם מָל יְהוֹשֻׁעַ כִּי־עֲרֵלִים הָיוּ כִּי
ח לֹא־מָלוּ אוֹתָם בַּדָּרֶךְ׃ וַיְהִי כַּאֲשֶׁר־תַּמּוּ כָל־הַגּוֹי לְהִמּוֹל
ט וַיֵּשְׁבוּ תַחְתָּם בַּמַּחֲנֶה עַד חֲיוֹתָם׃ וַיֹּאמֶר יהוה
אֶל־יְהוֹשֻׁעַ הַיּוֹם גַּלּוֹתִי אֶת־חֶרְפַּת מִצְרַיִם מֵעֲלֵיכֶם וַיִּקְרָא
י שֵׁם הַמָּקוֹם הַהוּא גִּלְגָּל עַד הַיּוֹם הַזֶּה׃ וַיַּחֲנוּ בְנֵי־יִשְׂרָאֵל
בַּגִּלְגָּל וַיַּעֲשׂוּ אֶת־הַפֶּסַח בְּאַרְבָּעָה עָשָׂר יוֹם לַחֹדֶשׁ בָּעֶרֶב
יא בְּעַרְבוֹת יְרִיחוֹ׃ וַיֹּאכְלוּ מֵעֲבוּר הָאָרֶץ מִמָּחֳרַת הַפֶּסַח מַצּוֹת
יב וְקָלוּי בְּעֶצֶם הַיּוֹם הַזֶּה׃ וַיִּשְׁבֹּת הַמָּן מִמָּחֳרָת בְּאָכְלָם מֵעֲבוּר
הָאָרֶץ וְלֹא־הָיָה עוֹד לִבְנֵי יִשְׂרָאֵל מָן וַיֹּאכְלוּ מִתְּבוּאַת אֶרֶץ
יג כְּנַעַן בַּשָּׁנָה הַהִיא׃ וַיְהִי בִּהְיוֹת יְהוֹשֻׁעַ בִּירִיחוֹ
וַיִּשָּׂא עֵינָיו וַיַּרְא וְהִנֵּה־אִישׁ עֹמֵד לְנֶגְדּוֹ וְחַרְבּוֹ שְׁלוּפָה בְּיָדוֹ

tenth day of the first month, and encamped in Gilgal, on the
east border of Yeriḥo. And those twelve stones, which they   20
took out of the Yarden, did Yehoshua pitch in Gilgal. And he   21
spoke to the children of Yisra'el, saying, When your children
shall ask their fathers in time to come, saying, What mean
these stones? Then you shall let your children know, saying,   22
Yisra'el came over this Yarden on dry land. For the LORD your   23
GOD dried up the waters of the Yarden from before you, until
you were passed over, as the LORD your GOD did to the Sea of
Suf, which he dried up before us, until we were gone over:
that all the people of the earth might know the hand of the   24
LORD, that it is mighty: that you might fear the LORD your
GOD forever.   And it came to pass, when all the kings   **5**
of the Emori, who were on the side of the Yarden westward,
and all the kings of the Kena'ani, who were by the sea, heard
that the LORD had dried up the waters of the Yarden from be-
fore the children of Yisra'el, until they were passed over, that
their heart melted, neither was there spirit in them any
more, because of the children of Yisra'el.   At that   2
time the LORD said to Yehoshua, Make flint knives, and cir-
cumcise again the children of Yisra'el the second time. And   3
Yehoshua made flint knives, and circumcised the children of
Yisra'el at the hill of 'Aralot. And this is the cause why Ye- 4
hoshua did circumcise: All the people that came out of Miẓ-
rayim, that were males, all the men of war, died in the wilder-
ness by the way, after they came out of Miẓrayim. Now all   5
the people that came out were circumcised: but all the people
that were born in the wilderness by the way as they came
out of Miẓrayim, them they had not circumcised. For the child- 6
ren of Yisra'el walked forty years in the wilderness, till all
the people that were men of war, who came out of Miẓrayim,
were consumed, because they obeyed not the voice of the
LORD: to whom the LORD swore that he would not show them
the land, which the LORD swore to their fathers that he would
give us, a land flowing with milk and honey. And their children, 7
whom he raised up in their stead, them Yehoshua circumcised:
for they were uncircumcised, because they had not circum-
cised them on the road. And it came to pass, when they had   8
finished circumcising all the people, that they abode in their
places in the camp, till they were recovered.   And the 9
LORD said to Yehoshua, This day have I rolled away the re-
proach of Miẓrayim from off you. So he called the name of the
place Gilgal to this day. And the children of Yisra'el encamped 10
in Gilgal, and kept the passover on the fourteenth day of the
month at evening in the plains of Yeriḥo. And they did eat   11
of the corn of the land on the morrow after the passover, un-
leavened cakes, and parched corn, that very day. And the   12
manna ceased on the morrow when they ate of the corn of the
land; neither had the children of Yisra'el manna any more;
but they did eat of the produce of the land of Kena'an that
year.   And it came to pass, when Yehoshua was by   13
Yeriḥo, that he lifted up his eyes and looked, and, behold, a
man stood over against him with his sword drawn in his hand:

יד וַיֵּלֶךְ יְהוֹשֻׁעַ אֵלָיו וַיֹּאמֶר לוֹ הֲלָנוּ אַתָּה אִם־לְצָרֵינוּ׃ וַיֹּאמֶר ׀
לֹא כִּי אֲנִי שַׂר־צְבָא־יהוה עַתָּה בָאתִי וַיִּפֹּל יְהוֹשֻׁעַ אֶל־
פָּנָיו אַרְצָה וַיִּשְׁתָּחוּ וַיֹּאמֶר לוֹ מָה אֲדֹנִי מְדַבֵּר אֶל־עַבְדּוֹ׃
טו וַיֹּאמֶר שַׂר־צְבָא יהוה אֶל־יְהוֹשֻׁעַ שַׁל־נַעַלְךָ מֵעַל רַגְלֶךָ כִּי
הַמָּקוֹם אֲשֶׁר אַתָּה עֹמֵד עָלָיו קֹדֶשׁ הוּא וַיַּעַשׂ יְהוֹשֻׁעַ כֵּן׃
ו א וִירִיחוֹ סֹגֶרֶת וּמְסֻגֶּרֶת מִפְּנֵי בְּנֵי יִשְׂרָאֵל אֵין יוֹצֵא וְאֵין
ב בָּא׃ וַיֹּאמֶר יהוה אֶל־יְהוֹשֻׁעַ רְאֵה נָתַתִּי בְיָדְךָ
ג אֶת־יְרִיחוֹ וְאֶת־מַלְכָּהּ גִּבּוֹרֵי הֶחָיִל׃ וְסַבֹּתֶם אֶת־הָעִיר כֹּל
אַנְשֵׁי הַמִּלְחָמָה הַקֵּיף אֶת־הָעִיר פַּעַם אֶחָת כֹּה תַעֲשֶׂה שֵׁשֶׁת
ד יָמִים׃ וְשִׁבְעָה כֹהֲנִים יִשְׂאוּ שִׁבְעָה שׁוֹפְרוֹת הַיּוֹבְלִים לִפְנֵי
הָאָרוֹן וּבַיּוֹם הַשְּׁבִיעִי תָּסֹבּוּ אֶת־הָעִיר שֶׁבַע פְּעָמִים וְהַכֹּהֲנִים
ה כְּשָׁמְעֲכֶם יִתְקְעוּ בַּשּׁוֹפָרוֹת׃ וְהָיָה בִּמְשֹׁךְ ׀ בְּקֶרֶן הַיּוֹבֵל בשמעכם אֶת־
קוֹל הַשּׁוֹפָר יָרִיעוּ כָל־הָעָם תְּרוּעָה גְדוֹלָה וְנָפְלָה חוֹמַת הָעִיר
ו תַּחְתֶּיהָ וְעָלוּ הָעָם אִישׁ נֶגְדּוֹ׃ וַיִּקְרָא יְהוֹשֻׁעַ בִּן־נוּן אֶל־
הַכֹּהֲנִים וַיֹּאמֶר אֲלֵהֶם שְׂאוּ אֶת־אֲרוֹן הַבְּרִית וְשִׁבְעָה כֹהֲנִים
ז וַיֹּאמֶר יִשְׂאוּ שִׁבְעָה שׁוֹפְרוֹת יוֹבְלִים לִפְנֵי אֲרוֹן יהוה׃ ויאמרו אֶל־
הָעָם עִבְרוּ וְסֹבּוּ אֶת־הָעִיר וְהֶחָלוּץ יַעֲבֹר לִפְנֵי אֲרוֹן יהוה׃
ח וַיְהִי כֶּאֱמֹר יְהוֹשֻׁעַ אֶל־הָעָם וְשִׁבְעָה הַכֹּהֲנִים נֹשְׂאִים שִׁבְעָה
שׁוֹפְרוֹת הַיּוֹבְלִים לִפְנֵי יהוה עָבְרוּ וְתָקְעוּ בַּשּׁוֹפָרוֹת וַאֲרוֹן
ט תֹּקְעֵי בְּרִית יהוה הֹלֵךְ אַחֲרֵיהֶם׃ וְהֶחָלוּץ הֹלֵךְ לִפְנֵי הַכֹּהֲנִים תקעו
הַשּׁוֹפָרוֹת וְהַמְאַסֵּף הֹלֵךְ אַחֲרֵי הָאָרוֹן הָלוֹךְ וְתָקוֹעַ בַּשּׁוֹפָרוֹת׃
י וְאֶת־הָעָם צִוָּה יְהוֹשֻׁעַ לֵאמֹר לֹא תָרִיעוּ וְלֹא־תַשְׁמִיעוּ אֶת־
קוֹלְכֶם וְלֹא־יֵצֵא מִפִּיכֶם דָּבָר עַד יוֹם אָמְרִי אֲלֵיכֶם הָרִיעוּ
יא וַהֲרִיעֹתֶם׃ וַיַּסֵּב אֲרוֹן־יהוה אֶת־הָעִיר הַקֵּף פַּעַם אֶחָת וַיָּבֹאוּ
יב הַמַּחֲנֶה וַיָּלִינוּ בַּמַּחֲנֶה׃ וַיַּשְׁכֵּם יְהוֹשֻׁעַ בַּבֹּקֶר
יג וַיִּשְׂאוּ הַכֹּהֲנִים אֶת־אֲרוֹן יהוה׃ וְשִׁבְעָה הַכֹּהֲנִים נֹשְׂאִים
שִׁבְעָה שׁוֹפְרוֹת הַיֹּבְלִים לִפְנֵי אֲרוֹן יהוה הֹלְכִים הָלוֹךְ וְתָקְעוּ
בַּשּׁוֹפָרוֹת וְהֶחָלוּץ הֹלֵךְ לִפְנֵיהֶם וְהַמְאַסֵּף הֹלֵךְ אַחֲרֵי אֲרוֹן
יד הָלוֹךְ יהוה הולך וְתָקוֹעַ בַּשּׁוֹפָרוֹת׃ וַיָּסֹבּוּ אֶת־הָעִיר בַּיּוֹם הַשֵּׁנִי
טו פַּעַם אַחַת וַיָּשֻׁבוּ הַמַּחֲנֶה כֹּה עָשׂוּ שֵׁשֶׁת יָמִים׃ וַיְהִי ׀ בַּיּוֹם
הַשְּׁבִיעִי וַיַּשְׁכִּמוּ כַּעֲלוֹת הַשַּׁחַר וַיָּסֹבּוּ אֶת־הָעִיר כַּמִּשְׁפָּט הַזֶּה
שֶׁבַע פְּעָמִים רַק בַּיּוֹם הַהוּא סָבְבוּ אֶת־הָעִיר שֶׁבַע פְּעָמִים׃
טז וַיְהִי בַּפַּעַם הַשְּׁבִיעִית תָּקְעוּ הַכֹּהֲנִים בַּשּׁוֹפָרוֹת וַיֹּאמֶר יְהוֹשֻׁעַ
יז אֶל־הָעָם הָרִיעוּ כִּי־נָתַן יהוה לָכֶם אֶת־הָעִיר׃ וְהָיְתָה הָעִיר
חֵרֶם הִיא וְכָל־אֲשֶׁר־בָּהּ לַיהוה רַק רָחָב הַזּוֹנָה תִּחְיֶה הִיא

and Yehoshua went over to him, and said to him, Art thou
for us, or for our adversaries? And he said, No: but I am 14
captain of the host of the Lord, I am now come. And Yeho-
shua fell on his face to the earth, and bowed down, and said to
him, What says my lord to his servant? And the captain of 15
the Lord's host said to Yehoshua, Put off thy shoe from off thy
foot; for the place on which thou standest is holy. And Yeho-
shua did so. Now Yeriẖo was closely shut up because of the **6**
children of Yisra'el: none went out, and none came in.
And the Lord said to Yehoshua, See, I have given into thy 2
hand Yeriẖo, and its king, and the mighty men of valour. And 3
you shall go round the city, all the men of war, going about
the city once. Thus shalt thou do six days. And seven priests 4
shall bear before the ark seven shofarot of rams' horns: and
on the seventh day you shall compass the city seven times,
and the priests shall blow with the shofarot. And it shall come 5
to pass, that when they make a long blast with the ram's
horn, when you hear the sound of the shofar, all the people
shall shout with a great shout; and the wall of the city shall
fall down flat, and the people shall go up every man straight
before him. And Yehoshua the son of Nun called the priests, 6
and said to them, Take up the ark of the covenant, and let
seven priests bear seven shofarot of rams' horns before the
ark of the Lord. And he said to the people, Pass on, and com- 7
pass the city, and let those stripped for war pass on before the
ark of the Lord. And it came to pass, when Yehoshua had 8
spoken to the people, that the seven priests bearing the seven
shofarot of rams' horns passed on before the Lord, and blew
with the shofarot: and the ark of the covenant of the Lord
followed them. And those stripped for war went before the 9
priests that blew with the horns, and the rearward came after
the ark, the priests going on, and blowing with the shofarot.
And Yehoshua had commanded the people, saying, You shall 10
not shout, nor make any noise with your voice, neither shall
any word proceed out of your mouth, until the day I bid you
shout; then shall you shout. So the ark of the Lord compassed 11
the city, going about it once: and they came to the camp,
and spent the night in the camp. And Yehoshua rose 12
early in the morning, and the priests took up the ark of the
Lord. And seven priests bearing seven shofarot of rams' horns 13
before the ark of the Lord went on continually, and blew with
the shofarot: and the warriors went before them; but the rear-
ward came after the ark of the Lord, the priests going on, and
blowing with the shofarot. And the second day they went 14
round the city once, and returned to the camp: so they did
six days. And it came to pass on the seventh day, that they 15
rose early about the dawning of the day, and went round the
city after the same manner seven times: only on that day they
went round the city seven times. And it came to pass at the 16
seventh time, when the priests blew with the shofarot, that
Yehoshua said to the people, Shout; for the Lord has given
you the city. And the city shall be devoted, it, and all that 17
is in it, to the Lord: only Raẖav the harlot shall live, she and

וְכָל־אֲשֶׁר אַתָּה בַּבַּיִת כִּי הֶחֱבֵאתָה אֶת־הַמַּלְאָכִים אֲשֶׁר
שָׁלָחְנוּ: וְרַק־אַתֶּם שִׁמְרוּ מִן־הַחֵרֶם פֶּן־תַּחֲרִימוּ וּלְקַחְתֶּם מִן־
הַחֵרֶם וְשַׂמְתֶּם אֶת־מַחֲנֵה יִשְׂרָאֵל לְחֵרֶם וַעֲכַרְתֶּם אוֹתוֹ: וְכֹל
כֶּסֶף וְזָהָב וּכְלֵי נְחֹשֶׁת וּבַרְזֶל קֹדֶשׁ הוּא לַיהוָה אוֹצַר יְהוָה
יָבוֹא: וַיָּרַע הָעָם וַיִּתְקְעוּ בַּשּׁוֹפָרוֹת וַיְהִי כִשְׁמֹעַ הָעָם אֶת־
קוֹל הַשּׁוֹפָר וַיָּרִיעוּ הָעָם תְּרוּעָה גְדוֹלָה וַתִּפֹּל הַחוֹמָה תַּחְתֶּיהָ
וַיַּעַל הָעָם הָעִירָה אִישׁ נֶגְדּוֹ וַיִּלְכְּדוּ אֶת־הָעִיר: וַיַּחֲרִימוּ אֶת־
כָּל־אֲשֶׁר בָּעִיר מֵאִישׁ וְעַד־אִשָּׁה מִנַּעַר וְעַד־זָקֵן וְעַד שׁוֹר
וָשֶׂה וַחֲמוֹר לְפִי־חָרֶב: וְלִשְׁנַיִם הָאֲנָשִׁים הַמְרַגְּלִים אֶת־הָאָרֶץ
אָמַר יְהוֹשֻׁעַ בֹּאוּ בֵּית־הָאִשָּׁה הַזּוֹנָה וְהוֹצִיאוּ מִשָּׁם אֶת־
הָאִשָּׁה וְאֶת־כָּל־אֲשֶׁר־לָהּ כַּאֲשֶׁר נִשְׁבַּעְתֶּם לָהּ: וַיָּבֹאוּ
הַנְּעָרִים הַמְרַגְּלִים וַיֹּצִיאוּ אֶת־רָחָב וְאֶת־אָבִיהָ וְאֶת־אִמָּהּ
וְאֶת־אַחֶיהָ וְאֶת־כָּל־אֲשֶׁר־לָהּ וְאֵת כָּל־מִשְׁפְּחוֹתֶיהָ הוֹצִיאוּ
וַיַּנִּיחוּם מִחוּץ לְמַחֲנֵה יִשְׂרָאֵל: וְהָעִיר שָׂרְפוּ בָאֵשׁ וְכָל־אֲשֶׁר־
בָּהּ רַק ׀ הַכֶּסֶף וְהַזָּהָב וּכְלֵי הַנְּחֹשֶׁת וְהַבַּרְזֶל נָתְנוּ אוֹצַר
בֵּית־יְהוָה: וְאֶת־רָחָב הַזּוֹנָה וְאֶת־בֵּית אָבִיהָ וְאֶת־כָּל־
אֲשֶׁר־לָהּ הֶחֱיָה יְהוֹשֻׁעַ וַתֵּשֶׁב בְּקֶרֶב יִשְׂרָאֵל עַד הַיּוֹם הַזֶּה
כִּי הֶחְבִּיאָה אֶת־הַמַּלְאָכִים אֲשֶׁר־שָׁלַח יְהוֹשֻׁעַ לְרַגֵּל אֶת־
יְרִיחוֹ: וַיַּשְׁבַּע יְהוֹשֻׁעַ בָּעֵת הַהִיא לֵאמֹר אָרוּר
הָאִישׁ לִפְנֵי יְהוָה אֲשֶׁר יָקוּם וּבָנָה אֶת־הָעִיר הַזֹּאת אֶת־יְרִיחוֹ
בִּבְכֹרוֹ יְיַסְּדֶנָּה וּבִצְעִירוֹ יַצִּיב דְּלָתֶיהָ: וַיְהִי
יְהוָה אֶת־יְהוֹשֻׁעַ וַיְהִי שָׁמְעוֹ בְּכָל־הָאָרֶץ: וַיִּמְעֲלוּ בְנֵי־יִשְׂרָאֵל
מַעַל בַּחֵרֶם וַיִּקַּח עָכָן בֶּן־כַּרְמִי בֶן־זַבְדִּי בֶן־זֶרַח לְמַטֵּה יְהוּדָה
מִן־הַחֵרֶם וַיִּחַר־אַף יְהוָה בִּבְנֵי יִשְׂרָאֵל: וַיִּשְׁלַח
יְהוֹשֻׁעַ אֲנָשִׁים מִירִיחוֹ הָעַי אֲשֶׁר עִם־בֵּית אָוֶן מִקֶּדֶם לְבֵית־
אֵל וַיֹּאמֶר אֲלֵיהֶם לֵאמֹר עֲלוּ וְרַגְּלוּ אֶת־הָאָרֶץ וַיַּעֲלוּ
הָאֲנָשִׁים וַיְרַגְּלוּ אֶת־הָעָי: וַיָּשֻׁבוּ אֶל־יְהוֹשֻׁעַ וַיֹּאמְרוּ אֵלָיו
אַל־יַעַל כָּל־הָעָם כְּאַלְפַּיִם אִישׁ אוֹ כִּשְׁלֹשֶׁת אֲלָפִים אִישׁ
יַעֲלוּ וְיַכּוּ אֶת־הָעָי אַל־תְּיַגַּע־שָׁמָּה אֶת־כָּל־הָעָם כִּי מְעַט
הֵמָּה: וַיַּעֲלוּ מִן־הָעָם שָׁמָּה כִּשְׁלֹשֶׁת אֲלָפִים אִישׁ וַיָּנֻסוּ לִפְנֵי
אַנְשֵׁי הָעָי: וַיַּכּוּ מֵהֶם אַנְשֵׁי הָעַי כִּשְׁלֹשִׁים וְשִׁשָּׁה אִישׁ
וַיִּרְדְּפוּם לִפְנֵי הַשַּׁעַר עַד־הַשְּׁבָרִים וַיַּכּוּם בַּמּוֹרָד וַיִּמַּס לְבַב־
הָעָם וַיְהִי לְמָיִם: וַיִּקְרַע יְהוֹשֻׁעַ שִׂמְלֹתָיו וַיִּפֹּל עַל־פָּנָיו אַרְצָה
לִפְנֵי אֲרוֹן יְהוָה עַד־הָעֶרֶב הוּא וְזִקְנֵי יִשְׂרָאֵל וַיַּעֲלוּ עָפָר עַל־
רֹאשָׁם: וַיֹּאמֶר יְהוֹשֻׁעַ אֲהָהּ ׀ אֲדֹנָי יְהוִה לָמָה הַעֲבַרְתָּ

all that are with her in the house, because she hid the mes-
sengers that we sent. But as for you, keep away from the 18
devoted things, lest you make yourselves accursed, when you
take of the devoted things, and make the camp of Yisra'el a
curse, and trouble it. But all the silver, and gold, and vessels 19
of brass and iron, are consecrated to the LORD: they shall
come into the treasury of the LORD. So the people shouted 20
when the priests blew with the shofarot: and it came to pass,
when the people heard the sound of the horn, that the people
shouted with a great shout, and the wall fell down flat, so
that the people went up into the city, every man straight be-
fore him, and they took the city. And they utterly destroyed 21
all that was in the city, both men and women, young and
old, as well as oxen, sheep, and asses, with the edge of the
sword. But Yehoshua had said to the two men that had spied 22
out the country, Go into the harlot's house, and bring out
from there the woman, and all that she has, as you swore
to her. And the young men that were spies went in, and 23
brought out Raẖav, and her father, and her mother, and her
brothers, and all that she had; and they brought out all her
kindred, and left them outside the camp of Yisra'el. And they 24
burnt the city with fire, and all that was in it: only the silver,
and the gold, and the vessels of brass and of iron, they put
into the treasury of the house of the LORD. And Yehoshua 25
saved Raẖav the harlot alive, and her father's household, and
all that she had; and she dwelt in Yisra'el to this very day;
because she hid the messengers, whom Yehoshua sent to spy
out Yeriẖo. And Yehoshua charged them at that time 26
by oath, saying, Cursed be the man before the LORD, that rises
up to build this city Yeriẖo: he shall lay its foundation with
his firstborn, and with his youngest son shall he set up the
gates of it. So the LORD was with Yehoshua; and his 27
fame was throughout all the country. But the children of Yis- **7**
ra'el committed a trespass in regard to the devoted property:
for 'Akhan, the son of Karmi the son of Zavdi, the son of
Zeraẖ, of the tribe of Yehuda, took of the devoted things:
and the anger of the LORD burned against the children of
Yisra'el. And Yehoshua sent men from Yeriẖo to 'Ay 2
which is beside Bet-aven, on the east side of Bet-el, and spoke
to them, saying, Go up and spy out the country. And the men
went up and spied out 'Ay. And they returned to Yehoshua, 3
and said to him, Let not all the people go up; but let about
two or three thousand men go up and smite 'Ay; and do
not weary all the people to go there; for they are but few. So 4
there went up there of the people about three thousand men:
and they fled before the men of 'Ay. And the men of 'Ay smote 5
of them about thirty six men: for they chased them from be-
fore the gate as far as Shevarim, and smote them at the
descent: and the hearts of the people melted, and became like
water. And Yehoshua rent his clothes, and fell to the earth 6
upon his face before the ark of the LORD until evening, he
and the elders of Yisra'el, and put dust upon their heads. And 7
Yehoshua said, Alas, O Lord God, why didst thou bring this

הַעֲבִיר אֶת־הָעָם הַזֶּה אֶת־הַיַּרְדֵּן לָתֵת אֹתָנוּ בְּיַד הָאֱמֹרִי
ח לְהַאֲבִידֵנוּ וְלוּ הוֹאַלְנוּ וַנֵּשֶׁב בְּעֵבֶר הַיַּרְדֵּן׃ בִּי אֲדֹנָי מָה אֹמַר
ט אַחֲרֵי אֲשֶׁר הָפַךְ יִשְׂרָאֵל עֹרֶף לִפְנֵי אֹיְבָיו׃ וְיִשְׁמְעוּ הַכְּנַעֲנִי
וְכֹל יֹשְׁבֵי הָאָרֶץ וְנָסַבּוּ עָלֵינוּ וְהִכְרִיתוּ אֶת־שְׁמֵנוּ מִן־הָאָרֶץ
י וּמַה־תַּעֲשֵׂה לְשִׁמְךָ הַגָּדוֹל׃ וַיֹּאמֶר יְהוָה אֶל־
יא יְהוֹשֻׁעַ קֻם לָךְ לָמָּה זֶּה אַתָּה נֹפֵל עַל־פָּנֶיךָ׃ חָטָא יִשְׂרָאֵל
וְגַם עָבְרוּ אֶת־בְּרִיתִי אֲשֶׁר צִוִּיתִי אוֹתָם וְגַם לָקְחוּ מִן־הַחֵרֶם
יב וְגַם גָּנְבוּ וְגַם כִּחֲשׁוּ וְגַם שָׂמוּ בִכְלֵיהֶם׃ וְלֹא יֻכְלוּ בְּנֵי יִשְׂרָאֵל
לָקוּם לִפְנֵי אֹיְבֵיהֶם עֹרֶף יִפְנוּ לִפְנֵי אֹיְבֵיהֶם כִּי הָיוּ לְחֵרֶם לֹא
יג אוֹסִיף לִהְיוֹת עִמָּכֶם אִם־לֹא תַשְׁמִידוּ הַחֵרֶם מִקִּרְבְּכֶם׃ קֻם
קַדֵּשׁ אֶת־הָעָם וְאָמַרְתָּ הִתְקַדְּשׁוּ לְמָחָר כִּי כֹה אָמַר יְהוָה
אֱלֹהֵי יִשְׂרָאֵל חֵרֶם בְּקִרְבְּךָ יִשְׂרָאֵל לֹא תוּכַל לָקוּם לִפְנֵי
יד אֹיְבֶיךָ עַד־הֲסִירְכֶם הַחֵרֶם מִקִּרְבְּכֶם׃ וְנִקְרַבְתֶּם בַּבֹּקֶר
לְשִׁבְטֵיכֶם וְהָיָה הַשֵּׁבֶט אֲשֶׁר־יִלְכְּדֶנּוּ יְהוָה יִקְרַב לַמִּשְׁפָּחוֹת
וְהַמִּשְׁפָּחָה אֲשֶׁר־יִלְכְּדֶנָּה יְהוָה תִּקְרַב לַבָּתִּים וְהַבַּיִת אֲשֶׁר
טו יִלְכְּדֶנּוּ יְהוָה יִקְרַב לַגְּבָרִים׃ וְהָיָה הַנִּלְכָּד בַּחֵרֶם יִשָּׂרֵף בָּאֵשׁ
אֹתוֹ וְאֶת־כָּל־אֲשֶׁר־לוֹ כִּי עָבַר אֶת־בְּרִית יְהוָה וְכִי־עָשָׂה
טז נְבָלָה בְּיִשְׂרָאֵל׃ וַיַּשְׁכֵּם יְהוֹשֻׁעַ בַּבֹּקֶר וַיַּקְרֵב אֶת־יִשְׂרָאֵל
יז לִשְׁבָטָיו וַיִּלָּכֵד שֵׁבֶט יְהוּדָה׃ וַיַּקְרֵב אֶת־מִשְׁפַּחַת יְהוּדָה
וַיִּלְכֹּד אֵת מִשְׁפַּחַת הַזַּרְחִי וַיַּקְרֵב אֶת־מִשְׁפַּחַת הַזַּרְחִי
יח לַגְּבָרִים וַיִּלָּכֵד זַבְדִּי׃ וַיַּקְרֵב אֶת־בֵּיתוֹ לַגְּבָרִים וַיִּלָּכֵד עָכָן
יט בֶּן־כַּרְמִי בֶן־זַבְדִּי בֶּן־זֶרַח לְמַטֵּה יְהוּדָה׃ וַיֹּאמֶר יְהוֹשֻׁעַ אֶל־
עָכָן בְּנִי שִׂים־נָא כָבוֹד לַיהוָה אֱלֹהֵי יִשְׂרָאֵל וְתֶן־לוֹ תוֹדָה
כ וְהַגֶּד־נָא לִי מֶה עָשִׂיתָ אַל־תְּכַחֵד מִמֶּנִּי׃ וַיַּעַן עָכָן אֶת־יְהוֹשֻׁעַ
וַיֹּאמַר אָמְנָה אָנֹכִי חָטָאתִי לַיהוָה אֱלֹהֵי יִשְׂרָאֵל וְכָזֹאת
כא וְכָזֹאת עָשִׂיתִי׃ ואראה בַשָּׁלָל אַדֶּרֶת שִׁנְעָר אַחַת טוֹבָה וָאֵרֶא
וּמָאתַיִם שְׁקָלִים כֶּסֶף וּלְשׁוֹן זָהָב אֶחָד חֲמִשִּׁים שְׁקָלִים
מִשְׁקָלוֹ וָאֶחְמְדֵם וָאֶקָּחֵם וְהִנָּם טְמוּנִים בָּאָרֶץ בְּתוֹךְ הָאָהֳלִי
כב וְהַכֶּסֶף תַּחְתֶּיהָ׃ וַיִּשְׁלַח יְהוֹשֻׁעַ מַלְאָכִים וַיָּרֻצוּ הָאֹהֱלָה וְהִנֵּה
כג טְמוּנָה בְּאָהֳלוֹ וְהַכֶּסֶף תַּחְתֶּיהָ׃ וַיִּקָּחוּם מִתּוֹךְ הָאֹהֶל וַיְבִאוּם
כד אֶל־יְהוֹשֻׁעַ וְאֶל כָּל־בְּנֵי יִשְׂרָאֵל וַיַּצִּקֻם לִפְנֵי יְהוָה׃ וַיִּקַּח
יְהוֹשֻׁעַ אֶת־עָכָן בֶּן־זֶרַח וְאֶת־הַכֶּסֶף וְאֶת־הָאַדֶּרֶת וְאֶת־
לְשׁוֹן הַזָּהָב וְאֶת־בָּנָיו וְאֶת־בְּנֹתָיו וְאֶת־שׁוֹרוֹ וְאֶת־חֲמֹרוֹ

people over the Yarden, to deliver us into the hand of the
Emori, to destroy us? would we had been content, and had
remained on the other side of the Yarden ! O LORD, what shall 8
I say, when Yisra'el has turned his back before his enemies!
For the Kena'ani and all the inhabitants of the land shall hear 9
of it, and shall surround us, and cut off our name from the
earth: and what wilt thou do for thy great name? And 10
the LORD said to Yehoshua, Get up; why dost thou lie thus
upon thy face? Yisra'el has sinned, and they have also trans- 11
gressed my covenant which I commanded them : for they have
taken of the devoted property, and have also stolen, and dis-
sembled also, and they have put it among their own goods.
Therefore the children of Yisra'el could not stand before their 12
enemies, but turned their backs before their enemies, because
they were accursed : neither will I be with you any more,
unless you destroy the devoted things from among you. Rise 13
up, sanctify the people, and say, Sanctify yourselves for to
morrow: for thus says the LORD GOD of Yisra'el, There is
devoted property in the midst of thee, O Yisra'el: thou canst
not stand before thy enemies, until you take away the ac-
cursed thing from among you. In the morning therefore you 14
shall come near by your tribes: and it shall be, that the tribe
which the LORD picks shall come near according to its families;
and the family which the LORD picks shall come near by house-
holds ; and the household which the LORD picks shall come
near man by man. And it shall be, that he that is seized with 15
the accursed thing shall be burnt with fire, he and all that
he has : because he has transgressed the covenant of the
LORD, and because he has committed a scandalous thing
in Yisra'el. So Yehoshua rose up early in the morning, and 16
brought Yisra'el by their tribes; and the tribe of Yehuda was
picked : and he brought near the family of Yehuda ; and he 17
took the family of the Zarḥi: and he brought the family of the
Zarḥi man by man; and Zavdi was picked: and he brought 18
his household man by man; and 'Akhan, the son of Karmi,
the son of Zavdi, the son of Zeraḥ, of the tribe of Yehuda, was
picked. And Yehoshua said to 'Akhan, My son, give, I pray 19
thee, glory to the LORD GOD of Yisra'el, and make confession
to him; and tell me now what thou hast done; hide it not
from me. And 'Akhan answered Yehoshua, and said, Indeed 20
I have sinned against the LORD GOD of Yisra'el, and thus and
thus have I done: when I saw among the spoil a goodly mantle of 21
Shin'ar, and two hundred shekels of silver, and a wedge of
gold of fifty shekels weight, then I coveted them, and took
them; and, behold, they are hid in the earth in the midst of
my tent, and the silver under it. So Yehoshua sent messen- 22
gers, and they ran to the tent; and, behold, it was hid in his
tent, and the silver under it. And they took them out of the 23
midst of the tent, and brought them to Yehoshua, and to all
the children of Yisra'el, and laid them out before the LORD.
And Yehoshua, and all Yisra'el with him, took 'Akhan the 24
son of Zeraḥ, and the silver, and the garment, and the wedge
of gold, and his sons, and his daughters, and his oxen, and his

וְאֶת־צֹאנוֹ וְאֶת־אָהֳלוֹ וְאֶת־כָּל־אֲשֶׁר־לוֹ וְכָל־יִשְׂרָאֵל עִמּוֹ
כה וַיַּעֲלוּ אֹתָם עֵמֶק עָכוֹר׃ וַיֹּאמֶר יְהוֹשֻׁעַ מֶה עֲכַרְתָּנוּ יַעְכָּרְךָ
יהוה בַּיּוֹם הַזֶּה וַיִּרְגְּמוּ אֹתוֹ כָל־יִשְׂרָאֵל אֶבֶן וַיִּשְׂרְפוּ אֹתָם
כו בָּאֵשׁ וַיִּסְקְלוּ אֹתָם בָּאֲבָנִים׃ וַיָּקִימוּ עָלָיו גַּל־אֲבָנִים גָּדוֹל עַד
הַיּוֹם הַזֶּה וַיָּשָׁב יהוה מֵחֲרוֹן אַפּוֹ עַל־כֵּן קָרָא שֵׁם הַמָּקוֹם
הַהוּא עֵמֶק עָכוֹר עַד הַיּוֹם הַזֶּה׃
ח א וַיֹּאמֶר יהוה אֶל־יְהוֹשֻׁעַ אַל־תִּירָא וְאַל־תֵּחָת קַח עִמְּךָ אֵת
כָּל־עַם הַמִּלְחָמָה וְקוּם עֲלֵה הָעָי רְאֵה ׀ נָתַתִּי בְיָדְךָ אֶת־
ב מֶלֶךְ הָעַי וְאֶת־עַמּוֹ וְאֶת־עִירוֹ וְאֶת־אַרְצוֹ׃ וְעָשִׂיתָ לָעַי
וּלְמַלְכָּהּ כַּאֲשֶׁר עָשִׂיתָ לִירִיחוֹ וּלְמַלְכָּהּ רַק־שְׁלָלָהּ וּבְהֶמְתָּהּ
ג תָּבֹזּוּ לָכֶם שִׂים־לְךָ אֹרֵב לָעִיר מֵאַחֲרֶיהָ׃ וַיָּקָם יְהוֹשֻׁעַ וְכָל־
עַם הַמִּלְחָמָה לַעֲלוֹת הָעָי וַיִּבְחַר יְהוֹשֻׁעַ שְׁלֹשִׁים אֶלֶף אִישׁ
ד גִּבּוֹרֵי הַחַיִל וַיִּשְׁלָחֵם לָיְלָה׃ וַיְצַו אֹתָם לֵאמֹר רְאוּ אַתֶּם
אֹרְבִים לָעִיר מֵאַחֲרֵי הָעִיר אַל־תַּרְחִיקוּ מִן־הָעִיר מְאֹד
ה וִהְיִיתֶם כֻּלְּכֶם נְכֹנִים׃ וַאֲנִי וְכָל־הָעָם אֲשֶׁר אִתִּי נִקְרַב אֶל־
הָעִיר וְהָיָה כִּי־יֵצְאוּ לִקְרָאתֵנוּ כַּאֲשֶׁר בָּרִאשֹׁנָה וְנַסְנוּ
ו לִפְנֵיהֶם׃ וְיָצְאוּ אַחֲרֵינוּ עַד הַתִּיקֵנוּ אוֹתָם מִן־הָעִיר כִּי יֹאמְרוּ
ז נָסִים לְפָנֵינוּ כַּאֲשֶׁר בָּרִאשֹׁנָה וְנַסְנוּ לִפְנֵיהֶם׃ וְאַתֶּם תָּקֻמוּ
מֵהָאוֹרֵב וְהוֹרַשְׁתֶּם אֶת־הָעִיר וּנְתָנָהּ יהוה אֱלֹהֵיכֶם בְּיֶדְכֶם׃
ח וְהָיָה כְּתָפְשְׂכֶם אֶת־הָעִיר תַּצִּיתוּ אֶת־הָעִיר בָּאֵשׁ כִּדְבַר יהוה
ט תַּעֲשׂוּ רְאוּ צִוִּיתִי אֶתְכֶם׃ וַיִּשְׁלָחֵם יְהוֹשֻׁעַ וַיֵּלְכוּ אֶל־הַמַּאְרָב
וַיֵּשְׁבוּ בֵּין בֵּית־אֵל וּבֵין הָעַי מִיָּם לָעָי וַיָּלֶן יְהוֹשֻׁעַ בַּלַּיְלָה
י הַהוּא בְּתוֹךְ הָעָם׃ וַיַּשְׁכֵּם יְהוֹשֻׁעַ בַּבֹּקֶר וַיִּפְקֹד אֶת־הָעָם
יא וַיַּעַל הוּא וְזִקְנֵי יִשְׂרָאֵל לִפְנֵי הָעָם הָעָי׃ וְכָל־הָעָם הַמִּלְחָמָה
אֲשֶׁר אִתּוֹ עָלוּ וַיִּגְּשׁוּ וַיָּבֹאוּ נֶגֶד הָעִיר וַיַּחֲנוּ מִצְּפוֹן לָעַי וְהַגַּי
יב בֵּינָו וּבֵין הָעָי׃ וַיִּקַּח כַּחֲמֵשֶׁת אֲלָפִים אִישׁ וַיָּשֶׂם אוֹתָם אֹרֵב
יג בֵּין בֵּית־אֵל וּבֵין הָעַי מִיָּם לָעִיר׃ וַיָּשִׂימוּ הָעָם אֶת־כָּל־ לָעָי
הַמַּחֲנֶה אֲשֶׁר מִצְּפוֹן לָעִיר וְאֶת־עֲקֵבוֹ מִיָּם לָעִיר וַיֵּלֶךְ יְהוֹשֻׁעַ
יד בַּלַּיְלָה הַהוּא בְּתוֹךְ הָעֵמֶק׃ וַיְהִי כִּרְאוֹת מֶלֶךְ־הָעַי וַיְמַהֲרוּ
וַיַּשְׁכִּימוּ וַיֵּצְאוּ אַנְשֵׁי־הָעִיר לִקְרַאת־יִשְׂרָאֵל לַמִּלְחָמָה הוּא
וְכָל־עַמּוֹ לַמּוֹעֵד לִפְנֵי הָעֲרָבָה וְהוּא לֹא יָדַע כִּי־אֹרֵב לוֹ
טו מֵאַחֲרֵי הָעִיר׃ וַיִּנָּגְעוּ יְהוֹשֻׁעַ וְכָל־יִשְׂרָאֵל לִפְנֵיהֶם וַיָּנֻסוּ דֶּרֶךְ
טז הַמִּדְבָּר׃ וַיִּזָּעֲקוּ כָּל־הָעָם אֲשֶׁר בָּעִיר לִרְדֹּף אַחֲרֵיהֶם וַיִּרְדְּפוּ בָּעָי

asses, and his sheep, and his tent, and all that he had: and
they brought them to the valley of 'Akhor. And Yehoshua 25
said, Why hast thou brought trouble on us? the LORD shall
trouble thee this day. And all Yisra'el stoned him with stones,
and burned them with fire, after they had stoned them with
stones. And they raised over him a great heap of stones to this 26
day. So the LORD turned from the fierceness of his anger.
Therefore the name of that place was called, The valley of
'Akhor, to this very day.

8 And the LORD said to Yehoshua, Fear not, nor be dismayed:
take all the people of war with thee, and arise, go up to 'Ay:
see I have given into thy hand the king of 'Ay: and his people,
and his city, and his land: and thou shalt do to 'Ay and her 2
king as thou didst to Yeriho and her king: only its spoil
and its cattle, shall you take for a prey to yourselves: lay
thee an ambush for the city behind it. So Yehoshua arose, and 3
all the people of war, to go up against 'Ay: and Yehoshua
chose out thirty thousand mighty men of valour, and sent them
away by night. And he commanded them, saying, Behold, you 4
shall lie in wait against the city, behind the city: go not very
far from the city, but be all of you ready: and I and all the 5
people that are with me, will approach the city: and it shall
come to pass, when they come out against us, as at the first,
that we will flee before them, (for they will come out after 6
us) till we have drawn them from the city; for they will say,
They flee before us, as at the first: therefore we will flee be-
fore them. Then you shall rise up from the ambush, and take 7
possession of the city: for the LORD your GOD will deliver
it into your hand. And it shall be, when you have taken the 8
city, that you shall set the city on fire: according to the com-
mandment of the LORD shall you do. See, I have commanded
you. Yehoshua therefore sent them forth: and they went to 9
lie in ambush, and abode between Bet-el and 'Ay, on the west
side of 'Ay: but Yehoshua lodged that night among the people.
And Yehoshua rose up early in the morning, and numbered 10
the people, and went up, he and the elders of Yisra'el, before
the people to 'Ay. And all the people of war that were with 11
him, went up, and drew near, and came before the city, and
pitched on the north side of 'Ay: now there was a valley be-
tween them and 'Ay. And he took about five thousand men, 12
and set them to lie in ambush between Bet-el and 'Ay on the
west side of the city. And when they had set the people, even 13
all the encampment that was on the north of the city, and
their ambush party on the west of the city, Yehoshua went
that night into the midst of the valley. And it came to pass, 14
when the king of 'Ay saw it, that they hastened and rose up
early, and the men of the city went out against Yisra'el to
battle, he and all his people, at a time appointed, before the
plain; but he knew not that there were liers in ambush
against him behind the city. And Yehoshua and all Yisra'el 15
made as if they were beaten before them, and fled by the way
of the wilderness. And all the people that were in 'Ay were 16
called out to pursue after them: and they pursued after Yeho-

אַחֲרֵי יְהוֹשֻׁעַ וַיִּנָּתְקוּ מִן־הָעִיר׃ וְלֹא־נִשְׁאַר אִישׁ בָּעַי וּבֵית יז
אֵל אֲשֶׁר לֹא־יָצְאוּ אַחֲרֵי יִשְׂרָאֵל וַיַּעַזְבוּ אֶת־הָעִיר פְּתוּחָה
וַיִּרְדְּפוּ אַחֲרֵי יִשְׂרָאֵל׃ וַיֹּאמֶר יְהוָה אֶל־יְהוֹשֻׁעַ יח
נְטֵה בַּכִּידוֹן אֲשֶׁר־בְּיָדְךָ אֶל־הָעַי כִּי בְיָדְךָ אֶתְּנֶנָּה וַיֵּט יְהוֹשֻׁעַ
בַּכִּידוֹן אֲשֶׁר־בְּיָדוֹ אֶל־הָעִיר׃ וְהָאוֹרֵב קָם מְהֵרָה מִמְּקוֹמוֹ יט
וַיָּרוּצוּ כִּנְטוֹת יָדוֹ וַיָּבֹאוּ הָעִיר וַיִּלְכְּדוּהָ וַיְמַהֲרוּ וַיַּצִּיתוּ אֶת־
הָעִיר בָּאֵשׁ׃ וַיִּפְנוּ אַנְשֵׁי הָעַי אַחֲרֵיהֶם וַיִּרְאוּ וְהִנֵּה עָלָה עֲשַׁן כ
הָעִיר הַשָּׁמַיְמָה וְלֹא־הָיָה בָהֶם יָדַיִם לָנוּס הֵנָּה וָהֵנָּה וְהָעָם
הַנָּס הַמִּדְבָּר נֶהְפַּךְ אֶל־הָרוֹדֵף׃ וִיהוֹשֻׁעַ וְכָל־יִשְׂרָאֵל רָאוּ כִּי־ כא
לָכַד הָאֹרֵב אֶת־הָעִיר וְכִי עָלָה עֲשַׁן הָעִיר וַיָּשֻׁבוּ וַיַּכּוּ אֶת־
אַנְשֵׁי הָעָי׃ וְאֵלֶּה יָצְאוּ מִן־הָעִיר לִקְרָאתָם וַיִּהְיוּ לְיִשְׂרָאֵל כב
בַּתָּוֶךְ אֵלֶּה מִזֶּה וְאֵלֶּה מִזֶּה וַיַּכּוּ אוֹתָם עַד־בִּלְתִּי הִשְׁאִיר־
לוֹ שָׂרִיד וּפָלִיט׃ וְאֶת־מֶלֶךְ הָעַי תָּפְשׂוּ חָי וַיַּקְרִבוּ אֹתוֹ כג
אֶל־יְהוֹשֻׁעַ׃ וַיְהִי כְּכַלּוֹת יִשְׂרָאֵל לַהֲרֹג אֶת־כָּל־יֹשְׁבֵי הָעַי כד
בַּשָּׂדֶה בַּמִּדְבָּר אֲשֶׁר רְדָפוּם בּוֹ וַיִּפְּלוּ כֻלָּם לְפִי־חֶרֶב עַד־
תֻּמָּם וַיָּשֻׁבוּ כָל־יִשְׂרָאֵל הָעַי וַיַּכּוּ אֹתָהּ לְפִי־
חָרֶב׃ וַיְהִי כָל־הַנֹּפְלִים בַּיּוֹם הַהוּא מֵאִישׁ וְעַד־אִשָּׁה שְׁנֵים כה
עָשָׂר אָלֶף כֹּל אַנְשֵׁי הָעָי׃ וִיהוֹשֻׁעַ לֹא־הֵשִׁיב יָדוֹ אֲשֶׁר נָטָה כו
בַּכִּידוֹן עַד אֲשֶׁר הֶחֱרִים אֵת כָּל־יֹשְׁבֵי הָעָי׃ רַק הַבְּהֵמָה כז
וּשְׁלַל הָעִיר הַהִיא בָּזְזוּ לָהֶם יִשְׂרָאֵל כִּדְבַר יְהוָה אֲשֶׁר צִוָּה
אֶת־יְהוֹשֻׁעַ׃ וַיִּשְׂרֹף יְהוֹשֻׁעַ אֶת־הָעָי וַיְשִׂימֶהָ תֵּל־עוֹלָם כח
שְׁמָמָה עַד הַיּוֹם הַזֶּה׃ וְאֶת־מֶלֶךְ הָעַי תָּלָה עַל־הָעֵץ עַד־ כט
עֵת הָעָרֶב וּכְבוֹא הַשֶּׁמֶשׁ צִוָּה יְהוֹשֻׁעַ וַיֹּרִידוּ אֶת־נִבְלָתוֹ מִן־
הָעֵץ וַיַּשְׁלִיכוּ אוֹתָהּ אֶל־פֶּתַח שַׁעַר הָעִיר וַיָּקִימוּ עָלָיו גַּל־
אֲבָנִים גָּדוֹל עַד הַיּוֹם הַזֶּה׃
אָז יִבְנֶה יְהוֹשֻׁעַ מִזְבֵּחַ לַיהוָה אֱלֹהֵי יִשְׂרָאֵל בְּהַר עֵיבָל׃ ל
כַּאֲשֶׁר צִוָּה מֹשֶׁה עֶבֶד־יְהוָה אֶת־בְּנֵי יִשְׂרָאֵל כַּכָּתוּב בְּסֵפֶר לא
תּוֹרַת מֹשֶׁה מִזְבַּח אֲבָנִים שְׁלֵמוֹת אֲשֶׁר לֹא־הֵנִיף עֲלֵיהֶן
בַּרְזֶל וַיַּעֲלוּ עָלָיו עֹלוֹת לַיהוָה וַיִּזְבְּחוּ שְׁלָמִים׃ וַיִּכְתָּב־שָׁם לב
עַל־הָאֲבָנִים אֵת מִשְׁנֵה תּוֹרַת מֹשֶׁה אֲשֶׁר כָּתַב לִפְנֵי בְּנֵי
ה יִשְׂרָאֵל׃ וְכָל־יִשְׂרָאֵל וּזְקֵנָיו וְשֹׁטְרִים ׀ וְשֹׁפְטָיו עֹמְדִים מִזֶּה ׀ לג
וּמִזֶּה ׀ לָאָרוֹן נֶגֶד הַכֹּהֲנִים הַלְוִיִּם נֹשְׂאֵי ׀ אֲרוֹן בְּרִית־יְהוָה כַּגֵּר
כָּאֶזְרָח חֶצְיוֹ אֶל־מוּל הַר־גְּרִזִים וְהַחֶצְיוֹ אֶל־מוּל הַר־עֵיבָל
כַּאֲשֶׁר צִוָּה מֹשֶׁה עֶבֶד־יְהוָה לְבָרֵךְ אֶת־הָעָם יִשְׂרָאֵל

17 shua, and were drawn away from the city. And there was not
a man left in 'Ay or Bet-el, that went not out after Yisra'el: and
they left the city unguarded, and pursued after Yisra'el.
18 And the Lord said to Yehoshua, Stretch out the javelin
that is in thy hand toward 'Ay; for I will give it into thy hand.
And Yehoshua stretched out the javelin that he had in his
19 hand toward the city. And the ambush rose quickly out of
their place, and they ran when he stretched out his hand:
and they entered the city, and took it, and hastily set the city
20 on fire. And when the men of 'Ay looked behind them, they
saw, and, behold, the smoke of the city ascended up to
the sky, and they had no power to flee this way or that way:
and the people that fled to the wilderness turned back upon
21 the pursuers. And when Yehoshua and all Yisra'el saw that
the ambush party had taken the city, and that the smoke of
the city ascended, then they turned and slew the men of 'Ay.
22 And the others issued out of the city against them; so they
were in the midst of Yisra'el, some on this side, and some on
that side: and they smote them, so that they let none of them
23 remain or escape. And the king of 'Ay they took alive, and
24 brought him to Yehoshua. And it came to pass, when Yisra'el
had made an end of slaying all the inhabitants of 'Ay in the
field, in the wilderness into which they had pursued them,
and when they were all fallen by the edge of the sword, until
they were consumed, that then all Yisra'el returned to
25 'Ay, and smote it with the edge of the sword. And so it was,
that all that fell that day, both men and women, were twelve
26 thousand, all the men of 'Ay. For Yehoshua did not with-
draw his hand, wherewith he stretched out the spear, until
27 he had utterly destroyed all the inhabitants of 'Ay. Only the
cattle and the spoil of that city Yisra'el took for plunder to
themselves, according to the word of the Lord which he
28 commanded Yehoshua. And Yehoshua burnt 'Ay, and made
29 it a perpetual mound, a desolation to this day. And the king of
'Ay he hanged on a tree until evening: and as soon as the sun
was down, Yehoshua commanded that they should take his
carcass down from the tree, and cast it at the entrance of the
gate of the city, and raise over it a great heap of stones, to
this day.
30 Then Yehoshua built an altar to the Lord God of Yisra'el in
31 mount 'Eval, as Moshe the servant of the Lord commanded
the children of Yisra'el as it is written in the book of the Tora
of Moshe, an altar of whole stones, over which no man lifted
up any iron instrument: and they offered on it burnt offerings
32 to the Lord, and sacrificed peace offerings. And he wrote
there upon the stones a copy of the Tora of Moshe, which he
33 wrote in the presence of the children of Yisra'el. And all Yis-
ra'el, and their elders, and officers, and their judges, stood
on this side the ark and on that side before the priests the
Levites who bore the ark of the covenant of the Lord, both
stranger, and native born; half of them over against mount
Gerizzim, and half of them over against mount 'Eval; as
Moshe the servant of the Lord had commanded that they

לד בָּרִאשֹׁנָה: וְאַחֲרֵי־כֵן קָרָא אֶת־כָּל־דִּבְרֵי הַתּוֹרָה הַבְּרָכָה
לה וְהַקְּלָלָה כְּכָל־הַכָּתוּב בְּסֵפֶר הַתּוֹרָה: לֹא־הָיָה דָבָר מִכֹּל
אֲשֶׁר־צִוָּה מֹשֶׁה אֲשֶׁר לֹא־קָרָא יְהוֹשֻׁעַ נֶגֶד כָּל־קְהַל יִשְׂרָאֵל
ט א וְהַנָּשִׁים וְהַטַּף וְהַגֵּר הַהֹלֵךְ בְּקִרְבָּם: וַיְהִי כִשְׁמֹעַ
כָל־הַמְּלָכִים אֲשֶׁר בְּעֵבֶר הַיַּרְדֵּן בָּהָר וּבַשְּׁפֵלָה וּבְכֹל חוֹף הַיָּם
הַגָּדוֹל אֶל־מוּל הַלְּבָנוֹן הַחִתִּי וְהָאֱמֹרִי הַכְּנַעֲנִי הַפְּרִזִּי הַחִוִּי
ב וְהַיְבוּסִי: וַיִּתְקַבְּצוּ יַחְדָּו לְהִלָּחֵם עִם־יְהוֹשֻׁעַ וְעִם־יִשְׂרָאֵל פֶּה
ג אֶחָד: וְיֹשְׁבֵי גִבְעוֹן שָׁמְעוּ אֵת אֲשֶׁר עָשָׂה
ד יְהוֹשֻׁעַ לִירִיחוֹ וְלָעָי: וַיַּעֲשׂוּ גַם־הֵמָּה בְּעָרְמָה וַיֵּלְכוּ וַיִּצְטַיָּרוּ
וַיִּקְחוּ שַׂקִּים בָּלִים לַחֲמוֹרֵיהֶם וְנֹאדוֹת יַיִן בָּלִים וּמְבֻקָּעִים
ה וּמְצֹרָרִים: וּנְעָלוֹת בָּלוֹת וּמְטֻלָּאוֹת בְּרַגְלֵיהֶם וּשְׂלָמוֹת בָּלוֹת
ו עֲלֵיהֶם וְכֹל לֶחֶם צֵידָם יָבֵשׁ הָיָה נִקֻּדִים: וַיֵּלְכוּ אֶל־יְהוֹשֻׁעַ
אֶל־הַמַּחֲנֶה הַגִּלְגָּל וַיֹּאמְרוּ אֵלָיו וְאֶל־אִישׁ יִשְׂרָאֵל מֵאֶרֶץ
ז רְחוֹקָה בָּאנוּ וְעַתָּה כִּרְתוּ־לָנוּ בְרִית: ויאמרו אִישׁ־יִשְׂרָאֵל וַיֹּאמֶר
אֶל־הַחִוִּי אוּלַי בְּקִרְבִּי אַתָּה יוֹשֵׁב וְאֵיךְ אכרות־לְךָ בְּרִית: אֲכָרָת־
ח וַיֹּאמְרוּ אֶל־יְהוֹשֻׁעַ עֲבָדֶיךָ אֲנָחְנוּ וַיֹּאמֶר אֲלֵיהֶם יְהוֹשֻׁעַ מִי
ט אַתֶּם וּמֵאַיִן תָּבֹאוּ: וַיֹּאמְרוּ אֵלָיו מֵאֶרֶץ רְחוֹקָה מְאֹד בָּאוּ
עֲבָדֶיךָ לְשֵׁם יְהוָה אֱלֹהֶיךָ כִּי־שָׁמַעְנוּ שָׁמְעוֹ וְאֵת כָּל־אֲשֶׁר
י עָשָׂה בְּמִצְרָיִם: וְאֵת ׀ כָּל־אֲשֶׁר עָשָׂה לִשְׁנֵי מַלְכֵי הָאֱמֹרִי
אֲשֶׁר בְּעֵבֶר הַיַּרְדֵּן לְסִיחוֹן מֶלֶךְ חֶשְׁבּוֹן וּלְעוֹג מֶלֶךְ־הַבָּשָׁן
יא אֲשֶׁר בְּעַשְׁתָּרוֹת: וַיֹּאמְרוּ אֵלֵינוּ זְקֵינֵינוּ וְכָל־יֹשְׁבֵי אַרְצֵנוּ
לֵאמֹר קְחוּ בְיֶדְכֶם צֵידָה לַדֶּרֶךְ וּלְכוּ לִקְרָאתָם וַאֲמַרְתֶּם
יב אֲלֵיהֶם עַבְדֵיכֶם אֲנַחְנוּ וְעַתָּה כִּרְתוּ־לָנוּ בְרִית: זֶה ׀ לַחְמֵנוּ
חָם הִצְטַיַּדְנוּ אֹתוֹ מִבָּתֵּינוּ בְּיוֹם צֵאתֵנוּ לָלֶכֶת אֲלֵיכֶם וְעַתָּה
יג הִנֵּה יָבֵשׁ וְהָיָה נִקֻּדִים: וְאֵלֶּה נֹאדוֹת הַיַּיִן אֲשֶׁר מִלֵּאנוּ
חֲדָשִׁים וְהִנֵּה הִתְבַּקָּעוּ וְאֵלֶּה שַׂלְמוֹתֵינוּ וּנְעָלֵינוּ בָּלוּ מֵרֹב
יד הַדֶּרֶךְ מְאֹד: וַיִּקְחוּ הָאֲנָשִׁים מִצֵּידָם וְאֶת־פִּי יְהוָה לֹא שָׁאָלוּ:
טו וַיַּעַשׂ לָהֶם יְהוֹשֻׁעַ שָׁלוֹם וַיִּכְרֹת לָהֶם בְּרִית לְחַיּוֹתָם וַיִּשָּׁבְעוּ
טז לָהֶם נְשִׂיאֵי הָעֵדָה: וַיְהִי מִקְצֵה שְׁלֹשֶׁת יָמִים אַחֲרֵי אֲשֶׁר־
כָּרְתוּ לָהֶם בְּרִית וַיִּשְׁמְעוּ כִּי־קְרֹבִים הֵם אֵלָיו וּבְקִרְבּוֹ הֵם
יז יֹשְׁבִים: וַיִּסְעוּ בְנֵי־יִשְׂרָאֵל וַיָּבֹאוּ אֶל־עָרֵיהֶם בַּיּוֹם הַשְּׁלִישִׁי
יח וְעָרֵיהֶם גִּבְעוֹן וְהַכְּפִירָה וּבְאֵרוֹת וְקִרְיַת יְעָרִים: וְלֹא הִכּוּם
בְּנֵי יִשְׂרָאֵל כִּי־נִשְׁבְּעוּ לָהֶם נְשִׂיאֵי הָעֵדָה בַּיהוָה אֱלֹהֵי
יט יִשְׂרָאֵל וַיִּלֹּנוּ כָל־הָעֵדָה עַל־הַנְּשִׂיאִים: וַיֹּאמְרוּ כָל־הַנְּשִׂיאִים

should first bless the people of Yisra'el. And afterwards he 34
read all the words of the Tora, the blessing and the curse, ac-
cording to all that is written in the book of the Tora. There 35
was not a word of all that Moshe commanded, which Yeho-
shua read not before all the congregation of Yisra'el with the
women, and the little ones, and the strangers that went
amongst them. And it came to pass, when all the kings 9
who were on this side of the Yarden, in the hills, and in the
valleys, and on all the coast of the great sea over against the
Levanon, the Ḥitti, and the Emori, the Kena'ani, the Perizzi,
the Ḥivvi, and the Yevusi, heard of it, that they gathered 2
themselves together, to fight with Yehoshua and with Yisra'el
with one accord. And when the inhabitants of Giv'on 3
heard what Yehoshua had done to Yeriḥo and to 'Ay, they 4
acted cunningly, and went and took provisions, and took old
sacks upon their asses, and wine bottles, old and rent, and
patched up; and old worn and patched shoes upon their feet, 5
and worn garments upon them; and all the bread of their pro-
vision was dry and had become crumbs. And they went to 6
Yehoshua to the camp at Gilgal, and said to him, and to the
men of Yisra'el, We are come from a far country: now there-
fore make a covenant with us. And the men of Yisra'el said 7
to the Ḥivvi, Perhaps you dwell among us; and how shall we
then make a covenant with you? And they said to Yehoshua, 8
We are thy servants. And Yehoshua said to them, Who are
you? and from where do you come? And they said to him, 9
From a very far country thy servants are come because of
the name of the LORD thy GOD: for we have heard the fame
of him, and all that he did in Miẕrayim, and all that he did to 10
the two kings of the Emori, that were beyond the Yarden, to
Siḥon king of Ḥeshbon, and to 'Og king of Bashan, who was
at 'Ashtarot. Wherefore our elders and all the inhabitants of 11
our country spoke to us, saying, Take provision with you for
the journey, and go to meet them, and say to them, We are
your servants: therefore now make a covenant with us. This 12
our bread we took hot for our provision out of our houses on
the day we went out to go to you; but now, behold, it is dry,
and is become crumbs: and these bottles of wine, which we 13
filled, were new; and, behold, they are split: and these our
garments and our shoes are worn out by reason of the very
long journey. And the men took of their provisions, and did 14
not ask counsel at the mouth of the LORD. And Yehoshua 15
made peace with them, and made a covenant with them, to
let them live: and the princes of the congregation swore to
them. And it came to pass at the end of three days after they 16
had made a covenant with them, that they heard that they
were their neighbours, and that they dwelt among them. And 17
the children of Yisra'el journeyed, and came to their cities
on the third day. Now their cities were Giv'on, and Kefira,
and Be'erot, and Qiryat-Ye'arim. And the children of Yisra'el 18
smote them not, because the princes of the congregation had
sworn to them by the LORD GOD of Yisra'el. And all the con-
gregation murmured against the princes. But all the princes 19

אֶל־כָּל־הָעֵדָה אֲנַחְנוּ נִשְׁבַּעְנוּ לָהֶם בַּיהוָה אֱלֹהֵי יִשְׂרָאֵל
כ וְעַתָּה לֹא נוּכַל לִנְגֹּעַ בָּהֶם׃ זֹאת נַעֲשֶׂה לָהֶם וְהַחֲיֵה אוֹתָם
וְלֹא־יִהְיֶה עָלֵינוּ קֶצֶף עַל־הַשְּׁבוּעָה אֲשֶׁר־נִשְׁבַּעְנוּ לָהֶם׃
כא וַיֹּאמְרוּ אֲלֵיהֶם הַנְּשִׂיאִים יִחְיוּ וַיִּהְיוּ חֹטְבֵי עֵצִים וְשֹׁאֲבֵי־
כב מַיִם לְכָל־הָעֵדָה כַּאֲשֶׁר דִּבְּרוּ לָהֶם הַנְּשִׂיאִים׃ וַיִּקְרָא לָהֶם
יְהוֹשֻׁעַ וַיְדַבֵּר אֲלֵיהֶם לֵאמֹר לָמָּה רִמִּיתֶם אֹתָנוּ לֵאמֹר
כג רְחוֹקִים אֲנַחְנוּ מִכֶּם מְאֹד וְאַתֶּם בְּקִרְבֵּנוּ יֹשְׁבִים׃ וְעַתָּה
אֲרוּרִים אַתֶּם וְלֹא־יִכָּרֵת מִכֶּם עֶבֶד וְחֹטְבֵי עֵצִים וְשֹׁאֲבֵי מַיִם
כד לְבֵית אֱלֹהָי׃ וַיַּעֲנוּ אֶת־יְהוֹשֻׁעַ וַיֹּאמְרוּ כִּי הֻגֵּד הֻגַּד לַעֲבָדֶיךָ
אֵת אֲשֶׁר צִוָּה יְהוָה אֱלֹהֶיךָ אֶת־מֹשֶׁה עַבְדּוֹ לָתֵת לָכֶם אֶת־
כָּל־הָאָרֶץ וּלְהַשְׁמִיד אֶת־כָּל־יֹשְׁבֵי הָאָרֶץ מִפְּנֵיכֶם וַנִּירָא
כה מְאֹד לְנַפְשֹׁתֵינוּ מִפְּנֵיכֶם וַנַּעֲשֵׂה אֶת־הַדָּבָר הַזֶּה׃ וְעַתָּה הִנְנוּ
כו בְיָדֶךָ כַּטּוֹב וְכַיָּשָׁר בְּעֵינֶיךָ לַעֲשׂוֹת לָנוּ עֲשֵׂה׃ וַיַּעַשׂ לָהֶם כֵּן
כז וַיַּצֵּל אוֹתָם מִיַּד בְּנֵי־יִשְׂרָאֵל וְלֹא הֲרָגוּם׃ וַיִּתְּנֵם יְהוֹשֻׁעַ בַּיּוֹם
הַהוּא חֹטְבֵי עֵצִים וְשֹׁאֲבֵי מַיִם לָעֵדָה וּלְמִזְבַּח יְהוָה עַד־
י א הַיּוֹם הַזֶּה אֶל־הַמָּקוֹם אֲשֶׁר יִבְחָר׃ וַיְהִי כִשְׁמֹעַ
אֲדֹנִי־צֶדֶק מֶלֶךְ יְרוּשָׁלִַם כִּי־לָכַד יְהוֹשֻׁעַ אֶת־הָעַי וַיַּחֲרִימָהּ
כַּאֲשֶׁר עָשָׂה לִירִיחוֹ וּלְמַלְכָּהּ כֵּן־עָשָׂה לָעַי וּלְמַלְכָּהּ וְכִי
ב הִשְׁלִימוּ יֹשְׁבֵי גִבְעוֹן אֶת־יִשְׂרָאֵל וַיִּהְיוּ בְּקִרְבָּם׃ וַיִּירְאוּ מְאֹד
כִּי עִיר גְּדוֹלָה גִּבְעוֹן כְּאַחַת עָרֵי הַמַּמְלָכָה וְכִי הִיא גְדוֹלָה
ג מִן־הָעַי וְכָל־אֲנָשֶׁיהָ גִּבֹּרִים׃ וַיִּשְׁלַח אֲדֹנִי־צֶדֶק מֶלֶךְ יְרוּשָׁלִַם
אֶל־הוֹהָם מֶלֶךְ־חֶבְרוֹן וְאֶל־פִּרְאָם מֶלֶךְ־יַרְמוּת וְאֶל־יָפִיעַ
ד מֶלֶךְ־לָכִישׁ וְאֶל־דְּבִיר מֶלֶךְ־עֶגְלוֹן לֵאמֹר׃ עֲלוּ־אֵלַי וְעִזְרֻנִי
וְנַכֶּה אֶת־גִּבְעוֹן כִּי־הִשְׁלִימָה אֶת־יְהוֹשֻׁעַ וְאֶת־בְּנֵי יִשְׂרָאֵל׃
ה וַיֵּאָסְפוּ וַיַּעֲלוּ חֲמֵשֶׁת ׀ מַלְכֵי הָאֱמֹרִי מֶלֶךְ יְרוּשָׁלִַם מֶלֶךְ־
חֶבְרוֹן מֶלֶךְ־יַרְמוּת מֶלֶךְ־לָכִישׁ מֶלֶךְ־עֶגְלוֹן הֵם וְכָל־מַחֲנֵיהֶם
ו וַיַּחֲנוּ עַל־גִּבְעוֹן וַיִּלָּחֲמוּ עָלֶיהָ׃ וַיִּשְׁלְחוּ אַנְשֵׁי גִבְעוֹן אֶל־
יְהוֹשֻׁעַ אֶל־הַמַּחֲנֶה הַגִּלְגָּלָה לֵאמֹר אַל־תֶּרֶף יָדֶיךָ מֵעֲבָדֶיךָ
עֲלֵה אֵלֵינוּ מְהֵרָה וְהוֹשִׁיעָה לָּנוּ וְעָזְרֵנוּ כִּי נִקְבְּצוּ אֵלֵינוּ כָּל־
ז מַלְכֵי הָאֱמֹרִי יֹשְׁבֵי הָהָר׃ וַיַּעַל יְהוֹשֻׁעַ מִן־הַגִּלְגָּל הוּא וְכָל־
ח עַם הַמִּלְחָמָה עִמּוֹ וְכֹל גִּבּוֹרֵי הֶחָיִל׃ וַיֹּאמֶר ו
יְהוָה אֶל־יְהוֹשֻׁעַ אַל־תִּירָא מֵהֶם כִּי בְיָדְךָ נְתַתִּים לֹא־יַעֲמֹד
ט אִישׁ מֵהֶם בְּפָנֶיךָ׃ וַיָּבֹא אֲלֵיהֶם יְהוֹשֻׁעַ פִּתְאֹם כָּל־הַלַּיְלָה
י עָלָה מִן־הַגִּלְגָּל׃ וַיְהֻמֵּם יְהוָה לִפְנֵי יִשְׂרָאֵל וַיַּכֵּם מַכָּה־גְדוֹלָה
בְּגִבְעוֹן וַיִּרְדְּפֵם דֶּרֶךְ מַעֲלֵה בֵית־חוֹרֹן וַיַּכֵּם עַד־עֲזֵקָה וְעַד־

said to all the congregation, We have sworn to them by the
Lord God of Yisra'el: now therefore we may not touch them.
This we will do to them; we will let them live, so that no 20
fierce anger be upon us, because of the oath which we swore
to them. And the princes said to them, Let them live; but let 21
them be hewers of wood and drawers of water for all the con-
gregation; as the princes had promised them. And Yehoshua 22
called for them, and he spoke to them, saying, Wherefore have
you deceived us, saying, We are very far from you; when yet
you dwell among us? Now therefore you are cursed, and 23
there shall not cease to be of you bondmen, and hewers of
wood and drawers of water for the house of my God. And 24
they answered Yehoshua and said, Because it was certainly
told thy servants, how the Lord thy God commanded his ser-
vant Moshe to give you all the land, and to destroy all the
inhabitants of the land from before you, therefore we were
greatly afraid of our lives because of you, and have done
this thing. And now, behold, we are in thy hand: do as it 25
seems good and right to thee to do to us. And so he did to 26
them, and delivered them out of the hand of the children of
Yisra'el, that they slew them not. And Yehoshua made them 27
that day hewers of wood and drawers of water for the con-
gregation, and for the altar of the Lord, to this day, in the
place which he should choose. Now it came to pass, **10**
when Adoni-ẕedeq king of Yerushalayim had heard how Yeho-
shua had taken 'Ay, and had utterly destroyed it; as he had
done to Yeriẖo and her king, so he had done to 'Ay and her
king; and how the inhabitants of Giv'on had made peace with
Yisra'el, and were among them; that they feared greatly, be- 2
cause Giv'on was a great city, as one of the royal cities, and
because it was greater than 'Ay and all its men were mighty.
And Adoni-ẕedeq king of Yerushalayim sent to Hoham king 3
of Ḥevron, and to Pir'am king of Yarmut, and to Yafia, king
of Lakhish, and to Devir king of 'Eglon, saying. Come up to 4
me, and help me, that we may smite Giv'on: for it has made
peace with Yehoshua and with the children of Yisra'el. There- 5
fore the five kings of the Emori, the king of Yerushalayim, the
king of Ḥevron, the king of Yarmut, the king of Lakhish, the
king of 'Eglon, gathered themselves together, and went up,
they and all their hosts, and encamped before Giv'on and
made war against it. And the men of Giv'on sent to Yehoshua 6
to the camp to Gilgal, saying, Do not withdraw thy hand from
thy servants; come up to us quickly, and save us, and help
us: for all the kings of the Emori that dwell in the mountains
are gathered together against us. So Yehoshua ascended from 7
Gilgal, he, and all the people of war with him, and all the
mighty men of valour. And the Lord said to Yehoshua, 8
Do not fear them: for I have delivered them into thy hand;
not a man of them shall stand before thee. So Yehoshua came 9
unto them suddenly, and went up from Gilgal all night.
And the Lord struck them with confusion before Yisra'el, 10
and slew them with a great slaughter at Giv'on, and chased
them along the way that goes up to Bet-ḥoron, and smote them

יא מַקֵּדָה: וַיְהִי בְּנֻסָם ׀ מִפְּנֵי יִשְׂרָאֵל הֵם בְּמוֹרַד בֵּית־חוֹרֹן וַיהוָה
הִשְׁלִיךְ עֲלֵיהֶם אֲבָנִים גְּדֹלוֹת מִן־הַשָּׁמַיִם עַד־עֲזֵקָה וַיָּמֻתוּ
רַבִּים אֲשֶׁר־מֵתוּ בְּאַבְנֵי הַבָּרָד מֵאֲשֶׁר הָרְגוּ בְּנֵי יִשְׂרָאֵל
בֶּחָרֶב: יב אָז יְדַבֵּר יְהוֹשֻׁעַ לַיהוָה בְּיוֹם תֵּת יְהוָה
אֶת־הָאֱמֹרִי לִפְנֵי בְּנֵי יִשְׂרָאֵל וַיֹּאמֶר ׀ לְעֵינֵי יִשְׂרָאֵל שֶׁמֶשׁ
יג בְּגִבְעוֹן דּוֹם וְיָרֵחַ בְּעֵמֶק אַיָּלוֹן: וַיִּדֹּם הַשֶּׁמֶשׁ וְיָרֵחַ עָמָד עַד־
יִקֹּם גּוֹי אֹיְבָיו הֲלֹא־הִיא כְתוּבָה עַל־סֵפֶר הַיָּשָׁר וַיַּעֲמֹד
הַשֶּׁמֶשׁ בַּחֲצִי הַשָּׁמַיִם וְלֹא־אָץ לָבוֹא כְּיוֹם תָּמִים: יד וְלֹא הָיָה
כַּיּוֹם הַהוּא לְפָנָיו וְאַחֲרָיו לִשְׁמֹעַ יְהוָה בְּקוֹל אִישׁ כִּי יְהוָה
נִלְחָם לְיִשְׂרָאֵל: טו וַיָּשָׁב יְהוֹשֻׁעַ וְכָל־יִשְׂרָאֵל עִמּוֹ
טז אֶל־הַמַּחֲנֶה הַגִּלְגָּלָה: וַיָּנֻסוּ חֲמֵשֶׁת הַמְּלָכִים הָאֵלֶּה וַיֵּחָבְאוּ
יז בַמְּעָרָה בְּמַקֵּדָה: וַיֻּגַּד לִיהוֹשֻׁעַ לֵאמֹר נִמְצְאוּ חֲמֵשֶׁת
יח הַמְּלָכִים נֶחְבְּאִים בַּמְּעָרָה בְּמַקֵּדָה: וַיֹּאמֶר יְהוֹשֻׁעַ גֹּלּוּ אֲבָנִים
גְּדֹלוֹת אֶל־פִּי הַמְּעָרָה וְהַפְקִידוּ עָלֶיהָ אֲנָשִׁים לְשָׁמְרָם: יט וְאַתֶּם
אַל־תַּעֲמֹדוּ רִדְפוּ אַחֲרֵי אֹיְבֵיכֶם וְזִנַּבְתֶּם אוֹתָם אַל־תִּתְּנוּם
כ לָבוֹא אֶל־עָרֵיהֶם כִּי נְתָנָם יְהוָה אֱלֹהֵיכֶם בְּיֶדְכֶם: וַיְהִי
כְּכַלּוֹת יְהוֹשֻׁעַ וּבְנֵי יִשְׂרָאֵל לְהַכּוֹתָם מַכָּה גְדוֹלָה־מְאֹד עַד־
כא תֻּמָּם וְהַשְּׂרִידִים שָׂרְדוּ מֵהֶם וַיָּבֹאוּ אֶל־עָרֵי הַמִּבְצָר: וַיָּשֻׁבוּ
כָל־הָעָם אֶל־הַמַּחֲנֶה אֶל־יְהוֹשֻׁעַ מַקֵּדָה בְּשָׁלוֹם לֹא־חָרַץ
כב לִבְנֵי יִשְׂרָאֵל לְאִישׁ אֶת־לְשֹׁנוֹ: וַיֹּאמֶר יְהוֹשֻׁעַ פִּתְחוּ אֶת־פִּי
הַמְּעָרָה וְהוֹצִיאוּ אֵלַי אֶת־חֲמֵשֶׁת הַמְּלָכִים הָאֵלֶּה מִן־
כג הַמְּעָרָה: וַיַּעֲשׂוּ כֵן וַיֹּצִיאוּ אֵלָיו אֶת־חֲמֵשֶׁת הַמְּלָכִים הָאֵלֶּה
מִן־הַמְּעָרָה אֵת ׀ מֶלֶךְ יְרוּשָׁלַ͏ִם אֶת־מֶלֶךְ חֶבְרוֹן אֶת־מֶלֶךְ
כד יַרְמוּת אֶת־מֶלֶךְ לָכִישׁ אֶת־מֶלֶךְ עֶגְלוֹן: וַיְהִי כְּהוֹצִיאָם אֶת־
הַמְּלָכִים הָאֵלֶּה אֶל־יְהוֹשֻׁעַ וַיִּקְרָא יְהוֹשֻׁעַ אֶל־כָּל־אִישׁ
יִשְׂרָאֵל וַיֹּאמֶר אֶל־קְצִינֵי אַנְשֵׁי הַמִּלְחָמָה הֶהָלְכוּא אִתּוֹ
קִרְבוּ שִׂימוּ אֶת־רַגְלֵיכֶם עַל־צַוְּארֵי הַמְּלָכִים הָאֵלֶּה וַיִּקְרְבוּ
כה וַיָּשִׂימוּ אֶת־רַגְלֵיהֶם עַל־צַוְּארֵיהֶם: וַיֹּאמֶר אֲלֵיהֶם יְהוֹשֻׁעַ אַל־
תִּירְאוּ וְאַל־תֵּחָתּוּ חִזְקוּ וְאִמְצוּ כִּי כָכָה יַעֲשֶׂה יְהוָה לְכָל־
כו אֹיְבֵיכֶם אֲשֶׁר אַתֶּם נִלְחָמִים אוֹתָם: וַיַּכֵּם יְהוֹשֻׁעַ אַחֲרֵי־כֵן
וַיְמִיתֵם וַיִּתְלֵם עַל חֲמִשָּׁה עֵצִים וַיִּהְיוּ תְּלוּיִם עַל־הָעֵצִים
כז עַד־הָעָרֶב: וַיְהִי לְעֵת ׀ בּוֹא הַשֶּׁמֶשׁ צִוָּה יְהוֹשֻׁעַ וַיֹּרִידוּם מֵעַל
הָעֵצִים וַיַּשְׁלִכֻם אֶל־הַמְּעָרָה אֲשֶׁר נֶחְבְּאוּ־שָׁם וַיָּשִׂמוּ אֲבָנִים
גְּדֹלוֹת עַל־פִּי הַמְּעָרָה עַד־עֶצֶם הַיּוֹם הַזֶּה: כח וְאֶת־
מַקֵּדָה לָכַד יְהוֹשֻׁעַ בַּיּוֹם הַהוּא וַיַּכֶּהָ לְפִי־חֶרֶב וְאֶת־מַלְכָּהּ
הֶחֱרִם אוֹתָם וְאֶת־כָּל־הַנֶּפֶשׁ אֲשֶׁר־בָּהּ לֹא הִשְׁאִיר שָׂרִיד וַיַּעַשׂ

as far as 'Azeqa, and Maqqeda. And it came to pass, as they   11
fled from before Yisra'el and were on the descent to Bet-ḥoron,
that the Lord cast down great stones from heaven upon them
as far as 'Azeqa, and they died: they were more that died
with the hailstones than they whom the children of Yisra'el
slew with the sword.   Then spoke Yehoshua to the Lord   12
on the day when the Lord delivered up the Emori before the
children of Yisra'el, and he said in the sight of Yisra'el, Sun,
stand still upon Giv'on ; and moon, in the valley of Ayyalon ;
And the sun stood still, and the moon stayed, until the people   13
had avenged themselves upon their enemies. Is not this writ-
ten in the Book of Yashar ? So the sun stood still in the middle
of the sky, and hastened not to go down about a whole day.
And there was no day like that before it or after it, that the   14
Lord hearkened to the voice of a man : for the Lord fought for
Yisra'el   And Yehoshua returned, and all Yisra'el with   15
him, to the camp to Gilgal. But these five kings fled, and hid   16
themselves in a cave at Maqqeda. And it was told Yehoshua,   17
saying, The five kings are found hid in a cave at Maqqeda.
And Yehoshua said, Roll great stones upon the mouth of the   18
cave, and set men by it to keep them: and stay not, but pur-   19
sue after your enemies, and smite the hindmost of them; let
them not enter their cities: for the Lord your God has de-
livered them into your hand. And it came to pass, when Ye-   20
hoshua and the children of Yisra'el had made an end of slaying
them with a very great slaughter, till they were consumed,
that the rest who remained of them entered the fortified cities.
And all the people returned to the camp to Yehoshua at Maq-   21
qeda in peace: none moved his tongue against any of the
children of Yisra'el. Then said Yehoshua, Open the entrance   22
of the cave, and bring out those five kings to me out of the
cave. And they did so, and brought out those five kings to   23
him out of the cave, the king of Yerushalayim, the king of
Ḥevron, the king of Yarmut, the king of Lakhish, and the king
of 'Eglon. And it came to pass, when they brought out those   24
kings to Yehoshua, that Yehoshua called for all the men of
Yisra'el, and said to the captains of the men of war who went
with him, Come near, put your feet upon the necks of these
kings. And they came near, and put their feet upon their necks.
And Yehoshua said to them, Fear not, nor be dismayed, be   25
strong and of good courage: for thus shall the Lord do to all
your enemies against whom you fight. And afterwards Ye-   26
hoshua smote them, and slew them, and hanged them on five
trees: and they were hanging upon the trees until the evening.
And it came to pass at the time of the going down of the sun,   27
that Yehoshua gave command, and they took them down from
off the trees, and cast them into the cave in which they had
been hid, and laid great stones in the cave's mouth, until this
very day.   And that day Yehoshua took Maqqeda, and   28
smote it with the edge of the sword, and its king ; he utterly
destroyed them, and all the souls that were in it ; he let none
remain : and he did to the king of Maqqeda as he did to the

כט	וַיַּעֲבֹר ׀ לְמֶלֶךְ מַקֵּדָה כַּאֲשֶׁר עָשָׂה לְמֶלֶךְ יְרִיחוֹ:

יְהוֹשֻׁעַ וְכָל־יִשְׂרָאֵל עִמּוֹ מִמַּקֵּדָה לִבְנָה וַיִּלָּחֶם עִם־לִבְנָה:

ל וַיִּתֵּן יְהוָה גַּם־אוֹתָהּ בְּיַד יִשְׂרָאֵל וְאֶת־מַלְכָּהּ וַיַּכֶּהָ לְפִי־חֶרֶב
וְאֶת־כָּל־הַנֶּפֶשׁ אֲשֶׁר־בָּהּ לֹא־הִשְׁאִיר בָּהּ שָׂרִיד וַיַּעַשׂ
לְמַלְכָּהּ כַּאֲשֶׁר עָשָׂה לְמֶלֶךְ יְרִיחוֹ: לא וַיַּעֲבֹר יְהוֹשֻׁעַ
וְכָל־יִשְׂרָאֵל עִמּוֹ מִלִּבְנָה לָכִישָׁה וַיִּחַן עָלֶיהָ וַיִּלָּחֶם בָּהּ:

לב וַיִּתֵּן יְהוָה אֶת־לָכִישׁ בְּיַד יִשְׂרָאֵל וַיִּלְכְּדָהּ בַּיּוֹם הַשֵּׁנִי
וַיַּכֶּהָ לְפִי־חֶרֶב וְאֶת־כָּל־הַנֶּפֶשׁ אֲשֶׁר־בָּהּ כְּכֹל אֲשֶׁר־עָשָׂה
לְלִבְנָה: לג אָז עָלָה הֹרָם מֶלֶךְ גֶּזֶר לַעְזֹר
אֶת־לָכִישׁ וַיַּכֵּהוּ יְהוֹשֻׁעַ וְאֶת־עַמּוֹ עַד־בִּלְתִּי הִשְׁאִיר־לוֹ
שָׂרִיד: לד וַיַּעֲבֹר יְהוֹשֻׁעַ וְכָל־יִשְׂרָאֵל עִמּוֹ
מִלָּכִישׁ עֶגְלֹנָה וַיַּחֲנוּ עָלֶיהָ וַיִּלָּחֲמוּ עָלֶיהָ: לה וַיִּלְכְּדוּהָ בַּיּוֹם הַהוּא
וַיַּכּוּהָ לְפִי־חֶרֶב וְאֵת כָּל־הַנֶּפֶשׁ אֲשֶׁר־בָּהּ בַּיּוֹם הַהוּא הֶחֱרִים
כְּכֹל אֲשֶׁר־עָשָׂה לְלָכִישׁ: לו וַיַּעַל יְהוֹשֻׁעַ וְכָל־
יִשְׂרָאֵל עִמּוֹ מֵעֶגְלוֹנָה חֶבְרוֹנָה וַיִּלָּחֲמוּ עָלֶיהָ: לז וַיִּלְכְּדוּהָ וַיַּכּוּהָ־
לְפִי־חֶרֶב וְאֶת־מַלְכָּהּ וְאֶת־כָּל־עָרֶיהָ וְאֶת־כָּל־הַנֶּפֶשׁ אֲשֶׁר־
בָּהּ לֹא־הִשְׁאִיר שָׂרִיד כְּכֹל אֲשֶׁר־עָשָׂה לְעֶגְלוֹן וַיַּחֲרֵם אוֹתָהּ
וְאֶת־כָּל־הַנֶּפֶשׁ אֲשֶׁר־בָּהּ: לח וַיָּשָׁב יְהוֹשֻׁעַ
וְכָל־יִשְׂרָאֵל עִמּוֹ דְּבִרָה וַיִּלָּחֶם עָלֶיהָ: לט וַיִּלְכְּדָהּ וְאֶת־מַלְכָּהּ
וְאֶת־כָּל־עָרֶיהָ וַיַּכּוּם לְפִי־חֶרֶב וַיַּחֲרִימוּ אֶת־כָּל־נֶפֶשׁ אֲשֶׁר־
בָּהּ לֹא הִשְׁאִיר שָׂרִיד כַּאֲשֶׁר עָשָׂה לְחֶבְרוֹן כֵּן־עָשָׂה לִדְבִרָה
וּלְמַלְכָּהּ וְכַאֲשֶׁר עָשָׂה לְלִבְנָה וּלְמַלְכָּהּ: מ וַיַּכֶּה יְהוֹשֻׁעַ אֶת־
כָּל־הָאָרֶץ הָהָר וְהַנֶּגֶב וְהַשְּׁפֵלָה וְהָאֲשֵׁדוֹת וְאֵת כָּל־מַלְכֵיהֶם
לֹא הִשְׁאִיר שָׂרִיד וְאֵת כָּל־הַנְּשָׁמָה הֶחֱרִים כַּאֲשֶׁר צִוָּה יְהוָה
אֱלֹהֵי יִשְׂרָאֵל: מא וַיַּכֵּם יְהוֹשֻׁעַ מִקָּדֵשׁ בַּרְנֵעַ וְעַד־עַזָּה וְאֵת כָּל־
אֶרֶץ גֹּשֶׁן וְעַד־גִּבְעוֹן: מב וְאֵת כָּל־הַמְּלָכִים הָאֵלֶּה וְאֶת־אַרְצָם
לָכַד יְהוֹשֻׁעַ פַּעַם אֶחָת כִּי יְהוָה אֱלֹהֵי יִשְׂרָאֵל נִלְחָם
לְיִשְׂרָאֵל: מג וַיָּשָׁב יְהוֹשֻׁעַ וְכָל־יִשְׂרָאֵל עִמּוֹ אֶל־הַמַּחֲנֶה
הַגִּלְגָּלָה: יא וַיְהִי כִּשְׁמֹעַ יָבִין מֶלֶךְ־חָצוֹר וַיִּשְׁלַח
אֶל־יוֹבָב מֶלֶךְ מָדוֹן וְאֶל־מֶלֶךְ שִׁמְרוֹן וְאֶל־מֶלֶךְ אַכְשָׁף:
ב וְאֶל־הַמְּלָכִים אֲשֶׁר מִצְּפוֹן בָּהָר וּבָעֲרָבָה נֶגֶב כִּנֲרוֹת וּבַשְּׁפֵלָה
וּבְנָפוֹת דּוֹר מִיָּם: ג הַכְּנַעֲנִי מִמִּזְרָח וּמִיָּם וְהָאֱמֹרִי וְהַחִתִּי וְהַפְּרִזִּי
וְהַיְבוּסִי בָּהָר וְהַחִוִּי תַּחַת חֶרְמוֹן בְּאֶרֶץ הַמִּצְפָּה: ד וַיֵּצְאוּ הֵם
וְכָל־מַחֲנֵיהֶם עִמָּם עַם־רָב כַּחוֹל אֲשֶׁר עַל־שְׂפַת־הַיָּם לָרֹב
וְסוּס וָרֶכֶב רַב־מְאֹד: ה וַיִּוָּעֲדוּ כֹּל הַמְּלָכִים הָאֵלֶּה וַיָּבֹאוּ וַיַּחֲנוּ
יַחְדָּו אֶל־מֵי מֵרוֹם לְהִלָּחֵם עִם־יִשְׂרָאֵל: ו וַיֹּאמֶר

king of Yeriẖo. Then Yehoshua passed from Maqqeda, 29
and all Yisra'el with him, to Livna, and fought against Livna:
and the Lord delivered it also, and its king, into the hand of 30
Yisra'el; and he smote it with the edge of the sword, and all
the souls that were in it; he let none remain in it; but did to
its king as he did to the king of Yeriẖo. And Yehoshua 31
passed from Livna, and all Yisra'el with him, to Lakhish, and
encamped against it, and fought against it: and the Lord de- 32
livered Lakhish into the hand of Yisra'el, who took it on the
second day, and smote it with the edge of the sword, and
all the souls that were in it, according to all that he had done
to Livna. Then Horam king of Gezer came up to help 33
Lakhish; and Yehoshua smote him and his people, until he
had left him none remaining. And from Lakhish Yeho- 34
shua passed to 'Eglon, and all Yisra'el with him ; and they en-
camped against it, and fought against it: and they took it on 35
that day, and smote it with the edge of the sword, and all the
souls that were in it he utterly destroyed that day, according
to all that he had done to Lakhish. And Yehoshua went 36
up from 'Eglon, and all Yisra'el with him, to Ḥevron; and
they fought against it: and they took it, and smote it with the 37
edge of the sword, and its king, and all its cities, and all the
souls that were in it; he left none remaining, according to all
that he had done to 'Eglon; but destroyed it utterly, and all
the souls that were in it. And Yehoshua returned, and 38
all Yisra'el with him, to Devir; and fought against it: and he 39
took it, and its king, and all its cities; and they smote them
with the edge of the sword, and utterly destroyed all the souls
that were in it; he left none remaining: as he had done to
Ḥevron, so he did to Devir, and to its king; as he had done also
to Livna, and to her king. So Yehoshua smote all the country 40
of the hills, and of the Negev, and of the plain, and of the
slopes, and all their kings: he left none remaining, but utterly
destroyed all that breathed, as the Lord God of Yisra'el had
commanded. And Yehoshua smote them from Qadesh-barnea 41
even to 'Azza, and all the country of Goshen, as far as Giv'on.
And all these kings and their land did Yehoshua take at one 42
time, because the Lord God of Yisra'el fought for Yisra'el.
And Yehoshua returned, and all Yisra'el with him, to the camp 43
to Gilgal. And it came to pass, when Yavin king of Ḥazor **11**
had heard those things, that he sent to Yovav king of Madon, and
to the king of Shimron, and to the king of Akhshaf, and to the 2
kings that were in the north, in the mountains, and in the
'Arava south of Kinnarot, and in the plain, and in the districts
of Dor on the west, and to the Kena'ani on the east and on 3
the west, and to the Emori, and the Ḥitti, and the Perizzi,
and the Yevusi in the mountains, and to the Ḥivvi under Ḥer-
mon in the land of Mizpe. And they went out, they and all 4
their hosts with them, a people numerous like the sand that
is upon the sea shore for multitude, with a great many horses
and chariots. And when all these kings were met together, 5
they came and pitched together at the waters of Merom, to
fight against Yisra'el. And the Lord said to Yehoshua, 6

יְהוָה אֶל־יְהוֹשֻׁעַ אַל־תִּירָא מִפְּנֵיהֶם כִּי מָחָר כָּעֵת הַזֹּאת
אָנֹכִי נֹתֵן אֶת־כֻּלָּם חֲלָלִים לִפְנֵי יִשְׂרָאֵל אֶת־סוּסֵיהֶם תְּעַקֵּר
וְאֶת־מַרְכְּבֹתֵיהֶם תִּשְׂרֹף בָּאֵשׁ׃ וַיָּבֹא יְהוֹשֻׁעַ וְכָל־עַם הַמִּלְחָמָה ז
עִמּוֹ עֲלֵיהֶם עַל־מֵי מֵרוֹם פִּתְאֹם וַיִּפְּלוּ בָּהֶם׃ וַיִּתְּנֵם יְהוָה ח
בְּיַד־יִשְׂרָאֵל וַיַּכּוּם וַיִּרְדְּפוּם עַד־צִידוֹן רַבָּה וְעַד מִשְׂרְפוֹת מַיִם
וְעַד־בִּקְעַת מִצְפֶּה מִזְרָחָה וַיַּכֻּם עַד־בִּלְתִּי הִשְׁאִיר־לָהֶם
שָׂרִיד׃ וַיַּעַשׂ לָהֶם יְהוֹשֻׁעַ כַּאֲשֶׁר אָמַר־לוֹ יְהוָה אֶת־סוּסֵיהֶם ט
עִקֵּר וְאֶת־מַרְכְּבֹתֵיהֶם שָׂרַף בָּאֵשׁ׃ וַיָּשָׁב יְהוֹשֻׁעַ י
בָּעֵת הַהִיא וַיִּלְכֹּד אֶת־חָצוֹר וְאֶת־מַלְכָּהּ הִכָּה בֶחָרֶב כִּי־
חָצוֹר לְפָנִים הִיא רֹאשׁ כָּל־הַמַּמְלָכוֹת הָאֵלֶּה׃ וַיַּכּוּ אֶת־כָּל־ יא
הַנֶּפֶשׁ אֲשֶׁר־בָּהּ לְפִי־חֶרֶב הַחֲרֵם לֹא נוֹתַר כָּל־נְשָׁמָה וְאֶת־
חָצוֹר שָׂרַף בָּאֵשׁ׃ וְאֶת־כָּל־עָרֵי הַמְּלָכִים־הָאֵלֶּה וְאֶת־כָּל־ יב
מַלְכֵיהֶם לָכַד יְהוֹשֻׁעַ וַיַּכֵּם לְפִי־חֶרֶב הֶחֱרִים אוֹתָם כַּאֲשֶׁר
צִוָּה מֹשֶׁה עֶבֶד יְהוָה׃ רַק כָּל־הֶעָרִים הָעֹמְדוֹת עַל־תִּלָּם יג
לֹא־שְׂרָפָם יִשְׂרָאֵל זוּלָתִי אֶת־חָצוֹר לְבַדָּהּ שָׂרַף יְהוֹשֻׁעַ׃ וְכֹל יד
שְׁלַל הֶעָרִים הָאֵלֶּה וְהַבְּהֵמָה בָּזְזוּ לָהֶם בְּנֵי יִשְׂרָאֵל רַק אֶת־
כָּל־הָאָדָם הִכּוּ לְפִי־חֶרֶב עַד־הִשְׁמִדָם אוֹתָם לֹא הִשְׁאִירוּ
כָּל־נְשָׁמָה׃ כַּאֲשֶׁר צִוָּה יְהוָה אֶת־מֹשֶׁה עַבְדּוֹ כֵּן־צִוָּה מֹשֶׁה טו
אֶת־יְהוֹשֻׁעַ וְכֵן עָשָׂה יְהוֹשֻׁעַ לֹא־הֵסִיר דָּבָר מִכֹּל אֲשֶׁר־צִוָּה
יְהוָה אֶת־מֹשֶׁה׃ וַיִּקַּח יְהוֹשֻׁעַ אֶת־כָּל־הָאָרֶץ הַזֹּאת הָהָר טז
וְאֶת־כָּל־הַנֶּגֶב וְאֵת כָּל־אֶרֶץ הַגֹּשֶׁן וְאֶת־הַשְּׁפֵלָה וְאֶת־
הָעֲרָבָה וְאֶת־הַר יִשְׂרָאֵל וּשְׁפֵלָתֹה׃ מִן־הָהָר הֶחָלָק הָעוֹלֶה יז
שֵׂעִיר וְעַד־בַּעַל גָּד בְּבִקְעַת הַלְּבָנוֹן תַּחַת הַר־חֶרְמוֹן וְאֵת
כָּל־מַלְכֵיהֶם לָכַד וַיַּכֵּם וַיְמִיתֵם׃ יָמִים רַבִּים עָשָׂה יְהוֹשֻׁעַ יח
אֶת־כָּל־הַמְּלָכִים הָאֵלֶּה מִלְחָמָה׃ לֹא־הָיְתָה עִיר אֲשֶׁר יט
הִשְׁלִימָה אֶל־בְּנֵי יִשְׂרָאֵל בִּלְתִּי הַחִוִּי יֹשְׁבֵי גִבְעוֹן אֶת־הַכֹּל
לָקְחוּ בַמִּלְחָמָה׃ כִּי־מֵאֵת יְהוָה ׀ הָיְתָה לְחַזֵּק אֶת־לִבָּם כ
לִקְרַאת הַמִּלְחָמָה אֶת־יִשְׂרָאֵל לְמַעַן הַחֲרִימָם לְבִלְתִּי הֱיוֹת־
לָהֶם תְּחִנָּה כִּי לְמַעַן הַשְׁמִידָם כַּאֲשֶׁר צִוָּה יְהוָה אֶת־
מֹשֶׁה׃ וַיָּבֹא יְהוֹשֻׁעַ בָּעֵת הַהִיא וַיַּכְרֵת אֶת־ כא
הָעֲנָקִים מִן־הָהָר מִן־חֶבְרוֹן מִן־דְּבִר מִן־עֲנָב וּמִכֹּל הַר
יְהוּדָה וּמִכֹּל הַר יִשְׂרָאֵל עִם־עָרֵיהֶם הֶחֱרִימָם יְהוֹשֻׁעַ׃ לֹא־ כב
נוֹתַר עֲנָקִים בְּאֶרֶץ בְּנֵי יִשְׂרָאֵל רַק בְּעַזָּה בְּגַת וּבְאַשְׁדּוֹד
נִשְׁאָרוּ׃ וַיִּקַּח יְהוֹשֻׁעַ אֶת־כָּל־הָאָרֶץ כְּכֹל אֲשֶׁר דִּבֶּר יְהוָה אֶל־ כג
מֹשֶׁה וַיִּתְּנָהּ יְהוֹשֻׁעַ לְנַחֲלָה לְיִשְׂרָאֵל כְּמַחְלְקֹתָם לְשִׁבְטֵיהֶם
וְהָאָרֶץ שָׁקְטָה מִמִּלְחָמָה׃ וְאֵלֶּה ׀ מַלְכֵי הָאָרֶץ יב א

Be not afraid because of them: for to morrow about this time
I will deliver them up all slain before Yisra'el: thou shalt lame
their horses, and burn their chariots with fire. So Yehoshua 7
came, and all the people of war with him, against them by the
waters of Merom suddenly; and they fell upon them. And the 8
LORD delivered them into the hand of Yisra'el, who smote
them, and chased them as far as great Ẕidon, and as far as
Misrefot-mayim, and the valley of Miẕpe eastward; and they
smote them, until they left them none remaining. And Yeho- 9
shua did to them as the LORD bade him: he lamed their horses,
and burnt their chariots with fire. And Yehoshua at that 10
time turned back, and took Ḥaẕor, and smote its king with the
sword: for Ḥaẕor beforetime was the chief of all those king-
doms. And they smote all the souls that were in it with the 11
edge of the sword, utterly destroying them: there was not any
left that breathed: and he burnt Ḥaẕor with fire. And all the 12
cities of those kings, and all their kings, did Yehoshua take,
and smote them with the edge of the sword, and he utterly
destroyed them, as Moshe the servant of the LORD commanded.
But as for the cities that stood still on their mounds, Yisra'el 13
burned none of them, except Ḥaẕor only; that did Yehoshua
burn. And all the spoil of those cities, and the cattle, the 14
children of Yisra'el took for plunder to themselves ; but every
man they smote with the edge of the sword, until they had
destroyed them, nor did they leave any that breathed. As the 15
LORD commanded Moshe his servant, so did Moshe command
Yehoshua, and so did Yehoshua; he left nothing undone of all
that the LORD had commanded Moshe. So Yehoshua took all 16
that land, the hills, and all the Negev, and all the land of
Goshen, and the plain, and the 'Arava, and the mountain of
Yisra'el, and its plain; from mount Ḥalaq that goes up to Se'ir, 17
as far as Ba'al-gad in the valley of Levanon — under mount
Ḥermon : and all their kings he took, and smote them, and slew
them. Yehoshua made war a long time with all those kings. 18
There was not a city that made peace, with the children 19
of Yisra'el, except the Ḥivvi, the inhabitants of Giv'on :
they took all in battle. For it was of the LORD to harden their 20
hearts, that they should come against Yisra'el in battle, that
he might destroy them utterly, and that they might obtain no
favour, but that he might destroy them, as the LORD com-
manded Moshe. And at that time Yehoshua came, and cut 21
off the 'Anaqim from the mountain, from Ḥevron, from Devir,
from 'Anav, and from all the mountain of Yehuda, and from all
the mountain of Yisra'el : Yehoshua destroyed them utterly with
their cities. There were none of the 'Anaqim left in the land of the 22
children of Yisra'el : only in 'Azza, in Gat, and in Ashdod, did
they remain. So Yehoshua took the whole land, according to all 23
that the LORD said to Moshe ; and Yehoshua gave it for an
inheritance to Yisra'el according to their divisions by their tribes.
And the land had rest from war. Now these are the kings of **12**

אֲשֶׁר הִכּוּ בְנֵי־יִשְׂרָאֵל וַיִּרְשׁוּ אֶת־אַרְצָם בְּעֵבֶר הַיַּרְדֵּן מִזְרְחָה
הַשָּׁמֶשׁ מִנַּחַל אַרְנוֹן עַד־הַר חֶרְמוֹן וְכָל־הָעֲרָבָה מִזְרָחָה׃
ב סִיחוֹן מֶלֶךְ הָאֱמֹרִי הַיּוֹשֵׁב בְּחֶשְׁבּוֹן מֹשֵׁל מֵעֲרֹעֵר אֲשֶׁר
עַל־שְׂפַת־נַחַל אַרְנוֹן וְתוֹךְ הַנַּחַל וַחֲצִי הַגִּלְעָד וְעַד יַבֹּק
ג הַנַּחַל גְּבוּל בְּנֵי עַמּוֹן׃ וְהָעֲרָבָה עַד־יָם כִּנְרוֹת מִזְרָחָה
וְעַד יָם הָעֲרָבָה יָם־הַמֶּלַח מִזְרָחָה דֶּרֶךְ בֵּית הַיְשִׁמוֹת
ד וּמִתֵּימָן תַּחַת אַשְׁדּוֹת הַפִּסְגָּה׃ וּגְבוּל עוֹג מֶלֶךְ הַבָּשָׁן מִיֶּתֶר
ה הָרְפָאִים הַיּוֹשֵׁב בְּעַשְׁתָּרוֹת וּבְאֶדְרֶעִי׃ וּמֹשֵׁל בְּהַר חֶרְמוֹן
וּבְסַלְכָה וּבְכָל־הַבָּשָׁן עַד־גְּבוּל הַגְּשׁוּרִי וְהַמַּעֲכָתִי וַחֲצִי
ו הַגִּלְעָד גְּבוּל סִיחוֹן מֶלֶךְ־חֶשְׁבּוֹן׃ מֹשֶׁה עֶבֶד־יְהוָה וּבְנֵי
יִשְׂרָאֵל הִכּוּם וַיִּתְּנָהּ מֹשֶׁה עֶבֶד־יְהוָה יְרֻשָּׁה לָרֻאוּבֵנִי וְלַגָּדִי
ז וְלַחֲצִי שֵׁבֶט הַמְנַשֶּׁה׃ וְאֵלֶּה מַלְכֵי הָאָרֶץ
אֲשֶׁר הִכָּה יְהוֹשֻׁעַ וּבְנֵי יִשְׂרָאֵל בְּעֵבֶר הַיַּרְדֵּן יָמָּה מִבַּעַל גָּד
בְּבִקְעַת הַלְּבָנוֹן וְעַד־הָהָר הֶחָלָק הָעֹלֶה שֵׂעִירָה וַיִּתְּנָהּ
ח יְהוֹשֻׁעַ לְשִׁבְטֵי יִשְׂרָאֵל יְרֻשָּׁה כְּמַחְלְקֹתָם׃ בָּהָר וּבַשְּׁפֵלָה
וּבָעֲרָבָה וּבָאֲשֵׁדוֹת וּבַמִּדְבָּר וּבַנֶּגֶב הַחִתִּי הָאֱמֹרִי וְהַכְּנַעֲנִי
הַפְּרִזִּי הַחִוִּי וְהַיְבוּסִי׃
ט מֶלֶךְ יְרִיחוֹ אֶחָד
מֶלֶךְ הָעַי אֲשֶׁר־מִצַּד בֵּית־אֵל אֶחָד׃
י מֶלֶךְ יְרוּשָׁלַ‍ִם אֶחָד
מֶלֶךְ חֶבְרוֹן אֶחָד׃
יא מֶלֶךְ יַרְמוּת אֶחָד
מֶלֶךְ לָכִישׁ אֶחָד׃
יב מֶלֶךְ עֶגְלוֹן אֶחָד
מֶלֶךְ גֶּזֶר אֶחָד׃
יג מֶלֶךְ דְּבִר אֶחָד
מֶלֶךְ גֶּדֶר אֶחָד׃
יד מֶלֶךְ חָרְמָה אֶחָד
מֶלֶךְ עֲרָד אֶחָד׃
טו מֶלֶךְ לִבְנָה אֶחָד
מֶלֶךְ עֲדֻלָּם אֶחָד׃
טז מֶלֶךְ מַקֵּדָה אֶחָד
מֶלֶךְ בֵּית־אֵל אֶחָד׃
יז מֶלֶךְ תַּפּוּחַ אֶחָד
מֶלֶךְ חֵפֶר אֶחָד׃
יח מֶלֶךְ אֲפֵק אֶחָד

the land, which the children of Yisra'el smote, and possessed their
land on the other side of the Yarden towards the rising of the
sun, from the wadi of Arnon to mount Ḥermon, and all the
'Arava on the east: Siḥon king of the Emori, who dwelt in   2
Ḥeshbon, and ruled from 'Aro'er, which is upon the bank of
the wadi of Arnon, and the middle of the wadi, and half the
Gil'ad, as far as the wadi of Yabboq, which is the border of the
children of 'Ammon; and the 'Arava to the sea of Kinnarot on   3
the east, and to the sea of the 'Arava, the salt sea on the east,
the way to Bet-hayeshimot; and from the south, under the
slopes of Pisga : and the border of 'Og king of Bashan, who   4
was of the remnant of the Refa'im, that dwelt at 'Ashtarot
and at Edre'i, and reigned in mount Ḥermon, and in Salkha,   5
and in all Bashan, as far as the border of the Geshuri and the
Ma'akhati, and half Gil'ad, the border of Siḥon king of Ḥeshbon.
Them did Moshe the servant of the Lord and the children of   6
Yisra'el smite : and Moshe the servant of the Lord gave it for a
possession to the Re'uveni, and the Gadi, and the half tribe of
Menashshe.   And these are the kings of the land whom   7
Yehoshua and the children of Yisra'el smote on this side of the
Yarden on the west, from Ba'al-gad in the valley of Levanon,
as far as the mount Ḥalaq, that goes up to Se'ir: which Yeho-
shua gave to the tribes of Yisra'el for a possession according
to their divisions ; in the mountains, and in the plain, and in   8
the 'Arava, and on the slopes, and in the wilderness, and in the
Negev; the Ḥitti, the Emori, and the Kena'ani, the Perizzi, the
Ḥivvi, and the Yevusi:

the king of Yeriḥo,	one:	9
the king of 'Ay, which is beside Bet-el,	one;	
the king of Yerushalayim,	one;	10
the king of Ḥevron,	one;	
the king of Yarmut,	one;	11
the king of Lakhish,	one;	
the king of 'Eglon,	one;	12
the king of Gezer,	one;	
the king of Devir,	one;	13
the king of Geder,	one;	
the king of Ḥorma,	one;	14
the king of 'Arad,	one;	
the king of Livna,	one;	15
the king of 'Adullam,	one;	
the king of Maqqeda,	one;	16
the king of Bet-el,	one;	
the king of Tappuaḥ,	one;	17
the king of Ḥefer,	one;	
the king of Afeq,	one;	18

מֶ֥לֶךְ לַשָּׁר֖וֹן אֶחָֽד:

ט   מֶ֥לֶךְ מָד֖וֹן אֶחָ֑ד מֶ֥לֶךְ חָצ֖וֹר אֶחָֽד:

כ   מֶ֥לֶךְ שִׁמְר֤וֹן מְראוֹן֙ אֶחָ֔ד מֶ֥לֶךְ אַכְשָׁ֖ף אֶחָֽד:

כא   מֶ֥לֶךְ תַּעְנַךְ֙ אֶחָ֔ד מֶ֥לֶךְ מְגִדּ֖וֹ אֶחָֽד:

כב   מֶ֥לֶךְ קֶ֙דֶשׁ֙ אֶחָ֔ד מֶֽלֶךְ־יָקְנְעָ֥ם לַכַּרְמֶ֖ל אֶחָֽד:

כג   מֶ֥לֶךְ דּ֛וֹר לְנָפַ֥ת דּ֖וֹר אֶחָ֑ד מֶֽלֶךְ־גּוֹיִ֥ם לְגִלְגָּ֖ל אֶחָֽד:

כד   מֶ֥לֶךְ תִּרְצָ֖ה אֶחָ֑ד כׇּל־מְלָכִ֖ים שְׁלֹשִׁ֥ים וְאֶחָֽד:

יג א   **ח**   וִיהוֹשֻׁ֣עַ זָקֵ֔ן בָּ֖א בַּיָּמִ֑ים וַיֹּ֨אמֶר יְהֹוָ֜ה אֵלָ֗יו אַתָּ֤ה זָקַ֙נְתָּה֙ בָּ֣אתָ

ב   בַיָּמִ֔ים וְהָאָ֛רֶץ נִשְׁאֲרָ֥ה הַרְבֵּֽה־מְאֹ֖ד לְרִשְׁתָּֽהּ: זֹ֥את הָאָ֖רֶץ

ג   הַנִּשְׁאָ֑רֶת כׇּל־גְּלִיל֥וֹת הַפְּלִשְׁתִּ֖ים וְכׇל־הַגְּשׁוּרִֽי: מִן־הַשִּׁיח֞וֹר אֲשֶׁ֣ר ׀ עַל־פְּנֵ֣י מִצְרַ֗יִם וְעַ֨ד גְּב֤וּל עֶקְרוֹן֙ צָפ֔וֹנָה לַֽכְּנַעֲנִ֖י תֵּחָשֵׁ֑ב חֲמֵ֣שֶׁת ׀ סַרְנֵ֣י פְלִשְׁתִּ֗ים הָעַזָּתִ֤י וְהָאַשְׁדּוֹדִי֙ הָאֶשְׁקְלוֹנִ֣י הַגִּתִּ֔י

ד   וְהָעֶקְרוֹנִ֖י וְהָעַוִּֽים: מִתֵּימָ֞ן כׇּל־אֶ֣רֶץ הַֽכְּנַעֲנִ֗י וּמְעָרָ֤ה אֲשֶׁר֙

ה   לַצִּ֣ידֹנִ֔ים עַד־אֲפֵ֖קָה עַ֣ד גְּב֣וּל הָאֱמֹרִֽי: וְהָאָ֣רֶץ הַגִּבְלִ֗י וְכׇל־ הַלְּבָנוֹן֙ מִזְרַ֣ח הַשֶּׁ֔מֶשׁ מִבַּ֣עַל גָּ֔ד תַּ֖חַת הַר־חֶרְמ֑וֹן עַ֖ד לְב֥וֹא

ו   חֲמָֽת: כׇּל־יֹשְׁבֵ֣י הָ֠הָ֠ר מִֽן־הַלְּבָנ֞וֹן עַד־מִשְׂרְפֹ֥ת מַ֙יִם֙ כׇּל־ צִֽידֹנִ֔ים אָֽנֹכִי֙ אוֹרִישֵׁ֔ם מִפְּנֵ֖י בְּנֵ֣י יִשְׂרָאֵ֑ל רַ֠ק הַפִּלֶ֤הָ לְיִשְׂרָאֵל֙

ז   בְּנַחֲלָ֔ה כַּאֲשֶׁ֖ר צִוִּיתִֽיךָ: וְעַתָּ֗ה חַלֵּ֞ק אֶת־הָאָ֧רֶץ הַזֹּ֛את בְּנַחֲלָ֖ה

ח   לְתִשְׁעַ֣ת הַשְּׁבָטִ֑ים וַחֲצִ֖י הַשֵּׁ֥בֶט הַֽמְנַשֶּֽׁה: עִמּ֗וֹ הָרֽאוּבֵנִ֣י וְהַגָּדִ֗י לָקְח֣וּ נַחֲלָתָ֔ם אֲשֶׁר֩ נָתַ֨ן לָהֶ֜ם מֹשֶׁ֗ה בְּעֵ֤בֶר הַיַּרְדֵּן֙ מִזְרָ֔חָה

ט   כַּאֲשֶׁר֙ נָתַ֣ן לָהֶ֔ם מֹשֶׁ֖ה עֶ֣בֶד יְהֹוָֽה: מֵעֲרוֹעֵ֡ר אֲשֶׁר֩ עַל־שְׂפַת־ נַ֨חַל אַרְנ֜וֹן וְהָעִ֨יר אֲשֶׁ֧ר בְּתוֹךְ־הַנַּ֛חַל וְכׇל־הַמִּישֹׁ֥ר מֵידְבָ֖א

י   עַד־דִּיבֹֽן: וְכֹל֙ עָרֵ֣י סִיח֔וֹן מֶ֥לֶךְ הָאֱמֹרִ֖י אֲשֶׁ֣ר מָלַ֣ךְ בְּחֶשְׁבּ֑וֹן

יא   עַד־גְּב֖וּל בְּנֵ֥י עַמּֽוֹן: וְהַגִּלְעָ֗ד וּגְב֤וּל הַגְּשׁוּרִי֙ וְהַמַּ֣עֲכָתִ֔י וְכֹ֖ל הַ֥ר

יב   חֶרְמ֖וֹן וְכׇל־הַבָּשָׁ֖ן עַד־סַלְכָֽה: כׇּל־מַמְלְכ֥וּת עוֹג֙ בַּבָּשָׁ֔ן אֲשֶׁר־ מָלַ֥ךְ בְּעַשְׁתָּר֖וֹת וּבְאֶדְרֶ֑עִי ה֤וּא נִשְׁאַר֙ מִיֶּ֣תֶר הָרְפָאִ֔ים וַיַּכֵּ֥ם

יג   מֹשֶׁ֖ה וַיֹּרִשֵׁ֑ם: וְלֹ֤א הוֹרִ֙ישׁוּ֙ בְּנֵ֣י יִשְׂרָאֵ֔ל אֶת־הַגְּשׁוּרִ֖י וְאֶת־ הַמַּעֲכָתִ֑י וַיֵּ֨שֶׁב גְּשׁ֤וּר וּמַֽעֲכָת֙ בְּקֶ֣רֶב יִשְׂרָאֵ֔ל עַ֖ד הַיּ֥וֹם הַזֶּֽה:

יד   רַ֚ק לְשֵׁ֣בֶט הַלֵּוִ֔י לֹ֥א נָתַ֖ן נַחֲלָ֑ה אִשֵּׁ֨י יְהֹוָ֜ה אֱלֹהֵ֤י יִשְׂרָאֵל֙ ה֣וּא

טו   נַחֲלָת֔וֹ כַּאֲשֶׁ֖ר דִּבֶּר־לֽוֹ:   וַיִּתֵּ֣ן מֹשֶׁ֔ה לְמַטֵּ֖ה בְנֵֽי־

the king of Lashsharon, one;
the king of Madon, one; 19
the king of H̱aẕor, one;
the king of Shimron-meron, one; 20
the king of Akhshaf, one;
the king of Ta'nakh, one; 21
the king of Megiddo, one;
the king of Qedesh, one; 22
the king of Yoqne'am of Karmel, one;
the king of Dor in the district of Dor, one; 23
the king of Goyim of Gilgal, one;
the king of Tirẕa, one: 24
all the kings being thirty one.

Now Yehoshua was old and advanced in age; and the LORD **13**
said to him, Thou art old and advanced in age, and there
remains yet very much land to be occupied. This is the land 2
that yet remains: all the regions of the Pelishtim, and all the
Geshuri, from Shiẖor, which is before Miẕrayim, as far as 3
the borders of 'Eqron northward, which is counted to the
Kena'ani: five lords of the Pelishtim: the 'Azzati, and the Ash-
dodi, the Eshqeloni, the Gitti, and the 'Eqroni; also the 'Avvim:
from the south, all the land of the Kena'ani, and Me'ara that 4
is beside the Ẕidonim, as far as Afeq, to the border of the
Emori : and the land of the Givli, and all the Levanon, toward 5
the sunrising, from Ba'al-gad under mount H̱ermon to the
entrance of H̱amat. All the inhabitants of the hill country from 6
Levanon as far as Misrefot-mayim, and all the Ẕidonim, them
will I drive out from before the children of Yisra'el: only divide
it by lot to Yisra'el for an inheritance, as I have commanded
thee. Now therefore divide this land for an inheritance to the 7
nine tribes, and the half tribe of Menashshe. With him the 8
Re'uveni and the Gadi have received their inheritance, which
Moshe gave them, beyond the Yarden eastward, as Moshe the
servant of the LORD gave them ; from 'Aro'er, that is upon the 9
bank of the wadi Arnon, and the city that is in the midst of
the wadi, and all the tableland of Medeva as far as Divon ;
and all the cities of Siẖon king of the Emori who reigned in 10
H̱eshbon, as far as the border of the children of 'Ammon ; and 11
the Gil'ad, and the border of the Geshuri and the Ma'akhati,
and all mount H̱ermon, and all Bashan as far as Salkha; all the 12
kingdom of 'Og in Bashan, who reigned in 'Ashtarot and in
Edre'i, who remained of the remnant of the Refa'im: for these
did Moshe smite, and cast them out. Nevertheless the children 13
of Israel did not expel the Geshuri, nor the Ma'akhati: but the
Geshuri and the Ma'akhati dwell amidst Yisra'el until this day.
Only to the tribe of Levi he gave no inheritance ; the fire 14
offerings of the LORD GOD of Yisra'el are their inheritance, as
he said to them. And Moshe gave to the tribe of the 15

טז רְאוּבֵן לְמִשְׁפְּחֹתָם׃ וַיְהִי לָהֶם הַגְּבוּל מֵעֲרוֹעֵר אֲשֶׁר עַל־
שְׂפַת־נַחַל אַרְנוֹן וְהָעִיר אֲשֶׁר בְּתוֹךְ־הַנַּחַל וְכָל־הַמִּישֹׁר עַל־
יז מֵידְבָא׃ חֶשְׁבּוֹן וְכָל־עָרֶיהָ אֲשֶׁר בַּמִּישׁוֹר דִּיבוֹן וּבָמוֹת בַּעַל
יח יט וּבֵית בַּעַל מְעוֹן׃ וְיַהְצָה וּקְדֵמֹת וּמֵפָעַת׃ וְקִרְיָתַיִם וְשִׂבְמָה
כ וְצֶרֶת הַשַּׁחַר בְּהַר הָעֵמֶק׃ וּבֵית פְּעוֹר וְאַשְׁדּוֹת הַפִּסְגָּה וּבֵית
כא הַיְשִׁמוֹת׃ וְכֹל עָרֵי הַמִּישֹׁר וְכָל־מַמְלְכוּת סִיחוֹן מֶלֶךְ הָאֱמֹרִי
אֲשֶׁר מָלַךְ בְּחֶשְׁבּוֹן אֲשֶׁר הִכָּה מֹשֶׁה אֹתוֹ ׀ וְאֶת־נְשִׂיאֵי
מִדְיָן אֶת־אֱוִי וְאֶת־רֶקֶם וְאֶת־צוּר וְאֶת־חוּר וְאֶת־רֶבַע
כב נְסִיכֵי סִיחוֹן יֹשְׁבֵי הָאָרֶץ׃ וְאֶת־בִּלְעָם בֶּן־בְּעוֹר הַקּוֹסֵם
כג הָרְגוּ בְנֵי־יִשְׂרָאֵל בַּחֶרֶב אֶל־חַלְלֵיהֶם׃ וַיְהִי גְּבוּל בְּנֵי רְאוּבֵן
הַיַּרְדֵּן וּגְבוּל זֹאת נַחֲלַת בְּנֵי־רְאוּבֵן לְמִשְׁפְּחוֹתָם הֶעָרִים
כד וְחַצְרֵיהֶן׃ וַיִּתֵּן מֹשֶׁה לְמַטֵּה גָד לִבְנֵי גָד
כה לְמִשְׁפְּחֹתָם׃ וַיְהִי לָהֶם הַגְּבוּל יַעְזֵר וְכָל־עָרֵי הַגִּלְעָד וַחֲצִי
כו אֶרֶץ בְּנֵי עַמּוֹן עַד־עֲרוֹעֵר אֲשֶׁר עַל־פְּנֵי רַבָּה׃ וּמֵחֶשְׁבּוֹן
עַד־רָמַת הַמִּצְפֶּה וּבְטֹנִים וּמִמַּחֲנַיִם עַד־גְּבוּל לִדְבִר׃
כז וּבָעֵמֶק בֵּית הָרָם וּבֵית נִמְרָה וְסֻכּוֹת וְצָפוֹן יֶתֶר מַמְלְכוּת
סִיחוֹן מֶלֶךְ חֶשְׁבּוֹן הַיַּרְדֵּן וּגְבֻל עַד־קְצֵה יָם־כִּנֶּרֶת עֵבֶר
כח הַיַּרְדֵּן מִזְרָחָה׃ זֹאת נַחֲלַת בְּנֵי־גָד לְמִשְׁפְּחֹתָם הֶעָרִים
כט וְחַצְרֵיהֶם׃ וַיִּתֵּן מֹשֶׁה לַחֲצִי שֵׁבֶט מְנַשֶּׁה וַיְהִי
ל לַחֲצִי מַטֵּה בְנֵי־מְנַשֶּׁה לְמִשְׁפְּחוֹתָם׃ וַיְהִי גְבוּלָם מִמַּחֲנַיִם
כָּל־הַבָּשָׁן כָּל־מַמְלְכוּת ׀ עוֹג מֶלֶךְ־הַבָּשָׁן וְכָל־חַוֹּת יָאִיר
לא אֲשֶׁר בַּבָּשָׁן שִׁשִּׁים עִיר׃ וַחֲצִי הַגִּלְעָד וְעַשְׁתָּרוֹת וְאֶדְרֶעִי עָרֵי
מַמְלְכוּת עוֹג בַּבָּשָׁן לִבְנֵי מָכִיר בֶּן־מְנַשֶּׁה לַחֲצִי בְנֵי־מָכִיר
לב לְמִשְׁפְּחוֹתָם׃ אֵלֶּה אֲשֶׁר־נִחַל מֹשֶׁה בְּעַרְבוֹת מוֹאָב מֵעֵבֶר
לג לְיַרְדֵּן יְרִיחוֹ מִזְרָחָה׃ וּלְשֵׁבֶט הַלֵּוִי לֹא־נָתַן מֹשֶׁה נַחֲלָה יְהוָה
א יד אֱלֹהֵי יִשְׂרָאֵל הוּא נַחֲלָתָם כַּאֲשֶׁר דִּבֶּר לָהֶם׃ וְאֵלֶּה אֲשֶׁר־
נָחֲלוּ בְנֵי־יִשְׂרָאֵל בְּאֶרֶץ כְּנָעַן אֲשֶׁר נִחֲלוּ אוֹתָם אֶלְעָזָר הַכֹּהֵן
ב וִיהוֹשֻׁעַ בִּן־נוּן וְרָאשֵׁי אֲבוֹת הַמַּטּוֹת לִבְנֵי יִשְׂרָאֵל׃ בְּגוֹרַל
נַחֲלָתָם כַּאֲשֶׁר צִוָּה יְהוָה בְּיַד־מֹשֶׁה לְתִשְׁעַת הַמַּטּוֹת וַחֲצִי
ג הַמַּטֶּה׃ כִּי־נָתַן מֹשֶׁה נַחֲלַת שְׁנֵי הַמַּטּוֹת וַחֲצִי הַמַּטֶּה מֵעֵבֶר
ד לַיַּרְדֵּן וְלַלְוִיִּם לֹא־נָתַן נַחֲלָה בְּתוֹכָם׃ כִּי־הָיוּ בְנֵי־יוֹסֵף שְׁנֵי
מַטּוֹת מְנַשֶּׁה וְאֶפְרָיִם וְלֹא־נָתְנוּ חֵלֶק לַלְוִיִּם בָּאָרֶץ כִּי
ה אִם־עָרִים לָשֶׁבֶת וּמִגְרְשֵׁיהֶם לְמִקְנֵיהֶם וּלְקִנְיָנָם׃ כַּאֲשֶׁר
צִוָּה יְהוָה אֶת־מֹשֶׁה כֵּן עָשׂוּ בְּנֵי יִשְׂרָאֵל וַיַּחְלְקוּ אֶת־
ו הָאָרֶץ׃ וַיִּגְּשׁוּ בְנֵי־יְהוּדָה אֶל־יְהוֹשֻׁעַ בַּגִּלְגָּל

children of Re'uven according to their families. And their 16
border was from 'Aro'er, that is on the border of the wadi
of Arnon, and the city that is in the midst of the wadi, and all
the tableland by Medeva ; Ḥeshbon, and all its cities that are 17
in the tableland ; Divon, and Bamot-ba'al, and Bet-ba'al-me'on,
and Yahẕa, and Qedemot, and Mefa'at, and Qiryatayim, and 18,19
Sivma, and Ẕeret-hashshaḥar in the mount of the valley, and 20
Bet-pe'or, and the slopes of Pisga, and Bet-hayeshimot, and 21
all the cities of the tableland, and all the kingdom of Siḥon
king of the Emori, who reigned in Ḥeshbon, whom Moshe
smote with the princes of Midyan, Evi, and Reqem, and Ẕur,
and Ḥur, and Reva, princes of Siḥon, dwelling in the country.
Bil'am also, of the son of Be'or, the soothsayer, did the children 22
of Yisra'el slay with the sword among them that were slain
by them. And the border of the children of Re'uven was the 23
Yarden, and its shore. This was the inheritance of the children
of Re'uven by their families, the cities and their villages.

And Moshe gave to the tribe of Gad, to the children 24
of Gad by their families. And their border was Ya'zer, and 25
all the cities of Gil'ad, and half the land of the children of
'Ammon, as far as 'Aro'er that is before Rabba; and from 26
Ḥeshbon to Ramat-hammiẕpe, and Betonim; and from Maḥana-
yim to the border of Devir; and in the valley of Bet-haram and 27
Bet-nimra, and Sukkot, and Ẕafon, the rest of the kingdom of
Siḥon king of Ḥeshbon, the Yarden and its shore, to the edge
of the Sea of Kinneret on the other side of the Yarden eastward.
This is the inheritance of the children of Gad by their families, 28
the cities, and their villages. And Moshe gave inherit- 29
ance to the half tribe of Menashshe: and this was the posses-
sion of the half tribe of the children of Menashshe by their
families. And their border was from Maḥanayim, all Bashan, 30
all the kingdom of 'Og king of Bashan, and all the villages of
Ya'ir, which are in Bashan, sixty cities: and half Gil'ad, and 31
'Ashtarot, and Edre'i, cities of the kingdom of 'Og in Bashan,
for the children of Makhir the son of Menashshe, for the one
half of the children of Makhir by their families. These are what 32
Moshe did distribute for inheritance in the plains of Mo'av, on
the other side of the Yarden, by Yeriḥo, eastward. But to the 33
tribe of Levi Moshe gave no inheritance: the LORD GOD of
Yisra'el is their inheritance, as he said to them. And these **14**
are the places which the children of Yisra'el inherited in the
land of Kena'an, which El'azar the priest, and Yehoshua the
son of Nun, and the heads of the fathers of the tribes of the
children of Yisra'el, assigned for their inheritance. By lot was 2
their inheritance, as the LORD commanded by the hand of
Moshe, for the nine tribes, and for the half tribe. For Moshe 3
had given the inheritance of two and a half tribes on the other
side of the Yarden: but to the Levites he gave no inheritance
among them. For the children of Yosef were two tribes, Me- 4
nashshe and Efrayim: and they gave no part to the Levites
in the land, except cities to dwell in, with their pasture grounds
for their cattle and their substance. As the LORD commanded 5
Moshe, so the children of Yisra'el did, and they divided the

וַיֹּאמֶר אֵלָיו כָּלֵב בֶּן־יְפֻנֶּה הַקְּנִזִּי אַתָּה יָדַעְתָּ אֶת־הַדָּבָר
אֲשֶׁר־דִּבֶּר יהוה אֶל־מֹשֶׁה אִישׁ־הָאֱלֹהִים עַל אֹדוֹתַי וְעַל־
אֹדוֹתֶיךָ בְּקָדֵשׁ בַּרְנֵעַ׃ בֶּן־אַרְבָּעִים שָׁנָה אָנֹכִי בִּשְׁלֹחַ מֹשֶׁה ז
עֶבֶד־יהוה אֹתִי מִקָּדֵשׁ בַּרְנֵעַ לְרַגֵּל אֶת־הָאָרֶץ וָאָשֵׁב אֹתוֹ
דָּבָר כַּאֲשֶׁר עִם־לְבָבִי׃ וְאַחַי אֲשֶׁר עָלוּ עִמִּי הִמְסִיו אֶת־לֵב ח
הָעָם וְאָנֹכִי מִלֵּאתִי אַחֲרֵי יהוה אֱלֹהָי׃ וַיִּשָּׁבַע מֹשֶׁה בַּיּוֹם ט
הַהוּא לֵאמֹר אִם־לֹא הָאָרֶץ אֲשֶׁר דָּרְכָה רַגְלְךָ בָּהּ לְךָ תִהְיֶה
לְנַחֲלָה וּלְבָנֶיךָ עַד־עוֹלָם כִּי מִלֵּאתָ אַחֲרֵי יהוה אֱלֹהָי׃ וְעַתָּה י
הִנֵּה הֶחֱיָה יהוה ׀ אוֹתִי כַּאֲשֶׁר דִּבֵּר זֶה אַרְבָּעִים וְחָמֵשׁ שָׁנָה
מֵאָז דִּבֶּר יהוה אֶת־הַדָּבָר הַזֶּה אֶל־מֹשֶׁה אֲשֶׁר־הָלַךְ יִשְׂרָאֵל
בַּמִּדְבָּר וְעַתָּה הִנֵּה אָנֹכִי הַיּוֹם בֶּן־חָמֵשׁ וּשְׁמוֹנִים שָׁנָה׃ עוֹדֶנִּי יא
הַיּוֹם חָזָק כַּאֲשֶׁר בְּיוֹם שְׁלֹחַ אוֹתִי מֹשֶׁה כְּכֹחִי אָז וּכְכֹחִי עָתָּה
לַמִּלְחָמָה וְלָצֵאת וְלָבוֹא׃ וְעַתָּה תְּנָה־לִּי אֶת־הָהָר הַזֶּה יב
אֲשֶׁר־דִּבֶּר יהוה בַּיּוֹם הַהוּא כִּי־אַתָּה שָׁמַעְתָּ בַיּוֹם הַהוּא כִּי־
עֲנָקִים שָׁם וְעָרִים גְּדֹלוֹת בְּצֻרוֹת אוּלַי יהוה אוֹתִי וְהוֹרַשְׁתִּים
כַּאֲשֶׁר דִּבֶּר יהוה׃ וַיְבָרְכֵהוּ יְהוֹשֻׁעַ וַיִּתֵּן אֶת־חֶבְרוֹן לְכָלֵב יג
בֶּן־יְפֻנֶּה לְנַחֲלָה׃ עַל־כֵּן הָיְתָה־חֶבְרוֹן לְכָלֵב בֶּן־יְפֻנֶּה הַקְּנִזִּי יד
לְנַחֲלָה עַד הַיּוֹם הַזֶּה יַעַן אֲשֶׁר מִלֵּא אַחֲרֵי יהוה אֱלֹהֵי
ט יִשְׂרָאֵל׃ וְשֵׁם חֶבְרוֹן לְפָנִים קִרְיַת אַרְבַּע הָאָדָם הַגָּדוֹל טו
בָּעֲנָקִים הוּא וְהָאָרֶץ שָׁקְטָה מִמִּלְחָמָה׃ וַיְהִי טו א
הַגּוֹרָל לְמַטֵּה בְּנֵי יְהוּדָה לְמִשְׁפְּחֹתָם אֶל־גְּבוּל אֱדוֹם מִדְבַּר־
צִן נֶגְבָּה מִקְצֵה תֵימָן׃ וַיְהִי לָהֶם גְּבוּל נֶגֶב מִקְצֵה יָם הַמֶּלַח ב
מִן־הַלָּשֹׁן הַפֹּנֶה נֶגְבָּה׃ וְיָצָא אֶל־מִנֶּגֶב לְמַעֲלֵה עַקְרַבִּים ג
וְעָבַר צִנָה וְעָלָה מִנֶּגֶב לְקָדֵשׁ בַּרְנֵעַ וְעָבַר חֶצְרוֹן וְעָלָה
וְהָיוּ אַדָּרָה וְנָסַב הַקַּרְקָעָה׃ וְעָבַר עַצְמוֹנָה וְיָצָא נַחַל מִצְרַיִם והיה ד
תֹּצְאוֹת הַגְּבוּל יָמָּה זֶה־יִהְיֶה לָכֶם גְּבוּל נֶגֶב׃ וּגְבוּל קֵדְמָה ה
יָם הַמֶּלַח עַד־קְצֵה הַיַּרְדֵּן וּגְבוּל לִפְאַת צָפוֹנָה מִלְּשׁוֹן הַיָּם
מִקְצֵה הַיַּרְדֵּן׃ וְעָלָה הַגְּבוּל בֵּית חָגְלָה וְעָבַר מִצְּפוֹן לְבֵית ו
הָעֲרָבָה וְעָלָה הַגְּבוּל אֶבֶן בֹּהַן בֶּן־רְאוּבֵן׃ וְעָלָה הַגְּבוּל ׀ ז
דְּבִרָה מֵעֵמֶק עָכוֹר וְצָפוֹנָה פֹּנֶה אֶל־הַגִּלְגָּל אֲשֶׁר־נֹכַח
לְמַעֲלֵה אֲדֻמִּים אֲשֶׁר מִנֶּגֶב לַנָּחַל וְעָבַר הַגְּבוּל אֶל־מֵי עֵין־
שֶׁמֶשׁ וְהָיוּ תֹצְאֹתָיו אֶל־עֵין רֹגֵל׃ וְעָלָה הַגְּבוּל גֵּי בֶן־הִנֹּם ח
אֶל־כֶּתֶף הַיְבוּסִי מִנֶּגֶב הִיא יְרוּשָׁלִָם וְעָלָה הַגְּבוּל אֶל־רֹאשׁ
הָהָר אֲשֶׁר עַל־פְּנֵי גֵי־הִנֹּם יָמָּה אֲשֶׁר בִּקְצֵה עֵמֶק־רְפָאִים

land.   Then the children of Yehuda came to Yehoshua in   6
Gilgal: and Kalev the son of Yefunne the Qenizzi said to him,
Thou knowst the thing that the LORD said to Moshe the man
of GOD concerning me and thee in Qadesh-barnea. Forty years   7
old was I when Moshe the servant of the LORD sent me from
Qadesh-barnea to spy out the land ; and I brought him back
word as it was in my heart. But my brethren who went up   8
with me made the heart of the people melt: but I wholly fol-
lowed the LORD my GOD. And Moshe swore on that day, say-   9
ing, Surely the land on which thy feet have trodden shall be
thy inheritance, and thy children's forever, because thou hast
wholly followed the LORD my GOD. And now, behold, the LORD   10
has kept me alive, as he said, these forty five years, even since
the LORD spoke this word to Moshe, while the children of
Yisra'el wandered in the wilderness: and now, lo, I am this
day eighty five years old. As yet I am as strong this day as   11
I was in the day that Moshe sent me : as my strength was then,
so is my strength now, for war, both to go out, and to come
in. Now therefore give me this mountain, of which the LORD   12
spoke on that day; for thou didst hear on that day how the
'Anaqim were there, and that the cities were great and for-
tified: if so be the LORD will be with me, then I shall be able
to drive them out, as the LORD said. And Yehoshua blessed   13
him, and gave Ḥevron to Kalev the son of Yefunne for an in-
heritance. Ḥevron therefore became the inheritance of Kalev   14
son of Yefunne the Qenizzi to this day, because he wholly fol-
lowed the LORD GOD of Yisra'el. And the name of Ḥevron be-   15
fore was Qiryat-arba ; this Arba was the biggest man among
the 'Anaqim. And the land had rest from war.   This then   **15**
was the lot of the tribe of the children of Yehuda by their
families ; to the border of Edom the wilderness of Ẓin towards
the Negev in the far south. And their south border was from   2
the far shore of the salt sea, from the bay that turns south-
wards : and it went out to the south side to Ma'ale-'aqrabbim,   3
and passed along to Ẓin, and ascended up from the south to
Qadesh-barnea, and passed along to Ḥezron, and went up to
Addar, and came round to Qarqa: from there it passed toward   4
'Aẓmon, and went out to the wadi of Miẓrayim ; and the termina-
tions of that border were at the sea : this shall be your southern
border. And the east border was the salt sea, even to the   5
end of the Yarden. And their border in the north quarter was
from the bay of the sea at the extremity of the Yarden. And the   6
border went up to Bet-Ḥogla, and passed along by the north
of Bet-'arava; and the border went up to the stone of Bohan
the son of Re'uven: and the border went up towards Devir   7
from the valley of 'Akhor, and so northward, turning towards
Gilgal, which is opposite the ascent to Adummim, which is on
the south side of the river: and the border passed toward the
waters of 'En-shemesh, and its terminations were at 'En-
rogel: and the border went up by the valley of the Ben-   8
hinnom to the south side of the Yevusi ; that is Yerushalayim :
and the border went up to the top of the mountain that lies be-
fore the valley of Hinnom westward, which is at the end of the

ט צָפוֹנָה: וְתָאַר הַגְּבוּל מֵרֹאשׁ הָהָר אֶל־מַעְיַן מֵי נֶפְתּוֹחַ וְיָצָא
אֶל־עָרֵי הַר־עֶפְרוֹן וְתָאַר הַגְּבוּל בַּעֲלָה הִיא קִרְיַת יְעָרִים:
י וְנָסַב הַגְּבוּל מִבַּעֲלָה יָמָּה אֶל־הַר שֵׂעִיר וְעָבַר אֶל־כֶּתֶף הַר־
יְעָרִים מִצָּפוֹנָה הִיא כְסָלוֹן וְיָרַד בֵּית־שֶׁמֶשׁ וְעָבַר תִּמְנָה:
יא וְיָצָא הַגְּבוּל אֶל־כֶּתֶף עֶקְרוֹן צָפוֹנָה וְתָאַר הַגְּבוּל שִׁכְּרוֹנָה
וְעָבַר הַר־הַבַּעֲלָה וְיָצָא יַבְנְאֵל וְהָיוּ תֹּצְאוֹת הַגְּבוּל יָמָּה:
יב וּגְבוּל יָם הַיָּמָּה הַגָּדוֹל וּגְבוּל זֶה גְּבוּל בְּנֵי־יְהוּדָה סָבִיב
יג לְמִשְׁפְּחֹתָם: וּלְכָלֵב בֶּן־יְפֻנֶּה נָתַן חֵלֶק בְּתוֹךְ בְּנֵי־יְהוּדָה אֶל־
פִּי יְהוָה לִיהוֹשֻׁעַ אֶת־קִרְיַת אַרְבַּע אֲבִי הָעֲנָק הִיא חֶבְרוֹן:
יד וַיֹּרֶשׁ מִשָּׁם כָּלֵב אֶת־שְׁלוֹשָׁה בְּנֵי הָעֲנָק אֶת־שֵׁשַׁי וְאֶת־אֲחִימַן
טו וְאֶת־תַּלְמַי יְלִידֵי הָעֲנָק: וַיַּעַל מִשָּׁם אֶל־יֹשְׁבֵי דְּבִר וְשֵׁם־
טז דְּבִר לְפָנִים קִרְיַת־סֵפֶר: וַיֹּאמֶר כָּלֵב אֲשֶׁר־יַכֶּה אֶת־קִרְיַת־
יז סֵפֶר וּלְכָדָהּ וְנָתַתִּי לוֹ אֶת־עַכְסָה בִתִּי לְאִשָּׁה: וַיִּלְכְּדָהּ
עָתְנִיאֵל בֶּן־קְנַז אֲחִי כָלֵב וַיִּתֶּן־לוֹ אֶת־עַכְסָה בִתּוֹ לְאִשָּׁה:
יח וַיְהִי בְּבוֹאָהּ וַתְּסִיתֵהוּ לִשְׁאוֹל מֵאֵת־אָבִיהָ שָׂדֶה וַתִּצְנַח מֵעַל
יט הַחֲמוֹר וַיֹּאמֶר־לָהּ כָּלֵב מַה־לָּךְ: וַתֹּאמֶר תְּנָה־לִּי בְרָכָה כִּי
אֶרֶץ הַנֶּגֶב נְתַתָּנִי וְנָתַתָּה לִי גֻּלֹּת מָיִם וַיִּתֶּן־לָהּ אֵת גֻּלֹּת
כ עִלִּיּוֹת וְאֵת גֻּלֹּת תַּחְתִּיּוֹת: זֹאת נַחֲלַת מַטֵּה
כא בְנֵי־יְהוּדָה לְמִשְׁפְּחֹתָם: וַיִּהְיוּ הֶעָרִים מִקְצֵה לְמַטֵּה בְנֵי־
כב יְהוּדָה אֶל־גְּבוּל אֱדוֹם בַּנֶּגְבָּה קַבְצְאֵל וְעֵדֶר וְיָגוּר: וְקִינָה
כג כד וְדִימוֹנָה וְעַדְעָדָה: וְקֶדֶשׁ וְחָצוֹר וְיִתְנָן: זִיף וָטֶלֶם וּבְעָלוֹת:
כה כו וְחָצוֹר חֲדַתָּה וּקְרִיּוֹת חֶצְרוֹן הִיא חָצוֹר: אֲמָם וּשְׁמַע וּמוֹלָדָה:
כז כח וַחֲצַר גַּדָּה וְחֶשְׁמוֹן וּבֵית פָּלֶט: וַחֲצַר שׁוּעָל וּבְאֵר שֶׁבַע
כט ל לא וּבִזְיוֹתְיָה: בַּעֲלָה וְעִיִּים וָעָצֶם: וְאֶלְתּוֹלַד וּכְסִיל וְחָרְמָה: וְצִקְלַג
לב וּמַדְמַנָּה וְסַנְסַנָּה: וּלְבָאוֹת וְשִׁלְחִים וְעַיִן וְרִמּוֹן כָּל־עָרִים
לג עֶשְׂרִים וָתֵשַׁע וְחַצְרֵיהֶן: בַּשְּׁפֵלָה אֶשְׁתָּאוֹל
לד לה וְצָרְעָה וְאַשְׁנָה: וְזָנוֹחַ וְעֵין גַּנִּים תַּפּוּחַ וְהָעֵינָם: יַרְמוּת
לו וַעֲדֻלָּם שׂוֹכֹה וַעֲזֵקָה: וְשַׁעֲרַיִם וַעֲדִיתַיִם וְהַגְּדֵרָה וּגְדֵרֹתָיִם
לז עָרִים אַרְבַּע־עֶשְׂרֵה וְחַצְרֵיהֶן: צְנָן וַחֲדָשָׁה
לח לט וּמִגְדַּל־גָּד: וְדִלְעָן וְהַמִּצְפֶּה וְיָקְתְאֵל: לָכִישׁ וּבָצְקַת וְעֶגְלוֹן:
מ מא וְכַבּוֹן וְלַחְמָס וְכִתְלִישׁ: וּגְדֵרוֹת בֵּית־דָּגוֹן וְנַעֲמָה וּמַקֵּדָה
מב עָרִים שֵׁשׁ־עֶשְׂרֵה וְחַצְרֵיהֶן: לִבְנָה וָעֶתֶר וְעָשָׁן:
מג מד וְיִפְתָּח וְאַשְׁנָה וּנְצִיב: וּקְעִילָה וְאַכְזִיב וּמָרֵאשָׁה עָרִים תֵּשַׁע
מה מו וְחַצְרֵיהֶן: עֶקְרוֹן וּבְנֹתֶיהָ וַחֲצֵרֶיהָ: מֵעֶקְרוֹן

valley of Refa'im northwards: and the border was drawn from 9
the top of the hill to the fountain of the water of Neftoaḥ, and
went out to the cities of mount 'Efron; and the border was
drawn to Ba'ala, which is Qiryat-ye'arim. And the border 10
came around from Ba'al westward to mount Se'ir and passed
along to the spur of mount Ye'arim, which is Kesalon, on the
north side, and went down to Bet-shemesh, and passed on to
Timna: and the border went out to the side of 'Eqron north- 11
ward: and the border was drawn to Shikron, and passed
along to mount Ba'ala, and went out to Yavne'el; and the ter-
minations of the border were at the sea. And as for the west 12
border, the great sea was the border. This is the border of the
children of Yehuda round about according to their families.
And to Kalev son of Yefunne he gave a part among the child- 13
ren of Yehuda, according to the commandment of the Lord
to Yehoshua, the city of Arba the father of the 'Anaq, which
city is Ḥevron. And Kalev drove out from there the three sons 14
of the 'Anaq, Sheshay and Aḥiman, and Talmay, the children
of the 'Anaq. And he went up from there to the inhabitants of 15
Devir: and the name of Devir before was Qiryat-sefer. And 16
Kalev said, He that smites Qiryat-sefer and takes it, to him
will I give 'Akhsa my daughter to wife. And 'Otni'el the son 17
of Qenaz, the brother of Kalev, took it: and he gave him
'Akhsa his daughter to wife. And it came to pass, when she 18
arrived, that she enticed him to ask of her father a field: and
she came down from her ass; and Kalev said to her, What
wouldst thou have? And she answered, give me a blessing; 19
for thou hast given me the land of the Negev: give me also
pools of water. And he gave her the upper pools, and the lower
pools. This is the inheritance of the tribe of the children 20
of Yehuda according to their families. And the uttermost 21
cities of the tribe of the children of Yehuda toward the border
of Edom southward were Qavẕe'el, and 'Eder, and Yagur, and 22
Qina, and Dimona, and 'Ad'ada, and Qedesh, and Ḥaẕor, and 23
Yitnan, Zif, and Telem, and Be'alot, and Ḥazor, Ḥadatta, and 24,25
Qeriyot, and Ḥeẕron, which is Ḥaẕor, Amam, and Shema, and 26
Molada, and Ḥaẕar-gadda, and Ḥeshmon, and Bet-pelet, and 27,28
Ḥaẕar-shu'al, and Be'er-sheva, and Bizyotya, Ba'ala, and 29
'Iyyim, and 'Eẕem, and Eltolad, and Kesil, and Ḥorma, and 30,31
Ẕiqlag, and Madmanna, and Sansanna, and Leva'ot, and Shil- 32
ḥim, and 'Ayin, and Rimmon: all the cities, were twenty nine,
with their villages: and in the valley, Eshta'ol, and Ẕor'a, 33
and Ashna, and Zanoaḥ, and 'En-gannim, Tappuaḥ, and 'Enam, 34
Yarmut, and 'Adullam, Sokho, and 'Azeqa, and Sha'arayim, 35,36
and 'Aditayim, and Gedera, and Gederotayim; fourteen cities
with their villages: Ẕenan, and Ḥadasha, and Migdal- 37
gad, and Dil'an, and Miẕpe, and Yoqte'el, Lakhish, and 38,39
Boẕqat, and 'Eglon, and Kabbon, and Laḥmas, and Kitlish, 40
And Qederot, Bet-dagon, and Na'ama, and Maqqeda; sixteen 41
cities with their villages: Livna, and 'Eter, and 'Ashan, 42
and Yiftaḥ, and Ashnah, and Neẕiv, and Qe'ila, and Akhziv, 43,44
and Maresha; nine cities with their villages: 'Eqron, with 45
its hamlets and villages: from 'Eqron to the sea, all that lay 46

וָיָמָּה כֹּל אֲשֶׁר־עַל־יַד אַשְׁדּוֹד וְחַצְרֵיהֶן׃ אַשְׁדּוֹד מז
בְּנוֹתֶיהָ וַחֲצֵרֶיהָ עַזָּה בְּנוֹתֶיהָ וַחֲצֵרֶיהָ עַד־נַחַל מִצְרָיִם וְהַיָּם
הַגָּדוֹל הגבול וּגְבוּל׃ וּבָהָר שָׁמִיר וְיַתִּיר וְשׂוֹכֹה׃ וְדַנָּה וְקִרְיַת־סַנָּה מח מט
הִיא דְבִר׃ וַעֲנָב וְאֶשְׁתְּמֹה וְעָנִים׃ וְגֹשֶׁן וְחֹלֹן וְגִלֹה עָרִים נ נא
אַחַת־עֶשְׂרֵה וְחַצְרֵיהֶן׃ אֲרַב וְדוּמָה וְאֶשְׁעָן׃ נב
וְיָנוּם וינים וּבֵית־תַּפּוּחַ וַאֲפֵקָה׃ וְחֻמְטָה וְקִרְיַת אַרְבַּע הִיא נג נד
חֶבְרוֹן וְצִיעֹר עָרִים תֵּשַׁע וְחַצְרֵיהֶן׃ מָעוֹן נה
כַּרְמֶל וָזִיף וְיוּטָּה׃ וְיִזְרְעֶאל וְיָקְדְעָם וְזָנוֹחַ׃ הַקַּיִן גִּבְעָה נו נז
וְתִמְנָה עָרִים עֶשֶׂר וְחַצְרֵיהֶן׃ חַלְחוּל נח
בֵּית־צוּר וּגְדוֹר׃ וּמַעֲרָת וּבֵית־עֲנוֹת וְאֶלְתְּקֹן עָרִים שֵׁשׁ נט
וְחַצְרֵיהֶן׃ קִרְיַת־בַּעַל הִיא קִרְיַת יְעָרִים ס
וְהָרַבָּה עָרִים שְׁתַּיִם וְחַצְרֵיהֶן׃ בַּמִּדְבָּר סא
בֵּית הָעֲרָבָה מִדִּין וּסְכָכָה׃ וְהַנִּבְשָׁן וְעִיר־הַמֶּלַח וְעֵין סב
גֶּדִי עָרִים שֵׁשׁ וְחַצְרֵיהֶן׃ וְאֶת־הַיְבוּסִי יוֹשְׁבֵי סג
יָכְלוּ יְרוּשָׁלִַם לֹא־יוכלו בְנֵי־יְהוּדָה לְהוֹרִישָׁם וַיֵּשֶׁב הַיְבוּסִי אֶת־
בְּנֵי יְהוּדָה בִּירוּשָׁלִָם עַד הַיּוֹם הַזֶּה׃ וַיֵּצֵא הַגּוֹרָל טז א
לִבְנֵי יוֹסֵף מִיַּרְדֵּן יְרִיחוֹ לְמֵי יְרִיחוֹ מִזְרָחָה הַמִּדְבָּר עֹלֶה
מִירִיחוֹ בָּהָר בֵּית־אֵל׃ וְיָצָא מִבֵּית־אֵל לוּזָה וְעָבַר אֶל־גְּבוּל ב
הָאַרְכִּי עֲטָרוֹת׃ וְיָרַד יָמָּה אֶל־גְּבוּל הַיַּפְלֵטִי עַד־גְּבוּל בֵּית־ ג
חוֹרֹן תַּחְתּוֹן וְעַד־גָּזֶר וְהָיוּ תֹצְאֹתָו יָמָּה׃ וַיִּנְחֲלוּ בְנֵי־יוֹסֵף ד
מְנַשֶּׁה וְאֶפְרָיִם׃ וַיְהִי גְּבוּל בְּנֵי־אֶפְרַיִם לְמִשְׁפְּחֹתָם וַיְהִי גְּבוּל ה
נַחֲלָתָם מִזְרָחָה עַטְרוֹת אַדָּר עַד־בֵּית חוֹרֹן עֶלְיוֹן׃ וְיָצָא ו
הַגְּבוּל הַיָּמָּה הַמִּכְמְתָת מִצָּפוֹן וְנָסַב הַגְּבוּל מִזְרָחָה תַּאֲנַת
שִׁלֹה וְעָבַר אוֹתוֹ מִמִּזְרַח יָנוֹחָה׃ וְיָרַד מִיָּנוֹחָה עֲטָרוֹת ז
וְנַעֲרָתָה וּפָגַע בִּירִיחוֹ וְיָצָא הַיַּרְדֵּן׃ מִתַּפּוּחַ יֵלֵךְ הַגְּבוּל יָמָּה ח
נַחַל קָנָה וְהָיוּ תֹצְאֹתָיו הַיָּמָּה זֹאת נַחֲלַת מַטֵּה בְנֵי־אֶפְרַיִם
לְמִשְׁפְּחֹתָם׃ וְהֶעָרִים הַמִּבְדָּלוֹת לִבְנֵי אֶפְרַיִם בְּתוֹךְ נַחֲלַת ט
בְּנֵי־מְנַשֶּׁה כָּל־הֶעָרִים וְחַצְרֵיהֶן׃ וְלֹא הוֹרִישׁוּ אֶת־הַכְּנַעֲנִי י
הַיּוֹשֵׁב בְּגָזֶר וַיֵּשֶׁב הַכְּנַעֲנִי בְּקֶרֶב אֶפְרַיִם עַד־הַיּוֹם הַזֶּה וַיְהִי
לְמַס־עֹבֵד׃ וַיְהִי הַגּוֹרָל לְמַטֵּה מְנַשֶּׁה כִּי־הוּא יז א
בְּכוֹר יוֹסֵף לְמָכִיר בְּכוֹר מְנַשֶּׁה אֲבִי הַגִּלְעָד כִּי הוּא הָיָה אִישׁ
מִלְחָמָה וַיְהִי־לוֹ הַגִּלְעָד וְהַבָּשָׁן׃ וַיְהִי לִבְנֵי מְנַשֶּׁה הַנּוֹתָרִים ב
לְמִשְׁפְּחֹתָם לִבְנֵי אֲבִיעֶזֶר וְלִבְנֵי־חֵלֶק וְלִבְנֵי אַשְׂרִיאֵל וְלִבְנֵי־
שֶׁכֶם וְלִבְנֵי־חֵפֶר וְלִבְנֵי שְׁמִידָע אֵלֶּה בְּנֵי מְנַשֶּׁה בֶּן־יוֹסֵף
הַזְּכָרִים לְמִשְׁפְּחֹתָם׃ וְלִצְלָפְחָד בֶּן־חֵפֶר בֶּן־גִּלְעָד בֶּן־מָכִיר ג
בֶּן־מְנַשֶּׁה לֹא־הָיוּ לוֹ בָּנִים כִּי אִם־בָּנוֹת וְאֵלֶּה שְׁמוֹת בְּנֹתָיו

near Ashdod, with their villages: Ashdod with its ham-   47
lets and villages, 'Azza with its hamlets and villages, to the
wadi of Miẓrayim, and the great sea, being its border; and in   48
the mountains, Shamir, and Yattir, and Sokho, and Danna, and   49
Qiryat-sanna, which is Devir, and 'Anav, and Eshtemo, and   50
'Anim, and Goshen, and Ḥolon, and Gilo ; eleven cities with   51
their villages :   Arav, and Duma, and Esh'an, and Yanus, 52,53
and Bet-tappuaḥ, and Afeqa, and Ḥumta, and Qiryat-arba,   54
which is Ḥevron, and Ẓi'or ; nine cities with their villages :

Ma'on, Karmel, and Zif and Yuta, and Yizre'el, and 55,56
Yoqde'am, and Zanoaḥ, Qayin, Giv'a and Timna ; ten cities with   57
their villages :   Ḥalḥul, Bet-ẓur, and Gedor, and Ma'arat, 58,59
and Bet-'anot, and Elteqon ; six cities with their villages :

Qiryat-ba'al, which is Qiryat-ye'arim and Rabba; two   60
cities with their villages :   in the wilderness, Bet-   61
ha'arava, Middin, and Sekhakha, and Nivshan, and 'Ir-ham-   62
melaḥ, and 'En-gedi; six cities with their villages.   As for   63
the Yevusi, the inhabitants of Yerushalayim, the children of
Yehuda could not drive them out: but the Yevusi dwell with
the children of Yehuda at Yerushalayim to this day.   And   **16**
the lot of the children of Yosef fell from the Yarden by Yeriḥo,
to the water of Yeriḥo on the east, to the wilderness that goes
up from Yeriḥo by mount Bet-el, and goes out from Bet-el   2
to Luz and passes along to the borders of the Arki to 'Atarot,
and goes down westward to the border of the Yafleti, to the bor-   3
der of lower Bet-ḥoron, and to Gezer : and its terminations are
at the sea. So the children of Yosef, Menashshe and Efrayim   4
took their inheritance. And the border of the children of   5
Efrayim according to their families was thus: the border of
their inheritance on the east side was 'Atrot-addar, to upper
Bet-ḥoron ; and the border went out westward, to Mikhmetat   6
on the north side ; and the border went about eastward
to Ta'anat-shilo, and passed by it on the east to Yanoḥa ;
and it went down from Yanoḥa to 'Atarot, and to Na'arat, and   7
came to Yeriḥo, and went out at the Yarden. The border went   8
out from Tappuaḥ westward to the wadi Qana; and its termi-
nations were at the sea. This is the inheritance of the tribe
of the children of Efrayim by their families; together with the   9
separate cities for the children of Efrayim among the inherit-
ance of the children of Menashshe, all the cities with their
villages. And they did not drive out the Kena'ani that dwelt   10
in Gezer ; but the Kena'ani dwell amongst Efrayim to this day,
and became tax-paying servants.   Then came the lot for   **17**
the tribe of Menashshe; for he was the firstborn of Yosef, for
Makhir the firstborn of Menashshe, the father of Gil'ad: be-
cause he was a man of war, therefore he had Gil'ad and Ba-
shan. There was also a lot for the rest of the children of   2
Menashshe by their families; for the children of Avi'ezer, and
for the children of Ḥeleq, and for the children of Asri'el, and
for the children of Shekhem, and for the children of Ḥefer, and
for the children of Shemida : these were the male children of
Menashshe the son of Yosef by their families. But Ẓelofḥad,   3
the son of Ḥefer, the son of Gil'ad, the son of Makhir, the son

י מַחְלָה וְנֹעָה חָגְלָה מִלְכָּה וְתִרְצָה: וַתִּקְרַבְנָה לִפְנֵי אֶלְעָזָר ד
הַכֹּהֵן וְלִפְנֵי ׀ יְהוֹשֻׁעַ בִּן־נוּן וְלִפְנֵי הַנְּשִׂיאִים לֵאמֹר יהוה צִוָּה
אֶת־מֹשֶׁה לָתֶת־לָנוּ נַחֲלָה בְּתוֹךְ אַחֵינוּ וַיִּתֵּן לָהֶם אֶל־פִּי
יהוה נַחֲלָה בְּתוֹךְ אֲחֵי אֲבִיהֶן: וַיִּפְּלוּ חַבְלֵי־מְנַשֶּׁה עֲשָׂרָה ה
לְבַד מֵאֶרֶץ הַגִּלְעָד וְהַבָּשָׁן אֲשֶׁר מֵעֵבֶר לַיַּרְדֵּן: כִּי בְּנוֹת ו
מְנַשֶּׁה נָחֲלוּ נַחֲלָה בְּתוֹךְ בָּנָיו וְאֶרֶץ הַגִּלְעָד הָיְתָה לִבְנֵי־
מְנַשֶּׁה הַנּוֹתָרִים: וַיְהִי גְבוּל־מְנַשֶּׁה מֵאָשֵׁר הַמִּכְמְתָת אֲשֶׁר ז
עַל־פְּנֵי שְׁכֶם וְהָלַךְ הַגְּבוּל אֶל־הַיָּמִין אֶל־יֹשְׁבֵי עֵין תַּפּוּחַ:
לִמְנַשֶּׁה הָיְתָה אֶרֶץ תַּפּוּחַ וְתַפּוּחַ אֶל־גְּבוּל מְנַשֶּׁה לִבְנֵי ח
אֶפְרָיִם: וְיָרַד הַגְּבוּל נַחַל קָנָה נֶגְבָּה לַנַּחַל עָרִים הָאֵלֶּה ט
לְאֶפְרַיִם בְּתוֹךְ עָרֵי מְנַשֶּׁה וּגְבוּל מְנַשֶּׁה מִצְּפוֹן לַנַּחַל וַיְהִי
תֹצְאֹתָיו הַיָּמָּה: נֶגְבָּה לְאֶפְרַיִם וְצָפוֹנָה לִמְנַשֶּׁה וַיְהִי הַיָּם י
גְּבוּלוֹ וּבְאָשֵׁר יִפְגְּעוּן מִצָּפוֹן וּבְיִשָּׂשכָר מִמִּזְרָח: וַיְהִי לִמְנַשֶּׁה יא
בְּיִשָּׂשכָר וּבְאָשֵׁר בֵּית־שְׁאָן וּבְנוֹתֶיהָ וְיִבְלְעָם וּבְנוֹתֶיהָ וְאֶת־
יֹשְׁבֵי דֹאר וּבְנוֹתֶיהָ וְיֹשְׁבֵי עֵין־דֹּר וּבְנֹתֶיהָ וְיֹשְׁבֵי תַעְנַךְ
וּבְנֹתֶיהָ וְיֹשְׁבֵי מְגִדּוֹ וּבְנוֹתֶיהָ שְׁלֹשֶׁת הַנָּפֶת: וְלֹא יָכְלוּ בְּנֵי יב
מְנַשֶּׁה לְהוֹרִישׁ אֶת־הֶעָרִים הָאֵלֶּה וַיּוֹאֶל הַכְּנַעֲנִי לָשֶׁבֶת
בָּאָרֶץ הַזֹּאת: וַיְהִי כִּי חָזְקוּ בְּנֵי יִשְׂרָאֵל וַיִּתְּנוּ אֶת־הַכְּנַעֲנִי יג
לָמַס וְהוֹרֵשׁ לֹא הוֹרִישׁוֹ: וַיְדַבְּרוּ בְּנֵי יוֹסֵף אֶת־ יד
יְהוֹשֻׁעַ לֵאמֹר מַדּוּעַ נָתַתָּה לִּי נַחֲלָה גּוֹרָל אֶחָד וְחֶבֶל אֶחָד
וַאֲנִי עַם רָב עַד אֲשֶׁר־עַד־כֹּה בֵּרְכַנִי יהוה: וַיֹּאמֶר אֲלֵיהֶם טו
יְהוֹשֻׁעַ אִם־עַם־רַב אַתָּה עֲלֵה לְךָ הַיַּעְרָה וּבֵרֵאתָ לְךָ שָׁם
בְּאֶרֶץ הַפְּרִזִּי וְהָרְפָאִים כִּי־אָץ לְךָ הַר־אֶפְרָיִם: וַיֹּאמְרוּ בְּנֵי טז
יוֹסֵף לֹא־יִמָּצֵא לָנוּ הָהָר וְרֶכֶב בַּרְזֶל בְּכָל־הַכְּנַעֲנִי הַיֹּשֵׁב
בְּאֶרֶץ־הָעֵמֶק לַאֲשֶׁר בְּבֵית־שְׁאָן וּבְנוֹתֶיהָ וְלַאֲשֶׁר בְּעֵמֶק
יִזְרְעֶאל: וַיֹּאמֶר יְהוֹשֻׁעַ אֶל־בֵּית יוֹסֵף לְאֶפְרַיִם וְלִמְנַשֶּׁה יז
לֵאמֹר עַם־רַב אַתָּה וְכֹחַ גָּדוֹל לָךְ לֹא־יִהְיֶה לְךָ גּוֹרָל
אֶחָד: כִּי הַר יִהְיֶה־לָּךְ כִּי־יַעַר הוּא וּבֵרֵאתוֹ וְהָיָה לְךָ יח
תֹּצְאֹתָיו כִּי־תוֹרִישׁ אֶת־הַכְּנַעֲנִי כִּי רֶכֶב בַּרְזֶל לוֹ כִּי
חָזָק הוּא: וַיִּקָּהֲלוּ כָּל־עֲדַת בְּנֵי־יִשְׂרָאֵל שִׁלֹה א יח
וַיַּשְׁכִּינוּ שָׁם אֶת־אֹהֶל מוֹעֵד וְהָאָרֶץ נִכְבְּשָׁה לִפְנֵיהֶם: וַיִּוָּתְרוּ ב
בִּבְנֵי יִשְׂרָאֵל אֲשֶׁר לֹא־חָלְקוּ אֶת־נַחֲלָתָם שִׁבְעָה שְׁבָטִים:

of Menashshe, had no sons, but daughters: and these are the
names of his daughters, Maḥla, and No'a, Ḥogla, Milka, and
Tirẕa. And they came near before El'azar the priest, and before 4
Yehoshua the son of Nun, and before the princes, saying, The
Lord commanded Moshe to give us an inheritance among our
brethren. Therefore according to the commandment of the Lord
he gave them an inheritance among the brethren of their
father. And there fell ten portions to Menashshe, besides the 5
land of Gil'ad and Bashan, which were on the other side of the
Yarden; because the daughters of Menashshe had an inhe- 6
ritance among his sons: and the rest of Menashshe's sons had
the land of Gil'ad. And the border of Menashshe was from 7
Asher to Mikhmetat, that lies before Shekhem; and the border
went along on the right hand to the inhabitants of 'En-tappuaḥ.
Now Menashshe had the land of Tappuaḥ: but Tappuaḥ on the 8
border of Menashshe belonged to the children of Efrayim; and 9
the border descended to the wadi Qana, southward of the wadi:
these cities were Efrayim's situated among the cities of Me-
nashshe: the boundary of Menashshe also was on the north
side of the wadi; and its terminations were at the sea: south- 10
ward it was Efrayim's, and northward it was Menashshe's and
the sea was its border; and they met together in Asher on the
north, and in Yissakhar on the east. And Menashshe had in 11
Yissakhar and in Asher Bet-she'an and its hamlets, and Yiv-
le'am and its hamlets, and the inhabitants of Dor and its ham-
lets, and the inhabitants of 'En-dor and its hamlets, and the
inhabitants of Ta'nakh and its hamlets, and the inhabitants
of Megiddo and its hamlets, three districts in all. Yet the 12
children of Menashshe could not drive out the inhabitants of
those cities; but the Kena'ani persisted in dwelling in that
land. Yet it came to pass, when the children of Yisra'el be- 13
came strong, that they put the Kena'ani to tribute; but did
not utterly drive them out. And the children of Yosef 14
spoke to Yehoshua, saying, Why hast thou given me but one
lot and one portion to inherit, when I am a great people, since
the Lord has blessed me so much? And Yehoshua answered 15
them, If thou be a great people, then go up to the forest
country, and cut down a space for thyself there in the land
of the Perizzi and of the Refa'im, if mount Efrayim is too nar-
row for thee. And the children of Yosef said, The hill is not 16
enough for us: and all the Kena'ani that dwell in the land of
the valley have chariots of iron, both they who are of Bet-
she'an and its hamlets, and they who are of the 'Emeq-Yizre'el.
And Yehoshua spoke to the house of Yosef, to Efrayim and to 17
Menashshe, saying, Thou art a great people, and hast great
power: thou shalt not have one lot only: but the mountain 18
shall be thine; for it is a forest, and thou shalt cut it down:
and its terminations shall be thine: for thou shalt drive out the
Kena'ani, though they have iron chariots, and though they
are so strong. And the whole congregation of the chil- **18**
dren of Yisra'el assembled together at Shilo, and set up the Tent
of Meeting there. And the land was conquered before them.
And there remained among the children of Yisra'el seven tribes, 2

ג וַיֹּאמֶר יְהוֹשֻׁעַ אֶל־בְּנֵי יִשְׂרָאֵל עַד־אָנָה אַתֶּם מִתְרַפִּים לָבוֹא
ד לָרֶשֶׁת אֶת־הָאָרֶץ אֲשֶׁר נָתַן לָכֶם יהוה אֱלֹהֵי אֲבוֹתֵיכֶם׃ הָבוּ
לָכֶם שְׁלֹשָׁה אֲנָשִׁים לַשָּׁבֶט וְאֶשְׁלָחֵם וְיָקֻמוּ וְיִתְהַלְּכוּ בָאָרֶץ
ה וְיִכְתְּבוּ אוֹתָהּ לְפִי נַחֲלָתָם וְיָבֹאוּ אֵלָי׃ וְהִתְחַלְּקוּ אֹתָהּ
לְשִׁבְעָה חֲלָקִים יְהוּדָה יַעֲמֹד עַל־גְּבוּלוֹ מִנֶּגֶב וּבֵית יוֹסֵף
ו יַעַמְדוּ עַל־גְּבוּלָם מִצָּפוֹן׃ וְאַתֶּם תִּכְתְּבוּ אֶת־הָאָרֶץ שִׁבְעָה
חֲלָקִים וַהֲבֵאתֶם אֵלַי הֵנָּה וְיָרִיתִי לָכֶם גּוֹרָל פֹּה לִפְנֵי יהוה
ז אֱלֹהֵינוּ׃ כִּי אֵין־חֵלֶק לַלְוִיִּם בְּקִרְבְּכֶם כִּי־כְהֻנַּת יהוה
נַחֲלָתוֹ וְגָד וּרְאוּבֵן וַחֲצִי שֵׁבֶט הַמְנַשֶּׁה לָקְחוּ נַחֲלָתָם מֵעֵבֶר
ח לַיַּרְדֵּן מִזְרָחָה אֲשֶׁר נָתַן לָהֶם מֹשֶׁה עֶבֶד יהוה׃ וַיָּקֻמוּ
הָאֲנָשִׁים וַיֵּלֵכוּ וַיְצַו יְהוֹשֻׁעַ אֶת־הַהֹלְכִים לִכְתֹּב אֶת־הָאָרֶץ
לֵאמֹר לְכוּ וְהִתְהַלְּכוּ בָאָרֶץ וְכִתְבוּ אוֹתָהּ וְשׁוּבוּ אֵלַי וּפֹה
ט אַשְׁלִיךְ לָכֶם גּוֹרָל לִפְנֵי יהוה בְּשִׁלֹה׃ וַיֵּלְכוּ הָאֲנָשִׁים וַיַּעַבְרוּ
בָאָרֶץ וַיִּכְתְּבוּהָ לֶעָרִים לְשִׁבְעָה חֲלָקִים עַל־סֵפֶר וַיָּבֹאוּ
י אֶל־יְהוֹשֻׁעַ אֶל־הַמַּחֲנֶה שִׁלֹה׃ וַיַּשְׁלֵךְ לָהֶם יְהוֹשֻׁעַ גּוֹרָל
בְּשִׁלֹה לִפְנֵי יהוה וַיְחַלֶּק־שָׁם יְהוֹשֻׁעַ אֶת־הָאָרֶץ לִבְנֵי
יא יִשְׂרָאֵל כְּמַחְלְקֹתָם׃ וַיַּעַל גּוֹרַל מַטֵּה בְנֵי־בִנְיָמִן
לְמִשְׁפְּחֹתָם וַיֵּצֵא גְּבוּל גּוֹרָלָם בֵּין בְּנֵי יְהוּדָה וּבֵין בְּנֵי יוֹסֵף׃
יב וַיְהִי לָהֶם הַגְּבוּל לִפְאַת צָפוֹנָה מִן־הַיַּרְדֵּן וְעָלָה הַגְּבוּל אֶל־
כֶּתֶף יְרִיחוֹ מִצָּפוֹן וְעָלָה בָהָר יָמָּה והיה תֹּצְאֹתָיו מִדְבָּרָה וְהָיוּ
יג בֵּית אָוֶן׃ וְעָבַר מִשָּׁם הַגְּבוּל לוּזָה אֶל־כֶּתֶף לוּזָה נֶגְבָּה הִיא
בֵּית־אֵל וְיָרַד הַגְּבוּל עַטְרוֹת אַדָּר עַל־הָהָר אֲשֶׁר מִנֶּגֶב
יד לְבֵית־חֹרוֹן תַּחְתּוֹן׃ וְתָאַר הַגְּבוּל וְנָסַב לִפְאַת־יָם נֶגְבָּה מִן־
הָהָר אֲשֶׁר עַל־פְּנֵי בֵית־חֹרוֹן נֶגְבָּה והיה תֹצְאֹתָיו אֶל־קִרְיַת־ וְהָיוּ
טו בַּעַל הִיא קִרְיַת יְעָרִים עִיר בְּנֵי יְהוּדָה זֹאת פְּאַת־יָם׃ וּפְאַת־
נֶגְבָּה מִקְצֵה קִרְיַת יְעָרִים וְיָצָא הַגְּבוּל יָמָּה וְיָצָא אֶל־מַעְיַן
טז מֵי נֶפְתּוֹחַ׃ וְיָרַד הַגְּבוּל אֶל־קְצֵה הָהָר אֲשֶׁר עַל־פְּנֵי גֵּי בֶן־
הִנֹּם אֲשֶׁר בְּעֵמֶק רְפָאִים צָפוֹנָה וְיָרַד גֵּי הִנֹּם אֶל־כֶּתֶף
יז הַיְבוּסִי נֶגְבָּה וְיָרַד עֵין רֹגֵל׃ וְתָאַר מִצָּפוֹן וְיָצָא עֵין שֶׁמֶשׁ
וְיָצָא אֶל־גְּלִילוֹת אֲשֶׁר־נֹכַח מַעֲלֵה אֲדֻמִּים וְיָרַד אֶבֶן
יח בֹּהַן בֶּן־רְאוּבֵן׃ וְעָבַר אֶל־כֶּתֶף מוּל־הָעֲרָבָה צָפוֹנָה וְיָרַד
יט הָעֲרָבָתָה׃ וְעָבַר הַגְּבוּל אֶל־כֶּתֶף בֵּית־חָגְלָה צָפוֹנָה והיה וְהָיוּ
תוצאותיו הַגְּבוּל אֶל־לְשׁוֹן יָם־הַמֶּלַח צָפוֹנָה אֶל־קְצֵה הַיַּרְדֵּן תּוֹצְאוֹתָיו

who had not yet received their inheritance. And Yehoshua said 3
to the children of Yisra'el, How long will you be remiss in going
to possess the land, which the LORD GOD of your fathers has
given you? Assign from among you three men for each tribe: 4
and I will send them, and they shall rise, and go through the
land, and mark it out according to their inheritance ; and
they shall come back to me. And they shall divide it into seven 5
parts: Yehuda shall remain on his boundary in the south, and
the house of Yosef shall remain on their boundaries to the
north. You shall therefore mark out the land in seven parts, 6
and bring the description to me here, that I may cast lots for
you here before the LORD our GOD. But the Levites have no 7
part among you; for the priesthood of the LORD is their inhe-
ritance: and Gad, and Re'uven, and half the tribe of Menashshe,
have received their inheritance beyond the Yarden on the east,
that which Moshe the servant of the LORD gave them. And the 8
men arose, and went away: and Yehoshua charged them that
went to mark out the land, saying, Go and walk through the
land, and mark it out, and come back to me, that I may here
cast lots for you before the LORD in Shilo. And the men went 9
and passed through the land, and wrote it down by cities into
seven parts in a book, and came back to Yehoshua to the
camp at Shilo. And Yehoshua cast lots for them in Shilo be- 10
fore the LORD: and there Yehoshua divided the land to the
children of Yisra'el according to their divisions.   And the 11
lot of the tribe of the children of Binyamin came up according
to their families: and the border of their lot came out between
the children of Yehuda and the children of Yosef. And their 12
border on the north side was from the Yarden; and the border
went up to the side of Yeriḥo on the north side, and went up
through the mountains westward; and its terminations were
at the wilderness of Bet-aven. And the border went over from 13
thence towards Luz, to the south side of Luz, which is Bet-el ;
and the border descended to 'Atrot-addar, near the hill that
lies on the south side of the lower Bet-ḥoron. And the border 14
was drawn, and turned about at its western corner to the
south, from the hill that lies before Bet-ḥoron southward; and
its terminations were at Qiryat-ba'al, which is Qiryat-ye'arim,
a city of the children of Yehuda: this was the west quarter.
And the south quarter was from the far side of Qiryat-ye'arim, 15
and the border went out on the west, and went out to the
well of the waters of Neftoaḥ: and the border came down to 16
the end of the mountain that lies before the valley of Ben-
hinnom, and which is in the valley of Refa'im on the north,
and descended to the valley of Hinnom, to the slope of the
Yevusi on the south, and descended to 'En-rogel, and was 17
drawn to the north, and went out to 'En-shemesh, and went
out toward Gelilot, which is opposite the ascent of Adummim,
and descended to the stone of Bohan the son of Re'uven, and 18
passed along toward the slope over against the 'Arava north-
ward, and went down to the 'Arava: and the border passed 19
along the slope of Bet-ḥogla northward: and the terminations
of the border were at the north bay of the salt sea at the

כ נֶגְבָּה זֶה גְּבוּל נֶגֶב׃ וְהַיַּרְדֵּן יִגְבֹּל־אֹתוֹ לִפְאַת־קֵדְמָה זֹאת
כא נַחֲלַת בְּנֵי בִנְיָמִן לִגְבוּלֹתֶיהָ סָבִיב לְמִשְׁפְּחֹתָם׃ וְהָיוּ הֶעָרִים
לְמַטֵּה בְּנֵי בִנְיָמִן לְמִשְׁפְּחוֹתֵיהֶם יְרִיחוֹ וּבֵית־חָגְלָה וְעֵמֶק
כב כג קְצִיץ׃ וּבֵית הָעֲרָבָה וּצְמָרַיִם וּבֵית־אֵל׃ וְהָעַוִּים וְהַפָּרָה
כד וְעָפְרָה׃ וּכְפַר העמני וְהָעָפְנִי וָגָבַע עָרִים שְׁתֵּים־עֶשְׂרֵה הָעַמּוֹנָה
כה כו וְחַצְרֵיהֶן׃ גִּבְעוֹן וְהָרָמָה וּבְאֵרוֹת׃ וְהַמִּצְפֶּה וְהַכְּפִירָה וְהַמֹּצָה׃
כז כח וְרֶקֶם וְיִרְפְּאֵל וְתַרְאֲלָה׃ וְצֵלַע הָאֶלֶף וְהַיְבוּסִי הִיא יְרוּשָׁלִַם יא
גִּבְעַת קִרְיַת עָרִים אַרְבַּע־עֶשְׂרֵה וְחַצְרֵיהֶן זֹאת נַחֲלַת בְּנֵי־
יט א בִנְיָמִן לְמִשְׁפְּחֹתָם׃ וַיֵּצֵא הַגּוֹרָל הַשֵּׁנִי לְשִׁמְעוֹן
לְמַטֵּה בְנֵי־שִׁמְעוֹן לְמִשְׁפְּחוֹתָם וַיְהִי נַחֲלָתָם בְּתוֹךְ נַחֲלַת
ב בְּנֵי־יְהוּדָה׃ וַיְהִי לָהֶם בְּנַחֲלָתָם בְּאֵר־שֶׁבַע וְשֶׁבַע וּמוֹלָדָה׃
ג ד ה וַחֲצַר שׁוּעָל וּבָלָה וָעָצֶם׃ וְאֶלְתּוֹלַד וּבְתוּל וְחָרְמָה׃ וְצִקְלַג
ו וּבֵית־הַמַּרְכָּבוֹת וַחֲצַר סוּסָה׃ וּבֵית לְבָאוֹת וְשָׁרוּחֶן עָרִים
ז שְׁלֹשׁ־עֶשְׂרֵה וְחַצְרֵיהֶן׃ עַיִן רִמּוֹן וָעֶתֶר וְעָשָׁן עָרִים אַרְבַּע
ח וְחַצְרֵיהֶן׃ וְכָל־הַחֲצֵרִים אֲשֶׁר סְבִיבוֹת הֶעָרִים הָאֵלֶּה עַד־
בַּעֲלַת בְּאֵר רָאמַת נֶגֶב זֹאת נַחֲלַת מַטֵּה בְנֵי־שִׁמְעוֹן
ט לְמִשְׁפְּחֹתָם׃ מֵחֶבֶל בְּנֵי יְהוּדָה נַחֲלַת בְּנֵי שִׁמְעוֹן כִּי־
הָיָה חֵלֶק בְּנֵי־יְהוּדָה רַב מֵהֶם וַיִּנְחֲלוּ בְנֵי־שִׁמְעוֹן בְּתוֹךְ
י נַחֲלָתָם׃ וַיַּעַל הַגּוֹרָל הַשְּׁלִישִׁי לִבְנֵי זְבוּלֻן
יא לְמִשְׁפְּחֹתָם וַיְהִי גְּבוּל נַחֲלָתָם עַד־שָׂרִיד׃ וְעָלָה גְבוּלָם לַיָּמָּה
וּמַרְעֲלָה וּפָגַע בְּדַבָּשֶׁת וּפָגַע אֶל־הַנַּחַל אֲשֶׁר עַל־פְּנֵי יָקְנְעָם׃
יב וְשָׁב מִשָּׂרִיד קֵדְמָה מִזְרַח הַשֶּׁמֶשׁ עַל־גְּבוּל כִּסְלֹת תָּבֹר
יג וְיָצָא אֶל־הַדָּבְרַת וְעָלָה יָפִיעַ׃ וּמִשָּׁם עָבַר קֵדְמָה מִזְרָחָה
יד גִּתָּה חֵפֶר עִתָּה קָצִין וְיָצָא רִמּוֹן הַמְּתֹאָר הַנֵּעָה׃ וְנָסַב אֹתוֹ
טו הַגְּבוּל מִצְּפוֹן חַנָּתֹן וְהָיוּ תֹּצְאֹתָיו גֵּי יִפְתַּח־אֵל׃ וְקַטָּת
וְנַהֲלָל וְשִׁמְרוֹן וְיִדְאֲלָה וּבֵית לָחֶם עָרִים שְׁתֵּים־עֶשְׂרֵה
טז וְחַצְרֵיהֶן׃ זֹאת נַחֲלַת בְּנֵי־זְבוּלֻן לְמִשְׁפְּחוֹתָם הֶעָרִים הָאֵלֶּה
יז וְחַצְרֵיהֶן׃ לְיִשָּׂשכָר יָצָא הַגּוֹרָל הָרְבִיעִי לִבְנֵי
יח יִשָּׂשכָר לְמִשְׁפְּחוֹתָם׃ וַיְהִי גְּבוּלָם יִזְרְעֶאלָה וְהַכְּסוּלֹּת וְשׁוּנֵם׃
יט כ כא וַחֲפָרַיִם וְשִׁיאֹן וַאֲנָחֲרַת׃ וְהָרַבִּית וְקִשְׁיוֹן וָאָבֶץ׃ וְרֶמֶת וְעֵין־
כב גַּנִּים וְעֵין חַדָּה וּבֵית פַּצֵּץ׃ וּפָגַע הַגְּבוּל בְּתָבוֹר ושחצומה וְשַׁחֲצִימָה
וּבֵית שֶׁמֶשׁ וְהָיוּ תֹּצְאוֹת גְּבוּלָם הַיַּרְדֵּן עָרִים שֵׁשׁ־עֶשְׂרֵה
כג וְחַצְרֵיהֶן׃ זֹאת נַחֲלַת מַטֵּה בְנֵי־יִשָּׂשכָר לְמִשְׁפְּחֹתָם הֶעָרִים

southern extremity of the Yarden : this was the south bound-
ary. And the Yarden was the border of it on the east side. 20
This was the inheritance of the children of Binyamin by its
border round about, according to their families. Now the 21
cities of the tribe of the children of Binyamin, according to
their families were Yeriẖo, and Bet-ẖogla, and the valley of
Qeẕiẕ, and Bet-'arava, and Ẕemarayim, and Bet-el, and 'Avvim, 22,23
and Para, and 'Ofra, and Kefar- ha'amona, and 'Ofni, and Geva ; 24
twelve cities with their villages: Giv'on, and Rama, and Be'erot, 25
and Miẕpe, and Kefira, and Moẕa, and Reqem, and Yirpe'el, 26,27
and Tar'ala, and Ẕela, Elef, and Yevusi (which is Yerusha- 28
layim) Giv'at and Qiryat; fourteen cities with their villages.
This is the inheritance of the children of Binyamin according
to their families. And the second lot came out in favour **19**
of Shim'on, for the tribe of the children of Shim'on according
to their families: and their inheritance was within the inherit-
ance of the children of Yehuda. And they had in their inherit- 2
ance Be'er-sheva, and Sheva, and Molada, and Haẕar-shu'al, 3
and Bala, and 'Eẕem, and Eltolad, and Betul, and Ḥorma, 4
and Ẕiqlag, and Bet-markavot, and Ḥaẕar-susa, and Bet-leva'ot, 5,6
and Sharuẖen; thirteen cities and their villages: 'Ayin, Rim- 7
mon, and 'Eter, and 'Ashan; four cities and their villages:
and all the villages that were round about these cities to 8
Ba'alat-be'er, Ramat of the Negev. This is the inheritance of
the tribe of the children of Shim'on according to their families.
Out of the portion of the children of Yehuda was the inherit- 9
ance of the children of Shim'on: for the part of the children
of Yehuda was too much for them: therefore the children of
Shim'on had their inheritance within the inheritance of Ye-
huda. And the third lot came out in favour of the 10
children of Zevulun according to their families: and the border
of their inheritance was as far as Sarid : and their border went 11
up on its western side by Mar'ala, and reached to Dabbeshet,
and reached the wadi that is before Yoqne'am; and turned 12
from Sarid eastward towards the sunrising unto the border of
Kislot-Tavor, and then went on to Daverat, and went up to
Yafi'a, and from there passed on along on the east to Gat- 13
ẖefer, to 'Et-qaẕin, and went out to Rimmon, from where it
reached to Ne'a; and the border turned about on the north 14
side to Ḥannaton: and its terminations were in the valley of
Yiftaẖ-el: and Qattat, and Nahalal, and Shimron, and Yid'ala 15
and Bet-leẖem : twelve cities with their villages. This is the in- 16
heritance of the children of Zevulun according to their families,
these cities with their villages. And the fourth lot came 17
out in favour of Yissakhar, for the children of Yissakhar ac-
cording to their families. And their border was toward Yizre'el, 18
and Kesullot, and Shunem, and Ḥafarayim, and Shi'on, and 19
Anaẖarat, and Rabbit, and Qishyon, and Eveẕ, and Remet, and 20,21
'En-gannim, and 'En-ẖadda, and Bet-paẕẕeẕ; and the border 22
reached as far as Tavor, and Shaẖaẕma, and Bet-shemesh; and
the terminations of their border were at the Yarden: sixteen
cities with their villages. This is the inheritance of the tribe 23
of the children of Yissakhar according to their families, the

כד וְחַצְרֵיהֶן׃ וַיֵּצֵא הַגּוֹרָל הַחֲמִישִׁי לְמַטֵּה בְנֵי־
כה אָשֵׁר לְמִשְׁפְּחוֹתָם׃ וַיְהִי גְּבוּלָם חֶלְקַת וַחֲלִי וָבֶטֶן וְאַכְשָׁף׃
כו וְאַלַּמֶּלֶךְ וְעַמְעָד וּמִשְׁאָל וּפָגַע בְּכַרְמֶל הַיָּמָּה וּבְשִׁיחוֹר לִבְנָת׃
כז וְשָׁב מִזְרַח הַשֶּׁמֶשׁ בֵּית דָּגֹן וּפָגַע בִּזְבֻלוּן וּבְגֵי יִפְתַּח־אֵל
כח צָפוֹנָה בֵּית הָעֵמֶק וּנְעִיאֵל וְיָצָא אֶל־כָּבוּל מִשְּׂמֹאל׃ וְעֶבְרֹן
כט וּרְחֹב וְחַמּוֹן וְקָנָה עַד צִידוֹן רַבָּה׃ וְשָׁב הַגְּבוּל הָרָמָה וְעַד־
עִיר מִבְצַר־צֹר וְשָׁב הַגְּבוּל חֹסָה ויהיו תֹצְאֹתָיו הַיָּמָּה מֵחֶבֶל וְהָיוּ
ל אַכְזִיבָה׃ וְעֻמָה וַאֲפֵק וּרְחֹב עָרִים עֶשְׂרִים וּשְׁתַּיִם וְחַצְרֵיהֶן׃
לא זֹאת נַחֲלַת מַטֵּה בְנֵי־אָשֵׁר לְמִשְׁפְּחֹתָם הֶעָרִים הָאֵלֶּה
לב וְחַצְרֵיהֶן׃ לִבְנֵי נַפְתָּלִי יָצָא הַגּוֹרָל הַשִּׁשִּׁי לִבְנֵי
לג נַפְתָּלִי לְמִשְׁפְּחֹתָם׃ וַיְהִי גְבוּלָם מֵחֵלֶף מֵאֵלוֹן בְּצַעֲנַנִּים וַאֲדָמִי
לד הַנֶּקֶב וְיַבְנְאֵל עַד־לַקּוּם וַיְהִי תֹצְאֹתָיו הַיַּרְדֵּן׃ וְשָׁב הַגְּבוּל
יָמָּה אַזְנוֹת תָּבוֹר וְיָצָא מִשָּׁם חוּקֹקָה וּפָגַע בִּזְבֻלוּן מִנֶּגֶב
לה וּבְאָשֵׁר פָּגַע מִיָּם וּבִיהוּדָה הַיַּרְדֵּן מִזְרַח הַשָּׁמֶשׁ׃ וְעָרֵי מִבְצָר
לו לז הַצִּדִּים צֵר וְחַמַּת רַקַּת וְכִנָּרֶת׃ וַאֲדָמָה וְהָרָמָה וְחָצוֹר׃ וְקֶדֶשׁ
לח וְאֶדְרֶעִי וְעֵין חָצוֹר׃ וְיִרְאוֹן וּמִגְדַּל־אֵל חֳרֵם וּבֵית־עֲנָת וּבֵית
לט שֶׁמֶשׁ עָרִים תְּשַׁע־עֶשְׂרֵה וְחַצְרֵיהֶן׃ זֹאת נַחֲלַת מַטֵּה בְנֵי־
מ נַפְתָּלִי לְמִשְׁפְּחֹתָם הֶעָרִים וְחַצְרֵיהֶן׃ לְמַטֵּה
מא בְנֵי־דָן לְמִשְׁפְּחֹתָם יָצָא הַגּוֹרָל הַשְּׁבִיעִי׃ וַיְהִי גְּבוּל נַחֲלָתָם
מב מג צָרְעָה וְאֶשְׁתָּאוֹל וְעִיר שָׁמֶשׁ׃ וְשַׁעֲלַבִּין וְאַיָּלוֹן וְיִתְלָה׃ וְאֵילוֹן
מד מה וְתִמְנָתָה וְעֶקְרוֹן׃ וְאֶלְתְּקֵה וְגִבְּתוֹן וּבַעֲלָת׃ וִיהֻד וּבְנֵי־בְרַק
מו מז וְגַת־רִמּוֹן׃ וּמֵי הַיַּרְקוֹן וְהָרַקּוֹן עִם־הַגְּבוּל מוּל יָפוֹ׃ וַיֵּצֵא
גְבוּל בְּנֵי־דָן מֵהֶם וַיַּעֲלוּ בְנֵי־דָן וַיִּלָּחֲמוּ עִם־לֶשֶׁם וַיִּלְכְּדוּ
אוֹתָהּ ׀ וַיַּכּוּ אוֹתָהּ לְפִי־חֶרֶב וַיִּרְשׁוּ אוֹתָהּ וַיֵּשְׁבוּ בָהּ וַיִּקְרְאוּ
מח לְלֶשֶׁם דָּן כְּשֵׁם דָּן אֲבִיהֶם׃ זֹאת נַחֲלַת מַטֵּה בְנֵי־דָן
מט לְמִשְׁפְּחֹתָם הֶעָרִים הָאֵלֶּה וְחַצְרֵיהֶן׃ וַיְכַלּוּ
לִנְחֹל אֶת־הָאָרֶץ לִגְבוּלֹתֶיהָ וַיִּתְּנוּ בְנֵי־יִשְׂרָאֵל נַחֲלָה
נ לִיהוֹשֻׁעַ בִּן־נוּן בְּתוֹכָם׃ עַל־פִּי יְהוָה נָתְנוּ לוֹ אֶת־הָעִיר
אֲשֶׁר שָׁאָל אֶת־תִּמְנַת־סֶרַח בְּהַר אֶפְרָיִם וַיִּבְנֶה אֶת־
נא הָעִיר וַיֵּשֶׁב בָּהּ׃ אֵלֶּה הַנְּחָלֹת אֲשֶׁר נִחֲלוּ יב
אֶלְעָזָר הַכֹּהֵן ׀ וִיהוֹשֻׁעַ בִּן־נוּן וְרָאשֵׁי הָאָבוֹת לְמַטּוֹת בְּנֵי־
יִשְׂרָאֵל ׀ בְּגוֹרָל ׀ בְּשִׁלֹה לִפְנֵי יְהוָה פֶּתַח אֹהֶל מוֹעֵד וַיְכַלּוּ
מֵחַלֵּק אֶת־הָאָרֶץ׃

כ א ב וַיְדַבֵּר יְהוָה אֶל־יְהוֹשֻׁעַ לֵאמֹר׃ דַּבֵּר אֶל־בְּנֵי יִשְׂרָאֵל לֵאמֹר
תְּנוּ לָכֶם אֶת־עָרֵי הַמִּקְלָט אֲשֶׁר־דִּבַּרְתִּי אֲלֵיכֶם בְּיַד־מֹשֶׁה׃

cities and their villages. And the fifth lot came out for 24
the tribe of the children of Asher according to their families.
And their border was Ḥelqat, and Ḥali, and Beten, and 25
Akhshaf, and Allammelekh, and 'Am'ad, and Mish'al; and 26
reached to the Karmel on the west, and to Shiḥor-livnat; and 27
turned toward the sunrising to Bet-dagon, and reached to Ze-
vulun, and to the valley of Yiftaḥ-el on the north, then Bet-
'emeq, and Ne'i'el, and proceeded to Kavul on the left hand,
and 'Evron, and Reḥov, and Ḥammon, and Qana, as far as 28
Ẓidon the great, and then the border turned to Rama, and to 29
the fortress city of Ẓor; and the boundary turned to Ḥosa; and
its terminations were at the sea from Ḥevel to Akhziv: 'Umma 30
also, and 'Afeq, Reḥov: twenty two cities with their villages.
This is the inheritance of the tribe of the children of Asher 31
according to their families, these cities with their villages.

The sixth lot came out in favour of the children of Naf- 32
tali, for the children of Naftali according to their families. And 33
their border was from Helef, from Elon in Ẓa'anannim, and
Adami - neqev, and Yavne'el, as far as Laqqum; its termina-
tions were at the Yarden: and then the coast turned west- 34
ward to Ḥuqoq, and reached to Asher on the west side, and
to Yehuda upon the Yarden toward the sunrising. And the 35
fortified cities were Ẓiddim, Ẓer, and Ḥammat, Raqqat, and
Kinneret, and Adama, And Rama, and Ḥaẓor, and Qedesh, and 36,37
Edre'i, and 'En-ḥaẓor, and Yir'on, and Migdal-el, Ḥorem, 38
and Bet-'anat, and Bet-shemesh; nineteen cities with their vil-
lages. This is the inheritance of the tribe of the children of 39
Naftali according to their families, the cities and their villages.

And the seventh lot came out for the tribe of the children 40
of Dan according to their families. And the border of their 41
inheritance was Ẓor'a, and Eshta'ol, and 'Ir-shemesh, and 42
Sha'alabbin, and Ayyalon, and Yitla, and Elon, and Timnata, 43
and 'Eqron, and Yehud, and Bene-beraq, and Gat-rimmon, 44,45
and Me-yarqon, and Raqqon, with the border before Yafo. 46
And the border of the children of Dan came out too little for 47
them: therefore the children of Dan went up to fight against
Leshem, and took it, and smote it with the edge of the sword,
and possessed it, and dwelt in it, and called Leshem, Dan, after
the name of Dan their father. This is the inheritance of the 48
tribe of the children of Dan according to their families, these
cities with their villages. When they had made an end 49
of dividing the land for inheritance according to its boundaries,
the children of Yisra'el gave an inheritance to Yehoshua the
son of Nun among them: according to the word of the Lord 50
they gave him the city which he asked, Timnat-seraḥ in
mount Efrayim: and he built the city, and dwelt in it.

These are the territories which El'azar the priest, and Yeho- 51
shua the son of Nun, and the heads of the fathers of the
tribes of the children of Yisra'el divided for an inheritance by
lot in Shilo before the Lord, at the door of the Tent of Meet-
ing. So they made an end of dividing the country.

20

And the Lord spoke to Yehoshua, saying, Speak to the chil- 1,2
dren of Yisra'el, saying, Assign for yourselves cities of refuge,

לָנ֣וּס שָׁ֒מָּה רוֹצֵ֔חַ מַכֵּה־נֶ֥פֶשׁ בִּשְׁגָגָ֖ה בִּבְלִי־דָ֑עַת וְהָי֤וּ לָכֶם֙ ג

לְמִקְלָ֔ט מִגֹּאֵ֖ל הַדָּֽם: וְנָ֞ס אֶל־אַחַ֣ת ׀ מֵהֶעָרִ֣ים הָאֵ֗לֶּה וְעָמַד֙ ד
פֶּ֙תַח֙ שַׁ֣עַר הָעִ֔יר וְדִבֶּ֛ר בְּאׇזְנֵ֛י זִקְנֵ֥י הָעִֽיר־הַהִ֖יא אֶת־דְּבָרָ֑יו
וְאָסְפ֨וּ אֹת֤וֹ הָעִ֙ירָה֙ אֲלֵיהֶ֔ם וְנָֽתְנוּ־ל֥וֹ מָק֖וֹם וְיָשַׁ֥ב עִמָּֽם: וְכִ֣י ה
יִרְדֹּף֩ גֹּאֵ֨ל הַדָּ֜ם אַֽחֲרָ֗יו וְלֹֽא־יַסְגִּ֤רוּ אֶת־הָרֹצֵ֙חַ֙ בְּיָד֔וֹ כִּ֚י בִבְלִי־
דַ֔עַת הִכָּ֣ה אֶת־רֵעֵ֔הוּ וְלֹֽא־שֹׂנֵ֥א ה֛וּא ל֖וֹ מִתְּמ֥וֹל שִׁלְשֽׁוֹם:
וְיָשַׁ֣ב ׀ בָּעִ֣יר הַהִ֗יא עַד־עׇמְד֞וֹ לִפְנֵ֤י הָעֵדָה֙ לַמִּשְׁפָּ֔ט עַד־מוֹת֙ ו
הַכֹּהֵ֣ן הַגָּד֔וֹל אֲשֶׁ֥ר יִהְיֶ֖ה בַּיָּמִ֣ים הָהֵ֑ם אָ֣ז ׀ יָשׁ֣וּב הָרוֹצֵ֗חַ וּבָ֤א
אֶל־עִירוֹ֙ וְאֶל־בֵּית֔וֹ אֶל־הָעִ֖יר אֲשֶׁר־נָ֥ס מִשָּֽׁם: וַיַּקְדִּ֜שׁוּ אֶת־ ז
קֶ֤דֶשׁ בַּגָּלִיל֙ בְּהַ֣ר נַפְתָּלִ֔י וְאֶת־שְׁכֶ֖ם בְּהַ֣ר אֶפְרָ֑יִם וְאֶת־קִרְיַ֥ת
אַרְבַּ֛ע הִ֥יא חֶבְר֖וֹן בְּהַ֥ר יְהוּדָֽה: וּמֵעֵ֤בֶר לְיַרְדֵּן֙ יְרִיח֔וֹ מִזְרָ֔חָה ח
נָֽתְנ֞וּ אֶת־בֶּ֧צֶר בַּמִּדְבָּ֛ר בַּמִּישֹׁ֖ר מִמַּטֵּ֣ה רְאוּבֵ֑ן וְאֶת־רָאמֹ֤ת
בַּגִּלְעָד֙ מִמַּטֵּה־גָ֔ד וְאֶת־גּוֹלָ֥ן בַּבָּשָׁ֖ן מִמַּטֵּ֣ה מְנַשֶּֽׁה: אֵ֣לֶּה הָי֞וּ ט
עָרֵ֣י הַמּֽוּעָדָ֗ה לְכֹ֣ל ׀ בְּנֵ֣י יִשְׂרָאֵ֗ל וְלַגֵּ֤ר הַגָּר֙ בְּתוֹכָ֔ם לָנ֣וּס שָׁ֒מָּה
כׇּל־מַכֵּה־נֶ֙פֶשׁ֙ בִּשְׁגָגָ֔ה וְלֹ֣א יָמ֔וּת בְּיַד֙ גֹּאֵ֣ל הַדָּ֔ם עַד־עׇמְד֖וֹ לִפְנֵ֥י
הָעֵדָֽה:

וַֽיִּגְּשׁ֗וּ רָאשֵׁ֙י אֲב֤וֹת הַלְוִיִּם֙ אֶל־אֶלְעָזָ֣ר כא

גּוֹלָ֣ן

הַכֹּהֵ֔ן וְאֶל־יְהוֹשֻׁ֖עַ בִּן־נ֑וּן וְאֶל־רָאשֵׁ֛י אֲב֥וֹת הַמַּטּ֖וֹת לִבְנֵ֥י
יִשְׂרָאֵֽל: וַיְדַבְּר֨וּ אֲלֵיהֶ֤ם בְּשִׁלֹה֙ בְּאֶ֣רֶץ כְּנַ֔עַן לֵאמֹ֑ר יְהוָ֞ה צִוָּ֤ה בְיַד־ ב
מֹשֶׁה֙ לָֽתֶת־לָ֣נוּ עָרִ֣ים לָשָׁ֔בֶת וּמִגְרְשֵׁיהֶ֖ן לִבְהֶמְתֵּֽנוּ: וַיִּתְּנ֨וּ בְנֵֽי־ ג
יִשְׂרָאֵ֧ל לַלְוִיִּ֛ם מִנַּחֲלָתָ֖ם אֶל־פִּ֣י יְהוָ֑ה אֶת־הֶעָרִ֥ים הָאֵ֖לֶּה וְאֶת־
מִגְרְשֵׁיהֶֽן: וַיֵּצֵ֥א הַגּוֹרָ֖ל לְמִשְׁפְּחֹ֣ת הַקְּהָתִ֑י וַיְהִ֡י ד
לִבְנֵי֩ אַהֲרֹ֨ן הַכֹּהֵ֜ן מִן־הַלְוִיִּ֗ם מִמַּטֵּ֤ה יְהוּדָה֙ וּמִמַּטֵּ֣ה הַשִּׁמְעֹנִ֔י
וּמִמַּטֵּ֣ה בִנְיָמִ֔ן בַּגּוֹרָ֕ל עָרִ֖ים שְׁלֹ֥שׁ עֶשְׂרֵֽה: וְלִבְנֵ֣י ה
קְהָ֣ת הַנּֽוֹתָרִ֗ים מִמִּשְׁפְּחֹ֣ת מַטֵּֽה־אֶ֠פְרַ֠יִם וּֽמִמַּטֵּה־דָ֤ן וּמֵחֲצִ֣י
מַטֵּ֣ה מְנַשֶּׁ֔ה בַּגּוֹרָ֖ל עָרִ֥ים עָֽשֶׂר: וְלִבְנֵ֣י ו
גֵרְשׁ֗וֹן מִמִּשְׁפְּחֹ֣ת מַטֵּֽה־יִ֠שָּׂשכָ֠ר וּמִמַּטֵּֽה־אָשֵׁר֩ וּמִמַּטֵּ֨ה
נַפְתָּלִ֜י וּֽמֵחֲצִ֨י מַטֵּ֤ה מְנַשֶּׁה֙ בַּבָּשָׁ֔ן בַּגּוֹרָ֕ל עָרִ֖ים שְׁלֹ֥שׁ
עֶשְׂרֵֽה: לִבְנֵ֨י מְרָרִ֜י לְמִשְׁפְּחֹתָ֗ם מִמַּטֵּ֣ה רְאוּבֵ֤ן וּמִמַּטֵּה־ ז
גָד֙ וּמִמַּטֵּ֣ה זְבוּלֻ֔ן עָרִ֖ים שְׁתֵּ֥ים עֶשְׂרֵֽה: וַיִּתְּנ֣וּ בְנֵֽי־ ח
יִשְׂרָאֵ֣ל לַלְוִיִּ֔ם אֶת־הֶעָרִ֥ים הָאֵ֖לֶּה וְאֶת־מִגְרְשֵׁיהֶ֑ן כַּאֲשֶׁ֙ר
צִוָּ֧ה יְהוָ֛ה בְּיַד־מֹשֶׁ֖ה בַּגּוֹרָֽל: וַֽיִּתְּנ֗וּ מִמַּטֵּה֙ בְּנֵ֣י ט
יְהוּדָ֔ה וּמִמַּטֵּ֖ה בְּנֵ֣י שִׁמְע֑וֹן אֵ֚ת הֶעָרִ֣ים הָאֵ֔לֶּה אֲשֶׁר־יִקְרָ֥א
אֶתְהֶ֖ן בְּשֵֽׁם: וַיְהִ֗י לִבְנֵ֤י אַהֲרֹן֙ מִמִּשְׁפְּח֣וֹת הַקְּהָתִ֔י מִבְּנֵ֖י י

of which I spoke to you by the hand of Moshe: that the slayer 3
that kills any person through error and unawares may flee
there: and they shall be a refuge for you from the avenger
of blood. And when he that flees to one of those cities shall 4
stand at the entrance of the gate of the city, and shall declare
his cause in the ears of the elders of that city, then they shall
admit him into the city to join them, and give him a place, that
he may dwell among them. And if the avenger of blood pur- 5
sue after him, then they shall not deliver the slayer up into
his hand; because he smote his neighbour unawares, and hated
him not before that time. And he shall dwell in that city, until 6
he stand before the congregation for judgment, until the
death of the high priest that shall be in those days: then shall
the slayer return, and come into his own city, and his own
house, into the city from which he fled. And they set apart 7
Qedesh in the Galil in mount Naftali, and Shekhem in mount
Efrayim, and Qiryat-arba, which is Ḥevron, in the mountain
of Yehuda. And on the other side of the Yarden by Yeriḥo 8
eastward, they assigned Beẕer in the wilderness upon the plain
out of the tribe of Re'uven, and Ramot in Gil'ad out of the
tribe of Gad, and Golan in Bashan out of the tribe of Mena-
shshe. These were the appointed cities for all the children of 9
Yisra'el, and for the stranger that sojourned among them, that
whoever killed any person in error might flee there, and not
die by the hand of the avenger of blood, until he stood before
the congregation. Then came near the heads of the **21**
fathers of the Levites to El'azar the priest, and to Yehoshua
the son of Nun, and to the heads of the fathers of the tribes
of the children of Yisra'el; and they spoke to them at Shilo 2
in the land of Kena'an, saying, The Lord gave command by
the hand of Moshe to give us cities to dwell in, with their
pasture lands for our cattle. And the children of Yisra'el gave 3
to the Levites out of their inheritance, at the commandment
of the Lord, these cities and their pasture lands. And 4
the lot came out in favour of the families of the Qehati: and
the children of Aharon the priest, who were of the Levites, had
by lot out of the tribe of Yehuda, and out of the tribe of
Shim'on, and out of the tribe of Binyamin, thirteen cities.
And the rest of the children of Qehat had by lot out of 5
the families of the tribe of Efrayim, and out of the tribe of
Dan, and out of the half tribe of Menashshe, ten cities.
And the children of Gershon had by lot out of the families 6
of the tribe of Yissakhar, and out of the tribe of Asher, and out
of the tribe of Naftali, and out of the half tribe of Menashshe
in Bashan, thirteen cities. The children of Merari by 7
their families had out of the tribe of Re'uven, and out of the
tribe of Gad, and out of the tribe of Zevulun, twelve cities.
And the children of Yisra'el gave by lot to the Levites 8
these cities with their pasture lands, as the Lord gave com-
mand by the hand of Moshe. And they gave out of the tribe 9
of the children of Yehuda, and out of the tribe of the children
of Shim'on, these cities which are here mentioned by name,
which the children of Aharon, being of the families of the 10

יא לְוִי כִּי לָהֶם הָיָה הַגּוֹרָל רִאשֹׁנָה׃ וַיִּתְּנוּ לָהֶם אֶת־קִרְיַת
אַרְבַּע אֲבִי הָעֲנוֹק הִיא חֶבְרוֹן בְּהַר יְהוּדָה וְאֶת־מִגְרָשֶׁהָ
יב סְבִיבֹתֶיהָ׃ וְאֶת־שְׂדֵה הָעִיר וְאֶת־חֲצֵרֶיהָ נָתְנוּ לְכָלֵב בֶּן־יְפֻנֶּה
יג בַּאֲחֻזָּתוֹ׃ וְלִבְנֵי ׀ אַהֲרֹן הַכֹּהֵן נָתְנוּ אֶת־עִיר מִקְלַט
הָרֹצֵחַ אֶת־חֶבְרוֹן וְאֶת־מִגְרָשֶׁהָ וְאֶת־לִבְנָה וְאֶת־מִגְרָשֶׁהָ׃
יד טו וְאֶת־יַתִּר וְאֶת־מִגְרָשֶׁהָ וְאֶת־אֶשְׁתְּמֹעַ וְאֶת־מִגְרָשֶׁהָ׃ וְאֶת־
טז חֹלֹן וְאֶת־מִגְרָשֶׁהָ וְאֶת־דְּבִר וְאֶת־מִגְרָשֶׁהָ׃ וְאֶת־עַיִן וְאֶת־
מִגְרָשֶׁהָ וְאֶת־יֻטָּה וְאֶת־מִגְרָשֶׁהָ אֶת־בֵּית שֶׁמֶשׁ וְאֶת־מִגְרָשֶׁהָ
יז עָרִים תֵּשַׁע מֵאֵת שְׁנֵי הַשְּׁבָטִים הָאֵלֶּה׃ וּמִמַּטֵּה
בִנְיָמִן אֶת־גִּבְעוֹן וְאֶת־מִגְרָשֶׁהָ אֶת־גֶּבַע וְאֶת־מִגְרָשֶׁהָ׃
יח אֶת־עֲנָתוֹת וְאֶת־מִגְרָשֶׁהָ וְאֶת־עַלְמוֹן וְאֶת־מִגְרָשֶׁהָ עָרִים
יט אַרְבַּע׃ כָּל־עָרֵי בְנֵי־אַהֲרֹן הַכֹּהֲנִים שְׁלֹשׁ־עֶשְׂרֵה עָרִים
כ וּמִגְרְשֵׁיהֶן׃ וּלְמִשְׁפְּחוֹת בְּנֵי־קְהָת הַלְוִיִּם הַנּוֹתָרִים
כא מִבְּנֵי קְהָת וַיְהִי עָרֵי גּוֹרָלָם מִמַּטֵּה אֶפְרָיִם׃ וַיִּתְּנוּ לָהֶם אֶת־
עִיר מִקְלַט הָרֹצֵחַ אֶת־שְׁכֶם וְאֶת־מִגְרָשֶׁהָ בְּהַר אֶפְרָיִם וְאֶת־
כב גֶּזֶר וְאֶת־מִגְרָשֶׁהָ׃ וְאֶת־קִבְצַיִם וְאֶת־מִגְרָשֶׁהָ וְאֶת־בֵּית חוֹרֹן
כג וְאֶת־מִגְרָשֶׁהָ עָרִים אַרְבַּע׃ וּמִמַּטֵּה־דָן אֶת־אֶלְתְּקֵא
כד וְאֶת־מִגְרָשֶׁהָ אֶת־גִּבְּתוֹן וְאֶת־מִגְרָשֶׁהָ׃ אֶת־אַיָּלוֹן וְאֶת־מִגְרָשֶׁהָ
כה אֶת־גַּת־רִמּוֹן וְאֶת־מִגְרָשֶׁהָ עָרִים אַרְבַּע׃ וּמִמַּחֲצִית
מַטֵּה מְנַשֶּׁה אֶת־תַּעְנַךְ וְאֶת־מִגְרָשֶׁהָ וְאֶת־גַּת רִמּוֹן וְאֶת־
כו מִגְרָשֶׁהָ עָרִים שְׁתָּיִם׃ כָּל־עָרִים עֶשֶׂר וּמִגְרְשֵׁיהֶן לְמִשְׁפְּחוֹת
כז בְּנֵי־קְהָת הַנּוֹתָרִים׃ וְלִבְנֵי גֵרְשׁוֹן מִמִּשְׁפְּחֹת
הַלְוִיִּם מֵחֲצִי מַטֵּה מְנַשֶּׁה אֶת־עִיר מִקְלַט הָרֹצֵחַ אֶת־גלון (גּוֹלָן)
בַּבָּשָׁן וְאֶת־מִגְרָשֶׁהָ וְאֶת־בְּעֶשְׁתְּרָה וְאֶת־מִגְרָשֶׁהָ עָרִים
כח שְׁתָּיִם׃ וּמִמַּטֵּה יִשָּׂשכָר אֶת־קִשְׁיוֹן וְאֶת־
כט מִגְרָשֶׁהָ אֶת־דָּבְרַת וְאֶת־מִגְרָשֶׁהָ׃ אֶת־יַרְמוּת וְאֶת־מִגְרָשֶׁהָ
ל אֶת־עֵין גַּנִּים וְאֶת־מִגְרָשֶׁהָ עָרִים אַרְבַּע׃ וּמִמַּטֵּה
אָשֵׁר אֶת־מִשְׁאָל וְאֶת־מִגְרָשֶׁהָ אֶת־עַבְדּוֹן וְאֶת־מִגְרָשֶׁהָ׃
לא אֶת־חֶלְקָת וְאֶת־מִגְרָשֶׁהָ וְאֶת־רְחֹב וְאֶת־מִגְרָשֶׁהָ עָרִים
לב אַרְבַּע׃ וּמִמַּטֵּה נַפְתָּלִי אֶת־עִיר ׀ מִקְלַט הָרֹצֵחַ
אֶת־קֶדֶשׁ בַּגָּלִיל וְאֶת־מִגְרָשֶׁהָ וְאֶת־חַמֹּת דֹּאר וְאֶת־מִגְרָשֶׁהָ
לג וְאֶת־קַרְתָּן וְאֶת־מִגְרָשֶׁהָ עָרִים שָׁלֹשׁ׃ כָּל־עָרֵי הַגֵּרְשֻׁנִּי
לד לְמִשְׁפְּחֹתָם שְׁלֹשׁ־עֶשְׂרֵה עִיר וּמִגְרְשֵׁיהֶן׃ וּלְמִשְׁפְּחוֹת
בְּנֵי־מְרָרִי הַלְוִיִּם הַנּוֹתָרִים מֵאֵת מַטֵּה זְבוּלֻן אֶת־יָקְנְעָם וְאֶת־

Qehati, who were of the children of Levi, had: for theirs was
the first lot. And they gave them the city of Arba the father 11
of 'Anaq, which city is Ḥevron, in the hill country of Yehuda,
with its pasture lands round about it. But the fields of the 12
city, and its villages, they gave to Kalev the son of Yefunne
for his possession. Thus they gave to the children of 13
Aharon the priest Ḥevron with its pasture lands, a city of
refuge for the slayer; and Livna with its pasture lands, and 14
Yattir with its pasture lands, and Eshtemoa with its pasture
lands, and Ḥolon with its pasture lands, and Devir with its 15
pasture lands, and 'Ayin with its pasture lands, and Yutta 16
with its pasture, and Bet-shemesh with its pasture lands; nine
cities out of those two tribes. And out of the tribe of 17
Binyamin, Giv'on with its pasture lands, and Geva with its
pastures, 'Anatot with its pasture lands, and 'Almon with its 18
pasture lands; four cities. All the cities of the children of 19
Aharon, the priests, thirteen cities with their pasture lands.

And the families of the children of Qehat, the Levites 20
who remained of the children of Qehat, had the cities of their
lot out of the tribe of Efrayim. For they gave them Shekhem 21
with its pasture lands in mount Efrayim, to be a city of re-
fuge for the slayer; and Gezer with its pastures, and Qivẕayim 22
with its pasture lands and Bet-ḥoron with its pasture lands;
four cities. And out of the tribe of Dan, Elteqe with 23
its pasture lands, Gibbeton with its pastures Ayyalon with its 24
pasture lands, Gat-rimmon with its pasture lands; four cities.

And out of the half tribe of Menashshe, Ta'nakh with 25
its pasture lands and Gat-rimmon with its pasture lands; two
cities. All the cities were ten with their pasture lands for the 26
families of the children of Qehat that remained. And to 27
the children of Gershon, of the families of the Levites, out of
the other half tribe of Menashshe they gave Golan in the Ba-
shan with its pasture lands, to be a city of refuge for the slayer;
and Be'eshtera with its pasture lands; two cities.

And out of the tribe of Yissakhar, Qishyon with its 28
pasture lands, Daverat with its pastures, Yarmut with its pasture 29
lands, 'En-gannim with its pasture lands; four cities.

And out of the tribe of Asher, Mish'al with its pasture 30
lands, 'Avdon with its pasture lands, Ḥelqat with its pasture 31
lands, and Reḥov with its pastures; four cities. And 32
out of the tribe of Naftali, Qedesh in Galilee with its pasture
lands, to be a city of refuge for the slayer; and Ḥammot-dor
with its pasture lands, and Qartan with its pasture lands,
three cities. All the cities of the Gershunni according to their 33
families were thirteen cities with their pasture lands.

And to the families of the children of Merari, the rest of the 34
Levites, out of the tribe of Zevulun, Yoqne'am with its pasture

לה מִגְרָשֶׁ֑הָ אֶת־קַרְתָּ֖ה וְאֶת־מִגְרָשֶֽׁהָ׃ אֶת־דִּמְנָה֙ וְאֶת־מִגְרָשֶׁ֔הָ
לו אֶֽת־נַהֲלָ֖ל וְאֶת־מִגְרָשֶׁ֑הָ עָרִ֖ים אַרְבַּֽע׃ וּמִמַּטֵּה־
גָ֗ד אֶת־עִיר֙ מִקְלַ֣ט הָרֹצֵ֔חַ אֶת־רָמֹ֥ת בַּגִּלְעָ֖ד וְאֶת־מִגְרָשֶׁ֑הָ
לז וְאֶת־מַחֲנַ֖יִם וְאֶת־מִגְרָשֶֽׁהָ׃ אֶת־חֶשְׁבּוֹן֙ וְאֶת־מִגְרָשֶׁ֔הָ אֶֽת־
לח יַעְזֵ֖ר וְאֶת־מִגְרָשֶׁ֑הָ כָּל־עָרִ֖ים אַרְבַּֽע׃ כָּֽל־
הֶעָרִ֞ים לִבְנֵ֤י מְרָרִי֙ לְמִשְׁפְּחֹתָ֔ם הַנּוֹתָרִ֖ים מִמִּשְׁפְּח֣וֹת הַלְוִיִּ֑ם
לט וַיְהִי֙ גּֽוֹרָלָ֔ם עָרִ֖ים שְׁתֵּ֥ים עֶשְׂרֵֽה׃ כֹּ֚ל עָרֵ֣י הַלְוִיִּ֔ם בְּת֖וֹךְ אֲחֻזַּ֣ת
מ בְּנֵֽי־יִשְׂרָאֵ֑ל עָרִ֛ים אַרְבָּעִ֥ים וּשְׁמֹנֶ֖ה וּמִגְרְשֵׁיהֶֽן׃ תִּֽהְיֶ֙ינָה֙
הֶעָרִ֣ים הָאֵ֔לֶּה עִ֥יר עִ֖יר וּמִגְרָשֶׁ֣יהָ סְבִיבֹתֶ֑יהָ כֵּ֖ן לְכָל־הֶעָרִ֥ים
מא הָאֵֽלֶּה׃ וַיִּתֵּ֤ן יְהוָה֙ לְיִשְׂרָאֵ֔ל אֶת־כָּל־הָאָ֕רֶץ יג
מב אֲשֶׁ֥ר נִשְׁבַּ֖ע לָתֵ֣ת לַאֲבוֹתָ֑ם וַיִּרָשׁ֖וּהָ וַיֵּ֥שְׁבוּ בָֽהּ׃ וַיָּ֨נַח יְהוָ֤ה
לָהֶם֙ מִסָּבִ֔יב כְּכֹ֥ל אֲשֶׁר־נִשְׁבַּ֖ע לַאֲבוֹתָ֑ם וְלֹא־עָ֨מַד אִ֜ישׁ
בִּפְנֵיהֶם֙ מִכָּל־אֹ֣יְבֵיהֶ֔ם אֵ֚ת כָּל־אֹ֣יְבֵיהֶ֔ם נָתַ֥ן יְהוָ֖ה בְּיָדָֽם׃
מג לֹֽא־נָפַ֣ל דָּבָ֗ר מִכֹּל֙ הַדָּבָ֣ר הַטּ֔וֹב אֲשֶׁר־דִּבֶּ֥ר יְהוָ֖ה אֶל־בֵּ֣ית
כב א יִשְׂרָאֵ֑ל הַכֹּ֖ל בָּֽא׃ אָ֚ז יִקְרָ֣א יְהוֹשֻׁ֔עַ לָרֻֽאוּבֵנִ֖י
ב וְלַגָּדִ֑י וְלַחֲצִ֖י מַטֵּ֥ה מְנַשֶּֽׁה׃ וַיֹּ֣אמֶר אֲלֵיהֶ֔ם אַתֶּ֣ם שְׁמַרְתֶּ֔ם אֵ֣ת
כָּל־אֲשֶׁ֣ר צִוָּ֣ה אֶתְכֶ֔ם מֹשֶׁ֖ה עֶ֣בֶד יְהוָ֑ה וַתִּשְׁמְע֣וּ בְקוֹלִ֔י לְכֹ֥ל
ג אֲשֶׁר־צִוִּ֖יתִי אֶתְכֶֽם׃ לֹֽא־עֲזַבְתֶּ֣ם אֶת־אֲחֵיכֶ֗ם זֶ֚ה יָמִ֣ים רַבִּ֔ים
עַ֖ד הַיּ֣וֹם הַזֶּ֑ה וּשְׁמַרְתֶּ֕ם אֶת־מִשְׁמֶ֕רֶת מִצְוַ֖ת יְהוָ֥ה אֱלֹהֵיכֶֽם׃
ד וְעַתָּ֗ה הֵנִ֨יחַ יְהוָ֤ה אֱלֹֽהֵיכֶם֙ לַאֲחֵיכֶ֔ם כַּאֲשֶׁ֖ר דִּבֶּ֣ר לָהֶ֑ם וְעַתָּ֡ה
פְּנוּ֩ וּלְכ֨וּ לָכֶ֜ם לְאָהֳלֵיכֶ֗ם אֶל־אֶ֙רֶץ֙ אֲחֻזַּתְכֶ֔ם אֲשֶׁ֣ר ׀ נָתַ֣ן לָכֶ֗ם
ה מֹשֶׁה֙ עֶ֣בֶד יְהוָ֔ה בְּעֵ֖בֶר הַיַּרְדֵּֽן׃ רַ֣ק ׀ שִׁמְר֣וּ מְאֹ֗ד לַעֲשׂ֨וֹת אֶת־
הַמִּצְוָ֣ה וְאֶת־הַתּוֹרָה֮ אֲשֶׁ֣ר צִוָּ֣ה אֶתְכֶם֒ מֹשֶׁ֣ה עֶֽבֶד־יְהוָ֗ה
לְֽ֠אַהֲבָה אֶת־יְהוָ֨ה אֱלֹהֵיכֶ֜ם וְלָלֶ֧כֶת בְּכָל־דְּרָכָ֛יו וְלִשְׁמֹ֥ר מִצְוֺתָ֖יו
ו וּלְדָבְקָה־ב֑וֹ וּלְעָבְד֕וֹ בְּכָל־לְבַבְכֶ֖ם וּבְכָל־נַפְשְׁכֶֽם׃ וַֽיְבָרְכֵ֖ם
ז יְהוֹשֻׁ֑עַ וַֽיְשַׁלְּחֵ֔ם וַיֵּלְכ֖וּ אֶל־אָהֳלֵיהֶֽם׃ וְלַחֲצִ֣י ׀
שֵׁ֣בֶט הַֽמְנַשֶּׁ֗ה נָתַ֣ן מֹשֶׁה֮ בַּבָּשָׁן֒ וּֽלְחֶצְיוֹ֙ נָתַ֣ן יְהוֹשֻׁ֔עַ עִֽם־
אֲחֵיהֶ֖ם מֵעֵ֣בֶר הַיַּרְדֵּ֑ן יָ֑מָּה וְ֠גַם כִּ֣י שִׁלְּחָ֧ם יְהוֹשֻׁ֛עַ אֶל־ בְּעֵ֫בֶר
ח אָהֳלֵיהֶ֖ם וַֽיְבָרְכֵֽם׃ וַיֹּ֨אמֶר אֲלֵיהֶ֜ם לֵאמֹ֗ר בִּנְכָסִ֨ים רַבִּ֜ים שׁ֣וּבוּ
אֶל־אָהֳלֵיכֶ֗ם וּבְמִקְנֶ֙ה רַב־מְאֹ֔ד בְּכֶ֨סֶף וּבְזָהָ֜ב וּבִנְחֹ֧שֶׁת
וּבְבַרְזֶ֛ל וּבִשְׂלָמ֖וֹת הַרְבֵּ֣ה מְאֹ֑ד חִלְק֥וּ שְׁלַל־אֹיְבֵיכֶ֖ם עִם־
ט אֲחֵיכֶֽם׃ וַיָּשֻׁ֣בוּ וַיֵּלְכ֡וּ בְּנֵי־רְאוּבֵ֣ן וּבְנֵי־גָד֩ וַחֲצִ֨י ׀

בקצת ספרים אחר פסוק לה

וּמִמַּטֵּ֣ה רְאוּבֵ֔ן אֶת־בֶּ֖צֶר וְאֶת־מִגְרָשֶׁ֑הָ וְאֶת־יַהְצָ֖ה וְאֶת־מִגְרָשֶֽׁהָ׃
אֶת־קְדֵמוֹת֙ וְאֶת־מִגְרָשֶׁ֔הָ וְאֶת־מֵיפַ֖עַת וְאֶת־מִגְרָשֶׁ֑הָ עָרִ֖ים אַרְבַּֽע׃

35 lands, and Qarta with its pasture lands, Dimna with its pastures,
36 Nahalal with its pasture lands; four cities. And
out of the tribe of Gad, Ramot in Gil'ad with its pasture lands,
a city of refuge for the slayer; and Maḥanayim with its pas-
37 ture lands, Ḥeshbon with its pasture lands, Ya'zer with its
38 pasture lands; four cities in all. So all the cities for the
children of Merari by their families, which remained of the
39 families of the Levites, were by their lot twelve cities. All
the cities of the Levites within the domain of the children
of Yisra'el were forty eight cities with their pasture lands.
40 These cities were every one with their pasture lands round
41 about them: thus were all these cities. And the Lord
42 gave to Yisra'el all the land which be swore to give to their
fathers; and they possessed it, and dwelt in it. And the Lord
gave them rest round about, according to all that he swore
to their fathers: and there stood not a man of all their enemies
before them; the Lord delivered all their enemies into their
43 hand. Nothing failed of all the good things which the Lord
had spoken to the house of Yisra'el; all came to pass.

22 Then Yehoshua called the Re'uveni, and the Gadi, and the
2 half tribe of Menashshe, and said to them, You have kept all that
Moshe the servant of the Lord commanded you, and have
3 obeyed my voice in all that I commanded you: you have not
forsaken your brethren these many days, until this day, but
have kept the charge of the commandment of the Lord your
4 God. And now the Lord your God has given rest to your breth-
ren, as he promised them: therefore now return, and go to your
tents, and to the land of your possession, which Moshe the
servant of the Lord gave you on the other side of the Yarden.
5 But take great care to do the commandment and the Tora,
which Moshe the servant of the Lord commanded you, to love
the Lord your God, and to walk in all his ways, and to keep
his commandments, and to hold fast to him, and to serve him
6 with all your heart and with all your soul. So Yehoshua blessed
them, and sent them away: and they went to their tents.
7 Now to the one half of the tribe of Menashshe, Moshe had
given possession in Bashan: but to the other half of it, Yeho-
shua had given territory among their brethren on this side of
the Yarden westward. Moreover when Yehoshua sent them
8 away to their tents, he blessed them, and he spoke to them,
saying, Return with much riches to your tents, and with very
much cattle, with silver, and with gold, and with copper, and
with iron, and with very many garments: divide the spoil of
9 your enemies with your brethren. And the children of
Re'uven and the children of Gad and the half tribe of Menash-
she returned, and departed from the children of Yisra'el out
of Shilo, which is in the land of Kena'an, to go to the country
of Gil'ad, to the land of their possession, of which they were

Some versions insert this verse after verse 35:
And out of the tribe of Re'uven, Beẕer, and its pasture lands, and Yahẕa and its pasture lands, Qedemot and its pasture lands, and Mefa'at and its pasture lands, four cities.

שֵׁבֶט הַמְנַשֶּׁה מֵאֵת בְּנֵי יִשְׂרָאֵל מִשִּׁלֹה אֲשֶׁר־בְּאֶרֶץ כְּנָעַן
לָלֶכֶת אֶל־אֶרֶץ הַגִּלְעָד אֶל־אֶרֶץ אֲחֻזָּתָם אֲשֶׁר נֹאחֲזוּ־בָהּ
י עַל־פִּי יהוה בְּיַד־מֹשֶׁה׃ וַיָּבֹאוּ אֶל־גְּלִילוֹת הַיַּרְדֵּן אֲשֶׁר בְּאֶרֶץ
כְּנָעַן וַיִּבְנוּ בְנֵי־רְאוּבֵן וּבְנֵי־גָד וַחֲצִי שֵׁבֶט הַמְנַשֶּׁה שָׁם מִזְבֵּחַ
יא עַל־הַיַּרְדֵּן מִזְבֵּחַ גָּדוֹל לְמַרְאֶה׃ וַיִּשְׁמְעוּ בְנֵי־יִשְׂרָאֵל לֵאמֹר
הִנֵּה־בָנוּ בְנֵי־רְאוּבֵן וּבְנֵי־גָד וַחֲצִי שֵׁבֶט הַמְנַשֶּׁה אֶת־הַמִּזְבֵּחַ
אֶל־מוּל אֶרֶץ כְּנַעַן אֶל־גְּלִילוֹת הַיַּרְדֵּן אֶל־עֵבֶר בְּנֵי יִשְׂרָאֵל׃
יב וַיִּשְׁמְעוּ בְּנֵי יִשְׂרָאֵל וַיִּקָּהֲלוּ כָּל־עֲדַת בְּנֵי־יִשְׂרָאֵל שִׁלֹה
יג לַעֲלוֹת עֲלֵיהֶם לַצָּבָא׃ וַיִּשְׁלְחוּ בְנֵי־יִשְׂרָאֵל
אֶל־בְּנֵי־רְאוּבֵן וְאֶל־בְּנֵי־גָד וְאֶל־חֲצִי שֵׁבֶט־מְנַשֶּׁה אֶל־אֶרֶץ
יד הַגִּלְעָד אֶת־פִּינְחָס בֶּן־אֶלְעָזָר הַכֹּהֵן׃ וַעֲשָׂרָה נְשִׂאִים עִמּוֹ
נָשִׂיא אֶחָד נָשִׂיא אֶחָד לְבֵית אָב לְכֹל מַטּוֹת יִשְׂרָאֵל וְאִישׁ
טו רֹאשׁ בֵּית־אֲבוֹתָם הֵמָּה לְאַלְפֵי יִשְׂרָאֵל׃ וַיָּבֹאוּ אֶל־בְּנֵי־
רְאוּבֵן וְאֶל־בְּנֵי־גָד וְאֶל־חֲצִי שֵׁבֶט־מְנַשֶּׁה אֶל־אֶרֶץ הַגִּלְעָד
טז וַיְדַבְּרוּ אִתָּם לֵאמֹר׃ כֹּה אָמְרוּ כֹּל ׀ עֲדַת יהוה מָה־הַמַּעַל
הַזֶּה אֲשֶׁר מְעַלְתֶּם בֵּאלֹהֵי יִשְׂרָאֵל לָשׁוּב הַיּוֹם מֵאַחֲרֵי יהוה
יז בִּבְנוֹתְכֶם לָכֶם מִזְבֵּחַ לִמְרָדְכֶם הַיּוֹם בַּיהוה׃ הַמְעַט־לָנוּ אֶת־
עֲוֺן פְּעוֹר אֲשֶׁר לֹא־הִטַּהַרְנוּ מִמֶּנּוּ עַד הַיּוֹם הַזֶּה וַיְהִי הַנֶּגֶף
יח בַּעֲדַת יהוה׃ וְאַתֶּם תָּשֻׁבוּ הַיּוֹם מֵאַחֲרֵי יהוה וְהָיָה אַתֶּם
יט תִּמְרְדוּ הַיּוֹם בַּיהוה וּמָחָר אֶל־כָּל־עֲדַת יִשְׂרָאֵל יִקְצֹף׃ וְאַךְ
אִם־טְמֵאָה אֶרֶץ אֲחֻזַּתְכֶם עִבְרוּ לָכֶם אֶל־אֶרֶץ אֲחֻזַּת יהוה
אֲשֶׁר שָׁכַן־שָׁם מִשְׁכַּן יהוה וְהֵאָחֲזוּ בְּתוֹכֵנוּ וּבַיהוה אַל־
תִּמְרֹדוּ וְאֹתָנוּ אַל־תִּמְרֹדוּ בִּבְנֹתְכֶם לָכֶם מִזְבֵּחַ מִבַּלְעֲדֵי
כ מִזְבַּח יהוה אֱלֹהֵינוּ׃ הֲלוֹא ׀ עָכָן בֶּן־זֶרַח מָעַל מַעַל בַּחֵרֶם
וְעַל־כָּל־עֲדַת יִשְׂרָאֵל הָיָה קָצֶף וְהוּא אִישׁ אֶחָד לֹא גָוַע
כא בַּעֲוֺנוֹ׃ וַיַּעֲנוּ בְּנֵי־רְאוּבֵן וּבְנֵי־גָד וַחֲצִי שֵׁבֶט
כב הַמְנַשֶּׁה וַיְדַבְּרוּ אֶת־רָאשֵׁי אַלְפֵי יִשְׂרָאֵל׃ אֵל ׀ אֱלֹהִים ׀ יהוה
אֵל ׀ אֱלֹהִים ׀ יהוה הוּא יֹדֵעַ וְיִשְׂרָאֵל הוּא יֵדָע אִם־בְּמֶרֶד
כג וְאִם־בְּמַעַל בַּיהוה אַל־תּוֹשִׁיעֵנוּ הַיּוֹם הַזֶּה׃ לִבְנוֹת לָנוּ מִזְבֵּחַ
לָשׁוּב מֵאַחֲרֵי יהוה וְאִם־לְהַעֲלוֹת עָלָיו עוֹלָה וּמִנְחָה וְאִם־
כד לַעֲשׂוֹת עָלָיו זִבְחֵי שְׁלָמִים יהוה הוּא יְבַקֵּשׁ׃ וְאִם־לֹא מִדְּאָגָה
מִדָּבָר עָשִׂינוּ אֶת־זֹאת לֵאמֹר מָחָר יֹאמְרוּ בְנֵיכֶם לְבָנֵינוּ
כה לֵאמֹר מַה־לָּכֶם וְלַיהוה אֱלֹהֵי יִשְׂרָאֵל׃ וּגְבוּל נָתַן־יהוה בֵּינֵנוּ
וּבֵינֵיכֶם בְּנֵי־רְאוּבֵן וּבְנֵי־גָד אֶת־הַיַּרְדֵּן אֵין־לָכֶם חֵלֶק בַּיהוה

possessed, according to the word of the LORD by the hand of
Moshe. And when they came to the districts of the Yarden,   10
that are in the land of Kena'an, the children of Re'uven and
the children of Gad and the half tribe of Menashshe built there
an altar by the Yarden, a great and conspicuous altar. And the   11
children of Yisra'el heard say, Behold, the children of Re'uven
and the children of Gad and the half tribe of Menashshe have
built an altar over against the land of Kena'an, in the districts
of the Yarden, on the side of the children of Yisra'el. And   12
when the children of Yisra'el heard of it, the whole congre-
gation of the children of Yisra'el gathered themselves together
at Shilo, to go up to war against them.   And the children   13
of Yisra'el sent to the children of Re'uven, and to the children
of Gad, and to the half tribe of Menashshe, into the land of
Gil'ad, Pineḥas the son of El'azar the priest, and with him ten   14
princes, of each chief house a prince throughout all the tribes
of Yisra'el; and each one a headman of the house of their
fathers among the thousands of Yisra'el. And they came to the   15
children of Re'uven, and to the children of Gad, and to the
half tribe of Menashshe, to the land of Gil'ad, and they spoke
with them, saying, Thus says the whole congregation of the   16
LORD, What trespass is this that you have committed against
the GOD of Yisra'el, to turn away this day from following the
LORD, by building for yourselves an altar, that you might rebel
this day against the LORD ? Is the iniquity of Pe'or too little for   17
us, from which we have not been cleansed until this day, al-
though there was a plague in the congregation of the LORD,
but that you must turn away this day from following the   18
LORD? and it will be, if you rebel to day against the LORD, that
to morrow he will be angry with the whole congregation of
Yisra'el. Howbeit, if the land of your possession be unclean,   19
then pass over to the land of the possession of the LORD, where
the LORD's tabernacle dwells, and take possession among us :
but rebel not against the LORD, nor rebel against us, in build-
ing an altar for yourselves besides the altar of the LORD our
GOD. Did not 'Akhan the son of Zeraḥ commit a trespass in   20
regard to the devoted property, and wrath fell on all the con-
gregation of Yisra'el? and that man perished not alone in his
iniquity.   Then the children of Re'uven and the children   21
of Gad and the half tribe of Menashshe answered, and said to
the heads of the thousands of Yisra'el. The mighty One, GOD,   22
the LORD, the mighty One, GOD, the LORD, he knows and Yis-
ra'el shall know; if in rebellion, or if in transgression against
the LORD, (save thou us not this day,) if we have built an   23
altar for ourselves to turn from following the LORD, or if to
offer a burnt offering or a meal offering upon it, or if to offer
peace offerings upon it, let the LORD himself demand repara-
tion; or if we have not rather done this out of anxiety, saying,   24
In time to come your children might speak to our children,
saying, What have you to do with the LORD GOD of Yisra'el?
For the LORD has made the Yarden a border between us and   25
you, you children of Re'uven and children of Gad; you have
no part in the LORD: so shall your children make our children

כו וְהִשְׁבִּיתוּ בְנֵיכֶם אֶת־בָּנֵינוּ לְבִלְתִּי יְרֹא אֶת־יְהוָה: וַנֹּאמֶר
כז נַעֲשֶׂה־נָּא לָנוּ לִבְנוֹת אֶת־הַמִּזְבֵּחַ לֹא לְעוֹלָה וְלֹא לְזָבַח: כִּי
עֵד הוּא בֵּינֵינוּ וּבֵינֵיכֶם וּבֵין דֹּרוֹתֵינוּ אַחֲרֵינוּ לַעֲבֹד אֶת־
עֲבֹדַת יְהוָה לְפָנָיו בְּעֹלוֹתֵינוּ וּבִזְבָחֵינוּ וּבִשְׁלָמֵינוּ וְלֹא־יֹאמְרוּ
כח בְנֵיכֶם מָחָר לְבָנֵינוּ אֵין־לָכֶם חֵלֶק בַּיהוָה: וַנֹּאמֶר וְהָיָה כִּי־
יֹאמְרוּ אֵלֵינוּ וְאֶל־דֹּרֹתֵינוּ מָחָר וְאָמַרְנוּ רְאוּ אֶת־תַּבְנִית
מִזְבַּח יְהוָה אֲשֶׁר־עָשׂוּ אֲבוֹתֵינוּ לֹא לְעוֹלָה וְלֹא לְזֶבַח כִּי־
כט עֵד הוּא בֵּינֵינוּ וּבֵינֵיכֶם: חָלִילָה לָּנוּ מִמֶּנּוּ לִמְרֹד בַּיהוָה וְלָשׁוּב
הַיּוֹם מֵאַחֲרֵי יְהוָה לִבְנוֹת מִזְבֵּחַ לְעֹלָה לְמִנְחָה וּלְזָבַח מִלְּבַד
ל מִזְבַּח יְהוָה אֱלֹהֵינוּ אֲשֶׁר לִפְנֵי מִשְׁכָּנוֹ: וַיִּשְׁמַע
פִּינְחָס הַכֹּהֵן וּנְשִׂיאֵי הָעֵדָה וְרָאשֵׁי אַלְפֵי יִשְׂרָאֵל אֲשֶׁר אִתּוֹ
אֶת־הַדְּבָרִים אֲשֶׁר דִּבְּרוּ בְנֵי־רְאוּבֵן וּבְנֵי־גָד וּבְנֵי מְנַשֶּׁה וַיִּיטַב
לא בְּעֵינֵיהֶם: וַיֹּאמֶר פִּינְחָס בֶּן־אֶלְעָזָר הַכֹּהֵן אֶל־בְּנֵי־רְאוּבֵן
וְאֶל־בְּנֵי־גָד וְאֶל־בְּנֵי מְנַשֶּׁה הַיּוֹם יָדַעְנוּ כִּי־בְתוֹכֵנוּ יְהוָה
אֲשֶׁר לֹא־מְעַלְתֶּם בַּיהוָה הַמַּעַל הַזֶּה אָז הִצַּלְתֶּם אֶת־בְּנֵי
לב יִשְׂרָאֵל מִיַּד יְהוָה: וַיָּשָׁב פִּינְחָס בֶּן־אֶלְעָזָר הַכֹּהֵן וְהַנְּשִׂיאִים
מֵאֵת בְּנֵי־רְאוּבֵן וּמֵאֵת בְּנֵי־גָד מֵאֶרֶץ הַגִּלְעָד אֶל־אֶרֶץ כְּנַעַן
לג אֶל־בְּנֵי יִשְׂרָאֵל וַיָּשִׁבוּ אוֹתָם דָּבָר: וַיִּיטַב הַדָּבָר בְּעֵינֵי בְּנֵי
יִשְׂרָאֵל וַיְבָרְכוּ אֱלֹהִים בְּנֵי יִשְׂרָאֵל וְלֹא אָמְרוּ לַעֲלוֹת עֲלֵיהֶם
לַצָּבָא לְשַׁחֵת אֶת־הָאָרֶץ אֲשֶׁר בְּנֵי־רְאוּבֵן וּבְנֵי־גָד יֹשְׁבִים
לד יד בָהּ: וַיִּקְרְאוּ בְּנֵי־רְאוּבֵן וּבְנֵי־גָד לַמִּזְבֵּחַ כִּי עֵד הוּא בֵּינֹתֵינוּ
כִּי יְהוָה הָאֱלֹהִים:

כג א וַיְהִי מִיָּמִים רַבִּים אַחֲרֵי אֲשֶׁר־הֵנִיחַ יְהוָה לְיִשְׂרָאֵל מִכָּל־
ב אֹיְבֵיהֶם מִסָּבִיב וִיהוֹשֻׁעַ זָקֵן בָּא בַּיָּמִים: וַיִּקְרָא יְהוֹשֻׁעַ לְכָל־
יִשְׂרָאֵל לִזְקֵנָיו וּלְרָאשָׁיו וּלְשֹׁפְטָיו וּלְשֹׁטְרָיו וַיֹּאמֶר אֲלֵהֶם
ג אֲנִי זָקַנְתִּי בָּאתִי בַּיָּמִים: וְאַתֶּם רְאִיתֶם אֵת כָּל־אֲשֶׁר עָשָׂה
יְהוָה אֱלֹהֵיכֶם לְכָל־הַגּוֹיִם הָאֵלֶּה מִפְּנֵיכֶם כִּי יְהוָה אֱלֹהֵיכֶם
ד הוּא הַנִּלְחָם לָכֶם: רְאוּ הִפַּלְתִּי לָכֶם אֶת־הַגּוֹיִם הַנִּשְׁאָרִים
הָאֵלֶּה בְּנַחֲלָה לְשִׁבְטֵיכֶם מִן־הַיַּרְדֵּן וְכָל־הַגּוֹיִם אֲשֶׁר הִכְרַתִּי
ה וְהַיָּם הַגָּדוֹל מְבוֹא הַשָּׁמֶשׁ: וַיהוָה אֱלֹהֵיכֶם הוּא יֶהְדֳּפֵם
מִפְּנֵיכֶם וְהוֹרִישׁ אֹתָם מִלִּפְנֵיכֶם וִירִשְׁתֶּם אֶת־אַרְצָם כַּאֲשֶׁר
ו דִּבֶּר יְהוָה אֱלֹהֵיכֶם לָכֶם: וַחֲזַקְתֶּם מְאֹד לִשְׁמֹר וְלַעֲשׂוֹת אֵת
כָּל־הַכָּתוּב בְּסֵפֶר תּוֹרַת מֹשֶׁה לְבִלְתִּי סוּר־מִמֶּנּוּ יָמִין
ז וּשְׂמֹאול: לְבִלְתִּי־בוֹא בַּגּוֹיִם הָאֵלֶּה הַנִּשְׁאָרִים הָאֵלֶּה אִתְּכֶם
וּבְשֵׁם אֱלֹהֵיהֶם לֹא־תַזְכִּירוּ וְלֹא תַשְׁבִּיעוּ וְלֹא תַעַבְדוּם וְלֹא

cease fearing the LORD. Therefore we said, Let us now prepare 26
to build us an altar, not for burnt offering, nor for sacrifice:
but that it may be a witness between us, and you, and our 27
generations after us, that we might do the service of the LORD
before him with our burnt offerings, and with our sacrifices,
and with our peace offerings; that your children may not say
to our children in time to come, You have no part in the
LORD. Therefore we said, that it shall be, when they should 28
so say to us or to our generations in time to come, that we
may reply, Behold the pattern of the altar of the LORD, which
our fathers made, not for burnt offerings, nor for sacrifices;
but it is a witness between us and you. GOD forbid that we 29
should rebel against the LORD, and turn this day from follow-
ing the LORD, to build an altar for burnt offerings, for meal
offerings, or for sacrifices, besides the altar of the LORD our
GOD that is before his tabernacle. And when Pineḥas the 30
priest, and the princes of the congregation and heads of the
thousands of Yisra'el who were with him, heard the words
that the children of Re'uven and the children of Gad and the
children of Menashshe spoke, it pleased them. And Pineḥas 31
the son of El'azar the priest said to the children of Re'uven,
and to the children of Gad, and to the children of Menashshe,
This day we perceive that the LORD is among us, because you
have not committed this trespass against the LORD: now you
have delivered the children of Yisra'el out of the hand of the
LORD. And Pineḥas the son of El'azar the priest, and the prin- 32
ces, returned from the children of Re'uven, and from the child-
ren of Gad, out of the land of Gil'ad, to the land of Kena'an,
to the children of Yisra'el, and brought them back word. And 33
the thing pleased the children of Yisra'el; and the children of
Yisra'el blessed GOD, and spoke no more of going up against
them in battle, to destroy the land where the children of Re-
'uven and Gad dwelt. And the children of Re'uven and the 34
children of Gad called the altar 'Ed: for it shall be a witness
between us that the LORD is GOD.

23 And it came to pass a long time after the LORD had given rest
to Yisra'el from all their enemies round about, that Yehoshua
became old and stricken in days. And Yehoshua called for all 2
Yisra'el, and for their elders, and for their heads, and for their
judges, and for their officers, and said to them, I am old and
stricken in days: and you have seen all that the LORD your 3
GOD has done to all these nations because of you; for the LORD
your GOD is he that has fought for you. Behold, I have allotted 4
to you these nations that remain, to be an inheritance for
your tribes, from the Yarden, with all the nations that I have
cut off, even to the great sea westward. And the LORD your 5
GOD, he shall expel them from before you, and drive them
from out of your sight; and you shall possess their land, as
the LORD your GOD has promised you. Be therefore very cou- 6
rageous to keep and to do all that is written in the book of
the Tora of Moshe, that you turn not aside from it to the
right hand or to the left; that you come not among these na- 7
tions, that remain among you; neither make mention of the

ח תִשְׁתַּחֲווּ לָהֶם׃ כִּי אִם־בַּיהוָה אֱלֹהֵיכֶם תִּדְבָּקוּ כַּאֲשֶׁר עֲשִׂיתֶם
ט עַד הַיּוֹם הַזֶּה׃ וַיּוֹרֶשׁ יְהוָה מִפְּנֵיכֶם גּוֹיִם גְּדֹלִים וַעֲצוּמִים
י וְאַתֶּם לֹא־עָמַד אִישׁ בִּפְנֵיכֶם עַד הַיּוֹם הַזֶּה׃ אִישׁ־אֶחָד מִכֶּם
יִרְדָּף־אָלֶף כִּי ׀ יְהוָה אֱלֹהֵיכֶם הוּא הַנִּלְחָם לָכֶם כַּאֲשֶׁר דִּבֶּר
יא לָכֶם׃ וְנִשְׁמַרְתֶּם מְאֹד לְנַפְשֹׁתֵיכֶם לְאַהֲבָה אֶת־יְהוָה אֱלֹהֵיכֶם׃
יב כִּי ׀ אִם־שׁוֹב תָּשׁוּבוּ וּדְבַקְתֶּם בְּיֶתֶר הַגּוֹיִם הָאֵלֶּה הַנִּשְׁאָרִים
יג הָאֵלֶּה אִתְּכֶם וְהִתְחַתַּנְתֶּם בָּהֶם וּבָאתֶם בָּהֶם וְהֵם בָּכֶם׃ יָדוֹעַ
תֵּדְעוּ כִּי לֹא יוֹסִיף יְהוָה אֱלֹהֵיכֶם לְהוֹרִישׁ אֶת־הַגּוֹיִם הָאֵלֶּה
מִלִּפְנֵיכֶם וְהָיוּ לָכֶם לְפַח וּלְמוֹקֵשׁ וּלְשֹׁטֵט בְּצִדֵּיכֶם וְלִצְנִנִים
בְּעֵינֵיכֶם עַד אֲבָדְכֶם מֵעַל הָאֲדָמָה הַטּוֹבָה הַזֹּאת אֲשֶׁר נָתַן
יד לָכֶם יְהוָה אֱלֹהֵיכֶם׃ וְהִנֵּה אָנֹכִי הוֹלֵךְ הַיּוֹם בְּדֶרֶךְ כָּל־הָאָרֶץ
וִידַעְתֶּם בְּכָל־לְבַבְכֶם וּבְכָל־נַפְשְׁכֶם כִּי לֹא־נָפַל דָּבָר אֶחָד
מִכֹּל ׀ הַדְּבָרִים הַטּוֹבִים אֲשֶׁר דִּבֶּר יְהוָה אֱלֹהֵיכֶם עֲלֵיכֶם הַכֹּל
טו בָּאוּ לָכֶם לֹא־נָפַל מִמֶּנּוּ דָּבָר אֶחָד׃ וְהָיָה כַּאֲשֶׁר־בָּא עֲלֵיכֶם
כָּל־הַדָּבָר הַטּוֹב אֲשֶׁר דִּבֶּר יְהוָה אֱלֹהֵיכֶם אֲלֵיכֶם כֵּן יָבִיא
יְהוָה עֲלֵיכֶם אֵת כָּל־הַדָּבָר הָרָע עַד־הַשְׁמִידוֹ אוֹתְכֶם מֵעַל
הָאֲדָמָה הַטּוֹבָה הַזֹּאת אֲשֶׁר נָתַן לָכֶם יְהוָה אֱלֹהֵיכֶם׃
טז בְּעָבְרְכֶם אֶת־בְּרִית יְהוָה אֱלֹהֵיכֶם אֲשֶׁר צִוָּה אֶתְכֶם וַהֲלַכְתֶּם
וַעֲבַדְתֶּם אֱלֹהִים אֲחֵרִים וְהִשְׁתַּחֲוִיתֶם לָהֶם וְחָרָה אַף־
יְהוָה בָּכֶם וַאֲבַדְתֶּם מְהֵרָה מֵעַל הָאָרֶץ הַטּוֹבָה אֲשֶׁר נָתַן
כד א לָכֶם׃ וַיֶּאֱסֹף יְהוֹשֻׁעַ אֶת־כָּל־שִׁבְטֵי יִשְׂרָאֵל
שְׁכֶמָה וַיִּקְרָא לְזִקְנֵי יִשְׂרָאֵל וּלְרָאשָׁיו וּלְשֹׁפְטָיו וּלְשֹׁטְרָיו
ב וַיִּתְיַצְּבוּ לִפְנֵי הָאֱלֹהִים׃ וַיֹּאמֶר יְהוֹשֻׁעַ אֶל־כָּל־הָעָם כֹּה־אָמַר
יְהוָה אֱלֹהֵי יִשְׂרָאֵל בְּעֵבֶר הַנָּהָר יָשְׁבוּ אֲבוֹתֵיכֶם מֵעוֹלָם תֶּרַח
ג אֲבִי אַבְרָהָם וַאֲבִי נָחוֹר וַיַּעַבְדוּ אֱלֹהִים אֲחֵרִים׃ וָאֶקַּח אֶת־
אֲבִיכֶם אֶת־אַבְרָהָם מֵעֵבֶר הַנָּהָר וָאוֹלֵךְ אוֹתוֹ בְּכָל־אֶרֶץ
ד כְּנָעַן וָאַרְבֶּ אֶת־זַרְעוֹ וָאֶתֶּן־לוֹ אֶת־יִצְחָק׃ וָאֶתֵּן לְיִצְחָק אֶת־
יַעֲקֹב וְאֶת־עֵשָׂו וָאֶתֵּן לְעֵשָׂו אֶת־הַר שֵׂעִיר לָרֶשֶׁת אוֹתוֹ
ה וְיַעֲקֹב וּבָנָיו יָרְדוּ מִצְרָיִם׃ וָאֶשְׁלַח אֶת־מֹשֶׁה וְאֶת־אַהֲרֹן וָאֶגֹּף
אֶת־מִצְרַיִם כַּאֲשֶׁר עָשִׂיתִי בְּקִרְבּוֹ וְאַחַר הוֹצֵאתִי אֶתְכֶם׃
ו וָאוֹצִיא אֶת־אֲבוֹתֵיכֶם מִמִּצְרַיִם וַתָּבֹאוּ הַיָּמָּה וַיִּרְדְּפוּ מִצְרַיִם
ז אַחֲרֵי אֲבוֹתֵיכֶם בְּרֶכֶב וּבְפָרָשִׁים יַם־סוּף׃ וַיִּצְעֲקוּ אֶל־יְהוָה
וַיָּשֶׂם מַאֲפֵל בֵּינֵיכֶם ׀ וּבֵין הַמִּצְרִים וַיָּבֵא עָלָיו אֶת־הַיָּם
וַיְכַסֵּהוּ וַתִּרְאֶינָה עֵינֵיכֶם אֵת אֲשֶׁר־עָשִׂיתִי בְּמִצְרָיִם וַתֵּשְׁבוּ
ח בַּמִּדְבָּר יָמִים רַבִּים׃ ואביאה אֶתְכֶם אֶל־אֶרֶץ הָאֱמֹרִי הַיּוֹשֵׁב ואביא
בְּעֵבֶר הַיַּרְדֵּן וַיִּלָּחֲמוּ אִתְּכֶם וָאֶתֵּן אוֹתָם בְּיֶדְכֶם וַתִּירְשׁוּ אֶת־

name of their gods, nor cause to swear by them, nor serve
them, nor bow yourselves down to them: but cleave to the   8
LORD your GOD, as you have done to this day. For the LORD   9
has driven out from before you great nations and strong: but
as for you, no man has been able to withstand you to this
day. One man of you would chase a thousand: for the LORD   10
your GOD, he it is that fights for you, as he has promised you.
Take great care therefore to yourselves, that you love the   11
LORD your GOD. For if you should at all turn back to attach   12
yourselves to the remnant of these nations, these that remain
among you, and shall make marriages with them, and go in
unto them, and they to you: know for a certainty that the   13
LORD your GOD will no more drive out any of these nations
before you; but they shall be snares and traps to you, and a
scourge in your sides, and pricks in your eyes, until you
perish from off this good land which the LORD your GOD has
given you. And, behold, this day I am going the way of all the   14
earth: and you all know in your hearts and in your souls, that
not one thing has failed of all the good things which the LORD
your GOD spoke concerning you; all have come to you; not one
thing has failed. Therefore it shall come to pass, that as all   15
good things are come upon you, which the LORD your GOD
promised you; so shall the LORD bring upon you all evil
things, until he shall have destroyed you from off this good
land which the LORD your GOD has given you, if you should   16
transgress the covenant of the LORD your GOD, which he com-
manded you, and you should go and serve other gods, and
bow yourselves down to them. Then shall the anger of the
LORD burn against you, and you shall perish quickly from
off the good land which he has given to you.   And Yeho-   **24**
shua gathered all the tribes of Yisra'el to Shekhem, and called
for the elders of Yisra'el, and for their heads, and for their
judges, and for their officers, and they presented themselves
before GOD. And Yehoshua said to all the people, Thus says   2
the LORD GOD of Yisra'el, Your fathers dwelt on the other side
of the river in old time, Teraḥ, the father of Avraham, and the
father of Naḥor: and they served other gods. And I took your   3
father Avraham from the other side of the river, and led him
through the whole land of Kena'an, and multiplied his seed, and
gave him Yiẓḥaq. And I gave to Yiẓḥaq, Ya'aqov and 'Esav: 4
and I gave to 'Esav mount Se'ir, to possess it; but Ya'aqov
and his children went down to Miẓrayim. I sent Moshe also and   5
Aharon, and I plagued Miẓrayim, with that which I did among
them: and afterwards I brought you out. And I brought your   6
fathers out of Miẓrayim: and you came to the sea; and Miẓ-
rayim pursued after your fathers with chariots and horsemen
to the Sea of Suf. And when they cried to the LORD, he put   7
darkness between you and Miẓrayim, and brought the sea upon
them, and covered them; and your eyes have seen what I have
done in Miẓrayim: and you dwelt in the wilderness many days:
and I brought you into the land of the Emori, who dwelt on the   8
other side of the Yarden, and they fought with you: and I gave
them into your hand, that you might possess their land; and I

ט אַרְצָם וָאַשְׁמִידֵם מִפְּנֵיכֶם: וַיָּקָם בָּלָק בֶּן־צִפּוֹר מֶלֶךְ מוֹאָב
וַיִּלָּחֶם בְּיִשְׂרָאֵל וַיִּשְׁלַח וַיִּקְרָא לְבִלְעָם בֶּן־בְּעוֹר לְקַלֵּל אֶתְכֶם:
י וְלֹא אָבִיתִי לִשְׁמֹעַ לְבִלְעָם וַיְבָרֶךְ בָּרוֹךְ אֶתְכֶם וָאַצִּל אֶתְכֶם
מִיָּדוֹ: וַתַּעַבְרוּ אֶת־הַיַּרְדֵּן וַתָּבֹאוּ אֶל־יְרִיחוֹ וַיִּלָּחֲמוּ בָכֶם יא
בַּעֲלֵי־יְרִיחוֹ הָאֱמֹרִי וְהַפְּרִזִּי וְהַכְּנַעֲנִי וְהַחִתִּי וְהַגִּרְגָּשִׁי הַחִוִּי
וְהַיְבוּסִי וָאֶתֵּן אוֹתָם בְּיֶדְכֶם: וָאֶשְׁלַח לִפְנֵיכֶם אֶת־הַצִּרְעָה יב
וַתְּגָרֶשׁ אוֹתָם מִפְּנֵיכֶם שְׁנֵי מַלְכֵי הָאֱמֹרִי לֹא בְחַרְבְּךָ וְלֹא
בְקַשְׁתֶּךָ: וָאֶתֵּן לָכֶם אֶרֶץ ׀ אֲשֶׁר לֹא־יָגַעְתָּ בָּהּ וְעָרִים אֲשֶׁר יג
לֹא־בְנִיתֶם וַתֵּשְׁבוּ בָּהֶם כְּרָמִים וְזֵיתִים אֲשֶׁר לֹא־נְטַעְתֶּם
אַתֶּם אֹכְלִים: וְעַתָּה יְראוּ אֶת־יְהוָה וְעִבְדוּ אֹתוֹ בְּתָמִים יד
וּבֶאֱמֶת וְהָסִירוּ אֶת־אֱלֹהִים אֲשֶׁר עָבְדוּ אֲבוֹתֵיכֶם בְּעֵבֶר
הַנָּהָר וּבְמִצְרַיִם וְעִבְדוּ אֶת־יְהוָה: וְאִם רַע בְּעֵינֵיכֶם לַעֲבֹד טו
אֶת־יְהוָה בַּחֲרוּ לָכֶם הַיּוֹם אֶת־מִי תַעֲבֹדוּן אִם אֶת־אֱלֹהִים
מֵעֵבֶר אֲשֶׁר־עָבְדוּ אֲבוֹתֵיכֶם אֲשֶׁר בְּעֵבֶר הַנָּהָר וְאִם אֶת־אֱלֹהֵי
הָאֱמֹרִי אֲשֶׁר אַתֶּם יֹשְׁבִים בְּאַרְצָם וְאָנֹכִי וּבֵיתִי נַעֲבֹד אֶת־
יְהוָה: וַיַּעַן הָעָם וַיֹּאמֶר חָלִילָה לָּנוּ מֵעֲזֹב אֶת־ טז
יְהוָה לַעֲבֹד אֱלֹהִים אֲחֵרִים: כִּי יְהוָה אֱלֹהֵינוּ הוּא הַמַּעֲלֶה יז
אֹתָנוּ וְאֶת־אֲבוֹתֵינוּ מֵאֶרֶץ מִצְרַיִם מִבֵּית עֲבָדִים וַאֲשֶׁר עָשָׂה
לְעֵינֵינוּ אֶת־הָאֹתוֹת הַגְּדֹלוֹת הָאֵלֶּה וַיִּשְׁמְרֵנוּ בְּכָל־הַדֶּרֶךְ
אֲשֶׁר הָלַכְנוּ בָהּ וּבְכֹל הָעַמִּים אֲשֶׁר עָבַרְנוּ בְּקִרְבָּם: וַיְגָרֶשׁ יח
יְהוָה אֶת־כָּל־הָעַמִּים וְאֶת־הָאֱמֹרִי יֹשֵׁב הָאָרֶץ מִפָּנֵינוּ גַּם־
אֲנַחְנוּ נַעֲבֹד אֶת־יְהוָה כִּי־הוּא אֱלֹהֵינוּ: וַיֹּאמֶר יט
יְהוֹשֻׁעַ אֶל־הָעָם לֹא תוּכְלוּ לַעֲבֹד אֶת־יְהוָה כִּי־אֱלֹהִים
קְדֹשִׁים הוּא אֵל־קַנּוֹא הוּא לֹא־יִשָּׂא לְפִשְׁעֲכֶם וּלְחַטֹּאותֵיכֶם:
כִּי תַעַזְבוּ אֶת־יְהוָה וַעֲבַדְתֶּם אֱלֹהֵי נֵכָר וְשָׁב וְהֵרַע לָכֶם כ
וְכִלָּה אֶתְכֶם אַחֲרֵי אֲשֶׁר־הֵיטִיב לָכֶם: וַיֹּאמֶר הָעָם אֶל־ כא
יְהוֹשֻׁעַ לֹא כִּי אֶת־יְהוָה נַעֲבֹד: וַיֹּאמֶר יְהוֹשֻׁעַ אֶל־הָעָם עֵדִים כב
אַתֶּם בָּכֶם כִּי־אַתֶּם בְּחַרְתֶּם לָכֶם אֶת־יְהוָה לַעֲבֹד אוֹתוֹ
וַיֹּאמְרוּ עֵדִים: וְעַתָּה הָסִירוּ אֶת־אֱלֹהֵי הַנֵּכָר אֲשֶׁר בְּקִרְבְּכֶם כג
וְהַטּוּ אֶת־לְבַבְכֶם אֶל־יְהוָה אֱלֹהֵי יִשְׂרָאֵל: וַיֹּאמְרוּ הָעָם כד
אֶל־יְהוֹשֻׁעַ אֶת־יְהוָה אֱלֹהֵינוּ נַעֲבֹד וּבְקוֹלוֹ נִשְׁמָע: וַיִּכְרֹת כה
יְהוֹשֻׁעַ בְּרִית לָעָם בַּיּוֹם הַהוּא וַיָּשֶׂם לוֹ חֹק וּמִשְׁפָּט בִּשְׁכֶם:
וַיִּכְתֹּב יְהוֹשֻׁעַ אֶת־הַדְּבָרִים הָאֵלֶּה בְּסֵפֶר תּוֹרַת אֱלֹהִים כו
וַיִּקַּח אֶבֶן גְּדוֹלָה וַיְקִימֶהָ שָּׁם תַּחַת הָאַלָּה אֲשֶׁר בְּמִקְדַּשׁ
יְהוָה: וַיֹּאמֶר יְהוֹשֻׁעַ אֶל־כָּל־הָעָם הִנֵּה הָאֶבֶן כז
הַזֹּאת תִּהְיֶה־בָּנוּ לְעֵדָה כִּי־הִיא שָׁמְעָה אֵת כָּל־אִמְרֵי יְהוָה

9 destroyed them from before you. Then Balaq the son of Ẕippor,
king of Mo'av, arose and warred against Yisra'el, and sent and
10 called Bil'am the son of Be'or to curse you. But I would not
listen to Bil'am; therefore he blessed you still: so I delivered
11 you from his hand. And you went over the Yarden, and came
to Yeriḥo: and the men of Yeriḥo fought against you, the
Emori, and the Perizzi, and the Kena'ani, and the Ḥitti, and
the Girgashi, the Ḥivvi, and the Yevusi; and I delivered them
12 into your hand. And I sent the hornet before you, which drove
them out from before you, the two kings of the Emori; but not
13 with thy sword, nor with thy bow. And I have given you a
land for which you did not labour, and cities which you did
not build, and you dwell in them; of vineyards and oliveyards
14 which you did not plant, do you eat. Now therefore fear the
Lord, and serve him in sincerity and in truth: and put away
the gods which your fathers served on the other side of the
15 river, and in Miẕrayim; and serve the Lord. And if it seem
evil to you to serve the Lord, choose this day whom you will
serve; whether the gods which your fathers served that were
on the other side of the river, or the gods of the Emori, in
whose land you dwell: but as for me and my house, we will
16 serve the Lord. And the people answered and said, Far
be it from us that we should forsake the Lord, to serve other
17 gods; for the Lord our God, he it is who brought us up and
our fathers out of the land of Miẕrayim, from the house of
bondage, and who did those great signs in our sight, and pre-
served us in all the way in which we went, and among all the
18 people through whom we passed: and the Lord drove out from
before us all the people, even the Emori who dwelt in the land:
therefore will we also serve the Lord; for he is our God.
19 And Yehoshua said to the people, You cannot serve the
Lord: for he is a holy God; he is a jealous God; he will not
20 tolerate your transgressions nor your sins. If you forsake the
Lord, and serve strange gods, then he will turn and do you
21 hurt, and consume you, after having done you good. And the
people said to Yehoshua, No; but we will serve the Lord.
22 And Yehoshua said to the people, You are witnesses against
yourselves that you have chosen the Lord for yourselves, to
23 serve him. And they said, We are witnesses. Now therefore put
away the strange gods which are among you, and incline your
24 heart to the Lord God of Yisra'el. And the people said to Yeho-
shua, The Lord our God will we serve, and his voice will we
25 obey. So Yehoshua made a covenant with the people that day,
26 and set them a statute and an ordinance in Shekhem. And
Yehoshua wrote these words in the book of the Tora of God,
and took a great stone, and set it up there under the oak, that
27 was by the sanctuary of the Lord. And Yehoshua said
to all the people, Behold, this stone shall be a witness to us;
for it has heard all the words of the Lord which he spoke to
us: it shall be therefore a witness to you, lest you deny your

אֲשֶׁר דִּבֶּר עִמָּנוּ וְהָיְתָה בָכֶם לְעֵדָה פֶּן־תְּכַחֲשׁוּן בֵּאלֹהֵיכֶם׃
וַיְשַׁלַּח יְהוֹשֻׁעַ אֶת־הָעָם אִישׁ לְנַחֲלָתוֹ׃ וַיְהִי כח כט
אַחֲרֵי הַדְּבָרִים הָאֵלֶּה וַיָּמָת יְהוֹשֻׁעַ בִּן־נוּן עֶבֶד יְהוָה בֶּן־
מֵאָה וָעֶשֶׂר שָׁנִים׃ וַיִּקְבְּרוּ אוֹתוֹ בִּגְבוּל נַחֲלָתוֹ בְּתִמְנַת־סֶרַח ל
אֲשֶׁר בְּהַר־אֶפְרָיִם מִצְּפוֹן לְהַר־גָּעַשׁ׃ וַיַּעֲבֹד יִשְׂרָאֵל אֶת־ לא
יְהוָה כֹּל יְמֵי יְהוֹשֻׁעַ וְכֹל ׀ יְמֵי הַזְּקֵנִים אֲשֶׁר הֶאֱרִיכוּ יָמִים
אַחֲרֵי יְהוֹשֻׁעַ וַאֲשֶׁר יָדְעוּ אֵת כָּל־מַעֲשֵׂה יְהוָה אֲשֶׁר עָשָׂה
לְיִשְׂרָאֵל׃ וְאֶת־עַצְמוֹת יוֹסֵף אֲשֶׁר־הֶעֱלוּ בְנֵי־יִשְׂרָאֵל ׀ לב
מִמִּצְרַיִם קָבְרוּ בִשְׁכֶם בְּחֶלְקַת הַשָּׂדֶה אֲשֶׁר קָנָה יַעֲקֹב מֵאֵת
בְּנֵי־חֲמוֹר אֲבִי־שְׁכֶם בְּמֵאָה קְשִׂיטָה וַיִּהְיוּ לִבְנֵי־יוֹסֵף לְנַחֲלָה׃
וְאֶלְעָזָר בֶּן־אַהֲרֹן מֵת וַיִּקְבְּרוּ אֹתוֹ בְּגִבְעַת פִּינְחָס בְּנוֹ אֲשֶׁר לג
נִתַּן־לוֹ בְּהַר אֶפְרָיִם׃

God. So Yehoshua let the people depart, every man to his 28
inheritance. And it came to pass after these things, 29
that Yehoshua the son of Nun, the servant of the Lord, died,
being a hundred and ten years old. And they buried him in the 30
border of his inheritance in Timnat-seraḥ, which is in mount
Efrayim, on the north side of the hill Ga‘ash. And Yisra'el 31
served the Lord all the days of Yehoshua, and all the days of
the elders that outlived Yehoshua, and who had known all the
deeds of the Lord, that he had done for Yisra'el. And the 32
bones of Yosef, which the children of Yisra'el brought up out
of Miẕrayim, they buried in Shekhem, in a section of ground
which Ya‘aqov bought from the sons of Ḥamor the father of
Shekhem for a hundred qesita : and they became the inheritance
of the children of Yosef. And El‘azar the son of Aharon died ; 33
and they buried him in the hill of Pineḥas his son, which was
given him in mount Efrayim.

שופטים

SHOFETIM-JUDGES

א א וַיְהִי אַחֲרֵי מוֹת יְהוֹשֻׁעַ וַיִּשְׁאֲלוּ בְּנֵי יִשְׂרָאֵל בַּיהוָה לֵאמֹר מִי
ב יַעֲלֶה־לָּנוּ אֶל־הַכְּנַעֲנִי בַּתְּחִלָּה לְהִלָּחֶם בּוֹ׃ וַיֹּאמֶר יְהוָה
ג יְהוּדָה יַעֲלֶה הִנֵּה נָתַתִּי אֶת־הָאָרֶץ בְּיָדוֹ׃ וַיֹּאמֶר יְהוּדָה
לְשִׁמְעוֹן אָחִיו עֲלֵה אִתִּי בְגוֹרָלִי וְנִלָּחֲמָה בַּכְּנַעֲנִי וְהָלַכְתִּי גַם־
ד אֲנִי אִתְּךָ בְּגוֹרָלֶךָ וַיֵּלֶךְ אִתּוֹ שִׁמְעוֹן׃ וַיַּעַל יְהוּדָה וַיִּתֵּן יְהוָה אֶת־
ה הַכְּנַעֲנִי וְהַפְּרִזִּי בְּיָדָם וַיַּכּוּם בְּבֶזֶק עֲשֶׂרֶת אֲלָפִים אִישׁ׃ וַיִּמְצְאוּ
אֶת־אֲדֹנִי בֶזֶק בְּבֶזֶק וַיִּלָּחֲמוּ בּוֹ וַיַּכּוּ אֶת־הַכְּנַעֲנִי וְאֶת־הַפְּרִזִּי׃
ו וַיָּנָס אֲדֹנִי בֶזֶק וַיִּרְדְּפוּ אַחֲרָיו וַיֹּאחֲזוּ אוֹתוֹ וַיְקַצְּצוּ אֶת־בְּהֹנוֹת
ז יָדָיו וְרַגְלָיו׃ וַיֹּאמֶר אֲדֹנִי־בֶזֶק שִׁבְעִים ׀ מְלָכִים בְּהֹנוֹת יְדֵיהֶם
וְרַגְלֵיהֶם מְקֻצָּצִים הָיוּ מְלַקְּטִים תַּחַת שֻׁלְחָנִי כַּאֲשֶׁר עָשִׂיתִי
כֵּן שִׁלַּם־לִי אֱלֹהִים וַיְבִיאֻהוּ יְרוּשָׁלִַם וַיָּמָת שָׁם׃
ח וַיִּלָּחֲמוּ בְנֵי־יְהוּדָה בִּירוּשָׁלִַם וַיִּלְכְּדוּ אוֹתָהּ וַיַּכּוּהָ לְפִי־חָרֶב
ט וְאֶת־הָעִיר שִׁלְּחוּ בָאֵשׁ׃ וְאַחַר יָרְדוּ בְּנֵי יְהוּדָה לְהִלָּחֵם בַּכְּנַעֲנִי
י יוֹשֵׁב הָהָר וְהַנֶּגֶב וְהַשְּׁפֵלָה׃ וַיֵּלֶךְ יְהוּדָה אֶל־הַכְּנַעֲנִי הַיּוֹשֵׁב
בְּחֶבְרוֹן וְשֵׁם־חֶבְרוֹן לְפָנִים קִרְיַת אַרְבַּע וַיַּכּוּ אֶת־שֵׁשַׁי וְאֶת־
יא אֲחִימַן וְאֶת־תַּלְמָי׃ וַיֵּלֶךְ מִשָּׁם אֶל־יוֹשְׁבֵי דְּבִיר וְשֵׁם־דְּבִיר
יב לְפָנִים קִרְיַת־סֵפֶר׃ וַיֹּאמֶר כָּלֵב אֲשֶׁר־יַכֶּה אֶת־קִרְיַת־סֵפֶר
יג וּלְכָדָהּ וְנָתַתִּי לוֹ אֶת־עַכְסָה בִתִּי לְאִשָּׁה׃ וַיִּלְכְּדָהּ עָתְנִיאֵל
בֶּן־קְנַז אֲחִי כָלֵב הַקָּטֹן מִמֶּנּוּ וַיִּתֶּן־לוֹ אֶת־עַכְסָה בִתּוֹ לְאִשָּׁה׃
יד וַיְהִי בְּבוֹאָהּ וַתְּסִיתֵהוּ לִשְׁאֹל מֵאֵת־אָבִיהָ הַשָּׂדֶה וַתִּצְנַח מֵעַל
טו הַחֲמוֹר וַיֹּאמֶר־לָהּ כָּלֵב מַה־לָּךְ׃ וַתֹּאמֶר לוֹ הָבָה־לִּי בְרָכָה
כִּי אֶרֶץ הַנֶּגֶב נְתַתָּנִי וְנָתַתָּה לִי גֻּלֹּת מָיִם וַיִּתֶּן־לָהּ כָּלֵב אֵת
טז גֻּלֹּת עִלִּית וְאֵת גֻּלֹּת תַּחְתִּית׃ וּבְנֵי קֵינִי חֹתֵן
מֹשֶׁה עָלוּ מֵעִיר הַתְּמָרִים אֶת־בְּנֵי יְהוּדָה מִדְבַּר יְהוּדָה אֲשֶׁר
יז בְּנֶגֶב עֲרָד וַיֵּלֶךְ וַיֵּשֶׁב אֶת־הָעָם׃ וַיֵּלֶךְ יְהוּדָה אֶת־שִׁמְעוֹן
אָחִיו וַיַּכּוּ אֶת־הַכְּנַעֲנִי יוֹשֵׁב צְפַת וַיַּחֲרִימוּ אוֹתָהּ וַיִּקְרָא אֶת־
יח שֵׁם־הָעִיר חָרְמָה׃ וַיִּלְכֹּד יְהוּדָה אֶת־עַזָּה וְאֶת־גְּבוּלָהּ וְאֶת־
יט אַשְׁקְלוֹן וְאֶת־גְּבוּלָהּ וְאֶת־עֶקְרוֹן וְאֶת־גְּבוּלָהּ׃ וַיְהִי יְהוָה
אֶת־יְהוּדָה וַיֹּרֶשׁ אֶת־הָהָר כִּי לֹא לְהוֹרִישׁ אֶת־יֹשְׁבֵי הָעֵמֶק
כ כִּי־רֶכֶב בַּרְזֶל לָהֶם׃ וַיִּתְּנוּ לְכָלֵב אֶת־חֶבְרוֹן כַּאֲשֶׁר דִּבֶּר
כא מֹשֶׁה וַיּוֹרֶשׁ מִשָּׁם אֶת־שְׁלֹשָׁה בְּנֵי הָעֲנָק׃ וְאֶת־הַיְבוּסִי יֹשֵׁב
יְרוּשָׁלִַם לֹא הוֹרִישׁוּ בְּנֵי בִנְיָמִן וַיֵּשֶׁב הַיְבוּסִי אֶת־בְּנֵי בִנְיָמִן
כב בִּירוּשָׁלִַם עַד הַיּוֹם הַזֶּה׃ וַיַּעֲלוּ בֵית־יוֹסֵף גַּם־
כג הֵם בֵּית־אֵל וַיהוָה עִמָּם׃ וַיָּתִירוּ בֵית־יוֹסֵף בְּבֵית־אֵל וְשֵׁם־

Now after the death of Yehoshua it came to pass, that the 1
children of Yisra'el asked the LORD, saying, Who shall go up
for us against the Kena'ani first, to fight against them? And 2
the LORD said, Yehuda shall go up: behold, I have delivered
the land into his hand. And Yehuda said to Shim'on his brother, 3
Come up with me into my lot, that we may fight against the
Kena'ani; and I likewise will go with thee into thy lot. So
Shim'on went with him. And Yehuda went up; and the LORD 4
delivered the Kena'ani and the Perizzi into their hand: and
they smote of them in Bezeq ten thousand men. And they 5
found Adoni-bezeq in Bezeq: and they fought against him, and
they smote the Kena'ani and the Perizzi. But Adoni-bezeq fled ; 6
and they pursued after him, and caught him, and cut off his
thumbs and his great toes. And Adoni-bezeq said, Seventy 7
kings, having their thumbs and their great toes cut off, gathered
food under my table : as I have done, so GOD has requited me.
And they brought him to Yerushalayim, and there he died.
Now the children of Yehuda fought against Yerushalayim, and 8
took it, and smote it with the edge of the sword, and set the
city on fire. And afterwards the children of Yehuda went down 9
to fight against the Kena'ani, that dwelt in the mountain, and
in the Negev, and in the coastal plain. And Yehuda went 10
against the Kena'ani that dwelt in Ḥevron: (now the name of
Ḥevron before was Qiryat-arba:) and they smote Sheshay, and
Aḥiman, and Talmay. And from there he went against the 11
inhabitants of Devir: and the name of Devir before was Qiryat-
sefer : and Kalev said, He that smites Qiryat-sefer, and takes it, 12
to him will I give 'Akhsa my daughter to wife. And 'Otni'el 13
the son of Qenaz, Kalev's younger brother, took it: and he
gave him 'Akhsa his daughter to wife. And it came to pass, 14
when she came to him, that she moved him to ask of her father
a field: and she alighted from her ass; and Kalev said to her,
What wilt thou? And she said to him, Give me a blessing: for 15
thou hast given me a Negev land ; give me also pools of water.
And Kalev gave her the upper pools and the lower pools. And 16
the children of the Qeni, Moshe's father in law, went up out of
the city of palm trees with the children of Yehuda into the
wilderness of Yehuda, which lies in the south of 'Arad; and
they went and dwelt among the people. And Yehuda went with 17
Shim'on his brother, and they slew the Kena'ani that inhabited
Ẕefat, and utterly destroyed it. And the name of the city was
called Ḥorma. And Yehuda took 'Azza with its border, and 18
Ashqelon with its border, and 'Eqron with its border. And the 19
LORD was with Yehuda; and he drove out the inhabitants of
the mountain; but could not drive out the inhabitants of the
valley, because they had chariots of iron. And they gave Ḥev- 20
ron to Kalev, as Moshe said: and he expelled from there the
three sons of 'Anaq. And the children of Binyamin did not drive 21
out the Yevusi, that inhabited Yerushalayim; but the Yevusi
dwell with the children of Binyamin in Yerushalayim to this
day. And the house of Yosef, they too went up against Bet- 22
el : and the LORD was with them. And the house of Yosef sent to 23
spy out Bet-el. (Now the name of the city before was Luz.)

כד הָעִיר לְפָנִים לוּז: וַיִּרְאוּ הַשֹּׁמְרִים אִישׁ יוֹצֵא מִן־הָעִיר וַיֹּאמְרוּ

כה לוֹ הַרְאֵנוּ נָא אֶת־מְבוֹא הָעִיר וְעָשִׂינוּ עִמְּךָ חָסֶד: וַיַּרְאֵם אֶת־
מְבוֹא הָעִיר וַיַּכּוּ אֶת־הָעִיר לְפִי־חָרֶב וְאֶת־הָאִישׁ וְאֶת־כָּל־

כו מִשְׁפַּחְתּוֹ שִׁלֵּחוּ: וַיֵּלֶךְ הָאִישׁ אֶרֶץ הַחִתִּים וַיִּבֶן עִיר וַיִּקְרָא

כז שְׁמָהּ לוּז הוּא שְׁמָהּ עַד הַיּוֹם הַזֶּה: וְלֹא־הוֹרִישׁ
מְנַשֶּׁה אֶת־בֵּית־שְׁאָן וְאֶת־בְּנוֹתֶיהָ וְאֶת־תַּעְנַךְ וְאֶת־בְּנֹתֶיהָ
וְאֶת־יֹשֵׁב דוֹר וְאֶת־בְּנוֹתֶיהָ וְאֶת־יוֹשְׁבֵי יִבְלְעָם וְאֶת־בְּנֹתֶיהָ
וְאֶת־יוֹשְׁבֵי מְגִדּוֹ וְאֶת־בְּנוֹתֶיהָ וַיּוֹאֶל הַכְּנַעֲנִי לָשֶׁבֶת בָּאָרֶץ

כח הַזֹּאת: וַיְהִי כִּי־חָזַק יִשְׂרָאֵל וַיָּשֶׂם אֶת־הַכְּנַעֲנִי לָמַס וְהוֹרֵישׁ

כט לֹא הוֹרִישׁוֹ: וְאֶפְרַיִם לֹא הוֹרִישׁ אֶת־הַכְּנַעֲנִי

ל הַיּוֹשֵׁב בְּגָזֶר וַיֵּשֶׁב הַכְּנַעֲנִי בְּקִרְבּוֹ בְּגָזֶר: זְבוּלֻן
לֹא הוֹרִישׁ אֶת־יוֹשְׁבֵי קִטְרוֹן וְאֶת־יוֹשְׁבֵי נַהֲלֹל וַיֵּשֶׁב הַכְּנַעֲנִי

לא בְּקִרְבּוֹ וַיִּהְיוּ לָמַס: אָשֵׁר לֹא הוֹרִישׁ אֶת־יֹשְׁבֵי
עַכּוֹ וְאֶת־יוֹשְׁבֵי צִידוֹן וְאֶת־אַחְלָב וְאֶת־אַכְזִיב וְאֶת־חֶלְבָּה

לב וְאֶת־אֲפִיק וְאֶת־רְחֹב: וַיֵּשֶׁב הָאָשֵׁרִי בְּקֶרֶב הַכְּנַעֲנִי יֹשְׁבֵי
הָאָרֶץ כִּי לֹא הוֹרִישׁוֹ: נַפְתָּלִי לֹא־הוֹרִישׁ אֶת־

לג יֹשְׁבֵי בֵית־שֶׁמֶשׁ וְאֶת־יֹשְׁבֵי בֵית־עֲנָת וַיֵּשֶׁב בְּקֶרֶב הַכְּנַעֲנִי
יֹשְׁבֵי הָאָרֶץ וְיֹשְׁבֵי בֵית־שֶׁמֶשׁ וּבֵית עֲנָת הָיוּ לָהֶם לָמַס:

לד וַיִּלְחֲצוּ הָאֱמֹרִי אֶת־בְּנֵי־דָן הָהָרָה כִּי־לֹא נְתָנוֹ לָרֶדֶת לָעֵמֶק:

לה וַיּוֹאֶל הָאֱמֹרִי לָשֶׁבֶת בְּהַר־חֶרֶס בְּאַיָּלוֹן וּבְשַׁעַלְבִים וַתִּכְבַּד
יַד בֵּית־יוֹסֵף וַיִּהְיוּ לָמַס: וּגְבוּל הָאֱמֹרִי מִמַּעֲלֵה עַקְרַבִּים

לו מֵהַסֶּלַע וָמָעְלָה: וַיַּעַל מַלְאַךְ־יְהוָה מִן־הַגִּלְגָּל
ב א אֶל־הַבֹּכִים וַיֹּאמֶר אַעֲלֶה אֶתְכֶם מִמִּצְרַיִם
וָאָבִיא אֶתְכֶם אֶל־הָאָרֶץ אֲשֶׁר נִשְׁבַּעְתִּי לַאֲבֹתֵיכֶם וָאֹמַר

ב לֹא־אָפֵר בְּרִיתִי אִתְּכֶם לְעוֹלָם: וְאַתֶּם לֹא־תִכְרְתוּ בְרִית
לְיוֹשְׁבֵי הָאָרֶץ הַזֹּאת מִזְבְּחוֹתֵיהֶם תִּתֹּצוּן וְלֹא־שְׁמַעְתֶּם בְּקֹלִי

ג מַה־זֹּאת עֲשִׂיתֶם: וְגַם אָמַרְתִּי לֹא־אֲגָרֵשׁ אוֹתָם מִפְּנֵיכֶם וְהָיוּ

ד לָכֶם לְצִדִּים וֵאלֹהֵיהֶם יִהְיוּ לָכֶם לְמוֹקֵשׁ: וַיְהִי כְּדַבֵּר מַלְאַךְ
יְהוָה אֶת־הַדְּבָרִים הָאֵלֶּה אֶל־כָּל־בְּנֵי יִשְׂרָאֵל וַיִּשְׂאוּ הָעָם

ה אֶת־קוֹלָם וַיִּבְכּוּ: וַיִּקְרְאוּ שֵׁם־הַמָּקוֹם הַהוּא בֹּכִים וַיִּזְבְּחוּ־שָׁם

ו לַיהוָה: וַיְשַׁלַּח יְהוֹשֻׁעַ אֶת־הָעָם וַיֵּלְכוּ בְנֵי־
ישְׂרָאֵל אִישׁ לְנַחֲלָתוֹ לָרֶשֶׁת אֶת־הָאָרֶץ: וַיַּעַבְדוּ הָעָם אֶת־

ז יְהוָה כֹּל יְמֵי יְהוֹשֻׁעַ וְכֹל ׀ יְמֵי הַזְּקֵנִים אֲשֶׁר הֶאֱרִיכוּ יָמִים
אַחֲרֵי יְהוֹשׁוּעַ אֲשֶׁר רָאוּ אֵת כָּל־מַעֲשֵׂה יְהוָה הַגָּדוֹל אֲשֶׁר

ח עָשָׂה לְיִשְׂרָאֵל: וַיָּמָת יְהוֹשֻׁעַ בִּן־נוּן עֶבֶד יְהוָה בֶּן־מֵאָה

ט וְעֶשֶׂר שָׁנִים: וַיִּקְבְּרוּ אוֹתוֹ בִּגְבוּל נַחֲלָתוֹ בְּתִמְנַת־חֶרֶס בְּהַר

24 And the scouts saw a man come out of the city, and they
said to him, Show us, we pray thee, the entrance into the city,
25 and we will deal kindly with thee. And when he showed them
the entrance to the city, they smote the city with the edge
of the sword; but they let the man and all his family go free.
26 And the man went into the land of the Ḥittim, and built a
city, and called its name Luz : which is its name to this day.

27 Neither did Menashshe drive out the inhabitants of Bet-
she'an and its hamlets, nor Ta'nakh and it hamlets, nor the
inhabitants of Dor and its hamlets, nor the inhabitants of
Yivle'am and its hamlets, nor the inhabitants of Megiddo and
its hamlets: but the Kena'ani persisted in dwelling in that
28 land. And it came to pass, when Yisra'el was strong, that
they put the Kena'ani to tribute, and did not utterly drive them
29 out. Neither did Efrayim drive out the Kena'ani that
dwelt in Gezer; but the Kena'ani dwelt in Gezer among them.

30 Neither did Zevulun drive out the inhabitants of Qitron,
nor the inhabitants of Nahalol; but the Kena'ani dwelt among
31 them, and became tributaries. Neither did Asher drive out
the inhabitants of 'Akko, nor the inhabitants of Ẕidon, nor of
Aḥlav, nor of Akhziv, nor of Ḥelba, nor of Afiq, nor of Reḥov.
32 But the Asheri dwelt among the Kena'ani, the inhabitants of the
33 land: for they did not drive them out. Neither did Naftali
drive out the inhabitants of Bet-shemesh, nor the inhabitants
of Bet-'anat; but he dwelt among the Kena'ani, the inhabitants
of the land: nevertheless the inhabitants of Bet-shemesh and
34 of Bet-'anat became tributaries to them. And the Emori forced
the children of Dan into the mountain: for they would not
35 allow them to come down to the valley: but the Emori per-
sisted in dwelling in mount Ḥeres in Ayyalon, and in Sha'alvim :
yet the hand of the house of Yosef prevailed, so that they
36 became tributaries. And the border of the Emori was from
2 Ma'ale-'aqrabbim, from the rock upwards. And an angel of
the LORD came up from Gilgal to Bokhim, and said, I caused
you to go up out of Miẕrayim, and have brought you to the
land which I swore to your fathers; and I said, I will never
2 break my covenant with you. And you shall make no covenant
with the inhabitants of this land; you shall pull down their
altars: but you have not obeyed my voice: why have you done
3 this? Moreover, I said, I will not drive them out from before
you; but they shall be as snares to you, and their gods shall
4 be a trap to you. And it came to pass, when the angel of the
LORD spoke these words to all the children of Yisra'el, that the
5 people lifted up their voice, and wept. And they called the
name of that place Bokhim: and they sacrificed there to the
6 LORD. And when Yehoshua had let the people go, the chil-
dren of Yisra'el went every man to his inheritance to possess the
7 land. And the people served the LORD all the days of Yeho-
shua, and all the days of the elders that outlived Yehoshua,
who had seen all the great work of the LORD, that he did for
8 Yisra'el. And Yehoshua the son of Nun, the servant of the
9 LORD, died, being a hundred and ten years old. And they buried
him in the border of his inheritance in Timnat-ḥeres, in the

י אֶפְרָיִם מִצְּפוֹן לְהַר־גָּעַשׁ: וְגַם כָּל־הַדּוֹר הַהוּא נֶאֶסְפוּ אֶל־
אֲבוֹתָיו וַיָּקָם דּוֹר אַחֵר אַחֲרֵיהֶם אֲשֶׁר לֹא־יָדְעוּ אֶת־יְהוָה
יא וְגַם אֶת־הַמַּעֲשֶׂה אֲשֶׁר עָשָׂה לְיִשְׂרָאֵל: וַיַּעֲשׂוּ
בְנֵי־יִשְׂרָאֵל אֶת־הָרַע בְּעֵינֵי יְהוָה וַיַּעַבְדוּ אֶת־הַבְּעָלִים:
יב וַיַּעַזְבוּ אֶת־יְהוָה ׀ אֱלֹהֵי אֲבוֹתָם הַמּוֹצִיא אוֹתָם מֵאֶרֶץ
מִצְרַיִם וַיֵּלְכוּ אַחֲרֵי ׀ אֱלֹהִים אֲחֵרִים מֵאֱלֹהֵי הָעַמִּים אֲשֶׁר
יג סְבִיבוֹתֵיהֶם וַיִּשְׁתַּחֲווּ לָהֶם וַיַּכְעִסוּ אֶת־יְהוָה: וַיַּעַזְבוּ אֶת־
יד יְהוָה וַיַּעַבְדוּ לַבַּעַל וְלָעַשְׁתָּרוֹת: וַיִּחַר־אַף יְהוָה בְּיִשְׂרָאֵל
וַיִּתְּנֵם בְּיַד שֹׁסִים וַיָּשֹׁסּוּ אוֹתָם וַיִּמְכְּרֵם בְּיַד אוֹיְבֵיהֶם מִסָּבִיב
טו וְלֹא־יָכְלוּ עוֹד לַעֲמֹד לִפְנֵי אוֹיְבֵיהֶם: בְּכֹל ׀ אֲשֶׁר יָצְאוּ יַד־
יְהוָה הָיְתָה־בָּם לְרָעָה כַּאֲשֶׁר דִּבֶּר יְהוָה וְכַאֲשֶׁר נִשְׁבַּע יְהוָה
טז לָהֶם וַיֵּצֶר לָהֶם מְאֹד: וַיָּקֶם יְהוָה שֹׁפְטִים וַיּוֹשִׁיעוּם מִיַּד
יז שֹׁסֵיהֶם: וְגַם אֶל־שֹׁפְטֵיהֶם לֹא שָׁמֵעוּ כִּי זָנוּ אַחֲרֵי אֱלֹהִים
אֲחֵרִים וַיִּשְׁתַּחֲווּ לָהֶם סָרוּ מַהֵר מִן־הַדֶּרֶךְ אֲשֶׁר הָלְכוּ אֲבוֹתָם
יח לִשְׁמֹעַ מִצְוֺת־יְהוָה לֹא־עָשׂוּ כֵן: וְכִי־הֵקִים יְהוָה ׀ לָהֶם
שֹׁפְטִים וְהָיָה יְהוָה עִם־הַשֹּׁפֵט וְהוֹשִׁיעָם מִיַּד אֹיְבֵיהֶם כֹּל יְמֵי
יט הַשּׁוֹפֵט כִּי־יִנָּחֵם יְהוָה מִנַּאֲקָתָם מִפְּנֵי לֹחֲצֵיהֶם וְדֹחֲקֵיהֶם: וְהָיָה
בְּמוֹת הַשּׁוֹפֵט יָשֻׁבוּ וְהִשְׁחִיתוּ מֵאֲבוֹתָם לָלֶכֶת אַחֲרֵי אֱלֹהִים
אֲחֵרִים לְעָבְדָם וּלְהִשְׁתַּחֲוֺת לָהֶם לֹא הִפִּילוּ מִמַּעַלְלֵיהֶם
כ וּמִדַּרְכָּם הַקָּשָׁה: וַיִּחַר־אַף יְהוָה בְּיִשְׂרָאֵל וַיֹּאמֶר יַעַן אֲשֶׁר
עָבְרוּ הַגּוֹי הַזֶּה אֶת־בְּרִיתִי אֲשֶׁר צִוִּיתִי אֶת־אֲבוֹתָם וְלֹא
כא שָׁמְעוּ לְקוֹלִי: גַּם־אֲנִי לֹא אוֹסִיף לְהוֹרִישׁ אִישׁ מִפְּנֵיהֶם מִן־
כב הַגּוֹיִם אֲשֶׁר־עָזַב יְהוֹשֻׁעַ וַיָּמֹת: לְמַעַן נַסּוֹת בָּם אֶת־יִשְׂרָאֵל
הֲשֹׁמְרִים הֵם אֶת־דֶּרֶךְ יְהוָה לָלֶכֶת בָּם כַּאֲשֶׁר שָׁמְרוּ אֲבוֹתָם
כג אִם־לֹא: וַיַּנַּח יְהוָה אֶת־הַגּוֹיִם הָאֵלֶּה לְבִלְתִּי הוֹרִישָׁם מַהֵר
ג א וְלֹא נְתָנָם בְּיַד יְהוֹשֻׁעַ: וְאֵלֶּה הַגּוֹיִם אֲשֶׁר הִנִּיחַ
יְהוָה לְנַסּוֹת בָּם אֶת־יִשְׂרָאֵל אֵת כָּל־אֲשֶׁר לֹא־יָדְעוּ אֵת כָּל־
ב מִלְחֲמוֹת כְּנָעַן: רַק לְמַעַן דַּעַת דֹּרוֹת בְּנֵי־יִשְׂרָאֵל לְלַמְּדָם
ג מִלְחָמָה רַק אֲשֶׁר־לְפָנִים לֹא יְדָעוּם: חֲמֵשֶׁת ׀ סַרְנֵי פְלִשְׁתִּים
וְכָל־הַכְּנַעֲנִי וְהַצִּידֹנִי וְהַחִוִּי יֹשֵׁב הַר הַלְּבָנוֹן מֵהַר בַּעַל חֶרְמוֹן
ד עַד לְבוֹא חֲמָת: וַיִּהְיוּ לְנַסּוֹת בָּם אֶת־יִשְׂרָאֵל לָדַעַת הֲיִשְׁמְעוּ
ה אֶת־מִצְוֺת יְהוָה אֲשֶׁר־צִוָּה אֶת־אֲבוֹתָם בְּיַד־מֹשֶׁה: וּבְנֵי
יִשְׂרָאֵל יָשְׁבוּ בְּקֶרֶב הַכְּנַעֲנִי הַחִתִּי וְהָאֱמֹרִי וְהַפְּרִזִּי וְהַחִוִּי

mount of Efrayim, on the north side of the hill Ga'ash. And 10
also all that generation were gathered to their fathers: and
there arose another generation after them, which knew not
the LORD, nor yet the work which he had done for Yisra'el.
And the children of Yisra'el did evil in the sight of the LORD, 11
and served the Ba'alim: and they forsook the LORD GOD of 12
their fathers, who had brought them out of the land of
Miẕrayim, and followed other gods, of the gods of the people
that were round about them, and bowed themselves down
to them, and provoked the LORD to anger. And they forsook 13
the LORD, and served the Ba'al and the 'Ashtarot. And the 14
anger of the LORD burned against Yisra'el, and he delivered
them into the hands of spoilers that plundered them, and he
sold them into the hands of their enemies round about, so that
they could not any longer stand before their enemies. Wher- 15
ever they went out, the hand of the LORD was against them
for evil, as the LORD had said, and as the LORD had sworn to
them: and they were greatly distressed. Nevertheless the 16
LORD raised up judges, who saved them from the hand of
their plunderers. And yet they would not hearken to their 17
judges, but they went astray after other gods, and bowed
themselves down to them: they turned aside quickly out of
the way in which their fathers had gone, obeying the command-
ments of the LORD; but they did not so. And when the LORD 18
raised them up judges, then the LORD was with the judge, and
saved them out of the hand of their enemies all the days of
the judge: for the LORD relented on account of their groan-
ings, caused by those that oppressed them and vexed them.
And it came to pass, when the judge was dead, that they 19
relapsed, and became more corrupt than their fathers, in fol-
lowing other gods to serve them, and to bow down to them;
they omitted nothing of their practices, nor of their stubborn
way. And the anger of the LORD burned against Yisra'el; and 20
he said, Because this people has transgressed my covenant
which I commanded their fathers, and has not hearkened to
my voice; I also will not continue to drive out from before 21
them any of the nations which Yehoshua left when he died:
that through them I may put Yisra'el to the proof, whether 22
they will keep the way of the LORD to walk in it, as their
fathers did keep it, or not. Therefore the LORD left those nations 23
without driving them out hastily; and he did not give them up
into the hand of Yehoshua. Now these are the nations **3**
which the LORD left to put Yisra'el to the proof by them, all
those who had not known all the wars of Kena'an; only that 2
the generations of the children of Yisra'el might know, to teach
them war, at the least such as before knew nothing of those
matters; namely, five lords of the Pelishtim, and all the Kena- 3
'ani, and the Ẕidoni, and the H̱ivvi, that dwelt in mount Leva-
non, from mount Ba'al-ẖermon to the entrance of H̱amat. And 4
they were for putting Yisra'el to the proof, to know whether
they would hearken to the commandments of the LORD, which
he commanded their fathers by the hand of Moshe. And the 5
children of Yisra'el dwelt among the Kena'ani, the H̱itti, and

וְהַיְבוּסִי: וַיִּקְחוּ אֶת־בְּנוֹתֵיהֶם לָהֶם לְנָשִׁים וְאֶת־בְּנוֹתֵיהֶם ו

נָתְנוּ לִבְנֵיהֶם וַיַּעַבְדוּ אֶת־אֱלֹהֵיהֶם: וַיַּעֲשׂוּ ז

בְנֵי־יִשְׂרָאֵל אֶת־הָרַע בְּעֵינֵי יְהֹוָה וַיִּשְׁכְּחוּ אֶת־יְהֹוָה אֱלֹהֵיהֶם

וַיַּעַבְדוּ אֶת־הַבְּעָלִים וְאֶת־הָאֲשֵׁרוֹת: וַיִּחַר־אַף יְהֹוָה בְּיִשְׂרָאֵל ח

וַיִּמְכְּרֵם בְּיַד כּוּשַׁן רִשְׁעָתַיִם מֶלֶךְ אֲרַם נַהֲרַיִם וַיַּעַבְדוּ בְנֵי־

יִשְׂרָאֵל אֶת־כּוּשַׁן רִשְׁעָתַיִם שְׁמֹנֶה שָׁנִים: וַיִּזְעֲקוּ בְנֵי־יִשְׂרָאֵל ט

אֶל־יְהֹוָה וַיָּקֶם יְהֹוָה מוֹשִׁיעַ לִבְנֵי יִשְׂרָאֵל וַיּוֹשִׁיעֵם אֵת עָתְנִיאֵל

בֶּן־קְנַז אֲחִי כָלֵב הַקָּטֹן מִמֶּנּוּ: וַתְּהִי עָלָיו רוּחַ־יְהֹוָה וַיִּשְׁפֹּט י

אֶת־יִשְׂרָאֵל וַיֵּצֵא לַמִּלְחָמָה וַיִּתֵּן יְהֹוָה בְּיָדוֹ אֶת־כּוּשַׁן רִשְׁעָתַיִם

מֶלֶךְ אֲרָם וַתָּעָז יָדוֹ עַל כּוּשַׁן רִשְׁעָתַיִם: וַתִּשְׁקֹט הָאָרֶץ יא

אַרְבָּעִים שָׁנָה וַיָּמָת עָתְנִיאֵל בֶּן־קְנַז: וַיֹּסִפוּ בְּנֵי יב

יִשְׂרָאֵל לַעֲשׂוֹת הָרַע בְּעֵינֵי יְהֹוָה וַיְחַזֵּק יְהֹוָה אֶת־עֶגְלוֹן מֶלֶךְ־

מוֹאָב עַל־יִשְׂרָאֵל עַל כִּי־עָשׂוּ אֶת־הָרַע בְּעֵינֵי יְהֹוָה: וַיֶּאֱסֹף יג

אֵלָיו אֶת־בְּנֵי עַמּוֹן וַעֲמָלֵק וַיֵּלֶךְ וַיַּךְ אֶת־יִשְׂרָאֵל וַיִּירְשׁוּ אֶת־

עִיר הַתְּמָרִים: וַיַּעַבְדוּ בְנֵי־יִשְׂרָאֵל אֶת־עֶגְלוֹן מֶלֶךְ־מוֹאָב יד

שְׁמוֹנֶה עֶשְׂרֵה שָׁנָה: וַיִּזְעֲקוּ בְנֵי־יִשְׂרָאֵל אֶל־יְהֹוָה וַיָּקֶם יְהֹוָה טו

לָהֶם מוֹשִׁיעַ אֶת־אֵהוּד בֶּן־גֵּרָא בֶּן־הַיְמִינִי אִישׁ אִטֵּר יַד־

יְמִינוֹ וַיִּשְׁלְחוּ בְנֵי־יִשְׂרָאֵל בְּיָדוֹ מִנְחָה לְעֶגְלוֹן מֶלֶךְ מוֹאָב:

וַיַּעַשׂ לוֹ אֵהוּד חֶרֶב וְלָהּ שְׁנֵי פֵיוֹת גֹּמֶד אָרְכָּהּ וַיַּחְגֹּר אוֹתָהּ טז

מִתַּחַת לְמַדָּיו עַל יֶרֶךְ יְמִינוֹ: וַיַּקְרֵב אֶת־הַמִּנְחָה לְעֶגְלוֹן מֶלֶךְ יז

מוֹאָב וְעֶגְלוֹן אִישׁ בָּרִיא מְאֹד: וַיְהִי כַּאֲשֶׁר כִּלָּה לְהַקְרִיב יח

אֶת־הַמִּנְחָה וַיְשַׁלַּח אֶת־הָעָם נֹשְׂאֵי הַמִּנְחָה: וְהוּא שָׁב מִן־ יט

הַפְּסִילִים אֲשֶׁר אֶת־הַגִּלְגָּל וַיֹּאמֶר דְּבַר־סֵתֶר לִי אֵלֶיךָ הַמֶּלֶךְ

וַיֹּאמֶר הָס וַיֵּצְאוּ מֵעָלָיו כָּל־הָעֹמְדִים עָלָיו: וְאֵהוּד בָּא אֵלָיו כ

וְהוּא יֹשֵׁב בַּעֲלִיַּת הַמְּקֵרָה אֲשֶׁר־לוֹ לְבַדּוֹ וַיֹּאמֶר אֵהוּד דְּבַר־

אֱלֹהִים לִי אֵלֶיךָ וַיָּקָם מֵעַל הַכִּסֵּא: וַיִּשְׁלַח אֵהוּד אֶת־יַד כא

שְׂמֹאלוֹ וַיִּקַּח אֶת־הַחֶרֶב מֵעַל יֶרֶךְ יְמִינוֹ וַיִּתְקָעֶהָ בְּבִטְנוֹ:

וַיָּבֹא גַם־הַנִּצָּב אַחַר הַלַּהַב וַיִּסְגֹּר הַחֵלֶב בְּעַד הַלַּהַב כִּי לֹא כב

שָׁלַף הַחֶרֶב מִבִּטְנוֹ וַיֵּצֵא הַפַּרְשְׁדֹנָה: וַיֵּצֵא אֵהוּד הַמִּסְדְּרוֹנָה כג

וַיִּסְגֹּר דַּלְתוֹת הָעֲלִיָּה בַּעֲדוֹ וְנָעָל: וְהוּא יָצָא וַעֲבָדָיו בָּאוּ כד

וַיִּרְאוּ וְהִנֵּה דַּלְתוֹת הָעֲלִיָּה נְעֻלוֹת וַיֹּאמְרוּ אַךְ מֵסִיךְ הוּא

אֶת־רַגְלָיו בַּחֲדַר הַמְּקֵרָה: וַיָּחִילוּ עַד־בּוֹשׁ וְהִנֵּה אֵינֶנּוּ פֹתֵחַ כה

דַּלְתוֹת הָעֲלִיָּה וַיִּקְחוּ אֶת־הַמַּפְתֵּחַ וַיִּפְתָּחוּ וְהִנֵּה אֲדֹנֵיהֶם נֹפֵל

אַרְצָה מֵת: וְאֵהוּד נִמְלַט עַד הִתְמַהְמְהָם וְהוּא עָבַר אֶת־ כו

הַפְּסִילִים וַיִּמָּלֵט הַשְּׂעִירָתָה: וַיְהִי בְּבוֹאוֹ וַיִּתְקַע בַּשּׁוֹפָר כז

בְּהַר אֶפְרָיִם וַיֵּרְדוּ עִמּוֹ בְנֵי־יִשְׂרָאֵל מִן־הָהָר וְהוּא לִפְנֵיהֶם:

the Emori, and the Perizzi, and the Ḥivvi, and the Yevusi: and   6
they took their daughters to be their wives, and gave their
daughters to their sons, and served their gods.   And the   7
children of Yisra'el did evil in the sight of the Lord, and forgot
the Lord their God, and served the Ba'alim and the Asherot.
Therefore the anger of the Lord burned against Yisra'el and   8
he sold them into the hand of Kushan-rish'atayim, king of
Aram: and the children of Yisra'el served Kushan-rish'atayim
eight years. And when the children of Yisra'el cried to the   9
Lord, the Lord raised up a deliverer to the children of Yis-
ra'el, who delivered them, namely, 'Otni'el the son of Qenaz,
Kalev's younger brother. And the spirit of the Lord came upon   10
him, and he judged Yisra'el, and went out to war: and the
Lord delivered Kushan-rish'atayim, king of Aram, into his
hand; and his hand prevailed against Kushan-rish'atayim. And   11
the land was quiet for forty years. And 'Otni'el the son of
Qenaz died.   And the children of Yisra'el did evil again in the   12
sight of the Lord: and the Lord strengthened 'Eglon the king
of Mo'av against Yisra'el, because they had done evil in the
sight of the Lord. And he gathered to him the children of   13
'Ammon and 'Amaleq, and went and smote Yisra'el, and they
seized the city of palm trees. So the children of Yisra'el   14
served 'Eglon the king of Mo'av, for eighteen years. But when   15
the children of Yisra'el cried to the Lord, the Lord raised
them up a deliverer, Ehud the son of Gera, a Binyamini, a left-
handed man, and by him the children of Yisra'el sent a pre-
sent to 'Eglon the king of Mo'av. But Ehud made him a sword   16
which had two edges, of a cubit length; and he girded it
under his clothes on his right thigh. And he brought the pre-   17
sent to 'Eglon king of Mo'av: and 'Eglon was a very fat man.
And when he had finished offering the present, he sent away   18
the people that bore the present. But he himself turned back   19
after reaching the carved stones that were by Gilgal, and said,
I have a secret errand to thee, O king. The latter said, Keep
silence, and all that stood by him went out from him. And   20
Ehud came to him; and he was sitting in a cool upper chamber,
which he had for himself alone. And Ehud said, I have a mes-
sage from God to thee. So he arose out of his seat. And Ehud   21
put forth his left hand, and took the sword from his right
thigh, and thrust it into his belly: and the haft also went in   22
after the blade; and the fat closed upon the blade, so that he
could not draw the dagger out of his belly; and the dirt came
out. Then Ehud went out to the vestibule, and shut the doors   23
of the chamber upon him, and locked them. When he was   24
gone out, his servants came; and when they saw that, behold,
the doors of the chamber were locked, they said, Surely he
is relieving himself in the cool chamber. And they waited   25
till it was late: and, behold, he opened not the doors of
the chamber; therefore they took a key, and opened them:
and, behold, their lord was fallen down dead on the earth.
And Ehud escaped while they tarried, and passed beyond the   26
carved stones, and escaped into Se'ir. And it came to pass,   27
when he arrived, that he blew a shofar in the mountain of

כח וַיֹּאמֶר אֲלֵהֶם רִדְפוּ אַחֲרַי כִּי־נָתַן יְהוָה אֶת־אֹיְבֵיכֶם אֶת־
מוֹאָב בְּיֶדְכֶם וַיֵּרְדוּ אַחֲרָיו וַיִּלְכְּדוּ אֶת־מַעְבְּרוֹת הַיַּרְדֵּן
כט לְמוֹאָב וְלֹא־נָתְנוּ אִישׁ לַעֲבֹר׃ וַיַּכּוּ אֶת־מוֹאָב בָּעֵת הַהִיא
כַּעֲשֶׂרֶת אֲלָפִים אִישׁ כָּל־שָׁמֵן וְכָל־אִישׁ חָיִל וְלֹא נִמְלַט אִישׁ׃
ל וַתִּכָּנַע מוֹאָב בַּיּוֹם הַהוּא תַּחַת יַד יִשְׂרָאֵל וַתִּשְׁקֹט הָאָרֶץ
לא שְׁמוֹנִים שָׁנָה׃ וְאַחֲרָיו הָיָה שַׁמְגַּר בֶּן־עֲנָת וַיַּךְ ג
אֶת־פְּלִשְׁתִּים שֵׁשׁ־מֵאוֹת אִישׁ בְּמַלְמַד הַבָּקָר וַיּוֹשַׁע גַּם־הוּא
ד א אֶת־יִשְׂרָאֵל׃ וַיֹּסִפוּ בְּנֵי יִשְׂרָאֵל לַעֲשׂוֹת הָרַע
ב בְּעֵינֵי יְהוָה וְאֵהוּד מֵת׃ וַיִּמְכְּרֵם יְהוָה בְּיַד יָבִין מֶלֶךְ־כְּנַעַן אֲשֶׁר
מָלַךְ בְּחָצוֹר וְשַׂר־צְבָאוֹ סִיסְרָא וְהוּא יוֹשֵׁב בַּחֲרֹשֶׁת הַגּוֹיִם׃
ג וַיִּצְעֲקוּ בְנֵי־יִשְׂרָאֵל אֶל־יְהוָה כִּי תְּשַׁע מֵאוֹת רֶכֶב־בַּרְזֶל לוֹ
וְהוּא לָחַץ אֶת־בְּנֵי יִשְׂרָאֵל בְּחָזְקָה עֶשְׂרִים שָׁנָה׃
ד וּדְבוֹרָה אִשָּׁה נְבִיאָה אֵשֶׁת לַפִּידוֹת הִיא שֹׁפְטָה אֶת־יִשְׂרָאֵל
ה בָּעֵת הַהִיא׃ וְהִיא יוֹשֶׁבֶת תַּחַת־תֹּמֶר דְּבוֹרָה בֵּין הָרָמָה וּבֵין
בֵּית־אֵל בְּהַר אֶפְרָיִם וַיַּעֲלוּ אֵלֶיהָ בְּנֵי יִשְׂרָאֵל לַמִּשְׁפָּט׃
ו וַתִּשְׁלַח וַתִּקְרָא לְבָרָק בֶּן־אֲבִינֹעַם מִקֶּדֶשׁ נַפְתָּלִי וַתֹּאמֶר
אֵלָיו הֲלֹא־צִוָּה ׀ יְהוָה אֱלֹהֵי־יִשְׂרָאֵל לֵךְ וּמָשַׁכְתָּ בְּהַר תָּבוֹר
וְלָקַחְתָּ עִמְּךָ עֲשֶׂרֶת אֲלָפִים אִישׁ מִבְּנֵי נַפְתָּלִי וּמִבְּנֵי זְבֻלוּן׃
ז וּמָשַׁכְתִּי אֵלֶיךָ אֶל־נַחַל קִישׁוֹן אֶת־סִיסְרָא שַׂר־צְבָא יָבִין
ח וְאֶת־רִכְבּוֹ וְאֶת־הֲמוֹנוֹ וּנְתַתִּיהוּ בְּיָדֶךָ׃ וַיֹּאמֶר אֵלֶיהָ בָּרָק
ט אִם־תֵּלְכִי עִמִּי וְהָלָכְתִּי וְאִם־לֹא תֵלְכִי עִמִּי לֹא אֵלֵךְ׃ וַתֹּאמֶר
הָלֹךְ אֵלֵךְ עִמָּךְ אֶפֶס כִּי לֹא תִהְיֶה תִּפְאַרְתְּךָ עַל־הַדֶּרֶךְ אֲשֶׁר
אַתָּה הוֹלֵךְ כִּי בְיַד־אִשָּׁה יִמְכֹּר יְהוָה אֶת־סִיסְרָא וַתָּקָם
י דְּבוֹרָה וַתֵּלֶךְ עִם־בָּרָק קֶדְשָׁה׃ וַיַּזְעֵק בָּרָק אֶת־זְבוּלֻן וְאֶת־
נַפְתָּלִי קֶדְשָׁה וַיַּעַל בְּרַגְלָיו עֲשֶׂרֶת אַלְפֵי אִישׁ וַתַּעַל עִמּוֹ
יא דְּבוֹרָה׃ וְחֶבֶר הַקֵּינִי נִפְרָד מִקַּיִן מִבְּנֵי חֹבָב חֹתֵן מֹשֶׁה וַיֵּט
יב אָהֳלוֹ עַד־אֵלוֹן בצענים אֲשֶׁר אֶת־קֶדֶשׁ׃ וַיַּגִּדוּ לְסִיסְרָא כִּי בְּצַעֲנַנִּים
יג עָלָה בָּרָק בֶּן־אֲבִינֹעַם הַר־תָּבוֹר׃ וַיַּזְעֵק סִיסְרָא אֶת־כָּל־
רִכְבּוֹ תְּשַׁע מֵאוֹת רֶכֶב בַּרְזֶל וְאֶת־כָּל־הָעָם אֲשֶׁר אִתּוֹ
יד מֵחֲרֹשֶׁת הַגּוֹיִם אֶל־נַחַל קִישׁוֹן׃ וַתֹּאמֶר דְּבֹרָה אֶל־בָּרָק קוּם
כִּי זֶה הַיּוֹם אֲשֶׁר נָתַן יְהוָה אֶת־סִיסְרָא בְּיָדֶךָ הֲלֹא יְהוָה יָצָא
לְפָנֶיךָ וַיֵּרֶד בָּרָק מֵהַר תָּבוֹר וַעֲשֶׂרֶת אֲלָפִים אִישׁ אַחֲרָיו׃
טו וַיָּהָם יְהוָה אֶת־סִיסְרָא וְאֶת־כָּל־הָרֶכֶב וְאֶת־כָּל־הַמַּחֲנֶה
לְפִי־חֶרֶב לִפְנֵי בָרָק וַיֵּרֶד סִיסְרָא מֵעַל הַמֶּרְכָּבָה וַיָּנָס בְּרַגְלָיו׃
טז וּבָרָק רָדַף אַחֲרֵי הָרֶכֶב וְאַחֲרֵי הַמַּחֲנֶה עַד חֲרֹשֶׁת הַגּוֹיִם וַיִּפֹּל
יז כָּל־מַחֲנֵה סִיסְרָא לְפִי־חֶרֶב לֹא נִשְׁאַר עַד־אֶחָד׃ וְסִיסְרָא נָס

Efrayim, and the children of Yisra'el went down with him from the mount, and he before them. And he said to them, Follow 28 after me: for the LORD has delivered your enemies, namely Mo'av, into your hand. And they went down after him, and seized the fords of the Yarden towards Mo'av, and allowed no man to pass over. And they slew of Mo'av at that time 29 about ten thousand men, all lusty, and all men of valour; and no man escaped. So Mo'av was subdued that day under the 30 hand of Yisra'el. And the land was quiet for eighty years.

And after him was Shamgar the son of 'Anat, who slew of 31 the Pelishtim six hundred men with an ox goad: and he also delivered Yisra'el. And the children of Yisra'el again did evil **4** in the sight of the LORD, when Ehud was dead. And the LORD 2 sold them into the hand of Yavin king of Kena'an, who reigned in Hazor; the captain of whose host was Sisera, which dwelt in Haroshet-haggoyim. And the children of Yisra'el cried to 3 the LORD: for he had nine hundred chariots of iron; and twenty years he strongly oppressed the children of Yisra'el.

And Devora, a prophetess, the wife of Lappidot, she judged Yis- 4 ra'el at that time. And she dwelt under the palm tree of Devora 5 between Rama and Bet-el in mount Efrayim: and the children of Yisra'el came up to her for judgment. And she sent and called 6 Baraq the son of Avino'am out of Qedesh-naftali, and said to him, Has not the LORD GOD of Yisra'el commanded, saying, Go and gather your men to mount Tavor, and take with thee ten thousand men of the children of Naftali and of the children of Zevulun? And I will draw out to thee to the wadi of Qishon, 7 Sisera, the captain of Yavin's army, with his chariots and his multitude; and I will deliver him into thy hand. And Baraq said 8 to her, If thou wilt go with me, then I will go: but if thou wilt not go with me, then I will not go. And she said, I will surely 9 go with thee: however thou shalt scarcely attain honour on the journey that thou goest; for the LORD shall yield Sisera into the hand of a woman. And Devora arose, and went with Baraq to Qedesh. And Baraq summoned Zevulun and Naftali to Qe- 10 desh; and he went up with ten thousand men at his feet: and Devora went up with him. Now Hever the Qenite, who was of 11 the children of Hovav the father in law of Moshe, had severed himself from Qayin, and pitched his tent near the oak in Za'anannim, which is by Qedesh. And they told Sisera that 12 Baraq the son of Avino'am was gone up to mount Tavor. And 13 Sisera gathered together all his chariots, nine hundred chariots of iron, and all the people that were with him, from Haroshet-haggoyim to the wadi of Qishon. And Devora said to Baraq, 14 Up; for this is the day on which the LORD has delivered Sisera into thy hand: is not the LORD gone out before thee? So Baraq went down from mount Tavor, and ten thousand men after him. And the LORD confounded Sisera, and all his chariots, and all 15 his host, with the edge of the sword before Baraq; so that Sisera alighted from his chariot, and fled away by foot. But Baraq pur- 16 sued after the chariots, and after the host, as far as Haroshet-haggoyim: and all the host of Sisera fell by the edge of the sword; there was not a man left. But Sisera fled away by foot 17

בְּרַגְלָיו אֶל־אֹהֶל יָעֵל אֵשֶׁת חֶבֶר הַקֵּינִי כִּי שָׁלוֹם בֵּין יָבִין
יח מֶלֶךְ־חָצוֹר וּבֵין בֵּית חֶבֶר הַקֵּינִי׃ וַתֵּצֵא יָעֵל לִקְרַאת סִֽיסְרָא
וַתֹּאמֶר אֵלָיו סוּרָה אֲדֹנִי סוּרָה אֵלַי אַל־תִּירָא וַיָּסַר אֵלֶיהָ
יט הָאֹהֱלָה וַתְּכַסֵּהוּ בַּשְּׂמִיכָה׃ וַיֹּאמֶר אֵלֶיהָ הַשְׁקִינִי־נָא מְעַט־
מַיִם כִּי צָמֵתִי וַתִּפְתַּח אֶת־נֹאוד הֶחָלָב וַתַּשְׁקֵהוּ וַתְּכַסֵּהוּ׃
כ וַיֹּאמֶר אֵלֶיהָ עֲמֹד פֶּתַח הָאֹהֶל וְהָיָה אִם־אִישׁ יָבֹא וּשְׁאֵלֵךְ
כא וְאָמַר הֲיֵשׁ־פֹּה אִישׁ וְאָמַרְתְּ אָיִן׃ וַתִּקַּח יָעֵל אֵֽשֶׁת־חֶבֶר
אֶת־יְתַד הָאֹהֶל וַתָּשֶׂם אֶת־הַמַּקֶּבֶת בְּיָדָהּ וַתָּבוֹא אֵלָיו
בַּלָּאט וַתִּתְקַע אֶת־הַיָּתֵד בְּרַקָּתוֹ וַתִּצְנַח בָּאָרֶץ וְהוּא־
כב נִרְדָּם וַיָּעַף וַיָּמֹת׃ וְהִנֵּה בָרָק רֹדֵף אֶת־סִֽיסְרָא וַתֵּצֵא
יָעֵל לִקְרָאתוֹ וַתֹּאמֶר לוֹ לֵךְ וְאַרְאֶךָּ אֶת־הָאִישׁ אֲשֶׁר־
אַתָּה מְבַקֵּשׁ וַיָּבֹא אֵלֶיהָ וְהִנֵּה סִֽיסְרָא נֹפֵל מֵת וְהַיָּתֵד
כג בְּרַקָּתוֹ׃ וַיַּכְנַע אֱלֹהִים בַּיּוֹם הַהוּא אֵת יָבִין מֶלֶךְ־כְּנָעַן
כד לִפְנֵי בְּנֵי יִשְׂרָאֵל׃ וַתֵּלֶךְ יַד בְּנֵי־יִשְׂרָאֵל הָלוֹךְ וְקָשָׁה עַל
יָבִין מֶלֶךְ־כְּנָעַן עַד אֲשֶׁר הִכְרִיתוּ אֵת יָבִין מֶלֶךְ־כְּנָעַן׃

ה א וַתָּשַׁר דְּבוֹרָה וּבָרָק בֶּן־אֲבִינֹעַם בַּיּוֹם הַהוּא
ב לֵאמֹר׃ בִּפְרֹעַ פְּרָעוֹת בְּיִשְׂרָאֵל בְּהִתְנַדֵּב
ג עָם בָּרְכוּ יְהוָה׃ שִׁמְעוּ מְלָכִים הַאֲזִינוּ
רֹזְנִים אָנֹכִי לַיהוָה אָנֹכִי אָשִׁירָה אֲזַמֵּר
ד לַיהוָה אֱלֹהֵי יִשְׂרָאֵל׃ יְהוָה בְּצֵאתְךָ
מִשֵּׂעִיר בְּצַעְדְּךָ מִשְּׂדֵה אֱדוֹם אֶרֶץ
רָעָשָׁה גַּם־שָׁמַיִם נָטָפוּ גַּם־עָבִים נָטְפוּ
ה מָיִם׃ הָרִים נָזְלוּ מִפְּנֵי יְהוָה זֶה
ו סִינַי מִפְּנֵי יְהוָה אֱלֹהֵי יִשְׂרָאֵל׃ בִּימֵי שַׁמְגַּר בֶּן־
עֲנָת בִּימֵי יָעֵל חָדְלוּ אֳרָחוֹת וְהֹלְכֵי
ז נְתִיבוֹת יֵלְכוּ אֳרָחוֹת עֲקַלְקַלּוֹת׃ חָדְלוּ פְרָזוֹן בְּיִשְׂרָאֵל
חָדֵלּוּ עַד שַׁקַּמְתִּי דְּבוֹרָה שַׁקַּמְתִּי
ח אֵם בְּיִשְׂרָאֵל׃ יִבְחַר אֱלֹהִים
חֲדָשִׁים אָז לָחֶם שְׁעָרִים מָגֵן
אִם־יֵרָאֶה וָרֹמַח בְּאַרְבָּעִים אֶלֶף
ט בְּיִשְׂרָאֵל׃ לִבִּי לְחוֹקְקֵי יִשְׂרָאֵל הַמִּתְנַדְּבִים
י בָּעָם בָּרְכוּ יְהוָה׃ רֹכְבֵי אֲתֹנוֹת
צְחֹרוֹת יֹשְׁבֵי עַל־מִדִּין וְהֹלְכֵי
יא עַל־דֶּרֶךְ שִׂיחוּ׃ מִקּוֹל מְחַצְצִים בֵּין
מַשְׁאַבִּים שָׁם יְתַנּוּ צִדְקוֹת יְהוָה צִדְקֹת

to the tent of Ya'el the wife of Ḥever the Qenite: for there was
peace between Yavin the king of Ḥaẓor and the house of Ḥever
the Qeni. And Ya'el went out to meet Sisera, and said to him, 18
Turn in, my lord, turn in to me; fear not. And when he had
turned in to her into the tent, she covered him with a blanket.
And he said to her, Give me, I pray thee, a little water to drink; 19
for I am thirsty. And she opened a bottle of milk, and gave him
drink, and covered him. Then he said to her, Stand in the door 20
of the tent, and it shall be, if any man comes and inquires of
thee, and says, Is there anyone here? that thou shalt say,
No. Then Ya'el Ḥever's wife took a tent peg, and took a 21
hammer in her hand, and went softly to him, and drove the
tent peg into his temple, and fastened it to the ground: for
he was fast asleep and weary. So he died. And, behold, as Baraq 22
pursued Sisera, Ya'el came out to meet him, and said to him,
Come, and I will show thee the man whom thou seekest. And
when he came into her tent, behold, Sisera lay dead, and the
peg in his temple. So God subdued on that day Yavin the king 23
of Kena'an before the children of Yisra'el. And the hand of the 24
children of Yisra'el prevailed more and more against Yavin the
king of Kena'an, until they had destroyed Yavin king of Kena'an.

Then sang Devora and Baraq the son of Avino'am on that day, **5**
saying, / In time of tumultuous strife in Yisra'el / when the 2
people willingly offered themselves; praise the Lord. / Hear, 3
O kings; give ear, O princes; / I will sing to the Lord; / I will
intone a melody to the God of Yisra'el. / Lord, when thou didst 4
go out of Se'ir, / when thou didst march out of the field of
Edom, / the earth trembled, and the heavens dropped, / the
clouds also dropped water. / The mountains melted from be- 5
fore the Lord, that Sinay before the Lord God of Yisra'el. /
In the days of Shamgar the son of 'Anat, / in the days of Ya'el, 6
the highways were unoccupied, / and the travellers walked
through crooked byways. / The inhabitants of the villages 7
ceased, they ceased in Yisra'el, / until I Devora arose, / I arose
a mother in Yisra'el. / They chose new gods; / then was war 8
in the gates: / was there a shield or spear seen / among forty
thousand in Yisra'el? / My heart goes out to the governors 9
of Yisra'el, / that offered themselves willingly among the people.
Bless the Lord! / You that ride on tawny she asses, / you that 10
sit on couches, / and you that walk by the way, tell the tale. /
Louder than the voice of the archers; in the places of drawing 11
water, / there let them recite the righteous acts of the Lord, /
the righteous acts toward the inhabitants of his villages in Yis-

פִּרְזוֹנוֹ בְּיִשְׂרָאֵל   אָז יָרְדוּ לַשְּׁעָרִים עַם־ יב
יְהוָה׃   עוּרִי עוּרִי דְּבוֹרָה   עוּרִי
עוּרִי דַּבְּרִי־שִׁיר   קוּם בָּרָק וּשֲׁבֵה שֶׁבְיְךָ בֶּן־ יג
אֲבִינֹעַם׃   אָז יְרַד שָׂרִיד לְאַדִּירִים עָם   יהוה יד
יְרַד־לִי בַּגִּבּוֹרִים׃   מִנִּי אֶפְרַיִם שָׁרְשָׁם
בַּעֲמָלֵק   אַחֲרֶיךָ בִנְיָמִין בַּעֲמָמֶיךָ   מִנִּי
מָכִיר יָרְדוּ מְחֹקְקִים   וּמִזְּבוּלֻן מֹשְׁכִים בְּשֵׁבֶט
סֹפֵר׃   וְשָׂרַי בְּיִשָּׂשכָר עִם־דְּבֹרָה   וְיִשָּׂשכָר טו
כֵּן בָּרָק   בָּעֵמֶק שֻׁלַּח
בְּרַגְלָיו   בִּפְלַגּוֹת רְאוּבֵן   גְּדֹלִים
חִקְקֵי־לֵב׃   לָמָּה יָשַׁבְתָּ בֵּין טז
הַמִּשְׁפְּתַיִם   לִשְׁמֹעַ שְׁרִקוֹת עֲדָרִים   לִפְלַגּוֹת
רְאוּבֵן גְּדוֹלִים חִקְרֵי־לֵב׃   גִּלְעָד בְּעֵבֶר הַיַּרְדֵּן יז
שָׁכֵן   וְדָן לָמָּה יָגוּר אֳנִיּוֹת   אָשֵׁר
יָשַׁב לְחוֹף יַמִּים   וְעַל מִפְרָצָיו
יִשְׁכּוֹן׃   זְבֻלוּן עַם חֵרֵף נַפְשׁוֹ לָמוּת   וְנַפְתָּלִי יח
עַל מְרוֹמֵי שָׂדֶה׃   בָּאוּ מְלָכִים יט
נִלְחָמוּ   אָז נִלְחֲמוּ מַלְכֵי כְנַעַן   בְּתַעְנַךְ
עַל־מֵי מְגִדּוֹ   בֶּצַע כֶּסֶף לֹא
לָקָחוּ׃   מִן־שָׁמַיִם נִלְחָמוּ   הַכּוֹכָבִים כ
מִמְּסִלּוֹתָם נִלְחֲמוּ עִם סִיסְרָא׃   נַחַל קִישׁוֹן כא
גְּרָפָם   נַחַל קְדוּמִים נַחַל קִישׁוֹן   תִּדְרְכִי
נַפְשִׁי עֹז׃   אָז הָלְמוּ עִקְּבֵי־ כב
סוּס   מִדַּהֲרוֹת דַּהֲרוֹת אַבִּירָיו׃   אוֹרוּ כג
מֵרוֹז אָמַר מַלְאַךְ יהוה   אֹרוּ אָרוֹר
יֹשְׁבֶיהָ   כִּי לֹא־בָאוּ לְעֶזְרַת יהוה   לְעֶזְרַת
יהוה בַּגִּבּוֹרִים׃   תְּבֹרַךְ מִנָּשִׁים כד
יָעֵל   אֵשֶׁת חֶבֶר הַקֵּינִי   מִנָּשִׁים
בָּאֹהֶל תְּבֹרָךְ׃   מַיִם שָׁאַל חָלָב כה
נָתָנָה   בְּסֵפֶל אַדִּירִים הִקְרִיבָה חֶמְאָה׃   יָדָהּ כו
לַיָּתֵד תִּשְׁלַחְנָה   וִימִינָהּ לְהַלְמוּת
עֲמֵלִים   וְהָלְמָה סִיסְרָא מָחֲקָה רֹאשׁוֹ   וּמָחֲצָה
וְחָלְפָה רַקָּתוֹ׃   בֵּין רַגְלֶיהָ כָּרַע נָפַל כז
שָׁכָב   בֵּין רַגְלֶיהָ כָּרַע נָפָל   בַּאֲשֶׁר
כָּרַע שָׁם נָפַל שָׁדוּד׃   בְּעַד הַחַלּוֹן נִשְׁקְפָה כח
וַתְּיַבֵּב   אֵם סִיסְרָא בְּעַד הָאֶשְׁנָב   מַדּוּעַ

ra'el: / when the people of the LORD went down to the gates. /
Awake, awake, Devora: / awake, awake, utter a song: / arise, 12
Baraq, and lead away thy captives, thou son of Avino'am. /
Then he made a remnant have dominion over the nobles of the 13
people: / the LORD made me have dominion over the mighty
ones. / From Efrayim came they, but rooted in 'Amaleq, / 14
beyond thee, Binyamin with thy tribes; / from Makhir came
down leaders, / and from Zevulun, those that handle the mar-
shal's staff. / And the princes of Yissakhar were with Devora; / 15
as was Yissakhar, so was Baraq. / Into the valley they rushed
forth, at his feet. / In the divisions of Re'uven, / great were the
resolves. / Why then didst thou sit among the sheepfolds, / to 16
hear the bleatings of the flocks? / For the divisions of Re'uven,
great were the heart searchings. / Gil'ad dwells beyond the 17
Yarden: / and why did Dan remain by the ships? / Asher con-
tinued on the sea shore, / and abode by his bays. / Zevulun 18
was a people that jeoparded their lives to the death / and Naf-
tali likewise, on the high places of the field. / The kings came 19
and fought, / then fought the kings of Kena'an / in Ta'nakh
by the waters of Megiddo; / they took no gain of silver. /
They fought from heaven; / the stars in their courses fought 20
against Sisera. / The wadi of Qishon swept them away, / that 21
ancient brook, the brook of Qishon. / O my soul, march on in
strength. / Then did the horsehoofs beat / from the frantic 22
galloping of his mighty ones. / Curse Meroz, said the angel of 23
the LORD, / curse bitterly its inhabitants; / because they did
not come to the help of the LORD, / to the help of the LORD
against the mighty men. / Blessed above women is Ya'el / the 24
wife of Ḥever the Qenite, / blessed is she more than women in
the tent. / He asked water, but she gave him milk; / she brought 25
forth cream in a lordly dish. / She put her hand to the tent peg, / 26
and her right hand to the workmen's hammer; / and she ham-
mered Sisera, she smote through his head; / she crushed and
pierced his temple. / At her feet he bent, he fell, he lay down: / 27
at her feet he bent, he fell: / where he bowed, there he fell
down, bereft of life. / The mother of Sisera looked out at 28
the window, / and moaned through the lattice, / Why is his

מַדּוּעַ אֵחֲרוּ פַּעֲמֵי   בֹּשֵׁשׁ רִכְבּוֹ לָבוֹא

כט   אַף־   חַכְמוֹת שָׂרוֹתֶיהָ תַּעֲנֶינָּה

ל   שָׁלָל   הֲלֹא יִמְצְאוּ יְחַלְּקוּ   הִיא תָּשִׁיב אֲמָרֶיהָ לָהּ:

שָׁלָל   רַחַם רַחֲמָתַיִם לְרֹאשׁ גֶּבֶר

שְׁלַל צְבָעִים לְסִיסְרָא   צְבָעִים

לא   כֵּן   צֶבַע רִקְמָתַיִם לְצַוְּארֵי שָׁלָל: ד רִקְמָה

יֹאבְדוּ כָל־אוֹיְבֶיךָ יְהוָה   וְאֹהֲבָיו כְּצֵאת הַשֶּׁמֶשׁ

בִּגְבֻרָתוֹ   וַתִּשְׁקֹט הָאָרֶץ   אַרְבָּעִים שָׁנָה:

ו א   וַיַּעֲשׂוּ בְנֵי־יִשְׂרָאֵל הָרַע בְּעֵינֵי יְהוָה וַיִּתְּנֵם יְהוָה בְּיַד־מִדְיָן

ב   שֶׁבַע שָׁנִים: וַתָּעָז יַד־מִדְיָן עַל־יִשְׂרָאֵל מִפְּנֵי מִדְיָן עָשׂוּ־לָהֶם

בְּנֵי יִשְׂרָאֵל אֶת־הַמִּנְהָרוֹת אֲשֶׁר בֶּהָרִים וְאֶת־הַמְּעָרוֹת וְאֶת־

ג   הַמְּצָדוֹת: וְהָיָה אִם־זָרַע יִשְׂרָאֵל וְעָלָה מִדְיָן וַעֲמָלֵק וּבְנֵי־

ד   קֶדֶם וְעָלוּ עָלָיו: וַיַּחֲנוּ עֲלֵיהֶם וַיַּשְׁחִיתוּ אֶת־יְבוּל הָאָרֶץ עַד־

ה   בּוֹאֲךָ עַזָּה וְלֹא־יַשְׁאִירוּ מִחְיָה בְּיִשְׂרָאֵל וְשֶׂה וָשׁוֹר וַחֲמוֹר: כִּי

וּבָאוּ   הֵם וּמִקְנֵיהֶם יַעֲלוּ וְאָהֳלֵיהֶם יָבֹאוּ כְדֵי־אַרְבֶּה לָרֹב וְלָהֶם

ו   וְלִגְמַלֵּיהֶם אֵין מִסְפָּר וַיָּבֹאוּ בָאָרֶץ לְשַׁחֲתָהּ: וַיִּדַּל יִשְׂרָאֵל

ז   מְאֹד מִפְּנֵי מִדְיָן וַיִּזְעֲקוּ בְנֵי־יִשְׂרָאֵל אֶל־יְהוָה: וַיְהִי כִּי־זָעֲקוּ

ח   בְנֵי־יִשְׂרָאֵל אֶל־יְהוָה עַל אֹדוֹת מִדְיָן: וַיִּשְׁלַח יְהוָה אִישׁ נָבִיא

אֶל־בְּנֵי יִשְׂרָאֵל וַיֹּאמֶר לָהֶם כֹּה־אָמַר יְהוָה ׀ אֱלֹהֵי יִשְׂרָאֵל

אָנֹכִי הֶעֱלֵיתִי אֶתְכֶם מִמִּצְרַיִם וָאֹצִיא אֶתְכֶם מִבֵּית עֲבָדִים:

ט   וָאַצִּל אֶתְכֶם מִיַּד מִצְרַיִם וּמִיַּד כָּל־לֹחֲצֵיכֶם וָאֲגָרֵשׁ אוֹתָם

י   מִפְּנֵיכֶם וָאֶתְּנָה לָכֶם אֶת־אַרְצָם: וָאֹמְרָה לָכֶם אֲנִי יְהוָה

אֱלֹהֵיכֶם לֹא תִירְאוּ אֶת־אֱלֹהֵי הָאֱמֹרִי אֲשֶׁר אַתֶּם יוֹשְׁבִים

יא   בְּאַרְצָם וְלֹא שְׁמַעְתֶּם בְּקוֹלִי: וַיָּבֹא מַלְאַךְ יְהוָה

וַיֵּשֶׁב תַּחַת הָאֵלָה אֲשֶׁר בְּעָפְרָה אֲשֶׁר לְיוֹאָשׁ אֲבִי הָעֶזְרִי

וְגִדְעוֹן בְּנוֹ חֹבֵט חִטִּים בַּגַּת לְהָנִיס מִפְּנֵי מִדְיָן: וַיֵּרָא אֵלָיו

יב   מַלְאַךְ יְהוָה וַיֹּאמֶר אֵלָיו יְהוָה עִמְּךָ גִּבּוֹר הֶחָיִל: וַיֹּאמֶר אֵלָיו

יג   גִּדְעוֹן בִּי אֲדֹנִי וְיֵשׁ יְהוָה עִמָּנוּ וְלָמָּה מְצָאַתְנוּ כָּל־זֹאת וְאַיֵּה

כָל־נִפְלְאֹתָיו אֲשֶׁר סִפְּרוּ־לָנוּ אֲבוֹתֵינוּ לֵאמֹר הֲלֹא מִמִּצְרַיִם

יד   הֶעֱלָנוּ יְהוָה וְעַתָּה נְטָשָׁנוּ יְהוָה וַיִּתְּנֵנוּ בְּכַף מִדְיָן: וַיִּפֶן אֵלָיו

יְהוָה וַיֹּאמֶר לֵךְ בְּכֹחֲךָ זֶה וְהוֹשַׁעְתָּ אֶת־יִשְׂרָאֵל מִכַּף מִדְיָן

טו   הֲלֹא שְׁלַחְתִּיךָ: וַיֹּאמֶר אֵלָיו בִּי אֲדֹנָי בַּמָּה אוֹשִׁיעַ אֶת־

יִשְׂרָאֵל הִנֵּה אַלְפִּי הַדַּל בִּמְנַשֶּׁה וְאָנֹכִי הַצָּעִיר בְּבֵית אָבִי:

טז   וַיֹּאמֶר אֵלָיו יְהוָה כִּי אֶהְיֶה עִמָּךְ וְהִכִּיתָ אֶת־מִדְיָן כְּאִישׁ

יז   אֶחָד: וַיֹּאמֶר אֵלָיו אִם־נָא מָצָאתִי חֵן בְּעֵינֶיךָ וְעָשִׂיתָ לִּי אוֹת

chariot so long in coming? / Why are the hoofbeats of his steeds
so tardy? / Her wise ladies answered her, / she even returned 29
answer to herself, / Have they not found booty? have they 30
not divided the prey; / to every man a damsel or two; / to
Sisera a booty of divers colours, / a plunder of many coloured
needlework, / dyed double worked garments for the necks of
the spoilers. / So let all thy enemies perish, O LORD: / but 31
let them that love him be as the sun when it comes out in
its might. / And the land was quiet / for forty years.

And the children of Yisra'el did evil in the sight of the LORD: 6
and the LORD delivered them into the hand of Midyan for seven
years. And the hand of Midyan prevailed against Yisra'el: 2
and because of Midyan the children of Yisra'el made for them-
selves the tunnels which are in the mountains, and caves, and
strongholds. And so it was, when Yisra'el had sown, that 3
Midyan and 'Amaleq, and the children of the east, came up
against them; and they encamped against them, and des- 4
troyed the produce of the earth, as far as 'Azza, and left no
sustenance for Yisra'el, neither sheep, nor ox. nor ass. For 5
they came up with their cattle and their tents, and they came
like locusts for multitude; for both they and their camels
were without number: and they entered into the land to des-
troy it. And Yisra'el was greatly impoverished because of 6
Midyan; and the children of Yisra'el cried to the LORD. And it 7
came to pass, when the children of Yisra'el cried to the LORD
because of Midyan, that the LORD sent a prophet to the 8
children of Yisra'el, who said to them, Thus says the LORD
GOD of Yisra'el, I brought you up from Miẕrayim, and brought
you out of the house of slaves; and I delivered you out of the 9
hand of Miẕrayim, and out of the hand of all those that op-
pressed you, and drove them out before you, and gave you
their land; and I said to you, I am the LORD your GOD; fear 10
not the gods of the Emori, in whose land you dwell: but you
did not obey my voice. And there came an angel of the LORD, 11
and sat under the terebinth which was in 'Ofra, that belonged
to Yo'ash the Avi-'ezri: and his son Gid'on was threshing wheat
by the winepress, to hide it from Midyan. And the angel of the 12
LORD appeared to him, and said to him, The LORD is with
thee, thou mighty man of valour. And Gid'on said to him, Oh 13
my LORD, if the LORD be with us, why then has all this be-
fallen us? and where are all his miracles which our fathers
told us of saying, Did not the LORD bring us up from Miẕ-
rayim? but now the LORD has forsaken us, and delivered us
into the hand of Midyan. And the LORD turned to him, and 14
said, Go in this thy might, and thou shalt save Yisra'el from
the hand of Midyan: have not I sent thee? And he said to 15
him, Oh my LORD, with what shall I save Yisra'el? behold,
my family is the poorest in Menashshe, and I am the young-
est in my father's house. And the LORD said to him, Surely 16
I will be with thee, and thou shalt smite Midyan as one man.
And he said to him, If now I have found favour in thy sight, 17

ו

יח ש_אַתָּה מְדַבֵּר עִמִּי אַל־נָא תָמֻשׁ מִזֶּה עַד־בֹּאִי אֵלֶיךָ וְהֹצֵאתִי אֶת־מִנְחָתִי וְהִנַּחְתִּי לְפָנֶיךָ וַיֹּאמַר אָנֹכִי אֵשֵׁב עַד

יט שׁוּבֶךָ: וְגִדְעוֹן בָּא וַיַּעַשׂ גְּדִי־עִזִּים וְאֵיפַת־קֶמַח מַצּוֹת הַבָּשָׂר שָׂם בַּסַּל וְהַמָּרַק שָׂם בַּפָּרוּר וַיּוֹצֵא אֵלָיו אֶל־תַּחַת הָאֵלָה

כ וַיִּגַּשׁ: וַיֹּאמֶר אֵלָיו מַלְאַךְ הָאֱלֹהִים קַח אֶת־ הַבָּשָׂר וְאֶת־הַמַּצּוֹת וְהַנַּח אֶל־הַסֶּלַע הַלָּז וְאֶת־הַמָּרַק שְׁפוֹךְ

כא וַיַּעַשׂ כֵּן: וַיִּשְׁלַח מַלְאַךְ יְהוָה אֶת־קְצֵה הַמִּשְׁעֶנֶת אֲשֶׁר בְּיָדוֹ וַיִּגַּע בַּבָּשָׂר וּבַמַּצּוֹת וַתַּעַל הָאֵשׁ מִן־הַצּוּר וַתֹּאכַל אֶת־ הַבָּשָׂר וְאֶת־הַמַּצּוֹת וּמַלְאַךְ יְהוָה הָלַךְ מֵעֵינָיו:

כב וַיַּרְא גִּדְעוֹן כִּי־מַלְאַךְ יְהוָה הוּא וַיֹּאמֶר גִּדְעוֹן אֲהָהּ אֲדֹנָי יְהוִה כִּי־ עַל־כֵּן רָאִיתִי מַלְאַךְ יְהוָה פָּנִים אֶל־פָּנִים:

כג וַיֹּאמֶר לוֹ יְהוָה שָׁלוֹם לְךָ אַל־תִּירָא לֹא תָּמוּת: וַיִּבֶן שָׁם גִּדְעוֹן מִזְבֵּחַ לַיהוָה

כד וַיִּקְרָא־לוֹ יְהוָה שָׁלוֹם עַד הַיּוֹם הַזֶּה עוֹדֶנּוּ בְּעָפְרָת אֲבִי הָעֶזְרִי:

כה וַיְהִי בַּלַּיְלָה הַהוּא וַיֹּאמֶר לוֹ יְהוָה קַח אֶת־פַּר־הַשּׁוֹר אֲשֶׁר לְאָבִיךָ וּפַר הַשֵּׁנִי שֶׁבַע שָׁנִים וְהָרַסְתָּ אֶת־מִזְבַּח הַבַּעַל אֲשֶׁר לְאָבִיךָ וְאֶת־הָאֲשֵׁרָה אֲשֶׁר־עָלָיו

כו תִּכְרֹת: וּבָנִיתָ מִזְבֵּחַ לַיהוָה אֱלֹהֶיךָ עַל רֹאשׁ הַמָּעוֹז הַזֶּה בַּמַּעֲרָכָה וְלָקַחְתָּ אֶת־הַפָּר הַשֵּׁנִי וְהַעֲלִיתָ עוֹלָה בַּעֲצֵי

כז הָאֲשֵׁרָה אֲשֶׁר תִּכְרֹת: וַיִּקַּח גִּדְעוֹן עֲשָׂרָה אֲנָשִׁים מֵעֲבָדָיו וַיַּעַשׂ כַּאֲשֶׁר דִּבֶּר אֵלָיו יְהוָה וַיְהִי כַּאֲשֶׁר יָרֵא אֶת־בֵּית אָבִיו וְאֶת־אַנְשֵׁי הָעִיר מֵעֲשׂוֹת יוֹמָם וַיַּעַשׂ לָיְלָה: וַיַּשְׁכִּימוּ אַנְשֵׁי

כח הָעִיר בַּבֹּקֶר וְהִנֵּה נֻתַּץ מִזְבַּח הַבַּעַל וְהָאֲשֵׁרָה אֲשֶׁר־עָלָיו כֹּרָתָה וְאֵת הַפָּר הַשֵּׁנִי הֹעֲלָה עַל־הַמִּזְבֵּחַ הַבָּנוּי:

כט וַיֹּאמְרוּ אִישׁ אֶל־רֵעֵהוּ מִי עָשָׂה הַדָּבָר הַזֶּה וַיִּדְרְשׁוּ וַיְבַקְשׁוּ וַיֹּאמְרוּ גִּדְעוֹן בֶּן־יוֹאָשׁ עָשָׂה הַדָּבָר הַזֶּה:

ל וַיֹּאמְרוּ אַנְשֵׁי הָעִיר אֶל־יוֹאָשׁ הוֹצֵא אֶת־בִּנְךָ וְיָמֹת כִּי נָתַץ אֶת־מִזְבַּח הַבַּעַל וְכִי כָרַת

לא הָאֲשֵׁרָה אֲשֶׁר־עָלָיו: וַיֹּאמֶר יוֹאָשׁ לְכֹל אֲשֶׁר־עָמְדוּ עָלָיו הַאַתֶּם תְּרִיבוּן לַבַּעַל אִם־אַתֶּם תּוֹשִׁיעוּן אוֹתוֹ אֲשֶׁר יָרִיב לוֹ יוּמַת עַד־הַבֹּקֶר אִם־אֱלֹהִים הוּא יָרֶב לוֹ כִּי נָתַץ אֶת־

לב מִזְבְּחוֹ: וַיִּקְרָא־לוֹ בַיּוֹם־הַהוּא יְרֻבַּעַל לֵאמֹר יָרֶב בּוֹ הַבַּעַל כִּי נָתַץ אֶת־מִזְבְּחוֹ:

לג וְכָל־מִדְיָן וַעֲמָלֵק וּבְנֵי־קֶדֶם נֶאֶסְפוּ יַחְדָּו וַיַּעַבְרוּ וַיַּחֲנוּ בְּעֵמֶק יִזְרְעֶאל: וְרוּחַ יְהוָה לָבְשָׁה

לד אֶת־גִּדְעוֹן וַיִּתְקַע בַּשּׁוֹפָר וַיִּזָּעֵק אֲבִיעֶזֶר אַחֲרָיו: וּמַלְאָכִים

לה שָׁלַח בְּכָל־מְנַשֶּׁה וַיִּזָּעֵק גַּם־הוּא אַחֲרָיו וּמַלְאָכִים שָׁלַח בְּאָשֵׁר וּבִזְבֻלוּן וּבְנַפְתָּלִי וַיַּעֲלוּ לִקְרָאתָם: וַיֹּאמֶר גִּדְעוֹן אֶל־

לו

18 then show me a sign that it is thou who talkest with me. De-
part not from here, I pray thee, until I come to thee, and bring
forth my present, and set it before thee. And he said, I will
19 remain until thou come again. And Gid'on went in, and made
ready a kid, and unleavened cakes of an efa of flour: the
meat he put in a basket, and he put the broth in a pot, and
brought it out to him under the terebinth, and presented it.
20 And the angel of God said to him, Take the meat and the un-
leavened cakes, and lay them upon this rock, and pour out
21 the broth. And he did so. Then the angel of the Lord stretched
out the end of the staff that was in his hand, and touched the
meat and the unleavened cakes; and the fire rose up out of
the rock, and consumed the meat and the unleavened cakes.
22 Then the angel of the Lord departed out of his sight. And
when Gid'on perceived that he was an angel of the Lord,
Gid'on said, Alas, O Lord God! because I have surely seen
23 an angel of the Lord face to face. And the Lord said to him,
24 Peace be to thee; fear not: thou shalt not die. Then Gid'on
built an altar there to the Lord, and called it Adonay-shalom:
25 to this day it is yet in 'Ofra of the Avi-'ezri. And it came to
pass the same night, that the Lord said to him, Take thy
father's young bullock, and the second bullock of seven years
old, and throw down the altar of Ba'al that thy father has, and
26 cut down the Ashera that is by it: and build an altar to the
Lord thy God upon the top of this strong point, on the level
place, and take the second bullock, and offer a burnt sacrifice
27 with the wood of the Ashera which thou shalt cut down. Then
Gid'on took ten men of his servants, and did as the Lord had
said to him: and since he feared his father's household, and
the men of the city, he could not do it by day, but he did it
28 by night. And when the men of the city arose early in the
morning, behold, the altar of Ba'al was pulled down, and the
Ashera that was by it, was cut down, and the second bullock
29 was offered upon the altar that was built. And they said one
to another, Who has done this thing? And when they inquired
and asked, they said, Gid'on the son of Yo'ash has done this
30 thing. Then the men of the city said to Yo'ash, Bring out thy
son, that he may die: because he has pulled down the altar
of Ba'al, and because he has cut down the Ashera that was
31 by it. And Yo'ash said to all that stood against him, Will you
plead on behalf of Ba'al? will you save him? he that will plead
for him, let him be put to death before morning: if he be a
god, let him plead for himself, that his altar has been pulled
32 down. Therefore on that day he called him Yerubba'al, saying,
Let Ba'al plead against him, because he has pulled down his
33 altar. Then all Midyan and 'Amaleq and the children of the
east were gathered together, and went over, and pitched in
34 the valley of Yizre'el. But the spirit of the Lord clothed
Gid'on, and he blew a shofar; and Avi-'ezer mustered behind
35 him. And he sent messengers throughout all Menashshe; who
also mustered behind him: and he sent mesengers to Asher,
and to Zevulun, and to Naftali; and they came up to meet
36 them. And Gid'on said to God, If thou wilt save Yisra'el by

הָאֱלֹהִים אִם־יֶשְׁךָ מוֹשִׁיעַ בְּיָדִי אֶת־יִשְׂרָאֵל כַּאֲשֶׁר דִּבַּרְתָּ:

לו   הִנֵּה אָנֹכִי מַצִּיג אֶת־גִּזַּת הַצֶּמֶר בַּגֹּרֶן אִם טַל יִהְיֶה עַל־הַגִּזָּה
לְבַדָּהּ וְעַל־כָּל־הָאָרֶץ חֹרֶב וְיָדַעְתִּי כִּי־תוֹשִׁיעַ בְּיָדִי אֶת־

לז   יִשְׂרָאֵל כַּאֲשֶׁר דִּבַּרְתָּ: וַיְהִי־כֵן וַיַּשְׁכֵּם מִמָּחֳרָת וַיָּזַר אֶת־

לח   הַגִּזָּה וַיִּמֶץ טַל מִן־הַגִּזָּה מְלוֹא הַסֵּפֶל מָיִם: וַיֹּאמֶר גִּדְעוֹן אֶל־

לט   הָאֱלֹהִים אַל־יִחַר אַפְּךָ בִּי וַאֲדַבְּרָה אַךְ הַפָּעַם אֲנַסֶּה נָּא־רַק
הַפַּעַם בַּגִּזָּה יְהִי־נָא חֹרֶב אֶל־הַגִּזָּה לְבַדָּהּ וְעַל־כָּל־הָאָרֶץ

מ   יִהְיֶה־טָּל: וַיַּעַשׂ אֱלֹהִים כֵּן בַּלַּיְלָה הַהוּא וַיְהִי־חֹרֶב אֶל־הַגִּזָּה
לְבַדָּהּ וְעַל־כָּל־הָאָרֶץ הָיָה טָל:

ז   א   וַיַּשְׁכֵּם יְרֻבַּעַל הוּא גִדְעוֹן
וְכָל־הָעָם אֲשֶׁר אִתּוֹ וַיַּחֲנוּ עַל־עֵין חֲרֹד וּמַחֲנֵה מִדְיָן הָיָה־לוֹ

ב   מִצָּפוֹן מִגִּבְעַת הַמּוֹרֶה בָּעֵמֶק: וַיֹּאמֶר יְהוָה
אֶל־גִּדְעוֹן רַב הָעָם אֲשֶׁר אִתָּךְ מִתִּתִּי אֶת־מִדְיָן בְּיָדָם פֶּן־
יִתְפָּאֵר עָלַי יִשְׂרָאֵל לֵאמֹר יָדִי הוֹשִׁיעָה לִּי: וְעַתָּה קְרָא

ג   נָא בְּאָזְנֵי הָעָם לֵאמֹר מִי־יָרֵא וְחָרֵד יָשֹׁב וְיִצְפֹּר מֵהַר
הַגִּלְעָד וַיָּשָׁב מִן־הָעָם עֶשְׂרִים וּשְׁנַיִם אֶלֶף וַעֲשֶׂרֶת אֲלָפִים
נִשְׁאָרוּ:

ד   וַיֹּאמֶר יְהֹוָה אֶל־גִּדְעוֹן עוֹד הָעָם רָב
הוֹרֵד אוֹתָם אֶל־הַמַּיִם וְאֶצְרְפֶנּוּ לְךָ שָׁם וְהָיָה אֲשֶׁר אֹמַר אֵלֶיךָ
זֶה ׀ יֵלֵךְ אִתָּךְ הוּא יֵלֵךְ אִתָּךְ וְכֹל אֲשֶׁר־אֹמַר אֵלֶיךָ זֶה לֹא־

ה   יֵלֵךְ עִמָּךְ הוּא לֹא יֵלֵךְ: וַיּוֹרֶד אֶת־הָעָם אֶל־הַמָּיִם וַיֹּאמֶר יְהוָה
אֶל־גִּדְעוֹן כֹּל אֲשֶׁר־יָלֹק בִּלְשׁוֹנוֹ מִן־הַמַּיִם כַּאֲשֶׁר יָלֹק הַכֶּלֶב

ו   תַּצִּיג אוֹתוֹ לְבָד וְכֹל אֲשֶׁר־יִכְרַע עַל־בִּרְכָּיו לִשְׁתּוֹת: וַיְהִי
מִסְפַּר הַמְלַקְקִים בְּיָדָם אֶל־פִּיהֶם שְׁלֹשׁ מֵאוֹת אִישׁ וְכֹל יֶתֶר

ז   הָעָם כָּרְעוּ עַל־בִּרְכֵיהֶם לִשְׁתּוֹת מָיִם: וַיֹּאמֶר
יְהוָה אֶל־גִּדְעוֹן בִּשְׁלֹשׁ מֵאוֹת הָאִישׁ הַמְלַקְקִים אוֹשִׁיעַ אֶתְכֶם

ח   וְנָתַתִּי אֶת־מִדְיָן בְּיָדֶךָ וְכָל־הָעָם יֵלְכוּ אִישׁ לִמְקֹמוֹ: וַיִּקְחוּ
אֶת־צֵדָה הָעָם בְּיָדָם וְאֵת שׁוֹפְרֹתֵיהֶם וְאֵת כָּל־אִישׁ יִשְׂרָאֵל
שִׁלַּח אִישׁ לְאֹהָלָיו וּבִשְׁלֹשׁ־מֵאוֹת הָאִישׁ הֶחֱזִיק וּמַחֲנֵה מִדְיָן

ט   הָיָה לוֹ מִתַּחַת בָּעֵמֶק: וַיְהִי בַּלַּיְלָה הַהוּא
וַיֹּאמֶר אֵלָיו יְהוָה קוּם רֵד בַּמַּחֲנֶה כִּי נְתַתִּיו בְּיָדֶךָ: וְאִם־יָרֵא

יא   אַתָּה לָרֶדֶת רֵד אַתָּה וּפֻרָה נַעַרְךָ אֶל־הַמַּחֲנֶה: וְשָׁמַעְתָּ מַה־
יְדַבֵּרוּ וְאַחַר תֶּחֱזַקְנָה יָדֶיךָ וְיָרַדְתָּ בַּמַּחֲנֶה וַיֵּרֶד הוּא וּפֻרָה

יב   נַעֲרוֹ אֶל־קְצֵה הַחֲמֻשִׁים אֲשֶׁר בַּמַּחֲנֶה: וּמִדְיָן וַעֲמָלֵק וְכָל־
בְּנֵי־קֶדֶם נֹפְלִים בָּעֵמֶק כָּאַרְבֶּה לָרֹב וְלִגְמַלֵּיהֶם אֵין מִסְפָּר

יג   כַּחוֹל שֶׁעַל־שְׂפַת הַיָּם לָרֹב: וַיָּבֹא גִדְעוֹן וְהִנֵּה־אִישׁ מְסַפֵּר
צְלִיל   לְרֵעֵהוּ חֲלוֹם וַיֹּאמֶר הִנֵּה חֲלוֹם חָלַמְתִּי וְהִנֵּה צְלִיל לֶחֶם
שְׂעֹרִים מִתְהַפֵּךְ בְּמַחֲנֵה מִדְיָן וַיָּבֹא עַד־הָאֹהֶל וַיַּכֵּהוּ וַיִּפֹּל

my hand, as thou hast said, behold, I will put a fleece of wool 37
on the threshing floor; and if there be dew on the fleece only,
and it be dry on all the ground elsewhere, then shall I know
that thou wilt save Yisra'el by my hand, as thou hast said.
And it was so: for he rose up early on the morrow, and pres- 38
sed the fleece together, and wrung the dew out of the fleece, a
bowl full of water. And Gid'on said to GOD, Let not thy anger 39
burn against me, and I will speak but this once: let me prove,
I pray thee, but this once with the fleece; let it now be dry
only upon the fleece, and upon all the ground let there be
dew. And GOD did so that night : for it was dry on the fleece 40
only, and there was dew on all the ground. Then Yerubba'al, 7
who is Gid'on, and all the people that were with him, rose
up early, and camped beside 'En-ḥarod: so that the host of
Midyan was on the north side of them, by the hill of More, in
the valley.   And the LORD said to Gid'on, The people that are 2
with thee are too many for me to give Midyan into their hands ;
lest Yisra'el vaunt themselves against me, saying, my own
hand has saved me. Now therefore, proclaim in the ears of 3
the people, saying, Whoever is fearful and afraid, let him re-
turn and depart early from mount Gil'ad. And there returned of
the people twenty two thousand ; and ten thousand remained.

And the LORD said to Gid'on, The people are yet too 4
many; bring them down to the water, and I will sift them for
thee there: and it shall be, that of whom I say to thee, This
shall go with thee, that one shall go with thee ; and of whom-
ever I say to thee, This shall not go with thee, that one shall
not go. So he brought the people down to the water: and the 5
LORD said to Gid'on, Every one that laps of the water with his
tongue, as a dog laps, him shalt thou set by himself; likewise
every one that bows down upon his knees to drink. And the 6
number of them that lapped, putting their hand to their mouth,
were three hundred men: but all the rest of the people bowed
down upon their knees to drink water.   And the LORD said to 7
Gid'on, By the three hundred men that lapped will I save you,
and deliver Midyan into thy hand : and let all the other people
go every man to his place. So the people took provisions in 8
their hands, and their shofarot : and he sent all the rest of Yis-
ra'el, every man to his tent, and retained those three hundred
men : and the host of Midyan was beneath him in the valley.

And it was on the same night, that the LORD said to him, 9
Arise, go down to the camp; for I have delivered it into thy
hand. But if thou fear to go down, go thou with Pura thy boy 10
down to the camp: and thou shalt hear what they say; and 11
afterwards shall thy hands be strengthened to go down unto
the host. Then went he down with Pura his boy to the fringe
of the armed men that were in the camp. Now Midyan and 12
'Amaleq and all the children of the east lay along in the valley
like locusts for multitude; and their camels were without num-
ber, as the sand by the sea side for multitude. And when 13
Gid'on was come, behold, there was a man that told a dream
to his fellow, and said, Behold, I dreamed a dream, and, lo,
a slice of barely bread was rolling through the camp of Mid-

יד וַיִּתְהַפְּכוּ לְמַעְלָה וְנָפַל הָאֹהֶל: וַיַּעַן רֵעֵהוּ וַיֹּאמֶר אֵין זֹאת
בִּלְתִּי אִם־חֶרֶב גִּדְעוֹן בֶּן־יוֹאָשׁ אִישׁ יִשְׂרָאֵל נָתַן הָאֱלֹהִים
בְּיָדוֹ אֶת־מִדְיָן וְאֶת־כָּל־הַמַּחֲנֶה:

טו וַיְהִי כִשְׁמֹעַ
גִּדְעוֹן אֶת־מִסְפַּר הַחֲלוֹם וְאֶת־שִׁבְרוֹ וַיִּשְׁתָּחוּ וַיָּשָׁב אֶל־
מַחֲנֵה יִשְׂרָאֵל וַיֹּאמֶר קוּמוּ כִּי־נָתַן יְהוָה בְּיֶדְכֶם אֶת־מַחֲנֵה
מִדְיָן:

טז וַיַּחַץ אֶת־שְׁלֹשׁ־מֵאוֹת הָאִישׁ שְׁלֹשָׁה רָאשִׁים וַיִּתֵּן
שׁוֹפָרוֹת בְּיַד־כֻּלָּם וְכַדִּים רֵקִים וְלַפִּדִים בְּתוֹךְ הַכַּדִּים:

יז וַיֹּאמֶר
אֲלֵיהֶם מִמֶּנִּי תִרְאוּ וְכֵן תַּעֲשׂוּ וְהִנֵּה אָנֹכִי בָא בִּקְצֵה הַמַּחֲנֶה
יח וְהָיָה כַאֲשֶׁר אֶעֱשֶׂה כֵּן תַּעֲשׂוּן: וְתָקַעְתִּי בַּשּׁוֹפָר אָנֹכִי וְכָל־
אֲשֶׁר אִתִּי וּתְקַעְתֶּם בַּשּׁוֹפָרוֹת גַּם־אַתֶּם סְבִיבוֹת כָּל־הַמַּחֲנֶה
וַאֲמַרְתֶּם לַיהוָה וּלְגִדְעוֹן:

יט וַיָּבֹא גִדְעוֹן וּמֵאָה־
אִישׁ אֲשֶׁר־אִתּוֹ בִּקְצֵה הַמַּחֲנֶה רֹאשׁ הָאַשְׁמֹרֶת הַתִּיכוֹנָה אַךְ
הָקֵם הֵקִימוּ אֶת־הַשֹּׁמְרִים וַיִּתְקְעוּ בַּשּׁוֹפָרוֹת וְנָפוֹץ הַכַּדִּים
כ אֲשֶׁר בְּיָדָם: וַיִּתְקְעוּ שְׁלֹשֶׁת הָרָאשִׁים בַּשּׁוֹפָרוֹת וַיִּשְׁבְּרוּ
הַכַּדִּים וַיַּחֲזִיקוּ בְיַד־שְׂמֹאולָם בַּלַּפִּדִים וּבְיַד־יְמִינָם הַשּׁוֹפָרוֹת
לִתְקוֹעַ וַיִּקְרְאוּ חֶרֶב לַיהוָה וּלְגִדְעוֹן: וַיַּעַמְדוּ אִישׁ תַּחְתָּיו

כא וַיָּנוּסוּ
סָבִיב לַמַּחֲנֶה וַיָּרָץ כָּל־הַמַּחֲנֶה וַיָּרִיעוּ וַיָּנִיסוּ: וַיִּתְקְעוּ שְׁלֹשׁ־
כב מֵאוֹת הַשּׁוֹפָרוֹת וַיָּשֶׂם יְהוָה אֵת חֶרֶב אִישׁ בְּרֵעֵהוּ וּבְכָל־
הַמַּחֲנֶה וַיָּנָס הַמַּחֲנֶה עַד־בֵּית הַשִּׁטָּה צְרֵרָתָה עַד שְׂפַת־אָבֵל
כג מְחוֹלָה עַל־טַבָּת: וַיִּצָּעֵק אִישׁ־יִשְׂרָאֵל מִנַּפְתָּלִי וּמִן־אָשֵׁר
כד וּמִן־כָּל־מְנַשֶּׁה וַיִּרְדְּפוּ אַחֲרֵי מִדְיָן: וּמַלְאָכִים שָׁלַח גִּדְעוֹן
בְּכָל־הַר אֶפְרַיִם לֵאמֹר רְדוּ לִקְרַאת מִדְיָן וְלִכְדוּ לָהֶם אֶת־
הַמַּיִם עַד בֵּית בָּרָה וְאֶת־הַיַּרְדֵּן וַיִּצָּעֵק כָּל־אִישׁ אֶפְרַיִם
כה וַיִּלְכְּדוּ אֶת־הַמַּיִם עַד בֵּית בָּרָה וְאֶת־הַיַּרְדֵּן: וַיִּלְכְּדוּ שְׁנֵי־שָׂרֵי
מִדְיָן אֶת־עֹרֵב וְאֶת־זְאֵב וַיַּהַרְגוּ אֶת־עוֹרֵב בְּצוּר־עוֹרֵב וְאֶת־
זְאֵב הָרְגוּ בְיֶקֶב־זְאֵב וַיִּרְדְּפוּ אֶל־מִדְיָן וְרֹאשׁ־עֹרֵב וּזְאֵב
ח,א הֵבִיאוּ אֶל־גִּדְעוֹן מֵעֵבֶר לַיַּרְדֵּן: וַיֹּאמְרוּ אֵלָיו אִישׁ אֶפְרַיִם
מָה־הַדָּבָר הַזֶּה עָשִׂיתָ לָּנוּ לְבִלְתִּי קְרֹאות לָנוּ כִּי הָלַכְתָּ
ב לְהִלָּחֵם בְּמִדְיָן וַיְרִיבוּן אִתּוֹ בְּחָזְקָה: וַיֹּאמֶר אֲלֵיהֶם מֶה־
עָשִׂיתִי עַתָּה כָּכֶם הֲלֹא טוֹב עֹלְלוֹת אֶפְרַיִם מִבְצִיר אֲבִיעֶזֶר:

ג בְּיֶדְכֶם נָתַן אֱלֹהִים אֶת־שָׂרֵי מִדְיָן אֶת־עֹרֵב וְאֶת־זְאֵב וּמַה־
יָכֹלְתִּי עֲשׂוֹת כָּכֶם אָז רָפְתָה רוּחָם מֵעָלָיו בְּדַבְּרוֹ הַדָּבָר הַזֶּה:

ד וַיָּבֹא גִדְעוֹן הַיַּרְדֵּנָה עֹבֵר הוּא וּשְׁלֹשׁ־מֵאוֹת הָאִישׁ אֲשֶׁר אִתּוֹ
ה עֲיֵפִים וְרֹדְפִים: וַיֹּאמֶר לְאַנְשֵׁי סֻכּוֹת תְּנוּ־נָא כִּכְּרוֹת לֶחֶם לָעָם
אֲשֶׁר בְּרַגְלָי כִּי־עֲיֵפִים הֵם וְאָנֹכִי רֹדֵף אַחֲרֵי זֶבַח וְצַלְמֻנָּע
ו מַלְכֵי מִדְיָן: וַיֹּאמֶר שָׂרֵי סֻכּוֹת הֲכַף זֶבַח וְצַלְמֻנָּע עַתָּה בְּיָדֶךָ

yan, and it came to a tent, and smote it so that it fell, and
overturned it, so that the tent tumbled down. And his fellow 14
answered and said, This is nothing else but the sword of
Gid'on the son of Yo'ash, a man of Yisra'el: for into his hand
has God delivered Midyan, and all the camp. And it was, 15
when Gid'on heard the telling of the dream, and its interpretation,
that he bowed himself down to the ground, and returned to
the camp of Yisra'el and said, Arise; for the Lord has deli-
vered into your hand the host of Midyan. And he divided the 16
three hundred men into three companies, and he put a shofar
in every man's hand, with empty jars, and torches within the
jars. And he said to them, Whatever you see me do, do like- 17
wise : and, behold, I am going to the edge of the camp, and it
shall be, whatever I do, so shall you do. When I blow on the 18
shofar, I and all that are with me, then you blow your shofarot
also on every side of all the camp, and say, The sword of the
Lord, and of Gid'on. So Gid'on, and the hundred men that 19
were with him, came to the edge of the camp at the beginning
of the middle watch ; and they had newly posted the sentinels :
and they blew with the shofarot, and broke the jars that were
in their hands. Then the three companies blew on the shofa- 20
rot, and broke the jars, and held the torches in their left
hands, and the shofarot in their right hands to blow on them:
and they cried, The sword of the Lord, and of Gid'on. And 21
they stood every man in his place round about the camp: and
all the camp ran, and cried, and fled. And the three hundred 22
blew the horns, and the Lord set every man's sword against
his fellow, throughout all the camp: and the host fled to Bet-
hashshitta in Ẕerera, and to the border of Avel-meḥola, at
Tabbat. And the men of Yisra'el mustered together out of 23
Naftali and out of Asher, and out of all Menashshe, and pur-
sued after Midyan. And Gid'on sent messengers throughout 24
all mount Efrayim, saying, Come down against Midyan, and
seize before them the waters as far as Bet-bara and the
Yarden. Then all the men of Efrayim were mustered, and took the
waters as far as Bet-bara and the Yarden. And they took two 25
princes of Midyan, 'Orev and Ze'ev; and they slew 'Orev on
the rock 'Orev, and Ze'ev they slew at the winepress of Ze'ev,
and pursued Midyan, and brought the heads of 'Orev and
Ze'ev to Gid'on on the other side of the Yarden. And the men **8**
of Efrayim said to him, What hast thou done to us, that thou
didst not call us, when thou didst go to fight with Midyan ?
And they quarrelled with him sharply. And he said to them, 2
What have I done now in comparison with you? Are not the
gleanings of Efrayim better than the vintage of Avi-'ezer? God 3
has delivered into your hands the princes of Midyan, 'Orev
and Ze'ev: and what was I able to do in comparison with you?
Then their anger was abated toward him, when he had said
that. And Gid'on came to the Yarden, and passed over, he, 4
and the three hundred men that were with him, faint, yet pur-
suing them. And he said to the men of Sukkot, Give, I pray 5
you, loaves of bread to the people that follow me; for they
are faint, and I am pursuing after Zevaḥ and Ẕalmunna, kings
of Midyan. And the princes of Sukkot said, Are the hands of 6

ז כִּֽי־נִתֵּן לִצְבָאֲךָ לָחֶם׃ וַיֹּאמֶר גִּדְעוֹן לָכֵן בְּתֵת יְהוָה אֶת־זֶבַח
וְאֶת־צַלְמֻנָּע בְּיָדִי וְדַשְׁתִּי אֶת־בְּשַׂרְכֶם אֶת־קוֹצֵי הַמִּדְבָּר
ח וְאֶת־הַבַּרְקֳנִים׃ וַיַּעַל מִשָּׁם פְּנוּאֵל וַיְדַבֵּר אֲלֵיהֶם כָּזֹאת
ט וַיַּעֲנוּ אוֹתוֹ אַנְשֵׁי פְנוּאֵל כַּאֲשֶׁר עָנוּ אַנְשֵׁי סֻכּוֹת׃ וַיֹּאמֶר
גַּם־לְאַנְשֵׁי פְנוּאֵל לֵאמֹר בְּשׁוּבִי בְשָׁלוֹם אֶתֹּץ אֶת־הַמִּגְדָּל
י הַזֶּה׃ וְזֶבַח וְצַלְמֻנָּע בַּקַּרְקֹר וּמַחֲנֵיהֶם עִמָּם
כַּחֲמֵשֶׁת עָשָׂר אֶלֶף כֹּל הַנּוֹתָרִים מִכֹּל מַחֲנֵה בְנֵי־קֶדֶם
יא וְהַנֹּפְלִים מֵאָה וְעֶשְׂרִים אֶלֶף אִישׁ שֹׁלֵף חָרֶב׃ וַיַּעַל גִּדְעוֹן דֶּרֶךְ
הַשְּׁכוּנֵי בָאֳהָלִים מִקֶּדֶם לְנֹבַח וְיָגְבֳּהָה וַיַּךְ אֶת־הַמַּחֲנֶה
יב וְהַמַּחֲנֶה הָיָה בֶטַח׃ וַיָּנוּסוּ זֶבַח וְצַלְמֻנָּע וַיִּרְדֹּף אַחֲרֵיהֶם וַיִּלְכֹּד
אֶת־שְׁנֵי ׀ מַלְכֵי מִדְיָן אֶת־זֶבַח וְאֶת־צַלְמֻנָּע וְכָל־הַמַּחֲנֶה
יג הֶחֱרִיד׃ וַיָּשָׁב גִּדְעוֹן בֶּן־יוֹאָשׁ מִן־הַמִּלְחָמָה מִלְמַעֲלֵה הֶחָרֶס׃
יד וַיִּלְכָּד־נַעַר מֵאַנְשֵׁי סֻכּוֹת וַיִּשְׁאָלֵהוּ וַיִּכְתֹּב אֵלָיו אֶת־שָׂרֵי
טו סֻכּוֹת וְאֶת־זְקֵנֶיהָ שִׁבְעִים וְשִׁבְעָה אִישׁ׃ וַיָּבֹא אֶל־אַנְשֵׁי סֻכּוֹת
וַיֹּאמֶר הִנֵּה זֶבַח וְצַלְמֻנָּע אֲשֶׁר חֵרַפְתֶּם אוֹתִי לֵאמֹר הֲכַף זֶבַח
טז וְצַלְמֻנָּע עַתָּה בְּיָדֶךָ כִּי נִתֵּן לַאֲנָשֶׁיךָ הַיְּעֵפִים לָחֶם׃ וַיִּקַּח אֶת־
זִקְנֵי הָעִיר וְאֶת־קוֹצֵי הַמִּדְבָּר וְאֶת־הַבַּרְקֳנִים וַיֹּדַע בָּהֶם אֵת
יז אַנְשֵׁי סֻכּוֹת׃ וְאֶת־מִגְדַּל פְּנוּאֵל נָתָץ וַיַּהֲרֹג אֶת־אַנְשֵׁי הָעִיר׃
יח וַיֹּאמֶר אֶל־זֶבַח וְאֶל־צַלְמֻנָּע אֵיפֹה הָאֲנָשִׁים אֲשֶׁר הֲרַגְתֶּם
יט בְּתָבוֹר וַיֹּאמְרוּ כָּמוֹךָ כְמוֹהֶם אֶחָד כְּתֹאַר בְּנֵי הַמֶּלֶךְ׃ וַיֹּאמַר
אַחַי בְּנֵי־אִמִּי הֵם חַי־יְהוָה לוּ הַחֲיִתֶם אוֹתָם לֹא הָרַגְתִּי
כ אֶתְכֶם׃ וַיֹּאמֶר לְיֶתֶר בְּכוֹרוֹ קוּם הֲרֹג אוֹתָם וְלֹא־שָׁלַף
כא הַנַּעַר חַרְבּוֹ כִּי יָרֵא כִּי עוֹדֶנּוּ נָעַר׃ וַיֹּאמֶר זֶבַח וְצַלְמֻנָּע
קוּם אַתָּה וּפְגַע־בָּנוּ כִּי כָאִישׁ גְּבוּרָתוֹ וַיָּקָם גִּדְעוֹן וַיַּהֲרֹג
אֶת־זֶבַח וְאֶת־צַלְמֻנָּע וַיִּקַּח אֶת־הַשַּׂהֲרֹנִים אֲשֶׁר בְּצַוְּארֵי
כב גְמַלֵּיהֶם׃ וַיֹּאמְרוּ אִישׁ־יִשְׂרָאֵל אֶל־גִּדְעוֹן
מְשָׁל־בָּנוּ גַּם־אַתָּה גַּם־בִּנְךָ גַּם בֶּן־בְּנֶךָ כִּי הוֹשַׁעְתָּנוּ מִיַּד
כג מִדְיָן׃ וַיֹּאמֶר אֲלֵהֶם גִּדְעוֹן לֹא־אֶמְשֹׁל אֲנִי בָּכֶם וְלֹא־יִמְשֹׁל
כד בְּנִי בָּכֶם יְהוָה יִמְשֹׁל בָּכֶם׃ וַיֹּאמֶר אֲלֵהֶם גִּדְעוֹן אֶשְׁאֲלָה מִכֶּם
שְׁאֵלָה וּתְנוּ־לִי אִישׁ נֶזֶם שְׁלָלוֹ כִּי־נִזְמֵי זָהָב לָהֶם כִּי
כה יִשְׁמְעֵאלִים הֵם׃ וַיֹּאמְרוּ נָתוֹן נִתֵּן וַיִּפְרְשׂוּ אֶת־הַשִּׂמְלָה
כו וַיַּשְׁלִיכוּ שָׁמָּה אִישׁ נֶזֶם שְׁלָלוֹ׃ וַיְהִי מִשְׁקַל נִזְמֵי הַזָּהָב אֲשֶׁר
שָׁאָל אֶלֶף וּשְׁבַע־מֵאוֹת זָהָב לְבַד מִן־הַשַּׂהֲרֹנִים וְהַנְּטִפוֹת
וּבִגְדֵי הָאַרְגָּמָן שֶׁעַל מַלְכֵי מִדְיָן וּלְבַד מִן־הָעֲנָקוֹת אֲשֶׁר
כז בְּצַוְּארֵי גְמַלֵּיהֶם׃ וַיַּעַשׂ אוֹתוֹ גִדְעוֹן לְאֵפוֹד וַיַּצֵּג אוֹתוֹ בְעִירוֹ
בְּעָפְרָה וַיִּזְנוּ כָל־יִשְׂרָאֵל אַחֲרָיו שָׁם וַיְהִי לְגִדְעוֹן וּלְבֵיתוֹ

Zevaḥ and Zalmunna now in thy hand, that we should give
bread to thy army? And Gid'on said, Therefore when the Lord   7
has delivered Zevaḥ and Zalmunna into my hand, then I will
tear your flesh with the thorns of the wilderness and with
briers. And he went up from there to Penu'el, and spoke to   8
them likewise: and the men of Penu'el answered him as the
men of Sukkot had answered him. And he spoke also to the   9
men of Penu'el, saying, When I come again in peace, I will
break down this tower.   Now Zevaḥ and Zalmunna were in   10
Qarqor, and their hosts with them, about fifteen thousand men,
all that were left of all the camp of the children of the east : for
there fell a hundred and twenty thousand men that drew sword.
And Gid'on went up by the way of the tent dwellers, on the   11
east of Novaḥ and Yogbeha, and smote the camp: for the camp
thought itself secure. And when Zevaḥ and Zalmunna fled, he   12
pursued after them, and took the two kings of Midyan, Zevaḥ
and Zalmunna, and the whole camp was panic stricken. And   13
Gid'on the son of Yo'ash returned from the battle from the
ascent of Ḥeres, and caught a young man of the men of Suk-   14
kot, and inquired of him: and he wrote down for him the prin-
ces of Sukkot, and its elders seventy seven men. And he came   15
to the men of Sukkot, and said, Behold Zevaḥ and Zalmunna,
with whom you taunted me, saying, Are the hands of Zevaḥ
and Zalmunna now in thy hand, that we should give bread to
thy men that are weary? And he took the elders of the city,   16
and thorns of the wilderness and briers, and with them he
chastised the men of Sukkot. And he beat down the tower   17
of Penu'el, and slew the men of the city. Then said he to   18
Zevaḥ and Zalmunna, where are the men whom you slew at
Tavor ? And they answered, As thou art, so were they, the
same; in shape like the sons of a king. And he said, They were   19
my brothers, the sons of my mother : as the Lord lives, if you
had saved them alive, I would not slay you. And he said to   20
Yeter his firstborn, Up, and slay them. But the youth did not
draw his sword: for he feared, because he was still a lad. Then   21
Zevaḥ and Zalmunna said, Rise thou, and fall upon us : for as
the man is, so is his strength. And Gid'on arose, and slew
Zevaḥ and Zalmunna, and took away the crescents that were
on their camels' necks.   Then the men of Yisra'el said to   22
Gid'on, Rule thou over us, both thou, and thy son, and thy
son's son also : for thou hast delivered us from the hand of
Midyan. And Gid'on said to them, I will not rule over you,   23
neither shall my son rule over you : the Lord shall rule over you.
And Gid'on said to them, I would make a request of you, that   24
you would give me every man the earrings of his spoil. (For
they had golden earrings, because they were Yishme'elim.)
And they answered, We will willingly give them. And they   25
spread a garment, and did cast on it every man the earrings of
his spoil. And the weight of the golden earrings that he requested   26
was one thousand seven hundred shekels of gold : besides
the crescents, and the eardrops, and the purple garments that
were on the kings of Midyan, and besides the chains that were
about their camels' necks. And Gid'on made an efod of this,   27

כח לְמוֹקֵשׁ: וַיִּכָּנַע מִדְיָן לִפְנֵי בְּנֵי יִשְׂרָאֵל וְלֹא יָסְפוּ לָשֵׂאת רֹאשָׁם

כט וַתִּשְׁקֹט הָאָרֶץ אַרְבָּעִים שָׁנָה בִּימֵי גִדְעוֹן: וַיֵּלֶךְ

ל יְרֻבַּעַל בֶּן־יוֹאָשׁ וַיֵּשֶׁב בְּבֵיתוֹ: וּלְגִדְעוֹן הָיוּ שִׁבְעִים בָּנִים יֹצְאֵי

לא יְרֵכוֹ כִּי־נָשִׁים רַבּוֹת הָיוּ לוֹ: וּפִילַגְשׁוֹ אֲשֶׁר בִּשְׁכֶם יָלְדָה־לּוֹ

לב גַם־הִיא בֵּן וַיָּשֶׂם אֶת־שְׁמוֹ אֲבִימֶלֶךְ: וַיָּמָת גִּדְעוֹן בֶּן־

יוֹאָשׁ בְּשֵׂיבָה טוֹבָה וַיִּקָּבֵר בְּקֶבֶר יוֹאָשׁ אָבִיו בְּעָפְרָה אֲבִי

לג הָעֶזְרִי: וַיְהִי כַּאֲשֶׁר מֵת גִּדְעוֹן וַיָּשׁוּבוּ בְּנֵי

יִשְׂרָאֵל וַיִּזְנוּ אַחֲרֵי הַבְּעָלִים וַיָּשִׂימוּ לָהֶם בַּעַל בְּרִית לֵאלֹהִים:

לד וְלֹא זָכְרוּ בְּנֵי יִשְׂרָאֵל אֶת־יְהוָה אֱלֹהֵיהֶם הַמַּצִּיל אוֹתָם מִיַּד

לה כָּל־אֹיְבֵיהֶם מִסָּבִיב: וְלֹא־עָשׂוּ חֶסֶד עִם־בֵּית יְרֻבַּעַל גִּדְעוֹן

א בְּכָל־הַטּוֹבָה אֲשֶׁר עָשָׂה עִם־יִשְׂרָאֵל: וַיֵּלֶךְ

אֲבִימֶלֶךְ בֶּן־יְרֻבַּעַל שְׁכֶמָה אֶל־אֲחֵי אִמּוֹ וַיְדַבֵּר אֲלֵיהֶם וְאֶל־

ב כָּל־מִשְׁפַּחַת בֵּית־אֲבִי אִמּוֹ לֵאמֹר: דַּבְּרוּ־נָא בְּאָזְנֵי כָל־בַּעֲלֵי

שְׁכֶם מַה־טּוֹב לָכֶם הַמְשֹׁל בָּכֶם שִׁבְעִים אִישׁ כֹּל בְּנֵי יְרֻבַּעַל

אִם־מְשֹׁל בָּכֶם אִישׁ אֶחָד וּזְכַרְתֶּם כִּי־עַצְמְכֶם וּבְשַׂרְכֶם אָנִי:

ג וַיְדַבְּרוּ אֲחֵי־אִמּוֹ עָלָיו בְּאָזְנֵי כָּל־בַּעֲלֵי שְׁכֶם אֵת כָּל־הַדְּבָרִים

ד הָאֵלֶּה וַיֵּט לִבָּם אַחֲרֵי אֲבִימֶלֶךְ כִּי אָמְרוּ אָחִינוּ הוּא: וַיִּתְּנוּ־

לוֹ שִׁבְעִים כֶּסֶף מִבֵּית בַּעַל בְּרִית וַיִּשְׂכֹּר בָּהֶם אֲבִימֶלֶךְ

ה אֲנָשִׁים רֵיקִים וּפֹחֲזִים וַיֵּלְכוּ אַחֲרָיו: וַיָּבֹא בֵית־אָבִיו עָפְרָתָה

וַיַּהֲרֹג אֶת־אֶחָיו בְּנֵי־יְרֻבַּעַל שִׁבְעִים אִישׁ עַל־אֶבֶן אֶחָת וַיִּוָּתֵר

ו יוֹתָם בֶּן־יְרֻבַּעַל הַקָּטֹן כִּי נֶחְבָּא: וַיֵּאָסְפוּ כָּל־

בַּעֲלֵי שְׁכֶם וְכָל־בֵּית מִלּוֹא וַיֵּלְכוּ וַיַּמְלִיכוּ אֶת־אֲבִימֶלֶךְ

ז לְמֶלֶךְ עִם־אֵלוֹן מֻצָּב אֲשֶׁר בִּשְׁכֶם: וַיַּגִּדוּ לְיוֹתָם וַיֵּלֶךְ וַיַּעֲמֹד

בְּרֹאשׁ הַר־גְּרִזִים וַיִּשָּׂא קוֹלוֹ וַיִּקְרָא וַיֹּאמֶר לָהֶם שִׁמְעוּ אֵלַי

ח בַּעֲלֵי שְׁכֶם וְיִשְׁמַע אֲלֵיכֶם אֱלֹהִים: הָלוֹךְ הָלְכוּ הָעֵצִים לִמְשֹׁחַ

ט עֲלֵיהֶם מֶלֶךְ וַיֹּאמְרוּ לַזַּיִת מלכה מָלְכָה עָלֵינוּ: וַיֹּאמֶר לָהֶם הַזַּיִת

הֶחָדַלְתִּי אֶת־דִּשְׁנִי אֲשֶׁר־בִּי יְכַבְּדוּ אֱלֹהִים וַאֲנָשִׁים וְהָלַכְתִּי

י לָנוּעַ עַל־הָעֵצִים: וַיֹּאמְרוּ הָעֵצִים לַתְּאֵנָה לְכִי־אַתְּ מָלְכִי

יא עָלֵינוּ: וַתֹּאמֶר לָהֶם הַתְּאֵנָה הֶחָדַלְתִּי אֶת־מָתְקִי וְאֶת־

יב תְּנוּבָתִי הַטּוֹבָה וְהָלַכְתִּי לָנוּעַ עַל־הָעֵצִים: וַיֹּאמְרוּ הָעֵצִים

יג לַגָּפֶן לְכִי־אַתְּ מָלְכִי מלכי עָלֵינוּ: וַתֹּאמֶר לָהֶם הַגֶּפֶן הֶחָדַלְתִּי אֶת־

תִּירוֹשִׁי הַמְשַׂמֵּחַ אֱלֹהִים וַאֲנָשִׁים וְהָלַכְתִּי לָנוּעַ עַל־הָעֵצִים:

יד וַיֹּאמְרוּ כָל־הָעֵצִים אֶל־הָאָטָד לֵךְ אַתָּה מְלָךְ־עָלֵינוּ: וַיֹּאמֶר

הָאָטָד אֶל־הָעֵצִים אִם בֶּאֱמֶת אַתֶּם מֹשְׁחִים אֹתִי לְמֶלֶךְ

עֲלֵיכֶם בֹּאוּ חֲסוּ בְצִלִּי וְאִם־אַיִן תֵּצֵא אֵשׁ מִן־הָאָטָד וְתֹאכַל

and put it in his city, even in 'Ofra : and all Yisra'el went
astray there after it: which thing became a snare to Gid'on,
and to his house. Thus was Midyan subdued before the child-   28
ren of Yisra'el, so that they lifted up their heads no more. And
the country was in quietness for forty years in the days of
Gid'on.   And Yerubba'al the son of Yo'ash went and dwelt   29
in his own house. And Gid'on had seventy sons begotten of his   30
body: for he had many wives. And his concubine that was in   31
Shekhem, she also bore him a son, whose name he called
Avimelekh. And Gid'on the son of Yo'ash died in a good old   32
age, and was buried in the tomb of Yo'ash his father, in 'Ofra
of the Avi-'ezri.   And it came to pass, as soon as Gid'on   33
was dead, that the children of Yisra'el turned again, and went
astray after the Ba'alim, and made Ba'al-berit their god. And   34
the children of Yisra'el did not remember the LORD their GOD,
who had delivered them out of the hands of all their enemies
on every side: neither did they show kindness to the house of   35
Yerubba'al, namely, Gid'on, according to all the goodness which
he had shown to Yisra'el.   And Avimelekh the son of   **9**
Yerubba'al went to Shekhem to his mother's brethren, and spoke
to them, and to all the family of the house of his mother's father,
saying, Speak, I pray you, in the ears of all the men of Shekhem, 2
Which is better for you, that all the sons of Yerubba'al, who
are seventy persons, reign over you, or that one should reign
over you ? remember also that I am your bone and your flesh.
And his mother's brethren spoke of him in the ears of all the   3
men of Shekhem all these words: and their hearts inclined to
follow Avimelekh; for they said, He is our brother. And they   4
gave him seventy pieces of silver out of the house of Ba'al-
berit, with which Avimelekh hired vain and reckless persons,
who followed him. And he went to his father's house at 'Ofra,   5
and slew his brothers, the sons of Yerubba'al, seventy persons,
upon one stone: yet Yotam the youngest son of Yerubba'al was
left ; for he hid himself.   And all the men of Shekhem   6
gathered together, and all the house of Millo, and went, and made
Avimelekh king, by the oak of the pillar that was in She-
khem. And when they told it to Yotam, he went and stood at   7
the top of mount Gerizzim, and lifted up his voice, and cried,
and said to them, Hearken to me, men of Shekhem, that GOD
may hearken to you. The trees went out to anoint a king over   8
them; and they said to the olive tree, Reign over us. But the   9
olive tree said to them, Should I leave my fatness, with which
by me they honour GOD and man, and go to hold sway over
the trees? And the trees said to the fig tree, Come thou, and   10
reign over us. But the fig tree said to them, Should I forsake   11
my sweetness, and my good fruit, and go to hold sway over the
trees? Then said the trees to the vine, Come thou, and reign   12
over us. And the vine said to them, Should I leave my wine,   13
which cheers GOD and man, and go to hold sway over the
trees ? Then said all the trees to the bramble, Come thou, and   14
reign over us. And the bramble said to the trees, If in truth you 15
anoint me king over you, then come and put your trust in my
shadow: and if not, fire will issue from the bramble, and de-

טז אֶת־אַרְזֵי הַלְּבָנוֹן׃ וְעַתָּה אִם־בֶּאֱמֶת וּבְתָמִים עֲשִׂיתֶם
וַתַּמְלִיכוּ אֶת־אֲבִימֶלֶךְ וְאִם־טוֹבָה עֲשִׂיתֶם עִם־יְרֻבַּעַל וְעִם־
יז בֵּיתוֹ וְאִם־כִּגְמוּל יָדָיו עֲשִׂיתֶם לוֹ׃ אֲשֶׁר־נִלְחַם אָבִי עֲלֵיכֶם
יח וַיַּשְׁלֵךְ אֶת־נַפְשׁוֹ מִנֶּגֶד וַיַּצֵּל אֶתְכֶם מִיַּד מִדְיָן׃ וְאַתֶּם קַמְתֶּם
עַל־בֵּית אָבִי הַיּוֹם וַתַּהַרְגוּ אֶת־בָּנָיו שִׁבְעִים אִישׁ עַל־אֶבֶן
אֶחָת וַתַּמְלִיכוּ אֶת־אֲבִימֶלֶךְ בֶּן־אֲמָתוֹ עַל־בַּעֲלֵי שְׁכֶם כִּי
יט אֲחִיכֶם הוּא׃ וְאִם־בֶּאֱמֶת וּבְתָמִים עֲשִׂיתֶם עִם־יְרֻבַּעַל וְעִם־
כ בֵּיתוֹ הַיּוֹם הַזֶּה שִׂמְחוּ בַּאֲבִימֶלֶךְ וְיִשְׂמַח גַּם־הוּא בָּכֶם׃ וְאִם־
אַיִן תֵּצֵא אֵשׁ מֵאֲבִימֶלֶךְ וְתֹאכַל אֶת־בַּעֲלֵי שְׁכֶם וְאֶת־בֵּית
מִלּוֹא וְתֵצֵא אֵשׁ מִבַּעֲלֵי שְׁכֶם וּמִבֵּית מִלּוֹא וְתֹאכַל אֶת־
כא אֲבִימֶלֶךְ׃ וַיָּנָס יוֹתָם וַיִּבְרַח וַיֵּלֶךְ בְּאֵרָה וַיֵּשֶׁב שָׁם מִפְּנֵי
כב אֲבִימֶלֶךְ אָחִיו׃ וַיָּשַׂר אֲבִימֶלֶךְ עַל־יִשְׂרָאֵל
כג שָׁלֹשׁ שָׁנִים׃ וַיִּשְׁלַח אֱלֹהִים רוּחַ רָעָה בֵּין אֲבִימֶלֶךְ וּבֵין בַּעֲלֵי
כד שְׁכֶם וַיִּבְגְּדוּ בַעֲלֵי־שְׁכֶם בַּאֲבִימֶלֶךְ׃ לָבוֹא חֲמַס שִׁבְעִים
בְּנֵי־יְרֻבָּעַל וְדָמָם לָשׂוּם עַל־אֲבִימֶלֶךְ אֲחִיהֶם אֲשֶׁר הָרַג אוֹתָם
כה וְעַל בַּעֲלֵי שְׁכֶם אֲשֶׁר־חִזְּקוּ אֶת־יָדָיו לַהֲרֹג אֶת־אֶחָיו׃ וַיָּשִׂימוּ
לוֹ בַעֲלֵי שְׁכֶם מְאָרְבִים עַל רָאשֵׁי הֶהָרִים וַיִּגְזְלוּ אֵת כָּל־
כו אֲשֶׁר־יַעֲבֹר עֲלֵיהֶם בַּדָּרֶךְ וַיֻּגַּד לַאֲבִימֶלֶךְ׃ וַיָּבֹא
גַּעַל בֶּן־עֶבֶד וְאֶחָיו וַיַּעַבְרוּ בִּשְׁכֶם וַיִּבְטְחוּ־בוֹ בַּעֲלֵי שְׁכֶם׃
כז וַיֵּצְאוּ הַשָּׂדֶה וַיִּבְצְרוּ אֶת־כַּרְמֵיהֶם וַיִּדְרְכוּ וַיַּעֲשׂוּ הִלּוּלִים
וַיָּבֹאוּ בֵּית אֱלֹהֵיהֶם וַיֹּאכְלוּ וַיִּשְׁתּוּ וַיְקַלְלוּ אֶת־אֲבִימֶלֶךְ׃
כח וַיֹּאמֶר ׀ גַּעַל בֶּן־עֶבֶד מִי־אֲבִימֶלֶךְ וּמִי־שְׁכֶם כִּי נַעַבְדֶנּוּ הֲלֹא
בֶן־יְרֻבַּעַל וּזְבֻל פְּקִידוֹ עִבְדוּ אֶת־אַנְשֵׁי חֲמוֹר אֲבִי שְׁכֶם
כט וּמַדּוּעַ נַעַבְדֶנּוּ אֲנָחְנוּ׃ וּמִי יִתֵּן אֶת־הָעָם הַזֶּה בְּיָדִי וְאָסִירָה
ל אֶת־אֲבִימֶלֶךְ וַיֹּאמֶר לַאֲבִימֶלֶךְ רַבֶּה צְבָאֲךָ וָצֵאָה׃ וַיִּשְׁמַע
לא זְבֻל שַׂר הָעִיר אֶת־דִּבְרֵי גַּעַל בֶּן־עָבֶד וַיִּחַר אַפּוֹ׃ וַיִּשְׁלַח
מַלְאָכִים אֶל־אֲבִימֶלֶךְ בְּתָרְמָה לֵאמֹר הִנֵּה גַעַל בֶּן־עֶבֶד
לב וְאֶחָיו בָּאִים שְׁכֶמָה וְהִנָּם צָרִים אֶת־הָעִיר עָלֶיךָ׃ וְעַתָּה קוּם
לג לַיְלָה אַתָּה וְהָעָם אֲשֶׁר־אִתָּךְ וֶאֱרֹב בַּשָּׂדֶה׃ וְהָיָה בַבֹּקֶר
כִּזְרֹחַ הַשֶּׁמֶשׁ תַּשְׁכִּים וּפָשַׁטְתָּ עַל־הָעִיר וְהִנֵּה־הוּא וְהָעָם
לד אֲשֶׁר־אִתּוֹ יֹצְאִים אֵלֶיךָ וְעָשִׂיתָ לּוֹ כַּאֲשֶׁר תִּמְצָא יָדֶךָ׃ וַיָּקָם
אֲבִימֶלֶךְ וְכָל־הָעָם אֲשֶׁר־עִמּוֹ לָיְלָה וַיֶּאֶרְבוּ עַל־שְׁכֶם
לה אַרְבָּעָה רָאשִׁים׃ וַיֵּצֵא גַּעַל בֶּן־עֶבֶד וַיַּעֲמֹד פֶּתַח שַׁעַר הָעִיר
לו וַיָּקָם אֲבִימֶלֶךְ וְהָעָם אֲשֶׁר־אִתּוֹ מִן־הַמַּאְרָב׃ וַיַּרְא־גַעַל אֶת־

vour the cedars of Levanon. Now therefore, if you have done 16
truly and sincerely, in making Avimelekh king, and if you have
dealt well with Yerubba'al and his house, and have done to
him according to the deserving of his hands; (for my father 17
fought for you, and adventured his life, and delivered you out
of the hand of Midyan: and you have risen up against my 18
father's house this day, and have slain his sons, seventy men,
upon one stone, and have made Avimelekh, the son of his maid-
servant, king over the men of Shekhem, because he is your
brother ;) if you then have dealt truly and sincerely with Yerub- 19
ba'al and with his house this day, then rejoice in Avimelekh,
and let him also rejoice in you : but if not, fire will come out 20
from Avimelekh, and devour the men of Shekhem, and the
house of Millo; and fire will come out from the men of She-
khem, and from the house of Millo, and devour Avimelekh. And 21
Yotam ran away, and fled, and went to Be'er, and dwelt there, for
fear of Avimelekh his brother.   When Avimelekh had reign- 22
ed three years over Yisra'el, then GOD sent an evil spirit between 23
Avimelekh and the men of Shekhem; and the men of Shekhem
dealt treacherously with Avimelekh: that the violence done 24
to the seventy sons of Yerubba'al might come, and their blood
be laid upon Avimelekh their brother, who slew them; and upon
the men of Shekhem, who had aided him in the killing of his
brothers. And the men of Shekhem set liers in wait for him on 25
the tops of the mountains, and they robbed all that passed them
on the highway : and it was told Avimelekh.   And Ga'al 26
the son of 'Eved came with his brethren, and passed through
Shekhem: and the men of Shekhem put their confidence in him.
And they went out into the fields, and gathered their vineyards, 27
and trod the grapes, and made merry, and went into the house
of their god, and ate and drank, and cursed Avimelekh. And 28
Ga'al the son of 'Eved said, Who is Avimelekh, and who is
Shekhem, that we should serve him? is not he the son of Yerub-
ba'al? and Zevul his officer? serve rather the men of Ḥamor
the father of Shekhem: for why should we serve him? And 29
would that this people were under my hand! then would I
remove Avimelekh. And he said to Avimelekh, Increase thy
army, and come out. And when Zevul the ruler of the city 30
heard the words of Ga'al the son of 'Eved, his anger burned.
And he sent messengers to Avimelekh privately, saying, Be- 31
hold, Ga'al the son of 'Eved and his brethren have come to
Shekhem ; and they are fortifying the city against thee. Now 32
therefore, rise up by night, thou and the people that is with
thee, and lie in wait in the field: and it shall be, that in the 33
morning, as soon as the sun is up, thou shalt rise early, and set
upon the city: and, behold, when he and the people that are
with him come out against thee, then mayst thou do to them
as thou shalt find occasion. And Avimelekh rose up, and all 34
the people that were with him, by night, and they laid wait
against Shekhem in four companies. And Ga'al the son of 'Eved 35
went out, and stood in the entrance of the city gate: and
Avimelekh rose up, and the people that were with him, from
the ambush. And when Ga'al saw the people, he said to Zevul, 36

הָעָם וַיֹּאמֶר אֶל־זְבֻל הִנֵּה־עָם יוֹרֵד מֵרָאשֵׁי הֶהָרִים וַיֹּאמֶר

לז אֵלָיו זְבֻל אֵת צֵל הֶהָרִים אַתָּה רֹאֶה כָּאֲנָשִׁים: וַיֹּסֶף עוֹד גַּעַל לְדַבֵּר וַיֹּאמֶר הִנֵּה־עָם יוֹרְדִים מֵעִם טַבּוּר הָאָרֶץ וְרֹאשׁ־

לח אֶחָד בָּא מִדֶּרֶךְ אֵלוֹן מְעוֹנְנִים: וַיֹּאמֶר אֵלָיו זְבֻל אַיֵּה אֵפוֹא פִיךָ אֲשֶׁר תֹּאמַר מִי אֲבִימֶלֶךְ כִּי נַעַבְדֶנּוּ הֲלֹא זֶה הָעָם אֲשֶׁר־

לט מָאַסְתָּה בּוֹ צֵא־נָא עַתָּה וְהִלָּחֶם בּוֹ: וַיֵּצֵא גַעַל לִפְנֵי בַּעֲלֵי שְׁכֶם וַיִּלָּחֶם בַּאֲבִימֶלֶךְ: וַיִּרְדְּפֵהוּ אֲבִימֶלֶךְ וַיָּנָס מִפָּנָיו וַיִּפְּלוּ

מ

מא חֲלָלִים רַבִּים עַד־פֶּתַח הַשָּׁעַר: וַיֵּשֶׁב אֲבִימֶלֶךְ בָּארוּמָה וַיְגָרֶשׁ זְבֻל אֶת־גַּעַל וְאֶת־אֶחָיו מִשֶּׁבֶת בִּשְׁכֶם: וַיְהִי

מב

מג מִמָּחֳרָת וַיֵּצֵא הָעָם הַשָּׂדֶה וַיַּגִּדוּ לַאֲבִימֶלֶךְ: וַיִּקַּח אֶת־הָעָם וַיֶּחֱצֵם לִשְׁלֹשָׁה רָאשִׁים וַיֶּאֱרֹב בַּשָּׂדֶה וַיַּרְא וְהִנֵּה הָעָם יֹצֵא

מד מִן־הָעִיר וַיָּקָם עֲלֵיהֶם וַיַּכֵּם: וַאֲבִימֶלֶךְ וְהָרָאשִׁים אֲשֶׁר עִמּוֹ פָּשְׁטוּ וַיַּעַמְדוּ פֶּתַח שַׁעַר הָעִיר וּשְׁנֵי הָרָאשִׁים פָּשְׁטוּ עַל־כָּל־

מה אֲשֶׁר בַּשָּׂדֶה וַיַּכּוּם: וַאֲבִימֶלֶךְ נִלְחָם בָּעִיר כֹּל הַיּוֹם הַהוּא וַיִּלְכֹּד אֶת־הָעִיר וְאֶת־הָעָם אֲשֶׁר־בָּהּ הָרָג וַיִּתֹּץ אֶת־הָעִיר

מו וַיִּזְרָעֶהָ מֶלַח: וַיִּשְׁמְעוּ כָּל־בַּעֲלֵי מִגְדַּל־שְׁכֶם

מז וַיָּבֹאוּ אֶל־צְרִיחַ בֵּית אֵל בְּרִית: וַיֻּגַּד לַאֲבִימֶלֶךְ כִּי הִתְקַבְּצוּ

מח כָּל־בַּעֲלֵי מִגְדַּל־שְׁכֶם: וַיַּעַל אֲבִימֶלֶךְ הַר־צַלְמוֹן הוּא וְכָל־ הָעָם אֲשֶׁר־אִתּוֹ וַיִּקַּח אֲבִימֶלֶךְ אֶת־הַקַּרְדֻּמּוֹת בְּיָדוֹ וַיִּכְרֹת שׂוֹכַת עֵצִים וַיִּשָּׂאֶהָ וַיָּשֶׂם עַל־שִׁכְמוֹ וַיֹּאמֶר אֶל־הָעָם אֲשֶׁר־

מט עִמּוֹ מָה רְאִיתֶם עָשִׂיתִי מַהֲרוּ עֲשׂוּ כָמוֹנִי: וַיִּכְרְתוּ גַם־כָּל־ הָעָם אִישׁ שׂוֹכֹה וַיֵּלְכוּ אַחֲרֵי אֲבִימֶלֶךְ וַיָּשִׂימוּ עַל־הַצְּרִיחַ וַיַּצִּיתוּ עֲלֵיהֶם אֶת־הַצְּרִיחַ בָּאֵשׁ וַיָּמֻתוּ גַּם כָּל־אַנְשֵׁי מִגְדַּל־

נ שְׁכֶם כְּאֶלֶף אִישׁ וְאִשָּׁה: וַיֵּלֶךְ אֲבִימֶלֶךְ אֶל־

נא תֵּבֵץ וַיִּחַן בְּתֵבֵץ וַיִּלְכְּדָהּ: וּמִגְדַּל־עֹז הָיָה בְתוֹךְ־הָעִיר וַיָּנֻסוּ שָׁמָּה כָּל־הָאֲנָשִׁים וְהַנָּשִׁים וְכֹל בַּעֲלֵי הָעִיר וַיִּסְגְּרוּ בַּעֲדָם

נב וַיַּעֲלוּ עַל־גַּג הַמִּגְדָּל: וַיָּבֹא אֲבִימֶלֶךְ עַד־הַמִּגְדָּל וַיִּלָּחֶם בּוֹ

נג וַיִּגַּשׁ עַד־פֶּתַח הַמִּגְדָּל לְשָׂרְפוֹ בָאֵשׁ: וַתַּשְׁלֵךְ אִשָּׁה אַחַת פֶּלַח

נד רֶכֶב עַל־רֹאשׁ אֲבִימֶלֶךְ וַתָּרִץ אֶת־גֻּלְגָּלְתּוֹ: וַיִּקְרָא מְהֵרָה אֶל־הַנַּעַר ׀ נֹשֵׂא כֵלָיו וַיֹּאמֶר לוֹ שְׁלֹף חַרְבְּךָ וּמוֹתְתֵנִי פֶּן־

נה יֹאמְרוּ לִי אִשָּׁה הֲרָגָתְהוּ וַיִּדְקְרֵהוּ נַעֲרוֹ וַיָּמֹת: וַיִּרְאוּ אִישׁ־

נו יִשְׂרָאֵל כִּי־מֵת אֲבִימֶלֶךְ וַיֵּלְכוּ אִישׁ לִמְקֹמוֹ: וַיָּשֶׁב אֱלֹהִים אֵת רָעַת אֲבִימֶלֶךְ אֲשֶׁר עָשָׂה לְאָבִיו לַהֲרֹג אֶת־שִׁבְעִים אֶחָיו:

נז וְאֵת כָּל־רָעַת אַנְשֵׁי שְׁכֶם הֵשִׁיב אֱלֹהִים בְּרֹאשָׁם וַתָּבֹא אֲלֵיהֶם קִלֲלַת יוֹתָם בֶּן־יְרֻבָּעַל: וַיָּקָם אַחֲרֵי

י
א ח אֲבִימֶלֶךְ לְהוֹשִׁיעַ אֶת־יִשְׂרָאֵל תּוֹלָע בֶּן־פּוּאָה בֶּן־דּוֹדוֹ אִישׁ

Behold, there come people down from the tops of the moun-
tains. And Zevul said to him, Thou seest the shadow of the
mountains as if they were men. And Ga'al spoke again and said, 37
See there come people down from the knoll of the land, and
another company come along by the oak of Me'onenim. Then 38
Zevul said to him, Where is now thy mouth, with which thou
didst say, Who is Avimelekh, that we should serve him? is
not this the people that thou hast despised? go out, I pray now,
and fight with them. And Ga'al went out before the men of 39
Shekhem, and fought with Avimelekh. And Avimelekh chased 40
him, and he fled before him, and many were overthrown, and
wounded, right up to the entrance of the gate. And Avimelekh 41
dwelt at Aruma: and Zevul thrust out Ga'al and his brothers,
that they should not dwell in Shekhem. And it came to 42
pass on the morrow, that the people went out into the field;
and they told Avimelekh. And he took the people, and divided 43
them into three companies, and laid wait in the field, and looked,
and, behold, the people were coming out of the city; and he rose
up against them, and smote them. And Avimelekh, and the 44
company that was with him, rushed forward, and stood in the
entrance of the city gate: and the two other companies ran
upon all the people that were in the fields, and slew them. And 45
Avimelekh fought against the city, all that day, and he took
the city, and slew the people that were in it, and pulled down the
city, and sowed it with salt. And when all the men of the 46
tower of Shekhem heard that, they entered the stronghold of
Bet-el-berit. And it was told Avimelekh, that all the men of the 47
tower of Shekhem were gathered together. And Avimelekh 48
went up to mount Ẕalmon, he and all the people that were
with him; and Avimelekh took an ax in his hand, and cut down
a bough from the trees, and took it, and laid it on his shoulder,
and said to the people that were with him, What you have seen
me do, make haste, and do as I have done. And all the people 49
likewise cut down every man a bough, and followed Avimelekh,
and put them to the stronghold, and set the hold on fire upon
them; so that all the men of the tower of Shekhem died also,
about a thousand men and women. Then Avimelekh 50
went to Teveẕ, and encamped against Teveẕ, and took it. But there 51
was a strong tower within the city, and all the men and women,
and all they of the city fled there, and shut themselves in, and
went up to the top of the tower. And Avimelekh came to the 52
tower, and fought against it, and approached right up to the door
of the tower to burn it with fire. And a woman cast an upper 53
millstone upon Avimelekh's head, and crushed his skull. Then he 54
called hastily to the lad, his armourbearer, and said to him, Draw
thy sword, and slay me, so that men should not say of me, A
woman slew him. And his lad pierced him, and he died. And 55
when the men of Yisra'el saw that Avimelekh was dead, they
departed every man to his place. Thus God made reparation 56
for the wickedness of Avimelekh, which he did to his father,
in slaying his seventy brothers: and all the evil of the men 57
of Shekhem did God requite upon their heads: and upon them
came the curse of Yotam the son of Yerubba'al. And **10**

ב יִשָּׂשכָר וְהוּא־יֹשֵׁב בְּשָׁמִיר בְּהַר אֶפְרָיִם: וַיִּשְׁפֹּט אֶת־יִשְׂרָאֵל

ג עֶשְׂרִים וְשָׁלֹשׁ שָׁנָה וַיָּמָת וַיִּקָּבֵר בְּשָׁמִיר: וַיָּקָם

אַחֲרָיו יָאִיר הַגִּלְעָדִי וַיִּשְׁפֹּט אֶת־יִשְׂרָאֵל עֶשְׂרִים וּשְׁתַּיִם

ד שָׁנָה: וַיְהִי־לוֹ שְׁלֹשִׁים בָּנִים רֹכְבִים עַל־שְׁלֹשִׁים עֲיָרִים

וּשְׁלֹשִׁים עֲיָרִים לָהֶם יִקְרְאוּ ׀ חַוֹּת יָאִיר עַד הַיּוֹם הַזֶּה

ה אֲשֶׁר בְּאֶרֶץ הַגִּלְעָד: וַיָּמָת יָאִיר וַיִּקָּבֵר בְּקָמוֹן:

ו וַיֹּסִפוּ ׀ בְּנֵי יִשְׂרָאֵל לַעֲשׂוֹת הָרַע בְּעֵינֵי יְהוָה וַיַּעַבְדוּ אֶת־

הַבְּעָלִים וְאֶת־הָעַשְׁתָּרוֹת וְאֶת־אֱלֹהֵי אֲרָם וְאֶת־אֱלֹהֵי צִידוֹן

וְאֵת ׀ אֱלֹהֵי מוֹאָב וְאֵת אֱלֹהֵי בְנֵי־עַמּוֹן וְאֵת אֱלֹהֵי פְלִשְׁתִּים

ז וַיַּעַזְבוּ אֶת־יְהוָה וְלֹא עֲבָדוּהוּ: וַיִּחַר־אַף יְהוָה בְּיִשְׂרָאֵל

ח וַיִּמְכְּרֵם בְּיַד־פְּלִשְׁתִּים וּבְיַד בְּנֵי עַמּוֹן: וַיִּרְעֲצוּ וַיְרֹצְצוּ אֶת־

בְּנֵי יִשְׂרָאֵל בַּשָּׁנָה הַהִיא שְׁמֹנֶה עֶשְׂרֵה שָׁנָה אֶת־כָּל־בְּנֵי

יִשְׂרָאֵל אֲשֶׁר בְּעֵבֶר הַיַּרְדֵּן בְּאֶרֶץ הָאֱמֹרִי אֲשֶׁר בַּגִּלְעָד:

ט וַיַּעַבְרוּ בְנֵי־עַמּוֹן אֶת־הַיַּרְדֵּן לְהִלָּחֵם גַּם־בִּיהוּדָה וּבְבִנְיָמִין

י וּבְבֵית אֶפְרָיִם וַתֵּצֶר לְיִשְׂרָאֵל מְאֹד: וַיִּזְעֲקוּ בְּנֵי יִשְׂרָאֵל אֶל־

יְהוָה לֵאמֹר חָטָאנוּ לָךְ וְכִי עָזַבְנוּ אֶת־אֱלֹהֵינוּ וַנַּעֲבֹד אֶת־

יא הַבְּעָלִים: וַיֹּאמֶר יְהוָה אֶל־בְּנֵי יִשְׂרָאֵל הֲלֹא

יב מִמִּצְרַיִם וּמִן־הָאֱמֹרִי וּמִן־בְּנֵי עַמּוֹן וּמִן־פְּלִשְׁתִּים: וְצִידוֹנִים

וַעֲמָלֵק וּמָעוֹן לָחֲצוּ אֶתְכֶם וַתִּצְעֲקוּ אֵלַי וָאוֹשִׁיעָה אֶתְכֶם

יג מִיָּדָם: וְאַתֶּם עֲזַבְתֶּם אוֹתִי וַתַּעַבְדוּ אֱלֹהִים אֲחֵרִים לָכֵן לֹא־

יד אוֹסִיף לְהוֹשִׁיעַ אֶתְכֶם: לְכוּ וְזַעֲקוּ אֶל־הָאֱלֹהִים אֲשֶׁר בְּחַרְתֶּם

טו בָּם הֵמָּה יוֹשִׁיעוּ לָכֶם בְּעֵת צָרַתְכֶם: וַיֹּאמְרוּ בְנֵי־יִשְׂרָאֵל אֶל־

יְהוָה חָטָאנוּ עֲשֵׂה־אַתָּה לָנוּ כְּכָל־הַטּוֹב בְּעֵינֶיךָ אַךְ הַצִּילֵנוּ נָא

טז הַיּוֹם הַזֶּה: וַיָּסִירוּ אֶת־אֱלֹהֵי הַנֵּכָר מִקִּרְבָּם וַיַּעַבְדוּ אֶת־יְהוָה

יז וַתִּקְצַר נַפְשׁוֹ בַּעֲמַל יִשְׂרָאֵל: וַיִּצָּעֲקוּ בְּנֵי עַמּוֹן

יח וַיַּחֲנוּ בַּגִּלְעָד וַיֵּאָסְפוּ בְּנֵי יִשְׂרָאֵל וַיַּחֲנוּ בַּמִּצְפָּה: וַיֹּאמְרוּ הָעָם

שָׂרֵי גִלְעָד אִישׁ אֶל־רֵעֵהוּ מִי הָאִישׁ אֲשֶׁר יָחֵל לְהִלָּחֵם בִּבְנֵי

יא א עַמּוֹן יִהְיֶה לְרֹאשׁ לְכֹל יֹשְׁבֵי גִלְעָד: וְיִפְתָּח

הַגִּלְעָדִי הָיָה גִּבּוֹר חַיִל וְהוּא בֶּן־אִשָּׁה זוֹנָה וַיּוֹלֶד גִּלְעָד אֶת־

ב יִפְתָּח: וַתֵּלֶד אֵשֶׁת־גִּלְעָד לוֹ בָּנִים וַיִּגְדְּלוּ בְנֵי־הָאִשָּׁה וַיְגָרְשׁוּ

אֶת־יִפְתָּח וַיֹּאמְרוּ לוֹ לֹא־תִנְחַל בְּבֵית־אָבִינוּ כִּי בֶּן־אִשָּׁה אַחֶרֶת

ג אָתָּה: וַיִּבְרַח יִפְתָּח מִפְּנֵי אֶחָיו וַיֵּשֶׁב בְּאֶרֶץ טוֹב וַיִּתְלַקְּטוּ

ד אֶל־יִפְתָּח אֲנָשִׁים רֵיקִים וַיֵּצְאוּ עִמּוֹ: וַיְהִי

מִיָּמִים וַיִּלָּחֲמוּ בְנֵי־עַמּוֹן עִם־יִשְׂרָאֵל: וַיְהִי כַּאֲשֶׁר־נִלְחֲמוּ

ה בְנֵי־עַמּוֹן עִם־יִשְׂרָאֵל וַיֵּלְכוּ זִקְנֵי גִלְעָד לָקַחַת אֶת־יִפְתָּח

after Avimelekh there arose to defend Yisra'el Tola the son of
Pu'a, the son of Dodo, a man of Yissakhar, and he dwelt in
Shamir in mount Efrayim. And he judged Yisra'el twenty three 2
years, and died, and was buried in Shamir. And after 3
him arose Ya'ir, the Gil'adi, and judged Yisra'el twenty two
years. And he had thirty sons that rode on thirty ass colts, and 4
they had thirty cities, which are called Ḥavvot-ya'ir to this
day, which are in the land of Gil'ad. And Ya'ir died, and was 5
buried in Qamon.
And the children of Yisra'el continued to do evil in the sight 6
of the Lord, and served the Ba'alim, and the 'Ashtarot, and the
gods of Aram, and the gods of Ẕidon, and the gods of Mo'av,
and the gods of the children of 'Ammon, and the gods of the
Pelishtim, and forsook the Lord, and served him not. And the 7
anger of the Lord burned against Yisra'el, and he sold them
into the hands of the Pelishtim, and into the hands of the child-
ren of 'Ammon. And that year they afflicted and oppressed the 8
children of Yisra'el: and thus for eighteen years, all the children
of Yisra'el that were on the other side of the Yarden in the
land of the Emori, which is in Gil'ad. Moreover the children of 9
'Ammon passed over the Yarden to fight also against Yehuda,
and against Binyamin, and against the house of Efrayim; so
that Yisra'el was sorely distressed. And the children of Yisra'el 10
cried to the Lord, saying We have sinned against thee, be-
cause we have forsaken our God, and have served the Ba'-
alim. And the Lord said to the children of Yisra'el, Did 11
not I deliver you from Miẕrayim, and from the Emori, from the
children of 'Ammon, and from Pelishtim? The Ẕidonim also, 12
and 'Amaleq and Ma'on, did oppress you; and you cried to me,
and I delivered you out of their hand. Yet you have forsaken 13
me, and served other gods: therefore I will deliver you no
more. Go and cry to the gods which you have chosen; let 14
them deliver you in the time of your trouble. And the children 15
of Yisra'el said to the Lord, We have sinned: do to us whatever
seems good to thee; only deliver us, we pray thee, this day.
And they put away the foreign gods from among them, and 16
served the Lord: and his soul was grieved for the misery of
Yisra'el. Then the children of 'Ammon mustered together, 17
and encamped in Gil'ad. And the children of Yisra'el assembled
themselves together, and encamped in Miẕpe. And the people 18
and princes of Gil'ad said to one another, What man is he that
will begin to fight against the children of 'Ammon? he shall be
head over all the inhabitants of Gil'ad. Now Yiftaḥ the **11**
Gil'adite was a mighty man of valour, and he was the son of a
harlot: and Gil'ad begot Yiftaḥ. And Gil'ad's wife bore him 2
sons; and his wife's sons grew up, and they drove out Yiftaḥ,
and said to him, Thou shalt not inherit in our father's house;
for thou art the son of a strange woman. Then Yiftaḥ fled from 3
his brothers, and dwelt in the land of Tov: and idle fellows
joined themselves to Yiftaḥ, and went out with him. And 4
it came to pass in the course of time, that the children of
'Ammon made war against Yisra'el. And when the children of 5
'Ammon made war against Yisra'el, the elders of Gil'ad went

מֵאֶרֶץ טוֹב: וַיֹּאמְרוּ לְיִפְתָּח לְכָה וְהָיִיתָה לָּנוּ לְקָצִין וְנִלָּחֲמָה

בִּבְנֵי עַמּוֹן: וַיֹּאמֶר יִפְתָּח לְזִקְנֵי גִלְעָד הֲלֹא אַתֶּם שְׂנֵאתֶם

אוֹתִי וַתְּגָרְשׁוּנִי מִבֵּית אָבִי וּמַדּוּעַ בָּאתֶם אֵלַי עַתָּה כַּאֲשֶׁר

צַר לָכֶם: וַיֹּאמְרוּ זִקְנֵי גִלְעָד אֶל־יִפְתָּח לָכֵן עַתָּה שַׁבְנוּ אֵלֶיךָ

וְהָלַכְתָּ עִמָּנוּ וְנִלְחַמְתָּ בִּבְנֵי עַמּוֹן וְהָיִיתָ לָּנוּ לְרֹאשׁ לְכֹל יֹשְׁבֵי

גִלְעָד: וַיֹּאמֶר יִפְתָּח אֶל־זִקְנֵי גִלְעָד אִם־מְשִׁיבִים אַתֶּם אוֹתִי

לְהִלָּחֵם בִּבְנֵי עַמּוֹן וְנָתַן יְהוָה אוֹתָם לְפָנָי אָנֹכִי אֶהְיֶה לָכֶם

לְרֹאשׁ: וַיֹּאמְרוּ זִקְנֵי־גִלְעָד אֶל־יִפְתָּח יְהוָה יִהְיֶה שֹׁמֵעַ

בֵּינוֹתֵינוּ אִם־לֹא כִדְבָרְךָ כֵּן נַעֲשֶׂה: וַיֵּלֶךְ יִפְתָּח עִם־זִקְנֵי

גִלְעָד וַיָּשִׂימוּ הָעָם אוֹתוֹ עֲלֵיהֶם לְרֹאשׁ וּלְקָצִין וַיְדַבֵּר יִפְתָּח

אֶת־כָּל־דְּבָרָיו לִפְנֵי יְהוָה בַּמִּצְפָּה: וַיִּשְׁלַח

יִפְתָּח מַלְאָכִים אֶל־מֶלֶךְ בְּנֵי־עַמּוֹן לֵאמֹר מַה־לִּי וָלָךְ כִּי־

בָאתָ אֵלַי לְהִלָּחֵם בְּאַרְצִי: וַיֹּאמֶר מֶלֶךְ בְּנֵי־עַמּוֹן אֶל־מַלְאֲכֵי

יִפְתָּח כִּי־לָקַח יִשְׂרָאֵל אֶת־אַרְצִי בַּעֲלוֹתוֹ מִמִּצְרַיִם מֵאַרְנוֹן

וְעַד־הַיַּבֹּק וְעַד־הַיַּרְדֵּן וְעַתָּה הָשִׁיבָה אֶתְהֶן בְּשָׁלוֹם: וַיּוֹסֶף

עוֹד יִפְתָּח וַיִּשְׁלַח מַלְאָכִים אֶל־מֶלֶךְ בְּנֵי עַמּוֹן: וַיֹּאמֶר לוֹ כֹּה

אָמַר יִפְתָּח לֹא־לָקַח יִשְׂרָאֵל אֶת־אֶרֶץ מוֹאָב וְאֶת־אֶרֶץ

בְּנֵי עַמּוֹן: כִּי בַּעֲלוֹתָם מִמִּצְרָיִם וַיֵּלֶךְ יִשְׂרָאֵל בַּמִּדְבָּר עַד־

יַם־סוּף וַיָּבֹא קָדֵשָׁה: וַיִּשְׁלַח יִשְׂרָאֵל מַלְאָכִים ׀ אֶל־מֶלֶךְ

אֱדוֹם ׀ לֵאמֹר אֶעְבְּרָה־נָּא בְאַרְצֶךָ וְלֹא שָׁמַע מֶלֶךְ אֱדוֹם וְגַם

אֶל־מֶלֶךְ מוֹאָב שָׁלַח וְלֹא אָבָה וַיֵּשֶׁב יִשְׂרָאֵל בְּקָדֵשׁ: וַיֵּלֶךְ

בַּמִּדְבָּר וַיָּסָב אֶת־אֶרֶץ אֱדוֹם וְאֶת־אֶרֶץ מוֹאָב וַיָּבֹא מִמִּזְרַח־

שֶׁמֶשׁ לְאֶרֶץ מוֹאָב וַיַּחֲנוּן בְּעֵבֶר אַרְנוֹן וְלֹא־בָאוּ בִּגְבוּל מוֹאָב

כִּי אַרְנוֹן גְּבוּל מוֹאָב: וַיִּשְׁלַח יִשְׂרָאֵל מַלְאָכִים אֶל־סִיחוֹן

מֶלֶךְ־הָאֱמֹרִי מֶלֶךְ חֶשְׁבּוֹן וַיֹּאמֶר לוֹ יִשְׂרָאֵל נַעְבְּרָה־נָּא

בְאַרְצְךָ עַד־מְקוֹמִי: וְלֹא־הֶאֱמִין סִיחוֹן אֶת־יִשְׂרָאֵל עֲבֹר

בִּגְבֻלוֹ וַיֶּאֱסֹף סִיחוֹן אֶת־כָּל־עַמּוֹ וַיַּחֲנוּ בְּיָהְצָה וַיִּלָּחֶם עִם־

יִשְׂרָאֵל: וַיִּתֵּן יְהוָה אֱלֹהֵי־יִשְׂרָאֵל אֶת־סִיחוֹן וְאֶת־כָּל־עַמּוֹ

בְּיַד יִשְׂרָאֵל וַיַּכּוּם וַיִּירַשׁ יִשְׂרָאֵל אֵת כָּל־אֶרֶץ הָאֱמֹרִי יוֹשֵׁב

הָאָרֶץ הַהִיא: וַיִּירְשׁוּ אֵת כָּל־גְּבוּל הָאֱמֹרִי מֵאַרְנוֹן וְעַד־הַיַּבֹּק

וּמִן־הַמִּדְבָּר וְעַד־הַיַּרְדֵּן: וְעַתָּה יְהוָה ׀ אֱלֹהֵי יִשְׂרָאֵל הוֹרִישׁ

אֶת־הָאֱמֹרִי מִפְּנֵי עַמּוֹ יִשְׂרָאֵל וְאַתָּה תִּירָשֶׁנּוּ: הֲלֹא אֵת אֲשֶׁר

יוֹרִישְׁךָ כְּמוֹשׁ אֱלֹהֶיךָ אוֹתוֹ תִירָשׁ וְאֵת כָּל־אֲשֶׁר הוֹרִישׁ יְהוָה

אֱלֹהֵינוּ מִפָּנֵינוּ אוֹתוֹ נִירָשׁ: וְעַתָּה הֲטוֹב טוֹב אַתָּה מִבָּלָק בֶּן־

צִפּוֹר מֶלֶךְ מוֹאָב הֲרוֹב רָב עִם־יִשְׂרָאֵל אִם־נִלְחֹם נִלְחַם בָּם:

בְּשֶׁבֶת יִשְׂרָאֵל בְּחֶשְׁבּוֹן וּבִבְנוֹתֶיהָ וּבְעַרְעוֹר וּבִבְנוֹתֶיהָ וּבְכָל־

to fetch Yiftaḥ out of the land of Tov: and they said to Yiftaḥ, 6
Come, and be our captain, that we may fight with the children of
'Ammon. And Yiftaḥ said to the elders of Gil'ad, Did you not 7
hate me, and expel me out of my father's house? and why have
you come to me now when you are in distress? And the elders 8
of Gil'ad said to Yiftaḥ, Therefore we turn again to thee now,
that thou mayst go with us, and fight against the children of
'Ammon, and be our head over all the inhabitants of Gil'ad.
And Yiftaḥ said to the elders of Gil'ad, If you bring me back 9
home to fight against the children of 'Ammon, and the LORD
deliver them before me, shall I be your head? And the elders 10
of Gil'ad said to Yiftaḥ, The LORD is witness between us, if
we do not so according to thy words. Then Yiftaḥ went with the 11
elders of Gil'ad, and the people made him head and captain
over them: and Yiftaḥ uttered all his words before the LORD in
Miẕpe. And Yiftaḥ sent messengers to the king of the 12
children of 'Ammon, saying, What hast thou to do with me,
that thou art come against me to fight in my land? And the king 13
of the children of 'Ammon answered the messengers of Yiftaḥ,
Because Yisra'el took away my land, when they came up out of
Miẕrayim, from Arnon as far as the Yabboq, and the Yarden:
now therefore restore those lands again peaceably. And Yiftaḥ 14
sent messengers again to the king of the children of 'Ammon:
and said to him, Thus says Yiftaḥ, Yisra'el did not take away 15
the land of Mo'av, nor the land of the children of 'Ammon:
but when Yisra'el came up from Miẕrayim, and walked through 16
the wilderness to the Sea of Suf, and came to Qadesh; then Yis- 17
ra'el sent messengers to the king of Edom, saying, Let me, I
pray thee, pass through thy land: but the king of Edom would
not hearken. And in like manner they sent to the king of Mo'av:
but he would not consent: and so Yisra'el remained in Qadesh.
Then they went along through the wilderness, and went round 18
the land of Edom, and the land of Mo'av, and came by the east
side of the land of Mo'av, and camped on the other side of Arnon,
but came not within the border of Mo'av: for Arnon was the
border of Mo'av. And Yisra'el sent messengers to Siḥon king 19
of the Emori, the king of Ḥeshbon; and Yisra'el said to him, Let
us pass, we pray thee, through thy land to my place. But Siḥon 20
did not trust Yisra'el to pass through his border: but Siḥon
gathered all his people together, and pitched in Yahaẕ and
fought against Yisra'el. And the LORD GOD of Yisra'el delivered 21
Siḥon and all his people into the hand of Yisra'el, and they smote
them: so Yisra'el possessed all the land of the Emori, the in-
habitants of that country. And they possessed all the border of 22
the Emori from Arnon even as far as Yabboq, and from the
wilderness as far as the Yarden. So now the LORD GOD of Yis- 23
ra'el has driven out the Emori from before his people Yisra'el,
and shouldst thou possess their land? Wilt not thou possess 24
that which Kemosh thy god gives thee to possess? So likewise
that which the LORD our GOD has voided before us, that shall we
possess. And now art thou at all better than Balaq the son of 25
Ẕippor, king of Mo'av? did he ever strive against Yisra'el, or
did he ever fight against them, while Yisra'el dwelt in Ḥeshbon 26

הֶעָרִים אֲשֶׁר עַל־יְדֵי אַרְנוֹן שְׁלֹשׁ מֵאוֹת שָׁנָה וּמַדּוּעַ לֹא־
כז הִצַּלְתֶּם בָּעֵת הַהִיא: וְאָנֹכִי לֹא־חָטָאתִי לָךְ וְאַתָּה עֹשֶׂה אִתִּי
רָעָה לְהִלָּחֶם בִּי יִשְׁפֹּט יהוה הַשֹּׁפֵט הַיּוֹם בֵּין בְּנֵי יִשְׂרָאֵל וּבֵין
כח בְּנֵי עַמּוֹן: וְלֹא שָׁמַע מֶלֶךְ בְּנֵי עַמּוֹן אֶל־דִּבְרֵי יִפְתָּח אֲשֶׁר
כט שָׁלַח אֵלָיו: וַתְּהִי עַל־יִפְתָּח רוּחַ יהוה וַיַּעֲבֹר
אֶת־הַגִּלְעָד וְאֶת־מְנַשֶּׁה וַיַּעֲבֹר אֶת־מִצְפֵּה גִלְעָד וּמִמִּצְפֵּה
ל גִלְעָד עָבַר בְּנֵי עַמּוֹן: וַיִּדַּר יִפְתָּח נֶדֶר לַיהוה וַיֹּאמַר אִם־
לא נָתוֹן תִּתֵּן אֶת־בְּנֵי עַמּוֹן בְּיָדִי: וְהָיָה הַיּוֹצֵא אֲשֶׁר יֵצֵא
מִדַּלְתֵי בֵיתִי לִקְרָאתִי בְּשׁוּבִי בְשָׁלוֹם מִבְּנֵי עַמּוֹן וְהָיָה
לַיהוה וְהַעֲלִיתִיהוּ עוֹלָה:
ט וַיַּעֲבֹר יִפְתָּח אֶל־בְּנֵי עַמּוֹן לְהִלָּחֶם בָּם וַיִּתְּנֵם יהוה בְּיָדוֹ:
לב וַיַּכֵּם מֵעֲרוֹעֵר וְעַד־בּוֹאֲךָ מִנִּית עֶשְׂרִים עִיר וְעַד אָבֵל
לג כְּרָמִים מַכָּה גְּדוֹלָה מְאֹד וַיִּכָּנְעוּ בְּנֵי עַמּוֹן מִפְּנֵי בְּנֵי
יִשְׂרָאֵל: וַיָּבֹא יִפְתָּח הַמִּצְפָּה אֶל־בֵּיתוֹ וְהִנֵּה
לד בִתּוֹ יֹצֵאת לִקְרָאתוֹ בְּתֻפִּים וּבִמְחֹלוֹת וְרַק הִיא יְחִידָה אֵין־
לוֹ מִמֶּנּוּ בֵּן אוֹ־בַת: וַיְהִי כִרְאוֹתוֹ אוֹתָהּ וַיִּקְרַע אֶת־בְּגָדָיו
לה וַיֹּאמֶר אֲהָהּ בִּתִּי הַכְרֵעַ הִכְרַעְתִּנִי וְאַתְּ הָיִית בְּעֹכְרָי וְאָנֹכִי
פָּצִיתִי פִי אֶל־יהוה וְלֹא אוּכַל לָשׁוּב: וַתֹּאמֶר אֵלָיו אָבִי
לו פָּצִיתָה אֶת־פִּיךָ אֶל־יהוה עֲשֵׂה לִי כַּאֲשֶׁר יָצָא מִפִּיךָ אַחֲרֵי
לז אֲשֶׁר עָשָׂה לְךָ יהוה נְקָמוֹת מֵאֹיְבֶיךָ מִבְּנֵי עַמּוֹן: וַתֹּאמֶר אֶל־
אָבִיהָ יֵעָשֶׂה לִּי הַדָּבָר הַזֶּה הַרְפֵּה מִמֶּנִּי שְׁנַיִם חֳדָשִׁים וְאֵלְכָה
וְרֵעוֹתָי לח וְיָרַדְתִּי עַל־הֶהָרִים וְאֶבְכֶּה עַל־בְּתוּלַי אָנֹכִי ורעיתי: וַיֹּאמֶר
לֵכִי וַיִּשְׁלַח אוֹתָהּ שְׁנֵי חֳדָשִׁים וַתֵּלֶךְ הִיא וְרֵעוֹתֶיהָ וַתֵּבְךְּ עַל־
לט בְּתוּלֶיהָ עַל־הֶהָרִים: וַיְהִי מִקֵּץ ׀ שְׁנַיִם חֳדָשִׁים וַתָּשָׁב אֶל־אָבִיהָ
וַיַּעַשׂ לָהּ אֶת־נִדְרוֹ אֲשֶׁר נָדָר וְהִיא לֹא־יָדְעָה אִישׁ וַתְּהִי־חֹק
מ בְּיִשְׂרָאֵל: מִיָּמִים ׀ יָמִימָה תֵּלַכְנָה בְּנוֹת יִשְׂרָאֵל לְתַנּוֹת לְבַת־
יב א יִפְתָּח הַגִּלְעָדִי אַרְבַּעַת יָמִים בַּשָּׁנָה: וַיִּצָּעֵק
אִישׁ אֶפְרַיִם וַיַּעֲבֹר צָפוֹנָה וַיֹּאמְרוּ לְיִפְתָּח מַדּוּעַ ׀ עָבַרְתָּ ׀
לְהִלָּחֵם בִּבְנֵי־עַמּוֹן וְלָנוּ לֹא קָרָאתָ לָלֶכֶת עִמָּךְ בֵּיתְךָ נִשְׂרֹף
ב עָלֶיךָ בָּאֵשׁ: וַיֹּאמֶר יִפְתָּח אֲלֵיהֶם אִישׁ רִיב הָיִיתִי אֲנִי וְעַמִּי
וּבְנֵי־עַמּוֹן מְאֹד וָאֶזְעַק אֶתְכֶם וְלֹא־הוֹשַׁעְתֶּם אוֹתִי מִיָּדָם:
ג וָאֶרְאֶה כִּי־אֵינְךָ מוֹשִׁיעַ וָאָשִׂימָה נַפְשִׁי בְכַפִּי וָאֶעְבְּרָה אֶל־
בְּנֵי עַמּוֹן וַיִּתְּנֵם יהוה בְּיָדִי וְלָמָה עֲלִיתֶם אֵלַי הַיּוֹם הַזֶּה
ד לְהִלָּחֶם בִּי: וַיִּקְבֹּץ יִפְתָּח אֶת־כָּל־אַנְשֵׁי גִלְעָד וַיִּלָּחֶם אֶת־
אֶפְרָיִם וַיַּכּוּ אַנְשֵׁי גִלְעָד אֶת־אֶפְרַיִם כִּי אָמְרוּ פְּלִיטֵי אֶפְרַיִם

and its hamlets, and in ʻAr'or and its hamlets, and in all the
cities that are along by the shores of Arnon, for three hundred
years? why did you not recover them within that time? But I 27
have not sinned against thee, but thou doest me wrong to war
against me: the LORD the Judge be judge this day between the
children of Yisra'el and the children of ʻAmmon. Howbeit the 28
king of the children of ʻAmmon did not hearken to the words of
Yiftaẖ which he sent him. Then the spirit of the LORD 29
came upon Yiftaẖ and he passed over Gil'ad, and Menashshe,
and passed over Miẕpe of Gil'ad, and from Miẕpe of Gil'ad he
passed over to the children of ʻAmmon. And Yiftaẖ vowed 30
a vow to the LORD, and said, If thou shalt deliver the children of
ʻAmmon into my hands, then whatever comes out of the doors 31
of my house to meet me, when I return in peace from the child-
ren of ʻAmmon, shall surely be the LORD's, and I will offer it up
for a burnt offering.
So Yiftaẖ passed over to the children of ʻAmmon to fight against 32
them: and the LORD delivered them into his hands. And he smote 33
them from ʻAro'er, as far as Minnit, twenty cities, and as far as
Avel-keramim, with a very great slaughter. Thus the children of
ʻAmmon were subdued before the children of Yisra'el. And 34
Yiftaẖ came to Miẕpe to his house, and, behold, his daughter
came out to meet him with timbrels and with dances: and
she was his only child; beside her he had neither son nor
daughter. And it came to pass, when he saw her, that he rent 35
his clothes, and said, Alas, my daughter! thou hast brought
me very low, and thou hast become the cause of trouble to me:
for I have opened my mouth to the LORD, and I cannot go back.
And she said to him, My father, if thou hast opened thy mouth 36
to the LORD, do to me according to that which has proceeded
out of thy mouth; seeing that the LORD has taken vengeance for
thee of thy enemies, of the children of ʻAmmon. And she said 37
to her father, Let this thing be done for me: let me alone two
months, that I may go and wander down the mountain sides,
and bewail my virginity, I and my friends. And he said, Go. 38
And he sent her away for two months: and she went with her
companions, and wept for her virginity upon the mountains.
And it came to pass at the end of two months, that she re- 39
turned to her father, who did with her according to his vow
which he had vowed: and she knew no man. And it was a
custom in Yisra'el, that the daughters of Yisra'el went yearly 40
to lament the daughter of Yiftaẖ, the Gil'adite four days in the
year. And the men of Efrayim were mustered, and crossed **12**
to Ẕafon, and said to Yiftaẖ, Why didst thou pass over to fight
against the children of ʻAmmon, and didst not call us to go
with thee? we will burn thy house upon thee with fire. And 2
Yiftaẖ said to them, I and my people were at great strife with
the children of ʻAmmon; and when I called you, you delivered
me not out of their hands. And when I saw that you delivered 3
me not, I took my life in my hands, and passed over against
the children of ʻAmmon; and the LORD delivered them into my
hand: why then are you come up to me this day, to fight against
me? Then Yiftaẖ gathered together all the men of Gil'ad and 4

ה אַתֶּם גִּלְעָד בְּתוֹךְ אֶפְרַיִם בְּתוֹךְ מְנַשֶּׁה׃ וַיִּלְכֹּד גִּלְעָד אֶת־
מַעְבְּרוֹת הַיַּרְדֵּן לְאֶפְרָיִם וְהָיָה כִּי יֹאמְרוּ פְּלִיטֵי אֶפְרַיִם
אֶעֱבֹרָה וַיֹּאמְרוּ לוֹ אַנְשֵׁי־גִלְעָד הַאֶפְרָתִי אַתָּה וַיֹּאמֶר ׀
ו לֹא׃ וַיֹּאמְרוּ לוֹ אֱמָר־נָא שִׁבֹּלֶת וַיֹּאמֶר סִבֹּלֶת וְלֹא יָכִין
לְדַבֵּר כֵּן וַיֹּאחֲזוּ אוֹתוֹ וַיִּשְׁחָטוּהוּ אֶל־מַעְבְּרוֹת הַיַּרְדֵּן וַיִּפֹּל
ז בָּעֵת הַהִיא מֵאֶפְרַיִם אַרְבָּעִים וּשְׁנַיִם אָלֶף׃ וַיִּשְׁפֹּט יִפְתָּח
אֶת־יִשְׂרָאֵל שֵׁשׁ שָׁנִים וַיָּמָת יִפְתָּח הַגִּלְעָדִי וַיִּקָּבֵר בְּעָרֵי
ח גִלְעָד׃ וַיִּשְׁפֹּט אַחֲרָיו אֶת־יִשְׂרָאֵל אִבְצָן מִבֵּית
ט לָחֶם׃ וַיְהִי־לוֹ שְׁלֹשִׁים בָּנִים וּשְׁלֹשִׁים בָּנוֹת שִׁלַּח הַחוּצָה
וּשְׁלֹשִׁים בָּנוֹת הֵבִיא לְבָנָיו מִן־הַחוּץ וַיִּשְׁפֹּט אֶת־יִשְׂרָאֵל שֶׁבַע
י שָׁנִים׃ וַיָּמָת אִבְצָן וַיִּקָּבֵר בְּבֵית לָחֶם׃ וַיִּשְׁפֹּט
אַחֲרָיו אֶת־יִשְׂרָאֵל אֵילוֹן הַזְּבוּלֹנִי וַיִּשְׁפֹּט אֶת־יִשְׂרָאֵל
יב עֶשֶׂר שָׁנִים׃ וַיָּמָת אֵילוֹן הַזְּבוּלֹנִי וַיִּקָּבֵר בְּאַיָּלוֹן בְּאֶרֶץ
יג זְבוּלֻן׃ וַיִּשְׁפֹּט אַחֲרָיו אֶת־יִשְׂרָאֵל עַבְדּוֹן בֶּן־
יד הִלֵּל הַפִּרְעָתוֹנִי׃ וַיְהִי־לוֹ אַרְבָּעִים בָּנִים וּשְׁלֹשִׁים בְּנֵי בָנִים
רֹכְבִים עַל־שִׁבְעִים עֲיָרִם וַיִּשְׁפֹּט אֶת־יִשְׂרָאֵל שְׁמֹנֶה שָׁנִים׃
טו וַיָּמָת עַבְדּוֹן בֶּן־הִלֵּל הַפִּרְעָתוֹנִי וַיִּקָּבֵר בְּפִרְעָתוֹן בְּאֶרֶץ
יג א אֶפְרַיִם בְּהַר הָעֲמָלֵקִי׃ וַיֹּסִפוּ בְּנֵי יִשְׂרָאֵל
לַעֲשׂוֹת הָרַע בְּעֵינֵי יְהוָה וַיִּתְּנֵם יְהוָה בְּיַד־פְּלִשְׁתִּים אַרְבָּעִים
ב שָׁנָה׃ וַיְהִי אִישׁ אֶחָד מִצָּרְעָה מִמִּשְׁפַּחַת הַדָּנִי
ג וּשְׁמוֹ מָנוֹחַ וְאִשְׁתּוֹ עֲקָרָה וְלֹא יָלָדָה׃ וַיֵּרָא מַלְאַךְ־יְהוָה אֶל־
הָאִשָּׁה וַיֹּאמֶר אֵלֶיהָ הִנֵּה־נָא אַתְּ־עֲקָרָה וְלֹא יָלַדְתְּ וְהָרִית
ד וְיָלַדְתְּ בֵּן׃ וְעַתָּה הִשָּׁמְרִי נָא וְאַל־תִּשְׁתִּי יַיִן וְשֵׁכָר וְאַל־
ה תֹּאכְלִי כָּל־טָמֵא׃ כִּי הִנָּךְ הָרָה וְיֹלַדְתְּ בֵּן וּמוֹרָה לֹא־יַעֲלֶה
עַל־רֹאשׁוֹ כִּי־נְזִיר אֱלֹהִים יִהְיֶה הַנַּעַר מִן־הַבָּטֶן וְהוּא יָחֵל
ו לְהוֹשִׁיעַ אֶת־יִשְׂרָאֵל מִיַּד פְּלִשְׁתִּים׃ וַתָּבֹא הָאִשָּׁה וַתֹּאמֶר
לְאִישָׁהּ לֵאמֹר אִישׁ הָאֱלֹהִים בָּא אֵלַי וּמַרְאֵהוּ כְּמַרְאֵה מַלְאַךְ
הָאֱלֹהִים נוֹרָא מְאֹד וְלֹא שְׁאִלְתִּיהוּ אֵי־מִזֶּה הוּא וְאֶת־שְׁמוֹ
ז לֹא־הִגִּיד לִי׃ וַיֹּאמֶר לִי הִנָּךְ הָרָה וְיֹלַדְתְּ בֵּן וְעַתָּה אַל־תִּשְׁתִּי ׀
יַיִן וְשֵׁכָר וְאַל־תֹּאכְלִי כָּל־טֻמְאָה כִּי־נְזִיר אֱלֹהִים יִהְיֶה הַנַּעַר
מִן־הַבֶּטֶן עַד־יוֹם מוֹתוֹ׃
ח וַיֶּעְתַּר מָנוֹחַ אֶל־יְהוָה וַיֹּאמַר בִּי אֲדוֹנָי אִישׁ הָאֱלֹהִים אֲשֶׁר
שָׁלַחְתָּ יָבוֹא־נָא עוֹד אֵלֵינוּ וְיוֹרֵנוּ מַה־נַּעֲשֶׂה לַנַּעַר הַיּוּלָּד׃
ט וַיִּשְׁמַע הָאֱלֹהִים בְּקוֹל מָנוֹחַ וַיָּבֹא מַלְאַךְ הָאֱלֹהִים עוֹד אֶל־
י הָאִשָּׁה וְהִיא יוֹשֶׁבֶת בַּשָּׂדֶה וּמָנוֹחַ אִישָׁהּ אֵין עִמָּהּ׃ וַתְּמַהֵר
הָאִשָּׁה וַתָּרָץ וַתַּגֵּד לְאִישָׁהּ וַתֹּאמֶר אֵלָיו הִנֵּה נִרְאָה אֵלַי

fought Efrayim, for they had said, You of Gil'ad are outcasts of
Efrayim amongst Efrayim and amongst Menashshe. And Gil'ad 5
seized the passages of the Yarden before Efrayim: and it was
so, that when the fugitives of Efrayim would say, let me cross;
that the men of Gil'ad would say to him, Art thou an Efratite?
If he said, No; then they said to him, say now Shibbolet: and 6
he said Sibbolet: for he could not frame to pronounce it right.
Then they took him, and slew him at the fords of the Yarden:
and there fell at that time of Efrayim forty two thousand. And 7
Yiftaḥ judged Yisra'el for six years. Then Yiftaḥ the Gil'adite
died, and was buried in one of the cities of Gil'ad. And 8
after him Ivẕan of Bet-leḥem judged Yisra'el. And he had thirty 9
sons, and thirty daughters, whom he sent abroad, and took in
thirty daughters from abroad for his sons. And he judged Yis-
ra'el for seven years. Then died Ivẕan, and was buried at Bet- 10
leḥem. And after him Elon, a Zevulonite, judged Yisra'el, 11
and he judged Yisra'el for ten years. And Elon the Zevulonite died, 12
and was buried in Ayyalon in the country of Zevulun. And 13
after him 'Avdon the son of Hillel, a Pir'atonite, judged Yisra'el.
And he had forty sons and thirty grandsons, that rode on seventy 14
ass colts: and he judged Yisra'el for eight years. And 'Avdon 15
the son of Hillel the Pir'atonite died, and was buried in Pir'aton
in the land of Efrayim, in the mount of the 'Amaleqi. And **13**
the children of Yisra'el continued to do evil in the sight of the
Lord; and the Lord delivered them into the hand of the Pelish-
tim for forty years. And there was a certain man of 2
Ẕor'a, of the family of the Dani, whose name was Manoaḥ; and
his wife was barren, and bore not. And the angel of the Lord 3
appeared to the woman, and said to her, Behold now, thou art
barren, and bearest not: but thou shalt conceive, and bear a son.
Now therefore beware, I pray thee, and drink neither wine nor 4
strong drink, and eat no unclean thing: for, lo, thou shalt con- 5
ceive, and bear a son; and no razor shall come on his head: for
the child shall be a Nazir to God from the womb: and he shall
begin to deliver Yisra'el out of the hand of the Pelishtim. Then 6
the woman came and told her husband, saying, A man of God
came to me, and his appearance was like the appearance of an
angel of God, very terrible: but I asked him not from where he
was, neither did he tell me his name: but he said to me, Behold, 7
thou shalt conceive, and bear a son; and now drink no wine
nor strong drink, neither eat any unclean thing: for the child
shall be a Nazir to God from the womb to the day of his
death.
Then Manoaḥ entreated the Lord, and said, O my Lord, let the 8
man of God whom thou didst send come again to us, and teach
us what we shall do to the child that shall be born. And God 9
hearkened to the voice of Manoaḥ; and the angel of God came
again to the woman as she sat in the field: but Manoaḥ her
husband was not with her. And the woman made haste, and 10
ran, and told her husband, and said to him, Behold, the man

א הָאִישׁ אֲשֶׁר־בָּא בַיּוֹם אֵלָי: וַיָּקָם וַיֵּלֶךְ מָנוֹחַ אַחֲרֵי אִשְׁתּוֹ
וַיָּבֹא אֶל־הָאִישׁ וַיֹּאמֶר לוֹ הַאַתָּה הָאִישׁ אֲשֶׁר־דִּבַּרְתָּ אֶל־
ב הָאִשָּׁה וַיֹּאמֶר אָנִי: וַיֹּאמֶר מָנוֹחַ עַתָּה יָבֹא דְבָרֶיךָ מַה־יִּהְיֶה
ג מִשְׁפַּט־הַנַּעַר וּמַעֲשֵׂהוּ: וַיֹּאמֶר מַלְאַךְ יְהוָה אֶל־מָנוֹחַ מִכֹּל
ד אֲשֶׁר־אָמַרְתִּי אֶל־הָאִשָּׁה תִּשָּׁמֵר: מִכֹּל אֲשֶׁר־יֵצֵא מִגֶּפֶן הַיַּיִן
לֹא תֹאכַל וְיַיִן וְשֵׁכָר אַל־תֵּשְׁתְּ וְכָל־טֻמְאָה אַל־תֹּאכַל כָּל
ה אֲשֶׁר־צִוִּיתִיהָ תִּשְׁמֹר: וַיֹּאמֶר מָנוֹחַ אֶל־מַלְאַךְ יְהוָה נַעְצְרָה־
ו נָא אוֹתָךְ וְנַעֲשֶׂה לְפָנֶיךָ גְּדִי עִזִּים: וַיֹּאמֶר מַלְאַךְ יְהוָה אֶל־
מָנוֹחַ אִם־תַּעְצְרֵנִי לֹא־אֹכַל בְּלַחְמֶךָ וְאִם־תַּעֲשֶׂה עֹלָה לַיהוָה
ז תַּעֲלֶנָּה כִּי לֹא־יָדַע מָנוֹחַ כִּי־מַלְאַךְ יְהוָה הוּא: וַיֹּאמֶר מָנוֹחַ
ח **דָּבָר** אֶל־מַלְאַךְ יְהוָה מִי שְׁמֶךָ כִּי־יָבֹא דְבָרֶיךָ וְכִבַּדְנוּךָ: וַיֹּאמֶר
ט לוֹ מַלְאַךְ יְהוָה לָמָּה זֶּה תִּשְׁאַל לִשְׁמִי וְהוּא־פֶלִאי: וַיִּקַּח מָנוֹחַ
אֶת־גְּדִי הָעִזִּים וְאֶת־הַמִּנְחָה וַיַּעַל עַל־הַצּוּר לַיהוָה וּמַפְלִא
כ לַעֲשׂוֹת וּמָנוֹחַ וְאִשְׁתּוֹ רֹאִים: וַיְהִי בַעֲלוֹת הַלַּהַב מֵעַל הַמִּזְבֵּחַ
הַשָּׁמַיְמָה וַיַּעַל מַלְאַךְ־יְהוָה בְּלַהַב הַמִּזְבֵּחַ וּמָנוֹחַ וְאִשְׁתּוֹ
כא רֹאִים וַיִּפְּלוּ עַל־פְּנֵיהֶם אָרְצָה: וְלֹא־יָסַף עוֹד מַלְאַךְ יְהוָה
לְהֵרָאֹה אֶל־מָנוֹחַ וְאֶל־אִשְׁתּוֹ אָז יָדַע מָנוֹחַ כִּי־מַלְאַךְ יְהוָה
כב הוּא: וַיֹּאמֶר מָנוֹחַ אֶל־אִשְׁתּוֹ מוֹת נָמוּת כִּי אֱלֹהִים רָאִינוּ:
כג וַתֹּאמֶר לוֹ אִשְׁתּוֹ לוּ חָפֵץ יְהוָה לַהֲמִיתֵנוּ לֹא־לָקַח מִיָּדֵנוּ
עֹלָה וּמִנְחָה וְלֹא הֶרְאָנוּ אֶת־כָּל־אֵלֶּה וְכָעֵת לֹא הִשְׁמִיעָנוּ
כד כָּזֹאת: וַתֵּלֶד הָאִשָּׁה בֵּן וַתִּקְרָא אֶת־שְׁמוֹ שִׁמְשׁוֹן וַיִּגְדַּל הַנַּעַר
כה וַיְבָרְכֵהוּ יְהוָה: וַתָּחֶל רוּחַ יְהוָה לְפַעֲמוֹ בְּמַחֲנֵה־דָן בֵּין צָרְעָה
יד א וּבֵין אֶשְׁתָּאֹל: וַיֵּרֶד שִׁמְשׁוֹן תִּמְנָתָה וַיַּרְא
ב אִשָּׁה בְּתִמְנָתָה מִבְּנוֹת פְּלִשְׁתִּים: וַיַּעַל וַיַּגֵּד לְאָבִיו וּלְאִמּוֹ
וַיֹּאמֶר אִשָּׁה רָאִיתִי בְתִמְנָתָה מִבְּנוֹת פְּלִשְׁתִּים וְעַתָּה קְחוּ־
ג אוֹתָהּ לִי לְאִשָּׁה: וַיֹּאמֶר לוֹ אָבִיו וְאִמּוֹ הַאֵין בִּבְנוֹת אַחֶיךָ
וּבְכָל־עַמִּי אִשָּׁה כִּי־אַתָּה הוֹלֵךְ לָקַחַת אִשָּׁה מִפְּלִשְׁתִּים
הָעֲרֵלִים וַיֹּאמֶר שִׁמְשׁוֹן אֶל־אָבִיו אוֹתָהּ קַח־לִי כִּי־הִיא יָשְׁרָה
ד בְעֵינָי: וְאָבִיו וְאִמּוֹ לֹא יָדְעוּ כִּי מֵיְהוָה הִיא כִּי־תֹאֲנָה הוּא־
מְבַקֵּשׁ מִפְּלִשְׁתִּים וּבָעֵת הַהִיא פְּלִשְׁתִּים מֹשְׁלִים בְּיִשְׂרָאֵל:
ה וַיֵּרֶד שִׁמְשׁוֹן וְאָבִיו וְאִמּוֹ תִּמְנָתָה וַיָּבֹאוּ עַד־כַּרְמֵי תִמְנָתָה
ו וְהִנֵּה כְּפִיר אֲרָיוֹת שֹׁאֵג לִקְרָאתוֹ: וַתִּצְלַח עָלָיו רוּחַ יְהוָה
וַיְשַׁסְּעֵהוּ כְּשַׁסַּע הַגְּדִי וּמְאוּמָה אֵין בְּיָדוֹ וְלֹא הִגִּיד לְאָבִיו
ז וּלְאִמּוֹ אֵת אֲשֶׁר עָשָׂה: וַיֵּרֶד וַיְדַבֵּר לָאִשָּׁה וַתִּישַׁר בְּעֵינֵי

has appeared to me, that came to me the other day. And Manoaẖ 11
arose, and went after his wife, and came to the man, and said
to him, Art thou the man that didst speak to the woman? And 12
he said, I am. And Manoaẖ said, Now let thy words come to
pass. What shall be the rule for the child, and what shall be
done with him? And the angel of the Lord said to Manoaẖ, Of 13
all that I said to the woman let her take heed. She may not 14
eat of anything that comes of the vine, neither let her drink
wine or strong drink, nor eat any unclean thing: all that I com-
manded her let her observe. And Manoaẖ said to the angel of 15
the Lord, I pray thee, let us detain thee, until we shall have
made ready a kid for thee. And the angel of the Lord said to 16
Manoaẖ, Though thou detain me, I will not eat of thy bread:
and if thou wilt offer a burnt offering, thou must offer it to the
Lord. For Manoaẖ knew not that he was an angel of the Lord.
And Manoaẖ said to the angel of the Lord, What is thy name, 17
that when thy sayings come to pass we may do thee honour?
And the angel of the Lord said to him, Why askest thou thus 18
after my name, seeing it is hidden? So Manoaẖ took the kid 19
with the meal offering, and offered it upon the rock to the
Lord: and the angel did wondrously, and Manoaẖ and his wife
looked on. For it came to pass, when the flame went up toward 20
heaven from off the altar, that the angel of the Lord ascended
in the flame of the altar. And Manoaẖ and his wife looked on
it, and fell on their faces to the ground. But the angel of the 21
Lord appeared no more to Manoaẖ and to his wife. Then Ma-
noaẖ knew that he was an angel of the Lord. And Manoaẖ said 22
to his wife, We shall surely die, because we have seen God.
But his wife said to him, If the Lord desired to kill us, he would 23
not have received a burnt offering and a meal offering at our
hands, neither would he have shown us all these things, nor
would as at this have told us such things as these. And the 24
woman bore a son, and called his name Shimshon: and the child
grew, and the Lord blessed him. And the spirit of the Lord be- 25
gan to move him in Maẖane-dan between Ẕor'a and Eshta'ol.

14 And Shimshon went down to Timnat, and saw a woman in
2 Timnat of the daughters of the Pelishtim. And he came up, and
told his father and his mother, and said, I have seen a woman in
Timnat of the daughters of the Pelishtim: now therefore get her
for me to wife. Then his father and his mother said to him, Is 3
there no woman among the daughters of thy brethren, or
among all my people, that thou goest to take a wife of the
uncircumcised Pelishtim? And Shimshon said to his father, Get
her for me; for she pleases me well. But his father and his 4
mother knew not that it was of the Lord, that he sought a pre-
text against the Pelishtim: for at that time the Pelishtim had
dominion over Yisra'el. Then Shimshon went down, and his 5
father and his mother, to Timnat, and came to the vineyards of
Timnat: and, behold, a young lion roared against him. And the 6
spirit of the Lord came mightily upon him, and he tore him
as he would have torn a kid, and he had nothing in his hand:
but he told not his father or his mother what he had done. And 7
he went down, and talked with the woman; and she pleased

ח שִׁמְשׁוֹן: וַיָּשָׁב מִיָּמִים לְקַחְתָּהּ וַיָּסַר לִרְאוֹת אֵת מַפֶּלֶת
ט הָאַרְיֵה וְהִנֵּה עֲדַת דְּבוֹרִים בִּגְוִיַּת הָאַרְיֵה וּדְבָשׁ: וַיִּרְדֵּהוּ אֶל־
כַּפָּיו וַיֵּלֶךְ הָלוֹךְ וְאָכֹל וַיֵּלֶךְ אֶל־אָבִיו וְאֶל־אִמּוֹ וַיִּתֵּן לָהֶם
י וַיֹּאכֵלוּ וְלֹא־הִגִּיד לָהֶם כִּי מִגְּוִיַּת הָאַרְיֵה רָדָה הַדְּבָשׁ: וַיֵּרֶד
אָבִיהוּ אֶל־הָאִשָּׁה וַיַּעַשׂ שָׁם שִׁמְשׁוֹן מִשְׁתֶּה כִּי כֵּן יַעֲשׂוּ
יא הַבַּחוּרִים: וַיְהִי כִּרְאוֹתָם אוֹתוֹ וַיִּקְחוּ שְׁלֹשִׁים מֵרֵעִים וַיִּהְיוּ
יב אִתּוֹ: וַיֹּאמֶר לָהֶם שִׁמְשׁוֹן אָחוּדָה־נָּא לָכֶם חִידָה אִם־הַגֵּד
תַּגִּידוּ אוֹתָהּ לִי שִׁבְעַת יְמֵי הַמִּשְׁתֶּה וּמְצָאתֶם וְנָתַתִּי לָכֶם
יג שְׁלֹשִׁים סְדִינִים וּשְׁלֹשִׁים חֲלִפֹת בְּגָדִים: וְאִם־לֹא תוּכְלוּ לְהַגִּיד
לִי וּנְתַתֶּם אַתֶּם לִי שְׁלֹשִׁים סְדִינִים וּשְׁלֹשִׁים חֲלִיפוֹת בְּגָדִים
יד וַיֹּאמְרוּ לוֹ חוּדָה חִידָתְךָ וְנִשְׁמָעֶנָּה: וַיֹּאמֶר לָהֶם מֵהָאֹכֵל יָצָא
מַאֲכָל וּמֵעַז יָצָא מָתוֹק וְלֹא יָכְלוּ לְהַגִּיד הַחִידָה שְׁלֹשֶׁת
טו יָמִים: וַיְהִי ׀ בַּיּוֹם הַשְּׁבִיעִי וַיֹּאמְרוּ לְאֵשֶׁת־שִׁמְשׁוֹן פַּתִּי אֶת־
אִישֵׁךְ וְיַגֶּד־לָנוּ אֶת־הַחִידָה פֶּן־נִשְׂרֹף אוֹתָךְ וְאֶת־בֵּית אָבִיךְ
טז בָּאֵשׁ הַלְיָרְשֵׁנוּ קְרָאתֶם לָנוּ הֲלֹא: וַתֵּבְךְּ אֵשֶׁת שִׁמְשׁוֹן עָלָיו
וַתֹּאמֶר רַק־שְׂנֵאתַנִי וְלֹא אֲהַבְתָּנִי הַחִידָה חַדְתָּ לִבְנֵי עַמִּי
וְלִי לֹא הִגַּדְתָּה וַיֹּאמֶר לָהּ הִנֵּה לְאָבִי וּלְאִמִּי לֹא הִגַּדְתִּי וְלָךְ
יז אַגִּיד: וַתֵּבְךְּ עָלָיו שִׁבְעַת הַיָּמִים אֲשֶׁר־הָיָה לָהֶם הַמִּשְׁתֶּה
וַיְהִי ׀ בַּיּוֹם הַשְּׁבִיעִי וַיַּגֶּד־לָהּ כִּי הֱצִיקַתְהוּ וַתַּגֵּד הַחִידָה לִבְנֵי
יח עַמָּהּ: וַיֹּאמְרוּ לוֹ אַנְשֵׁי הָעִיר בַּיּוֹם הַשְּׁבִיעִי בְּטֶרֶם יָבֹא
הַחַרְסָה מַה־מָּתוֹק מִדְּבַשׁ וּמֶה עַז מֵאֲרִי וַיֹּאמֶר לָהֶם לוּלֵא
יט חֲרַשְׁתֶּם בְּעֶגְלָתִי לֹא מְצָאתֶם חִידָתִי: וַתִּצְלַח עָלָיו רוּחַ יְהוָה
וַיֵּרֶד אַשְׁקְלוֹן וַיַּךְ מֵהֶם ׀ שְׁלֹשִׁים אִישׁ וַיִּקַּח אֶת־חֲלִיצוֹתָם
וַיִּתֵּן הַחֲלִיפוֹת לְמַגִּידֵי הַחִידָה וַיִּחַר אַפּוֹ וַיַּעַל בֵּית אָבִיהוּ:
כ וַתְּהִי אֵשֶׁת שִׁמְשׁוֹן לְמֵרֵעֵהוּ אֲשֶׁר רֵעָה לוֹ:

טו א וַיְהִי
מִיָּמִים בִּימֵי קְצִיר־חִטִּים וַיִּפְקֹד שִׁמְשׁוֹן אֶת־אִשְׁתּוֹ בִּגְדִי
עִזִּים וַיֹּאמֶר אָבֹאָה אֶל־אִשְׁתִּי הֶחָדְרָה וְלֹא־נְתָנוֹ אָבִיהָ
ב לָבוֹא: וַיֹּאמֶר אָבִיהָ אָמֹר אָמַרְתִּי כִּי־שָׂנֹא שְׂנֵאתָהּ וָאֶתְּנֶנָּה
לְמֵרֵעֶךָ הֲלֹא אֲחוֹתָהּ הַקְּטַנָּה טוֹבָה מִמֶּנָּה תְּהִי־נָא לְךָ
ג תַּחְתֶּיהָ: וַיֹּאמֶר לָהֶם שִׁמְשׁוֹן נִקֵּיתִי הַפַּעַם מִפְּלִשְׁתִּים כִּי־
ד עֹשֶׂה אֲנִי עִמָּם רָעָה: וַיֵּלֶךְ שִׁמְשׁוֹן וַיִּלְכֹּד שְׁלֹשׁ־מֵאוֹת
שׁוּעָלִים וַיִּקַּח לַפִּדִים וַיֶּפֶן זָנָב אֶל־זָנָב וַיָּשֶׂם לַפִּיד אֶחָד בֵּין־
ה שְׁנֵי הַזְּנָבוֹת בַּתָּוֶךְ: וַיַּבְעֶר־אֵשׁ בַּלַּפִּידִים וַיְשַׁלַּח בְּקָמוֹת

Shimshon well. And after a time he returned to take her, and 8
he turned aside to see the carcass of the lion: and, behold, there
was a swarm of bees and honey in the carcass of the lion. And 9
he scraped it out in his hands, and went on his way, eating,
and came to his father and mother, and he gave them, and
they did eat: but he told them not that he had taken the honey
out of the carcass of the lion. So his father went down to the 10
woman: and Shimshon made there a feast; for so used the
young men to do. And it came to pass, when they saw him, that 11
they brought thirty companions to be with him. And Shimshon 12
said to them, I will now propound a riddle to you: if you can
declare it me within the seven days of the feast, and find it out,
then I will give you thirty sheets and thirty changes of gar-
ments: but if you cannot declare it me, then you shall give me 13
thirty sheets and thirty changes of garments. And they said to
him, Propound thy riddle, that we may hear it. And he said to 14
them, Out of the eater came forth food, and out of the strong
came forth sweetness. And they could not in three days ex-
pound the riddle. And it came to pass on the seventh day, that 15
they said to Shimshon's wife, Entice thy husband, that he may
declare to us the riddle, lest we burn thee and thy father's
house with fire: have you called us to take possession of our
goods? And Shimshon's wife wept before him, and said, Thou 16
dost but hate me, and lovest me not: thou hast propounded a
riddle to the children of my people, and hast not told it me.
And he said to her, Behold, I have not told it my father nor
my mother and shall I tell it thee? And she wept before him 17
the seven days, while their feast lasted: and it came to pass
on the seventh day, that he told her, because she harassed him:
and she told the riddle to the children of her people. And the 18
men of the city said to him on the seventh day before the sun
went down, What is sweeter than honey? and what is stronger
than a lion? And he said to them, If you had not ploughed with
my heifer, you would not have found out my riddle. And the 19
spirit of the Lord came upon him, and he went down to Ash-
qelon, and slew thirty men of them, and took their clothing,
and gave the changes of garments to them who had expounded
the riddle. And his anger burned, and he went up to his father's
house. But Shimshon's wife was given to his companion, whom 20
he had as his friend. But it came to pass after a **15**
while, in the time of wheat harvest, that Shimshon visited his
wife with a kid; and he said, I will go in to my wife into the
chamber. But her father would not permit him to go in. And 2
her father said, I thought indeed that thou didst hate her; there-
fore I gave her to thy companion: is not her younger sister
fairer than she? take her, I pray thee, instead of her. And 3
Shimshon said concerning them, Now shall I be blameless in
regard to the Pelishtim, when I do them a mischief. And Shim- 4
shon went and caught three hundred foxes, and took torches,
and turned tail to tail, and put a torch in the midst between two
tails. And when he had set the torches on fire, he let them go 5
into the standing corn of the Pelishtim, and burnt up both the
shocks, and also the standing corn, together with the olive-

פְּלִשְׁתִּים וַיַּבְעֵר מִגָּדִישׁ וְעַד־קָמָה וְעַד־כֶּרֶם זָיִת: וַיֹּאמְרוּ א
פְלִשְׁתִּים מִי עָשָׂה זֹאת וַיֹּאמְרוּ שִׁמְשׁוֹן חֲתַן הַתִּמְנִי כִּי לָקַח
אֶת־אִשְׁתּוֹ וַיִּתְּנָהּ לְמֵרֵעֵהוּ וַיַּעֲלוּ פְלִשְׁתִּים וַיִּשְׂרְפוּ אוֹתָהּ
וְאֶת־אָבִיהָ בָּאֵשׁ: וַיֹּאמֶר לָהֶם שִׁמְשׁוֹן אִם־תַּעֲשׂוּן כָּזֹאת כִּי ז
אִם־נִקַּמְתִּי בָכֶם וְאַחַר אֶחְדָּל: וַיַּךְ אוֹתָם שׁוֹק עַל־יָרֵךְ מַכָּה ח
גְדוֹלָה וַיֵּרֶד וַיֵּשֶׁב בִּסְעִיף סֶלַע עֵיטָם: ‏‏וַיַּעֲלוּ ט
פְלִשְׁתִּים וַיַּחֲנוּ בִּיהוּדָה וַיִּנָּטְשׁוּ בַּלֶּחִי: וַיֹּאמְרוּ אִישׁ יְהוּדָה י
לָמָה עֲלִיתֶם עָלֵינוּ וַיֹּאמְרוּ לֶאֱסוֹר אֶת־שִׁמְשׁוֹן עָלִינוּ לַעֲשׂוֹת
לוֹ כַּאֲשֶׁר עָשָׂה לָנוּ וַיֵּרְדוּ שְׁלֹשֶׁת אֲלָפִים אִישׁ מִיהוּדָה אֶל־ יא
סְעִיף סֶלַע עֵיטָם וַיֹּאמְרוּ לְשִׁמְשׁוֹן הֲלֹא יָדַעְתָּ כִּי־מֹשְׁלִים בָּנוּ
פְלִשְׁתִּים וּמַה־זֹּאת עָשִׂיתָ לָּנוּ וַיֹּאמֶר לָהֶם כַּאֲשֶׁר עָשׂוּ לִי כֵּן
עָשִׂיתִי לָהֶם: וַיֹּאמְרוּ לוֹ לֶאֱסָרְךָ יָרַדְנוּ לְתִתְּךָ בְּיַד־פְּלִשְׁתִּים יב
וַיֹּאמֶר לָהֶם שִׁמְשׁוֹן הִשָּׁבְעוּ לִי פֶּן־תִּפְגְּעוּן בִּי אַתֶּם: וַיֹּאמְרוּ יג
לוֹ לֵאמֹר לֹא כִּי־אָסֹר נֶאֱסָרְךָ וּנְתַנּוּךָ בְיָדָם וְהָמֵת לֹא נְמִיתֶךָ
וַיַּאַסְרֻהוּ בִּשְׁנַיִם עֲבֹתִים חֲדָשִׁים וַיַּעֲלוּהוּ מִן־הַסָּלַע: הוּא־בָא יד
עַד־לֶחִי וּפְלִשְׁתִּים הֵרִיעוּ לִקְרָאתוֹ וַתִּצְלַח עָלָיו רוּחַ יְהוָה
וַתִּהְיֶינָה הָעֲבֹתִים אֲשֶׁר עַל־זְרוֹעוֹתָיו כַּפִּשְׁתִּים אֲשֶׁר בָּעֲרוּ
בָאֵשׁ וַיִּמַּסּוּ אֱסוּרָיו מֵעַל יָדָיו: וַיִּמְצָא לְחִי־חֲמוֹר טְרִיָּה וַיִּשְׁלַח טו
יָדוֹ וַיִּקָּחֶהָ וַיַּךְ־בָּהּ אֶלֶף אִישׁ: וַיֹּאמֶר שִׁמְשׁוֹן בִּלְחִי הַחֲמוֹר טז
חֲמוֹר חֲמֹרָתָיִם בִּלְחִי הַחֲמוֹר הִכֵּיתִי אֶלֶף אִישׁ: וַיְהִי כְּכַלֹּתוֹ יז
לְדַבֵּר וַיַּשְׁלֵךְ הַלְּחִי מִיָּדוֹ וַיִּקְרָא לַמָּקוֹם הַהוּא רָמַת לֶחִי:
וַיִּצְמָא מְאֹד וַיִּקְרָא אֶל־יְהוָה וַיֹּאמַר אַתָּה נָתַתָּ בְיַד־עַבְדְּךָ יח
אֶת־הַתְּשׁוּעָה הַגְּדֹלָה הַזֹּאת וְעַתָּה אָמוּת בַּצָּמָא וְנָפַלְתִּי בְּיַד
הָעֲרֵלִים: וַיִּבְקַע אֱלֹהִים אֶת־הַמַּכְתֵּשׁ אֲשֶׁר־בַּלֶּחִי וַיֵּצְאוּ מִמֶּנּוּ יט
מַיִם וַיֵּשְׁתְּ וַתָּשָׁב רוּחוֹ וַיֶּחִי עַל־כֵּן קָרָא שְׁמָהּ עֵין הַקּוֹרֵא
אֲשֶׁר בַּלֶּחִי עַד הַיּוֹם הַזֶּה: וַיִּשְׁפֹּט אֶת־יִשְׂרָאֵל בִּימֵי פְלִשְׁתִּים כ
עֶשְׂרִים שָׁנָה: ‏‏וַיֵּלֶךְ שִׁמְשׁוֹן עַזָּתָה וַיַּרְא־שָׁם טז א
אִשָּׁה זוֹנָה וַיָּבֹא אֵלֶיהָ: לַעַזָּתִים ׀ לֵאמֹר בָּא שִׁמְשׁוֹן הֵנָּה ב
וַיָּסֹבּוּ וַיֶּאֶרְבוּ־לוֹ כָל־הַלַּיְלָה בְּשַׁעַר הָעִיר וַיִּתְחָרְשׁוּ כָל־
הַלַּיְלָה לֵאמֹר עַד־אוֹר הַבֹּקֶר וַהֲרַגְנֻהוּ: וַיִּשְׁכַּב שִׁמְשׁוֹן עַד־ ג
חֲצִי הַלַּיְלָה וַיָּקָם בַּחֲצִי הַלַּיְלָה וַיֶּאֱחֹז בְּדַלְתוֹת שַׁעַר־הָעִיר
וּבִשְׁתֵּי הַמְּזוּזוֹת וַיִּסָּעֵם עִם־הַבְּרִיחַ וַיָּשֶׂם עַל־כְּתֵפָיו וַיַּעֲלֵם
אֶל־רֹאשׁ הָהָר אֲשֶׁר עַל־פְּנֵי חֶבְרוֹן: ‏‏וַיְהִי ד
אַחֲרֵי־כֵן וַיֶּאֱהַב אִשָּׁה בְּנַחַל שֹׂרֵק וּשְׁמָהּ דְּלִילָה: וַיַּעֲלוּ ה
אֵלֶיהָ סַרְנֵי פְלִשְׁתִּים וַיֹּאמְרוּ לָהּ פַּתִּי אוֹתוֹ וּרְאִי בַּמֶּה כֹּחוֹ

yards. Then the Pelishtim said, Who has done this? And they 6
answered, Shimshon, the son in law of the Timni, because he
had taken his wife, and given her to his companion. And the
Pelishtim went up, and burnt her and her father with fire. And 7
Shimshon said to them, If this is what you have done, I will be
avenged on you, and after that I will cease. And he smote them 8
hip and thigh with a great slaughter : and he went down and
dwelt in the cleft of the rock 'Etam.   Then the Pelishtim 9
went up, and pitched in Yehuda, and ranged themselves against
Leḥi. And the men of Yehuda said, Why are you come up 10
against us? And they answered, To bind Shimshon are we come
up, to do to him as he has done to us. Then three thousand 11
men of Yehuda went to the cleft of the rock 'Etam, and said
to Shimshon, Knowst thou not that the Pelishtim are rulers
over us? what is this that thou hast done to us? And he said
to them, As they did to me, so have I done to them. And they 12
said to him, We have come down to bind thee, that we may
deliver thee into the hand of the Pelishtim. And Shimshon said
to them, Swear to me, that you will not fall upon me yourselves.
And they spoke to him, saying, No; but we will bind thee fast, 13
and deliver thee into their hand: but surely we will not kill
thee. And they bound him with two new cords, and brought
him up from the rock. And when he came to Leḥi, the Pelish- 14
tim shouted against him: and the spirit of the LORD came
mightily upon him : and the cords that were upon his arms
became as flax that was burnt with fire, and his bands melted
from off his hands. And he found a new jawbone of an ass, 15
and put out his hand, and took it, and slew a thousand men
with it. And Shimshon said, With the jawbone of an ass, heaps 16
upon heaps ; with the jaw of an ass have I slain a thousand
men. And it came to pass, when he had made an end of 17
speaking, that he cast away the jawbone out of his hand, and
called that place Ramat-leḥi. And he was very thirsty, and 18
called on the LORD, and said, Thou hast given this great deliver-
ance into the hand of thy servant: and now shall I die of thirst,
and fall into the hand of the uncircumcised? But GOD split the 19
hollow place that was in Leḥi, and water came out; and when
he had drunk, his spirit was restored, and he revived : therefore
he called the name of it 'En-haqqore, which is in Leḥi to this
day. And he judged Yisra'el in the days of the Pelishtim for 20
twenty years.   Then Shimshon went to 'Azza, and saw there a **16**
harlot, and went in to her. And it was told the 'Azzatim, saying, 2
Shimshon has come here. And they surrounded him, and laid
wait for him all night in the gate of the city, and were quiet all
the night, saying, In the morning, when it is day, we shall kill
him. And Shimshon lay till midnight, and arose at midnight, and 3
took the doors of the gate of the city, and the two posts, and
went away with them, bar and all, and put them upon his
shoulders, and carried them up to the top of the hill that is
before Ḥevron.   And it came to pass afterwards, that he loved 4
a woman in the wadi of Soreq, whose name was Delila. And 5
the lords of the Pelishtim came up to her, and said to her,
Entice him, and see in what his great strength lies, and by what

גָּדוֹל וּבַמֶּה נוּכַל לוֹ וַאֲסַרְנֻהוּ לְעַנֹּתוֹ וַאֲנַחְנוּ נִתַּן־לָךְ אִישׁ
ו אֶלֶף וּמֵאָה כָּסֶף׃ וַתֹּאמֶר דְּלִילָה אֶל־שִׁמְשׁוֹן הַגִּידָה־נָּא
ז לִי בַּמֶּה כֹּחֲךָ גָדוֹל וּבַמֶּה תֵאָסֵר לְעַנּוֹתֶךָ׃ וַיֹּאמֶר אֵלֶיהָ
שִׁמְשׁוֹן אִם־יַאַסְרֻנִי בְּשִׁבְעָה יְתָרִים לַחִים אֲשֶׁר לֹא־חֹרָבוּ
ח וְחָלִיתִי וְהָיִיתִי כְּאַחַד הָאָדָם׃ וַיַּעֲלוּ־לָהּ סַרְנֵי פְלִשְׁתִּים שִׁבְעָה
ט יְתָרִים לַחִים אֲשֶׁר לֹא־חֹרָבוּ וַתַּאַסְרֵהוּ בָּהֶם׃ וְהָאֹרֵב יֹשֵׁב
לָהּ בַּחֶדֶר וַתֹּאמֶר אֵלָיו פְּלִשְׁתִּים עָלֶיךָ שִׁמְשׁוֹן וַיְנַתֵּק אֶת־
הַיְתָרִים כַּאֲשֶׁר יִנָּתֵק פְּתִיל־הַנְּעֹרֶת בַּהֲרִיחוֹ אֵשׁ וְלֹא נוֹדַע
י כֹּחוֹ׃ וַתֹּאמֶר דְּלִילָה אֶל־שִׁמְשׁוֹן הִנֵּה הֵתַלְתָּ בִּי וַתְּדַבֵּר אֵלַי
יא כְּזָבִים עַתָּה הַגִּידָה־נָּא לִי בַּמֶּה תֵּאָסֵר׃ וַיֹּאמֶר אֵלֶיהָ אִם־
אָסוֹר יַאַסְרוּנִי בַּעֲבֹתִים חֲדָשִׁים אֲשֶׁר לֹא־נַעֲשָׂה בָהֶם מְלָאכָה
יב וְחָלִיתִי וְהָיִיתִי כְּאַחַד הָאָדָם׃ וַתִּקַּח דְּלִילָה עֲבֹתִים חֲדָשִׁים
וַתַּאַסְרֵהוּ בָהֶם וַתֹּאמֶר אֵלָיו פְּלִשְׁתִּים עָלֶיךָ שִׁמְשׁוֹן וְהָאֹרֵב
יג יֹשֵׁב בֶּחָדֶר וַיְנַתְּקֵם מֵעַל זְרֹעֹתָיו כַּחוּט׃ וַתֹּאמֶר דְּלִילָה אֶל־
שִׁמְשׁוֹן עַד־הֵנָּה הֵתַלְתָּ בִּי וַתְּדַבֵּר אֵלַי כְּזָבִים הַגִּידָה לִּי בַּמֶּה
תֵּאָסֵר וַיֹּאמֶר אֵלֶיהָ אִם־תַּאַרְגִי אֶת־שֶׁבַע מַחְלְפוֹת רֹאשִׁי
יד עִם־הַמַּסָּכֶת׃ וַתִּתְקַע בַּיָּתֵד וַתֹּאמֶר אֵלָיו פְּלִשְׁתִּים עָלֶיךָ
שִׁמְשׁוֹן וַיִּיקַץ מִשְּׁנָתוֹ וַיִּסַּע אֶת־הַיְתַד הָאֶרֶג וְאֶת־הַמַּסָּכֶת׃
טו וַתֹּאמֶר אֵלָיו אֵיךְ תֹּאמַר אֲהַבְתִּיךְ וְלִבְּךָ אֵין אִתִּי זֶה שָׁלֹשׁ
טז פְּעָמִים הֵתַלְתָּ בִּי וְלֹא־הִגַּדְתָּ לִּי בַּמֶּה כֹּחֲךָ גָדוֹל׃ וַיְהִי כִּי־
הֵצִיקָה לּוֹ בִדְבָרֶיהָ כָּל־הַיָּמִים וַתְּאַלֲצֵהוּ וַתִּקְצַר נַפְשׁוֹ לָמוּת׃
יז וַיַּגֶּד־לָהּ אֶת־כָּל־לִבּוֹ וַיֹּאמֶר לָהּ מוֹרָה לֹא־עָלָה עַל־רֹאשִׁי
כִּי־נְזִיר אֱלֹהִים אֲנִי מִבֶּטֶן אִמִּי אִם־גֻּלַּחְתִּי וְסָר מִמֶּנִּי כֹחִי
יח וְחָלִיתִי וְהָיִיתִי כְּכָל־הָאָדָם׃ וַתֵּרֶא דְלִילָה כִּי־הִגִּיד לָהּ אֶת־
כָּל־לִבּוֹ וַתִּשְׁלַח וַתִּקְרָא לְסַרְנֵי פְלִשְׁתִּים לֵאמֹר עֲלוּ הַפַּעַם
כִּי־הִגִּיד לה אֶת־כָּל־לִבּוֹ וְעָלוּ אֵלֶיהָ סַרְנֵי פְלִשְׁתִּים וַיַּעֲלוּ לִי
יט הַכֶּסֶף בְּיָדָם׃ וַתְּיַשְּׁנֵהוּ עַל־בִּרְכֶּיהָ וַתִּקְרָא לָאִישׁ וַתְּגַלַּח אֶת־
כ שֶׁבַע מַחְלְפוֹת רֹאשׁוֹ וַתָּחֶל לְעַנּוֹתוֹ וַיָּסַר כֹּחוֹ מֵעָלָיו׃ וַתֹּאמֶר
פְּלִשְׁתִּים עָלֶיךָ שִׁמְשׁוֹן וַיִּקַץ מִשְּׁנָתוֹ וַיֹּאמֶר אֵצֵא כְּפַעַם
כא בְּפַעַם וְאִנָּעֵר וְהוּא לֹא יָדַע כִּי יְהוָה סָר מֵעָלָיו׃ וַיֹּאחֲזוּהוּ
פְלִשְׁתִּים וַיְנַקְּרוּ אֶת־עֵינָיו וַיּוֹרִידוּ אוֹתוֹ עַזָּתָה וַיַּאַסְרוּהוּ
כב בַּנְחֻשְׁתַּיִם וַיְהִי טוֹחֵן בְּבֵית האסירים׃ וַיָּחֶל שְׂעַר־רֹאשׁוֹ הָאֲסוּרִים
כג לְצַמֵּחַ כַּאֲשֶׁר גֻּלָּח׃ וְסַרְנֵי פְלִשְׁתִּים נֶאֱסְפוּ לִזְבֹּחַ
זֶבַח־גָּדוֹל לְדָגוֹן אֱלֹהֵיהֶם וּלְשִׂמְחָה וַיֹּאמְרוּ נָתַן אֱלֹהֵינוּ בְּיָדֵנוּ

means we may prevail against him, that we may bind him and torture him: and we will give thee every one of us eleven hundred pieces of silver. And Delila said to Shimshon, Tell me, 6 I pray thee, in what thy great strength lies, and with what thou mightest be bound and tortured. And Shimshon said to 7 her, If they bind me with seven fresh bowstrings that were never dried, then shall I be weak, and be as another man. Then the lords of the Pelishtim brought up to her seven fresh 8 bowstrings which had not been dried, and she bound him with them. Now there were men lying in wait, abiding with her in 9 the chamber. And she said to him, The Pelishtim are upon thee, Shimshon. And he broke the bowstrings, as a thread of tow is broken when it touches the fire. So his strength was not known. And Delila said to Shimshon, Behold, thou hast mocked me, 10 and told me lies: now tell me, I pray thee, with what thou mightest be bound. And he said to her, If they bind me fast 11 with new ropes that have never been used for work, then shall I be weak, and be as another man. Delila therefore took 12 new ropes, and bound him with them, and said to him, The Pelishtim are upon thee, Shimshon. And there were liers in wait abiding in the chamber. And he broke them from off his arms like string. And Delila said to Shimshon, Hitherto thou hast 13 mocked me, and told me lies: tell me with what thou mightest be bound. And he said to her, If thou weavest the seven locks of my head with the web of the loom. And she fastened it with 14 the pin, and said to him, The Pelishtim are upon thee, Shimshon. And he awoke out of his sleep, and went away with the pin of the loom, and with the web. And she said to him, How 15 canst thou say, I love thee, when thy heart is not with me? thou hast mocked me these three times, and hast not told me in what thy great strength lies. And it came to pass, when she 16 harassed him daily with her words, and urged him, so that he was sick to death; that he told her all his heart, and said to 17 her, There has not come a razor upon my head; for I have been a Nazir to GOD from my mother's womb: if I am shaved, then my strength will go from me, and I shall become weak, and be like any other man. And when Delila saw that he had 18 told her all his heart, she sent and called for the lords of the Pelishtim, saying, Come up this once, for he has shown me all his heart. Then the lords of the Pelishtim came up to her, and brought money in their hand. And she made him sleep upon 19 her knees; and she called for a man, and she caused him to shave off the seven locks of his head; and she began to torment him, and his strength went from him. And she said, The Pe- 20 lishtim are upon thee, Shimshon. And he awoke out of his sleep, and said, I will go out as at other times before, and shake myself. And he knew not that the LORD was departed from him. But the Pelishtim took him, and bored out his eyes, and 21 brought him down to 'Azza, and bound him with fetters of brass, and he ground at the mill in the prison house. But the 22 hair of his head began to grow again after he was shaved.

Then the lords of the Pelishtim gathered together to offer a 23 great sacrifice to Dagon their god, and to rejoice: for they

כד אֶת שִׁמְשׁוֹן אוֹיְבֵנוּ׃ וַיִּרְאוּ אֹתוֹ הָעָם וַיְהַלְלוּ אֶת־אֱלֹהֵיהֶם
כִּי אָמְרוּ נָתַן אֱלֹהֵינוּ בְיָדֵנוּ אֶת־אוֹיְבֵנוּ וְאֵת מַחֲרִיב אַרְצֵנוּ
כה וַאֲשֶׁר הִרְבָּה אֶת־חֲלָלֵינוּ׃ וַיְהִי כִּי טוֹב לִבָּם וַיֹּאמְרוּ קִרְאוּ כטוב
לְשִׁמְשׁוֹן וִישַׂחֶק־לָנוּ וַיִּקְרְאוּ לְשִׁמְשׁוֹן מִבֵּית הָאֲסִירִים וַיְצַחֵק הָאֲסוּרִים
כו לִפְנֵיהֶם וַיַּעֲמִידוּ אוֹתוֹ בֵּין הָעַמּוּדִים׃ וַיֹּאמֶר שִׁמְשׁוֹן אֶל־
הַנַּעַר הַמַּחֲזִיק בְּיָדוֹ הַנִּיחָה אוֹתִי וְהִימִשֵׁנִי אֶת־הָעַמֻּדִים אֲשֶׁר וַהֲמִשֵּׁנִי
כז הַבַּיִת נָכוֹן עֲלֵיהֶם וְאֶשָּׁעֵן עֲלֵיהֶם׃ וְהַבַּיִת מָלֵא הָאֲנָשִׁים
וְהַנָּשִׁים וְשָׁמָּה כֹּל סַרְנֵי פְלִשְׁתִּים וְעַל־הַגָּג כִּשְׁלֹשֶׁת אֲלָפִים
כח אִישׁ וְאִשָּׁה הָרֹאִים בִּשְׂחוֹק שִׁמְשׁוֹן׃ וַיִּקְרָא שִׁמְשׁוֹן אֶל־יְהוָה
וַיֹּאמַר אֲדֹנָי יֱהֹוִה זָכְרֵנִי נָא וְחַזְּקֵנִי נָא אַךְ הַפַּעַם הַזֶּה הָאֱלֹהִים
כט וְאִנָּקְמָה נְקַם־אַחַת מִשְּׁתֵי עֵינַי מִפְּלִשְׁתִּים׃ וַיִּלְפֹּת שִׁמְשׁוֹן
אֶת־שְׁנֵי ׀ עַמּוּדֵי הַתָּוֶךְ אֲשֶׁר הַבַּיִת נָכוֹן עֲלֵיהֶם וַיִּסָּמֵךְ עֲלֵיהֶם
ל אֶחָד בִּימִינוֹ וְאֶחָד בִּשְׂמֹאלוֹ׃ וַיֹּאמֶר שִׁמְשׁוֹן תָּמוֹת נַפְשִׁי עִם־
פְּלִשְׁתִּים וַיֵּט בְּכֹחַ וַיִּפֹּל הַבַּיִת עַל־הַסְּרָנִים וְעַל־כָּל־הָעָם
אֲשֶׁר־בּוֹ וַיִּהְיוּ הַמֵּתִים אֲשֶׁר הֵמִית בְּמוֹתוֹ רַבִּים מֵאֲשֶׁר
לא הֵמִית בְּחַיָּיו׃ וַיֵּרְדוּ אֶחָיו וְכָל־בֵּית אָבִיהוּ וַיִּשְׂאוּ אֹתוֹ וַיַּעֲלוּ ׀
וַיִּקְבְּרוּ אוֹתוֹ בֵּין צָרְעָה וּבֵין אֶשְׁתָּאֹל בְּקֶבֶר מָנוֹחַ אָבִיו וְהוּא
יז א שָׁפַט אֶת־יִשְׂרָאֵל עֶשְׂרִים שָׁנָה׃ וַיְהִי־אִישׁ
ב מֵהַר־אֶפְרָיִם וּשְׁמוֹ מִיכָיְהוּ׃ וַיֹּאמֶר לְאִמּוֹ אֶלֶף וּמֵאָה הַכֶּסֶף
אֲשֶׁר לֻקַּח־לָךְ וְאַתְּי אָלִית וְגַם אָמַרְתְּ בְּאָזְנַי הִנֵּה־הַכֶּסֶף אִתִּי וְאַתְּ
ג אֲנִי לְקַחְתִּיו וַתֹּאמֶר אִמּוֹ בָּרוּךְ בְּנִי לַיהוָה׃ וַיָּשֶׁב אֶת־אֶלֶף־
וּמֵאָה הַכֶּסֶף לְאִמּוֹ וַתֹּאמֶר אִמּוֹ הַקְדֵּשׁ הִקְדַּשְׁתִּי אֶת־הַכֶּסֶף
לַיהוָה מִיָּדִי לִבְנִי לַעֲשׂוֹת פֶּסֶל וּמַסֵּכָה וְעַתָּה אֲשִׁיבֶנּוּ לָךְ׃
ד וַיָּשֶׁב אֶת־הַכֶּסֶף לְאִמּוֹ וַתִּקַּח אִמּוֹ מָאתַיִם כֶּסֶף וַתִּתְּנֵהוּ
ה לַצּוֹרֵף וַיַּעֲשֵׂהוּ פֶּסֶל וּמַסֵּכָה וַיְהִי בְּבֵית מִיכָיְהוּ׃ וְהָאִישׁ מִיכָה
לוֹ בֵּית אֱלֹהִים וַיַּעַשׂ אֵפוֹד וּתְרָפִים וַיְמַלֵּא אֶת־יַד אַחַד
ו מִבָּנָיו וַיְהִי־לוֹ לְכֹהֵן׃ בַּיָּמִים הָהֵם אֵין מֶלֶךְ בְּיִשְׂרָאֵל אִישׁ
ז הַיָּשָׁר בְּעֵינָיו יַעֲשֶׂה׃ וַיְהִי־נַעַר מִבֵּית לֶחֶם
ח יְהוּדָה מִמִּשְׁפַּחַת יְהוּדָה וְהוּא לֵוִי וְהוּא גָר־שָׁם׃ וַיֵּלֶךְ הָאִישׁ
מֵהָעִיר מִבֵּית לֶחֶם יְהוּדָה לָגוּר בַּאֲשֶׁר יִמְצָא וַיָּבֹא הַר־
ט אֶפְרַיִם עַד־בֵּית מִיכָה לַעֲשׂוֹת דַּרְכּוֹ׃ וַיֹּאמֶר־לוֹ מִיכָה מֵאַיִן
תָּבוֹא וַיֹּאמֶר אֵלָיו לֵוִי אָנֹכִי מִבֵּית לֶחֶם יְהוּדָה וְאָנֹכִי הֹלֵךְ
י לָגוּר בַּאֲשֶׁר אֶמְצָא׃ וַיֹּאמֶר לוֹ מִיכָה שְׁבָה עִמָּדִי וֶהְיֵה־לִי

said, Our god has delivered Shimshon our enemy into our
hand. And when the people saw him, they praised their god: 24
for they said, Our god has delivered into our hands our
enemy, and the destroyer of our country, and one who slew
many of us. And it came to pass, when their hearts were merry, 25
that they said, Call for Shimshon, that he may make sport
for us. And they called for Shimshon out of the prison house;
and he made sport for them: and they set him between the
pillars. And Shimshon said to the lad that held him by the 26
hand, Leave me alone, and let me feel the pillars on which the
house is fixed, that I may lean upon them. Now the house was 27
full of men and women; and all the lords of the Pelishtim were
there; and there were upon the roof about three thousand men
and women, that beheld while Shimshon made sport. And 28
Shimshon called to the LORD, and said, O LORD GOD, remem-
ber me, I pray thee, and strengthen me, I pray thee, only this
once, O GOD, that I may be avenged on the Pelishtim for one
of my two eyes. And Shimshon took hold of the two central 29
pillars upon which the house stood, and he supported himself
on them, on the one with his right hand, and on the other
with his left. And Shimshon said, Let me die with the Pelish- 30
tim. And he bowed with all his might; and the house fell upon
the lords, and upon all the people that were in it. So the dead
whom he slew at his death were more than those whom he
slew in his life. Then his brethren and all the house of his 31
father came down, and took him, and brought him up, and
buried him between Ẕor'a and Eshta'ol in the buryingplace
of Manoaḥ his father. And he judged Yisra'el for twenty years.

And there was a man of mount Efrayim, whose name was **17**
Mikhayehu. And he said to his mother, The eleven hundred 2
shekels of silver that were taken from thee, about which thou
didst pronounce a curse, uttering it also in my ears, behold,
the silver is with me; I took it. And his mother said, Blessed
be thou of the LORD, my son. And when he had restored the 3
eleven hundred shekels of silver to his mother, his mother
said, I had wholly dedicated the silver to the LORD from my
hand for my son, to make a carved and a molten idol: now
therefore I will restore it to thee. And when he had given back 4
the money to his mother, his mother took two hundred she-
kels of silver, and gave them to the founder, who made of it
a carved and a molten idol: and they were in the house of
Mikhayehu. And the man Mikha had a shrine, and made an 5
efod, and terafim, and consecrated one of his sons, who be-
came his priest. In those days there was no king in Yisra'el, 6
but every man did that which was right in his own eyes.

And there was a young man out of Bet-leḥem-yehuda of the 7
family of Yehuda, who was a Levite, and he sojourned there.
And the man departed out of the city, from Bet-leḥem-yehuda 8
to sojourn where he could find a place: and he came to mount
Efrayim to the house of Mikha, as he journeyed. And Mikha 9
said to him, from where hast thou come? And he said to him,
I am a Levite of Bet-leḥem-yehuda, and I go to sojourn where
I may find a place. And Mikha said to him, Dwell with me, 10

לְאָב וּלְכֹהֵן וְאָנֹכִי אֶתֶּן־לְךָ עֲשֶׂרֶת כֶּסֶף לַיָּמִים וְעֵרֶךְ בְּגָדִים
וּמִחְיָתֶךָ וַיֵּלֶךְ הַלֵּוִי: וַיּוֹאֶל הַלֵּוִי לָשֶׁבֶת אֶת־הָאִישׁ וַיְהִי הַנַּעַר יא

לוֹ כְּאַחַד מִבָּנָיו: וַיְמַלֵּא מִיכָה אֶת־יַד הַלֵּוִי וַיְהִי־לוֹ הַנַּעַר יב

לְכֹהֵן וַיְהִי בְּבֵית מִיכָה: וַיֹּאמֶר מִיכָה עַתָּה יָדַעְתִּי כִּי־יֵיטִיב יג

יְהוָה לִי כִּי הָיָה־לִי הַלֵּוִי לְכֹהֵן: בַּיָּמִים הָהֵם אֵין מֶלֶךְ א

בְּיִשְׂרָאֵל וּבַיָּמִים הָהֵם שֵׁבֶט הַדָּנִי מְבַקֶּשׁ־לוֹ נַחֲלָה לָשֶׁבֶת

כִּי לֹא־נָפְלָה לּוֹ עַד־הַיּוֹם הַהוּא בְּתוֹךְ־שִׁבְטֵי יִשְׂרָאֵל

בְּנַחֲלָה: וַיִּשְׁלְחוּ בְנֵי־דָן ׀ מִמִּשְׁפַּחְתָּם חֲמִשָּׁה ב

אֲנָשִׁים מִקְצוֹתָם אֲנָשִׁים בְּנֵי־חַיִל מִצָּרְעָה וּמֵאֶשְׁתָּאֹל לְרַגֵּל

אֶת־הָאָרֶץ וּלְחָקְרָהּ וַיֹּאמְרוּ אֲלֵהֶם לְכוּ חִקְרוּ אֶת־הָאָרֶץ

וַיָּבֹאוּ הַר־אֶפְרַיִם עַד־בֵּית מִיכָה וַיָּלִינוּ שָׁם: הֵמָּה עִם־בֵּית ג

מִיכָה וְהֵמָּה הִכִּירוּ אֶת־קוֹל הַנַּעַר הַלֵּוִי וַיָּסוּרוּ שָׁם וַיֹּאמְרוּ

לוֹ מִי־הֱבִיאֲךָ הֲלֹם וּמָה־אַתָּה עֹשֶׂה בָּזֶה וּמַה־לְּךָ פֹה: וַיֹּאמֶר ד

אֲלֵהֶם כָּזֶה וְכָזֶה עָשָׂה לִי מִיכָה וַיִּשְׂכְּרֵנִי וָאֱהִי־לוֹ לְכֹהֵן:

וַיֹּאמְרוּ לוֹ שְׁאַל־נָא בֵאלֹהִים וְנֵדְעָה הֲתַצְלִיחַ דַּרְכֵּנוּ אֲשֶׁר ה

אֲנַחְנוּ הֹלְכִים עָלֶיהָ: וַיֹּאמֶר לָהֶם הַכֹּהֵן לְכוּ לְשָׁלוֹם נֹכַח ו

יְהוָה דַּרְכְּכֶם אֲשֶׁר תֵּלְכוּ־בָהּ: וַיֵּלְכוּ חֲמֵשֶׁת ז

הָאֲנָשִׁים וַיָּבֹאוּ לָיְשָׁה וַיִּרְאוּ אֶת־הָעָם אֲשֶׁר־בְּקִרְבָּהּ יוֹשֶׁבֶת־

לָבֶטַח כְּמִשְׁפַּט צִדֹנִים שֹׁקֵט ׀ וּבֹטֵחַ וְאֵין־מַכְלִים דָּבָר בָּאָרֶץ

יוֹרֵשׁ עֶצֶר וּרְחֹקִים הֵמָּה מִצִּדֹנִים וְדָבָר אֵין־לָהֶם עִם־אָדָם:

וַיָּבֹאוּ אֶל־אֲחֵיהֶם צָרְעָה וְאֶשְׁתָּאֹל וַיֹּאמְרוּ לָהֶם אֲחֵיהֶם מָה ח

אַתֶּם: וַיֹּאמְרוּ קוּמָה וְנַעֲלֶה עֲלֵיהֶם כִּי רָאִינוּ אֶת־הָאָרֶץ וְהִנֵּה ט

טוֹבָה מְאֹד וְאַתֶּם מַחְשִׁים אַל־תֵּעָצְלוּ לָלֶכֶת לָבֹא לָרֶשֶׁת

אֶת־הָאָרֶץ: כְּבֹאֲכֶם תָּבֹאוּ ׀ אֶל־עַם בֹּטֵחַ וְהָאָרֶץ רַחֲבַת י

יָדַיִם כִּי־נְתָנָהּ אֱלֹהִים בְּיֶדְכֶם מָקוֹם אֲשֶׁר אֵין־שָׁם מַחְסוֹר

כָּל־דָּבָר אֲשֶׁר בָּאָרֶץ: וַיִּסְעוּ מִשָּׁם מִמִּשְׁפַּחַת הַדָּנִי מִצָּרְעָה יא

וּמֵאֶשְׁתָּאֹל שֵׁשׁ־מֵאוֹת אִישׁ חָגוּר כְּלֵי מִלְחָמָה: וַיַּעֲלוּ וַיַּחֲנוּ יב

בְּקִרְיַת יְעָרִים בִּיהוּדָה עַל־כֵּן קָרְאוּ לַמָּקוֹם הַהוּא מַחֲנֵה־דָן

עַד הַיּוֹם הַזֶּה הִנֵּה אַחֲרֵי קִרְיַת יְעָרִים: וַיַּעַבְרוּ מִשָּׁם הַר־ יג

אֶפְרַיִם וַיָּבֹאוּ עַד־בֵּית מִיכָה: וַיַּעֲנוּ חֲמֵשֶׁת הָאֲנָשִׁים הַהֹלְכִים יד

לְרַגֵּל אֶת־הָאָרֶץ לַיִשׁ וַיֹּאמְרוּ אֶל־אֲחֵיהֶם הַיְדַעְתֶּם כִּי יֵשׁ

בַּבָּתִּים הָאֵלֶּה אֵפוֹד וּתְרָפִים וּפֶסֶל וּמַסֵּכָה וְעַתָּה דְּעוּ מַה־

תַּעֲשׂוּ: וַיָּסוּרוּ שָׁמָּה וַיָּבֹאוּ אֶל־בֵּית־הַנַּעַר הַלֵּוִי בֵּית מִיכָה טו

וַיִּשְׁאֲלוּ־לוֹ לְשָׁלוֹם: וְשֵׁשׁ־מֵאוֹת אִישׁ חֲגוּרִים כְּלֵי מִלְחַמְתָּם טז

נִצָּבִים פֶּתַח הַשָּׁעַר אֲשֶׁר מִבְּנֵי־דָן: וַיַּעֲלוּ חֲמֵשֶׁת הָאֲנָשִׁים יז

הַהֹלְכִים לְרַגֵּל אֶת־הָאָרֶץ בָּאוּ שָׁמָּה לָקְחוּ אֶת־הַפֶּסֶל וְאֶת־

and be to me a father and a priest, and I will give thee ten
shekels of silver by the year, and a suit of apparel, and thy
sustenance. So the Levite went in. And the Levite was con- 11
tent to dwell with the man; and the young man was to him
like one of his sons. And Mikha appointed the Levite; and 12
the young man became his priest, and was in the house of
Mikha. Then Mikha said, Now I know that the LORD will do 13
me good, seeing that I have a Levite for a priest. In those days **18**
there was no king in Yisra'el: and in those days the tribe of
the Dani sought for itself an inheritance to dwell in; for to
that day a due inheritance had not fallen to their share among
the tribes of Yisra'el.   And the children of Dan sent of their 2
family five men from their chieftains, men of valour, from
Zor'a, and from Eshta'ol, to spy out the land, and to search
it; and they said to them, Go, search the land: who when they
came to mount Efrayim, to the house of Mikha, they lodged
there. When they were by the house of Mikha, they knew 3
the voice of the young man the Levite: and they turned aside
there, and said to him, Who brought thee here? and what doest
thou in this place? and what hast thou here? And he said to 4
them, Thus and thus has Mikha done for me, and has hired me,
and I am his priest. And they said to him, Ask counsel, we 5
pray thee, of GOD, that we may know whether our way which
we go shall be prosperous. And the priest said to them, Go in 6
peace: the way you go is before the LORD.   Then the five 7
men departed, and came to Layish, and saw the people that
were there, how they dwelt in safety, after the manner of the
Zidonim, quiet and secure; and there was no one in the land
that put them to shame in any thing; such as a hereditary
ruler, and they were far from the Zidonim, and had no busi-
ness with any man. And they came to their brethren to Zor'a 8
and Eshta'ol: and their brethren said to them, What say you?
And they said, Arise, that we may go up against them: for 9
we have seen the land, and, behold, it is very good: and are
you idle? be not slothful to go, and to enter and possess the
land. When you go, you shall come to an unsuspecting people, 10
and to a broad land: for GOD has given it into your hands; a
place where there is no want of any thing that is in the earth.
And from there went out of the family of the Dani, out of 11
Zor'a and out of Eshta'ol, six hundred men girded with wea-
pons of war. And they went up, and pitched in Qiryat-ye'arim, 12
in Yehuda: therefore they called that place Mahane-dan to
this day: behold, it is behind Qiryat-ye'arim. And they passed 13
from there to mount Efrayim, and came to the house of Mikha.
Then answered the five men that went to spy out the country 14
of Layish, and said to their brethren, Do you know that there
is in these houses an efod, and terafim, and a carved and
a molten idol? now therefore consider what you have to do.
And they turned aside there, and came to the house of the 15
young man the Levite, to the house of Mikha, and greeted
him. And the six hundred men girded with their weapons of 16
war, who were of the children of Dan, stood by the entrance
of the gate. And the five men that went to spy out the land 17

הָאֵפֹוד וְאֶת־הַתְּרָפִים וְאֶת־הַמַּסֵּכָה וְהַכֹּהֵן נִצָּב פֶּתַח הַשָּׁעַר

וְשֵׁשׁ־מֵאֹות הָאִישׁ הֶחָגוּר כְּלֵי הַמִּלְחָמָה: וְאֵלֶּה בָּאוּ בֵּית   יח

מִיכָה וַיִּקְחוּ אֶת־פֶּסֶל הָאֵפֹוד וְאֶת־הַתְּרָפִים וְאֶת־הַמַּסֵּכָה

וַיֹּאמֶר אֲלֵיהֶם הַכֹּהֵן מֶה אַתֶּם עֹשִׂים: וַיֹּאמְרוּ לֹו הַחֲרֵשׁ שִׂים־   יט

יָדְךָ עַל־פִּיךָ וְלֵךְ עִמָּנוּ וֶהְיֵה־לָנוּ לְאָב וּלְכֹהֵן הֲטֹוב ׀ הֱיֹותְךָ

כֹהֵן לְבֵית אִישׁ אֶחָד אֹו הֱיֹותְךָ כֹהֵן לְשֵׁבֶט וּלְמִשְׁפָּחָה

בְּיִשְׂרָאֵל: וַיִּיטַב לֵב הַכֹּהֵן וַיִּקַּח אֶת־הָאֵפֹוד וְאֶת־הַתְּרָפִים   כ

וְאֶת־הַפָּסֶל וַיָּבֹא בְּקֶרֶב הָעָם: וַיִּפְנוּ וַיֵּלֵכוּ וַיָּשִׂימוּ אֶת־הַטַּף   כא

וְאֶת־הַמִּקְנֶה וְאֶת־הַכְּבוּדָּה לִפְנֵיהֶם: הֵמָּה הִרְחִיקוּ מִבֵּית   כב

מִיכָה וְהָאֲנָשִׁים אֲשֶׁר בַּבָּתִּים אֲשֶׁר עִם־בֵּית מִיכָה נִזְעֲקוּ

וַיַּדְבִּיקוּ אֶת־בְּנֵי־דָן: וַיִּקְרְאוּ אֶל־בְּנֵי־דָן וַיַּסֵּבּוּ פְּנֵיהֶם וַיֹּאמְרוּ   כג

לְמִיכָה מַה־לְּךָ כִּי נִזְעָקְתָּ: וַיֹּאמֶר אֶת־אֱלֹהַי אֲשֶׁר־עָשִׂיתִי   כד

לְקַחְתֶּם וְאֶת־הַכֹּהֵן וַתֵּלְכוּ וּמַה־לִּי עֹוד וּמַה־זֶּה תֹּאמְרוּ אֵלַי

מַה־לָּךְ: וַיֹּאמְרוּ אֵלָיו בְּנֵי־דָן אַל־תַּשְׁמַע קֹולְךָ עִמָּנוּ פֶּן־   כה

יִפְגְּעוּ בָכֶם אֲנָשִׁים מָרֵי נֶפֶשׁ וְאָסַפְתָּה נַפְשְׁךָ וְנֶפֶשׁ בֵּיתֶךָ:

וַיֵּלְכוּ בְנֵי־דָן לְדַרְכָּם וַיַּרְא מִיכָה כִּי־חֲזָקִים הֵמָּה מִמֶּנּוּ וַיִּפֶן   כו

וַיָּשָׁב אֶל־בֵּיתֹו: וְהֵמָּה לָקְחוּ אֵת אֲשֶׁר־עָשָׂה מִיכָה וְאֶת־   כז

הַכֹּהֵן אֲשֶׁר הָיָה־לֹו וַיָּבֹאוּ עַל־לַיִשׁ עַל־עַם שֹׁקֵט וּבֹטֵחַ וַיַּכּוּ

אֹותָם לְפִי־חָרֶב וְאֶת־הָעִיר שָׂרְפוּ בָאֵשׁ: וְאֵין מַצִּיל כִּי   כח

רְחֹוקָה־הִיא מִצִּידֹון וְדָבָר אֵין־לָהֶם עִם־אָדָם וְהִיא בָּעֵמֶק

אֲשֶׁר לְבֵית־רְחֹוב וַיִּבְנוּ אֶת־הָעִיר וַיֵּשְׁבוּ בָהּ: וַיִּקְרְאוּ שֵׁם־   כט

הָעִיר דָּן בְּשֵׁם דָּן אֲבִיהֶם אֲשֶׁר יוּלַּד לְיִשְׂרָאֵל וְאוּלָם לַיִשׁ

שֵׁם־הָעִיר לָרִאשֹׁנָה: וַיָּקִימוּ לָהֶם בְּנֵי־דָן אֶת־הַפָּסֶל וִיהֹונָתָן   ל

בֶּן־גֵּרְשֹׁם בֶּן־מְנַשֶּׁה הוּא וּבָנָיו הָיוּ כֹהֲנִים לְשֵׁבֶט הַדָּנִי עַד־

יֹום גְּלֹות הָאָרֶץ: וַיָּשִׂימוּ לָהֶם אֶת־פֶּסֶל מִיכָה אֲשֶׁר עָשָׂה   לא

כָּל־יְמֵי הֱיֹות בֵּית־הָאֱלֹהִים בְּשִׁלֹה: וַיְהִי   א   יט

בַּיָּמִים הָהֵם וּמֶלֶךְ אֵין בְּיִשְׂרָאֵל וַיְהִי ׀ אִישׁ לֵוִי גָּר בְּיַרְכְּתֵי

הַר־אֶפְרַיִם וַיִּקַּח־לֹו אִשָּׁה פִילֶגֶשׁ מִבֵּית לֶחֶם יְהוּדָה: וַתִּזְנֶה   ב

עָלָיו פִּילַגְשֹׁו וַתֵּלֶךְ מֵאִתֹּו אֶל־בֵּית אָבִיהָ אֶל־בֵּית לֶחֶם

יְהוּדָה וַתְּהִי־שָׁם יָמִים אַרְבָּעָה חֳדָשִׁים: וַיָּקָם אִישָׁהּ וַיֵּלֶךְ   ג

אַחֲרֶיהָ לְדַבֵּר עַל־לִבָּהּ לַהֲשִׁיבֹו וְנַעֲרֹו עִמֹּו וְצֶמֶד חֲמֹרִים   לַהֲשִׁיבָהּ

וַתְּבִיאֵהוּ בֵּית אָבִיהָ וַיִּרְאֵהוּ אֲבִי הַנַּעֲרָה וַיִּשְׂמַח לִקְרָאתֹו:

וַיֶּחֱזַק־בֹּו חֹתְנֹו אֲבִי הַנַּעֲרָה וַיֵּשֶׁב אִתֹּו שְׁלֹשֶׁת יָמִים וַיֹּאכְלוּ   ד

went up, and came in there, and took the carved idol, and the
efod, and the terafim, and the molten image: and the priest
stood in the entrance of the gate with the six hundred men
girded with weapons of war. And these went to Mikha's 18
house, and fetched the carving, the efod, and the terafim,
and the molten image. Then said the priest to them, What are
you doing? And they said to him, Hold thy peace, lay thy 19
hand upon thy mouth, and go with us, and be to us a father
and a priest: is it better for thee to be a priest to the house
of one man, or that thou be a priest to a whole tribe and a
family in Yisra'el? And the priest's heart was glad, and he 20
took the efod, and the terafim, and the carved idol, and went
in the midst of the people. So they turned and departed, and 21
put the little ones and the cattle and the goods before them.
And when they were a good way from the house of Mikha, 22
the men that were in the houses near to Mikha's house mus-
tered and overtook the children of Dan. And they cried to the 23
children of Dan. And they turned their faces, and said to
Mikha, What ails thee, that thou comest with such a com-
pany? And he said, you have taken away my gods which I 24
made, and the priest, and you have gone away: and what have
I more? and how then do you say to me, What ails thee? And 25
the children of Dan said to him, Do not raise thy voice among
us, lest angry fellows run upon thee, and thou lose thy life,
with the lives of thy household. And the children of Dan 26
went their way: and when Mikha saw that they were too
strong for him, he turned and went back to his house. And 27
they took the things which Mikha had made, and the priest
which he had, and came upon Layish, upon a quiet and un-
suspecting people: and they smote them with the edge of the
sword, and burnt the city with fire. And there was no deli- 28
verer, because it was far from Ẕidon, and they had no busi-
ness with any man; and it was in the valley that lies by Bet-
reẖov. And they built a city, and dwelt in it. And they called 29
the name of the city Dan, after the name of Dan their father,
who was born to Yisra'el: but the name of the city at first
was Layish. And the children of Dan set up the carving: and 30
Yehonatan, the son of Gershom, the son of Menashshe, he and
his sons were priests to the tribe of Dan until the day of the
captivity of the land. And they set up for themselves Mikha's 31
carving, which he had made, all the time that the house of God
was in Shilo. And it came to pass in those days, when **19**
there was no king in Yisra'el that there was a certain Levite
sojourning on the far side of mount Efrayim, who took to him
a concubine out of Bet-leẖem-yehuda. And his concubine was 2
faithless to him, and went away from him to her father's
house to Bet-leẖem-yehuda, and was there four whole months.
And her husband arose, and went after her, to speak kindly 3
to her, and to bring her back, having his servant with him,
and a couple of asses: and she brought him into her father's
house: and when the father of the girl saw him, he rejoiced
to meet him. And his father in law, the girl's father, detained 4
him; and he abode with him three days: so they did eat and

ה וַיֵּשְׁבוּ וַיֹּאכְלוּ שָׁם: וַיְהִי בַּיּוֹם הָרְבִיעִי וַיַּשְׁכִּימוּ בַבֹּקֶר וַיָּקָם לָלֶכֶת וַיֹּאמֶר אֲבִי הַנַּעֲרָה אֶל־חֲתָנוֹ סְעָד לִבְּךָ פַּת־לֶחֶם

ו וְאַחַר תֵּלֵכוּ: וַיֵּשְׁבוּ וַיֹּאכְלוּ שְׁנֵיהֶם יַחְדָּו וַיֵּשְׁתּוּ וַיֹּאמֶר אֲבִי הַנַּעֲרָה אֶל־הָאִישׁ הוֹאֶל־נָא וְלִין וְיִיטַב לִבֶּךָ:

ז וַיָּקָם הָאִישׁ לָלֶכֶת וַיִּפְצַר־בּוֹ חֹתְנוֹ וַיָּשָׁב וַיָּלֶן שָׁם: וַיַּשְׁכֵּם בַּבֹּקֶר בַּיּוֹם הַחֲמִישִׁי לָלֶכֶת וַיֹּאמֶר ׀ אֲבִי הַנַּעֲרָה סְעָד־נָא לְבָבְךָ

ח וְהִתְמַהְמְהוּ עַד־נְטוֹת הַיּוֹם וַיֹּאכְלוּ שְׁנֵיהֶם: וַיָּקָם הָאִישׁ לָלֶכֶת

ט הוּא וּפִילַגְשׁוֹ וְנַעֲרוֹ וַיֹּאמֶר לוֹ חֹתְנוֹ אֲבִי הַנַּעֲרָה הִנֵּה נָא רָפָה הַיּוֹם לַעֲרוֹב לִינוּ־נָא הִנֵּה חֲנוֹת הַיּוֹם לִין פֹּה וְיִיטַב לְבָבֶךָ וְהִשְׁכַּמְתֶּם מָחָר לְדַרְכְּכֶם וְהָלַכְתָּ לְאֹהָלֶךָ: וְלֹא־אָבָה

י הָאִישׁ לָלוּן וַיָּקָם וַיֵּלֶךְ וַיָּבֹא עַד־נֹכַח יְבוּס הִיא יְרוּשָׁלִָם וְעִמּוֹ צֶמֶד חֲמוֹרִים חֲבוּשִׁים וּפִילַגְשׁוֹ עִמּוֹ: הֵם עִם־יְבוּס וְהַיּוֹם רַד

יא מְאֹד וַיֹּאמֶר הַנַּעַר אֶל־אֲדֹנָיו לְכָה־נָּא וְנָסוּרָה אֶל־עִיר־

יב הַיְבוּסִי הַזֹּאת וְנָלִין בָּהּ: וַיֹּאמֶר אֵלָיו אֲדֹנָיו לֹא נָסוּר אֶל־עִיר נָכְרִי אֲשֶׁר לֹא־מִבְּנֵי יִשְׂרָאֵל הֵנָּה וְעָבַרְנוּ עַד־גִּבְעָה:

יג וַיֹּאמֶר לְנַעֲרוֹ לֵךְ וְנִקְרְבָה בְּאַחַד הַמְּקֹמוֹת וְלַנּוּ בַגִּבְעָה אוֹ

יד בָרָמָה: וַיַּעַבְרוּ וַיֵּלֵכוּ וַתָּבֹא לָהֶם הַשֶּׁמֶשׁ אֵצֶל הַגִּבְעָה אֲשֶׁר

טו לְבִנְיָמִן: וַיָּסֻרוּ שָׁם לָבוֹא לָלוּן בַּגִּבְעָה וַיָּבֹא וַיֵּשֶׁב בִּרְחֹב הָעִיר וְאֵין אִישׁ מְאַסֵּף־אוֹתָם הַבַּיְתָה לָלוּן: וְהִנֵּה ׀ אִישׁ זָקֵן

טז בָּא מִן־מַעֲשֵׂהוּ מִן־הַשָּׂדֶה בָּעֶרֶב וְהָאִישׁ מֵהַר אֶפְרַיִם וְהוּא־גָר בַּגִּבְעָה וְאַנְשֵׁי הַמָּקוֹם בְּנֵי יְמִינִי: וַיִּשָּׂא עֵינָיו וַיַּרְא אֶת־

יז הָאִישׁ הָאֹרֵחַ בִּרְחֹב הָעִיר וַיֹּאמֶר הָאִישׁ הַזָּקֵן אָנָה תֵלֵךְ

יח וּמֵאַיִן תָּבוֹא: וַיֹּאמֶר אֵלָיו עֹבְרִים אֲנַחְנוּ מִבֵּית־לֶחֶם יְהוּדָה עַד־יַרְכְּתֵי הַר־אֶפְרַיִם מִשָּׁם אָנֹכִי וָאֵלֵךְ עַד־בֵּית לֶחֶם יְהוּדָה וְאֶת־בֵּית יְהוָה אֲנִי הֹלֵךְ וְאֵין אִישׁ מְאַסֵּף אוֹתִי

יט הַבָּיְתָה: וְגַם־תֶּבֶן גַּם־מִסְפּוֹא יֵשׁ לַחֲמוֹרֵינוּ וְגַם לֶחֶם וָיַיִן יֶשׁ־

יג לִי וְלַאֲמָתֶךָ וְלַנַּעַר עִם־עֲבָדֶיךָ אֵין מַחְסוֹר כָּל־דָּבָר: וַיֹּאמֶר

כ הָאִישׁ הַזָּקֵן שָׁלוֹם לָךְ רַק כָּל־מַחְסוֹרְךָ עָלָי רַק בָּרְחוֹב אַל־

וּיבֵל תָּלַן: וַיְבִיאֵהוּ לְבֵיתוֹ וַיָּבָל לַחֲמוֹרִים וַיִּרְחֲצוּ רַגְלֵיהֶם וַיֹּאכְלוּ

כא

כב וַיִּשְׁתּוּ: הֵמָּה מֵיטִיבִים אֶת־לִבָּם וְהִנֵּה אַנְשֵׁי הָעִיר אַנְשֵׁי בְנֵי־ בְלִיַּעַל נָסַבּוּ אֶת־הַבַּיִת מִתְדַּפְּקִים עַל־הַדָּלֶת וַיֹּאמְרוּ אֶל־

drink, and lodged there. And it came to pass on the fourth   5
day, that they arose early in the morning, and he rose up to
depart : and the girl's father said to his son in law, Refresh
thy heart with a morsel of bread, and afterwards go your
way. And they sat down, and did eat and drink both of them   6
together: for the girl's father had said to the man, Be content,
I pray thee, and tarry all night, and let thy heart be merry.
And when the man rose up to depart, his father in law urged   7
him: therefore he lodged there again. And he arose early in   8
the morning on the fifth day to depart: and the girl's father
said, Refresh thy heart, I pray thee, and delay until the after-
noon, and they did eat both of them. And when the man rose   9
up to depart, he, and his concubine, and his servant, his father
in law, the girl's father, said to him, Behold, now the day
draws towards evening, I pray you stay the night : behold the
day comes to an end ; stay here the night, and thy heart may be
merry ; and tomorrow get you early on your way, that thou
mayst go home. But the man would not tarry that night, but   10
he rose up and departed, and came over against Yevus, which
is Yerushalayim ; and there were with him two asses saddled ;
his concubine also was with him. And when they were by   11
Yevus, the day was far spent; and the servant said to his
master, Come, I pray thee, and let us turn in into this city of
the Yevusi, and we will spend the night here. But his master   12
said to him, We will not turn aside here into the city of a
stranger, that is not of the children of Yisra'el; we will pass
over to Giv'a. And he said to his servant, Come, and let us   13
draw near to one of these places to lodge all night, in Giv'a,
or in Rama. And they passed on and went their way; and the   14
sun went down upon them when they were by Giv'a, which
belongs to Binyamin. And they turned aside there to go in   15
and to lodge in Giv'a: and when he went in, he sat down in
the open place of the city: for there was no man that took
them into his house to lodge the night. And, behold, there   16
came an old man from his work out of the field at evening,
who was also of mount Efrayim ; and he sojourned in Giv'a :
but the men of the place were Beneyamini. And he lifted up   17
his eyes, and saw a traveller in the open place of the city :
and the old man said, Where dost thou go, and where hast
thou come from? And he said to him, We are passing from   18
Bet-leḥem-yehuda and on to the far side of mount Efrayim ;
I am from there : and I went to Bet-leḥem-yehuda, but I am
now going to the house of the Lord; and there is no man that
receives me in his house. Yet there is both straw and proven-   19
der for our asses; and there is bread and wine also for me,
and for thy handmaid, and for the young man who is with
thy servants: there is no want of any thing. And the old man   20
said, Peace be with thee; only let all thy wants lie upon me;
but lodge not in the street. So he brought him into his house,   21
and gave fodder to the asses: and they washed their feet, and
did eat and drink. Now as they were gladdening their hearts,   22
behold, the men of the city, worthless men, beset the house
round about, and beat at the door, and spoke to the master

הָאִישׁ בַּעַל הַבַּיִת הַזָּקֵן לֵאמֹר הוֹצֵא אֶת־הָאִישׁ אֲשֶׁר־בָּא
אֶל־בֵּיתְךָ וְנֵדָעֶנּוּ׃ וַיֵּצֵא אֲלֵיהֶם הָאִישׁ בַּעַל הַבַּיִת וַיֹּאמֶר כג
אֲלֵהֶם אַל־אַחַי אַל־תָּרֵעוּ נָא אַחֲרֵי אֲשֶׁר־בָּא הָאִישׁ הַזֶּה
אֶל־בֵּיתִי אַל־תַּעֲשׂוּ אֶת־הַנְּבָלָה הַזֹּאת׃ הִנֵּה בִתִּי הַבְּתוּלָה כד
וּפִילַגְשֵׁהוּ אוֹצִיאָה־נָּא אוֹתָם וְעַנּוּ אוֹתָם וַעֲשׂוּ לָהֶם הַטּוֹב
בְּעֵינֵיכֶם וְלָאִישׁ הַזֶּה לֹא תַעֲשׂוּ דְּבַר הַנְּבָלָה הַזֹּאת׃ וְלֹא־ כה
אָבוּ הָאֲנָשִׁים לִשְׁמֹעַ לוֹ וַיַּחֲזֵק הָאִישׁ בְּפִילַגְשׁוֹ וַיֹּצֵא אֲלֵיהֶם
הַחוּץ וַיֵּדְעוּ אוֹתָהּ וַיִּתְעַלְּלוּ־בָהּ כָּל־הַלַּיְלָה עַד־הַבֹּקֶר
כַּעֲלוֹת וַיְשַׁלְּחוּהָ בַּעֲלוֹת הַשָּׁחַר׃ וַתָּבֹא הָאִשָּׁה לִפְנוֹת הַבֹּקֶר וַתִּפֹּל כו
פֶּתַח בֵּית־הָאִישׁ אֲשֶׁר־אֲדוֹנֶיהָ שָּׁם עַד־הָאוֹר׃ וַיָּקָם אֲדֹנֶיהָ כז
בַּבֹּקֶר וַיִּפְתַּח דַּלְתוֹת הַבַּיִת וַיֵּצֵא לָלֶכֶת לְדַרְכּוֹ וְהִנֵּה הָאִשָּׁה
פִילַגְשׁוֹ נֹפֶלֶת פֶּתַח הַבַּיִת וְיָדֶיהָ עַל־הַסַּף׃ וַיֹּאמֶר אֵלֶיהָ קוּמִי כח
וְנֵלֵכָה וְאֵין עֹנֶה וַיִּקָּחֶהָ עַל־הַחֲמוֹר וַיָּקָם הָאִישׁ וַיֵּלֶךְ לִמְקֹמוֹ׃
וַיָּבֹא אֶל־בֵּיתוֹ וַיִּקַּח אֶת־הַמַּאֲכֶלֶת וַיַּחֲזֵק בְּפִילַגְשׁוֹ וַיְנַתְּחֶהָ כט
לַעֲצָמֶיהָ לִשְׁנֵים עָשָׂר נְתָחִים וַיְשַׁלְּחֶהָ בְּכֹל גְּבוּל יִשְׂרָאֵל׃
וְהָיָה כָל־הָרֹאֶה וְאָמַר לֹא־נִהְיְתָה וְלֹא־נִרְאֲתָה כָּזֹאת לְמִיּוֹם ל
עֲלוֹת בְּנֵי־יִשְׂרָאֵל מֵאֶרֶץ מִצְרַיִם עַד הַיּוֹם הַזֶּה שִׂימוּ־לָכֶם
עָלֶיהָ עֻצוּ וְדַבֵּרוּ׃ וַיֵּצְאוּ כָּל־בְּנֵי יִשְׂרָאֵל וַתִּקָּהֵל כ א
הָעֵדָה כְּאִישׁ אֶחָד לְמִדָּן וְעַד־בְּאֵר שֶׁבַע וְאֶרֶץ הַגִּלְעָד אֶל־
יְהוָה הַמִּצְפָּה׃ וַיִּתְיַצְּבוּ פִּנּוֹת כָּל־הָעָם כֹּל שִׁבְטֵי יִשְׂרָאֵל ב
בִּקְהַל עַם הָאֱלֹהִים אַרְבַּע מֵאוֹת אֶלֶף אִישׁ רַגְלִי שֹׁלֵף
חָרֶב׃ וַיִּשְׁמְעוּ בְּנֵי בִנְיָמִן כִּי־עָלוּ בְנֵי־יִשְׂרָאֵל ג
הַמִּצְפָּה וַיֹּאמְרוּ בְּנֵי יִשְׂרָאֵל דַּבְּרוּ אֵיכָה נִהְיְתָה הָרָעָה הַזֹּאת׃
וַיַּעַן הָאִישׁ הַלֵּוִי אִישׁ הָאִשָּׁה הַנִּרְצָחָה וַיֹּאמַר הַגִּבְעָתָה אֲשֶׁר ד
לְבִנְיָמִן בָּאתִי אֲנִי וּפִילַגְשִׁי לָלוּן׃ וַיָּקֻמוּ עָלַי בַּעֲלֵי הַגִּבְעָה ה
וַיָּסֹבּוּ עָלַי אֶת־הַבַּיִת לָיְלָה אוֹתִי דִּמּוּ לַהֲרֹג וְאֶת־פִּילַגְשִׁי עִנּוּ
וַתָּמֹת׃ וָאֹחֵז בְּפִילַגְשִׁי וָאֲנַתְּחֶהָ וָאֲשַׁלְּחֶהָ בְּכָל־שְׂדֵה נַחֲלַת ו
יִשְׂרָאֵל כִּי עָשׂוּ זִמָּה וּנְבָלָה בְּיִשְׂרָאֵל׃ הִנֵּה כֻלְּכֶם בְּנֵי יִשְׂרָאֵל ז
הָבוּ לָכֶם דָּבָר וְעֵצָה הֲלֹם׃ וַיָּקָם כָּל־הָעָם כְּאִישׁ אֶחָד לֵאמֹר ח
לֹא נֵלֵךְ אִישׁ לְאָהֳלוֹ וְלֹא נָסוּר אִישׁ לְבֵיתוֹ׃ וְעַתָּה זֶה הַדָּבָר ט
אֲשֶׁר נַעֲשֶׂה לַגִּבְעָה עָלֶיהָ בְּגוֹרָל׃ וְלָקַחְנוּ עֲשָׂרָה אֲנָשִׁים י
לַמֵּאָה לְכֹל ׀ שִׁבְטֵי יִשְׂרָאֵל וּמֵאָה לָאֶלֶף וְאֶלֶף לָרְבָבָה לָקַחַת
צֵדָה לָעָם לַעֲשׂוֹת לְבוֹאָם לְגֶבַע בִּנְיָמִן כְּכָל־הַנְּבָלָה אֲשֶׁר
עָשָׂה בְּיִשְׂרָאֵל׃ וַיֵּאָסֵף כָּל־אִישׁ יִשְׂרָאֵל אֶל־הָעִיר כְּאִישׁ יא

of the house, the old man, saying, Bring out the man that
came into thy house, that we may have our desire of him.
And the man, the master of the house, went out to them, and 23
said to them, No, my brethren, no, I pray you, do not so
wickedly; seeing that this man is come into my house, do not
carry out this vileness. Behold, here is my daughter a virgin, 24
and his concubine; them I will bring out now; ravish them,
and do with them what seems good to you: but to this man
do not so vile a thing. But the men would not hearken to him: 25
so the man seized his concubine, and brought her out to them;
and they had their desire of her, and abused her all the night
until the morning: and when the day began to spring, they
let her go. Then came the woman in the dawning of the day, 26
and fell down at the door of the man's house where her lord
was, till it was light. And her lord rose up in the morning, 27
and opened the doors of the house, and went out to go his
way: and, behold, the woman his concubine was fallen down
at the door of the house, and her hands were upon the thres-
hold. And he said to her, Up, and let us be going. But there 28
was no answer. Then the man took her up upon an ass, and
the man rose up, and went to his place. And when he was 29
come to his house, he took a knife, and laid hold of his con-
cubine, and divided her, together with her bones, into twelve
pieces, and sent her into the whole territory of Yisra'el. And 30
it was so, that all that saw it said, No such deed has been
done or seen from the day that the children of Yisra'el came up
out of the land of Miẕrayim to this day: consider of it, take
counsel, and speak your minds. Then all the children of **20**
Yisra'el went out, and the congregation assembled as one man,
from Dan to Be'er-sheva, with the land of Gil'ad, to the Lord
in Miẕpe. And the chief of all the people, even of all the 2
tribes of Yisra'el, presented themselves in the assembly of
the people of God, four hundred thousand footmen that drew
sword. (Now the children of Binyamin heard that the 3
children of Yisra'el were gone up to Miẕpe.) Then said the chil-
dren of Yisra'el, Tell us, how was this wickedness? And the 4
Levite, the husband of the woman that was slain, answered and
said, I came into Giv'a that belongs to Binyamin, I and my con-
cubine, to spend the night. And the men of Giv'a rose against 5
me, and beset the house round about upon me by night, in-
tending to have slain me: and my concubine they forced,
and she died. And I took my concubine, and cut her in pieces, 6
and sent her throughout all the country of the inheritance of
Yisra'el: for they have committed wantonness and vileness
in Yisra'el. Behold, you are all children of Yisra'el; give here 7
your advice and counsel. And all the people arose as one man, 8
saying, We will not any of us go to his tent, neither will we
any of us turn aside to his house. But now this shall be the 9
thing which we will do to Giv'a; we will go up by lot against
it; and we will take ten men of a hundred throughout all 10
the tribes of Yisra'el, and a hundred of a thousand, and a thou-
sand out of ten thousand, to fetch provisions for the people,
that they may do, when they come to Giv'a of Binyamin, for
all the vileness that they have done in Yisra'el. So all the men 11

אֶחָד חֲבֵרִים: וַיִּשְׁלְחוּ שִׁבְטֵי יִשְׂרָאֵל אֲנָשִׁים יב
בְּכָל־שִׁבְטֵי בִנְיָמִן לֵאמֹר מָה הָרָעָה הַזֹּאת אֲשֶׁר נִהְיְתָה
בָּכֶם: וְעַתָּה תְּנוּ אֶת־הָאֲנָשִׁים בְּנֵי־בְלִיַּעַל אֲשֶׁר בַּגִּבְעָה יג
וּנְמִיתֵם וּנְבַעֲרָה רָעָה מִיִּשְׂרָאֵל וְלֹא אָבוּ בְּנֵי בִנְיָמִן לִשְׁמֹעַ בְּנֵי
בְּקוֹל אֲחֵיהֶם בְּנֵי־יִשְׂרָאֵל: וַיֵּאָסְפוּ בְנֵי־בִנְיָמִן מִן־הֶעָרִים יד
הַגִּבְעָתָה לָצֵאת לַמִּלְחָמָה עִם־בְּנֵי יִשְׂרָאֵל: וַיִּתְפָּקְדוּ בְנֵי טו
בִנְיָמִן בַּיּוֹם הַהוּא מֵהֶעָרִים עֶשְׂרִים וְשִׁשָּׁה אֶלֶף אִישׁ שֹׁלֵף
חֶרֶב לְבַד מִיֹּשְׁבֵי הַגִּבְעָה הִתְפָּקְדוּ שְׁבַע מֵאוֹת אִישׁ בָּחוּר:
מִכֹּל הָעָם הַזֶּה שְׁבַע מֵאוֹת אִישׁ בָּחוּר אִטֵּר יַד־יְמִינוֹ כָּל־זֶה טז
קֹלֵעַ בָּאֶבֶן אֶל־הַשַּׂעֲרָה וְלֹא יַחֲטִא: וְאִישׁ
יִשְׂרָאֵל הִתְפָּקְדוּ לְבַד מִבִּנְיָמִן אַרְבַּע מֵאוֹת אֶלֶף אִישׁ שֹׁלֵף יז
חָרֶב כָּל־זֶה אִישׁ מִלְחָמָה: וַיָּקֻמוּ וַיַּעֲלוּ בֵית־אֵל וַיִּשְׁאֲלוּ יח
בֵאלֹהִים וַיֹּאמְרוּ בְּנֵי יִשְׂרָאֵל מִי יַעֲלֶה־לָּנוּ בַתְּחִלָּה לַמִּלְחָמָה
עִם־בְּנֵי בִנְיָמִן וַיֹּאמֶר יְהוָה יְהוּדָה בַתְּחִלָּה: וַיָּקוּמוּ בְנֵי־ יט
יִשְׂרָאֵל בַּבֹּקֶר וַיַּחֲנוּ עַל־הַגִּבְעָה: וַיֵּצֵא אִישׁ יִשְׂרָאֵל לַמִּלְחָמָה כ
עִם־בִּנְיָמִן וַיַּעַרְכוּ אִתָּם אִישׁ־יִשְׂרָאֵל מִלְחָמָה אֶל־הַגִּבְעָה:
וַיֵּצְאוּ בְנֵי־בִנְיָמִן מִן־הַגִּבְעָה וַיַּשְׁחִיתוּ בְיִשְׂרָאֵל בַּיּוֹם הַהוּא כא
שְׁנַיִם וְעֶשְׂרִים אֶלֶף אִישׁ אָרְצָה: וַיִּתְחַזֵּק הָעָם אִישׁ יִשְׂרָאֵל כב
וַיֹּסִפוּ לַעֲרֹךְ מִלְחָמָה בַּמָּקוֹם אֲשֶׁר־עָרְכוּ שָׁם בַּיּוֹם הָרִאשׁוֹן:
וַיַּעֲלוּ בְנֵי־יִשְׂרָאֵל וַיִּבְכּוּ לִפְנֵי־יְהוָה עַד־הָעֶרֶב וַיִּשְׁאֲלוּ בַיהוָה כג
לֵאמֹר הַאוֹסִיף לָגֶשֶׁת לַמִּלְחָמָה עִם־בְּנֵי בִנְיָמִן אָחִי וַיֹּאמֶר
יְהוָה עֲלוּ אֵלָיו: וַיִּקְרְבוּ בְנֵי־יִשְׂרָאֵל אֶל־בְּנֵי כד
בִנְיָמִן בַּיּוֹם הַשֵּׁנִי: וַיֵּצֵא בִנְיָמִן לִקְרָאתָם מִן־הַגִּבְעָה בַּיּוֹם כה
הַשֵּׁנִי וַיַּשְׁחִיתוּ בִּבְנֵי יִשְׂרָאֵל עוֹד שְׁמֹנַת עָשָׂר אֶלֶף אִישׁ אָרְצָה
כָּל־אֵלֶּה שֹׁלְפֵי חָרֶב: וַיַּעֲלוּ כָל־בְּנֵי יִשְׂרָאֵל וְכָל־הָעָם וַיָּבֹאוּ כו
בֵית־אֵל וַיִּבְכּוּ וַיֵּשְׁבוּ שָׁם לִפְנֵי יְהוָה וַיָּצוּמוּ בַיּוֹם־הַהוּא עַד־
הָעָרֶב וַיַּעֲלוּ עֹלוֹת וּשְׁלָמִים לִפְנֵי יְהוָה: וַיִּשְׁאֲלוּ בְנֵי־יִשְׂרָאֵל כז יד
בַּיהוָה וְשָׁם אֲרוֹן בְּרִית הָאֱלֹהִים בַּיָּמִים הָהֵם: וּפִינְחָס בֶּן־ כח
אֶלְעָזָר בֶּן־אַהֲרֹן עֹמֵד לְפָנָיו בַּיָּמִים הָהֵם לֵאמֹר הַאוֹסִף עוֹד
לָצֵאת לַמִּלְחָמָה עִם־בְּנֵי־בִנְיָמִן אָחִי אִם־אֶחְדָּל וַיֹּאמֶר יְהוָה
עֲלוּ כִּי מָחָר אֶתְּנֶנּוּ בְיָדֶךָ: וַיָּשֶׂם יִשְׂרָאֵל אֹרְבִים אֶל־הַגִּבְעָה כט
סָבִיב: וַיַּעֲלוּ בְנֵי־יִשְׂרָאֵל אֶל־בְּנֵי בִנְיָמִן בַּיּוֹם ל
הַשְּׁלִישִׁי וַיַּעַרְכוּ אֶל־הַגִּבְעָה כְּפַעַם בְּפָעַם: וַיֵּצְאוּ בְנֵי־בִנְיָמִן לא
לִקְרַאת הָעָם הָנְתְּקוּ מִן־הָעִיר וַיָּחֵלּוּ לְהַכּוֹת מֵהָעָם חֲלָלִים

of Yisra'el were gathered against the city, as one united company. And the tribes of Yisra'el sent men through all the 12 tribe of Binyamin, saying, What wickedness is this that is done among you? Now therefore deliver us the worthless men, who 13 are in Giv'a that we may put them to death, and put away evil from Yisra'el. But the children of Binyamin would not hearken to the voice of their brothers the children of Yisra'el: but the children of Binyamin gathered themselves together 14 out of the cities to Giv'a, to go out to battle against the children of Yisra'el. And the children of Binyamin numbered at 15 that time out of the cities twenty six thousand men that drew sword, besides the inhabitants of Giv'a, who numbered seven hundred chosen men. Among all this people there were seven 16 hundred chosen men lefthanded; every one could sling stones at a hair, and not miss. And the men of Yisra'el, beside 17 Binyamin, numbered four hundred thousand men that drew sword: all these were men of war. And the children of Yis- 18 ra'el arose, and went up to the house of God, and asked counsel of God, and said, which of us shall go up first to the battle against the children of Binyamin? And the Lord said, Yehuda shall go up first. And the children of Yisra'el 19 rose up in the morning, and encamped against Giv'a. And 20 the men of Yisra'el went out to battle against Binyamin; and the men of Yisra'el put themselves in array to fight against them at Giv'a. And the children of Binyamin came out 21 of Giv'a, and laid low that day twenty two thousand men of Yisra'el. And the people the men of Yisra'el rallied, and set 22 their battle again in array in the place where they put themselves in array the first day. (And the children of Yisra'el 23 went up and wept before the Lord until evening, and asked counsel of the Lord, saying, Shall I go up again to battle against the children of Binyamin my brother? And the Lord said, Go up against him.) And the children of Yisra'el 24 came near against the children of Binyamin the second day. And 25 Binyamin went out against them from Giv'a on the second day, and laid low of the children of Yisra'el another eighteen thousand men; all these drawing the sword. Then all the chil- 26 dren of Yisra'el, and all the people, went up, and came to the house of God, and wept, and sat there before the Lord, and fasted that day until evening, and offered burnt offerings and peace offerings before the Lord. And the children of Yisra'el 27 inquired of the Lord, (for the ark of the covenant of God was there in those days, And Pineḥas, the son of El'azar, the son of 28 Aharon, stood before it in those days,) saying, Shall I yet again go out to battle against the children of Binyamin my brother, or shall I cease? And the Lord said, Go up; for tomorrow I will deliver them into thy hand. And Yisra'el set men in 29 ambush round about Giv'a. And the children of Yisra'el 30 went up against the children of Binyamin on the third day, and put themselves in array against Giv'a, as at other times. And the children of Binyamin went out against the people, 31 and were drawn away from the city; and they began to smite of the people, and kill, as on the other occasions, in

כְּפַ֫עַם ׀ בְּפַ֫עַם אֲשֶׁ֨ר אַחַ֜ת עֹלָ֣ה בֵֽית־אֵ֗ל וְאַחַ֞ת

לב   גִּבְעָ֫תָה בַּשָּׂדֶ֔ה כִּשְׁלֹשִׁ֥ים אִ֖ישׁ בְּיִשְׂרָאֵֽל: וַיֹּֽאמְרוּ֙ בְּנֵ֣י בִנְיָמִ֔ן

נִגָּפִ֥ים הֵ֛ם לְפָנֵ֖ינוּ כְּבָרִֽאשֹׁנָ֑ה וּבְנֵ֤י יִשְׂרָאֵל֙ אָֽמְר֔וּ נָנ֗וּסָה

לג   וּֽנְתַקְּנֻ֛הוּ מִן־הָעִ֖יר אֶל־הַֽמְסִלּֽוֹת: וְכֹ֣ל ׀ אִ֣ישׁ יִשְׂרָאֵ֗ל קָ֚מוּ

מִמְּקוֹמ֔וֹ וַיַּֽעַרְכ֖וּ בְּבַ֣עַל תָּמָ֑ר וְאֹרֵ֧ב יִשְׂרָאֵ֛ל מֵגִ֥יחַ מִמְּקֹמ֖וֹ

לד   מִמַּֽעֲרֵה־גָֽבַע: וַיָּבֹ֩אוּ֩ מִנֶּ֨גֶד לַגִּבְעָ֜ה עֲשֶׂ֧רֶת אֲלָפִ֣ים אִ֣ישׁ בָּח֗וּר

מִכָּל־יִשְׂרָאֵ֔ל וְהַמִּלְחָמָ֖ה כָּבֵ֑דָה וְהֵם֙ לֹ֣א יָֽדְע֔וּ כִּֽי־נֹגַ֥עַת

לה   עֲלֵיהֶ֖ם הָֽרָעָֽה: וַיִּגֹּ֩ף֩ יְהֹוָ֨ה ׀ אֶֽת־בִּנְיָמִן֮ לִפְנֵ֣י

יִשְׂרָאֵל֒ וַיַּשְׁחִ֩יתוּ֩ בְנֵ֨י יִשְׂרָאֵ֤ל בְּבִנְיָמִן֙ בַּיּ֣וֹם הַה֔וּא עֶשְׂרִ֥ים

לו   וַֽחֲמִשָּׁ֛ה אֶ֥לֶף וּמֵאָ֖ה אִ֑ישׁ כָּל־אֵ֖לֶּה שֹׁ֥לֵף חָֽרֶב: וַיִּרְא֥וּ בְנֵֽי־

בִנְיָמִ֖ן כִּ֣י נִגָּ֑פוּ וַיִּתְּנ֤וּ אִֽישׁ־יִשְׂרָאֵל֙ מָק֣וֹם לְבִנְיָמִ֔ן כִּ֤י בָֽטְחוּ֙ אֶל־

לז   הָ֣אֹרֵ֔ב אֲשֶׁ֥ר שָׂ֖מוּ אֶל־הַגִּבְעָֽה: וְהָאֹרֵ֣ב הֵחִ֔ישׁוּ וַֽיִּפְשְׁט֖וּ אֶל־

הַגִּבְעָ֑ה וַיִּמְשֹׁךְ֙ הָֽאֹרֵ֔ב וַיַּ֥ךְ אֶת־כָּל־הָעִ֖יר לְפִי־חָֽרֶב: וְהַמּוֹעֵ֗ד

לח   הָיָ֛ה לְאִ֥ישׁ יִשְׂרָאֵ֖ל עִם־הָֽאֹרֵ֑ב הֶ֛רֶב לְהַֽעֲלוֹתָ֥ם מַשְׂאַ֥ת הֶֽעָשָׁ֖ן

לט   מִן־הָעִֽיר: וַיַּֽהֲפֹ֥ךְ אִֽישׁ־יִשְׂרָאֵ֖ל בַּמִּלְחָמָ֑ה וּבִנְיָמִ֡ן הֵחֵל֩ לְהַכּ֨וֹת

חֲלָלִ֤ים בְּאִֽישׁ־יִשְׂרָאֵל֙ כִּשְׁלֹשִׁ֣ים אִ֔ישׁ כִּ֣י אָֽמְר֔וּ אַךְ֩ נִגּ֨וֹף נִגָּ֥ף

מ   ה֛וּא לְפָנֵ֖ינוּ כַּמִּלְחָמָ֥ה הָֽרִאשֹׁנָֽה: וְהַמַּשְׂאֵ֗ת הֵחֵ֛לָּה לַֽעֲל֥וֹת מִן־

הָעִ֖יר עַמּ֣וּד עָשָׁ֑ן וַיִּ֤פֶן בִּנְיָמִן֙ אַֽחֲרָ֔יו וְהִנֵּ֛ה עָלָ֥ה כְלִֽיל־הָעִ֖יר

מא   הַשָּׁמָֽיְמָה: וְאִ֤ישׁ יִשְׂרָאֵל֙ הָפַ֔ךְ וַיִּבָּהֵ֖ל אִ֣ישׁ בִּנְיָמִ֑ן כִּ֣י רָאָ֔ה כִּֽי־

מב   נָֽגְעָ֥ה עָלָ֖יו הָֽרָעָֽה: וַיִּפְנ֞וּ לִפְנֵ֨י אִ֤ישׁ יִשְׂרָאֵל֙ אֶל־דֶּ֣רֶךְ הַמִּדְבָּ֔ר

וְהַמִּלְחָמָ֖ה הִדְבִּיקָ֑תְהוּ וַֽאֲשֶׁר֙ מֵֽהֶ֣עָרִ֔ים מַשְׁחִיתִ֥ים אוֹת֖וֹ

מג   בְּתוֹכֽוֹ: כִּתְּר֤וּ אֶת־בִּנְיָמִן֙ הִרְדִיפֻ֔הוּ מְנוּחָ֖ה הִדְרִיכֻ֑הוּ עַ֛ד נֹ֥כַח

מד   הַגִּבְעָ֖ה מִמִּזְרַח־שָֽׁמֶשׁ: וַֽיִּפְּלוּ֙ מִבִּנְיָמִ֔ן שְׁמֹנָֽה־עָשָׂ֥ר אֶ֖לֶף אִ֑ישׁ

מה   אֶת־כָּל־אֵ֖לֶּה אַנְשֵׁי־חָֽיִל: וַיִּפְנ֞וּ וַיָּנֻ֤סוּ הַמִּדְבָּ֨רָה֙ אֶל־סֶ֣לַע

הָֽרִמּ֔וֹן וַיְעֹֽלְלֻ֨הוּ֙ בַּֽמְסִלּ֔וֹת חֲמֵ֥שֶׁת אֲלָפִ֖ים אִ֑ישׁ וַיַּדְבִּ֤יקוּ אַֽחֲרָיו֙

מו   עַד־גִּדְעֹ֔ם וַיַּכּ֥וּ מִמֶּ֖נּוּ אַלְפַּ֥יִם אִֽישׁ: וַיְהִי֩ כָל־הַנֹּ֨פְלִ֜ים מִבִּנְיָמִ֗ן

עֶשְׂרִים֩ וַֽחֲמִשָּׁ֨ה אֶ֤לֶף אִישׁ֙ שֹׁ֣לֵף חֶ֔רֶב בַּיּ֥וֹם הַה֖וּא אֶת־כָּל־

מז   אֵ֖לֶּה אַנְשֵׁי־חָֽיִל: וַיִּפְנ֞וּ וַיָּנֻ֤סוּ הַמִּדְבָּ֨רָה֙ אֶל־סֶ֣לַע הָֽרִמּ֔וֹן שֵׁ֥שׁ

מח   מֵא֖וֹת אִ֑ישׁ וַיֵּֽשְׁב֛וּ בְּסֶ֥לַע רִמּ֖וֹן אַרְבָּעָ֥ה חֳדָשִֽׁים: וְאִ֨ישׁ יִשְׂרָאֵ֜ל

שָׁ֣בוּ אֶל־בְּנֵ֤י בִנְיָמִן֙ וַיַּכּ֣וּם לְפִי־חֶ֔רֶב מֵעִ֤יר מְתֹם֙ עַד־

בְּהֵמָ֔ה עַ֖ד כָּל־הַנִּמְצָ֑א גַּ֛ם כָּל־הֶֽעָרִ֥ים הַנִּמְצָא֖וֹת שִׁלְּח֥וּ

כא   בָאֵֽשׁ:   וְאִ֣ישׁ יִשְׂרָאֵ֔ל נִשְׁבַּ֥ע בַּמִּצְפָּ֖ה לֵאמֹ֑ר אִ֕ישׁ

ב   מִמֶּ֕נּוּ לֹֽא־יִתֵּ֥ן בִּתּ֖וֹ לְבִנְיָמִ֥ן לְאִשָּֽׁה: וַיָּבֹ֤א הָעָם֙ בֵּֽית־אֵ֔ל וַיֵּ֤שְׁבוּ

שָׁם֙ עַד־הָעֶ֔רֶב לִפְנֵ֖י הָֽאֱלֹהִ֑ים וַיִּשְׂא֣וּ קוֹלָ֔ם וַיִּבְכּ֖וּ בְּכִ֥י גָדֽוֹל:

ג   וַיֹּ֣אמְר֔וּ לָמָ֗ה יְהֹוָה֙ אֱלֹהֵ֣י יִשְׂרָאֵ֔ל הָ֥יְתָה זֹּ֖את בְּיִשְׂרָאֵ֑ל

the highways, of which one goes up to Bet-el, and the other to Giv'a in the field, killing about thirty men of Yisra'el. And 32 the children of Binyamin said, They are beaten before us, as at the first. But the children of Yisra'el said, Let us flee, and draw them from the city onto the highways. And all the 33 men of Yisra'el rose up out of their place, and put themselves in array at Ba'al-tamar: and the liers in wait of Yisra'el rushed out of their places, out of Ma'are-geva. And there came against 34 Giv'a ten thousand chosen men out of all Yisra'el, and the battle was hard: but they knew not that disaster was close upon them.   And the LORD smote Binyamin before 35 Yisra'el: and the children of Yisra'el destroyed of Binyamin that day twenty five thousand one hundred men: all these drew the sword. So the children of Binyamin saw that they 36 were beaten: for the men of Yisra'el gave place to Binyamin, because they trusted to the liers in wait which they had set beside Giv'a. And the liers in wait hastened, and rushed 37 upon Giv'a; and the liers in wait moved out, and smote all the city with the edge of the sword. Now there was an appointed 38 sign between the men of Yisra'el and the liers in wait, that they should make a great column of smoke rise up out of the city. And when the men of Yisra'el retired in the battle, 39 and Binyamin began to smite and kill the men of Yisra'el about thirty persons: (for they said, Surely they are beaten before us, as in the first battle) then the beacon began to arise 40 up out of the city, a pillar of smoke, and Binyamin looked behind them and behold, the whole city was going up to heaven in flames. And when the men of Yisra'el turned again, 41 the men of Binyamin were amazed: for they saw that disaster was come upon them. Therefore they turned their backs be- 42 fore the men of Yisra'el in the direction of the wilderness; but the battle overtook them; and those who came out of the cities destroyed them in the midst of them. Thus they en- 43 closed Binyamin round about, and chased them, and trod them down with ease over against Giv'a toward the sunrising. And 44 there fell of Binyamin eighteen thousand men; all these were men of valour. And they turned and fled toward the wilderness 45 to the rock Rimmon: and they gleaned of them in the high- ways five thousand men; and pursued hard after them as far as Gid'om, and slew two thousand men of them. So that all 46 who fell that day of Binyamin were twenty five thousand men that drew the sword; all these were men of valour. But six 47 hundred men turned and fled to the wilderness to the rock Rimmon, and abode in the rock Rimmon for four months. And 48 the men of Yisra'el turned back upon the children of Binyamin, and smote them with the edge of the sword, both the men of every city, and beasts, and all that came to hand: also they set on fire all the cities that they came to.   Now the men **21** of Yisra'el had sworn in Mizpe, saying, None of us shall give his daughter to Binyamin to wife. And the people came to 2 the house of GOD, and abode there till evening before GOD, and lifted up their voices, and wept very bitterly; and said, O 3 LORD GOD of Yisra'el, why is this come to pass in Yisra'el that

ד לְהִפָּקֵד הַיּוֹם מִיִּשְׂרָאֵל שֵׁבֶט אֶחָד: וַיְהִי מִמָּחֳרָת וַיַּשְׁכִּימוּ הָעָם

ה וַיִּבְנוּ־שָׁם מִזְבֵּחַ וַיַּעֲלוּ עֹלוֹת וּשְׁלָמִים: וַיֹּאמְרוּ
בְּנֵי יִשְׂרָאֵל מִי אֲשֶׁר לֹא־עָלָה בַקָּהָל מִכָּל־שִׁבְטֵי יִשְׂרָאֵל
אֶל־יְהוָה כִּי הַשְּׁבוּעָה הַגְּדוֹלָה הָיְתָה לַאֲשֶׁר לֹא־עָלָה אֶל־

ו יְהוָה הַמִּצְפָּה לֵאמֹר מוֹת יוּמָת: וַיִּנָּחֲמוּ בְּנֵי יִשְׂרָאֵל אֶל־

ז בִּנְיָמִן אָחִיו וַיֹּאמְרוּ נִגְדַּע הַיּוֹם שֵׁבֶט אֶחָד מִיִּשְׂרָאֵל: מַה־
נַּעֲשֶׂה לָהֶם לַנּוֹתָרִים לְנָשִׁים וַאֲנַחְנוּ נִשְׁבַּעְנוּ בַיהוָה לְבִלְתִּי

ח תֵּת־לָהֶם מִבְּנוֹתֵינוּ לְנָשִׁים: וַיֹּאמְרוּ מִי אֶחָד מִשִּׁבְטֵי יִשְׂרָאֵל
אֲשֶׁר לֹא־עָלָה אֶל־יְהוָה הַמִּצְפָּה וְהִנֵּה לֹא בָא־אִישׁ אֶל־

ט הַמַּחֲנֶה מִיָּבֵישׁ גִּלְעָד אֶל־הַקָּהָל: וַיִּתְפָּקֵד הָעָם וְהִנֵּה אֵין־

י שָׁם אִישׁ מִיּוֹשְׁבֵי יָבֵישׁ גִּלְעָד: וַיִּשְׁלְחוּ־שָׁם הָעֵדָה שְׁנֵים־עָשָׂר
אֶלֶף אִישׁ מִבְּנֵי הֶחָיִל וַיְצַוּוּ אוֹתָם לֵאמֹר לְכוּ וְהִכִּיתֶם אֶת־

יא יוֹשְׁבֵי יָבֵישׁ גִּלְעָד לְפִי־חֶרֶב וְהַנָּשִׁים וְהַטָּף: וְזֶה הַדָּבָר אֲשֶׁר
תַּעֲשׂוּ כָּל־זָכָר וְכָל־אִשָּׁה יֹדַעַת מִשְׁכַּב־זָכָר תַּחֲרִימוּ:

יב וַיִּמְצְאוּ מִיּוֹשְׁבֵי יָבֵישׁ גִּלְעָד אַרְבַּע מֵאוֹת נַעֲרָה בְתוּלָה אֲשֶׁר
לֹא־יָדְעָה אִישׁ לְמִשְׁכַּב זָכָר וַיָּבִיאוּ אוֹתָם אֶל־הַמַּחֲנֶה שִׁלֹה

יג אֲשֶׁר בְּאֶרֶץ כְּנָעַן: וַיִּשְׁלְחוּ כָּל־הָעֵדָה וַיְדַבְּרוּ
אֶל־בְּנֵי בִנְיָמִן אֲשֶׁר בְּסֶלַע רִמּוֹן וַיִּקְרְאוּ לָהֶם שָׁלוֹם:

יד וַיָּשָׁב בִּנְיָמִן בָּעֵת הַהִיא וַיִּתְּנוּ לָהֶם הַנָּשִׁים אֲשֶׁר חִיּוּ מִנְּשֵׁי

טו יָבֵישׁ גִּלְעָד וְלֹא־מָצְאוּ לָהֶם כֵּן: וְהָעָם נִחָם לְבִנְיָמִן כִּי־עָשָׂה
יְהוָה פֶּרֶץ בְּשִׁבְטֵי יִשְׂרָאֵל: וַיֹּאמְרוּ זִקְנֵי הָעֵדָה מַה־נַּעֲשֶׂה

טז לַנּוֹתָרִים לְנָשִׁים כִּי־נִשְׁמְדָה מִבִּנְיָמִן אִשָּׁה: וַיֹּאמְרוּ יְרֻשַּׁת

יז פְּלֵיטָה לְבִנְיָמִן וְלֹא־יִמָּחֶה שֵׁבֶט מִיִּשְׂרָאֵל: וַאֲנַחְנוּ לֹא נוּכַל
לָתֵת־לָהֶם נָשִׁים מִבְּנוֹתֵינוּ כִּי־נִשְׁבְּעוּ בְנֵי־יִשְׂרָאֵל לֵאמֹר

יח אָרוּר נֹתֵן אִשָּׁה לְבִנְיָמִן: וַיֹּאמְרוּ הִנֵּה חַג־יְהוָה בְּשִׁלוֹ מִיָּמִים

יט יָמִימָה אֲשֶׁר מִצְּפוֹנָה לְבֵית־אֵל מִזְרְחָה הַשֶּׁמֶשׁ לִמְסִלָּה
הָעֹלָה מִבֵּית־אֵל שְׁכֶמָה וּמִנֶּגֶב לִלְבוֹנָה: וַיְצַוּוּ אֶת־בְּנֵי בִנְיָמִן

כ לֵאמֹר לְכוּ וַאֲרַבְתֶּם בַּכְּרָמִים: וּרְאִיתֶם וְהִנֵּה אִם־יֵצְאוּ בְנוֹת־

כא שִׁילוֹ לָחוּל בַּמְּחֹלוֹת וִיצָאתֶם מִן־הַכְּרָמִים וַחֲטַפְתֶּם לָכֶם אִישׁ
אִשְׁתּוֹ מִבְּנוֹת שִׁילוֹ וַהֲלַכְתֶּם אֶרֶץ בִּנְיָמִן: וְהָיָה כִּי־יָבֹאוּ

כב אֲבוֹתָם אוֹ אֲחֵיהֶם לָרִיב אֵלֵינוּ וְאָמַרְנוּ אֲלֵיהֶם חָנּוּנוּ אוֹתָם
כִּי לֹא לָקַחְנוּ אִישׁ אִשְׁתּוֹ בַּמִּלְחָמָה כִּי לֹא אַתֶּם נְתַתֶּם לָהֶם

כג כָּעֵת תֶּאְשָׁמוּ: וַיַּעֲשׂוּ־כֵן בְּנֵי בִנְיָמִן וַיִּשְׂאוּ נָשִׁים לְמִסְפָּרָם מִן־

לָרִיב

there should be to-day one tribe lacking in Yisra'el? And it 4
came to pass on the morrow, that the people rose early, and
built there an altar, and offered burnt offerings and peace offer-
ings.   And the children of Yisra'el said, Who is there among 5
all the tribes of Yisra'el that came not up with the congre-
gation to the LORD? For they had made a great oath concerning
him that came not up to the LORD to Mizpe, saying, He shall
surely be put to death. And the children of Yisra'el relented 6
on account of Binyamin their brother, and said, There is one
tribe cut off from Yisra'el this day. How shall we do for wives 7
for them that remain, seeing we have sworn by the LORD that
we will not give them of our daughters to wives? And they 8
said, Which one is there of the tribes of Yisra'el that came
not up to Mizpe to the LORD? And, behold, there came none
to the camp from Yavesh-gil'ad to the assembly. For the peo- 9
ple were numbered, and, behold, there were none of the in-
habitants of Yavesh-gil'ad there. And the congregation sent 10
there twelve thousand men of the valiantest, and commanded
them, saying, Go and smite the inhabitants of Yavesh-gil'ad
with the edge of the sword, with the women and the children.
And this is the thing that you shall do, you shall utterly des- 11
troy every male, and every woman that has lain with a man.
And they found among the inhabitants of Yavesh-gil'ad four 12
hundred young virgins, that had known no man carnally: and
they brought them to the camp to Shilo, which is in the land
of Kena'an.   And the whole congregation sent some to 13
speak to the children of Binyamin that were in the rock Rim-
mon, and to call peaceably to them. And Binyamin returned at 14
that time; and they gave them the wives whom they had saved
alive of the women of Yavesh-gil'ad: and yet they sufficed
them not. And the people felt regret for Binyamin, because the 15
LORD had made a breach in the tribes of Yisra'el. Then the 16
elders of the congregation said, What shall we do for wives
for them that remain, seeing the women are destroyed out of
Binyamin? And they said, There must be an inheritance for 17
them that are escaped of Binyamin, that a tribe be not des-
troyed out of Yisra'el. Yet we may not give them wives of 18
our daughters: for the children of Yisra'el have sworn, saying,
Cursed be he that gives a wife to Binyamin. Then they said, 19
Behold, there is a yearly feast of the LORD in Shilo which is
on the north side of Bet-el, on the east side of the highway
that goes up from Bet-el to Shekhem, and on the south of
Levona. Therefore they commanded the children of Binyamin, 20
saying, Go and lie in wait in the vineyards; and see, and, be- 21
hold, if the daughters of Shilo come out to dance in the dances,
then come out of the vineyards, and catch you every man his
wife of the daughters of Shilo, and go to the land of Binyamin.
And it shall be, if their fathers or their brethren come to us 22
to complain, that we will say to them, Be favourable to them,
for our sakes: because we took not a wife for every man in
the war: nor did you give them to them willingly at this
time, that you should be guilty. And the children of Binyamin 23
did so, and took them wives, according to their number, of

הַמְּחֹלְלוֹת אֲשֶׁר גָּזָלוּ וַיֵּלְכוּ וַיָּשׁוּבוּ אֶל־נַחֲלָתָם וַיִּבְנוּ אֶת־
כד הֶעָרִים וַיֵּשְׁבוּ בָּהֶם׃ וַיִּתְהַלְּכוּ מִשָּׁם בְּנֵי־יִשְׂרָאֵל בָּעֵת הַהִיא
כה אִישׁ לְשִׁבְטוֹ וּלְמִשְׁפַּחְתּוֹ וַיֵּצְאוּ מִשָּׁם אִישׁ לְנַחֲלָתוֹ׃ בַּיָּמִים
הָהֵם אֵין מֶלֶךְ בְּיִשְׂרָאֵל אִישׁ הַיָּשָׁר בְּעֵינָיו יַעֲשֶׂה׃

them that danced, whom they caught: and they went and returned to their inheritance, and rebuilt the cities, and dwelt in them. And the children of Yisra'el departed from there at 24 that time, every man to his tribe and to his family, and they went out from there every man to his inheritance. In those 25 days there was no king in Yisra'el: every man did that which was right in his own eyes.

שמואל

SHEMU'EL-SAMUEL

וַיְהִי אִישׁ אֶחָד מִן־הָרָמָתַיִם צוֹפִים מֵהַר אֶפְרָיִם וּשְׁמוֹ אֶלְקָנָה
בֶּן־יְרֹחָם בֶּן־אֱלִיהוּא בֶּן־תֹּחוּ בֶן־צוּף אֶפְרָתִי: וְלוֹ שְׁתֵּי נָשִׁים
שֵׁם אַחַת חַנָּה וְשֵׁם הַשֵּׁנִית פְּנִנָּה וַיְהִי לִפְנִנָּה יְלָדִים וּלְחַנָּה
אֵין יְלָדִים: וְעָלָה הָאִישׁ הַהוּא מֵעִירוֹ מִיָּמִים ׀ יָמִימָה
לְהִשְׁתַּחֲוֺת וְלִזְבֹּחַ לַיהוָה צְבָאוֹת בְּשִׁלֹה וְשָׁם שְׁנֵי בְנֵי־עֵלִי
חָפְנִי וּפִנְחָס כֹּהֲנִים לַיהוָה: וַיְהִי הַיּוֹם וַיִּזְבַּח אֶלְקָנָה וְנָתַן
לִפְנִנָּה אִשְׁתּוֹ וּלְכָל־בָּנֶיהָ וּבְנוֹתֶיהָ מָנוֹת: וּלְחַנָּה יִתֵּן מָנָה
אַחַת אַפָּיִם כִּי אֶת־חַנָּה אָהֵב וַיהוָה סָגַר רַחְמָהּ: וְכִעֲסַתָּה
צָרָתָהּ גַּם־כַּעַס בַּעֲבוּר הַרְּעִמָהּ כִּי־סָגַר יְהוָה בְּעַד רַחְמָהּ:
וְכֵן יַעֲשֶׂה שָׁנָה בְשָׁנָה מִדֵּי עֲלֹתָהּ בְּבֵית יְהוָה כֵּן תַּכְעִסֶנָּה
וַתִּבְכֶּה וְלֹא תֹאכַל: וַיֹּאמֶר לָהּ אֶלְקָנָה אִישָׁהּ חַנָּה לָמֶה
תִבְכִּי וְלָמֶה לֹא תֹאכְלִי וְלָמֶה יֵרַע לְבָבֵךְ הֲלוֹא אָנֹכִי טוֹב
לָךְ מֵעֲשָׂרָה בָּנִים: וַתָּקָם חַנָּה אַחֲרֵי אָכְלָה בְשִׁלֹה וְאַחֲרֵי
שָׁתֹה וְעֵלִי הַכֹּהֵן יֹשֵׁב עַל־הַכִּסֵּא עַל־מְזוּזַת הֵיכַל יְהוָה: וְהִיא
מָרַת נָפֶשׁ וַתִּתְפַּלֵּל עַל־יְהוָה וּבָכֹה תִבְכֶּה: וַתִּדֹּר נֶדֶר וַתֹּאמַר
יְהוָה צְבָאוֹת אִם־רָאֹה תִרְאֶה ׀ בָּעֳנִי אֲמָתֶךָ וּזְכַרְתַּנִי וְלֹא־
תִשְׁכַּח אֶת־אֲמָתֶךָ וְנָתַתָּה לַאֲמָתְךָ זֶרַע אֲנָשִׁים וּנְתַתִּיו
לַיהוָה כָּל־יְמֵי חַיָּיו וּמוֹרָה לֹא־יַעֲלֶה עַל־רֹאשׁוֹ: וְהָיָה כִּי
הִרְבְּתָה לְהִתְפַּלֵּל לִפְנֵי יְהוָה וְעֵלִי שֹׁמֵר אֶת־פִּיהָ: וְחַנָּה הִיא
מְדַבֶּרֶת עַל־לִבָּהּ רַק שְׂפָתֶיהָ נָּעוֹת וְקוֹלָהּ לֹא יִשָּׁמֵעַ וַיַּחְשְׁבֶהָ
עֵלִי לְשִׁכֹּרָה: וַיֹּאמֶר אֵלֶיהָ עֵלִי עַד־מָתַי תִּשְׁתַּכָּרִין הָסִירִי
אֶת־יֵינֵךְ מֵעָלָיִךְ: וַתַּעַן חַנָּה וַתֹּאמֶר לֹא אֲדֹנִי אִשָּׁה קְשַׁת־
רוּחַ אָנֹכִי וְיַיִן וְשֵׁכָר לֹא שָׁתִיתִי וָאֶשְׁפֹּךְ אֶת־נַפְשִׁי לִפְנֵי יְהוָה:
אַל־תִּתֵּן אֶת־אֲמָתְךָ לִפְנֵי בַּת־בְּלִיָּעַל כִּי־מֵרֹב שִׂיחִי וְכַעְסִי
דִּבַּרְתִּי עַד־הֵנָּה: וַיַּעַן עֵלִי וַיֹּאמֶר לְכִי לְשָׁלוֹם וֵאלֹהֵי יִשְׂרָאֵל
יִתֵּן אֶת־שֵׁלָתֵךְ אֲשֶׁר שָׁאַלְתְּ מֵעִמּוֹ: וַתֹּאמֶר תִּמְצָא שִׁפְחָתְךָ
חֵן בְּעֵינֶיךָ וַתֵּלֶךְ הָאִשָּׁה לְדַרְכָּהּ וַתֹּאכַל וּפָנֶיהָ לֹא־הָיוּ־לָהּ
עוֹד: וַיַּשְׁכִּמוּ בַבֹּקֶר וַיִּשְׁתַּחֲווּ לִפְנֵי יְהוָה וַיָּשֻׁבוּ וַיָּבֹאוּ אֶל־
בֵּיתָם הָרָמָתָה וַיֵּדַע אֶלְקָנָה אֶת־חַנָּה אִשְׁתּוֹ וַיִּזְכְּרֶהָ יְהוָה:
וַיְהִי לִתְקֻפוֹת הַיָּמִים וַתַּהַר חַנָּה וַתֵּלֶד בֵּן וַתִּקְרָא אֶת־שְׁמוֹ
שְׁמוּאֵל כִּי מֵיְהוָה שְׁאִלְתִּיו: וַיַּעַל הָאִישׁ אֶלְקָנָה וְכָל־בֵּיתוֹ
לִזְבֹּחַ לַיהוָה אֶת־זֶבַח הַיָּמִים וְאֶת־נִדְרוֹ: וְחַנָּה לֹא עָלָתָה כִּי־
אָמְרָה לְאִישָׁהּ עַד יִגָּמֵל הַנַּעַר וַהֲבִאֹתִיו וְנִרְאָה אֶת־פְּנֵי יְהוָה
וְיָשַׁב שָׁם עַד־עוֹלָם: וַיֹּאמֶר לָהּ אֶלְקָנָה אִישָׁהּ עֲשִׂי הַטּוֹב
בְּעֵינַיִךְ שְׁבִי עַד־גָּמְלֵךְ אֹתוֹ אַךְ יָקֵם יְהוָה אֶת־דְּבָרוֹ וַתֵּשֶׁב

1 Now there was a certain man of Ramatayim-ẕofim, in mount
Efrayim, and his name was Elqana, the son of Yeroẖam, the son
2 of Elihu the son of Toẖu, the son of Ẕuf, an Efratite : and he had
two wives ; the name of the one was H̱anna, and the name of the
other Peninna : and Peninna had children, but H̱anna had no
3 children. And this man went up out of his city year by year to
worship and to sacrifice to the LORD of hosts in Shilo. And the
two sons of 'Eli, H̱ofni and Pineẖas, the priests of the LORD,
4 were there. And when the time was that Elqana offered, he
gave portions to Peninna his wife, and to all her sons and
5 her daughters : but to H̱anna he gave a worthy portion ; for
6 he loved H̱anna : but the LORD had shut up her womb. And
her rival also provoked her sore, to make her fret, because the
7 LORD had shut up her womb. And as he did so year by year,
when she went up to the house of the LORD, so she provoked
8 her; therefore she wept, and did not eat. Then Elqana her
husband said to her, H̱anna, why dost thou weep? and why
dost thou not eat? and why is thy heart grieved? am I not
9 better to thee than ten sons? So H̱anna rose up after they had
eaten in Shilo, and after they had drunk. Now 'Eli the priest
sat upon a seat by the gate post of the temple of the LORD.
10 And she was in bitterness of soul, and prayed to the LORD,
11 and wept bitterly. And she vowed a vow, and said, O LORD
of hosts, if thou wilt indeed look on the affliction of thy hand-
maid, and remember me, and not forget thy handmaid, but wilt
give to thy handmaid a man child, then I will give him to the
LORD all the days of his life, and no razor shall come upon his
12 head. And it came to pass, as she continued praying before the
13 LORD, that 'Eli marked her mouth. Now H̱anna spoke in her
heart; only her lips moved, but her voice was not heard:
14 therefore 'Eli thought she was drunk. And 'Eli said to her,
How long wilt thou be drunken ? put away thy wine from thee.
15 And H̱anna answered and said, No, my lord, I am a woman
of a sorrowful spirit: I have drunk neither wine nor strong
16 drink, but have poured out my soul before the LORD. Take
not thy handmaid for a worthless woman: for out of the great-
17 ness of my complaint and grief have I been speaking. Then
'Eli answered and said, Go in peace: and the GOD of Yisra'el
18 grant thee thy petition which thou hast asked of him. And she
said, Let thy handmaid find favour in thy sight. So the woman
went her way, and did eat, and her countenance was no more
19 sad. And they rose up in the morning early, and worshipped
before the LORD, and returned, and came to their house to
Rama: and Elqana had intimacy with H̱anna his wife; and the
20 LORD remembered her. And in due course, H̱anna conceived
and bore a son, and she called his name Shemu'el, Because
21 I have asked him of the LORD. And the man Elqana, and all his
house, went up to offer to the LORD his yearly sacrifice, and
22 vow. But H̱anna did not go up; for she said to her husband, I
will not go up until the child is weaned, and then I will bring
him, that he may appear before the LORD, and there abide for
23 ever. And Elqana her husband said to her, Do what seems
good in thy eyes ; tarry until thou hast weaned him ; only may

כד הָאִשָּׁה וַתְּנִיקֵהוּ עַד־גָּמְלָהּ אֹתוֹ: וַתַּעֲלֵהוּ עִמָּהּ כַּאֲשֶׁר גְּמָלַתּוּ בְּפָרִים שְׁלֹשָׁה וְאֵיפָה אַחַת קֶמַח וְנֵבֶל יַיִן וַתְּבִאֵהוּ

כה בֵית־יְהֹוָה שִׁלוֹ וְהַנַּעַר נָעַר: וַיִּשְׁחֲטוּ אֶת־הַפָּר וַיָּבִאוּ אֶת־

כו הַנַּעַר אֶל־עֵלִי: וַתֹּאמֶר בִּי אֲדֹנִי חֵי נַפְשְׁךָ אֲדֹנִי אֲנִי הָאִשָּׁה הַנִּצֶּבֶת עִמְּכָה בָּזֶה לְהִתְפַּלֵּל אֶל־יְהֹוָה: אֶל־הַנַּעַר הַזֶּה

כז הִתְפַּלָּלְתִּי וַיִּתֵּן יְהֹוָה לִי אֶת־שְׁאֵלָתִי אֲשֶׁר שָׁאַלְתִּי מֵעִמּוֹ:

כח וְגַם אָנֹכִי הִשְׁאִלְתִּהוּ לַיהֹוָה כָּל־הַיָּמִים אֲשֶׁר הָיָה הוּא שָׁאוּל לַיהֹוָה וַיִּשְׁתַּחוּ שָׁם לַיהֹוָה:

ב א וַתִּתְפַּלֵּל חַנָּה וַתֹּאמַר עָלַץ לִבִּי בַּיהֹוָה רָמָה קַרְנִי בַּיהֹוָה רָחַב פִּי עַל־אוֹיְבַי כִּי שָׂמַחְתִּי בִּישׁוּעָתֶךָ:

ב אֵין־קָדוֹשׁ כַּיהֹוָה כִּי־אֵין בִּלְתֶּךָ וְאֵין צוּר כֵּאלֹהֵינוּ:

ג אַל־תַּרְבּוּ תְדַבְּרוּ גְּבֹהָה גְבֹהָה יֵצֵא עָתָק מִפִּיכֶם כִּי אֵל דֵּעוֹת יְהֹוָה וְלוֹ [וְלֹא] נִתְכְּנוּ עֲלִלוֹת:

ד קֶשֶׁת גִּבֹּרִים חַתִּים וְנִכְשָׁלִים אָזְרוּ חָיִל:

ה שְׂבֵעִים בַּלֶּחֶם נִשְׂכָּרוּ וּרְעֵבִים חָדֵלּוּ עַד־עֲקָרָה יָלְדָה שִׁבְעָה וְרַבַּת בָּנִים אֻמְלָלָה:

ו יְהֹוָה מֵמִית וּמְחַיֶּה מוֹרִיד שְׁאוֹל וַיָּעַל:

ז יְהֹוָה מוֹרִישׁ וּמַעֲשִׁיר מַשְׁפִּיל אַף־מְרוֹמֵם:

ח מֵקִים מֵעָפָר דָּל מֵאַשְׁפֹּת יָרִים אֶבְיוֹן לְהוֹשִׁיב עִם־נְדִיבִים וְכִסֵּא כָבוֹד יַנְחִלֵם כִּי לַיהֹוָה מְצֻקֵי אֶרֶץ וַיָּשֶׁת עֲלֵיהֶם תֵּבֵל:

ט רַגְלֵי חֲסִידָו יִשְׁמֹר וּרְשָׁעִים בַּחֹשֶׁךְ יִדָּמּוּ כִּי־לֹא בְכֹחַ יִגְבַּר־אִישׁ:

י יְהֹוָה יֵחַתּוּ מְרִיבָו עָלָו בַּשָּׁמַיִם יַרְעֵם יְהֹוָה יָדִין אַפְסֵי־אָרֶץ וְיִתֶּן־עֹז לְמַלְכּוֹ וְיָרֵם קֶרֶן מְשִׁיחוֹ:

יא וַיֵּלֶךְ אֶלְקָנָה הָרָמָתָה עַל־בֵּיתוֹ וְהַנַּעַר הָיָה מְשָׁרֵת אֶת־יְהֹוָה אֶת־פְּנֵי עֵלִי הַכֹּהֵן:

יב וּבְנֵי עֵלִי בְּנֵי בְלִיָּעַל לֹא יָדְעוּ אֶת־יְהֹוָה:

יג וּמִשְׁפַּט הַכֹּהֲנִים אֶת־הָעָם כָּל־אִישׁ זֹבֵחַ זֶבַח וּבָא נַעַר הַכֹּהֵן כְּבַשֵּׁל הַבָּשָׂר וְהַמַּזְלֵג שְׁלֹשׁ הַשִּׁנַּיִם בְּיָדוֹ:

יד וְהִכָּה בַכִּיּוֹר אוֹ בַדּוּד אוֹ בַקַּלַּחַת אוֹ בַפָּרוּר כֹּל אֲשֶׁר יַעֲלֶה הַמַּזְלֵג יִקַּח הַכֹּהֵן בּוֹ כָּכָה יַעֲשׂוּ לְכָל־יִשְׂרָאֵל הַבָּאִים שָׁם בְּשִׁלֹה:

טו גַּם בְּטֶרֶם יַקְטִרוּן אֶת־הַחֵלֶב וּבָא נַעַר הַכֹּהֵן וְאָמַר לָאִישׁ הַזֹּבֵחַ תְּנָה בָשָׂר לִצְלוֹת לַכֹּהֵן וְלֹא־יִקַּח מִמְּךָ בָּשָׂר מְבֻשָּׁל כִּי אִם־חָי:

טז וַיֹּאמֶר אֵלָיו הָאִישׁ קַטֵּר יַקְטִירוּן כַּיּוֹם הַחֵלֶב וְקַח־לְךָ כַּאֲשֶׁר תְּאַוֶּה נַפְשֶׁךָ וְאָמַר לוֹ [לֹא] כִּי עַתָּה תִתֵּן וְאִם־לֹא לָקַחְתִּי בְחָזְקָה:

יז וַתְּהִי חַטַּאת הַנְּעָרִים גְּדוֹלָה מְאֹד אֶת־פְּנֵי יְהֹוָה כִּי נִאֲצוּ הָאֲנָשִׁים אֵת מִנְחַת יְהֹוָה:

יח וּשְׁמוּאֵל מְשָׁרֵת אֶת־פְּנֵי יְהֹוָה נַעַר חָגוּר אֵפוֹד בָּד:

יט וּמְעִיל קָטֹן תַּעֲשֶׂה־לּוֹ אִמּוֹ

the Lord establish his word. So the woman remained and
nursed her son until she weaned him. And when she had   24
weaned him, she took him up with her, with three bullocks,
and one efa of flour, and a bottle of wine, and brought him
to the house of the Lord in Shilo: and the child was young.
And they slew a bullock, and brought the child to 'Eli. And she 25,26
said, O my lord, as thy soul lives, my lord, I am the woman
that stood by thee here, praying to the Lord. For this child   27
I prayed ; and the Lord has given me my petition which I
asked of him : therefore also I have presented him to the Lord ;   28
as long as he lives he shall be devoted to the Lord. And he
bowed down to the Lord there.   And Ḥanna prayed,   **2**
and said, My heart rejoices in the Lord, my horn is exalted
in the Lord: my mouth is enlarged over my enemies; because
I rejoice in thy salvation. There is none holy as the Lord: for   2
there is none beside thee: neither is there any rock like our
God. Talk no more so very proudly; let not arrogancy come   3
out of your mouth: for the Lord is a God of knowledge, and
by him actions are weighed. The bows of the mighty men are   4
broken, and they that stumbled are girded with strength. They   5
that were full have hired out themselves for bread ; and they
that were hungry have ceased: while the barren has born
seven; and she that has many children has become wretched.
The Lord kills, and gives life : he brings down to the grave,   6
and brings up. The Lord makes poor, and makes rich: he   7
brings low, and raises up. He raises up the poor out of the   8
dust, and lifts up the beggar from the dunghill, to set them
among princes, and to make them inherit the throne of glory:
for the pillars of the earth are the Lord's, and he has set
the world upon them. He will keep the feet of his pious ones,   9
and the wicked shall be silent in darkness; for it is not by
strength that man prevails. The adversaries of the Lord shall   10
be broken in pieces; out of heaven shall he thunder upon them:
the Lord shall judge the ends of the earth; and he shall give
strength to his king, and exalt the horn of his anointed.

And Elqana went to Rama to his house. And the child did min-   11
ister to the Lord before 'Eli the priest. Now the sons of 'Eli   12
were worthless men ; they knew not the Lord. And the priest's   13
custom with the people was, that, when any man offered sacri-
fice, the priest's lad came, while the meat was cooking, with
a fork having three teeth in his hand ; and he struck it into   14
the pan, or kettle, or cauldron, or pot; all that the fork brought
up the priest took for himself. So they did in Shilo to all the
people of Yisra'el who came there. Also before they burnt the   15
fat, the priest's lad came, and said to the man that sacrificed,
Give some roasting meat for the priest ; for he will not have
boiled meat of thee, but raw. And if any man said to him,   16
Let them first burn the fat, and then take as much as thy soul
desires; then he would answer him, No; but thou shalt give it
me now: and if not, I will take it by force. Wherefore the sin   17
of the lads was very great before the Lord: for the men dis-
honoured the offering of the Lord. But Shemu'el ministered   18
before the Lord, being a child, girded with a linen efod. More-   19

וְהַעַלְתָה לּוֹ מִיָּמִים ׀ יָמִימָה בַּעֲלוֹתָהּ אֶת־אִישָׁהּ לִזְבֹּחַ אֶת־

כ זֶבַח הַיָּמִים: וּבֵרַךְ עֵלִי אֶת־אֶלְקָנָה וְאֶת־אִשְׁתּוֹ וְאָמַר
יָשֵׂם יְהוָה לְךָ זֶרַע מִן־הָאִשָּׁה הַזֹּאת תַּחַת הַשְּׁאֵלָה אֲשֶׁר

כא שָׁאַל לַיהוָה וְהָלְכוּ לִמְקֹמוֹ: כִּי־פָקַד יְהוָה אֶת־חַנָּה וַתַּהַר
וַתֵּלֶד שְׁלֹשָׁה־בָנִים וּשְׁתֵּי בָנוֹת וַיִּגְדַּל הַנַּעַר שְׁמוּאֵל עִם־

כב יְהוָה: וְעֵלִי זָקֵן מְאֹד וְשָׁמַע אֵת כָּל־אֲשֶׁר
יַעֲשׂוּן בָּנָיו לְכָל־יִשְׂרָאֵל וְאֵת אֲשֶׁר־יִשְׁכְּבוּן אֶת־הַנָּשִׁים

כג הַצֹּבְאוֹת פֶּתַח אֹהֶל מוֹעֵד: וַיֹּאמֶר לָהֶם לָמָּה תַעֲשׂוּן כַּדְּבָרִים
הָאֵלֶּה אֲשֶׁר אָנֹכִי שֹׁמֵעַ אֶת־דִּבְרֵיכֶם רָעִים מֵאֵת כָּל־הָעָם

כד אֵלֶּה: אַל בָּנָי כִּי לוֹא־טוֹבָה הַשְּׁמֻעָה אֲשֶׁר אָנֹכִי שֹׁמֵעַ
מַעֲבִרִים עַם־יְהוָה: אִם־יֶחֱטָא אִישׁ לְאִישׁ וּפִלְלוֹ אֱלֹהִים

כה וְאִם לַיהוָה יֶחֱטָא־אִישׁ מִי יִתְפַּלֶּל־לוֹ וְלֹא יִשְׁמְעוּ לְקוֹל
אֲבִיהֶם כִּי־חָפֵץ יְהוָה לַהֲמִיתָם: וְהַנַּעַר שְׁמוּאֵל הֹלֵךְ וְגָדֵל

כו וָטוֹב גַּם עִם־יְהוָה וְגַם עִם־אֲנָשִׁים:

כז וַיָּבֹא אִישׁ־אֱלֹהִים אֶל־עֵלִי וַיֹּאמֶר אֵלָיו כֹּה אָמַר יְהוָה הֲנִגְלֹה
נִגְלֵיתִי אֶל־בֵּית אָבִיךָ בִּהְיוֹתָם בְּמִצְרַיִם לְבֵית פַּרְעֹה: וּבָחֹר

כח אֹתוֹ מִכָּל־שִׁבְטֵי יִשְׂרָאֵל לִי לְכֹהֵן לַעֲלוֹת עַל־מִזְבְּחִי לְהַקְטִיר
קְטֹרֶת לָשֵׂאת אֵפוֹד לְפָנָי וָאֶתְּנָה לְבֵית אָבִיךָ אֶת־כָּל־אִשֵּׁי

כט בְּנֵי יִשְׂרָאֵל: לָמָּה תִבְעֲטוּ בְּזִבְחִי וּבְמִנְחָתִי אֲשֶׁר צִוִּיתִי מָעוֹן
וַתְּכַבֵּד אֶת־בָּנֶיךָ מִמֶּנִּי לְהַבְרִיאֲכֶם מֵרֵאשִׁית כָּל־מִנְחַת

ל יִשְׂרָאֵל לְעַמִּי: לָכֵן נְאֻם־יְהוָה אֱלֹהֵי יִשְׂרָאֵל אָמוֹר אָמַרְתִּי
בֵּיתְךָ וּבֵית אָבִיךָ יִתְהַלְּכוּ לְפָנַי עַד־עוֹלָם וְעַתָּה נְאֻם־יְהוָה

לא חָלִילָה לִּי כִּי־מְכַבְּדַי אֲכַבֵּד וּבֹזַי יֵקָלּוּ: הִנֵּה יָמִים בָּאִים
וְגָדַעְתִּי אֶת־זְרֹעֲךָ וְאֶת־זְרֹעַ בֵּית אָבִיךָ מִהְיוֹת זָקֵן בְּבֵיתֶךָ:

לב וְהִבַּטְתָּ צַר מָעוֹן בְּכֹל אֲשֶׁר־יֵיטִיב אֶת־יִשְׂרָאֵל וְלֹא־יִהְיֶה
זָקֵן בְּבֵיתְךָ כָּל־הַיָּמִים: וְאִישׁ לֹא־אַכְרִית לְךָ מֵעִם מִזְבְּחִי

לג לְכַלּוֹת אֶת־עֵינֶיךָ וְלַאֲדִיב אֶת־נַפְשֶׁךָ וְכָל־מַרְבִּית בֵּיתְךָ
יָמוּתוּ אֲנָשִׁים: וְזֶה־לְּךָ הָאוֹת אֲשֶׁר יָבֹא אֶל־שְׁנֵי בָנֶיךָ אֶל־

לד חָפְנִי וּפִינְחָס בְּיוֹם אֶחָד יָמוּתוּ שְׁנֵיהֶם: וַהֲקִימֹתִי לִי כֹּהֵן נֶאֱמָן
כַּאֲשֶׁר בִּלְבָבִי וּבְנַפְשִׁי יַעֲשֶׂה וּבָנִיתִי לוֹ בַּיִת נֶאֱמָן וְהִתְהַלֵּךְ

לה לִפְנֵי־מְשִׁיחִי כָּל־הַיָּמִים: וְהָיָה כָּל־הַנּוֹתָר בְּבֵיתְךָ יָבוֹא
לְהִשְׁתַּחֲוֹת לוֹ לַאֲגוֹרַת כֶּסֶף וְכִכַּר־לָחֶם וְאָמַר סְפָחֵנִי נָא אֶל־

לו אַחַת הַכְּהֻנּוֹת לֶאֱכֹל פַּת־לָחֶם: וְהַנַּעַר שְׁמוּאֵל

ג א מְשָׁרֵת אֶת־יְהוָה לִפְנֵי עֵלִי וּדְבַר־יְהוָה הָיָה יָקָר בַּיָּמִים הָהֵם

over his mother made him a little coat, and brought it to him
from year to year, when she came up with her husband to
offer the yearly sacrifice. And 'Eli blessed Elqana and his wife, 20
and said, The LORD give thee seed of this woman, in place of
the loan which he lent to the LORD. And they went to their
own home. And the LORD visited Ḥanna, so that she conceived, 21
and bore three sons and two daughters. And the child Shemu'el
grew before the LORD.   Now 'Eli was very old, and heard 22
all that his sons did to all Yisra'el ; and how they lay with the
women that assembled at the door of the Tent of Meeting.
And he said to them, Why do you do such things? for I hear 23
of your evil dealings by all this people. No, my sons; for it is 24
not a good report that I hear : you make the LORD's people to
transgress. If one man sin against another, the judge judges 25
him: but if a man sin against the LORD, who shall intercede
for him? But they did not hearken to the voice of their father,
because the LORD was minded to slay them. And the child 26
Shemu'el grew on, and was in favour both with the LORD, and
also with men.

And there came a man of GOD to 'Eli and said to him, Thus 27
says the LORD, Did I not appear to the house of thy father,
when they were in Miẓrayim in the house of Par'o ? And 28
did I choose him out of all the tribes of Yisra'el to be my
priest, to offer upon my altar, to burn incense, to wear an
efod before me? and did I give to the house of thy father all
the offerings made by fire of the children of Yisra'el? Where- 29
fore do you kick at my sacrifice and at my offering, which I
have commanded in my habitation; and honourest thy sons
above me, to make yourselves fat with the chiefest of all the
offerings of Yisra'el my people? Wherefore the LORD GOD of 30
Yisra'el says, I said indeed that thy house, and the house of
thy father, should walk before me forever ; but now the LORD
says, Far be it from me ; for them that honour me I will
honour, and they that despise me shall be lightly esteemed. 31
Behold, the days come, that I will cut off thy arm, and the
arm of thy father's house, that there shall not be an old man
in thy house. And thou shalt see a rival in thy habitation 32
enjoying all wealth which GOD shall give Yisra'el : and there
shall not be an old man in thy house forever. And thy descen- 33
dants shall I not cut off from my altar, but they shall be
there to consume thy eyes, and to grieve thy heart : and
all the greater folk of thy house shall die in the flower of
their age. And this shall be a sign to thee, that shall come 34
upon thy two sons, on Ḥofni and Pineḥas ; in one day they
shall die both of them. And I will raise me up a faithful priest, 35
that shall do according to that which is in my heart and in
my mind : and I will build him a sure house ; and he shall
walk before my anointed forever. And it shall come to pass, 36
that everyone that is left in thy house shall come and crouch
to him for a piece of silver and a loaf of bread, and shall
say, Put me, I pray thee, into one of the priests' offices, that
I may eat a piece of bread.   And the child Shemu'el 3
ministered to the LORD before 'Eli. And the word of the LORD

אֵין חָזוֹן נִפְרָץ: וַיְהִי בַּיּוֹם הַהוּא וְעֵלִי שֹׁכֵב בִּמְקֹמוֹ וְעֵינָו הֵחֵלּוּ ב

כֵהוֹת לֹא יוּכַל לִרְאוֹת: וְנֵר אֱלֹהִים טֶרֶם יִכְבֶּה וּשְׁמוּאֵל שֹׁכֵב ג

בְּהֵיכַל יְהוָה אֲשֶׁר־שָׁם אֲרוֹן אֱלֹהִים: וַיִּקְרָא ד

יְהוָה אֶל־שְׁמוּאֵל וַיֹּאמֶר הִנֵּנִי: וַיָּרָץ אֶל־עֵלִי וַיֹּאמֶר הִנְנִי כִּי־ ה

קָרָאתָ לִּי וַיֹּאמֶר לֹא־קָרָאתִי שׁוּב שְׁכָב וַיֵּלֶךְ וַיִּשְׁכָּב: וַיֹּסֶף ו

יְהוָה קְרֹא עוֹד שְׁמוּאֵל וַיָּקָם שְׁמוּאֵל וַיֵּלֶךְ אֶל־עֵלִי וַיֹּאמֶר

הִנְנִי כִּי קָרָאתָ לִי וַיֹּאמֶר לֹא־קָרָאתִי בְנִי שׁוּב שְׁכָב: וּשְׁמוּאֵל ז

טֶרֶם יָדַע אֶת־יְהוָה וְטֶרֶם יִגָּלֶה אֵלָיו דְּבַר־יְהוָה: וַיֹּסֶף יְהוָה ח

קְרֹא־שְׁמוּאֵל בַּשְּׁלִשִׁית וַיָּקָם וַיֵּלֶךְ אֶל־עֵלִי וַיֹּאמֶר הִנְנִי כִּי

קָרָאתָ לִי וַיָּבֶן עֵלִי כִּי יְהוָה קֹרֵא לַנָּעַר: וַיֹּאמֶר עֵלִי לִשְׁמוּאֵל ט

לֵךְ שְׁכָב וְהָיָה אִם־יִקְרָא אֵלֶיךָ וְאָמַרְתָּ דַּבֵּר יְהוָה כִּי שֹׁמֵעַ

עַבְדֶּךָ וַיֵּלֶךְ שְׁמוּאֵל וַיִּשְׁכַּב בִּמְקוֹמוֹ: וַיָּבֹא יְהוָה וַיִּתְיַצַּב וַיִּקְרָא י

כְפַעַם־בְּפַעַם שְׁמוּאֵל ׀ שְׁמוּאֵל וַיֹּאמֶר שְׁמוּאֵל דַּבֵּר כִּי שֹׁמֵעַ

עַבְדֶּךָ: וַיֹּאמֶר יְהוָה אֶל־שְׁמוּאֵל הִנֵּה אָנֹכִי יא

עֹשֶׂה דָבָר בְּיִשְׂרָאֵל אֲשֶׁר כָּל־שֹׁמְעוֹ תְּצִלֶּינָה שְׁתֵּי אָזְנָיו: בַּיּוֹם יב

הַהוּא אָקִים אֶל־עֵלִי אֵת כָּל־אֲשֶׁר דִּבַּרְתִּי אֶל־בֵּיתוֹ הָחֵל

וְכַלֵּה: וְהִגַּדְתִּי לוֹ כִּי־שֹׁפֵט אֲנִי אֶת־בֵּיתוֹ עַד־עוֹלָם בַּעֲוֹן יג

אֲשֶׁר־יָדַע כִּי־מְקַלְלִים לָהֶם בָּנָיו וְלֹא כִהָה בָּם: וְלָכֵן נִשְׁבַּעְתִּי יד

לְבֵית עֵלִי אִם־יִתְכַּפֵּר עֲוֹן בֵּית־עֵלִי בְּזֶבַח וּבְמִנְחָה עַד־עוֹלָם:

וַיִּשְׁכַּב שְׁמוּאֵל עַד־הַבֹּקֶר וַיִּפְתַּח אֶת־דַּלְתוֹת בֵּית־יְהוָה טו

וּשְׁמוּאֵל יָרֵא מֵהַגִּיד אֶת־הַמַּרְאָה אֶל־עֵלִי: וַיִּקְרָא עֵלִי אֶת־ טז

שְׁמוּאֵל וַיֹּאמֶר שְׁמוּאֵל בְּנִי וַיֹּאמֶר הִנֵּנִי: וַיֹּאמֶר מָה הַדָּבָר יז

אֲשֶׁר דִּבֶּר אֵלֶיךָ אַל־נָא תְכַחֵד מִמֶּנִּי כֹּה יַעֲשֶׂה־לְּךָ אֱלֹהִים

וְכֹה יוֹסִיף אִם־תְּכַחֵד מִמֶּנִּי דָּבָר מִכָּל־הַדָּבָר אֲשֶׁר־דִּבֶּר

אֵלֶיךָ: וַיַּגֶּד־לוֹ שְׁמוּאֵל אֶת־כָּל־הַדְּבָרִים וְלֹא כִחֵד מִמֶּנּוּ יח

וַיֹּאמַר יְהוָה הוּא הַטּוֹב בְּעֵינָו יַעֲשֶׂה: וַיִּגְדַּל יט

שְׁמוּאֵל וַיהוָה הָיָה עִמּוֹ וְלֹא־הִפִּיל מִכָּל־דְּבָרָיו אָרְצָה: וַיֵּדַע כ

כָּל־יִשְׂרָאֵל מִדָּן וְעַד־בְּאֵר שָׁבַע כִּי־נֶאֱמָן שְׁמוּאֵל לְנָבִיא

לַיהוָה: וַיֹּסֶף יְהוָה לְהֵרָאֹה בְשִׁלֹה כִּי־נִגְלָה כא

יְהוָה אֶל־שְׁמוּאֵל בְּשִׁלוֹ בִּדְבַר יְהוָה: וַיְהִי ד

דְבַר־שְׁמוּאֵל לְכָל־יִשְׂרָאֵל וַיֵּצֵא יִשְׂרָאֵל

לִקְרַאת פְּלִשְׁתִּים לַמִּלְחָמָה וַיַּחֲנוּ עַל־הָאֶבֶן הָעֵזֶר וּפְלִשְׁתִּים

חָנוּ בַאֲפֵק: וַיַּעַרְכוּ פְלִשְׁתִּים לִקְרַאת יִשְׂרָאֵל וַתִּטֹּשׁ הַמִּלְחָמָה ב

וַיִּנָּגֶף יִשְׂרָאֵל לִפְנֵי פְלִשְׁתִּים וַיַּכּוּ בַמַּעֲרָכָה בַּשָּׂדֶה כְּאַרְבַּעַת

אֲלָפִים אִישׁ: וַיָּבֹא הָעָם אֶל־הַמַּחֲנֶה וַיֹּאמְרוּ זִקְנֵי יִשְׂרָאֵל ג

was precious in those days ; there was no frequent vision. And   2
it came to pass at that time, when 'Eli was laid down in his
place, and his eyes had begun to grow dim, that he could not
see; and the lamp of GOD had not yet gone out in the temple   3
of the LORD, where the ark of GOD was, and Shemu'el was laid
down to sleep ;   that the LORD called Shemu'el : and he   4
answered, Here I am. And he ran to 'Eli, and said, Here I am ;   5
for thou didst call me. And he said, I called not; lie down
again. And he went and lay down. And the LORD called yet   6
again, Shemu'el. And Shemu'el arose and went to 'Eli, and
said, Here I am; for thou didst call me. And he answered, I
called not, my son; lie down again. Now Shemu'el did not yet   7
know the LORD, neither was the word of the LORD yet re-
vealed to him. And the LORD called Shemu'el again the third   8
time. And he arose and went to 'Eli, and said, Here I am; for
thou didst call me. And 'Eli understood that the LORD had
called the child. Therefore 'Eli said to Shemu'el, Go, lie down: 9
and it shall be, if he calls thee, that thou shalt say, Speak, LORD ;
for thy servant is listening. So Shemu'el went and lay down in
his place. And the LORD came, and stood, and called as on the   10
previous occasions, Shemu'el, Shemu'el. Then Shemu'el answer-
ed, Speak ; for thy servant is listening.   And the LORD said   11
to Shemu'el, Behold, I will do a thing in Yisra'el, at which both
the ears of every one that hears it shall tingle. In that day   12
I will perform against 'Eli all things which I have spoken con-
cerning his house from beginning to end. For I have told him   13
that I will judge his house for ever, for the iniquity, seeing
that he knew that his sons were blaspheming, and he restrained
them not. And therefore I have sworn to the house of 'Eli,   14
that the iniquity of 'Eli's house shall not be purged with sac-
rifice nor offering forever. And Shemu'el lay until the morn-   15
ing, and opened the doors of the house of the LORD. And
Shemu'el feared to show 'Eli the vision. Then 'Eli called   16
Shemu'el, and said, Shemu'el my son, And he answered, Here
am I. And he said, What is the thing that the LORD said to   17
thee? I pray thee hide it not from me: GOD do so to thee, and
more also, if thou hide any thing from me of all the things
that he said to thee. And Shemu'el told him everything, and   18
hid nothing from him. And he said, It is the LORD: let him do
what seems good in his eyes.   And Shemu'el grew,   19
and the LORD was with him, and did let none of his words
fall to the ground. And all Yisra'el from Dan to Be'er-sheva   20
knew that Shemu'el was accredited as a prophet of the LORD.

    And the LORD appeared again in Shilo : for the LORD   21
revealed himself to Shemu'el in Shilo by the word of the
LORD.   And the word of Shemu'el came to all Yis-   **4**
ra'el.   Now Yisra'el went out against the Pelishtim to battle,
and they pitched by Even-ha'ezer: and the Pelishtim pitched
in Afeq. And the Pelishtim put themselves in battle order   2
against Yisra'el : and when they joined battle, Yisra'el was
beaten before the Pelishtim : and they slew of the army
in the field about four thousand men. And when the people   3
had come into the camp, the elders of Yisra'el said, Why has

לָ֣מָּה נְגָפָ֣נוּ יְהוָה֮ הַיּוֹם֒ לִפְנֵ֣י פְלִשְׁתִּ֔ים נִקְחָ֧ה אֵלֵ֛ינוּ מִשִּׁלֹ֖ה אֶת־

ד אֲר֣וֹן בְּרִ֣ית יְהוָ֔ה וְיָבֹ֣א בְקִרְבֵּ֔נוּ וְיֹשִׁעֵ֖נוּ מִכַּ֥ף אֹיְבֵֽינוּ׃ וַיִּשְׁלַ֨ח
הָעָ֜ם שִׁלֹ֗ה וַיִּשְׂא֣וּ מִשָּׁ֗ם אֵ֣ת אֲר֤וֹן בְּרִית־יְהוָה֙ צְבָא֔וֹת יֹשֵׁ֖ב
הַכְּרֻבִ֑ים וְשָׁ֞ם שְׁנֵ֣י בְנֵֽי־עֵלִ֗י עִם־אֲרוֹן֙ בְּרִ֣ית הָֽאֱלֹהִ֔ים חָפְנִ֖י

ה וּפִֽינְחָֽס׃ וַיְהִ֗י כְּב֨וֹא אֲר֤וֹן בְּרִית־יְהוָה֙ אֶל־הַֽמַּחֲנֶ֔ה וַיָּרִ֥עוּ כָל־
ו יִשְׂרָאֵ֖ל תְּרוּעָ֣ה גְדוֹלָ֑ה וַתֵּהֹ֖ם הָאָֽרֶץ׃ וַיִּשְׁמְע֤וּ פְלִשְׁתִּים֙ אֶת־
ק֖וֹל הַתְּרוּעָ֑ה וַיֹּ֣אמְר֔וּ מֶ֠ה ק֣וֹל הַתְּרוּעָ֧ה הַגְּדוֹלָ֛ה הַזֹּ֖את

ז בְּמַחֲנֵ֣ה הָעִבְרִ֑ים וַיֵּ֣דְע֔וּ כִּ֚י אֲר֣וֹן יְהוָ֔ה בָּ֖א אֶל־הַֽמַּחֲנֶֽה׃ וַיִּֽרְא֣וּ
הַפְּלִשְׁתִּ֔ים כִּ֣י אָמְר֔וּ בָּ֥א אֱלֹהִ֖ים אֶל־הַֽמַּחֲנֶ֑ה וַיֹּאמְר֖וּ א֣וֹי לָ֑נוּ

ח כִּ֣י לֹ֤א הָֽיְתָה֙ כָּזֹ֔את אֶתְמ֖וֹל שִׁלְשֹֽׁם׃ א֣וֹי לָ֔נוּ מִ֣י יַצִּילֵ֔נוּ מִיַּ֛ד
הָאֱלֹהִ֥ים הָאַדִּירִ֖ים הָאֵ֑לֶּה אֵ֧לֶּה הֵ֣ם הָאֱלֹהִ֗ים הַמַּכִּ֧ים אֶת־

ט מִצְרַ֛יִם בְּכָל־מַכָּ֖ה בַּמִּדְבָּֽר׃ הִֽתְחַזְּק֞וּ וִֽהְי֤וּ לַֽאֲנָשִׁים֙ פְּלִשְׁתִּ֔ים
פֶּ֚ן תַּֽעַבְד֣וּ לָֽעִבְרִ֔ים כַּֽאֲשֶׁ֥ר עָֽבְד֖וּ לָכֶ֑ם וִֽהְיִיתֶ֥ם לַֽאֲנָשִׁ֖ים

י וְנִלְחַמְתֶּֽם׃ וַיִּלָּֽחֲמ֣וּ פְלִשְׁתִּ֗ים וַיִּנָּ֤גֶף יִשְׂרָאֵל֙ וַיָּנֻ֨סוּ֙ אִ֣ישׁ לְאֹֽהָלָ֔יו
וַתְּהִ֥י הַמַּכָּ֖ה גְּדוֹלָ֣ה מְאֹ֑ד וַיִּפֹּל֙ מִיִּשְׂרָאֵ֔ל שְׁלֹשִׁ֖ים אֶ֥לֶף רַגְלִֽי׃

יא וַֽאֲר֥וֹן אֱלֹהִ֖ים נִלְקָ֑ח וּשְׁנֵ֤י בְנֵֽי־עֵלִי֙ מֵ֔תוּ חָפְנִ֖י וּפִֽינְחָֽס׃ וַיָּ֣רָץ
אִֽישׁ־בִּנְיָמִן֙ מֵהַֽמַּֽעֲרָכָ֔ה וַיָּבֹ֥א שִׁלֹ֖ה בַּיּ֣וֹם הַה֑וּא וּמַדָּ֥יו קְרֻעִ֖ים

יב וַֽאֲדָמָ֥ה עַל־רֹאשֽׁוֹ׃ וַיָּב֗וֹא וְהִנֵּ֣ה עֵלִ֗י יֹשֵׁ֤ב עַל־הַכִּסֵּא֙ *יַ֣ד* דֶּ֨רֶךְ֙
מְצַפֶּ֔ה כִּֽי־הָיָ֤ה לִבּוֹ֙ חָרֵ֔ד עַ֖ל אֲר֣וֹן הָֽאֱלֹהִ֑ים וְהָאִ֗ישׁ בָּ֚א לְהַגִּ֣יד

יג בָּעִ֔יר וַתִּזְעַ֖ק כָּל־הָעִֽיר׃ וַיִּשְׁמַ֤ע עֵלִי֙ אֶת־ק֣וֹל הַצְּעָקָ֔ה וַיֹּ֕אמֶר
מֶ֛ה ק֥וֹל הֶהָמ֖וֹן הַזֶּ֑ה וְהָאִ֣ישׁ מִהַ֔ר וַיָּבֹ֖א וַיַּגֵּ֥ד לְעֵלִֽי׃ וְעֵלִ֗י בֶּן־

יד תִּשְׁעִ֤ים וּשְׁמֹנֶה֙ שָׁנָ֔ה וְעֵינָ֣יו קָ֔מָה וְלֹ֥א יָכ֖וֹל לִרְאֽוֹת׃ וַיֹּ֨אמֶר
הָאִ֜ישׁ אֶל־עֵלִ֗י אָֽנֹכִי֙ הַבָּ֣א מִן־הַֽמַּֽעֲרָכָ֔ה וַֽאֲנִ֕י מִן־הַֽמַּֽעֲרָכָ֖ה

טו נַ֣סְתִּי הַיּ֑וֹם וַיֹּ֛אמֶר מֶה־הָיָ֥ה הַדָּבָ֖ר בְּנִֽי׃ וַיַּ֣עַן הַֽמְבַשֵּׂ֣ר וַיֹּ֗אמֶר
נָ֤ס יִשְׂרָאֵל֙ לִפְנֵ֣י פְלִשְׁתִּ֔ים וְגַ֛ם מַגֵּפָ֥ה גְדוֹלָ֖ה הָֽיְתָ֣ה בָעָ֑ם וְגַם־

טז שְׁנֵ֨י בָנֶ֜יךָ מֵ֗תוּ חָפְנִי֙ וּפִ֣ינְחָ֔ס וַֽאֲר֥וֹן הָֽאֱלֹהִ֖ים נִלְקָֽחָה׃ וַיְהִ֞י
כְּהַזְכִּיר֣וֹ ׀ אֶת־אֲר֣וֹן הָֽאֱלֹהִ֗ים וַיִּפֹּ֣ל מֵֽעַל־הַ֠כִּסֵּא אֲחֹ֨רַנִּ֜ית בְּעַ֣ד ׀

יז יַ֣ד הַשַּׁ֗עַר וַתִּשָּׁבֵ֤ר מַפְרַקְתּוֹ֙ וַיָּמֹ֔ת כִּֽי־זָקֵ֥ן הָאִ֖ישׁ וְכָבֵ֑ד וְה֛וּא
שָׁפַ֥ט אֶת־יִשְׂרָאֵ֖ל אַרְבָּעִ֥ים שָׁנָֽה׃ וְכַלָּת֣וֹ אֵֽשֶׁת־פִּֽינְחָס֮ הָרָ֣ה

יח לָלַת֒ וַתִּשְׁמַ֣ע אֶת־הַשְּׁמֻעָ֗ה אֶל־הִלָּקַח֙ אֲר֣וֹן הָֽאֱלֹהִ֔ים וּמֵ֥ת
חָמִ֖יהָ וְאִישָׁ֑הּ וַתִּכְרַ֣ע וַתֵּ֔לֶד כִּֽי־נֶֽהֶפְכ֥וּ עָלֶ֖יהָ צִרֶֽיהָ׃ וּכְעֵ֣ת

יט מוּתָ֗הּ וַתְּדַבֵּ֨רְנָה֙ הַנִּצָּב֣וֹת עָלֶ֔יהָ אַל־תִּֽירְאִ֖י כִּ֣י בֵ֣ן יָלָ֑דְתְּ וְלֹ֥א

כ עָֽנְתָ֖ה וְלֹא־שָׁ֥תָה לִבָּֽהּ׃ וַתִּקְרָ֣א לַנַּ֗עַר אִֽי־כָב֛וֹד לֵאמֹ֖ר גָּלָ֥ה

the Lord smitten us to day before the Pelishtim? Let us fetch
the ark of the covenant of the Lord out of Shilo to us, that,
when it comes among us, it may save us out of the hand of
our enemies. So the people sent to Shilo, that they might 4
bring from there the ark of the covenant of the Lord of hosts,
who sits upon the keruvim : and the two sons of 'Eli, Ḥofni
and Pineḥas, were there with the ark of the covenant of God.
And when the ark of the covenant of the Lord came into the 5
camp, all Yisra'el shouted with a great shout, so that the earth
trembled. And when the Pelishtim heard the noise of the 6
shout, they said, What is the noise of this great shout in the
camp of the Hebrews? And they understood that the ark of
the Lord was come into the camp. And the Pelishtim were af- 7
raid, for they said, God is come into the camp. And they said,
Woe to us for there has not been such a thing before now.
Woe to us! who shall deliver us out of the hand of these 8
mighty gods? these are the gods that smote Miẕrayim with all
the plagues in the wilderness. Strengthen yourselves and act 9
like men, O Pelishtim, lest you fall slaves to the Hebrews,
as they have been slaves to you: quit yourselves like men,
and fight. And the Pelishtim fought, and Yisra'el was beaten, 10
and they fled every man to his tent: and there was a very
great slaughter; for there fell of Yisra'el thirty thousand foot
soldiers. And the ark of God was taken; and the two sons of 11
'Eli, Ḥofni and Pineḥas, were slain. And there ran a man of 12
Binyamin out of the army, and came to Shilo the same day
with his clothes rent, and with earth upon his head. And 13
when he came, 'Eli sat upon a seat by the wayside watching:
for his heart trembled for the ark of God. And when the man
came into the city, and told it, all the city cried out. And 14
when 'Eli heard the noise of the crying, he said, What is the
noise of this multitude? And the man came in hastily, and told
'Eli. Now 'Eli was ninety eight years old ; and his eyes were 15
dim, and he could not see. And the man said to 'Eli, I am he 16
that came out of the battle line: indeed I fled to day out of
the battle line. And he said, What has happened, my son ? And 17
the messenger answered and said, Yisra'el is fled before the
Pelishtim, and there has been also a great slaughter among
the people, and thy two sons also, Ḥofni and Pineḥas, are
dead, and the ark of God is taken. And it came to pass, when 18
he made mention of the ark of God, that he fell from off the
seat backwards by the side of the gate, and his neck was
broken, and he died: for he was an old man, and heavy. And
he had judged Yisra'el for forty years. And his daughter in 19
law, the wife of Pineḥas was with child, near to be delivered:
and when she heard the tidings that the ark of God was taken,
and that her father in law and her husband were dead, she
bowed herself and gave birth ; for her pains came upon her.
And about the time of her death the women that stood by her 20
said to her, Fear not; for thou hast born a son. But she ans-
wered not, neither did she regard it. And she named the child 21
I-khavod, saying, Honour is departed from Yisra'el: because
the ark of God was taken, and because of her father in law

כְּבוֹד מִיִּשְׂרָאֵל אֶל־הִלָּקַח אֲרוֹן הָאֱלֹהִים וְאֶל־חָמִיהָ וְאִישָׁהּ:

כב וַתֹּאמֶר גָּלָה כָבוֹד מִיִּשְׂרָאֵל כִּי נִלְקַח אֲרוֹן הָאֱלֹהִים:

ה א וּפְלִשְׁתִּים לָקְחוּ אֵת אֲרוֹן הָאֱלֹהִים וַיְבִאֻהוּ מֵאֶבֶן הָעֵזֶר

ב אַשְׁדּוֹדָה: וַיִּקְחוּ פְלִשְׁתִּים אֶת־אֲרוֹן הָאֱלֹהִים וַיָּבִאוּ אֹתוֹ בֵּית

ג דָּגוֹן וַיַּצִּיגוּ אֹתוֹ אֵצֶל דָּגוֹן: וַיַּשְׁכִּמוּ אַשְׁדּוֹדִים מִמָּחֳרָת וְהִנֵּה

דָּגוֹן נֹפֵל לְפָנָיו אַרְצָה לִפְנֵי אֲרוֹן יְהוָה וַיִּקְחוּ אֶת־דָּגוֹן וַיָּשִׁבוּ

ד אֹתוֹ לִמְקוֹמוֹ: וַיַּשְׁכִּמוּ בַבֹּקֶר מִמָּחֳרָת וְהִנֵּה דָגוֹן נֹפֵל לְפָנָיו

אַרְצָה לִפְנֵי אֲרוֹן יְהוָה וְרֹאשׁ דָּגוֹן וּשְׁתֵּי ׀ כַּפּוֹת יָדָיו כְּרֻתוֹת

ה אֶל־הַמִּפְתָּן רַק דָּגוֹן נִשְׁאַר עָלָיו: עַל־כֵּן לֹא־יִדְרְכוּ כֹהֲנֵי דָגוֹן

וְכָל־הַבָּאִים בֵּית־דָּגוֹן עַל־מִפְתַּן דָּגוֹן בְּאַשְׁדּוֹד עַד הַיּוֹם

ו הַזֶּה: וַתִּכְבַּד יַד־יְהוָה אֶל־הָאַשְׁדּוֹדִים וַיְשִׁמֵּם

ז בטחרים וַיַּךְ אֹתָם בָּעֳפָלִים אֶת־אַשְׁדּוֹד וְאֶת־גְּבוּלֶיהָ: וַיִּרְאוּ אַנְשֵׁי־

אַשְׁדּוֹד כִּי־כֵן וְאָמְרוּ לֹא־יֵשֵׁב אֲרוֹן אֱלֹהֵי יִשְׂרָאֵל עִמָּנוּ כִּי־

ח קָשְׁתָה יָדוֹ עָלֵינוּ וְעַל דָּגוֹן אֱלֹהֵינוּ: וַיִּשְׁלְחוּ וַיַּאַסְפוּ אֶת־כָּל־

סַרְנֵי פְלִשְׁתִּים אֲלֵיהֶם וַיֹּאמְרוּ מַה־נַּעֲשֶׂה לַאֲרוֹן אֱלֹהֵי

יִשְׂרָאֵל וַיֹּאמְרוּ גַּת יִסֹּב אֲרוֹן אֱלֹהֵי יִשְׂרָאֵל וַיַּסֵּבּוּ אֶת־אֲרוֹן

ט אֱלֹהֵי יִשְׂרָאֵל: וַיְהִי אַחֲרֵי ׀ הֵסַבּוּ אֹתוֹ וַתְּהִי יַד־יְהוָה בָּעִיר

מְהוּמָה גְּדוֹלָה מְאֹד וַיַּךְ אֶת־אַנְשֵׁי הָעִיר מִקָּטֹן וְעַד־גָּדוֹל

י וַיִּשָּׂתְרוּ לָהֶם עֳפָלִים: וַיְשַׁלְּחוּ אֶת־אֲרוֹן הָאֱלֹהִים עֶקְרוֹן וַיְהִי טחרים

כְּבוֹא אֲרוֹן הָאֱלֹהִים עֶקְרוֹן וַיִּזְעֲקוּ הָעֶקְרֹנִים לֵאמֹר הֵסַבּוּ

יא אֵלַי אֶת־אֲרוֹן אֱלֹהֵי יִשְׂרָאֵל לַהֲמִיתֵנִי וְאֶת־עַמִּי: וַיִּשְׁלְחוּ

וַיַּאַסְפוּ אֶת־כָּל־סַרְנֵי פְלִשְׁתִּים וַיֹּאמְרוּ שַׁלְּחוּ אֶת־אֲרוֹן אֱלֹהֵי

יִשְׂרָאֵל וְיָשֹׁב לִמְקֹמוֹ וְלֹא־יָמִית אֹתִי וְאֶת־עַמִּי כִּי־הָיְתָה

יב מְהוּמַת־מָוֶת בְּכָל־הָעִיר כָּבְדָה מְאֹד יַד הָאֱלֹהִים שָׁם:

ו א בטחרים וְהָאֲנָשִׁים אֲשֶׁר לֹא־מֵתוּ הֻכּוּ בָּעֳפָלִים וַתַּעַל שַׁוְעַת הָעִיר

ב הַשָּׁמָיִם: וַיְהִי אֲרוֹן־יְהוָה בִּשְׂדֵה פְלִשְׁתִּים

שִׁבְעָה חֳדָשִׁים: וַיִּקְרְאוּ פְלִשְׁתִּים לַכֹּהֲנִים וְלַקֹּסְמִים לֵאמֹר

ג מַה־נַּעֲשֶׂה לַאֲרוֹן יְהוָה הוֹדִעֻנוּ בַּמֶּה נְשַׁלְּחֶנּוּ לִמְקוֹמוֹ:

וַיֹּאמְרוּ אִם־מְשַׁלְּחִים אֶת־אֲרוֹן אֱלֹהֵי יִשְׂרָאֵל אַל־תְּשַׁלְּחוּ

ד אֹתוֹ רֵיקָם כִּי־הָשֵׁב תָּשִׁיבוּ לוֹ אָשָׁם אָז תֵּרָפְאוּ וְנוֹדַע לָכֶם

לָמָּה לֹא־תָסוּר יָדוֹ מִכֶּם: וַיֹּאמְרוּ מָה הָאָשָׁם אֲשֶׁר נָשִׁיב לוֹ

ה טחרי וַיֹּאמְרוּ מִסְפַּר סַרְנֵי פְלִשְׁתִּים חֲמִשָּׁה עָפְלֵי זָהָב וַחֲמִשָּׁה

עַכְבְּרֵי זָהָב כִּי־מַגֵּפָה אַחַת לְכֻלָּם וּלְסַרְנֵיכֶם: וַעֲשִׂיתֶם צַלְמֵי

טחריכם עָפְלֵיכֶם וְצַלְמֵי עַכְבְּרֵיכֶם הַמַּשְׁחִיתִם אֶת־הָאָרֶץ וּנְתַתֶּם

ו לֵאלֹהֵי יִשְׂרָאֵל כָּבוֹד אוּלַי יָקֵל אֶת־יָדוֹ מֵעֲלֵיכֶם וּמֵעַל

אֱלֹהֵיכֶם וּמֵעַל אַרְצְכֶם: וְלָמָּה תְכַבְּדוּ אֶת־לְבַבְכֶם כַּאֲשֶׁר

and her husband. And she said, Honour is departed from   22
Yisra'el : for the ark of God is taken.

And the Pelishtim took the ark of God, and brought it from   **5**
Even-ha'ezer to Ashdod. When the Pelishtim took the ark   2
of God, they brought it into the house of Dagon, and set
it by Dagon. And they of Ashdod arose early on the morrow,   3
and behold, Dagon was fallen upon his face to the earth
before the ark of the Lord. And they took Dagon, and set
him in his place again. And they arose early on the next   4
morning, and behold, Dagon was fallen upon his face to the
ground before the ark of the Lord and the head of Dagon
and both the palms of his hands lay severed on the threshold ;
only the trunk of Dagon was left to him. Therefore neither the   5
priests of Dagon, nor any that come into Dagon's house, tread
on the threshold of Dagon in Ashdod to this day.   But   6
the hand of the Lord was heavy upon them of Ashdod, and
he destroyed them, and smote them with swellings, Ashdod
and the surrounding areas. And when the men of Ashdod saw   7
that it was so, they said, The ark of the God of Yisra'el shall
not abide with us: for his hand is sore upon us, and upon Da-
gon our god. They sent therefore and gathered all the lords   8
of the Pelishtim unto them, and said, What shall we do with
the ark of the God of Yisra'el? And they answered, Let the
ark of the God of Yisra'el be brought round to Gat. And they
brought the ark of the God of Yisra'el there. And it was so,   9
that, after they had brought it round, the hand of the Lord
was against the city with a very great panic: and he smote
the men of the city, both small and great, and they were
inwardly struck with swellings. Therefore they. sent the ark   10
of God to 'Eqron. And it came to pass, as the ark of God
came to 'Eqron, that the 'Eqronim cried out, saying, They have
brought about the ark of the God of Yisra'el to us, to slay us
and our people. So they sent and gathered together all the   11
lords of the Pelishtim, and said, Send away the ark of the God
of Yisra'el, and let it go back to its own place, that it slay
us not, and our people: for there was a deadly panic through-
out all the city; the hand of God was very heavy there. And   12
the men that died not were smitten with swellings: and the
cry of the city went up to heaven.   And the ark of the   **6**
Lord was in the country of the Pelishtim seven months. And the   2
Pelishtim called for the priests and magicians, saying, What
shall we do to the ark of the Lord ? tell us how we shall send
it to its place. And they said, If you send away the ark of the   3
God of Yisra'el, send it not empty; but make sure to return
him a guilt offering: then you shall be healed, and you will
learn why his hand is not removed from you. Then said they,   4
What shall be the guilt offering which we shall return to him?
They answered, Five golden swellings, and five golden mice,
according to the number of the lords of the Pelishtim: for one
plague was on you all, and on your lords. And you shall make   5
images of your swellings, and images of your mice that ravage
the land; and you shall give honour to the God of Yisra'el:
perhaps he will lighten his hand from off you, and from off

כִּבְּדוּ מִצְרַיִם וּפַרְעֹה אֶת־לִבָּם הֲלוֹא כַּאֲשֶׁר הִתְעַלֵּל בָּהֶם ז

וַיְשַׁלְּחוּם וַיֵּלֵכוּ: וְעַתָּה קְחוּ וַעֲשׂוּ עֲגָלָה חֲדָשָׁה אֶחָת וּשְׁתֵּי

פָרוֹת עָלוֹת אֲשֶׁר לֹא־עָלָה עֲלֵיהֶם עֹל וַאֲסַרְתֶּם אֶת־הַפָּרוֹת ח

בָּעֲגָלָה וַהֲשֵׁיבֹתֶם בְּנֵיהֶם מֵאַחֲרֵיהֶם הַבָּיְתָה: וּלְקַחְתֶּם אֶת־

אֲרוֹן יְהֹוָה וּנְתַתֶּם אֹתוֹ אֶל־הָעֲגָלָה וְאֵת । כְּלֵי הַזָּהָב אֲשֶׁר

הֲשֵׁבֹתֶם לוֹ אָשָׁם תָּשִׂימוּ בָאַרְגַּז מִצִּדּוֹ וְשִׁלַּחְתֶּם אֹתוֹ וְהָלָךְ: ט

וּרְאִיתֶם אִם־דֶּרֶךְ גְּבוּלוֹ יַעֲלֶה בֵּית שֶׁמֶשׁ הוּא עָשָׂה לָנוּ אֶת־

הָרָעָה הַגְּדוֹלָה הַזֹּאת וְאִם־לֹא וְיָדַעְנוּ כִּי לֹא יָדוֹ נָגְעָה י

בָּנוּ מִקְרֶה הוּא הָיָה לָנוּ: וַיַּעֲשׂוּ הָאֲנָשִׁים כֵּן וַיִּקְחוּ שְׁתֵּי יא

פָרוֹת עָלוֹת וַיַּאַסְרוּם בָּעֲגָלָה וְאֶת־בְּנֵיהֶם כָּלוּ בַבָּיִת: וַיָּשִׂמוּ

אֶת־אֲרוֹן יְהֹוָה אֶל־הָעֲגָלָה וְאֵת הָאַרְגַּז וְאֵת עַכְבְּרֵי הַזָּהָב יב

וְאֵת צַלְמֵי טְחֹרֵיהֶם: וַיִּשַּׁרְנָה הַפָּרוֹת בַּדֶּרֶךְ עַל־דֶּרֶךְ בֵּית

שֶׁמֶשׁ בִּמְסִלָּה אַחַת הָלְכוּ הָלֹךְ וְגָעוֹ וְלֹא־סָרוּ יָמִין וּשְׂמֹאול יג

וְסַרְנֵי פְלִשְׁתִּים הֹלְכִים אַחֲרֵיהֶם עַד־גְּבוּל בֵּית שָׁמֶשׁ: וּבֵית

שֶׁמֶשׁ קֹצְרִים קְצִיר־חִטִּים בָּעֵמֶק וַיִּשְׂאוּ אֶת־עֵינֵיהֶם וַיִּרְאוּ יד

אֶת־הָאָרוֹן וַיִּשְׂמְחוּ לִרְאוֹת: וְהָעֲגָלָה בָּאָה אֶל־שְׂדֵה יְהוֹשֻׁעַ ד

בֵּית־הַשִּׁמְשִׁי וַתַּעֲמֹד שָׁם וְשָׁם אֶבֶן גְּדוֹלָה וַיְבַקְּעוּ אֶת־עֲצֵי טו

הָעֲגָלָה וְאֶת־הַפָּרוֹת הֶעֱלוּ עֹלָה לַיהֹוָה: וְהַלְוִיִּם

הוֹרִידוּ । אֶת־אֲרוֹן יְהֹוָה וְאֶת־הָאַרְגַּז אֲשֶׁר־אִתּוֹ אֲשֶׁר־בּוֹ

כְלֵי־זָהָב וַיָּשִׂמוּ אֶל־הָאֶבֶן הַגְּדוֹלָה וְאַנְשֵׁי בֵית־שֶׁמֶשׁ הֶעֱלוּ טז

עֹלוֹת וַיִּזְבְּחוּ זְבָחִים בַּיּוֹם הַהוּא לַיהֹוָה: וַחֲמִשָּׁה סַרְנֵי־ יז

פְלִשְׁתִּים רָאוּ וַיָּשֻׁבוּ עֶקְרוֹן בַּיּוֹם הַהוּא: וְאֵלֶּה

טְחֹרֵי הַזָּהָב אֲשֶׁר הֵשִׁיבוּ פְלִשְׁתִּים אָשָׁם לַיהֹוָה לְאַשְׁדּוֹד

אֶחָד לְעַזָּה אֶחָד לְאַשְׁקְלוֹן אֶחָד לְגַת אֶחָד לְעֶקְרוֹן יח

אֶחָד: וְעַכְבְּרֵי הַזָּהָב מִסְפַּר כָּל־עָרֵי פְלִשְׁתִּים

לַחֲמֵשֶׁת הַסְּרָנִים מֵעִיר מִבְצָר וְעַד כֹּפֶר הַפְּרָזִי וְעַד । אָבֵל

הַגְּדוֹלָה אֲשֶׁר הִנִּיחוּ עָלֶיהָ אֵת אֲרוֹן יְהֹוָה עַד הַיּוֹם הַזֶּה בִּשְׂדֵה יט

יְהוֹשֻׁעַ בֵּית־הַשִּׁמְשִׁי: וַיַּךְ בְּאַנְשֵׁי בֵית־שֶׁמֶשׁ כִּי רָאוּ בַּאֲרוֹן

יְהֹוָה וַיַּךְ בָּעָם שִׁבְעִים אִישׁ חֲמִשִּׁים אֶלֶף אִישׁ וַיִּתְאַבְּלוּ הָעָם כ

כִּי־הִכָּה יְהֹוָה בָּעָם מַכָּה גְדוֹלָה: וַיֹּאמְרוּ אַנְשֵׁי בֵית־שֶׁמֶשׁ

מִי יוּכַל לַעֲמֹד לִפְנֵי יְהֹוָה הָאֱלֹהִים הַקָּדוֹשׁ הַזֶּה וְאֶל־מִי כא

יַעֲלֶה מֵעָלֵינוּ: וַיִּשְׁלְחוּ מַלְאָכִים אֶל־יוֹשְׁבֵי קִרְיַת־יְעָרִים

לֵאמֹר הֵשִׁבוּ פְלִשְׁתִּים אֶת־אֲרוֹן יְהֹוָה רְדוּ הַעֲלוּ אֹתוֹ

אֲלֵיכֶם: וַיָּבֹאוּ אַנְשֵׁי । קִרְיַת יְעָרִים וַיַּעֲלוּ אֶת־אֲרוֹן יְהֹוָה ז

וַיָּבִאוּ אֹתוֹ אֶל־בֵּית אֲבִינָדָב בַּגִּבְעָה וְאֶת־אֶלְעָזָר בְּנוֹ קִדְּשׁוּ

your gods, and from off your land. Why harden your hearts, 6
as Miẓrayim and Par'o hardened their hearts? after all the
inflictions he wrought among them, did they not let the
people go, and they departed? Now therefore make a new cart, 7
and take two milch cows, on which there has never been a
yoke, and tie the cows to the cart, and leave their calves be-
hind them at home: and take the ark of the LORD, and lay 8
it upon the cart; and put the golden devices which you are
restoring to him for a guilt offering in a box by the side of
it; and send it away, that it may go. And see: if it goes up by 9
the way of his border to Bet-shemesh, then he has done us
this great evil: but if not, then we shall know that it is not
his hand that smote us; it was a chance that happened to us.
And the men did so; and took two milch cows, and tied them 10
to the cart, and shut up their calves at home: and they laid 11
the ark of the LORD upon the cart, and the box with the mice
of gold and the images of their swellings. And the cows took 12
the straight way by the road of Bet-shemesh, and went along
the highway, lowing as they went, and turned not aside to the
right hand or to the left; and the lords of the Pelishtim went
after them to the border of Bet-shemesh. And they of Bet- 13
shemesh were reaping their wheat harvest in the valley: and
they lifted up their eyes, and saw the ark, and rejoiced to see
it. And the cart came into the field of Yehoshua, a man of Bet- 14
shemesh, and stood there, where there was a great stone : and
they split the wood of the cart, and offered the cows as a burnt
offering to the LORD.   And the Levites took down the 15
ark of the LORD, and the box that was with it, in which were
the devices of gold, and put them on the great stone: and the
men of Bet-shemesh offered burnt offerings and sacrificed sac-
rifices on that day to the LORD. And when the five lords of the 16
Pelishtim had seen it, they returned to 'Eqron the same day.

And these are the golden swellings which the Pelishtim re- 17
turned for a guilt offering to the LORD; for Ashdod one, for
'Aza one, for Ashqelon one, for Gat one, for 'Ekron one ;

and the golden mice, according to the number of all the cities 18
of the Pelishtim belonging to the five lords, both fortified
cities, and open villages, as far as the great stone, on which
they set down the ark of the LORD: which remains to this day
in the field of Jehoshua, the Bet-Shimshite. And he smote the 19
men of Bet-shemesh, because they had looked into the ark of the
LORD, smiting fifty thousand and seventy men of the people:
and the people lamented, because the LORD had smitten many
of the people with a great slaughter. And the men of Bet- 20
shemesh said, Who is able to stand before this holy LORD GOD?
and to whom shall he go up from us? And they sent messen- 21
gers to the inhabitants of Qiryat-ye'arim, saying, The Pelish-
tim have brought back the ark of the LORD; come down, and
fetch it up to you. And the men of Qiryat-ye'arim came, and 7
fetched up the ark of the LORD, and brought it into the house
of Avinadav on the hill, and sanctified El'azar his son to keep

וַיְהִי מִיּוֹם שֶׁבֶת הָאָרוֹן   לִשְׁמֹר אֶת־אֲרוֹן יְהוָה: ב
בְּקִרְיַת יְעָרִים וַיִּרְבּוּ הַיָּמִים וַיִּהְיוּ עֶשְׂרִים שָׁנָה וַיִּנָּהוּ כָּל־בֵּית
יִשְׂרָאֵל אַחֲרֵי יְהוָה: וַיֹּאמֶר שְׁמוּאֵל אֶל־כָּל־   ג
בֵּית יִשְׂרָאֵל לֵאמֹר אִם־בְּכָל־לְבַבְכֶם אַתֶּם שָׁבִים אֶל־יְהוָה
הָסִירוּ אֶת־אֱלֹהֵי הַנֵּכָר מִתּוֹכְכֶם וְהָעַשְׁתָּרוֹת וְהָכִינוּ לְבַבְכֶם
אֶל־יְהוָה וְעִבְדֻהוּ לְבַדּוֹ וְיַצֵּל אֶתְכֶם מִיַּד פְּלִשְׁתִּים: וַיָּסִירוּ בְּנֵי   ד
יִשְׂרָאֵל אֶת־הַבְּעָלִים וְאֶת־הָעַשְׁתָּרֹת וַיַּעַבְדוּ אֶת־יְהוָה
לְבַדּוֹ:   וַיֹּאמֶר שְׁמוּאֵל קִבְצוּ אֶת־כָּל־יִשְׂרָאֵל   ה
הַמִּצְפָּתָה וְאֶתְפַּלֵּל בַּעַדְכֶם אֶל־יְהוָה: וַיִּקָּבְצוּ הַמִּצְפָּתָה   ו
וַיִּשְׁאֲבוּ־מַיִם וַיִּשְׁפְּכוּ לִפְנֵי יְהוָה וַיָּצוּמוּ בַּיּוֹם הַהוּא וַיֹּאמְרוּ
שָׁם חָטָאנוּ לַיהוָה וַיִּשְׁפֹּט שְׁמוּאֵל אֶת־בְּנֵי יִשְׂרָאֵל בַּמִּצְפָּה:
וַיִּשְׁמְעוּ פְלִשְׁתִּים כִּי־הִתְקַבְּצוּ בְנֵי־יִשְׂרָאֵל הַמִּצְפָּתָה וַיַּעֲלוּ   ז
סַרְנֵי־פְלִשְׁתִּים אֶל־יִשְׂרָאֵל וַיִּשְׁמְעוּ בְּנֵי יִשְׂרָאֵל וַיִּרְאוּ מִפְּנֵי
פְלִשְׁתִּים: וַיֹּאמְרוּ בְנֵי־יִשְׂרָאֵל אֶל־שְׁמוּאֵל אַל־תַּחֲרֵשׁ מִמֶּנּוּ   ח
מִזְּעֹק אֶל־יְהוָה אֱלֹהֵינוּ וְיֹשִׁעֵנוּ מִיַּד פְּלִשְׁתִּים: וַיִּקַּח שְׁמוּאֵל   ט
טְלֵה חָלָב אֶחָד וַיַּעֲלֵהוּ עוֹלָה כָּלִיל לַיהוָה וַיִּזְעַק שְׁמוּאֵל אֶל־
יְהוָה בְּעַד יִשְׂרָאֵל וַיַּעֲנֵהוּ יְהוָה: וַיְהִי שְׁמוּאֵל מַעֲלֶה הָעוֹלָה   י
וּפְלִשְׁתִּים נִגְּשׁוּ לַמִּלְחָמָה בְּיִשְׂרָאֵל וַיַּרְעֵם יְהוָה בְּקוֹל־גָּדוֹל
בַּיּוֹם הַהוּא עַל־פְּלִשְׁתִּים וַיְהֻמֵּם וַיִּנָּגְפוּ לִפְנֵי יִשְׂרָאֵל: וַיֵּצְאוּ   יא
אַנְשֵׁי יִשְׂרָאֵל מִן־הַמִּצְפָּה וַיִּרְדְּפוּ אֶת־פְּלִשְׁתִּים וַיַּכּוּם עַד־
מִתַּחַת לְבֵית כָּר: וַיִּקַּח שְׁמוּאֵל אֶבֶן אַחַת וַיָּשֶׂם בֵּין־הַמִּצְפָּה   יב
וּבֵין הַשֵּׁן וַיִּקְרָא אֶת־שְׁמָהּ אֶבֶן הָעָזֶר וַיֹּאמַר עַד־הֵנָּה עֲזָרָנוּ
יְהוָה: וַיִּכָּנְעוּ הַפְּלִשְׁתִּים וְלֹא־יָסְפוּ עוֹד לָבוֹא בִּגְבוּל יִשְׂרָאֵל   יג
וַתְּהִי יַד־יְהוָה בַּפְּלִשְׁתִּים כֹּל יְמֵי שְׁמוּאֵל: וַתָּשֹׁבְנָה הֶעָרִים   יד
אֲשֶׁר לָקְחוּ־פְלִשְׁתִּים מֵאֵת יִשְׂרָאֵל לְיִשְׂרָאֵל מֵעֶקְרוֹן וְעַד־
גַּת וְאֶת־גְּבוּלָן הִצִּיל יִשְׂרָאֵל מִיַּד פְּלִשְׁתִּים וַיְהִי שָׁלוֹם
בֵּין יִשְׂרָאֵל וּבֵין הָאֱמֹרִי: וַיִּשְׁפֹּט שְׁמוּאֵל אֶת־יִשְׂרָאֵל כֹּל   טו
יְמֵי חַיָּיו: וְהָלַךְ מִדֵּי שָׁנָה בְּשָׁנָה וְסָבַב בֵּית־אֵל וְהַגִּלְגָּל   טז
וְהַמִּצְפָּה וְשָׁפַט אֶת־יִשְׂרָאֵל אֵת כָּל־הַמְּקוֹמוֹת הָאֵלֶּה:
וּתְשֻׁבָתוֹ הָרָמָתָה כִּי־שָׁם בֵּיתוֹ וְשָׁם שָׁפָט אֶת־יִשְׂרָאֵל   יז
וַיִּבֶן־שָׁם מִזְבֵּחַ לַיהוָה:

וַיְהִי כַּאֲשֶׁר זָקֵן שְׁמוּאֵל וַיָּשֶׂם אֶת־בָּנָיו שֹׁפְטִים לְיִשְׂרָאֵל: א ח
וַיְהִי שֶׁם־בְּנוֹ הַבְּכוֹר יוֹאֵל וְשֵׁם מִשְׁנֵהוּ אֲבִיָּה שֹׁפְטִים בִּבְאֵר   ב
שָׁבַע: וְלֹא־הָלְכוּ בָנָיו בִּדְרָכָו וַיִּטּוּ אַחֲרֵי הַבָּצַע וַיִּקְחוּ־שֹׁחַד   ג
וַיַּטּוּ מִשְׁפָּט: וַיִּתְקַבְּצוּ כֹּל זִקְנֵי יִשְׂרָאֵל וַיָּבֹאוּ   ד
אֶל־שְׁמוּאֵל הָרָמָתָה: וַיֹּאמְרוּ אֵלָיו הִנֵּה אַתָּה זָקַנְתָּ וּבָנֶיךָ לֹא   ה

2 the ark of the Lord. And it came to pass, while the ark re-
mained in Qiryat-ye'arim that the time was long; for it was twen-
ty years: and all the house of Yisra'el sighed after the Lord.
3 And Shemu'el spoke to all the house of Yisra'el, saying, If
you return to the Lord with all your hearts, then put away the
foreign gods and the 'Ashtarot from among you, and direct
your hearts to the Lord, and serve him only: and he will de-
4 liver you out of the hand of the Pelishtim. Then the children
of Yisra'el put away the Be'alim and the 'Ashtarot, and served
5 the Lord only. And Shemu'el said, Gather all Yisra'el to
6 Mizpa, and I will pray for you to the Lord. And they gathered
together to Mizpa, and drew water, and poured it out before
the Lord, and fasted on that day, and said there, We have
sinned against the Lord. And Shemu'el judged the children of
7 Yisra'el in Mizpa. And when the Pelishtim heard that the
children of Yisra'el were gathered together to Mizpa the lords
of the Pelishtim went up against Yisra'el. And when the child-
8 ren of Yisra'el heard it, they were afraid of the Pelishtim. And
the children of Yisra'el said to Shemu'el, Cease not to cry to
the Lord our God for us, that he will save us out of the hand
9 of the Pelishtim. And Shemu'el took a sucking lamb, and of-
fered it for a burnt offering wholly to the Lord: and Shemu'el
10 cried to the Lord for Yisra'el; and the Lord heard him. And
as Shemu'el was offering up the burnt offering, the Pelishtim
drew near to battle against Yisra'el: but the Lord thundered
with a great thunder on that day upon the Pelishtim, and con-
11 foundcd them; and they were beaten before Yisra'el. And the
men of Yisra'el went out of Mizpa and pursued the Pelishtim,
12 and smote them, until they came under Bet-kar. Then Shemu'el
took a stone, and set it between Mizpa and Shen, and called
the name of it Even-ha'ezer, saying, Hitherto the Lord has
13 helped us. So the Pelishtim were subdued, and they came no
more into the territory of Yisra'el: and the hand of the Lord
14 was against the Pelishtim all the days of Shemu'el. And the
cities which the Pelishtim had taken from Yisra'el were res-
tored to Yisra'el from 'Eqron to Gat; and their surrounding
territories, did Yisra'el deliver out of the hands of the Pelish-
15 tim. And there was peace between Yisra'el and the Emori.
16 And Shemu'el judged Yisra'el all the days of his life. And he
went from year to year in circuit to Bet-el, and Gilgal, and
17 Mizpa, and judged Yisra'el in all those places. And his return
was to Rama; for there was his house; and there he judged
Yisra'el; and there he built an altar to the Lord.

8 And it came to pass, when Shemu'el was old, that he made his
2 sons judges over Yisra'el. Now the name of his firstborn was
Yo'el, and the name of his second, Aviyya: they were judges
3 in Be'er-sheva. And his sons walked not in his ways, but turned
aside after unjust gain, and took bribes, and perverted jus-
4 tice. Then all the elders of Yisra'el gathered themselves
5 together, and came to Shemu'el to Rama, and said to him,
Behold, thou art old, and thy sons walk not in thy ways: now

הִלְכוּ בִדְרָכֶיךָ עַתָּה שִׂימָה־לָּנוּ מֶלֶךְ לְשָׁפְטֵנוּ כְּכָל־הַגּוֹיִם:

ו וַיֵּרַע הַדָּבָר בְּעֵינֵי שְׁמוּאֵל כַּאֲשֶׁר אָמְרוּ תְּנָה־לָּנוּ מֶלֶךְ

ז לְשָׁפְטֵנוּ וַיִּתְפַּלֵּל שְׁמוּאֵל אֶל־יְהוָה: וַיֹּאמֶר

יְהוָה אֶל־שְׁמוּאֵל שְׁמַע בְּקוֹל הָעָם לְכֹל אֲשֶׁר־יֹאמְרוּ אֵלֶיךָ

ח כִּי לֹא אֹתְךָ מָאָסוּ כִּי־אֹתִי מָאֲסוּ מִמְּלֹךְ עֲלֵיהֶם: כְּכָל־

הַמַּעֲשִׂים אֲשֶׁר־עָשׂוּ מִיּוֹם הַעֲלֹתִי אֹתָם מִמִּצְרַיִם וְעַד־הַיּוֹם

הַזֶּה וַיַּעַזְבֻנִי וַיַּעַבְדוּ אֱלֹהִים אֲחֵרִים כֵּן הֵמָּה עֹשִׂים גַּם־לָךְ:

ט וְעַתָּה שְׁמַע בְּקוֹלָם אַךְ כִּי־הָעֵד תָּעִיד בָּהֶם וְהִגַּדְתָּ לָהֶם

י מִשְׁפַּט הַמֶּלֶךְ אֲשֶׁר יִמְלֹךְ עֲלֵיהֶם: וַיֹּאמֶר

שְׁמוּאֵל אֵת כָּל־דִּבְרֵי יְהוָה אֶל־הָעָם הַשֹּׁאֲלִים מֵאִתּוֹ

יא מֶלֶךְ: וַיֹּאמֶר זֶה יִהְיֶה מִשְׁפַּט הַמֶּלֶךְ אֲשֶׁר יִמְלֹךְ

עֲלֵיכֶם אֶת־בְּנֵיכֶם יִקָּח וְשָׂם לוֹ בְּמֶרְכַּבְתּוֹ וּבְפָרָשָׁיו וְרָצוּ לִפְנֵי

יב מֶרְכַּבְתּוֹ: וְלָשׂוּם לוֹ שָׂרֵי אֲלָפִים וְשָׂרֵי חֲמִשִּׁים וְלַחֲרֹשׁ חֲרִישׁוֹ

יג וְלִקְצֹר קְצִירוֹ וְלַעֲשׂוֹת כְּלֵי־מִלְחַמְתּוֹ וּכְלֵי רִכְבּוֹ: וְאֶת־

יד בְּנוֹתֵיכֶם יִקָּח לְרַקָּחוֹת וּלְטַבָּחוֹת וּלְאֹפוֹת: וְאֶת־שְׂדוֹתֵיכֶם

טו וְאֶת־כַּרְמֵיכֶם וְזֵיתֵיכֶם הַטּוֹבִים יִקָּח וְנָתַן לַעֲבָדָיו: וְזַרְעֵיכֶם

טז וְכַרְמֵיכֶם יַעְשֹׂר וְנָתַן לְסָרִיסָיו וְלַעֲבָדָיו: וְאֶת־עַבְדֵיכֶם וְאֶת־

שִׁפְחוֹתֵיכֶם וְאֶת־בַּחוּרֵיכֶם הַטּוֹבִים וְאֶת־חֲמוֹרֵיכֶם יִקָּח

יז וְעָשָׂה לִמְלַאכְתּוֹ: צֹאנְכֶם יַעְשֹׂר וְאַתֶּם תִּהְיוּ־לוֹ לַעֲבָדִים:

יח וּזְעַקְתֶּם בַּיּוֹם הַהוּא מִלִּפְנֵי מַלְכְּכֶם אֲשֶׁר בְּחַרְתֶּם לָכֶם וְלֹא־

יט יַעֲנֶה יְהוָה אֶתְכֶם בַּיּוֹם הַהוּא: וַיְמָאֲנוּ הָעָם לִשְׁמֹעַ בְּקוֹל

כ שְׁמוּאֵל וַיֹּאמְרוּ לֹא כִּי אִם־מֶלֶךְ יִהְיֶה עָלֵינוּ: וְהָיִינוּ גַם־

אֲנַחְנוּ כְּכָל־הַגּוֹיִם וּשְׁפָטָנוּ מַלְכֵּנוּ וְיָצָא לְפָנֵינוּ וְנִלְחַם אֶת־

כא מִלְחֲמֹתֵנוּ: וַיִּשְׁמַע שְׁמוּאֵל אֵת כָּל־דִּבְרֵי הָעָם וַיְדַבְּרֵם בְּאָזְנֵי

כב יְהוָה: וַיֹּאמֶר יְהוָה אֶל־שְׁמוּאֵל שְׁמַע בְּקוֹלָם

וְהִמְלַכְתָּ לָהֶם מֶלֶךְ וַיֹּאמֶר שְׁמוּאֵל אֶל־אַנְשֵׁי יִשְׂרָאֵל לְכוּ

ט אִישׁ לְעִירוֹ: וַיְהִי־אִישׁ מבן ימין וּשְׁמוֹ קִישׁ בֶּן־ מִבִּנְיָמִין

אֲבִיאֵל בֶּן־צְרוֹר בֶּן־בְּכוֹרַת בֶּן־אֲפִיחַ בֶּן־אִישׁ יְמִינִי גִּבּוֹר

ה ב חָיִל: וְלוֹ־הָיָה בֵן וּשְׁמוֹ שָׁאוּל בָּחוּר וָטוֹב וְאֵין אִישׁ מִבְּנֵי

ג יִשְׂרָאֵל טוֹב מִמֶּנּוּ מִשִּׁכְמוֹ וָמַעְלָה גָּבֹהַּ מִכָּל־הָעָם: וַתֹּאבַדְנָה

הָאֲתֹנוֹת לְקִישׁ אֲבִי שָׁאוּל וַיֹּאמֶר קִישׁ אֶל־שָׁאוּל בְּנוֹ קַח־נָא

ד אִתְּךָ אֶת־אַחַד מֵהַנְּעָרִים וְקוּם לֵךְ בַּקֵּשׁ אֶת־הָאֲתֹנֹת: וַיַּעֲבֹר

בְּהַר־אֶפְרַיִם וַיַּעֲבֹר בְּאֶרֶץ־שָׁלִשָׁה וְלֹא מָצָאוּ וַיַּעַבְרוּ בְאֶרֶץ־

ה שַׁעֲלִים וָאַיִן וַיַּעֲבֹר בְּאֶרֶץ־יְמִינִי וְלֹא מָצָאוּ: הֵמָּה בָּאוּ בְּאֶרֶץ

צוּף וְשָׁאוּל אָמַר לְנַעֲרוֹ אֲשֶׁר־עִמּוֹ לְכָה וְנָשׁוּבָה פֶּן־יֶחְדַּל אָבִי

make us a king to judge us like all the nations. But the thing   6
displeased Shemu'el when they said, Give us a king to judge
us. And Shemu'el prayed to the Lord.   And the Lord said   7
to Shemu'el, Hearken to the voice of the people in all that they
say to thee: for they have not rejected thee, but they have
rejected me, that I should not reign over them. According to   8
all the deeds which they have done since the day that I brought
them up out of Miẓrayim, and to this day, in that they have
forsaken me, and served other gods, so they also do to thee.
Now you must hearken to their voice: nevertheless you should   9
solemnly forewarn them, and relate to them the customary
practice of the king that shall reign over them.   And   10
Shemu'el told all the words of the Lord to the people that asked
of him a king.   And he said, This will be the custom of   11
the king that shall reign over you: He will take your sons, and
appoint them for himself on his chariot, and to be his horsemen;
and some shall run before his chariot. And he will appoint for   12
himself captains over thousands, and captains over fifties; and
will set them to plough his ground, and to reap his harvest, and
to make his instruments of war, and the instruments of his
chariots. And he will take your daughters for perfumers, and   13
cooks, and bakers. And he will take your fields, and your vine-   14
yards, and your best oliveyards, and give them to his servants.
And he will take the tenth of your seed, and of your vineyards,   15
and give to his officers, and to his servants. And he will take   16
your menservants, and your maidservants, and your goodliest
young men, and your asses, and put them to his work. He will   17
take the tenth of your sheep: and you shall be his servants.
And you shall cry out on that day because of your king which   18
you shall have chosen you; and the Lord will not hear you on
that day. Nevertheless the people refused to obey the voice of   19
Shemu'el; and they said, No: but we will have a king over
us; that we also may be like all the nations; and that our king   20
may judge us, and go out before us, and fight our battles. And   21
Shemu'el heard all the words of the people, and he spoke them
in the ears of the Lord.   And the Lord said to Shemu'el,   22
Listen to their voice, and make them a king. And Shemu'el said
to the men of Yisra'el, Go every man to his city.   Now   **9**
there was a man of Binyamin, whose name was Qish, the son
of Avi'el, the son of Ẓeror, the son of Bekhorat, the son of Afiaḥ,
a (Bin) yemini, a mighty man of valour. And he had a son,   2
whose name was Sha'ul, a choice young man, and handsome:
and there was not among the children of Yisra'el a goodlier
person than he: from his shoulders and upwards he was taller
than any of the people. And the asses of Qish Sha'ul's father   3
were lost. And Qish said to Sha'ul his son, Take now one of the
servants with thee, and arise, go seek the asses. And he passed   4
through mount Efrayim, and passed through the land of Sha-
lisha, but they found them not: then they passed through the
land of Sha'alim, and they were not there: and he passed
through the land of the (Bin) yemini, but they did not find them.
And when they were come to the land of Ẓuf, Sha'ul said to his   5
lad that was with him, Come, and let us return; lest my father

מִן־הָאֵתֹנוֹת וְדָאַג לָנוּ: וַיֹּאמֶר לוֹ הִנֵּה־נָא אִישׁ־אֱלֹהִים בָּעִיר א
הַזֹּאת וְהָאִישׁ נִכְבָּד כֹּל אֲשֶׁר־יְדַבֵּר בּוֹא יָבוֹא עַתָּה נֵלְכָה שָּׁם
אוּלַי יַגִּיד לָנוּ אֶת־דַּרְכֵּנוּ אֲשֶׁר־הָלַכְנוּ עָלֶיהָ: וַיֹּאמֶר שָׁאוּל ז
לְנַעֲרוֹ וְהִנֵּה נֵלֵךְ וּמַה־נָּבִיא לָאִישׁ כִּי הַלֶּחֶם אָזַל מִכֵּלֵינוּ
וּתְשׁוּרָה אֵין־לְהָבִיא לְאִישׁ הָאֱלֹהִים מָה אִתָּנוּ: וַיֹּסֶף הַנַּעַר ח
לַעֲנוֹת אֶת־שָׁאוּל וַיֹּאמֶר הִנֵּה נִמְצָא בְיָדִי רֶבַע שֶׁקֶל כָּסֶף
וְנָתַתִּי לְאִישׁ הָאֱלֹהִים וְהִגִּיד לָנוּ אֶת־דַּרְכֵּנוּ: לְפָנִים בְּיִשְׂרָאֵל ט
כֹּה־אָמַר הָאִישׁ בְּלֶכְתּוֹ לִדְרוֹשׁ אֱלֹהִים לְכוּ וְנֵלְכָה עַד־הָרֹאֶה
כִּי לַנָּבִיא הַיּוֹם יִקָּרֵא לְפָנִים הָרֹאֶה: וַיֹּאמֶר שָׁאוּל לְנַעֲרוֹ טוֹב י
דְּבָרְךָ לְכָה ׀ וְנֵלֵכָה וַיֵּלְכוּ אֶל־הָעִיר אֲשֶׁר־שָׁם אִישׁ הָאֱלֹהִים:
הֵמָּה עֹלִים בְּמַעֲלֵה הָעִיר וְהֵמָּה מָצְאוּ נְעָרוֹת יֹצְאוֹת לִשְׁאֹב יא
מָיִם וַיֹּאמְרוּ לָהֶן הֲיֵשׁ בָּזֶה הָרֹאֶה: וַתַּעֲנֶינָה אוֹתָם וַתֹּאמַרְנָה יב
יֵשׁ הִנֵּה לְפָנֶיךָ מַהֵר ׀ עַתָּה כִּי הַיּוֹם בָּא לָעִיר כִּי זֶבַח הַיּוֹם
לָעָם בַּבָּמָה: כְּבֹאֲכֶם הָעִיר כֵּן תִּמְצְאוּן אֹתוֹ בְּטֶרֶם יַעֲלֶה יג
הַבָּמָתָה לֶאֱכֹל כִּי לֹא־יֹאכַל הָעָם עַד־בֹּאוֹ כִּי־הוּא יְבָרֵךְ
הַזֶּבַח אַחֲרֵי־כֵן יֹאכְלוּ הַקְּרֻאִים וְעַתָּה עֲלוּ כִּי־אֹתוֹ כְהַיּוֹם
תִּמְצְאוּן אֹתוֹ: וַיַּעֲלוּ הָעִיר הֵמָּה בָּאִים בְּתוֹךְ הָעִיר וְהִנֵּה יד
שְׁמוּאֵל יֹצֵא לִקְרָאתָם לַעֲלוֹת הַבָּמָה: וַיהוָה טו
גָּלָה אֶת־אֹזֶן שְׁמוּאֵל יוֹם אֶחָד לִפְנֵי בוֹא־שָׁאוּל לֵאמֹר: כָּעֵת ׀ טז
מָחָר אֶשְׁלַח אֵלֶיךָ אִישׁ מֵאֶרֶץ בִּנְיָמִן וּמְשַׁחְתּוֹ לְנָגִיד עַל־עַמִּי
יִשְׂרָאֵל וְהוֹשִׁיעַ אֶת־עַמִּי מִיַּד פְּלִשְׁתִּים כִּי רָאִיתִי אֶת־עַמִּי
כִּי בָּאָה צַעֲקָתוֹ אֵלָי: וּשְׁמוּאֵל רָאָה אֶת־שָׁאוּל וַיהוָה עָנָהוּ יז
הִנֵּה הָאִישׁ אֲשֶׁר אָמַרְתִּי אֵלֶיךָ זֶה יַעְצֹר בְּעַמִּי: וַיִּגַּשׁ שָׁאוּל יח
אֶת־שְׁמוּאֵל בְּתוֹךְ הַשָּׁעַר וַיֹּאמֶר הַגִּידָה־נָּא לִי אֵי־זֶה בֵּית
הָרֹאֶה: וַיַּעַן שְׁמוּאֵל אֶת־שָׁאוּל וַיֹּאמֶר אָנֹכִי הָרֹאֶה עֲלֵה יט
לְפָנַי הַבָּמָה וַאֲכַלְתֶּם עִמִּי הַיּוֹם וְשִׁלַּחְתִּיךָ בַבֹּקֶר וְכֹל אֲשֶׁר
בִּלְבָבְךָ אַגִּיד לָךְ: וְלָאֲתֹנוֹת הָאֹבְדוֹת לְךָ הַיּוֹם שְׁלֹשֶׁת הַיָּמִים כ
אַל־תָּשֶׂם אֶת־לִבְּךָ לָהֶם כִּי נִמְצָאוּ וּלְמִי כָּל־חֶמְדַּת יִשְׂרָאֵל
הֲלוֹא לְךָ וּלְכֹל בֵּית אָבִיךָ:   וַיַּעַן שָׁאוּל וַיֹּאמֶר כא
הֲלוֹא בֶן־יְמִינִי אָנֹכִי מִקַּטַנֵּי שִׁבְטֵי יִשְׂרָאֵל וּמִשְׁפַּחְתִּי הַצְּעִרָה
מִכָּל־מִשְׁפְּחוֹת שִׁבְטֵי בִנְיָמִן וְלָמָּה דִּבַּרְתָּ אֵלַי כַּדָּבָר
הַזֶּה: וַיִּקַּח שְׁמוּאֵל אֶת־שָׁאוּל וְאֶת־נַעֲרוֹ כב
וַיְבִיאֵם לִשְׁכָּתָה וַיִּתֵּן לָהֶם מָקוֹם בְּרֹאשׁ הַקְּרוּאִים וְהֵמָּה
כִּשְׁלֹשִׁים אִישׁ: וַיֹּאמֶר שְׁמוּאֵל לַטַּבָּח תְּנָה אֶת־הַמָּנָה אֲשֶׁר כג
נָתַתִּי לָךְ אֲשֶׁר אָמַרְתִּי אֵלֶיךָ שִׂים אֹתָהּ עִמָּךְ: וַיָּרֶם הַטַּבָּח כד
אֶת־הַשּׁוֹק וְהֶעָלֶיהָ וַיָּשֶׂם ׀ לִפְנֵי שָׁאוּל וַיֹּאמֶר הִנֵּה הַנִּשְׁאָר

6 leave caring for the asses, and become anxious about us. And
he said to him, Behold now, there is in this city a man of God,
and he is an honourable man; all that he says is sure to come
about: now let us go there; perhaps he can show us our way
7 that we should go. Then said Sha'ul to his servant, But, behold,
if we go, what shall we bring the man? for the bread is spent
in our vessels, and there is not a present to bring to the man of
8 God: what have we? And the servant answered Sha'ul again,
and said, Behold, there is in my hand the fourth part of a
shekel of silver: that will I give to the man of God, to tell us
9 our way. (Beforetime in Yisra'el, when a man went to inquire
of God, thus he spoke, Come, and let us go to the seer: for
he that is now called a prophet was beforetime called the seer.)
10 Then said Sha'ul to his servant, Well said; come, let us go.
11 So they went to the city where the man of God was. And as
they went up the hill to the city, they found some girls going
12 out to draw water, and they said to them, Is the seer here? And
they answered them, and said, He is, ; behold, he is before you:
make haste now, for he came today to the city; for the people
13 are making a sacrifice today in the high place: as you come into
the city, you shall find him, before he goes up to the high place
to eat: for the people will not eat until he comes, because he
blesses the sacrifice; and afterwards those that are invited eat.
14 Now therefore go up; for about this time you shall find him. And
they went up into the city: and when they were come into
the city, behold, Shemu'el came out towards them, to go up to
15 the high place. Now the Lord had revealed to Shemu'el
16 a day before Sha'ul came, saying, To morrow about this time
I will send thee a man out of the land of Binyamin, and thou
shalt anoint him to be a prince over my people Yisra'el, that
he may save my people out of the hand of the Pelishtim: for
I have looked upon my people, because their cry is come to
17 me. And when Shemu'el saw Sha'ul, the Lord said to him,
Behold the man of whom I spoke to thee! this one shall reign
18 over my people. Then Sha'ul drew near to Shemu'el in the gate,
19 and said, Tell me, I pray thee, where the seer's house is. And
Shemu'el answered Sha'ul, and said, I am the seer: go up
before me to the high place; for you shall eat with me today,
and to morrow I will let thee go, and will tell thee all that is
20 in thy heart. And as for thy asses that were lost three days ago,
set not thy mind on them; for they are found. And on whom
is all the desire of Yisra'el? Is it not on thee, and on all thy
21 father's house? And Sha'ul answered and said, Am not I a
Ben-yemini, of the smallest of the tribes of Yisra'el? and my
family the least of all the families of the tribe of Binyamin?
22 Why then dost thou speak so to me? And Shemu'el took
Sha'ul and his servant, and brought them into the dining chamber, and made them sit in the chiefest place among those that
23 were invited, who were about thirty persons. And Shemu'el said
to the cook, Bring the portion which I gave thee, of which I said
24 to thee, Set it aside by thee. And the cook took up the shoulder,
and that which was upon it, and set it before Sha'ul. And
(Shemu'l) said, Behold that which is left is set before thee;

שֵׂם־לְפָנֶיךָ אֲכֹל כִּי לַמּוֹעֵד שָׁמוּר־לְךָ לֵאמֹר הָעָם קָרָאתִי

כה וַיֹּאכַל שָׁאוּל עִם־שְׁמוּאֵל בַּיּוֹם הַהוּא: וַיֵּרְדוּ מֵהַבָּמָה הָעִיר

כו וַיְדַבֵּר עִם־שָׁאוּל עַל־הַגָּג: וַיַּשְׁכִּמוּ וַיְהִי כַּעֲלוֹת הַשַּׁחַר וַיִּקְרָא שְׁמוּאֵל אֶל־שָׁאוּל הַגָּג לֵאמֹר קוּמָה וַאֲשַׁלְּחֶךָּ וַיָּקָם שָׁאוּל

כז וַיֵּצְאוּ שְׁנֵיהֶם הוּא וּשְׁמוּאֵל הַחוּצָה: הֵמָּה יֹרְדִים בִּקְצֵה הָעִיר וּשְׁמוּאֵל אָמַר אֶל־שָׁאוּל אֱמֹר לַנַּעַר וְיַעֲבֹר לְפָנֵינוּ וַיַּעֲבֹר וְאַתָּה

א י עֲמֹד כַּיּוֹם וְאַשְׁמִיעֲךָ אֶת־דְּבַר אֱלֹהִים: וַיִּקַּח שְׁמוּאֵל אֶת־פַּךְ הַשֶּׁמֶן וַיִּצֹק עַל־רֹאשׁוֹ וַיִּשָּׁקֵהוּ וַיֹּאמֶר הֲלוֹא

ב כִּי־מְשָׁחֲךָ יְהוָה עַל־נַחֲלָתוֹ לְנָגִיד: בְּלֶכְתְּךָ הַיּוֹם מֵעִמָּדִי וּמָצָאתָ שְׁנֵי אֲנָשִׁים עִם־קְבֻרַת רָחֵל בִּגְבוּל בִּנְיָמִן בְּצֶלְצַח וְאָמְרוּ אֵלֶיךָ נִמְצְאוּ הָאֲתֹנוֹת אֲשֶׁר הָלַכְתָּ לְבַקֵּשׁ וְהִנֵּה נָטַשׁ אָבִיךָ אֶת־דִּבְרֵי הָאֲתֹנוֹת וְדָאַג לָכֶם לֵאמֹר מָה אֶעֱשֶׂה לִבְנִי:

ג וְחָלַפְתָּ מִשָּׁם וָהָלְאָה וּבָאתָ עַד־אֵלוֹן תָּבוֹר וּמְצָאוּךָ שָׁם שְׁלֹשָׁה אֲנָשִׁים עֹלִים אֶל־הָאֱלֹהִים בֵּית־אֵל אֶחָד נֹשֵׂא ׀ שְׁלֹשָׁה גְדָיִים וְאֶחָד נֹשֵׂא שְׁלֹשֶׁת כִּכְּרוֹת לֶחֶם וְאֶחָד נֹשֵׂא

ד נֵבֶל־יָיִן: וְשָׁאֲלוּ לְךָ לְשָׁלוֹם וְנָתְנוּ לְךָ שְׁתֵּי־לָחֶם וְלָקַחְתָּ

ה מִיָּדָם: אַחַר כֵּן תָּבוֹא גִּבְעַת הָאֱלֹהִים אֲשֶׁר־שָׁם נְצִבֵי פְלִשְׁתִּים וִיהִי כְבֹאֲךָ שָׁם הָעִיר וּפָגַעְתָּ חֶבֶל נְבִיאִים יֹרְדִים מֵהַבָּמָה וְלִפְנֵיהֶם נֵבֶל וְתֹף וְחָלִיל וְכִנּוֹר וְהֵמָּה מִתְנַבְּאִים:

ו וְצָלְחָה עָלֶיךָ רוּחַ יְהוָה וְהִתְנַבִּיתָ עִמָּם וְנֶהְפַּכְתָּ לְאִישׁ אַחֵר:

ז וְהָיָה כִּי תָבֹאינָה הָאֹתוֹת הָאֵלֶּה לָךְ עֲשֵׂה לְךָ אֲשֶׁר תִּמְצָא   תָבֹאנָה

ח יָדֶךָ כִּי הָאֱלֹהִים עִמָּךְ: וְיָרַדְתָּ לְפָנַי הַגִּלְגָּל וְהִנֵּה אָנֹכִי יֹרֵד אֵלֶיךָ לְהַעֲלוֹת עֹלוֹת לִזְבֹּחַ זִבְחֵי שְׁלָמִים שִׁבְעַת יָמִים תּוֹחֵל

ט עַד־בּוֹאִי אֵלֶיךָ וְהוֹדַעְתִּי לְךָ אֵת אֲשֶׁר תַּעֲשֶׂה: וְהָיָה כְּהַפְנֹתוֹ שִׁכְמוֹ לָלֶכֶת מֵעִם שְׁמוּאֵל וַיַּהֲפָךְ־לוֹ אֱלֹהִים לֵב אַחֵר וַיָּבֹאוּ

י כָּל־הָאֹתוֹת הָאֵלֶּה בַּיּוֹם הַהוּא: וַיָּבֹאוּ שָׁם הַגִּבְעָתָה וְהִנֵּה חֶבֶל־נְבִאִים לִקְרָאתוֹ וַתִּצְלַח עָלָיו רוּחַ אֱלֹהִים

יא וַיִּתְנַבֵּא בְּתוֹכָם: וַיְהִי כָּל־יוֹדְעוֹ מֵאִתְּמוֹל שִׁלְשֹׁם וַיִּרְאוּ וְהִנֵּה עִם־נְבִאִים נִבָּא   וַיֹּאמֶר הָעָם אִישׁ אֶל־

יב רֵעֵהוּ מַה־זֶּה הָיָה לְבֶן־קִישׁ הֲגַם שָׁאוּל בַּנְּבִיאִים: וַיַּעַן אִישׁ מִשָּׁם וַיֹּאמֶר וּמִי אֲבִיהֶם עַל־כֵּן הָיְתָה לְמָשָׁל הֲגַם שָׁאוּל

יג בַּנְּבִיאִים: וַיְכַל מֵהִתְנַבּוֹת וַיָּבֹא הַבָּמָה: וַיֹּאמֶר דּוֹד שָׁאוּל אֵלָיו וְאֶל־נַעֲרוֹ אָן הֲלַכְתֶּם וַיֹּאמֶר לְבַקֵּשׁ אֶת־הָאֲתֹנוֹת

יד וַנִּרְאֶה כִי־אָיִן וַנָּבוֹא אֶל־שְׁמוּאֵל: וַיֹּאמֶר דּוֹד שָׁאוּל הַגִּידָה־

eat: for it has been kept for thee for this appointed time, when I said, I have invited the people. So Sha'ul did eat with Shemu'el that day. And when they were come down from the 25 high place into the city, Shemu'el spoke with Sha'ul upon the top of the house. And they arose early: and it came to pass at 26 about daybreak, that Shemu'el called Sha'ul to the top of the house, saying, Up, that I may send thee away. And Sha'ul arose, and they went out both of them, he and Shemu'el out of doors. And as they were going down to the end of the city, Shemu'el 27 said to Sha'ul, Bid the servant pass on before us, (and he passed on,) but stand thou still awhile, that I may make known to thee the word of GOD.   Then Shemu'el took a flask of oil, 10 and poured it upon his head, and kissed him, and said, Has not the LORD anointed thee to be a prince over his inheritance? When thou art departed from me today, then thou shalt find 2 two men by Raḥel's tomb in the border of Binyamin at Ẓelẓaḥ; and they will say to thee, The asses which thou wentest to seek are found: and, thy father has left the matter of the asses, and has become anxious about you, saying, What shall I do about my son? Then shalt thou go on forward from there, and 3 thou shalt come to the oak of Tavor, and there shall meet thee three men going up to GOD to Bet-el, one carrying three kids, and another carrying three loaves of bread, and another carrying a bottle of wine: and they will greet thee, and give thee two 4 loaves of bread; which thou shalt receive from their hands. After 5 that thou shalt come to the hill of GOD, where the garrisons of the Pelishtim are, and it shall come to pass, when thou art come there to the city, that thou shalt meet a band of prophets coming down from the high place with a lute, and a timbrel, and a pipe, and a lyre, before them; and they shall prophesy: and 6 the spirit of the LORD will come upon thee, and thou shalt prophesy with them, and shalt be turned into another man. And 7 let it be, when these signs are come to thee, that thou do as occasion serve thee; for GOD is with thee. And thou shalt go 8 down before me to Gilgal; and, behold, I will come down to thee, to offer burnt offerings, and to make sacrifices of peace offerings: seven days shalt thou tarry, till I come to thee, and show thee what thou shalt do. And it was so, that when he had 9 turned his back to go from Shemu'el, GOD gave him another heart: and all those signs came to pass that day.   And 10 when they came there to the hill, behold, a company of prophets met him; and the spirit of GOD came upon him, and he prophesied among them. And it came to pass, when all that 11 knew him beforetime saw that, behold, he prophesied among the prophets,   then the people said one to another, What has happened to the son of Qish? Is Sha'ul also one of the prophets? And one of the same place answered and said, But 12 who is their father? Therefore it became a proverb, Is Sha'ul also one of the prophets? And when he had made an end of pro- 13 phesying, he came to the high place. And Sha'ul's uncle said to 14 him and to his servant, Where did you go to? And he said, To seek the asses: and when we saw that they were not to be found, we came to Shemu'el. And Sha'ul's uncle said, Tell me, 15

ט	נָּא לִי מֶה־אָמַר לָכֶם שְׁמוּאֵל: וַיֹּאמֶר שָׁאוּל אֶל־דּוֹדוֹ הַגֵּד הִגִּיד לָנוּ כִּי נִמְצְאוּ הָאֲתֹנוֹת וְאֶת־דְּבַר הַמְּלוּכָה לֹא־הִגִּיד לוֹ
י	אֲשֶׁר אָמַר שְׁמוּאֵל:　　　וַיַּצְעֵק שְׁמוּאֵל אֶת־הָעָם
יח	אֶל־יְהוָה הַמִּצְפָּה: וַיֹּאמֶר ׀ אֶל־בְּנֵי יִשְׂרָאֵל כֹּה־אָמַר יְהוָה אֱלֹהֵי יִשְׂרָאֵל אָנֹכִי הֶעֱלֵיתִי אֶת־יִשְׂרָאֵל מִמִּצְרָיִם וָאַצִּיל אֶתְכֶם מִיַּד מִצְרַיִם וּמִיַּד כָּל־הַמַּמְלָכוֹת הַלֹּחֲצִים אֶתְכֶם:
יט	וְאַתֶּם הַיּוֹם מְאַסְתֶּם אֶת־אֱלֹהֵיכֶם אֲשֶׁר־הוּא מוֹשִׁיעַ לָכֶם מִכָּל־רָעוֹתֵיכֶם וְצָרֹתֵיכֶם וַתֹּאמְרוּ לוֹ כִּי־מֶלֶךְ תָּשִׂים עָלֵינוּ וְעַתָּה הִתְיַצְּבוּ לִפְנֵי יְהוָה לְשִׁבְטֵיכֶם וּלְאַלְפֵיכֶם: וַיַּקְרֵב
כ	שְׁמוּאֵל אֵת כָּל־שִׁבְטֵי יִשְׂרָאֵל וַיִּלָּכֵד שֵׁבֶט בִּנְיָמִן: וַיַּקְרֵב
כא	אֶת־שֵׁבֶט בִּנְיָמִן לְמִשְׁפְּחֹתָו וַתִּלָּכֵד מִשְׁפַּחַת הַמַּטְרִי וַיִּלָּכֵד שָׁאוּל בֶּן־קִישׁ וַיְבַקְשֻׁהוּ וְלֹא נִמְצָא: וַיִּשְׁאֲלוּ־עוֹד בַּיהוָה
כב	הֲבָא עוֹד הֲלֹם אִישׁ　　　וַיֹּאמֶר יְהוָה הִנֵּה־הוּא נֶחְבָּא אֶל־הַכֵּלִים: וַיָּרֻצוּ וַיִּקָּחֻהוּ מִשָּׁם וַיִּתְיַצֵּב בְּתוֹךְ הָעָם
כג	
כד	וַיִּגְבַּהּ מִכָּל־הָעָם מִשִּׁכְמוֹ וָמָעְלָה: וַיֹּאמֶר שְׁמוּאֵל אֶל־כָּל־הָעָם הַרְּאִיתֶם אֲשֶׁר בָּחַר־בּוֹ יְהוָה כִּי אֵין כָּמֹהוּ בְּכָל־הָעָם וַיָּרִעוּ כָל־הָעָם וַיֹּאמְרוּ יְחִי הַמֶּלֶךְ:
כה	וַיְדַבֵּר שְׁמוּאֵל אֶל־הָעָם אֵת מִשְׁפַּט הַמְּלֻכָה וַיִּכְתֹּב בַּסֵּפֶר וַיַּנַּח לִפְנֵי יְהוָה וַיְשַׁלַּח שְׁמוּאֵל אֶת־כָּל־הָעָם אִישׁ לְבֵיתוֹ: וְגַם־שָׁאוּל
כו	הָלַךְ לְבֵיתוֹ גִּבְעָתָה וַיֵּלְכוּ עִמּוֹ הַחַיִל אֲשֶׁר־נָגַע אֱלֹהִים בְּלִבָּם: וּבְנֵי בְלִיַּעַל אָמְרוּ מַה־יֹּשִׁעֵנוּ זֶה וַיִּבְזֻהוּ וְלֹא־הֵבִיאוּ
כז	
יא	לוֹ מִנְחָה וַיְהִי כְּמַחֲרִישׁ:　　וַיַּעַל נָחָשׁ הָעַמּוֹנִי וַיִּחַן עַל־יָבֵישׁ גִּלְעָד וַיֹּאמְרוּ כָּל־אַנְשֵׁי יָבֵישׁ אֶל־נָחָשׁ כְּרָת־לָנוּ
ב	בְרִית וְנַעַבְדֶךָּ: וַיֹּאמֶר אֲלֵיהֶם נָחָשׁ הָעַמּוֹנִי בְּזֹאת אֶכְרֹת לָכֶם בִּנְקוֹר לָכֶם כָּל־עֵין יָמִין וְשַׂמְתִּיהָ חֶרְפָּה עַל־כָּל־
ג	יִשְׂרָאֵל: וַיֹּאמְרוּ אֵלָיו זִקְנֵי יָבֵישׁ הֶרֶף לָנוּ שִׁבְעַת יָמִים וְנִשְׁלְחָה מַלְאָכִים בְּכֹל גְּבוּל יִשְׂרָאֵל וְאִם־אֵין מוֹשִׁיעַ אֹתָנוּ
ד	וְיָצָאנוּ אֵלֶיךָ: וַיָּבֹאוּ הַמַּלְאָכִים גִּבְעַת שָׁאוּל וַיְדַבְּרוּ הַדְּבָרִים בְּאָזְנֵי הָעָם וַיִּשְׂאוּ כָל־הָעָם אֶת־קוֹלָם וַיִּבְכּוּ:
ה	וְהִנֵּה שָׁאוּל בָּא אַחֲרֵי הַבָּקָר מִן־הַשָּׂדֶה וַיֹּאמֶר שָׁאוּל מַה־לָּעָם כִּי יִבְכּוּ
ו	וַיְסַפְּרוּ־לוֹ אֶת־דִּבְרֵי אַנְשֵׁי יָבֵישׁ: וַתִּצְלַח רוּחַ־אֱלֹהִים עַל־
ז	שָׁאוּל כְּשָׁמְעוֹ אֶת־הַדְּבָרִים הָאֵלֶּה וַיִּחַר אַפּוֹ מְאֹד: וַיִּקַּח צֶמֶד בָּקָר וַיְנַתְּחֵהוּ וַיְשַׁלַּח בְּכָל־גְּבוּל יִשְׂרָאֵל בְּיַד הַמַּלְאָכִים לֵאמֹר אֲשֶׁר אֵינֶנּוּ יֹצֵא אַחֲרֵי שָׁאוּל וְאַחַר שְׁמוּאֵל כֹּה יֵעָשֶׂה
ח	לִבְקָרוֹ וַיִּפֹּל פַּחַד־יְהוָה עַל־הָעָם וַיֵּצְאוּ כְּאִישׁ אֶחָד: וַיִּפְקְדֵם

I pray thee, what Shemu'el said to you. And Sha'ul said to his 16
uncle, He told us plainly that the asses were found. But of the
matter of the kingdom, of which Shemu'el spoke, he told him
not.   And Shemu'el called the people together to the Lord 17
to Miẓpa. And he said to the children of Yisra'el, Thus says the 18
Lord God of Yisra'el, I brought up Yisra'el out of Miẓrayim,
and delivered you out of the hand of Miẓrayim, and out of the
hand of all the kingdoms, and of them that oppressed you:
and you have this day rejected your God, who himself saved 19
you from all your calamities and tribulations; and you have
said to him, Only set a king over us. Now therefore present
yourselves before the Lord by your tribes, and by your thou-
sands, And Shemu'el caused all the tribes of Yisra'el to come 20
near, and the tribe of Binyamin was picked (by lot). Then he 21
caused the tribe of Binyamin to come near by its families, and
the family of Matri was picked, and Sha'ul the son of Qish was
picked: and when they sought him, he could not be found.
Therefore they inquired again of the Lord, Did the man come 22
here?   And the Lord answered, Behold, he is hidden among
the baggage. And they ran and fetched him from there: and 23
when he stood among the people, he was taller than any of the
people from his shoulders upwards. And Shemu'el said to all the 24
people, Do you see him whom the Lord has chosen, that there
is none like him among all the people? And all the people
shouted, and said, Long live the king.   Then Shemu'el told 25
the people the rules of the kingdom, and wrote it in a book,
and laid it up before the Lord. And Shemu'el sent all the people
away, every man to his house. And Sha'ul also went home to 26
Giv'a; and there went with him the warriors, whose hearts
God had touched. But some base fellows said, How shall this 27
man save us? And they despised him, and brought him no pre-
sents. But he held his peace.   Then Naḥash the 'Ammonite 11
came up, and encamped against Yavesh-gil'ad: and all the men
of Yavesh said to Naḥash, Make a league with us, and we will
serve thee. And Naḥash the 'Ammonite answered them, On this 2
condition will I make a league with you, that I may thrust out
all your right eyes, and lay it for a disgrace upon all Yisra'el.
And the elders of Yavesh said to him, Give us seven days' 3
respite, that we may send messengers to all the territory of
Yisra'el: and then, if there be no man to save us, we will
come out to thee. Then came the messengers to Giv'a of Sha'ul, 4
and told the tidings in the ears of the people: and all the
people raised their voices, and wept. And, behold, Sha'ul came 5
after the herd out of the field; and Sha'ul said, What ails the
people that they weep? And they told him the tidings of the
men of Yavesh, And the spirit of God came upon Sha'ul when 6
he heard those tidings, and his anger burned greatly. And he 7
took a yoke of oxen, and cut them up in pieces, and sent them
throughout all the territory of Yisra'el by the hands of mes-
sengers, saying, Whoever comes not forth after Sha'ul and
after Shemu'el, so shall it be done to his oxen. And the fear
of the Lord fell on the people and they came out with one
consent. And when he numbered them in Bezeq, the children of 8

בְּבֶזֶק וַיִּהְיוּ בְנֵי־יִשְׂרָאֵל שְׁלֹשׁ מֵאוֹת אֶלֶף וְאִישׁ יְהוּדָה שְׁלֹשִׁים

ט   אָלֶף: וַיֹּאמְרוּ לַמַּלְאָכִים הַבָּאִים כֹּה תֹאמְרוּן לְאִישׁ יָבֵישׁ
גִּלְעָד מָחָר תִּהְיֶה־לָכֶם תְּשׁוּעָה בְּחֹם הַשָּׁמֶשׁ וַיָּבֹאוּ הַמַּלְאָכִים

פ   וַיַּגִּידוּ לְאַנְשֵׁי יָבֵישׁ וַיִּשְׂמָחוּ: וַיֹּאמְרוּ אַנְשֵׁי יָבֵישׁ מָחָר נֵצֵא

י   אֲלֵיכֶם וַעֲשִׂיתֶם לָנוּ כְּכָל־הַטּוֹב בְּעֵינֵיכֶם:

יא   וַיְהִי
מִמָּחֳרָת וַיָּשֶׂם שָׁאוּל אֶת־הָעָם שְׁלֹשָׁה רָאשִׁים וַיָּבֹאוּ בְתוֹךְ־
הַמַּחֲנֶה בְּאַשְׁמֹרֶת הַבֹּקֶר וַיַּכּוּ אֶת־עַמּוֹן עַד־חֹם הַיּוֹם וַיְהִי

יב   הַנִּשְׁאָרִים וַיָּפֻצוּ וְלֹא נִשְׁאֲרוּ־בָם שְׁנַיִם יָחַד: וַיֹּאמֶר הָעָם אֶל־
שְׁמוּאֵל מִי הָאֹמֵר שָׁאוּל יִמְלֹךְ עָלֵינוּ תְּנוּ הָאֲנָשִׁים וּנְמִיתֵם:

יג   וַיֹּאמֶר שָׁאוּל לֹא־יוּמַת אִישׁ בַּיּוֹם הַזֶּה כִּי הַיּוֹם עָשָׂה־יְהוָה

יד   תְּשׁוּעָה בְּיִשְׂרָאֵל: וַיֹּאמֶר שְׁמוּאֵל אֶל־הָעָם

טו   לְכוּ וְנֵלְכָה הַגִּלְגָּל וּנְחַדֵּשׁ שָׁם הַמְּלוּכָה: וַיֵּלְכוּ כָל־הָעָם
הַגִּלְגָּל וַיַּמְלִכוּ שָׁם אֶת־שָׁאוּל לִפְנֵי יְהוָה בַּגִּלְגָּל וַיִּזְבְּחוּ־שָׁם
זְבָחִים שְׁלָמִים לִפְנֵי יְהוָה וַיִּשְׂמַח שָׁם שָׁאוּל וְכָל־אַנְשֵׁי

יב   יִשְׂרָאֵל עַד־מְאֹד: וַיֹּאמֶר שְׁמוּאֵל אֶל־כָּל־
יִשְׂרָאֵל הִנֵּה שָׁמַעְתִּי בְקֹלְכֶם לְכֹל אֲשֶׁר־אֲמַרְתֶּם לִי וָאַמְלִיךְ

ב   עֲלֵיכֶם מֶלֶךְ: וְעַתָּה הִנֵּה הַמֶּלֶךְ מִתְהַלֵּךְ לִפְנֵיכֶם וַאֲנִי זָקַנְתִּי
וָשַׂבְתִּי וּבָנַי הִנָּם אִתְּכֶם וַאֲנִי הִתְהַלַּכְתִּי לִפְנֵיכֶם מִנְּעֻרַי עַד־

ג   הַיּוֹם הַזֶּה: הִנְנִי עֲנוּ בִי נֶגֶד יְהוָה וְנֶגֶד מְשִׁיחוֹ אֶת־שׁוֹר מִי
לָקַחְתִּי וַחֲמוֹר מִי לָקַחְתִּי וְאֶת־מִי עָשַׁקְתִּי אֶת־מִי רַצּוֹתִי

ד   וּמִיַּד־מִי לָקַחְתִּי כֹפֶר וְאַעְלִים עֵינַי בּוֹ וְאָשִׁיב לָכֶם: וַיֹּאמְרוּ
לֹא עֲשַׁקְתָּנוּ וְלֹא רַצּוֹתָנוּ וְלֹא־לָקַחְתָּ מִיַּד־אִישׁ מְאוּמָה:

ה   וַיֹּאמֶר אֲלֵיהֶם עֵד יְהוָה בָּכֶם וְעֵד מְשִׁיחוֹ הַיּוֹם הַזֶּה כִּי לֹא

ו   מְצָאתֶם בְּיָדִי מְאוּמָה וַיֹּאמֶר עֵד: וַיֹּאמֶר
שְׁמוּאֵל אֶל־הָעָם יְהוָה אֲשֶׁר עָשָׂה אֶת־מֹשֶׁה וְאֶת־אַהֲרֹן

ז   וַאֲשֶׁר הֶעֱלָה אֶת־אֲבוֹתֵיכֶם מֵאֶרֶץ מִצְרָיִם: וְעַתָּה הִתְיַצְּבוּ
וְאִשָּׁפְטָה אִתְּכֶם לִפְנֵי יְהוָה אֵת כָּל־צִדְקוֹת יְהוָה אֲשֶׁר־עָשָׂה

ח   אִתְּכֶם וְאֶת־אֲבוֹתֵיכֶם: כַּאֲשֶׁר־בָּא יַעֲקֹב מִצְרָיִם וַיִּזְעֲקוּ
אֲבוֹתֵיכֶם אֶל־יְהוָה וַיִּשְׁלַח יְהוָה אֶת־מֹשֶׁה וְאֶת־אַהֲרֹן

ט   וַיּוֹצִיאוּ אֶת־אֲבוֹתֵיכֶם מִמִּצְרַיִם וַיֹּשִׁבוּם בַּמָּקוֹם הַזֶּה: וַיִּשְׁכְּחוּ
אֶת־יְהוָה אֱלֹהֵיהֶם וַיִּמְכֹּר אֹתָם בְּיַד סִיסְרָא שַׂר־צְבָא חָצוֹר

י   וּבְיַד־פְּלִשְׁתִּים וּבְיַד מֶלֶךְ מוֹאָב וַיִּלָּחֲמוּ בָּם: וַיִּזְעֲקוּ אֶל־יְהוָה
וַיֹּאמֶר חָטָאנוּ כִּי עָזַבְנוּ אֶת־יְהוָה וַנַּעֲבֹד אֶת־הַבְּעָלִים וְאֶת־

יא   הָעַשְׁתָּרוֹת וְעַתָּה הַצִּילֵנוּ מִיַּד אֹיְבֵינוּ וְנַעַבְדֶךָּ: וַיִּשְׁלַח יְהוָה
אֶת־יְרֻבַּעַל וְאֶת־בְּדָן וְאֶת־יִפְתָּח וְאֶת־שְׁמוּאֵל וַיַּצֵּל אֶתְכֶם

Yisra'el were three hundred thousand, and the men of Yehuda, thirty thousand. And they said to the messengers that came, 9 Thus shall you say to the men of Yavesh-gil'ad, To morrow, by the time the sun is hot, you shall have help. And the messengers came and reported to the men of Yavesh; and they were glad. Therefore the men of Yavesh said, To morrow we 10 will come out to you, and you shall do with us all that seems good in your eyes.   And it was so on the morrow, that 11 Sha'ul put the people in three companies; and they came into the midst of the camp in the morning watch, and smote 'Ammon until the heat of the day: and those that remained were scattered, so that no two of them were left together. And the 12 people said to Shemu'el, Who is he that said, Shall Sha'ul reign over us? bring the men, that we may put them to death. And 13 Sha'ul said, There shall not a man be put to death this day: for today the LORD has wrought salvation in Yisra'el.   Then 14 said Shemu'el to the people, Come, and let us go to Gilgal, and renew the kingdom there. And all the people went to Gilgal; 15 and there they made Sha'ul king before the LORD in Gilgal: and there they made sacrifices of peace offerings before the LORD; and there Sha'ul and all the men of Yisra'el rejoiced greatly.   And Shemu'el said to all Yisra'el, Behold, I have **12** hearkened to your voice in all that you said to me, and have made a king over you. And now, behold, the king walks be- 2 fore you: and I am old and greyheaded; and, behold, my sons are with you: and I have walked before you from my childhood to this day. Behold, here I am: answer me before the LORD, 3 and before his anointed: whose ox have I taken? or whose ass have I taken? or whom have I defrauded? whom have I oppressed? or of whose hand have I received any bribe with which to blind my eyes? and I will restore it you. And they 4 said, Thou hast not defrauded us, nor oppressed us, neither hast thou taken ought of any man's hand, And he said to them, 5 The LORD is witness against you, and his anointed is witness this day, that you have not found anything in my hand. And they answered, He is witness.   And Shemu'el said to the 6 people, It is the LORD that made Moshe and Aharon, and that brought your fathers up out of the land of Miẓrayim. Now 7 therefore stand still, that I may plead with you before the LORD concerning all the righteous acts of the LORD, which he did to you and to your fathers. When Ya'aqov was come into 8 Miẓrayim, and your fathers cried to the LORD, then the LORD sent Moshe and Aharon, who brought your fathers out of Miẓrayim, and made them dwell in this place. And when they 9 forgot the LORD their GOD, he sold them into the hand of Sisera, captain of the host of Ḥaẓor, and into the hand of the Pelishtim, and into the hand of the king of Mo'av, and they fought against them. And they cried to the LORD, and said, We have sinned, 10 because we have forsaken the LORD, and have served the Ba'- alim and the 'Ashtarot: but now deliver us out of the hand of our enemies, and we will serve thee. And the LORD sent Yerub- 11 ba'al, and Bedan, and Yiftaḥ, and Shemu'el, and delivered you out of the hand of your enemies round about, and you dwelled

מִיַּד אֹיְבֵיכֶם מִסָּבִיב וַתֵּשְׁבוּ בֶּטַח: וַתִּרְאוּ כִּי־נָחָשׁ מֶלֶךְ בְּנֵי־
עַמּוֹן בָּא עֲלֵיכֶם וַתֹּאמְרוּ לִי לֹא כִּי־מֶלֶךְ יִמְלֹךְ עָלֵינוּ וַיהוָה

יג אֱלֹהֵיכֶם מַלְכְּכֶם: וְעַתָּה הִנֵּה הַמֶּלֶךְ אֲשֶׁר בְּחַרְתֶּם אֲשֶׁר

יד שְׁאֶלְתֶּם וְהִנֵּה נָתַן יְהוָה עֲלֵיכֶם מֶלֶךְ: אִם־תִּירְאוּ אֶת־יְהוָה
וַעֲבַדְתֶּם אֹתוֹ וּשְׁמַעְתֶּם בְּקֹלוֹ וְלֹא תַמְרוּ אֶת־פִּי יְהוָה וִהְיִתֶם
גַּם־אַתֶּם וְגַם־הַמֶּלֶךְ אֲשֶׁר מָלַךְ עֲלֵיכֶם אַחַר יְהוָה אֱלֹהֵיכֶם:

טו וְאִם־לֹא תִשְׁמְעוּ בְּקוֹל יְהוָה וּמְרִיתֶם אֶת־פִּי יְהוָה וְהָיְתָה
יַד־יְהוָה בָּכֶם וּבַאֲבֹתֵיכֶם:

טז גַּם־עַתָּה הִתְיַצְּבוּ וּרְאוּ אֶת־
הַדָּבָר הַגָּדוֹל הַזֶּה אֲשֶׁר יְהוָה עֹשֶׂה לְעֵינֵיכֶם: הֲלוֹא קְצִיר־

יז חִטִּים הַיּוֹם אֶקְרָא אֶל־יְהוָה וְיִתֵּן קֹלוֹת וּמָטָר וּדְעוּ וּרְאוּ
כִּי־רָעַתְכֶם רַבָּה אֲשֶׁר עֲשִׂיתֶם בְּעֵינֵי יְהוָה לִשְׁאוֹל לָכֶם
מֶלֶךְ: וַיִּקְרָא שְׁמוּאֵל אֶל־יְהוָה וַיִּתֵּן יְהוָה קֹלֹת

יח וּמָטָר בַּיּוֹם הַהוּא וַיִּירָא כָל־הָעָם מְאֹד אֶת־יְהוָה וְאֶת־

יט שְׁמוּאֵל: וַיֹּאמְרוּ כָל־הָעָם אֶל־שְׁמוּאֵל הִתְפַּלֵּל בְּעַד־עֲבָדֶיךָ
אֶל־יְהוָה אֱלֹהֶיךָ וְאַל־נָמוּת כִּי־יָסַפְנוּ עַל־כָּל־חַטֹּאתֵינוּ

כ רָעָה לִשְׁאֹל לָנוּ מֶלֶךְ: וַיֹּאמֶר שְׁמוּאֵל אֶל־הָעָם
אַל־תִּירָאוּ אַתֶּם עֲשִׂיתֶם אֵת כָּל־הָרָעָה הַזֹּאת אַךְ אַל־

כא תָּסוּרוּ מֵאַחֲרֵי יְהוָה וַעֲבַדְתֶּם אֶת־יְהוָה בְּכָל־לְבַבְכֶם: וְלֹא
תָּסוּרוּ כִּי אַחֲרֵי הַתֹּהוּ אֲשֶׁר לֹא־יוֹעִילוּ וְלֹא יַצִּילוּ כִּי־תֹהוּ

כב הֵמָּה: כִּי לֹא־יִטֹּשׁ יְהוָה אֶת־עַמּוֹ בַּעֲבוּר שְׁמוֹ הַגָּדוֹל כִּי

כג הוֹאִיל יְהוָה לַעֲשׂוֹת אֶתְכֶם לוֹ לְעָם: גַּם אָנֹכִי חָלִילָה לִּי
מֵחֲטֹא לַיהוָה מֵחֲדֹל לְהִתְפַּלֵּל בַּעַדְכֶם וְהוֹרֵיתִי אֶתְכֶם בְּדֶרֶךְ

כד הַטּוֹבָה וְהַיְשָׁרָה: אַךְ יְראוּ אֶת־יְהוָה וַעֲבַדְתֶּם אֹתוֹ בֶּאֱמֶת

כה בְּכָל־לְבַבְכֶם כִּי רְאוּ אֵת אֲשֶׁר־הִגְדִּל עִמָּכֶם: וְאִם־הָרֵעַ
תָּרֵעוּ גַּם־אַתֶּם גַּם־מַלְכְּכֶם תִּסָּפוּ:

יג א בֶּן־שָׁנָה שָׁאוּל בְּמָלְכוֹ וּשְׁתֵּי שָׁנִים מָלַךְ עַל־יִשְׂרָאֵל: וַיִּבְחַר־
לוֹ שָׁאוּל שְׁלֹשֶׁת אֲלָפִים מִיִּשְׂרָאֵל וַיִּהְיוּ עִם־שָׁאוּל אַלְפַּיִם
בְּמִכְמָשׂ וּבְהַר בֵּית־אֵל וְאֶלֶף הָיוּ עִם־יוֹנָתָן בְּגִבְעַת בִּנְיָמִין

ג וְיֶתֶר הָעָם שִׁלַּח אִישׁ לְאֹהָלָיו: וַיַּךְ יוֹנָתָן אֵת נְצִיב פְּלִשְׁתִּים
אֲשֶׁר בְּגֶבַע וַיִּשְׁמְעוּ פְּלִשְׁתִּים וְשָׁאוּל תָּקַע בַּשּׁוֹפָר בְּכָל־

ד הָאָרֶץ לֵאמֹר יִשְׁמְעוּ הָעִבְרִים: וְכָל־יִשְׂרָאֵל שָׁמְעוּ לֵאמֹר
הִכָּה שָׁאוּל אֶת־נְצִיב פְּלִשְׁתִּים וְגַם־נִבְאַשׁ יִשְׂרָאֵל בַּפְּלִשְׁתִּים

ה וַיִּצָּעֲקוּ הָעָם אַחֲרֵי שָׁאוּל הַגִּלְגָּל: וּפְלִשְׁתִּים נֶאֶסְפוּ לְהִלָּחֵם
עִם־יִשְׂרָאֵל שְׁלֹשִׁים אֶלֶף רֶכֶב וְשֵׁשֶׁת אֲלָפִים פָּרָשִׁים וְעָם
כַּחוֹל אֲשֶׁר עַל־שְׂפַת־הַיָּם לָרֹב וַיַּעֲלוּ וַיַּחֲנוּ בְמִכְמָשׂ קִדְמַת

ו בֵּית אָוֶן: וְאִישׁ יִשְׂרָאֵל רָאוּ כִּי צַר־לוֹ כִּי נִגַּשׂ הָעָם וַיִּתְחַבְּאוּ

12 secure. And when you saw that Naḥash the king of the children
of 'Ammon came against you, you said to me, No; but a king
shall reign over us: when the LORD your GOD was your king.
13 Now therefore behold the king whom you have chosen, and
whom you have desired! for behold, the LORD has set a king
14 over you. If you will fear the LORD, and serve him, and obey
his voice, and not rebel against the commandment of the LORD,
and if both you and also the king that reigns over you will
15 follow the LORD your GOD—but if you will not obey the voice
of the LORD, but rebel against the commandment of the LORD,
then shall the hand of the LORD be against you, as it was against
16 your fathers. Now therefore stand and see this great thing,
17 which the LORD will do before your eyes. Is it not wheat harvest
today? I will call to the LORD, and he shall send thunder and
rain; that you may know and see that your wickedness is great,
which you have done in the sight of the LORD, in asking for
18 a king for yourselves. So Shemu'el called to the LORD;
and the LORD sent thunder and rain that day: and all the people
19 greatly feared the LORD and Shemu'el. And all the people said
to Shemu'el, Pray for thy servants to the LORD thy GOD, that
we die not: for we have added to all our sins this evil, to ask
20 for a king for ourselves. And Shemu'el said to the people,
Fear not: you have done all this wickedness: yet turn not aside
from following the LORD, but serve the LORD with all your heart;
21 and turn not aside: for then you should go after vain things,
22 which cannot profit nor deliver; for they are vain. For the
LORD will not abandon his people for his great name's sake:
23 because it has pleased the LORD to make you his people. More-
over as for me, far be it from me that I should sin against the
LORD in ceasing to pray for you: but I will teach you the good
24 and the right way: only fear the LORD, and serve him in truth
with all your heart: for consider how great are the things which
25 he has done for you. But if you shall still do wickedly, you shall
be swept away, both you and your king.

13 Sha'ul reigned one year; and when he had reigned two years
2 over Yisra'el, Sha'ul chose him three thousand men of Yisra'el,
of whom two thousand were with Sha'ul in Mikhmash and in
mount Bet-el, and a thousand were with Yonatan in Giv'a of
Binyamin: and the rest of the people he sent every man to his
3 tent. And Yonatan smote the garrison of the Pelishtim that was
in Geva, and the Pelishtim heard of it. And Sha'ul blew the
shofar throughout all the land saying, Let the Hebrews hear.
4 And all Yisra'el heard say that Sha'ul had smitten the garrison
of the Pelishtim, and that Yisra'el also had become odious to
the Pelishtim. And the people mustered after Sha'ul at Gilgal.
5 And the Pelishtim gathered themselves together to fight with
Yisra'el, thirty thousand chariots, and six thousand horsemen,
and people like the sand on the sea shore for multitude: and
they came up, and encamped in Mikhmash, eastward from Bet-
6 aven. When the men of Yisra'el saw that they were in straits,
(for the people were hardpressed,) then the people hid them-

ז הָעָם בַּמְּעָרוֹת וּבַחֲוָחִים וּבַסְּלָעִים וּבַצְּרִחִים וּבַבֹּרוֹת: וְעִבְרִים
עָבְרוּ אֶת־הַיַּרְדֵּן אֶרֶץ גָּד וְגִלְעָד וְשָׁאוּל עוֹדֶנּוּ בַגִּלְגָּל וְכָל־

ח הָעָם חָרְדוּ אַחֲרָיו: וַיִּיחֶל ׀ שִׁבְעַת יָמִים לַמּוֹעֵד אֲשֶׁר שְׁמוּאֵל

וַיִּיחֶל

ט וְלֹא־בָא שְׁמוּאֵל הַגִּלְגָּל וַיָּפֶץ הָעָם מֵעָלָיו: וַיֹּאמֶר שָׁאוּל הַגִּשׁוּ
י אֵלַי הָעֹלָה וְהַשְּׁלָמִים וַיַּעַל הָעֹלָה: וַיְהִי כְּכַלֹּתוֹ לְהַעֲלוֹת

יא הָעֹלָה וְהִנֵּה שְׁמוּאֵל בָּא וַיֵּצֵא שָׁאוּל לִקְרָאתוֹ לְבָרֲכוֹ: וַיֹּאמֶר
שְׁמוּאֵל מֶה עָשִׂיתָ וַיֹּאמֶר שָׁאוּל כִּי־רָאִיתִי כִי־נָפַץ הָעָם
מֵעָלַי וְאַתָּה לֹא־בָאתָ לְמוֹעֵד הַיָּמִים וּפְלִשְׁתִּים נֶאֱסָפִים

יב מִכְמָשׂ: וָאֹמַר עַתָּה יֵרְדוּ פְלִשְׁתִּים אֵלַי הַגִּלְגָּל וּפְנֵי יהוה לֹא
יג חִלִּיתִי וָאֶתְאַפַּק וָאַעֲלֶה הָעֹלָה: וַיֹּאמֶר שְׁמוּאֵל
אֶל־שָׁאוּל נִסְכָּלְתָּ לֹא שָׁמַרְתָּ אֶת־מִצְוַת יהוה אֱלֹהֶיךָ אֲשֶׁר
צִוָּךְ כִּי עַתָּה הֵכִין יהוה אֶת־מַמְלַכְתְּךָ אֶל־יִשְׂרָאֵל עַד־

יד עוֹלָם: וְעַתָּה מַמְלַכְתְּךָ לֹא־תָקוּם בִּקֵּשׁ יהוה לוֹ אִישׁ כִּלְבָבוֹ
וַיְצַוֵּהוּ יהוה לְנָגִיד עַל־עַמּוֹ כִּי לֹא שָׁמַרְתָּ אֵת אֲשֶׁר־צִוְּךָ

טו יהוה: וַיָּקָם שְׁמוּאֵל וַיַּעַל מִן־הַגִּלְגָּל גִּבְעַת
בִּנְיָמִן וַיִּפְקֹד שָׁאוּל אֶת־הָעָם הַנִּמְצְאִים עִמּוֹ כְּשֵׁשׁ מֵאוֹת

טז אִישׁ: וְשָׁאוּל וְיוֹנָתָן בְּנוֹ וְהָעָם הַנִּמְצָא עִמָּם יֹשְׁבִים בְּגֶבַע
בִּנְיָמִן וּפְלִשְׁתִּים חָנוּ בְמִכְמָשׂ: וַיֵּצֵא הַמַּשְׁחִית מִמַּחֲנֵה

יז פְלִשְׁתִּים שְׁלֹשָׁה רָאשִׁים הָרֹאשׁ אֶחָד יִפְנֶה אֶל־דֶּרֶךְ
יח עָפְרָה אֶל־אֶרֶץ שׁוּעָל: וְהָרֹאשׁ אֶחָד יִפְנֶה דֶּרֶךְ בֵּית חֹרוֹן
וְהָרֹאשׁ אֶחָד יִפְנֶה דֶּרֶךְ הַגְּבוּל הַנִּשְׁקָף עַל־גֵּי הַצְּבֹעִים

יט הַמִּדְבָּרָה: וְחָרָשׁ לֹא יִמָּצֵא בְּכֹל אֶרֶץ יִשְׂרָאֵל
כ כִּי־אָמַר פְּלִשְׁתִּים פֶּן יַעֲשׂוּ הָעִבְרִים חֶרֶב אוֹ חֲנִית: וַיֵּרְדוּ
כָל־יִשְׂרָאֵל הַפְּלִשְׁתִּים לִלְטוֹשׁ אִישׁ אֶת־מַחֲרַשְׁתּוֹ וְאֶת־אֵתוֹ

כא וְאֶת־קַרְדֻּמּוֹ וְאֵת מַחֲרֵשָׁתוֹ: וְהָיְתָה הַפְּצִירָה פִים לַמַּחֲרֵשֹׁת
כב וְלָאֵתִים וְלִשְׁלֹשׁ קִלְּשׁוֹן וּלְהַקַּרְדֻּמִּים וּלְהַצִּיב הַדָּרְבָן: וְהָיָה
בְּיוֹם מִלְחֶמֶת וְלֹא נִמְצָא חֶרֶב וַחֲנִית בְּיַד כָּל־הָעָם אֲשֶׁר

כג אֶת־שָׁאוּל וְאֶת־יוֹנָתָן וַתִּמָּצֵא לְשָׁאוּל וּלְיוֹנָתָן בְּנוֹ: וַיֵּצֵא
א יד מַצַּב פְּלִשְׁתִּים אֶל־מַעֲבַר מִכְמָשׂ:   וַיְהִי הַיּוֹם
וַיֹּאמֶר יוֹנָתָן בֶּן־שָׁאוּל אֶל־הַנַּעַר נֹשֵׂא כֵלָיו לְכָה וְנַעְבְּרָה

ב אֶל־מַצַּב פְּלִשְׁתִּים אֲשֶׁר מֵעֵבֶר הַלָּז וּלְאָבִיו לֹא הִגִּיד: וְשָׁאוּל
יוֹשֵׁב בִּקְצֵה הַגִּבְעָה תַּחַת הָרִמּוֹן אֲשֶׁר בְּמִגְרוֹן וְהָעָם אֲשֶׁר

ג עִמּוֹ כְּשֵׁשׁ מֵאוֹת אִישׁ: וַאֲחִיָּה בֶן־אֲחִטוּב אֲחִי אִיכָבוֹד ׀ בֶּן־

selves in caves, and in thickets, and in rocks, and in strong-
holds, and in pits. And some of the Hebrews went over the 7
Yarden to the land of Gad and Gil'ad. As for Sha'ul, he was
still in Gilgal, and all the people followed him trembling. And 8
he tarried seven days, according to the set time that Shemu'el
had appointed: but Shemu'el came not to Gilgal; and the people
were scattering from him. And Sha'ul said, Bring me here the 9
burnt offering and the peace offerings. And he offered the burnt
offering. And it came to pass, that as soon as he had made an 10
end of offering the burnt offering, behold, Shemu'el came; and
Sha'ul went out to meet him, that he might greet him. And She- 11
mu'el said, What hast thou done? And Sha'ul said, Because I saw
that the people were scattering from me, and that thou camest
not within the days appointed, and that the Pelishtim gathered
themselves together at Mikhmash; therefore said I, The Pelish- 12
tim will come down now upon me to Gilgal, and I have not made
supplication to the Lord: I forced myself therefore, and offered
the burnt offering. And Shemu'el said to Sha'ul, Thou 13
hast done foolishly: thou hast not kept the commandment of
the Lord thy God, which he commanded thee: for now the Lord
would have established thy kingdom upon Yisra'el for ever.
But now thy kingdom shall not endure: the Lord has sought 14
him a man after his own heart, and the Lord has commanded
him to be a prince over his people, because thou hast not kept
that which the Lord commanded thee. And Shemu'el 15
arose, and went up from Gilgal to Giv'a of Binyamin. And
Sha'ul numbered the people that were present with him, about
six hundred men. And Sha'ul, and Yonatan his son, and the 16
people that were present with them, dwelt in Giv'a of Binyamin:
but the Pelishtim encamped in Mikhmash. And the raiding par- 17
ties came out of the camp of the Pelishtim in three groups: one
group turned to the way of 'Ofra to the land of Shu'al: and 18
another group turned the way to Bet-ḥoron: and another group
turned to the way of the border that looked over the valley of
Ẕevo'im towards the wilderness. Now there was no smith 19
found throughout all the land of Yisra'el: for the Pelishtim said,
Lest the Hebrews make them swords or spears: but all Yisra'el 20
went down to the Pelishtim, to sharpen every man his share,
and his spade, and his ax, and his mattock. And there was a 21
charge for filing the mattocks, and the spades, and the three-
pronged forks, and the axes, and for setting the goads. So it 22
came to pass on the day of battle, that there was neither sword
nor spear to be found in the hand of any of the people that
were with Sha'ul and Yonatan: but with Sha'ul and with Yona-
tan his son was there found. And the garrison of the Pelishtim 23
went out to the passage of Mikhmash. Now it came to **14**
pass one day, that Yonatan the son of Sha'ul said to the young
man that bore his armour, Come, and let us go over to the
garrison of the Pelishtim, that is on the other side. But he did
not tell his father. And Sha'ul was sitting on the far side of 2
Giv'a under the pomegranate tree which was in Migron: and
the people that were with him were about six hundred men;
and Aḥiyya, the son of Aḥituv, I-khavod's brother, the son of 3

פִּינְחָס בֶּן־עֵלִי כֹּהֵן יְהוָה בְּשִׁלוֹ נֹשֵׂא אֵפוֹד וְהָעָם לֹא יָדַע כִּי

ד הָלַךְ יוֹנָתָן: וּבֵין הַמַּעְבְּרוֹת אֲשֶׁר בִּקֵּשׁ יוֹנָתָן לַעֲבֹר עַל־מַצַּב
פְּלִשְׁתִּים שֵׁן־הַסֶּלַע מֵהָעֵבֶר מִזֶּה וְשֵׁן־הַסֶּלַע מֵהָעֵבֶר מִזֶּה

ה וְשֵׁם הָאֶחָד בּוֹצֵץ וְשֵׁם הָאֶחָד סֶנֶּה: הַשֵּׁן הָאֶחָד מָצוּק מִצָּפוֹן

ו מוּל מִכְמָשׂ וְהָאֶחָד מִנֶּגֶב מוּל גָּבַע: וַיֹּאמֶר
יְהוֹנָתָן אֶל־הַנַּעַר נֹשֵׂא כֵלָיו לְכָה וְנַעְבְּרָה אֶל־מַצַּב הָעֲרֵלִים
הָאֵלֶּה אוּלַי יַעֲשֶׂה יְהוָה לָנוּ כִּי אֵין לַיהוָה מַעְצוֹר לְהוֹשִׁיעַ

ז בְּרַב אוֹ בִמְעָט: וַיֹּאמֶר לוֹ נֹשֵׂא כֵלָיו עֲשֵׂה כָּל־אֲשֶׁר בִּלְבָבֶךָ
נְטֵה לָךְ הִנְנִי עִמְּךָ כִּלְבָבֶךָ:

ח וַיֹּאמֶר יְהוֹנָתָן הִנֵּה
אֲנַחְנוּ עֹבְרִים אֶל־הָאֲנָשִׁים וְנִגְלִינוּ אֲלֵיהֶם: אִם־כֹּה יֹאמְרוּ

ט אֵלֵינוּ דֹּמּוּ עַד־הַגִּיעֵנוּ אֲלֵיכֶם וְעָמַדְנוּ תַחְתֵּינוּ וְלֹא נַעֲלֶה

י אֲלֵיהֶם: וְאִם־כֹּה יֹאמְרוּ עֲלֵה עָלֵינוּ וְעָלִינוּ כִּי־נְתָנָם יְהוָה
בְּיָדֵנוּ וְזֶה־לָּנוּ הָאוֹת: וַיִּגָּלוּ שְׁנֵיהֶם אֶל־מַצַּב פְּלִשְׁתִּים וַיֹּאמְרוּ

יא פְּלִשְׁתִּים הִנֵּה עִבְרִים יֹצְאִים מִן־הַחֹרִים אֲשֶׁר הִתְחַבְּאוּ־שָׁם:

יב וַיַּעֲנוּ אַנְשֵׁי הַמַּצָּבָה אֶת־יוֹנָתָן וְאֶת־נֹשֵׂא כֵלָיו וַיֹּאמְרוּ עֲלוּ
אֵלֵינוּ וְנוֹדִיעָה אֶתְכֶם דָּבָר וַיֹּאמֶר יוֹנָתָן אֶל־

יג נֹשֵׂא כֵלָיו עֲלֵה אַחֲרַי כִּי־נְתָנָם יְהוָה בְּיַד יִשְׂרָאֵל: וַיַּעַל יוֹנָתָן
עַל־יָדָיו וְעַל־רַגְלָיו וְנֹשֵׂא כֵלָיו אַחֲרָיו וַיִּפְּלוּ לִפְנֵי יוֹנָתָן וְנֹשֵׂא

יד כֵלָיו מְמוֹתֵת אַחֲרָיו: וַתְּהִי הַמַּכָּה הָרִאשֹׁנָה אֲשֶׁר הִכָּה יוֹנָתָן
וְנֹשֵׂא כֵלָיו כְּעֶשְׂרִים אִישׁ כְּבַחֲצִי מַעֲנָה צֶמֶד שָׂדֶה:

טו וַתְּהִי חֲרָדָה בַמַּחֲנֶה בַשָּׂדֶה וּבְכָל־הָעָם הַמַּצָּב וְהַמַּשְׁחִית

טז חָרְדוּ גַם־הֵמָּה וַתִּרְגַּז הָאָרֶץ וַתְּהִי לְחֶרְדַּת אֱלֹהִים: וַיִּרְאוּ
הַצֹּפִים לְשָׁאוּל בְּגִבְעַת בִּנְיָמִן וְהִנֵּה הֶהָמוֹן נָמוֹג וַיֵּלֶךְ
וַהֲלֹם:

יז וַיֹּאמֶר שָׁאוּל לָעָם אֲשֶׁר אִתּוֹ פִּקְדוּ־
נָא וּרְאוּ מִי הָלַךְ מֵעִמָּנוּ וַיִּפְקְדוּ וְהִנֵּה אֵין יוֹנָתָן וְנֹשֵׂא

יח כֵלָיו: וַיֹּאמֶר שָׁאוּל לַאֲחִיָּה הַגִּישָׁה אֲרוֹן הָאֱלֹהִים כִּי־

יט הָיָה אֲרוֹן הָאֱלֹהִים בַּיּוֹם הַהוּא וּבְנֵי יִשְׂרָאֵל: וַיְהִי עַד דִּבֶּר
שָׁאוּל אֶל־הַכֹּהֵן וְהֶהָמוֹן אֲשֶׁר בְּמַחֲנֵה פְלִשְׁתִּים וַיֵּלֶךְ הָלוֹךְ

כ וָרָב וַיֹּאמֶר שָׁאוּל אֶל־הַכֹּהֵן אֱסֹף יָדֶךָ: וַיִּזָּעֵק
שָׁאוּל וְכָל־הָעָם אֲשֶׁר אִתּוֹ וַיָּבֹאוּ עַד־הַמִּלְחָמָה וְהִנֵּה הָיְתָה

כא חֶרֶב אִישׁ בְּרֵעֵהוּ מְהוּמָה גְדוֹלָה מְאֹד: וְהָעִבְרִים הָיוּ
לַפְּלִשְׁתִּים כְּאֶתְמוֹל שִׁלְשׁוֹם אֲשֶׁר עָלוּ עִמָּם בַּמַּחֲנֶה סָבִיב

כב וְגַם־הֵמָּה לִהְיוֹת עִם־יִשְׂרָאֵל עִם־שָׁאוּל וְיוֹנָתָן: וְכֹל
אִישׁ יִשְׂרָאֵל הַמִּתְחַבְּאִים בְּהַר־אֶפְרַיִם שָׁמְעוּ כִּי־נָסוּ

Pineḥas, the son of 'Eli, was the LORD's priest in Shilo, wearing
an efod. And the people knew not that Yonatan was gone. And 4
between the passes, by which Yonatan sought to go over to the
garrison of the Pelishtim, there was a sharp rock on the one
side, and a sharp rock on the other side: and the name of the
one was Boẓeẓ, and the name of the other Sene. The one point 5
rose up abruptly northwards over against Mikhmash, and the
other southwards over against Geva. And Yonatan said 6
to the young man that bore his armour, Come, and let us go over
to the garrison of these uncircumcised: it may be that the LORD
will perform a deed for us: for there is no restraint upon the
LORD to save by many or by few. And his armourbearer said 7
to him, Do all that is in thy heart: turn thee; behold, I am
with thee according to thy heart. Then said Yonatan, Be- 8
hold, we will pass over to these men, and we will reveal our-
selves to them. If they say thus to us, Tarry until we come to 9
you; then we will stand still in our place, and will not go up to
them. But if they say thus, Come up to us; then we will go 10
up: for the LORD has delivered them into our hand: and this
shall be a sign to us. And both of them showed themselves to 11
the garrison of the Pelishtim: and the Pelishtim said, Behold,
the Hebrews come out of the holes where they have hidden
themselves. And the men of the garrison answered Yonatan 12
and his armourbearer, and said, Come up to us, and we will
show you something. And Yonatan said to his armour-
bearer, Come up after me: for the LORD has delivered them into
the hand of Yisra'el. And Yonatan climbed up on his hands and 13
feet, and his armourbearer after him: and they fell before Yona-
tan; and his armourbearer slew after him. And that first 14
slaughter, which Yonatan and his armourbearer made, was
about twenty men, within as it were half a furrow, which a
yoke of oxen might plough. And there was trembling in the 15
camp, in the field, and among all the people: the garrison, and
the raiding parties, they also trembled, and the earth quaked: so
it was a very great trembling. And the watchmen of Sha'ul 16
in Giv'a of Binyamin looked; and, behold, the multitude melted
away, and disintegrated. Then said Sha'ul to the people 17
that were with him, Number now, and see who is gone from
us. And when they had numbered, behold, Yonatan and his
armourbearer were not there. And Sha'ul said to Aḥiyya, Bring 18
the ark of GOD here. For the ark of GOD was at that time with
the children of Yisra'el. And it came to pass, while Sha'ul 19
talked to the priest, that the noise that was in the camp of the
Pelishtim went on and increased: and Sha'ul said to the
priest, Withdraw thy hand. And Sha'ul and all the people that 20
were with him assembled themselves, and they came to the
battle: and, behold, every man's sword was against his fellow,
and there was a very great confusion. Moreover the Hebrews 21
that were with the Pelishtim before that time, who went up
with them into the camp from the country round about, they
also turned to be with the men of Yisra'el that were with Sha'ul
and Yonatan. Likewise all the men of Yisra'el who had hid 22
themselves in mount Efrayim, when they heard that the Pelish-

פְּלִשְׁתִּים וַיִּדְבְּקוּ גַם־הֵמָּה אַחֲרֵיהֶם בַּמִּלְחָמָה: וַיּוֹשַׁע יְהוָה כג ח
בַּיּוֹם הַהוּא אֶת־יִשְׂרָאֵל וְהַמִּלְחָמָה עָבְרָה אֶת־בֵּית אָוֶן:

וְאִישׁ־יִשְׂרָאֵל נִגַּשׂ בַּיּוֹם הַהוּא וַיֹּאֶל שָׁאוּל אֶת־הָעָם לֵאמֹר כד
אָרוּר הָאִישׁ אֲשֶׁר־יֹאכַל לֶחֶם עַד־הָעֶרֶב וְנִקַּמְתִּי מֵאֹיְבַי וְלֹא־
טָעַם כָּל־הָעָם לָחֶם: וְכָל־הָאָרֶץ בָּאוּ בַיָּעַר וַיְהִי דְבַשׁ עַל־ כה
פְּנֵי הַשָּׂדֶה: וַיָּבֹא הָעָם אֶל־הַיַּעַר וְהִנֵּה הֵלֶךְ דְּבָשׁ וְאֵין־מַשִּׂיג כו
יָדוֹ אֶל־פִּיו כִּי־יָרֵא הָעָם אֶת־הַשְּׁבֻעָה: וְיוֹנָתָן לֹא־שָׁמַע כז
בְּהַשְׁבִּיעַ אָבִיו אֶת־הָעָם וַיִּשְׁלַח אֶת־קְצֵה הַמַּטֶּה אֲשֶׁר בְּיָדוֹ
וַיִּטְבֹּל אוֹתָהּ בְּיַעְרַת הַדְּבָשׁ וַיָּשֶׁב יָדוֹ אֶל־פִּיו וַתָּרֹאנָה עֵינָיו:

וַיַּעַן אִישׁ מֵהָעָם וַיֹּאמֶר הַשְׁבֵּעַ הִשְׁבִּיעַ אָבִיךָ אֶת־הָעָם כח
לֵאמֹר אָרוּר הָאִישׁ אֲשֶׁר־יֹאכַל לֶחֶם הַיּוֹם וַיָּעַף הָעָם: וַיֹּאמֶר כט
יוֹנָתָן עָכַר אָבִי אֶת־הָאָרֶץ רְאוּ־נָא כִּי־אֹרוּ עֵינַי כִּי טָעַמְתִּי
מְעַט דְּבַשׁ הַזֶּה: אַף כִּי לוּא אָכֹל אָכַל הַיּוֹם הָעָם מִשְּׁלַל ל
אֹיְבָיו אֲשֶׁר מָצָא כִּי עַתָּה לֹא־רָבְתָה מַכָּה בַּפְּלִשְׁתִּים: וַיַּכּוּ לא
בַּיּוֹם הַהוּא בַּפְּלִשְׁתִּים מִמִּכְמָשׂ אַיָּלֹנָה וַיָּעַף הָעָם מְאֹד: וַיַּעַשׂ לב
הָעָם אֶל־שָׁלָל וַיִּקְחוּ צֹאן וּבָקָר וּבְנֵי בָקָר וַיִּשְׁחֲטוּ־אָרְצָה
וַיֹּאכַל הָעָם עַל־הַדָּם: וַיַּגִּידוּ לְשָׁאוּל לֵאמֹר הִנֵּה הָעָם חֹטְאִים לג
לַיהוָה לֶאֱכֹל עַל־הַדָּם וַיֹּאמֶר בְּגַדְתֶּם גֹּלּוּ־אֵלַי הַיּוֹם אֶבֶן
גְּדוֹלָה: וַיֹּאמֶר שָׁאוּל פֻּצוּ בָעָם וַאֲמַרְתֶּם לָהֶם הַגִּישׁוּ אֵלַי אִישׁ לד
שׁוֹרוֹ וְאִישׁ שְׂיֵהוּ וּשְׁחַטְתֶּם בָּזֶה וַאֲכַלְתֶּם וְלֹא־תֶחֶטְאוּ לַיהוָה
לֶאֱכֹל אֶל־הַדָּם וַיַּגִּשׁוּ כָל־הָעָם אִישׁ שׁוֹרוֹ בְיָדוֹ הַלַּיְלָה
וַיִּשְׁחֲטוּ־שָׁם: וַיִּבֶן שָׁאוּל מִזְבֵּחַ לַיהוָה אֹתוֹ הֵחֵל לִבְנוֹת מִזְבֵּחַ לה
לַיהוָה:

וַיֹּאמֶר שָׁאוּל נֵרְדָה אַחֲרֵי פְלִשְׁתִּים לו
לַיְלָה וְנָבֹזָה בָהֶם עַד־אוֹר הַבֹּקֶר וְלֹא־נַשְׁאֵר בָּהֶם אִישׁ
וַיֹּאמְרוּ כָּל־הַטּוֹב בְּעֵינֶיךָ עֲשֵׂה וַיֹּאמֶר הַכֹּהֵן
נִקְרְבָה הֲלֹם אֶל־הָאֱלֹהִים: וַיִּשְׁאַל שָׁאוּל בֵּאלֹהִים הַאֵרֵד לז
אַחֲרֵי פְלִשְׁתִּים הֲתִתְּנֵם בְּיַד יִשְׂרָאֵל וְלֹא עָנָהוּ בַּיּוֹם הַהוּא:
וַיֹּאמֶר שָׁאוּל גֹּשׁוּ הֲלֹם כֹּל פִּנּוֹת הָעָם וּדְעוּ וּרְאוּ בַּמָּה הָיְתָה לח
הַחַטָּאת הַזֹּאת הַיּוֹם: כִּי חַי־יְהוָה הַמּוֹשִׁיעַ אֶת־יִשְׂרָאֵל כִּי לט
אִם־יֶשְׁנוֹ בְּיוֹנָתָן בְּנִי כִּי מוֹת יָמוּת וְאֵין עֹנֵהוּ מִכָּל־הָעָם:
וַיֹּאמֶר אֶל־כָּל־יִשְׂרָאֵל אַתֶּם תִּהְיוּ לְעֵבֶר אֶחָד וַאֲנִי וְיוֹנָתָן מ
בְּנִי נִהְיֶה לְעֵבֶר אֶחָד וַיֹּאמְרוּ הָעָם אֶל־שָׁאוּל הַטּוֹב בְּעֵינֶיךָ
עֲשֵׂה: וַיֹּאמֶר שָׁאוּל אֶל־יְהוָה אֱלֹהֵי יִשְׂרָאֵל מא
הָבָה תָמִים וַיִּלָּכֵד יוֹנָתָן וְשָׁאוּל וְהָעָם יָצָאוּ: וַיֹּאמֶר שָׁאוּל מב
הַפִּילוּ בֵּינִי וּבֵין יוֹנָתָן בְּנִי וַיִּלָּכֵד יוֹנָתָן: וַיֹּאמֶר שָׁאוּל אֶל־ מג
יוֹנָתָן הַגִּידָה לִּי מֶה עָשִׂיתָה וַיַּגֶּד־לוֹ יוֹנָתָן וַיֹּאמֶר טָעֹם

tim fled, they also pursued them closely in the battle. So the   23
LORD saved Yisra'el that day: and the battle passed beyond Bet-
aven. And the men of Yisra'el were distressed that day: for   24
Sha'ul had adjured the people, saying, Cursed be the man that
eats any food until evening, that I may be avenged on my
enemies. So none of the people tasted any food. And all the   25
people came to a wood; and there was honey on the ground.
And when the people were come into the wood, behold, a stream   26
of honey; but no man put his hand to his mouth: for the people
feared the oath. But Yonatan heard not when his father charged   27
the people with the oath: and he put out the end of the rod
that was in his hand, and dipped it in a honeycomb, and put
his hand to his mouth; and his eyes were brightened. Then   28
one of the people answered and said, Thy father strictly charged
the people with an oath, saying, Cursed be the man that eats
any food this day. And the people were faint. Then said Yona-   29
tan, My father has troubled the land: see, I pray you, how my
eyes have brightened, because I tasted a little of this honey.
How much more, if only the people had eaten freely today   30
of the spoil of their enemies which they found? for had there
not been now a much greater slaughter among the Pelishtim?
And they smote the Pelishtim that day from Mikhmash to   31
Ayyalon: and the people were very faint. And the people flew   32
upon the spoil, and took sheep, and oxen, and calves, and slew
them on the ground: and the people did eat them with the
blood. Then they told Sha'ul, saying, Behold, the people sin   33
against the LORD, in that they eat with the blood. And he said,
You have transgressed: roll a great stone to me this day. And   34
Sha'ul said, Disperse yourselves among the people, and say to
them, Bring me here every man his ox, and every man his
sheep, and slay them here, and eat; and sin not against the
LORD in eating with the blood. And all the people brought every
man his ox with him that night, and slew them there. And Sha'ul   35
built an altar to the LORD: that was the first altar that he
built to the LORD.   And Sha'ul said, Let us go down after   36
the Pelishtim by night, and spoil them until the morning light,
and let us not leave a man of them. And they said, Do what-
ever seems good to thee.   Then said the priest, Let us
draw near here to GOD. And Sha'ul asked counsel of GOD, Shall   37
I go down after the Pelishtim? wilt thou deliver them into the
hand of Yisra'el? But he answered him not that day. And   38
Sha'ul said, Draw near, all you chiefs of the people: and know
and see wherein this sin has been this day. For, as the LORD   39
lives, who saves Yisra'el, though it be in Yonatan my son, he
shall surely die. But there was not a man among all the people
that answered him. Then said he to all Yisra'el, Be you on   40
one side, and I and Yonatan my son will be on the other
side. And the people said to Sha'ul, Do what seems good to
thee.   Therefore Sha'ul said to the LORD GOD of Yisra'el,   41
Give a perfect lot. And Sha'ul and Yonatan were picked: but
the people escaped. And Sha'ul said, Cast lots between me and   42
Yonatan my son. And Yonatan was picked. Then Sha'ul said   43
to Yonatan, Tell me what thou hast done. And Yonatan told

טָעַמְתִּי בִּקְצֵה הַמַּטֶּה אֲשֶׁר־בְּיָדִי מְעַט דְּבַשׁ הִנְנִי אָמוּת:
מד וַיֹּאמֶר שָׁאוּל כֹּה־יַעֲשֶׂה אֱלֹהִים וְכֹה יוֹסִף כִּי־מוֹת תָּמוּת
מה יוֹנָתָן: וַיֹּאמֶר הָעָם אֶל־שָׁאוּל הֲיוֹנָתָן יָמוּת אֲשֶׁר עָשָׂה
הַיְשׁוּעָה הַגְּדוֹלָה הַזֹּאת בְּיִשְׂרָאֵל חָלִילָה חַי־יהוה אִם־יִפֹּל
מִשַּׂעֲרַת רֹאשׁוֹ אַרְצָה כִּי־עִם־אֱלֹהִים עָשָׂה הַיּוֹם הַזֶּה וַיִּפְדּוּ
מו הָעָם אֶת־יוֹנָתָן וְלֹא־מֵת: וַיַּעַל שָׁאוּל מֵאַחֲרֵי
מז פְּלִשְׁתִּים וּפְלִשְׁתִּים הָלְכוּ לִמְקוֹמָם: וְשָׁאוּל לָכַד הַמְּלוּכָה
עַל־יִשְׂרָאֵל וַיִּלָּחֶם סָבִיב ׀ בְּכָל־אֹיְבָיו בְּמוֹאָב ׀ וּבִבְנֵי־
עַמּוֹן וּבֶאֱדוֹם וּבְמַלְכֵי צוֹבָה וּבַפְּלִשְׁתִּים וּבְכֹל אֲשֶׁר־יִפְנֶה
מח יַרְשִׁיעַ: וַיַּעַשׂ חַיִל וַיַּךְ אֶת־עֲמָלֵק וַיַּצֵּל אֶת־יִשְׂרָאֵל מִיַּד
מט שֹׁסֵהוּ: וַיִּהְיוּ בְּנֵי שָׁאוּל יוֹנָתָן וְיִשְׁוִי וּמַלְכִּי־שׁוּעַ
נ וְשֵׁם שְׁתֵּי בְנֹתָיו שֵׁם הַבְּכִירָה מֵרַב וְשֵׁם הַקְּטַנָּה מִיכַל: וְשֵׁם
אֵשֶׁת שָׁאוּל אֲחִינֹעַם בַּת־אֲחִימָעַץ וְשֵׁם שַׂר־צְבָאוֹ אֲבִינֵר
נא בֶּן־נֵר דּוֹד שָׁאוּל: וְקִישׁ אֲבִי־שָׁאוּל וְנֵר אֲבִי־אַבְנֵר בֶּן־
נב אֲבִיאֵל: וַתְּהִי הַמִּלְחָמָה חֲזָקָה עַל־פְּלִשְׁתִּים
כֹּל יְמֵי שָׁאוּל וְרָאָה שָׁאוּל כָּל־אִישׁ גִּבּוֹר וְכָל־בֶּן־חַיִל
טו א וַיַּאַסְפֵהוּ אֵלָיו: וַיֹּאמֶר שְׁמוּאֵל אֶל־שָׁאוּל אֹתִי
שָׁלַח יהוה לִמְשָׁחֳךָ לְמֶלֶךְ עַל־עַמּוֹ עַל־יִשְׂרָאֵל וְעַתָּה
ב שְׁמַע לְקוֹל דִּבְרֵי יהוה: כֹּה אָמַר יהוה צְבָאוֹת
פָּקַדְתִּי אֵת אֲשֶׁר־עָשָׂה עֲמָלֵק לְיִשְׂרָאֵל אֲשֶׁר־שָׂם לוֹ
ג בַּדֶּרֶךְ בַּעֲלֹתוֹ מִמִּצְרָיִם: עַתָּה לֵךְ וְהִכִּיתָה אֶת־עֲמָלֵק
וְהַחֲרַמְתֶּם אֶת־כָּל־אֲשֶׁר־לוֹ וְלֹא תַחְמֹל עָלָיו וְהֵמַתָּה מֵאִישׁ
עַד־אִשָּׁה מֵעֹלֵל וְעַד־יוֹנֵק מִשּׁוֹר וְעַד־שֶׂה מִגָּמָל וְעַד־
ד חֲמוֹר: וַיְשַׁמַּע שָׁאוּל אֶת־הָעָם וַיִּפְקְדֵם בַּטְּלָאִים
ה מָאתַיִם אֶלֶף רַגְלִי וַעֲשֶׂרֶת אֲלָפִים אֶת־אִישׁ יְהוּדָה: וַיָּבֹא
ו שָׁאוּל עַד־עִיר עֲמָלֵק וַיָּרֶב בַּנָּחַל: וַיֹּאמֶר שָׁאוּל אֶל־הַקֵּינִי
לְכוּ סֻּרוּ רְדוּ מִתּוֹךְ עֲמָלֵקִי פֶּן־אֹסִפְךָ עִמּוֹ וְאַתָּה עָשִׂיתָה
חֶסֶד עִם־כָּל־בְּנֵי יִשְׂרָאֵל בַּעֲלוֹתָם מִמִּצְרָיִם וַיָּסַר קֵינִי מִתּוֹךְ
ז עֲמָלֵק: וַיַּךְ שָׁאוּל אֶת־עֲמָלֵק מֵחֲוִילָה בּוֹאֲךָ שׁוּר אֲשֶׁר עַל־
ח פְּנֵי מִצְרָיִם: וַיִּתְפֹּשׂ אֶת־אֲגַג מֶלֶךְ־עֲמָלֵק חָי וְאֶת־כָּל־הָעָם
ט הֶחֱרִים לְפִי־חָרֶב: וַיַּחְמֹל שָׁאוּל וְהָעָם עַל־אֲגָג וְעַל־
מֵיטַב הַצֹּאן וְהַבָּקָר וְהַמִּשְׁנִים וְעַל־הַכָּרִים וְעַל־כָּל־הַטּוֹב
וְלֹא אָבוּ הַחֲרִימָם וְכָל־הַמְּלָאכָה נְמִבְזָה וְנָמֵס אֹתָהּ
י הֶחֱרִימוּ: וַיְהִי דְּבַר יהוה אֶל־שְׁמוּאֵל לֵאמֹר:
יא נִחַמְתִּי כִּי־הִמְלַכְתִּי אֶת־שָׁאוּל לְמֶלֶךְ כִּי־שָׁב מֵאַחֲרַי
וְאֶת־דְּבָרַי לֹא הֵקִים וַיִּחַר לִשְׁמוּאֵל וַיִּזְעַק אֶל־יהוה

him, and said, I did but taste a little honey with the end of the
rod that was in my hand, and, lo, I must die. And Sha'ul   44
answered, GOD do so and more also: for thou shalt surely die,
Yonatan. And the people said to Sha'ul, Shall Yonatan die,   45
who has wrought this great salvation in Yisra'el? Far be it! as
the LORD lives, not one hair of his head shall fall to the ground;
for he has wrought with GOD this day. So the people rescued
Yonatan, that he died not.   Then Sha'ul went up from fol-   46
lowing the Pelishtim: and the Pelishtim went to their own place.
So Sha'ul took the kingdom over Yisra'el, and fought against   47
all his enemies on every side, against Mo'av, and against the
children of 'Ammon, and against Edom, and against the kings
of Zova, and against the Pelishtim: and wherever he turned
himself, he did them mischief. And he gathered a host, and   48
smote 'Amaleq, and delivered Yisra'el out of the hands of them
that spoiled them.   Now the sons of Sha'ul were Yonatan,   49
and Yishvi, and Malkishua: and the names of his two daughters
were these; the name of the firstborn Merav, and the name of
the younger Mikhal: and the name of Sha'ul's wife was Aḥi-   50
no'am, the daughter of Aḥima'az: and the name of the captain
of his host was Aviner, the son of Ner, Sha'ul's uncle. And Qish   51
was the father of Sha'ul; and Ner the father of Avner was the
son of Avi'el.   And there was hard warfare against the   52
Pelishtim all the days of Sha'ul: and when Sha'ul saw any strong
man, or any valiant man, he took him to himself.   And   **15**
Shemu'el said to Sha'ul, The LORD sent me to anoint thee to
be king over his people, over Yisra'el: now therefore hearken
to the voice of the words of the LORD.   Thus says the LORD   2
of hosts, I remember that which 'Amaleq did to Yisra'el, how
he laid wait for him in the way, when he came up from Miẓ-
rayim. Now go and smite 'Amaleq, and utterly destroy all that   3
they have, and spare them not; but slay both man and woman,
infant and suckling, ox and sheep, camel and ass.   And   4
Sha'ul gathered the people together, and numbered them in
Tela'im two hundred thousand footmen, and ten thousand men
of Yehuda. And Sha'ul came to a city of 'Amaleq, and laid wait   5
in the valley. And Sha'ul said to the Qeni, Go, depart, go down   6
from among the 'Amaleqi, lest I destroy thee with them: for
thou hast shown kindness to all the children of Yisra'el, when
they came up out of Miẓrayim. So the Qeni departed from
among 'Amaleq. And Sha'ul smote 'Amaleq from Ḥavila until   7
the approach to Shur, that is over against Miẓrayim. And he   8
took Agag the king of 'Amaleq alive, and utterly destroyed all
the people with the edge of the sword. But Sha'ul and the   9
people had pity on Agag, and on the best of the sheep, and of
the oxen, and of the fatlings, and the lambs, and all that was
good, and would not utterly destroy them: but everything that
was of little value and weak, they destroyed utterly.   Then   10
came the word of the LORD to Shemu'el saying, I regret that   11
I have set up Sha'ul to be king: for he is turned back from
following me, and he has not performed my commandments.
And it grieved Shemu'el; and he cried to the LORD all night.

כָּל־הַלָּיְלָה: וַיַּשְׁכֵּם שְׁמוּאֵל לִקְרַאת שָׁאוּל בַּבֹּקֶר וַיֻּגַּד יב
לִשְׁמוּאֵל לֵאמֹר בָּא־שָׁאוּל הַכַּרְמֶלָה וְהִנֵּה מַצִּיב לוֹ יָד וַיִּסֹּב

וַיַּעֲבֹר וַיֵּרֶד הַגִּלְגָּל: וַיָּבֹא שְׁמוּאֵל אֶל־שָׁאוּל וַיֹּאמֶר לוֹ יג
שָׁאוּל בָּרוּךְ אַתָּה לַיהוָה הֲקִימֹתִי אֶת־דְּבַר יְהוָה: וַיֹּאמֶר יד
שְׁמוּאֵל וּמֶה קוֹל־הַצֹּאן הַזֶּה בְּאָזְנָי וְקוֹל הַבָּקָר אֲשֶׁר אָנֹכִי

שֹׁמֵעַ: וַיֹּאמֶר שָׁאוּל מֵעֲמָלֵקִי הֱבִיאוּם אֲשֶׁר חָמַל הָעָם טו
עַל־מֵיטַב הַצֹּאן וְהַבָּקָר לְמַעַן זְבֹחַ לַיהוָה אֱלֹהֶיךָ וְאֶת־

הַיּוֹתֵר הֶחֱרַמְנוּ: וַיֹּאמֶר שְׁמוּאֵל אֶל־שָׁאוּל הֶרֶף טז
וְאַגִּידָה לְּךָ אֵת אֲשֶׁר דִּבֶּר יְהוָה אֵלַי הַלָּיְלָה וַיֹּאמְרוּ לוֹ וַיֹּאמֶר

דַּבֵּר: וַיֹּאמֶר שְׁמוּאֵל הֲלוֹא אִם־קָטֹן אַתָּה יז
בְּעֵינֶיךָ רֹאשׁ שִׁבְטֵי יִשְׂרָאֵל אָתָּה וַיִּמְשָׁחֲךָ יְהוָה לְמֶלֶךְ עַל־

יִשְׂרָאֵל: וַיִּשְׁלָחֲךָ יְהוָה בְּדָרֶךְ וַיֹּאמֶר לֵךְ וְהַחֲרַמְתָּה אֶת־ יח
הַחַטָּאִים אֶת־עֲמָלֵק וְנִלְחַמְתָּ בוֹ עַד־כַּלּוֹתָם אֹתָם: וְלָמָּה יט
לֹא־שָׁמַעְתָּ בְּקוֹל יְהוָה וַתַּעַט אֶל־הַשָּׁלָל וַתַּעַשׂ הָרַע

בְּעֵינֵי יְהוָה: וַיֹּאמֶר שָׁאוּל אֶל־שְׁמוּאֵל אֲשֶׁר כ
שָׁמַעְתִּי בְּקוֹל יְהוָה וָאֵלֵךְ בַּדֶּרֶךְ אֲשֶׁר־שְׁלָחַנִי יְהוָה וָאָבִיא
אֶת־אֲגַג מֶלֶךְ עֲמָלֵק וְאֶת־עֲמָלֵק הֶחֱרַמְתִּי: וַיִּקַּח הָעָם כא
מֵהַשָּׁלָל צֹאן וּבָקָר רֵאשִׁית הַחֵרֶם לִזְבֹּחַ לַיהוָה אֱלֹהֶיךָ

בַּגִּלְגָּל: וַיֹּאמֶר שְׁמוּאֵל הַחֵפֶץ לַיהוָה בְּעֹלוֹת כב
וּזְבָחִים כִּשְׁמֹעַ בְּקוֹל יְהוָה הִנֵּה שְׁמֹעַ מִזֶּבַח טוֹב לְהַקְשִׁיב
מֵחֵלֶב אֵילִים: כִּי חַטַּאת־קֶסֶם מֶרִי וְאָוֶן וּתְרָפִים הַפְצַר יַעַן כג
מָאַסְתָּ אֶת־דְּבַר יְהוָה וַיִּמְאָסְךָ מִמֶּלֶךְ: וַיֹּאמֶר כד
שָׁאוּל אֶל־שְׁמוּאֵל חָטָאתִי כִּי־עָבַרְתִּי אֶת־פִּי־יְהוָה וְאֶת־
דְּבָרֶיךָ כִּי יָרֵאתִי אֶת־הָעָם וָאֶשְׁמַע בְּקוֹלָם: וְעַתָּה שָׂא נָא כה
אֶת־חַטָּאתִי וְשׁוּב עִמִּי וְאֶשְׁתַּחֲוֶה לַיהוָה: וַיֹּאמֶר שְׁמוּאֵל אֶל־ כו
שָׁאוּל לֹא אָשׁוּב עִמָּךְ כִּי מָאַסְתָּה אֶת־דְּבַר יְהוָה וַיִּמְאָסְךָ
יְהוָה מִהְיוֹת מֶלֶךְ עַל־יִשְׂרָאֵל: וַיִּסֹּב שְׁמוּאֵל לָלֶכֶת וַיַּחֲזֵק כז
בִּכְנַף־מְעִילוֹ וַיִּקָּרַע: וַיֹּאמֶר אֵלָיו שְׁמוּאֵל קָרַע יְהוָה אֶת־ כח
מַמְלְכוּת יִשְׂרָאֵל מֵעָלֶיךָ הַיּוֹם וּנְתָנָהּ לְרֵעֲךָ הַטּוֹב מִמֶּךָּ: וְגַם כט
נֵצַח יִשְׂרָאֵל לֹא יְשַׁקֵּר וְלֹא יִנָּחֵם כִּי לֹא אָדָם הוּא לְהִנָּחֵם:
וַיֹּאמֶר חָטָאתִי עַתָּה כַּבְּדֵנִי נָא נֶגֶד זִקְנֵי־עַמִּי וְנֶגֶד יִשְׂרָאֵל ל
וְשׁוּב עִמִּי וְהִשְׁתַּחֲוֵיתִי לַיהוָה אֱלֹהֶיךָ: וַיָּשָׁב שְׁמוּאֵל אַחֲרֵי לא
שָׁאוּל וַיִּשְׁתַּחוּ שָׁאוּל לַיהוָה: וַיֹּאמֶר שְׁמוּאֵל לב
הַגִּישׁוּ אֵלַי אֶת־אֲגַג מֶלֶךְ עֲמָלֵק וַיֵּלֶךְ אֵלָיו אֲגַג מַעֲדַנֹּת
וַיֹּאמֶר אֲגָג אָכֵן סָר מַר־הַמָּוֶת: וַיֹּאמֶר שְׁמוּאֵל כַּאֲשֶׁר שִׁכְּלָה לג

And when Shemu'el rose early to meet Sha'ul in the morning, 12
it was told Shemu'el, saying, Sha'ul came to Karmel, and, be-
hold, he set him up a monument, and is gone about, and passed
on, and gone down to Gilgal. And Shemu'el came to Sha'ul: and 13
Sha'ul said to him, Blessed be thou of the LORD: I have per-
formed the commandment of the LORD. And Shemu'el said, 14
What means then this bleating of the sheep in my ears, and the
lowing of the oxen which I hear? And Sha'ul said, They have 15
brought them from the 'Amaleqi: for the people spared the best
of the sheep and of the oxen, to sacrifice to the LORD thy GOD;
and the rest we have utterly destroyed. Then Shemu'el 16
said to Sha'ul, Stay, and I will tell thee what the LORD said to
me this night. And he said to him, Say on. And Shemu'el 17
said, Though thou wast little in thy own sight, wast thou not
made the head of the tribes of Yisra'el, and the LORD anointed
thee king over Yisra'el? And the LORD sent thee on a journey, 18
and said, Go and utterly destroy those sinners, the men of
'Amaleq, and fight against them until they are consumed. Why 19
then didst thou not obey the voice of the LORD, but didst
fly upon the spoil, and didst do evil in the sight of the
LORD? And Sha'ul said to Shemu'el, Indeed, I have obeyed 20
the voice of the LORD, and have gone along the road which
the LORD sent me, and have brought Agag the king of 'Amaleq,
and have utterly destroyed 'Amaleq. But the people took of the 21
spoil, sheep and oxen, the chief of the devoted property, to
sacrifice to the LORD thy GOD in Gilgal. And Shemu'el 22
said, Has the LORD as great delight in burnt offerings and
sacrifices, as in obeying the voice of the LORD? Behold, to obey
is better than sacrifice, and to hearken than the fat of rams.
For rebellion is like the sin of witchcraft, and stubbornness is 23
like idolatry and terafim. Because thou hast rejected the word
of the LORD he has also rejected thee from being king. And 24
Sha'ul said to Shemu'el, I have sinned: for I have transgressed
the commandment of the LORD, and thy words: because I feared
the people, and obeyed their voice. Now therefore, I pray thee, 25
pardon my sin, and turn again with me, and I will bow down to
the LORD. And Shemu'el said to Sha'ul, I will not return with 26
thee: for thou hast rejected the word of the LORD, and the LORD
has rejected thee from being king over Yisra'el. And as Shemu'el 27
turned about to go away, he laid hold of the corner of his robe,
and it tore. And Shemu'el said to him, The LORD has torn the 28
kingdom of Yisra'el from thee this day, and has given it to a
neighbour of thine, that is better than thou. And also the 29
Eternal One of Yisra'el will not lie nor change his mind: for
he is not a man, that he should change his mind. Then he said, I 30
have sinned: yet do me honour now, I pray thee, before the
elders of my people, and before Yisra'el, and turn again with
me, that I may worship the LORD thy GOD. So Shemu'el turned 31
again after Sha'ul; and Sha'ul worshipped the LORD. Then 32
said Shemu'el, Bring here to me Agag the king of 'Amaleq.
And Agag came to him in chains. And Agag said, Surely the
bitterness of death is past. And Shemu'el said, As thy sword 33
has made women childless, so shall thy mother be childless

נָשִׁים חַרְבֶּךָ כֵּן־תִּשְׁכַּל מִנָּשִׁים אִמֶּךָ וַיְשַׁסֵּף שְׁמוּאֵל אֶת־אֲגַג

לפ לִפְנֵי יהוה בַּגִּלְגָּל: וַיֵּלֶךְ שְׁמוּאֵל הָרָמָתָה וְשָׁאוּל

עָלָה אֶל־בֵּיתוֹ גִּבְעַת שָׁאוּל: וְלֹא־יָסַף שְׁמוּאֵל לִרְאוֹת אֶת־

לה שָׁאוּל עַד־יוֹם מוֹתוֹ כִּי־הִתְאַבֵּל שְׁמוּאֵל אֶל־שָׁאוּל וַיהוָה נִחָם

כִּי־הִמְלִיךְ אֶת־שָׁאוּל עַל־יִשְׂרָאֵל: וַיֹּאמֶר

טז א יהוה אֶל־שְׁמוּאֵל עַד־מָתַי אַתָּה מִתְאַבֵּל אֶל־שָׁאוּל וַאֲנִי

מְאַסְתִּיו מִמְּלֹךְ עַל־יִשְׂרָאֵל מַלֵּא קַרְנְךָ שֶׁמֶן וְלֵךְ אֶשְׁלָחֲךָ

אֶל־יִשַׁי בֵּית־הַלַּחְמִי כִּי־רָאִיתִי בְּבָנָיו לִי מֶלֶךְ: וַיֹּאמֶר

ב שְׁמוּאֵל אֵיךְ אֵלֵךְ וְשָׁמַע שָׁאוּל וַהֲרָגָנִי וַיֹּאמֶר

יהוה עֶגְלַת בָּקָר תִּקַּח בְּיָדֶךָ וְאָמַרְתָּ לִזְבֹּחַ לַיהוָה בָּאתִי:

ג וְקָרָאתָ לְיִשַׁי בַּזָּבַח וְאָנֹכִי אוֹדִיעֲךָ אֵת אֲשֶׁר־תַּעֲשֶׂה וּמָשַׁחְתָּ

ד לִי אֵת אֲשֶׁר־אֹמַר אֵלֶיךָ: וַיַּעַשׂ שְׁמוּאֵל אֵת אֲשֶׁר דִּבֶּר יהוה

וַיָּבֹא בֵּית לָחֶם וַיֶּחֶרְדוּ זִקְנֵי הָעִיר לִקְרָאתוֹ וַיֹּאמֶר שָׁלֹם

ה בּוֹאֶךָ: וַיֹּאמֶר ׀ שָׁלוֹם לִזְבֹּחַ לַיהוָה בָּאתִי הִתְקַדְּשׁוּ וּבָאתֶם

אִתִּי בַּזָּבַח וַיְקַדֵּשׁ אֶת־יִשַׁי וְאֶת־בָּנָיו וַיִּקְרָא לָהֶם לַזָּבַח:

ו וַיְהִי בְּבוֹאָם וַיַּרְא אֶת־אֱלִיאָב וַיֹּאמֶר אַךְ נֶגֶד יהוה

ז מְשִׁיחוֹ: וַיֹּאמֶר יהוה אֶל־שְׁמוּאֵל אַל־תַּבֵּט

אֶל־מַרְאֵהוּ וְאֶל־גְּבֹהַּ קוֹמָתוֹ כִּי מְאַסְתִּיהוּ כִּי ׀ לֹא אֲשֶׁר

יִרְאֶה הָאָדָם כִּי הָאָדָם יִרְאֶה לַעֵינַיִם וַיהוָה יִרְאֶה לַלֵּבָב:

ח וַיִּקְרָא יִשַׁי אֶל־אֲבִינָדָב וַיַּעֲבִרֵהוּ לִפְנֵי שְׁמוּאֵל וַיֹּאמֶר

ט גַּם־בָּזֶה לֹא־בָחַר יהוה: וַיַּעֲבֵר יִשַׁי שַׁמָּה וַיֹּאמֶר גַּם־בָּזֶה

י לֹא־בָחַר יהוה: וַיַּעֲבֵר יִשַׁי שִׁבְעַת בָּנָיו לִפְנֵי שְׁמוּאֵל

יא וַיֹּאמֶר שְׁמוּאֵל אֶל־יִשַׁי לֹא־בָחַר יהוה בָּאֵלֶּה: וַיֹּאמֶר

שְׁמוּאֵל אֶל־יִשַׁי הֲתַמּוּ הַנְּעָרִים וַיֹּאמֶר עוֹד שָׁאַר הַקָּטָן וְהִנֵּה

רֹעֶה בַּצֹּאן וַיֹּאמֶר שְׁמוּאֵל אֶל־יִשַׁי שִׁלְחָה וְקָחֶנּוּ כִּי לֹא־נָסֹב

יב עַד־בֹּאוֹ פֹה: וַיִּשְׁלַח וַיְבִיאֵהוּ וְהוּא אַדְמוֹנִי עִם־יְפֵה עֵינַיִם

וְטוֹב רֹאִי וַיֹּאמֶר יהוה קוּם מְשָׁחֵהוּ כִּי־זֶה הוּא:

יג וַיִּקַּח שְׁמוּאֵל אֶת־קֶרֶן הַשֶּׁמֶן וַיִּמְשַׁח אֹתוֹ בְּקֶרֶב אֶחָיו וַתִּצְלַח

רוּחַ־יהוה אֶל־דָּוִד מֵהַיּוֹם הַהוּא וָמָעְלָה וַיָּקָם שְׁמוּאֵל וַיֵּלֶךְ

יד הָרָמָתָה: וְרוּחַ יהוה סָרָה מֵעִם שָׁאוּל וּבִעֲתַתּוּ רוּחַ־רָעָה מֵאֵת

טו יהוה: וַיֹּאמְרוּ עַבְדֵי־שָׁאוּל אֵלָיו הִנֵּה־נָא רוּחַ־אֱלֹהִים רָעָה

מְבַעִתֶּךָ: יֹאמַר־נָא אֲדֹנֵנוּ עֲבָדֶיךָ לְפָנֶיךָ יְבַקְשׁוּ אִישׁ יֹדֵעַ

מְנַגֵּן בַּכִּנּוֹר וְהָיָה בִּהְיוֹת עָלֶיךָ רוּחַ־אֱלֹהִים רָעָה וְנִגֵּן בְּיָדוֹ

יז וְטוֹב לָךְ: וַיֹּאמֶר שָׁאוּל אֶל־עֲבָדָיו רְאוּ־נָא לִי אִישׁ מֵיטִיב

יח לְנַגֵּן וַהֲבִיאוֹתֶם אֵלָי: וַיַּעַן אֶחָד מֵהַנְּעָרִים וַיֹּאמֶר הִנֵּה רָאִיתִי

בֵּן לְיִשַׁי בֵּית הַלַּחְמִי יֹדֵעַ נַגֵּן וְגִבּוֹר חַיִל וְאִישׁ מִלְחָמָה וּנְבוֹן

among women. And Shemu'el hewed Agag in pieces before the LORD in Gilgal.   Then Shemu'el went to Rama; and Sha'ul **34** went up to his house to Giv'a of Sha'ul. And Shemu'el came **35** no more to see Sha'ul until the day of his death: nevertheless Shemu'el mourned for Sha'ul and the LORD repented that he had made Sha'ul king over Yisra'el.   And the LORD said to **16** Shemu'el, How long wilt thou mourn for Sha'ul, seeing I have rejected him from reigning over Yisra'el? fill thy horn with oil, and go, I will send thee to Yishay, the Bet-hallaḥmite: for I have provided for me a king among his sons, And Shemu'el **2** said, How can I go? if Sha'ul hears it, he will kill me.   And the LORD said, Take a heifer with thee, and say, I am come to sacrifice to the LORD. And call Yishay to the sacrifice, and I will **3** make known to thee what thou shalt do: and thou shalt anoint to me him whom I name to thee. And Shemu'el did that which **4** the LORD spoke, and came to Bet-leḥem. And the elders of the town trembled at his coming, and said, Comest thou in peace? And he said, In peace: I am come to sacrifice to the LORD: **5** sanctify yourselves, and come with me to the sacrifice. And he sanctified Yishay and his sons, and called them to the sacrifice. And it came to pass, when they were come, that he looked on **6** Eli'av, and said, Surely the LORD's anointed is before him.

But the LORD said to Shemu'el, Look not on his coun- **7** tenance, nor on the height of his stature; because I have refused him: for it is not as a man sees; for a man looks on the outward appearance, but the LORD looks on the heart. Then **8** Yishay called Avinadav, and made him pass before Shemu'el. And he said, Neither has the LORD chosen this. Then Yishay **9** made Shamma pass by. And he said, Neither has the LORD chosen this. And Yishay made seven of his sons to pass before **10** Shemu'el. And Shemu'el said to Yishay, The LORD has not chosen these. And Shemu'el said to Yishay, Are these all thy **11** children? And he said, There remains yet the youngest, and he is tending the sheep. Then Shemu'el said to Yishay, Send and fetch him: for we will not sit down till he comes here. And **12** he sent, and brought him in. Now he was ruddy, with fine eyes, and good looking.   And the LORD said, Arise, anoint him: for this is he. Then Shemu'el took the horn of oil, and anointed **13** him in the midst of his brothers; and the spirit of the LORD came upon David from that day onwards. So Shemu'el rose up, and went to Rama. But the spirit of the LORD departed from **14** Sha'ul, and an evil spirit from the LORD tormented him. And **15** Sha'ul's servants said to him. Behold now, an evil spirit from GOD is tormenting thee. Let our lord now command thy ser- **16** vants, who are before thee, to seek out a man, who knows how to play on the lyre: and it shall come to pass, when the evil spirit from GOD is upon thee, that he will play with his hand, and thou shalt be well. And Sha'ul said to his servants, **17** Provide me now a man that can play well, and bring him to me. Then answered one of the servants, and said, Behold, I have **18** seen a son of Yishay the Bet-hallaḥmite, that knows how to play, and a fine warrior, and a man of war, and prudent in speech, and

דָּבָר וְאִישׁ תֹּאַר וַיהוָה עִמּוֹ: וַיִּשְׁלַח שָׁאוּל מַלְאָכִים אֶל־יִשַׁי ט

וַיֹּאמֶר שִׁלְחָה אֵלַי אֶת־דָּוִד בִּנְךָ אֲשֶׁר בַּצֹּאן: וַיִּקַּח יִשַׁי חֲמוֹר כ

לֶחֶם וְנֹאד יַיִן וּגְדִי עִזִּים אֶחָד וַיִּשְׁלַח בְּיַד־דָּוִד בְּנוֹ אֶל־שָׁאוּל:

וַיָּבֹא דָוִד אֶל־שָׁאוּל וַיַּעֲמֹד לְפָנָיו וַיֶּאֱהָבֵהוּ מְאֹד וַיְהִי־לוֹ נֹשֵׂא כא

כֵלִים: וַיִּשְׁלַח שָׁאוּל אֶל־יִשַׁי לֵאמֹר יַעֲמָד־נָא דָוִד לְפָנַי כִּי־ כב

מָצָא חֵן בְּעֵינָי: וְהָיָה בִּהְיוֹת רוּחַ־אֱלֹהִים אֶל־שָׁאוּל וְלָקַח כג

דָּוִד אֶת־הַכִּנּוֹר וְנִגֵּן בְּיָדוֹ וְרָוַח לְשָׁאוּל וְטוֹב לוֹ וְסָרָה מֵעָלָיו

רוּחַ הָרָעָה: וַיַּאַסְפוּ פְלִשְׁתִּים אֶת־מַחֲנֵיהֶם יז

לַמִּלְחָמָה וַיֵּאָסְפוּ שֹׂכֹה אֲשֶׁר לִיהוּדָה וַיַּחֲנוּ בֵּין־שׂוֹכֹה וּבֵין־

עֲזֵקָה בְּאֶפֶס דַּמִּים: וְשָׁאוּל וְאִישׁ־יִשְׂרָאֵל נֶאֶסְפוּ וַיַּחֲנוּ בְּעֵמֶק ב

הָאֵלָה וַיַּעַרְכוּ מִלְחָמָה לִקְרַאת פְּלִשְׁתִּים: וּפְלִשְׁתִּים עֹמְדִים ג

אֶל־הָהָר מִזֶּה וְיִשְׂרָאֵל עֹמְדִים אֶל־הָהָר מִזֶּה וְהַגַּיְא בֵּינֵיהֶם:

וַיֵּצֵא אִישׁ־הַבֵּנַיִם מִמַּחֲנוֹת פְּלִשְׁתִּים גָּלְיָת שְׁמוֹ מִגַּת גָּבְהוֹ ד

שֵׁשׁ אַמּוֹת וָזָרֶת: וְכוֹבַע נְחֹשֶׁת עַל־רֹאשׁוֹ וְשִׁרְיוֹן קַשְׂקַשִּׂים ה

הוּא לָבוּשׁ וּמִשְׁקַל הַשִּׁרְיוֹן חֲמֵשֶׁת־אֲלָפִים שְׁקָלִים נְחֹשֶׁת:

וּמִצְחַת נְחֹשֶׁת עַל־רַגְלָיו וְכִידוֹן נְחֹשֶׁת בֵּין כְּתֵפָיו: וְחֵץ חֲנִיתוֹ ו

כִּמְנוֹר אֹרְגִים וְלַהֶבֶת חֲנִיתוֹ שֵׁשׁ־מֵאוֹת שְׁקָלִים בַּרְזֶל וְנֹשֵׂא

הַצִּנָּה הֹלֵךְ לְפָנָיו: וַיַּעֲמֹד וַיִּקְרָא אֶל־מַעַרְכֹת יִשְׂרָאֵל וַיֹּאמֶר ח

לָהֶם לָמָּה תֵצְאוּ לַעֲרֹךְ מִלְחָמָה הֲלוֹא אָנֹכִי הַפְּלִשְׁתִּי וְאַתֶּם

עֲבָדִים לְשָׁאוּל בְּרוּ־לָכֶם אִישׁ וְיֵרֵד אֵלָי: אִם־יוּכַל לְהִלָּחֵם ט

אִתִּי וְהִכָּנִי וְהָיִינוּ לָכֶם לַעֲבָדִים וְאִם־אֲנִי אוּכַל־לוֹ וְהִכִּיתִיו

וִהְיִיתֶם לָנוּ לַעֲבָדִים וַעֲבַדְתֶּם אֹתָנוּ: וַיֹּאמֶר הַפְּלִשְׁתִּי אֲנִי י

חֵרַפְתִּי אֶת־מַעַרְכוֹת יִשְׂרָאֵל הַיּוֹם הַזֶּה תְּנוּ־לִי אִישׁ וְנִלָּחֲמָה

יָחַד: וַיִּשְׁמַע שָׁאוּל וְכָל־יִשְׂרָאֵל אֶת־דִּבְרֵי הַפְּלִשְׁתִּי הָאֵלֶּה יא

וַיֵּחַתּוּ וַיִּרְאוּ מְאֹד: וְדָוִד בֶּן־אִישׁ אֶפְרָתִי הַזֶּה יב

מִבֵּית לֶחֶם יְהוּדָה וּשְׁמוֹ יִשַׁי וְלוֹ שְׁמֹנָה בָנִים וְהָאִישׁ

בִּימֵי שָׁאוּל זָקֵן בָּא בַאֲנָשִׁים: וַיֵּלְכוּ שְׁלֹשֶׁת בְּנֵי־יִשַׁי הַגְּדֹלִים יג

הָלְכוּ אַחֲרֵי־שָׁאוּל לַמִּלְחָמָה וְשֵׁם ׀ שְׁלֹשֶׁת בָּנָיו אֲשֶׁר

הָלְכוּ בַּמִּלְחָמָה אֱלִיאָב הַבְּכוֹר וּמִשְׁנֵהוּ אֲבִינָדָב וְהַשְּׁלִשִׁי

שַׁמָּה: וְדָוִד הוּא הַקָּטָן וּשְׁלֹשָׁה הַגְּדֹלִים הָלְכוּ אַחֲרֵי יד

שָׁאוּל: וְדָוִד הֹלֵךְ וָשָׁב מֵעַל שָׁאוּל לִרְעוֹת אֶת־צֹאן אָבִיו טו

בֵּית־לָחֶם: וַיִּגַּשׁ הַפְּלִשְׁתִּי הַשְׁכֵּם וְהַעֲרֵב וַיִּתְיַצֵּב אַרְבָּעִים טז

יוֹם: וַיֹּאמֶר יִשַׁי לְדָוִד בְּנוֹ קַח־נָא לְאַחֶיךָ אֵיפַת

הַקָּלִיא הַזֶּה וַעֲשָׂרָה לֶחֶם הַזֶּה וְהָרֵץ הַמַּחֲנֶה לְאַחֶיךָ: וְאֵת יז

עֲשֶׂרֶת חֲרִצֵי הֶחָלָב הָאֵלֶּה תָּבִיא לְשַׂר־הָאָלֶף וְאֶת־אַחֶיךָ תִּפְקֹד יח

לְשָׁלוֹם וְאֶת־עֲרֻבָּתָם תִּקָּח: וְשָׁאוּל וְהֵמָּה וְכָל־אִישׁ יִשְׂרָאֵל יט

a comely person, and the LORD is with him. So Sha'ul sent mes- 19
sengers to Yishay, and said, Send me David thy son, who is
with the sheep. And Yishay took an ass laden with bread, and 20
a bottle of wine, and a kid, and sent them by David his son to
Sha'ul. And David came to Sha'ul, and stood before him: and 21
he loved him greatly; and he became his armourbearer. And 22
Sha'ul sent to Yishay, saying, Let David, I pray thee, stand be-
fore me; for he has found favour in my eyes. And it came to 23
pass, when the evil spirit from GOD was upon Sha'ul, that David
took a lyre, and played with his hand: so Sha'ul was refreshed,
and was well, and the evil spirit departed from him.   Now **17**
the Pelishtim gathered together their camps to battle, and were
gathered together at Sokho, which belongs to Yehuda, and
pitched between Sokho and 'Azeqa, in Efes-dammim. And Sha'ul 2
and the men of Yisra'el were gathered together, and they en-
camped by the valley of Ela, and set the battle in array against
the Pelishtim. And the Pelishtim stood on a mountain on the 3
one side, and Yisra'el stood on a mountain on the other side:
and there was a valley between them. And there went out a 4
champion out of the camps of the Pelishtim, named Golyat, of
Gat, whose height was six cubits and a span. And he had a 5
helmet of brass upon his head, and he was armed with a body
armour of scales; and the weight of the body armour was five
thousand shekels of brass. And he had greaves of brass upon 6
his legs, and a javelin of brass between his shoulders. And 7
the staff of his spear was like a weaver's beam; and his
spear's head weighed six hundred shekels of iron: and a
shieldbearer went before him. And he stood and cried to the 8
armies of Yisra'el, and said to them, Why are you come out to
set your battle in array? am not I a Pelishtian, and you are ser-
vants to Sha'ul? choose a man for yourselves, and let him come
down to me. If he be able to fight with me, and to kill me, 9
then will we be your servants: but if I prevail against him, and
kill him, then shall you be our servants, and serve us. And 10
the Pelishtian said, I defy the ranks of Yisra'el this day; give me
a man, that we may fight together. When Sha'ul and all Yisra'el 11
heard those words of the Pelishtian, they were dismayed, and
greatly afraid.   Now David was the son of that Efrati of 12
Bet-lehem-yehuda, whose name was Yishay; and he had eight
sons: and the man was old in the days of Sha'ul, an aged man.
And the three eldest sons of Yishay went and followed Sha'ul 13
to the battle: and the names of his three sons that went to the
battle were Eli'av the firstborn, and next unto him Avinadav,
and the third Shamma. And David was the youngest: and the 14
three eldest followed Sha'ul. But David went back and forth 15
from Sha'ul to tend his father's sheep at Bet-lehem. And the 16
Pelishtian drew near morning and evening, and presented him-
self for forty days.   And Yishay said to David his son, Take 17
now for thy brothers an efa of this parched corn, and these
ten loaves, and run to the camp to thy brothers; and carry 18
these ten cheeses to the captain of their thousand, and inquire
of thy brothers' welfare, and take a token from them. Now 19
Sha'ul, and they, and all the men of Yisra'el were in the valley

כ בְּעֵמֶק הָאֵלָה נִלְחָמִים עִם־פְּלִשְׁתִּים: וַיַּשְׁכֵּם
דָּוִד בַּבֹּקֶר וַיִּטֹּשׁ אֶת־הַצֹּאן עַל־שֹׁמֵר וַיִּשָּׂא וַיֵּלֶךְ כַּאֲשֶׁר צִוָּהוּ
יִשָׁי וַיָּבֹא הַמַּעְגָּלָה וְהַחַיִל הַיֹּצֵא אֶל־הַמַּעֲרָכָה וְהֵרֵעוּ
כא בַּמִּלְחָמָה: וַתַּעֲרֹךְ יִשְׂרָאֵל וּפְלִשְׁתִּים מַעֲרָכָה לִקְרַאת
כב מַעֲרָכָה: וַיִּטֹּשׁ דָּוִד אֶת־הַכֵּלִים מֵעָלָיו עַל־יַד שׁוֹמֵר הַכֵּלִים
כג וַיָּרָץ הַמַּעֲרָכָה וַיָּבֹא וַיִּשְׁאַל לְאֶחָיו לְשָׁלוֹם: וְהוּא ׀ מְדַבֵּר עִמָּם
וְהִנֵּה אִישׁ הַבֵּנַיִם עוֹלֶה גָּלְיָת הַפְּלִשְׁתִּי שְׁמוֹ מִגַּת ממערות ממַּעַרְכוֹת
כד פְּלִשְׁתִּים וַיְדַבֵּר כַּדְּבָרִים הָאֵלֶּה וַיִּשְׁמַע דָּוִד: וְכֹל אִישׁ
יִשְׂרָאֵל בִּרְאוֹתָם אֶת־הָאִישׁ וַיָּנֻסוּ מִפָּנָיו וַיִּירְאוּ מְאֹד:
כה וַיֹּאמֶר ׀ אִישׁ יִשְׂרָאֵל הַרְּאִיתֶם הָאִישׁ הָעֹלֶה הַזֶּה כִּי לְחָרֵף
אֶת־יִשְׂרָאֵל עֹלֶה וְהָיָה הָאִישׁ אֲשֶׁר־יַכֶּנּוּ יַעְשְׁרֶנּוּ הַמֶּלֶךְ ׀
עֹשֶׁר גָּדוֹל וְאֶת־בִּתּוֹ יִתֶּן־לוֹ וְאֵת בֵּית אָבִיו יַעֲשֶׂה חָפְשִׁי
כו בְּיִשְׂרָאֵל: וַיֹּאמֶר דָּוִד אֶל־הָאֲנָשִׁים הָעֹמְדִים
עִמּוֹ לֵאמֹר מַה־יֵּעָשֶׂה לָאִישׁ אֲשֶׁר יַכֶּה אֶת־הַפְּלִשְׁתִּי הַלָּז
וְהֵסִיר חֶרְפָּה מֵעַל יִשְׂרָאֵל כִּי מִי הַפְּלִשְׁתִּי הֶעָרֵל הַזֶּה כִּי
כז חֵרֵף מַעַרְכוֹת אֱלֹהִים חַיִּים: וַיֹּאמֶר לוֹ הָעָם כַּדָּבָר הַזֶּה לֵאמֹר
כח כֹּה יֵעָשֶׂה לָאִישׁ אֲשֶׁר יַכֶּנּוּ: וַיִּשְׁמַע אֱלִיאָב אָחִיו הַגָּדוֹל
בְּדַבְּרוֹ אֶל־הָאֲנָשִׁים וַיִּחַר־אַף אֱלִיאָב בְּדָוִד וַיֹּאמֶר ׀ לָמָּה־זֶּה
יָרַדְתָּ וְעַל־מִי נָטַשְׁתָּ מְעַט הַצֹּאן הָהֵנָּה בַּמִּדְבָּר אֲנִי יָדַעְתִּי
אֶת־זְדֹנְךָ וְאֵת רֹעַ לְבָבֶךָ כִּי לְמַעַן רְאוֹת הַמִּלְחָמָה יָרָדְתָּ:
כט ל וַיֹּאמֶר דָּוִד מֶה עָשִׂיתִי עָתָּה הֲלוֹא דָּבָר הוּא: וַיִּסֹּב מֵאֶצְלוֹ
אֶל־מוּל אַחֵר וַיֹּאמֶר כַּדָּבָר הַזֶּה וַיְשִׁבֻהוּ הָעָם דָּבָר כַּדָּבָר
לא הָרִאשׁוֹן: וַיִּשָּׁמְעוּ הַדְּבָרִים אֲשֶׁר דִּבֶּר דָּוִד וַיַּגִּדוּ לִפְנֵי־שָׁאוּל
לב וַיִּקָּחֵהוּ: וַיֹּאמֶר דָּוִד אֶל־שָׁאוּל אַל־יִפֹּל לֵב־אָדָם עָלָיו עַבְדְּךָ
לג יֵלֵךְ וְנִלְחַם עִם־הַפְּלִשְׁתִּי הַזֶּה: וַיֹּאמֶר שָׁאוּל אֶל־דָּוִד לֹא
תוּכַל לָלֶכֶת אֶל־הַפְּלִשְׁתִּי הַזֶּה לְהִלָּחֵם עִמּוֹ כִּי־נַעַר אַתָּה
לד וְהוּא אִישׁ מִלְחָמָה מִנְּעֻרָיו: וַיֹּאמֶר דָּוִד אֶל־
שָׁאוּל רֹעֶה הָיָה עַבְדְּךָ לְאָבִיו בַּצֹּאן וּבָא הָאֲרִי וְאֶת־הַדּוֹב
לה וְנָשָׂא שֶׂה מֵהָעֵדֶר: וְיָצָאתִי אַחֲרָיו וְהִכִּתִיו וְהִצַּלְתִּי מִפִּיו וַיָּקָם
לו עָלַי וְהֶחֱזַקְתִּי בִּזְקָנוֹ וְהִכִּתִיו וַהֲמִיתִּיו: גַּם אֶת־הָאֲרִי גַּם־הַדּוֹב
הִכָּה עַבְדֶּךָ וְהָיָה הַפְּלִשְׁתִּי הֶעָרֵל הַזֶּה כְּאַחַד מֵהֶם כִּי חֵרֵף
לז מַעַרְכֹת אֱלֹהִים חַיִּים: וַיֹּאמֶר דָּוִד יְהוָה אֲשֶׁר יא
הִצִּלַנִי מִיַּד הָאֲרִי וּמִיַּד הַדֹּב הוּא יַצִּילֵנִי מִיַּד הַפְּלִשְׁתִּי
הַזֶּה וַיֹּאמֶר שָׁאוּל אֶל־דָּוִד לֵךְ וַיהוָה יִהְיֶה
לח עִמָּךְ: וַיַּלְבֵּשׁ שָׁאוּל אֶת־דָּוִד מַדָּיו וְנָתַן קוֹבַע נְחֹשֶׁת עַל־
לט רֹאשׁוֹ וַיַּלְבֵּשׁ אֹתוֹ שִׁרְיוֹן: וַיַּחְגֹּר דָּוִד אֶת־חַרְבּוֹ מֵעַל לְמַדָּיו

of Ela, fighting with the Pelishtim. And David rose up 20
early in the morning, and left the sheep with a keeper, and took,
and went, as Yishay had commanded him; and he came to the
barricade, as the host was going out to the frontline, shout-
ing for the battle. For Yisra'el and the Pelishtim were drawn 21
up, army against army. And David left his baggage in the hand 22
of the keeper of the baggage, and ran into the line of battle,
and came and saluted his brethren. And as he talked with 23
them, behold, there came up the champion, Golyat the Pelishtian
was his name, from Gat, out of the ranks of the Pelishtim, and
spoke those same words: and David heard them. And all the 24
men of Yisra'el, when they saw the man, fled from him, and
were greatly afraid. And the men of Yisra'el said, Have you 25
seen this man that is come up? surely to defy Yisra'el is he
come up: and it shall be, that the man who kills him, the king
will enrich him with great riches, and will give him his daughter,
and make his father's house free in Yisra'el. And David 26
spoke to the men that stood by him, saying, What shall be done
to the man that kills yonder Pelishtian, and takes away the re-
proach from Yisra'el? for who is this uncircumcised Pelishtian,
that he should taunt the armies of the living GOD? And the 27
people answered him after the aforementioned manner, saying,
So shall it be done to the man that kills him. And Eli'av his 28
eldest brother heard when he spoke to the men: and Eli'av's
anger burned against David, and he said, Why didst thou come
down here? and with whom hast thou left those few sheep
in the wilderness? I know thy insolence, and thy peevishness;
for thou art come down to see the battle. And David said, What 29
have I now done? It was only a word. And he turned from 30
him towards another, and spoke after the same manner: and
the people answered him again after the former manner. And 31
when the words were heard which David spoke, they rehearsed
them before Sha'ul: and he sent for him. And David said to 32
Sha'ul, Let no man's heart fail because of him; thy servant
will go and fight with this Pelishtian. And Sha'ul said to David, 33
thou art not able to go against this Pelishtian to fight with him:
for thou art but a youth, and he a man of war from his
youth. And David said to Sha'ul, Thy servant kept his 34
father's sheep, and there came a lion, and a bear, and took a
lamb out of the flock: and I went out after it, and smote 35
it, and delivered it out of its mouth: and when it arose
against me, I caught it by its beard, and smote it, and slew it.
Thy servant slew both the lion and the bear: and this uncir- 36
cumcised Pelishtian shall be as one of them, seeing he has defied
the armies of the living GOD. And David said, The LORD 37
that delivered me out of the paw of the lion, and out of the
paw of the bear, he will deliver me out of the hand of this
Pelishtian. And Sha'ul said to David, Go, and the LORD
be with thee. And Sha'ul armed David with his armour, and 38
he put a helmet of brass upon his head; also he clothed him
with a coat of mail. And David girded his sword upon his 39
armour, and he essayed to go; but he had not tried it out. And

וַיֹּאֶל לָלֶכֶת כִּי לֹא־נִסָּה וַיֹּאמֶר דָּוִד אֶל־שָׁאוּל לֹא אוּכַל
מ לָלֶכֶת בָּאֵלֶּה כִּי לֹא נִסִּיתִי וַיְסִרֵם דָּוִד מֵעָלָיו: וַיִּקַּח מַקְלוֹ
בְּיָדוֹ וַיִּבְחַר־לוֹ חֲמִשָּׁה חַלֻּקֵי אֲבָנִים ׀ מִן־הַנַּחַל וַיָּשֶׂם אֹתָם
בִּכְלִי הָרֹעִים אֲשֶׁר־לוֹ וּבַיַּלְקוּט וְקַלְעוֹ בְיָדוֹ וַיִּגַּשׁ אֶל־
מא הַפְּלִשְׁתִּי: וַיֵּלֶךְ הַפְּלִשְׁתִּי הֹלֵךְ וְקָרֵב אֶל־דָּוִד וְהָאִישׁ נֹשֵׂא
מב הַצִּנָּה לְפָנָיו: וַיַּבֵּט הַפְּלִשְׁתִּי וַיִּרְאֶה אֶת־דָּוִד וַיִּבְזֵהוּ כִּי־הָיָה
מג נַעַר וְאַדְמֹנִי עִם־יְפֵה מַרְאֶה: וַיֹּאמֶר הַפְּלִשְׁתִּי אֶל־דָּוִד הֲכֶלֶב
אָנֹכִי כִּי־אַתָּה בָא־אֵלַי בַּמַּקְלוֹת וַיְקַלֵּל הַפְּלִשְׁתִּי אֶת־דָּוִד
מד בֵּאלֹהָיו: וַיֹּאמֶר הַפְּלִשְׁתִּי אֶל־דָּוִד לְכָה אֵלַי וְאֶתְּנָה אֶת־
מה בְּשָׂרְךָ לְעוֹף הַשָּׁמַיִם וּלְבֶהֱמַת הַשָּׂדֶה: וַיֹּאמֶר
דָּוִד אֶל־הַפְּלִשְׁתִּי אַתָּה בָּא אֵלַי בְּחֶרֶב וּבַחֲנִית וּבְכִידוֹן וְאָנֹכִי
בָא־אֵלֶיךָ בְּשֵׁם יהוה צְבָאוֹת אֱלֹהֵי מַעַרְכוֹת יִשְׂרָאֵל אֲשֶׁר
מו חֵרַפְתָּ: הַיּוֹם הַזֶּה יְסַגֶּרְךָ יהוה בְּיָדִי וְהִכִּיתִךָ וַהֲסִרֹתִי אֶת־
רֹאשְׁךָ מֵעָלֶיךָ וְנָתַתִּי פֶּגֶר מַחֲנֵה פְלִשְׁתִּים הַיּוֹם הַזֶּה לְעוֹף
הַשָּׁמַיִם וּלְחַיַּת הָאָרֶץ וְיֵדְעוּ כָּל־הָאָרֶץ כִּי יֵשׁ אֱלֹהִים
מז לְיִשְׂרָאֵל: וְיֵדְעוּ כָּל־הַקָּהָל הַזֶּה כִּי־לֹא בְּחֶרֶב וּבַחֲנִית יְהוֹשִׁיעַ
מח יהוה כִּי לַיהוה הַמִּלְחָמָה וְנָתַן אֶתְכֶם בְּיָדֵנוּ: וְהָיָה כִּי־קָם
הַפְּלִשְׁתִּי וַיֵּלֶךְ וַיִּקְרַב לִקְרַאת דָּוִד וַיְמַהֵר דָּוִד וַיָּרָץ הַמַּעֲרָכָה
מט לִקְרַאת הַפְּלִשְׁתִּי: וַיִּשְׁלַח דָּוִד אֶת־יָדוֹ אֶל־הַכֶּלִי וַיִּקַּח מִשָּׁם
אֶבֶן וַיְקַלַּע וַיַּךְ אֶת־הַפְּלִשְׁתִּי אֶל־מִצְחוֹ וַתִּטְבַּע הָאֶבֶן בְּמִצְחוֹ
נ וַיִּפֹּל עַל־פָּנָיו אָרְצָה: וַיֶּחֱזַק דָּוִד מִן־הַפְּלִשְׁתִּי בַּקֶּלַע וּבָאֶבֶן
נא וַיַּךְ אֶת־הַפְּלִשְׁתִּי וַיְמִיתֵהוּ וְחֶרֶב אֵין בְּיַד־דָּוִד: וַיָּרָץ דָּוִד
וַיַּעֲמֹד אֶל־הַפְּלִשְׁתִּי וַיִּקַּח אֶת־חַרְבּוֹ וַיִּשְׁלְפָהּ מִתַּעְרָהּ
וַיְמֹתְתֵהוּ וַיִּכְרָת־בָּהּ אֶת־רֹאשׁוֹ וַיִּרְאוּ הַפְּלִשְׁתִּים כִּי־מֵת
נב גִּבּוֹרָם וַיָּנֻסוּ: וַיָּקֻמוּ אַנְשֵׁי יִשְׂרָאֵל וִיהוּדָה וַיָּרִעוּ וַיִּרְדְּפוּ אֶת־
הַפְּלִשְׁתִּים עַד־בּוֹאֲךָ גַיְא וְעַד שַׁעֲרֵי עֶקְרוֹן וַיִּפְּלוּ חַלְלֵי
נג פְלִשְׁתִּים בְּדֶרֶךְ שַׁעֲרַיִם וְעַד־גַּת וְעַד־עֶקְרוֹן: וַיָּשֻׁבוּ בְּנֵי
נד יִשְׂרָאֵל מִדְּלֹק אַחֲרֵי פְלִשְׁתִּים וַיָּשֹׁסּוּ אֶת־מַחֲנֵיהֶם: וַיִּקַּח
דָּוִד אֶת־רֹאשׁ הַפְּלִשְׁתִּי וַיְבִאֵהוּ יְרוּשָׁלָ‍ִם וְאֶת־כֵּלָיו שָׂם
נה בְּאָהֳלוֹ: וְכִרְאוֹת שָׁאוּל אֶת־דָּוִד יֹצֵא לִקְרַאת
הַפְּלִשְׁתִּי אָמַר אֶל־אַבְנֵר שַׂר הַצָּבָא בֶּן־מִי־זֶה הַנַּעַר אַבְנֵר
נו וַיֹּאמֶר אַבְנֵר חֵי־נַפְשְׁךָ הַמֶּלֶךְ אִם־יָדָעְתִּי: וַיֹּאמֶר הַמֶּלֶךְ שְׁאַל
נז אַתָּה בֶּן־מִי־זֶה הָעָלֶם: וּכְשׁוּב דָּוִד מֵהַכּוֹת
אֶת־הַפְּלִשְׁתִּי וַיִּקַּח אֹתוֹ אַבְנֵר וַיְבִאֵהוּ לִפְנֵי שָׁאוּל וְרֹאשׁ
נח הַפְּלִשְׁתִּי בְּיָדוֹ: וַיֹּאמֶר אֵלָיו שָׁאוּל בֶּן־מִי אַתָּה הַנָּעַר וַיֹּאמֶר
א יח דָּוִד בֶּן־עַבְדְּךָ יִשַׁי בֵּית הַלַּחְמִי: וַיְהִי כְּכַלֹּתוֹ לְדַבֵּר אֶל־שָׁאוּל

David said to Sha'ul, I cannot walk with these; for I have not tried them. And David put them off him. And he took his staff 40 in his hand, and chose him five smooth stones out of the brook, and put them in a shepherd's bag which he had, and in his knapsack; and his sling was in his hand: and he drew near to the Pelishtian. And the Pelishtian came on and drew near to 41 David; and the shield-bearer went before him. And when the 42 Pelishtian looked about, and saw David, he disdained him: for he was but a youth, though ruddy, and good-looking. And the 43 Pelishtian said to David, Am I a dog, that thou comest to me with sticks? And the Pelishtian cursed David by his gods. And 44 the Pelishtian said to David, Come to me, and I will give thy flesh to the birds of the sky, and to the beasts of the field. Then 45 said David to the Pelishtian, Thou comest to me with a sword, and with a spear, and with a javelin: but I come to thee in the name of the LORD of hosts, the GOD of the armies of Yisra'el, whom thou hast taunted. This day will the LORD deliver thee 46 into my hand; and I will smite thee, and take thy head from thee; and I will give the carcass of the camp of the Pelishtim this day to the birds of the sky, and to the wild beasts of the earth; that all the earth may know that there is a GOD in Yisra'el. And all this assembly shall know that the LORD saves 47 not with sword and spear: for the battle is the LORD's, and he will give you into our hands. And it came to pass, when the 48 Pelishtian arose, and came and drew near to meet David, that David hastened, and ran to the enemy line towards the Pelishtian. And David put his hand in his bag, and took from there a stone, 49 and slung it, and struck the Pelishtian in his forehead, that the stone buried itself in his forehead; and he fell upon his face to the earth. So David prevailed over the Pelishtian with a sling and 50 with a stone, and smote the Pelishtian, and slew him; but there was no sword in the hand of David. Therefore David ran, and 51 stood upon the Pelishtian, and took his sword, and drew it out of its sheath, and slew him, and with it he cut off his head. And when the Pelishtim saw that their champion was dead, they fled. And the men of Yisra'el and of Yehuda arose, and shouted, 52 and pursued the Pelishtim, until the approaches of Gay, and to the gates of 'Eqron. And the dead of the Pelishtim fell by the way to Sha'arayim, and to Gat, and to 'Eqron. And the children 53 of Yisra'el returned from chasing after the Pelishtim, and they plundered their tents. And David took the head of the Pelishtian, 54 and brought it to Yerushalayim; and he put his armour in his tent. And when Sha'ul saw David go out against the Pel- 55 ishtian, he said to Avner, the captain of the host, Avner, whose son is this youth? And Avner said, By thy life, O king, I know not. And the king said, Inquire thou whose son the young man 56 is. And as David returned from slaying the Pelishtian, Av- 57 ner took him, and brought him before Sha'ul with the head of the Pelishtian in his hand. And Sha'ul said to him, Whose son art 58 thou, lad? And David answered, I am the son of thy servant Yishay, the Bet-hallaḥmite. And it came to pass, when he had 18 made an end of speaking to Sha'ul, that the soul of Yehonatan

וַיֶּאֱהָבֵהוּ   וְנֶפֶשׁ יְהוֹנָתָן נִקְשְׁרָה בְּנֶפֶשׁ דָּוִד וַיֶּאֱהָבוֹ יְהוֹנָתָן כְּנַפְשׁוֹ׃

ב   וַיִּקָּחֵהוּ שָׁאוּל בַּיּוֹם הַהוּא וְלֹא נְתָנוֹ לָשׁוּב בֵּית אָבִיו׃ וַיִּכְרֹת

ד   יְהוֹנָתָן וְדָוִד בְּרִית בְּאַהֲבָתוֹ אֹתוֹ כְּנַפְשׁוֹ׃ וַיִּתְפַּשֵּׁט יְהוֹנָתָן אֶת־הַמְּעִיל אֲשֶׁר עָלָיו וַיִּתְּנֵהוּ לְדָוִד וּמַדָּיו וְעַד־חַרְבּוֹ וְעַד־

ה   קַשְׁתּוֹ וְעַד־חֲגֹרוֹ׃ וַיֵּצֵא דָוִד בְּכֹל אֲשֶׁר יִשְׁלָחֶנּוּ שָׁאוּל יַשְׂכִּיל וַיְשִׂמֵהוּ שָׁאוּל עַל אַנְשֵׁי הַמִּלְחָמָה וַיִּיטַב בְּעֵינֵי כָל־הָעָם וְגַם

ו   בְּעֵינֵי עַבְדֵי שָׁאוּל׃ וַיְהִי בְּבוֹאָם בְּשׁוּב דָּוִד מֵהַכּוֹת אֶת־הַפְּלִשְׁתִּי וַתֵּצֶאנָה הַנָּשִׁים מִכָּל־עָרֵי יִשְׂרָאֵל

לָשִׁיר   לָשׁוֹר וְהַמְּחֹלוֹת לִקְרַאת שָׁאוּל הַמֶּלֶךְ בְּתֻפִּים בְּשִׂמְחָה

ז   וּבְשָׁלִשִׁים׃ וַתַּעֲנֶינָה הַנָּשִׁים הַמְשַׂחֲקוֹת וַתֹּאמַרְןָ הִכָּה שָׁאוּל

ח   בַּאֲלָפָיו וְדָוִד בְּרִבְבֹתָיו׃ וַיִּחַר לְשָׁאוּל מְאֹד וַיֵּרַע בְּעֵינָיו הַדָּבָר הַזֶּה וַיֹּאמֶר נָתְנוּ לְדָוִד רְבָבוֹת וְלִי נָתְנוּ הָאֲלָפִים וְעוֹד

ט   לוֹ אַךְ הַמְּלוּכָה׃ וַיְהִי שָׁאוּל עֹיֵן אֶת־דָּוִד מֵהַיּוֹם הַהוּא

עוֹיֵן   וָהָלְאָה׃ וַיְהִי מִמָּחֳרָת וַתִּצְלַח רוּחַ אֱלֹהִים רָעָה אֶל־שָׁאוּל וַיִּתְנַבֵּא בְתוֹךְ־הַבַּיִת וְדָוִד מְנַגֵּן בְּיָדוֹ כְּיוֹם

יא   בְּיוֹם וְהַחֲנִית בְּיַד־שָׁאוּל׃ וַיָּטֶל שָׁאוּל אֶת־הַחֲנִית וַיֹּאמֶר אַכֶּה

יב   בְדָוִד וּבַקִּיר וַיִּסֹּב דָּוִד מִפָּנָיו פַּעֲמָיִם׃ וַיִּרָא שָׁאוּל מִלִּפְנֵי דָוִד כִּי־הָיָה יְהוָה עִמּוֹ וּמֵעִם שָׁאוּל סָר׃ וַיְסִרֵהוּ שָׁאוּל מֵעִמּוֹ

יב   וַיְשִׂמֵהוּ לוֹ שַׂר־אָלֶף וַיֵּצֵא וַיָּבֹא לִפְנֵי הָעָם׃ וַיְהִי

טו   דָוִד לְכָל־דְּרָכָו מַשְׂכִּיל וַיהוָה עִמּוֹ׃ וַיַּרְא שָׁאוּל אֲשֶׁר־הוּא

טז   מַשְׂכִּיל מְאֹד וַיָּגָר מִפָּנָיו׃ וְכָל־יִשְׂרָאֵל וִיהוּדָה אֹהֵב אֶת־דָּוִד

יז   כִּי־הוּא יוֹצֵא וָבָא לִפְנֵיהֶם׃ וַיֹּאמֶר שָׁאוּל אֶל־דָּוִד הִנֵּה בִתִּי הַגְּדוֹלָה מֵרַב אֹתָהּ אֶתֶּן־לְךָ לְאִשָּׁה אַךְ הֱיֵה־לִּי לְבֶן־חַיִל וְהִלָּחֵם מִלְחֲמוֹת יְהוָה וְשָׁאוּל אָמַר אַל־תְּהִי יָדִי בּוֹ

יח   וּתְהִי־בוֹ יַד־פְּלִשְׁתִּים׃ וַיֹּאמֶר דָּוִד אֶל־שָׁאוּל מִי אָנֹכִי וּמִי חַיַּי מִשְׁפַּחַת אָבִי בְּיִשְׂרָאֵל כִּי־אֶהְיֶה חָתָן לַמֶּלֶךְ׃

יט   וַיְהִי בְּעֵת תֵּת אֶת־מֵרַב בַּת־שָׁאוּל לְדָוִד וְהִיא נִתְּנָה

כ   לְעַדְרִיאֵל הַמְּחֹלָתִי לְאִשָּׁה׃ וַתֶּאֱהַב מִיכַל בַּת־שָׁאוּל אֶת־

כא   דָּוִד וַיַּגִּדוּ לְשָׁאוּל וַיִּשַׁר הַדָּבָר בְּעֵינָיו׃ וַיֹּאמֶר שָׁאוּל אֶתְּנֶנָּה לּוֹ וּתְהִי־לוֹ לְמוֹקֵשׁ וּתְהִי־בוֹ יַד־פְּלִשְׁתִּים וַיֹּאמֶר שָׁאוּל אֶל־דָּוִד

כב   בִּשְׁתַּיִם תִּתְחַתֵּן בִּי הַיּוֹם׃ וַיְצַו שָׁאוּל אֶת־עֲבָדָו דַּבְּרוּ אֶל־דָּוִד בַּלָּט לֵאמֹר הִנֵּה חָפֵץ בְּךָ הַמֶּלֶךְ וְכָל־עֲבָדָיו אֲהֵבוּךָ

כג   וְעַתָּה הִתְחַתֵּן בַּמֶּלֶךְ׃ וַיְדַבְּרוּ עַבְדֵי שָׁאוּל בְּאָזְנֵי דָוִד אֶת־הַדְּבָרִים הָאֵלֶּה וַיֹּאמֶר דָּוִד הַנְקַלָּה בְעֵינֵיכֶם הִתְחַתֵּן בַּמֶּלֶךְ

כד   וְאָנֹכִי אִישׁ־רָשׁ וְנִקְלֶה׃ וַיַּגִּדוּ עַבְדֵי שָׁאוּל לוֹ לֵאמֹר כַּדְּבָרִים

was knit with the soul of David, and Yehonatan loved him as
his own soul. And Sha'ul took him that day, and would let him 2
go no more home to his father's house. Then Yehonatan and 3
David made a covenant, because he loved him as his own soul.
And Yehonatan stripped himself of the robe that was upon 4
him, and gave it to David, and his garments, and even his
sword, and his bow, and his girdle. And David went out wher- 5
ever Sha'ul sent him, and succeeded: and Sha'ul set him over
the men of war, and he was accepted in the sight of all the
people, and also in the sight of Sha'ul's servants. And it 6
came to pass on their return, when David returned from slaying
the Pelishtian, that the women came out of all the cities of Yis-
ra'el, singing and dancing, to meet king Sha'ul, with timbrels,
and a joyful song, and with lutes. And the women answered 7
one another as they danced, and said, Sha'ul has slain his thou-
sands, and David his ten thousands. And Sha'ul was very angry, 8
and the saying displeased him; and he said, They have given
David ten thousands, and to me they have given the thousands:
and what can he have more but the kingdom? And Sha'ul 9
viewed David with suspicion from that day and onwards.

And it came to pass on the morrow, that an evil spirit 10
from GOD came upon Sha'ul, and he raved in the midst of the
house: and David played with his hand, as at other times: and
the spear was in Sha'ul's hand. And Sha'ul raised the spear; 11
for he said, I will smite David to the wall with it. And David
turned aside out of his presence twice. And Sha'ul was afraid 12
of David, because the LORD was with him, and was departed
from Sha'ul. Therefore Sha'ul removed him from him, and 13
made him a captain over a thousand; and he went out and came
in before the people. And David succeeded in all his ways; 14
and the LORD was with him. Wherefore when Sha'ul saw that 15
he succeeded so well, he was afraid of him. But all Yisra'el and 16
Yehuda loved David, for he went out and came in before
them. And Sha'ul said to David, Behold my elder daughter 17
Merav, her will I give thee to wife: only be thou valiant for me,
and fight the LORD's battles. For Sha'ul said, Let not my hand
be upon him, but let the hand of the Pelishtim be upon
him. And David said to Sha'ul, Who am I? and what is 18
my life, or my father's family in Yisra'el, that I should be son
in law to the king? And so it came to pass at the time when 19
Merav Sha'ul's daughter should have been given to David, that
she was given to 'Adri'el the Meholati to wife. And Mikhal 20
Sha'ul's daughter loved David: and they told Sha'ul, and the
thing pleased him. And Sha'ul said, I will give him her, that she 21
may be a snare to him, and that the hand of the Pelishtim may
be against him. And Sha'ul said to David, Thou shalt this day
be my son in law through the second. And Sha'ul commanded 22
his servants, saying, Speak with David secretly, and say, Behold,
the king has delight in thee, and all his servants love thee:
now therefore be the king's son in law. And Sha'ul's servants 23
spoke those words in the ears of David. And David said, Seems
it to you a light thing to be a king's son in law, seeing that I
am a poor man, and insignificant? And the servants of Sha'ul 24

כה　וַיֹּאמֶר שָׁאוּל כֹּה־תֹאמְרוּ　הָאֵלֶּה דִּבֶּר דָּוִד:
לְדָוִד אֵין־חֵפֶץ לַמֶּלֶךְ בְּמֹהַר כִּי בְּמֵאָה עָרְלוֹת פְּלִשְׁתִּים
לְהִנָּקֵם בְּאֹיְבֵי הַמֶּלֶךְ וְשָׁאוּל חָשַׁב לְהַפִּיל אֶת־דָּוִד בְּיַד־
טז　פְּלִשְׁתִּים: וַיַּגִּדוּ עֲבָדָיו לְדָוִד אֶת־הַדְּבָרִים הָאֵלֶּה וַיִּשַׁר הַדָּבָר
כו　בְּעֵינֵי דָוִד לְהִתְחַתֵּן בַּמֶּלֶךְ וְלֹא מָלְאוּ הַיָּמִים: וַיָּקָם דָּוִד וַיֵּלֶךְ ׀
הוּא וַאֲנָשָׁיו וַיַּךְ בַּפְּלִשְׁתִּים מָאתַיִם אִישׁ וַיָּבֵא דָוִד אֶת־
עָרְלֹתֵיהֶם וַיְמַלְאוּם לַמֶּלֶךְ לְהִתְחַתֵּן בַּמֶּלֶךְ וַיִּתֶּן־לוֹ שָׁאוּל
כח　אֶת־מִיכַל בִּתּוֹ לְאִשָּׁה: וַיַּרְא שָׁאוּל וַיֵּדַע כִּי יְהוָה עִם־דָּוִד
כט　וּמִיכַל בַּת־שָׁאוּל אֲהֵבַתְהוּ: וַיֹּאסֶף שָׁאוּל לֵרֹא מִפְּנֵי דָוִד עוֹד
ל　וַיְהִי שָׁאוּל אֹיֵב אֶת־דָּוִד כָּל־הַיָּמִים:　וַיֵּצְאוּ
שָׂרֵי פְלִשְׁתִּים וַיְהִי ׀ מִדֵּי צֵאתָם שָׂכַל דָּוִד מִכֹּל עַבְדֵי שָׁאוּל
יט　א　וַיִּיקַר שְׁמוֹ מְאֹד:　וַיְדַבֵּר שָׁאוּל אֶל־יוֹנָתָן בְּנוֹ
וְאֶל־כָּל־עֲבָדָיו לְהָמִית אֶת־דָּוִד וִיהוֹנָתָן בֶּן־שָׁאוּל חָפֵץ
ב　בְּדָוִד מְאֹד: וַיַּגֵּד יְהוֹנָתָן לְדָוִד לֵאמֹר מְבַקֵּשׁ שָׁאוּל אָבִי
לַהֲמִיתֶךָ וְעַתָּה הִשָּׁמֶר־נָא בַבֹּקֶר וְיָשַׁבְתָּ בַסֵּתֶר וְנַחְבֵּאתָ:
ג　וַאֲנִי אֵצֵא וְעָמַדְתִּי לְיַד־אָבִי בַּשָּׂדֶה אֲשֶׁר אַתָּה שָׁם וַאֲנִי אֲדַבֵּר
ד　בְּךָ אֶל־אָבִי וְרָאִיתִי מָה וְהִגַּדְתִּי לָךְ:　וַיְדַבֵּר
יְהוֹנָתָן בְּדָוִד טוֹב אֶל־שָׁאוּל אָבִיו וַיֹּאמֶר אֵלָיו אַל־יֶחֱטָא
הַמֶּלֶךְ בְּעַבְדּוֹ בְדָוִד כִּי לוֹא חָטָא לָךְ וְכִי מַעֲשָׂיו טוֹב־לְךָ
ה　מְאֹד: וַיָּשֶׂם אֶת־נַפְשׁוֹ בְכַפּוֹ וַיַּךְ אֶת־הַפְּלִשְׁתִּי וַיַּעַשׂ יְהוָה
תְּשׁוּעָה גְדוֹלָה לְכָל־יִשְׂרָאֵל רָאִיתָ וַתִּשְׂמָח וְלָמָּה תֶחֱטָא בְדָם
ו　נָקִי לְהָמִית אֶת־דָּוִד חִנָּם: וַיִּשְׁמַע שָׁאוּל בְּקוֹל יְהוֹנָתָן וַיִּשָּׁבַע
ז　שָׁאוּל חַי־יְהוָה אִם־יוּמָת: וַיִּקְרָא יְהוֹנָתָן לְדָוִד וַיַּגֶּד־לוֹ יְהוֹנָתָן
אֵת כָּל־הַדְּבָרִים הָאֵלֶּה וַיָּבֵא יְהוֹנָתָן אֶת־דָּוִד אֶל־שָׁאוּל
ח　וַיְהִי לְפָנָיו כְּאֶתְמוֹל שִׁלְשׁוֹם:　וַתּוֹסֶף הַמִּלְחָמָה
לִהְיוֹת וַיֵּצֵא דָוִד וַיִּלָּחֶם בַּפְּלִשְׁתִּים וַיַּךְ בָּהֶם מַכָּה גְדוֹלָה וַיָּנֻסוּ
ט　מִפָּנָיו: וַתְּהִי רוּחַ יְהוָה ׀ רָעָה אֶל־שָׁאוּל וְהוּא בְּבֵיתוֹ יוֹשֵׁב
וַחֲנִיתוֹ בְּיָדוֹ וְדָוִד מְנַגֵּן בְּיָד: וַיְבַקֵּשׁ שָׁאוּל לְהַכּוֹת בַּחֲנִית בְּדָוִד
וּבַקִּיר וַיִּפְטַר מִפְּנֵי שָׁאוּל וַיַּךְ אֶת־הַחֲנִית בַּקִּיר וְדָוִד נָס וַיִּמָּלֵט
יא　בַּלַּיְלָה הוּא:　וַיִּשְׁלַח שָׁאוּל מַלְאָכִים אֶל־בֵּית
דָּוִד לְשָׁמְרוֹ וְלַהֲמִיתוֹ בַּבֹּקֶר וַתַּגֵּד לְדָוִד מִיכַל אִשְׁתּוֹ לֵאמֹר
אִם־אֵינְךָ מְמַלֵּט אֶת־נַפְשְׁךָ הַלַּיְלָה מָחָר אַתָּה מוּמָת: וַתֹּרֶד
יג　מִיכַל אֶת־דָּוִד בְּעַד הַחַלּוֹן וַיֵּלֶךְ וַיִּבְרַח וַיִּמָּלֵט: וַתִּקַּח מִיכַל
אֶת־הַתְּרָפִים וַתָּשֶׂם אֶל־הַמִּטָּה וְאֵת כְּבִיר הָעִזִּים שָׂמָה
יד　מְרַאֲשֹׁתָיו וַתְּכַס בַּבָּגֶד:　וַיִּשְׁלַח שָׁאוּל מַלְאָכִים

told him, saying, In this manner did David speak.   And   25
Sha'ul said, Thus shall you say to David, The king desires no
dowry, but a hundred foreskins of the Pelishtim, to be avenged
of the king's enemies. But Sha'ul thought to make David fall by
the hand of the Pelishtim. And when his servants told David   26
these words, it pleased David well to be the king's son in law.
Now, before the days were expired, David arose and went, he   27
and his men, and slew of the Pelishtim two hundred men ; and
David brought their foreskins, and they gave them in full num-
ber to the king, that he might be the king's son in law. And
Sha'ul gave him Mikhal his daughter to wife. And Sha'ul saw   28
and knew that the LORD was with David, and that Mikhal
Sha'ul's daughter loved him. And Sha'ul continued to be afraid   29
of David ; and Sha'ul became David's enemy continually.

Then the princes of the Pelishtim went out : and it came   30
to pass, after they went out, that David proved himself more
competent than all the servants of Sha'ul ; so that his name was
highly prized.   And Sha'ul spoke to Yonatan his son, and   **19**
to all his servants, that they should kill David. But Yehonatan,
the son of Sha'ul, delighted much in David : and Yehonatan   2
told David, saying, Sha'ul my father seeks to kill thee : now
therefore, I pray thee, take heed to thyself in the morning, and
abide in a secret place, and hide thyself : and I will go out and   3
stand beside my father in the field where thou art, and I will
speak with my father about thee ; and I will see what the posi-
tion is, and I will tell thee.   And Yehonatan spoke good of   4
David to Sha'ul his father, and said to him, Let not the king
sin against his servant, against David ; because he has not
sinned against thee, and because his deeds have been very good
towards thee : for he did take his life in his hand, and slew the   5
Pelishtian, and the LORD performed a great salvation for all Yis-
ra'el : thou didst see it, and didst rejoice : why then wilt thou
sin against innocent blood, to slay David without cause ? And   6
Sha'ul hearkened to the voice of Yehonatan : and Sha'ul swore,
As the LORD lives, he shall not be slain. And Yehonatan called   7
David, and Yehonatan related all those things to him. And
Yehonatan brought David to Sha'ul, and he was in his presence,
as in times past.   And there was war again : and David   8
went out, and fought with the Pelishtim, and slew them with
a great slaughter ; and they fled from him. And an evil spirit   9
from the LORD came upon Sha'ul, as he sat in his house with
his spear in his hand : and David played with his hand. And   10
Sha'ul sought to smite David even to the wall with the spear ;
but he slipped away out of Sha'ul's presence, so that he smote
the spear into the wall : and David fled, and escaped that
night.   And Sha'ul sent messengers to David's house, to   11
watch him, and to slay him in the morning : and Mikhal David's
wife told him, saying, If thou save not thy life tonight, to-mor-
row thou shalt be slain. So Mikhal let David down through a   12
window : and he went, and fled, and escaped. And Mikhal took   13
the terafim, and laid them on the bed, and put the pillow of
goats' hair at its head, and covered it with a cloth.   And   14
when Sha'ul sent messengers to take David, she said, He is

לָקַחַת אֶת־דָּוִד וַתֹּאמֶר חֹלֶה הוּא: וַיִּשְׁלַח טז

שָׁאוּל אֶת־הַמַּלְאָכִים לִרְאוֹת אֶת־דָּוִד לֵאמֹר הַעֲלוּ אֹתוֹ

בַמִּטָּה אֵלַי לַהֲמִתוֹ: וַיָּבֹאוּ הַמַּלְאָכִים וְהִנֵּה הַתְּרָפִים אֶל־ טז

הַמִּטָּה וּכְבִיר הָעִזִּים מְרַאֲשֹׁתָיו: וַיֹּאמֶר שָׁאוּל יז

אֶל־מִיכַל לָמָּה כָּכָה רִמִּיתִנִי וַתְּשַׁלְּחִי אֶת־אֹיְבִי וַיִּמָּלֵט

וַתֹּאמֶר מִיכַל אֶל־שָׁאוּל הוּא־אָמַר אֵלַי שַׁלְּחִנִי לָמָה אֲמִיתֵךְ:

וְדָוִד בָּרַח וַיִּמָּלֵט וַיָּבֹא אֶל־שְׁמוּאֵל הָרָמָתָה וַיַּגֶּד־לוֹ אֵת כָּל־ יח

אֲשֶׁר עָשָׂה־לוֹ שָׁאוּל וַיֵּלֶךְ הוּא וּשְׁמוּאֵל וַיֵּשְׁבוּ בְּנָיוֹת: וַיֻּגַּד יט

בְּנָיוֹת

לְשָׁאוּל לֵאמֹר הִנֵּה דָוִד בְּנָיוֹת בָּרָמָה: וַיִּשְׁלַח שָׁאוּל מַלְאָכִים כ

בְּנָיוֹת

לָקַחַת אֶת־דָּוִד וַיַּרְא אֶת־לַהֲקַת הַנְּבִיאִים נִבְּאִים וּשְׁמוּאֵל

עֹמֵד נִצָּב עֲלֵיהֶם וַתְּהִי עַל־מַלְאֲכֵי שָׁאוּל רוּחַ אֱלֹהִים

וַיִּתְנַבְּאוּ גַּם־הֵמָּה: וַיַּגִּדוּ לְשָׁאוּל וַיִּשְׁלַח מַלְאָכִים אֲחֵרִים כא

וַיִּתְנַבְּאוּ גַּם־הֵמָּה וַיֹּסֶף שָׁאוּל וַיִּשְׁלַח מַלְאָכִים שְׁלִשִׁים

וַיִּתְנַבְּאוּ גַּם־הֵמָּה: וַיֵּלֶךְ גַּם־הוּא הָרָמָתָה וַיָּבֹא עַד־בּוֹר כב

הַגָּדוֹל אֲשֶׁר בַּשֶּׂכוּ וַיִּשְׁאַל וַיֹּאמֶר אֵיפֹה שְׁמוּאֵל וְדָוִד וַיֹּאמֶר

הִנֵּה בְּנָיוֹת בָּרָמָה: וַיֵּלֶךְ שָׁם אֶל־נָוִית בָּרָמָה וַתְּהִי עָלָיו גַּם־ כג

בְּנָיוֹת נָוִית
בְּנָיוֹת

הוּא רוּחַ אֱלֹהִים וַיֵּלֶךְ הָלוֹךְ וַיִּתְנַבֵּא עַד־בֹּאוֹ בְּנָיוֹת בָּרָמָה:

וַיִּפְשַׁט גַּם־הוּא בְּגָדָיו וַיִּתְנַבֵּא גַם־הוּא לִפְנֵי שְׁמוּאֵל וַיִּפֹּל כד

עָרֹם כָּל־הַיּוֹם הַהוּא וְכָל־הַלָּיְלָה עַל־כֵּן יֹאמְרוּ הֲגַם שָׁאוּל

מִנָּוִית

בַּנְּבִיאִים: וַיִּבְרַח דָּוִד מִנָּיוֹת בָּרָמָה וַיָּבֹא וַיֹּאמֶר כ א

לִפְנֵי יְהוֹנָתָן מֶה עָשִׂיתִי מֶה־עֲוֹנִי וּמֶה־חַטָּאתִי לִפְנֵי אָבִיךָ כִּי

לֹא־יַעֲשֶׂה

מְבַקֵּשׁ אֶת־נַפְשִׁי: וַיֹּאמֶר לוֹ חָלִילָה לֹא תָמוּת הִנֵּה לֹא עָשָׂה ב

אָבִי דָּבָר גָּדוֹל אוֹ דָּבָר קָטֹן וְלֹא יִגְלֶה אֶת־אָזְנִי וּמַדּוּעַ יַסְתִּיר

אָבִי מִמֶּנִּי אֶת־הַדָּבָר הַזֶּה אֵין זֹאת: וַיִּשָּׁבַע עוֹד דָּוִד וַיֹּאמֶר ג

יָדֹעַ יָדַע אָבִיךָ כִּי־מָצָאתִי חֵן בְּעֵינֶיךָ וַיֹּאמֶר אַל־יֵדַע־זֹאת

יְהוֹנָתָן פֶּן־יֵעָצֵב וְאוּלָם חַי־יְהוָה וְחֵי נַפְשֶׁךָ כִּי כְפֶשַׂע בֵּינִי וּבֵין

הַמָּוֶת

הַמָּוֶת: וַיֹּאמֶר יְהוֹנָתָן אֶל־דָּוִד מַה־תֹּאמַר נַפְשְׁךָ וְאֶעֱשֶׂה־ ד

לָּךְ: וַיֹּאמֶר דָּוִד אֶל־יְהוֹנָתָן הִנֵּה־חֹדֶשׁ מָחָר ה

וְאָנֹכִי יָשֹׁב־אֵשֵׁב עִם־הַמֶּלֶךְ לֶאֱכוֹל וְשִׁלַּחְתַּנִי וְנִסְתַּרְתִּי בַשָּׂדֶה

עַד הָעֶרֶב הַשְּׁלִשִׁית: אִם־פָּקֹד יִפְקְדֵנִי אָבִיךָ וְאָמַרְתָּ נִשְׁאֹל־ ו

נִשְׁאַל מִמֶּנִּי דָוִד לָרוּץ בֵּית־לֶחֶם עִירוֹ כִּי זֶבַח הַיָּמִים שָׁם לְכָל־

הַמִּשְׁפָּחָה: אִם־כֹּה יֹאמַר טוֹב שָׁלוֹם לְעַבְדֶּךָ וְאִם־חָרֹה יֶחֱרֶה ז

לוֹ דַּע כִּי־כָלְתָה הָרָעָה מֵעִמּוֹ: וְעָשִׂיתָ חֶסֶד עַל־עַבְדֶּךָ כִּי ח

בִּבְרִית יְהוָה הֵבֵאתָ אֶת־עַבְדְּךָ עִמָּךְ וְאִם־יֶשׁ־בִּי עָוֹן הֲמִיתֵנִי

אַתָּה וְעַד־אָבִיךָ לָמָּה־זֶּה תְבִיאֵנִי: וַיֹּאמֶר ט

יְהוֹנָתָן חָלִילָה לָּךְ כִּי אִם־יָדֹעַ אֵדַע כִּי־כָלְתָה הָרָעָה מֵעִם

sick.   And Sha'ul sent the messengers again to see David,   15
saying, Bring him up to me in the bed, that I may slay him.
And when the messengers were come in, behold, the terafim   16
were in the bed, with a pillow of goats' hair at its head.

And Sha'ul said to Mikhal, Why hast thou deceived me   17
so, and sent away my enemy, that he is escaped? And Mikhal
answered Sha'ul, He said to me, Let me go; why should I kill
thee? So David fled, and escaped, and came to Shemu'el to   18
Rama, and told him all that Sha'ul had done to him. And he
and Shemu'el went and dwelt in Nayot. And it was told Sha'ul,   19
saying, Behold, David is at Nayot in Rama. And Sha'ul sent   20
messengers to take David: and when they saw the band of
the prophets prophesying, and Shemu'el stationed over them,
the spirit of GOD came upon the messengers of Sha'ul, and
they also prophesied. And when it was told Sha'ul, he sent other   21
messengers, and they prophesied likewise. And Sha'ul sent mes-
sengers again the third time, and they prophesied also. Then   22
he went himself to Rama, and came to the great pit that is in
Sekhu: and he asked and said, Where are Shemu'el and David?
And someone said, Behold, they are at Nayot in Rama. And   23
he went there to Nayot in Rama: and the spirit of GOD was
upon him also, and he went on, prophesying, until he came to
Nayot in Rama. And he even stripped off his clothes, and he   24
himself prophesied before Shemu'el, and lay down naked all
that day and all that night. Therefore they say, Is Sha'ul also
one of the prophets?   And David fled from Nayot in Rama,   **20**
and came and said before Yehonatan, What have I done? what
is my crime? and what is my sin before thy father, that he
seeks my life? And he said to him, Far be it! thou shalt not   2
die: behold, my father will do nothing either great or small,
without revealing it to me: and why should my father hide this
thing from me? it is not so. And David swore moreover, and   3
said, Thy father certainly knows that I have found favour in
thy eyes; and he says, Let not Yehonatan know this, lest he be
grieved: but truly as the LORD lives, and as thy soul lives, there
is but a step between me and death. Then Yehonatan said to   4
David, Whatever thy soul desires, I will do for thee.   And   5
David said to Yehonatan, Behold, to morrow is the new moon,
and I should not fail to sit with the king at the meal: but let
me go, that I may hide myself in the field until the third day
at evening. If thy father should miss me, then say, David ear-   6
nestly asked leave of me that he might run to Bet-leḥem his
city: for there is a yearly sacrifice there for all the family.
If he say thus, It is well; then thy servant shall have peace: 7
but if he be very angry, then you should know that evil is de-
termined by him. Therefore deal kindly with thy servant; for   8
thou hast brought thy servant into a covenant of the LORD with
thee: but if there be in me iniquity, slay me thyself; for why
shouldst thou bring me to thy father?   And Yehonatan   9
said, Far be it from thee: for if I knew certainly that evil were
determined by my father to come upon thee, then would not I

וַיֹּאמֶר   אָבִי לָבוֹא עָלֶיךָ וְלֹא אֹתָהּ אַגִּיד לָךְ:

דָּוִד אֶל־יְהוֹנָתָן מִי יַגִּיד לִי אוֹ מַה־יַּעַנְךָ אָבִיךָ קָשָׁה:

יא וַיֹּאמֶר יְהוֹנָתָן אֶל־דָּוִד לְכָה וְנֵצֵא הַשָּׂדֶה וַיֵּצְאוּ שְׁנֵיהֶם

יב הַשָּׂדֶה: וַיֹּאמֶר יְהוֹנָתָן אֶל־דָּוִד יְהוָה אֱלֹהֵי

יִשְׂרָאֵל כִּי־אֶחְקֹר אֶת־אָבִי כָּעֵת ׀ מָחָר הַשְּׁלִשִׁית וְהִנֵּה־טוֹב

יג אֶל־דָּוִד וְלֹא־אָז אֶשְׁלַח אֵלֶיךָ וְגָלִיתִי אֶת־אָזְנֶךָ: כֹּה־יַעֲשֶׂה

יְהוָה לִיהוֹנָתָן וְכֹה יֹסִיף כִּי־יֵיטִב אֶל־אָבִי אֶת־הָרָעָה עָלֶיךָ

וְגָלִיתִי אֶת־אָזְנֶךָ וְשִׁלַּחְתִּיךָ וְהָלַכְתָּ לְשָׁלוֹם וִיהִי יְהוָה עִמָּךְ

יד כַּאֲשֶׁר הָיָה עִם־אָבִי: וְלֹא אִם־עוֹדֶנִּי חָי וְלֹא־תַעֲשֶׂה עִמָּדִי

טו חֶסֶד יְהוָה וְלֹא אָמוּת: וְלֹא־תַכְרִית אֶת־חַסְדְּךָ מֵעִם בֵּיתִי

עַד־עוֹלָם וְלֹא בְּהַכְרִת יְהוָה אֶת־אֹיְבֵי דָוִד אִישׁ מֵעַל פְּנֵי

טז הָאֲדָמָה: וַיִּכְרֹת יְהוֹנָתָן עִם־בֵּית דָּוִד וּבִקֵּשׁ יְהוָה מִיַּד אֹיְבֵי

יז דָוִד: וַיּוֹסֶף יְהוֹנָתָן לְהַשְׁבִּיעַ אֶת־דָּוִד בְּאַהֲבָתוֹ אֹתוֹ כִּי־

יח אַהֲבַת נַפְשׁוֹ אֲהֵבוֹ:   וַיֹּאמֶר־לוֹ יְהוֹנָתָן מָחָר

יט חֹדֶשׁ וְנִפְקַדְתָּ כִּי יִפָּקֵד מוֹשָׁבֶךָ: וְשִׁלַּשְׁתָּ תֵּרֵד מְאֹד וּבָאתָ

אֶל־הַמָּקוֹם אֲשֶׁר־נִסְתַּרְתָּ שָּׁם בְּיוֹם הַמַּעֲשֶׂה וְיָשַׁבְתָּ אֵצֶל

כ הָאֶבֶן הָאָזֶל: וַאֲנִי שְׁלֹשֶׁת הַחִצִּים צִדָּה אוֹרֶה לְשַׁלַּח־לִי

כא לְמַטָּרָה: וְהִנֵּה אֶשְׁלַח אֶת־הַנַּעַר לֵךְ מְצָא אֶת־הַחִצִּים אִם־

אָמֹר אֹמַר לַנַּעַר הִנֵּה הַחִצִּים ׀ מִמְּךָ וָהֵנָּה קָחֶנּוּ ׀ וָבֹאָה כִּי־

כב שָׁלוֹם לְךָ וְאֵין דָּבָר חַי־יְהוָה: וְאִם־כֹּה אֹמַר לָעֶלֶם הִנֵּה הַחִצִּים

כג מִמְּךָ וָהָלְאָה לֵךְ כִּי שִׁלַּחֲךָ יְהוָה: וְהַדָּבָר אֲשֶׁר דִּבַּרְנוּ אֲנִי

כד וָאָתָּה הִנֵּה יְהוָה בֵּינִי וּבֵינְךָ עַד־עוֹלָם: וַיִּסָּתֵר

כה דָּוִד בַּשָּׂדֶה וַיְהִי הַחֹדֶשׁ וַיֵּשֶׁב הַמֶּלֶךְ עַל־הַלֶּחֶם לֶאֱכוֹל: וַיֵּשֶׁב אֶל־

הַמֶּלֶךְ עַל־מוֹשָׁבוֹ כְּפַעַם ׀ בְּפַעַם אֶל־מוֹשַׁב הַקִּיר וַיָּקָם יְהוֹנָתָן

כו וַיֵּשֶׁב אַבְנֵר מִצַּד שָׁאוּל וַיִּפָּקֵד מְקוֹם דָּוִד: וְלֹא־דִבֶּר שָׁאוּל

מְאוּמָה בַּיּוֹם הַהוּא כִּי אָמַר מִקְרֶה הוּא בִּלְתִּי טָהוֹר הוּא כִּי־

כז לֹא טָהוֹר: וַיְהִי מִמָּחֳרַת הַחֹדֶשׁ הַשֵּׁנִי וַיִּפָּקֵד

מְקוֹם דָּוִד וַיֹּאמֶר שָׁאוּל אֶל־יְהוֹנָתָן בְּנוֹ מַדּוּעַ לֹא־בָא בֶן־יִשַׁי

כח גַּם־תְּמוֹל גַּם־הַיּוֹם אֶל־הַלָּחֶם: וַיַּעַן יְהוֹנָתָן אֶת־שָׁאוּל נִשְׁאֹל

כט נִשְׁאַל דָּוִד מֵעִמָּדִי עַד־בֵּית לָחֶם: וַיֹּאמֶר שַׁלְּחֵנִי נָא כִּי זֶבַח

מִשְׁפָּחָה לָנוּ בָּעִיר וְהוּא צִוָּה־לִי אָחִי וְעַתָּה אִם־מָצָאתִי חֵן

בְּעֵינֶיךָ אִמָּלְטָה נָּא וְאֶרְאֶה אֶת־אֶחָי עַל־כֵּן לֹא־בָא אֶל־

ל שֻׁלְחַן הַמֶּלֶךְ:   וַיִּחַר־אַף שָׁאוּל בִּיהוֹנָתָן וַיֹּאמֶר

tell it thee?   Then said David to Yehonatan, Who shall tell   10
me if thy father answer thee roughly? And Yehonatan said to   11
David, Come, and let us go out into the field. And they went
out both of them into the field.   And Yehonatan said to   12
David, O Lord God of Yisra'el, when I have sounded my father
to morrow, or the third day about this time, and if there be
good intended towards David, shall I then not send to thee,
and let thee know? the Lord do so and much more to Yeho-   13
natan; moreover, if it please my father to do thee evil, then I
will let thee know, and send thee away, that thou mayst go in
peace: and the Lord be with thee, as he has been with my
father. And thou shalt not only while yet I live, even before   14
I die, show me the loyal love of the Lord: but also thou shalt   15
not cut off thy covenant love from my house for ever: no, not
when the Lord has cut off the enemies of David every one from
the face of the earth. So Yehonatan made a covenant with the   16
house of David, saying, Let the Lord even require it at the hand
of David's enemies. And Yehonatan caused David to swear again,   17
because he loved him: for he loved him as he loved his own
soul.   Then Yehonatan said to David, To morrow is the   18
new moon: and thou shalt be missed, because thy seat will
be empty. And on the third day, thou shalt be greatly missed;   19
then thou shalt go down to the place where thou didst hide
thyself on that day (of the deed), and shalt remain by the
stone Ezel. And I will shoot three arrows on the side of it, as   20
though I shot at a mark. And, behold, I will send a lad, saying,   21
Go, find out the arrows. If I expressly say to the lad, Behold,
the arrows are on this side of thee, take them; then come thou:
for it is well for thee, and there is nothing to fear; as the Lord
lives. But if I say thus to the young man, Behold, the arrows   22
are beyond thee; go thy way: for the Lord has sent thee away.
And as touching the matter which thou and I have spoken of,   23
behold, the Lord be between thee and me for ever.   So   24
David hid himself in the field: and when the new moon was
come, the king sat down to eat the meal. And the king sat upon   25
his seat, as at other times, upon a seat by the wall: and Yeho-
natan, arose, and Avner sat by Sha'ul's side, and David's place
was empty. Nevertheless Sha'ul spoke not anything that day: 26
for he thought, It is an accidental pollution, he is not clean;
yes, indeed, he is not clean.   And it came to pass on the   27
morrow after the new moon which was the second day, that
David's place was empty: and Sha'ul said to Yehonatan his
son, Why does the son of Yishay not come to the meal, neither
yesterday, nor today? And Yehonatan answered Sha'ul, David   28
earnestly asked leave of me to go to Bet-leḥem: and he said,   29
Let me go, I pray thee; for our family has a sacrifice in the
city; and my brother, he has commanded me to be there: and
now, if I have found favour in thine eyes, let me get away, I
pray thee, and see my brothers. Therefore he does not come
to the king's table.   Then Sha'ul's anger burned against   30
Yehonatan, and he said to him, Thou perverse and rebellious
son, do not I know that thou hast chosen the son of Yishay
to thine own disgrace, and to the disgrace of thy mother's

לוֹ בֶּן־נַעֲוַת הַמַּרְדּוּת הֲלוֹא יָדַעְתִּי כִּי־בֹחֵר אַתָּה לְבֶן־יִשַׁי
לא לְבָשְׁתְּךָ וּלְבֹשֶׁת עֶרְוַת אִמֶּךָ: כִּי כָל־הַיָּמִים אֲשֶׁר בֶּן־יִשַׁי חַי
עַל־הָאֲדָמָה לֹא תִכּוֹן אַתָּה וּמַלְכוּתֶךָ וְעַתָּה שְׁלַח וְקַח אֹתוֹ
לב אֵלַי כִּי בֶן־מָוֶת הוּא: וַיַּעַן יְהוֹנָתָן אֶת־שָׁאוּל
לג אָבִיו וַיֹּאמֶר אֵלָיו לָמָּה יוּמַת מֶה עָשָׂה: וַיָּטֶל שָׁאוּל אֶת־
הַחֲנִית עָלָיו לְהַכֹּתוֹ וַיֵּדַע יְהוֹנָתָן כִּי־כָלָה הִיא מֵעִם אָבִיו
לד לְהָמִית אֶת־דָּוִד: וַיָּקָם יְהוֹנָתָן מֵעִם הַשֻּׁלְחָן
בָּחֳרִי־אָף וְלֹא־אָכַל בְּיוֹם־הַחֹדֶשׁ הַשֵּׁנִי לֶחֶם כִּי נֶעְצַב
לה אֶל־דָּוִד כִּי הִכְלִמוֹ אָבִיו: וַיְהִי בַבֹּקֶר וַיֵּצֵא
לו יְהוֹנָתָן הַשָּׂדֶה לְמוֹעֵד דָּוִד וְנַעַר קָטֹן עִמּוֹ: וַיֹּאמֶר לְנַעֲרוֹ רֻץ
מְצָא־נָא אֶת־הַחִצִּים אֲשֶׁר אָנֹכִי מוֹרֶה הַנַּעַר רָץ וְהוּא־יָרָה
לז הַחֵצִי לְהַעֲבִרוֹ: וַיָּבֹא הַנַּעַר עַד־מְקוֹם הַחֵצִי אֲשֶׁר יָרָה יְהוֹנָתָן
וַיִּקְרָא יְהוֹנָתָן אַחֲרֵי הַנַּעַר וַיֹּאמֶר הֲלוֹא הַחֵצִי מִמְּךָ וָהָלְאָה:
לח וַיִּקְרָא יְהוֹנָתָן אַחֲרֵי הַנַּעַר מְהֵרָה חוּשָׁה אַל־תַּעֲמֹד וַיְלַקֵּט
לט נַעַר יְהוֹנָתָן אֶת־הַחִצִּי וַיָּבֹא אֶל־אֲדֹנָיו: וְהַנַּעַר לֹא־יָדַע הַחִצִּים
מ מְאוּמָה אַךְ יְהוֹנָתָן וְדָוִד יָדְעוּ אֶת־הַדָּבָר: וַיִּתֵּן יְהוֹנָתָן אֶת־
מא כֵּלָיו אֶל־הַנַּעַר אֲשֶׁר־לוֹ וַיֹּאמֶר לוֹ לֵךְ הָבֵיא הָעִיר: הַנַּעַר
בָּא וְדָוִד קָם מֵאֵצֶל הַנֶּגֶב וַיִּפֹּל לְאַפָּיו אַרְצָה וַיִּשְׁתַּחוּ שָׁלֹשׁ
פְּעָמִים וַיִּשְּׁקוּ ׀ אִישׁ אֶת־רֵעֵהוּ וַיִּבְכּוּ אִישׁ אֶת־רֵעֵהוּ עַד־
מב דָּוִד הִגְדִּיל: וַיֹּאמֶר יְהוֹנָתָן לְדָוִד לֵךְ לְשָׁלוֹם אֲשֶׁר נִשְׁבַּעְנוּ יד
שְׁנֵינוּ אֲנַחְנוּ בְּשֵׁם יְהוָה לֵאמֹר יְהוָה יִהְיֶה ׀ בֵּינִי וּבֵינֶךָ וּבֵין
כא א זַרְעִי וּבֵין זַרְעֲךָ עַד־עוֹלָם: וַיָּקָם וַיֵּלַךְ וִיהוֹנָתָן
ב בָּא הָעִיר: וַיָּבֹא דָוִד נֹבֶה אֶל־אֲחִימֶלֶךְ הַכֹּהֵן וַיֶּחֱרַד אֲחִימֶלֶךְ
לִקְרַאת דָּוִד וַיֹּאמֶר לוֹ מַדּוּעַ אַתָּה לְבַדֶּךָ וְאִישׁ אֵין אִתָּךְ:
ג וַיֹּאמֶר דָּוִד לַאֲחִימֶלֶךְ הַכֹּהֵן הַמֶּלֶךְ צִוַּנִי דָבָר וַיֹּאמֶר אֵלַי אִישׁ
אַל־יֵדַע מְאוּמָה אֶת־הַדָּבָר אֲשֶׁר־אָנֹכִי שֹׁלֵחֲךָ וַאֲשֶׁר צִוִּיתִךָ
ד וְאֶת־הַנְּעָרִים יוֹדַעְתִּי אֶל־מְקוֹם פְּלֹנִי אַלְמוֹנִי: וְעַתָּה מַה־יֵּשׁ
ה תַּחַת־יָדְךָ חֲמִשָּׁה־לֶחֶם תְּנָה בְיָדִי אוֹ הַנִּמְצָא: וַיַּעַן הַכֹּהֵן אֶת־
דָּוִד וַיֹּאמֶר אֵין־לֶחֶם חֹל אֶל־תַּחַת יָדִי כִּי־אִם־לֶחֶם קֹדֶשׁ יֵשׁ
ו אִם־נִשְׁמְרוּ הַנְּעָרִים אַךְ מֵאִשָּׁה: וַיַּעַן דָּוִד אֶת־
הַכֹּהֵן וַיֹּאמֶר לוֹ כִּי אִם־אִשָּׁה עֲצֻרָה־לָנוּ כִּתְמוֹל שִׁלְשֹׁם
בְּצֵאתִי וַיִּהְיוּ כְלֵי־הַנְּעָרִים קֹדֶשׁ וְהוּא דֶּרֶךְ חֹל וְאַף כִּי הַיּוֹם
ז יִקְדַּשׁ בַּכֶּלִי: וַיִּתֶּן־לוֹ הַכֹּהֵן קֹדֶשׁ כִּי לֹא־הָיָה שָׁם לֶחֶם כִּי־
אִם־לֶחֶם הַפָּנִים הַמּוּסָרִים מִלִּפְנֵי יְהוָה לָשׂוּם לֶחֶם חֹם בְּיוֹם
ח הִלָּקְחוֹ: וְשָׁם אִישׁ מֵעַבְדֵי שָׁאוּל בַּיּוֹם הַהוּא נֶעְצָר לִפְנֵי יְהוָה
ט וּשְׁמוֹ דֹּאֵג הָאֲדֹמִי אַבִּיר הָרֹעִים אֲשֶׁר לְשָׁאוּל: וַיֹּאמֶר

nakedness? For as long as the son of Yishay lives on the   31
ground, thou shalt not be established, nor thy kingdom. And
now send and fetch him to me for he shall surely die.   And   32
Yehonatan answered Sha'ul his father, and said to him, Why
should he be slain? what has he done? And Sha'ul raised the   33
spear at him to smite him: whereby Yehonatan knew that it
was determined of his father to slay David.   So Yehonatan   34
arose from the table in fierce anger, and ate no food on the
second day of the new moon: for he was grieved for David,
because his father had put him to shame.   And it came to   35
pass in the morning, that Yehonatan went out into the field at
the time appointed with David, and a little lad with him. And   36
he said to his lad, Run, find out now the arrows which I shoot.
And as the lad ran, he shot an arrow beyond him. And when   37
the lad was come to the place of the arrow which Yehonatan
had shot, Yehonatan cried after the lad, and said, But the
arrow is beyond thee? And Yehonatan cried after the lad, Make   38
speed, haste, stay not. And Yehonatan's lad gathered up the
arrows, and came to his master. But the lad knew not any-   39
thing: only Yehonatan and David knew the matter. And Yeho-   40
natan gave his weapons to his lad, and said to him, Go, carry
them to the city. And as soon as the lad was gone, David arose   41
out of a place toward the south, and fell on his face to the
ground, and bowed himself three times: and they kissed one
another, and wept one with another, until David exceeded.
And Yehonatan said to David, Go in peace, seeing that we have   42
sworn both of us in the name of the LORD, saying, The LORD
be between me and thee, and between my seed and thy seed
for ever.   And he arose and departed: and Yehonatan   **21**
went into the city. Then David came to Nov to Aḥimelekh the   2
priest: and Aḥimelekh was afraid at meeting David, and
said to him, Why art thou alone, and no man with thee? And   3
David said to Aḥimelekh the priest, The king has commanded
me a business, and has said to me, Let no man know anything
of the business about which I am sending thee, and what I have
commanded thee: and I have despatched my servants to such
and such a place. Now therefore what is under thy hand? give   4
me five loaves of bread in my hand, or whatever there is.
And the priest answered David, and said, There is no common   5
bread in my hand, but there is hallowed bread; if the young men
have kept themselves at least from women.   And David   6
answered the priest, and said to him, Of a truth women have
been kept from us as always when I am on a journey, and the
vessels of the young men are holy, (although it is a common
journey,) how much more today when there will be hallowed
bread in their vessel. So the priest gave him hallowed bread: for   7
there was no bread there but the showbread, that was taken from
before the LORD, to put hot bread in its place on the day when
it was taken away. Now a certain man of the servants of Sha'ul   8
was there that day, detained before the LORD; and his name was
Do'eg the Edomite, the chiefest of the herdmen that belonged
to Sha'ul. And David said to Aḥimelekh, And is there not here   9

דָּוִד לַאֲחִימֶלֶךְ וְאֵין יֶשׁ־פֹּה תַחַת־יָדְךָ חֲנִית אוֹ־חָרֶב כִּי
גַם־חַרְבִּי וְגַם־כֵּלַי לֹא־לָקַחְתִּי בְיָדִי כִּי־הָיָה דְבַר־הַמֶּלֶךְ
נָחוּץ:

י   וַיֹּאמֶר הַכֹּהֵן חֶרֶב גָּלְיָת הַפְּלִשְׁתִּי אֲשֶׁר־
הִכִּיתָ ׀ בְּעֵמֶק הָאֵלָה הִנֵּה־הִיא לוּטָה בַשִּׂמְלָה אַחֲרֵי
הָאֵפוֹד אִם־אֹתָהּ תִּקַּח־לְךָ קָח כִּי אֵין אַחֶרֶת זוּלָתָהּ
בָּזֶה   וַיֹּאמֶר דָּוִד אֵין כָּמוֹהָ תְּנֶנָּה לִּי: וַיָּקָם דָּוִד
יא   וַיִּבְרַח בַּיּוֹם־הַהוּא מִפְּנֵי שָׁאוּל וַיָּבֹא אֶל־אָכִישׁ מֶלֶךְ גַּת:
יב וַיֹּאמְרוּ עַבְדֵי אָכִישׁ אֵלָיו הֲלוֹא־זֶה דָוִד מֶלֶךְ הָאָרֶץ הֲלוֹא לָזֶה
יג   יַעֲנוּ בַמְּחֹלוֹת לֵאמֹר הִכָּה שָׁאוּל בַּאֲלָפָו וְדָוִד בְּרִבְבֹתוֹ: וַיָּשֶׂם
דָּוִד אֶת־הַדְּבָרִים הָאֵלֶּה בִּלְבָבוֹ וַיִּרָא מְאֹד מִפְּנֵי אָכִישׁ מֶלֶךְ־
יד גַּת: וַיְשַׁנּוֹ אֶת־טַעְמוֹ בְּעֵינֵיהֶם וַיִּתְהֹלֵל בְּיָדָם וַיְתָו עַל־דַּלְתוֹת
טו הַשַּׁעַר וַיּוֹרֶד רִירוֹ אֶל־זְקָנוֹ:   וַיֹּאמֶר אָכִישׁ אֶל־
טז עֲבָדָיו הִנֵּה תִרְאוּ אִישׁ מִשְׁתַּגֵּעַ לָמָּה תָּבִיאוּ אֹתוֹ אֵלָי: חֲסַר
מְשֻׁגָּעִים אָנִי כִּי־הֲבֵאתֶם אֶת־זֶה לְהִשְׁתַּגֵּעַ עָלָי הֲזֶה יָבוֹא
אֶל־בֵּיתִי:

כב א   וַיֵּלֶךְ דָּוִד מִשָּׁם וַיִּמָּלֵט אֶל־מְעָרַת
עֲדֻלָּם וַיִּשְׁמְעוּ אֶחָיו וְכָל־בֵּית אָבִיו וַיֵּרְדוּ אֵלָיו שָׁמָּה:
ב וַיִּתְקַבְּצוּ אֵלָיו כָּל־אִישׁ מָצוֹק וְכָל־אִישׁ אֲשֶׁר־לוֹ נֹשֶׁא וְכָל־
אִישׁ מַר־נֶפֶשׁ וַיְהִי עֲלֵיהֶם לְשָׂר וַיִּהְיוּ עִמּוֹ כְּאַרְבַּע מֵאוֹת
ג אִישׁ: וַיֵּלֶךְ דָּוִד מִשָּׁם מִצְפֵּה מוֹאָב וַיֹּאמֶר ׀ אֶל־מֶלֶךְ מוֹאָב
יֵצֵא־נָא אָבִי וְאִמִּי אִתְּכֶם עַד אֲשֶׁר אֵדַע מַה־יַּעֲשֶׂה־לִּי
ד אֱלֹהִים: וַיַּנְחֵם אֶת־פְּנֵי מֶלֶךְ מוֹאָב וַיֵּשְׁבוּ עִמּוֹ כָּל־יְמֵי הֱיוֹת־
ה דָּוִד בַּמְּצוּדָה: וַיֹּאמֶר גָּד הַנָּבִיא אֶל־דָּוִד לֹא
תֵשֵׁב בַּמְּצוּדָה לֵךְ וּבָאתָ־לְּךָ אֶרֶץ יְהוּדָה וַיֵּלֶךְ דָּוִד וַיָּבֹא יַעַר
חָרֶת: וַיִּשְׁמַע שָׁאוּל כִּי נוֹדַע דָּוִד וַאֲנָשִׁים אֲשֶׁר
ו אִתּוֹ וְשָׁאוּל יוֹשֵׁב בַּגִּבְעָה תַּחַת־הָאֶשֶׁל בָּרָמָה וַחֲנִיתוֹ בְיָדוֹ
ז וְכָל־עֲבָדָיו נִצָּבִים עָלָיו: וַיֹּאמֶר שָׁאוּל לַעֲבָדָיו הַנִּצָּבִים עָלָיו
שִׁמְעוּ־נָא בְּנֵי יְמִינִי גַּם־לְכֻלְּכֶם יִתֵּן בֶּן־יִשַׁי שָׂדוֹת וּכְרָמִים
ח לְכֻלְּכֶם יָשִׂים שָׂרֵי אֲלָפִים וְשָׂרֵי מֵאוֹת: כִּי קְשַׁרְתֶּם כֻּלְּכֶם
עָלַי וְאֵין־גֹּלֶה אֶת־אָזְנִי בִּכְרָת־בְּנִי עִם־בֶּן־יִשַׁי וְאֵין־חֹלֶה
מִכֶּם עָלַי וְגֹלֶה אֶת־אָזְנִי כִּי הֵקִים בְּנִי אֶת־עַבְדִּי עָלַי
ט לְאֹרֵב כַּיּוֹם הַזֶּה: וַיַּעַן דֹּאֵג הָאֲדֹמִי וְהוּא נִצָּב
עַל־עַבְדֵי־שָׁאוּל וַיֹּאמַר רָאִיתִי אֶת־בֶּן־יִשַׁי בָּא נֹבֶה אֶל־
י אֲחִימֶלֶךְ בֶּן־אֲחִטוּב: וַיִּשְׁאַל־לוֹ בַּיהוָה וְצֵידָה נָתַן לוֹ וְאֵת
יא חֶרֶב גָּלְיָת הַפְּלִשְׁתִּי נָתַן לוֹ: וַיִּשְׁלַח הַמֶּלֶךְ לִקְרֹא אֶת־
אֲחִימֶלֶךְ בֶּן־אֲחִיטוּב הַכֹּהֵן וְאֵת כָּל־בֵּית אָבִיו הַכֹּהֲנִים אֲשֶׁר
יב בְּנֹב וַיָּבֹאוּ כֻלָּם אֶל־הַמֶּלֶךְ:   וַיֹּאמֶר שָׁאוּל

under thy hand a spear or a sword ? for I have neither brought
my sword nor my weapons with me, because the king's business
was urgent.　　　And the priest said, The sword of Golyat　10
the Pelishtian, whom thou didst slay in the valley of Ela, behold
it is here wrapped in a cloth behind the efod: if thou wilt take
that, take it : for there is no other save that here.　　　And
David said, There is none like that; give it to me. And David　11
arose, and fled that day from before Sha'ul, and went to
Akhish the king of Gat. And the servants of Akhish said to　12
him, Is not this David the king of the land? did they not sing
one to another of him in dances, saying, Sha'ul has slain his
thousands, but David his ten thousands? And David laid up　13
these words in his heart, and was sore afraid of Akhish the king
of Gat. And he changed his behaviour before them, and feigned　14
himself mad in their hands, and scratched on the doors of the
gate, and let his spittle run down upon his beard.　　　Then　15
said Akhish to his servants, Lo, you see the man is mad : why
then have you brought him to me ? Am I short of mad men, that　16
you have brought this fellow to play the mad man in my pre-
sence ? Shall this fellow come into my house ?　　　David　**22**
therefore departed from there, and escaped to the cave of
'Adullam: and when his brothers and all his father's house
heard it, they went down there to him. And every one that　2
was in distress, and every one that was in debt, and every one
that was discontented, gathered themselves to him; and he
became a captain over them: and there were with him about
four hundred men. And David went thence to Mizpe of Mo'av:　3
and he said to the king of Mo'av, Let my father and my mother,
I pray thee, come out, and be with you, till I know what GOD
will do for me. And he brought them before the king of Mo'av:　4
and they dwelt with him all the while that David was in the for-
tress.　　　And the prophet Gad said to David, Do not abide　5
in the fortress; depart, and get thee into the land of Yehuda. Then
David departed, and came into the forest of Ḥeret.　　　When　6
Sha'ul heard that David was discovered, and the men that were
with him (now Sha'ul dwelt in Giv'a under the tamarisk tree
in Rama, having his spear in his hand, and all his servants were
standing about him;) then Sha'ul said to his servants that　7
stood about him, Hear now, you Bene-yemini; will the son of
Yishay give every one of you fields and vineyards, and make
you all captains of thousands, and captains of hundreds; that　8
all of you have conspired against me and there is none that
gave me an intimation when my son made a league with the
son of Yishay, and there is none of you that is sorry for me, or
lets me know that my son has stirred up my servant against me,
to lie in wait, as at this day ?　　　Then answered Do'eg the　9
Edomite, who was set over the servants of Sha'ul, and said, I
saw the son of Yishay coming to Nov, to Aḥimelekh the son
of Aḥituv. And he inquired of the LORD for him, and gave him　10
food, and gave him the sword of Golyat the Pelishtian. Then the　11
king sent to call Aḥimelekh the priest, the son of Aḥituv, and
all his father's house, the priests that were in Nov: and they
came all of them to the king.　　　And Sha'ul said, Hear now,　12

יג שְׁמַע־נָא בֶּן־אֲחִיטוּב וַיֹּאמֶר הִנְנִי אֲדֹנִי׃ וַיֹּאמֶר אֵלָו שָׁאוּל
לָמָּה קְשַׁרְתֶּם עָלַי אַתָּה וּבֶן־יִשָׁי בְּתִתְּךָ לוֹ לֶחֶם וְחֶרֶב וְשָׁאוֹל
יד לוֹ בֵּאלֹהִים לָקוּם אֵלַי לְאֹרֵב כַּיּוֹם הַזֶּה׃ וַיַּעַן
אֲחִימֶלֶךְ אֶת־הַמֶּלֶךְ וַיֹּאמַר וּמִי בְכָל־עֲבָדֶיךָ כְּדָוִד נֶאֱמָן
טו וַחֲתַן הַמֶּלֶךְ וְסָר אֶל־מִשְׁמַעְתֶּךָ וְנִכְבָּד בְּבֵיתֶךָ׃ הַיּוֹם הַחִלֹּתִי
לִשְׁאָל־ לשאול־לו בֵאלֹהִים חָלִילָה לִּי אַל־יָשֵׂם הַמֶּלֶךְ בְּעַבְדּוֹ דָבָר
בְּכָל־בֵּית אָבִי כִּי לֹא־יָדַע עַבְדְּךָ בְּכָל־זֹאת דָּבָר קָטֹן אוֹ גָדוֹל׃
טז וַיֹּאמֶר הַמֶּלֶךְ מוֹת תָּמוּת אֲחִימֶלֶךְ אַתָּה וְכָל־בֵּית אָבִיךָ׃
יז וַיֹּאמֶר הַמֶּלֶךְ לָרָצִים הַנִּצָּבִים עָלָיו סֹבּוּ וְהָמִיתוּ ׀ כֹּהֲנֵי יהוה
כִּי גַם־יָדָם עִם־דָּוִד וְכִי יָדְעוּ כִּי־בֹרֵחַ הוּא וְלֹא גָלוּ אֶת־
אָזְנִי אזנו וְלֹא־אָבוּ עַבְדֵי הַמֶּלֶךְ לִשְׁלֹחַ אֶת־יָדָם לִפְגֹעַ בְּכֹהֲנֵי
לְדוֹאֵג יח יהוה׃ וַיֹּאמֶר הַמֶּלֶךְ לדויג סֹב אַתָּה וּפְגַע
דּוֹאֵג בַּכֹּהֲנִים וַיִּסֹּב דויג הָאֲדֹמִי וַיִּפְגַּע־הוּא בַּכֹּהֲנִים וַיָּמֶת ׀ בַּיּוֹם
יט הַהוּא שְׁמֹנִים וַחֲמִשָּׁה אִישׁ נֹשֵׂא אֵפוֹד בָּד׃ וְאֵת נֹב עִיר־
הַכֹּהֲנִים הִכָּה לְפִי־חֶרֶב מֵאִישׁ וְעַד־אִשָּׁה מֵעוֹלֵל וְעַד־יוֹנֵק
כ וְשׁוֹר וַחֲמוֹר וָשֶׂה לְפִי־חָרֶב׃ וַיִּמָּלֵט בֵּן־אֶחָד לַאֲחִימֶלֶךְ בֶּן־
כא אֲחִטוּב וּשְׁמוֹ אֶבְיָתָר וַיִּבְרַח אַחֲרֵי דָוִד׃ וַיַּגֵּד אֶבְיָתָר לְדָוִד
כב כִּי הָרַג שָׁאוּל אֵת כֹּהֲנֵי יהוה׃ וַיֹּאמֶר דָּוִד לְאֶבְיָתָר יָדַעְתִּי
דּוֹאֵג בַּיּוֹם הַהוּא כִּי־שָׁם דויג הָאֲדֹמִי כִּי־הַגֵּד יַגִּיד לְשָׁאוּל אָנֹכִי
כג סַבֹּתִי בְּכָל־נֶפֶשׁ בֵּית אָבִיךָ׃ שְׁבָה אִתִּי אַל־תִּירָא כִּי אֲשֶׁר־
יְבַקֵּשׁ אֶת־נַפְשִׁי יְבַקֵּשׁ אֶת־נַפְשֶׁךָ כִּי־מִשְׁמֶרֶת אַתָּה עִמָּדִי׃
כג א וַיַּגִּדוּ לְדָוִד לֵאמֹר הִנֵּה פְלִשְׁתִּים נִלְחָמִים בִּקְעִילָה וְהֵמָּה
ב שֹׁסִים אֶת־הַגֳּרָנוֹת׃ וַיִּשְׁאַל דָּוִד בַּיהוה לֵאמֹר הַאֵלֵךְ וְהִכֵּיתִי
בַּפְּלִשְׁתִּים הָאֵלֶּה וַיֹּאמֶר יהוה אֶל־דָּוִד לֵךְ
ג וְהִכִּיתָ בַפְּלִשְׁתִּים וְהוֹשַׁעְתָּ אֶת־קְעִילָה׃ וַיֹּאמְרוּ אַנְשֵׁי דָוִד
אֵלָיו הִנֵּה אֲנַחְנוּ פֹה בִּיהוּדָה יְרֵאִים וְאַף כִּי־נֵלֵךְ קְעִלָה אֶל־
טו ד מַעַרְכוֹת פְּלִשְׁתִּים׃ וַיּוֹסֶף עוֹד דָּוִד לִשְׁאֹל
בַּיהוה וַיַּעֲנֵהוּ יהוה וַיֹּאמֶר קוּם רֵד קְעִילָה כִּי־
ה אֲנִי נֹתֵן אֶת־פְּלִשְׁתִּים בְּיָדֶךָ׃ וַיֵּלֶךְ דָּוִד וַאֲנָשָׁו קְעִילָה וַיִּלָּחֶם
בַּפְּלִשְׁתִּים וַיִּנְהַג אֶת־מִקְנֵיהֶם וַיַּךְ בָּהֶם מַכָּה גְדוֹלָה וַיֹּשַׁע
ו דָּוִד אֵת יֹשְׁבֵי קְעִילָה׃ וַיְהִי בִּבְרֹחַ אֶבְיָתָר בֶּן־
ז אֲחִימֶלֶךְ אֶל־דָּוִד קְעִילָה אֵפוֹד יָרַד בְּיָדוֹ׃ וַיֻּגַּד לְשָׁאוּל כִּי־בָא
דָוִד קְעִילָה וַיֹּאמֶר שָׁאוּל נִכַּר אֹתוֹ אֱלֹהִים בְּיָדִי כִּי נִסְגַּר
ח לָבוֹא בְּעִיר דְּלָתַיִם וּבְרִיחַ׃ וַיְשַׁמַּע שָׁאוּל אֶת־כָּל־הָעָם
ט לַמִּלְחָמָה לָרֶדֶת קְעִילָה לָצוּר אֶל־דָּוִד וְאֶל־אֲנָשָׁיו׃ וַיֵּדַע דָּוִד
כִּי עָלָיו שָׁאוּל מַחֲרִישׁ הָרָעָה וַיֹּאמֶר אֶל־אֶבְיָתָר הַכֹּהֵן

thou son of Aḥituv. And he answered, Here I am, my lord. And 13
Sha'ul said to him, Why have you conspired against me, thou
and the son of Yishay in that thou hast given him bread, and
a sword, and hast inquired of God for him, that he should rise
against me, to lie in wait, as at this day?   Then Aḥimelekh 14
answered the king, and said, And who is so faithful among all thy
servants as David, who is the king's son in law, and gives
heed at thy bidding, and is honourable in thy house ? Did I then 15
begin to inquire of God for him? be it far from me: let not the
king impute any thing to his servant, nor to all the house of
my father: for thy servant knew nothing of all this, less or
more. And the king said, Thou shalt surely die, Aḥimelekh, 16
thou, and all thy father's house. And the king said to the run- 17
ners that stood about him, Turn, and slay the priests of the
Lord; because their hand also is with David, and because they
knew when he fled, and did not reveal it to me. But the ser-
vants of the king would not put forth their hand to fall upon
the priests of the Lord.   And the king said to Do'eg, Turn 18
thou, and fall upon the priests. And Do'eg the Edomite turned,
and he fell upon the priests, and slew on that day eighty five per-
sons that did wear a linen efod. And Nov, the city of the priests, 19
he smote with the edge of the sword, both men and women,
children and sucklings, and oxen, and asses, and sheep, with
the edge of the sword. And one of the sons of Aḥimelekh the 20
son of Aḥituv, named Evyatar escaped, and fled after David,
And Evyatar told David that Sha'ul had slain the Lord's 21
priests. And David said to Evyatar, I knew it that day, when 22
Do'eg the Edomite was there, that he would surely tell Sha'ul :
I have occasioned the death of all the persons of thy father's
house. Remain with me, fear not: for he that seeks my life 23
seeks thy life: but with me thou shalt be in safeguard. Then **23**
they told David, saying, Behold, the Pelishtim are fighting against
Qe'ila, and are plundering the threshingfloors. Therefore David 2
inquired of the Lord, saying, Shall I go and smite these Pe-
lishtim ?   And the Lord said to David, Go, and smite
the Pelishtim, and save Qe'ila. And David's men said to him, 3
Behold, we are afraid here in Yehuda : how much more then
if we come to Qe'ila against the armies of the Pelishtim ?

Then David inquired of the Lord yet again.   And the 4
the Lord answered him and said, Arise, go down to Qe'ila ;
for I will deliver the Pelishtim into thy hand. So David and his 5
men went to Qe'ila, and fought with the Pelishtim, and brought
away their cattle, and smote them with a great slaughter.
So David saved the inhabitants of Qe'ila.   And it 6
came to pass, when Evyatar the son of Aḥimelekh fled to
David to Qe'ila, that he came down with an efod in his hand.
And it was told Sha'ul that David was come to Qe'ila. And 7
Sha'ul said, God has delivered him into my hand ; for he is shut
in, by entering a town that has gates and bars. And Sha'ul 8
called all the people together to war, to go down to Qe'ila,
to besiege David and his men. And David knew that Sha'ul 9
devised that mischief against him ; and he said to Evyatar
the priest, Bring the efod here.   Then said David, O 10

הַגִּישָׁה הָאֵפֽוֹד׃ וַיֹּאמֶר דָּוִד יְהוָה אֱלֹהֵי יִשְׂרָאֵל י
שָׁמֹעַ שָׁמַע עַבְדְּךָ כִּי־מְבַקֵּשׁ שָׁאוּל לָבוֹא אֶל־קְעִילָה
לְשַׁחֵת לָעִיר בַּעֲבוּרִי׃ הֲיַסְגִּרֻנִי בַעֲלֵי קְעִילָה בְּיָדוֹ הֲיֵרֵד יא
שָׁאוּל כַּאֲשֶׁר שָׁמַע עַבְדֶּךָ יְהוָה אֱלֹהֵי יִשְׂרָאֵל הַגֶּד־נָא
לְעַבְדֶּךָ וַיֹּאמֶר יְהוָה יֵרֵד׃ וַיֹּאמֶר דָּוִד הֲיַסְגִּרוּ יב
בַּעֲלֵי קְעִילָה אֹתִי וְאֶת־אֲנָשַׁי בְּיַד שָׁאוּל וַיֹּאמֶר יְהוָה
יַסְגִּירוּ׃ וַיָּקָם דָּוִד וַאֲנָשָׁיו כְּשֵׁשׁ־מֵאוֹת אִישׁ יג
וַיֵּצְאוּ מִקְּעִלָה וַיִּתְהַלְּכוּ בַּאֲשֶׁר יִתְהַלָּכוּ וּלְשָׁאוּל הֻגַּד כִּי־נִמְלַט
דָּוִד מִקְּעִילָה וַיֶּחְדַּל לָצֵאת׃ וַיֵּשֶׁב דָּוִד בַּמִּדְבָּר בַּמְּצָדוֹת וַיֵּשֶׁב יד
בָּהָר בְּמִדְבַּר־זִיף וַיְבַקְשֵׁהוּ שָׁאוּל כָּל־הַיָּמִים וְלֹא־נְתָנוֹ אֱלֹהִים
בְּיָדוֹ׃ וַיַּרְא דָוִד כִּי־יָצָא שָׁאוּל לְבַקֵּשׁ אֶת־נַפְשׁוֹ וְדָוִד בְּמִדְבַּר־ טו
זִיף בַּחֹרְשָׁה׃ וַיָּקָם יְהוֹנָתָן בֶּן־שָׁאוּל וַיֵּלֶךְ אֶל־ טז
דָּוִד חֹרְשָׁה וַיְחַזֵּק אֶת־יָדוֹ בֵּאלֹהִים׃ וַיֹּאמֶר אֵלָיו אַל־תִּירָא יז
כִּי לֹא תִמְצָאֲךָ יַד־שָׁאוּל אָבִי וְאַתָּה תִּמְלֹךְ עַל־יִשְׂרָאֵל
וְאָנֹכִי אֶהְיֶה־לְּךָ לְמִשְׁנֶה וְגַם־שָׁאוּל אָבִי יֹדֵעַ כֵּן׃ וַיִּכְרְתוּ יח
שְׁנֵיהֶם בְּרִית לִפְנֵי יְהוָה וַיֵּשֶׁב דָּוִד בַּחֹרְשָׁה וִיהוֹנָתָן הָלַךְ
לְבֵיתוֹ׃ וַיַּעֲלוּ זִפִים אֶל־שָׁאוּל הַגִּבְעָתָה לֵאמֹר יט
הֲלוֹא דָוִד מִסְתַּתֵּר עִמָּנוּ בַמְּצָדוֹת בַּחֹרְשָׁה בְּגִבְעַת הַחֲכִילָה
אֲשֶׁר מִימִין הַיְשִׁימוֹן׃ וְעַתָּה לְכָל־אַוַּת נַפְשְׁךָ הַמֶּלֶךְ לָרֶדֶת כ
רֵד וְלָנוּ הַסְגִּירוֹ בְּיַד הַמֶּלֶךְ׃ וַיֹּאמֶר שָׁאוּל בְּרוּכִים אַתֶּם כא
לַיהוָה כִּי חֲמַלְתֶּם עָלָי׃ לְכוּ־נָא הָכִינוּ עוֹד וּדְעוּ וּרְאוּ אֶת־ כב
מְקוֹמוֹ אֲשֶׁר תִּהְיֶה רַגְלוֹ מִי רָאָהוּ שָׁם כִּי אָמַר אֵלַי עָרוֹם
יַעְרִם הוּא׃ וּרְאוּ וּדְעוּ מִכֹּל הַמַּחֲבֹאִים אֲשֶׁר יִתְחַבֵּא שָׁם כג
וְשַׁבְתֶּם אֵלַי אֶל־נָכוֹן וְהָלַכְתִּי אִתְּכֶם וְהָיָה אִם־יֶשְׁנוֹ בָאָרֶץ
וְחִפַּשְׂתִּי אֹתוֹ בְּכֹל אַלְפֵי יְהוּדָה׃ וַיָּקוּמוּ וַיֵּלְכוּ זִיפָה לִפְנֵי כד
שָׁאוּל וְדָוִד וַאֲנָשָׁיו בְּמִדְבַּר מָעוֹן בָּעֲרָבָה אֶל יְמִין הַיְשִׁימֽוֹן׃
וַיֵּלֶךְ שָׁאוּל וַאֲנָשָׁיו לְבַקֵּשׁ וַיַּגִּדוּ לְדָוִד וַיֵּרֶד הַסֶּלַע וַיֵּשֶׁב כה
בְּמִדְבַּר מָעוֹן וַיִּשְׁמַע שָׁאוּל וַיִּרְדֹּף אַחֲרֵי־דָוִד מִדְבַּר מָעֽוֹן׃
וַיֵּלֶךְ שָׁאוּל מִצַּד הָהָר מִזֶּה וְדָוִד וַאֲנָשָׁיו מִצַּד הָהָר מִזֶּה וַיְהִי כו
דָוִד נֶחְפָּז לָלֶכֶת מִפְּנֵי שָׁאוּל וְשָׁאוּל וַאֲנָשָׁיו עֹטְרִים אֶל־דָּוִד
וְאֶל־אֲנָשָׁיו לְתָפְשָׂם׃ וּמַלְאָךְ בָּא אֶל־שָׁאוּל לֵאמֹר מַהֲרָה כז
וְלֵכָה כִּי־פָשְׁטוּ פְלִשְׁתִּים עַל־הָאָרֶץ׃ וַיָּשָׁב שָׁאוּל מִרְדֹף כח
אַחֲרֵי דָּוִד וַיֵּלֶךְ לִקְרַאת פְּלִשְׁתִּים עַל־כֵּן קָרְאוּ לַמָּקוֹם
הַהוּא סֶלַע הַמַּחְלְקוֹת׃ וַיַּעַל דָּוִד מִשָּׁם וַיֵּשֶׁב בִּמְצָדוֹת עֵין־ כט
גֶּדִי׃ וַיְהִי כַּאֲשֶׁר שָׁב שָׁאוּל מֵאַחֲרֵי פְּלִשְׁתִּים א כד

LORD GOD of Yisra'el, thy servant has certainly heard that Sha'ul seeks to come to Qe'ila, to destroy the city for my sake. Will the men of Qe'ila deliver me up into his hand? will Sha'ul 11 come down, as thy servant has heard? O LORD GOD of Yisra'el, I beseech thee, tell thy servant.   And the LORD said, He will come down. Then said David, Will the men of Qe'ila deliver 12 me and my men into the hand of Sha'ul? And the LORD said, They will deliver thee up.   Then David and his men, who were 13 about six hundred, arose and departed out of Qe'ila, and went wherever they could go. And it was told to Sha'ul that David had escaped from Qe'ila; and he forbore to go after. And David 14 dwelt in the wilderness in strongholds, and remained in a mountain in the wilderness of Zif. And Sha'ul sought him every day, but GOD delivered him not into his hand. And David saw 15 that Sha'ul had come out to seek his life and David was in the wilderness of Zif in a wood.   And Yehonatan Sha'ul's son 16 arose, and went to David into the wood, and strengthened his hand in GOD. And he said to him, Fear not: for the hand of 17 Sha'ul my father shall not find thee; and thou shalt be king over Yisra'el, and I shall be next to thee; and that also Sha'ul my father knows. And they two made a covenant before the 18 LORD: and David dwelt in the wood, and Yehonatan went to his house.   Then came up the Zifim to Sha'ul to Giv'a, saying, 19 Is not David hiding himself with us in strongholds in the wood, in the hill of Ḥakhila, which is on the right hand of the Yeshimon? Now therefore, O king, come down according to all thy 20 heart's desire; and our part shall be to deliver him into the king's hand. And Sha'ul said, Blessed are you of the LORD; for 21 you have had compassion on me. Go, I pray you, be more 22 vigilant, and ascertain his place where his haunt is, and who has seen him there: for it is told me that he acts with great cunning. See therefore and take note of all the lurking places 23 where he hides himself, and come back to me with the certainty, and I will go with you: and it shall come to pass, if he be in the land, that I will search him out throughout all the thousands of Yehuda. And they arose, and went to Zif before 24 Sha'ul: but David and his men were in the wilderness of Ma'on, in the 'Arava on the right hand of the Yeshimon. Then 25 Sha'ul and his men went to seek him. And they told David: so that he came down into a rock, and dwelt in the wilderness of Ma'on. And when Sha'ul heard that, he pursued after David in the wilderness of Ma'on. And Sha'ul went on his side of the 26 mountain, and David and his men on that side of the mountain: and David made haste to get away for fear of Sha'ul; for Sha'ul and his men compassed David and his men round about to take them. But there came a messenger to Sha'ul, 27 saying, Make haste, and come; for the Pelishtim are raiding the land. Wherefore Sha'ul returned from pursuing after David, 28 and went against the Pelishtim: therefore they called that place Sela-hammaḥleqot. And David went up from there, and dwelt in 29 strong holds at 'En-gedi.   And it came to pass when Sha'ul **24** was returned from following the Pelishtim, that it was told him, saying, Behold, David is in the wilderness of 'En-gedi.

ב וַיַּגִּדוּ לוֹ לֵאמֹר הִנֵּה דָוִד בְּמִדְבַּר עֵין גֶּדִי: וַיִּקַּח
שָׁאוּל שְׁלֹשֶׁת אֲלָפִים אִישׁ בָּחוּר מִכָּל־יִשְׂרָאֵל וַיֵּלֶךְ לְבַקֵּשׁ
ג אֶת־דָּוִד וַאֲנָשָׁיו עַל־פְּנֵי צוּרֵי הַיְּעֵלִים: וַיָּבֹא אֶל־גִּדְרוֹת הַצֹּאן
עַל־הַדֶּרֶךְ וְשָׁם מְעָרָה וַיָּבֹא שָׁאוּל לְהָסֵךְ אֶת־רַגְלָיו וְדָוִד
ד וַאֲנָשָׁיו בְּיַרְכְּתֵי הַמְּעָרָה יֹשְׁבִים: וַיֹּאמְרוּ אַנְשֵׁי דָוִד אֵלָיו הִנֵּה
אִיבֶךָ הַיּוֹם אֲשֶׁר־אָמַר יְהוָה אֵלֶיךָ הִנֵּה אָנֹכִי נֹתֵן אֶת־אֹיִבְךָ בְּיָדֶךָ
וְעָשִׂיתָ לּוֹ כַּאֲשֶׁר יִטַב בְּעֵינֶיךָ וַיָּקָם דָּוִד וַיִּכְרֹת אֶת־כְּנַף־
ה הַמְּעִיל אֲשֶׁר־לְשָׁאוּל בַּלָּט: וַיְהִי אַחֲרֵי־כֵן וַיַּךְ לֵב־דָּוִד אֹתוֹ
ו עַל אֲשֶׁר כָּרַת אֶת־כָּנָף אֲשֶׁר לְשָׁאוּל: וַיֹּאמֶר לַאֲנָשָׁיו חָלִילָה
לִּי מֵיהוָה אִם־אֶעֱשֶׂה אֶת־הַדָּבָר הַזֶּה לַאדֹנִי לִמְשִׁיחַ יְהוָה
ז לִשְׁלֹחַ יָדִי בּוֹ כִּי־מְשִׁיחַ יְהוָה הוּא: וַיְשַׁסַּע דָּוִד אֶת־אֲנָשָׁיו
בַּדְּבָרִים וְלֹא נְתָנָם לָקוּם אֶל־שָׁאוּל וְשָׁאוּל קָם מֵהַמְּעָרָה
ח וַיֵּלֶךְ בַּדָּרֶךְ: וַיָּקָם דָּוִד אַחֲרֵי־כֵן וַיֵּצֵא מִן הַמְּעָרָה
וַיִּקְרָא אַחֲרֵי שָׁאוּל לֵאמֹר אֲדֹנִי הַמֶּלֶךְ וַיַּבֵּט שָׁאוּל אַחֲרָיו
ט וַיִּקֹּד דָּוִד אַפַּיִם אַרְצָה וַיִּשְׁתָּחוּ: וַיֹּאמֶר דָּוִד לְשָׁאוּל לָמָּה
תִשְׁמַע אֶת־דִּבְרֵי אָדָם לֵאמֹר הִנֵּה דָוִד מְבַקֵּשׁ רָעָתֶךָ: הִנֵּה
הַיּוֹם הַזֶּה רָאוּ עֵינֶיךָ אֵת אֲשֶׁר־נְתָנְךָ יְהוָה ׀ הַיּוֹם ׀ בְּיָדִי
בַּמְּעָרָה וְאָמַר לַהֲרָגְךָ וַתָּחָס עָלֶיךָ וָאֹמַר לֹא־אֶשְׁלַח יָדִי בַּאדֹנִי
יא כִּי־מְשִׁיחַ יְהוָה הוּא: וְאָבִי רְאֵה גַּם רְאֵה אֶת־כְּנַף מְעִילְךָ בְּיָדִי
כִּי בְּכָרְתִי אֶת־כְּנַף מְעִילְךָ וְלֹא הֲרַגְתִּיךָ דַּע וּרְאֵה כִּי אֵין בְּיָדִי
רָעָה וָפֶשַׁע וְלֹא־חָטָאתִי לָךְ וְאַתָּה צֹדֶה אֶת־נַפְשִׁי לְקַחְתָּהּ:
יב יִשְׁפֹּט יְהוָה בֵּינִי וּבֵינֶךָ וּנְקָמַנִי יְהוָה מִמֶּךָּ וְיָדִי לֹא תִהְיֶה־בָּךְ:
יג כַּאֲשֶׁר יֹאמַר מְשַׁל הַקַּדְמֹנִי מֵרְשָׁעִים יֵצֵא רֶשַׁע וְיָדִי לֹא
יד תִהְיֶה־בָּךְ: אַחֲרֵי מִי יָצָא מֶלֶךְ יִשְׂרָאֵל אַחֲרֵי מִי אַתָּה רֹדֵף
טו אַחֲרֵי כֶּלֶב מֵת אַחֲרֵי פַּרְעֹשׁ אֶחָד: וְהָיָה יְהוָה לְדַיָּן וְשָׁפַט בֵּינִי
טז וּבֵינֶךָ וְיֵרֶא וְיָרֵב אֶת־רִיבִי וְיִשְׁפְּטֵנִי מִיָּדֶךָ: וַיְהִי ׀
כְּכַלּוֹת דָּוִד לְדַבֵּר אֶת־הַדְּבָרִים הָאֵלֶּה אֶל־שָׁאוּל וַיֹּאמֶר
יז שָׁאוּל הֲקֹלְךָ זֶה בְּנִי דָוִד וַיִּשָּׂא שָׁאוּל קֹלוֹ וַיֵּבְךְּ: וַיֹּאמֶר אֶל־
דָּוִד צַדִּיק אַתָּה מִמֶּנִּי כִּי אַתָּה גְּמַלְתַּנִי הַטּוֹבָה וַאֲנִי גְּמַלְתִּיךָ
יח הָרָעָה: וְאַתָּ הִגַּדְתָּ הַיּוֹם אֵת אֲשֶׁר־עָשִׂיתָה אִתִּי טוֹבָה אֵת
יט אֲשֶׁר סִגְּרַנִי יְהוָה בְּיָדְךָ וְלֹא הֲרַגְתָּנִי: וְכִי־יִמְצָא אִישׁ אֶת־
אֹיְבוֹ וְשִׁלְּחוֹ בְּדֶרֶךְ טוֹבָה וַיהוָה יְשַׁלֶּמְךָ טוֹבָה תַּחַת הַיּוֹם הַזֶּה
כ אֲשֶׁר עָשִׂיתָה לִי: וְעַתָּה הִנֵּה יָדַעְתִּי כִּי מָלֹךְ תִּמְלוֹךְ וְקָמָה
כא בְּיָדְךָ מַמְלֶכֶת יִשְׂרָאֵל: וְעַתָּה הִשָּׁבְעָה לִּי בַּיהוָה אִם־תַּכְרִית
כב אֶת־זַרְעִי אַחֲרָי וְאִם־תַּשְׁמִיד אֶת־שְׁמִי מִבֵּית אָבִי: וַיִּשָּׁבַע
דָּוִד לְשָׁאוּל וַיֵּלֶךְ שָׁאוּל אֶל־בֵּיתוֹ וְדָוִד וַאֲנָשָׁיו עָלוּ עַל־

Then Sha'ul took three thousand chosen men out of all Yis- 2
ra'el, and went to seek David and his men upon the rocks of the
wild goats. And he came to the sheepfolds by the way, where 3
there was a cave ; and Sha'ul went in to relieve himself : and
David and his men remained in the back of the cave. And the 4
men of David said to him, Behold the day of which the LORD said
to thee, Behold, I will deliver thy enemy into thy hand, that thou
mayst do to him as it shall seem good to thee. Then David
arose, and secretly cut off the corner of Sha'ul's robe. And it 5
came to pass afterwards, that David's heart smote him, be-
cause he had cut off Sha'ul's robe. And he said to his men, The 6
LORD forbid that I should do this thing to my master, the
LORD's anointed, to stretch forth my hand against him, seeing
he is the anointed of the LORD. So David scolded his servants 7
with these words, and did not permit them to rise against
Sha'ul. But Sha'ul rose up out of the cave, and went on his
way.   David also arose afterwards, and went out of the 8
cave, and cried after Sha'ul, saying, My lord the king. And when
Sha'ul looked behind him, David stooped with his face to the
earth, and bowed himself. And David said to Sha'ul, Why dost 9
thou listen to men's words, saying, Behold, David seeks thy
hurt? Behold, this day thy eyes have seen how the LORD had 10
delivered thee to day into my hand in the cave: and some told
me to kill thee: but my eye spared thee; and I said, I will not
put out my hand against my lord ; for he is the LORD's anointed.
Moreover, my father, see, indeed, see the corner of thy robe 11
in my hand: for in that I cut off the corner of thy robe, and
did not kill thee, know thou and see that there is neither evil nor
transgression in my hand, and I have not sinned against thee;
yet thou huntest my soul to take it. The LORD judge between 12
me and thee, and the LORD avenge me of thee; but my hand
shall not be upon thee. As the proverb of the ancients says, 13
Wickedness proceeds from the wicked: but my hand shall not
be upon thee. After whom is the king of Yisra'el come out? 14
after whom dost thou pursue? after a dead dog, after a single
flea. The LORD therefore be judge, and judge between me and 15
thee, and let him see, and plead my cause, and deliver me out of
thy hand.   And it came to pass, when David had made an 16
end of speaking these words to Sha'ul, that Sha'ul said, Is this thy
voice, my son David? And Sha'ul lifted up his voice, and wept.
And he said to David, Thou art more righteous than I: for thou 17
hast rendered me good, whereas I have rendered thee evil.
And thou hast declared this day how thou hast dealt well with 18
me: seeing that when the LORD had delivered me into thy
hand, thou didst not kill me. For if a man finds his enemy, does 19
he let him go away safe? so may the LORD reward thee good
for what thou hast done to me this day. And now, behold, I 20
know well that thou shalt surely be king, and that the kingdom
of Yisra'el shall be established in thy hand. Swear now there- 21
fore to me by the LORD, that thou wilt not cut off my seed
after me, and that thou wilt not destroy my name out of my fa-
ther's house. And David swore to Sha'ul. And Sha'ul went home ; 22

א וַיָּמָת שְׁמוּאֵל וַיִּקָּבְצוּ כָל־יִשְׂרָאֵל הַמְּצוּדָה:
וַיִּסְפְּדוּ־לוֹ וַיִּקְבְּרֻהוּ בְּבֵיתוֹ בָּרָמָה וַיָּקָם דָּוִד וַיֵּרֶד אֶל־מִדְבַּר

ב פָּארָן: וְאִישׁ בְּמָעוֹן וּמַעֲשֵׂהוּ בַכַּרְמֶל וְהָאִישׁ
גָּדוֹל מְאֹד וְלוֹ צֹאן שְׁלֹשֶׁת־אֲלָפִים וְאֶלֶף עִזִּים וַיְהִי בִגְזֹז אֶת־

ג צֹאנוֹ בַּכַּרְמֶל: וְשֵׁם הָאִישׁ נָבָל וְשֵׁם אִשְׁתּוֹ אֲבִגָיִל וְהָאִשָּׁה
טוֹבַת־שֶׂכֶל וִיפַת תֹּאַר וְהָאִישׁ קָשֶׁה וְרַע מַעֲלָלִים וְהוּא

ה כָלִבִּי כְלִבּוֹ: וַיִּשְׁמַע דָּוִד בַּמִּדְבָּר כִּי־גֹזֵז נָבָל אֶת־צֹאנוֹ: וַיִּשְׁלַח דָּוִד
עֲשָׂרָה נְעָרִים וַיֹּאמֶר דָּוִד לַנְּעָרִים עֲלוּ כַרְמֶלָה וּבָאתֶם אֶל־

ו נָבָל וּשְׁאֶלְתֶּם־לוֹ בִשְׁמִי לְשָׁלוֹם: וַאֲמַרְתֶּם כֹּה לֶחָי וְאַתָּה
שָׁלוֹם וּבֵיתְךָ שָׁלוֹם וְכֹל אֲשֶׁר־לְךָ שָׁלוֹם: וְעַתָּה שָׁמַעְתִּי כִּי

ז גֹזְזִים לָךְ עַתָּה הָרֹעִים אֲשֶׁר־לְךָ הָיוּ עִמָּנוּ לֹא הֶכְלַמְנוּם וְלֹא־

ח נִפְקַד לָהֶם מְאוּמָה כָּל־יְמֵי הֱיוֹתָם בַּכַּרְמֶל: שְׁאַל אֶת־
נְעָרֶיךָ וְיַגִּידוּ לָךְ וְיִמְצְאוּ הַנְּעָרִים חֵן בְּעֵינֶיךָ כִּי־עַל־יוֹם טוֹב

ט בָּאנוּ בָּנוּ תְנָה־נָּא אֵת אֲשֶׁר תִּמְצָא יָדְךָ לַעֲבָדֶיךָ וּלְבִנְךָ לְדָוִד:
וַיָּבֹאוּ נַעֲרֵי דָוִד וַיְדַבְּרוּ אֶל־נָבָל כְּכָל־הַדְּבָרִים הָאֵלֶּה בְּשֵׁם

י דָּוִד וַיָּנוּחוּ: וַיַּעַן נָבָל אֶת־עַבְדֵי דָוִד וַיֹּאמֶר מִי דָוִד וּמִי בֶן־

יא יִשָׁי הַיּוֹם רַבּוּ עֲבָדִים הַמִּתְפָּרְצִים אִישׁ מִפְּנֵי אֲדֹנָיו: וְלָקַחְתִּי
אֶת־לַחְמִי וְאֶת־מֵימַי וְאֵת טִבְחָתִי אֲשֶׁר טָבַחְתִּי לְגֹזְזָי וְנָתַתִּי

יב לַאֲנָשִׁים אֲשֶׁר לֹא יָדַעְתִּי אֵי מִזֶּה הֵמָּה: וַיַּהַפְכוּ נַעֲרֵי־דָוִד

יג לְדַרְכָּם וַיָּשֻׁבוּ וַיָּבֹאוּ וַיַּגִּדוּ לוֹ כְּכֹל הַדְּבָרִים הָאֵלֶּה: וַיֹּאמֶר
דָּוִד לַאֲנָשָׁיו חִגְרוּ אִישׁ אֶת־חַרְבּוֹ וַיַּחְגְּרוּ אִישׁ אֶת־חַרְבּוֹ
וַיַּחְגֹּר גַּם־דָּוִד אֶת־חַרְבּוֹ וַיַּעֲלוּ אַחֲרֵי דָוִד כְּאַרְבַּע מֵאוֹת

יד אִישׁ וּמָאתַיִם יָשְׁבוּ עַל־הַכֵּלִים: וְלַאֲבִיגַיִל אֵשֶׁת נָבָל הִגִּיד
נַעַר־אֶחָד מֵהַנְּעָרִים לֵאמֹר הִנֵּה שָׁלַח דָּוִד מַלְאָכִים ׀

טו מֵהַמִּדְבָּר לְבָרֵךְ אֶת־אֲדֹנֵינוּ וַיָּעַט בָּהֶם: וְהָאֲנָשִׁים טֹבִים לָנוּ
מְאֹד וְלֹא הָכְלַמְנוּ וְלֹא־פָקַדְנוּ מְאוּמָה כָּל־יְמֵי הִתְהַלַּכְנוּ

טז אִתָּם בִּהְיוֹתֵנוּ בַּשָּׂדֶה: חוֹמָה הָיוּ עָלֵינוּ גַּם־לַיְלָה גַּם־יוֹמָם

יז כָּל־יְמֵי הֱיוֹתֵנוּ עִמָּם רֹעִים הַצֹּאן: וְעַתָּה דְּעִי וּרְאִי מַה־תַּעֲשִׂי
כִּי־כָלְתָה הָרָעָה אֶל־אֲדֹנֵינוּ וְעַל כָּל־בֵּיתוֹ וְהוּא בֶּן־בְּלִיַּעַל

יח אֲבִיגַיִל מִדַּבֵּר אֵלָיו: וַתְּמַהֵר אֲבִיגַיִל וַתִּקַּח מָאתַיִם לֶחֶם וּשְׁנַיִם נִבְלֵי־
עֲשׂוּיוֹת יַיִן וְחָמֵשׁ צֹאן עֲשׂוּוֹת וְחָמֵשׁ סְאִים קָלִי וּמֵאָה צִמֻּקִים

יט וּמָאתַיִם דְּבֵלִים וַתָּשֶׂם עַל־הַחֲמֹרִים: וַתֹּאמֶר לִנְעָרֶיהָ עִבְרוּ

כ לְפָנַי הִנְנִי אַחֲרֵיכֶם בָּאָה וְלְאִישָׁהּ נָבָל לֹא הִגִּידָה: וְהָיָה הִיא ׀

but David and his men went up to the fortress.   Now   1
Shemu'el died ; and all Yisra'el were gathered together to mourn
him, and they buried him in his house at Rama. And David
arose, and went down to the wilderness of Paran.   And   2
there was a man in Ma'on, whose possessions were in the
Karmel ; and the man was very wealthy, and he had three thou-
sand sheep, and a thousand goats: and he was shearing his
sheep in the Karmel. Now the name of the man was Naval;   3
and the name of his wife Avigayil: and she was a woman of
good understanding, and fair of form: but the man was hard-
hearted and evil in his doings; and he was of the house of
Kalev. And David heard in the wilderness that Naval was shear-   4
ing his sheep. And David sent out ten young men, and David said   5
to the young men, Go up to the Karmel, and go to Naval, and
greet him in my name : and thus shall you say to him, A hearty   6
greeting! Peace be both to thee, and peace to thy house, and
peace to all that thou hast. And now I have heard that thou hast   7
shearers: now thy shepherds who were with us, we hurt them
not, neither was there anything of theirs missing, all the while
they were on the Karmel. Ask thy young men, and they will   8
tell thee. Therefore, let the young men find favour in thy eyes:
for we come on a festive occasion: give, I pray thee, to my
servants and to David thy son, whatever thy generosity prompts
thee. And when David's young men came, they spoke to Naval   9
according to all those words in the name of David, and waited.
And Naval answered David's servants, and said, Who is David?   10
and who is the son of Yishay ? there are many servants now-
adays that break away every man from his master. Shall I   11
then take my bread, and my water, and the fresh meat that I
have killed for my shearers, and give it to men from I know
not where ? So David's young men turned their way, and went   12
back, and came and told him according to all those sayings.
And David said to his men, Let every man gird his sword.   13
And they girded on every man his sword; and David also
girded on his sword: and there went up after David about four
hundred men; and two hundred remained with the baggage.
But one of the young men told Avigayil, Naval's wife, saying,   14
Behold, David sent messengers out of the wilderness to greet
our master; and he railed at them. But the men were very good   15
to us, and we were not insulted nor did we miss any thing,
all the time we went about with them, when we were in the
fields: they were a wall to us both by night and day, all the   16
while we were with them keeping the sheep. Now therefore   17
know and consider what thou wilt do; for evil is determined
against our master, and against all his household: for he is
such a base fellow, that no man can speak to him. Then Avi-   18
gayil made haste, and took two hundred loaves, and two bottles
of wine, and five sheep ready prepared, and five measures of
parched corn, and a hundred clusters of raisins, and two hund-
red cakes of figs, and laid them on asses. And she said to her   19
servants, Go on before me; behold, I come after you. But she
told not her husband Naval. And it was so, as she rode on the   20
ass, that she came down by the covert of the hill, and, behold,

רֹכֶבֶת עַל־הַחֲמוֹר וְיֹרֶדֶת בְּסֵתֶר הָהָר וְהִנֵּה דָוִד וַאֲנָשָׁיו

כא יֹרְדִים לִקְרָאתָהּ וַתִּפְגֹּשׁ אֹתָם: וְדָוִד אָמַר אַךְ לַשֶּׁקֶר שָׁמַרְתִּי אֶת־כָּל־אֲשֶׁר לָזֶה בַּמִּדְבָּר וְלֹא־נִפְקַד מִכָּל־אֲשֶׁר־לוֹ מְאוּמָה

כב וַיָּשֶׁב־לִי רָעָה תַּחַת טוֹבָה: כֹּה־יַעֲשֶׂה אֱלֹהִים לְאֹיְבֵי דָוִד וְכֹה יֹסִיף אִם־אַשְׁאִיר מִכָּל־אֲשֶׁר־לוֹ עַד־אוֹר הַבֹּקֶר מַשְׁתִּין

כג בְּקִיר: וַתֵּרֶא אֲבִיגַיִל אֶת־דָּוִד וַתְּמַהֵר וַתֵּרֶד מֵעַל הַחֲמוֹר

כד וַתִּפֹּל לְאַפֵּי דָוִד עַל־פָּנֶיהָ וַתִּשְׁתַּחוּ אָרֶץ: וַתִּפֹּל עַל־רַגְלָיו וַתֹּאמֶר בִּי־אֲנִי אֲדֹנִי הֶעָוֹן וּתְדַבֶּר־נָא אֲמָתְךָ בְּאָזְנֶיךָ וּשְׁמַע

כה אֵת דִּבְרֵי אֲמָתֶךָ: אַל־נָא יָשִׂים אֲדֹנִי ׀ אֶת־לִבּוֹ אֶל־אִישׁ הַבְּלִיַּעַל הַזֶּה עַל־נָבָל כִּי כִשְׁמוֹ כֶּן־הוּא נָבָל שְׁמוֹ וּנְבָלָה עִמּוֹ וַאֲנִי אֲמָתְךָ לֹא רָאִיתִי אֶת־נַעֲרֵי אֲדֹנִי אֲשֶׁר שָׁלָחְתָּ:

כו וְעַתָּה אֲדֹנִי חַי־יְהוָה וְחֵי־נַפְשְׁךָ אֲשֶׁר מְנָעֲךָ יְהוָה מִבּוֹא בְדָמִים וְהוֹשֵׁעַ יָדְךָ לָךְ וְעַתָּה יִהְיוּ כְנָבָל אֹיְבֶיךָ וְהַמְבַקְשִׁים

כז אֶל־אֲדֹנִי רָעָה: וְעַתָּה הַבְּרָכָה הַזֹּאת אֲשֶׁר־הֵבִיא שִׁפְחָתְךָ לַאדֹנִי וְנִתְּנָה לַנְּעָרִים הַמִּתְהַלְּכִים בְּרַגְלֵי אֲדֹנִי: שָׂא נָא

כח לְפֶשַׁע אֲמָתֶךָ כִּי־עָשֹׂה יַעֲשֶׂה יְהוָה לַאדֹנִי בַּיִת נֶאֱמָן כִּי־ מִלְחֲמוֹת יְהוָה אֲדֹנִי נִלְחָם וְרָעָה לֹא־תִמָּצֵא בְךָ מִיָּמֶיךָ: וַיָּקֻם

כט אָדָם לִרְדָפְךָ וּלְבַקֵּשׁ אֶת־נַפְשֶׁךָ וְהָיְתָה נֶפֶשׁ אֲדֹנִי צְרוּרָה ׀ בִּצְרוֹר הַחַיִּים אֵת יְהוָה אֱלֹהֶיךָ וְאֵת נֶפֶשׁ אֹיְבֶיךָ יְקַלְּעֶנָּה

ל בְּתוֹךְ כַּף הַקָּלַע: וְהָיָה כִּי־יַעֲשֶׂה יְהוָה לַאדֹנִי כְּכֹל אֲשֶׁר־

לא דִּבֶּר אֶת־הַטּוֹבָה עָלֶיךָ וְצִוְּךָ לְנָגִיד עַל־יִשְׂרָאֵל: וְלֹא תִהְיֶה זֹאת ׀ לְךָ לְפוּקָה וּלְמִכְשׁוֹל לֵב לַאדֹנִי וְלִשְׁפָּךְ־דָּם חִנָּם וּלְהוֹשִׁיעַ אֲדֹנִי לוֹ וְהֵיטִב יְהוָה לַאדֹנִי וְזָכַרְתָּ אֶת־

לב אֲמָתֶךָ: וַיֹּאמֶר דָּוִד לַאֲבִיגַל בָּרוּךְ יְהוָה אֱלֹהֵי

יז

לג יִשְׂרָאֵל אֲשֶׁר שְׁלָחֵךְ הַיּוֹם הַזֶּה לִקְרָאתִי: וּבָרוּךְ טַעְמֵךְ וּבְרוּכָה אָתְּ אֲשֶׁר כְּלִתִנִי הַיּוֹם הַזֶּה מִבּוֹא בְדָמִים וְהֹשֵׁעַ יָדִי

לד לִי: וְאוּלָם חַי־יְהוָה אֱלֹהֵי יִשְׂרָאֵל אֲשֶׁר מְנָעַנִי מֵהָרַע אֹתָךְ וַתָּבֹאת כִּי ׀ לוּלֵי מִהַרְתְּ וַתָּבֹאתִי לִקְרָאתִי כִּי אִם־נוֹתַר לְנָבָל עַד־

לה אוֹר הַבֹּקֶר מַשְׁתִּין בְּקִיר: וַיִּקַּח דָּוִד מִיָּדָהּ אֵת אֲשֶׁר־הֵבִיאָה לוֹ וְלָהּ אָמַר עֲלִי לְשָׁלוֹם לְבֵיתֵךְ רְאִי שָׁמַעְתִּי בְקוֹלֵךְ וָאֶשָּׂא

לו פָנָיִךְ: וַתָּבֹא אֲבִיגַיִל ׀ אֶל־נָבָל וְהִנֵּה־לוֹ מִשְׁתֶּה בְּבֵיתוֹ כְּמִשְׁתֵּה הַמֶּלֶךְ וְלֵב נָבָל טוֹב עָלָיו וְהוּא שִׁכֹּר עַד־מְאֹד וְלֹא־

לז הִגִּיד לוֹ דָּבָר קָטֹן וְגָדוֹל עַד־אוֹר הַבֹּקֶר: וַיְהִי בַבֹּקֶר בְּצֵאת הַיַּיִן מִנָּבָל וַתַּגֶּד־לוֹ אִשְׁתּוֹ אֶת־הַדְּבָרִים הָאֵלֶּה וַיָּמָת לִבּוֹ

לח בְּקִרְבּוֹ וְהוּא הָיָה לְאָבֶן: וַיְהִי כַּעֲשֶׂרֶת הַיָּמִים וַיִּגֹּף יְהוָה אֶת־

David and his men came down against her; and she met them.
Now David was saying, Surely in vain have I guarded all that   21
this fellow has in the wilderness, so that nothing of his pos-
sessions was missing : and he has rendered me evil for good.
So and more also do God to the enemies of David, if I leave   22
alive of all his people by the morning light so much as a
single man. And when Avigayil saw David, she hastened, and   23
descended from the ass, and fell before David on her face, and
bowed herself to the ground, and fell at his feet, and said,   24
Upon me, my lord, upon me let this iniquity be: and let thy
handmaid, I pray thee, speak in thy ears, and hear the words
of thy handmaid. Let not my lord, I pray thee, take heed of   25
this worthless fellow, Naval: for as his name is, so is he;
Naval is his name, and folly is with him: but I thy handmaid
did not see the young men of my lord, whom thou didst send.
Now therefore, my lord, as the LORD lives, and as thy soul   26
lives, seeing the LORD has prevented thee from coming to
shed blood, and from avenging thyself with thy own hand,
now let thy enemies, and they that seek evil to my lord, be as
Naval. And now this blessing which thy handmaid has brought   27
to my lord, let it be given to the young men that follow my
lord. I pray thee, forgive the trespass of thy handmaid: for the   28
LORD will certainly make my lord a sure house; because my
lord fights the battles of the LORD, and evil has not been found
in thee all thy days. Though a man rises to pursue thee, and   29
to seek thy soul : yet the soul of my lord shall be bound in the
bond of life with the LORD thy GOD ; and the souls of thy ene-
mies, them shall he sling out, as out of the hollow of a sling.
And it shall come to pass, when the LORD shall have done to   30
my lord according to all the good that he has spoken con-
cerning thee, and shall have appointed thee ruler over Yisra'el;
that this shall not be a cause of stumbling to thee, nor offence   31
of heart to my lord, that thou hast shed blood causelessly,
or that my lord has avenged himself: and the LORD shall deal
well with my lord, and thou shalt remember thy handmaid.

And David said to Avigayil, Blessed be the LORD GOD of Yis-   32
ra'el, who sent thee this day to meet me: and blessed be thy   33
discretion, and blessed be thou who hast kept me this day from
coming to shed blood, and from avenging myself with my own
hand. For in very deed, as the LORD GOD of Yisra'el lives, who   34
has kept me back from hurting thee, if thou hadst not hastened
and come to meet me, surely there had not been left to Naval
by the morning light so much as a single man! So David re-   35
ceived of her hand that which she had brought him, and said
to her, Go up in peace to thy house; see, I have hearkened
to thy voice, and have granted thy request. And Avigayil came   36
to Naval; and, behold, he held a feast in his house, like the
feast of a king; and Naval's heart was merry within him, for
he was very drunk : and so she told him nothing, less or
more, until the morning light. But it came to pass in the morn-   37
ing, when the wine was gone out of Naval, and his wife had
told him these things, that his heart died within him, and he
became as a stone. And it came to pass about ten days after,   38

לט נָבָל וַיָּמֹת: וַיִּשְׁמַע דָּוִד כִּי־מֵת נָבָל וַיֹּאמֶר בָּרוּךְ יְהוָה אֲשֶׁר
רָב אֶת־רִיב חֶרְפָּתִי מִיַּד נָבָל וְאֶת־עַבְדּוֹ חָשַׂךְ מֵרָעָה וְאֵת
רָעַת נָבָל הֵשִׁיב יְהוָה בְּרֹאשׁוֹ וַיִּשְׁלַח דָּוִד וַיְדַבֵּר בַּאֲבִיגַיִל

מ לְקַחְתָּהּ לוֹ לְאִשָּׁה: וַיָּבֹאוּ עַבְדֵי דָוִד אֶל־אֲבִיגַיִל הַכַּרְמֶלָה
וַיְדַבְּרוּ אֵלֶיהָ לֵאמֹר דָּוִד שְׁלָחָנוּ אֵלַיִךְ לְקַחְתֵּךְ לוֹ לְאִשָּׁה:

מא וַתָּקָם וַתִּשְׁתַּחוּ אַפַּיִם אָרְצָה וַתֹּאמֶר הִנֵּה אֲמָתְךָ לְשִׁפְחָה
לִרְחֹץ רַגְלֵי עַבְדֵי אֲדֹנִי: וַתְּמַהֵר וַתָּקָם אֲבִיגַיִל וַתִּרְכַּב עַל־

מב הַחֲמוֹר וְחָמֵשׁ נַעֲרֹתֶיהָ הַהֹלְכוֹת לְרַגְלָהּ וַתֵּלֶךְ אַחֲרֵי מַלְאֲכֵי
דָוִד וַתְּהִי־לוֹ לְאִשָּׁה: וְאֶת־אֲחִינֹעַם לָקַח דָּוִד מִיִּזְרְעֶאל

מג וַתִּהְיֶיןָ גַּם־שְׁתֵּיהֶן לוֹ לְנָשִׁים: וְשָׁאוּל נָתַן אֶת־

מד
א כו מִיכַל בִּתּוֹ אֵשֶׁת דָּוִד לְפַלְטִי בֶן־לַיִשׁ אֲשֶׁר מִגַּלִּים: וַיָּבֹאוּ
הַזִּפִים אֶל־שָׁאוּל הַגִּבְעָתָה לֵאמֹר הֲלוֹא דָוִד מִסְתַּתֵּר בְּגִבְעַת

ב הַחֲכִילָה עַל פְּנֵי הַיְשִׁימֹן: וַיָּקָם שָׁאוּל וַיֵּרֶד אֶל־מִדְבַּר־זִיף
וְאִתּוֹ שְׁלֹשֶׁת־אֲלָפִים אִישׁ בְּחוּרֵי יִשְׂרָאֵל לְבַקֵּשׁ אֶת־דָּוִד

ג בְּמִדְבַּר־זִיף: וַיִּחַן שָׁאוּל בְּגִבְעַת הַחֲכִילָה אֲשֶׁר עַל־פְּנֵי
הַיְשִׁימֹן עַל־הַדָּרֶךְ וְדָוִד יֹשֵׁב בַּמִּדְבָּר וַיַּרְא כִּי בָא שָׁאוּל

ד אַחֲרָיו הַמִּדְבָּרָה: וַיִּשְׁלַח דָּוִד מְרַגְּלִים וַיֵּדַע כִּי־בָא שָׁאוּל אֶל־

ה נָכוֹן: וַיָּקָם דָּוִד וַיָּבֹא אֶל־הַמָּקוֹם אֲשֶׁר חָנָה־שָׁם שָׁאוּל וַיַּרְא
דָוִד אֶת־הַמָּקוֹם אֲשֶׁר שָׁכַב־שָׁם שָׁאוּל וְאַבְנֵר בֶּן־נֵר שַׂר־

ו צְבָאוֹ וְשָׁאוּל שֹׁכֵב בַּמַּעְגָּל וְהָעָם חֹנִים סְבִיבֹתוֹ: וַיַּעַן דָּוִד
וַיֹּאמֶר אֶל־אֲחִימֶלֶךְ הַחִתִּי וְאֶל־אֲבִישַׁי בֶּן־צְרוּיָה אֲחִי יוֹאָב
לֵאמֹר מִי־יֵרֵד אִתִּי אֶל־שָׁאוּל אֶל־הַמַּחֲנֶה וַיֹּאמֶר אֲבִישַׁי אֲנִי

ז אֵרֵד עִמָּךְ: וַיָּבֹא דָוִד וַאֲבִישַׁי ׀ אֶל־הָעָם לַיְלָה וְהִנֵּה שָׁאוּל
שֹׁכֵב יָשֵׁן בַּמַּעְגָּל וַחֲנִיתוֹ מְעוּכָה־בָאָרֶץ מְרַאֲשֹׁתָו וְאַבְנֵר

ח וְהָעָם שֹׁכְבִים סְבִיבֹתָו: וַיֹּאמֶר אֲבִישַׁי אֶל־דָּוִד
סִגַּר אֱלֹהִים הַיּוֹם אֶת־אוֹיִבְךָ בְּיָדֶךָ וְעַתָּה אַכֶּנּוּ נָא בַּחֲנִית

ט וּבָאָרֶץ פַּעַם אַחַת וְלֹא אֶשְׁנֶה לוֹ: וַיֹּאמֶר דָּוִד אֶל־אֲבִישַׁי אַל־
תַּשְׁחִיתֵהוּ כִּי מִי שָׁלַח יָדוֹ בִּמְשִׁיחַ יְהוָה וְנִקָּה: וַיֹּאמֶר דָּוִד חַי־

י יְהוָה כִּי אִם־יְהוָה יִגָּפֶנּוּ אוֹ־יוֹמוֹ יָבוֹא וָמֵת אוֹ בַמִּלְחָמָה יֵרֵד

יא וְנִסְפָּה: חָלִילָה לִּי מֵיהוָה מִשְּׁלֹחַ יָדִי בִּמְשִׁיחַ יְהוָה וְעַתָּה קַח־
נָא אֶת־הַחֲנִית אֲשֶׁר מְרַאֲשֹׁתָו וְאֶת־צַפַּחַת הַמַּיִם וְנֵלְכָה

יב לָּנוּ: וַיִּקַּח דָּוִד אֶת־הַחֲנִית וְאֶת־צַפַּחַת הַמַּיִם מֵרַאֲשֹׁתֵי
שָׁאוּל וַיֵּלְכוּ לָהֶם וְאֵין רֹאֶה וְאֵין יוֹדֵעַ וְאֵין מֵקִיץ כִּי כֻלָּם

יג יְשֵׁנִים כִּי תַּרְדֵּמַת יְהוָה נָפְלָה עֲלֵיהֶם: וַיַּעֲבֹר דָּוִד הָעֵבֶר

that the LORD smote Naval, and he died. And when David 39
heard that Naval was dead, he said, Blessed be the LORD, that
has pleaded the cause of my reproach from the hand of Naval,
and has kept his servant from evil: for the LORD has requited
the wickedness of Naval upon his own head. And David sent
and spoke with Avigayil, to take her to him to wife. And 40
when the servants of David were come to Avigayil to the
Karmel, they spoke to her, saying, David sent us to thee, to
take thee to him to wife. And she arose, and bowed herself 41
on her face to the earth, and said, Behold, let thy handmaid
be a servant to wash the feet of the servants of my lord.
And Avigayil hastened, and arose, and rode upon an ass, with 42
five girls of hers that went after her ; and she went after the
messengers of David, and became his wife. David also took 43
Aḥino'am of Yizre'el, and they were also both of them his
wives.   But Sha'ul had given Mikhal his daughter, David's 44
wife, to Palti, the son of Layish, who was from Gallim. And the **26**
Zifim came to Sha'ul to Giv'a, saying, Does not David hide
himself in the hill of Ḥakhila, which is before the Yeshimon?
Then Sha'ul arose, and went down to the wilderness of Zif, 2
having three thousand chosen men of Yisra'el with him, to
seek David in the wilderness of Zif. And Sha'ul encamped in 3
the hill of Ḥakhila, which is before the Yeshimon, by the
way. But David abode in the wilderness, and he saw that
Sha'ul came after him into the wilderness. David therefore 4
sent out spies, and understood that Sha'ul was come for a
fact. And David arose, and came to the place where Sha'ul 5
had encamped : and David beheld the place where Sha'ul
lay, together with Avner the son of Ner, the captain of his
host : and Sha'ul lay within the barricade, and the people
were encamped round about him. Then answered David and 6
said to Aḥimelekh the Ḥittite, and to Avishay the son of Ẓeruya,
brother to Yo'av, saying, Who will go down with me to Sha'ul
to the camp? And Avishay said, I will go down with thee. So 7
David and Avishay came to the people by night: and, behold,
Sha'ul lay sleeping within the barricade and his spear stuck
in the ground at his head: and Avner and the people lay round
about him.   Then said Avishay to David, GOD has delivered 8
thy enemy into thy hand this day : now therefore let me strike
him through with the spear to the earth at one blow, and I
will not need to strike him a second time. And David said to 9
Avishay, Destroy him not: for who can stretch out his hand
against the LORD's anointed, and be guiltless ? And David said, 10
As the LORD lives, the LORD shall smite him; or his day shall
come to die ; or he shall descend into battle ,and be swept
away. The LORD forbid that I should stretch out my hand 11
against the LORD's anointed: but, I pray thee, take thou now
the spear that is at his head, and the jar of water, and let us
go. So David took the spear and the jar of water from Sha'ul's 12
head; and they went away, and no man saw it, or knew it,
or awaked: for they were all asleep; because a deep sleep
from the LORD was fallen upon them. Then David went over 13
to the other side, and stood on the top of the hill afar off; a

יד וַיַּעֲמֹד עַל־רֹאשׁ־הָהָר מֵרָחֹק רַב הַמָּקוֹם בֵּינֵיהֶם: וַיִּקְרָא דָוִד
אֶל־הָעָם וְאֶל־אַבְנֵר בֶּן־נֵר לֵאמֹר הֲלוֹא תַעֲנֶה אַבְנֵר וַיַּעַן
טו אַבְנֵר וַיֹּאמֶר מִי אַתָּה קָרָאתָ אֶל־הַמֶּלֶךְ: וַיֹּאמֶר דָּוִד אֶל־
אַבְנֵר הֲלוֹא־אִישׁ אַתָּה וּמִי כָמוֹךָ בְּיִשְׂרָאֵל וְלָמָּה לֹא שָׁמַרְתָּ
אֶל־אֲדֹנֶיךָ הַמֶּלֶךְ כִּי־בָא אַחַד הָעָם לְהַשְׁחִית אֶת־הַמֶּלֶךְ
טז אֲדֹנֶיךָ: לֹא־טוֹב הַדָּבָר הַזֶּה אֲשֶׁר עָשִׂיתָ חַי־יְהֹוָה כִּי בְנֵי־מָוֶת
אַתֶּם אֲשֶׁר לֹא־שְׁמַרְתֶּם עַל־אֲדֹנֵיכֶם עַל־מְשִׁיחַ יְהֹוָה וְעַתָּה ׀
יז רְאֵה אֵי־חֲנִית הַמֶּלֶךְ וְאֶת־צַפַּחַת הַמַּיִם אֲשֶׁר מְרַאֲשֹׁתָו: וַיַּכֵּר
שָׁאוּל אֶת־קוֹל דָּוִד וַיֹּאמֶר הֲקוֹלְךָ זֶה בְּנִי דָוִד וַיֹּאמֶר דָּוִד
יח קוֹלִי אֲדֹנִי הַמֶּלֶךְ: וַיֹּאמֶר לָמָּה זֶּה אֲדֹנִי רֹדֵף אַחֲרֵי עַבְדּוֹ כִּי
יט מֶה עָשִׂיתִי וּמַה־בְּיָדִי רָעָה: וְעַתָּה יִשְׁמַע־נָא אֲדֹנִי הַמֶּלֶךְ אֵת
דִּבְרֵי עַבְדּוֹ אִם־יְהֹוָה הֱסִיתְךָ בִי יָרַח מִנְחָה וְאִם ׀ בְּנֵי הָאָדָם
אֲרוּרִים הֵם לִפְנֵי יְהֹוָה כִּי־גֵרְשׁוּנִי הַיּוֹם מֵהִסְתַּפֵּחַ בְּנַחֲלַת יְהֹוָה
כ לֵאמֹר לֵךְ עֲבֹד אֱלֹהִים אֲחֵרִים: וְעַתָּה אַל־יִפֹּל דָּמִי אַרְצָה
מִנֶּגֶד פְּנֵי יְהֹוָה כִּי־יָצָא מֶלֶךְ יִשְׂרָאֵל לְבַקֵּשׁ אֶת־פַּרְעֹשׁ אֶחָד
כא כַּאֲשֶׁר יִרְדֹּף הַקֹּרֵא בֶּהָרִים: וַיֹּאמֶר שָׁאוּל חָטָאתִי שׁוּב בְּנִי־
דָוִד כִּי לֹא־אָרַע לְךָ עוֹד תַּחַת אֲשֶׁר יָקְרָה נַפְשִׁי בְּעֵינֶיךָ הַיּוֹם
כב הַזֶּה הִנֵּה הִסְכַּלְתִּי וָאֶשְׁגֶּה הַרְבֵּה מְאֹד: וַיַּעַן דָּוִד וַיֹּאמֶר הִנֵּה
חֲנִית   הַחֲנִית הַמֶּלֶךְ וְיַעֲבֹר אֶחָד מֵהַנְּעָרִים וְיִקָּחֶהָ: וַיהֹוָה יָשִׁיב לָאִישׁ
כג אֶת־צִדְקָתוֹ וְאֶת־אֱמֻנָתוֹ אֲשֶׁר נְתָנְךָ יְהֹוָה ׀ הַיּוֹם בְּיָד וְלֹא
אָבִיתִי לִשְׁלֹחַ יָדִי בִּמְשִׁיחַ יְהֹוָה: וְהִנֵּה כַּאֲשֶׁר גָּדְלָה נַפְשְׁךָ
כד הַיּוֹם הַזֶּה בְּעֵינָי כֵּן תִּגְדַּל נַפְשִׁי בְּעֵינֵי יְהֹוָה וְיַצִּלֵנִי מִכָּל־
כה צָרָה: וַיֹּאמֶר שָׁאוּל אֶל־דָּוִד בָּרוּךְ אַתָּה בְּנִי דָוִד גַּם
עָשֹׂה תַעֲשֶׂה וְגַם יָכֹל תּוּכָל וַיֵּלֶךְ דָּוִד לְדַרְכּוֹ וְשָׁאוּל שָׁב
יח   לִמְקוֹמוֹ:

כז א וַיֹּאמֶר דָּוִד אֶל־לִבּוֹ עַתָּה אֶסָּפֶה יוֹם־
אֶחָד בְּיַד־שָׁאוּל אֵין־לִי טוֹב כִּי־הִמָּלֵט אִמָּלֵט ׀ אֶל־אֶרֶץ
פְּלִשְׁתִּים וְנוֹאַשׁ מִמֶּנִּי שָׁאוּל לְבַקְשֵׁנִי עוֹד בְּכָל־גְּבוּל יִשְׂרָאֵל
ב וְנִמְלַטְתִּי מִיָּדוֹ: וַיָּקָם דָּוִד וַיַּעֲבֹר הוּא וְשֵׁשׁ־מֵאוֹת אִישׁ אֲשֶׁר
עִמּוֹ אֶל־אָכִישׁ בֶּן־מָעוֹךְ מֶלֶךְ גַּת: וַיֵּשֶׁב דָּוִד עִם־אָכִישׁ בְּגַת
ג הוּא וַאֲנָשָׁיו אִישׁ וּבֵיתוֹ דָּוִד וּשְׁתֵּי נָשָׁיו אֲחִינֹעַם הַיִּזְרְעֵאלִת
ד וַאֲבִיגַיִל אֵשֶׁת־נָבָל הַכַּרְמְלִית: וַיֻּגַּד לְשָׁאוּל כִּי־בָרַח דָּוִד גַּת
ה וְלֹא־יוֹסַף עוֹד לְבַקְשׁוֹ:   וַיֹּאמֶר דָּוִד אֶל־אָכִישׁ
יֹסַף   אִם־נָא מָצָאתִי חֵן בְּעֵינֶיךָ יִתְּנוּ־לִי מָקוֹם בְּאַחַת עָרֵי הַשָּׂדֶה
ו וְאֵשְׁבָה שָּׁם וְלָמָּה יֵשֵׁב עַבְדְּךָ בְּעִיר הַמַּמְלָכָה עִמָּךְ: וַיִּתֶּן־לוֹ

14 great space being between them: and David cried to the
people, and to Avner the son of Ner, saying, Wilt thou not
answer, Avner? Then Avner answered and said, Who art thou
15 that criest to the king? And David said to Avner, Art not thou
a valiant man? and who is like to thee in Yisra'el? why then
hast thou not guarded thy lord the king? for there came one
16 of the people in to destroy the king thy lord. This thing is not
good that thou hast done. As the LORD lives, you are worthy
to die, because you have not kept your master, the LORD's
anointed. And now see where the king's spear is, and the jar
17 of water that was at his head. And Sha'ul knew David's voice,
and said, Is this thy voice, my son David? And David said,
18 It is my voice, O my lord, the king. And he said, Why does
my lord thus pursue after his servant? for what have I done?
19 or what evil is in my hand? Now therefore I pray thee, let
my lord the king hear the words of his servant. If the LORD
has stirred thee up against me, let him accept an offering:
but if they be the children of men, cursed be they before the
LORD; for they have driven me out this day from being joined
to the inheritance of the LORD, saying, Go, serve other gods.
20 Now therefore, let not my blood fall to the earth before the
face of the LORD: for the king of Yisra'el is come out to seek
a single flea, as when one hunts the partridge in the moun-
21 tains. Then said Sha'ul, I have sinned: return, my son David:
for I will no more do thee harm, because my life was precious
in thy eyes this day: behold, I have played the fool, and have
22 erred exceedingly. And David answered and said, Behold the
king's spear! and let one of the young men come over and
23 fetch it. And the LORD requite to every man his righteousness
and his faithfulness: for the LORD delivered thee into my hand
to day, but I would not stretch out my hand against the LORD's
24 anointed. And, behold, as thy life was much esteemed this
day in my eyes, so let my life be much esteemed in the eyes
of the LORD, and let him deliver me out of all tribulation.
25 Then Sha'ul said to David, Blessed be thou, my son David:
thou shalt both do great things, and also shalt still prevail.
So David went on his way, and Sha'ul returned to his place.

27 And David said in his heart, I shall now perish one day by
the hand of Sha'ul; there is nothing better for me than that
I should speedily escape into the land of the Pelishtim; and
Sha'ul shall despair of me, to seek me any more in the whole
2 territory of Yisra'el: so shall I escape out of his hand. And
David arose, and he passed over with the six hundred men
that were with him to Akhish, the son of Ma'okh, king of
3 Gat. And David dwelt with Akhish at Gat, he and his men,
every man with his household, David with his two wives,
Aḥino'am the Yizre'elite, and Avigayil the Karmelite, Naval's
4 wife. And it was told Sha'ul that David was fled to Gat: and he
5 sought no more again for him. And David said to Akhish,
If I have now found favour in thy eyes, let them give me a
place in some town in the country, that I may dwell there:
for why should thy servant dwell in the royal city with thee?
6 Then Akhish gave him Ẕiqlag that day: therefore Ẕiqlag be-

אָכִישׁ בַּיּוֹם הַהוּא אֶת־צִקְלָג לָכֵן הָיְתָה צִקְלַג לְמַלְכֵי יְהוּדָה
עַד הַיּוֹם הַזֶּה: וַיְהִי מִסְפַּר הַיָּמִים אֲשֶׁר־יָשַׁב ז
דָוִד בִּשְׂדֵה פְלִשְׁתִּים יָמִים וְאַרְבָּעָה חֳדָשִׁים: וַיַּעַל דָּוִד וַאֲנָשָׁיו ח
וְהַגְּזֻרִי וַיִּפְשְׁטוּ אֶל־הַגְּשׁוּרִי וְהַגִּרְזִי וְהָעֲמָלֵקִי כִּי הֵנָּה יֹשְׁבוֹת הָאָרֶץ
אֲשֶׁר מֵעוֹלָם בּוֹאֲךָ שׁוּרָה וְעַד־אֶרֶץ מִצְרָיִם: וְהִכָּה דָוִד אֶת־ ט
הָאָרֶץ וְלֹא יְחַיֶּה אִישׁ וְאִשָּׁה וְלָקַח צֹאן וּבָקָר וַחֲמֹרִים וּגְמַלִּים
וּבְגָדִים וַיָּשָׁב וַיָּבֹא אֶל־אָכִישׁ: וַיֹּאמֶר אָכִישׁ אַל־פְּשַׁטְתֶּם י
הַיּוֹם וַיֹּאמֶר דָּוִד עַל־נֶגֶב יְהוּדָה וְעַל־נֶגֶב הַיְּרַחְמְאֵלִי וְאֶל־
נֶגֶב הַקֵּינִי: וְאִישׁ וְאִשָּׁה לֹא־יְחַיֶּה דָוִד לְהָבִיא גַת לֵאמֹר פֶּן־ יא
יַגִּדוּ עָלֵינוּ לֵאמֹר כֹּה־עָשָׂה דָוִד וְכֹה מִשְׁפָּטוֹ כָּל־הַיָּמִים אֲשֶׁר
יָשַׁב בִּשְׂדֵה פְלִשְׁתִּים: וַיַּאֲמֵן אָכִישׁ בְּדָוִד לֵאמֹר הַבְאֵשׁ יב
הִבְאִישׁ בְּעַמּוֹ בְיִשְׂרָאֵל וְהָיָה לִי לְעֶבֶד עוֹלָם: וַיְהִי כח א
בַּיָּמִים הָהֵם וַיִּקְבְּצוּ פְלִשְׁתִּים אֶת־מַחֲנֵיהֶם לַצָּבָא לְהִלָּחֵם
בְּיִשְׂרָאֵל וַיֹּאמֶר אָכִישׁ אֶל־דָּוִד יָדֹעַ תֵּדַע כִּי אִתִּי תֵּצֵא
בַמַּחֲנֶה אַתָּה וַאֲנָשֶׁיךָ: וַיֹּאמֶר דָּוִד אֶל־אָכִישׁ לָכֵן אַתָּה ב
תֵדַע אֵת אֲשֶׁר־יַעֲשֶׂה עַבְדֶּךָ וַיֹּאמֶר אָכִישׁ אֶל־דָּוִד לָכֵן
שֹׁמֵר לְרֹאשִׁי אֲשִׂימְךָ כָּל־הַיָּמִים:
וּשְׁמוּאֵל מֵת וַיִּסְפְּדוּ־לוֹ כָּל־יִשְׂרָאֵל וַיִּקְבְּרֻהוּ בָרָמָה וּבְעִירוֹ ג
וְשָׁאוּל הֵסִיר הָאֹבוֹת וְאֶת־הַיִּדְּעֹנִים מֵהָאָרֶץ: וַיִּקָּבְצוּ ד
פְלִשְׁתִּים וַיָּבֹאוּ וַיַּחֲנוּ בְשׁוּנֵם וַיִּקְבֹּץ שָׁאוּל אֶת־כָּל־יִשְׂרָאֵל
וַיַּחֲנוּ בַּגִּלְבֹּעַ: וַיַּרְא שָׁאוּל אֶת־מַחֲנֵה פְלִשְׁתִּים וַיִּרָא וַיֶּחֱרַד ה
לִבּוֹ מְאֹד: וַיִּשְׁאַל שָׁאוּל בַּיהוָה וְלֹא עָנָהוּ יְהוָה גַּם בַּחֲלֹמוֹת ו
גַּם בָּאוּרִים גַּם בַּנְּבִיאִם: וַיֹּאמֶר שָׁאוּל לַעֲבָדָיו בַּקְּשׁוּ־לִי אֵשֶׁת ז
בַּעֲלַת־אוֹב וְאֵלְכָה אֵלֶיהָ וְאֶדְרְשָׁה־בָּהּ וַיֹּאמְרוּ עֲבָדָיו אֵלָיו
הִנֵּה אֵשֶׁת בַּעֲלַת־אוֹב בְּעֵין דּוֹר: וַיִּתְחַפֵּשׂ שָׁאוּל וַיִּלְבַּשׁ ח
בְּגָדִים אֲחֵרִים וַיֵּלֶךְ הוּא וּשְׁנֵי אֲנָשִׁים עִמּוֹ וַיָּבֹאוּ אֶל־הָאִשָּׁה
קָסֳמִי־ לָיְלָה וַיֹּאמֶר קָסֳמִי־נָא לִי בָּאוֹב וְהַעֲלִי לִי אֵת אֲשֶׁר־אֹמַר
אֵלָיִךְ: וַתֹּאמֶר הָאִשָּׁה אֵלָיו הִנֵּה אַתָּה יָדַעְתָּ אֵת אֲשֶׁר־עָשָׂה ט
שָׁאוּל אֲשֶׁר הִכְרִית אֶת־הָאֹבוֹת וְאֶת־הַיִּדְּעֹנִי מִן־הָאָרֶץ
וְלָמָה אַתָּה מִתְנַקֵּשׁ בְּנַפְשִׁי לַהֲמִיתֵנִי: וַיִּשָּׁבַע לָהּ שָׁאוּל י
בַּיהוָה לֵאמֹר חַי־יְהוָֹה אִם־יִקְּרֵךְ עָוֹן בַּדָּבָר הַזֶּה: וַתֹּאמֶר יא
הָאִשָּׁה אֶת־מִי אַעֲלֶה־לָּךְ וַיֹּאמֶר אֶת־שְׁמוּאֵל הַעֲלִי־לִי:
וַתֵּרֶא הָאִשָּׁה אֶת־שְׁמוּאֵל וַתִּזְעַק בְּקוֹל גָּדוֹל וַתֹּאמֶר הָאִשָּׁה יב
אֶל־שָׁאוּל לֵאמֹר לָמָּה רִמִּיתָנִי וְאַתָּה שָׁאוּל: וַיֹּאמֶר לָהּ יג
הַמֶּלֶךְ אַל־תִּירְאִי כִּי מָה רָאִית וַתֹּאמֶר הָאִשָּׁה אֶל־שָׁאוּל
אֱלֹהִים רָאִיתִי עֹלִים מִן־הָאָרֶץ: וַיֹּאמֶר לָהּ מַה־תָּאֳרוֹ וַתֹּאמֶר יד

longs to the king of Yehuda to this day.   And the time that   7
David dwelt in the country of the Pelishtim was a full year
and four months. And David and his men went up, and raided   8
the Geshuri, and the Gizri, and the 'Amaleqi: for those nations
were of old the inhabitants of the land, in the direction of
Shur, as far as the land of Miẓrayim. And David smote the   9
land, and left neither man nor woman alive, and took away
the sheep, and the oxen, and the asses, and the camels, and
the apparel, and returned, and came to Akhish. When Akhish   10
said. Where did you make a raid today? David would say,
Against the south of Yehuda, or against the south of the
Yeraḥm'eli, or against the south of the Qeni. And David saved   11
neither man or woman alive, to bring tidings to Gat, saying,
Lest they should tell on us, saying, Thus did David, and this
was his practice all the time he dwelt in the country of the
Pelishtim. And Akhish believed David, saying, He has made   12
his people Yisra'el utterly to abhor him ; therefore he shall be
my servant for ever.   And it came to pass in those   **28**
days, that the Pelishtim gathered their armies together for
warfare, to fight with Yisra'el. And Akhish said to David,
Thou must know, that thou shalt go out with me to battle,
thou and thy men. And David said to Akhish, Surely thou   2
shall get to know what thy servant will do. And Akhish said to
David, Therefore will I make thee my bodyguard for ever.
Now Shemu'el was dead, and all Yisra'el had mourned him,   3
and buried him in Rama in his own city. And Sha'ul had put
away the mediums and the wizards, out of the land. And the   4
Pelishtim gathered themselves together, and came and pitched
in Shunem: and Sha'ul gathered all Yisra'el together, and they
pitched on the Gilboa. And when Sha'ul saw the camp of the   5
Pelishtim, he was afraid, and his heart greatly trembled. And   6
when Sha'ul inquired of the LORD, the LORD answered him
not, neither by dreams, nor by the Urim, nor by prophets.
Then said Sha'ul to his servants, Seek me a woman who is   7
a medium, that I may go to her, and inquire of her. And his
servants said to him, Behold, there is a medium at 'En-dor. And   8
Sha'ul disguised himself, and put on other clothes, and he
went, and two men with him, and they came to the woman by
night: and he said, I pray thee, divine for me by means of
the familiar spirit, and bring him up for me, whom I shall
name to thee. And the woman said to him, Behold, thou know-   9
st what Sha'ul has done, how he has cut off the diviners,
and the wizards, out of the land: why then layest thou a snare
for my life, to cause me to die? And Sha'ul swore to her by   10
the LORD, saying, As the LORD lives, no punishment shall be-
fall thee for this thing. Then said the woman, Whom shall I   11
bring up to thee? And he said, Bring me up Shemu'el. And   12
when the woman saw Shemu'el, she cried with a loud voice:
and the woman spoke to Sha'ul, saying, Why hast thou de-
ceived me? for thou art Sha'ul. And the king said to her, Be   13
not afraid: for what sawest thou? And the woman said to
Sha'ul, I saw a godlike man ascending out of the earth. And   14
he said to her, What form is he of ? And she said, An old man

אִישׁ זָקֵן וְהוּא עֹטֶה מְעִיל וַיֵּדַע שָׁאוּל כִּי־שְׁמוּאֵל הוּא

וַיִּקֹּד אַפַּיִם אַרְצָה וַיִּשְׁתָּחוּ: וַיֹּאמֶר שְׁמוּאֵל

אֶל־שָׁאוּל לָמָּה הִרְגַּזְתַּנִי לְהַעֲלוֹת אֹתִי וַיֹּאמֶר שָׁאוּל צַר־לִי

מְאֹד וּפְלִשְׁתִּים נִלְחָמִים בִּי וֵאלֹהִים סָר מֵעָלַי וְלֹא־עָנָנִי עוֹד

גַּם בְּיַד־הַנְּבִיאִם גַּם־בַּחֲלֹמוֹת וָאֶקְרָאֶה לְךָ לְהוֹדִיעֵנִי מָה

אֶעֱשֶׂה: וַיֹּאמֶר שְׁמוּאֵל וְלָמָּה תִּשְׁאָלֵנִי וַיהוָה סָר מֵעָלֶיךָ וַיְהִי

עָרֶךָ: וַיַּעַשׂ יְהוָה לוֹ כַּאֲשֶׁר דִּבֶּר בְּיָדִי וַיִּקְרַע יְהוָה אֶת־

הַמַּמְלָכָה מִיָּדֶךָ וַיִּתְּנָהּ לְרֵעֲךָ לְדָוִד: כַּאֲשֶׁר לֹא־שָׁמַעְתָּ בְּקוֹל

יְהוָה וְלֹא־עָשִׂיתָ חֲרוֹן־אַפּוֹ בַּעֲמָלֵק עַל־כֵּן הַדָּבָר הַזֶּה עָשָׂה

לְךָ יְהוָה הַיּוֹם הַזֶּה: וְיִתֵּן יְהוָה גַּם אֶת־יִשְׂרָאֵל עִמְּךָ בְּיַד־

פְּלִשְׁתִּים וּמָחָר אַתָּה וּבָנֶיךָ עִמִּי גַּם אֶת־מַחֲנֵה יִשְׂרָאֵל יִתֵּן

יְהוָה בְּיַד־פְּלִשְׁתִּים: וַיְמַהֵר שָׁאוּל וַיִּפֹּל מְלֹא־קוֹמָתוֹ אַרְצָה

וַיִּרָא מְאֹד מִדִּבְרֵי שְׁמוּאֵל גַּם־כֹּחַ לֹא־הָיָה בוֹ כִּי לֹא אָכַל

לֶחֶם כָּל־הַיּוֹם וְכָל־הַלָּיְלָה: וַתָּבוֹא הָאִשָּׁה אֶל־שָׁאוּל וַתֵּרֶא

כִּי־נִבְהַל מְאֹד וַתֹּאמֶר אֵלָיו הִנֵּה שָׁמְעָה שִׁפְחָתְךָ בְּקוֹלֶךָ

וָאָשִׂים נַפְשִׁי בְּכַפִּי וָאֶשְׁמַע אֶת־דְּבָרֶיךָ אֲשֶׁר דִּבַּרְתָּ אֵלָי:

וְעַתָּה שְׁמַע־נָא גַם־אַתָּה בְּקוֹל שִׁפְחָתֶךָ וְאָשִׂמָה לְפָנֶיךָ

פַּת־לֶחֶם וֶאֱכוֹל וִיהִי בְךָ כֹּחַ כִּי תֵלֵךְ בַּדָּרֶךְ: וַיְמָאֵן

וַיֹּאמֶר לֹא אֹכַל וַיִּפְרְצוּ־בוֹ עֲבָדָיו וְגַם־הָאִשָּׁה וַיִּשְׁמַע

לְקֹלָם וַיָּקָם מֵהָאָרֶץ וַיֵּשֶׁב אֶל־הַמִּטָּה: וְלָאִשָּׁה עֵגֶל־מַרְבֵּק

בַּבַּיִת וַתְּמַהֵר וַתִּזְבָּחֵהוּ וַתִּקַּח־קֶמַח וַתָּלָשׁ וַתֹּפֵהוּ מַצּוֹת:

וַתַּגֵּשׁ לִפְנֵי־שָׁאוּל וְלִפְנֵי עֲבָדָיו וַיֹּאכֵלוּ וַיָּקֻמוּ וַיֵּלְכוּ בַּלָּיְלָה

הַהוּא: וַיִּקָּבְצוּ פְלִשְׁתִּים אֶת־כָּל־מַחֲנֵיהֶם

אֲפֵקָה וְיִשְׂרָאֵל חֹנִים בָּעַיִן אֲשֶׁר בְּיִזְרְעֶאל: וְסַרְנֵי פְלִשְׁתִּים

עֹבְרִים לְמֵאוֹת וְלַאֲלָפִים וְדָוִד וַאֲנָשָׁיו עֹבְרִים בָּאַחֲרֹנָה

עִם־אָכִישׁ: וַיֹּאמְרוּ שָׂרֵי פְלִשְׁתִּים מָה הָעִבְרִים הָאֵלֶּה וַיֹּאמֶר

אָכִישׁ אֶל־שָׂרֵי פְלִשְׁתִּים הֲלוֹא־זֶה דָוִד עֶבֶד שָׁאוּל מֶלֶךְ־

יִשְׂרָאֵל אֲשֶׁר הָיָה אִתִּי זֶה יָמִים אוֹ־זֶה שָׁנִים וְלֹא־מָצָאתִי

בוֹ מְאוּמָה מִיּוֹם נָפְלוֹ עַד־הַיּוֹם הַזֶּה: וַיִּקְצְפוּ

עָלָיו שָׂרֵי פְלִשְׁתִּים וַיֹּאמְרוּ לוֹ שָׂרֵי פְלִשְׁתִּים הָשֵׁב אֶת־

הָאִישׁ וְיָשֹׁב אֶל־מְקוֹמוֹ אֲשֶׁר הִפְקַדְתּוֹ שָׁם וְלֹא־יֵרֵד עִמָּנוּ

בַּמִּלְחָמָה וְלֹא־יִהְיֶה־לָּנוּ לְשָׂטָן בַּמִּלְחָמָה וּבַמֶּה יִתְרַצֶּה זֶה

אֶל־אֲדֹנָיו הֲלוֹא בְּרָאשֵׁי הָאֲנָשִׁים הָהֵם: הֲלוֹא־זֶה דָוִד

comes up; and he is covered with a mantle. And Sha'ul knew that it was Shemu'el, and he stooped with his face to the ground, and bowed himself.   And Shemu'el said to Sha'ul, 15 Why hast thou disquieted me, to bring me up ? And Sha'ul answered, I am greatly distressed; for the Pelishtim make war against me, and GOD has departed from me, and answers me no more, neither by prophets, nor by dreams: therefore I have called thee, that thou mayst make known to me what I shall do. Then said Shemu'el, Why then dost thou ask of me, see- 16 ing the LORD has departed from thee, and is become thy enemy ? And the LORD has done for himself, as he spoke by 17 me: for the LORD has rent the kingdom out of thy hand, and given it to thy neighbour, to David : because thou wouldst 18 not obey the voice of the LORD nor wouldst execute his fierce wrath upon 'Amaleq, therefore has the LORD done this thing to thee this day. Moreover the LORD will also 19 deliver Yisra'el with thee into the hand of the Pelishtim: and to morrow shalt thou and thy sons be with me: the LORD also shall deliver the camp of Yisra'el into the hand of the Pelishtim. Then Sha'ul quickly fell full-length onto the ground 20 and was greatly afraid at the words of Shemu'el; nor was there any strength in him, for he had eaten no bread all day and all night. And the woman came to Sha'ul and saw that he 21 was much terrified, and she said to him, Behold, thy handmaid has obeyed thy voice, and I have taken my life in my hand, and have hearkened to thy words which thou didst speak to me. Now therefore, I pray thee, hearken thou also to the 22 voice of thy handmaid, and let me set a morsel of bread before thee; and eat, that thou mayst have strength, when thou goest on thy way. But he refused, and said, I will not eat. 23 But his servants, together with the woman, compelled him; and he hearkened to their voice. So he arose from the earth, and sat upon the bed. And the woman had a fatted calf in 24 the house; and she hastened, and killed it, and took flour, and kneaded it, and baked unleavened bread of it : and she brought 25 it before Sha'ul, and before his servants ; and they did eat. Then they rose up, and went away that night.   Now **29** the Pelishtim gathered together all their camps to Afeq : and Yisra'el pitched by the spring which is in Yizre'el. And the lords 2 of the Pelishtim passed on by hundreds, and by thousands: but David and his men passed on in the rear with Akhish. Then said the princes of the Pelishtim, What are these Heb- 3 rews doing here ? And Akhish said to the princes of the Pelishtim, Is not this David, the servant of Sha'ul the king of Yisra'el, who has been with me a year, or more, and I have found no fault in him since he came over to me to this day ?

        And the princes of the Pelishtim were angry with him ; 4 and the princes of the Pelishtim said to him, Make this fellow return, that he may go back to his place which thou hast appointed him, and let him not go down with us to battle, lest in the battle he be an adversary to us : for with what might he reconcile himself to his master ? could it not be with the heads of these men ? Is not this David, of whom they sang one to 5

אֲשֶׁר יַעֲנוּ־לוֹ בַּמְּחֹלֹות לֵאמֹר הִכָּה שָׁאוּל בַּאֲלָפָו וְדָוִד בְּרִבְבֹתָו:

וַיִּקְרָא אָכִישׁ אֶל־דָּוִד וַיֹּאמֶר אֵלָיו

ו חַי־יְהוָה כִּי־יָשָׁר אַתָּה וְטֹוב בְּעֵינַי צֵאתְךָ וּבֹאֲךָ אִתִּי בַּמַּחֲנֶה כִּי לֹא־מָצָאתִי בְךָ רָעָה מִיֹּום בֹּאֲךָ אֵלַי עַד־הַיֹּום הַזֶּה וּבְעֵינֵי הַסְּרָנִים לֹא־טֹוב אָתָּה: וְעַתָּה שׁוּב וְלֵךְ בְּשָׁלֹום וְלֹא־תַעֲשֶׂה

ז רָע בְּעֵינֵי סַרְנֵי פְלִשְׁתִּים: וַיֹּאמֶר דָּוִד אֶל־אָכִישׁ

ח כִּי מֶה עָשִׂיתִי וּמַה־מָּצָאתָ בְעַבְדְּךָ מִיֹּום אֲשֶׁר הָיִיתִי לְפָנֶיךָ עַד הַיֹּום הַזֶּה כִּי לֹא אָבֹוא וְנִלְחַמְתִּי בְּאֹיְבֵי אֲדֹנִי הַמֶּלֶךְ:

ט וַיַּעַן אָכִישׁ וַיֹּאמֶר אֶל־דָּוִד יָדַעְתִּי כִּי טֹוב אַתָּה בְּעֵינַי כְּמַלְאַךְ אֱלֹהִים אַךְ שָׂרֵי פְלִשְׁתִּים אָמְרוּ לֹא־יַעֲלֶה עִמָּנוּ

י בַּמִּלְחָמָה: וְעַתָּה הַשְׁכֵּם בַּבֹּקֶר וְעַבְדֵי אֲדֹנֶיךָ אֲשֶׁר־בָּאוּ אִתָּךְ וְהִשְׁכַּמְתֶּם בַּבֹּקֶר וְאֹור לָכֶם וָלֵכוּ: וַיַּשְׁכֵּם דָּוִד הוּא וַאֲנָשָׁיו

יא לָלֶכֶת בַּבֹּקֶר לָשׁוּב אֶל־אֶרֶץ פְּלִשְׁתִּים וּפְלִשְׁתִּים עָלוּ יִזְרְעֶאל:

ל א וַיְהִי בְּבֹא דָוִד וַאֲנָשָׁיו צִקְלַג בַּיֹּום הַשְּׁלִישִׁי וַעֲמָלֵקִי פָשְׁטוּ אֶל־נֶגֶב וְאֶל־צִקְלַג וַיַּכּוּ אֶת־צִקְלַג

ב וַיִּשְׂרְפוּ אֹתָהּ בָּאֵשׁ: וַיִּשְׁבּוּ אֶת־הַנָּשִׁים אֲשֶׁר־בָּהּ מִקָּטֹן וְעַד־

ג גָּדֹול לֹא הֵמִיתוּ אִישׁ וַיִּנְהֲגוּ וַיֵּלְכוּ לְדַרְכָּם: וַיָּבֹא דָוִד וַאֲנָשָׁיו אֶל־הָעִיר וְהִנֵּה שְׂרוּפָה בָּאֵשׁ וּנְשֵׁיהֶם וּבְנֵיהֶם וּבְנֹתֵיהֶם נִשְׁבּוּ:

ד וַיִּשָּׂא דָוִד וְהָעָם אֲשֶׁר־אִתֹּו אֶת־קֹולָם וַיִּבְכּוּ עַד אֲשֶׁר אֵין־

ה בָּהֶם כֹּחַ לִבְכֹּות: וּשְׁתֵּי נְשֵׁי־דָוִד נִשְׁבּוּ אֲחִינֹעַם הַיִּזְרְעֵלִית וַאֲבִיגַיִל אֵשֶׁת נָבָל הַכַּרְמְלִי: וַתֵּצֶר לְדָוִד מְאֹד כִּי־אָמְרוּ הָעָם לְסָקְלֹו כִּי־מָרָה נֶפֶשׁ כָּל־הָעָם אִישׁ עַל־בָּנָו וְעַל־בְּנֹתָיו

ז וַיִּתְחַזֵּק דָּוִד בַּיהוָה אֱלֹהָיו: וַיֹּאמֶר דָּוִד אֶל־ אֶבְיָתָר הַכֹּהֵן בֶּן־אֲחִימֶלֶךְ הַגִּישָׁה־נָּא לִי הָאֵפֹד וַיַּגֵּשׁ אֶבְיָתָר

ח אֶת־הָאֵפֹד אֶל־דָּוִד: וַיִּשְׁאַל דָּוִד בַּיהוָה לֵאמֹר אֶרְדֹּף אַחֲרֵי הַגְּדוּד־הַזֶּה הַאַשִּׂגֶנּוּ וַיֹּאמֶר לֹו רְדֹף כִּי־הַשֵּׂג תַּשִּׂיג וְהַצֵּל

ט תַּצִּיל: וַיֵּלֶךְ דָּוִד הוּא וְשֵׁשׁ־מֵאֹות אִישׁ אֲשֶׁר אִתֹּו וַיָּבֹאוּ עַד־

י נַחַל הַבְּשֹׂור וְהַנֹּותָרִים עָמָדוּ: וַיִּרְדֹּף דָּוִד הוּא וְאַרְבַּע־מֵאֹות אִישׁ וַיַּעַמְדוּ מָאתַיִם אִישׁ אֲשֶׁר פִּגְּרוּ מֵעֲבֹר אֶת־נַחַל הַבְּשֹׂור:

יא וַיִּמְצְאוּ אִישׁ־מִצְרִי בַּשָּׂדֶה וַיִּקְחוּ אֹתֹו אֶל־דָּוִד וַיִּתְּנוּ־לֹו לֶחֶם

יב וַיֹּאכַל וַיַּשְׁקֻהוּ מָיִם: וַיִּתְּנוּ־לֹו פֶלַח דְּבֵלָה וּשְׁנֵי צִמֻּקִים וַיֹּאכַל וַתָּשָׁב רוּחֹו אֵלָיו כִּי לֹא־אָכַל לֶחֶם וְלֹא־שָׁתָה מַיִם שְׁלֹשָׁה

יג יָמִים וּשְׁלֹשָׁה לֵילֹות: וַיֹּאמֶר לֹו דָוִד לְמִי־אַתָּה וְאֵי מִזֶּה אָתָּה וַיֹּאמֶר נַעַר מִצְרִי אָנֹכִי עֶבֶד לְאִישׁ עֲמָלֵקִי

another in dances, saying, Sha'ul has slain his thousands, and
David his ten thousands? Then Akhish called David, and 6
said to him, Surely, as the LORD lives, thou hast been upright,
and thy going out and thy coming in with me in the camp is good
in my sight: for I have not found evil in thee since the day of
thy coming to me to this day: nevertheless the lords favour
thee not. And now return, and go in peace, that thou displease 7
not the lords of the Pelishtim. And David said to Akhish, 8
But what have I done? and what thou found in thy servant
so long as I have been with thee to this day, that I may not
go and fight against the enemies of my lord the king? And 9
Akhish answered and said to David, I know that thou art
good in my sight, as an angel of GOD: but the princes of the
Pelishtim have said, He shall not go up with us to the battle.
And now rise up early in the morning with thy master's 10
servants that are come with thee: and as soon as you are up
early in the morning, and have light, depart. So David and his 11
men rose up early to depart in the morning, to return to the
land of the Pelishtim. And the Pelishtim went up to Yizre‘el.

And it came to pass, when David and his men were **30**
come to Ẕiqlag on the third day, that the ‘Amaleqi had raided
the Negev, and Ẕiqlag, and had smitten Ẕiqlag, and had burned
it with fire; and had taken the women captives, that were 2
there both great and small: they slew not any, but carried
them away, and went on their way. So David and his men 3
came to the city, and, behold, it was burned with fire; and
their wives, and their sons, and their daughters, were taken
captives. Then David and the people that were with him lifted 4
up their voice and wept, until they had no more power to
weep. And David's two wives were taken captives, Aẖino‘am 5
the Yizre‘elite, and Avigayil the wife of Naval the Karmelite.
And David was greatly distressed; for the people spoke of 6
stoning him, because the soul of all the people was grieved,
every man for his sons and for his daughters: but David forti-
fied himself in the LORD his GOD. And David said to Evya- 7
tar, the priest, Aẖimelekh's son, I pray thee, bring me here the
efod. And Evyatar brought the efod of David. And David in- 8
quired of the LORD, saying, Shall I pursue after this troop? shall
I overtake them? And he answered him, Pursue: for thou shalt
surely overtake them, and without fail recover all. So David 9
went, he and the six hundred men that were with him, and
came to the wadi of Besor, where those stayed who were left
behind. But David pursued, he and four hundred men: for 10
two hundred, who were too weak to go over the wadi of Besor,
remained behind. And they found a Miẕrian in the field, and 11
brought him to David, and gave him bread, and he did eat; and
they made him drink water; and they gave him a slice of a cake 12
of figs, and two clusters of raisins: and when he had eaten,
his spirit came back to him: for he had eaten no bread, nor
drunk any water. three days and three nights. And David 13
said to him, To whom dost thou belong? and from where dost
thou come? And he said, I am a young Miẕrian man, servant
to an ‘Amaleqite; and my master left me, because three days

יד וַיַּעַזְבֵנִי אֲדֹנָי כִּי חָלִיתִי הַיּוֹם שְׁלֹשָׁה: אֲנַחְנוּ פָּשַׁטְנוּ נֶגֶב הַכְּרֵתִי וְעַל־אֲשֶׁר לִיהוּדָה וְעַל־נֶגֶב כָּלֵב וְאֶת־צִקְלַג שָׂרַפְנוּ בָאֵשׁ:

טו וַיֹּאמֶר אֵלָיו דָּוִד הֲתוֹרִדֵנִי אֶל־הַגְּדוּד הַזֶּה וַיֹּאמֶר הִשָּׁבְעָה לִּי בֵאלֹהִים אִם־תְּמִיתֵנִי וְאִם־תַּסְגִּרֵנִי בְּיַד־אֲדֹנִי

טז וְאוֹרִדְךָ אֶל־הַגְּדוּד הַזֶּה: וַיֹּרִדֵהוּ וְהִנֵּה נְטֻשִׁים עַל־פְּנֵי כָל־הָאָרֶץ אֹכְלִים וְשֹׁתִים וְחֹגְגִים בְּכֹל הַשָּׁלָל הַגָּדוֹל אֲשֶׁר לָקְחוּ מֵאֶרֶץ פְּלִשְׁתִּים וּמֵאֶרֶץ יְהוּדָה:

יז וַיַּכֵּם דָּוִד מֵהַנֶּשֶׁף וְעַד־הָעֶרֶב לְמָחֳרָתָם וְלֹא־נִמְלַט מֵהֶם אִישׁ כִּי אִם־אַרְבַּע מֵאוֹת אִישׁ־נַעַר אֲשֶׁר־רָכְבוּ עַל־הַגְּמַלִּים וַיָּנֻסוּ:

יח וַיַּצֵּל דָּוִד אֵת כָּל־אֲשֶׁר לָקְחוּ עֲמָלֵק וְאֶת־שְׁתֵּי נָשָׁיו הִצִּיל דָּוִד:

יט וְלֹא נֶעְדַּר־לָהֶם מִן־הַקָּטֹן וְעַד־הַגָּדוֹל וְעַד־בָּנִים וּבָנוֹת וּמִשָּׁלָל וְעַד כָּל־אֲשֶׁר לָקְחוּ לָהֶם הַכֹּל הֵשִׁיב דָּוִד:

כ וַיִּקַּח דָּוִד אֶת־כָּל־הַצֹּאן וְהַבָּקָר נָהֲגוּ לִפְנֵי הַמִּקְנֶה הַהוּא וַיֹּאמְרוּ זֶה שְׁלַל דָּוִד:

כא וַיָּבֹא דָוִד אֶל־מָאתַיִם הָאֲנָשִׁים אֲשֶׁר־פִּגְּרוּ מִלֶּכֶת אַחֲרֵי דָוִד וַיֹּשִׁיבֻם בְּנַחַל הַבְּשׂוֹר וַיֵּצְאוּ לִקְרַאת דָּוִד וְלִקְרַאת הָעָם אֲשֶׁר אִתּוֹ וַיִּגַּשׁ דָּוִד אֶת־הָעָם וַיִּשְׁאַל לָהֶם לְשָׁלוֹם:

כב וַיַּעַן כָּל־אִישׁ־רָע וּבְלִיַּעַל מֵהָאֲנָשִׁים אֲשֶׁר הָלְכוּ עִם־דָּוִד וַיֹּאמְרוּ יַעַן אֲשֶׁר לֹא־הָלְכוּ עִמִּי לֹא־נִתֵּן לָהֶם מֵהַשָּׁלָל אֲשֶׁר הִצַּלְנוּ כִּי אִם־אִישׁ אֶת־אִשְׁתּוֹ וְאֶת־בָּנָיו וְיִנְהֲגוּ וְיֵלֵכוּ:

כג וַיֹּאמֶר דָּוִד לֹא־תַעֲשׂוּ כֵן אֶחָי אֵת אֲשֶׁר־נָתַן יְהוָה לָנוּ וַיִּשְׁמֹר אֹתָנוּ וַיִּתֵּן אֶת־הַגְּדוּד הַבָּא עָלֵינוּ בְּיָדֵנוּ:

כד וּמִי יִשְׁמַע לָכֶם לַדָּבָר הַזֶּה כִּי כְּחֵלֶק הַיֹּרֵד בַּמִּלְחָמָה וּכְחֵלֶק הַיֹּשֵׁב עַל־הַכֵּלִים יַחְדָּו יַחֲלֹקוּ:

כה וַיְהִי מֵהַיּוֹם הַהוּא וָמָעְלָה וַיְשִׂמֶהָ לְחֹק וּלְמִשְׁפָּט לְיִשְׂרָאֵל עַד הַיּוֹם הַזֶּה:

כו וַיָּבֹא דָוִד אֶל־צִקְלַג וַיְשַׁלַּח מֵהַשָּׁלָל לְזִקְנֵי יְהוּדָה לְרֵעֵהוּ לֵאמֹר הִנֵּה לָכֶם בְּרָכָה מִשְּׁלַל אֹיְבֵי יְהוָה:

כז לַאֲשֶׁר בְּבֵית־אֵל וְלַאֲשֶׁר בְּרָמוֹת־נֶגֶב וְלַאֲשֶׁר בְּיַתִּר:

כח וְלַאֲשֶׁר בַּעֲרֹעֵר וְלַאֲשֶׁר בְּשִׂפְמוֹת וְלַאֲשֶׁר בְּאֶשְׁתְּמֹעַ:

כט וְלַאֲשֶׁר בְּרָכָל וְלַאֲשֶׁר בְּעָרֵי הַיְרַחְמְאֵלִי וְלַאֲשֶׁר בְּעָרֵי הַקֵּינִי:

ל וְלַאֲשֶׁר בְּחָרְמָה וְלַאֲשֶׁר בְּכוֹר־עָשָׁן וְלַאֲשֶׁר בַּעֲתָךְ:

לא וְלַאֲשֶׁר בְּחֶבְרוֹן וּלְכָל־הַמְּקֹמוֹת אֲשֶׁר־הִתְהַלֶּךְ־שָׁם דָּוִד הוּא וַאֲנָשָׁיו:

לא

א וּפְלִשְׁתִּים נִלְחָמִים בְּיִשְׂרָאֵל וַיָּנֻסוּ אַנְשֵׁי יִשְׂרָאֵל מִפְּנֵי פְלִשְׁתִּים וַיִּפְּלוּ חֲלָלִים בְּהַר הַגִּלְבֹּעַ:

ב וַיַּדְבְּקוּ פְלִשְׁתִּים אֶת־שָׁאוּל וְאֶת־בָּנָיו וַיַּכּוּ פְלִשְׁתִּים אֶת־יְהוֹנָתָן וְאֶת־אֲבִינָדָב וְאֶת־מַלְכִּי־שׁוּעַ בְּנֵי שָׁאוּל: וַתִּכְבַּד הַמִּלְחָמָה אֶל־שָׁאוּל

ago I fell sick. We made a raid upon the south of the Kereti, 14
and upon the territory of Yehuda, and upon the south of Kalev;
and we burned Ẕiqlag with fire. And David said to him, Canst 15
thou bring me down to this troop? And he said, Swear to me by
God, that thou wilt neither kill me, nor deliver me into the hand
of my master, and I will bring thee down to this troop. And when 16
he had brought him down, behold, they were spread about over
the whole area, eating and drinking, and dancing, because of all
the great spoil that they had taken out of the land of the Pelish-
tim, and out of the land of Yehuda. And David smote them from 17
the twilight to the evening of the next day: and there escaped not
a man of them, except four hundred youngsters, who rode upon
camels, and fled. And David recovered all that 'Amaleq had 18
carried away: and David rescued his two wives. And there 19
was nothing lacking to them, neither small nor great, neither
sons nor daughters, neither spoil, nor any thing that they had
taken to them: David recovered all. And David took all the 20
flocks and the cattle; they rode before that herd, and declared,
This is David's plunder. And David came to the two hundred 21
men, who were so faint that they could not follow David, whom
they had made also to abide at the wadi of Besor: and they
went out to meet David, and to meet the people who were with
him: and when David came near to the people, he greeted
them. Then answered all the bad and worthless men 22
among the men who went with David, and said, Because they
went not with us, we will not give them of the spoil that we have
recovered, save to every man his wife and his children, that they
may lead them away, and depart. Then said David, 23
You shall not do so, my brothers, with that which the Lord
has given us, who has preserved us, and delivered the troop
that came against us into our hand. For who will hearken to you 24
in this matter? but as his part is that goes down to the battle,
so shall his part be that remains by the baggage: they shall
share alike: and it was so from that day forward, that 25
he made it a statute and an ordinance for Yisra'el to this day.
And when David came to Ẕiqlag, he sent of the spoil to the 26
elders of Yehuda, to his friends, saying, Behold a present for
you of the spoil of the enemies of the Lord; to those who 27
were in Bet-el, and to those who were in Ramot-negev, and
to those who were in Yattir, and to those who were in 'Aro'er, 28
and to those who were in Sifemot, and to those who were in
Eshtemoa, and to those who were in Rakhal, and to those who 29
were in the cities of the Yeraḥme'eli, and to those who were
in the cities of the Qeni, and to those who were in Ḥorma, 30
and to those who were in Kor-'ashan, and to those who were
in 'Atakh, and to those who were in Ḥevron, and to all the 31
places where David and his men had wandered about.
Now the Pelishtim fought against Yisra'el: and the men of Yis- **31**
ra'el fled from before the Pelishtim, and fell down slain in
mount Gilboa. And the Pelishtim followed closely upon Sha'ul 2
and upon his sons; and the Pelishtim slew Yehonatan, and
Avinadav, and Malki-shua, the sons of Sha'ul. And the battle 3
went hard against Sha'ul, and the archers hit him; and he was

ד וַיִּמְצָאֻהוּ הַמּוֹרִים אֲנָשִׁים בַּקָּשֶׁת וַיָּחֶל מְאֹד מֵהַמּוֹרִים: וַיֹּאמֶר
שָׁאוּל לְנֹשֵׂא כֵלָיו שְׁלֹף חַרְבְּךָ ׀ וְדָקְרֵנִי בָהּ פֶּן־יָבוֹאוּ הָעֲרֵלִים
הָאֵלֶּה וּדְקָרֻנִי וְהִתְעַלְּלוּ־בִי וְלֹא אָבָה נֹשֵׂא כֵלָיו כִּי יָרֵא מְאֹד

ה וַיִּקַּח שָׁאוּל אֶת־הַחֶרֶב וַיִּפֹּל עָלֶיהָ: וַיַּרְא נֹשֵׂא־כֵלָיו כִּי־מֵת
ו שָׁאוּל וַיִּפֹּל גַּם־הוּא עַל־חַרְבּוֹ וַיָּמָת עִמּוֹ: וַיָּמָת שָׁאוּל וּשְׁלֹשֶׁת
ז בָּנָיו וְנֹשֵׂא כֵלָיו גַּם כָּל־אֲנָשָׁיו בַּיּוֹם הַהוּא יַחְדָּו: וַיִּרְאוּ אַנְשֵׁי־
יִשְׂרָאֵל אֲשֶׁר־בְּעֵבֶר הָעֵמֶק וַאֲשֶׁר ׀ בְּעֵבֶר הַיַּרְדֵּן כִּי־נָסוּ אַנְשֵׁי
יִשְׂרָאֵל וְכִי־מֵתוּ שָׁאוּל וּבָנָיו וַיַּעַזְבוּ אֶת־הֶעָרִים וַיָּנֻסוּ וַיָּבֹאוּ
ח פְלִשְׁתִּים וַיֵּשְׁבוּ בָּהֶן: וַיְהִי מִמָּחֳרָת וַיָּבֹאוּ
פְלִשְׁתִּים לְפַשֵּׁט אֶת־הַחֲלָלִים וַיִּמְצְאוּ אֶת־שָׁאוּל וְאֶת־
ט שְׁלֹשֶׁת בָּנָיו נֹפְלִים בְּהַר הַגִּלְבֹּעַ: וַיִּכְרְתוּ אֶת־רֹאשׁוֹ וַיַּפְשִׁיטוּ
אֶת־כֵּלָיו וַיְשַׁלְּחוּ בְאֶרֶץ־פְּלִשְׁתִּים סָבִיב לְבַשֵּׂר בֵּית עֲצַבֵּיהֶם
י וְאֶת־הָעָם: וַיָּשִׂמוּ אֶת־כֵּלָיו בֵּית עַשְׁתָּרוֹת וְאֶת־גְּוִיָּתוֹ תָּקְעוּ
יא בְּחוֹמַת בֵּית שָׁן: וַיִּשְׁמְעוּ אֵלָיו יֹשְׁבֵי יָבֵישׁ גִּלְעָד אֵת אֲשֶׁר־
יב עָשׂוּ פְלִשְׁתִּים לְשָׁאוּל: וַיָּקוּמוּ כָּל־אִישׁ חַיִל וַיֵּלְכוּ כָל־הַלַּיְלָה
וַיִּקְחוּ אֶת־גְּוִיַּת שָׁאוּל וְאֵת גְּוִיֹּת בָּנָיו מֵחוֹמַת בֵּית שָׁן וַיָּבֹאוּ
יג יָבֵשָׁה וַיִּשְׂרְפוּ אֹתָם שָׁם: וַיִּקְחוּ אֶת־עַצְמֹתֵיהֶם וַיִּקְבְּרוּ תַחַת־
הָאֶשֶׁל בְּיָבֵשָׁה וַיָּצֻמוּ שִׁבְעַת יָמִים:

א וַיְהִי אַחֲרֵי
מוֹת שָׁאוּל וְדָוִד שָׁב מֵהַכּוֹת אֶת־הָעֲמָלֵק וַיֵּשֶׁב דָּוִד
ב בְּצִקְלָג יָמִים שְׁנָיִם: וַיְהִי ׀ בַּיּוֹם הַשְּׁלִישִׁי וְהִנֵּה אִישׁ בָּא
מִן־הַמַּחֲנֶה מֵעִם שָׁאוּל וּבְגָדָיו קְרֻעִים וַאֲדָמָה עַל־רֹאשׁוֹ וַיְהִי
ג בְּבֹאוֹ אֶל־דָּוִד וַיִּפֹּל אַרְצָה וַיִּשְׁתָּחוּ: וַיֹּאמֶר לוֹ דָּוִד אֵי מִזֶּה
ד תָּבוֹא וַיֹּאמֶר אֵלָיו מִמַּחֲנֵה יִשְׂרָאֵל נִמְלָטְתִּי: וַיֹּאמֶר אֵלָיו
דָּוִד מֶה־הָיָה הַדָּבָר הַגֶּד־נָא לִי וַיֹּאמֶר אֲשֶׁר־נָס הָעָם מִן־
הַמִּלְחָמָה וְגַם־הַרְבֵּה נָפַל מִן־הָעָם וַיָּמֻתוּ וְגַם שָׁאוּל וִיהוֹנָתָן
ה בְּנוֹ מֵתוּ: וַיֹּאמֶר דָּוִד אֶל־הַנַּעַר הַמַּגִּיד לוֹ אֵיךְ יָדַעְתָּ כִּי־
ו מֵת שָׁאוּל וִיהוֹנָתָן בְּנוֹ: וַיֹּאמֶר הַנַּעַר ׀ הַמַּגִּיד לוֹ נִקְרֹא
נִקְרֵיתִי בְּהַר הַגִּלְבֹּעַ וְהִנֵּה שָׁאוּל נִשְׁעָן עַל־חֲנִיתוֹ וְהִנֵּה
ז הָרֶכֶב וּבַעֲלֵי הַפָּרָשִׁים הִדְבִּקֻהוּ: וַיִּפֶן אַחֲרָיו וַיִּרְאֵנִי וַיִּקְרָא
אֵלָי וָאֹמַר הִנֵּנִי: וַיֹּאמֶר לִי מִי־אָתָּה וַיֹּאמֶר אֵלָיו עֲמָלֵקִי

ח אָנֹכִי: וַיֹּאמֶר אֵלַי עֲמָד־נָא עָלַי וּמֹתְתֵנִי כִּי אֲחָזַנִי הַשָּׁבָץ כִּי־
ט כָל־עוֹד נַפְשִׁי בִּי: וָאֶעֱמֹד עָלָיו וַאֲמֹתְתֵהוּ כִּי יָדַעְתִּי כִּי לֹא
י יִחְיֶה אַחֲרֵי נִפְלוֹ וָאֶקַּח הַנֵּזֶר ׀ אֲשֶׁר עַל־רֹאשׁוֹ וְאֶצְעָדָה אֲשֶׁר
יא עַל־זְרֹעוֹ וָאֲבִיאֵם אֶל־אֲדֹנִי הֵנָּה: וַיַּחֲזֵק דָּוִד בִּבְגָדָו וַיִּקְרָעֵם
יב וְגַם כָּל־הָאֲנָשִׁים אֲשֶׁר אִתּוֹ: וַיִּסְפְּדוּ וַיִּבְכּוּ וַיָּצֻמוּ עַד־הָעֶרֶב

greatly in dread of the archers. Then Sha'ul said to his armour- 4
bearer, Draw thy sword, and pierce me with it; lest these uncir-
cumcised come and pierce me, and abuse me. But his armour-
bearer would not; for he was very much afraid. Therefore
Sha'ul took a sword, and fell on it. And when his armourbearer 5
saw that Sha'ul was dead, he fell likewise on his sword, and
died with him. So Sha'ul died, and his three sons, and his ar- 6
mourbearer, and all his men, that same day together. And 7
when the men of Yisra'el that were on the other side of the
valley, and they that were on the other side of the Yarden,
saw that the men of Yisra'el fled, and that Sha'ul and his sons
were dead, they abandoned the cities, and fled; and the Pe-
lishtim came and dwelt in them. And it came to pass 8
on the morrow, when the Pelishtim came to strip the slain, that
they found Sha'ul and his three sons fallen on mount Gilboa.
And they cut off his head, and stripped off his armour, and 9
sent into the land of the Pelishtim round about, to publish it
in the house of their idols, and among the people. And they 10
put his armour in the house of 'Ashtarot: and they fastened
his body to the wall of Bet-shan. And when the inhabitants of 11
Yavesh-gil'ad heard of that which the Pelishtim had done to
Sha'ul; all the valiant men arose, and went all night, and took 12
the body of Sha'ul and the bodies of his sons from the wall of
Bet-shan, and came to Yavesh, and burnt them there. And they 13
took their bones, and buried them under a tamarisk tree at
SECOND BOOK Yavesh, and fasted seven days. Now it came to pass after 1
the death of Sha'ul, when David was returned from the slaughter
of 'Amaleq, and David had remained two days in Ẕiqlag; it 2
came to pass on the third day, that, behold, a man came out of
the camp from Sha'ul, with his clothes rent, and earth upon
his head: and so it was, when he came to David, that he
fell to the earth, and bowed down. And David said to him, 3
From where dost thou come? And he said to him, Out of
the camp of Yisra'el am I escaped. And David said to him, How 4
went the matter? I pray thee, tell me. And he answered, That
the people are fled from the battle, and many of the people
also are fallen and dead; and Sha'ul and Yehonatan his son are
dead also. And David said to the young man that told him, How 5
dost thou know that Sha'ul and Yehonatan his son are dead?
And the young man that told him said, As I happened by chance 6
upon mount Gilboa, behold, Sha'ul leaned upon his spear: and,
lo, the chariots and horsemen followed hard after him. And 7
when he looked behind him, he saw me, and called to me. And
I answered, Here I am. And he said to me, Who art thou? 8
And I answered him, I am an 'Amaleqite. He said to me again, 9
Stand, I pray thee, beside me, and slay me: for the agony
has seized me, and yet I still have life in me. So I stood beside 10
him, and slew him, because I was sure that he could not live
after he was fallen: and I took the crown that was upon his
head, and the bracelet that was on his arm, and have brought
them here to my lord. Then David took hold of his clothes, 11
and rent them; and likewise all the men that were with him:
and they mourned, and wept, and fasted until evening, for 12

עַל־שָׁאוּל וְעַל־יְהוֹנָתָן בְּנוֹ וְעַל־עַם יְהוָה וְעַל־בֵּית יִשְׂרָאֵל

כִּי נָפְלוּ בֶּחָרֶב: וַיֹּאמֶר דָּוִד אֶל־הַנַּעַר הַמַּגִּיד יג

לוֹ אֵי מִזֶּה אָתָּה וַיֹּאמֶר בֶּן־אִישׁ גֵּר עֲמָלֵקִי אָנֹכִי: וַיֹּאמֶר יד

אֵלָיו דָּוִד אֵיךְ לֹא יָרֵאתָ לִשְׁלֹחַ יָדְךָ לְשַׁחֵת אֶת־מְשִׁיחַ יְהוָה:

וַיִּקְרָא דָוִד לְאַחַד מֵהַנְּעָרִים וַיֹּאמֶר גַּשׁ פְּגַע־בּוֹ וַיַּכֵּהוּ וַיָּמֹת: טו

וַיֹּאמֶר אֵלָיו דָּוִד דָּמְךָ עַל־רֹאשֶׁךָ כִּי פִיךָ עָנָה בְךָ לֵאמֹר **דָּמְךָ** טז

אָנֹכִי מֹתַתִּי אֶת־מְשִׁיחַ יְהוָה: וַיְקֹנֵן דָּוִד אֶת־ יז

הַקִּינָה הַזֹּאת עַל־שָׁאוּל וְעַל־יְהוֹנָתָן בְּנוֹ: וַיֹּאמֶר לְלַמֵּד בְּנֵי־ יח

יְהוּדָה קָשֶׁת הִנֵּה כְתוּבָה עַל־סֵפֶר הַיָּשָׁר: הַצְּבִי יִשְׂרָאֵל עַל־ יט

בָּמוֹתֶיךָ חָלָל אֵיךְ נָפְלוּ גִבּוֹרִים: אַל־תַּגִּידוּ בְגַת אַל־תְּבַשְּׂרוּ כ

בְּחוּצֹת אַשְׁקְלוֹן פֶּן־תִּשְׂמַחְנָה בְּנוֹת פְּלִשְׁתִּים פֶּן־תַּעֲלֹזְנָה

בְּנוֹת הָעֲרֵלִים: הָרֵי בַגִּלְבֹּעַ אַל־טַל וְאַל־מָטָר עֲלֵיכֶם וּשְׂדֵי כא

תְרוּמֹת כִּי שָׁם נִגְעַל מָגֵן גִּבּוֹרִים מָגֵן שָׁאוּל בְּלִי מָשִׁיחַ בַּשָּׁמֶן:

מִדַּם חֲלָלִים מֵחֵלֶב גִּבּוֹרִים קֶשֶׁת יְהוֹנָתָן לֹא נָשׂוֹג אָחוֹר כב

וְחֶרֶב שָׁאוּל לֹא תָשׁוּב רֵיקָם: שָׁאוּל וִיהוֹנָתָן הַנֶּאֱהָבִים כג

וְהַנְּעִימִם בְּחַיֵּיהֶם וּבְמוֹתָם לֹא נִפְרָדוּ מִנְּשָׁרִים קַלּוּ מֵאֲרָיוֹת

גָּבֵרוּ: בְּנוֹת יִשְׂרָאֵל אֶל־שָׁאוּל בְּכֶינָה הַמַּלְבִּשְׁכֶם שָׁנִי עִם־ כד

עֲדָנִים הַמַּעֲלֶה עֲדִי זָהָב עַל לְבוּשְׁכֶן: אֵיךְ נָפְלוּ גִבֹּרִים בְּתוֹךְ כה

הַמִּלְחָמָה יְהוֹנָתָן עַל־בָּמוֹתֶיךָ חָלָל: צַר־לִי עָלֶיךָ אָחִי יְהוֹנָתָן כו

נָעַמְתָּ לִּי מְאֹד נִפְלְאַתָה אַהֲבָתְךָ לִי מֵאַהֲבַת נָשִׁים: אֵיךְ כז

נָפְלוּ גִבּוֹרִים וַיֹּאבְדוּ כְּלֵי מִלְחָמָה: וַיְהִי אַחֲרֵי־ **ב** א

כֵן וַיִּשְׁאַל דָּוִד בַּיהוָה לֵאמֹר הַאֶעֱלֶה בְּאַחַת עָרֵי יְהוּדָה

וַיֹּאמֶר יְהוָה אֵלָיו עֲלֵה וַיֹּאמֶר דָּוִד אָנָה אֶעֱלֶה וַיֹּאמֶר חֶבְרֹנָה:

וַיַּעַל שָׁם דָּוִד וְגַם שְׁתֵּי נָשָׁיו אֲחִינֹעַם הַיִּזְרְעֵלִית וַאֲבִיגַיִל אֵשֶׁת ב

נָבָל הַכַּרְמְלִי: וַאֲנָשָׁיו אֲשֶׁר־עִמּוֹ הֶעֱלָה דָוִד אִישׁ וּבֵיתוֹ וַיֵּשְׁבוּ ג

בְּעָרֵי חֶבְרוֹן: וַיָּבֹאוּ אַנְשֵׁי יְהוּדָה וַיִּמְשְׁחוּ־שָׁם אֶת־דָּוִד לְמֶלֶךְ ד

עַל־בֵּית יְהוּדָה וַיַּגִּדוּ לְדָוִד לֵאמֹר אַנְשֵׁי יָבֵישׁ גִּלְעָד אֲשֶׁר

קָבְרוּ אֶת־שָׁאוּל: וַיִּשְׁלַח דָּוִד מַלְאָכִים אֶל־ ה

אַנְשֵׁי יָבֵישׁ גִּלְעָד וַיֹּאמֶר אֲלֵיהֶם בְּרֻכִים אַתֶּם לַיהוָה אֲשֶׁר

עֲשִׂיתֶם הַחֶסֶד הַזֶּה עִם־אֲדֹנֵיכֶם עִם־שָׁאוּל וַתִּקְבְּרוּ אֹתוֹ:

וְעַתָּה יַעַשׂ־יְהוָה עִמָּכֶם חֶסֶד וֶאֱמֶת וְגַם אָנֹכִי אֶעֱשֶׂה אִתְּכֶם ו

הַטּוֹבָה הַזֹּאת אֲשֶׁר עֲשִׂיתֶם הַדָּבָר הַזֶּה: וְעַתָּה תֶּחֱזַקְנָה **כא** ז

יְדֵיכֶם וִהְיוּ לִבְנֵי־חַיִל כִּי־מֵת אֲדֹנֵיכֶם שָׁאוּל וְגַם־אֹתִי מָשְׁחוּ

בֵית־יְהוּדָה לְמֶלֶךְ עֲלֵיהֶם: וְאַבְנֵר בֶּן־נֵר שַׂר־ ח

צָבָא אֲשֶׁר לְשָׁאוּל לָקַח אֶת־אִישׁ בֹּשֶׁת בֶּן־שָׁאוּל וַיַּעֲבִרֵהוּ

מַחֲנָיִם: וַיַּמְלִכֵהוּ אֶל־הַגִּלְעָד וְאֶל־הָאֲשׁוּרִי וְאֶל־יִזְרְעֶאל ט

Sha'ul, and for Yehonatan his son, and for the people of the Lord, and for the house of Yisra'el; because they were fallen by the sword.   And David said to the lad that told him, 13 From where art thou? And he answered, I am the son of a stranger, an 'Amaleqite. And David said to him, How wast thou 14 not afraid to stretch out thy hand to destroy the Lord's anointed? And David called one of the young men, and said, 15 Go near, and fall upon him. And he smote him that he died. And David said to him, Thy blood be upon thy head; for thy 16 mouth has testified against thee, saying, I have slain the Lord's anointed.   And David lamented with this lamentation over 17 Sha'ul and over Yehonatan his son, and he said: (To teach the 18 children of Yehuda the use of the bow; behold, it is written in the book, Yashar.) The beauty, O Yisra'el, is slain upon 19 thy high places: how are the mighty fallen! Tell it not in Gat, 20 publish it not in the streets of Ashqelon; lest the daughters of the Pelishtim rejoice, lest the daughters of the uncircumcised triumph. Mountains of Gilboa, let there be no dew, neither let 21 there be rain, upon you, nor fields of offerings: for there the shield of the mighty is vilely cast away, the shield of Sha'ul, as though not anointed with oil. From the blood of the slain, 22 from the fat of the mighty, the bow of Yehonatan turned not back, and the sword of Sha'ul returned not empty. Sha'ul and 23 Yehonatan were loved and dear in their lives, and in their death they were not divided: they were swifter than eagles, they were stronger than lions. Daughters of Yisra'el, weep over 24 Sha'ul, who clothed you in scarlet, with other delights, who put ornaments of gold upon your apparel. How are the mighty 25 fallen in the midst of the battle! O Yehonatan, slain on thy high places. I am distressed for thee, my brother Yehonatan: 26 very dear hast thou been to me: thy love to me was wonderful, more than the love of women. How are the mighty fallen, 27 and the weapons of war cast away.   And it came to pass **2** after this, that David inquired of the Lord, saying, Shall I go up into any of the cities of Yehuda? And the Lord said to him, Go up. And David said, Where shall I go up? And he said, To Ḥevron. So David went up there, and his two wives also, Aḥi- 2 no'am the Yizre'elite, and Avigayil, Naval's wife, the Karmelite. And David brought up his men that were with him, every 3 man with his household: and they dwelt in the cities of Ḥevron. And the men of Yehuda came, and there they anointed David 4 king over the house of Yehuda. And they told David, saying, That the men of Yavesh-gil'ad were they that buried Sha'ul.

And David sent messengers to the men of Yavesh- 5 gil'ad, and said to them, Blessed are you of the Lord, that you have shown this loyal love to your lord, to Sha'ul, and have buried him. And now may the Lord do lovingkindness and 6 truth to you: and I also will requite you this kindness, because you have done this thing. Therefore now let your hands be 7 strong, and be valiant: for your master Sha'ul is dead, and also the house of Yehuda have anointed me king over them.   But 8 Avner the son of Ner, captain of Sha'ul's host, took Ish-boshet the son of Sha'ul, and brought him over to Maḥanayim; and 9

וְעַל־אֶפְרַיִם וְעַל־בִּנְיָמִן וְעַל־יִשְׂרָאֵל כֻּלֹּה: בֶּן־

אַרְבָּעִים שָׁנָה אִישׁ־בֹּשֶׁת בֶּן־שָׁאוּל בְּמָלְכוֹ עַל־יִשְׂרָאֵל

וּשְׁתַּיִם שָׁנִים מָלָךְ אַךְ בֵּית יְהוּדָה הָיוּ אַחֲרֵי דָוִד: וַיְהִי מִסְפַּר

הַיָּמִים אֲשֶׁר הָיָה דָוִד מֶלֶךְ בְּחֶבְרוֹן עַל־בֵּית יְהוּדָה שֶׁבַע

שָׁנִים וְשִׁשָּׁה חֳדָשִׁים: וַיֵּצֵא אַבְנֵר בֶּן־נֵר וְעַבְדֵי

אִישׁ־בֹּשֶׁת בֶּן־שָׁאוּל מִמַּחֲנַיִם גִּבְעוֹנָה: וְיוֹאָב בֶּן־צְרוּיָה

וְעַבְדֵי דָוִד יָצְאוּ וַיִּפְגְּשׁוּם עַל־בְּרֵכַת גִּבְעוֹן יַחְדָּו וַיֵּשְׁבוּ אֵלֶּה

עַל־הַבְּרֵכָה מִזֶּה וְאֵלֶּה עַל־הַבְּרֵכָה מִזֶּה: וַיֹּאמֶר אַבְנֵר אֶל־

יוֹאָב יָקוּמוּ נָא הַנְּעָרִים וִישַׂחֲקוּ לְפָנֵינוּ וַיֹּאמֶר יוֹאָב יָקֻמוּ:

וַיָּקֻמוּ וַיַּעַבְרוּ בְּמִסְפָּר שְׁנֵים עָשָׂר לְבִנְיָמִן וּלְאִישׁ בֹּשֶׁת בֶּן־

שָׁאוּל וּשְׁנֵים עָשָׂר מֵעַבְדֵי דָוִד: וַיַּחֲזִקוּ אִישׁ ׀ בְּרֹאשׁ רֵעֵהוּ

וְחַרְבּוֹ בְּצַד רֵעֵהוּ וַיִּפְּלוּ יַחְדָּו וַיִּקְרָא לַמָּקוֹם הַהוּא חֶלְקַת

הַצֻּרִים אֲשֶׁר בְּגִבְעוֹן: וַתְּהִי הַמִּלְחָמָה קָשָׁה עַד־מְאֹד בַּיּוֹם

הַהוּא וַיִּנָּגֶף אַבְנֵר וְאַנְשֵׁי יִשְׂרָאֵל לִפְנֵי עַבְדֵי דָוִד: וַיִּהְיוּ שָׁם

שְׁלֹשָׁה בְּנֵי צְרוּיָה יוֹאָב וַאֲבִישַׁי וַעֲשָׂהאֵל וַעֲשָׂהאֵל קַל

בְּרַגְלָיו כְּאַחַד הַצְּבָיִם אֲשֶׁר בַּשָּׂדֶה: וַיִּרְדֹּף עֲשָׂהאֵל אַחֲרֵי

אַבְנֵר וְלֹא־נָטָה לָלֶכֶת עַל־הַיָּמִין וְעַל־הַשְּׂמֹאול מֵאַחֲרֵי

אַבְנֵר: וַיִּפֶן אַבְנֵר אַחֲרָיו וַיֹּאמֶר הַאַתָּה זֶה עֲשָׂהאֵל וַיֹּאמֶר

אָנֹכִי: וַיֹּאמֶר לוֹ אַבְנֵר נְטֵה לְךָ עַל־יְמִינְךָ אוֹ עַל־שְׂמֹאלֶךָ

וֶאֱחֹז לְךָ אֶחָד מֵהַנְּעָרִים וְקַח־לְךָ אֶת־חֲלִצָתוֹ וְלֹא־אָבָה

עֲשָׂהאֵל לָסוּר מֵאַחֲרָיו: וַיֹּסֶף עוֹד אַבְנֵר לֵאמֹר אֶל־עֲשָׂהאֵל

סוּר לְךָ מֵאַחֲרָי לָמָּה אַכֶּכָּה אַרְצָה וְאֵיךְ אֶשָּׂא פָנַי אֶל־יוֹאָב

אָחִיךָ: וַיְמָאֵן לָסוּר וַיַּכֵּהוּ אַבְנֵר בְּאַחֲרֵי הַחֲנִית אֶל־הַחֹמֶשׁ

וַתֵּצֵא הַחֲנִית מֵאַחֲרָיו וַיִּפָּל־שָׁם וַיָּמָת תַּחְתָּו וַיְהִי ׀ כָּל־הַבָּא

אֶל־הַמָּקוֹם אֲשֶׁר־נָפַל שָׁם עֲשָׂהאֵל וַיָּמֹת וַיַּעֲמֹדוּ: וַיִּרְדְּפוּ

יוֹאָב וַאֲבִישַׁי אַחֲרֵי אַבְנֵר וְהַשֶּׁמֶשׁ בָּאָה וְהֵמָּה בָּאוּ עַד־

גִּבְעַת אַמָּה אֲשֶׁר עַל־פְּנֵי־גִיחַ דֶּרֶךְ מִדְבַּר גִּבְעוֹן: וַיִּתְקַבְּצוּ

בְנֵי־בִנְיָמִן אַחֲרֵי אַבְנֵר וַיִּהְיוּ לַאֲגֻדָּה אֶחָת וַיַּעַמְדוּ עַל רֹאשׁ־

גִּבְעָה אֶחָת: וַיִּקְרָא אַבְנֵר אֶל־יוֹאָב וַיֹּאמֶר הֲלָנֶצַח תֹּאכַל

חֶרֶב הֲלוֹא יָדַעְתָּה כִּי־מָרָה תִהְיֶה בָּאַחֲרוֹנָה וְעַד־מָתַי לֹא־

תֹאמַר לָעָם לָשׁוּב מֵאַחֲרֵי אֲחֵיהֶם: וַיֹּאמֶר יוֹאָב חַי הָאֱלֹהִים

כִּי לוּלֵא דִּבַּרְתָּ כִּי אָז מֵהַבֹּקֶר נַעֲלָה הָעָם אִישׁ מֵאַחֲרֵי אָחִיו:

וַיִּתְקַע יוֹאָב בַּשּׁוֹפָר וַיַּעַמְדוּ כָּל־הָעָם וְלֹא־יִרְדְּפוּ עוֹד אַחֲרֵי

יִשְׂרָאֵל וְלֹא־יָסְפוּ עוֹד לְהִלָּחֵם: וְאַבְנֵר וַאֲנָשָׁיו הָלְכוּ בָּעֲרָבָה

כֹּל הַלַּיְלָה הַהוּא וַיַּעַבְרוּ אֶת־הַיַּרְדֵּן וַיֵּלְכוּ כָּל־הַבִּתְרוֹן וַיָּבֹאוּ

מַחֲנָיִם: וְיוֹאָב שָׁב מֵאַחֲרֵי אַבְנֵר וַיִּקְבֹּץ אֶת־כָּל־הָעָם וַיִּפָּקְדוּ

made him king over Gil'ad, and over the Ashuri, and over Yiz-
re'el, and over Efrayim, and over Binyamin, and over all Yis-
ra'el. Ish-boshet Sha'ul's son was forty years old when 10
he began to reign over Yisra'el, and he reigned two years. But
the house of Yehuda followed David. And the time that David 11
was king in Ḥevron over the house of Yehuda was seven years
and six months. And Avner the son of Ner, and the ser- 12
vants of Ish-boshet the son of Sha'ul, went out from Maḥa-
nayim to Giv'on. And Yo'av the son of Ẓeruya, and the servants 13
of David, went out, and they met together by the pool of
Giv'on: and they sat down, the one on the one side of the pool,
and the other on the other side of the pool. And Avner said to 14
Yo'av, Let the young men now arise, and play before us. And
Yo'av said, Let them arise. Then there arose and went over by 15
number twelve of Binyamin, belonging to Ish-boshet the son of
Sha'ul, and twelve of the servants of David. And they caught 16
every one his fellow by the head, and thrust his sword in his
fellow's side; so they fell down together: so that place was
called Ḥelqat-haẓẓurim, which is in Giv'on. And there was a very 17
sore battle that day; and Avner was beaten, and the men of
Yisra'el, before the servants of David. And there were three 18
sons of Ẓeruya there, Yo'av, and Avishay and 'Asa'el: and
'Asa'el was as light of foot as a wild gazelle. And 'Asa'el pur- 19
sued after Avner; and in going he turned not to the right hand
nor to the left from following Avner. Then Avner looked be- 20
hind him, and said, Art thou 'Asa'el? And he answered, I am.
And Avner said to him, Turn thee aside to thy right hand or to 21
thy left, and lay thee hold on one of the young men, and take
his armour. But 'Asa'el would not turn aside from following
him. And Avner said again to 'Asa'el, Turn aside from follow- 22
ing me: why should I smite thee to the ground? how then
should I hold up my face to Yo'av thy brother? But he refused 23
to turn aside: so Avner smote him in the belly with the butt
end of the spear, so that the spear came out behind him; and
he fell down there, and died in the same place: and it came
to pass, that all those who came to the place where 'Asa'el fell
down and died, stood still. Yo'av also and Avishay pursued after 24
Avner: and the sun went down when they were come to the
hill of Amma, that lies before Giaḥ by the way of the wilderness
of Giv'on. And the children of Binyamin gathered themselves 25
together after Avner, and became one troop, and stood on the
top of a hill. Then Avner called to Yo'av, and said, Shall the 26
sword devour for ever? knowest thou not that it will be bitterness
in the latter end? how long shall it be then, till thou bid the
people return from following their brethren? And Yo'av said, 27
As God lives, if thou hadst spoken, surely then in the morning
the people would have gone up every one from following his
brother. So Yo'av blew the shofar, and all the people stood still, 28
and pursued after Yisra'el no more, neither fought they any
more. And Avner and his men walked all that night through 29
the plain, and passed over the Yarden, and went through all
Bitron, and they came to Maḥanayim. And Yo'av returned from 30
following Avner: and when he had gathered all the people

לא מַעַבְדֵי דָוִד תִּשְׁעָה־עָשָׂר אִישׁ וַעֲשָׂהאֵל: וְעַבְדֵי דָוִד הִכּוּ

לב מִבִּנְיָמִן וּבְאַנְשֵׁי אַבְנֵר שְׁלֹשׁ־מֵאוֹת וְשִׁשִּׁים אִישׁ מֵתוּ: וַיִּשְׂאוּ
אֶת־עֲשָׂהאֵל וַיִּקְבְּרֻהוּ בְּקֶבֶר אָבִיו אֲשֶׁר בֵּית לָחֶם וַיֵּלְכוּ כָל־

ג א הַלַּיְלָה יוֹאָב וַאֲנָשָׁיו וַיֵּאֹר לָהֶם בְּחֶבְרוֹן: וַתְּהִי הַמִּלְחָמָה
אֲרֻכָּה בֵּין בֵּית שָׁאוּל וּבֵין בֵּית דָּוִד וְדָוִד הֹלֵךְ וְחָזֵק וּבֵית

ב שָׁאוּל הֹלְכִים וְדַלִּים: <big>וַיִּוָּלְדוּ</big> וַיִּוָּלְדוּ לְדָוִד בָּנִים בְּחֶבְרוֹן

ג וַיְהִי בְכוֹרוֹ אַמְנוֹן לַאֲחִינֹעַם הַיִּזְרְעֵאלִת: וּמִשְׁנֵהוּ כִלְאָב
<big>לַאֲבִיגַיִל</big> לַאֲבִיגַל אֵשֶׁת נָבָל הַכַּרְמְלִי וְהַשְּׁלִשִׁי אַבְשָׁלוֹם בֶּן־מַעֲכָה

ד בַּת־תַּלְמַי מֶלֶךְ גְּשׁוּר: וְהָרְבִיעִי אֲדֹנִיָּה בֶן־חַגִּית וְהַחֲמִישִׁי

ה שְׁפַטְיָה בֶן־אֲבִיטָל: וְהַשִּׁשִּׁי יִתְרְעָם לְעֶגְלָה אֵשֶׁת דָּוִד אֵלֶּה

ו יֻלְּדוּ לְדָוִד בְּחֶבְרוֹן: וַיְהִי בִּהְיוֹת הַמִּלְחָמָה בֵּין
בֵּית שָׁאוּל וּבֵין בֵּית דָּוִד וְאַבְנֵר הָיָה מִתְחַזֵּק בְּבֵית שָׁאוּל:

ז וּלְשָׁאוּל פִּלֶגֶשׁ וּשְׁמָהּ רִצְפָּה בַת־אַיָּה וַיֹּאמֶר אֶל־אַבְנֵר מַדּוּעַ

ח בָּאתָה אֶל־פִּילֶגֶשׁ אָבִי: וַיִּחַר לְאַבְנֵר מְאֹד עַל־דִּבְרֵי אִישׁ־
בֹּשֶׁת וַיֹּאמֶר הֲרֹאשׁ כֶּלֶב אָנֹכִי אֲשֶׁר לִיהוּדָה הַיּוֹם אֶעֱשֶׂה־
חֶסֶד עִם־בֵּית ׀ שָׁאוּל אָבִיךָ אֶל־אֶחָיו וְאֶל־מֵרֵעֵהוּ וְלֹא

ט הִמְצִיתִךָ בְּיַד דָּוִד וַתִּפְקֹד עָלַי עֲוֹן הָאִשָּׁה הַיּוֹם: כֹּה־יַעֲשֶׂה
אֱלֹהִים לְאַבְנֵר וְכֹה יֹסִיף לוֹ כִּי כַּאֲשֶׁר נִשְׁבַּע יְהוָה לְדָוִד כִּי־

י כֵן אֶעֱשֶׂה־לּוֹ: לְהַעֲבִיר הַמַּמְלָכָה מִבֵּית שָׁאוּל וּלְהָקִים
אֶת־כִּסֵּא דָוִד עַל־יִשְׂרָאֵל וְעַל־יְהוּדָה מִדָּן וְעַד־בְּאֵר

יא שָׁבַע: וְלֹא־יָכֹל עוֹד לְהָשִׁיב אֶת־אַבְנֵר דָּבָר מִיִּרְאָתוֹ
אֹתוֹ: וַיִּשְׁלַח אַבְנֵר מַלְאָכִים ׀ אֶל־דָּוִד תַּחְתָּו

יב לֵאמֹר לְמִי־אָרֶץ לֵאמֹר כָּרְתָה בְרִיתְךָ אִתִּי וְהִנֵּה יָדִי עִמָּךְ

יג לְהָסֵב אֵלֶיךָ אֶת־כָּל־יִשְׂרָאֵל: וַיֹּאמֶר טוֹב אֲנִי אֶכְרֹת אִתְּךָ
בְּרִית אַךְ דָּבָר אֶחָד אָנֹכִי שֹׁאֵל מֵאִתְּךָ לֵאמֹר לֹא־תִרְאֶה אֶת־
פָּנַי כִּי ׀ אִם־לִפְנֵי הֱבִיאֲךָ אֵת מִיכַל בַּת־שָׁאוּל בְּבֹאֲךָ לִרְאוֹת

יד אֶת־פָּנָי: וַיִּשְׁלַח דָּוִד מַלְאָכִים אֶל־אִישׁ־בֹּשֶׁת
בֶּן־שָׁאוּל לֵאמֹר תְּנָה אֶת־אִשְׁתִּי אֶת־מִיכַל אֲשֶׁר אֵרַשְׂתִּי לִי

טו בְּמֵאָה עָרְלוֹת פְּלִשְׁתִּים: וַיִּשְׁלַח אִישׁ בֹּשֶׁת וַיִּקָּחֶהָ מֵעִם אִישׁ

טז <big>לְאִישׁ</big> מֵעִם פַּלְטִיאֵל בֶּן־לָיִשׁ: וַיֵּלֶךְ אִתָּהּ אִישָׁהּ הָלוֹךְ וּבָכֹה אַחֲרֶיהָ
עַד־בַּחֻרִים וַיֹּאמֶר אֵלָיו אַבְנֵר לֵךְ שׁוּב וַיָּשֹׁב: וּדְבַר־אַבְנֵר

יז הָיָה עִם־זִקְנֵי יִשְׂרָאֵל לֵאמֹר גַּם־תְּמוֹל גַּם־שִׁלְשֹׁם הֱיִיתֶם

יח מְבַקְשִׁים אֶת־דָּוִד לְמֶלֶךְ עֲלֵיכֶם: וְעַתָּה עֲשׂוּ כִּי יְהוָה אָמַר
אֶל־דָּוִד לֵאמֹר בְּיַד ׀ דָּוִד עַבְדִּי הוֹשִׁיעַ אֶת־עַמִּי יִשְׂרָאֵל מִיַּד

יט פְּלִשְׁתִּים וּמִיַּד כָּל־אֹיְבֵיהֶם: וַיְדַבֵּר גַּם־אַבְנֵר בְּאָזְנֵי בִנְיָמִן
וַיֵּלֶךְ גַּם־אַבְנֵר לְדַבֵּר בְּאָזְנֵי דָוִד בְּחֶבְרוֹן אֵת כָּל־אֲשֶׁר־טוֹב

together, there were nineteen of David's servants missing, and 'Asa'el. But the servants of David had smitten of Binyamin, 31 and of Avner's men, three hundred and sixty men, and they died. And they took up 'Asa'el, and buried him in the tomb of his 32 father, which was in Bet-leḥem. And Yo'av and his men marched all night, and they came to Ḥevron at break of day. Now there 3 was a long warfare between the house of Sha'ul and the house of David: but David became stronger and stronger, and the house of Sha'ul became weaker and weaker.   And to David 2 sons were born in Ḥevron: and his firstborn was Amnon, of Aḥino'am the Yizre'elite; and his second, Kil'av, of Avigayil the 3 wife of Naval the Karmelite; and the third, Avshalom the son of Ma'akha the daughter of Talmay king of Geshur; and the 4 fourth, Adoniyya the son of Ḥaggit; and the fifth, Shefatya the son of Avital; and the sixth, Yitre'am, by 'Egla David's wife. 5 These were born to David in Ḥevron.   And it came to pass, 6 while there was war between the house of Sha'ul and the house of David, that Avner made himself strong among the house of Sha'ul. And Sha'ul had a concubine, whose name was Riẓpa, the 7 daughter of Ayya: and Ish-boshet said to Avner, Why hast thou gone in to my father's concubine? Then was Avner very angry 8 over the words of Ish-boshet, and said, Am I a dog's head, of Yehuda? I show kindness this day to the house of Sha'ul thy father, to his brethren, and to his friends, by not delivering thee into the hand of David, nevertheless thou chargest me today with a fault concerning this woman. So do GOD to Avner, and 9 more also, unless I do for David as the LORD has sworn to David; to transfer the kingdom from the house of Sha'ul, and to set up 10 the throne of David over Yisra'el and over Yehuda, from Dan to Be'er-sheva. And he could not answer Avner a word again, be- 11 cause he feared him.   And Avner sent messengers to David 12 from his place, saying, Whose is the land? saying also, Make thy league with me, and, behold, my hand shall be with thee, to bring all Yisra'el round to thee. And he said, It is well; I 13 will make a league with thee: but one thing I require of thee, that is, Thou shalt not see my face, except thou first bring Mikhal Sha'ul's daughter, when thou comest to see my face.

      And David sent messengers to Ish-boshet Sha'ul's 14 son, saying, Deliver me my wife Mikhal, whom I betrothed to me for a hundred foreskins of the Pelishtim. And Ish-boshet 15 sent, and took her from her husband, from Palti'el, the son of Layish. And her husband went along with her weeping behind 16 her to Baḥurim. Then said Avner to him, Go, return. And he re- turned. And Avner had communication with the elders of Yis- 17 ra'el saying, You sought for David in times past to be king over you: now then do it: for the LORD has spoken concerning 18 David, saying, It shall be in the hand of my servant David to save my people Yisra'el out of the hand of the Pelishtim, and out of the hand of all their enemies. And Avner also spoke in 19 the ears of Binyamin: and Avner went also to speak in the ears of David in Ḥevron all that seemed good to Yisra'el, and

כ בְּעֵינֵי יִשְׂרָאֵל וּבְעֵינֵי כָּל־בֵּית בִּנְיָמִן׃ וַיָּבֹא אַבְנֵר אֶל־דָּוִד
חֶבְרוֹן וְאִתּוֹ עֶשְׂרִים אֲנָשִׁים וַיַּעַשׂ דָּוִד לְאַבְנֵר וְלַאֲנָשִׁים אֲשֶׁר־
כא אִתּוֹ מִשְׁתֶּה׃ וַיֹּאמֶר אַבְנֵר אֶל־דָּוִד אָקוּמָה ׀ וְאֵלֵכָה וְאֶקְבְּצָה כב
אֶל־אֲדֹנִי הַמֶּלֶךְ אֶת־כָּל־יִשְׂרָאֵל וְיִכְרְתוּ אִתְּךָ בְּרִית וּמָלַכְתָּ
בְּכֹל אֲשֶׁר־תְּאַוֶּה נַפְשֶׁךָ וַיְשַׁלַּח דָּוִד אֶת־אַבְנֵר וַיֵּלֶךְ בְּשָׁלוֹם׃
כב וְהִנֵּה עַבְדֵי דָוִד וְיוֹאָב בָּא מֵהַגְּדוּד וְשָׁלָל רָב עִמָּם הֵבִיאוּ
כג וְאַבְנֵר אֵינֶנּוּ עִם־דָּוִד בְּחֶבְרוֹן כִּי שִׁלְּחוֹ וַיֵּלֶךְ בְּשָׁלוֹם׃ וְיוֹאָב
וְכָל־הַצָּבָא אֲשֶׁר־אִתּוֹ בָּאוּ וַיַּגִּדוּ לְיוֹאָב לֵאמֹר בָּא־אַבְנֵר בֶּן־
כד נֵר אֶל־הַמֶּלֶךְ וַיְשַׁלְּחֵהוּ וַיֵּלֶךְ בְּשָׁלוֹם׃ וַיָּבֹא יוֹאָב אֶל־הַמֶּלֶךְ
וַיֹּאמֶר מֶה עָשִׂיתָה הִנֵּה־בָא אַבְנֵר אֵלֶיךָ לָמָּה־זֶּה שִׁלַּחְתּוֹ
כה וַיֵּלֶךְ הָלוֹךְ׃ יָדַעְתָּ אֶת־אַבְנֵר בֶּן־נֵר כִּי לְפַתֹּתְךָ בָּא וְלָדַעַת
אֶת־מוֹצָאֲךָ וְאֶת־מבואך וְלָדַעַת אֵת כָּל־אֲשֶׁר אַתָּה עֹשֶׂה׃ מוֹבָאֶךָ
כו וַיֵּצֵא יוֹאָב מֵעִם דָּוִד וַיִּשְׁלַח מַלְאָכִים אַחֲרֵי אַבְנֵר וַיָּשִׁבוּ אֹתוֹ
כז מִבּוֹר הַסִּרָה וְדָוִד לֹא יָדָע׃ וַיָּשָׁב אַבְנֵר חֶבְרוֹן וַיַּטֵּהוּ יוֹאָב
אֶל־תּוֹךְ הַשַּׁעַר לְדַבֵּר אִתּוֹ בַּשֶּׁלִי וַיַּכֵּהוּ שָׁם הַחֹמֶשׁ וַיָּמָת
כח בְּדַם עֲשָׂהאֵל אָחִיו׃ וַיִּשְׁמַע דָּוִד מֵאַחֲרֵי כֵן וַיֹּאמֶר נָקִי אָנֹכִי
כט וּמַמְלַכְתִּי מֵעִם יהוה עַד־עוֹלָם מִדְּמֵי אַבְנֵר בֶּן־נֵר׃ יָחֻלוּ עַל־
רֹאשׁ יוֹאָב וְאֶל כָּל־בֵּית אָבִיו וְאַל־יִכָּרֵת מִבֵּית יוֹאָב זָב
ל וּמְצֹרָע וּמַחֲזִיק בַּפֶּלֶךְ וְנֹפֵל בַּחֶרֶב וַחֲסַר־לָחֶם׃ וְיוֹאָב וַאֲבִישַׁי
אָחִיו הָרְגוּ לְאַבְנֵר עַל אֲשֶׁר הֵמִית אֶת־עֲשָׂהאֵל אֲחִיהֶם
לא בְּגִבְעוֹן בַּמִּלְחָמָה׃ וַיֹּאמֶר דָּוִד אֶל־יוֹאָב וְאֶל־
כָּל־הָעָם אֲשֶׁר־אִתּוֹ קִרְעוּ בִגְדֵיכֶם וְחִגְרוּ שַׂקִּים וְסִפְדוּ לִפְנֵי
לב אַבְנֵר וְהַמֶּלֶךְ דָּוִד הֹלֵךְ אַחֲרֵי הַמִּטָּה׃ וַיִּקְבְּרוּ אֶת־אַבְנֵר
בְּחֶבְרוֹן וַיִּשָּׂא הַמֶּלֶךְ אֶת־קוֹלוֹ וַיֵּבְךְּ אֶל־קֶבֶר אַבְנֵר וַיִּבְכּוּ כָּל־
לג הָעָם׃ וַיְקֹנֵן הַמֶּלֶךְ אֶל־אַבְנֵר וַיֹּאמַר הַכְּמוֹת
לד נָבָל יָמוּת אַבְנֵר׃ יָדֶךָ לֹא־אֲסֻרוֹת וְרַגְלֶיךָ לֹא־לִנְחֻשְׁתַּיִם
הֻגָּשׁוּ כִּנְפוֹל לִפְנֵי בְנֵי־עַוְלָה נָפָלְתָּ וַיֹּסִפוּ כָל־הָעָם לִבְכּוֹת
לה עָלָיו׃ וַיָּבֹא כָל־הָעָם לְהַבְרוֹת אֶת־דָּוִד לֶחֶם בְּעוֹד הַיּוֹם
וַיִּשָּׁבַע דָּוִד לֵאמֹר כֹּה יַעֲשֶׂה־לִּי אֱלֹהִים וְכֹה יֹסִיף כִּי אִם־
לו לִפְנֵי בוֹא־הַשֶּׁמֶשׁ אֶטְעַם־לֶחֶם אוֹ כָל־מְאוּמָה׃ וְכָל־הָעָם
הִכִּירוּ וַיִּיטַב בְּעֵינֵיהֶם כְּכֹל אֲשֶׁר עָשָׂה הַמֶּלֶךְ בְּעֵינֵי כָל־הָעָם
לז טוֹב׃ וַיֵּדְעוּ כָל־הָעָם וְכָל־יִשְׂרָאֵל בַּיּוֹם הַהוּא כִּי לֹא הָיְתָה
לח מֵהַמֶּלֶךְ לְהָמִית אֶת־אַבְנֵר בֶּן־נֵר׃ וַיֹּאמֶר
הַמֶּלֶךְ אֶל־עֲבָדָיו הֲלוֹא תֵדְעוּ כִּי־שַׂר וְגָדוֹל נָפַל הַיּוֹם
לט הַזֶּה בְּיִשְׂרָאֵל׃ וְאָנֹכִי הַיּוֹם רַךְ וּמָשׁוּחַ מֶלֶךְ וְהָאֲנָשִׁים
הָאֵלֶּה בְּנֵי צְרוּיָה קָשִׁים מִמֶּנִּי יְשַׁלֵּם יהוה לְעֹשֵׂה הָרָעָה

to the whole house of Binyamin. So Avner came to David to 20
Ḥevron, and twenty men with him. And David made Avner and
the men that were with him a feast. And Avner said to David, 21
I will arise and go, and will gather all Yisra'el to my lord the
king, that they may make a covenant with thee, and that thou
mayst reign over all that thy heart desires. And David sent
Avner away; and he went in peace. And, behold, the servants 22
of David and Yo'av came from pursuing a troop, and brought
in a great plunder with them: but Avner was not with David in
Ḥevron; for he had sent him away, and he was gone in peace.
When Yo'av and all the host that was with him were come, 23
they told Yo'av, saying, Avner the son of Ner came to the king,
and he has sent him away, and he is gone in peace. Then Yo'av 24
came to the king, and said, What hast thou done? behold, Avner
came to thee; why is it that thou hast sent him away, and he
is quite gone? Thou knowst Avner the son of Ner, that he 25
came to deceive thee, and to know thy going out and thy com-
ing in, and to know all that thou doest. And when Yo'av was 26
come out from David, he sent messengers after Avner, and they
brought him back from the well of Sira: but David knew it not.
And when Avner was returned to Ḥevron, Yo'av took him aside 27
in the gate to speak with him quietly, and smote him there in
the belly, that he died, for the blood of 'Asa'el his brother.
And afterwards when David heard it, he said, I and my kingdom 28
are guiltless before the LORD for ever from the blood of Avner
the son of Ner: let it rest on the head of Yo'av, and on all 29
his father's house; and let the house of Yo'av never lack such
as are afflicted with an issue, or with ẓara'at, or that go on
crutches, or fall by the sword, or lack bread. So Yo'av and 30
Avishay his brother slew Avner, because he had slain their
brother 'Asa'el at Giv'on in the battle.   And David said to 31
Yo'av, and to all the people that were with him, Rend your
clothes, and gird yourselves with sackcloth, and mourn before
Avner. And king David himself followed the bier. And they 32
buried Avner in Ḥevron: and the king lifted up his voice, and
wept at the grave of Avner; and all the people wept.   And 33
the king lamented over Avner, and said, Should Avner die as
a churl dies. Thy hands were not bound, nor thy feet put into 34
fetters: as a man falls before the wicked thou didst fall. And
all the people wept again over him. And all the people came to 35
cause David to eat bread while it was yet day, but David swore,
saying, So do GOD to me, and more also, if I taste bread, or
anything else, till the sun be down. And all the people took 36
notice of it, and it pleased them: as whatever the king did
pleased all the people. For all the people and all Yisra'el under- 37
stood that day that the slaying of Avner the son of Ner did not
come from the king.   And the king said to his servants, 38
Know you not that a prince and a great man has fallen this
day in Yisra'el. And I am this day weak, though anointed king; 39
and these men the sons of Ẓeruya are too hard for me: the
LORD shall reward the doer of evil according to his wicked-

א וַיִּשְׁמַ֣ע בֶּן־שָׁא֗וּל כִּ֣י מֵ֤ת אַבְנֵר֙ בְּחֶבְר֔וֹן   כֵּֽרְעָתֽוֹ׃

ב וַיִּרְפּ֣וּ יָדָ֔יו וְכָל־יִשְׂרָאֵ֖ל נִבְהָֽלוּ׃ וּשְׁנֵ֣י אֲנָשִׁ֣ים שָׂרֵֽי־גְדוּדִ֣ים הָי֣וּ
בֶן־שָׁא֗וּל שֵׁם֩ הָאֶחָ֨ד בַּֽעֲנָ֜ה וְשֵׁ֧ם הַשֵּׁנִ֣י רֵכָ֗ב בְּנֵ֛י רִמּ֥וֹן הַבְּאֵֽרֹתִ֖י

ג מִבְּנֵ֣י בִנְיָמִ֑ן כִּ֣י גַּם־בְּאֵר֔וֹת תֵּחָשֵׁ֖ב עַל־בִּנְיָמִֽן׃ וַיִּבְרְח֥וּ הַבְּאֵֽרֹתִ֖ים
גִּתָּ֑יְמָה וַיִּֽהְיוּ־שָׁ֣ם גָּרִ֔ים עַ֖ד הַיּ֥וֹם הַזֶּֽה׃   וְלִיהֽוֹנָתָן֙

ד בֶּן־שָׁא֔וּל בֵּ֥ן נְכֵ֖ה רַגְלָ֑יִם בֶּן־חָמֵ֣שׁ שָׁנִ֣ים הָיָ֗ה בְּבֹ֣א שְׁמֻעַ֤ת
שָׁא֣וּל וִיהֽוֹנָתָן֙ מִיִּזְרְעֶ֔אל וַתִּשָּׂאֵ֥הוּ אֹֽמַנְתּ֖וֹ וַתָּנֹ֑ס וַיְהִ֞י בְּחָפְזָ֣הּ
לָנ֣וּס וַיִּפֹּ֣ל וַיִּפָּסֵ֔חַ וּשְׁמ֖וֹ מְפִיבֹֽשֶׁת׃ וַיֵּ֨לְכ֜וּ בְּנֵֽי־רִמּ֤וֹן הַבְּאֵֽרֹתִי֙

ה רֵכָ֣ב וּבַֽעֲנָ֔ה וַיָּבֹ֨אוּ֙ כְּחֹ֣ם הַיּ֔וֹם אֶל־בֵּ֖ית אִ֣ישׁ בֹּ֑שֶׁת וְה֣וּא שֹׁכֵ֔ב
אֵ֖ת מִשְׁכַּ֥ב הַֽצָּהֳרָֽיִם׃ וְ֠הֵנָּה בָּ֜אוּ עַד־תּ֤וֹךְ הַבַּ֨יִת֙ לֹקְחֵ֣י חִטִּ֔ים

ו וַיַּכֻּ֖הוּ אֶל־הַחֹ֑מֶשׁ וְרֵכָ֛ב וּבַֽעֲנָ֥ה אָחִ֖יו נִמְלָֽטוּ׃ וַיָּבֹ֣אוּ הַבַּ֗יִת

ז וְהֽוּא־שֹׁכֵ֤ב עַל־מִטָּתוֹ֙ בַּֽחֲדַ֣ר מִשְׁכָּב֔וֹ וַיַּכֻּ֨הוּ֙ וַיְמִתֻ֔הוּ וַיָּסִ֖ירוּ אֶת־
רֹאשׁ֑וֹ וַיִּקְחוּ֙ אֶת־רֹאשׁ֔וֹ וַיֵּ֨לְכ֜וּ דֶּ֧רֶךְ הָֽעֲרָבָ֛ה כָּל־הַלָּֽיְלָה׃ וַיָּבִ֣אוּ

ח אֶת־רֹ֣אשׁ אִֽישׁ־בֹּ֡שֶׁת אֶל־דָּוִד֮ חֶבְרוֹן֒ וַיֹּֽאמְרוּ֙ אֶל־הַמֶּ֔לֶךְ
הִנֵּֽה־רֹ֣אשׁ אִֽישׁ־בֹּ֗שֶׁת בֶּן־שָׁאוּל֙ אֹֽיִבְךָ֔ אֲשֶׁ֥ר בִּקֵּ֖שׁ אֶת־נַפְשֶׁ֑ךָ
וַיִּתֵּ֣ן יְ֠הוָה לַֽאדֹנִ֨י הַמֶּ֤לֶךְ נְקָמוֹת֙ הַיּ֣וֹם הַזֶּ֔ה מִשָּׁא֖וּל וּמִזַּרְעֽוֹ׃

ט וַיַּ֨עַן דָּוִ֜ד אֶת־רֵכָ֣ב ׀ וְאֶת־בַּֽעֲנָ֣ה אָחִ֗יו בְּנֵ֛י רִמּ֥וֹן הַבְּאֵֽרֹתִ֖י

י וַיֹּ֣אמֶר לָהֶם֒ חַי־יְהוָ֕ה אֲשֶׁר־פָּדָ֥ה אֶת־נַפְשִׁ֖י מִכָּל־צָרָֽה׃ כִּ֣י
הַמַּגִּיד֩ לִ֨י לֵאמֹ֜ר הִנֵּה־מֵ֣ת שָׁא֗וּל וְהֽוּא־הָיָ֤ה כִמְבַשֵּׂר֙ בְּעֵינָ֔יו
וָאֹֽחֲזָ֣ה ב֔וֹ וָאֶהְרְגֵ֖הוּ בְּצִֽקְלָ֑ג אֲשֶׁ֥ר לְתִתִּי־ל֖וֹ בְּשֹׂרָֽה׃ אַ֞ף כִּֽי־

יא אֲנָשִׁ֣ים רְשָׁעִ֗ים הָֽרְג֞וּ אֶת־אִ֧ישׁ־צַדִּ֛יק בְּבֵית֖וֹ עַל־מִשְׁכָּב֑וֹ
וְעַתָּ֗ה הֲל֨וֹא אֲבַקֵּ֤שׁ אֶת־דָּמוֹ֙ מִיֶּדְכֶ֔ם וּבִֽעַרְתִּ֥י אֶתְכֶ֖ם מִן־

יב הָאָֽרֶץ׃ וַיְצַו֩ דָּוִ֨ד אֶת־הַנְּעָרִ֜ים וַיַּֽהַרְג֗וּם וַֽיְקַצְּצ֤וּ אֶת־יְדֵיהֶם֙
וְאֶת־רַגְלֵיהֶ֔ם וַיִּתְל֥וּ עַל־הַבְּרֵכָ֖ה בְּחֶבְר֑וֹן וְאֵ֨ת רֹ֤אשׁ אִֽישׁ־

ה א בֹּ֨שֶׁת֙ לָקָ֔חוּ וַיִּקְבְּר֥וּ בְקֶֽבֶר־אַבְנֵ֖ר בְּחֶבְרֽוֹן׃   וַיָּבֹ֜אוּ
כָּל־שִׁבְטֵ֤י יִשְׂרָאֵל֙ אֶל־דָּוִ֖ד חֶבְר֑וֹנָה וַיֹּֽאמְר֣וּ לֵאמֹ֔ר הִנְנ֛וּ

ב עַצְמְךָ֥ וּֽבְשָׂרְךָ֖ אֲנָֽחְנוּ׃ גַּם־אֶתְמ֣וֹל גַּם־שִׁלְשׁ֗וֹם בִּהְי֨וֹת
שָׁא֥וּל מֶ֨לֶךְ֙ עָלֵ֔ינוּ אַתָּ֗ה הָיִ֛יתָ מוֹצִ֥יא וְהַמֵּבִ֖י אֶת־
יִשְׂרָאֵ֑ל   וַיֹּ֨אמֶר יְהוָ֜ה לְךָ֗ אַתָּ֤ה תִרְעֶ֣ה אֶת־עַמִּ֣י

ג אֶת־יִשְׂרָאֵ֔ל וְאַתָּ֥ה תִּֽהְיֶ֥ה לְנָגִ֖יד עַל־יִשְׂרָאֵֽל׃ וַ֠יָּבֹאוּ כָּל־
זִקְנֵ֨י יִשְׂרָאֵ֤ל אֶל־הַמֶּ֨לֶךְ֙ חֶבְר֔וֹנָה וַיִּכְרֹ֣ת לָהֶם֩ הַמֶּ֨לֶךְ דָּוִ֥ד
בְּרִ֛ית בְּחֶבְר֖וֹן לִפְנֵ֣י יְהוָ֑ה וַיִּמְשְׁח֧וּ אֶת־דָּוִ֛ד לְמֶ֖לֶךְ עַל־

ד יִשְׂרָאֵֽל׃   בֶּן־שְׁלֹשִׁ֥ים שָׁנָ֛ה דָּוִ֖ד בְּמָלְכ֑וֹ אַרְבָּעִ֖ים

ה שָׁנָ֥ה מָלָֽךְ׃ בְּחֶבְר֗וֹן מָלַ֤ךְ עַל־יְהוּדָה֙ שֶׁ֣בַע שָׁנִ֔ים וְשִׁשָּׁ֖ה חֳדָשִׁ֑ים
וּבִיר֣וּשָׁלִַ֗ם מָלַ֞ךְ שְׁלֹשִׁ֤ים וְשָׁלֹשׁ֙ שָׁנָ֔ה עַ֥ל כָּל־יִשְׂרָאֵ֖ל וִיהוּדָֽה׃

ו וַיֵּ֨לֶךְ הַמֶּ֤לֶךְ וַֽאֲנָשָׁיו֙ יְר֣וּשָׁלִַ֔ם אֶל־הַיְבֻסִ֖י יוֹשֵׁ֣ב הָאָ֑רֶץ וַיֹּ֤אמֶר

ness. And when Sha'ul's son heard that Avner was dead 1
in Ḥevron, his hands were feeble, and all Yisra'el were ter-
rified. And Sha'ul's son had two men that were captains of 2
bands: the name of the one was Ba'ana, and the name of the
other Rekhav, the sons of Rimmon a Be'erotite, of the children
of Binyamin: (for Be'erot also is reckoned to Binyamin: and 3
the Be'erotites fled to Gittayim, and were sojourners there until
this day.) And Yehonatan, Sha'ul's son, had a son whose 4
feet were lame. He was five years old when the tidings came
of Sha'ul and Yehonatan out of Yizre'el, and his nurse took him
up, and fled: and it came to pass, as she made haste to flee, that
he fell, and became lame. And his name was Mefivoshet. And 5
the sons of Rimmon the Be'eroti, Rekhav and Ba'ana, went, and
came about the heat of the day to the house of Ish-boshet, who
was lying down for his midday rest. And they came into the 6
midst of the house, as though they would have fetched wheat;
and they smote him in the belly: and Rekhav and Ba'ana his
brother escaped. For when they came into the house, he lay on 7
his bed in his bedchamber, and they smote him, and slew him,
and beheaded him, and took his head, and went away through
the 'Arava all night. And they brought the head of Ish-boshet 8
to David to Ḥevron, and said to the king, Behold the head of
Ish-boshet the son of Sha'ul thy enemy, who sought thy life;
and the LORD has avenged my lord the king this day of Sha'ul
and of his seed. And David answered Rekhav and Ba'ana his 9
brother, the sons of Rimmon the Be'eroti, and said to them, As
the LORD lives, who has redeemed my soul out of all adversity,
when one told me, saying, Behold, Sha'ul is dead, thinking to 10
have brought good tidings, I took hold of him, and slew him in
Ẕiqlag, which was the reward I gave him for his tidings: how 11
much more, when wicked men have slain a righteous person in
his own house upon his bed? shall I not therefore now require
his blood of your hand, and take you away from the earth?
And David commanded his young men, and they slew them, 12
and cut off their hands and their feet, and hanged them up over
the pool in Ḥevron. But they took the head of Ish-boshet, and
buried it in the tomb of Avner in Ḥevron. Then came all 5
the tribes of Yisra'el to David to Ḥevron, and spoke, saying,
Behold, we are thy bone and thy flesh. Also in time past, when 2
Sha'ul was king over us, thou wast he that didst lead Yisra'el
out and didst bring them back; and the LORD said to thee,
Thou shalt be a shepherd for my people Yisra'el, and thou shalt
be a prince over Yisra'el. So all the elders of Yisra'el came to 3
the king to Ḥevron; and king David made a covenant with them
in Ḥevron before the LORD: and they anointed David king over
Yisra'el. David was thirty years old when he began to 4
reign, and he reigned forty years. In Ḥevron he reigned over 5
Yehuda seven years and six months: and in Yerushalayim he
reigned thirty three years over all Yisra'el and Yehuda. And 6
the king and his men went to Yerushalayim to the Yevusi, the
inhabitants of the land: who spoke to David, saying, Unless

לְדָוִד לֵאמֹר לֹא־תָבוֹא הֵנָּה כִּי אִם־הֱסִירְךָ הַעִוְרִים וְהַפִּסְחִים
לֵאמֹר לֹא־יָבוֹא דָוִד הֵנָּה: וַיִּלְכֹּד דָּוִד אֵת מְצֻדַת צִיּוֹן הִיא ז
עִיר דָּוִד: וַיֹּאמֶר דָּוִד בַּיּוֹם הַהוּא כָּל־מַכֵּה יְבֻסִי וְיִגַּע בַּצִּנּוֹר ח
וְאֶת־הַפִּסְחִים וְאֶת־הַעִוְרִים שנאו שְׂנֻאֵי נֶפֶשׁ דָּוִד עַל־כֵּן יֹאמְרוּ
עִוֵּר וּפִסֵּחַ לֹא יָבוֹא אֶל־הַבָּיִת: וַיֵּשֶׁב דָּוִד בַּמְּצֻדָה וַיִּקְרָא־לָהּ ט
עִיר דָּוִד וַיִּבֶן דָּוִד סָבִיב מִן־הַמִּלּוֹא וָבָיְתָה: וַיֵּלֶךְ דָּוִד הָלוֹךְ כג
וְגָדוֹל וַיהֹוָה אֱלֹהֵי צְבָאוֹת עִמּוֹ: וַיִּשְׁלַח חִירָם יא
מֶלֶךְ־צֹר מַלְאָכִים אֶל־דָּוִד וַעֲצֵי אֲרָזִים וְחָרָשֵׁי עֵץ וְחָרָשֵׁי אֶבֶן
קִיר וַיִּבְנוּ־בַיִת לְדָוִד: וַיֵּדַע דָּוִד כִּי־הֱכִינוֹ יְהֹוָה לְמֶלֶךְ עַל־יִשְׂרָאֵל יב
וְכִי נִשֵּׂא מַמְלַכְתּוֹ בַּעֲבוּר עַמּוֹ יִשְׂרָאֵל: וַיִּקַּח יג
דָּוִד עוֹד פִּלַגְשִׁים וְנָשִׁים מִירוּשָׁלִַם אַחֲרֵי בֹּאוֹ מֵחֶבְרוֹן וַיִּוָּלְדוּ
עוֹד לְדָוִד בָּנִים וּבָנוֹת: וְאֵלֶּה שְׁמוֹת הַיִּלֹּדִים לוֹ בִּירוּשָׁלִַם יד
שַׁמּוּעַ וְשׁוֹבָב וְנָתָן וּשְׁלֹמֹה: וְיִבְחָר וֶאֱלִישׁוּעַ וְנֶפֶג וְיָפִיעַ: טו טז
וֶאֱלִישָׁמָע וְאֶלְיָדָע וֶאֱלִיפָלֶט: וַיִּשְׁמְעוּ פְלִשְׁתִּים יז
כִּי־מָשְׁחוּ אֶת־דָּוִד לְמֶלֶךְ עַל־יִשְׂרָאֵל וַיַּעֲלוּ כָל־פְּלִשְׁתִּים
לְבַקֵּשׁ אֶת־דָּוִד וַיִּשְׁמַע דָּוִד וַיֵּרֶד אֶל־הַמְּצוּדָה: וּפְלִשְׁתִּים יח
בָּאוּ וַיִּנָּטְשׁוּ בְּעֵמֶק רְפָאִים: וַיִּשְׁאַל דָּוִד בַּיהֹוָה לֵאמֹר הַאֶעֱלֶה יט
אֶל־פְּלִשְׁתִּים הֲתִתְּנֵם בְּיָדִי וַיֹּאמֶר יְהֹוָה אֶל־
דָּוִד עֲלֵה כִּי־נָתֹן אֶתֵּן אֶת־הַפְּלִשְׁתִּים בְּיָדֶךָ: וַיָּבֹא דָוִד כ
בְּבַעַל־פְּרָצִים וַיַּכֵּם שָׁם דָּוִד וַיֹּאמֶר פָּרַץ יְהֹוָה אֶת־אֹיְבַי לְפָנַי
כְּפֶרֶץ מָיִם עַל־כֵּן קָרָא שֵׁם־הַמָּקוֹם הַהוּא בַּעַל פְּרָצִים: וַיַּעַזְבוּ כא
שָׁם אֶת־עֲצַבֵּיהֶם וַיִּשָּׂאֵם דָּוִד וַאֲנָשָׁיו: וַיֹּסִפוּ כב
עוֹד פְּלִשְׁתִּים לַעֲלוֹת וַיִּנָּטְשׁוּ בְּעֵמֶק רְפָאִים: וַיִּשְׁאַל דָּוִד כג
בַּיהֹוָה וַיֹּאמֶר לֹא תַעֲלֶה הָסֵב אֶל־אַחֲרֵיהֶם וּבָאתָ לָהֶם מִמּוּל
בְּכָאִים: וִיהִי בְּשָׁמְעֲךָ אֶת־קוֹל צְעָדָה בְּרָאשֵׁי הַבְּכָאִים אָז כד
תֶּחֱרָץ כִּי אָז יָצָא יְהֹוָה לְפָנֶיךָ לְהַכּוֹת בְּמַחֲנֵה פְלִשְׁתִּים: וַיַּעַשׂ כה
דָּוִד כֵּן כַּאֲשֶׁר צִוָּהוּ יְהֹוָה וַיַּךְ אֶת־פְּלִשְׁתִּים מִגֶּבַע עַד־בֹּאֲךָ
גָזֶר: וַיֹּסֶף עוֹד דָּוִד אֶת־כָּל־בָּחוּר בְּיִשְׂרָאֵל ו א
שְׁלֹשִׁים אָלֶף: וַיָּקָם וַיֵּלֶךְ דָּוִד וְכָל־הָעָם אֲשֶׁר אִתּוֹ מִבַּעֲלֵי ב
יְהוּדָה לְהַעֲלוֹת מִשָּׁם אֵת אֲרוֹן הָאֱלֹהִים אֲשֶׁר־נִקְרָא שֵׁם שֵׁם
יְהֹוָה צְבָאוֹת יֹשֵׁב הַכְּרֻבִים עָלָיו: וַיַּרְכִּבוּ אֶת־אֲרוֹן הָאֱלֹהִים ג
אֶל־עֲגָלָה חֲדָשָׁה וַיִּשָּׂאֻהוּ מִבֵּית אֲבִינָדָב אֲשֶׁר בַּגִּבְעָה וְעֻזָּא
וְאַחְיוֹ בְּנֵי אֲבִינָדָב נֹהֲגִים אֶת־הָעֲגָלָה חֲדָשָׁה: וַיִּשָּׂאֻהוּ מִבֵּית ד
אֲבִינָדָב אֲשֶׁר בַּגִּבְעָה עִם אֲרוֹן הָאֱלֹהִים וְאַחְיוֹ הֹלֵךְ לִפְנֵי
הָאָרוֹן: וְדָוִד וְכָל־בֵּית יִשְׂרָאֵל מְשַׂחֲקִים לִפְנֵי יְהֹוָה בְּכֹל עֲצֵי ה

thou remove even the blind and the lame, thou shalt not come
in here: thinking, David cannot come in here. Nevertheless 7
David took the stronghold of Ẕiyyon: that is the city of David.
And David said on that day, Whoever smites the Yevusi, and 8
gets up to the aqueduct, and smites the lame and the blind
(that are hated of David's soul)—therefore the saying, The
blind and the lame shall not come into the house. So David 9
dwelt in the stronghold and called it the city of David. And
David built round about from the Millo and inward. And 10
David went on, and grew great, and the LORD GOD of hosts
was with him. And Ḥiram king of Ẕor sent mes- 11
sengers to David, and cedar trees, and carpenters, and masons:
and they built David a house. And David perceived that the 12
LORD had established him king over Yisra'el, and that he had
exalted his kingdom for his people Yisra'el's sake.

And David took more concubines and wives of Yerushalayim, 13
after he had come from Ḥevron: and more sons and daughters
were born to David. And these are the names of those that 14
were born to him in Yerushalayim; Shammua, and Shovav, and
Natan and Shelomo, and Yivḥar, and Elishua, and Nefeg, and 15
Yafia, and Elishama, and Elyada, and Elifelet. But when 16, 17
the Pelishtim heard that they had anointed David king over Yis-
ra'el, all the Pelishtim came up to seek David, and David heard
of it, and went down to the stronghold. And the Pelishtim came 18
and spread themselves in the valley of Refa'im. And David in- 19
quired of the LORD, saying, Shall I go up to the Pelishtim? wilt
thou deliver them into my hand? And the LORD said to
David, Go up: for I will surely deliver the Pelishtim into thy
hand. And David came to Ba'al-peraẕim, and David smote them 20
there, and said, The LORD has broken down my enemies before
me, like the breach of waters. Therefore he called the name
of that place Ba'al-peraẕim. And there they left their images, 21
and David and his men burned them. And the Pelishtim 22
came up yet again, and spread themselves in the valley of
Refa'im. And when David inquired of the LORD, he said, Thou 23
shalt not go up; but make a circuit behind them, and come upon
them over against the bakha trees. And let it be, when thou 24
hearest the sound of marching in the tops of the bakha trees,
that then thou shalt bestir thyself: for then shall the LORD go
out before thee, to smite the camp of the Pelishtim. And David 25
did so, as the LORD had commanded him; and smote the Pelish-
tim from Geva until the approaches of Gezer. Again, Da- **6**
vid gathered together all the chosen men of Yisra'el, thirty
thousand. And David arose, and went with all the people that 2
were with him from Ba'ale-yehuda, to bring up from there the
ark of GOD, whose name is called by the name of the LORD
of hosts who dwells upon the keruvim. And they set the ark 3
of GOD upon a new cart, and brought it out of the house of
Avinadav who was in Giv'a: and 'Uzza and Aḥyo, the sons of
Avinadav, drove the new cart. And they brought it out of the 4
house of Avinadav which was at Giv'a, accompanying the ark
of GOD: and Aḥyo went before the ark. And David and all the 5
house of Yisra'el played before the LORD on all manner of

בְּרוֹשִׁים וּבְכִנֹּרוֹת וּבִנְבָלִים וּבְתֻפִּים וּבִמְנַעַנְעִים וּבְצֶלְצֶלִים:

ו וַיָּבֹאוּ עַד־גֹּרֶן נָכוֹן וַיִּשְׁלַח עֻזָּה אֶל־אֲרוֹן הָאֱלֹהִים וַיֹּאחֶז בּוֹ

כִּי שָׁמְטוּ הַבָּקָר: וַיִּחַר־אַף יְהוָה בְּעֻזָּה וַיַּכֵּהוּ שָׁם הָאֱלֹהִים ז

עַל־הַשַּׁל וַיָּמָת שָׁם עִם אֲרוֹן הָאֱלֹהִים: וַיִּחַר לְדָוִד עַל אֲשֶׁר ח

פָּרַץ יְהוָה פֶּרֶץ בְּעֻזָּה וַיִּקְרָא לַמָּקוֹם הַהוּא פֶּרֶץ עֻזָּה עַד

הַיּוֹם הַזֶּה: וַיִּרָא דָוִד אֶת־יְהוָה בַּיּוֹם הַהוּא וַיֹּאמֶר אֵיךְ יָבוֹא ט

אֵלַי אֲרוֹן יְהוָה: וְלֹא־אָבָה דָוִד לְהָסִיר אֵלָיו אֶת־אֲרוֹן יְהוָה י

עַל־עִיר דָּוִד וַיַּטֵּהוּ דָוִד בֵּית עֹבֵד־אֱדֹם הַגִּתִּי: וַיֵּשֶׁב אֲרוֹן יא

יְהוָה בֵּית עֹבֵד אֱדֹם הַגִּתִּי שְׁלֹשָׁה חֳדָשִׁים וַיְבָרֶךְ יְהוָה אֶת־

עֹבֵד אֱדֹם וְאֶת־כָּל־בֵּיתוֹ: וַיֻּגַּד לַמֶּלֶךְ דָּוִד לֵאמֹר בֵּרַךְ יְהוָה יב

אֶת־בֵּית עֹבֵד אֱדֹם וְאֶת־כָּל־אֲשֶׁר־לוֹ בַּעֲבוּר אֲרוֹן הָאֱלֹהִים

וַיֵּלֶךְ דָּוִד וַיַּעַל אֶת־אֲרוֹן הָאֱלֹהִים מִבֵּית עֹבֵד אֱדֹם עִיר דָּוִד

בְּשִׂמְחָה: וַיְהִי כִּי צָעֲדוּ נֹשְׂאֵי אֲרוֹן־יְהוָה שִׁשָּׁה צְעָדִים וַיִּזְבַּח יג

שׁוֹר וּמְרִיא: וְדָוִד מְכַרְכֵּר בְּכָל־עֹז לִפְנֵי יְהוָה וְדָוִד חָגוּר יד

אֵפוֹד בָּד: וְדָוִד וְכָל־בֵּית יִשְׂרָאֵל מַעֲלִים אֶת־אֲרוֹן יְהוָה טו

בִּתְרוּעָה וּבְקוֹל שׁוֹפָר: וְהָיָה אֲרוֹן יְהוָה בָּא עִיר דָּוִד וּמִיכַל טז

בַּת־שָׁאוּל נִשְׁקְפָה בְּעַד הַחַלּוֹן וַתֵּרֶא אֶת־הַמֶּלֶךְ דָּוִד מְפַזֵּז

וּמְכַרְכֵּר לִפְנֵי יְהוָה וַתִּבֶז לוֹ בְּלִבָּהּ: וַיָּבִאוּ אֶת־אֲרוֹן יְהוָה יז

וַיַּצִּגוּ אֹתוֹ בִּמְקוֹמוֹ בְּתוֹךְ הָאֹהֶל אֲשֶׁר נָטָה־לוֹ דָּוִד וַיַּעַל דָּוִד

עֹלוֹת לִפְנֵי יְהוָה וּשְׁלָמִים: וַיְכַל דָּוִד מֵהַעֲלוֹת הָעוֹלָה יח

וְהַשְּׁלָמִים וַיְבָרֶךְ אֶת־הָעָם בְּשֵׁם יְהוָה צְבָאוֹת: וַיְחַלֵּק לְכָל־ יט

הָעָם לְכָל־הֲמוֹן יִשְׂרָאֵל לְמֵאִישׁ וְעַד־אִשָּׁה לְאִישׁ חַלַּת לֶחֶם

אַחַת וְאֶשְׁפָּר אֶחָד וַאֲשִׁישָׁה אֶחָת וַיֵּלֶךְ כָּל־הָעָם אִישׁ לְבֵיתוֹ:

וַיָּשָׁב דָּוִד לְבָרֵךְ אֶת־בֵּיתוֹ וַתֵּצֵא מִיכַל בַּת־שָׁאוּל לִקְרַאת כ

דָּוִד וַתֹּאמֶר מַה־נִּכְבַּד הַיּוֹם מֶלֶךְ יִשְׂרָאֵל אֲשֶׁר נִגְלָה הַיּוֹם

לְעֵינֵי אַמְהוֹת עֲבָדָיו כְּהִגָּלוֹת נִגְלוֹת אַחַד הָרֵקִים: וַיֹּאמֶר דָּוִד כא

אֶל־מִיכַל לִפְנֵי יְהוָה אֲשֶׁר בָּחַר־בִּי מֵאָבִיךְ וּמִכָּל־בֵּיתוֹ לְצַוֹּת

אֹתִי נָגִיד עַל־עַם יְהוָה עַל־יִשְׂרָאֵל וְשִׂחַקְתִּי לִפְנֵי יְהוָה: וּנְקַלֹּתִי כב

עוֹד מִזֹּאת וְהָיִיתִי שָׁפָל בְּעֵינָי וְעִם־הָאֲמָהוֹת אֲשֶׁר אָמַרְתְּ

עִמָּם אִכָּבֵדָה: וּלְמִיכַל בַּת־שָׁאוּל לֹא־הָיָה לָהּ יָלֶד עַד יוֹם כג

מוֹתָהּ: וַיְהִי כִּי־יָשַׁב הַמֶּלֶךְ בְּבֵיתוֹ וַיהוָה הֵנִיחַ א ז

לוֹ מִסָּבִיב מִכָּל־אֹיְבָיו: וַיֹּאמֶר הַמֶּלֶךְ אֶל־נָתָן הַנָּבִיא רְאֵה נָא ב

אָנֹכִי יוֹשֵׁב בְּבֵית אֲרָזִים וַאֲרוֹן הָאֱלֹהִים יֹשֵׁב בְּתוֹךְ הַיְרִיעָה:

וַיֹּאמֶר נָתָן אֶל־הַמֶּלֶךְ כֹּל אֲשֶׁר בִּלְבָבְךָ לֵךְ עֲשֵׂה כִּי יְהוָה ג

instruments made of cypress wood, on lyres, and on lutes,
and on timbrels, and on rattles, and on cymbals. And when 6
they came to Nakhon's threshingfloor, 'Uzza put out his hand
to the ark of God, and took hold of it; for the oxen shook it.
And the anger of the Lord burned against 'Uzza; and God smote 7
him there for his error; and there he died by the ark of God.
And David was displeased, because the Lord had burst out 8
against 'Uzza: and he called the name of the place Pereẕ-'uzza
to this day. And David was afraid of the Lord that day, and 9
said, How shall the ark of the Lord come to me? So David 10
would not remove the ark of the Lord to him into the city of
David: but David carried it aside into the house of 'Oved-edom
the Gitti. And the ark of the Lord continued in the house of 11
'Oved-edom the Gitti three months: and the Lord blessed
'Oved-edom, and all his household. And it was told king David, 12
saying, The Lord has blessed the house of 'Oved-edom, and all
that he has, because of the ark of God. So David went and
brought up the ark of God from the house of 'Oved-edom into
the city of David with gladness. And when they that bore the 13
ark of the Lord had gone six paces, he sacrificed an ox and
a fatling. And David leaped about before the Lord with all his 14
might; and David was girded with a linen efod. So David and all 15
the house of Yisra'el brought up the ark of the Lord with
shouting, and with the sound of the shofar. And as the ark of 16
the Lord came into the city of David, Mikhal, Sha'ul's daughter
looked through a window, and saw king David dancing and
leaping before the Lord; and she despised him in her heart.
And they brought in the ark of the Lord, and set it in its place, 17
in the midst of the tent that David had pitched for it: and
David offered burnt offerings and peace offerings before the
Lord. And as soon as David had made an end of offering burnt 18
offerings and peace offerings, he blessed the people in the name
of the Lord of hosts. And he made a distribution among all the 19
people, among the whole multitude of Yisra'el, both men and
women, to everyone a cake of bread, and a good piece of meat,
and a cake of raisins. So all the people departed everyone to
his house. Then David returned to bless his household. And 20
Mikhal the daughter of Sha'ul came out to meet David, and
said, How glorious was the king of Yisra'el today, in that he
uncovered himself today in the eyes of the handmaids of his
servants, as one of the low fellows shamelessly uncovers him-
self! And David said to Mikhal, It was before the Lord, who 21
chose me before thy father, and before all his house, to appoint
me prince over the people of the Lord, over Yisra'el. Therefore
will I play before the Lord, and I will yet be more lightly 22
esteemed than this, holding myself lowly: and of the maid-
servants of whom thou hast spoken, of them shall I be had in
honour. And Mikhal the daughter of Sha'ul had no child to 23
the day of her death. And it came to pass, when the king **7**
sat in his house, and the Lord had given him rest round about
from all his enemies; that the king said to Natan the prophet, 2
See now, I dwell in a house of cedar, but the ark of God dwells
within curtain. And Natan said to the king, Go, do all that is 3

עִמָּךְ:   וַיְהִי֙ בַּלַּ֣יְלָה הַה֔וּא   וַיְהִ֖י   ד

דְּבַר־יְהוָ֖ה אֶל־נָתָ֣ן לֵאמֹֽר: לֵ֤ךְ וְאָֽמַרְתָּ֙ אֶל־עַבְדִּ֣י אֶל־דָּוִ֔ד   ה

כֹּ֖ה אָמַ֣ר יְהוָ֑ה הַֽאַתָּ֛ה תִּבְנֶה־לִּ֥י בַ֖יִת לְשִׁבְתִּֽי: כִּ֣י לֹ֤א יָשַׁ֙בְתִּי֙   ו
בְּבַ֔יִת לְמִיּ֞וֹם הַעֲלֹתִ֤י אֶת־בְּנֵ֤י יִשְׂרָאֵל֙ מִמִּצְרַ֔יִם וְעַ֖ד הַיּ֣וֹם הַזֶּ֑ה

וָֽאֶהְיֶה֙ מִתְהַלֵּ֔ךְ בְּאֹ֖הֶל וּבְמִשְׁכָּֽן: בְּכֹ֥ל אֲשֶֽׁר־הִתְהַלַּ֙כְתִּי֙ בְּכָל־   ז
בְּנֵ֣י יִשְׂרָאֵ֔ל הֲדָבָ֣ר דִּבַּ֗רְתִּי אֶת־אַחַד֙ שִׁבְטֵ֣י יִשְׂרָאֵ֔ל אֲשֶׁ֣ר
צִוִּ֗יתִי לִרְע֤וֹת אֶת־עַמִּי֙ אֶת־יִשְׂרָאֵ֣ל לֵאמֹ֑ר לָ֛מָּה לֹא־בְנִיתֶ֥ם
לִ֖י בֵּ֥ית אֲרָזִֽים: וְ֠עַתָּה כֹּֽה־תֹאמַ֞ר לְעַבְדִּ֣י לְדָוִ֗ד כֹּ֤ה אָמַר֙ יְהוָ֣ה   ח
צְבָא֔וֹת אֲנִ֤י לְקַחְתִּ֙יךָ֙ מִן־הַנָּוֶ֔ה מֵאַחַ֖ר הַצֹּ֑אן לִֽהְי֣וֹת נָגִ֔יד עַל־

עַמִּ֖י עַל־יִשְׂרָאֵֽל: וָאֶהְיֶ֣ה עִמְּךָ֗ בְּכֹל֙ אֲשֶׁ֣ר הָלַ֔כְתָּ וָאַכְרִ֥תָה   ט
אֶת־כָּל־אֹיְבֶ֖יךָ מִפָּנֶ֑יךָ וְעָשִׂ֤תִי לְךָ֙ שֵׁ֣ם גָּד֔וֹל כְּשֵׁ֥ם הַגְּדֹלִ֖ים

אֲשֶׁ֥ר בָּאָֽרֶץ: וְשַׂמְתִּ֣י מָ֠קוֹם לְעַמִּ֨י לְיִשְׂרָאֵ֤ל וּנְטַעְתִּיו֙ וְשָׁכַ֣ן   י
תַּחְתָּ֔יו וְלֹ֥א יִרְגַּ֖ז ע֑וֹד וְלֹֽא־יֹסִ֤יפוּ בְנֵֽי־עַוְלָה֙ לְעַנּוֹת֔וֹ כַּאֲשֶׁ֖ר

בָּרִֽאשׁוֹנָֽה: וּלְמִן־הַיּ֗וֹם אֲשֶׁ֤ר צִוִּ֙יתִי֙ שֹֽׁפְטִ֔ים עַל־עַמִּ֣י יִשְׂרָאֵ֔ל   יא
וַהֲנִיחֹ֥תִי לְךָ֖ מִכָּל־אֹיְבֶ֑יךָ וְהִגִּ֤יד לְךָ֙ יְהוָ֔ה כִּי־בַ֖יִת יַעֲשֶׂה־לְּךָ֥

יְהוָֽה: כִּ֣י ׀ יִמְלְא֣וּ יָמֶ֗יךָ וְשָֽׁכַבְתָּ֙ אֶת־אֲבֹתֶ֔יךָ וַהֲקִימֹתִ֤י אֶֽת־   יב
זַרְעֲךָ֙ אַחֲרֶ֔יךָ אֲשֶׁ֥ר יֵצֵ֖א מִמֵּעֶ֑יךָ וַהֲכִינֹתִ֖י אֶת־מַמְלַכְתּֽוֹ: ה֧וּא   יג

יִבְנֶה־בַּ֖יִת לִשְׁמִ֑י וְכֹנַנְתִּ֛י אֶת־כִּסֵּ֥א מַמְלַכְתּ֖וֹ עַד־עוֹלָֽם: אֲנִי֙   יד
אֶהְיֶה־לּ֣וֹ לְאָ֔ב וְה֖וּא יִהְיֶה־לִּ֣י לְבֵ֑ן אֲשֶׁר֙ בְּהַ֣עֲוֹת֔וֹ וְהֹֽכַחְתִּיו֙
בְּשֵׁ֣בֶט אֲנָשִׁ֔ים וּבְנִגְעֵ֖י בְּנֵ֥י אָדָֽם: וְחַסְדִּ֖י לֹא־יָס֣וּר מִמֶּ֑נּוּ כַּאֲשֶׁ֤ר   טו

הֲסִרֹ֙תִי֙ מֵעִ֣ם שָׁא֔וּל אֲשֶׁ֥ר הֲסִרֹ֖תִי מִלְּפָנֶֽיךָ: וְנֶאְמַ֨ן בֵּיתְךָ֧   טז   כד
וּמַֽמְלַכְתְּךָ֛ עַד־עוֹלָ֖ם לְפָנֶ֑יךָ כִּסְאֲךָ֕ יִהְיֶ֥ה נָכ֖וֹן עַד־עוֹלָֽם: כְּכֹל֙   יז
הַדְּבָרִ֣ים הָאֵ֔לֶּה וּכְכֹ֖ל הַחִזָּי֣וֹן הַזֶּ֑ה כֵּ֛ן דִּבֶּ֥ר נָתָ֖ן אֶל־דָּוִֽד:

וַיָּבֹא֙ הַמֶּ֣לֶךְ דָּוִ֔ד וַיֵּ֖שֶׁב לִפְנֵ֣י יְהוָ֑ה וַיֹּ֗אמֶר מִ֣י אָנֹכִ֞י אֲדֹנָ֤י יְהוִה֙   יח
וּמִ֣י בֵיתִ֔י כִּ֥י הֲבִיאֹתַ֖נִי עַד־הֲלֹֽם: וַתִּקְטַן֩ ע֨וֹד זֹ֤את בְּעֵינֶ֙יךָ֙ אֲדֹנָ֣י   יט
יְהוִ֔ה וַתְּדַבֵּ֛ר גַּ֥ם אֶל־בֵּית־עַבְדְּךָ֖ לְמֵֽרָח֑וֹק וְזֹ֛את תּוֹרַ֥ת הָאָדָ֖ם

אֲדֹנָ֥י יְהוִֽה: וּמַה־יּוֹסִ֥יף דָּוִ֛ד ע֖וֹד לְדַבֵּ֣ר אֵלֶ֑יךָ וְאַתָּ֛ה יָדַ֥עְתָּ   כ
אֶֽת־עַבְדְּךָ֖ אֲדֹנָ֥י יְהוִֽה: בַּעֲב֤וּר דְּבָֽרְךָ֙ וּֽכְלִבְּךָ֔ עָשִׂ֕יתָ אֵ֖ת כָּל־   כא
הַגְּדוּלָּ֣ה הַזֹּ֑את לְהוֹדִ֖יעַ אֶת־עַבְדֶּֽךָ: עַל־כֵּ֥ן גָּדַ֖לְתָּ יְהוָ֣ה אֱלֹהִ֑ים   כב
כִּֽי־אֵ֣ין כָּמ֗וֹךָ וְאֵ֤ין אֱלֹהִים֙ זֽוּלָתֶ֔ךָ בְּכֹ֥ל אֲשֶׁר־שָׁמַ֖עְנוּ בְּאָזְנֵֽינוּ:

וּמִ֤י כְעַמְּךָ֙ כְּיִשְׂרָאֵ֔ל גּ֥וֹי אֶחָ֖ד בָּאָ֑רֶץ אֲשֶׁ֣ר הָלְכֽוּ־אֱלֹהִ֡ים   כג
לִפְדּֽוֹת־ל֣וֹ לְ֠עָם וְלָשׂ֨וּם ל֜וֹ שֵׁ֗ם וְלַעֲשׂ֨וֹת לָכֶ֜ם הַגְּדוּלָּ֣ה וְנֹֽרָא֗וֹת
לְאַרְצֶ֔ךָ מִפְּנֵ֣י עַמְּךָ֗ אֲשֶׁ֨ר פָּדִ֤יתָ לְּךָ֙ מִמִּצְרַ֔יִם גּוֹיִ֖ם וֵאלֹהָֽיו:

וַתְּכוֹנֵ֣ן לְ֠ךָ אֶת־עַמְּךָ֨ יִשְׂרָאֵ֧ל ׀ לְךָ֛ לְעָ֖ם עַד־עוֹלָ֑ם וְאַתָּ֣ה יְהוָ֔ה   כד

in thy heart ; for the Lord is with thee.   And it came to 4
pass that night,   that the word of the Lord came to Natan,
saying, Go and tell my servant David, Thus says the Lord, shalt 5
thou build me a house for me to dwell in ? For I have not dwelt 6
in any house since that time that I brought up the children of
Yisra'el out of Miẓrayim, even to this day, but I have walked in
a tent and in a tabernacle. In all the places where I have walked 7
with all the children of Yisra'el, did I speak a word with any
of the rulers of Yisra'el, whom ' I commanded as sheperds of
my people Yisra'el, saying, Why do you not build me a house of
cedar ? Now therefore so shalt thou say to my servant David, 8
Thus says the Lord of hosts, I took thee from the sheepfold,
from following the sheep, to be ruler over my people, over
Yisra'el : and I was with thee wherever thou didst go, and have 9
cut off all thy enemies out of thy sight, and have made thee a
great name, like the name of the great men that are on the
earth. Moreover I have appointed a place for my people Yis- 10
ra'el, and planted them, that they may dwell in a place of their
own, and be troubled no more ; neither shall the children of
wickedness torment them any more, as at the beginning, and 11
as since the time that I commanded judges to be over my peo-
ple Yisra'el ; but I will give thee rest from all thy enemies, and
the Lord tells thee that he will make thee a house. And when 12
the days are fulfilled, and thou shalt sleep with thy fathers, I
will set up thy seed after thee, who shall issue from thy bowels,
and I will establish his kingdom. He shall build a house for my 13
name, and I will make firm the throne of his kingdom for ever.
I will be his father, and he will be my son. If he commit iniquity, 14
I will chasten him with the rod of men, and with such plagues
as befall the sons of Adam: but my covenant love shall not 15
depart away from him, as I took it from Sha'ul, whom I put
away before thee. And thy house and thy kingdom shall be 16
established for ever before thee : thy throne shall be firm for
ever. According to all these words, and according to all this 17
vision, so did Natan speak to David.

Then king David went in, and sat before the Lord, and he 18
said, Who am I, O Lord God? and what is my house, that
thou hast brought me thus far? And this was yet a small thing 19
in thy sight, O Lord God; but thou hast also spoken of thy
servant's house continuing for a great while to come. And
does any man deserve such a course, O Lord God! And what 20
can David say more to thee ? for thou, Lord God, knowst thy
servant. For thy word's sake, and according to thy own heart, 21
hast thou done all these great things, to make thy servant
know them. Therefore thou art great, O Lord God: for there 22
is none like thee, neither is there any God besides thee, ac-
cording to all that we have heard with our ears. And what 23
one nation in the earth is like thy people, like Yisra'el, whom
God went to redeem for a people to himself, and to make him-
self a name, and to do like the great things and terrible which
thou didst for thy land, by driving out from before thy people,
whom thou didst redeem to thee from Miẓrayim, the nations
and their gods? For thou hast confirmed to thyself thy people 24

כה הָיִיתָ לָהֶם לֵאלֹהִים: וְעַתָּה יְהֹוָה אֱלֹהִים הַדָּבָר אֲשֶׁר דִּבַּרְתָּ עַל־עַבְדְּךָ וְעַל־בֵּיתוֹ הָקֵם עַד־עוֹלָם וַעֲשֵׂה כַּאֲשֶׁר דִּבַּרְתָּ:

כו וְיִגְדַּל שִׁמְךָ עַד־עוֹלָם לֵאמֹר יְהֹוָה צְבָאוֹת אֱלֹהִים עַל־יִשְׂרָאֵל וּבֵית עַבְדְּךָ דָוִד יִהְיֶה נָכוֹן לְפָנֶיךָ:

כז כִּי־אַתָּה יְהֹוָה צְבָאוֹת אֱלֹהֵי יִשְׂרָאֵל גָּלִיתָה אֶת־אֹזֶן עַבְדְּךָ לֵאמֹר בַּיִת אֶבְנֶה־לָּךְ עַל־כֵּן מָצָא עַבְדְּךָ אֶת־לִבּוֹ לְהִתְפַּלֵּל אֵלֶיךָ אֶת־הַתְּפִלָּה הַזֹּאת:

כח וְעַתָּה ׀ אֲדֹנָי יְהֹוִה אַתָּה־הוּא הָאֱלֹהִים וּדְבָרֶיךָ יִהְיוּ אֱמֶת וַתְּדַבֵּר אֶל־עַבְדְּךָ אֶת־הַטּוֹבָה הַזֹּאת:

כט וְעַתָּה הוֹאֵל וּבָרֵךְ אֶת־בֵּית עַבְדְּךָ לִהְיוֹת לְעוֹלָם לְפָנֶיךָ כִּי־אַתָּה אֲדֹנָי יְהֹוִה דִּבַּרְתָּ וּמִבִּרְכָתְךָ יְבֹרַךְ בֵּית־עַבְדְּךָ לְעוֹלָם:

ח א וַיְהִי אַחֲרֵי־כֵן וַיַּךְ דָּוִד אֶת־פְּלִשְׁתִּים וַיַּכְנִיעֵם וַיִּקַּח דָּוִד אֶת־מֶתֶג הָאַמָּה מִיַּד פְּלִשְׁתִּים:

ב וַיַּךְ אֶת־מוֹאָב וַיְמַדְּדֵם בַּחֶבֶל הַשְׁכֵּב אוֹתָם אַרְצָה וַיְמַדֵּד שְׁנֵי־חֲבָלִים לְהָמִית וּמְלֹא הַחֶבֶל לְהַחֲיוֹת וַתְּהִי מוֹאָב לְדָוִד לַעֲבָדִים נֹשְׂאֵי מִנְחָה:

ג וַיַּךְ דָּוִד אֶת־הֲדַדְעֶזֶר בֶּן־רְחֹב מֶלֶךְ צוֹבָה בְּלֶכְתּוֹ לְהָשִׁיב יָדוֹ בִּנְהַר־ פְּרָת:

ד וַיִּלְכֹּד דָּוִד מִמֶּנּוּ אֶלֶף וּשְׁבַע־מֵאוֹת פָּרָשִׁים וְעֶשְׂרִים אֶלֶף אִישׁ רַגְלִי וַיְעַקֵּר דָּוִד אֶת־כָּל־הָרֶכֶב וַיּוֹתֵר מִמֶּנּוּ מֵאָה רָכֶב:

ה וַתָּבֹא אֲרַם דַּמֶּשֶׂק לַעְזֹר לַהֲדַדְעֶזֶר מֶלֶךְ צוֹבָה וַיַּךְ דָּוִד בַּאֲרָם עֶשְׂרִים־וּשְׁנַיִם אֶלֶף אִישׁ:

ו וַיָּשֶׂם דָּוִד נְצִבִים בַּאֲרַם דַּמֶּשֶׂק וַתְּהִי אֲרָם לְדָוִד לַעֲבָדִים נוֹשְׂאֵי מִנְחָה וַיֹּשַׁע יְהֹוָה אֶת־דָּוִד בְּכֹל אֲשֶׁר הָלָךְ:

ז וַיִּקַּח דָּוִד אֵת שִׁלְטֵי הַזָּהָב אֲשֶׁר הָיוּ אֶל עַבְדֵי הֲדַדְעָזֶר וַיְבִיאֵם יְרוּשָׁלָ͏ִם:

ח וּמִבֶּטַח וּמִבֵּרֹתַי עָרֵי הֲדַדְעָזֶר לָקַח הַמֶּלֶךְ דָּוִד נְחֹשֶׁת הַרְבֵּה מְאֹד:

ט וַיִּשְׁמַע תֹּעִי מֶלֶךְ חֲמָת כִּי הִכָּה דָוִד אֶת כָּל־חֵיל הֲדַדְעָזֶר:

י וַיִּשְׁלַח תֹּעִי אֶת־יוֹרָם־בְּנוֹ אֶל־הַמֶּלֶךְ דָּוִד לִשְׁאָל־לוֹ לְשָׁלוֹם וּלְבָרְכוֹ עַל אֲשֶׁר נִלְחַם בַּהֲדַדְעֶזֶר וַיַּכֵּהוּ כִּי־אִישׁ מִלְחֲמוֹת תֹּעִי הָיָה הֲדַדְעָזֶר וּבְיָדוֹ הָיוּ כְּלֵי־כֶסֶף וּכְלֵי־זָהָב וּכְלֵי נְחֹשֶׁת:

יא גַּם־אֹתָם הִקְדִּישׁ הַמֶּלֶךְ דָּוִד לַיהֹוָה עִם־הַכֶּסֶף וְהַזָּהָב אֲשֶׁר הִקְדִּישׁ מִכָּל־הַגּוֹיִם אֲשֶׁר כִּבֵּשׁ:

יב מֵאֲרָם וּמִמּוֹאָב וּמִבְּנֵי עַמּוֹן וּמִפְּלִשְׁתִּים וּמֵעֲמָלֵק וּמִשְּׁלַל הֲדַדְעֶזֶר בֶּן־רְחֹב מֶלֶךְ צוֹבָה:

יג וַיַּעַשׂ דָּוִד שֵׁם בְּשֻׁבוֹ מֵהַכּוֹתוֹ אֶת־אֲרָם בְּגֵיא־מֶלַח שְׁמוֹנָה עָשָׂר אָלֶף:

יד וַיָּשֶׂם בֶּאֱדוֹם נְצִבִים בְּכָל־אֱדוֹם שָׂם נְצִבִים וַיְהִי כָל־אֱדוֹם עֲבָדִים לְדָוִד וַיּוֹשַׁע יְהֹוָה אֶת־דָּוִד בְּכֹל אֲשֶׁר הָלָךְ:

טו וַיִּמְלֹךְ דָּוִד עַל־כָּל־יִשְׂרָאֵל וַיְהִי דָוִד עֹשֶׂה מִשְׁפָּט וּצְדָקָה לְכָל־עַמּוֹ:

טז וְיוֹאָב בֶּן־צְרוּיָה עַל־הַצָּבָא וִיהוֹשָׁפָט בֶּן־אֲחִילוּד מַזְכִּיר:

יז וְצָדוֹק בֶּן־אֲחִיטוּב וַאֲחִימֶלֶךְ בֶּן־אֶבְיָתָר

פָּרָת

Yisra'el to be a people to thee for ever: and thou, LORD, art
become their GOD. And now, O LORD GOD, the word that thou 25
hast spoken concerning thy servant, and concerning his house,
establish it for ever, and do as thou hast said. And let thy 26
name be magnified for ever, saying, The LORD of hosts is the
GOD over Yisra'el: and let the house of thy servant David be
established before thee. For thou, O LORD of hosts, GOD of 27
Yisra'el, hast revealed to thy servant, saying, I will build thee
a house: therefore has thy servant found it in his heart to
pray this prayer to thee. And now, O LORD GOD, thou art the 28
GOD, and let thy words come true, as thou hast promised this
goodness to thy servant: therefore now let it please thee to 29
bless the house of thy servant, that it may continue for ever
before thee: for thou, O LORD GOD, hast spoken it: and with
thy blessing let the house of thy servant be blessed for ever.

And after that it came to pass, that David smote the Pe- **8**
lishtim, and subdued them: and David took Meteg-amma out
of the hand of the Pelishtim. And he smote Mo'av, and mea- 2
sured them with a line, making them lie down on the ground;
even with two lines measured he to put to death, and with
one full line to keep alive. And so Mo'av became David's ser-
vants, and brought tribute. David smote also Hadad'ezer, the 3
son of Reh̲ov, king of Z̲ova, as he went to extend his dominion
at the river Perat. And David took from him one thousand, 4
seven hundred horsemen, and twenty thousand footmen; and
David lamed all the chariot horses, but reserved of them
enough for a hundred chariots. And when Aram of Dammeseq 5
came to the help of Hadad'ezer king of Z̲ova, David slew of
Aram twenty two thousand men. Then David put garrisons in 6
Aram of Dammeseq: and Aram became servants to David, and
brought tribute. And the LORD gave victory to David where-
ever he went. And David took the shields of gold that were on 7
the servants of Hadad'ezer, and brought them to Yerushala-
yim. And from Betah̲, and from Berotay, cities of Hadad'ezer, 8
king David took very much brass. When To'i king of 9
H̲amat heard that David had smitten all the army of Hadad'ezer,
then To'i sent Yoram his son to king David, to greet him, 10
and to bless him, because he had fought against Hadad'ezer,
and smitten him: for Hadad'ezer had wars with To'i. And Yo-
ram brought with him vessels of silver, and vessels of gold,
and vessels of brass: which also king David did dedicate to the 11
LORD, with the silver and gold that he had dedicated of all the
nations which he had conquered; from Aram, and Mo'av, and 12
the children of 'Ammon, and from the Pelishtim, and 'Amaleq,
and of the spoil of Hadad'ezer, son of Reh̲ov, king of Z̲ova.
And David got him a name when he returned from smiting 13
Aram in the valley of salt, eighteen thousand men. And he put 14
garrisons in Edom; throughout all Edom he put garrisons, and
all Edom became David's servants. And the LORD gave David
victory wherever he went. And David reigned over all Yisra'el; 15
and David executed judgment and justice to all his people.
And Yo'av the son of Z̲eruya was over the army; and Yehosha- 16
fat the son of Ah̲ilud was recorder; and Z̲adoq the son of 17

כֹּהֲנִים וּשְׂרָיָה סוֹפֵר: וּבְנָיָהוּ בֶּן־יְהוֹיָדָע וְהַכְּרֵתִי וְהַפְּלֵתִי וּבְנֵי
דָוִד כֹּהֲנִים הָיוּ: וַיֹּאמֶר דָּוִד הֲכִי יֶשׁ־עוֹד אֲשֶׁר

ט נוֹתַר לְבֵית שָׁאוּל וְאֶעֱשֶׂה עִמּוֹ חֶסֶד בַּעֲבוּר יְהוֹנָתָן: וּלְבֵית
שָׁאוּל עֶבֶד וּשְׁמוֹ צִיבָא וַיִּקְרְאוּ־לוֹ אֶל־דָּוִד וַיֹּאמֶר הַמֶּלֶךְ

ג אֵלָיו הַאַתָּה צִיבָא וַיֹּאמֶר עַבְדֶּךָ: וַיֹּאמֶר הַמֶּלֶךְ הַאֶפֶס עוֹד
אִישׁ לְבֵית שָׁאוּל וְאֶעֱשֶׂה עִמּוֹ חֶסֶד אֱלֹהִים וַיֹּאמֶר צִיבָא אֶל־

ד הַמֶּלֶךְ עוֹד בֵּן לִיהוֹנָתָן נְכֵה רַגְלָיִם: וַיֹּאמֶר־לוֹ הַמֶּלֶךְ אֵיפֹה
הוּא וַיֹּאמֶר צִיבָא אֶל־הַמֶּלֶךְ הִנֵּה־הוּא בֵּית מָכִיר בֶּן־עַמִּיאֵל

ה בְּלוֹ דְבָר: וַיִּשְׁלַח הַמֶּלֶךְ דָּוִד וַיִּקָּחֵהוּ מִבֵּית מָכִיר בֶּן־עַמִּיאֵל

ו מִלּוֹ דְבָר: וַיָּבֹא מְפִיבֹשֶׁת בֶּן־יְהוֹנָתָן בֶּן־שָׁאוּל אֶל־דָּוִד וַיִּפֹּל
עַל־פָּנָיו וַיִּשְׁתָּחוּ וַיֹּאמֶר דָּוִד מְפִיבֹשֶׁת וַיֹּאמֶר הִנֵּה עַבְדֶּךָ:

ז וַיֹּאמֶר לוֹ דָוִד אַל־תִּירָא כִּי עָשֹׂה אֶעֱשֶׂה עִמְּךָ חֶסֶד בַּעֲבוּר
יְהוֹנָתָן אָבִיךָ וַהֲשִׁבֹתִי לְךָ אֶת־כָּל־שְׂדֵה שָׁאוּל אָבִיךָ

ח וְאַתָּה תֹּאכַל לֶחֶם עַל־שֻׁלְחָנִי תָּמִיד: וַיִּשְׁתַּחוּ וַיֹּאמֶר מֶה
ט עַבְדֶּךָ כִּי פָנִיתָ אֶל־הַכֶּלֶב הַמֵּת אֲשֶׁר כָּמוֹנִי: וַיִּקְרָא הַמֶּלֶךְ
אֶל־צִיבָא נַעַר שָׁאוּל וַיֹּאמֶר אֵלָיו כֹּל אֲשֶׁר הָיָה לְשָׁאוּל

י וּלְכָל־בֵּיתוֹ נָתַתִּי לְבֶן־אֲדֹנֶיךָ: וְעָבַדְתָּ לּוֹ אֶת־הָאֲדָמָה אַתָּה
וּבָנֶיךָ וַעֲבָדֶיךָ וְהֵבֵאתָ וְהָיָה לְבֶן־אֲדֹנֶיךָ לֶּחֶם וַאֲכָלוֹ וּמְפִיבֹשֶׁת
בֶּן־אֲדֹנֶיךָ יֹאכַל תָּמִיד לֶחֶם עַל־שֻׁלְחָנִי וּלְצִיבָא חֲמִשָּׁה עָשָׂר

יא בָּנִים וְעֶשְׂרִים עֲבָדִים: וַיֹּאמֶר צִיבָא אֶל־הַמֶּלֶךְ כְּכֹל אֲשֶׁר
יְצַוֶּה אֲדֹנִי הַמֶּלֶךְ אֶת־עַבְדּוֹ כֵּן יַעֲשֶׂה עַבְדֶּךָ וּמְפִיבֹשֶׁת אֹכֵל

יב עַל־שֻׁלְחָנִי כְּאַחַד מִבְּנֵי הַמֶּלֶךְ: וְלִמְפִיבֹשֶׁת בֵּן־קָטָן וּשְׁמוֹ
יג מִיכָא וְכֹל מוֹשַׁב בֵּית־צִיבָא עֲבָדִים לִמְפִיבֹשֶׁת: וּמְפִיבֹשֶׁת
יֹשֵׁב בִּירוּשָׁלִַם כִּי עַל־שֻׁלְחַן הַמֶּלֶךְ תָּמִיד הוּא אֹכֵל וְהוּא
פִּסֵּחַ שְׁתֵּי רַגְלָיו:

י א וַיְהִי אַחֲרֵי־כֵן וַיָּמָת מֶלֶךְ בְּנֵי
ב עַמּוֹן וַיִּמְלֹךְ חָנוּן בְּנוֹ תַּחְתָּיו: וַיֹּאמֶר דָּוִד אֶעֱשֶׂה־חֶסֶד עִם־
חָנוּן בֶּן־נָחָשׁ כַּאֲשֶׁר עָשָׂה אָבִיו עִמָּדִי חֶסֶד וַיִּשְׁלַח דָּוִד
לְנַחֲמוֹ בְּיַד־עֲבָדָיו אֶל־אָבִיו וַיָּבֹאוּ עַבְדֵי דָוִד אֶרֶץ בְּנֵי עַמּוֹן:

ג וַיֹּאמְרוּ שָׂרֵי בְנֵי־עַמּוֹן אֶל־חָנוּן אֲדֹנֵיהֶם הַמְכַבֵּד דָּוִד אֶת־
אָבִיךָ בְּעֵינֶיךָ כִּי־שָׁלַח לְךָ מְנַחֲמִים הֲלוֹא בַּעֲבוּר חֲקֹר אֶת־

ד הָעִיר וּלְרַגְּלָהּ וּלְהָפְכָהּ שָׁלַח דָּוִד אֶת־עֲבָדָיו אֵלֶיךָ: וַיִּקַּח חָנוּן
אֶת־עַבְדֵי דָוִד וַיְגַלַּח אֶת־חֲצִי זְקָנָם וַיִּכְרֹת אֶת־מַדְוֵיהֶם

ה בַּחֵצִי עַד־שְׁתוֹתֵיהֶם וַיְשַׁלְּחֵם: וַיַּגִּדוּ לְדָוִד וַיִּשְׁלַח לִקְרָאתָם
כִּי־הָיוּ הָאֲנָשִׁים נִכְלָמִים מְאֹד וַיֹּאמֶר הַמֶּלֶךְ שְׁבוּ בִירֵחוֹ עַד־

Aẖituv, and Aẖimelekh the son of Evyatar, were the priests;
and Seraya was the scribe; and Benayahu the son of Yehoyada, 18
and the Kereti, and the Peleti, and the sons of David were min-
isters of state. And David said, Is there yet any that is left **9**
of the house of Sha'ul; that I may show him loyal love for
Yehonatan's sake? And there was of the house of Sha'ul a 2
servant whose name was Ẕiva. And when they had called him
to David, the king said to him, Art thou Ẕiva? And he said,
Thy servant is he. And the king said, Is there not yet any of 3
the house of Sha'ul that I may show the love of God to him?
And Ẕiva said to the king, Yehonatan has yet a son, who
is lame on his feet. And the king said to him, Where is he? 4
And Ẕiva said to the king, Behold, he is in the house of Makhir,
the son of 'Ammi'el, in Lo-devar. Then king David sent, and 5
fetched him out of the house of Makhir, the son of 'Ammi'el,
from Lo-devar. Now when Mefivoshet, the son of Yehonatan, 6
the son of Sha'ul, was come to David, he fell on his face, and
bowed down to the ground. And David said, Mefivoshet. And
he answered, Behold thy servant! And David said to him, Fear 7
not: for I will surely show thee loyal love for Yehonatan thy
father's sake, and will restore thee all the land of Sha'ul thy
father; and thou shalt eat bread at my table continually. And 8
he bowed himself, and said, What is thy servant, that thou
shouldst look upon such a dead dog as I am? Then the king 9
called to Ẕiva, Sha'ul's servant, and said to him, I have given to
thy master's son all that belonged to Sha'ul and to all his
house. Thou therefore, and thy sons, and thy servants, shall 10
till the land for him, and thou shalt bring in the produce, that
thy master's son may have food to eat: though Mefivoshet thy
master's son shall eat bread always at my table. Now Ẕiva had
fifteen sons and twenty servants. Then said Ẕiva to the king, 11
According to all that my lord the king has commanded his
servant, so shall thy servant do. As for Mefivoshet, he shall
eat at my table, as one of the king's sons. And Mefivoshet had 12
a young son, whose name was Mikha. And all that dwelt in
the house of Ẕiva were servants to Mefivoshet. So Mefivoshet 13
dwelt in Yerushalayim: for he did eat continually at the king's
table; and was lame in both his feet. And it came to pass **10**
after this, that the king of the children of 'Ammon died, and
H̱anun his son reigned in his stead. Then said David, I will show 2
loyal love to H̱anun the son of Naẖash, as his father showed
love to me. And David sent to comfort him for his father's
death by the hand of his servants. And David's servants came
into the land of the children of 'Ammon. And the princes of 3
the children of 'Ammon said to H̱anun their lord, Thinkst thou
that David honours thy father, that he has sent comforters to
thee? has not David rather sent his servants to thee, to search
the city, and to spy it out, and to overthrow it? So H̱anun 4
took David's servants, and shaved off the one half of their
beards, and cut off their garments in the middle, to their but-
tocks, and sent them away. When they told it to David, he 5
sent to meet them, because the men were greatly ashamed:
and the king said, Remain at Yeriẖo until your beards are

יִצְמַח זְקַנְכֶם וְשַׁבְתֶּם: וַיִּרְאוּ בְּנֵי עַמּוֹן כִּי נִבְאֲשׁוּ בְּדָוִד
וַיִּשְׁלְחוּ בְנֵי־עַמּוֹן וַיִּשְׂכְּרוּ אֶת־אֲרַם בֵּית־רְחוֹב וְאֶת־אֲרַם
צוֹבָא עֶשְׂרִים אֶלֶף רַגְלִי וְאֶת־מֶלֶךְ מַעֲכָה אֶלֶף אִישׁ וְאִישׁ

ז טוֹב שְׁנֵים־עָשָׂר אֶלֶף אִישׁ: וַיִּשְׁמַע דָּוִד וַיִּשְׁלַח אֶת־יוֹאָב

ח וְאֵת כָּל־הַצָּבָא הַגִּבֹּרִים: וַיֵּצְאוּ בְּנֵי עַמּוֹן וַיַּעַרְכוּ מִלְחָמָה
פֶּתַח הַשָּׁעַר וַאֲרַם צוֹבָא וּרְחוֹב וְאִישׁ־טוֹב וּמַעֲכָה לְבַדָּם

ט בַּשָּׂדֶה: וַיַּרְא יוֹאָב כִּי־הָיְתָה אֵלָיו פְּנֵי הַמִּלְחָמָה מִפָּנִים
וּמֵאָחוֹר וַיִּבְחַר מִכֹּל בְּחוּרֵי בְיִשְׂרָאֵל וַיַּעֲרֹךְ לִקְרַאת אֲרָם:

י וְאֵת יֶתֶר הָעָם נָתַן בְּיַד אַבְשַׁי אָחִיו וַיַּעֲרֹךְ לִקְרַאת בְּנֵי עַמּוֹן:

יא וַיֹּאמֶר אִם־תֶּחֱזַק אֲרָם מִמֶּנִּי וְהָיִתָה לִּי לִישׁוּעָה וְאִם־בְּנֵי עַמּוֹן
יֶחֱזְקוּ מִמְּךָ וְהָלַכְתִּי לְהוֹשִׁיעַ לָךְ: חֲזַק וְנִתְחַזַּק בְּעַד עַמֵּנוּ

יב וּבְעַד עָרֵי אֱלֹהֵינוּ וַיהוָה יַעֲשֶׂה הַטּוֹב בְּעֵינָיו: וַיִּגַּשׁ יוֹאָב

יג וְהָעָם אֲשֶׁר עִמּוֹ לַמִּלְחָמָה בַּאֲרָם וַיָּנֻסוּ מִפָּנָיו: וּבְנֵי עַמּוֹן רָאוּ
כִּי־נָס אֲרָם וַיָּנֻסוּ מִפְּנֵי אֲבִישַׁי וַיָּבֹאוּ הָעִיר וַיָּשָׁב יוֹאָב מֵעַל

יד בְּנֵי עַמּוֹן וַיָּבֹא יְרוּשָׁלִָם: וַיַּרְא אֲרָם כִּי נִגַּף לִפְנֵי יִשְׂרָאֵל

טו וַיֵּאָסְפוּ יָחַד: וַיִּשְׁלַח הֲדַדְעֶזֶר וַיֹּצֵא אֶת־אֲרָם אֲשֶׁר מֵעֵבֶר

טז הַנָּהָר וַיָּבֹאוּ חֵילָם וְשׁוֹבַךְ שַׂר־צְבָא הֲדַדְעֶזֶר לִפְנֵיהֶם: וַיֻּגַּד
לְדָוִד וַיֶּאֱסֹף אֶת־כָּל־יִשְׂרָאֵל וַיַּעֲבֹר אֶת־הַיַּרְדֵּן וַיָּבֹא

יז חֵלָאמָה וַיַּעַרְכוּ אֲרָם לִקְרַאת דָּוִד וַיִּלָּחֲמוּ עִמּוֹ: וַיָּנָס אֲרָם
מִפְּנֵי יִשְׂרָאֵל וַיַּהֲרֹג דָּוִד מֵאֲרָם שְׁבַע מֵאוֹת רֶכֶב וְאַרְבָּעִים

יח אֶלֶף פָּרָשִׁים וְאֵת שׁוֹבַךְ שַׂר־צְבָאוֹ הִכָּה וַיָּמָת שָׁם: וַיִּרְאוּ
כָל־הַמְּלָכִים עַבְדֵי הֲדַדְעֶזֶר כִּי נִגְּפוּ לִפְנֵי יִשְׂרָאֵל וַיַּשְׁלִמוּ
אֶת־יִשְׂרָאֵל וַיַּעַבְדוּם וַיִּרְאוּ אֲרָם לְהוֹשִׁיעַ עוֹד אֶת־בְּנֵי

יא א עַמּוֹן: וַיְהִי לִתְשׁוּבַת הַשָּׁנָה לְעֵת ׀ צֵאת
הַמַּלְאָכִים וַיִּשְׁלַח דָּוִד אֶת־יוֹאָב וְאֶת־עֲבָדָיו עִמּוֹ וְאֶת־כָּל־
יִשְׂרָאֵל וַיַּשְׁחִתוּ אֶת־בְּנֵי עַמּוֹן וַיָּצֻרוּ עַל־רַבָּה וְדָוִד יוֹשֵׁב

ב בִּירוּשָׁלִָם: וַיְהִי ׀ לְעֵת הָעֶרֶב וַיָּקָם דָּוִד מֵעַל
מִשְׁכָּבוֹ וַיִּתְהַלֵּךְ עַל־גַּג בֵּית־הַמֶּלֶךְ וַיַּרְא אִשָּׁה רֹחֶצֶת מֵעַל

ג הַגָּג וְהָאִשָּׁה טוֹבַת מַרְאֶה מְאֹד: וַיִּשְׁלַח דָּוִד וַיִּדְרֹשׁ לָאִשָּׁה
וַיֹּאמֶר הֲלוֹא־זֹאת בַּת־שֶׁבַע בַּת־אֱלִיעָם אֵשֶׁת אוּרִיָּה הַחִתִּי:

ד וַיִּשְׁלַח דָּוִד מַלְאָכִים וַיִּקָּחֶהָ וַתָּבוֹא אֵלָיו וַיִּשְׁכַּב עִמָּהּ

ה וְהִיא מִתְקַדֶּשֶׁת מִטֻּמְאָתָהּ וַתָּשָׁב אֶל־בֵּיתָהּ: וַתַּהַר הָאִשָּׁה

ו וַתִּשְׁלַח וַתַּגֵּד לְדָוִד וַתֹּאמֶר הָרָה אָנֹכִי: וַיִּשְׁלַח דָּוִד אֶל־יוֹאָב
שְׁלַח אֵלַי אֶת־אוּרִיָּה הַחִתִּי וַיִּשְׁלַח יוֹאָב אֶת־אוּרִיָּה אֶל־

grown, and then return. And when the children of 'Ammon 6
saw that they had become odious to David, the children of
'Ammon sent and hired Aram of Bet-reḥov, and Aram of Ẕova,
twenty thousand footmen, and of king Ma'akha a thousand
men, and of Ish-tov twelve thousand men. And when David 7
heard of it, he sent Yo'av, and all the host of the warriors.
And the children of 'Ammon came out, and put the battle in 8
array at the entrance of the gate: and Aram of Ẕova, and
of Reḥov, and Ish-tov, and Ma'akha were by themselves in the
open country. When Yo'av saw that the front of the battle 9
was against him before and behind, he chose of all the choice
men of Yisra'el, and put them in array against Aram: and the 10
rest of the people he delivered into the hand of Avshay his
brother, that he might put them in array against the children
of 'Ammon. And he said, If Aram proves too strong for me, 11
then thou shalt help me: but if the children of 'Ammon are
too strong for thee, then I will come and help thee. Be of 12
good courage, and let us be strong for our people, and for
the cities of our God: and the Lord do that which seems good
in his eyes. And Yo'av drew near, and the people that were 13
with him, to the battle against Aram: and they fled before
him. And when the children of 'Ammon saw that Aram were 14
fled, then fled they also before Avishay, and entered the city.
So Yo'av returned from the children of 'Ammon, and came
to Yerushalayim. And when Aram saw that they were beaten 15
before Yisra'el, they gathered themselves together. And Hadad- 16
'ezer sent, and brought out those of Aram that were beyond
the river: and they came to Ḥelam; and Shovakh the captain
of the host of Hadad'ezer went before them. And when it was 17
told David, he gathered all Yisra'el together, and passed over
the Yarden, and came to Ḥelam. And Aram set themselves in
array against David, and fought with him. And Aram fled be- 18
fore Yisra'el; and David slew the men of seven hundred cha-
riots of Aram, and forty thousand horsemen, and smote Sho-
vakh the captain of their host, who died there. And when all 19
the kings that were servants to Hadad'ezer saw that they were
beaten before Yisra'el, they made peace with Yisra'el, and
served them. So Aram feared to help the children of 'Ammon
any more. And it came to pass, at the return of the year, **11**
at the time when kings go out to battle, that David sent Yo'av,
and his servants with him, and all Yisra'el, and they ravaged
the children of 'Ammon, and besieged Rabba. But David tarried
still at Yerushalayim. And it came to pass one evening, 2
that David arose from his bed, and walked upon the roof of the
king's house: and from the roof he saw a woman bathing; and
the woman was very fair to look upon. And David sent and 3
inquired after the woman. And one said, Is not this Bat-sheva,
the daughter of Eli'am, the wife of Uriyya the Ḥittite? And David 4
sent messengers, and took her; and she came in to him, and
he lay with her; for she had purified herself from her un-
cleanness, and then she returned to her house. And the woman 5
conceived, and sent and told David, and said, I am with child.
And David sent to Yo'av, saying, Send me Uriyya the Ḥittite. 6

דָּוִד: וַיָּבֹא אוּרִיָּה אֵלָיו וַיִּשְׁאַל דָּוִד לִשְׁלוֹם יוֹאָב וְלִשְׁלוֹם ז

הָעָם וְלִשְׁלוֹם הַמִּלְחָמָה: וַיֹּאמֶר דָּוִד לְאוּרִיָּה רֵד לְבֵיתְךָ וּרְחַץ ח

רַגְלֶיךָ וַיֵּצֵא אוּרִיָּה מִבֵּית הַמֶּלֶךְ וַתֵּצֵא אַחֲרָיו מַשְׂאַת הַמֶּלֶךְ:

וַיִּשְׁכַּב אוּרִיָּה פֶּתַח בֵּית הַמֶּלֶךְ אֵת כָּל־עַבְדֵי אֲדֹנָיו וְלֹא יָרַד ט

אֶל־בֵּיתוֹ: וַיַּגִּדוּ לְדָוִד לֵאמֹר לֹא־יָרַד אוּרִיָּה אֶל־בֵּיתוֹ וַיֹּאמֶר י

דָּוִד אֶל־אוּרִיָּה הֲלוֹא מִדֶּרֶךְ אַתָּה בָא מַדּוּעַ לֹא־יָרַדְתָּ אֶל־

בֵּיתֶךָ: וַיֹּאמֶר אוּרִיָּה אֶל־דָּוִד הָאָרוֹן וְיִשְׂרָאֵל וִיהוּדָה יֹשְׁבִים יא

בַּסֻּכּוֹת וַאדֹנִי יוֹאָב וְעַבְדֵי אֲדֹנִי עַל־פְּנֵי הַשָּׂדֶה חֹנִים וַאֲנִי

אָבוֹא אֶל־בֵּיתִי לֶאֱכֹל וְלִשְׁתּוֹת וְלִשְׁכַּב עִם־אִשְׁתִּי חַיֶּךָ וְחֵי

נַפְשֶׁךָ אִם־אֶעֱשֶׂה אֶת־הַדָּבָר הַזֶּה: וַיֹּאמֶר דָּוִד אֶל־אוּרִיָּה יב

שֵׁב בָּזֶה גַּם־הַיּוֹם וּמָחָר אֲשַׁלְּחֶךָּ וַיֵּשֶׁב אוּרִיָּה בִירוּשָׁלִַם בַּיּוֹם

הַהוּא וּמִמָּחֳרָת: וַיִּקְרָא־לוֹ דָוִד וַיֹּאכַל לְפָנָיו וַיֵּשְׁתְּ וַיְשַׁכְּרֵהוּ יג

וַיֵּצֵא בָעֶרֶב לִשְׁכַּב בְּמִשְׁכָּבוֹ עִם־עַבְדֵי אֲדֹנָיו וְאֶל־בֵּיתוֹ לֹא

יָרָד: וַיְהִי בַבֹּקֶר וַיִּכְתֹּב דָּוִד סֵפֶר אֶל־יוֹאָב וַיִּשְׁלַח בְּיַד אוּרִיָּה: יד

וַיִּכְתֹּב בַּסֵּפֶר לֵאמֹר הָבוּ אֶת־אוּרִיָּה אֶל־מוּל פְּנֵי הַמִּלְחָמָה טו

הַחֲזָקָה וְשַׁבְתֶּם מֵאַחֲרָיו וְנִכָּה וָמֵת: וַיְהִי טז

בִּשְׁמוֹר יוֹאָב אֶל־הָעִיר וַיִּתֵּן אֶת־אוּרִיָּה אֶל־הַמָּקוֹם אֲשֶׁר

יָדַע כִּי אַנְשֵׁי־חַיִל שָׁם: וַיֵּצְאוּ אַנְשֵׁי הָעִיר וַיִּלָּחֲמוּ אֶת־יוֹאָב יז

וַיִּפֹּל מִן־הָעָם מֵעַבְדֵי דָוִד וַיָּמָת גַּם אוּרִיָּה הַחִתִּי: וַיִּשְׁלַח יח

יוֹאָב וַיַּגֵּד לְדָוִד אֶת כָּל־דִּבְרֵי הַמִּלְחָמָה: וַיְצַו אֶת־הַמַּלְאָךְ יט

לֵאמֹר כְּכַלּוֹתְךָ אֵת כָּל־דִּבְרֵי הַמִּלְחָמָה לְדַבֵּר אֶל־הַמֶּלֶךְ:

וְהָיָה אִם־תַּעֲלֶה חֲמַת הַמֶּלֶךְ וְאָמַר לְךָ מַדּוּעַ נִגַּשְׁתֶּם אֶל־ כ

הָעִיר לְהִלָּחֵם הֲלוֹא יְדַעְתֶּם אֵת אֲשֶׁר־יֹרוּ מֵעַל הַחוֹמָה: מִי־ כא

הִכָּה אֶת־אֲבִימֶלֶךְ בֶּן־יְרֻבֶּשֶׁת הֲלוֹא אִשָּׁה הִשְׁלִיכָה עָלָיו

פֶּלַח רֶכֶב מֵעַל הַחוֹמָה וַיָּמָת בְּתֵבֵץ לָמָּה נִגַּשְׁתֶּם אֶל־הַחוֹמָה

וְאָמַרְתָּ גַּם עַבְדְּךָ אוּרִיָּה הַחִתִּי מֵת: וַיֵּלֶךְ הַמַּלְאָךְ וַיָּבֹא כב

וַיַּגֵּד לְדָוִד אֵת כָּל־אֲשֶׁר שְׁלָחוֹ יוֹאָב: וַיֹּאמֶר הַמַּלְאָךְ אֶל־ כג

דָּוִד כִּי־גָבְרוּ עָלֵינוּ הָאֲנָשִׁים וַיֵּצְאוּ אֵלֵינוּ הַשָּׂדֶה וַנִּהְיֶה

עֲלֵיהֶם עַד־פֶּתַח הַשָּׁעַר: וַיֹּרוּ הַמּוֹרְאִים אֶל־עֲבָדֶךָ מֵעַל כד

הַחוֹמָה וַיָּמוּתוּ מֵעַבְדֵי הַמֶּלֶךְ וְגַם עַבְדְּךָ אוּרִיָּה הַחִתִּי

מֵת: וַיֹּאמֶר דָּוִד אֶל־הַמַּלְאָךְ כֹּה־תֹאמַר אֶל־ כה

יוֹאָב אַל־יֵרַע בְּעֵינֶיךָ אֶת־הַדָּבָר הַזֶּה כִּי־כָזֹה וְכָזֶה תֹּאכַל

הֶחָרֶב הַחֲזֵק מִלְחַמְתְּךָ אֶל־הָעִיר וְהָרְסָהּ וְחַזְּקֵהוּ: וַתִּשְׁמַע כו

אֵשֶׁת אוּרִיָּה כִּי־מֵת אוּרִיָּה אִישָׁהּ וַתִּסְפֹּד עַל־בַּעְלָהּ:

וַיַּעֲבֹר הָאֵבֶל וַיִּשְׁלַח דָּוִד וַיַּאַסְפָהּ אֶל־בֵּיתוֹ וַתְּהִי־לוֹ כז

And Yo'av sent Uriyya to David. And when Uriyya was come 7
to him, David asked how Yo'av did, and how the people did,
and how the war prospered. And David said to Uriyya, Go down 8
to thy house, and wash thy feet. And Uriyya departed out of
the king's house, and there followed him a portion of food
from the king. But Uriyya slept at the door of the king's house 9
with all the servants of his lord, and went not down to his
house. And when they had told David, saying, Urriya went not 10
down to his house, David said to Uriyya, Didst thou not come
from a journey? why then didst thou not go down to thy
house ? And Uriyya said to David, The ark, and Yisra'el, and 11
Yehuda, dwell in booths; and my lord Yo'av, and the servants
of my lord, are encamped in the open fields; shall I then go into
my house, to eat and to drink, and to lie with my wife? as
thou livest, and as thy soul lives, I will not do this thing. And 12
David said to Uriyya, Remain here today also, and to morrow
I will let thee depart. So Uriyya remained in Yerushalayim
that day, and the morrow. And when David had called him, he 13
did eat and drink before him; and he made him drunk: and
at even he went out to lie on his bed with the servants of
his lord, but went not down to his house. And it came to pass 14
in the morning, that David wrote a letter to Yo'av, and sent it
by the hand of Uriyya. And he wrote in the letter, saying, Set 15
Uriyya in the forefront of the hottest battle, and withdraw
from him, so that he may be hit, and die. And it came to 16
pass, when Yo'av besieged the city, that he assigned Uriyya to a
place where he knew that fighting men were. And the men 17
of the city went out, and fought with Yo'av: and some of the
people of the servants of David fell ; and Uriyya the Ḫittite died
also. Then Yo'av sent and told David all the things concerning 18
the war; and charged the messenger, saying, When thou hast 19
made an end of telling the matters of the war to the king,
and if so be that the king's anger be roused, and he say to 20
thee, Why did you approach so near to the city when you did
fight? knew you not that they would shoot from the wall?
Who smote Avimelekh the son of Yerubbeshet? did not a wo- 21
man cast an upper millstone upon him from the wall, that he
died in Teveẕ? why did you go so near the wall? then say thou,
Thy servant Uriyya the Ḫittite is dead also. So the messenger 22
went, and came and told David all that Yo'av had sent him
for. And the messenger said to David, Indeed, the men pre- 23
vailed against us, and came out unto us into the field, and
we were engaged with them right up to the entrance of the
gate. And the shooters shot from the wall upon thy servants ; 24
and some of the king's servants are dead, and thy servant
Uriyya the Ḫittite is dead also. Then David said to the mes- 25
senger, Thus shalt thou say to Yo'av, Let not this thing displease
thee, for the sword devours one as well as another : make thy
battle more strong against the city, and overthrow it: and
encourage thou him. And when the wife of Uriyya heard that 26
Uriyya her husband was dead, she mourned for her husband.
And when the mourning was past, David sent and fetched 27
her to his house, and she became his wife, and bore him a son.

לָאִשָּׁה וַתֵּלֶד לוֹ בֵּן וַיֵּרַע הַדָּבָר אֲשֶׁר־עָשָׂה דָוִד בְּעֵינֵי
א יְהוָה׃ וַיִּשְׁלַח יְהוָה אֶת־נָתָן אֶל־דָּוִד וַיָּבֹא אֵלָיו
וַיֹּאמֶר לוֹ שְׁנֵי אֲנָשִׁים הָיוּ בְּעִיר אֶחָת אֶחָד עָשִׁיר וְאֶחָד רָאשׁ׃
ב ג לְעָשִׁיר הָיָה צֹאן וּבָקָר הַרְבֵּה מְאֹד׃ וְלָרָשׁ אֵין־כֹּל כִּי אִם־
כִּבְשָׂה אַחַת קְטַנָּה אֲשֶׁר קָנָה וַיְחַיֶּהָ וַתִּגְדַּל עִמּוֹ וְעִם־בָּנָיו
יַחְדָּו מִפִּתּוֹ תֹאכַל וּמִכֹּסוֹ תִשְׁתֶּה וּבְחֵיקוֹ תִשְׁכָּב וַתְּהִי־לוֹ
ד כְּבַת׃ וַיָּבֹא הֵלֶךְ לְאִישׁ הֶעָשִׁיר וַיַּחְמֹל לָקַחַת מִצֹּאנוֹ וּמִבְּקָרוֹ
לַעֲשׂוֹת לָאֹרֵחַ הַבָּא לוֹ וַיִּקַּח אֶת־כִּבְשַׂת הָאִישׁ הָרָאשׁ וַיַּעֲשֶׂהָ
ה לָאִישׁ הַבָּא אֵלָיו׃ וַיִּחַר־אַף דָּוִד בָּאִישׁ מְאֹד וַיֹּאמֶר אֶל־נָתָן
ו חַי־יְהוָה כִּי בֶן־מָוֶת הָאִישׁ הָעֹשֶׂה זֹאת׃ וְאֶת־הַכִּבְשָׂה יְשַׁלֵּם
אַרְבַּעְתָּיִם עֵקֶב אֲשֶׁר עָשָׂה אֶת־הַדָּבָר הַזֶּה וְעַל אֲשֶׁר לֹא־
ז חָמָל׃ וַיֹּאמֶר נָתָן אֶל־דָּוִד אַתָּה הָאִישׁ כֹּה־
אָמַר יְהוָה אֱלֹהֵי יִשְׂרָאֵל אָנֹכִי מְשַׁחְתִּיךָ לְמֶלֶךְ עַל־יִשְׂרָאֵל
ח וְאָנֹכִי הִצַּלְתִּיךָ מִיַּד שָׁאוּל׃ וָאֶתְּנָה לְךָ אֶת־בֵּית אֲדֹנֶיךָ וְאֶת־
נְשֵׁי אֲדֹנֶיךָ בְּחֵיקֶךָ וָאֶתְּנָה לְךָ אֶת־בֵּית יִשְׂרָאֵל וִיהוּדָה וְאִם־
ט מְעָט וְאֹסִפָה לְּךָ כָּהֵנָּה וְכָהֵנָּה׃ מַדּוּעַ בָּזִיתָ ׀ אֶת־דְּבַר יְהוָה
לַעֲשׂוֹת הָרַע בעינו אֶת אוּרִיָּה הַחִתִּי הִכִּיתָ בַחֶרֶב וְאֶת־ בְּעֵינַי
י אִשְׁתּוֹ לָקַחְתָּ לְּךָ לְאִשָּׁה וְאֹתוֹ הָרַגְתָּ בְּחֶרֶב בְּנֵי עַמּוֹן׃ וְעַתָּה
לֹא־תָסוּר חֶרֶב מִבֵּיתְךָ עַד־עוֹלָם עֵקֶב כִּי בְזִתָנִי וַתִּקַּח אֶת־
יא אֵשֶׁת אוּרִיָּה הַחִתִּי לִהְיוֹת לְךָ לְאִשָּׁה׃ כֹּה ׀
אָמַר יְהוָה הִנְנִי מֵקִים עָלֶיךָ רָעָה מִבֵּיתֶךָ וְלָקַחְתִּי אֶת־נָשֶׁיךָ
לְעֵינֶיךָ וְנָתַתִּי לְרֵעֶיךָ וְשָׁכַב עִם־נָשֶׁיךָ לְעֵינֵי הַשֶּׁמֶשׁ הַזֹּאת׃
יב כִּי אַתָּה עָשִׂיתָ בַסָּתֶר וַאֲנִי אֶעֱשֶׂה אֶת־הַדָּבָר הַזֶּה נֶגֶד כָּל־
יג יִשְׂרָאֵל וְנֶגֶד הַשָּׁמֶשׁ׃ וַיֹּאמֶר דָּוִד אֶל־נָתָן כו
חָטָאתִי לַיהוָה וַיֹּאמֶר נָתָן אֶל־דָּוִד גַּם־יְהוָה
יד הֶעֱבִיר חַטָּאתְךָ לֹא תָמוּת׃ אֶפֶס כִּי־נִאֵץ נִאַצְתָּ אֶת־אֹיְבֵי
טו יְהוָה בַּדָּבָר הַזֶּה גַּם הַבֵּן הַיִּלּוֹד לְךָ מוֹת יָמוּת׃ וַיֵּלֶךְ נָתָן אֶל־
בֵּיתוֹ וַיִּגֹּף יְהוָה אֶת־הַיֶּלֶד אֲשֶׁר יָלְדָה אֵשֶׁת־אוּרִיָּה לְדָוִד
טז וַיֵּאָנַשׁ׃ וַיְבַקֵּשׁ דָּוִד אֶת־הָאֱלֹהִים בְּעַד הַנָּעַר וַיָּצָם דָּוִד צוֹם
יז וּבָא וְלָן וְשָׁכַב אָרְצָה׃ וַיָּקֻמוּ זִקְנֵי בֵיתוֹ עָלָיו לַהֲקִימוֹ מִן־
יח הָאָרֶץ וְלֹא אָבָה וְלֹא־בָרָא אִתָּם לָחֶם׃ וַיְהִי בַּיּוֹם הַשְּׁבִיעִי
וַיָּמָת הַיָּלֶד וַיִּרְאוּ עַבְדֵי דָוִד לְהַגִּיד לוֹ ׀ כִּי־מֵת הַיֶּלֶד כִּי
אָמְרוּ הִנֵּה בִהְיוֹת הַיֶּלֶד חַי דִּבַּרְנוּ אֵלָיו וְלֹא־שָׁמַע בְּקוֹלֵנוּ
יט וְאֵיךְ נֹאמַר אֵלָיו מֵת הַיֶּלֶד וְעָשָׂה רָעָה׃ וַיַּרְא דָּוִד כִּי עֲבָדָיו
מִתְלַחֲשִׁים וַיָּבֶן דָּוִד כִּי מֵת הַיָּלֶד וַיֹּאמֶר דָּוִד אֶל־עֲבָדָיו הֲמֵת
כ הַיֶּלֶד וַיֹּאמְרוּ מֵת׃ וַיָּקָם דָּוִד מֵהָאָרֶץ וַיִּרְחַץ וַיָּסֶךְ וַיְחַלֵּף

But the thing that David had done was evil in the eyes of the LORD.   And the LORD sent Natan to David. And he came to 1 him, and said to him, There were two men in one city ; the one rich, and the other poor. The rich man had very many flocks and 2 herds: but the poor man had nothing, except one little ewe 3 lamb, which he had bought and reared: and it grew up together with him, and with his children; it did eat of his own bread, and drank of his own cup, and lay in his bosom, and was like a daughter to him. And there came a traveller to the rich man, 4 and he spared to take of his own flock and of his own herd, to prepare it for the wayfaring man that was come to him ; but took the poor man's lamb, and prepared it for the man that was come to him. And David's anger burned greatly against 5 the man; and he said to Natan, As the LORD lives, the man that has done this is worthy to die: and he shall restore the lamb 6 fourfold, because he did this thing, and because he had no pity.

And Natan said to David, Thou art the man. Thus says the 7 LORD GOD of Yisra'el, I anointed thee king over Yisra'el, and I delivered thee out of the hand of Sha'ul; and I gave thee thy 8 master's house, and thy master's wives into thy bosom, and gave thee the house of Yisra'el and of Yehuda; and if that had been too little, I would moreover have given thee as much again. Why hast thou despised the commandment of the LORD, 9 to do evil in his sight ? thou hast killed Uriyya the Ḥittite with the sword, and hast taken his wife to be thy wife, and hast slain him with the sword of the children of 'Ammon. Now 10 therefore the sword shall never depart from thy house; because thou hast despised me, and hast taken the wife of Uriyya the Ḥittite to be thy wife.   Thus says the LORD, Behold, I will 11 raise up evil against thee out of thy own house, and I will take thy wives before thy eyes, and give them to thy neighbour, and he shall lie with thy wives in the sight of this sun. For thou 12 didst it secretly: but I will do this thing before all Yisra'el, and before the sun.   And David said to Natan, I have sinned 13 against the LORD.   And Natan said to David, The LORD also has commuted thy sin ; thou shalt not die. Howbeit because by 14 this deed thou hast greatly blasphemed the LORD, the child also that is born to thee shall surely die. And Natan departed to 15 his house. And the LORD struck the child that Uriyya's wife bore to David, and it was very sick. David therefore besought 16 GOD for the child; and David fasted, and went in, and lay all night upon the ground. And the elders of his house arose, and 17 went to him, to raise him up from the ground : but he would not, neither did he eat bread with them. And it came to pass 18 on the seventh day, that the child died. And the servants of David feared to tell him that the child was dead: for they said, Behold, while the child was yet alive, we spoke to him, and he would not hearken to our voice; how then shall we tell him that the child is dead, and he will do himself a mischief? But when David saw that his servants whispered, David 19 understood that the child was dead: therefore David said to his servants, Is the child dead? And they said, He is dead. Then David arose from the ground, and washed, and anointed 20

שִׂמְלֹתָו וַיָּבֹא בֵית־יְהוָה וַיִּשְׁתָּחוּ וַיָּבֹא אֶל־בֵּיתוֹ וַיִּשְׁאַל

כא וַיָּשִׂימוּ לוֹ לֶחֶם וַיֹּאכַל: וַיֹּאמְרוּ עֲבָדָיו אֵלָיו מָה־הַדָּבָר הַזֶּה
אֲשֶׁר עָשִׂיתָה בַּעֲבוּר הַיֶּלֶד חַי צַמְתָּ וַתֵּבְךְּ וְכַאֲשֶׁר מֵת הַיֶּלֶד

כב קַמְתָּ וַתֹּאכַל לָחֶם: וַיֹּאמֶר בְּעוֹד הַיֶּלֶד חַי צַמְתִּי וָאֶבְכֶּה כִּי

כג וְחַנַּנִי אָמַרְתִּי מִי יוֹדֵעַ יְחָנַּנִי יְהוָה וְחַי הַיָּלֶד: וְעַתָּה ׀ מֵת לָמָּה זֶּה
אֲנִי צָם הַאוּכַל לַהֲשִׁיבוֹ עוֹד אֲנִי הֹלֵךְ אֵלָיו וְהוּא לֹא־יָשׁוּב

כד אֵלָי: וַיְנַחֵם דָּוִד אֵת בַּת־שֶׁבַע אִשְׁתּוֹ וַיָּבֹא אֵלֶיהָ וַיִּשְׁכַּב

וַתִּקְרָא עִמָּהּ וַתֵּלֶד בֵּן וַיִּקְרָא אֶת־שְׁמוֹ שְׁלֹמֹה וַיהוָה אֲהֵבוֹ:

כה וַיִּשְׁלַח בְּיַד נָתָן הַנָּבִיא וַיִּקְרָא אֶת־שְׁמוֹ יְדִידְיָהּ בַּעֲבוּר

כו יְהוָה: וַיִּלָּחֶם יוֹאָב בְּרַבַּת בְּנֵי עַמּוֹן וַיִּלְכֹּד אֶת־

כז עִיר הַמְּלוּכָה: וַיִּשְׁלַח יוֹאָב מַלְאָכִים אֶל־דָּוִד וַיֹּאמֶר נִלְחַמְתִּי
בְרַבָּה גַּם־לָכַדְתִּי אֶת־עִיר הַמָּיִם: וְעַתָּה אֱסֹף אֶת־יֶתֶר הָעָם

כח וַחֲנֵה עַל־הָעִיר וְלָכְדָהּ פֶּן־אֶלְכֹּד אֲנִי אֶת־הָעִיר וְנִקְרָא

כט שְׁמִי עָלֶיהָ: וַיֶּאֱסֹף דָּוִד אֶת־כָּל־הָעָם וַיֵּלֶךְ רַבָּתָה וַיִּלָּחֶם בָּהּ

ל וַיִּלְכְּדָהּ: וַיִּקַּח אֶת־עֲטֶרֶת־מַלְכָּם מֵעַל רֹאשׁוֹ וּמִשְׁקָלָהּ כִּכַּר
זָהָב וְאֶבֶן יְקָרָה וַתְּהִי עַל־רֹאשׁ דָּוִד וּשְׁלַל הָעִיר הוֹצִיא הַרְבֵּה

לא מְאֹד: וְאֶת־הָעָם אֲשֶׁר־בָּהּ הוֹצִיא וַיָּשֶׂם בַּמְּגֵרָה וּבַחֲרִצֵי הַבַּרְזֶל
וּבְמַגְזְרֹת הַבַּרְזֶל וְהֶעֱבִיר אוֹתָם בַּמַּלְבֵּן וְכֵן יַעֲשֶׂה לְכֹל עָרֵי

בַּמַּלְבֵּן בְּנֵי־עַמּוֹן וַיָּשָׁב דָּוִד וְכָל־הָעָם יְרוּשָׁלִָם:

יג א וַיְהִי
אַחֲרֵי־כֵן וּלְאַבְשָׁלוֹם בֶּן־דָּוִד אָחוֹת יָפָה וּשְׁמָהּ תָּמָר וַיֶּאֱהָבֶהָ

ב אַמְנוֹן בֶּן־דָּוִד: וַיֵּצֶר לְאַמְנוֹן לְהִתְחַלּוֹת בַּעֲבוּר תָּמָר אֲחֹתוֹ
כִּי בְתוּלָה הִיא וַיִּפָּלֵא בְּעֵינֵי אַמְנוֹן לַעֲשׂוֹת לָהּ מְאוּמָה:

ג וּלְאַמְנוֹן רֵעַ וּשְׁמוֹ יוֹנָדָב בֶּן־שִׁמְעָה אֲחִי דָוִד וְיוֹנָדָב אִישׁ

ד חָכָם מְאֹד: וַיֹּאמֶר לוֹ מַדּוּעַ אַתָּה כָּכָה דַּל בֶּן־הַמֶּלֶךְ בַּבֹּקֶר
בַּבֹּקֶר הֲלוֹא תַּגִּיד לִי וַיֹּאמֶר לוֹ אַמְנוֹן אֶת־תָּמָר אֲחוֹת

ה אַבְשָׁלֹם אָחִי אֲנִי אֹהֵב: וַיֹּאמֶר לוֹ יְהוֹנָדָב שְׁכַב עַל־מִשְׁכָּבְךָ
וְהִתְחָל וּבָא אָבִיךָ לִרְאוֹתֶךָ וְאָמַרְתָּ אֵלָיו תָּבֹא נָא תָמָר
אֲחוֹתִי וְתַבְרֵנִי לֶחֶם וְעָשְׂתָה לְעֵינַי אֶת־הַבִּרְיָה לְמַעַן אֲשֶׁר

ו אֶרְאֶה וְאָכַלְתִּי מִיָּדָהּ: וַיִּשְׁכַּב אַמְנוֹן וַיִּתְחָל וַיָּבֹא הַמֶּלֶךְ
לִרְאוֹתוֹ וַיֹּאמֶר אַמְנוֹן אֶל־הַמֶּלֶךְ תָּבוֹא־נָא תָמָר אֲחֹתִי

ז וּתְלַבֵּב לְעֵינַי שְׁתֵּי לְבִבוֹת וְאֶבְרֶה מִיָּדָהּ: וַיִּשְׁלַח דָּוִד אֶל־
תָּמָר הַבַּיְתָה לֵאמֹר לְכִי נָא בֵּית אַמְנוֹן אָחִיךְ וַעֲשִׂי־לוֹ

ח הַבִּרְיָה: וַתֵּלֶךְ תָּמָר בֵּית אַמְנוֹן אָחִיהָ וְהוּא שֹׁכֵב וַתִּקַּח אֶת־
הַבָּצֵק וַתָּלוֹשׁ וַתְּלַבֵּב לְעֵינָיו וַתְּבַשֵּׁל אֶת־הַלְּבִבוֹת:

ט וַתְּלַקַּח אֶת־הַמַּשְׂרֵת וַתִּצֹק לְפָנָיו וַיְמָאֵן לֶאֱכוֹל וַיֹּאמֶר אַמְנוֹן הוֹצִיאוּ

himself, and changed his apparel, and came into the house of
the LORD, and bowed down: then he came to his own house,
and asked them to set bread before him, and he did eat. Then   21
his servants said to him, What thing is this that thou hast
done ? thou didst fast and weep for the child, while it was alive ;
but when the child was dead, thou didst rise and eat bread.
And he said, While the child was yet alive, I fasted and wept :   22
for I said, Who can tell ? GOD may be gracious to me, and the
child may live ? But now he is dead, why should I fast ? Can I   23
bring him back again? I shall go to him, but he will not come
back to me. And David comforted Bat-sheva his wife, and   24
went in to her, and lay with her: and she bore a son, and he
called his name Shelomo : and the LORD loved him. And he sent   25
by the hand of Natan the prophet; and he called his name
Yedidya, for the LORD's sake.   And Yo'av fought against   26
Rabba of the children of 'Ammon, and took the royal city. And   27
Yo'av sent messengers to David, and said, I have fought against
Rabba, and have taken the water town. Now therefore gather   28
the rest of the people together, and encamp against the city,
and take it: lest I take the city, and it be called after my
name. And David gathered all the people together, and went   29
to Rabba, and fought against it, and took it. And he took their   30
king's crown from off his head (and its weight was a talent of
gold, with the precious stones) and it was set on David's head.
And he brought out the plunder of the city in great abundance.
And he brought out the people who were there, and set them to   31
saws, and harrows of iron, and axes of iron, and made them
pass through the brick-kiln: and thus did he to all the cities
of the children of 'Ammon. So David and all the people re-
turned to Yerushalayim.   And it came to pass after this, that   **13**
Avshalom the son of David had a fair sister, whose name was
Tamar ; and Amnon the son of David loved her. And Amnon   2
was so distressed that he fell sick for his sister Tamar; for she
was a virgin ; and Amnon found it hard to contrive any thing
with regard to her. But Amnon had a friend, whose name was   3
Yonadav, the son of Shim'a David's brother : and Yonadav was a
very subtle man. And he said to him. Why art thou, being the   4
king's son, so wasted, from day to day? wilt thou not tell me?
And Amnon said to him, I love Tamar, my brother Avshalom's
sister. And Yonadav said to him, Lie down on thy bed, and   5
feign to be sick : and when thy father comes to see thee, say
to him, I pray thee, let my sister Tamar come, and give me
bread and prepare the food in my sight, that I may see it, and
eat it at her hand. So Amnon lay down, and feigned to be   6
sick: and when the king came to see him, Amnon said to the
king, I pray thee, let Tamar my sister come, and make me a
couple of cakes in my sight, that I may eat at her hand. Then   7
David sent home to Tamar, saying, Go now to thy brother
Amnon's house, and prepare food for him. So Tamar went to   8
her brother Amnon's house; and he was laid down. And she
took flour, and kneaded it, and made cakes in his sight, and
baked the cakes. And she took a pan, and poured it out be-   9
fore him ; but he refused to eat. And Amnon said, Cause every-

כָּל־אִישׁ מֵעָלָיו וַיֵּצְאוּ כָל־אִישׁ מֵעָלָיו: וַיֹּאמֶר אַמְנוֹן אֶל־תָּמָר

א

הָבִיאִי הַבִּרְיָה הַחֶדֶר וְאֶבְרֶה מִיָּדֵךְ וַתִּקַּח תָּמָר אֶת־הַלְּבִבוֹת

אֲשֶׁר עָשָׂתָה וַתָּבֵא לְאַמְנוֹן אָחִיהָ הֶחָדְרָה: וַתַּגֵּשׁ אֵלָיו לֶאֱכֹל

יא

וַיַּחֲזֶק־בָּהּ וַיֹּאמֶר לָהּ בּוֹאִי שִׁכְבִי עִמִּי אֲחוֹתִי: וַתֹּאמֶר לוֹ אַל־

אָחִי אַל־תְּעַנֵּנִי כִּי לֹא־יֵעָשֶׂה כֵן בְּיִשְׂרָאֵל אַל־תַּעֲשֵׂה אֶת־

יב

הַנְּבָלָה הַזֹּאת: וַאֲנִי אָנָה אוֹלִיךְ אֶת־חֶרְפָּתִי וְאַתָּה תִּהְיֶה

יג

כְּאַחַד הַנְּבָלִים בְּיִשְׂרָאֵל וְעַתָּה דַּבֶּר־נָא אֶל־הַמֶּלֶךְ כִּי לֹא

יְמְנָעֵנִי מִמֶּךָּ: וְלֹא אָבָה לִשְׁמֹעַ בְּקוֹלָהּ וַיֶּחֱזַק מִמֶּנָּה וַיְעַנֶּהָ

יד

וַיִּשְׁכַּב אֹתָהּ: וַיִּשְׂנָאֶהָ אַמְנוֹן שִׂנְאָה גְּדוֹלָה מְאֹד כִּי גְדוֹלָה

טו

הַשִּׂנְאָה אֲשֶׁר שְׂנֵאָהּ מֵאַהֲבָה אֲשֶׁר אֲהֵבָהּ וַיֹּאמֶר־לָהּ אַמְנוֹן

קוּמִי לֵכִי: וַתֹּאמֶר לוֹ אַל־אוֹדֹת הָרָעָה הַגְּדוֹלָה הַזֹּאת

טז

מֵאַחֶרֶת אֲשֶׁר־עָשִׂיתָ עִמִּי לְשַׁלְּחֵנִי וְלֹא אָבָה לִשְׁמֹעַ לָהּ:

וַיִּקְרָא אֶת־נַעֲרוֹ מְשָׁרְתוֹ וַיֹּאמֶר שִׁלְחוּ־נָא אֶת־זֹאת מֵעָלַי

יז

הַחוּצָה וּנְעֹל הַדֶּלֶת אַחֲרֶיהָ: וְעָלֶיהָ כְּתֹנֶת פַּסִּים כִּי כֵן

יח

תִּלְבַּשְׁןָ בְנוֹת־הַמֶּלֶךְ הַבְּתוּלֹת מְעִילִים וַיֹּצֵא אוֹתָהּ מְשָׁרְתוֹ

הַחוּץ וְנָעַל הַדֶּלֶת אַחֲרֶיהָ: וַתִּקַּח תָּמָר אֵפֶר עַל־רֹאשָׁהּ

יט

וּכְתֹנֶת הַפַּסִּים אֲשֶׁר עָלֶיהָ קָרָעָה וַתָּשֶׂם יָדָהּ עַל־רֹאשָׁהּ

וַתֵּלֶךְ הָלוֹךְ וְזָעָקָה: וַיֹּאמֶר אֵלֶיהָ אַבְשָׁלוֹם אָחִיהָ הַאֲמִינוֹן

כ

אָחִיךְ הָיָה עִמָּךְ וְעַתָּה אֲחוֹתִי הַחֲרִישִׁי אָחִיךְ הוּא אַל־תָּשִׁיתִי

אֶת־לִבֵּךְ לַדָּבָר הַזֶּה וַתֵּשֶׁב תָּמָר וְשֹׁמֵמָה בֵּית אַבְשָׁלוֹם

אָחִיהָ: וְהַמֶּלֶךְ דָּוִד שָׁמַע אֵת כָּל־הַדְּבָרִים הָאֵלֶּה וַיִּחַר לוֹ

כא

מְאֹד: וְלֹא־דִבֶּר אַבְשָׁלוֹם עִם־אַמְנוֹן לְמֵרָע וְעַד־טוֹב כִּי־

כב

שָׂנֵא אַבְשָׁלוֹם אֶת־אַמְנוֹן עַל־דְּבַר אֲשֶׁר עִנָּה אֵת תָּמָר

אֲחֹתוֹ:

וַיְהִי לִשְׁנָתַיִם יָמִים וַיִּהְיוּ גֹזְזִים לְאַבְשָׁלוֹם

כג

בְּבַעַל חָצוֹר אֲשֶׁר עִם־אֶפְרָיִם וַיִּקְרָא אַבְשָׁלוֹם לְכָל־בְּנֵי

הַמֶּלֶךְ: וַיָּבֹא אַבְשָׁלוֹם אֶל־הַמֶּלֶךְ וַיֹּאמֶר הִנֵּה־נָא גֹזְזִים

כד

לְעַבְדֶּךָ יֵלֶךְ־נָא הַמֶּלֶךְ וַעֲבָדָיו עִם־עַבְדֶּךָ: וַיֹּאמֶר הַמֶּלֶךְ אֶל־

כה

אַבְשָׁלוֹם אַל־בְּנִי אַל־נָא נֵלֵךְ כֻּלָּנוּ וְלֹא נִכְבַּד עָלֶיךָ וַיִּפְרָץ־

בּוֹ וְלֹא־אָבָה לָלֶכֶת וַיְבָרֲכֵהוּ: וַיֹּאמֶר אַבְשָׁלוֹם וָלֹא יֵלֶךְ־

כו

נָא אִתָּנוּ אַמְנוֹן אָחִי וַיֹּאמֶר לוֹ הַמֶּלֶךְ לָמָּה יֵלֵךְ עִמָּךְ:

וַיִּפְרָץ־בּוֹ אַבְשָׁלוֹם וַיִּשְׁלַח אִתּוֹ אֶת־אַמְנוֹן וְאֵת כָּל־בְּנֵי

כז

הַמֶּלֶךְ: וַיְצַו אַבְשָׁלוֹם אֶת־נְעָרָיו לֵאמֹר רְאוּ

כח

נָא כְּטוֹב לֵב־אַמְנוֹן בַּיַּיִן וְאָמַרְתִּי אֲלֵיכֶם הַכּוּ אֶת־אַמְנוֹן

וַהֲמִתֶּם אֹתוֹ אַל־תִּירָאוּ הֲלוֹא כִּי אָנֹכִי צִוִּיתִי אֶתְכֶם

חִזְקוּ וִהְיוּ לִבְנֵי־חָיִל: וַיַּעֲשׂוּ נַעֲרֵי אַבְשָׁלוֹם לְאַמְנוֹן כַּאֲשֶׁר

כט

צִוָּה אַבְשָׁלוֹם וַיָּקֻמוּ ׀ כָּל־בְּנֵי הַמֶּלֶךְ וַיִּרְכְּבוּ אִישׁ עַל־

10 one to leave me. So everyone left him. And Amnon said to
Tamar, Bring the food into the chamber, that I may eat from
thy hand. And Tamar took the cakes which she had made,
and brought them into the chamber to Amnon her brother.
11 And when she had brought them to him to eat, he took hold
12 of her, and said to her, Come lie with me, my sister. And she
answered him, No, my brother, do not force me; for no such
thing ought to be done in Yisra'el; do not do this shameful
13 deed. And I, where should I carry my shame? and as for thee,
thou shalt be as one of the base men in Yisra'el. Now there-
fore, I pray thee, speak to the king; for he will not withhold
14 me from thee. But he would not hearken to her voice; and
15 being stronger than she, violated her, and lay with her. Then
Amnon hated her exceedingly; so that the hatred with which
he hated her was greater than the love with which he had
16 loved her. And Amnon said to her, Arise, be gone. And she
said to him, Do not add this greater wrong of sending me
away to the other that thou didst do to me. But he would not
17 hearken to her. Then he called his servant that ministered to him,
and said, Put now this woman out from me, and bolt the door
18 after her. And she had a long sleeved robe upon her: for with
such robes were the king's daughters that were virgins ap-
parelled. Then his servant brought her out, and bolted the door
19 after her. And Tamar put ashes on her head, and tore her
long sleeved garment that was on her, and laid her hand on her
20 head, crying aloud as she went. And Avshalom her brother
said to her, Has Amnon thy brother been with thee? but keep
silence, my sister: he is thy brother; take not this thing to
heart. So Tamar remained desolate in her brother Avshalom's
21 house. But when king David heard of all these things, he was
22 very angry. And Avshalom spoke to his brother Amnon neither
good nor bad: for Avshalom hated Amnon, because he had
23 violated his sister Tamar. And it came to pass after two
full years, that Avshalom had sheepshearers in Ba'al-ḥazor,
which is near Efrayim: and Avshalom invited all the king's sons.
24 And Avshalom came to the king, and said, Behold now, thy
servant has sheepshearers; let the king, I beseech thee, and
25 his servants go with thy servant. And the king said to Avsha-
lom, No, my son let us not all now go, lest we be a burden
to thee. And he pressed him: but he would not go, and he
26 blessed him. Then said Avshalom, If not, I pray thee, let my
brother Amnon go with us. And the king said to him, Why
27 should he go with thee? But Avshalom pressed him, that he
28 let Amnon and all the king's sons go with him. Now Avsha-
lom had commanded his lads, saying, Mark now when Amnon's
heart is merry with wine, and I say to you, Smite Amnon; then
kill him, fear not: have not I commanded you? be courageous,
29 and be valiant. And the servants of Avshalom did to Amnon
as Avshalom had commanded. Then all the king's sons arose,

פְּרָדוֹ וַיָּנֻסוּ: וַיְהִי הֵמָּה בַדֶּרֶךְ וְהַשְּׁמֻעָה בָאָה אֶל־דָּוִד ל
לֵאמֹר הִכָּה אַבְשָׁלוֹם אֶת־כָּל־בְּנֵי הַמֶּלֶךְ וְלֹא־נוֹתַר מֵהֶם
אֶחָד: וַיָּקָם הַמֶּלֶךְ וַיִּקְרַע אֶת־בְּגָדָיו וַיִּשְׁכַּב לא
אָרְצָה וְכָל־עֲבָדָיו נִצָּבִים קְרֻעֵי בְגָדִים: וַיַּעַן לב
יוֹנָדָב בֶּן־שִׁמְעָה אֲחִי־דָוִד וַיֹּאמֶר אַל־יֹאמַר אֲדֹנִי אֵת כָּל־
הַנְּעָרִים בְּנֵי־הַמֶּלֶךְ הֵמִיתוּ כִּי־אַמְנוֹן לְבַדּוֹ מֵת כִּי־עַל־פִּי
אַבְשָׁלוֹם הָיְתָה שׂוּמָה מִיּוֹם עַנֹּתוֹ אֵת תָּמָר אֲחֹתוֹ: וְעַתָּה שׂוּמָה לג
אַל־יָשֵׂם אֲדֹנִי הַמֶּלֶךְ אֶל־לִבּוֹ דָּבָר לֵאמֹר כָּל־בְּנֵי הַמֶּלֶךְ מֵתוּ
כִּי־אִם־אַמְנוֹן לְבַדּוֹ מֵת: וַיִּבְרַח אַבְשָׁלוֹם וַיִּשָּׂא לד
הַנַּעַר הַצֹּפֶה אֶת־עֵינָיו וַיַּרְא וְהִנֵּה עַם־רָב הֹלְכִים מִדֶּרֶךְ
אַחֲרָיו מִצַּד הָהָר: וַיֹּאמֶר יוֹנָדָב אֶל־הַמֶּלֶךְ הִנֵּה בְנֵי־הַמֶּלֶךְ לה
בָּאוּ כִּדְבַר עַבְדְּךָ כֵּן הָיָה: וַיְהִי כְּכַלֹּתוֹ לְדַבֵּר וְהִנֵּה בְנֵי־ לו
הַמֶּלֶךְ בָּאוּ וַיִּשְׂאוּ קוֹלָם וַיִּבְכּוּ וְגַם־הַמֶּלֶךְ וְכָל־עֲבָדָיו בָּכוּ בְּכִי
גָּדוֹל מְאֹד: וְאַבְשָׁלוֹם בָּרַח וַיֵּלֶךְ אֶל־תַּלְמַי בֶּן־עַמִּיחוּר מֶלֶךְ עַמִּיהוּד לז
גְּשׁוּר וַיִּתְאַבֵּל עַל־בְּנוֹ כָּל־הַיָּמִים: וְאַבְשָׁלוֹם בָּרַח וַיֵּלֶךְ גְּשׁוּר לח
וַיְהִי־שָׁם שָׁלֹשׁ שָׁנִים: וַתְּכַל דָּוִד הַמֶּלֶךְ לָצֵאת אֶל־אַבְשָׁלוֹם לט
כִּי־נִחַם עַל־אַמְנוֹן כִּי־מֵת: וַיֵּדַע יוֹאָב בֶּן־ א יד
צְרֻיָה כִּי־לֵב הַמֶּלֶךְ עַל־אַבְשָׁלוֹם: וַיִּשְׁלַח יוֹאָב תְּקוֹעָה וַיִּקַּח
מִשָּׁם אִשָּׁה חֲכָמָה וַיֹּאמֶר אֵלֶיהָ הִתְאַבְּלִי־נָא וְלִבְשִׁי־נָא
בִגְדֵי־אֵבֶל וְאַל־תָּסוּכִי שֶׁמֶן וְהָיִית כְּאִשָּׁה זֶה יָמִים רַבִּים ב
מִתְאַבֶּלֶת עַל־מֵת: וּבָאת אֶל־הַמֶּלֶךְ וְדִבַּרְתְּ אֵלָיו כַּדָּבָר ג
הַזֶּה וַיָּשֶׂם יוֹאָב אֶת־הַדְּבָרִים בְּפִיהָ: וַתֹּאמֶר הָאִשָּׁה הַתְּקֹעִית ד
אֶל־הַמֶּלֶךְ וַתִּפֹּל עַל־אַפֶּיהָ אַרְצָה וַתִּשְׁתָּחוּ וַתֹּאמֶר הוֹשִׁעָה
הַמֶּלֶךְ: וַיֹּאמֶר־לָהּ הַמֶּלֶךְ מַה־לָּךְ וַתֹּאמֶר ה
אֲבָל אִשָּׁה־אַלְמָנָה אָנִי וַיָּמָת אִישִׁי: וּלְשִׁפְחָתְךָ שְׁנֵי בָנִים ו
וַיִּנָּצוּ שְׁנֵיהֶם בַּשָּׂדֶה וְאֵין מַצִּיל בֵּינֵיהֶם וַיַּכּוֹ הָאֶחָד אֶת־הָאֶחָד
וַיָּמֶת אֹתוֹ: וְהִנֵּה קָמָה כָל־הַמִּשְׁפָּחָה עַל־שִׁפְחָתֶךָ וַיֹּאמְרוּ ז
תְּנִי אֶת־מַכֵּה אָחִיו וּנְמִתֵהוּ בְּנֶפֶשׁ אָחִיו אֲשֶׁר הָרָג וְנַשְׁמִידָה
גַּם אֶת־הַיּוֹרֵשׁ וְכִבּוּ אֶת־גַּחַלְתִּי אֲשֶׁר נִשְׁאָרָה לְבִלְתִּי שִׂים־ שִׂים
לְאִישִׁי שֵׁם וּשְׁאֵרִית עַל־פְּנֵי הָאֲדָמָה: וַיֹּאמֶר ח
הַמֶּלֶךְ אֶל־הָאִשָּׁה לְכִי לְבֵיתֵךְ וַאֲנִי אֲצַוֶּה עָלָיִךְ: וַתֹּאמֶר ט
הָאִשָּׁה הַתְּקוֹעִית אֶל־הַמֶּלֶךְ עָלַי אֲדֹנִי הַמֶּלֶךְ הֶעָוֹן וְעַל־בֵּית
אָבִי וְהַמֶּלֶךְ וְכִסְאוֹ נָקִי: וַיֹּאמֶר הַמֶּלֶךְ הַמְדַבֵּר י
אֵלַיִךְ וַהֲבֵאתוֹ אֵלַי וְלֹא־יֹסִיף עוֹד לָגַעַת בָּךְ: וַתֹּאמֶר יִזְכָּר־ יא
נָא הַמֶּלֶךְ אֶת־יְהוָה אֱלֹהֶיךָ מֵהַרְבִּת גֹּאֵל הַדָּם לְשַׁחֵת וְלֹא מֵהַרְבִּת
יַשְׁמִידוּ אֶת־בְּנִי וַיֹּאמֶר חַי־יְהוָה אִם־יִפֹּל מִשַּׂעֲרַת בְּנֵךְ

and every man rode on his mule, and fled. And it came to pass, 30
while they were on the way, that the report came to David,
saying, Avshalom has slain all the king's sons, and there is
not one of them left. Then the king arose, and tore his gar- 31
ments, and lay on the earth; and all his servants stood by with
their clothes rent. And Yonadav, the son of Shim'a David's 32
brother, answered and said, Let not my lord suppose that they
have slain all the young men the king's sons; for Amnon only
is dead: for by the command of Avshalom has this been or-
dained, from the day that he violated his sister Tamar. Now 33
therefore let not my lord the king take the thing to his heart,
to think that all the king's sons are dead: for Amnon only is
dead. But Avshalom fled. And the young man that kept the 34
watch lifted up his eyes, and looked, and, behold, there came
many people by the way of the hill side behind him. And Yona- 35
dav said to the king, Behold, the king's sons come: as thy
servant said, so it is. And it came to pass, as soon as he had 36
made an end of speaking, that, behold, the king's sons came,
and lifted up their voices and wept: and the king also and all
his servants wept very bitterly. But Avshalom fled, and went 37
to Talmay, the son of 'Ammihud, king of Gesher. And David
mourned for his son every day. So Avshalom fled, and went 38
to Gesher, and was there three years. And king David longed 39
to go out to Avshalom: for he was comforted concerning the
death of Amnon. Now Yo'av the son of Ẕeruya perceived **14**
that the king's heart was towards Avshalom. And Yo'av sent to 2
Teqo'a, and fetched from there a wise woman, and said to her,
I pray thee, feign thyself to be a mourner, and put on now
mourning apparel, and do not anoint thyself with oil, but be
as a woman that had a long time mourned for the dead: and 3
come to the king, and speak in this manner to him. So Yo'av
put the words in her mouth. And when the woman of Teqo'a 4
spoke to the king, she fell on her face to the ground, and
bowed herself, and said, Help, O king, And the king said to 5
her, What ails thee ? And she answered, I am indeed a widow
woman, for my husband is dead. And thy handmaid had two 6
sons, and they two strove together in the field, and there was
none to part them, but the one smote the other, and slew him.
And, behold, the whole family is risen against thy handmaid, 7
and they have said, Deliver him that smote his brother, that
we may kill him, for the life of his brother whom he slew; and
we will destroy the heir also: and so they shall quench my
coal which is left, and shall not leave to my husband a name
or a remainder upon the earth. And the king said to the 8
woman, Go to thy house, and I will give charge concerning thee.
And the woman of Teqo'a said to the king, My lord, O king, 9
the iniquity be on me, and on my father's house: and the king
and his throne be guiltless. And the king said, Whoever 10
says anything to thee, bring him to me, and he shall not touch
thee any more. Then said she, I pray thee, let the king remember 11
the LORD thy GOD, that the revenger of blood destroy not any
more, lest they destroy my son. And he said, As the LORD

יב אַרְצָה: וַתֹּאמֶר הָאִשָּׁה תְּדַבֶּר־נָא שִׁפְחָתְךָ אֶל־אֲדֹנִי הַמֶּלֶךְ

יג דָּבָר וַיֹּאמֶר דַּבֵּרִי: וַתֹּאמֶר הָאִשָּׁה וְלָמָּה
חָשַׁבְתָּה כָּזֹאת עַל־עַם אֱלֹהִים וּמִדַּבֵּר הַמֶּלֶךְ הַדָּבָר הַזֶּה

יד כְּאָשֵׁם לְבִלְתִּי הָשִׁיב הַמֶּלֶךְ אֶת־נִדְּחוֹ: כִּי־מוֹת נָמוּת וְכַמַּיִם
הַנִּגָּרִים אַרְצָה אֲשֶׁר לֹא יֵאָסֵפוּ וְלֹא־יִשָּׂא אֱלֹהִים נֶפֶשׁ וְחָשַׁב

טו מַחֲשָׁבוֹת לְבִלְתִּי יִדַּח מִמֶּנּוּ נִדָּח: וְעַתָּה אֲשֶׁר־בָּאתִי לְדַבֵּר
אֶל־הַמֶּלֶךְ אֲדֹנִי אֶת־הַדָּבָר הַזֶּה כִּי יֵרְאֻנִי הָעָם וַתֹּאמֶר
שִׁפְחָתְךָ אֲדַבְּרָה־נָּא אֶל־הַמֶּלֶךְ אוּלַי יַעֲשֶׂה הַמֶּלֶךְ אֶת־דְּבַר

טז אֲמָתוֹ: כִּי יִשְׁמַע הַמֶּלֶךְ לְהַצִּיל אֶת־אֲמָתוֹ מִכַּף הָאִישׁ
לְהַשְׁמִיד אֹתִי וְאֶת־בְּנִי יַחַד מִנַּחֲלַת אֱלֹהִים: וַתֹּאמֶר שִׁפְחָתְךָ

יז יִהְיֶה־נָּא דְבַר־אֲדֹנִי הַמֶּלֶךְ לִמְנֻחָה כִּי ׀ כְּמַלְאַךְ הָאֱלֹהִים
כֵּן אֲדֹנִי הַמֶּלֶךְ לִשְׁמֹעַ הַטּוֹב וְהָרָע וַיהוָה אֱלֹהֶיךָ יְהִי

יח עִמָּךְ:   וַיַּעַן הַמֶּלֶךְ וַיֹּאמֶר אֶל־הָאִשָּׁה אַל־נָא
תְּכַחֲדִי מִמֶּנִּי דָּבָר אֲשֶׁר אָנֹכִי שֹׁאֵל אֹתָךְ וַתֹּאמֶר הָאִשָּׁה

יט יְדַבֶּר־נָא אֲדֹנִי הַמֶּלֶךְ: וַיֹּאמֶר הַמֶּלֶךְ הֲיַד יוֹאָב אִתָּךְ בְּכָל־
זֹאת וַתַּעַן הָאִשָּׁה וַתֹּאמֶר חֵי־נַפְשְׁךָ אֲדֹנִי הַמֶּלֶךְ אִם־אִשׁ ׀
לְהֵמִין וּלְהַשְׂמִיל מִכֹּל אֲשֶׁר־דִּבֶּר אֲדֹנִי הַמֶּלֶךְ כִּי־עַבְדְּךָ יוֹאָב
הוּא צִוָּנִי וְהוּא שָׂם בְּפִי שִׁפְחָתְךָ אֵת כָּל־הַדְּבָרִים הָאֵלֶּה:

כ לְבַעֲבוּר סַבֵּב אֶת־פְּנֵי הַדָּבָר עָשָׂה עַבְדְּךָ יוֹאָב אֶת־הַדָּבָר
הַזֶּה וַאדֹנִי חָכָם כְּחָכְמַת מַלְאַךְ הָאֱלֹהִים לָדַעַת אֶת־כָּל־

כא אֲשֶׁר בָּאָרֶץ: וַיֹּאמֶר הַמֶּלֶךְ אֶל־יוֹאָב הִנֵּה־נָא
עָשִׂיתִי אֶת־הַדָּבָר הַזֶּה וְלֵךְ הָשֵׁב אֶת־הַנַּעַר אֶת־אַבְשָׁלוֹם:

כב וַיִּפֹּל יוֹאָב אֶל־פָּנָיו אַרְצָה וַיִּשְׁתַּחוּ וַיְבָרֶךְ אֶת־הַמֶּלֶךְ וַיֹּאמֶר
יוֹאָב הַיּוֹם יָדַע עַבְדְּךָ כִּי־מָצָאתִי חֵן בְּעֵינֶיךָ אֲדֹנִי הַמֶּלֶךְ

כג אֲשֶׁר־עָשָׂה הַמֶּלֶךְ אֶת־דְּבַר עַבְדּוֹ: וַיָּקָם יוֹאָב וַיֵּלֶךְ גְּשׁוּרָה

כד וַיָּבֵא אֶת־אַבְשָׁלוֹם יְרוּשָׁלָ͏ִם: וַיֹּאמֶר הַמֶּלֶךְ
יִסֹּב אֶל־בֵּיתוֹ וּפָנַי לֹא יִרְאֶה וַיִּסֹּב אַבְשָׁלוֹם אֶל־בֵּיתוֹ וּפְנֵי

כה הַמֶּלֶךְ לֹא רָאָה: וּכְאַבְשָׁלוֹם לֹא־הָיָה אִישׁ־
יָפֶה בְּכָל־יִשְׂרָאֵל לְהַלֵּל מְאֹד מִכַּף רַגְלוֹ וְעַד קָדְקֳדוֹ לֹא־

כו הָיָה בוֹ מוּם: וּבְגַלְּחוֹ אֶת־רֹאשׁוֹ וְהָיָה מִקֵּץ יָמִים ׀ לַיָּמִים
אֲשֶׁר יְגַלֵּחַ כִּי־כָבֵד עָלָיו וְגִלְּחוֹ וְשָׁקַל אֶת־שְׂעַר רֹאשׁוֹ

כז מָאתַיִם שְׁקָלִים בְּאֶבֶן הַמֶּלֶךְ: וַיִּוָּלְדוּ לְאַבְשָׁלוֹם שְׁלוֹשָׁה
בָנִים וּבַת אַחַת וּשְׁמָהּ תָּמָר הִיא הָיְתָה אִשָּׁה יְפַת

כח מַרְאֶה: וַיֵּשֶׁב אַבְשָׁלוֹם בִּירוּשָׁלַ͏ִם שְׁנָתַיִם יָמִים

כט וּפְנֵי הַמֶּלֶךְ לֹא רָאָה: וַיִּשְׁלַח אַבְשָׁלוֹם אֶל־יוֹאָב לִשְׁלֹחַ אֹתוֹ
אֶל־הַמֶּלֶךְ וְלֹא אָבָה לָבוֹא אֵלָיו וַיִּשְׁלַח עוֹד שֵׁנִית וְלֹא אָבָה

lives, there shall not one hair of thy son fall to the earth. Then   12
the woman said, Let thy handmaid, I pray thee, speak one
word to my lord the king. And he said, Say on.   And the   13
woman said, Why then hast thou continued such a thing against
the people of GOD? the king speaks this thing as one that is
guilty, in that the king does not fetch home again his banished
one : for we shall surely die, and shall be as water spilt on the   14
ground, which cannot be gathered up again ; neither does GOD
take away life, but devises means, that none of us be banis-
hed. Now therefore that I am come to speak of this thing to   15
my lord the king, it is because the people have made me
afraid: and thy handmaid said, I will now speak to the king;
it may be that the king will perform the request of his hand-
maid. For the king will hear, to deliver his handmaid out of   16
the hand of the man that would destroy me and my son to-
gether out of the inheritance of GOD. Then thy handmaid said,   17
Let the word of my lord the king now be comfortable: for as
an angel of GOD, so is my lord the king to discern good and
bad : therefore the LORD thy GOD will be with thee.   Then   18
the king answered and said to the woman, Hide not from me, I
pray thee, the thing that I shall ask thee. And the woman
said, Let my lord the king now speak. And the king said, Is   19
the hand of Yo'av with thee in all this? And the woman an-
swered and said, As thy soul lives, my lord the king, none
can turn to the right hand or to the left from anything that
my lord the king has spoken: for thy servant Yo'av, he bade
me, and he put all these words in the mouth of thy handmaid:
to turn this matter the other way, has thy servant Yo'av done   20
this thing: and my lord is wise, according to the wisdom of an
angel of GOD, to know all things that are on the earth.   And   21
the king said to Yo'av, Behold now, thou hast done this thing : go
therefore, bring back the young man Avshalom. And Yo'av   22
fell to the ground on his face, and bowed himself, and thanked
the king: and Yo'av said, To day thy servant knows that I
have found favour in thy sight, my lord, O king, in that the
king has fulfilled the request of his servant. So Yo'av arose   23
and went to Geshur, and brought Avshalom to Yerushalayim.

And the king said, Let him turn to his own house, and let him   24
not see my face. So Avshalom returned to his own house, and
saw not the king's face.   But in all Yisra'el there was none   25
so much praised as Avshalom for his beauty : from the sole of
his foot to the crown of his head there was no blemish in him.
And when he shaved his head, (for it was at every year's end   26
that he cut it: because the hair was heavy on him, therefore
he cut it:) he weighed the hair of his head at two hundred
shekels by the king's weight. And to Avshalom there were   27
born three sons, and one daughter, whose name was Tamar :
she was a woman of fair appearance.   So Avshalom dwelt   28
two years in Yerushalayim, and did not see the king's face. There-   29
fore Avshalom sent for Yo'av, to send him to the king; but he
would not come to him: and when he sent again the second

לָבוֹא: וַיֹּאמֶר אֶל־עֲבָדָיו רְאוּ חֶלְקַת יוֹאָב אֶל־יָדִי וְלוֹ־שָׁם ל
וְהַצִּיתוּהָ שְׂעֹרִים לְכוּ והוצתיה בָאֵשׁ וַיַּצִּתוּ עַבְדֵי אַבְשָׁלוֹם אֶת־
הַחֶלְקָה בָּאֵשׁ: וַיָּקָם יוֹאָב וַיָּבֹא אֶל־אַבְשָׁלוֹם לא
הַבָּיְתָה וַיֹּאמֶר אֵלָיו לָמָּה הִצִּיתוּ עֲבָדֶיךָ אֶת־הַחֶלְקָה אֲשֶׁר־
לִי בָּאֵשׁ: וַיֹּאמֶר אַבְשָׁלוֹם אֶל־יוֹאָב הִנֵּה שָׁלַחְתִּי אֵלֶיךָ ׀ לב
לֵאמֹר בֹּא הֵנָּה וְאֶשְׁלְחָה אֹתְךָ אֶל־הַמֶּלֶךְ לֵאמֹר לָמָּה בָּאתִי
מִגְּשׁוּר טוֹב לִי עֹד אֲנִי־שָׁם וְעַתָּה אֶרְאֶה פְּנֵי הַמֶּלֶךְ וְאִם־יֶשׁ־
כח בִּי עָוֺן וֶהֱמִתָנִי: וַיָּבֹא יוֹאָב אֶל־הַמֶּלֶךְ וַיַּגֶּד־לוֹ וַיִּקְרָא אֶל־ לג
אַבְשָׁלוֹם וַיָּבֹא אֶל־הַמֶּלֶךְ וַיִּשְׁתַּחוּ לוֹ עַל־אַפָּיו אַרְצָה לִפְנֵי
הַמֶּלֶךְ וַיִּשַּׁק הַמֶּלֶךְ לְאַבְשָׁלוֹם: וַיְהִי מֵאַחֲרֵי כֵן טו א
וַיַּעַשׂ לוֹ אַבְשָׁלוֹם מֶרְכָּבָה וְסֻסִים וַחֲמִשִּׁים אִישׁ רָצִים לְפָנָיו:
וְהִשְׁכִּים אַבְשָׁלוֹם וְעָמַד עַל־יַד דֶּרֶךְ הַשָּׁעַר וַיְהִי כָּל־הָאִישׁ ב
אֲשֶׁר־יִהְיֶה־לּוֹ רִיב לָבוֹא אֶל־הַמֶּלֶךְ לַמִּשְׁפָּט וַיִּקְרָא אַבְשָׁלוֹם
אֵלָיו וַיֹּאמֶר אֵי־מִזֶּה עִיר אַתָּה וַיֹּאמֶר מֵאַחַד שִׁבְטֵי־יִשְׂרָאֵל
עַבְדֶּךָ: וַיֹּאמֶר אֵלָיו אַבְשָׁלוֹם רְאֵה דְבָרֶךָ טוֹבִים וּנְכֹחִים ג
וְשֹׁמֵעַ אֵין־לְךָ מֵאֵת הַמֶּלֶךְ: וַיֹּאמֶר אַבְשָׁלוֹם מִי־יְשִׂמֵנִי שֹׁפֵט ד
בָּאָרֶץ וְעָלַי יָבוֹא כָּל־אִישׁ אֲשֶׁר־יִהְיֶה־לּוֹ־רִיב וּמִשְׁפָּט
וְהִצְדַּקְתִּיו: וְהָיָה בִּקְרָב־אִישׁ לְהִשְׁתַּחֲוֺת לוֹ וְשָׁלַח אֶת־יָדוֹ ה
וְהֶחֱזִיק לוֹ וְנָשַׁק לוֹ: וַיַּעַשׂ אַבְשָׁלוֹם כַּדָּבָר הַזֶּה לְכָל־ ו
יִשְׂרָאֵל אֲשֶׁר־יָבֹאוּ לַמִּשְׁפָּט אֶל־הַמֶּלֶךְ וַיְגַנֵּב אַבְשָׁלוֹם אֶת־
לֵב אַנְשֵׁי יִשְׂרָאֵל: וַיְהִי מִקֵּץ אַרְבָּעִים שָׁנָה ז
וַיֹּאמֶר אַבְשָׁלוֹם אֶל־הַמֶּלֶךְ אֵלְכָה נָּא וַאֲשַׁלֵּם אֶת־נִדְרִי
אֲשֶׁר־נָדַרְתִּי לַיהוָה בְּחֶבְרוֹן: כִּי־נֵדֶר נָדַר עַבְדְּךָ בְּשִׁבְתִּי ח
יָשׁוֹב בִגְשׁוּר בַּאֲרָם לֵאמֹר אִם־ישיב יְשִׁיבֵנִי יְהוָה יְרוּשָׁלִַם
וְעָבַדְתִּי אֶת־יְהוָה: וַיֹּאמֶר־לוֹ הַמֶּלֶךְ לֵךְ בְּשָׁלוֹם וַיָּקָם וַיֵּלֶךְ ט
חֶבְרוֹנָה: וַיִּשְׁלַח אַבְשָׁלוֹם מְרַגְּלִים בְּכָל־שִׁבְטֵי י
יִשְׂרָאֵל לֵאמֹר כְּשָׁמְעֲכֶם אֶת־קוֹל הַשֹּׁפָר וַאֲמַרְתֶּם מָלַךְ
אַבְשָׁלוֹם בְּחֶבְרוֹן: וְאֶת־אַבְשָׁלוֹם הָלְכוּ מָאתַיִם אִישׁ יא
מִירוּשָׁלִַם קְרֻאִים וְהֹלְכִים לְתֻמָּם וְלֹא יָדְעוּ כָּל־דָּבָר: וַיִּשְׁלַח יב
אַבְשָׁלוֹם אֶת־אֲחִיתֹפֶל הַגִּילֹנִי יוֹעֵץ דָּוִד מֵעִירוֹ מִגִּלֹה בְּזָבְחוֹ
אֶת־הַזְּבָחִים וַיְהִי הַקֶּשֶׁר אַמִּץ וְהָעָם הוֹלֵךְ וָרָב אֶת־
אַבְשָׁלוֹם: וַיָּבֹא הַמַּגִּיד אֶל־דָּוִד לֵאמֹר הָיָה לֶב־אִישׁ יִשְׂרָאֵל יג
אַחֲרֵי אַבְשָׁלוֹם: וַיֹּאמֶר דָּוִד לְכָל־עֲבָדָיו אֲשֶׁר־אִתּוֹ בִירוּשָׁלִַם יד
קוּמוּ וְנִבְרָחָה כִּי לֹא־תִהְיֶה־לָּנוּ פְלֵיטָה מִפְּנֵי אַבְשָׁלֹם מַהֲרוּ
לָלֶכֶת פֶּן־יְמַהֵר וְהִשִּׂגָנוּ וְהִדִּיחַ עָלֵינוּ אֶת־הָרָעָה וְהִכָּה הָעִיר
לְפִי־חָרֶב: וַיֹּאמְרוּ עַבְדֵי־הַמֶּלֶךְ אֶל־הַמֶּלֶךְ כְּכֹל אֲשֶׁר־יִבְחַר טו

time, he would not come. Therefore he said to his servants, 30
See, Yo'av's field is near mine, and he has barley there; go
and set it on fire. And Avshalom's servants set the field on
fire.   Then Yo'av arose, and came to Avshalom to his house, 31
and said to him, Why have thy servants set my field on fire?
And Avshalom answered Yo'av, Behold, I sent to thee, saying, 32
Come here, that I may send thee to the king, to say, Why am
I come from Geshur? it would be better for me to be there
still: now therefore let me see the king's face; and if there be
any iniquity in me, let him kill me. So Yo'av came to the king, 33
and told him: and he called for Avshalom, and he came to
the king, and bowed himself on his face to the ground before
the king: and the king kissed Avshalom.   And it came to **15**
pass after this, that Avshalom prepared him chariots and horses,
and fifty men to run before him. And Avshalom rose up early, 2
and stood beside the way of the gate: and when any man that
had a controversy came to the king for judgment, then Av-
shalom called to him, and said, Of what city art thou? And he
would say, Thy servant is of such a one of the tribes of Yisra'el. 3
And Avshalom would say to him, See, thy pleas are good and
right; but there is no man deputed of the king to hear thee. Av- 4
shalom would say moreover, Oh that I were made judge in the
land, and every man who has any suit or cause might come
to me, and I would do him justice! And when any man came 5
near to him to bow down to him, he put out his hand, and
took him, and kissed him. And in this manner did Avshalom 6
to all Yisra'el that came to the king for judgment: so Avshalom
stole the hearts of the men of Yisra'el.   And it came to pass 7
after forty years, that Avshalom said to the king, I pray thee,
let me go and pay my vow, which I have vowed to the LORD,
in Ḥevron. For thy servant vowed a vow while I dwelt at Ge- 8
shur in Aram, saying, If the LORD shall bring me back indeed
to Yerushalayim, then I will do service to the LORD. And the king 9
said to him, Go in peace. So he arose, and went to Ḥevron.

But Avshalom sent spies throughout all the tribes of Yisra'el, 10
saying, As soon as you hear the sound of the Shofar, then
you shall say, Avshalom reigns in Ḥevron. And with Av- 11
shalom went two hundred men out of Yerushalayim, that were
invited; and they went in their simplicity, and they knew no-
thing whatever. And Avshalom sent Aḥitofel the Giloni, Da- 12
vid's counsellor, from his city, from Gilo, while he offered
sacrifices. And the conspiracy became strong, the people in-
creasing continually with Avshalom. And there came a mes- 13
senger to David saying, The hearts of the men of Yisra'el
are after Avshalom. And David said to all his servants that 14
were with him at Yerushalayim, Arise, and let us flee; for
we shall not escape from Avshalom: make speed to depart,
lest he overtake us suddenly, and bring evil upon us, and
smite the city with the edge of the sword. And the king's ser- 15
vants said to the king, Behold, thy servants are ready to do

אֲדֹנִי הַמֶּלֶךְ הִנֵּה עֲבָדֶיךָ: וַיֵּצֵא הַמֶּלֶךְ וְכָל־בֵּיתוֹ בְּרַגְלָיו וַיַּעֲזֹב טז

הַמֶּלֶךְ אֵת עֶשֶׂר נָשִׁים פִּלַגְשִׁים לִשְׁמֹר הַבָּיִת: וַיֵּצֵא הַמֶּלֶךְ וְכָל־ יז

הָעָם בְּרַגְלָיו וַיַּעַמְדוּ בֵּית הַמֶּרְחָק: וְכָל־עֲבָדָיו עֹבְרִים עַל־יָדוֹ יח

וְכָל־הַכְּרֵתִי וְכָל־הַפְּלֵתִי וְכָל־הַגִּתִּים שֵׁשׁ־מֵאוֹת אִישׁ אֲשֶׁר־

בָּאוּ בְרַגְלוֹ מִגַּת עֹבְרִים עַל־פְּנֵי הַמֶּלֶךְ: וַיֹּאמֶר יט

הַמֶּלֶךְ אֶל־אִתַּי הַגִּתִּי לָמָּה תֵלֵךְ גַּם־אַתָּה אִתָּנוּ שׁוּב וְשֵׁב

עִם־הַמֶּלֶךְ כִּי־נָכְרִי אַתָּה וְגַם־גֹּלֶה אַתָּה לִמְקוֹמֶךָ: תְּמוֹל ׀ כ

בּוֹאֶךָ וְהַיּוֹם אֲנוֹעֲךָ עִמָּנוּ לָלֶכֶת וַאֲנִי הוֹלֵךְ עַל אֲשֶׁר־אֲנִי הוֹלֵךְ אֲנִיעֲךָ

שׁוּב וְהָשֵׁב אֶת־אַחֶיךָ עִמָּךְ חֶסֶד וֶאֱמֶת: וַיַּעַן אִתַּי אֶת־הַמֶּלֶךְ כא

וַיֹּאמַר חַי־יְהוָה וְחֵי אֲדֹנִי הַמֶּלֶךְ כִּי אִם־בִּמְקוֹם אֲשֶׁר יִהְיֶה־

שָּׁם ׀ אֲדֹנִי הַמֶּלֶךְ אִם־לְמָוֶת אִם־לְחַיִּים כִּי־שָׁם יִהְיֶה עַבְדֶּךָ:

וַיֹּאמֶר דָּוִד אֶל־אִתַּי לֵךְ וַעֲבֹר וַיַּעֲבֹר אִתַּי הַגִּתִּי וְכָל־אֲנָשָׁיו כב

וְכָל־הַטַּף אֲשֶׁר אִתּוֹ: וְכָל־הָאָרֶץ בּוֹכִים קוֹל גָּדוֹל וְכָל־הָעָם כג

עֹבְרִים וְהַמֶּלֶךְ עֹבֵר בְּנַחַל קִדְרוֹן וְכָל־הָעָם עֹבְרִים עַל־פְּנֵי־דֶרֶךְ

אֶת־הַמִּדְבָּר: וְהִנֵּה גַם־צָדוֹק וְכָל־הַלְוִיִּם אִתּוֹ נֹשְׂאִים אֶת־ כד

אֲרוֹן בְּרִית הָאֱלֹהִים וַיַּצִּקוּ אֶת־אֲרוֹן הָאֱלֹהִים וַיַּעַל אֶבְיָתָר

עַד־תֹּם כָּל־הָעָם לַעֲבוֹר מִן־הָעִיר: וַיֹּאמֶר כה

הַמֶּלֶךְ לְצָדוֹק הָשֵׁב אֶת־אֲרוֹן הָאֱלֹהִים הָעִיר אִם־אֶמְצָא

חֵן בְּעֵינֵי יְהוָה וֶהֱשִׁבַנִי וְהִרְאַנִי אֹתוֹ וְאֶת־נָוֵהוּ: וְאִם כו

כֹּה יֹאמַר לֹא חָפַצְתִּי בָּךְ הִנְנִי יַעֲשֶׂה־לִּי כַּאֲשֶׁר טוֹב

בְּעֵינָיו: וַיֹּאמֶר הַמֶּלֶךְ אֶל־צָדוֹק הַכֹּהֵן הֲרוֹאֶה כז

אַתָּה שֻׁבָה הָעִיר בְּשָׁלוֹם וַאֲחִימַעַץ בִּנְךָ וִיהוֹנָתָן בֶּן־אֶבְיָתָר

שְׁנֵי בְנֵיכֶם אִתְּכֶם: רְאוּ אָנֹכִי מִתְמַהְמֵהַּ בְּעַרְבוֹת הַמִּדְבָּר בְּעַרְבוֹת כח

עַד בּוֹא דָבָר מֵעִמָּכֶם לְהַגִּיד לִי: וַיָּשֶׁב צָדוֹק וְאֶבְיָתָר אֶת־ כט

אֲרוֹן הָאֱלֹהִים יְרוּשָׁלִַם וַיֵּשְׁבוּ שָׁם: וְדָוִד עֹלֶה בְמַעֲלֵה הַזֵּיתִים ל

עֹלֶה וּבוֹכֶה וְרֹאשׁ לוֹ חָפוּי וְהוּא הֹלֵךְ יָחֵף וְכָל־הָעָם אֲשֶׁר־

אִתּוֹ חָפוּ אִישׁ רֹאשׁוֹ וְעָלוּ עָלֹה וּבָכֹה: וְדָוִד הִגִּיד לֵאמֹר לא

אֲחִיתֹפֶל בַּקֹּשְׁרִים עִם־אַבְשָׁלוֹם וַיֹּאמֶר דָּוִד סַכֶּל־נָא אֶת־

עֲצַת אֲחִיתֹפֶל יְהוָה: וַיְהִי דָוִד בָּא עַד־הָרֹאשׁ אֲשֶׁר־יִשְׁתַּחֲוֶה לב

שָּׁם לֵאלֹהִים וְהִנֵּה לִקְרָאתוֹ חוּשַׁי הָאַרְכִּי קָרוּעַ כֻּתָּנְתּוֹ

וַאֲדָמָה עַל־רֹאשׁוֹ: וַיֹּאמֶר לוֹ דָּוִד אִם עָבַרְתָּ אִתִּי וְהָיִתָ עָלַי לג

לְמַשָּׂא: וְאִם־הָעִיר תָּשׁוּב וְאָמַרְתָּ לְאַבְשָׁלוֹם עַבְדְּךָ אֲנִי לד

הַמֶּלֶךְ אֶהְיֶה עֶבֶד אָבִיךָ וַאֲנִי מֵאָז וְעַתָּה וַאֲנִי עַבְדֶּךָ וְהֵפַרְתָּה

לִי אֵת עֲצַת אֲחִיתֹפֶל: וַהֲלוֹא עִמְּךָ שָׁם צָדוֹק וְאֶבְיָתָר לה

הַכֹּהֲנִים וְהָיָה כָּל־הַדָּבָר אֲשֶׁר תִּשְׁמַע מִבֵּית הַמֶּלֶךְ תַּגִּיד

whatever my lord the king shall choose. And the king went 16
out, and all his household after him. And the king left ten
women, who were concubines, to keep the house. And the 17
king went out, and all the people after him, and halted at the
last house. And all his servants passed on beside him; and all 18
the Kereti, and the Peleti, and all the Gittim, six hundred men
who came after him from Gat, passed on before the king.

Then said the king to Ittay the Gittite, Why dost thou go also 19
with us? return and stay with the king: for thou art a foreigner;
and also an exile from thy place. Thou camest but yesterday, 20
and should I this day make thee go up and down with us,
seeing I go wherever I can? return thou, and take back thy
brethren with thee in loyal kindness and truth. And Ittay ans- 21
wered the king, and said, As the LORD lives, and as my lord the
king lives, in what place my lord the king shall be, whether
in death or life, even there also will thy servant be. And 22
David said to Ittay, Go and pass over. And Ittay the Gittite
passed over, and all his men, and all the little ones that
were with him. And all the country wept with a loud voice, 23
and all the people passed over: the king also himself passed
over the wadi Qidron, and all the people passed over, towards
the way of the wilderness. And lo Ẕadoq also came, and 24
all the Levites with him, bearing the ark of the covenant
of GOD: and they set down the ark of GOD; and Evyatar went
up, until all the people had finished passing out of the city.

And the king said to Ẕadoq, Carry back the ark of GOD into 25
the city: if I shall find favour in the eyes of the LORD, he will
bring me back, and show me both it, and his habitation: but if 26
he thus says, I have no delight in thee; behold, here am I, let
him do to me as seems good in his eyes. The king said to 27
Ẕadoq the priest, Dost thou see? return into the city in peace,
and your two sons with you, Aḥima'aẕ thy son, and Yehonatan
the son of Evyatar. See, I will tarry in the plains of the wil- 28
derness, until there come word from you to bring me news.
Ẕadoq therefore and Evyatar carried back the ark of GOD to 29
Yerushalayim: and they stayed there. And David went up by 30
the ascent of the mount of Olives, and wept as he went up,
and had his head covered, and he went barefoot: and the peo-
ple that were with him covered every man his head, and they
went up, weeping as they went. And one told David, saying, 31
Aḥitofel is among the conspirators with Avshalom. And David
said, O LORD, I pray thee, turn the counsel of Aḥitofel into
foolishness. And it came to pass, that when David was come 32
to the top of the hill, where he bowed down to GOD, behold,
Ḥushay the Arkite came to meet him with his coat rent, and
earth upon his head: to whom David said, If thou passest 33
on with me, then thou shalt be a burden unto me: but if thou 34
return to the city, and say to Avshalom, I will be thy servant,
O king; as I have been thy father's servant hitherto, so will I
now also be thy servant: then mayst thou defeat for me the
counsel of Aḥitofel. And hast thou not there with thee Ẕadoq and 35
Evyatar the priests? therefore it shall be, that whatever thou
shalt hear out of the king's house, thou shalt tell it to Ẕadoq

לצדוק ולאביתר הכהנים: הנה־שם עמם שני בניהם אחימעץ לו
לצדוק ויהונתן לאביתר ושלחתם בידם אלי כל־דבר
כט אשר תשמעו: ויבא חושי רעה דוד העיר ואבשלום יבוא לז
ירושלם: ודוד עבר מעט מהראש והנה ציבא א טז
נער מפיבשת לקראתו וצמד חמרים חבשים ועליהם מאתים
לחם ומאה צמוקים ומאה קיץ ונבל יין: ויאמר המלך אל־ ב
ציבא מה־אלה לך ויאמר ציבא החמורים לבית־המלך
והלחם לרכב ולהלחם והקיץ לאכול הנערים והיין לשתות היעף
במדבר: ויאמר המלך ואיה בן־אדניך ויאמר ציבא אל־ ג
המלך הנה יושב בירושלם כי אמר היום ישיבו לי בית ישראל
את ממלכות אבי: ויאמר המלך לצבא הנה לך כל אשר ד
למפיבשת ויאמר ציבא השתחויתי אמצא־חן בעיניך אדני
המלך: ובא המלך דוד עד־בחורים והנה משם איש יוצא ה
ממשפחת בית־שאול ושמו שמעי בן־גרא יצא יצוא
ומקלל: ויסקל באבנים את־דוד ואת־כל־עבדי המלך דוד ו
וכל־העם וכל־הגברים מימינו ומשמאלו: וכה־אמר שמעי ז
בקללו צא צא איש הדמים ואיש הבליעל: השיב עליך יהוה ח
כל ׀ דמי בית־שאול אשר מלכת תחתו ויתן יהוה את־
המלוכה ביד אבשלום בנך והנך ברעתך כי איש דמים
אתה: ויאמר אבישי בן־צרויה אל־המלך למה יקלל ט
הכלב המת הזה את־אדני המלך אעברה־נא ואסירה את־
ראשו: ויאמר המלך מה־לי ולכם בני צריה י
כה כי כי יקלל וכי יהוה אמר לו קלל את־דוד ומי יאמר מדוע
עשיתה כן: ויאמר דוד אל־אבישי ואל־כל־ יא
עבדיו הנה בני אשר־יצא ממעי מבקש את־נפשי ואף כי־
עתה בן־הימיני הנחו לו ויקלל כי־אמר לו יהוה: אולי יראה יב
בעיני יהוה בעוני והשיב יהוה לי טובה תחת קללתו היום הזה:
וילך דוד ואנשיו בדרך ושמעי הלך בצלע יג
ההר לעמתו הלוך ויקלל ויסקל באבנים לעמתו ועפר
בעפר: ויבא המלך וכל־העם אשר־אתו יד
עיפים וינפש שם: ואבשלום וכל־העם איש ישראל באו טו
ירושלם ואחיתפל אתו: ויהי כאשר־בא חושי הארכי רעה טז
דוד אל־אבשלום ויאמר חושי אל־אבשלום יחי המלך יחי
המלך: ויאמר אבשלום אל־חושי זה חסדך את־רעך למה יז
לא־הלכת את־רעך: ויאמר חושי אל־אבשלם לא כי אשר יח

and Evyatar the priests. Behold, they have there with them 36
their two sons, Aḥima'aẕ, Ẕadoq's son, and Yehonatan, Evya-
tar's son ; and by them you shall send to me every thing that
you can hear. So Ḥushay David's friend came into the city, 37
and Avshalom came to Yerushalayim. And when David was **16**
a little past the top of the hill, behold, Ẕiva the servant of
Mefivoshet met him, with a couple of asses saddled, and upon
them two hundred loaves of bread, and a hundred bunches of
raisins, and a hundred of summer fruits, and a bottle of wine.
And the king said to Ẕiva, What dost thou mean by these? 2
And Ẕiva said, The asses are for the king's household to ride
on; and the bread and summer fruit for the young men to
eat; and the wine, that such as be faint in the wilderness may
drink. And the king said, And where is thy master's son? 3
And Ẕiva said to the king, Behold, he is staying in Yerusha-
layim : for he said, To day shall the house of Yisra'el restore to
me the kingdom of my father. Then said the king to Ẕiva, 4
Behold, all that belongs to Mefivoshet is thine. And Ẕiva said,
I humbly beseech thee that I may find favour in thy sight,
my lord, O king. And when king David came to Baḥurim, be- 5
hold, thence came out a man of the family of the house of
Sha'ul, whose name was Shim'i, the son of Gera: he came out,
cursing as he came. And he cast stones at David, and at all 6
the servants of king David: and all the people and all the
mighty men were on his right hand and his left. And thus 7
said Shim'i when he cursed, Come out, come out, thou bloody
man, and thou base man: the Lord has returned upon thee 8
all the blood of the house of Sha'ul whom thou hast usurped;
and the Lord has delivered the kingdom into the hand of Av-
shalom thy son : and behold, thou art in evil plight because
thou art a bloody man. Then said Avishay the son of Ẕeruya 9
to the king. Why should this dead dog curse my lord the king?
let me go over, I pray thee, and take off his head. And the 10
king said, What have I to do with you, you sons of Ẕeruya ? so
let him curse, because the Lord has said to him, Curse David.
Who shall then say, Why hast thou done so ? And David 11
said to Avishay, and to all his servants, Behold, my son, which
came out of my body, seeks my life: how much more now may
this Benyeminite do it ? let him alone, and let him curse ; for
the Lord has bidden him. It may be that the Lord will look 12
on my affliction, and that the Lord will requite me good for
his cursing this day. And as David and his men went by the 13
way, Shim'i went along on the hill's side over against him,
and cursed as he went, and threw stones at him, and cast dust.

And the king, and all the people that were with him, arrived 14
in a weary state, and he refreshed himself there. And Av- 15
shalom, and all the people the men of Yisra'el came to Yeru-
shalayim, and Aḥitofel with him. And it came to pass, when 16
Ḥushay the Arkite, David's friend, was come to Avshalom that
Ḥushay said to Avshalom, God save the king, God save the
king. And Avshalom said to Ḥushay, Is this thy loyalty to thy 17
friend? why didst thou not go with thy friend? And Ḥushay 18
said to Avshalom, No; but whom the Lord, and this people,

בָּחַר יְהוָה וְהָעָם הַזֶּה וְכָל־אִישׁ יִשְׂרָאֵל לֹא אֶהְיֶה וְאִתּוֹ לו

אֵשֵׁב: וְהַשֵּׁנִית לְמִי אֲנִי אֶעֱבֹד הֲלוֹא לִפְנֵי בְנוֹ כַּאֲשֶׁר עָבַדְתִּי ט

לִפְנֵי אָבִיךָ כֵּן אֶהְיֶה לְפָנֶיךָ:   וַיֹּאמֶר אַבְשָׁלוֹם כ

אֶל־אֲחִיתֹפֶל הָבוּ לָכֶם עֵצָה מַה־נַּעֲשֶׂה: וַיֹּאמֶר אֲחִיתֹפֶל כא

אֶל־אַבְשָׁלוֹם בּוֹא אֶל־פִּלַגְשֵׁי אָבִיךָ אֲשֶׁר הִנִּיחַ לִשְׁמוֹר הַבָּיִת

וְשָׁמַע כָּל־יִשְׂרָאֵל כִּי־נִבְאַשְׁתָּ אֶת־אָבִיךָ וְחָזְקוּ יְדֵי כָּל־אֲשֶׁר

אִתָּךְ: וַיַּטּוּ לְאַבְשָׁלוֹם הָאֹהֶל עַל־הַגָּג וַיָּבֹא אַבְשָׁלוֹם אֶל־ כב

פִּלַגְשֵׁי אָבִיו לְעֵינֵי כָּל־יִשְׂרָאֵל: וַעֲצַת אֲחִיתֹפֶל אֲשֶׁר יָעַץ כג

בַּיָּמִים הָהֵם כַּאֲשֶׁר יִשְׁאַל־   בִּדְבַר הָאֱלֹהִים כֵּן כָּל־עֲצַת אִישׁ

אֲחִיתֹפֶל גַּם־לְדָוִד גַּם־לְאַבְשָׁלֹם: וַיֹּאמֶר יז א

אֲחִיתֹפֶל אֶל־אַבְשָׁלֹם אֶבְחֲרָה־נָּא שְׁנֵים־עָשָׂר אֶלֶף אִישׁ

וְאָקוּמָה וְאֶרְדְּפָה אַחֲרֵי־דָוִד הַלָּיְלָה: וְאָבוֹא עָלָיו וְהוּא יָגֵעַ ב

וּרְפֵה יָדַיִם וְהַחֲרַדְתִּי אֹתוֹ וְנָס כָּל־הָעָם אֲשֶׁר־אִתּוֹ וְהִכֵּיתִי

אֶת־הַמֶּלֶךְ לְבַדּוֹ: וְאָשִׁיבָה כָל־הָעָם אֵלֶיךָ כְּשׁוּב הַכֹּל הָאִישׁ ג

אֲשֶׁר אַתָּה מְבַקֵּשׁ כָּל־הָעָם יִהְיֶה שָׁלוֹם: וַיִּישַׁר הַדָּבָר בְּעֵינֵי ד

אַבְשָׁלֹם וּבְעֵינֵי כָּל־זִקְנֵי יִשְׂרָאֵל: וַיֹּאמֶר ה

אַבְשָׁלוֹם קְרָא נָא גַּם לְחוּשַׁי הָאַרְכִּי וְנִשְׁמְעָה מַה־בְּפִיו גַּם־

הוּא: וַיָּבֹא חוּשַׁי אֶל־אַבְשָׁלוֹם וַיֹּאמֶר אַבְשָׁלוֹם אֵלָיו לֵאמֹר ו

כַּדָּבָר הַזֶּה דִּבֶּר אֲחִיתֹפֶל הֲנַעֲשֶׂה אֶת־דְּבָרוֹ אִם־אַיִן אַתָּה

דַבֵּר: וַיֹּאמֶר חוּשַׁי אֶל־אַבְשָׁלוֹם לֹא־טוֹבָה ז

הָעֵצָה אֲשֶׁר־יָעַץ אֲחִיתֹפֶל בַּפַּעַם הַזֹּאת: וַיֹּאמֶר חוּשַׁי אַתָּה ח

יָדַעְתָּ אֶת־אָבִיךָ וְאֶת־אֲנָשָׁיו כִּי גִבֹּרִים הֵמָּה וּמָרֵי נֶפֶשׁ הֵמָּה

כְּדֹב שַׁכּוּל בַּשָּׂדֶה וְאָבִיךָ אִישׁ מִלְחָמָה וְלֹא יָלִין אֶת־הָעָם:

הִנֵּה עַתָּה הוּא־נֶחְבָּא בְּאַחַת הַפְּחָתִים אוֹ בְּאַחַד הַמְּקוֹמֹת ט

וְהָיָה כִּנְפֹל בָּהֶם בַּתְּחִלָּה וְשָׁמַע הַשֹּׁמֵעַ וְאָמַר הָיְתָה מַגֵּפָה

בָּעָם אֲשֶׁר אַחֲרֵי אַבְשָׁלֹם: וְהוּא גַם־בֶּן־חַיִל אֲשֶׁר לִבּוֹ כְּלֵב י

הָאַרְיֵה הִמֵּס יִמָּס כִּי־יֹדֵעַ כָּל־יִשְׂרָאֵל כִּי־גִבּוֹר אָבִיךָ וּבְנֵי־

חַיִל אֲשֶׁר אִתּוֹ: כִּי יָעַצְתִּי הֵאָסֹף יֵאָסֵף עָלֶיךָ כָל־יִשְׂרָאֵל מִדָּן יא

וְעַד־בְּאֵר שֶׁבַע כַּחוֹל אֲשֶׁר־עַל־הַיָּם לָרֹב וּפָנֶיךָ הֹלְכִים

בַּקְּרָב: וּבָאנוּ אֵלָיו בְּאַחַת הַמְּקוֹמֹת אֲשֶׁר נִמְצָא שָׁם וְנַחְנוּ יב בְּאַחַד

עָלָיו כַּאֲשֶׁר יִפֹּל הַטַּל עַל־הָאֲדָמָה וְלֹא־נוֹתַר בּוֹ וּבְכָל־

הָאֲנָשִׁים אֲשֶׁר־אִתּוֹ גַּם־אֶחָד: וְאִם־אֶל־עִיר יֵאָסֵף וְהִשִּׂיאוּ יג

כָל־יִשְׂרָאֵל אֶל־הָעִיר הַהִיא חֲבָלִים וְסָחַבְנוּ אֹתוֹ עַד־הַנַּחַל

עַד אֲשֶׁר־לֹא־נִמְצָא שָׁם גַּם־צְרוֹר: וַיֹּאמֶר יד

אַבְשָׁלוֹם וְכָל־אִישׁ יִשְׂרָאֵל טוֹבָה עֲצַת חוּשַׁי הָאַרְכִּי

מֵעֲצַת אֲחִיתֹפֶל   וַיהוָה צִוָּה לְהָפֵר אֶת־עֲצַת

and all the men of Yisra'el, choose, his will I be, and with
him will I remain. And again, whom should I serve? should 19
I not serve in the presence of his son? as I have served in thy
father's presence, so will I be in thy presence. Then said 20
Avshalom to Aḫitofel, Give counsel among you what we shall
do. And Aḫitofel said to Avshalom, Go in to thy father's con- 21
cubines, whom he has left to keep the house: and all Yisra'el
shall hear that thou art in bad odour with thy father: then
shall the hands of all that are with thee be strong. So they 22
spread Avshalom a pavilion on the top of the house; and
Avshalom went in to his father's concubines in the sight of all
Yisra'el. And the counsel of Aḫitofel, which he counselled in 23
those days, was as if a man would inquire of the word of
God: so was all the counsel of Aḫitofel both with David and
with Avshalom. Moreover Aḫitofel said to Avshalom, Let **17**
me now choose out twelve thousand men, and I will arise and
pursue after David this night: and I will come upon him while 2
he is weary and weakhanded, and will make him afraid: and
all the people that are with him shall flee; and I will smite the
king only: and I will bring back all the people to thee: when 3
all return (after the death of the man whom thou seekest)
all the people shall be in peace. And the saying pleased Av- 4
shalom well, and all the elders of Yisra'el. Then said Av- 5
shalom, Call now Ḫushay the Arkite also, and let us hear like-
wise what he says. And when Ḫushay was come to Avshalom, 6
Avshalom spoke to him, saying, Aḫitofel has spoken after such
and such a manner: shall we do after his saying? if not; speak
thou. And Ḫushay said to Avshalom, The counsel that Aḫi- 7
tofel has given is not good at this time. For, said Ḫushay, thou 8
knowst thy father and his men, that they are warriors, and they
are embittered, like a bear robbed of its cubs in the field: and
thy father is a man of war, and will not spend the night with
the people. Behold, he is hid now in some pit, or in some other 9
place: and it will come to pass, when some of them fall in the
first attack, that whoever hears it will say, There is a slaughter
among the people that follow Avshalom. And even a warrior 10
whose heart is like the heart of a lion, shall utterly melt: for
all Yisra'el knows that thy father is a mighty man, and they
who are with him are valiant men. Therefore I counsel that 11
all Yisra'el should be gathered unto thee, from Dan even to
Be'er-sheva, as the sand that is by the sea for multitude; and
that thou go to battle in thine own person. So shall we come 12
upon him in some place where he shall be found, and we will
encamp around him like the dew falling on the ground: and
of him and of all the men that are with him there shall not be
left so much as one. Moreover, if he withdraw himself to 13
some city, then shall all Yisra'el bring ropes to that city, and
we will drag it into the nearest ravine, until there be not one
small stone found there. And Avshalom and all the men of 14
Yisra'el said, The counsel of Ḫushay the Arkite is better than
the counsel of Aḫitofel. For the Lord had ordained it to de-

אֲחִיתֹפֶל הַטּוֹבָה לַעֲבוּר הָבִיא יְהוָה אֶל־אַבְשָׁלוֹם אֶת־
הָרָעָה: וַיֹּאמֶר חוּשַׁי אֶל־צָדוֹק וְאֶל־אֶבְיָתָר ט
הַכֹּהֲנִים כָּזֹאת וְכָזֹאת יָעַץ אֲחִיתֹפֶל אֶת־אַבְשָׁלֹם וְאֵת זִקְנֵי
יִשְׂרָאֵל וְכָזֹאת וְכָזֹאת יָעַצְתִּי אָנִי: וְעַתָּה שִׁלְחוּ מְהֵרָה וְהַגִּידוּ י
לְדָוִד לֵאמֹר אַל־תָּלֶן הַלַּיְלָה בְּעַרְבוֹת הַמִּדְבָּר וְגַם עָבוֹר
תַּעֲבוֹר פֶּן יְבֻלַּע לַמֶּלֶךְ וּלְכָל־הָעָם אֲשֶׁר אִתּוֹ: וִיהוֹנָתָן יז
וַאֲחִימַעַץ עֹמְדִים בְּעֵין־רֹגֵל וְהָלְכָה הַשִּׁפְחָה וְהִגִּידָה לָהֶם וְהֵם
יֵלְכוּ וְהִגִּידוּ לַמֶּלֶךְ דָּוִד כִּי לֹא יוּכְלוּ לְהֵרָאוֹת לָבוֹא הָעִירָה:
וַיַּרְא אֹתָם נַעַר וַיַּגֵּד לְאַבְשָׁלֹם וַיֵּלְכוּ שְׁנֵיהֶם מְהֵרָה וַיָּבֹאוּ ו יח
אֶל־בֵּית־אִישׁ בְּבַחוּרִים וְלוֹ בְאֵר בַּחֲצֵרוֹ וַיֵּרְדוּ שָׁם: וַתִּקַּח יט
הָאִשָּׁה וַתִּפְרֹשׂ אֶת־הַמָּסָךְ עַל־פְּנֵי הַבְּאֵר וַתִּשְׁטַח עָלָיו
הָרִפוֹת וְלֹא נוֹדַע דָּבָר: וַיָּבֹאוּ עַבְדֵי אַבְשָׁלוֹם אֶל־ כ ל
הָאִשָּׁה הַבַּיְתָה וַיֹּאמְרוּ אַיֵּה אֲחִימַעַץ וִיהוֹנָתָן וַתֹּאמֶר לָהֶם
הָאִשָּׁה עָבְרוּ מִיכַל הַמָּיִם וַיְבַקְשׁוּ וְלֹא מָצָאוּ וַיָּשֻׁבוּ
יְרוּשָׁלִָם: וַיְהִי ׀ אַחֲרֵי לֶכְתָּם וַיַּעֲלוּ מֵהַבְּאֵר כא
וַיֵּלְכוּ וַיַּגִּדוּ לַמֶּלֶךְ דָּוִד וַיֹּאמְרוּ אֶל־דָּוִד קוּמוּ וְעִבְרוּ מְהֵרָה
אֶת־הַמַּיִם כִּי־כָכָה יָעַץ עֲלֵיכֶם אֲחִיתֹפֶל: וַיָּקָם דָּוִד וְכָל־הָעָם כב
אֲשֶׁר אִתּוֹ וַיַּעַבְרוּ אֶת־הַיַּרְדֵּן עַד־אוֹר הַבֹּקֶר עַד־אַחַד
לֹא נֶעְדָּר אֲשֶׁר לֹא־עָבַר אֶת־הַיַּרְדֵּן: וַאֲחִיתֹפֶל רָאָה כִּי כג
לֹא נֶעֶשְׂתָה עֲצָתוֹ וַיַּחֲבֹשׁ אֶת־הַחֲמוֹר וַיָּקָם וַיֵּלֶךְ אֶל־
בֵּיתוֹ אֶל־עִירוֹ וַיְצַו אֶל־בֵּיתוֹ וַיֵּחָנַק וַיָּמָת וַיִּקָּבֵר בְּקֶבֶר
אָבִיו: וְדָוִד בָּא מַחֲנָיְמָה וְאַבְשָׁלֹם עָבַר אֶת־ כד
הַיַּרְדֵּן הוּא וְכָל־אִישׁ יִשְׂרָאֵל עִמּוֹ: וְאֶת־עֲמָשָׂא שָׂם אַבְשָׁלֹם כה
תַּחַת יוֹאָב עַל־הַצָּבָא וַעֲמָשָׂא בֶן־אִישׁ וּשְׁמוֹ יִתְרָא הַיִּשְׂרְאֵלִי
אֲשֶׁר־בָּא אֶל־אֲבִיגַל בַּת־נָחָשׁ אֲחוֹת צְרוּיָה אֵם יוֹאָב: וַיִּחַן כו
יִשְׂרָאֵל וְאַבְשָׁלֹם אֶרֶץ הַגִּלְעָד: וַיְהִי כְּבוֹא דָוִד כז
מַחֲנָיְמָה וְשֹׁבִי בֶן־נָחָשׁ מֵרַבַּת בְּנֵי־עַמּוֹן וּמָכִיר בֶּן־עַמִּיאֵל
מִלֹּא דְבָר וּבַרְזִלַּי הַגִּלְעָדִי מֵרֹגְלִים: מִשְׁכָּב וְסַפּוֹת וּכְלִי יוֹצֵר כח
וְחִטִּים וּשְׂעֹרִים וְקֶמַח וְקָלִי וּפוֹל וַעֲדָשִׁים וְקָלִי: וּדְבַשׁ וְחֶמְאָה כט
וְצֹאן וּשְׁפוֹת בָּקָר הִגִּישׁוּ לְדָוִד וְלָעָם אֲשֶׁר־אִתּוֹ לֶאֱכוֹל כִּי
אָמְרוּ הָעָם רָעֵב וְעָיֵף וְצָמֵא בַּמִּדְבָּר: וַיִּפְקֹד דָּוִד אֶת־הָעָם יח א
אֲשֶׁר אִתּוֹ וַיָּשֶׂם עֲלֵיהֶם שָׂרֵי אֲלָפִים וְשָׂרֵי מֵאוֹת: וַיְשַׁלַּח דָּוִד ב
אֶת־הָעָם הַשְּׁלִשִׁית בְּיַד־יוֹאָב וְהַשְּׁלִשִׁית בְּיַד אֲבִישַׁי בֶּן־צְרוּיָה
אֲחִי יוֹאָב וְהַשְּׁלִשִׁת בְּיַד אִתַּי הַגִּתִּי וַיֹּאמֶר
הַמֶּלֶךְ אֶל־הָעָם יָצֹא אֵצֵא גַם־אֲנִי עִמָּכֶם: וַיֹּאמֶר הָעָם לֹא ג
תֵצֵא כִּי אִם־נֹס נָנוּס לֹא־יָשִׂימוּ אֵלֵינוּ לֵב וְאִם־יָמֻתוּ חֶצְיֵנוּ

feat the good counsel of Aḥitofel, to the intent that the Lord might bring evil upon Avshalom. 15 Then said Ḥushay to Ẓadoq and to Evyatar the priests, Thus and thus did Aḥitofel counsel Avshalom and the elders of Yisra'el; and thus have I counselled. 16 Now therefore send quickly, and tell David, saying, Lodge not this night in the plains of the wilderness, but speedily pass over; lest the king be swallowed up, and all the people that are with him. 17 Now Yehonatan and Aḥima'aẓ stayed by 'En-rogal ; for they might not be seen to come into the city : and a maidservant went and told them; and they went and told king David. 18 Nevertheless a lad saw them, and told Avshalom: but they went both of them away quickly, and came to a man's house in Baḥurim, and he had a well in his court; and they went down into it. 19 And the woman took and spread a covering over the well's mouth, and spread ground corn on it; and the thing was not known. 20 And when Avshalom's servants came to the woman to the house, they said to them, where are Aḥima'az and Yehonatan ? And the woman said, They are gone over the channel of water. And when they had sought and could not find them, they returned to Yerushalayim. 21 And it came to pass, after they had departed, that they came up out of the well, and went and told king David, and said to David, Arise, and pass quickly over the water: for thus has Aḥitofel counselled against you. 22 Then David arose, and all the people that were with him, and they passed over the Yarden : by the morning light not one of them had failed to cross the Yarden. 23 And when Aḥitofel saw that his counsel was not followed, he saddled his ass, and arose, and went to his house, to his city, and put his household in order, and strangled himself and died, and was buried in the tomb of his father. 24 Then David came to Maḥanayim. And Avshalom passed over the Yarden, he and all the men of Yisra'el with him. 25 And Avshalom placed 'Amasa in charge of the army in place of Yo'av: and 'Amasa was the son of a man named Yitra the Yisra'elite who had taken to himself Avigayil the daughter of Naḥash, sister of Ẓeruya, the mother of Yo'av. 26 So Yisra'el and Avshalom encamped in the land of Gil'ad. 27 And it came to pass, when David had come to Maḥanayim, that Shovi the son of Naḥash of Rabba of the children of 'Ammon, and Makhir the son of 'Ammi'el of Lo-devar, and Barzillay the Gil'adite of Rogelim, brought beds, and 28 basins, and earthen vessels, and wheat, and barley, and flour, and parched corn, and beans, and lentils, and parched pulse, and honey, and butter, and sheep, and cheese of cows' milk 29 for David, and for the people that were with him, to eat: for they said, The people are hungry, and weary, and thirsty, in the wilderness. **18** And David numbered the people that were with him, and set captains of thousands and captains of hundreds over them. 2 And David sent forth a third part of the people under the hand of Yo'av, and a third part under the hand of Avishay the son of Ẓeruya, Yoav's brother, and a third part under the hand of Ittay the Gittite. And the king said to the people, I will surely go out with you myself also. But the people answered, Thou shalt not go out: for if we flee away, 3

לא־ישימו אלינו לב כי־עתה כמנו עשרה אלפים ועתה טוב
ד כי־תהיה־לנו מעיר לעזיר: ויאמר אליהם לעזור
המלך אשר־ייטב בעיניכם אעשה ויעמד המלך אל־יד
ה השער וכל־העם יצאו למאות ולאלפים: ויצו המלך את־
יואב ואת־אבישי ואת־אתי לאמר לאט־לי לנער לאבשלום
וכל־העם שמעו בצות המלך את־כל־השרים על־דבר
ו אבשלום: ויצא העם השדה לקראת ישראל ותהי המלחמה
ז ביער אפרים: וינגפו שם עם ישראל לפני עבדי דוד ותהי־
ח שם המגפה גדולה ביום ההוא עשרים אלף: ותהי־שם
המלחמה נפצות על־פני כל־הארץ וירב היער לאכל בעם נפוצת
ט מאשר אכלה החרב ביום ההוא: ויקרא אבשלום לפני עבדי
דוד ואבשלום רכב על־הפרד ויבא הפרד תחת שובך האלה
הגדולה ויחזק ראשו באלה ויתן בין השמים ובין הארץ
י והפרד אשר־תחתיו עבר: וירא איש אחד ויגד ליואב ויאמר
יא הנה ראיתי את־אבשלם תלוי באלה: ויאמר יואב לאיש
המגיד לו והנה ראית ומדוע לא־הכיתו שם ארצה ועלי
יב לתת לך עשרה כסף וחגרה אחת: ויאמר האיש אל־יואב
ולא אנכי שקל על־כפי אלף כסף לא־אשלח ידי אל־בן־ ולו
המלך כי באזנינו צוה המלך אתך ואת־אבישי ואת־אתי
יג לאמר שמרו־מי בנער באבשלום: או־עשיתי בנפשו שקר בנפשי
יד וכל־דבר לא־יכחד מן־המלך ואתה תתיצב מנגד: ויאמר
יואב לא־כן אחילה לפניך ויקח שלשה שבטים בכפו
טו ויתקעם בלב אבשלום עודנו חי בלב האלה: ויסבו עשרה
טז נערים נשאי כלי יואב ויכו את־אבשלום וימתהו: ויתקע
יואב בשפר וישב העם מרדף אחרי ישראל כי־חשך יואב
יז את־העם: ויקחו את־אבשלום וישלכו אתו ביער אל־הפחת
הגדול ויצבו עליו גל־אבנים גדול מאד וכל־ישראל נסו איש
יח לאהלו: ואבשלם לקח ויצב־לו בחיו את־מצבת אשר
בעמק־המלך כי אמר אין־לי בן בעבור הזכיר שמי
ויקרא למצבת על־שמו ויקרא לה יד אבשלום עד היום
יט הזה: ואחימעץ בן־צדוק אמר ארוצה נא
כ ואבשרה את־המלך כי־שפטו יהוה מיד איביו: ויאמר לו
יואב לא איש בשרה אתה היום הזה ובשרת ביום אחר
כא והיום הזה לא תבשר כי על־ בן־המלך מת: ויאמר יואב כן
לכושי לך הגד למלך אשר ראיתה וישתחו כושי ליואב
כב וירץ: ויסף עוד אחימעץ בן־צדוק ויאמר אל־יואב ויהי מה

they will not care for us; neither if half of us die, will they
care for us: but now thou art worth ten thousand of us:
therefore now it is better that thou shouldst be our help from
the city. And the king said to them, What seems best in 4
your eyes I will do. And the king stood by the gate side, and all
the people came out by hundreds and by thousands. And the 5
king commanded Yo'av and Avishay and Ittay, saying, Deal
gently for my sake with the young man, with Avshalom. And
all the people heard when the king charged all the captains
concerning Avshalom. So the people went into the field against 6
Yisra'el: and the battle was in the wood of Efrayim: and there 7
the people of Yisra'el were beaten before the servants of
David, and there was there a great slaughter that day of
twenty thousand men. For the battle was there scattered over 8
the face of all the country: and the wood devoured more peo-
ple that day than the sword devoured. And Avshalom met the 9
servants of David. And Avshalom rode on a mule, and the mule
went under the thick boughs of a great oak, and his head
caught fast in the oak, and he was taken up between the
heaven and the earth; and the mule that was under him went
away. And a certain man saw it, and told Yo'av, and said, 10
Behold, I saw Avshalom hanging in the oak tree. And Yo'av 11
said to the man that told him, And, behold, thou sawest him,
and why didst thou not smite him there to the ground? and I
would have given thee ten shekels of silver, and a girdle. And 12
the man said to Yo'av, Though I should receive a thousand
shekels of silver in my hand, yet I would not put out my
hand against the king's son : for in our hearing the king charged
thee and Avishay and Ittay, saying, Beware that none touch
the young man Avshalom. Otherwise I should have acted 13
falsely against my own life : for there is nothing hidden from
the king, and thou wouldst have stood aloof. Then said Yo'av, 14
It is not proper for me to beg before you. And he took three
darts in his hand and thrust them through the heart of Av-
shalom, who was still alive in the midst of the oak. And ten 15
young men that bore Yo'av's armour came round in a circle
and smote Avshalom, and slew him. And Yo'av blew the sho- 16
far, and the people returned from pursuing after Yisra'el :
for Yo'av held back the people. And they took Avshalom, and 17
cast him into a great pit in the wood, and laid a very great
heap of stones upon him: and all Yisra'el fled every one to his
tent. Now Avshalom in his lifetime had taken and reared up 18
for himself a pillar, which is in the king's valley: for he said,
I have no son to keep my name in remembrance : and he called
the pillar after his own name: and it is called to this day, Av-
shalom's monument. Then said Aḥima'aẕ the son of Ẕadoq, 19
Let me now run, and bring the news to the king, how the Lord
has avenged him of his enemies. And Yo'av said to him, Thou 20
shalt not bear tidings this day, but thou shalt bear tidings
another day: but this day thou shalt bear no tidings, because
the king's son is dead. Then said Yo'av to the Kushite, Go and 21
tell the king what thou hast seen. And the Kushite bowed him-
self to Yo'av, and ran. Then said Aḥima'aẕ the son of Ẕadoq yet 22

אַרְצָה־נָּא גַם־אֲנִי אַחֲרֵי הַכּוּשִׁי וַיֹּאמֶר יוֹאָב לָמָּה־זֶּה אַתָּה
רָץ בְּנִי וּלְכָה אֵין־בְּשׂוֹרָה מֹצֵאת: וִיהִי־מָה אָרוּץ וַיֹּאמֶר לוֹ כג
רוּץ וַיָּרָץ אֲחִימַעַץ דֶּרֶךְ הַכִּכָּר וַיַּעֲבֹר אֶת־הַכּוּשִׁי: וְדָוִד יוֹשֵׁב כד
בֵּין־שְׁנֵי הַשְּׁעָרִים וַיֵּלֶךְ הַצֹּפֶה אֶל־גַּג הַשַּׁעַר אֶל־הַחוֹמָה
וַיִּשָּׂא אֶת־עֵינָיו וַיַּרְא וְהִנֵּה־אִישׁ רָץ לְבַדּוֹ: וַיִּקְרָא הַצֹּפֶה וַיַּגֵּד כה
לַמֶּלֶךְ וַיֹּאמֶר הַמֶּלֶךְ אִם־לְבַדּוֹ בְּשׂוֹרָה בְּפִיו וַיֵּלֶךְ הָלוֹךְ וְקָרֵב:
וַיַּרְא הַצֹּפֶה אִישׁ־אַחֵר רָץ וַיִּקְרָא הַצֹּפֶה אֶל־הַשֹּׁעֵר וַיֹּאמֶר כו
הִנֵּה־אִישׁ רָץ לְבַדּוֹ וַיֹּאמֶר הַמֶּלֶךְ גַּם־זֶה מְבַשֵּׂר: וַיֹּאמֶר לא
הַצֹּפֶה אֲנִי רֹאֶה אֶת־מְרוּצַת הָרִאשׁוֹן כִּמְרֻצַת אֲחִימַעַץ בֶּן־
צָדוֹק וַיֹּאמֶר הַמֶּלֶךְ אִישׁ־טוֹב זֶה וְאֶל־בְּשׂוֹרָה טוֹבָה יָבוֹא:
וַיִּקְרָא אֲחִימַעַץ וַיֹּאמֶר אֶל־הַמֶּלֶךְ שָׁלוֹם וַיִּשְׁתַּחוּ לַמֶּלֶךְ לְאַפָּיו כח
אָרְצָה וַיֹּאמֶר בָּרוּךְ יְהוָה אֱלֹהֶיךָ אֲשֶׁר סִגַּר אֶת־הָאֲנָשִׁים
אֲשֶׁר־נָשְׂאוּ אֶת־יָדָם בַּאדֹנִי הַמֶּלֶךְ: וַיֹּאמֶר כט
הַמֶּלֶךְ שָׁלוֹם לַנַּעַר לְאַבְשָׁלוֹם וַיֹּאמֶר אֲחִימַעַץ רָאִיתִי הֶהָמוֹן
הַגָּדוֹל לִשְׁלֹחַ אֶת־עֶבֶד הַמֶּלֶךְ יוֹאָב וְאֶת־עַבְדֶּךָ וְלֹא יָדַעְתִּי
מֶה: וַיֹּאמֶר הַמֶּלֶךְ סֹב הִתְיַצֵּב כֹּה וַיִּסֹּב וַיַּעֲמֹד: וְהִנֵּה הַכּוּשִׁי לא
בָּא וַיֹּאמֶר הַכּוּשִׁי יִתְבַּשֵּׂר אֲדֹנִי הַמֶּלֶךְ כִּי־שְׁפָטְךָ יְהוָה הַיּוֹם
מִיַּד כָּל־הַקָּמִים עָלֶיךָ: וַיֹּאמֶר הַמֶּלֶךְ אֶל־ לב
הַכּוּשִׁי הֲשָׁלוֹם לַנַּעַר לְאַבְשָׁלוֹם וַיֹּאמֶר הַכּוּשִׁי יִהְיוּ כַנַּעַר אֹיְבֵי
אֲדֹנִי הַמֶּלֶךְ וְכֹל אֲשֶׁר־קָמוּ עָלֶיךָ לְרָעָה: וַיִּרְגַּז יט א
הַמֶּלֶךְ וַיַּעַל עַל־עֲלִיַּת הַשַּׁעַר וַיֵּבְךְּ וְכֹה אָמַר בְּלֶכְתּוֹ בְּנִי
אַבְשָׁלוֹם בְּנִי בְנִי אַבְשָׁלוֹם מִי־יִתֵּן מוּתִי אֲנִי תַחְתֶּיךָ אַבְשָׁלוֹם
בְּנִי בְנִי: וַיֻּגַּד לְיוֹאָב הִנֵּה הַמֶּלֶךְ בֹּכֶה וַיִּתְאַבֵּל עַל־אַבְשָׁלֹם: ב
וַתְּהִי הַתְּשֻׁעָה בַּיּוֹם הַהוּא לְאֵבֶל לְכָל־הָעָם כִּי־שָׁמַע הָעָם ג
בַּיּוֹם הַהוּא לֵאמֹר נֶעֱצַב הַמֶּלֶךְ עַל־בְּנוֹ: וַיִּתְגַּנֵּב הָעָם בַּיּוֹם ד
הַהוּא לָבוֹא הָעִיר כַּאֲשֶׁר יִתְגַּנֵּב הָעָם הַנִּכְלָמִים בְּנוּסָם
בַּמִּלְחָמָה: וְהַמֶּלֶךְ לָאַט אֶת־פָּנָיו וַיִּזְעַק הַמֶּלֶךְ קוֹל גָּדוֹל בְּנִי ה
אַבְשָׁלוֹם אַבְשָׁלוֹם בְּנִי בְנִי: וַיָּבֹא יוֹאָב אֶל־הַמֶּלֶךְ ו
הַבָּיִת וַיֹּאמֶר הֹבַשְׁתָּ הַיּוֹם אֶת־פְּנֵי כָל־עֲבָדֶיךָ הַמְמַלְּטִים
אֶת־נַפְשְׁךָ הַיּוֹם וְאֵת נֶפֶשׁ בָּנֶיךָ וּבְנֹתֶיךָ וְנֶפֶשׁ נָשֶׁיךָ וְנֶפֶשׁ
פִּלַגְשֶׁיךָ: לְאַהֲבָה אֶת־שֹׂנְאֶיךָ וְלִשְׂנֹא אֶת־אֹהֲבֶיךָ כִּי הִגַּדְתָּ ז לו
הַיּוֹם כִּי אֵין לְךָ שָׂרִים וַעֲבָדִים כִּי יָדַעְתִּי הַיּוֹם כִּי לֹא אַבְשָׁלוֹם
חַי וְכֻלָּנוּ הַיּוֹם מֵתִים כִּי־אָז יָשָׁר בְּעֵינֶיךָ: וְעַתָּה קוּם צֵא וְדַבֵּר ח
עַל־לֵב עֲבָדֶיךָ כִּי בַיהוָה נִשְׁבַּעְתִּי כִּי־אֵינְךָ יוֹצֵא אִם־יָלִין
אִישׁ אִתְּךָ הַלַּיְלָה וְרָעָה לְךָ זֹאת מִכָּל־הָרָעָה אֲשֶׁר־בָּאָה עָלֶיךָ

again to Yo'av, Nonetheless, let me, I pray thee, also run after
the Kushite. And Yo'av said, Why wilt thou run, my son, seeing
that thou hast no profitable tidings? Nevertheless, said he, let 23
me run. And he said to him, Run. Then Aḥima'aẓ ran by the
way of the plain, and overtook the Kushite. And David sat be- 24
tween the two gates: and the watchman went up to the roof
over the gate to the wall, and lifted up his eyes, and looked,
and behold a man running alone. And the watchman cried, and 25
told the king. And the king said, If he be alone, there is news
in his mouth. And he came nearer and nearer. And the watch- 26
man saw another man running: and the watchman called to
the gatekeeper, and said, Behold another man running alone.
And the king said, He also brings news. And the watchman 27
said, To my view the running of the first is like the running
of Aḥima'aẓ the son of Ẓadoq. And the king said, He is a good
man, and comes with good tidings. And Aḥima'aẓ called, and 28
said to the king, All is well. And he fell down to the earth
upon his face before the king, and said, Blessed be the LORD
thy GOD, who has delivered up the men that raised their hand
against my lord the king.   And the king said, Is the young 29
man Avshalom safe ? And Aḥima'aẓ answered, When Yo'av sent
the king's servant, and thy servant, I saw a great tumult, but I
knew not what it was. And the king said to him, Turn round, 30
and stand here. And he turned, and stood still. And, behold, 31
the Kushite came ; and the Kushite said, Tidings, my lord the
king: for the LORD has avenged thee this day of all those who
rose up against thee.   And the king said to the Kushite, Is 32
the young man Avshalom safe ? And the Kushite answered, Let
the enemies of my lord the king, and all that rise against thee to
do thee hurt, be as that young man is.   And the king was **19**
much moved, and went up to the chamber over the gate, and
wept : and as he went, thus he said, O my son Avshalom, my son,
my son Avshalom! would I had died instead of thee, O Av-
shalom, my son, my son! And it was told Yo'av, Behold, the 2
king weeps and mourns for Avshalom. And the victory that 3
day was turned into mourning for all the people : for the people
heard say that day how the king was grieved for his son.
And the people went by stealth that day into the city, as 4
people being ashamed steal away when they flee in battle.
But the king covered his face, and the king cried out with a 5
loud voice, O my son Avshalom, O Avshalom, my son, my son !

And Yo'av came into the house to the king, and said, Thou 6
hast shamed this day the faces of all thy servants, who this
day have saved thy life, and the lives of thy sons and of thy
daughters, and the lives of thy wives, and the lives of thy
concubines ; in that thou lovest thy enemies, and hatest thy 7
friends. For thou hast declared this day, that thou regardest
neither princes nor servants: for this day I perceive, that if
Avshalom had lived, and all we had died this day, then it had
pleased thee well. Now therefore arise, go out, and speak 8
comfortably to thy servants: for I swear by the LORD, if thou
go not out, not one will lodge with thee this night: and that
will be worse to thee than all the evil that befell thee from

מִנְּעֻרֶיךָ עַד־עָתָּה: וַיָּקָם הַמֶּלֶךְ וַיֵּשֶׁב בַּשָּׁעַר ט
וּלְכָל־הָעָם הִגִּידוּ לֵאמֹר הִנֵּה הַמֶּלֶךְ יוֹשֵׁב בַּשַּׁעַר וַיָּבֹא כָל־
הָעָם לִפְנֵי הַמֶּלֶךְ וְיִשְׂרָאֵל נָס אִישׁ לְאֹהָלָיו: וַיְהִי י
כָל־הָעָם נָדוֹן בְּכָל־שִׁבְטֵי יִשְׂרָאֵל לֵאמֹר הַמֶּלֶךְ הִצִּילָנוּ ׀ מִכַּף
אֹיְבֵינוּ וְהוּא מִלְּטָנוּ מִכַּף פְּלִשְׁתִּים וְעַתָּה בָּרַח מִן־הָאָרֶץ מֵעַל
אַבְשָׁלוֹם: וְאַבְשָׁלוֹם אֲשֶׁר מָשַׁחְנוּ עָלֵינוּ מֵת בַּמִּלְחָמָה וְעַתָּה יא
לָמָה אַתֶּם מַחֲרִשִׁים לְהָשִׁיב אֶת־הַמֶּלֶךְ: וְהַמֶּלֶךְ יב
דָּוִד שָׁלַח אֶל־צָדוֹק וְאֶל־אֶבְיָתָר הַכֹּהֲנִים לֵאמֹר דַּבְּרוּ אֶל־
זִקְנֵי יְהוּדָה לֵאמֹר לָמָּה תִהְיוּ אַחֲרֹנִים לְהָשִׁיב אֶת־הַמֶּלֶךְ אֶל־
בֵּיתוֹ וּדְבַר כָּל־יִשְׂרָאֵל בָּא אֶל־הַמֶּלֶךְ אֶל־בֵּיתוֹ: אַחַי אַתֶּם יג
עַצְמִי וּבְשָׂרִי אַתֶּם וְלָמָּה תִהְיוּ אַחֲרֹנִים לְהָשִׁיב אֶת־הַמֶּלֶךְ:
וְלַעֲמָשָׂא תֹּמְרוּ הֲלוֹא עַצְמִי וּבְשָׂרִי אָתָּה כֹּה יַעֲשֶׂה־לִּי יד
אֱלֹהִים וְכֹה יוֹסִיף אִם־לֹא שַׂר־צָבָא תִּהְיֶה לְפָנַי כָּל־הַיָּמִים
תַּחַת יוֹאָב: וַיַּט אֶת־לְבַב כָּל־אִישׁ־יְהוּדָה כְּאִישׁ אֶחָד טו
וַיִּשְׁלְחוּ אֶל־הַמֶּלֶךְ שׁוּב אַתָּה וְכָל־עֲבָדֶיךָ: וַיָּשָׁב הַמֶּלֶךְ וַיָּבֹא טז
עַד־הַיַּרְדֵּן וִיהוּדָה בָּא הַגִּלְגָּלָה לָלֶכֶת לִקְרַאת הַמֶּלֶךְ
לְהַעֲבִיר אֶת־הַמֶּלֶךְ אֶת־הַיַּרְדֵּן: וַיְמַהֵר שִׁמְעִי בֶן־גֵּרָא בֶּן־ יז
הַיְמִינִי אֲשֶׁר מִבַּחוּרִים וַיֵּרֶד עִם־אִישׁ יְהוּדָה לִקְרַאת הַמֶּלֶךְ
דָּוִד: וְאֶלֶף אִישׁ עִמּוֹ מִבִּנְיָמִן וְצִיבָא נַעַר בֵּית שָׁאוּל וַחֲמֵשֶׁת יח
עָשָׂר בָּנָיו וְעֶשְׂרִים עֲבָדָיו אִתּוֹ וְצָלְחוּ הַיַּרְדֵּן לִפְנֵי הַמֶּלֶךְ:
וְעָבְרָה הָעֲבָרָה לַעֲבִיר אֶת־בֵּית הַמֶּלֶךְ וְלַעֲשׂוֹת הַטּוֹב בְּעֵינוֹ יט
וְשִׁמְעִי בֶן־גֵּרָא נָפַל לִפְנֵי הַמֶּלֶךְ בְּעָבְרוֹ בַּיַּרְדֵּן: וַיֹּאמֶר כ
אֶל־הַמֶּלֶךְ אַל־יַחֲשָׁב־לִי אֲדֹנִי עָוֹן וְאַל־תִּזְכֹּר אֵת אֲשֶׁר
הֶעֱוָה עַבְדְּךָ בַּיּוֹם אֲשֶׁר־יָצָא אֲדֹנִי־הַמֶּלֶךְ מִירוּשָׁלָ͏ִם לָשׂוּם
הַמֶּלֶךְ אֶל־לִבּוֹ: כִּי יָדַע עַבְדְּךָ כִּי אֲנִי חָטָאתִי וְהִנֵּה־ כא
בָאתִי הַיּוֹם רִאשׁוֹן לְכָל־בֵּית יוֹסֵף לָרֶדֶת לִקְרַאת אֲדֹנִי
הַמֶּלֶךְ: וַיַּעַן אֲבִישַׁי בֶּן־צְרוּיָה וַיֹּאמֶר הֲתַחַת זֹאת כב
לֹא יוּמַת שִׁמְעִי כִּי קִלֵּל אֶת־מְשִׁיחַ יְהוָה: וַיֹּאמֶר כג
דָּוִד מַה־לִּי וְלָכֶם בְּנֵי צְרוּיָה כִּי־תִהְיוּ־לִי הַיּוֹם לְשָׂטָן הַיּוֹם
יוּמַת אִישׁ בְּיִשְׂרָאֵל כִּי הֲלוֹא יָדַעְתִּי כִּי הַיּוֹם אֲנִי־מֶלֶךְ עַל־
יִשְׂרָאֵל: וַיֹּאמֶר הַמֶּלֶךְ אֶל־שִׁמְעִי לֹא תָמוּת וַיִּשָּׁבַע לוֹ כד
הַמֶּלֶךְ: וּמְפִבֹשֶׁת בֶּן־שָׁאוּל יָרַד לִקְרַאת הַמֶּלֶךְ כה
וְלֹא־עָשָׂה רַגְלָיו וְלֹא־עָשָׂה שְׂפָמוֹ וְאֶת־בְּגָדָיו לֹא כִבֵּס לְמִן־
הַיּוֹם לֶכֶת הַמֶּלֶךְ עַד־הַיּוֹם אֲשֶׁר־בָּא בְשָׁלוֹם: וַיְהִי כִּי־בָא כו
יְרוּשָׁלַ͏ִם לִקְרַאת הַמֶּלֶךְ וַיֹּאמֶר לוֹ הַמֶּלֶךְ לָמָּה לֹא־הָלַכְתָּ
עִמִּי מְפִיבֹשֶׁת: וַיֹּאמַר אֲדֹנִי הַמֶּלֶךְ עַבְדִּי רִמָּנִי כִּי־אָמַר עַבְדְּךָ כז

thy youth until now. Then the king arose, and sat in the 9
gate. And they told all the people, saying, Behold, the king sits in
the gate. And all the people came before the king: for Yisra'el
had fled every man to his tent. And all the people were at 10
strife throughout all the tribes of Yisra'el, saying, The king
saved us out of the hand of our enemies, and he delivered
us out of the hand of the Pelishtim; and now he is fled out of
the land from Avshalom. And Avshalom, whom we anointed 11
over us, is dead in battle. Now therefore why do you not speak
a word of bringing the king back? And king David sent to 12
Ẕadoq and to Evyatar the priests, saying, Speak to the elders
of Yehuda, saying, Why are you the last to bring the king
back to his house? seeing the speech of all Yisra'el is already
come to the king, to his house. You are my brethren, you are 13
my bones and my flesh: why then are you the last to bring
back the king? And say to 'Amasa, Art thou not of my bone, 14
and of my flesh? God do so to me, and more also, if thou be
not captain of the host before me continually in the place of
Yo'av. And he turned the hearts of all the men of Yehuda, 15
like one man; so that they sent this word to the king, Return
thou, and all thy servants. So the king returned, and came 16
to the Yarden. And Yehuda came to Gilgal, to go to meet the
king, to conduct the king over the Yarden. And Shim'i the son 17
of Gera, the Benyeminite, who was of Baḥurim, hurried and
came down with the men of Yehuda to meet king David. And 18
there were a thousand men of Binyamin with him, and Ẕiva
the servant of the house of Sha'ul, and his fifteen sons and
his twenty servants with him; and they went over the Yar-
den to meet the king. And there went over a ferry boat to 19
carry over the king's household, and to do what he thought
good. And Shim'i the son of Gera fell down before the king,
as he came over the Yarden; and he said to the king, Let 20
not my lord impute iniquity unto me, neither remember that
which thy servant did perversely the day that my lord the
king went out of Yerushalayim, that the king should take it
to his heart. For thy servant knows that I have sinned: there- 21
fore, behold, I am come the first this day of all the house of
Yosef to go down to meet my lord the king. But Avishay 22
the son of Ẕeruya answered and said, Shall not Shim'i be put to
death for this, because he cursed the Lord's anointed? And 23
David said, What have I to do with you, you sons of Ẕeruya,
that you should this day be a hindrance to me? shall there any
man be put to death this day in Yisra'el, for do not I know
that I am this day king over Yisra'el? Therefore the king said 24
to Shim'i, Thou shalt not die. And the king swore to him.

And Mefiboshet the son of Sha'ul came down to meet the 25
king, and he had neither dressed his feet, nor trimmed his beard,
nor washed his clothes, from the day the king departed until
the day he came back in peace. And it came to pass, when 26
he was come to Yerushalayim to meet the king, that the king
said to him, Why didst thou not go with me, Mefivoshet? And 27
he answered, My lord, O king, my servant deceived me: for

אֶחְבְּשָׁה־לִּי הַחֲמוֹר וְאֶרְכַּב עָלֶיהָ וְאֵלֵךְ אֶת־הַמֶּלֶךְ כִּי

כה פִסֵּחַ עַבְדֶּךָ: וַיְרַגֵּל בְּעַבְדְּךָ אֶל־אֲדֹנִי הַמֶּלֶךְ וַאדֹנִי הַמֶּלֶךְ

כו כְּמַלְאַךְ הָאֱלֹהִים וַעֲשֵׂה הַטּוֹב בְּעֵינֶיךָ: כִּי לֹא הָיָה כָל־

בֵּית אָבִי כִּי אִם־אַנְשֵׁי־מָוֶת לַאדֹנִי הַמֶּלֶךְ וַתָּשֶׁת אֶת־עַבְדְּךָ

בְּאֹכְלֵי שֻׁלְחָנֶךָ וּמַה־יֶּשׁ־לִי עוֹד צְדָקָה וְלִזְעֹק עוֹד אֶל־

ל הַמֶּלֶךְ: וַיֹּאמֶר לוֹ הַמֶּלֶךְ לָמָּה תְּדַבֵּר עוֹד

לא דְּבָרֶיךָ אָמַרְתִּי אַתָּה וְצִיבָא תַּחְלְקוּ אֶת־הַשָּׂדֶה: וַיֹּאמֶר

מְפִיבֹשֶׁת אֶל־הַמֶּלֶךְ גַּם אֶת־הַכֹּל יִקָּח אַחֲרֵי אֲשֶׁר־בָּא אֲדֹנִי

הַמֶּלֶךְ בְּשָׁלוֹם אֶל־בֵּיתוֹ:

לב וּבַרְזִלַּי הַגִּלְעָדִי יָרַד

מֵרֹגְלִים וַיַּעֲבֹר אֶת־הַמֶּלֶךְ הַיַּרְדֵּן לְשַׁלְּחוֹ אֶת־בַּיַּרְדֵּן: וּבַרְזִלַּי

לג זָקֵן מְאֹד בֶּן־שְׁמֹנִים שָׁנָה וְהוּא־כִלְכַּל אֶת־הַמֶּלֶךְ בְשִׁיבָתוֹ

בְמַחֲנַיִם כִּי־אִישׁ גָּדוֹל הוּא מְאֹד: וַיֹּאמֶר הַמֶּלֶךְ אֶל־בַּרְזִלָּי

לד אַתָּה עֲבֹר אִתִּי וְכִלְכַּלְתִּי אֹתְךָ עִמָּדִי בִּירוּשָׁלִָם: וַיֹּאמֶר

לה בַּרְזִלַּי אֶל־הַמֶּלֶךְ כַּמָּה יְמֵי שְׁנֵי חַיַּי כִּי־אֶעֱלֶה אֶת־הַמֶּלֶךְ

יְרוּשָׁלִָם: בֶּן־שְׁמֹנִים שָׁנָה אָנֹכִי הַיּוֹם הַאֵדַע בֵּין־טוֹב לְרָע

לו אִם־יִטְעַם עַבְדְּךָ אֶת־אֲשֶׁר אֹכַל וְאֶת־אֲשֶׁר אֶשְׁתֶּה אִם־

אֶשְׁמַע עוֹד בְּקוֹל שָׁרִים וְשָׁרוֹת וְלָמָּה יִהְיֶה עַבְדְּךָ עוֹד לְמַשָּׂא

אֶל־אֲדֹנִי הַמֶּלֶךְ: כִּמְעַט יַעֲבֹר עַבְדְּךָ אֶת־הַיַּרְדֵּן אֶת־הַמֶּלֶךְ

לז וְלָמָּה יִגְמְלֵנִי הַמֶּלֶךְ הַגְּמוּלָה הַזֹּאת: יָשָׁב־נָא עַבְדְּךָ וְאָמֻת

בְּעִירִי עִם קֶבֶר אָבִי וְאִמִּי וְהִנֵּה עַבְדְּךָ כִמְהָם יַעֲבֹר עִם־אֲדֹנִי

לח הַמֶּלֶךְ וַעֲשֵׂה־לוֹ אֵת אֲשֶׁר־טוֹב בְּעֵינֶיךָ: וַיֹּאמֶר

הַמֶּלֶךְ אִתִּי יַעֲבֹר כִּמְהָם וַאֲנִי אֶעֱשֶׂה־לּוֹ אֶת־הַטּוֹב בְּעֵינֶיךָ

לט וְכֹל אֲשֶׁר־תִּבְחַר עָלַי אֶעֱשֶׂה־לָּךְ: וַיַּעֲבֹר כָּל־הָעָם אֶת־

הַיַּרְדֵּן וְהַמֶּלֶךְ עָבָר וַיִּשַּׁק הַמֶּלֶךְ לְבַרְזִלַּי וַיְבָרֲכֵהוּ וַיָּשָׁב

מ לִמְקֹמוֹ: וַיַּעֲבֹר הַמֶּלֶךְ הַגִּלְגָּלָה וְכִמְהָן עָבַר עִמּוֹ

מא וְכָל־עַם יְהוּדָה וַיַּעֲבִרוּ אֶת־הַמֶּלֶךְ וְגַם חֲצִי עַם יִשְׂרָאֵל:

מב וְהִנֵּה כָּל־אִישׁ יִשְׂרָאֵל בָּאִים אֶל־הַמֶּלֶךְ וַיֹּאמְרוּ אֶל־הַמֶּלֶךְ

מַדּוּעַ גְּנָבוּךָ אַחֵינוּ אִישׁ יְהוּדָה וַיַּעֲבִרוּ אֶת־הַמֶּלֶךְ וְאֶת־בֵּיתוֹ

מג אֶת־הַיַּרְדֵּן וְכָל־אַנְשֵׁי דָוִד עִמּוֹ: וַיַּעַן כָּל־אִישׁ

יְהוּדָה עַל־אִישׁ יִשְׂרָאֵל כִּי־קָרוֹב הַמֶּלֶךְ אֵלַי וְלָמָּה זֶּה חָרָה

לְךָ עַל־הַדָּבָר הַזֶּה הֶאָכוֹל אָכַלְנוּ מִן־הַמֶּלֶךְ אִם־נִשֵּׂאת נִשָּׂא

מד לָנוּ: וַיַּעַן אִישׁ־יִשְׂרָאֵל אֶת־אִישׁ יְהוּדָה וַיֹּאמֶר

עֶשֶׂר־יָדוֹת לִי בַמֶּלֶךְ וְגַם־בְּדָוִד אֲנִי מִמְּךָ וּמַדּוּעַ הֱקִלֹּתַנִי וְלֹא־

הָיָה דְבָרִי רִאשׁוֹן לִי לְהָשִׁיב אֶת־מַלְכִּי וַיִּקֶשׁ דְּבַר־אִישׁ

כ יְהוּדָה מִדְּבַר אִישׁ יִשְׂרָאֵל: וְשָׁם נִקְרָא אִישׁ בְּלִיַּעַל וּשְׁמוֹ

thy servant said, I will saddle me an ass, and I will ride on it,
and go to the king; because thy servant is lame. And he 28
slandered thy servant to my lord the king; but my lord the
king is as an angel of God: do therefore what is good in thy
eyes. For all of my father's house were but men guilty of 29
death before my lord the king: yet didst thou set thy servant
among them that did eat at thy own table. What right there-
fore have I yet to cry out any more to the king? And 30
the king said to him, Why speakest thou any more of thy mat-
ters? I have said, Thou and Ẕiva shall divide the estate. And 31
Mefivoshet said to the king, Let him even take all, seeing that
my lord the king is come back in peace to his own house.

And Barzillay the Gil'adite came down from Rogelim, and 32
went over the Yarden with the king, to conduct him over the Yar-
den. Now Barzillay was a very aged man, eighty years old: 33
and he had provided the king with stores while he lay at
Maḥanayim; for he was a very wealthy man. And the king 34
said to Barzillay, Come thou over with me, and I will feed
thee with me in Yerushalayim. And Barzillay said to the king, 35
How long have I to live, that I should go up with the king to
Yerushalayim? I am this day eighty years old: and can I 36
discern between good and evil? can thy servant taste what I
eat or what I drink? can I hear any more the voice of singing
men and singing women? why then should thy servant be a
further burden to my lord the king? Thy servant will go a 37
little way over the Yarden with the king: and why should the
king recompense me with such a reward? Let thy servant, I 38
pray thee, turn back again, that I may die in my own city,
and be buried by the grave of my father and of my mother.
But behold thy servant Khimham; let him go over with my lord
the king; and do to him what shall seem good in thy eyes.

And the king answered, Khimham shall go over with me, 39
and I will do to him that which shall seem good in thy eyes:
and whatever thou shalt require of me, that will I do for thee.
And all the people went over the Yarden. And when the king 40
was come over, the king kissed Barzillay, and blessed him;
and he returned to his own place. Then the king went on 41
to Gilgal, and Khimham went on with him: and all the people
of Yehuda conducted the king, and also half the people of
Yisra'el. And, behold, all the men of Yisra'el came to the king, 42
and said to the king, Why have our brethren the men of
Yehuda stolen thee away, and have brought the king, and his
household, and all David's men with him, over the Yarden?

And all the men of Yehuda answered the men of Yisra'el, 43
Because the king is near of kin to us: why then are you angry
for this matter? have we eaten at all of the king's cost? or has
he given us any gift? And the men of Yisra'el answered 44
the men of Yehuda, and said, We have ten parts in the king,
and we have also more right in David than you: why then
did you despise us, and was not our word first for bringing
back our king? And the words of the men of Yehuda were
fiercer than the words of the men of Yisra'el. And there hap- **20**
pened to be there a worthless man, whose name was Sheva,

שֶׁבַע בֶּן־בִּכְרִי אִישׁ יְמִינִי וַיִּתְקַע בַּשּׁוֹפָר וַיֹּאמֶר אֵין־לָנוּ חֵלֶק
ב בְּדָוִד וְלֹא נַחֲלָה־לָנוּ בְּבֶן־יִשַׁי אִישׁ לְאֹהָלָיו יִשְׂרָאֵל: וַיַּעַל
כָּל־אִישׁ יִשְׂרָאֵל מֵאַחֲרֵי דָוִד אַחֲרֵי שֶׁבַע בֶּן־בִּכְרִי וְאִישׁ
ג יְהוּדָה דָּבְקוּ בְמַלְכָּם מִן־הַיַּרְדֵּן וְעַד־יְרוּשָׁלִָם: וַיָּבֹא דָוִד
אֶל־בֵּיתוֹ יְרוּשָׁלִַם וַיִּקַּח הַמֶּלֶךְ אֵת עֶשֶׂר־נָשִׁים ׀ פִּלַגְשִׁים
אֲשֶׁר הִנִּיחַ לִשְׁמֹר הַבַּיִת וַיִּתְּנֵם בֵּית־מִשְׁמֶרֶת וַיְכַלְכְּלֵם
וַאֲלֵיהֶם לֹא־בָא וַתִּהְיֶינָה צְרֻרוֹת עַד־יוֹם מֻתָן אַלְמְנוּת
ד חַיּוּת: וַיֹּאמֶר הַמֶּלֶךְ אֶל־עֲמָשָׂא הַזְעֶק־לִי אֶת־
ה אִישׁ־יְהוּדָה שְׁלֹשֶׁת יָמִים וְאַתָּה פֹּה עֲמֹד: וַיֵּלֶךְ עֲמָשָׂא לְהַזְעִיק
וַיֹּאמֶר אֶת־יְהוּדָה וַיִּיחַר מִן־הַמּוֹעֵד אֲשֶׁר יְעָדוֹ:
ו דָוִד אֶל־אֲבִישַׁי עַתָּה יֵרַע לָנוּ שֶׁבַע בֶּן־בִּכְרִי מִן־אַבְשָׁלוֹם
אַתָּה קַח אֶת־עַבְדֵי אֲדֹנֶיךָ וּרְדֹף אַחֲרָיו פֶּן־מָצָא לוֹ עָרִים
ז בְּצֻרוֹת וְהִצִּיל עֵינֵנוּ: וַיֵּצְאוּ אַחֲרָיו אַנְשֵׁי יוֹאָב וְהַכְּרֵתִי
וְהַפְּלֵתִי וְכָל־הַגִּבֹּרִים וַיֵּצְאוּ מִירוּשָׁלִַם לִרְדֹּף אַחֲרֵי שֶׁבַע בֶּן־
ח בִּכְרִי: הֵם עִם־הָאֶבֶן הַגְּדוֹלָה אֲשֶׁר בְּגִבְעוֹן וַעֲמָשָׂא בָּא
לִפְנֵיהֶם וְיוֹאָב חָגוּר ׀ מִדּוֹ לְבֻשׁוֹ וְעָלָו חֲגוֹר חֶרֶב מְצֻמֶּדֶת עַל־
ט מָתְנָיו בְּתַעְרָהּ וְהוּא יָצָא וַתִּפֹּל: וַיֹּאמֶר יוֹאָב
לַעֲמָשָׂא הֲשָׁלוֹם אַתָּה אָחִי וַתֹּחֶז יַד־יְמִין יוֹאָב בִּזְקַן עֲמָשָׂא
י לִנְשָׁק־לוֹ: וַעֲמָשָׂא לֹא־נִשְׁמַר בַּחֶרֶב ׀ אֲשֶׁר בְּיַד־יוֹאָב
וַיַּכֵּהוּ בָהּ אֶל־הַחֹמֶשׁ וַיִּשְׁפֹּךְ מֵעָיו אַרְצָה וְלֹא־שָׁנָה לוֹ
וַיָּמֹת: וְיוֹאָב וַאֲבִישַׁי אָחִיו רָדַף אַחֲרֵי שֶׁבַע בֶּן־
יא בִּכְרִי: וְאִישׁ עָמַד עָלָיו מִנַּעֲרֵי יוֹאָב וַיֹּאמֶר מִי אֲשֶׁר חָפֵץ
יב בְּיוֹאָב וּמִי אֲשֶׁר־לְדָוִד אַחֲרֵי יוֹאָב: וַעֲמָשָׂא מִתְגֹּלֵל בַּדָּם
בְּתוֹךְ הַמְּסִלָּה וַיַּרְא הָאִישׁ כִּי־עָמַד כָּל־הָעָם וַיַּסֵּב אֶת־
עֲמָשָׂא מִן־הַמְּסִלָּה הַשָּׂדֶה וַיַּשְׁלֵךְ עָלָיו בֶּגֶד כַּאֲשֶׁר רָאָה כָל־
יג הַבָּא עָלָיו וְעָמָד: כַּאֲשֶׁר הֹגָה מִן־הַמְּסִלָּה עָבַר כָּל־אִישׁ
יד אַחֲרֵי יוֹאָב לִרְדֹּף אַחֲרֵי שֶׁבַע בֶּן־בִּכְרִי: וַיַּעֲבֹר בְּכָל־שִׁבְטֵי
יִשְׂרָאֵל אָבֵלָה וּבֵית מַעֲכָה וְכָל־הַבֵּרִים וַיִּקְלֻהוּ וַיָּבֹאוּ אַף־ וַיִּקָּהֲלוּ
טו אַחֲרָיו: וַיָּבֹאוּ וַיָּצֻרוּ עָלָיו בְּאָבֵלָה בֵּית הַמַּעֲכָה וַיִּשְׁפְּכוּ סֹלְלָה
אֶל־הָעִיר וַתַּעֲמֹד בַּחֵל וְכָל־הָעָם אֲשֶׁר אֶת־יוֹאָב מַשְׁחִיתִם
טז לְהַפִּיל הַחוֹמָה: וַתִּקְרָא אִשָּׁה חֲכָמָה מִן־הָעִיר שִׁמְעוּ שִׁמְעוּ
אִמְרוּ־נָא אֶל־יוֹאָב קְרַב עַד־הֵנָּה וַאֲדַבְּרָה אֵלֶיךָ: וַיִּקְרַב
יז אֵלֶיהָ וַתֹּאמֶר הָאִשָּׁה הַאַתָּה יוֹאָב וַיֹּאמֶר אָנִי וַתֹּאמֶר לוֹ
שְׁמַע דִּבְרֵי אֲמָתֶךָ וַיֹּאמֶר שֹׁמֵעַ אָנֹכִי: וַתֹּאמֶר לֵאמֹר דַּבֵּר
יח יְדַבְּרוּ בָרִאשֹׁנָה לֵאמֹר שָׁאֹל יְשָׁאֲלוּ בְּאָבֵל וְכֵן הֵתַמּוּ: אָנֹכִי

the son of Bikhri, a Benyeminite : and he blew the shofar and said, We have no part in David, neither have we inheritance in the son of Yishay: every man to his tents, O Yisra'el. So 2 every man of Yisra'el went up from after David and followed Sheva the son of Bikhri : but the men of Yehuda held fast to their king, from the Yarden as far as Yerushalayim. And David 3 came to his house at Yerushalayim, and the king took the ten women his concubines, whom he had left to keep the house, and put them under guard, and provided for them, but went not in to them. So they were shut up to the day of their death, widows of a living husband.   Then said the king to 4 'Amasa, Muster to me the men of Yehuda within three days, and be thou here present. So 'Amasa went to muster the men 5 of Yehuda: but he was later than the set time which he had assigned to him.   And David said to Avishay, Now shall 6 Sheva the son of Bikhri do us more harm than did Avshalom : take thou thy lord's servants, and pursue after him, lest he get himself fortified cities, and escape us. And there went out 7 after him Yo'av's men, and the Kereti and the Peleti, and all the warriors: and they went out of Yerushalayim, to pursue after Sheva the son of Bikhri. When they were at the great 8 stone which is in Giv'on, 'Amasa went before them. And Yo'av was girded with coat, his usual garment, and upon it a girdle with a sword fastened upon his loins in its sheath ; and as he went forth it fell out.   And Yo'av said to 'Amasa, 9 Art thou well, my brother? And Yo'av took 'Amasa by the beard with the right hand to kiss him. But 'Amasa took no 10 heed of the sword that was in Yo'av's hand: so he smote him with it in the belly, and shed out his bowels to the ground, and he struck him not again ; and he died.   So Yo'av and Avishay his brother pursued after Sheva the son of Bikhri. And 11 one of Yo'av's men stood by him, and said, He that favours Yo'av, and he that is for David, let him go after Yo'av. And 12 'Amasa wallowed in blood in the midst of the highway. And when the man saw that all the people stood still, he removed 'Amasa out of the highway into the field, and cast a cloth upon him, when he saw that every one that came by him stood still. When he was removed out of the highway, all the 13 people went on after Yo'av, to pursue after Sheva the son of Bikhri. And he went through all the tribes of Yisra'el to 14 Avel, and to Bet-ma'akha, and all the Berim: and they were gathered together, and went also after him. And they came 15 and besieged him in Avel of Bet-ma'akha, and they threw up a mound of earth against the city, and it stood up against the wall: and all the people that were with Yo'av battered the wall, to throw it down. Then cried a wise woman out of the 16 city, Hear, hear; say, I pray you, to Yo'av, Come near here; that I may speak with thee. And when he was come near to 17 her, the woman said, Art thou Yo'av? And he answered, I am he. Then she said to him, Hear the words of thy handmaid. And he answered, I do hear. Then she spoke saying, Surely 18 in early times they would have spoken saying, Let them ask Avel to yield, and so they would have ended the matter. I am 19

שְׁלֵמֵי אֱמוּנֵי יִשְׂרָאֵל אַתָּה מְבַקֵּשׁ לְהָמִית עִיר וְאֵם בְּיִשְׂרָאֵל

כ לָמָּה תְבַלַּע נַחֲלַת יְהוָה: וַיַּעַן יוֹאָב וַיֹּאמַר

כא חָלִילָה חָלִילָה לִּי אִם־אֲבַלַּע וְאִם־אַשְׁחִית: לֹא־כֵן הַדָּבָר כִּי
אִישׁ מֵהַר אֶפְרַיִם שֶׁבַע בֶּן־בִּכְרִי שְׁמוֹ נָשָׂא יָדוֹ בַּמֶּלֶךְ בְּדָוִד
תְּנוּ־אֹתוֹ לְבַדּוֹ וְאֵלְכָה מֵעַל הָעִיר וַתֹּאמֶר הָאִשָּׁה אֶל־יוֹאָב

כב הִנֵּה רֹאשׁוֹ מֻשְׁלָךְ אֵלֶיךָ בְּעַד הַחוֹמָה: וַתָּבוֹא הָאִשָּׁה אֶל־כָּל־
הָעָם בְּחָכְמָתָהּ וַיִּכְרְתוּ אֶת־רֹאשׁ שֶׁבַע בֶּן־בִּכְרִי וַיַּשְׁלִכוּ אֶל־
יוֹאָב וַיִּתְקַע בַּשּׁוֹפָר וַיָּפֻצוּ מֵעַל־הָעִיר אִישׁ לְאֹהָלָיו וְיוֹאָב

כג שָׁב יְרוּשָׁלִַם אֶל־הַמֶּלֶךְ: וְיוֹאָב אֶל כָּל־הַצָּבָא

כד יִשְׂרָאֵל וּבְנָיָה בֶן־יְהוֹיָדָע עַל־הַכְּרִי וְעַל־הַפְּלֵתִי: וַאֲדֹרָם עַל־ הַכְּרֵתִי

כה הַמַּס וִיהוֹשָׁפָט בֶּן־אֲחִילוּד הַמַּזְכִּיר: וּשְׂיָא סֹפֵר וְצָדוֹק וְאֶבְיָתָר וְשָׂוא

כו כֹּהֲנִים: וְגַם עִירָא הַיָּאִרִי הָיָה כֹהֵן לְדָוִד: וַיְהִי

רָעָב בִּימֵי דָוִד שָׁלֹשׁ שָׁנִים שָׁנָה אַחֲרֵי שָׁנָה וַיְבַקֵּשׁ דָּוִד אֶת־

כא א פְּנֵי יְהוָה וַיֹּאמֶר יְהוָה אֶל־שָׁאוּל וְאֶל־בֵּית

ב הַדָּמִים עַל אֲשֶׁר־הֵמִית אֶת־הַגִּבְעֹנִים: וַיִּקְרָא הַמֶּלֶךְ
לַגִּבְעֹנִים וַיֹּאמֶר אֲלֵיהֶם וְהַגִּבְעֹנִים לֹא מִבְּנֵי יִשְׂרָאֵל הֵמָּה כִּי
אִם־מִיֶּתֶר הָאֱמֹרִי וּבְנֵי יִשְׂרָאֵל נִשְׁבְּעוּ לָהֶם וַיְבַקֵּשׁ שָׁאוּל

ג לְהַכֹּתָם בְּקַנֹּאתוֹ לִבְנֵי־יִשְׂרָאֵל וִיהוּדָה: וַיֹּאמֶר דָּוִד אֶל־
הַגִּבְעֹנִים מָה אֶעֱשֶׂה לָכֶם וּבַמָּה אֲכַפֵּר וּבָרְכוּ אֶת־נַחֲלַת

ד יְהוָה: וַיֹּאמְרוּ לוֹ הַגִּבְעֹנִים אֵין־לִי כֶּסֶף וְזָהָב עִם־שָׁאוּל וְעִם־ לָנוּ
בֵּיתוֹ וְאֵין־לָנוּ אִישׁ לְהָמִית בְּיִשְׂרָאֵל וַיֹּאמֶר מָה־אַתֶּם

ה אֹמְרִים אֶעֱשֶׂה לָכֶם: וַיֹּאמְרוּ אֶל־הַמֶּלֶךְ הָאִישׁ אֲשֶׁר כִּלָּנוּ

ו וַאֲשֶׁר דִּמָּה־לָנוּ נִשְׁמַדְנוּ מֵהִתְיַצֵּב בְּכָל־גְּבֻל יִשְׂרָאֵל: יֻתַּן־ יֻתָּן־
לָנוּ שִׁבְעָה אֲנָשִׁים מִבָּנָיו וְהוֹקַעֲנוּם לַיהוָה בְּגִבְעַת שָׁאוּל בְּחִיר

ז יְהוָה וַיֹּאמֶר הַמֶּלֶךְ אֲנִי אֶתֵּן: וַיַּחְמֹל הַמֶּלֶךְ עַל־ לָג
מְפִיבֹשֶׁת בֶּן־יְהוֹנָתָן בֶּן־שָׁאוּל עַל־שְׁבֻעַת יְהוָה אֲשֶׁר בֵּינֹתָם

ח בֵּין דָּוִד וּבֵין יְהוֹנָתָן בֶּן־שָׁאוּל: וַיִּקַּח הַמֶּלֶךְ אֶת־שְׁנֵי בְּנֵי
רִצְפָּה בַת־אַיָּה אֲשֶׁר יָלְדָה לְשָׁאוּל אֶת־אַרְמֹנִי וְאֶת־
מְפִבֹשֶׁת וְאֶת־חֲמֵשֶׁת בְּנֵי מִיכַל בַּת־שָׁאוּל אֲשֶׁר יָלְדָה

ט לְעַדְרִיאֵל בֶּן־בַּרְזִלַּי הַמְּחֹלָתִי: וַיִּתְּנֵם בְּיַד הַגִּבְעֹנִים וַיֹּקִיעֻם
בָּהָר לִפְנֵי יְהוָה וַיִּפְּלוּ שְׁבַעְתָּם יָחַד וְהֵם הֻמְתוּ בִּימֵי קָצִיר שְׁבַעְתָּם
וְהֵמָּה
בִּתְחִלַּת

י בָּרִאשֹׁנִים תְּחִלַּת קְצִיר שְׂעֹרִים: וַתִּקַּח רִצְפָּה בַת־אַיָּה אֶת־
הַשַּׂק וַתַּטֵּהוּ לָהּ אֶל־הַצּוּר מִתְּחִלַּת קָצִיר עַד נִתַּךְ־מַיִם
עֲלֵיהֶם מִן־הַשָּׁמָיִם וְלֹא־נָתְנָה עוֹף הַשָּׁמַיִם לָנוּחַ עֲלֵיהֶם יוֹמָם

יא וְאֶת־חַיַּת הַשָּׂדֶה לָיְלָה: וַיֻּגַּד לְדָוִד אֵת אֲשֶׁר־עָשְׂתָה רִצְפָּה

of the peaceable and faithful in Yisra'el : thou seekest to destroy a city and a mother in Yisra'el : why wilt thou swallow up the inheritance of the Lord ?   And Yo'av answered   20
and said, Far be it, far be it from me, that I should swallow   21
up or destroy. The matter is not so : but a man of mount Efrayim, Sheva the son of Bikhri by name, has lifted up his hand against the king, against David : deliver him only, and I will depart from the city. And the woman said to Yo'av, Behold, his head shall be thrown to thee over the wall. Then the   22
woman went to all the people in her wisdom. And they cut off the head of Sheva the son of Bikhri, and cast it out to Yo'av. And he blew on the shofar, and they retired from the city, every man to his tent. And Yo'av returned to Yerushalayim to the king.   Now Yo'av was over all the host   23
of Yisra'el : and Benaya the son of Yehoyada was over the Kereti and the Peleti : and Adoram was over the tribute : and   24
Yehoshafat the son of Aḥilu was recorder : and Sheva was   25
scribe : and Ẓadoq and Evyatar were priests : and 'Ira also   26
the Ya'irite, was a minister of state to David.   Then there   **21**
was a famine in the days of David three years, year after year ; and David inquired of the Lord.   And the Lord answered, It is for Sha'ul, and for his bloody house, because he slew the Giv'onim. And the king called the Giv'onim, and said to them;   2
(now the Giv'onim were not of the children of Yisra'el, but of the remnant of the Emori; and the children of Yisra'el had sworn to them: and Sha'ul sought to slay them in his zeal for the children of Yisra'el and Yehuda.) Then David said to   3
the Giv'onim, What shall I do for you? and with what shall I make atonement, that you may bless the inheritance of the Lord? And the Giv'onim said to him, We will have no silver   4
nor gold of Sha'ul, nor of his house; neither for us shalt thou kill any man in Yisra'el. And he said, What you shall say, that will I do for you. And they answered the king, The man that   5
consumed us, and that devised against us that we should be destroyed from remaining in any of the borders of Yisra'el, let   6
seven men of his sons be delivered to us, and we will hang them up to the Lord in Giv'at-sha'ul (whom the Lord did choose.)   And the king said, I will give them. But the king   7
spared Mefivoshet, the son of Yehonatan the son of Sha'ul, because of the Lord's oath that was between them, between David and Yonatan the son of Sha'ul. But the king took the   8
two sons of Riẓpa the daughter of Ayya, whom she bore to Sha'ul, Armoni and Mefivoshet ; and the five sons of Mikhal the daughter of Sha'ul, whom she bore to 'Adri'el the son of Barzillay the Meḥolatite : and he delivered them into the hands   9
of the Giv'onim, and they hanged them on the hill before the Lord: and they fell all seven together, and were put to death in the days of harvest, in the first days, in the beginning of the barley harvest. And Riẓpa the daughter of Ayya took sack-   10
cloth, and spread it for her upon the rock, from the beginning of harvest until water dropped upon them out of heaven, and suffered neither the birds of the air to rest on them by day, nor the beasts of the field by night. And it was told David   11

בַּת־אַיָּה פִּלֶגֶשׁ שָׁאוּל: וַיֵּלֶךְ דָּוִד וַיִּקַּח אֶת־עַצְמוֹת שָׁאוּל   יב

וְאֶת־עַצְמוֹת יְהוֹנָתָן בְּנוֹ מֵאֵת בַּעֲלֵי יָבֵישׁ גִּלְעָד אֲשֶׁר

גָּנְבוּ אֹתָם מֵרְחֹב בֵּית־שַׁן אֲשֶׁר תְּלֻם שָׁם הַפְּלִשְׁתִּים   תְּלָאוּם שָׁם הַפְּלִשְׁתִּים

בְּיוֹם הַכּוֹת פְּלִשְׁתִּים אֶת־שָׁאוּל בַּגִּלְבֹּעַ: וַיַּעַל מִשָּׁם אֶת־   יג

עַצְמוֹת שָׁאוּל וְאֶת־עַצְמוֹת יְהוֹנָתָן בְּנוֹ וַיַּאַסְפוּ אֶת־עַצְמוֹת

הַמּוּקָעִים: וַיִּקְבְּרוּ אֶת־עַצְמוֹת־שָׁאוּל וִיהוֹנָתָן בְּנוֹ בְּאֶרֶץ   יד

בִּנְיָמִן בְּצֵלָע בְּקֶבֶר קִישׁ אָבִיו וַיַּעֲשׂוּ כֹּל אֲשֶׁר־צִוָּה הַמֶּלֶךְ

וַיֵּעָתֵר אֱלֹהִים לָאָרֶץ אַחֲרֵי־כֵן: וַתְּהִי־עוֹד   טו

מִלְחָמָה לַפְּלִשְׁתִּים אֶת־יִשְׂרָאֵל וַיֵּרֶד דָּוִד וַעֲבָדָיו עִמּוֹ

וַיִּלָּחֲמוּ אֶת־פְּלִשְׁתִּים וַיָּעַף דָּוִד: וְיִשְׁבּוֹ בְּנֹב אֲשֶׁר ׀ בִּילִידֵי   וְיִשְׁבִּי   טז

הָרָפָה וּמִשְׁקַל קֵינוֹ שְׁלֹשׁ מֵאוֹת מִשְׁקַל נְחֹשֶׁת וְהוּא

חָגוּר חֲדָשָׁה וַיֹּאמֶר לְהַכּוֹת אֶת־דָּוִד: וַיַּעֲזָר־לוֹ אֲבִישַׁי בֶּן־   יז

צְרוּיָה וַיַּךְ אֶת־הַפְּלִשְׁתִּי וַיְמִיתֵהוּ אָז נִשְׁבְּעוּ אַנְשֵׁי־דָוִד לוֹ

לֵאמֹר לֹא־תֵצֵא עוֹד אִתָּנוּ לַמִּלְחָמָה וְלֹא תְכַבֶּה אֶת־נֵר

יִשְׂרָאֵל: וַיְהִי אַחֲרֵי־כֵן וַתְּהִי־עוֹד הַמִּלְחָמָה   יח

בְּגוֹב עִם־פְּלִשְׁתִּים אָז הִכָּה סִבְּכַי הַחֻשָׁתִי אֶת־סַף אֲשֶׁר בִּילִדֵי

הָרָפָה: וַתְּהִי־עוֹד הַמִּלְחָמָה בְגוֹב עִם־פְּלִשְׁתִּים   יט

וַיַּךְ אֶלְחָנָן בֶּן־יַעְרֵי אֹרְגִים בֵּית הַלַּחְמִי אֵת גָּלְיָת הַגִּתִּי

וְעֵץ חֲנִיתוֹ כִּמְנוֹר אֹרְגִים: וַתְּהִי־עוֹד מִלְחָמָה   כ

בְּגַת וַיְהִי ׀ אִישׁ מָדִין וְאֶצְבְּעֹת יָדָיו וְאֶצְבְּעֹת רַגְלָיו שֵׁשׁ וָשֵׁשׁ   מָדוֹן

עֶשְׂרִים וְאַרְבַּע מִסְפָּר וְגַם־הוּא יֻלַּד לְהָרָפָה: וַיְחָרֵף אֶת־   כא

יִשְׂרָאֵל וַיַּכֵּהוּ יְהוֹנָתָן בֶּן־שִׁמְעִי אֲחִי דָוִד: אֶת־אַרְבַּעַת   שִׁמְעָה   כב

אֵלֶּה יֻלְּדוּ לְהָרָפָה בְּגַת וַיִּפְּלוּ בְיַד־דָּוִד וּבְיַד עֲבָדָיו:

וַיְדַבֵּר דָּוִד לַיהוָה אֶת־דִּבְרֵי הַשִּׁירָה הַזֹּאת בְּיוֹם   אכב

הִצִּיל יְהוָה אֹתוֹ מִכַּף כָּל־אֹיְבָיו וּמִכַּף שָׁאוּל:

וַיֹּאמַר יְהוָה סַלְעִי וּמְצֻדָתִי וּמְפַלְטִי־לִי: אֱלֹהֵי   ב

צוּרִי אֶחֱסֶה־בּוֹ   מָגִנִּי וְקֶרֶן יִשְׁעִי מִשְׂגַּבִּי   ג

וּמְנוּסִי   מֹשִׁעִי מֵחָמָס תֹּשִׁעֵנִי: מְהֻלָּל   ד

אֶקְרָא יְהוָה וּמֵאֹיְבַי אִוָּשֵׁעַ:   כִּי אֲפָפֻנִי מִשְׁבְּרֵי־   ה

מָוֶת נַחֲלֵי בְלִיַּעַל יְבַעֲתֻנִי: חֶבְלֵי   ו

שְׁאוֹל סַבֻּנִי   קִדְּמֻנִי מֹקְשֵׁי־

מָוֶת: בַּצַּר־לִי אֶקְרָא יְהוָה   וְאֶל־   ז

אֱלֹהַי אֶקְרָא   וַיִּשְׁמַע מֵהֵיכָלוֹ

קוֹלִי   וְשַׁוְעָתִי בְּאָזְנָיו: וַתִּגְעַשׁ   ח

what Riẓpa the daughter of Ayya, the concubine of Sha'ul, had done. And David went and took the bones of Sha'ul and 12 the bones of Yehonatan his son from the men of Yavesh-gil'ad, who had stolen them from the open place of Bet-shan, where the Pelishtim had hanged them, when the Pelishtim had slain Sha'ul in Gilboa: and he brought up from there the bones 13 of Sha'ul and the bones of Yehonatan his son ; and they gathered the bones of them that were hanged. And the bones of 14 Sha'ul and Yehonatan his son they buried in the country of Binyamin in Ẓela, in the tomb of Qish his father: and they performed all that the king commanded. And after that God was entreated for the land.   Moreover the Pelishtim had 15 yet war again with Yisra'el ; and David went down, and his servants with him, and fought against the Pelishtim : and David became weary. And Yishbi-benov, who was of the sons of 16 the Rafa, the weight of whose spear was three hundred shekels ; (this was the weight of its brass) he being girded with a new sword, thought to have slain David. But Avishay the 17 son of Ẓeruya came to his help, and smote the Pelishtian, and killed him. Then the men of David swore to him, saying, Thou shalt go no more out with us to battle, that thou quench not the lamp of Yisra'el.   And it came to pass after this, 18 that there was again a battle with the Pelishtim at Gov : then Sibbekhay the Ḥushatite slew Saf, who was of the sons of the Rafa.   And there was again a battle in Gov with the 19 Pelishtim, where Elḥanan the son of Ya'are-oregim, the Bet-hallaḥmite slew Golyat the Gittite, the staff of whose spear was like a weaver's beam.   And there was a further battle in 20 Gat, where there was a champion, that had on every hand six fingers, and on every foot six toes, four and twenty in number ; and he also was born to the Rafa. And he taunted 21 Yisra'el and Yehonatan the son of Shim'i the brother of David slew him. These four were born to the Rafa in Gat, and 22 fell by the hand of David, and by the hand of his servants.

And David spoke to the Lord the words of this song in the day **22** that the Lord delivered him out of the hand of all his enemies, and out of the hand of Sha'ul: and he said, / The Lord is my 2 rock, and my fortress, and my deliverer ; / the God of my rock ; 3 in him will I trust : / he is my shield, and the horn of my salvation, my high tower, and my refuge, / my saviour ; thou savest me from violence. / I will call on the Lord, who is 4 worthy to be praised : so shall I be saved from my enemies. / When the waves of death compassed me, / the floods of un- 5 godly men made me afraid ; / the bonds of She'ol encircled 6 me ; / the snares of death took me by surprise ; / in my distress 7 I called upon the Lord, / and cried to my God : / and he heard my voice out of his temple, / and my cry entered into his ears. / Then the earth shook and trembled ; / the foundations of 8

ותרעש הארץ   מוסדות השמים
ירגזו   ויתגעשו כי־חרה לו: עלה ט
עשן באפו   ואש מפיו
תאכל   גחלים בערו ממנו: ויט י
שמים וירד   וערפל תחת
רגליו: וירכב על־כרוב ויעף   וירא יא
על־כנפי־רוח: וישת חשך סביבתיו יב
סכות   חשרת־מים עבי שחקים: מנגה יג
נגדו בערו גחלי־אש: ירעם מן־שמים יד
יהוה   ועליון יתן קולו: וישלח טו
ויהם   חצים ויפיצם ברק ויהמם: ויראו אפקי טז
ים   יגלו מסדות תבל   בגערת
יהוה מנשמת רוח אפו: ישלח ממרום יז
יקחני   ימשני ממים רבים: יצילני יח
מאיבי עז   משנאי כי אמצו
ממני: יקדמני ביום אידי   ויהי יט
יהוה משען לי: ויצא למרחב כ
אתי   יחלצני כי־חפץ בי: יגמלני כא
יהוה כצדקתי   כבר ידי ישיב
לי: כי שמרתי דרכי יהוה   ולא כב
רשעתי מאלהי: כי כל־משפטו כג
לנגדי   וחקתיו לא־אסור ממנה: ואהיה כד
תמים לו ואשתמרה מעוני: וישב יהוה לי כה
כצדקתי   כברי לנגד עיניו: עם־ כו
חסיד תתחסד   עם־גבור תמים
תתמם: עם־נבר תתבר   ועם־ כז
עקש תתפל: ואת־עם עני כח
תושיע   ועיניך על־רמים תשפיל: כי־ כט
אתה נירי יהוה   ויהוה יגיה
חשכי: כי בכה ארוץ גדוד   באלהי ל
אדלג־שור: האל תמים לא
דרכו   אמרת יהוה צרופה   מגן
הוא לכל החסים בו: כי מי־אל מבלעדי לב
יהוה   ומי צור מבלעדי אלהינו: האל לג
מעוזי חיל   ויתר תמים
דרכי רגלי   דרכו: משוה רגליו כאילות   ועל־ לד

heaven moved / and shook, because of his anger. / There went 9
up a smoke out of his nostrils, / and fire out of his mouth
devoured: / coals were kindled by it. / He bowed the heavens 10
also, and came down; / and darkness was under his feet. /
And he rode upon a keruv, and did fly: / and he was seen upon 11
the wings of the wind. / And he made darkness pavilions round 12
about him, / the heavy mass of waters, and thick clouds of the
skies. / Through the brightness before him were coals of fire 13
kindled. / The LORD thundered from heaven, / and the most 14
High uttered his voice, / And he sent out arrows, and scattered 15
them; lightning, and confounded them. / And the channels of 16
the sea appeared, / the foundations of the world were laid
bare, / at the rebuking of the LORD, at the blast of the breath
of his nostrils. / He sent from above, he took me; / he drew 17
me out of many waters; / he delivered me from my strong 18
enemy, / and from them that hated me: for they were too
strong for me. / They surprised me in the day of my calamity: / 19
but the LORD was my stay. / He brought me forth also into a 20
large place: / he delivered me, because he delighted in me. / The 21
LORD rewards me according to my righteousness: / according
to the cleanness of my hands he recompenses me. / For I have 22
kept the ways of the LORD, / and have not wickedly departed
from my GOD. / For all his judgments were before me: / and 23
as for his statutes, I did not depart from them. / I was also 24
upright before him, and have kept myself from my iniquity. /
Therefore the LORD recompenses me according to my right- 25
eousness; / according to my cleanness in his eyesight. /
With the merciful thou wilt show thyself merciful, / and with 26
the upright man thou wilt show thyself upright. / With the pure 27
thou wilt show thyself pure; / and with the perverse thou
wilt show thyself subtle. / And the afflicted people thou wilt 28
save: / but thy eyes are upon the haughty, that thou mayst
bring them down. / For thou art my lamp, O LORD: / and the 29
LORD lightens my darkness. / For by thee I run through a 30
troop: / by my GOD I leap over a wall. / As for GOD, his way 31
is perfect; / the word of the LORD is tried: / he is a shield to
all them that trust in him. / For who is GOD, save the LORD? / 32
and who is a rock, save our GOD? / GOD is my strength and ram- 33
part; / and he makes my way smooth. / He makes my feet like 34

בָּמֹתַי יַעֲמִידֵנִי: מְלַמֵּד יָדַי לה
לַמִּלְחָמָה וְנִחַת קֶשֶׁת־נְחוּשָׁה זְרֹעֹתָי: וַתִּתֶּן־ לו
לִי מָגֵן יִשְׁעֶךָ וַעֲנֹתְךָ תַּרְבֵּנִי: תַּרְחִיב צַעֲדִי לז
תַּחְתֵּנִי וְלֹא מָעֲדוּ קַרְסֻלָּי: אֶרְדְּפָה לח
אֹיְבַי וָאַשְׁמִידֵם וְלֹא אָשׁוּב עַד־
כַּלּוֹתָם: וָאֲכַלֵּם וָאֶמְחָצֵם וְלֹא יְקוּמוּן וַיִּפְּלוּ לט
תַּחַת רַגְלָי: וַתַּזְרֵנִי חַיִל מ
לַמִּלְחָמָה תַּכְרִיעַ קָמַי תַּחְתֵּנִי: וְאֹיְבַי מא
תַּתָּה לִּי עֹרֶף מְשַׂנְאַי וָאַצְמִיתֵם: יִשְׁעוּ וְאֵין מב
מֹשִׁיעַ אֶל־יְהוָה וְלֹא עָנָם: וְאֶשְׁחָקֵם מג
כַּעֲפַר־אָרֶץ כְּטִיט־חוּצוֹת אֲדִקֵּם
אֶרְקָעֵם: וַתְּפַלְּטֵנִי מֵרִיבֵי עַמִּי תִּשְׁמְרֵנִי מד
לְרֹאשׁ גּוֹיִם עַם לֹא־יָדַעְתִּי
יַעַבְדֻנִי: בְּנֵי נֵכָר יִתְכַּחֲשׁוּ־לִי לִשְׁמוֹעַ מה
אֹזֶן יִשָּׁמְעוּ לִי: בְּנֵי נֵכָר יִבֹּלוּ וְיַחְגְּרוּ מו
מִמִּסְגְּרוֹתָם: חַי־יְהוָה וּבָרוּךְ צוּרִי וְיָרֻם מז
אֱלֹהֵי צוּר יִשְׁעִי: הָאֵל הַנֹּתֵן נְקָמֹת מח
לִי וּמֹרִיד עַמִּים תַּחְתֵּנִי: וּמוֹצִיאִי מט
מֵאֹיְבָי וּמִקָּמַי תְּרוֹמְמֵנִי מֵאִישׁ חֲמָסִים
תַּצִּילֵנִי: עַל־כֵּן אוֹדְךָ יְהוָה בַּגּוֹיִם וּלְשִׁמְךָ נ
מִגְדּוֹל לד אֲזַמֵּר: מגדיל יְשׁוּעוֹת נא
מַלְכּוֹ וְעֹשֶׂה־חֶסֶד לִמְשִׁיחוֹ
לְדָוִד וּלְזַרְעוֹ עַד־עוֹלָם:

וְאֵלֶּה דִּבְרֵי דָוִד הָאַחֲרֹנִים נְאֻם דָּוִד בֶּן־יִשַׁי וּנְאֻם הַגֶּבֶר הֻקַם א כג
עָל מְשִׁיחַ אֱלֹהֵי יַעֲקֹב וּנְעִים זְמִרוֹת יִשְׂרָאֵל: רוּחַ יְהוָה דִּבֶּר־ ב
בִּי וּמִלָּתוֹ עַל־לְשׁוֹנִי: אָמַר אֱלֹהֵי יִשְׂרָאֵל לִי דִבֶּר צוּר יִשְׂרָאֵל ג
מוֹשֵׁל בָּאָדָם צַדִּיק מוֹשֵׁל יִרְאַת אֱלֹהִים: וּכְאוֹר בֹּקֶר יִזְרַח־ ד
שָׁמֶשׁ בֹּקֶר לֹא עָבוֹת מִנֹּגַהּ מִמָּטָר דֶּשֶׁא מֵאָרֶץ: כִּי־לֹא־כֵן ה
בֵּיתִי עִם־אֵל כִּי בְרִית עוֹלָם שָׂם לִי עֲרוּכָה בַכֹּל וּשְׁמֻרָה כִּי־
כָל־יִשְׁעִי וְכָל־חֵפֶץ כִּי־לֹא יַצְמִיחַ: וּבְלִיַּעַל כְּקוֹץ מֻנָד כֻּלָּהֶם ו
כִּי־לֹא בְיָד יִקָּחוּ: וְאִישׁ יִגַּע בָּהֶם יִמָּלֵא בַרְזֶל וְעֵץ חֲנִית ז
וּבָאֵשׁ שָׂרוֹף יִשָּׂרְפוּ בַּשָּׁבֶת:
אֵלֶּה שְׁמוֹת הַגִּבֹּרִים אֲשֶׁר לְדָוִד יֹשֵׁב בַּשֶּׁבֶת תַּחְכְּמֹנִי ׀ רֹאשׁ ח
הָעֶצְנִי הַשָּׁלִשִׁי הוּא עֲדִינוֹ העצנו עַל־שְׁמֹנֶה מֵאוֹת חָלָל בְּפַעַם
אַחַת דֹּדוֹ הַגִּבֹּרִים אחד: וְאַחֲרוֹ אֶלְעָזָר בֶּן־דדי בֶּן־אֲחֹחִי בִּשְׁלֹשָׁה גברים ט

hinds' feet: / and sets me upon my heights. / He teaches my   35
hands to war, / and trains my arms to bend a bow of brass. /
Thou hast also given me the shield of thy salvation: and thy   36
condescension makes me great. / Thou hast enlarged my steps   37
under me; / so that my feet did not slip. / I have pursued my   38
enemies, and destroyed them; / and turned not again until I had
consumed them. / And I have consumed them, and crushed   39
them, that they could not arise: / they are fallen under my
feet. / For thou hast girded me with strength to battle: / them   40
that rose up against me hast thou subdued under me. / Thou   41
hast also made my enemies turn their backs on me, / that
I might destroy them that hate me. / They looked, but there   42
was none to save, / to the LORD, but he answered them not. /
Then did I beat them as small as the dust of the earth, / I did   43
stamp them as the mire of the street, and did tread them down. /
Thou also hast delivered me from the strivings of my people, /   44
thou wilt keep me to be head of many nations: / a people whom
I knew not shall serve me. / Strangers shall submit themselves   45
to me: / they shall hear, they shall be obedient to me. /
Strangers shall fade away, and they shall come tottering from   46
out of their close places. / The LORD lives; and blessed is   47
my rock; / and exalted is the GOD of the rock of my salva-
tion. / It is GOD that avenges me, / and that brings down the   48
people under me, / and that brings me out from my enemies: 49
thou also hast lifted me on high above them that rose up against
me: / thou hast delivered me from the violent man. / Therefore   50
I will give thanks to thee, O LORD, among the nations, / and
I will sing praises to thy name. / He is the tower of salvation   51
for his king: / and shows mercy / to his anointed, to David and
to his seed /   for ever.

Now these are the last words of David. David the son of Yishay   **23**
said, and the man who was raised up on high, the anointed of
the GOD of Ya'aqov, and the sweet singer of Yisra'el, said, The   2
spirit of the LORD spoke by me, and his word is on my tongue.
The GOD of Yisra'el said, the Rock of Yisra'el spoke to me,   3
He that rules over men must be just, ruling in the fear of GOD.
And he shall be as the light of the morning, when the sun   4
rises, in a morning without clouds; the grass springs out of
the earth in the clear shining after rain; but is not my house   5
firm with GOD? for he has made with me an everlasting cove-
nant, ordered in all things and sure; for will he not make all
my salvation, and all my desire, to prosper? But the wicked   6
shall be all of them as thorns thrust away, that cannot be
taken with hands: but the man that touches them shall be   7
well accoutred with iron and the staff of a spear; and they
shall be utterly burned with fire in their place.
These are the names of David's warriors; The Taḥkemonite,   8
Yoshev-bashshevet, chief among the captains; the same was
'Adino the Eznite: (he raised his spear against eight hundred,
whom he slew at one time.)   And after him was El-   9
azar the son of Dodo the Aḥoḥite, one of the three mighty men

עִם־דָּוִד בְּחָרְפָם בַּפְּלִשְׁתִּים נֶאֶסְפוּ־שָׁם לַמִּלְחָמָה וַיַּעֲלוּ אִישׁ

יִשְׂרָאֵל: הוּא קָם וַיַּךְ בַּפְּלִשְׁתִּים עַד כִּי־יָגְעָה יָדוֹ וַתִּדְבַּק יָדוֹ

אֶל־הַחֶרֶב וַיַּעַשׂ יְהוָה תְּשׁוּעָה גְדוֹלָה בַּיּוֹם הַהוּא וְהָעָם יָשֻׁבוּ

יא אַחֲרָיו אַךְ לְפַשֵּׁט: וְאַחֲרָיו שַׁמָּה בֶן־אָגֵא הָרָרִי וַיֵּאָסְפוּ

פְלִשְׁתִּים לַחַיָּה וַתְּהִי־שָׁם חֶלְקַת הַשָּׂדֶה מְלֵאָה עֲדָשִׁים וְהָעָם

יב נָס מִפְּנֵי פְלִשְׁתִּים: וַיִּתְיַצֵּב בְּתוֹךְ־הַחֶלְקָה וַיַּצִּילֶהָ וַיַּךְ אֶת־

שלשה יג פְּלִשְׁתִּים וַיַּעַשׂ יְהוָה תְּשׁוּעָה גְדוֹלָה: וַיֵּרְדוּ שְׁלֹשִׁים

מֵהַשְּׁלֹשִׁים רֹאשׁ וַיָּבֹאוּ אֶל־קָצִיר אֶל־דָּוִד אֶל־מְעָרַת עֲדֻלָּם

יד וְחַיַּת פְּלִשְׁתִּים חֹנָה בְּעֵמֶק רְפָאִים: וְדָוִד אָז בַּמְּצוּדָה וּמַצַּב

טו פְּלִשְׁתִּים אָז בֵּית לָחֶם: וַיִּתְאַוֶּה דָוִד וַיֹּאמַר מִי יַשְׁקֵנִי מַיִם

טז מִבֹּאר בֵּית־לֶחֶם אֲשֶׁר בַּשָּׁעַר: וַיִּבְקְעוּ שְׁלֹשֶׁת הַגִּבֹּרִים

בְּמַחֲנֵה פְלִשְׁתִּים וַיִּשְׁאֲבוּ־מַיִם מִבֹּאר בֵּית־לֶחֶם אֲשֶׁר בַּשַּׁעַר

וַיִּשְׂאוּ וַיָּבִאוּ אֶל־דָּוִד וְלֹא אָבָה לִשְׁתּוֹתָם וַיַּסֵּךְ אֹתָם

יז לַיהוָה: וַיֹּאמֶר חָלִילָה לִּי יְהוָה מֵעֲשֹׂתִי זֹאת הֲדַם הָאֲנָשִׁים

הַהֹלְכִים בְּנַפְשׁוֹתָם וְלֹא אָבָה לִשְׁתּוֹתָם אֵלֶּה עָשׂוּ שְׁלֹשֶׁת

יח הַגִּבֹּרִים: וַאֲבִישַׁי אֲחִי ׀ יוֹאָב בֶּן־צְרוּיָה הוּא רֹאשׁ

השלשה הַשְּׁלִשִׁי וְהוּא עוֹרֵר אֶת־חֲנִיתוֹ עַל־שְׁלֹשׁ מֵאוֹת חָלָל וְלוֹ־שֵׁם

יט בַּשְּׁלֹשָׁה: מִן־הַשְּׁלֹשָׁה הֲכִי נִכְבָּד וַיְהִי לָהֶם לְשָׂר וְעַד־

חיל כ הַשְּׁלֹשָׁה לֹא־בָא: וּבְנָיָהוּ בֶן־יְהוֹיָדָע בֶּן־אִישׁ־חַי רַב־

פְּעָלִים מִקַּבְצְאֵל הוּא הִכָּה אֵת שְׁנֵי אֲרִאֵל מוֹאָב וְהוּא יָרַד

הארי כא וְהִכָּה אֶת־הָאֲרִיֵה בְּתוֹךְ הַבֹּאר בְּיוֹם הַשָּׁלֶג: וְהוּא הִכָּה

איש אֶת־אִישׁ מִצְרִי אֲשֶׁר מַרְאֶה וּבְיַד הַמִּצְרִי חֲנִית וַיֵּרֶד אֵלָיו

בַּשָּׁבֶט וַיִּגְזֹל אֶת־הַחֲנִית מִיַּד הַמִּצְרִי וַיַּהַרְגֵהוּ בַּחֲנִיתוֹ:

כב אֵלֶּה עָשָׂה בְּנָיָהוּ בֶּן־יְהוֹיָדָע וְלוֹ־שֵׁם בִּשְׁלֹשָׁה הַגִּבֹּרִים:

כג מִן־הַשְּׁלֹשִׁים נִכְבָּד וְאֶל־הַשְּׁלֹשָׁה לֹא־בָא וַיְשִׂמֵהוּ דָוִד

אֶל־מִשְׁמַעְתּוֹ: עֲשָׂה־אֵל אֲחִי־יוֹאָב בַּשְּׁלֹשִׁים אֶלְחָנָן

דדו כה בֶּן־דֹּדוֹ בֵּית לָחֶם: שַׁמָּה הַחֲרֹדִי אֱלִיקָא הַחֲרֹדִי: חֶלֶץ

כו הַפַּלְטִי עִירָא בֶן־עִקֵּשׁ הַתְּקוֹעִי: אֲבִיעֶזֶר הָעַנְּתֹתִי מְבֻנַּי

כז הַחֻשָׁתִי: צַלְמוֹן הָאֲחֹחִי מַהְרַי הַנְּטֹפָתִי: חֵלֶב בֶּן־

כח בַּעֲנָה הַנְּטֹפָתִי אִתַּי בֶּן־רִיבַי מִגִּבְעַת בְּנֵי בִנְיָמִן: בְּנָיָהוּ

כט ל פִּרְעָתֹנִי הִדַּי מִנַּחֲלֵי־גָעַשׁ: אֲבִי־עַלְבוֹן הָעַרְבָתִי עַזְמָוֶת

לא לב הַבַּרְחֻמִי: אֶלְיַחְבָּא הַשַּׁעַלְבֹנִי בְּנֵי יָשֵׁן יְהוֹנָתָן: שַׁמָּה

לג הַהֲרָרִי אֲחִיאָם בֶּן־שָׁרָר הָאֲרָרִי: אֱלִיפֶלֶט בֶּן־אֲחַסְבַּי

חצרו לד בֶּן־הַמַּעֲכָתִי אֱלִיעָם בֶּן־אֲחִיתֹפֶל הַגִּלֹנִי: חֶצְרוֹ הַכַּרְמְלִי

לה פַּעֲרַי הָאַרְבִּי: יִגְאָל בֶּן־נָתָן מִצֹּבָה בָּנִי הַגָּדִי: צֶלֶק

with David, when they defied the Pelishtim that were there
gathered together to battle, and the men of Yisra'el were gone   10
away. He arose and smote Pelishtim until his hand was weary,
and his hand did cleave to the sword: and the LORD wrought a
greater victory that day; and the people returned after him only
to strip the slain.   And after him was   11
Shamma the son of Age the Hararite. And the Pelishtim were
gathered together into a troop, where there was a piece of
ground full of lentils : and the people fled from the Pelishtim.
But he stood in the midst of the ground, and defended it,   12
and slew the Pelishtim : and the LORD wrought a great vic-
tory.   And these three, chief of the thirty, went down,   13
and came to David in the harvest time to the cave of 'Adullam:
and the troop of the Pelishtim pitched in the valley of Refa'im.
And David was then in a fortress, and the garrison of the   14
Pelishtim was then in Bet-lehem. And David longed, and said,   15
Oh that one would give me drink of the water of the well of
Bet-lehem, which is by the gate! And the three warriors broke   16
through the camp of the Pelishtim, and drew water out of the
well of Bet-lehem, that was by the gate, and took it, and
brought it to David: nevertheless he would not drink it, but
poured it out to the LORD. And he said, Be it far from me, O   17
LORD, that I should do this: is not this the blood of the men
that risked their lives? therefore he would not drink it. These
things did these three mighty men.   And Avishay, the bro-   18
ther of Yo'av, the son of Zeruya, was chief among the three. And
he swung his spear over three hundred slain, and had a name
among the three. Was he not the most honourable of the three?   19
therefore he was their captain: but he attained not to the first
three.   And Benayahu the son of Yehoyada, the son of a   20
valiant man, of Qavze'el, who had done many acts, he slew two
lion-hearted men of Mo'av : and he went down and slew the lion
in the midst of a pit in a time of snow : and he slew a Mizrian, a   21
fine looking man : and the Mizrian had a spear in his hand ; but
he went down to him with a staff, and plucked the spear out of
the hand of the Mizrian, and slew him with his own spear.
These things Benayahu the son of Yehoyada did, and he had a   22
name among the three mighty ones. He was renowned among   23
the thirty, but he attained not to the first three. And David
set him over his guard.   'Asa'el the brother of Yo'av was   24
one of the thirty ; Elhanan the son of Dodo of Bet-lehem, Sham-   25
ma the Harodite, Eliqa the Harodite,   Helez the Paltite, 'Ira   26
the son of 'Iqqesh the Teqo'ite.   Avi'ezer the 'Anetotite, Me-   27
vunnay the Hushatite,   Zalmon, the Ahohite, Maharay   28
the Netofatite,   Helev the son of Ba'ana the Netofatite,   29
Ittay the son of Rivay from Giv'a of the sons of Binyamin,
     Benayahu the Pir'atonite, Hidday of the wadis of Ga-   30
'ash,   Avi-'alvon the 'Arvatite, 'Azmavet the Barhumite,   31
     Elyahba the Sha'alvonite, of the sons of Yashan, Yeho-   32
natan,   Shamma the Hararite, Ahi'am the son of Sharar   33
the Ararite,   Elifelet, the son of Ahasbay, the son of the   34
Ma'akhatite, Eli'am the son of Ahitofel the Gilonite   Hez-   35
ray the Karmelite, Pa'aray the Arbite,   Yig'al the son   36
of Natan of Zova, Bani the Gadite,   Zeleq the 'Ammonite,   37

נשׂא הָעַמֹּנִי נַחְרַי הַבְּאֵרֹתִי נֹשְׂאֵי כְּלֵי יוֹאָב בֶּן־צְרֻיָה׃ עִירָא לח
הַיִּתְרִי גָּרֵב הַיִּתְרִי׃ אוּרִיָּה הַחִתִּי כֹּל שְׁלֹשִׁים לט
וְשִׁבְעָה׃ וַיֹּסֶף אַף־יְהוָה לַחֲרוֹת בְּיִשְׂרָאֵל וַיָּסֶת א **כד**
אֶת־דָּוִד בָּהֶם לֵאמֹר לֵךְ מְנֵה אֶת־יִשְׂרָאֵל וְאֶת־יְהוּדָה׃
וַיֹּאמֶר הַמֶּלֶךְ אֶל־יוֹאָב ׀ שַׂר־הַחַיִל אֲשֶׁר־אִתּוֹ שׁוּט־נָא בְּכָל־ ב
שִׁבְטֵי יִשְׂרָאֵל מִדָּן וְעַד־בְּאֵר שֶׁבַע וּפִקְדוּ אֶת־הָעָם וְיָדַעְתִּי
אֵת מִסְפַּר הָעָם׃ וַיֹּאמֶר יוֹאָב אֶל־הַמֶּלֶךְ וְיוֹסֵף ג
יְהוָה אֱלֹהֶיךָ אֶל־הָעָם כָּהֵם ׀ וְכָהֵם מֵאָה פְעָמִים וְעֵינֵי אֲדֹנִי־
הַמֶּלֶךְ רֹאוֹת וַאדֹנִי הַמֶּלֶךְ לָמָּה חָפֵץ בַּדָּבָר הַזֶּה׃ וַיֶּחֱזַק דְּבַר־ ד
הַמֶּלֶךְ אֶל־יוֹאָב וְעַל שָׂרֵי הֶחָיִל וַיֵּצֵא יוֹאָב וְשָׂרֵי הַחַיִל לִפְנֵי
הַמֶּלֶךְ לִפְקֹד אֶת־הָעָם אֶת־יִשְׂרָאֵל׃ וַיַּעַבְרוּ אֶת־הַיַּרְדֵּן ה
וַיַּחֲנוּ בַעֲרוֹעֵר יְמִין הָעִיר אֲשֶׁר בְּתוֹךְ־הַנַּחַל הַגָּד וְאֶל־יַעְזֵר׃
וַיָּבֹאוּ הַגִּלְעָדָה וְאֶל־אֶרֶץ תַּחְתִּים חָדְשִׁי וַיָּבֹאוּ דָּנָה יַּעַן ו
וְסָבִיב אֶל־צִידוֹן׃ וַיָּבֹאוּ מִבְצַר־צֹר וְכָל־עָרֵי הַחִוִּי וְהַכְּנַעֲנִי ז
וַיֵּצְאוּ אֶל־נֶגֶב יְהוּדָה בְּאֵר שָׁבַע׃ וַיָּשֻׁטוּ בְּכָל־הָאָרֶץ ח
וַיָּבֹאוּ מִקְצֵה תִשְׁעָה חֳדָשִׁים וְעֶשְׂרִים יוֹם יְרוּשָׁלָ‍ִם׃ וַיִּתֵּן ט
יוֹאָב אֶת־מִסְפַּר מִפְקַד־הָעָם אֶל־הַמֶּלֶךְ וַתְּהִי יִשְׂרָאֵל
שְׁמֹנֶה מֵאוֹת אֶלֶף אִישׁ־חַיִל שֹׁלֵף חֶרֶב וְאִישׁ יְהוּדָה חֲמֵשׁ־
מֵאוֹת אֶלֶף אִישׁ׃ וַיַּךְ לֵב־דָּוִד אֹתוֹ אַחֲרֵי־כֵן סָפַר אֶת־ י
הָעָם וַיֹּאמֶר דָּוִד אֶל־יְהוָה חָטָאתִי מְאֹד אֲשֶׁר
עָשִׂיתִי וְעַתָּה יְהוָה הַעֲבֶר־נָא אֶת־עֲוֺן עַבְדְּךָ כִּי נִסְכַּלְתִּי
מְאֹד׃ וַיָּקָם דָּוִד בַּבֹּקֶר וּדְבַר־יְהוָה הָיָה אֶל־גָּד יא
הַנָּבִיא חֹזֵה דָוִד לֵאמֹר׃ הָלוֹךְ וְדִבַּרְתָּ אֶל־דָּוִד כֹּה אָמַר יְהוָה יב
שָׁלֹשׁ אָנֹכִי נוֹטֵל עָלֶיךָ בְּחַר־לְךָ אַחַת־מֵהֶם וְאֶעֱשֶׂה־לָּךְ׃
וַיָּבֹא־גָד אֶל־דָּוִד וַיַּגֶּד־לוֹ וַיֹּאמֶר לוֹ הֲתָבוֹא לְךָ שֶׁבַע־שָׁנִים ׀ יג
רָעָב ׀ בְּאַרְצֶךָ וְאִם־שְׁלֹשָׁה חֳדָשִׁים נֻסְךָ לִפְנֵי־צָרֶיךָ וְהוּא
רֹדְפֶךָ וְאִם־הֱיוֹת שְׁלֹשֶׁת יָמִים דֶּבֶר בְּאַרְצֶךָ עַתָּה דַּע וּרְאֵה
מָה־אָשִׁיב שֹׁלְחִי דָּבָר׃ וַיֹּאמֶר דָּוִד אֶל־גָּד צַר־ יד
לִי מְאֹד נִפְּלָה־נָּא בְיַד־יְהוָה כִּי־רַבִּים רַחֲמָו וּבְיַד־אָדָם אַל־
אֶפֹּלָה׃ וַיִּתֵּן יְהוָה דֶּבֶר בְּיִשְׂרָאֵל מֵהַבֹּקֶר וְעַד־עֵת מוֹעֵד וַיָּמָת טו
מִן־הָעָם מִדָּן וְעַד־בְּאֵר שֶׁבַע שִׁבְעִים אֶלֶף אִישׁ׃ וַיִּשְׁלַח יָדוֹ טז
הַמַּלְאָךְ ׀ יְרוּשָׁלַ‍ִם לְשַׁחֲתָהּ וַיִּנָּחֶם יְהוָה אֶל־הָרָעָה וַיֹּאמֶר
לַמַּלְאָךְ הַמַּשְׁחִית בָּעָם רַב עַתָּה הֶרֶף יָדֶךָ וּמַלְאַךְ יְהוָה הָיָה
הארונה עִם־גֹּרֶן הָאוֹרְנָה הַיְבֻסִי׃ וַיֹּאמֶר דָּוִד אֶל־יְהוָה יז
בִּרְאֹתוֹ ׀ אֶת־הַמַּלְאָךְ ׀ הַמַּכֶּה בָעָם וַיֹּאמֶר הִנֵּה אָנֹכִי חָטָאתִי
וְאָנֹכִי הֶעֱוֵיתִי וְאֵלֶּה הַצֹּאן מֶה עָשׂוּ תְּהִי נָא יָדְךָ בִּי וּבְבֵית

Naharay the Be'erotite, armourbearer of Yo'av son of Ẕeruya,
'Ira the Yitrite, Garev the Yitrite, Uriyya the 38,39
Ḥittite : thirty seven in all. And again the anger of the **24**
Lord burned against Yisra'el, and he incited David against them,
saying, Go, number Yisra'el and Yehuda. For the king said 2
to Yo'av the captain of the host, who was with him, Go now
through all the tribes of Yisra'el, from Dan to Be'er-sheva,
and number the people, that I may know the number of the
people. And Yo'av said to the king, Now the Lord thy God 3
add to the people, as many more again, a hundredfold, and
that the eyes of my lord the king may see it: but why does
my lord the king desire this thing? But the king's word pre- 4
vailed against Yo'av, and against the captains of the host. And
Yo'av and the captains of the host went out from the presence
of the king, to number the people of Yisra'el. And they passed 5
over the Yarden, and camped in 'Aro'er, on the right side of
the city that lies in the midst of the wadi of the tribe Gad, and
toward Ya'azer : then they came to Gil'ad, and to the land of 6
Taḥtim-ḥodshi ; and they came to Dan-ya'an, and round about
to Ẕidon, and came to the fortress of Ẕor, and to all the cities 7
of the Ḥivvi, and of the Kena'ani ; and they went out to the
south of Yehuda, which is Be'er-sheva. So when they had 8
gone through all the land, they came to Yerushalayim, at the
end of nine months and twenty days. And Yo'av rendered the 9
sum of the census of the people to the king: and there were
in Yisra'el eight hundred thousand warriors, that drew the
sword; and the men of Yehuda were five hundred thousand
men. And David's heart smote him after he had numbered 10
the people. And David said to the Lord, I have sinned
greatly in that which I have done : and now, O Lord, take
away, I pray thee, the iniquity of thy servant ; for I have done
very foolishly. And when David was up in the morning, the 11
word of the Lord came to the prophet Gad David's seer, saying,
Go and say to David, Thus says the Lord, I offer thee three 12
things; choose thee one of them, that I may do it to thee.
So Gad came to David, and told him, and said to him, Shall 13
seven years of famine come to thee in thy land? or wilt thou
flee three months before thy enemies, while they pursue thee? or
that there be three days' pestilence in thy land? now advise, and
see what answer I shall return to him that sent me. And 14
David said to Gad, I am in great distress: let us fall now
into the hand of the Lord; for his mercies are great: and let
me not fall into the hand of man. So the Lord sent a pestilence 15
upon Yisra'el from the morning even to the time appointed:
and there died of the people from Dan even to Be'er-sheva
seventy thousand men. And when the angel stretched out his 16
hand upon Yerushalayim to destroy it, the Lord relented of
the evil, and said to the angel that destroyed the people, It is
enough : stay now thy hand. And the angel of the Lord was by
the threshingplace of Aravna the Yevusi. And David spoke 17
to the Lord when he saw the angel that smote the people,
and said, Lo, I have sinned, and I have done perversely: but
these sheep, what have they done? let thy hand, I pray thee, be

אֲבִי: וַיָּבֹא־גָד אֶל־דָּוִד בַּיּוֹם הַהוּא וַיֹּאמֶר לוֹ יח

אֲרַוְנָה עֲלֵה הָקֵם לַיהוָה מִזְבֵּחַ בְּגֹרֶן אֲרַנְיָה הַיְבֻסִי: וַיַּעַל דָּוִד כִּדְבַר־ יט

גָד כַּאֲשֶׁר צִוָּה יְהוָה: וַיַּשְׁקֵף אֲרַוְנָה וַיַּרְא אֶת־הַמֶּלֶךְ וְאֶת־ כ
עֲבָדָיו עֹבְרִים עָלָיו וַיֵּצֵא אֲרַוְנָה וַיִּשְׁתַּחוּ לַמֶּלֶךְ אַפָּיו אָרְצָה:

וַיֹּאמֶר אֲרַוְנָה מַדּוּעַ בָּא אֲדֹנִי־הַמֶּלֶךְ אֶל־עַבְדּוֹ וַיֹּאמֶר דָּוִד כא
לִקְנוֹת מֵעִמְּךָ אֶת־הַגֹּרֶן לִבְנוֹת מִזְבֵּחַ לַיהוָה וְתֵעָצַר הַמַּגֵּפָה

מֵעַל הָעָם: וַיֹּאמֶר אֲרַוְנָה אֶל־דָּוִד יִקַּח וְיַעַל אֲדֹנִי הַמֶּלֶךְ כב
הַטּוֹב בְּעֵינָו רְאֵה הַבָּקָר לָעֹלָה וְהַמֹּרִגִּים וּכְלֵי הַבָּקָר לָעֵצִים:

הַכֹּל נָתַן אֲרַוְנָה הַמֶּלֶךְ לַמֶּלֶךְ וַיֹּאמֶר אֲרַוְנָה כג

אֶל־הַמֶּלֶךְ יְהוָה אֱלֹהֶיךָ יִרְצֶךָ: וַיֹּאמֶר הַמֶּלֶךְ אֶל־אֲרַוְנָה לֹא כד
כִּי־קָנוֹ אֶקְנֶה מֵאוֹתְךָ בִּמְחִיר וְלֹא אַעֲלֶה לַיהוָה אֱלֹהַי עֹלוֹת
חִנָּם וַיִּקֶן דָּוִד אֶת־הַגֹּרֶן וְאֶת־הַבָּקָר בְּכֶסֶף שְׁקָלִים חֲמִשִּׁים:

וַיִּבֶן שָׁם דָּוִד מִזְבֵּחַ לַיהוָה וַיַּעַל עֹלוֹת וּשְׁלָמִים וַיֵּעָתֵר יְהוָה כה
לָאָרֶץ וַתֵּעָצַר הַמַּגֵּפָה מֵעַל יִשְׂרָאֵל:

against me, and against my father's house.   And Gad came 18
that day to David, and said to him, Go up, rear an altar to
the Lord on the threshingfloor of Aravna the Yevusite. And 19
David, according to the saying of Gad, went up as the Lord
commanded. And Aravna looked out, and saw the king and 20
his servants coming on towards him : and Aravna went out,
and bowed himself down before the king on his face to the
ground. And Aravna said, Why is my lord the king come 21
to his servant? And David said, To buy the threshingfloor of
thee, to build an altar to the Lord, that the plague may be
stayed from the people. And Aravna said to David, Let my 22
lord the king take and offer up what seems good to him:
behold, here are oxen for the burnt offering, and threshing
instruments and other equipment of the oxen for wood. All 23
these things did the king Aravna give to the king.   And
Aravna said to the king, The Lord thy God accept thee. And the 24
king said to Aravna, No ; but I will surely buy it of thee at a
price : neither will I offer burnt offerings to the Lord my God of
that which costs me nothing. So David bought the threshingfloor
and the oxen for fifty shekels of silver. And David built there an 25
altar to the Lord, and offered burnt offerings and peace offer-
ings. So the Lord was entreated for the land, and the plague
was stayed from Yisra'el.

מלכים

MELAKHIM-KINGS

א וְהַמֶּלֶךְ דָּוִד זָקֵן בָּא בַּיָּמִים וַיְכַסֻּהוּ בַּבְּגָדִים וְלֹא יִחַם לוֹ: א
וַיֹּאמְרוּ לוֹ עֲבָדָיו יְבַקְשׁוּ לַאדֹנִי הַמֶּלֶךְ נַעֲרָה בְתוּלָה וְעָמְדָה ב
לִפְנֵי הַמֶּלֶךְ וּתְהִי־לוֹ סֹכֶנֶת וְשָׁכְבָה בְחֵיקֶךָ וְחַם לַאדֹנִי הַמֶּלֶךְ:
וַיְבַקְשׁוּ נַעֲרָה יָפָה בְּכֹל גְּבוּל יִשְׂרָאֵל וַיִּמְצְאוּ אֶת־אֲבִישַׁג ג
הַשּׁוּנַמִּית וַיָּבִאוּ אֹתָהּ לַמֶּלֶךְ: וְהַנַּעֲרָה יָפָה עַד־מְאֹד וַתְּהִי ד
לַמֶּלֶךְ סֹכֶנֶת וַתְּשָׁרְתֵהוּ וְהַמֶּלֶךְ לֹא יְדָעָהּ: וַאֲדֹנִיָּה בֶן־חַגִּית ה
מִתְנַשֵּׂא לֵאמֹר אֲנִי אֶמְלֹךְ וַיַּעַשׂ לוֹ רֶכֶב וּפָרָשִׁים וַחֲמִשִּׁים
אִישׁ רָצִים לְפָנָיו: וְלֹא־עֲצָבוֹ אָבִיו מִיָּמָיו לֵאמֹר מַדּוּעַ כָּכָה ו
עָשִׂיתָ וְגַם־הוּא טוֹב־תֹּאַר מְאֹד וְאֹתוֹ יָלְדָה אַחֲרֵי אַבְשָׁלוֹם:
וַיִּהְיוּ דְבָרָיו עִם יוֹאָב בֶּן־צְרוּיָה וְעִם אֶבְיָתָר הַכֹּהֵן וַיַּעְזְרוּ ז
אַחֲרֵי אֲדֹנִיָּה: וְצָדוֹק הַכֹּהֵן וּבְנָיָהוּ בֶן־יְהוֹיָדָע וְנָתָן הַנָּבִיא ח
וְשִׁמְעִי וְרֵעִי וְהַגִּבּוֹרִים אֲשֶׁר לְדָוִד לֹא הָיוּ עִם־אֲדֹנִיָּהוּ: וַיִּזְבַּח ט
אֲדֹנִיָּהוּ צֹאן וּבָקָר וּמְרִיא עִם אֶבֶן הַזֹּחֶלֶת אֲשֶׁר־אֵצֶל עֵין
רֹגֵל וַיִּקְרָא אֶת־כָּל־אֶחָיו בְּנֵי הַמֶּלֶךְ וּלְכָל־אַנְשֵׁי יְהוּדָה עַבְדֵי
הַמֶּלֶךְ: וְאֶת־נָתָן הַנָּבִיא וּבְנָיָהוּ וְאֶת־הַגִּבּוֹרִים וְאֶת־שְׁלֹמֹה י
אָחִיו לֹא קָרָא: וַיֹּאמֶר נָתָן אֶל־בַּת־שֶׁבַע אֵם־שְׁלֹמֹה לֵאמֹר יא
הֲלוֹא שָׁמַעַתְּ כִּי מָלַךְ אֲדֹנִיָּהוּ בֶן־חַגִּית וַאֲדֹנֵינוּ דָוִד לֹא יָדָע:
וְעַתָּה לְכִי אִיעָצֵךְ נָא עֵצָה וּמַלְּטִי אֶת־נַפְשֵׁךְ וְאֶת־נֶפֶשׁ בְּנֵךְ יב
שְׁלֹמֹה: לְכִי וּבֹאִי ׀ אֶל־הַמֶּלֶךְ דָּוִד וְאָמַרְתְּ אֵלָיו הֲלֹא־אַתָּה יג
אֲדֹנִי הַמֶּלֶךְ נִשְׁבַּעְתָּ לַאֲמָתְךָ לֵאמֹר כִּי־שְׁלֹמֹה בְנֵךְ יִמְלֹךְ
אַחֲרַי וְהוּא יֵשֵׁב עַל־כִּסְאִי וּמַדּוּעַ מָלַךְ אֲדֹנִיָּהוּ: הִנֵּה עוֹדָךְ יד
מְדַבֶּרֶת שָׁם עִם־הַמֶּלֶךְ וַאֲנִי אָבוֹא אַחֲרַיִךְ וּמִלֵּאתִי אֶת־
דְּבָרָיִךְ: וַתָּבֹא בַת־שֶׁבַע אֶל־הַמֶּלֶךְ הַחַדְרָה וְהַמֶּלֶךְ זָקֵן מְאֹד טו
וַאֲבִישַׁג הַשּׁוּנַמִּית מְשָׁרַת אֶת־הַמֶּלֶךְ: וַתִּקֹּד בַּת־שֶׁבַע טז
וַתִּשְׁתַּחוּ לַמֶּלֶךְ וַיֹּאמֶר הַמֶּלֶךְ מַה־לָּךְ: וַתֹּאמֶר לוֹ אֲדֹנִי אַתָּה יז
נִשְׁבַּעְתָּ בַּיהוָה אֱלֹהֶיךָ לַאֲמָתֶךָ כִּי־שְׁלֹמֹה בְנֵךְ יִמְלֹךְ אַחֲרָי
וְהוּא יֵשֵׁב עַל־כִּסְאִי: וְעַתָּה הִנֵּה אֲדֹנִיָּה מָלָךְ וְעַתָּה אֲדֹנִי יח
הַמֶּלֶךְ לֹא יָדָעְתָּ: וַיִּזְבַּח שׁוֹר וּמְרִיא־וְצֹאן לָרֹב וַיִּקְרָא לְכָל־ יט
בְּנֵי הַמֶּלֶךְ וּלְאֶבְיָתָר הַכֹּהֵן וּלְיֹאָב שַׂר הַצָּבָא וְלִשְׁלֹמֹה עַבְדְּךָ
לֹא קָרָא: וְאַתָּה אֲדֹנִי הַמֶּלֶךְ עֵינֵי כָל־יִשְׂרָאֵל עָלֶיךָ לְהַגִּיד כ
לָהֶם מִי יֵשֵׁב עַל־כִּסֵּא אֲדֹנִי־הַמֶּלֶךְ אַחֲרָיו: וְהָיָה כִּשְׁכַּב כא
אֲדֹנִי־הַמֶּלֶךְ עִם־אֲבֹתָיו וְהָיִיתִי אֲנִי וּבְנִי שְׁלֹמֹה חַטָּאִים: וְהִנֵּה כב
עוֹדֶנָּה מְדַבֶּרֶת עִם־הַמֶּלֶךְ וְנָתָן הַנָּבִיא בָּא: וַיַּגִּידוּ לַמֶּלֶךְ כג

Now king David was old, advanced in years; and they covered 1
him with clothes, but he could not become warm. So his 2
servants said to him, Let there be sought for my lord the king
a young virgin: and let her stand before the king, and be his
attendant, and let her lie in thy bosom, that my lord the king
may become warm. So they sought for a fair maiden through- 3
out all the territory of Yisra'el, and found Avishag the Shu-
nammite, and brought her to the king. And the maiden was 4
very fair, and she attended the king, and ministered to him:
but the king had no intimacy with her. Then Adoniyya the son 5
of H̱aggit exalted himself, saying, I will be king: and he set
up chariots and horsemen for himself, and fifty men to run
before him. And his father had never grieved him at any time 6
in saying, Why hast thou done so? and he also was a very
good looking man; and his mother bore him after Avshalom.
And he conferred with Yo'av the son of Ẕeruya, and with 7
Evyatar the priest: and they following Adoniyya helped him.
But Ẕadoq the priest, and Benayahu the son of Yehoyada, and 8
Natan the prophet, and Shim'i, and Re'i, and the warriors
who belonged to David, were not with Adoniyyahu. And 9
Adoniyyahu slaughtered sheep and oxen and fat cattle by the
stone of Zoẖelet, which is by 'En-rogel, and called all his breth-
ren the king's sons, and all the men of Yehuda the king's ser-
vants: but Natan the prophet, and Benayahu and the warriors, 10
and Shelomo his brother, he did not call. And Natan spoke to 11
Bat-sheva the mother of Shelomo, saying, Hast thou not heard
that Adoniyyahu the son of H̱aggit is reigning, and David our
lord does not know of it? Now therefore come, let me, I pray 12
thee, give thee counsel, that thou mayst save thy own life,
and the life of thy son Shelomo. Go and get thee in to king 13
David, and say to him, Didst not thou, my lord, O king, swear
to thy handmaid, saying, Indeed, Shelomo thy son shall reign
after me, and he shall sit upon my throne? why then does
Adoniyyahu reign? Behold, while thou yet talkest there with 14
the king, I also will come in after thee, and confirm thy words.
And Bat-sheva went in to the king into the chamber: and the 15
king was very old; and Avishag the Shunammite ministered to
the king. And Bat-sheva bowed, and prostrated herself before 16
the king. And the king said, What wouldst thou? And she said 17
to him, My lord, thou didst swear by the Lord thy God to thy
handmaid, saying, Indeed Shelomo thy son shall reign after
me, and he shall sit upon my throne. And now, behold, Adoniyya 18
reigns; and now, my lord the king, thou knowst it not: and 19
he has slaughtered oxen and fat cattle and sheep in abundance,
and has called all the sons of the king, and Evyatar the priest,
and Yo'av the captain of the host: but Shelomo thy servant
he has not called. And thou, my lord, O king, the eyes of all 20
Yisra'el are upon thee, that thou shouldst tell them who shall
sit on the throne of my lord the king after him. Otherwise it 21
shall come to pass, when my lord the king shall sleep with his
fathers, that I and my son Shelomo shall be counted offenders.
And, lo, while she yet talked with the king, Natan the prophet 22
also came in. And they told the king, saying, Behold Natan 23

לֵאמֹר הִנֵּה נָתָן הַנָּבִיא וַיָּבֹא לִפְנֵי הַמֶּלֶךְ וַיִּשְׁתַּחוּ לַמֶּלֶךְ עַל־
אַפָּיו אָרְצָה: וַיֹּאמֶר נָתָן אֲדֹנִי הַמֶּלֶךְ אַתָּה אָמַרְתָּ אֲדֹנִיָּהוּ　　כד
יִמְלֹךְ אַחֲרָי וְהוּא יֵשֵׁב עַל־כִּסְאִי: כִּי ׀ יָרַד הַיּוֹם וַיִּזְבַּח שׁוֹר　　כה
וּמְרִיא־וְצֹאן לָרֹב וַיִּקְרָא לְכָל־בְּנֵי הַמֶּלֶךְ וּלְשָׂרֵי הַצָּבָא
וּלְאֶבְיָתָר הַכֹּהֵן וְהִנָּם אֹכְלִים וְשֹׁתִים לְפָנָיו וַיֹּאמְרוּ יְחִי הַמֶּלֶךְ
אֲדֹנִיָּהוּ: וְלִי אֲנִי־עַבְדֶּךָ וּלְצָדֹק הַכֹּהֵן וְלִבְנָיָהוּ בֶן־יְהוֹיָדָע　　כו
וְלִשְׁלֹמֹה עַבְדְּךָ לֹא קָרָא: אִם מֵאֵת אֲדֹנִי הַמֶּלֶךְ נִהְיָה הַדָּבָר　　כז
הַזֶּה וְלֹא הוֹדַעְתָּ אֶת־עַבְדֶּיךָ מִי יֵשֵׁב עַל־כִּסֵּא אֲדֹנִי־הַמֶּלֶךְ

אַחֲרָיו: וַיַּעַן הַמֶּלֶךְ דָּוִד וַיֹּאמֶר קִרְאוּ־לִי לְבַת־שָׁבַע וַתָּבֹא　　כח
לִפְנֵי הַמֶּלֶךְ וַתַּעֲמֹד לִפְנֵי הַמֶּלֶךְ: וַיִּשָּׁבַע הַמֶּלֶךְ וַיֹּאמַר חַי־　　כט
יְהוָה אֲשֶׁר־פָּדָה אֶת־נַפְשִׁי מִכָּל־צָרָה: כִּי כַּאֲשֶׁר נִשְׁבַּעְתִּי　　ל
לָךְ בַּיהוָה אֱלֹהֵי יִשְׂרָאֵל לֵאמֹר כִּי־שְׁלֹמֹה בְנֵךְ יִמְלֹךְ אַחֲרַי
וְהוּא יֵשֵׁב עַל־כִּסְאִי תַּחְתָּי כִּי כֵּן אֶעֱשֶׂה הַיּוֹם הַזֶּה: וַתִּקֹּד　　לא
בַּת־שֶׁבַע אַפַּיִם אֶרֶץ וַתִּשְׁתַּחוּ לַמֶּלֶךְ וַתֹּאמֶר יְחִי אֲדֹנִי הַמֶּלֶךְ
דָּוִד לְעֹלָם:
וַיֹּאמֶר ׀ הַמֶּלֶךְ דָּוִד קִרְאוּ־לִי לְצָדוֹק　　לב
הַכֹּהֵן וּלְנָתָן הַנָּבִיא וְלִבְנָיָהוּ בֶּן־יְהוֹיָדָע וַיָּבֹאוּ לִפְנֵי הַמֶּלֶךְ:
וַיֹּאמֶר הַמֶּלֶךְ לָהֶם קְחוּ עִמָּכֶם אֶת־עַבְדֵי אֲדֹנֵיכֶם וְהִרְכַּבְתֶּם　　לג
אֶת־שְׁלֹמֹה בְנִי עַל־הַפִּרְדָּה אֲשֶׁר־לִי וְהוֹרַדְתֶּם אֹתוֹ אֶל־
גִּחוֹן: וּמָשַׁח אֹתוֹ שָׁם צָדוֹק הַכֹּהֵן וְנָתָן הַנָּבִיא לְמֶלֶךְ עַל־　　לד
יִשְׂרָאֵל וּתְקַעְתֶּם בַּשּׁוֹפָר וַאֲמַרְתֶּם יְחִי הַמֶּלֶךְ שְׁלֹמֹה: וַעֲלִיתֶם　　לה
אַחֲרָיו וּבָא וְיָשַׁב עַל־כִּסְאִי וְהוּא יִמְלֹךְ תַּחְתָּי וְאֹתוֹ צִוִּיתִי
לִהְיוֹת נָגִיד עַל־יִשְׂרָאֵל וְעַל־יְהוּדָה: וַיַּעַן בְּנָיָהוּ בֶן־יְהוֹיָדָע　　לו
אֶת־הַמֶּלֶךְ וַיֹּאמֶר ׀ אָמֵן כֵּן יֹאמַר יְהוָה אֱלֹהֵי אֲדֹנִי הַמֶּלֶךְ:
כַּאֲשֶׁר הָיָה יְהוָה עִם־אֲדֹנִי הַמֶּלֶךְ כֵּן יְהִי עִם־שְׁלֹמֹה וִיגַדֵּל　　לז
אֶת־כִּסְאוֹ מִכִּסֵּא אֲדֹנִי הַמֶּלֶךְ דָּוִד: וַיֵּרֶד צָדוֹק הַכֹּהֵן וְנָתָן　　לח
הַנָּבִיא וּבְנָיָהוּ בֶן־יְהוֹיָדָע וְהַכְּרֵתִי וְהַפְּלֵתִי וַיַּרְכִּבוּ אֶת־
שְׁלֹמֹה עַל־פִּרְדַּת הַמֶּלֶךְ דָּוִד וַיֹּלִכוּ אֹתוֹ עַל־גִּחוֹן: וַיִּקַּח צָדוֹק　　לט
הַכֹּהֵן אֶת־קֶרֶן הַשֶּׁמֶן מִן־הָאֹהֶל וַיִּמְשַׁח אֶת־שְׁלֹמֹה וַיִּתְקְעוּ
בַּשּׁוֹפָר וַיֹּאמְרוּ כָּל־הָעָם יְחִי הַמֶּלֶךְ שְׁלֹמֹה: וַיַּעֲלוּ כָל־הָעָם　　מ
אַחֲרָיו וְהָעָם מְחַלְּלִים בַּחֲלִלִים וּשְׂמֵחִים שִׂמְחָה גְדוֹלָה וַתִּבָּקַע
הָאָרֶץ בְּקוֹלָם: וַיִּשְׁמַע אֲדֹנִיָּהוּ וְכָל־הַקְּרֻאִים אֲשֶׁר אִתּוֹ וְהֵם　　מא
כִּלּוּ לֶאֱכֹל וַיִּשְׁמַע יוֹאָב אֶת־קוֹל הַשּׁוֹפָר וַיֹּאמֶר מַדּוּעַ קוֹל־
הַקִּרְיָה הוֹמָה: עוֹדֶנּוּ מְדַבֵּר וְהִנֵּה יוֹנָתָן בֶּן־אֶבְיָתָר הַכֹּהֵן בָּא　　מב
וַיֹּאמֶר אֲדֹנִיָּהוּ בֹּא כִּי אִישׁ חַיִל אַתָּה וְטוֹב תְּבַשֵּׂר: וַיַּעַן יוֹנָתָן　　מג
וַיֹּאמֶר לַאֲדֹנִיָּהוּ אֲבָל אֲדֹנֵינוּ הַמֶּלֶךְ־דָּוִד הִמְלִיךְ אֶת־שְׁלֹמֹה:
וַיִּשְׁלַח אִתּוֹ הַמֶּלֶךְ אֶת־צָדוֹק הַכֹּהֵן וְאֶת־נָתָן הַנָּבִיא וּבְנָיָהוּ　　מד

the prophet. And when he was come in before the king, he
bowed himself down before the king with his face to the
ground. And Natan said, My lord, O king, hast thou said, 24
Adoniyyahu shall reign after me, and he shall sit upon my
throne? For he is gone down this day, and has slaughtered 25
oxen and fat cattle and sheep in abundance, and has called
all the king's sons, and the captains of the host, and Evyatar
the priest; and, behold, they eat and drink before him, and
say, Long live king Adoniyyahu! But me, even me thy servant, 26
and Ẕadoq the priest, and Benayahu the son of Yehoyada, and
thy servant Shelomo, has he not called. Is this thing done by 27
my lord the king, and thou hast not informed thy servant, who
should sit on the throne of my lord the king after him? Then 28
king David answered and said, Call me Bat-sheva. And she
came into the king's presence, and stood before the king. And 29
the king swore, and said, As the Lord lives, who has redeemed
my soul out of all distress, even as I swore to thee by the 30
Lord God of Yisra'el, saying, Indeed, Shelomo thy son shall
reign after me, and he shall sit upon my throne in my stead;
even so will I certainly do this day. Then Bat-sheva bowed with 31
her face to the earth, and prostrated herself to the king, and
said, Let my lord king David live for ever. And king 32
David said, Call me Ẕadoq the priest, and Natan the prophet,
and Benayahu son of Yehoyada. And they came before the
king. And the king said to them, Take with you the servants 33
of your lord, and cause Shelomo my son to ride upon my own
mule, and bring him down to Giḥon: and let Ẕadoq the priest 34
and Natan the prophet anoint him there king over Yisra'el
and blow with the Shofar, and say, Long live king Shelomo.
Then you shall come up after him, that he may come and sit 35
upon my throne; for he shall be king in my stead: and I have
appointed him to be ruler over Yisra'el and over Yehuda. And 36
Benayahu the son of Yehoyada answered the king, and said,
Amen: so say the Lord God of my lord the king. As the Lord 37
has been with my lord the king, even so let him be with
Shelomo, and make his throne greater than the throne of my
lord king David. So Ẕadoq the priest, and Natan the prophet, 38
and Benayahu the son of Yehoyada, and the Kereti and the
Peleti, went down, and caused Shelomo to ride on king David's
mule, and brought him to Giḥon. And Ẕadoq the priest took a 39
horn of oil out of the tent, and anointed Shelomo. And they
blew the shofar; and all the people said, Long live king Shelo-
mo. And all the people came up after him, and the people 40
piped withe pipes, and rejoiced with great joy, so that the earth
was split with the sound of them. And Adoniyyahu and all 41
the guests that were with him heard it as they made an end
of eating. And when Yo'av heard the sound of the shofar, he
said, Why is the city in an uproar? And while he yet spoke, 42
behold, Yonatan the son of Evyatar the priest came: and Ado-
niyyahu said to him, Come in; for thou art a valiant man, and
bringest good tidings. And Yonatan answered and said to Ado- 43
niyyahu, Alas, but our lord king David has made Shelomo
king. And the king has sent with him Ẕadoq the priest, and 44

בֶּן־יְהוֹיָדָע וְהַכְּרֵתִי וְהַפְּלֵתִי וַיַּרְכִּבוּ אֹתוֹ עַל פִּרְדַּת הַמֶּלֶךְ׃
וַיִּמְשְׁחוּ אֹתוֹ צָדוֹק הַכֹּהֵן וְנָתָן הַנָּבִיא ׀ לְמֶלֶךְ בְּגִחוֹן וַיַּעֲלוּ מה
מִשָּׁם שְׂמֵחִים וַתֵּהֹם הַקִּרְיָה הוּא הַקּוֹל אֲשֶׁר שְׁמַעְתֶּם׃ וְגַם מו
יָשַׁב שְׁלֹמֹה עַל כִּסֵּא הַמְּלוּכָה׃ וְגַם־בָּאוּ עַבְדֵי הַמֶּלֶךְ לְבָרֵךְ מז
אֱלֹהִים אֶת־אֲדֹנֵינוּ הַמֶּלֶךְ דָּוִד לֵאמֹר יֵיטֵב אלהיך אֶת־שֵׁם שְׁלֹמֹה
מִשְּׁמֶךָ וִיגַדֵּל אֶת־כִּסְאוֹ מִכִּסְאֶךָ וַיִּשְׁתַּחוּ הַמֶּלֶךְ עַל־
ב הַמִּשְׁכָּב׃ וְגַם־כָּכָה אָמַר הַמֶּלֶךְ בָּרוּךְ יְהוָה אֱלֹהֵי יִשְׂרָאֵל מח
אֲשֶׁר נָתַן הַיּוֹם יֹשֵׁב עַל־כִּסְאִי וְעֵינַי רֹאוֹת׃ וַיֶּחֶרְדוּ וַיָּקֻמוּ כָּל־ מט
הַקְּרֻאִים אֲשֶׁר לַאֲדֹנִיָּהוּ וַיֵּלְכוּ אִישׁ לְדַרְכּוֹ׃ וַאֲדֹנִיָּהוּ יָרֵא מִפְּנֵי נ
שְׁלֹמֹה וַיָּקָם וַיֵּלֶךְ וַיַּחֲזֵק בְּקַרְנוֹת הַמִּזְבֵּחַ׃ וַיֻּגַּד לִשְׁלֹמֹה לֵאמֹר נא
הִנֵּה אֲדֹנִיָּהוּ יָרֵא אֶת־הַמֶּלֶךְ שְׁלֹמֹה וְהִנֵּה אָחַז בְּקַרְנוֹת
הַמִּזְבֵּחַ לֵאמֹר יִשָּׁבַע־לִי כַיּוֹם הַמֶּלֶךְ שְׁלֹמֹה אִם־יָמִית אֶת־
עַבְדּוֹ בֶּחָרֶב׃ וַיֹּאמֶר שְׁלֹמֹה אִם יִהְיֶה לְבֶן־חַיִל לֹא־יִפֹּל נב
מִשַּׂעֲרָתוֹ אָרְצָה וְאִם־רָעָה תִמָּצֵא־בוֹ וָמֵת׃ וַיִּשְׁלַח הַמֶּלֶךְ נג
שְׁלֹמֹה וַיֹּרִדֻהוּ מֵעַל הַמִּזְבֵּחַ וַיָּבֹא וַיִּשְׁתַּחוּ לַמֶּלֶךְ שְׁלֹמֹה
וַיֹּאמֶר־לוֹ שְׁלֹמֹה לֵךְ לְבֵיתֶךָ׃ וַיִּקְרְבוּ יְמֵי־דָוִד ב א
לָמוּת וַיְצַו אֶת־שְׁלֹמֹה בְנוֹ לֵאמֹר׃ אָנֹכִי הֹלֵךְ בְּדֶרֶךְ כָּל־ ב
הָאָרֶץ וְחָזַקְתָּ וְהָיִיתָ לְאִישׁ׃ וְשָׁמַרְתָּ אֶת־מִשְׁמֶרֶת ׀ יְהוָה ג
אֱלֹהֶיךָ לָלֶכֶת בִּדְרָכָיו לִשְׁמֹר חֻקֹּתָיו מִצְוֺתָיו וּמִשְׁפָּטָיו
וְעֵדְוֺתָיו כַּכָּתוּב בְּתוֹרַת מֹשֶׁה לְמַעַן תַּשְׂכִּיל אֵת כָּל־אֲשֶׁר
תַּעֲשֶׂה וְאֵת כָּל־אֲשֶׁר תִּפְנֶה שָׁם׃ לְמַעַן יָקִים יְהוָה אֶת־דְּבָרוֹ ד
אֲשֶׁר דִּבֶּר עָלַי לֵאמֹר אִם־יִשְׁמְרוּ בָנֶיךָ אֶת־דַּרְכָּם לָלֶכֶת
לְפָנַי בֶּאֱמֶת בְּכָל־לְבָבָם וּבְכָל־נַפְשָׁם לֵאמֹר לֹא־יִכָּרֵת לְךָ
אִישׁ מֵעַל כִּסֵּא יִשְׂרָאֵל׃ וְגַם אַתָּה יָדַעְתָּ אֵת אֲשֶׁר־עָשָׂה לִי ה
יוֹאָב בֶּן־צְרוּיָה אֲשֶׁר עָשָׂה לִשְׁנֵי־שָׂרֵי צִבְאוֹת יִשְׂרָאֵל
לְאַבְנֵר בֶּן־נֵר וְלַעֲמָשָׂא בֶן־יֶתֶר וַיַּהַרְגֵם וַיָּשֶׂם דְּמֵי־מִלְחָמָה
בְּשָׁלֹם וַיִּתֵּן דְּמֵי מִלְחָמָה בַּחֲגֹרָתוֹ אֲשֶׁר בְּמָתְנָיו וּבְנַעֲלוֹ
אֲשֶׁר בְּרַגְלָיו׃ וְעָשִׂיתָ כְּחָכְמָתֶךָ וְלֹא־תוֹרֵד שֵׂיבָתוֹ בְּשָׁלֹם ו
שְׁאֹל׃ וְלִבְנֵי בַרְזִלַּי הַגִּלְעָדִי תַּעֲשֶׂה־חֶסֶד וְהָיוּ ז
בְּאֹכְלֵי שֻׁלְחָנֶךָ כִּי־כֵן קָרְבוּ אֵלַי בְּבָרְחִי מִפְּנֵי אַבְשָׁלוֹם אָחִיךָ׃
וְהִנֵּה עִמְּךָ שִׁמְעִי בֶן־גֵּרָא בֶן־הַיְמִינִי מִבַּחֻרִים וְהוּא קִלְלַנִי ח
קְלָלָה נִמְרֶצֶת בְּיוֹם לֶכְתִּי מַחֲנָיִם וְהוּא־יָרַד לִקְרָאתִי הַיַּרְדֵּן
וָאֶשָּׁבַע לוֹ בַיהוָה לֵאמֹר אִם־אֲמִיתְךָ בֶּחָרֶב׃ וְעַתָּה אַל־ ט
תְּנַקֵּהוּ כִּי אִישׁ חָכָם אָתָּה וְיָדַעְתָּ אֵת אֲשֶׁר תַּעֲשֶׂה־לּוֹ

Natan the prophet and Benayahu the son of Yehoyada, and
the Kereti, and the Peleti, and they have caused him to ride
upon the king's mule: and Ẕadoq the priest and Natan the 45
prophet have anointed him king in Giḥon: and they are come
up from there rejoicing, so that the city is in an uproar. This
is the noise that you have heard. And also Shelomo sits on the 46
throne of the kingdom. And moreover the king's servants have 47
come to bless our lord king David, saying, God make the name
of Shelomo better than thy name, and make his throne greater
than thy throne. And the king did bow himself upon the bed.
And also thus said the king, Blessed be the Lord God of 48
Yisra'el, who has given one to sit on my throne this day, my
own eyes seeing it. And all the guests that were with Ado- 49
niyyahu trembled, and rose up, and went every man his way.
And Adoniyyahu feared because of Shelomo, and arose, and 50
went, and caught hold of the horns of the altar. And it was 51
told Shelomo saying, Behold, Adoniyyahu fears king Shelomo:
for, lo, he has caught hold on the horns of the altar, saying,
Let king Shelomo swear to me to day that he will not slay his
servant with the sword. And Shelomo said, If he will show 52
himself a worthy man, no hair of his shall fall to the earth:
but if wickedness shall be found in him, he shall die. So king 53
Shelomo sent, and they brought him down from the altar.
And he came and bowed himself down to king Shelomo: and
Shelomo said to him, Go to thy house. Now the days **2**
of David drew near that he should die; and he charged
Shelomo his son, saying, I go the way of all the earth: 2
be thou strong therefore, and show thyself a man; and keep 3
the charge of the Lord thy God, to walk in his ways, to keep
his statutes, and his commandments, and his judgments, and
his testimonies, as it is written in the Tora of Moshe, that thou
mayst prosper in all that thou doest, and wherever thou turnest
thyself: that the Lord may continue his word which he spoke 4
concerning me, saying, If thy children take heed to their way,
to walk before me in truth with all their heart and with all
their soul, there shall not fail thee (said he) a man on the
throne of Yisra'el. Moreover thou knowst also what Yo'av the 5
son of Ẕeruya did to me, and what he did to the two captains
of the hosts of Yisra'el, to Avner the son of Ner, and to 'Amasa
the son of Yeter, whom he slew, and shed the blood of war in
peace, and put the blood of war upon his girdle that was about
his loins, and in his shoes that were on his feet. Do therefore 6
according to thy wisdom, and let not his hoar head go down
to She'ol in peace. But show loyal love to the sons of Bar- 7
zillay the Gil'adite, and let them be of those that eat at thy
table: for they came to me when I fled from Avshalom thy
brother. And, behold, thou hast with thee Shim'i the son of 8
Gera, a Binyeminite of Baḥurim, who cursed me with a grievous
curse on the day when I went to Maḥanayim: but he came
down to meet me at the Yarden, and I swore to him by the
Lord, saying, I will not put thee to death with the sword. Now 9
therefore hold him not guiltless: for thou art a wise man, and
knowst what thou oughtest to do to him; but his hoar head

י וְהוֹרַדְתָּ אֶת־שֵׂיבָתוֹ בְּדָם שְׁאוֹל׃ וַיִּשְׁכַּב דָּוִד עִם־אֲבֹתָיו
יא וַיִּקָּבֵר בְּעִיר דָּוִד׃ וְהַיָּמִים אֲשֶׁר מָלַךְ דָּוִד עַל־
יִשְׂרָאֵל אַרְבָּעִים שָׁנָה בְּחֶבְרוֹן מָלַךְ שֶׁבַע שָׁנִים וּבִירוּשָׁלִַם
יב מָלַךְ שְׁלֹשִׁים וְשָׁלֹשׁ שָׁנִים׃ וּשְׁלֹמֹה יָשַׁב עַל־כִּסֵּא דָּוִד אָבִיו
יג וַתִּכֹּן מַלְכֻתוֹ מְאֹד׃ וַיָּבֹא אֲדֹנִיָּהוּ בֶן־חַגִּית
אֶל־בַּת־שֶׁבַע אֵם־שְׁלֹמֹה וַתֹּאמֶר הֲשָׁלוֹם בֹּאֶךָ וַיֹּאמֶר שָׁלוֹם׃
יד טו וַיֹּאמֶר דָּבָר לִי אֵלָיִךְ וַתֹּאמֶר דַּבֵּר׃ וַיֹּאמֶר אַתְּ יָדַעַתְּ כִּי־לִי
הָיְתָה הַמְּלוּכָה וְעָלַי שָׂמוּ כָל־יִשְׂרָאֵל פְּנֵיהֶם לִמְלֹךְ וַתִּסֹּב
טז הַמְּלוּכָה וַתְּהִי לְאָחִי כִּי מֵיְהוָה הָיְתָה לּוֹ׃ וְעַתָּה שְׁאֵלָה אַחַת
אָנֹכִי שֹׁאֶלֶת מֵאִתָּךְ אַל־תָּשִׁבִי אֶת־פָּנָי וַתֹּאמֶר אֵלָיו דַּבֵּר׃
יז וַיֹּאמֶר אִמְרִי־נָא לִשְׁלֹמֹה הַמֶּלֶךְ כִּי לֹא־יָשִׁיב אֶת־פָּנָיִךְ
יח וְיִתֶּן־לִי אֶת־אֲבִישַׁג הַשּׁוּנַמִּית לְאִשָּׁה׃ וַתֹּאמֶר בַּת־שֶׁבַע
יט טוֹב אָנֹכִי אֲדַבֵּר עָלֶיךָ אֶל־הַמֶּלֶךְ׃ וַתָּבֹא בַת־שֶׁבַע אֶל־
הַמֶּלֶךְ שְׁלֹמֹה לְדַבֶּר־לוֹ עַל־אֲדֹנִיָּהוּ וַיָּקָם הַמֶּלֶךְ לִקְרָאתָהּ
וַיִּשְׁתַּחוּ לָהּ וַיֵּשֶׁב עַל־כִּסְאוֹ וַיָּשֶׂם כִּסֵּא לְאֵם הַמֶּלֶךְ וַתֵּשֶׁב
כ לִימִינוֹ׃ וַתֹּאמֶר שְׁאֵלָה אַחַת קְטַנָּה אָנֹכִי שֹׁאֶלֶת מֵאִתָּךְ אַל־
תָּשֶׁב אֶת־פָּנָי וַיֹּאמֶר לָהּ הַמֶּלֶךְ שַׁאֲלִי אִמִּי כִּי לֹא־אָשִׁיב
כא אֶת־פָּנָיִךְ׃ וַתֹּאמֶר יֻתַּן אֶת־אֲבִישַׁג הַשֻּׁנַמִּית לַאֲדֹנִיָּהוּ אָחִיךָ
כב לְאִשָּׁה׃ וַיַּעַן הַמֶּלֶךְ שְׁלֹמֹה וַיֹּאמֶר לְאִמּוֹ וְלָמָה אַתְּ שֹׁאֶלֶת
אֶת־אֲבִישַׁג הַשֻּׁנַמִּית לַאֲדֹנִיָּהוּ וְשַׁאֲלִי־לוֹ אֶת־הַמְּלוּכָה כִּי
הוּא אָחִי הַגָּדוֹל מִמֶּנִּי וְלוֹ וּלְאֶבְיָתָר הַכֹּהֵן וּלְיוֹאָב בֶּן־
כג צְרוּיָה׃ וַיִּשָּׁבַע הַמֶּלֶךְ שְׁלֹמֹה בַּיהוָה לֵאמֹר כֹּה
יַעֲשֶׂה־לִּי אֱלֹהִים וְכֹה יוֹסִיף כִּי בְנַפְשׁוֹ דִּבֶּר אֲדֹנִיָּהוּ אֶת־
כד הַדָּבָר הַזֶּה׃ וְעַתָּה חַי־יְהוָה אֲשֶׁר הֱכִינַנִי ויושיביני עַל־כִּסֵּא וַיּוֹשִׁיבַנִי
דָּוִד אָבִי וַאֲשֶׁר עָשָׂה־לִי בַּיִת כַּאֲשֶׁר דִּבֵּר כִּי הַיּוֹם יוּמַת
כה אֲדֹנִיָּהוּ׃ וַיִּשְׁלַח הַמֶּלֶךְ שְׁלֹמֹה בְּיַד בְּנָיָהוּ בֶן־יְהוֹיָדָע וַיִּפְגַּע־
כו בּוֹ וַיָּמֹת׃ וּלְאֶבְיָתָר הַכֹּהֵן אָמַר הַמֶּלֶךְ עֲנָתֹת
לֵךְ עַל־שָׂדֶיךָ כִּי אִישׁ מָוֶת אָתָּה וּבַיּוֹם הַזֶּה לֹא אֲמִיתֶךָ כִּי־
נָשָׂאתָ אֶת־אֲרוֹן אֲדֹנָי יֱהוִה לִפְנֵי דָּוִד אָבִי וְכִי הִתְעַנִּיתָ בְּכֹל
כז אֲשֶׁר־הִתְעַנָּה אָבִי׃ וַיְגָרֶשׁ שְׁלֹמֹה אֶת־אֶבְיָתָר מִהְיוֹת כֹּהֵן
לַיהוָה לְמַלֵּא אֶת־דְּבַר יְהוָה אֲשֶׁר דִּבֶּר עַל־בֵּית עֵלִי
כח בְּשִׁלֹה׃ וְהַשְּׁמֻעָה בָּאָה עַד־יוֹאָב כִּי יוֹאָב נָטָה
אַחֲרֵי אֲדֹנִיָּה וְאַחֲרֵי אַבְשָׁלוֹם לֹא נָטָה וַיָּנָס יוֹאָב אֶל־אֹהֶל
כט יְהוָה וַיַּחֲזֵק בְּקַרְנוֹת הַמִּזְבֵּחַ׃ וַיֻּגַּד לַמֶּלֶךְ שְׁלֹמֹה כִּי נָס יוֹאָב
אֶל־אֹהֶל יְהוָה וְהִנֵּה אֵצֶל הַמִּזְבֵּחַ וַיִּשְׁלַח שְׁלֹמֹה אֶת־בְּנָיָהוּ
ל בֶן־יְהוֹיָדָע לֵאמֹר לֵךְ פְּגַע־בּוֹ׃ וַיָּבֹא בְנָיָהוּ אֶל־אֹהֶל יְהוָה

bring thou down to She'ol with blood. So David slept with his   10
fathers, and was buried in the city of David.   And the   11
days that David reigned over Yisra'el were forty years: seven
years he reigned in Ḥevron, and thirty three years he reigned
in Yerushalayim. Then Shelomo sat upon the throne of David   12
his father; and his kingdom was firmly established.   And   13
Adoniyyahu the son of Ḥaggit came to Bat-sheva the mother
of Shelomo. And she said, Comest thou peaceably? And he
said, Peaceably. He said moreover, I have something to say   14
to thee. And she said, Say on. And he said, Thou knowst that   15
the kingdom was mine, and that all Yisra'el set their faces on
me, that I should reign: but the kingdom is turned about, and
is become my brother's: for it was his from the LORD. And   16
now I ask one petition of thee, deny me not. And she said to
him, Say on. And he said, Speak, I pray thee, to Shelomo the   17
king, (for he will not refuse thee,) that he give me Avishag
the Shunammite to wife. And Bat-Sheva said, Well ; I will   18
speak for thee to the king. Bat-sheva therefore went to king   19
Shelomo, to speak to him for Adoniyyahu. And the king rose
up to meet her, and bowed himself down to her, and sat down
on his throne, and caused a seat to be set for the king's mother;
and she sat on his right hand. Then she said, I desire one small   20
petition of thee; do not deny me. And the king said to her,
Ask on, my mother: for I will not deny thee. And she said,   21
Let Avishag the Shunammite be given to Adoniyyahu thy
brother to wife. And king Shelomo answered and said to his   22
mother, And why dost thou ask Avishag the Shunammite for
Adoniyyahu? ask for him the kingdom also; for he is my elder
brother; even for him, and for Evyatar the priest, and for
Yo'av the son of Ẕeruya.   Then king Shelomo swore by   23
the LORD, saying, GOD do so to me, and more also, if Adoniy-
yahu have not spoken this word against his own life. Now   24
therefore, as the LORD lives, who has established me, and set
me on the throne of David my father, and who has made me
a house, as he promised, Adoniyyahu shall be put to death
this day. And king Shelomo sent by the hand of Benayahu the   25
son of Yehoyada; and he fell upon him that he died.

     And to Evyatar the priest the king said, Get thee to 'Anatot,   26
to thy own fields ; for thou art worthy of death : but I will
not at this time put thee to death, because thou didst bear
the ark of the LORD GOD before David my father, and because
thou hast been afflicted in all my father's afflictions. So Shelomo   27
thrust out Evyatar from being priest to the LORD ; that he
might fulfil the word of the LORD, which he spoke concerning
the house of 'Eli in Shilo.   Then tidings came to   28
Yo'av ; for Yo'av had inclined after Adoniyyahu, though
he had not inclined after Avshalom. And Yo'av fled to the
tent of the LORD, and caught hold of the horns of the altar.
And it was told king Shelomo, that Yo'av was fled to the tent   29
of the LORD; and, behold, he was by the altar. Then Shelomo
sent Benayahu the son of Yehoyada, saying, Go, fall upon
him. And Benyahu came to the tent of the LORD, and said to   30
him, Thus says the king, Come out. And he said, No; but I

וַיֹּאמֶר אֵלָיו כֹּה־אָמַר הַמֶּלֶךְ צֵא וַיֹּאמֶר ׀ לֹא כִּי פֹה אָמוּת
וַיָּשֶׁב בְּנָיָהוּ אֶת־הַמֶּלֶךְ דָּבָר לֵאמֹר כֹּה־דִבֶּר יוֹאָב וְכֹה עָנָנִי׃
לא וַיֹּאמֶר לוֹ הַמֶּלֶךְ עֲשֵׂה כַּאֲשֶׁר דִּבֶּר וּפְגַע־בּוֹ וּקְבַרְתּוֹ וַהֲסִירֹתָ ׀
לב דְּמֵי חִנָּם אֲשֶׁר שָׁפַךְ יוֹאָב מֵעָלַי וּמֵעַל בֵּית אָבִי׃ וְהֵשִׁיב יְהוָה
אֶת־דָּמוֹ עַל־רֹאשׁוֹ אֲשֶׁר פָּגַע בִּשְׁנֵי־אֲנָשִׁים צַדִּקִים וְטֹבִים
מִמֶּנּוּ וַיַּהַרְגֵם בַּחֶרֶב וְאָבִי דָוִד לֹא יָדָע אֶת־אַבְנֵר בֶּן־נֵר שַׂר־
לג צְבָא יִשְׂרָאֵל וְאֶת־עֲמָשָׂא בֶן־יֶתֶר שַׂר־צְבָא יְהוּדָה׃ וְשָׁבוּ
דְמֵיהֶם בְּרֹאשׁ יוֹאָב וּבְרֹאשׁ זַרְעוֹ לְעֹלָם וּלְדָוִד וּלְזַרְעוֹ וּלְבֵיתוֹ
לד וּלְכִסְאוֹ יִהְיֶה שָׁלוֹם עַד־עוֹלָם מֵעִם יְהוָה׃ וַיַּעַל בְּנָיָהוּ בֶּן־
לה יְהוֹיָדָע וַיִּפְגַּע־בּוֹ וַיְמִתֵהוּ וַיִּקָּבֵר בְּבֵיתוֹ בַּמִּדְבָּר׃ וַיִּתֵּן הַמֶּלֶךְ
אֶת־בְּנָיָהוּ בֶן־יְהוֹיָדָע תַּחְתָּיו עַל־הַצָּבָא וְאֶת־צָדוֹק הַכֹּהֵן
לו נָתַן הַמֶּלֶךְ תַּחַת אֶבְיָתָר׃ וַיִּשְׁלַח הַמֶּלֶךְ וַיִּקְרָא לְשִׁמְעִי וַיֹּאמֶר
לוֹ בְּנֵה־לְךָ בַיִת בִּירוּשָׁלִַם וְיָשַׁבְתָּ שָׁם וְלֹא־תֵצֵא מִשָּׁם אָנֶה
לז וָאָנָה׃ וְהָיָה ׀ בְּיוֹם צֵאתְךָ וְעָבַרְתָּ אֶת־נַחַל קִדְרוֹן יָדֹעַ תֵּדַע
לח כִּי מוֹת תָּמוּת דָּמְךָ יִהְיֶה בְרֹאשֶׁךָ׃ וַיֹּאמֶר שִׁמְעִי לַמֶּלֶךְ טוֹב
הַדָּבָר כַּאֲשֶׁר דִּבֶּר אֲדֹנִי הַמֶּלֶךְ כֵּן יַעֲשֶׂה עַבְדֶּךָ וַיֵּשֶׁב שִׁמְעִי
לט בִּירוּשָׁלִַם יָמִים רַבִּים׃ וַיְהִי מִקֵּץ שָׁלֹשׁ שָׁנִים
וַיִּבְרְחוּ שְׁנֵי־עֲבָדִים לְשִׁמְעִי אֶל־אָכִישׁ בֶּן־מַעֲכָה מֶלֶךְ גַּת
מ וַיַּגִּידוּ לְשִׁמְעִי לֵאמֹר הִנֵּה עֲבָדֶיךָ בְּגַת׃ וַיָּקָם שִׁמְעִי וַיַּחֲבֹשׁ
אֶת־חֲמֹרוֹ וַיֵּלֶךְ גַּתָה אֶל־אָכִישׁ לְבַקֵּשׁ אֶת־עֲבָדָיו וַיֵּלֶךְ
מא שִׁמְעִי וַיָּבֵא אֶת־עֲבָדָיו מִגַּת׃ וַיֻּגַּד לִשְׁלֹמֹה
מב כִּי־הָלַךְ שִׁמְעִי מִירוּשָׁלִַם גַּת וַיָּשֹׁב׃ וַיִּשְׁלַח הַמֶּלֶךְ וַיִּקְרָא
לְשִׁמְעִי וַיֹּאמֶר אֵלָיו הֲלוֹא הִשְׁבַּעְתִּיךָ בַיהוָה וָאָעִד בְּךָ לֵאמֹר
בְּיוֹם צֵאתְךָ וְהָלַכְתָּ אָנֶה וָאָנָה יָדֹעַ תֵּדַע כִּי מוֹת תָּמוּת
מג וַתֹּאמֶר אֵלַי טוֹב הַדָּבָר שָׁמָעְתִּי׃ וּמַדּוּעַ לֹא שָׁמַרְתָּ אֵת
מד שְׁבֻעַת יְהוָה וְאֶת־הַמִּצְוָה אֲשֶׁר־צִוִּיתִי עָלֶיךָ׃ וַיֹּאמֶר הַמֶּלֶךְ
אֶל־שִׁמְעִי אַתָּה יָדַעְתָּ אֵת כָּל־הָרָעָה אֲשֶׁר יָדַע לְבָבְךָ אֲשֶׁר
מה עָשִׂיתָ לְדָוִד אָבִי וְהֵשִׁיב יְהוָה אֶת־רָעָתְךָ בְּרֹאשֶׁךָ׃ וְהַמֶּלֶךְ ג
מו שְׁלֹמֹה בָּרוּךְ וְכִסֵּא דָוִד יִהְיֶה נָכוֹן לִפְנֵי יְהוָה עַד־עוֹלָם׃ וַיְצַו
הַמֶּלֶךְ אֶת־בְּנָיָהוּ בֶּן־יְהוֹיָדָע וַיֵּצֵא וַיִּפְגַּע־בּוֹ וַיָּמֹת וְהַמַּמְלָכָה
ג א נְכוֹנָה בְּיַד־שְׁלֹמֹה׃ וַיִּתְחַתֵּן שְׁלֹמֹה אֶת־פַּרְעֹה
מֶלֶךְ מִצְרָיִם וַיִּקַּח אֶת־בַּת־פַּרְעֹה וַיְבִיאֶהָ אֶל־עִיר דָּוִד עַד
כַּלֹּתוֹ לִבְנוֹת אֶת־בֵּיתוֹ וְאֶת־בֵּית יְהוָה וְאֶת־חוֹמַת יְרוּשָׁלִַם
ב סָבִיב׃ רַק הָעָם מְזַבְּחִים בַּבָּמוֹת כִּי לֹא־נִבְנָה בַיִת לְשֵׁם יְהוָה

will die here. And Benayahu brought the king word back, say-
ing, Thus said Yo'av, and thus he answered me. And the king 31
said to him, Do as he has said, and fall upon him, and bury
him; that thou mayst take away the innocent blood, which
Yo'av shed, from me, and from the house of my father. And 32
the Lord shall return his blood upon his own head, for he fell
upon two men more righteous and better than he, and slew
them with the sword, my father David not knowing of it,
namely, Avner the son of Ner, captain of the host of Yisra'el,
and 'Amasa the son of Yeter, captain of the host of Yehuda.
Their blood shall therefore return upon the head of Yo'av, 33
and upon the head of his seed for ever: but upon David, and
upon his seed, and upon his house, and upon his throne, shall
there be peace for ever from the Lord. So Benayahu the son 34
of Yehoyada went up, and fell upon him, and slew him: and
he was buried in his own house in the wilderness. And the 35
king put Benayahu the son of Yehoyada in place of him over
the host: and Ẕadoq the priest did the king put in place of
Evyatar. And the king sent and called for Shim'i, and said to 36
him, Build thee a house in Yerushalayim, and dwell there,
and do not go from there anywhere. For it shall be, that on 37
the day thou goest out, and passest over the wadi of Qidron,
thou shalt know for certain that thou shalt surely die: thy
blood shall be upon thy own head. And Shim'i said to the 38
king, The saying is good: as my lord the king has said, so
will thy servant do. And Shim'i dwelt in Yerushalayim many
days. And it came to pass at the end of three years, 39
that two of the servants of Shim'i ran away to Akhish son of
Ma'akha king of Gat. And they told Shim'i, saying, Behold,
thy servants are in Gat. And Shim'i arose, and saddled his 40
ass, and went to Gat to Akhish to seek his servants: and
Shim'i went, and brought his servants from Gat. And 41
it was told Shelomo that Shim'i had gone from Yerushalayim
to Gat, and was returned. And the king sent and called for 42
Shim'i, and said to him, Did I not make thee to swear by the
Lord, and did I not forewarn thee, saying, Know for certain,
on the day thou goest out, and walkest abroad anywhere, that
thou shalt surely die? and thou didst say to me, The word that
I have heard is good. Why then hast thou not kept the oath 43
of the Lord, and the commandment that I have charged thee
with? And the king said to Shim'i, Thou knowst all the wicked- 44
ness which thy heart is privy to, that thou didst to David my
father: therefore the Lord shall return thy wickedness upon
thy own head; and king Shelomo shall be blessed, and the 45
throne of David shall be established before the Lord for ever.
So the king commanded Benayahu the son of Yehoyada; who 46
went out, and fell upon him, that he died. And the kingdom
was established in the hand of Shelomo. And Shelomo 3
became allied by marriage with Par'o, king of Egypt, and took
Par'o's daughter, and brought her into the city of David, until
he had made an end of building his own house, and the house
of the Lord, and the wall of Yerushalayim round about. Only 2
the people sacrificed in high places, because there was no

עַד הַיָּמִים הָהֵם: וַיֶּאֱהַב שְׁלֹמֹה אֶת־יְהוָה

ג לָלֶכֶת בְּחֻקּוֹת דָּוִד אָבִיו רַק בַּבָּמוֹת הוּא מְזַבֵּחַ וּמַקְטִיר:

ד וַיֵּלֶךְ הַמֶּלֶךְ גִּבְעֹנָה לִזְבֹּחַ שָׁם כִּי־הִיא הַבָּמָה הַגְּדוֹלָה אֶלֶף

עֹלוֹת יַעֲלֶה שְׁלֹמֹה עַל הַמִּזְבֵּחַ הַהוּא: בְּגִבְעוֹן

ה נִרְאָה יְהוָה אֶל־שְׁלֹמֹה בַּחֲלוֹם הַלָּיְלָה וַיֹּאמֶר אֱלֹהִים שְׁאַל

מַה אֶתֶּן־לָךְ: וַיֹּאמֶר שְׁלֹמֹה אַתָּה עָשִׂיתָ עִם־עַבְדְּךָ דָוִד אָבִי

ו חֶסֶד גָּדוֹל כַּאֲשֶׁר הָלַךְ לְפָנֶיךָ בֶּאֱמֶת וּבִצְדָקָה וּבְיִשְׁרַת לֵבָב

עִמָּךְ וַתִּשְׁמָר־לוֹ אֶת־הַחֶסֶד הַגָּדוֹל הַזֶּה וַתִּתֶּן־לוֹ בֵן יֹשֵׁב

עַל־כִּסְאוֹ כַּיּוֹם הַזֶּה: וְעַתָּה יְהוָה אֱלֹהָי אַתָּה הִמְלַכְתָּ אֶת־

ז עַבְדְּךָ תַּחַת דָּוִד אָבִי וְאָנֹכִי נַעַר קָטֹן לֹא אֵדַע צֵאת וָבֹא:

ח וְעַבְדְּךָ בְּתוֹךְ עַמְּךָ אֲשֶׁר בָּחָרְתָּ עַם־רָב אֲשֶׁר לֹא־יִמָּנֶה וְלֹא

ט יִסָּפֵר מֵרֹב: וְנָתַתָּ לְעַבְדְּךָ לֵב שֹׁמֵעַ לִשְׁפֹּט אֶת־עַמְּךָ לְהָבִין

י בֵּין־טוֹב לְרָע כִּי מִי יוּכַל לִשְׁפֹּט אֶת־עַמְּךָ הַכָּבֵד הַזֶּה: וַיִּיטַב

הַדָּבָר בְּעֵינֵי אֲדֹנָי כִּי שָׁאַל שְׁלֹמֹה אֶת־הַדָּבָר הַזֶּה: וַיֹּאמֶר

יא אֱלֹהִים אֵלָיו יַעַן אֲשֶׁר שָׁאַלְתָּ אֶת־הַדָּבָר הַזֶּה וְלֹא־שָׁאַלְתָּ

לְּךָ יָמִים רַבִּים וְלֹא־שָׁאַלְתָּ לְּךָ עֹשֶׁר וְלֹא שָׁאַלְתָּ נֶפֶשׁ אֹיְבֶיךָ

וְשָׁאַלְתָּ לְּךָ הָבִין לִשְׁמֹעַ מִשְׁפָּט: הִנֵּה עָשִׂיתִי כִּדְבָרֶיךָ הִנֵּה ׀

יב נָתַתִּי לְךָ לֵב חָכָם וְנָבוֹן אֲשֶׁר כָּמוֹךָ לֹא־הָיָה לְפָנֶיךָ וְאַחֲרֶיךָ

לֹא־יָקוּם כָּמוֹךָ: וְגַם אֲשֶׁר לֹא־שָׁאַלְתָּ נָתַתִּי לָךְ גַּם־עֹשֶׁר גַּם־

יג כָּבוֹד אֲשֶׁר לֹא־הָיָה כָמוֹךָ אִישׁ בַּמְּלָכִים כָּל־יָמֶיךָ: וְאִם ׀

יד תֵּלֵךְ בִּדְרָכַי לִשְׁמֹר חֻקַּי וּמִצְוֹתַי כַּאֲשֶׁר הָלַךְ דָּוִיד אָבִיךָ

טו וְהַאֲרַכְתִּי אֶת־יָמֶיךָ:   וַיִּקַץ שְׁלֹמֹה וְהִנֵּה חֲלוֹם

וַיָּבוֹא יְרוּשָׁלַםִ וַיַּעֲמֹד ׀ לִפְנֵי ׀ אֲרוֹן בְּרִית־אֲדֹנָי וַיַּעַל עֹלוֹת וַיַּעַשׂ

שְׁלָמִים וַיַּעַשׂ מִשְׁתֶּה לְכָל־עֲבָדָיו: אָז תָּבֹאנָה

טז שְׁתַּיִם נָשִׁים זֹנוֹת אֶל־הַמֶּלֶךְ וַתַּעֲמֹדְנָה לְפָנָיו: וַתֹּאמֶר הָאִשָּׁה

הָאַחַת בִּי אֲדֹנִי אֲנִי וְהָאִשָּׁה הַזֹּאת יֹשְׁבֹת בְּבַיִת אֶחָד וָאֵלֵד

יז עִמָּהּ בַּבָּיִת: וַיְהִי בַּיּוֹם הַשְּׁלִישִׁי לְלִדְתִּי וַתֵּלֶד גַּם־הָאִשָּׁה

הַזֹּאת וַאֲנַחְנוּ יַחְדָּו אֵין־זָר אִתָּנוּ בַּבַּיִת זוּלָתִי שְׁתַּיִם־אֲנַחְנוּ

יח בַּבָּיִת: וַיָּמָת בֶּן־הָאִשָּׁה הַזֹּאת לָיְלָה אֲשֶׁר שָׁכְבָה עָלָיו: וַתָּקָם

בְּתוֹךְ הַלַּיְלָה וַתִּקַּח אֶת־בְּנִי מֵאֶצְלִי וַאֲמָתְךָ יְשֵׁנָה וַתַּשְׁכִּיבֵהוּ

יט בְּחֵיקָהּ וְאֶת־בְּנָהּ הַמֵּת הִשְׁכִּיבָה בְחֵיקִי: וָאָקֻם בַּבֹּקֶר

לְהֵינִיק אֶת־בְּנִי וְהִנֵּה־מֵת וָאֶתְבּוֹנֵן אֵלָיו בַּבֹּקֶר וְהִנֵּה לֹא־

כא הָיָה בְנִי אֲשֶׁר יָלָדְתִּי: וַתֹּאמֶר הָאִשָּׁה הָאַחֶרֶת לֹא כִי בְּנִי הַחַי

כב וּבְנֵךְ הַמֵּת וְזֹאת אֹמֶרֶת לֹא כִי בְּנֵךְ הַמֵּת וּבְנִי הֶחָי וַתְּדַבֵּרְנָה

house built to the name of the LORD, until those days.

And Shelomo loved the LORD, walking in the statutes of David 3
his father: only he sacrificed and burnt incense in high places.
And the king went to Giv'on to sacrifice there ; for that was the 4
great high place: a thousand burnt offerings did Shelomo offer
upon that altar.   In Giv'on the LORD appeared to Shelomo 5
in a dream by. night: and GOD said, Ask what I shall give thee.
And Shelomo said, Thou hast shown great faithful love to thy 6
servant David my father, according as he walked before thee
in truth, and in righteousness, and in uprightness of heart
with thee; and thou hast kept for him this great faithful love,
that thou hast given him a son to sit on his throne, as it is
this day. And now, O LORD my GOD, thou hast made thy ser- 7
vant king instead of David my father: and I am but a little
child: I know not how to go out or come in. And thy servant 8
is in the midst of thy people which thou hast chosen, a great
people, that cannot be numbered or counted for multitude.
Give therefore thy servant an understanding heart to judge 9
thy people, that I may discern between good and evil: for who
is able to judge this thy so great a people? And it pleased 10
the LORD, that Shelomo had asked this thing. And GOD said 11
to him, Because thou hast asked this thing, and hast not asked
for thyself long life; neither hast asked riches for thyself, nor
hast thou asked the life of thy enemies; but hast asked for
thyself understanding to discern judgment ; behold, I have 12
done according to thy words : lo, I have given thee a wise and
an understanding heart; so that there has been none like thee
before thee, nor after thee shall any arise like thee. And 13
I have also given thee that which thou hast not asked, both
riches and honour: so that there shall not be any among the
kings like thee all thy days. And if thou wilt walk in my 14
ways, to keep my statutes and my commandments, as thy
father David did walk, then I will lengthen thy days.

And Shelomo awoke ; and, behold, it was a dream. And he 15
came to Yerushalayim, and stood before the ark of the cov-
enant of the LORD, and offered up burnt offerings, and offered
peace offerings, and made a feast to all his servants.   Then 16
came there two women, that were harlots, to the king, and
stood before him. And the one woman said, O my lord, I and 17
this woman dwell in one house; and I was delivered of a child
with her in the house. And it came to pass the third day after 18
I was delivered, that this woman was delivered also: and we
were together; there was no stranger with us in the house,
save we two in the house. And this woman's child died in the 19
night ; because she lay upon it. And she arose at midnight, and 20
took my son from beside me, while thy handmaid slept, and
laid it in her bosom, and laid her dead child in my bosom. And 21
when I rose in the morning to give my child suck, behold, it
was dead: but when I had looked closely at it in the morning,
behold, it was not my son, that I did bear. And the other woman 22
said, No ; but the living child is my son, and the dead one is
thy son. And this said, No ; but the dead one is thy son, and
the living one is my son. Thus they spoke before the king.

לִפְנֵי הַמֶּלֶךְ: וַיֹּאמֶר הַמֶּלֶךְ זֹאת אֹמֶרֶת זֶה־בְּנִי הַחַי וּבְנֵךְ הַמֵּת כג

וְזֹאת אֹמֶרֶת לֹא כִי בְּנֵךְ הַמֵּת וּבְנִי הֶחָי: וַיֹּאמֶר כד

הַמֶּלֶךְ קְחוּ לִי־חָרֶב וַיָּבִאוּ הַחֶרֶב לִפְנֵי הַמֶּלֶךְ: וַיֹּאמֶר הַמֶּלֶךְ כה

גִּזְרוּ אֶת־הַיֶּלֶד הַחַי לִשְׁנַיִם וּתְנוּ אֶת־הַחֲצִי לְאַחַת וְאֶת־

הַחֲצִי לְאֶחָת: וַתֹּאמֶר הָאִשָּׁה אֲשֶׁר־בְּנָהּ הַחַי אֶל־הַמֶּלֶךְ כִּי־ כו

נִכְמְרוּ רַחֲמֶיהָ עַל־בְּנָהּ וַתֹּאמֶר ׀ בִּי אֲדֹנִי תְּנוּ־לָהּ אֶת־הַיָּלוּד

הַחַי וְהָמֵת אַל־תְּמִיתֻהוּ וְזֹאת אֹמֶרֶת גַּם־לִי גַם־לָךְ לֹא יִהְיֶה

גְּזֹרוּ: וַיַּעַן הַמֶּלֶךְ וַיֹּאמֶר תְּנוּ־לָהּ אֶת־הַיָּלוּד הַחַי וְהָמֵת לֹא כז

תְמִיתֻהוּ הִיא אִמּוֹ: וַיִּשְׁמְעוּ כָל־יִשְׂרָאֵל אֶת־הַמִּשְׁפָּט אֲשֶׁר כח

שָׁפַט הַמֶּלֶךְ וַיִּרְאוּ מִפְּנֵי הַמֶּלֶךְ כִּי רָאוּ כִּי־חָכְמַת אֱלֹהִים

בְּקִרְבּוֹ לַעֲשׂוֹת מִשְׁפָּט: וַיְהִי הַמֶּלֶךְ שְׁלֹמֹה מֶלֶךְ עַל־כָּל־ ד

יִשְׂרָאֵל: וְאֵלֶּה הַשָּׂרִים אֲשֶׁר־לוֹ עֲזַרְיָהוּ בֶן־צָדוֹק ב

הַכֹּהֵן: אֱלִיחֹרֶף וַאֲחִיָּה בְּנֵי שִׁישָׁא סֹפְרִים יְהוֹשָׁפָט בֶּן־ ג

אֲחִילוּד הַמַּזְכִּיר: וּבְנָיָהוּ בֶן־יְהוֹיָדָע עַל־הַצָּבָא וְצָדוֹק ד

וְאֶבְיָתָר כֹּהֲנִים: וַעֲזַרְיָהוּ בֶן־נָתָן עַל־הַנִּצָּבִים וְזָבוּד בֶּן־נָתָן ה

כֹּהֵן רֵעֶה הַמֶּלֶךְ: וַאֲחִישָׁר עַל־הַבָּיִת וַאֲדֹנִירָם בֶּן־עַבְדָּא ו

עַל־הַמַּס: וְלִשְׁלֹמֹה שְׁנֵים־עָשָׂר נִצָּבִים עַל־כָּל־ ז

יִשְׂרָאֵל וְכִלְכְּלוּ אֶת־הַמֶּלֶךְ וְאֶת־בֵּיתוֹ חֹדֶשׁ בַּשָּׁנָה יִהְיֶה עַל־

אֶחָד לְכַלְכֵּל: וְאֵלֶּה שְׁמוֹתָם בֶּן־חוּר בְּהַר אֶפְרָיִם: בֶּן־דֶּקֶר ח ט

בְּמָקַץ וּבְשַׁעַלְבִים וּבֵית שָׁמֶשׁ וְאֵילוֹן בֵּית חָנָן: בֶּן־חֶסֶד

בָּאֲרֻבּוֹת לוֹ שֹׂכֹה וְכָל־אֶרֶץ חֵפֶר: בֶּן־אֲבִינָדָב כָּל־נָפַת דֹּאר יא

טָפַת בַּת־שְׁלֹמֹה הָיְתָה לּוֹ לְאִשָּׁה: בַּעֲנָא בֶּן־ יב

אֲחִילוּד תַּעְנַךְ וּמְגִדּוֹ וְכָל־בֵּית שְׁאָן אֲשֶׁר אֵצֶל צָרְתַנָה

מִתַּחַת לְיִזְרְעֶאל מִבֵּית שְׁאָן עַד אָבֵל מְחוֹלָה עַד מֵעֵבֶר

לְיָקְמְעָם: בֶּן־גֶּבֶר בְּרָמֹת גִּלְעָד לוֹ חַוֹּת יָאִיר יג

בֶּן־מְנַשֶּׁה אֲשֶׁר בַּגִּלְעָד לוֹ חֶבֶל אַרְגֹּב אֲשֶׁר בַּבָּשָׁן שִׁשִּׁים

עָרִים גְּדֹלוֹת חוֹמָה וּבְרִיחַ נְחֹשֶׁת: אֲחִינָדָב יד

בֶּן־עִדֹּא מַחֲנָיְמָה: אֲחִימַעַץ בְּנַפְתָּלִי גַּם־הוּא טו

לָקַח אֶת־בָּשְׂמַת בַּת־שְׁלֹמֹה לְאִשָּׁה: בַּעֲנָא טז

בֶּן־חוּשַׁי בְּאָשֵׁר וּבְעָלוֹת: יְהוֹשָׁפָט בֶּן־פָּרוּחַ יז

בְּיִשָּׂשכָר: שִׁמְעִי בֶן־אֵלָא בְּבִנְיָמִן: גֶּבֶר יח יט

בֶּן־אֻרִי בְּאֶרֶץ גִּלְעָד אֶרֶץ סִיחוֹן ׀ מֶלֶךְ הָאֱמֹרִי וְעֹג מֶלֶךְ

הַבָּשָׁן וּנְצִיב אֶחָד אֲשֶׁר בָּאָרֶץ: יְהוּדָה וְיִשְׂרָאֵל רַבִּים כ

כַּחוֹל אֲשֶׁר־עַל־הַיָּם לָרֹב אֹכְלִים וְשֹׁתִים וּשְׂמֵחִים: וּשְׁלֹמֹה ה

הָיָה מוֹשֵׁל בְּכָל־הַמַּמְלָכוֹת מִן־הַנָּהָר אֶרֶץ פְּלִשְׁתִּים וְעַד

גְּבוּל מִצְרָיִם מַגִּשִׁים מִנְחָה וְעֹבְדִים אֶת־שְׁלֹמֹה כָּל־יְמֵי

Then said the king, The one says, This is my son that lives, and 23
thy son is the dead: and the other says, No; but thy son is
the dead, and my son is the living. And the king said, 24
Bring me a sword. And they brought a sword before the king.
And the king said, Divide the living child in two, and give half 25
to the one, and half to the other. Then spoke the woman whose 26
child was the living one to the king, for her love was enkindled
towards her son, and she said, O my lord, give her the living
child, but do not slay it. But the other said, Let it be neither
mine nor thine, but divide it. Then the king answered and 27
said, Give her the living child, and do not slay it: she is its
mother. And all Yisra'el heard of the judgment which the king 28
had judged; and they feared the king: for they saw that the
wisdom of God was in him, to do judgment. So king Shelomo **4**
was king over all Yisra'el. And these were the princes 2
whom he had; 'Azaryahu the son of Ẕadoq the priest, Eliẖoref 3
and Aẖiyya the sons of Shisha, scribes; Yehoshafat the son of
Aẖilud, the recorder. And Benayahu the son of Yehoyada was 4
over the host: and Ẕadoq and Evyatar were priests: and 'Azar- 5
yahu the son of Natan was over the officers: and Zavud the son
of Natan was the king's private minister of state: and Aẖishar 6
was over the household: and Adoniram the son of 'Avda was
over the tribute. And Shelomo had twelve officers over 7
all Yisra'el, who provided stores for the king and his house-
hold: each man had to make provision for a month in the year.
And these are their names: The son of H̱ur, in mount Ef- 8
rayim: the son of Deqer, in Maqaẕ, and in Sha'alvim, and Bet- 9
shemesh, and Elon-bet-ẖanan: the son of H̱esed, in Arubbot; 10
to him were assigned Sokho, and all the land of H̱efer: the 11
son of Avinadav, in all the district of Dor; (he had Tafat
daughter of Shelomo to wife:) Ba'ana the son of Aẖi- 12
lud; to him belonged Ta'nakh and Megiddo, and of Bet-she'an,
which is by Ẕaretana beneath Yizre'el, from Bet-she'an to
Avel-meẖola, till beyond Yoqne'am: The son of Gever, 13
in Ramot-gil'ad; to him were assigned H̱avvot-ya'ir, the son
of Menashshe, which is in Gil'ad; to him also was assigned
the region of Argov, which is in the Bashan, sixty great cities
with walls and bars of brass: Aẖinadav son of 'Iddo had 14
Maẖanayim; Aẖima'aẕ was in Naftali; he also took Base- 15
mat daughter of Shelomo to wife: Ba'ana the son of H̱ush- 16
'ay was in Asher and in 'Alot: Yehoshafat the son of Paruaẖ 17
was in Yissakhar: Shim'i the son of Ela was in Binya- 18
min: Gever the son of Uri was in the land of Gil'ad, in the 19
land of Siẖon king of the Emori and 'Og king of the Bashan;
he was the one officer that was in the land. Yehuda and Yis- 20
ra'el were many, as the sand which by the sea for multitude;
they ate, and drank, and were happy. And Shelomo reigned **5**
over all kingdoms from the river to the land of the Pelishtim,
and to the border of Miẕrayim: they brought presents, and

ב חַיָּיו׃ וַיְהִי לֶחֶם־שְׁלֹמֹה לְיוֹם אֶחָד שְׁלֹשִׁים כֹּר
ג סֹלֶת וְשִׁשִּׁים כֹּר קָמַח׃ עֲשָׂרָה בָקָר בְּרִאִים וְעֶשְׂרִים בָּקָר
רְעִי וּמֵאָה צֹאן לְבַד מֵאַיָּל וּצְבִי וְיַחְמוּר וּבַרְבֻּרִים אֲבוּסִים׃
ד כִּי־הוּא רֹדֶה ׀ בְּכָל־עֵבֶר הַנָּהָר מִתִּפְסַח וְעַד־עַזָּה בְּכָל־מַלְכֵי
ה עֵבֶר הַנָּהָר וְשָׁלוֹם הָיָה לוֹ מִכָּל־עֲבָרָיו מִסָּבִיב׃ וַיֵּשֶׁב יְהוּדָה
וְיִשְׂרָאֵל לָבֶטַח אִישׁ תַּחַת גַּפְנוֹ וְתַחַת תְּאֵנָתוֹ מִדָּן וְעַד־בְּאֵר
ו שָׁבַע כֹּל יְמֵי שְׁלֹמֹה׃ וַיְהִי לִשְׁלֹמֹה אַרְבָּעִים
ז אֶלֶף אֻרְוֺת סוּסִים לְמֶרְכָּבוֹ וּשְׁנֵים־עָשָׂר אֶלֶף פָּרָשִׁים׃ וְכִלְכְּלוּ
הַנִּצָּבִים הָאֵלֶּה אֶת־הַמֶּלֶךְ שְׁלֹמֹה וְאֵת כָּל־הַקָּרֵב אֶל־שֻׁלְחַן
ח הַמֶּלֶךְ־שְׁלֹמֹה אִישׁ חָדְשׁוֹ לֹא יְעַדְּרוּ דָּבָר׃ וְהַשְּׂעֹרִים וְהַתֶּבֶן
לַסּוּסִים וְלָרֶכֶשׁ יָבִאוּ אֶל־הַמָּקוֹם אֲשֶׁר יִהְיֶה־שָּׁם אִישׁ
ט כְּמִשְׁפָּטוֹ׃ וַיִּתֵּן אֱלֹהִים חָכְמָה לִשְׁלֹמֹה וּתְבוּנָה
י הַרְבֵּה מְאֹד וְרֹחַב לֵב כַּחוֹל אֲשֶׁר עַל־שְׂפַת הַיָּם׃ וַתֵּרֶב
חָכְמַת שְׁלֹמֹה מֵחָכְמַת כָּל־בְּנֵי־קֶדֶם וּמִכֹּל חָכְמַת מִצְרָיִם׃
יא וַיֶּחְכַּם מִכָּל־הָאָדָם מֵאֵיתָן הָאֶזְרָחִי וְהֵימָן וְכַלְכֹּל וְדַרְדַּע בְּנֵי
יב מָחוֹל וַיְהִי־שְׁמוֹ בְכָל־הַגּוֹיִם סָבִיב׃ וַיְדַבֵּר שְׁלֹשֶׁת אֲלָפִים
יג מָשָׁל וַיְהִי שִׁירוֹ חֲמִשָּׁה וָאָלֶף׃ וַיְדַבֵּר עַל־הָעֵצִים מִן־הָאֶרֶז
אֲשֶׁר בַּלְּבָנוֹן וְעַד הָאֵזוֹב אֲשֶׁר יֹצֵא בַּקִּיר וַיְדַבֵּר עַל־הַבְּהֵמָה
יד וְעַל־הָעוֹף וְעַל־הָרֶמֶשׂ וְעַל־הַדָּגִים׃ וַיָּבֹאוּ מִכָּל־הָעַמִּים
לִשְׁמֹעַ אֵת חָכְמַת שְׁלֹמֹה מֵאֵת כָּל־מַלְכֵי הָאָרֶץ אֲשֶׁר שָׁמְעוּ
טו אֶת־חָכְמָתוֹ׃ וַיִּשְׁלַח חִירָם מֶלֶךְ־צוֹר אֶת־
עֲבָדָיו אֶל־שְׁלֹמֹה כִּי שָׁמַע כִּי אֹתוֹ מָשְׁחוּ לְמֶלֶךְ תַּחַת אָבִיהוּ
טז כִּי אֹהֵב הָיָה חִירָם לְדָוִד כָּל־הַיָּמִים׃ וַיִּשְׁלַח
יז שְׁלֹמֹה אֶל־חִירָם לֵאמֹר׃ אַתָּה יָדַעְתָּ אֶת־דָּוִד אָבִי כִּי לֹא
יָכֹל לִבְנוֹת בַּיִת לְשֵׁם יְהוָה אֱלֹהָיו מִפְּנֵי הַמִּלְחָמָה אֲשֶׁר
יח סְבָבֻהוּ עַד תֵּת־יְהוָה אֹתָם תַּחַת כַּפּוֹת רגלו׃ וְעַתָּה הֵנִיחַ רַגְלָי
יט יְהוָה אֱלֹהַי לִי מִסָּבִיב אֵין שָׂטָן וְאֵין פֶּגַע רָע׃ וְהִנְנִי אֹמֵר
לִבְנוֹת בַּיִת לְשֵׁם יְהוָה אֱלֹהָי כַּאֲשֶׁר ׀ דִּבֶּר יְהוָה אֶל־דָּוִד אָבִי
לֵאמֹר בִּנְךָ אֲשֶׁר אֶתֵּן תַּחְתֶּיךָ עַל־כִּסְאֶךָ הוּא־יִבְנֶה הַבַּיִת
כ לִשְׁמִי׃ וְעַתָּה צַוֵּה וְיִכְרְתוּ־לִי אֲרָזִים מִן־הַלְּבָנוֹן וַעֲבָדַי
יִהְיוּ עִם־עֲבָדֶיךָ וּשְׂכַר עֲבָדֶיךָ אֶתֵּן לְךָ כְּכֹל אֲשֶׁר תֹּאמֵר
כִּי ׀ אַתָּה יָדַעְתָּ כִּי אֵין בָּנוּ אִישׁ יֹדֵעַ לִכְרָת־עֵצִים
כא כַּצִּדֹנִים׃ וַיְהִי כִּשְׁמֹעַ חִירָם אֶת־דִּבְרֵי שְׁלֹמֹה
וַיִּשְׂמַח מְאֹד וַיֹּאמֶר בָּרוּךְ יְהוָה הַיּוֹם אֲשֶׁר נָתַן לְדָוִד בֵּן
כב חָכָם עַל־הָעָם הָרָב הַזֶּה׃ וַיִּשְׁלַח חִירָם אֶל־שְׁלֹמֹה לֵאמֹר
שָׁמַעְתִּי אֵת אֲשֶׁר־שָׁלַחְתָּ אֵלָי אֲנִי אֶעֱשֶׂה אֶת־כָּל־חֶפְצְךָ

served Shelomo all the days of his life. And Shelomo's 2
provision for one day was thirty kor of fine flour, and sixty
kor of meal, ten fat oxen, and twenty oxen out of the pasture, 3
and a hundred sheep, apart from deer, and gazelles, and fallow
deer, and geese. For he had dominion over all the region on 4
this side the river, from Tifsaḫ to 'Azza, over all the kings on
this side the river: and he had peace on all sides round about
him. And Yehuda and Yisra'el dwelt in safety, every man under 5
his vine and under his fig tree, from Dan to Be'er-sheva, all
the days of Shelomo. And Shelomo had forty thou- 6
sand stalls of horses for his chariots, and twelve thousand
horsemen. And those officers provided stores for king She- 7
lomo, and for all that came to king Shelomo's table, every man
in his month: they lacked nothing. They brought barley also 8
and straw for the horses and swift steeds to the place where
the officers were, every man according to his charge.

And God gave Shelomo very much wisdom and under- 9
standing, and largeness of heart, like the sand that is on the
sea shore. And Shelomo's wisdom excelled the wisdom of all 10
the children of the east country, and all the wisdom of Miz-
rayim. For he was wiser than all men; than Etan the Ezraḫi, 11
and Heman, and Kalkol, and Darda, the sons of Maḫol: and
his fame was in all nations round about. And he spoke three 12
thousand proverbs: and his poems were a thousand and five.
And he spoke of trees, from the cedar tree that is in Levanon 13
to the hyssop that comes out of the wall: he spoke also of
beasts, and of birds, and of creeping things, and of fishes. And 14
there came of all people to hear the wisdom of Shelomo, from
all kings of the earth, who had heard of his wisdom. And 15
Ḥiram king of Ẕor sent his servants to Shelomo; for he had
heard that they had anointed him king in place of his father:
for Ḥiram always loved David. And Shelomo sent 16
to Ḥiram, saying, Thou knowst how David my father could 17
not build a house to the name of the Lord his God on account
of the war with the nations which were about him on every
side, until the Lord put them under the soles of my feet.
But now the Lord my God has given me rest on every side, 18
so that there is neither adversary nor evil hindrance. And, 19
behold, I purpose to build a house to the name of the Lord
my God, as the Lord spoke to David my father, saying, Thy
son, whom I will set upon thy throne in thy place, he shall
build the house to my name. Now therefore command thou 20
that they hew for me cedar trees out of the Levanon; and my
servants shall be with thy servants: and to thee will I give
hire for thy servants according to all that thou shalt say: for
thou knowst that there is not among us any that can hew
timber like the Ẕidonim. And it came to pass, when 21
Ḥiram heard the words of Shelomo, that he rejoiced greatly,
and said, Blessed is the Lord this day, who has given to David
a wise son over this great people. And Ḥiram sent to Shelomo, 22
saying, I have considered the things which thou hast sent to
me: and I will do all thy desire concerning timber of cedar,

כג בַּעֲצֵי אֲרָזִים וּבַעֲצֵי בְרוֹשִׁים: עֲבָדַי יֹרִדוּ מִן־הַלְּבָנוֹן יָמָּה
וַאֲנִי אֲשִׂימֵם דֹּבְרוֹת בַּיָּם עַד־הַמָּקוֹם אֲשֶׁר־תִּשְׁלַח אֵלַי
וְנִפַּצְתִּים שָׁם וְאַתָּה תִשָּׂא וְאַתָּה תַּעֲשֶׂה אֶת־חֶפְצִי לָתֵת
כד לֶחֶם בֵּיתִי: וַיְהִי חִירוֹם נֹתֵן לִשְׁלֹמֹה עֲצֵי אֲרָזִים וַעֲצֵי
כה בְרוֹשִׁים כָּל־חֶפְצוֹ: וּשְׁלֹמֹה נָתַן לְחִירָם עֶשְׂרִים אֶלֶף כֹּר
חִטִּים מַכֹּלֶת לְבֵיתוֹ וְעֶשְׂרִים כֹּר שֶׁמֶן כָּתִית כֹּה־יִתֵּן
שְׁלֹמֹה לְחִירָם שָׁנָה בְשָׁנָה:
כו וַיהוָה נָתַן חָכְמָה לִשְׁלֹמֹה כַּאֲשֶׁר דִּבֶּר־לוֹ וַיְהִי שָׁלֹם בֵּין
כז חִירָם וּבֵין שְׁלֹמֹה וַיִּכְרְתוּ בְרִית שְׁנֵיהֶם: וַיַּעַל הַמֶּלֶךְ שְׁלֹמֹה
כח מַס מִכָּל־יִשְׂרָאֵל וַיְהִי הַמַּס שְׁלֹשִׁים אֶלֶף אִישׁ: וַיִּשְׁלָחֵם
לְבָנוֹנָה עֲשֶׂרֶת אֲלָפִים בַּחֹדֶשׁ חֲלִיפוֹת חֹדֶשׁ יִהְיוּ בַלְּבָנוֹן
כט שְׁנַיִם חֳדָשִׁים בְּבֵיתוֹ וַאֲדֹנִירָם עַל־הַמַּס: וַיְהִי
לִשְׁלֹמֹה שִׁבְעִים אֶלֶף נֹשֵׂא סַבָּל וּשְׁמֹנִים אֶלֶף חֹצֵב בָּהָר:
ל לְבַד מִשָּׂרֵי הַנִּצָּבִים לִשְׁלֹמֹה אֲשֶׁר עַל־הַמְּלָאכָה שְׁלֹשֶׁת
לא אֲלָפִים וּשְׁלֹשׁ מֵאוֹת הָרֹדִים בָּעָם הָעֹשִׂים בַּמְּלָאכָה: וַיְצַו
הַמֶּלֶךְ וַיַּסִּעוּ אֲבָנִים גְּדֹלוֹת אֲבָנִים יְקָרוֹת לְיַסֵּד הַבָּיִת אַבְנֵי
לב גָזִית: וַיִּפְסְלוּ בֹּנֵי שְׁלֹמֹה וּבֹנֵי חִירוֹם וְהַגִּבְלִים וַיָּכִינוּ הָעֵצִים
ו א וְהָאֲבָנִים לִבְנוֹת הַבָּיִת: וַיְהִי בִשְׁמוֹנִים שָׁנָה
וְאַרְבַּע מֵאוֹת שָׁנָה לְצֵאת בְּנֵי־יִשְׂרָאֵל מֵאֶרֶץ־מִצְרַיִם בַּשָּׁנָה
הָרְבִיעִית בְּחֹדֶשׁ זִו הוּא הַחֹדֶשׁ הַשֵּׁנִי לִמְלֹךְ שְׁלֹמֹה עַל־
ב יִשְׂרָאֵל וַיִּבֶן הַבַּיִת לַיהוָה: וְהַבַּיִת אֲשֶׁר בָּנָה הַמֶּלֶךְ שְׁלֹמֹה
לַיהוָה שִׁשִּׁים־אַמָּה אָרְכּוֹ וְעֶשְׂרִים רָחְבּוֹ וּשְׁלֹשִׁים אַמָּה
ג קוֹמָתוֹ: וְהָאוּלָם עַל־פְּנֵי הֵיכַל הַבַּיִת עֶשְׂרִים אַמָּה אָרְכּוֹ עַל־
ד פְּנֵי רֹחַב הַבָּיִת עֶשֶׂר בָּאַמָּה רָחְבּוֹ עַל־פְּנֵי הַבָּיִת: וַיַּעַשׂ לַבָּיִת
ה חַלּוֹנֵי שְׁקֻפִים אֲטֻמִים: וַיִּבֶן עַל־קִיר הַבַּיִת יָצוֹעַ סָבִיב אֶת־ יָצִיעַ
ו קִירוֹת הַבַּיִת סָבִיב לַהֵיכָל וְלַדְּבִיר וַיַּעַשׂ צְלָעוֹת סָבִיב: הַיָּצוֹעַ הַיָּצִיעַ
הַתַּחְתֹּנָה חָמֵשׁ בָּאַמָּה רָחְבָּהּ וְהַתִּיכֹנָה שֵׁשׁ בָּאַמָּה רָחְבָּהּ
וְהַשְּׁלִישִׁית שֶׁבַע בָּאַמָּה רָחְבָּהּ כִּי מִגְרָעוֹת נָתַן לַבַּיִת סָבִיב
ז חוּצָה לְבִלְתִּי אֲחֹז בְּקִירוֹת הַבָּיִת: וְהַבַּיִת בְּהִבָּנֹתוֹ אֶבֶן־
שְׁלֵמָה מַסָּע נִבְנָה וּמַקָּבוֹת וְהַגַּרְזֶן כָּל־כְּלִי בַרְזֶל לֹא־נִשְׁמַע
ח בַּבַּיִת בְּהִבָּנֹתוֹ: פֶּתַח הַצֵּלָע הַתִּיכֹנָה אֶל־כֶּתֶף הַבַּיִת הַיְמָנִית
וּבְלוּלִּים יַעֲלוּ עַל־הַתִּיכֹנָה וּמִן־הַתִּיכֹנָה אֶל־הַשְּׁלִשִׁים:
ט וַיִּבֶן אֶת־הַבַּיִת וַיְכַלֵּהוּ וַיִּסְפֹּן אֶת־הַבַּיִת גֵּבִים וּשְׂדֵרֹת
י בָּאֲרָזִים: וַיִּבֶן אֶת־הַיָּצוֹעַ עַל־כָּל־הַבַּיִת חָמֵשׁ אַמּוֹת קוֹמָתוֹ הַיָּצִיעַ
יא וַיֶּאֱחֹז אֶת־הַבַּיִת בַּעֲצֵי אֲרָזִים: וַיְהִי דְּבַר־

and concerning timber of cypress. My servants shall bring 23
them down from the Levanon to the sea: and I will make
them into floats to go to the place of which thou shalt send
me word, and will cause them to be broken up there, and thou
shalt take them away: and thou shalt accomplish my desire, in
giving food for my household. So Ḥiram gave Shelomo cedar 24
trees and cypress according to all his desire. And Shelomo 25
gave Ḥiram twenty thousand kor of wheat for food to his house-
hold, and twenty kor of beaten oil: thus Shelomo gave to
Ḥiram year by year.
And the LORD gave Shelomo wisdom, as he promised him: 26
and there was peace between Ḥiram and Shelomo; and they
two made a league together. And king Shelomo raised a levy 27
out of all Yisra'el; and the levy was thirty thousand men. And 28
he sent them to Levanon, ten thousand a month by turns: a
month they were in the Levanon, and two months at home:
and Adoniram was over the levy. And Shelomo had 29
seventy thousand porters, and eighty thousand stone cutters
in the mountains; besides Shelomo's chief officers who were 30
over the work, three thousand three hundred, who ruled over
the people that were employed in the work. And the king com- 31
manded, and they brought great stones, costly stones to lay
the foundation of the house with dressed stones. And Shelomo's 32
builders, and Ḥiram's builders, and the Givlim did hew them: so
they prepared timber and stones to build the house. And **6**
it came to pass in the four hundred and eightieth year after
the children of Yisra'el were come out of the land of Miẕrayim,
in the fourth year of Shelomo's reign over Yisra'el, in the month
Ziv, which is the second month, that he began to build the
house of the LORD. And the house which king Shelomo built 2
for the LORD, its length was sixty cubits, and its breadth was
twenty cubits, and its height was thirty cubits. And the porch 3
before the temple of the house, twenty cubits was its length,
according to the breadth of the house; and ten cubits was its
breadth before the house. And for the house he made windows 4
wide without, and narrow within. And against the wall of the 5
house he built a side structure round about, against the walls
of the house round about, both of the temple and of the sanc-
tuary: and he made chambers round about: the lowest chamber 6
was five cubits broad, and the middle was six cubits broad,
and the third was seven cubits broad: for outside in the wall
of the house he made narrowed rests round about, that the
beams should not be fastened into the walls of the house.
And the house, when it was in building, was built of stone 7
made ready before it was brought there: so that there was
neither hammer nor axe nor any tool of iron heard in the house,
while it was being built. The door for the middle chamber was 8
in the right side of the house: and they went up with winding
stairs into the middle chamber, and out of the middle into the
third. So he built the house, and finished it; and covered the 9
house with beams and boards of cedar. And then he built the 10
side structure against all the house, five cubits high: and it
rested on the house with timber of cedar. And the word 11

יב יְהוָה אֶל־שְׁלֹמֹה לֵאמֹר׃ הַבַּיִת הַזֶּה אֲשֶׁר־אַתָּה בֹנֶה אִם־
תֵּלֵךְ בְּחֻקֹּתַי וְאֶת־מִשְׁפָּטַי תַּעֲשֶׂה וְשָׁמַרְתָּ אֶת־כָּל־מִצְוֺתַי
לָלֶכֶת בָּהֶם וַהֲקִמֹתִי אֶת־דְּבָרִי אִתָּךְ אֲשֶׁר דִּבַּרְתִּי אֶל־דָּוִד
יג אָבִיךָ׃ וְשָׁכַנְתִּי בְּתוֹךְ בְּנֵי יִשְׂרָאֵל וְלֹא אֶעֱזֹב אֶת־עַמִּי ה
יד טו יִשְׂרָאֵל׃ וַיִּבֶן שְׁלֹמֹה אֶת־הַבַּיִת וַיְכַלֵּהוּ׃ וַיִּבֶן
אֶת־קִירוֹת הַבַּיִת מִבַּיְתָה בְּצַלְעוֹת אֲרָזִים מִקַּרְקַע הַבַּיִת עַד־
קִירוֹת הַסִּפֻּן צִפָּה עֵץ מִבָּיִת וַיְצַף אֶת־קַרְקַע הַבַּיִת בְּצַלְעוֹת
טז בְּרוֹשִׁים׃ וַיִּבֶן אֶת־עֶשְׂרִים אַמָּה מירכותי הַבַּיִת בְּצַלְעוֹת מִיַּרְכְּתֵי
אֲרָזִים מִן־הַקַּרְקַע עַד־הַקִּירוֹת וַיִּבֶן לוֹ מִבַּיִת לִדְבִיר לְקֹדֶשׁ
יז הַקֳּדָשִׁים׃ וְאַרְבָּעִים בָּאַמָּה הָיָה הַבָּיִת הוּא הַהֵיכָל לִפְנָי׃
יח וְאֶרֶז אֶל־הַבַּיִת פְּנִימָה מִקְלַעַת פְּקָעִים וּפְטוּרֵי צִצִּים הַכֹּל אֶרֶז
יט אֵין אֶבֶן נִרְאָה׃ וּדְבִיר בְּתוֹךְ־הַבַּיִת מִפְּנִימָה הֵכִין לְתִתֵּן שָׁם
כ אֶת־אֲרוֹן בְּרִית יְהוָה׃ וְלִפְנֵי הַדְּבִיר עֶשְׂרִים אַמָּה אֹרֶךְ
וְעֶשְׂרִים אַמָּה רֹחַב וְעֶשְׂרִים אַמָּה קוֹמָתוֹ וַיְצַפֵּהוּ זָהָב סָגוּר
כא וַיְצַף מִזְבֵּחַ אָרֶז׃ וַיְצַף שְׁלֹמֹה אֶת־הַבַּיִת מִפְּנִימָה זָהָב סָגוּר
כב וַיְעַבֵּר ברתיקות זָהָב לִפְנֵי הַדְּבִיר וַיְצַפֵּהוּ זָהָב׃ וְאֶת־כָּל־הַבַּיִת בְּרַתּוּקוֹת
צִפָּה זָהָב עַד־תֹּם כָּל־הַבָּיִת וְכָל־הַמִּזְבֵּחַ אֲשֶׁר־לַדְּבִיר צִפָּה
כג זָהָב׃ וַיַּעַשׂ בַּדְּבִיר שְׁנֵי כְרוּבִים עֲצֵי־שָׁמֶן עֶשֶׂר אַמּוֹת קוֹמָתוֹ׃
כד וְחָמֵשׁ אַמּוֹת כְּנַף הַכְּרוּב הָאֶחָת וְחָמֵשׁ אַמּוֹת כְּנַף הַכְּרוּב
כה הַשֵּׁנִית עֶשֶׂר אַמּוֹת מִקְצוֹת כְּנָפָיו וְעַד־קְצוֹת כְּנָפָיו׃ וְעֶשֶׂר
בָּאַמָּה הַכְּרוּב הַשֵּׁנִי מִדָּה אַחַת וְקֶצֶב אֶחָד לִשְׁנֵי הַכְּרֻבִים׃
כו כז קוֹמַת הַכְּרוּב הָאֶחָד עֶשֶׂר בָּאַמָּה וְכֵן הַכְּרוּב הַשֵּׁנִי׃ וַיִּתֵּן אֶת־
הַכְּרוּבִים בְּתוֹךְ ׀ הַבַּיִת הַפְּנִימִי וַיִּפְרְשׂוּ אֶת־כַּנְפֵי הַכְּרֻבִים
וַתִּגַּע כְּנַף־הָאֶחָד בַּקִּיר וּכְנַף הַכְּרוּב הַשֵּׁנִי נֹגַעַת בַּקִּיר הַשֵּׁנִי
כח וְכַנְפֵיהֶם אֶל־תּוֹךְ הַבַּיִת נֹגְעֹת כָּנָף אֶל־כָּנָף׃ וַיְצַף אֶת־
כט הַכְּרוּבִים זָהָב׃ וְאֵת כָּל־קִירוֹת הַבַּיִת מֵסַב ׀ קָלַע פִּתּוּחֵי
ל מִקְלְעוֹת כְּרוּבִים וְתִמֹרֹת וּפְטוּרֵי צִצִּים מִלִּפְנִים וְלַחִיצוֹן׃ וְאֶת־
לא קַרְקַע הַבַּיִת צִפָּה זָהָב לִפְנִימָה וְלַחִיצוֹן׃ וְאֵת פֶּתַח הַדְּבִיר
לב עָשָׂה דַּלְתוֹת עֲצֵי־שָׁמֶן הָאַיִל מְזֻזוֹת חֲמִשִׁית׃ וּשְׁתֵּי דַּלְתוֹת
עֲצֵי־שֶׁמֶן וְקָלַע עֲלֵיהֶם מִקְלְעוֹת כְּרוּבִים וְתִמֹרוֹת וּפְטוּרֵי צִצִּים
לג וְצִפָּה זָהָב וַיָּרֶד עַל־הַכְּרוּבִים וְעַל־הַתִּמֹרוֹת אֶת־הַזָּהָב׃ וְכֵן
לד עָשָׂה לְפֶתַח הַהֵיכָל מְזוּזוֹת עֲצֵי־שָׁמֶן מֵאֵת רְבִעִית׃ וּשְׁתֵּי
דַלְתוֹת עֲצֵי בְרוֹשִׁים שְׁנֵי צְלָעִים הַדֶּלֶת הָאַחַת גְּלִילִים וּשְׁנֵי
לה קְלָעִים הַדֶּלֶת הַשֵּׁנִית גְּלִילִים׃ וְקָלַע כְּרוּבִים וְתִמֹרוֹת וּפְטֻרֵי

of the LORD came to Shelomo, saying, Concerning this house, 12
which thou art building, if thou wilt follow my statutes, and
execute my judgments, and keep all my commandments to
walk in them; then will I perform my word with thee, which
I spoke to David thy father: and I will dwell among the chil- 13
dren of Yisra'el, and will not forsake my people Yisra'el.

So Shelomo built the house, and finished it. And he built the 14,15
walls of the house within with boards of cedar; from the floor
of the house even to the walls of the ceiling he covered them
on the inside with wood, and covered the floor of the house
with planks of cypress. And he built twenty cubits on the 16
back of the house, from the floor to the top of the walls with
boards of cedar: he even built them for it within, for the
sanctuary, that is for the most holy place. And the house, 17
that is, the temple in front, was forty cubits long. And the 18
cedar of the house within was carved with colocynths and
open flowers: all was cedar; there was no stone seen. And the 19
sanctuary he prepared in the house within, to set there the
ark of the covenant of the LORD. And the space for the sanc- 20
tuary was twenty cubits in length, and twenty cubits in
breadth, and twenty cubits in its height: and he overlaid it
with pure gold; and he covered the altar with cedar. So She- 21
lomo overlaid the house within with pure gold: and he drew
chains of gold across before the sanctuary; and he overlaid it
with gold. And the whole house he overlaid with gold, until 22
he had finished all the house: also the whole altar that was by
the sanctuary he overlaid with gold. And within the sanctuary 23
he made two keruvim of olive wood, each ten cubits high.
And five cubits was the one wing of the Keruv, and five cubits 24
the other wing of the keruv: from the uttermost part of the
one wing to the uttermost part of the other were ten cubits.
And the other keruv was ten cubits: both the keruvim were 25
of one measure and one form. The height of the one keruv 26
was ten cubits, and so was that of the other keruv. And he 27
set the keruvim within the inner house: and the wings of the
keruvim were spread out, so that the wing of the one touched
the one wall, and the wing of the other keruv touched the
other wall; and the wings which they stretched towards the
midst of the house touched one another. And he overlaid the 28
keruvim with gold. And he carved all the walls of the house 29
round about with carved figures of keruvim and palm trees
and open flowers, both for the inner and outer areas. And the 30
floor of the house he overlaid with gold, for the inner and
outer areas. And for the entering of the inner sanctuary he 31
made doors of olive wood: the lintel and side posts forming
five sides. The two doors also were of olive wood; and he 32
carved upon them carvings of keruvim and palm trees and
open flowers, and overlaid them with gold, and spread the gold
upon the keruvim and upon the palm trees. So also made he 33
for the door of the temple posts of olive wood, in shape four-
sided. And the two doors were of cypress wood: the one door 34
had two folding leaves, and the other door had two folding
leaves. And he carved on them keruvim and palm trees and 35

לו צִצִּים וְצִפָּה זָהָב מְיֻשָּׁר עַל־הַמְּחֻקֶּה: וַיִּבֶן אֶת־הֶחָצֵר הַפְּנִימִית
לז שְׁלֹשָׁה טוּרֵי גָזִית וְטוּר כְּרֻתֹת אֲרָזִים: בַּשָּׁנָה הָרְבִיעִית יֻסַּד בֵּית
לח יְהוָה בְּיֶרַח זִו: וּבַשָּׁנָה הָאַחַת עֶשְׂרֵה בְּיֶרַח בּוּל הוּא הַחֹדֶשׁ
הַשְּׁמִינִי כָּלָה הַבַּיִת לְכָל־דְּבָרָיו וּלְכָל־מִשְׁפָּטָו וַיִּבְנֵהוּ שֶׁבַע
ז א שָׁנִים: וְאֶת־בֵּיתוֹ בָּנָה שְׁלֹמֹה שְׁלֹשׁ עֶשְׂרֵה שָׁנָה וַיְכַל אֶת־כָּל־
ב בֵּיתוֹ: וַיִּבֶן אֶת־בֵּית ׀ יַעַר הַלְּבָנוֹן מֵאָה אַמָּה אָרְכּוֹ וַחֲמִשִּׁים
אַמָּה רָחְבּוֹ וּשְׁלֹשִׁים אַמָּה קוֹמָתוֹ עַל אַרְבָּעָה טוּרֵי עַמּוּדֵי
ג אֲרָזִים וּכְרֻתוֹת אֲרָזִים עַל־הָעַמּוּדִים: וְסָפֻן בָּאֶרֶז מִמַּעַל עַל־
הַצְּלָעֹת אֲשֶׁר עַל־הָעַמּוּדִים אַרְבָּעִים וַחֲמִשָּׁה חֲמִשָּׁה עָשָׂר
ד הַטּוּר: וּשְׁקֻפִים שְׁלֹשָׁה טוּרִים וּמֶחֱזָה אֶל־מֶחֱזָה שָׁלֹשׁ פְּעָמִים:
ה וְכָל־הַפְּתָחִים וְהַמְּזוּזֹת רְבֻעִים שָׁקֶף וּמוּל מֶחֱזָה אֶל־מֶחֱזָה
ו שָׁלֹשׁ פְּעָמִים: וְאֵת אוּלָם הָעַמּוּדִים עָשָׂה חֲמִשִּׁים אַמָּה אָרְכּוֹ
וּשְׁלֹשִׁים אַמָּה רָחְבּוֹ וְאוּלָם עַל־פְּנֵיהֶם וְעַמֻּדִים וְעָב עַל־פְּנֵיהֶם:
ז וְאוּלָם הַכִּסֵּא אֲשֶׁר יִשְׁפָּט־שָׁם אֻלָם הַמִּשְׁפָּט עָשָׂה וְסָפוּן בָּאֶרֶז
ח מֵהַקַּרְקַע עַד־הַקַּרְקָע: וּבֵיתוֹ אֲשֶׁר־יֵשֶׁב שָׁם חָצֵר הָאַחֶרֶת
מִבֵּית לָאוּלָם כַּמַּעֲשֶׂה הַזֶּה הָיָה וּבַיִת יַעֲשֶׂה לְבַת־פַּרְעֹה
ט אֲשֶׁר לָקַח שְׁלֹמֹה כָּאוּלָם הַזֶּה: כָּל־אֵלֶּה אֲבָנִים יְקָרֹת כְּמִדֹּת
גָּזִית מְגֹרָרוֹת בַּמְּגֵרָה מִבַּיִת וּמִחוּץ וּמִמַּסָּד עַד־הַטְּפָחוֹת
י וּמִחוּץ עַד־הֶחָצֵר הַגְּדוֹלָה: וּמְיֻסָּד אֲבָנִים יְקָרוֹת אֲבָנִים גְּדֹלוֹת
יא אַבְנֵי עֶשֶׂר אַמּוֹת וְאַבְנֵי שְׁמֹנֶה אַמּוֹת: וּמִלְמַעְלָה אֲבָנִים
יב יְקָרוֹת כְּמִדּוֹת גָּזִית וָאָרֶז: וְחָצֵר הַגְּדוֹלָה סָבִיב שְׁלֹשָׁה טוּרִים
גָּזִית וְטוּר כְּרֻתֹת אֲרָזִים וְלַחֲצַר בֵּית־יְהוָה הַפְּנִימִית וּלְאֻלָם
יג הַבָּיִת: וַיִּשְׁלַח הַמֶּלֶךְ שְׁלֹמֹה וַיִּקַּח אֶת־חִירָם
יד מִצֹּר: בֶּן־אִשָּׁה אַלְמָנָה הוּא מִמַּטֵּה נַפְתָּלִי וְאָבִיו אִישׁ־צֹרִי
חֹרֵשׁ נְחֹשֶׁת וַיִּמָּלֵא אֶת־הַחָכְמָה וְאֶת־הַתְּבוּנָה וְאֶת־הַדַּעַת
לַעֲשׂוֹת כָּל־מְלָאכָה בַּנְּחֹשֶׁת וַיָּבוֹא אֶל־הַמֶּלֶךְ שְׁלֹמֹה וַיַּעַשׂ
טו אֶת־כָּל־מְלַאכְתּוֹ: וַיָּצַר אֶת־שְׁנֵי הָעַמּוּדִים נְחֹשֶׁת שְׁמֹנֶה
עֶשְׂרֵה אַמָּה קוֹמַת הָעַמּוּד הָאֶחָד וְחוּט שְׁתֵּים־עֶשְׂרֵה אַמָּה
טז יָסֹב אֶת־הָעַמּוּד הַשֵּׁנִי: וּשְׁתֵּי כֹתָרֹת עָשָׂה לָתֵת עַל־רָאשֵׁי
הָעַמּוּדִים מֻצַק נְחֹשֶׁת חָמֵשׁ אַמּוֹת קוֹמַת הַכֹּתֶרֶת הָאֶחָת
יז וְחָמֵשׁ אַמּוֹת קוֹמַת הַכֹּתֶרֶת הַשֵּׁנִית: שְׂבָכִים מַעֲשֵׂה שְׂבָכָה
גְּדִלִים מַעֲשֵׂה שַׁרְשְׁרוֹת לַכֹּתָרֹת אֲשֶׁר עַל־רֹאשׁ הָעַמּוּדִים
יח שִׁבְעָה לַכֹּתֶרֶת הָאֶחָת וְשִׁבְעָה לַכֹּתֶרֶת הַשֵּׁנִית: וַיַּעַשׂ אֶת־
הָעַמּוּדִים וּשְׁנֵי טוּרִים סָבִיב עַל־הַשְּׂבָכָה הָאֶחָת לְכַסּוֹת אֶת־
הַכֹּתָרֹת אֲשֶׁר עַל־רֹאשׁ הָרִמֹּנִים וְכֵן עָשָׂה לַכֹּתֶרֶת הַשֵּׁנִית:
יט וְכֹתָרֹת אֲשֶׁר עַל־רֹאשׁ הָעַמּוּדִים מַעֲשֵׂה שׁוּשַׁן בָּאוּלָם

open flowers: and covered them with gold fitted upon the
carved work. And he built the inner court with three rows of 36
hewn stone, and a row of cedar beams. In the fourth year 37
was the foundation of the house of the LORD laid, in the month
Ziv: and in the eleventh year, in the month Bul (which is the 38
eighth month), was the house finished throughout all its parts,
and according to all the fashion of it. So was he seven years 7
in building it. But Shelomo spent thirteen years in building
his own house, and he finished all his house. He built also the 2
house of the forest of the Levanon; its length was a hundred
cubits, and its breath was fifty cubits, and its height was thirty
cubits upon four rows of cedar pillars, with cedar beams upon
the pillars. And it was covered with cedar above upon the 3
beams, that lay on forty five pillars, fifteen in a row. And 4
there were window spaces in three rows, and light was against
light in three ranks. And all the doors and posts were square, 5
with the windows: and light was against light in three ranks.
And he made a porch of pillars; the length of which was fifty 6
cubits, and its breadth, thirty cubits: and a porch was before
them: and other pillars and a thick beam were before them.
Then he made a porch for the throne where he might judge, 7
even the porch of judgment: and it was covered with cedar
from floor to floor. And his house where he dwelt, in the other 8
court within the porch, was of the like work. Shelomo made
also a house for Par'o's daughter, whom he had taken to wife,
like this porch. All these were of costly stones, according to 9
the measures of hewn stones, sawed with saws, within and
without, from the foundation to the coping, and on the out-
side toward the great court. And the foundation was of costly 10
stones, great stones, stones of ten cubits, and stones of eight
cubits. And above were costly stones, after the measures of 11
hew stones, and cedars. And the great court round about was 12
with three rows of hewn stones, and a row of cedar beams,
both for the inner court of the house of the LORD, and for the
porch of the house. And king Shelomo sent and fetched 13
Ḥiram from Ẕor. He was a widow's son of the tribe of Naftali, 14
and his father was a man of Ẕor, a worker in brass: and he was
filled with wisdom, and understanding, and cunning to work all
works in brass. And he came to king Shelomo, and wrought all
his work. For he cast two pillars of brass, of eighteen cubits high 15
each pillar: and a line of twelve cubits did circle either of them
about. And he made two capitals of molten brass, to set upon the 16
tops of the pillars: the height of the one capital was five cubits,
and the height of the other capital was five cubits: and nets 17
of checker work, and wreaths of chain work, for the capitals
which were upon the top of the pillars; seven for the one cap-
ital, and seven for the other capital. And he made the pillars, 18
and two rows round about upon the one network, to cover the
capitals that were on the top of the pomegranates: and so did
he for the other capital. And the capitals that were upon the 19
top of the pillars in the porch, were of lily work, four cubits.

כ אַרְבַּע אַמּוֹת׃ וְכֹתָרֹת עַל־שְׁנֵי הָעַמּוּדִים גַּם־מִמַּעַל מִלְּעֻמַּת
הַבֶּטֶן אֲשֶׁר לְעֵבֶר שבכה וְהָרִמּוֹנִים מָאתַיִם טֻרִים סָבִיב עַל הַשְּׂבָכָה
ו הַכֹּתֶרֶת הַשֵּׁנִית׃ וַיָּקֶם אֶת־הָעַמֻּדִים לְאֻלָם הַהֵיכָל וַיָּקֶם כא
אֶת־הָעַמּוּד הַיְמָנִי וַיִּקְרָא אֶת־שְׁמוֹ יָכִין וַיָּקֶם אֶת־הָעַמּוּד
כב הַשְּׂמָאלִי וַיִּקְרָא אֶת־שְׁמוֹ בֹּעַז׃ וְעַל רֹאשׁ הָעַמּוּדִים מַעֲשֵׂה
כג שׁוֹשָׁן וַתִּתֹּם מְלֶאכֶת הָעַמּוּדִים׃ וַיַּעַשׂ אֶת־
הַיָּם מוּצָק עֶשֶׂר בָּאַמָּה מִשְּׂפָתוֹ עַד־שְׂפָתוֹ עָגֹל ׀ סָבִיב וְחָמֵשׁ
כד בָּאַמָּה קוֹמָתוֹ וקוה שְׁלֹשִׁים בָּאַמָּה יָסֹב אֹתוֹ סָבִיב׃ וּפְקָעִים וְקָו
מִתַּחַת לִשְׂפָתוֹ ׀ סָבִיב סֹבְבִים אֹתוֹ עֶשֶׂר בָּאַמָּה מַקִּפִים אֶת־
כה הַיָּם סָבִיב שְׁנֵי טוּרִים הַפְּקָעִים יְצֻקִים בִּיצֻקָתוֹ׃ עֹמֵד עַל־שְׁנֵי
עָשָׂר בָּקָר שְׁלֹשָׁה פֹנִים ׀ צָפוֹנָה וּשְׁלֹשָׁה פֹנִים ׀ יָמָּה וּשְׁלֹשָׁה ׀
פֹּנִים נֶגְבָּה וּשְׁלֹשָׁה פֹּנִים מִזְרָחָה וְהַיָּם עֲלֵיהֶם מִלְמָעְלָה וְכָל־
כו אֲחֹרֵיהֶם בָּיְתָה׃ וְעָבְיוֹ טֶפַח וּשְׂפָתוֹ כְּמַעֲשֵׂה שְׂפַת־כּוֹס פֶּרַח
כז שׁוֹשָׁן אַלְפַּיִם בַּת יָכִיל׃ וַיַּעַשׂ אֶת־הַמְּכֹנוֹת
עֶשֶׂר נְחֹשֶׁת אַרְבַּע בָּאַמָּה אֹרֶךְ הַמְּכוֹנָה הָאֶחָת וְאַרְבַּע
כח בָּאַמָּה רָחְבָּהּ וְשָׁלֹשׁ בָּאַמָּה קוֹמָתָהּ׃ וְזֶה מַעֲשֵׂה הַמְּכוֹנָה
כט מִסְגְּרֹת לָהֶם וּמִסְגְּרֹת בֵּין הַשְׁלַבִּים׃ וְעַל־הַמִּסְגְּרוֹת אֲשֶׁר ׀
בֵּין הַשְׁלַבִּים אֲרָיוֹת ׀ בָּקָר וּכְרוּבִים וְעַל־הַשְׁלַבִּים כֵּן מִמָּעַל
ל וּמִתַּחַת לַאֲרָיוֹת וְלַבָּקָר לֹיוֹת מַעֲשֵׂה מוֹרָד׃ וְאַרְבָּעָה אוֹפַנֵּי
נְחֹשֶׁת לַמְּכוֹנָה הָאַחַת וְסַרְנֵי נְחֹשֶׁת וְאַרְבָּעָה פַעֲמֹתָיו כְּתֵפֹת
לא לָהֶם מִתַּחַת לַכִּיֹּר הַכְּתֵפֹת יְצֻקוֹת מֵעֵבֶר אִישׁ לֹיוֹת׃ וּפִיהוּ
מִבֵּית לַכֹּתֶרֶת וָמַעְלָה בָּאַמָּה וּפִיהָ עָגֹל מַעֲשֵׂה־כֵן אַמָּה וַחֲצִי
הָאַמָּה וְגַם־עַל־פִּיהָ מִקְלָעוֹת וּמִסְגְּרֹתֵיהֶם מְרֻבָּעוֹת לֹא
לב עֲגֻלּוֹת׃ וְאַרְבַּעַת הָאוֹפַנִּים לְמִתַּחַת לַמִּסְגְּרוֹת וִידוֹת הָאוֹפַנִּים
לג בַּמְּכוֹנָה וְקוֹמַת הָאוֹפַן הָאֶחָד אַמָּה וַחֲצִי הָאַמָּה׃ וּמַעֲשֵׂה
הָאוֹפַנִּים כְּמַעֲשֵׂה אוֹפַן הַמֶּרְכָּבָה יְדוֹתָם וְגַבֵּיהֶם וְחִשֻּׁקֵיהֶם
לד וְחִשֻּׁרֵיהֶם הַכֹּל מוּצָק׃ וְאַרְבַּע כְּתֵפוֹת אֶל אַרְבַּע פִּנּוֹת
לה הַמְּכֹנָה הָאֶחָת מִן־הַמְּכֹנָה כְּתֵפֶיהָ׃ וּבְרֹאשׁ הַמְּכוֹנָה חֲצִי
הָאַמָּה קוֹמָה עָגֹל ׀ סָבִיב וְעַל רֹאשׁ הַמְּכֹנָה יְדֹתֶיהָ וּמִסְגְּרֹתֶיהָ
לו מִמֶּנָּה׃ וַיְפַתַּח עַל־הַלֻּחֹת יְדֹתֶיהָ וְעַל ומסגרתיה כְּרוּבִים מִסְגְּרֹתֶיהָ
לז אֲרָיוֹת וְתִמֹרֹת כְּמַעַר־אִישׁ וְלֹיוֹת סָבִיב׃ כָּזֹאת עָשָׂה
אֵת עֶשֶׂר הַמְּכֹנוֹת מוּצָק אֶחָד מִדָּה אַחַת קֶצֶב אֶחָד
לח לְכֻלָּהְנָה׃ וַיַּעַשׂ עֲשָׂרָה כִיֹּרוֹת נְחֹשֶׁת אַרְבָּעִים
בַּת יָכִיל ׀ הַכִּיּוֹר הָאֶחָד אַרְבַּע בָּאַמָּה הַכִּיּוֹר הָאֶחָד כִּיּוֹר
לט אֶחָד עַל־הַמְּכוֹנָה הָאַחַת לְעֶשֶׂר הַמְּכֹנוֹת׃ וַיִּתֵּן אֶת־
הַמְּכֹנוֹת חָמֵשׁ עַל־כֶּתֶף הַבַּיִת מִיָּמִין וְחָמֵשׁ עַל־כֶּתֶף הַבַּיִת

And there were capitals upon the two pillars also above, over 20
against the protuberance which was by the network: and the
pomegranates were two hundred in rows round about upon
the other capital. And he set up the pillars in the porch of 21
the temple: and he set up the right pillar, and called its name
Yakhin: and he set up the left pillar, and called its name Bo'az.
And upon the top of the pillars was lily work: so was the 22
work of the pillars finished.   And he made a molten 23
sea, ten cubits from the one brim to the other: it was round
all about, and its height was five cubits: and a line of thirty
cubits did circle it round about. And under the brim of it round 24
about there were colocynths compassing it, ten cubits, com-
passing the sea round about: the colocynths were in two rows,
cast with it in the same casting. It stood upon twelve oxen, 25
three looking towards the north, and three looking towards the
west, and three looking towards the south, and three looking
towards the east: and the sea was set above upon them, and
all their hinder parts were inward. And it was a hand breadth 26
thick, and its brim was wrought like the brim of a cup, like
the petals of a lily: it contained two thousand bat.

And he made ten bases of brass; four cubits was the 27
length of one base, and four cubits its breadth, and three
cubits the height of it. And the work of the bases was of 28
this manner: they had brothers, and the brothers were be-
tween the ledges: and on the borders that were between the 29
ledges were lions, oxen, and keruvim: (and upon the ledges
there was a base above:) and beneath the lions and oxen
were wreaths of hanging work. And every base had four 30
wheels of brass, and plates of brass: and the four corners
thereof had shoulders: under the laver the shoulders were cast
on, at the side of each were wreaths. And the mouth of it 31
within the capital and above was a cubit: and its mouth was
found after the work of the base, a cubit and a half: and also
upon the mouth of it were engravings with their borders, four-
square, not round. And under the borders were four wheels; 32
and the axles of the wheels were joined to the base: and the
height of a wheel was a cubit and half a cubit. And the work 33
of the wheels was like the work of a chariot wheel: their
axles, and their rims, and their hoops, and their hubs, were all
molten. And there were four shoulders to the four corners of 34
one base: and the shoulders were of the very base itself. And 35
in the top of the base was there a round compass of half a
cubit high: and on the top of the base its stays and its borders
were of one piece with it. For on the plates, on its stays and 36
on its borders, he engraved keruvim, lions, and palm trees,
according to the space between each one; and the wreaths were
round about. After this manner he made the ten bases: all of 37
them of the same casting, the same measure, and the same
shape.   Then he made ten lavers of brass: one laver 38
contained forty bats: and every laver was four cubits: and
upon every one of the ten bases one laver. And he put five 39
bases on the right side of the house, and five on the
left side of the house: and he set the sea on the right

מִשְּׂמֹאלוֹ וְאֶת־הַיָּם נָתַן מִכֶּתֶף הַבַּיִת הַיְמָנִית קֵדְמָה מִמּוּל
מ נֶגֶב׃ וַיַּעַשׂ חִירוֹם אֶת־הַכִּיֹּרוֹת וְאֶת־הַיָּעִים
וְאֶת־הַמִּזְרָקוֹת וַיְכַל חִירָם לַעֲשׂוֹת אֶת־כׇּל־הַמְּלָאכָה אֲשֶׁר
מא עָשָׂה לַמֶּלֶךְ שְׁלֹמֹה בֵּית יהוה׃ עַמֻּדִים שְׁנַיִם וְגֻלֹּת הַכֹּתָרֹת
אֲשֶׁר־עַל־רֹאשׁ הָעַמֻּדִים שְׁתָּיִם וְהַשְּׂבָכוֹת שְׁתַּיִם לְכַסּוֹת
מב אֶת־שְׁתֵּי גֻּלּוֹת הַכֹּתָרֹת אֲשֶׁר עַל־רֹאשׁ הָעַמּוּדִים׃ וְאֶת־
הָרִמֹּנִים אַרְבַּע מֵאוֹת לִשְׁתֵּי הַשְּׂבָכוֹת שְׁנֵי־טוּרִים רִמֹּנִים
לַשְּׂבָכָה הָאֶחָת לְכַסּוֹת אֶת־שְׁתֵּי גֻּלֹּת הַכֹּתָרֹת אֲשֶׁר עַל־
מג פְּנֵי הָעַמּוּדִים׃ וְאֶת־הַמְּכֹנוֹת עֶשֶׂר וְאֶת־הַכִּיֹּרֹת עֲשָׂרָה עַל־
מד הַמְּכֹנוֹת׃ וְאֶת־הַיָּם הָאֶחָד וְאֶת־הַבָּקָר שְׁנֵים־עָשָׂר תַּחַת
מה הַיָּם׃ וְאֶת־הַסִּירוֹת וְאֶת־הַיָּעִים וְאֶת־הַמִּזְרָקוֹת וְאֵת כׇּל־
הַכֵּלִים הָאֹהֶל אֲשֶׁר עָשָׂה חִירָם לַמֶּלֶךְ שְׁלֹמֹה בֵּית יהוה (הָאֵלֶּה)
מו נְחֹשֶׁת מְמֹרָט׃ בְּכִכַּר הַיַּרְדֵּן יְצָקָם הַמֶּלֶךְ בְּמַעֲבֵה הָאֲדָמָה
מז בֵּין סֻכּוֹת וּבֵין צָרְתָן׃ וַיַּנַּח שְׁלֹמֹה אֶת־כׇּל־הַכֵּלִים מֵרֹב מְאֹד
מח מְאֹד לֹא נֶחְקַר מִשְׁקַל הַנְּחֹשֶׁת׃ וַיַּעַשׂ שְׁלֹמֹה אֵת כׇּל־
הַכֵּלִים אֲשֶׁר בֵּית יהוה אֵת מִזְבַּח הַזָּהָב וְאֶת־הַשֻּׁלְחָן אֲשֶׁר
מט עָלָיו לֶחֶם הַפָּנִים זָהָב׃ וְאֶת־הַמְּנֹרוֹת חָמֵשׁ מִיָּמִין וְחָמֵשׁ
מִשְּׂמֹאל לִפְנֵי הַדְּבִיר זָהָב סָגוּר וְהַפֶּרַח וְהַנֵּרֹת וְהַמֶּלְקַחַיִם
נ זָהָב׃ וְהַסִּפּוֹת וְהַמְזַמְּרוֹת וְהַמִּזְרָקוֹת וְהַכַּפּוֹת וְהַמַּחְתּוֹת זָהָב
סָגוּר וְהַפֹּתוֹת לְדַלְתוֹת הַבַּיִת הַפְּנִימִי לְקֹדֶשׁ הַקֳּדָשִׁים לְדַלְתֵי
נא הַבַּיִת לְהֵיכָל זָהָב׃ וַתִּשְׁלַם כׇּל־הַמְּלָאכָה אֲשֶׁר
עָשָׂה הַמֶּלֶךְ שְׁלֹמֹה בֵּית יהוה וַיָּבֵא שְׁלֹמֹה אֶת־קׇדְשֵׁי ׀ דָּוִד
אָבִיו אֶת־הַכֶּסֶף וְאֶת־הַזָּהָב וְאֶת־הַכֵּלִים נָתַן בְּאֹצְרוֹת בֵּית
ח א יהוה׃ אָז יַקְהֵל שְׁלֹמֹה אֶת־זִקְנֵי יִשְׂרָאֵל אֶת־
כׇּל־רָאשֵׁי הַמַּטּוֹת נְשִׂיאֵי הָאָבוֹת לִבְנֵי יִשְׂרָאֵל אֶל־הַמֶּלֶךְ
שְׁלֹמֹה יְרוּשָׁלָםִ לְהַעֲלוֹת אֶת־אֲרוֹן בְּרִית־יהוה מֵעִיר דָּוִד
ב הִיא צִיּוֹן׃ וַיִּקָּהֲלוּ אֶל־הַמֶּלֶךְ שְׁלֹמֹה כׇּל־אִישׁ יִשְׂרָאֵל בְּיֶרַח
ג הָאֵתָנִים בֶּחָג הוּא הַחֹדֶשׁ הַשְּׁבִיעִי׃ וַיָּבֹאוּ כֹּל זִקְנֵי יִשְׂרָאֵל
ד וַיִּשְׂאוּ הַכֹּהֲנִים אֶת־הָאָרוֹן׃ וַיַּעֲלוּ אֶת־אֲרוֹן יהוה וְאֶת־אֹהֶל
מוֹעֵד וְאֶת־כׇּל־כְּלֵי הַקֹּדֶשׁ אֲשֶׁר בָּאֹהֶל וַיַּעֲלוּ אֹתָם הַכֹּהֲנִים
ה וְהַלְוִיִּם׃ וְהַמֶּלֶךְ שְׁלֹמֹה וְכׇל־עֲדַת יִשְׂרָאֵל הַנּוֹעָדִים עָלָיו אִתּוֹ
לִפְנֵי הָאָרוֹן מְזַבְּחִים צֹאן וּבָקָר אֲשֶׁר לֹא־יִסָּפְרוּ וְלֹא יִמָּנוּ מֵרֹב׃
ו וַיָּבִאוּ הַכֹּהֲנִים אֶת־אֲרוֹן בְּרִית־יהוה אֶל־מְקוֹמוֹ אֶל־דְּבִיר
ז הַבַּיִת אֶל־קֹדֶשׁ הַקֳּדָשִׁים אֶל־תַּחַת כַּנְפֵי הַכְּרוּבִים׃ כִּי הַכְּרוּבִים
פֹּרְשִׂים כְּנָפַיִם אֶל־מְקוֹם הָאָרוֹן וַיָּסֹכּוּ הַכְּרֻבִים עַל־הָאָרוֹן וְעַל־
ח בַּדָּיו מִלְמָעְלָה׃ וַיַּאֲרִכוּ הַבַּדִּים וַיֵּרָאוּ רָאשֵׁי הַבַּדִּים מִן־הַקֹּדֶשׁ

side of the house eastward towards the south.
40 And Ḥiram made the lavers, and the shovels, and the ba-
sins. So Ḥiram made an end of doing all the work that he did for
41 king Shelomo, in the house of the LORD: the two pillars, and
the two bowls of the capitals that were on the top of the two
pillars; and the two networks, to cover the two bowls of the
42 capitals which were upon the top of the pillars; and four
hundred pomegranates for the two networks, two rows of
pomegranates for each network, to cover the two bowls of the
43 capitals that were upon the pillars; and the ten bases, and
44 ten lavers on the bases; and one sea, and twelve oxen under
45 the sea; and the pans, and the shovels, and the basins: and all
these vessels, which Ḥiram made for king Shelomo for the
46 house of the LORD, were of burnished brass. In the plain of
the Yarden did the king cast them, in the clay ground between
47 Sukkot and Ẓaretan. And Shelomo left all the vessels un-
weighed, because they were very very many: the weight of
48 the brass was not found out. And Shelomo made all the vessels
that belonged to the house of the LORD: the altar of gold,
49 and the table of gold, upon which the showbread was, and
the candlesticks of pure gold, five on the right side, and five
on the left, before the inner sanctuary, with the flowers, and
50 the lamps, and the tongs of gold, and the bowls, and the snuf-
fers, and the basins, and the spoons, and the firepans of pure
gold; and the hinges of gold, both for the doors of the inner
house, the most holy place, and for the doors of the outer
51 house, namely, the temple. So was ended all the work
that king Shelomo made for the house of the LORD. And She-
lomo brought in the things which David his father had ded-
icated; the silver, and the gold, and the vessels, he did put
8 in the treasuries of the house of the LORD. Then She-
lomo assembled the elders of Yisra'el, and all the heads
of the tribes, the chiefs of the fathers of the children of
Yisra'el, to king Shelomo in Yerushalayim, that they might
bring up the ark of the covenant of the LORD out of the
2 city of David, which is Ẓiyyon. And all the men of Yisra'el
assembled themselves to king Shelomo at the feast in the
3 month of Etanim, which is the seventh month. And all the
4 elders of Yisra'el came, and the priests took up the ark. And
they brought up the ark of the LORD, and the Tent of Meet-
ing, and all the holy vessels that were in the Tent, even those
5 did the priests and the Levites bring up. And king Shelomo,
and all the congregation of Yisra'el, that were assembled to
him, were with him before the ark, sacrificing sheep and oxen,
6 that could not be told nor numbered for multitude. And the
priests brought in the ark of the covenant of the LORD to its
place, into the sanctuary of the house, to the most holy place,
7 under the wings of the keruvim. For the keruvim spread out
their two wings over the place of the ark, and the keruvim
8 covered the ark and its poles above. And they drew out the
poles, so that the ends of the poles were seen from the holy
place, before the sanctuary, though they were not seen out-

עַל־פְּנֵי הַדְּבִיר וְלֹא יֵרָאוּ הַחוּצָה וַיִּהְיוּ שָׁם עַד הַיּוֹם הַזֶּה:

ט אֵין בָּאָרוֹן רַק שְׁנֵי לֻחוֹת הָאֲבָנִים אֲשֶׁר הִנִּחַ שָׁם מֹשֶׁה בְּחֹרֵב

י אֲשֶׁר כָּרַת יְהוָה עִם־בְּנֵי יִשְׂרָאֵל בְּצֵאתָם מֵאֶרֶץ מִצְרָיִם: וַיְהִי

ז יא בְּצֵאת הַכֹּהֲנִים מִן־הַקֹּדֶשׁ וְהֶעָנָן מָלֵא אֶת־בֵּית יְהוָה: וְלֹא־

יָכְלוּ הַכֹּהֲנִים לַעֲמֹד לְשָׁרֵת מִפְּנֵי הֶעָנָן כִּי־מָלֵא כְבוֹד־יְהוָה

יב אֶת־בֵּית יְהוָה: אָז אָמַר שְׁלֹמֹה יְהוָה אָמַר

יג לִשְׁכֹּן בָּעֲרָפֶל: בָּנֹה בָנִיתִי בֵּית זְבֻל לָךְ מָכוֹן לְשִׁבְתְּךָ עוֹלָמִים:

יד וַיַּסֵּב הַמֶּלֶךְ אֶת־פָּנָיו וַיְבָרֶךְ אֵת כָּל־קְהַל יִשְׂרָאֵל וְכָל־קְהַל

יִשְׂרָאֵל עֹמֵד: וַיֹּאמֶר בָּרוּךְ יְהוָה אֱלֹהֵי יִשְׂרָאֵל אֲשֶׁר דִּבֶּר

טו בְּפִיו אֵת דָּוִד אָבִי וּבְיָדוֹ מִלֵּא לֵאמֹר: מִן־הַיּוֹם אֲשֶׁר הוֹצֵאתִי

אֶת־עַמִּי אֶת־יִשְׂרָאֵל מִמִּצְרַיִם לֹא־בָחַרְתִּי בְעִיר מִכֹּל שִׁבְטֵי

יִשְׂרָאֵל לִבְנוֹת בַּיִת לִהְיוֹת שְׁמִי שָׁם וָאֶבְחַר בְּדָוִד לִהְיוֹת עַל־

יז עַמִּי יִשְׂרָאֵל: וַיְהִי עִם־לְבַב דָּוִד אָבִי לִבְנוֹת בַּיִת לְשֵׁם יְהוָה

יח אֱלֹהֵי יִשְׂרָאֵל: וַיֹּאמֶר יְהוָה אֶל־דָּוִד אָבִי יַעַן אֲשֶׁר הָיָה עִם־

יט לְבָבְךָ לִבְנוֹת בַּיִת לִשְׁמִי הֱטִיבֹתָ כִּי הָיָה עִם־לְבָבֶךָ: רַק אַתָּה

לֹא תִבְנֶה הַבָּיִת כִּי אִם־בִּנְךָ הַיֹּצֵא מֵחֲלָצֶיךָ הוּא־יִבְנֶה הַבַּיִת

כ לִשְׁמִי: וַיָּקֶם יְהוָה אֶת־דְּבָרוֹ אֲשֶׁר דִּבֵּר וָאָקֻם תַּחַת דָּוִד אָבִי

וָאֵשֵׁב עַל־כִּסֵּא יִשְׂרָאֵל כַּאֲשֶׁר דִּבֶּר יְהוָה וָאֶבְנֶה הַבַּיִת לְשֵׁם

כא יְהוָה אֱלֹהֵי יִשְׂרָאֵל: וָאָשִׂם שָׁם מָקוֹם לָאָרוֹן אֲשֶׁר־שָׁם

בְּרִית יְהוָה אֲשֶׁר כָּרַת עִם־אֲבֹתֵינוּ בְּהוֹצִיאוֹ אֹתָם מֵאֶרֶץ

כב מִצְרָיִם: וַיַּעֲמֹד שְׁלֹמֹה לִפְנֵי מִזְבַּח יְהוָה נֶגֶד

כג כָּל־קְהַל יִשְׂרָאֵל וַיִּפְרֹשׂ כַּפָּיו הַשָּׁמָיִם: וַיֹּאמַר יְהוָה אֱלֹהֵי

יִשְׂרָאֵל אֵין־כָּמוֹךָ אֱלֹהִים בַּשָּׁמַיִם מִמַּעַל וְעַל־הָאָרֶץ מִתָּחַת

שֹׁמֵר הַבְּרִית וְהַחֶסֶד לַעֲבָדֶיךָ הַהֹלְכִים לְפָנֶיךָ בְּכָל־לִבָּם:

כד אֲשֶׁר שָׁמַרְתָּ לְעַבְדְּךָ דָוִד אָבִי אֵת אֲשֶׁר־דִּבַּרְתָּ לוֹ וַתְּדַבֵּר

בְּפִיךָ וּבְיָדְךָ מִלֵּאתָ כַּיּוֹם הַזֶּה: וְעַתָּה יְהוָה ׀ אֱלֹהֵי יִשְׂרָאֵל

כה שְׁמֹר לְעַבְדְּךָ דָוִד אָבִי אֵת אֲשֶׁר דִּבַּרְתָּ לּוֹ לֵאמֹר לֹא־יִכָּרֵת

לְךָ אִישׁ מִלְּפָנַי יֹשֵׁב עַל־כִּסֵּא יִשְׂרָאֵל רַק אִם־יִשְׁמְרוּ בָנֶיךָ

כו אֶת־דַּרְכָּם לָלֶכֶת לְפָנַי כַּאֲשֶׁר הָלַכְתָּ לְפָנָי: וְעַתָּה אֱלֹהֵי

דְּבָרֶךָ יִשְׂרָאֵל יֵאָמֶן נָא דְבָרְךָ אֲשֶׁר דִּבַּרְתָּ לְעַבְדְּךָ דָּוִד אָבִי: כִּי

כז הַאֻמְנָם יֵשֵׁב אֱלֹהִים עַל־הָאָרֶץ הִנֵּה הַשָּׁמַיִם וּשְׁמֵי הַשָּׁמַיִם

לֹא יְכַלְכְּלוּךָ אַף כִּי־הַבַּיִת הַזֶּה אֲשֶׁר בָּנִיתִי: וּפָנִיתָ אֶל־תְּפִלַּת

כח עַבְדְּךָ וְאֶל־תְּחִנָּתוֹ יְהוָה אֱלֹהָי לִשְׁמֹעַ אֶל־הָרִנָּה וְאֶל־

הַתְּפִלָּה אֲשֶׁר עַבְדְּךָ מִתְפַּלֵּל לְפָנֶיךָ הַיּוֹם: לִהְיוֹת עֵינֶךָ פְתֻחוֹת

כט אֶל־הַבַּיִת הַזֶּה לַיְלָה וָיוֹם אֶל־הַמָּקוֹם אֲשֶׁר אָמַרְתָּ יִהְיֶה שְׁמִי

שָׁם לִשְׁמֹעַ אֶל־הַתְּפִלָּה אֲשֶׁר יִתְפַּלֵּל עַבְדְּךָ אֶל־הַמָּקוֹם הַזֶּה:

side: and there they are to this day. There was nothing in the 9
ark save the two tablets of stone, which Moshe put there at
Ḥorev, when the LORD made a covenant with the children of
Yisra'el, when they came out of the land of Miẕrayim. And it 10
came to pass, when the priests were come out of the holy place,
that the cloud filled the house of the LORD, so that the priests 11
could not stand to minister because of the cloud: for the glory
of the LORD had filled the house of the LORD. Then spoke 12
Shelomo, The LORD said that he would dwell in the thick dark-
ness. I have surely built thee a house to dwell in, a settled place 13
for thee to abide in for ever. And the king turned his face about, 14
and blessed all the congregation of Yisra'el: (and all the con-
gregation of Yisra'el stood:) and he said, Blessed be the LORD 15
GOD of Yisra'el, who spoke with his mouth to David my father,
and has with his hand fulfilled it, saying, Since the day that 16
I brought forth my people Yisra'el out of Miẕrayim, I chose no
city out of all the tribes of Yisra'el to build a house, that my
name might be there; but I chose David to be over my people
Yisra'el. And it was in the heart of David my father to build 17
a house for the name of the LORD GOD of Yisra'el. And the 18
LORD said to David my father, Whereas it was in thy heart to
build a house to my name, thou didst well that it was in thy
heart. Yet thou shalt not build the house; but thy son 19
that shall come forth out of thy loins, he shall build the house
to my name. And the LORD has performed his word that he 20
spoke, and I am risen up in the place of David my father, and
sit on the throne of Yisra'el, as the LORD promised, and have
built a house for the name of the LORD GOD of Yisra'el. And I 21
have set there a place for the ark, in which is the covenant of
the LORD, which he made with our fathers, when he brought
them out of the land of Miẕrayim. And Shelomo stood 22
before the altar of the LORD in the presence of all the congre-
gation of Yisra'el and spread out his hands towards heaven:
and he said, LORD GOD of Yisra'el, there is no GOD like thee, 23
in the heaven above, or on the earth beneath, who keepest
covenant and troth with thy servants who walk before thee
with all their heart: who hast kept with thy servant David 24
my father that which thou didst promise him: thou didst also
with thy mouth, and hast fulfilled it with thy hand, as it is
this day. Therefore now, LORD GOD of Yisra'el, keep with thy 25
servant David my father that which thou didst promise him,
saying, There shall not fail thee a man in my sight to sit on
the throne of Yisra'el; provided that thy children take heed
to their way, to walk before me as thou hast walked before
me. And now, O GOD of Yisra'el, let thy word, I pray thee, 26
be verified, which thou didst speak to thy servant David my
father. For will GOD indeed dwell on the earth? behold, the 27
heaven and heaven of heavens cannot contain thee; how much
less this house that I have built? Have consideration therefore 28
to the prayer of thy servant, and to his supplication, O LORD
my GOD, to hearken to the cry and to the prayer, which thy
servant prays before thee to day: that thy eyes may be open 29
towards this house night and day, towards the place of which

ל וְשָׁמַעְתָּ אֶל־תְּחִנַּת עַבְדְּךָ וְעַמְּךָ יִשְׂרָאֵל אֲשֶׁר יִתְפַּלְלוּ
אֶל־הַמָּקוֹם הַזֶּה וְאַתָּה תִּשְׁמַע אֶל־מְקוֹם שִׁבְתְּךָ אֶל־
הַשָּׁמַיִם וְשָׁמַעְתָּ וְסָלָחְתָּ: אֵת אֲשֶׁר יֶחֱטָא אִישׁ לְרֵעֵהוּ
וְנָשָׁא־בוֹ אָלָה לְהַאֲלֹתוֹ וּבָא אָלָה לִפְנֵי מִזְבַּחֲךָ בַּבַּיִת
לא הַזֶּה: וְאַתָּה ׀ תִּשְׁמַע הַשָּׁמַיִם וְעָשִׂיתָ וְשָׁפַטְתָּ אֶת־עֲבָדֶיךָ
לְהַרְשִׁיעַ רָשָׁע לָתֵת דַּרְכּוֹ בְּרֹאשׁוֹ וּלְהַצְדִּיק צַדִּיק לָתֶת
לב לוֹ כְּצִדְקָתוֹ: בְּהִנָּגֵף עַמְּךָ יִשְׂרָאֵל לִפְנֵי אוֹיֵב
אֲשֶׁר יֶחֶטְאוּ־לָךְ וְשָׁבוּ אֵלֶיךָ וְהוֹדוּ אֶת־שְׁמֶךָ וְהִתְפַּלְלוּ
לג וְהִתְחַנְּנוּ אֵלֶיךָ בַּבַּיִת הַזֶּה: וְאַתָּה תִּשְׁמַע הַשָּׁמַיִם וְסָלַחְתָּ
לְחַטַּאת עַמְּךָ יִשְׂרָאֵל וַהֲשֵׁבֹתָם אֶל־הָאֲדָמָה אֲשֶׁר נָתַתָּ
לד לַאֲבוֹתָם: בְּהֵעָצֵר שָׁמַיִם וְלֹא־יִהְיֶה מָטָר כִּי
יֶחֶטְאוּ־לָךְ וְהִתְפַּלְלוּ אֶל־הַמָּקוֹם הַזֶּה וְהוֹדוּ אֶת־שְׁמֶךָ
לה וּמֵחַטָּאתָם יְשׁוּבוּן כִּי תַעֲנֵם: וְאַתָּה ׀ תִּשְׁמַע הַשָּׁמַיִם וְסָלַחְתָּ
לְחַטַּאת עֲבָדֶיךָ וְעַמְּךָ יִשְׂרָאֵל כִּי תוֹרֵם אֶת־הַדֶּרֶךְ הַטּוֹבָה
אֲשֶׁר יֵלְכוּ־בָהּ וְנָתַתָּה מָטָר עַל־אַרְצְךָ אֲשֶׁר־נָתַתָּה לְעַמְּךָ
לו לְנַחֲלָה: רָעָב כִּי־יִהְיֶה בָאָרֶץ דֶּבֶר כִּי־יִהְיֶה
שִׁדָּפוֹן יֵרָקוֹן אַרְבֶּה חָסִיל כִּי יִהְיֶה כִּי יָצַר־לוֹ אֹיְבוֹ בְּאֶרֶץ
לז שְׁעָרָיו כָּל־נֶגַע כָּל־מַחֲלָה: כָּל־תְּפִלָּה כָל־תְּחִנָּה אֲשֶׁר תִּהְיֶה
לְכָל־הָאָדָם לְכֹל עַמְּךָ יִשְׂרָאֵל אֲשֶׁר יֵדְעוּן אִישׁ נֶגַע לְבָבוֹ
לח וּפָרַשׂ כַּפָּיו אֶל־הַבַּיִת הַזֶּה: וְאַתָּה תִּשְׁמַע הַשָּׁמַיִם מְכוֹן
שִׁבְתֶּךָ וְסָלַחְתָּ וְעָשִׂיתָ וְנָתַתָּ לָאִישׁ כְּכָל־דְּרָכָיו אֲשֶׁר תֵּדַע
אֶת־לְבָבוֹ כִּי־אַתָּה יָדַעְתָּ לְבַדְּךָ אֶת־לְבַב כָּל־בְּנֵי הָאָדָם:
לט לְמַעַן יִרָאוּךָ כָּל־הַיָּמִים אֲשֶׁר־הֵם חַיִּים עַל־פְּנֵי הָאֲדָמָה אֲשֶׁר
מ נָתַתָּה לַאֲבֹתֵינוּ: וְגַם אֶל־הַנָּכְרִי אֲשֶׁר לֹא־
מא מֵעַמְּךָ יִשְׂרָאֵל הוּא וּבָא מֵאֶרֶץ רְחוֹקָה לְמַעַן שְׁמֶךָ: כִּי
יִשְׁמְעוּן אֶת־שִׁמְךָ הַגָּדוֹל וְאֶת־יָדְךָ הַחֲזָקָה וּזְרֹעֲךָ הַנְּטוּיָה
מב וּבָא וְהִתְפַּלֵּל אֶל־הַבַּיִת הַזֶּה: אַתָּה תִּשְׁמַע הַשָּׁמַיִם מְכוֹן
שִׁבְתֶּךָ וְעָשִׂיתָ כְּכֹל אֲשֶׁר־יִקְרָא אֵלֶיךָ הַנָּכְרִי לְמַעַן יֵדְעוּן כָּל־
עַמֵּי הָאָרֶץ אֶת־שְׁמֶךָ לְיִרְאָה אֹתְךָ כְּעַמְּךָ יִשְׂרָאֵל וְלָדַעַת כִּי־
מג שִׁמְךָ נִקְרָא עַל־הַבַּיִת הַזֶּה אֲשֶׁר בָּנִיתִי: כִּי־
יֵצֵא עַמְּךָ לַמִּלְחָמָה עַל־אֹיְבוֹ בַּדֶּרֶךְ אֲשֶׁר תִּשְׁלָחֵם וְהִתְפַּלְלוּ
אֶל־יְהֹוָה דֶּרֶךְ הָעִיר אֲשֶׁר בָּחַרְתָּ בָּהּ וְהַבַּיִת אֲשֶׁר־בָּנִתִי
מד לִשְׁמֶךָ: וְשָׁמַעְתָּ הַשָּׁמַיִם אֶת־תְּפִלָּתָם וְאֶת־תְּחִנָּתָם וְעָשִׂיתָ
מה מִשְׁפָּטָם: כִּי יֶחֶטְאוּ־לָךְ כִּי אֵין אָדָם אֲשֶׁר לֹא־יֶחֱטָא וְאָנַפְתָּ
מו בָם וּנְתַתָּם לִפְנֵי אוֹיֵב וְשָׁבוּם שֹׁבֵיהֶם אֶל־אֶרֶץ הָאוֹיֵב
מז רְחוֹקָה אוֹ קְרוֹבָה: וְהֵשִׁיבוּ אֶל־לִבָּם בָּאָרֶץ אֲשֶׁר נִשְׁבּוּ־שָׁם

thou hast said, My name shall be there: that thou mayst hearken to the prayer which thy servant shall make toward this place. And hearken thou to the supplication of thy servant, and of thy people Yisra'el, when they shall pray towards this place: and hear thou in heaven thy dwelling place: and when thou hearest, forgive. If any man trespass against his neighbour, and an oath be laid upon him to cause him to swear, and the oath come before thy altar in this house: then hear thou in heaven, and do, and judge thy servants, condemning the wicked, to bring his way upon his head; and justifying the righteous, to give him according to his righteousness.   When thy people Yisra'el are smitten down before the enemy, because they have sinned against thee, and shall turn again to thee, and confess thy name, and pray, and make supplication to thee in this house : then hear thou in heaven, and forgive the sin of thy people Yisra'el, and bring them back to the land which thou didst give to their fathers.   When heaven is shut up, and there is no rain, because they have sinned against thee; if they pray towards this place, and confess thy name, and turn from their sin, when thou dost afflict them: then hear thou in heaven, and forgive the sin of thy servants, and of thy people Yisra'el, that thou teach them the good way in which they should walk, and give rain upon thy land, which thou hast given to thy people for an inheritance.   If there be famine in the land, if there be pestilence, blasting, mildew, locust, or if there be caterpiller; if their enemy besiege them in the land of their cities; whatever plague, whatever sickness there be: Whatever prayer and whatever supplication is made by any man, or by all thy people Yisra'el, (who shall know every man the plague of his own heart) and he spread forth his hands towards this house: then hear thou in heaven thy dwelling place, and forgive, and do, and give to every man according to his ways, whose heart thou knowst; (for thou, thou only, knowst the hearts of all the children of men;) that they may fear thee all the days that they live in the land which thou didst give to our fathers.   Moreover concerning a stranger, that is not of thy people Yisra'el, but comes out of a far country for thy name's sake: (for they shall hear of thy great name, and of thy strong hand, and of thy stretched out arm;) when he shall come and pray towards this house; hear thou in heaven thy dwelling place, and do according to all that the stranger calls to thee for: that all people of the earth may know thy name, to fear thee, as do thy people Yisra'el; and that they may know that this house, which I have built is called by thy name.   If thy people go out to battle against their enemy, wherever thou shalt send them, and shall pray to the LORD towards the city which thou hast chosen, and towards the house that I have built for thy name: then hear thou in heaven their prayer and their supplication, and maintain their cause. If they sin against thee, (for there is no man who does not sin) and thou be angry with them, and deliver them to the enemy, so that they carry them away captives to the land of the enemy, far or near; yet if they take thought in the land

30

31

32

33

34

35

36

37

38

39

40

41

42

43

44

45

46

47

וְשָׁ֣בוּ ׀ וְהִֽתְחַנְּנ֣וּ אֵלֶ֗יךָ בְּאֶ֤רֶץ שֹׁבֵיהֶם֙ לֵאמֹ֔ר חָטָ֥אנוּ וְהֶעֱוִ֖ינוּ

מח רָשָֽׁעְנוּ: וְשָׁ֣בוּ אֵלֶ֗יךָ בְּכָל־לְבָבָם֙ וּבְכָל־נַפְשָׁ֔ם בְּאֶ֥רֶץ אֹיְבֵיהֶ֖ם
אֲשֶׁר־שָׁב֣וּ אֹתָ֑ם וְהִֽתְפַּֽלְל֣וּ אֵלֶ֗יךָ דֶּ֤רֶךְ אַרְצָם֙ אֲשֶׁר־נָתַ֣תָּה
לַֽאֲבוֹתָ֔ם הָעִיר֙ אֲשֶׁ֣ר בָּחַ֔רְתָּ וְהַבַּ֖יִת אֲשֶׁר־בָּנִ֥יתָ לִשְׁמֶֽךָ:

מט וְשָֽׁמַעְתָּ֙ הַשָּׁמַ֔יִם מְכ֖וֹן שִׁבְתֶּ֑ךָ אֶת־תְּפִלָּתָ֖ם וְאֶת־תְּחִנָּתָ֑ם

נ וְעָשִׂ֖יתָ מִשְׁפָּטָֽם: וְסָֽלַחְתָּ֣ לְעַמְּךָ֗ אֲשֶׁ֤ר חָֽטְאוּ־לָךְ֙ וּלְכָל־
פִּשְׁעֵיהֶם֙ אֲשֶׁ֣ר פָּֽשְׁעוּ־בָ֔ךְ וּנְתַתָּ֧ם לְרַחֲמִ֛ים לִפְנֵ֥י שֹׁבֵיהֶ֖ם

נא וְרִֽחֲמֽוּם: כִּֽי־עַמְּךָ֥ וְנַֽחֲלָֽתְךָ֖ הֵ֑ם אֲשֶׁ֥ר הוֹצֵ֖אתָ מִמִּצְרַ֣יִם מִתּ֥וֹךְ

נב כּ֖וּר הַבַּרְזֶֽל: לִֽהְי֤וֹת עֵינֶ֨יךָ֙ פְתֻח֔וֹת אֶל־תְּחִנַּ֥ת עַבְדְּךָ֖ וְאֶל־

נג תְּחִנַּ֣ת עַמְּךָ֣ יִשְׂרָאֵ֑ל לִשְׁמֹ֣עַ אֲלֵיהֶ֔ם בְּכֹ֖ל קָֽרְאָ֥ם אֵלֶֽיךָ: כִּֽי־
אַתָּ֣ה הִבְדַּלְתָּ֩ם לְךָ֨ לְנַחֲלָ֜ה מִכֹּ֣ל עַמֵּ֣י הָאָ֗רֶץ כַּֽאֲשֶׁ֤ר דִּבַּ֨רְתָּ֙
בְּיַ֣ד ׀ מֹשֶׁ֣ה עַבְדֶּ֔ךָ בְּהוֹצִֽיאֲךָ֧ אֶת־אֲבֹתֵ֛ינוּ מִמִּצְרַ֖יִם אֲדֹנָ֥י

נד יְהֹוִֽה: וַיְהִ֣י ׀ כְּכַלּ֣וֹת שְׁלֹמֹ֗ה לְהִתְפַּלֵּל֙ אֶל־יְהֹוָ֔ה
אֵ֣ת כָּל־הַתְּפִלָּ֤ה וְהַתְּחִנָּה֙ הַזֹּ֔את קָ֛ם מִלִּפְנֵ֖י מִזְבַּ֣ח יְהֹוָ֑ה מִכְּרֹ֣עַ

נה עַל־בִּרְכָּ֔יו וְכַפָּ֖יו פְּרֻשׂ֥וֹת הַשָּׁמָֽיִם: וַֽיַּעֲמֹ֕ד וַיְבָ֖רֶךְ אֵ֣ת כָּל־קְהַ֣ל
יִשְׂרָאֵ֑ל ק֥וֹל גָּד֖וֹל לֵאמֹֽר: בָּר֣וּךְ יְהֹוָ֗ה אֲשֶׁ֨ר נָתַ֤ן מְנוּחָה֙ לְעַמּ֣וֹ

נו יִשְׂרָאֵ֔ל כְּכֹ֖ל אֲשֶׁ֣ר דִּבֵּ֑ר לֹֽא־נָפַ֞ל דָּבָ֣ר אֶחָ֗ד מִכֹּל֙ דְּבָר֣וֹ הַטּ֔וֹב

נז אֲשֶׁ֣ר דִּבֶּ֔ר בְּיַ֖ד מֹשֶׁ֣ה עַבְדּֽוֹ: יְהִ֤י יְהֹוָ֤ה אֱלֹהֵ֨ינוּ֙ עִמָּ֔נוּ כַּֽאֲשֶׁ֥ר

ח הָיָ֖ה עִם־אֲבֹתֵ֑ינוּ אַל־יַֽעַזְבֵ֖נוּ וְאַֽל־יִטְּשֵֽׁנוּ: לְהַטּ֥וֹת לְבָבֵ֖נוּ אֵלָ֑יו
לָלֶ֣כֶת בְּכָל־דְּרָכָ֗יו וְלִשְׁמֹ֤ר מִצְוֹתָיו֙ וְחֻקָּ֣יו וּמִשְׁפָּטָ֔יו אֲשֶׁ֥ר צִוָּ֖ה

נט אֶת־אֲבֹתֵֽינוּ: וְיִֽהְי֨וּ דְבָרַ֜י אֵ֗לֶּה אֲשֶׁ֤ר הִתְחַנַּ֨נְתִּי֙ לִפְנֵ֣י יְהֹוָ֔ה
קְרֹבִ֛ים אֶל־יְהֹוָ֥ה אֱלֹהֵ֖ינוּ יוֹמָ֣ם וָלָ֑יְלָה לַֽעֲשׂ֣וֹת ׀ מִשְׁפַּ֣ט עַבְדּ֗וֹ

ס וּמִשְׁפַּ֛ט עַמּ֥וֹ יִשְׂרָאֵ֖ל דְּבַר־י֣וֹם בְּיוֹמֽוֹ: לְמַ֗עַן דַּ֨עַת֙ כָּל־עַמֵּ֣י
הָאָ֔רֶץ כִּ֥י יְהֹוָ֖ה ה֣וּא הָֽאֱלֹהִ֑ים אֵ֖ין עֽוֹד: וְהָיָ֤ה לְבַבְכֶם֙ שָׁלֵ֔ם

סא עִ֖ם יְהֹוָ֣ה אֱלֹהֵ֑ינוּ לָלֶ֧כֶת בְּחֻקָּ֛יו וְלִשְׁמֹ֥ר מִצְוֹתָ֖יו כַּיּ֥וֹם הַזֶּֽה:

סב וְהַמֶּ֨לֶךְ֙ וְכָל־יִשְׂרָאֵ֣ל עִמּ֔וֹ זֹֽבְחִ֥ים זֶ֖בַח לִפְנֵ֥י יְהֹוָֽה: וַיִּזְבַּ֣ח שְׁלֹמֹ֗ה

סג אֵ֣ת זֶ֣בַח הַשְּׁלָמִים֮ אֲשֶׁ֣ר זָבַ֣ח לַֽיהֹוָה֒ בָּקָ֗ר עֶשְׂרִ֤ים וּשְׁנַ֨יִם֙ אֶ֔לֶף
וְצֹ֕אן מֵאָ֥ה וְעֶשְׂרִ֖ים אָ֑לֶף וַֽיַּחְנְכוּ֙ אֶת־בֵּ֣ית יְהֹוָ֔ה הַמֶּ֖לֶךְ וְכָל־

סד בְּנֵ֥י יִשְׂרָאֵֽל: בַּיּ֣וֹם הַה֗וּא קִדַּ֤שׁ הַמֶּ֨לֶךְ֙ אֶת־תּ֣וֹךְ הֶֽחָצֵ֔ר אֲשֶׁר֙
לִפְנֵ֣י בֵית־יְהֹוָ֔ה כִּי־עָ֣שָׂה שָׁ֗ם אֶת־הָֽעֹלָה֙ וְאֶת־הַמִּנְחָ֔ה וְאֵ֖ת
חֶלְבֵ֣י הַשְּׁלָמִ֑ים כִּֽי־מִזְבַּ֤ח הַנְּחֹ֨שֶׁת֙ אֲשֶׁ֣ר לִפְנֵ֣י יְהֹוָ֔ה קָטֹ֗ן

סה מֵֽהָכִיל֙ אֶת־הָֽעֹלָ֣ה וְאֶת־הַמִּנְחָ֔ה וְאֵ֖ת חֶלְבֵ֣י הַשְּׁלָמִֽים: וַיַּ֣עַשׂ
שְׁלֹמֹ֣ה בָעֵת־הַהִ֣יא ׀ אֶת־הֶחָ֡ג וְכָל־יִשְׂרָאֵ֨ל עִמּ֜וֹ קָהָ֤ל גָּדוֹל֙
מִלְּב֣וֹא חֲמָ֗ת עַד־נַ֣חַל מִצְרַ֔יִם לִפְנֵ֖י יְהֹוָ֣ה אֱלֹהֵ֑ינוּ שִׁבְעַ֤ת

where they were carried captives, and repent, and make supplication to thee in the land of their captors, saying, We have sinned, and have done perversely, we have committed wickedness; and so they return to thee with all their heart, and with 48 all their soul, in the land of their enemies, who led them away captive, and pray to thee towards their land, which thou didst give to their fathers, the city which thou hast chosen, and the house which I have built for thy name: then hear thou their 49 prayer and their supplication in heaven thy dwelling place, and maintain their cause, and forgive thy people that have 50 sinned against thee, and all their transgressions in which they have transgressed against thee, and give them compassion before them who carried them captive, that they may have compassion on them: for they are thy people, and thy inheri- 51 tance, whom thou didst bring out of Miẓrayim, out of the midst of the iron furnace: that thy eyes may be open to the suppli- 52 cation of thy servant, and to the supplication of thy people Yisra'el, to hearken to them in all that they call for to thee. For thou didst separate them from among all the people of 53 the earth, to be thy inheritance, as thou didst speak by the hand of Moshe thy servant, when thou didst bring our fathers out of Miẓrayim, O Lord God.   And it was so, that when 54 Shelomo had made an end of praying all this prayer and supplication to the Lord, he arose from before the altar of the Lord, from kneeling on his knees with his hands spread up to heaven. And he stood, and blessed all the congregation of 55 Yisra'el with a loud voice, saying, Blessed is the Lord that 56 has given rest to his people Yisra'el, according to all that he promised: there has not failed one word of all his good promise, which he promised by the hand of Moshe his servant. The Lord our God be with us, as he was with our fathers : 57 let him not leave us, nor forsake us: that he may incline our 58 hearts to him, to walk in all his ways, and to keep his commandments, and his statutes, and his judgments, which he commanded our fathers. And let these my words, with which I 59 have made supplication before the Lord, be near to the Lord our God day and night, that he maintain the cause of his servant, and the cause of his people Yisra'el at all times, as each day may require. that all the people of the earth may know 60 that the Lord is God, and that there is no other. Let your 61 heart therefore be perfect with the Lord our God, to walk in his statutes, and to keep his commandments, as at this day. And the king, and all Yisra'el with him, offered sacrifice be- 62 fore the Lord. And Shelomo offered a sacrifice of peace offer- 63 ings, which he offered to the Lord, twenty two thousand oxen, and a hundred and twenty thousand sheep. So the king and all the children of Yisra'el dedicated the house of the Lord. On the same day did the king hallow the middle of the 64 court that was before the house of the Lord : for there he offered burnt offerings, and meal offerings, and the fat of the peace offerings : because the altar of brass that was before the Lord was too little to receive the burnt offerings, and meal offerings, and the fat of the peace offerings. And at that time Shelomo held 65

ס יָמִים וְשִׁבְעַת יָמִים אַרְבָּעָה עָשָׂר יֽוֹם: בַּיּ֣וֹם הַשְּׁמִינִ֗י שִׁלַּ֣ח
אֶת־הָעָ֔ם וַֽיְבָרֲכ֖וּ אֶת־הַמֶּ֑לֶךְ וַיֵּלְכ֣וּ לְאָהֳלֵיהֶ֗ם שְׂמֵחִים֙ וְט֣וֹבֵי
לֵ֔ב עַ֣ל כָּל־הַטּוֹבָ֗ה אֲשֶׁ֨ר עָשָׂ֤ה יְהֹוָה֙ לְדָוִ֣ד עַבְדּ֔וֹ וּלְיִשְׂרָאֵ֖ל
ט עַמּֽוֹ:   וַיְהִ֗י כְּכַלּ֤וֹת שְׁלֹמֹה֙ לִבְנ֣וֹת אֶת־בֵּית־
יְהֹוָ֔ה וְאֶת־בֵּ֖ית הַמֶּ֑לֶךְ וְאֵת֙ כָּל־חֵ֣שֶׁק שְׁלֹמֹ֔ה אֲשֶׁ֖ר חָפֵ֥ץ
ב לַעֲשֽׂוֹת: וַיֵּרָ֧א יְהֹוָ֛ה אֶל־שְׁלֹמֹ֖ה שֵׁנִ֑ית כַּאֲשֶׁ֛ר
ג נִרְאָ֥ה אֵלָ֖יו בְּגִבְעֽוֹן: וַיֹּ֨אמֶר יְהֹוָ֜ה אֵלָ֗יו שָׁמַ֩עְתִּי֩ אֶת־תְּפִלָּתְךָ֨
וְאֶת־תְּחִנָּתְךָ֜ אֲשֶׁ֣ר הִתְחַנַּ֣נְתָּה לְפָנַ֗י הִקְדַּ֨שְׁתִּי֙ אֶת־הַבַּ֤יִת הַזֶּה֙
אֲשֶׁ֣ר בָּנִ֔תָה לָשׂוּם־שְׁמִ֥י שָׁ֖ם עַד־עוֹלָ֑ם וְהָי֨וּ עֵינַ֧י וְלִבִּ֛י שָׁ֖ם כָּל־
ד הַיָּמִֽים: וְאַתָּ֞ה אִם־תֵּלֵ֣ךְ לְפָנַ֗י כַּאֲשֶׁ֨ר הָלַ֜ךְ דָּוִ֤ד אָבִ֙יךָ֙ בְּתָם־
לֵבָ֣ב וּבְיֹ֔שֶׁר לַעֲשׂ֕וֹת כְּכֹ֖ל אֲשֶׁ֣ר צִוִּיתִ֑יךָ חֻקַּ֥י וּמִשְׁפָּטַ֖י תִּשְׁמֹֽר:
ה וַהֲקִמֹתִ֞י אֶת־כִּסֵּ֧א מַֽמְלַכְתְּךָ֛ עַל־יִשְׂרָאֵ֖ל לְעֹלָ֑ם כַּאֲשֶׁ֣ר
דִּבַּ֗רְתִּי עַל־דָּוִ֤ד אָבִ֙יךָ֙ לֵאמֹ֔ר לֹֽא־יִכָּרֵ֤ת לְךָ֙ אִ֔ישׁ מֵעַ֖ל כִּסֵּ֥א
ו יִשְׂרָאֵֽל: אִם־שׁ֨וֹב תְּשֻׁב֜וּן אַתֶּ֤ם וּבְנֵיכֶם֙ מֵאַחֲרַ֔י וְלֹ֤א תִשְׁמְרוּ֙
מִצְוֺתַ֣י חֻקֹּתַ֔י אֲשֶׁ֥ר נָתַ֖תִּי לִפְנֵיכֶ֑ם וַהֲלַכְתֶּ֗ם וַעֲבַדְתֶּם֙ אֱלֹהִ֣ים
ז אֲחֵרִ֔ים וְהִשְׁתַּחֲוִיתֶ֖ם לָהֶֽם: וְהִכְרַתִּ֣י אֶת־יִשְׂרָאֵ֗ל מֵעַ֤ל פְּנֵ֣י
הָאֲדָמָה֙ אֲשֶׁ֣ר נָתַ֣תִּי לָהֶ֔ם וְאֶת־הַבַּ֙יִת֙ אֲשֶׁ֣ר הִקְדַּ֣שְׁתִּי לִשְׁמִ֔י
אֲשַׁלַּ֖ח מֵעַ֣ל פָּנָ֑י וְהָיָ֧ה יִשְׂרָאֵ֛ל לְמָשָׁ֥ל וְלִשְׁנִינָ֖ה בְּכָל־הָעַמִּֽים:
ח וְהַבַּ֤יִת הַזֶּה֙ יִהְיֶ֣ה עֶלְי֔וֹן כָּל־עֹבֵ֥ר עָלָ֖יו יִשֹּׁ֣ם וְשָׁרָ֑ק וְאָמְר֗וּ עַל־
ט מֶ֨ה עָשָׂ֤ה יְהֹוָה֙ כָּ֔כָה לָאָ֥רֶץ הַזֹּ֖את וְלַבַּ֣יִת הַזֶּֽה: וְאָמְר֗וּ עַל֩ אֲשֶׁ֨ר
עָזְב֜וּ אֶת־יְהֹוָ֣ה אֱלֹהֵיהֶ֗ם אֲשֶׁ֨ר הוֹצִ֣יא אֶת־אֲבֹתָם֮ מֵאֶ֣רֶץ
מִצְרַ֒יִם֒ וַֽיַּחֲזִ֙קוּ֙ בֵּאלֹהִ֣ים אֲחֵרִ֔ים וַיִּֽשְׁתַּחֲו֥וּ לָהֶ֖ם וַיַּֽעַבְדֻ֑ם עַל־כֵּ֗ן
י הֵבִ֤יא יְהֹוָה֙ עֲלֵיהֶ֔ם אֵ֥ת כָּל־הָרָעָ֖ה הַזֹּֽאת: וַיְהִ֗י
מִקְצֵה֙ עֶשְׂרִ֣ים שָׁנָ֔ה אֲשֶׁר־בָּנָ֥ה שְׁלֹמֹ֖ה אֶת־שְׁנֵ֣י הַבָּתִּ֑ים אֶת־
א בֵּ֥ית יְהֹוָ֖ה וְאֶת־בֵּ֣ית הַמֶּֽלֶךְ: חִירָ֣ם מֶֽלֶךְ־צֹ֠ר נִשָּׂ֨א אֶת־שְׁלֹמֹ֜ה
בַּעֲצֵ֣י אֲרָזִ֗ים וּבַעֲצֵ֤י בְרוֹשִׁים֙ וּבַזָּהָ֔ב לְכָל־חֶפְצ֑וֹ אָ֡ז יִתֵּן֩ הַמֶּ֨לֶךְ
ב שְׁלֹמֹ֤ה לְחִירָם֙ עֶשְׂרִ֣ים עִ֔יר בְּאֶ֖רֶץ הַגָּלִֽיל: וַיֵּצֵ֤א חִירָם֙ מִצֹּ֔ר
לִרְא֕וֹת אֶת־הֶעָרִ֖ים אֲשֶׁ֣ר נָֽתַן־ל֣וֹ שְׁלֹמֹ֑ה וְלֹ֥א יָשְׁר֖וּ בְּעֵינָֽיו:
ג וַיֹּ֕אמֶר מָ֚ה הֶעָרִ֣ים הָאֵ֔לֶּה אֲשֶׁר־נָתַ֥תָּה לִּ֖י אָחִ֑י וַיִּקְרָ֤א לָהֶם֙
ד אֶ֣רֶץ כָּב֔וּל עַ֖ד הַיּ֥וֹם הַזֶּֽה: וַיִּשְׁלַ֥ח חִירָ֖ם לַמֶּ֑לֶךְ
מֵאָ֥ה וְעֶשְׂרִ֖ים כִּכַּ֥ר זָהָֽב: וְזֶ֨ה דְבַר־הַמַּ֜ס אֲשֶֽׁר־הֶעֱלָ֣ה ׀ הַמֶּ֣לֶךְ
טו שְׁלֹמֹ֗ה לִבְנ֞וֹת אֶת־בֵּ֤ית יְהֹוָה֙ וְאֶת־בֵּית֔וֹ וְאֶת־הַמִּלּ֖וֹא וְאֵ֣ת
חוֹמַ֣ת יְרֽוּשָׁלָ֑͏ִם וְאֶת־חָצֹ֥ר וְאֶת־מְגִדּ֖וֹ וְאֶת־גָּֽזֶר: פַּרְעֹ֣ה מֶֽלֶךְ־
טז מִצְרַ֡יִם עָלָ֡ה וַיִּלְכֹּ֣ד אֶת־גֶּ֩זֶר֩ וַיִּשְׂרְפָ֨הּ בָּאֵ֜שׁ וְאֶת־הַכְּנַעֲנִ֤י
הַיֹּשֵׁ֣ב בָּעִיר֙ הָרָ֔ג וַֽיִּתְּנָהּ֙ שִׁלֻּחִ֔ים לְבִתּ֖וֹ אֵ֥שֶׁת שְׁלֹמֹֽה: וַיִּ֣בֶן
יח שְׁלֹמֹ֔ה אֶת־גָּ֖זֶר וְאֶת־בֵּ֥ית חֹרֹ֖ן תַּחְתּֽוֹן: וְאֶת־בַּעֲלָ֖ת וְאֶת־

a feast, and all Yisra'el with him, a great congregation, from
the entrance of Ḥamath to the wadi of Miẕrayim, before the
Lord our God, seven days and seven days, namely fourteen
days. On the eighth day he sent the people away: and they 66
blessed the king, and went to their tents joyful and glad of
heart for all the goodness that the Lord had done for David his
servant, and for Yisra'el his people. And it came to pass, 9
when Shelomo had finished the building of the house of the
Lord, and the king's house, and all Shelomo's desire which
he was pleased to do, that the Lord appeared to Shelomo 2
a second time, as he had appeared to him at Giv'on. And the 3
Lord said to him, I have heard thy prayer and thy supplica-
tion, that thou hast made before me: I have hallowed this
house, which thou hast built, to put my name there for ever;
and my eyes and my heart shall be there perpetually. And if 4
thou wilt walk before me, as David thy father walked, in
integrity of heart, and in uprightness, to do according to all
that I have commanded thee, and wilt keep my statutes and
my judgments: then I will establish the throne of thy king- 5
dom upon Yisra'el for ever, as I promised to David thy father,
saying, There shall not fail thee a man upon the throne of
Yisra'el. But if you shall turn from following me, you or your 6
children, and will not keep my commandments and my stat-
utes which I have set before you, but go and serve other gods,
and worship them: then will I cut off Yisra'el out of the land 7
which I have given them; and this house, which I have hal-
lowed for my name, will I cast out of my sight; and Yisra'el
shall be a proverb and a byword among all people: and at 8
this house, which is high, every one that passes by it shall be
astonished, and shall hiss; and they shall say, Why has the
Lord done thus to this land, and to this house? And they shall 9
answer, Because they forsook the Lord their God, who brought
their fathers out of the land of Miẕrayim, and have taken hold of
other gods, and have worshipped them, and served them : there-
fore has the Lord brought upon them all this evil. And 10
it came to pass at the end of twenty years, when Shelomo
had built the two houses, the house of the Lord, and the king's
house. (Now Ḥiram the king of Ẕor had helped Shelomo with 11
cedar trees and cypress trees, and with gold, according to all
his desire,) that then king Shelomo gave Ḥiram twenty cities
in the land of the Galil. And Ḥiram came out of Ẕor to see 12
the cities which Shelomo had given him; and they pleased
him not. And he said, What cities are these which thou hast 13
given me, my brother? And he called them the land of Kavul
to this day. And Ḥiram sent to the king one hundred and 14
twenty talents of gold. And this is the manner of the levy 15
which king Shelomo raised; to build the house of the Lord,
and his own house, and the Millo, and the wall of Yerusha-
layim, and Ḥaẕor, and Megiddo, and Gezer. For Par'o king of 16
Miẕrayim had gone up, and taken Gezer, and burnt it with
fire, and slain the Kena'ani that dwelt in the city, and given
it for a present to his daughter, Shelomo's wife. And Shelomo 17
built Gezer, and the lower Bet-ḥoron, and Ba'alat, and Tadmor 18

תַּדְמֹר תָּמַר בַּמִּדְבָּר בָּאָרֶץ: וְאֵת כָּל־עָרֵי הַמִּסְכְּנוֹת אֲשֶׁר הָיוּ יט
לִשְׁלֹמֹה וְאֵת עָרֵי הָרֶכֶב וְאֵת עָרֵי הַפָּרָשִׁים וְאֵת ׀ חֵשֶׁק
שְׁלֹמֹה אֲשֶׁר חָשַׁק לִבְנוֹת בִּירוּשָׁלַ͏ִם וּבַלְּבָנוֹן וּבְכֹל אֶרֶץ
מֶמְשַׁלְתּוֹ: כָּל־הָעָם הַנּוֹתָר מִן־הָאֱמֹרִי הַחִתִּי הַפְּרִזִּי הַחִוִּי כ
וְהַיְבוּסִי אֲשֶׁר לֹא־מִבְּנֵי יִשְׂרָאֵל הֵמָּה: בְּנֵיהֶם אֲשֶׁר נֹתְרוּ כא
אַחֲרֵיהֶם בָּאָרֶץ אֲשֶׁר לֹא־יָכְלוּ בְּנֵי יִשְׂרָאֵל לְהַחֲרִימָם וַיַּעֲלֵם
שְׁלֹמֹה לְמַס־עֹבֵד עַד הַיּוֹם הַזֶּה: וּמִבְּנֵי יִשְׂרָאֵל לֹא־נָתַן כב
שְׁלֹמֹה עָבֶד כִּי־הֵם אַנְשֵׁי הַמִּלְחָמָה וַעֲבָדָיו וְשָׂרָיו וְשָׁלִשָׁיו
וְשָׂרֵי רִכְבּוֹ וּפָרָשָׁיו: אֵלֶּה ׀ שָׂרֵי הַנִּצָּבִים אֲשֶׁר כג
עַל־הַמְּלָאכָה לִשְׁלֹמֹה חֲמִשִּׁים וַחֲמֵשׁ מֵאוֹת הָרֹדִים בָּעָם
הָעֹשִׂים בַּמְּלָאכָה: אַךְ בַּת־פַּרְעֹה עָלְתָה מֵעִיר דָּוִד אֶל־ כד
בֵּיתָהּ אֲשֶׁר בָּנָה־לָהּ אָז בָּנָה אֶת־הַמִּלּוֹא: וְהֶעֱלָה שְׁלֹמֹה כה
שָׁלֹשׁ פְּעָמִים בַּשָּׁנָה עֹלוֹת וּשְׁלָמִים עַל־הַמִּזְבֵּחַ אֲשֶׁר בָּנָה
לַיהוה וְהַקְטֵיר אִתּוֹ אֲשֶׁר לִפְנֵי יהוה וְשִׁלַּם אֶת־הַבָּיִת: וָאֳנִי כו
עָשָׂה הַמֶּלֶךְ שְׁלֹמֹה בְּעֶצְיוֹן־גֶּבֶר אֲשֶׁר אֶת־אֵלוֹת עַל־שְׂפַת
יַם־סוּף בְּאֶרֶץ אֱדוֹם: וַיִּשְׁלַח חִירָם בָּאֳנִי אֶת־עֲבָדָיו אַנְשֵׁי כז
אֳנִיּוֹת יֹדְעֵי הַיָּם עִם עַבְדֵי שְׁלֹמֹה: וַיָּבֹאוּ אוֹפִירָה וַיִּקְחוּ כח
מִשָּׁם זָהָב אַרְבַּע־מֵאוֹת וְעֶשְׂרִים כִּכָּר וַיָּבִאוּ אֶל־הַמֶּלֶךְ
שְׁלֹמֹה: וּמַלְכַּת־שְׁבָא שֹׁמַעַת אֶת־שֵׁמַע שְׁלֹמֹה י א
לְשֵׁם יהוה וַתָּבֹא לְנַסֹּתוֹ בְּחִידוֹת: וַתָּבֹא יְרוּשָׁלַ͏ְמָה בְּחַיִל ב
כָּבֵד מְאֹד גְּמַלִּים נֹשְׂאִים בְּשָׂמִים וְזָהָב רַב־מְאֹד וְאֶבֶן יְקָרָה
וַתָּבֹא אֶל־שְׁלֹמֹה וַתְּדַבֵּר אֵלָיו אֵת כָּל־אֲשֶׁר הָיָה עִם־לְבָבָהּ:
וַיַּגֶּד־לָהּ שְׁלֹמֹה אֶת־כָּל־דְּבָרֶיהָ לֹא־הָיָה דָּבָר נֶעְלָם מִן־ ג
הַמֶּלֶךְ אֲשֶׁר לֹא הִגִּיד לָהּ: וַתֵּרֶא מַלְכַּת־שְׁבָא אֵת כָּל־חָכְמַת ד
שְׁלֹמֹה וְהַבַּיִת אֲשֶׁר בָּנָה: וּמַאֲכַל שֻׁלְחָנוֹ וּמוֹשַׁב עֲבָדָיו ה
וּמַעֲמַד מְשָׁרְתָו וּמַלְבֻּשֵׁיהֶם וּמַשְׁקָיו וְעֹלָתוֹ אֲשֶׁר יַעֲלֶה בֵּית
יהוה וְלֹא־הָיָה בָהּ עוֹד רוּחַ: וַתֹּאמֶר אֶל־הַמֶּלֶךְ אֱמֶת הָיָה הַדָּבָר ו
אֲשֶׁר שָׁמַעְתִּי בְּאַרְצִי עַל־דְּבָרֶיךָ וְעַל־חָכְמָתֶךָ: וְלֹא־הֶאֱמַנְתִּי ז
לַדְּבָרִים עַד אֲשֶׁר־בָּאתִי וַתִּרְאֶינָה עֵינַי וְהִנֵּה לֹא־הֻגַּד־לִי
הַחֵצִי הוֹסַפְתָּ חָכְמָה וָטוֹב אֶל־הַשְּׁמוּעָה אֲשֶׁר שָׁמָעְתִּי: אַשְׁרֵי ח
אֲנָשֶׁיךָ אַשְׁרֵי עֲבָדֶיךָ אֵלֶּה הָעֹמְדִים לְפָנֶיךָ תָּמִיד הַשֹּׁמְעִים
ט אֶת־חָכְמָתֶךָ: יְהִי יהוה אֱלֹהֶיךָ בָּרוּךְ אֲשֶׁר חָפֵץ בְּךָ לְתִתְּךָ ט
עַל־כִּסֵּא יִשְׂרָאֵל בְּאַהֲבַת יהוה אֶת־יִשְׂרָאֵל לְעֹלָם וַיְשִׂימְךָ
לְמֶלֶךְ לַעֲשׂוֹת מִשְׁפָּט וּצְדָקָה: וַתִּתֵּן לַמֶּלֶךְ מֵאָה וְעֶשְׂרִים ׀ י
כִּכַּר זָהָב וּבְשָׂמִים הַרְבֵּה מְאֹד וְאֶבֶן יְקָרָה לֹא בָא כַבֹּשֶׂם
הַהוּא עוֹד לָרֹב אֲשֶׁר־נָתְנָה מַלְכַּת־שְׁבָא לַמֶּלֶךְ שְׁלֹמֹה: וְגַם יא

in the wilderness, in the land, and all the store-cities that 19
Shelomo had, and cities for his chariots, and cities for his
horsemen, and that which Shelomo desired to build in Yeru-
shalayim, and in Levanon, and in all the land of his dominion.
Of all the people that were left of the Emori, Ḫitti, the Perizzi, 20
the Ḫivvi, and the Yevusi, who were not of the children of
Yisra'el, their children that were left after them in the land, 21
whom the children of Yisra'el were not able to wipe out, upon
those did Shelomo levy a tribute of bondservice to this day.
But of the children of Yisra'el did Shelomo make no bond- 22
men: but they were men of war, and his servants, and his
princes, and his captains, and rulers of his chariots, and his
horsemen. These were the chief officers that were over 23
Shelomo's work, five hundred and fifty, who bore rule over the
people that did the work. But Par'o's daughter came up out 24
of the city of David to her house which he had built for her:
then did he build the Millo. And three times a year did She- 25
lomo offer burnt offerings and peace offerings upon the altar
which he built to the LORD, and he burnt incense upon the
altar that was before the LORD. So he finished the house. And 26
king Shelomo made a ship in Eẕyon-gever, which is beside
Elot, on the shore of the Yam-suf in the land of Edom. And 27
Ḫiram sent in the ship his servants, shipmen that had knowl-
edge of the sea, with the servants of Shelomo. And they came 28
to Ofir, and fetched from there four hundred and twenty talents,
of gold, and brought it to king Shelomo. And when **10**
the queen of Sheva heard of the fame of Shelomo, and what
he had done in the name of the LORD, she came to prove him
with riddles. And she came to Yerushalayim with a very great 2
train, with camels that bore spices, and very much gold, and
precious stones: and when she was come to Shelomo, she
spoke to him of all that was in her heart, and Shelomo an- 3
swered her all her questions: there was not anything hid from
the king, which he told her not. And when the queen of Sheva 4
had seen all Shelomo's wisdom, and the house that he had
built, and the food of his table, and the sitting of his servants, 5
and the attendance of his ministers, and their apparel, and his
cupbearers, and his ascent by which he went up to the house
of the LORD ; there was no more spirit in her. And she said 6
to the king, It was a true report that I heard in my own land
of thy acts and of thy wisdom. But I believed not the words, 7
until I came, and my eyes had seen it: and, behold, the half
was not told me: thy wisdom and prosperity exceed the fame
which I heard. Happy are thy men, happy are these thy ser- 8
vants, who stand continually before thee, and who hear thy
wisdom. May the LORD thy GOD, be blessed, who delighted in 9
thee, to set thee on the throne of Yisra'el: because the LORD
loved Yisra'el for ever, therefore he made thee king, to do
justice and righteousness. And she gave the king a hundred 10
and twenty talents of gold, and of spices very great store,
and precious stones: there came no more such abundance of
spices as these which the queen of Sheva gave to king She-
lomo. And also the ship of Ḫiram, that brought gold from 11

אֳנִי חִירָם אֲשֶׁר־נָשָׂא זָהָב מֵאוֹפִיר הֵבִיא מֵאֹפִיר עֲצֵי אַלְמֻגִּים

יב
הַרְבֵּה מְאֹד וְאֶבֶן יְקָרָה: וַיַּעַשׂ הַמֶּלֶךְ אֶת־עֲצֵי הָאַלְמֻגִּים
מִסְעָד לְבֵית־יְהוָה וּלְבֵית הַמֶּלֶךְ וְכִנֹּרוֹת וּנְבָלִים לַשָּׁרִים לֹא

יג
בָא־כֵן עֲצֵי אַלְמֻגִּים וְלֹא נִרְאָה עַד הַיּוֹם הַזֶּה: וְהַמֶּלֶךְ שְׁלֹמֹה
נָתַן לְמַלְכַּת־שְׁבָא אֶת־כָּל־חֶפְצָהּ אֲשֶׁר שָׁאָלָה מִלְּבַד
אֲשֶׁר נָתַן־לָהּ כְּיַד הַמֶּלֶךְ שְׁלֹמֹה וַתֵּפֶן וַתֵּלֶךְ לְאַרְצָהּ הִיא

יד
וַעֲבָדֶיהָ: וַיְהִי מִשְׁקַל הַזָּהָב אֲשֶׁר־בָּא לִשְׁלֹמֹה

טו
בְּשָׁנָה אֶחָת שֵׁשׁ מֵאוֹת שִׁשִּׁים וָשֵׁשׁ כִּכַּר זָהָב: לְבַד מֵאַנְשֵׁי
הַתָּרִים וּמִסְחַר הָרֹכְלִים וְכָל־מַלְכֵי הָעֶרֶב וּפַחוֹת הָאָרֶץ:

טז
וַיַּעַשׂ הַמֶּלֶךְ שְׁלֹמֹה מָאתַיִם צִנָּה זָהָב שָׁחוּט שֵׁשׁ־מֵאוֹת זָהָב

יז
יַעֲלֶה עַל־הַצִּנָּה הָאֶחָת: וּשְׁלֹשׁ־מֵאוֹת מָגִנִּים זָהָב שָׁחוּט
שְׁלֹשֶׁת מָנִים זָהָב יַעֲלֶה עַל־הַמָּגֵן הָאֶחָת וַיִּתְּנֵם הַמֶּלֶךְ בֵּית

יח
יַעַר הַלְּבָנוֹן: וַיַּעַשׂ הַמֶּלֶךְ כִּסֵּא־שֵׁן גָּדוֹל וַיְצַפֵּהוּ

יט
זָהָב מוּפָז: שֵׁשׁ מַעֲלוֹת לַכִּסֵּה וְרֹאשׁ־עָגֹל לַכִּסֵּה מֵאַחֲרָיו
וְיָדֹת מִזֶּה וּמִזֶּה אֶל־מְקוֹם הַשָּׁבֶת וּשְׁנַיִם אֲרָיוֹת עֹמְדִים אֵצֶל

כ
הַיָּדוֹת: וּשְׁנֵים עָשָׂר אֲרָיִים עֹמְדִים שָׁם עַל־שֵׁשׁ הַמַּעֲלוֹת מִזֶּה

כא
וּמִזֶּה לֹא־נַעֲשָׂה כֵן לְכָל־מַמְלָכוֹת: וְכֹל כְּלֵי מַשְׁקֵה הַמֶּלֶךְ
שְׁלֹמֹה זָהָב וְכֹל כְּלֵי בֵּית־יַעַר הַלְּבָנוֹן זָהָב סָגוּר אֵין כֶּסֶף לֹא

כב
נֶחְשָׁב בִּימֵי שְׁלֹמֹה לִמְאוּמָה: כִּי אֳנִי תַרְשִׁישׁ לַמֶּלֶךְ בַּיָּם עִם
אֳנִי חִירָם אַחַת לְשָׁלֹשׁ שָׁנִים תָּבוֹא אֳנִי תַרְשִׁישׁ נֹשְׂאֵת זָהָב

כג
וָכֶסֶף שֶׁנְהַבִּים וְקֹפִים וְתֻכִּיִּים: וַיִּגְדַּל הַמֶּלֶךְ שְׁלֹמֹה מִכֹּל מַלְכֵי

כד
הָאָרֶץ לְעֹשֶׁר וּלְחָכְמָה: וְכָל־הָאָרֶץ מְבַקְשִׁים אֶת־פְּנֵי שְׁלֹמֹה

כה
לִשְׁמֹעַ אֶת־חָכְמָתוֹ אֲשֶׁר־נָתַן אֱלֹהִים בְּלִבּוֹ: וְהֵמָּה מְבִאִים
אִישׁ מִנְחָתוֹ כְּלֵי כֶסֶף וּכְלֵי זָהָב וּשְׂלָמוֹת וְנֵשֶׁק וּבְשָׂמִים סוּסִים

כו
וּפְרָדִים דְּבַר־שָׁנָה בְּשָׁנָה: וַיֶּאֱסֹף שְׁלֹמֹה רֶכֶב
וּפָרָשִׁים וַיְהִי־לוֹ אֶלֶף וְאַרְבַּע־מֵאוֹת רֶכֶב וּשְׁנֵים־עָשָׂר אֶלֶף

כז
פָּרָשִׁים וַיַּנְחֵם בְּעָרֵי הָרֶכֶב וְעִם־הַמֶּלֶךְ בִּירוּשָׁלָ͏ִם: וַיִּתֵּן הַמֶּלֶךְ
אֶת־הַכֶּסֶף בִּירוּשָׁלַ͏ִם כָּאֲבָנִים וְאֵת הָאֲרָזִים נָתַן כַּשִּׁקְמִים

כח
אֲשֶׁר־בַּשְּׁפֵלָה לָרֹב: וּמוֹצָא הַסּוּסִים אֲשֶׁר לִשְׁלֹמֹה מִמִּצְרָיִם

כט
וּמִקְוֵה סֹחֲרֵי הַמֶּלֶךְ יִקְחוּ מִקְוֵה בִּמְחִיר: וַתַּעֲלֶה וַתֵּצֵא מֶרְכָּבָה
מִמִּצְרַיִם בְּשֵׁשׁ מֵאוֹת כֶּסֶף וְסוּס בַּחֲמִשִּׁים וּמֵאָה וְכֵן לְכָל־

יא א
מַלְכֵי הַחִתִּים וּלְמַלְכֵי אֲרָם בְּיָדָם יֹצִאוּ: וְהַמֶּלֶךְ
שְׁלֹמֹה אָהַב נָשִׁים נָכְרִיּוֹת רַבּוֹת וְאֶת־בַּת־פַּרְעֹה מוֹאֲבִיּוֹת

ב
עַמֳּנִיּוֹת אֲדֹמִיֹּת צֵדְנִיֹּת חִתִּיֹּת: מִן־הַגּוֹיִם אֲשֶׁר אָמַר־יְהוָה
אֶל־בְּנֵי יִשְׂרָאֵל לֹא־תָבֹאוּ בָהֶם וְהֵם לֹא־יָבֹאוּ בָכֶם אָכֵן יַטּוּ

ג
אֶת־לְבַבְכֶם אַחֲרֵי אֱלֹהֵיהֶם בָּהֶם דָּבַק שְׁלֹמֹה לְאַהֲבָה: וַיְהִי־

Ofir, brought in from Ofir a great amount of almug wood, and precious stones. And the king made of the almug wood 12 a railing for the house of the LORD, and for the king's house, lyres also and lutes for singers: there came no such almug wood, nor were seen to this day. And king Shelomo gave to 13 the queen of Sheva all her desire, whatever she asked, besides that which Shelomo gave her of his royal bounty. So she turned and went to her own country, she and her servants.   Now 14 the weight of gold that came to Shelomo in one year was six hundred and sixty six talents of gold, besides what he had 15 of the merchantmen, and of the traffic of the merchants, and of all the kings of the 'Erev (Arabia), and of the governors of the country. And king Shelomo made two hundred targets 16 of beaten gold: six hundred shekels of gold went to one target. And he made three hundred shields of beaten gold ; three 17 pound of gold went to one shield: and the king put them in the house of the forest of the Levanon.   Moreover the king 18 made a great throne of ivory, and overlaid it with the best gold. The throne had six steps, and the top of the throne 19 was round behind: and there were arm rests on either side on the seat, and two lions stood beside the arm rests. And twelve 20 lions stood there on the one side and on the other upon the six steps: there was not the like made in any kingdom. And 21 all king Shelomo's drinking vessels were of gold, and all the vessels of the house of the forest of Levanon were of pure gold; none were of silver: that was considered nothing in the days of Shelomo. For the king had at sea a ship of Tarshish 22 with a ship of Ḥiram: once in three years the ship of Tarshish came, bringing gold, and silver, ivory, and apes, and peacocks. So king Shelomo exceeded all the kings of the 23 earth for riches and for wisdom. And all the earth sought 24 of Shelomo, to hear his wisdom, which GOD had put in his heart. And they brought every man his present, vessels of 25 silver, and vessels of gold, and garments, and armour, and spices, horses, and mules, and so it was year by year.   And 26 Shelomo   gathered together chariots and horsemen:, and he had a thousand four hundred chariots, and twelve thousand horsemen, whom he placed in the cities for chariots, and with the king at Yerushalayim. And the king made silver to be in 27 Yerushalayim like stones, and he made cedars to be like the sycamore trees that are in the lowlands for abundance. And 28 Shelomo had horses brought from Miẓrayim and from Qeve; the king's merchants took the horses from Qeve at a fixed price. And a chariot going out of Miẓrayim would cost six 29 hundred shekels of silver, and a horse, a hundred and fifty: and so by their means they brought them out also for all the kings of Ḥittin and the kings of Aram.   But king Shelomo **11** loved many foreign women, together with the daughter of Par'o, Mo'avite, 'Ammonite, Edomite, Ẓidonian, and Ḥittite women; of the nation concerning whom the LORD said to the children 2 of Yisra'el, you shall not go in to them, neither shall they come in to you : for surely they will turn away your heart after their gods: Shelomo attached himself to these in love. And he had 3

לוֹ נָשִׁים שָׂרוֹת שְׁבַע מֵאוֹת וּפִלַגְשִׁים שְׁלֹשׁ מֵאוֹת וַיַּטּוּ נָשָׁיו
אֶת־לִבּוֹ׃ וַיְהִי לְעֵת זִקְנַת שְׁלֹמֹה נָשָׁיו הִטּוּ אֶת־לְבָבוֹ אַחֲרֵי ד
אֱלֹהִים אֲחֵרִים וְלֹא־הָיָה לְבָבוֹ שָׁלֵם עִם־יְהוָה אֱלֹהָיו כִּלְבַב
דָּוִיד אָבִיו׃ וַיֵּלֶךְ שְׁלֹמֹה אַחֲרֵי עַשְׁתֹּרֶת אֱלֹהֵי צִדֹנִים וְאַחֲרֵי ה
מִלְכֹּם שִׁקֻּץ עַמֹּנִים׃ וַיַּעַשׂ שְׁלֹמֹה הָרַע בְּעֵינֵי יְהוָה וְלֹא מִלֵּא ו
אַחֲרֵי יְהוָה כְּדָוִד אָבִיו׃ אָז יִבְנֶה שְׁלֹמֹה בָּמָה ז
לִכְמוֹשׁ שִׁקֻּץ מוֹאָב בָּהָר אֲשֶׁר עַל־פְּנֵי יְרוּשָׁלִָם וּלְמֹלֶךְ שִׁקֻּץ
בְּנֵי עַמּוֹן׃ וְכֵן עָשָׂה לְכָל־נָשָׁיו הַנָּכְרִיּוֹת מַקְטִירוֹת וּמְזַבְּחוֹת ח
לֵאלֹהֵיהֶן׃ וַיִּתְאַנַּף יְהוָה בִּשְׁלֹמֹה כִּי־נָטָה לְבָבוֹ מֵעִם יְהוָה ט
אֱלֹהֵי יִשְׂרָאֵל הַנִּרְאָה אֵלָיו פַּעֲמָיִם׃ וְצִוָּה אֵלָיו עַל־הַדָּבָר הַזֶּה י
לְבִלְתִּי־לֶכֶת אַחֲרֵי אֱלֹהִים אֲחֵרִים וְלֹא שָׁמַר אֵת אֲשֶׁר־צִוָּה
יְהוָה׃ וַיֹּאמֶר יְהוָה לִשְׁלֹמֹה יַעַן אֲשֶׁר הָיְתָה־ יא
זֹּאת עִמָּךְ וְלֹא שָׁמַרְתָּ בְּרִיתִי וְחֻקֹּתַי אֲשֶׁר צִוִּיתִי עָלֶיךָ קָרֹעַ
אֶקְרַע אֶת־הַמַּמְלָכָה מֵעָלֶיךָ וּנְתַתִּיהָ לְעַבְדֶּךָ׃ אַךְ־בְּיָמֶיךָ יב
לֹא אֶעֱשֶׂנָּה לְמַעַן דָּוִד אָבִיךָ מִיַּד בִּנְךָ אֶקְרָעֶנָּה׃ רַק אֶת־ יג
כָּל־הַמַּמְלָכָה לֹא אֶקְרָע שֵׁבֶט אֶחָד אֶתֵּן לִבְנֶךָ לְמַעַן דָּוִד
עַבְדִּי וּלְמַעַן יְרוּשָׁלִַם אֲשֶׁר בָּחָרְתִּי׃ וַיָּקֶם יְהוָה יד
שָׂטָן לִשְׁלֹמֹה אֵת הֲדַד הָאֲדֹמִי מִזֶּרַע הַמֶּלֶךְ הוּא בֶּאֱדוֹם׃
וַיְהִי בִּהְיוֹת דָּוִד אֶת־אֱדוֹם בַּעֲלוֹת יוֹאָב שַׂר הַצָּבָא לְקַבֵּר טו
אֶת־הַחֲלָלִים וַיַּךְ כָּל־זָכָר בֶּאֱדוֹם׃ כִּי שֵׁשֶׁת חֳדָשִׁים יָשַׁב־שָׁם טז
יוֹאָב וְכָל־יִשְׂרָאֵל עַד־הִכְרִית כָּל־זָכָר בֶּאֱדוֹם׃ וַיִּבְרַח אֲדַד יז
הוּא וַאֲנָשִׁים אֲדֹמִיִּים מֵעַבְדֵי אָבִיו אִתּוֹ לָבוֹא מִצְרָיִם וַהֲדַד
נַעַר קָטָן׃ וַיָּקֻמוּ מִמִּדְיָן וַיָּבֹאוּ פָּארָן וַיִּקְחוּ אֲנָשִׁים עִמָּם יח
מִפָּארָן וַיָּבֹאוּ מִצְרַיִם אֶל־פַּרְעֹה מֶלֶךְ־מִצְרַיִם וַיִּתֶּן־לוֹ בַיִת
וְלֶחֶם אָמַר לוֹ וְאֶרֶץ נָתַן לוֹ׃ וַיִּמְצָא הֲדַד חֵן בְּעֵינֵי פַרְעֹה יט
מְאֹד וַיִּתֶּן־לוֹ אִשָּׁה אֶת־אֲחוֹת אִשְׁתּוֹ אֲחוֹת תַּחְפְּנֵיס הַגְּבִירָה׃
וַתֵּלֶד לוֹ אֲחוֹת תַּחְפְּנֵיס אֵת גְּנֻבַת בְּנוֹ וַתִּגְמְלֵהוּ תַחְפְּנֵס בְּתוֹךְ כ
בֵּית פַּרְעֹה וַיְהִי גְנֻבַת בֵּית פַּרְעֹה בְּתוֹךְ בְּנֵי פַרְעֹה׃ וַהֲדַד כא
שָׁמַע בְּמִצְרַיִם כִּי־שָׁכַב דָּוִד עִם־אֲבֹתָיו וְכִי־מֵת יוֹאָב שַׂר־
הַצָּבָא וַיֹּאמֶר הֲדַד אֶל־פַּרְעֹה שַׁלְּחֵנִי וְאֵלֵךְ אֶל־אַרְצִי׃ וַיֹּאמֶר כב
לוֹ פַרְעֹה כִּי מָה־אַתָּה חָסֵר עִמִּי וְהִנְּךָ מְבַקֵּשׁ לָלֶכֶת אֶל־
אַרְצֶךָ וַיֹּאמֶר ׀ לֹא כִּי שַׁלֵּחַ תְּשַׁלְּחֵנִי׃ וַיָּקֶם אֱלֹהִים לוֹ שָׂטָן כג
אֶת־רְזוֹן בֶּן־אֶלְיָדָע אֲשֶׁר בָּרַח מֵאֵת הֲדַדְעֶזֶר מֶלֶךְ־צוֹבָה
אֲדֹנָיו׃ וַיִּקְבֹּץ עָלָיו אֲנָשִׁים וַיְהִי שַׂר־גְּדוּד בַּהֲרֹג דָּוִד אֹתָם כד
וַיֵּלְכוּ דַמֶּשֶׂק וַיֵּשְׁבוּ בָהּ וַיִּמְלְכוּ בְּדַמָּשֶׂק׃ וַיְהִי שָׂטָן לְיִשְׂרָאֵל כה
כָּל־יְמֵי שְׁלֹמֹה וְאֶת־הָרָעָה אֲשֶׁר הֲדָד וַיָּקָץ בְּיִשְׂרָאֵל וַיִּמְלֹךְ

seven hundred wives, princesses, and three hundred concu-
bines: and his wives turned away his heart. For it came to 4
pass, when Shelomo was old, that his wives turned away his
heart after other gods: and his heart was not perfect with
the Lord his God, as was the heart of David his father.
For Shelomo went after ʻAshoret the goddess of the Ẕidonians, 5
and after Milkom the abomination of the ʻAmmonites. And 6
Shelomo did evil in the sight of the Lord, and went not fully
after the Lord, as did David his father. Then did Shelomo 7
build a high place for Kemosh, the abomination of Mo'av, in
the hill that is before Yerushalayim, and for Molekh, the abom-
ination of the children of ʻAmmon. And likewise did he for 8
all his foreign wives, who burnt incense and sacrificed to their
gods. And the Lord was angry with Shelomo, because his heart 9
was turned from the Lord God of Yisra'el, who had twice
appeared to him. And had commanded him concerning this 10
thing, that he should not go after other gods: but he kept
not that which the Lord commanded. So that the Lord 11
said to Shelomo, Since this is your mind, and thou hast not kept
my covenant and my statutes, which I have commanded thee, I
will surely rend the kingdom from thee, and will give it to thy
servant. Yet in thy days I will not do it for David thy father's 12
sake : but I will rend it out of the hand of thy son. Nevertheless, 13
I will not rend away all the kingdom; but will give one tribe
to thy son for David my servant's sake, and for the sake of
Yerushalayim which I have chosen. And the Lord stirred 14
up an adversary to Shelomo, Hadad the Edomit : he was of the
king's seed in Edom. For it came to pass, when David was in 15
Edom, and Yo'av the captain of the host was gone up to bury
the slain, after he had smitten every male in Edom; (for six 16
months did Yo'av remain there with all Yisra'el, until he had
cut off every male in Edom:) that Hadad fled, he and certain 17
Edomites of his father's servants with him, to go into Miẕra-
yim; Hadad being yet a little child. And they arose out of 18
Midyan, and came to Paran : and they took men with them
out of Paran, and they came to Miẕrayim, to Parʻo, the king
of Miẕrayim; who gave him a house, and bread, and gave him
land. And Hadad found great favour in the sight of Parʻo, 19
so that he gave him to wife the sister of his own wife, the
sister of Taḥpenes the queen. And the sister of Taḥpenes bore 20
him Genuvat his son, whom Taḥpenes weaned in Parʻo's house:
and Genuvat was in Parʻo's household among the sons of Parʻo.
And when Hadad heard in Miẕrayim that David slept with his 21
fathers, and that Yo'av the captain of the host was dead,
Hadad said to Parʻo, Let me depart, that I may go to my own
country. Then Parʻo said to him, But what hast thou lacked 22
with me, that, behold, thou seekest to go to thy own country?
And he answered, Nothing: but let me go. And God stirred 23
him up another adversary, Rezon the son of Elyada, who fled
from his lord Hadadʻezer king of Ẕova: and he gathered men 24
to him, and became captain over a band, when David slew
them of Ẕova: and they went to Dammeseq, and dwelt there,
and reigned in Dammeseq. And he was an adversary to Yis- 25

כו עַל־אֲרָם׃ וְיָרָבְעָם בֶּן־נְבָט אֶפְרָתִי מִן־הַצְּרֵדָה
וְשֵׁם אִמּוֹ צְרוּעָה אִשָּׁה אַלְמָנָה עֶבֶד לִשְׁלֹמֹה וַיָּרֶם יָד בַּמֶּלֶךְ׃
כז וְזֶה הַדָּבָר אֲשֶׁר־הֵרִים יָד בַּמֶּלֶךְ שְׁלֹמֹה בָּנָה אֶת־הַמִּלּוֹא
כח סָגַר אֶת־פֶּרֶץ עִיר דָּוִד אָבִיו׃ וְהָאִישׁ יָרָבְעָם גִּבּוֹר חָיִל וַיַּרְא
שְׁלֹמֹה אֶת־הַנַּעַר כִּי־עֹשֵׂה מְלָאכָה הוּא וַיַּפְקֵד אֹתוֹ לְכָל־
כט סֵבֶל בֵּית יוֹסֵף׃ וַיְהִי בָּעֵת הַהִיא וְיָרָבְעָם יָצָא
מִירוּשָׁלִָם וַיִּמְצָא אֹתוֹ אֲחִיָּה הַשִּׁילֹנִי הַנָּבִיא בַּדֶּרֶךְ וְהוּא
ל מִתְכַּסֶּה בְּשַׂלְמָה חֲדָשָׁה וּשְׁנֵיהֶם לְבַדָּם בַּשָּׂדֶה׃ וַיִּתְפֹּשׂ אֲחִיָּה
בַּשַּׂלְמָה הַחֲדָשָׁה אֲשֶׁר עָלָיו וַיִּקְרָעֶהָ שְׁנֵים עָשָׂר קְרָעִים׃
לא וַיֹּאמֶר לְיָרָבְעָם קַח־לְךָ עֲשָׂרָה קְרָעִים כִּי כֹה אָמַר יְהוָה
אֱלֹהֵי יִשְׂרָאֵל הִנְנִי קֹרֵעַ אֶת־הַמַּמְלָכָה מִיַּד שְׁלֹמֹה וְנָתַתִּי לְךָ
לב אֵת עֲשָׂרָה הַשְּׁבָטִים׃ וְהַשֵּׁבֶט הָאֶחָד יִהְיֶה־לּוֹ לְמַעַן ׀ עַבְדִּי
דָוִד וּלְמַעַן יְרוּשָׁלִַם הָעִיר אֲשֶׁר בָּחַרְתִּי בָהּ מִכֹּל שִׁבְטֵי
לג יִשְׂרָאֵל׃ יַעַן ׀ אֲשֶׁר עֲזָבוּנִי וַיִּשְׁתַּחֲווּ לְעַשְׁתֹּרֶת אֱלֹהֵי צִדֹנִין
לִכְמוֹשׁ אֱלֹהֵי מוֹאָב וּלְמִלְכֹּם אֱלֹהֵי בְנֵי־עַמּוֹן וְלֹא־הָלְכוּ
לד בִדְרָכַי לַעֲשׂוֹת הַיָּשָׁר בְּעֵינַי וְחֻקֹּתַי וּמִשְׁפָּטַי כְּדָוִד אָבִיו׃ וְלֹא־
אֶקַּח אֶת־כָּל־הַמַּמְלָכָה מִיָּדוֹ כִּי ׀ נָשִׂיא אֲשִׁתֶנּוּ כֹּל יְמֵי חַיָּיו
לְמַעַן דָּוִד עַבְדִּי אֲשֶׁר בָּחַרְתִּי אֹתוֹ אֲשֶׁר שָׁמַר מִצְוֹתַי וְחֻקֹּתָי׃
לה וְלָקַחְתִּי הַמְּלוּכָה מִיַּד בְּנוֹ וּנְתַתִּיהָ לְּךָ אֵת עֲשֶׂרֶת הַשְּׁבָטִים׃
לו וְלִבְנוֹ אֶתֵּן שֵׁבֶט־אֶחָד לְמַעַן הֱיוֹת־נִיר לְדָוִיד־עַבְדִּי כָּל־
הַיָּמִים ׀ לְפָנַי בִּירוּשָׁלִַם הָעִיר אֲשֶׁר בָּחַרְתִּי לִי לָשׂוּם שְׁמִי
לז שָׁם׃ וְאֹתְךָ אֶקַּח וּמָלַכְתָּ בְּכֹל אֲשֶׁר־תְּאַוֶּה נַפְשֶׁךָ וְהָיִיתָ מֶּלֶךְ
לח עַל־יִשְׂרָאֵל׃ וְהָיָה אִם־תִּשְׁמַע אֶת־כָּל־אֲשֶׁר אֲצַוֶּךָ וְהָלַכְתָּ
בִדְרָכַי וְעָשִׂיתָ הַיָּשָׁר בְּעֵינַי לִשְׁמוֹר חֻקּוֹתַי וּמִצְוֹתַי כַּאֲשֶׁר עָשָׂה
דָּוִד עַבְדִּי וְהָיִיתִי עִמָּךְ וּבָנִיתִי לְךָ בַיִת־נֶאֱמָן כַּאֲשֶׁר בָּנִיתִי
לט לְדָוִד וְנָתַתִּי לְךָ אֶת־יִשְׂרָאֵל׃ וַאְעַנֶּה אֶת־זֶרַע דָּוִד לְמַעַן
מ זֹאת אַךְ לֹא כָל־הַיָּמִים׃ וַיְבַקֵּשׁ שְׁלֹמֹה לְהָמִית אֶת־יָרָבְעָם
וַיָּקָם יָרָבְעָם וַיִּבְרַח מִצְרַיִם אֶל־שִׁישַׁק מֶלֶךְ־מִצְרַיִם וַיְהִי
מא בְמִצְרַיִם עַד־מוֹת שְׁלֹמֹה׃ וְיֶתֶר דִּבְרֵי שְׁלֹמֹה וְכָל־אֲשֶׁר עָשָׂה
מב וְחָכְמָתוֹ הֲלוֹא־הֵם כְּתֻבִים עַל־סֵפֶר דִּבְרֵי שְׁלֹמֹה׃ וְהַיָּמִים
אֲשֶׁר מָלַךְ שְׁלֹמֹה בִירוּשָׁלִַם עַל־כָּל־יִשְׂרָאֵל אַרְבָּעִים שָׁנָה׃
מג וַיִּשְׁכַּב שְׁלֹמֹה עִם־אֲבֹתָיו וַיִּקָּבֵר בְּעִיר דָּוִד אָבִיו וַיִּמְלֹךְ
יב א רְחַבְעָם בְּנוֹ תַּחְתָּיו׃ וַיֵּלֶךְ רְחַבְעָם שְׁכֶם כִּי שְׁכֶם
ב בָּא כָל־יִשְׂרָאֵל לְהַמְלִיךְ אֹתוֹ׃ וַיְהִי כִּשְׁמֹעַ ׀ יָרָבְעָם בֶּן־נְבָט
וְהוּא עוֹדֶנּוּ בְמִצְרַיִם אֲשֶׁר בָּרַח מִפְּנֵי הַמֶּלֶךְ שְׁלֹמֹה וַיֵּשֶׁב

ra'el all the days of Shelomo, besides the mischief that Hadad
did: and he abhorred Yisra'el, and reigned over Aram. And 26
Yarov'am the son of Nevat, an Efrati, of Ẕereda, Shlomo's
servant, whose mother's name was Ẕeru'a, a widow woman,
he lifted up his hand against the king. And this was the cause 27
that he lifted up his hand against the king: Shelomo built
the Millo, and repaired the breaches of the city of David his
father. And the man Yarov'am was a mighty warrior: and 28
Shelomo seeing the young man that he was industrious, he made
him ruler over all the labour of the house of Yosef. And it 29
came to pass at that time when Yarov'am went out of Yeru-
shalayim, that the prophet Aḥiyya the Shiloni found him in
the way; and he had clad himself with a new garment; and
they two were alone in the field: and Aḥiyya caught the new 30
garment that was on him, and rent it in twelve pieces: and he 31
said to Yarov'am, Take thee ten pieces: for thus says the
Lord, the God of Yisra'el, Behold, I will rend the kingdom
out of the hand of Shelomo, and will give ten tribes to thee:
(but he shall have one tribe for my servant David's sake, and 32
for Yerushalayim's sake, the city which I have chosen out of
all the tribes of Yisra'el:) because they have forsaken me, 33
and have worshipped 'Ashtoret the goddess of the Ẕidonians,
Kemosh the god of Mo'av, and Milkom the god of the children
of 'Ammon, and have not walked in my ways, to do that which
is right in my eyes, and to keep my statutes and my judgments,
as did David his father. Yet I will not take the whole kingdom 34
out of his hand: but I will make him prince all the days of his
life for David my servant's sake, whom I chose, because he
kept my commandments and my statutes: but I will take the 35
kingdom out of his son's hand, and will give it to thee, that is
the ten tribes. And to his son will I give one tribe, that David 36
my servant may have a lamp always before me in Yerusha-
layim, the city which I have chosen me to put my name
there. And I will take thee, and thou shalt reign according to 37
all that thy soul desires, and shalt be king over Yisra'el. And 38
it shall be, if thou wilt hearken to all that I command thee, and
will walk in my ways, and do what is right in my sight, to keep
my statutes and my commandments, as David my servant did;
that I will be with thee, and build thee a sure house, as I built
for David, and will give Yisra'el to thee. And I will for this 39
afflict the seed of David, but not for ever. Shelomo sought 40
therefore to kill Yarov'am. And Yarov'am arose, and fled to
Miẕrayim, to Shishaq king of Miẕrayim, and was in Miẕrayim
until the death of Shelomo. And the rest of the acts of 41
Shelomo, and all that he did, and his wisdom, are they not
written in the book of the acts of Shelomo? And the time that 42
Shelomo reigned in Yerushalayim over all Yisra'el was forty
years. And Shelomo slept with his fathers, and was buried in 43
the city of David his father: and Reḥav'am his son reigned in
his stead. And Reḥav'am went to Shekhem: for all Yisra'el 12
were come to Shekhem, to make him king. And it came to 2
pass, when Yarov'am, the son of Nevat, who was yet in Miẕ-
rayim, heard of it, (for he was fled from the presence of king

וַיֵּדַע֙

ג   יָרָבְעָם֙ בְּמִצְרָ֔יִם: וַֽיִּשְׁלְחוּ֙ וַיִּקְרְאוּ־ל֔וֹ וַיָּבֹ֥אוּ יָרָבְעָ֖ם וְכָל־קְהַ֣ל

ד   יִשְׂרָאֵ֑ל וַֽיְדַבְּר֔וּ אֶל־רְחַבְעָ֖ם לֵאמֹֽר: אָבִ֖יךָ הִקְשָׁ֣ה אֶת־עֻלֵּ֑נוּ

וְאַתָּ֡ה עַתָּ֣ה הָקֵל֩ מֵעֲבֹדַ֨ת אָבִ֜יךָ הַקָּשָׁ֗ה וּמֵעֻלּ֧וֹ הַכָּבֵ֛ד אֲשֶׁר־

ה   נָתַ֥ן עָלֵ֖ינוּ וְנַעַבְדֶֽךָ: וַיֹּ֣אמֶר אֲלֵיהֶ֗ם לְכ֥וּ עֹ֛ד שְׁלֹשָׁ֥ה יָמִ֖ים וְשׁ֣וּבוּ

אֵלָ֑י וַיֵּלְכ֖וּ הָעָֽם: וַיִּוָּעַ֞ץ הַמֶּ֣לֶךְ רְחַבְעָ֗ם אֶת־הַזְּקֵנִים֙ אֲשֶׁר־הָי֣וּ

ו   עֹמְדִ֗ים אֶת־פְּנֵי֙ שְׁלֹמֹ֣ה אָבִ֔יו בִּֽהְיֹת֖וֹ חַ֣י לֵאמֹ֑ר אֵ֧יךְ אַתֶּ֣ם

ז   נֽוֹעָצִ֔ים לְהָשִׁ֥יב אֶת־הָֽעָם־הַזֶּ֖ה דָּבָֽר: וַיְדַבֵּ֨ר אֵלָ֜יו לֵאמֹ֗ר אִם־

הַיּ֨וֹם תִּֽהְיֶה־עֶ֜בֶד לָעָ֤ם הַזֶּה֙ וַֽעֲבַדְתָּ֔ם וַעֲנִיתָ֕ם וְדִבַּרְתָּ֥ אֲלֵיהֶ֖ם

ח   דְּבָרִ֣ים טוֹבִ֑ים וְהָי֥וּ לְךָ֛ עֲבָדִ֖ים כָּל־הַיָּמִֽים: וַֽיַּעֲזֹ֛ב אֶת־עֲצַ֥ת

הַזְּקֵנִ֖ים אֲשֶׁ֣ר יְעָצֻ֑הוּ וַיִּוָּעַ֗ץ אֶת־הַיְלָדִים֙ אֲשֶׁ֣ר גָּדְל֣וּ אִתּ֔וֹ אֲשֶׁ֥ר

ט   הָעֹמְדִ֖ים לְפָנָֽיו: וַיֹּ֣אמֶר אֲלֵיהֶ֗ם מָ֤ה אַתֶּם֙ נֽוֹעָצִ֔ים וְנָשִׁ֥יב דָּבָ֖ר

אֶת־הָעָ֣ם הַזֶּ֑ה אֲשֶׁ֨ר דִּבְּר֤וּ אֵלַי֙ לֵאמֹ֔ר הָקֵל֙ מִן־הָעֹ֔ל אֲשֶׁר־

י   נָתַ֥ן אָבִ֖יךָ עָלֵ֑ינוּ וַיְדַבְּר֣וּ אֵלָ֗יו הַיְלָדִים֙ אֲשֶׁ֨ר גָּדְל֤וּ אִתּוֹ֙ לֵאמֹ֔ר

כֹּֽה־תֹאמַ֣ר לָעָ֣ם הַזֶּ֡ה אֲשֶׁר֩ דִּבְּר֨וּ אֵלֶ֜יךָ לֵאמֹ֗ר אָבִ֨יךָ֙ הִכְבִּ֣יד

אֶת־עֻלֵּ֔נוּ וְאַתָּ֖ה הָקֵ֣ל מֵעָלֵ֑ינוּ כֹּ֚ה תְּדַבֵּ֣ר אֲלֵיהֶ֔ם קָֽטָנִּ֥י עָבָ֖ה

יא   מִמָּתְנֵ֥י אָבִֽי: וְעַתָּ֗ה אָבִי֙ הֶעְמִ֤יס עֲלֵיכֶם֙ עֹ֣ל כָּבֵ֔ד וַאֲנִ֖י אֹסִ֣יף

עַֽל־עֻלְּכֶ֑ם אָבִ֗י יִסַּ֤ר אֶתְכֶם֙ בַּשּׁוֹטִ֔ים וַאֲנִ֕י אֲיַסֵּ֥ר אֶתְכֶ֖ם

יב   בָּֽעַקְרַבִּֽים: וַיָּב֨וֹ יָרָבְעָ֤ם וְכָל־הָעָם֙ אֶל־רְחַבְעָ֔ם בַּיּ֥וֹם הַשְּׁלִישִׁ֑י

יג   כַּֽאֲשֶׁ֨ר דִּבֶּ֤ר הַמֶּ֨לֶךְ֙ לֵאמֹ֔ר שׁ֥וּבוּ אֵלַ֖י בַּיּ֥וֹם הַשְּׁלִישִֽׁי: וַיַּ֤עַן

הַמֶּ֨לֶךְ֙ אֶת־הָעָ֣ם קָשָׁ֔ה וַֽיַּעֲזֹ֕ב אֶת־עֲצַ֥ת הַזְּקֵנִ֖ים אֲשֶׁ֥ר יְעָצֻֽהוּ:

יד   וַיְדַבֵּ֣ר אֲלֵיהֶ֗ם כַּֽעֲצַ֤ת הַיְלָדִים֙ לֵאמֹ֔ר אָבִי֙ הִכְבִּ֣יד אֶת־עֻלְּכֶ֔ם

וַאֲנִ֖י אֹסִ֣יף עַֽל־עֻלְּכֶ֑ם אָבִ֗י יִסַּ֤ר אֶתְכֶם֙ בַּשּׁוֹטִ֔ים וַאֲנִ֕י אֲיַסֵּ֥ר

טו   אֶתְכֶ֖ם בָּֽעַקְרַבִּֽים: וְלֹֽא־שָׁמַ֥ע הַמֶּ֖לֶךְ אֶל־הָעָ֑ם כִּֽי־הָיְתָ֤ה סִבָּה֙

מֵעִ֣ם יְהֹוָ֔ה לְמַ֨עַן֙ הָקִ֣ים אֶת־דְּבָר֔וֹ אֲשֶׁר֩ דִּבֶּ֨ר יְהֹוָ֜ה בְּיַ֣ד אֲחִיָּ֣ה

טז   הַשִּׁילֹנִ֗י אֶל־יָרָבְעָ֖ם בֶּן־נְבָֽט: וַיַּ֣רְא כָּל־יִשְׂרָאֵ֗ל כִּ֣י לֹֽא־שָׁמַ֣ע

הַמֶּ֘לֶךְ֮ אֲלֵיהֶם֒ וַיָּשִׁ֣בוּ הָעָ֣ם אֶת־הַמֶּ֣לֶךְ ׀ דָּבָ֣ר ׀ לֵאמֹ֗ר מַה־לָּ֨נוּ

חֵ֜לֶק בְּדָוִ֗ד וְלֹֽא־נַחֲלָה֙ בְּבֶן־יִשַׁ֔י לְאֹהָלֶ֥יךָ יִשְׂרָאֵ֑ל עַתָּ֕ה רְאֵ֥ה

יז   בֵיתְךָ֖ דָּוִ֑ד וַיֵּ֥לֶךְ יִשְׂרָאֵ֖ל לְאֹהָלָֽיו: וּבְנֵ֣י יִשְׂרָאֵ֔ל הַיֹּשְׁבִ֖ים בְּעָרֵ֣י

יְהוּדָ֑ה וַיִּמְלֹ֥ךְ עֲלֵיהֶ֖ם רְחַבְעָֽם:

יח   וַיִּשְׁלַ֞ח הַמֶּ֣לֶךְ רְחַבְעָ֗ם אֶת־אֲדֹרָם֙ אֲשֶׁ֣ר עַל־הַמַּ֔ס וַיִּרְגְּמ֨וּ כָל־

יִשְׂרָאֵ֥ל בּ֛וֹ אֶ֖בֶן וַיָּמֹ֑ת וְהַמֶּ֣לֶךְ רְחַבְעָ֗ם הִתְאַמֵּ֛ץ לַעֲל֥וֹת

יט   בַּמֶּרְכָּבָ֖ה לָנ֥וּס יְרוּשָׁלָֽ͏ִם: וַיִּפְשְׁע֤וּ יִשְׂרָאֵל֙ בְּבֵ֣ית דָּוִ֔ד עַ֖ד הַיּ֥וֹם

כ   הַזֶּֽה: וַיְהִ֞י כִּשְׁמֹ֤עַ כָּל־יִשְׂרָאֵל֙ כִּֽי־שָׁ֣ב יָרָבְעָ֔ם

וַֽיִּשְׁלְח֗וּ וַיִּקְרְא֤וּ אֹתוֹ֙ אֶל־הָ֣עֵדָ֔ה וַיַּמְלִ֥יכוּ אֹת֖וֹ עַל־כָּל־

יִשְׂרָאֵ֑ל לֹ֤א הָיָה֙ אַחֲרֵ֣י בֵית־דָּוִ֔ד זוּלָתִ֥י שֵֽׁבֶט־יְהוּדָ֖ה לְבַדּֽוֹ:

וַיָּבֹ֨א

כא   וַיָּבֹ֣א רְחַבְעָם֮ יְרוּשָׁלַ͏ִם֒ וַיַּקְהֵל֙ אֶת־כָּל־בֵּ֣ית יְהוּדָ֔ה וְאֶת־

Shelomo, and Yorav'am dwelt in Miẓrayim;) that they sent 3
and called him. And Yarov'am and all the congregation of Yis-
ra'el came, and spoke to Reḥav'am, saying, Thy father made 4
our yoke hard: now therefore make thou the hard service of
thy father, and his heavy yoke which he put upon us, lighter,
and we will serve thee. And he said unto them, Depart for 5
three more days, then come back to me. And the people de-
parted. And king Reḥav'am consulted with the old men, that 6
stood before Shelomo his father while he yet lived, and said,
How do you advise that I answer this people? And they spoke 7
to him, saying, If thou wilt be a servant to this people this
day, and wilt serve them, and answer them, and speak good
words of them, then they will be thy servants for ever. But he 8
forsook the counsel of the old men, which they had given him,
and consulted with the young men that had grown up with
him, and who stood before him: and he said to them, What 9
counsel give you that we answer this people, who have spoken
to me, saying, Make lighter the yoke which thy father did put
upon us? And the young men that had grown up with him 10
spoke to him, saying, Thus shalt thou speak to this people
that spoke to thee, saying, Thy father made our yoke heavy,
but thou make it lighter to us; thus shalt thou say unto them,
My little finger shall be thicker than my father's loins. And 11
now whereas my father did burden you with a heavy yoke,
I will add to your yoke: my father chastised you with whips,
but I will chastise you with scorpions. So Yarov'am and all 12
the people came to Reḥav'am the third day, as the king had
appointed, saying, Come to me again the third day. And the 13
king answered the people roughly, and forsook the counsel
that the old men had counselled him; and spoke to them after 14
the counsel of the young men, saying, My father made your
yoke heavy, and I will add to your yoke: my father chastised
you with whips, but I will chastise you with scorpions. So that 15
the king hearkened not to the people; for it was so brought
about from the LORD, that he might perform his saying, which
the LORD spoke by Aḥiyya the Shiloni to Yarov'am the son of
Nevat. So when all Yisra'el saw that the king hearkened not 16
to them, the people answered the king, saying, What portion
have we in David? neither have we inheritance in the son of
Yishay : to your tents, O Yisra'el : now see to thy own house,
David. So Yisra'el departed to their tents. But as for the 17
children of Yisra'el who dwelt in the cities of Yehuda, Re-
ḥav'am reigned over them.

Then king Reḥav'am sent Adoram, who was over the tribute ; 18
and all Yisra'el stoned him with stones, that he died. Therefore
king Reḥav'am made speed to get him up to his chariot, to
flee to Yerushalayim. So Yisra'el rebelled against the house 19
of David to this day.   And it came to pass, when 20
all Yisra'el heard that Yarov'am was come back, that they
sent and called him to the congregation, and made him king
over all Yisra'el, there was none that followed the house of
David, but the tribe of Yehuda only. And when Reḥav'am was 21
come to Yerushalayim, he assembled all the house of Yehuda,

שֵׁבֶט בִּנְיָמִן מֵאָה וּשְׁמֹנִים אֶלֶף בָּחוּר עֹשֵׂה מִלְחָמָה
לְהִלָּחֵם עִם־בֵּית יִשְׂרָאֵל לְהָשִׁיב אֶת־הַמְּלוּכָה לִרְחַבְעָם
בֶּן־שְׁלֹמֹה: וַיְהִי דְּבַר הָאֱלֹהִים אֶל־שְׁמַעְיָה כב

אִישׁ־הָאֱלֹהִים לֵאמֹר: אֱמֹר אֶל־רְחַבְעָם בֶּן־שְׁלֹמֹה מֶלֶךְ כג

יְהוּדָה וְאֶל־כָּל־בֵּית יְהוּדָה וּבִנְיָמִין וְיֶתֶר הָעָם לֵאמֹר: כֹּה כד
אָמַר יְהוָה לֹא־תַעֲלוּ וְלֹא־תִלָּחֲמוּן עִם־אֲחֵיכֶם בְּנֵי־יִשְׂרָאֵל
שׁוּבוּ אִישׁ לְבֵיתוֹ כִּי מֵאִתִּי נִהְיָה הַדָּבָר הַזֶּה וַיִּשְׁמְעוּ אֶת־
דְּבַר יְהוָה וַיָּשֻׁבוּ לָלֶכֶת כִּדְבַר יְהוָה: וַיִּבֶן כה
יָרָבְעָם אֶת־שְׁכֶם בְּהַר אֶפְרַיִם וַיֵּשֶׁב בָּהּ וַיֵּצֵא מִשָּׁם וַיִּבֶן אֶת־
פְּנוּאֵל: וַיֹּאמֶר יָרָבְעָם בְּלִבּוֹ עַתָּה תָּשׁוּב הַמַּמְלָכָה לְבֵית־ כו
דָּוִד: אִם־יַעֲלֶה הָעָם הַזֶּה לַעֲשׂוֹת זְבָחִים בְּבֵית־יְהוָה כז
בִּירוּשָׁלִַם וְשָׁב לֵב הָעָם הַזֶּה אֶל־אֲדֹנֵיהֶם אֶל־רְחַבְעָם מֶלֶךְ
יְהוּדָה וַהֲרָגֻנִי וְשָׁבוּ אֶל־רְחַבְעָם מֶלֶךְ־יְהוּדָה: וַיִּוָּעַץ הַמֶּלֶךְ כח
וַיַּעַשׂ שְׁנֵי עֶגְלֵי זָהָב וַיֹּאמֶר אֲלֵהֶם רַב־לָכֶם מֵעֲלוֹת יְרוּשָׁלִַם
הִנֵּה אֱלֹהֶיךָ יִשְׂרָאֵל אֲשֶׁר הֶעֱלוּךָ מֵאֶרֶץ מִצְרָיִם: וַיָּשֶׂם אֶת־ כט
הָאֶחָד בְּבֵית־אֵל וְאֶת־הָאֶחָד נָתַן בְּדָן: וַיְהִי הַדָּבָר הַזֶּה ל
לְחַטָּאת וַיֵּלְכוּ הָעָם לִפְנֵי הָאֶחָד עַד־דָּן: וַיַּעַשׂ אֶת־בֵּית בָּמוֹת לא
וַיַּעַשׂ כֹּהֲנִים מִקְצוֹת הָעָם אֲשֶׁר לֹא־הָיוּ מִבְּנֵי לֵוִי: וַיַּעַשׂ לב
יָרָבְעָם חָג בַּחֹדֶשׁ הַשְּׁמִינִי בַּחֲמִשָּׁה־עָשָׂר יוֹם לַחֹדֶשׁ כֶּחָג
אֲשֶׁר בִּיהוּדָה וַיַּעַל עַל־הַמִּזְבֵּחַ כֵּן עָשָׂה בְּבֵית־אֵל לְזַבֵּחַ
לָעֲגָלִים אֲשֶׁר־עָשָׂה וְהֶעֱמִיד בְּבֵית בָּמוֹת אֶת־כֹּהֲנֵי הַבָּמוֹת
אֲשֶׁר עָשָׂה: וַיַּעַל עַל־הַמִּזְבֵּחַ אֲשֶׁר־עָשָׂה בְּבֵית־אֵל בַּחֲמִשָּׁה לג
עָשָׂר יוֹם בַּחֹדֶשׁ הַשְּׁמִינִי בַּחֹדֶשׁ אֲשֶׁר־בָּדָא מִלִּבּוֹ וַיַּעַשׂ חָג
לִבְנֵי יִשְׂרָאֵל וַיַּעַל עַל־הַמִּזְבֵּחַ לְהַקְטִיר: וְהִנֵּה יג א

אִישׁ אֱלֹהִים בָּא מִיהוּדָה בִּדְבַר יְהוָה אֶל־בֵּית־אֵל וְיָרָבְעָם
עֹמֵד עַל־הַמִּזְבֵּחַ לְהַקְטִיר: וַיִּקְרָא עַל־הַמִּזְבֵּחַ בִּדְבַר יְהוָה ב
וַיֹּאמֶר מִזְבֵּחַ מִזְבֵּחַ כֹּה אָמַר יְהוָה הִנֵּה־בֵן נוֹלָד לְבֵית־דָּוִד
יֹאשִׁיָּהוּ שְׁמוֹ וְזָבַח עָלֶיךָ אֶת־כֹּהֲנֵי הַבָּמוֹת הַמַּקְטִרִים עָלֶיךָ
וְעַצְמוֹת אָדָם יִשְׂרְפוּ עָלֶיךָ: וְנָתַן בַּיּוֹם הַהוּא מוֹפֵת לֵאמֹר זֶה ג
הַמּוֹפֵת אֲשֶׁר דִּבֶּר יְהוָה הִנֵּה הַמִּזְבֵּחַ נִקְרָע וְנִשְׁפַּךְ הַדֶּשֶׁן
אֲשֶׁר־עָלָיו: וַיְהִי כִשְׁמֹעַ הַמֶּלֶךְ אֶת־דְּבַר אִישׁ־הָאֱלֹהִים אֲשֶׁר ד
קָרָא עַל־הַמִּזְבֵּחַ בְּבֵית־אֵל וַיִּשְׁלַח יָרָבְעָם אֶת־יָדוֹ מֵעַל
הַמִּזְבֵּחַ לֵאמֹר תִּפְשֻׂהוּ וַתִּיבַשׁ יָדוֹ אֲשֶׁר שָׁלַח עָלָיו וְלֹא יָכֹל
לַהֲשִׁיבָהּ אֵלָיו: וְהַמִּזְבֵּחַ נִקְרָע וַיִּשָּׁפֵךְ הַדֶּשֶׁן מִן־הַמִּזְבֵּחַ ה
כַּמּוֹפֵת אֲשֶׁר נָתַן אִישׁ הָאֱלֹהִים בִּדְבַר יְהוָה: וַיַּעַן הַמֶּלֶךְ ו
וַיֹּאמֶר אֶל־אִישׁ הָאֱלֹהִים חַל־נָא אֶת־פְּנֵי יְהוָה אֱלֹהֶיךָ

with the tribe of Binyamin, a hundred and eighty thousand
chosen men, who were warriors, to fight against the house of
Yisra'el, to bring kingdom again to Reẖav'am the son of
Shelomo. But the word of God came to Shema'ya, 22
the man of God, saying, Speak to Reẖav'am the son of Shelomo, 23
king of Yehuda, and to all the house of Yehuda, and Bin-
yamin, and to the remnant of the people, saying, Thus says 24
the Lord, You shall not go up, nor fight against your brethren
the children of Yisra'el: return every man to his house; for
this thing is from me. They hearkened therefore to the word of the
Lord, and turned and went their way, according to the word of the
Lord. Then Yarov'am built Shekhem in mount Efrayim, 25
and dwelt there; and went out from there, and built Penu'el.
And Yarov'am said in his heart, Now shall the kingdom return 26
to the house of David: if this people go up to do sacrifice in 27
the house of the Lord at Yerushalayim, then shall the heart
of this people turn again to their lord, namely to Reẖav'am
king of Yehuda, and they shall kill me, and go back to Re-
ẖav'am king of Yehuda. Whereupon the king took counsel, and 28
made two calves of gold, and said to them, It is too much for
you to go up to Yerushalayim; behold thy gods, O Yisra'el, who
brought thee up out of the land of Mizrayim. And he set the 29
one in Bet-el, and the other put he in Dan. And this thing 30
became a sin: for the people went as far as Dan, to worship
before that one. And he made a house of high places, and 31
made priests from all ranks of the people, who were not of
the sons of Levi. And Yarov'am ordained a feast in the eighth 32
month, on the fifteenth day of the month, like the feast that
is in Yehuda, and he offered upon the altar. So did he in Bet-el,
sacrificing to the calves that he had made: and in Bet-el he
placed the priests of the high places which he had made.
So he offered upon the altar which he had made in Bet-el on 33
the fifteenth day of the eighth month, even in the month which
he had devised of his own heart; and ordained a feast to the
children of Yisra'el: and he went up to the altar to burn in-
cense. And, behold, there came a man of God out of **13**
Yehuda by the word of the Lord to Bet-el: and Yarov'am stood
by the altar to burn incense. And he cried against the altar by the 2
word of the Lord, and said, O altar, altar, thus says the Lord;
Behold, a child shall be born to the house of David (Yoshiyya-
hu by name;) and upon thee shall he slay the priests of the
high places that burn incense upon thee, and men's bones shall
they burn upon thee. And he gave a sign the same day, saying, 3
This is the sign which the Lord has spoken; Behold, the altar
shall be rent, and the ashes that are upon it shall be poured
out. And it came to pass, when the king heard the saying of 4
the man of God, who had cried against the altar in Bet-el, that
he put out his hand from the altar, saying, Lay hold on him.
And his hand, which he put out against him, dried up, so that
he could not draw it back to him. The altar also was rent, 5
and the ashes poured out from the altar, according to the sign
which the man of God had given by the word of the Lord.
And the king answered and said to the man of God, Entreat 6

וְהִתְפַּלֵּל בַּעֲדִי וַתָּשָׁב יָדִי אֵלָי וַיָּחֶל אִישׁ־הָאֱלֹהִים אֶת־פְּנֵי
יְהוָה וַתָּשָׁב יַד־הַמֶּלֶךְ אֵלָיו וַתְּהִי כְּבָרִאשֹׁנָה: וַיְדַבֵּר הַמֶּלֶךְ
אֶל־אִישׁ הָאֱלֹהִים בֹּאָה־אִתִּי הַבַּיְתָה וּסְעָדָה וְאֶתְּנָה לְךָ
מַתָּת: וַיֹּאמֶר אִישׁ־הָאֱלֹהִים אֶל־הַמֶּלֶךְ אִם־תִּתֶּן־לִי אֶת־
חֲצִי בֵיתֶךָ לֹא אָבֹא עִמָּךְ וְלֹא־אֹכַל לֶחֶם וְלֹא אֶשְׁתֶּה־מַּיִם
בַּמָּקוֹם הַזֶּה: כִּי־כֵן צִוָּה אֹתִי בִּדְבַר יְהוָה לֵאמֹר לֹא־תֹאכַל
לֶחֶם וְלֹא תִשְׁתֶּה־מָּיִם וְלֹא תָשׁוּב בַּדֶּרֶךְ אֲשֶׁר הָלָכְתָּ:
וַיֵּלֶךְ בְּדֶרֶךְ אַחֵר וְלֹא־שָׁב בַּדֶּרֶךְ אֲשֶׁר בָּא בָהּ אֶל־בֵּית־
אֵל: וְנָבִיא אֶחָד זָקֵן יֹשֵׁב בְּבֵית־אֵל וַיָּבוֹא בְנוֹ
וַיְסַפֶּר־לוֹ אֶת־כָּל־הַמַּעֲשֶׂה אֲשֶׁר־עָשָׂה אִישׁ־הָאֱלֹהִים הַיּוֹם
בְּבֵית־אֵל אֶת־הַדְּבָרִים אֲשֶׁר דִּבֶּר אֶל־הַמֶּלֶךְ וַיְסַפְּרוּם
לַאֲבִיהֶם: וַיְדַבֵּר אֲלֵהֶם אֲבִיהֶם אֵי־זֶה הַדֶּרֶךְ הָלָךְ וַיִּרְאוּ בָנָיו
אֶת־הַדֶּרֶךְ אֲשֶׁר הָלַךְ אִישׁ הָאֱלֹהִים אֲשֶׁר־בָּא מִיהוּדָה:
וַיֹּאמֶר אֶל־בָּנָיו חִבְשׁוּ־לִי הַחֲמוֹר וַיַּחְבְּשׁוּ־לוֹ הַחֲמוֹר וַיִּרְכַּב
עָלָיו: וַיֵּלֶךְ אַחֲרֵי אִישׁ הָאֱלֹהִים וַיִּמְצָאֵהוּ יֹשֵׁב תַּחַת הָאֵלָה
וַיֹּאמֶר אֵלָיו הַאַתָּה אִישׁ־הָאֱלֹהִים אֲשֶׁר־בָּאתָ מִיהוּדָה
וַיֹּאמֶר אָנִי: וַיֹּאמֶר אֵלָיו לֵךְ אִתִּי הַבָּיְתָה וֶאֱכֹל לָחֶם: וַיֹּאמֶר
לֹא אוּכַל לָשׁוּב אִתָּךְ וְלָבוֹא אִתָּךְ וְלֹא־אֹכַל לֶחֶם וְלֹא־אֶשְׁתֶּה
אִתְּךָ מַיִם בַּמָּקוֹם הַזֶּה: כִּי־דָבָר אֵלַי בִּדְבַר יְהוָה לֹא־תֹאכַל
לֶחֶם וְלֹא־תִשְׁתֶּה שָׁם מָיִם לֹא־תָשׁוּב לָלֶכֶת בַּדֶּרֶךְ אֲשֶׁר־
הָלַכְתָּ בָהּ: וַיֹּאמֶר לוֹ גַּם־אֲנִי נָבִיא כָּמוֹךָ וּמַלְאָךְ דִּבֶּר אֵלַי
בִּדְבַר יְהוָה לֵאמֹר הֲשִׁבֵהוּ אִתְּךָ אֶל־בֵּיתֶךָ וְיֹאכַל לֶחֶם וְיֵשְׁתְּ
מָיִם כִּחֵשׁ לוֹ: וַיָּשָׁב אִתּוֹ וַיֹּאכַל לֶחֶם בְּבֵיתוֹ וַיֵּשְׁתְּ מָיִם: וַיְהִי
הֵם יֹשְׁבִים אֶל־הַשֻּׁלְחָן   וַיְהִי דְּבַר־יְהוָה אֶל־הַנָּבִיא אֲשֶׁר
הֱשִׁיבוֹ: וַיִּקְרָא אֶל־אִישׁ הָאֱלֹהִים אֲשֶׁר־בָּא מִיהוּדָה לֵאמֹר
כֹּה אָמַר יְהוָה יַעַן כִּי מָרִיתָ פִּי יְהוָה וְלֹא שָׁמַרְתָּ אֶת־הַמִּצְוָה
אֲשֶׁר צִוְּךָ יְהוָה אֱלֹהֶיךָ: וַתָּשָׁב וַתֹּאכַל לֶחֶם וַתֵּשְׁתְּ מַיִם
בַּמָּקוֹם אֲשֶׁר דִּבֶּר אֵלֶיךָ אַל־תֹּאכַל לֶחֶם וְאַל־תֵּשְׁתְּ מַיִם לֹא־
תָבוֹא נִבְלָתְךָ אֶל־קֶבֶר אֲבֹתֶיךָ: וַיְהִי אַחֲרֵי אָכְלוֹ לֶחֶם וְאַחֲרֵי
שְׁתוֹתוֹ וַיַּחֲבָשׁ־לוֹ הַחֲמוֹר לַנָּבִיא אֲשֶׁר הֱשִׁיבוֹ: וַיֵּלֶךְ וַיִּמְצָאֵהוּ
אַרְיֵה בַּדֶּרֶךְ וַיְמִיתֵהוּ וַתְּהִי נִבְלָתוֹ מֻשְׁלֶכֶת בַּדֶּרֶךְ וְהַחֲמוֹר
עֹמֵד אֶצְלָהּ וְהָאַרְיֵה עֹמֵד אֵצֶל הַנְּבֵלָה: וְהִנֵּה אֲנָשִׁים עֹבְרִים
וַיִּרְאוּ אֶת־הַנְּבֵלָה מֻשְׁלֶכֶת בַּדֶּרֶךְ וְאֶת־הָאַרְיֵה עֹמֵד אֵצֶל
הַנְּבֵלָה וַיָּבֹאוּ וַיְדַבְּרוּ בָעִיר אֲשֶׁר הַנָּבִיא הַזָּקֵן יֹשֵׁב בָּהּ:
וַיִּשְׁמַע הַנָּבִיא אֲשֶׁר הֱשִׁיבוֹ מִן־הַדֶּרֶךְ וַיֹּאמֶר אִישׁ הָאֱלֹהִים
הוּא אֲשֶׁר מָרָה אֶת־פִּי יְהוָה וַיִּתְּנֵהוּ יְהוָה לָאַרְיֵה וַיִּשְׁבְּרֵהוּ

now the face of the LORD thy GOD, and pray for me, that my
hand may be restored me again. And the man of GOD entreated
the LORD, and the king's hand was restored him again, and be-
came as it was before. And the king said to the man of GOD, 7
Come home with me, and refresh thyself, and I will give thee
a present. And the man of GOD said to the king, If thou wilt 8
give me half thy house, I will not go in with thee, neither
will I eat bread nor drink water in this place: for so was it 9
charged me by the word of the LORD, saying, Eat no bread,
nor drink water, nor return by the same way that thou camest.
So he went another way, and returned not by the way that he 10
came to Bet-el.   Now there dwelt an old prophet in Bet-el ; 11
and his sons came and told him all the works that the man
of GOD had done that day in Bet-el: the words which he had
spoken to the king, them they told also to their father. And 12
their father said to them, Which way did he go? For his sons
had seen which way the man of GOD went, who came from
Yehuda. And he said to his sons, Saddle me the ass. So they 13
saddled him the ass: and he rode on it, and went after the 14
man of GOD, and found him sitting under an oak: and he said
to him, Art thou the man of GOD that didst come from Yehuda?
And he said, I am. Then he said to him, Come home with me, 15
and eat bread. And he said, I may not return with thee, nor 16
go in with thee: neither will I eat bread nor drink water with
thee in this place: for it was said to me by the word of the 17
LORD, Thou shalt eat no bread nor drink water there, nor turn
again to go by the way that thou camest. He said to him, I am 18
a prophet also as thou art; and an angel spoke to me by the
word of the LORD, saying, Bring him back with thee into thy
house, that he may eat bread and drink water. But he lied
to him. So he went back with him, and did eat bread in his 19
house, and drank water. And it came to pass, as they sat at the 20
table,   that the word of the LORD came to the prophet that
brought him back: and he cried to the man of GOD that came 21
from Yehuda, saying, Thus says the LORD, Since thou hast dis-
obeyed the mouth of the LORD, and hast not kept the com-
mandment which the LORD thy GOD commanded thee, but 22
camest back, and hast eaten bread and drunk water in the
place of which he did say to thee, Eat no bread, and drink no
water; thy carcass shall not come to the tomb of thy fathers.
And it came to pass, after he had eaten bread, and after he 23
had drunk, that he saddled the ass for him, that is for the
prophet whom he had brought back. And when he was gone, 24
a lion met him by the way, and slew him: and his carcass
was thrown down on the road, and the ass stood by it, the
lion also stood by the carcass. And behold, men passed by, 25
and saw the carcass thrown down on the road, and the lion
standing by the carcass: and they came and told it in the city
where the old prophet dwelt. And when the prophet that 26
brought him back from the way heard of it, he said, It is the
man of GOD, who was disobedient to the word of the LORD:
therefore the LORD has delivered him to the lion, which has
torn him, and slain him, according to the word of the LORD,

וַיְמַתְּהוּ כִּדְבַר יְהוָה אֲשֶׁר דִּבֶּר־לֽוֹ׃ וַיְדַבֵּר אֶל־בָּנָיו לֵאמֹר כז

חִבְשׁוּ־לִי אֶת־הַחֲמוֹר וַֽיַּחֲבֹֽשׁוּ׃ וַיֵּלֶךְ וַיִּמְצָא אֶת־נִבְלָתוֹ כח

מֻשְׁלֶכֶת בַּדֶּרֶךְ וַחֲמוֹר וְהָאַרְיֵה עֹמְדִים אֵצֶל הַנְּבֵלָה לֹא־אָכַל

הָאַרְיֵה אֶת־הַנְּבֵלָה וְלֹא שָׁבַר אֶת־הַחֲמֽוֹר׃ וַיִּשָּׂא הַנָּבִיא כט

אֶת־נִבְלַת אִישׁ־הָאֱלֹהִים וַיַּנִּחֵהוּ אֶל־הַחֲמוֹר וַיְשִׁיבֵהוּ וַיָּבֹא

אֶל־עִיר הַנָּבִיא הַזָּקֵן לִסְפֹּד וּלְקָבְרֽוֹ׃ וַיַּנַּח אֶת־נִבְלָתוֹ בְּקִבְרוֹ ל

וַיִּסְפְּדוּ עָלָיו הוֹי אָחִֽי׃ וַיְהִי אַחֲרֵי קָבְרוֹ אֹתוֹ וַיֹּאמֶר אֶל־בָּנָיו לא יב

לֵאמֹר בְּמוֹתִי וּקְבַרְתֶּם אֹתִי בַּקֶּבֶר אֲשֶׁר אִישׁ הָאֱלֹהִים קָבוּר

בּוֹ אֵצֶל עַצְמֹתָיו הַנִּיחוּ אֶת־עַצְמֹתָֽי׃ כִּי הָיֹה יִהְיֶה הַדָּבָר לב

אֲשֶׁר קָרָא בִּדְבַר יְהוָה עַל־הַמִּזְבֵּחַ אֲשֶׁר בְּבֵית־אֵל וְעַל כָּל־

בָּתֵּי הַבָּמוֹת אֲשֶׁר בְּעָרֵי שֹׁמְרֽוֹן׃   אַחַר הַדָּבָר לג

הַזֶּה לֹא־שָׁב יָרָבְעָם מִדַּרְכּוֹ הָרָעָה וַיָּשָׁב וַיַּעַשׂ מִקְצוֹת הָעָם

כֹּהֲנֵי בָמוֹת הֶחָפֵץ יְמַלֵּא אֶת־יָדוֹ וִיהִי כֹּהֲנֵי בָמֽוֹת׃ וַיְהִי לד

בַּדָּבָר הַזֶּה לְחַטַּאת בֵּית יָרָבְעָם וּלְהַכְחִיד וּלְהַשְׁמִיד מֵעַל פְּנֵי

הָאֲדָמָֽה׃   בָּעֵת הַהִיא חָלָה אֲבִיָּה בֶן־יָרָבְעָֽם׃ א יד

וַיֹּאמֶר יָרָבְעָם לְאִשְׁתּוֹ קוּמִי נָא וְהִשְׁתַּנִּית וְלֹא יֵדְעוּ כִּי־אַתִּ ב

אֵשֶׁת יָרָבְעָם וְהָלַכְתְּ שִׁלֹה הִנֵּה־שָׁם אֲחִיָּה הַנָּבִיא הֽוּא־דִבֶּר

עָלַי לְמֶלֶךְ עַל־הָעָם הַזֶּֽה׃ וְלָקַחַתְּ בְּיָדֵךְ עֲשָׂרָה לֶחֶם וְנִקֻּדִים ג

וּבַקְבֻּק דְּבַשׁ וּבָאת אֵלָיו הוּא יַגִּיד לָךְ מַה־יִּהְיֶה לַנָּֽעַר׃ וַתַּעַשׂ ד

כֵּן אֵשֶׁת יָרָבְעָם וַתָּקָם וַתֵּלֶךְ שִׁלֹה וַתָּבֹא בֵּית אֲחִיָּה וַאֲחִיָּהוּ

לֹא־יָכֹל לִרְאוֹת כִּי קָמוּ עֵינָיו מִשֵּׂיבֽוֹ׃   וַיהוָה ה

אָמַר אֶל־אֲחִיָּהוּ הִנֵּה אֵשֶׁת יָרָבְעָם בָּאָה לִדְרֹשׁ דָּבָר מֵעִמָּךְ

אֶל־בְּנָהּ כִּי־חֹלֶה הוּא כָּזֹה וְכָזֶה תְּדַבֵּר אֵלֶיהָ וִיהִי כְבֹאָהּ

וְהִיא מִתְנַכֵּרָֽה׃ וַיְהִי כִשְׁמֹעַ אֲחִיָּהוּ אֶת־קוֹל רַגְלֶיהָ בָּאָה ו

בַפֶּתַח וַיֹּאמֶר בֹּאִי אֵשֶׁת יָרָבְעָם לָמָּה זֶּה אַתְּ מִתְנַכֵּרָה וְאָנֹכִי

שָׁלוּחַ אֵלַיִךְ קָשָֽׁה׃ לְכִי אִמְרִי לְיָרָבְעָם כֹּה־אָמַר יְהוָה אֱלֹהֵי ז

יִשְׂרָאֵל יַעַן אֲשֶׁר הֲרִימֹתִיךָ מִתּוֹךְ הָעָם וָאֶתֶּנְךָ נָגִיד עַל עַמִּי

יִשְׂרָאֵֽל׃ וָאֶקְרַע אֶת־הַמַּמְלָכָה מִבֵּית דָּוִד וָאֶתְּנֶהָ לָךְ וְלֹא־ ח

הָיִיתָ כְּעַבְדִּי דָוִד אֲשֶׁר שָׁמַר מִצְוֹתַי וַאֲשֶׁר הָלַךְ אַחֲרַי בְּכָל־

לְבָבוֹ לַעֲשׂוֹת רַק הַיָּשָׁר בְּעֵינָֽי׃ וַתָּרַע לַעֲשׂוֹת מִכֹּל אֲשֶׁר־הָיוּ ט

לְפָנֶיךָ וַתֵּלֶךְ וַתַּעֲשֶׂה־לְּךָ אֱלֹהִים אֲחֵרִים וּמַסֵּכוֹת לְהַכְעִיסֵנִי

וְאֹתִי הִשְׁלַכְתָּ אַחֲרֵי גַוֶּֽךָ׃ לָכֵן הִנְנִי מֵבִיא רָעָה אֶל־בֵּית י

יָרָבְעָם וְהִכְרַתִּי לְיָרָבְעָם מַשְׁתִּין בְּקִיר עָצוּר וְעָזוּב בְּיִשְׂרָאֵל

וּבִעַרְתִּי אַחֲרֵי בֵית־יָרָבְעָם כַּאֲשֶׁר יְבַעֵר הַגָּלָל עַד־תֻּמּֽוֹ׃

הַמֵּת לְיָרָבְעָם בָּעִיר יֹאכְלוּ הַכְּלָבִים וְהַמֵּת בַּשָּׂדֶה יֹאכְלוּ עוֹף יא

which he spoke to him. And he spoke to his sons, saying, 27
Saddle me the ass. And they saddled him. And he went and 28
found his carcass thrown down on the road, and the ass and
the lion standing by the carcass: the lion had not eaten the
carcass, nor torn the ass. And the prophet took up the carcass 29
of the man of God, and laid it upon the ass, and brought it
back: and the old prophet came to the city, to mourn and to
bury him. And he laid his carcass in his own grave; and they 30
mourned over him, saying, Alas my brother! And it came to 31
pass, after he had buried him, that he spoke to his sons, saying,
When I am dead, then bury me in the sepulchre wherein the
man of God is buried; lay my bones beside his bones: for the 32
saying which he cried by the word of the Lord against the
altar in Bet-el, and against all the houses of the high places
which are in the cities of Shomeron, shall surely come to pass.

After this thing Yarov'am returned not from his evil way, 33
but made again of all ranks of the people priests of the high
places: whoever would, he consecrated him, and he became
one of the priests of the high places. And this thing became a 34
sin to the house of Yarov'am, even to cut it off, and to destroy
it from off the face of the earth. At that time Aviyya the **14**
son of Yarov'am fell sick. And Yarov'am said to his wife, Arise, 2
I pray thee, and disguise thyself, that thou be not known to be
the wife of Yarov'am; and get thee to Shilo: behold, there is
Aẖiyya the prophet, who told me that I should be king over
this people. And take with thee ten loaves, and cracknels, and 3
a bottle of honey, and go to him: he shall tell thee what shall
become of the child. And Yarov'am's wife did so, and arose, and 4
went to Shilo, and came to the house of Aẖiyya. But Aẖiyya
could not see; for his eyes were set by reason of his age.

And the Lord said to Aẖiyya, Behold, the wife of Yarov'am 5
comes to ask a thing of thee for her son ; for he is sick : thus and
thus shalt thou say to her : for it shall be, when she comes in,
that she shall feign herself to be another woman. And when Aẖi- 6
yya heard the sound of her feet, as she came in at the door, he
said, Come in, thou wife of Yarov'am; why dost thou feign
thyself to be another? For I am sent to thee with heavy tidings.
Go, tell Yarov'am, thus says the Lord God of Yisra'el, Since 7
I exalted thee from among the people, and made thee prince
over my people Yisra'el and rent the kingdom away from the 8
house of David, and gave it thee: and yet thou hast not been
as my servant David, who kept my commandments, and who
followed me with all his heart, to do that only which was right
in mine eyes; but thou hast done more evil than all that were 9
before thee: for thou hast gone and made thee other gods, and
molten idols, to provoke me to anger, and hast cast me be-
hind thy back: therefore, behold, I will bring evil upon the 10
house of Yarov'am, and will cut off from Yarov'am every male
person, and him that is shut up and him that is left free in
Yisra'el, and will take away the remnant of the house of
Yarov'am, as a man takes away dung, till it be all gone. Him 11
that dies of Yarov'am in the city shall the dogs eat; and him
that dies in the field shall the birds of the air eat: for the

יב הַשָּׁמַיִם כִּי יְהוָה דִּבֵּר: וְאַתְּ קוּמִי לְכִי לְבֵיתֵךְ בְּבֹאָה רַגְלַיִךְ

יג הָעִירָה וּמֵת הַיָּלֶד: וְסָפְדוּ־לוֹ כָל־יִשְׂרָאֵל וְקָבְרוּ אֹתוֹ כִּי־זֶה
לְבַדּוֹ יָבֹא לְיָרָבְעָם אֶל־קֶבֶר יַעַן נִמְצָא־בוֹ דָּבָר טוֹב אֶל־יְהוָה

יד אֱלֹהֵי יִשְׂרָאֵל בְּבֵית יָרָבְעָם: וְהֵקִים יְהוָה לוֹ מֶלֶךְ עַל־יִשְׂרָאֵל

טו אֲשֶׁר יַכְרִית אֶת־בֵּית יָרָבְעָם זֶה הַיּוֹם וּמֶה גַּם־עָתָּה: וְהִכָּה
יְהוָה אֶת־יִשְׂרָאֵל כַּאֲשֶׁר יָנוּד הַקָּנֶה בַּמַּיִם וְנָתַשׁ אֶת־יִשְׂרָאֵל
מֵעַל הָאֲדָמָה הַטּוֹבָה הַזֹּאת אֲשֶׁר נָתַן לַאֲבוֹתֵיהֶם וְזֵרָם
מֵעֵבֶר לַנָּהָר יַעַן אֲשֶׁר עָשׂוּ אֶת־אֲשֵׁרֵיהֶם מַכְעִיסִים אֶת־

טז יְהוָה: וְיִתֵּן אֶת־יִשְׂרָאֵל בִּגְלַל חַטֹּאות יָרָבְעָם אֲשֶׁר חָטָא

יז וַאֲשֶׁר הֶחֱטִיא אֶת־יִשְׂרָאֵל: וַתָּקָם אֵשֶׁת יָרָבְעָם וַתֵּלֶךְ וַתָּבֹא

יח תִרְצָתָה הִיא בָּאָה בְסַף־הַבַּיִת וְהַנַּעַר מֵת: וַיִּקְבְּרוּ אֹתוֹ
וַיִּסְפְּדוּ־לוֹ כָּל־יִשְׂרָאֵל כִּדְבַר יְהוָה אֲשֶׁר דִּבֶּר בְּיַד־עַבְדּוֹ

יט אֲחִיָּהוּ הַנָּבִיא: וְיֶתֶר דִּבְרֵי יָרָבְעָם אֲשֶׁר נִלְחַם וַאֲשֶׁר מָלָךְ

כ הִנָּם כְּתוּבִים עַל־סֵפֶר דִּבְרֵי הַיָּמִים לְמַלְכֵי יִשְׂרָאֵל: וְהַיָּמִים
אֲשֶׁר מָלַךְ יָרָבְעָם עֶשְׂרִים וּשְׁתַּיִם שָׁנָה וַיִּשְׁכַּב עִם־אֲבֹתָיו

כא וַיִּמְלֹךְ נָדָב בְּנוֹ תַּחְתָּיו: וּרְחַבְעָם בֶּן־שְׁלֹמֹה
מָלַךְ בִּיהוּדָה בֶּן־אַרְבָּעִים וְאַחַת שָׁנָה רְחַבְעָם בְּמָלְכוֹ וּשְׁבַע
עֶשְׂרֵה שָׁנָה מָלַךְ בִּירוּשָׁלִַם הָעִיר אֲשֶׁר־בָּחַר יְהוָה לָשׂוּם
אֶת־שְׁמוֹ שָׁם מִכֹּל שִׁבְטֵי יִשְׂרָאֵל וְשֵׁם אִמּוֹ נַעֲמָה הָעַמֹּנִית:

כב וַיַּעַשׂ יְהוּדָה הָרַע בְּעֵינֵי יְהוָה וַיְקַנְאוּ אֹתוֹ מִכֹּל אֲשֶׁר עָשׂוּ
אֲבֹתָם בְּחַטֹּאתָם אֲשֶׁר חָטָאוּ: וַיִּבְנוּ גַם־הֵמָּה לָהֶם בָּמוֹת

כג וּמַצֵּבוֹת וַאֲשֵׁרִים עַל כָּל־גִּבְעָה גְבֹהָה וְתַחַת כָּל־עֵץ רַעֲנָן:

כד וְגַם־קָדֵשׁ הָיָה בָאָרֶץ עָשׂוּ כְּכֹל הַתּוֹעֲבֹת הַגּוֹיִם אֲשֶׁר הוֹרִישׁ

כה יְהוָה מִפְּנֵי בְּנֵי יִשְׂרָאֵל: וַיְהִי בַּשָּׁנָה הַחֲמִישִׁית

שִׁישַׁק לַמֶּלֶךְ רְחַבְעָם עָלָה שׁוּשַׁק מֶלֶךְ־מִצְרַיִם עַל־יְרוּשָׁלִָם: וַיִּקַּח
אֶת־אֹצְרוֹת בֵּית־יְהוָה וְאֶת־אוֹצְרוֹת בֵּית הַמֶּלֶךְ וְאֶת־הַכֹּל

כו לָקָח וַיִּקַּח אֶת־כָּל־מָגִנֵּי הַזָּהָב אֲשֶׁר עָשָׂה שְׁלֹמֹה: וַיַּעַשׂ
הַמֶּלֶךְ רְחַבְעָם תַּחְתָּם מָגִנֵּי נְחֹשֶׁת וְהִפְקִיד עַל־יַד שָׂרֵי

כז הָרָצִים הַשֹּׁמְרִים פֶּתַח בֵּית הַמֶּלֶךְ: וַיְהִי מִדֵּי־בֹא הַמֶּלֶךְ בֵּית

כח יְהוָה יִשָּׂאוּם הָרָצִים וֶהֱשִׁיבוּם אֶל־תָּא הָרָצִים: וְיֶתֶר דִּבְרֵי

כט רְחַבְעָם וְכָל־אֲשֶׁר עָשָׂה הֲלֹא־הֵמָּה כְתוּבִים עַל־סֵפֶר דִּבְרֵי

ל הַיָּמִים לְמַלְכֵי יְהוּדָה: וּמִלְחָמָה הָיְתָה בֵין־רְחַבְעָם וּבֵין

לא יָרָבְעָם כָּל־הַיָּמִים: וַיִּשְׁכַּב רְחַבְעָם עִם־אֲבֹתָיו וַיִּקָּבֵר עִם־
אֲבֹתָיו בְּעִיר דָּוִד וְשֵׁם אִמּוֹ נַעֲמָה הָעַמֹּנִית וַיִּמְלֹךְ אֲבִיָּם בְּנוֹ

טו א תַּחְתָּיו: וּבִשְׁנַת שְׁמֹנֶה עֶשְׂרֵה לַמֶּלֶךְ יָרָבְעָם

Lord has spoken it. Arise thou therefore, get thee to thy own 12
house: and when thy feet enter the city, the child shall die.
And all Yisra'el shall mourn for him, and bury him: for he 13
only of Yarov'am shall come to the grave, because in him there
is found some good thing towards the Lord God of Yisra'el
in the house of Yarov'am. Moreover the Lord shall raise him 14
up a king over Yisra'el, who shall cut off the house of Yarov-
'am: those who are here today, and those who are still to
come. For the Lord shall smite Yisra'el as a reed is shaken 15
in the water, and he shall root up Yisra'el out of this good land,
which he gave to their fathers, and shall scatter them beyond
the river, because they have made their Askerim, provoking
the Lord to anger. And he shall give Yisra'el up because of the 16
sins of Yarov'am, who did sin, and who made Yisra'el to sin.
And Yarov'am's wife arose, and departed, and came to Tirẕa: 17
and when she came to the threshold of the door, the child
died; and they buried him; and all Yisra'el mourned for him, 18
according to the word of the Lord, which he spoke by the
hand of his servant Aẖiyya the prophet. And the rest of the 19
acts of Yarov'am, how he warred, and how he reigned, be-
hold, they are written in the book of the chronicles of the
kings of Yisra'el. And the days which Yarov'am reigned were 20
twenty two years: and he slept with his fathers, and Nadav his
son reigned in his stead. And Reẖav'am the son of Shelomo 21
reigned in Yehuda, Reẖav'am was forty one years old when
he began to reign, and he reigned seventeen years in Yeru-
shalayim, the city which the Lord did choose out of all the
tribes of Yisra'el, to put his name there. And his mother's
name was Na'ama an 'Ammonite women. And Yehuda did evil 22
in the sight of the Lord, and they provoked him to jealousy
with their sins which they had committed, above all that their
fathers had done. For they also built high places for them- 23
selves, and pillars, and Asherim, on every high hill, and under
every leafy tree. And there was also prostitution in the land: 24
and they did according to all the abominations of the nations
which the Lord cast out before the children of Yisra'el.

And it came to pass in the fifth year of king Reẖav'am, that 25
Shishaq king of Miẕrayim came up against Yerushalayim: And 26
he took away the treasures of the house of the Lord, and the
treasures of the king's house; he took away all: and he took
away all the shields of gold which Shelomo had made. And 27
king Reẖav'am made in their stead brass shields, and com-
mitted them to the hand of the chief of the guard, which kept
the door of the king's house. And it was so, when the king 28
went into the house of the Lord, that the guard bore them,
and brought them back into the guard chamber. Now the rest 29
of the acts of Reẖav'am and all that he did, are they not
written in the book of the chronicles of the kings of Yehuda?
And there was war between Reẖav'am and Yarov'am all their 30
days. And Reẖav'am slept with his fathers, and was buried 31
with his fathers in the city of David. And his mother's name
was Na'ama the 'Ammonite women. And Aviyyam his son
reigned in his stead. Now in the eighteenth year of king **15**

ב בֶּן־נְבָט מָלַךְ אֲבִיָּם עַל־יְהוּדָה׃ שָׁלֹשׁ שָׁנִים מָלַךְ בִּירוּשָׁלִָם
ג וְשֵׁם אִמּוֹ מַעֲכָה בַּת־אֲבִישָׁלוֹם׃ וַיֵּלֶךְ בְּכָל־חַטֹּאות אָבִיו
אֲשֶׁר־עָשָׂה לְפָנָיו וְלֹא־הָיָה לְבָבוֹ שָׁלֵם עִם־יְהוָה אֱלֹהָיו
ד כִּלְבַב דָּוִד אָבִיו׃ כִּי לְמַעַן דָּוִד נָתַן יְהוָה אֱלֹהָיו לוֹ נִיר
בִּירוּשָׁלִָם לְהָקִים אֶת־בְּנוֹ אַחֲרָיו וּלְהַעֲמִיד אֶת־יְרוּשָׁלִָם׃
ה אֲשֶׁר עָשָׂה דָוִד אֶת־הַיָּשָׁר בְּעֵינֵי יְהוָה וְלֹא־סָר מִכֹּל ׀ אֲשֶׁר
ו צִוָּהוּ כֹּל יְמֵי חַיָּיו רַק בִּדְבַר אוּרִיָּה הַחִתִּי׃ וּמִלְחָמָה הָיְתָה
ז בֵין־רְחַבְעָם וּבֵין יָרָבְעָם כָּל־יְמֵי חַיָּיו׃ וְיֶתֶר דִּבְרֵי אֲבִיָּם וְכָל־
אֲשֶׁר עָשָׂה הֲלוֹא־הֵם כְּתוּבִים עַל־סֵפֶר דִּבְרֵי הַיָּמִים לְמַלְכֵי
ח יְהוּדָה וּמִלְחָמָה הָיְתָה בֵּין אֲבִיָּם וּבֵין יָרָבְעָם׃ וַיִּשְׁכַּב יג
אֲבִיָּם עִם־אֲבֹתָיו וַיִּקְבְּרוּ אֹתוֹ בְּעִיר דָּוִד וַיִּמְלֹךְ אָסָא בְנוֹ
ט תַּחְתָּיו׃ וּבִשְׁנַת עֶשְׂרִים לְיָרָבְעָם מֶלֶךְ יִשְׂרָאֵל
י מָלַךְ אָסָא עַל־יְהוּדָה׃ וְאַרְבָּעִים וְאַחַת שָׁנָה מָלַךְ בִּירוּשָׁלִָם
יא וְשֵׁם אִמּוֹ מַעֲכָה בַּת־אֲבִישָׁלוֹם׃ וַיַּעַשׂ אָסָא הַיָּשָׁר בְּעֵינֵי
יב יְהוָה כְּדָוִד אָבִיו׃ וַיַּעֲבֵר הַקְּדֵשִׁים מִן־הָאָרֶץ וַיָּסַר אֶת־כָּל־
יג הַגִּלֻּלִים אֲשֶׁר עָשׂוּ אֲבֹתָיו׃ וְגַם ׀ אֶת־מַעֲכָה אִמּוֹ וַיְסִרֶהָ
מִגְּבִירָה אֲשֶׁר־עָשְׂתָה מִפְלֶצֶת לָאֲשֵׁרָה וַיִּכְרֹת אָסָא אֶת־
יד מִפְלַצְתָּהּ וַיִּשְׂרֹף בְּנַחַל קִדְרוֹן׃ וְהַבָּמוֹת לֹא־סָרוּ רַק לְבַב־
טו אָסָא הָיָה שָׁלֵם עִם־יְהוָה כָּל־יָמָיו׃ וַיָּבֵא אֶת־קָדְשֵׁי אָבִיו
טז וקדשו בֵּית יְהוָה כֶּסֶף וְזָהָב וְכֵלִים׃ וּמִלְחָמָה הָיְתָה בֵּין אָסָא וְקָדְשֵׁי
יז וּבֵין בַּעְשָׁא מֶלֶךְ־יִשְׂרָאֵל כָּל־יְמֵיהֶם׃ וַיַּעַל בַּעְשָׁא מֶלֶךְ־
יִשְׂרָאֵל עַל־יְהוּדָה וַיִּבֶן אֶת־הָרָמָה לְבִלְתִּי תֵּת יֹצֵא וָבָא
יח לְאָסָא מֶלֶךְ יְהוּדָה׃ וַיִּקַּח אָסָא אֶת־כָּל־הַכֶּסֶף וְהַזָּהָב
הַנּוֹתָרִים ׀ בְּאוֹצְרוֹת בֵּית־יְהוָה וְאֶת־אוֹצְרוֹת בֵּית מלך וַיִּתְּנֵם הַמֶּלֶךְ
בְּיַד עֲבָדָיו וַיִּשְׁלָחֵם הַמֶּלֶךְ אָסָא אֶל־בֶּן־הֲדַד בֶּן־טַבְרִמֹּן בֶּן־
יט חֶזְיוֹן מֶלֶךְ אֲרָם הַיֹּשֵׁב בְּדַמֶּשֶׂק לֵאמֹר׃ בְּרִית בֵּינִי וּבֵינֶךָ בֵּין
אָבִי וּבֵין אָבִיךָ הִנֵּה שָׁלַחְתִּי לְךָ שֹׁחַד כֶּסֶף וְזָהָב לֵךְ הָפֵרָה
כ אֶת־בְּרִיתְךָ אֶת־בַּעְשָׁא מֶלֶךְ־יִשְׂרָאֵל וְיַעֲלֶה מֵעָלָי׃ וַיִּשְׁמַע
בֶּן־הֲדַד אֶל־הַמֶּלֶךְ אָסָא וַיִּשְׁלַח אֶת־שָׂרֵי הַחֲיָלִים אֲשֶׁר־לוֹ
עַל־עָרֵי יִשְׂרָאֵל וַיַּךְ אֶת־עִיּוֹן וְאֶת־דָּן וְאֵת אָבֵל בֵּית־מַעֲכָה
כא וְאֵת כָּל־כִּנְּרוֹת עַל כָּל־אֶרֶץ נַפְתָּלִי׃ וַיְהִי כִּשְׁמֹעַ בַּעְשָׁא
כב וַיֶּחְדַּל מִבְּנוֹת אֶת־הָרָמָה וַיֵּשֶׁב בְּתִרְצָה׃ וְהַמֶּלֶךְ אָסָא
הִשְׁמִיעַ אֶת־כָּל־יְהוּדָה אֵין נָקִי וַיִּשְׂאוּ אֶת־אַבְנֵי הָרָמָה וְאֶת־
עֵצֶיהָ אֲשֶׁר בָּנָה בַּעְשָׁא וַיִּבֶן בָּם הַמֶּלֶךְ אָסָא אֶת־גֶּבַע בִּנְיָמִן
כג וְאֶת־הַמִּצְפָּה׃ וְיֶתֶר כָּל־דִּבְרֵי־אָסָא וְכָל־גְּבוּרָתוֹ וְכָל־אֲשֶׁר
עָשָׂה וְהֶעָרִים אֲשֶׁר בָּנָה הֲלֹא־הֵמָּה כְּתוּבִים עַל־סֵפֶר דִּבְרֵי

Yarov'am the son of Nevat did Aviyyam reign over Yehuda.
Three years he reigned in Yerushalayim. And his mother's 2
name was Ma'akha, the daughter of Avishalom. And he walked 3
in all the sins of his father, which he had done before him: and
his heart was not perfect with the Lord is God, as the heart
of David his father. Nevertheless for David's sake did the 4
Lord his God give him a lamp in Yerushalayim, to set up his
son after him, and to establish Yerushalayim. Because David 5
did that which was right in the eyes of the Lord, and turned
not aside from any thing that he commanded him all the days
of his life, save only in the matter of Uriyya the Ḥitti. And 6
there was war between Reḥav'am and Yarov'am all the days
of his life. Now the rest of the acts of Aviyyam, and all that 7
he did, are they not written in the book of the chronicles of
the kings of Yehuda? And there was war between Aviyyam
and Yarov'am. And Aviyyam slept with his fathers; and they 8
buried him in the city of David: and Asa his son reigned in
his stead. And in the twentieth year of Yarov'am king of 9
Yisra'el reigned Asa over Yehuda. And forty one years did he 10
reign in Yerushalayim. And his mother's name was Ma'akaha,
the daughter of Avishalom. And Asa did that which was right 11
in the eyes of the Lord, as did David his father. And he took 12
away the male prostitutes out of the land, and removed all the
idols that his fathers had made. And also Ma'akha his mother, 13
even her he removed from being queen, because she had made
a monstrous image for an Ashera ; and Asa destroyed her image,
and burnt it in the wadi Qidron. But the high places were not 14
removed : nevertheless Asa's heart was perfect with the Lord
all his days. And he brought in the things which his father 15
had dedicated, and the things which he himself had dedicated,
into the house of the Lord, silver, and gold, and vessels.
And there was war between Asa and Ba'asha king of Yisra'el 16
all their days. And Ba'asha king of Yisra'el went up against 17
Yehuda, and built Rama, that he might not allow any to go
out or come in to Asa king of Yehuda. Then Asa took all the 18
silver and the gold that were left in the treasures of the house
of the Lord, and the treasures of the king's house, and deliv-
ered them into the hand of his servants : and king Asa sent
them to Ben-hadad, the son of Tavrimon, the son of Ḥezyon,
king of Aram, that dwelt at Dammeseq, saying, There is a 19
league between me and thee, and between my father and thy
father: behold, I have sent unto thee a present of silver and
gold; come and break thy league with Ba'asha king of Yisra'el,
that he may depart from me. So Ben-hadad hearkened to king 20
Asa, and sent the captains of the hosts which he had against
the cities of Yisra'el, and smote 'Iyyon, and Dan, and Avel-
bet-ma'akha, and all Kinnerot with all the land of Naftali. And 21
it came to pass, when Ba'sha heard of it, that he left off build-
ing Rama, and dwelt in Tirẕa. Then king Asa made a procla- 22
mation throughout all Yehuda; none was exempted: and they
took away the stones of Rama, and the timber thereof, with
which Ba'sha had built; and king Asa built with them Geva
of Binyamin, and Miẕpa. The rest of all the acts of Asa, and 23

כד　הַיָּמִים לְמַלְכֵי יְהוּדָה רַק לְעֵת זִקְנָתוֹ חָלָה אֶת־רַגְלָיו: וַיִּשְׁכַּב
אָסָא עִם־אֲבֹתָיו וַיִּקָּבֵר עִם־אֲבֹתָיו בְּעִיר דָּוִד אָבִיו וַיִּמְלֹךְ
כה　יְהוֹשָׁפָט בְּנוֹ תַּחְתָּיו: וְנָדָב בֶּן־יָרָבְעָם מָלַךְ עַל־
יִשְׂרָאֵל בִּשְׁנַת שְׁתַּיִם לְאָסָא מֶלֶךְ יְהוּדָה וַיִּמְלֹךְ עַל־יִשְׂרָאֵל
כו　שְׁנָתָיִם: וַיַּעַשׂ הָרַע בְּעֵינֵי יְהוָה וַיֵּלֶךְ בְּדֶרֶךְ אָבִיו וּבְחַטָּאתוֹ
כז　אֲשֶׁר הֶחֱטִיא אֶת־יִשְׂרָאֵל: וַיִּקְשֹׁר עָלָיו בַּעְשָׁא בֶן־אֲחִיָּה לְבֵית
יִשָּׂשכָר וַיַּכֵּהוּ בַעְשָׁא בְּגִבְּתוֹן אֲשֶׁר לַפְּלִשְׁתִּים וְנָדָב וְכָל־
כח　יִשְׂרָאֵל צָרִים עַל־גִּבְּתוֹן: וַיְמִתֵהוּ בַעְשָׁא בִּשְׁנַת שָׁלֹשׁ לְאָסָא
כט　מֶלֶךְ יְהוּדָה וַיִּמְלֹךְ תַּחְתָּיו: וַיְהִי כְמָלְכוֹ הִכָּה אֶת־כָּל־בֵּית
יָרָבְעָם לֹא־הִשְׁאִיר כָּל־נְשָׁמָה לְיָרָבְעָם עַד־הִשְׁמִדוֹ כִּדְבַר
ל　יְהוָה אֲשֶׁר דִּבֶּר בְּיַד־עַבְדּוֹ אֲחִיָּה הַשִּׁילֹנִי: עַל־חַטֹּאות יָרָבְעָם
אֲשֶׁר חָטָא וַאֲשֶׁר הֶחֱטִיא אֶת־יִשְׂרָאֵל בְּכַעְסוֹ אֲשֶׁר הִכְעִיס
לא　אֶת־יְהוָה אֱלֹהֵי יִשְׂרָאֵל: וְיֶתֶר דִּבְרֵי נָדָב וְכָל־אֲשֶׁר עָשָׂה
הֲלֹא־הֵם כְּתוּבִים עַל־סֵפֶר דִּבְרֵי הַיָּמִים לְמַלְכֵי יִשְׂרָאֵל:
לב　וּמִלְחָמָה הָיְתָה בֵין אָסָא וּבֵין בַּעְשָׁא מֶלֶךְ־יִשְׂרָאֵל כָּל־
לג　יְמֵיהֶם: בִּשְׁנַת שָׁלֹשׁ לְאָסָא מֶלֶךְ יְהוּדָה מָלַךְ
בַּעְשָׁא בֶן־אֲחִיָּה עַל־כָּל־יִשְׂרָאֵל בְּתִרְצָה עֶשְׂרִים וְאַרְבַּע
לד　שָׁנָה: וַיַּעַשׂ הָרַע בְּעֵינֵי יְהוָה וַיֵּלֶךְ בְּדֶרֶךְ יָרָבְעָם וּבְחַטָּאתוֹ
טז א　אֲשֶׁר הֶחֱטִיא אֶת־יִשְׂרָאֵל: וַיְהִי דְבַר־יְהוָה
ב　אֶל־יֵהוּא בֶן־חֲנָנִי עַל־בַּעְשָׁא לֵאמֹר: יַעַן אֲשֶׁר הֲרִימֹתִיךָ מִן־
הֶעָפָר וָאֶתֶּנְךָ נָגִיד עַל עַמִּי יִשְׂרָאֵל וַתֵּלֶךְ ׀ בְּדֶרֶךְ יָרָבְעָם
ג　וַתַּחֲטִא אֶת־עַמִּי יִשְׂרָאֵל לְהַכְעִיסֵנִי בְּחַטֹּאתָם: הִנְנִי מַבְעִיר
אַחֲרֵי בַעְשָׁא וְאַחֲרֵי בֵיתוֹ וְנָתַתִּי אֶת־בֵּיתְךָ כְּבֵית יָרָבְעָם בֶּן־
ד　נְבָט: הַמֵּת לְבַעְשָׁא בָּעִיר יֹאכְלוּ הַכְּלָבִים וְהַמֵּת לוֹ בַּשָּׂדֶה
ה　יֹאכְלוּ עוֹף הַשָּׁמָיִם: וְיֶתֶר דִּבְרֵי בַעְשָׁא וַאֲשֶׁר עָשָׂה וּגְבוּרָתוֹ
הֲלֹא־הֵם כְּתוּבִים עַל־סֵפֶר דִּבְרֵי הַיָּמִים לְמַלְכֵי יִשְׂרָאֵל:
ו　וַיִּשְׁכַּב בַּעְשָׁא עִם־אֲבֹתָיו וַיִּקָּבֵר בְּתִרְצָה וַיִּמְלֹךְ אֵלָה בְנוֹ
ז　תַּחְתָּיו: וְגַם בְּיַד־יֵהוּא בֶן־חֲנָנִי הַנָּבִיא דְּבַר־יְהוָה הָיָה אֶל־
בַּעְשָׁא וְאֶל־בֵּיתוֹ וְעַל כָּל־הָרָעָה ׀ אֲשֶׁר־עָשָׂה ׀ בְּעֵינֵי יְהוָה
לְהַכְעִיסוֹ בְּמַעֲשֵׂה יָדָיו לִהְיוֹת כְּבֵית יָרָבְעָם וְעַל אֲשֶׁר־הִכָּה
ח　אֹתוֹ: בִּשְׁנַת עֶשְׂרִים וָשֵׁשׁ שָׁנָה לְאָסָא מֶלֶךְ
יְהוּדָה מָלַךְ אֵלָה בֶן־בַּעְשָׁא עַל־יִשְׂרָאֵל בְּתִרְצָה שְׁנָתָיִם:
ט　וַיִּקְשֹׁר עָלָיו עַבְדּוֹ זִמְרִי שַׂר מַחֲצִית הָרָכֶב וְהוּא בְתִרְצָה
שֹׁתֶה שִׁכּוֹר בֵּית אַרְצָא אֲשֶׁר עַל־הַבַּיִת בְּתִרְצָה: וַיָּבֹא זִמְרִי
ויכהו וימיתהו בִּשְׁנַת עֶשְׂרִים וָשֶׁבַע לְאָסָא מֶלֶךְ יְהוּדָה וַיִּמְלֹךְ
א　תַּחְתָּיו: וַיְהִי בְמָלְכוֹ כְּשִׁבְתּוֹ עַל־כִּסְאוֹ הִכָּה אֶת־כָּל־בֵּית

all his might, and all that he did, and the cities which he built,
are they not written in the book of the chronicles of the kings
of Yehuda? But in the time of his old age he was diseased in
his feet. And Asa slept with his fathers, and was buried with 24
his fathers in the city of David his father: and Yehoshafat his
son reigned in his stead. And Nadav the son of Yarov'am 25
began to reign over Yisra'el in the second year of Asa king
of Yehuda, and reigned over Yisra'el for two years. And he 26
did evil in the sight of the LORD, and walked in the way of his
father, and in his sin with which he made Yisra'el to sin. And 27
Ba'sha the son of Aḥiyya, of the house of Yissakhar, con-
spired against him; and Ba'sha smote him at Gibbeton, which
belonged to the Pelishtim; for Nadav and all Yisra'el laid siege
to Gibbeton. Even in the third year of Asa king of Yehuda did 28
Ba'sha slay him, and reigned in his stead. And it came to pass, 29
when he reigned, that he smote all the house of Yarov'am; he left
not to Yarov'am anyone that breathed, until he had destroyed
him, according to the saying of the LORD, which he spoke by his
servant Aḥiyya the Shiloni: because of the sins of Yarov'am 30
which he sinned, and which he made Yisra'el sin, by his pro-
vocation with which he provoked the LORD GOD of Yisra'el to
anger. Now the rest of the acts of Nadav, and all that he did, 31
are they not written in the book of the chronicles of the kings
of Yisra'el? And there was war between Asa and Ba'sha king 32
of Yisra'el all their days. In the third year of Asa king of 33
Yehuda began Ba'sha the son of Aḥiyya to reign over all Yis-
ra'el in Tirẕa, twenty four years. And he did evil in the sight 34
of the LORD, and walked in the way of Yarov'am, and his sin
with which he made Yisra'el to sin. Then the word of the **16**
LORD came to Yehu the son of Ḥanani against Ba'sha, saying,
Since I have exalted thee out of the dust, and made thee prince 2
over my people Yisra'el; and thou hast walked in the way of
Yarov'am and hast made my people Yisra'el to sin, to provoke me
to anger with their sins; behold, I will utterly sweep away Ba'sha, 3
and his house; and will make thy house like the house of Yarov'am
the son of Nevat. Him that dies of Ba'sha in the city shall 4
the dogs eat; and him that dies of his in the field the birds of
the air shall eat. Now the rest of the acts of Ba'sha, and what 5
he did, and his might, are they not written in the book of the
chronicles of the kings of Yisra'el? So Ba'sha slept with his 6
fathers, and was buried in Tirẕa: and Ela his son reigned in
his stead. And also by the hand of the prophet Yehu the son 7
of Ḥanani came the word of the LORD against Ba'sha, and
against his house, even for all the evil that he did in the sight
of the LORD, in provoking him to anger with the work of his
hands, in being like the house of Yarov'am; and because he
smote him. In the twenty sixth year of Asa king of Yehuda 8
began Ela the son of Ba'sha to reign over Yisra'el in Tirẕa;
he reigned for two years. And his servant Zimri, captain of 9
half his chariots, conspired against him, as he was in Tirẕa,
drinking himself drunk in the house of Arẕa who was over his
house in Tirẕa. And Zimri went in and smote him, and killed 10
him, in the twenty seventh year of Asa king of Yehuda, and
reigned in his stead. And it came to pass, when he began to 11

יב בַּעְשָׁא לֹא־הִשְׁאִיר לוֹ מַשְׁתִּין בְּקִיר וְגֹאֲלָיו וְרֵעֵהוּ: וַיַּשְׁמֵד
זִמְרִי אֵת כָּל־בֵּית בַּעְשָׁא כִּדְבַר יְהוָה אֲשֶׁר דִּבֶּר אֶל־בַּעְשָׁא
יג בְּיַד יֵהוּא הַנָּבִיא: אֶל כָּל־חַטֹּאות בַּעְשָׁא וְחַטֹּאות אֵלָה בְנוֹ
אֲשֶׁר חָטְאוּ וַאֲשֶׁר הֶחֱטִיאוּ אֶת־יִשְׂרָאֵל לְהַכְעִיס אֶת־יְהוָה
יד אֱלֹהֵי יִשְׂרָאֵל בְּהַבְלֵיהֶם: וְיֶתֶר דִּבְרֵי אֵלָה וְכָל־אֲשֶׁר
עָשָׂה הֲלוֹא־הֵם כְּתוּבִים עַל־סֵפֶר דִּבְרֵי הַיָּמִים לְמַלְכֵי

יד   יִשְׂרָאֵל: בִּשְׁנַת עֶשְׂרִים וָשֶׁבַע שָׁנָה לְאָסָא מֶלֶךְ
טו יְהוּדָה מָלַךְ זִמְרִי שִׁבְעַת יָמִים בְּתִרְצָה וְהָעָם חֹנִים עַל־גִּבְּתוֹן
אֲשֶׁר לַפְּלִשְׁתִּים: וַיִּשְׁמַע הָעָם הַחֹנִים לֵאמֹר קָשַׁר זִמְרִי וְגַם
הִכָּה אֶת־הַמֶּלֶךְ וַיַּמְלִכוּ כָל־יִשְׂרָאֵל אֶת־עָמְרִי שַׂר־צָבָא
טז עַל־יִשְׂרָאֵל בַּיּוֹם הַהוּא בַּמַּחֲנֶה: וַיַּעֲלֶה עָמְרִי וְכָל־יִשְׂרָאֵל
עִמּוֹ מִגִּבְּתוֹן וַיָּצֻרוּ עַל־תִּרְצָה: וַיְהִי כִרְאוֹת זִמְרִי כִּי־נִלְכְּדָה
יז הָעִיר וַיָּבֹא אֶל־אַרְמוֹן בֵּית־הַמֶּלֶךְ וַיִּשְׂרֹף עָלָיו אֶת־בֵּית־
יח מֶלֶךְ בָּאֵשׁ וַיָּמֹת: עַל־חַטֹּאתָיו אֲשֶׁר חָטָא לַעֲשׂוֹת הָרַע בְּעֵינֵי
יט יְהוָה לָלֶכֶת בְּדֶרֶךְ יָרָבְעָם וּבְחַטָּאתוֹ אֲשֶׁר עָשָׂה לְהַחֲטִיא אֶת־
יִשְׂרָאֵל: וְיֶתֶר דִּבְרֵי זִמְרִי וְקִשְׁרוֹ אֲשֶׁר קָשָׁר הֲלֹא־הֵם כְּתוּבִים
כ עַל־סֵפֶר דִּבְרֵי הַיָּמִים לְמַלְכֵי יִשְׂרָאֵל: אָז
כא יֵחָלֵק הָעָם יִשְׂרָאֵל לַחֵצִי חֲצִי הָעָם הָיָה אַחֲרֵי תִבְנִי
בֶן־גִּינַת לְהַמְלִיכוֹ וְהַחֲצִי אַחֲרֵי עָמְרִי: וַיֶּחֱזַק הָעָם אֲשֶׁר
כב אַחֲרֵי עָמְרִי אֶת־הָעָם אֲשֶׁר אַחֲרֵי תִבְנִי בֶן־גִּינַת וַיָּמָת
תִבְנִי וַיִּמְלֹךְ עָמְרִי:

כג   בִּשְׁנַת שְׁלֹשִׁים וְאַחַת שָׁנָה לְאָסָא מֶלֶךְ יְהוּדָה מָלַךְ עָמְרִי
כד עַל־יִשְׂרָאֵל שְׁתֵּים עֶשְׂרֵה שָׁנָה בְּתִרְצָה מָלַךְ שֵׁשׁ־שָׁנִים: וַיִּקֶן
אֶת־הָהָר שֹׁמְרוֹן מֵאֵת שֶׁמֶר בְּכִכְּרַיִם כָּסֶף וַיִּבֶן אֶת־הָהָר
וַיִּקְרָא אֶת־שֵׁם הָעִיר אֲשֶׁר בָּנָה עַל שֶׁם־שֶׁמֶר אֲדֹנֵי
כה הָהָר שֹׁמְרוֹן: וַיַּעֲשֶׂה עָמְרִי הָרַע בְּעֵינֵי יְהוָה וַיָּרַע מִכָּל
כו אֲשֶׁר לְפָנָיו: וַיֵּלֶךְ בְּכָל־דֶּרֶךְ יָרָבְעָם בֶּן־נְבָט וּבְחַטֹּאתָיו
אֲשֶׁר הֶחֱטִיא אֶת־יִשְׂרָאֵל לְהַכְעִיס אֶת־יְהוָה אֱלֹהֵי יִשְׂרָאֵל
כז בְּהַבְלֵיהֶם: וְיֶתֶר דִּבְרֵי עָמְרִי אֲשֶׁר עָשָׂה וּגְבוּרָתוֹ אֲשֶׁר עָשָׂה
הֲלֹא־הֵם כְּתוּבִים עַל־סֵפֶר דִּבְרֵי הַיָּמִים לְמַלְכֵי יִשְׂרָאֵל:
כח וַיִּשְׁכַּב עָמְרִי עִם־אֲבֹתָיו וַיִּקָּבֵר בְּשֹׁמְרוֹן וַיִּמְלֹךְ אַחְאָב בְּנוֹ
כט תַּחְתָּיו: וְאַחְאָב בֶּן־עָמְרִי מָלַךְ עַל־יִשְׂרָאֵל
בִּשְׁנַת שְׁלֹשִׁים וּשְׁמֹנֶה שָׁנָה לְאָסָא מֶלֶךְ יְהוּדָה וַיִּמְלֹךְ אַחְאָב
ל בֶן־עָמְרִי עַל־יִשְׂרָאֵל בְּשֹׁמְרוֹן עֶשְׂרִים וּשְׁתַּיִם שָׁנָה: וַיַּעַשׂ
לא אַחְאָב בֶּן־עָמְרִי הָרַע בְּעֵינֵי יְהוָה מִכֹּל אֲשֶׁר לְפָנָיו: וַיְהִי
הֲנָקֵל לֶכְתּוֹ בְּחַטֹּאות יָרָבְעָם בֶּן־נְבָט וַיִּקַּח אִשָּׁה אֶת־אִיזֶבֶל

וּבְחַטֹּאתוֹ

reign, as soon as he sat on his throne, that he slew all the
house of Ba'sha: he left him not one male person, neither of
his kinsfolk, nor of his friends. Thus did Zimri destroy all the 12
house of Ba'sha, according to the word of the LORD, which
he spoke against Ba'sha by Yehu the prophet, for all the sins 13
of Ba'sha, and the sins of Ela his son, by which they sinned,
and by which they made Yisra'el to sin, so provoking the LORD
GOD of Yisra'el to anger with their vanities. Now the rest of 14
the acts of Ela, and all that he did, are they not written in
the book of the chronicles of the kings of Yisra'el? In the 15
twenty seventh year of Asa king of Yehuda did Zimri reign
seven days in Tirẕa. And the people were encamped against
Gibbeton, which belonged to the Pelishtim. And the people 16
that were encamped heard say, Zimri has conspired, and has
also slain the king: then all Yisra'el made 'Omri, the captain
of the host, king over Yisra'el that day in the camp. And 'Omri 17
went up from Gibbeton, and all Yisra'el with him, and they
besieged Tirẕa. And it came to pass, when Zimri saw that the 18
city was taken, that he went into the palace of the king's
house, and burnt the king's house over him with fire, and died,
for his sins which he sinned in doing evil in the sight of the 19
LORD, in walking in the way of Yarov'am, and in his sin which
he did, to make Yisra'el to sin. Now the rest of the acts of 20
Zimri, and his plot which he plotted, are they not written in the
book of the chronicles of the king of Yisra'el? Then were 21
the people of Yisra'el divided into two parts: half of the people
followed Tivni the son of Ginat, to make him king; and half
followed 'Omri. But the people that followed 'Omri prevailed 22
against the people that followed Tivni the son of Ginat: so
Tivni died, and 'Omri reigned.
In the thirty first year of Asa king of Yehuda did 'Omri begin 23
to reign over Yisra'el; he reigned twelve years: (six years he
reigned in Tirẕa.) And he bought the hill Shomeron of Shemer 24
for two talents of silver, and built on the hill, and called the
name of the city which he built, after the name of Shemer,
owner of the hill, Shomeron. But 'Omri did evil in the eyes 25
of the LORD, and did worse than all that were before him. For 26
he walked in all the way of Yarov'am the son of Nevat, and
in his sin by which he made Yisra'el to sin, to provoke the
LORD GOD of Yisra'el to anger with their vanities. Now the 27
rest of the acts of 'Omri which he did, and his might that
he showed, are they not written in the book of the chronicles
of the kings of Yisra'el? So 'Omri slept with his fathers, and 28
was buried in Shomeron: and Aḥ'av his son reigned in his
stead. And in the thirty eighth year of Asa king of 29
Yehuda began Aḥ'av the son of 'Omri to reign over Yisra'el:
and Aḥ'av the son of 'Omri reigned over Yisra'el in Shomeron
twenty two years. And Aḥ'av the son of 'Omri did evil in 30
the sight of the LORD more than all that were before him. And 31
it came to pass, as if it had been a light thing for him to walk
in the sins of Yarov'am the son of Nevat, that he took to
wife Izevel, the daughter of Etba'al king of the Ẕidonians, and
went and served the Ba'al, and prostrated himself to him.

בַּת־אֶתְבַּעַל מֶלֶךְ צִידֹנִים וַיֵּלֶךְ וַיַּעֲבֹד אֶת־הַבַּעַל וַיִּשְׁתַּחוּ לוֹ׃
וַיָּקֶם מִזְבֵּחַ לַבָּעַל בֵּית הַבַּעַל אֲשֶׁר בָּנָה בְּשֹׁמְרוֹן׃ וַיַּעַשׂ לב לג
אַחְאָב אֶת־הָאֲשֵׁרָה וַיּוֹסֶף אַחְאָב לַעֲשׂוֹת לְהַכְעִיס אֶת־יְהוָה
אֱלֹהֵי יִשְׂרָאֵל מִכֹּל מַלְכֵי יִשְׂרָאֵל אֲשֶׁר הָיוּ לְפָנָיו׃ בְּיָמָיו בָּנָה לד
ובשגוב חִיאֵל בֵּית הָאֱלִי אֶת־יְרִיחֹה בַּאֲבִירָם בְּכֹרוֹ יִסְּדָהּ ובשגיב
צְעִירוֹ הִצִּיב דְּלָתֶיהָ כִּדְבַר יְהוָה אֲשֶׁר דִּבֶּר בְּיַד יְהוֹשֻׁעַ בִּן־
נוּן׃ וַיֹּאמֶר אֵלִיָּהוּ הַתִּשְׁבִּי מִתֹּשָׁבֵי גִלְעָד אֶל־ א יז
אַחְאָב חַי־יְהוָה אֱלֹהֵי יִשְׂרָאֵל אֲשֶׁר עָמַדְתִּי לְפָנָיו אִם־יִהְיֶה
הַשָּׁנִים הָאֵלֶּה טַל וּמָטָר כִּי אִם־לְפִי דְבָרִי׃ וַיְהִי ב
דְבַר־יְהוָה אֵלָיו לֵאמֹר׃ לֵךְ מִזֶּה וּפָנִיתָ לְּךָ קֵדְמָה וְנִסְתַּרְתָּ ג
בְּנַחַל כְּרִית אֲשֶׁר עַל־פְּנֵי הַיַּרְדֵּן׃ וְהָיָה מֵהַנַּחַל תִּשְׁתֶּה וְאֶת־ ד
הָעֹרְבִים צִוִּיתִי לְכַלְכֶּלְךָ שָׁם׃ וַיֵּלֶךְ וַיַּעַשׂ כִּדְבַר יְהוָה וַיֵּלֶךְ וַיֵּשֶׁב ה
בְּנַחַל כְּרִית אֲשֶׁר עַל־פְּנֵי הַיַּרְדֵּן׃ וְהָעֹרְבִים מְבִיאִים לוֹ לֶחֶם ו
וּבָשָׂר בַּבֹּקֶר וְלֶחֶם וּבָשָׂר בָּעָרֶב וּמִן־הַנַּחַל יִשְׁתֶּה׃ וַיְהִי מִקֵּץ ז
יָמִים וַיִּיבַשׁ הַנָּחַל כִּי לֹא־הָיָה גֶשֶׁם בָּאָרֶץ׃ וַיְהִי ח
דְבַר־יְהוָה אֵלָיו לֵאמֹר׃ קוּם לֵךְ צָרְפַתָה אֲשֶׁר לְצִידוֹן וְיָשַׁבְתָּ ט
שָׁם הִנֵּה צִוִּיתִי שָׁם אִשָּׁה אַלְמָנָה לְכַלְכְּלֶךָ׃ וַיָּקָם וַיֵּלֶךְ צָרְפַתָה י
וַיָּבֹא אֶל־פֶּתַח הָעִיר וְהִנֵּה־שָׁם אִשָּׁה אַלְמָנָה מְקֹשֶׁשֶׁת עֵצִים
וַיִּקְרָא אֵלֶיהָ וַיֹּאמַר קְחִי־נָא לִי מְעַט־מַיִם בַּכְּלִי וְאֶשְׁתֶּה׃
וַתֵּלֶךְ לָקַחַת וַיִּקְרָא אֵלֶיהָ וַיֹּאמַר לִקְחִי־נָא לִי פַּת־לֶחֶם בְּיָדֵךְ׃ יא
וַתֹּאמֶר חַי־יְהוָה אֱלֹהֶיךָ אִם־יֶשׁ־לִי מָעוֹג כִּי אִם־מְלֹא יב
כַף־קֶמַח בַּכַּד וּמְעַט־שֶׁמֶן בַּצַּפָּחַת וְהִנְנִי מְקֹשֶׁשֶׁת שְׁנַיִם
עֵצִים וּבָאתִי וַעֲשִׂיתִיהוּ לִי וְלִבְנִי וַאֲכַלְנֻהוּ וָמָתְנוּ׃ וַיֹּאמֶר יג
אֵלֶיהָ אֵלִיָּהוּ אַל־תִּירְאִי בֹּאִי עֲשִׂי כִדְבָרֵךְ אַךְ עֲשִׂי־לִי
מִשָּׁם עֻגָה קְטַנָּה בָרִאשֹׁנָה וְהוֹצֵאת לִי וְלָךְ וְלִבְנֵךְ תַּעֲשִׂי
בָּאַחֲרֹנָה׃ כִּי כֹה אָמַר יְהוָה אֱלֹהֵי יִשְׂרָאֵל כַּד יד
תֵּת הַקֶּמַח לֹא תִכְלָה וְצַפַּחַת הַשֶּׁמֶן לֹא תֶחְסָר עַד יוֹם תתן־יְהוָה
גֶּשֶׁם עַל־פְּנֵי הָאֲדָמָה׃ וַתֵּלֶךְ וַתַּעֲשֶׂה כִּדְבַר אֵלִיָּהוּ וַתֹּאכַל טו
הִיא־וָהוּא הוא־והיא וּבֵיתָהּ יָמִים׃ כַּד הַקֶּמַח לֹא כָלָתָה וְצַפַּחַת הַשֶּׁמֶן טז
לֹא חָסֵר כִּדְבַר יְהוָה אֲשֶׁר דִּבֶּר בְּיַד אֵלִיָּהוּ׃ וַיְהִי יז
אַחַר הַדְּבָרִים הָאֵלֶּה חָלָה בֶּן־הָאִשָּׁה בַּעֲלַת הַבָּיִת וַיְהִי חָלְיוֹ
חָזָק מְאֹד עַד אֲשֶׁר לֹא־נוֹתְרָה־בּוֹ נְשָׁמָה׃ וַתֹּאמֶר אֶל־אֵלִיָּהוּ יח
מַה־לִּי וָלָךְ אִישׁ הָאֱלֹהִים בָּאתָ אֵלַי לְהַזְכִּיר אֶת־עֲוֹנִי
וּלְהָמִית אֶת־בְּנִי׃ וַיֹּאמֶר אֵלֶיהָ תְּנִי־לִי אֶת־בְּנֵךְ וַיִּקָּחֵהוּ יט
מֵחֵיקָהּ וַיַּעֲלֵהוּ אֶל־הָעֲלִיָּה אֲשֶׁר־הוּא יֹשֵׁב שָׁם וַיַּשְׁכִּבֵהוּ עַל־
מִטָּתוֹ׃ וַיִּקְרָא אֶל־יְהוָה וַיֹּאמַר יְהוָה אֱלֹהָי הֲגַם עַל־הָאַלְמָנָה כ

And he reared up an altar for the Ba'al in the house of the 32
Ba'al, which he had built in Shomeron. An Aḥ'av made an 33
Ashera; and Aḥ'av did more to provoke the Lord God of Yis-
ra'el to anger than all the kings of Yisra'el that were before
him. In his days did Ḥi'el the Bet-eli build Yeriḥo: he laid its 34
foundation with Aviram his firstborn, and set up its gates
with his youngest son Seguv, according to the word of the
Lord, which he spoke by Yehoshua the son of Nun.   And 17
Eliyyahu the Tishbi, who was of the inhabitants of Gil'ad, said
to Aḥ'av, As the Lord God of Yisra'el lives, before whom I
stand, there shall not be dew or rain these years, but accord-
ing to my word.   And the word of the Lord came to him, 2
saying, Go from here, and turn eastward, and hide thyself by 3
the wadi Kerit, that is east of the Yarden. And it shall be, that 4
thou shalt drink of the wadi; and I have commanded the ravens
to feed thee there. So he went and did according to the word 5
of the Lord : for he went and dwelt by the wadi Kerit, which
is east of the Yarden. And the ravens brought him bread and 6
meat in the morning, and bread and meat in the evening; and
he drank of the wadi. And it came to pass after a while, that 7
the wadi dried up, because there was no rain in the land.

     And the word of the Lord came to him, saying, Arise, 8,9
go to Zarefat, which belongs to Zidon, and dwell there: be-
hold, I have commanded a widow woman there to sustain
thee. So he arose and went to Zarefat. And when he came to 10
the gate of the city, behold, the widow woman   was   there
gathering sticks: and he called to her, and said, Fetch me, I
pray thee, a little water in a vessel, that I may drink. And 11
as she was going to fetch it, he called to her, and said, Bring
me, I pray thee, a morsel of bread in thy hand. And she said, 12
As the Lord thy God lives, I have nothing baked, but a hand-
ful of meal in a jar, and a little oil in the cruse: and, behold,
I am gathering two sticks, that I may go in and prepare it
for me and my son, that we may eat it, and die. And Eliyyahu 13
said to her, Fear not; go and do as thou hast said: but make
me a little cake of it first, and bring it to me, and after make
for thee and for thy son.   For thus says the Lord God 14
of Yisra'el, The jar of meal shall not be spent, neither shall
the cruse of oil fail, until the day that the Lord sends rain
upon the earth. And she went and did according to the word 15
of Eliyyahu: and she, and he, and her house, did eat many
days. And the jar of meal was not consumed, neither did the 16
cruse of oil fail, according to the word of the Lord, which he
spoke   by   Eliyyahu.   And it came to pass after these 17
things, that the son of the woman, the mistress of the house,
fell sick; and his sickness was so severe, that there was no
breath left in him. And she said to Eliyyahu, What have I to 18
do with thee, O thou man of God? art thou come to me to
call my sin to remembrance, and to slay my son? And he said 19
to her, Give me thy son. And he took him out of her bosom,
and carried him up into the upper chamber, where he abode,
and laid him upon his own bed. And he cried to the Lord, and 20
said, O Lord my God, hast thou also brought evil upon the

אֲשֶׁר־אֲנִי מִתְגּוֹרֵר עִמָּהּ הֲרֵעוֹתָ לְהָמִית אֶת־בְּנָהּ: וַיִּתְמֹדֵד כא
עַל־הַיֶּלֶד שָׁלֹשׁ פְּעָמִים וַיִּקְרָא אֶל־יְהוָה וַיֹּאמַר יְהוָה אֱלֹהַי
תָּשָׁב־נָא נֶפֶשׁ־הַיֶּלֶד הַזֶּה עַל־קִרְבּוֹ: וַיִּשְׁמַע יְהוָה בְּקוֹל כב
אֵלִיָּהוּ וַתָּשָׁב נֶפֶשׁ־הַיֶּלֶד עַל־קִרְבּוֹ וַיֶּחִי: וַיִּקַּח אֵלִיָּהוּ אֶת־ כג
הַיֶּלֶד וַיֹּרִדֵהוּ מִן־הָעֲלִיָּה הַבַּיְתָה וַיִּתְּנֵהוּ לְאִמּוֹ וַיֹּאמֶר אֵלִיָּהוּ
רְאִי חַי בְּנֵךְ: וַתֹּאמֶר הָאִשָּׁה אֶל־אֵלִיָּהוּ עַתָּה זֶה יָדַעְתִּי כִּי כד טו
אִישׁ אֱלֹהִים אָתָּה וּדְבַר־יְהוָה בְּפִיךָ אֱמֶת: וַיְהִי א יח

יָמִים רַבִּים וּדְבַר־יְהוָה הָיָה אֶל־אֵלִיָּהוּ בַּשָּׁנָה הַשְּׁלִישִׁית
לֵאמֹר לֵךְ הֵרָאֵה אֶל־אַחְאָב וְאֶתְּנָה מָטָר עַל־פְּנֵי הָאֲדָמָה:
וַיֵּלֶךְ אֵלִיָּהוּ לְהֵרָאוֹת אֶל־אַחְאָב וְהָרָעָב חָזָק בְּשֹׁמְרוֹן: וַיִּקְרָא ב
אַחְאָב אֶל־עֹבַדְיָהוּ אֲשֶׁר עַל־הַבָּיִת וְעֹבַדְיָהוּ הָיָה יָרֵא אֶת־
יְהוָה מְאֹד: וַיְהִי בְּהַכְרִית אִיזֶבֶל אֵת נְבִיאֵי יְהוָה וַיִּקַּח ד
עֹבַדְיָהוּ מֵאָה נְבִאִים וַיַּחְבִּיאֵם חֲמִשִּׁים אִישׁ בַּמְּעָרָה וְכִלְכְּלָם
לֶחֶם וָמָיִם: וַיֹּאמֶר אַחְאָב אֶל־עֹבַדְיָהוּ לֵךְ בָּאָרֶץ אֶל־כָּל־ ה
מַעְיְנֵי הַמַּיִם וְאֶל כָּל־הַנְּחָלִים אוּלַי נִמְצָא חָצִיר וּנְחַיֶּה סוּס
וָפֶרֶד וְלוֹא נַכְרִית מֵהַבְּהֵמָה: וַיְחַלְּקוּ לָהֶם אֶת־הָאָרֶץ לַעֲבָר־ ו
בָּהּ אַחְאָב הָלַךְ בְּדֶרֶךְ אֶחָד לְבַדּוֹ וְעֹבַדְיָהוּ הָלַךְ בְּדֶרֶךְ־אֶחָד
לְבַדּוֹ: וַיְהִי עֹבַדְיָהוּ בַּדֶּרֶךְ וְהִנֵּה אֵלִיָּהוּ לִקְרָאתוֹ וַיַּכִּרֵהוּ וַיִּפֹּל ז
עַל־פָּנָיו וַיֹּאמֶר הַאַתָּה זֶה אֲדֹנִי אֵלִיָּהוּ: וַיֹּאמֶר לוֹ אָנִי לֵךְ ח
אֱמֹר לַאדֹנֶיךָ הִנֵּה אֵלִיָּהוּ: וַיֹּאמֶר מֶה חָטָאתִי כִּי־אַתָּה נֹתֵן ט
אֶת־עַבְדְּךָ בְּיַד־אַחְאָב לַהֲמִיתֵנִי: חַי יְהוָה אֱלֹהֶיךָ אִם־יֶשׁ־ י
גּוֹי וּמַמְלָכָה אֲשֶׁר לֹא־שָׁלַח אֲדֹנִי שָׁם לְבַקֶּשְׁךָ וְאָמְרוּ אָיִן
וְהִשְׁבִּיעַ אֶת־הַמַּמְלָכָה וְאֶת־הַגּוֹי כִּי לֹא יִמְצָאֶכָּה: וְעַתָּה יא
אַתָּה אֹמֵר לֵךְ אֱמֹר לַאדֹנֶיךָ הִנֵּה אֵלִיָּהוּ: וְהָיָה אֲנִי אֵלֵךְ יב
מֵאִתָּךְ וְרוּחַ יְהוָה יִשָּׂאֲךָ עַל אֲשֶׁר לֹא־אֵדָע וּבָאתִי לְהַגִּיד
לְאַחְאָב וְלֹא יִמְצָאֲךָ וַהֲרָגָנִי וְעַבְדְּךָ יָרֵא אֶת־יְהוָה מִנְּעֻרָי:
הֲלֹא־הֻגַּד לַאדֹנִי אֵת אֲשֶׁר־עָשִׂיתִי בַּהֲרֹג אִיזֶבֶל אֵת נְבִיאֵי יג
יְהוָה וָאַחְבִּא מִנְּבִיאֵי יְהוָה מֵאָה אִישׁ חֲמִשִּׁים חֲמִשִּׁים אִישׁ
בַּמְּעָרָה וָאֲכַלְכְּלֵם לֶחֶם וָמָיִם: וְעַתָּה אַתָּה אֹמֵר לֵךְ אֱמֹר יד
לַאדֹנֶיךָ הִנֵּה אֵלִיָּהוּ וַהֲרָגָנִי: וַיֹּאמֶר אֵלִיָּהוּ חַי יְהוָה צְבָאוֹת טו
אֲשֶׁר עָמַדְתִּי לְפָנָיו כִּי הַיּוֹם אֵרָאֶה אֵלָיו: וַיֵּלֶךְ עֹבַדְיָהוּ טז
לִקְרַאת אַחְאָב וַיַּגֶּד־לוֹ וַיֵּלֶךְ אַחְאָב לִקְרַאת אֵלִיָּהוּ: וַיְהִי יז
כִּרְאוֹת אַחְאָב אֶת־אֵלִיָּהוּ וַיֹּאמֶר אַחְאָב אֵלָיו הַאַתָּה זֶה עֹכֵר
יִשְׂרָאֵל: וַיֹּאמֶר לֹא עָכַרְתִּי אֶת־יִשְׂרָאֵל כִּי אִם־אַתָּה וּבֵית יח
אָבִיךָ בַּעֲזָבְכֶם אֶת־מִצְוֹת יְהוָה וַתֵּלֶךְ אַחֲרֵי הַבְּעָלִים: וְעַתָּה יט
שְׁלַח קְבֹץ אֵלַי אֶת־כָּל־יִשְׂרָאֵל אֶל־הַר הַכַּרְמֶל וְאֶת־נְבִיאֵי

widow with whom I lodge, by slaying her son? And he 21
stretched himself upon the child three times, and cried to the
Lord, and said, O Lord my God, I pray thee, let this child's soul
return to him again. And the Lord heard the voice of Eliyyahu ; 22
and the soul of the child returned to him again, and he revived.
And Eliyyahu took the child, and brought him down out of the 23
upper chamber into the house, and delivered him to his mother:
and Eliyyahu said, See, thy son lives. And the woman said to 24
Eliyyahu, Now by this I know that thou art a man of God,
and that the word of the Lord in thy mouth is truth.

And it came to pass after many days, that the word of the **18**
Lord came to Eliyyahu in the third year, saying, Go, appear
before Aẖ'av; and I will send rain upon the earth. And Eliyyahu 2
went to appear before Aẖ'av. And there was a sore famine in
Shomeron. And Aẖ'av called 'Ovadyahu who was the governor 3
of his house. (Now 'Ovadyahu feared the Lord greatly: for 4
so it was, when Izevel cut off the prophets of the Lord, that
'Ovadyahu took a hundred prophets, and hid them fifty in a
cave, and fed them with bread and water.) And Aẖ'av said to 5
'Ovadyahu, Go into the land, to all the springs of water, and to
all the wadis: perhaps we may find grass to save the horses
and mules alive, that we lose not all the beasts. So they divided 6
the land between them to pass throughout it: Aẖ'av went one
way by himself, and 'Ovadyahu went another way by himself.
And as 'Ovadyahu was on the way, behold, Eliyyahu met him: 7
and he knew him, and fell on his face, and said, Art thou my
lord Eliyyahu? And he answered him, I am: go, tell thy master, 8
Behold, Eliyyahu is here. And he said, What have I sinned, that 9
thou wouldst deliver thy servant into the hand of Aẖ'av, to
slay me? As the Lord thy God lives, there is no nation or king- 10
dom, where my lord has not sent to seek thee, and they said,
He is not there; and he made the kingdom and nation swear,
that they had not found thee. And now thou sayst, Go, tell thy 11
lord, Behold, Eliyyahu is here. And it shall come to pass, as 12
soon as I am gone from thee, that the spirit of the Lord shall
carry thee whither I know not; and so when I come and tell
Aẖ'av, and he cannot find thee, he shall slay me: though I thy
servant fear the Lord from my youth. Was it not told my lord 13
what I did when Izevel slew the prophets of the Lord, how I
hid a hundred men of the Lord's prophets, fifty in a cave, and
fed them with bread and water? And now thou sayst, Go, tell 14
thy lord, Behold, Eliyyahu is here: and he shall slay me. And 15
Eliyyahu said, As the Lord of hosts lives, before whom I stand,
I will surely show myself to him today. So 'Ovadyahu went to 16
meet Aẖ'av, and told him: and Aẖ'av went to meet Eliyyahu.
And it came to pass, when Aẖ'av saw Eliyyahu, that Aẖ'av 17
said to him, Is it thou, thou troubler of Yisra'el? And he 18
answered, I have not troubled Yisra'el; but thou, and thy
father's house, in that you have forsaken the commandments
of the Lord, and thou hast followed the Be'alim. Now therefore 19
send, and gather to me all Yisra'el to mount Karmel, and the
prophets of Ba'al four hundred and fifty, and the prophets of

הַבַּעַל אַרְבַּע מֵאוֹת וַחֲמִשִּׁים וּנְבִיאֵי הָאֲשֵׁרָה אַרְבַּע מֵאוֹת
כ אֹכְלֵי שֻׁלְחַן אִיזָבֶל׃ וַיִּשְׁלַח אַחְאָב בְּכָל־בְּנֵי יִשְׂרָאֵל וַיִּקְבֹּץ
כא אֶת־הַנְּבִיאִים אֶל־הַר הַכַּרְמֶל׃ וַיִּגַּשׁ אֵלִיָּהוּ אֶל־כָּל־הָעָם
וַיֹּאמֶר עַד־מָתַי אַתֶּם פֹּסְחִים עַל־שְׁתֵּי הַסְּעִפִּים אִם־יְהוָה
הָאֱלֹהִים לְכוּ אַחֲרָיו וְאִם־הַבַּעַל לְכוּ אַחֲרָיו וְלֹא־עָנוּ הָעָם
כב אֹתוֹ דָּבָר׃ וַיֹּאמֶר אֵלִיָּהוּ אֶל־הָעָם אֲנִי נוֹתַרְתִּי נָבִיא לַיהוָה
כג לְבַדִּי וּנְבִיאֵי הַבַּעַל אַרְבַּע־מֵאוֹת וַחֲמִשִּׁים אִישׁ׃ וְיִתְּנוּ־לָנוּ
שְׁנַיִם פָּרִים וְיִבְחֲרוּ לָהֶם הַפָּר הָאֶחָד וִינַתְּחֻהוּ וְיָשִׂימוּ עַל־
הָעֵצִים וְאֵשׁ לֹא יָשִׂימוּ וַאֲנִי אֶעֱשֶׂה ׀ אֶת־הַפָּר הָאֶחָד וְנָתַתִּי
כד עַל־הָעֵצִים וְאֵשׁ לֹא אָשִׂים׃ וּקְרָאתֶם בְּשֵׁם אֱלֹהֵיכֶם וַאֲנִי
אֶקְרָא בְשֵׁם־יְהוָה וְהָיָה הָאֱלֹהִים אֲשֶׁר־יַעֲנֶה בָאֵשׁ הוּא
כה הָאֱלֹהִים וַיַּעַן כָּל־הָעָם וַיֹּאמְרוּ טוֹב הַדָּבָר׃ וַיֹּאמֶר אֵלִיָּהוּ
לִנְבִיאֵי הַבַּעַל בַּחֲרוּ לָכֶם הַפָּר הָאֶחָד וַעֲשׂוּ רִאשֹׁנָה כִּי אַתֶּם
כו הָרַבִּים וְקִרְאוּ בְּשֵׁם אֱלֹהֵיכֶם וְאֵשׁ לֹא תָשִׂימוּ׃ וַיִּקְחוּ אֶת־
הַפָּר אֲשֶׁר־נָתַן לָהֶם וַיַּעֲשׂוּ וַיִּקְרְאוּ בְשֵׁם־הַבַּעַל מֵהַבֹּקֶר
וְעַד־הַצָּהֳרַיִם לֵאמֹר הַבַּעַל עֲנֵנוּ וְאֵין קוֹל וְאֵין עֹנֶה וַיְפַסְּחוּ
כז עַל־הַמִּזְבֵּחַ אֲשֶׁר עָשָׂה׃ וַיְהִי בַצָּהֳרַיִם וַיְהַתֵּל בָּהֶם אֵלִיָּהוּ
וַיֹּאמֶר קִרְאוּ בְקוֹל־גָּדוֹל כִּי־אֱלֹהִים הוּא כִּי־שִׂיחַ וְכִי־שִׂיג לוֹ
כח וְכִי־דֶרֶךְ לוֹ אוּלַי יָשֵׁן הוּא וְיִקָץ׃ וַיִּקְרְאוּ בְּקוֹל גָּדוֹל וַיִּתְגֹּדְדוּ
כט כְּמִשְׁפָּטָם בַּחֲרָבוֹת וּבָרְמָחִים עַד־שְׁפָךְ־דָּם עֲלֵיהֶם׃ וַיְהִי
כַּעֲבֹר הַצָּהֳרַיִם וַיִּתְנַבְּאוּ עַד לַעֲלוֹת הַמִּנְחָה וְאֵין־קוֹל וְאֵין־
ל עֹנֶה וְאֵין קָשֶׁב׃ וַיֹּאמֶר אֵלִיָּהוּ לְכָל־הָעָם גְּשׁוּ אֵלַי וַיִּגְּשׁוּ כָל־
לא הָעָם אֵלָיו וַיְרַפֵּא אֶת־מִזְבַּח יְהוָה הֶהָרוּס׃ וַיִּקַּח אֵלִיָּהוּ שְׁתֵּים
עֶשְׂרֵה אֲבָנִים כְּמִסְפַּר שִׁבְטֵי בְנֵי־יַעֲקֹב אֲשֶׁר הָיָה דְבַר־יְהוָה
לב אֵלָיו לֵאמֹר יִשְׂרָאֵל יִהְיֶה שְׁמֶךָ׃ וַיִּבְנֶה אֶת־הָאֲבָנִים מִזְבֵּחַ
בְּשֵׁם יְהוָה וַיַּעַשׂ תְּעָלָה כְּבֵית סָאתַיִם זֶרַע סָבִיב לַמִּזְבֵּחַ׃
לג לד וַיַּעֲרֹךְ אֶת־הָעֵצִים וַיְנַתַּח אֶת־הַפָּר וַיָּשֶׂם עַל־הָעֵצִים׃ וַיֹּאמֶר
מִלְאוּ אַרְבָּעָה כַדִּים מַיִם וְיִצְקוּ עַל־הָעֹלָה וְעַל־הָעֵצִים וַיֹּאמֶר
לה שְׁנוּ וַיִּשְׁנוּ וַיֹּאמֶר שַׁלֵּשׁוּ וַיְשַׁלֵּשׁוּ׃ וַיֵּלְכוּ הַמַּיִם סָבִיב לַמִּזְבֵּחַ
לו וְגַם אֶת־הַתְּעָלָה מִלֵּא־מָיִם׃ וַיְהִי ׀ בַּעֲלוֹת הַמִּנְחָה וַיִּגַּשׁ
אֵלִיָּהוּ הַנָּבִיא וַיֹּאמַר יְהוָה אֱלֹהֵי אַבְרָהָם יִצְחָק וְיִשְׂרָאֵל הַיּוֹם
יִוָּדַע כִּי־אַתָּה אֱלֹהִים בְּיִשְׂרָאֵל וַאֲנִי עַבְדֶּךָ ובדבריך עָשִׂיתִי (וּבִדְבָרְךָ)
לז אֵת כָּל־הַדְּבָרִים הָאֵלֶּה׃ עֲנֵנִי יְהוָה עֲנֵנִי וְיֵדְעוּ הָעָם הַזֶּה כִּי־
לח אַתָּה יְהוָה הָאֱלֹהִים וְאַתָּה הֲסִבֹּתָ אֶת־לִבָּם אֲחֹרַנִּית׃ וַתִּפֹּל
אֵשׁ־יְהוָה וַתֹּאכַל אֶת־הָעֹלָה וְאֶת־הָעֵצִים וְאֶת־הָאֲבָנִים

the Ashera four hundred, who eat at Izevel's table. So Ah̠'av 20
sent to all the children of Yisra'el, and gathered the prophets
together to mount Karmel. And Eliyyahu drew near to all 21
the people, and said, How long will you go limping between
two opinions? if the LORD be GOD, follow him: but if Ba'al,
then follow him. And the people answered him not a word.
Then said Eliyyahu to the people, I, only, remain a prophet 22
of the LORD; but the Ba'al's prophets are four hundred and
fifty men. Let them therefore give us two bullocks; and let 23
them choose one bullock for themselves, and cut it in pieces,
and lay it on the wood pile, and put no fire underneath:
and I will prepare the other bullock, and lay it on the wood
pile, and put no fire underneath: and call on the name of your 24
gods, and I will call on the name of the LORD: and the GOD
that answers by fire, let him be GOD. And all the people an-
swered and said, It is well spoken. And Eliyyahu said to the 25
prophets of the Ba'al, Choose one bullock for yourselves,
and prepare it first; for you are many; and call on the name
of your gods, but put no fire underneath. And they took the 26
bullock which was given them, and they prepared it, and called
on the name of the Ba'al from morning even until noon, saying,
O Ba'al, hear us. But there was no voice, nor any that answered.
And they capered round the altar which was made. And it came 27
to pass at noon, that Eliyyahu mocked them, and said, Cry
aloud: for he is a god; either he is musing, or he is easing him-
self, or he is on a journey, or perhaps he is sleeping and must
be awakened. And they cried aloud, and cut themselves after 28
their manner with knives and lances, till the blood gushed out
upon them. And it came to pass, when midday was past, that 29
they prophesied until the time of the offering of the evening
sacrifice, and there was neither voice, nor any to answer, nor
any that regarded. And Eliyyahu said to all the people, Come 30
near to me. And all the people came near to him. And he re-
paired the altar of the LORD that was broken down. And Eliy- 31
yahu took twelve stones, according to the number of the tribes
of the sons of Ya'aqov, to whom the word of the LORD came,
saying, Yisra'el shall be thy name: and with the stones he 32
built an altar in the name of the LORD: and he made a ditch
about the altar, as great as would contain two measures of
seed. And he put the wood pile in order, and cut the bullock in 33
pieces, and laid it on the wood, and said, Fill four jars with
water, and pour it on the burnt sacrifice, and on the wood. And 34
he said, Do it the second time. And they did it the second time.
And he said, Do it the third time. And they did it the third
time. And the water ran round about the altar; and he filled 35
the ditch also with water. And it came to pass at the time of 36
the offering of the evening sacrifice, that Eliyyahu the prophet
came near, and said, LORD GOD of Avraham, Yiz̠haq, and of Yis-
ra'el, let it be known this day that thou art God in Yisra'el,
and that I am thy servant, and that I have done all these things
at thy word. Hear me, O LORD, hear me, that this people may 37
know that thou art the LORD GOD, and that thou hast turned
their heart back again. Then the fire of the LORD fell, and con- 38

לט וְאֶת־הֶעָפָר וְאֶת־הַמַּיִם אֲשֶׁר־בַּתְּעָלָה לִחֵכָה׃ וַיַּרְא כָּל־ טז
הָעָם וַיִּפְּלוּ עַל־פְּנֵיהֶם וַיֹּאמְרוּ יהוה הוּא הָאֱלֹהִים יהוה הוּא
מ הָאֱלֹהִים׃ וַיֹּאמֶר אֵלִיָּהוּ לָהֶם תִּפְשׂוּ׀ אֶת־נְבִיאֵי הַבַּעַל אִישׁ
אַל־יִמָּלֵט מֵהֶם וַיִּתְפְּשׂוּם וַיּוֹרִדֵם אֵלִיָּהוּ אֶל־נַחַל קִישׁוֹן
מא וַיִּשְׁחָטֵם שָׁם׃ וַיֹּאמֶר אֵלִיָּהוּ לְאַחְאָב עֲלֵה אֱכֹל וּשְׁתֵה כִּי־
מב קוֹל הֲמוֹן הַגָּשֶׁם׃ וַיַּעֲלֶה אַחְאָב לֶאֱכֹל וְלִשְׁתּוֹת וְאֵלִיָּהוּ עָלָה
מג אֶל־רֹאשׁ הַכַּרְמֶל וַיִּגְהַר אַרְצָה וַיָּשֶׂם פָּנָיו בֵּין בִּרְכָּו׃ וַיֹּאמֶר
אֶל־נַעֲרוֹ עֲלֵה־נָא הַבֵּט דֶּרֶךְ־יָם וַיַּעַל וַיַּבֵּט וַיֹּאמֶר אֵין
מד מְאוּמָה וַיֹּאמֶר שֻׁב שֶׁבַע פְּעָמִים׃ וַיְהִי בַּשְּׁבִעִית וַיֹּאמֶר הִנֵּה־
עָב קְטַנָּה כְּכַף־אִישׁ עֹלָה מִיָּם וַיֹּאמֶר עֲלֵה אֱמֹר אֶל־אַחְאָב
מה אֱסֹר וָרֵד וְלֹא יַעַצָרְכָה הַגָּשֶׁם׃ וַיְהִי׀ עַד־כֹּה וְעַד־כֹּה וְהַשָּׁמַיִם
הִתְקַדְּרוּ עָבִים וְרוּחַ וַיְהִי גֶּשֶׁם גָּדוֹל וַיִּרְכַּב אַחְאָב וַיֵּלֶךְ
מו יִזְרְעֶאלָה׃ וְיַד־יהוה הָיְתָה אֶל־אֵלִיָּהוּ וַיְשַׁנֵּס
איט מָתְנָיו וַיָּרָץ לִפְנֵי אַחְאָב עַד־בֹּאֲכָה יִזְרְעֶאלָה׃ וַיַּגֵּד אַחְאָב
לְאִיזֶבֶל אֵת כָּל־אֲשֶׁר עָשָׂה אֵלִיָּהוּ וְאֵת כָּל־אֲשֶׁר הָרַג אֶת־
ב כָּל־הַנְּבִיאִים בֶּחָרֶב׃ וַתִּשְׁלַח אִיזֶבֶל מַלְאָךְ אֶל־אֵלִיָּהוּ לֵאמֹר
כֹּה־יַעֲשׂוּן אֱלֹהִים וְכֹה יוֹסִפוּן כִּי־כָעֵת מָחָר אָשִׂים אֶת־נַפְשְׁךָ
ג כְּנֶפֶשׁ אַחַד מֵהֶם׃ וַיַּרְא וַיָּקָם וַיֵּלֶךְ אֶל־נַפְשׁוֹ וַיָּבֹא בְּאֵר שֶׁבַע
ד אֲשֶׁר לִיהוּדָה וַיַּנַּח אֶת־נַעֲרוֹ שָׁם׃ וְהוּא־הָלַךְ בַּמִּדְבָּר דֶּרֶךְ יוֹם
וַיָּבֹא וַיֵּשֶׁב תַּחַת רֹתֶם אחת וַיִּשְׁאַל אֶת־נַפְשׁוֹ לָמוּת וַיֹּאמֶר׀ אֶחָד
ה רַב עַתָּה יהוה קַח נַפְשִׁי כִּי לֹא־טוֹב אָנֹכִי מֵאֲבֹתָי׃ וַיִּשְׁכַּב
וַיִּישַׁן תַּחַת רֹתֶם אֶחָד וְהִנֵּה־זֶה מַלְאָךְ נֹגֵעַ בּוֹ וַיֹּאמֶר לוֹ קוּם
ו אֱכוֹל׃ וַיַּבֵּט וְהִנֵּה מְרַאֲשֹׁתָיו עֻגַת רְצָפִים וְצַפַּחַת מָיִם וַיֹּאכַל
ז וַיֵּשְׁתְּ וַיָּשָׁב וַיִּשְׁכָּב׃ וַיָּשָׁב מַלְאַךְ יהוה׀ שֵׁנִית וַיִּגַּע־בּוֹ וַיֹּאמֶר
ח קוּם אֱכֹל כִּי רַב מִמְּךָ הַדָּרֶךְ׃ וַיָּקָם וַיֹּאכַל וַיִּשְׁתֶּה וַיֵּלֶךְ
בְּכֹחַ׀ הָאֲכִילָה הַהִיא אַרְבָּעִים יוֹם וְאַרְבָּעִים לַיְלָה עַד הַר
ט הָאֱלֹהִים חֹרֵב׃ וַיָּבֹא־שָׁם אֶל־הַמְּעָרָה וַיָּלֶן שָׁם וְהִנֵּה דְבַר־
י יהוה אֵלָיו וַיֹּאמֶר לוֹ מַה־לְּךָ פֹה אֵלִיָּהוּ׃ וַיֹּאמֶר קַנֹּא קִנֵּאתִי
לַיהוה׀ אֱלֹהֵי צְבָאוֹת כִּי־עָזְבוּ בְרִיתְךָ בְּנֵי יִשְׂרָאֵל אֶת־
מִזְבְּחֹתֶיךָ הָרָסוּ וְאֶת־נְבִיאֶיךָ הָרְגוּ בֶחָרֶב וָאִוָּתֵר אֲנִי לְבַדִּי
יא וַיְבַקְשׁוּ אֶת־נַפְשִׁי לְקַחְתָּהּ׃ וַיֹּאמֶר צֵא וְעָמַדְתָּ בָהָר לִפְנֵי
יהוה וְהִנֵּה יהוה עֹבֵר וְרוּחַ גְּדוֹלָה וְחָזָק מְפָרֵק הָרִים וּמְשַׁבֵּר
סְלָעִים לִפְנֵי יהוה לֹא בָרוּחַ יהוה וְאַחַר הָרוּחַ רַעַשׁ לֹא בָרַעַשׁ
יב יהוה׃ וְאַחַר הָרַעַשׁ אֵשׁ לֹא בָאֵשׁ יהוה וְאַחַר הָאֵשׁ קוֹל

sumed the burnt sacrifice, and the wood pile, and the stones,
and the dust, and licked up the water that was in the trench.
And when all the people saw it, they fell on their faces: and 39
they said, The LORD, he is the GOD; the LORD, he is the GOD.
And Eliyyahu said to them, Take the prophets of the Ba'al; 40
let not one of them escape. And they took them: and Eliyyahu
brought them down to the wadi Qishon, and slew them there.
And Eliyyahu said to Ah̲'av, go up, eat and drink; for there is 41
a sound of the rumbling of the rainstorm. So Ah̲'av went up to 42
eat and to drink. And Aliyyahu went up to the top of the
Karmel; and he crouched down on the earth, and put his face
between his knees, and said to his servant, Go up now, look 43
towards the sea. And he went up, and looked, and said, There
is nothing. And he said, Go again seven times. And it came to 44
pass at the seventh time, that he said, Behold, a little cloud is
ascending from the sea, like a man's hand. And he said, Go up,
say to Ah̲'av, Prepare thy chariot, and get thee down, that the
rain stop thee not. And it came to pass in the mean while, 45
that the sky became darkened with clouds and wind, and there
was a great rain. And Ah̲'av rode, and went to Yizre'el.

And the hand of the LORD was on Eliyyahu; and he girded 46
up his loins, and ran before Ah̲'av as far as the entrance to Yiz-
re'el. And Ah̲'av told Izevel all that Eliyyahu had done, and **19**
how he had slain all the prophets with the sword. Then Izevel 2
sent a messenger to Eliyyahu, saying, So let the gods do to me,
and more also, if I make not thy life as the life of one of them
by tomorrow about this time. And when he saw that, he arose, 3
and went for his life, and came to Be'er-sheva, which belongs
to Yehuda, and left his servant there. But he himself went a 4
day's journey into the wilderness, and came and sat down under
a broom tree: and he requested for himself that he might die;
and said, It is enough; now, O LORD, take away my life; for I
am not better than my fathers. And as he lay and slept under 5
a broom tree, behold, then an angel touched him, and said to
him, Arise and eat. And he looked, and, behold, there was a 6
cake baked on the coals, and a cruse of water at his head.
And he did eat and drink, and laid him down again. And the 7
angel of the LORD came again the second time, and touched him,
and said, Arise and eat; because the journey is too great for
thee. And he arose, and did eat and drink, and went in the 8
strength of that meal forty days and forty nights to H̱orev the
mountain of GOD. And he came there to a cave, and lodged there; 9
and, behold, the word of the LORD came to him, and he said
to him, What art thou doing here, Eliyyahu? And he said, I have 10
been very zealous for the LORD GOD of hosts: for the children
of Yisra'el have forsaken thy covenant, thrown down thy altars,
and slain thy prophets with the sword; and I only, am left;
and they seek my life, to take it away. And he said, Go out, 11
and stand upon the mountain before the LORD. And, behold,
the LORD passed by, and a great and strong wind rent the
mountains, and broke the rocks in pieces before the LORD;
but the LORD was not in the wind: and after the wind an earth-
quake; but the LORD was not in the earthquake: and after the 12

דְּמָמָה דַקָּה׃ וַיְהִי ׀ כִּשְׁמֹעַ אֵלִיָּהוּ וַיָּלֶט פָּנָיו בְּאַדַּרְתּוֹ יג
וַיֵּצֵא וַיַּעֲמֹד פֶּתַח הַמְּעָרָה וְהִנֵּה אֵלָיו קוֹל וַיֹּאמֶר מַה־לְּךָ
פֹה אֵלִיָּהוּ׃ וַיֹּאמֶר קַנֹּא קִנֵּאתִי לַיהוָה ׀ אֱלֹהֵי צְבָאוֹת יד
כִּי־עָזְבוּ בְרִיתְךָ בְּנֵי יִשְׂרָאֵל אֶת־מִזְבְּחֹתֶיךָ הָרָסוּ וְאֶת־
נְבִיאֶיךָ הָרְגוּ בֶחָרֶב וָאִוָּתֵר אֲנִי לְבַדִּי וַיְבַקְשׁוּ אֶת־נַפְשִׁי
לְקַחְתָּהּ׃ וַיֹּאמֶר יְהוָה אֵלָיו לֵךְ שׁוּב לְדַרְכְּךָ טו
מִדְבַּרָה דַמָּשֶׂק וּבָאתָ וּמָשַׁחְתָּ אֶת־חֲזָאֵל לְמֶלֶךְ עַל־אֲרָם׃
וְאֵת יֵהוּא בֶן־נִמְשִׁי תִּמְשַׁח לְמֶלֶךְ עַל־יִשְׂרָאֵל וְאֶת־אֱלִישָׁע טז
בֶּן־שָׁפָט מֵאָבֵל מְחוֹלָה תִּמְשַׁח לְנָבִיא תַּחְתֶּיךָ׃ וְהָיָה הַנִּמְלָט יז
מֵחֶרֶב חֲזָאֵל יָמִית יֵהוּא וְהַנִּמְלָט מֵחֶרֶב יֵהוּא יָמִית אֱלִישָׁע׃
וְהִשְׁאַרְתִּי בְיִשְׂרָאֵל שִׁבְעַת אֲלָפִים כָּל־הַבִּרְכַּיִם אֲשֶׁר לֹא־ יח
כָרְעוּ לַבַּעַל וְכָל־הַפֶּה אֲשֶׁר לֹא־נָשַׁק לוֹ׃ וַיֵּלֶךְ מִשָּׁם וַיִּמְצָא יט
אֶת־אֱלִישָׁע בֶּן־שָׁפָט וְהוּא חֹרֵשׁ שְׁנֵים־עָשָׂר צְמָדִים לְפָנָיו
וְהוּא בִּשְׁנֵים הֶעָשָׂר וַיַּעֲבֹר אֵלִיָּהוּ אֵלָיו וַיַּשְׁלֵךְ אַדַּרְתּוֹ אֵלָיו׃
וַיַּעֲזֹב אֶת־הַבָּקָר וַיָּרָץ אַחֲרֵי אֵלִיָּהוּ וַיֹּאמֶר אֶשְּׁקָה־נָּא לְאָבִי כ
וּלְאִמִּי וְאֵלְכָה אַחֲרֶיךָ וַיֹּאמֶר לוֹ לֵךְ שׁוּב כִּי מֶה־עָשִׂיתִי לָךְ׃
וַיָּשָׁב מֵאַחֲרָיו וַיִּקַּח אֶת־צֶמֶד הַבָּקָר וַיִּזְבָּחֵהוּ וּבִכְלִי הַבָּקָר כא
בִּשְּׁלָם הַבָּשָׂר וַיִּתֵּן לָעָם וַיֹּאכֵלוּ וַיָּקָם וַיֵּלֶךְ אַחֲרֵי אֵלִיָּהוּ
וַיְשָׁרְתֵהוּ׃ וּבֶן־הֲדַד מֶלֶךְ־אֲרָם קָבַץ אֶת־כָּל־ כ א
חֵילוֹ וּשְׁלֹשִׁים וּשְׁנַיִם מֶלֶךְ אִתּוֹ וְסוּס וָרָכֶב וַיַּעַל וַיָּצַר עַל־
שֹׁמְרוֹן וַיִּלָּחֶם בָּהּ׃ וַיִּשְׁלַח מַלְאָכִים אֶל־אַחְאָב מֶלֶךְ־יִשְׂרָאֵל ב
הָעִירָה׃ וַיֹּאמֶר לוֹ כֹּה אָמַר בֶּן־הֲדַד כַּסְפְּךָ וּזְהָבְךָ לִי־הוּא ג
וְנָשֶׁיךָ וּבָנֶיךָ הַטּוֹבִים לִי־הֵם׃ וַיַּעַן מֶלֶךְ־יִשְׂרָאֵל וַיֹּאמֶר ד
כִּדְבָרְךָ אֲדֹנִי הַמֶּלֶךְ לְךָ אֲנִי וְכָל־אֲשֶׁר־לִי׃ וַיָּשֻׁבוּ הַמַּלְאָכִים ה
וַיֹּאמְרוּ כֹּה־אָמַר בֶּן־הֲדַד לֵאמֹר כִּי־שָׁלַחְתִּי אֵלֶיךָ לֵאמֹר
כַּסְפְּךָ וּזְהָבְךָ וְנָשֶׁיךָ וּבָנֶיךָ לִי תִתֵּן׃ כִּי ׀ אִם־כָּעֵת מָחָר אֶשְׁלַח ו
אֶת־עֲבָדַי אֵלֶיךָ וְחִפְּשׂוּ אֶת־בֵּיתְךָ וְאֵת בָּתֵּי עֲבָדֶיךָ וְהָיָה
כָּל־מַחְמַד עֵינֶיךָ יָשִׂימוּ בְיָדָם וְלָקָחוּ׃ וַיִּקְרָא מֶלֶךְ־יִשְׂרָאֵל ז
לְכָל־זִקְנֵי הָאָרֶץ וַיֹּאמֶר דְּעוּ־נָא וּרְאוּ כִּי רָעָה זֶה מְבַקֵּשׁ כִּי־
שָׁלַח אֵלַי לְנָשַׁי וּלְבָנַי וּלְכַסְפִּי וְלִזְהָבִי וְלֹא מָנַעְתִּי מִמֶּנּוּ׃
וַיֹּאמְרוּ אֵלָיו כָּל־הַזְּקֵנִים וְכָל־הָעָם אַל־תִּשְׁמַע וְלוֹא תֹאבֶה׃ ח
וַיֹּאמֶר לְמַלְאֲכֵי בֶן־הֲדַד אִמְרוּ לַאדֹנִי הַמֶּלֶךְ כֹּל אֲשֶׁר־שָׁלַחְתָּ ט
אֶל־עַבְדְּךָ בָרִאשֹׁנָה אֶעֱשֶׂה וְהַדָּבָר הַזֶּה לֹא אוּכַל לַעֲשׂוֹת

earthquake a fire; but the Lord was not in the fire: and after
13 the fire a still small voice. And when Eliyyahu heard it, he
wrapped his face in his mantle, and went out, and stood in
the entrance of the cave. And, behold, there came a voice to him,
14 and said, What art thou doing here, Eliyyahu? And he said, I
have been very zealous for the Lord God of hosts: because the
children of Yisra'el have forsaken thy covenant, thrown down
thy altars, and slain thy prophets with the sword; and I, alone,
15 am left; and they seek my life, to take it away. And the
Lord said to him, Go, return on thy way to the wilderness of
Dammeseq: and when thou comest, anoint Ḥaza'el to be king
16 over Aram: and Yehu the son of Nimshi shalt thou anoint to be
king over Yisra'el: and Elisha the son of Shafat of Avel-meḥola
17 shalt thou anoint to be prophet in thy place. And it shall come
to pass, that him that escapes the sword of Ḥaza'el shall Yehu
slay: and him that escapes from the sword of Yehu shall Elisha
18 slay. Yet I will leave seven thousand in Yisra'el, all the knees
that have not bowed to the Ba'al, and every mouth that has not
19 kissed him. So he departed from there, and found Elisha the
son of Shafat, who was ploughing with twelve yoke of oxen
before him, and he with the twelfth: and Eliyyahu passed by
20 him, and cast his mantle on him. And he left the oxen, and ran
after Eliyyahu, and said, Let me, I pray thee, kiss my father
and my mother, and then I will follow thee. And he said to him,
21 Go and come back again: for what have I done to thee? And
he returned back from him, and took a yoke of oxen, and
slaughtered them, and boiled their flesh with the equipment of
the oxen, and gave to the people, and they did eat. Then he
20 arose, and went after Eliyyahu, and attended him. And
Ben-hadad the king of Aram gathered all his host together:
and there were thirty two kings with him, and horses, and
chariots: and he went up and besieged Shomeron, and warred
2 against it. And he sent messengers to Aḥ'av king of Yisra'el,
3 into the city, and said to him, Thus says Ben-hadad, Thy
silver and thy gold is mine; thy wives also and thy children,
4 even the goodliest, are mine. And the king of Yisra'el answered
and said, My lord, O king, according to thy saying, I am thine,
5 and all that I have. And the mesengers came again, and said,
Thus speaks Ben-hadad, saying, Although I have sent unto
thee, saying, Thou shalt give me thy silver, and thy gold, and
6 thy wives, and thy children; yet I will send my servants to
thee tomorrow about this time, and they shall search thy
house, and the houses of thy servants; and it shall be, that
they shall put in their hand thy choicest possessions and take
7 them. Then the king of Yisra'el called all the elders of the
land, and said, Mark, I pray you, and see how this man seeks
mischief: for he sent to me for my wives, and for my children,
and for my silver, and for my gold; and I denied him not.
8 And all the elders and all the people said to him, Hearken not
9 to him, nor consent. Wherefore he said to the messengers of
Ben-hadad, Tell my lord the king, All that thou didst send for
to thy servant at the first I will do: but this thing I may not
do. And the messengers departed, and brought him word again.

וַיֵּלְכוּ הַמַּלְאָכִים וַיְשִׁבֻהוּ דָּבָר: וַיִּשְׁלַח אֵלָיו בֶּן־הֲדַד וַיֹּאמֶר
כֹּה־יַעֲשׂוּן לִי אֱלֹהִים וְכֹה יוֹסִפוּ אִם־יִשְׂפֹּק עֲפַר שֹׁמְרוֹן
לִשְׁעָלִים לְכָל־הָעָם אֲשֶׁר בְּרַגְלָי: וַיַּעַן מֶלֶךְ־יִשְׂרָאֵל וַיֹּאמֶר

יא דַּבְּרוּ אַל־יִתְהַלֵּל חֹגֵר כִּמְפַתֵּחַ: וַיְהִי כִּשְׁמֹעַ אֶת־הַדָּבָר הַזֶּה
יב וְהוּא שֹׁתֶה הוּא וְהַמְּלָכִים בַּסֻּכּוֹת וַיֹּאמֶר אֶל־עֲבָדָיו שִׂימוּ
וַיָּשִׂימוּ עַל־הָעִיר: וְהִנֵּה נָבִיא אֶחָד נִגַּשׁ אֶל־אַחְאָב מֶלֶךְ־

יז יִשְׂרָאֵל וַיֹּאמֶר כֹּה אָמַר יְהוָה הֲרָאִיתָ אֵת כָּל־הֶהָמוֹן הַגָּדוֹל
יד הַזֶּה הִנְנִי נֹתְנוֹ בְיָדְךָ הַיּוֹם וְיָדַעְתָּ כִּי־אֲנִי יְהוָה: וַיֹּאמֶר אַחְאָב
בְּמִי וַיֹּאמֶר כֹּה־אָמַר יְהוָה בְּנַעֲרֵי שָׂרֵי הַמְּדִינוֹת וַיֹּאמֶר מִי־

טו יֶאְסֹר הַמִּלְחָמָה וַיֹּאמֶר אָתָּה: וַיִּפְקֹד אֶת־נַעֲרֵי שָׂרֵי הַמְּדִינוֹת
וַיִּהְיוּ מָאתַיִם שְׁנַיִם וּשְׁלֹשִׁים וְאַחֲרֵיהֶם פָּקַד אֶת־כָּל־הָעָם

טז כָּל־בְּנֵי יִשְׂרָאֵל שִׁבְעַת אֲלָפִים: וַיֵּצְאוּ בַּצָּהֳרָיִם וּבֶן־הֲדַד
שֹׁתֶה שִׁכּוֹר בַּסֻּכּוֹת הוּא וְהַמְּלָכִים שְׁלֹשִׁים־וּשְׁנַיִם מֶלֶךְ עֹזֵר

יז אֹתוֹ: וַיֵּצְאוּ נַעֲרֵי שָׂרֵי הַמְּדִינוֹת בָּרִאשֹׁנָה וַיִּשְׁלַח בֶּן־הֲדַד
יח וַיַּגִּידוּ לוֹ לֵאמֹר אֲנָשִׁים יָצְאוּ מִשֹּׁמְרוֹן: וַיֹּאמֶר אִם־לְשָׁלוֹם
יט יָצָאוּ תִּפְשׂוּם חַיִּים וְאִם לְמִלְחָמָה יָצָאוּ חַיִּים תִּפְשׂוּם: וְאֵלֶּה
יָצְאוּ מִן־הָעִיר נַעֲרֵי שָׂרֵי הַמְּדִינוֹת וְהַחַיִל אֲשֶׁר אַחֲרֵיהֶם:

כ וַיַּכּוּ אִישׁ אִישׁוֹ וַיָּנֻסוּ אֲרָם וַיִּרְדְּפֵם יִשְׂרָאֵל וַיִּמָּלֵט בֶּן־הֲדַד
כא מֶלֶךְ אֲרָם עַל־סוּס וּפָרָשִׁים: וַיֵּצֵא מֶלֶךְ יִשְׂרָאֵל וַיַּךְ אֶת־
כב הַסּוּס וְאֶת־הָרָכֶב וְהִכָּה בַאֲרָם מַכָּה גְדוֹלָה: וַיִּגַּשׁ הַנָּבִיא אֶל־
מֶלֶךְ יִשְׂרָאֵל וַיֹּאמֶר לוֹ לֵךְ הִתְחַזַּק וְדַע וּרְאֵה אֵת אֲשֶׁר־
תַּעֲשֶׂה כִּי לִתְשׁוּבַת הַשָּׁנָה מֶלֶךְ אֲרָם עֹלֶה עָלֶיךָ:

כג וְעַבְדֵי מֶלֶךְ־אֲרָם אָמְרוּ אֵלָיו אֱלֹהֵי הָרִים אֱלֹהֵיהֶם עַל־כֵּן
חָזְקוּ מִמֶּנּוּ וְאוּלָם נִלָּחֵם אִתָּם בַּמִּישׁוֹר אִם־לֹא נֶחֱזַק מֵהֶם:
כד וְאֶת־הַדָּבָר הַזֶּה עֲשֵׂה הָסֵר הַמְּלָכִים אִישׁ מִמְּקֹמוֹ וְשִׂים
כה פַּחוֹת תַּחְתֵּיהֶם: וְאַתָּה תִמְנֶה־לְךָ חַיִל כַּחַיִל הַנֹּפֵל מֵאוֹתָךְ
וְסוּס כַּסּוּס וְרֶכֶב כָּרֶכֶב וְנִלָּחֲמָה אוֹתָם בַּמִּישׁוֹר אִם־לֹא נֶחֱזַק
מֵהֶם וַיִּשְׁמַע לְקֹלָם וַיַּעַשׂ כֵּן: וַיְהִי לִתְשׁוּבַת

כו הַשָּׁנָה וַיִּפְקֹד בֶּן־הֲדַד אֶת־אֲרָם וַיַּעַל אֲפֵקָה לַמִּלְחָמָה עִם־
כז יִשְׂרָאֵל: וּבְנֵי יִשְׂרָאֵל הָתְפָּקְדוּ וְכָלְכְּלוּ וַיֵּלְכוּ לִקְרָאתָם וַיַּחֲנוּ
בְנֵי־יִשְׂרָאֵל נֶגְדָּם כִּשְׁנֵי חֲשִׂפֵי עִזִּים וַאֲרָם מִלְאוּ אֶת־הָאָרֶץ:

כח וַיִּגַּשׁ אִישׁ הָאֱלֹהִים וַיֹּאמֶר אֶל־מֶלֶךְ יִשְׂרָאֵל וַיֹּאמֶר כֹּה־אָמַר
יְהוָה יַעַן אֲשֶׁר אָמְרוּ אֲרָם אֱלֹהֵי הָרִים יְהוָה וְלֹא־אֱלֹהֵי
עֲמָקִים הוּא וְנָתַתִּי אֶת־כָּל־הֶהָמוֹן הַגָּדוֹל הַזֶּה בְּיָדֶךָ וִידַעְתֶּם

And Ben-hadad sent to him, and said, The gods do so to me, 10
and more also, if the dust of Shomeron shall suffice for hand-
fuls for all the people that follow me. And the king of Yisra'el 11
answered and said, Tell him, Let not him that girds on his
harness boast himself as he that takes it off. And it came to 12
pass, when Ben-hadad heard this message, as he was drinking,
he and the kings in the field huts, that he said to his servants,
Set yourselves in array. And they set themselves in array
against the city. And, behold, there came a prophet to Aḥ'av 13
king of Yisra'el, saying, Thus says the Lord, Hast thou seen
all this great multitude? behold, I will deliver it into thy hand
this day; and thou shalt know that I am the Lord. And Aḥ'av 14
said, By whom? And he said, Thus says the Lord, By the young
men of the princes of the provinces. Then he said, Who shall
open the battle? And he answered, Thou. Then he numbered 15
the young men of the princes of the provinces, and they were
two hundred and thirty two: and after them he numbered all
the people, all the children of Yisra'el, who were seven thou-
sand. And they went out at noon. But Ben-hadad was drinking 16
himself drunk in the field huts; he and the kings, the thirty
two kings that helped him. And the young men of the princes 17
of the provinces went out first; and Ben-hadad sent out, and
they told him, saying, There are men come out of Shomeron.
And he said, if they are come out for peace, take them alive; 18
and if they are come out for war, take them alive. So these 19
young men of the princes of the provinces came out of the
city, and the army which followed them. And they slew every 20
one his man: and Aram fled; and Yisra'el pursued them: and Ben-
hadad the king of Aram escaped on a horse with the horsemen.
And the king of Yisra'el went out, and smote the horses and char- 21
iots, and smote Aram with a great slaughter. And the prophet
came to the king of Yisra'el, and said to him, Go, strengthen thy- 22
self, and mark, and see what thou doest: for at the return of the
year the king of Aram will come up against thee.
And the servants of the king of Aram said to him, Their gods 23
are gods of the hills ;therefore they were stronger then we ;
but let us fight against them in the plain, and surely we shall
be stronger than they. And do this thing, Take the kings away, 24
every man out of his place, and put commanders in their places :
and number thee an army, like the army that thou hast lost, 25
horse for horse, and chariot for chariot : and we will fight
against them in the plain, and surely we shall be stronger
than they. And he hearkened to their voice, and did so.
And it came to pass at the return of the year, 26
that Ben-hadad numbered Aram, and went up to Afeq, to fight
against Yisra'el. And the children of Yisra'el were numbered, 27
and were supplied with stores, and went against them: and
the children of Yisra'el pitched before them like two little
flocks of goats; but Aram filled the countryside. And there 28
came a man of God, and spoke to the king of Yisra'el, and
said, Thus says the Lord, because Aram have said, The Lord
is God of the hills, but he is not God of the valleys, therefore
will I deliver all this great multitude into thy hand, and you

כט כִּי־אֲנִי יְהוָה׃ וַיַּחֲנוּ אֵלֶּה נֹכַח־אֵלֶּה שִׁבְעַת יָמִים וַיְהִי ׀ בַּיּוֹם
הַשְּׁבִיעִי וַתִּקְרַב הַמִּלְחָמָה וַיַּכּוּ בְנֵי־יִשְׂרָאֵל אֶת־אֲרָם מֵאָה־
ל אֶלֶף רַגְלִי בְּיוֹם אֶחָד׃ וַיָּנֻסוּ הַנּוֹתָרִים ׀ אֲפֵקָה אֶל־הָעִיר וַתִּפֹּל
הַחוֹמָה עַל־עֶשְׂרִים וְשִׁבְעָה אֶלֶף אִישׁ הַנּוֹתָרִים וּבֶן־הֲדַד נָס
לא וַיָּבֹא אֶל־הָעִיר חֶדֶר בְּחָדֶר׃ וַיֹּאמְרוּ אֵלָיו עֲבָדָיו הִנֵּה־נָא
שָׁמַעְנוּ כִּי מַלְכֵי בֵּית יִשְׂרָאֵל כִּי־מַלְכֵי חֶסֶד הֵם נָשִׂימָה נָּא
שַׂקִּים בְּמָתְנֵינוּ וַחֲבָלִים בְּרֹאשֵׁנוּ וְנֵצֵא אֶל־מֶלֶךְ יִשְׂרָאֵל אוּלַי
לב יְחַיֶּה אֶת־נַפְשֶׁךָ׃ וַיַּחְגְּרוּ שַׂקִּים בְּמָתְנֵיהֶם וַחֲבָלִים בְּרָאשֵׁיהֶם
וַיָּבֹאוּ אֶל־מֶלֶךְ יִשְׂרָאֵל וַיֹּאמְרוּ עַבְדְּךָ בֶן־הֲדַד אָמַר תְּחִי־נָא
לג נַפְשִׁי וַיֹּאמֶר הַעוֹדֶנּוּ חַי אָחִי הוּא׃ וְהָאֲנָשִׁים יְנַחֲשׁוּ וַיְמַהֲרוּ
וַיַּחְלְטוּ הֲמִמֶּנּוּ וַיֹּאמְרוּ אָחִיךָ בֶן־הֲדַד וַיֹּאמֶר בֹּאוּ קָחֻהוּ וַיֵּצֵא
לד אֵלָיו בֶּן־הֲדַד וַיַּעֲלֵהוּ עַל־הַמֶּרְכָּבָה׃ וַיֹּאמֶר אֵלָיו הֶעָרִים
אֲשֶׁר־לָקַח־אָבִי מֵאֵת אָבִיךָ אָשִׁיב וְחוּצוֹת תָּשִׂים לְךָ בְדַמֶּשֶׂק
כַּאֲשֶׁר־שָׂם אָבִי בְּשֹׁמְרוֹן וַאֲנִי בַּבְּרִית אֲשַׁלְּחֶךָּ וַיִּכְרָת־לוֹ
לה בְרִית וַיְשַׁלְּחֵהוּ׃ וְאִישׁ אֶחָד מִבְּנֵי הַנְּבִיאִים
אָמַר אֶל־רֵעֵהוּ בִּדְבַר יְהוָה הַכֵּינִי נָא וַיְמָאֵן הָאִישׁ לְהַכֹּתוֹ׃
לו וַיֹּאמֶר לוֹ יַעַן אֲשֶׁר לֹא־שָׁמַעְתָּ בְּקוֹל יְהוָה הִנְּךָ הוֹלֵךְ מֵאִתִּי
לז וְהִכְּךָ הָאַרְיֵה וַיֵּלֶךְ מֵאֶצְלוֹ וַיִּמְצָאֵהוּ הָאַרְיֵה וַיַּכֵּהוּ׃ וַיִּמְצָא
לח אִישׁ אַחֵר וַיֹּאמֶר הַכֵּינִי נָא וַיַּכֵּהוּ הָאִישׁ הַכֵּה וּפָצֹעַ׃ וַיֵּלֶךְ
הַנָּבִיא וַיַּעֲמֹד לַמֶּלֶךְ עַל־הַדָּרֶךְ וַיִּתְחַפֵּשׂ בָּאֲפֵר עַל־עֵינָיו׃
לט וַיְהִי הַמֶּלֶךְ עֹבֵר וְהוּא צָעַק אֶל־הַמֶּלֶךְ וַיֹּאמֶר עַבְדְּךָ ׀ יָצָא
בְקֶרֶב־הַמִּלְחָמָה וְהִנֵּה־אִישׁ סָר וַיָּבֵא אֵלַי אִישׁ וַיֹּאמֶר שְׁמֹר
אֶת־הָאִישׁ הַזֶּה אִם־הִפָּקֵד יִפָּקֵד וְהָיְתָה נַפְשְׁךָ תַּחַת נַפְשׁוֹ אוֹ
מ כִכַּר־כֶּסֶף תִּשְׁקוֹל׃ וַיְהִי עַבְדְּךָ עֹשֶׂה הֵנָּה וָהֵנָּה וְהוּא אֵינֶנּוּ
מא וַיֹּאמֶר אֵלָיו מֶלֶךְ־יִשְׂרָאֵל כֵּן מִשְׁפָּטֶךָ אַתָּה חָרָצְתָּ׃ וַיְמַהֵר
וַיָּסַר אֶת־הָאֲפֵר מֵעַל עֵינָיו וַיַּכֵּר אֹתוֹ מֶלֶךְ יִשְׂרָאֵל כִּי
מב מֵהַנְּבִיאִים הוּא׃ וַיֹּאמֶר אֵלָיו כֹּה אָמַר יְהוָה יַעַן שִׁלַּחְתָּ
אֶת־אִישׁ־חֶרְמִי מִיָּד וְהָיְתָה נַפְשְׁךָ תַּחַת נַפְשׁוֹ וְעַמְּךָ
מג תַּחַת עַמּוֹ׃ וַיֵּלֶךְ מֶלֶךְ־יִשְׂרָאֵל עַל־בֵּיתוֹ סַר וְזָעֵף וַיָּבֹא
כא א שֹׁמְרוֹנָה׃ וַיְהִי אַחַר הַדְּבָרִים הָאֵלֶּה כֶּרֶם הָיָה
לְנָבוֹת הַיִּזְרְעֵאלִי אֲשֶׁר בְּיִזְרְעֶאל אֵצֶל הֵיכַל אַחְאָב מֶלֶךְ
ב שֹׁמְרוֹן׃ וַיְדַבֵּר אַחְאָב אֶל־נָבוֹת ׀ לֵאמֹר ׀ תְּנָה־לִּי אֶת־כַּרְמְךָ
וִיהִי־לִי לְגַן־יָרָק כִּי הוּא קָרוֹב אֵצֶל בֵּיתִי וְאֶתְּנָה לְךָ תַּחְתָּיו
כֶּרֶם טוֹב מִמֶּנּוּ אִם טוֹב בְּעֵינֶיךָ אֶתְּנָה־לְךָ כֶסֶף מְחִיר זֶה׃

shall know that I am the LORD. And they pitched one over 29
against the other seven days. And so it was, that on the
seventh day the battle was joined: and the children of Yisra'el
smote of Aram a hundred thousand footmen in one day. But 30
the rest fled to Afeq, into the city ; and there the wall fell upon
the twenty seven thousand of the men that were left. And
Ben-hadad fled, and came into the city, into an inner chamber.
And his servants said to him, Behold now, we have heard 31
that the kings of the house of Yisra'el are merciful kings: let
us, I pray thee, put sackcloth on our loins, and ropes on our
heads, and go out to the king of Yisra'el: perhaps he will save
thy life. So they girded sackcloth on their loins, and put ropes 32
on their heads, and came to the king of Yisra'el, and said, Thy
servant Ben-hadad says, I pray thee, let me live. And he said,
Is he yet alive ? he is my brother. And the men took it for a 33
good sign, and hastily caught at his words; and they said, Thy
brother, Ben-hadad. Then he said, go, bring him. Then Ben-hadad
came out to him; and he caused him to ascend into his chariot.
And Ben-hadad said to him, The cities, which my father took 34
from thy father, I will restore; and thou shalt make streets for
thyself in Dammeseq, as my father made in Shomeron. Then
said Aẖ'av, I will send thee away with this covenant. So he made
a covenant with him, and sent him away. And a certain 35
man of the sons of the prophets said to his neighbour in the
word of the LORD, Strike me, I pray thee. And the man refused
to strike him. Then he said to him, Because thou hast not obeyed 36
the voice of the LORD, behold, as soon as thou art departed
from me, a lion shall slay thee. And as soon as he was de-
parted from him, a lion found him, and slew him. Then he 37
found another man, and said, Strike me, I pray thee. And the
man struck him, so that in striking he wounded him. So the 38
prophet departed, and waited for the king by the way, and
disguised himself with a veil over his face. And as the king 39
passed by, he cried to the king: and he said, Thy servant
went out into the midst of the battle; and, behold, a man turned
aside, and brought a man to me, and said, Keep this man: if
by any means he be missing, then shall thy life be for his
life, or else thou shalt pay a talent of silver. And as thy ser- 40
vant was busy here and there, he was gone. And the king of
Yisra'el said unto him, So shall thy judgment be; thyself hast
dedicated it. And he hastened, and took the veil away from his 41
face; and the king of Yisra'el recognized him that he was one
of the prophets. And he said to him, Thus says the LORD, Be- 42
cause thou hast let go out of thy hand a man whom I had
devoted to destruction, therefore thy life shall go for his life,
and thy people for his people. And the king of Yisra'el went to his 43
house sullen and displeased, and came to Shomeron. And **21**
it came to pass after these things, that Navot the Yizre'eli had
a vineyard, which was in Yizre'el, near the palace of Aẖ'av
king of Shomeron. And Aẖ'av spoke to Navot, saying, Give 2
me thy vineyard, that I may have it for a vegetable garden,
because it is near to my house: and I will give thee for it a
better vineyard than it; or, if it seem good to thee, I will give

ג וַיֹּאמֶר נָבוֹת אֶל־אַחְאָב חָלִילָה לִּי מֵיהוָה מִתִּתִּי אֶת־נַחֲלַת

ד אֲבֹתַי לָךְ׃ וַיָּבֹא אַחְאָב אֶל־בֵּיתוֹ סַר וְזָעֵף עַל־הַדָּבָר אֲשֶׁר־
דִּבֶּר אֵלָיו נָבוֹת הַיִּזְרְעֵאלִי וַיֹּאמֶר לֹא־אֶתֵּן לְךָ אֶת־נַחֲלַת
אֲבוֹתָי וַיִּשְׁכַּב עַל־מִטָּתוֹ וַיַּסֵּב אֶת־פָּנָיו וְלֹא־אָכַל לָחֶם׃

ה וַתָּבֹא אֵלָיו אִיזֶבֶל אִשְׁתּוֹ וַתְּדַבֵּר אֵלָיו מַה־זֶּה רוּחֲךָ סָרָה

ו וְאֵינְךָ אֹכֵל לָחֶם׃ וַיְדַבֵּר אֵלֶיהָ כִּי־אֲדַבֵּר אֶל־נָבוֹת הַיִּזְרְעֵאלִי
וָאֹמַר לוֹ תְּנָה־לִּי אֶת־כַּרְמְךָ בְּכֶסֶף אוֹ אִם־חָפֵץ אַתָּה אֶתְּנָה־
לְךָ כֶרֶם תַּחְתָּיו וַיֹּאמֶר לֹא־אֶתֵּן לְךָ אֶת־כַּרְמִי׃

ז וַתֹּאמֶר אֵלָיו
אִיזֶבֶל אִשְׁתּוֹ אַתָּה עַתָּה תַּעֲשֶׂה מְלוּכָה עַל־יִשְׂרָאֵל קוּם
אֱכָל־לֶחֶם וְיִטַב לִבֶּךָ אֲנִי אֶתֵּן לְךָ אֶת־כֶּרֶם נָבוֹת הַיִּזְרְעֵאלִי׃

ח ספרים וַתִּכְתֹּב סְפָרִים בְּשֵׁם אַחְאָב וַתַּחְתֹּם בְּחֹתָמוֹ וַתִּשְׁלַח הספרים
אֶל־הַזְּקֵנִים וְאֶל־הַחֹרִים אֲשֶׁר בְּעִירוֹ הַיֹּשְׁבִים אֶת־נָבוֹת׃

ט וַתִּכְתֹּב בַּסְּפָרִים לֵאמֹר קִרְאוּ־צוֹם וְהוֹשִׁיבוּ אֶת־נָבוֹת בְּרֹאשׁ

י הָעָם׃ וְהוֹשִׁיבוּ שְׁנַיִם אֲנָשִׁים בְּנֵי־בְלִיַּעַל נֶגְדּוֹ וִיעִדֻהוּ לֵאמֹר
בֵּרַכְתָּ אֱלֹהִים וָמֶלֶךְ וְהוֹצִיאֻהוּ וְסִקְלֻהוּ וְיָמֹת׃

יא וַיַּעֲשׂוּ אַנְשֵׁי
עִירוֹ הַזְּקֵנִים וְהַחֹרִים אֲשֶׁר הַיֹּשְׁבִים בְּעִירוֹ כַּאֲשֶׁר שָׁלְחָה
אֲלֵיהֶם אִיזָבֶל כַּאֲשֶׁר כָּתוּב בַּסְּפָרִים אֲשֶׁר שָׁלְחָה אֲלֵיהֶם׃

יב קָרְאוּ צוֹם וְהוֹשִׁיבוּ אֶת־נָבוֹת בְּרֹאשׁ הָעָם׃ וַיָּבֹאוּ שְׁנֵי הָאֲנָשִׁים

יג בְּנֵי־בְלִיַּעַל וַיֵּשְׁבוּ נֶגְדּוֹ וַיְעִדֻהוּ אַנְשֵׁי הַבְּלִיַּעַל אֶת־נָבוֹת נֶגֶד
הָעָם לֵאמֹר בֵּרַךְ נָבוֹת אֱלֹהִים וָמֶלֶךְ וַיֹּצִאֻהוּ מִחוּץ לָעִיר

יד וַיִּסְקְלֻהוּ בָאֲבָנִים וַיָּמֹת׃ וַיִּשְׁלְחוּ אֶל־אִיזֶבֶל לֵאמֹר סֻקַּל נָבוֹת

טו וַיָּמֹת׃ וַיְהִי כִּשְׁמֹעַ אִיזֶבֶל כִּי־סֻקַּל נָבוֹת וַיָּמֹת וַתֹּאמֶר אִיזֶבֶל
אֶל־אַחְאָב קוּם רֵשׁ אֶת־כֶּרֶם נָבוֹת הַיִּזְרְעֵאלִי אֲשֶׁר מֵאֵן

טז לָתֶת־לְךָ בְכֶסֶף כִּי אֵין נָבוֹת חַי כִּי־מֵת׃ וַיְהִי כִּשְׁמֹעַ אַחְאָב
כִּי מֵת נָבוֹת וַיָּקָם אַחְאָב לָרֶדֶת אֶל־כֶּרֶם נָבוֹת הַיִּזְרְעֵאלִי
לְרִשְׁתּוֹ׃

יז וַיְהִי דְּבַר־יְהוָה אֶל־אֵלִיָּהוּ הַתִּשְׁבִּי

יח לֵאמֹר׃ קוּם רֵד לִקְרַאת אַחְאָב מֶלֶךְ־יִשְׂרָאֵל אֲשֶׁר בְּשֹׁמְרוֹן

יט הִנֵּה בְּכֶרֶם נָבוֹת אֲשֶׁר־יָרַד שָׁם לְרִשְׁתּוֹ׃ וְדִבַּרְתָּ אֵלָיו לֵאמֹר
כֹּה אָמַר יְהוָה הֲרָצַחְתָּ וְגַם־יָרָשְׁתָּ וְדִבַּרְתָּ אֵלָיו לֵאמֹר כֹּה
אָמַר יְהוָה בִּמְקוֹם אֲשֶׁר לָקְקוּ הַכְּלָבִים אֶת־דַּם נָבוֹת יָלֹקּוּ

כ הַכְּלָבִים אֶת־דָּמְךָ גַּם־אָתָּה׃ וַיֹּאמֶר אַחְאָב אֶל־אֵלִיָּהוּ
הַמְצָאתַנִי אֹיְבִי וַיֹּאמֶר מָצָאתִי יַעַן הִתְמַכֶּרְךָ לַעֲשׂוֹת הָרַע

כא בְּעֵינֵי יְהוָה׃ הִנְנִי מֵבִי אֵלֶיךָ רָעָה וּבִעַרְתִּי אַחֲרֶיךָ וְהִכְרַתִּי
לְאַחְאָב מַשְׁתִּין בְּקִיר וְעָצוּר וְעָזוּב בְּיִשְׂרָאֵל׃ וְנָתַתִּי אֶת־

כב בֵּיתְךָ כְּבֵית יָרָבְעָם בֶּן־נְבָט וּכְבֵית בַּעְשָׁא בֶן־אֲחִיָּה אֶל־

thee the worth of it in money. And Navot said to Aḫ'av, The   3
LORD forbid it me, that I should give thee the inheritance of
my fathers. And Aḫ'av came into his house sullen and dis-   4
pleased because of the word which Navot the Yizre'eli had
spoken to him : for he had said, I will not give thee the inher-
itance of my fathers. And he laid him downupon his bed, and
turned away his face, and would eat no bread. But Izevel his   5
wife came to him, and said to him, Why is thy spirit so sad,
that thou eatest no bread ? And he said to her, Because I spoke   6
to Navot the Yizre'eli, and said to him, Give me thy vineyard
for money; or else, if it please thee, I will give thee another
vineyard for it: and he answered, I will not give thee my vine-
yard. And Izevel his wife said to him, Dost thou now govern   7
the kingdom of Yisra'el? arise, and eat bread, and let thy heart
be merry: I will give thee the vineyard of Navot the Yizre'eli.
So she wrote letters in Aḫ'av's name, and sealed them with his   8
seal, and sent the letters to the elders and to the nobles that
were in his city, that dwelt with Navot. And she wrote in the   9
letters, saying, Proclaim a fast, and set Navot at the head of
the people: and set two base fellows before him, to bear   10
witness against him, saying, Thou didst curse GOD and the
king. And then carry him out, and stone him, that he may die.
And the men of his city, the elders and the nobles who were   11
the inhabitants in his city, did as Izevel had sent to them, and
as it was written in the letters which she had sent to them.
They proclaimed a fast, and set Navot at the head of the   12
people. And there came in two base fellows, and sat before   13
him: and the base men witnessed against him, against Navot,
in the presence of the people, saying Navot did curse GOD and
the king. Then they carried him outside of the city, and stoned
him with stones, that he died. Then they sent to Izevel, saying,   14
Navot is stoned, and is dead. And it came to pass, when Izevel   15
heard that Navot was stoned, and was dead, that Izevel said
to Aḫ'av, Arise, take possession of the vineyard of Navot the
Yizre'eli, which he refused to give thee for money: for Navot
is not alive, but dead. And it came to pass, when Aḫ'av heard   16
that Navot was dead, that Aḫ'av rose up to go down to the vine-
yard of Navot the Yizre'eli, to take possession of it.   And   17
the word of the LORD came to Eliyyahu the Tishbi, saying,
Arise, go down to meet Aḫ'av king of Yisra'el, who is in Sho-   18
meron : behold, he is in the vineyard of Navot, where he is gone
down to possess it. And thou shalt speak to him, saying, Thus   19
says the LORD, Hast thou killed, and also taken possession ? And
thou shalt speak to him, saying, Thus says the LORD, In the
place where the dogs licked the blood of Navot shall the dogs
lick thy blood, even thine. And Aḫ'av said to Eliyyahu, Hast   20
thou found me, O my enemy? And he answered, I have found
thee: because thou hast given thyself over to work evil in
the eyes of the LORD. Behold I will bring evil upon thee, and   21
will sweep thee away, and will cut off from Aḫ'av every male
person, and him that is shut up and him that is left free in
Yisra'el. And will make thy house like the house of Yarov'am,   22
the son of Nevat, and like the house of Ba'sha the son of

כג הַכַּעַס אֲשֶׁר הִכְעַסְתָּ וַתַּחֲטִא אֶת־יִשְׂרָאֵל׃ וְגַם־לְאִיזֶבֶל דִּבֶּר
כד יהוה לֵאמֹר הַכְּלָבִים יֹאכְלוּ אֶת־אִיזֶבֶל בְּחֵל יִזְרְעֶאל׃ הַמֵּת
לְאַחְאָב בָּעִיר יֹאכְלוּ הַכְּלָבִים וְהַמֵּת בַּשָּׂדֶה יֹאכְלוּ עוֹף
כה הַשָּׁמָיִם׃ רַק לֹא־הָיָה כְאַחְאָב אֲשֶׁר הִתְמַכֵּר לַעֲשׂוֹת הָרַע
כו בְּעֵינֵי יהוה אֲשֶׁר־הֵסַתָּה אֹתוֹ אִיזֶבֶל אִשְׁתּוֹ׃ וַיַּתְעֵב מְאֹד
לָלֶכֶת אַחֲרֵי הַגִּלֻּלִים כְּכֹל אֲשֶׁר עָשׂוּ הָאֱמֹרִי אֲשֶׁר הוֹרִישׁ
כז יהוה מִפְּנֵי בְּנֵי יִשְׂרָאֵל׃ וַיְהִי כִשְׁמֹעַ אַחְאָב אֶת־הַדְּבָרִים
הָאֵלֶּה וַיִּקְרַע בְּגָדָיו וַיָּשֶׂם־שַׂק עַל־בְּשָׂרוֹ וַיָּצוֹם וַיִּשְׁכַּב בַּשָּׂק
כח וַיְהַלֵּךְ אַט׃ וַיְהִי דְּבַר־יהוה אֶל־אֵלִיָּהוּ הַתִּשְׁבִּי
כט לֵאמֹר׃ הֲרָאִיתָ כִּי־נִכְנַע אַחְאָב מִלְּפָנָי יַעַן כִּי־נִכְנַע מִפָּנַי לֹא־
אכב אָבִי הָרָעָה בְּיָמָיו בִּימֵי בְנוֹ אָבִיא הָרָעָה עַל־בֵּיתוֹ׃ וַיֵּשְׁבוּ אָבִיא
שָׁלֹשׁ שָׁנִים אֵין מִלְחָמָה בֵּין אֲרָם וּבֵין יִשְׂרָאֵל׃
ב וַיְהִי בַּשָּׁנָה הַשְּׁלִישִׁית וַיֵּרֶד יְהוֹשָׁפָט מֶלֶךְ־יְהוּדָה אֶל־מֶלֶךְ
ג יִשְׂרָאֵל׃ וַיֹּאמֶר מֶלֶךְ־יִשְׂרָאֵל אֶל־עֲבָדָיו הַיְדַעְתֶּם כִּי־לָנוּ רָמֹת
ד גִּלְעָד וַאֲנַחְנוּ מַחְשִׁים מִקַּחַת אֹתָהּ מִיַּד מֶלֶךְ אֲרָם׃ וַיֹּאמֶר
אֶל־יְהוֹשָׁפָט הֲתֵלֵךְ אִתִּי לַמִּלְחָמָה רָמֹת גִּלְעָד וַיֹּאמֶר יְהוֹשָׁפָט
אֶל־מֶלֶךְ יִשְׂרָאֵל כָּמוֹנִי כָמוֹךָ כְּעַמִּי כְעַמֶּךָ כְּסוּסַי כְּסוּסֶיךָ׃
ה וַיֹּאמֶר יְהוֹשָׁפָט אֶל־מֶלֶךְ יִשְׂרָאֵל דְּרָשׁ־נָא כַיּוֹם אֶת־דְּבַר
ו יהוה׃ וַיִּקְבֹּץ מֶלֶךְ־יִשְׂרָאֵל אֶת־הַנְּבִיאִים כְּאַרְבַּע מֵאוֹת אִישׁ
וַיֹּאמֶר אֲלֵהֶם הַאֵלֵךְ עַל־רָמֹת גִּלְעָד לַמִּלְחָמָה אִם־אֶחְדָּל
ז וַיֹּאמְרוּ עֲלֵה וְיִתֵּן אֲדֹנָי בְּיַד הַמֶּלֶךְ׃ וַיֹּאמֶר יְהוֹשָׁפָט הַאֵין פֹּה
ח נָבִיא לַיהוה עוֹד וְנִדְרְשָׁה מֵאוֹתוֹ׃ וַיֹּאמֶר מֶלֶךְ־יִשְׂרָאֵל ׀ אֶל־
יְהוֹשָׁפָט עוֹד אִישׁ־אֶחָד לִדְרֹשׁ אֶת־יהוה מֵאֹתוֹ וַאֲנִי שְׂנֵאתִיו
כִּי לֹא־יִתְנַבֵּא עָלַי טוֹב כִּי אִם־רָע מִיכָיְהוּ בֶּן־יִמְלָה וַיֹּאמֶר
ט יְהוֹשָׁפָט אַל־יֹאמַר הַמֶּלֶךְ כֵּן׃ וַיִּקְרָא מֶלֶךְ יִשְׂרָאֵל אֶל־סָרִיס
י אֶחָד וַיֹּאמֶר מַהֲרָה מִיכָיְהוּ בֶן־יִמְלָה׃ וּמֶלֶךְ יִשְׂרָאֵל וִיהוֹשָׁפָט
מֶלֶךְ־יְהוּדָה יֹשְׁבִים אִישׁ עַל־כִּסְאוֹ מְלֻבָּשִׁים בְּגָדִים בְּגֹרֶן
יא פֶּתַח שַׁעַר שֹׁמְרוֹן וְכָל־הַנְּבִיאִים מִתְנַבְּאִים לִפְנֵיהֶם׃ וַיַּעַשׂ לוֹ
צִדְקִיָּה בֶן־כְּנַעֲנָה קַרְנֵי בַרְזֶל וַיֹּאמֶר כֹּה־אָמַר יהוה בְּאֵלֶּה
יב תְּנַגַּח אֶת־אֲרָם עַד־כַּלֹּתָם׃ וְכָל־הַנְּבִאִים נִבְּאִים כֵּן לֵאמֹר
יג עֲלֵה רָמֹת גִּלְעָד וְהַצְלַח וְנָתַן יהוה בְּיַד הַמֶּלֶךְ׃ וְהַמַּלְאָךְ
אֲשֶׁר־הָלַךְ ׀ לִקְרֹא מִיכָיְהוּ דִּבֶּר אֵלָיו לֵאמֹר הִנֵּה־נָא דִּבְרֵי
הַנְּבִיאִים פֶּה־אֶחָד טוֹב אֶל־הַמֶּלֶךְ יְהִי־נָא דבריך כִּדְבַר אַחַד דְּבָרְךָ
יד מֵהֶם וְדִבַּרְתָּ טוֹב׃ וַיֹּאמֶר מִיכָיְהוּ חַי־יהוה כִּי אֶת־אֲשֶׁר יֹאמַר
טו יהוה אֵלַי אֹתוֹ אֲדַבֵּר׃ וַיָּבוֹא אֶל־הַמֶּלֶךְ וַיֹּאמֶר הַמֶּלֶךְ אֵלָיו
מִיכָיְהוּ הֲנֵלֵךְ אֶל־רָמֹת גִּלְעָד לַמִּלְחָמָה אִם־נֶחְדָּל וַיֹּאמֶר

Aẖiyya, for the provocation wherewith thou hast provoked me
to anger, and hast made Yisra'el to sin. And of Izevel also 23
the LORD, spoke saying, The dogs shall eat Izevel by the wall
of Yizre'el. Him that dies of Aẖ'av in the city the dogs shall 24
eat: and him that dies in the field the birds of the air shalt eat.
But there was none like Aẖ'av, who did give himself over to 25
work wickedness in the sight of the LORD, whom Izevel his
wife did incite. And he did very abominably in following idols, 26
according to all things as did the Emori, whom the LORD cast
out before the children of Yisra'el. And it came to pass, when 27
Aẖ'av heard those words, that he rent his clothes, and put
sackcloth upon his flesh, and fasted, and lay in sackcloth, and
went softly. And the word of the LORD came to Eliyyahu the 28
Tishbi, saying, Seest thou how Aẖ'av humbles himself before 29
me? because he humbles himself before me, I will not bring the
evil in his days: but in his son's days will I bring the evil upon
his house. And they continued three years without war between **22**
Aram and Yisra'el.
And it came to pass in the third year, that Yehoshafat the 2
king of Yehuda came down to the king of Yisra'el. And 3
the king of Yisra'el said to his servants, Do you know that
Ramot in Gil'ad is ours, and we are still, and take it not out
of the hand of the king of Aram? And he said to Yeho- 4
shafat, Wilt thou go with me to battle to Ramot-gil'ad? And
Yehoshafat said to the king of Yisra'el, I am as thou art,
my people as thy people, my horses as thy horses. And Yeho- 5
shafat said to the king of Yisra'el, Inquire, I pray thee, at the
word of the LORD to day. Then the king of Yisra'el gathered 6
the prophets together, about four hundred men, and said to
them, Shall I go against Ramot-gil'ad to battle, or shall I for-
bear? And they said, Go up; for the LORD shall deliver it into
the hand of the king. And Yehoshafat said, Is there not here a 7
prophet of the LORD besides, that we might inquire of him?
And the king of Yisra'el said to Yehoshafat, There is one other 8
man, Mikhayahu the son of Yimla, by whom we may inquire
of the LORD: but I hate him; for he does not prophesy good
concerning me, but evil. And Yehoshafat said, Let not the king
say so. Then the king of Yisra'el called an officer, and said, 9
bring quickly Mikhayahu the son of Yimla. And the king of 10
Yisra'el and Yehoshafat king of Yehuda sat each on his throne,
having put on their robes, in a threshing floor in the entrance
of the gate of Shomeron; and all the prophets prophesied be-
fore them. And Ẕidqiyya the son of Kena'ana made him horns 11
of iron: and he said, Thus says the LORD, With these shalt thou
push Aram, until thou have consumed them. And all the 12
prophets prophesied so, saying, Go up to Ramot-gil'ad, and
prosper: and may the LORD deliver it into the king's hand.
And the messenger that was gone to call Mikhayahu spoke to 13
him, saying, Behold now, the words of the prophets declare
good to the king with one mouth: let thy word, I pray thee,
be like the word of one of them, and speak that which is good.
And Mikhayahu said, As the LORD lives, what the LORD says 14
to me, that will I speak. So he came to the king. And the king 15

אֵלָיו עֲלֵה וְהַצְלַח וְנָתַן יְהוָה בְּיַד הַמֶּלֶךְ: וַיֹּאמֶר אֵלָיו הַמֶּלֶךְ
עַד־כַּמֶּה פְעָמִים אֲנִי מַשְׁבִּעֶךָ אֲשֶׁר לֹא־תְדַבֵּר אֵלַי רַק־
אֱמֶת בְּשֵׁם יְהוָה: וַיֹּאמֶר רָאִיתִי אֶת־כָּל־יִשְׂרָאֵל נְפֹצִים אֶל־
הֶהָרִים כַּצֹּאן אֲשֶׁר אֵין־לָהֶם רֹעֶה וַיֹּאמֶר יְהוָה לֹא־אֲדֹנִים
לָאֵלֶּה יָשׁוּבוּ אִישׁ־לְבֵיתוֹ בְּשָׁלוֹם: וַיֹּאמֶר מֶלֶךְ־יִשְׂרָאֵל אֶל־
יְהוֹשָׁפָט הֲלוֹא אָמַרְתִּי אֵלֶיךָ לוֹא־יִתְנַבֵּא עָלַי טוֹב כִּי אִם־רָע:
וַיֹּאמֶר לָכֵן שְׁמַע דְּבַר־יְהוָה רָאִיתִי אֶת־יְהוָה יֹשֵׁב עַל־כִּסְאוֹ
וְכָל־צְבָא הַשָּׁמַיִם עֹמֵד עָלָיו מִימִינוֹ וּמִשְּׂמֹאלוֹ: וַיֹּאמֶר יְהוָה
מִי יְפַתֶּה אֶת־אַחְאָב וְיַעַל וְיִפֹּל בְּרָמֹת גִּלְעָד וַיֹּאמֶר זֶה בְּכֹה
וְזֶה אֹמֵר בְּכֹה: וַיֵּצֵא הָרוּחַ וַיַּעֲמֹד לִפְנֵי יְהוָה וַיֹּאמֶר אֲנִי
אֲפַתֶּנּוּ וַיֹּאמֶר יְהוָה אֵלָיו בַּמָּה: וַיֹּאמֶר אֵצֵא וְהָיִיתִי רוּחַ שֶׁקֶר
בְּפִי כָּל־נְבִיאָיו וַיֹּאמֶר תְּפַתֶּה וְגַם־תּוּכָל צֵא וַעֲשֵׂה־כֵן: וְעַתָּה
הִנֵּה נָתַן יְהוָה רוּחַ שֶׁקֶר בְּפִי כָּל־נְבִיאֶיךָ אֵלֶּה וַיהוָה דִּבֶּר
עָלֶיךָ רָעָה: וַיִּגַּשׁ צִדְקִיָּהוּ בֶן־כְּנַעֲנָה וַיַּכֶּה אֶת־מִיכָיְהוּ עַל־
הַלֶּחִי וַיֹּאמֶר אֵי־זֶה עָבַר רוּחַ־יְהוָה מֵאִתִּי לְדַבֵּר אוֹתָךְ:
וַיֹּאמֶר מִיכָיְהוּ הִנְּךָ רֹאֶה בַּיּוֹם הַהוּא אֲשֶׁר תָּבֹא חֶדֶר בְּחֶדֶר
לְהֵחָבֵה: וַיֹּאמֶר מֶלֶךְ יִשְׂרָאֵל קַח אֶת־מִיכָיְהוּ וַהֲשִׁיבֵהוּ אֶל־
אָמֹן שַׂר־הָעִיר וְאֶל־יוֹאָשׁ בֶּן־הַמֶּלֶךְ: וְאָמַרְתָּ כֹּה אָמַר
הַמֶּלֶךְ שִׂימוּ אֶת־זֶה בֵּית הַכֶּלֶא וְהַאֲכִילֻהוּ לֶחֶם לַחַץ וּמַיִם
לַחַץ עַד בֹּאִי בְשָׁלוֹם: וַיֹּאמֶר מִיכָיְהוּ אִם־שׁוֹב תָּשׁוּב בְּשָׁלוֹם
לֹא־דִבֶּר יְהוָה בִּי וַיֹּאמֶר שִׁמְעוּ עַמִּים כֻּלָּם: וַיַּעַל מֶלֶךְ־
יִשְׂרָאֵל וְיהוֹשָׁפָט מֶלֶךְ־יְהוּדָה רָמֹת גִּלְעָד: וַיֹּאמֶר מֶלֶךְ
יִשְׂרָאֵל אֶל־יְהוֹשָׁפָט הִתְחַפֵּשׂ וָבֹא בַמִּלְחָמָה וְאַתָּה לְבַשׁ
בְּגָדֶיךָ וַיִּתְחַפֵּשׂ מֶלֶךְ יִשְׂרָאֵל וַיָּבוֹא בַּמִּלְחָמָה: וּמֶלֶךְ אֲרָם
צִוָּה אֶת־שָׂרֵי הָרֶכֶב אֲשֶׁר־לוֹ שְׁלֹשִׁים וּשְׁנַיִם לֵאמֹר לֹא
תִּלָּחֲמוּ אֶת־קָטֹן וְאֶת־גָּדוֹל כִּי אִם־אֶת־מֶלֶךְ יִשְׂרָאֵל לְבַדּוֹ:
וַיְהִי כִּרְאוֹת שָׂרֵי הָרֶכֶב אֶת־יְהוֹשָׁפָט וְהֵמָּה אָמְרוּ אַךְ מֶלֶךְ־
יִשְׂרָאֵל הוּא וַיָּסֻרוּ עָלָיו לְהִלָּחֵם וַיִּזְעַק יְהוֹשָׁפָט: וַיְהִי כִּרְאוֹת
שָׂרֵי הָרֶכֶב כִּי־לֹא־מֶלֶךְ יִשְׂרָאֵל הוּא וַיָּשׁוּבוּ מֵאַחֲרָיו: וְאִישׁ
מָשַׁךְ בַּקֶּשֶׁת לְתֻמּוֹ וַיַּכֶּה אֶת־מֶלֶךְ יִשְׂרָאֵל בֵּין הַדְּבָקִים וּבֵין
הַשִּׁרְיָן וַיֹּאמֶר לְרַכָּבוֹ הֲפֹךְ יָדְךָ וְהוֹצִיאֵנִי מִן־הַמַּחֲנֶה כִּי
הָחֳלֵיתִי: וַתַּעֲלֶה הַמִּלְחָמָה בַּיּוֹם הַהוּא וְהַמֶּלֶךְ הָיָה מָעֳמָד
בַּמֶּרְכָּבָה נֹכַח אֲרָם וַיָּמָת בָּעֶרֶב וַיִּצֶק דַּם־הַמַּכָּה אֶל־חֵיק

said to him, Mikhayahu, shall we go against Ramot-gil'ad to battle, or shall we forbear? And he answered him, Go, and prosper, and may the LORD deliver it into the hand of the king. And the king said to him, How many times shall I adjure thee 16 that thou tell me nothing but that which is true in the name of the LORD? And he said, I saw all Yisra'el scattered upon the 17 hills, as sheep that have no shepherd: and the LORD said, These have no master: let them return every man to his house in peace. And the king of Yisra'el said to Yehoshafat, Did I not 18 tell thee that he would prophesy no good concerning me, but evil? And he said, Hear thou therefore the word of the LORD: 19 I saw the LORD sitting on his throne, and all the host of heaven standing by him on his right hand and on his left. And the 20 LORD said, Who shall entice Aḥ'av, that he may go up and fall at Ramot-gil'ad? And one said in this manner, and another said in that manner. And there came forth a spirit, and stood 21 before the LORD, and said, I will persuade him. And the LORD 22 said unto him, with what? And he said, I will go out, and I will be a lying spirit in the mouth of all his prophets. And he said, Thou shalt persuade him, and prevail also: go out, and do so. Now therefore, behold, the LORD has put a lying spirit 23 in the mouth of all these thy prophets, and the LORD has spoken evil concerning thee. But Ẓidqiyyahu the son Kena'ana 24 went near, and smote Mikhayehu on the cheek, and said, Which way went the spirit of the LORD from me to speak to thee? And Mikhayehu said, Behold, thou shalt see on that 25 day, when thou shalt go into an inner chamber to hide thyself. And the king of Yisra'el said, Take Mikhayehu, and carry 26 him back to Amon the governor of the city, and to Yo'ash the king's son; and say, Thus says the king, Put this fellow 27 in the prison, and feed him with scant bread and with scant water, until I come in peace. And Mikhayehu said, If thou re- 28 turn at all in peace, the LORD has not spoken by me. And he said, Hearken, O people, every one of you. So the king of 29 Yisra'el and Yehoshafat the king of Yehuda went up to Ramot-gil'ad. And the king of Yisra'el said to Yehoshafat, I will 30 disguise myself, and enter into the battle; but put thou on thy robes. And the king of Yisra'el disguished himself, and went into the battle. But the king of Aram commanded his 31 thirty two captains that had rule over his chariots, saying, Fight neither with small nor great, save only with the king of Yisra'el. And it came to pass, when the captains of the chariots 32 saw Yehoshafat, that they said, Surely it is the king of Yisra'el. And they turned aside to fight against him: and Yehoshafat cried out. And it came to pass, when the captains of the 33 chariots perceived that it was not the king of Yisra'el, that they turned back from pursuing him. And a certain man drew 34 a bow at a venture, and smote the king of Yisra'el between the joints of the armour: so he said to the driver of his chariot, Turn thy hand, and carry me out of the host; for I am badly wounded. And the battle increased that day: and 35 the king was propped up in his chariot against Aram, and died at evening: and the blood ran out of the wound into the

לו הרכב: ויעבר הרנה במחנה כבא השמש לאמר איש אל-עירו
לז ואיש אל-ארצו: וימת המלך ויבוא שמרון ויקברו את-המלך
לח בשמרון: וישטף את-הרכב על ברכת שמרון וילקו הכלבים
לט את-דמו והזנות רחצו כדבר יהוה אשר דבר: ויתר דברי
אחאב וכל-אשר עשה ובית השן אשר בנה וכל-הערים
אשר בנה הלוא-הם כתובים על-ספר דברי הימים למלכי
מ ישראל: וישכב אחאב עם-אבתיו וימלך אחזיהו בנו
מא תחתיו: ויהושפט בן-אסא מלך על-יהודה
מב בשנת ארבע לאחאב מלך ישראל: יהושפט בן-שלשים
וחמש שנה במלכו ועשרים וחמש שנה מלך בירושלם ושם
מג אמו עזובה בת-שלחי: וילך בכל-דרך אסא אביו לא-סר יט
מד ממנו לעשות הישר בעיני יהוה: אך הבמות לא-סרו עוד
מה העם מזבחים ומקטרים בבמות: וישלם יהושפט עם-מלך
מו ישראל: ויתר דברי יהושפט וגבורתו אשר-עשה ואשר
נלחם הלא-הם כתובים על-ספר דברי הימים למלכי יהודה:
מז ויתר הקדש אשר נשאר בימי אסא אביו בער מן-הארץ:
מח מט ומלך אין באדום נצב מלך: יהושפט עשר אניות תרשיש עשה
ללכת אופירה לזהב ולא הלך כי-נשברה אניות בעציון נשברו
נ גבר: אז אמר אחזיהו בן-אחאב אל-יהושפט ילכו עבדי
נא עם-עבדיך באניות ולא אבה יהושפט: וישכב יהושפט עם-
אבתיו ויקבר עם-אבתיו בעיר דוד אביו וימלך יהורם בנו
נב תחתיו: אחזיהו בן-אחאב מלך על-ישראל
בשמרון בשנת שבע עשרה ליהושפט מלך יהודה וימלך
נג על-ישראל שנתים: ויעש הרע בעיני יהוה וילך בדרך אביו
ובדרך אמו ובדרך ירבעם בן-נבט אשר החטיא את-
נד ישראל: ויעבד את-הבעל וישתחוה לו ויכעס את-יהוה
א א אלהי ישראל ככל אשר-עשה אביו: ויפשע מואב בישראל מלכים ב
ב אחרי מות אחאב: ויפל אחזיה בעד השבכה בעליתו אשר
בשמרון ויחל וישלח מלאכים ויאמר אלהם לכו דרשו בבעל
ג זבוב אלהי עקרון אם-אחיה מחלי זה: ומלאך
יהוה דבר אל-אליה התשבי קום עלה לקראת מלאכי
ד מלך-שמרון ודבר אלהם המבלי אין-אלהים בישראל
אתם הלכים לדרש בבעל זבוב אלהי עקרון: ולכן כה-
ה אמר יהוה המטה אשר-עלית שם לא-תרד ממנה כי מות
תמות וילך אליה: וישבו המלאכים אליו ויאמר אליהם מה-

hollow of the chariot. And there went a cry throughout the 36
camp about the going down of the sun, saying, Every man to
his city, and every man to his own country. So the king died, 37
and was brought to Shomeron; and they buried the king in
Shomeron. And one washed the chariot in the pool of Shome- 38
ron; and the dogs licked up his blood; and the harlots washed
there; according to the word of the LORD which he spoke. Now 39
the rest of the acts of Aẖ'av, and all that he did, and the ivory
house which he made, and all the cities that he built, are they
not written in the book of the chronicles of the kings of Yisra'el?
So Aẖ'av slept with his fathers; and Aẖazyahu his son reigned 40
in his stead. And Yehoshafat the son of Asa began to 41
reign over Yehuda in the fourth year of Aẖ'av king of Yisra'el.
Yehoshafat was thirty five years old when he began to reign; 42
and he reigned twenty five years in Yerushalayim. And his
mother's name was 'Azuva the daughter of Shilẖi. And he 43
walked in all the ways of Asa his father; he turned not aside
from it, doing that which was right in the eyes of the LORD:
nevertheless the high places were not taken away; for the 44
people still offered and burnt incense in the high places. And 45
Yehoshafat made peace with the king of Yisra'el. Now the rest 46
of the acts of Yehoshafat, and his might that he showed, and
how he warred, are they not written in the book of the
chronicles of the kings of Yehuda? And the remnant of the 47
prostitutes, who remained in the days of his father Asa, he
took out of the land. There was then no king in Edom: a 48
deputy was king. Yehoshafat made ships of Tarshish to go to 49
Ofir for gold: but they did not go, for the ships were wrecked
at Ezyon-gever. Then said Aẖazyahu the son of Aẖ'av to 50
Yehoshafat, Let my servants go with thy servants in the ships.
But Yehoshafat would not. And Yehoshafat slept with his 51
fathers, and was buried with his fathers in the city of David
his father: and Yehoram his son reigned in his stead. Aẖaz- 52
yahu the son of Aẖ'av began to reign over Yisra'el in Shomeron
in the seventeenth year of Yehoshafat king of Yehuda, and
reigned two years over Yisra'el. And he did evil in the sight 53
of the LORD, and walked in the way of his father, and in the
way of his mother, and in the way of Yarov'am the son of
Nevat, who made Yisra'el to sin: for he served the Ba'al, and 54
worshipped him, and provoked to anger the LORD GOD of Yis-

SECOND BOOK

ra'el, according to all that his father had done. Then Mo'av 1
rebelled against Yisra'el after the death of Aẖ'av. And Aẖazya 2
fell down through the lattice in his upper chamber that was
in Shomeron, and was sick: and he sent messengers, and said
to them, Go, inquire of Ba'al-zevuv the god of 'Eqron whether
I shall recover from this disease. But the angel of 3
the LORD said to Eliyya the Tishbite, Arise, go up to meet
the messengers of the king of Shomeron and say to them, Is
it because there is no GOD in Yisra'el, that you go to inquire
of Ba'al-zevuv the god of 'Eqron? Now therefore thus says 4
the LORD, Thou shalt not come down from that bed to which
thou hast gone up, but shalt surely die. And Eliyya departed.
And when the messengers turned back to him, he said to 5

זֶה שָׁבְתֶּם: וַיֹּאמְרוּ אֵלָיו אִישׁ עָלָה לִקְרָאתֵנוּ וַיֹּאמֶר אֵלֵינוּ
לְכוּ שׁוּבוּ אֶל־הַמֶּלֶךְ אֲשֶׁר־שָׁלַח אֶתְכֶם וְדִבַּרְתֶּם אֵלָיו כֹּה
אָמַר יְהוָה הַמִבְּלִי אֵין־אֱלֹהִים בְּיִשְׂרָאֵל אַתָּה שֹׁלֵחַ לִדְרֹשׁ
בְּבַעַל זְבוּב אֱלֹהֵי עֶקְרוֹן לָכֵן הַמִּטָּה אֲשֶׁר־עָלִיתָ שָּׁם לֹא־
תֵרֵד מִמֶּנָּה כִּי־מוֹת תָּמוּת: וַיְדַבֵּר אֲלֵהֶם מֶה מִשְׁפַּט הָאִישׁ
אֲשֶׁר עָלָה לִקְרַאתְכֶם וַיְדַבֵּר אֲלֵיכֶם אֶת־הַדְּבָרִים הָאֵלֶּה:

ח וַיֹּאמְרוּ אֵלָיו אִישׁ בַּעַל שֵׂעָר וְאֵזוֹר עוֹר אָזוּר בְּמָתְנָיו וַיֹּאמַר
ט אֵלִיָּה הַתִּשְׁבִּי הוּא: וַיִּשְׁלַח אֵלָיו שַׂר־חֲמִשִּׁים וַחֲמִשָּׁיו וַיַּעַל
אֵלָיו וְהִנֵּה יֹשֵׁב עַל־רֹאשׁ הָהָר וַיְדַבֵּר אֵלָיו אִישׁ הָאֱלֹהִים
י הַמֶּלֶךְ דִּבֶּר רֵדָה: וַיַּעֲנֶה אֵלִיָּהוּ וַיְדַבֵּר אֶל־שַׂר הַחֲמִשִּׁים וְאִם־
אִישׁ אֱלֹהִים אָנִי תֵּרֶד אֵשׁ מִן־הַשָּׁמַיִם וְתֹאכַל אֹתְךָ וְאֶת־
חֲמִשֶּׁיךָ וַתֵּרֶד אֵשׁ מִן־הַשָּׁמַיִם וַתֹּאכַל אֹתוֹ וְאֶת־חֲמִשָּׁיו:

יא וַיָּשָׁב וַיִּשְׁלַח אֵלָיו שַׂר־חֲמִשִּׁים אַחֵר וַחֲמִשָּׁיו וַיַּעַן וַיְדַבֵּר אֵלָיו
יב אִישׁ הָאֱלֹהִים כֹּה־אָמַר הַמֶּלֶךְ מְהֵרָה רֵדָה: וַיַּעַן אֵלִיָּה וַיְדַבֵּר
אֲלֵיהֶם אִם־אִישׁ הָאֱלֹהִים אָנִי תֵּרֶד אֵשׁ מִן־הַשָּׁמַיִם וְתֹאכַל
אֹתְךָ וְאֶת־חֲמִשֶּׁיךָ וַתֵּרֶד אֵשׁ־אֱלֹהִים מִן־הַשָּׁמַיִם וַתֹּאכַל
יג אֹתוֹ וְאֶת־חֲמִשָּׁיו: וַיָּשָׁב וַיִּשְׁלַח שַׂר־חֲמִשִּׁים שְׁלִשִׁים וַחֲמִשָּׁיו
וַיַּעַל וַיָּבֹא שַׂר־הַחֲמִשִּׁים הַשְּׁלִישִׁי וַיִּכְרַע עַל־בִּרְכָּיו ׀ לְנֶגֶד
אֵלִיָּהוּ וַיִּתְחַנֵּן אֵלָיו וַיְדַבֵּר אֵלָיו אִישׁ הָאֱלֹהִים תִּיקַר־נָא נַפְשִׁי
יד וְנֶפֶשׁ עֲבָדֶיךָ אֵלֶּה חֲמִשִּׁים בְּעֵינֶיךָ: הִנֵּה יָרְדָה אֵשׁ מִן־הַשָּׁמַיִם
וַתֹּאכַל אֶת־שְׁנֵי שָׂרֵי הַחֲמִשִּׁים הָרִאשֹׁנִים וְאֶת־חֲמִשֵּׁיהֶם
טו וְעַתָּה תִּיקַר נַפְשִׁי בְּעֵינֶיךָ: וַיְדַבֵּר מַלְאַךְ יְהוָה
אֶל־אֵלִיָּהוּ רֵד אוֹתוֹ אַל־תִּירָא מִפָּנָיו וַיָּקָם וַיֵּרֶד אוֹתוֹ אֶל־
טז הַמֶּלֶךְ: וַיְדַבֵּר אֵלָיו כֹּה־אָמַר יְהוָה יַעַן אֲשֶׁר־שָׁלַחְתָּ מַלְאָכִים
לִדְרֹשׁ בְּבַעַל זְבוּב אֱלֹהֵי עֶקְרוֹן הַמִבְּלִי אֵין־אֱלֹהִים בְּיִשְׂרָאֵל
לִדְרֹשׁ בִּדְבָרוֹ לָכֵן הַמִּטָּה אֲשֶׁר־עָלִיתָ שָּׁם לֹא־תֵרֵד מִמֶּנָּה
יז כִּי־מוֹת תָּמוּת: וַיָּמָת כִּדְבַר־יְהוָה ׀ אֲשֶׁר־דִּבֶּר אֵלִיָּהוּ וַיִּמְלֹךְ
יְהוֹרָם תַּחְתָּיו בִּשְׁנַת שְׁתַּיִם לִיהוֹרָם בֶּן־יְהוֹשָׁפָט
יח מֶלֶךְ יְהוּדָה כִּי לֹא־הָיָה לוֹ בֵּן: וְיֶתֶר דִּבְרֵי אֲחַזְיָהוּ אֲשֶׁר
עָשָׂה הֲלוֹא־הֵמָּה כְתוּבִים עַל־סֵפֶר דִּבְרֵי הַיָּמִים לְמַלְכֵי
ב א יִשְׂרָאֵל: וַיְהִי בְּהַעֲלוֹת יְהוָה אֶת־אֵלִיָּהוּ בַּסְעָרָה
הַשָּׁמָיִם וַיֵּלֶךְ אֵלִיָּהוּ וֶאֱלִישָׁע מִן־הַגִּלְגָּל: וַיֹּאמֶר אֵלִיָּהוּ אֶל־
ב אֱלִישָׁע שֵׁב־נָא פֹה כִּי יְהוָה שְׁלָחַנִי עַד־בֵּית־אֵל וַיֹּאמֶר
אֱלִישָׁע חַי־יְהוָה וְחֵי־נַפְשְׁךָ אִם־אֶעֶזְבֶךָּ וַיֵּרְדוּ בֵּית־אֵל:
ג וַיֵּצְאוּ בְנֵי־הַנְּבִיאִים אֲשֶׁר־בֵּית־אֵל אֶל־אֱלִישָׁע וַיֹּאמְרוּ אֵלָיו
הֲיָדַעְתָּ כִּי הַיּוֹם יְהוָה לֹקֵחַ אֶת־אֲדֹנֶיךָ מֵעַל רֹאשֶׁךָ וַיֹּאמֶר

them, Why have you returned? And they said to him, There 6
came a man up to meet us, and said to us, Go, turn back to
the king that sent you, and say to him, Thus says the LORD,
Is it because there is no GOD in Yisra'el, that thou sendest to
inquire of Ba'al-zevuv the god of 'Eqron? therefore thou shalt
not come down from that bed to which thou hast gone up,
but shalt surely die. And he said to them, What manner of 7
man was he who came up to meet you, and told you these
words? And they answered him, He was a hairy man, and with 8
a girdle of leather about his loins. And he said, It is Eliyya
the Tishbite. Then the king sent to him a captain of fifty with 9
his fifty. And he went up to him: and, behold, he sat on the
top of a hill. And he said to him, Thou man of GOD, the king
said, Come down. And Eliyyahu answered and said to the cap- 10
tain of fifty, If I be a man of GOD, then let fire come down
from heaven, and consume thee and thy fifty. And so fire came
down from heaven, and consumed him and his fifty. Again 11
he also sent to him another captain of fifty with his fifty. And
he answered and said to him, O man of GOD, the king said
thus, Come down quickly. And Eliyya answered and said to 12
them, If I be a man of GOD, let fire come down from heaven,
and consume thee and thy fifty. And the fire of GOD came
down from heaven, and consumed him and his fifty. And he 13
sent again a captain of the third fifty with his fifty. And the
third captain of fifty went up, and came and fell on his knees
before Eliyyahu, and pleaded with him, and said to him, O
man of GOD, I pray thee, let my life, and the life of these fifty
thy servants, be precious in thy sight. Behold, fire came down 14
from heaven, and burnt up the two captains of the former
fifties with their fifties: therefore let my life now be precious
in thy sight. And the angel of the LORD said to Eilyya- 15
hu, Go down with him: be not afraid of him. And he arose, and
went down with him to the king. And he said to him, Thus says 16
the LORD, Since thou hast sent messangers to inquire of Ba'al-
zevuv the god of 'Eqron, is it because there is no GOD in Yis-
ra'el to inquire of his word? therefore thou shalt not come
down from that bed of which thou hast gone up, but shalt
surely die. So he died according to the word of the LORD 17
which Eliyyahu had spoken. And Yehoram reigned in his
stead in the second year of Yehoram the son of Yehoshafat
king of Yehuda ; because he had no son. Now the rest of the acts 18
of Aḥazyahu which he did, are they not written in the book of
the chronicles of the kings of Yisra'el? And it came to pass, 2
when the LORD was about to take up Eliyyahu into heaven by
a storm wind, that Eliyyahu went with Elisha from the Gilgal.
And Eliyyahu said to Elisha, Remain here, I pray thee; for 2
the LORD has sent me to Bet-el. And Elisha said to him, As
the LORD lives, and as thy soul lives, I will not leave thee. So
they went down to Bet-el. And the sons of the prophets that 3
were at Bet-el came out to Elisha, and said to him, Knowst
thou that the LORD will take away thy master from thy head

ד   גַּם־אֲנִ֥י יָדַ֖עְתִּי הֶחֱשׁ֑וּ וַיֹּ֨אמֶר ל֜וֹ אֵלִיָּ֗הוּ אֱלִישָׁ֞ע שֵֽׁב־נָ֣א פֹ֗ה
כִּ֤י יְהוָה֙ שְׁלָחַ֣נִי יְרִיח֔וֹ וַיֹּ֕אמֶר חַי־יְהוָ֛ה וְחֵֽי־נַפְשְׁךָ֖ אִם־אֶעֶזְבֶ֑ךָּ
ה   וַיָּבֹ֖אוּ יְרִיחֽוֹ׃ וַיִּגְּשׁ֨וּ בְנֵֽי־הַנְּבִיאִ֥ים אֲשֶׁר־בִּֽירִיחוֹ֮ אֶל־אֱלִישָׁע֒
וַיֹּאמְר֣וּ אֵלָ֔יו הֲיָדַ֕עְתָּ כִּ֣י הַיּ֗וֹם יְהוָ֛ה לֹקֵ֥חַ אֶת־אֲדֹנֶ֖יךָ מֵעַ֣ל
ו   רֹאשֶׁ֑ךָ וַיֹּ֛אמֶר גַּם־אֲנִ֥י יָדַ֖עְתִּי הֶחֱשֽׁוּ׃ וַיֹּאמֶר֩ ל֨וֹ אֵלִיָּ֜הוּ שֵֽׁב־
נָ֣א פֹ֗ה כִּ֤י יְהוָה֙ שְׁלָחַ֣נִי הַיַּרְדֵּ֔נָה וַיֹּ֕אמֶר חַי־יְהוָ֛ה וְחֵֽי־נַפְשְׁךָ֖
ז   אִם־אֶעֶזְבֶ֑ךָּ וַיֵּלְכ֖וּ שְׁנֵיהֶֽם׃ וַחֲמִשִּׁ֨ים אִ֜ישׁ מִבְּנֵ֤י הַנְּבִיאִים֙ הָֽלְכ֔וּ
וַיַּעַמְד֥וּ מִנֶּ֖גֶד מֵרָח֑וֹק וּשְׁנֵיהֶ֥ם עָמְד֖וּ עַל־הַיַּרְדֵּֽן׃ ח   וַיִּקַּח֩ אֵלִיָּ֨הוּ
אֶת־אַדַּרְתּ֤וֹ וַיִּגְלֹם֙ וַיַּכֶּ֣ה אֶת־הַמַּ֔יִם וַיֵּחָצ֖וּ הֵ֣נָּה וָהֵ֑נָּה וַיַּעַבְר֥וּ
ט   שְׁנֵיהֶ֖ם בֶּחָרָבָֽה׃ וַיְהִ֣י כְעָבְרָ֗ם וְאֵ֨לִיָּ֜הוּ אָמַ֤ר אֶל־אֱלִישָׁע֙ שְׁאַל֙
מָ֣ה אֶֽעֱשֶׂה־לָּ֔ךְ בְּטֶ֖רֶם אֶלָּקַ֣ח מֵעִמָּ֑ךְ וַיֹּ֣אמֶר אֱלִישָׁ֔ע וִֽיהִי־נָ֛א
י   פִּֽי־שְׁנַ֥יִם בְּרוּחֲךָ֖ אֵלָֽי׃ וַיֹּ֖אמֶר הִקְשִׁ֣יתָ לִשְׁא֑וֹל אִם־תִּרְאֶ֨ה
יא   אֹתִ֜י לֻקָּ֤ח מֵֽאִתָּךְ֙ יְהִֽי־לְךָ֣ כֵ֔ן וְאִם־אַ֖יִן לֹ֣א יִהְיֶֽה׃ וַיְהִ֗י הֵ֣מָּה
הֹלְכִ֤ים הָלוֹךְ֙ וְדַבֵּ֔ר וְהִנֵּ֤ה רֶֽכֶב־אֵשׁ֙ וְס֣וּסֵי אֵ֔שׁ וַיַּפְרִ֖דוּ בֵּ֣ין
יב   שְׁנֵיהֶ֑ם וַיַּ֙עַל֙ אֵ֣לִיָּ֔הוּ בַּֽסְעָרָ֖ה הַשָּׁמָֽיִם׃ וֶאֱלִישָׁ֣ע רֹאֶ֗ה וְה֤וּא
מְצַעֵק֙ אָבִ֣י ׀ אָבִ֔י רֶ֥כֶב יִשְׂרָאֵ֖ל וּפָרָשָׁ֑יו וְלֹ֤א רָאָ֙הוּ֙ ע֔וֹד וַֽיַּחֲזֵק֙
יג   בִּבְגָדָ֔יו וַיִּקְרָעֵ֖ם לִשְׁנַ֥יִם קְרָעִֽים׃ וַיָּ֙רֶם֙ אֶת־אַדֶּ֣רֶת אֵלִיָּ֔הוּ אֲשֶׁ֥ר
יד   נָפְלָ֖ה מֵֽעָלָ֑יו וַיָּ֥שָׁב וַֽיַּעֲמֹ֖ד עַל־שְׂפַ֥ת הַיַּרְדֵּֽן׃ וַיִּקַּח֩ אֶת־אַדֶּ֨רֶת
אֵלִיָּ֜הוּ אֲשֶׁר־נָפְלָ֤ה מֵֽעָלָיו֙ וַיַּכֶּ֣ה אֶת־הַמַּ֔יִם וַיֹּאמַ֕ר אַיֵּ֕ה יְהוָ֖ה
אֱלֹהֵ֣י אֵֽלִיָּ֑הוּ אַף־ה֣וּא ׀ וַיַּכֶּ֣ה אֶת־הַמַּ֗יִם וַיֵּֽחָצוּ֙ הֵ֣נָּה וָהֵ֔נָּה
טו   וַֽיַּעֲבֹ֖ר אֱלִישָֽׁע׃ כ   וַיִּרְאֻ֨הוּ בְנֵֽי־הַנְּבִיאִ֤ים אֲשֶׁר־בִּֽירִיחוֹ֙ מִנֶּ֔גֶד
וַיֹּ֣אמְר֔וּ נָ֛חָה ר֥וּחַ אֵלִיָּ֖הוּ עַל־אֱלִישָׁ֑ע וַיָּבֹ֙אוּ֙ לִקְרָאת֔וֹ וַיִּשְׁתַּחֲווּ־
טז   ל֖וֹ אָֽרְצָה׃ וַיֹּאמְר֣וּ אֵלָ֡יו הִנֵּה־נָ֣א יֵֽשׁ־אֶת־עֲבָדֶיךָ֩ חֲמִשִּׁ֨ים
אֲנָשִׁ֜ים בְּנֵֽי־חַ֗יִל יֵ֣לְכוּ נָא֮ וִיבַקְשׁ֣וּ אֶת־אֲדֹנֶיךָ֒ פֶּן־נְשָׂאוֹ֙ ר֣וּחַ
הַגָּאָיֽוֹת   יְהוָ֔ה וַיַּשְׁלִכֵ֙הוּ֙ בְּאַחַ֣ד הֶֽהָרִ֔ים א֖וֹ בְּאַחַ֣ת הַגֵּיא֑וֹת וַיֹּ֖אמֶר לֹ֥א
יז   תִשְׁלָֽחוּ׃ וַיִּפְצְרוּ־ב֥וֹ עַד־בֹּ֖שׁ וַיֹּ֣אמֶר שְׁלָ֑חוּ וַֽיִּשְׁלְחוּ֙ חֲמִשִּׁ֣ים
יח   אִ֔ישׁ וַיְבַקְשׁ֥וּ שְׁלֹשָֽׁה־יָמִ֖ים וְלֹ֥א מְצָאֻֽהוּ׃ וַיָּשֻׁ֣בוּ אֵלָ֔יו וְה֖וּא
יֹשֵׁ֣ב בִּירִיח֑וֹ וַיֹּ֣אמֶר אֲלֵהֶ֔ם הֲלֽוֹא־אָמַ֥רְתִּי אֲלֵיכֶ֖ם אַל־תֵּלֵֽכוּ׃
יט   וַיֹּ֨אמְר֜וּ אַנְשֵׁ֤י הָעִיר֙ אֶל־אֱלִישָׁ֔ע הִנֵּה־נָ֞א מוֹשַׁ֤ב הָעִיר֙ ט֔וֹב
כ   כַּאֲשֶׁ֥ר אֲדֹנִ֖י רֹאֶ֑ה וְהַמַּ֥יִם רָעִ֖ים וְהָאָ֥רֶץ מְשַׁכָּֽלֶת׃ וַיֹּ֗אמֶר קְחוּ־
כא   לִי֙ צְלֹחִ֣ית חֲדָשָׁ֔ה וְשִׂ֥ימוּ שָׁ֖ם מֶ֑לַח וַיִּקְח֖וּ אֵלָֽיו׃ וַיֵּצֵא֙ אֶל־
מוֹצָ֣א הַמַּ֔יִם וַיַּשְׁלֶךְ־שָׁ֖ם מֶ֑לַח וַיֹּ֙אמֶר֙ כֹּֽה־אָמַ֣ר יְהוָ֔ה רִפִּ֙אתִי֙

to day? And he said, Yes, I know it; hold your peace. And 4
Eliyyahu said to him, Elisha, remain here, I pray thee; for
the LORD has sent me to Yeriho. And he said, As the LORD
lives, and as thy soul lives, I will not leave thee. So they came
to Yeriho. And the sons of the prophets that were at Yeriho 5
came to Elisha, and said to him, Knowst thou that the LORD
will take away thy master from thy head to day? And he
answered, Yes, I know it; hold your peace. And Eliyyahu said 6
to him, Remain, I pray thee, here; for the LORD has sent me
to the Yarden. And he said, As the LORD lives, and as thy
soul lives, I will not leave thee. And they two went on. And 7
fifty men of the sons of the prophets went, and stood op-
posite them afar off: and they two stood by the Yarden. And 8
Eliyyahu took his mantle, and rolled it up, and struck the
water, and it was divided to one side and to the other, so
that they two went over on dry ground. And it came to 9
pass, when they had gone over, that Eliyyahu said to Elisha,
Ask what I shall do for thee, before I am taken away from
thee. And Elisha said, I pray thee, let a double portion of thy
spirit be upon me. And he said, Thou hast asked a hard thing: 10
nevertheless, if thou see me when I am taken from thee, it
shall be so for thee; but if not, it shall not be so. And it came 11
to pass, as they still went on, and talked, that, behold, there
appeared a chariot of fire, and horses of fire, and parted them
from one another, and Eliyyahu went up by a storm of wind into
heaven. And Elisha saw it, and he cried, My father, my father 12
the chariots of Yisra'el, and their horsemen. And he saw him
no more: and he took hold of his own clothes, and rent them
in two pieces. He took up also the mantle of Eliyyahu that had 13
fallen from him, and went back, and stood by the bank of
the Yarden; and he took the mantle of Eliyyahu that had fallen 14
from him, and struck the water, and said, Where is the LORD
GOD of Eliyyahu? and when he also had struck the waters,
they parted to one side and to the other: and Elisha went
over. And when the sons of the prophets who were in Yeriho 15
saw him, they said, The spirit of Eliyyahu rests on Elisha. And
they came to meet him, and bowed themselves to the ground
before him. And they said to him, Behold now, there are with 16
thy servants fifty strong men; let them go, we pray thee, and
seek thy master: lest perhaps the spirit of the LORD has taken
him up, and cast him upon some mountain, or into some
valley. And he said, Do not send. And when they urged him 17
till he was ashamed, he said, Send. They sent therefore fifty
men; and they sought three days, but found him not. And 18
when they came back to him, (for he tarried at Yeriho,) he
said to them, Did I not say to you, Do not go? And the men of 19
the city said to Elisha, Behold, we pray thee, the situation of
this city is pleasant, as my lord may see: but the water is
bad, and the ground causes untimely births. And he said, 20
Bring me a new flask, and put salt in it. And they brought it
to him. And he went out to the spring of the waters, and cast 21
salt in there, and said, Thus says the LORD, I have healed this
water; there shall not be from there any more death or mis-

כב לַמַּיִם הָאֵלֶּה לֹא־יִהְיֶה מִשָּׁם עוֹד מָוֶת וּמְשַׁכָּלֶת׃ וַיֵּרָפוּ הַמַּיִם
כג עַד הַיּוֹם הַזֶּה כִּדְבַר אֱלִישָׁע אֲשֶׁר דִּבֵּר׃ וַיַּעַל
מִשָּׁם בֵּית־אֵל וְהוּא ׀ עֹלֶה בַדֶּרֶךְ וּנְעָרִים קְטַנִּים יָצְאוּ מִן־
כד הָעִיר וַיִּתְקַלְּסוּ־בוֹ וַיֹּאמְרוּ לוֹ עֲלֵה קֵרֵחַ עֲלֵה קֵרֵחַ׃ וַיִּפֶן
אַחֲרָיו וַיִּרְאֵם וַיְקַלְלֵם בְּשֵׁם יְהוָה וַתֵּצֶאנָה שְׁתַּיִם דֻּבִּים מִן־
כה הַיַּעַר וַתְּבַקַּעְנָה מֵהֶם אַרְבָּעִים וּשְׁנֵי יְלָדִים׃ וַיֵּלֶךְ מִשָּׁם אֶל־
ג א הַר הַכַּרְמֶל וּמִשָּׁם שָׁב שֹׁמְרוֹן׃ וִיהוֹרָם בֶּן־
אַחְאָב מָלַךְ עַל־יִשְׂרָאֵל בְּשֹׁמְרוֹן בִּשְׁנַת שְׁמֹנֶה עֶשְׂרֵה
ב לִיהוֹשָׁפָט מֶלֶךְ יְהוּדָה וַיִּמְלֹךְ שְׁתֵּים־עֶשְׂרֵה שָׁנָה׃ וַיַּעֲשֶׂה
הָרַע בְּעֵינֵי יְהוָה רַק לֹא כְאָבִיו וּכְאִמּוֹ וַיָּסַר אֶת־מַצְּבַת הַבַּעַל
ג אֲשֶׁר עָשָׂה אָבִיו׃ רַק בְּחַטֹּאות יָרָבְעָם בֶּן־נְבָט אֲשֶׁר־הֶחֱטִיא
ד אֶת־יִשְׂרָאֵל דָּבֵק לֹא־סָר מִמֶּנָּה׃ וּמֵישַׁע מֶלֶךְ־
מוֹאָב הָיָה נֹקֵד וְהֵשִׁיב לְמֶלֶךְ־יִשְׂרָאֵל מֵאָה־אֶלֶף כָּרִים
ה וּמֵאָה אֶלֶף אֵילִים צָמֶר׃ וַיְהִי כְּמוֹת אַחְאָב וַיִּפְשַׁע מֶלֶךְ־
ו מוֹאָב בְּמֶלֶךְ יִשְׂרָאֵל׃ וַיֵּצֵא הַמֶּלֶךְ יְהוֹרָם בַּיּוֹם הַהוּא מִשֹּׁמְרוֹן
ז וַיִּפְקֹד אֶת־כָּל־יִשְׂרָאֵל׃ וַיֵּלֶךְ וַיִּשְׁלַח אֶל־יְהוֹשָׁפָט מֶלֶךְ־
יְהוּדָה לֵאמֹר מֶלֶךְ מוֹאָב פָּשַׁע בִּי הֲתֵלֵךְ אִתִּי אֶל־מוֹאָב
לַמִּלְחָמָה וַיֹּאמֶר אֶעֱלֶה כָּמוֹנִי כָמוֹךָ כְּעַמִּי כְעַמֶּךָ כְּסוּסַי
ח כְּסוּסֶיךָ׃ וַיֹּאמֶר אֵי־זֶה הַדֶּרֶךְ נַעֲלֶה וַיֹּאמֶר דֶּרֶךְ מִדְבַּר אֱדוֹם׃
ט וַיֵּלֶךְ מֶלֶךְ יִשְׂרָאֵל וּמֶלֶךְ־יְהוּדָה וּמֶלֶךְ אֱדוֹם וַיָּסֹבּוּ דֶּרֶךְ שִׁבְעַת
י יָמִים וְלֹא־הָיָה מַיִם לַמַּחֲנֶה וְלַבְּהֵמָה אֲשֶׁר בְּרַגְלֵיהֶם׃ וַיֹּאמֶר
מֶלֶךְ יִשְׂרָאֵל אֲהָהּ כִּי־קָרָא יְהוָה לִשְׁלֹשֶׁת הַמְּלָכִים הָאֵלֶּה
יא לָתֵת אוֹתָם בְּיַד־מוֹאָב׃ וַיֹּאמֶר יְהוֹשָׁפָט הַאֵין פֹּה נָבִיא לַיהוָה
וְנִדְרְשָׁה אֶת־יְהוָה מֵאוֹתוֹ וַיַּעַן אֶחָד מֵעַבְדֵי מֶלֶךְ־יִשְׂרָאֵל
וַיֹּאמֶר פֹּה אֱלִישָׁע בֶּן־שָׁפָט אֲשֶׁר־יָצַק מַיִם עַל־יְדֵי אֵלִיָּהוּ׃
יב וַיֹּאמֶר יְהוֹשָׁפָט יֵשׁ אוֹתוֹ דְּבַר־יְהוָה וַיֵּרְדוּ אֵלָיו מֶלֶךְ יִשְׂרָאֵל
יג וִיהוֹשָׁפָט וּמֶלֶךְ אֱדוֹם׃ וַיֹּאמֶר אֱלִישָׁע אֶל־מֶלֶךְ יִשְׂרָאֵל מַה־
לִּי וָלָךְ לֵךְ אֶל־נְבִיאֵי אָבִיךָ וְאֶל־נְבִיאֵי אִמֶּךָ וַיֹּאמֶר לוֹ מֶלֶךְ
יִשְׂרָאֵל אַל כִּי־קָרָא יְהוָה לִשְׁלֹשֶׁת הַמְּלָכִים הָאֵלֶּה לָתֵת
יד אוֹתָם בְּיַד מוֹאָב׃ וַיֹּאמֶר אֱלִישָׁע חַי־יְהוָה צְבָאוֹת אֲשֶׁר
עָמַדְתִּי לְפָנָיו כִּי לוּלֵי פְּנֵי יְהוֹשָׁפָט מֶלֶךְ־יְהוּדָה אֲנִי נֹשֵׂא אִם־
טו אַבִּיט אֵלֶיךָ וְאִם־אֶרְאֶךָּ׃ וְעַתָּה קְחוּ־לִי מְנַגֵּן וְהָיָה כְּנַגֵּן
טז הַמְנַגֵּן וַתְּהִי עָלָיו יַד יְהוָה׃ וַיֹּאמֶר כֹּה אָמַר יְהוָה עָשֹׂה הַנַּחַל
יז הַזֶּה גֵּבִים ׀ גֵּבִים׃ כִּי־כֹה ׀ אָמַר יְהוָה לֹא־תִרְאוּ רוּחַ וְלֹא־
תִרְאוּ גֶשֶׁם וְהַנַּחַל הַהוּא יִמָּלֵא מָיִם וּשְׁתִיתֶם אַתֶּם וּמִקְנֵיכֶם
יח וּבְהֶמְתְּכֶם׃ וְנָקַל זֹאת בְּעֵינֵי יְהוָה וְנָתַן אֶת־מוֹאָב בְּיֶדְכֶם׃

carriage. So the water was healed to this day, according to 22
the saying of Elisha which he spoke. And he went up from 23
there to Bet-el: and as he was going up by the way, some
small boys came out of the city, and jeered at him, and said
to him, Go up, bald head; go up, bald head. And he turned 24
back, and looked at them, and cursed them in the name of
the Lord. And two she bears came out of the wood, and tore
forty two of the children. And he went from there to mount 25
Karmel, and from there he returned to Shomeron. Now 3
Yehoram the son of Aẖ'av became king over Yisra'el in Shomeron
in the eighteenth year of Yehoshafat king of Yehuda, and he
reigned for twelve years. And he did evil in the sight of the 2
Lord; but not like his father, and like his mother: for he put
away the pillar of the Ba'al that his father had made. Never- 3
theless he held fast to the sins of Yarov'am the son of Nevat,
who made Yisra'el to sin; he departed not from that. And 4
Mesha king of Moav was a sheepmaster, and delivered to
the king of Yisra'el a hundred thousand lambs, and a hundred
thousand rams, with the wool. But it came to pass, when 5
Aẖ'av was dead, that the king of Mo'av rebelled against the
king of Yisra'el. And king Yehoram went out of Shomeron 6
on the same day, and mustered all Yisra'el. And he went and 7
sent to Yehoshafat king of Yehuda, saying, The king of Mo'av
has rebelled against me: wilt thou go with me against Mo'av
to battle? And he said, I will go up : I am as thou art, my
people as thy people, and my horses as thy horses. And he 8
said, Which way shall we go up? and he answered, The way
through the wilderness of Edom. So the king of Yisra'el went, 9
and the king of Yehuda, and the king of Edom: and they made
a circuit of seven days' journey: and there was no water for
the camp, and for the cattle that followed them. And the 10
king of Yisra'el said, Alas! that the Lord has called these three
kings together, to deliver them into the hand of Mo'av! But 11
Yehoshafat said, Is there not here a prophet of the Lord, that
we may inquire of the Lord by him? And one of the king of
Yisra'el's servants answered and said, Here is Elisha the son
of Shafat, who poured water on the hands of Eliyyahu. And 12
Yehoshafat said, The word of the Lord is with him. So the king
of Yisra'el and Yehoshafat, and the king of Edom went down
to him. And Elisha said to the king of Yisra'el, What have I to 13
do with thee? get thee to the prophets of thy father, and to the
prophets of thy mother. And the king of Yisra'el said to him,
No: for the Lord has called these three kings together, to
deliver them into the hand of Mo'av. And Elisha said, As the 14
Lord of hosts lives, before whom I stand, surely, were it not
that I have regard for the presence of Yehoshafat the king
of Yehuda, I would not look towards thee, nor see thee. But 15
now bring me a minstrel. And it came to pass, when the min-
strel played, that the hand of the Lord came upon him. And he 16
said, Thus says the Lord, Make this wadi full of trenches. For 17
thus says the Lord, You shall not see wind, neither shall you
see rain ; yet that wadi shall be filled with water, that you may
drink, both you, and your cattle, and your beasts. And this is 18

יט וְהִכִּיתֶם כָּל־עִיר מִבְצָר וְכָל־עִיר מִבְחוֹר וְכָל־עֵץ טוֹב תַּפִּילוּ
וְכָל־מַעְיְנֵי־מַיִם תִּסְתֹּמוּ וְכֹל הַחֶלְקָה הַטּוֹבָה תַּכְאִבוּ
כ בָּאֲבָנִים׃ וַיְהִי בַבֹּקֶר כַּעֲלוֹת הַמִּנְחָה וְהִנֵּה־מַיִם בָּאִים מִדֶּרֶךְ
כא אֱדוֹם וַתִּמָּלֵא הָאָרֶץ אֶת־הַמָּיִם׃ וְכָל־מוֹאָב שָׁמְעוּ כִּי־עָלוּ
הַמְּלָכִים לְהִלָּחֶם בָּם וַיִּצָּעֲקוּ מִכֹּל חֹגֵר חֲגֹרָה וָמָעְלָה וַיַּעַמְדוּ
כב עַל־הַגְּבוּל׃ וַיַּשְׁכִּימוּ בַבֹּקֶר וְהַשֶּׁמֶשׁ זָרְחָה עַל־הַמָּיִם וַיִּרְאוּ
כג מוֹאָב מִנֶּגֶד אֶת־הַמַּיִם אֲדֻמִּים כַּדָּם׃ וַיֹּאמְרוּ דָּם זֶה הָחֳרֵב
נֶחֶרְבוּ הַמְּלָכִים וַיַּכּוּ אִישׁ אֶת־רֵעֵהוּ וְעַתָּה לַשָּׁלָל מוֹאָב׃
כד וַיָּבֹאוּ אֶל־מַחֲנֵה יִשְׂרָאֵל וַיָּקֻמוּ יִשְׂרָאֵל וַיַּכּוּ אֶת־מוֹאָב וַיָּנֻסוּ
כה מִפְּנֵיהֶם ויבו־בָהּ וְהַכּוֹת אֶת־מוֹאָב׃ וְהֶעָרִים יַהֲרֹסוּ וְכָל־ וַיַּכּוּ־
חֶלְקָה טוֹבָה יַשְׁלִיכוּ אִישׁ־אַבְנוֹ וּמִלְאוּהָ וְכָל־מַעְיַן־מַיִם
יִסְתְּמוּ וְכָל־עֵץ־טוֹב יַפִּילוּ עַד־הִשְׁאִיר אֲבָנֶיהָ בַּקִּיר חֲרָשֶׂת
כו וַיָּסֹבּוּ הַקַּלָּעִים וַיַּכּוּהָ׃ וַיַּרְא מֶלֶךְ מוֹאָב כִּי־חָזַק מִמֶּנּוּ
הַמִּלְחָמָה וַיִּקַּח אוֹתוֹ שְׁבַע־מֵאוֹת אִישׁ שֹׁלֵף חֶרֶב לְהַבְקִיעַ
כז אֶל־מֶלֶךְ אֱדוֹם וְלֹא יָכֹלוּ׃ וַיִּקַּח אֶת־בְּנוֹ הַבְּכוֹר אֲשֶׁר־יִמְלֹךְ
תַּחְתָּיו וַיַּעֲלֵהוּ עֹלָה עַל־הַחֹמָה וַיְהִי קֶצֶף־גָּדוֹל עַל־יִשְׂרָאֵל
ד א וַיִּסְעוּ מֵעָלָיו וַיָּשֻׁבוּ לָאָרֶץ׃ וְאִשָּׁה אַחַת מִנְּשֵׁי
בְנֵי־הַנְּבִיאִים צָעֲקָה אֶל־אֱלִישָׁע לֵאמֹר עַבְדְּךָ אִישִׁי מֵת
וְאַתָּה יָדַעְתָּ כִּי עַבְדְּךָ הָיָה יָרֵא אֶת־יְהוָה וְהַנֹּשֶׁה בָּא לָקַחַת
ב אֶת־שְׁנֵי יְלָדַי לוֹ לַעֲבָדִים׃ וַיֹּאמֶר אֵלֶיהָ אֱלִישָׁע מָה אֶעֱשֶׂה־
לָּךְ הַגִּידִי לִי מַה־יֶּשׁ־לכי בַּבָּיִת וַתֹּאמֶר אֵין לְשִׁפְחָתְךָ כֹל לָךְ
ג בַּבַּיִת כִּי אִם־אָסוּךְ שָׁמֶן׃ וַיֹּאמֶר לְכִי שַׁאֲלִי־לָךְ כֵּלִים מִן־
ד הַחוּץ מֵאֵת כָּל־שכניכי כֵּלִים רֵקִים אַל־תַּמְעִיטִי׃ וּבָאת שְׁכֵנָיִךְ
וְסָגַרְתְּ הַדֶּלֶת בַּעֲדֵךְ וּבְעַד־בָּנַיִךְ וְיָצַקְתְּ עַל כָּל־הַכֵּלִים הָאֵלֶּה
ה וְהַמָּלֵא תַּסִּיעִי׃ וַתֵּלֶךְ מֵאִתּוֹ וַתִּסְגֹּר הַדֶּלֶת בַּעֲדָהּ וּבְעַד בָּנֶיהָ
ו הֵם מַגִּשִׁים אֵלֶיהָ וְהִיא מיצקת׃ וַיְהִי ׀ כִּמְלֹאת הַכֵּלִים מוֹצָקֶת
וַתֹּאמֶר אֶל־בְּנָהּ הַגִּישָׁה אֵלַי עוֹד כֶּלִי וַיֹּאמֶר אֵלֶיהָ אֵין עוֹד
ז כֶּלִי וַיַּעֲמֹד הַשָּׁמֶן׃ וַתָּבֹא וַתַּגֵּד לְאִישׁ הָאֱלֹהִים וַיֹּאמֶר
לְכִי מִכְרִי אֶת־הַשֶּׁמֶן וְשַׁלְּמִי אֶת־נשיכי וְאַתְּ בניכי תִּחְיִי נִשְׁיֵךְ | וּבָנַיִךְ
ח בַּנּוֹתָר׃ וַיְהִי הַיּוֹם וַיַּעֲבֹר אֱלִישָׁע אֶל־שׁוּנֵם
וְשָׁם אִשָּׁה גְדוֹלָה וַתַּחֲזֶק־בּוֹ לֶאֱכָל־לָחֶם וַיְהִי מִדֵּי עָבְרוֹ יָסֻר
ט שָׁמָּה לֶאֱכָל־לָחֶם׃ וַתֹּאמֶר אֶל־אִישָׁהּ הִנֵּה־נָא יָדַעְתִּי כִּי
י אִישׁ אֱלֹהִים קָדוֹשׁ הוּא עֹבֵר עָלֵינוּ תָּמִיד׃ נַעֲשֶׂה־נָּא עֲלִיַּת־
קִיר קְטַנָּה וְנָשִׂים לוֹ שָׁם מִטָּה וְשֻׁלְחָן וְכִסֵּא וּמְנוֹרָה וְהָיָה

but a light thing in the sight of the Lord: for he will deliver
Mo'av also into your hand. And you shall smite every fortified 19
city, and every choice city and shall fell every good tree, and stop
all wells of water, and mar every good piece of land with stones.
And it came to pass in the morning, when the meal offering was 20
offered, that behold, there came water by the way of Edom, and
the country was filled with water. And when all Mo'av heard that 21
the kings were come up to fight against them, they gathered them-
selves together, all that were able to put on armour, and upward,
and stood on the border. And they rose up early in the morning, 22
and the sun shone upon the water, and Mo'av saw the water
on the other side as red as blood: and they said, This is blood: 23
the kings have fought together, and they have smitten one
another: now therefore, Mo'av, to the spoil. And when they 24
came to the camp of Yisra'el, Yisra'el rose up and smote Mo'av,
so that they fled before them: but they went on smiting Mo'av,
and they beat down the cities, and on every good piece of land 25
every man cast his stone, and filled it; and they stopped all
the wells of water, and felled all the good trees: until only the
stones were left in Qir-ḫareset; and the slingers surrounded it,
and smote it. And when the king of Mo'av saw that the battle 26
was too hard for him, he took with him seven hundred swords-
men, to break through to the king of Edom: but they could not.
Then he took his eldest son that should have reigned in his 27
stead, and offered him for a burnt offering upon the wall. And
there was great indignation against Yisra'el: and they departed
from him, and returned to their own land. Now 4
a certain woman of the wives of the sons of the prophets
cried out to Elisha, saying, Thy servant my husband is dead;
and thou knowst that thy servant did fear the Lord: and the
creditor is come to take to him my two sons to be slaves. And 2
Elisha said to her, What shall I do for thee? tell me, what hast
thou in the house? And she said, Thy handmaid has nothing in
the house, except a pot of oil. Then he said, Go, borrow vessels 3
abroad from all thy neighbours, empty vessels; and not a few.
And when thou art come in, thou shalt shut the door upon thee 4
and upon thy sons, and shalt pour out into all those vessels,
and thou shalt set aside that which is full. So she went from 5
him, and shut the door upon her and upon her sons, who
brought the vessels to her; and she poured out. And it came to 6
pass, when the vessels were full, that she said to her son,
Bring me another vessel. And he said to her, There is not a
vessel more. And the oil stopped flowing. Then she came and 7
told the man of God. And he said, Go, sell the oil, and pay
thy debt, and live thou and thy children from the remain-
der. And it happened one day, that Elisha passed to 8
Shunem, where there was a woman of great note; and she pressed
him to eat bread. And so it was, that whenever he passed by,
he turned aside there to eat bread. And she said to her husband, 9
Behold now, I perceive that this is a holy man of God, who
passes by us continually. Let us make a little upper chamber, 10
I pray thee, with walls; and let us set for him there a bed, and
a table, and a chair, and a lamp: and it shall be, when he comes

יא בְּבֹאוֹ אֵלֵינוּ יָסוּר שָׁמָּה׃ וַיְהִי הַיּוֹם וַיָּבֹא שָׁמָּה וַיָּסַר אֶל־
יב הָעֲלִיָּה וַיִּשְׁכַּב־שָׁמָּה׃ וַיֹּאמֶר אֶל־גֵּיחֲזִי נַעֲרוֹ קְרָא לַשּׁוּנַמִּית
יג הַזֹּאת וַיִּקְרָא־לָהּ וַתַּעֲמֹד לְפָנָיו׃ וַיֹּאמֶר לוֹ אֱמָר־נָא אֵלֶיהָ
הִנֵּה חָרַדְתְּ ׀ אֵלֵינוּ אֶת־כָּל־הַחֲרָדָה הַזֹּאת מֶה לַעֲשׂוֹת לָךְ
הֲיֵשׁ לְדַבֶּר־לָךְ אֶל־הַמֶּלֶךְ אוֹ אֶל־שַׂר הַצָּבָא וַתֹּאמֶר בְּתוֹךְ
יד עַמִּי אָנֹכִי יֹשָׁבֶת׃ וַיֹּאמֶר וּמֶה לַעֲשׂוֹת לָהּ וַיֹּאמֶר גֵּיחֲזִי אֲבָל
טו בֵּן אֵין־לָהּ וְאִישָׁהּ זָקֵן׃ וַיֹּאמֶר קְרָא־לָהּ וַיִּקְרָא־לָהּ וַתַּעֲמֹד
טז בַּפָּתַח׃ וַיֹּאמֶר לַמּוֹעֵד הַזֶּה כָּעֵת חַיָּה אתי חֹבֶקֶת בֵּן וַתֹּאמֶר אַתְּ
יז אַל־אֲדֹנִי אִישׁ הָאֱלֹהִים אַל־תְּכַזֵּב בְּשִׁפְחָתֶךָ׃ וַתַּהַר הָאִשָּׁה
וַתֵּלֶד בֵּן לַמּוֹעֵד הַזֶּה כָּעֵת חַיָּה אֲשֶׁר־דִּבֶּר אֵלֶיהָ אֱלִישָׁע׃
יח יט וַיִּגְדַּל הַיָּלֶד וַיְהִי הַיּוֹם וַיֵּצֵא אֶל־אָבִיו אֶל־הַקֹּצְרִים׃ וַיֹּאמֶר
אֶל־אָבִיו רֹאשִׁי ׀ רֹאשִׁי וַיֹּאמֶר אֶל־הַנַּעַר שָׂאֵהוּ אֶל־אִמּוֹ׃
כ וַיִּשָּׂאֵהוּ וַיְבִיאֵהוּ אֶל־אִמּוֹ וַיֵּשֶׁב עַל־בִּרְכֶּיהָ עַד־הַצָּהֳרַיִם
כא וַיָּמֹת׃ וַתַּעַל וַתַּשְׁכִּבֵהוּ עַל־מִטַּת אִישׁ הָאֱלֹהִים וַתִּסְגֹּר בַּעֲדוֹ
כב וַתֵּצֵא׃ וַתִּקְרָא אֶל־אִישָׁהּ וַתֹּאמֶר שִׁלְחָה נָא לִי אֶחָד מִן־
הַנְּעָרִים וְאַחַת הָאֲתֹנוֹת וְאָרוּצָה עַד־אִישׁ הָאֱלֹהִים וְאָשׁוּבָה׃
כג וַיֹּאמֶר מַדּוּעַ אתי הלכתי אֵלָיו הַיּוֹם לֹא־חֹדֶשׁ וְלֹא שַׁבָּת אַתְּ הֹלֶכֶת
כד וַתֹּאמֶר שָׁלוֹם׃ וַתַּחֲבֹשׁ הָאָתוֹן וַתֹּאמֶר אֶל־נַעֲרָהּ נְהַג וָלֵךְ
כה אַל־תַּעֲצָר־לִי לִרְכֹּב כִּי אִם־אָמַרְתִּי לָךְ׃ וַתֵּלֶךְ וַתָּבוֹא אֶל־
אִישׁ הָאֱלֹהִים אֶל־הַר הַכַּרְמֶל וַיְהִי כִּרְאוֹת אִישׁ־הָאֱלֹהִים
כו אֹתָהּ מִנֶּגֶד וַיֹּאמֶר אֶל־גֵּיחֲזִי נַעֲרוֹ הִנֵּה הַשּׁוּנַמִּית הַלָּז׃ עַתָּה כא
רוּץ־נָא לִקְרָאתָהּ וֶאֱמָר־לָהּ הֲשָׁלוֹם לָךְ הֲשָׁלוֹם לְאִישֵׁךְ
כז הֲשָׁלוֹם לַיָּלֶד וַתֹּאמֶר שָׁלוֹם׃ וַתָּבֹא אֶל־אִישׁ הָאֱלֹהִים אֶל־
הָהָר וַתַּחֲזֵק בְּרַגְלָיו וַיִּגַּשׁ גֵּיחֲזִי לְהָדְפָהּ וַיֹּאמֶר אִישׁ הָאֱלֹהִים
הַרְפֵּה־לָהּ כִּי־נַפְשָׁהּ מָרָה־לָהּ וַיהוָה הֶעְלִים מִמֶּנִּי וְלֹא הִגִּיד
כח לִי׃ וַתֹּאמֶר הֲשָׁאַלְתִּי בֵן מֵאֵת אֲדֹנִי הֲלֹא אָמַרְתִּי לֹא תַשְׁלֶה
כט אֹתִי׃ וַיֹּאמֶר לְגֵיחֲזִי חֲגֹר מָתְנֶיךָ וְקַח מִשְׁעַנְתִּי בְיָדְךָ וָלֵךְ כִּי־
תִמְצָא אִישׁ לֹא תְבָרְכֶנּוּ וְכִי־יְבָרֶכְךָ אִישׁ לֹא תַעֲנֶנּוּ וְשַׂמְתָּ
ל מִשְׁעַנְתִּי עַל־פְּנֵי הַנָּעַר׃ וַתֹּאמֶר אֵם הַנַּעַר חַי־יְהוָה וְחֵי־נַפְשְׁךָ
לא אִם־אֶעֶזְבֶךָּ וַיָּקָם וַיֵּלֶךְ אַחֲרֶיהָ׃ וְגֵחֲזִי עָבַר לִפְנֵיהֶם וַיָּשֶׂם אֶת־
הַמִּשְׁעֶנֶת עַל־פְּנֵי הַנַּעַר וְאֵין קוֹל וְאֵין קָשֶׁב וַיָּשָׁב לִקְרָאתוֹ
לב וַיַּגֶּד־לוֹ לֵאמֹר לֹא הֵקִיץ הַנָּעַר׃ וַיָּבֹא אֱלִישָׁע הַבָּיְתָה וְהִנֵּה
לג הַנַּעַר מֵת מֻשְׁכָּב עַל־מִטָּתוֹ׃ וַיָּבֹא וַיִּסְגֹּר הַדֶּלֶת בְּעַד שְׁנֵיהֶם
לד וַיִּתְפַּלֵּל אֶל־יְהוָה׃ וַיַּעַל וַיִּשְׁכַּב עַל־הַיֶּלֶד וַיָּשֶׂם פִּיו עַל־פִּיו
וְעֵינָיו עַל־עֵינָיו וְכַפָּיו עַל־כַּפָּו וַיִּגְהַר עָלָיו וַיָּחָם בְּשַׂר הַיָּלֶד׃

to us, that he shall turn in there. And it happened one day, 11
that he came there, and he turned into the chamber, and lay
there. And he said to Geẖazi his servant, Call this Shunam- 12
mite woman. And when he had called her, she stood before him.
And he said to him, Say now to her, Behold, thou hast been 13
careful to take all this trouble for us; what is to be done for
thee? wouldst thou be spoken for to the king, or to the cap-
tain of the host? And she answered, I dwell among my own
people. And he said, What then is to be done for her? And 14
Geẖazi answered, Verily she has no child, and her husband is
old. And he said, Call her. And when he had called her, she 15
stood in the door. And he said, About this time, in the coming 16
year, thou shalt embrace a son. And she said, No, my lord, thou
man of God, do not lie to thy handmaid. And the woman con- 17
ceived, and bore a son at that season of which Elisha had spoken
to her, in the following year. And when the child was grown, 18
it happened one day, that he went out to his father to the
reapers. And he said to his father, My head, my head. And he 19
said to the servant, Carry him to his mother. And when he had 20
taken him, and brought him to his mother, he sat on her knees
till noon, and then died. And she went up, and laid him on the 21
bed of the man of God, and shut the door upon him, and went
out. And she called to her husband, and said, Send me, I pray 22
thee, one of the young men, and one of the asses, that I may
run to the man of God, and then come back. And he said, Why 23
wilt thou go to him today? it is neither new moon, nor sab-
bath. And she said, It shall be well. Then she saddled an ass, 24
and said to her servant, Drive, and go forward; do not slacken
the pace, unless I bid thee. So she went and came to the man 25
of God to mount Karmel. And it came to pass, when the man
of God saw her afar off, that he said to Geẖazi his servant, Be-
hold, yonder is that Shunammite woman: run now, I pray thee, 26
to meet her, and say to her, Is it well with thee? is it well with
thy husband? is it well with the child? And she answered, It
is well. And when she came to the man of God to the hill, 27
she caught him by the feet: and Geẖazi came near to thrust
her away. But the man of God said, Let her alone; for her soul
is grieved within her: and the Lord has hid it from me, and
has not told me. Then she said, Did I desire a son of my lord? 28
did I not say, Do not deceive me? Then he said to Geẖazi, Gird 29
thy loins, and take my staff in thy hand, and go thy way: if
thou meet any man, greet him not; and if any greet thee, answer
him not again: and lay my staff upon the face of the child.
And the mother of the child said, As the Lord lives, and as thy 30
soul lives, I will not leave thee. And he arose, and followed
her. And Geẖazi passed on before them, and laid the staff upon 31
the face of the child; but there was neither voice, nor sound.
So he went back to meet him, and told him, saying, The child
is not awakened. And when Elisha had come into the house, 32
behold, the child was dead, and laid upon his bed. Then he 33
went in, and shut the door upon them both, and prayed to the
Lord. And he went up, and lay upon the child, and put his 34
mouth upon his mouth, and his eyes upon his eyes, and his

וַיָּשָׁב וַיֵּלֶךְ בַּבַּיִת אַחַת הֵנָּה וְאַחַת הֵנָּה וַיַּעַל וַיִּגְהַר עָלָיו וַיִּזוֹרֶר לה

הַנַּעַר עַד־שֶׁבַע פְּעָמִים וַיִּפְקַח הַנַּעַר אֶת־עֵינָיו: וַיִּקְרָא אֶל־ לו

גֵּיחֲזִי וַיֹּאמֶר קְרָא אֶל־הַשֻּׁנַמִּית הַזֹּאת וַיִּקְרָאֶהָ וַתָּבֹא אֵלָיו

וַיֹּאמֶר שְׂאִי בְנֵךְ: וַתָּבֹא וַתִּפֹּל עַל־רַגְלָיו וַתִּשְׁתַּחוּ אָרְצָה לז

וַתִּשָּׂא אֶת־בְּנָהּ וַתֵּצֵא: וֶאֱלִישָׁע שָׁב הַגִּלְגָּלָה לח

וְהָרָעָב בָּאָרֶץ וּבְנֵי הַנְּבִיאִים יֹשְׁבִים לְפָנָיו וַיֹּאמֶר לְנַעֲרוֹ שְׁפֹת

הַסִּיר הַגְּדוֹלָה וּבַשֵּׁל נָזִיד לִבְנֵי הַנְּבִיאִים: וַיֵּצֵא אֶחָד אֶל־ לט

הַשָּׂדֶה לְלַקֵּט אֹרֹת וַיִּמְצָא גֶּפֶן שָׂדֶה וַיְלַקֵּט מִמֶּנּוּ פַּקֻּעֹת שָׂדֶה

מְלֹא בִגְדוֹ וַיָּבֹא וַיְפַלַּח אֶל־סִיר הַנָּזִיד כִּי־לֹא יָדָעוּ: וַיִּצְקוּ מ

לַאֲנָשִׁים לֶאֱכוֹל וַיְהִי כְּאָכְלָם מֵהַנָּזִיד וְהֵמָּה צָעָקוּ וַיֹּאמְרוּ מָוֶת

בַּסִּיר אִישׁ הָאֱלֹהִים וְלֹא יָכְלוּ לֶאֱכֹל: וַיֹּאמֶר וּקְחוּ־קֶמַח מא

וַיַּשְׁלֵךְ אֶל־הַסִּיר וַיֹּאמֶר צַק לָעָם וְיֹאכֵלוּ וְלֹא הָיָה דָּבָר רָע

בַּסִּיר: וְאִישׁ בָּא מִבַּעַל שָׁלִשָׁה וַיָּבֵא לְאִישׁ מב

הָאֱלֹהִים לֶחֶם בִּכּוּרִים עֶשְׂרִים־לֶחֶם שְׂעֹרִים וְכַרְמֶל בְּצִקְלֹנוֹ

וַיֹּאמֶר תֵּן לָעָם וְיֹאכֵלוּ: וַיֹּאמֶר מְשָׁרְתוֹ מָה אֶתֵּן זֶה לִפְנֵי מֵאָה מג

אִישׁ וַיֹּאמֶר תֵּן לָעָם וְיֹאכֵלוּ כִּי כֹה אָמַר יְהוָה אָכֹל וְהוֹתֵר:

וַיִּתֵּן לִפְנֵיהֶם וַיֹּאכְלוּ וַיּוֹתִרוּ כִּדְבַר יְהוָה: וְנַעֲמָן מד ה

שַׂר־צְבָא מֶלֶךְ־אֲרָם הָיָה אִישׁ גָּדוֹל לִפְנֵי אֲדֹנָיו וּנְשֻׂא פָנִים א

כִּי־בוֹ נָתַן־יְהוָה תְּשׁוּעָה לַאֲרָם וְהָאִישׁ הָיָה גִּבּוֹר חַיִל מְצֹרָע:

וַאֲרָם יָצְאוּ גְדוּדִים וַיִּשְׁבּוּ מֵאֶרֶץ יִשְׂרָאֵל נַעֲרָה קְטַנָּה וַתְּהִי ב

לִפְנֵי אֵשֶׁת נַעֲמָן: וַתֹּאמֶר אֶל־גְּבִרְתָּהּ אַחֲלֵי אֲדֹנִי לִפְנֵי ג

הַנָּבִיא אֲשֶׁר בְּשֹׁמְרוֹן אָז יֶאֱסֹף אֹתוֹ מִצָּרַעְתּוֹ: וַיָּבֹא וַיַּגֵּד ד

לַאדֹנָיו לֵאמֹר כָּזֹאת וְכָזֹאת דִּבְּרָה הַנַּעֲרָה אֲשֶׁר מֵאֶרֶץ

יִשְׂרָאֵל: וַיֹּאמֶר מֶלֶךְ־אֲרָם לֶךְ־בֹּא וְאֶשְׁלְחָה סֵפֶר אֶל־מֶלֶךְ ה

יִשְׂרָאֵל וַיֵּלֶךְ וַיִּקַּח בְּיָדוֹ עֶשֶׂר כִּכְּרֵי־כֶסֶף וְשֵׁשֶׁת אֲלָפִים זָהָב

וְעֶשֶׂר חֲלִיפוֹת בְּגָדִים: וַיָּבֵא הַסֵּפֶר אֶל־מֶלֶךְ יִשְׂרָאֵל לֵאמֹר ו

וְעַתָּה כְּבוֹא הַסֵּפֶר הַזֶּה אֵלֶיךָ הִנֵּה שָׁלַחְתִּי אֵלֶיךָ אֶת־

נַעֲמָן עַבְדִּי וַאֲסַפְתּוֹ מִצָּרַעְתּוֹ: וַיְהִי כִּקְרֹא מֶלֶךְ־יִשְׂרָאֵל אֶת־ ז

הַסֵּפֶר וַיִּקְרַע בְּגָדָיו וַיֹּאמֶר הַאֱלֹהִים אָנִי לְהָמִית וּלְהַחֲיוֹת כִּי־

זֶה שֹׁלֵחַ אֵלַי לֶאֱסֹף אִישׁ מִצָּרַעְתּוֹ כִּי אַךְ־דְּעוּ־נָא וּרְאוּ כִּי־

מִתְאַנֶּה הוּא לִי: וַיְהִי כִּשְׁמֹעַ ׀ אֱלִישָׁע אִישׁ־הָאֱלֹהִים כִּי־ ח

קָרַע מֶלֶךְ־יִשְׂרָאֵל אֶת־בְּגָדָיו וַיִּשְׁלַח אֶל־הַמֶּלֶךְ לֵאמֹר לָמָּה

hands upon his hands: and he stretched himself upon the
child; and the flesh of the child was warmed. Then he returned,   35
and walked in the house to and fro; and went up, and stretched
himself upon him: and the child sneezed seven times, and the
child opened his eyes. And he called Gehazi, and said, Call this   36
Shunammite woman. So he called her. And when she was come
in to him, he said, Take up thy son. Then she went in, and fell   37
at his feet, and bowed herself to the ground, and took up her
son, and went out.   And Elisha came again to Gilgal: 38
and there was famine in the land; and the sons of the prophets
were sitting before him: and he said to his servant, Set on the
great pot, and boil a pottage for the sons of the prophets.
And one went out into the field to gather herbs, and found a   39
wild vine, and gathered thereof wild gourds his lap full, and
came and sliced them into the pot of pottage : for they knew
them not. So they poured out for the men to eat. And it came to   40
pass, as they were eating of the pottage, that they cried out,
and said, O thou man of GOD, there is death in the pot.
And they could not eat. But he said, Then bring meal. And   41
he cast it into the pot; and he said, Pour out for the peo-
ple, that they may eat. And there was no harm in the pot.

And there came a man from Ba'al-shalisha, and brought the   42
man of GOD bread of the first fruits, twenty loaves of barley,
and full ears of corn in his sack. And he said, Give to the
people, that they may eat. And his attendant said, What, should   43
I set this before a hundred men? He said again, Give the peo-
ple, that they may eat: for thus says the LORD, They shall eat,
and shall leave over. So he set it before them, and they did   44
eat, and left some of it over, according to the word of the
LORD.   Now Na'aman, captain of the host of the king   5
of Aram, was a man of great note with his master and highly
esteemed, because by him the LORD had given deliverance to
Aram; he was also a mighty warrior, but stricken with zara'at.
And Aram had gone out in raiding parties, and had brought   2
away captive out of the land of Yisra'el a little girl, and she at-
tended the wife of Na'aman.And she said to her mistress, Would   3
my lord were with the prophet that is in Shomeron! for he
would heal him of his disease. And one went in, and told his   4
lord, saying, Thus and thus said the girl who is of the land of
Yisra'el. And the king of Aram said, Go to, go, and I will send   5
a letter to the king of Yisra'el. And he departed, and took with
him ten talents of silver, and six thousand pieces of gold, and
ten changes of clothing. And he brought the letter to the king   6
of Yisra'el, saying, Now when this letter is come to thee, behold,
I have sent Na'aman my servant to thee, that thou mayst heal
him of his infection. And it came to pass, when the king of   7
Yisra'el had read the letter, that he rent his clothes, and said,
Am I GOD, to kill and to make alive, that this man sends to me
to cure a man of his infection? only consider, I pray you, and
see how he seeks a quarrel against me. And when Elisha the   8
man of GOD had heard that the king of Yisra'el had rent his
clothes, he sent to the king, saying, Why hast thou rent thy
clothes? let him come now to me, and he shall know that there

ט קָרַעְתָּ בְּגָדֶיךָ יָבֹא־נָא אֵלַי וְיֵדַע כִּי יֵשׁ נָבִיא בְּיִשְׂרָאֵל׃ וַיָּבֹא
י נַעֲמָן בְּסוּסָו וּבְרִכְבּוֹ וַיַּעֲמֹד פֶּתַח־הַבַּיִת לֶאֱלִישָׁע׃ וַיִּשְׁלַח
אֵלָיו אֱלִישָׁע מַלְאָךְ לֵאמֹר הָלוֹךְ וְרָחַצְתָּ שֶׁבַע־פְּעָמִים בַּיַּרְדֵּן
יא וְיָשֹׁב בְּשָׂרְךָ לְךָ וּטְהָר׃ וַיִּקְצֹף נַעֲמָן וַיֵּלַךְ וַיֹּאמֶר הִנֵּה אָמַרְתִּי
אֵלַי ׀ יֵצֵא יָצוֹא וְעָמַד וְקָרָא בְּשֵׁם־יְהוָה אֱלֹהָיו וְהֵנִיף יָדוֹ אֶל־
יב הַמָּקוֹם וְאָסַף הַמְּצֹרָע׃ הֲלֹא טוֹב אבנה וּפַרְפַּר נַהֲרוֹת דַּמֶּשֶׂק אֲמָנָה
מִכֹּל מֵימֵי יִשְׂרָאֵל הֲלֹא־אֶרְחַץ בָּהֶם וְטָהָרְתִּי וַיִּפֶן וַיֵּלֶךְ
יג בְּחֵמָה׃ וַיִּגְּשׁוּ עֲבָדָיו וַיְדַבְּרוּ אֵלָיו וַיֹּאמְרוּ אָבִי דָּבָר גָּדוֹל
הַנָּבִיא דִּבֶּר אֵלֶיךָ הֲלוֹא תַעֲשֶׂה וְאַף כִּי־אָמַר אֵלֶיךָ רְחַץ
יד וּטְהָר׃ וַיֵּרֶד וַיִּטְבֹּל בַּיַּרְדֵּן שֶׁבַע פְּעָמִים כִּדְבַר אִישׁ הָאֱלֹהִים
טו וַיָּשָׁב בְּשָׂרוֹ כִּבְשַׂר נַעַר קָטֹן וַיִּטְהָר׃ וַיָּשָׁב אֶל־אִישׁ הָאֱלֹהִים
הוּא וְכָל־מַחֲנֵהוּ וַיָּבֹא וַיַּעֲמֹד לְפָנָיו וַיֹּאמֶר הִנֵּה־נָא יָדַעְתִּי כִּי
אֵין אֱלֹהִים בְּכָל־הָאָרֶץ כִּי אִם־בְּיִשְׂרָאֵל וְעַתָּה קַח־נָא
טז בְרָכָה מֵאֵת עַבְדֶּךָ׃ וַיֹּאמֶר חַי־יְהוָה אֲשֶׁר־עָמַדְתִּי לְפָנָיו אִם־
יז אֶקָּח וַיִּפְצַר־בּוֹ לָקַחַת וַיְמָאֵן׃ וַיֹּאמֶר נַעֲמָן וָלֹא יֻתַּן־נָא
לְעַבְדְּךָ מַשָּׂא צֶמֶד־פְּרָדִים אֲדָמָה כִּי לוֹא־יַעֲשֶׂה עוֹד עַבְדְּךָ
יח עֹלָה וָזֶבַח לֵאלֹהִים אֲחֵרִים כִּי אִם־לַיהוָה׃ לַדָּבָר הַזֶּה יִסְלַח
יְהוָה לְעַבְדֶּךָ בְּבוֹא אֲדֹנִי בֵית־רִמּוֹן לְהִשְׁתַּחֲוֺת שָׁמָּה וְהוּא ׀
נִשְׁעָן עַל־יָדִי וְהִשְׁתַּחֲוֵיתִי בֵּית רִמֹּן בְּהִשְׁתַּחֲוָיָתִי בֵּית רִמֹּן
יט יִסְלַח־נָא יְהוָה לְעַבְדְּךָ בַּדָּבָר הַזֶּה׃ וַיֹּאמֶר לוֹ לֵךְ לְשָׁלוֹם
כ וַיֵּלֶךְ מֵאִתּוֹ כִּבְרַת אָרֶץ׃ וַיֹּאמֶר גֵּיחֲזִי נַעַר
אֱלִישָׁע אִישׁ־הָאֱלֹהִים הִנֵּה ׀ חָשַׂךְ אֲדֹנִי אֶת נַעֲמָן הָאֲרַמִּי
הַזֶּה מִקַּחַת מִיָּדוֹ אֵת אֲשֶׁר־הֵבִיא חַי־יְהוָה כִּי־אִם־רַצְתִּי
כא אַחֲרָיו וְלָקַחְתִּי מֵאִתּוֹ מְאוּמָה׃ וַיִּרְדֹּף גֵּיחֲזִי אַחֲרֵי נַעֲמָן
וַיִּרְאֶה נַעֲמָן רָץ אַחֲרָיו וַיִּפֹּל מֵעַל הַמֶּרְכָּבָה לִקְרָאתוֹ וַיֹּאמֶר
כב הֲשָׁלוֹם׃ וַיֹּאמֶר ׀ שָׁלוֹם אֲדֹנִי שִׁלְּחַנִי לֵאמֹר הִנֵּה עַתָּה זֶה בָּאוּ
אֵלַי שְׁנֵי־נְעָרִים מֵהַר אֶפְרַיִם מִבְּנֵי הַנְּבִיאִים תְּנָה־נָּא לָהֶם
כג כִּכַּר־כֶּסֶף וּשְׁתֵּי חֲלִפוֹת בְּגָדִים׃ וַיֹּאמֶר נַעֲמָן הוֹאֵל קַח
כִּכָּרָיִם וַיִּפְרָץ־בּוֹ וַיָּצַר כִּכְּרַיִם כֶּסֶף בִּשְׁנֵי חֲרִטִים וּשְׁתֵּי חֲלִפוֹת
כד בְּגָדִים וַיִּתֵּן אֶל־שְׁנֵי נְעָרָיו וַיִּשְׂאוּ לְפָנָיו׃ וַיָּבֹא אֶל־הָעֹפֶל וַיִּקַּח
כה מִיָּדָם וַיִּפְקֹד בַּבָּיִת וַיְשַׁלַּח אֶת־הָאֲנָשִׁים וַיֵּלֵכוּ׃ וְהוּא־בָא
וַיַּעֲמֹד אֶל־אֲדֹנָיו וַיֹּאמֶר אֵלָיו אֱלִישָׁע מאן גֵּחֲזִי וַיֹּאמֶר לֹא־ מֵאַיִן
כו הָלַךְ עַבְדְּךָ אָנֶה וָאָנָה׃ וַיֹּאמֶר אֵלָיו לֹא־לִבִּי הָלַךְ כַּאֲשֶׁר
הָפַךְ־אִישׁ מֵעַל מֶרְכַּבְתּוֹ לִקְרָאתֶךָ הַעֵת לָקַחַת אֶת־הַכֶּסֶף
וְלָקַחַת בְּגָדִים וְזֵיתִים וּכְרָמִים וְצֹאן וּבָקָר וַעֲבָדִים וּשְׁפָחוֹת׃

is a prophet in Yisra'el. So Na'aman came with his horses and 9
with his chariot, and stood at the door of the house of
Elisha. And Elisha sent a messenger to him, saying, Go and 10
wash in the Yarden seven times, and thy flesh shall be restored
to thee, and thou shalt be clean. But Na'aman was angry, and 11
went away, and said, Behold, I thought, He will surely come
out to me, and stand, and call on the name of the LORD his GOD,
and wave his hand over the place, and so heal the infected per-
son. Are not Amana and Parpar, rivers of Dammeseq, better 12
than all the waters of Yisra'el? may I not wash in them, and be
clean? So he turned and went away in a rage. And his servants 13
came near, and spoke to him, and said, My father, if the prophet
had bid thee do some great thing, wouldst thou not have done
it? how much rather then, when he says to thee, Wash, and
be clean? Then he went down, and dipped himself seven times 14
in the Yarden, according to the saying of the man of GOD: and
his flesh was restored like the flesh of a little child, and he was
clean. And he returned to the man of GOD, he and all his com- 15
pany, and came, and stood before him: and he said, Behold, now
I know that there is no GOD in all the earth, but in Yisra'el: now
therefore, I pray thee, take a blessing of thy servant. But he 16
said, As the LORD lives, before whom I stand, I will receive
none. And he urged him to take it; but he refused. And Na'aman 17
said, If not, let then, I pray thee, be given to thy servant two
mules' burden of earth; for thy servant will henceforth offer
neither burnt offering nor sacrifice to other gods, but to the
LORD. In this thing the LORD pardon thy servant, that when 18
my master goes into the house of Rimmon to bow down there,
and he leans on my hand, and I bow myself in the house of
Rimmon: when I bow myself down in the house of Rimmon,
the LORD pardon thy servant in this thing. And he said to him, 19
Go in peace. So he departed from him a little way. But 20
Geḥazi, the servant of Elisha the man of GOD, said, Behold, my
master has spared Na'aman this Arammian, in not receiving at
his hand that which he bought: but, as the LORD lives, I will run
after him, and take something of him. So Geḥazi followed after 21
Na'aman. And when Na'man saw him running after him, he
came down from the chariot to meet him, and said, Is all well?
And he said, All is well. My master has sent me, saying, Behold, 22
even now there be come to me from mount Efrayim two young
men of the sons of the prophets: give them, I pray thee, a
talent of silver, and two changes of garments. And Na'aman 23
said, Be pleased to take two talents. And he urged him, and
bound two talents of silver in two bags, with two changes of
garments, and laid them upon two of his servants; and they
bore them before him. And when he came to the hill, he took 24
them from their hand, and deposited them in the house: and
he let the men go, and they departed. But he went in, and stood 25
before his master. And Elisha said to him, Where from, Geḥazi?
And he said, Thy servant went nowhere at all. And he said to 26
him, Went not my heart with thee, when the man turned back
from his chariot to meet thee? Is it a time to receive money,
and to receive garments, and oliveyards, and vineyards, and

וְצָרַעַת נַעֲמָן תִּדְבַּק־בְּךָ וּבְזַרְעֲךָ לְעוֹלָם וַיֵּצֵא מִלְּפָנָיו מְצֹרָע
כ

כַּשָּׁלֶג: וַיֹּאמְרוּ בְנֵי־הַנְּבִיאִים אֶל־אֱלִישָׁע הִנֵּה־
א

נָא הַמָּקוֹם אֲשֶׁר אֲנַחְנוּ יֹשְׁבִים שָׁם לְפָנֶיךָ צַר מִמֶּנּוּ: נֵלְכָה־
ב

נָּא עַד־הַיַּרְדֵּן וְנִקְחָה מִשָּׁם אִישׁ קוֹרָה אֶחָת וְנַעֲשֶׂה־לָּנוּ שָׁם

מָקוֹם לָשֶׁבֶת שָׁם וַיֹּאמֶר לֵכוּ: וַיֹּאמֶר הָאֶחָד הוֹאֶל נָא וְלֵךְ
ג

אֶת־עֲבָדֶיךָ וַיֹּאמֶר אֲנִי אֵלֵךְ: וַיֵּלֶךְ אִתָּם וַיָּבֹאוּ הַיַּרְדֵּנָה
ד

וַיִּגְזְרוּ הָעֵצִים: וַיְהִי הָאֶחָד מַפִּיל הַקּוֹרָה וְאֶת־הַבַּרְזֶל נָפַל
ה

אֶל־הַמָּיִם וַיִּצְעַק וַיֹּאמֶר אֲהָהּ אֲדֹנִי וְהוּא שָׁאוּל: וַיֹּאמֶר
ו

אִישׁ־הָאֱלֹהִים אָנָה נָפָל וַיַּרְאֵהוּ אֶת־הַמָּקוֹם וַיִּקְצָב־עֵץ

וַיַּשְׁלֶךְ־שָׁמָּה וַיָּצֶף הַבַּרְזֶל: וַיֹּאמֶר הָרֶם לָךְ וַיִּשְׁלַח יָדוֹ
ז

וַיִּקָּחֵהוּ: וּמֶלֶךְ אֲרָם הָיָה נִלְחָם בְּיִשְׂרָאֵל וַיִּוָּעַץ
ח

אֶל־עֲבָדָיו לֵאמֹר אֶל־מְקוֹם פְּלֹנִי אַלְמֹנִי תַּחֲנֹתִי: וַיִּשְׁלַח אִישׁ
ט

הָאֱלֹהִים אֶל־מֶלֶךְ יִשְׂרָאֵל לֵאמֹר הִשָּׁמֶר מֵעֲבֹר הַמָּקוֹם הַזֶּה

כִּי־שָׁם אֲרָם נְחִתִּים: וַיִּשְׁלַח מֶלֶךְ יִשְׂרָאֵל אֶל־הַמָּקוֹם אֲשֶׁר
י

אָמַר־לוֹ אִישׁ־הָאֱלֹהִים וְהִזְהִירָה וְנִשְׁמַר־שָׁם לֹא־אַחַת וְלֹא

שְׁתָּיִם: וַיִּסָּעֵר לֵב מֶלֶךְ־אֲרָם עַל־הַדָּבָר הַזֶּה וַיִּקְרָא אֶל־
יא

עֲבָדָיו וַיֹּאמֶר אֲלֵיהֶם הֲלוֹא תַּגִּידוּ לִי מִי מִשֶּׁלָּנוּ אֶל־מֶלֶךְ

יִשְׂרָאֵל: וַיֹּאמֶר אַחַד מֵעֲבָדָיו לוֹא אֲדֹנִי הַמֶּלֶךְ כִּי־אֱלִישָׁע
יב

הַנָּבִיא אֲשֶׁר בְּיִשְׂרָאֵל יַגִּיד לְמֶלֶךְ יִשְׂרָאֵל אֶת־הַדְּבָרִים אֲשֶׁר

תְּדַבֵּר בַּחֲדַר מִשְׁכָּבֶךָ: וַיֹּאמֶר לְכוּ וּרְאוּ אֵיכֹה הוּא וְאֶשְׁלַח
יג

וְאֶקָּחֵהוּ וַיֻּגַּד־לוֹ לֵאמֹר הִנֵּה בְדֹתָן: וַיִּשְׁלַח־שָׁמָּה סוּסִים וְרֶכֶב
יד

וְחַיִל כָּבֵד וַיָּבֹאוּ לַיְלָה וַיַּקִּפוּ עַל־הָעִיר: וַיַּשְׁכֵּם מְשָׁרֵת אִישׁ
טו

הָאֱלֹהִים לָקוּם וַיֵּצֵא וְהִנֵּה־חַיִל סוֹבֵב אֶת־הָעִיר וְסוּס וָרָכֶב

וַיֹּאמֶר נַעֲרוֹ אֵלָיו אֲהָהּ אֲדֹנִי אֵיכָה נַעֲשֶׂה: וַיֹּאמֶר אַל־תִּירָא
טז

כִּי רַבִּים אֲשֶׁר אִתָּנוּ מֵאֲשֶׁר אוֹתָם: וַיִּתְפַּלֵּל אֱלִישָׁע וַיֹּאמַר
יז

יְהוָה פְּקַח־נָא אֶת־עֵינָיו וְיִרְאֶה וַיִּפְקַח יְהוָה אֶת־עֵינֵי הַנַּעַר

וַיַּרְא וְהִנֵּה הָהָר מָלֵא סוּסִים וְרֶכֶב אֵשׁ סְבִיבֹת אֱלִישָׁע:

וַיֵּרְדוּ אֵלָיו וַיִּתְפַּלֵּל אֱלִישָׁע אֶל־יְהוָה וַיֹּאמַר הַךְ־נָא אֶת־
יח

הַגּוֹי־הַזֶּה בַּסַּנְוֵרִים וַיַּכֵּם בַּסַּנְוֵרִים כִּדְבַר אֱלִישָׁע: וַיֹּאמֶר
יט

אֲלֵהֶם אֱלִישָׁע לֹא זֶה הַדֶּרֶךְ וְלֹא־זֹה הָעִיר לְכוּ אַחֲרַי

וְאוֹלִיכָה אֶתְכֶם אֶל־הָאִישׁ אֲשֶׁר תְּבַקֵּשׁוּן וַיֹּלֶךְ אוֹתָם

שֹׁמְרוֹנָה: וַיְהִי כְּבֹאָם שֹׁמְרוֹן וַיֹּאמֶר אֱלִישָׁע יְהוָה פְּקַח אֶת־
כ

עֵינֵי־אֵלֶּה וְיִרְאוּ וַיִּפְקַח יְהוָה אֶת־עֵינֵיהֶם וַיִּרְאוּ וְהִנֵּה בְּתוֹךְ

שֹׁמְרוֹן: וַיֹּאמֶר מֶלֶךְ־יִשְׂרָאֵל אֶל־אֱלִישָׁע כִּרְאֹתוֹ אוֹתָם
כא

הַאַכֶּה אַכֶּה אָבִי: וַיֹּאמֶר לֹא תַכֶּה הַאֲשֶׁר שָׁבִיתָ בְּחַרְבְּךָ
כב

וּבְקַשְׁתְּךָ אַתָּה מַכֶּה שִׂים לֶחֶם וָמַיִם לִפְנֵיהֶם וְיֹאכְלוּ וְיִשְׁתּוּ

sheep, and oxen, and menservants, and maidservants? So let **27**
the disease of Na'aman cleave to thee, and to thy seed for
ever. And he went out from his presence sticken as white as
snow.   And the sons of the prophets said to Elisha, Behold **6**
now, the place where we dwell with thee is too small for us. Let **2**
us go, we pray thee, to the Yarden, and take from there every
man a beam, and let us make us a place there, where we may
dwell. And he answered, Go. And one said, Be pleased to go **3**
with thy servants. And he answered, I will go. So he went with **4**
them, And when they came to the Yarden, they cut down wood.
But as one was felling a beam, the axe head fell into the water: **5**
and he cried, and said, Alas, master! for it was borrowed. And **6**
the man of GOD said, Where fell it? And he showed him the
place. And he cut off a stick, and threw it in there; and made
the iron float. Then he said, Take it up to thee. And he put out his **7**
hand, and took it.   Then the king of Aram warred against **8**
Yisra'el, and took counsel with his servants, saying, In such and
such a place shall be my camp. And the man of GOD sent to **9**
the king of Yisra'el, saying, Beware that thou pass not such a
place; for there Aram are hidden. And the king of Yisra'el sent **10**
to the place which the man of GOD told him and warned him
of, and saved himself there, not once nor twice. Therefore the **11**
heart of the king of Aram was sore troubled for this thing; and
he called his servants, and said to them, Will you not show
me which of us is for the king of Yisra'el? And one of his **12**
servants said, No, my lord, O king: but Elisha, the prophet that
is in Yisra'el, tells the king of Yisra'el the words that thou
speakest in thy bedchamber. And he said, Go and see where **13**
he is, that I may send and fetch him. And it was told him,
saying, Behold, he is in Dotan. Therefore he sent there horses, **14**
and chariots, and a great host: and they came by night, and
surrounded the city. And the servant of the man of GOD rose **15**
early, and went out, and behold, an army surrounded the city
both with horses and chariots. And his servant said to him,
Alas, my master! what shall we do? And he answered, Fear **16**
not: for they that are with us are more than they that are
with them. And Elisha prayed, and said, LORD, I pray thee, **17**
open his eyes, that he may see. And the LORD opened the eyes
of the young man; and he saw: and, behold, the mountain was
full of horses and chariots of fire round about Elisha. And when **18**
they came down to him, Elisha prayed to the LORD, and said,
Smite this people, I pray thee, with blindness. And he smote
them with blindness according to the word of Elisha. And Elisha **19**
said to them, This is not the way, neither is this the city: follow
me, and I will bring you to the man whom you seek. But he led
them to Shomeron. And it came to pass, when they were come **20**
to Shomeron, that Elisha said, LORD, open the eyes of these
men, that they may see. And the LORD opened their eyes, and
they saw; and, behold, they were in the midst of Shomeron.
And the king of Yisra'el said to Elisha, when he saw them, **21**
My father, shall I smite them? shall I smite them? And he **22**
answered, Thou shalt not smite them: wouldst thou smite those
whom thou hast taken captive with thy sword and with thy

כב   וַיֵּלְכוּ אֶל־אֲדֹנֵיהֶם: וַיִּכְרֶה לָהֶם כֵּרָה גְדוֹלָה וַיֹּאכְלוּ וַיִּשְׁתּוּ
וַיְשַׁלְּחֵם וַיֵּלְכוּ אֶל־אֲדֹנֵיהֶם וְלֹא־יָסְפוּ עוֹד גְּדוּדֵי אֲרָם לָבוֹא
כד   בְּאֶרֶץ יִשְׂרָאֵל: וַיְהִי אַחֲרֵי־כֵן וַיִּקְבֹּץ בֶּן־הֲדַד
כה   מֶלֶךְ־אֲרָם אֶת־כָּל־מַחֲנֵהוּ וַיַּעַל וַיָּצַר עַל־שֹׁמְרוֹן: וַיְהִי רָעָב
גָּדוֹל בְּשֹׁמְרוֹן וְהִנֵּה צָרִים עָלֶיהָ עַד הֱיוֹת רֹאשׁ־חֲמוֹר בִּשְׁמֹנִים

דביונים   כֶּסֶף וְרֹבַע הַקַּב חרייונים בַּחֲמִשָּׁה כָסֶף: וַיְהִי מֶלֶךְ יִשְׂרָאֵל
כו   עֹבֵר עַל־הַחֹמָה וְאִשָּׁה צָעֲקָה אֵלָיו לֵאמֹר הוֹשִׁיעָה אֲדֹנִי
כז   הַמֶּלֶךְ: וַיֹּאמֶר אַל־יוֹשִׁעֵךְ יְהוָה מֵאַיִן אוֹשִׁיעֵךְ הֲמִן־הַגֹּרֶן אוֹ
כח   מִן־הַיָּקֶב: וַיֹּאמֶר־לָהּ הַמֶּלֶךְ מַה־לָּךְ וַתֹּאמֶר הָאִשָּׁה הַזֹּאת
אָמְרָה אֵלַי תְּנִי אֶת־בְּנֵךְ וְנֹאכְלֶנּוּ הַיּוֹם וְאֶת־בְּנִי נֹאכַל מָחָר:
כט   וַנְּבַשֵּׁל אֶת־בְּנִי וַנֹּאכְלֵהוּ וָאֹמַר אֵלֶיהָ בַּיּוֹם הָאַחֵר תְּנִי אֶת־
ל   בְּנֵךְ וְנֹאכְלֶנּוּ וַתַּחְבִּא אֶת־בְּנָהּ: וַיְהִי כִשְׁמֹעַ הַמֶּלֶךְ אֶת־דִּבְרֵי
הָאִשָּׁה וַיִּקְרַע אֶת־בְּגָדָיו וְהוּא עֹבֵר עַל־הַחֹמָה וַיַּרְא הָעָם
לא   וְהִנֵּה הַשַּׂק עַל־בְּשָׂרוֹ מִבָּיִת: וַיֹּאמֶר כֹּה־יַעֲשֶׂה־לִּי אֱלֹהִים
וְכֹה יוֹסִף אִם־יַעֲמֹד רֹאשׁ אֱלִישָׁע בֶּן־שָׁפָט עָלָיו הַיּוֹם:
לב   וֶאֱלִישָׁע יֹשֵׁב בְּבֵיתוֹ וְהַזְּקֵנִים יֹשְׁבִים אִתּוֹ וַיִּשְׁלַח אִישׁ מִלְּפָנָיו
בְּטֶרֶם יָבֹא הַמַּלְאָךְ אֵלָיו וְהוּא ׀ אָמַר אֶל־הַזְּקֵנִים הַרְּאִיתֶם
כִּי־שָׁלַח בֶּן־הַמְרַצֵּחַ הַזֶּה לְהָסִיר אֶת־רֹאשִׁי רְאוּ ׀ כְּבֹא
הַמַּלְאָךְ סִגְרוּ הַדֶּלֶת וּלְחַצְתֶּם אֹתוֹ בַּדֶּלֶת הֲלוֹא קוֹל רַגְלֵי
לג   אֲדֹנָיו אַחֲרָיו: עוֹדֶנּוּ מְדַבֵּר עִמָּם וְהִנֵּה הַמַּלְאָךְ יֹרֵד אֵלָיו
וַיֹּאמֶר הִנֵּה־זֹאת הָרָעָה מֵאֵת יְהוָה מָה־אוֹחִיל לַיהוָה

ז א   עוֹד: וַיֹּאמֶר אֱלִישָׁע שִׁמְעוּ דְּבַר־יְהוָה כֹּה ׀
אָמַר יְהוָה כָּעֵת ׀ מָחָר סְאָה־סֹלֶת בְּשֶׁקֶל וְסָאתַיִם שְׂעֹרִים
ב   בְּשֶׁקֶל בְּשַׁעַר שֹׁמְרוֹן: וַיַּעַן הַשָּׁלִישׁ אֲשֶׁר־לַמֶּלֶךְ נִשְׁעָן עַל־
יָדוֹ אֶת־אִישׁ הָאֱלֹהִים וַיֹּאמַר הִנֵּה יְהוָה עֹשֶׂה אֲרֻבּוֹת בַּשָּׁמַיִם
הֲיִהְיֶה הַדָּבָר הַזֶּה וַיֹּאמֶר הִנְּכָה רֹאֶה בְּעֵינֶיךָ וּמִשָּׁם לֹא
ג   תֹאכֵל: וְאַרְבָּעָה אֲנָשִׁים הָיוּ מְצֹרָעִים פֶּתַח
הַשָּׁעַר וַיֹּאמְרוּ אִישׁ אֶל־רֵעֵהוּ מָה אֲנַחְנוּ יֹשְׁבִים פֹּה עַד־
ד   מָתְנוּ: אִם־אָמַרְנוּ נָבוֹא הָעִיר וְהָרָעָב בָּעִיר וָמַתְנוּ שָׁם וְאִם־
יָשַׁבְנוּ פֹה וָמָתְנוּ וְעַתָּה לְכוּ וְנִפְּלָה אֶל־מַחֲנֵה אֲרָם אִם־יְחַיֻּנוּ
ה   נִחְיֶה וְאִם־יְמִיתֻנוּ וָמָתְנוּ: וַיָּקֻמוּ בַנֶּשֶׁף לָבוֹא אֶל־מַחֲנֵה אֲרָם
ו   וַיָּבֹאוּ עַד־קְצֵה מַחֲנֵה אֲרָם וְהִנֵּה אֵין־שָׁם אִישׁ: וַאדֹנָי
הִשְׁמִיעַ ׀ אֶת־מַחֲנֵה אֲרָם קוֹל רֶכֶב קוֹל סוּס קוֹל חַיִל גָּדוֹל
וַיֹּאמְרוּ אִישׁ אֶל־אָחִיו הִנֵּה שָׂכַר־עָלֵינוּ מֶלֶךְ יִשְׂרָאֵל אֶת־
ז   מַלְכֵי הַחִתִּים וְאֶת־מַלְכֵי מִצְרַיִם לָבוֹא עָלֵינוּ: וַיָּקוּמוּ וַיָּנוּסוּ
בַנֶּשֶׁף וַיַּעַזְבוּ אֶת־אָהֳלֵיהֶם וְאֶת־סוּסֵיהֶם וְאֶת־חֲמֹרֵיהֶם

bow? set bread and water before them, that they may eat
and drink, and go to their master. And he prepared a great feast   23
for them: and when they had eaten and drunk, he sent them
away, and they went to their master. So the bands of Aram
came no more into the land of Yisra'el.   And it came to pass   24
after this, that Ben-hadad king of Aram gathered all his host,
and went up, and besieged Shomeron. And there was a great   25
famine in Shomeron: and, behold, they besieged it, until an
ass's head was sold for eighty pieces of silver, and the fourth
part of a qav of dove's dung for five pieces of silver. And as   26
the king of Yisra'el was passing by upon the wall, a woman
cried to him, saying, Help, my lord, O king. And he said, If the   27
LORD do not help thee, whence shall I help thee? out of the
barnfloor, or out of the winepress? And the king said to her,   28
What ails thee? And she answered, This woman said to me,
Give thy son, that we may eat him to day, and we will eat my
son to morrow. So we boiled my son, and did eat him: and I   29
said to her on the next day, Give thy son, that we may eat him:
and she has hid her son. And it came to pass, when the king   30
heard the words of the woman, that he rent his clothes; and
he passed by upon the wall, and the people looked, and, behold,
he had sackcloth within upon his flesh. Then he said, GOD do   31
so and more also to me, if the head of Elisha the son of Shafat,
shall stand on him this day. But Elisha sat in his house, and the   32
elders sat with him; and the king sent a man from before him:
but before the messenger came to him, he said to the elders,
Do you see how this son of a murderer has sent to take away
my head? look, when the messenger comes, shut the door, and
hold him fast at the door: is not the sound of his master's
feet behind him? And while he yet talked with them, behold,   33
the messenger came down to him: and he said, Behold, this evil
is of the LORD; why should I wait for the LORD any longer?

     Then Elisha said, Hear the word of the LORD; Thus says the   **7**
LORD, To morrow about this time shall a measure of fine flour
be sold for a shekel, and two measures of barley for a shekel, in
the gate of Shomeron. Then the officer on whose hand the king   2
leaned answered the man of GOD, and said, Behold, if the LORD
would make windows in heaven, might this thing be? And he said,
Behold, thou shalt see it with thy eyes, but thou shalt not eat of
it.   And there were four men afflicted with zara'at at the   3
entrance of the gate: and they said to one another, Why do we sit
here until we die? If we say, We will enter the city, then the fa-   4
mine is in the city, and we shall die there: and if we sit still here,
we will die also. Now therefore come, and let us go over to
the camp of Aram: if they save us alive, we shall live; and if
they kill us, we shall but die. And they rose up in the twilight,   5
to go to the camp of Aram: and when they were come to the
outer edge of the camp of Aram, behold, there was no man
there. For the LORD had made the camp of Aram to hear a noise   6
of chariots, and a noise of horses, the noise of a great host:
and they said to one another, Lo, the king of Yisra'el has hired
against us the kings of the Ḥittites, and the kings of Miẓrayim,
to come upon us. So they arose and fled in the twilight, and left   7

ח הַמַּחֲנֶה כַּאֲשֶׁר הִיא וַיָּנֻסוּ אֶל־נַפְשָׁם: וַיָּבֹאוּ הַמְצֹרָעִים הָאֵלֶּה
עַד־קְצֵה הַמַּחֲנֶה וַיָּבֹאוּ אֶל־אֹהֶל אֶחָד וַיֹּאכְלוּ וַיִּשְׁתּוּ וַיִּשְׂאוּ
מִשָּׁם כֶּסֶף וְזָהָב וּבְגָדִים וַיֵּלְכוּ וַיַּטְמִנוּ וַיָּשֻׁבוּ וַיָּבֹאוּ אֶל־אֹהֶל
אַחֵר וַיִּשְׂאוּ מִשָּׁם וַיֵּלְכוּ וַיַּטְמִנוּ: וַיֹּאמְרוּ אִישׁ אֶל־רֵעֵהוּ לֹא־
ט כֵן אֲנַחְנוּ עֹשִׂים הַיּוֹם הַזֶּה יוֹם־בְּשֹׂרָה הוּא וַאֲנַחְנוּ מַחְשִׁים
וְחִכִּינוּ עַד־אוֹר הַבֹּקֶר וּמְצָאָנוּ עָווֹן וְעַתָּה לְכוּ וְנָבֹאָה וְנַגִּידָה
בֵּית הַמֶּלֶךְ: וַיָּבֹאוּ וַיִּקְרְאוּ אֶל־שֹׁעֵר הָעִיר וַיַּגִּידוּ לָהֶם לֵאמֹר
י בָּאנוּ אֶל־מַחֲנֵה אֲרָם וְהִנֵּה אֵין־שָׁם אִישׁ וְקוֹל אָדָם כִּי אִם־
הַסּוּס אָסוּר וְהַחֲמוֹר אָסוּר וְאֹהָלִים כַּאֲשֶׁר הֵמָּה: וַיִּקְרָא
יא הַשֹּׁעֲרִים וַיַּגִּידוּ בֵּית הַמֶּלֶךְ פְּנִימָה: וַיָּקָם הַמֶּלֶךְ לַיְלָה וַיֹּאמֶר
יב אֶל־עֲבָדָיו אַגִּידָה־נָּא לָכֶם אֵת אֲשֶׁר־עָשׂוּ לָנוּ אֲרָם יָדְעוּ
בְּשָׂדֶה כִּי־רְעֵבִים אֲנַחְנוּ וַיֵּצְאוּ מִן־הַמַּחֲנֶה לְהֵחָבֵה בהשדה לֵאמֹר
כִּי־יֵצְאוּ מִן־הָעִיר וְנִתְפְּשֵׂם חַיִּים וְאֶל־הָעִיר נָבֹא: וַיַּעַן אֶחָד
יג מֵעֲבָדָיו וַיֹּאמֶר וְיִקְחוּ־נָא חֲמִשָּׁה מִן־הַסּוּסִים הַנִּשְׁאָרִים
הָמוֹן אֲשֶׁר נִשְׁאֲרוּ־בָהּ הִנָּם כְּכָל־הֶהָמוֹן יִשְׂרָאֵל אֲשֶׁר נִשְׁאֲרוּ־בָהּ
הִנָּם כְּכָל־הֲמוֹן יִשְׂרָאֵל אֲשֶׁר־תָּמּוּ וְנִשְׁלְחָה וְנִרְאֶה: וַיִּקְחוּ
יד שְׁנֵי רֶכֶב סוּסִים וַיִּשְׁלַח הַמֶּלֶךְ אַחֲרֵי מַחֲנֵה־אֲרָם לֵאמֹר לְכוּ
טו וּרְאוּ: וַיֵּלְכוּ אַחֲרֵיהֶם עַד־הַיַּרְדֵּן וְהִנֵּה כָל־הַדֶּרֶךְ מְלֵאָה
בְּהֵחָפְזָם בְגָדִים וְכֵלִים אֲשֶׁר־הִשְׁלִיכוּ אֲרָם בהחפזם וַיָּשֻׁבוּ הַמַּלְאָכִים
כג וַיַּגִּדוּ לַמֶּלֶךְ: וַיֵּצֵא הָעָם וַיָּבֹזּוּ אֵת מַחֲנֵה אֲרָם וַיְהִי סְאָה־סֹלֶת
טז בְּשֶׁקֶל וְסָאתַיִם שְׂעֹרִים בְּשֶׁקֶל כִּדְבַר יְהוָה: וְהַמֶּלֶךְ הִפְקִיד
אֶת־הַשָּׁלִישׁ אֲשֶׁר־נִשְׁעָן עַל־יָדוֹ עַל־הַשַּׁעַר וַיִּרְמְסֻהוּ הָעָם
בַּשַּׁעַר וַיָּמֹת כַּאֲשֶׁר דִּבֶּר אִישׁ הָאֱלֹהִים אֲשֶׁר דִּבֶּר בְּרֶדֶת
יז הַמֶּלֶךְ אֵלָיו: וַיְהִי כְּדַבֵּר אִישׁ הָאֱלֹהִים אֶל־הַמֶּלֶךְ לֵאמֹר
סָאתַיִם שְׂעֹרִים בְּשֶׁקֶל וּסְאָה־סֹלֶת בְּשֶׁקֶל יִהְיֶה כָּעֵת מָחָר
יח בְּשַׁעַר שֹׁמְרוֹן: וַיַּעַן הַשָּׁלִישׁ אֶת־אִישׁ הָאֱלֹהִים וַיֹּאמַר וְהִנֵּה
יְהוָה עֹשֶׂה אֲרֻבּוֹת בַּשָּׁמַיִם הֲיִהְיֶה כַּדָּבָר הַזֶּה וַיֹּאמֶר הִנְּךָ
יט רֹאֶה בְּעֵינֶיךָ וּמִשָּׁם לֹא תֹאכֵל: וַיְהִי־לוֹ כֵּן וַיִּרְמְסוּ אֹתוֹ הָעָם
כ בְּשַׁעַר וַיָּמֹת:

אח וֶאֱלִישָׁע דִּבֶּר אֶל־הָאִשָּׁה אֲשֶׁר־
אֶת הֶחֱיָה אֶת־בְּנָהּ לֵאמֹר קוּמִי וּלְכִי אַתְּ וּבֵיתֵךְ וְגוּרִי בַּאֲשֶׁר
תָּגוּרִי כִּי־קָרָא יְהוָה לָרָעָב וְגַם־בָּא אֶל־הָאָרֶץ שֶׁבַע שָׁנִים:
ב וַתָּקָם הָאִשָּׁה וַתַּעַשׂ כִּדְבַר אִישׁ הָאֱלֹהִים וַתֵּלֶךְ הִיא וּבֵיתָהּ
ג וַתָּגָר בְּאֶרֶץ־פְּלִשְׁתִּים שֶׁבַע שָׁנִים: וַיְהִי מִקְצֵה שֶׁבַע שָׁנִים
וַתָּשָׁב הָאִשָּׁה מֵאֶרֶץ פְּלִשְׁתִּים וַתֵּצֵא לִצְעֹק אֶל־הַמֶּלֶךְ אֶל־

their tents, and their horses, and their asses, even the camp as
it was, and fled for their life. And when these diseased men came 8
to the outer edge of the camp, they went into one tent, and did
eat and drink, and carried from there silver, and gold, and rai-
ment, and went and hid it; and came back, and entered into
another tent, and carried from there also, and went and hid it.
Then they said to one another, We do not behave correctly: 9
this day is a day of good tidings, and we hold our peace: if
we tarry till the morning light, punishment will come upon
us: now therefore come, that we may go and tell the king's
household. So they came and called to the gatekeepers of the 10
city: and they told them, saying, We came to the camp of
Aram, and, behold, there was no man there, neither voice of
man, but horses tied, and asses tied, and the tents as they were.
And he called the gatekeepers; and they told it to the king's 11
house within. And the king arose in the night, and said to his 12
servants, I will now tell you what Aram has done to us. They
know that we are hungry; therefore are they gone out of the
camp to hide themselves in the field, saying, When they come
out of the city, we shall catch them alive, and get into the
city. And one of his servants answered and said, Let some take, 13
I pray thee, five of the horses that remain, which are left in the
city, (behold, they are as all the multitude of Yisra'el that are
left in it: behold, I say, they are even as all the multitude of
Yisra'el that are consumed:) and let us send and see. They 14
took therefore two chariot horses; and the king sent after the
camp of Aram, saying, Go and see. And they went after them 15
to the Yarden: and, lo, all the way was full of garments and
vessels, which Aram had cast away in their haste. And the
messengers returned, and told the king. And the people went 16
out, and plundered the camp of Aram. So a measure of fine
flour was sold for a shekel, and two measures of barley for a
shekel, according to the word of the Lord. And the king ap- 17
pointed the officer on whose hand he had leaned to have the
charge of the gate: and the people trampled upon him in the
gate, and he died, as the man of God had said, who spoke when
the king came down to him. And it came to pass when the 18
man of God had spoken to the king, saying, Two measures of
barley for a shekel, and a measure of fine flour for a shekel,
shall be to morrow about this time in the gate of Shomeron, that 19
that officer answered the man of God, and said, Now, behold, if
the Lord should make windows in heaven, might such a thing
be? And he said, Behold, thou shalt see it with thy eyes, but
shalt not eat of it. And so it happened to him: for the people 20
trampled upon him in the gate, and he died. Then Elisha **8**
spoke to the woman, whose son he had restored to life, saying,
Arise, and go thou and thy household, and sojourn wherever thou
canst sojourn: for the Lord has called for a famine; and it shall
also come upon the land for seven years. And the woman 2
arose, and did according to the saying of the man of God:
and she went with her household, and sojourned in the land
of the Pelishtim for seven years. And it came to pass at the 3
end of seven years; that the woman returned out of the land

ד בֵּיתָהּ וְאֶל־שָׂדֶהּ: וְהַמֶּלֶךְ מְדַבֵּר אֶל־גֵּחֲזִי נַעַר אִישׁ־הָאֱלֹהִים
לֵאמֹר סַפְּרָה־נָּא לִי אֵת כָּל־הַגְּדֹלוֹת אֲשֶׁר־עָשָׂה אֱלִישָׁע:

ה וַיְהִי הוּא מְסַפֵּר לַמֶּלֶךְ אֵת אֲשֶׁר־הֶחֱיָה אֶת־הַמֵּת וְהִנֵּה
הָאִשָּׁה אֲשֶׁר־הֶחֱיָה אֶת־בְּנָהּ צֹעֶקֶת אֶל־הַמֶּלֶךְ עַל־בֵּיתָהּ
וְעַל־שָׂדָהּ וַיֹּאמֶר גֵּחֲזִי אֲדֹנִי הַמֶּלֶךְ זֹאת הָאִשָּׁה וְזֶה־
בְּנָהּ אֲשֶׁר־הֶחֱיָה אֱלִישָׁע: וַיִּשְׁאַל הַמֶּלֶךְ לָאִשָּׁה וַתְּסַפֶּר־

ו לוֹ וַיִּתֶּן־לָהּ הַמֶּלֶךְ סָרִיס אֶחָד לֵאמֹר הָשֵׁיב אֶת־כָּל־
אֲשֶׁר־לָהּ וְאֵת כָּל־תְּבוּאֹת הַשָּׂדֶה מִיּוֹם עָזְבָה אֶת־
הָאָרֶץ וְעַד־עָתָּה:

ז וַיָּבֹא אֱלִישָׁע דַּמֶּשֶׂק וּבֶן־הֲדַד מֶלֶךְ־אֲרָם חֹלֶה וַיֻּגַּד־לוֹ לֵאמֹר
בָּא אִישׁ הָאֱלֹהִים עַד־הֵנָּה: וַיֹּאמֶר הַמֶּלֶךְ אֶל־חֲזָהאֵל קַח

ח בְּיָדְךָ מִנְחָה וְלֵךְ לִקְרַאת אִישׁ הָאֱלֹהִים וְדָרַשְׁתָּ אֶת־יְהוָה
מֵאוֹתוֹ לֵאמֹר הַאֶחְיֶה מֵחֳלִי זֶה: וַיֵּלֶךְ חֲזָאֵל לִקְרָאתוֹ וַיִּקַּח

ט מִנְחָה בְיָדוֹ וְכָל־טוּב דַּמֶּשֶׂק מַשָּׂא אַרְבָּעִים גָּמָל וַיָּבֹא וַיַּעֲמֹד
לְפָנָיו וַיֹּאמֶר בִּנְךָ בֶן־הֲדַד מֶלֶךְ־אֲרָם שְׁלָחַנִי אֵלֶיךָ לֵאמֹר
הַאֶחְיֶה מֵחֳלִי זֶה: וַיֹּאמֶר אֵלָיו אֱלִישָׁע לֵךְ אֱמָר־לֹא חָיֹה

י תִחְיֶה וְהִרְאַנִי יְהוָה כִּי־מוֹת יָמוּת: וַיַּעֲמֵד אֶת־פָּנָיו וַיָּשֶׂם עַד־

יא בֹּשׁ וַיֵּבְךְּ אִישׁ הָאֱלֹהִים: וַיֹּאמֶר חֲזָאֵל מַדּוּעַ אֲדֹנִי בֹכֶה וַיֹּאמֶר
כִּי־יָדַעְתִּי אֵת אֲשֶׁר־תַּעֲשֶׂה לִבְנֵי יִשְׂרָאֵל רָעָה מִבְצְרֵיהֶם
תְּשַׁלַּח בָּאֵשׁ וּבַחֻרֵיהֶם בַּחֶרֶב תַּהֲרֹג וְעֹלְלֵיהֶם תְּרַטֵּשׁ

יב וְהָרֹתֵיהֶם תְּבַקֵּעַ: וַיֹּאמֶר חֲזָהאֵל כִּי מָה עַבְדְּךָ הַכֶּלֶב כִּי
יַעֲשֶׂה הַדָּבָר הַגָּדוֹל הַזֶּה וַיֹּאמֶר אֱלִישָׁע הִרְאַנִי יְהוָה אֹתְךָ

יג מֶלֶךְ עַל־אֲרָם: וַיֵּלֶךְ ׀ מֵאֵת אֱלִישָׁע וַיָּבֹא אֶל־אֲדֹנָיו וַיֹּאמֶר

יד לוֹ מָה־אָמַר לְךָ אֱלִישָׁע וַיֹּאמֶר אָמַר לִי חָיֹה תִחְיֶה: וַיְהִי
מִמָּחֳרָת וַיִּקַּח הַמַּכְבֵּר וַיִּטְבֹּל בַּמַּיִם וַיִּפְרֹשׂ עַל־פָּנָיו וַיָּמֹת

טו וַיִּמְלֹךְ חֲזָהאֵל תַּחְתָּיו: וּבִשְׁנַת חָמֵשׁ לְיוֹרָם בֶּן־
אַחְאָב מֶלֶךְ יִשְׂרָאֵל וִיהוֹשָׁפָט מֶלֶךְ יְהוּדָה מָלַךְ יְהוֹרָם בֶּן־

טז יְהוֹשָׁפָט מֶלֶךְ יְהוּדָה: בֶּן־שְׁלֹשִׁים וּשְׁתַּיִם שָׁנָה הָיָה בְמָלְכוֹ
יז וּשְׁמֹנֶה שָׁנָה מָלַךְ בִּירוּשָׁלִָם: וַיֵּלֶךְ בְּדֶרֶךְ ׀ מַלְכֵי יִשְׂרָאֵל

יח כַּאֲשֶׁר עָשׂוּ בֵּית אַחְאָב כִּי בַּת־אַחְאָב הָיְתָה־לּוֹ לְאִשָּׁה וַיַּעַשׂ
הָרַע בְּעֵינֵי יְהוָה: וְלֹא־אָבָה יְהוָה לְהַשְׁחִית אֶת־יְהוּדָה לְמַעַן

יט דָּוִד עַבְדּוֹ כַּאֲשֶׁר אָמַר־לוֹ לָתֵת לוֹ נִיר וּלְבָנָיו כָּל־הַיָּמִים:

כ בְּיָמָיו פָּשַׁע אֱדוֹם מִתַּחַת יַד־יְהוּדָה וַיַּמְלִכוּ עֲלֵיהֶם מֶלֶךְ:

כא וַיַּעֲבֹר יוֹרָם צָעִירָה וְכָל־הָרֶכֶב עִמּוֹ וַיְהִי־הוּא קָם לַיְלָה וַיַּכֶּה
אֶת־אֱדוֹם הַסֹּבֵיב אֵלָיו וְאֵת שָׂרֵי הָרֶכֶב וַיָּנָס הָעָם לְאֹהָלָיו:

of the Pelishtim: and she went out to cry to the king for her
house and for her land. And the king talked with Geẖazi the 4
servant of the man of God, saying, Tell me, I pray thee, all
the great things that Elisha has done. And it came to pass, as 5
he was telling the king how he had restored a dead body to
life, that, behold, the woman, whose son he had restored to
life, cried to the king for her house and for her land. And
Geẖazi said, My lord, O king, this is the woman, and this is
her son, whom Elisha restored to life. And when the king 6
asked the woman, she told him. So the king appointed to her
a certain officer, saying, Restore all that was hers, and all the
produce of the field since the day that she left the land, even
until now.
And Elisha came to Dammeseq; and Ben-hadad the king of 7
Aram was sick; and it was told him, saying, The man of
God is come here. And the king said to Ḥaza'el, Take a pre- 8
sent in thy hand, and go, meet the man of God, and inquire
of the Lord by him, saying, Shall I recover of this disease?
So Ḥaza'el went to meet him, and took a present with him, 9
and every good thing of Dammeseq, forty camels' burden, and
came and stood before him, and said, Thy son Ben-hadad king
of Aram has sent me to thee, saying, Shall I recover of this
disease? And Elisha said to him, Go, say to him, Thou mayst 10
certainly recover (nonetheless, the Lord has shown me that
he shall surely die.) And he settled his countenance steadfastly, 11
as long as he could; then the man of God wept. And Ḥaza'el 12
said, Why does my lord weep? And he answered, Because I
know the evil that thou wilt do to the children of Yisra'el:
their strongholds wilt thou set on fire, and their young men
wilt thou slay with the sword, and wilt dash their infants,
and rip up their women with child. And Ḥaza'el said, But what 13
is thy servant, who is but a dog, that he should do this great
thing? And Elisha answered, The Lord has shown me that thou
shalt be king over Aram. So he departed from Elisha, and 14
came to his master; who said to him, What said Elisha to
thee? And he answered, He told me that thou shouldst surely
recover. And it came to pass on the morrow, that he took the 15
coverlet, and dipped it in water, and spread it on his face, so
that he died: and Ḥaza'el reigned in his stead. And in the 16
fifth year of Yoram the son of Aẖ'av king of Yisra'el, Yeho-
shafat being then king of Yehuda, Yehoram the son of Yeho-
shafat king of Yehuda began to reign. Thirty two years old 17
was he when he began to reign; and he reigned for eight years in
Yerushalayim. And he walked in the way of the kings of 18
Yisra'el, as did the house of Aẖ'av: for the daughter of Aẖ'av
was his wife: and he did evil in the sight of the Lord. Yet the 19
Lord would not destroy Yehuda for David his servant's sake,
as he promised him to give him and to his children a lamp
for all time. In his days Edom revolted from under the hand of 20
Yehuda, and made a king over themselves. So Yoram went 21
over to Ẕa'ir, and all the chariots with him: and he rose by
night, and smote the men of Edom who surrounded him, and
the captains of the chariots: and the people fled into their

כב וַיִּפְשַׁע אֱדוֹם מִתַּחַת יַד־יְהוּדָה עַד הַיּוֹם הַזֶּה אָז תִּפְשַׁע לִבְנָה
כג בָּעֵת הַהִיא: וְיֶתֶר דִּבְרֵי יוֹרָם וְכָל־אֲשֶׁר עָשָׂה הֲלֹא־הֵם
כד כְּתוּבִים עַל־סֵפֶר דִּבְרֵי הַיָּמִים לְמַלְכֵי יְהוּדָה: וַיִּשְׁכַּב יוֹרָם
עִם־אֲבֹתָיו וַיִּקָּבֵר עִם־אֲבֹתָיו בְּעִיר דָּוִד וַיִּמְלֹךְ אֲחַזְיָהוּ בְנוֹ
כה תַּחְתָּיו: בִּשְׁנַת שְׁתֵּים־עֶשְׂרֵה שָׁנָה לְיוֹרָם בֶּן־
כו אַחְאָב מֶלֶךְ יִשְׂרָאֵל מָלַךְ אֲחַזְיָהוּ בֶן־יְהוֹרָם מֶלֶךְ יְהוּדָה: בֶּן־
עֶשְׂרִים וּשְׁתַּיִם שָׁנָה אֲחַזְיָהוּ בְמָלְכוֹ וְשָׁנָה אַחַת מָלַךְ
כז בִּירוּשָׁלִָם וְשֵׁם אִמּוֹ עֲתַלְיָהוּ בַּת־עָמְרִי מֶלֶךְ יִשְׂרָאֵל: וַיֵּלֶךְ
בְּדֶרֶךְ בֵּית אַחְאָב וַיַּעַשׂ הָרַע בְּעֵינֵי יהוה כְּבֵית אַחְאָב כִּי
כח חֲתַן בֵּית־אַחְאָב הוּא: וַיֵּלֶךְ אֶת־יוֹרָם בֶּן־אַחְאָב לַמִּלְחָמָה
עִם־חֲזָאֵל מֶלֶךְ־אֲרָם בְּרָמֹת גִּלְעָד וַיַּכּוּ אֲרַמִּים אֶת־יוֹרָם:
כט וַיָּשָׁב יוֹרָם הַמֶּלֶךְ לְהִתְרַפֵּא בְיִזְרְעֶאל מִן־הַמַּכִּים אֲשֶׁר יַכֻּהוּ
אֲרַמִּים בָּרָמָה בְּהִלָּחֲמוֹ אֶת־חֲזָהאֵל מֶלֶךְ אֲרָם וַאֲחַזְיָהוּ בֶן־
יְהוֹרָם מֶלֶךְ יְהוּדָה יָרַד לִרְאוֹת אֶת־יוֹרָם בֶּן־אַחְאָב בְּיִזְרְעֶאל
ט א כִּי־חֹלֶה הוּא: וֶאֱלִישָׁע הַנָּבִיא קָרָא לְאַחַד
מִבְּנֵי הַנְּבִיאִים וַיֹּאמֶר לוֹ חֲגֹר מָתְנֶיךָ וְקַח פַּךְ הַשֶּׁמֶן הַזֶּה
ב בְּיָדֶךָ וְלֵךְ רָמֹת גִּלְעָד: וּבָאתָ שָׁמָּה וּרְאֵה־שָׁם יֵהוּא בֶן־
יְהוֹשָׁפָט בֶּן־נִמְשִׁי וּבָאתָ וַהֲקֵמֹתוֹ מִתּוֹךְ אֶחָיו וְהֵבֵיאתָ אֹתוֹ
ג חֶדֶר בְּחָדֶר: וְלָקַחְתָּ פַךְ־הַשֶּׁמֶן וְיָצַקְתָּ עַל־רֹאשׁוֹ וְאָמַרְתָּ
כֹּה־אָמַר יהוה מְשַׁחְתִּיךָ לְמֶלֶךְ אֶל־יִשְׂרָאֵל וּפָתַחְתָּ הַדֶּלֶת
ד וְנַסְתָּה וְלֹא תְחַכֶּה: וַיֵּלֶךְ הַנַּעַר הַנַּעַר הַנָּבִיא רָמֹת גִּלְעָד:
ה וַיָּבֹא וְהִנֵּה שָׂרֵי הַחַיִל יֹשְׁבִים וַיֹּאמֶר דָּבָר לִי אֵלֶיךָ הַשָּׂר
ו וַיֹּאמֶר יֵהוּא אֶל־מִי מִכֻּלָּנוּ וַיֹּאמֶר אֵלֶיךָ הַשָּׂר: וַיָּקָם וַיָּבֹא
הַבַּיְתָה וַיִּצֹק הַשֶּׁמֶן אֶל־רֹאשׁוֹ וַיֹּאמֶר לוֹ כֹּה־אָמַר יהוה
אֱלֹהֵי יִשְׂרָאֵל מְשַׁחְתִּיךָ לְמֶלֶךְ אֶל־עַם יהוה אֶל־יִשְׂרָאֵל:
ז וְהִכִּיתָה אֶת־בֵּית אַחְאָב אֲדֹנֶיךָ וְנִקַּמְתִּי דְּמֵי ׀ עֲבָדַי הַנְּבִיאִים
ח וּדְמֵי כָּל־עַבְדֵי יהוה מִיַּד אִיזָבֶל: וְאָבַד כָּל־בֵּית אַחְאָב
ט וְהִכְרַתִּי לְאַחְאָב מַשְׁתִּין בְּקִיר וְעָצוּר וְעָזוּב בְּיִשְׂרָאֵל: וְנָתַתִּי
אֶת־בֵּית אַחְאָב כְּבֵית יָרָבְעָם בֶּן־נְבָט וּכְבֵית בַּעְשָׁא בֶן־
י אֲחִיָּה: וְאֶת־אִיזֶבֶל יֹאכְלוּ הַכְּלָבִים בְּחֵלֶק יִזְרְעֶאל וְאֵין קֹבֵר
יא וַיִּפְתַּח הַדֶּלֶת וַיָּנֹס: וְיֵהוּא יָצָא אֶל־עַבְדֵי אֲדֹנָיו וַיֹּאמֶר לוֹ
הֲשָׁלוֹם מַדּוּעַ בָּא־הַמְשֻׁגָּע הַזֶּה אֵלֶיךָ וַיֹּאמֶר אֲלֵיהֶם אַתֶּם
יב יְדַעְתֶּם אֶת־הָאִישׁ וְאֶת־שִׂיחוֹ: וַיֹּאמְרוּ שֶׁקֶר הַגֶּד־נָא לָנוּ
וַיֹּאמֶר כָּזֹאת וְכָזֹאת אָמַר אֵלַי לֵאמֹר כֹּה אָמַר יהוה מְשַׁחְתִּיךָ
יג לְמֶלֶךְ אֶל־יִשְׂרָאֵל: וַיְמַהֲרוּ וַיִּקְחוּ אִישׁ בִּגְדוֹ וַיָּשִׂימוּ תַחְתָּיו כד

tents. Yet Edom revolted from under the hand of Yehuda to 22
this day. Then Livna revolted at the same time. And the rest 23
of the acts of Yoram, and all that he did, are they not written
in the book of the chronicles of the kings of Yehuda? And 24
Yoram slept with his fathers, and was buried with his fathers
in the city of David: and Aẖazyahu his son reigned in his
stead. In the twelfth year of Yoram the son of Aẖ'av 25
king of Yisra'el did Aẖazyahu, the son of Yehoram king of
Yehuda begin to reign. Aẖazyahu was twenty two years old 26
when he began to reign; and he reigned one year in Yerusha-
layim. And his mother's name was 'Atalyahu, the daughter
of 'Omri king of Yisra'el. And he walked in the way of the 27
house of Aẖ'av, and did evil in the sight of the Lord, as did
the house of Aẖ'av: for he was the son in law of the house
of Aẖ'av. And he went with Yoram the son of Aẖ'av to the 28
war against Ḫaza'el king of Aram in Ramot-gil'ad; and the
Arammim wounded Yoram. And the king Yoram went back 29
to be healed in Yizre'el of the wounds which the Arammim
had given him at Rama, when he fought against Ḫaza'el king
of Aram. And Aẖazyahu the son of Yehoram king of Yehuda
went down to see Yoram the son of Aẖ'av in Yizre'el, be-
cause he was sick. And Elisha the prophet called one of the **9**
children of the prophets, and said to him, Gird up thy loins,
and take this flask of oil in thy hand, and go to Ramot-gil'ad:
and when thou comest there, look out there Yehu the son of 2
Yehoshafat the son of Nimshi, and go in, and make him rise
up from among his brethren, and carry him to an inner chamber;
then take the flask of oil, and pour it on his head, and say, 3
Thus says the Lord, I have anointed thee king over Yisra'el.
Then open the door, and flee, and do not wait. So the young 4
man, namely, the young man, the prophet, went to Ramot-
gil'ad. And when he came, behold, the captains of the host 5
were sitting; and he said, I have an errand to thee, O captain.
And Yehu said, To which of us all? And he said, To thee,
O captain. And he arose, and went into the house; and he 6
poured the oil on his head, and said to him, Thus says the
Lord God of Yisra'el, I have anointed thee king over the people
of the Lord, over Yisra'el. And thou shalt smite the house of 7
Aẖ'av thy master, that I may avenge the blood of my servants
the prophets, and the blood of all the servants of the Lord,
at the hand of Izevel. For the whole house of Aẖ'av shall 8
perish: and I will cut off from Aẖ'av every male person,
and him that is shut up and him that is left free in Yisra'el:
and I will make the house of Aẖ'av like the house of Yarov'am 9
the son of Nevat, and like the house of Ba'sha the son of
Aẖiyya: and the dogs shall eat Izevel in the portion of Yizre'el, 10
and there shall be none to bury her. And he opened the door,
and fled. Then Yehu came out to the servants of his lord: and 11
one said to him, Is all well? why did this mad fellow come to
thee? And he said to them, you know the man, and his way
of talking. And they said, It is false; tell us now. And he said, 12
Thus and thus spoke he to me, saying, Thus says the Lord,
I have anointed thee king over Yisra'el. Then they hastened, 13

אֶל־גֶּרֶם הַמַּעֲלוֹת וַיִּתְקְעוּ בַּשּׁוֹפָר וַיֹּאמְרוּ מָלַךְ יֵהוּא:

יד וַיִּתְקַשֵּׁר יֵהוּא בֶּן־יְהוֹשָׁפָט בֶּן־נִמְשִׁי אֶל־יוֹרָם וְיוֹרָם הָיָה שֹׁמֵר בְּרָמֹת גִּלְעָד הוּא וְכָל־יִשְׂרָאֵל מִפְּנֵי חֲזָאֵל מֶלֶךְ אֲרָם:

טו וַיָּשָׁב יְהוֹרָם הַמֶּלֶךְ לְהִתְרַפֵּא בְיִזְרְעֶאל מִן־הַמַּכִּים אֲשֶׁר יַכֻּהוּ אֲרַמִּים בְּהִלָּחֲמוֹ אֶת־חֲזָאֵל מֶלֶךְ אֲרָם וַיֹּאמֶר יֵהוּא אִם־יֵשׁ נַפְשְׁכֶם אַל־יֵצֵא פָלִיט מִן־הָעִיר לָלֶכֶת לגיד בְּיִזְרְעֶאל:

להגיד

טז וַיִּרְכַּב יֵהוּא וַיֵּלֶךְ יִזְרְעֶאלָה כִּי יוֹרָם שֹׁכֵב שָׁמָּה וַאֲחַזְיָה מֶלֶךְ יְהוּדָה יָרַד לִרְאוֹת אֶת־יוֹרָם: יז וְהַצֹּפֶה עֹמֵד עַל־הַמִּגְדָּל בְּיִזְרְעֶאל וַיַּרְא אֶת־שִׁפְעַת יֵהוּא בְּבֹאוֹ וַיֹּאמֶר שִׁפְעַת אֲנִי רֹאֶה וַיֹּאמֶר יְהוֹרָם קַח רַכָּב וּשְׁלַח לִקְרָאתָם וַיֹּאמֶר הֲשָׁלוֹם:

יח וַיֵּלֶךְ רֹכֵב הַסּוּס לִקְרָאתוֹ וַיֹּאמֶר כֹּה־אָמַר הַמֶּלֶךְ הֲשָׁלוֹם וַיֹּאמֶר יֵהוּא מַה־לְּךָ וּלְשָׁלוֹם סֹב אֶל־אַחֲרָי וַיַּגֵּד הַצֹּפֶה לֵאמֹר בָּא־הַמַּלְאָךְ עַד־הֶם וְלֹא־שָׁב: יט וַיִּשְׁלַח רֹכֵב סוּס שֵׁנִי וַיָּבֹא אֲלֵהֶם וַיֹּאמֶר כֹּה־אָמַר הַמֶּלֶךְ שָׁלוֹם וַיֹּאמֶר יֵהוּא מַה־לְּךָ וּלְשָׁלוֹם סֹב אֶל־אַחֲרָי: כ וַיַּגֵּד הַצֹּפֶה לֵאמֹר בָּא עַד־אֲלֵיהֶם וְלֹא־שָׁב וְהַמִּנְהָג כְּמִנְהַג יֵהוּא בֶּן־נִמְשִׁי כִּי בְשִׁגָּעוֹן יִנְהָג:

כא וַיֹּאמֶר יְהוֹרָם אֱסֹר וַיֶּאְסֹר רִכְבּוֹ וַיֵּצֵא יְהוֹרָם מֶלֶךְ־יִשְׂרָאֵל וַאֲחַזְיָהוּ מֶלֶךְ־יְהוּדָה אִישׁ בְּרִכְבּוֹ וַיֵּצְאוּ לִקְרַאת יֵהוּא וַיִּמְצָאֻהוּ בְּחֶלְקַת נָבוֹת הַיִּזְרְעֵאלִי: כב וַיְהִי כִּרְאוֹת יְהוֹרָם אֶת־יֵהוּא וַיֹּאמֶר הֲשָׁלוֹם יֵהוּא וַיֹּאמֶר מָה הַשָּׁלוֹם עַד־זְנוּנֵי אִיזֶבֶל אִמְּךָ וּכְשָׁפֶיהָ הָרַבִּים: כג וַיַּהֲפֹךְ יְהוֹרָם יָדָיו וַיָּנֹס וַיֹּאמֶר אֶל־אֲחַזְיָהוּ מִרְמָה אֲחַזְיָה: כד וְיֵהוּא מִלֵּא יָדוֹ בַקֶּשֶׁת וַיַּךְ אֶת־יְהוֹרָם בֵּין זְרֹעָיו וַיֵּצֵא הַחֵצִי מִלִּבּוֹ וַיִּכְרַע בְּרִכְבּוֹ: כה וַיֹּאמֶר אֶל־בִּדְקַר שָׁלִשֹׁה שָׂא הַשְׁלִכֵהוּ בְּחֶלְקַת שְׂדֵה נָבוֹת הַיִּזְרְעֵאלִי כִּי־זְכֹר אֲנִי וְאַתָּה אֵת רֹכְבִים צְמָדִים אַחֲרֵי אַחְאָב אָבִיו וַיהוָה נָשָׂא עָלָיו אֶת־הַמַּשָּׂא הַזֶּה: כו אִם־לֹא אֶת־דְּמֵי נָבוֹת וְאֶת־דְּמֵי בָנָיו רָאִיתִי אֶמֶשׁ נְאֻם־יְהוָה וְשִׁלַּמְתִּי לְךָ בַּחֶלְקָה הַזֹּאת נְאֻם־יְהוָה וְעַתָּה שָׂא הַשְׁלִכֵהוּ בַּחֶלְקָה כִּדְבַר יְהוָה: כז וַאֲחַזְיָה מֶלֶךְ־יְהוּדָה רָאָה וַיָּנָס דֶּרֶךְ בֵּית הַגָּן וַיִּרְדֹּף אַחֲרָיו יֵהוּא וַיֹּאמֶר גַּם־אֹתוֹ הַכֻּהוּ אֶל־הַמֶּרְכָּבָה בַּמַּעֲלֵה־גוּר אֲשֶׁר אֶת־יִבְלְעָם וַיָּנָס מְגִדּוֹ וַיָּמָת שָׁם: כח וַיַּרְכִּבוּ אֹתוֹ עֲבָדָיו יְרוּשָׁלְָמָה וַיִּקְבְּרוּ אֹתוֹ בִקְבֻרָתוֹ עִם־אֲבֹתָיו בְּעִיר דָּוִד:

וּבִשְׁנַת

כט אַחַת־עֶשְׂרֵה שָׁנָה לְיוֹרָם בֶּן־אַחְאָב מָלַךְ אֲחַזְיָה עַל־יְהוּדָה:

ל וַיָּבוֹא יֵהוּא יִזְרְעֶאלָה וְאִיזֶבֶל שָׁמְעָה וַתָּשֶׂם בַּפּוּךְ עֵינֶיהָ

and took every man his garment, and put it under him on the top of the stairs, and blew with the shofar, saying, Yehu is king. So Yehu the son of Yehoshafat the son of Nimshi con- 14 spired against Yoram. (Now Yoram had been guarding Ramot-gil'ad, he and all Yisra'el, because of Ḥaza'el king of Aram. But king Yoram was returned to be healed in Yizre'el of the 15 wounds which the Arammim had given him, when he fought with Ḥaza'el king of Aram.) And Yehu said, If this be your mind, then let none go out or escape from the city to go to tell it in Yizre'el. So Yehu rode in a chariot, and went to 16 Yizre'el; for Yoram lay there. And Aḥazya king of Yehuda had come down to see Yoram. And there stood a watchman on the 17 tower in Yizre'el, and he saw the company of Yehu as he came, and said, I see a company. And Yehoram said, Take a horse-man, and send to meet them, and let him say, Is it peace? So there went one on horseback to meet him, and said, Thus 18 says the king, Is it peace? And Yehu said, What hast thou to do with peace? turn round and ride behind me. And the watch-man told, saying, The messenger came to them, but he does not return. Then he sent out a second on horseback, who 19 came to them, and said, Thus say the king, Is it peace? And Yehu answered, What hast thou to do with peace? turn round and ride behind me. And the watchman told, saying, He came 20 to them, and does not return: and the driving is like the driving of Yehu the son of Nimshi; for he drives furiously. And Yehoram 21 said, Harness. And they harnessed his chariot. And Yehoram king of Yisra'el and Aḥazyahu king of Yehuda went out, each in his chariot, and they went out against Yehu, and met him in the por-tion of Navot the Yizre'elite. And it came to pass, when Yehoram 22 saw Yehu, that he said, Is it peace, Yehu? And he answered, What peace can there be, so long as the lewd practices of thy mother Izevel and her witchcrafts are so many? And Yehoram 23 turned his hands, and fled, and said to Aḥazyahu, Treachery, Aḥazya. And Yehu drew a bow with his full strength, and 24 smote Yehoram between his arms, and the arrows went out at his heart, and he sank down in his chariot. Then said Yehu 25 to Bidqar his captain, Take him up, and cast him in the portion of the field of Navot the Yizre'elite: for remember how that, when I and thou rode together after Aḥ'av his father, the LORD pronounced this burden upon him; Surely I have seen 26 yesterday the blood of Navot, and the blood of his sons, says the LORD; and I will repay thee in this plot of ground says the LORD. Now therefore take him and cast him into the plot of ground, according to the word of the LORD. But when Aḥazya 27 the king of Yehuda saw this, he fled by the way of Bet-haggan, And Yehu followed after him, and said, Smite him also in the chariot. And they did so at the ascent of Gur, which is by Yivle'am. And he fled to Megiddo, and died there. And his 28 servants carried him in a chariot to Yerushalayim, and buried him in his tomb with his fathers in the city of David.   And 29 in the eleventh year of Yoram the son of Aḥ'av had Aḥazya begun to reign over Yehuda. And when Yehu was come to Yizre'el, 30

לא וַתִּיטֶב אֶת־רֹאשָׁהּ וַתַּשְׁקֵף בְּעַד הַחַלּוֹן: וְיֵהוּא בָּא בַשַּׁעַר

לב וַתֹּאמֶר הֲשָׁלוֹם זִמְרִי הֹרֵג אֲדֹנָיו: וַיִּשָּׂא פָנָיו אֶל־הַחַלּוֹן וַיֹּאמֶר

לג מִי אִתִּי מִי וַיַּשְׁקִיפוּ אֵלָיו שְׁנַיִם שְׁלֹשָׁה סָרִיסִים: וַיֹּאמֶר

שַׁמְטֻהָ ⟶ שִׁמְטוּהָ וַיִּשְׁמְטוּהָ וַיִּז מִדָּמָהּ אֶל־הַקִּיר וְאֶל־הַסּוּסִים

לד וַיִּרְמְסֶנָּה: וַיָּבֹא וַיֹּאכַל וַיֵּשְׁתְּ וַיֹּאמֶר פִּקְדוּ־נָא אֶת־הָאֲרוּרָה

הַזֹּאת וְקִבְרוּהָ כִּי בַת־מֶלֶךְ הִיא: וַיֵּלְכוּ לְקָבְרָהּ וְלֹא־מָצְאוּ

לה בָהּ כִּי אִם־הַגֻּלְגֹּלֶת וְהָרַגְלַיִם וְכַפּוֹת הַיָּדָיִם: וַיָּשֻׁבוּ וַיַּגִּידוּ לוֹ

לו וַיֹּאמֶר דְּבַר־יְהוָה הוּא אֲשֶׁר דִּבֶּר בְּיַד־עַבְדּוֹ אֵלִיָּהוּ הַתִּשְׁבִּי

לֵאמֹר בְּחֵלֶק יִזְרְעֶאל יֹאכְלוּ הַכְּלָבִים אֶת־בְּשַׂר אִיזָבֶל: וְהָיְתָ

לז נִבְלַת אִיזֶבֶל כְּדֹמֶן עַל־פְּנֵי הַשָּׂדֶה בְּחֵלֶק יִזְרְעֶאל אֲשֶׁר לֹא־

יֹאמְרוּ זֹאת אִיזָבֶל: וּלְאַחְאָב שִׁבְעִים בָּנִים

א בְּשֹׁמְרוֹן וַיִּכְתֹּב יֵהוּא סְפָרִים וַיִּשְׁלַח שֹׁמְרוֹן אֶל־שָׂרֵי יִזְרְעֶאל

הַזְּקֵנִים וְאֶל־הָאֹמְנִים אַחְאָב לֵאמֹר: וְעַתָּה כְּבֹא הַסֵּפֶר הַזֶּה

ב אֲלֵיכֶם וְאִתְּכֶם בְּנֵי אֲדֹנֵיכֶם וְאִתְּכֶם הָרֶכֶב וְהַסּוּסִים וְעִיר

ג מִבְצָר וְהַנָּשֶׁק: וּרְאִיתֶם הַטּוֹב וְהַיָּשָׁר מִבְּנֵי אֲדֹנֵיכֶם וְשַׂמְתֶּם

ד עַל־כִּסֵּא אָבִיו וְהִלָּחֲמוּ עַל־בֵּית אֲדֹנֵיכֶם: וַיִּרְאוּ מְאֹד מְאֹד

וַיֹּאמְרוּ הִנֵּה שְׁנֵי הַמְּלָכִים לֹא עָמְדוּ לְפָנָיו וְאֵיךְ נַעֲמֹד אֲנָחְנוּ:

ה וַיִּשְׁלַח אֲשֶׁר־עַל־הַבַּיִת וַאֲשֶׁר עַל־הָעִיר וְהַזְּקֵנִים וְהָאֹמְנִים

אֶל־יֵהוּא ׀ לֵאמֹר עֲבָדֶיךָ אֲנַחְנוּ וְכֹל אֲשֶׁר־תֹּאמַר אֵלֵינוּ

ו נַעֲשֶׂה לֹא־נַמְלִיךְ אִישׁ הַטּוֹב בְּעֵינֶיךָ עֲשֵׂה: וַיִּכְתֹּב אֲלֵיהֶם

סֵפֶר ׀ שֵׁנִית לֵאמֹר אִם־לִי אַתֶּם וּלְקֹלִי ׀ אַתֶּם שֹׁמְעִים קְחוּ

אֶת־רָאשֵׁי אַנְשֵׁי בְנֵי־אֲדֹנֵיכֶם וּבֹאוּ אֵלַי כָּעֵת מָחָר יִזְרְעֶאלָה

ז וּבְנֵי הַמֶּלֶךְ שִׁבְעִים אִישׁ אֶת־גְּדֹלֵי הָעִיר מְגַדְּלִים אוֹתָם: וַיְהִי

כְּבֹא הַסֵּפֶר אֲלֵיהֶם וַיִּקְחוּ אֶת־בְּנֵי הַמֶּלֶךְ וַיִּשְׁחֲטוּ שִׁבְעִים

אִישׁ וַיָּשִׂימוּ אֶת־רָאשֵׁיהֶם בַּדּוּדִים וַיִּשְׁלְחוּ אֵלָיו יִזְרְעֶאלָה:

ח וַיָּבֹא הַמַּלְאָךְ וַיַּגֶּד־לוֹ לֵאמֹר הֵבִיאוּ רָאשֵׁי בְנֵי־הַמֶּלֶךְ וַיֹּאמֶר

ט שִׂימוּ אֹתָם שְׁנֵי צִבֻּרִים פֶּתַח הַשַּׁעַר עַד־הַבֹּקֶר: וַיְהִי בַבֹּקֶר

וַיֵּצֵא וַיַּעֲמֹד וַיֹּאמֶר אֶל־כָּל־הָעָם צַדִּקִים אַתֶּם הִנֵּה אֲנִי

י קָשַׁרְתִּי עַל־אֲדֹנִי וָאֶהְרְגֵהוּ וּמִי הִכָּה אֶת־כָּל־אֵלֶּה: דְּעוּ

אֵפוֹא כִּי לֹא יִפֹּל מִדְּבַר יְהוָה אַרְצָה אֲשֶׁר־דִּבֶּר יְהוָה עַל־

יא בֵּית אַחְאָב וַיהוָה עָשָׂה אֵת אֲשֶׁר דִּבֶּר בְּיַד עַבְדּוֹ אֵלִיָּהוּ: וַיַּךְ

יֵהוּא אֵת כָּל־הַנִּשְׁאָרִים לְבֵית־אַחְאָב בְּיִזְרְעֶאל וְכָל־גְּדֹלָיו

יב וּמְיֻדָּעָיו וְכֹהֲנָיו עַד־בִּלְתִּי הִשְׁאִיר־לוֹ שָׂרִיד: וַיָּקָם וַיָּבֹא וַיֵּלֶךְ

Izevel heard of it; and she painted her eyes, and adorned her
head, and looked out at the window. And as Yehu entered in 31
at the gate, she said, Is it peace? thou Zimri, who murdered
his master. And he lifted up his face to the window, and said, 32
Who is on my side? who? And there looked out to him two or
three eunuchs. And he said, Throw her down. So they threw 33
her down: and some of her blood was sprinkled on the wall,
and on the horses: and he trampled her under foot. And when 34
he was come in, he did eat and drink, and said, Go, see now
to this cursed woman, and bury her: for she is a king's
daughter. And they went to bury her: but they found no more 35
of her than the skull, and the feet, and the palms of her hands.
So they came back, and told him. And he said, This is the 36
word of the LORD, which he spoke by his servant Eliyyahu the
Tishbite, saying, In the portion of Yizre'el, shall dogs eat the
flesh of Izevel: and the carcass of Izevel shall be as dung 37
upon the open field in the portion of Yizre'el; so that they
shall not be able to say, This is Izevel. And Ah̠'av had **10**
seventy sons in Shomeron. And Yehu wrote letters, and sent
to Shomeron, to the rulers of Yizre'el, to the elders, and to
those who brought up Ah̠'av's children, saying, Now as soon 2
as this letter comes to you, seeing your master's sons are with
you, and there are with you chariots and horses, a fortified
city also, and armour; select then the best and fittest of your 3
master's sons, and set him on his father's throne, and fight for
your master's house. But they were exceedingly afraid, and 4
said, Behold, two kings could not stand before him: how then
shall we stand? And he that was over the house, and he that 5
was over the city, the elders also, and the guardians, sent to
Yehu, saying, We are thy servants, and will do all that thou
shalt bid us; we will not make anyone king: do thou that
which is good in thy eyes. Then he wrote a letter the second 6
time to them, saying, If you are mine, and if you will hearken
to my voice, take the heads of the men your master's sons,
and come to me to Yizre'el by to morrow this time. Now the
king's sons, being seventy persons, were with the notables of
the city, who brought them up. And it came to pass, when 7
the letter came to them, that they took the king's sons, and
slew seventy persons, and put their heads in baskets, and sent
him them to Yizre'el. And there came a messenger, and told 8
him, saying, They have brought the heads of the king's sons.
And he said, Lay them in two heaps at the entrance of the
gate until the morning. And it came to pass in the morning, 9
that he went out, and stood, and said to all the people, You
are just men: behold, I conspired against my master, and slew
him: but who slew all these? Know now that nothing shall 10
fall to the earth of the word of the LORD, which the LORD spoke
concerning the house of Ah̠'av: for the LORD has done that
which he spoke by his servant Eliyyahu. So Yehu slew all 11
that remained of the house of Ah̠'av in Yizre'el, and all his
great men, and his familiar friends, and his priests, until he
left him none remaining. And he arose and departed, and came 12
to Shomeron. And as he was at the shepherds' meeting house

שֹׁמְרוֹן הוּא בֵּית־עֵקֶד הָרֹעִים בַּדָּרֶךְ: וְיֵהוּא מָצָא אֶת־אֲחֵי יג
אֲחַזְיָהוּ מֶלֶךְ־יְהוּדָה וַיֹּאמֶר מִי אַתֶּם וַיֹּאמְרוּ אֲחֵי אֲחַזְיָהוּ
אֲנַחְנוּ וַנֵּרֶד לִשְׁלוֹם בְּנֵי־הַמֶּלֶךְ וּבְנֵי הַגְּבִירָה: וַיֹּאמֶר תִּפְשׂוּם יד
חַיִּים וַיִּתְפְּשׂוּם חַיִּים וַיִּשְׁחָטוּם אֶל־בּוֹר בֵּית־עֵקֶד אַרְבָּעִים
וּשְׁנַיִם אִישׁ וְלֹא־הִשְׁאִיר אִישׁ מֵהֶם: וַיֵּלֶךְ כה

מִשָּׁם וַיִּמְצָא אֶת־יְהוֹנָדָב בֶּן־רֵכָב לִקְרָאתוֹ וַיְבָרְכֵהוּ וַיֹּאמֶר
אֵלָיו הֲיֵשׁ אֶת־לְבָבְךָ יָשָׁר כַּאֲשֶׁר לְבָבִי עִם־לְבָבֶךָ וַיֹּאמֶר
יְהוֹנָדָב יֵשׁ וָיֵשׁ תְּנָה אֶת־יָדֶךָ וַיִּתֵּן יָדוֹ וַיַּעֲלֵהוּ אֵלָיו
אֶל־הַמֶּרְכָּבָה: וַיֹּאמֶר לְכָה אִתִּי וּרְאֵה בְּקִנְאָתִי לַיהוָה טז
וַיַּרְכִּבוּ אֹתוֹ בְּרִכְבּוֹ: וַיָּבֹא שֹׁמְרוֹן וַיַּךְ אֶת־כָּל־הַנִּשְׁאָרִים יז
לְאַחְאָב בְּשֹׁמְרוֹן עַד־הִשְׁמִדוֹ כִּדְבַר יְהוָה אֲשֶׁר דִּבֶּר אֶל־
אֵלִיָּהוּ: וַיִּקְבֹּץ יֵהוּא אֶת־כָּל־הָעָם וַיֹּאמֶר יח

אֲלֵהֶם אַחְאָב עָבַד אֶת־הַבַּעַל מְעָט יֵהוּא יַעַבְדֶנּוּ הַרְבֵּה:
וְעַתָּה כָל־נְבִיאֵי הַבַּעַל כָּל־עֹבְדָיו וְכָל־כֹּהֲנָיו קִרְאוּ אֵלַי אִישׁ יט
אַל־יִפָּקֵד כִּי זֶבַח גָּדוֹל לִי לַבַּעַל כֹּל אֲשֶׁר־יִפָּקֵד לֹא יִחְיֶה וְיֵהוּא
עָשָׂה בְעָקְבָּה לְמַעַן הַאֲבִיד אֶת־עֹבְדֵי הַבָּעַל: וַיֹּאמֶר יֵהוּא כ
קַדְּשׁוּ עֲצָרָה לַבַּעַל וַיִּקְרָאוּ: וַיִּשְׁלַח יֵהוּא בְּכָל־יִשְׂרָאֵל וַיָּבֹאוּ כא
כָּל־עֹבְדֵי הַבַּעַל וְלֹא־נִשְׁאַר אִישׁ אֲשֶׁר לֹא־בָא וַיָּבֹאוּ בֵּית
הַבַּעַל וַיִּמָּלֵא בֵית־הַבַּעַל פֶּה לָפֶה: וַיֹּאמֶר לַאֲשֶׁר עַל־ כב
הַמֶּלְתָּחָה הוֹצֵא לְבוּשׁ לְכֹל עֹבְדֵי הַבָּעַל וַיֹּצֵא לָהֶם הַמַּלְבּוּשׁ:
וַיָּבֹא יֵהוּא וִיהוֹנָדָב בֶּן־רֵכָב בֵּית הַבָּעַל וַיֹּאמֶר לְעֹבְדֵי הַבַּעַל כג
חַפְּשׂוּ וּרְאוּ פֶּן־יֶשׁ־פֹּה עִמָּכֶם מֵעַבְדֵי יְהוָה כִּי אִם־עֹבְדֵי
הַבַּעַל לְבַדָּם: וַיָּבֹאוּ לַעֲשׂוֹת זְבָחִים וְעֹלוֹת וְיֵהוּא שָׂם־לוֹ בַחוּץ כד
שְׁמֹנִים אִישׁ וַיֹּאמֶר הָאִישׁ אֲשֶׁר־יִמָּלֵט מִן־הָאֲנָשִׁים אֲשֶׁר אֲנִי
מֵבִיא עַל־יְדֵיכֶם נַפְשׁוֹ תַּחַת נַפְשׁוֹ: וַיְהִי כְּכַלֹּתוֹ ׀ לַעֲשׂוֹת כה
הָעֹלָה וַיֹּאמֶר יֵהוּא לָרָצִים וְלַשָּׁלִשִׁים בֹּאוּ הַכּוּם אִישׁ אַל־יֵצֵא
וַיַּכּוּם לְפִי־חָרֶב וַיַּשְׁלִכוּ הָרָצִים וְהַשָּׁלִשִׁים וַיֵּלְכוּ עַד־עִיר
בֵּית־הַבָּעַל: וַיֹּצִאוּ אֶת־מַצְּבוֹת בֵּית־הַבַּעַל וַיִּשְׂרְפוּהָ: כו
וַיִּתְּצוּ אֵת מַצְּבַת הַבָּעַל וַיִּתְּצוּ אֶת־בֵּית הַבַּעַל וַיְשִׂמֻהוּ כז
לְמוֹצָאוֹת עַד־הַיּוֹם: וַיַּשְׁמֵד יֵהוּא אֶת־הַבַּעַל מִיִּשְׂרָאֵל: רַק כח
חֲטָאֵי יָרָבְעָם בֶּן־נְבָט אֲשֶׁר הֶחֱטִיא אֶת־יִשְׂרָאֵל לֹא־
סָר יֵהוּא מֵאַחֲרֵיהֶם עֶגְלֵי הַזָּהָב אֲשֶׁר בֵּית־אֵל וַאֲשֶׁר
בְּדָן: וַיֹּאמֶר יְהוָה אֶל־יֵהוּא יַעַן אֲשֶׁר־הֱטִיבֹתָ ל
לַעֲשׂוֹת הַיָּשָׁר בְּעֵינַי כְּכֹל אֲשֶׁר בִּלְבָבִי עָשִׂיתָ לְבֵית אַחְאָב

13 in the way, Yehu met with the brothers of Aẖazyahu king of
Yehuda, and said, Who are you? And they answered, We are
the brothers of Aẖazyahu: and we are going down to greet
14 the sons of the king and the sons of the queen mother. And he
said, Take them alive. And they took them alive, and slew
them at the pit of the meeting house, forty two men; neither
15 left he any of them. And when he was departed from there,
he came across Yehonadav the son of Rekhav coming to meet
him: and he greeted him, and said to him, Is thy heart right, as
my heart is with thy heart? And Yehonadav answered, It is.
If it be, said Yehu, give me thy hand. And he gave him his
16 hand; and he took him up to him into the chariot. And he said,
Come with me, and see my zeal for the Lord. So they made
17 him ride in his chariot. And when he came to Shomeron, he
slew all that remained to Ah̲'av in Shomeron, till he had
destroyed him, according to the saying of the Lord, which he
18 spoke to Eliyyahu. And Yehu gathered all the people togeth-
er, and said to them, Ah̲'av served the Ba'al a little; but Yehu
19 shall serve him much. Now therefore call to me all the prophets
of the Ba'al, all his servants, and all his priests; let none be
wanting: for I have a great sacrifice to do to the Ba'al; who-
ever shall be missing, he shall not live. But Yehu did it in sub-
tlety, to the intent that he might destroy the worshippers of
20 the Ba'al. And Yehu said, Sanctify a solemn assembly for the
21 Ba'al. And they proclaimed the day. And Yehu sent through
all Yisra'el: and all the worshippers of the Ba'al came, so
that there was not a man left that came not. And they came
to the house of the Ba'al; and the house of the Ba'al was full
22 from one end to another. And he said to him that was over
the wardrobe, Bring forth garments for all the worshippers
23 of the Ba'al. And he brought out garments for them. And
Yehu went, and Yehonadav the son of Rekhav, into the house
of the Ba'al, and said to the worshippers of the Ba'al, Search,
and look that there be here with you none of the servants
24 of the Lord, but the worshippers of the Ba'al only. And when
they went in to offer sacrifices and burnt offerings, Yehu ap-
pointed eighty men outside, and said, If any of the men whom
I have brought into your hands escape, his life shall be for the
25 life of him. And it came to pass, as soon as he had made an
end of offering the burnt offering, that Yehu said to the guard
and to the captains, Go in, and slay them; let none come
out. And they smote them with the edge of the sword; and the
guard and the captains cast them out, and went to the city
26 of the house of the Ba'al. And they brought out the pillars
27 of the house of the Ba'al, and burned them. And they pulled
down the pillar of the Ba'al, and pulled down the house of the
28 Ba'al, and made it a latrine unto this day. Thus Yehu destroyed
29 the Ba'al out of Yisra'el. Nevertheless, from the sins of Yarov-
'am the son of Nevat, who made Yisra'el to sin, Yehu departed
not from after them, namely, the golden calves that were in
30 Bet-el, and that were in Dan. And the Lord said to Yehu,
Because thou hast done well in executing that which is right
in my eyes, and hast done to the house of Ah̲'av according

לא בְּנֵי רְבִעִים יֵשְׁבוּ לְךָ עַל־כִּסֵּא יִשְׂרָאֵל׃ וְיֵהוּא לֹא שָׁמַר לָלֶכֶת
בְּתוֹרַת־יְהוָה אֱלֹהֵי־יִשְׂרָאֵל בְּכָל־לְבָבוֹ לֹא סָר מֵעַל חַטֹּאות
לב יָרָבְעָם אֲשֶׁר הֶחֱטִיא אֶת־יִשְׂרָאֵל׃ בַּיָּמִים הָהֵם הֵחֵל יְהוָה
לג לְקַצּוֹת בְּיִשְׂרָאֵל וַיַּכֵּם חֲזָאֵל בְּכָל־גְּבוּל יִשְׂרָאֵל׃ מִן־הַיַּרְדֵּן
מִזְרַח הַשֶּׁמֶשׁ אֵת כָּל־אֶרֶץ הַגִּלְעָד הַגָּדִי וְהָרֻאוּבֵנִי וְהַמְנַשִּׁי
לד מֵעֲרֹעֵר אֲשֶׁר עַל־נַחַל אַרְנֹן וְהַגִּלְעָד וְהַבָּשָׁן׃ וְיֶתֶר דִּבְרֵי
יֵהוּא וְכָל־אֲשֶׁר עָשָׂה וְכָל־גְּבוּרָתוֹ הֲלוֹא־הֵם כְּתוּבִים
לה עַל־סֵפֶר דִּבְרֵי הַיָּמִים לְמַלְכֵי יִשְׂרָאֵל׃ וַיִּשְׁכַּב יֵהוּא עִם־
אֲבֹתָיו וַיִּקְבְּרוּ אֹתוֹ בְּשֹׁמְרוֹן וַיִּמְלֹךְ יְהוֹאָחָז בְּנוֹ תַּחְתָּיו׃
לו וְהַיָּמִים אֲשֶׁר מָלַךְ יֵהוּא עַל־יִשְׂרָאֵל עֶשְׂרִים־וּשְׁמֹנֶה שָׁנָה
יא א בְּשֹׁמְרוֹן׃ וַעֲתַלְיָה אֵם אֲחַזְיָהוּ וראתה כִּי מֵת רָאֲתָה
ב בְּנָהּ וַתָּקָם וַתְּאַבֵּד אֵת כָּל־זֶרַע הַמַּמְלָכָה׃ וַתִּקַּח יְהוֹשֶׁבַע
בַּת־הַמֶּלֶךְ־יוֹרָם אֲחוֹת אֲחַזְיָהוּ אֶת־יוֹאָשׁ בֶּן־אֲחַזְיָה וַתִּגְנֹב
אֹתוֹ מִתּוֹךְ בְּנֵי־הַמֶּלֶךְ הממותתים אֹתוֹ וְאֶת־מֵינִקְתּוֹ בַּחֲדַר הַמּוּמָתִים
ג הַמִּטּוֹת וַיַּסְתִּרוּ אֹתוֹ מִפְּנֵי עֲתַלְיָהוּ וְלֹא הוּמָת׃ וַיְהִי
אִתָּהּ בֵּית יְהוָה מִתְחַבֵּא שֵׁשׁ שָׁנִים וַעֲתַלְיָה מֹלֶכֶת עַל־
ד הָאָרֶץ׃ וּבַשָּׁנָה הַשְּׁבִיעִית שָׁלַח יְהוֹיָדָע וַיִּקַּח
אֶת־שָׂרֵי המאיות לַכָּרִי וְלָרָצִים וַיָּבֵא אֹתָם אֵלָיו בֵּית יְהוָה הַמֵּאוֹת
וַיִּכְרֹת לָהֶם בְּרִית וַיַּשְׁבַּע אֹתָם בְּבֵית יְהוָה וַיַּרְא אֹתָם אֶת־
ה בֶּן־הַמֶּלֶךְ׃ וַיְצַוֵּם לֵאמֹר זֶה הַדָּבָר אֲשֶׁר תַּעֲשׂוּן הַשְּׁלִשִׁית
ו מִכֶּם בָּאֵי הַשַּׁבָּת וְשֹׁמְרֵי מִשְׁמֶרֶת בֵּית הַמֶּלֶךְ׃ וְהַשְּׁלִשִׁית
בְּשַׁעַר סוּר וְהַשְּׁלִשִׁית בַּשַּׁעַר אַחַר הָרָצִים וּשְׁמַרְתֶּם אֶת־
ז מִשְׁמֶרֶת הַבַּיִת מַסָּח׃ וּשְׁתֵּי הַיָּדוֹת בָּכֶם כֹּל יֹצְאֵי הַשַּׁבָּת
ח וְשָׁמְרוּ אֶת־מִשְׁמֶרֶת בֵּית־יְהוָה אֶל־הַמֶּלֶךְ׃ וְהִקַּפְתֶּם עַל־
הַמֶּלֶךְ סָבִיב אִישׁ וְכֵלָיו בְּיָדוֹ וְהַבָּא אֶל־הַשְּׂדֵרוֹת יוּמָת וִהְיוּ
ט אֶת־הַמֶּלֶךְ בְּצֵאתוֹ וּבְבֹאוֹ׃ וַיַּעֲשׂוּ שָׂרֵי המאיות כְּכֹל אֲשֶׁר־ הַמֵּאוֹת
צִוָּה יְהוֹיָדָע הַכֹּהֵן וַיִּקְחוּ אִישׁ אֶת־אֲנָשָׁיו בָּאֵי הַשַּׁבָּת עִם
י יֹצְאֵי הַשַּׁבָּת וַיָּבֹאוּ אֶל־יְהוֹיָדָע הַכֹּהֵן׃ וַיִּתֵּן הַכֹּהֵן לְשָׂרֵי
המאיות אֶת־הַחֲנִית וְאֶת־הַשְּׁלָטִים אֲשֶׁר לַמֶּלֶךְ דָּוִד אֲשֶׁר הַמֵּאוֹת
יא בְּבֵית יְהוָה׃ וַיַּעַמְדוּ הָרָצִים אִישׁ וְכֵלָיו בְּיָדוֹ מִכֶּתֶף הַבַּיִת
הַיְמָנִית עַד־כֶּתֶף הַבַּיִת הַשְּׂמָאלִית לַמִּזְבֵּחַ וְלַבָּיִת עַל־
יב הַמֶּלֶךְ סָבִיב׃ וַיּוֹצִא אֶת־בֶּן־הַמֶּלֶךְ וַיִּתֵּן עָלָיו אֶת־הַנֵּזֶר
וְאֶת־הָעֵדוּת וַיַּמְלִכוּ אֹתוֹ וַיִּמְשָׁחֻהוּ וַיַּכּוּ־כָף וַיֹּאמְרוּ יְחִי
יג הַמֶּלֶךְ׃ וַתִּשְׁמַע עֲתַלְיָה אֶת־קוֹל הָרָצִין הָעָם
יד וַתָּבֹא אֶל־הָעָם בֵּית יְהוָה׃ וַתֵּרֶא וְהִנֵּה הַמֶּלֶךְ עֹמֵד עַל־
הָעַמּוּד כַּמִּשְׁפָּט וְהַשָּׂרִים וְהַחֲצֹצְרוֹת אֶל־הַמֶּלֶךְ וְכָל־עַם

to all that was in my heart, thy children of the fourth genera-
tion shall sit on the throne of Yisra'el. But Yehu took no 31
heed to walk in the Tora of the LORD GOD of Yisra'el with all
his heart: for he departed not from the sins of Yarov'am, who
made Yisra'el to sin. In those days the LORD began to cut off 32
parts of Yisra'el: and Ḥaza'el smote them in all the borders
of Yisra'el, from the Yarden eastwards, all the land of the Gil'ad, 33
the Gadi, and the Re'uveni and the Menashshi, from 'Aro'er,
which is by the wadi Arnon, and the Gil'ad and the Bashan.
Now the rest of the acts of Yehu, and all that he did, and all 34
his might, are they not written in the book of the chronicles
of the kings of Yisra'el? And Yehu slept with his fathers: and 35
they buried him in Shomeron. And Yeho'aḥaz his son reigned
in his stead. And the time that Yehu reigned over Yisra'el in 36
Shomeron was twenty eight years.   And when 'Atalya the 11
mother of Aḥazyahu saw that her son was dead, she arose
and destroyed all the royal seed. But Yehosheva, the daughter 2
of king Yoram, sister of Aḥazyahu, took Yo'ash the son of
Aḥazya, and stole him from among the king's sons who were
slain, and put him and his nurse in the bed chamber, and they
hid him from 'Atalyahu, so that he was not slain. And he was 3
with her hid in the house of the LORD six years. And 'Atalya
did reign over the land.   And in the seventh year Yehoyada 4
sent and fetched the rulers over hundreds of the Kari, with the
runners, and brought them to him into the house of the LORD,
and made a covenant with them, and laid an oath on them in
the house of the LORD, and showed them the king's son. And he 5
commanded them, saying, This is the thing that you shall do; the
third part of you that come in on the sabbath shall be keepers of
the watch of the king's house; and a third part shall be at the gate 6
of Sur; and a third part at the gate behind the runners: so shall
you keep the watch of the house, as a defence. And the two 7
divisions of all you that go out on the sabbath, they shall keep
the watch of the house of the LORD about the king. And you 8
shall compass the king round about, every man with his weap-
ons in his hand: and he that comes within the ranks, let him
be slain: and be with the king as he goes out and as he comes in.
And the captains over the hundreds did according to all that 9
Yehoyada the priest commanded: and they took every man
his men that were to come in on the sabbath, with them that
should go out on the sabbath, and came to Yehoyada the
priest. And to the captains over hundreds did the priest give 10
king David's spear and shields, that were in the temple of the
LORD. And the guard stood, every man with his weapons in 11
his hand, round about the king, from the right side of the
house to the left side of the house, by the altar and within.
And he brought out the king's son, and put the crown upon him, 12
and gave him the testimony; and they made him king, and
anointed him; and they clapped their hands, and said, Long live
the king.   And when 'Atalya heard the noise of the guard 13
and of the people, she came to the people into the house of
the LORD. And when she looked, behold, the king stood by a 14
pillar, according to the custom, and the princes and the trum-

הָאָרֶץ שָׂמֵחַ וְתֹקֵעַ בַּחֲצֹצְרוֹת וַתִּקְרַע עֲתַלְיָה אֶת־בְּגָדֶיהָ
ט וַתִּקְרָא קֶשֶׁר קָשֶׁר: וַיְצַו יְהוֹיָדָע הַכֹּהֵן אֶת־שָׂרֵי המאיות ׀ הַמֵּאוֹת
פְּקֻדֵי הַחַיִל וַיֹּאמֶר אֲלֵיהֶם הוֹצִיאוּ אֹתָהּ אֶל־מִבֵּית לַשְּׂדֵרֹת
וְהַבָּא אַחֲרֶיהָ הָמֵת בֶּחָרֶב כִּי אָמַר הַכֹּהֵן אַל־תּוּמַת בֵּית
טז יְהוָה: וַיָּשִׂמוּ לָהּ יָדַיִם וַתָּבוֹא דֶּרֶךְ־מְבוֹא הַסּוּסִים בֵּית הַמֶּלֶךְ
יז וַתּוּמַת שָׁם: וַיִּכְרֹת יְהוֹיָדָע אֶת־הַבְּרִית בֵּין
יְהוָה וּבֵין הַמֶּלֶךְ וּבֵין הָעָם לִהְיוֹת לְעָם לַיהוָה וּבֵין הַמֶּלֶךְ וּבֵין
יח הָעָם: וַיָּבֹאוּ כָל־עַם הָאָרֶץ בֵּית־הַבַּעַל וַיִּתְּצֻהוּ אֶת־מִזְבְּחֹתָו
וְאֶת־צְלָמָיו שִׁבְּרוּ הֵיטֵב וְאֵת מַתָּן כֹּהֵן הַבַּעַל הָרְגוּ לִפְנֵי
יט הַמִּזְבְּחוֹת וַיָּשֶׂם הַכֹּהֵן פְּקֻדֹּת עַל־בֵּית יְהוָה: וַיִּקַּח אֶת־שָׂרֵי
הַמֵּאוֹת וְאֶת־הַכָּרִי וְאֶת־הָרָצִים וְאֵת ׀ כָּל־עַם הָאָרֶץ
וַיֹּרִידוּ אֶת־הַמֶּלֶךְ מִבֵּית יְהוָה וַיָּבוֹאוּ דֶּרֶךְ־שַׁעַר הָרָצִים
כ בֵּית הַמֶּלֶךְ וַיֵּשֶׁב עַל־כִּסֵּא הַמְּלָכִים: וַיִּשְׂמַח כָּל־עַם־
הָאָרֶץ וְהָעִיר שָׁקָטָה וְאֶת־עֲתַלְיָהוּ הֵמִיתוּ בַחֶרֶב בֵּית
יב א ב מלך: בֶּן־שֶׁבַע שָׁנִים יְהוֹאָשׁ בְּמָלְכוֹ: בִּשְׁנַת־ הַמֶּלֶךְ
שֶׁבַע לְיֵהוּא מָלַךְ יְהוֹאָשׁ וְאַרְבָּעִים שָׁנָה מָלַךְ בִּירוּשָׁלִָם וְשֵׁם
ג אִמּוֹ צִבְיָה מִבְּאֵר שָׁבַע: וַיַּעַשׂ יְהוֹאָשׁ הַיָּשָׁר בְּעֵינֵי יְהוָה כָּל־ כו
ד יָמָיו אֲשֶׁר הוֹרָהוּ יְהוֹיָדָע הַכֹּהֵן: רַק הַבָּמוֹת לֹא־סָרוּ עוֹד הָעָם
ה מְזַבְּחִים וּמְקַטְּרִים בַּבָּמוֹת: וַיֹּאמֶר יְהוֹאָשׁ אֶל־הַכֹּהֲנִים כֹּל
כֶּסֶף הַקֳּדָשִׁים אֲשֶׁר יוּבָא בֵית־יְהוָה כֶּסֶף עוֹבֵר אִישׁ כֶּסֶף
נַפְשׁוֹת עֶרְכּוֹ כָּל־כֶּסֶף אֲשֶׁר יַעֲלֶה עַל לֶב־אִישׁ לְהָבִיא בֵּית
ו יְהוָה: יִקְחוּ לָהֶם הַכֹּהֲנִים אִישׁ מֵאֵת מַכָּרוֹ וְהֵם יְחַזְּקוּ אֶת־
ז בֶּדֶק הַבַּיִת לְכֹל אֲשֶׁר־יִמָּצֵא שָׁם בָּדֶק: וַיְהִי
בִּשְׁנַת עֶשְׂרִים וְשָׁלֹשׁ שָׁנָה לַמֶּלֶךְ יְהוֹאָשׁ לֹא־חִזְּקוּ הַכֹּהֲנִים
ח אֶת־בֶּדֶק הַבָּיִת: וַיִּקְרָא הַמֶּלֶךְ יְהוֹאָשׁ לִיהוֹיָדָע הַכֹּהֵן
וְלַכֹּהֲנִים וַיֹּאמֶר אֲלֵהֶם מַדּוּעַ אֵינְכֶם מְחַזְּקִים אֶת־בֶּדֶק הַבָּיִת
וְעַתָּה אַל־תִּקְחוּ־כֶסֶף מֵאֵת מַכָּרֵיכֶם כִּי־לְבֶדֶק הַבַּיִת
ט תִּתְּנֻהוּ: וַיֵּאֹתוּ הַכֹּהֲנִים לְבִלְתִּי קְחַת־כֶּסֶף מֵאֵת הָעָם וּלְבִלְתִּי
י חַזֵּק אֶת־בֶּדֶק הַבָּיִת: וַיִּקַּח יְהוֹיָדָע הַכֹּהֵן אֲרוֹן אֶחָד וַיִּקֹּב
חֹר בְּדַלְתּוֹ וַיִּתֵּן אֹתוֹ אֵצֶל הַמִּזְבֵּחַ בימין בְּבוֹא־אִישׁ בֵּית מִיָּמִין
יְהוָה וְנָתְנוּ־שָׁמָּה הַכֹּהֲנִים שֹׁמְרֵי הַסַּף אֶת־כָּל־הַכֶּסֶף הַמּוּבָא
יא בֵית־יְהוָה: וַיְהִי כִּרְאוֹתָם כִּי־רַב הַכֶּסֶף בָּאָרוֹן וַיַּעַל סֹפֵר
הַמֶּלֶךְ וְהַכֹּהֵן הַגָּדוֹל וַיָּצֻרוּ וַיִּמְנוּ אֶת־הַכֶּסֶף הַנִּמְצָא בֵית־
יב יְהוָה: וְנָתְנוּ אֶת־הַכֶּסֶף הַמְתֻכָּן עַל־יַד עֹשֵׂי הַמְּלָאכָה

peters by the king, and all the people of the land rejoiced, and
sounded trumpets: and 'Atalya rent her clothes, and cried,
Treason, Treason. But Yehoyada the priest commanded 15
the captains of the hundreds, the officers of the host
and said to them, Bring her out between the ranks:
and him that follows her kill with the sword. For the
priest had said, Let her not be slain in the house of the
Lord. And they laid hands on her; and she went by the way of 16
the Horse Gate into the king's house: and there was she slain.

And Yehuda made a covenant between the Lord and the 17
king and the people, that they should be the Lord's people;
between the king also and the people. And all the people of 18
the land went into the house of the Ba'al, and pulled it down;
his altars and his images they broke in pieces thoroughly, and
slew Mattan the priest of the Ba'al before the altars. And the
priest appointed officers over the house of the Lord. And he 19
took the rulers over hundreds, and the Kari, and the runners,
and all the people of the land; and they brought down the
king from the house of the Lord, and came by the way of the
gate of the runners to the king's house. And he sat on the
throne of the kings. And all the people of the land rejoiced, 20
and the city was in quiet: and they slew 'Atalyahu with the
sword in the king's house. Seven years old was Yeho'ash **12**
when he began to reign. In the seventh year of Yehu Yeho'ash 2
began to reign; and forty years he reigned in Yerushalayim.
And his mother's name was Ẕivya of Be'er-sheva. And Yeho'ash 3
did that which was right in the sight of the Lord all his days
as Yehoyada the priest instructed him. But the high places 4
were not taken away: the people still sacrificed and burnt in-
cense in the high places. And Yeho'ash said to the priests, All 5
the money of the dedicated things which is brought into the
house of the Lord, in current money, and the money of persons,
by assessment of every man, and all the money that any man
is prompted by his heart to bring into the house of the Lord,
let the priests take it to them, every man from his acquaint- 6
ance: and let them repair the breaches of the house, wherever
any breach shall be found. But it happened in the twenty 7
third year of king Yeho'ash, that the priests had not repaired
the breaches of the house. Then king Yeho'ash called for Ye- 8
hoyada the priest, and the other priests, and said to them, Why
do you not repair the breaches of the house? now therefore
receive no more money of your acquaintances, but deliver it for
the breaches of the house. And the priests consented to receive 9
no more money of the people, nor to repair the breaches of the
house. But Yehoyada the priest took a chest, and bored a hole 10
in the lid of it, and set it beside the altar, on the right side as
one comes into the house of the Lord: and the priests that kept
the door put in it all the money that was brought into the house
of the Lord. And when they saw that there was much money 11
in the chest, the king's scribe and the high priest came up, and
they tied it in bags, and counted the money that was found
in the house of the Lord. And they gave the money, that was 12
counted, into the hands of them that did the work, that had

הַמְּפַקְּדִים הפקדים בֵּית יְהוָה וַיּוֹצִיאֻהוּ לְחָרָשֵׁי הָעֵץ וְלַבֹּנִים הָעֹשִׂים
בֵּית יְהוָה׃ וְלַגֹּדְרִים וּלְחֹצְבֵי הָאֶבֶן וְלִקְנוֹת עֵצִים וְאַבְנֵי מַחְצֵב יג
לְחַזֵּק אֶת־בֶּדֶק בֵּית־יְהוָה וּלְכֹל אֲשֶׁר־יֵצֵא עַל־הַבַּיִת
לְחָזְקָה׃ אַךְ לֹא יֵעָשֶׂה בֵּית יְהוָה סִפּוֹת כֶּסֶף מְזַמְּרוֹת מִזְרָקוֹת יד
חֲצֹצְרוֹת כָּל־כְּלִי זָהָב וּכְלִי־כָסֶף מִן־הַכֶּסֶף הַמּוּבָא בֵית־
יְהוָה׃ כִּי־לְעֹשֵׂי הַמְּלָאכָה יִתְּנֻהוּ וְחִזְּקוּ־בוֹ אֶת־בֵּית יְהוָה׃ טו
וְלֹא יְחַשְּׁבוּ אֶת־הָאֲנָשִׁים אֲשֶׁר יִתְּנוּ אֶת־הַכֶּסֶף עַל־יָדָם טז
לָתֵת לְעֹשֵׂי הַמְּלָאכָה כִּי בֶאֱמֻנָה הֵם עֹשִׂים׃ כֶּסֶף אָשָׁם וְכֶסֶף יז
חַטָּאוֹת לֹא יוּבָא בֵּית יְהוָה לַכֹּהֲנִים יִהְיוּ׃ אָז יח
יַעֲלֶה חֲזָאֵל מֶלֶךְ אֲרָם וַיִּלָּחֶם עַל־גַּת וַיִּלְכְּדָהּ וַיָּשֶׂם חֲזָאֵל
פָּנָיו לַעֲלוֹת עַל־יְרוּשָׁלִָם׃ וַיִּקַּח יְהוֹאָשׁ מֶלֶךְ־יְהוּדָה אֵת כָּל־ יט
הַקֳּדָשִׁים אֲשֶׁר־הִקְדִּישׁוּ יְהוֹשָׁפָט וִיהוֹרָם וַאֲחַזְיָהוּ אֲבֹתָיו
מַלְכֵי יְהוּדָה וְאֶת־קֳדָשָׁיו וְאֵת כָּל־הַזָּהָב הַנִּמְצָא בְּאֹצְרוֹת
בֵּית־יְהוָה וּבֵית הַמֶּלֶךְ וַיִּשְׁלַח לַחֲזָאֵל מֶלֶךְ אֲרָם וַיַּעַל מֵעַל
יְרוּשָׁלִָם׃ וְיֶתֶר דִּבְרֵי יוֹאָשׁ וְכָל־אֲשֶׁר עָשָׂה הֲלוֹא־הֵם כְּתוּבִים כ
עַל־סֵפֶר דִּבְרֵי הַיָּמִים לְמַלְכֵי יְהוּדָה׃ וַיָּקֻמוּ עֲבָדָיו וַיִּקְשְׁרוּ־ כא
קָשֶׁר וַיַּכּוּ אֶת־יוֹאָשׁ בֵּית מִלֹּא הַיֹּרֵד סִלָּא׃ וְיוֹזָכָר בֶּן־שִׁמְעָת כב
וִיהוֹזָבָד בֶּן־שֹׁמֵר ׀ עֲבָדָיו הִכֻּהוּ וַיָּמֹת וַיִּקְבְּרוּ אֹתוֹ עִם־אֲבֹתָיו
בְּעִיר דָּוִד וַיִּמְלֹךְ אֲמַצְיָה בְנוֹ תַּחְתָּיו׃ בִּשְׁנַת א יג
עֶשְׂרִים וְשָׁלֹשׁ שָׁנָה לְיוֹאָשׁ בֶּן־אֲחַזְיָהוּ מֶלֶךְ יְהוּדָה מָלַךְ
יְהוֹאָחָז בֶּן־יֵהוּא עַל־יִשְׂרָאֵל בְּשֹׁמְרוֹן שְׁבַע עֶשְׂרֵה שָׁנָה׃
וַיַּעַשׂ הָרַע בְּעֵינֵי יְהוָה וַיֵּלֶךְ אַחַר חַטֹּאת יָרָבְעָם בֶּן־נְבָט ב
אֲשֶׁר־הֶחֱטִיא אֶת־יִשְׂרָאֵל לֹא־סָר מִמֶּנָּה׃ וַיִּחַר־אַף יְהוָה ג
בְּיִשְׂרָאֵל וַיִּתְּנֵם בְּיַד ׀ חֲזָאֵל מֶלֶךְ־אֲרָם וּבְיַד בֶּן־הֲדַד בֶּן־
חֲזָאֵל כָּל־הַיָּמִים׃ וַיְחַל יְהוֹאָחָז אֶת־פְּנֵי יְהוָה וַיִּשְׁמַע אֵלָיו ד
יְהוָה כִּי רָאָה אֶת־לַחַץ יִשְׂרָאֵל כִּי־לָחַץ אֹתָם מֶלֶךְ אֲרָם׃
וַיִּתֵּן יְהוָה לְיִשְׂרָאֵל מוֹשִׁיעַ וַיֵּצְאוּ מִתַּחַת יַד־אֲרָם וַיֵּשְׁבוּ בְנֵי־ ה
יִשְׂרָאֵל בְּאָהֳלֵיהֶם כִּתְמוֹל שִׁלְשׁוֹם׃ אַךְ לֹא־סָרוּ מֵחַטֹּאת ו
בֵּית־יָרָבְעָם אֲשֶׁר־הֶחֱטִי אֶת־יִשְׂרָאֵל בָּהּ הָלָךְ וְגַם הָאֲשֵׁרָה
עָמְדָה בְּשֹׁמְרוֹן׃ כִּי לֹא הִשְׁאִיר לִיהוֹאָחָז עָם כִּי אִם־חֲמִשִּׁים ז
פָּרָשִׁים וַעֲשָׂרָה רֶכֶב וַעֲשֶׂרֶת אֲלָפִים רַגְלִי כִּי אִבְּדָם מֶלֶךְ
אֲרָם וַיְשִׂמֵם כֶּעָפָר לָדֻשׁ׃ וְיֶתֶר דִּבְרֵי יְהוֹאָחָז וְכָל־אֲשֶׁר עָשָׂה ח
וּגְבוּרָתוֹ הֲלוֹא־הֵם כְּתוּבִים עַל־סֵפֶר דִּבְרֵי הַיָּמִים לְמַלְכֵי
יִשְׂרָאֵל׃ וַיִּשְׁכַּב יְהוֹאָחָז עִם־אֲבֹתָיו וַיִּקְבְּרֻהוּ בְּשֹׁמְרוֹן וַיִּמְלֹךְ ט

the oversight of the house of the LORD: and they disbursed it
to the carpenters and builders, that worked upon the house of
the LORD, and to masons, and hewers of stone, and to buy   13
timber and hewn stone to repair the breaches of the house of
the LORD, and for all that was laid out for the house to repair
it. But there were not made for the house of the LORD bowls   14
of silver, snuffers, basins, trumpets, or any vessels of gold, or
vessels of silver, from the money that was brought into the
house of the LORD: for they gave that to the workmen, and   15
they repaired with it the house of the LORD. Moreover they   16
did not keep accounts with the men, into whose hand they de-
livered the money to pay out to the workmen: for they dealt
in good faith. The money for guilt offerings and the money for 17
sin offerings was not brought into the house of the LORD: it
was delivered to the priests.   Then Ḥaza'el king of Aram 18
went up, and fought against Gat, and took it: and Ḥaza'el set his
face to go up to Yerushalayim. And Yeho'ash king of Yehuda   19
took all the hallowed things that Yehoshafat, and Yehoram
and Aḥazyahu, his fathers, kings of Yehuda, had dedicated,
and his own hallowed things, and all the gold that was found
in the treasures of the house of the LORD, and in the king's
house, and sent it to Ḥaza'el king of Aram: and he went away
from Yerushalayim. And the rest of the acts of Yo'ash, and all   20
that he did, are they not written in the book of the chronicles
of the kings of Yehuda? And his servants arose, and made   21
a conspiracy, and slew Yo'ash in the house of Millo, on the
way that goes down to Silla. For Yozakhar the son of Shim'at,   22
and Yehozavad the son of Shomer, his servants, smote him,
and he died; and they buried him with his fathers in the city
of David: and Amaẓya his son reigned in his stead.   In the **13**
twenty third year of Yo'ash the son of Aḥazyahu king of
Yehuda, Yeho'aḥaz the son of Yehu began to reign over Yis-
ra'el in Shomeron, and reigned for seventeen years. And he   2
did that which was evil in the sight of the LORD, and followed
the sins of Yarov'am the son of Nevat, who made Yisra'el to
sin; he departed not from that. And the anger of the LORD   3
burned against Yisra'el, and he delivered them into the hand of
Ḥaza'el king of Aram, and into the hand of Ben-hadad the son
of Ḥaza'el, all their days. And Yeho'aḥaz entreated the LORD,   4
and the LORD hearkened to him: for he saw the oppression of
Yisra'el because the king of Aram oppressed them. (And the   5
LORD gave Yisra'el a deliverer, so that they went out from
under the hand of Aram: and the children of Yisra'el dwelt in
their tents, as in earlier times. Nevertheless they did not depart   6
from the sins of the house of Yarov'am, who made Yisra'el
to sin, but continued in that; and the ashera remained also in
Shomeron.) Neither did he leave for Yeho'aḥaz a following,   7
except for fifty horsemen, and ten chariots, and ten thousand
footmen; for the king of Aram had destroyed them, and had
made them like the dust in threshing. Now the rest of the   8
acts of Yeho'aḥaz, and all that he did, and his might, are they
not written in the book of the chronicles of the kings of
Yisra'el? And Yeho'aḥaz slept with his fathers; and they   9

יוֹאָשׁ בְּנוֹ תַּחְתָּיו:

י בִּשְׁנַת שְׁלֹשִׁים וָשֶׁבַע שָׁנָה לְיוֹאָשׁ מֶלֶךְ יְהוּדָה מָלַךְ יְהוֹאָשׁ

יא בֶּן־יְהוֹאָחָז עַל־יִשְׂרָאֵל בְּשֹׁמְרוֹן שֵׁשׁ עֶשְׂרֵה שָׁנָה: וַיַּעֲשֶׂה הָרַע בְּעֵינֵי יְהוָה לֹא־סָר מִכָּל־חַטֹּאות יָרָבְעָם בֶּן־נְבָט אֲשֶׁר־

יב הֶחֱטִיא אֶת־יִשְׂרָאֵל בָּה הָלָךְ: וְיֶתֶר דִּבְרֵי יוֹאָשׁ וְכָל־אֲשֶׁר עָשָׂה וּגְבוּרָתוֹ אֲשֶׁר נִלְחַם עִם אֲמַצְיָה מֶלֶךְ־יְהוּדָה הֲלֹא־הֵם

יג כְּתוּבִים עַל־סֵפֶר דִּבְרֵי הַיָּמִים לְמַלְכֵי יִשְׂרָאֵל: וַיִּשְׁכַּב יוֹאָשׁ עִם־אֲבֹתָיו וְיָרָבְעָם יָשַׁב עַל־כִּסְאוֹ וַיִּקָּבֵר יוֹאָשׁ בְּשֹׁמְרוֹן עִם

יד מַלְכֵי יִשְׂרָאֵל: וֶאֱלִישָׁע חָלָה אֶת־חָלְיוֹ אֲשֶׁר יָמוּת בּוֹ וַיֵּרֶד אֵלָיו יוֹאָשׁ מֶלֶךְ־יִשְׂרָאֵל וַיֵּבְךְּ עַל־פָּנָיו וַיֹּאמַר

טו אָבִי ׀ אָבִי רֶכֶב יִשְׂרָאֵל וּפָרָשָׁיו: וַיֹּאמֶר לוֹ אֱלִישָׁע קַח קֶשֶׁת

טז וְחִצִּים וַיִּקַּח אֵלָיו קֶשֶׁת וְחִצִּים: וַיֹּאמֶר ׀ לְמֶלֶךְ יִשְׂרָאֵל הַרְכֵּב יָדְךָ עַל־הַקֶּשֶׁת וַיַּרְכֵּב יָדוֹ וַיָּשֶׂם אֱלִישָׁע יָדָיו עַל־יְדֵי הַמֶּלֶךְ:

יז וַיֹּאמֶר פְּתַח הַחַלּוֹן קֵדְמָה וַיִּפְתָּח וַיֹּאמֶר אֱלִישָׁע יְרֵה וַיּוֹר וַיֹּאמֶר חֵץ־תְּשׁוּעָה לַיהוָה וְחֵץ תְּשׁוּעָה בַאֲרָם וְהִכִּיתָ אֶת־

יח אֲרָם בַּאֲפֵק עַד־כַּלֵּה: וַיֹּאמֶר קַח הַחִצִּים וַיִּקָּח וַיֹּאמֶר לְמֶלֶךְ־

יט יִשְׂרָאֵל הַךְ אַרְצָה וַיַּךְ שָׁלֹשׁ־פְּעָמִים וַיַּעֲמֹד: וַיִּקְצֹף עָלָיו אִישׁ הָאֱלֹהִים וַיֹּאמֶר לְהַכּוֹת חָמֵשׁ אוֹ־שֵׁשׁ פְּעָמִים אָז הִכִּיתָ אֶת־אֲרָם עַד־כַּלֵּה וְעַתָּה שָׁלֹשׁ פְּעָמִים תַּכֶּה אֶת־

כ אֲרָם: וַיָּמָת אֱלִישָׁע וַיִּקְבְּרֻהוּ וּגְדוּדֵי מוֹאָב

כא יָבֹאוּ בָאָרֶץ בָּא שָׁנָה: וַיְהִי ׀ הֵם קֹבְרִים אִישׁ וְהִנֵּה רָאוּ אֶת־הַגְּדוּד וַיַּשְׁלִיכוּ אֶת־הָאִישׁ בְּקֶבֶר אֱלִישָׁע וַיֵּלֶךְ וַיִּגַּע הָאִישׁ

כב בְּעַצְמוֹת אֱלִישָׁע וַיְחִי וַיָּקָם עַל־רַגְלָיו: וַחֲזָאֵל מֶלֶךְ אֲרָם לָחַץ

כג אֶת־יִשְׂרָאֵל כֹּל יְמֵי יְהוֹאָחָז: וַיָּחָן יְהוָה אֹתָם וַיְרַחֲמֵם וַיִּפֶן אֲלֵיהֶם לְמַעַן בְּרִיתוֹ אֶת־אַבְרָהָם יִצְחָק וְיַעֲקֹב וְלֹא אָבָה

כד הַשְׁחִיתָם וְלֹא־הִשְׁלִיכָם מֵעַל־פָּנָיו עַד־עָתָּה: וַיָּמָת חֲזָאֵל

כה מֶלֶךְ־אֲרָם וַיִּמְלֹךְ בֶּן־הֲדַד בְּנוֹ תַּחְתָּיו: וַיָּשָׁב יְהוֹאָשׁ בֶּן־יְהוֹאָחָז וַיִּקַּח אֶת־הֶעָרִים מִיַּד בֶּן־הֲדַד בֶּן־חֲזָאֵל אֲשֶׁר לָקַח מִיַּד יְהוֹאָחָז אָבִיו בַּמִּלְחָמָה שָׁלֹשׁ פְּעָמִים הִכָּהוּ יוֹאָשׁ וַיָּשֶׁב אֶת־עָרֵי יִשְׂרָאֵל:

יד בִּשְׁנַת שְׁתַּיִם לְיוֹאָשׁ בֶּן־

ב יוֹאָחָז מֶלֶךְ יִשְׂרָאֵל מָלַךְ אֲמַצְיָהוּ בֶן־יוֹאָשׁ מֶלֶךְ יְהוּדָה: בֶּן־עֶשְׂרִים וְחָמֵשׁ שָׁנָה הָיָה בְמָלְכוֹ וְעֶשְׂרִים וָתֵשַׁע שָׁנָה מָלַךְ

ג בִּירוּשָׁלִָם וְשֵׁם אִמּוֹ יְהוֹעַדִּין מִן־יְרוּשָׁלָיִם: וַיַּעַשׂ הַיָּשָׁר בְּעֵינֵי יְהוָה רַק לֹא כְּדָוִד אָבִיו כְּכֹל אֲשֶׁר־עָשָׂה יוֹאָשׁ אָבִיו עָשָׂה:

buried him in Shomeron : and Yo'ash his son reigned in his
stead.
10 In the thirty seventh year of Yo'ash king of Yehuda, Yeho'ash
the son of Yeho'aẖaz began to reign over Yisra'el in Shomeron,
11 and reigned for sixteen years. And he did that which was evil
in the sight of the Lord; he departed not from all the sins of
Yarov'am the son of Nevat, who made Yisra'el to sin: he con-
12 tinued in that. And the rest of the acts of Yo'ash, and all that
he did, and his might with which he fought against Amaẕya
king of Yehuda, are they not written in the book of the chron-
13 icles of the kings of Yisra'el? And Yo'ash slept with his
fathers; and Yarov'am sat upon his throne: and Yo'ash was
14 buried in Shomeron with the kings of Yisra'el. Now Elisha
was fallen sick of his sickness of which he was to die. And Yo-
'ash the king of Yisra'el came down to him, and wept over his
face, and said, O my father, my father, the chariot of Yisra'el,
15 and the horsemen thereof. And Elisha said to him, Take a bow
16 and arrows. And he took for himself a bow and arrows. And
he said to the king of Yisra'el, Put thy hand upon the bow.
And he put his hand upon it: and Elisha put his hands upon
17 the king's hands. And he said, Open the window eastward.
And he opened it. Then Elisha said, Shoot. And he shot. And
he said, The arrow of the Lord's deliverance, and the arrow of
deliverance from Aram: for thou shalt smite Aram in Afeq, till
18 thou have consumed them. And he said, Take the arrows. And
he took them. And he said to the king of Yisra'el, Smite upon
19 the ground. And he smote three times, and stopped. And the
man of God was angry with him, and said, Thou shouldst have
struck five or six times ; then hadst thou smitten Aram till they
had been consumed : whereas now thou shalt smite Aram three
20 times. And Elisha died, and they buried him. And the
bands of Mo'av invaded the land at the coming in of the year.
21 And it came to pass, as they were burying a man, that, behold,
they spied a raiding party; and they cast the man into the
tomb of Elisha: and as the man came there, he touched the
22 bones of Elisha, he revived, and stood up on his feet. And
Ḥaza'el king of Aram oppressed Yisra'el all the days of Ye-
23 ho'aẖaz. And the Lord was gracious to them, and had compas-
sion on them, and turned towards them, because of his cove-
nant with Avraham, Yiẕẖaq, and Ya'aqov, and would not
destroy them; neither has he till now cast them away from his
24 presence. So Ḥaza'el king of Aram died; and Ben-hadad his
25 son reigned in his stead. And Yehoa'ash the son of Yeho'aẖaz
took back out of the hand of Ben-hadad the son of Ḥaza'el
the cities which he had taken out of the hand of Yeho'aẖaz his
father by war. Three times did Yo'ash beat him, and recovered
14 the cities of Yisra'el. In the second year of Yo'ash son
of Yeho'aẖaz king of Yisra'el, Amaẕyahu the son of Yo'ash
2 king of Yehuda reigned. He was twenty five years old when he
began to reign, and reigned twenty nine years in Yerushalayim.
3 And his mother's name was Yeho'addan of Yerushalayim. And
he did that which was right in the sight of the Lord, yet not
like David his father: he did according to all things as Yo'ash

ד רַק הַבָּמוֹת לֹא־סָרוּ עוֹד הָעָם מְזַבְּחִים וּמְקַטְּרִים בַּבָּמוֹת:

ה וַיְהִי כַּאֲשֶׁר חָזְקָה הַמַּמְלָכָה בְּיָדוֹ וַיַּךְ אֶת־עֲבָדָיו הַמַּכִּים אֶת־

ו הַמֶּלֶךְ אָבִיו: וְאֶת־בְּנֵי הַמַּכִּים לֹא הֵמִית כַּכָּתוּב בְּסֵפֶר תּוֹרַת־
מֹשֶׁה אֲשֶׁר־צִוָּה יְהוָה לֵאמֹר לֹא־יוּמְתוּ אָבוֹת עַל־בָּנִים

וּבָנִים לֹא־יוּמְתוּ עַל־אָבוֹת כִּי אִם־אִישׁ בְּחֶטְאוֹ יָמוּת:

ז הוּא־הִכָּה אֶת־אֱדוֹם בְּגֵי־הַמֶּלַח עֲשֶׂרֶת אֲלָפִים וְתָפַשׂ
אֶת־הַסֶּלַע בַּמִּלְחָמָה וַיִּקְרָא אֶת־שְׁמָהּ יָקְתְאֵל עַד הַיּוֹם
הַזֶּה: אָז שָׁלַח אֲמַצְיָה מַלְאָכִים אֶל־יְהוֹאָשׁ

ח בֶּן־יְהוֹאָחָז בֶּן־יֵהוּא מֶלֶךְ יִשְׂרָאֵל לֵאמֹר לְכָה נִתְרָאֶה פָנִים:

ט וַיִּשְׁלַח יְהוֹאָשׁ מֶלֶךְ־יִשְׂרָאֵל אֶל־אֲמַצְיָהוּ מֶלֶךְ־יְהוּדָה לֵאמֹר
הַחוֹחַ אֲשֶׁר בַּלְּבָנוֹן שָׁלַח אֶל־הָאֶרֶז אֲשֶׁר בַּלְּבָנוֹן לֵאמֹר תְּנָה
אֶת־בִּתְּךָ לִבְנִי לְאִשָּׁה וַתַּעֲבֹר חַיַּת הַשָּׂדֶה אֲשֶׁר בַּלְּבָנוֹן

י וַתִּרְמֹס אֶת־הַחוֹחַ: הַכֵּה הִכִּיתָ אֶת־אֱדוֹם וּנְשָׂאֲךָ לִבֶּךָ הִכָּבֵד
וְשֵׁב בְּבֵיתֶךָ וְלָמָּה תִּתְגָּרֶה בְּרָעָה וְנָפַלְתָּה אַתָּה וִיהוּדָה

יא עִמָּךְ: וְלֹא־שָׁמַע אֲמַצְיָהוּ וַיַּעַל יְהוֹאָשׁ מֶלֶךְ־יִשְׂרָאֵל וַיִּתְרָאוּ
פָנִים הוּא וַאֲמַצְיָהוּ מֶלֶךְ־יְהוּדָה בְּבֵית שֶׁמֶשׁ אֲשֶׁר לִיהוּדָה:

יב וַיִּנָּגֶף יְהוּדָה לִפְנֵי יִשְׂרָאֵל וַיָּנֻסוּ אִישׁ לְאֹהָלוֹ: וְאֵת אֲמַצְיָהוּ

יג מֶלֶךְ־יְהוּדָה בֶּן־יְהוֹאָשׁ בֶּן־אֲחַזְיָהוּ תָּפַשׂ יְהוֹאָשׁ מֶלֶךְ־
יִשְׂרָאֵל בְּבֵית שָׁמֶשׁ וַיָּבֹאוּ יְרוּשָׁלִַם וַיִּפְרֹץ בְּחוֹמַת יְרוּשָׁלִַם

וַיָּבֹא בְּשַׁעַר אֶפְרַיִם עַד־שַׁעַר הַפִּנָּה אַרְבַּע מֵאוֹת אַמָּה:

יד וְלָקַח אֶת־
כָּל־הַזָּהָב וְהַכֶּסֶף וְאֵת כָּל־הַכֵּלִים הַנִּמְצְאִים בֵּית־יְהוָה
וּבְאֹצְרוֹת בֵּית הַמֶּלֶךְ וְאֵת בְּנֵי הַתַּעֲרֻבוֹת וַיָּשָׁב שֹׁמְרוֹנָה:

טו וְיֶתֶר דִּבְרֵי יְהוֹאָשׁ אֲשֶׁר עָשָׂה וּגְבוּרָתוֹ וַאֲשֶׁר נִלְחַם עִם
אֲמַצְיָהוּ מֶלֶךְ־יְהוּדָה הֲלֹא־הֵם כְּתוּבִים עַל־סֵפֶר דִּבְרֵי הַיָּמִים

טז לְמַלְכֵי יִשְׂרָאֵל: וַיִּשְׁכַּב יְהוֹאָשׁ עִם־אֲבֹתָיו וַיִּקָּבֵר בְּשֹׁמְרוֹן עִם
מַלְכֵי יִשְׂרָאֵל וַיִּמְלֹךְ יָרָבְעָם בְּנוֹ תַּחְתָּיו: וַיְחִי

יז אֲמַצְיָהוּ בֶן־יוֹאָשׁ מֶלֶךְ יְהוּדָה אַחֲרֵי מוֹת יְהוֹאָשׁ בֶּן־יְהוֹאָחָז
מֶלֶךְ יִשְׂרָאֵל חֲמֵשׁ עֶשְׂרֵה שָׁנָה: וְיֶתֶר דִּבְרֵי אֲמַצְיָהוּ הֲלֹא־הֵם

יח כְּתֻבִים עַל־סֵפֶר דִּבְרֵי הַיָּמִים לְמַלְכֵי יְהוּדָה: וַיִּקְשְׁרוּ עָלָיו

יט קֶשֶׁר בִּירוּשָׁלִַם וַיָּנָס לָכִישָׁה וַיִּשְׁלְחוּ אַחֲרָיו לָכִישָׁה וַיְמִתֻהוּ

כ שָׁם: וַיִּשְׂאוּ אֹתוֹ עַל־הַסּוּסִים וַיִּקָּבֵר בִּירוּשָׁלִַם עִם־אֲבֹתָיו

כא בְּעִיר דָּוִד: וַיִּקְחוּ כָּל־עַם יְהוּדָה אֶת־עֲזַרְיָה וְהוּא בֶּן־

כב שֵׁשׁ עֶשְׂרֵה שָׁנָה וַיַּמְלִכוּ אֹתוֹ תַּחַת אָבִיו אֲמַצְיָהוּ: הוּא
בָּנָה אֶת־אֵילַת וַיְשִׁבֶהָ לִיהוּדָה אַחֲרֵי שְׁכַב־הַמֶּלֶךְ עִם־
אֲבֹתָיו: בִּשְׁנַת חֲמֵשׁ־עֶשְׂרֵה שָׁנָה לַאֲמַצְיָהוּ

כג בֶּן־יוֹאָשׁ מֶלֶךְ יְהוּדָה מָלַךְ יָרָבְעָם בֶּן־יוֹאָשׁ מֶלֶךְ־יִשְׂרָאֵל

his father had done. But the high places were not taken away: 4
as yet the people sacrificed and burnt incense on the high
places. And it came to pass, as soon as the kingdom was con- 5
firmed in his hand, that he slew his servants who had slain the
king his father. But the children of the murderers he slew not: 6
according to that which is written in the book of the Tora of
Moshe, wherein the LORD commanded, saying, The fathers shall
not be put to death for the children, nor the children be put
to death for the fathers; but every man shall be put to death
for his own sin. He slew of Edom in the valley of salt ten 7
thousand, and took Sela by war, and called the name of it
Yoqte'el to this day. Then Amaẕya sent mesengers to Yeho- 8
'ash, the son of Yeho'aḥaz son of Yehu, king of Yisra'el, saying,
Come, let us look one another in the face. And Yeho'ash the 9
king of Yisra'el sent to Amaẕya king of Yehuda, saying, The
thistle that was in the Levanon sent to the cedar that was in the
Levanon, saying, Give thy daughter to my son to wife: and
there passed by a wild beast that was in the Levanon, and
trampled down the thistle. Thou hast indeed smitten Edom, 10
and thy heart has lifted thee up: keep thy glory and stay at
home: for why shouldst thou meddle with evil, that thou
shouldst fall, thou, and Yehuda with thee? But Amaẕyahu 11
would not hear. Therefore Yeho'ash king of Yisra'el went up;
and he and Amaẕyahu king of Yehuda looked one another in
the face at Bet-shemesh, which belongs to Yehuda. And Yehuda 12
was beaten before Yisra'el; and they fled every man to their
tents. And Yeho'ash king of Yisra'el took Amaẕyahu king of 13
Yehuda, the son of Yeho'ash the son of Aḥazyahu, at Bet-
shemesh, and came to Yerushalayim and broke down the wall
of Yerushalayim from the Gate of Efrayim to the Corner Gate,
four hundred cubits. And he took all the gold and silver, and 14
all the vessels that were found in the house of the LORD,
and in the treasures of the king's house, and hostages, and
returned to Shomeron. Now the rest of the acts of Yeho'ash 15
which he did, and his might, and how he fought with Amaẕ-
yahu king of Yehuda, are they not written in the book of the
chronicles of the kings of Yisra'el? And Yeho'ash slept with 16
his fathers, and was buried in Shomeron with the kings of
Yisra'el ; and Yarov'am his son reigned in his stead. And 17
Amaẕyahu the son of Yo'ash king of Yehuda lived after the
death of Yeho'ash son of Yeho'aḥaz king of Yisra'el fifteen
years. And the rest of the acts of Amaẕyahu, are they not 18
written in the book of the chronicles of the kings of Yehuda?
Now they made a conspiracy against him in Yerushalayim: 19
and he fled to Lakhish; but they sent after him to Lakhish,
and slew him there. And they brought him on horses: and he 20
was buried at Yerushalayim with his fathers in the city of
David. And all the people of Yehuda took 'Azarya, who was 21
sixteen years old, and made him king instead of his father
Amaẕyahu. He built Elat, and restored it to Yehuda, after the 22
king slept with his fathers. In the fifteenth year of Amaẕ- 23
yahu the son of Yo'ash king of Yehuda, Yarov'am the son of
Yo'ash king of Yisra'el began to reign in Shomeron, and he

בְּשֹׁמְרוֹן אַרְבָּעִים וְאַחַת שָׁנָה: וַיַּעַשׂ הָרַע בְּעֵינֵי יְהוָה לֹא סָר כד
מִכָּל־חַטֹּאות יָרָבְעָם בֶּן־נְבָט אֲשֶׁר הֶחֱטִיא אֶת־יִשְׂרָאֵל:
הוּא הֵשִׁיב אֶת־גְּבוּל יִשְׂרָאֵל מִלְּבוֹא חֲמָת עַד־יָם הָעֲרָבָה כה
כִּדְבַר יְהוָה אֱלֹהֵי יִשְׂרָאֵל אֲשֶׁר דִּבֶּר בְּיַד־עַבְדּוֹ יוֹנָה בֶן־
אֲמִתַּי הַנָּבִיא אֲשֶׁר מִגַּת הַחֵפֶר: כִּי־רָאָה יְהוָה אֶת־עֳנִי כו
יִשְׂרָאֵל מֹרֶה מְאֹד וְאֶפֶס עָצוּר וְאֶפֶס עָזוּב וְאֵין עֹזֵר לְיִשְׂרָאֵל:
וְלֹא־דִבֶּר יְהוָה לִמְחוֹת אֶת־שֵׁם יִשְׂרָאֵל מִתַּחַת הַשָּׁמָיִם כז
וַיּוֹשִׁיעֵם בְּיַד יָרָבְעָם בֶּן־יוֹאָשׁ: וְיֶתֶר דִּבְרֵי יָרָבְעָם וְכָל־אֲשֶׁר כח
עָשָׂה וּגְבוּרָתוֹ אֲשֶׁר־נִלְחָם וַאֲשֶׁר הֵשִׁיב אֶת־דַּמֶּשֶׂק וְאֶת־
חֲמָת לִיהוּדָה בְּיִשְׂרָאֵל הֲלֹא־הֵם כְּתוּבִים עַל־סֵפֶר דִּבְרֵי
הַיָּמִים לְמַלְכֵי יִשְׂרָאֵל: וַיִּשְׁכַּב יָרָבְעָם עִם־אֲבֹתָיו עִם מַלְכֵי כט
יִשְׂרָאֵל וַיִּמְלֹךְ זְכַרְיָה בְנוֹ תַּחְתָּיו: בִּשְׁנַת טו א
עֶשְׂרִים וָשֶׁבַע שָׁנָה לְיָרָבְעָם מֶלֶךְ יִשְׂרָאֵל מָלַךְ עֲזַרְיָה בֶן־
אֲמַצְיָה מֶלֶךְ יְהוּדָה: בֶּן־שֵׁשׁ עֶשְׂרֵה שָׁנָה הָיָה בְמָלְכוֹ ב
וַחֲמִשִּׁים וּשְׁתַּיִם שָׁנָה מָלַךְ בִּירוּשָׁלִָם וְשֵׁם אִמּוֹ יְכָלְיָהוּ
מִירוּשָׁלִָם: וַיַּעַשׂ הַיָּשָׁר בְּעֵינֵי יְהוָה כְּכֹל אֲשֶׁר־עָשָׂה אֲמַצְיָהוּ ג
אָבִיו: רַק הַבָּמוֹת לֹא־סָרוּ עוֹד הָעָם מְזַבְּחִים וּמְקַטְּרִים ד
בַּבָּמוֹת: וַיְנַגַּע יְהוָה אֶת־הַמֶּלֶךְ וַיְהִי מְצֹרָע עַד־יוֹם מֹתוֹ ה
וַיֵּשֶׁב בְּבֵית הַחָפְשִׁית וְיוֹתָם בֶּן־הַמֶּלֶךְ עַל־הַבַּיִת שֹׁפֵט אֶת־
עַם הָאָרֶץ: וְיֶתֶר דִּבְרֵי עֲזַרְיָהוּ וְכָל־אֲשֶׁר עָשָׂה הֲלֹא־הֵם ו
כְּתוּבִים עַל־סֵפֶר דִּבְרֵי הַיָּמִים לְמַלְכֵי יְהוּדָה: וַיִּשְׁכַּב עֲזַרְיָה ז
עִם־אֲבֹתָיו וַיִּקְבְּרוּ אֹתוֹ עִם־אֲבֹתָיו בְּעִיר דָּוִד וַיִּמְלֹךְ יוֹתָם בְּנוֹ כח
תַּחְתָּיו: בִּשְׁנַת שְׁלֹשִׁים וּשְׁמֹנֶה שָׁנָה לַעֲזַרְיָהוּ
מֶלֶךְ יְהוּדָה מָלַךְ זְכַרְיָהוּ בֶן־יָרָבְעָם עַל־יִשְׂרָאֵל בְּשֹׁמְרוֹן ח
שִׁשָּׁה חֳדָשִׁים: וַיַּעַשׂ הָרַע בְּעֵינֵי יְהוָה כַּאֲשֶׁר עָשׂוּ אֲבֹתָיו לֹא ט
סָר מֵחַטֹּאות יָרָבְעָם בֶּן־נְבָט אֲשֶׁר הֶחֱטִיא אֶת־יִשְׂרָאֵל:
וַיִּקְשֹׁר עָלָיו שַׁלֻּם בֶּן־יָבֵשׁ וַיַּכֵּהוּ קָבָל־עָם וַיְמִיתֵהוּ וַיִּמְלֹךְ י
תַּחְתָּיו: וְיֶתֶר דִּבְרֵי זְכַרְיָה הִנָּם כְּתוּבִים עַל־סֵפֶר דִּבְרֵי הַיָּמִים יא
לְמַלְכֵי יִשְׂרָאֵל: הוּא דְבַר־יְהוָה אֲשֶׁר דִּבֶּר אֶל־יֵהוּא יב
לֵאמֹר בְּנֵי רְבִיעִים יֵשְׁבוּ לְךָ עַל־כִּסֵּא יִשְׂרָאֵל וַיְהִי־
כֵן: שַׁלּוּם בֶּן־יָבֵשׁ מָלַךְ בִּשְׁנַת שְׁלֹשִׁים וָתֵשַׁע יג
שָׁנָה לְעֻזִּיָּה מֶלֶךְ יְהוּדָה וַיִּמְלֹךְ יֶרַח־יָמִים בְּשֹׁמְרוֹן: וַיַּעַל יד
מְנַחֵם בֶּן־גָּדִי מִתִּרְצָה וַיָּבֹא שֹׁמְרוֹן וַיַּךְ אֶת־שַׁלּוּם בֶּן־יָבֵישׁ
בְּשֹׁמְרוֹן וַיְמִיתֵהוּ וַיִּמְלֹךְ תַּחְתָּיו: וְיֶתֶר דִּבְרֵי שַׁלּוּם וְקִשְׁרוֹ טו
אֲשֶׁר קָשָׁר הִנָּם כְּתוּבִים עַל־סֵפֶר דִּבְרֵי הַיָּמִים לְמַלְכֵי

reigned forty one years. And he did that which was evil in the 24
sight of the Lord: he departed not from all the sins of Ya-
rov'am the son of Nevat, who made Yisra'el to sin. He restored 25
the border of Yisra'el from the entrance of Ḥamat to the sea
of the 'Arava, according to the word of the Lord God of Yis-
ra'el, which he spoke by the hand of his servant Yona, the
son of Amittay, the prophet, who was of Gat-ḥefer. For the 26
Lord saw the affliction of Yisra'el that it was very bitter: for
there was not any shut up, nor any left free, nor any helper
for Yisra'el. For the Lord had not said that he would blot 27
out the name of Yisra'el from under heaven: but he saved
them by the hand of Yarov'am the son of Yo'ash. Now the rest 28
of the acts of Yarov'am, and all that he did, and his might,
how he warred, and how he recovered Dammeseq, and Ḥamat
(which had belonged to Yehuda) for Yisra'el, are they not writ-
ten in the book of the chronicles of the king of Yisra'el?
And Yarov'am slept with his fathers, even with the kings of 29
Yisra'el, and Zekharya his son reigned in his stead. In the **15**
twenty seventh year of Yarov'am king of Yisra'el, 'Azarya son
of Amaẕya king of Yehuda began to reign. Sixteen years old 2
was he when he began to reign, and he reigned fifty two years
in Yerushalayim. And his mother's name was Yekholyahu of
Yerushalayim. And he did that which was right in the sight 3
of the Lord, according to all that his father Amaẕyahu had
done; except that the high places were not removed: the peo- 4
ple sacrificed and burnt incense still on the high places. And 5
the Lord smote the king, so that he was afflicted with ẕara'at
until the day of his death, and dwelt in the house of immunity.
And Yotam the king's son was over the house, judging the
people of the land. And the rest of the acts of 'Azaryahu, 6
and all that he did, are they not written in the book of the
chronicles of the kings of Yehuda? So 'Azarya slept with his 7
fathers; and they buried him with his fathers in the city of
David: and Yotam his son reigned in his stead. In the 8
thirty eighth year of 'Azaryahu king of Yehuda did Zekharyahu
the son of Yarov'am reign over Yisra'el in Shomeron six months.
And he did that which was evil in the sight of the Lord, as 9
his fathers had done: he departed not from the sins of
Yarov'am the son of Nevat, who made Yisra'el to sin. And 10
Shallum the son of Yavesh conspired against him, and smote
him before the people, and slew him, and reigned in his stead.
And the rest of the acts of Zekharya, behold, they are written 11
in the book of the chronicles of the kings of Yisra'el. This 12
was the word of the Lord which he spoke to Yehu, saying,
Thy sons shall sit on the throne of Yisra'el to the fourth genera-
tion. And so it came to pass. Shallum the son of Yavesh 13
began to reign in the thirty ninth year of 'Uzziyya king of
Yehuda; and he reigned a full month in Shomeron. For Mena- 14
ḥem the son of Gadi went up from Tirẕa, and came to Shome-
ron, and smote Shallum the son of Yavesh in Shomeron, and
slew him, and reigned in his stead. And the rest of the acts of 15
Shallum, and his conspiracy which he made, behold, they are
written in the book of the chronicles of the kings of Yisra'el.

יִשְׂרָאֵל: אָז יַכֶּה־מְנַחֵם אֶת־תִּפְסַח וְאֶת־כָּל־אֲשֶׁר־בָּהּ טז
וְאֶת־גְּבוּלֶיהָ מִתִּרְצָה כִּי לֹא פָתַח וַיַּךְ אֵת כָּל־הֶהָרוֹתֶיהָ
בִּקֵּעַ:   בִּשְׁנַת שְׁלֹשִׁים וְתֵשַׁע שָׁנָה לַעֲזַרְיָה מֶלֶךְ יז
יְהוּדָה מָלַךְ מְנַחֵם בֶּן־גָּדִי עַל־יִשְׂרָאֵל עֶשֶׂר שָׁנִים בְּשֹׁמְרוֹן:
וַיַּעַשׂ הָרַע בְּעֵינֵי יְהוָה לֹא־סָר מֵעַל חַטֹּאות יָרָבְעָם בֶּן־נְבָט יח
אֲשֶׁר הֶחֱטִיא אֶת־יִשְׂרָאֵל כָּל־יָמָיו: בָּא פוּל מֶלֶךְ־אַשּׁוּר עַל־ יט
הָאָרֶץ וַיִּתֵּן מְנַחֵם לְפוּל אֶלֶף כִּכַּר־כָּסֶף לִהְיוֹת יָדָיו אִתּוֹ
לְהַחֲזִיק הַמַּמְלָכָה בְּיָדוֹ: וַיֹּצֵא מְנַחֵם אֶת־הַכֶּסֶף עַל־יִשְׂרָאֵל כ
עַל כָּל־גִּבּוֹרֵי הַחַיִל לָתֵת לְמֶלֶךְ אַשּׁוּר חֲמִשִּׁים שְׁקָלִים כֶּסֶף
לְאִישׁ אֶחָד וַיָּשָׁב מֶלֶךְ אַשּׁוּר וְלֹא־עָמַד שָׁם בָּאָרֶץ: וְיֶתֶר כא
דִּבְרֵי מְנַחֵם וְכָל־אֲשֶׁר עָשָׂה הֲלוֹא־הֵם כְּתוּבִים עַל־סֵפֶר
דִּבְרֵי הַיָּמִים לְמַלְכֵי יִשְׂרָאֵל: וַיִּשְׁכַּב מְנַחֵם עִם־אֲבֹתָיו וַיִּמְלֹךְ כב
פְּקַחְיָה בְנוֹ תַּחְתָּיו: בִּשְׁנַת חֲמִשִּׁים שָׁנָה לַעֲזַרְיָה כג
מֶלֶךְ יְהוּדָה מָלַךְ פְּקַחְיָה בֶן־מְנַחֵם עַל־יִשְׂרָאֵל בְּשֹׁמְרוֹן
שְׁנָתָיִם: וַיַּעַשׂ הָרַע בְּעֵינֵי יְהוָה לֹא סָר מֵחַטֹּאות יָרָבְעָם בֶּן־ כד
נְבָט אֲשֶׁר הֶחֱטִיא אֶת־יִשְׂרָאֵל: וַיִּקְשֹׁר עָלָיו פֶּקַח בֶּן־רְמַלְיָהוּ כה
שָׁלִישׁוֹ וַיַּכֵּהוּ בְשֹׁמְרוֹן בְּאַרְמוֹן בֵּית־מֶלֶךְ אֶת־אַרְגֹּב וְאֶת־
הָאַרְיֵה וְעִמּוֹ חֲמִשִּׁים אִישׁ מִבְּנֵי גִלְעָדִים וַיְמִתֵהוּ וַיִּמְלֹךְ   הַמֶּלֶךְ
תַּחְתָּיו: וְיֶתֶר דִּבְרֵי פְקַחְיָה וְכָל־אֲשֶׁר עָשָׂה הִנָּם כְּתוּבִים כו
עַל־סֵפֶר דִּבְרֵי הַיָּמִים לְמַלְכֵי יִשְׂרָאֵל: בִּשְׁנַת כז
חֲמִשִּׁים וּשְׁתַּיִם שָׁנָה לַעֲזַרְיָה מֶלֶךְ יְהוּדָה מָלַךְ פֶּקַח בֶּן־
רְמַלְיָהוּ עַל־יִשְׂרָאֵל בְּשֹׁמְרוֹן עֶשְׂרִים שָׁנָה: וַיַּעַשׂ הָרַע בְּעֵינֵי כח
יְהוָה לֹא סָר מִן־חַטֹּאות יָרָבְעָם בֶּן־נְבָט אֲשֶׁר הֶחֱטִיא אֶת־
יִשְׂרָאֵל: בִּימֵי פֶּקַח מֶלֶךְ־יִשְׂרָאֵל בָּא תִּגְלַת פִּלְאֶסֶר מֶלֶךְ כט
אַשּׁוּר וַיִּקַּח אֶת־עִיּוֹן וְאֶת־אָבֵל בֵּית־מַעֲכָה וְאֶת־יָנוֹחַ וְאֶת־
קֶדֶשׁ וְאֶת־חָצוֹר וְאֶת־הַגִּלְעָד וְאֶת־הַגָּלִילָה כֹּל אֶרֶץ נַפְתָּלִי
וַיַּגְלֵם אַשּׁוּרָה: וַיִּקְשָׁר־קֶשֶׁר הוֹשֵׁעַ בֶּן־אֵלָה עַל־פֶּקַח בֶּן־ ל
רְמַלְיָהוּ וַיַּכֵּהוּ וַיְמִיתֵהוּ וַיִּמְלֹךְ תַּחְתָּיו בִּשְׁנַת עֶשְׂרִים לְיוֹתָם
בֶּן־עֻזִּיָּה: וְיֶתֶר דִּבְרֵי־פֶקַח וְכָל־אֲשֶׁר עָשָׂה הִנָּם כְּתוּבִים לא
עַל־סֵפֶר דִּבְרֵי הַיָּמִים לְמַלְכֵי יִשְׂרָאֵל: בִּשְׁנַת לב
שְׁתַּיִם לְפֶקַח בֶּן־רְמַלְיָהוּ מֶלֶךְ יִשְׂרָאֵל מָלַךְ יוֹתָם בֶּן־עֻזִּיָּהוּ
מֶלֶךְ יְהוּדָה: בֶּן־עֶשְׂרִים וְחָמֵשׁ שָׁנָה הָיָה בְמָלְכוֹ וְשֵׁשׁ־עֶשְׂרֵה לג
שָׁנָה מָלַךְ בִּירוּשָׁלִָם וְשֵׁם אִמּוֹ יְרוּשָׁא בַּת־צָדוֹק: וַיַּעַשׂ הַיָּשָׁר לד
בְּעֵינֵי יְהוָה כְּכֹל אֲשֶׁר־עָשָׂה עֻזִּיָּהוּ אָבִיו עָשָׂה: רַק הַבָּמוֹת לה
לֹא סָרוּ עוֹד הָעָם מְזַבְּחִים וּמְקַטְּרִים בַּבָּמוֹת הוּא בָּנָה אֶת־
שַׁעַר בֵּית־יְהוָה הָעֶלְיוֹן: וְיֶתֶר דִּבְרֵי יוֹתָם וְכָל־אֲשֶׁר עָשָׂה לו

Then Menaḥem smote Tifsaḥ, and all that were therein, and 16
its borders from Tirẓa: because they opened not to him, there-
fore he smote it; and all the women that were there with child
he ripped up.   In the thirty ninth year of 'Azarya king of 17
Yehuda, Menaḥem the son of Gadi began to reign over Yisra'el,
and reigned ten years in Shomeron. And he did that which was 18
evil in the sight of the Lord : he departed not all his days from
the sins of Yarov'am the son of Nevat, who made Yisra'el to
sin. And Pul the king of Ashshur came against the land : and 19
Menaḥem gave Pul a thousand talents of silver, that his hand
might be with him to strengthen the kingdom in his hand. And 20
Menaḥem exacted the money from Yisra'el, from all the mighty
men of wealth, of each man fifty shekels of silver, to give to
the king of Ashshur. So the king of Ashshur turned back, and
stayed not there in the land. And the rest of the acts of 21
Menaḥem, and all that he did, are they not written in the book
of the chronicles of the kings of Yisra'el? And Menaḥem slept 22
with his fathers ; and Peqaḥya his son reigned in his stead.

In the fiftieth year of 'Azarya king of Yehuda, Peqaḥya the 23
son of Menaḥem began to reign over Yisra'el on Shomeron, and
reigned two years. And he did that which was evil in the sight 24
of the Lord: he departed not from the sins of Yarov'am the
son of Nevat, who made Yisra'el to sin. But Peqaḥ the son 25
of Remalyahu, a captain of his, conspired against him, and
smote him in Shomeron, in the palace of the king's house,
(by Argov and the Arye) and with him fifty men of the
Gil'adim : and he killed him, and reigned in his place. And 26
the rest of the acts of Peqaḥya, and all that he did, behold,
they are written in the book of the chronicles of the kings of
Yisra'el.   In the fifty second year of 'Azarya king of Yehuda, 27
Peqaḥ the son of Ramalyahu began to reign over Yisra'el in
Shomeron, and reigned twenty years. And he did that which 28
was evil in the sight of the Lord: he departed not from the
sins of Yarov'am the son of Nevat, who made Yisra'el to sin.
In the days of Peqaḥ king of Yisra'el, Tiglat-pil'eser king 29
Ashshur came and took 'Iyyon, and Avel-bet-ma'akha, and
Yanoaḥ, and Qedesh, and Ḥaẓor, and Gil'ad, and the Galil,
all the land of Naftali, and carried them captive to Ashshur.
And Hoshea the son of Ela made a conspiracy against Peqaḥ 30
the son of Remalyahu, and smote him, and slew him, and
reigned in his stead, in the twentieth year of Yotam the son
of 'Uzziyya. And the rest of the acts of Peqaḥ, and all that he 31
did, behold, they are written in the book of the chronicles of the
kings of Yisra'el.   In the second year of Peqaḥ the son 32
of Remalyahu king of Yisra'el, Yotam the son of 'Uzziyyahu
king of Yehuda began to reign. He was twenty five years old 33
when he began to reign, and he reigned sixteen years in Yeru-
shalayim. And his mother's name was Yerusha, the daughter 34
of Ẓadoq. And he did that which was right in the sight of the
Lord: he did according to all that his father 'Uzziyyahu had
done. Yet the high places were not removed: the people sacri- 35
ficed and burned incense still on the high places. He built the
higher gate of the house of the Lord. Now the rest of the acts 36

לז הֲלֹא־הֵם כְּתוּבִים עַל־סֵפֶר דִּבְרֵי הַיָּמִים לְמַלְכֵי יְהוּדָה׃ בַּיָּמִים
הָהֵם הֵחֵל יְהוָה לְהַשְׁלִיחַ בִּיהוּדָה רְצִין מֶלֶךְ אֲרָם וְאֵת פֶּקַח
לח בֶּן־רְמַלְיָהוּ׃ וַיִּשְׁכַּב יוֹתָם עִם־אֲבֹתָיו וַיִּקָּבֵר עִם־אֲבֹתָיו בְּעִיר
טז א דָּוִד אָבִיו וַיִּמְלֹךְ אָחָז בְּנוֹ תַּחְתָּיו׃ בִּשְׁנַת שְׁבַע־
עֶשְׂרֵה שָׁנָה לְפֶקַח בֶּן־רְמַלְיָהוּ מָלַךְ אָחָז בֶּן־יוֹתָם מֶלֶךְ
ב יְהוּדָה׃ בֶּן־עֶשְׂרִים שָׁנָה אָחָז בְּמָלְכוֹ וְשֵׁשׁ־עֶשְׂרֵה שָׁנָה מָלַךְ
בִּירוּשָׁלִָם וְלֹא־עָשָׂה הַיָּשָׁר בְּעֵינֵי יְהוָה אֱלֹהָיו כְּדָוִד אָבִיו׃
ג וַיֵּלֶךְ בְּדֶרֶךְ מַלְכֵי יִשְׂרָאֵל וְגַם אֶת־בְּנוֹ הֶעֱבִיר בָּאֵשׁ כְּתֹעֲבוֹת
ד הַגּוֹיִם אֲשֶׁר הוֹרִישׁ יְהוָה אֹתָם מִפְּנֵי בְּנֵי יִשְׂרָאֵל׃ וַיְזַבֵּחַ וַיְקַטֵּר
ה בַּבָּמוֹת וְעַל־הַגְּבָעוֹת וְתַחַת כָּל־עֵץ רַעֲנָן׃ אָז יַעֲלֶה רְצִין
מֶלֶךְ־אֲרָם וּפֶקַח בֶּן־רְמַלְיָהוּ מֶלֶךְ־יִשְׂרָאֵל יְרוּשָׁלִַם לַמִּלְחָמָה
ו וַיָּצֻרוּ עַל־אָחָז וְלֹא יָכְלוּ לְהִלָּחֵם׃ בָּעֵת הַהִיא הֵשִׁיב רְצִין
מֶלֶךְ־אֲרָם אֶת־אֵילַת לַאֲרָם וַיְנַשֵּׁל אֶת־הַיְהוּדִים מֵאֵילוֹת
ז וארומים בָּאוּ אֵילַת וַיֵּשְׁבוּ שָׁם עַד הַיּוֹם הַזֶּה׃ וַיִּשְׁלַח אָחָז וַאֲדוֹמִים
מַלְאָכִים אֶל־תִּגְלַת פְּלֶסֶר מֶלֶךְ־אַשּׁוּר לֵאמֹר עַבְדְּךָ וּבִנְךָ אָנִי
עֲלֵה וְהוֹשִׁעֵנִי מִכַּף מֶלֶךְ־אֲרָם וּמִכַּף מֶלֶךְ יִשְׂרָאֵל הַקּוֹמִים
ח עָלָי׃ וַיִּקַּח אָחָז אֶת־הַכֶּסֶף וְאֶת־הַזָּהָב הַנִּמְצָא בֵּית יְהוָה
ט וּבְאֹצְרוֹת בֵּית הַמֶּלֶךְ וַיִּשְׁלַח לְמֶלֶךְ אַשּׁוּר שֹׁחַד׃ וַיִּשְׁמַע אֵלָיו
מֶלֶךְ אַשּׁוּר וַיַּעַל מֶלֶךְ אַשּׁוּר אֶל־דַּמֶּשֶׂק וַיִּתְפְּשֶׂהָ וַיַּגְלֶהָ קִירָה
י וְאֶת־רְצִין הֵמִית׃ וַיֵּלֶךְ הַמֶּלֶךְ אָחָז לִקְרַאת תִּגְלַת פִּלְאֶסֶר
מֶלֶךְ־אַשּׁוּר דּוּמֶּשֶׂק וַיַּרְא אֶת־הַמִּזְבֵּחַ אֲשֶׁר בְּדַמָּשֶׂק וַיִּשְׁלַח
הַמֶּלֶךְ אָחָז אֶל־אוּרִיָּה הַכֹּהֵן אֶת־דְּמוּת הַמִּזְבֵּחַ וְאֶת־תַּבְנִיתוֹ
יא לְכָל־מַעֲשֵׂהוּ׃ וַיִּבֶן אוּרִיָּה הַכֹּהֵן אֶת־הַמִּזְבֵּחַ כְּכֹל אֲשֶׁר־שָׁלַח
הַמֶּלֶךְ אָחָז מִדַּמֶּשֶׂק כֵּן עָשָׂה אוּרִיָּה הַכֹּהֵן עַד־בּוֹא הַמֶּלֶךְ־
יב אָחָז מִדַּמָּשֶׂק׃ וַיָּבֹא הַמֶּלֶךְ מִדַּמֶּשֶׂק וַיַּרְא הַמֶּלֶךְ אֶת־הַמִּזְבֵּחַ
יג וַיִּקְרַב הַמֶּלֶךְ עַל־הַמִּזְבֵּחַ וַיַּעַל עָלָיו׃ וַיַּקְטֵר אֶת־עֹלָתוֹ וְאֶת־
מִנְחָתוֹ וַיַּסֵּךְ אֶת־נִסְכּוֹ וַיִּזְרֹק אֶת־דַּם־הַשְּׁלָמִים אֲשֶׁר־לוֹ
יד עַל־הַמִּזְבֵּחַ׃ וְאֵת הַמִּזְבַּח הַנְּחֹשֶׁת אֲשֶׁר לִפְנֵי יְהוָה וַיַּקְרֵב
מֵאֵת פְּנֵי הַבַּיִת מִבֵּין הַמִּזְבֵּחַ וּמִבֵּין בֵּית יְהוָה וַיִּתֵּן אֹתוֹ עַל־
טו יֶרֶךְ הַמִּזְבֵּחַ צָפוֹנָה׃ ויצוהו הַמֶּלֶךְ אָחָז אֶת־אוּרִיָּה הַכֹּהֵן וַיְצַוֶּה
לֵאמֹר עַל הַמִּזְבֵּחַ הַגָּדוֹל הַקְטֵר אֶת־עֹלַת־הַבֹּקֶר וְאֶת־
מִנְחַת הָעֶרֶב וְאֶת־עֹלַת הַמֶּלֶךְ וְאֶת־מִנְחָתוֹ וְאֵת עֹלַת כָּל־
עַם הָאָרֶץ וּמִנְחָתָם וְנִסְכֵּיהֶם וְכָל־דַּם עֹלָה וְכָל־דַּם־זֶבַח עָלָיו
טז תִּזְרֹק וּמִזְבַּח הַנְּחֹשֶׁת יִהְיֶה־לִּי לְבַקֵּר׃ וַיַּעַשׂ אוּרִיָּה הַכֹּהֵן
יז כְּכֹל אֲשֶׁר־צִוָּה הַמֶּלֶךְ אָחָז׃ וַיְקַצֵּץ הַמֶּלֶךְ אָחָז אֶת־הַמִּסְגְּרוֹת

of Yotam, and all that he did, are they not written in the book
of the chronicles of the kings of Yehuda? In those days the 37
Lord began to send against Yehuda Rez̲in the king of Aram,
and Peqah̲ the son of Remalyahu. And Yotam slept with his 38
fathers and was buried with his fathers in the city of David
his father: and Ah̲az his son reigned in his stead. In the **16**
seventeenth year of Peqah̲ the son of Remalyahu, Ah̲az the son
of Yotam king of Yehuda began to reign. Twenty years old was 2
Ah̲az when he began to reign, and he reigned sixteen years in
Yerushalayim, and did not do that which was right in the sight of
the Lord his God, like David his father. But he walked in the way 3
of the kings of Yisra'el, and even made his son pass through the
fire, according to the abominations of the nations, whom the
Lord cast out from before the children of Yisra'el. And he sacri- 4
ficed and burnt incense on the high places, and on the hills,
and under every green tree. Then Rez̲in king of Aram and 5
Peqah̲ son of Remalyahu king of Yisra'el came up to Yeru-
shalayim to war: and they besieged Ah̲az, but could not over-
come him. At that time Rez̲in king of Aram recovered Elat to 6
Aram, and drove the men of Yehuda from Elat: and the
Adomim came to Elat, and dwelt there to this day. So 7
Ah̲az sent messengers to Tiglat-pil'eser king of Ashshur, say-
ing, I am thy servant and thy son: come up, and save me
out of the hand of the king of Aram, and out of the hand of
the king of Yisra'el, who have risen against me. And Ah̲az 8
took the silver and gold that was in the house of the Lord,
and in the treasures of the king's house, and sent it for a pres-
ent to the king of Ashshur. And the king of Ashshur heark- 9
ened to him: for the king of Ashshur went up against Dam-
meseq, and took it, and carried the people of it captive to Qir,
and slew Rez̲in. And king Ah̲az went to Dammeseq to meet 10
Tiglat-pil'eser king of Ashshur, and saw an altar that was at
Dammeseq: and king Ah̲az sent to Uriyya the priest the
fashion of the altar, and the pattern of it, according to all its
workmanship. And Uriyya the priest built an altar according 11
to all that king Ah̲az had sent from Dammeseq: so Uriyya
the priest made it before king Ah̲az arrived from Dammeseq.
And when the king was come from Dammeseq, the king saw 12
the altar: and the king drew near to the altar, and offered on
it. And he burnt his burnt offering and his meal offering, and 13
poured his drink offering, and sprinkled the blood of his peace
offerings upon the altar. And he brought also the brazen altar, 14
which was before the Lord, from the forefront of the house,
from between his altar and the house of the Lord, and put it
on the north side of his altar. And king Ah̲az commanded 15
Uriyya the priest, saying, Upon the great altar burn the morn-
ing burnt offering, and the evening meal offering, and the
king's burnt sacrifice, and his meal offering, with the burnt
offering of all the people of the land, and their meal offering,
and their drink offerings; and sprinkle upon it all the blood
of the burnt offering, and all the blood of the sacrifice: and
the brazen altar shall be for me to visit. Thus did Uriyya the 16
priest, according to all that king Ah̲az commanded. And king 17

אֶת־ הַמְּכֹנוֹת וַיָּסַר מֵעֲלֵיהֶם וְאֶת־הַכִּיֹּר וְאֶת־הַיָּם הוֹרִד מֵעַל
הַבָּקָר הַנְּחֹשֶׁת אֲשֶׁר תַּחְתֶּיהָ וַיִּתֵּן אֹתוֹ עַל מַרְצֶפֶת אֲבָנִים:

יח מוּסַךְ וְאֶת־מֵיסַךְ הַשַּׁבָּת אֲשֶׁר־בָּנוּ בַבַּיִת וְאֶת־מְבוֹא הַמֶּלֶךְ
הַחִיצוֹנָה הֵסֵב בֵּית יְהוָה מִפְּנֵי מֶלֶךְ אַשּׁוּר: וְיֶתֶר דִּבְרֵי אָחָז

יט אֲשֶׁר עָשָׂה הֲלֹא־הֵם כְּתוּבִים עַל־סֵפֶר דִּבְרֵי הַיָּמִים לְמַלְכֵי

כ יְהוּדָה: וַיִּשְׁכַּב אָחָז עִם־אֲבֹתָיו וַיִּקָּבֵר עִם־אֲבֹתָיו בְּעִיר דָּוִד

א יז וַיִּמְלֹךְ חִזְקִיָּהוּ בְנוֹ תַּחְתָּיו: בִּשְׁנַת שְׁתֵּים עֶשְׂרֵה
לְאָחָז מֶלֶךְ יְהוּדָה מָלַךְ הוֹשֵׁעַ בֶּן־אֵלָה בְשֹׁמְרוֹן עַל־יִשְׂרָאֵל

ב תֵּשַׁע שָׁנִים: וַיַּעַשׂ הָרַע בְּעֵינֵי יְהוָה רַק לֹא כְּמַלְכֵי יִשְׂרָאֵל

ג אֲשֶׁר הָיוּ לְפָנָיו: עָלָיו עָלָה שַׁלְמַנְאֶסֶר מֶלֶךְ אַשּׁוּר וַיְהִי־לוֹ

ד הוֹשֵׁעַ עֶבֶד וַיָּשֶׁב לוֹ מִנְחָה: וַיִּמְצָא מֶלֶךְ־אַשּׁוּר בְּהוֹשֵׁעַ קֶשֶׁר
אֲשֶׁר שָׁלַח מַלְאָכִים אֶל־סוֹא מֶלֶךְ־מִצְרַיִם וְלֹא־הֶעֱלָה מִנְחָה
לְמֶלֶךְ אַשּׁוּר כְּשָׁנָה בְשָׁנָה וַיַּעַצְרֵהוּ מֶלֶךְ אַשּׁוּר וַיַּאַסְרֵהוּ בֵּית

ה כֶּלֶא: וַיַּעַל מֶלֶךְ־אַשּׁוּר בְּכָל־הָאָרֶץ וַיַּעַל שֹׁמְרוֹן וַיָּצַר עָלֶיהָ

ו שָׁלֹשׁ שָׁנִים: בִּשְׁנַת הַתְּשִׁיעִית לְהוֹשֵׁעַ לָכַד מֶלֶךְ־אַשּׁוּר אֶת־
שֹׁמְרוֹן וַיֶּגֶל אֶת־יִשְׂרָאֵל אַשּׁוּרָה וַיֹּשֶׁב אוֹתָם בַּחְלַח וּבְחָבוֹר

ז נְהַר גּוֹזָן וְעָרֵי מָדָי: וַיְהִי כִּי־חָטְאוּ בְנֵי־יִשְׂרָאֵל
לַיהוָה אֱלֹהֵיהֶם הַמַּעֲלֶה אֹתָם מֵאֶרֶץ מִצְרַיִם מִתַּחַת יַד

ח פַּרְעֹה מֶלֶךְ־מִצְרָיִם וַיִּירְאוּ אֱלֹהִים אֲחֵרִים: וַיֵּלְכוּ בְּחֻקּוֹת
הַגּוֹיִם אֲשֶׁר הוֹרִישׁ יְהוָה מִפְּנֵי בְּנֵי יִשְׂרָאֵל וּמַלְכֵי יִשְׂרָאֵל אֲשֶׁר

ט עָשׂוּ: וַיְחַפְּאוּ בְנֵי־יִשְׂרָאֵל דְּבָרִים אֲשֶׁר לֹא־כֵן עַל־יְהוָה
אֱלֹהֵיהֶם וַיִּבְנוּ לָהֶם בָּמוֹת בְּכָל־עָרֵיהֶם מִמִּגְדַּל נוֹצְרִים עַד־

י עִיר מִבְצָר: וַיַּצִּבוּ לָהֶם מַצֵּבוֹת וַאֲשֵׁרִים עַל כָּל־גִּבְעָה גְבֹהָה

יא וְתַחַת כָּל־עֵץ רַעֲנָן: וַיְקַטְּרוּ־שָׁם בְּכָל־בָּמוֹת כַּגּוֹיִם אֲשֶׁר־
הֶגְלָה יְהוָה מִפְּנֵיהֶם וַיַּעֲשׂוּ דְּבָרִים רָעִים לְהַכְעִיס אֶת־יְהוָה:

יב וַיַּעַבְדוּ הַגִּלֻּלִים אֲשֶׁר אָמַר יְהוָה לָהֶם לֹא תַעֲשׂוּ אֶת־הַדָּבָר

יג נְבִיאֵי הַזֶּה: וַיָּעַד יְהוָה בְּיִשְׂרָאֵל וּבִיהוּדָה בְּיַד כָּל־נְבִיאֵי כָל־חֹזֶה
לֵאמֹר שֻׁבוּ מִדַּרְכֵיכֶם הָרָעִים וְשִׁמְרוּ מִצְוֹתַי חֻקּוֹתַי כְּכָל־
הַתּוֹרָה אֲשֶׁר צִוִּיתִי אֶת־אֲבֹתֵיכֶם וַאֲשֶׁר שָׁלַחְתִּי אֲלֵיכֶם בְּיַד

יד עֲבָדַי הַנְּבִיאִים: וְלֹא שָׁמֵעוּ וַיַּקְשׁוּ אֶת־עָרְפָּם כְּעֹרֶף אֲבוֹתָם

טו אֲשֶׁר לֹא הֶאֱמִינוּ בַּיהוָה אֱלֹהֵיהֶם: וַיִּמְאֲסוּ אֶת־חֻקָּיו וְאֶת־
בְּרִיתוֹ אֲשֶׁר כָּרַת אֶת־אֲבוֹתָם וְאֵת עֵדְוֹתָיו אֲשֶׁר הֵעִיד בָּם
וַיֵּלְכוּ אַחֲרֵי הַהֶבֶל וַיֶּהְבָּלוּ וְאַחֲרֵי הַגּוֹיִם אֲשֶׁר סְבִיבֹתָם אֲשֶׁר

טז צִוָּה יְהוָה אֹתָם לְבִלְתִּי עֲשׂוֹת כָּהֶם: וַיַּעַזְבוּ אֶת־כָּל־מִצְוֹת

Aḥaz cut off the borders of the bases, and removed the laver from off them ; and took down the sea from off the brazen oxen that were under it, and put it upon a pavement of stones. And the covered passage for the sabbath that they had built 18 in the house, and the king's outer entry, he turned to the house of the LORD because of the king of Ashshur. Now the 19 rest of the acts of Aḥaz which he did, are they not written in the book of the chronicles of the kings of Yehuda ? And 20 Aḥaz slept with his fathers, and was buried with his fathers in the city of David : and Ḥizqiyyahu his son reigned in his stead.　　　In the twelfth year of Aḥaz king of Yehuda **17** Hoshea the son of Ela began to reign in Shomeron over Yisra'el, reigning for nine years. And he did that which was evil 2 in the sight of the LORD, but not as the kings of Yisra'el that were before him. Against him came up Shalman'eser king of 3 Ashshur; and Hoshea became his servant, and gave him presents. And the king of Ashshur found treachery in Hoshea : for 4 he had sent messengers to So king of Miẓrayim, and brought no present to the king of Ashshur, as he had done year by year : therefore the king of Ashshur shut him up, and bound him in prison. Then the king of Ashshur came up throughout 5 all the land, and went up to Shomeron, and besieged it for three years. In the ninth year of Hoshea, the king of Ashshur took 6 Shomeron, and carried Yisra'el away into Ashshur, and placed them in Ḥalaḥ and in Ḥavor by the river of Gozan, and in the cities of the Maday.　　　For so it was, when the children of 7 Yisra'el had sinned against the LORD their GOD, who had brought them up out of the land of Miẓrayim, from under the hand of Par'o king of Miẓrayim, and had feared other gods, and walked 8 in the statutes of the nations, whom the LORD cast out from before the children of Yisra'el, and of the kings of Yisra'el, which they practised; and the children of Yisra'el fabricated 9 matters that were not right against the LORD their GOD, and they built them high places in all their cities, from the tower of the watchmen to the fortified city; and they set them up 10 pillars and asherim on every high hill, and under every green tree ; and there they burnt incense in all the high places, as did 11 the heathen whom the LORD carried away before them ; and did wicked things to provoke the LORD to anger ; for they served 12 idols, concerning which the LORD had said to them, You shall not do this thing; then the LORD testified against Yisra'el, and 13 against Yehuda, by all the prophets, and by all the seers, saying, Turn from your evil ways, and keep my commandments and my statutes, according to all the Tora which I commanded your fathers, and which I sent to you by my servants the prophets. Yet they would not hear, but hardened their necks, 14 like the neck of their fathers, that did not believe in the LORD their GOD. And they rejected his statutes, and his covenant 15 that he made with their fathers, and his testimonies which he testified against them; and they followed worthless paths, and became themselves worthless, and went after the nations that were round about them, concerning whom the LORD had charged them, that they should not do like them. And they 16

שֵׁנִי יְהוָה אֱלֹהֵיהֶם וַיַּעֲשׂוּ לָהֶם מַסֵּכָה שְׁנֵים עֲגָלִים וַיַּעֲשׂוּ אֲשֵׁרָה

וַיִּשְׁתַּחֲווּ לְכָל־צְבָא הַשָּׁמַיִם וַיַּעַבְדוּ אֶת־הַבָּעַל׃ וַיַּעֲבִירוּ אֶת־ יז

בְּנֵיהֶם וְאֶת־בְּנוֹתֵיהֶם בָּאֵשׁ וַיִּקְסְמוּ קְסָמִים וַיְנַחֵשׁוּ וַיִּתְמַכְּרוּ

לַעֲשׂוֹת הָרַע בְּעֵינֵי יְהוָה לְהַכְעִיסוֹ׃ וַיִּתְאַנַּף יְהוָה מְאֹד יח

בְּיִשְׂרָאֵל וַיְסִרֵם מֵעַל פָּנָיו לֹא נִשְׁאַר רַק שֵׁבֶט יְהוּדָה לְבַדּוֹ׃

גַּם־יְהוּדָה לֹא שָׁמַר אֶת־מִצְוֺת יְהוָה אֱלֹהֵיהֶם וַיֵּלְכוּ בְּחֻקּוֹת יט

יִשְׂרָאֵל אֲשֶׁר עָשׂוּ׃ וַיִּמְאַס יְהוָה בְּכָל־זֶרַע יִשְׂרָאֵל וַיְעַנֵּם כ

וַיִּתְּנֵם בְּיַד־שֹׁסִים עַד אֲשֶׁר הִשְׁלִיכָם מִפָּנָיו׃ כִּי־קָרַע יִשְׂרָאֵל כא

וַיַּדַּח מֵעַל בֵּית דָּוִד וַיַּמְלִיכוּ אֶת־יָרָבְעָם בֶּן־נְבָט וַיַּדַּח יָרָבְעָם אֶת־

יִשְׂרָאֵל מֵאַחֲרֵי יְהוָה וְהֶחֱטִיאָם חֲטָאָה גְדוֹלָה׃ וַיֵּלְכוּ בְּנֵי כב

יִשְׂרָאֵל בְּכָל־חַטֹּאות יָרָבְעָם אֲשֶׁר עָשָׂה לֹא־סָרוּ מִמֶּנָּה׃ עַד כג

אֲשֶׁר־הֵסִיר יְהוָה אֶת־יִשְׂרָאֵל מֵעַל פָּנָיו כַּאֲשֶׁר דִּבֶּר בְּיַד כָּל־

עֲבָדָיו הַנְּבִיאִים וַיִּגֶל יִשְׂרָאֵל מֵעַל אַדְמָתוֹ אַשּׁוּרָה עַד הַיּוֹם

הַזֶּה׃ וַיָּבֵא מֶלֶךְ־אַשּׁוּר מִבָּבֶל וּמִכּוּתָה וּמֵעַוָּא כד

וּמֵחֲמָת וּסְפַרְוָיִם וַיֹּשֶׁב בְּעָרֵי שֹׁמְרוֹן תַּחַת בְּנֵי יִשְׂרָאֵל וַיִּרְשׁוּ

וּמִסְפַרְוַיִם אֶת־שֹׁמְרוֹן וַיֵּשְׁבוּ בְּעָרֶיהָ׃ וַיְהִי בִּתְחִלַּת שִׁבְתָּם שָׁם לֹא יָרְאוּ כה

אֶת־יְהוָה וַיְשַׁלַּח יְהוָה בָּהֶם אֶת־הָאֲרָיוֹת וַיִּהְיוּ הֹרְגִים בָּהֶם׃

וַיֹּאמְרוּ לְמֶלֶךְ אַשּׁוּר לֵאמֹר הַגּוֹיִם אֲשֶׁר הִגְלִיתָ וַתּוֹשֶׁב בְּעָרֵי כו

שֹׁמְרוֹן לֹא יָדְעוּ אֶת־מִשְׁפַּט אֱלֹהֵי הָאָרֶץ וַיְשַׁלַּח־בָּם אֶת־

הָאֲרָיוֹת וְהִנָּם מְמִיתִים אוֹתָם כַּאֲשֶׁר אֵינָם יֹדְעִים אֶת־מִשְׁפַּט

אֱלֹהֵי הָאָרֶץ׃ וַיְצַו מֶלֶךְ־אַשּׁוּר לֵאמֹר הֹלִיכוּ שָׁמָּה אֶחָד כז

מֵהַכֹּהֲנִים אֲשֶׁר הִגְלִיתֶם מִשָּׁם וְיֵלְכוּ וְיֵשְׁבוּ שָׁם וְיֹרֵם אֶת־

מִשְׁפַּט אֱלֹהֵי הָאָרֶץ׃ וַיָּבֹא אֶחָד מֵהַכֹּהֲנִים אֲשֶׁר הִגְלוּ כח

מִשֹּׁמְרוֹן וַיֵּשֶׁב בְּבֵית־אֵל וַיְהִי מוֹרֶה אֹתָם אֵיךְ יִירְאוּ אֶת־

יְהוָה׃ וַיִּהְיוּ עֹשִׂים גּוֹי גּוֹי אֱלֹהָיו וַיַּנִּיחוּ ׀ בְּבֵית הַבָּמוֹת אֲשֶׁר כט

עָשׂוּ הַשֹּׁמְרֹנִים גּוֹי גּוֹי בְּעָרֵיהֶם אֲשֶׁר הֵם יֹשְׁבִים שָׁם׃ וְאַנְשֵׁי ל

בָבֶל עָשׂוּ אֶת־סֻכּוֹת בְּנוֹת וְאַנְשֵׁי־כוּת עָשׂוּ אֶת־נֵרְגַל וְאַנְשֵׁי

חֲמָת עָשׂוּ אֶת־אֲשִׁימָא׃ וְהָעַוִּים עָשׂוּ נִבְחַז וְאֶת־תַּרְתָּק לא

וְהַסְפַרְוִים שֹׂרְפִים אֶת־בְּנֵיהֶם בָּאֵשׁ לְאַדְרַמֶּלֶךְ וַעֲנַמֶּלֶךְ אלה

סְפַרְוִים׃ וַיִּהְיוּ יְרֵאִים אֶת־יְהוָה וַיַּעֲשׂוּ לָהֶם מִקְצוֹתָם כֹּהֲנֵי לב

בָמוֹת וַיִּהְיוּ עֹשִׂים לָהֶם בְּבֵית הַבָּמוֹת׃ אֶת־יְהוָה הָיוּ יְרֵאִים לג

וְאֶת־אֱלֹהֵיהֶם הָיוּ עֹבְדִים כְּמִשְׁפַּט הַגּוֹיִם אֲשֶׁר־הִגְלוּ אֹתָם

מִשָּׁם׃ עַד הַיּוֹם הַזֶּה הֵם עֹשִׂים כַּמִּשְׁפָּטִים הָרִאשֹׁנִים אֵינָם לד

יְרֵאִים אֶת־יְהוָה וְאֵינָם עֹשִׂים כְּחֻקֹּתָם וּכְמִשְׁפָּטָם וְכַתּוֹרָה

וְכַמִּצְוָה אֲשֶׁר צִוָּה יְהוָה אֶת־בְּנֵי יַעֲקֹב אֲשֶׁר־שָׂם שְׁמוֹ

left all the commandments of the Lord their God, and made them molten images, two calves, and made an ashera, and worshipped all the host of heaven, and served the Ba'al. And 17 they caused their sons and their daughters to pass through the fire, and used divination and enchantments, and gave themselves up to do evil in the sight of the Lord, to provoke him to anger. Therefore the Lord was very angry with Yisra'el, 18 and removed them out of his sight: there was none left but the tribe of Yehuda alone. Also Yehuda did not keep the com- 19 mandments of the Lord their God, but walked in the statutes of Yisra'el which they practised. And the Lord rejected all the 20 seed of Yisra'el, and afflicted them, and delivered them into the hand of spoilers, until he had cast them out from his face. For he rent Yisra'el from the house of David; and they made 21 Yarov'am the son of Nevat king : and Yarov'am drove Yisra'el from following the Lord, and made them sin a great sin. For the 22 children of Yisra'el walked in all the sins of Yarov'am which he did; they departed not from them; until the Lord removed 23 Yisra'el out of his sight, as he had said by all his servants the prophets. So was Yisra'el carried away out of their own land to Ashshur to this day.   And the king of Ashshur brought men 24 from Bavel, and from Kuta, and from 'Avva, and from Ḥamat, and from Sefarvayim, and settled them in the cities of Shomeron, in place of the children of Yisra'el: and they took possession of Shomeron and dwelt in its cities. And at the beginning 25 of their dwelling there, they did not fear the Lord: therefore the Lord sent lions among them, which slew some of them. Then they spoke to the king of Ashshur, saying, The nations 26 which thou hast removed, and placed in the cities of Shomeron, know not the law of the God of the land: therefore he has sent lions among them, and, behold, they slay them, because they know not the law of the God of the land. Then 27 the king of Ashshur commanded, saying, Carry there one of the priests whom you brought from there; and let them go and dwell there, and let him teach them the law of the God of the land. Then one of the priests whom they had carried 28 away from Shomeron came and dwelt in Bet-el, and taught them how they should fear the Lord. Yet every nation made 29 gods of their own, and put them in the houses of the high places which the Shomeronim had made, every nation in their cities in which they dwelt. And the men of Bavel made Sukkot- 30 benot, and the men of Kut made Nergal, and the men of Ḥamat made Ashima, and the 'Avvim made Nivḥaz and Tartaq, 31 and the Sefarvim burnt their sons in fire to Adrammelekh, and 'Anammelekh, god of Sefarvayim. So they feared the Lord, 32 and made to themselves from all ranks of them priests of the high places, who sacrificed for them in the houses of the high places. They feared the Lord, and served their own gods, 33 after the manner of the nations of the countries from which they were carried away. Unto this day they do after the former 34 manners : they fear not the Lord, neither do they follow the statutes or the ordinances, or the Tora and the commandment which the Lord commanded the children of Ya'aqov, whom

לה יִשְׂרָאֵל: וַיִּכְרֹת יְהוָה אִתָּם בְּרִית וַיְצַוֵּם לֵאמֹר לֹא תִירְאוּ
אֱלֹהִים אֲחֵרִים וְלֹא־תִשְׁתַּחֲווּ לָהֶם וְלֹא תַעַבְדוּם וְלֹא תִזְבְּחוּ
לו לָהֶם: כִּי אִם־אֶת־יְהוָה אֲשֶׁר הֶעֱלָה אֶתְכֶם מֵאֶרֶץ מִצְרַיִם
בְּכֹחַ גָּדוֹל וּבִזְרוֹעַ נְטוּיָה אֹתוֹ תִירָאוּ וְלוֹ תִשְׁתַּחֲווּ וְלוֹ תִזְבָּחוּ:
לז וְאֶת־הַחֻקִּים וְאֶת־הַמִּשְׁפָּטִים וְהַתּוֹרָה וְהַמִּצְוָה אֲשֶׁר כָּתַב
לָכֶם תִּשְׁמְרוּן לַעֲשׂוֹת כָּל־הַיָּמִים וְלֹא תִירְאוּ אֱלֹהִים אֲחֵרִים:
לח וְהַבְּרִית אֲשֶׁר־כָּרַתִּי אִתְּכֶם לֹא תִשְׁכָּחוּ וְלֹא תִירְאוּ אֱלֹהִים
לט אֲחֵרִים: כִּי אִם־אֶת־יְהוָה אֱלֹהֵיכֶם תִּירָאוּ וְהוּא יַצִּיל אֶתְכֶם
מ מִיַּד כָּל־אֹיְבֵיכֶם: וְלֹא שָׁמֵעוּ כִּי אִם־כְּמִשְׁפָּטָם הָרִאשׁוֹן הֵם
מא עֹשִׂים: וַיִּהְיוּ ׀ הַגּוֹיִם הָאֵלֶּה יְרֵאִים אֶת־יְהוָה וְאֶת־פְּסִילֵיהֶם
הָיוּ עֹבְדִים גַּם־בְּנֵיהֶם ׀ וּבְנֵי בְנֵיהֶם כַּאֲשֶׁר עָשׂוּ אֲבֹתָם הֵם
א יח עֹשִׂים עַד הַיּוֹם הַזֶּה: וַיְהִי בִּשְׁנַת שָׁלֹשׁ לְהוֹשֵׁעַ
ב בֶּן־אֵלָה מֶלֶךְ יִשְׂרָאֵל מָלַךְ חִזְקִיָּה בֶן־אָחָז מֶלֶךְ יְהוּדָה: בֶּן־
עֶשְׂרִים וְחָמֵשׁ שָׁנָה הָיָה בְמָלְכוֹ וְעֶשְׂרִים וָתֵשַׁע שָׁנָה מָלַךְ
ג בִּירוּשָׁלִָם וְשֵׁם אִמּוֹ אֲבִי בַּת־זְכַרְיָה: וַיַּעַשׂ הַיָּשָׁר בְּעֵינֵי יְהוָה
ד כְּכֹל אֲשֶׁר־עָשָׂה דָּוִד אָבִיו: הוּא ׀ הֵסִיר אֶת־הַבָּמוֹת וְשִׁבַּר
אֶת־הַמַּצֵּבֹת וְכָרַת אֶת־הָאֲשֵׁרָה וְכִתַּת נְחַשׁ הַנְּחֹשֶׁת אֲשֶׁר־
עָשָׂה מֹשֶׁה כִּי עַד־הַיָּמִים הָהֵמָּה הָיוּ בְנֵי־יִשְׂרָאֵל מְקַטְּרִים
ה לוֹ וַיִּקְרָא־לוֹ נְחֻשְׁתָּן: בַּיהוָה אֱלֹהֵי־יִשְׂרָאֵל בָּטָח וְאַחֲרָיו לֹא־
ו הָיָה כָמֹהוּ בְּכֹל מַלְכֵי יְהוּדָה וַאֲשֶׁר הָיוּ לְפָנָיו: וַיִּדְבַּק בַּיהוָה ל
לֹא־סָר מֵאַחֲרָיו וַיִּשְׁמֹר מִצְוֺתָיו אֲשֶׁר־צִוָּה יְהוָה אֶת־מֹשֶׁה:
ז וְהָיָה יְהוָה עִמּוֹ בְּכֹל אֲשֶׁר־יֵצֵא יַשְׂכִּיל וַיִּמְרֹד בְּמֶלֶךְ־אַשּׁוּר
ח וְלֹא עֲבָדוֹ: הוּא־הִכָּה אֶת־פְּלִשְׁתִּים עַד־עַזָּה וְאֶת־גְּבוּלֶיהָ
ט מִמִּגְדַּל נוֹצְרִים עַד־עִיר מִבְצָר: וַיְהִי בַּשָּׁנָה
הָרְבִיעִית לַמֶּלֶךְ חִזְקִיָּהוּ הִיא הַשָּׁנָה הַשְּׁבִיעִית לְהוֹשֵׁעַ בֶּן־
אֵלָה מֶלֶךְ יִשְׂרָאֵל עָלָה שַׁלְמַנְאֶסֶר מֶלֶךְ־אַשּׁוּר עַל־שֹׁמְרוֹן
י וַיָּצַר עָלֶיהָ: וַיִּלְכְּדֻהָ מִקְצֵה שָׁלֹשׁ שָׁנִים בִּשְׁנַת־שֵׁשׁ לְחִזְקִיָּה
יא הִיא שְׁנַת־תֵּשַׁע לְהוֹשֵׁעַ מֶלֶךְ יִשְׂרָאֵל נִלְכְּדָה שֹׁמְרוֹן: וַיֶּגֶל
מֶלֶךְ־אַשּׁוּר אֶת־יִשְׂרָאֵל אַשּׁוּרָה וַיַּנְחֵם בַּחְלַח וּבְחָבוֹר נְהַר
יב גּוֹזָן וְעָרֵי מָדָי: עַל ׀ אֲשֶׁר לֹא־שָׁמְעוּ בְּקוֹל יְהוָה אֱלֹהֵיהֶם
וַיַּעַבְרוּ אֶת־בְּרִיתוֹ אֵת כָּל־אֲשֶׁר צִוָּה מֹשֶׁה עֶבֶד יְהוָה
וְלֹא שָׁמְעוּ וְלֹא עָשׂוּ:
יג וּבְאַרְבַּע עֶשְׂרֵה שָׁנָה לַמֶּלֶךְ חִזְקִיָּה עָלָה סַנְחֵרִיב מֶלֶךְ־אַשּׁוּר
יד עַל כָּל־עָרֵי יְהוּדָה הַבְּצֻרוֹת וַיִּתְפְּשֵׂם: וַיִּשְׁלַח חִזְקִיָּה מֶלֶךְ־
יְהוּדָה אֶל־מֶלֶךְ־אַשּׁוּר ׀ לָכִישָׁה ׀ לֵאמֹר ׀ חָטָאתִי שׁוּב מֵעָלַי

he named Yisra'el; with whom the LORD had made a covenant, **35**
and charged them, saying, you shall not fear other gods, nor
bow yourselves down to them, nor serve them, nor sacrifice
to them: but the LORD, who brought you up out of the land **36**
of Miẓrayim with great power and a stretched out arm, him
shall you fear, and him shall you worship, and to him shall you
do sacrifice. And the statutes, and the ordinances, and the **37**
Tora, and the commandment, which he wrote for you, you
shall be careful to do for all time; and you shall not fear other
gods. And the covenant that I have made with you shall you **38**
not forget; neither shall you fear other gods. But the LORD **39**
your GOD shall you fear; and he shall deliver you out of the
hand of all your enemies. Yet they did not hearken, but they **40**
did after their former manner. So these nations feared the **41**
LORD, and served their carved idols, both their children, and
their children's children : as their fathers did, so they do to this
day.   Now it came to pass in the third year of Hoshea son **18**
of Ela king of Yisra'el, that Ḥizqiyya the son of Aḥaz king of
Yehuda began to reign. Twenty five years old was he when **2**
he began to reign; and he reigned twenty nine years in Yeru-
shalayim. His mother's name also was Avi, the daughter of
Zekharya. And he did that which was right in the sight of the **3**
LORD, according to all that David his father did. He removed **4**
the high places, and broke the pillars, and cut down the
ashera, and broke in pieces the brazen serpent that Moshe
had made : for until that time the children of Yisra'el did burn
incense to it : and he called it Neḥushtan. He trusted in the **5**
LORD GOD of Yisra'el; so that after him was none like him
among all the kings of Yehuda, nor among those that were
before him. For he held fast to the LORD, and departed not **6**
from following him, but kept his commandments, which the
LORD commanded Moshe. And the LORD was with him; and **7**
he prospered wherever he went out: and he rebelled against
the king of Ashshur, and served him not. He smote the **8**
Pelishtim, as far as 'Azza and its borders, from the tower of the
watchmen to the fortified city.   And it came to pass in the **9**
fourth year of king Ḥizqiyyahu, which was the seventh year
of Hoshea son of Ela king of Yisra'el, that Shalman'eser king
of Ashshur came up against Shomeron, and besieged it. And **10**
at the end of three years they took it: in the sixth year of
Ḥizqiyya, that is the ninth year of Hoshea king of Yisra'el,
Shomeron was taken. And the king of Ashshur did carry away **11**
Yisra'el to Ashshur, and put them in Ḥalaḥ and in Ḥavor by
the river of Gozan, and in the cities of the Maday: because **12**
they obeyed not the voice of the LORD their GOD, but trans-
gressed his covenant, and all that Moshe the servant of the LORD
commanded, and would not hear them, nor do them.
Now in the fourteenth year of king Ḥizqiyyahu did Sanḥeriv **13**
king of Ashshur come up against all the fortified cities of
Yehuda, and took them. And Ḥizqiyya king of Yehuda sent to **14**
the king of Ashshur to Lakhish, saying, I have offended; with-
draw from me : that which thou wilt impose on me I will bear.
And the king of Ashshur imposed on Ḥizqiyya king of Yehuda

אֶת־אֲשֶׁר־תִּתֵּ֤ן עָלַי֙ אֶשָּׂ֔א וַיָּ֤שֶׂם מֶֽלֶךְ־אַשּׁוּר֙ עַל־חִזְקִיָּ֣ה מֶֽלֶךְ־

ט יְהוּדָ֔ה שְׁלֹ֣שׁ מֵא֤וֹת כִּכַּר־כֶּ֙סֶף֙ וּשְׁלֹשִׁ֖ים כִּכַּ֥ר זָהָֽב׃ וַיִּתֵּ֣ן חִזְקִיָּ֗ה
אֶת־כָּל־הַכֶּ֤סֶף הַנִּמְצָא֙ בֵית־יְהוָ֔ה וּבְאֹצְר֖וֹת בֵּ֥ית הַמֶּֽלֶךְ׃

טז בָּעֵ֣ת הַהִ֗יא קִצַּ֤ץ חִזְקִיָּה֙ אֶת־דַּלְת֨וֹת הֵיכַ֤ל יְהוָה֙ וְאֶת־
הָאֹ֣מְנ֔וֹת אֲשֶׁ֣ר צִפָּ֔ה חִזְקִיָּ֖ה מֶ֣לֶךְ יְהוּדָ֑ה וַֽיִּתְּנֵ֖ם לְמֶ֥לֶךְ

יז אַשּֽׁוּר׃   וַיִּשְׁלַ֣ח מֶֽלֶךְ־אַשּׁ֡וּר אֶת־תַּרְתָּ֣ן וְאֶת־
רַב־סָרִ֣יס ׀ וְאֶת־רַבְשָׁקֵ֞ה מִן־לָכִ֗ישׁ אֶל־הַמֶּ֤לֶךְ חִזְקִיָּ֙הוּ֙ בְּחֵ֣יל
כָּבֵ֔ד יְרוּשָׁלָ֑͏ִם וַֽיַּעֲלוּ֙ וַיָּבֹ֣אוּ יְרוּשָׁלַ֔͏ִם וַיַּעֲלוּ֙ וַיָּבֹ֔אוּ וַיַּֽעַמְדוּ֙

יח בִּתְעָלַת֙ הַבְּרֵכָ֣ה הָעֶלְיוֹנָ֔ה אֲשֶׁ֕ר בִּמְסִלַּ֖ת שְׂדֵ֥ה כוֹבֵֽס׃ וַיִּקְרְאוּ֙
אֶל־הַמֶּ֔לֶךְ וַיֵּצֵ֧א אֲלֵהֶ֛ם אֶלְיָקִ֥ים בֶּן־חִלְקִיָּ֖הוּ אֲשֶׁ֣ר עַל־הַבָּ֑יִת

יט וְשֶׁבְנָה֙ הַסֹּפֵ֔ר וְיוֹאָ֥ח בֶּן־אָסָ֖ף הַמַּזְכִּֽיר׃ וַיֹּ֤אמֶר אֲלֵהֶם֙ רַבְשָׁקֵ֔ה
אִמְרוּ־נָ֖א אֶל־חִזְקִיָּ֑הוּ כֹּֽה־אָמַ֞ר הַמֶּ֤לֶךְ הַגָּדוֹל֙ מֶ֣לֶךְ אַשּׁ֔וּר מָ֧ה

כ הַבִּטָּח֛וֹן הַזֶּ֖ה אֲשֶׁ֥ר בָּטָֽחְתָּ׃ אָמַ֙רְתָּ֙ אַךְ־דְּבַר־שְׂפָתַ֔יִם עֵצָ֥ה

כא וּגְבוּרָ֖ה לַמִּלְחָמָ֑ה עַתָּה֙ עַל־מִ֣י בָטַ֔חְתָּ כִּ֥י מָרַ֖דְתָּ בִּֽי׃ עַתָּ֡ה
הִנֵּ֣ה בָטַ֣חְתָּ לְּךָ֡ עַל־מִשְׁעֶ֩נֶת֩ הַקָּנֶ֨ה הָרָצ֤וּץ הַזֶּה֙ עַל־מִצְרַ֔יִם
אֲשֶׁ֨ר יִסָּמֵ֥ךְ אִישׁ֙ עָלָ֔יו וּבָ֥א בְכַפּ֖וֹ וּנְקָבָ֑הּ כֵּ֚ן פַּרְעֹ֣ה מֶֽלֶךְ־

כב מִצְרַ֔יִם לְכָֽל־הַבֹּטְחִ֖ים עָלָֽיו׃ וְכִי־תֹאמְר֣וּן אֵלַ֔י אֶל־יְהוָ֥ה
אֱלֹהֵ֖ינוּ בָּטָ֑חְנוּ הֲלוֹא־ה֗וּא אֲשֶׁ֨ר הֵסִ֤יר חִזְקִיָּ֙הוּ֙ אֶת־בָּמֹתָ֣יו
וְאֶת־מִזְבְּחֹתָ֔יו וַיֹּ֤אמֶר לִֽיהוּדָה֙ וְלִיר֣וּשָׁלַ֔͏ִם לִפְנֵי֙ הַמִּזְבֵּ֣חַ הַזֶּ֔ה

כג תִּֽשְׁתַּחֲו֖וּ בִּירוּשָׁלָֽ͏ִם׃ וְעַתָּה֙ הִתְעָ֣רֶב נָ֔א אֶת־אֲדֹנִ֖י אֶת־מֶ֣לֶךְ
אַשּׁ֑וּר וְאֶתְּנָ֤ה לְךָ֙ אַלְפַּ֣יִם סוּסִ֔ים אִם־תּוּכַ֕ל לָ֥תֶת לְךָ֖ רֹכְבִ֥ים

כד עֲלֵיהֶֽם׃ וְאֵ֣יךְ תָּשִׁ֗יב אֵ֠ת פְּנֵ֨י פַחַ֥ת אַחַ֛ד עַבְדֵ֥י אֲדֹנִ֖י הַקְּטַנִּ֑ים

כה וַתִּבְטַ֤ח לְךָ֙ עַל־מִצְרַ֔יִם לְרֶ֖כֶב וּלְפָרָשִֽׁים׃ עַתָּה֙ הֲמִבַּלְעֲדֵ֣י
יְהוָ֔ה עָלִ֛יתִי עַל־הַמָּק֥וֹם הַזֶּ֖ה לְהַשְׁחִת֑וֹ יְהוָה֙ אָמַ֣ר אֵלַ֔י עֲלֵ֛ה

כו עַל־הָאָ֥רֶץ הַזֹּ֖את וְהַשְׁחִיתָֽהּ׃ וַיֹּ֣אמֶר אֶלְיָקִ֣ים בֶּן־חִ֠לְקִיָּהוּ
וְשֶׁבְנָ֨ה וְיוֹאָ֜ח אֶל־רַבְשָׁקֵ֗ה דַּבֶּר־נָ֤א אֶל־עֲבָדֶ֙יךָ֙ אֲרָמִ֔ית כִּ֥י
שֹׁמְעִ֖ים אֲנָ֑חְנוּ וְאַל־תְּדַבֵּ֤ר עִמָּ֙נוּ֙ יְהוּדִ֔ית בְּאָזְנֵ֣י הָעָ֔ם אֲשֶׁ֖ר

כז עַל־הַֽחֹמָֽה׃ וַיֹּ֨אמֶר אֲלֵיהֶ֜ם רַבְשָׁקֵ֗ה הַעַ֣ל אֲדֹנֶ֩יךָ֩ וְאֵלֶ֨יךָ שְׁלָחַ֜נִי
אֲדֹנִ֗י לְדַבֵּר֙ אֶת־הַדְּבָרִ֣ים הָאֵ֔לֶּה הֲלֹ֣א עַל־הָאֲנָשִׁ֗ים הַיֹּֽשְׁבִים֙
עַל־הַ֣חֹמָ֔ה לֶאֱכֹ֣ל אֶת־חריהם וְלִשְׁתּ֛וֹת אֶת־שֵׁינֵיהֶ֖ם עִמָּכֶֽם׃

צוֹאָתָ֥ם
מֵימֵ֥י רַגְלֵיהֶ֖ם

כח וַֽיַּעֲמֹד֙ רַבְשָׁקֵ֔ה וַיִּקְרָ֥א בְקוֹל־גָּד֖וֹל יְהוּדִ֑ית וַיְדַבֵּ֣ר וַיֹּ֔אמֶר

כט שִׁמְע֛וּ דְּבַר־הַמֶּ֥לֶךְ הַגָּד֖וֹל מֶ֣לֶךְ אַשּׁ֑וּר׃ כֹּ֚ה אָמַ֣ר הַמֶּ֔לֶךְ אַל־

ל יַשִּׁ֥יא לָכֶ֖ם חִזְקִיָּ֑הוּ כִּ֣י־לֹ֣א יוּכַ֔ל לְהַצִּ֥יל אֶתְכֶ֖ם מִיָּדֽוֹ׃ וְאַל־
יַבְטַ֨ח אֶתְכֶ֤ם חִזְקִיָּ֙הוּ֙ אֶל־יְהוָ֣ה לֵאמֹ֔ר הַצֵּ֥ל יַצִּילֵ֖נוּ יְהוָ֑ה וְלֹ֤א

לא תִנָּתֵן֙ אֶת־הָעִ֣יר הַזֹּ֔את בְּיַ֖ד מֶ֣לֶךְ אַשּֽׁוּר׃ אַֽל־תִּשְׁמְע֖וּ אֶל־
חִזְקִיָּ֑הוּ כִּי֩ כֹ֨ה אָמַ֜ר מֶ֣לֶךְ אַשּׁ֗וּר עֲשֽׂוּ־אִתִּ֤י בְרָכָה֙ וּצְא֣וּ אֵלַ֔י

a payment of three hundred talents of silver and thirty talents of gold. And Ḥizqiyya gave him all the silver that was in the 15 house of the LORD, and in the treasures of the king's house. At that time did Ḥizqiyya cut off the doors of the temple of 16 the LORD, and the pilasters which Ḥizqiyya king of Yehuda had overlaid with gold, and gave them to the king of Ashshur.

And the king of Ashshur sent Tartan and Rav-saris and 17 Ravshaqe from Lakhish to king Ḥizqiyyahu with a great host against Yerushalayim. And they went up and came to Yerushalayim. And when they were come up, they came and stood by the aqueduct of the upper pool, which is in the highway of the washers' field. And when they had called to the king, 18 there came out to them Elyaqim the son of Ḥilqiyyahu, who was over the household, and Shevna the scribe, and Yo'aḥ the the son of Asaf, the recorder. And Ravshaqe said to them, 19 Speak now to Ḥizqiyyahu, Thus says the great king, the king of Ashshur, What confidence is this in which thou trustest? Thou sayst, A mere word with the lips will serve as counsel 20 and strength for the war. Now on whom dost thou trust, that thou rebellest against me? Now, behold, thou trustest upon 21 the staff of this broken reed, upon Miẓrayim, on which if a man lean, it will go into his hand, and pierce it: so is Par'o king of Miẓrayim to all that trust in him. But if you say to 22 me, We trust in the LORD our GOD: is not that he, whose high places and whose altars Ḥizqiyyahu has taken away, and has said to Yehuda and Yerushalayim, You shall worship before this altar in Yerushalayim? Now therefore, I pray thee, 23 make a wager with my lord the king of Ashshur, and I will deliver thee two thousand horses, if thou be able on thy part to set riders upon them. Why then wilt thou turn away the 24 face of one officer of the least of my master's servants, and put thy trust in Miẓrayim for chariots and for horsemen? Am I now come up without the LORD against this place to 25 destroy it? It is the LORD who said to me, Go up against this land, and destroy it. Then said Elyaqim the son of Ḥilqiyyahu, 26 and Shevna, and Yo'aḥ, to Ravshaqe, Speak, I pray thee, to thy servants in the tongue of Aram; for we understand it: and talk not with us in the language of Yehuda in the hearing of the people that are on the wall. But Ravshaqe said to them, 27 Has my master sent me to thy master, and to thee, to speak these words? has he not sent me to the men who sit on the wall, that they may eat their own dung, and drink their own urine with you? Then Ravshaqe stood and cried with a loud 28 voice in the language of Yehuda, and spoke, saying, Hear the word of the great king, the king of Ashshur: thus says the 29 king, Let not Ḥizqiyyahu deceive you: for he shall not be able to deliver you out of his hand: neither let Ḥizqiyyahu make 30 you trust in the LORD, saying, The LORD will surely deliver us, and this city shall not be delivered into the hand of the king of Ashshur. Hearken not to Ḥizqiyyahu: for thus says 31 the king of Ashshur, Make an agreement with me and come out to me, and then you may eat every man of his own vine, and every one of his fig tree, and drink every one the waters

וְאָכְלוּ אִישׁ־גַּפְנוֹ וְאִישׁ תְּאֵנָתוֹ וּשְׁתוּ אִישׁ מֵי־בֹרוֹ: עַד־בֹּאִי לב

וְלָקַחְתִּי אֶתְכֶם אֶל־אֶרֶץ כְּאַרְצְכֶם אֶרֶץ דָּגָן וְתִירוֹשׁ אֶרֶץ

לֶחֶם וּכְרָמִים אֶרֶץ זֵית יִצְהָר וּדְבַשׁ וִחְיוּ וְלֹא תָמֻתוּ וְאַל־

תִּשְׁמְעוּ אֶל־חִזְקִיָּהוּ כִּי־יַסִּית אֶתְכֶם לֵאמֹר יְהוָה יַצִּילֵנוּ:

הַהַצֵּל הִצִּילוּ אֱלֹהֵי הַגּוֹיִם אִישׁ אֶת־אַרְצוֹ מִיַּד מֶלֶךְ אַשּׁוּר: לג

אַיֵּה אֱלֹהֵי חֲמָת וְאַרְפָּד אַיֵּה אֱלֹהֵי סְפַרְוַיִם הֵנַע וְעִוָּה כִּי־ לד

הִצִּילוּ אֶת־שֹׁמְרוֹן מִיָּדִי: מִי בְּכָל־אֱלֹהֵי הָאֲרָצוֹת אֲשֶׁר־ לה

הִצִּילוּ אֶת־אַרְצָם מִיָּדִי כִּי־יַצִּיל יְהוָה אֶת־יְרוּשָׁלַ͏ִם מִיָּדִי:

וְהֶחֱרִישׁוּ הָעָם וְלֹא־עָנוּ אֹתוֹ דָּבָר כִּי־מִצְוַת הַמֶּלֶךְ הִיא לו

לֵאמֹר לֹא תַעֲנֻהוּ: וַיָּבֹא אֶלְיָקִים בֶּן־חִלְקִיָּה אֲשֶׁר־עַל־הַבַּיִת לז

וְשֶׁבְנָא הַסֹּפֵר וְיוֹאָח בֶּן־אָסָף הַמַּזְכִּיר אֶל־חִזְקִיָּהוּ קְרוּעֵי

בְגָדִים וַיַּגִּדוּ לוֹ דִּבְרֵי רַבְשָׁקֵה: וַיְהִי כִּשְׁמֹעַ הַמֶּלֶךְ חִזְקִיָּהוּ א יט

וַיִּקְרַע אֶת־בְּגָדָיו וַיִּתְכַּס בַּשָּׂק וַיָּבֹא בֵּית יְהוָה: וַיִּשְׁלַח אֶת־ ב

אֶלְיָקִים אֲשֶׁר־עַל־הַבַּיִת וְשֶׁבְנָא הַסֹּפֵר וְאֵת זִקְנֵי הַכֹּהֲנִים

מִתְכַּסִּים בַּשַּׂקִּים אֶל־יְשַׁעְיָהוּ הַנָּבִיא בֶּן־אָמוֹץ: וַיֹּאמְרוּ אֵלָיו ג

כֹּה אָמַר חִזְקִיָּהוּ יוֹם־צָרָה וְתוֹכֵחָה וּנְאָצָה הַיּוֹם הַזֶּה כִּי־בָאוּ

בָנִים עַד־מַשְׁבֵּר וְכֹחַ אַיִן לְלֵדָה: אוּלַי יִשְׁמַע יְהוָה אֱלֹהֶיךָ ד

אֵת ׀ כָּל־דִּבְרֵי רַבְשָׁקֵה אֲשֶׁר שְׁלָחוֹ מֶלֶךְ־אַשּׁוּר ׀ אֲדֹנָיו לְחָרֵף

אֱלֹהִים חַי וְהוֹכִיחַ בַּדְּבָרִים אֲשֶׁר שָׁמַע יְהוָה אֱלֹהֶיךָ וְנָשָׂאתָ

תְפִלָּה בְּעַד הַשְּׁאֵרִית הַנִּמְצָאָה: וַיָּבֹאוּ עַבְדֵי הַמֶּלֶךְ חִזְקִיָּהוּ ה

אֶל־יְשַׁעְיָהוּ: וַיֹּאמֶר לָהֶם יְשַׁעְיָהוּ כֹּה תֹאמְרוּן אֶל־אֲדֹנֵיכֶם ו

כֹּה ׀ אָמַר יְהוָה אַל־תִּירָא מִפְּנֵי הַדְּבָרִים אֲשֶׁר שָׁמַעְתָּ אֲשֶׁר

גִּדְּפוּ נַעֲרֵי מֶלֶךְ־אַשּׁוּר אֹתִי: הִנְנִי נֹתֵן בּוֹ רוּחַ וְשָׁמַע שְׁמוּעָה ז

וְשָׁב לְאַרְצוֹ וְהִפַּלְתִּיו בַּחֶרֶב בְּאַרְצוֹ: וַיָּשָׁב רַבְשָׁקֵה וַיִּמְצָא ח

אֶת־מֶלֶךְ אַשּׁוּר נִלְחָם עַל־לִבְנָה כִּי שָׁמַע כִּי נָסַע מִלָּכִישׁ:

וַיִּשְׁמַע אֶל־תִּרְהָקָה מֶלֶךְ־כּוּשׁ לֵאמֹר הִנֵּה יָצָא לְהִלָּחֵם אִתָּךְ ט

וַיָּשָׁב וַיִּשְׁלַח מַלְאָכִים אֶל־חִזְקִיָּהוּ לֵאמֹר: כֹּה תֹאמְרוּן אֶל־ י

חִזְקִיָּהוּ מֶלֶךְ־יְהוּדָה לֵאמֹר אַל־יַשִּׁאֲךָ אֱלֹהֶיךָ אֲשֶׁר אַתָּה

בֹּטֵחַ בּוֹ לֵאמֹר לֹא תִנָּתֵן יְרוּשָׁלַ͏ִם בְּיַד מֶלֶךְ אַשּׁוּר: הִנֵּה ׀ אַתָּה יא

שָׁמַעְתָּ אֵת אֲשֶׁר עָשׂוּ מַלְכֵי אַשּׁוּר לְכָל־הָאֲרָצוֹת לְהַחֲרִימָם

וְאַתָּה תִּנָּצֵל: הַהִצִּילוּ אֹתָם אֱלֹהֵי הַגּוֹיִם אֲשֶׁר שִׁחֲתוּ אֲבוֹתַי יב

אֶת־גּוֹזָן וְאֶת־חָרָן וְרֶצֶף וּבְנֵי־עֶדֶן אֲשֶׁר בִּתְלַאשָּׂר: אַיּוֹ מֶלֶךְ־ יג

חֲמָת וּמֶלֶךְ אַרְפָּד וּמֶלֶךְ לָעִיר סְפַרְוָיִם הֵנַע וְעִוָּה: וַיִּקַּח יד

חִזְקִיָּהוּ אֶת־הַסְּפָרִים מִיַּד הַמַּלְאָכִים וַיִּקְרָאֵם וַיַּעַל בֵּית יְהוָה

of his cistern: until I come and take you away to a land like 32
your own land, a land of corn and wine, a land of bread and
vineyards, a land of oil olive and of honey, that you may live,
and not die: and do not hearken to Ḥizqiyyahu when he en-
tices you, saying, The LORD will deliver us. Has any of the 33
gods of the nations delivered his land out of the hand of the
king of Ashshur? Where are the gods of Ḥamat, and of Arpad? 34
where are the gods Sefarvayim, Hena, and ʻIvva? have they
delivered Shomeron out of my hand? Which of all the gods 35
of the countries, have delivered their country out of my hand,
that the LORD should deliver Yerushalayim out of my hand?
But the people held their peace, and answered him not a word: 36
for the king's commandment was, saying, Answer him not.
Then came Elyaqim the son of Ḥilqiyya who was over the 37
household, and Shevna the scribe, and Yo'aḥ the son of Asaf
the recorder, to Ḥizqiyyahu with their clothes rent, and told
him the words of Ravshaqe. And it came to pass, when king **19**
Ḥizqiyyahu heard it, that he rent his clothes, and covered
himself with sackcloth, and went into the house of the LORD.
And he sent Elyaqim who was over the household, and Shevna 2
the scribe, and the elders of the priests, covered with sack-
cloth, to Yeshaʻyahu the prophet, the son of Amoẓ. And they 3
said to him, Thus says Ḥizqiyyahu, This day is day of trouble,
and of reviling, and blasphemy: for the children are come to the
birth, and there is not strength to bring forth. It may be the 4
LORD thy GOD will hear all the words of Ravshaqe, whom the
king of Ashshur his master has sent to taunt the living GOD;
and to revile with words as the LORD thy GOD has heard:
wherefore send up a prayer for the remnant that are left. So 5
the servants of king Ḥizqiyyahu came to Yeshaʻyahu. And 6
Yeshaʻyahu said to them, Thus shall you say to your master,
Thus says the LORD, Be not afraid of the words which thou
hast heard with which the servants of the king of Ashshur
have blasphemed me. Behold, I will send another spirit in him, 7
and he shall hear a rumour, and shall return to his own land;
and I will cause him to fall by the sword in his own land. So 8
Ravshaqe returned, and found the king of Ashshur warring
against Livna: for he had heard that he was departed from
Lakhish. And when he heard say of Tirhaqa king of Kush, 9
Behold, he is come out to fight against thee: he sent messen-
gers again to Ḥizqiyyahu, saying, Thus shall you speak to 10
Ḥizqiyyahu king of Yehuda, saying, Let not thy GOD in whom
thou trustest deceive thee, saying, Yerushalayim shall not be
delivered into the hand of the king of Ashshur. Behold, Thou 11
hast heard what the kings of Ashshur have done to all the
lands, by destroying them utterly: and shalt thou be delivered?
Have their gods delivered those nations which my fathers 12
have destroyed; Gozan, and Ḥaran, and Reẓef and the children
of ʻEden who were in Telassar? Where is the king of Ḥamat, 13
and the king of Arpad, and the king of the city of Sefarvayim,
of Hena, and ʻIvva? And Ḥizqiyyahu took the letters from 14
the hand of the messengers, and read them: and Ḥizqiyyahu
went up into the house of the LORD, and spread them before

וַיִּפְרְשֵׂהוּ חִזְקִיָּהוּ לִפְנֵי יְהוָה:

ט   וַיִּתְפַּלֵּל חִזְקִיָּהוּ לִפְנֵי יְהוָה וַיֹּאמַר יְהוָה אֱלֹהֵי יִשְׂרָאֵל יֹשֵׁב
הַכְּרֻבִים אַתָּה־הוּא הָאֱלֹהִים לְבַדְּךָ לְכֹל מַמְלְכוֹת הָאָרֶץ

טז   אַתָּה עָשִׂיתָ אֶת־הַשָּׁמַיִם וְאֶת־הָאָרֶץ: הַטֵּה יְהוָה ׀ אָזְנְךָ
וּשֲׁמָע פְּקַח יְהוָה עֵינֶיךָ וּרְאֵה וּשְׁמַע אֵת דִּבְרֵי סַנְחֵרִיב אֲשֶׁר

יז   שְׁלָחוֹ לְחָרֵף אֱלֹהִים חָי: אָמְנָם יְהוָה הֶחֱרִיבוּ מַלְכֵי אַשּׁוּר אֶת־

יח   הַגּוֹיִם וְאֶת־אַרְצָם: וְנָתְנוּ אֶת־אֱלֹהֵיהֶם בָּאֵשׁ כִּי לֹא אֱלֹהִים

יט   הֵמָּה כִּי אִם־מַעֲשֵׂה יְדֵי־אָדָם עֵץ וָאָבֶן וַיְאַבְּדוּם: וְעַתָּה יְהוָה
אֱלֹהֵינוּ הוֹשִׁיעֵנוּ נָא מִיָּדוֹ וְיֵדְעוּ כָּל־מַמְלְכוֹת הָאָרֶץ כִּי אַתָּה

כ   יְהוָה אֱלֹהִים לְבַדֶּךָ:   וַיִּשְׁלַח יְשַׁעְיָהוּ בֶן־אָמוֹץ
אֶל־חִזְקִיָּהוּ לֵאמֹר כֹּה־אָמַר יְהוָה אֱלֹהֵי יִשְׂרָאֵל אֲשֶׁר

כא   הִתְפַּלַּלְתָּ אֵלַי אֶל־סַנְחֵרִב מֶלֶךְ־אַשּׁוּר שָׁמָעְתִּי: זֶה הַדָּבָר
אֲשֶׁר־דִּבֶּר יְהוָה עָלָיו בָּזָה לְךָ לָעֲגָה לְךָ בְּתוּלַת בַּת־צִיּוֹן

כב   אַחֲרֶיךָ רֹאשׁ הֵנִיעָה בַּת יְרוּשָׁלִָם: אֶת־מִי חֵרַפְתָּ וְגִדַּפְתָּ וְעַל־
מִי הֲרִימוֹתָ קּוֹל וַתִּשָּׂא מָרוֹם עֵינֶיךָ עַל־קְדוֹשׁ יִשְׂרָאֵל: בְּיַד

כג   מַלְאָכֶיךָ חֵרַפְתָּ ׀ אֲדֹנָי וַתֹּאמֶר בְּרֶכֶב רִכְבִּי אֲנִי עָלִיתִי מְרוֹם
הָרִים יַרְכְּתֵי לְבָנוֹן וְאֶכְרֹת קוֹמַת אֲרָזָיו מִבְחוֹר בְּרֹשָׁיו

כד   וְאָבוֹאָה מְלוֹן קִצֹּה יַעַר כַּרְמִלּוֹ: אֲנִי קַרְתִּי וְשָׁתִיתִי מַיִם זָרִים
וְאַחֲרִב בְּכַף־פְּעָמַי כֹּל יְאֹרֵי מָצוֹר: הֲלֹא־שָׁמַעְתָּ לְמֵרָחוֹק

כה   אֹתָהּ עָשִׂיתִי לְמִימֵי קֶדֶם וִיצַרְתִּיהָ עַתָּה הֲבֵיאתִיהָ וּתְהִי
לַהְשׁוֹת גַּלִּים נִצִּים עָרִים בְּצֻרוֹת: וְיֹשְׁבֵיהֶן קִצְרֵי־יָד חַתּוּ

כו   וָיֵּבֹשׁוּ הָיוּ עֵשֶׂב שָׂדֶה וִירַק דֶּשֶׁא חֲצִיר גַּגּוֹת וּשְׁדֵפָה לִפְנֵי
קָמָה: וְשִׁבְתְּךָ וְצֵאתְךָ וּבֹאֲךָ יָדָעְתִּי וְאֵת הִתְרַגֶּזְךָ אֵלָי: יַעַן

כז   הִתְרַגֶּזְךָ אֵלַי וְשַׁאֲנַנְךָ עָלָה בְאָזְנָי וְשַׂמְתִּי חַחִי בְּאַפֶּךָ וּמִתְגִּי

כח   בִשְׂפָתֶיךָ וַהֲשִׁבֹתִיךָ בַּדֶּרֶךְ אֲשֶׁר־בָּאתָ בָּהּ: וְזֶה־לְּךָ הָאוֹת
אָכוֹל הַשָּׁנָה סָפִיחַ וּבַשָּׁנָה הַשֵּׁנִית סָחִישׁ וּבַשָּׁנָה הַשְּׁלִישִׁית

כט   זִרְעוּ וְקִצְרוּ וְנִטְעוּ כְרָמִים וְאִכְלוּ פִרְיָם: וְיָסְפָה פְּלֵיטַת בֵּית־

ל   יְהוּדָה הַנִּשְׁאָרָה שֹׁרֶשׁ לְמָטָּה וְעָשָׂה פְרִי לְמָעְלָה: כִּי
מִירוּשָׁלִַם תֵּצֵא שְׁאֵרִית וּפְלֵיטָה מֵהַר צִיּוֹן קִנְאַת יְהוָה

לא   צְבָאוֹת תַּעֲשֶׂה־זֹּאת: לָכֵן כֹּה־אָמַר יְהוָה אֶל־מֶלֶךְ

לב   אַשּׁוּר לֹא יָבֹא אֶל־הָעִיר הַזֹּאת וְלֹא־יוֹרֶה שָׁם חֵץ וְלֹא־

לג   יְקַדְּמֶנָּה מָגֵן וְלֹא־יִשְׁפֹּךְ עָלֶיהָ סֹלְלָה: בַּדֶּרֶךְ אֲשֶׁר־יָבֹא בָּהּ

the Lord.
And Ḥizqiyyahu prayed before the Lord, and said, O Lord 15
God of Yisra'el who sittest upon the keruvim, thou art the
God, even thou alone, of all the kingdoms of the earth; thou
hast made heaven and earth. Lord, bend thy ear, and hear: 16
open, Lord, thy eyes, and see: and hear the words of San-
ḥeriv, and him he has sent to taunt the living God. Of a 17
truth, Lord, the kings of Ashshur have destroyed the nations
and their lands, and have cast their gods into the fire: for they 18
were no gods, but the work of men's hands, wood and stone:
therefore they have destroyed them. Now therefore, O Lord 19
our God, I beseech thee, save thou us out of his hand, that all
the kingdoms of the earth may know that thou art the Lord
God, even thou only. Then Yesha'yahu the son of Amoẓ 20
sent to Ḥizqiyyahu, saying, Thus says the Lord God of Yisra'el,
That which thou hast prayed to me against Sanḥeriv king of
Ashshur I have heard. This is the word that the Lord has 21
spoken concerning him; The virgin the daughter of Ẓiyyon
despises thee, and laughs thee to scorn; the daughter of Yeru-
shalayim shakes her head at thee. Whom hast thou taunted 22
and blasphemed? and against whom hast thou raised thy
voice, and lifted up thy eyes on high? against the Holy One
of Yisra'el! By thy messengers thou hast taunted the Lord, 23
and hast said, With the multitude of my chariots I am come
up to the height of the mountains, to the sides of Levanon,
and have cut down its tall cedar trees, and the choice cy-
presses: and I have entered into its farthest lodge, and into its
deepest forest. I have dug and drunk strange waters, and with 24
the sole of my feet I have dried up all the canals of Maẓor. Hast 25
thou not heard long ago how I have done it, and of ancient
times that I have formed it? now have I brought it to pass
that fortified cities should be laid waste into ruinous heaps.
Therefore their inhabitants were of small power, they were 26
dismayed and confounded; they were as the grass of the field,
and as the green herb, as the grass on the house tops, and as
corn blasted before it be grown up. But I know thy abode, 27
and thy going out, and thy coming in, and thy rage against
me. Because thy rage against me and thy confidence is come 28
up to my ears, therefore I will put my hook in thy nose, and
my bridle in thy lips, and I will turn thee back by the way
by which thou camest. And this shall be a sign to thee, You 29
shall eat this year such things as grow of themselves, and in
the second year that which springs of the same; and in the
third year sow, and reap, and plant vineyards, and eat their
fruits. And the remnant that is escaped of the house of Yehuda 30
shall yet again take root downwards, and bear fruit upwards.
For out of Yerushalayim shall go a remnant, and they that escape 31
out of mount Ẓiyyon: the zeal of the Lord of hosts shall do
this. Therefore thus says the Lord concerning the 32
king of Ashshur, He shall not come into this city, nor shoot
an arrow there, nor come before it with shield, nor throw a
mound against it. By the way that he came, by the same shall 33
he return, and he shall not come into this city, says the Lord.

לד יָשׁוּב וְאֶל־הָעִיר הַזֹּאת לֹא יָבֹא נְאֻם־יְהֹוָה: וְגַנּוֹתִי אֶל־הָעִיר

לה הַזֹּאת לְהוֹשִׁיעָהּ לְמַעֲנִי וּלְמַעַן דָּוִד עַבְדִּי: וַיְהִי

בַּלַּיְלָה הַהוּא וַיֵּצֵא ׀ מַלְאַךְ יְהֹוָה וַיַּךְ בְּמַחֲנֵה אַשּׁוּר מֵאָה

שְׁמֹנִים וַחֲמִשָּׁה אָלֶף וַיַּשְׁכִּימוּ בַבֹּקֶר וְהִנֵּה כֻלָּם פְּגָרִים מֵתִים:

לו וַיִּסַּע וַיֵּלֶךְ וַיָּשָׁב סַנְחֵרִיב מֶלֶךְ־אַשּׁוּר וַיֵּשֶׁב בְּנִינְוֵה: וַיְהִי

בָּנָיו הוּא מִשְׁתַּחֲוֶה בֵּית ׀ נִסְרֹךְ אֱלֹהָיו וְאַדְרַמֶּלֶךְ וְשַׂרְאֶצֶר

הִכֻּהוּ בַחֶרֶב וְהֵמָּה נִמְלְטוּ אֶרֶץ אֲרָרָט וַיִּמְלֹךְ אֵסַר־חַדֹּן

כ בְּנוֹ תַּחְתָּיו: בַּיָּמִים הָהֵם חָלָה חִזְקִיָּהוּ לָמוּת וַיָּבֹא

אֵלָיו יְשַׁעְיָהוּ בֶן־אָמוֹץ הַנָּבִיא וַיֹּאמֶר אֵלָיו כֹּה־אָמַר יְהֹוָה

ב צַו לְבֵיתֶךָ כִּי מֵת אַתָּה וְלֹא תִחְיֶה: וַיַּסֵּב אֶת־פָּנָיו אֶל־הַקִּיר

ג וַיִּתְפַּלֵּל אֶל־יְהֹוָה לֵאמֹר: אָנָּה יְהֹוָה זְכָר־נָא אֵת אֲשֶׁר

הִתְהַלַּכְתִּי לְפָנֶיךָ בֶּאֱמֶת וּבְלֵבָב שָׁלֵם וְהַטּוֹב בְּעֵינֶיךָ עָשִׂיתִי

ד וַיֵּבְךְּ חִזְקִיָּהוּ בְּכִי גָדוֹל: וַיְהִי יְשַׁעְיָהוּ לֹא יָצָא

ה חָצֵר הַתִּיכֹנָה וּדְבַר־יְהֹוָה הָיָה אֵלָיו לֵאמֹר: שׁוּב וְאָמַרְתָּ

אֶל־חִזְקִיָּהוּ נְגִיד־עַמִּי כֹּה־אָמַר יְהֹוָה אֱלֹהֵי דָּוִד אָבִיךָ

שָׁמַעְתִּי אֶת־תְּפִלָּתֶךָ רָאִיתִי אֶת־דִּמְעָתֶךָ הִנְנִי רֹפֶא לָךְ בַּיּוֹם

ו הַשְּׁלִישִׁי תַּעֲלֶה בֵּית יְהֹוָה: וְהֹסַפְתִּי עַל־יָמֶיךָ חֲמֵשׁ עֶשְׂרֵה

שָׁנָה וּמִכַּף מֶלֶךְ־אַשּׁוּר אַצִּילְךָ וְאֵת הָעִיר הַזֹּאת וְגַנּוֹתִי עַל־

ז הָעִיר הַזֹּאת לְמַעֲנִי וּלְמַעַן דָּוִד עַבְדִּי: וַיֹּאמֶר יְשַׁעְיָהוּ קְחוּ

ח דְּבֶלֶת תְּאֵנִים וַיִּקְחוּ וַיָּשִׂימוּ עַל־הַשְּׁחִין וַיֶּחִי: וַיֹּאמֶר חִזְקִיָּהוּ

אֶל־יְשַׁעְיָהוּ מָה אוֹת כִּי־יִרְפָּא יְהֹוָה לִי וְעָלִיתִי בַּיּוֹם הַשְּׁלִישִׁי

ט בֵּית יְהֹוָה: וַיֹּאמֶר יְשַׁעְיָהוּ זֶה־לְּךָ הָאוֹת מֵאֵת יְהֹוָה כִּי יַעֲשֶׂה

יְהֹוָה אֶת־הַדָּבָר אֲשֶׁר דִּבֵּר הָלַךְ הַצֵּל עֶשֶׂר מַעֲלוֹת אִם־יָשׁוּב

י עֶשֶׂר מַעֲלוֹת: וַיֹּאמֶר יְחִזְקִיָּהוּ נָקֵל לַצֵּל לִנְטוֹת עֶשֶׂר מַעֲלוֹת

יא לֹא כִי יָשׁוּב הַצֵּל אֲחֹרַנִּית עֶשֶׂר מַעֲלוֹת: וַיִּקְרָא יְשַׁעְיָהוּ

הַנָּבִיא אֶל־יְהֹוָה וַיָּשֶׁב אֶת־הַצֵּל בַּמַּעֲלוֹת אֲשֶׁר יָרְדָה

יב בְמַעֲלוֹת אָחָז אֲחֹרַנִּית עֶשֶׂר מַעֲלוֹת: בָּעֵת

הַהִיא שָׁלַח בְּרֹאדַךְ בַּלְאֲדָן בֶּן־בַּלְאֲדָן מֶלֶךְ־בָּבֶל סְפָרִים

יג וּמִנְחָה אֶל־חִזְקִיָּהוּ כִּי שָׁמַע כִּי חָלָה חִזְקִיָּהוּ: וַיִּשְׁמַע עֲלֵיהֶם

חִזְקִיָּהוּ וַיַּרְאֵם אֶת־כָּל־בֵּית נְכֹתֹה אֶת־הַכֶּסֶף וְאֶת־הַזָּהָב

וְאֶת־הַבְּשָׂמִים וְאֵת ׀ שֶׁמֶן הַטּוֹב וְאֵת בֵּית כֵּלָיו וְאֵת כָּל־אֲשֶׁר

נִמְצָא בְּאוֹצְרֹתָיו לֹא־הָיָה דָבָר אֲשֶׁר לֹא־הֶרְאָם חִזְקִיָּהוּ

יד בְּבֵיתוֹ וּבְכָל־מֶמְשַׁלְתּוֹ: וַיָּבֹא יְשַׁעְיָהוּ הַנָּבִיא אֶל־הַמֶּלֶךְ

חִזְקִיָּהוּ וַיֹּאמֶר אֵלָיו מָה אָמְרוּ ׀ הָאֲנָשִׁים הָאֵלֶּה וּמֵאַיִן יָבֹאוּ

טו אֵלֶיךָ וַיֹּאמֶר חִזְקִיָּהוּ מֵאֶרֶץ רְחוֹקָה בָּאוּ מִבָּבֶל: וַיֹּאמֶר מָה

רָאוּ בְּבֵיתֶךָ וַיֹּאמֶר חִזְקִיָּהוּ אֵת כָּל־אֲשֶׁר בְּבֵיתִי רָאוּ לֹא־

For I will defend this city, to save it, for my own sake, and for 34
my servant David's sake. And it came to pass that night, 35
that the angel of the Lord went out and smote in the camp
of Ashshur a hundred and eighty five thousand: and when
they arose early in the morning, behold, they were all dead
corpses. So Sanḥeriv king of Ashshur departed, and went and 36
returned, and dwelt at Nineve. And it came to pass, as he was 37
worshipping in the house of Nisrokh his god, that Adram-
melekh and Shar'eẕer his sons smote him with the sword: and
they escaped into the land of Ararat. And Esar-ḥaddon his
son reigned in his stead. In those days Ḥizqiyyahu fell **20**
mortally sick. And the prophet Yesha'yahu the son of Amoẓ
came to him, and said to him, Thus says the Lord, Set thy
house in order; for thou shalt die, and not live. Then he turned 2
his face to the wall, and prayed to the Lord, saying, I beseech 3
thee, O Lord, remember now how I have walked before thee
in truth and with a perfect heart, and have done that which
is good in thy sight. And Ḥizqiyyahu wept bitterly. And it 4
came to pass, before Yesha'yahu was gone out into the middle
court, that the word of the Lord came to him, saying, Turn back 5
and tell Ḥizqiyyahu the prince of my people, Thus says the
Lord, the God of David thy father, I have heard thy prayer,
I have seen thy tears: behold, I will heal thee: on the third
day thou shalt go up to the house of the Lord. And I will add 6
to thy days fifteen years; and I will deliver thee and this city
out of the hand of the king of Ashshur; and I will defend this
city for my own sake, and for my servant David's sake. And 7
Yesha'yahu said, Take a cake of figs. And they took and laid
it on the festering place, and he recovered. And Ḥizqiyyahu 8
said to Yesha'yahu, What shall be the sign that the Lord will
heal me, and that I shall go up into the house of the Lord on
the third day? And Yesha'yahu said, This sign shalt thou have 9
of the Lord, that the Lord will do the thing that he has
spoken: shall the shadow go forward ten degrees: or shall it
go backward ten degrees? And Ḥizqiyyahu answered, It is 10
easier for the shadow to go down ten degrees: no, but let
the shadow return backward ten degrees. And Yesha'yahu the 11
prophet cried to the Lord: and he brought the shadow ten
degrees backward, by which it had gone down in the dial of
Aḥaz. At that time Berodakh-bal'adan, the son of Bal- 12
'adan, king of Bavel, sent letters and a present to Ḥizqiyyahu:
for he heard that Ḥizqiyyahu had been sick. And Ḥizqiyyahu 13
hearkened to them, and showed them all the house of his
treasures, the silver, and the gold, and the spices, and the
precious ointment, and all the house of his armour, and all
that was found in his treasures: there was nothing in his
house, nor in all his dominion, that Ḥizqiyyahu did not show
them. Then came Yesha'yahu the prophet to king Ḥizqiyyahu, 14
and said to him, What said these men? and from where did
they come to thee? And Ḥizqiyyahu said, They are come from
a far country, from Bavel. And he said, What have they seen 15
in thy house? And Ḥizqiyyahu answered, All the things that
are in my house have they seen: there is nothing among my

היה דבר אשר לא־הראיתם באצרתי: ויאמר ישעיהו אל־

טז

חזקיהו שמע דבר־יהוה: הנה ימים באים ונשא ׀ כל־אשר
בביתך ואשר אצרו אבתיך עד־היום הזה בבלה לא־יותר
דבר אמר יהוה: ומבניך אשר יצאו ממך אשר תוליד יקח והיו
סריסים בהיכל מלך בבל: ויאמר חזקיהו אל־ישעיהו טוב
דבר־יהוה אשר דברת ויאמר הלוא אם־שלום ואמת יהיה
בימי: ויתר דברי חזקיהו וכל־גבורתו ואשר עשה את־
הברכה ואת־התעלה ויבא את־המים העירה הלא־הם
כתובים על־ספר דברי הימים למלכי יהודה: וישכב חזקיהו

יז

יח

יט

כ

כא

עם־אבתיו וימלך מנשה בנו תחתיו: בן־

שתים עשרה שנה מנשה במלכו וחמשים וחמש שנה מלך
בירושלם ושם אמו חפצי־בה: ויעש הרע בעיני יהוה
כתועבת הגוים אשר הוריש יהוה מפני בני ישראל: וישב
ויבן את־הבמות אשר אבד חזקיהו אביו ויקם מזבחת
לבעל ויעש אשרה כאשר עשה אחאב מלך ישראל וישתחו
לכל־צבא השמים ויעבד אתם: ובנה מזבחת בבית יהוה
אשר אמר יהוה בירושלם אשים את־שמי: ויבן מזבחות
לכל־צבא השמים בשתי חצרות בית־יהוה: והעביר את־
בנו באש ועונן ונחש ועשה אוב וידענים הרבה לעשות הרע
בעיני יהוה להכעיס: וישם את־פסל האשרה אשר עשה
בבית אשר אמר יהוה אל־דוד ואל־שלמה בנו בבית הזה
ובירושלם אשר בחרתי מכל שבטי ישראל אשים את־שמי
לעולם: ולא אסיף להניד רגל ישראל מן־האדמה אשר
נתתי לאבותם רק ׀ אם־ישמרו לעשות ככל אשר צויתים
ולכל־התורה אשר־צוה אתם עבדי משה: ולא שמעו ויתעם
מנשה לעשות את־הרע מן־הגוים אשר השמיד יהוה מפני
בני ישראל: וידבר יהוה ביד־עבדיו הנביאים לאמר: יען
אשר עשה מנשה מלך־יהודה התעבות האלה הרע מכל
אשר־עשו האמרי אשר לפניו ויחטא גם־את־יהודה
בגלוליו: לכן כה־אמר יהוה אלהי ישראל

ב

ג

ד

ה

ו

ז

ח

ט

י

יא

יב

הנני מביא רעה על־ירושלם ויהודה אשר כל־שמעיו

שמעה

תצלנה שתי אזניו: ונטיתי על־ירושלם את קו שמרון ואת־
משקלת בית אחאב ומחיתי את־ירושלם כאשר־ימחה
את־הצלחת מחה והפך על־פניה: ונטשתי את שארית
נחלתי ונתתים ביד איביהם והיו לבז ולמשסה לכל־

יג

יד

treasures that I have not shown them. And Yesha'yahu said 16
to Ḥizqiyyahu, Hear the word of the Lord. Behold, days are 17
coming, when all that is in thy house, and that which thy
fathers have laid up in store to this day, shall be carried into
Bavel: nothing shall be left, says the Lord. And of thy sons 18
that shall issue from thee, which thou shalt beget, shall they
take away; and they shall be eunuchs in the palace of the
king of Bavel. Then said Ḥizqiyyahu to Yesha'yahu, Good is 19
the word of the Lord which thou hast spoken. And he said,
Is it not good, if there is peace and truth in my days? And the 20
rest of the acts of Ḥizqiyyahu, and all his might, and how he
made the pool, and the aqueduct, and brought water into the
city, are they not written in the book of the chronicles of the
kings of Yehuda? And Ḥizqiyyahu slept with his fathers: and 21
Menashshe his son reigned in his stead. Menashshe was **21**
twelve years old when he began to reign, and reigned fifty five
years in Yerushalayim. And his mother's name was Ḥefẕi-va.
And he did that which was evil in the sight of the Lord, after the 2
abominations of the nations, whom the Lord cast out before
the children of Yisra'el. For he built up again the high places 3
which Ḥizqiyyahu his father had destroyed; and he reared
up altars for the Ba'al, and made an ashera, as did Aḥ'av
king of Yisra'el; and worshipped all the host of heaven, and
served them. And he built altars in the house of the Lord, of 4
which the Lord said, In Yerushalayim will I put my name.
And he built altars for all the host of heaven in the two courts 5
of the house of the Lord. And he caused his son to pass 6
through the fire, and observed times, and used enchantments,
and dealt with mediums and wizards: he did much wicked-
ness in the sight of the Lord, to provoke him to anger. And 7
he set the carved idol of the ashera that he had made, in that
house, of which the Lord said to David, and to Shelomo his
son, In this house, and in Yerushalayim, which I have chosen
out of all tribes of Yisra'el, will I put my name for ever:
neither will I make the feet of Yisra'el to wander any more 8
out of the land which I gave their fathers: only if they will
observe to do according to all that I have commanded them,
and according to all the Tora that my servant Moshe com-
manded them. But they hearkened not: and Menashshe 9
seduced them to do more evil than did the nations whom the
Lord destroyed before the children of Yisra'el. And the Lord 10
spoke by his servants the prophets, saying, Because Menashshe 11
king of Yehuda has done these abominations, and has done
wickedly above all that the Emori did, which were before him,
and has made Yehuda also to sin with his idols: there- 12
fore thus says the Lord God of Yisra'el, Behold, I am bringing
such evil upon Yerushalayim and Yehuda that whoever hears of
it, both his ears shall tingle. And I will stretch over Yerusha- 13
layim the measuring line of Shomeron, and the plummet of
the house of Aḥ'av: and I will wipe Yerushalayim as a man
wipes a dish, wiping it, and turning it upside down. And I 14
will abandon the remnant of my inheritance, and deliver them
into the hand of their enemies; and they shall become a prey

ט אֹיְבֵיהֶם: יַעַן אֲשֶׁר עָשׂוּ אֶת־הָרַע בְּעֵינַי וַיִּהְיוּ מַכְעִסִים אֹתִי

טו מִן־הַיּוֹם אֲשֶׁר יָצְאוּ אֲבוֹתָם מִמִּצְרַיִם וְעַד הַיּוֹם הַזֶּה: וְגַם דָּם נָקִי שָׁפַךְ מְנַשֶּׁה הַרְבֵּה מְאֹד עַד אֲשֶׁר־מִלֵּא אֶת־יְרוּשָׁלִַם פֶּה לָפֶה לְבַד מֵחַטָּאתוֹ אֲשֶׁר הֶחֱטִיא אֶת־יְהוּדָה לַעֲשׂוֹת

יז הָרַע בְּעֵינֵי יְהוָה: וְיֶתֶר דִּבְרֵי מְנַשֶּׁה וְכָל־אֲשֶׁר עָשָׂה וְחַטָּאתוֹ אֲשֶׁר חָטָא הֲלֹא־הֵם כְּתוּבִים עַל־סֵפֶר דִּבְרֵי הַיָּמִים לְמַלְכֵי

יח יְהוּדָה: וַיִּשְׁכַּב מְנַשֶּׁה עִם־אֲבֹתָיו וַיִּקָּבֵר בְּגַן־בֵּיתוֹ בְּגַן־עֻזָּא

יט וַיִּמְלֹךְ אָמוֹן בְּנוֹ תַּחְתָּיו: בֶּן־עֶשְׂרִים וּשְׁתַּיִם שָׁנָה אָמוֹן בְּמָלְכוֹ וּשְׁתַּיִם שָׁנִים מָלַךְ בִּירוּשָׁלִָם וְשֵׁם אִמּוֹ

כ מְשֻׁלֶּמֶת בַּת־חָרוּץ מִן־יָטְבָה: וַיַּעַשׂ הָרַע בְּעֵינֵי יְהוָה כַּאֲשֶׁר

כא עָשָׂה מְנַשֶּׁה אָבִיו: וַיֵּלֶךְ בְּכָל־הַדֶּרֶךְ אֲשֶׁר־הָלַךְ אָבִיו וַיַּעֲבֹד

כב אֶת־הַגִּלֻּלִים אֲשֶׁר עָבַד אָבִיו וַיִּשְׁתַּחוּ לָהֶם: וַיַּעֲזֹב אֶת־יְהוָה

כג אֱלֹהֵי אֲבֹתָיו וְלֹא הָלַךְ בְּדֶרֶךְ יְהוָה: וַיִּקְשְׁרוּ עַבְדֵי־אָמוֹן עָלָיו

כד וַיָּמִיתוּ אֶת־הַמֶּלֶךְ בְּבֵיתוֹ: וַיַּךְ עַם־הָאָרֶץ אֵת כָּל־הַקֹּשְׁרִים עַל־הַמֶּלֶךְ אָמוֹן וַיַּמְלִיכוּ עַם־הָאָרֶץ אֶת־יֹאשִׁיָּהוּ בְנוֹ תַּחְתָּיו:

כה וְיֶתֶר דִּבְרֵי אָמוֹן אֲשֶׁר עָשָׂה הֲלֹא־הֵם כְּתוּבִים עַל־סֵפֶר דִּבְרֵי

כו הַיָּמִים לְמַלְכֵי יְהוּדָה: וַיִּקְבֹּר אֹתוֹ בִּקְבֻרָתוֹ בְּגַן־עֻזָּא וַיִּמְלֹךְ

כב יֹאשִׁיָּהוּ בְנוֹ תַּחְתָּיו: בֶּן־שְׁמֹנֶה שָׁנָה יֹאשִׁיָּהוּ בְמָלְכוֹ וּשְׁלֹשִׁים וְאַחַת שָׁנָה מָלַךְ בִּירוּשָׁלִָם וְשֵׁם אִמּוֹ יְדִידָה

לג בַת־עֲדָיָה מִבָּצְקַת: וַיַּעַשׂ הַיָּשָׁר בְּעֵינֵי יְהוָה וַיֵּלֶךְ בְּכָל־דֶּרֶךְ

ב ב דָּוִד אָבִיו וְלֹא־סָר יָמִין וּשְׂמֹאול: וַיְהִי בִּשְׁמֹנֶה עֶשְׂרֵה שָׁנָה לַמֶּלֶךְ יֹאשִׁיָּהוּ שָׁלַח הַמֶּלֶךְ אֶת־שָׁפָן בֶּן־אֲצַלְיָהוּ בֶן־מְשֻׁלָּם

ד הַסֹּפֵר בֵּית יְהוָה לֵאמֹר: עֲלֵה אֶל־חִלְקִיָּהוּ הַכֹּהֵן הַגָּדוֹל וְיַתֵּם אֶת־הַכֶּסֶף הַמּוּבָא בֵּית יְהוָה אֲשֶׁר אָסְפוּ שֹׁמְרֵי הַסַּף מֵאֵת

ה הָעָם: וְיִתְּנֻה עַל־יַד עֹשֵׂי הַמְּלָאכָה הַמֻּפְקָדִים בְּבֵית יְהוָה וְיִתְּנוּ אֹתוֹ לְעֹשֵׂי הַמְּלָאכָה אֲשֶׁר בְּבֵית יְהוָה לְחַזֵּק בֶּדֶק

ו הַבָּיִת: לֶחָרָשִׁים וְלַבֹּנִים וְלַגֹּדְרִים וְלִקְנוֹת עֵצִים וְאַבְנֵי מַחְצֵב

ז לְחַזֵּק אֶת־הַבָּיִת: אַךְ לֹא־יֵחָשֵׁב אִתָּם הַכֶּסֶף הַנִּתָּן עַל־יָדָם

ח כִּי בָאֱמוּנָה הֵם עֹשִׂים: וַיֹּאמֶר חִלְקִיָּהוּ הַכֹּהֵן הַגָּדוֹל עַל־שָׁפָן הַסֹּפֵר סֵפֶר הַתּוֹרָה מָצָאתִי בְּבֵית יְהוָה וַיִּתֵּן חִלְקִיָּה אֶת־

ט הַסֵּפֶר אֶל־שָׁפָן וַיִּקְרָאֵהוּ: וַיָּבֹא שָׁפָן הַסֹּפֵר אֶל־הַמֶּלֶךְ וַיָּשֶׁב אֶת־הַמֶּלֶךְ דָּבָר וַיֹּאמֶר הִתִּיכוּ עֲבָדֶיךָ אֶת־הַכֶּסֶף הַנִּמְצָא בַבַּיִת וַיִּתְּנֻהוּ עַל־יַד עֹשֵׂי הַמְּלָאכָה הַמֻּפְקָדִים בֵּית יְהוָה:

י וַיַּגֵּד שָׁפָן הַסֹּפֵר לַמֶּלֶךְ לֵאמֹר סֵפֶר נָתַן לִי חִלְקִיָּה הַכֹּהֵן

and a spoil to all their enemies; because they have done that 15
which was evil in my sight, and have provoked me to anger,
since the day their fathers came out of Miẕrayim, and to this
day. Moreover Menashshe shed very much innocent blood, till 16
he had filled Yerushalayim from one end to another; besides
his sin with which he made Yehuda to sin, in doing that which
was evil in the sight of the LORD. Now the rest of the acts of 17
Menashshe and all that he did, and his sin that he sinned, are
they not written in the book of the chronicles of the kings of
Yehuda? And Menashshe slept with his fathers, and was 18
buried in the garden of his own house, in the garden of 'Uzza:
and Amon his son reigned in his stead. Amon was twenty 19
two years old when he began to reigned, and he reigned two
years in Yerushalayim. And his mother's name was Meshullemet,
the daughter of Ḥaruẕ of Yotva. And he did that which was evil 20
in the sight of the LORD, as his father Menashshe had done.
And he walked in all the way that his father walked in, and 21
served the idols that his father served, and worshipped them:
and he forsook the LORD GOD of his fathers, and walked not 22
in the way of the LORD. And the servants of Amon conspired 23
against him, and slew the king in his own house. And the 24
people of the land slew all them that had conspired against
king Amon; and the people of the land made Yoshiyyahu his
son king in his stead. Now the rest of the acts of Amon which 25
he did, are they not written in the book of the chronicles of
the kings of Yehuda ? And he was buried in his tomb in the gar- 26
den of 'Uzza : and Yoshiyyahu his son reigned in his stead.

Yoshiyyahu was eight years old when he began to reign, and **22**
he reigned thirty one years in Yerushalayim. And his mother's
name was Yedida, the daughter of 'Adaya from Boẕqat. And he 2
did that which was right in the sight of the LORD, and walked
in all the way of David his father, and turned not aside to the
right hand nor to the left. And it came to pass in the eighteenth 3
year of king Yoshiyyahu, that the king sent Shafan the son
of Aẕalyahu, the son of Meshullam, the scribe, to the house
of the LORD, saying, Go up to Ḥilqiyyahu the high priest, that 4
he may sum up the silver which is brought into the house of
the LORD, which the keepers of the door have gathered of the
people : and let them deliver it into the hand of the doers of 5
the work, that have the oversight of the house of the LORD:
and let them give it to the workers who are in the house of
the LORD, to repair the breaches of the house, to carpenters, 6
and builders, and masons, and to buy timber and hewn stone
to repair the house. Yet no accounts were kept with them of 7
the money that was delivered into their hand, because they
dealt in good faith. And Ḥilqiyyahu the high priest said to 8
Shafan the scribe, I have found a book of the Tora in the
house of the LORD. And Ḥilqiyya gave the book to Shafan and
he read it. And Shafan the scribe came to the king, and brought 9
back word to the king, and said, Thy servants have gathered the
money that was found in the house, and have delivered it
into the hand of them that do the work, that have the over-
sight of the house of the LORD. And Shafan the scribe told the 10

יא וַיִּקְרָאֵהוּ שָׁפָן לִפְנֵי הַמֶּלֶךְ: וַיְהִי כִּשְׁמֹעַ הַמֶּלֶךְ אֶת־דִּבְרֵי
סֵפֶר הַתּוֹרָה וַיִּקְרַע אֶת־בְּגָדָיו: וַיְצַו הַמֶּלֶךְ אֶת־חִלְקִיָּה הַכֹּהֵן
יב וְאֶת־אֲחִיקָם בֶּן־שָׁפָן וְאֶת־עַכְבּוֹר בֶּן־מִיכָיָה וְאֵת שָׁפָן הַסֹּפֵר
יג וְאֵת עֲשָׂיָה עֶבֶד־הַמֶּלֶךְ לֵאמֹר: לְכוּ דִרְשׁוּ אֶת־יְהוָה בַּעֲדִי
וּבְעַד־הָעָם וּבְעַד כָּל־יְהוּדָה עַל־דִּבְרֵי הַסֵּפֶר הַנִּמְצָא הַזֶּה
כִּי־גְדוֹלָה חֲמַת יְהוָה אֲשֶׁר־הִיא נִצְּתָה בָנוּ עַל אֲשֶׁר לֹא־
שָׁמְעוּ אֲבֹתֵינוּ עַל־דִּבְרֵי הַסֵּפֶר הַזֶּה לַעֲשׂוֹת כְּכָל־הַכָּתוּב
יד עָלֵינוּ: וַיֵּלֶךְ חִלְקִיָּהוּ הַכֹּהֵן וַאֲחִיקָם וְעַכְבּוֹר וְשָׁפָן וַעֲשָׂיָה אֶל־
חֻלְדָּה הַנְּבִיאָה אֵשֶׁת שַׁלֻּם בֶּן־תִּקְוָה בֶּן־חַרְחַס שֹׁמֵר הַבְּגָדִים
טו וְהִיא יֹשֶׁבֶת בִּירוּשָׁלַ͏ִם בַּמִּשְׁנֶה וַיְדַבְּרוּ אֵלֶיהָ: וַתֹּאמֶר אֲלֵיהֶם
כֹּה־אָמַר יְהוָה אֱלֹהֵי יִשְׂרָאֵל אִמְרוּ לָאִישׁ אֲשֶׁר־שָׁלַח אֶתְכֶם
טז אֵלָי: כֹּה אָמַר יְהוָה הִנְנִי מֵבִיא רָעָה אֶל־הַמָּקוֹם הַזֶּה וְעַל־
יֹשְׁבָיו אֵת כָּל־דִּבְרֵי הַסֵּפֶר אֲשֶׁר קָרָא מֶלֶךְ יְהוּדָה: תַּחַת |
יז אֲשֶׁר עֲזָבוּנִי וַיְקַטְּרוּ לֵאלֹהִים אֲחֵרִים לְמַעַן הַכְעִיסֵנִי בְּכֹל
מַעֲשֵׂה יְדֵיהֶם וְנִצְּתָה חֲמָתִי בַּמָּקוֹם הַזֶּה וְלֹא תִכְבֶּה: וְאֶל־
יח מֶלֶךְ יְהוּדָה הַשֹּׁלֵחַ אֶתְכֶם לִדְרֹשׁ אֶת־יְהוָה כֹּה תֹאמְרוּ אֵלָיו
כֹּה־אָמַר יְהוָה אֱלֹהֵי יִשְׂרָאֵל הַדְּבָרִים אֲשֶׁר שָׁמָעְתָּ: יַעַן רַךְ־
יט לְבָבְךָ וַתִּכָּנַע | מִפְּנֵי יְהוָה בְּשָׁמְעֲךָ אֲשֶׁר דִּבַּרְתִּי עַל־הַמָּקוֹם
הַזֶּה וְעַל־יֹשְׁבָיו לִהְיוֹת לְשַׁמָּה וְלִקְלָלָה וַתִּקְרַע אֶת־בְּגָדֶיךָ
וַתִּבְכֶּה לְפָנָי וְגַם אָנֹכִי שָׁמַעְתִּי נְאֻם־יְהוָה: לָכֵן הִנְנִי אֹסִפְךָ
כ עַל־אֲבֹתֶיךָ וְנֶאֱסַפְתָּ אֶל־קִבְרֹתֶיךָ בְּשָׁלוֹם וְלֹא־תִרְאֶינָה
עֵינֶיךָ בְּכֹל הָרָעָה אֲשֶׁר־אֲנִי מֵבִיא עַל־הַמָּקוֹם הַזֶּה וַיָּשִׁבוּ
אכג אֶת־הַמֶּלֶךְ דָּבָר: וַיִּשְׁלַח הַמֶּלֶךְ וַיַּאַסְפוּ אֵלָיו כָּל־זִקְנֵי יְהוּדָה
ב וִירוּשָׁלָ͏ִם: וַיַּעַל הַמֶּלֶךְ בֵּית־יְהוָה וְכָל־אִישׁ יְהוּדָה וְכָל־יֹשְׁבֵי
יְרוּשָׁלַ͏ִם אִתּוֹ וְהַכֹּהֲנִים וְהַנְּבִיאִים וְכָל־הָעָם לְמִקָּטֹן וְעַד־גָּדוֹל
וַיִּקְרָא בְאָזְנֵיהֶם אֶת־כָּל־דִּבְרֵי סֵפֶר הַבְּרִית הַנִּמְצָא בְּבֵית
ג יְהוָה: וַיַּעֲמֹד הַמֶּלֶךְ עַל־הָעַמּוּד וַיִּכְרֹת אֶת־הַבְּרִית | לִפְנֵי
יְהוָה לָלֶכֶת אַחַר יְהוָה וְלִשְׁמֹר מִצְוֹתָיו וְאֶת־עֵדְוֹתָיו וְאֶת־
חֻקֹּתָיו בְּכָל־לֵב וּבְכָל־נֶפֶשׁ לְהָקִים אֶת־דִּבְרֵי הַבְּרִית הַזֹּאת
הַכְּתֻבִים עַל־הַסֵּפֶר הַזֶּה וַיַּעֲמֹד כָּל־הָעָם בַּבְּרִית: וַיְצַו
ד הַמֶּלֶךְ אֶת־חִלְקִיָּהוּ הַכֹּהֵן הַגָּדוֹל וְאֶת־כֹּהֲנֵי הַמִּשְׁנֶה וְאֶת־
שֹׁמְרֵי הַסַּף לְהוֹצִיא מֵהֵיכַל יְהוָה אֵת כָּל־הַכֵּלִים הָעֲשׂוּיִם
לַבַּעַל וְלָאֲשֵׁרָה וּלְכֹל צְבָא הַשָּׁמָיִם וַיִּשְׂרְפֵם מִחוּץ לִירוּשָׁלַ͏ִם
בְּשַׁדְמוֹת קִדְרוֹן וְנָשָׂא אֶת־עֲפָרָם בֵּית־אֵל: וְהִשְׁבִּית אֶת־
ה הַכְּמָרִים אֲשֶׁר נָתְנוּ מַלְכֵי יְהוּדָה וַיְקַטֵּר בַּבָּמוֹת בְּעָרֵי

king, saying, Ḥilqiyya the priest has given me a book. And
Shafan read it before the king. And it came to pass, when the 11
king had heard the words of the book of the Tora, that he
rent his clothes. And the king commanded Ḥilqiyya the priest, 12
and Aḥiqam the son of Shafan, and 'Akhbor the son of Mikhaya,
and Shafan the scribe, and 'Asaya the king's servant, saying,
Go inquire of the Lord for me, and for the people, and for all 13
Yehuda, concerning the words of this book that is found:
for great is the wrath of the Lord that is kindled against us,
because our fathers have not hearkened to the words of this
book, to do according to all that which is written concerning
us. So Ḥilqiyyahu the priest, and Aḥiqam, and 'Akhbor, and Sha- 14
fan, and 'Asaya, went to Ḥulda the prophetess, the wife of Shal-
lum the son of Tiqva, the son of Ḥarḥas, keeper of the wardrobe ;
(now she dwelt in Yerushalayim in the second quarter;) and
they spoke with her. And she said to them, Thus says the 15
Lord God of Yisra'el, Tell the man that sent you to me, Thus 16
says the Lord, Behold, I will bring evil upon this place, and
upon its inhabitants, even all the words of the book which the
king of Yehuda has read: because they have forsaken me, and 17
have burned incense to other gods, that they might provoke
me to anger with all the works of their hands; therefore my
wrath shall be kindled against this place, and shall not be
quenched. But to the king of Yehuda who sent you to inquire 18
of the Lord, thus shall you say to him, Thus says the Lord God
of Yisra'el, Regarding the words which thou hast heard;
because thy heart was tender, and thou hast humbled thyself 19
before the Lord, when thou didst hear what I spoke against
this place, and against its inhabitants, that they should become
a desolation and a curse, and hast rent thy clothes, and wept
before me; I also have heard thee, says the Lord. Behold there- 20
fore, I will gather thee unto thy fathers, and thou shalt be
gathered into thy grave in peace; and thy eyes shall not see
all the evil which I will bring upon this place. And they brought
back word to the king. And the king sent, and they gathered **23**
to him all the elders of Yehuda and Yerushalayim. And the 2
king went up into the house of the Lord, and all the men of
Yehuda and all the inhabitants of Yerushalayim with him, and
the priests, and the prophets, and all the people, both small
and great : and he read in their ears all the words of the book
of the covenant which was found in the house of the Lord. And 3
the king stood by a pillar, and made a covenant before the
Lord, to walk after the Lord, and to keep his commandments
and his testimonies and his statutes with all their heart and all
their soul, to perform the words of this covenant that were
written in this book. And all the people stood to the covenant.
And the king commanded Ḥilqiyyahu the high priest, and the 4
priests of the second order, and the keepers of the door, to bring
out of the temple of the Lord all the vessels that were made
for the Ba'al, and for the ashera, and for all the host of heaven :
and he burned them outside Yerushalayim on the terraces of
Qidron, and carried the ashes of them to Bet-el. And he put down 5
the idolatrous priests, whom the kings of Yehuda had ordained

יְהוּדָה וּמְסִבֵּי יְרוּשָׁלִַם וְאֶת־הַמְקַטְּרִים לַבַּעַל לַשֶּׁמֶשׁ וְלַיָּרֵחַ
וְלַמַּזָּלוֹת וּלְכֹל צְבָא הַשָּׁמָיִם: וַיֹּצֵא אֶת־הָאֲשֵׁרָה מִבֵּית יְהוָה ו
מִחוּץ לִירוּשָׁלִַם אֶל־נַחַל קִדְרוֹן וַיִּשְׂרֹף אֹתָהּ בְּנַחַל קִדְרוֹן
וַיָּדֶק לְעָפָר וַיַּשְׁלֵךְ אֶת־עֲפָרָהּ עַל־קֶבֶר בְּנֵי הָעָם: וַיִּתֹּץ אֶת־ ז
בָּתֵּי הַקְּדֵשִׁים אֲשֶׁר בְּבֵית יְהוָה אֲשֶׁר הַנָּשִׁים אֹרְגוֹת שָׁם
בָּתִּים לָאֲשֵׁרָה: וַיָּבֵא אֶת־כָּל־הַכֹּהֲנִים מֵעָרֵי יְהוּדָה וַיְטַמֵּא ח
אֶת־הַבָּמוֹת אֲשֶׁר קִטְּרוּ־שָׁמָּה הַכֹּהֲנִים מִגֶּבַע עַד־בְּאֵר שָׁבַע
וְנָתַץ אֶת־בָּמוֹת הַשְּׁעָרִים אֲשֶׁר־פֶּתַח שַׁעַר יְהוֹשֻׁעַ שַׂר־הָעִיר
אֲשֶׁר־עַל־שְׂמֹאול אִישׁ בְּשַׁעַר הָעִיר: אַךְ לֹא יַעֲלוּ כֹּהֲנֵי ט
הַבָּמוֹת אֶל־מִזְבַּח יְהוָה בִּירוּשָׁלִָם כִּי אִם־אָכְלוּ מַצּוֹת בְּתוֹךְ
אֲחֵיהֶם: וְטִמֵּא אֶת־הַתֹּפֶת אֲשֶׁר בְּגֵי בְנֵי־הִנֹּם לְבִלְתִּי י
לְהַעֲבִיר אִישׁ אֶת־בְּנוֹ וְאֶת־בִּתּוֹ בָּאֵשׁ לַמֹּלֶךְ: וַיַּשְׁבֵּת אֶת־ יא
הַסּוּסִים אֲשֶׁר נָתְנוּ מַלְכֵי יְהוּדָה לַשֶּׁמֶשׁ מִבֹּא בֵית־יְהוָה אֶל־
לִשְׁכַּת נְתַן־מֶלֶךְ הַסָּרִיס אֲשֶׁר בַּפַּרְוָרִים וְאֶת־מַרְכְּבוֹת
הַשֶּׁמֶשׁ שָׂרַף בָּאֵשׁ: וְאֶת־הַמִּזְבְּחוֹת אֲשֶׁר עַל־הַגָּג עֲלִיַּת אָחָז יב
אֲשֶׁר־עָשׂוּ ׀ מַלְכֵי יְהוּדָה וְאֶת־הַמִּזְבְּחוֹת אֲשֶׁר־עָשָׂה מְנַשֶּׁה
בִּשְׁתֵּי חַצְרוֹת בֵּית־יְהוָה נָתַץ הַמֶּלֶךְ וַיָּרָץ מִשָּׁם וְהִשְׁלִיךְ
אֶת־עֲפָרָם אֶל־נַחַל קִדְרוֹן: וְאֶת־הַבָּמוֹת אֲשֶׁר ׀ עַל־פְּנֵי יג
יְרוּשָׁלִַם אֲשֶׁר מִימִין לְהַר־הַמַּשְׁחִית אֲשֶׁר בָּנָה שְׁלֹמֹה מֶלֶךְ־
יִשְׂרָאֵל לְעַשְׁתֹּרֶת ׀ שִׁקֻּץ צִידֹנִים וְלִכְמוֹשׁ שִׁקֻּץ מוֹאָב
וּלְמִלְכֹּם תּוֹעֲבַת בְּנֵי־עַמּוֹן טִמֵּא הַמֶּלֶךְ: וְשִׁבַּר אֶת־הַמַּצֵּבוֹת יד
וַיִּכְרֹת אֶת־הָאֲשֵׁרִים וַיְמַלֵּא אֶת־מְקוֹמָם עַצְמוֹת אָדָם: וְגַם טו
אֶת־הַמִּזְבֵּחַ אֲשֶׁר בְּבֵית־אֵל הַבָּמָה אֲשֶׁר עָשָׂה יָרָבְעָם בֶּן־
נְבָט אֲשֶׁר הֶחֱטִיא אֶת־יִשְׂרָאֵל גַּם אֶת־הַמִּזְבֵּחַ הַהוּא וְאֶת־
הַבָּמָה נָתָץ וַיִּשְׂרֹף אֶת־הַבָּמָה הֵדַק לְעָפָר וְשָׂרַף אֲשֵׁרָה: וַיִּפֶן טז
יֹאשִׁיָּהוּ וַיַּרְא אֶת־הַקְּבָרִים אֲשֶׁר־שָׁם בָּהָר וַיִּשְׁלַח וַיִּקַּח אֶת־
הָעֲצָמוֹת מִן־הַקְּבָרִים וַיִּשְׂרֹף עַל־הַמִּזְבֵּחַ וַיְטַמְּאֵהוּ כִּדְבַר
יְהוָה אֲשֶׁר קָרָא אִישׁ הָאֱלֹהִים אֲשֶׁר קָרָא אֶת־הַדְּבָרִים
הָאֵלֶּה: וַיֹּאמֶר מָה הַצִּיּוּן הַלָּז אֲשֶׁר אֲנִי רֹאֶה וַיֹּאמְרוּ אֵלָיו יז
אַנְשֵׁי הָעִיר הַקֶּבֶר אִישׁ־הָאֱלֹהִים אֲשֶׁר־בָּא מִיהוּדָה וַיִּקְרָא
אֶת־הַדְּבָרִים הָאֵלֶּה אֲשֶׁר עָשִׂיתָ עַל הַמִּזְבַּח בֵּית־אֵל: וַיֹּאמֶר יח
הַנִּיחוּ לוֹ אִישׁ אַל־יָנַע עַצְמֹתָיו וַיְמַלְּטוּ עַצְמֹתָיו אֵת עַצְמוֹת
הַנָּבִיא אֲשֶׁר־בָּא מִשֹּׁמְרוֹן: וְגַם אֶת־כָּל־בָּתֵּי הַבָּמוֹת אֲשֶׁר ׀ יט

to burn incense in the high places in the cities of Yehuda, and
in the places round about Yerushalayim, them also that burned
incense to Ba'al, to the sun, and to the moon, and to the planets,
and to all the host of heaven. And he brought out the ashera 6
from the house of the LORD, outside Yerushalayim, to the
Qidron, and burned it at the wadi Qidron, and beat it into dust,
and cast the dust of it upon the graves of the common people.
And he pulled down the houses of the male prostitutes, that 7
were by the house of the LORD, where the women wove covering
for the ashera. And he brought all the priests out of the cities 8
of Yehuda, and defiled the high places where the priests had
burned incense, from Geva to Be'er-sheva, and pulled down the
high places of the gates that were in the entrance of the gate
of Yehoshua the governor of the city, which was on a man's
left hand at the gate of the city. Nevertheless the priests of the 9
high places did not come up to the altar of the LORD in Yeru-
shalayim, but they did eat of the unleavened bread among their
brethren. And he defiled the Tofet, which is in the valley of Ben- 10
hinnom, that no man might make his son or his daughter pass
through the fire to the Molekh. And he took away the horses that 11
the kings of Yehuda had given to the sun, to the chamber of
Netan-melekh the chamberlain which was in the suburbs, de-
nying them entrance to the house of the LORD, and burned
the chariots of the sun with fire. And the altars that were on 12
the top of the upper chamber of Aḥaz, which the kings of
Yehuda had made, and the altars which Menashshe had made
in the two courts of the house of the LORD, did the king pull
down, and beat them down from there, and cast the dust of
them into wadi Qidron. And the high places that were 13
before Yerushalayim, which were on the right hand of the
Mount of Corruption, which Shelomo the king of Yisra'el had
built for 'Ashtoret the abomination of the Ẓidonim, and for
Kemosh the abomination of Mo'av, and for Milkom the abomi-
nation of the children of 'Ammon, did the king defile. And he 14
broke the pillars in pieces, and cut down the asherim, and
filled their place with the bones of men. Moreover the altar 15
that was at Bet-el, and the high place which Yarov'am the son
of Nevat, who made Yisra'el to sin, had made, both that altar
and the high place he pulled down, and burned the high place,
and beat it into dust, and burned the ashera. And as Yoshiyya- 16
hu turned himself, he saw the graves that were there on the
mount, and sent, and took the bones out of the graves, and
burned them upon the altar, and polluted it, according to the
word of the LORD which the man of GOD proclaimed, who pro-
claimed these words. Then he said, What monument is that 17
that I see? And the men of the city told him, It is the tomb
of the men of GOD, who came from Yehuda, and proclaimed
these things that thou hast done against the altar of Bet-el.
And he said, Let him alone; let no man move his bones. So 18
they let his bones alone, with the bones of the prophet that
came out of Shomeron. And all the houses also of the high 19
places that were in the cities of Shomeron, which the kings
of Yisra'el had made to provoke to anger, did Yoshiyyahu

בְּעָרֵי שֹׁמְרוֹן אֲשֶׁר עָשׂוּ מַלְכֵי יִשְׂרָאֵל לְהַכְעִיס הֵסִיר יֹאשִׁיָּהוּ

כ וַיַּעַשׂ לָהֶם כְּכָל־הַמַּעֲשִׂים אֲשֶׁר עָשָׂה בְּבֵית־אֵל: וַיִּזְבַּח
אֶת־כָּל־כֹּהֲנֵי הַבָּמוֹת אֲשֶׁר־שָׁם עַל־הַמִּזְבְּחוֹת וַיִּשְׂרֹף אֶת־
כא עַצְמוֹת אָדָם עֲלֵיהֶם וַיָּשָׁב יְרוּשָׁלִָם: וַיְצַו הַמֶּלֶךְ אֶת־כָּל־הָעָם
לֵאמֹר עֲשׂוּ פֶסַח לַיהוָה אֱלֹהֵיכֶם כַּכָּתוּב עַל סֵפֶר הַבְּרִית
כב הַזֶּה: כִּי לֹא נַעֲשָׂה כַּפֶּסַח הַזֶּה מִימֵי הַשֹּׁפְטִים אֲשֶׁר שָׁפְטוּ
כג אֶת־יִשְׂרָאֵל וְכֹל יְמֵי מַלְכֵי יִשְׂרָאֵל וּמַלְכֵי יְהוּדָה: כִּי אִם־
בִּשְׁמֹנֶה עֶשְׂרֵה שָׁנָה לַמֶּלֶךְ יֹאשִׁיָּהוּ נַעֲשָׂה הַפֶּסַח הַזֶּה לַיהוָה
כד בִּירוּשָׁלִָם: וְגַם אֶת־הָאֹבוֹת וְאֶת־הַיִּדְּעֹנִים וְאֶת־הַתְּרָפִים
וְאֶת־הַגִּלֻּלִים וְאֵת כָּל־הַשִּׁקֻּצִים אֲשֶׁר נִרְאוּ בְּאֶרֶץ יְהוּדָה
וּבִירוּשָׁלִַם בִּעֵר יֹאשִׁיָּהוּ לְמַעַן הָקִים אֶת־דִּבְרֵי הַתּוֹרָה
הַכְּתֻבִים עַל־הַסֵּפֶר אֲשֶׁר מָצָא חִלְקִיָּהוּ הַכֹּהֵן בֵּית יְהוָה:
כה וְכָמֹהוּ לֹא־הָיָה לְפָנָיו מֶלֶךְ אֲשֶׁר־שָׁב אֶל־יְהוָה בְּכָל־לְבָבוֹ
וּבְכָל־נַפְשׁוֹ וּבְכָל־מְאֹדוֹ כְּכֹל תּוֹרַת מֹשֶׁה וְאַחֲרָיו לֹא־קָם
כו כָּמֹהוּ: אַךְ ׀ לֹא־שָׁב יְהוָה מֵחֲרוֹן אַפּוֹ הַגָּדוֹל אֲשֶׁר־חָרָה אַפּוֹ
בִּיהוּדָה עַל כָּל־הַכְּעָסִים אֲשֶׁר הִכְעִיסוֹ מְנַשֶּׁה: וַיֹּאמֶר יְהוָה גַּם
כז אֶת־יְהוּדָה אָסִיר מֵעַל פָּנַי כַּאֲשֶׁר הֲסִרֹתִי אֶת־יִשְׂרָאֵל וּמָאַסְתִּי
אֶת־הָעִיר הַזֹּאת אֲשֶׁר־בָּחַרְתִּי אֶת־יְרוּשָׁלִַם וְאֶת־הַבַּיִת
כח אֲשֶׁר אָמַרְתִּי יִהְיֶה שְׁמִי שָׁם: וְיֶתֶר דִּבְרֵי יֹאשִׁיָּהוּ וְכָל־אֲשֶׁר
עָשָׂה הֲלֹא־הֵם כְּתוּבִים עַל־סֵפֶר דִּבְרֵי הַיָּמִים לְמַלְכֵי יְהוּדָה:
כט בְּיָמָיו עָלָה פַרְעֹה נְכֹה מֶלֶךְ־מִצְרַיִם עַל־מֶלֶךְ אַשּׁוּר עַל־נְהַר־
פְּרָת וַיֵּלֶךְ הַמֶּלֶךְ יֹאשִׁיָּהוּ לִקְרָאתוֹ וַיְמִיתֵהוּ בִּמְגִדּוֹ כִּרְאֹתוֹ
ל אֹתוֹ: וַיַּרְכִּבֻהוּ עֲבָדָיו מֵת מִמְּגִדּוֹ וַיְבִאֻהוּ יְרוּשָׁלִַם וַיִּקְבְּרֻהוּ
בִּקְבֻרָתוֹ וַיִּקַּח עַם־הָאָרֶץ אֶת־יְהוֹאָחָז בֶּן־יֹאשִׁיָּהוּ וַיִּמְשְׁחוּ
אֹתוֹ וַיַּמְלִיכוּ אֹתוֹ תַּחַת אָבִיו: בֶּן־עֶשְׂרִים
לא וְשָׁלֹשׁ שָׁנָה יְהוֹאָחָז בְּמָלְכוֹ וּשְׁלֹשָׁה חֳדָשִׁים מָלַךְ בִּירוּשָׁלִָם
לב וְשֵׁם אִמּוֹ חֲמוּטַל בַּת־יִרְמְיָהוּ מִלִּבְנָה: וַיַּעַשׂ הָרַע בְּעֵינֵי יְהוָה
לג כְּכֹל אֲשֶׁר־עָשׂוּ אֲבֹתָיו: וַיַּאַסְרֵהוּ פַרְעֹה נְכֹה בְרִבְלָה בְּאֶרֶץ
חֲמָת בִּמְלֹךְ בִּירוּשָׁלִַם וַיִּתֶּן־עֹנֶשׁ עַל־הָאָרֶץ מֵאָה כִכַּר־
לד כֶּסֶף וְכִכַּר זָהָב: וַיַּמְלֵךְ פַּרְעֹה נְכֹה אֶת־אֶלְיָקִים בֶּן־יֹאשִׁיָּהוּ
תַּחַת יֹאשִׁיָּהוּ אָבִיו וַיַּסֵּב אֶת־שְׁמוֹ יְהוֹיָקִים וְאֶת־יְהוֹאָחָז לָקָח
לה וַיָּבֹא מִצְרַיִם וַיָּמָת שָׁם: וְהַכֶּסֶף וְהַזָּהָב נָתַן יְהוֹיָקִים לְפַרְעֹה
אַךְ הֶעֱרִיךְ אֶת־הָאָרֶץ לָתֵת אֶת־הַכֶּסֶף עַל־פִּי פַרְעֹה אִישׁ
כְּעֶרְכּוֹ נָגַשׂ אֶת־הַכֶּסֶף וְאֶת־הַזָּהָב אֶת־עַם הָאָרֶץ לָתֵת
לו לְפַרְעֹה נְכֹה: בֶּן־עֶשְׂרִים וְחָמֵשׁ שָׁנָה יְהוֹיָקִים
בְּמָלְכוֹ וְאַחַת עֶשְׂרֵה שָׁנָה מָלַךְ בִּירוּשָׁלִַם וְשֵׁם אִמּוֹ זְבוּדָּה

remove, and he did to them according to all the acts that he had done in Bet-el. And he slew all the priests of the high 20 places that were there upon the altars, and burned men's bones upon them, and returned to Yerushalayim. And the king 21 commanded all the people, saying, Keep the passover to the LORD your GOD, as it is written in the book of the covenant. Surely there no such passover was held from the days of the 22 judges that judged Yisra'el, nor in all the days of the kings of Yisra'el, nor of the kings of Yehuda ; but in the eighteenth year 23 of king Yoshiyyahu, was this passover held to the LORD in Yerushalayim. Moreover the mediums, and the wizards, and the 24 images, and the idols, and all the abominations that were seen in the land of Yehuda and in Yerushalayim, did Yoshiyyahu put away, that he might perform the words of the Tora which were written in the book that Ḥilqiyyahu the priest had found in the house of the LORD. And like him was there no king before 25 him, that turned to the LORD with all his heart, and with all his soul, and with all his might, according to all the Tora of Moshe ; neither after him arose there any like him. Nevertheless, the LORD did not turn back from the fierceness 26 of that great anger with which his anger burned against Ye-huda, on account of all the provocations with which Menash-she had provoked him. And the LORD said, I will remove 27 Yehuda also out of my sight, as I have removed Yisra'el, and I will cast off this city Yerushalayim which I have chosen, and the house of which I said, My name shall be there. Now the 28 rest of the acts of Yoshiyyahu, and all that he did, are they not written in the book of the chronicles of the kings of Ye-huda? In his days Par'o-nekho king of Miẓrayim went up 29 against the king of Ashshur to the river Perat: and king Yo-shiyyahu went against him; and he slew him at Megiddo, when he had seen him. And his servants carried him in a chariot 30 dead from Megiddo, and brought him to Yerushalayim, and buried him in his own tomb. And the people of the land took Yeho'aḥaz the son of Yoshiyyahu, and anointed him, and made him king in his father's stead.   Yeho'aḥaz was twenty three 31 years old when he began to reign; and he reigned three months in Yerushalayim. And his mother's name was Ḥamutal, the daughter of Yirmeyahu from Livna. And he did that which was 32 evil in the sight of the LORD, according to all that his fathers had done. And Par'o-nekho put him in bands at Rivla in the 33 land of Ḥamat, that he might not reign in Yerushalayim; and put the land to a tribute of a hundred talents of silver, and a talent of gold. And Par'o-nekho made Elyaqim the son of Yo-34 shiyyahu king in place of Yoshiyyahu, his father, and turned his name to Yehoyaqim, and took Yeho'aḥaz away: and he came to Miẓrayim where he died. And Yehoyaqim gave the 35 silver and the gold to Par'o; but he taxed the land to give the money according to the commandment of Par'o : he exacted the silver and the gold of the people of the land, of every one accord-ing to his taxation, to give it to Par'o-nekho.   Yehoya-36 qim was twenty five years old when he began to reign; and he reigned eleven years in Yerushalayim. And his mother's name

לז בַּת־פְּדָיָה מִן־רוּמָה׃ וַיַּעַשׂ הָרַע בְּעֵינֵי יְהוָה כְּכֹל אֲשֶׁר־עָשׂוּ
כד א אֲבֹתָיו׃ בְּיָמָיו עָלָה נְבֻכַדְנֶאצַּר מֶלֶךְ בָּבֶל וַיְהִי־לוֹ יְהוֹיָקִים
ב עֶבֶד שָׁלֹשׁ שָׁנִים וַיָּשָׁב וַיִּמְרָד־בּוֹ׃ וַיְשַׁלַּח יְהוָה ׀ בּוֹ אֶת־גְּדוּדֵי
כַשְׂדִּים וְאֶת־גְּדוּדֵי אֲרָם וְאֵת ׀ גְּדוּדֵי מוֹאָב וְאֵת גְּדוּדֵי בְנֵי־
עַמּוֹן וַיְשַׁלְּחֵם בִּיהוּדָה לְהַאֲבִידוֹ כִּדְבַר יְהוָה אֲשֶׁר דִּבֶּר בְּיַד
ג עֲבָדָיו הַנְּבִיאִים׃ אַךְ ׀ עַל־פִּי יְהוָה הָיְתָה בִּיהוּדָה לְהָסִיר
ד מֵעַל פָּנָיו בְּחַטֹּאת מְנַשֶּׁה כְּכֹל אֲשֶׁר עָשָׂה׃ וְגַם דַּם־הַנָּקִי
אֲשֶׁר שָׁפָךְ וַיְמַלֵּא אֶת־יְרוּשָׁלִַם דָּם נָקִי וְלֹא־אָבָה יְהוָה
ה לִסְלֹחַ׃ וְיֶתֶר דִּבְרֵי יְהוֹיָקִים וְכָל־אֲשֶׁר עָשָׂה הֲלֹא־הֵם כְּתוּבִים
ו עַל־סֵפֶר דִּבְרֵי הַיָּמִים לְמַלְכֵי יְהוּדָה׃ וַיִּשְׁכַּב יְהוֹיָקִים עִם־
ז אֲבֹתָיו וַיִּמְלֹךְ יְהוֹיָכִין בְּנוֹ תַּחְתָּיו׃ וְלֹא־הֹסִיף עוֹד מֶלֶךְ
מִצְרַיִם לָצֵאת מֵאַרְצוֹ כִּי־לָקַח מֶלֶךְ בָּבֶל מִנַּחַל מִצְרַיִם עַד־
ח נְהַר פְּרָת כֹּל אֲשֶׁר הָיְתָה לְמֶלֶךְ מִצְרָיִם׃ בֶּן־
שְׁמֹנֶה עֶשְׂרֵה שָׁנָה יְהוֹיָכִין בְּמָלְכוֹ וּשְׁלֹשָׁה חֳדָשִׁים מָלַךְ
ט בִּירוּשָׁלִָם וְשֵׁם אִמּוֹ נְחֻשְׁתָּא בַת־אֶלְנָתָן מִירוּשָׁלִָם׃ וַיַּעַשׂ
י הָרַע בְּעֵינֵי יְהוָה כְּכֹל אֲשֶׁר־עָשָׂה אָבִיו׃ בָּעֵת הַהִיא עלה עָלוּ
עַבְדֵי נְבֻכַדְנֶאצַּר מֶלֶךְ־בָּבֶל יְרוּשָׁלִָם וַתָּבֹא הָעִיר בַּמָּצוֹר׃
יא וַיָּבֹא נְבוּכַדְנֶאצַּר מֶלֶךְ־בָּבֶל עַל־הָעִיר וַעֲבָדָיו צָרִים עָלֶיהָ׃
יב וַיֵּצֵא יְהוֹיָכִין מֶלֶךְ־יְהוּדָה עַל־מֶלֶךְ בָּבֶל הוּא וְאִמּוֹ וַעֲבָדָיו
וְשָׂרָיו וְסָרִיסָיו וַיִּקַּח אֹתוֹ מֶלֶךְ בָּבֶל בִּשְׁנַת שְׁמֹנֶה לְמָלְכוֹ׃
יג וַיּוֹצֵא מִשָּׁם אֶת־כָּל־אוֹצְרוֹת בֵּית יְהוָה וְאוֹצְרוֹת בֵּית הַמֶּלֶךְ
וַיְקַצֵּץ אֶת־כָּל־כְּלֵי הַזָּהָב אֲשֶׁר עָשָׂה שְׁלֹמֹה מֶלֶךְ־יִשְׂרָאֵל
יד בְּהֵיכַל יְהוָה כַּאֲשֶׁר דִּבֶּר יְהוָה׃ וְהִגְלָה אֶת־כָּל־יְרוּשָׁלִַם וְאֶת־
כָּל־הַשָּׂרִים וְאֵת ׀ כָּל־גִּבּוֹרֵי הַחַיִל עשרה אֲלָפִים גּוֹלֶה וְכָל־ עֲשֶׂרֶת
טו הֶחָרָשׁ וְהַמַּסְגֵּר לֹא נִשְׁאַר זוּלַת דַּלַּת עַם־הָאָרֶץ׃ וַיֶּגֶל אֶת־
יְהוֹיָכִין בָּבֶלָה וְאֶת־אֵם הַמֶּלֶךְ וְאֶת־נְשֵׁי הַמֶּלֶךְ וְאֶת־סָרִיסָיו
טז וְאֵת אולי הָאָרֶץ הוֹלִיךְ גּוֹלָה מִירוּשָׁלִַם בָּבֶלָה׃ וְאֵת כָּל־ אֵילֵי
אַנְשֵׁי הַחַיִל שִׁבְעַת אֲלָפִים וְהֶחָרָשׁ וְהַמַּסְגֵּר אֶלֶף הַכֹּל
גִּבּוֹרִים עֹשֵׂי מִלְחָמָה וַיְבִיאֵם מֶלֶךְ־בָּבֶל גּוֹלָה בָּבֶלָה׃
יז וַיַּמְלֵךְ מֶלֶךְ־בָּבֶל אֶת־מַתַּנְיָה דֹדוֹ תַּחְתָּיו וַיַּסֵּב אֶת־
יח שְׁמוֹ צִדְקִיָּהוּ׃ בֶּן־עֶשְׂרִים וְאַחַת שָׁנָה צִדְקִיָּהוּ לה
בְמָלְכוֹ וְאַחַת עֶשְׂרֵה שָׁנָה מָלַךְ בִּירוּשָׁלִָם וְשֵׁם אִמּוֹ
יט חמיטל בַּת־יִרְמְיָהוּ מִלִּבְנָה׃ וַיַּעַשׂ הָרַע בְּעֵינֵי יְהוָה כְּכֹל חֲמוּטַל
כ אֲשֶׁר־עָשָׂה יְהוֹיָקִים׃ כִּי ׀ עַל־אַף יְהוָה הָיְתָה בִּירוּשָׁלִַם

was Zevudda, the daughter of Pedaya of Ruma. And he did 37
that which was evil in the sight of the LORD, according to all
that his fathers had done. In his days Nevukhadneẕẕar king of **24**
Bavel came up, and Yehoyaqim became his servant for three
years: then he turned and rebelled against him. And the LORD 2
sent against him bands of Kasdim, and bands of Aram, and
bands of Mo'av, and bands of the children of 'Ammon, and
sent them against Yehuda to destroy it, according to the word
of the LORD, which he spoke by his servants the prophets.
Surely at the commandment of the LORD came this upon 3
Yehuda, to remove them out of his sight, for the sins of Me-
nashshe, according to all that he did; and also for the innocent 4
blood that he shed: for he filled Yerushalayim with innocent
blood; which the LORD would not pardon. Now the rest of the 5
acts of Yehoyaqim, and all that he did, are they not written in
the book of the chronicles of the king of Yehuda? So Yeho- 6
yaqim slept with his fathers: and Yehoyakhin his son reigned
in his stead. And the king of Miẕrayim came not again any 7
more out of his land: for the king of Bavel had taken from the
wadi of Miẕrayim to the river Perat all that pertained to the
king of Miẕrayim. Yehoyakhin was eighteen years old 8
when he began to reign, and he reigned in Yerushalayim three
months. And his mother's name was Neḥushta, the daughter
of Elnatan of Yerushalayim. And he did that which was evil 9
in the sight of the LORD, according to all that his father had
done. At that time the servants of Nevukhadneẕẕar king of 10
Bavel came up against Yerushalayim, and the city was besieged.
And Nevukhadneẕẕar king of Bavel came against the city, and 11
his servants besieged it. And Yehoyakhin the king of Yehuda 12
went out to the king of Bavel, he, and his mother, and his
servants, and his princes, and his officers: and the king of
Bavel took him in the eighth year of his reign. And he carried 13
out from there all the treasures of the house of the LORD, and
the treasures of the king's house, and cut in pieces all the
vessels of gold which Shelomo king of Yisra'el had made in
the temple of the LORD, as the LORD had said. And he carried 14
away all Yerushalayim, and all the princes, and all the mighty
warriors, ten thousand exiles, and all the craftsmen and the
smiths: none remained, save the poorest sort of the people of
the land. And he carried away Yehoyakhin to Bavel, and the 15
king's mother, and the king's wives, and his officers, and the
mighty of the land, those he took away into exile from Yeru-
shalayim to Bavel. And all the men of might, seven thousand, 16
and craftsmen and smiths a thousand, all that were strong and
apt for war, even them the king of Bavel took into exile to Bavel.
And the king of Bavel made Mattanya his father's brother 17
king in his stead, and changed his name to Ẕidqiyyahu.

Ẕidqiyyahu was twenty one years old when he began to reign, 18
and he reigned eleven years in Yerushalayim. And his mother's
name was Ḥamutal, the daughter of Yirmeyahu from Livna.
And he did that which was evil in the sight of the LORD, ac- 19
cording to all that Yehoyaqim had done. For through the anger 20
of the LORD it came to pass in Yerushalayim and Yehuda, until

וּבִיהוּדָה עַד־הִשְׁלִכוֹ אֹתָם מֵעַל פָּנָיו וַיִּמְרֹד צִדְקִיָּהוּ בְּמֶלֶךְ
בָּבֶל: וַיְהִי בִשְׁנַת הַתְּשִׁיעִית לְמָלְכוֹ בַּחֹדֶשׁ כה

הָעֲשִׂירִי בֶּעָשׂוֹר לַחֹדֶשׁ בָּא נְבֻכַדְנֶאצַּר מֶלֶךְ־בָּבֶל הוּא וְכָל־
חֵילוֹ עַל־יְרוּשָׁלַ͏ִם וַיִּחַן עָלֶיהָ וַיִּבְנוּ עָלֶיהָ דָּיֵק סָבִיב: וַתָּבֹא ב
הָעִיר בַּמָּצוֹר עַד עַשְׁתֵּי עֶשְׂרֵה שָׁנָה לַמֶּלֶךְ צִדְקִיָּהוּ: בְּתִשְׁעָה ג
לַחֹדֶשׁ וַיֶּחֱזַק הָרָעָב בָּעִיר וְלֹא־הָיָה לֶחֶם לְעַם הָאָרֶץ: וַתִּבָּקַע ד
הָעִיר וְכָל־אַנְשֵׁי הַמִּלְחָמָה ׀ הַלַּיְלָה דֶּרֶךְ שַׁעַר ׀ בֵּין הַחֹמֹתַיִם
אֲשֶׁר עַל־גַּן הַמֶּלֶךְ וְכַשְׂדִּים עַל־הָעִיר סָבִיב וַיֵּלֶךְ דֶּרֶךְ
הָעֲרָבָה: וַיִּרְדְּפוּ חֵיל־כַּשְׂדִּים אַחַר הַמֶּלֶךְ וַיַּשִּׂגוּ אֹתוֹ בְּעַרְבֹת ה
יְרֵחוֹ וְכָל־חֵילוֹ נָפֹצוּ מֵעָלָיו: וַיִּתְפְּשׂוּ אֶת־הַמֶּלֶךְ וַיַּעֲלוּ אֹתוֹ ו
אֶל־מֶלֶךְ בָּבֶל רִבְלָתָה וַיְדַבְּרוּ אִתּוֹ מִשְׁפָּט: וְאֶת־בְּנֵי צִדְקִיָּהוּ ז
שָׁחֲטוּ לְעֵינָיו וְאֶת־עֵינֵי צִדְקִיָּהוּ עִוֵּר וַיַּאַסְרֵהוּ בַנְחֻשְׁתַּיִם
וַיְבִאֵהוּ בָּבֶל: וּבַחֹדֶשׁ הַחֲמִישִׁי בְּשִׁבְעָה לַחֹדֶשׁ ח
הִיא שְׁנַת תְּשַׁע־עֶשְׂרֵה שָׁנָה לַמֶּלֶךְ נְבֻכַדְנֶאצַּר מֶלֶךְ־בָּבֶל
בָּא נְבוּזַרְאֲדָן רַב־טַבָּחִים עֶבֶד מֶלֶךְ־בָּבֶל יְרוּשָׁלָ͏ִם: וַיִּשְׂרֹף ט
אֶת־בֵּית־יְהוָה וְאֶת־בֵּית הַמֶּלֶךְ וְאֵת כָּל־בָּתֵּי יְרוּשָׁלַ͏ִם וְאֶת־
כָּל־בֵּית גָּדוֹל שָׂרַף בָּאֵשׁ: וְאֶת־חוֹמֹת יְרוּשָׁלַ͏ִם סָבִיב נָתְצוּ י
כָּל־חֵיל כַּשְׂדִּים אֲשֶׁר רַב־טַבָּחִים: וְאֵת יֶתֶר הָעָם הַנִּשְׁאָרִים יא
בָּעִיר וְאֶת־הַנֹּפְלִים אֲשֶׁר נָפְלוּ עַל־הַמֶּלֶךְ בָּבֶל וְאֵת יֶתֶר
הֶהָמוֹן הֶגְלָה נְבוּזַרְאֲדָן רַב־טַבָּחִים: וּמִדַּלַּת הָאָרֶץ הִשְׁאִיר יב
רַב־טַבָּחִים לְכֹרְמִים וּלְיֹגְבִים: וְאֶת־עַמּוּדֵי הַנְּחֹשֶׁת אֲשֶׁר יג
בֵּית־יְהוָה וְאֶת־הַמְּכֹנוֹת וְאֶת־יָם הַנְּחֹשֶׁת אֲשֶׁר בְּבֵית־יְהוָה
שִׁבְּרוּ כַשְׂדִּים וַיִּשְׂאוּ אֶת־נְחֻשְׁתָּם בָּבֶלָה: וְאֶת־הַסִּירֹת יד
וְאֶת־הַיָּעִים וְאֶת־הַמְזַמְּרוֹת וְאֶת־הַכַּפּוֹת וְאֵת כָּל־כְּלֵי
הַנְּחֹשֶׁת אֲשֶׁר יְשָׁרְתוּ־בָם לָקָחוּ: וְאֶת־הַמַּחְתּוֹת וְאֶת־ טו
הַמִּזְרָקוֹת אֲשֶׁר זָהָב זָהָב וַאֲשֶׁר־כֶּסֶף כֶּסֶף לָקַח רַב־טַבָּחִים:
הָעַמּוּדִים ׀ שְׁנַיִם הַיָּם הָאֶחָד וְהַמְּכֹנוֹת אֲשֶׁר־עָשָׂה שְׁלֹמֹה טז
לְבֵית יְהוָה לֹא־הָיָה מִשְׁקָל לִנְחֹשֶׁת כָּל־הַכֵּלִים הָאֵלֶּה:
שְׁמֹנֶה עֶשְׂרֵה אַמָּה קוֹמַת ׀ הָעַמּוּד הָאֶחָד וְכֹתֶרֶת עָלָיו ׀ יז
נְחֹשֶׁת וְקוֹמַת הַכֹּתֶרֶת שָׁלֹשׁ אַמָּה וּשְׂבָכָה וְרִמֹּנִים עַל־
הַכֹּתֶרֶת סָבִיב הַכֹּל נְחֹשֶׁת וְכָאֵלֶּה לָעַמּוּד הַשֵּׁנִי עַל־הַשְּׂבָכָה:
וַיִּקַּח רַב־טַבָּחִים אֶת־שְׂרָיָה כֹּהֵן הָרֹאשׁ וְאֶת־צְפַנְיָהוּ כֹּהֵן יח
מִשְׁנֶה וְאֶת־שְׁלֹשֶׁת שֹׁמְרֵי הַסַּף: וּמִן־הָעִיר לָקַח סָרִיס אֶחָד יט
אֲשֶׁר־הוּא פָקִיד ׀ עַל־אַנְשֵׁי הַמִּלְחָמָה וַחֲמִשָּׁה אֲנָשִׁים מֵרֹאֵי

he had cast them out from his presence; and Ẕidqiyyahu re-
belled against the king of Bavel.   And it came to pass in 25
the ninth year of his reign, in the tenth month, in the tenth day
of the month, that Nevukhadneẕẕar king of Bavel came, he,
and all his host, against Yerushalayim, and camped against it;
and they built a siege wall against it round about. And the city 2
was besieged until the eleventh year of king Ẕidqiyyahu. And 3
on the ninth day of the (fourth) month the famine prevailed in
the city, and there was no bread for the people of the land.
And a breach was made in the city, and all the men of war 4
fled by night by the way of the gate between the two walls,
which is by the king's garden: (now the Kasdim were against
the city round about:) and they went in the direction of the
'Arava. And the army of the Kasdim pursued after the king, 5
and overtook him in the plains of Yeriḥo : and all his army
were scattered from him. So they took the king, and brought 6
him up to the king of Bavel to Rivla; and they gave judgment
upon him. And they slew the sons of Ẕidqiyyahu before his 7
eyes, and put out the eyes of Ẕidqiyyahu, and bound him with
fetters of brass, and carried him to Bavel.   And in the fifth 8
month, on the seventh day of the month, which is the nine-
teenth year of king Nevukhadneẕẕar king of Bavel, Nevuzar'-
adan, captain of the guard, a servant of the king of Bavel,
came to Yerushalayim: and he burnt the house of the LORD, 9
and the king's house, and all the houses of Yerushalayim, and
every great house he burnt with fire. And all the army of the 10
Kasdim, that were with the captain of the guard pulled down
the walls of Yerushalayim round about. Now the rest of the 11
people that were left in the city, and the fugitives that fell
away to the king of Bavel, with the remnant of the multitude,
did Nevuzar'adan the captain of the guard carry away into
exile. But the captain of the guard left of the poor of the land 12
to be vinedressers and fieldworkers. And the pillars of brass 13
that were in the house of the LORD, and the bases, and the
brazen sea that was in the house of the LORD, did the Kasdim
break in pieces, and carried the brass of them to Bavel. And 14
the pans, and the shovels, and the snuffers, and the spoons, and
all the vessels of brass with which they ministered, they took
away. And the firepans, and the basins, and such things as 15
were of gold, in gold, and of silver, in silver, the captain of
the guard took away. The pillars, one sea, and the bases which 16
Shelomo had made for the house of the LORD ; the brass of all
these vessels was without weight. The height of the one pillar 17
was eighteen cubits, and the capital upon it was brass : and the
height of the capital three cubits ; and there was wreathen work,
and pomegranates upon the capital round about, all of brass :
and like capital round about, all of brass : and like thee with
wreathen work was the second pillar also. And the captain of 18
the guard took Seraya the chief priest, and Ẕefanyahu a priest
of the second order, and the three keepers of the door : and 19
out of the city he took an officer that was set over the men of
war, and five men of them that were in the king's presence,
who were found in the city, and the scribe, of the commander

פְּנֵי־הַמֶּ֫לֶךְ אֲשֶׁ֣ר נִמְצְא֣וּ בָעִ֔יר וְאֵ֗ת הַסֹּפֵר֙ שַׂ֣ר הַצָּבָ֔א הַמַּצְבִּ֖א

אֶת־עַ֣ם הָאָ֑רֶץ וְשִׁשִּׁ֥ים אִישׁ֙ מֵעַ֣ם הָאָ֔רֶץ הַֽנִּמְצְאִ֖ים בָּעִֽיר׃

כ וַיִּקַּ֣ח אֹתָ֔ם נְבוּזַרְאֲדָ֖ן רַב־טַבָּחִ֑ים וַיֹּ֧לֶךְ אֹתָ֛ם עַל־מֶ֥לֶךְ בָּבֶ֖ל

רִבְלָֽתָה׃ כא וַיַּ֣ךְ אֹתָם֩ מֶ֨לֶךְ בָּבֶ֧ל וַיְמִיתֵ֛ם בְּרִבְלָ֖ה בְּאֶ֣רֶץ חֲמָ֑ת

כב וַיִּ֥גֶל יְהוּדָ֖ה מֵעַ֥ל אַדְמָתֽוֹ׃ וְהָעָ֗ם הַנִּשְׁאָר֙ בְּאֶ֣רֶץ יְהוּדָ֔ה אֲשֶׁ֣ר

הִשְׁאִ֔יר נְבֽוּכַדְנֶאצַּ֖ר מֶ֣לֶךְ בָּבֶ֑ל וַיַּפְקֵ֣ד עֲלֵיהֶ֔ם אֶת־גְּדַלְיָ֙הוּ֙

בֶּן־אֲחִיקָ֖ם בֶּן־שָׁפָֽן׃ כג וַיִּשְׁמְע֣וּ כָל־שָׂרֵ֣י הַחֲיָלִ֡ים הֵ֠מָּה וְהָֽאֲנָשִׁ֗ים

כִּֽי־הִפְקִ֤יד מֶֽלֶךְ־בָּבֶל֙ אֶת־גְּדַלְיָ֔הוּ וַיָּבֹ֥אוּ אֶל־גְּדַלְיָ֖הוּ הַמִּצְפָּ֑ה

וְיִשְׁמָעֵ֣אל בֶּן־נְתַנְיָ֡ה וְיֽוֹחָנָ֣ן בֶּן־קָרֵ֠חַ וּשְׂרָיָ֨ה בֶן־תַּנְחֻ֜מֶת

הַנְּטֹפָתִ֗י וְיַֽאֲזַנְיָ֙הוּ֙ בֶּן־הַמַּ֣עֲכָתִ֔י הֵ֖מָּה וְאַנְשֵׁיהֶֽם׃ וַיִּשָּׁבַ֨ע לָהֶ֤ם

כד גְּדַלְיָ֙הוּ֙ וּלְאַנְשֵׁיהֶ֔ם וַיֹּ֣אמֶר לָהֶ֔ם אַל־תִּֽירְא֖וּ מֵעַבְדֵ֣י הַכַּשְׂדִּ֑ים

שְׁב֣וּ בָאָ֗רֶץ וְעִבְד֛וּ אֶת־מֶ֥לֶךְ בָּבֶ֖ל וְיִטַ֥ב לָכֶֽם׃ כה וַיְהִ֣י׀

בַּחֹ֣דֶשׁ הַשְּׁבִיעִ֗י בָּ֣א יִשְׁמָעֵ֣אל בֶּן־נְ֠תַנְיָ֞ה בֶּן־אֱלִישָׁמָ֣ע מִזֶּ֣רַע

הַמְּלוּכָ֡ה וַעֲשָׂרָ֨ה אֲנָשִׁ֤ים אִתּוֹ֙ וַיַּכּ֣וּ אֶת־גְּדַלְיָ֔הוּ וַיָּמֹ֖ת וְאֶת־

הַיְּהוּדִ֗ים וְאֶת־הַכַּשְׂדִּ֔ים אֲשֶׁר־הָי֥וּ אִתּ֖וֹ בַּמִּצְפָּֽה׃ כו וַיָּקֻ֨מוּ כָל־

הָעָ֜ם מִקָּטֹ֤ן וְעַד־גָּדוֹל֙ וְשָׂרֵ֣י הַחֲיָלִ֔ים וַיָּבֹ֖אוּ מִצְרָ֑יִם כִּ֥י יָרְא֖וּ

מִפְּנֵ֥י כַשְׂדִּֽים׃ כז וַיְהִי֩ בִשְׁלֹשִׁ֨ים וָשֶׁ֜בַע שָׁנָ֣ה לְגָל֗וּת

יְהוֹיָכִ֣ין מֶֽלֶךְ־יְהוּדָ֔ה בִּשְׁנֵ֤ים עָשָׂר֙ חֹ֔דֶשׁ בְּעֶשְׂרִ֥ים וְשִׁבְעָ֖ה

לַחֹ֑דֶשׁ נָשָׂ֡א אֱוִ֣יל מְרֹדַךְ֩ מֶ֨לֶךְ בָּבֶ֜ל בִּשְׁנַ֣ת מָלְכ֗וֹ אֶת־רֹ֨אשׁ

כח יְהוֹיָכִ֥ין מֶֽלֶךְ־יְהוּדָ֖ה מִבֵּ֥ית כֶּֽלֶא׃ וַיְדַבֵּ֥ר אִתּ֖וֹ טֹב֑וֹת וַיִּתֵּן֙ אֶת־

כט כִּסְא֔וֹ מֵעַ֕ל כִּסֵּ֧א הַמְּלָכִ֛ים אֲשֶׁ֥ר אִתּ֖וֹ בְּבָבֶֽל׃ וְשִׁנָּ֕א אֵ֖ת בִּגְדֵ֣י

ל כִלְא֑וֹ וְאָכַ֨ל לֶ֧חֶם תָּמִ֛יד לְפָנָ֖יו כָּל־יְמֵ֥י חַיָּֽיו׃ וַאֲרֻחָת֗וֹ אֲרֻחַ֨ת

תָּמִ֗יד נִתְּנָה־לּ֤וֹ מֵאֵ֣ת הַמֶּ֔לֶךְ דְּבַר־י֖וֹם בְּיוֹמ֑וֹ כֹּ֖ל יְמֵ֥י חַיָּֽיו׃

of the host, who kept the muster of the people of the land, and
sixty men of the people of the land who were found in the city :
and Nevuzar'adan captain of the guard took these, and brought   20
them to the king of Bavel to Rivla : and the king of Bavel smote   21
them, and slew them at Rivla in the land of Ḥamat. So Yehuda
was carried away out of their land. And as for the people that   22
remained in the land of Yehuda, whom Nevukhadneẓẓar king
of Bavel had left, he appointed Gedalyahu the son of Aḥiqam,
the son of Shafan over them. And when all the captains of the   23
armies, they and their men, heard that the king of Bavel had
made Gedalyahu governor, they came to Gedalyahu to Miẓpa,
also Yishma'el the son of Netanya, and Yoḥanan the son of
Qareaḥ, and Seraya the son of Tanḥumat the Netofati, and
Ya'azanyahu the son of the Ma'akhati, they and their men. And   24
Gedalyahu swore to them, and to their men, and said to them,
Fear not to be the servants of the Kasdim: dwell in the land, and
serve the king of Bavel; and it shall be well with you.   But   25
it came to pass in the seventh month, that Yishma'el the son of
Netanya, the son of Elishama, of the royal seed, came, and ten
men with him, and smote Gedalyahu, that he died, together
with the men of Yehuda and the Kasdim that were with him of
Miẓpa. And all the people, both small and great, and the cap-   26
tains of the armies, arose, and came to Miẓrayim: for they were
afraid of the Kasdim.   And it came to pass in the thirty   27
seventh year of the captivity of Yehoyakhin king of Yehuda, in
the twelfth month, on the twenty seventh day of the month,
that Evil-merodakh king of Bavel in the year that he began to
reign did lift up the head of Yehoyakhin king of Yehuda out of
prison ; and he spoke kindly to him, and set his throne above   28
the throne of the other kings that were with him in Bavel ;
and he changed his prison garments : and he did eat bread   29
continually before him all the days of his life : and as for his   30
allowance, there was a continual allowance given him by the
king, a daily portion for every day, all the days of his life.

ישעיה

YESHA‘YAHU-ISAIAH

א חֲזוֹן יְשַׁעְיָהוּ בֶן־אָמוֹץ אֲשֶׁר חָזָה עַל־יְהוּדָה וִירוּשָׁלֵָם בִּימֵי

ב עֻזִּיָּהוּ יוֹתָם אָחָז יְחִזְקִיָּהוּ מַלְכֵי יְהוּדָה: שִׁמְעוּ שָׁמַיִם וְהַאֲזִינִי

אֶרֶץ כִּי יְהוָה דִּבֵּר בָּנִים גִּדַּלְתִּי וְרוֹמַמְתִּי וְהֵם פָּשְׁעוּ בִי: יָדַע

שׁוֹר קֹנֵהוּ וַחֲמוֹר אֵבוּס בְּעָלָיו יִשְׂרָאֵל לֹא יָדַע עַמִּי לֹא

ד הִתְבּוֹנָן: הוֹי גּוֹי חֹטֵא עַם כֶּבֶד עָוֹן זֶרַע מְרֵעִים בָּנִים מַשְׁחִיתִים

עָזְבוּ אֶת־יְהוָה נִאֲצוּ אֶת־קְדוֹשׁ יִשְׂרָאֵל נָזֹרוּ אָחוֹר: עַל מֶה

ו תֻכּוּ עוֹד תּוֹסִיפוּ סָרָה כָּל־רֹאשׁ לָחֳלִי וְכָל־לֵבָב דַּוָּי: מִכַּף־רֶגֶל

וְעַד־רֹאשׁ אֵין־בּוֹ מְתֹם פֶּצַע וְחַבּוּרָה וּמַכָּה טְרִיָּה לֹא־זֹרוּ

ז וְלֹא חֻבָּשׁוּ וְלֹא רֻכְּכָה בַּשָּׁמֶן: אַרְצְכֶם שְׁמָמָה עָרֵיכֶם שְׂרֻפוֹת

אֵשׁ אַדְמַתְכֶם לְנֶגְדְּכֶם זָרִים אֹכְלִים אֹתָהּ וּשְׁמָמָה כְּמַהְפֵּכַת

ח זָרִים: וְנוֹתְרָה בַת־צִיּוֹן כְּסֻכָּה בְכָרֶם כִּמְלוּנָה בְמִקְשָׁה כְּעִיר

ט נְצוּרָה: לוּלֵי יְהוָה צְבָאוֹת הוֹתִיר לָנוּ שָׂרִיד כִּמְעַט כִּסְדֹם

הָיִינוּ לַעֲמֹרָה דָּמִינוּ: שִׁמְעוּ דְבַר־יְהוָה קְצִינֵי

י סְדֹם הַאֲזִינוּ תּוֹרַת אֱלֹהֵינוּ עַם עֲמֹרָה: לָמָּה לִּי רֹב־זִבְחֵיכֶם

יֹאמַר יְהוָה שָׂבַעְתִּי עֹלוֹת אֵילִים וְחֵלֶב מְרִיאִים וְדַם פָּרִים

יב וּכְבָשִׂים וְעַתּוּדִים לֹא חָפָצְתִּי: כִּי תָבֹאוּ לֵרָאוֹת פָּנָי מִי־בִקֵּשׁ

יג זֹאת מִיֶּדְכֶם רְמֹס חֲצֵרָי: לֹא תוֹסִיפוּ הָבִיא מִנְחַת־שָׁוְא

קְטֹרֶת תּוֹעֵבָה הִיא לִי חֹדֶשׁ וְשַׁבָּת קְרֹא מִקְרָא לֹא־אוּכַל

יד אָוֶן וַעֲצָרָה: חָדְשֵׁיכֶם וּמוֹעֲדֵיכֶם שָׂנְאָה נַפְשִׁי הָיוּ עָלַי

טו לָטֹרַח נִלְאֵיתִי נְשֹׂא: וּבְפָרִשְׂכֶם כַּפֵּיכֶם אַעְלִים עֵינַי מִכֶּם

גַּם כִּי־תַרְבּוּ תְפִלָּה אֵינֶנִּי שֹׁמֵעַ יְדֵיכֶם דָּמִים מָלֵאוּ:

טז רַחֲצוּ הִזַּכּוּ הָסִירוּ רֹעַ מַעַלְלֵיכֶם מִנֶּגֶד עֵינָי חִדְלוּ הָרֵעַ:

יז לִמְדוּ הֵיטֵב דִּרְשׁוּ מִשְׁפָּט אַשְּׁרוּ חָמוֹץ שִׁפְטוּ יָתוֹם רִיבוּ

אַלְמָנָה: לְכוּ־נָא וְנִוָּכְחָה יֹאמַר יְהוָה אִם־יִהְיוּ

יח חֲטָאֵיכֶם כַּשָּׁנִים כַּשֶּׁלֶג יַלְבִּינוּ אִם־יַאְדִּימוּ כַתּוֹלָע כַּצֶּמֶר יִהְיוּ:

יט אִם־תֹּאבוּ וּשְׁמַעְתֶּם טוּב הָאָרֶץ תֹּאכֵלוּ: וְאִם־תְּמָאֲנוּ

כ וּמְרִיתֶם חֶרֶב תְּאֻכְּלוּ כִּי פִּי יְהוָה דִּבֵּר: אֵיכָה

הָיְתָה לְזוֹנָה קִרְיָה נֶאֱמָנָה מְלֵאֲתִי מִשְׁפָּט צֶדֶק יָלִין בָּהּ וְעַתָּה

כא מְרַצְּחִים: כַּסְפֵּךְ הָיָה לְסִיגִים סָבְאֵךְ מָהוּל בַּמָּיִם: שָׂרַיִךְ

סוֹרְרִים וְחַבְרֵי גַּנָּבִים כֻּלּוֹ אֹהֵב שֹׁחַד וְרֹדֵף שַׁלְמֹנִים יָתוֹם לֹא

כג יִשְׁפֹּטוּ וְרִיב אַלְמָנָה לֹא־יָבוֹא אֲלֵיהֶם: לָכֵן

נְאֻם הָאָדוֹן יְהוָה צְבָאוֹת אֲבִיר יִשְׂרָאֵל הוֹי אֶנָּחֵם מִצָּרַי

כה וְאִנָּקְמָה מֵאוֹיְבָי: וְאָשִׁיבָה יָדִי עָלַיִךְ וְאֶצְרֹף כַּבֹּר סִיגָיִךְ

The vision of Yesha'yahu the son of Amoẕ, which he saw con- 1
cerning Yehuda and Yerushalayim in the days of 'Uzziyyahu,
Yotam, Aḥaz, Yeḥizqiyyahu, kings of Yehuda. Hear, O heavens, 2
and give ear, O earth, for the Lord has spoken: I have reared
and brought up children, and they have rebelled against me.
The ox knows his owner, and the ass his master's crib: but 3
Yisra'el does not know, my people does not consider. Ah sinful 4
nation, a people laden with iniquity, a seed of evildoers, children
that deal corruptly: they have forsaken the Lord, they have pro-
voked the Holy One of Yisra'el to anger, they are gone away
backward. Where could you still be smitten, that you revolt 5
again: every head is sick, and every heart faint. From the sole 6
of the foot even to the head there is no soundness in it; but
wounds, and bruises, and putrefying sores: they have not been
pressed, neither bound up, nor mollified with oil. Your country 7
is desolate, your cities are burned with fire: as for your land,
strangers devour it in your presence, and it is desolate, as though
overthrown by strangers. And the daughter of Ẕiyyon is left like 8
a shelter in a vineyard, like a lodge in a garden of cucumbers, like
a besieged city. If the Lord of hosts had not left us a very small 9
remnant, we should have been like Sedom, and we should have
been like 'Amora. Hear the word of the Lord, rulers of 10
Sedom; give ear to the Tora of our God, you people of 'Amora.
To what purpose is the multitude of your sacrifices to me? says 11
the Lord: I am sated with the burnt offerings of rams, and the
fat of fed beasts; and I delight not in the blood of bullocks, or
of lambs, or of he goats. When you come to appear before me, 12
who has required this at your hand, to trample my courts? Bring 13
no more vain offerings; incense of abomination they are to me;
as for new moons and sabbaths and the calling of assemblies,
I cannot bear iniquity along with solemn meeting. Your new 14
moons and your appointed feasts my soul hates: they are a
trouble to me; I am weary of enduring them. And when you 15
spread out your hands, I will hide my eyes from you: even
when you make many prayers, I will not hear: your hands are
full of blood. Wash you, make you clean; put away the evil of 16
your doings from before my eyes; cease to do evil; learn to do 17
well; seek judgment, relieve the oppressed, judge the fatherless,
plead for the widow. Come now, and let us reason to- 18
gether, says the Lord: though your sins be like scarlet, they
shall be as white as snow; though they be red like crimson, they
shall be white as wool. If you are willing and obedient, you 19
shall eat the good of the land: but if you refuse and rebel, you 20
shall be devoured with the sword: for the mouth of the Lord
has spoken it. How is the faithful city become a harlot! 21
it was full of judgment; righteousness lodged in it; but now
murderers. Thy silver is become dross, thy wine is mixed with 22
water: thy princes are rebellious, and companions of thieves: 23
every one loves bribes, and follows after rewards: they judge
not the fatherless neither does the cause of the widow reach
them. Therefore says the Master, the Lord of hosts, the 24
mighty One of Yisra'el, Ah, I will ease me of my adversaries,
and avenge me of my enemies: and I will turn my hand against 25

וְאָסִירָה כָּל־בְּדִילָיִךְ: וְאָשִׁיבָה שֹׁפְטַיִךְ כְּבָרִאשֹׁנָה וְיֹעֲצַיִךְ כו

כְּבַתְּחִלָּה אַחֲרֵי־כֵן יִקָּרֵא לָךְ עִיר הַצֶּדֶק קִרְיָה נֶאֱמָנָה: צִיּוֹן כז

בְּמִשְׁפָּט תִּפָּדֶה וְשָׁבֶיהָ בִּצְדָקָה: וְשֶׁבֶר פֹּשְׁעִים וְחַטָּאִים יַחְדָּו כח

וְעֹזְבֵי יְהוָה יִכְלוּ: כִּי יֵבֹשׁוּ מֵאֵילִים אֲשֶׁר חֲמַדְתֶּם וְתַחְפְּרוּ כט

מֵהַגַּנּוֹת אֲשֶׁר בְּחַרְתֶּם: כִּי תִהְיוּ כְּאֵלָה נֹבֶלֶת עָלֶהָ וּכְגַנָּה ל

אֲשֶׁר־מַיִם אֵין לָהּ: וְהָיָה הֶחָסֹן לִנְעֹרֶת וּפֹעֲלוֹ לְנִיצוֹץ וּבָעֲרוּ לא

שְׁנֵיהֶם יַחְדָּו וְאֵין מְכַבֶּה: הַדָּבָר אֲשֶׁר חָזָה ב א

יְשַׁעְיָהוּ בֶּן־אָמוֹץ עַל־יְהוּדָה וִירוּשָׁלָ͏ִם: וְהָיָה ׀ בְּאַחֲרִית ב

הַיָּמִים נָכוֹן יִהְיֶה הַר בֵּית־יְהוָה בְּרֹאשׁ הֶהָרִים וְנִשָּׂא מִגְּבָעוֹת

וְנָהֲרוּ אֵלָיו כָּל־הַגּוֹיִם: וְהָלְכוּ עַמִּים רַבִּים וְאָמְרוּ לְכוּ ׀ וְנַעֲלֶה ג

אֶל־הַר־יְהוָה אֶל־בֵּית אֱלֹהֵי יַעֲקֹב וְיֹרֵנוּ מִדְּרָכָיו וְנֵלְכָה

בְּאֹרְחֹתָיו כִּי מִצִּיּוֹן תֵּצֵא תוֹרָה וּדְבַר־יְהוָה מִירוּשָׁלָ͏ִם: וְשָׁפַט ד

בֵּין הַגּוֹיִם וְהוֹכִיחַ לְעַמִּים רַבִּים וְכִתְּתוּ חַרְבוֹתָם לְאִתִּים

וַחֲנִיתוֹתֵיהֶם לְמַזְמֵרוֹת לֹא־יִשָּׂא גוֹי אֶל־גּוֹי חֶרֶב וְלֹא־יִלְמְדוּ

עוֹד מִלְחָמָה: בֵּית יַעֲקֹב לְכוּ וְנֵלְכָה בְּאוֹר ה

יְהוָה: כִּי נָטַשְׁתָּה עַמְּךָ בֵּית יַעֲקֹב כִּי מָלְאוּ מִקֶּדֶם וְעֹנְנִים ו

כַּפְּלִשְׁתִּים וּבְיַלְדֵי נָכְרִים יַשְׂפִּיקוּ: וַתִּמָּלֵא אַרְצוֹ כֶּסֶף ז

וְזָהָב וְאֵין קֵצֶה לְאֹצְרֹתָיו וַתִּמָּלֵא אַרְצוֹ סוּסִים וְאֵין קֵצֶה

לְמַרְכְּבֹתָיו: וַתִּמָּלֵא אַרְצוֹ אֱלִילִים לְמַעֲשֵׂה יָדָיו יִשְׁתַּחֲווּ ח

לַאֲשֶׁר עָשׂוּ אֶצְבְּעֹתָיו: וַיִּשַּׁח אָדָם וַיִּשְׁפַּל־אִישׁ וְאַל־תִּשָּׂא ט

לָהֶם: בּוֹא בַצּוּר וְהִטָּמֵן בֶּעָפָר מִפְּנֵי פַּחַד יְהוָה וּמֵהֲדַר גְּאֹנוֹ: י

עֵינֵי גַּבְהוּת אָדָם שָׁפֵל וְשַׁח רוּם אֲנָשִׁים וְנִשְׂגַּב יְהוָה לְבַדּוֹ יא

בַּיּוֹם הַהוּא: כִּי יוֹם לַיהוָה צְבָאוֹת עַל כָּל־גֵּאֶה יב

וָרָם וְעַל כָּל־נִשָּׂא וְשָׁפֵל: וְעַל כָּל־אַרְזֵי הַלְּבָנוֹן הָרָמִים יג

וְהַנִּשָּׂאִים וְעַל כָּל־אַלּוֹנֵי הַבָּשָׁן: וְעַל כָּל־הֶהָרִים הָרָמִים וְעַל יד

כָּל־הַגְּבָעוֹת הַנִּשָּׂאוֹת: וְעַל כָּל־מִגְדָּל גָּבֹהַּ וְעַל כָּל־חוֹמָה טו

בְצוּרָה: וְעַל כָּל־אֳנִיּוֹת תַּרְשִׁישׁ וְעַל כָּל־שְׂכִיּוֹת הַחֶמְדָּה: טז

וְשַׁח גַּבְהוּת הָאָדָם וְשָׁפֵל רוּם אֲנָשִׁים וְנִשְׂגַּב יְהוָה לְבַדּוֹ בַּיּוֹם יז

הַהוּא: וְהָאֱלִילִים כָּלִיל יַחֲלֹף: וּבָאוּ בִּמְעָרוֹת צֻרִים וּבִמְחִלּוֹת יח

thee, and purge away thy dross as with lye, and take away all
thy base alloy. And I will restore thy judges as at the first, and 26
thy counsellors as at the beginning: afterwards thou shalt be
called, The city of righteousness, a faithful city. Ẕiyyon shall 27
be redeemed with judgment, and those that return to her with
righteousness. And the destruction of the transgressors and 28
of the sinners shall be together, and they that forsake the LORD
shall be consumed. For they shall be ashamed of the sacred 29
oaks on which you set your desire, and you shall be confounded
on account of the gardens of idolatry that you did choose.
For you shall be like an oak whose leave are fading, and like 30
a garden that has no water. And the strong shall be as tow, 31
and the maker of it as a spark, and they shall both burn to-
gether, and none shall quench them. The word that Ye- **2**
sha'yahu the son of Amoẕ saw concerning Yehuda and Yerusha-
layim. And it shall come to pass in the last days, that the 2
mountain of the LORD's house shall be established on the top
of the mountains, and shall be exalted above the hills; and
all the nations shall flow unto it. And many people shall go and 3
say, Come, and let us go up to the mountain of the LORD, to
the house of the GOD of Ya'aqov; and he will teach us of his
ways, and we will walk in his paths: for out of Ẕiyyon shall
go forth Tora, and the word of the LORD from Yerushalayim.
And he shall judge among the nations, and shall decide among 4
many people: and they shall beat their swords into plowshares,
and their spears into pruning hooks: nation shall not lift up
sword against nation, neither shall they learn war any more.

O house of Ya'aqov, come, and let us walk in the light of 5
the LORD. For thou hast abandoned thy people, the house of 6
Ya'aqov; for they are replenished from the east, and are sooth-
sayers like the Pelishtim, and they please themselves in the
children of strangers. Their land also is full of silver and 7
gold, neither is there any end of their treasures; their land is
also full of horses, neither is there any end of their chariots:
their land also is full of idols; they worship the work of their 8
own hands, that which their own fingers have made: and the 9
mean man is bowed down, and the great man is brought low;
forgive them not. Enter into the rock, and hide in the dust, 10
for fear of the LORD, and for the glory of his majesty. The 11
lofty looks of man shall be humbled, and the haughtiness of
men shall be bowed down, and the LORD alone shall be exalted
on that day. For the day of the LORD of hosts shall be upon 12
every one that is proud and lofty, and upon every one that is
lifted up that he shall be brought low: and upon all the cedars 13
of the Levanon, that are high and lifted up, and upon all the
oaks of the Bashan, and upon all the high mountains, and 14
upon all the lofty hills, and upon every high tower, and upon 15
every fortified wall, and upon all the ships of Tarshish, and 16
upon all delightful craftsmanship. And the loftiness of man 17
shall be bowed down, and the haughtiness of men shall be
made low: and the LORD alone shall be exalted on that day. And 18
the idols shall utterly be abolished. And they shall go into the 19
holes of the rocks, and into the caves of the earth, for fear of

כ עָפָר מִפְּנֵי פַּחַד יְהוָה וּמֵהֲדַר גְּאֹנוֹ בְּקוּמוֹ לַעֲרֹץ הָאָרֶץ׃ בַּיּוֹם
הַהוּא יַשְׁלִיךְ הָאָדָם אֵת אֱלִילֵי כַסְפּוֹ וְאֵת אֱלִילֵי זְהָבוֹ אֲשֶׁר
כא עָשׂוּ־לוֹ לְהִשְׁתַּחֲוֹת לַחְפֹּר פֵּרוֹת וְלָעֲטַלֵּפִים׃ לָבוֹא בְּנִקְרוֹת
הַצֻּרִים וּבִסְעִפֵי הַסְּלָעִים מִפְּנֵי פַּחַד יְהוָה וּמֵהֲדַר גְּאוֹנוֹ בְּקוּמוֹ
כב לַעֲרֹץ הָאָרֶץ׃ חִדְלוּ לָכֶם מִן־הָאָדָם אֲשֶׁר נְשָׁמָה בְּאַפּוֹ כִּי
ג א בַמֶּה נֶחְשָׁב הוּא׃ כִּי הִנֵּה הָאָדוֹן יְהוָה צְבָאוֹת
מֵסִיר מִירוּשָׁלַםִ וּמִיהוּדָה מַשְׁעֵן וּמַשְׁעֵנָה כֹּל מִשְׁעַן־לֶחֶם
ב וְכֹל מִשְׁעַן־מָיִם׃ גִּבּוֹר וְאִישׁ מִלְחָמָה שׁוֹפֵט וְנָבִיא וְקֹסֵם וְזָקֵן׃
ג שַׂר־חֲמִשִּׁים וּנְשׂוּא פָנִים וְיוֹעֵץ וַחֲכַם חֲרָשִׁים וּנְבוֹן לָחַשׁ׃
ד ה וְנָתַתִּי נְעָרִים שָׂרֵיהֶם וְתַעֲלוּלִים יִמְשְׁלוּ־בָם׃ וְנִגַּשׂ הָעָם אִישׁ
ו בְּאִישׁ וְאִישׁ בְּרֵעֵהוּ יִרְהֲבוּ הַנַּעַר בַּזָּקֵן וְהַנִּקְלֶה בַּנִּכְבָּד׃ כִּי־
יִתְפֹּשׂ אִישׁ בְּאָחִיו בֵּית אָבִיו שִׂמְלָה לְכָה קָצִין תִּהְיֶה־לָּנוּ
ז וְהַמַּכְשֵׁלָה הַזֹּאת תַּחַת יָדֶךָ׃ יִשָּׂא בַיּוֹם הַהוּא ׀ לֵאמֹר לֹא־
אֶהְיֶה חֹבֵשׁ וּבְבֵיתִי אֵין לֶחֶם וְאֵין שִׂמְלָה לֹא תְשִׂימֻנִי קְצִין
ח עָם׃ כִּי כָשְׁלָה יְרוּשָׁלַםִ וִיהוּדָה נָפָל כִּי־לְשׁוֹנָם וּמַעַלְלֵיהֶם
ט אֶל־יְהוָה לַמְרוֹת עֵנֵי כְבוֹדוֹ׃ הַכָּרַת פְּנֵיהֶם עָנְתָה בָּם וְחַטָּאתָם
כִּסְדֹם הִגִּידוּ לֹא כִחֵדוּ אוֹי לְנַפְשָׁם כִּי־גָמְלוּ לָהֶם רָעָה׃
י יא אִמְרוּ צַדִּיק כִּי־טוֹב כִּי־פְרִי מַעַלְלֵיהֶם יֹאכֵלוּ׃ אוֹי לְרָשָׁע רָע
יב כִּי־גְמוּל יָדָיו יֵעָשֶׂה לּוֹ׃ עַמִּי נֹגְשָׂיו מְעוֹלֵל וְנָשִׁים מָשְׁלוּ בוֹ עַמִּי
יג מְאַשְּׁרֶיךָ מַתְעִים וְדֶרֶךְ אֹרְחֹתֶיךָ בִּלֵּעוּ׃ נִצָּב
יד לָרִיב יְהוָה וְעֹמֵד לָדִין עַמִּים׃ יְהוָה בְּמִשְׁפָּט יָבוֹא עִם־זִקְנֵי
עַמּוֹ וְשָׂרָיו וְאַתֶּם בִּעַרְתֶּם הַכֶּרֶם גְּזֵלַת הֶעָנִי בְּבָתֵּיכֶם׃
טו מלכם תְּדַכְּאוּ עַמִּי וּפְנֵי עֲנִיִּים תִּטְחָנוּ נְאֻם־אֲדֹנָי יְהוִה מַה־לָּכֶם
טז צְבָאוֹת׃ וַיֹּאמֶר יְהוָה יַעַן כִּי גָבְהוּ בְּנוֹת צִיּוֹן
וַתֵּלַכְנָה נטוות גָּרוֹן וּמְשַׂקְּרוֹת עֵינָיִם הָלוֹךְ וְטָפֹף תֵּלַכְנָה נְטוּיוֹת
יז וּבְרַגְלֵיהֶם תְּעַכַּסְנָה׃ וְשִׂפַּח אֲדֹנָי קָדְקֹד בְּנוֹת צִיּוֹן וַיהוָה פָּתְהֵן
יח יְעָרֶה׃ בַּיּוֹם הַהוּא יָסִיר אֲדֹנָי אֵת תִּפְאֶרֶת
יט הָעֲכָסִים וְהַשְּׁבִיסִים וְהַשַּׂהֲרֹנִים׃ הַנְּטִפוֹת וְהַשֵּׁירוֹת וְהָרְעָלוֹת׃
כ כא הַפְּאֵרִים וְהַצְּעָדוֹת וְהַקִּשֻּׁרִים וּבָתֵּי הַנֶּפֶשׁ וְהַלְּחָשִׁים׃ הַטַּבָּעוֹת
כב וְנִזְמֵי הָאָף׃ הַמַּחֲלָצוֹת וְהַמַּעֲטָפוֹת וְהַמִּטְפָּחוֹת וְהָחֲרִיטִים׃
כג כד הַגִּלְיֹנִים וְהַסְּדִינִים וְהַצְּנִיפוֹת וְהָרְדִידִים׃ וְהָיָה תַחַת בֹּשֶׂם מַק
יִהְיֶה וְתַחַת חֲגוֹרָה נִקְפָּה וְתַחַת מַעֲשֶׂה מִקְשֶׁה קָרְחָה

the LORD, and for the glory of his majesty, when he arises to
shake the earth terribly. In that day a man shall cast his idols 20
of silver, and his idols of gold, which had been made for him
to worship, to the moles and to the bats; to go into the clefts 21
of the rocks, and into the crevices of the ragged rocks, for fear
of the LORD, and for the glory of his majesty, when he arises to
shake the earth terribly. Cease from man, though his breath be in 22
his nostrils : for in what is he to be accounted of ? For, 3
behold, the Master, the LORD of hosts, takes away from Yeru-
shalayim and from Yehuda the stay and the staff, the whole
stay of bread, and the whole stay of water, the mighty man, 2
and the man of war, the judge, and the prophet, and the
diviner, and the elder, the captain of fifty, and the honourable 3
man, and the counsellor, and the cunning artificer, and the
eloquent orator. And I will make youngsters their princes, and 4
babes shall rule over them. And the people shall be oppressed, 5
every one by another, and every one by his neighbour: the
child shall behave himself proudly against the elder, and the
base against the honourable. When a man shall take hold of 6
his brother of the house of his father, saying, Thou hast clothing,
be thou our ruler, and let this ruin be under thy hand: in that 7
day shall he swear, saying, I will not be a healer; for in my
house is neither bread nor clothing: make me not a ruler of
the people. For Yerushalayim is ruined, and Yehuda is fallen: 8
because their tongue and their doings are against the LORD,
to provoke the eyes of his glory. The show of their coun- 9
tenance witnesses against them; and they declare their sin as
Sedom, they cannot hide it. Woe to their soul! for they have
requited evil to themselves. Say of the righteous, that it shall 10
be well with him: for they shall eat the fruit of their doings.
Alas! it shall be ill with the wicked: for according to the de- 11
serving of his hands shall be done to him. As for my people, 12
children are their oppressors, and women rule over them. O
my people, they that lead thee cause thee to err, and destroy
the way of thy paths. The LORD stands up to plead, and 13
stands to judge the people. The LORD will enter into judgment 14
with the elders of his people, and its princes, saying, It is you who
have eaten up the vineyard; the robbery of the poor is in your
houses. What mean you by crushing my people to pieces, and 15
grinding the faces of the poor? says the LORD GOD of hosts.

Moreover the LORD says, Because the daughters of Ẕiyyon 16
are haughty, and walk with outstretched necks and ogling eyes,
walking and mincing as they go, and making a tinkling with
their feet: therefore the LORD will smite with a scab the crown 17
of the head of the daughters of Ẕiyyon, and the LORD will lay
bare their secret parts. In that day the LORD will take away 18
the bravery of the anklets, and the tiaras, and the necklaces,
the eardrops, and the bracelets, and the scarves, the bonnets, 19,20
and the armbands, and the belts, and the perfume boxes, and
the amulets, the rings, and nose ornaments, the cloaks, and the 21,22
mantles, and the gowns, and the handbags, the gauze, and the 23
fine linen, and the hoods, and the veils. And it shall come to pass, 24
that instead of a sweet smell there shall be a stench ; and

וְתַחַת פְּתִיגִיל מַחֲגֹרֶת שָׂק כִּי־תַחַת יֹפִי: מְתַיִךְ בַּחֶרֶב יִפֹּלוּ כה

וּגְבוּרָתֵךְ בַּמִּלְחָמָה: וְאָנוּ וְאָבְלוּ פְּתָחֶיהָ וְנִקָּתָה לָאָרֶץ כו

תֵּשֵׁב: וְהֶחֱזִיקוּ שֶׁבַע נָשִׁים בְּאִישׁ אֶחָד בַּיּוֹם הַהוּא לֵאמֹר א ד

לַחְמֵנוּ נֹאכֵל וְשִׂמְלָתֵנוּ נִלְבָּשׁ רַק יִקָּרֵא שִׁמְךָ עָלֵינוּ אֱסֹף

חֶרְפָּתֵנוּ: בַּיּוֹם הַהוּא יִהְיֶה צֶמַח יְהוָה לִצְבִי ב

וּלְכָבוֹד וּפְרִי הָאָרֶץ לְגָאוֹן וּלְתִפְאֶרֶת לִפְלֵיטַת יִשְׂרָאֵל: וְהָיָה ב ג

הַנִּשְׁאָר בְּצִיּוֹן וְהַנּוֹתָר בִּירוּשָׁלַם קָדוֹשׁ יֵאָמֶר לוֹ כָּל־הַכָּתוּב

לַחַיִּים בִּירוּשָׁלָם: אִם רָחַץ אֲדֹנָי אֵת צֹאַת בְּנוֹת־צִיּוֹן וְאֶת־ ד

דְּמֵי יְרוּשָׁלַם יָדִיחַ מִקִּרְבָּהּ בְּרוּחַ מִשְׁפָּט וּבְרוּחַ בָּעֵר: וּבָרָא ה

יְהוָה עַל כָּל־מְכוֹן הַר־צִיּוֹן וְעַל־מִקְרָאֶהָ עָנָן ו יוֹמָם

וְעָשָׁן וְנֹגַהּ אֵשׁ לֶהָבָה לָיְלָה כִּי עַל־כָּל־כָּבוֹד חֻפָּה:

וְסֻכָּה תִּהְיֶה לְצֵל־יוֹמָם מֵחֹרֶב וּלְמַחְסֶה וּלְמִסְתּוֹר מִזֶּרֶם ו

וּמִמָּטָר: אָשִׁירָה נָּא לִידִידִי שִׁירַת דּוֹדִי לְכַרְמוֹ א ה

כֶּרֶם הָיָה לִידִידִי בְּקֶרֶן בֶּן־שָׁמֶן: וַיְעַזְּקֵהוּ וַיְסַקְּלֵהוּ וַיִּטָּעֵהוּ ב

שֹׂרֵק וַיִּבֶן מִגְדָּל בְּתוֹכוֹ וְגַם־יֶקֶב חָצֵב בּוֹ וַיְקַו לַעֲשׂוֹת עֲנָבִים

וַיַּעַשׂ בְּאֻשִׁים: וְעַתָּה יוֹשֵׁב יְרוּשָׁלַם וְאִישׁ יְהוּדָה שִׁפְטוּ־נָא ג

בֵּינִי וּבֵין כַּרְמִי: מַה־לַּעֲשׂוֹת עוֹד לְכַרְמִי וְלֹא עָשִׂיתִי בּוֹ ד

מַדּוּעַ קִוֵּיתִי לַעֲשׂוֹת עֲנָבִים וַיַּעַשׂ בְּאֻשִׁים: וְעַתָּה אוֹדִיעָה־נָּא ה

אֶתְכֶם אֵת אֲשֶׁר־אֲנִי עֹשֶׂה לְכַרְמִי הָסֵר מְשׂוּכָּתוֹ וְהָיָה לְבָעֵר

פָּרֹץ גְּדֵרוֹ וְהָיָה לְמִרְמָס: וַאֲשִׁיתֵהוּ בָתָה לֹא יִזָּמֵר וְלֹא ו

יֵעָדֵר וְעָלָה שָׁמִיר וָשָׁיִת וְעַל הֶעָבִים אֲצַוֶּה מֵהַמְטִיר עָלָיו

מָטָר: כִּי כֶרֶם יְהוָה צְבָאוֹת בֵּית יִשְׂרָאֵל וְאִישׁ יְהוּדָה ז

נְטַע שַׁעֲשׁוּעָיו וַיְקַו לְמִשְׁפָּט וְהִנֵּה מִשְׂפָּח לִצְדָקָה וְהִנֵּה

צְעָקָה: הוֹי מַגִּיעֵי בַיִת בְּבַיִת שָׂדֶה בְשָׂדֶה ח

יַקְרִיבוּ עַד אֶפֶס מָקוֹם וְהוּשַׁבְתֶּם לְבַדְּכֶם בְּקֶרֶב הָאָרֶץ:

בְּאָזְנָי יְהוָה צְבָאוֹת אִם־לֹא בָּתִּים רַבִּים לְשַׁמָּה יִהְיוּ גְּדֹלִים ט

וְטוֹבִים מֵאֵין יוֹשֵׁב: כִּי עֲשֶׂרֶת צִמְדֵּי־כֶרֶם יַעֲשׂוּ בַּת אֶחָת י

וְזֶרַע חֹמֶר יַעֲשֶׂה אֵיפָה: הוֹי מַשְׁכִּימֵי בַבֹּקֶר יא

שֵׁכָר יִרְדֹּפוּ מְאַחֲרֵי בַנֶּשֶׁף יַיִן יַדְלִיקֵם: וְהָיָה כִנּוֹר וָנֶבֶל תֹּף יב

וְחָלִיל וָיַיִן מִשְׁתֵּיהֶם וְאֵת פֹּעַל יְהוָה לֹא יַבִּיטוּ וּמַעֲשֵׂה יָדָיו

לֹא רָאוּ: לָכֵן גָּלָה עַמִּי מִבְּלִי־דָעַת וּכְבוֹדוֹ מְתֵי רָעָב וַהֲמוֹנוֹ יג

instead of a girdle a rope; and instead of well set hair, baldness; and instead of a fine dress a girding of sackcloth; instead of beauty, a brand. Thy men shall fall by the sword, and thy 25 mighty in the war, and her gates shall both lament and mourn; 26 and she being desolate shall sit upon the ground. And in that 4 day seven women shall take hold of one man, saying, We will eat our own bread, and wear our own apparel: only let us be called by thy name ; take away our reproach.   In that day 2 shall the plant of the LORD be beautiful and glorious, and the fruit of the land shall be excellent and comely for them that are escaped of Yisra'el. And it shall come to pass, that he that 3 is left in Ẕiyyon, and he that remains in Yerushalayim, shall be called holy, every one in Yerushalayim that is written to life: when the LORD shall have washed away the filth of the 4 daughters of Ẕiyyon, and shall have purged the blood of Yerushalayim from its midst by the spirit of judgment, and by the spirit of burning. And the LORD will create upon every 5 dwelling place of mount Ẕiyyon, and upon her assemblies, a cloud and smoke by day, and the shining of a flaming fire by night: for upon all the glory shall there be a canopy. And 6 there shall be a tabernacle for a shadow in the daytime from the heat, and for a place of refuge, and for a covert from storm and from rain.   Now will I sing to my wellbeloved a song **5** of my beloved concerning his vineyard. My wellbeloved had a vineyard in a very fruitful hill : and he dug it, and cleared away 2 its stones, and planted it with the choicest vine, and built a tower in the midst of it, and also hewed out a wine vat in it: and he looked that it should bring forth good grapes, but it brought forth bad grapes. And now, O inhabitant of Yerusha- 3 layim, and man of Yehuda, judge, I pray you, between me and my vineyard. What could have been done more to my vine- 4 yard, that I have not done it? why was it, when I looked that it should bring forth good grapes, that it brought forth bad grapes? And now; I will tell you what I will do to my vineyard: 5 I will take away its hedge, and it shall be eaten up; and break down its wall, and it shall be trodden down: and I will lay it 6 waste: it shall be neither pruned, nor hoed; but there shall come up briers and thorns: I will also command the clouds that they drop no rain upon it. For the vineyard of the LORD 7 of hosts is the house of Yisra'el, and the men of Yehuda his pleasant plant: and he looked for judgment, but behold oppression ; for righteousness, but behold a cry.   Woe to them 8 that join house to house, that lay field to field till there is no room, that you may dwell alone in the midst of the earth! In 9 my ears said the LORD of hosts, Of a truth many houses shall be desolate, great and fair, without inhabitant. For ten acres 10 of vineyard shall yield the measure of a bat, and the seed of a ḥomer shall yield one efa.   Woe to them that rise up 11 early in the morning, that they may follow strong drink ; that continue until night, till wine inflame them ! And the lyre, and 12 the lute, the tambourine, and pipe, and wine, are in their feasts: but they regard not the work of the LORD, neither consider the operation of his hands. Therefore my people are gone 13

יד   צָחֵה צָמָא: לָכֵן הִרְחִיבָה שְּׁאוֹל נַפְשָׁהּ וּפָעֲרָה פִיהָ לִבְלִי־

    חֹק וְיָרַד הֲדָרָהּ וַהֲמוֹנָהּ וּשְׁאוֹנָהּ וְעָלֵז בָּהּ: וַיִּשַּׁח אָדָם

טו   וַיִּשְׁפַּל־אִישׁ וְעֵינֵי גְבֹהִים תִּשְׁפַּלְנָה: וַיִּגְבַּה יְהוָה צְבָאוֹת

טז   בַּמִּשְׁפָּט וְהָאֵל הַקָּדוֹשׁ נִקְדָּשׁ בִּצְדָקָה: וְרָעוּ כְבָשִׂים כְּדָבְרָם

יז   וְחָרְבוֹת מֵחִים גָּרִים יֹאכֵלוּ:   הוֹי מֹשְׁכֵי הֶעָוֹן

יח   בְּחַבְלֵי הַשָּׁוְא וְכַעֲבוֹת הָעֲגָלָה חַטָּאָה: הָאֹמְרִים יְמַהֵר ׀

יט   יָחִישָׁה מַעֲשֵׂהוּ לְמַעַן נִרְאֶה וְתִקְרַב וְתָבוֹאָה עֲצַת קְדוֹשׁ

כ   יִשְׂרָאֵל וְנֵדָעָה: הוֹי הָאֹמְרִים לָרַע טוֹב וְלַטּוֹב

    רָע שָׂמִים חֹשֶׁךְ לְאוֹר וְאוֹר לְחֹשֶׁךְ שָׂמִים מַר לְמָתוֹק

כא   וּמָתוֹק לְמָר: הוֹי חֲכָמִים בְּעֵינֵיהֶם וְנֶגֶד פְּנֵיהֶם

כב   נְבֹנִים: הוֹי גִּבּוֹרִים לִשְׁתּוֹת יָיִן וְאַנְשֵׁי־חַיִל

כג   לִמְסֹךְ שֵׁכָר: מַצְדִּיקֵי רָשָׁע עֵקֶב שֹׁחַד וְצִדְקַת צַדִּיקִים יָסִירוּ

כד   מִמֶּנּוּ:   לָכֵן כֶּאֱכֹל קַשׁ לְשׁוֹן אֵשׁ וַחֲשַׁשׁ לֶהָבָה

    יִרְפֶּה שָׁרְשָׁם כַּמָּק יִהְיֶה וּפִרְחָם כָּאָבָק יַעֲלֶה כִּי מָאֲסוּ אֵת

כה   תּוֹרַת יְהוָה צְבָאוֹת וְאֵת אִמְרַת קְדוֹשׁ־יִשְׂרָאֵל נִאֵצוּ: עַל־כֵּן

    חָרָה אַף־יְהוָה בְּעַמּוֹ וַיֵּט יָדוֹ עָלָיו וַיַּכֵּהוּ וַיִּרְגְּזוּ הֶהָרִים וַתְּהִי

    נִבְלָתָם כַּסּוּחָה בְּקֶרֶב חוּצוֹת בְּכָל־זֹאת לֹא־שָׁב אַפּוֹ וְעוֹד

כו   יָדוֹ נְטוּיָה: וְנָשָׂא־נֵס לַגּוֹיִם מֵרָחוֹק וְשָׁרַק לוֹ מִקְצֵה הָאָרֶץ

כז   וְהִנֵּה מְהֵרָה קַל יָבוֹא: אֵין־עָיֵף וְאֵין־כּוֹשֵׁל בּוֹ לֹא יָנוּם וְלֹא

כח   יִישָׁן וְלֹא נִפְתַּח אֵזוֹר חֲלָצָיו וְלֹא נִתַּק שְׂרוֹךְ נְעָלָיו: אֲשֶׁר

    חִצָּיו שְׁנוּנִים וְכָל־קַשְּׁתֹתָיו דְּרֻכוֹת פַּרְסוֹת סוּסָיו כַּצַּר

כט   נֶחְשָׁבוּ וְגַלְגִּלָּיו כַּסּוּפָה: שְׁאָגָה לוֹ כַּלָּבִיא וְשָׁאַג כַּכְּפִירִים

ל   וְיִנְהֹם וְיֹאחֵז טֶרֶף וְיַפְלִיט וְאֵין מַצִּיל: וְיִנְהֹם עָלָיו בַּיּוֹם

    הַהוּא כְּנַהֲמַת־יָם וְנִבַּט לָאָרֶץ וְהִנֵּה־חֹשֶׁךְ צַר וָאוֹר חָשַׁךְ

ו א   בַּעֲרִיפֶיהָ:   בִּשְׁנַת־מוֹת הַמֶּלֶךְ עֻזִּיָּהוּ וָאֶרְאֶה

    אֶת־אֲדֹנָי יֹשֵׁב עַל־כִּסֵּא רָם וְנִשָּׂא וְשׁוּלָיו מְלֵאִים אֶת־

ב   הַהֵיכָל: שְׂרָפִים עֹמְדִים ׀ מִמַּעַל לוֹ שֵׁשׁ כְּנָפַיִם שֵׁשׁ כְּנָפַיִם

    לְאֶחָד בִּשְׁתַּיִם ׀ יְכַסֶּה פָנָיו וּבִשְׁתַּיִם יְכַסֶּה רַגְלָיו וּבִשְׁתַּיִם

ג   יְעוֹפֵף: וְקָרָא זֶה אֶל־זֶה וְאָמַר קָדוֹשׁ ׀ קָדוֹשׁ קָדוֹשׁ יְהוָה

ד   צְבָאוֹת מְלֹא כָל־הָאָרֶץ כְּבוֹדוֹ: וַיָּנֻעוּ אַמּוֹת הַסִּפִּים מִקּוֹל

ה   הַקּוֹרֵא וְהַבַּיִת יִמָּלֵא עָשָׁן: וָאֹמַר אוֹי־לִי כִי־נִדְמֵיתִי כִּי אִישׁ

into captivity, because they have no knowledge: and their
honourable men are famished, and their multitude dried up
with thirst. Therefore She'ol has enlarged herself, and opened   14
her mouth without measure: and their glory, and their multi-
tude, and their pomp, and he that is joyful, shall go down into
it. And the mean man shall be brought down, and the mighty   15
man shall be humbled, and the eyes of the lofty shall be
brought low. But the LORD of hosts shall be exalted in the judg- 16
ment, and GOD that is holy shall be sanctified in righteousness.
Then shall the lambs feed as in their pasture, and fat ones   17
and strangers shall feed in the ruins.   Woe to them that   18
draw iniquity with cords of vanity, and sin as it were with a
cart rope: that say, Let him make speed, and hasten his work,   19
that we may see it: and let the counsel of the Holy One of
Yisra'el draw near and come, that we may know it!

Woe to them that call evil good, and good evil; that put   20
darkness for light, and light for darkness; that put bitter for
sweet, and sweet for bitter!   Woe to them that are   21
wise in their own eyes, and prudent in their own sight!

Woe to them that are mighty to drink wine, and warriors   22
to mingle strong drink: who justify the wicked for a bribe,   23
and take away the righteousness of the righteous from
him!   Therefore as the fire devours the stubble,   24
and as the chaff is consumed on the flame, so their root shall
be as rottenness, and their blossom shall go up as dust: because
they have cast away the Tora of the LORD of hosts, and de-
spised the word of the Holy One of Yisra'el. Therefore the   25
anger of the LORD burns against his people, and he has
stretched out his hand against them, and has smitten them;
and the hills did tremble, and their dead bodies, were as refuse
in the midst of the streets. For all this his anger is not turned
away, but his hand is stretched out still. And he will lift up a 26
banner to the nations from far, and will whistle to them from
the ends of the earth: and, behold, they shall come with speed
swiftly: none shall be weary or stumble among them; none   27
shall slumber or sleep; neither shall the girdle of their loins
be loosed, nor the latchet of their shoes be broken: whose arrows 28
are sharp, and all their bows bent, their horses' hoofs shall be
counted like flint, and their wheels like the whirlwind: their roar- 29
ing shall be like a lion, they shall shout and roar like young lions:
and shall lay hold of the prey, and carry it away safe, and none
shall deliver it. And in that day they shall roar against them like 30
the roaring of the sea: and if one look to the land, behold narrow
darkness: the light also is darkened in its heavens.

In the year that king 'Uziyyahu died I saw the LORD sitting   **6**
upon a throne, high and lifted up, and his train filled the temple.
Serafim stood above him: each one had six wings; with two   2
he covered his face, and with two he covered his feet, and with
two he did fly. And one cried to another, and said, Holy, holy,   3
holy, is the LORD of hosts: the whole earth is full of his glory.
And the posts of the door moved at the voice of him that cried,   4
and the house was filled with smoke. Then said I, Woe is me!   5
for I am ruined; because I am a man of unclean lips, and I dwell

טְמֵא־שְׂפָתַיִם אָנֹכִי וּבְתוֹךְ עַם־טְמֵא שְׂפָתַיִם אָנֹכִי יֹשֵׁב כִּי

ו אֶת־הַמֶּלֶךְ יְהוָה צְבָאוֹת רָאוּ עֵינָי: וַיָּעָף אֵלַי אֶחָד מִן־

ז הַשְּׂרָפִים וּבְיָדוֹ רִצְפָּה בְּמֶלְקַחַיִם לָקַח מֵעַל הַמִּזְבֵּחַ: וַיַּגַּע עַל־

פִּי וַיֹּאמֶר הִנֵּה נָגַע זֶה עַל־שְׂפָתֶיךָ וְסָר עֲוֺנֶךָ וְחַטָּאתְךָ

ח תְּכֻפָּר: וָאֶשְׁמַע אֶת־קוֹל אֲדֹנָי אֹמֵר אֶת־מִי אֶשְׁלַח וּמִי יֵלֶךְ־

ט לָנוּ וָאֹמַר הִנְנִי שְׁלָחֵנִי: וַיֹּאמֶר לֵךְ וְאָמַרְתָּ לָעָם הַזֶּה שִׁמְעוּ

י שָׁמוֹעַ וְאַל־תָּבִינוּ וּרְאוּ רָאוֹ וְאַל־תֵּדָעוּ: הַשְׁמֵן לֵב־הָעָם הַזֶּה

וְאָזְנָיו הַכְבֵּד וְעֵינָיו הָשַׁע פֶּן־יִרְאֶה בְעֵינָיו וּבְאָזְנָיו יִשְׁמָע וּלְבָבוֹ

יא יָבִין וָשָׁב וְרָפָא לוֹ: וָאֹמַר עַד־מָתַי אֲדֹנָי וַיֹּאמֶר עַד אֲשֶׁר

אִם־שָׁאוּ עָרִים מֵאֵין יוֹשֵׁב וּבָתִּים מֵאֵין אָדָם וְהָאֲדָמָה תִּשָּׁאֶה

יב שְׁמָמָה: וְרִחַק יְהוָה אֶת־הָאָדָם וְרַבָּה הָעֲזוּבָה בְּקֶרֶב הָאָרֶץ:

יג וְעוֹד בָּהּ עֲשִׂרִיָּה וְשָׁבָה וְהָיְתָה לְבָעֵר כָּאֵלָה וְכָאַלּוֹן אֲשֶׁר

בְּשַׁלֶּכֶת מַצֶּבֶת בָּם זֶרַע קֹדֶשׁ מַצַּבְתָּהּ:   ז א וַיְהִי

בִּימֵי אָחָז בֶּן־יוֹתָם בֶּן־עֻזִּיָּהוּ מֶלֶךְ יְהוּדָה עָלָה רְצִין מֶלֶךְ־

אֲרָם וּפֶקַח בֶּן־רְמַלְיָהוּ מֶלֶךְ־יִשְׂרָאֵל יְרוּשָׁלַ͏ִם לַמִּלְחָמָה עָלֶיהָ

ב וְלֹא יָכֹל לְהִלָּחֵם עָלֶיהָ: וַיֻּגַּד לְבֵית דָּוִד לֵאמֹר נָחָה אֲרָם

עַל־אֶפְרָיִם וַיָּנַע לְבָבוֹ וּלְבַב עַמּוֹ כְּנוֹעַ עֲצֵי־יַעַר מִפְּנֵי־

רוּחַ:   ג וַיֹּאמֶר יְהוָה אֶל־יְשַׁעְיָהוּ צֵא־נָא לִקְרַאת

אָחָז אַתָּה וּשְׁאָר יָשׁוּב בְּנֶךָ אֶל־קְצֵה תְּעָלַת הַבְּרֵכָה הָעֶלְיוֹנָה

אֶל־מְסִלַּת שְׂדֵה כוֹבֵס: ד וְאָמַרְתָּ אֵלָיו הִשָּׁמֵר וְהַשְׁקֵט אַל־

תִּירָא וּלְבָבְךָ אַל־יֵרַךְ מִשְּׁנֵי זַנְבוֹת הָאוּדִים הָעֲשֵׁנִים הָאֵלֶּה

בׇּחֳרִי־אַף רְצִין וַאֲרָם וּבֶן־רְמַלְיָהוּ: ה יַעַן כִּי־יָעַץ עָלֶיךָ

אֲרָם רָעָה אֶפְרַיִם וּבֶן־רְמַלְיָהוּ לֵאמֹר: ו נַעֲלֶה בִיהוּדָה

וּנְקִיצֶנָּה וְנַבְקִעֶנָּה אֵלֵינוּ וְנַמְלִיךְ מֶלֶךְ בְּתוֹכָהּ אֵת בֶּן־

טָבְאַל: ז כֹּה אָמַר אֲדֹנָי יְהוִה לֹא תָקוּם וְלֹא

ח תִהְיֶה: כִּי רֹאשׁ אֲרָם דַּמֶּשֶׂק וְרֹאשׁ דַּמֶּשֶׂק רְצִין וּבְעוֹד

ט שִׁשִּׁים וְחָמֵשׁ שָׁנָה יֵחַת אֶפְרַיִם מֵעָם: וְרֹאשׁ אֶפְרַיִם

שֹׁמְרוֹן וְרֹאשׁ שֹׁמְרוֹן בֶּן־רְמַלְיָהוּ אִם לֹא תַאֲמִינוּ כִּי לֹא

תֵאָמֵנוּ:   י וַיּוֹסֶף יְהוָה דַּבֵּר אֶל־אָחָז לֵאמֹר:

יא שְׁאַל־לְךָ אוֹת מֵעִם יְהוָה אֱלֹהֶיךָ הַעְמֵק שְׁאָלָה אוֹ הַגְבֵּהַּ

יב לְמָעְלָה: וַיֹּאמֶר אָחָז לֹא־אֶשְׁאַל וְלֹא־אֲנַסֶּה אֶת־יְהוָה:

יג וַיֹּאמֶר שִׁמְעוּ־נָא בֵּית דָּוִד הַמְעַט מִכֶּם הַלְאוֹת אֲנָשִׁים כִּי

יד תַלְאוּ גַּם אֶת־אֱלֹהָי: לָכֵן יִתֵּן אֲדֹנָי הוּא לָכֶם אוֹת הִנֵּה

הָעַלְמָה הָרָה וְיֹלֶדֶת בֵּן וְקָרָאת שְׁמוֹ עִמָּנוּ אֵל: חֶמְאָה וּדְבַשׁ

טו יֹאכֵל לְדַעְתּוֹ מָאוֹס בָּרָע וּבָחוֹר בַּטּוֹב: כִּי בְּטֶרֶם יֵדַע הַנַּעַר

in the midst of a people of unclean lips: for my eyes have seen
the King, the LORD of hosts. Then one of the serafim flew to 6
me, having a live coal in his hand, which he had taken with
tongs from off the altar: and he laid it upon my mouth, and 7
said, Lo, this has touched thy lips; and thy iniquity is taken
sway, and thy sin is purged. Also I heard the voice of the LORD, 8
saying, Whom shall I send, and who will go for us? Then said
I, Here am I; send me. And he said, Go, and tell this people, 9
Hear indeed, but understand not; and see indeed, but perceive
not. Make the heart of this people fat, and make their ears 10
heavy, and smear over their eyes; lest they see with their eyes,
and hear with their ears, and understand with their heart, and
return, and be healed. Then said I, LORD, how long? And he 11
answered, Until the cities be wasted without inhabitant, and the
houses without man, and the land be utterly desolate, and the 12
LORD has removed men far away, and there be a great forsaking
in the midst of the land. And if one tenth remain in it, then that 13
shall again be consumed: but like a terebinth and like an oak,
whose stump remains when they cast their leaves, so the holy
seed is its immovable stump. And it came to pass in the **7**
days of Aẖaz the son of Yotam, the son of 'Uzziyyahu, king of
Yehuda, that Reẕin the king of Aram, and Peqaẖ the son of
Remalyahu, king of Yisra'el, went up to Yerushalayim to war
against it, but could not prevail against it. And it was told 2
the house of David, saying, Aram is confederate with Efrayim.
And his heart was moved, and the heart of his people, as the
trees of the forest are moved with the wind. Then said the 3
LORD to Yesha'yahu, Go out now to meet Aẖaz, thou, and She'ar-
yashuv thy son, at the end of the aqueduct of the upper pool
in the highway of the washers' field; and say to him, Take heed, 4
and be quiet; fear not, neither be fainthearted on account of the
two tails of these smoking firebrands, for the fierce anger of
Reẕin and Aram, and of the son of Remalyahu. Because Aram, 5
Efrayim, and the son of Remalyahu, have taken evil counsel
against thee, saying, Let us go up against Yehuda, and harass 6
it, and let us make a breach in it for us, and set a king in the
midst of it, namely the son of Tave'all: thus says the LORD 7
GOD, It shall not stand; neither shall it come to pass. For the head 8
of Aram is Dammeseq, and the head of Dammeseq is Reẕin;
and within sixty five years Efrayim shall be broken in pieces,
and no more a people. And the head of Efrayim is Shomeron, 9
and the head of Shomeron is the son of Remalyahu. If you
have no faith you shall not be established. Moreover 10
the LORD spoke again to Aẖaz, saying, Ask a sign of the LORD 11
thy GOD; ask it either in the depth, or in the height above.
But Aẖaz said, I will not ask, neither will I try the LORD. And 12,13
he said, Hear now, O house of David; Is it a small thing for
you to weary men, but will you weary my GOD also? Therefore 14
the LORD himself shall give you a sign; Behold, the young
woman is with child, and she will bear a son, and shall call
his name 'Immanu'el. Butter and honey shall he eat, when he 15
shall know how to refuse the evil, and choose the good. For 16
before the child shall know how to refuse the evil, and choose

מָאוֹס בָּרָע וּבָחוֹר בַּטּוֹב תַּעֲזֹב הָאֲדָמָה אֲשֶׁר אַתָּה קָץ מִפְּנֵי

יז שְׁנֵי מְלָכֶיהָ: יָבִיא יְהוָה עָלֶיךָ וְעַל־עַמְּךָ וְעַל־בֵּית אָבִיךָ יָמִים
אֲשֶׁר לֹא־בָאוּ לְמִיּוֹם סוּר־אֶפְרַיִם מֵעַל יְהוּדָה אֵת מֶלֶךְ

יח אַשּׁוּר: וְהָיָה ׀ בַּיּוֹם הַהוּא יִשְׁרֹק יְהוָה לַזְּבוּב

יט אֲשֶׁר בִּקְצֵה יְאֹרֵי מִצְרָיִם וְלַדְּבוֹרָה אֲשֶׁר בְּאֶרֶץ אַשּׁוּר: וּבָאוּ
וְנָחוּ כֻלָּם בְּנַחֲלֵי הַבַּתּוֹת וּבִנְקִיקֵי הַסְּלָעִים וּבְכֹל הַנַּעֲצוּצִים

כ וּבְכֹל הַנַּהֲלֹלִים: בַּיּוֹם הַהוּא יְגַלַּח אֲדֹנָי בְּתַעַר הַשְּׂכִירָה
בְּעֶבְרֵי נָהָר בְּמֶלֶךְ אַשּׁוּר אֶת־הָרֹאשׁ וְשַׂעַר הָרַגְלָיִם וְגַם אֶת־

כא הַזָּקָן תִּסְפֶּה: וְהָיָה בַּיּוֹם הַהוּא יְחַיֶּה־אִישׁ

כב עֶגְלַת בָּקָר וּשְׁתֵּי־צֹאן: וְהָיָה מֵרֹב עֲשׂוֹת חָלָב יֹאכַל חֶמְאָה

כג כִּי־חֶמְאָה וּדְבַשׁ יֹאכֵל כָּל־הַנּוֹתָר בְּקֶרֶב הָאָרֶץ: וְהָיָה בַּיּוֹם
הַהוּא יִהְיֶה כָל־מָקוֹם אֲשֶׁר יִהְיֶה־שָּׁם אֶלֶף גֶּפֶן בְּאֶלֶף כָּסֶף

כד לַשָּׁמִיר וְלַשַּׁיִת יִהְיֶה: בַּחִצִּים וּבַקֶּשֶׁת יָבוֹא שָׁמָּה כִּי־שָׁמִיר

כה וָשַׁיִת תִּהְיֶה כָל־הָאָרֶץ: וְכֹל הֶהָרִים אֲשֶׁר בַּמַּעְדֵּר יֵעָדֵרוּן
לֹא־תָבוֹא שָׁמָּה יִרְאַת שָׁמִיר וָשָׁיִת וְהָיָה לְמִשְׁלַח שׁוֹר
וּלְמִרְמַס שֶׂה: וַיֹּאמֶר יְהוָה אֵלַי קַח־לְךָ גִּלָּיוֹן   ח א

ב גָּדוֹל וּכְתֹב עָלָיו בְּחֶרֶט אֱנוֹשׁ לְמַהֵר שָׁלָל חָשׁ בַּז: וְאָעִידָה
לִּי עֵדִים נֶאֱמָנִים אֵת אוּרִיָּה הַכֹּהֵן וְאֶת־זְכַרְיָהוּ בֶּן יְבֶרֶכְיָהוּ:

ג וָאֶקְרַב אֶל־הַנְּבִיאָה וַתַּהַר וַתֵּלֶד בֵּן וַיֹּאמֶר יְהוָה אֵלַי קְרָא

ד שְׁמוֹ מַהֵר שָׁלָל חָשׁ בַּז: כִּי בְּטֶרֶם יֵדַע הַנַּעַר קְרֹא אָבִי
וְאִמִּי ׀ יִשָּׂא אֶת־חֵיל דַּמֶּשֶׂק וְאֵת שְׁלַל שֹׁמְרוֹן לִפְנֵי מֶלֶךְ

ה אַשּׁוּר: וַיֹּסֶף יְהוָה דַּבֵּר אֵלַי עוֹד לֵאמֹר: יַעַן

ו כִּי מָאַס הָעָם הַזֶּה אֵת מֵי הַשִּׁלֹחַ הַהֹלְכִים לְאַט וּמְשׂוֹשׂ אֶת־

ז רְצִין וּבֶן־רְמַלְיָהוּ: וְלָכֵן הִנֵּה אֲדֹנָי מַעֲלֶה עֲלֵיהֶם אֶת־מֵי
הַנָּהָר הָעֲצוּמִים וְהָרַבִּים אֶת־מֶלֶךְ אַשּׁוּר וְאֶת־כָּל־כְּבוֹדוֹ

ח וְעָלָה עַל־כָּל־אֲפִיקָיו וְהָלַךְ עַל־כָּל־גְּדוֹתָיו: וְחָלַף בִּיהוּדָה
שָׁטַף וְעָבַר עַד־צַוָּאר יַגִּיעַ וְהָיָה מֻטּוֹת כְּנָפָיו מְלֹא רֹחַב־

ט אַרְצְךָ עִמָּנוּ אֵל: רֹעוּ עַמִּים וָחֹתּוּ וְהַאֲזִינוּ כֹּל

י מֶרְחַקֵּי־אָרֶץ הִתְאַזְּרוּ וָחֹתּוּ הִתְאַזְּרוּ וָחֹתּוּ: עֻצוּ עֵצָה וְתֻפָר

יא דַּבְּרוּ דָבָר וְלֹא יָקוּם כִּי עִמָּנוּ אֵל: כִּי כֹה אָמַר
יְהוָה אֵלַי כְּחֶזְקַת הַיָּד וְיִסְּרֵנִי מִלֶּכֶת בְּדֶרֶךְ הָעָם־הַזֶּה לֵאמֹר:

יב לֹא־תֹאמְרוּן קֶשֶׁר לְכֹל אֲשֶׁר־יֹאמַר הָעָם הַזֶּה קָשֶׁר וְאֶת־

יג מוֹרָאוֹ לֹא־תִירְאוּ וְלֹא תַעֲרִיצוּ: אֶת־יְהוָה צְבָאוֹת אֹתוֹ

the good, the land whose two kings thou dreadest shall be deserted. The LORD shall bring upon thee, and upon thy people, and upon thy father's house, days that have not come since the day that Efrayim departed from Yehuda; namely the king of Ashshur.   And it shall come to pass on that day, that the LORD shall whistle to the fly that is in the uttermost end of the canals of Miẓrayim, and to the bee that is in the land of Ashshur. And they shall come, and shall rest all of them in the desolate wadis, and in the holes of the rocks, and upon all thorns, and upon all branches. On the same day shall the LORD shave with a hired razor that is hired (namely with them beyond the river with the king of Ashshur) the head, and the hair of the legs : and it shall also sweep away the beard.   And it shall come to pass in that day, that a man shall nourish a young cow, and two sheep; and it shall come to pass, from the abundance of milk that they shall give he shall eat butter : for butter and honey shall every one eat that is left in the land. And it shall come to pass in that day, that every place shall be, where there were a thousand vines worth a thousand silver shekels, it shall be for briers and thorns. With the arrows and with the bow shall men come there; because all the land shall become briers and thorns. And on all hills that are hoed with the hoe, thou shalt not come there for fear of briers and thorns: but it shall be for the sending forth of oxen, and for the treading of sheep.   Moreover the LORD said to me, Take a great roll, and write on it with a common pen, The spoil speeds; the prey hastens. And I took to myself faithful witnesses namely Uriyya the priest, and Zekharyahu the son of Yeverekhyahu. And I came near to the prophetess; and she conceived and bore a son. And the LORD said to me, call his name Maher-shalal-ḥash-baz (the spoil speeds; the prey hastens). For before the child shall know how to cry, My father, and my mother, the riches of Dammeseq and the spoil of Shomeron shall be taken away before the king of Ashshur.

And the LORD spoke to me again, saying, Since this people refuses the water of Shiloaḥ that go softly, and rejoices in Reẓin and the son of Remalyahu. Now therefore, behold, the LORD brings up upon them the waters of the river, strong and abundant, namely the king of Ashshur, and all his glory : and he shall come up over all his channels, and go over all his banks: and he shall sweep through Yehuda; he shall overflow and go over, he shall reach even to the neck, and the stretching out of his wings shall fill the breadth of thy land, O 'Immanu'el.   Be broken up you peoples, and be dismayed; and give ear, all you of far countries : gird yourselves, and you shall be broken in pieces; gird yourselves, and you shall be broken in pieces. Take counsel together, and it shall come to nought ; speak word, and it shall not stand : for GOD is with us.   For the LORD spoke thus to me with a strong hand, and warned me that I should not walk in the way of this people, saying, Say not, it is a conspiracy, to all of which this people shall say, call a conspiracy ; neither hear their fear, nor be afraid. Sanctify the LORD of hosts himself; and let him be your fear, and let him be

יד תַּקְדִּישׁוּ וְהוּא מוֹרַאֲכֶם וְהוּא מַעֲרִצְכֶם: וְהָיָה לְמִקְדָּשׁ
וּלְאֶבֶן נֶגֶף וּלְצוּר מִכְשׁוֹל לִשְׁנֵי בָתֵּי יִשְׂרָאֵל לְפַח וּלְמוֹקֵשׁ
טו לְיוֹשֵׁב יְרוּשָׁלִָם: וְכָשְׁלוּ בָם רַבִּים וְנָפְלוּ וְנִשְׁבָּרוּ וְנוֹקְשׁוּ
טז וְנִלְכָּדוּ: צוֹר תְּעוּדָה חֲתוֹם תּוֹרָה בְּלִמֻּדָי:
יז יח וְחִכִּיתִי לַיהוָה הַמַּסְתִּיר פָּנָיו מִבֵּית יַעֲקֹב וְקִוֵּיתִי־לוֹ: הִנֵּה
אָנֹכִי וְהַיְלָדִים אֲשֶׁר נָתַן־לִי יְהוָה לְאֹתוֹת וּלְמוֹפְתִים בְּיִשְׂרָאֵל
יט מֵעִם יְהוָה צְבָאוֹת הַשֹּׁכֵן בְּהַר צִיּוֹן: וְכִי־
יֹאמְרוּ אֲלֵיכֶם דִּרְשׁוּ אֶל־הָאֹבוֹת וְאֶל־הַיִּדְּעֹנִים הַמְצַפְצְפִים
וְהַמַּהְגִּים הֲלוֹא־עַם אֶל־אֱלֹהָיו יִדְרֹשׁ בְּעַד הַחַיִּים אֶל־
כ הַמֵּתִים: לְתוֹרָה וְלִתְעוּדָה אִם־לֹא יֹאמְרוּ כַּדָּבָר הַזֶּה אֲשֶׁר
כא אֵין־לוֹ שָׁחַר: וְעָבַר בָּהּ נִקְשֶׁה וְרָעֵב וְהָיָה כִי־יִרְעַב וְהִתְקַצַּף
כב וְקִלֵּל בְּמַלְכּוֹ וּבֵאלֹהָיו וּפָנָה לְמָעְלָה: וְאֶל־אֶרֶץ יַבִּיט וְהִנֵּה
כג צָרָה וַחֲשֵׁכָה מְעוּף צוּקָה וַאֲפֵלָה מְנֻדָּח: כִּי לֹא מוּעָף לַאֲשֶׁר
מוּצָק לָהּ כָּעֵת הָרִאשׁוֹן הֵקַל אַרְצָה זְבֻלוּן וְאַרְצָה נַפְתָּלִי
א ט וְהָאַחֲרוֹן הִכְבִּיד דֶּרֶךְ הַיָּם עֵבֶר הַיַּרְדֵּן גְּלִיל הַגּוֹיִם: הָעָם
הַהֹלְכִים בַּחֹשֶׁךְ רָאוּ אוֹר גָּדוֹל יֹשְׁבֵי בְּאֶרֶץ צַלְמָוֶת אוֹר נָגַהּ
ב עֲלֵיהֶם: הִרְבִּיתָ הַגּוֹי לֹא הִגְדַּלְתָּ הַשִּׂמְחָה שָׂמְחוּ לְפָנֶיךָ לו
ג כְּשִׂמְחַת בַּקָּצִיר כַּאֲשֶׁר יָגִילוּ בְּחַלְּקָם שָׁלָל: כִּי | אֶת־עֹל
סֻבֳּלוֹ וְאֵת מַטֵּה שִׁכְמוֹ שֵׁבֶט הַנֹּגֵשׂ בּוֹ הַחִתֹּתָ כְּיוֹם מִדְיָן:
ד כִּי כָל־סְאוֹן סֹאֵן בְּרַעַשׁ וְשִׂמְלָה מְגוֹלָלָה בְדָמִים וְהָיְתָה
ה לִשְׂרֵפָה מַאֲכֹלֶת אֵשׁ: כִּי־יֶלֶד יֻלַּד־לָנוּ בֵּן נִתַּן־לָנוּ וַתְּהִי
הַמִּשְׂרָה עַל־שִׁכְמוֹ וַיִּקְרָא שְׁמוֹ פֶּלֶא יוֹעֵץ אֵל גִּבּוֹר אֲבִי־
ו עַד שַׂר־שָׁלוֹם: לםרבה הַמִּשְׂרָה וּלְשָׁלוֹם אֵין־קֵץ עַל־ לְמַרְבֵּה ד
כִּסֵּא דָוִד וְעַל־מַמְלַכְתּוֹ לְהָכִין אֹתָהּ וּלְסַעֲדָהּ בְּמִשְׁפָּט
וּבִצְדָקָה מֵעַתָּה וְעַד־עוֹלָם קִנְאַת יְהוָה צְבָאוֹת תַּעֲשֶׂה־
ז זֹּאת: דָּבָר שָׁלַח אֲדֹנָי בְּיַעֲקֹב וְנָפַל בְּיִשְׂרָאֵל:
ח וְיָדְעוּ הָעָם כֻּלּוֹ אֶפְרַיִם וְיוֹשֵׁב שֹׁמְרוֹן בְּגַאֲוָה וּבְגֹדֶל לֵבָב
ט לֵאמֹר: לְבֵנִים נָפָלוּ וְגָזִית נִבְנֶה שִׁקְמִים גֻּדָּעוּ וַאֲרָזִים נַחֲלִיף:
י יא וַיְשַׂגֵּב יְהוָה אֶת־צָרֵי רְצִין עָלָיו וְאֶת־אֹיְבָיו יְסַכְסֵךְ: אֲרָם
מִקֶּדֶם וּפְלִשְׁתִּים מֵאָחוֹר וַיֹּאכְלוּ אֶת־יִשְׂרָאֵל בְּכָל־פֶּה בְּכָל־
יב זֹאת לֹא־שָׁב אַפּוֹ וְעוֹד יָדוֹ נְטוּיָה: וְהָעָם לֹא־שָׁב עַד־הַמַּכֵּהוּ
יג וְאֶת־יְהוָה צְבָאוֹת לֹא דָרָשׁוּ: וַיַּכְרֵת יְהוָה
יד מִיִּשְׂרָאֵל רֹאשׁ וְזָנָב כִּפָּה וְאַגְמוֹן יוֹם אֶחָד: זָקֵן וּנְשׂוּא־פָנִים

your dread. And he shall be for a sanctuary; but for a stone 14
of stumbling and for a rock of offence to both the houses of
Yisra'el, for a trap and for a snare to the inhabitants of Yeru-
shalayim. And many among them shall stumble, and fall, and 15
be broken, and be snared, and be taken. Bind up the testi- 16
mony, seal the Tora among my disciples. And I will wait upon 17
the LORD, that hides his face from the house of Ya'aqov, and
I will hope for him. Behold, I and the children whom the LORD 18
has given me are for signs and for portents in Yisra'el from
the LORD of hosts, who dwells in mount Ẕiyyon. And when 19
they shall say to you, Consult the mediums, and the wizards
that chirp, and that mutter: shall not a people seek their GOD?
why seek the living among the dead, for Tora and for testimony? 20
Surely they will speak according to this word which has no
profit in it. And they shall pass through it, greatly distressed 21
and hungry: and it shall come to pass, that when they shall
be hungry, they shall fret themselves, and curse their king and
their GOD, and look upward. And they shall look to the earth; 22
and behold trouble and darkness, dimness of anguish; and
they shall be driven into darkness. For there is no weariness 23
to him that is set against her; at the first he lightly afflicted
the land of Zevulun, and the land of Naftali and afterwards he
afflicted her more grievously by the way of the sea, beyond
the Yarden in the Galil of the nations. The people that **9**
walked in darkness have seen a great light: they that dwelt
in the land of the shadow of death, upon them has the light
shone. Thou hast multiplied the nation, and increased their 2
joy: they joy before thee according to the joy in harvest,
and as men rejoice when they divide the spoil. For thou 3
hast broken the yoke of his burden, and the staff of his
shoulder, the rod of his oppressor, as in the day of Mid-
yan. For every shoe of the stormy warrior and every gar- 4
ment rolled in blood shall be burnt as fuel of fire. For to us 5
a child is born, to us a son is given: and the government
is upon his shoulder: and his name is called Pele-yo'eẕ-el-
gibbor-avi-'ad-sar-shalom, for the increase of the realm and for 6
peace without end, upon the throne of David, and upon his
kingdom, to order it, and to establish it with judgment and
with justice: from henceforth for ever. The zeal of the LORD
of hosts performs this. The LORD sent a word against Ya- 7
'aqov, and it will descend upon Yisra'el. And all the people shall 8
know, Efrayim and the inhabitant of Shomeron, that say in pride
and arrogancy of heart, The bricks are fallen down, but we 9
will build with hewn stones: the sycamores are cut down, but
we will change them for cedars. Therefore the LORD sets up 10
the adversaries of Reẕin against him, and goads his enemies;
Aram before, and Pelishtim behind; and they devoured Yisra'el 11
with open mouth. For all this his anger is not turned away,
but his hand is stretched out still. For the people turned not 12
unto him that smote them, neither do they seek the LORD of
hosts. Therefore the LORD cut off from Yisra'el, head and 13
tail, branch and rush, in one day. The elder and the honourable 14
man, he is the head; and the prophet that teaches lies, he is

הוּא הָרֹאשׁ וְנָבִיא מוֹרֶה־שֶּׁקֶר הוּא הַזָּנָב: וַיִּהְיוּ מְאַשְּׁרֵי   ט

הָעָם־הַזֶּה מַתְעִים וּמְאֻשָּׁרָיו מְבֻלָּעִים: עַל־כֵּן עַל־בַּחוּרָיו   טז

לֹא־יִשְׂמַח ׀ אֲדֹנָי וְאֶת־יְתֹמָיו וְאֶת־אַלְמְנֹתָיו לֹא יְרַחֵם כִּי

כֻלּוֹ חָנֵף וּמֵרַע וְכָל־פֶּה דֹּבֵר נְבָלָה בְּכָל־זֹאת לֹא־שָׁב אַפּוֹ

וְעוֹד יָדוֹ נְטוּיָה: כִּי־בָעֲרָה כָאֵשׁ רִשְׁעָה שָׁמִיר וָשַׁיִת תֹּאכֵל   יז

וַתִּצַּת בְּסִבְכֵי הַיַּעַר וַיִּתְאַבְּכוּ גֵּאוּת עָשָׁן: בְּעֶבְרַת יְהוָה   יח

צְבָאוֹת נֶעְתַּם אָרֶץ וַיְהִי הָעָם כְּמַאֲכֹלֶת אֵשׁ אִישׁ אֶל־אָחִיו

לֹא יַחְמֹלוּ: וַיִּגְזֹר עַל־יָמִין וְרָעֵב וַיֹּאכַל עַל־שְׂמֹאול וְלֹא שָׂבֵעוּ   יט

אִישׁ בְּשַׂר־זְרֹעוֹ יֹאכֵלוּ: מְנַשֶּׁה אֶת־אֶפְרַיִם וְאֶפְרַיִם אֶת־   כ

מְנַשֶּׁה יַחְדָּו הֵמָּה עַל־יְהוּדָה בְּכָל־זֹאת לֹא־שָׁב אַפּוֹ וְעוֹד יָדוֹ

נְטוּיָה: הוֹי הַחֹקְקִים חִקְקֵי־אָוֶן וּמְכַתְּבִים עָמָל   י א

כִּתֵּבוּ: לְהַטּוֹת מִדִּין דַּלִּים וְלִגְזֹל מִשְׁפַּט עֲנִיֵּי עַמִּי לִהְיוֹת   ב

אַלְמָנוֹת שְׁלָלָם וְאֶת־יְתוֹמִים יָבֹזּוּ: וּמַה־תַּעֲשׂוּ לְיוֹם פְּקֻדָּה   ג

וּלְשׁוֹאָה מִמֶּרְחָק תָּבוֹא עַל־מִי תָּנוּסוּ לְעֶזְרָה וְאָנָה תַעַזְבוּ

כְּבוֹדְכֶם: בִּלְתִּי כָרַע תַּחַת אַסִּיר וְתַחַת הֲרוּגִים יִפֹּלוּ בְּכָל־   ד

זֹאת לֹא־שָׁב אַפּוֹ וְעוֹד יָדוֹ נְטוּיָה: הוֹי אַשּׁוּר   ה

שֵׁבֶט אַפִּי וּמַטֶּה־הוּא בְיָדָם זַעְמִי: בְּגוֹי חָנֵף אֲשַׁלְּחֶנּוּ וְעַל־עַם   ו

עֶבְרָתִי אֲצַוֶּנּוּ לִשְׁלֹל שָׁלָל וְלָבֹז בַּז וּלְשׂימוֹ מִרְמָס כְּחֹמֶר   וּלְשׂוּמוֹ

חוּצוֹת: וְהוּא לֹא־כֵן יְדַמֶּה וּלְבָבוֹ לֹא־כֵן יַחְשֹׁב כִּי לְהַשְׁמִיד   ז

בִּלְבָבוֹ וּלְהַכְרִית גּוֹיִם לֹא מְעָט: כִּי יֹאמַר הֲלֹא שָׂרַי יַחְדָּו   ח

מְלָכִים: הֲלֹא כְּכַרְכְּמִישׁ כַּלְנוֹ אִם־לֹא כְאַרְפַּד חֲמָת אִם־   ט

לֹא כְדַמֶּשֶׂק שֹׁמְרוֹן: כַּאֲשֶׁר מָצְאָה יָדִי לְמַמְלְכֹת הָאֱלִיל   י

וּפְסִילֵיהֶם מִירוּשָׁלִַם וּמִשֹּׁמְרוֹן: הֲלֹא כַּאֲשֶׁר עָשִׂיתִי לְשֹׁמְרוֹן   יא

וְלֶאֱלִילֶיהָ כֵּן אֶעֱשֶׂה לִירוּשָׁלִַם וְלַעֲצַבֶּיהָ:   וְהָיָה

כִּי־יְבַצַּע אֲדֹנָי אֶת־כָּל־מַעֲשֵׂהוּ בְּהַר צִיּוֹן וּבִירוּשָׁלִָם אֶפְקֹד   יב

עַל־פְּרִי־גֹדֶל לְבַב מֶלֶךְ־אַשּׁוּר וְעַל־תִּפְאֶרֶת רוּם עֵינָיו: כִּי   יג

אָמַר בְּכֹחַ יָדִי עָשִׂיתִי וּבְחָכְמָתִי כִּי נְבֻנוֹתִי וְאָסִיר ׀ גְּבוּלֹת

עַמִּים וַעֲתוּדֹתֵיהֶם שׁוֹשֵׂתִי וְאוֹרִיד כַּאבִּיר יוֹשְׁבִים: וַתִּמְצָא   יד   וַעֲתִידֹתֵיהֶם

כַקֵּן ׀ יָדִי לְחֵיל הָעַמִּים וְכֶאֱסֹף בֵּיצִים עֲזֻבוֹת כָּל־הָאָרֶץ אֲנִי

אָסַפְתִּי וְלֹא הָיָה נֹדֵד כָּנָף וּפֹצֶה פֶה וּמְצַפְצֵף: הֲיִתְפָּאֵר הַגַּרְזֶן   טו

עַל־הַחֹצֵב בּוֹ אִם־יִתְגַּדֵּל הַמַּשּׂוֹר עַל־מְנִיפוֹ כְּהָנִיף שֵׁבֶט

וְאֶת־מְרִימָיו כְּהָרִים מַטֶּה לֹא־עֵץ: לָכֵן יְשַׁלַּח   טז

the tail. For the leaders of this people cause them to err; and 15
they that are led by them are destroyed. Therefore the LORD 16
shall have no joy in their young men, neither shall have mercy
on their fatherless and widows: for everyone is a flatterer
and an evildoer, and every mouth speaks folly. For all this
his anger is not turned away, but his hand is stretched out
still. For wickedness burns like the fire: it devours the briers 17
and thorns, and kindles in the thickets of the forest, and they
mount up in a billow of smoke. Through the wrath of the 18
LORD of hosts is the land darkened, and the people are as the
fuel of the fire: no man spares his brother. And he snatches 19
on the right hand, and is hungry; and he eats on the left hand,
and they are not satisfied: they eat every man the flesh of
his own arm: Menashshe against Efrayim; and Efrayim against 20
Menashshe: and they together are against Yehuda. For all
this his anger is not turned away, but his hand is stretched
out still. Woe them that decree unrighteous decrees, and **10**
to the writers that prescribe oppression. To turn aside the 2
needy from judgment, and to take away the right from the
poor of my people, that widows may be their prey, and that
they may rob the fatherless! And what will you do in the day 3
of visitation, and in the desolation which shall come from far?
to whom will you flee for help? and where will you leave your
glory? There is nothing to be done except to crouch among 4
the prisoners, and fall among the slain. For all this his anger
is not turned away, but his hand is stretched out still. Woe 5
to Ashshur the rod of my anger; for the staff in their hand is
my indignation. I will send him against a hypocritical nation, 6
and against the people of my wrath will I give him a charge,
to take the spoil, and to take the prey, and to tread them
down like the mire of the streets. Howbeit he means not so, 7
neither does his heart think so; but it is in his heart to destroy
and cut off nations not a few. For he says, Are not my princes 8
all of them kings? Is not Kalno as Karkemish? is not Ḥamat 9
as Arpad? is not Shomeron as Dammeseq? As my hand has 10
reached the kingdoms of the idols, whose carved idols did
exceed those of Yerushalayim and of Shomeron, shall I not, 11
as I have done to Shomeron and her idols, so do to Yerusha-
layim and her idols? Wherefore it shall come to pass, 12
that when the LORD has performed his whole work upon mount
Ẕiyyon and on Yerushalayim, I will punish the fruit of the
proud heart of the king of Ashshur, and the glory of his high
looks. For he says, By the strength of my hand I have done it, 13
and by my wisdom; for I am prudent: and I have removed
the bounds of the people, and have robbed their treasures,
and I have put down the mighty number of their inhabitants.
And my hand has found as a nest the riches of the people: and 14
as one gathers eggs that are left, have I gathered all the earth;
and there was none that moved the wing, or opened the mouth,
or chirped. Shall the ax boast itself against him that hews with 15
it? or shall the saw magnify itself against him that wields it?
as if the rod should shake them that lift it up, or as if the
staff should lift up them that are no wood! Therefore shall 16

הָאָדוֹן יְהוָה צְבָאוֹת בִּמְשַׂמֵּף רָזוֹן וְתַחַת כְּבֹדוֹ יֵקַד יְקֹד

כִּיקוֹד אֵשׁ: וְהָיָה אוֹר־יִשְׂרָאֵל לְאֵשׁ וּקְדוֹשׁוֹ לְלֶהָבָה וּבָעֲרָה י

וְאָכְלָה שִׁיתוֹ וּשְׁמִירוֹ בְּיוֹם אֶחָד: וּכְבוֹד יַעְרוֹ וְכַרְמִלּוֹ מִנֶּפֶשׁ יח

וְעַד־בָּשָׂר יְכַלֶּה וְהָיָה כִּמְסֹס נֹסֵס: וּשְׁאָר עֵץ יַעְרוֹ מִסְפָּר יִהְיוּ יט

וְנַעַר יִכְתְּבֵם: וְהָיָה בַּיּוֹם הַהוּא לֹא־יוֹסִיף עוֹד כ

שְׁאָר יִשְׂרָאֵל וּפְלֵיטַת בֵּית־יַעֲקֹב לְהִשָּׁעֵן עַל־מַכֵּהוּ וְנִשְׁעַן

עַל־יְהוָה קְדוֹשׁ יִשְׂרָאֵל בֶּאֱמֶת: שְׁאָר יָשׁוּב שְׁאָר יַעֲקֹב אֶל־ כא

אֵל גִּבּוֹר: כִּי אִם־יִהְיֶה עַמְּךָ יִשְׂרָאֵל כְּחוֹל הַיָּם שְׁאָר יָשׁוּב כב

בּוֹ כִּלָּיוֹן חָרוּץ שׁוֹטֵף צְדָקָה: כִּי כָלָה וְנֶחֱרָצָה אֲדֹנָי יְהוָה כג

צְבָאוֹת עֹשֶׂה בְּקֶרֶב כָּל־הָאָרֶץ: לָכֵן כֹּה־אָמַר כד

אֲדֹנָי יְהוִה צְבָאוֹת אַל־תִּירָא עַמִּי יֹשֵׁב צִיּוֹן מֵאַשּׁוּר בַּשֵּׁבֶט

יַכֶּכָּה וּמַטֵּהוּ יִשָּׂא־עָלֶיךָ בְּדֶרֶךְ מִצְרָיִם: כִּי־עוֹד מְעַט מִזְעָר כה

וְכָלָה זַעַם וְאַפִּי עַל־תַּבְלִיתָם: וְעוֹרֵר עָלָיו יְהוָה צְבָאוֹת שׁוֹט כו

כְּמַכַּת מִדְיָן בְּצוּר עוֹרֵב וּמַטֵּהוּ עַל־הַיָּם וּנְשָׂאוֹ בְּדֶרֶךְ

מִצְרָיִם: וְהָיָה בַּיּוֹם הַהוּא יָסוּר סֻבֳּלוֹ מֵעַל שִׁכְמֶךָ וְעֻלּוֹ מֵעַל כז

צַוָּארֶךָ וְחֻבַּל עֹל מִפְּנֵי־שָׁמֶן: בָּא עַל־עַיַּת עָבַר בְּמִגְרוֹן כח

לְמִכְמָשׂ יַפְקִיד כֵּלָיו: עָבְרוּ מַעְבָּרָה גֶּבַע מָלוֹן לָנוּ חָרְדָה כט

הָרָמָה גִּבְעַת שָׁאוּל נָסָה: צַהֲלִי קוֹלֵךְ בַּת־גַּלִּים הַקְשִׁיבִי ל

לַיְשָׁה עֲנִיָּה עֲנָתוֹת: נָדְדָה מַדְמֵנָה יֹשְׁבֵי הַגֵּבִים הֵעִיזוּ: לא

עוֹד הַיּוֹם בְּנֹב לַעֲמֹד יְנֹפֵף יָדוֹ הַר בֵּית־צִיּוֹן גִּבְעַת לב בַּת־

יְרוּשָׁלָ͏ִם: הִנֵּה הָאָדוֹן יְהוָה צְבָאוֹת מְסָעֵף לג

פֻּארָה בְּמַעֲרָצָה וְרָמֵי הַקּוֹמָה גְּדֻעִים וְהַגְּבֹהִים יִשְׁפָּלוּ: וְנִקַּף לד

סָבְכֵי הַיַּעַר בַּבַּרְזֶל וְהַלְּבָנוֹן בְּאַדִּיר יִפּוֹל: יא א וַיָּצָא

חֹטֶר מִגֵּזַע יִשָׁי וְנֵצֶר מִשָּׁרָשָׁיו יִפְרֶה: וְנָחָה עָלָיו רוּחַ יְהוָה יא

רוּחַ חָכְמָה וּבִינָה רוּחַ עֵצָה וּגְבוּרָה רוּחַ דַּעַת וְיִרְאַת יְהוָה:

וַהֲרִיחוֹ בְּיִרְאַת יְהוָה וְלֹא־לְמַרְאֵה עֵינָיו יִשְׁפּוֹט וְלֹא־לְמִשְׁמַע ג

אָזְנָיו יוֹכִיחַ: וְשָׁפַט בְּצֶדֶק דַּלִּים וְהוֹכִיחַ בְּמִישׁוֹר לְעַנְוֵי־אָרֶץ ד

וְהִכָּה־אֶרֶץ בְּשֵׁבֶט פִּיו וּבְרוּחַ שְׂפָתָיו יָמִית רָשָׁע: וְהָיָה ה

צֶדֶק אֵזוֹר מָתְנָיו וְהָאֱמוּנָה אֵזוֹר חֲלָצָיו: וְגָר זְאֵב עִם־ ו

the Master, the LORD of hosts, send among his fat ones leanness;
and under his glory shall be kindled a burning like the burning
of a fire. And the light of Yisra'el shall be for a fire, and his 17
Holy One for a flame: and it shall burn and devour his thorns
and his briers in one day; and shall consume the glory of his 18
forest, and of his fruitful field, both soul and body: and they
shall be as when a sick person wastes away. And the rest of 19
the trees of his forest shall be few, that a child may write them
down. And it shall come to pass on that day, that the rem- 20
nant of Yisra'el, and such as are escaped of the house of Ya‘aqov,
shall no more again rely upon him that smote them; but shall
rely upon the LORD, the Holy One of Yisra'el in truth. A rem- 21
nant shall return, even the remnant of Ya‘aqov, to the mighty
GOD. For though thy people Yisra'el be as the sand of the sea, 22
yet a remnant of them shall return: total destruction is decreed
but overflowing with righteousness. For it is determined and 23
decreed; the LORD GOD of hosts shall do it. Therefore thus 24
says the LORD GOD of hosts, O my people that dwellest in
Ẕiyyon, be not afraid of Ashshur: he shall smite thee with a
rod, and shall lift up his staff against thee, after the manner
of Miẕrayim. But yet a very little while, and the indignation 25
shall cease, and my anger shall be turned to their destruction.
And the LORD of hosts shall stir up a whip for him according 26
to the slaughter of Midyan at the rock of ‘Orev: and as his
rod was upon the sea, so shall he lift it up after the manner of
Miẕrayim. And it shall come to pass on that day, that his bur- 27
den shall be taken away from off thy shoulder, and his yoke
from off thy neck, and the yoke shall be destroyed because of
the fatness. He is come to ‘Ayyat, he is passed to Migron; at 28
Mikhmash he has left his baggage: they are gone over the 29
pass: they have taken up their lodging at Geva; Rama is
afraid; Giv‘at-Sha'ul is fled. Lift up thy voice, O Bat-gallim: 30
hearken Laysha, O poor ‘Anatot. Madmena is removed; the 31
inhabitants of Gevim flee for safety. This very day he will halt 32
at Nov: he will shake his hands against the mountain of the
daughter of Ẕiyyon, the hill of Yerushalayim. Behold, 33
the Master, the LORD of hosts, shall lop the bough with terror:
and the high ones of stature shall be hewn down, and the
haughty shall be humbled. And he shall cut down the thickets 34
of the forest with iron, and Levanon shall fall by a mighty
one. And there shall come forth a rod out of the stem **11**
of Yishay, and a branch shall grow out of his roots: and the 2
spirit of the LORD shall rest upon him, the spirit of wisdom and
understanding, the spirit of counsel and might, the spirit of
knowledge and of the fear of the LORD; and his delight shall 3
be in the fear of the LORD: and he shall not judge after the
sight of his eyes, neither decide after the hearing of his ears:
but with righteousness shall he judge the poor, and decide with 4
equity for the meek of the earth: and he shall smite the earth
with the rod of his mouth, and with the breath of his lips shall
he slay the wicked. And righteousness shall be the girdle of his 5
loins, and faithfulness the girdle of his reins. The wolf also 6
shall dwell with the lamb, and the leopard shall lie down with

כֶּבֶשׂ וְנָמֵר עִם־גְּדִי יִרְבָּץ וְעֵגֶל וּכְפִיר וּמְרִיא יַחְדָּו וְנַעַר

קָטֹן נֹהֵג בָּם: וּפָרָה וָדֹב תִּרְעֶינָה יַחְדָּו יִרְבְּצוּ יַלְדֵיהֶן

וְאַרְיֵה כַּבָּקָר יֹאכַל־תֶּבֶן: וְשִׁעֲשַׁע יוֹנֵק עַל־חֻר פָּתֶן וְעַל

מְאוּרַת צִפְעוֹנִי גָּמוּל יָדוֹ הָדָה: לֹא־יָרֵעוּ וְלֹא־יַשְׁחִיתוּ

בְּכָל־הַר קָדְשִׁי כִּי־מָלְאָה הָאָרֶץ דֵּעָה אֶת־יְהוָה כַּמַּיִם

לַיָּם מְכַסִּים: וְהָיָה בַּיּוֹם הַהוּא שֹׁרֶשׁ יִשַׁי

אֲשֶׁר עֹמֵד לְנֵס עַמִּים אֵלָיו גּוֹיִם יִדְרֹשׁוּ וְהָיְתָה מְנֻחָתוֹ

כָּבוֹד: וְהָיָה בַּיּוֹם הַהוּא יוֹסִיף אֲדֹנָי שֵׁנִית

יָדוֹ לִקְנוֹת אֶת־שְׁאָר עַמּוֹ אֲשֶׁר יִשָּׁאֵר מֵאַשּׁוּר וּמִמִּצְרַיִם

וּמִפַּתְרוֹס וּמִכּוּשׁ וּמֵעֵילָם וּמִשִּׁנְעָר וּמֵחֲמָת וּמֵאִיֵּי הַיָּם: וְנָשָׂא

נֵס לַגּוֹיִם וְאָסַף נִדְחֵי יִשְׂרָאֵל וּנְפֻצוֹת יְהוּדָה יְקַבֵּץ מֵאַרְבַּע

כַּנְפוֹת הָאָרֶץ: וְסָרָה קִנְאַת אֶפְרַיִם וְצֹרְרֵי יְהוּדָה יִכָּרֵתוּ

אֶפְרַיִם לֹא־יְקַנֵּא אֶת־יְהוּדָה וִיהוּדָה לֹא־יָצֹר אֶת־אֶפְרָיִם:

וְעָפוּ בְכָתֵף פְּלִשְׁתִּים יָמָּה יַחְדָּו יָבֹזּוּ אֶת־בְּנֵי־קֶדֶם אֱדוֹם

וּמוֹאָב מִשְׁלוֹחַ יָדָם וּבְנֵי עַמּוֹן מִשְׁמַעְתָּם: וְהֶחֱרִים יְהוָה אֵת

לְשׁוֹן יָם־מִצְרַיִם וְהֵנִיף יָדוֹ עַל־הַנָּהָר בַּעְיָם רוּחוֹ וְהִכָּהוּ

לְשִׁבְעָה נְחָלִים וְהִדְרִיךְ בַּנְּעָלִים: וְהָיְתָה מְסִלָּה לִשְׁאָר עַמּוֹ

אֲשֶׁר יִשָּׁאֵר מֵאַשּׁוּר כַּאֲשֶׁר הָיְתָה לְיִשְׂרָאֵל בְּיוֹם עֲלֹתוֹ מֵאֶרֶץ

מִצְרָיִם: וְאָמַרְתָּ בַּיּוֹם הַהוּא אוֹדְךָ יְהוָה כִּי אָנַפְתָּ בִּי יָשֹׁב אַפְּךָ

וּתְנַחֲמֵנִי: הִנֵּה אֵל יְשׁוּעָתִי אֶבְטַח וְלֹא אֶפְחָד כִּי־עָזִּי וְזִמְרָת

יָהּ יְהוָה וַיְהִי־לִי לִישׁוּעָה: וּשְׁאַבְתֶּם־מַיִם בְּשָׂשׂוֹן מִמַּעַיְנֵי

הַיְשׁוּעָה: וַאֲמַרְתֶּם בַּיּוֹם הַהוּא הוֹדוּ לַיהוָה קִרְאוּ בִשְׁמוֹ

הוֹדִיעוּ בָעַמִּים עֲלִילֹתָיו הַזְכִּירוּ כִּי נִשְׂגָּב שְׁמוֹ: זַמְּרוּ יְהוָה

כִּי גֵאוּת עָשָׂה מֵידַעַת זֹאת בְּכָל־הָאָרֶץ: צַהֲלִי וָרֹנִּי יוֹשֶׁבֶת

צִיּוֹן כִּי־גָדוֹל בְּקִרְבֵּךְ קְדוֹשׁ יִשְׂרָאֵל: מַשָּׂא

בָּבֶל אֲשֶׁר חָזָה יְשַׁעְיָהוּ בֶּן־אָמוֹץ: עַל הַר־נִשְׁפֶּה שְׂאוּ־נֵס

הָרִימוּ קוֹל לָהֶם הָנִיפוּ יָד וְיָבֹאוּ פִּתְחֵי נְדִיבִים: אֲנִי צִוֵּיתִי

לִמְקֻדָּשָׁי גַּם קָרָאתִי גִבּוֹרַי לְאַפִּי עַלִּיזֵי גַּאֲוָתִי: קוֹל הָמוֹן

בֶּהָרִים דְּמוּת עַם־רָב קוֹל שְׁאוֹן מַמְלְכוֹת גּוֹיִם נֶאֱסָפִים יְהוָה

צְבָאוֹת מְפַקֵּד צְבָא מִלְחָמָה: בָּאִים מֵאֶרֶץ מֶרְחָק מִקְצֵה

הַשָּׁמַיִם יְהוָה וּכְלֵי זַעְמוֹ לְחַבֵּל כָּל־הָאָרֶץ: הֵילִילוּ כִּי קָרוֹב

יוֹם יְהוָה כְּשֹׁד מִשַּׁדַּי יָבוֹא: עַל־כֵּן כָּל־יָדַיִם תִּרְפֶּינָה וְכָל־

מוֹדַעַת

the kid; and the calf and the young lion and the fatling to-
7 gether; and a little child shall lead them. And the cow and the
bear shall feed; their young ones shall lie down together: and
8 the lion shall eat straw like the ox. And the sucking child play
on the hole of the cobra, and the weaned child shall put
9 his hand on the viper's nest. They shall not hurt nor destroy
in all my holy mountain: for the earth shall be full of the
10 knowledge of the LORD, as the waters cover the sea. And
in that day it shall be, that the root of Yishay, that stands for
a banner of the peoples, to it shall the nations seek: and his
11 resting place shall be glorious. And it shall come to
pass in that day, that the LORD shall set his hand again the
second time to recover the remnant of his people, that shall be
left, from Ashshur, and from Miẕrayim, from Patros, and from
Kush, and from 'Elam, and from Shin'ar, and from Ḥamat, and
12 from the islands of the sea. And he shall set up a banner for the
nations, and shall assemble the outcasts of Yisra'el, and gather
together the dispersed of Yehuda from the four corners of the
13 earth. The envy also of Efrayim shall depart, and the adversaries
of Yehuda shall be cut off: Efrayim shall not envy Yehuda,
14 and Yehuda shall not vex Efrayim. But they shall fly upon the
shoulders of the Pelishtim toward the sea; they shall spoil the
children of the east together: they shall lay their hand upon
Edom and Mo'av; and the children of 'Ammon shall obey them.
15 And the LORD shall utterly destroy the tongue of the sea of
Miẕrayim; and with his scorching wind he shall shake his hand
over the river, and shall smite it in seven streams, and make
16 men go over dryshod. And there shall be a highway for the rem-
nant of his people, which shall be left, from Ashshur; as there
was for Yisra'el in the day that he came up out of the land of
12 Miẕrayim. And in that day thou shalt say, O LORD, I will praise
thee: though wast angry with me, thy anger is turned away,
2 and thou dost comfort me. Behold, GOD is my salvation; I will
trust, and not be afraid: for the LORD GOD is my strength and
3 my song; he also is become my salvation. Therefore with joy
4 shall you draw water out of the wells of salvation. And in that
day shall you say, Praise the LORD, call upon his name, declare
his doings among the people, make mention that his name is
5 exalted. Sing to the LORD; for he has done excellent things:
6 this is known in all the earth. Cry out and shout, thou inhabitant
of Ẕiyyon: for great is the Holy One of Yisra'el in the midst
13 of thee. The burden of Bavel, which Yesha'yahu the son of
2 Amoẕ did see. Lift up a banner upon the high mountain, exalt the
voice unto them, wave the hand, that they may go into the gates
3 of the nobles. I have commanded my sanctified ones, I have also
called my warriors for my anger, my proudly exalting ones.
4 The noise of a multitude in the mountains, like as of a great
people; a tumultuous noise of the kingdoms of nations gathered
together: the LORD of hosts musters the host of the battle.
5 They come from a far country, from the end of heaven, the
LORD, and the weapons of his indignation, to destroy the whole
6 land. Howl; for the day of the LORD is at hand; it shall come
7 as a destruction from the Almighty. Therefore shall all hands

לְבַב אֱנוֹשׁ יִמָּס׃ וְנִבְהָלוּ ׀ צִירִים וַחֲבָלִים יֹאחֵזוּן כַּיּוֹלֵדָה ח
יְחִילוּן אִישׁ אֶל־רֵעֵהוּ יִתְמָהוּ פְּנֵי לְהָבִים פְּנֵיהֶם׃ הִנֵּה יוֹם־ ט
יְהוָה בָּא אַכְזָרִי וְעֶבְרָה וַחֲרוֹן אָף לָשׂוּם הָאָרֶץ לְשַׁמָּה
וְחַטָּאֶיהָ יַשְׁמִיד מִמֶּנָּה׃ כִּי־כוֹכְבֵי הַשָּׁמַיִם וּכְסִילֵיהֶם לֹא יָהֵלּוּ י
אוֹרָם חָשַׁךְ הַשֶּׁמֶשׁ בְּצֵאתוֹ וְיָרֵחַ לֹא־יַגִּיהַּ אוֹרוֹ׃ וּפָקַדְתִּי עַל־ יא
תֵּבֵל רָעָה וְעַל־רְשָׁעִים עֲוֺנָם וְהִשְׁבַּתִּי גְּאוֹן זֵדִים וְגַאֲוַת
עָרִיצִים אַשְׁפִּיל׃ אוֹקִיר אֱנוֹשׁ מִפָּז וְאָדָם מִכֶּתֶם אוֹפִיר׃ עַל־ יב יג
כֵּן שָׁמַיִם אַרְגִּיז וְתִרְעַשׁ הָאָרֶץ מִמְּקוֹמָהּ בְּעֶבְרַת יְהוָה
צְבָאוֹת וּבְיוֹם חֲרוֹן אַפּוֹ׃ וְהָיָה כִּצְבִי מֻדָּח וּכְצֹאן וְאֵין מְקַבֵּץ יד
אִישׁ אֶל־עַמּוֹ יִפְנוּ וְאִישׁ אֶל־אַרְצוֹ יָנוּסוּ׃ כָּל־הַנִּמְצָא יִדָּקֵר טו
וְכָל־הַנִּסְפֶּה יִפּוֹל בֶּחָרֶב׃ וְעֹלְלֵיהֶם יְרֻטְּשׁוּ לְעֵינֵיהֶם יִשַּׁסּוּ טז
תִּשָּׁכַבְנָה בָּתֵּיהֶם וּנְשֵׁיהֶם תשגלנה׃ הִנְנִי מֵעִיר עֲלֵיהֶם אֶת־מָדָי אֲשֶׁר־ יז
כֶּסֶף לֹא יַחְשֹׁבוּ וְזָהָב לֹא יַחְפְּצוּ־בוֹ׃ וּקְשָׁתוֹת נְעָרִים תְּרַטַּשְׁנָה יח
וּפְרִי־בֶטֶן לֹא יְרַחֵמוּ עַל־בָּנִים לֹא־תָחוּס עֵינָם׃ וְהָיְתָה בָבֶל יט
צְבִי מַמְלָכוֹת תִּפְאֶרֶת גְּאוֹן כַּשְׂדִּים כְּמַהְפֵּכַת אֱלֹהִים אֶת־
סְדֹם וְאֶת־עֲמֹרָה׃ לֹא־תֵשֵׁב לָנֶצַח וְלֹא תִשְׁכֹּן עַד־דּוֹר וָדוֹר כ
וְלֹא־יַהֵל שָׁם עֲרָבִי וְרֹעִים לֹא־יַרְבִּצוּ שָׁם׃ וְרָבְצוּ־שָׁם צִיִּים כא
וּמָלְאוּ בָתֵּיהֶם אֹחִים וְשָׁכְנוּ שָׁם בְּנוֹת יַעֲנָה וּשְׂעִירִים יְרַקְּדוּ־
שָׁם׃ וְעָנָה אִיִּים בְּאַלְמְנוֹתָיו וְתַנִּים בְּהֵיכְלֵי עֹנֶג וְקָרוֹב לָבוֹא כב
עִתָּהּ וְיָמֶיהָ לֹא יִמָּשֵׁכוּ׃ כִּי יְרַחֵם יְהוָה אֶת־יַעֲקֹב וּבָחַר עוֹד א יד
בְּיִשְׂרָאֵל וְהִנִּיחָם עַל־אַדְמָתָם וְנִלְוָה הַגֵּר עֲלֵיהֶם וְנִסְפְּחוּ עַל־
ו בֵּית יַעֲקֹב׃ וּלְקָחוּם עַמִּים וֶהֱבִיאוּם אֶל־מְקוֹמָם וְהִתְנַחֲלוּם ב
בֵּית־יִשְׂרָאֵל עַל אַדְמַת יְהוָה לַעֲבָדִים וְלִשְׁפָחוֹת וְהָיוּ שֹׁבִים
לְשֹׁבֵיהֶם וְרָדוּ בְּנֹגְשֵׂיהֶם׃ וְהָיָה בְּיוֹם הָנִיחַ יְהוָה ג
לְךָ מֵעָצְבְּךָ וּמִרָגְזֶךָ וּמִן־הָעֲבֹדָה הַקָּשָׁה אֲשֶׁר עֻבַּד־בָּךְ׃
וְנָשָׂאתָ הַמָּשָׁל הַזֶּה עַל־מֶלֶךְ בָּבֶל וְאָמָרְתָּ אֵיךְ שָׁבַת נֹגֵשׂ ד
שָׁבְתָה מַדְהֵבָה׃ שָׁבַר יְהוָה מַטֵּה רְשָׁעִים שֵׁבֶט מֹשְׁלִים׃ מַכֶּה ה ו
עַמִּים בְּעֶבְרָה מַכַּת בִּלְתִּי סָרָה רֹדֶה בָאַף גּוֹיִם מֻרְדָּף בְּלִי
חָשָׂךְ׃ נָחָה שָׁקְטָה כָּל־הָאָרֶץ פָּצְחוּ רִנָּה׃ גַּם־בְּרוֹשִׁים שָׂמְחוּ ז ח

be slack, and every man's heart shall melt : and they shall be 8
afraid: pangs and sorrows shall take hold of them; they shall
be in pain as a woman in travail : they shall be amazed at one
another ; their faces shall be as flames. Behold, the day of the 9
LORD comes, a day of cruelty, wrath and fierce anger, to lay
the land desolate: and he shall destroy its sinners from out of
it. For the stars of heaven and its constellations shall not give 10
their light: the sun shall be darkened in his going forth, and
the moon shall not shed her light. And I will punish the world 11
for their evil, and the wicked for their iniquity; and I will
cause the arrogancy of the proud to cease, and will lay low
the haughtiness of the tyrants. I will make men more rare 12
than fine gold; and mankind, than the pure gold of Ofir. There- 13
fore I will shake the heavens, and the earth shall remove out
of her place, by the wrath of the LORD of host, and on the day
of his fierce anger. And it shall be like the outcast gazelle, and 14
the sheep that no man takes up ; they shall every man turn to
his own people, and flee every one into his own land. Every 15
one that is found shall be thrust through; and every one that is
caught shall fall by the sword. Their children also shall be 16
dashed to pieces before their eyes; their houses shall be spoiled,
and their wives ravished. Behold, I will stir up the Maday 17
against them, who shall not regard silver ; and as for gold,
they shall not delight in it. Their bows also shall dash the 18
young men to pieces; and they shall have no pity on the fruit
of the womb; their eye shall not spare children. And Bavel, the 19
glory of kingdoms, the beauty of the pride of the Kasdim, shall
be as when GOD overthrew Sedom and 'Amora. It shall never 20
be inhabited, neither shall it be dwelt in from generation to
generation: neither shall the 'Aravi pitch tent there; neither
shall the shepherds make their flock lie down there. But wild 21
beasts of the desert shall lie there; and their houses shall be
full of owls ; and ostriches shall dwell there, and the scops
owl shall hop about there. And jackals shall cry in their 22
castles, and wild dogs in their pleasant palaces: and her time
is near at hand, and her days shall not be prolonged. For the **14**
LORD will have mercy on Ya'aqov, and will yet choose Yisra'el,
and set them in their own land : and the stranger shall be
joined with them, and they shall cleave to the house of
Ya'aqov. And the people shall take them, and bring them to 2
their place: and the house of Yisra'el shall possess them in
the land of the LORD for servants and handmaids: and they
shall take them captives, whose captives they were; and they
shall rule over their oppressors.   And it shall come to pass 3
on the day that the LORD shall give thee rest from thy sorrow,
and from thy fear, and from the hard bondage in which thou
wast made to serve, that thou shalt take up this proverb against 4
the king of Bavel, and say, How has the oppressor ceased! the
golden city ceased ! The LORD has broken the staff of the wick- 5
ed, the sceptre of the rulers, that smote the people in wrath 6
with a continual stroke, that ruled the nations in anger with
unrelenting persecution. The whole earth is at rest, and is 7
quiet: they break forth into singing. Yea, the cypresses rejoice 8

לְךָ אֲרָזֵי לְבָנוֹן מֵאָז שָׁכַבְתָּ לֹא־יַעֲלֶה הַכֹּרֵת עָלֵינוּ: שְׁאוֹל **ט**
מִתַּחַת רָגְזָה לְךָ לִקְרַאת בּוֹאֶךָ עוֹרֵר לְךָ רְפָאִים כָּל־עַתּוּדֵי
אָרֶץ הֵקִים מִכִּסְאוֹתָם כֹּל מַלְכֵי גוֹיִם: כֻּלָּם יַעֲנוּ וְיֹאמְרוּ **י**
אֵלֶיךָ גַּם־אַתָּה חֻלֵּיתָ כָמוֹנוּ אֵלֵינוּ נִמְשָׁלְתָּ: הוּרַד שְׁאוֹל **יא**
גְּאוֹנֶךָ הֶמְיַת נְבָלֶיךָ תַּחְתֶּיךָ יֻצַּע רִמָּה וּמְכַסֶּיךָ תּוֹלֵעָה: אֵיךְ **יב**
נָפַלְתָּ מִשָּׁמַיִם הֵילֵל בֶּן־שָׁחַר נִגְדַּעְתָּ לָאָרֶץ חוֹלֵשׁ עַל־גּוֹיִם:
וְאַתָּה אָמַרְתָּ בִלְבָבְךָ הַשָּׁמַיִם אֶעֱלֶה מִמַּעַל לְכוֹכְבֵי־אֵל **יג**
אָרִים כִּסְאִי וְאֵשֵׁב בְּהַר־מוֹעֵד בְּיַרְכְּתֵי צָפוֹן: אֶעֱלֶה עַל־ **יד**
בָּמֳתֵי עָב אֶדַּמֶּה לְעֶלְיוֹן: אַךְ אֶל־שְׁאוֹל תּוּרָד אֶל־יַרְכְּתֵי־ **טו**
בוֹר: רֹאֶיךָ אֵלֶיךָ יַשְׁגִּיחוּ אֵלֶיךָ יִתְבּוֹנָנוּ הֲזֶה הָאִישׁ מַרְגִּיז **טז**
הָאָרֶץ מַרְעִישׁ מַמְלָכוֹת: שָׂם תֵּבֵל כַּמִּדְבָּר וְעָרָיו הָרָס **יז**
אֲסִירָיו לֹא־פָתַח בָּיְתָה: כָּל־מַלְכֵי גוֹיִם כֻּלָּם שָׁכְבוּ בְכָבוֹד **יח**
אִישׁ בְּבֵיתוֹ: וְאַתָּה הָשְׁלַכְתָּ מִקִּבְרְךָ כְּנֵצֶר נִתְעָב לְבֻשׁ הֲרֻגִים **יט**
מְטֹעֲנֵי חָרֶב יוֹרְדֵי אֶל־אַבְנֵי־בוֹר כְּפֶגֶר מוּבָס: לֹא־תֵחַד אִתָּם **כ**
בִּקְבוּרָה כִּי־אַרְצְךָ שִׁחַתָּ עַמְּךָ הָרָגְתָּ לֹא־יִקָּרֵא לְעוֹלָם זֶרַע
מְרֵעִים: הָכִינוּ לְבָנָיו מַטְבֵּחַ בַּעֲוֹן אֲבוֹתָם בַּל־יָקֻמוּ וְיָרְשׁוּ **כא**
אָרֶץ וּמָלְאוּ פְנֵי־תֵבֵל עָרִים: וְקַמְתִּי עֲלֵיהֶם נְאֻם יְהוָה צְבָאוֹת **כב**
וְהִכְרַתִּי לְבָבֶל שֵׁם וּשְׁאָר וְנִין וָנֶכֶד נְאֻם־יְהוָה: וְשַׂמְתִּיהָ **כג**
לְמוֹרַשׁ קִפֹּד וְאַגְמֵי־מָיִם וְטֵאטֵאתִיהָ בְּמַטְאֲטֵא הַשְׁמֵד נְאֻם
יְהוָה צְבָאוֹת: נִשְׁבַּע יְהוָה צְבָאוֹת לֵאמֹר אִם־ **כד**
לֹא כַּאֲשֶׁר דִּמִּיתִי כֵּן הָיָתָה וְכַאֲשֶׁר יָעַצְתִּי הִיא תָקוּם: לִשְׁבֹּר **כה**
אַשּׁוּר בְּאַרְצִי וְעַל־הָרַי אֲבוּסֶנּוּ וְסָר מֵעֲלֵיהֶם עֻלּוֹ וְסֻבֳּלוֹ מֵעַל
שִׁכְמוֹ יָסוּר: זֹאת הָעֵצָה הַיְּעוּצָה עַל־כָּל־הָאָרֶץ וְזֹאת הַיָּד **כו**
הַנְּטוּיָה עַל־כָּל־הַגּוֹיִם: כִּי־יְהוָה צְבָאוֹת יָעָץ וּמִי יָפֵר וְיָדוֹ **כז**
הַנְּטוּיָה וּמִי יְשִׁיבֶנָּה: בִּשְׁנַת־מוֹת הַמֶּלֶךְ אָחָז **כח**
הָיָה הַמַּשָּׂא הַזֶּה: אַל־תִּשְׂמְחִי פְלֶשֶׁת כֻּלֵּךְ כִּי נִשְׁבַּר שֵׁבֶט **כט**
מַכֵּךְ כִּי־מִשֹּׁרֶשׁ נָחָשׁ יֵצֵא צֶפַע וּפִרְיוֹ שָׂרָף מְעוֹפֵף: וְרָעוּ **ל**
בְּכוֹרֵי דַלִּים וְאֶבְיוֹנִים לָבֶטַח יִרְבָּצוּ וְהֵמַתִּי בָרָעָב שָׁרְשֵׁךְ
וּשְׁאֵרִיתֵךְ יַהֲרֹג: הֵילִילִי שַׁעַר זַעֲקִי־עִיר נָמוֹג פְּלֶשֶׁת כֻּלֵּךְ כִּי **לא**
מִצָּפוֹן עָשָׁן בָּא וְאֵין בּוֹדֵד בְּמוֹעָדָיו: וּמַה־יַּעֲנֶה מַלְאֲכֵי־גוֹי כִּי **לב**

at thee, and the cedars of Levanon, saying, Since thou art laid
down, no feller is come up against us. She'ol from beneath is   9
moved for thee to meet thee at thy coming: it stirs up the
shades for thee, all the chief ones of the earth; it has raised up
from their thrones all the kings of the nations. They all shall   10
speak and say to thee, Art thou also become weak as we? art
thou become like us? Thy pomp is brought down to She'ol,   11
and the noise of thy lutes : worms are spread under thee, and
worms cover thee. How art thou fallen from heaven, O bright   12
star, son of the morning! how art thou cut down to the ground,
that didst rule over the nations! For thou hast said in thy heart,   13
I will ascend into heaven, I will exalt my throne above the
stars of GOD : I will sit also upon the mount of the congrega-
tion, in the farthest north: I will ascend above the heights of   14
the clouds ; I will be like the most High. Yet thou shalt be   15
brought down to She'ol, to the depths of the pit. They that see   16
thee shall narrowly look upon thee, and consider thee, saying,
Is this the man that made the earth to tremble, that did shake
kingdoms; that made the world as a wilderness, and destroyed   17
its cities; that opened not the house of his prisoners? All the   18
kings of the nations, even all of them, lie in glory, every one
in his own house. But thou art cast out of thy grave like an   19
abhorred branch, dressed in the garment of the slain, thrust
through with a sword; like them that go down to the stones
of the pit as a carcass trodden under feet. Thou shalt not be   20
joined with them in burial, because thou hast destroyed thy
land, and slain thy people: may the seed of evildoers never-
more be named. Prepare slaughter for his children for the in-   21
iquity of their fathers; that they do not rise, nor possess the
land; for the face of the world would be filled with enemies.
For I will rise up against them, says the LORD of hosts, and cut   22
off from Bavel name, and remnant, and offspring and posterity,
says the LORD. I will also make it a possession for wild birds, and   23
pools of water: and I will sweep it with the broom of destruc-
tion, says the LORD of hosts.   The LORD of hosts has sworn,   24
saying, Surely as I have thought, so has it come to pass; and
as I have purposed, so shall it stand: that I will break Ashshur   25
in my land, and upon my mountains tread him under foot:
then shall his yoke depart from off them, and his burden depart
from off their shoulders. This is the purpose that is purposed   26
upon the whole earth: and this is the hand that is stretched
out upon all the nations. For the LORD of hosts has purposed,   27
and who shall annul it? and his hand is stretched out, and who
shall turn it back ?   In the year that king Aḥaz died was   28
this burden. Rejoice not thou, O Peleshet entire, because the rod   29
of him that smote thee is broken: for out of the serpent's root
shall come forth a viper, and his fruit shall be a venomous
flying serpent. And the firstborn of the poor shall feed, and the   30
needy shall lie down in safety: and I will kill thy root with
famine, and he shall slay thy remnant. Howl, O gate; cry, O   31
city ; thou, entire Peleshet, melt in fear : for there shall come
from the north a smoke, and there shall be no straggler in his
ranks. What shall one then answer the messengers of the na-   32

א   מַשָּׂא מוֹאָב   יהוה יִסַּד צִיּוֹן וּבָהּ יֶחֱסוּ עֲנִיֵּי עַמּוֹ:
כִּי בְּלֵיל שֻׁדַּד עָר מוֹאָב נִדְמָה כִּי בְּלֵיל שֻׁדַּד קִיר־מוֹאָב

ב   נִדְמָה: עָלָה הַבַּיִת וְדִיבֹן הַבָּמוֹת לְבֶכִי עַל־נְבוֹ וְעַל מֵידְבָא
מוֹאָב יְיֵלִיל בְּכָל־רֹאשָׁיו קָרְחָה כָּל־זָקָן גְּרוּעָה: בְּחוּצֹתָיו

ג   חָגְרוּ שָׂק עַל גַּגּוֹתֶיהָ וּבִרְחֹבֹתֶיהָ כֻּלֹּה יְיֵלִיל יֹרֵד בַּבֶּכִי:

ד   וַתִּזְעַק חֶשְׁבּוֹן וְאֶלְעָלֵה עַד־יַהַץ נִשְׁמַע קוֹלָם עַל־כֵּן חֲלֻצֵי
מוֹאָב יָרִיעוּ נַפְשׁוֹ יָרְעָה לּוֹ: לִבִּי לְמוֹאָב יִזְעָק בְּרִיחֶהָ עַד־

ה   צֹעַר עֶגְלַת שְׁלִשִׁיָּה כִּי ׀ מַעֲלֵה הַלּוּחִית בִּבְכִי יַעֲלֶה־בּוֹ כִּי
דֶּרֶךְ חֹרֹנַיִם זַעֲקַת־שֶׁבֶר יְעֹעֵרוּ: כִּי־מֵי נִמְרִים מְשַׁמּוֹת יִהְיוּ

ו   כִּי־יָבֵשׁ חָצִיר כָּלָה דֶשֶׁא יֶרֶק לֹא הָיָה: עַל־כֵּן יִתְרָה עָשָׂה

ז   וּפְקֻדָּתָם עַל נַחַל הָעֲרָבִים יִשָּׂאוּם: כִּי־הִקִּיפָה הַזְּעָקָה אֶת־

ח   גְּבוּל מוֹאָב עַד־אֶגְלַיִם יִלְלָתָהּ וּבְאֵר אֵלִים יִלְלָתָהּ: כִּי מֵי

ט   דִימוֹן מָלְאוּ דָם כִּי־אָשִׁית עַל־דִּימוֹן נוֹסָפוֹת לִפְלֵיטַת מוֹאָב
אַרְיֵה וְלִשְׁאֵרִית אֲדָמָה:

טז   א   שִׁלְחוּ־כַר מֹשֵׁל־אֶרֶץ מִסֶּלַע
מִדְבָּרָה אֶל־הַר בַּת־צִיּוֹן: וְהָיָה כְעוֹף־נוֹדֵד קֵן מְשֻׁלָּח תִּהְיֶינָה

ב   בְּנוֹת מוֹאָב מַעְבָּרֹת לְאַרְנוֹן: הָבִיאִו עֵצָה עֲשׂוּ פְלִילָה שִׁיתִי

ג   הָבִיאִי | עֵצָה

כַלַּיִל צִלֵּךְ בְּתוֹךְ צָהֳרָיִם סַתְּרִי נִדָּחִים נֹדֵד אַל־תְּגַלִּי: יָגוּרוּ

ד   בָךְ נִדָּחַי מוֹאָב הֱוִי־סֵתֶר לָמוֹ מִפְּנֵי שׁוֹדֵד כִּי־אָפֵס הַמֵּץ כָּלָה

ה   שֹׁד תַּמּוּ רֹמֵס מִן־הָאָרֶץ: וְהוּכַן בַּחֶסֶד כִּסֵּא
וְיָשַׁב עָלָיו בֶּאֱמֶת בְּאֹהֶל דָּוִד שֹׁפֵט וְדֹרֵשׁ מִשְׁפָּט וּמְהִר צֶדֶק:

ו   שָׁמַעְנוּ גְאוֹן־מוֹאָב גֵּא מְאֹד גַּאֲוָתוֹ וּגְאוֹנוֹ וְעֶבְרָתוֹ לֹא־כֵן

ז   בַּדָּיו: לָכֵן יְיֵלִיל מוֹאָב לְמוֹאָב כֻּלֹּה יְיֵלִיל לַאֲשִׁישֵׁי קִיר־

ח   חֲרֶשֶׂת תֶּהְגּוּ אַךְ־נְכָאִים: כִּי שַׁדְמוֹת חֶשְׁבּוֹן אֻמְלָל גֶּפֶן
שִׂבְמָה בַּעֲלֵי גוֹיִם הָלְמוּ שְׂרוּקֶּיהָ עַד־יַעְזֵר נָגָעוּ תָּעוּ מִדְבָּר

ט   שְׁלֻחוֹתֶיהָ נִטְּשׁוּ עָבְרוּ יָם: עַל־כֵּן אֶבְכֶּה בִּבְכִי יַעְזֵר גֶּפֶן
שִׂבְמָה אֲרַיָּוֶךְ דִּמְעָתִי חֶשְׁבּוֹן וְאֶלְעָלֵה כִּי עַל־קֵיצֵךְ וְעַל־

י   קְצִירֵךְ הֵידָד נָפָל: וְנֶאֱסַף שִׂמְחָה וָגִיל מִן־הַכַּרְמֶל וּבַכְּרָמִים
לֹא־יְרֻנָּן לֹא יְרֹעָע יַיִן בַּיְקָבִים לֹא־יִדְרֹךְ הַדֹּרֵךְ הֵידָד

יא   הִשְׁבַּתִּי: עַל־כֵּן מֵעַי לְמוֹאָב כַּכִּנּוֹר יֶהֱמוּ וְקִרְבִּי לְקִיר חָרֶשׂ:

יב   וְהָיָה כִי־נִרְאָה כִּי־נִלְאָה מוֹאָב עַל־הַבָּמָה וּבָא אֶל־מִקְדָּשׁוֹ

tion? That the LORD has founded Ẓiyyon, and the poor of his
people shall shelter in it.   The burden of Mo'av. Because in   1
the night 'Ar of Mo'av is laid waste, and ruined ; because in the
night Qir of Mo'av is laid waste, and ruined ; he is gone up to   2
the shrine, and Divon to the high places, to weep : Mo'av shall
howl over Nevo, and over Medeva: ,on all their heads is bald-
ness, and every beard is cut off. In their streets they gird them-   3
selves with sackcloth: on the tops of their houses, and in their
streets, every one howls, weeping abundantly. And Ḥeshbon   4
cries, and 'El'ale: their voice is heard as far as Yahaẓ: there-
fore the armed soldiers of Mo'av cry out; his soul trembles. My   5
heart cries out for Mo'av; his fugitives shall flee to Ẓo'ar, a
heifer of three years old : for by the ascent of Luḥit, with weep-
ing shall they ascend it; for in the way of Ḥoronayim they
shall raise up a cry of destruction. For the waters of Nimrim   6
shall be desolate: for the nay is withered away, the grass fails,
there is no green thing. Therefore the abundance they have   7
gotten, and that which they have laid up, shall the enemy carry
away past the wadi of the willows. For the cry is gone round   8
about the borders of Mo'av; its howling as far as Eglayim, and
its roaring to Be'er-elim. For the waters of Dimon shall be full   9
of blood: for I will bring yet more upon Dimon: a lion will I
bring upon him that escapes of Mo'av, and upon the remnant
of the land. Send the lamb to the ruler of the land from Sela   **16**
to the wilderness, to the mount of the daughter of Ẓiyyon.
For it shall be, that, as a wandering bird, as a scattered nest,   2
the daughters of Mo'av shall be at the fords of Arnon. Take   3
counsel, execute judgment; make thy shadow as the night in
the midst of the noonday; hide the outcasts; betray not the
wanderer. Let my outcasts, the outcasts of Mo'av, dwell with   4
thee; be thou a covert to them from the face of the spoiler:
for the extortioner is at an end, the spoiler ceases, the oppres-
sors are consumed out of the land.   And in mercy a throne   5
was established : and he sat upon it in truthfulness in the taber-
nacle of David, judging, and seeking judgment, and quick to
do righteousness. We have heard of the pride of Mo'av; he is   6
very proud: even of his haughtiness, and his pride, and his
wrath: false are his pratings. Therefore shall Mo'av howl for   7
Mo'av, every one shall howl: for the foundations of Qir-ḥareset
shall you mourn ; surely they are stricken. For the fields of Ḥesh-   8
bon languish, and the vine of Sivma: have broken down its
choice- branches, they reached to Ya'zer, they wandered into
the wilderness: her offshoots were stretched out, they went
over the sea. Therefore I will bewail with the weeping of   9
Ya'zer the vine of Sivma : I will water thee with my tears, O
Ḥeshbon, and 'El'ale: for on thy summer fruits and on thy
harvest the battle cry has fallen. And gladness is taken away,   10
and joy out of the plentiful field; and in the vineyards there
shall be no singing, neither shall there be shouting: the treaders
shall tread out no wine in their presses; I have made shouting
at the vintage to cease. Wherefore my heart shall moan like a   11
lyre for Mo'av, and my inward parts for Qir-ḥeres. And it   12
shall come to pass, when it is seen that Mo'av is weary on the

יג לְהִתְפַּלֵּל וְלֹא יוּכָל: זֶה הַדָּבָר אֲשֶׁר דִּבֶּר יְהוָה

יד אֶל־מוֹאָב מֵאָז: וְעַתָּה דִּבֶּר יְהוָה לֵאמֹר בְּשָׁלֹשׁ שָׁנִים כִּשְׁנֵי
שָׂכִיר וְנִקְלָה כְּבוֹד מוֹאָב בְּכֹל הֶהָמוֹן הָרָב וּשְׁאָר מְעַט מִזְעָר

יז א לֹא כַבִּיר: מַשָּׂא דַּמֶּשֶׂק הִנֵּה דַמֶּשֶׂק מוּסָר

ב מֵעִיר וְהָיְתָה מְעִי מַפֵּלָה: עֲזֻבוֹת עָרֵי עֲרֹעֵר לַעֲדָרִים תִּהְיֶינָה

ג וְרָבְצוּ וְאֵין מַחֲרִיד: וְנִשְׁבַּת מִבְצָר מֵאֶפְרַיִם וּמַמְלָכָה
מִדַּמֶּשֶׂק וּשְׁאָר אֲרָם כִּכְבוֹד בְּנֵי־יִשְׂרָאֵל יִהְיוּ נְאֻם יְהוָה

ד צְבָאוֹת: וְהָיָה בַּיּוֹם הַהוּא יִדַּל כְּבוֹד יַעֲקֹב

ה וּמִשְׁמַן בְּשָׂרוֹ יֵרָזֶה: וְהָיָה כֶּאֱסֹף קָצִיר קָמָה וּזְרֹעוֹ שִׁבֳּלִים

ו יִקְצוֹר וְהָיָה כִּמְלַקֵּט שִׁבֳּלִים בְּעֵמֶק רְפָאִים: וְנִשְׁאַר־בּוֹ עוֹלֵלֹת
כְּנֹקֶף זַיִת שְׁנַיִם שְׁלֹשָׁה גַּרְגְּרִים בְּרֹאשׁ אָמִיר אַרְבָּעָה חֲמִשָּׁה
בִּסְעִפֶיהָ פֹּרִיָּה נְאֻם־יְהוָה אֱלֹהֵי יִשְׂרָאֵל: בַּיּוֹם

ז הַהוּא יִשְׁעֶה הָאָדָם עַל־עֹשֵׂהוּ וְעֵינָיו אֶל־קְדוֹשׁ יִשְׂרָאֵל

ח תִּרְאֶינָה: וְלֹא יִשְׁעֶה אֶל־הַמִּזְבְּחוֹת מַעֲשֵׂה יָדָיו וַאֲשֶׁר עָשׂוּ

ט אֶצְבְּעֹתָיו לֹא יִרְאֶה וְהָאֲשֵׁרִים וְהַחַמָּנִים: בַּיּוֹם
הַהוּא יִהְיוּ עָרֵי מָעֻזּוֹ כַּעֲזוּבַת הַחֹרֶשׁ וְהָאָמִיר אֲשֶׁר עָזְבוּ

י מִפְּנֵי בְּנֵי יִשְׂרָאֵל וְהָיְתָה שְׁמָמָה: כִּי שָׁכַחַתְּ אֱלֹהֵי יִשְׁעֵךְ וְצוּר
מָעֻזֵּךְ לֹא זָכָרְתְּ עַל־כֵּן תִּטְּעִי נִטְעֵי נַעֲמָנִים וּזְמֹרַת זָר

יא תִּזְרָעֶנּוּ: בְּיוֹם נִטְעֵךְ תְּשַׂגְשֵׂגִי וּבַבֹּקֶר זַרְעֵךְ תַּפְרִיחִי נֵד קָצִיר

יב בְּיוֹם נַחֲלָה וּכְאֵב אָנוּשׁ: הוֹי הֲמוֹן עַמִּים רַבִּים
כַּהֲמוֹת יַמִּים יֶהֱמָיוּן וּשְׁאוֹן לְאֻמִּים כִּשְׁאוֹן מַיִם כַּבִּירִים

יג יִשָּׁאוּן: לְאֻמִּים כִּשְׁאוֹן מַיִם רַבִּים יִשָּׁאוּן וְגָעַר בּוֹ וְנָס מִמֶּרְחָק

יד וְרֻדַּף כְּמֹץ הָרִים לִפְנֵי־רוּחַ וּכְגַלְגַּל לִפְנֵי סוּפָה: לְעֵת עֶרֶב
וְהִנֵּה בַלָּהָה בְּטֶרֶם בֹּקֶר אֵינֶנּוּ זֶה חֵלֶק שׁוֹסֵינוּ וְגוֹרָל

יח א לְבֹזְזֵינוּ: הוֹי אֶרֶץ צִלְצַל כְּנָפָיִם אֲשֶׁר מֵעֵבֶר

ב לְנַהֲרֵי־כוּשׁ: הַשֹּׁלֵחַ בַּיָּם צִירִים וּבִכְלֵי־גֹמֶא עַל־פְּנֵי־מַיִם לְכוּ
מַלְאָכִים קַלִּים אֶל־גּוֹי מְמֻשָּׁךְ וּמוֹרָט אֶל־עַם נוֹרָא מִן־הוּא

ג וָהָלְאָה גּוֹי קַו־קָו וּמְבוּסָה אֲשֶׁר־בָּזְאוּ נְהָרִים אַרְצוֹ: כָּל־
יֹשְׁבֵי תֵבֵל וְשֹׁכְנֵי אָרֶץ כִּנְשֹׂא־נֵס הָרִים תִּרְאוּ וְכִתְקֹעַ שׁוֹפָר

ד תִּשְׁמָעוּ: כִּי כֹה אָמַר יְהוָה אֵלַי אֶשְׁקֳטָה

ה וְאַבִּיטָה בִמְכוֹנִי כְּחֹם צַח עֲלֵי־אוֹר כְּעָב טַל בְּחֹם קָצִיר: כִּי־

high place, that he shall come to his sanctuary to pray; but he shall not prevail.   This is the word that the LORD has spoken 13 concerning Mo'av long ago. But now the LORD has spoken, say- 14 ing, Within three years, as the years of a hireling, and the glory of Mo'av shall be contemned, with all that great multitude; and the remnant shall be very small and powerless.   The burden **17** of Dammeseq. Behold, Dammeseq is taken away from being a city, and it shall be a heap of ruins. The cities of 'Aro'er are 2 forsaken: they shall be for flocks, which shall lie down, and none shall make them afraid. The fortress also shall cease from 3 Efrayim, and the kingdom from Dammeseq, and the remnant of Aram shall be as the glory of the children of Yisra'el, says the LORD of hosts.   And on that day it shall come to pass, that 4 the glory of Ya'aqov shall be made thin, and the fatness of his flesh shall become lean. And it shall be as when the harvest- 5 man gathers the standing corn, and reaps the ears with his arm; and it shall be as he that gathers ears in the valley of Refa'im. And gleanings shall be left of him, as in the beating 6 of an olive tree, two or three berries in the top of the upper- most bough, four or five in its fruitful branches, says the LORD GOD of Yisra'el.   At that day shall a man look to his Maker, 7 and his eyes shall have regard to the Holy One of Yisra'el. And he shall not look to the altars, the work of his hands, 8 neither shall he regard that which his fingers have made, either the asherim or the sun images.   On that day shall his 9 strong cities be as the forsaken portion of the thicket and the uppermost branch, which they left because of the children of Yisra'el: and there shall be desolation. Because thou hast for- 10 gotten the GOD of thy salvation, and hast not been mindful of the rock of thy strength, therefore though thou plant pleasant plants, and set it with slips of a strange god: though in the day of 11 thy planting thou make it grow, and in the morning thou make thy seed to flourish : yet the harvest shall disappear in the day of grief and of desperate pain.   Woe to the multitude of many 12 people, who make a noise like the noise of the seas; and to the rushing of nations, that make a rushing like the rushing of mighty waters ! The nations shall rush like the rushing of 13 many waters: but he shall rebuke them, and they shall flee far off, and shall be chased as the chaff of the mountains be- fore the wind, and like whirling dust before the storm. And 14 behold at evening, trouble ; and before the morning they are no more. This is the portion of them that spoil us, and the lot of them that rob us.   O land of buzzing wings, which fly **18** beyond the rivers of Kush: that sendest ambassadors by the 2 sea, even in vessels of papyrus upon the waters: Go, swift messengers, to a nation tall and smooth, to a people terrible from their beginning onward; a nation mighty and conquering, whose land the rivers have divided ! All you inhabitants of 3 the world, and dwellers on the earth, see, when he lifts up a banner on the mountains ; and when he blows a shofar, hear !   For so the LORD said to me, I will take my rest, 4 and I will look on in my dwelling place, like the clear heat in sunlight ; and like the cloud of dew in the heat of harvest. For 5

לִפְנֵי קָצִיר כְּתָם־פֶּרַח וּבֹסֶר גֹּמֵל יִהְיֶה נִצָּה וְכָרַת הַזַּלְזַלִּים
בַּמַּזְמֵרוֹת וְאֶת־הַנְּטִישׁוֹת הֵסִיר הֵתַז: יֵעָזְבוּ יַחְדָּו לְעֵיט הָרִים
וּלְבֶהֱמַת הָאָרֶץ וְקָץ עָלָיו הָעַיִט וְכָל־בֶּהֱמַת הָאָרֶץ עָלָיו

ו   תֶּחֱרָף: בָּעֵת הַהִיא יוּבַל־שַׁי לַיהוָה צְבָאוֹת עַם

ז   מְמֻשָּׁךְ וּמוֹרָט וּמֵעַם נוֹרָא מִן־הוּא וָהָלְאָה גּוֹי קַו־קָו וּמְבוּסָה
אֲשֶׁר בָּזְאוּ נְהָרִים אַרְצוֹ אֶל־מְקוֹם שֵׁם־יְהוָה צְבָאוֹת הַר־
צִיּוֹן:

יט א   מַשָּׂא מִצְרָיִם הִנֵּה יְהוָה רֹכֵב עַל־עָב קַל
וּבָא מִצְרַיִם וְנָעוּ אֱלִילֵי מִצְרַיִם מִפָּנָיו וּלְבַב מִצְרַיִם יִמַּס
ב   בְּקִרְבּוֹ: וְסִכְסַכְתִּי מִצְרַיִם בְּמִצְרַיִם וְנִלְחֲמוּ אִישׁ־בְּאָחִיו וְאִישׁ
ג   בְּרֵעֵהוּ עִיר בְּעִיר מַמְלָכָה בְּמַמְלָכָה: וְנָבְקָה רוּחַ־מִצְרַיִם
בְּקִרְבּוֹ וַעֲצָתוֹ אֲבַלֵּעַ וְדָרְשׁוּ אֶל־הָאֱלִילִים וְאֶל־הָאִטִּים וְאֶל־
ד   הָאֹבוֹת וְאֶל־הַיִּדְּעֹנִים: וְסִכַּרְתִּי אֶת־מִצְרַיִם בְּיַד אֲדֹנִים קָשֶׁה
ה   וּמֶלֶךְ עַז יִמְשָׁל־בָּם נְאֻם הָאָדוֹן יְהוָה צְבָאוֹת: וְנִשְּׁתוּ־מַיִם
ו   מֵהַיָּם וְנָהָר יֶחֱרַב וְיָבֵשׁ: וְהֶאֶזְנִיחוּ נְהָרוֹת דָּלְלוּ וְחָרְבוּ יְאֹרֵי
ז   מָצוֹר קָנֶה וָסוּף קָמֵלוּ: עָרוֹת עַל־יְאוֹר עַל־פִּי יְאוֹר וְכֹל
ח   מִזְרַע יְאוֹר יִיבַשׁ נִדַּף וְאֵינֶנּוּ: וְאָנוּ הַדַּיָּגִים וְאָבְלוּ כָּל־מַשְׁלִיכֵי
ט   בַיְאוֹר חַכָּה וּפֹרְשֵׂי מִכְמֹרֶת עַל־פְּנֵי־מַיִם אֻמְלָלוּ: וּבֹשׁוּ עֹבְדֵי
י   פִשְׁתִּים שְׂרִיקוֹת וְאֹרְגִים חוֹרָי: וְהָיוּ שָׁתֹתֶיהָ מְדֻכָּאִים כָּל־
יא   עֹשֵׂי שֶׂכֶר אַגְמֵי־נָפֶשׁ: אַךְ־אֱוִלִים שָׂרֵי צֹעַן חַכְמֵי יֹעֲצֵי פַרְעֹה
עֵצָה נִבְעָרָה אֵיךְ תֹּאמְרוּ אֶל־פַּרְעֹה בֶּן־חֲכָמִים אֲנִי בֶּן־
יב   מַלְכֵי־קֶדֶם: אַיָּם אֵפוֹא חֲכָמֶיךָ וְיַגִּידוּ נָא לָךְ וְיֵדְעוּ מַה־יָּעַץ
יג   יְהוָה צְבָאוֹת עַל־מִצְרָיִם: נוֹאֲלוּ שָׂרֵי צֹעַן נִשְּׁאוּ שָׂרֵי נֹף
יד   הִתְעוּ אֶת־מִצְרַיִם פִּנַּת שְׁבָטֶיהָ: יְהוָה מָסַךְ בְּקִרְבָּהּ רוּחַ
עִוְעִים וְהִתְעוּ אֶת־מִצְרַיִם בְּכָל־מַעֲשֵׂהוּ כְּהִתָּעוֹת שִׁכּוֹר
טו   בְּקִיאוֹ: וְלֹא־יִהְיֶה לְמִצְרַיִם מַעֲשֶׂה אֲשֶׁר יַעֲשֶׂה רֹאשׁ וְזָנָב
טז   כִּפָּה וְאַגְמוֹן: בַּיּוֹם הַהוּא יִהְיֶה מִצְרַיִם כַּנָּשִׁים
וְחָרַד וּפָחַד מִפְּנֵי תְּנוּפַת יַד־יְהוָה צְבָאוֹת אֲשֶׁר־הוּא מֵנִיף
יז   עָלָיו: וְהָיְתָה אַדְמַת יְהוּדָה לְמִצְרַיִם לְחָגָּא כֹּל אֲשֶׁר יַזְכִּיר
אֹתָהּ אֵלָיו יִפְחָד מִפְּנֵי עֲצַת יְהוָה צְבָאוֹת אֲשֶׁר־הוּא יוֹעֵץ
יח   עָלָיו: בַּיּוֹם הַהוּא יִהְיוּ חָמֵשׁ עָרִים בְּאֶרֶץ

before the harvest, when the blossom is past, and the bud is
ripening into young grapes, he shall both cut off the sprigs
with pruning hooks, and take away and cut down the branches.
They shall be left together to the predatory birds of the moun- 6
tains, and to the beasts of the earth: and the birds shall sum-
mer upon them, and all the beasts of the earth shall winter
upon them. In that time shall a present be brought to the 7
Lord of hosts, by a people tall and smooth, even by a people
terrible from their beginning onward; a nation mighty and
conquering, whose land the rivers have divided, to the place
of the name of the Lord of hosts, the mount Ẕiyyon. The **19**
burden of Miẕrayim. Behold, the Lord rides upon a swift cloud,
and shall come into Miẕrayim: and the idols of Miẕrayim
shall be moved at his presence, and the heart of Miẕrayim
shall melt in the midst of it. And I will set Miẕrayim against 2
Miẕrayim: and they shall fight every one against his brother,
and every one against his neighbour; city against city, and
kingdom against kingdom. And the spirit of Miẕrayim shall 3
be emptied in his midst; and I will destroy his counsel: and
they shall seek to the idols, and to the necromancers, and to
the mediums, and to the wizards. And I will give over 4
Miẕrayim to the hand of a cruel lord; and a fierce king shall
rule over them, says the Master, the Lord of hosts. And the 5
waters shall fail from the sea, and the river shall be wasted
and dried up. And the rivers shall become foul; and the 6
canals of Maẕor shall be diminished and dried up: the reeds
and rushes shall wither. The meadows by the River, by the 7
mouth of the River, and every thing sown by the River, shall
wither, be driven away, and be no more. The fishers also shall 8
mourn, and all they that cast angle into the River shall lament,
and they that spread nets upon the waters shall be wretched.
Moreover they that work in combed flax, and they that weave 9
white cotton, shall be confounded. And its foundations shall 10
be broken; all that make dams shall be sad in their soul. Surely 11
the princes of Ẕo'an are fools, the counsel of the wise coun-
sellors of Par'o is become brutish: how can you say to Par'o,
I am the son of the wise, the son of ancient kings? Where are 12
they? where are thy wise men? and let them tell thee now,
and let them know what the Lord of hosts has purposed con-
cerning Miẕrayim. The princes of Ẕo'an are become fools, the 13
princes of Nof are deceived; they have also made Miẕrayim go
astray, those that are the stay of its tribes. The Lord has mingled 14
a spirit of confusion in the midst of her: and they have caused
Miẕrayim to err in all its work, as a drunken man staggers
in his vomit. Neither shall there be any work for Miẕrayim 15
which the head or tail, branch or rush, may do. In that 16
day shall Miẕrayim be like women: and it shall be afraid and
fear because of the shaking of the hand of the Lord of hosts,
which he shakes over it. And the land of Yehuda shall be a 17
trembling to Miẕrayim, every one to whom one makes men-
tion of that shall be afraid, because of the counsel of the
Lord of hosts, which he has determined against it. In that 18
day there shall be five cities in the land of Miẕrayim, speak-

מִצְרַיִם מְדַבְּרוֹת שְׂפַת כְּנַעַן וְנִשְׁבָּעוֹת לַיהוָה צְבָאוֹת עִיר

ט הַהֶרֶס יֵאָמֵר לְאֶחָת: בַּיּוֹם הַהוּא יִהְיֶה מִזְבֵּחַ

כ לַיהוָה בְּתוֹךְ אֶרֶץ מִצְרָיִם וּמַצֵּבָה אֵצֶל־גְּבוּלָהּ לַיהוָה: וְהָיָה

לְאוֹת וּלְעֵד לַיהוָה צְבָאוֹת בְּאֶרֶץ מִצְרָיִם כִּי־יִצְעֲקוּ אֶל־יְהוָה

כא מִפְּנֵי לֹחֲצִים וְיִשְׁלַח לָהֶם מוֹשִׁיעַ וָרָב וְהִצִּילָם: וְנוֹדַע יְהוָה

לְמִצְרַיִם וְיָדְעוּ מִצְרַיִם אֶת־יְהוָה בַּיּוֹם הַהוּא וְעָבְדוּ זֶבַח וּמִנְחָה

כב וְנָדְרוּ־נֵדֶר לַיהוָה וְשִׁלֵּמוּ: וְנָגַף יְהוָה אֶת־מִצְרַיִם נָגֹף וְרָפוֹא

כג וְשָׁבוּ עַד־יְהוָה וְנֶעְתַּר לָהֶם וּרְפָאָם: בַּיּוֹם הַהוּא

תִּהְיֶה מְסִלָּה מִמִּצְרַיִם אַשּׁוּרָה וּבָא־אַשּׁוּר בְּמִצְרַיִם וּמִצְרַיִם

כד בְּאַשּׁוּר וְעָבְדוּ מִצְרַיִם אֶת־אַשּׁוּר: בַּיּוֹם הַהוּא

יִהְיֶה יִשְׂרָאֵל שְׁלִישִׁיָּה לְמִצְרַיִם וּלְאַשּׁוּר בְּרָכָה בְּקֶרֶב הָאָרֶץ:

כה אֲשֶׁר בֵּרֲכוֹ יְהוָה צְבָאוֹת לֵאמֹר בָּרוּךְ עַמִּי מִצְרַיִם וּמַעֲשֵׂה

כ א יָדַי אַשּׁוּר וְנַחֲלָתִי יִשְׂרָאֵל: בִּשְׁנַת בֹּא תַרְתָּן

אַשְׁדּוֹדָה בִּשְׁלֹחַ אֹתוֹ סַרְגוֹן מֶלֶךְ אַשּׁוּר וַיִּלָּחֶם בְּאַשְׁדּוֹד

ב וַיִּלְכְּדָהּ: בָּעֵת הַהִיא דִּבֶּר יְהוָה בְּיַד יְשַׁעְיָהוּ בֶן־אָמוֹץ לֵאמֹר

לֵךְ וּפִתַּחְתָּ הַשַּׂק מֵעַל מָתְנֶיךָ וְנַעַלְךָ תַחֲלֹץ מֵעַל רַגְלֶךָ וַיַּעַשׂ

ג כֵּן הָלֹךְ עָרוֹם וְיָחֵף: וַיֹּאמֶר יְהוָה כַּאֲשֶׁר הָלַךְ

עַבְדִּי יְשַׁעְיָהוּ עָרוֹם וְיָחֵף שָׁלֹשׁ שָׁנִים אוֹת וּמוֹפֵת עַל־מִצְרַיִם

ד וְעַל־כּוּשׁ: כֵּן יִנְהַג מֶלֶךְ־אַשּׁוּר אֶת־שְׁבִי מִצְרַיִם וְאֶת־גָּלוּת

ה כּוּשׁ נְעָרִים וּזְקֵנִים עָרוֹם וְיָחֵף וַחֲשׂוּפַי שֵׁת עֶרְוַת מִצְרָיִם: וְחַתּוּ

ו וָבֹשׁוּ מִכּוּשׁ מַבָּטָם וּמִן־מִצְרַיִם תִּפְאַרְתָּם: וְאָמַר יֹשֵׁב הָאִי

הַזֶּה בַּיּוֹם הַהוּא הִנֵּה־כֹה מַבָּטֵנוּ אֲשֶׁר־נַסְנוּ שָׁם לְעֶזְרָה לְהִנָּצֵל

כא א מִפְּנֵי מֶלֶךְ אַשּׁוּר וְאֵיךְ נִמָּלֵט אֲנָחְנוּ:   מַשָּׂא

מִדְבַּר־יָם כְּסוּפוֹת בַּנֶּגֶב לַחֲלֹף מִמִּדְבָּר בָּא מֵאֶרֶץ נוֹרָאָה:

ב חָזוּת קָשָׁה הֻגַּד־לִי הַבּוֹגֵד בּוֹגֵד וְהַשּׁוֹדֵד שׁוֹדֵד עֲלִי עֵילָם

ג צוּרִי מָדַי כָּל־אַנְחָתָה הִשְׁבַּתִּי: עַל־כֵּן מָלְאוּ מָתְנַי חַלְחָלָה

צִירִים אֲחָזוּנִי כְּצִירֵי יוֹלֵדָה נַעֲוֵיתִי מִשְּׁמֹעַ נִבְהַלְתִּי מֵרְאוֹת:

ד תָּעָה לְבָבִי פַּלָּצוּת בִּעֲתָתְנִי אֵת נֶשֶׁף חִשְׁקִי שָׂם לִי לַחֲרָדָה:

ה עָרֹךְ הַשֻּׁלְחָן צָפֹה הַצָּפִית אָכוֹל שָׁתֹה קוּמוּ הַשָּׂרִים מִשְׁחוּ

ו מָגֵן: כִּי כֹה אָמַר אֵלַי אֲדֹנָי לֵךְ הַעֲמֵד הַמְצַפֶּה

ז אֲשֶׁר יִרְאֶה יַגִּיד: וְרָאָה רֶכֶב צֶמֶד פָּרָשִׁים רֶכֶב חֲמוֹר רֶכֶב

ח גָּמָל וְהִקְשִׁיב קֶשֶׁב רַב־קָשֶׁב: וַיִּקְרָא אַרְיֵה עַל־מִצְפֶּה אֲדֹנָי

אָנֹכִי עֹמֵד תָּמִיד יוֹמָם וְעַל־מִשְׁמַרְתִּי אָנֹכִי נִצָּב כָּל־הַלֵּילוֹת:

ing the language of Kena'an and swearing by the LORD of hosts;
one shall be called, The city of destruction. In that day 19
shall there be an altar to the LORD in the midst of the land of
Miẕrayim, and a pillar at its border to the LORD. And it shall 20
be for a sign and for a witness to the LORD of hosts in the land
of Miẕrayim: for they shall cry to the LORD because of the op-
pressors, and he shall send them one that shall save them
and plead for them, and he shall deliver them. And the LORD 21
shall be known to Miẕrayim, and Miẕrayim shall know the
LORD on that day, and shall do sacrifice and meal offering;
and they shall vow a vow to the LORD, and perform it. And 22
the LORD shall smite Miẕrayim: he shall smite and heal: and
they shall return to the LORD, and he shall be entreated of
them, and shall heal them. In that day there shall be a 23
highway out of Miẕrayim to Ashshur, and Ashshur shall come
into Miẕrayim, and Miẕrayim to Ashshur, and Miẕrayim shall
worship with Ashshur. In that day shall Yisra'el be the 24
third with Miẕrayim and with Ashshur, a blessing in the midst of
the land: whom the LORD of hosts shall bless, saying, Blessed 25
be Miẕrayim my people, and Ashshur the work of my hands,
and Yisra'el my inheritance. In the year that Tartan came **20**
to Ashdod, (when Sargon the king of Ashshur sent him,) and
fought against Ashdod, and took it; at the same time the 2
LORD spoke by Yesha'yahu the son of Amoẕ saying, Go and
loose the sackcloth from off thy loins, and put off thy shoe
from thy foot. And he did so, walking naked and barefoot.
And the LORD said, Just as my servant Yesha'yahu has walked 3
naked and barefoot three years for a sign and a portent upon
Miẕrayim and upon Kush; so shall the king of Ashshur lead 4
away the prisoners of Miẕrayim and the exiles of Kush, young
and old, naked and barefoot, even with their buttocks un-
covered, to the shame of Miẕrayim. And they shall be afraid 5
and ashamed of Kush their expectation, and of Miẕrayim their
glory. And the inhabitant of this coast land shall say on that 6
day, Behold, such is our expectation, whither we flee for help
to be delivered from the king of Ashshur: and how shall we
escape? The burden of the desert of the sea. As storms **21**
in the south sweep on; so it comes from the desert, from a ter-
rible land. A grievous vision is declared to me; He who desires 2
to be treacherous may be treacherous, and he who desires to
spoil may spoil, Go up, O 'Elam: besiege, O Maday; all its
sighing have I made to cease. Therefore are my loins filled 3
with anguish: pangs have taken hold upon me, as the pangs
of a woman in travail: I was bowed down so that I could not
hear; I was dismayed so that I could not see. My heart reeled, 4
fearfulness affrighted me: the night of my pleasure has he
turned for me into terror. Prepare the table, spread the carpet, 5
eat, drink: arise, princes, and anoint the shield. For thus 6
has the LORD said to me, Go, set a watchman, let him declare
what he sees. And if he should see riders, pairs of horsemen, 7
riders on asses, riders on camels; he should hearken diligently
with much heed: and he cried like a lion: My lord, I stand 8
continually upon the watchtower in the daytime, and I stand

ט וְהִנֵּה־זֶה בָא רֶכֶב אִישׁ צֶמֶד פָּרָשִׁים וַיַּעַן וַיֹּאמֶר נָפְלָה נָפְלָה
י בָּבֶל וְכָל־פְּסִילֵי אֱלֹהֶיהָ שִׁבַּר לָאָרֶץ׃ מְדֻשָׁתִי וּבֶן־גָּרְנִי
אֲשֶׁר שָׁמַעְתִּי מֵאֵת יהוה צְבָאוֹת אֱלֹהֵי יִשְׂרָאֵל הִגַּדְתִּי
יא לָכֶם׃ מַשָּׂא דּוּמָה אֵלַי קֹרֵא מִשֵּׂעִיר שֹׁמֵר מַה־
יב מִלַּיְלָה שֹׁמֵר מַה־מִּלֵּיל׃ אָמַר שֹׁמֵר אָתָא בֹקֶר וְגַם־לָיְלָה
יג אִם־תִּבְעָיוּן בְּעָיוּ שֻׁבוּ אֵתָיוּ׃ מַשָּׂא בַּעְרָב
יד בַּיַּעַר בַּעְרַב תָּלִינוּ אֹרְחוֹת דְּדָנִים׃ לִקְרַאת צָמֵא הֵתָיוּ
טו מָיִם יֹשְׁבֵי אֶרֶץ תֵּימָא בְּלַחְמוֹ קִדְּמוּ נֹדֵד׃ כִּי־מִפְּנֵי חֲרָבוֹת
נָדָדוּ מִפְּנֵי ׀ חֶרֶב נְטוּשָׁה וּמִפְּנֵי קֶשֶׁת דְּרוּכָה וּמִפְּנֵי כֹּבֶד
טז מִלְחָמָה׃ כִּי־כֹה אָמַר אֲדֹנָי אֵלָי בְּעוֹד שָׁנָה כִּשְׁנֵי
יז שְׂכִיר וְכָלָה כָּל־כְּבוֹד קֵדָר׃ וּשְׁאָר מִסְפַּר־קֶשֶׁת גִּבּוֹרֵי בְנֵי־
כב א קֵדָר יִמְעָטוּ כִּי יהוה אֱלֹהֵי־יִשְׂרָאֵל דִּבֵּר׃ מַשָּׂא
ב גֵּיא חִזָּיוֹן מַה־לָּךְ אֵפוֹא כִּי־עָלִית כֻּלָּךְ לַגַּגּוֹת׃ תְּשֻׁאוֹת ׀
מְלֵאָה עִיר הוֹמִיָּה קִרְיָה עַלִּיזָה חֲלָלַיִךְ לֹא חַלְלֵי־חֶרֶב וְלֹא
ג מֵתֵי מִלְחָמָה׃ כָּל־קְצִינַיִךְ נָדְדוּ יַחַד מִקֶּשֶׁת אֻסָּרוּ כָּל־
ד נִמְצָאַיִךְ אֻסְּרוּ יַחְדָּו מֵרָחוֹק בָּרָחוּ׃ עַל־כֵּן אָמַרְתִּי שְׁעוּ מִנִּי
ה אֲמָרֵר בַּבֶּכִי אַל־תָּאִיצוּ לְנַחֲמֵנִי עַל־שֹׁד בַּת־עַמִּי׃ כִּי יוֹם
מְהוּמָה וּמְבוּסָה וּמְבוּכָה לַאדֹנָי יהוה צְבָאוֹת בְּגֵי חִזָּיוֹן
ו מְקַרְקַר קִר וְשׁוֹעַ אֶל־הָהָר׃ וְעֵילָם נָשָׂא אַשְׁפָּה בְּרֶכֶב אָדָם
ז פָּרָשִׁים וְקִיר עֵרָה מָגֵן׃ וַיְהִי מִבְחַר־עֲמָקַיִךְ מָלְאוּ רָכֶב
ח וְהַפָּרָשִׁים שֹׁת שָׁתוּ הַשָּׁעְרָה׃ וַיְגַל אֵת מָסַךְ יְהוּדָה וַתַּבֵּט
ט בַּיּוֹם הַהוּא אֶל־נֶשֶׁק בֵּית הַיָּעַר׃ וְאֵת בְּקִיעֵי עִיר־דָּוִד רְאִיתֶם
י כִּי־רָבּוּ וַתְּקַבְּצוּ אֶת־מֵי הַבְּרֵכָה הַתַּחְתּוֹנָה׃ וְאֶת־בָּתֵּי
יא יְרוּשָׁלַםִ סְפַרְתֶּם וַתִּתְצוּ הַבָּתִּים לְבַצֵּר הַחוֹמָה׃ וּמִקְוָה
עֲשִׂיתֶם בֵּין הַחֹמֹתַיִם לְמֵי הַבְּרֵכָה הַיְשָׁנָה וְלֹא הִבַּטְתֶּם אֶל־
יב עֹשֶׂיהָ וְיֹצְרָהּ מֵרָחוֹק לֹא רְאִיתֶם׃ וַיִּקְרָא אֲדֹנָי יהוה צְבָאוֹת
יג בַּיּוֹם הַהוּא לִבְכִי וּלְמִסְפֵּד וּלְקָרְחָה וְלַחֲגֹר שָׂק׃ וְהִנֵּה ׀ שָׂשׂוֹן
וְשִׂמְחָה הָרֹג ׀ בָּקָר וְשָׁחֹט צֹאן אָכֹל בָּשָׂר וְשָׁתוֹת יָיִן
יד אָכוֹל וְשָׁתוֹ כִּי מָחָר נָמוּת׃ וְנִגְלָה בְאָזְנָי יהוה צְבָאוֹת
אִם־יְכֻפַּר הֶעָוֹן הַזֶּה לָכֶם עַד־תְּמֻתוּן אָמַר אֲדֹנָי יהוה
טו צְבָאוֹת׃ כֹּה אָמַר אֲדֹנָי יהוה צְבָאוֹת לֶךְ־בֹּא
טז אֶל־הַסֹּכֵן הַזֶּה עַל־שֶׁבְנָא אֲשֶׁר עַל־הַבָּיִת׃ מַה־לְּךָ פֹה וּמִי
לְךָ פֹה כִּי־חָצַבְתָּ לְּךָ פֹּה קָבֶר חֹצְבִי מָרוֹם קִבְרוֹ חֹקְקִי בַסֶּלַע

on guard whole nights: and, behold, here come men riding, 9
pairs of horsemen. And he answered and said, Bavel is fallen,
is fallen ; and all the carved images of her gods he has broken
to the ground. O my trodden one, and child of my threshing 10
floor ; that which I have heard of the LORD of hosts, the GOD
of Yisra'el, have I declared to you.   The burden of Duma. 11
One calls to me out of Se'ir, Watchman, what of the night ?
Watchman, what of the night ? The watchman said, The morn- 12
ing comes, and also the night : if you will inquire, inquire :
return, come.   The burden upon 'Arav. In the forest, in 13
'Arav shall you lodge, O travelling companies of Dedanim.
O inhabitants of the land of Tema, bring water to him that 14
is thirsty, meet the fugitive with bread. For they have fled from 15
the swords, from the drawn sword, and from the bent bow,
and from the grievousness of war.   For thus the LORD 16
said to me, Within a year, according to the years of a hireling,
and all the glory of Qedar shall fail: And the residue of the 17
number of archers, the mighty men of the children of Qedar,
shall be diminished: for the LORD GOD of Yisra'el has spoken
it.   The burden of Ge-ḥizzayon (the Valley of Vision.) What **22**
ails thee now, that thou art wholly gone up to the housetops?
Thou that art full of uproar, a tumultuous city, a joyous city: 2
thy slain men are not slain with the sword, nor dead in battle.
All thy rulers are fled together, they are bound by the bowmen : 3
all that are found in thee are bound together; they have fled
from far. Therefore said I, Look away from me; I will weep 4
bitterly, labour not to comfort me, because of the spoiling of
the daughter of my people. For it is a day of trouble, and of 5
trampling, and of confusion by the LORD GOD of hosts in Ge-
ḥizzayon (the Valley of Vision), a breaking down of walls and
a shouting to the mountains. And 'Elam bore the quiver with 6
chariots of men and horsemen, and Qir uncovered the shield.
And it came to pass, when thy choicest valleys were full of 7
chariots, and the horsemen set themselves in array at the
gate, and he stripped the covering of Yehuda, that thou didst 8
look on that day to the armour of the house of the forest.
You saw also the breaches of the city of David, that they are 9
many: and you gathered together the waters of the lower
pool. And you numbered the houses of Yerushalayim, and 10
the houses you broke down to fortify the wall. You made also 11
a pond between the two walls for the water of the old pool:
but you did not look to him who made it, nor did you see
him that fashioned it long ago. And on that day did the LORD 12
GOD of hosts call to weeping, and to mourning, and to bald-
ness, and to girding with sackcloth: and behold joy and glad- 13
ness, slaying oxen, and killing sheep, eating meat, and drinking
wine : let us eat and drink ; for to morrow we shall die. And it 14
was revealed in my ears, by the LORD of hosts : Surely this
iniquity shall not be forgiven you till you die, says the LORD
GOD of hosts.   Thus says the LORD GOD of hosts, Go, 15
get thee to this steward, to Shevna who is over the house.
Say to him, What hast thou here ? and whom hast thou here, 16
that thou hast hewn thee out a tomb here, hewing out a tomb

מִשְׁכָּן לוֹ: הִנֵּה יְהוָה מְטַלְטֶלְךָ טַלְטֵלָה גָּבֶר וְעֹטְךָ עָטֹה: יז
צָנוֹף יִצְנָפְךָ צְנֵפָה כַּדּוּר אֶל־אֶרֶץ רַחֲבַת יָדָיִם שָׁמָּה תָמוּת יח
וְשָׁמָּה מַרְכְּבוֹת כְּבוֹדֶךָ קְלוֹן בֵּית אֲדֹנֶיךָ: וַהֲדַפְתִּיךָ מִמַּצָּבֶךָ יט
וּמִמַּעֲמָדְךָ יֶהֶרְסֶךָ: וְהָיָה בַּיּוֹם הַהוּא וְקָרָאתִי לְעַבְדִּי לְאֶלְיָקִים כ
בֶּן־חִלְקִיָּהוּ: וְהִלְבַּשְׁתִּיו כֻּתָּנְתֶּךָ וְאַבְנֵטְךָ אֲחַזְּקֶנּוּ וּמֶמְשַׁלְתְּךָ כא
אֶתֵּן בְּיָדוֹ וְהָיָה לְאָב לְיוֹשֵׁב יְרוּשָׁלִַם וּלְבֵית יְהוּדָה: וְנָתַתִּי כב
מַפְתֵּחַ בֵּית־דָּוִד עַל־שִׁכְמוֹ וּפָתַח וְאֵין סֹגֵר וְסָגַר וְאֵין פֹּתֵחַ:
ט וּתְקַעְתִּיו יָתֵד בְּמָקוֹם נֶאֱמָן וְהָיָה לְכִסֵּא כָבוֹד לְבֵית אָבִיו: כג
וְתָלוּ עָלָיו כֹּל | כְּבוֹד בֵּית־אָבִיו הַצֶּאֱצָאִים וְהַצְּפִעוֹת כֹּל כד
כְּלֵי הַקָּטָן מִכְּלֵי הָאַגָּנוֹת וְעַד כָּל־כְּלֵי הַנְּבָלִים: בַּיּוֹם כה
הַהוּא נְאֻם יְהוָה צְבָאוֹת תָּמוּשׁ הַיָּתֵד הַתְּקוּעָה בְּמָקוֹם
נֶאֱמָן וְנִגְדְּעָה וְנָפְלָה וְנִכְרַת הַמַּשָּׂא אֲשֶׁר־עָלֶיהָ כִּי יְהוָה
דִּבֵּר: מַשָּׂא צֹר הֵילִילוּ | אֳנִיּוֹת תַּרְשִׁישׁ כִּי־שֻׁדַּד כג א
מִבַּיִת מִבּוֹא מֵאֶרֶץ כִּתִּים נִגְלָה־לָמוֹ: דֹּמּוּ יֹשְׁבֵי אִי סֹחֵר ב
צִידוֹן עֹבֵר יָם מִלְאוּךְ: וּבְמַיִם רַבִּים זֶרַע שִׁחֹר קְצִיר יְאוֹר ג
תְּבוּאָתָהּ וַתְּהִי סְחַר גּוֹיִם: בּוֹשִׁי צִידוֹן כִּי־אָמַר יָם מָעוֹז הַיָּם ד
לֵאמֹר לֹא־חַלְתִּי וְלֹא־יָלַדְתִּי וְלֹא גִדַּלְתִּי בַחוּרִים רוֹמַמְתִּי
בְתוּלוֹת: כַּאֲשֶׁר שֵׁמַע לְמִצְרָיִם יָחִילוּ כְּשֵׁמַע צֹר: עִבְרוּ ה ו
תַּרְשִׁישָׁה הֵילִילוּ יֹשְׁבֵי אִי: הֲזֹאת לָכֶם עַלִּיזָה מִימֵי־קֶדֶם ז
קַדְמָתָהּ יֹבִלוּהָ רַגְלֶיהָ מֵרָחוֹק לָגוּר: מִי יָעַץ זֹאת עַל־צֹר ח
הַמַּעֲטִירָה אֲשֶׁר סֹחֲרֶיהָ שָׂרִים כִּנְעָנֶיהָ נִכְבַּדֵּי־אָרֶץ: יְהוָה ט
צְבָאוֹת יְעָצָהּ לְחַלֵּל גְּאוֹן כָּל־צְבִי לְהָקֵל כָּל־נִכְבַּדֵּי־אָרֶץ:
עִבְרִי אַרְצֵךְ כַּיְאֹר בַּת־תַּרְשִׁישׁ אֵין מֵזַח עוֹד: יָדוֹ נָטָה עַל־ י יא
הַיָּם הִרְגִּיז מַמְלָכוֹת יְהוָה צִוָּה אֶל־כְּנַעַן לַשְׁמִד מָעֻזְנֶיהָ:
וַיֹּאמֶר לֹא־תוֹסִיפִי עוֹד לַעֲלוֹז הַמְעֻשָּׁקָה בְּתוּלַת בַּת־צִידוֹן יב
כתיים קוּמִי עֲבֹרִי גַּם־שָׁם לֹא־יָנוּחַ לָךְ: הֵן | אֶרֶץ כַּשְׂדִּים זֶה יג כִּתִּים
הָעָם לֹא הָיָה אַשּׁוּר יְסָדָהּ לְצִיִּים הֵקִימוּ בחיניו עֹרְרוּ בַּחוּנָיו
אַרְמְנוֹתֶיהָ שָׂמָהּ לְמַפֵּלָה: הֵילִילוּ אֳנִיּוֹת תַּרְשִׁישׁ כִּי שֻׁדַּד יד
מָעֻזְּכֶן: וְהָיָה בַּיּוֹם הַהוּא וְנִשְׁכַּחַת צֹר שִׁבְעִים טו
שָׁנָה כִּימֵי מֶלֶךְ אֶחָד מִקֵּץ שִׁבְעִים שָׁנָה יִהְיֶה לְצֹר כְּשִׁירַת

on high, carving a habitation for himself in a rock? Behold, 17
the LORD will thrust thee about with a mighty throw, and will
seize thee firmly. He will violently roll and toss thee like a 18
ball into a large country: there shalt thou die, and there shall
be the chariots of thy glory, O shame of thy master's house.
And I will drive thee from thy station, and from thy state shall 19
he pull thee down. And it shall come to pass on that day, that 20
I will call my servant Elyaqim the son of Ḥilqiyyahu. And I will 21
clothe him with thy robe, and strengthen him with thy girdle,
and I will commit thy government into his hand: and he shall
be a father to the inhabitants of Yerushalayim and to the house
of Yehuda. And the key of the house of David will I lay upon 22
his shoulder; so he shall open, and none shall shut: and he shall
shut, and none shall open. And I will fasten him as a tent peg in 23
a sure place; and he shall be for a glorious throne to his father's
house. And they shall hang upon him all the glory of his father's 24
house, the offspring and the issue, all vessels of small quantity,
from the vessels of cups, even to all the vessels of flagons. On 25
that day, says the LORD of hosts, shall the tent peg that is fas-
tened in the sure place he removed, and be cut down, and fall;
and the burden that was upon it shall be cut off: for the LORD
has spoken it. The burden of Ẕor. Howl, O ships of Tar- **23**
shish; for it is laid waste, so that there is no house, no entering
in: from the land of Kittim it is revealed to them. Be still, O 2
inhabitants of the coastland; thou whom the merchants of Ẕidon,
that pass over the sea, have replenished. And by great waters the 3
seed of Shiḥor, the harvest of the River, is her revenue; and she
is a mart of nations. Be thou ashamed, O Ẕidon: for the sea 4
has spoken, even the strength of the sea, saying, I have not tra-
vailed, nor brought forth children, nor did I nourish up young
men, nor bring up virgins. When the report comes to Miẕrayim, 5
they shall tremble at the report of Ẕor. Pass over to Tarshish; 6
howl, inhabitants of the coastland. Is this your joyous city, 7
whose antiquity is of ancient days? her own feet shall carry her
afar off to sojourn. Who has taken this counsel against Ẕor, 8
the crowning city, whose merchants are princes, whose traf-
fickers are the honourable men of the earth? The LORD of hosts 9
has purposed it, to stain the pride of all glory, and to bring
into contempt all the honourable of the earth. Overflow thy 10
land like the River, O daughter of Tarshish: there is no wharf
any more. He stretched out his hand over the sea, he shook 11
the kingdoms: the LORD has given a commandment against the
merchant city, to destroy its strongholds. And he said, Thou 12
shalt no more rejoice, O thou oppressed virgin, daughter of
Ẕidon: arise, pass over to Kittim; there also shalt thou have no
rest. (Behold the land of Kasdim; this people was not till Ash- 13
shur founded it for desert dwellers; they set up its towers, they
destroyed its palaces; they have brought it to ruin.) Howl, O 14
ships of Tarshish: for your strength is laid waste. And it 15
shall come to pass on that day, that Ẕor shall be forgotten sev-
enty years, according to the days of one king: after the end of
years, according to the days of one king: after the end of
seventy years, it shall fare with Ẕor as in the song of the harlot.

טו קְחִי כִנּוֹר סֹבִּי עִיר זוֹנָה נִשְׁכָּחָה הֵיטִיבִי נַגֵּן הַרְבִּי־

שִׁיר לְמַעַן תִּזָּכֵרִי׃ וְהָיָה מִקֵּץ ׀ וְהָיָה מִקֵּץ שִׁבְעִים שָׁנָה יִפְקֹד יְהוָה אֶת־

צֹר וְשָׁבָה לְאֶתְנַנָּה וְזָנְתָה אֶת־כָּל־מַמְלְכוֹת הָאָרֶץ עַל־פְּנֵי

האֲדָמָה׃ וְהָיָה סַחְרָהּ וְאֶתְנַנָּהּ קֹדֶשׁ לַיהוָה לֹא יֵֽאָצֵר וְלֹא יֵחָסֵן

כִּי לַיֹּשְׁבִים לִפְנֵי יְהוָה יִהְיֶה סַחְרָהּ לֶאֱכֹל לְשָׂבְעָה וְלִמְכַסֶּה

עָתִיק׃   כד הִנֵּה יְהוָה בּוֹקֵק הָאָרֶץ וּבֽוֹלְקָהּ וְעִוָּה

ב פָנֶיהָ וְהֵפִיץ יֹשְׁבֶיהָ׃ וְהָיָה כָעָם כַּכֹּהֵן כַּעֶבֶד כַּֽאדֹנָיו כַּשִּׁפְחָה

כַּגְּבִרְתָּהּ כַּקּוֹנֶה כַּמּוֹכֵר כַּמַּלְוֶה כַּלֹּוֶה כַּנֹּשֶׁה כַּאֲשֶׁר נֹשֶׁא בֽוֹ׃

ג הִבּוֹק ׀ תִּבּוֹק הָאָרֶץ וְהִבּוֹז ׀ תִּבּוֹז כִּי יְהוָה דִּבֶּר אֶת־הַדָּבָר

ד הַזֶּה׃ אָבְלָה נָבְלָה הָאָרֶץ אֻמְלְלָה נָבְלָה תֵבֵל אֻמְלָלוּ מְרוֹם

ה עַם־הָאָרֶץ׃ וְהָאָרֶץ חָנְפָה תַּחַת יֹשְׁבֶיהָ כִּי־עָבְרוּ תוֹרֹת חָלְפוּ

ו חֹק הֵפֵרוּ בְּרִית עוֹלָם׃ עַל־כֵּן אָלָה אָכְלָה אֶרֶץ וַיֶּאְשְׁמוּ יֹשְׁבֵי

ז בָהּ עַל־כֵּן חָרוּ יֹשְׁבֵי אֶרֶץ וְנִשְׁאַר אֱנוֹשׁ מִזְעָר׃ אָבַל תִּירוֹשׁ

ח אֻמְלְלָה־גָפֶן נֶאֶנְחוּ כָּל־שִׂמְחֵי־לֵב׃ שָׁבַת מְשׂוֹשׂ תֻּפִּים חָדַל

ט שְׁאוֹן עַלִּיזִים שָׁבַת מְשׂוֹשׂ כִּנּוֹר׃ בַּשִּׁיר לֹא יִשְׁתּוּ־יָיִן יֵמַר

י שֵׁכָר לְשֹׁתָיו׃ נִשְׁבְּרָה קִרְיַת־תֹּהוּ סֻגַּר כָּל־בַּיִת מִבּֽוֹא׃ צְוָחָה

יא עַל־הַיַּיִן בַּחוּצוֹת עָרְבָה כָּל־שִׂמְחָה גָּלָה מְשׂוֹשׂ הָאָרֶץ׃ נִשְׁאַר

יב בָּעִיר שַׁמָּה וּשְׁאִיָּה יֻכַּת־שָׁעַר׃ כִּי כֹה יִהְיֶה בְּקֶרֶב הָאָרֶץ

יג בְּתוֹךְ הָעַמִּים כְּנֹקֶף זַיִת כְּעוֹלֵלֹת אִם־כָּלָה בָצִיר׃ הֵמָּה יִשְׂאוּ

יד קוֹלָם יָרֹנּוּ בִּגְאוֹן יְהוָה צָהֲלוּ מִיָּם׃ עַל־כֵּן בָּאֻרִים כַּבְּדוּ יְהוָה

באִיֵּי הַיָּם שֵׁם יְהוָה אֱלֹהֵי יִשְׂרָאֵל׃   מִכְּנַף

טו הָאָרֶץ זְמִרֹת שָׁמַעְנוּ צְבִי לַצַּדִּיק וָאֹמַר רָזִי־לִי רָזִי־לִי אוֹי לִי

טז בֹּגְדִים בָּגָדוּ וּבֶגֶד בּוֹגְדִים בָּגָדוּ׃ פַּחַד וָפַחַת וָפָח עָלֶיךָ יוֹשֵׁב

יז הָאָרֶץ׃ וְהָיָה הַנָּס מִקּוֹל הַפַּחַד יִפֹּל אֶל־הַפַּחַת וְהָעוֹלֶה מִתּוֹךְ

הַפַּחַת יִלָּכֵד בַּפָּח כִּי־אֲרֻבּוֹת מִמָּרוֹם נִפְתָּחוּ וַיִּרְעֲשׁוּ מוֹסְדֵי

יח אָרֶץ׃ רֹעָה הִתְרֹעֲעָה הָאָרֶץ פּוֹר הִתְפּוֹרְרָה אֶרֶץ מוֹט

יט הִתְמוֹטְטָה אָרֶץ׃ נוֹעַ תָּנוּעַ אֶרֶץ כַּשִּׁכּוֹר וְהִתְנוֹדְדָה כַּמְּלוּנָה

כ וְכָבַד עָלֶיהָ פִּשְׁעָהּ וְנָפְלָה וְלֹא־תֹסִיף קוּם׃   וְהָיָה

כא בַּיּוֹם הַהוּא יִפְקֹד יְהוָה עַל־צְבָא הַמָּרוֹם בַּמָּרוֹם וְעַל־מַלְכֵי

16 Take a lyre, go about the city, thou harlot that hast been for-
gotten ; make sweet melody, sing many songs, that thou mayst
17 be remembered. And it shall come to pass after the end of
seventy years, that the LORD will visit Ẕor, and she shall turn
to her hire, and shall play the harlot with all the kingdoms
18 of the world upon the face of the earth. And her merchandise
and her hire shall be holiness to the LORD: it shall not be trea-
sured nor laid up ; for her gain shall be for them that dwell be-
fore the LORD, to eat sufficiently, and for stately clothing.

24 Behold, the LORD makes the earth empty, and makes
it waste, and turns it upside down, and scatters abroad its
2 inhabitants. And it shall be as with the people, so with the
priest ; as with the servant, so with his master ; as with the
maid, so with her mistress ; as with the buyer, so with the
seller ; as with the lender, so with the borrower, as with the
3 creditor, so with the debtor. The land shall be utterly emptied,
4 and utterly spoiled: for the LORD has spoken this word. The
earth mourns and fades away, the world languishes and fades
5 away, the lofty people of the earth languish. The earth also
is defiled under its inhabitants; because they have transgressed
the Torot, changed the ordinance, broken the everlasting cove-
6 nant. Therefore has a curse devoured the earth, and they that
dwell therein are found guilty: therefore the inhabitants of the
7 earth are parched, and few men left. The new wine mourns, the
8 vine languishes, all the merryhearted do sigh. The mirth of
tambourines ceases, the noise of them that rejoice ends, the
9 joy of the lyre is stilled. They shall not drink wine with a song;
10 strong drink shall be bitter to them that drink it. The city of
confusion is broken down: every house is shut up, that no man
11 may come in. There is a crying for wine in the streets; all joy
12 is darkened, the mirth of the land is gone. In the city is left
13 desolation, and the gate is smitten with destruction. For thus
it shall be in the midst of the land among the people, even as
the beating of an olive tree, and as the gleaning grapes when
14 the vintage is done. They shall lift up their voice, they shall
sing ; for the majesty of the LORD shall they shout more than
15 at the sea. Wherefore glorify the LORD in the regions of light,
even the name of the LORD GOD of Yisra'el in the isles of the
16 sea. From the uttermost part of the earth have we heard
songs, glory to the righteous. But I said, My leanness, my lean-
ness, woe to me ! traitors have dealt treacherously ; traitors have
17 dealt very treacherously. Fear, and the pit, and the trap, are upon
18 thee, O inhabitant of the land. And it shall come to pass, that
he who flees from the noise of the fear shall fall into the pit ;
and he that comes up out of the midst of the pit shall be taken
in the trap: for the windows from on high are open, and the
19 foundations of the earth do shake. The earth is utterly broken
down, the earth crumbles away, the earth is violently shaken.
20 The earth shall reel to and fro like a drunkard, and shall be
removed like a frail hut; and its transgression is heavy upon
21 it ; and it shall fall, and not rise again. And it shall come
to pass on that day, that the LORD shall punish the host of the
high ones on high, and the kings of the earth upon the earth.

כב הָאֲדָמָה עַל־הָאֲדָמָה: וְאֻסְּפוּ אֲסֵפָה אַסִּיר עַל־בּוֹר וְסֻגְּרוּ עַל־

כג מַסְגֵּר וּמֵרֹב יָמִים יִפָּקֵדוּ: וְחָפְרָה הַלְּבָנָה וּבוֹשָׁה הַחַמָּה
כִּי־מָלַךְ יְהוָה צְבָאוֹת בְּהַר צִיּוֹן וּבִירוּשָׁלִַם וְנֶגֶד זְקֵנָיו

י

כה א כָּבוֹד: יְהוָה אֱלֹהַי אַתָּה אֲרוֹמִמְךָ אוֹדֶה שִׁמְךָ

ב כִּי עָשִׂיתָ פֶּלֶא עֵצוֹת מֵרָחוֹק אֱמוּנָה אֹמֶן: כִּי שַׂמְתָּ מֵעִיר לַגָּל
קִרְיָה בְּצוּרָה לְמַפֵּלָה אַרְמוֹן זָרִים מֵעִיר לְעוֹלָם לֹא יִבָּנֶה:

ג עַל־כֵּן יְכַבְּדוּךָ עַם־עָז קִרְיַת גּוֹיִם עָרִיצִים יִירָאוּךָ: כִּי־הָיִיתָ
מָעוֹז לַדָּל מָעוֹז לָאֶבְיוֹן בַּצַּר־לוֹ מַחְסֶה מִזֶּרֶם צֵל מֵחֹרֶב כִּי

ה רוּחַ עָרִיצִים כְּזֶרֶם קִיר: כְּחֹרֶב בְּצָיוֹן שְׁאוֹן זָרִים תַּכְנִיעַ חֹרֶב

ו בְּצֵל עָב זְמִיר עָרִיצִים יַעֲנֶה: וְעָשָׂה יְהוָה
צְבָאוֹת לְכָל־הָעַמִּים בָּהָר הַזֶּה מִשְׁתֵּה שְׁמָנִים מִשְׁתֵּה שְׁמָרִים

ז שְׁמָנִים מְמֻחָיִם שְׁמָרִים מְזֻקָּקִים: וּבִלַּע בָּהָר הַזֶּה פְּנֵי־הַלּוֹט ׀

ח הַלּוֹט עַל־כָּל־הָעַמִּים וְהַמַּסֵּכָה הַנְּסוּכָה עַל־כָּל־הַגּוֹיִם: בִּלַּע
הַמָּוֶת לָנֶצַח וּמָחָה אֲדֹנָי יְהוִה דִּמְעָה מֵעַל כָּל־פָּנִים וְחֶרְפַּת

ט עַמּוֹ יָסִיר מֵעַל כָּל־הָאָרֶץ כִּי יְהוָה דִּבֵּר: וְאָמַר
בַּיּוֹם הַהוּא הִנֵּה אֱלֹהֵינוּ זֶה קִוִּינוּ לוֹ וְיוֹשִׁיעֵנוּ זֶה יְהוָה קִוִּינוּ

י לוֹ נָגִילָה וְנִשְׂמְחָה בִּישׁוּעָתוֹ: כִּי־תָנוּחַ יַד־יְהוָה בָּהָר הַזֶּה

יא וְנָדוֹשׁ מוֹאָב תַּחְתָּיו כְּהִדּוּשׁ מַתְבֵּן בְּמֵי מַדְמֵנָה: וּפֵרַשׂ יָדָיו **בְּמוֹ**
בְּקִרְבּוֹ כַּאֲשֶׁר יְפָרֵשׂ הַשֹּׂחֶה לִשְׂחוֹת וְהִשְׁפִּיל גַּאֲוָתוֹ עִם

יב אָרְבּוֹת יָדָיו: וּמִבְצַר מִשְׂגַּב חוֹמֹתֶיךָ הֵשַׁח הִשְׁפִּיל הִגִּיעַ
לָאָרֶץ עַד־עָפָר: בַּיּוֹם הַהוּא יוּשַׁר הַשִּׁיר־הַזֶּה

כו א בְּאֶרֶץ יְהוּדָה עִיר עָז־לָנוּ יְשׁוּעָה יָשִׁית חוֹמוֹת וָחֵל: פִּתְחוּ

ב שְׁעָרִים וְיָבֹא גוֹי־צַדִּיק שֹׁמֵר אֱמֻנִים: יֵצֶר סָמוּךְ תִּצֹּר שָׁלוֹם ׀

ג שָׁלוֹם כִּי בְךָ בָּטוּחַ: בִּטְחוּ בַיהוָה עֲדֵי־עַד כִּי בְּיָהּ יְהוָה צוּר

ד עוֹלָמִים: כִּי הֵשַׁח יֹשְׁבֵי מָרוֹם קִרְיָה נִשְׂגָּבָה יַשְׁפִּילֶנָּה יַשְׁפִּילָהּ

ה עַד־אֶרֶץ יַגִּיעֶנָּה עַד־עָפָר: תִּרְמְסֶנָּה רָגֶל רַגְלֵי עָנִי פַּעֲמֵי

ו דַּלִּים: אֹרַח לַצַּדִּיק מֵישָׁרִים יָשָׁר מַעְגַּל צַדִּיק תְּפַלֵּס: אַף

ז אֹרַח מִשְׁפָּטֶיךָ יְהוָה קִוִּינוּךָ לְשִׁמְךָ וּלְזִכְרְךָ תַּאֲוַת־נָפֶשׁ: נַפְשִׁי

ח אִוִּיתִךָ בַּלַּיְלָה אַף־רוּחִי בְקִרְבִּי אֲשַׁחֲרֶךָּ כִּי כַּאֲשֶׁר מִשְׁפָּטֶיךָ
לָאָרֶץ צֶדֶק לָמְדוּ יֹשְׁבֵי תֵבֵל: יֻחַן רָשָׁע בַּל־לָמַד צֶדֶק בְּאֶרֶץ

And they shall be gathered together, as prisoners are gathered 22
in the pit, and shall be shut up in the prison, and after many
days shall they be punished. Then the moon shall be con- 23
founded, and the sun ashamed, when the LORD of hosts shall
reign in mount Ẕiyyon, and in Yerushalayim, and before his
elders will be his glory. O LORD, thou art my GOD; I will **25**
exalt thee, I will praise thy name; for thou hast done wonder-
ful things — counsels of old in faithfulness and truth. For thou 2
hast made of a city a heap; of a fortified city a ruin: a palace
of strangers to be no city; it shall never be built. Therefore 3
shall the strong people glorify thee, the city of the terrible
nations shall fear thee. For thou hast been a strength to the 4
poor, a strength to the needy in his distress, a refuge from
the storm, a shadow from the heat, when the blast of tyrants
was like a storm against the wall. Thou shalt bring down the 5
noise of strangers, as the heat in a dry place; as the heat is
removed by the shadow of a cloud, so the song of tyrants shall
be brought low. And in this mountain shall the LORD of 6
hosts make to all the peoples a feast of fat things, a feast of wines
on the lees, of fat things full of marrow, of wines on the lees well
refined. And he will destroy in this mountain the covering that 7
is cast over all the people, and the veil that is spread over all the
nations. He will destroy death for ever; and the LORD GOD 8
will wipe away tears from off all faces; and the insult of his peo-
ple shall he take away from off all the earth: for the LORD has
spoken it. And it shall be said on that day, Lo, this is our 9
GOD; we have waited for him, that he should save us: this is
the LORD; we have waited for him, we will be glad and rejoice
in his salvation. For in this mountain shall the hand of the 10
LORD rest, and Mo'av shall be trodden down in his own place,
even as straw is trodden down in the dunghill. And he shall 11
spread out his hands in the midst of it, as he that swims spreads
out his hands to swim: and he shall bring down his pride to-
gether with the spoils of his hands. And the lofty fortress of 12
thy walls shall he bring down, lay low, and bring to the ground,
even to the dust. On that day shall this song be sung in the **26**
land of Yehuda; We have a strong city; he sets up salvation as
walls and bulwarks. Open the gates, that the righteous nation 2
that keeps faithfulness may enter in: Thou wilt keep him in per- 3
fect peace, whose mind is stayed on thee: because he trusts in
thee. Trust in the LORD for ever: for the LORD GOD is an eternal 4
Rock. For he brings down them that dwell on high; the lofty 5
city, he lays it low; he lays it low, even to the ground; he
brings it to the dust. The foot shall trample it down, even the 6
feet of the poor, and the steps of the needy. The way of the 7
just is uprightness: thou, most upright, dost make level the
path of the just. Indeed, in the way of thy judgments, O LORD, 8
have we waited for thee; the desire of our soul is to thy name,
and to the remembrance of thee. With my soul have I desired 9
thee in the night; with my spirit within me I seek thee: for
when thy judgments are on the earth, the inhabitants of the
world learn righteousness. Let favour be shown to the wicked, 10
yet will he not learn righteousness: in the land of uprightness

יְהוָה רָמָה   נְכֹחוֹת יַעֲוֵל וּבַל־יִרְאֶה גֵּאוּת יְהוָה׃ א

יָדְךָ בַּל־יֶחֱזָיוּן יֶחֱזוּ וְיֵבֹשׁוּ קִנְאַת־עָם אַף־אֵשׁ צָרֶיךָ תֹאכְלֵם׃

יְהוָה תִּשְׁפֹּת שָׁלוֹם לָנוּ כִּי גַּם כָּל־מַעֲשֵׂינוּ פָּעַלְתָּ לָּנוּ׃ יְהוָה יב יג

אֱלֹהֵינוּ בְּעָלוּנוּ אֲדֹנִים זוּלָתֶךָ לְבַד־בְּךָ נַזְכִּיר שְׁמֶךָ׃ מֵתִים יד

בַּל־יִחְיוּ רְפָאִים בַּל־יָקֻמוּ לָכֵן פָּקַדְתָּ וַתַּשְׁמִידֵם וַתְּאַבֵּד כָּל־

זֵכֶר לָמוֹ׃ יָסַפְתָּ לַגּוֹי יְהוָה יָסַפְתָּ לַגּוֹי נִכְבָּדְתָּ רִחַקְתָּ כָּל־ טו

קַצְוֵי־אָרֶץ׃ יְהוָה בַּצַּר פְּקָדוּךָ צָקוּן לַחַשׁ טז

מוּסָרְךָ לָמוֹ׃ כְּמוֹ הָרָה תַּקְרִיב לָלֶדֶת תָּחִיל תִּזְעַק בַּחֲבָלֶיהָ יז

כֵּן הָיִינוּ מִפָּנֶיךָ יְהוָה׃ הָרִינוּ חַלְנוּ כְּמוֹ יָלַדְנוּ רוּחַ יְשׁוּעֹת בַּל־ יח

נַעֲשֶׂה אֶרֶץ וּבַל־יִפְּלוּ יֹשְׁבֵי תֵבֵל׃ יִחְיוּ מֵתֶיךָ נְבֵלָתִי יְקוּמוּן יט

הָקִיצוּ וְרַנְּנוּ שֹׁכְנֵי עָפָר כִּי טַל אוֹרֹת טַלֶּךָ וָאָרֶץ רְפָאִים

תַּפִּיל׃   לֵךְ עַמִּי בֹּא בַחֲדָרֶיךָ וּסְגֹר דְּלָתֶיךָ בַּעֲדֶךָ דְּלָתְךָ כ

חֲבִי כִמְעַט־רֶגַע עַד־יַעֲבוֹר־זָעַם׃ כִּי־הִנֵּה יְהוָה יֹצֵא מִמְּקוֹמוֹ יַעֲבֹר־ כא

לִפְקֹד עֲוֹן יֹשֵׁב־הָאָרֶץ עָלָיו וְגִלְּתָה הָאָרֶץ אֶת־דָּמֶיהָ

וְלֹא־תְכַסֶּה עוֹד עַל־הֲרוּגֶיהָ׃ בַּיּוֹם הַהוּא יִפְקֹד כז א

יְהוָה בְּחַרְבּוֹ הַקָּשָׁה וְהַגְּדוֹלָה וְהַחֲזָקָה עַל לִוְיָתָן נָחָשׁ

בָּרִחַ וְעַל לִוְיָתָן נָחָשׁ עֲקַלָּתוֹן וְהָרַג אֶת־הַתַּנִּין אֲשֶׁר

בַּיָּם׃   בַּיּוֹם הַהוּא כֶּרֶם חֶמֶר עַנּוּ־לָהּ׃ אֲנִי יְהוָה ב ג

נֹצְרָהּ לִרְגָעִים אַשְׁקֶנָּה פֶּן יִפְקֹד עָלֶיהָ לַיְלָה וָיוֹם אֶצֳּרֶנָּה׃

חֵמָה אֵין לִי מִי־יִתְּנֵנִי שָׁמִיר שַׁיִת בַּמִּלְחָמָה אֶפְשְׂעָה בָהּ ד

אֲצִיתֶנָּה יָּחַד׃ אוֹ יַחֲזֵק בְּמָעֻזִּי יַעֲשֶׂה שָׁלוֹם לִי שָׁלוֹם יַעֲשֶׂה־ ה

לִּי׃ הַבָּאִים יַשְׁרֵשׁ יַעֲקֹב יָצִיץ וּפָרַח יִשְׂרָאֵל וּמָלְאוּ פְנֵי־תֵבֵל ו

תְּנוּבָה׃   הַכְּמַכַּת מַכֵּהוּ הִכָּהוּ אִם־כְּהֶרֶג הֲרֻגָיו ז

הֹרָג׃ בְּסַאסְּאָה בְּשַׁלְּחָהּ תְּרִיבֶנָּה הָגָה בְּרוּחוֹ הַקָּשָׁה בְּיוֹם ח

קָדִים׃ לָכֵן בְּזֹאת יְכֻפַּר עֲוֹן־יַעֲקֹב וְזֶה כָּל־פְּרִי הָסִר חַטָּאתוֹ ט

בְּשׂוּמוֹ׃ כָּל־אַבְנֵי מִזְבֵּחַ כְּאַבְנֵי־גִר מְנֻפָּצוֹת לֹא־יָקֻמוּ אֲשֵׁרִים

וְחַמָּנִים׃ כִּי עִיר בְּצוּרָה בָּדָד נָוֶה מְשֻׁלָּח וְנֶעֱזָב כַּמִּדְבָּר שָׁם י

יִרְעֶה עֵגֶל וְשָׁם יִרְבָּץ וְכִלָּה סְעִפֶיהָ׃ בִּיבֹשׁ קְצִירָהּ תִּשָּׁבַרְנָה יא

נָשִׁים בָּאוֹת מְאִירוֹת אוֹתָהּ כִּי לֹא עַם־בִּינוֹת הוּא עַל־כֵּן

will he deal unjustly, and will not behold the majesty of the
LORD.   LORD, when thy hand is lifted up, they will not see ;   11
but they shall see with shame thy zeal for the people, the fire
which shall devour thy enemies. LORD, thou wilt ordain peace for   12
us : for thou also hast performed all our works for us. O LORD   13
our GOD, other masters besides thee have had dominion over
us: but by thee only will we make mention of thy name. They   14
are dead, they shall not live; the shades of the dead shall not
rise: therefore hast thou visited and destroyed them, and made
all their memory to perish. Thou hast increased the nation, O   15
LORD, thou hast increased the nation: thou art glorified: thou
hast enlarged all the borders of the land.   LORD, in trouble   16
have they besought thee, they poured out a silent prayer when
thy chastening was upon them. Like a woman with child, that   17
draws near the time of her delivery, is in pain, and cries out
in her pangs; so have we been in thy sight, O LORD. We have   18
been with child, we have been in pain, we have as it were
brought forth wind; we have not wrought any deliverance in
the earth; and the inhabitants of the world have not fallen.
The dead men of thy people shall live, my dead body shall   19
arise. Awake and sing, you that dwell in dust: for thy dew
is as the dew on herbs, and the earth shall cast out the shades
of the dead.   Come, my people, enter thou into thy   20
chambers, and shut thy doors about thee : hide thyself for a
little moment, until the indignation be overpast. For, behold,   21
the LORD comes out of his place to punish the inhabitants of
the earth for their iniquity : the earth also shall disclose her
blood, and shall no more cover her slain.   On that   **27**
day the LORD with his sore and great and strong sword shall
punish Livyatan the flying serpent, and Livyatan that crooked
serpent ; and he shall slay the crocodile that is in the sea.

          On that day sing to her, A vineyard of foaming   2
wine. I the LORD do keep it ; I will water it every moment :   3
lest any hurt it, I will keep it night and day. Fury is not in
me : who would set the thorns and weeds against me in   4
battle ? I would go through them, I would burn them together.   5
Or let him take hold of my strength, that he may make peace
with me ; and he shall make peace with me. In days to come   6
Ya‘aqov shall take root : Yisra’el shall blossom and bud, and
the face of the world shall be filled with fruit.   Has   7
he smitten him, as he smote those that smote him ? or is
he slain according to the slaughter of them that are slain
by him ? By measure, by exile, thou didst contend with them ;   8
he removed her by his rough blast in the day of the east
wind. By this therefore shall the iniquity of Ya‘aqov be atoned ;   9
and this is all the fruit to take away his sin ; when he makes
all the stones of the altar as chalkstones that are beaten in
sunder, the asherim and sun images shall not remain standing.
Yet the fortified city shall be solitary, and the habitation for-   10
saken, and left like a wilderness : there shall the calf feed, and
there shall he lie down, and consume its branches. When its   11
boughs are withered, they shall be broken off : the women shall
come, and set them on fire : for it is a people of no understand-

יא   לֹא־יְרַחֲמֶנּוּ עֹשֵׂהוּ וְיֹצְרוֹ לֹא יְחֻנֶּנּוּ:   וְהָיָה בַּיּוֹם יב
הַהוּא יַחְבֹּט יְהוָה מִשִּׁבֹּלֶת הַנָּהָר עַד־נַחַל מִצְרָיִם וְאַתֶּם
תְּלֻקְּטוּ לְאַחַד אֶחָד בְּנֵי יִשְׂרָאֵל: וְהָיָה ׀ בַּיּוֹם יג
הַהוּא יִתָּקַע בְּשׁוֹפָר גָּדוֹל וּבָאוּ הָאֹבְדִים בְּאֶרֶץ אַשּׁוּר
וְהַנִּדָּחִים בְּאֶרֶץ מִצְרָיִם וְהִשְׁתַּחֲווּ לַיהוָה בְּהַר הַקֹּדֶשׁ
בִּירוּשָׁלָͅם: הוֹי עֲטֶרֶת גֵּאוּת שִׁכֹּרֵי אֶפְרַיִם וְצִיץ כח א
נֹבֵל צְבִי תִפְאַרְתּוֹ אֲשֶׁר עַל־רֹאשׁ גֵּיא־שְׁמָנִים הֲלוּמֵי יָיִן: הִנֵּה ב
חָזָק וְאַמִּץ לַאדֹנָי כְּזֶרֶם בָּרָד שַׂעַר קָטֶב כְּזֶרֶם מַיִם כַּבִּירִים
שֹׁטְפִים הִנִּיחַ לָאָרֶץ בְּיָד: בְּרַגְלַיִם תֵּרָמַסְנָה עֲטֶרֶת גֵּאוּת ג
שִׁכּוֹרֵי אֶפְרָיִם: וְהָיְתָה צִיצַת נֹבֵל צְבִי תִפְאַרְתּוֹ אֲשֶׁר עַל־ ד
רֹאשׁ גֵּיא שְׁמָנִים כְּבִכּוּרָהּ בְּטֶרֶם קַיִץ אֲשֶׁר יִרְאֶה הָרֹאֶה
אוֹתָהּ בְּעוֹדָהּ בְּכַפּוֹ יִבְלָעֶנָּה: בַּיּוֹם הַהוּא יִהְיֶה ה
יְהוָה צְבָאוֹת לַעֲטֶרֶת צְבִי וְלִצְפִירַת תִּפְאָרָה לִשְׁאָר עַמּוֹ:
וּלְרוּחַ מִשְׁפָּט לַיּוֹשֵׁב עַל־הַמִּשְׁפָּט וְלִגְבוּרָה מְשִׁיבֵי מִלְחָמָה ו
שָׁעְרָה: וְגַם־אֵלֶּה בַּיַּיִן שָׁגוּ וּבַשֵּׁכָר תָּעוּ כֹּהֵן וְנָבִיא שָׁגוּ בַשֵּׁכָר ז
נִבְלְעוּ מִן־הַיַּיִן תָּעוּ מִן־הַשֵּׁכָר שָׁגוּ בָּרֹאֶה פָּקוּ פְּלִילִיָּה: כִּי ח
כָּל־שֻׁלְחָנוֹת מָלְאוּ קִיא צֹאָה בְּלִי מָקוֹם: אֶת־ ט
מִי יוֹרֶה דֵעָה וְאֶת־מִי יָבִין שְׁמוּעָה גְּמוּלֵי מֵחָלָב עַתִּיקֵי
מִשָּׁדָיִם: כִּי צַו לָצָו צַו לָצָו קַו לָקָו קַו לָקָו זְעֵיר שָׁם זְעֵיר שָׁם: כִּי יא
בְּלַעֲגֵי שָׂפָה וּבְלָשׁוֹן אַחֶרֶת יְדַבֵּר אֶל־הָעָם הַזֶּה: אֲשֶׁר ׀ אָמַר יב
אֲלֵיהֶם זֹאת הַמְּנוּחָה הָנִיחוּ לֶעָיֵף וְזֹאת הַמַּרְגֵּעָה וְלֹא אָבוּא
שְׁמוֹעַ: וְהָיָה לָהֶם דְּבַר־יְהוָה צַו לָצָו צַו לָצָו קַו לָקָו קַו לָקָו יג
זְעֵיר שָׁם זְעֵיר שָׁם לְמַעַן יֵלְכוּ וְכָשְׁלוּ אָחוֹר וְנִשְׁבָּרוּ וְנוֹקְשׁוּ
וְנִלְכָּדוּ:   לָכֵן שִׁמְעוּ דְבַר־יְהוָה אַנְשֵׁי לָצוֹן יד
מֹשְׁלֵי הָעָם הַזֶּה אֲשֶׁר בִּירוּשָׁלָͅם: כִּי אֲמַרְתֶּם כָּרַתְנוּ בְרִית טו
אֶת־מָוֶת וְעִם־שְׁאוֹל עָשִׂינוּ חֹזֶה שׁוֹט שׁוֹטֵף כִּי־עָבַר לֹא יְבוֹאֵנוּ **שׁוֹט ׀ יַעֲבֹר**
כִּי שַׂמְנוּ כָזָב מַחְסֵנוּ וּבַשֶּׁקֶר נִסְתָּרְנוּ:   לָכֵן כֹּה טז
אָמַר אֲדֹנָי יְהוִה הִנְנִי יִסַּד בְּצִיּוֹן אָבֶן אֶבֶן בֹּחַן פִּנַּת יִקְרַת
מוּסָד מוּסָּד הַמַּאֲמִין לֹא יָחִישׁ: וְשַׂמְתִּי מִשְׁפָּט לְקָו וּצְדָקָה יז
לְמִשְׁקָלֶת וְיָעָה בָרָד מַחְסֵה כָזָב וְסֵתֶר מַיִם יִשְׁטֹפוּ: וְכֻפַּר יח

ing: therefore he that made them will not have mercy on them, and he that formed them will show them no favour.   And   12
it shall come to' pass in that day, that the LORD shall beat out his harvest from the strongly flowing river as far as the wadi of Miẓrayim, and you shall be gathered up one by one, O children of Yisra'el.   And it shall come to pass on that day, that a   13
great shofar shall be blown, and they shall come who were lost in the land of Ashshur, and the outcasts in the land of Miẓrayim, and shall worship the LORD in the holy mountain at Yerushalayim.   Woe to the crown of pride of the drunk-   **28**
ards Efrayim, and to the fading flower of his glorious beauty which is at the head of the rich valley of those who are over-come with wine! Behold, the LORD has one who is mighty and   2
strong, as a tempest of hail and a destroying storm, as a flood of mighty waters overflowing; he will cast down to the earth with might. The crown of pride of the drunkards of Efrayim   3
shall be trodden under feet: and the fading flower of the   4
glorious beauty, which is at the head of the rich valley, shall be as the first ripe fig before the summer; which when one sees, while it is yet in his hand he swallows it up.   In that day   5
shall the LORD of hosts be for a crown of glory, and for a diadem of beauty, to the residue of his people, and for a spirit of   6
judgment to him that sits in judgment, and for strength to them that turn back the battle to the gate. But they also reel through   7
wine, and stagger through strong drink; the priest and the prophet reel through strong drink, they are confused by wine, they stagger through strong drink; they err in vision, they stumble in judgment. For all tables are full of vomit and filth,   8
so that there is no place clean.   Whom shall one teach   9
knowledge? and whom shall one make to understand doctrine? those that are weaned from the milk, and removed from the breasts? For it is precept upon precept, precept upon precept;   10
line upon line, line upon line ; here a little, and there a little :·
for with stammering lips and another tongue shall one speak   11
to this people. When he said to them, This is the rest ; cause   12
the weary to rest and this is the refreshing : they would not hear. Therefore the word of the LORD was to them precept   13
upon precept, precept upon precept ; line upon line, line upon line ; here a little, and there a little ; that they might go, and fall backward, and be broken, and snared, and taken.

Wherefore hear the word of the LORD, scornful men, that   14
rule this people which is in Yerushalayim. Because you have   15
said, We have made a covenant with death, and with She'ol are we at agreement ; when the overflowing scourge shall pass through, it shall not come to us : for we have made lies our ref-uge, and under falsehood have we hid ourselves :   therefore   16
thus says the LORD GOD, Behold, I lay in Ẓiyyon for a founda-tion a stone, a tried stone, a precious corner stone, a sure foun-dation : he that believes shall not make haste. Judgment also   17
will I lay by a line, and righteousness by a plummet: and the hail shall sweep away the refuge of lies, and waters shall over-flow the hiding place. And your covenant with death shall be   18
annulled, and your agreement with She'ol shall not stand; when

בְּרִיתְכֶם אֶת־מָ֔וֶת וְחָזוּתְכֶם אֶת־שְׁאוֹל֙ לֹ֣א תָק֔וּם שׁ֥וֹט שׁוֹטֵ֖ף

יט כִּֽי־יַעֲבֹר֙ וְהָיִ֣תֶם ל֣וֹ לְמִרְמָ֑ס מִדֵּ֤י עָבְרוֹ֙ יִקַּ֣ח אֶתְכֶ֔ם כִּֽי־בַבֹּ֣קֶר

כ בַּבֹּ֜קֶר יַעֲבֹ֤ר בַּיּוֹם֙ וּבַלָּ֔יְלָה וְהָיָ֥ה רַק־זְוָעָ֖ה הָבִ֥ין שְׁמוּעָֽה: כִּֽי־

כא קָצַ֥ר הַמַּצָּ֖ע מֵֽהִשְׂתָּרֵ֑עַ וְהַמַּסֵּכָ֥ה צָ֖רָה כְּהִתְכַּנֵּֽס: כִּ֣י כְהַר־

פְּרָצִ֞ים יָק֣וּם יְהֹוָ֗ה כְּעֵ֤מֶק בְּגִבְעוֹן֙ יִרְגָּ֔ז לַעֲשׂ֤וֹת מַעֲשֵׂ֙הוּ֙ זָ֣ר

כב מַעֲשֵׂ֔הוּ וְלַעֲבֹד֙ עֲבֹ֣דָת֔וֹ נׇכְרִיָּ֖ה עֲבֹֽדָתֽוֹ: וְעַתָּה֙ אַל־תִּתְלוֹצָ֔צוּ

פֶּֽן־יֶחְזְק֖וּ מֽוֹסְרֵיכֶ֑ם כִּֽי־כָלָ֨ה וְנֶחֱרָצָ֜ה שָׁמַ֗עְתִּי מֵאֵ֨ת אֲדֹנָ֧י יְהֹוִ֛ה

כג צְבָא֖וֹת עַל־כׇּל־הָאָֽרֶץ: הַאֲזִ֥ינוּ וְשִׁמְע֖וּ קוֹלִ֑י

כד הַקְשִׁ֥יבוּ וְשִׁמְע֖וּ אִמְרָתִֽי: הֲכֹ֣ל הַיּ֗וֹם יַחֲרֹ֧שׁ הַחֹרֵ֛שׁ לִזְרֹ֖עַ יְפַתַּ֥ח

כה וִישַׂדֵּ֖ד אַדְמָתֽוֹ: הֲלוֹא֙ אִם־שִׁוָּ֣ה פָנֶ֔יהָ וְהֵפִ֥יץ קֶ֖צַח וְכַמֹּ֣ן יִזְרֹ֑ק

וְשָׂ֨ם חִטָּ֤ה שׂוֹרָה֙ וּשְׂעֹרָ֣ה נִסְמָ֔ן וְכֻסֶּ֖מֶת גְּבֻֽלָתֽוֹ: וְיִסְּר֥וֹ לַמִּשְׁפָּ֖ט

כו אֱלֹהָ֖יו יוֹרֶֽנּוּ: כִּ֣י לֹ֤א בֶֽחָרוּץ֙ י֣וּדַשׁ קֶ֔צַח וְאוֹפַ֣ן עֲגָלָ֔ה עַל־כַּמֹּ֖ן

כז יוּסָּ֑ב כִּ֤י בַמַּטֶּה֙ יֵחָ֣בֶט קֶ֔צַח וְכַמֹּ֖ן בַּשָּֽׁבֶט: לֶ֣חֶם יוּדָ֔ק כִּ֛י

לֹ֥א לָנֶ֖צַח אָד֣וֹשׁ יְדוּשֶׁ֑נּוּ וְ֠הָמַ֠ם גִּלְגַּ֧ל עֶגְלָת֛וֹ וּפָרָשָׁ֖יו לֹ֥א

כח יְדֻקֶּֽנּוּ: גַּם־זֹ֕את מֵעִ֛ם יְהֹוָ֥ה צְבָא֖וֹת יָצָ֑אָה הִפְלִ֣יא עֵצָ֔ה הִגְדִּ֖יל

כט פ תּוּשִׁיָּֽה: ה֗וֹי אֲרִיאֵל֙ אֲרִיאֵ֔ל קִרְיַ֖ת חָנָ֣ה דָוִ֑ד סְפ֥וּ

א כט שָׁנָ֛ה עַל־שָׁנָ֖ה חַגִּ֥ים יִנְקֹֽפוּ: וַהֲצִיק֖וֹתִי לַֽאֲרִיאֵ֑ל וְהָיְתָ֤ה תַֽאֲנִיָּה֙

ב וַאֲנִיָּ֔ה וְהָ֥יְתָה לִּ֖י כַּאֲרִיאֵֽל: וְחָנִ֥יתִי כַדּ֖וּר עָלָ֑יִךְ וְצַרְתִּ֤י עָלַ֙יִךְ֙

ג מֻצָּ֔ב וַהֲקִימֹתִ֥י עָלַ֖יִךְ מְצֻרֹֽת: וְשָׁפַ֗לְתְּ מֵאֶ֙רֶץ֙ תְּדַבֵּ֔רִי וּמֵֽעָפָ֖ר

ד תִּשַּׁ֣ח אִמְרָתֵ֑ךְ וְ֠הָיָ֠ה כְּא֤וֹב מֵאֶ֙רֶץ֙ קוֹלֵ֔ךְ וּמֵעָפָ֖ר אִמְרָתֵ֥ךְ

תְּצַפְצֵֽף: וְהָיָ֛ה כְּאָבָ֥ק דַּ֖ק הֲמ֣וֹן זָרָ֑יִךְ וּכְמֹ֤ץ עֹבֵר֙ הֲמ֣וֹן עָֽרִיצִ֔ים

ה וְהָיָ֖ה לְפֶ֥תַע פִּתְאֹֽם: מֵעִ֨ם יְהֹוָ֤ה צְבָאוֹת֙ תִּפָּקֵ֔ד בְּרַ֥עַם וּבְרַ֖עַשׁ

ו וְק֣וֹל גָּד֑וֹל סוּפָה֙ וּסְעָרָ֔ה וְלַ֖הַב אֵ֥שׁ אֽוֹכֵלָֽה: וְהָיָ֗ה כַּֽחֲלוֹם֙ חֲז֣וֹן

ז לַ֔יְלָה הֲמוֹן֙ כׇּל־הַגּוֹיִ֔ם הַצֹּבְאִ֖ים עַל־אֲרִיאֵ֑ל וְכׇל־צֹבֶ֙יהָ֙

וּמְצֹ֣דָתָ֔הּ וְהַמְּצִיקִ֖ים לָֽהּ: וְהָיָ֡ה כַּאֲשֶׁר֩ יַחֲלֹ֨ם הָרָעֵ֜ב וְהִנֵּ֣ה אוֹכֵ֗ל

ח וְהֵקִיץ֮ וְרֵיקָ֣ה נַפְשׁוֹ֒ וְכַאֲשֶׁ֨ר יַחֲלֹ֤ם הַצָּמֵא֙ וְהִנֵּ֣ה שֹׁתֶ֔ה וְהֵקִ֙יץ֙

וְהִנֵּ֣ה עָיֵ֔ף וְנַפְשׁ֖וֹ שׁוֹקֵקָ֑ה כֵּ֣ן יִֽהְיֶ֗ה הֲמוֹן֙ כׇּל־הַגּוֹיִ֔ם הַצֹּבְאִ֖ים

ט עַל־הַ֥ר צִיּֽוֹן: הִתְמַהְמְה֣וּ וּתְמָ֔הוּ הִשְׁתַּעַשְׁע֖וּ

י וָשֹׁ֑עוּ שָֽׁכְר֣וּ וְלֹא־יַ֔יִן נָע֖וּ וְלֹ֥א שֵׁכָֽר: כִּֽי־נָסַ֨ךְ עֲלֵיכֶ֤ם יְהֹוָה֙ ר֣וּחַ

תַּרְדֵּמָ֔ה וַיְעַצֵּ֖ם אֶת־עֵינֵיכֶ֑ם אֶת־הַנְּבִיאִ֗ים וְאֶת־רָאשֵׁיכֶ֛ם

יא הַחֹזִ֖ים כִּסָּֽה: וַתְּהִ֨י לָכֶ֜ם חָז֣וּת הַכֹּ֗ל כְּדִבְרֵי֙ הַסֵּ֣פֶר הֶחָת֔וּם

the overflowing scourge shall pass through, then you shall
be trodden down by it. As often as it goes forth it shall take 19
you: for morning by morning shall it pass over, by day and
by night: and the mere understanding of the report shall bring
terror. For the bed is too short for a man to stretch himself; 20
and the covering too narrow for him to wrap himself up. For 21
the LORD shall rise up as in mount Peraẕim, he shall be full of
anger as in the valley of Giv'on, that he may do his work,
though strange be his work; and bring to pass his act, though
strange be his act. Now therefore be not mockers, lest your 22
bands be made strong: for I have heard from the LORD GOD of
hosts that destruction is decreed upon the whole land. Give 23
ear, and hear my voice; hearken, and hear my speech. Does the 24
plowman all day plow to sow? open and harrow his ground?
When he has prepared a smooth surface, does he not then 25
scatter the black seeds, and cast the cummin, and throw in
wheat by rows, and barley in the marked spot, and spelt along
its border. And he strictly raises it according to the method 26
prescribed; his GOD instructs him. For the black seeds are not 27
threshed with a threshing instrument, neither is a cart wheel
turned about upon the cummin; but the black crop is beaten
out with a staff, and the cummin with a rod. Is the bread corn 28
crushed? No, he will not ever be threshing it; and when he
drives the wheel of his cart and his horses over it, he does
not crush it. This also came from the LORD of hosts. He is won- 29
derful in counsel, and excellent in wisdom. Ho Ari'el, **29**
Ari'el, the city where David encamped! add year to year; let the
feasts come round. Yet I will distress Ari'el, and there shall be 2
heaviness and sorrow: yet it shall be to me as an Ari'el (altar
hearth). And I will camp against thee round about, and will 3
lay siege against thee with a mound, and I will raise siege
works against thee. And thou shalt be brought down, and shalt 4
speak out of the ground, and thy speech shall be low out of
the dust, and thy voice shall be, as of a medium, out of the
ground, and thy speech shall chirp out of the dust. Yet the 5
multitude of thy strangers shall be like small dust, and the
multitude of the terrible ones shall be like chaff that passes
away: and it shall be in an instant suddenly. Thou shalt be 6
visited by the LORD of hosts with thunder, and with earthquake,
and great noise, with storm and tempest, and the flame of
devouring fire. And the multitude of all the nations that fight 7
against Ari'el, even all that fight against her and her strong-
hold, and that distress her, shall be as a dream of a night
vision. It shall even be as when a hungry man dreams, and, 8
behold, he eats; but he awakes, and his soul is empty: or as
when a thirsty man dreams, and, behold, he drinks; but he
awakes, and, behold, he is faint, and his soul longs for water:
so shall the multitude of all the nations be, that fight against
mount Ẕiyyon. Amaze yourselves and be amazed; blind 9
yourselves and be blind; be drunk, but not with wine; stagger,
but not with strong drink. For the LORD has poured out upon you 10
the spirit of deep sleep, and has closed your eyes, the prophets,
and has covered your heads, the seers. And the vision of all 11

סֵפֶר אֲשֶׁר־יִתְּנוּ אֹתוֹ אֶל־יוֹדֵעַ הַסֵּפֶר לֵאמֹר קְרָא נָא־זֶה וְאָמַר לֹא

אוּכַל כִּי חָתוּם הוּא: וְנִתַּן הַסֵּפֶר עַל אֲשֶׁר לֹא־יָדַע סֵפֶר לֵאמֹר

יב קְרָא נָא־זֶה וְאָמַר לֹא יָדַעְתִּי סֵפֶר: וַיֹּאמֶר

יג אֲדֹנָי יַעַן כִּי נִגַּשׁ הָעָם הַזֶּה בְּפִיו וּבִשְׂפָתָיו כִּבְּדוּנִי וְלִבּוֹ רִחַק

מִמֶּנִּי וַתְּהִי יִרְאָתָם אֹתִי מִצְוַת אֲנָשִׁים מְלֻמָּדָה: לָכֵן הִנְנִי

יד יוֹסִף לְהַפְלִיא אֶת־הָעָם־הַזֶּה הַפְלֵא וָפֶלֶא וְאָבְדָה חָכְמַת

חֲכָמָיו וּבִינַת נְבֹנָיו תִּסְתַּתָּר: הוֹי הַמַּעֲמִיקִים

טו מֵיהוָה לַסְתִּר עֵצָה וְהָיָה בְמַחְשָׁךְ מַעֲשֵׂיהֶם וַיֹּאמְרוּ מִי רֹאֵנוּ

טז וּמִי יֹדְעֵנוּ: הַפְכְּכֶם אִם־כְּחֹמֶר הַיֹּצֵר יֵחָשֵׁב כִּי־יֹאמַר מַעֲשֶׂה

לְעֹשֵׂהוּ לֹא עָשָׂנִי וְיֵצֶר אָמַר לְיֹצְרוֹ לֹא הֵבִין: הֲלֹא־עוֹד מְעַט

יז מִזְעָר וְשָׁב לְבָנוֹן לַכַּרְמֶל וְהַכַּרְמֶל לַיַּעַר יֵחָשֵׁב: וְשָׁמְעוּ בַיּוֹם־

יח הַהוּא הַחֵרְשִׁים דִּבְרֵי־סֵפֶר וּמֵאֹפֶל וּמֵחֹשֶׁךְ עֵינֵי עִוְרִים

יט תִּרְאֶינָה: וְיָסְפוּ עֲנָוִים בַּיהוָה שִׂמְחָה וְאֶבְיוֹנֵי אָדָם בִּקְדוֹשׁ

כ יִשְׂרָאֵל יָגִילוּ: כִּי־אָפֵס עָרִיץ וְכָלָה לֵץ וְנִכְרְתוּ כָּל־שֹׁקְדֵי

כא אָוֶן: מַחֲטִיאֵי אָדָם בְּדָבָר וְלַמּוֹכִיחַ בַּשַּׁעַר יְקֹשׁוּן וַיַּטּוּ בַתֹּהוּ

כב צַדִּיק: לָכֵן כֹּה־אָמַר יְהוָה אֶל־בֵּית יַעֲקֹב אֲשֶׁר

פָּדָה אֶת־אַבְרָהָם לֹא־עַתָּה יֵבוֹשׁ יַעֲקֹב וְלֹא עַתָּה פָּנָיו יֶחֱוָרוּ:

כג כִּי בִרְאֹתוֹ יְלָדָיו מַעֲשֵׂה יָדַי בְּקִרְבּוֹ יַקְדִּישׁוּ שְׁמִי וְהִקְדִּישׁוּ

כד אֶת־קְדוֹשׁ יַעֲקֹב וְאֶת־אֱלֹהֵי יִשְׂרָאֵל יַעֲרִיצוּ: וְיָדְעוּ תֹעֵי־רוּחַ

בִּינָה וְרוֹגְנִים יִלְמְדוּ־לֶקַח: הוֹי בָּנִים סוֹרְרִים   לא

נְאֻם־יְהוָה לַעֲשׂוֹת עֵצָה וְלֹא מִנִּי וְלִנְסֹךְ מַסֵּכָה וְלֹא רוּחִי

ב לְמַעַן סְפוֹת חַטָּאת עַל־חַטָּאת: הַהֹלְכִים לָרֶדֶת מִצְרַיִם וּפִי

ג לֹא שָׁאָלוּ לָעוֹז בְּמָעוֹז פַּרְעֹה וְלַחְסוֹת בְּצֵל מִצְרָיִם: וְהָיָה

ד לָכֶם מָעוֹז פַּרְעֹה לְבֹשֶׁת וְהֶחָסוּת בְּצֵל־מִצְרַיִם לִכְלִמָּה: כִּי־

ה הָיוּ בְצֹעַן שָׂרָיו וּמַלְאָכָיו חָנֵס יַגִּיעוּ: כֹּל הִבְאִישׁ עַל־עַם

לֹא־יוֹעִילוּ לָמוֹ לֹא לְעֵזֶר וְלֹא לְהוֹעִיל כִּי לְבֹשֶׁת וְגַם־

ו לְחֶרְפָּה: מַשָּׂא בַּהֲמוֹת נֶגֶב בְּאֶרֶץ צָרָה וְצוּקָה

עֲיָרִים לָבִיא וָלַיִשׁ מֵהֶם אֶפְעֶה וְשָׂרָף מְעוֹפֵף יִשְׂאוּ עַל־כֶּתֶף עֲיָרִים

חֵילֵיהֶם וְעַל־דַּבֶּשֶׁת גְּמַלִּים אוֹצְרֹתָם עַל־עַם לֹא יוֹעִילוּ:

ז וּמִצְרַיִם הֶבֶל וָרִיק יַעְזֹרוּ לָכֵן קָרָאתִי לָזֹאת רַהַב הֵם שָׁבֶת:

ח עַתָּה בּוֹא כָתְבָהּ עַל־לוּחַ אִתָּם וְעַל־סֵפֶר חֻקָּהּ וּתְהִי לְיוֹם

this is become to you as the words of a book that is sealed, which men deliver to one that is learned, saying, Read this, I pray thee: and he says, I cannot; for it is sealed: and the book 12 is delivered to him that is not learned, saying, Read this, I pray thee: and he says, I am not learned.   And the LORD said, 13 Since this people draw near, and with their mouth and with their lips do honour me, but have removed their heart far from me, and their fear towards me is as a commandment of men learned by rote; therefore, behold, I will proceed to do a mar- 14 vellous work among this people, even a marvellous work and a wonder: for the wisdom of their wise men shall perish, and the understanding of their prudent men shall be hid.   Woe 15 to them that seek deep to hide their counsel from the LORD, and their works are in the dark, and they say, Who sees us? and who knows us? O your perverseness! shall the potter be es- 16 teemed as the clay? for shall the work say of him that made it, He made me not? or shall the thing framed say of him that framed it, He had no understanding? Is it not yet a very little 17 while, and Levanon shall be turned into a fruitful field, and the fruitful field shall be regarded as a forest? And on that day 18 shall the deaf hear the words of a book, and the eyes of the blind shall see out of obscurity, and out of darkness. The meek 19 also shall increase their joy in the LORD, and the poorest among men shall rejoice in the Holy One of Yisra'el. For the terrible 20 one is brought to nought, and the scorner is consumed, and all that watch for iniquity are cut off: that make a man an of- 21 fender for a word, and ensnare the mentor in the gate, and turn aside the just for a thing of nought.   Therefore thus 22 says the LORD, who redeemed Avraham, concerning the house of Ya'aqov, Ya'aqov shall not now be ashamed, neither shall his face now grow pale; when he sees his children, the work of my 23 hands, in the midst of him, sanctifying my name; for they shall sanctify the Holy One of Ya'aqov, and shall reverence the GOD of Yisra'el. They also that erred in spirit shall come to 24 understanding, and they that murmured shall learn doctrine.

Woe to the rebellious children, says the LORD, that take **30** counsel, but not of me; and that prepare a plan but not of my spirit, that they may add sin to sin: that walk to go 2 down into Miẓrayim, and have not asked at my mouth; to strengthen themselves in the strength of Par'o, and to trust in the shadow of Miẓrayim! Therefore shall the strength of 3 Par'o be your shame, and the trust in the shadow of Miẓrayim your confusion. For his princes were at Ẓo'an, and his ambas- 4 sadors came to Ḥanes. They were all ashamed of a people that 5 could not profit them, nor be a help nor profit, but a shame, and also a reproach.   The burden of the beasts of the 6 south: into the land of trouble and anguish, from whence come the young and old lion, the viper and the venomous flying serpent, they will carry their riches upon the shoulders of young asses, and their treasurers upon the humps of camels, to a people that shall not profit them. For Miẓrayim shall help 7 in vain, and to no purpose: therefore have I called this people, Boasters in sitting still. Now go, write it before them on a 8

ט אַחֲרוֹן לָעַד עַד־עוֹלָם: כִּי עַם מְרִי הוּא בָּנִים כֶּחָשִׁים בָּנִים
י לֹא־אָבוּ שְׁמוֹעַ תּוֹרַת יהוה: אֲשֶׁר אָמְרוּ לָרֹאִים לֹא תִרְאוּ
וְלַחֹזִים לֹא־תֶחֱזוּ־לָנוּ נְכֹחוֹת דַּבְּרוּ־לָנוּ חֲלָקוֹת חֲזוּ מַהֲתַלּוֹת:
יא סוּרוּ מִנֵּי־דֶרֶךְ הַטּוּ מִנֵּי־אֹרַח הַשְׁבִּיתוּ מִפָּנֵינוּ אֶת־קְדוֹשׁ
יב יִשְׂרָאֵל: לָכֵן כֹּה אָמַר קְדוֹשׁ יִשְׂרָאֵל יַעַן
יג מָאָסְכֶם בַּדָּבָר הַזֶּה וַתִּבְטְחוּ בְּעֹשֶׁק וְנָלוֹז וַתִּשָּׁעֲנוּ עָלָיו: לָכֵן
יִהְיֶה לָכֶם הֶעָוֺן הַזֶּה כְּפֶרֶץ נֹפֵל נִבְעֶה בְּחוֹמָה נִשְׂגָּבָה אֲשֶׁר־
יד פִּתְאֹם לְפֶתַע יָבוֹא שִׁבְרָהּ: וּשְׁבָרָהּ כְּשֵׁבֶר נֵבֶל יוֹצְרִים כָּתוּת
לֹא יַחְמֹל וְלֹא־יִמָּצֵא בִמְכִתָּתוֹ חֶרֶשׂ לַחְתּוֹת אֵשׁ מִיָּקוּד
טו וְלַחְשֹׂף מַיִם מִגֶּבֶא: כִּי כֹה־אָמַר אֲדֹנָי יֱהוִה
קְדוֹשׁ יִשְׂרָאֵל בְּשׁוּבָה וָנַחַת תִּוָּשֵׁעוּן בְּהַשְׁקֵט וּבְבִטְחָה תִּהְיֶה
טז גְּבוּרַתְכֶם וְלֹא אֲבִיתֶם: וַתֹּאמְרוּ לֹא־כִי עַל־סוּס נָנוּס עַל־כֵּן
יז תְּנוּסוּן וְעַל־קַל נִרְכָּב עַל־כֵּן יִקַּלּוּ רֹדְפֵיכֶם: אֶלֶף אֶחָד מִפְּנֵי
גַּעֲרַת אֶחָד מִפְּנֵי גַּעֲרַת חֲמִשָּׁה תָּנֻסוּ עַד אִם־נוֹתַרְתֶּם כַּתֹּרֶן
יח עַל־רֹאשׁ הָהָר וְכַנֵּס עַל־הַגִּבְעָה: וְלָכֵן יְחַכֶּה יהוה לַחֲנַנְכֶם
וְלָכֵן יָרוּם לְרַחֶמְכֶם כִּי־אֱלֹהֵי מִשְׁפָּט יהוה אַשְׁרֵי כָּל־חוֹכֵי
יט לוֹ: כִּי־עַם בְּצִיּוֹן יֵשֵׁב בִּירוּשָׁלָםִ בָּכוֹ לֹא־
כ תִבְכֶּה חָנוֹן יָחְנְךָ לְקוֹל זַעֲקֶךָ כְּשָׁמְעָתוֹ עָנָךְ: וְנָתַן לָכֶם אֲדֹנָי
לֶחֶם צָר וּמַיִם לָחַץ וְלֹא־יִכָּנֵף עוֹד מוֹרֶיךָ וְהָיוּ עֵינֶיךָ רֹאוֹת
כא אֶת־מוֹרֶיךָ: וְאָזְנֶיךָ תִּשְׁמַעְנָה דָבָר מֵאַחֲרֶיךָ לֵאמֹר זֶה הַדֶּרֶךְ
כב לְכוּ בוֹ כִּי תַאֲמִינוּ וְכִי תַשְׂמְאִילוּ: וְטִמֵּאתֶם אֶת־צִפּוּי פְּסִילֵי
כַסְפֶּךָ וְאֶת־אֲפֻדַּת מַסֵּכַת זְהָבֶךָ תִּזְרֵם כְּמוֹ דָוָה צֵא תֹּאמַר
כג לוֹ: וְנָתַן מְטַר זַרְעֲךָ אֲשֶׁר־תִּזְרַע אֶת־הָאֲדָמָה וְלֶחֶם תְּבוּאַת
הָאֲדָמָה וְהָיָה דָשֵׁן וְשָׁמֵן יִרְעֶה מִקְנֶיךָ בַּיּוֹם הַהוּא כַּר נִרְחָב:
כד וְהָאֲלָפִים וְהָעֲיָרִים עֹבְדֵי הָאֲדָמָה בְּלִיל חָמִיץ יֹאכֵלוּ אֲשֶׁר־
כה זֹרֶה בָרַחַת וּבַמִּזְרֶה: וְהָיָה עַל־כָּל־הַר גָּבֹהַּ וְעַל כָּל־גִּבְעָה
כו נִשָּׂאָה פְּלָגִים יִבְלֵי־מָיִם בְּיוֹם הֶרֶג רָב בִּנְפֹל מִגְדָּלִים: וְהָיָה
אוֹר־הַלְּבָנָה כְּאוֹר הַחַמָּה וְאוֹר הַחַמָּה יִהְיֶה שִׁבְעָתַיִם כְּאוֹר
שִׁבְעַת הַיָּמִים בְּיוֹם חֲבֹשׁ יהוה אֶת־שֶׁבֶר עַמּוֹ וּמַחַץ מַכָּתוֹ
כז יִרְפָּא: הִנֵּה שֵׁם־יהוה בָּא מִמֶּרְחָק בֹּעֵר אַפּוֹ

tablet, and inscribe it in a book, that it may be for the time to
come for ever and ever: that this is a rebellious people, lying 9
children, children that will not hear the Tora of the LORD:
who say to the seers, See not; and to the prophets, Prophesy 10
not to us right things, speak to us smooth things, prophesy delu-
sions: get you out of the way, turn aside out of the path, cause 11
the Holy One of Yisra'el to cease from before us. Where- 12
fore thus says the Holy One of Yisra'el, Because you despise
this word, and trust in oppression and perverseness, and de-
pend on that: therefore this iniquity shall be to you as a breach 13
ready to fall, bulging out in a high wall, whose breaking comes
suddenly in an instant. And he shall break it as the breaking 14
of the potters' vessel that is broken in pieces; he shall not
spare: so that there shall not be found in the bursting of it
a shred sufficient for taking fire from the hearth, or for taking
water out of the cistern. For thus says the LORD GOD, the 15
Holy One of Yisra'el; In ease and rest shall you be saved; in
quietness and in confidence shall be your strength: and you did
not wish it. But you said, No; for we will flee upon horses; 16
therefore shall you flee; and, We will ride upon the swift;
therefore shall they that pursue you be swift. One thousand shall 17
flee at the rebuke of one; at the rebuke of five shall you flee:
till you be left like a flagstaff upon the top of a mountain, and
as a banner on a hill. And therefore will the LORD wait, that 18
he may be gracious to you, and therefore will he be exalted,
that he may have mercy upon you: for the LORD is a GOD
of judgment: happy are all they that wait for him.

For a people that dwell in Ẕiyyon, even in Yerushalayim: 19
thou shalt weep no more: he will be very gracious to thee at
the voice of thy cry; when he shall hear it, he will answer thee.
And the LORD shall give you the bread of adversity, and the 20
water of affliction; yet thy teacher shall not withdraw himself
any more, but thy eyes shall see thy teacher: and thy ears 21
shall hear a word behind thee, saying, This is the way, walk
in it, when you turn to the right hand, and when you turn to
the left. You shall defile also the silver plating of thy carved 22
idols, and the gold binding of thy molten images: thou shalt
cast them away as a menstruous thing; thou shalt say to it,
Get thee hence. Then shall he give the rain for thy seed, that 23
thou shalt sow the ground with that; and bread of the increase
of the earth, and it shall be fat and plenteous: in that day shall
thy cattle feed in large pastures. The oxen likewise and the 24
young asses that till the ground shall eat clean provender,
which has been winnowed with the shovel and with the fan.
And there shall be upon every high mountain, and upon every 25
high hill, rivers and streams of waters on the day of the great
slaughter, when the towers fall. Moreover the light of the moon 26
shall be as the light of the sun, and the light of the sun shall
be sevenfold, as the light of seven days, on the day that the
LORD binds up the breach of his people, and heals the stroke of
their wound. Behold the name of the LORD comes from 27
far; burning with his anger and in a thick column of smoke: his
lips are full of indignation, and his tongue as a devouring fire:

כח וְכֹבֶד מַשָּׂאָה שְׂפָתָיו מָלְאוּ זַעַם וּלְשׁוֹנוֹ כְּאֵשׁ אֹכָלֶת: וְרוּחוֹ
כְּנַחַל שׁוֹטֵף עַד־צַוָּאר יֶחֱצֶה לַהֲנָפָה גוֹיִם בְּנָפַת שָׁוְא וְרֶסֶן
כט מַתְעֶה עַל לְחָיֵי עַמִּים: הַשִּׁיר יִהְיֶה לָכֶם כְּלֵיל הִתְקַדֶּשׁ־חָג
וְשִׂמְחַת לֵבָב כַּהוֹלֵךְ בֶּחָלִיל לָבוֹא בְהַר־יְהוָה אֶל־צוּר
ל יִשְׂרָאֵל: וְהִשְׁמִיעַ יְהוָה אֶת־הוֹד קוֹלוֹ וְנַחַת זְרוֹעוֹ יַרְאֶה
לא בְּזַעַף אַף וְלַהַב אֵשׁ אוֹכֵלָה נֶפֶץ וָזֶרֶם וְאֶבֶן בָּרָד: כִּי־מִקּוֹל
לב יְהוָה יֵחַת אַשּׁוּר בַּשֵּׁבֶט יַכֶּה: וְהָיָה כֹּל מַעֲבַר מַטֵּה מוּסָדָה
אֲשֶׁר יָנִיחַ יְהוָה עָלָיו בְּתֻפִּים וּבְכִנֹּרוֹת וּבְמִלְחֲמוֹת תְּנוּפָה
לג נִלְחַם־בָּהּ: כִּי־עָרוּךְ מֵאֶתְמוּל תָּפְתֶּה גַּם־הוּא לַמֶּלֶךְ הוּכָן — בָּם | הִיא
הֶעְמִיק הִרְחִב מְדֻרָתָהּ אֵשׁ וְעֵצִים הַרְבֵּה נִשְׁמַת יְהוָה כְּנַחַל
לא א גָּפְרִית בֹּעֲרָה בָּהּ: הוֹי הַיֹּרְדִים מִצְרַיִם לְעֶזְרָה
עַל־סוּסִים יִשָּׁעֵנוּ וַיִּבְטְחוּ עַל־רֶכֶב כִּי רָב וְעַל פָּרָשִׁים כִּי־
עָצְמוּ מְאֹד וְלֹא שָׁעוּ עַל־קְדוֹשׁ יִשְׂרָאֵל וְאֶת־יְהוָה לֹא דָרָשׁוּ:
ב וְגַם־הוּא חָכָם וַיָּבֵא רָע וְאֶת־דְּבָרָיו לֹא הֵסִיר וְקָם עַל־בֵּית
ג מְרֵעִים וְעַל־עֶזְרַת פֹּעֲלֵי אָוֶן: וּמִצְרַיִם אָדָם וְלֹא־אֵל וְסוּסֵיהֶם
בָּשָׂר וְלֹא־רוּחַ וַיהוָה יַטֶּה יָדוֹ וְכָשַׁל עוֹזֵר וְנָפַל עָזֻר וְיַחְדָּו
ד כֻּלָּם יִכְלָיוּן: כִּי כֹה אָמַר־יְהוָה ׀ אֵלַי כַּאֲשֶׁר
יֶהְגֶּה הָאַרְיֵה וְהַכְּפִיר עַל־טַרְפּוֹ אֲשֶׁר יִקָּרֵא עָלָיו מְלֹא רֹעִים
מִקּוֹלָם לֹא יֵחָת וּמֵהֲמוֹנָם לֹא יַעֲנֶה כֵּן יֵרֵד יְהוָה צְבָאוֹת
ה לִצְבֹּא עַל־הַר־צִיּוֹן וְעַל־גִּבְעָתָהּ: כְּצִפֳּרִים עָפוֹת כֵּן יָגֵן יְהוָה
ו צְבָאוֹת עַל־יְרוּשָׁלִָם גָּנוֹן וְהִצִּיל פָּסֹחַ וְהִמְלִיט: שׁוּבוּ לַאֲשֶׁר
ז הֶעְמִיקוּ סָרָה בְּנֵי יִשְׂרָאֵל: כִּי בַּיּוֹם הַהוּא יִמְאָסוּן אִישׁ אֱלִילֵי
ח כַסְפּוֹ וֶאֱלִילֵי זְהָבוֹ אֲשֶׁר עָשׂוּ לָכֶם יְדֵיכֶם חֵטְא: וְנָפַל אַשּׁוּר
בְּחֶרֶב לֹא־אִישׁ וְחֶרֶב לֹא־אָדָם תֹּאכְלֶנּוּ וְנָס לוֹ מִפְּנֵי־חֶרֶב
ט וּבַחוּרָיו לָמַס יִהְיוּ: וְסַלְעוֹ מִמָּגוֹר יַעֲבוֹר וְחַתּוּ מִנֵּס שָׂרָיו נְאֻם־
לב א יְהוָה אֲשֶׁר־אוּר לוֹ בְּצִיּוֹן וְתַנּוּר לוֹ בִּירוּשָׁלִָם: הֵן
ב לְצֶדֶק יִמְלָךְ־מֶלֶךְ וּלְשָׂרִים לְמִשְׁפָּט יָשֹׂרוּ: וְהָיָה־אִישׁ
כְּמַחֲבֵא־רוּחַ וְסֵתֶר זָרֶם כְּפַלְגֵי־מַיִם בְּצָיוֹן כְּצֵל סֶלַע־כָּבֵד
ג בְּאֶרֶץ עֲיֵפָה: וְלֹא תִשְׁעֶינָה עֵינֵי רֹאִים וְאָזְנֵי שֹׁמְעִים
ד תִּקְשַׁבְנָה: וּלְבַב נִמְהָרִים יָבִין לָדָעַת וּלְשׁוֹן עִלְּגִים תְּמַהֵר
ה לְדַבֵּר צָחוֹת: לֹא־יִקָּרֵא עוֹד לְנָבָל נָדִיב וּלְכִילַי לֹא יֵאָמֵר

and his breath is as an overflowing stream, that reaches to 28
the neck, to sift the nations with the sieve of vanity: and
to put a bridle on the jaws of the people, causing them
to err. You shall have a song, as in the night when a holy 29
solemnity is kept; and gladness of heart, as when one goes
with a flute to come into the mountain of the LORD, to the
Rock of Yisra'el. And the LORD shall cause his glorious voice 30
to be heard, and shall show the descending blow of his arm,
with the indignation of his anger, and with the flame of a de-
vouring fire, with cloudburst, and tempest, and hailstones.
For through the voice of the LORD shall Ashshur be beaten 31
down; with a rod will he smite him. And in every place where 32
the appointed staff shall pass, which the LORD shall lay upon
him, it shall be with tambourines and lyres: and in battle of shak-
ing will he fight with them. For its hearth is ordained of old; yes, 33
for the king it is prepared: he has made it deep and large: its
bonfire is of much fire and wood; the breath of the LORD, like
a stream of brimstone, kindles it. Woe to them that go 31
down to Miẕrayim for help; and depend on horses, and trust in
chariots, because they are many; and in horsemen, because
they are very strong; but they look not to the Holy One of
Yisra'el, neither seek the LORD! Yet he also is wise, and will 2
bring evil, and will not call back his words: but will arise
against the house of the evildoers, and against the help of them
that work iniquity. Now Miẕrayim is man, and not GOD; and 3
their horses flesh, and not spirit. When the LORD shall stretch
out his hand, the helper shall stumble, and the one who is helped
shall fall down, and they shall all perish together. For 4
thus has the LORD spoken to me, Like the lion and the young
lion roaring on their prey, though a multitude of shepherds
is called out against him, he will not be afraid of their voice,
nor abase himself for the noise of them: so shall the LORD of
hosts come down to fight for mount Ẕiyyon, and for the hill
thereof. As birds hovering, so will the LORD of hosts defend 5
Yerushalayim; he will defend it and deliver it; he will pass over
it and spare it. Turn to him from whom you have deeply re- 6
volted, O children of Yisra'el. For on that day every man shall 7
cast away his idols of silver, and his idols of gold, which your
own hands have made to you for a sin. Then shall Ashshur 8
fall with the sword, not of a mighty man; and the sword, not of
a mean man, shall devour him: but he shall flee from the sword,
and his young men shall become bondslaves. And his rock shall 9
pass away in terror, and his princes desert the banner in fear,
says the LORD, whose hearth is in Ẕiyyon, and whose furnace is
in Yerushalayim. Behold, a king shall reign in righteous- 32
ness, and as for princes, they shall rule in judgment. And a man 2
shall be as hiding place from the wind, and a covert from the
tempest; as rivers of water in a dry place, as the shadow of a
great rock in a weary land. And the eyes of them that see 3
shall not be blind, and the ears of them that hear shall hearken.
The heart also of the rash shall understand knowledge, and 4
the tongue of the stammerers shall be ready to speak plainly.
The vile person shall be no more called liberal, nor the churl 5

ו שֹׁוַע: כִּי נָבָל נְבָלָה יְדַבֵּר וְלִבּוֹ יַעֲשֶׂה־אָוֶן לַעֲשׂוֹת חֹנֶף
וּלְדַבֵּר אֶל־יהוה תּוֹעָה לְהָרִיק נֶפֶשׁ רָעֵב וּמַשְׁקֶה צָמֵא
ז יַחְסִיר: וְכֵלַי כֵּלָיו רָעִים הוּא זִמּוֹת יָעָץ לְחַבֵּל ענוים בְּאִמְרֵי־ עֲנִיִּים
ח שֶׁקֶר וּבְדַבֵּר אֶבְיוֹן מִשְׁפָּט: וְנָדִיב נְדִיבוֹת יָעָץ וְהוּא עַל־
ט נְדִיבוֹת יָקוּם: נָשִׁים שַׁאֲנַנּוֹת קֹמְנָה שְׁמַעְנָה
י קוֹלִי בָּנוֹת בֹּטְחוֹת הַאְזֵנָּה אִמְרָתִי: יָמִים עַל־שָׁנָה תִּרְגַּזְנָה
יא בֹּטְחוֹת כִּי כָּלָה בָצִיר אֹסֶף בְּלִי יָבוֹא: חִרְדוּ שַׁאֲנַנּוֹת רְגָזָה
יב בֹּטְחוֹת פְּשֹׁטָה וְעֹרָה וַחֲגוֹרָה עַל־חֲלָצָיִם: עַל־שָׁדַיִם סֹפְדִים
יג עַל־שְׂדֵי־חֶמֶד עַל־גֶּפֶן פֹּרִיָּה: עַל אַדְמַת עַמִּי קוֹץ שָׁמִיר
יד תַּעֲלֶה כִּי עַל־כָּל־בָּתֵּי מָשׂוֹשׂ קִרְיָה עַלִּיזָה: כִּי־אַרְמוֹן נֻטָּשׁ
הֲמוֹן עִיר עֻזָּב עֹפֶל וָבַחַן הָיָה בְעַד מְעָרוֹת עַד־עוֹלָם מְשׂוֹשׂ
טו פְּרָאִים מִרְעֵה עֲדָרִים: עַד־יֵעָרֶה עָלֵינוּ רוּחַ מִמָּרוֹם וְהָיָה
טז מִדְבָּר לַכַּרְמֶל וכרמל לַיַּעַר יֵחָשֵׁב: וְשָׁכַן בַּמִּדְבָּר מִשְׁפָּט וְהַכַּרְמֶל
יז וּצְדָקָה בַּכַּרְמֶל תֵּשֵׁב: וְהָיָה מַעֲשֵׂה הַצְּדָקָה שָׁלוֹם וַעֲבֹדַת
יח הַצְּדָקָה הַשְׁקֵט וָבֶטַח עַד־עוֹלָם: וְיָשַׁב עַמִּי בִּנְוֵה שָׁלוֹם יג
יט וּבְמִשְׁכְּנוֹת מִבְטַחִים וּבִמְנוּחֹת שַׁאֲנַנּוֹת: וּבָרַד בְּרֶדֶת הַיָּעַר
כ וּבַשִּׁפְלָה תִּשְׁפַּל הָעִיר: אַשְׁרֵיכֶם זֹרְעֵי עַל־כָּל־מָיִם מְשַׁלְּחֵי
לג א רֶגֶל־הַשּׁוֹר וְהַחֲמוֹר: הוֹי שׁוֹדֵד וְאַתָּה לֹא שָׁדוּד
וּבוֹגֵד וְלֹא־בָגְדוּ בוֹ כַּהֲתִמְךָ שׁוֹדֵד תּוּשַּׁד כַּנְּלֹתְךָ לִבְגֹּד
ב יִבְגְּדוּ־בָךְ: יהוה חָנֵּנוּ לְךָ קִוִּינוּ הֱיֵה זְרֹעָם
ג לַבְּקָרִים אַף־יְשׁוּעָתֵנוּ בְּעֵת צָרָה: מִקּוֹל הָמוֹן נָדְדוּ עַמִּים
ד מֵרֹמְמֻתֶךָ נָפְצוּ גּוֹיִם: וְאֻסַּף שְׁלַלְכֶם אֹסֶף הֶחָסִיל כְּמַשַּׁק
ה גֵּבִים שֹׁקֵק בּוֹ: נִשְׂגָּב יהוה כִּי שֹׁכֵן מָרוֹם מִלֵּא צִיּוֹן מִשְׁפָּט
ו וּצְדָקָה: וְהָיָה אֱמוּנַת עִתֶּיךָ חֹסֶן יְשׁוּעֹת חָכְמַת וָדָעַת יִרְאַת
ז יהוה הִיא אוֹצָרוֹ: הֵן אֶרְאֶלָּם צָעֲקוּ חֻצָה
ח מַלְאֲכֵי שָׁלוֹם מַר יִבְכָּיוּן: נָשַׁמּוּ מְסִלּוֹת שָׁבַת עֹבֵר אֹרַח הֵפֵר
ט בְּרִית מָאַס עָרִים לֹא חָשַׁב אֱנוֹשׁ: אָבַל אֻמְלְלָה אָרֶץ הֶחְפִּיר
י לְבָנוֹן קָמַל הָיָה הַשָּׁרוֹן כָּעֲרָבָה וְנֹעֵר בָּשָׁן וְכַרְמֶל: עַתָּה
יא אָקוּם יֹאמַר יהוה עַתָּה אֵרוֹמָם עַתָּה אֶנָּשֵׂא: תַּהֲרוּ חֲשַׁשׁ
יב תֵּלְדוּ קַשׁ רוּחֲכֶם אֵשׁ תֹּאכַלְכֶם: וְהָיוּ עַמִּים מִשְׂרְפוֹת שִׂיד
יג קוֹצִים כְּסוּחִים בָּאֵשׁ יִצַּתּוּ: שִׁמְעוּ רְחוֹקִים

said to be bountiful. For the vile person speaks villainy, and 6
his heart works iniquity, to practise hypocrisy, and to utter
error against the LORD, to make empty the soul of the hungry,
and he will cause the drink of the thirsty to fail. The instru- 7
ments also of the churl are evil: he devises wicked devices to
destroy the poor with lying words, and the needy when he
speaks right. But the liberal devises liberal things; and by 8
liberal things shall he stand.   Rise up, you women that are 9
at ease, hear my voice ; you complacent daughters, give ear to
my speech. In a year and some days, you shall be troubled, 10
you complacent women ; for the vintage shall fail, the gather-
ing shall not come. Tremble, you women that are at ease; be 11
troubled, you complacent ones : strip, and make yourselves
bare, and gird sackcloth upon your loins. Striking the breasts, 12
for the pleasant fields, for the fruitful vine. Upon the land of 13
my people shall come up thorns and briers ; yes, upon all the
houses of joy in the joyous city: because the palaces shall be 14
forsaken; the city with its stir shall be deserted; the fort and
tower shall be for dens for ever, a joy of wild asses, a pasture
of flocks; until a spirit be poured upon us from on high, and 15
the wilderness be a fruitful field, and the fruitful field be count-
ed for a forest. Then judgment shall dwell in the wilderness, 16
and righteousness remain in the fruitful field. And the work 17
of righteousness shall be peace ; and the effect of righteousness,
quietness and assurance for ever. And my people shall dwell 18
in a peaceable habitation, and in secure dwellings, and in quiet
resting places; and it shall hail in the downfall of the forest, 19
and the city shall descend into the valley. Blessed are you that 20
sow beside all waters, that let the feet of the ox and the ass
range freely.   Woe to the spoiler, and thou wast not **33**
spoiled ; and the traitor, and they dealt not treacherously
with thee ! when thou shalt cease to spoil, thou shalt be spoiled ;
and when thou shalt make an end of betraying, they shall
betray thee.   O LORD, be gracious to us; we have waited 2
for thee: be thou their arm every morning, our salvation also
in the time of trouble. At the noise of the tumult the people 3
fled; at the lifting up of thyself the nations were scattered.
And your spoil shall be gathered like the gathering of the cater- 4
pillar: as the running of locusts shall he rove about upon it.
The LORD is exalted ; for he dwells on high : he has filled Ẕiyyon 5
with judgment and righteousness. And he shall be the stability 6
of thy times, a store of salvation, wisdom and knowledge: the
fear of the LORD is his treasure.   Behold, the mighty ones 7
shall cry outside : ambassadors of peace shall weep bitterly. The 8
highways lie waste, the wayfaring man ceases: he has broken
the covenant, he has despised the cities, he regards no man.
The earth mourns and languishes: Levanon is ashamed and 9
withers : the Sharon is like the 'Arava ; and Bashan and Karmel
shake off their leaves. Now will I rise, says the LORD; now will 10
I be exalted; now will I lift up myself. You shall conceive chaff, 11
you shall bring forth stubble: your breath is a fire that shall
devour you. And the people shall be as the burnings of lime : as 12
thorns cut down that are burned in the fire.   Hear, you that 13

אֲשֶׁר עָשִׂיתִי וּדְעוּ קְרוֹבִים גְּבֻרָתִי: פָּחֲדוּ בְצִיּוֹן חַטָּאִים אָחֲזָה יד
רְעָדָה חֲנֵפִים מִי ו יָגוּר לָנוּ אֵשׁ אוֹכֵלָה מִי־יָגוּר לָנוּ מוֹקְדֵי
עוֹלָם: הֹלֵךְ צְדָקוֹת וְדֹבֵר מֵישָׁרִים מֹאֵס בְּבֶצַע מַעֲשַׁקּוֹת נֹעֵר טו
כַּפָּיו מִתְּמֹךְ בַּשֹּׁחַד אֹטֵם אָזְנוֹ מִשְּׁמֹעַ דָּמִים וְעֹצֵם עֵינָיו
מֵרְאוֹת בְּרָע: הוּא מְרוֹמִים יִשְׁכֹּן מְצָדוֹת סְלָעִים מִשְׂגַּבּוֹ טז
לַחְמוֹ נִתָּן מֵימָיו נֶאֱמָנִים: מֶלֶךְ בְּיָפְיוֹ תֶּחֱזֶינָה עֵינֶיךָ תִּרְאֶינָה יז
אֶרֶץ מַרְחַקִּים: לִבְּךָ יֶהְגֶּה אֵימָה אַיֵּה סֹפֵר אַיֵּה שֹׁקֵל אַיֵּה יח
סֹפֵר אֶת־הַמִּגְדָּלִים: אֶת־עַם נוֹעָז לֹא תִרְאֶה עַם עִמְקֵי שָׂפָה יט
מִשְּׁמוֹעַ נִלְעַג לָשׁוֹן אֵין בִּינָה: חֲזֵה צִיּוֹן קִרְיַת מוֹעֲדֵנוּ עֵינֶיךָ כ
תִרְאֶינָה יְרוּשָׁלַ͏ִם נָוֶה שַׁאֲנָן אֹהֶל בַּל־יִצְעָן בַּל־יִסַּע יְתֵדֹתָיו
לָנֶצַח וְכָל־חֲבָלָיו בַּל־יִנָּתֵקוּ: כִּי אִם־שָׁם אַדִּיר יְהוָה לָנוּ כא
מְקוֹם־נְהָרִים יְאֹרִים רַחֲבֵי יָדָיִם בַּל־תֵּלֶךְ בּוֹ אֳנִי־שַׁיִט וְצִי
אַדִּיר לֹא יַעַבְרֶנּוּ: כִּי יְהוָה שֹׁפְטֵנוּ יְהוָה מְחֹקְקֵנוּ יְהוָה מַלְכֵּנוּ כב
הוּא יוֹשִׁיעֵנוּ: נִטְּשׁוּ חֲבָלָיִךְ בַּל־יְחַזְּקוּ כֵן־תָּרְנָם בַּל־פָּרְשׂוּ כג
נֵס אָז חֻלַּק עַד־שָׁלָל מַרְבֶּה פִּסְחִים בָּזְזוּ בַז: וּבַל־יֹאמַר שָׁכֵן כד
חָלִיתִי הָעָם הַיֹּשֵׁב בָּהּ נְשֻׂא עָוֹן: קִרְבוּ גוֹיִם לד

לִשְׁמֹעַ וּלְאֻמִּים הַקְשִׁיבוּ תִּשְׁמַע הָאָרֶץ וּמְלֹאָהּ תֵּבֵל וְכָל־
צֶאֱצָאֶיהָ: כִּי קֶצֶף לַיהוָה עַל־כָּל־הַגּוֹיִם וְחֵמָה עַל־כָּל־צְבָאָם ב
הֶחֱרִימָם נְתָנָם לַטָּבַח: וְחַלְלֵיהֶם יֻשְׁלָכוּ וּפִגְרֵיהֶם יַעֲלֶה בָאְשָׁם ג
וְנָמַסּוּ הָרִים מִדָּמָם: וְנָמַקּוּ כָּל־צְבָא הַשָּׁמַיִם וְנָגֹלּוּ כַסֵּפֶר ד
הַשָּׁמָיִם וְכָל־צְבָאָם יִבּוֹל כִּנְבֹל עָלֶה מִגֶּפֶן וּכְנֹבֶלֶת מִתְּאֵנָה:
כִּי־רִוְּתָה בַשָּׁמַיִם חַרְבִּי הִנֵּה עַל־אֱדוֹם תֵּרֵד וְעַל־עַם חֶרְמִי ה
לְמִשְׁפָּט: חֶרֶב לַיהוָה מָלְאָה דָם הֻדַּשְׁנָה מֵחֵלֶב מִדַּם כָּרִים ו
וְעַתּוּדִים מֵחֵלֶב כִּלְיוֹת אֵילִים כִּי זֶבַח לַיהוָה בְּבָצְרָה וְטֶבַח
גָּדוֹל בְּאֶרֶץ אֱדוֹם: וְיָרְדוּ רְאֵמִים עִמָּם וּפָרִים עִם־אַבִּירִים ז
וְרִוְּתָה אַרְצָם מִדָּם וַעֲפָרָם מֵחֵלֶב יְדֻשָּׁן: כִּי יוֹם נָקָם לַיהוָה ח
שְׁנַת שִׁלּוּמִים לְרִיב צִיּוֹן: וְנֶהֶפְכוּ נְחָלֶיהָ לְזֶפֶת וַעֲפָרָהּ ט
לְגָפְרִית וְהָיְתָה אַרְצָהּ לְזֶפֶת בֹּעֵרָה: לַיְלָה וְיוֹמָם לֹא תִכְבֶּה י
לְעוֹלָם יַעֲלֶה עֲשָׁנָהּ מִדּוֹר לָדוֹר תֶּחֱרָב לָנֶצַח נְצָחִים אֵין עֹבֵר
בָּהּ: וִירֵשׁוּהָ קָאַת וְקִפּוֹד וְיַנְשׁוֹף וְעֹרֵב יִשְׁכְּנוּ־בָהּ וְנָטָה עָלֶיהָ יא

are far off, what I have done; and, you that are near, acknowl-
edge my might. The sinners in Ziyyon are afraid; fearfulness 14
has surprised the flatterers. Who among us shall dwell with
the devouring fire? who among us shall dwell with everlasting
burnings? He that walks righteously, and speaks uprightly; he 15
that despises the gain of oppressions, that shakes his hands
from holding of bribes, that stops his ears from hearing of
blood, and shuts his eyes from seeing evil; he shall dwell on 16
high: his place of defence shall be the fortresses of rocks:
bread shall be given him; his water shall be sure. Thy eyes 17
shall see the king in his beauty: they shall behold the land that
is very far off. Thy heart shall muse on terror. Where is the 18
scribe? where is the receiver? where is he that counted the
towers? Thou shalt not see the fierce people, the people of a 19
deeper speech than thou canst understand; of a stammering
tongue, that thou canst not apprehend. Look upon Ziyyon, the 20
city of our solemnities: thy eyes shall see Yerushalayim a quiet
habitation, a tent that shall not be taken down; its pegs shall
not be removed for ever, nor shall any of its cords be broken.
But there the LORD in majesty will be for us a place of broad 21
rivers and streams; wherein no galley with oars can go, neither
shall gallant ship be able to pass by it. For the LORD is our 22
judge, the LORD is our lawgiver, the LORD is our king; he will
save us. Thy tacklings are loosed; they could not strengthen 23
the socket of their mast, they could not spread the sail: then
is the prey of a great spoil divided; the lame take the prey.
And the inhabitant shall not say, I am sick: the people that 24
dwell therein shall be forgiven their iniquity.   Come near, O **34**
nations, to hear; and hearken, O people: let the earth hear, and
all that is in it; the world, and all things that come out of it.
For the LORD has indignation against all the nations, and fury 2
against all their armies: he has utterly destroyed them, he has
delivered them to the slaughter. Their slain also shall be cast 3
out, and their stench shall come up out of their carcasses, and
the mountains shall be melted with their blood. And all the 4
host of heaven shall rot away, and the heavens shall be rolled
together like a scroll: and all their host shall fall down, as the
leaf falls off from the vine, and as a falling fig from the fig
tree. For my sword is sated in heaven: behold, it shall come 5
down upon Edom, and upon the people of my curse, to judg-
ment. The sword of the LORD is filled with blood, it is made 6
fat with fatness: with the blood of lambs and goats, with the
fat of the kidneys of rams: for the LORD has a sacrifice in
Bozra, and a great slaughter in the land of Edom. And wild 7
oxen shall come down with them, and bullocks with bulls; and
their land shall be soaked with blood, and their dust made fat
with fatness. For it is the day of the LORD's vengeance, and the 8
year of recompenses for the cause of Ziyyon. And its streams 9
shall be turned into pitch, and its dust into brimstone, and its
land shall become burning pitch. It shall not be quenched night 10
or day; its smoke shall go up for ever: from generation to
generation it shall lie waste; none shall pass through it for
ever and ever. But wild birds of night shall possess it; the owl 11

קַו־תֹהוּ וְאַבְנֵי־בֹהוּ׃ חֹרֶיהָ וְאֵין־שָׁם מְלוּכָה יִקְרָאוּ וְכָל־ יב
שָׂרֶיהָ יִהְיוּ אָפֶס׃ וְעָלְתָה אַרְמְנֹתֶיהָ סִירִים קִמּוֹשׂ וָחוֹחַ יג
בְּמִבְצָרֶיהָ וְהָיְתָה נְוֵה תַנִּים חָצִיר לִבְנוֹת יַעֲנָה׃ וּפָגְשׁוּ צִיִּים יד
אֶת־אִיִּים וְשָׂעִיר עַל־רֵעֵהוּ יִקְרָא אַךְ־שָׁם הִרְגִּיעָה לִּילִית
וּמָצְאָה לָהּ מָנוֹחַ׃ שָׁמָּה קִנְּנָה קִפּוֹז וַתְּמַלֵּט וּבָקְעָה וְדָגְרָה טו
בְצִלָּהּ אַךְ־שָׁם נִקְבְּצוּ דַיּוֹת אִשָּׁה רְעוּתָהּ׃ דִּרְשׁוּ מֵעַל־סֵפֶר טז
יְהוָה וּקְרָאוּ אַחַת מֵהֵנָּה לֹא נֶעְדָּרָה אִשָּׁה רְעוּתָהּ לֹא פָקָדוּ
כִּי־פִי הוּא צִוָּה וְרוּחוֹ הוּא קִבְּצָן׃ וְהוּא־הִפִּיל לָהֶן גּוֹרָל וְיָדוֹ יז
חִלְּקַתָּה לָהֶם בַּקָּו עַד־עוֹלָם יִירָשׁוּהָ לְדוֹר וָדוֹר יִשְׁכְּנוּ־
בָהּ׃ יְשֻׂשׂוּם מִדְבָּר וְצִיָּה וְתָגֵל עֲרָבָה וְתִפְרַח א לה
כַּחֲבַצָּלֶת׃ פָּרֹחַ תִּפְרַח וְתָגֵל אַף גִּילַת וְרַנֵּן כְּבוֹד הַלְּבָנוֹן ב
נִתַּן־לָהּ הֲדַר הַכַּרְמֶל וְהַשָּׁרוֹן הֵמָּה יִרְאוּ כְבוֹד־יְהוָה הֲדַר
אֱלֹהֵינוּ׃ חַזְּקוּ יָדַיִם רָפוֹת וּבִרְכַּיִם כֹּשְׁלוֹת ג
אַמֵּצוּ׃ אִמְרוּ לְנִמְהֲרֵי־לֵב חִזְקוּ אַל־תִּירָאוּ הִנֵּה אֱלֹהֵיכֶם ד
נָקָם יָבוֹא גְּמוּל אֱלֹהִים הוּא יָבוֹא וְיֹשַׁעֲכֶם׃ אָז תִּפָּקַחְנָה עֵינֵי ה
עִוְרִים וְאָזְנֵי חֵרְשִׁים תִּפָּתַחְנָה׃ אָז יְדַלֵּג כָּאַיָּל פִּסֵּחַ וְתָרֹן לְשׁוֹן ו
אִלֵּם כִּי־נִבְקְעוּ בַמִּדְבָּר מַיִם וּנְחָלִים בָּעֲרָבָה׃ וְהָיָה הַשָּׁרָב ז
לַאֲגַם וְצִמָּאוֹן לְמַבּוּעֵי מָיִם בִּנְוֵה תַנִּים רִבְצָהּ חָצִיר לְקָנֶה
וָגֹמֶא׃ וְהָיָה־שָׁם מַסְלוּל וָדֶרֶךְ וְדֶרֶךְ הַקֹּדֶשׁ יִקָּרֵא לָהּ לֹא־ ח
יַעַבְרֶנּוּ טָמֵא וְהוּא־לָמוֹ הֹלֵךְ דֶּרֶךְ וֶאֱוִילִים לֹא יִתְעוּ׃ לֹא־ ט
יִהְיֶה שָׁם אַרְיֵה וּפְרִיץ חַיּוֹת בַּל־יַעֲלֶנָּה לֹא תִמָּצֵא שָׁם וְהָלְכוּ
יד גְּאוּלִים׃ וּפְדוּיֵי יְהוָה יְשֻׁבוּן וּבָאוּ צִיּוֹן בְּרִנָּה וְשִׂמְחַת עוֹלָם עַל־ י
רֹאשָׁם שָׂשׂוֹן וְשִׂמְחָה יַשִּׂיגוּ וְנָסוּ יָגוֹן וַאֲנָחָה׃
וַיְהִי בְּאַרְבַּע עֶשְׂרֵה שָׁנָה לַמֶּלֶךְ חִזְקִיָּהוּ עָלָה סַנְחֵרִיב מֶלֶךְ־ א לו
אַשּׁוּר עַל כָּל־עָרֵי יְהוּדָה הַבְּצֻרוֹת וַיִּתְפְּשֵׂם׃ וַיִּשְׁלַח מֶלֶךְ־ ב
אַשּׁוּר ׀ אֶת־רַבְשָׁקֵה מִלָּכִישׁ יְרוּשָׁלַיְמָה אֶל־הַמֶּלֶךְ חִזְקִיָּהוּ
בְּחֵיל כָּבֵד וַיַּעֲמֹד בִּתְעָלַת הַבְּרֵכָה הָעֶלְיוֹנָה בִּמְסִלַּת שְׂדֵה
כוֹבֵס׃ וַיֵּצֵא אֵלָיו אֶלְיָקִים בֶּן־חִלְקִיָּהוּ אֲשֶׁר עַל־הַבָּיִת וְשֶׁבְנָא ג
הַסֹּפֵר וְיוֹאָח בֶּן־אָסָף הַמַּזְכִּיר׃ וַיֹּאמֶר אֲלֵיהֶם רַבְשָׁקֵה אִמְרוּ־ ד
נָא אֶל־חִזְקִיָּהוּ כֹּה־אָמַר הַמֶּלֶךְ הַגָּדוֹל מֶלֶךְ אַשּׁוּר מָה
הַבִּטָּחוֹן הַזֶּה אֲשֶׁר בָּטָחְתָּ׃ אָמַרְתִּי אַךְ־דְּבַר־שְׂפָתַיִם עֵצָה ה

also and the raven shall dwell in it: and he shall stretch out
upon it the line of confusion, and the plummet of emptiness.
They shall call its nobles to the kingdom, but none shall be 12
there, and all her princes shall be nothing. And thorns shall 13
come up in her palaces, nettles and brambles in her fortresses :
and it shall be a habitation of wild dogs, and a court for owls.
The wild creatures of the desert also meet with the jackals, 14
the scops owl shall cry to his fellow ; the tawny owl also shall
rest there, and find for herself a place of rest. There shall the 15
great owl make her nest, and lay, and hatch, and brood under
her shadow: there shall the kites also be gathered, every one
with her mate. Seek out of the book of the LORD, and read: 16
none of these shall be missing, none shall want her mate; for
my speech has commanded, and his spirit has gathered them.
And he has cast the lot for them, and his hand has divided it 17
unto them by line : they shall possess if for ever,from genera-
tion to generation shall they dwell therein. The wilderness 35
and the arid land shall be glad ; and the desert shall rejoice, and
blossom like the tulip. It shall blossom abundantly, and rejoice 2
even with joy and singing: the glory of the Levanon shall be
given to it, the excellency of the Karmel and the Sharon, they
shall see the glory of the LORD, and the excellency of our GOD.
Strengthen the weak hands, and confirm the feeble knees. 3
Say to them that are of a fearful heart, Be strong, fear not : 4
behold, your GOD will come with vengeance, even with a divine
recompense ; he will come and save you. Then the eyes of the 5
blind shall be opened, and the ears of the deaf shall be un-
stopped. Then shall the lame man leap as a hart and the tongue 6
of the dumb sing: for in the wilderness shall waters break out,
and streams in the desert. And the parched ground shall be- 7
come a pool, and the thirsty land springs of water : the habita-
tion of jackals shall become a pasture for cattle, an enclosure
of reeds and rushes. And a highway shall be there, and a way, 8
and it shall be called The way of holiness : the unclean shall not
pass over it; and he shall be to them a guide, and fools shall
not err in it. No lion shall be there, nor any ravenous beast 9
shall go up on it, they shall not be found there; but the re-
deemed shall walk there: and the ransomed of the LORD shall 10
return, and come to Z̲iyyon with songs and everlasting joy
upon their heads: they shall obtain joy and gladness, and sor-
row and sighing shall flee away.
Now it came to pass in the fourteenth year of king H̱izqiyyahu, 36
that Sanẖeriv king of Ashshur came up against all the fortified
cities of Yehuda, and took them. And the king of Ashshur sent 2
Ravshaqe from Lakhish to Yerushalayim to king H̱izqiyyahu
with a great army. And he stood by the aqueduct of the upper
pool in the highway of the washer's field. Then Elyaqim, H̱ilqiy- 3
yahu's son, who was over the house, came out to him, and Shev-
na the scribe, and Yo'aẖ Asaf's son, the recorder. And Ravshaqe 4
said to them, Say now to H̱izqiyyahu, Thus says the great king,
the king of Ashshur, What confidence is this in which thou trust-
est ? I said, A mere word with the lips is thy counsel and strength 5
for war: now on whom dost thou trust, that thou rebellest

ו וּגְבוּרָה לַמִּלְחָמָה עַתָּה עַל־מִי בָטַחְתָּ כִּי מָרַדְתָּ בִּי: הִנֵּה
בָטַחְתָּ עַל־מִשְׁעֶנֶת הַקָּנֶה הָרָצוּץ הַזֶּה עַל־מִצְרַיִם אֲשֶׁר
יִסָּמֵךְ אִישׁ עָלָיו וּבָא בְכַפּוֹ וּנְקָבָהּ כֵּן פַּרְעֹה מֶלֶךְ־מִצְרַיִם
ז לְכָל־הַבֹּטְחִים עָלָיו: וְכִי־תֹאמַר אֵלַי אֶל־יהוה אֱלֹהֵינוּ
בָּטָחְנוּ הֲלוֹא הוּא אֲשֶׁר הֵסִיר חִזְקִיָּהוּ אֶת־בָּמֹתָיו וְאֶת־
מִזְבְּחֹתָיו וַיֹּאמֶר לִיהוּדָה וְלִירוּשָׁלַםִ לִפְנֵי הַמִּזְבֵּחַ הַזֶּה
ח תִּשְׁתַּחֲווּ: וְעַתָּה הִתְעָרֶב נָא אֶת־אֲדֹנִי הַמֶּלֶךְ אַשּׁוּר וְאֶתְּנָה
ט לְךָ אַלְפַּיִם סוּסִים אִם־תּוּכַל לָתֶת לְךָ רֹכְבִים עֲלֵיהֶם: וְאֵיךְ
תָּשִׁיב אֵת פְּנֵי פַחַת אַחַד עַבְדֵי אֲדֹנִי הַקְּטַנִּים וַתִּבְטַח לְךָ
י עַל־מִצְרַיִם לְרֶכֶב וּלְפָרָשִׁים: וְעַתָּה הֲמִבַּלְעֲדֵי יהוה עָלִיתִי
עַל־הָאָרֶץ הַזֹּאת לְהַשְׁחִיתָהּ יהוה אָמַר אֵלַי עֲלֵה אֶל־הָאָרֶץ
יא הַזֹּאת וְהַשְׁחִיתָהּ: וַיֹּאמֶר אֶלְיָקִים וְשֶׁבְנָא וְיוֹאָח אֶל־רַבְשָׁקֵה
דַּבֶּר־נָא אֶל־עֲבָדֶיךָ אֲרָמִית כִּי שֹׁמְעִים אֲנָחְנוּ וְאַל־תְּדַבֵּר
יב אֵלֵינוּ יְהוּדִית בְּאָזְנֵי הָעָם אֲשֶׁר עַל־הַחוֹמָה: וַיֹּאמֶר רַבְשָׁקֵה
הַאֶל אֲדֹנֶיךָ וְאֵלֶיךָ שְׁלָחַנִי אֲדֹנִי לְדַבֵּר אֶת־הַדְּבָרִים הָאֵלֶּה
הֲלֹא עַל־הָאֲנָשִׁים הַיֹּשְׁבִים עַל־הַחוֹמָה לֶאֱכֹל אֶת־חראיהם צוֹאָתָם
יג וְלִשְׁתּוֹת אֶת־שיניהם עִמָּכֶם: וַיַּעֲמֹד רַבְשָׁקֵה וַיִּקְרָא בְקוֹל־ מֵימֵי רַגְלֵיהֶם
גָּדוֹל יְהוּדִית וַיֹּאמֶר שִׁמְעוּ אֶת־דִּבְרֵי הַמֶּלֶךְ הַגָּדוֹל מֶלֶךְ
יד אַשּׁוּר: כֹּה אָמַר הַמֶּלֶךְ אַל־יַשִּׁא לָכֶם חִזְקִיָּהוּ כִּי לֹא־יוּכַל
טו לְהַצִּיל אֶתְכֶם: וְאַל־יַבְטַח אֶתְכֶם חִזְקִיָּהוּ אֶל־יהוה לֵאמֹר
הַצֵּל יַצִּילֵנוּ יהוה לֹא תִנָּתֵן הָעִיר הַזֹּאת בְּיַד מֶלֶךְ אַשּׁוּר:
טז אַל־תִּשְׁמְעוּ אֶל־חִזְקִיָּהוּ כִּי כֹה אָמַר הַמֶּלֶךְ אַשּׁוּר עֲשׂוּ אִתִּי
בְרָכָה וּצְאוּ אֵלַי וְאִכְלוּ אִישׁ־גַּפְנוֹ וְאִישׁ תְּאֵנָתוֹ וּשְׁתוּ אִישׁ
יז מֵי־בוֹרוֹ: עַד־בֹּאִי וְלָקַחְתִּי אֶתְכֶם אֶל־אֶרֶץ כְּאַרְצְכֶם אֶרֶץ
יח דָּגָן וְתִירוֹשׁ אֶרֶץ לֶחֶם וּכְרָמִים: פֶּן־יַסִּית אֶתְכֶם חִזְקִיָּהוּ
לֵאמֹר יהוה יַצִּילֵנוּ הַהִצִּילוּ אֱלֹהֵי הַגּוֹיִם אִישׁ אֶת־אַרְצוֹ מִיַּד
יט מֶלֶךְ אַשּׁוּר: אַיֵּה אֱלֹהֵי חֲמָת וְאַרְפָּד אַיֵּה אֱלֹהֵי סְפַרְוָיִם וְכִי־
כ הִצִּילוּ אֶת־שֹׁמְרוֹן מִיָּדִי: מִי בְּכָל־אֱלֹהֵי הָאֲרָצוֹת הָאֵלֶּה
אֲשֶׁר־הִצִּילוּ אֶת־אַרְצָם מִיָּדִי כִּי־יַצִּיל יהוה אֶת־יְרוּשָׁלַםִ
כא מִיָּדִי: וַיַּחֲרִישׁוּ וְלֹא־עָנוּ אֹתוֹ דָּבָר כִּי־מִצְוַת הַמֶּלֶךְ הִיא
כב לֵאמֹר לֹא תַעֲנֻהוּ: וַיָּבֹא אֶלְיָקִים בֶּן־חִלְקִיָּהוּ אֲשֶׁר־עַל־הַבַּיִת
וְשֶׁבְנָא הַסּוֹפֵר וְיוֹאָח בֶּן־אָסָף הַמַּזְכִּיר אֶל־חִזְקִיָּהוּ קְרוּעֵי
לז א בְגָדִים וַיַּגִּידוּ לוֹ אֵת דִּבְרֵי רַבְשָׁקֵה: וַיְהִי כִּשְׁמֹעַ
הַמֶּלֶךְ חִזְקִיָּהוּ וַיִּקְרַע אֶת־בְּגָדָיו וַיִּתְכַּס בַּשָּׂק וַיָּבֹא בֵּית יהוה:
ב וַיִּשְׁלַח אֶת־אֶלְיָקִים אֲשֶׁר־עַל־הַבַּיִת וְאֵת ׀ שֶׁבְנָא הַסּוֹפֵר
וְאֵת זִקְנֵי הַכֹּהֲנִים מִתְכַּסִּים בַּשַּׂקִּים אֶל־יְשַׁעְיָהוּ בֶן־אָמוֹץ

against me? Lo, thou trustest in the staff of this broken reed, 6
in Miẓrayim ; on which if a man lean, it will go into his arm,
and pierce it: so is Par'o king of Miẓrayim to all that trust in
him. But if thou say to me, We trust in the LORD our GOD: is 7
it not he, whose high places and whose altars Ḥizqiyyahu has
taken away, and said to Yehuda and to Yerushalayim, You shall
worship before this altar ? Now therefore make a wager, I pray 8
thee, with my master the king of Ashshur, and I will give thee
two thousand horses, if thou be able on thy part to set riders
upon them. How then wilt thou turn away the face of one 9
officer of the least of my master's servants, and put thy trust
in Miẓrayim for chariots and for horsemen ? And am I now 10
come up without the LORD against this land to destroy it? it
is the LORD who said to me, Go up against this land, and de-
stroy it. Then said Elyaqim and Shevna and Yoaḥ to Ravshaqe, 11
Speak, I pray thee, to thy servants in the tongue of Aram; for
we understand it: and speak not to us in the language of Ye-
huda, in the hearing of the people that are on the wall. But 12
Ravshaqe said, Has my master sent me to thy master and to
thee to speak these words? has he not sent me to the men
that sit upon the wall, that they may eat their own dung, and
drink their own urine with you ? Then Ravshaqe stood, and 13
cried with a loud voice in the language of Yehuda, and said,
Hear the words of the great king, the king of Ashshur. Thus 14
says the king, Let not Ḥizqiyyahu deceive you: for he shall
not be able to deliver you. Neither let Ḥizqiyyahu make you 15
trust in the LORD, saying, The LORD will surely deliver us:
this city shall not be delivered into the hand of the king of
Ashshur. Hearken not to Ḥizqiyyahu: for thus says the king 16
of Ashshur, Make an agreement with me, and come out to me:
and then you may eat every one of his own vine, and every one
of his fig tree, and drink every one the waters of his own cis-
tern; until I come and take you away to a land like your own 17
land, a land of corn and wine, a land of bread and vineyards.
Beware lest Ḥizqiyyahu persuade you, saying, The LORD will 18
deliver us. Has any of the gods of the nations delivered his
land out of the hand of the king of Ashshur ? Where are the gods 19
of Ḥamat and Arpad? where are the gods of Sefarvayim? and
have they delivered Shomeron out of my hand? Which of the 20
gods of these lands, have delivered their land out of my hand,
that the LORD should deliver Yerushalayim out of my hand? But 21
they held their peace, and answered him not a word: for the
king's commandment was, saying, Answer him not. Then El- 22
yaqim, the son of Ḥilqiyyahu, that was over the household, and
Shevna the scribe, and Yo'aḥ, the son of Asaf, the recorder, came
to Ḥizqiyyahu with their clothes rent, and told him the words
of Ravshaqe.   And it came to pass, when king Ḥizqiyyahu **37**
heard it, that he rent his clothes, and covered himself with
sackcloth, and went into the house of the LORD. And he sent 2
Elyaqim, who was over the household, and Shevna the scribe,
and the elders of the priests covered with sackcloth, to Ye-

הַנָּבִיא: וַיֹּאמְרוּ אֵלָיו כֹּה אָמַר חִזְקִיָּהוּ יוֹם־צָרָה וְתוֹכֵחָה ג

וּנְאָצָה הַיּוֹם הַזֶּה כִּי בָאוּ בָנִים עַד־מַשְׁבֵּר וְכֹחַ אַיִן לְלֵדָה:

אוּלַי יִשְׁמַע יְהוָֹה אֱלֹהֶיךָ אֵת ׀ דִּבְרֵי רַבְשָׁקֵה אֲשֶׁר שְׁלָחוֹ ד

מֶלֶךְ־אַשּׁוּר ׀ אֲדֹנָיו לְחָרֵף אֱלֹהִים חַי וְהוֹכִיחַ בַּדְּבָרִים אֲשֶׁר

שָׁמַע יְהוָֹה אֱלֹהֶיךָ וְנָשָׂאתָ תְפִלָּה בְּעַד הַשְּׁאֵרִית הַנִּמְצָאָה:

וַיָּבֹאוּ עַבְדֵי הַמֶּלֶךְ חִזְקִיָּהוּ אֶל־יְשַׁעְיָהוּ: וַיֹּאמֶר אֲלֵיהֶם ה

יְשַׁעְיָהוּ כֹּה תֹאמְרוּן אֶל־אֲדֹנֵיכֶם כֹּה ׀ אָמַר יְהוָֹה אַל־תִּירָא

מִפְּנֵי הַדְּבָרִים אֲשֶׁר שָׁמַעְתָּ אֲשֶׁר גִּדְּפוּ נַעֲרֵי מֶלֶךְ־אַשּׁוּר

אוֹתִי: הִנְנִי נוֹתֵן בּוֹ רוּחַ וְשָׁמַע שְׁמוּעָה וְשָׁב אֶל־אַרְצוֹ ז

וְהִפַּלְתִּיו בַּחֶרֶב בְּאַרְצוֹ: וַיָּשָׁב רַבְשָׁקֵה וַיִּמְצָא אֶת־מֶלֶךְ ח

אַשּׁוּר נִלְחָם עַל־לִבְנָה כִּי שָׁמַע כִּי נָסַע מִלָּכִישׁ: וַיִּשְׁמַע עַל־ ט

תִּרְהָקָה מֶלֶךְ־כּוּשׁ לֵאמֹר יָצָא לְהִלָּחֵם אִתָּךְ וַיִּשְׁמַע וַיִּשְׁלַח

מַלְאָכִים אֶל־חִזְקִיָּהוּ לֵאמֹר: כֹּה תֹאמְרוּן אֶל־חִזְקִיָּהוּ מֶלֶךְ־ י

יְהוּדָה לֵאמֹר אַל־יַשִּׁאֲךָ אֱלֹהֶיךָ אֲשֶׁר אַתָּה בּוֹטֵחַ בּוֹ לֵאמֹר

לֹא תִנָּתֵן יְרוּשָׁלִַם בְּיַד מֶלֶךְ אַשּׁוּר: הִנֵּה ׀ אַתָּה שָׁמַעְתָּ אֲשֶׁר יא

עָשׂוּ מַלְכֵי אַשּׁוּר לְכָל־הָאֲרָצוֹת לְהַחֲרִימָם וְאַתָּה תִּנָּצֵל:

הַהִצִּילוּ אוֹתָם אֱלֹהֵי הַגּוֹיִם אֲשֶׁר הִשְׁחִיתוּ אֲבוֹתַי אֶת־גּוֹזָן יב

וְאֶת־חָרָן וְרֶצֶף וּבְנֵי־עֶדֶן אֲשֶׁר בִּתְלַשָּׂר: אַיֵּה מֶלֶךְ־חֲמָת יג

וּמֶלֶךְ אַרְפָּד וּמֶלֶךְ לָעִיר סְפַרְוָיִם הֵנַע וְעִוָּה: וַיִּקַּח חִזְקִיָּהוּ יד

אֶת־הַסְּפָרִים מִיַּד הַמַּלְאָכִים וַיִּקְרָאֵהוּ וַיַּעַל בֵּית יְהוָֹה

וַיִּפְרְשֵׂהוּ חִזְקִיָּהוּ לִפְנֵי יְהוָֹה: וַיִּתְפַּלֵּל חִזְקִיָּהוּ אֶל־יְהוָֹה לֵאמֹר: טו

יְהוָֹה צְבָאוֹת אֱלֹהֵי יִשְׂרָאֵל יֹשֵׁב הַכְּרֻבִים אַתָּה־הוּא הָאֱלֹהִים טז

לְבַדְּךָ לְכֹל מַמְלְכוֹת הָאָרֶץ אַתָּה עָשִׂיתָ אֶת־הַשָּׁמַיִם וְאֶת־

הָאָרֶץ: הַטֵּה יְהוָֹה ׀ אָזְנְךָ וּשְׁמָע פְּקַח יְהוָֹה עֵינֶךָ וּרְאֵה וּשְׁמַע יז

אֵת כָּל־דִּבְרֵי סַנְחֵרִיב אֲשֶׁר שָׁלַח לְחָרֵף אֱלֹהִים חָי: אָמְנָם יח

יְהוָֹה הֶחֱרִיבוּ מַלְכֵי אַשּׁוּר אֶת־כָּל־הָאֲרָצוֹת וְאֶת־אַרְצָם:

וְנָתֹן אֶת־אֱלֹהֵיהֶם בָּאֵשׁ כִּי לֹא אֱלֹהִים הֵמָּה כִּי אִם־מַעֲשֵׂה יט

יְדֵי־אָדָם עֵץ וָאֶבֶן וַיְאַבְּדוּם: וְעַתָּה יְהוָֹה אֱלֹהֵינוּ הוֹשִׁיעֵנוּ כ

מִיָּדוֹ וְיֵדְעוּ כָּל־מַמְלְכוֹת הָאָרֶץ כִּי־אַתָּה יְהוָֹה לְבַדֶּךָ: וַיִּשְׁלַח כא

יְשַׁעְיָהוּ בֶן־אָמוֹץ אֶל־חִזְקִיָּהוּ לֵאמֹר כֹּה־אָמַר יְהוָֹה אֱלֹהֵי

יִשְׂרָאֵל אֲשֶׁר הִתְפַּלַּלְתָּ אֵלַי אֶל־סַנְחֵרִיב מֶלֶךְ אַשּׁוּר: זֶה כב

הַדָּבָר אֲשֶׁר־דִּבֶּר יְהוָֹה עָלָיו בָּזָה לְךָ לָעֲגָה לְךָ בְּתוּלַת בַּת־

צִיּוֹן אַחֲרֶיךָ רֹאשׁ הֵנִיעָה בַּת יְרוּשָׁלִָם: אֶת־מִי חֵרַפְתָּ וְגִדַּפְתָּ כג

וְעַל־מִי הֲרִימוֹתָה קּוֹל וַתִּשָּׂא מָרוֹם עֵינֶיךָ אֶל־קְדוֹשׁ יִשְׂרָאֵל:

בְּיַד עֲבָדֶיךָ חֵרַפְתָּ ׀ אֲדֹנָי וַתֹּאמֶר בְּרֹב רִכְבִּי אֲנִי עָלִיתִי מְרוֹם כד

sha'yahu the prophet the son of Amoẕ. And they said to him, 3
Thus says Ḥizqiyyahu, This day is a day of trouble, and of
reviling, and of blasphemy: for the children are come to the
birth, and there is not strength to bring forth. It may be the 4
LORD thy GOD will hear the words of Ravshaqe, whom the
king of Ashshur his master has sent to taunt the living GOD,
and to revile with words as the LORD thy GOD has heard:
wherefore send up a prayer for the remnant that is left. So the 5
servants of king Ḥizqiyyahu came to Yesha'yahu. And Yesha'- 6
yahu said to them, Thus shall you say to your master, Thus
says the LORD, Be not afraid of the words that thou hast heard,
with which the servants of the king of Ashshur have blas-
phemed me. Behold, I will send another spirit in him, and he 7
shall hear a rumour, and return to his own land; and I will
cause him to fall by the sword in his own land. So Ravshaqe 8
returned, and found the king of Ashshur warring against Livna:
for he had heard that he was departed from Lakhish. And he 9
heard say concerning Tirhaqa king of Kush, He is come out
to make war with thee. And when he heard it, he sent mes-
sengers to Ḥizqiyyahu, saying, Thus shall you speak to Ḥizqi- 10
yyahu king of Yehuda, saying, Let not thy GOD, in whom thou
trustest, deceive thee, saying, Yerushalayim shall not be given
into the hand of the king of Ashshur. Behold, thou hast heard 11
what the kings of Ashshur have done to all the lands by de-
stroying them utterly; and shalt thou be delivered? Have their 12
gods delivered those nations which my fathers have destroyed,
as Gozan, and Ḥaran, and Reẕef, and the children of 'Eden
who were in Telassar? Where is the king of Ḥamat, the king of 13
Arpad, and the king of the city of Sefarvayim, Hena, and 'Ivva?
And Ḥizqiyyahu took the letters from the hands of the mes- 14
sengers, and read them: and Ḥizqiyyahu went up to the house
of the LORD, and spread it before the LORD. And Ḥizqiyyahu 15
prayed to the LORD, saying, O LORD of hosts, GOD of Yisra'el 16
that sittest upon the keruvim, thou art the GOD, thou alone, of
all the kingdoms of the earth: thou hast made heaven and
earth. Bend thy ear, O LORD, and hear; open thy eyes, O LORD, 17
and see: and hear all the words of Sanḥeriv, which he has sent
to taunt the living GOD. Of a truth, LORD, the kings of Ashshur 18
have laid waste all the nations, and their countries, and have 19
cast their gods into the fire: for they were no gods, but the
work of men's hands, wood and stone: therefore they have
destroyed them. Now therefore, O LORD our GOD, save us from 20
his hand, that all the kingdoms of the earth may know that
thou art the LORD, even thou only. Then Yesha'yahu the son of 21
Amoẕ sent to Ḥizqiyyahu, saying, Thus says the LORD GOD of
Yisra'el, That which thou hast prayed to me against Sanḥeriv
king of Ashshur. This is the word which the LORD has spoken 22
concerning him; The virgin, the daughter of Ẕiyyon, despises
thee, and laughs thee to scorn; the daughter of Yerushalayim
tosses her head at thee. Whom hast thou taunted and blas- 23
phemed? and against whom hast thou exalted thy voice, and
lifted up thy eyes on high? against the Holy One of Yisra'el.
By thy servants hast thou taunted the LORD, and hast said, By 24

הָרִים יַרְכְּתֵי לְבָנוֹן וְאֶכְרֹת קוֹמַת אֲרָזָיו מִבְחַר בְּרֹשָׁיו וְאָבוֹא

כה מְרוֹם קִצּוֹ יַעַר כַּרְמִלּוֹ: אֲנִי קַרְתִּי וְשָׁתִיתִי מָיִם וְאַחְרִב בְּכַף־

פְּעָמַי כֹּל יְאֹרֵי מָצוֹר: הֲלוֹא־שָׁמַעְתָּ לְמֵרָחוֹק אוֹתָהּ עָשִׂיתִי

מִימֵי קֶדֶם וִיצַרְתִּיהָ עַתָּה הֲבֵאתִיהָ וּתְהִי לְהַשְׁאוֹת גַּלִּים נִצִּים

כו עָרִים בְּצֻרוֹת: וְיֹשְׁבֵיהֶן קִצְרֵי־יָד חַתּוּ וָבֹשׁוּ הָיוּ עֵשֶׂב שָׂדֶה

כז וִירַק דֶּשֶׁא חֲצִיר גַּגּוֹת וּשְׁדֵמָה לִפְנֵי קָמָה: וְשִׁבְתְּךָ וְצֵאתְךָ

כח וּבוֹאֲךָ יָדָעְתִּי וְאֵת הִתְרַגֶּזְךָ אֵלָי: יַעַן הִתְרַגֶּזְךָ אֵלַי וְשַׁאֲנַנְךָ

עָלָה בְאָזְנָי וְשַׂמְתִּי חַחִי בְּאַפֶּךָ וּמִתְגִּי בִּשְׂפָתֶיךָ וַהֲשִׁיבֹתִיךָ

כט בַּדֶּרֶךְ אֲשֶׁר־בָּאתָ בָּהּ: וְזֶה־לְּךָ הָאוֹת אָכוֹל הַשָּׁנָה סָפִיחַ

ל וּבַשָּׁנָה הַשֵּׁנִית שָׁחִיס וּבַשָּׁנָה הַשְּׁלִישִׁית זִרְעוּ וְקִצְרוּ וְנִטְעוּ

כְרָמִים וְאִכְלוּ פִרְיָם: וְיָסְפָה פְּלֵיטַת בֵּית־יְהוּדָה הַנִּשְׁאָרָה

לא שֹׁרֶשׁ לְמָטָּה וְעָשָׂה פְרִי לְמָעְלָה: כִּי מִירוּשָׁלַ͏ִם תֵּצֵא

לב שְׁאֵרִית וּפְלֵיטָה מֵהַר צִיּוֹן קִנְאַת יְהוָה צְבָאוֹת תַּעֲשֶׂה־

זֹּאת: לָכֵן כֹּה־אָמַר יְהוָה אֶל־מֶלֶךְ אַשּׁוּר לֹא

לג יָבוֹא אֶל־הָעִיר הַזֹּאת וְלֹא־יוֹרֶה שָׁם חֵץ וְלֹא־יְקַדְּמֶנָּה מָגֵן

לד וְלֹא־יִשְׁפֹּךְ עָלֶיהָ סֹלְלָה: בַּדֶּרֶךְ אֲשֶׁר־בָּא בָּהּ יָשׁוּב וְאֶל־

לה הָעִיר הַזֹּאת לֹא יָבוֹא נְאֻם־יְהוָה: וְגַנּוֹתִי עַל־הָעִיר הַזֹּאת

לו לְהוֹשִׁיעָהּ לְמַעֲנִי וּלְמַעַן דָּוִד עַבְדִּי: וַיֵּצֵא |

מַלְאַךְ יְהוָה וַיַּכֶּה בְּמַחֲנֵה אַשּׁוּר מֵאָה וּשְׁמֹנִים וַחֲמִשָּׁה

אֶלֶף וַיַּשְׁכִּימוּ בַבֹּקֶר וְהִנֵּה כֻלָּם פְּגָרִים מֵתִים: וַיִּסַּע

לז וַיֵּלֶךְ וַיָּשָׁב סַנְחֵרִיב מֶלֶךְ־אַשּׁוּר וַיֵּשֶׁב בְּנִינְוֵה: וַיְהִי הוּא

לח מִשְׁתַּחֲוֶה בֵּית | נִסְרֹךְ אֱלֹהָיו וְאַדְרַמֶּלֶךְ וְשַׂרְאֶצֶר בָּנָיו הִכֻּהוּ

בַחֶרֶב וְהֵמָּה נִמְלְטוּ אֶרֶץ אֲרָרָט וַיִּמְלֹךְ אֵסַר־חַדֹּן בְּנוֹ

לח א תַּחְתָּיו: בַּיָּמִים הָהֵם חָלָה חִזְקִיָּהוּ לָמוּת וַיָּבוֹא

אֵלָיו יְשַׁעְיָהוּ בֶן־אָמוֹץ הַנָּבִיא וַיֹּאמֶר אֵלָיו כֹּה־אָמַר יְהוָה צַו

ב לְבֵיתֶךָ כִּי מֵת אַתָּה וְלֹא תִחְיֶה: וַיַּסֵּב חִזְקִיָּהוּ פָּנָיו אֶל־הַקִּיר

ג וַיִּתְפַּלֵּל אֶל־יְהוָה: וַיֹּאמַר אָנָּה יְהוָה זְכָר־נָא אֵת אֲשֶׁר

הִתְהַלַּכְתִּי לְפָנֶיךָ בֶּאֱמֶת וּבְלֵב שָׁלֵם וְהַטּוֹב בְּעֵינֶיךָ עָשִׂיתִי

ד וַיֵּבְךְּ חִזְקִיָּהוּ בְּכִי גָדוֹל: וַיְהִי דְּבַר־יְהוָה אֶל־

ה יְשַׁעְיָהוּ לֵאמֹר: הָלוֹךְ וְאָמַרְתָּ אֶל־חִזְקִיָּהוּ כֹּה־אָמַר יְהוָה

אֱלֹהֵי דָּוִד אָבִיךָ שָׁמַעְתִּי אֶת־תְּפִלָּתֶךָ רָאִיתִי אֶת־דִּמְעָתֶךָ

ו הִנְנִי יוֹסִף עַל־יָמֶיךָ חֲמֵשׁ עֶשְׂרֵה שָׁנָה: וּמִכַּף מֶלֶךְ־אַשּׁוּר

ז אַצִּילְךָ וְאֵת הָעִיר הַזֹּאת וְגַנּוֹתִי עַל־הָעִיר הַזֹּאת: וְזֶה־לְּךָ

הָאוֹת מֵאֵת יְהוָה אֲשֶׁר יַעֲשֶׂה יְהוָה אֶת־הַדָּבָר הַזֶּה אֲשֶׁר

the multitude of my chariots am I come up to the height of the mountains, to the sides of Levanon; and I have have cut down its tall cedars, its choice cypresses: and I will enter into its farthest height, its deepest forest. I have dug, and drunk water; 25 and with the sole of my feet I have dried up all the canals of Maẓor. Hast thou not heard long ago, how I have done it; 26 and of ancient times, that I have formed it? now have I brought it to pass, that fortified cities should be laid waste into ruinous heaps. Therefore their inhabitants were of small power, they 27 were dismayed and confounded: they were as the grass of the field, and as the green herb, as the grass on the housetops, and as corn blasted before it be grown up. But I know thy abode, 28 and thy going out, and thy coming in, and thy rage against me. Because thy rage against me, and thy confidence is come up 29 to my ears, therefore will I put my hook in thy nose, and my bridle in thy lips, and I will turn thee back by the way by which thou didst come. And this shall be a sign to thee, you 30 shall eat this year such as grows of itself; and the second year that which springs of the same: and in the third year sow, and reap, and plant vineyards, and eat their fruits. And the 31 remnant that is escaped of the house of Yehuda shall again take root downwards, and bear fruit upwards: for out of Ye- 32 rushalayim shall a remnant go out, and they that escape out of mount Ẓiyyon: the zeal of the LORD of hosts shall do this.

Therefore thus says the LORD concerning the king of Ashshur, 33 He shall not come into this city, nor shoot an arrow there, nor come before it with shield, nor throw a mound against it. By the way that he came, by the same shall he return, and he 34 shall not come into this city, says the LORD. For I will defend 35 this city to save it for my own sake, and for my servant David's sake.   Then the angel of the LORD went forth, and smote in 36 the camp of Ashshur a hundred and eighty five thousand: and when they arose early in the morning, behold, they were all dead corpses. So Sanḥeriv king of Ashshur departed, and went 37 and returned, and dwelt at Nineve. And it came to pass, as he 38 was worshipping in the house of Nisrokh his god, that Adram-melekh and Shar'eẓer his sons smote him with the sword; and they escaped into the land of Ararat: and Esar-ḥaddon his son reigned in his stead.   In those days Ḥizqiyyahu fell mor- **38** tally sick. And Yesha'yahu the prophet, the son of Amoẓ came to him, and said to him, Thus says the LORD, Set thy house in or-der: for thou shalt die, and not live. Then Ḥizqiyyahu turned his 2 face toward the wall, and prayed to the LORD, and said, Re- 3 member now, O LORD, I beseech thee, how I have walked before thee in truth and with a perfect heart, and have done that which is good in thy sight. And Ḥizqiyyahu wept sore.

Then came the word of the LORD to Yesha'yahu, saying, 4 Go, and say to Ḥizqiyyahu, Thus says the LORD, the GOD of 5 David thy father, I have heard thy prayer, I have seen thy tears: behold, I will add to thy days fifteen years. And I will 6 deliver thee and this city out of the hand of the king of Ashshur: and I will defend this city. And this shall be a sign 7

ח דִּבֵּר הִנְנִי מֵשִׁיב אֶת־צֵל הַמַּעֲלוֹת אֲשֶׁר יָרְדָה בְמַעֲלוֹת אָחָז
בַּשֶּׁמֶשׁ אֲחֹרַנִּית עֶשֶׂר מַעֲלוֹת וַתָּשָׁב הַשֶּׁמֶשׁ עֶשֶׂר מַעֲלוֹת
בַּמַּעֲלוֹת אֲשֶׁר יָרָדָה: מִכְתָּב לְחִזְקִיָּהוּ מֶלֶךְ־ ט

י יְהוּדָה בַּחֲלֹתוֹ וַיְחִי מֵחָלְיוֹ: אֲנִי אָמַרְתִּי בִּדְמִי יָמַי אֵלֵכָה
יא בְּשַׁעֲרֵי שְׁאוֹל פֻּקַּדְתִּי יֶתֶר שְׁנוֹתָי: אָמַרְתִּי לֹא־אֶרְאֶה יָהּ יָהּ
יב בְּאֶרֶץ הַחַיִּים לֹא־אַבִּיט אָדָם עוֹד עִם־יוֹשְׁבֵי חָדֶל: דּוֹרִי נִסַּע
וְנִגְלָה מִנִּי כְּאֹהֶל רֹעִי קִפַּדְתִּי כָאֹרֵג חַיַּי מִדַּלָּה יְבַצְּעֵנִי מִיּוֹם
יג עַד־לַיְלָה תַּשְׁלִימֵנִי: שִׁוִּיתִי עַד־בֹּקֶר כָּאֲרִי כֵּן יְשַׁבֵּר כָּל־
יד עַצְמוֹתָי מִיּוֹם עַד־לַיְלָה תַּשְׁלִימֵנִי: כְּסוּס עָגוּר כֵּן אֲצַפְצֵף
אֶהְגֶּה כַּיּוֹנָה דַּלּוּ עֵינַי לַמָּרוֹם אֲדֹנָי עָשְׁקָה־לִּי עָרְבֵנִי: מַה־ טו
אֲדַבֵּר וְאָמַר־לִי וְהוּא עָשָׂה אֶדַּדֶּה כָל־שְׁנוֹתַי עַל־מַר נַפְשִׁי:
טז אֲדֹנָי עֲלֵיהֶם יִחְיוּ וּלְכָל־בָּהֶן חַיֵּי רוּחִי וְתַחֲלִימֵנִי וְהַחֲיֵנִי: הִנֵּה
לְשָׁלוֹם מַר־לִי מָר וְאַתָּה חָשַׁקְתָּ נַפְשִׁי מִשַּׁחַת בְּלִי כִּי
יז הִשְׁלַכְתָּ אַחֲרֵי גֵוְךָ כָּל־חֲטָאָי: כִּי לֹא שְׁאוֹל תּוֹדֶךָּ מָוֶת
יח יְהַלְלֶךָּ לֹא־יְשַׂבְּרוּ יוֹרְדֵי־בוֹר אֶל־אֲמִתֶּךָ: חַי חַי הוּא יוֹדֶךָ
כ כָּמוֹנִי הַיּוֹם אָב לְבָנִים יוֹדִיעַ אֶל־אֲמִתֶּךָ: יְהוָה לְהוֹשִׁיעֵנִי
כא וּנְגִנוֹתַי נְנַגֵּן כָּל־יְמֵי חַיֵּינוּ עַל־בֵּית יְהוָה: וַיֹּאמֶר יְשַׁעְיָהוּ
כב יִשְׂאוּ דְּבֶלֶת תְּאֵנִים וְיִמְרְחוּ עַל־הַשְּׁחִין וְיֶחִי: וַיֹּאמֶר חִזְקִיָּהוּ
מָה אוֹת כִּי אֶעֱלֶה בֵּית יְהוָה: בָּעֵת הַהִיא שָׁלַח לט

א מְרֹאדַךְ בַּלְאֲדָן בֶּן־בַּלְאֲדָן מֶלֶךְ־בָּבֶל סְפָרִים וּמִנְחָה אֶל־
ב חִזְקִיָּהוּ וַיִּשְׁמַע כִּי חָלָה וַיֶּחֱזָק: וַיִּשְׂמַח עֲלֵיהֶם חִזְקִיָּהוּ וַיַּרְאֵם
אֶת־בֵּית נְכֹתֹה אֶת־הַכֶּסֶף וְאֶת־הַזָּהָב וְאֶת־הַבְּשָׂמִים וְאֵת ׀
הַשֶּׁמֶן הַטּוֹב וְאֵת כָּל־בֵּית כֵּלָיו וְאֵת כָּל־אֲשֶׁר נִמְצָא
בְּאוֹצְרֹתָיו לֹא־הָיָה דָבָר אֲשֶׁר לֹא־הֶרְאָם חִזְקִיָּהוּ בְּבֵיתוֹ
ג וּבְכָל־מֶמְשַׁלְתּוֹ: וַיָּבֹא יְשַׁעְיָהוּ הַנָּבִיא אֶל־הַמֶּלֶךְ חִזְקִיָּהוּ
וַיֹּאמֶר אֵלָיו מָה אָמְרוּ ׀ הָאֲנָשִׁים הָאֵלֶּה וּמֵאַיִן יָבֹאוּ אֵלֶיךָ
ד וַיֹּאמֶר חִזְקִיָּהוּ מֵאֶרֶץ רְחוֹקָה בָּאוּ אֵלַי מִבָּבֶל: וַיֹּאמֶר מָה
רָאוּ בְּבֵיתֶךָ וַיֹּאמֶר חִזְקִיָּהוּ אֵת כָּל־אֲשֶׁר בְּבֵיתִי רָאוּ לֹא־הָיָה
ה דָבָר אֲשֶׁר לֹא־הִרְאִיתִים בְּאוֹצְרֹתָי: וַיֹּאמֶר יְשַׁעְיָהוּ אֶל־
חִזְקִיָּהוּ שְׁמַע דְּבַר־יְהוָה צְבָאוֹת: הִנֵּה יָמִים בָּאִים וְנִשָּׂא ׀ כָּל־ ו
אֲשֶׁר בְּבֵיתֶךָ וַאֲשֶׁר אָצְרוּ אֲבֹתֶיךָ עַד־הַיּוֹם הַזֶּה בָּבֶל לֹא־
יוֹתֵר דָּבָר אָמַר יְהוָה: וּמִבָּנֶיךָ אֲשֶׁר יֵצְאוּ מִמְּךָ אֲשֶׁר תּוֹלִיד ז

to thee from the LORD, that the LORD will do this thing that
he has spoken; behold, I will turn the shadow of the dial,   8
which is gone down in the sun dial of Aḥaz, ten degrees back-
ward. So the sun returned ten degrees, by which it had gone
down on the dial.   The writing of Ḥizqiyyahu king of Yehu-   9
da when he had been sick, and was recovered of his sickness:
I said in the noontide of my days, I shall go to the gates of   10
She'ol: I am deprived of the residue of my years. I said, I shall   11
not see the LORD, the LORD, in the land of the living: I shall
behold man no more with the inhabitants of the world. My   12
dwelling is plucked up and is removed from me like a shep-
herd's tent: I have rolled up my life like a weaver: he will
cut me off from the loom: from day to night thou dost make
an end of me. I wait for morning; as a lion, even so he breaks   13
all my bones: from day to night dost thou make an end of me.
Like a swift or a crane, even so do I chirp: I moan like a dove: 14
my eyes fail with looking upwards: O LORD, I am oppressed, be
thou my security. What shall I say? he has both spoken to   15
me, and himself has done it: I shall walk softly all my years
for the bitterness of my soul. O LORD, with these things men   16
live! and in all these is the life of my spirit: wherefore restore
me and make me live. Behold, for in peace I had great bitter-   17
ness: but thou hast in love to my soul delivered it, from the pit
of destruction: for thou hast cast all my sins behind thy back.
For She'ol cannot praise thee, death cannot celebrate thee: 18
they that go down into the pit cannot hope for thy truth. The   19
living, the living, he shall praise thee, as I do this day: the
father to the children shall make known thy truth. The LORD   20
was ready to save me: therefore we will sing my songs to the
stringed instruments all the days of our life in the house of
the LORD. For Yesha'yahu had said, Let them take a cake of figs,   21
and lay it for a plaster upon the festering place, and he shall
recover. Ḥizqiyyahu also had said, What is the sign that I shall   22
go up to the house of the LORD?   At that time Merodakh-   39
bal'adan, the son of Bal'adan, king of Bavel, sent letters and
a present to Ḥizqiyyahu: for he had heard that he had been
sick, and was recovered. And Ḥizqiyyahu was glad of them,   2
and showed them the house of his treasures, the silver, and
the gold, and the spices, and the precious ointment, and all the
house of his armour, and all that was found in his treasures:
there was nothing in his house, nor in all his dominion, that Ḥiz-
qiyyahu did not show them. Then Yesha'yahu the prophet came   3
to king Ḥizqiyyahu, and said to him, What said these men? and
from where did they come to thee? And Ḥizqiyyahu said, They
are come from a far country to me, from Bavel. Then said he,   4
What have they seen in thy house? And Ḥizqiyyahu answered,
All that is in my house have they seen: there is nothing among
my treasures that I did not show them. Then said Yesha'yahu   5
to Ḥizqiyyahu, Hear the word of the LORD of hosts: Behold,   6
days are coming that all that is in thy house, and that which
thy fathers have laid up in store until this day, shall be carried
to Bavel: nothing shall be left, says the LORD. And of thy   7
sons that shall issue from thee, which thou shalt beget, shall

יִקָּ֑חוּ וְהָי֣וּ סָרִיסִ֔ים בְּהֵיכַ֖ל מֶ֥לֶךְ בָּבֶֽל׃ וַיֹּ֤אמֶר חִזְקִיָּ֙הוּ֙ אֶל־
יְשַֽׁעְיָ֔הוּ ט֥וֹב דְּבַר־יְהוָ֖ה אֲשֶׁ֣ר דִּבַּ֑רְתָּ וַיֹּ֕אמֶר כִּ֥י יִהְיֶ֛ה

טז שָׁל֥וֹם וֶאֱמֶ֖ת בְּיָמָֽי׃ נַחֲמ֥וּ נַחֲמ֖וּ עַמִּ֑י יֹאמַ֖ר
אֱלֹהֵיכֶֽם׃ דַּבְּר֞וּ עַל־לֵ֤ב יְרֽוּשָׁלַ֙͏ִם֙ וְקִרְא֣וּ אֵלֶ֔יהָ כִּ֤י מָֽלְאָה֙
צְבָאָ֔הּ כִּ֥י נִרְצָ֖ה עֲוֺנָ֑הּ כִּ֤י לָקְחָה֙ מִיַּ֣ד יְהוָ֔ה כִּפְלַ֖יִם בְּכָל־
חַטֹּאתֶֽיהָ׃ ק֣וֹל קוֹרֵ֔א בַּמִּדְבָּ֕ר פַּנּ֖וּ דֶּ֣רֶךְ יְהוָ֑ה
יַשְּׁרוּ֙ בָּעֲרָבָ֔ה מְסִלָּ֖ה לֵאלֹהֵֽינוּ׃ כָּל־גֶּיא֙ יִנָּשֵׂ֔א וְכָל־הַ֥ר וְגִבְעָ֖ה
יִשְׁפָּ֑לוּ וְהָיָ֤ה הֶֽעָקֹב֙ לְמִישׁ֔וֹר וְהָרְכָסִ֖ים לְבִקְעָֽה׃ וְנִגְלָ֖ה כְּב֣וֹד
יְהוָ֑ה וְרָא֤וּ כָל־בָּשָׂר֙ יַחְדָּ֔ו כִּ֛י פִּ֥י יְהוָ֖ה דִּבֵּֽר׃ ק֣וֹל
אֹמֵ֤ר קְרָא֙ וְאָמַ֣ר מָ֣ה אֶקְרָ֔א כָּל־הַבָּשָׂ֣ר חָצִ֔יר וְכָל־חַסְדּ֖וֹ
כְּצִ֣יץ הַשָּׂדֶֽה׃ יָבֵ֤שׁ חָצִיר֙ נָ֣בֵֽל צִ֔יץ כִּ֛י ר֥וּחַ יְהוָ֖ה נָ֣שְׁבָה בּ֑וֹ
אָכֵ֥ן חָצִ֖יר הָעָֽם׃ יָבֵ֤שׁ חָצִיר֙ נָ֣בֵֽל צִ֔יץ וּדְבַ֥ר אֱלֹהֵ֖ינוּ יָק֥וּם
לְעוֹלָֽם׃ עַ֣ל הַר־גָּבֹ֤הַ עֲלִי־לָךְ֙ מְבַשֶּׂ֣רֶת צִיּ֔וֹן
הָרִ֤ימִי בַכֹּ֙חַ֙ קוֹלֵ֔ךְ מְבַשֶּׂ֖רֶת יְרֽוּשָׁלָ֑͏ִם הָרִ֙ימִי֙ אַל־תִּירָ֔אִי
אִמְרִי֙ לְעָרֵ֣י יְהוּדָ֔ה הִנֵּ֖ה אֱלֹהֵיכֶֽם׃ הִנֵּ֙ה אֲדֹנָ֤י יְהוִֹה֙ בְּחָזָ֣ק
יָב֔וֹא וּזְרֹע֖וֹ מֹ֣שְׁלָה ל֑וֹ הִנֵּ֤ה שְׂכָרוֹ֙ אִתּ֔וֹ וּפְעֻלָּת֖וֹ לְפָנָֽיו׃
כְּרֹעֶה֙ עֶדְר֣וֹ יִרְעֶ֔ה בִּזְרֹעוֹ֙ יְקַבֵּ֣ץ טְלָאִ֔ים וּבְחֵיק֖וֹ יִשָּׂ֑א עָל֖וֹת
יְנַהֵֽל׃ מִֽי־מָדַ֨ד בְּשָׁעֳל֜וֹ מַ֗יִם וְשָׁמַ֙יִם֙ בַּזֶּ֣רֶת תִּכֵּ֔ן
וְכָ֤ל בַּשָּׁלִשׁ֙ עֲפַ֣ר הָאָ֔רֶץ וְשָׁקַ֤ל בַּפֶּ֙לֶס֙ הָרִ֔ים וּגְבָע֖וֹת בְּמֹאזְנָֽיִם׃
מִֽי־תִכֵּ֥ן אֶת־ר֖וּחַ יְהוָ֑ה וְאִ֥ישׁ עֲצָת֖וֹ יוֹדִיעֶֽנּוּ׃ אֶת־מִ֤י נוֹעָץ֙
וַיְבִינֵ֔הוּ וַֽיְלַמְּדֵ֖הוּ בְּאֹ֣רַח מִשְׁפָּ֑ט וַֽיְלַמְּדֵ֣הוּ דַ֔עַת וְדֶ֥רֶךְ תְּבוּנ֖וֹת
יוֹדִיעֶֽנּוּ׃ הֵ֤ן גּוֹיִם֙ כְּמַ֣ר מִדְּלִ֔י וּכְשַׁ֥חַק מֹאזְנַ֖יִם נֶחְשָׁ֑בוּ
הֵ֥ן אִיִּ֖ים כַּדַּ֥ק יִטּֽוֹל׃ וּלְבָנ֕וֹן אֵ֥ין דֵּ֖י בָּעֵ֑ר וְחַ֨יָּת֔וֹ אֵ֥ין דֵּ֥י
עוֹלָֽה׃ כָּל־הַגּוֹיִ֖ם כְּאַ֣יִן נֶגְדּ֑וֹ מֵאֶ֥פֶס וָתֹ֖הוּ
נֶחְשְׁבוּ־לֽוֹ׃ וְאֶל־מִ֖י תְּדַמְּי֣וּן אֵ֑ל וּמַה־דְּמ֖וּת תַּ֥עַרְכוּ־לֽוֹ׃
הַפֶּ֙סֶל֙ נָסַ֣ךְ חָרָ֔שׁ וְצֹרֵ֖ף בַּזָּהָ֣ב יְרַקְּעֶ֑נּוּ וּרְתֻק֖וֹת כֶּ֥סֶף צוֹרֵֽף׃
הַֽמְסֻכָּ֣ן תְּרוּמָ֔ה עֵ֥ץ לֹֽא־יִרְקַ֖ב יִבְחָ֑ר חָרָ֤שׁ חָכָם֙ יְבַקֶּשׁ־ל֔וֹ
לְהָכִ֥ין פֶּ֖סֶל לֹ֣א יִמּֽוֹט׃ הֲל֤וֹא תֵֽדְעוּ֙ הֲל֣וֹא תִשְׁמָ֔עוּ הֲל֛וֹא הֻגַּ֥ד
מֵרֹ֖אשׁ לָכֶ֑ם הֲלוֹא֙ הֲבִ֣ינוֹתֶ֔ם מֽוֹסְד֖וֹת הָאָֽרֶץ׃ הַיֹּשֵׁב֙ עַל־ח֣וּג
הָאָ֔רֶץ וְיֹשְׁבֶ֖יהָ כַּחֲגָבִ֑ים הַנּוֹטֶ֤ה כַדֹּק֙ שָׁמַ֔יִם וַיִּמְתָּחֵ֥ם כָּאֹ֖הֶל
לָשָֽׁבֶת׃ הַנּוֹתֵ֥ן רוֹזְנִ֖ים לְאָ֑יִן שֹׁ֥פְטֵי אֶ֖רֶץ כַּתֹּ֥הוּ עָשָֽׂה׃ אַ֣ף בַּל־

they take away; and they shall be eunuchs in the palace of
the king of Bavel. Then Ḥizqiyyahu said to Yesha'yahu, Good   8
is the word of the LORD which thou hast spoken. He said
moreover, But there shall be peace and truth in my days.

Comfort my people, comfort them, says your GOD. Speak com-   **40**
fortably to Yerushalayim, and cry to her, that her war service is
ended, that her iniquity is pardoned: for she has received of the
LORD's hand double for all her sins.   A voice cries, Prepare in   3
the wilderness the way of the LORD, make straight in the desert
a highway for our GOD. Every valley shall be exalted, and every   4
mountain and hill shall be made low: and the crooked shall be
made straight, and the rough places plain: and the glory of the   5
LORD shall be revealed, and all flesh shall see it together: for
the mouth of the LORD has spoken it.   A voice says, Cry,   6
and he said what should I cry? All flesh is grass, and all its
grace is as the flower of the field: the grass withers, the   7
flower fades: when the breath of the LORD blows upon it: surely
the people is like grass. The grass withers, the flower fades: 8
but the word of our GOD shall stand for ever.   Thou that   9
bringest good tidings to Ẓiyyon, get thee up into the high
mountain; Thou that bringest good tidings to Yerushalayim, lift
up thy voice with strength; lift it up, be not afraid; say to
the cities of Yehuda, Behold your GOD! Behold, the LORD GOD   10
will come with might, and his arm shall rule for him: behold,
his reward is with him. and his hire before him, He shall feed   11
his flock like a shepherd: he shall gather the lambs with his
arm, and carry them in his bosom, and shall gently lead those
that are with young.   Who has measured the waters in the   12
hollow of his hand, and meted out heaven with the span, and
comprehended the dust of the earth in a measure, and weighed
the mountains in scales, and the hills in a balance? Who has   13
directed the spirit of the LORD, or being his counsellor has taught
him? With whom took he counsel, and who instructed him,   14
and taught him in the path of judgment, and taught him knowl-
edge, and showed to him the way of understanding? Behold, the   15
nations are as a drop of a bucket, and are counted as the small
dust of the balance: behold, he takes up the isles like fine
dust. And Levanon is not sufficient for fuel; nor are its beasts   16
sufficient for a burnt offering.   All nations before him are as   17
nothing; and they are counted to him less than nothing, and
vanity. To whom then will you liken GOD? or what likeness will   18
you compare to him? As for the image, a craftsman casts it, and   19
a refiner plates it with gold, he forges silver chains. He that is   20
too impoverished for such a gift, chooses a tree that will not
rot; he seeks to him a cunning workman to prepare a carved
idol, that shall not be moved. Do you not know? do you not   21
hear? has it not been told you from the beginning? have you
not understood from the foundations of the earth? It is he   22
that sits upon the circle of the earth, and its inhabitants are
as grasshoppers; that stretches out the heavens as a curtain,
and spreads them out as a tent to dwell in : that brings princes   23
to nothing ; he makes the judges of the earth as vanity. Scarcely   24
are they planted; scarcely are they sown; scarcely has their

נִטְּעוּ אַף בַּל־זֹרָעוּ אַף בַּל־שֹׁרֵשׁ בָּאָרֶץ גִּזְעָם וְגַם־נָשַׁף בָּהֶם

כה   וַיִּבָשׁוּ וּסְעָרָה כַּקַּשׁ תִּשָּׂאֵם: וְאֶל־מִי תְדַמְּיוּנִי

כו   וְאֶשְׁוֶה יֹאמַר קָדוֹשׁ: שְׂאוּ־מָרוֹם עֵינֵיכֶם וּרְאוּ מִי־בָרָא אֵלֶּה

הַמּוֹצִיא בְמִסְפָּר צְבָאָם לְכֻלָּם בְּשֵׁם יִקְרָא מֵרֹב אוֹנִים וְאַמִּיץ

כז   כֹּחַ אִישׁ לֹא נֶעְדָּר: לָמָּה תֹאמַר יַעֲקֹב וּתְדַבֵּר

כח   יִשְׂרָאֵל נִסְתְּרָה דַרְכִּי מֵיהוָה וּמֵאֱלֹהַי מִשְׁפָּטִי יַעֲבוֹר: הֲלוֹא

יָדַעְתָּ אִם־לֹא שָׁמַעְתָּ אֱלֹהֵי עוֹלָם יְהוָה בּוֹרֵא קְצוֹת הָאָרֶץ

כט   לֹא יִיעַף וְלֹא יִיגָע אֵין חֵקֶר לִתְבוּנָתוֹ: נֹתֵן לַיָּעֵף כֹּחַ וּלְאֵין

ל   אוֹנִים עָצְמָה יַרְבֶּה: וְיִעֲפוּ נְעָרִים וְיִגָעוּ וּבַחוּרִים כָּשׁוֹל יִכָּשֵׁלוּ:

לא   וְקוֹיֵ יְהוָה יַחֲלִיפוּ כֹחַ יַעֲלוּ אֵבֶר כַּנְּשָׁרִים יָרוּצוּ וְלֹא יִיגָעוּ

יֵלְכוּ וְלֹא יִיעָפוּ:   הַחֲרִישׁוּ אֵלַי אִיִּים וּלְאֻמִּים מא   א

ב   יַחֲלִיפוּ כֹחַ יִגְּשׁוּ אָז יְדַבֵּרוּ יַחְדָּו לַמִּשְׁפָּט נִקְרָבָה: מִי הֵעִיר

מִמִּזְרָח צֶדֶק יִקְרָאֵהוּ לְרַגְלוֹ יִתֵּן לְפָנָיו גּוֹיִם וּמְלָכִים יַרְדְּ יַתֵּן

ג   כֶּעָפָר חַרְבּוֹ כְּקַשׁ נִדָּף קַשְׁתּוֹ: יִרְדְּפֵם יַעֲבוֹר שָׁלוֹם אֹרַח

ד   בְּרַגְלָיו לֹא יָבוֹא: מִי־פָעַל וְעָשָׂה קֹרֵא הַדֹּרוֹת מֵרֹאשׁ אֲנִי

ה   יְהוָה רִאשׁוֹן וְאֶת־אַחֲרֹנִים אֲנִי־הוּא: רָאוּ אִיִּים וְיִירָאוּ קְצוֹת

ו   הָאָרֶץ יֶחֱרָדוּ קָרְבוּ וַיֶּאֱתָיוּן: אִישׁ אֶת־רֵעֵהוּ יַעְזֹרוּ וּלְאָחִיו

ז   יֹאמַר חֲזָק: וַיְחַזֵּק חָרָשׁ אֶת־צֹרֵף מַחֲלִיק פַּטִּישׁ אֶת־

הוֹלֶם פָּעַם אֹמֵר לַדֶּבֶק טוֹב הוּא וַיְחַזְּקֵהוּ בְמַסְמְרִים לֹא

ח   יִמּוֹט: וְאַתָּה יִשְׂרָאֵל עַבְדִּי יַעֲקֹב אֲשֶׁר בְּחַרְתִּיךָ

ט   זֶרַע אַבְרָהָם אֹהֲבִי: אֲשֶׁר הֶחֱזַקְתִּיךָ מִקְצוֹת הָאָרֶץ וּמֵאֲצִילֶיהָ

י   קְרָאתִיךָ וָאֹמַר לְךָ עַבְדִּי־אַתָּה בְּחַרְתִּיךָ וְלֹא מְאַסְתִּיךָ: אַל־

תִּירָא כִּי עִמְּךָ־אָנִי אַל־תִּשְׁתָּע כִּי־אֲנִי אֱלֹהֶיךָ אִמַּצְתִּיךָ אַף־

יא   עֲזַרְתִּיךָ אַף־תְּמַכְתִּיךָ בִּימִין צִדְקִי: הֵן יֵבֹשׁוּ וְיִכָּלְמוּ כֹּל

יב   הַנֶּחֱרִים בָּךְ יִהְיוּ כְאַיִן וְיֹאבְדוּ אַנְשֵׁי רִיבֶךָ: תְּבַקְשֵׁם וְלֹא

תִמְצָאֵם אַנְשֵׁי מַצֻּתֶךָ יִהְיוּ כְאַיִן וּכְאֶפֶס אַנְשֵׁי מִלְחַמְתֶּךָ: כִּי

יג   אֲנִי יְהוָה אֱלֹהֶיךָ מַחֲזִיק יְמִינֶךָ הָאֹמֵר לְךָ אַל־תִּירָא אֲנִי

יד   עֲזַרְתִּיךָ: אַל־תִּירְאִי תּוֹלַעַת יַעֲקֹב מְתֵי יִשְׂרָאֵל

טו   אֲנִי עֲזַרְתִּיךְ נְאֻם־יְהוָה וְגֹאֲלֵךְ קְדוֹשׁ יִשְׂרָאֵל: הִנֵּה שַׂמְתִּיךְ

לְמוֹרַג חָרוּץ חָדָשׁ בַּעַל פִּיפִיּוֹת תָּדוּשׁ הָרִים וְתָדֹק וּגְבָעוֹת

טז   כַּמֹּץ תָּשִׂים: תִּזְרֵם וְרוּחַ תִּשָּׂאֵם וּסְעָרָה תָּפִיץ אוֹתָם וְאַתָּה

stock taken root in the earth: he merely blows upon them and they wither; and the storm wind takes them away as stubble.

To whom then will you liken me, that I should be his 25 equal, says the Holy One. Lift up your eyes on high, and behold 26 who has created these things, that brings out their host by number: he calls them all by names; because of the greatness of his might, and because he is strong in power, not one is missing.

Why sayst thou, O Ya'aqov, and speakest, O Yisra'el, 27 My way is hid from the Lord, and my judgment is passed over from my God? Hast thou not known? hast thou not heard, that 28 the everlasting God, the Lord, the Creator of the ends of the earth, faints not, nor is he weary? there is no searching of his understanding. He gives power to the faint; and to the power- 29 less he increases strength. Even the youths shall faint and be 30 weary, and the young men shall utterly fall: but they that wait 31 upon the Lord shall renew their strength; they shall mount up with wings as eagles; they shall run, and not be weary; they shall walk, and not faint.   Keep silence before me, O **41** islands; and let the people renew their strength: let them come near; then let them speak: let us come near together to judg- ment. Who raised up one from the east whom righteousness 2 met wherever he set his foot, gave the nations before him, and made him rule over his kings; his sword makes them as dust, his bow as driven stubble. That he pursued them, and passed 3 on safely; even by a path that his feet have not trodden. Who 4 has wrought and done it? He who calls the generations from the beginning; I the Lord, the first; and with the last, I am he. The isles saw it, and feared; the ends of the earth trembled; 5 they drew near, and came. They helped every one his neigh- 6 bour; and every one said to his brother, Be of good courage. So the carpenter encouraged the goldsmith, and he that 7 smoothes with the hammer him that smote the anvil, saying of the soldering, It is good: and he fastened it with nails, that it should not be moved.   But thou, Yisra'el, art my servant, 8 Ya'aqov whom I have chosen, the seed of Avraham my friend. Thou whom I have taken from the ends of the earth, and called 9 thee from its farthest corners, and said to thee, Thou art my servant; I have chosen thee, and not cast thee away. Fear not; 10 for I am with thee: be not dismayed; for I am thy. God: I will strengthen thee; indeed, I will help thee; moreover, I will uphold thee with the right hand of my righteousness. Behold, 11 all they that were incensed against thee shall be ashamed and confounded: they shall be as nothing; and they that strive with thee shall perish. Thou shalt seek them, and shalt not find 12 them, those that contend with thee: they that war against thee shall be as nothing, and as a thing of nought. For I, the 13 Lord thy God will hold thy right hand, saying to thee, Fear not; I will help thee.   Fear not, thou worm Ya'aqov, O men 14 of Yisra'el; I will help thee, says the Lord, and thy redeemer, the Holy One of Yisra'el. Behold, I will make of thee a new 15 sharp threshing instrument having teeth: thou shalt thresh the mountains, and beat them small, and shalt make the hills as chaff. Thou shalt fan them, and the wind shall carry them 16

יז תָּגִיל בַּיהוָה בִּקְדוֹשׁ יִשְׂרָאֵל תִּתְהַלָּל: הָעֲנִיִּים
וְהָאֶבְיוֹנִים מְבַקְשִׁים מַיִם וָאַיִן לְשׁוֹנָם בַּצָּמָא נָשָׁתָּה אֲנִי יְהוָה

יח אֶעֱנֵם אֱלֹהֵי יִשְׂרָאֵל לֹא אֶעֶזְבֵם: אֶפְתַּח עַל־שְׁפָיִים נְהָרוֹת
וּבְתוֹךְ בְּקָעוֹת מַעְיָנוֹת אָשִׂים מִדְבָּר לַאֲגַם־מַיִם וְאֶרֶץ צִיָּה

יט לְמוֹצָאֵי מָיִם: אֶתֵּן בַּמִּדְבָּר אֶרֶז שִׁטָּה וַהֲדַס וְעֵץ שָׁמֶן אָשִׂים
כ בָּעֲרָבָה בְּרוֹשׁ תִּדְהָר וּתְאַשּׁוּר יַחְדָּו: לְמַעַן יִרְאוּ וְיֵדְעוּ וְיָשִׂימוּ
וְיַשְׂכִּילוּ יַחְדָּו כִּי יַד־יְהוָה עָשְׂתָה זֹּאת וּקְדוֹשׁ יִשְׂרָאֵל

כא בְּרָאָהּ: קָרְבוּ רִיבְכֶם יֹאמַר יְהוָה הַגִּישׁוּ
כב עֲצֻמוֹתֵיכֶם יֹאמַר מֶלֶךְ יַעֲקֹב: יַגִּישׁוּ וְיַגִּידוּ לָנוּ אֵת אֲשֶׁר
תִּקְרֶינָה הָרִאשֹׁנוֹת ׀ מָה הֵנָּה הַגִּידוּ וְנָשִׂימָה לִבֵּנוּ וְנֵדְעָה
כג אַחֲרִיתָן אוֹ הַבָּאוֹת הַשְׁמִיעֻנוּ: הַגִּידוּ הָאֹתִיּוֹת לְאָחוֹר
וְנֵדְעָה כִּי אֱלֹהִים אַתֶּם אַף־תֵּיטִיבוּ וְתָרֵעוּ וְנִשְׁתָּעָה
כד וְנֵרֶא יַחְדָּו: הֶן־אַתֶּם מֵאַיִן וּפָעָלְכֶם מֵאָפַע תּוֹעֵבָה יִבְחַר
כה בָּכֶם: הַעִירוֹתִי מִצָּפוֹן וַיַּאת מִמִּזְרַח־שֶׁמֶשׁ
יִקְרָא בִשְׁמִי וְיָבֹא סְגָנִים כְּמוֹ־חֹמֶר וּכְמוֹ יוֹצֵר יִרְמָס־טִיט:
כו מִי־הִגִּיד מֵרֹאשׁ וְנֵדָעָה וּמִלְּפָנִים וְנֹאמַר צַדִּיק אַף אֵין־מַגִּיד
כז אַף אֵין מַשְׁמִיעַ אַף אֵין־שֹׁמֵעַ אִמְרֵיכֶם: רִאשׁוֹן לְצִיּוֹן הִנֵּה
כח הִנָּם וְלִירוּשָׁלַ͏ִם מְבַשֵּׂר אֶתֵּן: וְאֵרֶא וְאֵין אִישׁ וּמֵאֵלֶּה וְאֵין
כט יוֹעֵץ וְאֶשְׁאָלֵם וְיָשִׁיבוּ דָבָר: הֵן כֻּלָּם אָוֶן אֶפֶס מַעֲשֵׂיהֶם רוּחַ
א מב וָתֹהוּ נִסְכֵּיהֶם: הֵן עַבְדִּי אֶתְמָךְ־בּוֹ בְּחִירִי
ב רָצְתָה נַפְשִׁי נָתַתִּי רוּחִי עָלָיו מִשְׁפָּט לַגּוֹיִם יוֹצִיא: לֹא
ג יִצְעַק וְלֹא יִשָּׂא וְלֹא־יַשְׁמִיעַ בַּחוּץ קוֹלוֹ: קָנֶה רָצוּץ לֹא
ד יִשְׁבּוֹר וּפִשְׁתָּה כֵהָה לֹא יְכַבֶּנָּה לֶאֱמֶת יוֹצִיא מִשְׁפָּט: לֹא
יִכְהֶה וְלֹא יָרוּץ עַד־יָשִׂים בָּאָרֶץ מִשְׁפָּט וּלְתוֹרָתוֹ אִיִּים
ה יְיַחֵלוּ: כֹּה־אָמַר הָאֵל ׀ יְהוָה בּוֹרֵא הַשָּׁמַיִם
וְנוֹטֵיהֶם רֹקַע הָאָרֶץ וְצֶאֱצָאֶיהָ נֹתֵן נְשָׁמָה לָעָם עָלֶיהָ וְרוּחַ
ו לַהֹלְכִים בָּהּ: אֲנִי יְהוָה קְרָאתִיךָ בְצֶדֶק וְאַחְזֵק בְּיָדֶךָ וְאֶצָּרְךָ
ז וְאֶתֶּנְךָ לִבְרִית עָם לְאוֹר גּוֹיִם: לִפְקֹחַ עֵינַיִם עִוְרוֹת לְהוֹצִיא
ח מִמַּסְגֵּר אַסִּיר מִבֵּית כֶּלֶא יֹשְׁבֵי חֹשֶׁךְ: אֲנִי יְהוָה הוּא
ט שְׁמִי וּכְבוֹדִי לְאַחֵר לֹא־אֶתֵּן וּתְהִלָּתִי לַפְּסִילִים: הָרִאשֹׁנוֹת
הִנֵּה־בָאוּ וַחֲדָשׁוֹת אֲנִי מַגִּיד בְּטֶרֶם תִּצְמַחְנָה אַשְׁמִיעַ
אֶתְכֶם: שִׁירוּ לַיהוָה שִׁיר חָדָשׁ תְּהִלָּתוֹ

away, and the storm wind shall scatter them: and thou shalt
rejoice in the Lord, and shalt glory in the Holy One of Yisra'el.
The poor and needy seek water, and there is none, and 17
their tongue is parched for thirst; I the Lord will answer them,
I the God of Yisra'el will not forsake them. I will open rivers 18
on high places, and fountains in the midst of the valleys: I
will make the wilderness a pool of water, and the dry land
springs of water. I will plant in the wilderness the cedar, the 19
shitta tree, and the myrtle, and the oil tree; I will set in the
'Arava cypress, maple, and box tree together: that they may 20
see, and know, and consider, and understand together, that the
hand of the Lord has done this, and the Holy One of Yisra'el
has created it. Produce your cause, says the Lord; bring 21
forth your strong reasons, says the King of Ya'aqov. Let them 22
bring them forth, and tell us what shall happen: let them relate
the former things, what they were, that we may consider them,
and know the latter end of them; or declare us things to come.
Declare the things that are to come hereafter, that we may 23
know that you are gods: indeed, do good, or do evil, that we
may be dismayed, and behold it together. Behold, you are of 24
nothing, and your work of nought: an abomination is he that
chooses you. I have raised up one from the north, and he 25
is come: from the rising of the sun, and he shall call upon my
name: and he shall come upon princes as upon mortar, and
as the potter treads clay. Who has declared from the beginning, 26
that we may know? and beforetime, that we may say, He is
right? there is none that told, none that declared, not one even
that heard your words. A harbinger to Ẕiyyon will I give: 27
Behold, behold them; and to Yerushalayim a messenger of good
tidings. For I behold, and there is no man; among them, and 28
there is no counsellor, that, when I ask of them, could answer
a word. Behold, they are all vanity; their works are nothing: 29
their molten idols are wind and confusion. Behold my **42**
servant, whom I uphold: my elect, in whom my soul delights: I
have put my spirit upon him: he shall bring forth judgment to
the nations. He shall not cry, nor lift up his voice, nor cause his 2
voice to be heard in the street. A bruised reed shall he not 3
break, and the dimly burning flax shall he not quench: he
shall bring forth judgment unto truth. He shall not fail 4
nor be discouraged, till he have set judgment in the earth:
and the isles shall wait for his Tora. Thus says God 5
the Lord, he that created the heavens, and stretched them
out; he that spread forth the earth, and that which comes
out of it; he that gives breath to the people upon it,
and spirit to them that walk therein: I the Lord have called 6
thee in righteousness, and will hold thy hand, and will keep
thee, and give thee for a covenant of the people, for a light of
the nations; to open the blind eyes, to bring out the prisoners 7
from the prison, and them that sit in darkness out of the prison
house. I am the Lord: that is my name: and my glory will I 8
not give to another, neither my praise to carved idols. Behold, 9
the former things are come to pass, and new things do I declare:
Before they spring forth I tell you of them. Sing to the 10
Lord a new song, and his praise from the end of the earth, you

מקצה הארץ יורדי הים ומלאו איים וישביהם: ישאו מדבר א
ועריו חצרים תשב קדר ירנו ישבי סלע מראש הרים יצוחו:
ישימו ליהוה כבוד ותהלתו באיים יגידו: יהוה כגבור יצא יב
כאיש מלחמות יעיר קנאה יריע אף־יצריח על־איביו
יתגבר: החשיתי מעולם אחריש אתאפק כיולדה יד
אפעה אשם ואשאף יחד: אחריב הרים וגבעות וכל־עשבם טו
אובישׁ ושמתי נהרות לאיים ואגמים אוביש: והולכתי עורים טז
בדרך לא ידעו בנתיבות לא־ידעו אדריכם אשים מחשך
לפניהם לאור ומעקשים למישור אלה הדברים עשיתם ולא
עזבתים: נסגו אחור יבשו בשת הבטחים בפסל האמרים יז
למסכה אתם אלהינו: החרשים שמעו והעורים יח
הביטו לראות: מי עור כי אם־עבדי וחרש כמלאכי אשלח מי יט
עור כמשלם ועור כעבד יהוה: ראית רבות ולא תשמר פקוח ראות כ
אזנים ולא ישמע: יהוה חפץ למען צדקו יגדיל תורה כא
ויאדיר: והוא עם־בזוז ושסוי הפח בחורים כלם ובבתי כב
כלאים החבאו היו לבז ואין מציל משסה ואין־אמר השב:
מי בכם יאזין זאת יקשב וישמע לאחור: מי־נתן למשוסה למשסה כג
יעקב וישראל לבזזים הלוא יהוה זו חטאנו לו ולא־אבו
בדרכיו הלוך ולא שמעו בתורתו: וישפך עליו חמה אפו כה
ועזוז מלחמה ותלהטהו מסביב ולא ידע ותבער־בו ולא־
ישים על־לב: ועתה כה־אמר יהוה בראך א מג
יעקב ויצרך ישראל אל־תירא כי גאלתיך קראתי בשמך
לי־אתה: כי־תעבר במים אתך אני ובנהרות לא ישטפוך ב
כי־תלך במו־אש לא תכוה ולהבה לא תבער־בך: כי אני ג
יהוה אלהיך קדוש ישראל מושיעך נתתי כפרך מצרים כוש
וסבא תחתיך: מאשר יקרת בעיני נכבדת ואני אהבתיך ד
ואתן אדם תחתיך ולאמים תחת נפשך: אל־תירא כי אתך־ ה
אני ממזרח אביא זרעך וממערב אקבצך: אמר לצפון תני ו
ולתימן אל־תכלאי הביאי בני מרחוק ובנותי מקצה הארץ:
כל הנקרא בשמי ולכבודי בראתיו יצרתיו אף־עשיתיו: ז
הוציא עם־עור ועינים יש וחרשים ואזנים למו: כל־הגוים ח

that go down to the sea, and all that is therein; the isles, and their inhabitants. Let the wilderness and its cities lift up 11 their voice, the villages that Qedar inhabits: let the inhabitants of Sela sing, let them shout from the top of the mountains. Let 12 them give glory to the Lord, and declare his praise in the islands. The Lord shall go forth as a mighty man, he shall stir 13 up ardour like a man of war: he shall cry, indeed, roar; he shall show himself mighty against his foes.   I have a long 14 time held my peace; I have been still, and refrained myself: now will I cry like a woman in travail; I will gasp and pant together. I will make waste mountains and hills, and dry up 15 all their herbs; and I will make the rivers islands, and I will dry up the pools. And I will bring the blind by a way that they 16 knew not; I will lead them in paths that they have not known: I will make darkness light before them, and crooked things straight. These are the things which I have done, and I have not forsaken them. They shall be turned back, they shall be greatly 17 ashamed, that trust in carved idols, that say to the molten images, You are our gods.   Hear, O deaf; and look, O blind, 18 that you may see. Who is blind, but my servant? or deaf, as my 19 messenger that I sent? who is blind as he that is perfect, and blind as the Lord's servant? Seeing many things, but thou ob- 20 servest not; opening the ears, but he hears not. The Lord was 21 well pleased for his righteousness' sake, to magnify Tora, and to make it glorious. Therefore this is a people robbed and 22 spoiled; they are all of them snared in holes, and they are hid in prison houses: they are for a prey, and none delivers; for a spoil, and none says, Restore. Who among you will give ear to 23 this? who will hearken and hear for the time to come? Who 24 gave Ya'aqov for a spoil, and Yisra'el to the robbers? did not the Lord, he against whom we have sinned, and in whose ways they would not walk, and unto whose Tora they were not obe- dient? Therefore he has poured upon him the fury of his anger, 25 and the strength of battle: and it has set him on fire round about, yet he knew not; and it burned him, yet he laid it not to heart.   But now thus says the Lord that created thee, **43** O Ya'aqov, and he that formed thee, O Yisra'el, Fear not: for I have redeemed thee, I have called thee by thy name; thou art mine. When thou passest through the waters, I will be with 2 thee; and through the rivers, they shall not overflow thee: when thou walkest through the fire, thou shalt not be burned; neither shall the flame kindle upon thee. For I am the Lord thy God, 3 the Holy One of Yisra'el, thy deliverer: I gave Miẓrayim for thy ransom, Kush and Seva instead of thee. Since thou wast pre- 4 cious in my sight, thou wast honoured, and I have loved thee: therefore will I give men for thee, and people for thy life. Fear 5 not: for I am with thee: I will bring thy seed from the east, and gather thee from the west; I will say to the north, Give up; 6 and to the south, Keep not back: bring my sons from far, and my daughters from the ends of the earth; every one that is 7 called by my name: for I have created him for my glory; I have formed him; yea, I have made him. Bring forth the blind 8 people that have eyes, and the deaf that have ears. Let all the 9

נִקְבְּצוּ יַחְדָּו וְיֵאָסְפוּ לְאֻמִּים מִי בָהֶם יַגִּיד זֹאת וְרִאשֹׁנוֹת

יַשְׁמִיעֵנוּ יִתְּנוּ עֵדֵיהֶם וְיִצְדָּקוּ וְיִשְׁמְעוּ וְיֹאמְרוּ אֱמֶת: אַתֶּם

עֵדַי נְאֻם־יְהוָה וְעַבְדִּי אֲשֶׁר בָּחָרְתִּי לְמַעַן תֵּדְעוּ וְתַאֲמִינוּ

לִי וְתָבִינוּ כִּי־אֲנִי הוּא לְפָנַי לֹא־נוֹצַר אֵל וְאַחֲרַי לֹא

יא   יִהְיֶה: אָנֹכִי אָנֹכִי יְהוָה וְאֵין מִבַּלְעָדַי מוֹשִׁיעַ:

יב   אָנֹכִי הִגַּדְתִּי וְהוֹשַׁעְתִּי וְהִשְׁמַעְתִּי וְאֵין בָּכֶם זָר וְאַתֶּם עֵדַי

יג   נְאֻם־יְהוָה וַאֲנִי־אֵל: גַּם־מִיּוֹם אֲנִי הוּא וְאֵין מִיָּדִי מַצִּיל אֶפְעַל

יד   וּמִי יְשִׁיבֶנָּה: כֹּה־אָמַר יְהוָה גֹּאַלְכֶם קְדוֹשׁ

יִשְׂרָאֵל לְמַעַנְכֶם שִׁלַּחְתִּי בָבֶלָה וְהוֹרַדְתִּי בָרִיחִים כֻּלָּם

טו   וְכַשְׂדִּים בָּאֳנִיּוֹת רִנָּתָם: אֲנִי יְהוָה קְדוֹשְׁכֶם בּוֹרֵא יִשְׂרָאֵל

טז   מַלְכְּכֶם: כֹּה אָמַר יְהוָה הַנּוֹתֵן בַּיָּם דָּרֶךְ וּבְמַיִם

עַזִּים נְתִיבָה: הַמּוֹצִיא רֶכֶב־וָסוּס חַיִל וְעִזּוּז יַחְדָּו יִשְׁכְּבוּ בַּל־

יח   יָקוּמוּ דָּעֲכוּ כַּפִּשְׁתָּה כָבוּ: אַל־תִּזְכְּרוּ רִאשֹׁנוֹת וְקַדְמֹנִיּוֹת

יט   אַל־תִּתְבֹּנָנוּ: הִנְנִי עֹשֶׂה חֲדָשָׁה עַתָּה תִצְמָח הֲלוֹא תֵדְעוּהָ

כ   אַף אָשִׂים בַּמִּדְבָּר דֶּרֶךְ בִּישִׁמוֹן נְהָרוֹת: תְּכַבְּדֵנִי חַיַּת הַשָּׂדֶה

תַּנִּים וּבְנוֹת יַעֲנָה כִּי־נָתַתִּי בַמִּדְבָּר מַיִם נְהָרוֹת בִּישִׁימֹן

כא   לְהַשְׁקוֹת עַמִּי בְחִירִי: עַם־זוּ יָצַרְתִּי לִי תְּהִלָּתִי יְסַפֵּרוּ: וְלֹא־

כב   אֹתִי קָרָאתָ יַעֲקֹב כִּי־יָגַעְתָּ בִּי יִשְׂרָאֵל: לֹא־הֵבֵיאתָ לִּי שֵׂה

עֹלֹתֶיךָ וּזְבָחֶיךָ לֹא כִבַּדְתָּנִי לֹא הֶעֱבַדְתִּיךָ בְּמִנְחָה וְלֹא

כד   הוֹגַעְתִּיךָ בִּלְבוֹנָה: לֹא־קָנִיתָ לִּי בַכֶּסֶף קָנֶה וְחֵלֶב זְבָחֶיךָ לֹא

כה   הִרְוִיתָנִי אַךְ הֶעֱבַדְתַּנִי בְּחַטֹּאותֶיךָ הוֹגַעְתַּנִי בַּעֲוֹנֹתֶיךָ: אָנֹכִי

כו   אָנֹכִי הוּא מֹחֶה פְשָׁעֶיךָ לְמַעֲנִי וְחַטֹּאתֶיךָ לֹא אֶזְכֹּר: הַזְכִּירֵנִי

כז   נִשָּׁפְטָה יָחַד סַפֵּר אַתָּה לְמַעַן תִּצְדָּק: אָבִיךָ הָרִאשׁוֹן חָטָא

כח   וּמְלִיצֶיךָ פָּשְׁעוּ בִי: וַאֲחַלֵּל שָׂרֵי קֹדֶשׁ וְאֶתְּנָה לַחֵרֶם יַעֲקֹב

אמד   וְיִשְׂרָאֵל לְגִדּוּפִים: וְעַתָּה שְׁמַע יַעֲקֹב עַבְדִּי

וְיִשְׂרָאֵל בָּחַרְתִּי בוֹ: כֹּה־אָמַר יְהוָה עֹשֶׂךָ וְיֹצֶרְךָ מִבֶּטֶן יַעְזְרֶךָ

ג   אַל־תִּירָא עַבְדִּי יַעֲקֹב וִישֻׁרוּן בָּחַרְתִּי בוֹ: כִּי אֶצָּק־מַיִם עַל־

צָמֵא וְנֹזְלִים עַל־יַבָּשָׁה אֶצֹּק רוּחִי עַל־זַרְעֶךָ וּבִרְכָתִי עַל־

ה   צֶאֱצָאֶיךָ: וְצָמְחוּ בְּבֵין חָצִיר כַּעֲרָבִים עַל־יִבְלֵי־מָיִם: זֶה

יֹאמַר לַיהוָה אָנִי וְזֶה יִקְרָא בְשֵׁם־יַעֲקֹב וְזֶה יִכְתֹּב יָדוֹ לַיהוָה

ו   וּבְשֵׁם יִשְׂרָאֵל יְכַנֶּה: כֹּה־אָמַר יְהוָה מֶלֶךְ־

nations be gathered together, and let the peoples be assembled:
who among them can declare this, and announce to us former
things? let them bring forth their witnesses, that they may
be justified: or let them hear, and say, It is truth. You are my   10
witnesses, says the LORD, and my servant whom I have chosen:
that you may know and believe me, and understand that I am
he: before me there was no GOD formed, neither shall there be
after me.   I, even I, am the LORD; and beside me there is   11
no deliverer. I have declared, and have saved, and I have an-   12
nounced, and there was no strange god among you: therefore
you are my witnesses, says the LORD, and I am GOD. Yea, from   13
the first I am he; and there is none that can deliver out of my
hand: I will work, and who shall reverse it?   Thus says the   14
LORD, your redeemer, the Holy One of Yisra'el; For your sake
I have sent to Bavel, and will bring down all of them as fugi-
tives, the Kasdim, in the ships of their song. I am the LORD,   15
your Holy One, the Creator of Yisra'el, your King.   Thus   16
says the LORD, who makes a way in the sea, and a path in the
mighty waters; who brings out chariot and horse, army and   17
power; they lie down together, they shall not rise: they are
extinct, they are quenched like a wick. Remember not the for-   18
mer things, neither consider the things of old. Behold, I will   19
do a new thing; now it shall spring forth; shall you not know
it? I will even make a way in the wilderness, and rivers in the
desert. The beast of the field shall honour me, the jackals and   20
the owls: because I give waters in the wilderness, and rivers
in the desert, to give drink to my people, my chosen. This people
have I formed for myself; they shall relate my praise. But thou   21
hast not called upon me, O Ya'aqov; but thou hast been weary   22
of me, O Yisra'el. Thou hast not brought me the small cattle of   23
thy burnt offerings: nor hast thou honoured me with thy
sacrifices. I have not burdened thee with a meal offering, nor
wearied thee with incense. Thou hast bought me no sweet cane   24
with money, nor hast thou sated me with the fat of thy
sacrifices: but thou hast burdened me with thy sins, thou hast
wearied me with thy iniquities. I, even I, am he that blots out   25
thy transgressions for my own sake, and will not remember
thy sins. Put me in remembrance: let us plead together: de-   26
clare thou, that thou mayst be justified. Thy first father has   27
sinned, and thy teachers have transgressed against me. There-   28
fore I have profaned the princes of the sanctuary, and have
given Ya'aqov to destruction, and Yisra'el to reviling.   Yet   **44**
now hear, O Ya'aqov my servant; and Yisra'el whom I have
chosen: thus says the LORD that made thee, and formed thee   2
from the womb, who will help thee; Fear not, O Ya'aqov, my
servant; and thou, Yeshurun, whom I have chosen. For I will   3
pour water upon the thirsty land, and floods upon the dry
ground: I will pour my spirit upon thy seed, and my blessing
upon thy offspring: and they shall spring up as among the grass,   4
as willows by the water courses. One shall say, I am the LORD's;   5
and another shall call himself by the name of Ya'aqov; and
another shall subscribe with his hand to the LORD, and sur-
name himself by the name of Yisra'el.   Thus says the LORD   6

יִשְׂרָאֵל וְגֹאֲלוֹ יְהוָה צְבָאוֹת אֲנִי רִאשׁוֹן וַאֲנִי אַחֲרוֹן וּמִבַּלְעָדַי
אֵין אֱלֹהִים: וּמִי־כָמוֹנִי יִקְרָא וְיַגִּידֶהָ וְיַעְרְכֶהָ לִי מִשּׂוּמִי עַם־ ז
עוֹלָם וְאֹתִיּוֹת וַאֲשֶׁר תָּבֹאנָה יַגִּידוּ לָמוֹ: אַל־תִּפְחֲדוּ וְאַל־ ח
תִּרְהוּ הֲלֹא מֵאָז הִשְׁמַעְתִּיךָ וְהִגַּדְתִּי וְאַתֶּם עֵדָי הֲיֵשׁ אֱלוֹהַּ
מִבַּלְעָדַי וְאֵין צוּר בַּל־יָדָעְתִּי: יֹצְרֵי־פֶסֶל כֻּלָּם תֹּהוּ וַחֲמוּדֵיהֶם ט
בַּל־יוֹעִילוּ וְעֵדֵיהֶם הֵמָּה בַּל־יִרְאוּ וּבַל־יֵדְעוּ לְמַעַן יֵבֹשׁוּ: מִי־ י
יָצַר אֵל וּפֶסֶל נָסָךְ לְבִלְתִּי הוֹעִיל: הֵן כָּל־חֲבֵרָיו יֵבֹשׁוּ וְחָרָשִׁים יא
הֵמָּה מֵאָדָם יִתְקַבְּצוּ כֻלָּם יַעֲמֹדוּ יִפְחֲדוּ יֵבֹשׁוּ יָחַד: חָרַשׁ יב
בַּרְזֶל מַעֲצָד וּפָעַל בַּפֶּחָם וּבַמַּקָּבוֹת יִצְּרֵהוּ וַיִּפְעָלֵהוּ בִּזְרוֹעַ
כֹּחוֹ גַּם־רָעֵב וְאֵין כֹּחַ לֹא־שָׁתָה מַיִם וַיִּיעָף: חָרַשׁ עֵצִים נָטָה יג
קָו יְתָאֲרֵהוּ בַשֶּׂרֶד יַעֲשֵׂהוּ בַּמַּקְצֻעוֹת וּבַמְּחוּגָה יְתָאֳרֵהוּ
וַיַּעֲשֵׂהוּ כְּתַבְנִית אִישׁ כְּתִפְאֶרֶת אָדָם לָשֶׁבֶת בָּיִת: לִכְרָת־לוֹ יד
אֲרָזִים וַיִּקַּח תִּרְזָה וְאַלּוֹן וַיְאַמֶּץ־לוֹ בַּעֲצֵי־יָעַר נָטַע אֹרֶן וְגֶשֶׁם
יְגַדֵּל: וְהָיָה לְאָדָם לְבָעֵר וַיִּקַּח מֵהֶם וַיָּחָם אַף־יַשִּׂיק וְאָפָה טו
לֶחֶם אַף־יִפְעַל־אֵל וַיִּשְׁתָּחוּ עָשָׂהוּ פֶסֶל וַיִּסְגָּד־לָמוֹ: חֶצְיוֹ טז
שָׂרַף בְּמוֹ־אֵשׁ עַל־חֶצְיוֹ בָּשָׂר יֹאכֵל יִצְלֶה צָלִי וְיִשְׂבָּע אַף־יָחֹם
וְיֹאמַר הֶאָח חַמּוֹתִי רָאִיתִי אוּר: וּשְׁאֵרִיתוֹ לְאֵל עָשָׂה לְפִסְלוֹ יז
יִסְגָּד־לוֹ וְיִשְׁתַּחוּ וְיִתְפַּלֵּל אֵלָיו וְיֹאמַר הַצִּילֵנִי כִּי אֵלִי אָתָּה: יסגד־
לֹא יָדְעוּ וְלֹא יָבִינוּ כִּי טַח מֵרְאוֹת עֵינֵיהֶם מֵהַשְׂכִּיל לִבֹּתָם: יח
וְלֹא־יָשִׁיב אֶל־לִבּוֹ וְלֹא דַעַת וְלֹא־תְבוּנָה לֵאמֹר חֶצְיוֹ יט
שָׂרַפְתִּי בְמוֹ־אֵשׁ וְאַף אָפִיתִי עַל־גֶּחָלָיו לֶחֶם אֶצְלֶה בָשָׂר
וְאֹכֵל וְיִתְרוֹ לְתוֹעֵבָה אֶעֱשֶׂה לְבוּל עֵץ אֶסְגּוֹד: רֹעֶה אֵפֶר לֵב כ
הוּתַל הִטָּהוּ וְלֹא־יַצִּיל אֶת־נַפְשׁוֹ וְלֹא יֹאמַר הֲלוֹא שֶׁקֶר
בִּימִינִי: זְכָר־אֵלֶּה יַעֲקֹב וְיִשְׂרָאֵל כִּי עַבְדִּי־ כא
אָתָּה יְצַרְתִּיךָ עֶבֶד־לִי אַתָּה יִשְׂרָאֵל לֹא תִנָּשֵׁנִי: מָחִיתִי כָעָב כב
פְּשָׁעֶיךָ וְכֶעָנָן חַטֹּאותֶיךָ שׁוּבָה אֵלַי כִּי גְאַלְתִּיךָ: רָנּוּ שָׁמַיִם כִּי־ כג
עָשָׂה יְהוָה הָרִיעוּ תַּחְתִּיּוֹת אָרֶץ פִּצְחוּ הָרִים רִנָּה יַעַר וְכָל־עֵץ
בּוֹ כִּי־גָאַל יְהוָה יַעֲקֹב וּבְיִשְׂרָאֵל יִתְפָּאָר: כֹּה־ כד

the King of Yisra'el, and his redeemer the LORD of hosts; I am the first, and I am the last; and beside me there is no GOD. And who is like me? let him proclaim it, let him declare it, 7 and set it in order for me, from when I appointed the eternal people; let them relate for themselves the things that will come, and are to be. Fear not, neither be afraid: have not I told thee 8 from that time, and have declared it? for you are my witnesses. Is there a GOD beside me? indeed there is no Rock; I know not any. They that make a carved idol are all of them vanity; 9 and the things they delight in, do not profit; and their witnesses see not, nor know; that they may be ashamed. Who has 10 fashioned a god, or cast an idol? it is profitable for nothing. Behold, all his fellows shall be ashamed: and the workmen, 11 they are but men: let them all be gathered together, let them stand up; they shall fear, they shall be ashamed together. The 12 ironsmith makes an axe, and works in the coals, and fashions it with hammers, works it with the strength of his arms: if he is hungry, his strength fails: if he drinks no water, he is faint. The carpenter stretches out his rule; he marks it out with a 13 pencil; he fits it with chisels, and he marks it out with the compass, and makes it after the figure of a man, according to the beauty of a man; that it may remain in the house. He hews 14 him down cedars, and takes the pine and the oak, which he strengthens for himself among the trees of the forest: he plants a forest tree and the rain nourishes it. Then shall it be 15 for a man for fuel: for he will take of it to warm himself; indeed, he kindles it, and bakes bread! or else he makes a god, and prostrates himself to it; he makes of it a carved idol, and bows himself down before it. Half of it he burns in the 16 fire; with this half of it he eats meat; he roasts the roast, and is satisfied: indeed, he warms himself, and says, Aha, I am warm, I have seen the fire: and of the rest of it he makes 17 a god, his carved idol: he falls down to it, and worships it, and prays to it, and says, Deliver me; for thou art my god. They 18 have not known nor understood: for he has shut their eyes, that they cannot see; and their hearts, that they cannot understand. And none considers in his heart, neither is there knowl- 19 edge nor understanding to say, I have burned half of it in the fire; I have even baked bread upon its embers; I have roasted meat, and eaten it: and shall I make the rest of it an abomination? shall I fall down to worship the stock of a tree? He 20 feeds on ashes: a deceived heart has turned him aside, that he cannot deliver his soul, nor say, Is there not a lie in my right hand?   Remember these, O Ya'aqov and Yisra'el; thou art 21 my servant: I have formed thee; thou art my own servant: O Yisra'el thou shalt not be forgotten by me. I have blotted out, 22 as a thick cloud, thy transgressions, and, as a cloud, thy sins: return to me; for I have redeemed thee. Sing, O heavens; for 23 the LORD has done it: shout, you lower parts of the earth: break forth into singing, you mountains, O forest, and every tree in it: for the LORD has redeemed Ya'aqov, and glorified himself in Yisra'el.   Thus says the LORD, thy redeemer, 24 and he that formed thee from the womb, I am the LORD that

אָמַר יְהוָה גֹּאֲלֶךָ וְיֹצֶרְךָ מִבָּטֶן אָנֹכִי יְהוָה עֹשֶׂה כֹּל נֹטֶה

מֵאֵתִי שָׁמַיִם לְבַדִּי רֹקַע הָאָרֶץ מִי אִתִּי: מֵפֵר אֹתוֹת בַּדִּים וְקֹסְמִים כה

יְהוֹלֵל מֵשִׁיב חֲכָמִים אָחוֹר וְדַעְתָּם יְסַכֵּל: מֵקִים דְּבַר עַבְדּוֹ כו

וַעֲצַת מַלְאָכָיו יַשְׁלִים הָאֹמֵר לִירוּשָׁלַ͏ִם תּוּשָׁב וּלְעָרֵי יְהוּדָה

תִּבָּנֶינָה וְחָרְבוֹתֶיהָ אֲקוֹמֵם: הָאֹמֵר לַצּוּלָה חֳרָבִי וְנַהֲרֹתַיִךְ כז

אוֹבִישׁ: הָאֹמֵר לְכוֹרֶשׁ רֹעִי וְכָל־חֶפְצִי יַשְׁלִם וְלֵאמֹר לִירוּשָׁלַ͏ִם כח

תִּבָּנֶה וְהֵיכָל תִּוָּסֵד: כֹּה־אָמַר יְהוָה לִמְשִׁיחוֹ מה

לְכוֹרֶשׁ אֲשֶׁר־הֶחֱזַקְתִּי בִימִינוֹ לְרַד־לְפָנָיו גּוֹיִם וּמָתְנֵי מְלָכִים

אֲפַתֵּחַ לִפְתֹּחַ לְפָנָיו דְּלָתַיִם וּשְׁעָרִים לֹא יִסָּגֵרוּ: אֲנִי לְפָנֶיךָ ב

אֵלֵךְ וַהֲדוּרִים אושׁר אושר דַּלְתוֹת נְחוּשָׁה אֲשַׁבֵּר וּבְרִיחֵי בַרְזֶל אישר

אֲגַדֵּעַ: וְנָתַתִּי לְךָ אוֹצְרוֹת חֹשֶׁךְ וּמַטְמֻנֵי מִסְתָּרִים לְמַעַן תֵּדַע ג

כִּי־אֲנִי יְהוָה הַקּוֹרֵא בְשִׁמְךָ אֱלֹהֵי יִשְׂרָאֵל: לְמַעַן עַבְדִּי יַעֲקֹב ד

וְיִשְׂרָאֵל בְּחִירִי וָאֶקְרָא לְךָ בִּשְׁמֶךָ אֲכַנְּךָ וְלֹא יְדַעְתָּנִי: אֲנִי ה

יְהוָה וְאֵין עוֹד זוּלָתִי אֵין אֱלֹהִים אֲאַזֶּרְךָ וְלֹא יְדַעְתָּנִי: לְמַעַן ו

יֵדְעוּ מִמִּזְרַח־שֶׁמֶשׁ וּמִמַּעֲרָבָה כִּי־אֶפֶס בִּלְעָדָי אֲנִי יְהוָה וְאֵין

עוֹד: יוֹצֵר אוֹר וּבוֹרֵא חֹשֶׁךְ עֹשֶׂה שָׁלוֹם וּבוֹרֵא רָע אֲנִי יְהוָה ז

עֹשֶׂה כָל־אֵלֶּה: הַרְעִיפוּ שָׁמַיִם מִמַּעַל וּשְׁחָקִים ח

יִזְּלוּ־צֶדֶק תִּפְתַּח־אֶרֶץ וְיִפְרוּ־יֶשַׁע וּצְדָקָה תַצְמִיחַ יַחַד אֲנִי

יְהוָה בְּרָאתִיו: הוֹי רָב אֶת־יֹצְרוֹ חֶרֶשׂ אֶת־ ט

חַרְשֵׂי אֲדָמָה הֲיֹאמַר חֹמֶר לְיֹצְרוֹ מַה־תַּעֲשֶׂה וּפָעָלְךָ אֵין־

יָדַיִם לוֹ: הוֹי אֹמֵר לְאָב מַה־תּוֹלִיד וּלְאִשָּׁה י

מַה־תְּחִילִין: כֹּה־אָמַר יְהוָה קְדוֹשׁ יִשְׂרָאֵל יא

וְיֹצְרוֹ הָאֹתִיּוֹת שְׁאָלוּנִי עַל־בָּנַי וְעַל־פֹּעַל יָדַי תְּצַוֻּנִי: אָנֹכִי יב

עָשִׂיתִי אֶרֶץ וְאָדָם עָלֶיהָ בָרָאתִי אֲנִי יָדַי נָטוּ שָׁמַיִם וְכָל־

צְבָאָם צִוֵּיתִי: אָנֹכִי הַעִירֹתִהוּ בְצֶדֶק וְכָל־דְּרָכָיו אֲיַשֵּׁר הוּא־ יג

יִבְנֶה עִירִי וְגָלוּתִי יְשַׁלֵּחַ לֹא בִמְחִיר וְלֹא בְשֹׁחַד אָמַר יְהוָה

צְבָאוֹת: כֹּה אָמַר יְהוָה יְגִיעַ מִצְרַיִם וּסְחַר־ יד

כּוּשׁ וּסְבָאִים אַנְשֵׁי מִדָּה עָלַיִךְ יַעֲבֹרוּ וְלָךְ יִהְיוּ אַחֲרַיִךְ יֵלֵכוּ

בַּזִּקִּים יַעֲבֹרוּ וְאֵלַיִךְ יִשְׁתַּחֲווּ אֵלַיִךְ יִתְפַּלָּלוּ אַךְ בָּךְ אֵל וְאֵין

עוֹד אֶפֶס אֱלֹהִים: אָכֵן אַתָּה אֵל מִסְתַּתֵּר אֱלֹהֵי יִשְׂרָאֵל טו

מוֹשִׁיעַ: בּוֹשׁוּ וְגַם־נִכְלְמוּ כֻּלָּם יַחְדָּו הָלְכוּ בַכְּלִמָּה חָרָשֵׁי טז

צִירִים: יִשְׂרָאֵל נוֹשַׁע בַּיהוָה תְּשׁוּעַת עוֹלָמִים לֹא־תֵבֹשׁוּ יז

makes all things; that stretches the heavens, alone; that spreads
abroad the earth by myself; that frustrates the omens of im- 25
posters, and makes diviners mad; that turns wise men back-
ward, and makes their knowledge foolish; that confirms the 26
word of his servant, and performs the counsel of his mes-
sengers; that says to Yerushalayim, Thou shalt be inhabited;
and to the cities of Yehuda, They shall be rebuilt, and their ruins
I shall raise up. That says to the deep, Be dry, and I will dry 27
up thy rivers: that says of Koresh, He is my shepherd, and shall 28
perform all my pleasure: and saying to Yerushalayim, Thou shalt
be rebuilt; and to the temple, Thy foundation shall be laid.

Thus says the LORD to his anointed, to Koresh, whose **45**
right hand I have held, that I may subdue nations before him,
and loose the loins of kings; that I may open before him doors
and gates which shall not be shut; I will go before thee, and 2
make the mountainous places level: I will break in pieces the
gates of brass, and cut in sunder the bars of iron: and I will 3
give thee the treasures of darkness, and hidden riches of
secret places, that thou mayst know that I, the LORD, who call
thee by thy name, am the GOD of Yisra'el. For Ya'aqov my 4
servant's sake, and Yisra'el my elect, I have even called thee
by thy name: I have surnamed thee, though thou hast not
known me. I am the LORD, and there is none else, there is no 5
GOD beside me: I girded thee, though thou hast not known me:
that they may know from the rising of the sun, and from the 6
west, that there is none beside me. I am the LORD, and there
is none else, I form the light, and create darkness: I make peace, 7
and create evil: I, the LORD do all these things.   Shower, 8
O heavens, from above, and let the skies pour down righteous-
ness: let the earth open, and let them bring forth salvation,
and let it cause righteousness to spring up also; I, the LORD have
created it.   Woe to him that strives with his maker! Let 9
the potsherd strive with the potsherds of the earth. Shall the
clay say to him that fashions it, What makest thou? as for thy
work, it has no hands?   Woe to him that says to his father, 10
What begettest thou? or to the woman, With what art thou in
travail?   Thus says the LORD, the Holy One of Yisra'el, and 11
his Maker, Ask me of things to come; concerning my sons, and
concerning the work of my hands command me. I have made the 12
earth, and created man upon it: I, even my hands, have stretched
out the heavens, and all their host have I cammanded. I have 13
raised him up in righteousness, and I will make straight all his
ways: he shall build my city, and he shall let go my captives, not
for price nor reward, says the LORD of hosts.   Thus says the 14
LORD, The labour of Miẓrayim, and the merchandise of Kush and
of the Seva'im, men of stature, shall come over to thee, and they
shall be thine: they shall come after thee; in chains they shall
come over, and they shall fall down to thee, they shall make sup-
plication to thee, saying, Surely GOD is in thee; and there is none
else, there is no other GOD. Verily thou art a GOD who hidest thy- 15
self, thou are the GOD of Yisra'el who savest them. They shall be 16
ashamed, and also confounded, all of them: they shall go to con-
fusion together that are makers of idols. But Yisra'el shall be 17

יח כִּי־כֹה אָמַר־ וְלֹא־תִכָּלְמוּ עַד־עוֹלְמֵי עַד:
יְהוָה בּוֹרֵא הַשָּׁמַיִם הוּא הָאֱלֹהִים יֹצֵר הָאָרֶץ וְעֹשָׂהּ הוּא
כוֹנְנָהּ לֹא־תֹהוּ בְרָאָהּ לָשֶׁבֶת יְצָרָהּ אֲנִי יְהוָה וְאֵין עוֹד: לֹא
יט בַסֵּתֶר דִּבַּרְתִּי בִּמְקוֹם אֶרֶץ חֹשֶׁךְ לֹא אָמַרְתִּי לְזֶרַע יַעֲקֹב תֹּהוּ
בַקְּשׁוּנִי אֲנִי יְהוָה דֹּבֵר צֶדֶק מַגִּיד מֵישָׁרִים: הִקָּבְצוּ וָבֹאוּ
כ הִתְנַגְּשׁוּ יַחְדָּו פְּלִיטֵי הַגּוֹיִם לֹא יָדְעוּ הַנֹּשְׂאִים אֶת־עֵץ פִּסְלָם
וּמִתְפַּלְלִים אֶל־אֵל לֹא יוֹשִׁיעַ: הַגִּידוּ וְהַגִּישׁוּ אַף יִוָּעֲצוּ יַחְדָּו
כא מִי הִשְׁמִיעַ זֹאת מִקֶּדֶם מֵאָז הִגִּידָהּ הֲלוֹא אֲנִי יְהוָה וְאֵין־עוֹד
אֱלֹהִים מִבַּלְעָדַי אֵל־צַדִּיק וּמוֹשִׁיעַ אַיִן זוּלָתִי: פְּנוּ־אֵלַי
כב וְהִוָּשְׁעוּ כָּל־אַפְסֵי־אָרֶץ כִּי אֲנִי־אֵל וְאֵין עוֹד: בִּי נִשְׁבַּעְתִּי
כג יָצָא מִפִּי צְדָקָה דָּבָר וְלֹא יָשׁוּב כִּי־לִי תִּכְרַע כָּל־בֶּרֶךְ תִּשָּׁבַע
כל־לָשׁוֹן: אַךְ בַּיהוָה לִי אָמַר צְדָקוֹת וָעֹז עָדָיו יָבוֹא וְיֵבֹשׁוּ
כד כֹּל הַנֶּחֱרִים בּוֹ: בַּיהוָה יִצְדְּקוּ וְיִתְהַלְלוּ כָּל־זֶרַע יִשְׂרָאֵל: כָּרַע
כה בֵּל קֹרֵס נְבוֹ הָיוּ עֲצַבֵּיהֶם לַחַיָּה וְלַבְּהֵמָה נְשֻׂאֹתֵיכֶם עֲמוּסוֹת
מו
א מַשָּׂא לַעֲיֵפָה: קָרְסוּ כָרְעוּ יַחְדָּו לֹא יָכְלוּ מַלֵּט מַשָּׂא וְנַפְשָׁם
ב בַּשְּׁבִי הָלָכָה: שִׁמְעוּ אֵלַי בֵּית יַעֲקֹב וְכָל־
ג שְׁאֵרִית בֵּית יִשְׂרָאֵל הָעֲמֻסִים מִנִּי־בֶטֶן הַנְּשֻׂאִים מִנִּי־רָחַם:
ד וְעַד־זִקְנָה אֲנִי הוּא וְעַד־שֵׂיבָה אֲנִי אֶסְבֹּל אֲנִי עָשִׂיתִי וַאֲנִי
ה אֶשָּׂא וַאֲנִי אֶסְבֹּל וַאֲמַלֵּט: לְמִי תְדַמְּיוּנִי וְתַשְׁווּ
ו וְתַמְשִׁלוּנִי וְנִדְמֶה: הַזָּלִים זָהָב מִכִּיס וְכֶסֶף בַּקָּנֶה יִשְׁקֹלוּ
ז יִשְׂכְּרוּ צוֹרֵף וְיַעֲשֵׂהוּ אֵל יִסְגְּדוּ אַף־יִשְׁתַּחֲווּ: יִשָּׂאֻהוּ עַל־כָּתֵף
יִסְבְּלֻהוּ וְיַנִּיחֻהוּ תַחְתָּיו וְיַעֲמֹד מִמְּקוֹמוֹ לֹא יָמִישׁ אַף־יִצְעַק
ח אֵלָיו וְלֹא יַעֲנֶה מִצָּרָתוֹ לֹא יוֹשִׁיעֶנּוּ: זִכְרוּ־זֹאת
ט וְהִתְאֹשָׁשׁוּ הָשִׁיבוּ פוֹשְׁעִים עַל־לֵב: זִכְרוּ רִאשֹׁנוֹת מֵעוֹלָם כִּי
י אָנֹכִי אֵל וְאֵין עוֹד אֱלֹהִים וְאֶפֶס כָּמוֹנִי: מַגִּיד מֵרֵאשִׁית
אַחֲרִית וּמִקֶּדֶם אֲשֶׁר לֹא־נַעֲשׂוּ אֹמֵר עֲצָתִי תָקוּם וְכָל־חֶפְצִי
יא אֶעֱשֶׂה: קֹרֵא מִמִּזְרָח עַיִט מֵאֶרֶץ מֶרְחָק אִישׁ עֲצָתוֹ אַף־
דִּבַּרְתִּי אַף־אֲבִיאֶנָּה יָצַרְתִּי אַף־אֶעֱשֶׂנָּה: שִׁמְעוּ
יב אֵלַי אַבִּירֵי לֵב הָרְחוֹקִים מִצְּדָקָה: קֵרַבְתִּי צִדְקָתִי לֹא
יג תִרְחָק וּתְשׁוּעָתִי לֹא תְאַחֵר וְנָתַתִּי בְצִיּוֹן תְּשׁוּעָה לְיִשְׂרָאֵל
תִּפְאַרְתִּי: רְדִי וּשְׁבִי עַל־עָפָר בְּתוּלַת בַּת־
מז
א

saved in the LORD with an everlasting salvation: you shall not be
ashamed nor confounded to all eternity. For thus says the 18
LORD that created the heavens; GOD himself that formed the
earth and made it; he has established it, he did not create it
a waste land, he formed it to be inhabited: I am the LORD;
and there is none else. I have not spoken in secret, in a place 19
of a land of darkness: I said not to the seed of Ya'aqov, Seek
me in an empty waste: I the LORD speak righteousness, I de-
clare things that are right. Assemble yourselves and come; 20
draw near together, you that are escaped of the nations: they
have no knowledge, those that carry about their wooden carved
idol, and pray to a god that cannot save. Declare and bring 21
them near; let them take counsel together: who declared this
from ancient time? who told it from that time? did not I the
LORD? and there is no GOD else beside me; a just GOD and a
deliverer; there is none beside me. Look to me, and be saved, 22
all the ends of the earth: for I am GOD, and there is none else.
I have sworn by myself, a word of righteousness is gone out 23
of my mouth, a word that shall not be reversed, That to me
every knee shall bow, every tongue shall swear. Surely, he 24
said to me, in the LORD there is righteousness and strength:
even to him shall men come; and all that are incensed against
him shall be ashamed. In the LORD shall all the seed of Yisra'el 25
be justified, and shall glory. Bel bows down, Nevo stoops, **46**
their idols were upon the beasts, and upon the cattle; the things
you carry are laden as a burden on the weary beast. They 2
stoop, they bow down together; they could not deliver the
burden, but themselves are gone into captivity. Hearken to 3
me, O house of Ya'aqov, and all the remnant of the house of
Yisra'el, who are borne by me from birth, who are carried from
the womb: and even to your old age I am the same; and even 4
to hoar hairs will I carry you: I have made, and I will bear;
and I will carry, and will deliver you. To whom will you 5
liken me, and make me equal, and compare me, that we may be
like? They that scatter gold out of the bag, and weigh silver in 6
the balance, and hire a goldsmith; and he makes it a god; they
fall down, indeed, they prostrate themselves. They bear him 7
upon the shoulder, they carry him, and set him in his place,
and he stands; from his place he cannot move: even if one
shall cry out to him, yet can he not answer, nor save him out
of his trouble. Remember this, and show yourselves men. 8
bring it again to mind, O transgressors. Remember the former 9
things of old: for I am GOD, and there is none else; I am GOD,
and there is none like me, declaring the end from the begin- 10
ning, and from ancient times the things that are not yet done,
saying, My counsel shall stand, and I will do all my pleasure: 11
calling an eagle from the east, the man that executes my coun-
sel from a far country: I have spoken it, I will also bring it to
pass; I have purposed it. I will also do it. Hearken to me, 12
you stout-hearted, that are far from righteousness: I bring 13
near my righteousness; it shall not be far off, and my salvation
shall not tarry: and I will place salvation in Ẕiyyon for Yisra'el
my glory. Come down, and sit in the dust, O virgin daugh- **47**

בָּבֶל שְׁבִי־לָאָרֶץ אֵין־כִּסֵּא בַּת־כַּשְׂדִּים כִּי לֹא תוֹסִיפִי

ב יִקְרְאוּ־לָךְ רַכָּה וַעֲנֻגָּה: קְחִי רֵחַיִם וְטַחֲנִי קָמַח גַּלִּי צַמָּתֵךְ

ג חֶשְׂפִּי־שֹׁבֶל גַּלִּי־שׁוֹק עִבְרִי נְהָרוֹת: תִּגָּל עֶרְוָתֵךְ גַּם תֵּרָאֶה

ד חֶרְפָּתֵךְ נָקָם אֶקָּח וְלֹא אֶפְגַּע אָדָם: גֹּאֲלֵנוּ יְהוָה

ה צְבָאוֹת שְׁמוֹ קְדוֹשׁ יִשְׂרָאֵל: שְׁבִי דוּמָם וּבֹאִי בַחֹשֶׁךְ בַּת־

ו כַּשְׂדִּים כִּי לֹא תוֹסִיפִי יִקְרְאוּ־לָךְ גְּבֶרֶת מַמְלָכוֹת: קָצַפְתִּי עַל־

עַמִּי חִלַּלְתִּי נַחֲלָתִי וָאֶתְּנֵם בְּיָדֵךְ לֹא־שַׂמְתְּ לָהֶם רַחֲמִים עַל־

ז זָקֵן הִכְבַּדְתְּ עֻלֵּךְ מְאֹד: וַתֹּאמְרִי לְעוֹלָם אֶהְיֶה גְּבָרֶת עַד לֹא־

ח שַׂמְתְּ אֵלֶּה עַל־לִבֵּךְ לֹא זָכַרְתְּ אַחֲרִיתָהּ: וְעַתָּה

שִׁמְעִי־זֹאת עֲדִינָה הַיּוֹשֶׁבֶת לָבֶטַח הָאֹמְרָה בִּלְבָבָהּ אֲנִי

ט וְאַפְסִי עוֹד לֹא אֵשֵׁב אַלְמָנָה וְלֹא אֵדַע שְׁכוֹל: וְתָבֹאנָה לָּךְ

שְׁתֵּי־אֵלֶּה רֶגַע בְּיוֹם אֶחָד שְׁכוֹל וְאַלְמֹן כְּתֻמָּם בָּאוּ עָלַיִךְ

י בְּרֹב כְּשָׁפַיִךְ בְּעָצְמַת חֲבָרַיִךְ מְאֹד: וַתִּבְטְחִי בְרָעָתֵךְ אָמַרְתְּ

אֵין רֹאָנִי חָכְמָתֵךְ וְדַעְתֵּךְ הִיא שׁוֹבְבָתֶךְ וַתֹּאמְרִי בְלִבֵּךְ אֲנִי

יא וְאַפְסִי עוֹד: וּבָא עָלַיִךְ רָעָה לֹא תֵדְעִי שַׁחְרָהּ וְתִפֹּל עָלַיִךְ הֹוָה

יב לֹא תוּכְלִי כַּפְּרָהּ וְתָבֹא עָלַיִךְ פִּתְאֹם שׁוֹאָה לֹא תֵדָעִי: עִמְדִי־

נָא בַחֲבָרַיִךְ וּבְרֹב כְּשָׁפַיִךְ בַּאֲשֶׁר יָגַעַתְּ מִנְּעוּרָיִךְ אוּלַי תּוּכְלִי

יג הוֹעִיל אוּלַי תַּעֲרוֹצִי: נִלְאֵית בְּרֹב עֲצָתָיִךְ יַעַמְדוּ־נָא וְיוֹשִׁיעֻךְ

הֹבְרֵי שָׁמַיִם הַחֹזִים בַּכּוֹכָבִים מוֹדִיעִים לֶחֳדָשִׁים מֵאֲשֶׁר יָבֹאוּ

יד עָלָיִךְ: הִנֵּה הָיוּ כְקַשׁ אֵשׁ שְׂרָפָתַם לֹא־יַצִּילוּ אֶת־נַפְשָׁם

טו מִיַּד לֶהָבָה אֵין־גַּחֶלֶת לַחְמָם אוּר לָשֶׁבֶת נֶגְדּוֹ: כֵּן הָיוּ־

לָךְ אֲשֶׁר יָגָעַתְּ סֹחֲרַיִךְ מִנְּעוּרַיִךְ אִישׁ לְעֶבְרוֹ תָּעוּ אֵין

מח א מוֹשִׁיעֵךְ: שִׁמְעוּ־זֹאת בֵּית־יַעֲקֹב הַנִּקְרָאִים

בְּשֵׁם יִשְׂרָאֵל וּמִמֵּי יְהוּדָה יָצָאוּ הַנִּשְׁבָּעִים בְּשֵׁם יְהוָה

ב וּבֵאלֹהֵי יִשְׂרָאֵל יַזְכִּירוּ לֹא בֶאֱמֶת וְלֹא בִצְדָקָה: כִּי־מֵעִיר

הַקֹּדֶשׁ נִקְרָאוּ וְעַל־אֱלֹהֵי יִשְׂרָאֵל נִסְמָכוּ יְהוָה צְבָאוֹת

ג שְׁמוֹ: הָרִאשֹׁנוֹת מֵאָז הִגַּדְתִּי וּמִפִּי יָצְאוּ

ד וָאַשְׁמִיעֵם פִּתְאֹם עָשִׂיתִי וַתָּבֹאנָה: מִדַּעְתִּי כִּי קָשֶׁה אָתָּה

ה וְגִיד בַּרְזֶל עָרְפֶּךָ וּמִצְחֲךָ נְחוּשָׁה: וָאַגִּיד לְךָ מֵאָז בְּטֶרֶם תָּבוֹא

ter of Bavel, sit on the ground: without a throne, O daughter of
Kasdim: for thou shalt no more be called tender and delicate.
Take the millstones, and grind metal: uncover thy locks, tuck   2
up the train, uncover the leg, pass over the rivers. Thy naked-   3
ness shall be uncovered, yea, thy shame shall be seen: I will take
vengeance, and I will spare no man.   As for our redeemer,   4
the LORD of hosts is his name, the Holy One of Yisra'el. Sit thou   5
silent, and get thee into darkness, O daughter of Kasdim : for
thou shalt no more be called, The mistress of kingdoms. I was   6
angry with my people, I have profaned my inheritance, and
given them into thy hand: thou didst show them no mercy ;
upon the aged hast thou very heavily laid thy yoke. And thou   7
didst say I shall be mistress for ever: so that thou didst not
lay these things to thy heart, neither didst remember the latter
end of it.   Therefore hear now this, thou that art given to   8
pleasures, that dwellest securely, that sayst in thy heart, I am,
and none else beside me; I shall not sit as a widow, neither shall
I know the loss of children. But these two things shall come   9
to thee in a moment in one day, the loss of childen, and widow-
hood: they shall come upon thee in their full measure for the
multitude of thy sorceries, and for the great abundance of thy
enchantments. For thou hast trusted in thy wickedness: thou   10
hast said, None sees me. Thy wisdom and thy knowledge, it
has perverted thee; and thou hast said in thy heart, I am, and
none else beside me. Therefore shall evil come upon thee; thou   11
shalt not know how to charm it away: and mischief shall fall
upon thee; thou shalt not be able to put it off: and ruin shall
come upon thee suddenly, which thou shalt not know. Stand   12
now with thy enchantments, and with the multitude of thy
sorceries, wherein thou hast laboured from thy youth ; per-
haps thou shalt be able to profit, perhaps thou shalt inspire
terror. Thou art wearied in the multitude of thy counsels.   13
Let now the astrologers, the stargazers, the monthly prog-
nosticators, stand up, and save thee from these things that
shall come upon thee. Behold, they shall be as stubble; the   14
fire shall burn them; they shall not deliver themselves from
the power of the flame: there shall not be a coal to warm at,
nor fire to sit before it. Thus shall those be to thee with whom   15
thou hast laboured, with whom thou hast traded, from thy
youth: they shall wander every one to his own quarter, none
shall save thee.   Hear this, O house of Ya'aqov, who are   **48**
called by the name of Yisra'el, and are come forth out of the
waters of Yehuda, who swear by the name of the LORD, and make
mention of the GOD of Yisra'el, but not in truth, nor in
righteousness. For they call themselves of the holy city, and   2
stay themselves upon the GOD of Yisra'el, The LORD of hosts
is his name.   I have declared the former things from the   3
beginning; and they went out of my mouth, and I reported them; I
did them suddenly, and they came to pass. Because I know   4
that thou art obstinate, and thy neck is an iron sinew, and thy
forehead brass ; I have even from the beginning declared it to   5
thee; before it came to pass I showed it thee: lest thou shouldst
say, My idol has done them, and my carved idol, and my mol-

הֲשֻׁמַעְתִּיךָ פֶּן־תֹּאמַר עָצְבִּי עָשָׂם וּפִסְלִי וְנִסְכִּי צִוָּם: שָׁמַעְתָּ ו

חֲזֵה כֻּלָּהּ וְאַתֶּם הֲלוֹא תַגִּידוּ הִשְׁמַעְתִּיךָ חֲדָשׁוֹת מֵעַתָּה ז

וּנְצֻרוֹת וְלֹא יְדַעְתָּם: עַתָּה נִבְרְאוּ וְלֹא מֵאָז וְלִפְנֵי־יוֹם וְלֹא

שְׁמַעְתָּם פֶּן־תֹּאמַר הִנֵּה יְדַעְתִּין: גַּם לֹא־שָׁמַעְתָּ גַּם לֹא ח

יָדַעְתָּ גַּם מֵאָז לֹא־פִּתְּחָה אָזְנֶךָ כִּי יָדַעְתִּי בָּגוֹד תִּבְגּוֹד וּפֹשֵׁעַ

מִבֶּטֶן קֹרָא לָךְ: לְמַעַן שְׁמִי אַאֲרִיךְ אַפִּי וּתְהִלָּתִי אֶחֱטָם־לָךְ ט

לְבִלְתִּי הַכְרִיתֶךָ: הִנֵּה צְרַפְתִּיךָ וְלֹא בְכָסֶף בְּחַרְתִּיךָ בְּכוּר י

עֹנִי: לְמַעֲנִי לְמַעֲנִי אֶעֱשֶׂה כִּי אֵיךְ יֵחָל וּכְבוֹדִי לְאַחֵר לֹא־ יא

אֶתֵּן: שְׁמַע אֵלַי יַעֲקֹב וְיִשְׂרָאֵל מְקֹרָאִי אֲנִי־ יב

הוּא אֲנִי רִאשׁוֹן אַף אֲנִי אַחֲרוֹן: אַף־יָדִי יָסְדָה אֶרֶץ וִימִינִי יג

טִפְּחָה שָׁמָיִם קֹרֵא אֲנִי אֲלֵיהֶם יַעַמְדוּ יַחְדָּו: הִקָּבְצוּ כֻלְּכֶם יד

וּשְׁמָעוּ מִי בָהֶם הִגִּיד אֶת־אֵלֶּה יְהֹוָה אֲהֵבוֹ יַעֲשֶׂה חֶפְצוֹ

בְּבָבֶל וּזְרֹעוֹ כַּשְׂדִּים: אֲנִי אֲנִי דִּבַּרְתִּי אַף־קְרָאתִיו הֲבִאֹתִיו טו

וְהִצְלִיחַ דַּרְכּוֹ: קִרְבוּ אֵלַי שִׁמְעוּ־זֹאת לֹא מֵרֹאשׁ בַּסֵּתֶר טז

דִּבַּרְתִּי מֵעֵת הֱיוֹתָהּ שָׁם אָנִי וְעַתָּה אֲדֹנָי יֱהֹוִה שְׁלָחַנִי

וְרוּחוֹ: כֹּה־אָמַר יְהֹוָה גֹּאַלְךָ קְדוֹשׁ יִשְׂרָאֵל אֲנִי יז

יְהֹוָה אֱלֹהֶיךָ מְלַמֶּדְךָ לְהוֹעִיל מַדְרִיכֲךָ בְּדֶרֶךְ תֵּלֵךְ: לוּא יח

הִקְשַׁבְתָּ לְמִצְוֹתָי וַיְהִי כַנָּהָר שְׁלוֹמֶךָ וְצִדְקָתְךָ כְּגַלֵּי הַיָּם: וַיְהִי יט

כַחוֹל זַרְעֶךָ וְצֶאֱצָאֵי מֵעֶיךָ כִּמְעֹתָיו לֹא־יִכָּרֵת וְלֹא־יִשָּׁמֵד

שְׁמוֹ מִלְּפָנָי: צְאוּ מִבָּבֶל בִּרְחוּ מִכַּשְׂדִּים בְּקוֹל כ

רִנָּה הַגִּידוּ הַשְׁמִיעוּ זֹאת הוֹצִיאוּהָ עַד־קְצֵה הָאָרֶץ אִמְרוּ

גָּאַל יְהֹוָה עַבְדּוֹ יַעֲקֹב: וְלֹא צָמְאוּ בָּחֳרָבוֹת הוֹלִיכָם מַיִם כא

מִצּוּר הִזִּיל לָמוֹ וַיִּבְקַע־צוּר וַיָּזֻבוּ מָיִם: אֵין שָׁלוֹם אָמַר יְהֹוָה כב

לָרְשָׁעִים: שִׁמְעוּ אִיִּים אֵלַי וְהַקְשִׁיבוּ לְאֻמִּים א

מֵרָחוֹק יְהֹוָה מִבֶּטֶן קְרָאָנִי מִמְּעֵי אִמִּי הִזְכִּיר שְׁמִי: וַיָּשֶׂם פִּי ב

כְּחֶרֶב חַדָּה בְּצֵל יָדוֹ הֶחְבִּיאָנִי וַיְשִׂימֵנִי לְחֵץ בָּרוּר בְּאַשְׁפָּתוֹ

הִסְתִּירָנִי: וַיֹּאמֶר לִי עַבְדִּי־אָתָּה יִשְׂרָאֵל אֲשֶׁר־בְּךָ אֶתְפָּאָר: ג

וַאֲנִי אָמַרְתִּי לְרִיק יָגַעְתִּי לְתֹהוּ וְהֶבֶל כֹּחִי כִלֵּיתִי אָכֵן מִשְׁפָּטִי ד

אֶת־יְהֹוָה וּפְעֻלָּתִי אֶת־אֱלֹהָי: וְעַתָּה ו אָמַר ה

יְהֹוָה יֹצְרִי מִבֶּטֶן לְעֶבֶד לוֹ לְשׁוֹבֵב יַעֲקֹב אֵלָיו וְיִשְׂרָאֵל לֹא

יֵאָסֵף וְאֶכָּבֵד בְּעֵינֵי יְהֹוָה וֵאלֹהַי הָיָה עֻזִּי: וַיֹּאמֶר נָקֵל ו

מִהְיוֹתְךָ לִי עֶבֶד לְהָקִים אֶת־שִׁבְטֵי יַעֲקֹב וּנְצוּרֵי יִשְׂרָאֵל

ten image has commanded them. Thou hast heard, now see all 6
this; and will you not declare it? I have shown thee new things
from this time, hidden things, which thou didst not know.
They are created now, and not from the beginning; and before 7
this day thou heardest them not; lest thou shouldst say, Be-
hold, I knew them. Thou didst neither hear nor know; nor 8
from old was thy ear opened: for I knew that thou wouldst
deal very treacherously, and wast called a transgressor from
birth. For my name's sake will I defer my anger, and for my 9
praise will I refrain for thee, that I cut thee not off. Behold, 10
I have refined thee, but not into silver; I have tried thee in the
furnace of affliction. For my own sake, for my own sake, will 11
I do it: for how should my name be profaned? and I will not
give my glory to another.   Hearken to me, O Ya'aqov and 12
Yisra'el whom I called; I am he; I am the first, I also am the last.
My hand also has laid the foundation of the earth, and my 13
right hand has spanned the heavens: when I call to them, they
stand up together. All of you, assemble yourselves, and hear; 14
which among them has declared these things? He whom the
LORD loves, he will do his pleasure on Bavel, and his arm shall
be on the Kasdim. I, even I, have spoken; indeed, I have called 15
him: I have brought him, and he shall succeed in his way.
Come near to me, hear this; I have not spoken in secret from 16
the beginning; from the time that it was, there have I been:
and now the LORD GOD, and his spirit, has sent me.   Thus 17
says the LORD, thy redeemer, the Holy One of Yisra'el; I am the
LORD thy GOD who teaches thee for thy profit, who leads thee
by the way that thou shouldst go. O that thou hadst hearkened 18
to my commandments! then had thy peace been as a river, and
thy righteousness as the waves of the sea: thy seed also had 19
been as the sand, and the offspring of thy bowels like its peb-
bles; his name should not have been cut off nor destroyed from
before me.   Go forth out of Bavel, flee from the Kasdim, 20
with a voice of singing declare, tell this, utter it even to the
end of the earth; say, The LORD has redeemed his servant
Ya'aqov. And they thirsted not when he led them through the 21
deserts: he caused water to flow out of the rock for them:
he split the rock, and the water gushed out. There is no peace, 22
says the LORD, for the wicked.   Listen, O isles, to me; and **49**
hearken, O people, from far; The LORD has called me from birth;
from the bowels of my mother has he made mention of my
name. And he has made my mouth like a sharp sword; in the 2
shadow of his hand has he hid me, and made me a polished
shaft; in his quiver has he hid me; and said to me, Thou art 3
my servant, Yisra'el, in whom I will be glorified. Then I said, 4
I have laboured in vain, I have spent my strength for nought,
and in vain: yet surely my judgment is with the LORD, and my
reward with my GOD.   And now, says the LORD that formed 5
me from the womb to be his servant to bring Ya'aqov back
to him, that Yisra'el should be gathered to him, and I was
honoured in the eyes of the LORD, and my GOD was my strength.
And he said, It is too slight a thing that thou shouldst be my 6
servant to raise up the tribes of Ya'aqov, and to restore the

לְהָשִׁיב וּנְתַתִּיךָ לְאוֹר גּוֹיִם לִהְיוֹת יְשׁוּעָתִי עַד־קְצֵה
ז הָאָרֶץ׃ כֹּה אָמַר־יהוה גֹּאֵל יִשְׂרָאֵל קְדוֹשׁוֹ
לִבְזֹה־נֶפֶשׁ לִמְתָעֵב גּוֹי לְעֶבֶד מֹשְׁלִים מְלָכִים יִרְאוּ וָקָמוּ
שָׂרִים וְיִשְׁתַּחֲווּ לְמַעַן יהוה אֲשֶׁר נֶאֱמָן קְדֹשׁ יִשְׂרָאֵל
ח וַיִּבְחָרֶךָּ׃ כֹּה ׀ אָמַר יהוה בְּעֵת רָצוֹן עֲנִיתִיךָ
וּבְיוֹם יְשׁוּעָה עֲזַרְתִּיךָ וְאֶצָּרְךָ וְאֶתֶּנְךָ לִבְרִית עָם לְהָקִים אֶרֶץ
ט לְהַנְחִיל נְחָלוֹת שֹׁמֵמוֹת׃ לֵאמֹר לַאֲסוּרִים צֵאוּ לַאֲשֶׁר בַּחֹשֶׁךְ
י הִגָּלוּ עַל־דְּרָכִים יִרְעוּ וּבְכָל־שְׁפָיִים מַרְעִיתָם׃ לֹא יִרְעָבוּ וְלֹא
יִצְמָאוּ וְלֹא־יַכֵּם שָׁרָב וָשָׁמֶשׁ כִּי־מְרַחֲמָם יְנַהֲגֵם וְעַל־
יא מַבּוּעֵי מַיִם יְנַהֲלֵם׃ וְשַׂמְתִּי כָל־הָרַי לַדָּרֶךְ וּמְסִלֹּתַי יְרֻמוּן׃
יב הִנֵּה־אֵלֶּה מֵרָחוֹק יָבֹאוּ וְהִנֵּה־אֵלֶּה מִצָּפוֹן וּמִיָּם וְאֵלֶּה מֵאֶרֶץ
יג סִינִים׃ רָנּוּ שָׁמַיִם וְגִילִי אֶרֶץ יפצחו הָרִים רִנָּה כִּי־נִחַם יהוה וּפִצְחוּ
יד עַמּוֹ וַעֲנִיָּו יְרַחֵם׃ וַתֹּאמֶר צִיּוֹן עֲזָבַנִי יהוה וַאדֹנָי
טו שְׁכֵחָנִי׃ הֲתִשְׁכַּח אִשָּׁה עוּלָהּ מֵרַחֵם בֶּן־בִּטְנָהּ גַּם־אֵלֶּה
טז תִשְׁכַּחְנָה וְאָנֹכִי לֹא אֶשְׁכָּחֵךְ׃ הֵן עַל־כַּפַּיִם חַקֹּתִיךְ חוֹמֹתַיִךְ
יז יח נֶגְדִּי תָּמִיד׃ מִהֲרוּ בָּנָיִךְ מְהָרְסַיִךְ וּמַחֲרִבַיִךְ מִמֵּךְ יֵצֵאוּ׃ שְׂאִי־
סָבִיב עֵינַיִךְ וּרְאִי כֻּלָּם נִקְבְּצוּ בָאוּ־לָךְ חַי־אָנִי נְאֻם־יהוה כִּי
יט כֻלָּם כָּעֲדִי תִלְבָּשִׁי וּתְקַשְּׁרִים כַּכַּלָּה׃ כִּי חָרְבֹתַיִךְ וְשֹׁמְמֹתַיִךְ
כ וְאֶרֶץ הֲרִסֻתֵךְ כִּי עַתָּה תֵּצְרִי מִיּוֹשֵׁב וְרָחֲקוּ מְבַלְּעָיִךְ׃ עוֹד
יֹאמְרוּ בְאָזְנַיִךְ בְּנֵי שִׁכֻּלָיִךְ צַר־לִי הַמָּקוֹם גְּשָׁה־לִּי וְאֵשֵׁבָה׃
כא וְאָמַרְתְּ בִּלְבָבֵךְ מִי יָלַד־לִי אֶת־אֵלֶּה וַאֲנִי שְׁכוּלָה וְגַלְמוּדָה
גֹּלָה ׀ וְסוּרָה וְאֵלֶּה מִי גִדֵּל הֵן אֲנִי נִשְׁאַרְתִּי לְבַדִּי אֵלֶּה אֵיפֹה
כב הֵם׃ כֹּה־אָמַר אֲדֹנָי יֱהוִה הִנֵּה אֶשָּׂא אֶל־גּוֹיִם
יָדִי וְאֶל־עַמִּים אָרִים נִסִּי וְהֵבִיאוּ בָנַיִךְ בְּחֹצֶן וּבְנֹתַיִךְ עַל־
כג כָּתֵף תִּנָּשֶׂאנָה׃ וְהָיוּ מְלָכִים אֹמְנַיִךְ וְשָׂרוֹתֵיהֶם מֵינִיקֹתַיִךְ
אַפַּיִם אֶרֶץ יִשְׁתַּחֲווּ לָךְ וַעֲפַר רַגְלַיִךְ יְלַחֵכוּ וְיָדַעַתְּ כִּי־אֲנִי
כד יהוה אֲשֶׁר לֹא־יֵבֹשׁוּ קֹוָי׃ הֲיֻקַּח מִגִּבּוֹר מַלְקוֹחַ
כה וְאִם־שְׁבִי צַדִּיק יִמָּלֵט׃ כִּי־כֹה ׀ אָמַר יהוה גַּם־שְׁבִי גִבּוֹר יֻקָּח
וּמַלְקוֹחַ עָרִיץ יִמָּלֵט וְאֶת־יְרִיבֵךְ אָנֹכִי אָרִיב וְאֶת־בָּנַיִךְ אָנֹכִי

preserved of Yisra'el: I will also give thee for a light to the
nations, that my salvation may be to the end of the earth.
7 Thus says the LORD, the redeemer of Yisra'el, his Holy One,
to him whom man despises, to him whom the nation abhors, to a
servant of rulers, Kings shall see and arise, princes also shall
prostrate themselves, because of the LORD who is faithful, and
8 the Holy One of Yisra'el, who has chosen thee. Thus says
the LORD, In an acceptable time have I answered thee, and in a
day of salvation have I helped thee: and I will preserve thee,
and give thee for a covenant of the people, to restore the
9 land, and to assign desolate inheritances to their owners. That
thou mayst say to the prisoners, Go forth; to them that are in
darkness, Show yourselves. They shall feed in the ways, and
10 their pastures shall be on all high places. They shall not hunger
nor thirst; neither shall the heat nor sun smite them: for he
that has mercy on them shall lead them, even by the springs of
11 water shall he guide them. And I will make all my mountains
12 a way, and my highways shall be raised up. Behold, these shall
come from far: and, lo, these from the north and from the west;
13 and these from the land of Sinim. Sing, O heavens; and be
joyful, O earth; and break forth into singing, O mountains: for
the LORD has comforted his people, and has mercy upon his
14 afflicted. But Ẕiyyon said, The LORD has forsaken me, and
15 my LORD has forgotten me. Can a woman forget her sucking
child, that she should not have compassion on the son of her
16 womb? even these may forget, yet I will not forget thee. Behold,
I have graven thee upon the palms of my hands; thy walls are
17 continually before me. Thy children make haste; thy destroyers
18 and they that made thee waste go away from thee. Lift up thy
eyes round about, and behold: all these gather themselves together, and come to thee. As I live, says the LORD, thou shalt
surely clothe thee with them all, as with an ornament, and bind
19 them on, like a bride. For thy waste and thy desolate places,
and thy devastated land, shall now be too narrow for the inhabitants, and they that swallowed thee up shall be far away.
20 The children that were taken away from thee shall say again
in thy ears, The place is too narrow for me: make room for me
21 that I may dwell. Then shalt thou say in thy heart, Who has
begotten me these, seeing I have lost my children, a solitary, an
exile, and a wanderer to and fro? and who has brought up
these? Behold, I was left alone; these, where have they been?
22 Thus says the LORD GOD, Behold, I will lift up my hand
to the nations, and set up my standard to the peoples: and they
shall bring thy sons in their arms, and thy daughters shall be
23 carried on their shoulders. And kings shall be thy foster fathers,
and their queens thy nursing mothers: they shall bow down
to thee with their face towards the earth, and lick up the dust
of thy feet; and thou shalt know that I am the LORD: for they
24 shall not be ashamed that wait for me. Shall the prey be
taken from the mighty, or the captive of the victorious delivered?
25 But thus says the LORD, Even the captives of the mighty
shall be taken away, and the prey of the terrible shall be delivered: for I will contend with him that contends with thee,

טו אוֹשִׁיעַ: וְהַאֲכַלְתִּי אֶת־מוֹנַיִךְ אֶת־בְּשָׂרָם וְכֶעָסִיס דָּמָם
יִשְׁכָּרוּן וְיָדְעוּ כָל־בָּשָׂר כִּי אֲנִי יְהוָה מוֹשִׁיעֵךְ וְגֹאֲלֵךְ אֲבִיר

כא יַעֲקֹב: כֹּה ׀ אָמַר יְהוָה אֵי זֶה סֵפֶר כְּרִיתוּת
אִמְּכֶם אֲשֶׁר שִׁלַּחְתִּיהָ אוֹ מִי מִנּוֹשַׁי אֲשֶׁר־מָכַרְתִּי אֶתְכֶם לוֹ

ב הֵן בַּעֲוֺנֹתֵיכֶם נִמְכַּרְתֶּם וּבְפִשְׁעֵיכֶם שֻׁלְּחָה אִמְּכֶם: מַדּוּעַ
בָּאתִי וְאֵין אִישׁ קָרָאתִי וְאֵין עוֹנֶה הֲקָצוֹר קָצְרָה יָדִי מִפְּדוּת
וְאִם־אֵין־בִּי כֹחַ לְהַצִּיל הֵן בְּגַעֲרָתִי אַחֲרִיב יָם אָשִׂים נְהָרוֹת

ג מִדְבָּר תִּבְאַשׁ דְּגָתָם מֵאֵין מַיִם וְתָמֹת בַּצָּמָא: אַלְבִּישׁ שָׁמַיִם
קַדְרוּת וְשַׂק אָשִׂים כְּסוּתָם: אֲדֹנָי יְהוִה נָתַן לִי

ד לְשׁוֹן לִמּוּדִים לָדַעַת לָעוּת אֶת־יָעֵף דָּבָר יָעִיר ׀ בַּבֹּקֶר בַּבֹּקֶר

ה יָעִיר לִי אֹזֶן לִשְׁמֹעַ כַּלִּמּוּדִים: אֲדֹנָי יְהוִה פָּתַח־לִי אֹזֶן וְאָנֹכִי
לֹא מָרִיתִי אָחוֹר לֹא נְסוּגֹתִי: גֵּוִי נָתַתִּי לְמַכִּים וּלְחָיַי לְמֹרְטִים

ו פָּנַי לֹא הִסְתַּרְתִּי מִכְּלִמּוֹת וָרֹק: וַאֲדֹנָי יְהוִה יַעֲזָר־לִי עַל־כֵּן

ז לֹא נִכְלָמְתִּי עַל־כֵּן שַׂמְתִּי פָנַי כַּחַלָּמִישׁ וָאֵדַע כִּי־לֹא אֵבוֹשׁ:
קָרוֹב מַצְדִּיקִי מִי־יָרִיב אִתִּי נַעַמְדָה יָּחַד מִי־בַעַל מִשְׁפָּטִי יִגַּשׁ

ח אֵלָי: הֵן אֲדֹנָי יְהוִה יַעֲזָר־לִי מִי־הוּא יַרְשִׁיעֵנִי הֵן כֻּלָּם כַּבֶּגֶד

ט יִבְלוּ עָשׁ יֹאכְלֵם: מִי בָכֶם יְרֵא יְהוָה שֹׁמֵעַ בְּקוֹל
עַבְדּוֹ אֲשֶׁר ׀ הָלַךְ חֲשֵׁכִים וְאֵין נֹגַהּ לוֹ יִבְטַח בְּשֵׁם יְהוָה וְיִשָּׁעֵן

י בֵּאלֹהָיו: הֵן כֻּלְּכֶם קֹדְחֵי אֵשׁ מְאַזְּרֵי זִיקוֹת לְכוּ ׀ בְּאוּר
אֶשְׁכֶם וּבְזִיקוֹת בִּעַרְתֶּם מִיָּדִי הָיְתָה־זֹּאת לָכֶם לְמַעֲצֵבָה

כא תִּשְׁכָּבוּן: שִׁמְעוּ אֵלַי רֹדְפֵי צֶדֶק מְבַקְשֵׁי יְהוָה

ב הַבִּיטוּ אֶל־צוּר חֻצַּבְתֶּם וְאֶל־מַקֶּבֶת בּוֹר נֻקַּרְתֶּם: הַבִּיטוּ אֶל־
אַבְרָהָם אֲבִיכֶם וְאֶל־שָׂרָה תְּחוֹלֶלְכֶם כִּי־אֶחָד קְרָאתִיו

ג וַאֲבָרְכֵהוּ וְאַרְבֵּהוּ: כִּי־נִחַם יְהוָה צִיּוֹן נִחַם כָּל־חָרְבֹתֶיהָ וַיָּשֶׂם
מִדְבָּרָהּ כְּעֵדֶן וְעַרְבָתָהּ כְּגַן־יְהוָה שָׂשׂוֹן וְשִׂמְחָה יִמָּצֵא בָהּ

ד תּוֹדָה וְקוֹל זִמְרָה: הַקְשִׁיבוּ אֵלַי עַמִּי וּלְאוּמִּי
אֵלַי הַאֲזִינוּ כִּי תוֹרָה מֵאִתִּי תֵצֵא וּמִשְׁפָּטִי לְאוֹר עַמִּים אַרְגִּיעַ:

ה קָרוֹב צִדְקִי יָצָא יִשְׁעִי וּזְרֹעַי עַמִּים יִשְׁפֹּטוּ אֵלַי אִיִּים יְקַוּוּ

ו וְאֶל־זְרֹעִי יְיַחֵלוּן: שְׂאוּ לַשָּׁמַיִם עֵינֵיכֶם וְהַבִּיטוּ אֶל־הָאָרֶץ
מִתַּחַת כִּי־שָׁמַיִם כֶּעָשָׁן נִמְלָחוּ וְהָאָרֶץ כַּבֶּגֶד תִּבְלֶה
וְיֹשְׁבֶיהָ כְּמוֹ־כֵן יְמוּתוּן וִישׁוּעָתִי לְעוֹלָם תִּהְיֶה וְצִדְקָתִי לֹא

ז תֵחָת: שִׁמְעוּ אֵלַי יֹדְעֵי צֶדֶק עַם תּוֹרָתִי בְלִבָּם

and I will save thy children. And I will feed them that oppress 26
thee with their own flesh; and they shall be drunk with their
own blood, as with sweet wine: and all flesh shall know that
I, the LORD am thy deliverer and the mighty One of Ya'aqov is
thy redeemer. Thus says the LORD, Where is the bill of **50**
your mother's divorcement, with which I have put her away?
or which of my creditors is it to whom I have sold you? Behold,
for your iniquities have you sold yourselves, and for your
transgressions was your mother put away. Why, when I came, 2
was there no man? when I called, was there none to answer?
Is my hand shortened at all, that it cannot redeem? or have I
no power to deliver? behold, at my rebuke I dry up the sea, I
make the rivers a wilderness: their fish rots, because there is
no water, and dies for thirst. I clothe the heavens with black- 3
ness, and I make sackcloth their covering. The LORD GOD 4
has given me the tongue of the learned, that I should know
how to sustain him that is weary: he wakens morning by morn-
ing, he wakens my ear to hear as the learned. The LORD GOD has 5
opened my ear, and I was not rebellious, nor did I turn away.
I gave my back to the smiters, and my cheeks to them that 6
plucked off the hair: I hid not my face from shame and spitting.
For the LORD GOD has helped me; therefore have I not been 7
confounded: therefore have I set my face like a flint, and I
knew that I should not be ashamed. He is near that justifies me; 8
who will contend with me? let us stand together: who is my
adversary? let him come near to me. Behold, the LORD GOD will 9
help me; who is he that shall condemn me? lo, they all shall
grow old as a garment; the moth shall eat them up. Who 10
is there among you that fears the LORD, that obeys the voice of
his servant, that walks in darkness, and has no light? let him
trust in the name of the LORD, and rely upon his GOD. Behold 11
all you that kindle a fire, and that girdle yourselves around
with sparks; walk in the light of your fire, and in the sparks
that you have kindled. This came to you from my hand; you
shall lie down in grief. Hearken to me, you that follow **51**
after righteousness, you that seek the LORD: look to the rock
whence you are hewn, and to the hole of the pit from which
you were dug out. Look to Avraham your father, and to Sara 2
that bore you: for he was but one when I called him, and I
blessed him, and increased him. For the LORD shall comfort 3
Ẕiyyon: he will comfort all her waste places; and he will
make her wilderness like 'Eden, and her desert like the garden
of the LORD; joy and gladness shall be found in it, thanksgiving,
and the voice of melody. Hearken to me, my people; 4
and give ear to me, O my nation: for Tora shall proceed from
me, and I will make my judgment suddenly for a light of the
peoples. My righteousness is near; my salvation has gone forth, 5
and my arms shall judge the peoples; isles shall wait upon
me, and on my arm shall they trust. Lift up your eyes to the 6
heavens, and look upon the earth beneath; for the
heavens shall vanish away like smoke, and the earth shall grow
old like a garment, and they that dwell in it shall die in like
manner: but my salvation shall be forever, and my righteous-
ness shall not be overthrown. Hearken to me, you that 7

ח   אַל־תִּירְאוּ חֶרְפַּת אֱנוֹשׁ וּמִגִּדֻּפֹתָם אַל־תֵּחָתּוּ: כִּי כַבֶּגֶד
יֹאכְלֵם עָשׁ וְכַצֶּמֶר יֹאכְלֵם סָס וְצִדְקָתִי לְעוֹלָם תִּהְיֶה וִישׁוּעָתִי
לְדוֹר דּוֹרִים: עוּרִי עוּרִי לִבְשִׁי־עֹז זְרוֹעַ יְהוָה

ט
עוּרִי כִּימֵי קֶדֶם דֹּרוֹת עוֹלָמִים הֲלוֹא אַתְּ־הִיא הַמַּחְצֶבֶת
רַהַב מְחוֹלֶלֶת תַּנִּין: הֲלוֹא אַתְּ־הִיא הַמַּחֲרֶבֶת יָם מֵי תְּהוֹם

י
רַבָּה הַשָּׂמָה מַעֲמַקֵּי־יָם דֶּרֶךְ לַעֲבֹר גְּאוּלִים: וּפְדוּיֵי יְהוָה

יא
יְשׁוּבוּן וּבָאוּ צִיּוֹן בְּרִנָּה וְשִׂמְחַת עוֹלָם עַל־רֹאשָׁם שָׂשׂוֹן
וְשִׂמְחָה יַשִּׂיגוּן נָסוּ יָגוֹן וַאֲנָחָה: אָנֹכִי אָנֹכִי הוּא

יב
מְנַחֶמְכֶם מִי־אַתְּ וַתִּירְאִי מֵאֱנוֹשׁ יָמוּת וּמִבֶּן־אָדָם חָצִיר

יג
יִנָּתֵן: וַתִּשְׁכַּח יְהוָה עֹשֶׂךָ נוֹטֶה שָׁמַיִם וְיֹסֵד אָרֶץ וַתְּפַחֵד
תָּמִיד כָּל־הַיּוֹם מִפְּנֵי חֲמַת הַמֵּצִיק כַּאֲשֶׁר כּוֹנֵן לְהַשְׁחִית

יד
וְאַיֵּה חֲמַת הַמֵּצִיק: מִהַר צֹעֶה לְהִפָּתֵחַ וְלֹא־יָמוּת לַשַּׁחַת וְלֹא

טו
יֶחְסַר לַחְמוֹ: וְאָנֹכִי יְהוָה אֱלֹהֶיךָ רֹגַע הַיָּם וַיֶּהֱמוּ גַּלָּיו יְהוָה

טז
צְבָאוֹת שְׁמוֹ: וָאָשִׂם דְּבָרַי בְּפִיךָ וּבְצֵל יָדִי כִּסִּיתִיךָ לִנְטֹעַ שָׁמַיִם
וְלִיסֹד אָרֶץ וְלֵאמֹר לְצִיּוֹן עַמִּי־אָתָּה: הִתְעוֹרְרִי

יז
הִתְעוֹרְרִי קוּמִי יְרוּשָׁלַ͏ִם אֲשֶׁר שָׁתִית מִיַּד יְהוָה אֶת־כּוֹס חֲמָתוֹ

יח
אֶת־קֻבַּעַת כּוֹס הַתַּרְעֵלָה שָׁתִית מָצִית: אֵין־מְנַהֵל לָהּ מִכָּל־

יט
בָּנִים יָלָדָה וְאֵין מַחֲזִיק בְּיָדָהּ מִכָּל־בָּנִים גִּדֵּלָה: שְׁתַּיִם הֵנָּה
קֹרְאֹתַיִךְ מִי יָנוּד לָךְ הַשֹּׁד וְהַשֶּׁבֶר וְהָרָעָב וְהַחֶרֶב מִי אֲנַחֲמֵךְ:

כ
בָּנַיִךְ עֻלְּפוּ שָׁכְבוּ בְּרֹאשׁ כָּל־חוּצוֹת כְּתוֹא מִכְמָר הַמְלֵאִים

כא
חֲמַת־יְהוָה גַּעֲרַת אֱלֹהָיִךְ: לָכֵן שִׁמְעִי־נָא זֹאת עֲנִיָּה וּשְׁכֻרַת
וְלֹא מִיָּיִן: כֹּה־אָמַר אֲדֹנַיִךְ יְהוָה וֵאלֹהַיִךְ יָרִיב

כב
עַמּוֹ הִנֵּה לָקַחְתִּי מִיָּדֵךְ אֶת־כּוֹס הַתַּרְעֵלָה אֶת־קֻבַּעַת

כג
כּוֹס חֲמָתִי לֹא־תוֹסִיפִי לִשְׁתּוֹתָהּ עוֹד: וְשַׂמְתִּיהָ בְּיַד־מוֹגַיִךְ
אֲשֶׁר־אָמְרוּ לְנַפְשֵׁךְ שְׁחִי וְנַעֲבֹרָה וַתָּשִׂימִי כָאָרֶץ גֵּוֵךְ וְכַחוּץ

נב א
לַעֹבְרִים: עוּרִי עוּרִי לִבְשִׁי עֻזֵּךְ צִיּוֹן לִבְשִׁי בִּגְדֵי
תִפְאַרְתֵּךְ יְרוּשָׁלַ͏ִם עִיר הַקֹּדֶשׁ כִּי לֹא יוֹסִיף יָבֹא־בָךְ עוֹד עָרֵל

הִתְפַּתְּחִי
ב   וְטָמֵא: הִתְנַעֲרִי מֵעָפָר קוּמִי שְּׁבִי יְרוּשָׁלָ͏ִם הִתְפַּתְּחִו מוֹסְרֵי

ג
צַוָּארֵךְ שְׁבִיָּה בַּת־צִיּוֹן: כִּי־כֹה אָמַר יְהוָה חִנָּם

ד
נִמְכַּרְתֶּם וְלֹא בְכֶסֶף תִּגָּאֵלוּ:   כִּי כֹה אָמַר אֲדֹנָי

know righteousness, the people in whose heart is my Tora;
fear not the taunts of men, neither be dismayed by their
revilings. For the moth shall eat them up like a garment, and 8
the worm shall eat them like wool: but my righteousness
shall be for ever, and my salvation for all generations.
Awake, awake, put on strength, O arm of the LORD; awake, 9
as in the ancient days, in the generations of old. Art thou not it
that has cut Rahav in pieces, and wounded the crocodile?
Art thou not it which dried the sea, the waters of the great 10
deep; that made the depths of the sea a way for the ransomed
to pass over? Therefore the redeemed of the LORD shall return, 11
and come with singing to Ẕiyyon; and everlasting joy shall be
upon their head: they shall obtain gladness and joy; and sor-
row and sighing shall flee away. I, even I, am he that 12
comforts you: who art thou, that thou shouldst be afraid of a
mortal man, and of the son of man who shall be made as
grass; and hast forgotten the LORD thy maker, that stretched 13
forth the heavens, and laid the foundations of the earth; and
hast feared continually every day because of the fury of the
oppressor, as he makes ready to destroy? and where is the
fury of the oppressor? The crouching one hastens that he may 14
be loosed, and he shall not die in the pit, nor shall his bread
fail. And I am the LORD thy GOD, who stirs up the sea, that 15
its waves roared: The LORD of hosts is his name. And I have 16
put my words in thy mouth, and I have covered thee in the
shadow of my hand, that I may plant the heavens, and lay
the foundations of the earth, and say to Ẕiyyon, Thou art my
people. Awake, awake, stand up, O Yerushalayim, who 17
hast drunk at the hand of the LORD the cup of his fury;
thou hast drunk to the dregs, the deep bowl of staggering.
There is none to guide her among all the sons whom she 18
has brought forth; nor is there any that takes her by the
hand among all the sons that she has brought up. These two 19
things have befallen thee; who shall console thee? desolation,
and destruction, and the famine, and the sword: by whom shall
I comfort thee? Thy sons have fainted, they lie at the head of 20
all the streets, like a bison in a net: they are full of the fury
of the LORD, the rebuke of thy GOD. Therefore hear now this, 21
thou afflicted, and drunken, but not with wine: Thus says 22
thy LORD the LORD, and thy GOD that pleads the cause of his
people, Behold, I have taken out of thy hand the cup of stag-
gering, the deep bowl of my fury; thou shalt no more drink it
again: but I will put it into the hand of them that afflict thee; 23
who have said to thy soul, Bow down, that we may go over:
and thou hast laid thy body like the ground, and like the
street, to them that go over. Awake, awake; put on thy **52**
strength, O Ẕiyyon; put on thy beautiful garments, O Yerusha-
layim, the holy city: for henceforth there shall no more come
into thee the uncircumcised and the unclean. Shake thyself 2
from the dust; arise, and sit down, O Yerushalayim: loose
thyself from the bands of thy neck, O captive daughter of Ẕiy-
yon. For thus says the LORD, You were sold for nought; 3
and you shall be redeemed without money. For thus says 4

יֱהֹוִה מִצְרַיִם יָרַד־עַמִּי בָרִאשֹׁנָה לָגוּר שָׁם וְאַשּׁוּר בְּאֶפֶס
ה עֲשָׁקוֹ׃ וְעַתָּה מַה־לִּי־פֹה נְאֻם־יְהוָה כִּי־לֻקַּח עַמִּי חִנָּם מֹשְׁלָו
ו יְהֵילִילוּ נְאֻם־יְהוָה וְתָמִיד כָּל־הַיּוֹם שְׁמִי מִנֹּאָץ׃ לָכֵן
יֵדַע עַמִּי שְׁמִי לָכֵן בַּיּוֹם הַהוּא כִּי־אֲנִי־הוּא הַמְדַבֵּר
ז הִנֵּנִי׃ מַה־נָּאווּ עַל־הֶהָרִים רַגְלֵי מְבַשֵּׂר מַשְׁמִיעַ כב
שָׁלוֹם מְבַשֵּׂר טוֹב מַשְׁמִיעַ יְשׁוּעָה אֹמֵר לְצִיּוֹן מָלַךְ אֱלֹהָיִךְ׃
ח קוֹל צֹפַיִךְ נָשְׂאוּ קוֹל יַחְדָּו יְרַנֵּנוּ כִּי עַיִן בְּעַיִן יִרְאוּ בְּשׁוּב יְהוָה
ט צִיּוֹן׃ פִּצְחוּ רַנְּנוּ יַחְדָּו חָרְבוֹת יְרוּשָׁלָםִ כִּי־נִחַם יְהוָה עַמּוֹ גָּאַל
י יְרוּשָׁלָםִ׃ חָשַׂף יְהוָה אֶת־זְרוֹעַ קָדְשׁוֹ לְעֵינֵי כָּל־הַגּוֹיִם וְרָאוּ
יא כָּל־אַפְסֵי־אָרֶץ אֵת יְשׁוּעַת אֱלֹהֵינוּ׃ סוּרוּ סוּרוּ
צְאוּ מִשָּׁם טָמֵא אַל־תִּגָּעוּ צְאוּ מִתּוֹכָהּ הִבָּרוּ נֹשְׂאֵי כְּלֵי יְהוָה׃
יב כִּי לֹא בְחִפָּזוֹן תֵּצֵאוּ וּבִמְנוּסָה לֹא תֵלֵכוּן כִּי־הֹלֵךְ לִפְנֵיכֶם
יג יְהוָה וּמְאַסִּפְכֶם אֱלֹהֵי יִשְׂרָאֵל׃ הִנֵּה יַשְׂכִּיל
יד עַבְדִּי יָרוּם וְנִשָּׂא וְגָבַהּ מְאֹד׃ כַּאֲשֶׁר שָׁמְמוּ עָלֶיךָ רַבִּים כֵּן־
טו מִשְׁחַת מֵאִישׁ מַרְאֵהוּ וְתֹאֲרוֹ מִבְּנֵי אָדָם׃ כֵּן יַזֶּה גּוֹיִם רַבִּים
עָלָיו יִקְפְּצוּ מְלָכִים פִּיהֶם כִּי אֲשֶׁר לֹא־סֻפַּר לָהֶם רָאוּ וַאֲשֶׁר
נג א לֹא־שָׁמְעוּ הִתְבּוֹנָנוּ׃ מִי הֶאֱמִין לִשְׁמֻעָתֵנוּ וּזְרוֹעַ יְהוָה עַל־מִי
ב נִגְלָתָה׃ וַיַּעַל כַּיּוֹנֵק לְפָנָיו וְכַשֹּׁרֶשׁ מֵאֶרֶץ צִיָּה לֹא־תֹאַר לוֹ
ג וְלֹא הָדָר וְנִרְאֵהוּ וְלֹא־מַרְאֶה וְנֶחְמְדֵהוּ׃ נִבְזֶה וַחֲדַל אִישִׁים
אִישׁ מַכְאֹבוֹת וִידוּעַ חֹלִי וּכְמַסְתֵּר פָּנִים מִמֶּנּוּ נִבְזֶה וְלֹא
ד חֲשַׁבְנֻהוּ׃ אָכֵן חֳלָיֵנוּ הוּא נָשָׂא וּמַכְאֹבֵינוּ סְבָלָם וַאֲנַחְנוּ
ה חֲשַׁבְנֻהוּ נָגוּעַ מֻכֵּה אֱלֹהִים וּמְעֻנֶּה׃ וְהוּא מְחֹלָל מִפְּשָׁעֵנוּ
מְדֻכָּא מֵעֲוֺנֹתֵינוּ מוּסַר שְׁלוֹמֵנוּ עָלָיו וּבַחֲבֻרָתוֹ נִרְפָּא־לָנוּ׃
ו כֻּלָּנוּ כַּצֹּאן תָּעִינוּ אִישׁ לְדַרְכּוֹ פָּנִינוּ וַיהוָה הִפְגִּיעַ בּוֹ אֵת עֲוֺן
ז כֻּלָּנוּ׃ נִגַּשׂ וְהוּא נַעֲנֶה וְלֹא יִפְתַּח־פִּיו כַּשֶּׂה לַטֶּבַח יוּבָל
ח וּכְרָחֵל לִפְנֵי גֹזְזֶיהָ נֶאֱלָמָה וְלֹא יִפְתַּח פִּיו׃ מֵעֹצֶר וּמִמִּשְׁפָּט
לֻקָּח וְאֶת־דּוֹרוֹ מִי יְשׂוֹחֵחַ כִּי נִגְזַר מֵאֶרֶץ חַיִּים מִפֶּשַׁע עַמִּי
ט נֶגַע לָמוֹ׃ וַיִּתֵּן אֶת־רְשָׁעִים קִבְרוֹ וְאֶת־עָשִׁיר בְּמֹתָיו עַל לֹא־
י חָמָס עָשָׂה וְלֹא מִרְמָה בְּפִיו׃ וַיהוָה חָפֵץ דַּכְּאוֹ הֶחֱלִי אִם־

the Lord God, My people went down aforetime to Mizrayim
to sojourn there; and Ashshur oppressed them without cause.
Now therefore, what have I here, says the Lord, that my people 5
is taken away for nought? they that rule over them yell, says
the Lord; and my name continually every day is blasphemed.
Therefore my people shall know my name: therefore they shall 6
know in that day that I am he that speaks: Behold, here I
am. How beautiful upon the mountains are the feet of 7
him that brings good tidings, that announces peace; that brings
good tidings of good, that announces salvation; that says to
Ẕiyyon, Thy God reigns! The voice of thy watchmen is heard: 8
they lift up the voice; together shall they sing: for they shall
see eye to eye, the Lord returning to Ẕiyyon. Break forth into 9
joy, sing together, O waste places of Yerushalayim: for the
Lord has comforted his people, he has redeemed Yerushalayim:
the Lord has made bare his holy arm in the eyes of all the 10
nations; and all the ends of the earth shall see the salvation
of our God. Depart, depart, go out from there, touch no 11
unclean thing: go out of the midst of her; be clean, you that
bear the vessels of the Lord. For you shall not go out with 12
haste, nor go by flight: for the Lord will go before you; and
the God of Yisra'el will be your rearguard. Behold, my 13
servant shall prosper, he shall be exalted and extolled, and
be very high. Just as many were astonished at thee; saying, 14
Surely his visage is too marred to be that of a man, and his
form, to be that of the sons of men: so shall he startle 15
many nations; kings shall shut their mouths: for that which
had not been told them shall they see; and that which they
had not heard shall they perceive. Who would have believed **53**
our report? and to whom is the arm of the Lord revealed?
For he grew up before him as a tender plant, and as a root out 2
of a dry ground: he had no form nor comeliness, that we should
look at him, and no countenance, that we should desire him.
He was despised and rejected of men; a man of pains, and ac- 3
quainted with sickness: and we hid as it were our faces from
him; he was despised, and we esteemed him not. But in truth 4
he has borne our sicknesses and endured our pains; yet we did
esteem him stricken, smitten of God, and afflicted. But he was 5
wounded because of our transgressions, bruised because of our
iniquities: his sufferings were that we might have peace, and
by his injury we are healed. All we like sheep have gone astray; 6
we have turned every one to his own way; and the Lord has
caused the iniquity of us all to fall upon him. He was oppressed, 7
but he humbled himself and opened not his mouth: as a lamb
which is brought to the slaughter, and as a sheep before her
shearers is dumb, so he did not open his mouth. By oppression 8
and false judgement was he taken away; and of his generation
who considered? For he was cut off out of the land of the living,
for the transgression of the people to whom the stroke was
due. For they made his grave among the wicked, and his tomb 9
among the rich; because he had done no violence, neither was
any deceit in his mouth. But it pleased the Lord to crush him 10
by disease: if his soul shall consider it a recompense for

תָּשִׂים אָשָׁם נַפְשׁוֹ יִרְאֶה זֶרַע יַאֲרִיךְ יָמִים וְחֵפֶץ יְהוָה
יא בְּיָדוֹ יִצְלָח׃ מֵעֲמַל נַפְשׁוֹ יִרְאֶה יִשְׂבָּע בְּדַעְתּוֹ יַצְדִּיק
יב צַדִּיק עַבְדִּי לָרַבִּים וַעֲוֺנֹתָם הוּא יִסְבֹּל׃ לָכֵן אֲחַלֶּק־לוֹ
בָרַבִּים וְאֶת־עֲצוּמִים יְחַלֵּק שָׁלָל תַּחַת אֲשֶׁר הֶעֱרָה לַמָּוֶת
נַפְשׁוֹ וְאֶת־פֹּשְׁעִים נִמְנָה וְהוּא חֵטְא־רַבִּים נָשָׂא וְלַפֹּשְׁעִים
נד א יַפְגִּיעַ׃ רָנִּי עֲקָרָה לֹא יָלָדָה פִּצְחִי רִנָּה וְצַהֲלִי
לֹא־חָלָה כִּי־רַבִּים בְּנֵי־שׁוֹמֵמָה מִבְּנֵי בְעוּלָה אָמַר יְהוָה׃
ב הַרְחִיבִי ׀ מְקוֹם אָהֳלֵךְ וִירִיעוֹת מִשְׁכְּנוֹתַיִךְ יַטּוּ אַל־תַּחְשֹׂכִי
ג הַאֲרִיכִי מֵיתָרַיִךְ וִיתֵדֹתַיִךְ חַזֵּקִי׃ כִּי־יָמִין וּשְׂמֹאול תִּפְרֹצִי
ד וְזַרְעֵךְ גּוֹיִם יִירָשׁ וְעָרִים נְשַׁמּוֹת יוֹשִׁיבוּ׃ אַל־תִּירְאִי כִּי־לֹא
תֵבוֹשִׁי וְאַל־תִּכָּלְמִי כִּי לֹא תַחְפִּירִי כִּי בֹשֶׁת עֲלוּמַיִךְ תִּשְׁכָּחִי
ה וְחֶרְפַּת אַלְמְנוּתַיִךְ לֹא תִזְכְּרִי־עוֹד׃ כִּי בֹעֲלַיִךְ עֹשַׂיִךְ יְהוָה
צְבָאוֹת שְׁמוֹ וְגֹאֲלֵךְ קְדוֹשׁ יִשְׂרָאֵל אֱלֹהֵי כָל־הָאָרֶץ יִקָּרֵא׃
ו כִּי־כְאִשָּׁה עֲזוּבָה וַעֲצוּבַת רוּחַ קְרָאָךְ יְהוָה וְאֵשֶׁת נְעוּרִים כִּי
ז תִמָּאֵס אָמַר אֱלֹהָיִךְ׃ בְּרֶגַע קָטֹן עֲזַבְתִּיךְ וּבְרַחֲמִים גְּדֹלִים
ח אֲקַבְּצֵךְ׃ בְּשֶׁצֶף קֶצֶף הִסְתַּרְתִּי פָנַי רֶגַע מִמֵּךְ וּבְחֶסֶד עוֹלָם
ט רִחַמְתִּיךְ אָמַר גֹּאֲלֵךְ יְהוָה׃ כִּי־מֵי נֹחַ זֹאת לִי
אֲשֶׁר נִשְׁבַּעְתִּי מֵעֲבֹר מֵי־נֹחַ עוֹד עַל־הָאָרֶץ כֵּן נִשְׁבַּעְתִּי
י מִקְּצֹף עָלַיִךְ וּמִגְּעָר־בָּךְ׃ כִּי הֶהָרִים יָמוּשׁוּ וְהַגְּבָעוֹת תְּמוּטֶינָה
וְחַסְדִּי מֵאִתֵּךְ לֹא־יָמוּשׁ וּבְרִית שְׁלוֹמִי לֹא תָמוּט אָמַר
יא מְרַחֲמֵךְ יְהוָה׃ עֲנִיָּה סֹעֲרָה לֹא נֻחָמָה הִנֵּה
יב אָנֹכִי מַרְבִּיץ בַּפּוּךְ אֲבָנַיִךְ וִיסַדְתִּיךְ בַּסַּפִּירִים׃ וְשַׂמְתִּי כַּדְכֹד
שִׁמְשֹׁתַיִךְ וּשְׁעָרַיִךְ לְאַבְנֵי אֶקְדָּח וְכָל־גְּבוּלֵךְ לְאַבְנֵי־חֵפֶץ׃
יג יד וְכָל־בָּנַיִךְ לִמּוּדֵי יְהוָה וְרַב שְׁלוֹם בָּנָיִךְ׃ בִּצְדָקָה תִּכּוֹנָנִי רַחֲקִי
טו מֵעֹשֶׁק כִּי־לֹא תִירָאִי וּמִמְּחִתָּה כִּי לֹא־תִקְרַב אֵלָיִךְ׃ הֵן גּוֹר
טז יָגוּר אֶפֶס מֵאוֹתִי מִי־גָר אִתָּךְ עָלַיִךְ יִפּוֹל׃ הִן אָנֹכִי בָּרָאתִי הִנֵּה
חָרָשׁ נֹפֵחַ בְּאֵשׁ פֶּחָם וּמוֹצִיא כְלִי לְמַעֲשֵׂהוּ וְאָנֹכִי בָּרָאתִי
יז מַשְׁחִית לְחַבֵּל׃ כָּל־כְּלִי יוּצַר עָלַיִךְ לֹא יִצְלָח וְכָל־לָשׁוֹן
תָּקוּם־אִתָּךְ לַמִּשְׁפָּט תַּרְשִׁיעִי זֹאת נַחֲלַת עַבְדֵי יְהוָה וְצִדְקָתָם
נה א מֵאִתִּי נְאֻם־יְהוָה׃ הוֹי כָּל־צָמֵא לְכוּ לַמַּיִם

guilt, he shall see his seed, he shall prolong his days, and the
purpose of the LORD shall prosper in his hand. He shall see the 11
travail of his soul, he shall be sated with seeing : by his knowl-
edge did my servant justify the righteous One to the many, and
did bear their iniquities. Surely I will give him a portion with the 12
great, and he shall divide the spoil with the strong; because
he has poured out his soul to death, and was numbered with
transgressors; but he bore the sin of many, and made inter-
cession for the transgressors.   Sing, O barren one, thou 54
that didst not bear; break forth into singing, and cry aloud,
thou that didst not travail with child : for more are the children
of the desolate than the children of the married wife, says the
LORD. Enlarge the place of thy tent, and let them stretch forth 2
the curtains of thy habitations : spare not : lengthen thy cords,
and strengthen thy stakes; for thou shalt break forth on the 3
right hand and on the left; and thy seed shall possess nations,
and make desolate cities to be inhabited. Fear not; for thou 4
shalt not be ashamed : neither be confounded; for thou shalt
not be put to shame : but thou shalt forget the shame of thy
youth, and shalt not remember the reproach of thy widowhood
any more. For thy Maker is thy husband : the LORD of hosts is 5
his name; and thy redeemer is the Holy One of Yisra'el; The
GOD of the whole earth is he called. For the LORD has called thee 6
as a woman forsaken and grieved in spirit; but a wife of youth,
can she be cast off? says thy GOD. For a small moment have 7
I forsaken thee; but with great mercies will I gather thee. In 8
the overflowing of wrath I hid my face from thee for a mo-
ment; but with everlasting faithful love will I have mercy on
thee, says thy redeemer, the LORD.   For this is as the 9
waters of Noaḥ to me : as I have sworn that the waters of
Noaḥ should no more go over the earth; so have I sworn that
I would not be furious with thee, nor rebuke thee. For the moun- 10
tains shall depart, and the hills be removed; but my faithful
love shall not depart from thee, neither shall the covenant of my
peace be removed, says the LORD that has mercy on thee.

O thou afflicted, tossed with tempest, and not comforted, 11
behold, I will lay thy stones with fair colours, and lay thy foun-
dations with sapphires. And I will make thy windows of rubies, 12
and thy gates of beryl, and all thy borders of choicest stones.
And all thy children shall be taught of the LORD; and great 13
shall be the peace of thy children. In righteousness shalt thou 14
be established : keep away from oppression; then thou shalt
not fear : and from terror; then it shall not come near thee.
Behold, they may well gather together, but not by me : who- 15
ever shall gather together against thee shall fall for thy sake.
Behold, I have created the smith that blows upon the fire of 16
the coals, and that brings forth an instrument for his work; and
I have created the waster to destroy. No weapon that is formed 17
against thee shall prosper; and every tongue that shall rise
against thee in judgment thou shalt condemn. This is the heri-
tage of the servants of the LORD and the recompense of their
righteousness appointed by me, says the LORD.   Ho, every 55
one that thirsts, come to the water, and he that has no money;

וַאֲשֶׁר אֵין־לוֹ כָּסֶף לְכוּ שִׁבְרוּ וֶאֱכֹלוּ וּלְכוּ שִׁבְרוּ בְּלוֹא־כֶסֶף

ב וּבְלוֹא מְחִיר יַיִן וְחָלָב: לָמָּה תִשְׁקְלוּ־כֶסֶף בְּלוֹא־לֶחֶם וִיגִיעֲכֶם בְּלוֹא לְשָׂבְעָה שִׁמְעוּ שָׁמוֹעַ אֵלַי וְאִכְלוּ־טוֹב וְתִתְעַנַּג

ג בַּדֶּשֶׁן נַפְשְׁכֶם: הַטּוּ אָזְנְכֶם וּלְכוּ אֵלַי שִׁמְעוּ וּתְחִי נַפְשְׁכֶם

ד וְאֶכְרְתָה לָכֶם בְּרִית עוֹלָם חַסְדֵי דָוִד הַנֶּאֱמָנִים: הֵן עֵד

ה לְאוּמִּים נְתַתִּיו נָגִיד וּמְצַוֵּה לְאֻמִּים: הֵן גּוֹי לֹא־תֵדַע תִּקְרָא וְגוֹי לֹא־יְדָעוּךָ אֵלֶיךָ יָרוּצוּ לְמַעַן יְהוָה אֱלֹהֶיךָ וְלִקְדוֹשׁ

ו יִשְׂרָאֵל כִּי פֵאֲרָךְ: דִּרְשׁוּ יְהוָה בְּהִמָּצְאוֹ קְרָאֻהוּ

ז בִּהְיוֹתוֹ קָרוֹב: יַעֲזֹב רָשָׁע דַּרְכּוֹ וְאִישׁ אָוֶן מַחְשְׁבֹתָיו וְיָשֹׁב

ח אֶל־יְהוָה וִירַחֲמֵהוּ וְאֶל־אֱלֹהֵינוּ כִּי־יַרְבֶּה לִסְלוֹחַ: כִּי לֹא

ט מַחְשְׁבוֹתַי מַחְשְׁבוֹתֵיכֶם וְלֹא דַרְכֵיכֶם דְּרָכָי נְאֻם יְהוָה: כִּי־ גָבְהוּ שָׁמַיִם מֵאָרֶץ כֵּן גָּבְהוּ דְרָכַי מִדַּרְכֵיכֶם וּמַחְשְׁבֹתַי

י מִמַּחְשְׁבֹתֵיכֶם: כִּי כַּאֲשֶׁר יֵרֵד הַגֶּשֶׁם וְהַשֶּׁלֶג מִן־הַשָּׁמַיִם וְשָׁמָּה לֹא יָשׁוּב כִּי אִם־הִרְוָה אֶת־הָאָרֶץ וְהוֹלִידָהּ וְהִצְמִיחָהּ

יא וְנָתַן זֶרַע לַזֹּרֵעַ וְלֶחֶם לָאֹכֵל: כֵּן יִהְיֶה דְבָרִי אֲשֶׁר יֵצֵא מִפִּי לֹא־יָשׁוּב אֵלַי רֵיקָם כִּי אִם־עָשָׂה אֶת־אֲשֶׁר חָפַצְתִּי וְהִצְלִיחַ

יב אֲשֶׁר שְׁלַחְתִּיו: כִּי־בְשִׂמְחָה תֵצֵאוּ וּבְשָׁלוֹם תּוּבָלוּן הֶהָרִים וְהַגְּבָעוֹת יִפְצְחוּ לִפְנֵיכֶם רִנָּה וְכָל־עֲצֵי הַשָּׂדֶה יִמְחֲאוּ־כָף:

יג תַּחַת הַנַּעֲצוּץ יַעֲלֶה בְרוֹשׁ תַּחַת הַסִּרְפַּד יַעֲלֶה הֲדַס וְהָיָה כג זֹאת לַיהוָה לְשֵׁם לְאוֹת עוֹלָם לֹא יִכָּרֵת:

נו א כֹּה אָמַר יְהוָה שִׁמְרוּ מִשְׁפָּט וַעֲשׂוּ צְדָקָה כִּי־קְרוֹבָה יְשׁוּעָתִי לָבוֹא

ב וְצִדְקָתִי לְהִגָּלוֹת: אַשְׁרֵי אֱנוֹשׁ יַעֲשֶׂה־זֹּאת וּבֶן־אָדָם יַחֲזִיק בָּהּ שֹׁמֵר שַׁבָּת מֵחַלְּלוֹ וְשֹׁמֵר יָדוֹ מֵעֲשׂוֹת כָּל־רָע: וְאַל־יֹאמַר

ג בֶּן־הַנֵּכָר הַנִּלְוָה אֶל־יְהוָה לֵאמֹר הַבְדֵּל יַבְדִּילַנִי יְהוָה מֵעַל עַמּוֹ וְאַל־יֹאמַר הַסָּרִיס הֵן אֲנִי עֵץ יָבֵשׁ: כִּי־

ד כֹה ׀ אָמַר יְהוָה לַסָּרִיסִים אֲשֶׁר יִשְׁמְרוּ אֶת־שַׁבְּתוֹתַי וּבָחֲרוּ

ה בַּאֲשֶׁר חָפָצְתִּי וּמַחֲזִיקִים בִּבְרִיתִי: וְנָתַתִּי לָהֶם בְּבֵיתִי וּבְחוֹמֹתַי יָד וָשֵׁם טוֹב מִבָּנִים וּמִבָּנוֹת שֵׁם עוֹלָם אֶתֶּן־לוֹ אֲשֶׁר

ו לֹא יִכָּרֵת: וּבְנֵי הַנֵּכָר הַנִּלְוִים עַל־יְהוָה לְשָׁרְתוֹ וּלְאַהֲבָה אֶת־שֵׁם יְהוָה לִהְיוֹת לוֹ לַעֲבָדִים כָּל־שֹׁמֵר שַׁבָּת

ז מֵחַלְּלוֹ וּמַחֲזִיקִים בִּבְרִיתִי: וַהֲבִיאוֹתִים אֶל־הַר קָדְשִׁי וְשִׂמַּחְתִּים בְּבֵית תְּפִלָּתִי עוֹלֹתֵיהֶם וְזִבְחֵיהֶם לְרָצוֹן עַל־

ח מִזְבְּחִי כִּי בֵיתִי בֵּית־תְּפִלָּה יִקָּרֵא לְכָל־הָעַמִּים: נְאֻם אֲדֹנָי

come, buy, and eat; come, buy wine and milk without money
2 and without price. Why do you spend money for that which
is not bread? and your labour for that which satisfies not?
hearken diligently to me, and eat that which is good, and let
3 your soul delight itself in fatness. Incline your ear, and come
to me: hear, and your soul shall live; and I will make an ever-
lasting covenant with you, even the sure loving promises of
4 David. Behold, I have made him a witness to the peoples, a
5 leader and commander of nations. Behold, thou shalt call a
nation that thou knowst not, and nations that knew not thee
shall run to thee, because of the LORD thy GOD, and for the Holy
6 One of Yisra'el; for he has glorified thee. Seek the LORD
7 while he may be found, call upon him while he is near: let
the wicked forsake his way, and the unrighteous man his
thoughts: and let him return to the LORD, and he will have
mercy upon him; and to our GOD, for he will abundantly pardon.
8 For my thoughts are not your thoughts, neither are your ways
9 my ways, says the LORD. For as the heavens are higher than
the earth, so are my ways higher than your ways, and my
10 thoughts than your thoughts. For as the rain comes down, and
the snow from heaven, and returns not there, but waters the
earth, and makes it bring forth and bud, that it may give seed
11 to the sower, and bread to the eater: so shall my word be that
goes out of my mouth: it shall not return to me void, but it
shall accomplish that which I please, and it shall prosper in
12 that for which I sent it. For you shall go out with joy, and be
led forth with peace: the mountains and the hills shall break
forth before you into singing, and all the trees of the field shall
13 clap their hands. Instead of the thorn shall the cypress come
up, and instead of the nettle shall the myrtle tree come up:
and it shall be to the LORD for a name, for an everlasting sign
56 that shall not be cut off. Thus says the LORD, Keep judg-
ment, and do justice: for my salvation is near to come, and my
2 righteousness to be revealed. Happy is the man that does this,
and the son of man that lays hold on it; that keeps the Sab-
bath and does not profane it, and keeps his hand from doing any
3 evil. Neither let the son of the stranger, that has joined himself
to the LORD, speak, saying, The LORD shall surely separate me
from his people: neither let the eunuch say, Behold, I am a dry
4 tree. For thus says the LORD to the eunuchs that keep my
sabbaths, and choose the things that please me, and take hold
5 of my covenant; And to them will I give in my house and with-
in my walls a memorial better than sons and daughters: I
will give them an everlasting name, that shall not be cut off.

6 Also the sons of the stranger, that join themselves to the
LORD, to serve him, and to love the name of the LORD, to be his
servants, every one that keeps the sabbath and does not profane
7 it, and all that hold fast to my covenant. Even them will I
bring to my holy mountain, and make them joyful in my house
of prayer: their burnt offerings and their sacrifices shall be
accepted on my altar; for my house shall be called a house
8 of prayer for all peoples. The LORD GOD who gathers the out-
casts of Yisra'el says, Yet will I gather others to him, beside

ט יְהוָֹה מְקַבֵּץ נִדְחֵי יִשְׂרָאֵל עוֹד אֲקַבֵּץ עָלָיו לְנִקְבָּצָיו: כָּל חַיְתוֹ
י שָׂדַי אֵתָיוּ לֶאֱכֹל כָּל־חַיְתוֹ בַּיָּעַר: צֹפָו עִוְרִים
כֻּלָּם לֹא יָדָעוּ כֻּלָּם כְּלָבִים אִלְּמִים לֹא יוּכְלוּ לִנְבֹּחַ הֹזִים
יא שֹׁכְבִים אֹהֲבֵי לָנוּם: וְהַכְּלָבִים עַזֵּי־נֶפֶשׁ לֹא יָדְעוּ שָׂבְעָה וְהֵמָּה
רֹעִים לֹא יָדְעוּ הָבִין כֻּלָּם לְדַרְכָּם פָּנוּ אִישׁ לְבִצְעוֹ מִקָּצֵהוּ:
יב אֵתָיוּ אֶקְחָה־יַיִן וְנִסְבְּאָה שֵׁכָר וְהָיָה כָזֶה יוֹם מָחָר גָּדוֹל יֶתֶר
נז א מְאֹד: הַצַּדִּיק אָבָד וְאֵין אִישׁ שָׂם עַל־לֵב וְאַנְשֵׁי־חֶסֶד
ב נֶאֱסָפִים בְּאֵין מֵבִין כִּי־מִפְּנֵי הָרָעָה נֶאֱסַף הַצַּדִּיק: יָבוֹא שָׁלוֹם
ג יָנוּחוּ עַל־מִשְׁכְּבוֹתָם הֹלֵךְ נְכֹחוֹ: וְאַתֶּם קִרְבוּ־
ד הֵנָּה בְּנֵי עֹנְנָה זֶרַע מְנָאֵף וַתִּזְנֶה: עַל־מִי תִּתְעַנְּגוּ עַל־מִי
תַרְחִיבוּ פֶה תַּאֲרִיכוּ לָשׁוֹן הֲלוֹא־אַתֶּם יִלְדֵי־פֶשַׁע זֶרַע שָׁקֶר:
ה הַנֵּחָמִים בָּאֵלִים תַּחַת כָּל־עֵץ רַעֲנָן שֹׁחֲטֵי הַיְלָדִים בַּנְּחָלִים
ו תַּחַת סְעִפֵי הַסְּלָעִים: בְּחַלְּקֵי־נַחַל חֶלְקֵךְ הֵם הֵם גּוֹרָלֵךְ גַּם־
ז לָהֶם שָׁפַכְתְּ נֶסֶךְ הֶעֱלִית מִנְחָה הַעַל אֵלֶּה אֶנָּחֵם: עַל הַר־גָּבֹהַּ
ח וְנִשָּׂא שַׂמְתְּ מִשְׁכָּבֵךְ גַּם־שָׁם עָלִית לִזְבֹּחַ זָבַח: וְאַחַר הַדֶּלֶת
וְהַמְּזוּזָה שַׂמְתְּ זִכְרוֹנֵךְ כִּי מֵאִתִּי גִּלִּית וַתַּעֲלִי הִרְחַבְתְּ מִשְׁכָּבֵךְ
ט וַתִּכְרָת־לָךְ מֵהֶם אָהַבְתְּ מִשְׁכָּבָם יָד חָזִית: וַתָּשֻׁרִי לַמֶּלֶךְ
בַּשֶּׁמֶן וַתַּרְבִּי רִקֻּחָיִךְ וַתְּשַׁלְּחִי צִירַיִךְ עַד־מֵרָחֹק וַתַּשְׁפִּילִי עַד־
י שְׁאוֹל: בְּרֹב דַּרְכֵּךְ יָגַעַתְּ לֹא אָמַרְתְּ נוֹאָשׁ חַיַּת יָדֵךְ מָצָאת
יא עַל־כֵּן לֹא חָלִית: וְאֶת־מִי דָּאַגְתְּ וַתִּירְאִי כִּי תְכַזֵּבִי וְאוֹתִי לֹא
זָכַרְתְּ לֹא־שַׂמְתְּ עַל־לִבֵּךְ הֲלֹא אֲנִי מַחְשֶׁה וּמֵעֹלָם וְאוֹתִי לֹא
יב תִירָאִי: אֲנִי אַגִּיד צִדְקָתֵךְ וְאֶת־מַעֲשַׂיִךְ וְלֹא יוֹעִילוּךְ: בְּזַעֲקֵךְ
יג יַצִּילֻךְ קִבּוּצַיִךְ וְאֶת־כֻּלָּם יִשָּׂא־רוּחַ יִקַּח־הָבֶל וְהַחוֹסֶה בִי
יד יִנְחַל־אֶרֶץ וְיִירַשׁ הַר־קָדְשִׁי: וְאָמַר סֹלּוּ־סֹלּוּ פַּנּוּ־דָרֶךְ הָרִימוּ
טו מִכְשׁוֹל מִדֶּרֶךְ עַמִּי: כִּי כֹה אָמַר רָם וְנִשָּׂא שֹׁכֵן
עַד וְקָדוֹשׁ שְׁמוֹ מָרוֹם וְקָדוֹשׁ אֶשְׁכּוֹן וְאֶת־דַּכָּא וּשְׁפַל־רוּחַ
טז לְהַחֲיוֹת רוּחַ שְׁפָלִים וּלְהַחֲיוֹת לֵב נִדְכָּאִים: כִּי לֹא לְעוֹלָם
אָרִיב וְלֹא לָנֶצַח אֶקְצוֹף כִּי־רוּחַ מִלְּפָנַי יַעֲטוֹף וּנְשָׁמוֹת אֲנִי
יז עָשִׂיתִי: בַּעֲוֹן בִּצְעוֹ קָצַפְתִּי וְאַכֵּהוּ הַסְתֵּר וְאֶקְצֹף וַיֵּלֶךְ שׁוֹבָב
יח בְּדֶרֶךְ לִבּוֹ: דְּרָכָיו רָאִיתִי וְאֶרְפָּאֵהוּ וְאַנְחֵהוּ וַאֲשַׁלֵּם נִחֻמִים

those of him that are already gathered. All you beasts of the   9
field, come into the forest, to devour all the beasts thereof.

His watchmen are all blind: they are ignorant, they are all   10
dumb dogs, they cannot bark; dreaming, lying down, loving to
slumber. Yea, the dogs are greedy, they never have enough,   11
and they are shepherds that cannot understand: they all look
to their own way, every one for his gain, from his quarter.
Come, say they, I will fetch wine, and we will fill ourselves   12
with strong drink; and to morrow shall be as this day, and
much more abundant. The righteous perishes, and no man lays   **57**
it to heart: and merciful men are taken away, none considering
that the righteous is taken away from the evil to come. He that   2
walks in his uprightness, shall enter in peace to them that rest
in their graves.   But draw near, O sons of the sorceress, the   3
seed of the adulterer and the harlot. Against whom do you make   4
sport? against whom do you open wide your mouth, and draw
out the tongue? are you not children of transgression, a seed
of falsehood, inflaming yourselves among the terebinths, under   5
every green tree, slaying the children in the valleys under the
clefts of the rocks? Among the smooth stones of the wadi   6
is thy portion; they, they are thy lot: even to them hast thou
poured a drink offering, thou hast offered a meal offering. Shall
I be appeased for these things? Upon a lofty and high mountain   7
hast thou set thy bed: also thou wentest up to offer sacrifice.
Behind the doors also and the posts hast thou set up thy   8
(unclean) symbol: for thou hast uncovered thyself to others
than me, and art gone up; thou hast enlarged thy bed, and
made a covenant with some of them; thou didst love their lying
with thee, thou didst select a place. And thou wentest to the   9
king with ointment, and didst increase thy perfumes, and didst
send thy messengers far off, and sent down even to She'ol.
Thou art wearied with the length of the way; yet thou didst   10
not say, It is hopeless: thou hast found a renewal of thy strength;
therefore thou wast not sick. And of whom hast thou been   11
afraid or feared, that thou wast false, and hast not remem-
bered me, nor laid it to thy heart? is it not that I held my peace
even of old? therefore thou fearest me not? I will declare thy   12
righteousness; and as for thy works, they shall not profit thee.
When thou criest, let thy collection of idols deliver thee; but   13
the wind shall carry them all away; a breath shall bear them
off: but he that puts his trust in me shall possess the land, and
shall inherit my holy mountain. And one shall say, Bank up,   14
build up, prepare the way, take up the stumblingblock out of
the way of my people.   For thus says the high and lofty One   15
that inhabits eternity, whose name is Holy; I dwell on high
and in a holy place, yet with him also that is of a contrite and
humble spirit, to revive the spirit of the humble, and to revive
the heart of the contrite ones. For I will not contend for ever,   16
neither will I be always angry: but the spirit and the soul which
I have made, should faint before me. For the iniquity of his   17
covetousness was I wrathful, and smote him; I hid me, and was
angry : but he went on perversely in the way of his heart. I have   18
seen his ways, and will heal him: I will lead him also, and bestow

נ״ב ט לוֹ וְלַאֲבֵלָיו: בּוֹרֵא נוב שְׂפָתָיִם שָׁלוֹם ׀ שָׁלוֹם לָרָחוֹק וְלַקָּרוֹב

כ אָמַר יְהוָה וּרְפָאתִיו: וְהָרְשָׁעִים כַּיָּם נִגְרָשׁ כִּי הַשְׁקֵט לֹא

כא יוּכָל וַיִּגְרְשׁוּ מֵימָיו רֶפֶשׁ וָטִיט: אֵין שָׁלוֹם אָמַר אֱלֹהַי

לָרְשָׁעִים:

נ״ח א קְרָא בְגָרוֹן אַל־תַּחְשֹׂךְ כַּשּׁוֹפָר הָרֵם

ב קוֹלֶךָ וְהַגֵּד לְעַמִּי פִּשְׁעָם וּלְבֵית יַעֲקֹב חַטֹּאתָם: וְאוֹתִי יוֹם יוֹם

יִדְרֹשׁוּן וְדַעַת דְּרָכַי יֶחְפָּצוּן כְּגוֹי אֲשֶׁר־צְדָקָה עָשָׂה וּמִשְׁפַּט

אֱלֹהָיו לֹא עָזָב יִשְׁאָלוּנִי מִשְׁפְּטֵי־צֶדֶק קִרְבַת אֱלֹהִים יֶחְפָּצוּן:

ג לָמָּה צַּמְנוּ וְלֹא רָאִיתָ עִנִּינוּ נַפְשֵׁנוּ וְלֹא תֵדָע הֵן בְּיוֹם צֹמְכֶם

ד תִּמְצְאוּ־חֵפֶץ וְכָל־עַצְּבֵיכֶם תִּנְגֹּשׂוּ: הֵן לְרִיב וּמַצָּה תָּצוּמוּ

וּלְהַכּוֹת בְּאֶגְרֹף רֶשַׁע לֹא־תָצוּמוּ כַיּוֹם לְהַשְׁמִיעַ בַּמָּרוֹם

ה קוֹלְכֶם: הֲכָזֶה יִהְיֶה צוֹם אֶבְחָרֵהוּ יוֹם עַנּוֹת אָדָם נַפְשׁוֹ הֲלָכֹף

כְּאַגְמֹן רֹאשׁוֹ וְשַׂק וָאֵפֶר יַצִּיעַ הֲלָזֶה תִּקְרָא־צוֹם וְיוֹם רָצוֹן

ו לַיהוָה: הֲלוֹא זֶה צוֹם אֶבְחָרֵהוּ פַּתֵּחַ חַרְצֻבּוֹת רֶשַׁע הַתֵּר

ז אֲגֻדּוֹת מוֹטָה וְשַׁלַּח רְצוּצִים חָפְשִׁים וְכָל־מוֹטָה תְּנַתֵּקוּ: הֲלוֹא

פָרֹס לָרָעֵב לַחְמֶךָ וַעֲנִיִּים מְרוּדִים תָּבִיא בָיִת כִּי־תִרְאֶה עָרֹם

ח וְכִסִּיתוֹ וּמִבְּשָׂרְךָ לֹא תִתְעַלָּם: אָז יִבָּקַע כַּשַּׁחַר אוֹרֶךָ וַאֲרֻכָתְךָ

ט מְהֵרָה תִצְמָח וְהָלַךְ לְפָנֶיךָ צִדְקֶךָ כְּבוֹד יְהוָה יַאַסְפֶךָ: אָז

תִּקְרָא וַיהוָה יַעֲנֶה תְּשַׁוַּע וְיֹאמַר הִנֵּנִי אִם־תָּסִיר מִתּוֹכְךָ

י מוֹטָה שְׁלַח אֶצְבַּע וְדַבֶּר־אָוֶן: וְתָפֵק לָרָעֵב נַפְשֶׁךָ וְנֶפֶשׁ נַעֲנָה

יא תַּשְׂבִּיעַ וְזָרַח בַּחֹשֶׁךְ אוֹרֶךָ וַאֲפֵלָתְךָ כַּצָּהֳרָיִם: וְנָחֲךָ יְהוָה

תָּמִיד וְהִשְׂבִּיעַ בְּצַחְצָחוֹת נַפְשֶׁךָ וְעַצְמֹתֶיךָ יַחֲלִיץ וְהָיִיתָ כְּגַן

יב רָוֶה וּכְמוֹצָא מַיִם אֲשֶׁר לֹא־יְכַזְּבוּ מֵימָיו: וּבָנוּ מִמְּךָ חָרְבוֹת

עוֹלָם מוֹסְדֵי דוֹר־וָדוֹר תְּקוֹמֵם וְקֹרָא לְךָ גֹּדֵר פֶּרֶץ מְשֹׁבֵב

יג נְתִיבוֹת לָשָׁבֶת: אִם־תָּשִׁיב מִשַּׁבָּת רַגְלֶךָ עֲשׂוֹת חֲפָצֶךָ בְּיוֹם

קָדְשִׁי וְקָרָאתָ לַשַּׁבָּת עֹנֶג לִקְדוֹשׁ יְהוָה מְכֻבָּד וְכִבַּדְתּוֹ

יד מֵעֲשׂוֹת דְּרָכֶיךָ מִמְּצוֹא חֶפְצְךָ וְדַבֵּר דָּבָר: אָז תִּתְעַנַּג עַל־

כד יְהוָה וְהִרְכַּבְתִּיךָ עַל־בָּמוֹתֵי אָרֶץ וְהַאֲכַלְתִּיךָ נַחֲלַת יַעֲקֹב

בְּמָתֵי אָבִיךָ כִּי פִּי יְהוָה דִּבֵּר:

נ״ט א הֵן לֹא־קָצְרָה יַד־יְהוָה

ב מֵהוֹשִׁיעַ וְלֹא־כָבְדָה אָזְנוֹ מִשְּׁמוֹעַ: כִּי אִם־עֲוֹנֹתֵיכֶם הָיוּ

מַבְדִּלִים בֵּינֵכֶם לְבֵין אֱלֹהֵיכֶם וְחַטֹּאותֵיכֶם הִסְתִּירוּ פָנִים מִכֶּם

ג מִשְּׁמוֹעַ: כִּי כַפֵּיכֶם נְגֹאֲלוּ בַדָּם וְאֶצְבְּעוֹתֵיכֶם בֶּעָוֹן שִׂפְתוֹתֵיכֶם

comforts on him and on his mourners. I will create a new expres-   19
sion of the lips: Peace, peace, both for far and near, says the
LORD. And I will heal him. But the wicked are like the troubled   20
sea, which cannot be still, and whose waters cast up mire and
dirt. There will be no peace, says my GOD, for the wicked.   21

Cry aloud, spare not, lift up thy voice like the shofar, and   **58**
show my people their transgression, and the house of Ya'aqov
their sins. Yet they seek me daily, and desire to know my ways,   2
as a nation that did righteousness, and forsook not the ordinance
of their GOD, they ask of me judgments of justice; they desire
that GOD should be near. Why have we fasted, say they, and thou   3
seest not? why have we afflicted our soul, and thou takest no
knowledge? Behold, in the day of your fast you pursue your busi-
ness, and exact all your payments. Behold, you fast for strife   4
and debate, and to smite with the fist of wickedness: you fast
not this day to make your voice to be heard on high. Is such   5
the fast that I have chosen? a day for a man to afflict his soul?
is it to bow down his head like a bulrush, and to spread sack-
cloth and ashes under him? wilt thou call this a fast, and an
acceptable day to the LORD? Is not this rather the fast that I   6
have chosen? to loose the chains of wickedness, to undo the
bands of the yoke, and to let the oppressed go free, and to
break every yoke? Is it not to share thy bread with the hungry,   7
and that thou bring the poor that are cast out to thy house?
when thou seest the naked, that thou cover him; and that thou
hide not thyself from thy own flesh? Then shall thy light break   8
forth like the morning, and thy health shall spring forth speed-
ily: and thy righteousness shall go before thee; the glory of the
LORD shall be thy rearguard. Then shalt thou call, and the   9
LORD shall answer; thou shalt cry, and he shall say, Here I am.
If thou take away from the midst of thee the yoke, the pointing
of the finger, and speaking iniquity; and if thou draw out thy   10
soul to the hungry, and satisfy the afflicted soul; then shall thy
light rise in darkness, and thy gloom be as the noonday: and   11
the LORD shall guide thee continually, and satisfy thy soul in
drought, and make strong thy bones: and thou shalt be like a
watered garden, and like a spring of water, whose waters fail
not. And they that shall be of thee shall build the old waste   12
places: thou shalt raise up the foundations of many genera-
tions, and thou shalt be called, The repairer of the breach,
The restorer of paths to dwell in. If thou restrain thy foot be-   13
cause of the sabbath, from pursuing thy business on my holy
day; and call the sabbath a delight, the holy day of the LORD
honourable; and shalt honour it, not doing thy own ways, nor
pursuing thy own business, nor speaking of vain matters, then   14
shalt thou delight thyself in the LORD; and I will cause thee
to ride upon the high places of the earth, and feed thee with
the heritage of Ya'aqov thy father: for the mouth of the LORD
has spoken it.   Behold, the LORD's hand is not shortened,   **59**
that it cannot save; neither is his ear heavy, that it cannot hear:
but your iniquities have made a separation between you and   2
your GOD, and your sins have hid his face from you, that he
will not hear. For your hands are defiled with blood, and your   3

ד דִּבְרוּ־שֶׁקֶר לְשׁוֹנְכֶם עַוְלָה תֶהְגֶּה אֵין־קֹרֵא בְצֶדֶק וְאֵין נִשְׁפָּט
בֶּאֱמוּנָה בָּטוֹחַ עַל־תֹּהוּ וְדַבֶּר־שָׁוְא הָרוֹ עָמָל וְהוֹלֵיד אָוֶן:

ה בֵּיצֵי צִפְעוֹנִי בִּקֵּעוּ וְקוּרֵי עַכָּבִישׁ יֶאֱרֹגוּ הָאֹכֵל מִבֵּיצֵיהֶם יָמוּת

ו וְהַזּוּרֶה תִּבָּקַע אֶפְעֶה: קוּרֵיהֶם לֹא־יִהְיוּ לְבֶגֶד וְלֹא יִתְכַּסּוּ
בְּמַעֲשֵׂיהֶם מַעֲשֵׂיהֶם מַעֲשֵׂי־אָוֶן וּפֹעַל חָמָס בְּכַפֵּיהֶם: רַגְלֵיהֶם

ז לָרַע יָרֻצוּ וִימַהֲרוּ לִשְׁפֹּךְ דָּם נָקִי מַחְשְׁבוֹתֵיהֶם מַחְשְׁבוֹת אָוֶן

ח שֹׁד וָשֶׁבֶר בִּמְסִלּוֹתָם: דֶּרֶךְ שָׁלוֹם לֹא יָדָעוּ וְאֵין מִשְׁפָּט
בְּמַעְגְּלוֹתָם נְתִיבוֹתֵיהֶם עִקְּשׁוּ לָהֶם כֹּל דֹּרֵךְ בָּהּ לֹא יָדַע

ט שָׁלוֹם: עַל־כֵּן רָחַק מִשְׁפָּט מִמֶּנּוּ וְלֹא תַשִּׂיגֵנוּ צְדָקָה נְקַוֶּה

י לָאוֹר וְהִנֵּה־חֹשֶׁךְ לִנְגֹהוֹת בָּאֲפֵלוֹת נְהַלֵּךְ: גִּשַּׁשְׁנוּ כַעִוְרִים
קִיר וּכְאֵין עֵינַיִם נְגַשֵּׁשָׁה כָּשַׁלְנוּ בַצָּהֳרַיִם כַּנֶּשֶׁף בָּאַשְׁמַנִּים

יא כַּמֵּתִים: נֶהֱמֶה כַדֻּבִּים כֻּלָּנוּ וְכַיּוֹנִים הָגֹה נֶהְגֶּה נְקַוֶּה לַמִּשְׁפָּט
וָאַיִן לִישׁוּעָה רָחֲקָה מִמֶּנּוּ: כִּי־רַבּוּ פְשָׁעֵינוּ נֶגְדֶּךָ וְחַטֹּאותֵינוּ

יב עָנְתָה בָּנוּ כִּי־פְשָׁעֵינוּ אִתָּנוּ וַעֲוֹנֹתֵינוּ יְדַעֲנוּם: פָּשֹׁעַ וְכַחֵשׁ

יג בַּיהוָה וְנָסוֹג מֵאַחַר אֱלֹהֵינוּ דַּבֶּר־עֹשֶׁק וְסָרָה הֹרוֹ וְהֹגוֹ מִלֵּב
דִּבְרֵי־שָׁקֶר: וְהֻסַּג אָחוֹר מִשְׁפָּט וּצְדָקָה מֵרָחוֹק תַּעֲמֹד כִּי־

יד כָשְׁלָה בָרְחוֹב אֱמֶת וּנְכֹחָה לֹא־תוּכַל לָבוֹא: וַתְּהִי הָאֱמֶת

טו נֶעְדֶּרֶת וְסָר מֵרָע מִשְׁתּוֹלֵל וַיַּרְא יְהוָה וַיֵּרַע בְּעֵינָיו כִּי־אֵין
מִשְׁפָּט: וַיַּרְא כִּי־אֵין אִישׁ וַיִּשְׁתּוֹמֵם כִּי אֵין מַפְגִּיעַ וַתּוֹשַׁע

טז לוֹ זְרֹעוֹ וְצִדְקָתוֹ הִיא סְמָכָתְהוּ: וַיִּלְבַּשׁ צְדָקָה כַּשִּׁרְיָן וְכוֹבַע
יְשׁוּעָה בְּרֹאשׁוֹ וַיִּלְבַּשׁ בִּגְדֵי נָקָם תִּלְבֹּשֶׁת וַיַּעַט כַּמְעִיל קִנְאָה:

יז כְּעַל גְּמֻלוֹת כְּעַל יְשַׁלֵּם חֵמָה לְצָרָיו גְּמוּל לְאֹיְבָיו לָאִיִּים גְּמוּל

יט יְשַׁלֵּם: וְיִירְאוּ מִמַּעֲרָב אֶת־שֵׁם יְהוָה וּמִמִּזְרַח־שֶׁמֶשׁ אֶת־
כְּבוֹדוֹ כִּי־יָבֹא כַנָּהָר צָר רוּחַ יְהוָה נֹסְסָה בוֹ: וּבָא לְצִיּוֹן גּוֹאֵל

כ וּלְשָׁבֵי פֶשַׁע בְּיַעֲקֹב נְאֻם יְהוָה: וַאֲנִי זֹאת בְּרִיתִי אוֹתָם אָמַר

כא יְהוָה רוּחִי אֲשֶׁר עָלֶיךָ וּדְבָרַי אֲשֶׁר־שַׂמְתִּי בְּפִיךָ לֹא־יָמוּשׁוּ
מִפִּיךָ וּמִפִּי זַרְעֲךָ וּמִפִּי זֶרַע זַרְעֲךָ אָמַר יְהוָה מֵעַתָּה וְעַד־

ס עוֹלָם: קוּמִי אוֹרִי כִּי בָא אוֹרֵךְ וּכְבוֹד יְהוָה

א עָלַיִךְ זָרָח: כִּי־הִנֵּה הַחֹשֶׁךְ יְכַסֶּה־אֶרֶץ וַעֲרָפֶל לְאֻמִּים וְעָלַיִךְ

ב יִזְרַח יְהוָה וּכְבוֹדוֹ עָלַיִךְ יֵרָאֶה: וְהָלְכוּ גוֹיִם לְאוֹרֵךְ וּמְלָכִים

ג

fingers with iniquity; your lips have spoken lies, your tongue
mutters wickedness. None calls in uprightness, nor any pleads 4
in truth: they trust in vanity, and speak lies; they conceive
mischief, and bring forth iniquity. They hatch vipers' eggs, and 5
weave the spider's web: he that eats of their eggs dies, and
from that which is crushed, a viper breaks out. Their webs 6
shall not become garments, neither shall they cover themselves
with their works: their works are works of iniquity, and the
act of violence is in their hands. Their feet run to evil, and they 7
make haste to shed innocent blood: their thoughts are thoughts
of iniquity; wasting and destruction are in their paths. The 8
way of peace they know not; and there is no judgment in their
goings: they have made them crooked paths: whoever walks
in them knows no peace. Therefore is justice far from us, 9
neither does righteousness overtake us: we wait for light,
but behold darkness: for brightness, but we walk in gloom.
We grope for the wall like the blind, and we grope as if we 10
had no eyes: we stumble at noonday as in the night; among
the strong we are as dead men. We roar all like bears, we 11
moan and moan like doves: we look for judgment, but there
is none; for salvation, but it is far off from us. For our trans- 12
gressions are multiplied before thee, and our sins testify
against us: for our transgressions are with us; and as for our
iniquities, we know them; in transgressing and denying the 13
Lord, and departing away from our God, speaking oppression
and revolt, conceiving and uttering from the heart words of
falsehood. And judgment is turned away backwards, and jus- 14
tice stands afar off: for truth is fallen in the street and up-
right dealing cannot enter. And truth is absent; and he that 15
departs from evil makes himself ridiculous: and the Lord saw
it, and it displeased him for there was no judgment. And he 16
saw that there was no man, and was astonished that there
was no intercessor: therefore his arm brought salvation to
him; and his righteousness, it sustained him. For he put on 17
righteousness as a breastplate, and a helmet of salvation upon
his head; and he put on the garments of vengeance for cloth-
ing, and was clad with zeal as a cloak. According to their deeds, 18
so will he repay, fury to his adversaries, recompense to his
enemies; to the islands he will repay recompense. So shall 19
they fear the name of the Lord from the west, and his glory from
the rising of the sun: when affliction comes like a flood which the
wind of the Lord drives forth. But to Ẕiyyon a redeemer shall 20
come, and to them that turn from transgression in Ya'aqov, says
the Lord. As for me, this is my covenant with them, says the
Lord; My spirit that is upon thee, and my words which I have put
in thy mouth, shall not depart out of thy mouth, nor out of the
mouth of thy seed, nor out of the mouth of thy seed's seed, says
the Lord, from henceforth and for ever. Arise, **60**
shine; for thy light is come, and the glory of the Lord is
risen upon thee. For, behold, the darkness shall cover the 2
earth, and gross darkness the peoples: but the Lord shall arise
upon thee, and his glory shall be seen upon thee. And nations 3
shall walk at thy light, and kings at the brightness of thy

לְנֹגַהּ זַרְחֵךְ: שְׂאִי־סָבִיב עֵינַיִךְ וּרְאִי כֻּלָּם נִקְבְּצוּ בָאוּ־ ד

לָךְ בָּנַיִךְ מֵרָחוֹק יָבֹאוּ וּבְנֹתַיִךְ עַל־צַד תֵּאָמַנָה: אָז תִּרְאִי ה

וְנָהַרְתְּ וּפָחַד וְרָחַב לְבָבֵךְ כִּי־יֵהָפֵךְ עָלַיִךְ הֲמוֹן יָם חֵיל גּוֹיִם

יָבֹאוּ לָךְ: שִׁפְעַת גְּמַלִּים תְּכַסֵּךְ בִּכְרֵי מִדְיָן וְעֵיפָה כֻּלָּם ו

מִשְּׁבָא יָבֹאוּ זָהָב וּלְבוֹנָה יִשָּׂאוּ וּתְהִלֹּת יְהֹוָה יְבַשֵּׂרוּ: כָּל־ ז

צֹאן קֵדָר יִקָּבְצוּ לָךְ אֵילֵי נְבָיוֹת יְשָׁרְתוּנֶךְ יַעֲלוּ עַל־רָצוֹן

מִזְבְּחִי וּבֵית תִּפְאַרְתִּי אֲפָאֵר: מִי־אֵלֶּה כָּעָב תְּעוּפֶינָה וְכַיּוֹנִים ח

אֶל־אֲרֻבֹּתֵיהֶם: כִּי־לִי ׀ אִיִּים יְקַוּוּ וָאֳנִיּוֹת תַּרְשִׁישׁ בָּרִאשֹׁנָה ט

לְהָבִיא בָנַיִךְ מֵרָחוֹק כַּסְפָּם וּזְהָבָם אִתָּם לְשֵׁם יְהֹוָה אֱלֹהַיִךְ

וְלִקְדוֹשׁ יִשְׂרָאֵל כִּי פֵאֲרָךְ: וּבָנוּ בְנֵי־נֵכָר חֹמֹתַיִךְ וּמַלְכֵיהֶם י

יְשָׁרְתוּנֶךְ כִּי בְקִצְפִּי הִכִּיתִיךְ וּבִרְצוֹנִי רִחַמְתִּיךְ: וּפִתְּחוּ שְׁעָרַיִךְ יא

תָּמִיד יוֹמָם וָלַיְלָה לֹא יִסָּגֵרוּ לְהָבִיא אֵלַיִךְ חֵיל גּוֹיִם וּמַלְכֵיהֶם

נְהוּגִים: כִּי־הַגּוֹי וְהַמַּמְלָכָה אֲשֶׁר לֹא־יַעַבְדוּךְ יֹאבֵדוּ וְהַגּוֹיִם יב

חָרֹב יֶחֱרָבוּ: כְּבוֹד הַלְּבָנוֹן אֵלַיִךְ יָבוֹא בְּרוֹשׁ תִּדְהָר וּתְאַשּׁוּר יג

יַחְדָּו לְפָאֵר מְקוֹם מִקְדָּשִׁי וּמְקוֹם רַגְלַי אֲכַבֵּד: וְהָלְכוּ אֵלַיִךְ יד

שְׁחוֹחַ בְּנֵי מְעַנַּיִךְ וְהִשְׁתַּחֲווּ עַל־כַּפּוֹת רַגְלַיִךְ כָּל־מְנַאֲצָיִךְ

וְקָרְאוּ לָךְ עִיר יְהֹוָה צִיּוֹן קְדוֹשׁ יִשְׂרָאֵל: תַּחַת הֱיוֹתֵךְ עֲזוּבָה טו

וּשְׂנוּאָה וְאֵין עוֹבֵר וְשַׂמְתִּיךְ לִגְאוֹן עוֹלָם מְשׂוֹשׂ דּוֹר וָדוֹר:

וְיָנַקְתְּ חֲלֵב גּוֹיִם וְשֹׁד מְלָכִים תִּינָקִי וְיָדַעַתְּ כִּי אֲנִי יְהֹוָה טז

מוֹשִׁיעֵךְ וְגֹאֲלֵךְ אֲבִיר יַעֲקֹב: תַּחַת הַנְּחֹשֶׁת אָבִיא זָהָב וְתַחַת יז

הַבַּרְזֶל אָבִיא כֶסֶף וְתַחַת הָעֵצִים נְחֹשֶׁת וְתַחַת הָאֲבָנִים בַּרְזֶל

וְשַׂמְתִּי פְקֻדָּתֵךְ שָׁלוֹם וְנֹגְשַׂיִךְ צְדָקָה: לֹא־יִשָּׁמַע עוֹד חָמָס יח

בְּאַרְצֵךְ שֹׁד וָשֶׁבֶר בִּגְבוּלָיִךְ וְקָרָאת יְשׁוּעָה חוֹמֹתַיִךְ וּשְׁעָרַיִךְ

תְּהִלָּה: לֹא־יִהְיֶה־לָּךְ עוֹד הַשֶּׁמֶשׁ לְאוֹר יוֹמָם וּלְנֹגַהּ הַיָּרֵחַ יט

לֹא־יָאִיר לָךְ וְהָיָה־לָךְ יְהֹוָה לְאוֹר עוֹלָם וֵאלֹהַיִךְ לְתִפְאַרְתֵּךְ:

לֹא־יָבוֹא עוֹד שִׁמְשֵׁךְ וִירֵחֵךְ לֹא יֵאָסֵף כִּי יְהֹוָה יִהְיֶה־לָּךְ כ

לְאוֹר עוֹלָם וְשָׁלְמוּ יְמֵי אֶבְלֵךְ: וְעַמֵּךְ כֻּלָּם צַדִּיקִים לְעוֹלָם כא

יִירְשׁוּ אָרֶץ נֵצֶר מטעו מַטָּעַי מַעֲשֵׂה יָדַי לְהִתְפָּאֵר: הַקָּטֹן יִהְיֶה לָאֶלֶף כב

וְהַצָּעִיר לְגוֹי עָצוּם אֲנִי יְהֹוָה בְּעִתָּהּ אֲחִישֶׁנָּה: רוּחַ סא א

אֲדֹנָי יְהֹוִה עָלָי יַעַן מָשַׁח יְהֹוָה אֹתִי לְבַשֵּׂר עֲנָוִים שְׁלָחַנִי לַחֲבֹשׁ

rising. Lift up thy eyes round about, and see: all they gather 4
themselves together, they come to thee: thy sons shall come
from far, and thy daughters shall be nursed at thy side. Then 5
thou wilt see, and be filled with light, and thy heart shall fear
and be enlarged; because the abundance of the sea shall be
turned to thee, the riches of the nations shall come to thee.
The multitude of camels shall cover thee, the dromedaries of 6
Midyan and 'Efa; all they from Sheva shall come: they shall
bring gold and incense; and they shall proclaim the praises
of the Lord. All the flocks of Qedar shall be gathered together 7
to thee, the rams of Nevayot shall minister to thee: they shall
come up with acceptance on my altar, and I will glorify the
house of my glory. Who are these that fly as a cloud, and as 8
the doves to their windows? Surely the isles shall wait for me, 9
and the ships of Tarshish first, to bring thy sons from far, their
silver and their gold with them, to the name of the Lord thy
God, and to the Holy One of Yisra'el, because he has glorified
thee. And the sons of strangers shall build up thy walls, and 10
their kings shall minister to thee: for in my wrath I smote
thee, but in my favour have I had mercy on thee. Therefore thy 11
gates shall be open continually; they shall not be shut day or
night; that men may bring to thee the riches of the nations, and
their kings with their train. For the nation and kingdom that 12
will not serve thee shall perish; yea, those nations shall be
utterly wasted. The glory of Levanon shall come to thee, the 13
cypress, the maple, and the box tree, together, to beautify
the place of my sanctuary; and I will make the place of my feet
glorious. The sons also of them that afflicted thee shall come 14
bending to thee; and all they that despised thee shall bow them-
selves down at the soles of thy feet; and they shall call thee,
The city of the Lord, The Ẕiyyon of the Holy One of Yisra'el.
Whereas thou hast been forsaken and hated, so that no man 15
went through thee, I will make thee an eternal excellency, a joy
of many generations. Thou shalt also suck the milk of the na- 16
tions, and shalt suck the breast of kings: and thou shalt know
that I the Lord shall save thee, and the mighty One of Ya'aqov
shall redeem thee. For brass I will bring gold, and for iron I 17
will bring silver, and for wood brass, and for stones iron: I will
also make thy officers peace, and thy taskmasters, righteousness.
Violence shall no more be heard in thy land, wasting nor de- 18
struction within thy borders; but thou shalt call thy walls Sal-
vation, and thy gates Praise. The sun shall be no more thy light 19
by day; neither for brightness shall the moon give light to thee:
but the Lord shall be to thee an everlasting light, and thy God
thy glory. Thy sun shall no more go down; nor shall thy 20
moon withdraw itself: for the Lord shall be thy everlasting
light, and the days of thy mourning shall be ended. Thy people 21
also shall be all righteous: they shall inherit the land for ever;
they shall be the branch of my planting, the work of my hands,
that I may be glorified. The least one shall become a thousand, 22
and the smallest one a strong nation: I the Lord will hasten
it in its time. The spirit of the Lord God in upon me; be- **61**
cause the Lord has anointed me to announce good tidings to the

לְנִשְׁבְּרֵי־לֵב לִקְרֹא לִשְׁבוּיִם דְּרוֹר וְלַאֲסוּרִים פְּקַח־קֽוֹחַ:

ב לִקְרֹא שְׁנַת־רָצוֹן לַֽיהוָה וְיוֹם נָקָם לֵאלֹהֵינוּ לְנַחֵם כָּל־

ג אֲבֵלִֽים: לָשׂוּם ׀ לַאֲבֵלֵי צִיּוֹן לָתֵת לָהֶם פְּאֵר תַּחַת אֵפֶר שֶׁמֶן

שָׂשׂוֹן תַּחַת אֵבֶל מַעֲטֵה תְהִלָּה תַּחַת רוּחַ כֵּהָה וְקֹרָא לָהֶם

ד אֵילֵי הַצֶּדֶק מַטַּע יְהוָה לְהִתְפָּאֵר: וּבָנוּ חָרְבוֹת עוֹלָם שֹׁמְמוֹת

ה רִאשֹׁנִים יְקוֹמֵמוּ וְחִדְּשׁוּ עָרֵי חֹרֶב שֹׁמְמוֹת דּוֹר וָדֽוֹר: וְעָמְדוּ

ו זָרִים וְרָעוּ צֹאנְכֶם וּבְנֵי נֵכָר אִכָּרֵיכֶם וְכֹרְמֵיכֶֽם: וְאַתֶּם כֹּהֲנֵי

יְהוָה תִּקָּרֵאוּ מְשָׁרְתֵי אֱלֹהֵינוּ יֵאָמֵר לָכֶם חֵיל גּוֹיִם תֹּאכֵלוּ

ז וּבִכְבוֹדָם תִּתְיַמָּֽרוּ: תַּחַת בָּשְׁתְּכֶם מִשְׁנֶה וּכְלִמָּה יָרֹנּוּ חֶלְקָם

ח לָכֵן בְּאַרְצָם מִשְׁנֶה יִירָשׁוּ שִׂמְחַת עוֹלָם תִּהְיֶה לָהֶם: כִּי

אֲנִי יְהוָה אֹהֵב מִשְׁפָּט שֹׂנֵא גָזֵל בְּעוֹלָה וְנָתַתִּי פְעֻלָּתָם

ט בֶּאֱמֶת וּבְרִית עוֹלָם אֶכְרוֹת לָהֶֽם: וְנוֹדַע בַּגּוֹיִם זַרְעָם

וְצֶאֱצָאֵיהֶם בְּתוֹךְ הָעַמִּים כָּל־רֹאֵיהֶם יַכִּירוּם כִּי הֵם זֶרַע בֵּרַךְ

י יְהוָֽה: שׂוֹשׂ אָשִׂישׂ בַּֽיהוָה תָּגֵל נַפְשִׁי בֵּֽאלֹהַי כִּי

הִלְבִּישַׁנִי בִּגְדֵי־יֶשַׁע מְעִיל צְדָקָה יְעָטָנִי כֶּֽחָתָן יְכַהֵן פְּאֵר

יא וְכַכַּלָּה תַּעְדֶּה כֵלֶֽיהָ: כִּי כָאָרֶץ תּוֹצִיא צִמְחָהּ וּכְגַנָּה זֵרוּעֶיהָ

תַצְמִיחַ כֵּן ׀ אֲדֹנָי יְהוִֹה יַצְמִיחַ צְדָקָה וּתְהִלָּה נֶגֶד כָּל־הַגּוֹיִֽם:

לְמַעַן צִיּוֹן לֹא אֶחֱשֶׁה וּלְמַעַן יְרוּשָׁלִַם לֹא אֶשְׁקוֹט עַד־יֵצֵא

ב כַנֹּגַהּ צִדְקָהּ וִישׁוּעָתָהּ כְּלַפִּיד יִבְעָר: וְרָאוּ גוֹיִם צִדְקֵךְ וְכָל־

מְלָכִים כְּבוֹדֵךְ וְקֹרָא לָךְ שֵׁם חָדָשׁ אֲשֶׁר פִּי יְהוָה יִקֳּבֶֽנּוּ:

ג וְהָיִית עֲטֶרֶת תִּפְאֶרֶת בְּיַד־יְהוָה וּצְנִוף מְלוּכָה בְּכַף־אֱלֹהָֽיִךְ:

ד לֹא־יֵאָמֵר לָךְ עוֹד עֲזוּבָה וּלְאַרְצֵךְ לֹא־יֵאָמֵר עוֹד שְׁמָמָה כִּי

לָךְ יִקָּרֵא חֶפְצִי־בָהּ וּלְאַרְצֵךְ בְּעוּלָה כִּי־חָפֵץ יְהוָה בָּךְ וְאַרְצֵךְ

ה תִּבָּעֵל: כִּי־יִבְעַל בָּחוּר בְּתוּלָה יִבְעָלוּךְ בָּנָיִךְ וּמְשׂושׂ חָתָן עַל־

כַּלָּה יָשִׂישׂ עָלַיִךְ אֱלֹהָֽיִךְ: עַל־חוֹמֹתַיִךְ יְרוּשָׁלִַם הִפְקַדְתִּי

שֹׁמְרִים כָּל־הַיּוֹם וְכָל־הַלַּיְלָה תָּמִיד לֹא יֶחֱשׁוּ הַמַּזְכִּרִים אֶת־

ז יְהוָה אַל־דֳּמִי לָכֶֽם: וְאַל־תִּתְּנוּ דֳמִי לוֹ עַד־יְכוֹנֵן וְעַד־יָשִׂים

ח אֶת־יְרוּשָׁלִַם תְּהִלָּה בָּאָֽרֶץ: נִשְׁבַּע יְהוָה בִּימִינוֹ וּבִזְרוֹעַ עֻזּוֹ

אִם־אֶתֵּן אֶת־דְּגָנֵךְ עוֹד מַאֲכָל לְאֹיְבַיִךְ וְאִם־יִשְׁתּוּ בְנֵי־נֵכָר

meek; he has sent me to bind up the broken hearted, to proclaim
liberty to the captives, and the opening of the prison to them that
are bound; to proclaim an acceptable year of the LORD, and a day 2
of vengeance of our GOD; to comfort all that mourn; to appoint 3
to those who mourn in Ẕiyyon, to give to them a garland instead
of ashes, the oil of joy instead of mourning, the garment of
praise instead of the spirit of heaviness, that they might be
called trees of righteousness, the planting of the LORD, that he
might be glorified. And they shall build the old wastes, they 4
shall raise up the former desolations, and they shall renew the
waste cities, the desolations of many generations. And strangers 5
shall stand and feed your flocks, and the sons of the alien shall
be your ploughmen and your vinedressers. But you shall be 6
named, Priests of the LORD: men shall say of you, Ministers of
our GOD. You shall eat the riches of the nations, and you shall
gain grandeur by their wealth. Instead of your shame, you shall 7
have a double portion; and instead of dishonour they shall re-
joice in their lot: therefore in their land they shall possess a
double portion; everlasting joy shall be theirs. For I the LORD 8
love judgment, I hate robbery with burnt offerings; and I will
give them their reward in truth, and I will make an everlasting
covenant with them. And their seed shall be known among 9
the nations, and their offspring among the peoples: all that see
them shall acknowledge them, that they are the seed which
the LORD has blessed. I will greatly rejoice in the LORD, 10
my soul shall be joyful in my GOD; for he has clothed me with
the garments of salvation, he has covered me with the robe
of righteousness, as a bridegroom decks himself with a gar-
land, and as a bride adorns herself with her jewels. For as 11
the earth brings forth her growth, and as the garden causes
the things that are sown in it to spring forth; so the LORD
GOD will cause righteousness and praise to spring forth be-
fore all the nations. For the sake of Ẕiyyon I will not hold **62**
my peace, and for the sake of Yerushalayim, I will not be
still, until her righteousness goes forth like radiance, and her
salvation like a burning torch. And the nations shall see thy 2
righteousness, and all kings thy glory: and thou shalt be called
by a new name, which the mouth of the LORD shall express.
Thou shalt also be a crown of glory in the hand of the LORD, 3
and a royal diadem in the hand of thy GOD. Thou shalt no more 4
be termed Forsaken; neither shall thy land any more be termed
Desolate: but thou shalt be called Ḥefẕi-va (My Delight is in
Her,) and thy land Be'ula (Espoused:) for the LORD delights
in thee, and thy land shall be espoused. For as a young man 5
takes to himself a virgin, so shall thy sons take thee to them-
selves, and as the bridegroom rejoices over the bride, so shall
thy GOD rejoice over thee. I have set watchmen upon thy walls, 6
O Yerushalayim, who shall never hold their peace day or night:
you that make mention of the LORD, take no rest, and give 7
him no rest till he establishes, and till he makes Yerushalayim
a praise in the earth. The LORD has sworn by his right hand, 8
and by the arm of his strength, Surely I will no more give thy
corn to be food for thy enemies; and the sons of the stranger

ט תירושך אשר יגעת בו: כי מאספיו יאכלהו והללו את־יהוה
י ומקבציו ישתהו בחצרות קדשי: עברו עברו
בשערים פנו דרך העם סלו סלו המסלה סקלו מאבן הרימו
יא נס על־העמים: הנה יהוה השמיע אל־קצה הארץ אמרו
לבת־ציון הנה ישעך בא הנה שכרו אתו ופעלתו לפניו:
יב וקראו להם עם־הקדש גאולי יהוה ולך יקרא דרושה עיר לא
סג א נעזבה: מי־זה ׀ בא מאדום חמוץ בגדים
מבצרה זה הדור בלבושו צעה ברב כחו אני מדבר בצדקה
ב ג רב להושיע: מדוע אדם ללבושך ובגדיך כדרך בגת: פורה ׀
דרכתי לבדי ומעמים אין־איש אתי ואדרכם באפי וארמסם
ד בחמתי ויז נצחם על־בגדי וכל־מלבושי אגאלתי: כי יום נקם
ה בלבי ושנת גאולי באה: ואביט ואין עזר ואשתומם ואין
ו סומך ותושע לי זרעי וחמתי היא סמכתני: ואבוס עמים באפי
ז ואשכרם בחמתי ואוריד לארץ נצחם: חסדי
יהוה ׀ אזכיר תהלת יהוה כעל כל אשר־גמלנו יהוה ורב־
ח טוב לבית ישראל אשר־גמלם כרחמיו וכרב חסדיו: ויאמר
ט אך־עמי המה בנים לא ישקרו ויהי להם למושיע: בכל־
צרתם ׀ לא צר ומלאך פניו הושיעם באהבתו ובחמלתו הוא לו
י גאלם וינטלם וינשאם כל־ימי עולם: והמה מרו ועצבו את־
יא רוח קדשו ויהפך להם לאויב הוא נלחם־בם: ויזכר ימי־עולם
משה עמו איה ׀ המעלם מים את רעה צאנו איה השם בקרבו
יב את־רוח קדשו: מוליך לימין משה זרוע תפארתו בוקע מים
יג מפניהם לעשות לו שם עולם: מוליכם בתהמות כסוס
יד במדבר לא יכשלו: כבהמה בבקעה תרד רוח יהוה תניחנו
טו כן נהגת עמך לעשות לך שם תפארת: הבט משמים וראה
מזבל קדשך ותפארתך איה קנאתך וגבורתך המון מעיך
טז ורחמיך אלי התאפקו: כי־אתה אבינו כי אברהם לא ידענו
וישראל לא יכירנו אתה יהוה אבינו גאלנו מעולם שמך:
יז למה תתענו יהוה מדרכיך תקשיח לבנו מיראתך שוב למען

shall not drink thy wine for which thou hast laboured: but 9
they that have gathered it shall eat it, and praise the LORD;
and they that have brought it together shall drink it in the
courts of my sanctuary. Go through, go through the 10
gates; prepare the way of the people; bank up, build up the
highway; clear the stones; lift up a standard for the people.
Behold, the LORD has proclaimed to the end of the world, Say 11
to the daughter of Ẕiyyon, Behold, thy salvation comes; be-
hold, his reward is with him, and his wages before him. And 12
they shall call them, The holy people, The redeemed of the
LORD: and thou shalt be called, Derusha (Sought out,) a city
not forsaken. Who is this that comes from Edom, with **63**
crimsoned garments from Boẕra? this one that is glorious in
his apparel, striding in the greatness of his strength? I that
speak in righteousness, mighty to save. Why is thy apparel red, 2
and thy garments like his that treads in the winepress? I have 3
trodden the winepress alone; and of the peoples there was none
with me: for I have trodden them in my anger, and trampled
them in my fury; and their blood was sprinkled upon my gar-
ments, and I have stained all my raiment. For the day of 4
vengeance is in my heart, and the year of my redeemed is
come. And I looked and there was none to help; and I gazed 5
astonished but there was none to uphold: therefore has my
own arm brought salvation to me; and my fury, it has upheld
me. And I trod down peoples in my anger, and made them 6
drunk with my fury, and I poured out their lifeblood on the
earth: I will mention the acts of the LORD's faithful love, 7
and the praises of the LORD, according to all that the LORD has
bestowed on us, and the great goodness toward the house of
Yisra'el which he has bestowed on them according to his mer-
cies, and according to the abundance of his faithful love. For 8
he said, Surely they are my people, children that will not lie:
so he was their deliverer. In all their affliction he was afflicted, 9
and the angel of his presence saved them: in his love and in his
pity he redeemed them; and he bore them, and carried them all
the days of old. But they rebelled, and vexed his holy spirit: 10
therefore he was turned to be their enemy, and he fought against
them. Then he remembered the days of old, Moshe, and his peo- 11
ple saying, Where is he that brought them up out of the sea with
the shepherds of his flock? where is he that put his holy spirit
within him? That caused his glorious arm to go at the right 12
hand of Moshe, dividing the water before them, to make him-
self an everlasting name? That led them through the deep, 13
like a horse in the wilderness, that they should not stumble?
Like cattle going down into the valley, the spirit of the LORD 14
gave them rest. So thou didst lead thy people, to make thy-
self a glorious name. Look down from heaven and see; from 15
the habitation of thy holiness and of thy glory: where is thy
zeal and thy mighty acts? thy compassion and thy mercies are
withheld from me. Thou art our father, though Avraham be 16
ignorant of us, and Yisra'el acknowledge us not: thou, O LORD,
art our father, our redeemer; thy name is from everlasting. O 17
LORD, why hast thou made us to stray from thy ways, and hard-

עֶבְדֶיךָ שִׁבְטֵי נַחֲלָתֶךָ: לַמִּצְעָר יָרְשׁוּ עַם־קָדְשֶׁךָ צָרֵינוּ בּוֹסְסוּ   יח

מִקְדָּשֶׁךָ: הָיִינוּ מֵעוֹלָם לֹא־מָשַׁלְתָּ בָּם לֹא־נִקְרָא שִׁמְךָ   יט

עֲלֵיהֶם לוּא־קָרַעְתָּ שָׁמַיִם יָרַדְתָּ מִפָּנֶיךָ הָרִים נָזֹלּוּ:   סד א כִּקְדֹחַ

אֵשׁ הֲמָסִים מַיִם תִּבְעֶה־אֵשׁ לְהוֹדִיעַ שִׁמְךָ לְצָרֶיךָ מִפָּנֶיךָ גּוֹיִם

יִרְגָּזוּ: בַּעֲשׂוֹתְךָ נוֹרָאוֹת לֹא נְקַוֶּה יָרַדְתָּ מִפָּנֶיךָ הָרִים נָזֹלּוּ:   ב

וּמֵעוֹלָם לֹא־שָׁמְעוּ לֹא הֶאֱזִינוּ עַיִן לֹא־רָאָתָה אֱלֹהִים זוּלָתְךָ   ג

יַעֲשֶׂה לִמְחַכֵּה־לוֹ: פָּגַעְתָּ אֶת־שָׂשׂ וְעֹשֵׂה צֶדֶק בִּדְרָכֶיךָ   ד

יִזְכְּרוּךָ הֵן־אַתָּה קָצַפְתָּ וַנֶּחֱטָא בָּהֶם עוֹלָם וְנִוָּשֵׁעַ: וַנְּהִי כַטָּמֵא   ה

כֻּלָּנוּ וּכְבֶגֶד עִדִּים כָּל־צִדְקֹתֵינוּ וַנָּבֶל כֶּעָלֶה כֻּלָּנוּ וַעֲוֹנֵנוּ כָּרוּחַ

יִשָּׂאֻנוּ: וְאֵין־קוֹרֵא בְשִׁמְךָ מִתְעוֹרֵר לְהַחֲזִיק בָּךְ כִּי־הִסְתַּרְתָּ   ו

פָנֶיךָ מִמֶּנּוּ וַתְּמוּגֵנוּ בְּיַד־עֲוֹנֵנוּ: וְעַתָּה יְהוָה אָבִינוּ אָתָּה אֲנַחְנוּ   ז

הַחֹמֶר וְאַתָּה יֹצְרֵנוּ וּמַעֲשֵׂה יָדְךָ כֻּלָּנוּ: אַל־תִּקְצֹף יְהוָה עַד־   ח

מְאֹד וְאַל־לָעַד תִּזְכֹּר עָוֹן הֵן הַבֶּט־נָא עַמְּךָ כֻלָּנוּ: עָרֵי קָדְשְׁךָ   ט

הָיוּ מִדְבָּר צִיּוֹן מִדְבָּר הָיָתָה יְרוּשָׁלִַם שְׁמָמָה: בֵּית קָדְשֵׁנוּ   י

וְתִפְאַרְתֵּנוּ אֲשֶׁר הִלְלוּךָ אֲבֹתֵינוּ הָיָה לִשְׂרֵפַת אֵשׁ וְכָל־

מַחֲמַדֵּינוּ הָיָה לְחָרְבָּה: הַעַל־אֵלֶּה תִתְאַפַּק יְהוָה תֶּחֱשֶׁה   יא

וּתְעַנֵּנוּ עַד־מְאֹד: נִדְרַשְׁתִּי לְלוֹא שָׁאָלוּ נִמְצֵאתִי   סה א

לְלֹא בִקְשֻׁנִי אָמַרְתִּי הִנֵּנִי הִנֵּנִי אֶל־גּוֹי לֹא־קֹרָא בִשְׁמִי:

פֵּרַשְׂתִּי יָדַי כָּל־הַיּוֹם אֶל־עַם סוֹרֵר הַהֹלְכִים הַדֶּרֶךְ לֹא־טוֹב   ב

אַחַר מַחְשְׁבֹתֵיהֶם: הָעָם הַמַּכְעִיסִים אֹתִי עַל־פָּנַי תָּמִיד   ג

זֹבְחִים בַּגַּנּוֹת וּמְקַטְּרִים עַל־הַלְּבֵנִים: הַיֹּשְׁבִים בַּקְּבָרִים   ד

וּבַנְּצוּרִים יָלִינוּ הָאֹכְלִים בְּשַׂר הַחֲזִיר וּפְרַק פִּגֻּלִים כְּלֵיהֶם: וּמְרַק

הָאֹמְרִים קְרַב אֵלֶיךָ אַל־תִּגַּשׁ־בִּי כִּי קְדַשְׁתִּיךָ אֵלֶּה עָשָׁן   ה

בְּאַפִּי אֵשׁ יֹקֶדֶת כָּל־הַיּוֹם: הִנֵּה כְתוּבָה לְפָנָי לֹא אֶחֱשֶׂה כִּי   ו

אִם־שִׁלַּמְתִּי וְשִׁלַּמְתִּי עַל־חֵיקָם: עֲוֹנֹתֵיכֶם וַעֲוֹנֹת אֲבוֹתֵיכֶם   ז

יַחְדָּו אָמַר יְהוָה אֲשֶׁר קִטְּרוּ עַל־הֶהָרִים וְעַל־הַגְּבָעוֹת חֵרְפוּנִי

וּמַדֹּתִי פְעֻלָּתָם רִאשֹׁנָה עַל־חֵיקָם: כֹּה אָמַר   אֶל־ ח

יְהוָה כַּאֲשֶׁר יִמָּצֵא הַתִּירוֹשׁ בָּאֶשְׁכּוֹל וְאָמַר אַל־תַּשְׁחִיתֵהוּ כִּי

בְרָכָה בּוֹ כֵּן אֶעֱשֶׂה לְמַעַן עֲבָדַי לְבִלְתִּי הַשְׁחִית הַכֹּל:

ened our heart from thy fear? Return for thy servants' sake, the
tribes of thy inheritance. The people of thy holiness possessed it 18
but a little while: our adversaries have trodden down thy sanc-
tuary. We have become like those over whom thou never didst 19
rule, who were not called by thy name. Oh, that thou wouldst
rend the heavens, that thou wouldst come down, that the moun-
tains would melt away at thy presence. As when fire kindles **64**
brushwood, as when fire causes the water to bubble up; to make
thy name known to thy enemies, that the nations might tremble
at thy presence. When thou didst terrible things which we 2
looked not for ; when thou didst come down, the mountains
flowed down at thy presence. For since the beginning of the 3
world men have not heard, nor perceived by the ear, neither
has the eye seen, that a god, beside thee, should do such a
thing for him that waits for him. Thou didst strike down him 4
that rejoiced and worked righteousness: who remembered thee
in thy ways : behold, thou hast been angry, and we have
sinned. In those ways we remain always : how then shall we
be saved ? And we are all as one that is unclean, and all our
righteousnesses as filthy rags ; and we all do fade as a leaf ;
and our iniquities, like the wind, take us away. And there is 6
none that calls upon thy name, that stirs himself up to take
hold of thee: for thou hast hid thy face from us, and hast
consumed us, through the force of our iniquities. But now, 7
O Lord, thou art our father; we are the clay, and thou our
potter; and we all are the work of thy hand. Be not so very 8
indignant, O Lord, neither remember iniquity for ever: be-
hold, see, we beseech thee, we are all thy people. Thy holy 9
cities are become a wilderness, Ẕiyyon is a wilderness, Yeru-
shalayim a desolation. Our holy and our beautiful house, where 10
our fathers praised thee, is burnt with fire : and all our pleas-
ant things are laid waste. Wilt thou restrain thyself at 11
these things, O Lord ? wilt thou hold thy peace, and afflict
us so very greatly ? I was ready to be sought by **65**
those who did not ask for me. I was ready to be found by
those who did not seek me. I said, Here I am, here I am,
to a nation that was not called by my name. I have spread 2
out my hands all the day to a rebellious people, which walks
in a way that was not good, after their own thoughts; a people 3
that provoke me to anger continually to my face ; that sacri-
fice in gardens, and burn incense upon altars of brick ; that 4
sit on the graves, and spend the night in vaults, that eat swine's
flesh, and broth of abominable things is in their vessels ; that 5
say, Stand by thyself, come not near to me ; for I am holier
than thou. These are a smoke in my nose, a fire that burns all
the day. Behold, it is written before me: I will not keep silence, 6
but will repay, indeed I will pay home into their bosoms your 7
iniquities, and the iniquities of your fathers together, says the
Lord, who burned incense on the mountains, and blasphemed
me on the hills : therefore will I repay their former work in full
measure into their bosom. Thus says the Lord, As the 8
wine is found in the cluster, and one says, Destroy it not; for
a blessing is in it : so will I do for my servants' sakes, that I

כו וְהוֹצֵאתִי מִיַּעֲקֹב זֶרַע וּמִיהוּדָה יוֹרֵשׁ הָרָי וִירֵשׁוּהָ בְחִירַי ט
וַעֲבָדַי יִשְׁכְּנוּ־שָׁמָּה: וְהָיָה הַשָּׁרוֹן לִנְוֵה־צֹאן וְעֵמֶק עָכוֹר י
לְרֵבֶץ בָּקָר לְעַמִּי אֲשֶׁר דְּרָשׁוּנִי: וְאַתֶּם עֹזְבֵי יְהוָה הַשְּׁכֵחִים יא
אֶת־הַר קָדְשִׁי הָעֹרְכִים לַגַּד שֻׁלְחָן וְהַמְמַלְאִים לַמְנִי מִמְסָךְ:
וּמָנִיתִי אֶתְכֶם לַחֶרֶב וְכֻלְּכֶם לַטֶּבַח תִּכְרָעוּ יַעַן קָרָאתִי וְלֹא יב
עֲנִיתֶם דִּבַּרְתִּי וְלֹא שְׁמַעְתֶּם וַתַּעֲשׂוּ הָרַע בְּעֵינַי וּבַאֲשֶׁר לֹא־
חָפַצְתִּי בְּחַרְתֶּם: לָכֵן כֹּה־אָמַר ׀ אֲדֹנָי יְהוִה הִנֵּה יג
עֲבָדַי ׀ יֹאכֵלוּ וְאַתֶּם תִּרְעָבוּ הִנֵּה עֲבָדַי יִשְׁתּוּ וְאַתֶּם תִּצְמָאוּ
הִנֵּה עֲבָדַי יִשְׂמָחוּ וְאַתֶּם תֵּבֹשׁוּ: הִנֵּה עֲבָדַי יָרֹנּוּ מִטּוּב לֵב יד
וְאַתֶּם תִּצְעֲקוּ מִכְּאֵב לֵב וּמִשֵּׁבֶר רוּחַ תְּיֵלִילוּ: וְהִנַּחְתֶּם שִׁמְכֶם טו
לִשְׁבוּעָה לִבְחִירַי וֶהֱמִיתְךָ אֲדֹנָי יְהוִה וְלַעֲבָדָיו יִקְרָא שֵׁם
אַחֵר: אֲשֶׁר הַמִּתְבָּרֵךְ בָּאָרֶץ יִתְבָּרֵךְ בֵּאלֹהֵי אָמֵן וְהַנִּשְׁבָּע טז
בָּאָרֶץ יִשָּׁבַע בֵּאלֹהֵי אָמֵן כִּי נִשְׁכְּחוּ הַצָּרוֹת הָרִאשֹׁנוֹת וְכִי
נִסְתְּרוּ מֵעֵינָי: כִּי־הִנְנִי בוֹרֵא שָׁמַיִם חֲדָשִׁים וָאָרֶץ חֲדָשָׁה וְלֹא יז
תִזָּכַרְנָה הָרִאשֹׁנוֹת וְלֹא תַעֲלֶינָה עַל־לֵב: כִּי־אִם־שִׂישׂוּ וְגִילוּ יח
עֲדֵי־עַד אֲשֶׁר אֲנִי בוֹרֵא כִּי הִנְנִי בוֹרֵא אֶת־יְרוּשָׁלִַם גִּילָה
וְעַמָּהּ מָשׂוֹשׂ: וְגַלְתִּי בִירוּשָׁלִַם וְשַׂשְׂתִּי בְעַמִּי וְלֹא־יִשָּׁמַע בָּהּ יט
עוֹד קוֹל בְּכִי וְקוֹל זְעָקָה: לֹא־יִהְיֶה מִשָּׁם עוֹד עוּל יָמִים וְזָקֵן כ
אֲשֶׁר לֹא־יְמַלֵּא אֶת־יָמָיו כִּי הַנַּעַר בֶּן־מֵאָה שָׁנָה יָמוּת
וְהַחוֹטֶא בֶּן־מֵאָה שָׁנָה יְקֻלָּל: וּבָנוּ בָתִּים וְיָשָׁבוּ וְנָטְעוּ כְרָמִים כא
וְאָכְלוּ פִּרְיָם: לֹא יִבְנוּ וְאַחֵר יֵשֵׁב לֹא יִטְּעוּ וְאַחֵר יֹאכֵל כִּי־ כב
כִימֵי הָעֵץ יְמֵי עַמִּי וּמַעֲשֵׂה יְדֵיהֶם יְבַלּוּ בְחִירָי: לֹא יִיגְעוּ כג
לָרִיק וְלֹא יֵלְדוּ לַבֶּהָלָה כִּי זֶרַע בְּרוּכֵי יְהוָה הֵמָּה וְצֶאֱצָאֵיהֶם
אִתָּם: וְהָיָה טֶרֶם יִקְרָאוּ וַאֲנִי אֶעֱנֶה עוֹד הֵם מְדַבְּרִים וַאֲנִי כד
אֶשְׁמָע: זְאֵב וְטָלֶה יִרְעוּ כְאֶחָד וְאַרְיֵה כַּבָּקָר יֹאכַל־תֶּבֶן וְנָחָשׁ כה
עָפָר לַחְמוֹ לֹא־יָרֵעוּ וְלֹא־יַשְׁחִיתוּ בְּכָל־הַר קָדְשִׁי אָמַר
יְהוָה: כֹּה אָמַר יְהוָה הַשָּׁמַיִם כִּסְאִי וְהָאָרֶץ א סו
הֲדֹם רַגְלָי אֵי־זֶה בַיִת אֲשֶׁר תִּבְנוּ־לִי וְאֵי־זֶה מָקוֹם מְנוּחָתִי:
וְאֶת־כָּל־אֵלֶּה יָדִי עָשָׂתָה וַיִּהְיוּ כָל־אֵלֶּה נְאֻם־יְהוָה וְאֶל־זֶה ב
אַבִּיט אֶל־עָנִי וּנְכֵה־רוּחַ וְחָרֵד עַל־דְּבָרִי: שׁוֹחֵט הַשּׁוֹר מַכֵּה־ ג
אִישׁ זוֹבֵחַ הַשֶּׂה עֹרֵף כֶּלֶב מַעֲלֵה מִנְחָה דַּם־חֲזִיר מַזְכִּיר

may not destroy them all. And I will bring forth a seed out of   9
Ya'aqov, and out of Yehuda an inheritor of my mountains:
and my chosen ones shall inherit it, and my servants shall
dwell there. And Sharon shall be a fold of flocks, and the valley   10
of 'Akhor a place for the herds to lie down in, for my people
that have sought me. But you that forsake the LORD that for-   11
get my holy mountain, that set out a table for Gad (Fortune,)
and fill the cup of liquor for Meni (Destiny,) you will I destine   12
for the sword, and you shall all bow down to the slaughter:
because when I called, you did not answer; when I spoke,
you did not hear; but did evil before my eyes, and did choose
that in which I delighted not.   Therefore thus says the LORD   13
GOD, Behold, my servants shall eat, but you shall be hungry:
behold, my servants shall drink, but you shall be thirsty: be-
hold, my servants shall rejoice, but you shall be ashamed:
behold, my servants shall sing for joy of heart, but you shall   14
cry for sorrow of heart, and shall howl for vexation of spirit.
And you shall leave your name for a curse to my chosen ones: 15
for the LORD GOD shall slay thee and call his servants by
another name: so that he who blesses himself on the earth, shall   16
bless himself by the GOD of truth; and he that swears on the
earth, shall swear by the GOD of truth; because the former
troubles are forgotten, and because they are hid from my eyes.
For, behold, I create new heavens and a new earth: and the   17
former things shall not be remembered, nor come to mind. But   18
be glad and rejoice for ever in that which I create: for, behold,
I create Yerushalayim a rejoicing, and her people a joy. And I   19
will rejoice in Yerushalayim, and joy in my people: and the
voice of weeping shall be no more heard in her, nor the voice
of crying. There shall be no more there an infant who lives a   20
few days, nor an old man that has not filled his days: for
the youngest shall die a hundred years old; and the sinner
being a hundred years old shall be deemed accursed. And   21
they shall build houses, and inhabit them; and they shall plant
vineyards, and eat the fruit of them. They shall not build,   22
and another inhabit; they shall not plant, and another eat:
for as the days of a tree shall the days of my people be, and
my chosen ones shall long enjoy the work of their hands. They   23
shall not labour in vain, nor bring forth for confusion, for
they are the seed of the blessed of the LORD, and their offspring
with them. And it shall come to pass, that before they call, I   24
will answer; and while they are yet speaking, I will hear. The   25
wolf and the lamb shall feed together, and the lion shall eat
straw like the ox: and dust shall be the serpent's food. They
shall not hurt nor destroy in all my holy mountain, says the
LORD.   Thus says the LORD, The heaven is my throne, and the   **66**
earth is my footstool: where is the house that you would build
for me? and where is the place of my rest? For all those things   2
has my hand made, and so all those things came to be, says
the LORD: but to this man will I look, to him that is poor and
of a contrite spirit, and trembles at my word. He that kills an   3
ox is like one who slays a man; that sacrifices a lamb, is like
one who breaks a dog's neck; that offers a meal offering, like

לַבֵּנָה מְבָרֵךְ אָוֶן גַּם־הֵמָּה בָּחֲרוּ בְּדַרְכֵיהֶם וּבְשִׁקּוּצֵיהֶם נַפְשָׁם

ד   חָפֵצָה: גַּם־אֲנִי אֶבְחַר בְּתַעֲלוּלֵיהֶם וּמְגוּרֹתָם אָבִיא לָהֶם יַעַן
קָרָאתִי וְאֵין עוֹנֶה דִּבַּרְתִּי וְלֹא שָׁמֵעוּ וַיַּעֲשׂוּ הָרַע בְּעֵינַי

ה   וּבַאֲשֶׁר לֹא־חָפַצְתִּי בָּחָרוּ:   שִׁמְעוּ דְּבַר־יְהוָה
הַחֲרֵדִים אֶל־דְּבָרוֹ אָמְרוּ אֲחֵיכֶם שֹׂנְאֵיכֶם מְנַדֵּיכֶם לְמַעַן שְׁמִי

ו   יִכְבַּד יְהוָה וְנִרְאֶה בְשִׂמְחַתְכֶם וְהֵם יֵבֹשׁוּ: קוֹל שָׁאוֹן מֵעִיר

ז   קוֹל מֵהֵיכָל קוֹל יְהוָה מְשַׁלֵּם גְּמוּל לְאֹיְבָיו: בְּטֶרֶם תָּחִיל

ח   יָלָדָה בְּטֶרֶם יָבוֹא חֵבֶל לָהּ וְהִמְלִיטָה זָכָר: מִי־שָׁמַע כָּזֹאת
מִי רָאָה כָּאֵלֶּה הֲיוּחַל אֶרֶץ בְּיוֹם אֶחָד אִם־יִוָּלֵד גּוֹי פַּעַם

ט   אֶחָת כִּי־חָלָה גַּם־יָלְדָה צִיּוֹן אֶת־בָּנֶיהָ: הַאֲנִי אַשְׁבִּיר
וְלֹא אוֹלִיד יֹאמַר יְהוָה אִם־אֲנִי הַמּוֹלִיד וְעָצַרְתִּי אָמַר

י   אֱלֹהָיִךְ:   שִׂמְחוּ אֶת־יְרוּשָׁלַ͏ִם וְגִילוּ בָהּ כָּל־

יא   אֹהֲבֶיהָ שִׂישׂוּ אִתָּהּ מָשׂוֹשׂ כָּל־הַמִּתְאַבְּלִים עָלֶיהָ: לְמַעַן
תִּינְקוּ וּשְׂבַעְתֶּם מִשֹּׁד תַּנְחֻמֶיהָ לְמַעַן תָּמֹצּוּ וְהִתְעַנַּגְתֶּם מִזִּיז

יב   כְּבוֹדָהּ:   כִּי־כֹה ׀ אָמַר יְהוָה הִנְנִי נֹטֶה־אֵלֶיהָ
כְּנָהָר שָׁלוֹם וּכְנַחַל שׁוֹטֵף כְּבוֹד גּוֹיִם וִינַקְתֶּם עַל־צַד תִּנָּשֵׂאוּ

יג   וְעַל־בִּרְכַּיִם תְּשָׁעֳשָׁעוּ: כְּאִישׁ אֲשֶׁר אִמּוֹ תְּנַחֲמֶנּוּ כֵּן אָנֹכִי

יד   אֲנַחֶמְכֶם וּבִירוּשָׁלַ͏ִם תְּנֻחָמוּ: וּרְאִיתֶם וְשָׂשׂ לִבְּכֶם וְעַצְמוֹתֵיכֶם
כַּדֶּשֶׁא תִפְרַחְנָה וְנוֹדְעָה יַד־יְהוָה אֶת־עֲבָדָיו וְזָעַם אֶת־

טו   אֹיְבָיו: כִּי־הִנֵּה יְהוָה בָּאֵשׁ יָבוֹא וְכַסּוּפָה מַרְכְּבֹתָיו לְהָשִׁיב
בְּחֵמָה אַפּוֹ וְגַעֲרָתוֹ בְּלַהֲבֵי־אֵשׁ: כִּי בָאֵשׁ יְהוָה נִשְׁפָּט וּבְחַרְבּוֹ

טז   אֶת־כָּל־בָּשָׂר וְרַבּוּ חַלְלֵי יְהוָה: הַמִּתְקַדְּשִׁים וְהַמִּטַּהֲרִים אֶל־

יז   הַגַּנּוֹת אַחַר אַחַד בַּתָּוֶךְ אֹכְלֵי בְּשַׂר הַחֲזִיר וְהַשֶּׁקֶץ וְהָעַכְבָּר
אַחַת   יַחְדָּו יָסֻפוּ נְאֻם־יְהוָה: וְאָנֹכִי מַעֲשֵׂיהֶם וּמַחְשְׁבֹתֵיהֶם בָּאָה

יח   לְקַבֵּץ אֶת־כָּל־הַגּוֹיִם וְהַלְּשֹׁנוֹת וּבָאוּ וְרָאוּ אֶת־כְּבוֹדִי:

יט   וְשַׂמְתִּי בָהֶם אוֹת וְשִׁלַּחְתִּי מֵהֶם ׀ פְּלֵיטִים אֶל־הַגּוֹיִם תַּרְשִׁישׁ
פּוּל וְלוּד מֹשְׁכֵי קֶשֶׁת תֻּבַל וְיָוָן הָאִיִּים הָרְחֹקִים אֲשֶׁר לֹא־
שָׁמְעוּ אֶת־שִׁמְעִי וְלֹא־רָאוּ אֶת־כְּבוֹדִי וְהִגִּידוּ אֶת־כְּבוֹדִי

כ   בַּגּוֹיִם: וְהֵבִיאוּ אֶת־כָּל־אֲחֵיכֶם ׀ מִכָּל־הַגּוֹיִם ׀ מִנְחָה ׀ לַיהוָה
בַּסּוּסִים וּבָרֶכֶב וּבַצַּבִּים וּבַפְּרָדִים וּבַכִּרְכָּרוֹת עַל הַר קָדְשִׁי
יְרוּשָׁלַ͏ִם אָמַר יְהוָה כַּאֲשֶׁר יָבִיאוּ בְנֵי יִשְׂרָאֵל אֶת־הַמִּנְחָה

כא   בִּכְלִי טָהוֹר בֵּית יְהוָה: וְגַם־מֵהֶם אֶקַּח לַכֹּהֲנִים לַלְוִיִּם אָמַר

כב   יְהוָה: כִּי כַאֲשֶׁר הַשָּׁמַיִם הַחֲדָשִׁים וְהָאָרֶץ הַחֲדָשָׁה אֲשֶׁר אֲנִי

one who offers pig's blood; that burns incense, like one who
blesses an idol: for they have chosen their own ways, and their
soul delights in their abominations. I also will choose torments 4
for them, and will bring their fears upon them; because when
I called, none did answer; when I spoke, they did not hear:
but they did evil before my eyes, and chose that in which I
delighted not. Hear the word of the LORD, you that 5
tremble at his word; Your brethren that hated you, that cast
you out for my name's sake, have said, Let the LORD be glori-
fied: that we may see your joy; but they shall be ashamed.
A voice of tumult from the city, a voice from the temple, the 6
voice of the LORD rendering recompense to his enemies. Before 7
she travailed, she brought forth; before her pain came, she was
delivered of a man child. Who has heard of such a thing? who 8
has seen such things? Shall the earth be made to bring forth
in one day? or shall a nation be born in one moment? for as
soon as Ẕiyyon travailed, she brought forth her children. Shall 9
I bring to the birth, and not cause to bring forth? says the
LORD: or shall I who cause to bring forth, thereupon shut the
womb? says thy GOD. Rejoice with Yerushalayim, and be 10
glad with her, all you that love her: rejoice for joy with her,
all you that did mourn for her: that you may suck, and be 11
satisfied with the breast of her consolations; that you may drink
deeply, and be delighted with the abundance of her glory.

For thus says the LORD, Behold, I will extend peace to her 12
like a river, and the glory of the nations like a flowing stream:
then shall you suck, you shall be carried upon her sides, and be
dandled upon her knees. As one whom his mother comforts, 13
so will I comfort you; and you shall be comforted in Yerusha-
layim. And when you see this, your heart shall rejoice, and 14
your bones shall flourish like grass: and the hand of the LORD
shall be known toward his servants, and his indignation toward
his enemies. For, behold, the LORD will come with fire, and with 15
his chariots like a storm, to render his anger with fury, and
his rebuke with flames of fire. For by fire will the LORD execute 16
judgment, and with his sword, upon all flesh: and the slain of
the LORD shall be many. They that sanctify themselves, and 17
purify themselves in the gardens behind one in the midst, eating
swine's flesh, and the detestable thing, and the mouse, shall
perish together, says the LORD. For I know their works and their 18
thoughts: the time shall come, that I will gather all nations and
tongues; and they shall come, and see my glory. And I will set 19
a sign among them, and I will send those that escape of them
to the nations, to Tarshish, Pul, and Lud, that draw the bow,
to Tuval, and Yavan, to the distant islands, that have not heard
my fame, and have not seen my glory; and they shall declare
my glory among the nations. And they shall bring all your 20
brethren out of all the nations for an offering to the LORD upon
horses, and in chariots, and in litters, and upon mules, and upon
fleet camels, to my holy mountain Yerushalayim, says the LORD,
as the children of Yisra'el bring an offering in a clean vessel to
the house of the LORD. And I will also take of them for priests 21
and for Levites, says the LORD. For as the new heavens and 22

עֹשֶׂה עֹמְדִים לְפָנַי נְאֻם־יְהוָה כֵּן יַעֲמֹד זַרְעֲכֶם וְשִׁמְכֶם׃
וְהָיָה מִדֵּי־חֹדֶשׁ בְּחָדְשׁוֹ וּמִדֵּי שַׁבָּת בְּשַׁבַּתּוֹ יָבוֹא כָל־בָּשָׂר כג
לְהִשְׁתַּחֲוֺת לְפָנַי אָמַר יְהוָה׃ וְיָצְאוּ וְרָאוּ בְּפִגְרֵי הָאֲנָשִׁים כד
הַפֹּשְׁעִים בִּי כִּי תוֹלַעְתָּם לֹא תָמוּת וְאִשָּׁם לֹא תִכְבֶּה
וְהָיוּ דֵרָאוֹן לְכָל־בָּשָׂר׃

והיה מדי חדש בחדשו ומדי שבת בשבתו
יבוא כל בשר להשתחות לפני
אמר יהוה

the new earth, which I will make, shall remain before me, says
the LORD, so shall your seed and your name remain. And it 23
shall come to pass, that every new moon, and every sabbath,
shall all flesh come to bow down to the ground before me, says
the LORD. And they shall go forth, and look upon the carcasses 24
of the men that have rebelled against me : for their worm shall
not die, neither shall their fire be quenched; and they shall be
an abhorrence to all flesh.

ירמיה

YIRMEYAHU-JEREMIAH

א דִּבְרֵי יִרְמְיָהוּ בֶּן־חִלְקִיָּהוּ מִן־הַכֹּהֲנִים אֲשֶׁר בַּעֲנָתוֹת בְּאֶרֶץ א
בִּנְיָמִן׃ אֲשֶׁר הָיָה דְבַר־יהוה אֵלָיו בִּימֵי יֹאשִׁיָּהוּ בֶן־אָמוֹן ב
מֶלֶךְ יְהוּדָה בִּשְׁלֹשׁ־עֶשְׂרֵה שָׁנָה לְמָלְכוֹ׃ וַיְהִי בִּימֵי יְהוֹיָקִים ג
בֶּן־יֹאשִׁיָּהוּ מֶלֶךְ יְהוּדָה עַד־תֹּם עַשְׁתֵּי־עֶשְׂרֵה שָׁנָה
לְצִדְקִיָּהוּ בֶן־יֹאשִׁיָּהוּ מֶלֶךְ יְהוּדָה עַד־גְּלוֹת יְרוּשָׁלַםִ בַּחֹדֶשׁ
הַחֲמִישִׁי׃ וַיְהִי דְבַר־יהוה אֵלַי לֵאמֹר׃ בְּטֶרֶם ד ה
אֶצָּרְךָ אצורך בַבֶּטֶן יְדַעְתִּיךָ וּבְטֶרֶם תֵּצֵא מֵרֶחֶם הִקְדַּשְׁתִּיךָ נָבִיא
לַגּוֹיִם נְתַתִּיךָ׃ וָאֹמַר אֲהָהּ אֲדֹנָי יהוה הִנֵּה לֹא־יָדַעְתִּי דַּבֵּר ו
כִּי־נַעַר אָנֹכִי׃ וַיֹּאמֶר יהוה אֵלַי אַל־תֹּאמַר נַעַר אָנֹכִי כִּי עַל־ ז
כָּל־אֲשֶׁר אֶשְׁלָחֲךָ תֵּלֵךְ וְאֵת כָּל־אֲשֶׁר אֲצַוְּךָ תְּדַבֵּר׃ אַל־ ח
תִּירָא מִפְּנֵיהֶם כִּי־אִתְּךָ אֲנִי לְהַצִּלֶךָ נְאֻם־יהוה׃ וַיִּשְׁלַח יהוה ט
אֶת־יָדוֹ וַיַּגַּע עַל־פִּי וַיֹּאמֶר יהוה אֵלַי הִנֵּה נָתַתִּי דְבָרַי בְּפִיךָ׃
רְאֵה הִפְקַדְתִּיךָ ׀ הַיּוֹם הַזֶּה עַל־הַגּוֹיִם וְעַל־הַמַּמְלָכוֹת לִנְתוֹשׁ י
וְלִנְתוֹץ וּלְהַאֲבִיד וְלַהֲרוֹס לִבְנוֹת וְלִנְטוֹעַ׃ וַיְהִי יא
דְבַר־יהוה אֵלַי לֵאמֹר מָה־אַתָּה רֹאֶה יִרְמְיָהוּ וָאֹמַר מַקֵּל
שָׁקֵד אֲנִי רֹאֶה׃ וַיֹּאמֶר יהוה אֵלַי הֵיטַבְתָּ לִרְאוֹת כִּי־שֹׁקֵד יב
אֲנִי עַל־דְּבָרִי לַעֲשֹׂתוֹ׃ וַיְהִי דְבַר־יהוה ׀ אֵלַי יג
שֵׁנִית לֵאמֹר מָה אַתָּה רֹאֶה וָאֹמַר סִיר נָפוּחַ אֲנִי רֹאֶה וּפָנָיו
מִפְּנֵי צָפוֹנָה׃ וַיֹּאמֶר יהוה אֵלָי מִצָּפוֹן תִּפָּתַח הָרָעָה עַל כָּל־ יד
יֹשְׁבֵי הָאָרֶץ׃ כִּי ׀ הִנְנִי קֹרֵא לְכָל־מִשְׁפְּחוֹת מַמְלְכוֹת צָפוֹנָה טו
נְאֻם־יהוה וּבָאוּ וְנָתְנוּ אִישׁ כִּסְאוֹ פֶּתַח ׀ שַׁעֲרֵי יְרוּשָׁלַםִ וְעַל
כָּל־חוֹמֹתֶיהָ סָבִיב וְעַל כָּל־עָרֵי יְהוּדָה׃ וְדִבַּרְתִּי מִשְׁפָּטַי טז
אוֹתָם עַל כָּל־רָעָתָם אֲשֶׁר עֲזָבוּנִי וַיְקַטְּרוּ לֵאלֹהִים אֲחֵרִים
וַיִּשְׁתַּחֲווּ לְמַעֲשֵׂי יְדֵיהֶם׃ וְאַתָּה תֶּאְזֹר מָתְנֶיךָ וְקַמְתָּ וְדִבַּרְתָּ יז
אֲלֵיהֶם אֵת כָּל־אֲשֶׁר אָנֹכִי אֲצַוֶּךָּ אַל־תֵּחַת מִפְּנֵיהֶם פֶּן־
אֲחִתְּךָ לִפְנֵיהֶם׃ וַאֲנִי הִנֵּה נְתַתִּיךָ הַיּוֹם לְעִיר מִבְצָר וּלְעַמּוּד יח
בַּרְזֶל וּלְחֹמוֹת נְחֹשֶׁת עַל־כָּל־הָאָרֶץ לְמַלְכֵי יְהוּדָה לְשָׂרֶיהָ
לְכֹהֲנֶיהָ וּלְעַם הָאָרֶץ׃ וְנִלְחֲמוּ אֵלֶיךָ וְלֹא־יוּכְלוּ לָךְ כִּי־אִתְּךָ יט
אֲנִי נְאֻם־יהוה לְהַצִּילֶךָ׃ וַיְהִי דְבַר־יהוה אֵלַי ב א
לֵאמֹר׃ הָלֹךְ וְקָרָאתָ בְאָזְנֵי יְרוּשָׁלַםִ לֵאמֹר כֹּה אָמַר יהוה ב
זָכַרְתִּי לָךְ חֶסֶד נְעוּרַיִךְ אַהֲבַת כְּלוּלֹתָיִךְ לֶכְתֵּךְ אַחֲרַי
בַּמִּדְבָּר בְּאֶרֶץ לֹא זְרוּעָה׃ קֹדֶשׁ יִשְׂרָאֵל לַיהוה רֵאשִׁית ג
תְּבוּאָתֹה כָּל־אֹכְלָיו יֶאְשָׁמוּ רָעָה תָּבֹא אֲלֵיהֶם נְאֻם־
יהוה׃ שִׁמְעוּ דְבַר־יהוה בֵּית יַעֲקֹב וְכָל־ ד
מִשְׁפְּחוֹת בֵּית יִשְׂרָאֵל׃ כֹּה ׀ אָמַר יהוה מַה־מָּצְאוּ אֲבוֹתֵיכֶם ה

The words of Yirmeyahu the son of Ḥilqiyyahu, of the priests   1
who were in 'Anatot in the land of Binyamin: to whom the word   2
of the LORD came in the days of Yoshiyyahu the son of Amon
king of Yehuda, in the thirteenth year of his reign. It came   3
also in the days of Yehoyaqim the son of Yoshiyyahu king of
Yehuda to the end of the eleventh year of Ẕidqiyyahu the son
of Yoshiyyahu king of Yehuda, to the carrying away of Ye-
rushalayim captive in the fifth month.   Then the word of   4
the LORD came to me, saying, Before I formed thee in the belly   5
I knew thee; and before thou didst come out of the womb I
sanctified thee, and I ordained thee a prophet to the nations.
Then said I, Ah, LORD GOD! behold, I cannot speak: for I am   6
a child. But the LORD said to me, Say not, I am a child: for thou   7
shalt go to all to whom I shall send thee, and whatever I com-
mand thee thou shalt speak. Do not be afraid of them: for I am   8
with thee to deliver thee, says the LORD. Then the LORD put out   9
his hand, and touched my mouth. And the LORD said to me,
Behold, I have put my words in thy mouth. See, I have this day   10
set thee over the nations and over the kingdoms, to root out,
and to pull down, and to destroy, and to throw down, to build,
and to plant.   Moreover the word of the LORD came to me,   11
saying, What dost thou see, Yirmeyahu? And I said, I see a
rod of an almond tree. Then the LORD said to me, Thou hast   12
seen well: for I will hasten my word to perform it.   And   13
the word of the LORD came to me a second time, saying, What
dost thou see? And I said, I see a boiling pot; and its face is
from the north. Then the LORD said to me, Out of the north the   14
evil shall break forth upon all the inhabitants of the land. For,   15
lo, I will call all the families of the kingdoms of the north, says
the LORD; and they shall come, and they shall set everyone
his throne at the entrance of the gates of Yerushalayim, and
against all its walls round about, and against all the cities of
Yehuda. And I will utter my judgments against them regarding   16
all their wickedness, in that they have forsaken me, and have
burned incense to other gods, and worshipped the works of their
own hands. Thou therefore gird up thy loins, and arise, and   17
speak to them all that I command thee: do not be dismayed at
them, lest I dismay thee before them. For, behold, I have made   18
thee this day a fortified city, and an iron pillar, and walls of
brass against the whole land, against the kings of Yehuda,
against its princes, against its priests, and against the people
of the land. And they shall fight against thee; but they shall   19
not prevail against thee; for I am with thee, says the LORD,
to deliver thee.   Moreover the word of the LORD came to   2
me, saying, Go and cry in the ears of Yerushalayim, saying,   2
Thus says the LORD; I remember in thy favour, the devotion of
thy youth, thy love as a bride, when thou didst go after me in the
wilderness, in a land that was not sown. Israel is holy to the   3
LORD, the firstfruits of his increase: all that devour him shall
be held guilty; evil shall come upon them, says the LORD.

Hear the word of the LORD, O house of Ya'aqov, and all the   4
families of the house of Yisra'el. Thus says the LORD, What   5
iniquity have your fathers found in me, that they have gone

ו בִי עָוֶל כִּי רָחֲקוּ מֵעָלָי וַיֵּלְכוּ אַחֲרֵי הַהֶבֶל וַיֶּהְבָּלוּ׃ וְלֹא אָמְרוּ
אַיֵּה יְהוָה הַמַּעֲלֶה אֹתָנוּ מֵאֶרֶץ מִצְרָיִם הַמּוֹלִיךְ אֹתָנוּ
בַּמִּדְבָּר בְּאֶרֶץ עֲרָבָה וְשׁוּחָה בְּאֶרֶץ צִיָּה וְצַלְמָוֶת בְּאֶרֶץ לֹא־
ז עָבַר בָּהּ אִישׁ וְלֹא־יָשַׁב אָדָם שָׁם׃ וָאָבִיא אֶתְכֶם אֶל־אֶרֶץ
הַכַּרְמֶל לֶאֱכֹל פִּרְיָהּ וְטוּבָהּ וַתָּבֹאוּ וַתְּטַמְּאוּ אֶת־אַרְצִי
ח וְנַחֲלָתִי שַׂמְתֶּם לְתוֹעֵבָה׃ הַכֹּהֲנִים לֹא אָמְרוּ אַיֵּה יְהוָה וְתֹפְשֵׂי
הַתּוֹרָה לֹא יְדָעוּנִי וְהָרֹעִים פָּשְׁעוּ בִי וְהַנְּבִיאִים נִבְּאוּ בַבַּעַל
ט וְאַחֲרֵי לֹא־יוֹעִלוּ הָלָכוּ׃ לָכֵן עֹד אָרִיב אִתְּכֶם נְאֻם־יְהוָה
י וְאֶת־בְּנֵי בְנֵיכֶם אָרִיב׃ כִּי עִבְרוּ אִיֵּי כִתִּיִּים וּרְאוּ וְקֵדָר שִׁלְחוּ
יא וְהִתְבּוֹנְנוּ מְאֹד וּרְאוּ הֵן הָיְתָה כָּזֹאת׃ הַהֵימִיר גּוֹי אֱלֹהִים
יב וְהֵמָּה לֹא אֱלֹהִים וְעַמִּי הֵמִיר כְּבוֹדוֹ בְּלוֹא יוֹעִיל׃ שֹׁמּוּ שָׁמַיִם
יג עַל־זֹאת וְשַׂעֲרוּ חָרְבוּ מְאֹד נְאֻם־יְהוָה׃ כִּי־שְׁתַּיִם רָעוֹת עָשָׂה
עַמִּי אֹתִי עָזְבוּ מְקוֹר ׀ מַיִם חַיִּים לַחְצֹב לָהֶם בֹּארוֹת בֹּארֹת
יד נִשְׁבָּרִים אֲשֶׁר לֹא־יָכִלוּ הַמָּיִם׃ הַעֶבֶד יִשְׂרָאֵל אִם־יְלִיד בַּיִת
טו הוּא מַדּוּעַ הָיָה לָבַז׃ עָלָיו יִשְׁאֲגוּ כְפִרִים נָתְנוּ קוֹלָם וַיָּשִׁיתוּ
טז אַרְצוֹ לְשַׁמָּה עָרָיו נצתה מִבְּלִי יֹשֵׁב׃ גַּם־בְּנֵי־נֹף ותחפנס נִצְּתוּ | וְתַחְפַּנְחֵס
יז יִרְעוּךְ קָדְקֹד׃ הֲלוֹא־זֹאת תַּעֲשֶׂה־לָּךְ עָזְבֵךְ אֶת־יְהוָה אֱלֹהַיִךְ
יח בְּעֵת מוֹלִכֵךְ בַּדָּרֶךְ׃ וְעַתָּה מַה־לָּךְ לְדֶרֶךְ מִצְרַיִם לִשְׁתּוֹת מֵי
יט שִׁחוֹר וּמַה־לָּךְ לְדֶרֶךְ אַשּׁוּר לִשְׁתּוֹת מֵי נָהָר׃ תְּיַסְּרֵךְ רָעָתֵךְ
וּמְשֻׁבוֹתַיִךְ תּוֹכִחֻךְ וּדְעִי וּרְאִי כִּי־רַע וָמָר עָזְבֵךְ אֶת־יְהוָה
כ אֱלֹהָיִךְ וְלֹא פַחְדָּתִי אֵלַיִךְ נְאֻם־אֲדֹנָי יְהוִה צְבָאוֹת׃ כִּי מֵעוֹלָם
שָׁבַרְתִּי עֻלֵּךְ נִתַּקְתִּי מוֹסְרוֹתַיִךְ וַתֹּאמְרִי לֹא אעבוד כִּי עַל־ אֶעֱבוֹר
כא כָּל־גִּבְעָה גְּבֹהָה וְתַחַת כָּל־עֵץ רַעֲנָן אַתְּ צֹעָה זֹנָה׃ וְאָנֹכִי
נְטַעְתִּיךְ שׂוֹרֵק כֻּלֹּה זֶרַע אֱמֶת וְאֵיךְ נֶהְפַּכְתְּ לִי סוּרֵי הַגֶּפֶן
כב נָכְרִיָּה׃ כִּי אִם־תְּכַבְּסִי בַּנֶּתֶר וְתַרְבִּי־לָךְ בֹּרִית נִכְתָּם עֲוֺנֵךְ
כג לְפָנַי נְאֻם אֲדֹנָי יְהוִה׃ אֵיךְ תֹּאמְרִי לֹא נִטְמֵאתִי אַחֲרֵי
הַבְּעָלִים לֹא הָלַכְתִּי רְאִי דַרְכֵּךְ בַּגַּיְא דְּעִי מֶה עָשִׂית בִּכְרָה
כד קַלָּה מְשָׂרֶכֶת דְּרָכֶיהָ׃ פֶּרֶה ׀ לִמֻּד מִדְבָּר בְּאַוַּת נפשו שָׁאֲפָה נַפְשָׁהּ
רוּחַ תַּאֲנָתָהּ מִי יְשִׁיבֶנָּה כָּל־מְבַקְשֶׁיהָ לֹא יִיעָפוּ בְּחָדְשָׁהּ
כה יִמְצָאוּנְהָ׃ מִנְעִי רַגְלֵךְ מִיָּחֵף וגורנך מִצִּמְאָה וַתֹּאמְרִי נוֹאָשׁ וּגְרוֹנֵךְ
כו לוֹא כִּי־אָהַבְתִּי זָרִים וְאַחֲרֵיהֶם אֵלֵךְ׃ כְּבֹשֶׁת גַּנָּב כִּי יִמָּצֵא
כֵּן הֹבִישׁוּ בֵּית יִשְׂרָאֵל הֵמָּה מַלְכֵיהֶם שָׂרֵיהֶם וְכֹהֲנֵיהֶם

far from me, and have walked after vanity, and are become
themselves worthless? Neither did they say, Where is the LORD 6
who brought us up out of the land of Miẕrayim, who led us
through the wilderness, through a land of deserts and of pits,
through a land of drought, and of the shadow of death, through
a land that no man passed through, and where no man dwelt?
And I brought you into a plentiful country, to eat its fruit and 7
its bounty; but when you entered, you defiled my land, and
made my heritage an abomination. The priests said not, Where 8
is the LORD? and they that handle the Tora knew me not: the
rulers also transgressed against me, and the prophets prophesied
by the Ba'al, and walked after things that do not profit. Where- 9
fore I will yet plead with you, says the LORD, and with your
children's children will I plead. For pass over the isles of Kit- 10
tiyyim, and see; and send to Qedar, and consider diligently, and
see if there has been such a thing. Has a nation changed their 11
gods, even though they are not gods? but my people have
changed its glory for that which does not profit. Be astonished, 12
O heavens, at this, and be horribly afraid, be greatly appalled,
says the LORD. For my people have committed two evils; they 13
have forsaken me the fountain of living waters, and have hewn
them out cisterns, broken cisterns, that can hold no water. Is 14
Yisra'el a servant? is he a homeborn slave? why is he become
a prey? The young lions roared upon him, and gave tongue, 15
and they made his land waste: his cities are burned without
inhabitant. Also the children of Nof and Taḥpanḥes have broken 16
the crown of thy head. Hast thou not done this to thyself, in 17
that thou hast forsaken the LORD thy GOD, when he led thee
on the way? And now what hast thou to do on the road to Miẕ- 18
rayim, to drink the water of Shiḥor? or what hast thou to do
on the road to Ashshur, to drink the water of the River? Thy 19
own wickedness shall correct thee, and thy backslidings shall
reprove thee: know therefore and see that it is an evil and
a bitter thing, that thou hast forsaken the LORD thy GOD, and
that my fear is not in thee, says the LORD GOD of hosts. For 20
long ago I broke thy yoke, and burst thy bands; and thou didst
say, I will not transgress; when upon every high hill and under
every green tree thou didst sprawl, playing the harlot. And I 21
had planted thee a noble vine, an entirely right seed: how
then art thou turned into the degenerate plant of a strange vine
to me? For though thy wash thyself with lye, and take thee 22
much soap, yet the stain of thy iniquity is before me, says the
LORD GOD. How canst thou say, I am not polluted, I have not 23
gone after the Be'alim? see thy way in the valley, know what
thou hast done: thou art a restive young camel doubling back
on her tracks, a wild ass used to the wilderness, that snuffs 24
up the wind in her desire; in her lust who can turn her away?
all they that seek her will not weary themselves; in her month
they shall find her. Withhold thy foot from being unshod, and 25
thy throat from thirst: but thou didst say, There is no hope:
no; for I have loved strangers, and after them will I go. As the 26
thief is ashamed when he is found, so is the house of Yisra'el
ashamed; they, their kings, their princes, and their priests, and

ילדתנו וּנְבִיאֵיהֶם: אֹמְרִים לָעֵץ אָבִי אַתָּה וְלָאֶבֶן אַתְּ יְלִדְתָּנוּ כִּי־פָנוּ כז
אֵלַי עֹרֶף וְלֹא פָנִים וּבְעֵת רָעָתָם יֹאמְרוּ קוּמָה וְהוֹשִׁיעֵנוּ:
וְאַיֵּה אֱלֹהֶיךָ אֲשֶׁר עָשִׂיתָ לָּךְ יָקוּמוּ אִם־יוֹשִׁיעוּךָ בְּעֵת רָעָתֶךָ כח
כִּי מִסְפַּר עָרֶיךָ הָיוּ אֱלֹהֶיךָ יְהוּדָה: לָמָּה תָרִיבוּ כט
אֵלַי כֻּלְּכֶם פְּשַׁעְתֶּם בִּי נְאֻם־יְהוָה: לַשָּׁוְא הִכֵּיתִי אֶת־בְּנֵיכֶם ל
מוּסָר לֹא לָקָחוּ אָכְלָה חַרְבְּכֶם נְבִיאֵיכֶם כְּאַרְיֵה מַשְׁחִית:
הַדּוֹר אַתֶּם רְאוּ דְבַר־יְהוָה הֲמִדְבָּר הָיִיתִי לְיִשְׂרָאֵל אִם אֶרֶץ לא
מַאְפֵּלְיָה מַדּוּעַ אָמְרוּ עַמִּי רַדְנוּ לוֹא־נָבוֹא עוֹד אֵלֶיךָ:
הֲתִשְׁכַּח בְּתוּלָה עֶדְיָהּ כַּלָּה קִשֻּׁרֶיהָ וְעַמִּי שְׁכֵחוּנִי יָמִים אֵין לב
מִסְפָּר: מַה־תֵּיטִבִי דַּרְכֵּךְ לְבַקֵּשׁ אַהֲבָה לָכֵן גַּם אֶת־הָרָעוֹת לג
לִמַּדְתְּ אֶת־דְּרָכָיִךְ: גַּם בִּכְנָפַיִךְ נִמְצְאוּ דַּם נַפְשׁוֹת אֶבְיוֹנִים לד
נְקִיִּים לֹא־בַמַּחְתֶּרֶת מְצָאתִים כִּי עַל־כָּל־אֵלֶּה: וַתֹּאמְרִי כִּי לה
נִקֵּיתִי אַךְ שָׁב אַפּוֹ מִמֶּנִּי הִנְנִי נִשְׁפָּט אוֹתָךְ עַל־אָמְרֵךְ לֹא
חָטָאתִי: מַה־תֵּזְלִי מְאֹד לְשַׁנּוֹת אֶת־דַּרְכֵּךְ גַּם מִמִּצְרַיִם לו
תֵּבוֹשִׁי כַּאֲשֶׁר־בֹּשְׁתְּ מֵאַשּׁוּר: גַּם מֵאֵת זֶה תֵּצְאִי וְיָדַיִךְ עַל־ לז
רֹאשֵׁךְ כִּי־מָאַס יְהוָה בְּמִבְטַחַיִךְ וְלֹא תַצְלִיחִי לָהֶם: לֵאמֹר הֵן ג א
יְשַׁלַּח אִישׁ אֶת־אִשְׁתּוֹ וְהָלְכָה מֵאִתּוֹ וְהָיְתָה לְאִישׁ־אַחֵר
הֲיָשׁוּב אֵלֶיהָ עוֹד הֲלוֹא חָנוֹף תֶּחֱנַף הָאָרֶץ הַהִיא וְאַתְּ זָנִית
רֵעִים רַבִּים וְשׁוֹב אֵלַי נְאֻם־יְהוָה: שְׂאִי־עֵינַיִךְ עַל־שְׁפָיִם וּרְאִי ב
שָׁכבת אֵיפֹה לֹא שֻׁגַּלְתְּ עַל־דְּרָכִים יָשַׁבְתְּ לָהֶם כַּעֲרָבִי בַּמִּדְבָּר וַתַּחֲנִיפִי
אֶרֶץ בִּזְנוּתַיִךְ וּבְרָעָתֵךְ: וַיִּמָּנְעוּ רְבִבִים וּמַלְקוֹשׁ לוֹא הָיָה ג
וּמֵצַח אִשָּׁה זוֹנָה הָיָה לָךְ מֵאַנְתְּ הִכָּלֵם: הֲלוֹא מֵעַתָּה קראתי ד
קראת ב לִי אָבִי אַלּוּף נְעֻרַי אָתָּה: הֲיִנְטֹר לְעוֹלָם אִם־יִשְׁמֹר לָנֶצַח ה
הִנֵּה דברתי (דִבַּרְתְּ) וַתַּעֲשִׂי הָרָעוֹת וַתּוּכָל: וַיֹּאמֶר יְהוָה ו
אֵלַי בִּימֵי יֹאשִׁיָּהוּ הַמֶּלֶךְ הֲרָאִיתָ אֲשֶׁר עָשְׂתָה מְשֻׁבָה יִשְׂרָאֵל
הֹלְכָה הִיא עַל־כָּל־הַר גָּבֹהַּ וְאֶל־תַּחַת כָּל־עֵץ רַעֲנָן וַתִּזְנִי־
שָׁם: וָאֹמַר אַחֲרֵי עֲשׂוֹתָהּ אֶת־כָּל־אֵלֶּה אֵלַי תָּשׁוּב וְלֹא־שָׁבָה ז
ותרא וַתֵּרֶא בָּגוֹדָה אֲחוֹתָהּ יְהוּדָה: וָאֵרֶא כִּי עַל־כָּל־אֹדוֹת אֲשֶׁר ח
נִאֲפָה מְשֻׁבָה יִשְׂרָאֵל שִׁלַּחְתִּיהָ וָאֶתֵּן אֶת־סֵפֶר כְּרִיתֻתֶיהָ
אֵלֶיהָ וְלֹא יָרְאָה בֹּגֵדָה יְהוּדָה אֲחוֹתָהּ וַתֵּלֶךְ וַתִּזֶן גַּם־הִיא:
וְהָיָה מִקֹּל זְנוּתָהּ וַתֶּחֱנַף אֶת־הָאָרֶץ וַתִּנְאַף אֶת־הָאֶבֶן וְאֶת־ ט
הָעֵץ: וְגַם־בְּכָל־זֹאת לֹא־שָׁבָה אֵלַי בָּגוֹדָה אֲחוֹתָהּ יְהוּדָה י

their prophets, saying to a stock of wood, Thou art my father; 27
and to a stone, Thou hast brought me forth: for they have
turned their back to me, and not their face: but in the time
of their trouble they will say, Arise, and save us. But where 28
are thy gods that thou hast made thee? let them arise, if they
can save thee in the time of thy trouble: for according to the
number of thy cities are thy gods, O Yehuda.   Why 29
will you contend with me? you all have transgressed against
me, says the LORD. In vain have I smitten your children; 30
they received no correction: your own sword has devoured your
prophets, like a destroying lion. O generation, see the word of 31
the LORD. Have I been a wilderness to Yisra'el? a land of dark-
ness? why do my people say, We are free; we will come no more
to thee? Can a maid forget her ornaments, or a bride her attire? 32
yet my people have forgotten me days without number. How 33
well thou dost direct thy path to seek love! Therefore thou hast
even taught bad women thy ways. Also in thy skirts is found 34
the lifeblood of the innocent poor: whom thou didst not find in
the act of breaking in. Yet in spite of all these things thou 35
sayst, Because I am innocent, surely his anger has turned from
me. Behold, I will enter into judgment with thee, because thou
sayst, I have not sinned. Why dost thou cheapen thyself so 36
much to change thy way? thou also shalt be ashamed of Miẓ-
rayim, as thou wast ashamed of Ashshur. Yea, thou shalt go 37
forth from him, and thy hands upon thy head: for the LORD
has rejected those in whom thou dost trust, and thou shalt not
prosper by them. It was said, If a man put away his wife, and she 3
go from him, and become another man's, shall he return to
her again? shall not that land be greatly polluted? but thou
hast played the harlot with many lovers; and wilt thou yet
return again to me? says the LORD. Lift up thy eyes to the high 2
places, and see where thou hast not been lain with. On the
highways hast thou sat for them, as the 'Aravian in the wilder-
ness; and thou hast polluted the land with thy harlotries and
with thy wickedness. Therefore the showers have been withheld, 3
and there has been no latter rain; and thou didst have a harlot's
forehead, thou didst refuse to be ashamed. Wilt thou not from 4
this time cry to me, My father, thou art the guide of my youth?
Will he bear a grudge for ever? will he keep it to the end? Be- 5
hold, thou hast spoken and done evil things and hast had thy
way.   The LORD said also to me in the days of Yoshiyyahu 6
the king, Hast thou seen that which faithless Yisra'el has done?
she is gone up upon every high mountain and under every green
tree, and there has played the harlot. And I said, After she has 7
done all these things, she will return to me. But she did not re-
turn. And her treacherous sister Yehuda saw it. And I saw when, 8
forasmuch as faithless Yisra'el had committed adultery, I had put
her away, and given her a bill of divorce; that her treacherous
sister Yehuda was not afraid but went and played the harlot also.
And it came to pass through the lightness of her harlotry, that 9
she defiled the land, and committed adultery with stones and
with wood. And yet for all this her treacherous sister Yehuda has 10
not turned to me with her whole heart, but in pretence, says the

יא בְּכָל־לִבָּהּ כִּי אִם־בְּשֶׁקֶר נְאֻם־יְהוָה׃ וַיֹּאמֶר
יב יְהוָה אֵלַי צִדְּקָה נַפְשָׁהּ מְשֻׁבָה יִשְׂרָאֵל מִבֹּגֵדָה יְהוּדָה׃ הָלֹךְ
וְקָרָאתָ אֶת־הַדְּבָרִים הָאֵלֶּה צָפוֹנָה וְאָמַרְתָּ שׁוּבָה מְשֻׁבָה
יִשְׂרָאֵל נְאֻם־יְהוָה לוֹא־אַפִּיל פָּנַי בָּכֶם כִּי־חָסִיד אֲנִי נְאֻם־
יג יְהוָה לֹא אֶטּוֹר לְעוֹלָם׃ אַךְ דְּעִי עֲוֺנֵךְ כִּי בַּיהוָה אֱלֹהַיִךְ
פָּשָׁעַתְּ וַתְּפַזְּרִי אֶת־דְּרָכַיִךְ לַזָּרִים תַּחַת כָּל־עֵץ רַעֲנָן וּבְקוֹלִי
יד לֹא־שְׁמַעְתֶּם נְאֻם־יְהוָה׃ שׁוּבוּ בָנִים שׁוֹבָבִים נְאֻם־יְהוָה כִּי
אָנֹכִי בָּעַלְתִּי בָכֶם וְלָקַחְתִּי אֶתְכֶם אֶחָד מֵעִיר וּשְׁנַיִם
טו מִמִּשְׁפָּחָה וְהֵבֵאתִי אֶתְכֶם צִיּוֹן׃ וְנָתַתִּי לָכֶם רֹעִים כְּלִבִּי וְרָעוּ
טז אֶתְכֶם דֵּעָה וְהַשְׂכֵּיל׃ וְהָיָה כִּי תִרְבּוּ וּפְרִיתֶם בָּאָרֶץ בַּיָּמִים
הָהֵמָּה נְאֻם־יְהוָה לֹא־יֹאמְרוּ עוֹד אֲרוֹן בְּרִית־יְהוָה וְלֹא יַעֲלֶה
יז עַל־לֵב וְלֹא יִזְכְּרוּ־בוֹ וְלֹא יִפְקֹדוּ וְלֹא יֵעָשֶׂה עוֹד׃ בָּעֵת
הַהִיא יִקְרְאוּ לִירוּשָׁלִַם כִּסֵּא יְהוָה וְנִקְווּ אֵלֶיהָ כָל־הַגּוֹיִם
לְשֵׁם יְהוָה לִירוּשָׁלִָם וְלֹא־יֵלְכוּ עוֹד אַחֲרֵי שְׁרִרוּת לִבָּם
יח הָרָע׃ בַּיָּמִים הָהֵמָּה יֵלְכוּ בֵית־יְהוּדָה עַל־בֵּית
יִשְׂרָאֵל וְיָבֹאוּ יַחְדָּו מֵאֶרֶץ צָפוֹן עַל־הָאָרֶץ אֲשֶׁר הִנְחַלְתִּי
יט אֶת־אֲבוֹתֵיכֶם׃ וְאָנֹכִי אָמַרְתִּי אֵיךְ אֲשִׁיתֵךְ בַּבָּנִים וְאֶתֶּן־לָךְ
אֶרֶץ חֶמְדָּה נַחֲלַת צְבִי צִבְאוֹת גּוֹיִם וָאֹמַר אָבִי תקראו־לי תִּקְרְאִי־
כ וּמֵאַחֲרַי לֹא תשובו׃ אָכֵן בָּגְדָה אִשָּׁה מֵרֵעָהּ כֵּן בְּגַדְתֶּם בִּי תָשׁוּבִי
כא בֵּית יִשְׂרָאֵל נְאֻם־יְהוָה׃ קוֹל עַל־שְׁפָיִים נִשְׁמָע בְּכִי תַּחֲנוּנֵי
בְּנֵי יִשְׂרָאֵל כִּי הֶעֱווּ אֶת־דַּרְכָּם שָׁכְחוּ אֶת־יְהוָה אֱלֹהֵיהֶם׃
כב שׁוּבוּ בָּנִים שׁוֹבָבִים אֶרְפָּה מְשׁוּבֹתֵיכֶם הִנְנוּ אָתָנוּ לָךְ כִּי אַתָּה
כג יְהוָה אֱלֹהֵינוּ׃ אָכֵן לַשֶּׁקֶר מִגְּבָעוֹת הָמוֹן הָרִים אָכֵן בַּיהוָה
כד אֱלֹהֵינוּ תְּשׁוּעַת יִשְׂרָאֵל׃ וְהַבֹּשֶׁת אָכְלָה אֶת־יְגִיעַ אֲבוֹתֵינוּ
מִנְּעוּרֵינוּ אֶת־צֹאנָם וְאֶת־בְּקָרָם אֶת־בְּנֵיהֶם וְאֶת־בְּנוֹתֵיהֶם׃
כה נִשְׁכְּבָה בְּבָשְׁתֵּנוּ וּתְכַסֵּנוּ כְּלִמָּתֵנוּ כִּי לַיהוָה אֱלֹהֵינוּ חָטָאנוּ
אֲנַחְנוּ וַאֲבוֹתֵינוּ מִנְּעוּרֵינוּ וְעַד־הַיּוֹם הַזֶּה וְלֹא שָׁמַעְנוּ
ד א בְּקוֹל יְהוָה אֱלֹהֵינוּ׃ אִם־תָּשׁוּב יִשְׂרָאֵל ׀ נְאֻם־יְהוָה אֵלַי
ב תָּשׁוּב וְאִם־תָּסִיר שִׁקּוּצֶיךָ מִפָּנַי וְלֹא תָנוּד׃ וְנִשְׁבַּעְתָּ
חַי־יְהוָה בֶּאֱמֶת בְּמִשְׁפָּט וּבִצְדָקָה וְהִתְבָּרְכוּ בוֹ גּוֹיִם וּבוֹ
ג יִתְהַלָּלוּ׃ כִּי־כֹה ׀ אָמַר יְהוָה לְאִישׁ יְהוּדָה
ד וְלִירוּשָׁלִַם נִירוּ לָכֶם נִיר וְאַל־תִּזְרְעוּ אֶל־קֹצִים׃ הִמֹּלוּ לַיהוָה
וְהָסִרוּ עָרְלוֹת לְבַבְכֶם אִישׁ יְהוּדָה וְיֹשְׁבֵי יְרוּשָׁלִָם פֶּן־תֵּצֵא

LORD. And the LORD said to me, Faithless Yisra'el has proved 11
herself more just than treacherous Yehuda. Go and proclaim 12
these words toward the north, and say, Return thou faithless Yis-
ra'el, says the LORD; and I will not frown upon you: for I am
merciful, says the LORD, and I will not bear a grudge for ever.
Only acknowledge thy iniquity, that thou hast transgressed 13
against the LORD thy GOD, and hast scattered thy ways to the
strangers under every green tree, and you have not obeyed my
voice, says the LORD. Turn, O faithless children, says the LORD; 14
for I have taken you to myself: and I will take you one of a
city, and two of a family, and I will bring you to Ẕiyyon: and 15
I will give you shepherds according to my heart, who shall
feed you with knowledge and understanding. And it shall come 16
to pass, when you multiply and increase in the land, in those
days, says the LORD, they shall say no more, The ark of the
covenant of the LORD: nor shall it come to mind: nor shall
they remember it; nor shall they miss it; nor shall that be
done any more. At that time they shall call Yerushalayim 17
the throne of the LORD; and all the nations shall be gathered to
it, to the name of the LORD, to Yerushalayim: nor shall they
walk any more after the stubbornness of their evil heart.

In those days the house of Yehuda shall walk with the 18
house of Yisra'el, and they shall come together out of the land of
the north to the land that I have given for an inheritance to your
fathers. But I said, How shall I put thee among the sons, and 19
give thee a pleasant land, the finest heritage of the hosts of na-
tions? and I said, Thou shalt call me, My father; and thou shalt
not turn away from me. Surely as a wife treacherously departs 20
from her husband, so have you dealt treacherously with me, O
house of Yisra'el, says the LORD. A voice is heard upon the high 21
hills, weeping and supplications of the children of Yisra'el: for
they have perverted their way, and they have forgotten the
LORD their GOD. Return, faithless children, and I will heal your 22
backslidings. Here we are, we are come to thee; for thou art
the LORD our GOD. Truly from the worship on the hills comes 23
delusion, and from the uproar on the mountains: truly in the
LORD our GOD is the salvation of Yisra'el. For the shameful 24
idolatry has devoured the labour of our fathers from our
youth; their flocks and their herds, their sons and their
daughters. Let us lie down in our shame, and let our confu- 25
sion cover us: for we have sinned against the LORD our GOD,
we and our fathers, from our youth even to this day, and
have not obeyed the voice of the LORD our GOD. If thou wilt 4
return, O Yisra'el, says the LORD, return to me: and if thou
wilt put away thy abominations out of my sight, without
wavering, and wilt swear, As the LORD lives, in truth, in 2
judgment, and in righteousness; then the nations shall bless
themselves in him, and in him shall they glory. For thus 3
says the LORD to the men of Yehuda and Yerushalayim, Break
up your fallow ground, and sow not among thorns. Circum- 4
cise yourselves to the LORD, and take away the foreskins of
your heart, you men of Yehuda and inhabitants of Yerusha-
layim: lest my fury come forth like fire, and burn so that no

ה כְּאֵשׁ חֲמָתִי וּבָעֲרָה וְאֵין מְכַבֶּה מִפְּנֵי רֹעַ מַעַלְלֵיכֶם: הַגִּידוּ
בִיהוּדָה וּבִירוּשָׁלַ͏ִם הַשְׁמִיעוּ וְאִמְרוּ וְתִקְעוּ שׁוֹפָר בָּאָרֶץ קִרְאוּ   תְּקְעוּ

ו מַלְאוּ וְאִמְרוּ הֵאָסְפוּ וְנָבוֹאָה אֶל־עָרֵי הַמִּבְצָר: שְׂאוּ־נֵס
צִיּוֹנָה הָעִיזוּ אַל־תַּעֲמֹדוּ כִּי רָעָה אָנֹכִי מֵבִיא מִצָּפוֹן וְשֶׁבֶר

ז גָּדוֹל: עָלָה אַרְיֵה מִסֻּבְּכוֹ וּמַשְׁחִית גּוֹיִם נָסַע יָצָא מִמְּקֹמוֹ
לָשׂוּם אַרְצֵךְ לְשַׁמָּה עָרַיִךְ תִּצֶּינָה מֵאֵין יוֹשֵׁב: עַל־זֹאת

ח חִגְרוּ שַׂקִּים סִפְדוּ וְהֵילִילוּ כִּי לֹא־שָׁב חֲרוֹן אַף־יְהוָה

ט מִמֶּנּוּ:   וְהָיָה בַיּוֹם־הַהוּא נְאֻם־יְהוָה יֹאבַד לֵב־
הַמֶּלֶךְ וְלֵב הַשָּׂרִים וְנָשַׁמּוּ הַכֹּהֲנִים וְהַנְּבִיאִים יִתְמָהוּ: וָאֹמַר

י אֲהָהּ ׀ אֲדֹנָי יְהוִה אָכֵן הַשֵּׁא הִשֵּׁאתָ לָעָם הַזֶּה וְלִירוּשָׁלַ͏ִם
לֵאמֹר שָׁלוֹם יִהְיֶה לָכֶם וְנָגְעָה חֶרֶב עַד־הַנָּפֶשׁ: בָּעֵת הַהִיא

יא יֵאָמֵר לָעָם־הַזֶּה וְלִירוּשָׁלַ͏ִם רוּחַ צַח שְׁפָיִים בַּמִּדְבָּר דֶּרֶךְ בַּת־
עַמִּי לוֹא לִזְרוֹת וְלוֹא לְהָבַר: רוּחַ מָלֵא מֵאֵלֶּה יָבוֹא לִי עַתָּה

יב גַּם־אֲנִי אֲדַבֵּר מִשְׁפָּטִים אוֹתָם: הִנֵּה ׀ כַּעֲנָנִים יַעֲלֶה וְכַסּוּפָה

יג מַרְכְּבוֹתָיו קַלּוּ מִנְּשָׁרִים סוּסָיו אוֹי לָנוּ כִּי שֻׁדָּדְנוּ: כַּבְּסִי
מֵרָעָה לִבֵּךְ יְרוּשָׁלַ͏ִם לְמַעַן תִּוָּשֵׁעִי עַד־מָתַי תָּלִין בְּקִרְבֵּךְ

יד מַחְשְׁבוֹת אוֹנֵךְ: כִּי קוֹל מַגִּיד מִדָּן וּמַשְׁמִיעַ אָוֶן מֵהַר אֶפְרָיִם:

טו הַזְכִּירוּ לַגּוֹיִם הִנֵּה הַשְׁמִיעוּ עַל־יְרוּשָׁלַ͏ִם נֹצְרִים בָּאִים מֵאֶרֶץ

טז הַמֶּרְחָק וַיִּתְּנוּ עַל־עָרֵי יְהוּדָה קוֹלָם: כְּשֹׁמְרֵי שָׂדַי הָיוּ עָלֶיהָ

יז מִסָּבִיב כִּי־אֹתִי מָרָתָה נְאֻם־יְהוָה: דַּרְכֵּךְ וּמַעֲלָלַיִךְ עָשׂוֹ אֵלֶּה

יח לָךְ זֹאת רָעָתֵךְ כִּי מָר כִּי נָגַע עַד־לִבֵּךְ:   מֵעַי ׀
מֵעַי ׀ אוֹחִילָה קִירוֹת לִבִּי הֹמֶה־לִּי לִבִּי לֹא אַחֲרִישׁ כִּי קוֹל   אוֹחִילָה

יט שׁוֹפָר שָׁמַעַתְּ נַפְשִׁי תְּרוּעַת מִלְחָמָה: שֶׁבֶר עַל־שֶׁבֶר נִקְרָא   שָׁמַעַתְּ

כ כִּי־שֻׁדְּדָה כָּל־הָאָרֶץ פִּתְאֹם שֻׁדְּדוּ אֹהָלַי רֶגַע יְרִיעֹתָי: עַד־

כא מָתַי אֶרְאֶה־נֵּס אֶשְׁמְעָה קוֹל שׁוֹפָר: כִּי ׀ אֱוִיל

כב עַמִּי אוֹתִי לֹא יָדָעוּ בָּנִים סְכָלִים הֵמָּה וְלֹא נְבוֹנִים הֵמָּה
חֲכָמִים הֵמָּה לְהָרַע וּלְהֵיטִיב לֹא יָדָעוּ: רָאִיתִי אֶת־הָאָרֶץ

כג וְהִנֵּה־תֹהוּ וָבֹהוּ וְאֶל־הַשָּׁמַיִם וְאֵין אוֹרָם: רָאִיתִי הֶהָרִים וְהִנֵּה

כד רֹעֲשִׁים וְכָל־הַגְּבָעוֹת הִתְקַלְקָלוּ: רָאִיתִי וְהִנֵּה אֵין הָאָדָם

כה וְכָל־עוֹף הַשָּׁמַיִם נָדָדוּ: רָאִיתִי וְהִנֵּה הַכַּרְמֶל הַמִּדְבָּר וְכָל־

כו עָרָיו נִתְּצוּ מִפְּנֵי יְהוָה מִפְּנֵי חֲרוֹן אַפּוֹ:   כִּי־כֹה

כז אָמַר יְהוָה שְׁמָמָה תִהְיֶה כָּל־הָאָרֶץ וְכָלָה לֹא אֶעֱשֶׂה: עַל־

כח

one can quench it, because of the evil of your doings. Declare 5
in Yehuda, and publish in Yerushalayim; and say, Blow the
shofar in the land: cry, gather together, and say, Assemble
yourselves, and let us go into the fortified cities. Set up the 6
standard toward Ẕiyyon: seek cover, stay not: for I will bring
evil from the north, and a great destruction. The lion is come 7
up from his thicket, and the destroyer of nations is on his
way; he is gone out of his place to make thy land desolate;
and thy cities shall be laid waste, without inhabitant. For this 8
gird on sackcloth, lament and howl: for the fierce anger of
the LORD is not turned back from us. And it shall come 9
to pass on that day, says the LORD, that the heart of the king
shall fail, and the heart of the princes; and the priests shall
be astonished, and the prophets shall wonder. Then said I, 10
Ah, LORD GOD surely thou hast greatly deceived this people
and Yerushalayim, saying, You shall have peace; whereas
the sword reaches to the soul. At that time shall it be said of 11
this people and of Yerushalayim, A dry wind of the high hills
in the wilderness towards the daughter of my people, not a
wind to winnow, nor to cleanse the corn, but a wind stronger 12
than those shall come for me: now also will I give sentence
against them. Behold, he shall come up as clouds, and his 13
chariots shall be as a storm wind: his horses are swifter than
eagles. Woe to us! for we are ruined. O Yerushalayim, wash 14
thy heart from wickedness, that thou mayst be saved. How
long shall thy thoughts of calamity lodge within thee? For a 15
voice declares from Dan, and publishes calamity from mount
Efrayim. Make mention to the nations; behold, publish against 16
Yerushalayim, that watchers come from a far country, and
give out their voice against the cities of Yehuda. As keepers 17
of a field, are they against her round about; because she has
been rebellious against me, says the LORD. Thy way and thy 18
doings have brought these things upon thee; this is thy wicked-
ness, and it is bitter; it reaches to thy heart. My bowels, 19
my bowels! I am shaken in the chambers of my heart; my
heart moans within me; I cannot hold my peace, because thou
hast heard, O my soul, the sound of the shofar, the alarm of
war. Destruction follows upon destruction; for the whole land 20
is spoiled: suddenly are my tents spoiled, and my curtains in
a moment. How long shall I see the standard, and hear the 21
sound of the shofar? For my people is foolish, they do 22
not know me; they are sottish children, and they have no
understanding: they are wise to do evil, but to do good they
have no knowledge. I beheld the earth, and, lo, it was waste 23
and void; and the heavens, and they had no light. I beheld 24
the mountains, and, lo, they trembled, and all the hills moved
to and fro. I beheld, and, lo, there was no man, and all the 25
birds of the sky were fled. I beheld, and, lo, the fruitful 26
place was a wilderness, and all its cities were broken down,
at the presence of the LORD, and by his fierce anger. For 27
thus says the LORD, The whole land shall be desolate; yet will
I not make a full end. For this shall the earth mourn, and the 28
heavens above be black: because I have spoken it, I have

זֹאת תֶּאֱבַל הָאָרֶץ וְקָדְרוּ הַשָּׁמַיִם מִמָּעַל עַל כִּי־דִבַּרְתִּי זַמֹּתִי
כט וְלֹא נִחַמְתִּי וְלֹא־אָשׁוּב מִמֶּנָּה׃ מִקּוֹל פָּרָשׁ וְרֹמֵה קֶשֶׁת
בֹּרַחַת כָּל־הָעִיר בָּאוּ בֶּעָבִים וּבַכֵּפִים עָלוּ כָּל־הָעִיר עֲזוּבָה
ל וְאַתְּ וְאֵין־יוֹשֵׁב בָּהֵן אִישׁ׃ ואתי שָׁדוּד מַה־תַּעֲשִׂי כִּי־תִלְבְּשִׁי שָׁנִי
כִּי־תַעְדִּי עֲדִי־זָהָב כִּי־תִקְרְעִי בַפּוּךְ עֵינַיִךְ לַשָּׁוְא תִּתְיַפִּי
לא מָאֲסוּ־בָךְ עֹגְבִים נַפְשֵׁךְ יְבַקֵּשׁוּ׃ כִּי קוֹל כְּחוֹלָה שָׁמַעְתִּי צָרָה
כְּמַבְכִּירָה קוֹל בַּת־צִיּוֹן תִּתְיַפֵּחַ תְּפָרֵשׂ כַּפֶּיהָ אוֹי־נָא לִי כִּי־
ה א ג עָיְפָה נַפְשִׁי לְהֹרְגִים׃ שׁוֹטְטוּ בְּחוּצוֹת יְרוּשָׁלַםִ
וּרְאוּ־נָא וּדְעוּ וּבַקְשׁוּ בִרְחוֹבוֹתֶיהָ אִם־תִּמְצְאוּ אִישׁ אִם־יֵשׁ
ב עֹשֶׂה מִשְׁפָּט מְבַקֵּשׁ אֱמוּנָה וְאֶסְלַח לָהּ׃ וְאִם חַי־יְהוָה יֹאמֵרוּ
ג לָכֵן לַשֶּׁקֶר יִשָּׁבֵעוּ׃ יְהוָה עֵינֶיךָ הֲלוֹא לֶאֱמוּנָה הִכִּיתָה אֹתָם
וְלֹא־חָלוּ כִּלִּיתָם מֵאֲנוּ קַחַת מוּסָר חִזְּקוּ פְנֵיהֶם מִסֶּלַע מֵאֲנוּ
ד לָשׁוּב׃ וַאֲנִי אָמַרְתִּי אַךְ־דַּלִּים הֵם נוֹאֲלוּ כִּי לֹא יָדְעוּ דֶּרֶךְ
ה יְהוָה מִשְׁפַּט אֱלֹהֵיהֶם׃ אֵלֲכָה־לִּי אֶל־הַגְּדֹלִים וַאֲדַבְּרָה אוֹתָם
כִּי הֵמָּה יָדְעוּ דֶּרֶךְ יְהוָה מִשְׁפַּט אֱלֹהֵיהֶם אַךְ הֵמָּה יַחְדָּו שָׁבְרוּ
ו עֹל נִתְּקוּ מוֹסֵרוֹת׃ עַל־כֵּן הִכָּם אַרְיֵה מִיַּעַר זְאֵב עֲרָבוֹת
יְשָׁדְדֵם נָמֵר שֹׁקֵד עַל־עָרֵיהֶם כָּל־הַיּוֹצֵא מֵהֵנָּה יִטָּרֵף כִּי רַבּוּ
ז אֶסְלַח־ פִּשְׁעֵיהֶם עָצְמוּ מְשֻׁבוֹתֵיהֶם׃ אֵי לָזֹאת אסלוח־לָךְ בָּנַיִךְ
עֲזָבוּנִי וַיִּשָּׁבְעוּ בְּלֹא אֱלֹהִים וָאַשְׂבִּעַ אוֹתָם וַיִּנְאָפוּ וּבֵית זוֹנָה
ח מְיֻזָּנִים יִתְגֹּדָדוּ׃ סוּסִים מיזנים מַשְׁכִּים הָיוּ אִישׁ אֶל־אֵשֶׁת רֵעֵהוּ
ט יִצְהָלוּ׃ הַעַל־אֵלֶּה לוֹא־אֶפְקֹד נְאֻם־יְהוָה וְאִם בְּגוֹי אֲשֶׁר־
י כָּזֶה לֹא תִתְנַקֵּם נַפְשִׁי׃ עֲלוּ בְשָׁרוֹתֶיהָ וְשַׁחֵתוּ
יא וְכָלָה אַל־תַּעֲשׂוּ הָסִירוּ נְטִישׁוֹתֶיהָ כִּי לוֹא לַיהוָה הֵמָּה׃ כִּי
יב בָגוֹד בָּגְדוּ בִּי בֵּית יִשְׂרָאֵל וּבֵית יְהוּדָה נְאֻם־יְהוָה׃ כִּחֲשׁוּ
בַּיהוָה וַיֹּאמְרוּ לוֹא־הוּא וְלֹא־תָבוֹא עָלֵינוּ רָעָה וְחֶרֶב וְרָעָב
יג לוֹא נִרְאֶה׃ וְהַנְּבִיאִים יִהְיוּ לְרוּחַ וְהַדִּבֵּר אֵין בָּהֶם כֹּה יֵעָשֶׂה
יד לָהֶם׃ לָכֵן כֹּה־אָמַר יְהוָה אֱלֹהֵי צְבָאוֹת יַעַן
דַּבֶּרְכֶם אֶת־הַדָּבָר הַזֶּה הִנְנִי נֹתֵן דְּבָרַי בְּפִיךָ לְאֵשׁ וְהָעָם הַזֶּה
טו עֵצִים וַאֲכָלָתַם׃ הִנְנִי מֵבִיא עֲלֵיכֶם גּוֹי מִמֶּרְחָק בֵּית יִשְׂרָאֵל
נְאֻם־יְהוָה גּוֹי ׀ אֵיתָן הוּא גּוֹי מֵעוֹלָם הוּא גּוֹי לֹא־תֵדַע לְשֹׁנוֹ
טז וְלֹא תִשְׁמַע מַה־יְדַבֵּר׃ אַשְׁפָּתוֹ כְּקֶבֶר פָּתוּחַ כֻּלָּם גִּבּוֹרִים׃
יז וְאָכַל קְצִירְךָ וְלַחְמֶךָ יֹאכְלוּ בָּנֶיךָ וּבְנוֹתֶיךָ יֹאכַל צֹאנְךָ וּבְקָרֶךָ

purposed it, and will not relent, neither will I turn back from
it. The whole city flees at the noise of the horsemen and bow- 29
men; they go into thickets, and climb up upon the rocks;
every city is forsaken, and not a man dwells therein. And 30
thou, O ruined one, what wilt thou do? Though thou clothest
thyself with crimson, though thou deckest thyself with orna-
ments of gold, though thou enlarge thy eyes with paint, in
vain shalt thou make thyself fair; thy lovers will despise thee,
they will seek thy life. For I have heard a voice as of a woman 31
in travail, the anguish as of her that brings forth her first
child, the voice of the daughter of Ẕiyyon, sobbing and spread-
ing out her hands, saying, Woe is me, now! for my soul
faints before the slayers. Run to and fro through the 5
streets of Yerushalayim, and see now, and know, and seek in
its broad places, if you can find a man, if there be any that
does justice, that seeks the truth; and I will pardon it. And 2
though they say, As the LORD lives; surely they swear falsely.
O LORD, are not thy eyes upon the truth? thou hast stricken 3
them, but they have not smarted; thou hast consumed them,
but they have refused to receive correction: they have made
their faces harder than a rock; they have refused to return.
Therefore I said, Surely these are poor; they are foolish: for 4
they know not the way of the LORD, nor the judgment of their
GOD. I will get me to the great men, and will speak to them; 5
for they have known the way of the LORD, and the judgment
of their GOD: but these all alike have broken the yoke, and
burst the bonds. Therefore a lion out of the forest shall slay 6
them, and a wolf from the deserts shall spoil them, a leopard
shall watch over their cities: everyone that goes out from
there shall be torn in pieces: because their transgressions are
many, and their backslidings are increased. How shall I par- 7
don thee for this? thy children have forsaken me, and sworn
by no gods: when I had fed them to the full, they then com-
mitted adultery, and assembled themselves by troops in the
harlots' houses. They were up betimes like well fed horses; 8
every one neighed after his neighbour's wife. Shall I not 9
punish for these things? says the LORD: and shall not my soul
be avenged on such a nation at this? Go up upon 10
her vine rows, and destroy; but make not a full end: take
away her branches; for they are not the LORD's. For the 11
house of Yisra'el and the house of Yehuda have dealt very
treacherously against me, says the LORD. They have belied the 12
LORD, and said, It is not he; neither shall evil come upon us;
neither shall we see sword or famine: And the prophets shall 13
become wind, and the word is not in them: thus shall it be
done to them. Wherefore thus says the LORD GOD of 14
hosts, Because you speak this word, behold, I will make my
words in thy mouth fire, and this people wood, and it shall
devour them. Lo, I will bring a nation upon you from far, O 15
house of Yisra'el, says the LORD: it is a mighty nation, it is
an ancient nation, a nation whose language thou knowst not,
neither dost thou understand what they say. Their quiver is 16
like an open tomb, they are all mighty men. And they shall 17

יֹאכַל גַּפְנְךָ וּתְאֵנָתֶךָ יְרֹשֵׁשׁ עָרֵי מִבְצָרֶיךָ אֲשֶׁר אַתָּה בּוֹטֵחַ

יח בָּהֵנָּה בֶּחָרֶב: וְגַם בַּיָּמִים הָהֵמָּה נְאֻם־יְהוָה לֹא־אֶעֱשֶׂה אִתְּכֶם

יט כָּלָה: וְהָיָה כִּי תֹאמְרוּ תַּחַת מֶה עָשָׂה יְהוָה אֱלֹהֵינוּ
לָנוּ אֶת־כָּל־אֵלֶּה וְאָמַרְתָּ אֲלֵיהֶם כַּאֲשֶׁר עֲזַבְתֶּם אוֹתִי
וַתַּעַבְדוּ אֱלֹהֵי נֵכָר בְּאַרְצְכֶם כֵּן תַּעַבְדוּ זָרִים בְּאֶרֶץ לֹא

כ לָכֶם: הַגִּידוּ זֹאת בְּבֵית יַעֲקֹב וְהַשְׁמִיעוּהָ

כא בִיהוּדָה לֵאמֹר: שִׁמְעוּ־נָא זֹאת עַם סָכָל וְאֵין לֵב עֵינַיִם

כב לָהֶם וְלֹא יִרְאוּ אָזְנַיִם לָהֶם וְלֹא יִשְׁמָעוּ: הַאוֹתִי לֹא־תִירָאוּ
נְאֻם־יְהוָה אִם מִפָּנַי לֹא תָחִילוּ אֲשֶׁר־שַׂמְתִּי חוֹל גְּבוּל לַיָּם
חָק־עוֹלָם וְלֹא יַעַבְרֶנְהוּ וַיִּתְגָּעֲשׁוּ וְלֹא יוּכָלוּ וְהָמוּ גַלָּיו וְלֹא־

כג יַעַבְרֻנְהוּ: וְלָעָם הַזֶּה הָיָה לֵב סוֹרֵר וּמוֹרֶה סָרוּ וַיֵּלֵכוּ: וְלֹא־

יורה אָמְרוּ בִלְבָבָם נִירָא נָא אֶת־יְהוָה אֱלֹהֵינוּ הַנֹּתֵן גֶּשֶׁם וירה

כה וּמַלְקוֹשׁ בְּעִתּוֹ שְׁבֻעוֹת חֻקּוֹת קָצִיר יִשְׁמָר־לָנוּ: עֲוֹנוֹתֵיכֶם

כו הִטּוּ־אֵלֶּה וְחַטֹּאותֵיכֶם מָנְעוּ הַטּוֹב מִכֶּם: כִּי־נִמְצְאוּ בְעַמִּי
רְשָׁעִים יָשׁוּר כְּשַׁךְ יְקוּשִׁים הִצִּיבוּ מַשְׁחִית אֲנָשִׁים יִלְכֹּדוּ:

כז כִּכְלוּב מָלֵא עוֹף כֵּן בָּתֵּיהֶם מְלֵאִים מִרְמָה עַל־כֵּן גָּדְלוּ

כח וַיַּעֲשִׁירוּ: שָׁמְנוּ עָשְׁתוּ גַּם עָבְרוּ דִבְרֵי־רָע דִּין לֹא־דָנוּ
דִּין יָתוֹם וְיַצְלִיחוּ וּמִשְׁפַּט אֶבְיוֹנִים לֹא שָׁפָטוּ: הַעַל־אֵלֶּה

כט לֹא־אֶפְקֹד נְאֻם־יְהוָה אִם בְּגוֹי אֲשֶׁר־כָּזֶה לֹא תִתְנַקֵּם

ל נַפְשִׁי: שַׁמָּה וְשַׁעֲרוּרָה נִהְיְתָה בָּאָרֶץ: הַנְּבִאִים

לא נִבְּאוּ בַשֶּׁקֶר וְהַכֹּהֲנִים יִרְדּוּ עַל־יְדֵיהֶם וְעַמִּי אָהֲבוּ כֵן וּמַה־
תַּעֲשׂוּ לְאַחֲרִיתָהּ: הָעִזוּ ׀ בְּנֵי בִנְיָמִן מִקֶּרֶב יְרוּשָׁלִַם וּבִתְקוֹעַ

ו א תִּקְעוּ שׁוֹפָר וְעַל־בֵּית הַכֶּרֶם שְׂאוּ מַשְׂאֵת כִּי רָעָה נִשְׁקְפָה

ב מִצָּפוֹן וְשֶׁבֶר גָּדוֹל: הַנָּוָה וְהַמְעֻנָּגָה דָּמִיתִי בַּת־צִיּוֹן: אֵלֶיהָ
יָבֹאוּ רֹעִים וְעֶדְרֵיהֶם תָּקְעוּ עָלֶיהָ אֹהָלִים סָבִיב רָעוּ אִישׁ אֶת־

ד יָדוֹ: קַדְּשׁוּ עָלֶיהָ מִלְחָמָה קוּמוּ וְנַעֲלֶה בַצָּהֳרָיִם אוֹי לָנוּ כִּי־

ה פָנָה הַיּוֹם כִּי־יִנָּטוּ צִלְלֵי־עָרֶב: קוּמוּ וְנַעֲלֶה בַלָּיְלָה וְנַשְׁחִיתָה

ו אַרְמְנוֹתֶיהָ:   כִּי כֹה אָמַר יְהוָה צְבָאוֹת כִּרְתוּ
עֵצָה וְשִׁפְכוּ עַל־יְרוּשָׁלִַם סֹלְלָה הִיא הָעִיר הָפְקַד כֻּלָּהּ עֹשֶׁק

באר ז בְּקִרְבָּהּ: כְּהָקִיר בַּיִר מֵימֶיהָ כֵּן הֵקֵרָה רָעָתָהּ חָמָס וָשֹׁד יִשָּׁמַע

ח בָּהּ עַל־פָּנַי תָּמִיד חֳלִי וּמַכָּה: הִוָּסְרִי יְרוּשָׁלִַם פֶּן־תֵּקַע נַפְשִׁי

eat up thy harvest, and thy bread, which thy sons and thy
daughters should eat: they shall eat up thy flocks and thy
herds: they shall eat up thy vines and thy fig trees: they
shall batter thy fortified cities, wherein thou dost trust, with
the sword. Nevertheless in those days, says the LORD, I will 18
not make a full end with you. And it shall come to pass, when 19
you shall say, Why does the LORD our GOD do all these things
to us? then shalt thou answer them, As you have forsaken
me, and served strange gods in your land, so shall you serve
strangers in a land that is not yours. Declare this in 20
the house of Ya'aqov, and publish it in Yehuda, saying, Hear 21
now this, O foolish people, and without understanding; who
have eyes, and see not; who have ears, and hear not: Do you 22
not fear me? says the LORD: will you not tremble at my pres-
ence, who have placed the sand for the bound of the sea
by a perpetual decree, that it cannot pass it: and though its
waves toss themselves, yet can they not prevail; though they
roar, yet can they not pass over it? But this people has a re- 23
volting and a rebellious heart; they are revolted and gone.
Neither say they in their heart, Let us now fear the LORD our 24
GOD, that gives rain, both the former and the latter, in its
season: that keeps for us the appointed weeks of the harvest.
Your iniquities have turned away these things, and your sins 25
have withheld good things from you. For among my people 26
are found wicked men: they lie in wait, as he that sets snares;
they set a trap, they catch men. As a cage is full of birds, so 27
are their houses full of deceit: therefore they are become
great, and grown rich. They are grown fat, and sleek: yea, 28
they overpass in deeds of wickedness: they judge not the
cause of the fatherless, that they may prosper; and the right
of the needy do they not judge. Shall I not punish for these 29
things? says the LORD: shall not my soul be avenged on such
a nation as this? An appalling and horrible thing is 30
committed in the land; the prophets prophesy falsely, and the 31
priests bear rule by their means; and my people love to have
it so: and what will you do when the end of it comes? O 6
children of Binyamin, flee for safety out of the midst of Yeru-
shalayim, and blow the shofar in Teqoa, and set up a beacon
in Bet-hakkerem: for evil appears out of the north, and great
destruction. Thou seemest comely and delicate, O daughter of 2
Ẕiyyon. Yet shepherds with their flocks shall come unto her; 3
they shall pitch their tents against her round about; they shall
feed every one in his place. Prepare war against her; arise, 4
and let us go up at noon. Woe to us! for the day declines,
for the shadows of the evening are lengthened. Arise, and let 5
us go by night, and let us destroy her palaces. For thus 6
says the LORD of hosts, Hew down trees, and cast up a mound
against Yerushalayim: this is the city to be punished; there
is oppression everywhere in the midst of her. As a well keeps 7
its water fresh, so she keeps fresh her wickedness: violence
and spoil, grief and wounds, is heard in her before me con-
tinually. Be thou instructed, O Yerushalayim, lest my soul 8
depart from thee; lest I make thee desolate, a land not inhab-

ט מִמֵּךְ פֶּן־אַשִׁימֵךְ שְׁמָמָה אֶרֶץ לוֹא נוֹשָׁבָה: כֹּה
אָמַר יְהוָה צְבָאוֹת עוֹלֵל יְעוֹלְלוּ כַגֶּפֶן שְׁאֵרִית יִשְׂרָאֵל הָשֵׁב
י יָדְךָ כְּבוֹצֵר עַל־סַלְסִלּוֹת: עַל־מִי אֲדַבְּרָה וְאָעִידָה וְיִשְׁמָעוּ
הִנֵּה עֲרֵלָה אָזְנָם וְלֹא יוּכְלוּ לְהַקְשִׁיב הִנֵּה דְבַר־יְהוָה הָיָה
יא לָהֶם לְחֶרְפָּה לֹא יַחְפְּצוּ־בוֹ: וְאֵת חֲמַת יְהוָה ׀ מָלֵאתִי נִלְאֵיתִי
הָכִיל שְׁפֹךְ עַל־עוֹלָל בַּחוּץ וְעַל סוֹד בַּחוּרִים יַחְדָּו כִּי־גַם־אִישׁ
יב עִם־אִשָּׁה יִלָּכֵדוּ זָקֵן עִם־מְלֵא יָמִים: וְנָסַבּוּ בָתֵּיהֶם לַאֲחֵרִים
שָׂדוֹת וְנָשִׁים יַחְדָּו כִּי־אַטֶּה אֶת־יָדִי עַל־יֹשְׁבֵי הָאָרֶץ נְאֻם־
יג יְהוָה: כִּי מִקְּטַנָּם וְעַד־גְּדוֹלָם כֻּלּוֹ בּוֹצֵעַ בָּצַע וּמִנָּבִיא וְעַד־
יד כֹּהֵן כֻּלּוֹ עֹשֶׂה שָּׁקֶר: וַיְרַפְּאוּ אֶת־שֶׁבֶר עַמִּי עַל־נְקַלָּה לֵאמֹר
טו שָׁלוֹם ׀ שָׁלוֹם וְאֵין שָׁלוֹם: הֹבִישׁוּ כִּי־תוֹעֵבָה עָשׂוּ גַּם־בּוֹשׁ
לֹא־יֵבוֹשׁוּ גַּם־הַכְלִים לֹא יָדָעוּ לָכֵן יִפְּלוּ בַנֹּפְלִים בְּעֵת־
טז פְּקַדְתִּים יִכָּשְׁלוּ אָמַר יְהוָה: כֹּה אָמַר יְהוָה
עִמְדוּ עַל־דְּרָכִים וּרְאוּ וְשַׁאֲלוּ ׀ לִנְתִבוֹת עוֹלָם אֵי־זֶה דֶרֶךְ
הַטּוֹב וּלְכוּ־בָהּ וּמִצְאוּ מַרְגּוֹעַ לְנַפְשְׁכֶם וַיֹּאמְרוּ לֹא נֵלֵךְ:
יז וַהֲקִמֹתִי עֲלֵיכֶם צֹפִים הַקְשִׁיבוּ לְקוֹל שׁוֹפָר וַיֹּאמְרוּ לֹא
יח נַקְשִׁיב: לָכֵן שִׁמְעוּ הַגּוֹיִם וּדְעִי עֵדָה אֶת־אֲשֶׁר־בָּם: שִׁמְעִי
יט הָאָרֶץ הִנֵּה אָנֹכִי מֵבִיא רָעָה אֶל־הָעָם הַזֶּה פְּרִי מַחְשְׁבוֹתָם
כִּי עַל־דְּבָרַי לֹא הִקְשִׁיבוּ וְתוֹרָתִי וַיִּמְאֲסוּ־בָהּ: לָמָּה־זֶּה לִי
כ לְבוֹנָה מִשְּׁבָא תָבוֹא וְקָנֶה הַטּוֹב מֵאֶרֶץ מֶרְחָק עֹלוֹתֵיכֶם לֹא
לְרָצוֹן וְזִבְחֵיכֶם לֹא־עָרְבוּ לִי: לָכֵן כֹּה אָמַר
כא יְהוָה הִנְנִי נֹתֵן אֶל־הָעָם הַזֶּה מִכְשֹׁלִים וְכָשְׁלוּ בָם אָבוֹת וּבָנִים
כב יַחְדָּו שָׁכֵן וְרֵעוֹ יֹאבֵדוּ: כֹּה אָמַר יְהוָה הִנֵּה עַם
כג בָּא מֵאֶרֶץ צָפוֹן וְגוֹי גָּדוֹל יֵעוֹר מִיַּרְכְּתֵי־אָרֶץ: קֶשֶׁת וְכִידוֹן
יַחֲזִיקוּ אַכְזָרִי הוּא וְלֹא יְרַחֵמוּ קוֹלָם כַּיָּם יֶהֱמֶה וְעַל־סוּסִים
כד יִרְכָּבוּ עָרוּךְ כְּאִישׁ לַמִּלְחָמָה עָלַיִךְ בַּת־צִיּוֹן: שָׁמַעְנוּ אֶת־
כה שָׁמְעוֹ רָפוּ יָדֵינוּ צָרָה הֶחֱזִיקַתְנוּ חִיל כַּיּוֹלֵדָה: אַל־תֵּצְאִי
הַשָּׂדֶה וּבַדֶּרֶךְ אַל־תֵּלֵכִי כִּי חֶרֶב לְאֹיֵב מָגוֹר מִסָּבִיב: בַּת־
כו עַמִּי חִגְרִי־שָׂק וְהִתְפַּלְּשִׁי בָאֵפֶר אֵבֶל יָחִיד עֲשִׂי־לָךְ מִסְפַּד
כז תַמְרוּרִים כִּי פִתְאֹם יָבֹא הַשֹּׁדֵד עָלֵינוּ: בָּחוֹן נְתַתִּיךָ בְעַמִּי
כח מִבְצָר וְתֵדַע וּבָחַנְתָּ אֶת־דַּרְכָּם: כֻּלָּם סָרֵי סוֹרְרִים הֹלְכֵי רָכִיל
כט נְחֹשֶׁת וּבַרְזֶל כֻּלָּם מַשְׁחִיתִים הֵמָּה: נָחַר מַפֻּחַ מֵאִשְׁתַּם

ited.   Thus says the LORD of hosts, They shall thoroughly   9
glean the remnant of Yisra'el like a vine : pass thy hand again
like a grapegatherer over the branches. To whom shall I speak,   10
and give warning, that they may hear ? behold, their ear is
uncircumcised, and they cannot hearken : behold, the word
of the LORD is unto them a reproach ; they have no delight in
it. Therefore I am full of the fury of the LORD ; I am weary   11
of holding it in : I will pour it out upon the infants in the
street, and upon the assembly of young men together : for
even the husband with the wife shall be taken, the aged with
him that is full of days. And their houses shall be turned over   12
to others, with their fields and wives together : for I will
stretch out my hand upon the inhabitants of the land, says the
LORD. For from the least of them even to the greatest of them   13
everyone is greedy for gain ; and from the prophet even to the
priest everyone deals falsely. They have healed the hurt of the   14
daughter of my people superficially, saying, Peace, peace ; when
there is no peace. They should have been ashamed when they   15
had committed abomination; but they were not at all ashamed,
neither could they blush : therefore they shall fall among the
fallen: at the time that I punish them they shall stumble, says
the LORD.   Thus says the LORD, Stand on the highways,   16
and see, and ask for the old paths, where the good way is,
and walk upon it, and you shall find rest for your souls. But
they said, We will not walk therein. And I set watchmen   17
over you, saying, Hearken to the sound of the shofar. But
they said, We will not hearken. Therefore hear, you nations,   18
and know, O congregation, what is among them. Hear, O   19
earth : behold, I will bring evil upon this people, the fruit of
their thoughts, because they have not hearkened to my words,
nor to my Tora, but have rejected it. To what purpose comes   20
incense to me from Sheva, and the sweet cane from a far
country ? your burnt offerings are not acceptable, nor your
sacrifices sweet to me.   Therefore thus says the LORD,   21
Behold, I will lay stumblingblocks before this people, and the
fathers and the sons together shall fall upon them ; the neigh-
bour and his friend shall perish.   Thus says the LORD, Be-   22
hold, a people comes from the north country, and a great
nation shall stir from the sides of the earth. They shall lay   23
hold on bow and spear ; they are cruel, and have no mercy;
their voice roars like the sea ; and they ride upon horses, set
in array as men for war against thee, O daughter of Ziyyon.
We have heard the report of it: our hands grow feeble: an-   24
guish has taken hold of us, and pain, as of a woman in travail.
Go not forth into the field, nor walk by the way; for the sword   25
of the enemy is there, and terror on every side. O daughter of   26
my people, gird on sackcloth, and roll in ashes: make thee
mourning, as for an only son, most bitter lamentation: for the
spoiler shall suddenly come upon us. I have set thee for a   27
tower and a fortress among my people, that thou mayst know
and test their way. They are all grievous revolters, going about   28
with slanders: they are brass and iron; they all deal corruptly.
The bellows blow fiercely, the lead is consumed by the fire ; but   29

ל עֹפָרֶת לַשָּׁוְא צָרַף צָרוֹף וְרָעִים לֹא נִתָּקוּ׃ כֶּסֶף נִמְאָס קָרְאוּ
ז א לָהֶם כִּי־מָאַס יהוה בָּהֶם׃ הַדָּבָר אֲשֶׁר־הָיָה
ב אֶל־יִרְמְיָהוּ מֵאֵת יהוה לֵאמֹר׃ עֲמֹד בְּשַׁעַר בֵּית יהוה וְקָרָאתָ
שָּׁם אֶת־הַדָּבָר הַזֶּה וְאָמַרְתָּ שִׁמְעוּ דְבַר־יהוה כָּל־יְהוּדָה
ג הַבָּאִים בַּשְּׁעָרִים הָאֵלֶּה לְהִשְׁתַּחֲוֹת לַיהוה׃ כֹּה־
אָמַר יהוה צְבָאוֹת אֱלֹהֵי יִשְׂרָאֵל הֵיטִיבוּ דַרְכֵיכֶם וּמַעַלְלֵיכֶם
ד וַאֲשַׁכְּנָה אֶתְכֶם בַּמָּקוֹם הַזֶּה׃ אַל־תִּבְטְחוּ לָכֶם אֶל־דִּבְרֵי
ה הַשֶּׁקֶר לֵאמֹר הֵיכַל יהוה הֵיכַל יהוה הֵיכַל יהוה הֵמָּה׃ כִּי אִם־
הֵיטֵיב תֵּיטִיבוּ אֶת־דַּרְכֵיכֶם וְאֶת־מַעַלְלֵיכֶם אִם־עָשׂוֹ תַעֲשׂוּ
ו מִשְׁפָּט בֵּין אִישׁ וּבֵין רֵעֵהוּ׃ גֵּר יָתוֹם וְאַלְמָנָה לֹא תַעֲשֹׁקוּ וְדָם
נָקִי אַל־תִּשְׁפְּכוּ בַּמָּקוֹם הַזֶּה וְאַחֲרֵי אֱלֹהִים אֲחֵרִים לֹא תֵלְכוּ
ז לְרַע לָכֶם׃ וְשִׁכַּנְתִּי אֶתְכֶם בַּמָּקוֹם הַזֶּה בָּאָרֶץ אֲשֶׁר נָתַתִּי
ח לַאֲבוֹתֵיכֶם לְמִן־עוֹלָם וְעַד־עוֹלָם׃ הִנֵּה אַתֶּם בֹּטְחִים לָכֶם
ט עַל־דִּבְרֵי הַשָּׁקֶר לְבִלְתִּי הוֹעִיל׃ הֲגָנֹב ׀ רָצֹחַ וְנָאֹף וְהִשָּׁבֵעַ
לַשֶּׁקֶר וְקַטֵּר לַבָּעַל וְהָלֹךְ אַחֲרֵי אֱלֹהִים אֲחֵרִים אֲשֶׁר לֹא־
י יְדַעְתֶּם׃ וּבָאתֶם וַעֲמַדְתֶּם לְפָנַי בַּבַּיִת הַזֶּה אֲשֶׁר נִקְרָא־שְׁמִי
עָלָיו וַאֲמַרְתֶּם נִצַּלְנוּ לְמַעַן עֲשׂוֹת אֵת כָּל־הַתּוֹעֵבוֹת הָאֵלֶּה׃
יא הַמְעָרַת פָּרִצִים הָיָה הַבַּיִת הַזֶּה אֲשֶׁר־נִקְרָא־שְׁמִי עָלָיו
יב בְּעֵינֵיכֶם גַּם אָנֹכִי הִנֵּה רָאִיתִי נְאֻם־יהוה׃ כִּי לְכוּ־נָא אֶל־
מְקוֹמִי אֲשֶׁר בְּשִׁילוֹ אֲשֶׁר שִׁכַּנְתִּי שְׁמִי שָׁם בָּרִאשׁוֹנָה וּרְאוּ
יג אֵת אֲשֶׁר־עָשִׂיתִי לוֹ מִפְּנֵי רָעַת עַמִּי יִשְׂרָאֵל׃ וְעַתָּה יַעַן
עֲשׂוֹתְכֶם אֶת־כָּל־הַמַּעֲשִׂים הָאֵלֶּה נְאֻם־יהוה וָאֲדַבֵּר אֲלֵיכֶם
הַשְׁכֵּם וְדַבֵּר וְלֹא שְׁמַעְתֶּם וָאֶקְרָא אֶתְכֶם וְלֹא עֲנִיתֶם׃
יד וְעָשִׂיתִי לַבַּיִת ׀ אֲשֶׁר נִקְרָא־שְׁמִי עָלָיו אֲשֶׁר אַתֶּם בֹּטְחִים בּוֹ
וְלַמָּקוֹם אֲשֶׁר־נָתַתִּי לָכֶם וְלַאֲבוֹתֵיכֶם כַּאֲשֶׁר עָשִׂיתִי לְשִׁלוֹ׃
טו וְהִשְׁלַכְתִּי אֶתְכֶם מֵעַל פָּנָי כַּאֲשֶׁר הִשְׁלַכְתִּי אֶת־כָּל־אֲחֵיכֶם
טז אֵת כָּל־זֶרַע אֶפְרָיִם׃ וְאַתָּה אַל־תִּתְפַּלֵּל ׀ בְּעַד־
הָעָם הַזֶּה וְאַל־תִּשָּׂא בַעֲדָם רִנָּה וּתְפִלָּה וְאַל־תִּפְגַּע־בִּי
יז כִּי־אֵינֶנִּי שֹׁמֵעַ אֹתָךְ׃ הַאֵינְךָ רֹאֶה מָה הֵמָּה עֹשִׂים בְּעָרֵי
יח יְהוּדָה וּבְחֻצוֹת יְרוּשָׁלִָם׃ הַבָּנִים מְלַקְּטִים עֵצִים וְהָאָבוֹת
מְבַעֲרִים אֶת־הָאֵשׁ וְהַנָּשִׁים לָשׁוֹת בָּצֵק לַעֲשׂוֹת כַּוָּנִים
לִמְלֶכֶת הַשָּׁמַיִם וְהַסֵּךְ נְסָכִים לֵאלֹהִים אֲחֵרִים לְמַעַן הַכְעִסֵנִי׃
יט הַאֹתִי הֵם מַכְעִסִים נְאֻם־יהוה הֲלוֹא אֹתָם לְמַעַן בֹּשֶׁת
כ פְּנֵיהֶם׃ לָכֵן כֹּה־אָמַר ׀ אֲדֹנָי יהוה הִנֵּה אַפִּי וַחֲמָתִי
נִתֶּכֶת אֶל־הַמָּקוֹם הַזֶּה עַל־הָאָדָם וְעַל־הַבְּהֵמָה וְעַל־עֵץ
כא הַשָּׂדֶה וְעַל־פְּרִי הָאֲדָמָה וּבָעֲרָה וְלֹא תִכְבֶּה׃ כֹּה

the founder melts in vain, for the wicked are not separated.
Base silver shall they be called, for the LORD has rejected 30
them. The word that came to Yirmeyahu from the **7**
LORD, saying, Stand in the gate of the LORD's house, and pro- 2
claim there this word, and say, Hear the word of the LORD, all
Yehuda, that enter in at these gates to worship the LORD.

Thus says the LORD of hosts, the GOD of Yisra'el, Amend 3
your ways and your doings, and I will cause you to dwell in
this place. Trust not in lying words, saying, The temple of 4
the LORD, The temple of the LORD, The temple of the LORD, are
these. For if you thoroughly amend your ways and your doings ; 5
if you thoroughly execute justice between a man and his neigh-
bour; if you oppress not the stranger, the fatherless, and the 6
widow, and shed not innocent blood in this place, neither walk
after other gods to your hurt: then will I cause you to dwell 7
in this place, in the land that I gave to your fathers, for ever
and ever. Behold, you trust in lying words, that cannot profit. 8
Will you steal, murder, and commit adultery, and swear falsely, 9
and burn incense to the Ba'al, and walk after other gods
whom you know not; and come and stand before me in this 10
house, which is called by my name, and say, We are delivered;
that you may do all these abominations? Is this house, which 11
is called by my name, become a den of robbers in your eyes?
Behold, I myself have seen it, says the LORD. But go now to my 12
place which was in Shilo, where I set my name at the first, and
see what I did to it for the wickedness of my people Yisra'el.
And now, because you have done all these deeds, says the 13
LORD, and though I spoke to you, from morning till night, but
you did not listen; and I called you, but you did not answer;
therefore will I do to this house, which is called by my name, 14
and in which you trust, and to the place which I gave to you
and to your fathers, as I have done to Shilo. And I will cast 15
you out of my sight, as I have cast out all your brethren, the
whole seed of Efrayim. Therefore pray not thou for this 16
people, neither lift up cry nor prayer for them, neither make
intercession to me : for I will not hear thee. Seest thou not what 17
they do in the cities of Yehuda and in the streets of Yerusha-
layim? The children gather wood, and the fathers kindle the 18
fire, and the women knead dough, to make cakes to the queen
of heaven, and to pour out drink offerings to other gods, that
they may provoke me to anger. Do they provoke me to anger? 19
says the LORD : do they not provoke themselves to their own
disgrace ? Therefore thus says the LORD GOD ; Behold, 20
my anger and my fury shall be poured out upon this place, upon
man, and upon beast, and upon the trees of the field, and upon
the fruit of the ground ; and it shall burn, and shall not be
quenched. Thus says the LORD of hosts, the GOD of Yisra'el ; 21
Add your burnt offerings to your sacrifices, and eat meat. For I

אָמַר יְהוָה צְבָאוֹת אֱלֹהֵי יִשְׂרָאֵל עֹלוֹתֵיכֶם סְפוּ עַל־זִבְחֵיכֶם
כב וְאִכְלוּ בָשָׂר: כִּי לֹא־דִבַּרְתִּי אֶת־אֲבוֹתֵיכֶם וְלֹא צִוִּיתִים בְּיוֹם
ה הוֹצִיאִי אוֹתָם מֵאֶרֶץ מִצְרָיִם עַל־דִּבְרֵי עוֹלָה וָזָבַח: כִּי אִם־
כג אֶת־הַדָּבָר הַזֶּה צִוִּיתִי אוֹתָם לֵאמֹר שִׁמְעוּ בְקוֹלִי וְהָיִיתִי לָכֶם
לֵאלֹהִים וְאַתֶּם תִּהְיוּ־לִי לְעָם וַהֲלַכְתֶּם בְּכָל־הַדֶּרֶךְ אֲשֶׁר
כד אֲצַוֶּה אֶתְכֶם לְמַעַן יִיטַב לָכֶם: וְלֹא שָׁמְעוּ וְלֹא־הִטּוּ אֶת־
אָזְנָם וַיֵּלְכוּ בְּמֹעֵצוֹת בִּשְׁרִרוּת לִבָּם הָרָע וַיִּהְיוּ לְאָחוֹר וְלֹא
כה לְפָנִים: לְמִן־הַיּוֹם אֲשֶׁר יָצְאוּ אֲבוֹתֵיכֶם מֵאֶרֶץ מִצְרַיִם עַד
הַיּוֹם הַזֶּה וָאֶשְׁלַח אֲלֵיכֶם אֶת־כָּל־עֲבָדַי הַנְּבִיאִים יוֹם הַשְׁכֵּם
כו וְשָׁלֹחַ: וְלוֹא שָׁמְעוּ אֵלַי וְלֹא הִטּוּ אֶת־אָזְנָם וַיַּקְשׁוּ אֶת־עָרְפָּם
כז הֵרֵעוּ מֵאֲבוֹתָם: וְדִבַּרְתָּ אֲלֵיהֶם אֶת־כָּל־הַדְּבָרִים הָאֵלֶּה וְלֹא
כח יִשְׁמְעוּ אֵלֶיךָ וְקָרָאתָ אֲלֵיהֶם וְלֹא יַעֲנוּכָה: וְאָמַרְתָּ אֲלֵיהֶם זֶה
הַגּוֹי אֲשֶׁר לוֹא־שָׁמְעוּ בְּקוֹל יְהוָה אֱלֹהָיו וְלֹא לָקְחוּ מוּסָר
כט אָבְדָה הָאֱמוּנָה וְנִכְרְתָה מִפִּיהֶם: גָּזִּי נִזְרֵךְ
וְהַשְׁלִיכִי וּשְׂאִי עַל־שְׁפָיִם קִינָה כִּי מָאַס יְהוָה וַיִּטֹּשׁ אֶת־דּוֹר
ל עֶבְרָתוֹ: כִּי־עָשׂוּ בְנֵי־יְהוּדָה הָרַע בְּעֵינַי נְאֻם־יְהוָה שָׂמוּ
לא שִׁקּוּצֵיהֶם בַּבַּיִת אֲשֶׁר־נִקְרָא־שְׁמִי עָלָיו לְטַמְּאוֹ: וּבָנוּ בָּמוֹת
הַתֹּפֶת אֲשֶׁר בְּגֵיא בֶן־הִנֹּם לִשְׂרֹף אֶת־בְּנֵיהֶם וְאֶת־בְּנֹתֵיהֶם
לב בָּאֵשׁ אֲשֶׁר לֹא צִוִּיתִי וְלֹא עָלְתָה עַל־לִבִּי: לָכֵן
הִנֵּה יָמִים בָּאִים נְאֻם־יְהוָה וְלֹא־יֵאָמֵר עוֹד הַתֹּפֶת וְגֵיא בֶן־
לג הִנֹּם כִּי אִם־גֵּיא הַהֲרֵגָה וְקָבְרוּ בְתֹפֶת מֵאֵין מָקוֹם: וְהָיְתָה
נִבְלַת הָעָם הַזֶּה לְמַאֲכָל לְעוֹף הַשָּׁמַיִם וּלְבֶהֱמַת הָאָרֶץ וְאֵין
לד מַחֲרִיד: וְהִשְׁבַּתִּי מֵעָרֵי יְהוּדָה וּמֵחֻצוֹת יְרוּשָׁלַ͏ִם קוֹל שָׂשׂוֹן
וְקוֹל שִׂמְחָה קוֹל חָתָן וְקוֹל כַּלָּה כִּי לְחָרְבָּה תִּהְיֶה הָאָרֶץ:

ח א בָּעֵת הַהִיא נְאֻם־יְהוָה וְיוֹצִיאוּ אֶת־עַצְמוֹת מַלְכֵי־יְהוּדָה
וְאֶת־עַצְמוֹת שָׂרָיו וְאֶת־עַצְמוֹת הַכֹּהֲנִים וְאֵת ׀ עַצְמוֹת
ב הַנְּבִיאִים וְאֵת עַצְמוֹת יוֹשְׁבֵי־יְרוּשָׁלָ͏ִם מִקִּבְרֵיהֶם: וּשְׁטָחוּם
לַשֶּׁמֶשׁ וְלַיָּרֵחַ וּלְכֹל ׀ צְבָא הַשָּׁמַיִם אֲשֶׁר אֲהֵבוּם וַאֲשֶׁר עֲבָדוּם
וַאֲשֶׁר הָלְכוּ אַחֲרֵיהֶם וַאֲשֶׁר דְּרָשׁוּם וַאֲשֶׁר הִשְׁתַּחֲווּ לָהֶם לֹא
ג יֵאָסְפוּ וְלֹא יִקָּבֵרוּ לְדֹמֶן עַל־פְּנֵי הָאֲדָמָה יִהְיוּ: וְנִבְחַר מָוֶת
מֵחַיִּים לְכֹל הַשְּׁאֵרִית הַנִּשְׁאָרִים מִן־הַמִּשְׁפָּחָה הָרָעָה הַזֹּאת
בְּכָל־הַמְּקֹמוֹת הַנִּשְׁאָרִים אֲשֶׁר הִדַּחְתִּים שָׁם נְאֻם יְהוָה
ד צְבָאוֹת: וְאָמַרְתָּ אֲלֵיהֶם כֹּה אָמַר יְהוָה הֲיִפְּלוּ
ה וְלֹא יָקוּמוּ אִם־יָשׁוּב וְלֹא יָשׁוּב: מַדּוּעַ שׁוֹבְבָה הָעָם הַזֶּה
יְרוּשָׁלַ͏ִם מְשֻׁבָה נִצַּחַת הֶחֱזִיקוּ בַּתַּרְמִת מֵאֲנוּ לָשׁוּב:
ו הִקְשַׁבְתִּי וָאֶשְׁמָע לוֹא־כֵן יְדַבֵּרוּ אֵין אִישׁ נִחָם עַל־רָעָתוֹ

did not speak to your fathers, nor command them in the day that 22
I brought them out of the land of Miẕrayim, concerning burnt
offerings or sacrifices: but this thing I commanded them, say- 23
ing, Obey my voice, and I will be your God, and you shall be
my people: and walk in all the ways that I have commanded
you, that it may be well with you. But they did not hearken, 24
nor incline their ear, but walked in the counsels and in the imag-
ination of their evil heart, and went backward, and not forward.
From the day that your fathers came forth out of the land of 25
Miẕrayim to this day I have sent to you all my servants the
prophets, sending them from morning till night. Yet they did 26
not hearken to me, nor incline their ear, but stiffened their neck:
they did worse than their fathers. Therefore thou shalt speak 27
all these words to them; but they will not hearken to thee: thou
shalt also call to them; but they will not answer thee. But thou 28
shalt say to them, This is a nation that does not obey the voice
of the Lord their God, nor does it receive correction: truth-
fulness is perished, and is cut off from their mouth. Cut 29
off thy hair, and cast it away, and take up a lamentation on the
high hills; for the Lord has rejected and forsaken the genera-
tion of his wrath. For the children of Yehuda have done evil in 30
my sight, says the Lord: they have set their abominations in
the house which is called by my name, to pollute it. And they 31
have built the high places of Tofet, which is in the valley of
Ben-hinnom, to burn their sons and their daughters in the fire,
which I did not command them, nor did it come into my heart.
Therefore, behold, days are coming, says the Lord, 32
it shall no more be called Tofet, nor the valley of Ben-hinnom,
but the Valley of Slaughter: for they shall bury in Tofet, be-
cause there is no room. And the carcasses of this people shall 33
be food for the birds of the heaven, and for the beasts of the
earth; and none shall frighten them away. Then will I cause 34
to cease from the cities of Yehuda, and from the streets of
Yerushalayim, the voice of mirth, and the voice of gladness, the
voice of the bridegroom, and the voice of the bride: for the
land shall be desolate. At that time, says the Lord, they shall **8**
bring out the bones of the kings of Yehuda, and the bones of
his princes, and the bones of the priests, and the bones of the
prophets, and the bones of the inhabitants of Yerushalayim,
out of their graves: and they shall spread them before the sun, 2
and the moon, and all the host of heaven, whom they have loved,
and whom they have served, and after whom they have walked,
and whom they have sought, and whom they have worshipped:
they shall not be gathered, nor be buried; they shall be for dung
upon the face of the earth. And death shall be chosen rather 3
than life by all the residue of those who remain of this
evil family, who remain in all the places into which I have
driven them, says the Lord of hosts. Moreover 4
thou shalt say to them, Thus says the Lord; Shall men
fall and not rise up again? shall a man turn away, and not
turn back again? Why then is this people of Yerushalayim 5
turned away in a perpetual backsliding? they hold fast to
deceit, they refuse to turn back again. I hearkened and heard, 6

לֵאמֹר מַה עָשִׂיתִי כֻּלֹּה שָׁב בִּמְרֻצוֹתָם כְּסוּס שׁוֹטֵף בַּמִּלְחָמָה:

ז גַּם־חֲסִידָה בַשָּׁמַיִם יָדְעָה מוֹעֲדֶיהָ וְתֹר וְסוּס וְעָגוּר שָׁמְרוּ אֶת־

עֵת בֹּאָנָה וְעַמִּי לֹא יָדְעוּ אֵת מִשְׁפַּט יהוה: ח אֵיכָה תֹאמְרוּ

חֲכָמִים אֲנַחְנוּ וְתוֹרַת יהוה אִתָּנוּ אָכֵן הִנֵּה לַשֶּׁקֶר עָשָׂה עֵט

שֶׁקֶר סֹפְרִים: ט הֹבִשׁוּ חֲכָמִים חַתּוּ וַיִּלָּכֵדוּ הִנֵּה בִדְבַר־יהוה

מָאָסוּ וְחָכְמַת־מֶה לָהֶם: י לָכֵן אֶתֵּן אֶת־נְשֵׁיהֶם לַאֲחֵרִים

שְׂדוֹתֵיהֶם לְיוֹרְשִׁים כִּי מִקָּטֹן וְעַד־גָּדוֹל כֻּלֹּה בֹּצֵעַ בָּצַע מִנָּבִיא

יא וְעַד־כֹּהֵן כֻּלֹּה עֹשֶׂה שָּׁקֶר: וַיְרַפּוּ אֶת־שֶׁבֶר בַּת־עַמִּי עַל־

נְקַלָּה לֵאמֹר שָׁלוֹם ׀ שָׁלוֹם וְאֵין שָׁלוֹם: יב הֹבִשׁוּ כִּי תוֹעֵבָה עָשׂוּ

גַּם־בּוֹשׁ לֹא־יֵבֹשׁוּ וְהִכָּלֵם לֹא יָדָעוּ לָכֵן יִפְּלוּ בַנֹּפְלִים בְּעֵת

יג פְּקֻדָּתָם יִכָּשְׁלוּ אָמַר יהוה: אָסֹף אֲסִיפֵם נְאֻם־יהוה

אֵין עֲנָבִים בַּגֶּפֶן וְאֵין תְּאֵנִים בַּתְּאֵנָה וְהֶעָלֶה נָבֵל וָאֶתֵּן לָהֶם

יד יַעַבְרוּם: עַל־מָה אֲנַחְנוּ יֹשְׁבִים הֵאָסְפוּ וְנָבוֹא אֶל־עָרֵי

הַמִּבְצָר וְנִדְּמָה־שָּׁם כִּי יהוה אֱלֹהֵינוּ הֲדִמָּנוּ וַיַּשְׁקֵנוּ מֵי־רֹאשׁ

טו כִּי חָטָאנוּ לַיהוה: קַוֵּה לְשָׁלוֹם וְאֵין טוֹב לְעֵת מַרְפֵּה וְהִנֵּה

טז בְעָתָה: מִדָּן נִשְׁמַע נַחְרַת סוּסָיו מִקּוֹל מִצְהֲלוֹת אַבִּירָיו

רָעֲשָׁה כָּל־הָאָרֶץ וַיָּבוֹאוּ וַיֹּאכְלוּ אֶרֶץ וּמְלוֹאָהּ עִיר וְיֹשְׁבֵי

יז בָהּ: כִּי הִנְנִי מְשַׁלֵּחַ בָּכֶם נְחָשִׁים צִפְעֹנִים אֲשֶׁר אֵין־לָהֶם לָחַשׁ

יח וְנִשְּׁכוּ אֶתְכֶם נְאֻם־יהוה: מַבְלִיגִיתִי עֲלֵי יָגוֹן

עָלַי לִבִּי דַוָּי: יט הִנֵּה־קוֹל שַׁוְעַת בַּת־עַמִּי מֵאֶרֶץ מַרְחַקִּים

הַיהוה אֵין בְּצִיּוֹן אִם־מַלְכָּהּ אֵין בָּהּ מַדּוּעַ הִכְעִסוּנִי בִּפְסִלֵיהֶם

כ בְּהַבְלֵי נֵכָר: עָבַר קָצִיר כָּלָה קָיִץ וַאֲנַחְנוּ לוֹא נוֹשָׁעְנוּ: עַל־

כא שֶׁבֶר בַּת־עַמִּי הָשְׁבָּרְתִּי קָדַרְתִּי שַׁמָּה הֶחֱזִקָתְנִי: כב הַצֳרִי אֵין

בְּגִלְעָד אִם־רֹפֵא אֵין שָׁם כִּי מַדּוּעַ לֹא עָלְתָה אֲרֻכַת בַּת־

כג עַמִּי: מִי־יִתֵּן רֹאשִׁי מַיִם וְעֵינִי מְקוֹר דִּמְעָה

ט וְאֶבְכֶּה יוֹמָם וָלַיְלָה אֵת חַלְלֵי בַת־עַמִּי: א מִי־יִתְּנֵנִי בַמִּדְבָּר

מְלוֹן אֹרְחִים וְאֶעֶזְבָה אֶת־עַמִּי וְאֵלְכָה מֵאִתָּם כִּי כֻלָּם

מְנָאֲפִים עֲצֶרֶת בֹּגְדִים: ב וַיַּדְרְכוּ אֶת־לְשׁוֹנָם קַשְׁתָּם שֶׁקֶר וְלֹא

לֶאֱמוּנָה גָּבְרוּ בָאָרֶץ כִּי מֵרָעָה אֶל־רָעָה ׀ יָצָאוּ וְאֹתִי לֹא־

ג יָדָעוּ נְאֻם־יהוה: אִישׁ מֵרֵעֵהוּ הִשָּׁמֵרוּ וְעַל־כָּל־אָח אַל־

but they spoke not aright: no man repents him of his wicked-
ness, saying, What have I done? everyone turns to his own
course, as the horse rushes into the battle. Yea, the stork in 7
the heaven knows her appointed times; and the turtle and the
swift and the crane observe the time of their coming; but my
people do not know the judgment of the LORD. How can you say, 8
We are wise, and the Tora of the LORD is with us? Surely, the pen
wrought in vain, in vain the scribes. The wise men are ashamed, 9
they are dismayed and taken: lo, they have rejected the word
of the LORD; and what wisdom is in them? Therefore will I 10
give their wives to others, and their fields to those who shall take
possession of them: for everyone from the least to the greatest
is greedy for gain, from the prophet to the priest everyone deals
falsely. For they have healed the hurt of the daughter of my 11
people superficially, saying, Peace, peace; when there is no
peace. They should have been ashamed when they had com- 12
mitted abomination; but they were not at all ashamed, neither
could they blush; therefore shall they fall among the fallen: in
the time of their punishment they shall stumble, says the
LORD. I will surely consume them, says the LORD: there 13
shall be no grapes on the vine, nor figs on the fig tree, and the
leaf shall fade; the things that I have given them shall pass
away from them. Why do we sit still? assemble yourselves, and 14
let us enter into the fortified cities, and let us be cut off there:
for the LORD our GOD has cut us off, and given us water of
gall to drink, because we have sinned against the LORD. We 15
looked for peace, but no good came; and for a time of health,
and behold terror! The snorting of his horses is heard from 16
Dan: the whole land trembles at the sound of the neighing of
his strong ones; for they are come, and have devoured the land,
and all that is in it; the city, and those who dwell therein.
For, behold, I will send venomous serpents among you, which 17
will not be charmed, and they shall bite you, says the
LORD. When I would comfort myself against sorrow, my 18
heart is faint in me. Behold the voice of the cry of the daughter 19
of my people coming from a far country: Is not the LORD in
Ẕiyyon? is not her king in her? Why have they provoked me
to anger with their carved idols, and with foreign vanities?
The harvest is past, the summer is ended, and we are not saved. 20
For the hurt of the daughter of my people, I am broken; I 21
am thrown into gloom: astonishment has taken hold of me.
Is there no balm in Gil'ad; is there no physician there? why 22
then is not the health of the daughter of my people re-
covered? Oh, that my head were waters, and my eyes a 23
fountain of tears, that I might weep day and night for the slain
of the daughter of my people! Oh, that I were in the wilderness, **9**
in a lodging place of wayfaring men; that I might leave my
people, and go from them! for they are all adulterers, an as-
sembly of treacherous men. And they bend their tongues, their 2
bow of falsehood: but they are not valiant for the truth upon
the earth; for they proceed from evil to evil, and they know
me not, says the LORD. Take heed everyone of his neighbour, 3
and trust not in any brother: for every brother acts deceitfully,

ד תִּבְטְחוּ כִּי כָל־אָח עָקוֹב יַעְקֹב וְכָל־רֵעַ רָכִיל יַהֲלֹךְ: וְאִישׁ
בְּרֵעֵהוּ יְהָתֵלּוּ וֶאֱמֶת לֹא יְדַבֵּרוּ לִמְּדוּ לְשׁוֹנָם דַּבֶּר־שֶׁקֶר הַעֲוֵה
ה נִלְאוּ: שִׁבְתְּךָ בְּתוֹךְ מִרְמָה בְּמִרְמָה מֵאֲנוּ דַעַת־אוֹתִי נְאֻם־
יְהוָה: לָכֵן כֹּה אָמַר יְהוָה צְבָאוֹת הִנְנִי צוֹרְפָם
ו
ז שָׁחוֹט וּבְחַנְתִּים כִּי־אֵיךְ אֶעֱשֶׂה מִפְּנֵי בַּת־עַמִּי: חֵץ שׁוֹחֵט לְשׁוֹנָם
מִרְמָה דִבֵּר בְּפִיו שָׁלוֹם אֶת־רֵעֵהוּ יְדַבֵּר וּבְקִרְבּוֹ יָשִׂים אָרְבּוֹ:
ח הַעַל־אֵלֶּה לֹא־אֶפְקָד־בָּם נְאֻם־יְהוָה אִם בְּגוֹי אֲשֶׁר־כָּזֶה לֹא
ט תִתְנַקֵּם נַפְשִׁי: עַל־הֶהָרִים אֶשָּׂא בְכִי וָנֶהִי
וְעַל־נְאוֹת מִדְבָּר קִינָה כִּי נִצְּתוּ מִבְּלִי־אִישׁ עֹבֵר וְלֹא שָׁמְעוּ
י קוֹל מִקְנֶה מֵעוֹף הַשָּׁמַיִם וְעַד־בְּהֵמָה נָדְדוּ הָלָכוּ: וְנָתַתִּי אֶת־
יְרוּשָׁלִַם לְגַלִּים מְעוֹן תַּנִּים וְאֶת־עָרֵי יְהוּדָה אֶתֵּן שְׁמָמָה מִבְּלִי
יא יוֹשֵׁב: מִי־הָאִישׁ הֶחָכָם וְיָבֵן אֶת־זֹאת וַאֲשֶׁר
דִּבֶּר פִּי־יְהוָה אֵלָיו וְיַגִּדָהּ עַל־מָה אָבְדָה הָאָרֶץ נִצְּתָה
יב כַמִּדְבָּר מִבְּלִי עֹבֵר: וַיֹּאמֶר יְהוָה עַל־עָזְבָם
אֶת־תּוֹרָתִי אֲשֶׁר נָתַתִּי לִפְנֵיהֶם וְלֹא־שָׁמְעוּ בְקוֹלִי וְלֹא־הָלְכוּ
יג בָהּ: וַיֵּלְכוּ אַחֲרֵי שְׁרִרוּת לִבָּם וְאַחֲרֵי הַבְּעָלִים אֲשֶׁר לִמְּדוּם
יד אֲבוֹתָם: לָכֵן כֹּה־אָמַר יְהוָה צְבָאוֹת אֱלֹהֵי
יִשְׂרָאֵל הִנְנִי מַאֲכִילָם אֶת־הָעָם הַזֶּה לַעֲנָה וְהִשְׁקִיתִים מֵי־
טו רֹאשׁ: וַהֲפִצוֹתִים בַּגּוֹיִם אֲשֶׁר לֹא יָדְעוּ הֵמָּה וַאֲבוֹתָם וְשִׁלַּחְתִּי
טז אַחֲרֵיהֶם אֶת־הַחֶרֶב עַד כַּלּוֹתִי אוֹתָם: כֹּה
אָמַר יְהוָה צְבָאוֹת הִתְבּוֹנְנוּ וְקִרְאוּ לַמְקוֹנְנוֹת וּתְבוֹאֶינָה וְאֶל־
יז הַחֲכָמוֹת שִׁלְחוּ וְתָבוֹאנָה: וּתְמַהֵרְנָה וְתִשֶּׂנָה עָלֵינוּ נֶהִי
יח וְתֵרַדְנָה עֵינֵינוּ דִּמְעָה וְעַפְעַפֵּינוּ יִזְּלוּ־מָיִם: כִּי קוֹל נְהִי נִשְׁמַע
מִצִּיּוֹן אֵיךְ שֻׁדָּדְנוּ בֹּשְׁנוּ מְאֹד כִּי־עָזַבְנוּ אָרֶץ כִּי הִשְׁלִיכוּ
יט מִשְׁכְּנוֹתֵינוּ:   כִּי־שְׁמַעְנָה נָשִׁים דְּבַר־יְהוָה וְתִקַּח
אָזְנְכֶם דְּבַר־פִּיו וְלַמֵּדְנָה בְנוֹתֵיכֶם נֶהִי וְאִשָּׁה רְעוּתָהּ קִינָה:
כ כִּי־עָלָה מָוֶת בְּחַלּוֹנֵינוּ בָּא בְּאַרְמְנוֹתֵינוּ לְהַכְרִית עוֹלָל
כא מִחוּץ בַּחוּרִים מֵרְחֹבוֹת: דַּבֵּר כֹּה נְאֻם־יְהוָה וְנָפְלָה נִבְלַת
הָאָדָם כְּדֹמֶן עַל־פְּנֵי הַשָּׂדֶה וּכְעָמִיר מֵאַחֲרֵי הַקּוֹצֵר וְאֵין
כב מְאַסֵּף: כֹּה ׀ אָמַר יְהוָה אַל־יִתְהַלֵּל חָכָם
בְּחָכְמָתוֹ וְאַל־יִתְהַלֵּל הַגִּבּוֹר בִּגְבוּרָתוֹ אַל־יִתְהַלֵּל עָשִׁיר
כג בְּעָשְׁרוֹ: כִּי אִם־בְּזֹאת יִתְהַלֵּל הַמִּתְהַלֵּל הַשְׂכֵּל וְיָדֹעַ אוֹתִי
כִּי אֲנִי יְהוָה עֹשֶׂה חֶסֶד מִשְׁפָּט וּצְדָקָה בָּאָרֶץ כִּי־בְאֵלֶּה
כד חָפַצְתִּי נְאֻם־יְהוָה: הִנֵּה יָמִים בָּאִים נְאֻם־יְהוָה:

and every neighbour goes about with slanders. And they de- 4
ceive everyone his neighbour, and do not speak the truth:
they have taught their tongue to speak lies, and weary them-
selves to commit iniquity. Thy habitation is in the midst of 5
deceit; through deceit they refuse to know me, says the
LORD. Therefore thus says the LORD of hosts, Behold, I 6
will smelt them, and try them; for how else shall I do for the
daughter of my people? Their tongue is a sharpened arrow; it 7
speaks deceit: one speaks peaceably to his neighbour with his
mouth, but in heart he lies in wait for him. Shall I not punish 8
them for these things? says the LORD: shall not my soul be
avenged on such a nation as this? For the mountains will 9
I take up a weeping and wailing, and for the pastures of the
wilderness a lamentation, because they are burned up, so that
none can pass through them; neither can men hear the sound
of the cattle; both the birds of the heavens and the beasts
are fled; they are gone. And I will make Yerushalayim heaps, 10
a den of jackals; and I will make the cities of Yehuda desolate,
without inhabitant. Who is the wise man, that may under- 11
stand this? and who is he to whom the mouth of the LORD has
spoken, that he may declare it? Why does the land perish, and is
burned up like a wilderness, that none passes through? And 12
the LORD says, Because they have forsaken my Tora which I set
before them, and have not obeyed my voice, nor walked
therein; but have walked after the stubbornness of their own 13
heart, and after the Be'alim, as their fathers taught them:

therefore thus says the LORD of hosts, the GOD of Yisra'el; 14
Behold, I will feed them, this people, with wormwood, and give
them water of gall to drink. I will scatter them also among 15
the nations, whom neither they nor their fathers have known:
and I will send a sword after them, till I have consumed
them. Thus says the LORD of hosts, Consider, and call for 16
the mourning women, that they may come; and send for the
skilful women, that they may come: and let them make haste, 17
and take up a wailing for us, that our eyes may run down with
tears, and our eyelids gush out with waters. For a voice of 18
wailing is heard out of Ẓiyyon, How are we ruined! we are great-
ly confounded, because we have forsaken the land, because our
dwellings have cast us out. Yet hear the word of the 19
LORD, O you women, and let your ear receive the word of his
mouth, and teach your daughters wailing, and every one her
neighbour lamentation. For death is come up into our windows, 20
and is entered into our palaces, to cut off the children from the
streets and the young men from the broad places. Speak, Thus 21
says the LORD, And the carcasses of men shall fall as dung
upon the open field, and as the handful after the harvester,
and none shall gather them. Thus says the LORD, Let not 22
the wise man glory in his wisdom, neither let the mighty man
glory in his might, let not the rich man glory in his riches:
but let him that glories glory in this, that he understands and 23
knows me, that I am the LORD who exercise faithful love, jus-
tice, and righteousness, in the earth: for in these things I de-
light, says the LORD. Behold, days are coming, says the LORD, 24

כה וּפָקַדְתִּי עַל־כָּל־מוּל בְּעָרְלָה: עַל־מִצְרַיִם וְעַל־יְהוּדָה וְעַל־
אֱדוֹם וְעַל־בְּנֵי עַמּוֹן וְעַל־מוֹאָב וְעַל כָּל־קְצוּצֵי פֵאָה הַיֹּשְׁבִים
בַּמִּדְבָּר כִּי כָל־הַגּוֹיִם עֲרֵלִים וְכָל־בֵּית יִשְׂרָאֵל עַרְלֵי־
לֵב:

י א שִׁמְעוּ אֶת־הַדָּבָר אֲשֶׁר דִּבֶּר יְהוָה עֲלֵיכֶם
ב בֵּית יִשְׂרָאֵל: כֹּה ׀ אָמַר יְהוָה אֶל־דֶּרֶךְ הַגּוֹיִם אַל־תִּלְמָדוּ
ג וּמֵאֹתוֹת הַשָּׁמַיִם אַל־תֵּחָתּוּ כִּי־יֵחַתּוּ הַגּוֹיִם מֵהֵמָּה: כִּי־
חֻקּוֹת הָעַמִּים הֶבֶל הוּא כִּי־עֵץ מִיַּעַר כְּרָתוֹ מַעֲשֵׂה יְדֵי־חָרָשׁ
ד בַּמַּעֲצָד: בְּכֶסֶף וּבְזָהָב יְיַפֵּהוּ בְּמַסְמְרוֹת וּבְמַקָּבוֹת יְחַזְּקוּם
ה וְלוֹא יָפִיק: כְּתֹמֶר מִקְשָׁה הֵמָּה וְלֹא יְדַבֵּרוּ נָשׂוֹא יִנָּשׂוּא
כִּי־לֹא יִצְעָדוּ אַל־תִּירְאוּ מֵהֶם כִּי־לֹא יָרֵעוּ וְגַם־הֵיטֵיב אֵין
אוֹתָם: ו מֵאֵין כָּמוֹךָ יְהוָה גָּדוֹל אַתָּה וְגָדוֹל שִׁמְךָ
ז בִּגְבוּרָה: מִי לֹא יִרָאֲךָ מֶלֶךְ הַגּוֹיִם כִּי לְךָ יָאָתָה כִּי בְכָל־חַכְמֵי
הַגּוֹיִם וּבְכָל־מַלְכוּתָם מֵאֵין כָּמוֹךָ: ח וּבְאַחַת יִבְעֲרוּ וְיִכְסָלוּ
ט מוּסַר הֲבָלִים עֵץ הוּא: כֶּסֶף מְרֻקָּע מִתַּרְשִׁישׁ יוּבָא וְזָהָב מֵאוּפָז
מַעֲשֵׂה חָרָשׁ וִידֵי צוֹרֵף תְּכֵלֶת וְאַרְגָּמָן לְבוּשָׁם מַעֲשֵׂה חֲכָמִים
י כֻּלָּם: וַיהוָה אֱלֹהִים אֱמֶת הוּא־אֱלֹהִים חַיִּים וּמֶלֶךְ עוֹלָם מִקִּצְפּוֹ
יא תִּרְעַשׁ הָאָרֶץ וְלֹא־יָכִלוּ גוֹיִם זַעְמוֹ: כִּדְנָה
תֵּאמְרוּן לְהוֹם אֱלָהַיָּא דִּי־שְׁמַיָּא וְאַרְקָא לָא עֲבַדוּ יֵאבַדוּ
יב מֵאַרְעָא וּמִן־תְּחוֹת שְׁמַיָּא אֵלֶּה: עֹשֵׂה אֶרֶץ
יג בְּכֹחוֹ מֵכִין תֵּבֵל בְּחָכְמָתוֹ וּבִתְבוּנָתוֹ נָטָה שָׁמָיִם: לְקוֹל
תִּתּוֹ הֲמוֹן מַיִם בַּשָּׁמַיִם וַיַּעֲלֶה נְשִׂאִים מִקְצֵה אָרֶץ בְּרָקִים הָאָרֶץ
יד לַמָּטָר עָשָׂה וַיּוֹצֵא רוּחַ מֵאֹצְרֹתָיו: נִבְעַר כָּל־אָדָם מִדַּעַת
טו הֹבִישׁ כָּל־צוֹרֵף מִפָּסֶל כִּי שֶׁקֶר נִסְכּוֹ וְלֹא־רוּחַ בָּם: הֶבֶל
טז הֵמָּה מַעֲשֵׂה תַּעְתֻּעִים בְּעֵת פְּקֻדָּתָם יֹאבֵדוּ: לֹא־כְאֵלֶּה
חֵלֶק יַעֲקֹב כִּי־יוֹצֵר הַכֹּל הוּא וְיִשְׂרָאֵל שֵׁבֶט נַחֲלָתוֹ
יז יְהוָה צְבָאוֹת שְׁמוֹ: אִסְפִּי מֵאֶרֶץ כִּנְעָתֵךְ יוֹשֶׁבֶת
יח יֹשֶׁבֶת בַּמָּצוֹר: כִּי־כֹה אָמַר יְהוָה הִנְנִי
קוֹלֵעַ אֶת־יוֹשְׁבֵי הָאָרֶץ בַּפַּעַם הַזֹּאת וַהֲצֵרוֹתִי לָהֶם לְמַעַן
יט יִמְצָאוּ: אוֹי לִי עַל־שִׁבְרִי נַחְלָה מַכָּתִי וַאֲנִי
כ אָמַרְתִּי אַךְ זֶה חֳלִי וְאֶשָּׂאֶנּוּ: אָהֳלִי שֻׁדָּד וְכָל־מֵיתָרַי נִתָּקוּ
כא בָּנַי יְצָאֻנִי וְאֵינָם אֵין־נֹטֶה עוֹד אָהֳלִי וּמֵקִים יְרִיעוֹתָי: כִּי
נִבְעֲרוּ הָרֹעִים וְאֶת־יְהוָה לֹא דָרָשׁוּ עַל־כֵּן לֹא הִשְׂכִּילוּ וְכָל־

when I will punish all the circumcised with the uncircumcised;
Mizrayim, and Yehuda, and Edom, and the children of 'Am- 25
mon, and Mo'av, and all the desert dwellers that have the
corners of their hair cut off; for all these nations are uncir-
cumcised, and all the house of Yisra'el are uncircumcised in
the heart. Hear the word which the LORD speaks to **10**
you, O house of Yisra'el: thus says the LORD, Learn not the 2
way of the nations, and be not dismayed at the signs of heaven;
for the nations are dismayed at them. For the customs of the 3
people are vanity: a tree out of the forest is cut down, the
work of the hands of the workman, with the ax. They deck it 4
with silver and with gold; they fasten it with nails and with
hammers, that it move not. They are like a rigid post, and they 5
cannot speak; they must needs be carried, because they cannot
walk. Be not afraid of them; for they cannot do evil, neither
is it in them to do good. Forasmuch as there is none 6
like thee, O LORD; thou art great, and thy name is great in
might. Who would not fear thee, O King of the nations? for to 7
thee it is fitting: for among all the wise men of the nations,
and in all their kingdoms, there is none like thee. Stupid and 8
senseless are they all: the teaching of their vain idols is but—
wood! Beaten silver is brought from Tarshish, and gold from 9
Ufaz, the work of the craftsman, and of the hands of the
founder: blue and purple is their clothing: they are all the work
of skilful men. But the LORD is the true GOD, he is the living 10
GOD, and an everlasting king: at his anger the earth shall
tremble, and the nations shall not be able to abide his indig-
nation. Thus shall you say to them, The gods that have 11
not made the heavens and the earth, they shall perish from
the earth, and from under these heavens. He has made 12
the earth by his power, he has established the world by his
wisdom, and has stretched out the heavens by his understand-
ing. When his voice resounds with the great mass of water 13
in the heavens, and he raises vapours from the ends of the
earth; when he makes lightning flashes among the rain, and
brings forth the wind out of his storehouses: every man be- 14
comes stupid, without knowledge: every founder is put to
shame by his carved idol: for his molten image is false, and
there is no breath in them. They are vanity, the work of de- 15
lusion: in the time of their punishment they shall perish. The 16
portion of Ya'aqov is not like them: for he is the former of
all things; and Yisra'el is the tribe of his inheritance: The
LORD of hosts is his name. Gather up thy wares out of 17
the land, O inhabitant of the besieged city. For thus 18
says the LORD, Behold, I will sling out the inhabitants of the
land at this time, and will distress them, that they may feel
it. Woe is me for my hurt! my wound is grievous: but 19
I said, Truly this is the affliction, and I must bear it. My tent 20
is spoiled, and all my cords are broken: my children are gone
out of me, and they are not: there is none to stretch forth
my tent any more, and to set up my curtains. For the shep- 21
herds are become brutish, and have not sought the LORD:
therefore they have not prospered, and all their flocks are

כב מַרְעִיתָם נְפוֹצָה׃ קוֹל שְׁמוּעָה הִנֵּה בָאָה וְרַעַשׁ
גָּדוֹל מֵאֶרֶץ צָפוֹן לָשׂוּם אֶת־עָרֵי יְהוּדָה שְׁמָמָה מְעוֹן תַּנִּים׃
כג יָדַעְתִּי יְהוָה כִּי לֹא לָאָדָם דַּרְכּוֹ לֹא־לְאִישׁ הֹלֵךְ וְהָכִין אֶת־
כד כה צַעֲדוֹ׃ יַסְּרֵנִי יְהוָה אַךְ בְּמִשְׁפָּט אַל־בְּאַפְּךָ פֶּן־תַּמְעִטֵנִי׃ שְׁפֹךְ
חֲמָתְךָ עַל־הַגּוֹיִם אֲשֶׁר לֹא־יְדָעוּךָ וְעַל מִשְׁפָּחוֹת אֲשֶׁר בְּשִׁמְךָ
לֹא קָרָאוּ כִּי־אָכְלוּ אֶת־יַעֲקֹב וַאֲכָלֻהוּ וַיְכַלֻּהוּ וְאֶת־נָוֵהוּ
יא א הֵשַׁמּוּ׃ הַדָּבָר אֲשֶׁר הָיָה אֶל־יִרְמְיָהוּ מֵאֵת
ב יְהוָה לֵאמֹר׃ שִׁמְעוּ אֶת־דִּבְרֵי הַבְּרִית הַזֹּאת וְדִבַּרְתָּם אֶל־
ג אִישׁ יְהוּדָה וְעַל־יֹשְׁבֵי יְרוּשָׁלִָם׃ וְאָמַרְתָּ אֲלֵיהֶם כֹּה־אָמַר
יְהוָה אֱלֹהֵי יִשְׂרָאֵל אָרוּר הָאִישׁ אֲשֶׁר לֹא יִשְׁמַע אֶת־דִּבְרֵי
ד הַבְּרִית הַזֹּאת׃ אֲשֶׁר צִוִּיתִי אֶת־אֲבוֹתֵיכֶם בְּיוֹם הוֹצִיאִי־
אוֹתָם מֵאֶרֶץ־מִצְרַיִם מִכּוּר הַבַּרְזֶל לֵאמֹר שִׁמְעוּ בְקוֹלִי
וַעֲשִׂיתֶם אוֹתָם כְּכֹל אֲשֶׁר־אֲצַוֶּה אֶתְכֶם וִהְיִיתֶם לִי לְעָם
ה וְאָנֹכִי אֶהְיֶה לָכֶם לֵאלֹהִים׃ לְמַעַן הָקִים אֶת־הַשְּׁבוּעָה אֲשֶׁר־
נִשְׁבַּעְתִּי לַאֲבוֹתֵיכֶם לָתֵת לָהֶם אֶרֶץ זָבַת חָלָב וּדְבַשׁ כַּיּוֹם
ו הַזֶּה וָאַעַן וָאֹמַר אָמֵן ׀ יְהוָה׃ וַיֹּאמֶר יְהוָה אֵלַי
קְרָא אֶת־כָּל־הַדְּבָרִים הָאֵלֶּה בְּעָרֵי יְהוּדָה וּבְחֻצוֹת יְרוּשָׁלִַם
ז לֵאמֹר שִׁמְעוּ אֶת־דִּבְרֵי הַבְּרִית הַזֹּאת וַעֲשִׂיתֶם אוֹתָם׃ כִּי
הָעֵד הַעִדֹתִי בַּאֲבוֹתֵיכֶם בְּיוֹם הַעֲלוֹתִי אוֹתָם מֵאֶרֶץ מִצְרַיִם
ח עַד־הַיּוֹם הַזֶּה הַשְׁכֵּם וְהָעֵד לֵאמֹר שִׁמְעוּ בְּקוֹלִי׃ וְלֹא שָׁמְעוּ
וְלֹא־הִטּוּ אֶת־אָזְנָם וַיֵּלְכוּ אִישׁ בִּשְׁרִירוּת לִבָּם הָרָע וָאָבִיא
עֲלֵיהֶם אֶת־כָּל־דִּבְרֵי הַבְּרִית־הַזֹּאת אֲשֶׁר־צִוִּיתִי לַעֲשׂוֹת
ט וְלֹא עָשׂוּ׃ וַיֹּאמֶר יְהוָה אֵלָי נִמְצָא־קֶשֶׁר בְּאִישׁ
י יְהוּדָה וּבְיֹשְׁבֵי יְרוּשָׁלִָם׃ שָׁבוּ עַל־עֲוֺנֹת אֲבוֹתָם הָרִאשֹׁנִים
אֲשֶׁר מֵאֲנוּ לִשְׁמוֹעַ אֶת־דְּבָרַי וְהֵמָּה הָלְכוּ אַחֲרֵי אֱלֹהִים
אֲחֵרִים לְעָבְדָם הֵפֵרוּ בֵית־יִשְׂרָאֵל וּבֵית יְהוּדָה אֶת־בְּרִיתִי
יא אֲשֶׁר כָּרַתִּי אֶת־אֲבוֹתָם׃ לָכֵן כֹּה אָמַר יְהוָה
הִנְנִי מֵבִיא אֲלֵיהֶם רָעָה אֲשֶׁר לֹא־יוּכְלוּ לָצֵאת מִמֶּנָּה וְזָעֲקוּ
יב אֵלַי וְלֹא אֶשְׁמַע אֲלֵיהֶם׃ וְהָלְכוּ עָרֵי יְהוּדָה וְיֹשְׁבֵי יְרוּשָׁלִַם
וְזָעֲקוּ אֶל־הָאֱלֹהִים אֲשֶׁר הֵם מְקַטְּרִים לָהֶם וְהוֹשֵׁעַ לֹא־
יג יוֹשִׁיעוּ לָהֶם בְּעֵת רָעָתָם׃ כִּי מִסְפַּר עָרֶיךָ הָיוּ אֱלֹהֶיךָ יְהוּדָה
וּמִסְפַּר חֻצוֹת יְרוּשָׁלִַם שַׂמְתֶּם מִזְבְּחוֹת לַבֹּשֶׁת מִזְבְּחוֹת
יד לְקַטֵּר לַבָּעַל׃ וְאַתָּה אַל־תִּתְפַּלֵּל בְּעַד־הָעָם הַזֶּה
וְאַל־תִּשָּׂא בַעֲדָם רִנָּה וּתְפִלָּה כִּי ׀ אֵינֶנִּי שֹׁמֵעַ בְּעֵת קָרְאָם
טו אֵלַי בְּעַד רָעָתָם׃ מֶה לִידִידִי בְּבֵיתִי עֲשׂוֹתָהּ
הַמְזִמָּתָה הָרַבִּים וּבְשַׂר־קֹדֶשׁ יַעַבְרוּ מֵעָלָיִךְ כִּי רָעָתֵכִי אָז

scattered.   Behold, the noise of the report is come, and 22
a great commotion out of the north country, to make the cities
of Yehuda desolate, and a den of jackals. O Lord, I know that 23
a man's way is not his own; it is not in man to direct his steps
as he walks. O Lord, correct me, but in due measure, not in 24
thy anger, lest thou bring me to nothing. Pour out thy fury 25
upon the nations that know thee not, and upon the families
that call not on thy name: for they have devoured Ya'aqov,
devoured him, and consumed him, and have made his habita-
tion desolate.   The word that came to Yirmeyahu from the 11
Lord, saying, Hear the words of this covenant, and speak to 2
the men of Yehuda, and to the inhabitants of Yerushalayim;
and say to them, Thus says the Lord God of Yisra'el ; Cursed 3
be the man that obeys not the words of this covenant, which 4
I commanded your fathers on the day that I brought them
out of the land of Miẓrayim, from the iron furnace, saying,
Obey my voice, and do them, according to all which I command
you : so shall you be my people, and I will be your God : that I 5
may perform the oath which I have sworn to your fathers, to
give them a land flowing with milk and honey, as it is this
day. Then answered I, and said, Amen, O Lord.   Then 6
the Lord said to me, Proclaim all these words in the cities of
Yehuda, and in the streets of Yerushalayim, saying, Hear the
words of this covenant, and do them. For I earnestly fore- 7
warned your fathers on the day that I brought them up out of
the land of Miẓrayim, to this day, forewarning them from
morning till night, saying, Obey my voice. Yet they obeyed 8
not, nor inclined their ear, but walked every one in the stub-
bornness of their evil heart : therefore I brought upon them all
the words of this covenant, which I commanded them to do;
but they did them not.   And the Lord said to me, A 9
conspiracy is found among the men of Yehuda, and among the
inhabitants of Yerushalayim. They have turned back to the 10
iniquities of their forefathers, who refused to hear my words;
and they have gone after other gods to serve them: the house
of Yisra'el and the house of Yehuda have broken my covenant
which I made with their fathers.   Therefore thus says 11
the Lord, Behold, I will bring evil upon them, which they shall
not be able to escape; and though they shall cry to me, I will
not hearken to them. Then shall the cities of Yehuda and in- 12
habitants of Yerushalayim go, and cry to the gods to whom
they offer incense: but they shall not save them at all in the
time of their trouble. For according to the number of thy cities 13
are thy gods, O Yehuda; and according to the number of the
streets of Yerushalayim have you set up altars to the shame-
ful thing, altars to burn incense to the Ba'al.   Therefore 14
pray not thou for this people, nor lift up a cry or prayer for
them : for I will not hear them at the time that they cry to me
for their trouble.   What has my beloved to do in my 15
house, seeing she has acted vilely with many, and the holy
flesh is passed from thee? when thou doest evil, then thou dost

טז תַעֲלֹז: זַ֤יִת רַֽעֲנָן֙ יְפֵ֣ה פְרִי־תֹ֔אַר קָרָ֥א יְהוָ֖ה שְׁמֵ֑ךְ לְק֣וֹל ׀ הֲמוּלָּ֣ה

יז גְדֹלָ֗ה הִצִּ֤ית אֵשׁ֙ עָלֶ֔יהָ וְרָעֻ֖ דָּֽלִיּוֹתָ֑יו: וַֽיהוָ֤ה צְבָאוֹת֙ הַנּוֹטֵ֣עַ

אוֹתָ֔ךְ דִּבֶּ֥ר עָלַ֖יִךְ רָעָ֑ה בִּ֠גְלַל רָעַ֨ת בֵּֽית־יִשְׂרָאֵ֜ל וּבֵ֣ית יְהוּדָ֗ה

אֲשֶׁ֨ר עָשׂ֥וּ לָהֶ֛ם לְהַכְעִסֵ֖נִי לְקַטֵּ֥ר לַבָּֽעַל:

יח וַֽיהוָ֥ה

הֽוֹדִיעַ֖נִי וָֽאֵדָ֑עָה אָ֥ז הִרְאִיתַ֖נִי מַעַלְלֵיהֶֽם: וַֽאֲנִ֥י כְּכֶ֣בֶשׂ

יט אַלּ֖וּף יוּבַ֣ל לִטְב֑וֹחַ וְלֹֽא־יָדַ֗עְתִּי כִּֽי־עָלַ֣י ׀ חָֽשְׁב֣וּ מַֽחֲשָׁב֗וֹת

נַשְׁחִ֨יתָה עֵ֤ץ בְּלַחְמ֙וֹ וְנִכְרְתֶ֨נּוּ֙ מֵאֶ֣רֶץ חַיִּ֔ים וּשְׁמ֖וֹ לֹֽא־

יִזָּכֵ֥ר עֽוֹד: וַֽיהוָ֤ה צְבָאוֹת֙ שֹׁפֵ֣ט צֶ֔דֶק בֹּחֵ֥ן כ

כְּלָי֖וֹת וָלֵ֑ב אֶרְאֶ֤ה נִקְמָֽתְךָ֙ מֵהֶ֔ם כִּ֥י אֵלֶ֖יךָ גִּלִּ֥יתִי אֶת־

רִיבִֽי: לָכֵ֗ן כֹּֽה־אָמַ֤ר יְהוָה֙ עַל־אַנְשֵׁ֣י עֲנָת֔וֹת כא

הַֽמְבַקְשִׁ֥ים אֶת־נַפְשְׁךָ֖ לֵאמֹ֑ר לֹ֤א תִנָּבֵא֙ בְּשֵׁ֣ם יְהוָ֔ה וְלֹ֥א

תָמ֖וּת בְּיָדֵֽנוּ:   לָכֵ֗ן כֹּ֤ה אָמַר֙ יְהוָ֣ה צְבָא֔וֹת הִנְנִ֖י כב

פֹקֵ֣ד עֲלֵיהֶ֑ם הַבַּֽחוּרִ֞ים יָמֻ֣תוּ בַחֶ֗רֶב בְּנֵיהֶם֙ וּבְנֽוֹתֵיהֶ֔ם יָמֻ֖תוּ

בָּֽרָעָֽב: וּשְׁאֵרִ֕ית לֹ֥א תִֽהְיֶ֖ה לָהֶ֑ם כִּֽי־אָבִ֥יא רָעָ֛ה אֶל־אַנְשֵׁ֥י כג

עֲנָת֖וֹת שְׁנַ֥ת פְּקֻדָּתָֽם: צַדִּ֤יק אַתָּה֙ יְהוָ֔ה כִּ֥י יב

אָרִ֖יב אֵלֶ֑יךָ אַ֤ךְ מִשְׁפָּטִים֙ אֲדַבֵּ֣ר אוֹתָ֔ךְ מַדּ֗וּעַ דֶּ֤רֶךְ רְשָׁעִים֙

צָלֵ֔חָה שָׁל֖וּ כָּל־בֹּ֥גְדֵי בָֽגֶד: נְטַעְתָּם֙ גַּם־שֹׁרָ֔שׁוּ יֵֽלְכ֖וּ גַּם־עָ֣שׂוּ ב

פֶ֑רִי קָר֤וֹב אַתָּה֙ בְּפִיהֶ֔ם וְרָח֖וֹק מִכִּלְיֽוֹתֵיהֶֽם: וְאַתָּ֤ה יְהוָה֙ ג

יְדַעְתָּ֔נִי תִּרְאֵ֕נִי וּבָֽחַנְתָּ֥ לִבִּ֖י אִתָּ֑ךְ הַתִּקֵם֙ כְּצֹ֣אן לְטִבְחָ֔ה

וְהַקְדִּשֵׁ֖ם לְי֥וֹם הֲרֵגָֽה: עַד־מָתַי֙ תֶּאֱבַ֣ל הָאָ֔רֶץ ד

וְעֵ֥שֶׂב כָּל־הַשָּׂדֶ֖ה יִיבָ֑שׁ מֵֽרָעַ֣ת יֹֽשְׁבֵי־בָ֗הּ סָֽפְתָ֤ה בְהֵמוֹת֙ וָע֔וֹף

כִּ֣י אָֽמְר֔וּ לֹ֥א יִרְאֶ֖ה אֶת־אַֽחֲרִיתֵֽנוּ: כִּ֣י אֶת־רַגְלִ֤ים ׀ רַ֨צְתָּה֙ וַיַּלְא֔וּךָ ה

וְאֵ֥יךְ תְּתַֽחֲרֶ֖ה אֶת־הַסּוּסִ֑ים וּבְאֶ֤רֶץ שָׁלוֹם֙ אַתָּ֣ה בוֹטֵ֔חַ וְאֵ֖יךְ

תַּֽעֲשֶׂ֖ה בִּגְא֥וֹן הַיַּרְדֵּֽן: כִּ֧י גַם־אַחֶ֣יךָ וּבֵֽית־אָבִ֗יךָ גַּם־הֵ֨מָּה֙ בָּ֣גְדוּ ו

בָ֔ךְ גַּם־הֵ֛מָּה קָֽרְא֥וּ אַֽחֲרֶ֖יךָ מָלֵ֑א אַל־תַּֽאֲמֵ֣ן בָּ֔ם כִּֽי־יְדַבְּר֥וּ

אֵלֶ֖יךָ טוֹבֽוֹת: עָזַ֨בְתִּי֙ אֶת־בֵּיתִ֔י נָטַ֖שְׁתִּי אֶת־ ז

נַֽחֲלָתִ֑י נָתַ֛תִּי אֶת־יְדִד֥וּת נַפְשִׁ֖י בְּכַ֥ף אֹֽיְבֶֽיהָ: הָֽיְתָה־לִּ֥י נַֽחֲלָתִ֖י ח

כְּאַרְיֵ֣ה בַיָּ֑עַר נָֽתְנָ֥ה עָלַ֛י בְּקוֹלָ֖הּ עַל־כֵּ֥ן שְׂנֵאתִֽיהָ: הַעַ֨יִט צָב֜וּעַ ט

נַֽחֲלָתִ֣י לִ֗י הַעַ֙יִט֙ סָבִ֣יב עָלֶ֔יהָ לְכ֗וּ אִסְפ֛וּ כָּל־חַיַּ֥ת הַשָּׂדֶ֖ה הֵתָ֥יוּ

לְאָכְלָֽה: רֹעִ֤ים רַבִּים֙ שִֽׁחֲת֣וּ כַרְמִ֔י בֹּֽסְס֖וּ אֶת־חֶלְקָתִ֑י נָֽתְנ֛וּ י

אֶת־חֶלְקַ֥ת חֶמְדָּתִ֖י לְמִדְבַּ֥ר שְׁמָמָֽה: שָׂמָהּ֙ לִשְׁמָמָ֔ה אָֽבְלָ֥ה יא

עָלַ֖י שְׁמֵמָ֑ה נָשַׁ֨מָּה֙ כָּל־הָאָ֔רֶץ כִּ֛י אֵ֥ין אִ֖ישׁ שָׂ֣ם עַל־לֵֽב: עַל־ יב

rejoice. The LORD called thy name, A green olive tree, fair 16
with goodly fruit: with the noise of a great tumult he has
kindled fire upon it, and the branches of it are broken. For 17
the LORD of hosts, that planted thee, has pronounced evil
against thee, because of the evil which the house of Yisra'el and
the house of Yehuda, have done to provoke me to anger in of-
fering incense to the Ba'al.   And the LORD has given me 18
knowledge of it, and I know it: then thou didst show me their
doings. But I was like a gentle lamb brought to the slaughter; 19
and I knew not that they had devised devices against me, say-
ing, Let us destroy the tree with its fruit, and let us cut him
off from the land of the living, that his name may be no more
remembered.   But, O LORD of hosts, that dost judge 20
righteously, that dost try the reins and the heart, let me see
thy vengeance on them: for to thee have I revealed my
cause.   Therefore thus says the LORD concerning the 21
men of 'Anatot, that seek thy life, saying, Prophesy not in the
name of the LORD, that thou die not by our hand: there- 22
fore thus says the LORD of hosts, Behold, I will punish them:
the young men shall die by the sword; their sons and their
daughters shall die by famine: and there shall be no remnant 23
of them: for I will bring evil upon the men of 'Anatot, the year
of their punishment.   Right wouldst thou be, O LORD, **12**
if I were to contend with thee: yet I will reason these points
of justice with thee: Why does the way of the wicked prosper?
why are all they happy that deal very treacherously? Thou 2
hast planted them, indeed, they have taken root: they grow,
indeed they bring forth fruit: thou art near in their mouth, and
far from their inward parts. But thou, O LORD, knowst me: 3
thou hast seen me, and tried my heart towards thee: pull them
out like sheep for the slaughter, and prepare them for the
day of slaughter.   How long shall the land mourn, and 4
the herbs of the whole field wither? for the wickedness of
them that dwell there, the beasts and the birds are consumed;
because they said, He shall not see our last end. If thou hast 5
run with the footmen, and they have wearied thee, then how
canst thou contend with horses? And dost thou feel secure
in the land of peace? how wilt thou do in the wild country of
the Yarden? For even thy brethren, and the house of thy 6
father, even they deal treacherously with thee: indeed, they
are in full cry after thee: believe them not, though they speak
fair words to thee.   I have forsaken my house, I have 7
left my heritage; I have given the dearly beloved of my soul
into the hand of her enemies. My heritage has become to me as 8
a lion in the forest; it cries out against me: therefore have I
hated it. My inheritance is a long clawed eagle to me. But the 9
eagle is round about her! Come, assemble together all the wild
beasts of the field, bring them to devour. Many shepherds have 10
destroyed my vineyard, they have trodden my portion under
foot, they have made my pleasant portion a desolate wilderness.
They have made it desolate, and being desolate it mourns to 11
me; the whole land is made desolate, because no man lays it
to heart. The spoilers are come upon all high hills through the 12

כָּל־שְׁפָיִם בַּמִּדְבָּר בָּאוּ שֹׁדְדִים כִּי חֶרֶב לַיהוָה אֹכְלָה מִקְצֵה

אֶרֶץ וְעַד־קְצֵה הָאָרֶץ אֵין שָׁלוֹם לְכָל־בָּשָׂר: זָרְעוּ חִטִּים

וְקֹצִים קָצָרוּ נֶחְלוּ לֹא יוֹעִלוּ וּבֹשׁוּ מִתְּבוּאֹתֵיכֶם מֵחֲרוֹן אַף־

יְהוָה: יג כֹּה ׀ אָמַר יְהוָה עַל־כָּל־שְׁכֵנַי הָרָעִים

הַנֹּגְעִים בַּנַּחֲלָה אֲשֶׁר־הִנְחַלְתִּי אֶת־עַמִּי אֶת־יִשְׂרָאֵל הִנְנִי

נֹתְשָׁם מֵעַל אַדְמָתָם וְאֶת־בֵּית יְהוּדָה אֶתּוֹשׁ מִתּוֹכָם: וְהָיָה ז

אַחֲרֵי נָתְשִׁי אוֹתָם אָשׁוּב וְרִחַמְתִּים וַהֲשִׁבֹתִים אִישׁ לְנַחֲלָתוֹ

וְאִישׁ לְאַרְצוֹ: וְהָיָה אִם־לָמֹד יִלְמְדוּ אֶת־דַּרְכֵי עַמִּי לְהִשָּׁבֵעַ

בִּשְׁמִי חַי־יְהוָה כַּאֲשֶׁר לִמְּדוּ אֶת־עַמִּי לְהִשָּׁבֵעַ בַּבַּעַל וְנִבְנוּ

בְּתוֹךְ עַמִּי: וְאִם לֹא יִשְׁמָעוּ וְנָתַשְׁתִּי אֶת־הַגּוֹי הַהוּא

נָתוֹשׁ וְאַבֵּד נְאֻם־יְהוָה: יג כֹּה־אָמַר יְהוָה אֵלַי

הָלוֹךְ וְקָנִיתָ לְּךָ אֵזוֹר פִּשְׁתִּים וְשַׂמְתּוֹ עַל־מָתְנֶיךָ וּבַמַּיִם

לֹא תְבִאֵהוּ: וָאֶקְנֶה אֶת־הָאֵזוֹר כִּדְבַר יְהוָה וָאָשִׂם עַל־ ב

מָתְנָי: ג וַיְהִי דְבַר־יְהוָה אֵלַי שֵׁנִית לֵאמֹר: קַח

אֶת־הָאֵזוֹר אֲשֶׁר קָנִיתָ אֲשֶׁר עַל־מָתְנֶיךָ וְקוּם לֵךְ פְּרָתָה

וְטָמְנֵהוּ שָׁם בִּנְקִיק הַסָּלַע: וָאֵלֵךְ וָאֶטְמְנֵהוּ בִּפְרָת כַּאֲשֶׁר צִוָּה ה

יְהוָה אוֹתִי: וַיְהִי מִקֵּץ יָמִים רַבִּים וַיֹּאמֶר יְהוָה אֵלַי קוּם לֵךְ ו

פְּרָתָה וְקַח מִשָּׁם אֶת־הָאֵזוֹר אֲשֶׁר צִוִּיתִיךָ לְטָמְנוֹ־שָׁם: וָאֵלֵךְ ז

פְּרָתָה וָאֶחְפֹּר וָאֶקַּח אֶת־הָאֵזוֹר מִן־הַמָּקוֹם אֲשֶׁר־טְמַנְתִּיו

שָׁמָּה וְהִנֵּה נִשְׁחַת הָאֵזוֹר לֹא יִצְלַח לַכֹּל: ח וַיְהִי

דְבַר־יְהוָה אֵלַי לֵאמֹר: כֹּה אָמַר יְהוָה כָּכָה אַשְׁחִית אֶת־גְּאוֹן ט

יְהוּדָה וְאֶת־גְּאוֹן יְרוּשָׁלִַם הָרָב: הָעָם הַזֶּה הָרָע הַמֵּאֲנִים ׀

לִשְׁמוֹעַ אֶת־דְּבָרַי הַהֹלְכִים בִּשְׁרִרוּת לִבָּם וַיֵּלְכוּ אַחֲרֵי אֱלֹהִים

אֲחֵרִים לְעָבְדָם וּלְהִשְׁתַּחֲוֹת לָהֶם וִיהִי כָּאֵזוֹר הַזֶּה אֲשֶׁר לֹא־

יִצְלַח לַכֹּל: כִּי כַּאֲשֶׁר יִדְבַּק הָאֵזוֹר אֶל־מָתְנֵי אִישׁ כֵּן הִדְבַּקְתִּי יא

אֵלַי אֶת־כָּל־בֵּית יִשְׂרָאֵל וְאֶת־כָּל־בֵּית יְהוּדָה נְאֻם־יְהוָה

לִהְיוֹת לִי לְעָם וּלְשֵׁם וְלִתְהִלָּה וּלְתִפְאָרֶת וְלֹא שָׁמֵעוּ: וְאָמַרְתָּ יב

אֲלֵיהֶם אֶת־הַדָּבָר הַזֶּה כֹּה־אָמַר יְהוָה אֱלֹהֵי יִשְׂרָאֵל כָּל־

נֵבֶל יִמָּלֵא יָיִן וְאָמְרוּ אֵלֶיךָ הֲיָדֹעַ לֹא נֵדַע כִּי

כָל־נֵבֶל יִמָּלֵא יָיִן: וְאָמַרְתָּ אֲלֵיהֶם כֹּה־אָמַר יְהוָה הִנְנִי מְמַלֵּא יג

אֶת־כָּל־יֹשְׁבֵי הָאָרֶץ הַזֹּאת וְאֶת־הַמְּלָכִים הַיֹּשְׁבִים לְדָוִד

עַל־כִּסְאוֹ וְאֶת־הַכֹּהֲנִים וְאֶת־הַנְּבִיאִים וְאֵת כָּל־יֹשְׁבֵי

יְרוּשָׁלִָם שִׁכָּרוֹן: וְנִפַּצְתִּים אִישׁ אֶל־אָחִיו וְהָאָבוֹת וְהַבָּנִים יד

יַחְדָּו נְאֻם־יְהוָה לֹא־אֶחְמוֹל וְלֹא־אָחוּס וְלֹא אֲרַחֵם

מֵהַשְׁחִיתָם: שִׁמְעוּ וְהַאֲזִינוּ אַל־תִּגְבָּהוּ כִּי

יְהוָה דִּבֵּר: תְּנוּ לַיהוָה אֱלֹהֵיכֶם כָּבוֹד בְּטֶרֶם יַחְשִׁךְ וּבְטֶרֶם טו

wilderness: for the sword of the Lord devours from the one end of the land to the other end of the land: no flesh has peace. They have sown wheat, but have reaped thorns: they 13 have put themselves to pain, but shall not profit: be then ashamed of your harvests because of the fierce anger of the Lord.   Thus says the Lord against all my evil neigh- 14 bours, that touch the inheritance which I have caused my people Yisra'el to inherit; Behold, I will pluck them out of their land, and pluck out the house of Yehuda from among them. And it shall come to pass, after I have plucked them 15 out I will return, and have compassion on them, and will bring them back, every man to his heritage, and every man to his land. And it shall come to pass, if they will diligently learn 16 the ways of my people, to swear by my name, As the Lord lives; just as they taught my people to swear by the Ba'al; then shall they be built in the midst of my people. But if they 17 will not obey, I will utterly pluck up and destroy that nation, says the Lord.   Thus says the Lord to me, Go and get **13** thee a linen girdle, and put it upon thy loins, and put it not in water. So I got a girdle according to the word of the Lord, 2 and put in on my loins.   And the word of the Lord 3 came to me the second time, saying, Take the girdle that thou 4 hast got, which is upon thy loins, and arise, go to Perat, and hide it there in a hole of the rock. So I went, and hid it in 5 Perat, as the Lord commanded me. And it came to pass after 6 many days, that the Lord said to me, Arise, go to Perat, and take from there the girdle, which I commanded thee to hide there. Then I went to Perat, and dug, and took the girdle from 7 the place where I had hid it: and, behold, the girdle was spoilt, it was profitable for nothing.   Then the word 8 of the Lord came to me, saying, Thus says the Lord, After this 9 manner will I spoil the pride of Yehuda, and the great pride of Yerushalayim. This evil people, which refuse to hear my 10 words, which walk in the stubbornness of their heart, and go after other gods, to serve them, and to worship them, shall even be as this girdle, which is good for nothing. For as the 11 girdle cleaves to the loins of a man, so have I caused the whole house of Yisra'el and the whole house of Yehuda, to cleave to me, says the Lord ; that they might be to me for a people, and for a name, and for a praise, and for a glory : but they would not hear. Therefore thou shalt speak to them this word ; Thus 12 says the Lord God of Yisra'el, Every bottle shall be filled with wine;   and when they shall say to thee, Do we not certainly know that every bottle shall be filled with wine ? then shalt thou say to them, Thus says the Lord, Behold, I 13 will fill all the inhabitants of this land, even the kings of the house of David that sit upon his throne, and the priests, and the prophets, and all the inhabitants of Yerushalayim, with drunkenness. And I will dash them one against another. even 14 the fathers and the sons together, says the Lord: I will not pity, nor spare, nor have mercy, but destroy them.   Hear, 15 and give ear; be not proud: for the Lord has spoken. Give 16 glory to the Lord your God, before it grows dark, and before

יִתְנַגְּפוּ רַגְלֵיכֶם עַל־הָרֵי נָשֶׁף וְקִוִּיתֶם לְאוֹר וְשָׂמָהּ לְצַלְמָוֶת

וְשִׁית לַעֲרָפֶל: וְאִם לֹא תִשְׁמָעוּהָ בְּמִסְתָּרִים תִּבְכֶּה־נַפְשִׁי ושית

מִפְּנֵי גֵוָה וְדָמֹעַ תִּדְמַע וְתֵרַד עֵינִי דִּמְעָה כִּי נִשְׁבָּה עֵדֶר

יְהוָה: אֱמֹר לַמֶּלֶךְ וְלַגְּבִירָה הַשְׁפִּילוּ שֵׁבוּ כִּי ח

יָרַד מַרְאֲשׁוֹתֵיכֶם עֲטֶרֶת תִּפְאַרְתְּכֶם: עָרֵי הַנֶּגֶב סֻגְּרוּ וְאֵין ט

פֹּתֵחַ הָגְלָת יְהוּדָה כֻּלָּהּ הָגְלָת שְׁלוֹמִים: שְׂאִי כ

וְרָאִי עֵינֵיכֶם וּרְאִי הַבָּאִים מִצָּפוֹן אַיֵּה הָעֵדֶר נִתַּן־לָךְ צֹאן וראו

תִּפְאַרְתֵּךְ: מַה־תֹּאמְרִי כִּי־יִפְקֹד עָלַיִךְ וְאַתְּ לִמַּדְתְּ אֹתָם כא

עָלַיִךְ אַלֻּפִים לְרֹאשׁ הֲלוֹא חֲבָלִים יֹאחֱזוּךְ כְּמוֹ אֵשֶׁת לֵדָה:

וְכִי תֹאמְרִי בִּלְבָבֵךְ מַדּוּעַ קְרָאֻנִי אֵלֶּה בְּרֹב עֲוֺנֵךְ נִגְלוּ שׁוּלַיִךְ כב

נֶחְמְסוּ עֲקֵבָיִךְ: הֲיַהֲפֹךְ כּוּשִׁי עוֹרוֹ וְנָמֵר חֲבַרְבֻּרֹתָיו גַּם־אַתֶּם כג

תּוּכְלוּ לְהֵיטִיב לִמֻּדֵי הָרֵעַ: וַאֲפִיצֵם כְּקַשׁ־עוֹבֵר לְרוּחַ מִדְבָּר: כד

זֶה גוֹרָלֵךְ מְנָת־מִדַּיִךְ מֵאִתִּי נְאֻם־יְהוָה אֲשֶׁר שָׁכַחַתְּ אוֹתִי כה

וַתִּבְטְחִי בַּשָּׁקֶר: וְגַם־אֲנִי חָשַׂפְתִּי שׁוּלַיִךְ עַל־פָּנָיִךְ וְנִרְאָה כו

קְלוֹנֵךְ: נִאֻפַיִךְ וּמִצְהֲלוֹתַיִךְ זִמַּת זְנוּתֵךְ עַל־גְּבָעוֹת בַּשָּׂדֶה כז

רָאִיתִי שִׁקּוּצָיִךְ אוֹי לָךְ יְרוּשָׁלַ͏ִם לֹא תִטְהֲרִי אַחֲרֵי מָתַי

עֹד:

אֲשֶׁר הָיָה דְבַר־יְהוָה אֶל־יִרְמְיָהוּ עַל־ **יד**

דִּבְרֵי הַבַּצָּרוֹת: אָבְלָה יְהוּדָה וּשְׁעָרֶיהָ אֻמְלְלוּ קָדְרוּ לָאָרֶץ ב

וְצִוְחַת יְרוּשָׁלַ͏ִם עָלָתָה: וְאַדִּרֵיהֶם שָׁלְחוּ צְעִירֵיהֶם לַמָּיִם בָּאוּ צעיריהם ג

עַל־גֵּבִים לֹא־מָצְאוּ מַיִם שָׁבוּ כְלֵיהֶם רֵיקָם בֹּשׁוּ וְהָכְלְמוּ וְחָפוּ

רֹאשָׁם: בַּעֲבוּר הָאֲדָמָה חַתָּה כִּי לֹא־הָיָה גֶשֶׁם בָּאָרֶץ בֹּשׁוּ ד

אִכָּרִים חָפוּ רֹאשָׁם: כִּי גַם־אַיֶּלֶת בַּשָּׂדֶה יָלְדָה וְעָזוֹב כִּי לֹא־ ה

הָיָה דֶּשֶׁא: וּפְרָאִים עָמְדוּ עַל־שְׁפָיִם שָׁאֲפוּ רוּחַ כַּתַּנִּים כָּלוּ ו

עֵינֵיהֶם כִּי־אֵין עֵשֶׂב: אִם־עֲוֺנֵינוּ עָנוּ בָנוּ יְהוָה עֲשֵׂה לְמַעַן ז

שְׁמֶךָ כִּי־רַבּוּ מְשׁוּבֹתֵינוּ לְךָ חָטָאנוּ: מִקְוֵה יִשְׂרָאֵל מוֹשִׁיעוֹ ח

בְּעֵת צָרָה לָמָּה תִהְיֶה כְּגֵר בָּאָרֶץ וּכְאֹרֵחַ נָטָה לָלוּן: לָמָּה ט

תִהְיֶה כְּאִישׁ נִדְהָם כְּגִבּוֹר לֹא־יוּכַל לְהוֹשִׁיעַ וְאַתָּה בְקִרְבֵּנוּ

יְהוָה וְשִׁמְךָ עָלֵינוּ נִקְרָא אַל־תַּנִּחֵנוּ: כֹּה־אָמַר י

יְהוָה לָעָם הַזֶּה כֵּן אָהֲבוּ לָנוּעַ רַגְלֵיהֶם לֹא חָשָׂכוּ וַיהוָה לֹא

רָצָם עַתָּה יִזְכֹּר עֲוֺנָם וְיִפְקֹד חַטֹּאתָם: וַיֹּאמֶר יא

יְהוָה אֵלָי אַל־תִּתְפַּלֵּל בְּעַד־הָעָם הַזֶּה לְטוֹבָה: כִּי יָצֻמוּ אֵינֶנִּי יב

your feet stumble upon the mountains of twilight, and, while
you look for light, he turn it into the shadow of death, and
make it gross darkness. But if you will not hear it, my soul   17
shall weep in secret for your pride ; and my eye shall weep sore,
and run down with tears, because the LORD's flock is carried
away captive.   Say to the king and to the queen mother,   18
Humble yourselves, sit down: for your glorious crown has fall-
en from your head. The cities of the Negev shall be shut up,   19
and none shall open them: Yehuda shall be carried away cap-
tive entirely, it shall be wholly carried away captive.   Lift 20
up your eyes, and behold them that come from the north:
where is the flock that was given thee, thy beautiful flock?
What wilt thou say when he shall punish thee? for thou hast   21
taught them to be thy captains, as chief over thee: shall not
pangs take hold of thee, as a woman in travail ? And if thou   22
say in thy heart, Why come these things upon me ? For the
greatness of thy iniquity are thy skirts uncovered, and thy
heels made bare. Can the Kushite change his skin, or the leopard   23
his spots? then may you also do good, that are accustomed to
do evil. Therefore will I scatter them as the stubble that passes 24
away by the wind of the wilderness. This is thy lot, the por-   25
tion I have measured out to thee, says the LORD; because thou
hast forgotten me, and trusted in falsehood. Therefore will I   26
strip thy skirts about thy face, that thy shame may be seen.
I have seen thy adulteries, and thy neighings, thy disgusting   27
harlotry, and thy abominable idols on the hills in the field.
Woe to thee, O Yerushalayim! wilt thou not be made clean?
How much longer will it be?   The word of the LORD   **14**
that came to Yirmeyahu concerning the droughts. Yehuda   2
mourns, and its gates languish in gloom to the ground;
and the cry of Yerushalayim is gone up. And their nobles have   3
sent their little ones for water: they come to the pits, and find
no water; they return with their vessels empty; they are
ashamed and confounded, and cover their heads. Because of   4
the ground which is cracked, for there has been no rain on the
earth, the ploughmen are ashamed, they cover their heads. For   5
the hind also calves in the field, and forsakes its young, be-
cause there is no grass. And the wild asses stand in the high   6
places, they snuff up the wind like jackals ; their eyes fail, be-
cause there is no herbage. O LORD, though our iniquities testify   7
against us, do thou it for thy name's sake : for our back-
slidings are many ; we have sinned against thee. O the hope   8
of Yisra'el, its saviour in time of trouble, why shouldst thou
be as a stranger in the land, and as a wayfaring man that turns
aside to tarry for a night ? Why shouldst thou be as a man   9
surprised, as a mighty man that cannot save ? yet thou, O
LORD, art in the midst of us, and we are called by thy name ;
leave us not.   Thus says the LORD to this people, Thus   10
have they loved to wander, they have not restrained their feet,
therefore the LORD does not accept them ; he will now remember
their iniquity, and punish their sins.   Then said the LORD 11
to me, Pray not for this people for their good. When they   12
fast, I will not hear their cry ; and when they offer burnt offer-

שָׁמֵעַ אֶל־רִנָּתָם וְכִי יַעֲלוּ עֹלָה וּמִנְחָה אֵינֶנִּי רֹצָם כִּי בַּחֶרֶב

וּבָרָעָב וּבַדֶּבֶר אָנֹכִי מְכַלֶּה אוֹתָם: וָאֹמַר אֲהָהּ אֲדֹנָי יְהוִֹה הִנֵּה ג

הַנְּבִאִים אֹמְרִים לָהֶם לֹא־תִרְאוּ חֶרֶב וְרָעָב לֹא־יִהְיֶה לָכֶם

כִּי־שְׁלוֹם אֱמֶת אֶתֵּן לָכֶם בַּמָּקוֹם הַזֶּה: וַיֹּאמֶר ד

יְהוָֹה אֵלַי שֶׁקֶר הַנְּבִאִים נִבְּאִים בִּשְׁמִי לֹא שְׁלַחְתִּים וְלֹא

צִוִּיתִים וְלֹא דִבַּרְתִּי אֲלֵיהֶם חֲזוֹן שֶׁקֶר וְקֶסֶם וֶאֱלִול וְתַרְמוּת

לִבָּם הֵמָּה מִתְנַבְּאִים לָכֶם: לָכֵן כֹּה־אָמַר יְהוָֹה ה

עַל־הַנְּבִאִים הַנִּבְּאִים בִּשְׁמִי וַאֲנִי לֹא־שְׁלַחְתִּים וְהֵמָּה אֹמְרִים

חֶרֶב וְרָעָב לֹא יִהְיֶה בָּאָרֶץ הַזֹּאת בַּחֶרֶב וּבָרָעָב יִתַּמּוּ הַנְּבִאִים

הָהֵמָּה: וְהָעָם אֲשֶׁר־הֵמָּה נִבְּאִים לָהֶם יִהְיוּ מֻשְׁלָכִים בְּחֻצוֹת ו

יְרוּשָׁלַםִ מִפְּנֵי ׀ הָרָעָב וְהַחֶרֶב וְאֵין מְקַבֵּר לָהֵמָּה הֵמָּה נְשֵׁיהֶם

וּבְנֵיהֶם וּבְנֹתֵיהֶם וְשָׁפַכְתִּי עֲלֵיהֶם אֶת־רָעָתָם: וְאָמַרְתָּ אֲלֵיהֶם ז

אֶת־הַדָּבָר הַזֶּה תֵּרַדְנָה עֵינַי דִּמְעָה לַיְלָה וְיוֹמָם וְאַל־תִּדְמֶינָה

כִּי שֶׁבֶר גָּדוֹל נִשְׁבְּרָה בְּתוּלַת בַּת־עַמִּי מַכָּה נַחְלָה מְאֹד:

אִם־יָצָאתִי הַשָּׂדֶה וְהִנֵּה חַלְלֵי־חֶרֶב וְאִם בָּאתִי הָעִיר וְהִנֵּה ח

תַּחֲלוּאֵי רָעָב כִּי גַם־נָבִיא גַם־כֹּהֵן סָחֲרוּ אֶל־אֶרֶץ וְלֹא

יָדָעוּ:   הֲמָאֹס מָאַסְתָּ אֶת־יְהוּדָה אִם־בְּצִיּוֹן ט

גָּעֲלָה נַפְשֶׁךָ מַדּוּעַ הִכִּיתָנוּ וְאֵין לָנוּ מַרְפֵּא קַוֵּה לְשָׁלוֹם וְאֵין

טוֹב וּלְעֵת מַרְפֵּא וְהִנֵּה בְעָתָה: יָדַעְנוּ יְהוָֹה רִשְׁעֵנוּ עֲוֹן כ

אֲבוֹתֵינוּ כִּי חָטָאנוּ לָךְ: אַל־תִּנְאַץ לְמַעַן שִׁמְךָ אַל־תְּנַבֵּל כא

כִּסֵּא כְבוֹדֶךָ זְכֹר אַל־תָּפֵר בְּרִיתְךָ אִתָּנוּ: הֲיֵשׁ בְּהַבְלֵי כב

הַגּוֹיִם מַגְשִׁמִים וְאִם־הַשָּׁמַיִם יִתְּנוּ רְבִבִים הֲלֹא אַתָּה־

הוּא יְהוָֹה אֱלֹהֵינוּ וּנְקַוֶּה־לָּךְ כִּי־אַתָּה עָשִׂיתָ אֶת־כָּל־

אֵלֶּה: וַיֹּאמֶר יְהוָֹה אֵלַי אִם־יַעֲמֹד מֹשֶׁה טו א

וּשְׁמוּאֵל לְפָנַי אֵין נַפְשִׁי אֶל־הָעָם הַזֶּה שַׁלַּח מֵעַל־פָּנַי וְיֵצֵאוּ:

וְהָיָה כִּי־יֹאמְרוּ אֵלֶיךָ אָנָה נֵצֵא וְאָמַרְתָּ אֲלֵיהֶם כֹּה־אָמַר ב

יְהוָֹה אֲשֶׁר לַמָּוֶת לַמָּוֶת וַאֲשֶׁר לַחֶרֶב לַחֶרֶב וַאֲשֶׁר לָרָעָב

לָרָעָב וַאֲשֶׁר לַשְּׁבִי לַשֶּׁבִי: וּפָקַדְתִּי עֲלֵיהֶם אַרְבַּע מִשְׁפָּחוֹת ג

נְאֻם־יְהוָֹה אֶת־הַחֶרֶב לַהֲרֹג וְאֶת־הַכְּלָבִים לִסְחֹב וְאֶת־עוֹף

הַשָּׁמַיִם וְאֶת־בֶּהֱמַת הָאָרֶץ לֶאֱכֹל וּלְהַשְׁחִית: וּנְתַתִּים לְזַוֲעָה ד

לְכֹל מַמְלְכוֹת הָאָרֶץ בִּגְלַל מְנַשֶּׁה בֶן־יְחִזְקִיָּהוּ מֶלֶךְ יְהוּדָה

עַל אֲשֶׁר־עָשָׂה בִּירוּשָׁלָםִ: כִּי מִי־יַחְמֹל עָלַיִךְ יְרוּשָׁלַםִ וּמִי ה

יָנוּד לָךְ וּמִי יָסוּר לִשְׁאֹל לְשָׁלֹם לָךְ: אַתְּ נָטַשְׁתְּ אֹתִי נְאֻם־

ing and a meal offering, I will not accept them: but I will
consume them by the sword, and by the famine, and by the pes-
tilence. Then said I, Ah, LORD GOD! behold, the prophets say 13
to them, You shall not see the sword, neither shall you have
famine; but I will give you assured peace in this place.
Then the LORD said to me, The prophets prophesy lies 14
in my name: I sent them not, neither have I commanded them,
neither spoke I to them: they prophesy to you a false vision
and divination, and a thing of nought, and the deceit of their
own heart. Therefore thus says the LORD concerning 15
the prophets that prophesy in my name, and I sent them not,
yet they say, Sword and famine shall not be in this land; By
sword and famine shall those prophets be consumed. And the 16
people to whom they prophesy shall be cast out in the streets
of Yerushalayim because of the famine and the sword; and
they shall have none to bury them, neither them, their wives,
nor their sons, nor their daughters: for I will pour their
wickedness upon them. Therefore thou shalt say this word to 17
them; Let my eyes run down with tears night and day, and let
them not cease: for the virgin daughter of my people is broken
with a great wound, with a very grievous blow. If I go forth 18
into the field, then behold the slain with the sword! and if I
enter into the city, then behold those that are sick with famine!
for both prophet and priest go about into a land that they
know not. Hast thou utterly rejected Yehuda? has thy 19
soul despised Ẕiyyon? why hast thou smitten us, and there is
no healing for us? we looked for peace, and there is no good;
and for the time of healing, and behold terror! We acknowl- 20
edge, O LORD, our wickedness, the iniquity of our fathers:
for we have sinned against thee. Do not abhor us, for thy 21
name's sake, do not dishonour the throne of thy glory: re-
member, break not thy covenant with us. Are there any among 22
the worthless gods of the nations that can cause rain? or can
the heavens give showers? art not thou he, O LORD our GOD?
therefore we set our hope on thee: for thou hast made all
these things. Than said the LORD to me, Though Moshe **15**
and Shemu'el were to stand before me, my mind could not
incline towards this people: send them out of my sight, and
let them depart. And it shall come to pass, if they say to thee, 2
Whither shall we depart? then thou shalt tell them, Thus says
the LORD; Such as are for death, to death; and such as are
for the sword, to the sword; and such as are for the famine,
to the famine; and such as are for the captivity, to the cap-
tivity. And I will appoint over them four kinds of ravagers, 3
says the LORD: the sword to slay, and the dogs to drag away,
and the birds of the heaven, and the beasts of the earth, to
devour and destroy. And I will make them into a horror for 4
all the kingdoms of the earth, on account of Menashshe the
son of Yeḥizqiyyahu king of Yehuda, for that which he did
in Yerushalayim. For who shall have pity upon thee, O Yeru- 5
shalayim, or who shall bemoan thee? or who shall go aside
to ask how thou doest? Thou hast forsaken me, says the 6
LORD, thou art gone backward: therefore will I stretch out

יְהוָה אָחוֹר תֵּלֵכִי וָאֵט אֶת־יָדִי עָלַיִךְ וָאַשְׁחִיתֵךְ נִלְאֵיתִי

הִנָּחֵם: וָאֶזְרֵם בְּמִזְרֶה בְּשַׁעֲרֵי הָאָרֶץ שִׁכַּלְתִּי אִבַּדְתִּי אֶת־עַמִּי ז

מִדַּרְכֵיהֶם לוֹא שָׁבוּ: עָצְמוּ־לִי אַלְמְנֹתָו מֵחוֹל יַמִּים הֵבֵאתִי ח

לָהֶם עַל־אֵם בָּחוּר שֹׁדֵד בַּצׇּהֳרָיִם הִפַּלְתִּי עָלֶיהָ פִּתְאֹם עִיר

וּבֶהָלוֹת: אֻמְלְלָה יֹלֶדֶת הַשִּׁבְעָה נָפְחָה נַפְשָׁהּ בָּאָה שִׁמְשָׁהּ ט בָּא

בְּעֹד יוֹמָם בּוֹשָׁה וְחָפֵרָה וּשְׁאֵרִיתָם לַחֶרֶב אֶתֵּן לִפְנֵי אֹיְבֵיהֶם

נְאֻם־יְהוָה: אוֹי־לִי אִמִּי כִּי יְלִדְתִּנִי אִישׁ רִיב י

וְאִישׁ מָדוֹן לְכָל־הָאָרֶץ לֹא־נָשִׁיתִי וְלֹא־נָשׁוּ־בִי כֻּלֹּה

מְקַלְלַונִי: אָמַר יְהוָה אִם־לֹא שֵׁרֵותִךָ לְטוֹב אִם־לוֹא הִפְגַּעְתִּי יא שֵׁרִיתִךָ

בְךָ בְּעֵת רָעָה וּבְעֵת צָרָה אֶת־הָאֹיֵב: הֲיָרֹעַ בַּרְזֶל ׀ בַּרְזֶל יב

מִצָּפוֹן וּנְחֹשֶׁת: חֵילְךָ וְאוֹצְרֹתֶיךָ לָבַז אֶתֵּן לֹא בִמְחִיר וּבְכָל־ יג

חַטֹּאותֶיךָ וּבְכָל־גְּבוּלֶיךָ: וְהַעֲבַרְתִּי אֶת־אֹיְבֶיךָ בְּאֶרֶץ לֹא יד

יָדָעְתָּ כִּי־אֵשׁ קָדְחָה בְאַפִּי עֲלֵיכֶם תּוּקָד: אַתָּה טו

יָדַעְתָּ יְהוָה זׇכְרֵנִי וּפׇקְדֵנִי וְהִנָּקֶם לִי מֵרֹדְפַי אַל־לְאֶרֶךְ אַפְּךָ

תִּקָּחֵנִי דַּע שְׂאֵתִי עָלֶיךָ חֶרְפָּה: נִמְצְאוּ דְבָרֶיךָ וָאֹכְלֵם וַיְהִי טז דְבָרֶךָ

דְבָרְךָ לִי לְשָׂשׂוֹן וּלְשִׂמְחַת לְבָבִי כִּי־נִקְרָא שִׁמְךָ עָלַי יְהוָה

אֱלֹהֵי צְבָאוֹת: לֹא־יָשַׁבְתִּי בְסוֹד־מְשַׂחֲקִים וָאֶעְלֹז מִפְּנֵי יז

יָדְךָ בָּדָד יָשַׁבְתִּי כִּי־זַעַם מִלֵּאתָנִי: לָמָּה הָיָה כְאֵבִי נֶצַח יח

וּמַכָּתִי אֲנוּשָׁה מֵאֲנָה הֵרָפֵא הָיוֹ תִהְיֶה לִי כְּמוֹ אַכְזָב מַיִם לֹא

נֶאֱמָנוּ: לָכֵן כֹּה־אָמַר יְהוָה אִם־תָּשׁוּב וַאֲשִׁיבְךָ יט

לְפָנַי תַּעֲמֹד וְאִם־תּוֹצִיא יָקָר מִזּוֹלֵל כְּפִי תִהְיֶה יָשֻׁבוּ הֵמָּה

אֵלֶיךָ וְאַתָּה לֹא־תָשׁוּב אֲלֵיהֶם: וּנְתַתִּיךָ לָעָם הַזֶּה לְחוֹמַת כ

נְחֹשֶׁת בְּצוּרָה וְנִלְחֲמוּ אֵלֶיךָ וְלֹא־יוּכְלוּ לָךְ כִּי־אִתְּךָ אֲנִי

לְהוֹשִׁיעֲךָ וּלְהַצִּילֶךָ נְאֻם־יְהוָה: וְהִצַּלְתִּיךָ מִיַּד רָעִים וּפְדִתִיךָ כא

מִכַּף עָרִצִים: וַיְהִי דְבַר־יְהוָה אֵלַי לֵאמֹר: טז א

לֹא־תִקַּח לְךָ אִשָּׁה וְלֹא־יִהְיוּ לְךָ בָּנִים וּבָנוֹת בַּמָּקוֹם ב

הַזֶּה: כִּי־כֹה ׀ אָמַר יְהוָה עַל־הַבָּנִים וְעַל־ ג

הַבָּנוֹת הַיִּלּוֹדִים בַּמָּקוֹם הַזֶּה וְעַל־אִמֹּתָם הַיֹּלְדוֹת אוֹתָם וְעַל־

אֲבוֹתָם הַמּוֹלִדִים אוֹתָם בָּאָרֶץ הַזֹּאת: מְמוֹתֵי תַחֲלֻאִים יָמֻתוּ ד

לֹא יִסָּפְדוּ וְלֹא יִקָּבֵרוּ לְדֹמֶן עַל־פְּנֵי הָאֲדָמָה יִהְיוּ וּבַחֶרֶב

וּבָרָעָב יִכְלוּ וְהָיְתָה נִבְלָתָם לְמַאֲכָל לְעוֹף הַשָּׁמַיִם וּלְבֶהֱמַת

הָאָרֶץ: כִּי־כֹה ׀ אָמַר יְהוָה אַל־תָּבוֹא בֵּית ה

my hand against thee, and destroy thee ; I am weary of re-
lenting. And I will winnow them with a winnowing fork in   7
the gates of the land ; I will bereave them of children, I will
destroy my people, since they return not from their ways.
Their widows are increased to me above the sand of the seas :   8
I have brought upon them, upon the mothers of the young
men, a spoiler at noonday : I have caused tumult and terrors
to fall upon it suddenly. She that has born seven languishes: 9
she has fainted away; her sun is gone down while it was yet
day: she has been ashamed and confounded: and the residue
of them will I deliver to the sword before their enemies, says
the LORD.   Woe is me, my mother, that thou hast born   10
me a man of strife and a man of contention to the whole
earth ! I have neither lent, nor have men lent to me ; yet every
one of them curses me. The LORD said, Have I not provided   11
for thy welfare ; have I not made the enemy entreat thy inter-
cession, in the time of evil and in the time of affliction. Shall   12
iron break iron from the north, and brass. Thy substance and   13
thy treasures will I give to the spoil without price, and that
for all thy sins, even in all thy borders. And I will cause   14
thee to pass with thy enemies into a land which thou knowst
not : for a fire is kindled in my anger, which shall burn upon
you.   O LORD, thou knowst : remember me, and be   15
mindful of me, and revenge me of my persecutors ; take me
not away in thy long suffering : know that for thy sake I have
suffered insult. Thy words were found, and I did eat them ;   16
and thy word was to me the joy and rejoicing of my heart :
for I am called by thy name, O LORD GOD of hosts. I sat not   17
in the assembly of the merrymakers, nor rejoiced ; I sat alone
because of thy hand : for thou hast filled me with indignation.
Why is my pain perpetual, and my wound incurable, refusing   18
to be healed ? wilt thou be to me like a deceitful stream, like
waters that fail?   Therefore thus says the LORD, If thou   19
return, then will I bring thee back, and thou shalt stand before
me : and if thou bring out the precious from the vile, thou
shalt be as my mouth : let them return to thee; but return not
thou to them. And I will make thee to this people a fortified   20
wall of brass : and they shall fight against thee, but they shall
not prevail against thee : for I am with thee to save thee and
to deliver thee, says the LORD. And I will deliver thee out of   21
the hand of the wicked, and I will redeem thee out of the
hand of the terrible.   The word of the LORD came also   **16**
to me, saying, Thou shalt not take thee a wife, neither shalt   2
thou have sons or daughters in this place.   For thus says   3
the LORD concerning the sons and concerning the daughters
that are born in this place, and concerning their mothers that
bore them, and concerning their fathers that begot them in this
land ; they shall die of grievous deaths ; they shall not be   4
lamented ; neither shall they be buried ; but they shall be as
dung upon the face of the earth : and they shall be consumed
by the sword, and by famine ; and their carcasses shall be food
for the birds of the sky, and for the beasts of the earth.

          For thus says the LORD, Enter not into the house of   5

מִרְזֵ֗חַ וְאַל־תֵּלֵ֤ךְ לִסְפּוֹד֙ וְאַל־תָּנֹ֣ד לָהֶ֔ם כִּֽי־אָסַ֨פְתִּי אֶת־

שְׁלוֹמִ֜י מֵאֵ֧ת הָעָֽם־הַזֶּ֛ה נְאֻם־יְהוָ֖ה אֶת־הַחֶ֥סֶד וְאֶת־הָרַחֲמִֽים׃

ו וּמֵ֜תוּ גְדֹלִ֧ים וּקְטַנִּ֛ים בָּאָ֥רֶץ הַזֹּ֖את לֹ֣א יִקָּבֵ֑רוּ וְלֹֽא־יִסְפְּד֣וּ לָהֶ֗ם

ז וְלֹ֤א יִתְגֹּדַד֙ וְלֹ֣א יִקָּרֵ֣חַ לָהֶֽם׃ וְלֹֽא־יִפְרְס֥וּ לָהֶ֛ם עַל־אֵ֖בֶל

לְנַחֲמ֣וֹ עַל־מֵ֑ת וְלֹֽא־יַשְׁק֤וּ אוֹתָם֙ כּ֣וֹס תַּנְחוּמִ֔ים עַל־אָבִ֖יו

ח וְעַל־אִמּֽוֹ׃ וּבֵית־מִשְׁתֶּ֥ה לֹא־תָב֖וֹא לָשֶׁ֣בֶת אוֹתָ֑ם לֶאֱכֹ֥ל

ט וְלִשְׁתּֽוֹת׃ כִּי֩ כֹ֨ה אָמַ֜ר יְהוָ֤ה צְבָאוֹת֙ אֱלֹהֵ֣י

יִשְׂרָאֵ֔ל הִנְנִ֨י מַשְׁבִּ֜ית מִן־הַמָּק֥וֹם הַזֶּ֛ה לְעֵינֵיכֶ֖ם וּבִימֵיכֶ֑ם ק֣וֹל

י שָׂשׂ֣וֹן וְק֣וֹל שִׂמְחָ֗ה ק֥וֹל חָתָ֖ן וְק֥וֹל כַּלָּֽה׃ וְהָיָ֗ה כִּ֤י תַגִּיד֙ לָעָ֣ם

הַזֶּ֔ה אֵ֥ת כָּל־הַדְּבָרִ֖ים הָאֵ֑לֶּה וְאָמְר֣וּ אֵלֶ֗יךָ עַל־מֶה֩ דִבֶּ֨ר יְהוָ֤ה

עָלֵ֙ינוּ֙ אֵ֣ת כָּל־הָרָעָ֤ה הַגְּדוֹלָה֙ הַזֹּ֔את וּמֶ֤ה עֲוֺנֵ֙נוּ֙ וּמֶ֣ה חַטָּאתֵ֔נוּ

יא אֲשֶׁ֥ר חָטָ֖אנוּ לַֽיהוָ֥ה אֱלֹהֵֽינוּ׃ וְאָמַרְתָּ֣ אֲלֵיהֶ֗ם עַל֩ אֲשֶׁר־עָזְב֨וּ

אֲבוֹתֵיכֶ֤ם אוֹתִי֙ נְאֻם־יְהוָ֔ה וַיֵּ֣לְכ֔וּ אַחֲרֵ֖י אֱלֹהִ֣ים אֲחֵרִ֑ים

וַיַּעַבְד֣וּם וַיִּשְׁתַּחֲו֣וּ לָהֶ֔ם וְאֹתִ֣י עָזָ֔בוּ וְאֶת־תּוֹרָתִ֖י לֹ֥א שָׁמָֽרוּ׃

יב וְאַתֶּ֞ם הֲרֵעֹתֶ֤ם לַעֲשׂוֹת֙ מֵאֲב֣וֹתֵיכֶ֔ם וְהִנְּכֶ֣ם הֹלְכִ֗ים אִ֚ישׁ אַֽחֲרֵי֙

יג שְׁרִר֣וּת לִבּֽוֹ־הָרָ֔ע לְבִלְתִּ֖י שְׁמֹ֣עַ אֵלָֽי׃ וְהֵטַלְתִּ֣י אֶתְכֶ֗ם מֵעַל֙

הָאָ֣רֶץ הַזֹּ֔את עַל־הָאָ֕רֶץ אֲשֶׁ֙ר לֹ֣א יְדַעְתֶּ֔ם אַתֶּ֖ם וַאֲבֽוֹתֵיכֶ֑ם

וַעֲבַדְתֶּם־שָׁ֞ם אֶת־אֱלֹהִ֤ים אֲחֵרִים֙ יוֹמָ֣ם וָלַ֔יְלָה אֲשֶׁ֥ר לֹֽא־אֶתֵּ֥ן

יד לָכֶ֖ם חֲנִינָֽה׃ לָכֵ֛ן הִנֵּֽה־יָמִ֥ים בָּאִ֖ים נְאֻם־יְהוָ֑ה

וְלֹֽא־יֵאָמֵ֥ר עוֹד֙ חַי־יְהוָ֔ה אֲשֶׁ֧ר הֶעֱלָ֛ה אֶת־בְּנֵ֥י יִשְׂרָאֵ֖ל מֵאֶ֥רֶץ

טו מִצְרָֽיִם׃ כִּ֣י אִם־חַי־יְהוָ֗ה אֲשֶׁ֤ר הֶעֱלָה֙ אֶת־בְּנֵ֤י יִשְׂרָאֵל֙ מֵאֶ֣רֶץ

צָפ֔וֹן וּמִכֹּל֙ הָֽאֲרָצ֔וֹת אֲשֶׁ֥ר הִדִּיחָ֖ם שָׁ֑מָּה וַהֲשִׁבֹתִים֙ עַל־

טז אַדְמָתָ֔ם אֲשֶׁ֥ר נָתַ֖תִּי לַאֲבוֹתָֽם׃ הִנְנִ֨י שֹׁלֵ֜חַ

לְדַיָּגִ֥ים רַבִּ֛ים נְאֻם־יְהוָ֖ה וְדִיג֑וּם וְאַֽחֲרֵי־כֵ֗ן אֶשְׁלַח֙ לְרַבִּ֣ים

צַיָּדִ֔ים וְצָד֞וּם מֵעַ֤ל כָּל־הַר֙ וּמֵעַ֣ל כָּל־גִּבְעָ֔ה וּמִנְּקִיקֵ֖י הַסְּלָעִֽים׃

יז כִּ֤י עֵינַי֙ עַל־כָּל־דַּרְכֵיהֶ֔ם לֹ֥א נִסְתְּר֖וּ מִלְּפָנָ֑י וְלֹֽא־נִצְפַּ֥ן עֲוֺנָ֖ם

יח מִנֶּ֥גֶד עֵינָֽי׃ וְשִׁלַּמְתִּ֣י רִֽאשׁוֹנָ֗ה מִשְׁנֵ֤ה עֲוֺנָם֙ וְחַטָּאתָ֔ם עַ֖ל

חַלְּלָ֣ם אֶת־אַרְצִ֑י בְּנִבְלַ֤ת שִׁקּֽוּצֵיהֶם֙ וְתוֹעֲבוֹתֵיהֶ֔ם מָלְא֖וּ אֶת־

יט נַחֲלָתִֽי׃ יְהוָ֞ה עֻזִּ֧י וּמָעֻזִּ֛י וּמְנוּסִ֖י בְּי֣וֹם צָרָ֑ה אֵלֶ֗יךָ

גּוֹיִ֤ם יָבֹ֙אוּ֙ מֵֽאַפְסֵי־אָ֔רֶץ וְיֹאמְר֗וּ אַךְ־שֶׁ֙קֶר֙ נָחֲל֣וּ אֲבוֹתֵ֔ינוּ הֶ֖בֶל

כ וְאֵֽין־בָּ֥ם מוֹעִֽיל׃ הֲיַעֲשֶׂה־לּ֥וֹ אָדָ֖ם אֱלֹהִ֑ים וְהֵ֖מָּה לֹ֥א אֱלֹהִֽים׃

כא לָכֵן֙ הִנְנִ֣י מֽוֹדִיעָ֔ם בַּפַּ֣עַם הַזֹּ֔את אוֹדִיעֵ֖ם אֶת־יָדִ֣י וְאֶת־גְּבוּרָתִ֑י

א יז וְיָדְע֖וּ כִּֽי־שְׁמִ֥י יְהוָֽה׃ חַטַּ֣את יְהוּדָ֗ה כְּתוּבָ֛ה

בְּעֵ֥ט בַּרְזֶ֖ל בְּצִפֹּ֣רֶן שָׁמִ֑יר חֲרוּשָׁה֙ עַל־ל֣וּחַ לִבָּ֔ם וּלְקַרְנ֖וֹת

ב מִזְבְּחוֹתֵיכֶֽם׃ כִּזְכֹּ֤ר בְּנֵיהֶם֙ מִזְבְּחוֹתָ֔ם וַאֲשֵׁרֵיהֶ֖ם עַל־עֵ֣ץ רַעֲנָ֑ן

ג עַ֖ל גְּבָע֥וֹת הַגְּבֹהֽוֹת׃ הֲרָרִי֙ בַּשָּׂדֶ֔ה חֵילְךָ֥ כָל־אוֹצְרוֹתֶ֖יךָ לָבַ֑ז

mourning, neither go to lament nor bemoan them: for I have
taken away my peace from this people, says the LORD, both
love and mercy. Both the great and the small shall die in this 6
land: they shall not be buried, neither shall men lament for
them, nor gash themselves, nor make themselves bald for them:
neither shall men break bread for them during the mourning, 7
to comfort him for the dead; neither shall men give them the
cup of consolation to drink for his father or for his mother.
Thou shalt also not go into the house of feasting, to sit with 8
them to eat and to drink. For thus says the LORD of hosts, 9
the GOD of Yisra'el; Behold, I will cause to cease out of this
place before your eyes, and in your days, the voice of mirth,
and the voice of gladness, the voice of the bridegroom, and
the voice of the bride. And it shall come to pass, when thou 10
shalt tell this people all these words, and they shall say to
thee, Why has the LORD pronounced all this great evil against
us? or what is our iniquity? or what is our sin that we have
committed against the LORD our GOD? then shalt thou say 11
to them, Because your fathers have forsaken me, says the
LORD, and have walked after other gods, and have served them,
and have worshipped them, and have forsaken me, and have not
kept my Tora; and you have done worse than your fathers; 12
for, behold, you walk every one after the stubbornness of his
evil heart, that they may not hearken to me: therefore will 13
I cast you out of this land into a land that you know not,
neither you nor your fathers; and there shall you serve other
gods day and night; for I will show you no favour. There- 14
fore, behold, days are coming, says the LORD, when it shall no
more be said, As the LORD lives, that brought up the children
of Yisra'el out of the land of Miẕrayim; but, As the LORD lives, 15
that brought up the children of Yisra'el from the land of the
north, and from all the lands into which he had driven them:
and I will bring them back into their land that I gave to their
fathers. Behold, I will send for many fishers, says the 16
LORD, and they shall fish for them; and after will I send for
many hunters, and they shall hunt them out from every moun-
tain, and from every hill, and out of the clefts of the rocks.
For my eyes are upon all their ways: they are not hid from my 17
face, neither is their iniquity hid from my eyes. And first I 18
will recompense their iniquity and their sin double; because
they have profaned my land, they have filled my inheritance
with the carcasses of their detestable and abominable things.

O LORD, my strength, and my stronghold, and my refuge in 19
the day of affliction, nations shall come to thee from the ends of
the earth, and shall say, Surely our fathers have inherited lies,
vain idols, and things in which there is no profit. Shall a man 20
make gods to himself, and they are no gods? Therefore, behold, I 21
will make known to them this once, I will cause them to know
my hand and my might; and they shall know that my name is
The LORD. The sin of Yehuda is written with a pen of **17**
iron, and with the point of a diamond: it is graven upon the
tablet of their heart, and upon the horns of your altars. As they 2
remember their children so they remember their altars and
their asherim by the green trees upon the high hills. O moun- 3

ד אֶתֵּן בְּבָמֹתֶיךָ בְּחַטָּאת בְּכָל־גְּבוּלֶיךָ: וְשָׁמַטְתָּה וּבְךָ מִנַּחֲלָתְךָ
אֲשֶׁר נָתַתִּי לָךְ וְהַעֲבַדְתִּיךָ אֶת־אֹיְבֶיךָ בָּאָרֶץ אֲשֶׁר לֹא־יָדָעְתָּ
ה כִּי־אֵשׁ קְדַחְתֶּם בְּאַפִּי עַד־עוֹלָם תּוּקָד: כֹּה ׀
אָמַר יהוה אָרוּר הַגֶּבֶר אֲשֶׁר יִבְטַח בָּאָדָם וְשָׂם בָּשָׂר זְרֹעוֹ
ו וּמִן־יהוה יָסוּר לִבּוֹ: וְהָיָה כְּעַרְעָר בָּעֲרָבָה וְלֹא יִרְאֶה
כִּי־יָבוֹא טוֹב וְשָׁכַן חֲרֵרִים בַּמִּדְבָּר אֶרֶץ מְלֵחָה וְלֹא
ז תֵשֵׁב: בָּרוּךְ הַגֶּבֶר אֲשֶׁר יִבְטַח בַּיהוה וְהָיָה ט
ח יהוה מִבְטַחוֹ: וְהָיָה כְּעֵץ ׀ שָׁתוּל עַל־מַיִם וְעַל־יוּבַל יְשַׁלַּח
שָׁרָשָׁיו וְלֹא ירא כִּי־יָבֹא חֹם וְהָיָה עָלֵהוּ רַעֲנָן וּבִשְׁנַת בַּצֹּרֶת
ט לֹא יִדְאָג וְלֹא יָמִישׁ מֵעֲשׂוֹת פֶּרִי: עָקֹב הַלֵּב מִכֹּל וְאָנֻשׁ הוּא
י מִי יֵדָעֶנּוּ: אֲנִי יהוה חֹקֵר לֵב בֹּחֵן כְּלָיוֹת וְלָתֵת לְאִישׁ כִּדְרָכוֹ
יא כִּפְרִי מַעֲלָלָיו: קֹרֵא דָגַר וְלֹא יָלָד עֹשֶׂה עֹשֶׁר
יב וְלֹא בְמִשְׁפָּט בַּחֲצִי יָמָו יַעַזְבֶנּוּ וּבְאַחֲרִיתוֹ יִהְיֶה נָבָל: כִּסֵּא
יג כָּבוֹד מָרוֹם מֵרִאשׁוֹן מְקוֹם מִקְדָּשֵׁנוּ: מִקְוֵה יִשְׂרָאֵל יהוה כָּל־
עֹזְבֶיךָ יֵבֹשׁוּ יסורי בָּאָרֶץ יִכָּתֵבוּ כִּי עָזְבוּ מְקוֹר מַיִם־חַיִּים אֶת־ וְסוּרַי
יד יהוה: רְפָאֵנִי יהוה וְאֵרָפֵא הוֹשִׁיעֵנִי וְאִוָּשֵׁעָה כִּי
טו תְהִלָּתִי אָתָּה: הִנֵּה־הֵמָּה אֹמְרִים אֵלָי אַיֵּה דְבַר־יהוה יָבוֹא־
טז נָא: וַאֲנִי לֹא־אַצְתִּי מֵרֹעֶה אַחֲרֶיךָ וְיוֹם אָנוּשׁ לֹא הִתְאַוֵּיתִי
יז אַתָּה יָדָעְתָּ מוֹצָא שְׂפָתַי נֹכַח פָּנֶיךָ הָיָה: אַל־תִּהְיֵה־לִי
יח לִמְחִתָּה מַחֲסִי־אַתָּה בְּיוֹם רָעָה: יֵבֹשׁוּ רֹדְפַי וְאַל־אֵבֹשָׁה אָנִי
יֵחַתּוּ הֵמָּה וְאַל־אֵחַתָּה אָנִי הָבִיא עֲלֵיהֶם יוֹם רָעָה וּמִשְׁנֶה
יט שִׁבָּרוֹן שָׁבְרֵם: כֹּה־אָמַר יהוה אֵלַי הָלֹךְ
וְעָמַדְתָּ בְּשַׁעַר בְּנֵי־עם אֲשֶׁר יָבֹאוּ בוֹ מַלְכֵי יְהוּדָה וַאֲשֶׁר הָעָם
כ יֵצְאוּ בוֹ וּבְכֹל שַׁעֲרֵי יְרוּשָׁלִָם: וְאָמַרְתָּ אֲלֵיהֶם שִׁמְעוּ דְבַר־
יהוה מַלְכֵי יְהוּדָה וְכָל־יְהוּדָה וְכֹל יֹשְׁבֵי יְרוּשָׁלִַם הַבָּאִים
כא בַּשְּׁעָרִים הָאֵלֶּה: כֹּה אָמַר יהוה הִשָּׁמְרוּ בְּנַפְשׁוֹתֵיכֶם וְאַל־
כב תִּשְׂאוּ מַשָּׂא בְּיוֹם הַשַּׁבָּת וַהֲבֵאתֶם בְּשַׁעֲרֵי יְרוּשָׁלִָם: וְלֹא־
תוֹצִיאוּ מַשָּׂא מִבָּתֵּיכֶם בְּיוֹם הַשַּׁבָּת וְכָל־מְלָאכָה לֹא תַעֲשׂוּ
כג וְקִדַּשְׁתֶּם אֶת־יוֹם הַשַּׁבָּת כַּאֲשֶׁר צִוִּיתִי אֶת־אֲבוֹתֵיכֶם: וְלֹא
שָׁמְעוּ וְלֹא הִטּוּ אֶת־אָזְנָם וַיַּקְשׁוּ אֶת־עָרְפָּם לְבִלְתִּי שׁומע שְׁמוֹעַ
כד וּלְבִלְתִּי קַחַת מוּסָר: וְהָיָה אִם־שָׁמֹעַ תִּשְׁמְעוּן אֵלַי נְאֻם־יהוה
לְבִלְתִּי ׀ הָבִיא מַשָּׂא בְּשַׁעֲרֵי הָעִיר הַזֹּאת בְּיוֹם הַשַּׁבָּת וּלְקַדֵּשׁ
כה אֶת־יוֹם הַשַּׁבָּת לְבִלְתִּי עֲשׂוֹת־בָּהּ כָּל־מְלָאכָה: וּבָאוּ בְשַׁעֲרֵי

tain dweller in the fields, I will give thy substance and all thy treasures to the spoil; thy high places, because of sin, throughout all thy borders. And thou, even thyself, shalt discontinue 4 from thy heritage that I gave thee; and I will cause thee to serve thy enemies in the land which thou knowst not: for you have kindled a fire in my anger, which shall burn for ever.

Thus says the LORD; Cursed be the man who trusts in 5 man, and makes flesh his arm, and whose heart departs from the LORD. For he shall be like the juniper tree in the desert, 6 and shall not see when good comes; but shall inhabit the parched places in the wilderness, a salt land and not inhabited.

Blessed is the man who trusts in the LORD, and whose 7 hope the LORD is. For he shall be like a tree planted by the 8 waters, and that spreads out its roots by the river, and shall not see when the heat comes, but its leaf shall be green; and shall not be anxious in the year of drought, nor shall it cease from yielding fruit. The heart is deceitful above all things, and grievously weak: 9 who can know it? I, the LORD, search the heart, I try the inward 10 parts, even to give every man according to his ways, and according to the fruit of his doings.   As the partridge sits on 11 eggs, but hatches them not; so is he that gets riches, and not by right; he shall leave them in the midst of his days, and at his end shall be a fool. A glorious throne exalted from the be- 12 ginning is the place of our sanctuary. O LORD, the hope of Yis- 13 ra'el, all that forsake thee shall be ashamed, and they who depart from me shall be written in the earth, because they have forsaken the LORD, the fountain of living waters.

Heal me, O LORD, and I shall be healed; save me, and I 14 shall be saved: for thou art my praise. Behold, they say to me, 15 Where is the word of the LORD? let it come now. As for me, I 16 did not hasten to be a shepherd to follow thee: neither have I desired the woeful day; thou knowst: that which came out of my lips was before thee. Be not a terror to me: thou art 17 my hope in the day of evil. Let them be confounded that per- 18 secute me, but let me not be confounded: let them be dismayed, but let me not be dismayed: bring upon them the day of evil, and destroy them with double destruction.   Thus 19 said the LORD to me; Go and stand in the gate of the children of the people, by which the kings of Yehuda come in, and by which they go out, and in all the gates of Yerushalayim: and 20 say to them, Hear the word of the LORD, you kings of Yehuda, and all Yehuda, and all the inhabitants of Yerushalayim, that enter in by these gates: thus says the LORD; Take heed to your- 21 selves, and bear no burden on the sabbath day, nor bring it in by the gates of Yerushalayim; neither carry forth a burden out 22 of your houses on the sabbath day, neither do any work, but hallow the sabbath day, as I commanded your fathers. But 23 they obeyed not, neither inclined their ear, but made their neck stiff, that they might not hear, nor receive instruction. And it 24 shall come to pass, if you diligently hearken to me, says the LORD, to bring in no burden through the gates of this city on the sabbath day, but hallow the sabbath day, to do no work on it; then shall there enter into the gates of this city kings and 25 princes who sit upon the throne of David, riding in chariots

הָעִיר הַזֹּאת מְלָכִים ׀ וְשָׂרִים יֹשְׁבִים עַל־כִּסֵּא דָוִד רֹכְבִים ׀
בָּרֶכֶב וּבַסּוּסִים הֵמָּה וְשָׂרֵיהֶם אִישׁ יְהוּדָה וְיֹשְׁבֵי יְרוּשָׁלִָם
כו וְיָשְׁבָה הָעִיר הַזֹּאת לְעוֹלָם: וּבָאוּ מֵעָרֵי־יְהוּדָה וּמִסְּבִיבוֹת
יְרוּשָׁלִַם וּמֵאֶרֶץ בִּנְיָמִן וּמִן־הַשְּׁפֵלָה וּמִן־הָהָר וּמִן־הַנֶּגֶב
מְבִאִים עוֹלָה וְזֶבַח וּמִנְחָה וּלְבוֹנָה וּמְבִאֵי תוֹדָה בֵּית יְהוָה:
כז וְאִם־לֹא תִשְׁמְעוּ אֵלַי לְקַדֵּשׁ אֶת־יוֹם הַשַּׁבָּת וּלְבִלְתִּי ׀ שְׂאֵת
מַשָּׂא וּבֹא בְּשַׁעֲרֵי יְרוּשָׁלִַם בְּיוֹם הַשַּׁבָּת וְהִצַּתִּי אֵשׁ בִּשְׁעָרֶיהָ
יח א וְאָכְלָה אַרְמְנוֹת יְרוּשָׁלִַם וְלֹא תִכְבֶּה: הַדָּבָר
ב אֲשֶׁר הָיָה אֶל־יִרְמְיָהוּ מֵאֵת יְהוָה לֵאמֹר: קוּם וְיָרַדְתָּ בֵּית
ג הַיּוֹצֵר וְשָׁמָּה אַשְׁמִיעֲךָ אֶת־דְּבָרָי: וָאֵרֵד בֵּית הַיּוֹצֵר וְהִנֵּהוּ וְהִנֵּה־הוּא
ד עֹשֶׂה מְלָאכָה עַל־הָאָבְנָיִם: וְנִשְׁחַת הַכְּלִי אֲשֶׁר הוּא עֹשֶׂה
בַּחֹמֶר בְּיַד הַיּוֹצֵר וְשָׁב וַיַּעֲשֵׂהוּ כְּלִי אַחֵר כַּאֲשֶׁר יָשַׁר
ה בְּעֵינֵי הַיּוֹצֵר לַעֲשׂוֹת: וַיְהִי דְבַר־יְהוָה אֵלַי
ו לֵאמוֹר: הֲכַיּוֹצֵר הַזֶּה לֹא־אוּכַל לַעֲשׂוֹת לָכֶם בֵּית יִשְׂרָאֵל
נְאֻם־יְהוָה הִנֵּה כַחֹמֶר בְּיַד הַיּוֹצֵר כֵּן־אַתֶּם בְּיָדִי בֵּית
ז יִשְׂרָאֵל: רֶגַע אֲדַבֵּר עַל־גּוֹי וְעַל־מַמְלָכָה
ח לִנְתוֹשׁ וְלִנְתוֹץ וּלְהַאֲבִיד: וְשָׁב הַגּוֹי הַהוּא מֵרָעָתוֹ אֲשֶׁר
דִּבַּרְתִּי עָלָיו וְנִחַמְתִּי עַל־הָרָעָה אֲשֶׁר חָשַׁבְתִּי לַעֲשׂוֹת
ט לוֹ: וְרֶגַע אֲדַבֵּר עַל־גּוֹי וְעַל־מַמְלָכָה לִבְנֹת
י וְלִנְטֹעַ: וְעָשָׂה הָרַעה בְּעֵינַי לְבִלְתִּי שְׁמֹעַ בְּקוֹלִי וְנִחַמְתִּי עַל־ הָרַע
יא הַטּוֹבָה אֲשֶׁר אָמַרְתִּי לְהֵיטִיב אוֹתוֹ: וְעַתָּה אֱמָר־נָא אֶל־
אִישׁ־יְהוּדָה וְעַל־יוֹשְׁבֵי יְרוּשָׁלִַם לֵאמֹר כֹּה אָמַר יְהוָה הִנֵּה
אָנֹכִי יוֹצֵר עֲלֵיכֶם רָעָה וְחֹשֵׁב עֲלֵיכֶם מַחֲשָׁבָה שׁוּבוּ נָא
יב אִישׁ מִדַּרְכּוֹ הָרָעָה וְהֵיטִיבוּ דַרְכֵיכֶם וּמַעַלְלֵיכֶם: וְאָמְרוּ
נוֹאָשׁ כִּי־אַחֲרֵי מַחְשְׁבוֹתֵינוּ נֵלֵךְ וְאִישׁ שְׁרִרוּת לִבּוֹ־הָרָע
יג נַעֲשֶׂה: לָכֵן כֹּה אָמַר יְהוָה שַׁאֲלוּ־נָא בַּגּוֹיִם מִי
יד שָׁמַע כָּאֵלֶּה שַׁעֲרֻרִת עָשְׂתָה מְאֹד בְּתוּלַת יִשְׂרָאֵל: הֲיַעֲזֹב
טו מִצּוּר שָׂדַי שֶׁלֶג לְבָנוֹן אִם־יִנָּתְשׁוּ מַיִם זָרִים קָרִים נוֹזְלִים: כִּי־
שְׁכֵחֻנִי עַמִּי לַשָּׁוְא יְקַטֵּרוּ וַיַּכְשִׁלוּם בְּדַרְכֵיהֶם שְׁבוּלֵי עוֹלָם שְׁבִילֵי
טז לָלֶכֶת נְתִיבוֹת דֶּרֶךְ לֹא סְלוּלָה: לָשׂוּם אַרְצָם לְשַׁמָּה
יז שְׁרוּקֹת עוֹלָם כֹּל עוֹבֵר עָלֶיהָ יִשֹּׁם וְיָנִיד בְּרֹאשׁוֹ: כְּרוּחַ־ שְׁרִיקוֹת
קָדִים אֲפִיצֵם לִפְנֵי אוֹיֵב עֹרֶף וְלֹא־פָנִים אַרְאֵם בְּיוֹם
יח אֵידָם: וַיֹּאמְרוּ לְכוּ וְנַחְשְׁבָה עַל־יִרְמְיָהוּ
מַחֲשָׁבוֹת כִּי לֹא־תֹאבַד תּוֹרָה מִכֹּהֵן וְעֵצָה מֵחָכָם וְדָבָר
מִנָּבִיא לְכוּ וְנַכֵּהוּ בַלָּשׁוֹן וְאַל־נַקְשִׁיבָה אֶל־כָּל־דְּבָרָיו:

and on horses, they, and their princes, the men of Yehuda, and the inhabitants of Yerushalayim: and this city shall remain for ever. And they shall come from the cities of Yehuda, and **26** from the places about Yerushalayim, and from the land of Binyamin, and from the coastal plain, and from the mountains, and from the Negev, bringing burnt offerings, and sacrifices, and meal offerings, and incense, and bringing sacrifices of praise, to the house of the LORD. But if you will not hearken to **27** me to hallow the sabbath day, and not to bear a burden, and if you enter in at the gates of Yerushalayim on the sabbath day; then will I kindle a fire in its gates, and it shall devour the palaces of Yerushalayim, and it shall not be quenched.   The **18** word which came to Yirmeyahu from the LORD, saying, Arise, **2** and go down to the potter's house, and there I will cause thee to hear my words. Then I went down to the potter's house, **3** and, behold, he was at work on the wheels. And the vessel that **4** he was making of clay was spoiled in the hand of the potter : so he made it again into another vessel, as it seemed good to the potter to make it.   Then the word of the LORD **5** came to me, saying, O house of Yisra'el, cannot I do with **6** you as this potter? says the LORD. Behold, as the clay is in the potter's hand, so are you in my hand, O house of Yisra'el.   At one time I speak concerning a nation, and **7** concerning a kingdom, to pluck up, and to pull down, or to destroy; but if that nation, against whom I have pronounced, **8** turn from their evil, I repent of the evil that I thought to do to them.   And at another time, I speak concerning a **9** nation, and concerning a kingdom, to build and to plant; but **10** if it do evil in my sight, that it obey not my voice, then I repent of the good, with which I said I would benefit them. Now therefore speak to the men of Yehuda, and to the in- **11** habitants of Yerushalayim, saying, Thus says the LORD; Behold, I frame evil against you, and devise a device against you: return now every one from his evil way, and amend your ways and your doings. And they said, There is no hope: but we will **12** walk after our own devices, and we will every one do after the stubbornness of his evil heart.   Therefore thus says **13** the LORD; Ask now among the heathen, who has heard such things: the virgin of Yisra'el has done a very horrible thing. Does the snow of Levanon fail from the crags of the fields ? **14** or do the far off cold and flowing waters cease to run ? but my **15** people have forgotten me; they burn incense to vain gods, and they stumble in their ways from the ancient paths, to walk in bypaths, in a way not levelled, to make their land an aston- **16** ishment, a perpetual hissing ; everyone that passes by it shall be astonished, and shake his head. I will scatter them as with **17** an east wind before the enemy; I will show them my back, and not my face, in the day of their calamity.   Then said they, **18** Come and let us contrive devices against Yirmeyahu ; for Tora shall not perish from the priest, nor counsel from the wise, nor the word from the prophet. Come, and let us smite him with

י הַקְשִׁיבָה יְהוָה אֵלָי וּשְׁמַע לְקוֹל יְרִיבָי: הַיְשֻׁלַּם תַּחַת־טוֹבָה
רָעָה כִּי־כָרוּ שׁוּחָה לְנַפְשִׁי זְכֹר ׀ עָמְדִי לְפָנֶיךָ לְדַבֵּר עֲלֵיהֶם

כא טוֹבָה לְהָשִׁיב אֶת־חֲמָתְךָ מֵהֶם: לָכֵן תֵּן אֶת־בְּנֵיהֶם לָרָעָב
וְהַגִּרֵם עַל־יְדֵי־חֶרֶב וְתִהְיֶנָה נְשֵׁיהֶם שַׁכֻּלוֹת וְאַלְמָנוֹת
וְאַנְשֵׁיהֶם יִהְיוּ הֲרֻגֵי מָוֶת בַּחוּרֵיהֶם מֻכֵּי־חֶרֶב בַּמִּלְחָמָה:

כב תִּשָּׁמַע זְעָקָה מִבָּתֵּיהֶם כִּי־תָבִיא עֲלֵיהֶם גְּדוּד פִּתְאֹם כִּי־כָרוּ

שׁוּחָה שׁוּחָה לְלָכְדֵנִי וּפַחִים טָמְנוּ לְרַגְלָי: וְאַתָּה יְהוָה יָדַעְתָּ אֶת־כָּל־
עֲצָתָם עָלַי לַמָּוֶת אַל־תְּכַפֵּר עַל־עֲוֺנָם וְחַטָּאתָם מִלְּפָנֶיךָ אַל־

ויהיו כה תֶּמְחִי וְיִהְיוּ מֻכְשָׁלִים לְפָנֶיךָ בְּעֵת אַפְּךָ עֲשֵׂה בָהֶם:
יט א כֹּה אָמַר יְהוָה הָלוֹךְ וְקָנִיתָ בַקְבֻּק יוֹצֵר חָרֶשׂ וּמִזִּקְנֵי הָעָם

ב וּמִזִּקְנֵי הַכֹּהֲנִים: וְיָצָאתָ אֶל־גֵּיא בֶן־הִנֹּם אֲשֶׁר פֶּתַח שַׁעַר

החרסית הַחַרְסוּת וְקָרָאתָ שָּׁם אֶת־הַדְּבָרִים אֲשֶׁר־אֲדַבֵּר אֵלֶיךָ:

ג וְאָמַרְתָּ שִׁמְעוּ דְבַר־יְהוָה מַלְכֵי יְהוּדָה וְיֹשְׁבֵי יְרוּשָׁלִָם כֹּה־
אָמַר יְהוָה צְבָאוֹת אֱלֹהֵי יִשְׂרָאֵל הִנְנִי מֵבִיא רָעָה עַל־הַמָּקוֹם

ד הַזֶּה אֲשֶׁר כָּל־שֹׁמְעָהּ תִּצַּלְנָה אָזְנָיו: יַעַן ׀ אֲשֶׁר עֲזָבֻנִי וַיְנַכְּרוּ
אֶת־הַמָּקוֹם הַזֶּה וַיְקַטְּרוּ־בוֹ לֵאלֹהִים אֲחֵרִים אֲשֶׁר לֹא־
יְדָעוּם הֵמָּה וַאֲבוֹתֵיהֶם וּמַלְכֵי יְהוּדָה וּמָלְאוּ אֶת־הַמָּקוֹם הַזֶּה

ה דָּם נְקִיִּם: וּבָנוּ אֶת־בָּמוֹת הַבַּעַל לִשְׂרֹף אֶת־בְּנֵיהֶם בָּאֵשׁ
עֹלוֹת לַבָּעַל אֲשֶׁר לֹא־צִוִּיתִי וְלֹא דִבַּרְתִּי וְלֹא עָלְתָה

ו עַל־לִבִּי: לָכֵן הִנֵּה־יָמִים בָּאִים נְאֻם־יְהוָה וְלֹא־
יִקָּרֵא לַמָּקוֹם הַזֶּה עוֹד הַתֹּפֶת וְגֵיא בֶן־הִנֹּם כִּי אִם־גֵּיא

ז הַהֲרֵגָה: וּבַקֹּתִי אֶת־עֲצַת יְהוּדָה וִירוּשָׁלִַם בַּמָּקוֹם הַזֶּה
וְהִפַּלְתִּים בַּחֶרֶב לִפְנֵי אֹיְבֵיהֶם וּבְיַד מְבַקְשֵׁי נַפְשָׁם וְנָתַתִּי אֶת־

ח נִבְלָתָם לְמַאֲכָל לְעוֹף הַשָּׁמַיִם וּלְבֶהֱמַת הָאָרֶץ: וְשַׂמְתִּי אֶת־
הָעִיר הַזֹּאת לְשַׁמָּה וְלִשְׁרֵקָה כֹּל עֹבֵר עָלֶיהָ יִשֹּׁם וְיִשְׁרֹק עַל־

ט כָּל־מַכֹּתֶהָ: וְהַאֲכַלְתִּים אֶת־בְּשַׂר בְּנֵיהֶם וְאֵת בְּשַׂר בְּנֹתֵיהֶם
וְאִישׁ בְּשַׂר־רֵעֵהוּ יֹאכֵלוּ בְּמָצוֹר וּבְמָצוֹק אֲשֶׁר יָצִיקוּ לָהֶם

י אֹיְבֵיהֶם וּמְבַקְשֵׁי נַפְשָׁם: וְשָׁבַרְתָּ הַבַּקְבֻּק לְעֵינֵי הָאֲנָשִׁים
הַהֹלְכִים אוֹתָךְ: וְאָמַרְתָּ אֲלֵיהֶם כֹּה־אָמַר ׀ יְהוָה צְבָאוֹת כָּכָה

יא אֶשְׁבֹּר אֶת־הָעָם הַזֶּה וְאֶת־הָעִיר הַזֹּאת כַּאֲשֶׁר יִשְׁבֹּר אֶת־
כְּלִי הַיּוֹצֵר אֲשֶׁר לֹא־יוּכַל לְהֵרָפֵה עוֹד וּבְתֹפֶת יִקְבְּרוּ מֵאֵין

יב מָקוֹם לִקְבּוֹר: כֵּן־אֶעֱשֶׂה לַמָּקוֹם הַזֶּה נְאֻם־יְהוָה וּלְיֹשְׁבָיו
וְלָתֵת אֶת־הָעִיר הַזֹּאת כְּתֹפֶת: וְהָיוּ בָתֵּי יְרוּשָׁלִַם וּבָתֵּי

יג מַלְכֵי יְהוּדָה כִּמְקוֹם הַתֹּפֶת הַטְּמֵאִים לְכֹל הַבָּתִּים אֲשֶׁר
קִטְּרוּ עַל־גַּגֹּתֵיהֶם לְכֹל צְבָא הַשָּׁמַיִם וְהַסֵּךְ נְסָכִים לֵאלֹהִים

19 the tongue, and let us not give heed to any of his words. Give
heed to me, O Lord, and hearken to the voice of them that
20 contend with me. Shall evil be recompensed for good? for they
have dug a pit for my soul. Remember that I stood before thee
to speak good for them, and to turn away thy wrath from them.
21 Therefore deliver up their children to the famine, and pour out
their blood by the sword; and let their wives be bereaved of
their children, and be widows; and let their men be put to
22 death; let their young men be slain by the sword in battle. Let
a cry be heard from their houses, when thou shalt bring a troop
suddenly upon them: for they have dug a pit to take me, and
23 hid snares for my feet. Yet, Lord, thou knowst all their counsel
against me to slay me: forgive not their iniquity, neither blot
out their sin from thy sight, but let them be overthrown before
thee; deal thus with them in the time of thy anger.

19 Thus
says the Lord, Go and get a potter's earthen bottle, and take
of the elders of the people, and of the elders of the priests;
2 and go out into the valley of Ben-hinnom, which is by the entry
of the gate of Harsit, and proclaim there the words that I shall
3 tell thee, And say, Hear the word of the Lord, O kings of
Yehuda, and inhabitants of Yerushalayim; Thus says the Lord
of hosts, the God of Yisra'ēl; Behold, I will bring evil upon this
4 place, which whoever hears it, his ears shall tingle. Because
they have forsaken me, and have estranged this place, and have
burned incense in it to other gods, whom neither they nor their
fathers have known, nor the kings of Yehuda, and have filled
5 this place with the blood of innocents; they have built also the
high places of the Ba'al, to burn their sons with fire for burnt
offerings to the Ba'al, which I commanded not, nor spoke it,
6 neither came it into my mind: therefore, behold, days
are coming, says the Lord, when this place shall no more be
called Tofet, nor The valley of Ben-hinnom, but The valley of
7 Slaughter. And I will make void the counsel of Yehuda and
Yerushalayim in this place; and I will cause them to fall by
the sword before their enemies, and by the hands of them that
seek their lives: and their carcasses will I give to be food for
8 the birds of the sky, and for the beasts of the earth. And I
will make this city desolate, and a hissing; every one that
passes by it shall be astonished and hiss because of all its
9 disasters. And I will cause them to eat the flesh of their sons
and the flesh of their daughters, and they shall eat every one
the flesh of his friend, in the siege and in the distress, with
which their enemies, and they that seek their lives, shall afflict
10 them. Then shalt thou break the bottle in the sight of the men
11 that go with thee, And shalt say to them, Thus says the Lord
of hosts; Even so will I break this people and this city, as one
breaks a potter's vessel, that cannot be made whole again: and
they shall bury them in Tofet, till there be no place to bury.
12 Thus will I do to this place, says the Lord, and to its inhabitants,
13 and make this city as Tofet: and the houses of Yerushalayim,
and the houses of the kings of Yehuda, shall be defiled as the
place of the Tofet, with all the houses upon the roofs of which
they have burned incense to all the host of heaven, and have

אֲחֵרִים: וַיָּבֹא יִרְמְיָהוּ מֵהַתֹּפֶת אֲשֶׁר שְׁלָחוֹ יד

יְהוָה שָׁם לְהִנָּבֵא וַיַּעֲמֹד בַּחֲצַר בֵּית־יְהוָה וַיֹּאמֶר אֶל־כָּל־

הָעָם: כֹּה־אָמַר יְהוָה צְבָאוֹת אֱלֹהֵי יִשְׂרָאֵל טו

הִנְנִי מֵבִי אֶל־הָעִיר הַזֹּאת וְעַל־כָּל־עָרֶיהָ אֵת כָּל־הָרָעָה

אֲשֶׁר דִּבַּרְתִּי עָלֶיהָ כִּי הִקְשׁוּ אֶת־עָרְפָּם לְבִלְתִּי שְׁמוֹעַ אֶת־

דְּבָרָי: וַיִּשְׁמַע פַּשְׁחוּר בֶּן־אִמֵּר הַכֹּהֵן וְהוּא־פָקִיד נָגִיד בְּבֵית כ א

יְהוָה אֶת־יִרְמְיָהוּ נִבָּא אֶת־הַדְּבָרִים הָאֵלֶּה: וַיַּכֶּה פַּשְׁחוּר אֵת ב

יִרְמְיָהוּ הַנָּבִיא וַיִּתֵּן אֹתוֹ עַל־הַמַּהְפֶּכֶת אֲשֶׁר בְּשַׁעַר בִּנְיָמִן

הָעֶלְיוֹן אֲשֶׁר בְּבֵית יְהוָה: וַיְהִי מִמָּחֳרָת וַיֹּצֵא פַשְׁחוּר אֶת־ ג

יִרְמְיָהוּ מִן־הַמַּהְפָּכֶת וַיֹּאמֶר אֵלָיו יִרְמְיָהוּ לֹא פַשְׁחוּר קָרָא

יְהוָה שְׁמֶךָ כִּי אִם־מָגוֹר מִסָּבִיב: כִּי כֹה ד

אָמַר יְהוָה הִנְנִי נֹתֶנְךָ לְמָגוֹר לְךָ וּלְכָל־אֹהֲבֶיךָ וְנָפְלוּ בְּחֶרֶב

אֹיְבֵיהֶם וְעֵינֶיךָ רֹאוֹת וְאֶת־כָּל־יְהוּדָה אֶתֵּן בְּיַד מֶלֶךְ־בָּבֶל

וְהִגְלָם בָּבֶלָה וְהִכָּם בֶּחָרֶב: וְנָתַתִּי אֶת־כָּל־חֹסֶן הָעִיר ה

הַזֹּאת וְאֶת־כָּל־יְגִיעָהּ וְאֶת־כָּל־יְקָרָהּ וְאֵת כָּל־אוֹצְרוֹת

מַלְכֵי יְהוּדָה אֶתֵּן בְּיַד אֹיְבֵיהֶם וּבְזָזוּם וּלְקָחוּם וֶהֱבִיאוּם

בָּבֶלָה: וְאַתָּה פַשְׁחוּר וְכֹל יֹשְׁבֵי בֵיתֶךָ תֵּלְכוּ בַּשֶּׁבִי וּבָבֶל ו

תָּבוֹא וְשָׁם תָּמוּת וְשָׁם תִּקָּבֵר אַתָּה וְכָל־אֹהֲבֶיךָ אֲשֶׁר־נִבֵּאתָ

לָהֶם בַּשָּׁקֶר: פִּתִּיתַנִי יְהוָה וָאֶפָּת חֲזַקְתַּנִי וַתּוּכָל ז

הָיִיתִי לִשְׂחוֹק כָּל־הַיּוֹם כֻּלֹּה לֹעֵג לִי: כִּי־מִדֵּי אֲדַבֵּר אֶזְעָק ח

חָמָס וָשֹׁד אֶקְרָא כִּי־הָיָה דְבַר־יְהוָה לִי לְחֶרְפָּה וּלְקֶלֶס כָּל־

הַיּוֹם: וְאָמַרְתִּי לֹא־אֶזְכְּרֶנּוּ וְלֹא־אֲדַבֵּר עוֹד בִּשְׁמוֹ וְהָיָה בְלִבִּי ט

כְּאֵשׁ בֹּעֶרֶת עָצֻר בְּעַצְמֹתָי וְנִלְאֵיתִי כַּלְכֵל וְלֹא אוּכָל: כִּי י

שָׁמַעְתִּי דִּבַּת רַבִּים מָגוֹר מִסָּבִיב הַגִּידוּ וְנַגִּידֶנּוּ כֹּל אֱנוֹשׁ

שְׁלֹמִי שֹׁמְרֵי צַלְעִי אוּלַי יְפֻתֶּה וְנוּכְלָה לוֹ וְנִקְחָה נִקְמָתֵנוּ

מִמֶּנּוּ: וַיהוָה אוֹתִי כְּגִבּוֹר עָרִיץ עַל־כֵּן רֹדְפַי יִכָּשְׁלוּ יא

וְלֹא יֻכָלוּ בֹּשׁוּ מְאֹד כִּי־לֹא הִשְׂכִּילוּ כְּלִמַּת עוֹלָם לֹא

תִשָּׁכֵחַ: וַיהוָה צְבָאוֹת בֹּחֵן צַדִּיק רֹאֶה כְלָיוֹת וָלֵב אֶרְאֶה יב

נִקְמָתְךָ מֵהֶם כִּי אֵלֶיךָ גִּלִּיתִי אֶת־רִיבִי: שִׁירוּ יג

לַיהוָה הַלְלוּ אֶת־יְהוָה כִּי הִצִּיל אֶת־נֶפֶשׁ אֶבְיוֹן מִיַּד

מְרֵעִים: אָרוּר הַיּוֹם אֲשֶׁר יֻלַּדְתִּי בּוֹ יוֹם אֲשֶׁר־ יד

יְלָדַתְנִי אִמִּי אַל־יְהִי בָרוּךְ: אָרוּר הָאִישׁ אֲשֶׁר בִּשַּׂר אֶת־אָבִי טו

לֵאמֹר יֻלַּד־לְךָ בֵּן זָכָר שַׂמֵּחַ שִׂמֳּחָהוּ: וְהָיָה הָאִישׁ הַהוּא טז

poured out drink offerings to other gods. Then came 14
Yirmeyahu from the Tofet, to which the LORD had sent him to
prophesy; and he stood in the court of the LORD's house; and
said to all the people, Thus says the LORD of hosts, the 15
GOD of Yisra'el; Behold, I will bring upon this city and upon all
her towns all the evil that I have pronounced against it, be-
cause they have made their necks stiff, that they might not
hear my words. Now Pashḥur the son of Immer the priest, who 20
was also chief governor in the house of the LORD, heard that
Yirmeyahu prophesied these things. Then Pashḥur smote Yir- 2
meyahu the prophet, and put him in the stocks that were in the
high gate of Binyamin, which was by the house of the LORD.
And it came to pass on the morrow, that Pashḥur brought 3
Yirmeyahu out of the stocks. Then Yirmeyahu said to him, The
LORD has called thy name not Pashḥur, but Magor-missaviv
(Terror all Around.) For thus says the LORD, Behold, I 4
will make thee a terror to thyself, and to all thy friends: and
they shall fall by the sword of their enemies, and thy eyes
shall behold it: and I will give all Yehuda into the hand of
the king of Bavel, and he shall carry them captive into Bavel,
and shall slay them with the sword. Moreover I will deliver 5
all the wealth of this city, and all its gains, and all its pre-
cious things, and all the treasures of the kings of Yehuda will
I give into the hand of their enemies, who shall spoil them, and
take them, and carry them to Bavel. And thou, Pashḥur, and 6
all that dwell in thy house shall go into captivity: and thou
shalt come to Bavel, and there thou shalt die, and shalt be
buried there, thou, and all thy friends, to whom thou hast
prophesied lies. O LORD, thou didst persuade me, and 7
I was persuaded: thou art stronger than I, and hast prevailed:
I am in derision daily, every one mocks me. For whenever 8
I speak, I cry out aloud, I shout of violence and ruin; there-
fore the word of the LORD is made a reproach unto me, and a
derision all the day. Then I said, I will not make mention of 9
him, nor speak any more in his name. But his word was in my
heart like a burning fire shut up in my bones, and I am weary
with containing myself, and I cannot. Though I heard the cal- 10
umny of many, the terror all around. Denounce, and we will
denounce him, say my familiar friends as they watch for my
stumbling, Perhaps he will be persuaded, and we shall pre-
vail against him, and we shall take our revenge on him. But 11
the LORD is with me as a mighty terrible one: therefore my
persecutors shall stumble, and they shall not prevail: they shall
be greatly ashamed; for they shall not prosper: their everlast-
ing confusion shall never be forgotten. But, O LORD of hosts, 12
that triest the righteous, and seest the inward parts and the
heart, let me see thy vengeance on them: for to thee have I
opened my cause. Sing to the LORD, praise the LORD: 13
for he has delivered the soul of the needy from the hand of
evildoers. Cursed be the day on which I was born: 14
let not the day on which my mother bore me be blessed.
Cursed be the man who brought tidings to my father, saying, 15
A man child is born to thee; making him very glad. And let 16

כְּעָרִים אֲשֶׁר־הָפַךְ יְהוָה וְלֹא נִחָם וְשָׁמַע זְעָקָה בַּבֹּקֶר וּתְרוּעָה

בְּעֵת צָהֳרָיִם: אֲשֶׁר לֹא־מוֹתְתַנִי מֵרָחֶם וַתְּהִי־לִי אִמִּי קִבְרִי

וְרַחְמָה הֲרַת עוֹלָם: לָמָּה זֶּה מֵרֶחֶם יָצָאתִי לִרְאוֹת עָמָל

וְיָגוֹן וַיִּכְלוּ בְּבֹשֶׁת יָמָי:　　　הַדָּבָר אֲשֶׁר־הָיָה

אֶל־יִרְמְיָהוּ מֵאֵת יְהוָה בִּשְׁלֹחַ אֵלָיו הַמֶּלֶךְ צִדְקִיָּהוּ אֶת־

פַּשְׁחוּר בֶּן־מַלְכִּיָּה וְאֶת־צְפַנְיָה בֶן־מַעֲשֵׂיָה הַכֹּהֵן לֵאמֹר:

דְּרָשׁ־נָא בַעֲדֵנוּ אֶת־יְהוָה כִּי נְבוּכַדְרֶאצַּר מֶלֶךְ־בָּבֶל

נִלְחָם עָלֵינוּ אוּלַי יַעֲשֶׂה יְהוָה אוֹתָנוּ כְּכָל־נִפְלְאֹתָיו וְיַעֲלֶה

מֵעָלֵינוּ:　　　וַיֹּאמֶר יִרְמְיָהוּ אֲלֵיהֶם כֹּה תֹאמְרֻן

אֶל־צִדְקִיָּהוּ: כֹּה־אָמַר יְהוָה אֱלֹהֵי יִשְׂרָאֵל הִנְנִי מֵסֵב אֶת־

כְּלֵי הַמִּלְחָמָה אֲשֶׁר בְּיֶדְכֶם אֲשֶׁר אַתֶּם נִלְחָמִים בָּם אֶת־מֶלֶךְ

בָּבֶל וְאֶת־הַכַּשְׂדִּים הַצָּרִים עֲלֵיכֶם מִחוּץ לַחוֹמָה וְאָסַפְתִּי

אוֹתָם אֶל־תּוֹךְ הָעִיר הַזֹּאת: וְנִלְחַמְתִּי אֲנִי אִתְּכֶם בְּיָד נְטוּיָה

וּבִזְרוֹעַ חֲזָקָה וּבְאַף וּבְחֵמָה וּבְקֶצֶף גָּדוֹל: וְהִכֵּיתִי אֶת־יוֹשְׁבֵי

הָעִיר הַזֹּאת וְאֶת־הָאָדָם וְאֶת־הַבְּהֵמָה בְּדֶבֶר גָּדוֹל יָמֻתוּ:

וְאַחֲרֵי־כֵן נְאֻם־יְהוָה אֶתֵּן אֶת־צִדְקִיָּהוּ מֶלֶךְ־יְהוּדָה וְאֶת־

עֲבָדָיו וְאֶת־הָעָם וְאֶת־הַנִּשְׁאָרִים בָּעִיר הַזֹּאת מִן־הַדֶּבֶר ׀

מִן־הַחֶרֶב וּמִן־הָרָעָב בְּיַד נְבוּכַדְרֶאצַּר מֶלֶךְ־בָּבֶל וּבְיַד

אֹיְבֵיהֶם וּבְיַד מְבַקְשֵׁי נַפְשָׁם וְהִכָּם לְפִי־חֶרֶב לֹא־יָחוּס עֲלֵיהֶם

וְלֹא יַחְמֹל וְלֹא יְרַחֵם: וְאֶל־הָעָם הַזֶּה תֹּאמַר כֹּה אָמַר יְהוָה

הִנְנִי נֹתֵן לִפְנֵיכֶם אֶת־דֶּרֶךְ הַחַיִּים וְאֶת־דֶּרֶךְ הַמָּוֶת: הַיֹּשֵׁב בָּעִיר

הַזֹּאת יָמוּת בַּחֶרֶב וּבָרָעָב וּבַדָּבֶר וְהַיּוֹצֵא וְנָפַל עַל־הַכַּשְׂדִּים

הַצָּרִים עֲלֵיכֶם יִחְיֶה וְהָיְתָה־לּוֹ נַפְשׁוֹ לְשָׁלָל: כִּי־שַׂמְתִּי פָנַי

בָּעִיר הַזֹּאת לְרָעָה וְלֹא לְטוֹבָה נְאֻם־יְהוָה בְּיַד מֶלֶךְ־בָּבֶל

תִּנָּתֵן וּשְׂרָפָהּ בָּאֵשׁ:　　　וּלְבֵית מֶלֶךְ יְהוּדָה שִׁמְעוּ

דְּבַר־יְהוָה: בֵּית דָּוִד כֹּה אָמַר יְהוָה דִּינוּ לַבֹּקֶר מִשְׁפָּט

וְהַצִּילוּ גָזוּל מִיַּד עוֹשֵׁק פֶּן־תֵּצֵא כָאֵשׁ חֲמָתִי וּבָעֲרָה וְאֵין

מְכַבֶּה מִפְּנֵי רֹעַ מַעַלְלֵיהֶם: הִנְנִי אֵלַיִךְ יֹשֶׁבֶת הָעֵמֶק צוּר

הַמִּישֹׁר נְאֻם־יְהוָה הָאֹמְרִים מִי־יֵחַת עָלֵינוּ וּמִי יָבוֹא

בִּמְעוֹנוֹתֵינוּ: וּפָקַדְתִּי עֲלֵיכֶם כִּפְרִי מַעַלְלֵיכֶם נְאֻם־יְהוָה

וְהִצַּתִּי אֵשׁ בְּיַעְרָהּ וְאָכְלָה כָּל־סְבִיבֶיהָ:　　　כֹּה

אָמַר יְהוָה רֵד בֵּית־מֶלֶךְ יְהוּדָה וְדִבַּרְתָּ שָׁם אֶת־הַדָּבָר הַזֶּה:

וְאָמַרְתָּ שְׁמַע דְּבַר־יְהוָה מֶלֶךְ יְהוּדָה הַיֹּשֵׁב עַל־כִּסֵּא דָוִד

אַתָּה וַעֲבָדֶיךָ וְעַמְּךָ הַבָּאִים בַּשְּׁעָרִים הָאֵלֶּה: כֹּה ׀ אָמַר יְהוָה

that man be as the cities which the Lord overthrew, and re-
pented not: and let him hear a cry in the morning, and an
alarm at noontide; because he slew me not from the womb; 17
so that my mother might have been my grave, and her womb
always great. Why did I come out of the womb to see labour 18
and sorrow, that my days should be consumed with shame?

The word which came to Yirmeyahu from the Lord, when **21**
king Ẕidqiyyahu sent to him Pashḥur the son of Malkiyya
and Ẕefanya the son of Ma'aseya the priest, saying, Inquire, 2
I pray thee, of the Lord for us ; for Nevukhadreẕẕar, king of
Bavel is making war against us; perhaps the Lord will deal
with us according to all his wondrous works, so that he may
go up from us. Then said Yirmeyahu to them, Thus shall 3
you say to Ẕidqiyyahu; Thus says the Lord God of Yisra'el; 4
Behold, I will turn back the weapons of war that are in your
hands, with which you fight against the king of Bavel, and
against the Kasdim, who besiege you outside the walls, and I
will assemble them into the midst of this city. And I myself 5
will fight against you with an outstretched hand and with
a strong arm, even in anger, and in fury, and in great wrath.
And I will smite the inhabitants of this city, both man and 6
beast: they shall die of a great pestilence. And afterwards, 7
says the Lord, I will deliver Ẕidqiyyahu king of Yehuda, and
his servants, and the people, and such as are left over in this
city from the pestilence, from the sword, and from the famine,
into the hand of Nevukhadreẕẕar king of Bavel, and into the
hand of their enemies, and into the hand of those that seek
their life: and he shall smite them with the edge of the sword;
he shall not spare them, neither have pity, nor have mercy.
And to this people thou shalt say, Thus says the Lord; Behold, 8
I set before you the way of life, and the way of death. He that 9
abides in this city shall die by the sword, and by the famine,
and by the pestilence: but he that goes out, and falls away to
the Kasdim that besiege you, he shall live, and his life shall
be to him for booty. For I have set my face against this city 10
for evil, and not for good, says the Lord: it shall be given into
the hand of the king of Bavel, and he shall burn it with
fire. And to the house of the king of Yehuda, say, 11
Hear the word of the Lord; O house of David, thus says the 12
Lord; Execute judgment in the morning, and deliver him that
is robbed out of the hand of the oppressor, lest my fury go forth
like fire, and burn so that none can quench it, because of the
evil of your doings. Behold, I am against thee, O inhabitant 13
of the valley, O rock of the plain, says the Lord; who say,
Who shall come down against us? or who shall enter into our
habitations? But I will punish you according to the fruit of 14
your doings, says the Lord: and I will kindle a fire in her forest,
and it shall devour all that is round about her. Thus **22**
says the Lord; Go down to the house of the king of Yehuda,
and speak there this word, and say, Hear the word of the Lord, 2
O king of Yehuda, that sittest upon the throne of David, thou,
and thy servants, and thy people that enter in by these gates:
thus says the Lord; Execute judgment and righteousness, and 3

עֲשׂוּ מִשְׁפָּט וּצְדָקָה וְהַצִּילוּ גָזוּל מִיַּד עָשׁוֹק וְגֵר יָתוֹם וְאַלְמָנָה
ד אַל־תֹּנוּ אַל־תַּחְמֹסוּ וְדָם נָקִי אַל־תִּשְׁפְּכוּ בַּמָּקוֹם הַזֶּה: כִּי אִם־
עָשׂוֹ תַּעֲשׂוּ אֶת־הַדָּבָר הַזֶּה וּבָאוּ בְשַׁעֲרֵי הַבַּיִת הַזֶּה מְלָכִים
יֹשְׁבִים לְדָוִד עַל־כִּסְאוֹ רֹכְבִים בָּרֶכֶב וּבַסּוּסִים הוּא וַעֲבָדָו
ה וְעַמּוֹ: וְאִם לֹא תִשְׁמְעוּ אֶת־הַדְּבָרִים הָאֵלֶּה בִּי נִשְׁבַּעְתִּי
ו נְאֻם־יְהוָה כִּי־לְחָרְבָּה יִהְיֶה הַבַּיִת הַזֶּה: כִּי־
כֹה ׀ אָמַר יְהוָה עַל־בֵּית מֶלֶךְ יְהוּדָה גִּלְעָד אַתָּה לִי רֹאשׁ
ז הַלְּבָנוֹן אִם־לֹא אֲשִׁיתְךָ מִדְבָּר עָרִים לֹא נושבה: וְקִדַּשְׁתִּי נֹשָׁבוּ
עָלֶיךָ מַשְׁחִתִים אִישׁ וְכֵלָיו וְכָרְתוּ מִבְחַר אֲרָזֶיךָ וְהִפִּילוּ עַל־
ח הָאֵשׁ: וְעָבְרוּ גּוֹיִם רַבִּים עַל הָעִיר הַזֹּאת וְאָמְרוּ אִישׁ אֶל־
ט רֵעֵהוּ עַל־מֶה עָשָׂה יְהוָה כָּכָה לָעִיר הַגְּדוֹלָה הַזֹּאת: וְאָמְרוּ
עַל אֲשֶׁר עָזְבוּ אֶת־בְּרִית יְהוָה אֱלֹהֵיהֶם וַיִּשְׁתַּחֲווּ לֵאלֹהִים
י אֲחֵרִים וַיַּעַבְדוּם: אַל־תִּבְכּוּ לְמֵת וְאַל־תָּנֻדוּ
לוֹ בְּכוּ בָכוֹ לַהֹלֵךְ כִּי לֹא יָשׁוּב עוֹד וְרָאָה אֶת־אֶרֶץ
יא מוֹלַדְתּוֹ: כִּי כֹה אָמַר־יְהוָה אֶל־שַׁלֻּם בֶּן־
יֹאשִׁיָּהוּ מֶלֶךְ יְהוּדָה הַמֹּלֵךְ תַּחַת יֹאשִׁיָּהוּ אָבִיו אֲשֶׁר יָצָא מִן־
יב הַמָּקוֹם הַזֶּה לֹא־יָשׁוּב שָׁם עוֹד: כִּי בִּמְקוֹם אֲשֶׁר־הִגְלוּ אֹתוֹ
יג שָׁם יָמוּת וְאֶת־הָאָרֶץ הַזֹּאת לֹא־יִרְאֶה עוֹד: הוֹי
בֹּנֶה בֵיתוֹ בְּלֹא־צֶדֶק וַעֲלִיּוֹתָיו בְּלֹא מִשְׁפָּט בְּרֵעֵהוּ יַעֲבֹד חִנָּם
יד וּפֹעֲלוֹ לֹא יִתֶּן־לוֹ: הָאֹמֵר אֶבְנֶה־לִּי בֵּית מִדּוֹת וַעֲלִיּוֹת
טו מְרֻוָּחִים וְקָרַע לוֹ חַלּוֹנָי וְסָפוּן בָּאָרֶז וּמָשׁוֹחַ בַּשָּׁשַׁר: הֲתִמְלֹךְ
כִּי אַתָּה מְתַחֲרֶה בָאָרֶז אָבִיךָ הֲלוֹא אָכַל וְשָׁתָה וְעָשָׂה
טז מִשְׁפָּט וּצְדָקָה אָז טוֹב לוֹ: דָּן דִּין־עָנִי וְאֶבְיוֹן אָז טוֹב הֲלוֹא־
יז הִיא הַדַּעַת אֹתִי נְאֻם־יְהוָה: כִּי אֵין עֵינֶיךָ וְלִבְּךָ כִּי אִם־
עַל־בִּצְעֶךָ וְעַל דַּם־הַנָּקִי לִשְׁפּוֹךְ וְעַל־הָעֹשֶׁק וְעַל־הַמְּרוּצָה
יח לַעֲשׂוֹת: לָכֵן כֹּה־אָמַר יְהוָה אֶל־יְהוֹיָקִים בֶּן־
יֹאשִׁיָּהוּ מֶלֶךְ יְהוּדָה לֹא־יִסְפְּדוּ לוֹ הוֹי אָחִי וְהוֹי אָחוֹת לֹא־
יט יִסְפְּדוּ לוֹ הוֹי אָדוֹן וְהוֹי הֹדֹה: קְבוּרַת חֲמוֹר יִקָּבֵר סָחוֹב
כ וְהַשְׁלֵךְ מֵהָלְאָה לְשַׁעֲרֵי יְרוּשָׁלִָם: עֲלִי הַלְּבָנוֹן
וּצְעָקִי וּבַבָּשָׁן תְּנִי קוֹלֵךְ וְצַעֲקִי מֵעֲבָרִים כִּי נִשְׁבְּרוּ כָּל־
כא מְאַהֲבָיִךְ: דִּבַּרְתִּי אֵלַיִךְ בְּשַׁלְוֹתַיִךְ אָמַרְתְּ לֹא אֶשְׁמָע זֶה
כב דַרְכֵּךְ מִנְּעוּרַיִךְ כִּי לֹא־שָׁמַעַתְּ בְּקוֹלִי: כָּל־רֹעַיִךְ תִּרְעֶה־רוּחַ
וּמְאַהֲבַיִךְ בַּשְּׁבִי יֵלֵכוּ כִּי אָז תֵּבֹשִׁי וְנִכְלַמְתְּ מִכֹּל רָעָתֵךְ:
כג ישבתי בַּלְּבָנוֹן מקננתי בָּאֲרָזִים מַה־נֵּחַנְתְּ בְּבֹא־לָךְ חֲבָלִים יֹשַׁבְתְּ|מְקֻנַּנְתְּ
כד חִיל כַּיֹּלֵדָה: חַי־אָנִי נְאֻם־יְהוָה כִּי אִם־יִהְיֶה כָּנְיָהוּ בֶן־

deliver the robbed out of the hand of the oppressor: and do no wrong, do no. violence to the stranger, the fatherless, or the widow, neither shed innocent blood in this place. For if 4 you do this thing indeed, then shall there enter in by the gates of this house kings of the house of David sitting upon his throne, riding in chariots and on horses, he, and his servants, and his people. But if you will not hear these words, I swear 5 by myself, says the LORD, that this house shall become a desolation.   For thus says the LORD to the house of the 6 king of Yehuda; Thou art as Gil'ad to me, the summit of Levanon: yet surely I will make thee a wilderness, cities which are not inhabited. And I will prepare destroyers against thee, 7 every one with his weapons: and they shall cut down thy choice cedars, and cast them into the fire. And many nations shall 8 pass by this city, and they shall say every man to his neighbour, Why has the LORD done so to this great city? Then they 9 shall answer, Because they have forsaken the covenant of the LORD their GOD, and worshipped other gods, and served them.   Weep not for the dead, neither bemoan him: but 10 weep sore for him that goes away : for he shall return no more, nor see his native land.   For thus says the LORD concern- 11 ing Shallum the son of Yoshiyyahu king of Yehuda, who reigned instead of Yoshiyyahu his father, who went forth out of this place; He shall not return there any more: but he shall die in 12 the place to which they have led him into exile, and shall see this land no more.   Woe to him that builds his house by un- 13 righteousness, and his chambers by injustice; that uses his neighbour's service without wages, and gives him not for his hire ; that says, I will build me a wide house with large upper 14 chambers, and he cuts him out windows ; and it is covered with rafters of cedar, and painted with vermilion. Shalt thou 15 reign, because thou dost compete in cedar? did not thy father eat and drink, and do judgment and justice, and then it was well with him? He judged the cause of the poor and needy; 16 then it was well with him: was not this to know me? says the LORD. But thou hast eyes and heart only for thy dishonest gain, 17 and for shedding innocent blood, and for oppression, and for practising violence.   Therefore thus says the LORD con- 18 cerning Yehoyaqim the son of Yoshiyyahu king of Yehuda, They shall not lament for him, saying, Ah my brother! or, Ah sister ! they shall not lament for him, saying, Ah lord ! or, Ah his glory ! He shall be buried with the burial of an ass, drawn 19 and cast forth beyond the gates of Yerushalayim.   Go 20 up to Levanon, and cry; and lift up thy voice in Bashan, and cry from 'Avarim : for all thy lovers are destroyed. I spoke to 21 thee in thy prosperity ; but thou didst say, I will not hear. This has been thy manner from thy youth, that thou didst not obey my voice. The wind shall drive away all thy shepherds, and 22 thy lovers shall go into captivity : surely then shalt thou be ashamed and confounded for all thy wickedness. O inhabitant 23 of Levanon, that makest thy nest in the cedars, how pitiable shalt thou be when pangs come upon thee, the pain as of a woman in travail! As I live, says the LORD, though Konyahu 24

יְהוֹיָקִים מֶלֶךְ יְהוּדָה חוֹתָם עַל־יַד יְמִינִי כִּי מִשָּׁם אֶתְּקֶנְךָּ׃

כה וּנְתַתִּיךָ בְּיַד מְבַקְשֵׁי נַפְשֶׁךָ וּבְיַד אֲשֶׁר־אַתָּה יָגוֹר מִפְּנֵיהֶם

וּבְיַד נְבוּכַדְרֶאצַּר מֶלֶךְ־בָּבֶל וּבְיַד הַכַּשְׂדִּים׃ וְהֵטַלְתִּי אֹתְךָ

כו וְאֶת־אִמְּךָ אֲשֶׁר יְלָדַתְךָ עַל הָאָרֶץ אַחֶרֶת אֲשֶׁר לֹא־יֻלַּדְתֶּם

שָׁם וְשָׁם תָּמוּתוּ׃ וְעַל־הָאָרֶץ אֲשֶׁר הֵם מְנַשְּׂאִים אֶת־נַפְשָׁם

כז לָשׁוּב שָׁם שָׁמָּה לֹא יָשׁוּבוּ׃   הֶעֶצֶב נִבְזֶה נָפוּץ

כח הָאִישׁ הַזֶּה כָּנְיָהוּ אִם־כְּלִי אֵין חֵפֶץ בּוֹ מַדּוּעַ הוּטְלוּ הוּא

כט וְזַרְעוֹ וְהֻשְׁלְכוּ עַל־הָאָרֶץ אֲשֶׁר לֹא־יָדָעוּ׃ אֶרֶץ אֶרֶץ אָרֶץ

שִׁמְעִי דְּבַר־יְהוָה׃ כֹּה ׀ אָמַר יְהוָה כִּתְבוּ אֶת־הָאִישׁ הַזֶּה

ל עֲרִירִי גֶּבֶר לֹא־יִצְלַח בְּיָמָיו כִּי לֹא יִצְלַח מִזַּרְעוֹ אִישׁ יֹשֵׁב

כג א עַל־כִּסֵּא דָוִד וּמֹשֵׁל עוֹד בִּיהוּדָה׃   הוֹי רֹעִים

ב מְאַבְּדִים וּמְפִצִים אֶת־צֹאן מַרְעִיתִי נְאֻם־יְהוָה׃ לָכֵן כֹּה־

אָמַר יְהוָה אֱלֹהֵי יִשְׂרָאֵל עַל־הָרֹעִים הָרֹעִים אֶת־עַמִּי אַתֶּם

הֲפִצֹתֶם אֶת־צֹאנִי וַתַּדִּחוּם וְלֹא פְקַדְתֶּם אֹתָם הִנְנִי פֹקֵד

ג עֲלֵיכֶם אֶת־רֹעַ מַעַלְלֵיכֶם נְאֻם־יְהוָה׃ וַאֲנִי אֲקַבֵּץ אֶת־

שְׁאֵרִית צֹאנִי מִכֹּל הָאֲרָצוֹת אֲשֶׁר־הִדַּחְתִּי אֹתָם שָׁם וַהֲשִׁבֹתִי

ד אֶתְהֶן עַל־נְוֵהֶן וּפָרוּ וְרָבוּ׃ וַהֲקִמֹתִי עֲלֵיהֶם רֹעִים וְרָעוּם וְלֹא־

ה יִירְאוּ עוֹד וְלֹא־יֵחַתּוּ וְלֹא יִפָּקֵדוּ נְאֻם־יְהוָה׃   הִנֵּה

יָמִים בָּאִים נְאֻם־יְהוָה וַהֲקִמֹתִי לְדָוִד צֶמַח צַדִּיק וּמָלַךְ

ו מֶלֶךְ וְהִשְׂכִּיל וְעָשָׂה מִשְׁפָּט וּצְדָקָה בָּאָרֶץ׃ בְּיָמָיו תִּוָּשַׁע

יְהוּדָה וְיִשְׂרָאֵל יִשְׁכֹּן לָבֶטַח וְזֶה־שְּׁמוֹ אֲשֶׁר־יִקְרְאוֹ יְהוָה ׀

ז צִדְקֵנוּ׃   לָכֵן הִנֵּה־יָמִים בָּאִים נְאֻם־יְהוָה וְלֹא־

יֹאמְרוּ עוֹד חַי־יְהוָה אֲשֶׁר הֶעֱלָה אֶת־בְּנֵי יִשְׂרָאֵל מֵאֶרֶץ

ח מִצְרָיִם׃ כִּי אִם־חַי־יְהוָה אֲשֶׁר הֶעֱלָה וַאֲשֶׁר הֵבִיא אֶת־זֶרַע

בֵּית יִשְׂרָאֵל מֵאֶרֶץ צָפוֹנָה וּמִכֹּל הָאֲרָצוֹת אֲשֶׁר הִדַּחְתִּים שָׁם

ט וְיָשְׁבוּ עַל־אַדְמָתָם׃   לַנְּבִאִים נִשְׁבַּר לִבִּי בְקִרְבִּי

רָחֲפוּ כָּל־עַצְמוֹתַי הָיִיתִי כְּאִישׁ שִׁכּוֹר וּכְגֶבֶר עֲבָרוֹ יָיִן מִפְּנֵי

י יְהוָה וּמִפְּנֵי דִּבְרֵי קָדְשׁוֹ׃ כִּי מְנָאֲפִים מָלְאָה הָאָרֶץ כִּי־מִפְּנֵי

אָלָה אָבְלָה הָאָרֶץ יָבְשׁוּ נְאוֹת מִדְבָּר וַתְּהִי מְרוּצָתָם רָעָה

יא וּגְבוּרָתָם לֹא־כֵן׃ כִּי־גַם־נָבִיא גַם־כֹּהֵן חָנֵפוּ גַּם־בְּבֵיתִי

יב מָצָאתִי רָעָתָם נְאֻם־יְהוָה׃ לָכֵן יִהְיֶה דַרְכָּם לָהֶם כַּחֲלַקְלַקּוֹת

בָּאֲפֵלָה יִדַּחוּ וְנָפְלוּ בָהּ כִּי־אָבִיא עֲלֵיהֶם רָעָה שְׁנַת פְּקֻדָּתָם

יג נְאֻם־יְהוָה׃   וּבִנְבִיאֵי שֹׁמְרוֹן רָאִיתִי תִפְלָה

יד הִנַּבְּאוּ בַבַּעַל וַיַּתְעוּ אֶת־עַמִּי אֶת־יִשְׂרָאֵל׃ וּבִנְבִאֵי יְרוּשָׁלַ‍ִם

the son of Yehoyaqim king of Yehuda were the signet upon
my right hand, yet would I tear thee off; and I will give thee   25
into the hand of them that seek thy life, and into the hand of
them whose face thou fearest, even into the hand of Nevukhad-
reẓẓar king of Bavel, and into the hand of the Kasdim. And I   26
will cast thee out, and thy mother that bore thee, into another
country, where you were not born; and there shall you die.
But to the land to which they desire to return, to it shall they   27
not return.   Is this man Konyahu a despised broken   28
vessel, an object that no one cares for? why are they cast out,
he and his seed, and banished to a land which they know not?
O land, land, land, hear the word of the LORD. Thus says the   29,30
LORD, Write this man childless, a man that shall not prosper in
his days : for no man of his seed shall prosper, sitting upon the
throne of David, and ruling any more in Yehuda.   Woe   **23**
to the shepherds that destroy and scatter the sheep of my
pasture ! says the LORD. Therefore, thus says the LORD GOD of   2
Yisra'el against the shepherds that feed my people; You have
scattered my flock, and driven them away, and have not taken
care of them: behold, I will punish you for the evil of your
doings, says the LORD. And I will gather the remnant of my   3
flock out of all countries into which I have driven them, and
will bring them back to their folds ; and they shall be fruitful
and increase. And I will set up shepherds over them who shall   4
feed them: and they shall fear no more, nor be dismayed,
neither shall any be lacking, says the LORD.   Behold, days   5
are coming, says the LORD, when I will raise to David a righ-
teous offshoot, and he shall reign as a king and prosper, and
shall execute justice and righteousness in the earth. In his   6
days Yehuda shall be saved, and Yisra'el shall dwell safely:
and this is his name whereby he shall be called, The LORD is
our righteousness.   Therefore, behold, days are coming,   7
says the LORD, when they shall no more say, As the LORD lives,
who brought up the children of Yisra'el out of the land of
Miẓrayim; but, As the LORD lives, who brought up and who   8
led the seed of the house of Yisra'el out of the north country,
and from all countries into which I have driven them ; and they
shall dwell in their own land.   My heart within me is   9
broken because of the prophets; all my bones shake; I am like
a drunken man, and like a man whom wine has overcome,
because of the LORD, and because of his holy words. For the   10
land is full of adulterers ; for because of swearing, the land
mourns; the pastures of the wilderness are dried up. For their
course was evil, and their force unjust. For both prophet and   11
priest are hypocrites; even in my house have I found their
wickedness, says the LORD. Therefore their way shall be to   12
them like slippery ways in the darkness: into which they shall
be driven, and fall : for I will bring evil upon them, the year of
their punishment, says the LORD.   And I have seen folly   13
in the prophets of Shomeron; they prophesied by the Ba'al,
and caused my people Yisra'el to err. But in the prophets of   14
Yerushalayim I have seen a horrible thing : they commit adul-
tery, and walk in lies: they strengthen also the hands of evil-

רָאִיתִי שַׁעֲרוּרָֽה נָאוֹף וְהָלֹךְ בַּשֶּׁקֶר וְחִזְּקוּ יְדֵי מְרֵעִים
לְבִלְתִּי־שָׁבוּ אִישׁ מֵרָֽעָתוֹ הָֽיוּ־לִי כֻלָּם כִּסְדֹם וְיֹשְׁבֶיהָ

ט כְּעֲמֹרָֽה: לָכֵן כֹּה־אָמַר יְהוָה צְבָאוֹת עַל־
הַנְּבִאִים הִנְנִי מַאֲכִיל אוֹתָם לַֽעֲנָה וְהִשְׁקִתִים מֵי־רֹאשׁ כִּי מֵאֵת

טו נְבִיאֵי יְרוּשָׁלִַם יָצְאָה חֲנֻפָּה לְכָל־הָאָֽרֶץ: כֹּה־
אָמַר יְהוָה צְבָאוֹת אַֽל־תִּשְׁמְעוּ עַל־דִּבְרֵי הַנְּבִאִים הַנִּבְּאִים
לָכֶם מַהְבִּלִים הֵמָּה אֶתְכֶם חֲזוֹן לִבָּם יְדַבֵּרוּ לֹא מִפִּי יְהוָֽה:

יז אֹמְרִים אָמוֹר לִֽמְנַאֲצַי דִּבֶּר יְהוָה שָׁלוֹם יִֽהְיֶה לָכֶם וְכֹל
יח הֹלֵךְ בִּשְׁרִרוּת לִבּוֹ אָמְרוּ לֹא־תָבוֹא עֲלֵיכֶם רָעָֽה: כִּי מִי
·   עָמַד בְּסוֹד יְהוָה וְיֵרֶא וְיִשְׁמַע אֶת־דְּבָרוֹ מִֽי־הִקְשִׁיב דְּבָרִי דְּבָרֽוֹ
יט וַיִּשְׁמָֽע: הִנֵּה ׀ סַֽעֲרַת יְהוָה חֵמָה יָֽצְאָה וְסַעַר
כ   מִתְחוֹלֵל עַל רֹאשׁ רְשָׁעִים יָחֽוּל: לֹא יָשׁוּב אַף־יְהוָה עַד־
עֲשֹׂתוֹ וְעַד־הֲקִימוֹ מְזִמּוֹת לִבּוֹ בְּאַֽחֲרִית הַיָּמִים תִּתְבּוֹנְנוּ בָהּ

כא בִּינָֽה: לֹֽא־שָׁלַחְתִּי אֶת־הַנְּבִאִים וְהֵם רָצוּ לֹֽא־דִבַּרְתִּי אֲלֵיהֶם
כב וְהֵם נִבָּֽאוּ: וְאִם־עָֽמְדוּ בְּסוֹדִי וְיַשְׁמִעוּ דְבָרַי אֶת־עַמִּי וִֽישִׁבוּם
כג מִדַּרְכָּם הָרָע וּמֵרֹעַ מַעַלְלֵיהֶֽם: הַֽאֱלֹהֵי מִקָּרֹב
כד אָנִי נְאֻם־יְהוָה וְלֹא אֱלֹהֵי מֵרָחֹֽק: אִם־יִסָּתֵר אִישׁ בַּמִּסְתָּרִים
וַֽאֲנִי לֹֽא־אֶרְאֶנּוּ נְאֻם־יְהוָה הֲלוֹא אֶת־הַשָּׁמַיִם וְאֶת־הָאָרֶץ

כה אֲנִי מָלֵא נְאֻם־יְהוָֽה: שָׁמַעְתִּי אֵת אֲשֶׁר־אָֽמְרוּ הַנְּבִאִים
כו הַֽנִּבְּאִים בִּשְׁמִי שֶׁקֶר לֵאמֹר חָלַמְתִּי חָלָֽמְתִּי: עַד־מָתַי הֲיֵשׁ
בְּלֵב הַנְּבִאִים נִבְּאֵי הַשָּׁקֶר וּנְבִיאֵי תַּרְמִת לִבָּם: הַחֹֽשְׁבִים
כז לְהַשְׁכִּיחַ אֶת־עַמִּי שְׁמִי בַּחֲלֽוֹמֹתָם אֲשֶׁר יְסַפְּרוּ אִישׁ לְרֵעֵהוּ
כח כַּאֲשֶׁר שָֽׁכְחוּ אֲבוֹתָם אֶת־שְׁמִי בַּבָּֽעַל: הַנָּבִיא אֲשֶׁר־אִתּוֹ
חֲלוֹם יְסַפֵּר חֲלוֹם וַאֲשֶׁר דְּבָרִי אִתּוֹ יְדַבֵּר דְּבָרִי אֱמֶת מַה־
כט לַתֶּבֶן אֶת־הַבָּר נְאֻם־יְהוָֽה: הֲלוֹא כֹה דְבָרִי כָּאֵשׁ נְאֻם־יְהוָה
ל   וּכְפַטִּישׁ יְפֹצֵֽץ סָֽלַע: לָכֵן הִנְנִי עַל־הַנְּבִאִים נְאֻם־יְהוָה מְגַנְּבֵי
לא דְבָרַי אִישׁ מֵאֵת רֵעֵֽהוּ: הִנְנִי עַל־הַנְּבִיאִם נְאֻם־יְהוָה הַלֹּֽקְחִים
לב לְשׁוֹנָם וַֽיִּנְאֲמוּ נְאֻֽם: הִנְנִי עַֽל־נִבְּאֵי חֲלֹמוֹת שֶׁקֶר נְאֻם־יְהוָה
וַֽיְסַפְּרוּם וַיַּתְעוּ אֶת־עַמִּי בְּשִׁקְרֵיהֶם וּבְפַחֲזוּתָם וְאָנֹכִי לֹֽא־
שְׁלַחְתִּים וְלֹא צִוִּיתִים וְהוֹעֵיל לֹֽא־יוֹעִילוּ לָֽעָם־הַזֶּה נְאֻם־יְהוָֽה:

לג וְכִֽי־יִשְׁאָֽלְךָ הָעָם הַזֶּה אֽוֹ־הַנָּבִיא אוֹ־כֹהֵן לֵאמֹר מַה־מַשָּׂא
יְהוָה וְאָמַרְתָּ אֲלֵיהֶם אֶת־מַה־מַשָּׂא וְנָטַשְׁתִּי אֶתְכֶם נְאֻם־
לד יְהוָֽה: וְהַנָּבִיא וְהַכֹּהֵן וְהָעָם אֲשֶׁר יֹאמַר מַשָּׂא יְהוָה וּפָקַדְתִּי
לה עַל־הָאִישׁ הַהוּא וְעַל־בֵּיתֽוֹ: כֹּה תֹֽאמְרוּ אִישׁ עַל־רֵעֵהוּ וְאִישׁ
לו אֶל־אָחִיו מֶה־עָנָה יְהוָה וּמַה־דִּבֶּר יְהוָֽה: וּמַשָּׂא יְהוָה לֹא

doers, so that none returns from his wickedness: they àre all of them become to me like Sedom, and its inhabitants like 'Amora.   Therefore thus says the LORD of hosts con-   **15** cerning the prophets ; Behold, I will feed them with wormwood, and make them drink the water of gall: for from the prophets of Yerushalayim has hypocrisy gone out to all the land.

Thus says the LORD of hosts, Hearken not to the words   **16** of the prophets that prophesy to you: they lead you into vanity; they speak a vision of their own heart, and not out of the mouth of the LORD. They say still to them that despise me,   **17** The LORD has said, You shall have peace; and they say to every one that walks after the stubbornness of his own heart, No evil shall come upon you. For who has stood in the counsel of the   **18** LORD, that he might perceive and hear his word? who has marked his word, and heard it?   Behold the storm wind   **19** of the LORD, fury has gone forth, a whirling tempest, it shall fall upon the head of the wicked. The anger of the LORD shall   **20** not return, until he has executed, and till he has performed the thoughts of his heart: in the latter days you shall consider it perfectly. I have not sent these prophets, yet they ran: I have   **21** not spoken to them, yet they prophesied. But if they had stood   **22** in my counsel, then they should have caused my people to hear my words, and turned them from their evil way, and from the evil of their doings.   Am I a GOD near at hand, says the   **23** LORD, and not a GOD afar off ? Can any hide himself in secret   **24** places that I shall not see him? says the LORD. Do not I fill heaven and earth? says the LORD. I have heard what the proph-   **25** ets said, that prophesy lies in my name, saying, I have dreamed, I have dreamed. How long shall this be? Is it in the heart   **26** of the prophets that prophesy lies and the prophets of the deceit of their own heart; That think to cause my people to forget my   **27** name by their dreams which they tell every man to his neigh-bour, as their fathers forgot my name for the Ba'al? The prophet   **28** that has a dream, let him tell a dream; and he that has my word, let him speak my word faithfully. What is the chaff to the wheat? says the LORD. Is not my word like a fire? says the   **29** LORD; and like a hammer that breaks the rock in pieces? There-   **30** fore, behold, I am against the prophets, says the LORD, that steal my words every one from his neighbour. Behold, I am   **31** against the prophets, says the LORD, that use their tongues, and say, He says. Behold, I am against them that prophesy lying   **32** dreams, says the LORD, and do tell them, and cause my people to err by their lies, and by their vain boasting; yet I sent them not, nor commanded them: therefore they shall not profit this people at all, says the LORD. And when this people, or the   **33** prophet, or a priest, shall ask thee, saying, What is the burden of the LORD? thou shalt then say to them, What burden? I will forsake you, says the LORD. And as for the prophet, and the   **34** priest, and the people, that shall say, The burden of the LORD, I will even punish that man and his house. Thus shall you say   **35** every one to his neighbour, and every one to his brother, What has the LORD answered? and, What has the LORD spoken? and   **36** the burden of the LORD shall you mention no more: for the

תִזְכְּרוּ־עוֹד כִּי הַמַּשָּׂא יִהְיֶה לְאִישׁ דְּבָרוֹ וַהֲפַכְתֶּם אֶת־דִּבְרֵי
אֱלֹהִים חַיִּים יְהוָה צְבָאוֹת אֱלֹהֵינוּ: כֹּה תֹאמַר אֶל־הַנָּבִיא

לז מֶה־עָנָךְ יְהוָה וּמַה־דִּבֶּר יְהוָה: וְאִם־מַשָּׂא יְהוָה תֹּאמֵרוּ לָכֵן

לח כֹּה אָמַר יְהוָה יַעַן אֲמָרְכֶם אֶת־הַדָּבָר הַזֶּה מַשָּׂא יְהוָה
וָאֶשְׁלַח אֲלֵיכֶם לֵאמֹר לֹא תֹאמְרוּ מַשָּׂא יְהוָה: לָכֵן הִנְנִי

לט וְנָשִׁיתִי אֶתְכֶם נָשֹׁא וְנָטַשְׁתִּי אֶתְכֶם וְאֶת־הָעִיר אֲשֶׁר נָתַתִּי

מ לָכֶם וְלַאֲבוֹתֵיכֶם מֵעַל פָּנָי: וְנָתַתִּי עֲלֵיכֶם חֶרְפַּת עוֹלָם וּכְלִמּוּת
עוֹלָם אֲשֶׁר לֹא תִשָּׁכֵחַ:

כד א הִרְאַנִי יְהוָה וְהִנֵּה שְׁנֵי
דּוּדָאֵי תְאֵנִים מוּעָדִים לִפְנֵי הֵיכַל יְהוָה אַחֲרֵי הַגְלוֹת
נְבוּכַדְרֶאצַּר מֶלֶךְ־בָּבֶל אֶת־יְכָנְיָהוּ בֶן־יְהוֹיָקִים מֶלֶךְ־יְהוּדָה
וְאֶת־שָׂרֵי יְהוּדָה וְאֶת־הֶחָרָשׁ וְאֶת־הַמַּסְגֵּר מִירוּשָׁלַ͏ִם

ב וַיְבִאֵם בָּבֶל: הַדּוּד אֶחָד תְּאֵנִים טֹבוֹת מְאֹד כִּתְאֵנֵי
הַבַּכֻּרוֹת וְהַדּוּד אֶחָד תְּאֵנִים רָעוֹת מְאֹד אֲשֶׁר לֹא־תֵאָכַלְנָה
מֵרֹעַ:

ג וַיֹּאמֶר יְהוָה אֵלַי מָה־אַתָּה רֹאֶה יִרְמְיָהוּ
וָאֹמַר תְּאֵנִים הַתְּאֵנִים הַטֹּבוֹת טֹבוֹת מְאֹד וְהָרָעוֹת רָעוֹת

ד מְאֹד אֲשֶׁר לֹא־תֵאָכַלְנָה מֵרֹעַ: וַיְהִי דְבַר־

ה יְהוָה אֵלַי לֵאמֹר: כֹּה־אָמַר יְהוָה אֱלֹהֵי יִשְׂרָאֵל כַּתְּאֵנִים
הַטֹּבוֹת הָאֵלֶּה כֵּן אַכִּיר אֶת־גָּלוּת יְהוּדָה אֲשֶׁר שִׁלַּחְתִּי מִן־

ו הַמָּקוֹם הַזֶּה אֶרֶץ כַּשְׂדִּים לְטוֹבָה: וְשַׂמְתִּי עֵינִי עֲלֵיהֶם לְטוֹבָה
וַהֲשִׁבֹתִים עַל־הָאָרֶץ הַזֹּאת וּבְנִיתִים וְלֹא אֶהֱרֹס וּנְטַעְתִּים

יג וְלֹא אֶתּוֹשׁ: וְנָתַתִּי לָהֶם לֵב לָדַעַת אֹתִי כִּי אֲנִי יְהוָה וְהָיוּ־

ז לִי לְעָם וְאָנֹכִי אֶהְיֶה לָהֶם לֵאלֹהִים כִּי־יָשֻׁבוּ אֵלַי בְּכָל־
לִבָּם:

ח וְכַתְּאֵנִים הָרָעוֹת אֲשֶׁר לֹא־תֵאָכַלְנָה
מֵרֹעַ כִּי־כֹה אָמַר יְהוָה כֵּן אֶתֵּן אֶת־צִדְקִיָּהוּ מֶלֶךְ־יְהוּדָה
וְאֶת־שָׂרָיו וְאֵת שְׁאֵרִית יְרוּשָׁלַ͏ִם הַנִּשְׁאָרִים בָּאָרֶץ הַזֹּאת

ט לזוֹעה וְהַיֹּשְׁבִים בְּאֶרֶץ מִצְרָיִם: וּנְתַתִּים לְזַוֲעָה לְרָעָה לְכֹל
מַמְלְכוֹת הָאָרֶץ לְחֶרְפָּה וּלְמָשָׁל לִשְׁנִינָה וְלִקְלָלָה בְּכָל־

י הַמְּקֹמוֹת אֲשֶׁר־אַדִּיחֵם שָׁם: וְשִׁלַּחְתִּי בָם אֶת־הַחֶרֶב אֶת־
הָרָעָב וְאֶת־הַדָּבֶר עַד־תֻּמָּם מֵעַל הָאֲדָמָה אֲשֶׁר־נָתַתִּי לָהֶם
וְלַאֲבוֹתֵיהֶם:

כה א הַדָּבָר אֲשֶׁר־הָיָה עַל־יִרְמְיָהוּ
עַל־כָּל־עַם יְהוּדָה בַּשָּׁנָה הָרְבִעִית לִיהוֹיָקִים בֶּן־יֹאשִׁיָּהוּ
מֶלֶךְ יְהוּדָה הִיא הַשָּׁנָה הָרִאשֹׁנִית לִנְבוּכַדְרֶאצַּר מֶלֶךְ בָּבֶל:

ב אֲשֶׁר דִּבֶּר יִרְמְיָהוּ הַנָּבִיא עַל־כָּל־עַם יְהוּדָה וְאֶל כָּל־יֹשְׁבֵי

ג יְרוּשָׁלַ͏ִם לֵאמֹר: מִן־שְׁלֹשׁ עֶשְׂרֵה שָׁנָה לְיֹאשִׁיָּהוּ בֶן־אָמוֹן
מֶלֶךְ יְהוּדָה וְעַד הַיּוֹם הַזֶּה זֶה שָׁלֹשׁ וְעֶשְׂרִים שָׁנָה הָיָה
דְבַר־יְהוָה אֵלָי וָאֲדַבֵּר אֲלֵיכֶם אַשְׁכֵּים וְדַבֵּר וְלֹא שְׁמַעְתֶּם:

burden shall belong to the man of his word; but you have perverted the words of the living GOD, of the LORD of hosts our GOD. Thus shalt thou say to the prophet, What has the LORD 37 answered thee ? and, What has the LORD spoken ? But if you say, 38 The burden of the LORD; then thus says the LORD, Because you say this thing, The burden of the LORD, and I have sent to you, saying, You shall not say, The burden of the LORD; therefore, 39 behold, I myself, will utterly forget you, and I will forsake you, and the city that I gave you and your fathers, and cast you out of my presence. And I will bring an everlasting reproach upon 40 you, and a perpetual shame, which shall not be forgotten.

The LORD showed me, and, behold, two baskets of figs were 24 set before the temple of the LORD, after Nevukhadreẕẕar king of Bavel had carried away captive Yekhonyahu the son of Yehoyaqim the king of Yehuda, and the princes of Yehuda with the carpenters and smiths, from Yerushalayim, and had brought them to Bavel. One basket had very good figs, like the 2 figs that are first ripe: and the other basket had very poor figs, which could not be eaten, they were so poor.   Then 3 said the LORD to me, What seest thou, Yirmeyahu ? And I said, Figs ; the good figs, very good ; and the bad, very bad, that cannot be eaten, they are so poor.   Again the word of 4 the LORD came to me, saying, Thus says the LORD, the GOD 5 of Yisra'el ; Like these good figs, so will I favourably regard those that are carried away captive of Yehuda, whom I have sent out of this place into the land of the Kasdim. For I will set 6 my eyes upon them for good, and I will bring them again to this land: and I will build them, and not pull them down; and I will plant them, and not pluck them up. And I will give them a heart 7 to know me, that I am the LORD: and they shall be my people, and I will be their GOD: for they shall return to me with their whole heart.   And as the bad figs, which cannot be eaten, 8 they are so evil; surely thus says the LORD, So will I make Ẕidqiyyahu the king of Yehuda, and his princes, and the residue of Yerushalayim, that remain in this land, and them that dwell in the land of Miẕrayim : I will make them a horror for evil to all 9 the kingdoms of the earth, a reproach and a proverb, a taunt and curse, in all the places into which I shall drive them. And I will 10 send the sword, the famine, and the pestilence, among them, till they are consumed from off the land that I gave to them and to their fathers.   The word that came to Yirmeyahu concern- 25 ing all the people of Yehuda in the fourth year of Yehoyaqim the son of Yoshiyyahu king of Yehuda, that was the first year of Nevukhadreẕẕar, king of Bavel, ; which Yirmeyahu the prophet 2 spoke to all the people of Yehuda, and to all the inhabitants of Yerushalayim, saying, From the thirteenth year of Yoshiyyahu, 3 the son of Amon king of Yehuda, and until this day, these twenty three years, the word of the LORD has come to me, and I have spoken to you, from morning till night; but you have not

ד וְשָׁלַ֣ח יְהֹוָה֩ אֲלֵיכֶ֨ם אֶת־כׇּל־עֲבָדָ֧יו הַנְּבִאִ֛ים הַשְׁכֵּ֥ם וְשָׁלֹ֖חַ וְלֹ֣א

ה שְׁמַעְתֶּ֑ם וְלֹא־הִטִּיתֶ֤ם אֶת־אׇזְנְכֶם֙ לִשְׁמֹ֔עַ לֵאמֹ֗ר שֽׁוּבוּ־נָ֡א אִ֣ישׁ מִדַּרְכּ֩וֹ הָרָעָ֨ה וּמֵרֹ֤עַ מַֽעַלְלֵיכֶם֙ וּשְׁב֣וּ עַל־הָאֲדָמָ֔ה אֲשֶׁ֨ר

ו נָתַ֧ן יְהֹוָ֛ה לָכֶ֖ם וְלַאֲבֽוֹתֵיכֶ֑ם לְמִן־עוֹלָ֖ם וְעַד־עוֹלָ֑ם וְאַל־תֵּלְכ֗וּ אַֽחֲרֵי֙ אֱלֹהִ֣ים אֲחֵרִ֔ים לְעׇבְדָ֖ם וּלְהִשְׁתַּחֲוֺ֣ת לָהֶ֑ם

ז וְלֹֽא־תַכְעִ֤יסוּ אוֹתִי֙ בְּמַעֲשֵׂ֣ה יְדֵיכֶ֔ם וְלֹ֥א אָרַ֖ע לָכֶֽם׃ וְלֹֽא־שְׁמַעְתֶּ֥ם אֵלַ֖י נְאֻם־יְהֹוָ֑ה לְמַ֧עַן הַכְעִסֵ֛נִי בְּמַעֲשֵׂ֥ה יְדֵיכֶ֖ם לְרַ֥ע

ח לָכֶֽם׃   לָכֵ֗ן כֹּ֤ה אָמַר֙ יְהֹוָ֣ה צְבָא֔וֹת יַ֕עַן אֲשֶׁ֥ר לֹֽא־

ט שְׁמַעְתֶּ֖ם אֶת־דְּבָרָֽי׃ הִנְנִ֣י שֹׁלֵ֡חַ וְלָקַחְתִּי֩ אֶת־כׇּל־מִשְׁפְּח֨וֹת צָפ֜וֹן נְאֻם־יְהֹוָ֗ה וְאֶל־נְבֽוּכַדְרֶאצַּ֤ר מֶֽלֶךְ־בָּבֶל֙ עַבְדִּ֔י וַהֲבִ֣אֹתִ֗ים עַל־הָאָ֤רֶץ הַזֹּאת֙ וְעַל־יֹ֣שְׁבֶ֔יהָ וְעַ֛ל כׇּל־הַגּוֹיִ֥ם הָאֵ֖לֶּה סָבִ֑יב וְהַ֣חֲרַמְתִּ֔ים וְשַׂמְתִּים֙ לְשַׁמָּ֣ה וְלִשְׁרֵקָ֔ה וּלְחׇרְב֖וֹת עוֹלָֽם׃

י וְהַ֣אֲבַדְתִּ֣י מֵהֶ֗ם ק֤וֹל שָׂשׂוֹן֙ וְק֣וֹל שִׂמְחָ֔ה ק֥וֹל חָתָ֖ן וְק֣וֹל כַּלָּ֑ה ק֚וֹל רֵחַ֔יִם וְא֖וֹר נֵֽר׃

יא וְהָֽיְתָה֙ כׇּל־הָאָ֣רֶץ הַזֹּ֔את לְחׇרְבָּ֖ה לְשַׁמָּ֑ה וְעָבְד֞וּ הַגּוֹיִ֧ם הָאֵ֛לֶּה אֶת־מֶ֥לֶךְ בָּבֶ֖ל שִׁבְעִ֥ים שָׁנָֽה׃

יב וְהָיָ֣ה כִמְלֹ֣אות שִׁבְעִ֣ים שָׁנָ֡ה אֶפְקֹ֣ד עַל־מֶֽלֶךְ־בָּבֶל֩ וְעַל־הַגּ֨וֹי הַה֤וּא נְאֻם־יְהֹוָה֙ אֶת־עֲוֺנָ֔ם וְעַל־אֶ֖רֶץ כַּשְׂדִּ֑ים וְשַׂמְתִּ֥י אֹת֖וֹ

יג לְשִׁמְמ֥וֹת עוֹלָֽם׃ וְהֵֽבֵאתִי֙ עַל־הָאָ֣רֶץ הַהִ֔יא אֶת־כׇּל־דְּבָרַ֖י אֲשֶׁר־דִּבַּ֣רְתִּי עָלֶ֑יהָ אֵ֤ת כׇּל־הַכָּתוּב֙ בַּסֵּ֣פֶר הַזֶּ֔ה אֲשֶׁר־

יד נִבָּ֥א יִרְמְיָ֖הוּ עַל־כׇּל־הַגּוֹיִֽם׃ כִּ֣י עָֽבְדוּ־בָ֤ם גַּם־הֵ֙מָּה֙ גּוֹיִ֣ם רַבִּ֔ים וּמְלָכִ֖ים גְּדוֹלִ֑ים וְשִׁלַּמְתִּ֥י לָהֶ֛ם כְּפׇעֳלָ֖ם וּכְמַעֲשֵׂ֥ה

טו יְדֵיהֶֽם׃   כִּ֣י כֹה֩ אָמַ֨ר יְהֹוָ֜ה אֱלֹהֵ֤י יִשְׂרָאֵל֙ אֵלַ֔י קַ֠ח אֶת־כּ֨וֹס הַיַּ֧יִן הַחֵמָ֛ה הַזֹּ֖את מִיָּדִ֑י וְהִשְׁקִיתָ֤ה אֹתוֹ֙ אֶת־

טז כׇּל־הַגּוֹיִ֔ם אֲשֶׁ֧ר אָנֹכִ֛י שֹׁלֵ֥חַ אוֹתְךָ֖ אֲלֵיהֶֽם׃ וְשָׁת֕וּ וְהִֽתְגֹּֽעֲשׁ֖וּ וְהִתְהֹלָ֑לוּ מִפְּנֵ֣י הַחֶ֔רֶב אֲשֶׁ֛ר אָנֹכִ֥י שֹׁלֵ֖חַ בֵּינֹתָֽם׃

יז וָאֶקַּ֥ח אֶת־הַכּ֖וֹס מִיַּ֣ד יְהֹוָ֑ה וָֽאַשְׁקֶה֙ אֶת־כׇּל־הַגּוֹיִ֔ם אֲשֶׁר־שְׁלָחַ֥נִי יְהֹוָ֖ה

יח אֲלֵיהֶֽם׃ אֶת־יְר֣וּשָׁלַ֗͏ִם וְאֶת־עָרֵ֤י יְהוּדָה֙ וְאֶת־מְלָכֶ֣יהָ אֶת־שָׂרֶ֔יהָ לָתֵ֨ת אֹתָ֧ם לְחׇרְבָּ֛ה לְשַׁמָּ֥ה לִשְׁרֵקָ֖ה וְלִקְלָלָ֑ה כַּיּ֖וֹם הַזֶּֽה׃

יט אֶת־פַּרְעֹ֧ה מֶֽלֶךְ־מִצְרַ֛יִם וְאֶת־עֲבָדָ֥יו וְאֶת־שָׂרָ֖יו וְאֶת־כׇּל־

כ עַמּֽוֹ׃ וְאֵת֙ כׇּל־הָעֶ֔רֶב וְאֵ֕ת כׇּל־מַלְכֵ֖י אֶ֣רֶץ הָע֑וּץ וְאֵ֗ת כׇּל־מַלְכֵי֙ אֶ֣רֶץ פְּלִשְׁתִּ֔ים וְאֶת־אַשְׁקְל֥וֹן וְאֶת־עַזָּ֖ה וְאֶת־עֶקְר֑וֹן

כא וְאֵ֖ת שְׁאֵרִ֣ית אַשְׁדּֽוֹד׃ אֶת־אֱד֤וֹם וְאֶת־מוֹאָ֖ב וְאֶת־בְּנֵ֥י עַמּֽוֹן׃

כב וְאֵת֙ כׇּל־מַלְכֵי־צֹ֔ר וְאֵ֖ת כׇּל־מַלְכֵ֣י צִיד֑וֹן וְאֵת֙ מַלְכֵ֣י הָאִ֔י אֲשֶׁ֖ר

כג בְּעֵ֥בֶר הַיָּֽם׃ אֶת־דְּדָ֧ן וְאֶת־תֵּימָ֛א וְאֶת־בּ֖וּז וְאֵ֥ת כׇּל־קְצוּצֵ֥י

כד פֵאָֽה׃ וְאֵ֖ת כׇּל־מַלְכֵ֣י עֲרָ֑ב וְאֵ֗ת כׇּל־מַלְכֵ֥י הָעֶ֖רֶב הַשֹּׁכְנִ֥ים

hearkened. And the Lord has sent to you all his servants the 4
prophets, sending them from morning till night; but you have
not hearkened, nor inclined your ear to hear. They said, Turn 5
back now everyone from his evil way, and from the evil of your
doings, and dwell in the land that the Lord has given to you and
to your fathers for ever and ever: and do not go after other gods 6
to serve them, and to worship them, and do not provoke me to
anger with the works of your hands; and I will do you no hurt.
Yet you have not hearkened to me, says the Lord; that you 7
might provoke me to anger with the work of your hands
to your own hurt. Therefore thus says the Lord 8
of hosts; Because you have not heard my words, behold, 9
I will send and take all the families of the north, says the Lord,
and Nevukhadreẕẕar the king of Bavel, my servant, and will
bring them against this land, and against its inhabitants, and
against all these nations round about, and will utterly destroy
them, and make them an astonishment, and a hissing, and per-
petual ruins. Moreover, I will take from them the voice of 10
mirth, and the voice of gladness, the voice of the bridegroom, and
the voice of the bride, the sound of the millstones, and the light
of the lamp. And this whole land shall be a ruin, and an aston- 11
ishment; and these nations shall serve the king of Bavel seventy
years. And it shall come to pass, when seventy years are ac- 12
complished, that I will punish the king of Bavel, and that nation,
says the Lord, for their iniquity, and the land of the Kasdim,
and will make it everlasting desolation. And I will bring upon 13
that land all my words which I have pronounced against it, all
that is written in this book, which Yirmeyahu has prophesied
against all the nations. For many nations and great kings shall 14
enslave them also: and I will recompense them according to
their deeds, and according to the works of their own hands.

For thus says the Lord God of Yisra'el to me; Take this 15
wine cup of fury at my hand, and cause all the nations, to
whom I send thee, to drink it. And they shall drink, and stagger, 16
and be crazed, because of the sword that I will send among
them. Then I took the cup at the Lord's hand, and made all the 17
nations to drink, unto whom the Lord had sent me: namely, 18
Yerushalayim, and the cities of Yehuda, and its kings, and
its princes, to make them a ruin, an astonishment, a hissing, and
a curse; as it is this day; Par'o king of Miẕrayim, and his ser- 19
vants, and his princes, and all his people; and all the 'Erev, and 20
all the kings of the land of 'Uẕ, and all the kings of the land
of Pelishtim, and Ashqelon, and 'Azza, and 'Eqron, and the
remnant of Ashdod, Edom, and Mo'av, and the children of 21
'Ammon, and all the kings of Ẕor, and all the kings of Ẕidon, 22
and the kings of island which is beyond the sea, Dedan, and 23
Tema, and Buz, and all that have the corners of their hair cut
off, and all the kings of 'Arav, and all the kings of the 'Erev 24

בַּמִּדְבָּר: וְאֵת ׀ כָּל־מַלְכֵי זִמְרִי וְאֵת כָּל־מַלְכֵי עֵילָם וְאֵת כָּל־ כה

מַלְכֵי מָדָי: וְאֵת ׀ כָּל־מַלְכֵי הַצָּפוֹן הַקְּרֹבִים וְהָרְחֹקִים אִישׁ כו
אֶל־אָחִיו וְאֵת כָּל־הַמַּמְלְכוֹת הָאָרֶץ אֲשֶׁר עַל־פְּנֵי הָאֲדָמָה

וּמֶלֶךְ שֵׁשַׁךְ יִשְׁתֶּה אַחֲרֵיהֶם: וְאָמַרְתָּ אֲלֵיהֶם כֹּה־אָמַר יְהוָה כז
צְבָאוֹת אֱלֹהֵי יִשְׂרָאֵל שְׁתוּ וְשִׁכְרוּ וּקְיוּ וְנִפְלוּ וְלֹא תָקוּמוּ מִפְּנֵי

הַחֶרֶב אֲשֶׁר אָנֹכִי שֹׁלֵחַ בֵּינֵיכֶם: וְהָיָה כִּי יְמָאֲנוּ לָקַחַת־הַכּוֹס כח
מִיָּדְךָ לִשְׁתּוֹת וְאָמַרְתָּ אֲלֵיהֶם כֹּה אָמַר יְהוָה צְבָאוֹת שָׁתוֹ

תִשְׁתּוּ: כִּי הִנֵּה בָעִיר אֲשֶׁר נִקְרָא־שְׁמִי עָלֶיהָ אָנֹכִי מֵחֵל כט
לְהָרַע וְאַתֶּם הִנָּקֵה תִנָּקוּ לֹא תִנָּקוּ כִּי חֶרֶב אֲנִי קֹרֵא עַל־

כָּל־יֹשְׁבֵי הָאָרֶץ נְאֻם יְהוָה צְבָאוֹת: וְאַתָּה תִּנָּבֵא אֲלֵיהֶם אֵת ל
כָּל־הַדְּבָרִים הָאֵלֶּה וְאָמַרְתָּ אֲלֵיהֶם יְהוָה מִמָּרוֹם יִשְׁאָג
וּמִמְּעוֹן קָדְשׁוֹ יִתֵּן קוֹלוֹ שָׁאֹג יִשְׁאַג עַל־נָוֵהוּ הֵידָד כְּדֹרְכִים

יַעֲנֶה אֶל כָּל־יֹשְׁבֵי הָאָרֶץ: בָּא שָׁאוֹן עַד־קְצֵה הָאָרֶץ כִּי רִיב לא
לַיהוָה בַּגּוֹיִם נִשְׁפָּט הוּא לְכָל־בָּשָׂר הָרְשָׁעִים נְתָנָם לַחֶרֶב
נְאֻם־יְהוָה:

כֹּה אָמַר יְהוָה צְבָאוֹת הִנֵּה רָעָה לב
יֹצֵאת מִגּוֹי אֶל־גּוֹי וְסַעַר גָּדוֹל יֵעוֹר מִיַּרְכְּתֵי־אָרֶץ: וְהָיוּ חַלְלֵי לג
יְהוָה בַּיּוֹם הַהוּא מִקְצֵה הָאָרֶץ וְעַד־קְצֵה הָאָרֶץ לֹא יִסָּפְדוּ

וְלֹא יֵאָסְפוּ וְלֹא יִקָּבֵרוּ לְדֹמֶן עַל־פְּנֵי הָאֲדָמָה יִהְיוּ: הֵילִילוּ לד
הָרֹעִים וְזַעֲקוּ וְהִתְפַּלְּשׁוּ אַדִּירֵי הַצֹּאן כִּי־מָלְאוּ יְמֵיכֶם לִטְבוֹחַ
וּתְפוֹצוֹתִיכֶם וּנְפַלְתֶּם כִּכְלִי חֶמְדָּה: וְאָבַד מָנוֹס מִן־הָרֹעִים לה
וּפְלֵיטָה מֵאַדִּירֵי הַצֹּאן: קוֹל צַעֲקַת הָרֹעִים וִילְלַת אַדִּירֵי לו
הַצֹּאן כִּי־שֹׁדֵד יְהוָה אֶת־מַרְעִיתָם: וְנָדַמּוּ נְאוֹת הַשָּׁלוֹם מִפְּנֵי לז
חֲרוֹן אַף־יְהוָה: עָזַב כַּכְּפִיר סֻכּוֹ כִּי־הָיְתָה אַרְצָם לְשַׁמָּה מִפְּנֵי לח
חֲרוֹן הַיּוֹנָה וּמִפְּנֵי חֲרוֹן אַפּוֹ:

בְּרֵאשִׁית מַמְלְכוּת כו יד
יְהוֹיָקִים בֶּן־יֹאשִׁיָּהוּ מֶלֶךְ יְהוּדָה הָיָה הַדָּבָר הַזֶּה מֵאֵת יְהוָה

לֵאמֹר: כֹּה ׀ אָמַר יְהוָה עֲמֹד בַּחֲצַר בֵּית־יְהוָה וְדִבַּרְתָּ עַל־ ב
כָּל־עָרֵי יְהוּדָה הַבָּאִים לְהִשְׁתַּחֲוֹת בֵּית־יְהוָה אֵת כָּל־
הַדְּבָרִים אֲשֶׁר צִוִּיתִיךָ לְדַבֵּר אֲלֵיהֶם אַל־תִּגְרַע דָּבָר: אוּלַי ג
יִשְׁמְעוּ וְיָשֻׁבוּ אִישׁ מִדַּרְכּוֹ הָרָעָה וְנִחַמְתִּי אֶל־הָרָעָה אֲשֶׁר
אָנֹכִי חֹשֵׁב לַעֲשׂוֹת לָהֶם מִפְּנֵי רֹעַ מַעַלְלֵיהֶם: וְאָמַרְתָּ אֲלֵיהֶם ד
כֹּה אָמַר יְהוָה אִם־לֹא תִשְׁמְעוּ אֵלַי לָלֶכֶת בְּתוֹרָתִי אֲשֶׁר
נָתַתִּי לִפְנֵיכֶם: לִשְׁמֹעַ עַל־דִּבְרֵי עֲבָדַי הַנְּבִאִים אֲשֶׁר אָנֹכִי ה
שֹׁלֵחַ אֲלֵיכֶם וְהַשְׁכֵּם וְשָׁלֹחַ וְלֹא שְׁמַעְתֶּם: וְנָתַתִּי אֶת־ ו
הַבַּיִת הַזֶּה כְּשִׁלֹה וְאֶת־הָעִיר הַזֹּאתה אֶתֵּן לִקְלָלָה לְכֹל גּוֹיֵי הַזֹּאת
הָאָרֶץ: וַיִּשְׁמְעוּ הַכֹּהֲנִים וְהַנְּבִאִים וְכָל־הָעָם ז

that dwell in the desert, and all the kings of Zimri, and all the   25
kings of 'Elam, and all the kings of the Maday, and all the kings   26
of the north both far and near, one after another, and all the
kingdoms of the world, who are upon the face of the earth: and
the king of Sheshakh shall drink after them. Therefore thou   27
shalt say to them, Thus says the LORD of hosts, the GOD of Yis-
ra'el; Drink, and be drunk, and vomit, and fall, and rise no more,
because of the sword which I will send among you. And it shall   28
be, if they refuse to take the cup at thy hand to drink, then
shalt thou say to them, Thus says the LORD of hosts; You shall
certainly drink. For, lo, I begin to bring evil on the city which   29
is called by my name, and should you go utterly unpunished?
you shall not go unpunished: for I will call for a sword upon all
the inhabitants of the earth, says the LORD of hosts. Therefore   30
prophesy against them all these words, and say to them, The
LORD shall roar from on high, and utter his voice from his holy
habitation; he shall mightily roar because of his habitation; he
shall give a shout, as they that tread the grapes, against all the
inhabitants of the earth. A noise shall come even to the ends   31
of the earth; for the LORD has a controversy with the nations,
he will enter into judgment with all flesh; he will give them
that are wicked to the sword, says the LORD.   Thus says   32
the LORD of hosts, Behold, evil shall go forth from nation to
nation, and a great stormwind shall be raised up from the far
ends of the earth. And the slain of the LORD shall be at that day   33
from one end of the earth even to the other end of the earth:
they shall not be lamented, neither gathered, nor buried; they
shall be dung upon the ground. Howl, shepherds, and cry; and   34
roll yourselves in dust, you chief of the flock: for the days are
altogether come about for you to be slaughtered and dispersed,
and you shall fall like a choice vessel. And the shepherds shall   35
have no way to flee, nor the chief of the flock to escape. A voice   36
of the cry of the shepherds, and a howling of the chief of the
flock, shall be heard : for the LORD has ruined their pasture.
And the peaceable pastures are silent because of the fierce anger   37
of the LORD. He has forsaken his covert, like the lion: for their   38
land is desolate because of the fierceness of the oppressor, and
because of his fierce anger.   In the beginning of the reign   **26**
of Yehoyaqim son of Yoshiyyahu king of Yehuda came this
word from the LORD, saying, Thus says the LORD; Stand in the   2
court of the LORD's house, and speak to all the cities of Yehuda,
which come to worship in the LORD's house, all the words that
I command thee to speak to them; leave nothing out: Perhaps   3
they will hearken, and turn every man from his evil way, that
I may relent of the evil, which I purpose to do to them because
of the evil of their doings. And thou shalt say to them, Thus   4
says the LORD; If you will not hearken to me, to walk in my
Tora, which I have set before you, to hearken to the words of   5
my servants the prophets, whom I send to you, (sending from
morning to night, but you have not hearkened;) then will I make   6
this house like Shilo, and will make this city a curse to all the
nations of the earth.   So the priests and the prophets and   7
all the people heard Yirmeyahu as he spoke these words in the

ח אֶת־יִרְמְיָהוּ מְדַבֵּר אֵת־הַדְּבָרִים הָאֵלֶּה בְּבֵית יְהוָה: וַיְהִי ׀ כְּכַלּוֹת יִרְמְיָהוּ לְדַבֵּר אֵת כָּל־אֲשֶׁר־צִוָּה יְהוָה לְדַבֵּר אֶל־כָּל־הָעָם וַיִּתְפְּשׂוּ אֹתוֹ הַכֹּהֲנִים וְהַנְּבִאִים וְכָל־הָעָם לֵאמֹר מוֹת

ט תָּמוּת: מַדּוּעַ נִבֵּיתָ בְשֵׁם־יְהוָה לֵאמֹר כְּשִׁלוֹ יִהְיֶה הַבַּיִת הַזֶּה וְהָעִיר הַזֹּאת תֶּחֱרַב מֵאֵין יוֹשֵׁב וַיִּקָּהֵל כָּל־הָעָם אֶל־יִרְמְיָהוּ

י בְּבֵית יְהוָה: וַיִּשְׁמְעוּ ׀ שָׂרֵי יְהוּדָה אֵת הַדְּבָרִים הָאֵלֶּה וַיַּעֲלוּ מִבֵּית־הַמֶּלֶךְ בֵּית יְהוָה וַיֵּשְׁבוּ בְּפֶתַח שַׁעַר־יְהוָה הֶחָדָשׁ:

יא וַיֹּאמְרוּ הַכֹּהֲנִים וְהַנְּבִאִים אֶל־הַשָּׂרִים וְאֶל־כָּל־הָעָם לֵאמֹר מִשְׁפַּט־מָוֶת לָאִישׁ הַזֶּה כִּי נִבָּא אֶל־הָעִיר הַזֹּאת כַּאֲשֶׁר

יב שְׁמַעְתֶּם בְּאָזְנֵיכֶם: וַיֹּאמֶר יִרְמְיָהוּ אֶל־כָּל־הַשָּׂרִים וְאֶל־כָּל־הָעָם לֵאמֹר יְהוָה שְׁלָחַנִי לְהִנָּבֵא אֶל־הַבַּיִת הַזֶּה וְאֶל־הָעִיר

יג הַזֹּאת אֵת כָּל־הַדְּבָרִים אֲשֶׁר שְׁמַעְתֶּם: וְעַתָּה הֵיטִיבוּ דַרְכֵיכֶם וּמַעַלְלֵיכֶם וְשִׁמְעוּ בְּקוֹל יְהוָה אֱלֹהֵיכֶם וְיִנָּחֵם יְהוָה

יד אֶל־הָרָעָה אֲשֶׁר דִּבֶּר עֲלֵיכֶם: וַאֲנִי הִנְנִי בְיֶדְכֶם עֲשׂוּ־לִי כַּטּוֹב

טו וְכַיָּשָׁר בְּעֵינֵיכֶם: אַךְ ׀ יָדֹעַ תֵּדְעוּ כִּי אִם־מְמִתִים אַתֶּם אֹתִי כִּי־דָם נָקִי אַתֶּם נֹתְנִים עֲלֵיכֶם וְאֶל־הָעִיר הַזֹּאת וְאֶל־יֹשְׁבֶיהָ כִּי בֶאֱמֶת שְׁלָחַנִי יְהוָה עֲלֵיכֶם לְדַבֵּר בְּאָזְנֵיכֶם אֵת כָּל־

טז הַדְּבָרִים הָאֵלֶּה: וַיֹּאמְרוּ הַשָּׂרִים וְכָל־הָעָם אֶל־הַכֹּהֲנִים וְאֶל־הַנְּבִאִים אֵין־לָאִישׁ הַזֶּה מִשְׁפַּט־מָוֶת כִּי

יז בְּשֵׁם יְהוָה אֱלֹהֵינוּ דִּבֶּר אֵלֵינוּ: וַיָּקֻמוּ אֲנָשִׁים מִזִּקְנֵי הָאָרֶץ

מיכה

יח וַיֹּאמְרוּ אֶל־כָּל־קְהַל הָעָם לֵאמֹר מִיכָה הַמּוֹרַשְׁתִּי הָיָה נִבָּא בִּימֵי חִזְקִיָּהוּ מֶלֶךְ־יְהוּדָה וַיֹּאמֶר אֶל־כָּל־עַם יְהוּדָה לֵאמֹר כֹּה־אָמַר ׀ יְהוָה צְבָאוֹת צִיּוֹן שָׂדֶה תֵחָרֵשׁ וִירוּשָׁלַיִם עִיִּים

יט תִּהְיֶה וְהַר הַבַּיִת לְבָמוֹת יָעַר: הֶהָמֵת הֱמִתֻהוּ חִזְקִיָּהוּ מֶלֶךְ־יְהוּדָה וְכָל־יְהוּדָה הֲלֹא יָרֵא אֶת־יְהוָה וַיְחַל אֶת־פְּנֵי יְהוָה וַיִּנָּחֶם יְהוָה אֶל־הָרָעָה אֲשֶׁר־דִּבֶּר עֲלֵיהֶם וַאֲנַחְנוּ עֹשִׂים רָעָה

כ גְדוֹלָה עַל־נַפְשׁוֹתֵינוּ: וְגַם־אִישׁ הָיָה מִתְנַבֵּא בְּשֵׁם יְהוָה אוּרִיָּהוּ בֶּן־שְׁמַעְיָהוּ מִקִּרְיַת הַיְּעָרִים וַיִּנָּבֵא עַל־הָעִיר הַזֹּאת

כא וְעַל־הָאָרֶץ הַזֹּאת כְּכֹל דִּבְרֵי יִרְמְיָהוּ: וַיִּשְׁמַע הַמֶּלֶךְ־יְהוֹיָקִים וְכָל־גִּבּוֹרָיו וְכָל־הַשָּׂרִים אֶת־דְּבָרָיו וַיְבַקֵּשׁ הַמֶּלֶךְ הֲמִיתוֹ

כב וַיִּשְׁמַע אוּרִיָּהוּ וַיִּרָא וַיִּבְרַח וַיָּבֹא מִצְרָיִם: וַיִּשְׁלַח הַמֶּלֶךְ יְהוֹיָקִים אֲנָשִׁים מִצְרָיִם אֵת אֶלְנָתָן בֶּן־עַכְבּוֹר וַאֲנָשִׁים אִתּוֹ

כג אֶל־מִצְרָיִם: וַיּוֹצִיאוּ אֶת־אוּרִיָּהוּ מִמִּצְרַיִם וַיְבִאֻהוּ אֶל־הַמֶּלֶךְ יְהוֹיָקִים וַיַּכֵּהוּ בֶּחָרֶב וַיַּשְׁלֵךְ אֶת־נִבְלָתוֹ אֶל־קִבְרֵי בְּנֵי הָעָם:

כד אַךְ יַד אֲחִיקָם בֶּן־שָׁפָן הָיְתָה אֶת־יִרְמְיָהוּ לְבִלְתִּי תֵּת־אֹתוֹ בְיַד־הָעָם לַהֲמִיתוֹ:

כז א בְּרֵאשִׁית מַמְלֶכֶת יְהוֹיָקִים

house of the Lord. Now it came to pass, when Yirmeyahu had 8
made an end of speaking all that the Lord had commanded him
to speak to all the people, that the priests and the prophets and
all the people took hold of him, saying, Thou shalt surely die.
Why hast thou prophesied in the name of the Lord, saying, This 9
house shall be like Shilo, and this city shall be desolate without
inhabitant? And all the people were gathered against Yirmeyahu
in the house of the Lord. When the princes of Yehuda heard 10
these things, then they came up from the king's house unto
the house of the Lord, and sat down in the entry of the new
gate of the Lord's house. Then spoke the priests and the proph- 11
ets to the princes and to all the people, saying, This man is
worthy to die; for he has prophesied against this city, as you
have heard with your ears. Then spoke Yirmeyahu to all the 12
princes and to all the people, saying, The Lord sent me to
prophesy against this house and against this city all the words
that you have heard. Therefore now amend your ways and your 13
doings, and obey the voice of the Lord your God; and the Lord
will relent of the evil that he has pronounced against you.
As for me, behold, I am in your hand: do with me as seems good 14
and proper in your eyes. But know for certain, that if you put 15
me to death, you shall surely bring innocent blood upon your-
selves, and upon this city, and upon its inhabitants: for of a
truth the Lord has sent me to you to speak all these words in
your ears. Then said the princes and all the people 16
to the priests and to the prophets; This man is not worthy to
die: for he has spoken to us in the name of the Lord our God.
Then rose up certain of the elders of the land, and spoke to all 17
the assembly of the people, saying, Mikha the Morashti prophe- 18
sied in the days of H̱izqiyyahu king of Yehuda, and spoke to all
the people of Yehuda, saying, Thus says the Lord of hosts;
Ẕiyyon shall be plowed like a field, and Yerushalayim shall be-
come heaps, and the mountain of the house as the high places
of a forest. Did H̱izqiyyahu king of Yehuda and all Yehuda put 19
him to death? did he not rather fear the Lord, and beseech
the Lord, and the Lord repented of the evil which he had pro-
nounced against them? And shall we bring such a great evil
against our souls? And there was also a man that prophesied in 20
the name of the Lord, Uriyyahu the son of Shema'yahu of
Qiryat-hayye'arim, who prophesied against this city and against
this land according to all the words of Yirmeyahu: and when 21
Yehoyaqim the king, with all his mighty men, and all the
princes, heard his words, the king sought to put him to death:
but when Uriyyahu heard it, he was afraid, and fled, and went
into Miẕrayim; and Yehoyaqim the king sent men to Miẕrayim, 22
namely, Elnatan the son of 'Akhbor, and others with him into
Miẕrayim. And they fetched Uriyyahu out of Miẕrayim, and 23
brought him to Yehoyaqim the king, who slew him with the
sword, and cast his dead body upon the graves of the common
people. Nevertheless the hand of Aẖiqam the son of Shafan was 24
with Yirmeyahu, that they should not give him into the hand
of the people to put him to death. In the beginning of **27**

בֶּן־יֹאושִׁיָּהוּ מֶלֶךְ יְהוּדָה הָיָה הַדָּבָר הַזֶּה אֶל־יִרְמְיָה מֵאֵת

ב יְהוָה לֵאמֹר: כֹּה־אָמַר יְהוָה אֵלַי עֲשֵׂה לְךָ מוֹסֵרוֹת וּמֹטוֹת

ג וּנְתַתָּם עַל־צַוָּארֶךָ: וְשִׁלַּחְתָּם אֶל־מֶלֶךְ אֱדוֹם וְאֶל־מֶלֶךְ
מוֹאָב וְאֶל־מֶלֶךְ בְּנֵי עַמּוֹן וְאֶל־מֶלֶךְ צֹר וְאֶל־מֶלֶךְ צִידוֹן בְּיַד

ד מַלְאָכִים הַבָּאִים יְרוּשָׁלִַם אֶל־צִדְקִיָּהוּ מֶלֶךְ יְהוּדָה: וְצִוִּיתָ
אֹתָם אֶל־אֲדֹנֵיהֶם לֵאמֹר כֹּה־אָמַר יְהוָה צְבָאוֹת אֱלֹהֵי

ה יִשְׂרָאֵל כֹּה תֹאמְרוּ אֶל־אֲדֹנֵיכֶם: אָנֹכִי עָשִׂיתִי אֶת־הָאָרֶץ
אֶת־הָאָדָם וְאֶת־הַבְּהֵמָה אֲשֶׁר עַל־פְּנֵי הָאָרֶץ בְּכֹחִי הַגָּדוֹל

ו וּבִזְרוֹעִי הַנְּטוּיָה וּנְתַתִּיהָ לַאֲשֶׁר יָשַׁר בְּעֵינָי: וְעַתָּה אָנֹכִי נָתַתִּי
אֶת־כָּל־הָאֲרָצוֹת הָאֵלֶּה בְּיַד נְבוּכַדְנֶאצַּר מֶלֶךְ־בָּבֶל עַבְדִּי

ז וְגַם אֶת־חַיַּת הַשָּׂדֶה נָתַתִּי לוֹ לְעָבְדוֹ: וְעָבְדוּ אֹתוֹ כָּל־הַגּוֹיִם
וְאֶת־בְּנוֹ וְאֶת־בֶּן־בְּנוֹ עַד בֹּא־עֵת אַרְצוֹ גַּם־הוּא וְעָבְדוּ בוֹ

ח גּוֹיִם רַבִּים וּמְלָכִים גְּדֹלִים: וְהָיָה הַגּוֹי וְהַמַּמְלָכָה אֲשֶׁר לֹא־
יַעַבְדוּ אֹתוֹ אֶת־נְבוּכַדְנֶאצַּר מֶלֶךְ־בָּבֶל וְאֵת אֲשֶׁר לֹא־יִתֵּן
אֶת־צַוָּארוֹ בְּעֹל מֶלֶךְ בָּבֶל בַּחֶרֶב וּבָרָעָב וּבַדֶּבֶר אֶפְקֹד עַל־

ט הַגּוֹי הַהוּא נְאֻם־יְהוָה עַד־תֻּמִּי אֹתָם בְּיָדוֹ: וְאַתֶּם אַל־
תִּשְׁמְעוּ אֶל־נְבִיאֵיכֶם וְאֶל־קֹסְמֵיכֶם וְאֶל חֲלֹמֹתֵיכֶם וְאֶל־
עֹנְנֵיכֶם וְאֶל־כַּשָּׁפֵיכֶם אֲשֶׁר־הֵם אֹמְרִים אֲלֵיכֶם לֵאמֹר לֹא

י תַעַבְדוּ אֶת־מֶלֶךְ בָּבֶל: כִּי שֶׁקֶר הֵם נִבְּאִים לָכֶם לְמַעַן
הַרְחִיק אֶתְכֶם מֵעַל אַדְמַתְכֶם וְהִדַּחְתִּי אֶתְכֶם וַאֲבַדְתֶּם: וְהַגּוֹי

יא אֲשֶׁר יָבִיא אֶת־צַוָּארוֹ בְּעֹל מֶלֶךְ־בָּבֶל וַעֲבָדוֹ וְהִנַּחְתִּיו עַל־
אַדְמָתוֹ נְאֻם־יְהוָה וַעֲבָדָהּ וְיָשַׁב בָּהּ: וְאֶל־צִדְקִיָּה מֶלֶךְ־

יב יְהוּדָה דִּבַּרְתִּי כְּכָל־הַדְּבָרִים הָאֵלֶּה לֵאמֹר הָבִיאוּ אֶת־
צַוְּארֵיכֶם בְּעֹל מֶלֶךְ־בָּבֶל וְעִבְדוּ אֹתוֹ וְעַמּוֹ וִחְיוּ: לָמָּה תָמוּתוּ

יג אַתָּה וְעַמֶּךָ בַּחֶרֶב בָּרָעָב וּבַדָּבֶר כַּאֲשֶׁר דִּבֶּר יְהוָה אֶל־הַגּוֹי
אֲשֶׁר לֹא־יַעֲבֹד אֶת־מֶלֶךְ בָּבֶל: וְאַל־תִּשְׁמְעוּ אֶל־דִּבְרֵי

יד הַנְּבִאִים הָאֹמְרִים אֲלֵיכֶם לֵאמֹר לֹא תַעַבְדוּ אֶת־מֶלֶךְ בָּבֶל

טו כִּי שֶׁקֶר הֵם נִבְּאִים לָכֶם: כִּי לֹא שְׁלַחְתִּים נְאֻם־יְהוָה וְהֵם
נִבְּאִים בִּשְׁמִי לַשָּׁקֶר לְמַעַן הַדִּיחִי אֶתְכֶם וַאֲבַדְתֶּם אַתֶּם

טז וְהַנְּבִאִים הַנִּבְּאִים לָכֶם: וְאֶל־הַכֹּהֲנִים וְאֶל־כָּל־הָעָם הַזֶּה
דִּבַּרְתִּי לֵאמֹר כֹּה אָמַר יְהוָה אַל־תִּשְׁמְעוּ אֶל־דִּבְרֵי נְבִיאֵיכֶם
הַנִּבְּאִים לָכֶם לֵאמֹר הִנֵּה כְלֵי בֵית־יְהוָה מוּשָׁבִים מִבָּבֶלָה

יז עַתָּה מְהֵרָה כִּי שֶׁקֶר הֵמָּה נִבְּאִים לָכֶם: אַל־תִּשְׁמְעוּ אֲלֵיהֶם
עִבְדוּ אֶת־מֶלֶךְ־בָּבֶל וִחְיוּ לָמָּה תִהְיֶה הָעִיר הַזֹּאת חָרְבָּה:

יח וְאִם־נְבִאִים הֵם וְאִם־יֵשׁ דְּבַר־יְהוָה אִתָּם יִפְגְּעוּ־נָא בַּיהוָה
צְבָאוֹת לְבִלְתִּי־בֹאוּ הַכֵּלִים הַנּוֹתָרִים בְּבֵית־יְהוָה וּבֵית מֶלֶךְ

the reign of Yehoyaqim the son of Yoshiyyahu king of Yehuda,
came this word to Yirmeyahu from the Lord, saying, Thus says 2
the Lord to me; Make bonds and bars for thyself, and put them
upon thy neck, and send them to the king of Edom, and to the 3
king of Mo'av, and to the king of the children of 'Ammon, and
to the king of Ẕor, and to the king of Ẕidon, by the hand of the
messengers which come to Yerushalayim to Ẕidqiyyahu king of
Yehuda; and command them to say to their masters, Thus says 4
the Lord of hosts, the God of Yisra'el; Thus shall you say to
your masters; I have made the earth, the man and the beast 5
that are upon the ground, by my great power and by my out-
stretched arm, and have given it to whom it seemed proper in
my eyes. And now have I given all these lands to the hand of 6
Nevukhadneẕẕar the king of Bavel, my servant; and the beasts
of the field have I given him also to serve him. And all nations 7
shall serve him, and his son, and his son's son, until the time
of his own land come also: and then many nations and great
kings shall make him a slave. And it shall come to pass, that the 8
nation and kingdom which will not serve this Nevukhadneẕẕar
the king of Bavel, and that will not put their neck under the
yoke of the king of Bavel, that nation will I punish, says the
Lord, with the sword, and with the famine, and with the pesti-
lence, until I have consumed them by his hand. Therefore 9
hearken not to your prophets, nor to your diviners, nor to your
dreamers, nor to your enchanters, nor to your sorcerers, who
speak to you, saying, You shall not serve the king of Bavel:
for they prophesy a lie to you, to remove you far from your 10
land; and that I should drive you out, and you should perish.
But the nations that bring their neck under the yoke of the 11
king of Bavel, and serve him, those will I let remain still in
their own land, says the Lord ; and they shall till it, and dwell
in it. I spoke also to Ẕidqiyya king of Yehuda according to all 12
these words, saying, Bring your necks under the yoke of the
king of Bavel, and serve him and his people, and live. Why will 13
you die, thou and thy people, by the sword, by the famine, and
by the pestilence, as the Lord has spoken against the nation
that will not serve the king of Bavel? Therefore hearken not to 14
the words of the prophets that speak to you, saying, You shall
not serve the king of Bavel; for they prophesy a lie to you.
For I have not sent them, says the Lord ; but they prophesy a 15
lie in my name; that I might drive you out, and that you might
perish, you, and the prophets that prophesy to you. Also I 16
spoke to the priests and to all this people, saying, Thus says
the Lord; Hearken not to the words of your prophets that pro-
phesy to you, saying, Behold, the vessels of the Lord's house
shall now shortly be brought back from Bavel: for they
prophesy a lie to you. Hearken not to them; serve the king 17
of Bavel, and live: why should this city be laid waste? But if 18
they are prophets, and if the word of the Lord be with them,
let them now make intercession to the Lord of hosts, that the
vessels which are left in the house of the Lord, and in the
house of the king of Yehuda, and at Yerushalayim, go not to

יהודה ובירושלם בבלה: כִּי כֹה אָמַר יְהוָה   יט
צְבָאוֹת אֶל־הָעַמֻּדִים וְעַל־הַיָּם וְעַל־הַמְּכֹנוֹת וְעַל יֶתֶר הַכֵּלִים
הַנּוֹתָרִים בָּעִיר הַזֹּאת: אֲשֶׁר לֹא־לְקָחָם נְבוּכַדְנֶאצַּר מֶלֶךְ   כ
בָּבֶל בַּגְלוֹתוֹ אֶת־יְכָנְיָה בֶן־יְהוֹיָקִים מֶלֶךְ־יְהוּדָה מִירוּשָׁלַ͏ִם   יכניה
בָּבֶלָה וְאֵת כָּל־חֹרֵי יְהוּדָה וִירוּשָׁלָ͏ִם: כִּי כֹה   כא
אָמַר יְהוָה צְבָאוֹת אֱלֹהֵי יִשְׂרָאֵל עַל־הַכֵּלִים הַנּוֹתָרִים בֵּית
יְהוָה וּבֵית מֶלֶךְ־יְהוּדָה וִירוּשָׁלָ͏ִם: בָּבֶלָה יוּבָאוּ וְשָׁמָּה יִהְיוּ עַד   כב
יוֹם פָּקְדִי אֹתָם נְאֻם־יְהוָה וְהַעֲלִיתִים וַהֲשִׁיבֹתִים אֶל־הַמָּקוֹם
הַזֶּה: וַיְהִי ׀ בַּשָּׁנָה הַהִיא בְּרֵאשִׁית מַמְלֶכֶת   כח א
צִדְקִיָּה מֶלֶךְ־יְהוּדָה בִּשְׁנַת הָרְבִעִית בַּחֹדֶשׁ הַחֲמִישִׁי אָמַר   בשנה
אֵלַי חֲנַנְיָה בֶן־עַזּוּר הַנָּבִיא אֲשֶׁר מִגִּבְעוֹן בְּבֵית יְהוָה לְעֵינֵי
הַכֹּהֲנִים וְכָל־הָעָם לֵאמֹר: כֹּה־אָמַר יְהוָה צְבָאוֹת אֱלֹהֵי   ב
יִשְׂרָאֵל לֵאמֹר שָׁבַרְתִּי אֶת־עֹל מֶלֶךְ בָּבֶל: בְּעוֹד ׀ שְׁנָתַיִם   ג
יָמִים אֲנִי מֵשִׁיב אֶל־הַמָּקוֹם הַזֶּה אֶת־כָּל־כְּלֵי בֵּית יְהוָה
אֲשֶׁר לָקַח נְבוּכַדְנֶאצַּר מֶלֶךְ־בָּבֶל מִן־הַמָּקוֹם הַזֶּה וַיְבִיאֵם
בָּבֶל: וְאֶת־יְכָנְיָה בֶן־יְהוֹיָקִים מֶלֶךְ־יְהוּדָה וְאֶת־כָּל־גָּלוּת   ד
יְהוּדָה הַבָּאִים בָּבֶלָה אֲנִי מֵשִׁיב אֶל־הַמָּקוֹם הַזֶּה נְאֻם־יְהוָה
כִּי אֶשְׁבֹּר אֶת־עֹל מֶלֶךְ בָּבֶל: וַיֹּאמֶר יִרְמְיָה הַנָּבִיא אֶל־   ה
חֲנַנְיָה הַנָּבִיא לְעֵינֵי הַכֹּהֲנִים וּלְעֵינֵי כָל־הָעָם הָעֹמְדִים בְּבֵית
יְהוָה: וַיֹּאמֶר יִרְמְיָה הַנָּבִיא אָמֵן כֵּן יַעֲשֶׂה יְהוָה יָקֵם יְהוָה   ו
אֶת־דְּבָרֶיךָ אֲשֶׁר נִבֵּאתָ לְהָשִׁיב כְּלֵי בֵית־יְהוָה וְכָל־הַגּוֹלָה
מִבָּבֶל אֶל־הַמָּקוֹם הַזֶּה: אַךְ שְׁמַע־נָא הַדָּבָר הַזֶּה אֲשֶׁר אָנֹכִי   ז
דֹבֵר בְּאָזְנֶיךָ וּבְאָזְנֵי כָּל־הָעָם: הַנְּבִיאִים אֲשֶׁר הָיוּ לְפָנַי וּלְפָנֶיךָ   ח
מִן־הָעוֹלָם וַיִּנָּבְאוּ אֶל־אֲרָצוֹת רַבּוֹת וְעַל־מַמְלָכוֹת גְּדֹלוֹת
לְמִלְחָמָה וּלְרָעָה וּלְדָבֶר: הַנָּבִיא אֲשֶׁר יִנָּבֵא לְשָׁלוֹם בְּבֹא   ט
דְּבַר הַנָּבִיא יִוָּדַע הַנָּבִיא אֲשֶׁר־שְׁלָחוֹ יְהוָה בֶּאֱמֶת: וַיִּקַּח   י
חֲנַנְיָה הַנָּבִיא אֶת־הַמּוֹטָה מֵעַל צַוַּאר יִרְמְיָה הַנָּבִיא
וַיִּשְׁבְּרֵהוּ: וַיֹּאמֶר חֲנַנְיָה לְעֵינֵי כָל־הָעָם לֵאמֹר כֹּה אָמַר   יא
יְהוָה כָּכָה אֶשְׁבֹּר אֶת־עֹל ׀ נְבוּכַדְנֶאצַּר מֶלֶךְ־בָּבֶל בְּעוֹד
שְׁנָתַיִם יָמִים מֵעַל צַוַּאר כָּל־הַגּוֹיִם וַיֵּלֶךְ יִרְמְיָה הַנָּבִיא
לְדַרְכּוֹ:   וַיְהִי דְבַר־יְהוָה אֶל־יִרְמְיָה אַחֲרֵי   יב
שְׁבוֹר חֲנַנְיָה הַנָּבִיא אֶת־הַמּוֹטָה מֵעַל צַוַּאר יִרְמְיָה הַנָּבִיא
לֵאמֹר: הָלוֹךְ וְאָמַרְתָּ אֶל־חֲנַנְיָה לֵאמֹר כֹּה אָמַר יְהוָה מוֹטֹת   יג
עֵץ שָׁבָרְתָּ וְעָשִׂיתָ תַחְתֵּיהֶן מֹטוֹת בַּרְזֶל: כִּי כֹה־אָמַר יְהוָה   יד
צְבָאוֹת אֱלֹהֵי יִשְׂרָאֵל עֹל בַּרְזֶל נָתַתִּי עַל־צַוַּאר ׀ כָּל־
הַגּוֹיִם הָאֵלֶּה לַעֲבֹד אֶת־נְבוּכַדְנֶאצַּר מֶלֶךְ־בָּבֶל וַעֲבָדֻהוּ

Bavel. For thus says the LORD of hosts concerning the 19
pillars, and concerning the sea, and concerning the bases, and
concerning the residue of the vessels that remain in this city.
Which Nevukhadneẕẕar king of Bavel did not take, when he 20
carried away Yekhonya the son of Yehoyaqim king of Yehuda
captive from Yerushalayim to Bavel, and all the nobles of
Yehuda and Yerushalayim: for thus says the LORD of 21
hosts, the GOD of Yisra'el, concerning the vessels that remain
in the house of the LORD, and in the house of the king of Yehuda
and of Yerushalayim; they shall be carried to Bavel, and there 22
shall they be until the day that I take heed of them, says the
LORD; then will I bring them up, and restore them to this place.

And it came to pass the same year, in the beginning of **28**
the reign of Ẕidqiyya king of Yehuda, in the fourth year and
in the fifth month, that Ḥananya the son of Azur the prophet,
who was of Giv'on, spoke to me in the house of the LORD, in
the presence of the priests and of all the people, saying, Thus 2
speaks the LORD of hosts, the GOD of Yisra'el, saying, I have
broken the yoke of the king of Bavel. Within two full years 3
will I bring again to this place all the vessels of the LORD's
house, that Nevukhadneẕẕar king of Bavel took away from
this place, and carried them to Bavel: And I will bring again 4
to this place Yekhonya the son of Yehoyaqim, king of Yehuda,
with all the captives of Yehuda, that went into Bavel, says the
LORD: for I will break the yoke of the king of Bavel. Then the 5
prophet Yirmeya said to the prophet Ḥananya in the presence
of the priests, and in the presence of all the people that stood
in the house of the LORD, and the prophet Yirmeya said, Amen: 6
the LORD do so: the LORD perform thy words which thou hast
prophesied, to bring back the vessels of the LORD's house, and
all that were carried away captive, from Bavel to this place.
Nevertheless hear thou now this word that I speak in thy 7
ears, and in the ears of all the people; the prophets that have 8
been before me and before thee of old prophesied both against
many countries, and against great kingdoms, of war, and of
evil, and of pestilence. As for the prophet who prophesies for 9
peace, when the word of that prophet shall come to pass, then
shall it be known that the LORD has truly sent the prophet.
Then Ḥananya the prophet took the bar from off the prophet 10
Yirmeya's neck, and broke it. And Ḥananya spoke in the pre- 11
sence of all the people, saying, Thus said the LORD; Even so
will I break the yoke of Nevukhadneẕẕar king of Bavel from
the neck of all the nations within the space of two years. And
the prophet Yirmeya went his way. Then the word of 12
the LORD came to Yirmeyahu, after Ḥananya the prophet had
broken the yoke from off the neck of the prophet Yirmeya,
saying, Go and tell Ḥananya, saying, Thus says the LORD; 13
Thou hast broken the bars of wood; but thou shalt make in-
stead of them bars of iron. For thus says the LORD of hosts, the 14
GOD of Yisra'el; I have put a yoke of iron upon the neck of all
these nations, that they may serve Nevukhadneẕẕar king of
Bavel; and they shall serve him: and I have given him the

וְגַם אֶת־חַיַּת הַשָּׂדֶה נָתַתִּי לוֹ: וַיֹּאמֶר יִרְמְיָה הַנָּבִיא אֶל־ ט
חֲנַנְיָה הַנָּבִיא שְׁמַע־נָא חֲנַנְיָה לֹא־שְׁלָחֲךָ יְהוָה וְאַתָּה
הִבְטַחְתָּ אֶת־הָעָם הַזֶּה עַל־שָׁקֶר: לָכֵן כֹּה אָמַר יְהוָה הִנְנִי טז
מְשַׁלֵּחֲךָ מֵעַל פְּנֵי הָאֲדָמָה הַשָּׁנָה אַתָּה מֵת כִּי־סָרָה
דִבַּרְתָּ אֶל־יְהוָה: וַיָּמָת חֲנַנְיָה הַנָּבִיא בַּשָּׁנָה הַהִיא בַּחֹדֶשׁ יז
הַשְּׁבִיעִי: וְאֵלֶּה דִּבְרֵי הַסֵּפֶר אֲשֶׁר שָׁלַח יִרְמְיָה א כט
הַנָּבִיא מִירוּשָׁלִָם אֶל־יֶתֶר זִקְנֵי הַגּוֹלָה וְאֶל־הַכֹּהֲנִים וְאֶל־
הַנְּבִיאִים וְאֶל־כָּל־הָעָם אֲשֶׁר הֶגְלָה נְבוּכַדְנֶאצַּר מִירוּשָׁלִַם
בָּבֶלָה: אַחֲרֵי צֵאת יְכָנְיָה הַמֶּלֶךְ וְהַגְּבִירָה וְהַסָּרִיסִים שָׂרֵי ב
יְהוּדָה וִירוּשָׁלִַם וְהֶחָרָשׁ וְהַמַּסְגֵּר מִירוּשָׁלִָם: בְּיַד אֶלְעָשָׂה ג
בֶן־שָׁפָן וּגְמַרְיָה בֶּן־חִלְקִיָּה אֲשֶׁר שָׁלַח צִדְקִיָּה מֶלֶךְ־יְהוּדָה
אֶל־נְבוּכַדְנֶאצַּר מֶלֶךְ בָּבֶל בָּבֶלָה לֵאמֹר: כֹּה אָמַר יְהוָה ד
צְבָאוֹת אֱלֹהֵי יִשְׂרָאֵל לְכָל־הַגּוֹלָה אֲשֶׁר־הִגְלֵיתִי מִירוּשָׁלִַם
בָּבֶלָה: בְּנוּ בָתִּים וְשֵׁבוּ וְנִטְעוּ גַנּוֹת וְאִכְלוּ אֶת־פִּרְיָן: קְחוּ נָשִׁים ה
וְהוֹלִידוּ בָּנִים וּבָנוֹת וּקְחוּ לִבְנֵיכֶם נָשִׁים וְאֶת־בְּנוֹתֵיכֶם תְּנוּ
לַאֲנָשִׁים וְתֵלַדְנָה בָּנִים וּבָנוֹת וּרְבוּ־שָׁם וְאַל־תִּמְעָטוּ: וְדִרְשׁוּ ז
אֶת־שְׁלוֹם הָעִיר אֲשֶׁר הִגְלֵיתִי אֶתְכֶם שָׁמָּה וְהִתְפַּלְלוּ בַעֲדָהּ
אֶל־יְהוָה כִּי בִשְׁלוֹמָהּ יִהְיֶה לָכֶם שָׁלוֹם: כִּי כֹה ח
אָמַר יְהוָה צְבָאוֹת אֱלֹהֵי יִשְׂרָאֵל אַל־יַשִּׁיאוּ לָכֶם נְבִיאֵיכֶם
אֲשֶׁר־בְּקִרְבְּכֶם וְקֹסְמֵיכֶם וְאַל־תִּשְׁמְעוּ אֶל־חֲלֹמֹתֵיכֶם אֲשֶׁר
אַתֶּם מַחְלְמִים: כִּי בְשֶׁקֶר הֵם נִבְּאִים לָכֶם בִּשְׁמִי לֹא ט
שְׁלַחְתִּים נְאֻם־יְהוָה: כִּי־כֹה אָמַר יְהוָה כִּי לְפִי י
מְלֹאת לְבָבֶל שִׁבְעִים שָׁנָה אֶפְקֹד אֶתְכֶם וַהֲקִמֹתִי עֲלֵיכֶם
אֶת־דְּבָרִי הַטּוֹב לְהָשִׁיב אֶתְכֶם אֶל־הַמָּקוֹם הַזֶּה: כִּי אָנֹכִי יא
יָדַעְתִּי אֶת־הַמַּחֲשָׁבֹת אֲשֶׁר אָנֹכִי חֹשֵׁב עֲלֵיכֶם נְאֻם־יְהוָה
מַחְשְׁבוֹת שָׁלוֹם וְלֹא לְרָעָה לָתֵת לָכֶם אַחֲרִית וְתִקְוָה:
וּקְרָאתֶם אֹתִי וַהֲלַכְתֶּם וְהִתְפַּלַּלְתֶּם אֵלָי וְשָׁמַעְתִּי אֲלֵיכֶם: יב
וּבִקַּשְׁתֶּם אֹתִי וּמְצָאתֶם כִּי תִדְרְשֻׁנִי בְּכָל־לְבַבְכֶם: וְנִמְצֵאתִי יג יד
לָכֶם נְאֻם־יְהוָה וְשַׁבְתִּי אֶת־שְׁבִיתְכֶם וְקִבַּצְתִּי אֶתְכֶם מִכָּל־ שְׁבוּתְכֶם
הַגּוֹיִם וּמִכָּל־הַמְּקוֹמוֹת אֲשֶׁר הִדַּחְתִּי אֶתְכֶם שָׁם נְאֻם־יְהוָה
וַהֲשִׁבֹתִי אֶתְכֶם אֶל־הַמָּקוֹם אֲשֶׁר־הִגְלֵיתִי אֶתְכֶם מִשָּׁם: כִּי טו
אֲמַרְתֶּם הֵקִים לָנוּ יְהוָה נְבִאִים בָּבֶלָה: כִּי־ טז
כֹה אָמַר יְהוָה אֶל־הַמֶּלֶךְ הַיּוֹשֵׁב אֶל־כִּסֵּא דָוִד וְאֶל־כָּל־
הָעָם הַיּוֹשֵׁב בָּעִיר הַזֹּאת אֲחֵיכֶם אֲשֶׁר לֹא־יָצְאוּ אִתְּכֶם
בַּגּוֹלָה: כֹּה אָמַר יְהוָה צְבָאוֹת הִנְנִי מְשַׁלֵּחַ בָּם יז
אֶת־הַחֶרֶב אֶת־הָרָעָב וְאֶת־הַדָּבֶר וְנָתַתִּי אוֹתָם כַּתְּאֵנִים

beasts of the field also. Then said the prophet Yirmeya to 15
Ḥananya the prophet, Hear now, Ḥananya; The LORD has not
sent thee; but thou makest this people to trust in a lie. There- 16
fore thus says the LORD; Behold, I will cast thee from off the
face of the earth: this year thou shalt die, because thou hast
uttered rebellion against the LORD. So Ḥananya the prophet 17
died the same year in the seventh month. Now these are **29**
the words of the letter that Yirmeya the prophet sent from
Yerushalayim to the residue of the elders who were carried
away captives, and to the priests, and to the prophets, and to
all the people whom Nevukhadneẕẕar had carried away captive
from Yerushalayim to Bavel: (after Yekhonya the king, and 2
the queen mother, and the officers, the princes of Yehuda and
Yerushalayim, and the craftsmen and the smiths, had departed
from Yerushalayim;) by the hand of El'asa the son of Shefan, 3
and Gemarya the son of Ḥilqiyya, (whom Ẕidqiyya king of
Yehuda had sent to Nevukhadneẕẕar king of Bavel) to Bavel,
saying, Thus says the LORD of hosts, the GOD of Yisra'el, to 4
all that are carried away captives, whom I have caused to be
carried away from Yerushalayim to Bavel; Build houses, and 5
dwell in them; and plant gardens, and eat the fruit of them;
Take wives, and beget sons and daughters; and take wives for 6
your sons, and give your daughters to husbands, that they may
bear sons and daughters; that you may be increased there, and
not diminished. And seek the peace of the city into which I 7
have caused you to be carried away captives, and pray to the
LORD for it: for in its peace shall you have peace. For 8
thus says the LORD of hosts, the GOD of Yisra'el; Let not your
prophets and your diviners, that are in the midst of you, de-
ceive you, neither hearken to the dreams which you encourage
them to dream. For they prophesy falsely to you in my name: 9
I have not sent them, says the LORD. For thus says the 10
LORD, That after seventy years are accomplished at Bavel I
will take heed of you, and perform my good word towards you,
in causing you to return to this place. For I know the thoughts 11
that I think towards you, says the LORD, thoughts of peace,
and not of evil, to give you a future and a hope. Then shall you 12
call upon me, and you shall go and pray to me, and I will hear-
ken to you. And you shall seek me, and find me, when you 13
shall search for me with all your heart. And I will allow my- 14
self to be found by you, says the LORD: and I will restore you
from your captivity, and I will gather you from all the nations,
and from all the places into which I have driven you, says the
LORD; and I will bring you back to the place from which I
caused you to be driven away. Because you have said, The 15
LORD has raised us up prophets in Bavel; thus says the 16
LORD of the king that sits upon the throne of David, and of all
the people that dwell in this city, of your brethren that did not
go out with you into captivity; thus says the LORD of 17
hosts; Behold, I will send upon them the sword, the famine,
and the pestilence, and will make them like vile figs, that can-

הַשְּׁעֹרִים אֲשֶׁר לֹא־תֵאָכַלְנָה מֵרֹעַ: וְרָדַפְתִּי אַחֲרֵיהֶם בַּחֶרֶב יח

בָּרָעָב וּבַדָּבֶר וּנְתַתִּים לְזַוֲעָה לְכֹל ׀ מַמְלְכוֹת הָאָרֶץ לְאָלָה לִזַעֲוָה

וּלְשַׁמָּה וְלִשְׁרֵקָה וּלְחֶרְפָּה בְּכָל־הַגּוֹיִם אֲשֶׁר־הִדַּחְתִּים שָׁם:

תַּחַת אֲשֶׁר־לֹא־שָׁמְעוּ אֶל־דְּבָרַי נְאֻם־יְהוָה אֲשֶׁר שָׁלַחְתִּי יט

אֲלֵיהֶם אֶת־עֲבָדַי הַנְּבִאִים הַשְׁכֵּם וְשָׁלֹחַ וְלֹא שְׁמַעְתֶּם נְאֻם־

יְהוָה: וְאַתֶּם שִׁמְעוּ דְבַר־יְהוָה כָּל־הַגּוֹלָה אֲשֶׁר־שִׁלַּחְתִּי כ

מִירוּשָׁלַ͏ִם בָּבֶלָה: כֹּה־אָמַר יְהוָה צְבָאוֹת אֱלֹהֵי כא

יִשְׂרָאֵל אֶל־אַחְאָב בֶּן־קוֹלָיָה וְאֶל־צִדְקִיָּהוּ בֶן־מַעֲשֵׂיָה

הַנִּבְּאִים לָכֶם בִּשְׁמִי שָׁקֶר הִנְנִי ׀ נֹתֵן אֹתָם בְּיַד נְבוּכַדְרֶאצַּר

מֶלֶךְ־בָּבֶל וְהִכָּם לְעֵינֵיכֶם: וְלֻקַּח מֵהֶם קְלָלָה לְכֹל גָּלוּת כב

יְהוּדָה אֲשֶׁר בְּבָבֶל לֵאמֹר יְשִׂמְךָ יְהוָה כְּצִדְקִיָּהוּ וּכְאֶחָב אֲשֶׁר־

קָלָם מֶלֶךְ־בָּבֶל בָּאֵשׁ: יַעַן אֲשֶׁר עָשׂוּ נְבָלָה בְּיִשְׂרָאֵל וַיְנַאֲפוּ כג

אֶת־נְשֵׁי רֵעֵיהֶם וַיְדַבְּרוּ דָבָר בִּשְׁמִי שֶׁקֶר אֲשֶׁר לוֹא צִוִּיתִם

וְאָנֹכִי הוידע (הַיּוֹדֵעַ) וָעֵד נְאֻם־יְהוָה: וְאֶל־שְׁמַעְיָהוּ כד הַיּוֹדֵעַ

הַנֶּחֱלָמִי תֹּאמַר לֵאמֹר: כֹּה־אָמַר יְהוָה צְבָאוֹת אֱלֹהֵי יִשְׂרָאֵל כה

לֵאמֹר יַעַן אֲשֶׁר אַתָּה שָׁלַחְתָּ בְשִׁמְכָה סְפָרִים אֶל־כָּל־הָעָם

אֲשֶׁר בִּירוּשָׁלַ͏ִם וְאֶל־צְפַנְיָה בֶן־מַעֲשֵׂיָה הַכֹּהֵן וְאֶל־כָּל־

הַכֹּהֲנִים לֵאמֹר: יְהוָה נְתָנְךָ כֹהֵן תַּחַת יְהוֹיָדָע הַכֹּהֵן לִהְיוֹת כו

פְּקִדִים בֵּית יְהוָה לְכָל־אִישׁ מְשֻׁגָּע וּמִתְנַבֵּא וְנָתַתָּה אֹתוֹ אֶל־

הַמַּהְפֶּכֶת וְאֶל־הַצִּינֹק: וְעַתָּה לָמָּה לֹא גָעַרְתָּ בְּיִרְמְיָהוּ כז

הָעַנְּתֹתִי הַמִּתְנַבֵּא לָכֶם: כִּי עַל־כֵּן שָׁלַח אֵלֵינוּ בָּבֶל לֵאמֹר כח

אֲרֻכָּה הִיא בְּנוּ בָתִּים וְשֵׁבוּ וְנִטְעוּ גַנּוֹת וְאִכְלוּ אֶת־

פְּרִיהֶן: וַיִּקְרָא צְפַנְיָה הַכֹּהֵן אֶת־הַסֵּפֶר הַזֶּה בְּאָזְנֵי יִרְמְיָהוּ כט

הַנָּבִיא: וַיְהִי דְּבַר־יְהוָה אֶל־יִרְמְיָהוּ לֵאמֹר: ל

שְׁלַח עַל־כָּל־הַגּוֹלָה לֵאמֹר כֹּה אָמַר יְהוָה אֶל־שְׁמַעְיָה לא

הַנֶּחֱלָמִי יַעַן אֲשֶׁר נִבָּא לָכֶם שְׁמַעְיָה וַאֲנִי לֹא שְׁלַחְתִּיו וַיַּבְטַח

אֶתְכֶם עַל־שָׁקֶר: לָכֵן כֹּה־אָמַר יְהוָה הִנְנִי פֹקֵד עַל־שְׁמַעְיָה לב

הַנֶּחֱלָמִי וְעַל־זַרְעוֹ לֹא־יִהְיֶה לוֹ אִישׁ ׀ יוֹשֵׁב ׀ בְּתוֹךְ־הָעָם הַזֶּה

וְלֹא־יִרְאֶה בַטּוֹב אֲשֶׁר־אֲנִי עֹשֶׂה לְעַמִּי נְאֻם־יְהוָה כִּי־סָרָה

דִבֶּר עַל־יְהוָה: הַדָּבָר אֲשֶׁר הָיָה אֶל־יִרְמְיָהוּ ל א

מֵאֵת יְהוָה לֵאמֹר: כֹּה־אָמַר יְהוָה אֱלֹהֵי יִשְׂרָאֵל לֵאמֹר ב

כְּתָב־לְךָ אֵת כָּל־הַדְּבָרִים אֲשֶׁר־דִּבַּרְתִּי אֵלֶיךָ אֶל־סֵפֶר: כִּי ג

הִנֵּה יָמִים בָּאִים נְאֻם־יְהוָה וְשַׁבְתִּי אֶת־שְׁבוּת עַמִּי יִשְׂרָאֵל

וִיהוּדָה אָמַר יְהוָה וַהֲשִׁבֹתִים אֶל־הָאָרֶץ אֲשֶׁר־נָתַתִּי לַאֲבוֹתָם

וִירֵשׁוּהָ: וְאֵלֶּה הַדְּבָרִים אֲשֶׁר דִּבֶּר יְהוָה אֶל־ ד

יִשְׂרָאֵל וְאֶל־יְהוּדָה: כִּי־כֹה אָמַר יְהוָה קוֹל חֲרָדָה שָׁמָעְנוּ ה

not be eaten, they are so bad. And I will persecute them with 18
the sword, with the famine, and with the pestilence, and will
make them for a horror to all the kingdoms of the earth, to
be a curse, and an astonishment, and a hissing, and a reproach,
among all the nations where I have driven them: because they 19
have not hearkened to my words, says the LORD, which I sent
to them by my servants the prophets, (sending them from
morning till night; but you would not hear, says the LORD.)
Hear therefore the word of the LORD, all you of the captivity, 20
whom I have sent from Yerushalayim to Bavel: Thus says 21
the LORD of hosts, the GOD of Yisra'el, of Aẖ'av the son of
Qolaya, and of Ẕidqiyyahu the son of Ma'aseya, who prophesy
a lie to you in my name; Behold, I will deliver them into the
hand of Nevukhadneẕẕar king of Bavel; and he shall slay them
before your eyes; And of them shall be taken up a curse by 22
all the captivity of Yehuda who are in Bavel, saying, The
LORD make thee like Ẕidqiyyahu and like Aẖ'av, whom the
king of Bavel roasted in the fire; because they have committed 23
baseness in Yisra'el, and have committed adultery with their
neighbours' wives, and have spoken lying words in my name,
which I have not commanded them; but I am he who knows,
and I am a witness, says the LORD. Thus shalt thou also 24
speak to Shema'yahu the Neẖelamite, saying, Thus speaks the 25
LORD of hosts, the GOD of Yisra'el, saying, Because thou hast
sent letters in thy name to all the people that are at Yerusha-
layim, and to Ẕefanya the son of Ma'aseya the priest, and to
all the priests, saying, The LORD has made thee priest in the 26
place of Yehoyada the priest, that there should be officers in
the house of the LORD, for every man that is mad, and acts the
prophet, that thou shouldst put him in the stocks, and in the
collar. Now therefore why hast thou not rebuked Yirmeyahu 27
of 'Anatot, who acts the prophet to you? seeing that he sent to 28
us in Bavel, saying, This captivity is long: build houses, and
dwell in them; and plant gardens, and eat the fruit of them.
And Ẕefanya the priest read this letter in the ears of Yirme- 29
yahu the prophet. Then came the word of the LORD to 30
Yirmeyahu, saying, Send to all them of the captivity, saying, 31
Thus says the LORD concerning Shema'ya the Neẖelamite; Be-
cause Shema'ya has prophesied to you, and I sent him not,
and he caused you to trust in a lie: therefore thus says the 32
LORD; Behold, I will punish Shema'ya the Neẖelamite, and
his posterity: he shall not have a man to dwell among this
people; neither shall he behold the good that I will do for my
people, says the LORD; because he has uttered rebellion against
the LORD. The word that came to Yirmeyahu from the **30**
LORD, saying, Thus speaks the LORD GOD of Yisra'el, saying, 2
Write all the words that I have spoken to thee in a book.
For, lo, days are coming, says the LORD, when I will bring 3
back the captivity of my people Yisra'el and Yehuda, says the
LORD: and I will cause them to return to the land that I gave
to their fathers, and they shall possess it. And these are 4
words that the LORD spoke concerning Yisra'el and concerning
Yehuda. For thus says the LORD; We have heard a voice of 5

פַּ֤חַד וְאֵ֣ין שָׁל֑וֹם: שַׁאֲלוּ־נָ֣א וּרְא֔וּ אִם־יֹלֵ֖ד זָכָ֑ר מַדּוּעַ֩ רָאִ֨יתִי

כָל־גֶּ֜בֶר יָדָ֤יו עַל־חֲלָצָיו֙ כַּיּ֣וֹלֵדָ֔ה וְנֶהֶפְכ֥וּ כָל־פָּנִ֖ים לְיֵרָקֽוֹן: ה֗וֹי

כִּ֤י גָדוֹל֙ הַיּ֣וֹם הַה֔וּא מֵאַ֖יִן כָּמֹ֑הוּ וְעֵֽת־צָרָ֥ה הִיא֙ לְיַֽעֲקֹ֔ב וּמִמֶּ֖נָּה

יִוָּשֵֽׁעַ: וְהָיָה֩ בַיּ֨וֹם הַה֜וּא נְאֻ֣ם ׀ יְהֹוָ֣ה צְבָא֗וֹת אֶשְׁבֹּ֤ר עֻלּוֹ֙

מֵעַ֣ל צַוָּארֶ֔ךָ וּמוֹסְרוֹתֶ֖יךָ אֲנַתֵּ֑ק וְלֹא־יַֽעַבְדוּ־ב֥וֹ ע֖וֹד זָרִֽים:

וְעָ֣בְד֔וּ אֵ֖ת יְהֹוָ֣ה אֱלֹֽהֵיהֶ֑ם וְאֵת֙ דָּוִ֣ד מַלְכָּ֔ם אֲשֶׁ֥ר אָקִ֖ים

לָהֶֽם: וְאַתָּ֡ה אַל־תִּירָא֩ עַבְדִּ֨י יַֽעֲקֹ֤ב נְאֻם־יְהֹוָה֙

וְאַל־תֵּחַ֣ת יִשְׂרָאֵ֔ל כִּ֠י הִנְנִ֤י מֽוֹשִֽׁיעֲךָ֙ מֵֽרָח֔וֹק וְאֶֽת־זַרְעֲךָ֖ מֵאֶ֣רֶץ

שִׁבְיָ֑ם וְשָׁ֧ב יַֽעֲקֹ֛ב וְשָׁקַ֥ט וְשַׁאֲנַ֖ן וְאֵ֥ין מַֽחֲרִֽיד: כִּֽי־אִתְּךָ֥ אֲנִ֛י

נְאֻם־יְהֹוָ֖ה לְהֽוֹשִׁיעֶ֑ךָ כִּי֩ אֶֽעֱשֶׂ֨ה כָלָ֜ה בְּכָל־הַגּוֹיִ֣ם ׀ אֲשֶׁ֧ר

הֲפִֽצוֹתִ֣יךָ שָּׁ֗ם אַ֤ךְ אֹֽתְךָ֙ לֹֽא־אֶֽעֱשֶׂ֣ה כָלָ֔ה וְיִסַּרְתִּ֙יךָ֙ לַמִּשְׁפָּ֔ט

וְנַקֵּ֖ה לֹ֥א אֲנַקֶּֽךָ: כִּ֣י כֹ֥ה אָמַ֖ר יְהֹוָ֑ה אָנ֣וּשׁ

לְשִׁבְרֵ֖ךְ נַחְלָ֣ה מַכָּתֵֽךְ: אֵֽין־דָּ֣ן דִּינֵ֔ךְ לְמָז֖וֹר רְפֻא֥וֹת תְּעָלָ֖ה אֵ֥ין

לָֽךְ: כָּל־מְאַהֲבַ֙יִךְ֙ שְׁכֵח֔וּךְ אוֹתָ֖ךְ לֹ֣א יִדְרֹ֑שׁוּ כִּי֩ מַכַּ֨ת אוֹיֵ֤ב

הִכִּיתִ֙יךְ֙ מוּסַ֣ר אַכְזָרִ֔י עַ֖ל רֹ֣ב עֲוֺנֵ֑ךְ עָֽצְמ֖וּ חַטֹּאתָֽיִךְ: מַה־

תִּזְעַק֙ עַל־שִׁבְרֵ֔ךְ אָנ֖וּשׁ מַכְאֹבֵ֑ךְ עַ֣ל ׀ רֹ֣ב עֲוֺנֵ֗ךְ עָֽצְמוּ֙ חַטֹּאתַ֔יִךְ

עָשִׂ֥יתִי אֵ֖לֶּה לָֽךְ: לָכֵ֞ן כָּל־אֹֽכְלַ֙יִךְ֙ יֵֽאָכֵ֔לוּ וְכָל־צָרַ֥יִךְ כֻּלָּ֖ם

בַּשְּׁבִ֣י יֵלֵ֑כוּ וְהָי֤וּ שֹׁאסַ֙יִךְ֙ לִמְשִׁסָּ֔ה וְכָל־בֹּֽזְזַ֖יִךְ אֶתֵּ֥ן לָבַֽז: כִּי֩

אַֽעֲלֶ֨ה אֲרֻכָ֥ה לָךְ֙ וּמִמַּכּוֹתַ֖יִךְ אֶרְפָּאֵ֣ךְ נְאֻם־יְהֹוָ֑ה כִּ֤י נִדָּחָה֙

קָ֣רְאוּ לָ֔ךְ צִיּ֣וֹן הִ֔יא דֹּרֵ֖שׁ אֵ֥ין לָֽהּ: כֹּ֣ה ׀ אָמַ֣ר

יְהֹוָ֗ה הִנְנִי־שָׁב֙ שְׁבוּת֙ אָֽהֳלֵ֣י יַֽעֲק֔וֹב וּמִשְׁכְּנֹתָ֖יו אֲרַחֵ֑ם וְנִבְנְתָ֥ה

עִיר֙ עַל־תִּלָּ֔הּ וְאַרְמ֖וֹן עַל־מִשְׁפָּט֥וֹ יֵשֵֽׁב: וְיָצָ֥א מֵהֶ֛ם תּוֹדָ֖ה וְק֣וֹל

מְשַֽׂחֲקִ֑ים וְהִרְבִּתִים֙ וְלֹ֣א יִמְעָ֔טוּ וְהִכְבַּדְתִּ֖ים וְלֹ֥א יִצְעָֽרוּ: וְהָי֤וּ

בָנָיו֙ כְּקֶ֔דֶם וַֽעֲדָת֖וֹ לְפָנַ֣י תִּכּ֑וֹן וּפָ֣קַדְתִּ֔י עַ֖ל כָּל־לֹֽחֲצָֽיו: וְהָיָ֨ה

אַדִּיר֜וֹ מִמֶּ֗נּוּ וּמֹֽשְׁלוֹ֙ מִקִּרְבּ֣וֹ יֵצֵ֔א וְהִקְרַבְתִּ֖יו וְנִגַּ֣שׁ אֵלָ֑י כִּ֣י מִ֥י

הֽוּא־זֶ֛ה עָרַ֥ב אֶת־לִבּ֖וֹ לָגֶ֥שֶׁת אֵלַ֖י נְאֻם־יְהֹוָֽה: וִֽהְיִ֥יתֶם

לִ֖י לְעָ֑ם וְאָ֣נֹכִ֔י אֶֽהְיֶ֥ה לָכֶ֖ם לֵֽאלֹהִֽים: הִנֵּ֣ה ׀

סַֽעֲרַ֤ת יְהֹוָה֙ חֵמָ֣ה יָֽצְאָ֔ה סַ֖עַר מִתְגּוֹרֵ֑ר עַ֖ל רֹ֥אשׁ רְשָׁעִ֖ים

יָחֽוּל: לֹ֣א יָשׁ֗וּב חֲר֤וֹן אַף־יְהֹוָה֙ עַד־עֲשֹׂת֔וֹ וְעַד־הֲקִימ֖וֹ

מְזִמּ֣וֹת לִבּ֑וֹ בְּאַֽחֲרִ֥ית הַיָּמִ֖ים תִּתְבּ֥וֹנְנוּ בָֽהּ: בָּעֵ֤ת הַהִיא֙ נְאֻם־

יְהֹוָ֔ה אֶֽהְיֶה֙ לֵֽאלֹהִ֔ים לְכֹ֖ל מִשְׁפְּח֣וֹת יִשְׂרָאֵ֑ל וְהֵ֖מָּה יִֽהְיוּ־לִֽי

לְעָֽם: כֹּ֚ה אָמַ֣ר יְהֹוָ֔ה מָצָ֥א חֵן֙ בַּמִּדְבָּ֔ר עַ֖ם

trembling, of fear, and not of peace. Ask now, and see whether 6
a man travails with child? why then do I see every man with
his hands on his loins, as a woman in travail, and all faces are
turned to paleness? Alas! for that day is great, so that none 7
is like it: and it is a time of trouble to Ya'aqov; but he shall be
saved out of it. For it shall come to pass on that day, says 8
the LORD of hosts, that I will break his yoke from off thy neck,
and will burst thy hands, and strangers shall no more enslave
him: but they shall serve the LORD their GOD, and David their 9
king, whom I will raise up for them. Therefore fear thou 10
not, O my servant Ya'aqov, says the LORD; neither be dismayed,
O Yisra'el: for, lo, I will save thee from afar, and thy seed
from the land of their captivity; and Ya'aqov shall return, and
shall be quiet and at ease, and none shall make him afraid.
For I am with thee, says the LORD, to save thee: for I will make 11
a full end of all the nations where I have scattered thee, yet
will I not make a full end of thee: but I will correct thee in
due measure, and will not leave thee altogether unpunished.

For thus says the LORD, Thy bruise is incurable, and thy 12
wound is grievous. There is none to take up thy case, to bind 13
up the wound: thou hast no healing medicines. All thy lovers 14
have forgotten thee; they seek thee not; for I have wounded
thee with the wound of an enemy, with the chastisement of a
cruel one, for the multitude of thy iniquity; thy sins were in-
creased. Why criest thou for thy hurt, that thy sorrow is in- 15
curable? for the multitude of thy iniquity, because thy sins
were increased, I have done these things to thee. Therefore all 16
they that devour thee shall be devoured; and all thy adver-
saries, every one of them, shall go into captivity; and they that
spoil thee shall be a spoil, and all that plunder thee will I give
for a prey. For I will restore health to thee, and I will heal thee 17
of thy wounds, says the LORD; because they called thee an Out-
cast, saying, This is Ẕiyyon, for whom no one cares. Thus 18
says the LORD; Behold, I will bring back the captivity of
Ya'aqov's tents, and have mercy on his dwellingplaces; and
the city shall be built upon her own tel, and the palace shall
stand on its proper place. And out of them shall proceed 19
thanksgiving and the voice of them that make merry: and I
will multiply them, and they shall not be diminished; I will also
glorify them, and they shall not be small. Their children also 20
shall be as before, and their congregation shall be established
before me, and I will punish all that oppress them. And their 21
prince shall be of themselves, and their governor shall proceed
from the midst of them; and I will cause him to draw near, and
he shall approach me: for who is this that engaged his heart to
approach me? says the LORD. And you shall be my people, and I 22
will be your GOD. Behold, the storm wind of the LORD 23
goes out with fury, a sweeping storm: it shall fall with pain
upon the head of the wicked. The fierce anger of the LORD shall 24
not turn back, until he has done it, and until he has performed
the intents of his heart: in the latter days you shall understand
this. At that time, says the LORD, will I be the GOD of all the 25
families of Yisra'el, and they shall be my people. Thus **31**

שְׂרִידֵי חָרֶב הָלוֹךְ לְהַרְגִּיעוֹ יִשְׂרָאֵל: מֵרָחוֹק יְהוָה נִרְאָה לִי ב

וְאַהֲבַת עוֹלָם אֲהַבְתִּיךְ עַל־כֵּן מְשַׁכְתִּיךְ חָסֶד: עוֹד אֶבְנֵךְ ג

וְנִבְנֵית בְּתוּלַת יִשְׂרָאֵל עוֹד תַּעְדִּי תֻפַּיִךְ וְיָצָאת בִּמְחוֹל

מְשַׂחֲקִים: עוֹד תִּטְּעִי כְרָמִים בְּהָרֵי שֹׁמְרוֹן נָטְעוּ נֹטְעִים ד

וְחִלֵּלוּ: כִּי יֶשׁ־יוֹם קָרְאוּ נֹצְרִים בְּהַר אֶפְרָיִם קוּמוּ וְנַעֲלֶה צִיּוֹן ה

אֶל־יְהוָה אֱלֹהֵינוּ: כִּי־כֹה ׀ אָמַר יְהוָה רָנּוּ ו

לְיַעֲקֹב שִׂמְחָה וְצַהֲלוּ בְּרֹאשׁ הַגּוֹיִם הַשְׁמִיעוּ הַלְלוּ וְאִמְרוּ

הוֹשַׁע יְהוָה אֶת־עַמְּךָ אֵת שְׁאֵרִית יִשְׂרָאֵל: הִנְנִי מֵבִיא אוֹתָם ז

מֵאֶרֶץ צָפוֹן וְקִבַּצְתִּים מִיַּרְכְּתֵי־אָרֶץ בָּם עִוֵּר וּפִסֵּחַ הָרָה

וְיֹלֶדֶת יַחְדָּו קָהָל גָּדוֹל יָשׁוּבוּ הֵנָּה: בִּבְכִי יָבֹאוּ וּבְתַחֲנוּנִים ח

אוֹבִילֵם אוֹלִיכֵם אֶל־נַחֲלֵי מַיִם בְּדֶרֶךְ יָשָׁר לֹא יִכָּשְׁלוּ בָּהּ כִּי־

הָיִיתִי לְיִשְׂרָאֵל לְאָב וְאֶפְרַיִם בְּכֹרִי הוּא: שִׁמְעוּ ט

דְבַר־יְהוָה גּוֹיִם וְהַגִּידוּ בָאִיִּים מִמֶּרְחָק וְאִמְרוּ מְזָרֵה יִשְׂרָאֵל

יְקַבְּצֶנּוּ וּשְׁמָרוֹ כְּרֹעֶה עֶדְרוֹ: כִּי־פָדָה יְהוָה אֶת־יַעֲקֹב וּגְאָלוֹ י

מִיַּד חָזָק מִמֶּנּוּ: וּבָאוּ וְרִנְּנוּ בִמְרוֹם־צִיּוֹן וְנָהֲרוּ אֶל־טוּב יְהוָה יא

עַל־דָּגָן וְעַל־תִּירֹשׁ וְעַל־יִצְהָר וְעַל־בְּנֵי־צֹאן וּבָקָר וְהָיְתָה

נַפְשָׁם כְּגַן רָוֶה וְלֹא־יוֹסִיפוּ לְדַאֲבָה עוֹד: אָז תִּשְׂמַח בְּתוּלָה יב

בְּמָחוֹל וּבַחֻרִים וּזְקֵנִים יַחְדָּו וְהָפַכְתִּי אֶבְלָם לְשָׂשׂוֹן וְנִחַמְתִּים

וְשִׂמַּחְתִּים מִיגוֹנָם: וְרִוֵּיתִי נֶפֶשׁ הַכֹּהֲנִים דֶּשֶׁן וְעַמִּי אֶת־טוּבִי יג

יִשְׂבָּעוּ נְאֻם־יְהוָה: כֹּה ׀ אָמַר יְהוָה קוֹל בְּרָמָה יד

נִשְׁמָע נְהִי בְּכִי תַמְרוּרִים רָחֵל מְבַכָּה עַל־בָּנֶיהָ מֵאֲנָה לְהִנָּחֵם

עַל־בָּנֶיהָ כִּי אֵינֶנּוּ: כֹּה ׀ אָמַר יְהוָה מִנְעִי קוֹלֵךְ טו

מִבֶּכִי וְעֵינַיִךְ מִדִּמְעָה כִּי יֵשׁ שָׂכָר לִפְעֻלָּתֵךְ נְאֻם־יְהוָה וְשָׁבוּ

מֵאֶרֶץ אוֹיֵב: וְיֵשׁ־תִּקְוָה לְאַחֲרִיתֵךְ נְאֻם־יְהוָה וְשָׁבוּ בָנִים טז

לִגְבוּלָם: שָׁמוֹעַ שָׁמַעְתִּי אֶפְרַיִם מִתְנוֹדֵד יִסַּרְתַּנִי וָאִוָּסֵר כְּעֵגֶל יז

לֹא לֻמָּד הֲשִׁבֵנִי וְאָשׁוּבָה כִּי אַתָּה יְהוָה אֱלֹהָי: כִּי־אַחֲרֵי שׁוּבִי יח

נִחַמְתִּי וְאַחֲרֵי הִוָּדְעִי סָפַקְתִּי עַל־יָרֵךְ בֹּשְׁתִּי וְגַם־נִכְלַמְתִּי כִּי

נָשָׂאתִי חֶרְפַּת נְעוּרָי: הֲבֵן יַקִּיר לִי אֶפְרַיִם אִם יֶלֶד שַׁעֲשֻׁעִים יט

כִּי־מִדֵּי דַבְּרִי בּוֹ זָכֹר אֶזְכְּרֶנּוּ עוֹד עַל־כֵּן הָמוּ מֵעַי לוֹ רַחֵם

אֲרַחֲמֶנּוּ נְאֻם־יְהוָה: הַצִּיבִי לָךְ צִיֻּנִים שִׂמִי לָךְ כ

says the LORD, The people who were left of the sword found
grace in the wilderness; when Yisra'el sought for rest. The 2
LORD appeared of old to me, saying, I have loved thee with an
everlasting love: therefore I have remained true to thee. Again 3
I will build thee, and thou shalt be built, O virgin of Yisra'el:
thou shalt again be adorned with thy timbrels, and shalt go out
dancing with them that make merry. Thou shalt yet plant vines 4
upon the mountains of Shomron: the planters shall plant, and
shall enjoy the fruit. For there shall be a day, that the watch- 5
men upon the mount Efrayim shall cry, Arise, and let us go up
to Ẕiyyon to the LORD our GOD. For thus says the LORD; 6
Sing with gladness for Ya'aqov, and shout on the hilltops of the
nations: announce, praise, and say, O LORD, save thy people, the
remnant of Yisra'el. Behold, I will bring them from the north 7
country, and gather them from the ends of the earth, and with
them the blind and the lame, the woman with child and her that
travails with child together: a great company shall return there.
They shall come with weeping, and with supplications will I lead 8
them: I will cause them to walk by the rivers of waters in a
straight way, in which they shall not stumble: for I am a father
to Yisra'el, and Efrayim is my firstborn. Hear the word 9
of the LORD, O you nations, and declare it in the isles afar off,
and say, He that scattered Yisra'el will gather him, and keep
him, as a shepherd keeps his flock. For the LORD has redeemed 10
Ya'aqov, and ransomed him from the hand of him that was
stronger than he. Therefore they shall come and sing in the 11
height of Ẕiyyon, and shall flow to the bounty of the LORD, for
wheat, and for wine, and for oil, and for the young of the flock
and of the herd: and their soul shall be like a watered garden;
and they shall not languish in sorrow any more. Then shall the 12
virgin rejoice in the dance, both young men and old together:
for I will turn their mourning to joy, and will comfort them, and
make them rejoice from their sorrow. And I will satiate the soul 13
of the priests with fatness, and my people shall be satisfied with
my goodness, says the LORD. Thus says the LORD; A voice 14
was heard in Rama, lamentation, and bitter weeping; Raḥel
weeping for her children; she refused to be comforted for her
children, because they are not. Thus says the LORD; Keep 15
thy voice from weeping, and thy eyes from tears: for thy work
shall be rewarded, says the LORD; and they shall come back
again from the land of the enemy. And there is hope for thy 16
future, says the LORD, and thy children shall come back again
to their own border. I have surely heard Efrayim bemoaning 17
himself thus; Thou hast chastised me, and I was chastised, like
an untrained calf: turn me back, and I shall be turned; for thou
art the LORD my GOD. For after I had returned away, I repented; 18
and after I was instructed, I smote upon my thigh: I was
ashamed, and even confounded, because I did bear the reproach
of my youth. Is Efrayim my dear son? is he a darling child? 19
for whenever I speak of him, I earnestly remember him still:
therefore my inward parts are moved for him; I will surely have
mercy on him, says the LORD. Set up waymarks for thy- 20
self, make thee signposts: set thy heart towards the highway,

הֲלִכְתְּ תַּמְרוּרִים שִׁ֤תִי לִבֵּךְ֙ לַֽמְסִלָּ֔ה דֶּ֖רֶךְ הָלָ֑כְתְּ שׁ֚וּבִי בְּתוּלַ֣ת

כא יִשְׂרָאֵ֔ל שֻׁ֖בִי אֶל־עָרַ֥יִךְ אֵֽלֶּה: עַד־מָתַי֙ תִּתְחַמָּקִ֔ין הַבַּ֖ת הַשּֽׁוֹבֵבָ֑ה כִּֽי־בָרָ֨א יְהוָ֤ה חֲדָשָׁה֙ בָּאָ֔רֶץ נְקֵבָ֖ה תְּסֽוֹבֵ֥ב

כב גָּֽבֶר: כֹּֽה־אָמַ֞ר יְהוָ֤ה צְבָאוֹת֙ אֱלֹהֵ֣י יִשְׂרָאֵ֔ל ע֣וֹד יֹֽאמְר֞וּ אֶת־הַדָּבָ֣ר הַזֶּ֗ה בְּאֶ֤רֶץ יְהוּדָה֙ וּבְעָרָ֔יו בְּשׁוּבִ֖י אֶת־

כג שְׁבוּתָ֑ם יְבָרֶכְךָ֧ יְהוָ֛ה נְוֵה־צֶ֖דֶק הַ֥ר הַקֹּֽדֶשׁ: וְיָ֥שְׁבוּ בָ֖הּ יְהוּדָ֑ה

כד וְכָל־עָרָ֖יו יַחְדָּ֑ו אִכָּרִ֕ים וְנָֽסְע֖וּ בַּעֵֽדֶר: כִּ֥י הִרְוֵ֖יתִי נֶ֣פֶשׁ עֲיֵפָ֑ה

כה וְכָל־נֶ֥פֶשׁ דָּֽאֲבָ֖ה מִלֵּֽאתִי: עַל־זֹ֖את הֱקִיצֹ֣תִי וָֽאֶרְאֶ֑ה וּשְׁנָתִ֖י

כו עָ֥רְבָה לִּֽי: הִנֵּ֛ה יָמִ֥ים בָּאִ֖ים נְאֻם־יְהוָ֑ה וְזָֽרַעְתִּ֗י אֶת־בֵּ֤ית יִשְׂרָאֵל֙ וְאֶת־בֵּ֣ית יְהוּדָ֔ה זֶ֥רַע אָדָ֖ם וְזֶ֥רַע בְּהֵמָֽה:

כז וְהָיָ֞ה כַּאֲשֶׁ֧ר שָׁקַ֣דְתִּי עֲלֵיהֶ֗ם לִנְת֧וֹשׁ וְלִנְת֛וֹץ וְלַֽהֲרֹ֖ס וּלְהַאֲבִ֣יד וּלְהָרֵ֑עַ כֵּ֣ן אֶשְׁקֹ֧ד עֲלֵיהֶ֛ם לִבְנ֥וֹת וְלִנְט֖וֹעַ נְאֻם־יְהוָֽה: בַּיָּמִ֣ים

כח הָהֵ֔ם לֹֽא־יֹאמְר֣וּ ע֔וֹד אָב֖וֹת אָ֣כְלוּ בֹ֑סֶר וְשִׁנֵּ֥י בָנִ֖ים תִּקְהֶֽינָה:

כט כִּ֛י אִם־אִ֥ישׁ בַּֽעֲוֺנ֖וֹ יָמ֑וּת כָּל־הָֽאָדָ֛ם הָאֹכֵ֥ל הַבֹּ֖סֶר תִּקְהֶ֥ינָה

ל שִׁנָּֽיו: הִנֵּ֛ה יָמִ֥ים בָּאִ֖ים נְאֻם־יְהוָ֑ה וְכָֽרַתִּ֗י אֶת־בֵּ֤ית יִשְׂרָאֵל֙ וְאֶת־בֵּ֣ית יְהוּדָ֔ה בְּרִ֖ית חֲדָשָֽׁה: לֹ֣א כַבְּרִ֗ית אֲשֶׁ֤ר

לא כָּרַ֨תִּי֙ אֶת־אֲבוֹתָ֔ם בְּיוֹם֙ הֶחֱזִיקִ֣י בְיָדָ֔ם לְהוֹצִיאָ֖ם מֵאֶ֣רֶץ מִצְרָ֑יִם אֲשֶׁר־הֵ֜מָּה הֵפֵ֣רוּ אֶת־בְּרִיתִ֗י וְאָנֹכִ֛י בָּעַ֥לְתִּי בָ֖ם נְאֻם־

לב יְהוָֽה: כִּ֣י זֹ֣את הַבְּרִ֡ית אֲשֶׁ֣ר אֶכְרֹת֩ אֶת־בֵּ֨ית יִשְׂרָאֵ֜ל אַחֲרֵ֨י הַיָּמִ֤ים הָהֵם֙ נְאֻם־יְהוָ֔ה נָתַ֤תִּי אֶת־תּֽוֹרָתִי֙ בְּקִרְבָּ֔ם וְעַל־לִבָּ֖ם אֶכְתְּבֶ֑נָּה וְהָיִ֤יתִי לָהֶם֙ לֵֽאלֹהִ֔ים וְהֵ֖מָּה יִֽהְיוּ־לִ֥י לְעָֽם: וְלֹ֧א

לג יְלַמְּד֣וּ ע֗וֹד אִ֣ישׁ אֶת־רֵעֵ֜הוּ וְאִ֤ישׁ אֶת־אָחִיו֙ לֵאמֹ֔ר דְּע֖וּ אֶת־יְהוָ֑ה כִּֽי־כוּלָּם֩ יֵדְע֨וּ אוֹתִ֜י לְמִקְּטַנָּ֤ם וְעַד־גְּדוֹלָם֙ נְאֻם־יְהוָ֔ה כִּ֤י אֶסְלַח֙ לַֽעֲוֺנָ֔ם וּלְחַטָּאתָ֖ם לֹ֥א אֶזְכָּר־עֽוֹד:

לד כֹּ֣ה ׀ אָמַ֣ר יְהוָ֗ה נֹתֵ֤ן שֶׁ֨מֶשׁ֙ לְא֣וֹר יוֹמָ֔ם חֻקֹּ֛ת יָרֵ֥חַ וְכֽוֹכָבִ֖ים לְא֣וֹר לָ֑יְלָה רֹגַ֤ע הַיָּם֙ וַיֶּֽהֱמ֣וּ גַלָּ֔יו יְהוָ֥ה צְבָא֖וֹת שְׁמֽוֹ: אִם־יָמֻ֜שׁוּ

לה הַחֻקִּ֥ים הָאֵ֛לֶּה מִלְּפָנַ֖י נְאֻם־יְהוָ֑ה גַּם֩ זֶ֨רַע יִשְׂרָאֵ֜ל יִשְׁבְּת֗וּ מִֽהְי֥וֹת גּ֛וֹי לְפָנַ֖י כָּל־הַיָּמִֽים: כֹּ֣ה ׀ אָמַ֣ר יְהוָ֗ה

לו אִם־יִמַּ֤דּוּ שָׁמַ֨יִם֙ מִלְמַ֔עְלָה וְיֵחָקְר֥וּ מֽוֹסְדֵי־אֶ֖רֶץ לְמָ֑טָּה גַּם־אֲנִ֞י אֶמְאַ֨ס בְּכָל־זֶ֧רַע יִשְׂרָאֵ֛ל עַֽל־כָּל־אֲשֶׁ֥ר עָשׂ֖וּ נְאֻם־

לז בָּאִ֖ים יְהוָֽה: הִנֵּ֛ה יָמִ֥ים בָּאִ֖ים נְאֻם־יְהוָ֑ה וְנִבְנְתָ֤ה הָעִיר֙

לח קָ֤ו לַֽיהוָ֔ה מִמִּגְדַּ֥ל חֲנַנְאֵ֖ל שַׁ֥עַר הַפִּנָּֽה: וְיָצָ֨א ע֜וֹד קָ֤ו הַמִּדָּה֙

לט נֶגְדּ֔וֹ עַ֖ל גִּבְעַ֣ת גָּרֵ֑ב וְנָסַ֖ב גֹּעָֽתָה: וְכָל־הָעֵ֣מֶק הַפְּגָרִ֣ים ׀ הַשְּׁדֵמוֹת וְהַדֶּ֗שֶׁן וְכָֽל־הַשְּׁרֵמוֹת֩ עַד־נַ֨חַל קִדְר֜וֹן עַד־פִּנַּ֨ת שַׁ֤עַר הַסּוּסִים֙ מִזְרָ֔חָה קֹ֖דֶשׁ לַֽיהוָ֑ה לֹֽא־יִנָּתֵ֧שׁ וְלֹֽא־יֵֽהָרֵ֛ס ע֖וֹד לְעוֹלָֽם:

לב אלב הַדָּבָר֙ אֲשֶׁ֣ר הָיָ֣ה אֶֽל־יִרְמְיָ֔הוּ מֵאֵ֥ת

the way on which thou didst go : turn back, O virgin of Yisra'el,
turn back to these thy cities. How long wilt thou turn about, O   21
thou faithless daughter ? for the LORD has created a new thing in
the earth, a woman shall court a man.   Thus says the   22
LORD of hosts, the GOD of Yisra'el ; Yet again they shall use
this speech in the land of Yehuda and in its cities, when I shall
bring back their captivity ; The LORD bless thee, O habitation of
justice, and mountain of holiness. And in it shall dwell Yehuda,   23
and all its cities together, the farmers, and they that go out with
the flocks. For I will satisfy the weary soul, and I replenish   24
every languishing soul. Upon this I awoke, and beheld ; and my   25
sleep was sweet to me.   Behold, days are coming, says the 26
LORD, when I will sow the house of Yisra'el and the house of
Yehuda with the seed of man, and with the seed of beast. And   27
it shall come to pass, that as I have watched over them, to
pluck up, and to pull down, and to break down, and to destroy,
and to afflict ; so will I watch over them, to build, and to plant,
says the LORD. In those days they shall say no more, The fathers 28
have eaten sour grapes, and the children's teeth are set on edge.
But every one shall die for his own iniquity : every man that eats 29
sour grapes, his teeth shall be set on edge.   Behold, days 30
are coming, says the LORD, when I will make a new covenant
with the house of Yisra'el, and with the house of Yehuda : not   31
according to the covenant that I made with their fathers in the
day that I took them by the hand to bring them out of the land
of Miẓrayim ; which covenant of mine they broke, although I
was their master, says the LORD ; but this shall be the covenant 32
that I will make with the house of Yisra'el after those days, says
the LORD ; I will put my Tora in their inward parts, and write it
in their hearts ; and will be their GOD, and they shall be my
people, and they shall teach no more every man his neighbour,   33
and every man his brother, saying, Know the LORD : for they
shall all know me, from the least of them to the greatest of
them, says the LORD : for I will forgive their iniquity, and I will
remember their sin no more.   Thus says the LORD, who   34
gives the sun for a light by day, and the ordinances of the moon
and of the stars for a light by night, who stirs up the sea that its
waves roar ; the LORD of hosts is his name : If those ordinances 35
depart from before me, says the LORD, then the seed of Yisra'el
also shall cease from being a nation before me for ever.

Thus says the LORD ; If heaven above can be measured, and   36
the foundations of the earth searched out beneath, then I will
also cast off all the seed of Yisra'el for all that they have done,
says the LORD GOD.   Behold, days are coming, says the   37
LORD, when the city shall be built to the LORD from the tower
of Ḥanan'el to the corner gate. And the measuring line shall   38
go out further straight to the hill Garev, and shall turn round
to go to Go'a. And the whole valley of the dead bodies, and of   39
the ashes, and all the fields as far as the wadi of Qidron, to the
corner of the horse gate towards the east, shall be holy to the
LORD ; it shall not be plucked up, nor thrown down any more
for ever.   The word that came to Yirmeyahu from the   **32**

בַּשָּׁנָה הֵ יְהוָה בִּשְׁנַת הָעֲשִׂרִית לְצִדְקִיָּהוּ מֶלֶךְ יְהוּדָה הִיא הַשָּׁנָה
שְׁמֹנֶה־עֶשְׂרֵה שָׁנָה לִנְבוּכַדְרֶאצַּר: וְאָז חֵיל מֶלֶךְ בָּבֶל צָרִים ב
עַל־יְרוּשָׁלִָם וְיִרְמְיָהוּ הַנָּבִיא הָיָה כָלוּא בַּחֲצַר הַמַּטָּרָה אֲשֶׁר
בֵּית־מֶלֶךְ יְהוּדָה: אֲשֶׁר כְּלָאוֹ צִדְקִיָּהוּ מֶלֶךְ־יְהוּדָה לֵאמֹר ג
מַדּוּעַ אַתָּה נִבָּא לֵאמֹר כֹּה אָמַר יְהוָה הִנְנִי נֹתֵן אֶת־הָעִיר
הַזֹּאת בְּיַד מֶלֶךְ־בָּבֶל וּלְכָדָהּ: וְצִדְקִיָּהוּ מֶלֶךְ יְהוּדָה לֹא יִמָּלֵט ד
מִיַּד הַכַּשְׂדִּים כִּי־הִנָּתֹן יִנָּתֵן בְּיַד מֶלֶךְ־בָּבֶל וְדִבֶּר־פִּיו עִם־
פִּיו וְעֵינָיו אֶת־עֵינָו תִּרְאֶינָה: וּבָבֶל יוֹלִךְ אֶת־צִדְקִיָּהוּ וְשָׁם ה
יִהְיֶה עַד־פָּקְדִי אֹתוֹ נְאֻם־יְהוָה כִּי תִלָּחֲמוּ אֶת־הַכַּשְׂדִּים לֹא
תַצְלִיחוּ: וַיֹּאמֶר יִרְמְיָהוּ הָיָה דְבַר־יְהוָה אֵלַי ו
לֵאמֹר: הִנֵּה חֲנַמְאֵל בֶּן־שַׁלֻּם דֹּדְךָ בָּא אֵלֶיךָ לֵאמֹר קְנֵה לְךָ ז
אֶת־שָׂדִי אֲשֶׁר בַּעֲנָתוֹת כִּי לְךָ מִשְׁפַּט הַגְּאֻלָּה לִקְנוֹת: וַיָּבֹא ח
אֵלַי חֲנַמְאֵל בֶּן־דֹּדִי כִּדְבַר יְהוָה אֶל־חֲצַר הַמַּטָּרָה וַיֹּאמֶר
אֵלַי קְנֵה נָא אֶת־שָׂדִי אֲשֶׁר־בַּעֲנָתוֹת אֲשֶׁר ׀ בְּאֶרֶץ בִּנְיָמִין כִּי־
לְךָ מִשְׁפַּט הַיְרֻשָּׁה וּלְךָ הַגְּאֻלָּה קְנֵה־לָךְ וָאֵדַע כִּי דְבַר־יְהוָה
הוּא: וָאֶקְנֶה אֶת־הַשָּׂדֶה מֵאֵת חֲנַמְאֵל בֶּן־דֹּדִי אֲשֶׁר בַּעֲנָתוֹת ט
וָאֶשְׁקֲלָה־לּוֹ אֶת־הַכֶּסֶף שִׁבְעָה שְׁקָלִים וַעֲשָׂרָה הַכָּסֶף: י
וָאֶכְתֹּב בַּסֵּפֶר וָאֶחְתֹּם וָאָעֵד עֵדִים וָאֶשְׁקֹל הַכֶּסֶף בְּמֹאזְנָיִם:
וָאֶקַּח אֶת־סֵפֶר הַמִּקְנָה אֶת־הֶחָתוּם הַמִּצְוָה וְהַחֻקִּים וְאֶת־ יא
הַגָּלוּי: וָאֶתֵּן אֶת־הַסֵּפֶר הַמִּקְנָה אֶל־בָּרוּךְ בֶּן־נֵרִיָּה בֶּן־ יב
מַחְסֵיָה לְעֵינֵי חֲנַמְאֵל דֹּדִי וּלְעֵינֵי הָעֵדִים הַכֹּתְבִים בְּסֵפֶר
הַמִּקְנָה לְעֵינֵי כָּל־הַיְּהוּדִים הַיֹּשְׁבִים בַּחֲצַר הַמַּטָּרָה: וָאֲצַוֶּה יג
אֶת־בָּרוּךְ לְעֵינֵיהֶם לֵאמֹר: כֹּה־אָמַר יְהוָה צְבָאוֹת אֱלֹהֵי יד
יִשְׂרָאֵל לָקוֹחַ אֶת־הַסְּפָרִים הָאֵלֶּה אֵת סֵפֶר הַמִּקְנָה הַזֶּה וְאֵת
הֶחָתוּם וְאֵת סֵפֶר הַגָּלוּי הַזֶּה וּנְתַתָּם בִּכְלִי־חָרֶשׂ לְמַעַן
יַעַמְדוּ יָמִים רַבִּים: כִּי כֹה אָמַר יְהוָה צְבָאוֹת טו
אֱלֹהֵי יִשְׂרָאֵל עוֹד יִקָּנוּ בָתִּים וְשָׂדוֹת וּכְרָמִים בָּאָרֶץ
הַזֹּאת: וָאֶתְפַּלֵּל אֶל־יְהוָה אַחֲרֵי תִתִּי אֶת־ טז
סֵפֶר הַמִּקְנָה אֶל־בָּרוּךְ בֶּן־נֵרִיָּה לֵאמֹר: אֲהָהּ אֲדֹנָי יְהוִה יז
הִנֵּה ׀ אַתָּה עָשִׂיתָ אֶת־הַשָּׁמַיִם וְאֶת־הָאָרֶץ בְּכֹחֲךָ הַגָּדוֹל
וּבִזְרֹעֲךָ הַנְּטוּיָה לֹא־יִפָּלֵא מִמְּךָ כָּל־דָּבָר: עֹשֶׂה חֶסֶד יח
לַאֲלָפִים וּמְשַׁלֵּם עֲוֹן אָבוֹת אֶל־חֵיק בְּנֵיהֶם אַחֲרֵיהֶם הָאֵל
הַגָּדוֹל הַגִּבּוֹר יְהוָה צְבָאוֹת שְׁמוֹ: גְּדֹל הָעֵצָה וְרַב הָעֲלִילִיָּה יט
אֲשֶׁר־עֵינֶיךָ פְקֻחוֹת עַל־כָּל־דַּרְכֵי בְּנֵי אָדָם לָתֵת לְאִישׁ
כִּדְרָכָיו וְכִפְרִי מַעֲלָלָיו: אֲשֶׁר־שַׂמְתָּ אֹתוֹת וּמֹפְתִים בְּאֶרֶץ כ
מִצְרַיִם עַד־הַיּוֹם הַזֶּה וּבְיִשְׂרָאֵל וּבָאָדָם וַתַּעֲשֶׂה־לְּךָ שֵׁם כַּיּוֹם

LORD in the tenth year of Ẕidqiyyahu king of Yehuda, which was the eighteenth year of Nevukhadreẕẕar. At that time, the king 2 of Bavel's army was besieging Yerushalayim : and Yirmeyahu the prophet was shut up in the court of the guard, which was in the house of the king of Yehuda. For Ẕidqiyyahu king of 3 Yehuda had shut him up, saying, why dost thou prophesy, and say, Thus says the LORD, Behold, I will give this city into the hand of the king of Bavel, and he shall take it ; and Ẕidqiyyahu 4 king of Yehuda shall not escape out of the hand of the Kasdim, but shall surely be delivered into the hand of the king of Bavel, and shall speak with him mouth to mouth, and his eyes shall behold his eyes : and he shall lead Ẕidqiyyahu to Bavel, and there 5 shall he be until I visit him, says the LORD : though you fight with the Kasdim, you shall not prosper ? And Yirmeyahu 6 said, The word of the LORD has come to me, saying, Behold, 7 Ḥanam'el the son of Shallum thy uncle shall come to thee, saying, Buy my field that is in 'Anatot : for the right of redemption is thine to buy it. So Ḥanam'el my uncle's son came to me 8 in the court of the guard according to the word of the LORD, and said to me, Buy my field, I pray thee, that is in 'Anatot, which is in the country of Binyamin : for the right of inheritance is thine, and the redemption is thine ; buy it for thyself. Then I knew that this was the word of the LORD. And I bought the 9 field from Ḥanam'el my uncle's son, that was in 'Anatot, and weighed him the money, seventeen shekels of silver. And I sub- 10 scribed the deed, and sealed it, and took witnesses, and weighed the money in the balances. So I took the deed of the purchase, 11 both that which was sealed, containing the terms and conditions, and which was open : and I gave the deed of the purchase to 12 Barukh the son of Neriyya, the son of Meḥaseya, in the sight of Ḥanam'el my uncle's son, and in the presence of the witnesses that subscribed the deed of the purchase, before all the men of Yehuda that sat in the court of the guard. And I charged Barukh 13 before them, saying, Thus says the LORD of hosts, the GOD of 14 Yisra'el ; Take these documents, this deed of the purchase, both that which is sealed, and this open deed ; and put them in an earthen vessel, that they may last for many days. For 15 thus says the LORD of hosts, the GOD of Yisra'el ; Houses and fields and vineyards shall be bought again in this land.

Now when I had delivered the deed of the purchase to 16 Barukh the son of Neriyya, I prayed to the LORD, saying, Ah 17 LORD GOD ! behold, thou hast made the heaven and the earth by thy great power and stretched out arm, and there is nothing too hard for thee : Thou showst loyal love to thousands, and dost 18 recompense the iniquity of the fathers into the bosom of their children after them : O great and mighty GOD ! the LORD of hosts is his name, Great in counsel, and mighty in performance : thy 19 eyes are open upon all the ways of the sons of men : to give every one according to his ways, and according to the fruit of his doings : who has set signs and wonders in the land of 20 Miẕrayim, to this day, and in Yisra'el, and among mankind :

הַזֶּה: וַתֹּצֵא אֶת־עַמְּךָ אֶת־יִשְׂרָאֵל מֵאֶרֶץ מִצְרַיִם בְּאֹתוֹת

וּבְמוֹפְתִים וּבְיָד חֲזָקָה וּבְאֶזְרוֹעַ נְטוּיָה וּבְמוֹרָא גָּדוֹל: וַתִּתֵּן
לָהֶם אֶת־הָאָרֶץ הַזֹּאת אֲשֶׁר־נִשְׁבַּעְתָּ לַאֲבוֹתָם לָתֵת לָהֶם
אֶרֶץ זָבַת חָלָב וּדְבָשׁ: וַיָּבֹאוּ וַיִּרְשׁוּ אֹתָהּ וְלֹא־שָׁמְעוּ בְקוֹלֶךָ
וּבְתוֹרֹתְךָ לֹא־הָלָכוּ אֵת כָּל־אֲשֶׁר צִוִּיתָה לָהֶם לַעֲשׂוֹת לֹא
עָשׂוּ וַתַּקְרֵא אֹתָם אֵת כָּל־הָרָעָה הַזֹּאת: הִנֵּה הַסֹּלְלוֹת בָּאוּ
הָעִיר לְלָכְדָהּ וְהָעִיר נִתְּנָה בְּיַד הַכַּשְׂדִּים הַנִּלְחָמִים עָלֶיהָ
מִפְּנֵי הַחֶרֶב וְהָרָעָב וְהַדָּבֶר וַאֲשֶׁר דִּבַּרְתָּ הָיָה וְהִנְּךָ רֹאֶה:
וְאַתָּה אָמַרְתָּ אֵלַי אֲדֹנָי יְהוִה קְנֵה־לְךָ הַשָּׂדֶה בַּכֶּסֶף וְהָעֵד
עֵדִים וְהָעִיר נִתְּנָה בְּיַד הַכַּשְׂדִּים: וַיְהִי דְּבַר־

יְהוָה אֶל־יִרְמְיָהוּ לֵאמֹר: הִנֵּה אֲנִי יְהוָה אֱלֹהֵי כָּל־בָּשָׂר
הֲמִמֶּנִּי יִפָּלֵא כָּל־דָּבָר: לָכֵן כֹּה אָמַר יְהוָה הִנְנִי נֹתֵן אֶת־הָעִיר
הַזֹּאת בְּיַד הַכַּשְׂדִּים וּבְיַד נְבוּכַדְרֶאצַּר מֶלֶךְ־בָּבֶל וּלְכָדָהּ:
וּבָאוּ הַכַּשְׂדִּים הַנִּלְחָמִים עַל־הָעִיר הַזֹּאת וְהִצִּיתוּ אֶת־הָעִיר
הַזֹּאת בָּאֵשׁ וּשְׂרָפוּהָ וְאֵת הַבָּתִּים אֲשֶׁר קִטְּרוּ עַל־גַּגּוֹתֵיהֶם
לַבַּעַל וְהִסִּכוּ נְסָכִים לֵאלֹהִים אֲחֵרִים לְמַעַן הַכְעִסֵנִי: כִּי־הָיוּ
בְנֵי־יִשְׂרָאֵל וּבְנֵי יְהוּדָה אַךְ עֹשִׂים הָרַע בְּעֵינַי מִנְּעֻרֹתֵיהֶם כִּי
בְנֵי־יִשְׂרָאֵל אַךְ מַכְעִסִים אֹתִי בְּמַעֲשֵׂה יְדֵיהֶם נְאֻם־יְהוָה: כִּי
עַל־אַפִּי וְעַל־חֲמָתִי הָיְתָה לִּי הָעִיר הַזֹּאת לְמִן־הַיּוֹם אֲשֶׁר
בָּנוּ אוֹתָהּ וְעַד הַיּוֹם הַזֶּה לַהֲסִירָהּ מֵעַל פָּנָי: עַל כָּל־רָעַת
בְּנֵי־יִשְׂרָאֵל וּבְנֵי יְהוּדָה אֲשֶׁר עָשׂוּ לְהַכְעִסֵנִי הֵמָּה מַלְכֵיהֶם
שָׂרֵיהֶם כֹּהֲנֵיהֶם וּנְבִיאֵיהֶם וְאִישׁ יְהוּדָה וְיֹשְׁבֵי יְרוּשָׁלִָם: וַיִּפְנוּ
אֵלַי עֹרֶף וְלֹא פָנִים וְלַמֵּד אֹתָם הַשְׁכֵּם וְלַמֵּד וְאֵינָם שֹׁמְעִים
לָקַחַת מוּסָר: וַיָּשִׂימוּ שִׁקּוּצֵיהֶם בַּבַּיִת אֲשֶׁר־נִקְרָא־שְׁמִי עָלָיו
לְטַמְּאוֹ: וַיִּבְנוּ אֶת־בָּמוֹת הַבַּעַל אֲשֶׁר בְּגֵיא בֶן־הִנֹּם לְהַעֲבִיר
אֶת־בְּנֵיהֶם וְאֶת־בְּנוֹתֵיהֶם לַמֹּלֶךְ אֲשֶׁר לֹא־צִוִּיתִים וְלֹא
עָלְתָה עַל־לִבִּי לַעֲשׂוֹת הַתּוֹעֵבָה הַזֹּאת לְמַעַן הַחֲטִי אֶת־
יְהוּדָה: וְעַתָּה לָכֵן כֹּה־אָמַר יְהוָה אֱלֹהֵי

יִשְׂרָאֵל אֶל־הָעִיר הַזֹּאת אֲשֶׁר אַתֶּם אֹמְרִים נִתְּנָה בְּיַד
מֶלֶךְ־בָּבֶל בַּחֶרֶב וּבָרָעָב וּבַדָּבֶר: הִנְנִי מְקַבְּצָם מִכָּל־הָאֲרָצוֹת
אֲשֶׁר הִדַּחְתִּים שָׁם בְּאַפִּי וּבַחֲמָתִי וּבְקֶצֶף גָּדוֹל וַהֲשִׁבֹתִים אֶל־
הַמָּקוֹם הַזֶּה וְהֹשַׁבְתִּים לָבֶטַח: וְהָיוּ לִי לְעָם וַאֲנִי אֶהְיֶה לָהֶם
לֵאלֹהִים: וְנָתַתִּי לָהֶם לֵב אֶחָד וְדֶרֶךְ אֶחָד לְיִרְאָה אוֹתִי כָּל־
הַיָּמִים לְטוֹב לָהֶם וְלִבְנֵיהֶם אַחֲרֵיהֶם: וְכָרַתִּי לָהֶם בְּרִית עוֹלָם

and hast made thee a name, as at this day ; and hast brought   21
thy people Yisra'el out of the land of Miẓrayim with signs, and
with wonders, and with a strong hand, and with a stretched out
arm, and with great terror ; and hast given them this land, which   22
thou didst swear to their fathers to give them, a land flowing
with milk and honey ; and they came in, and possessed it ; but   23
they obeyed not thy voice, neither followed thy Tora ; they have
done nothing of all that thou didst command them to do : there-
fore thou hast caused all this evil to come upon them : behold the   24
siege works are come to the city to take it ; and the city is given
into the hand of the Kasdim that fight against it, because of the
sword, and of the famine, and of the pestilence : and what thou
hast spoken is come to pass ; and, behold, thou seest it. And   25
thou hast said to me, O Lord God, Buy the field for money and
take witnesses ; though the city is given into the hand of the
Kasdim.   Then came the word of the Lord to Yirmeyahu,   26
saying, Behold, I am the Lord, the God of all flesh : is there any-   27
thing too hard for me ? Therefore thus says the Lord ; Behold, I   28
will give this city into the hand of the Kasdim, and into the
hand of Nevukhadreẓẓar king of Bavel, and he shall take it : and
the Kasdim, that fight against this city, shall come and set fire   29
to this city, and burn it together with the houses, upon whose
roofs they have offered incense to the Ba'al, and poured out
drink offerings to other gods, to provoke me to anger. For the   30
children of Yisra'el and the children of Yehuda have done only
evil before me, from their youth : for the children of Yisra'el
have only provoked me to anger with the work of their hands,
says the Lord. For this has been to me as a provocation of my   31
anger and of my fury from the day that they built it and to this
day ; that I should remove it from before my face, because of   32
all the evil of the children of Yisra'el and of the children of Ye-
huda, which they have done to provoke me to anger, they, their
kings, their princes, their priests, and their prophets, and the
men of Yehuda, and the inhabitants of Yerushalayim. And they   33
have turned their back to me, and not their face : though I
taught them, teaching them from morning till night, yet they
have not hearkened to receive instruction. But they set their   34
abominations in the house, which is called by my name, to defile
it. And they built the high places of the Ba'al, which are in the   35
valley of Ben-hinnom, to cause their sons and their daughters
to pass through the fire to Molekh ; which I did not command
them, nor did it come into my mind that they should do this
abomination, to cause Yehuda to sin.   And now therefore   36
thus says the Lord, the God of Yisra'el, concerning this city,
of which you say, It shall be delivered into the hand of the king
of Bavel by the sword, and by the famine, and by the pestilence ;
behold, I will gather them out of all countries, into which I   37
have driven them in my anger, and in my fury, and in great
wrath ; and I will bring them back to this place, and I will
cause them to dwell safely : and they shall be my people, and   38
I will be their God : and I will give them one heart, and one way,   39
that they may fear me for ever, for their good, and that of their
children after them : and I will make an everlasting covenant   40

אֲשֶׁר לֹא־אָשׁוּב מֵאַחֲרֵיהֶם לְהֵיטִיבִי אוֹתָם וְאֶת־יִרְאָתִי

מא אֶתֵּן בִּלְבָבָם לְבִלְתִּי סוּר מֵעָלָי: וְשַׂשְׂתִּי עֲלֵיהֶם לְהֵטִיב
אוֹתָם וּנְטַעְתִּים בָּאָרֶץ הַזֹּאת בֶּאֱמֶת בְּכָל־לִבִּי וּבְכָל־

מב נַפְשִׁי: כִּי־כֹה אָמַר יְהוָה כַּאֲשֶׁר הֵבֵאתִי אֶל־
הָעָם הַזֶּה אֵת כָּל־הָרָעָה הַגְּדוֹלָה הַזֹּאת כֵּן אָנֹכִי מֵבִיא

מג עֲלֵיהֶם אֶת־כָּל־הַטּוֹבָה אֲשֶׁר אָנֹכִי דֹּבֵר עֲלֵיהֶם: וְנִקְנָה
הַשָּׂדֶה בָּאָרֶץ הַזֹּאת אֲשֶׁר ׀ אַתֶּם אֹמְרִים שְׁמָמָה הִיא מֵאֵין

מד אָדָם וּבְהֵמָה נִתְּנָה בְּיַד הַכַּשְׂדִּים: שָׂדוֹת בַּכֶּסֶף יִקְנוּ וְכָתוֹב
בַּסֵּפֶר ׀ וְחָתוֹם וְהָעֵד עֵדִים בְּאֶרֶץ בִּנְיָמִן וּבִסְבִיבֵי יְרוּשָׁלִַם
וּבְעָרֵי יְהוּדָה וּבְעָרֵי הָהָר וּבְעָרֵי הַשְּׁפֵלָה וּבְעָרֵי הַנֶּגֶב כִּי־

לג א אָשִׁיב אֶת־שְׁבוּתָם נְאֻם־יְהוָה: וַיְהִי דְבַר־
יְהוָה אֶל־יִרְמְיָהוּ שֵׁנִית וְהוּא עוֹדֶנּוּ עָצוּר בַּחֲצַר הַמַּטָּרָה

ב לֵאמֹר: כֹּה־אָמַר יְהוָה עֹשָׂהּ יְהוָה יוֹצֵר אוֹתָהּ לַהֲכִינָהּ יְהוָה

ג שְׁמוֹ: קְרָא אֵלַי וְאֶעֱנֶךָּ וְאַגִּידָה לְּךָ גְּדֹלוֹת וּבְצֻרוֹת לֹא

ד יְדַעְתָּם: כִּי כֹה אָמַר יְהוָה אֱלֹהֵי יִשְׂרָאֵל עַל־
בָּתֵּי הָעִיר הַזֹּאת וְעַל־בָּתֵּי מַלְכֵי יְהוּדָה הַנְּתֻצִים אֶל־

ה הַסֹּלְלוֹת וְאֶל־הֶחָרֶב: בָּאִים לְהִלָּחֵם אֶת־הַכַּשְׂדִּים וּלְמַלְאָם
אֶת־פִּגְרֵי הָאָדָם אֲשֶׁר־הִכֵּיתִי בְאַפִּי וּבַחֲמָתִי וַאֲשֶׁר הִסְתַּרְתִּי

ו פָנַי מֵהָעִיר הַזֹּאת עַל כָּל־רָעָתָם: הִנְנִי מַעֲלֶה־לָּהּ אֲרֻכָה

ז וּמַרְפֵּא וּרְפָאתִים וְגִלֵּיתִי לָהֶם עֲתֶרֶת שָׁלוֹם וֶאֱמֶת: וַהֲשִׁבֹתִי
אֶת־שְׁבוּת יְהוּדָה וְאֵת שְׁבוּת יִשְׂרָאֵל וּבְנִתִים כְּבָרִאשֹׁנָה:

ח וְטִהַרְתִּים מִכָּל־עֲוֹנָם אֲשֶׁר חָטְאוּ־לִי וְסָלַחְתִּי לְכוֹל־
לְכָל־

ט עֲוֹנוֹתֵיהֶם אֲשֶׁר חָטְאוּ־לִי וַאֲשֶׁר פָּשְׁעוּ בִי: וְהָיְתָה לִּי לְשֵׁם
שָׂשׂוֹן לִתְהִלָּה וּלְתִפְאֶרֶת לְכֹל גּוֹיֵי הָאָרֶץ אֲשֶׁר יִשְׁמְעוּ אֶת־
כָּל־הַטּוֹבָה אֲשֶׁר אָנֹכִי עֹשֶׂה אֹתָם וּפָחֲדוּ וְרָגְזוּ עַל כָּל־הַטּוֹבָה

י וְעַל כָּל־הַשָּׁלוֹם אֲשֶׁר אָנֹכִי עֹשֶׂה לָּהּ:   כֹּה ׀
אָמַר יְהוָה עוֹד יִשָּׁמַע בַּמָּקוֹם־הַזֶּה אֲשֶׁר אַתֶּם אֹמְרִים חָרֵב
הוּא מֵאֵין אָדָם וּמֵאֵין בְּהֵמָה בְּעָרֵי יְהוּדָה וּבְחֻצוֹת יְרוּשָׁלִַם

יא הַנְשַׁמּוֹת מֵאֵין אָדָם וּמֵאֵין יוֹשֵׁב וּמֵאֵין בְּהֵמָה: קוֹל שָׂשׂוֹן
וְקוֹל שִׂמְחָה קוֹל חָתָן וְקוֹל כַּלָּה קוֹל אֹמְרִים הוֹדוּ אֶת־
יְהוָה צְבָאוֹת כִּי־טוֹב יְהוָה כִּי־לְעוֹלָם חַסְדּוֹ מְבִאִים תּוֹדָה
בֵּית יְהוָה כִּי־אָשִׁיב אֶת־שְׁבוּת־הָאָרֶץ כְּבָרִאשֹׁנָה אָמַר

יב יְהוָה: כֹּה אָמַר יְהוָה צְבָאוֹת עוֹד יִהְיֶה ׀ בַּמָּקוֹם
הַזֶּה הֶחָרֵב מֵאֵין־אָדָם וְעַד־בְּהֵמָה וּבְכָל־עָרָיו נְוֵה רֹעִים

יג מַרְבִּצִים צֹאן: בְּעָרֵי הָהָר בְּעָרֵי הַשְּׁפֵלָה וּבְעָרֵי הַנֶּגֶב וּבְאֶרֶץ

with them, that I will not turn away from doing good to them;
but I will put my fear in their hearts, that they shall not turn
41 aside from me. And I will rejoice over them to do them good,
and I will truly plant them in this land, with my whole heart
42 and with my whole soul. For thus says the LORD; Just as
I have brought all this great evil upon this people, so will I
43 bring upon them all the good that I have promised them. And
fields shall be brought in this land of which you say, It is desolate
without man or beast; it is given into the hand of the Kasdim.
44 Men shall buy fields for money, and subscribe deeds, and seal
them, and take witnesses, in the land of Binyamin, and in the
places about Yerushalayim, and in the cities of Yehuda, and in
the cities of the mountains, and in the cities of the coastal plain,
and in the cities of the Negev: for I will cause their captivity to
33 return, says the LORD. Moreover the word of the LORD
came to Yirmeyahu the second time, while he was still confined
2 in the court of the guard, saying, Thus says the LORD the maker
of it, the LORD that formed it, to establish it; the LORD is his
3 name; Call to me, and I will answer thee, and show thee great
4 and mighty things, which thou knowst not. For thus says
the LORD, the GOD of Yisra'el, concerning the houses of this city,
and concerning the houses of the kings of Yehuda, which are
5 thrown down to withstand the siege works and the sword; they
come to fight with the Kasdim, and thereby to fill them with
the dead bodies of those men, whom I shall stay in my anger
and in my fury, those on account of whose wickedness I have
6 hid my face from this city. Behold, I will bring it healing and
cure, and I will cure them, and will reveal to them the abundance
7 of peace and truth. And I will cause the captivity of Yehuda and
the captivity of Yisra'el to return, and will build them, as at the
8 first. And I will cleanse them from all their iniquity, in which
they have sinned against me; and I will pardon all their
iniquities, in which they have sinned against me, and in which
9 they have transgressed against me. And it shall be to me a
name of joy, a praise and an honour before all the nations of
the earth, who shall hear all the good that I do to them: and
they shall fear and tremble for all the goodness and for all the
10 prosperity that I procure to it: Thus says the LORD;
Again there shall be heard in this place, (which you say shall
be desolate without man and without beast, namely, in the cities
of Yehuda, and in the desolate streets of Yerushalayim, that
are without man, and without inhabitant, and without beast,)
11 the voice of joy, and the voice of gladness, the voice of the
bridegroom, and the voice of the bride, the voice of them that
shall say, Praise the LORD of hosts: for the LORD is good; for
his loyal love endures for ever: when they shall bring the sac-
rifice of thanksgiving into the house of the LORD. For I will
cause the captivity of the land to return, as at the first, says
12 the LORD. Thus says the LORD of hosts; Again in this
place, which is desolate without man and without beast, and
in all its cities, shall be a habitation of shepherds who make
13 their flocks lie down. In the cities of the mountains, in the
cities of the lowland, and in the cities of the Negev, and

בְּנְיָמִן וּבִסְבִיבֵי יְרוּשָׁלַ͏ִם וּבְעָרֵי יְהוּדָה עֹד תַּעֲבֹרְנָה הַצֹּאן עַל־
יְדֵי מוֹנֶה אָמַר יְהוָה: הִנֵּה יָמִים בָּאִים נְאֻם־ יד

יְהוָה וַהֲקִמֹתִי אֶת־הַדָּבָר הַטּוֹב אֲשֶׁר דִּבַּרְתִּי אֶל־בֵּית
יִשְׂרָאֵל וְעַל־בֵּית יְהוּדָה: בַּיָּמִים הָהֵם וּבָעֵת הַהִיא אַצְמִיחַ טו

לְדָוִד צֶמַח צְדָקָה וְעָשָׂה מִשְׁפָּט וּצְדָקָה בָּאָרֶץ: בַּיָּמִים הָהֵם טז

תִּוָּשַׁע יְהוּדָה וִירוּשָׁלַ͏ִם תִּשְׁכּוֹן לָבֶטַח וְזֶה אֲשֶׁר־יִקְרָא־לָהּ
יְהוָה ׀ צִדְקֵנוּ:   כִּי־כֹה אָמַר יְהוָה לֹא־יִכָּרֵת יז

לְדָוִד אִישׁ יֹשֵׁב עַל־כִּסֵּא בֵית־יִשְׂרָאֵל: וְלַכֹּהֲנִים הַלְוִיִּם לֹא־ יח

יִכָּרֵת אִישׁ מִלְּפָנָי מַעֲלֶה עוֹלָה וּמַקְטִיר מִנְחָה וְעֹשֶׂה־זֶּבַח כָּל־
הַיָּמִים: וַיְהִי דְּבַר־יְהוָה אֶל־יִרְמְיָהוּ לֵאמוֹר: יט

כֹּה אָמַר יְהוָה אִם־תָּפֵרוּ אֶת־בְּרִיתִי הַיּוֹם וְאֶת־בְּרִיתִי כ

הַלָּיְלָה וּלְבִלְתִּי הֱיוֹת יוֹמָם־וָלַיְלָה בְּעִתָּם: גַּם־בְּרִיתִי תֻפַר כא

אֶת־דָּוִד עַבְדִּי מִהְיוֹת־לוֹ בֵן מֹלֵךְ עַל־כִּסְאוֹ וְאֶת־הַלְוִיִּם
הַכֹּהֲנִים מְשָׁרְתָי: אֲשֶׁר לֹא־יִסָּפֵר צְבָא הַשָּׁמַיִם וְלֹא יִמַּד כב

חוֹל הַיָּם כֵּן אַרְבֶּה אֶת־זֶרַע דָּוִד עַבְדִּי וְאֶת־הַלְוִיִּם מְשָׁרְתֵי
אֹתִי: וַיְהִי דְּבַר־יְהוָה אֶל־יִרְמְיָהוּ לֵאמֹר: כג

הֲלוֹא רָאִיתָ מָה־הָעָם הַזֶּה דִּבְּרוּ לֵאמֹר שְׁתֵּי הַמִּשְׁפָּחוֹת כד

אֲשֶׁר בָּחַר יְהוָה בָּהֶם וַיִּמְאָסֵם וְאֶת־עַמִּי יִנְאָצוּן מִהְיוֹת עוֹד
גּוֹי לִפְנֵיהֶם: כֹּה אָמַר יְהוָה אִם־לֹא בְרִיתִי יוֹמָם כה

וָלָיְלָה חֻקּוֹת שָׁמַיִם וָאָרֶץ לֹא־שָׂמְתִּי: גַּם־זֶרַע יַעֲקוֹב וְדָוִד כו

עַבְדִּי אֶמְאַס מִקַּחַת מִזַּרְעוֹ מֹשְׁלִים אֶל־זֶרַע אַבְרָהָם יִשְׂחָק
וְיַעֲקֹב כִּי־אָשׁוּב אֶת־שְׁבוּתָם וְרִחַמְתִּים:

לד א הַדָּבָר אֲשֶׁר־הָיָה אֶל־יִרְמְיָהוּ מֵאֵת יְהוָה וּנְבוּכַדְרֶאצַּר מֶלֶךְ־בָּבֶל ׀

וְכָל־חֵילוֹ וְכָל־מַמְלְכוֹת אֶרֶץ מֶמְשֶׁלֶת יָדוֹ וְכָל־הָעַמִּים
נִלְחָמִים עַל־יְרוּשָׁלַ͏ִם וְעַל־כָּל־עָרֶיהָ לֵאמֹר: כֹּה־אָמַר יְהוָה ב

אֱלֹהֵי יִשְׂרָאֵל הָלֹךְ וְאָמַרְתָּ אֶל־צִדְקִיָּהוּ מֶלֶךְ יְהוּדָה וְאָמַרְתָּ
אֵלָיו כֹּה אָמַר יְהוָה הִנְנִי נֹתֵן אֶת־הָעִיר הַזֹּאת בְּיַד מֶלֶךְ־בָּבֶל
וּשְׂרָפָהּ בָּאֵשׁ: וְאַתָּה לֹא תִמָּלֵט מִיָּדוֹ כִּי תָּפֹשׂ תִּתָּפֵשׂ וּבְיָדוֹ ג

תִּנָּתֵן וְעֵינֶיךָ אֶת־עֵינֵי מֶלֶךְ־בָּבֶל תִּרְאֶינָה וּפִיהוּ אֶת־פִּיךָ
יְדַבֵּר וּבָבֶל תָּבוֹא: אַךְ שְׁמַע דְּבַר־יְהוָה צִדְקִיָּהוּ מֶלֶךְ יְהוּדָה ד

כֹּה־אָמַר יְהוָה עָלֶיךָ לֹא תָמוּת בֶּחָרֶב: בְּשָׁלוֹם תָּמוּת ה

וּבְמִשְׂרְפוֹת אֲבוֹתֶיךָ הַמְּלָכִים הָרִאשֹׁנִים אֲשֶׁר־הָיוּ לְפָנֶיךָ כֵּן
יִשְׂרְפוּ־לָךְ וְהוֹי אָדוֹן יִסְפְּדוּ־לָךְ כִּי־דָבָר אֲנִי־דִבַּרְתִּי נְאֻם־
יְהוָה: וַיְדַבֵּר יִרְמְיָהוּ הַנָּבִיא אֶל־צִדְקִיָּהוּ מֶלֶךְ ו

יְהוּדָה אֵת כָּל־הַדְּבָרִים הָאֵלֶּה בִּירוּשָׁלָ͏ִם: וְחֵיל מֶלֶךְ־ ז

in the land of Binyamin, and in the places about Yerushalayim,
and in the cities of Yehuda, shall the flocks pass again under the
hands of him that counts them, says the Lord. Behold, days 14
are coming, says the Lord, when I will perform that good thing
which I have promised to the house of Yisra'el and to the house
of Yehuda. In those days, and at that time, will I cause an off- 15
shoot of righteousness to grow up for David; and he shall execute
justice and righteousness in the land. In those days shall Yehuda 16
be saved, and Yerushalayim shall dwell safely: and this is the
name whereby she shall be called, namely, The Lord is our righ-
teousness. For thus says the Lord; David shall never lack a 17
man sitting upon the throne of the house of Yisra'el; Neither 18
shall the priests the Levites lack a man before me to offer
burnt offerings, and to burn meal offerings, and to do sacrifice
continually. And the word of the Lord came 19
to Yirmeyahu, saying, Thus says the Lord; If you can break 20
my covenant with the day, and my covenant with the
night, and that there should not be day and night in their
season; then also my covenant may be broken with David my 21
servant, that he should not have a son to reign upon his throne;
and with the Levites the priests, my ministers. As the host 22
of heaven cannot be numbered, neither the sand of the sea
measured: so will I multiply the seed of David my servant,
and the Levites that minister to me. Moreover the word 23
of the Lord came to Yirmeyahu, saying, Hast thou not observed 24
what this people have spoken, saying, The two families which
the Lord has chosen, he has cast them off? thus they have
despised my people, so that they should no more be a nation
in their sight. Thus says the Lord; If I have not appointed 25
my covenant with day and night, the ordinances of heaven and
earth; then will I cast away the seed of Ya'aqov and David 26
my servant, and not take any of his seed to be rulers over the
seed of Avraham, Yizḥaq, and Ya'aqov. No, for I will cause
their captivity to return, and have mercy on them. The **34**
word which came to Yirmeyahu from the Lord, when Nevukhad-
rezzar king of Bavel, and all his army, and all the kingdoms
of the earth of his dominion, and all the people, fought against
Yerushalayim, and against all its cities, saying, Thus says the 2
Lord, the God of Yisra'el; Go and speak to Ẕidqiyyahu king of
Yehuda, and tell him, Thus says the Lord; Behold, I will give
this city into the hand of the king of Bavel, and he shall burn
it with fire: and thou shalt not escape out of his hand, but shalt 3
surely be taken, and be delivered into his hand; and thy eyes
shall behold the eyes of the king of Bavel, and he shall speak
with thee mouth to mouth, and thou shalt go to Bavel. Yet 4
hear the word of the Lord, O Ẕidqiyyahu king of Yehuda; Thus
says the Lord of thee, Thou shalt not die by the sword: but thou 5
shalt die in peace: and with the burnings of thy fathers, the
former kings which were before thee, so shall they make a
burning for thee; and they will lament thee, saying, Ah master!
for I have pronounced a word, says the Lord. Then 6
Yirmeyahu the prophet spoke all these words to Ẕidqiyyahu
king of Yehuda in Yerushalayim, when the army of the king 7

בָּבֶל נִלְחָמִים עַל־יְרוּשָׁלִַם וְעַל כָּל־עָרֵי יְהוּדָה הַנּוֹתָרוֹת
אֶל־לָכִישׁ וְאֶל־עֲזֵקָה כִּי הֵנָּה נִשְׁאֲרוּ בְּעָרֵי יְהוּדָה עָרֵי
מִבְצָר: הַדָּבָר אֲשֶׁר־הָיָה אֶל־יִרְמְיָהוּ מֵאֵת ח
יְהוָה אַחֲרֵי כְּרֹת הַמֶּלֶךְ צִדְקִיָּהוּ בְּרִית אֶת־כָּל־הָעָם אֲשֶׁר
בִּירוּשָׁלִַם לִקְרֹא לָהֶם דְּרוֹר: לְשַׁלַּח אִישׁ אֶת־עַבְדּוֹ וְאִישׁ ט
אֶת־שִׁפְחָתוֹ הָעִבְרִי וְהָעִבְרִיָּה חָפְשִׁים לְבִלְתִּי עֲבָד־בָּם
בִּיהוּדִי אָחִיהוּ אִישׁ: וַיִּשְׁמְעוּ כָל־הַשָּׂרִים וְכָל־הָעָם אֲשֶׁר־ י
בָּאוּ בַבְּרִית לְשַׁלַּח אִישׁ אֶת־עַבְדּוֹ וְאִישׁ אֶת־שִׁפְחָתוֹ חָפְשִׁים
לְבִלְתִּי עֲבָד־בָּם עוֹד וַיִּשְׁמְעוּ וַיְשַׁלֵּחוּ: וַיָּשׁוּבוּ אַחֲרֵי־כֵן וַיָּשִׁבוּ יא
וַיִּכְבְּשׁוּם אֶת־הָעֲבָדִים וְאֶת־הַשְּׁפָחוֹת אֲשֶׁר שִׁלְּחוּ חָפְשִׁים וַיִּכְבְּשׁוּם
לַעֲבָדִים וְלִשְׁפָחוֹת: וַיְהִי דְבַר־יְהוָה אֶל־ יב
יִרְמְיָהוּ מֵאֵת יְהוָה לֵאמֹר: כֹּה־אָמַר יְהוָה אֱלֹהֵי יִשְׂרָאֵל אָנֹכִי יג
כָּרַתִּי בְרִית אֶת־אֲבוֹתֵיכֶם בְּיוֹם הוֹצִאִי אוֹתָם מֵאֶרֶץ מִצְרַיִם
מִבֵּית עֲבָדִים לֵאמֹר: מִקֵּץ שֶׁבַע שָׁנִים תְּשַׁלְּחוּ אִישׁ אֶת־ יד
אָחִיו הָעִבְרִי אֲשֶׁר־יִמָּכֵר לְךָ וַעֲבָדְךָ שֵׁשׁ שָׁנִים וְשִׁלַּחְתּוֹ חָפְשִׁי
מֵעִמָּךְ וְלֹא־שָׁמְעוּ אֲבוֹתֵיכֶם אֵלַי וְלֹא הִטּוּ אֶת־אָזְנָם: וַתָּשֻׁבוּ טו
אַתֶּם הַיּוֹם וַתַּעֲשׂוּ אֶת־הַיָּשָׁר בְּעֵינַי לִקְרֹא דְרוֹר אִישׁ לְרֵעֵהוּ
וַתִּכְרְתוּ בְרִית לְפָנַי בַּבַּיִת אֲשֶׁר־נִקְרָא שְׁמִי עָלָיו: וַתָּשֻׁבוּ טז
וַתְּחַלְּלוּ אֶת־שְׁמִי וַתָּשִׁבוּ אִישׁ אֶת־עַבְדּוֹ וְאִישׁ אֶת־שִׁפְחָתוֹ
אֲשֶׁר־שִׁלַּחְתֶּם חָפְשִׁים לְנַפְשָׁם וַתִּכְבְּשׁוּ אֹתָם לִהְיוֹת לָכֶם
לַעֲבָדִים וְלִשְׁפָחוֹת: לָכֵן כֹּה־אָמַר יְהוָה אַתֶּם יז
לֹא־שְׁמַעְתֶּם אֵלַי לִקְרֹא דְרוֹר אִישׁ לְאָחִיו וְאִישׁ לְרֵעֵהוּ הִנְנִי
קֹרֵא לָכֶם דְּרוֹר נְאֻם־יְהוָה אֶל־הַחֶרֶב אֶל־הַדֶּבֶר וְאֶל־הָרָעָב
לִזְוָעָה וְנָתַתִּי אֶתְכֶם לְזַעֲוָה לְכֹל מַמְלְכוֹת הָאָרֶץ: וְנָתַתִּי אֶת־ יח
הָאֲנָשִׁים הָעֹבְרִים אֶת־בְּרִתִי אֲשֶׁר לֹא־הֵקִימוּ אֶת־דִּבְרֵי
הַבְּרִית אֲשֶׁר כָּרְתוּ לְפָנָי הָעֵגֶל אֲשֶׁר כָּרְתוּ לִשְׁנַיִם וַיַּעַבְרוּ
בֵּין בְּתָרָיו: שָׂרֵי יְהוּדָה וְשָׂרֵי יְרוּשָׁלִַם הַסָּרִסִים וְהַכֹּהֲנִים וְכֹל יט
עַם הָאָרֶץ הָעֹבְרִים בֵּין בִּתְרֵי הָעֵגֶל: וְנָתַתִּי אוֹתָם בְּיַד כ
אֹיְבֵיהֶם וּבְיַד מְבַקְשֵׁי נַפְשָׁם וְהָיְתָה נִבְלָתָם לְמַאֲכָל לְעוֹף
הַשָּׁמַיִם וּלְבֶהֱמַת הָאָרֶץ: וְאֶת־צִדְקִיָּהוּ מֶלֶךְ־יְהוּדָה וְאֶת־ כא
שָׂרָיו אֶתֵּן בְּיַד אֹיְבֵיהֶם וּבְיַד מְבַקְשֵׁי נַפְשָׁם וּבְיַד חֵיל מֶלֶךְ
בָּבֶל הָעֹלִים מֵעֲלֵיכֶם: הִנְנִי מְצַוֶּה נְאֻם־יְהוָה וַהֲשִׁבֹתִים אֶל־ כב
הָעִיר הַזֹּאת וְנִלְחֲמוּ עָלֶיהָ וּלְכָדוּהָ וּשְׂרָפֻהָ בָאֵשׁ וְאֶת־עָרֵי
יְהוּדָה אֶתֵּן שְׁמָמָה מֵאֵין יֹשֵׁב: הַדָּבָר אֲשֶׁר־ לה א

of Bavel fought against Yerushalayim, and against all the cities of Yehuda that were left, against Lakhish, and against 'Azeqa ; for these fortified cities remained of the cities of Yehuda.

This is the word that came to Yirmeyahu from the LORD, 8 after the king Ẓidqiyyahu had made a covenant with all the people which were at Yerushalayim, proclaim liberty to them ; that every man should let his Hebrew manservant, and every 9 man his Hebrew maidservant, go free ; that none should enslave any of them, namely a man of Yehuda, being his brother. Now 10 when all the princes, and all the people, who had entered into the covenant, heard that every one should let his manservant, and every one his maidservant, go free, that none should enslave them any more, then they obeyed, and let them go. But afterwards they relapsed, and caused the servants and 11 the handmaids, whom they had let go free, to return, and brought them into subjection for servants and for handmaids.

Therefore the word of the LORD came to Yirmeyahu from 12 the LORD saying, Thus says the LORD, the GOD of Yisra'el; I made 13 a covenant with your fathers in the day that I brought them forth out of the land of Miẓrayim, out of the house of slavery, saying, At the end of seven years, shall you release every man 14 his brother being a Hebrew, who has been sold to thee; and when he has served thee six years, thou shalt let him go free from thee : but your fathers hearkened not to me, neither inclined their ear. And you now turned, and had done right in my sight, 15 in proclaiming liberty every man to his neighbour ; and you had made a covenant before me in the house which is called by my name : nevertheless you relapsed and have profaned 16 my name, and everyone of you has caused his servant, and his handmaid, (whom he had set at liberty at their pleasure,) to return, and has brought them into subjection, to be to you for servants and for handmaids.   Therefore thus says the 17 LORD ; since you have not hearkened to me, in proclaiming liberty, everyone to his brother, and everyone to his neighbour : behold, I proclaim a liberty for you, says the LORD, to the sword, to the pestilence, and to the famine ; and I will make you to be removed into all the kingdoms of the earth. And I will give the 18 men that have transgressed my covenant, who have not performed the words of the covenant which they made before me, when they cut the calf in two, and passed between its sections, the princes of Yehuda, and the princes of Yerushalayim, the 19 eunuchs, the priests, and all the people of the land, who passed between the sections of the calf ; I will give them into the hand 20 of their enemies, and into the hand of them that seek their life : and their dead bodies shall be for food to the birds of the heaven, and to the beasts of the earth. And Ẓidqiyyahu king 21 of Yehuda and his princes will I give into the hand of their enemies, and into the hand of them that seek their life, and into the hand of the king of Bavel's army, who are gone up from you. Behold, I will command, says the LORD, and cause 22 them to return to this city ; and they shall fight against it, and burn it with fire : and I will make the cities of Yehuda a desolation without inhabitant.   The word which came to **35**

הָיָה אֶל־יִרְמְיָהוּ מֵאֵת יְהוָה בִּימֵי יְהוֹיָקִים בֶּן־יֹאשִׁיָּהוּ מֶלֶךְ
יְהוּדָה לֵאמֹר: הָלוֹךְ אֶל־בֵּית הָרֵכָבִים וְדִבַּרְתָּ אוֹתָם ב
וַהֲבֵאוֹתָם בֵּית יְהוָה אֶל־אַחַת הַלְּשָׁכוֹת וְהִשְׁקִיתָ אוֹתָם יָיִן:
וָאֶקַּח אֶת־יַאֲזַנְיָה בֶן־יִרְמְיָהוּ בֶּן־חֲבַצִּנְיָה וְאֶת־אֶחָיו וְאֶת־ ג
כָּל־בָּנָיו וְאֵת כָּל־בֵּית הָרֵכָבִים: וָאָבִא אֹתָם בֵּית יְהוָה אֶל־ ד
לִשְׁכַּת בְּנֵי חָנָן בֶּן־יִגְדַּלְיָהוּ אִישׁ הָאֱלֹהִים אֲשֶׁר־אֵצֶל לִשְׁכַּת
הַשָּׂרִים אֲשֶׁר מִמַּעַל לְלִשְׁכַּת מַעֲשֵׂיָהוּ בֶן־שַׁלֻּם שֹׁמֵר הַסַּף:
וָאֶתֵּן לִפְנֵי ׀ בְּנֵי בֵית־הָרֵכָבִים גְּבִעִים מְלֵאִים יַיִן וְכֹסוֹת וָאֹמַר ה
אֲלֵיהֶם שְׁתוּ־יָיִן: וַיֹּאמְרוּ לֹא נִשְׁתֶּה־יָּיִן כִּי יוֹנָדָב בֶּן־רֵכָב ו
אָבִינוּ צִוָּה עָלֵינוּ לֵאמֹר לֹא תִשְׁתּוּ־יַיִן אַתֶּם וּבְנֵיכֶם עַד־עוֹלָם:
וּבַיִת לֹא־תִבְנוּ וְזֶרַע לֹא־תִזְרָעוּ וְכֶרֶם לֹא־תִטָּעוּ וְלֹא יִהְיֶה ז
לָכֶם כִּי בָּאֳהָלִים תֵּשְׁבוּ כָּל־יְמֵיכֶם לְמַעַן תִּחְיוּ יָמִים רַבִּים
עַל־פְּנֵי הָאֲדָמָה אֲשֶׁר אַתֶּם גָּרִים שָׁם: וַנִּשְׁמַע בְּקוֹל יְהוֹנָדָב ח
בֶּן־רֵכָב אָבִינוּ לְכֹל אֲשֶׁר צִוָּנוּ לְבִלְתִּי שְׁתוֹת־יַיִן כָּל־יָמֵינוּ
אֲנַחְנוּ נָשֵׁינוּ בָּנֵינוּ וּבְנֹתֵינוּ: וּלְבִלְתִּי בְּנוֹת בָּתִּים לְשִׁבְתֵּנוּ ט
וְכֶרֶם וְשָׂדֶה וָזֶרַע לֹא יִהְיֶה־לָּנוּ: וַנֵּשֶׁב בָּאֳהָלִים וַנִּשְׁמַע וַנַּעַשׂ י כא
כְּכֹל אֲשֶׁר־צִוָּנוּ יוֹנָדָב אָבִינוּ: וַיְהִי בַּעֲלוֹת נְבוּכַדְרֶאצַּר מֶלֶךְ־ יא
בָּבֶל אֶל־הָאָרֶץ וַנֹּאמֶר בֹּאוּ וְנָבוֹא יְרוּשָׁלַ͏ִם מִפְּנֵי חֵיל הַכַּשְׂדִּים
וּמִפְּנֵי חֵיל אֲרָם וַנֵּשֶׁב בִּירוּשָׁלָ͏ִם: וַיְהִי דְּבַר־ יב
יְהוָה אֶל־יִרְמְיָהוּ לֵאמֹר: כֹּה־אָמַר יְהוָה צְבָאוֹת אֱלֹהֵי יג
יִשְׂרָאֵל הָלֹךְ וְאָמַרְתָּ לְאִישׁ יְהוּדָה וּלְיוֹשְׁבֵי יְרוּשָׁלָ͏ִם הֲלוֹא
תִקְחוּ מוּסָר לִשְׁמֹעַ אֶל־דְּבָרַי נְאֻם־יְהוָה: הוּקַם אֶת־דִּבְרֵי יד
יְהוֹנָדָב בֶּן־רֵכָב אֲשֶׁר־צִוָּה אֶת־בָּנָיו לְבִלְתִּי שְׁתוֹת־יַיִן וְלֹא
שָׁתוּ עַד־הַיּוֹם הַזֶּה כִּי שָׁמְעוּ אֵת מִצְוַת אֲבִיהֶם וְאָנֹכִי דִּבַּרְתִּי
אֲלֵיכֶם הַשְׁכֵּם וְדַבֵּר וְלֹא שְׁמַעְתֶּם אֵלָי: וָאֶשְׁלַח אֲלֵיכֶם טו
אֶת־כָּל־עֲבָדַי הַנְּבִאִים ׀ הַשְׁכֵּים וְשָׁלֹחַ ׀ לֵאמֹר שֻׁבוּ־נָא
אִישׁ מִדַּרְכּוֹ הָרָעָה וְהֵיטִיבוּ מַעַלְלֵיכֶם וְאַל־תֵּלְכוּ אַחֲרֵי
אֱלֹהִים אֲחֵרִים לְעָבְדָם וּשְׁבוּ אֶל־הָאֲדָמָה אֲשֶׁר־נָתַתִּי לָכֶם
וְלַאֲבוֹתֵיכֶם וְלֹא הִטִּיתֶם אֶת־אָזְנְכֶם וְלֹא שְׁמַעְתֶּם אֵלָי: כִּי טז
הֵקִימוּ בְּנֵי יְהוֹנָדָב בֶּן־רֵכָב אֶת־מִצְוַת אֲבִיהֶם אֲשֶׁר צִוָּם
וְהָעָם הַזֶּה לֹא שָׁמְעוּ אֵלָי: לָכֵן כֹּה־אָמַר יְהוָה יז
אֱלֹהֵי צְבָאוֹת אֱלֹהֵי יִשְׂרָאֵל הִנְנִי מֵבִיא אֶל־יְהוּדָה וְאֶל כָּל־
יוֹשְׁבֵי יְרוּשָׁלַ͏ִם אֵת כָּל־הָרָעָה אֲשֶׁר דִּבַּרְתִּי עֲלֵיהֶם יַעַן דִּבַּרְתִּי
אֲלֵיהֶם וְלֹא שָׁמֵעוּ וָאֶקְרָא לָהֶם וְלֹא עָנוּ: וּלְבֵית הָרֵכָבִים יח
אָמַר יִרְמְיָהוּ כֹּה־אָמַר יְהוָה צְבָאוֹת אֱלֹהֵי יִשְׂרָאֵל יַעַן אֲשֶׁר
שְׁמַעְתֶּם עַל־מִצְוַת יְהוֹנָדָב אֲבִיכֶם וַתִּשְׁמְרוּ אֶת־כָּל־מִצְוֹתָיו

Yirmeyahu from the LORD in the days of Yehoyaqim the son of
2 Yoshiyyahu king of Yehuda, saying, Go to the house of the
Rekhavim, and speak to them, and bring them into the house of
3 the LORD, into one of the chambers, and give them wine to drink.
Then I took Ya'azanya the son of Yirmeyahu, the son of Ḥava-
ẕẕinya, and his brothers, and all his sons, and the whole house
4 of the Rekhavim; and I brought them into the house of the LORD,
into the chamber of the sons of Ḥanan, the son of Yigdalyahu, a
man of GOD, which was by the chamber of the princes, which was
above the chamber of Ma'aseyahu the son of Shallum, the keeper
5 of the door: and I set before the sons of the house of the
Rekhavim goblets full of wine, and cups, and I said to them,
6 Drink wine. But they said, We will drink no wine : for Yonadav
the son of Rekhav our father commanded us, saying, You shall
7 drink no wine, neither you, nor your sons for ever : Neither
shall you build a house, nor sow seed, nor plant a vineyard, nor
have one : but all your days you shall dwell in tents ; that you
8 may live many days in the land where you sojourn. And we have
obeyed the voice of Yonadav the son of Rekhav our father in all
that he charged us, to drink no wine all our days, we, our wives,
9 our sons, and our daughters ; nor to build houses for us to dwell
10 in ; neither have we vineyard, nor field, nor seed : but we have
dwelt in tents, and have obeyed, and done according to all that
11 Yonadav our father commanded us. But it came to pass, when
Nevukhadreẕẕar king of Bavel came up into the land that we
said, Come, and let us go to Yerushalayim for fear of the army
of the Kasdim, and for fear of the army of Aram : so we dwell
12 at Yerushalayim. Then came the word of the LORD to
13 Yirmeyahu, saying, Thus says the LORD of hosts, the GOD of
Yisra'el, Go and tell the men of Yehuda and the inhabitants of
Yerushalayim, Will you not receive instruction to hearken to
14 my words ? says the LORD. The words of Yonadav the son of
Rekhav, that he commanded his sons not to drink wine, has been
kept ; for to this day they drink none, but obey their father's
commandment : yet I have spoken to you, from morning till
15 night ; but you did not hearken to me. I have also sent to you
all my servants the prophets, sending them from morning till
night, saying, Return now every man from his evil way, and
amend your doings, and go not after other gods to serve them,
and then you shall dwell in the land which I have given to you
and to your fathers : but you have not inclined your ear, nor
16 hearkened to me. For the sons of Yonadav the son of Rekhav
have kept the commandment of their father, which he command-
17 ed them ; but this people has not hearkened to me : there-
fore thus says the LORD GOD of hosts, the GOD of Yisra'el ;
Behold, I will bring upon Yehuda and upon all the inhabitants
of Yerushalayim all the evil that I have pronounced against
them : because I have spoken to them, but they have not heard ;
18 and I have called to them, but they have not answered. And
Yirmeyahu said to the house of the Rekhavim, Thus says the
LORD of hosts, the GOD of Yisra'el ; Because you have obeyed
the commandment of Yonadav your father, and kept all his
precepts, and done according to all that he has commanded you :

יט וַתַּעֲשׂוּ כְּכֹל אֲשֶׁר־צִוָּה אֲבִיכֶם אֶתְכֶם: לָכֵן כֹּה אָמַר יְהֹוָה צְבָאוֹת
אֱלֹהֵי יִשְׂרָאֵל לֹא־יִכָּרֵת אִישׁ לְיוֹנָדָב בֶּן־רֵכָב עֹמֵד לְפָנַי כָּל־
הַיָּמִים: אלו וַיְהִי בַּשָּׁנָה הָרְבִיעִית לִיהוֹיָקִים בֶּן־
יֹאשִׁיָּהוּ מֶלֶךְ יְהוּדָה הָיָה הַדָּבָר הַזֶּה אֶל־יִרְמְיָהוּ מֵאֵת יְהֹוָה
ב לֵאמֹר: קַח־לְךָ מְגִלַּת־סֵפֶר וְכָתַבְתָּ אֵלֶיהָ אֵת כָּל־הַדְּבָרִים
אֲשֶׁר־דִּבַּרְתִּי אֵלֶיךָ עַל־יִשְׂרָאֵל וְעַל־יְהוּדָה וְעַל־כָּל־הַגּוֹיִם
ג מִיּוֹם דִּבַּרְתִּי אֵלֶיךָ מִימֵי יֹאשִׁיָּהוּ וְעַד הַיּוֹם הַזֶּה: אוּלַי
יִשְׁמְעוּ בֵּית יְהוּדָה אֵת כָּל־הָרָעָה אֲשֶׁר אָנֹכִי חֹשֵׁב לַעֲשׂוֹת
לָהֶם לְמַעַן יָשׁוּבוּ אִישׁ מִדַּרְכּוֹ הָרָעָה וְסָלַחְתִּי לַעֲוֹנָם
ד וּלְחַטָּאתָם: וַיִּקְרָא יִרְמְיָהוּ אֶת־בָּרוּךְ בֶּן־נֵרִיָּה
וַיִּכְתֹּב בָּרוּךְ מִפִּי יִרְמְיָהוּ אֵת כָּל־דִּבְרֵי יְהֹוָה אֲשֶׁר־דִּבֶּר אֵלָיו
ה עַל־מְגִלַּת־סֵפֶר: וַיְצַוֶּה יִרְמְיָהוּ אֶת־בָּרוּךְ לֵאמֹר אֲנִי עָצוּר לֹא
ו אוּכַל לָבוֹא בֵּית יְהֹוָה: וּבָאתָ אַתָּה וְקָרָאתָ בַמְּגִלָּה אֲשֶׁר־
כָּתַבְתָּ מִפִּי אֶת־דִּבְרֵי יְהֹוָה בְּאָזְנֵי הָעָם בֵּית יְהֹוָה בְּיוֹם צוֹם
ז וְגַם בְּאָזְנֵי כָל־יְהוּדָה הַבָּאִים מֵעָרֵיהֶם תִּקְרָאֵם: אוּלַי תִּפֹּל
תְּחִנָּתָם לִפְנֵי יְהֹוָה וְיָשֻׁבוּ אִישׁ מִדַּרְכּוֹ הָרָעָה כִּי־גָדוֹל הָאַף
ח וְהַחֵמָה אֲשֶׁר־דִּבֶּר יְהֹוָה אֶל־הָעָם הַזֶּה: וַיַּעַשׂ בָּרוּךְ בֶּן־נֵרִיָּה
כְּכֹל אֲשֶׁר־צִוָּהוּ יִרְמְיָהוּ הַנָּבִיא לִקְרֹא בַסֵּפֶר דִּבְרֵי יְהֹוָה בֵּית
ט יְהֹוָה: וַיְהִי בַּשָּׁנָה הַחֲמִשִׁית לִיהוֹיָקִים בֶּן־
יֹאשִׁיָּהוּ מֶלֶךְ־יְהוּדָה בַּחֹדֶשׁ הַתְּשִׁעִי קָרְאוּ צוֹם לִפְנֵי יְהֹוָה
כָּל־הָעָם בִּירוּשָׁלִָם וְכָל־הָעָם הַבָּאִים מֵעָרֵי יְהוּדָה בִּירוּשָׁלִָם:
י וַיִּקְרָא בָרוּךְ בַּסֵּפֶר אֶת־דִּבְרֵי יִרְמְיָהוּ בֵּית יְהֹוָה בְּלִשְׁכַּת
גְּמַרְיָהוּ בֶן־שָׁפָן הַסֹּפֵר בֶּחָצֵר הָעֶלְיוֹן פֶּתַח שַׁעַר בֵּית־יְהֹוָה
הֶחָדָשׁ בְּאָזְנֵי כָּל־הָעָם: יא וַיִּשְׁמַע מִכָיְהוּ בֶן־גְּמַרְיָהוּ בֶן־שָׁפָן
יב אֶת־כָּל־דִּבְרֵי יְהֹוָה מֵעַל־הַסֵּפֶר: וַיֵּרֶד בֵּית־הַמֶּלֶךְ עַל־
לִשְׁכַּת הַסֹּפֵר וְהִנֵּה־שָׁם כָּל־הַשָּׂרִים יוֹשְׁבִים אֱלִישָׁמָע הַסֹּפֵר
וּדְלָיָהוּ בֶן־שְׁמַעְיָהוּ וְאֶלְנָתָן בֶּן־עַכְבּוֹר וּגְמַרְיָהוּ בֶן־שָׁפָן
יג וְצִדְקִיָּהוּ בֶן־חֲנַנְיָהוּ וְכָל־הַשָּׂרִים: וַיַּגֵּד לָהֶם מִכָיְהוּ אֵת כָּל־
יד הַדְּבָרִים אֲשֶׁר שָׁמַע בִּקְרֹא בָרוּךְ בַּסֵּפֶר בְּאָזְנֵי הָעָם: וַיִּשְׁלְחוּ
כָל־הַשָּׂרִים אֶל־בָּרוּךְ אֶת־יְהוּדִי בֶּן־נְתַנְיָהוּ בֶּן־שֶׁלֶמְיָהוּ בֶן־
כּוּשִׁי לֵאמֹר הַמְּגִלָּה אֲשֶׁר קָרָאתָ בָּהּ בְּאָזְנֵי הָעָם קָחֶנָּה בְיָדְךָ
וָלֵךְ וַיִּקַּח בָּרוּךְ בֶּן־נֵרִיָּהוּ אֶת־הַמְּגִלָּה בְּיָדוֹ וַיָּבֹא אֲלֵיהֶם:
טו וַיֹּאמְרוּ אֵלָיו שֵׁב נָא וּקְרָאֶנָּה בְּאָזְנֵינוּ וַיִּקְרָא בָרוּךְ בְּאָזְנֵיהֶם:
טז וַיְהִי כְּשָׁמְעָם אֶת־כָּל־הַדְּבָרִים פָּחֲדוּ אִישׁ אֶל־רֵעֵהוּ וַיֹּאמְרוּ
יז אֶל־בָּרוּךְ הַגֵּיד נַגִּיד לַמֶּלֶךְ אֵת כָּל־הַדְּבָרִים הָאֵלֶּה: וְאֶת־
בָּרוּךְ שָׁאֲלוּ לֵאמֹר הַגֶּד־נָא לָנוּ אֵיךְ כָּתַבְתָּ אֶת־כָּל־הַדְּבָרִים

therefore thus says the LORD of hosts, the GOD of Yisra'el ; 19
Yonadav the son of Rekhav shall not lack a man to stand before
me for ever.   And it came to pass in the fourth year of **36**
Yehoyaqim the son of Yoshiyyahu king of Yehuda, that this word
came to Yirmeyahu from the LORD, saying, Take a scroll, and 2
write in it all the words which I have spoken to thee about
Yisra'el, and about Yehuda, and about all the nations, from the
day I spoke to thee, from the days of Yoshiyyahu, and to this day.
It may be that the house of Yehuda will hear all the evil which I 3
purpose to do to them ; that they may return every man from his
evil way ; that I may forgive their iniquity and their sin.

Then Yirmeyahu called Barukh the son of Neriyya : and 4
Barukh wrote from the mouth of Yirmeyahu all the words of the
LORD, which he had spoken to him, upon a scroll. And Yirmeyahu 5
commanded Barukh, saying, I am confined ; I cannot go into the
house of the LORD : therefore go thou and read in the scroll, 6
which thou hast written from my mouth, the words of the LORD
in the ears of the people in the LORD's house upon the fast day :
and also thou shalt read them in the ears of all Yehuda that come
out of their cities. It may be they will present their supplication 7
before the LORD, and will return every one from his evil way :
for great is the anger and the fury that the LORD has pronounced
against this people. And Barukh the son of Neriyya did according 8
to all that Yirmeyahu the prophet commanded him, reading in
the book the words of the LORD in the LORD's house.   And 9
it came to pass in the fifth year of Yehoyaqim the son of
Yoshiyyahu king of Yehuda, in the ninth month, that they
proclaimed a fast before the LORD to all the people in Yerushala-
yim, and to all the people that came from the cities of Yehuda
to Yerushalayim. Then Barukh read in the book the words of 10
Yirmeyahu in the house of the LORD, in the chamber of Gemar-
yahu the son of Shafan the scribe, in the higher court, at the
entry of the new gate of the LORD's house, in the ears of all the
people. When Mikhayehu the son of Gemaryahu, the son of 11
Shafan, had heard out of the book all the words of the LORD,
then he went down into the king's house, into the scribe's 12
chamber : and, lo, all the princes sat there, Elishama the scribe,
and Delayahu the son of Shema'yahu, and Elnatan the son of
'Akhbor, and Gemaryahu the son of Shafan and Ẓidqiyyahu the
son of Hananyahu, and all the princes. Then Mikhayehu declared 13
to them all the words that he had heard, when Barukh read the
book in the ears of the people. Therefore all the princes sent 14
Yehudi the son of Netanyahu, the son of Shelemyahu, the son
of Kushi, to Barukh, saying, Take in thy hand the scroll in
which thou hast read in the ears of the people, and come. So
Barukh the son of Neriyya took the scroll in his hand, and came
to them. And they said to him, Sit down now, and read it in our 15
ears. So Barukh read it in their ears. Now it came to pass, when 16
they had heard all the words, they turned to one another in
fear, and said to Barukh, We will surely tell the king of all
these words, and they asked Barukh, saying, Tell us now, How 17

יח הָאֵלֶּה מִפִּיו: וַיֹּאמֶר לָהֶם בָּרוּךְ מִפִּיו יִקְרָא אֵלַי אֵת כָּל־

יט הַדְּבָרִים הָאֵלֶּה וַאֲנִי כֹּתֵב עַל־הַסֵּפֶר בַּדְּיוֹ: וַיֹּאמְרוּ

הַשָּׂרִים אֶל־בָּרוּךְ לֵךְ הִסָּתֵר אַתָּה וְיִרְמְיָהוּ וְאִישׁ אַל־יֵדַע

כ אֵיפֹה אַתֶּם: וַיָּבֹאוּ אֶל־הַמֶּלֶךְ חָצֵרָה וְאֶת־הַמְּגִלָּה הִפְקִדוּ

בְּלִשְׁכַּת אֱלִישָׁמָע הַסֹּפֵר וַיַּגִּידוּ בְּאָזְנֵי הַמֶּלֶךְ אֵת כָּל־

כא הַדְּבָרִים: וַיִּשְׁלַח הַמֶּלֶךְ אֶת־יְהוּדִי לָקַחַת אֶת־הַמְּגִלָּה

וַיִּקָּחֶהָ מִלִּשְׁכַּת אֱלִישָׁמָע הַסֹּפֵר וַיִּקְרָאֶהָ יְהוּדִי בְּאָזְנֵי הַמֶּלֶךְ

כב וּבְאָזְנֵי כָּל־הַשָּׂרִים הָעֹמְדִים מֵעַל הַמֶּלֶךְ: וְהַמֶּלֶךְ יוֹשֵׁב בֵּית

הַחֹרֶף בַּחֹדֶשׁ הַתְּשִׁיעִי וְאֶת־הָאָח לְפָנָיו מְבֹעָרֶת: וַיְהִי ׀

כג כִּקְרוֹא יְהוּדִי שָׁלֹשׁ דְּלָתוֹת וְאַרְבָּעָה יִקְרָעֶהָ בְּתַעַר הַסֹּפֵר

וְהַשְׁלֵךְ אֶל־הָאֵשׁ אֲשֶׁר אֶל־הָאָח עַד־תֹּם כָּל־הַמְּגִלָּה עַל־

כד הָאֵשׁ אֲשֶׁר עַל־הָאָח: וְלֹא פָחֲדוּ וְלֹא קָרְעוּ אֶת־בִּגְדֵיהֶם

כה הַמֶּלֶךְ וְכָל־עֲבָדָיו הַשֹּׁמְעִים אֵת כָּל־הַדְּבָרִים הָאֵלֶּה: וְגַם

אֶלְנָתָן וּדְלָיָהוּ וּגְמַרְיָהוּ הִפְגִּעוּ בַמֶּלֶךְ לְבִלְתִּי שְׂרֹף אֶת־

כו הַמְּגִלָּה וְלֹא שָׁמַע אֲלֵיהֶם: וַיְצַוֶּה הַמֶּלֶךְ אֶת־יְרַחְמְאֵל בֶּן־

הַמֶּלֶךְ וְאֶת־שְׂרָיָהוּ בֶן־עַזְרִיאֵל וְאֶת־שֶׁלֶמְיָהוּ בֶּן־עַבְדְּאֵל

לָקַחַת אֶת־בָּרוּךְ הַסֹּפֵר וְאֵת יִרְמְיָהוּ הַנָּבִיא וַיַּסְתִּרֵם

יְהֹוָה:

כז וַיְהִי דְבַר־יְהֹוָה אֶל־יִרְמְיָהוּ אַחֲרֵי ׀ שְׂרֹף

הַמֶּלֶךְ אֶת־הַמְּגִלָּה וְאֶת־הַדְּבָרִים אֲשֶׁר כָּתַב בָּרוּךְ מִפִּי

כח יִרְמְיָהוּ לֵאמֹר: שׁוּב קַח־לְךָ מְגִלָּה אַחֶרֶת וּכְתֹב עָלֶיהָ אֵת

כָּל־הַדְּבָרִים הָרִאשֹׁנִים אֲשֶׁר הָיוּ עַל־הַמְּגִלָּה הָרִאשֹׁנָה אֲשֶׁר

כט שָׂרַף יְהוֹיָקִים מֶלֶךְ־יְהוּדָה: וְעַל־יְהוֹיָקִים מֶלֶךְ־יְהוּדָה תֹאמַר

כֹּה אָמַר יְהֹוָה אַתָּה שָׂרַפְתָּ אֶת־הַמְּגִלָּה הַזֹּאת לֵאמֹר מַדּוּעַ

כָּתַבְתָּ עָלֶיהָ לֵאמֹר בֹּא־יָבוֹא מֶלֶךְ־בָּבֶל וְהִשְׁחִית אֶת־

ל הָאָרֶץ הַזֹּאת וְהִשְׁבִּית מִמֶּנָּה אָדָם וּבְהֵמָה: לָכֵן

כֹּה־אָמַר יְהֹוָה עַל־יְהוֹיָקִים מֶלֶךְ יְהוּדָה לֹא־יִהְיֶה־לּוֹ יוֹשֵׁב

עַל־כִּסֵּא דָוִד וְנִבְלָתוֹ תִּהְיֶה מֻשְׁלֶכֶת לַחֹרֶב בַּיּוֹם וְלַקֶּרַח

לא בַּלָּיְלָה: וּפָקַדְתִּי עָלָיו וְעַל־זַרְעוֹ וְעַל־עֲבָדָיו אֶת־עֲוֺנָם

וְהֵבֵאתִי עֲלֵיהֶם וְעַל־יֹשְׁבֵי יְרוּשָׁלַ͏ִם וְאֶל־אִישׁ יְהוּדָה אֵת כָּל־

לב הָרָעָה אֲשֶׁר־דִּבַּרְתִּי אֲלֵיהֶם וְלֹא שָׁמֵעוּ: וְיִרְמְיָהוּ

לָקַח ׀ מְגִלָּה אַחֶרֶת וַיִּתְּנָהּ אֶל־בָּרוּךְ בֶּן־נֵרִיָּהוּ הַסֹּפֵר

וַיִּכְתֹּב עָלֶיהָ מִפִּי יִרְמְיָהוּ אֵת כָּל־דִּבְרֵי הַסֵּפֶר אֲשֶׁר שָׂרַף

יְהוֹיָקִים מֶלֶךְ־יְהוּדָה בָּאֵשׁ וְעוֹד נוֹסַף עֲלֵיהֶם דְּבָרִים רַבִּים

לז כָּהֵמָּה: וַיִּמְלָךְ־מֶלֶךְ צִדְקִיָּהוּ בֶּן־יֹאשִׁיָּהוּ תַּחַת א

כָּנְיָהוּ בֶּן־יְהוֹיָקִים אֲשֶׁר הִמְלִיךְ נְבוּכַדְרֶאצַּר מֶלֶךְ־בָּבֶל

ב בְּאֶרֶץ יְהוּדָה: וְלֹא שָׁמַע הוּא וַעֲבָדָיו וְעַם הָאָרֶץ אֶל־דִּבְרֵי

didst thou write all these words at his mouth? Then Barukh 18
answered them, He dictated all these words to me, and I wrote
them with ink in the book.   Then the princes said to 19
Barukh, Go, hide thyself, thou and Yirmeyahu; and let no man
know where you are. And they went in to the king to the court, 20
but they deposited the scroll in the chamber of Elishama the
scribe, and recited all the words in the ears of the king. So the 21
king sent Yehudi to fetch the scroll: and he took it out of the
chamber of Elishama the scribe. And Yehudi read it in the ears of
the king, and in the ears of all the princes who stood beside the
king. Now the king sat in the winter house in the ninth month: 22
and there was a fire in the brazier burning before him. And it 23
came to pass, that when Yehudi had read three or four leaves,
he would cut it with a penknife, and cast it into the fire that was
in the brazier, until all the roll was consumed in the fire that
was in the brazier. Yet they were not afraid, nor rent their 24
garments, neither the king, nor any of his servants that heard
all these words. Elnatan and Delayahu and Gemaryahu even 25
pleaded with the king not to burn the scroll: but he would not
listen to them. But the king commanded Yeraḥme'el the king's 26
son, and Serayahu the son of 'Azri'el, and Shelemyahu the
son of 'Avde'el, to seize Barukh the scribe and Yirmeyahu the
prophet: but the Lord hid them.   Then the word of the 27
Lord came to Yirmeyahu, after the king had burned the scroll,
with the words which Barukh wrote at the mouth of Yirmeyahu,
saying, Take thee again another scroll, and write in it all the 28
former words that were in the first scroll, which Yehoyaqim the
king of Yehuda has burned. And thou shalt say to Yehoyaqim 29
king of Yehuda, Thus says the Lord; Thou hast burned this
scroll, saying, Why hast thou written in it to say that The king
of Bavel shall certainly come and destroy this land, and shall cut
off from it both man and beast?   Therefore thus says the 30
Lord of Yehoyaqim king of Yehuda; He shall have none to sit
upon the throne of David: and his dead body shall be cast out
to the heat by day, and to the frost by night. And I will punish 31
him and his seed and his servants for their iniquity; and I will
bring upon them, and upon the inhabitants of Yerushalayim,
and upon the men of Yehuda, all the evil that I have pronounced
against them; but they hearkened not.   Then Yirmeyahu 32
took another scroll, and gave it to Barukh the scribe, the son
of Neriyya; who wrote in it from the mouth of Yirmeyahu all the
words of the book which Yehoyaqim king of Yehuda had burned
in the fire: and there were added to them besides many similar
words.   And king Ẕidqiyyahu the son of Yoshiyyahu reigned **37**
instead of Konyahu the son of Yehoyaqim, whom Nevukhadreẕ-
ẕar king of Bavel made king in the land of Yehuda. But neither 2
he, nor his servants, nor the people of the land, hearkened to the
words of the Lord, which he spoke by the prophet Yirmeyahu.

יְהוָה אֲשֶׁר דִּבֶּר בְּיַד יִרְמְיָהוּ הַנָּבִיא: וַיִּשְׁלַח הַמֶּלֶךְ צִדְקִיָּהוּ ג

אֶת־יְהוּכַל בֶּן־שֶׁלֶמְיָה וְאֶת־צְפַנְיָהוּ בֶן־מַעֲשֵׂיָה הַכֹּהֵן אֶל־

יִרְמְיָהוּ הַנָּבִיא לֵאמֹר הִתְפַּלֶּל־נָא בַעֲדֵנוּ אֶל־יְהוָה אֱלֹהֵינוּ:

הכלוא   וְיִרְמְיָהוּ בָּא וְיֹצֵא בְּתוֹךְ הָעָם וְלֹא־נָתְנוּ אֹתוֹ בֵּית הַכְּלִיא: ד

וְחֵיל פַּרְעֹה יָצָא מִמִּצְרָיִם וַיִּשְׁמְעוּ הַכַּשְׂדִּים הַצָּרִים עַל־ ה

יְרוּשָׁלִַם אֶת־שִׁמְעָם וַיֵּעָלוּ מֵעַל יְרוּשָׁלִָם: וַיְהִי ו

דְּבַר־יְהוָה אֶל־יִרְמְיָהוּ הַנָּבִיא לֵאמֹר: כֹּה־אָמַר יְהוָה אֱלֹהֵי ז

יִשְׂרָאֵל כֹּה תֹאמְרוּ אֶל־מֶלֶךְ יְהוּדָה הַשֹּׁלֵחַ אֶתְכֶם אֵלַי

לְדָרְשֵׁנִי הִנֵּה | חֵיל פַּרְעֹה הַיֹּצֵא לָכֶם לְעֶזְרָה שָׁב לְאַרְצוֹ

מִצְרָיִם: וְשָׁבוּ הַכַּשְׂדִּים וְנִלְחֲמוּ עַל־הָעִיר הַזֹּאת וּלְכָדֻהָ ח

וּשְׂרָפֻהָ בָאֵשׁ:   כֹּה | אָמַר יְהוָה אַל־תַּשִּׁאוּ נַפְשֹׁתֵיכֶם ט

לֵאמֹר הָלֹךְ יֵלְכוּ מֵעָלֵינוּ הַכַּשְׂדִּים כִּי־לֹא יֵלֵכוּ: כִּי אִם־ י

הִכִּיתֶם כָּל־חֵיל כַּשְׂדִּים הַנִּלְחָמִים אִתְּכֶם וְנִשְׁאֲרוּ־בָם

אֲנָשִׁים מְדֻקָּרִים אִישׁ בְּאָהֳלוֹ יָקוּמוּ וְשָׂרְפוּ אֶת־הָעִיר הַזֹּאת

בָּאֵשׁ: וְהָיָה בְּהֵעָלוֹת חֵיל הַכַּשְׂדִּים מֵעַל יְרוּשָׁלָם מִפְּנֵי חֵיל יא

פַּרְעֹה: וַיֵּצֵא יִרְמְיָהוּ מִירוּשָׁלַם לָלֶכֶת אֶרֶץ בִּנְיָמִן יב

לַחֲלִק מִשָּׁם בְּתוֹךְ הָעָם: וַיְהִי־הוּא בְּשַׁעַר בִּנְיָמִן וְשָׁם בַּעַל יג

פְּקִדֻת וּשְׁמוֹ יִרְאִיָּיה בֶּן־שֶׁלֶמְיָה בֶּן־חֲנַנְיָה וַיִּתְפֹּשׂ אֶת־

יִרְמְיָהוּ הַנָּבִיא לֵאמֹר אֶל־הַכַּשְׂדִּים אַתָּה נֹפֵל: וַיֹּאמֶר יד

יִרְמְיָהוּ שֶׁקֶר אֵינֶנִּי נֹפֵל עַל־הַכַּשְׂדִּים וְלֹא שָׁמַע אֵלָיו וַיִּתְפֹּשׂ

יִרְאִיָּיה בְּיִרְמְיָהוּ וַיְבִאֵהוּ אֶל־הַשָּׂרִים: וַיִּקְצְפוּ הַשָּׂרִים עַל־ טו

יִרְמְיָהוּ וְהִכּוּ אֹתוֹ וְנָתְנוּ אוֹתוֹ בֵּית הָאֵסוּר בֵּית יְהוֹנָתָן הַסֹּפֵר

כִּי־אֹתוֹ עָשׂוּ לְבֵית הַכֶּלֶא: כִּי בָא יִרְמְיָהוּ אֶל־בֵּית הַבּוֹר טז

וְאֶל־הַחֲנֻיוֹת וַיֵּשֶׁב־שָׁם יִרְמְיָהוּ יָמִים רַבִּים: וַיִּשְׁלַח הַמֶּלֶךְ יז

צִדְקִיָּהוּ וַיִּקָּחֵהוּ וַיִּשְׁאָלֵהוּ הַמֶּלֶךְ בְּבֵיתוֹ בַּסֵּתֶר וַיֹּאמֶר הֲיֵשׁ

דָּבָר מֵאֵת יְהוָה וַיֹּאמֶר יִרְמְיָהוּ יֵשׁ וַיֹּאמֶר בְּיַד מֶלֶךְ־בָּבֶל

תִּנָּתֵן: וַיֹּאמֶר יִרְמְיָהוּ אֶל־הַמֶּלֶךְ צִדְקִיָּהוּ מֶה חָטָאתִי לְךָ יח

ואיה   וְלַעֲבָדֶיךָ וְלָעָם הַזֶּה כִּי־נְתַתֶּם אוֹתִי אֶל־בֵּית הַכֶּלֶא: וְאַיּוֹ יט

נְבִיאֵיכֶם אֲשֶׁר־נִבְּאוּ לָכֶם לֵאמֹר לֹא־יָבֹא מֶלֶךְ־בָּבֶל עֲלֵיכֶם

וְעַל הָאָרֶץ הַזֹּאת: וְעַתָּה שְׁמַע־נָא אֲדֹנִי הַמֶּלֶךְ תִּפָּל־נָא כ

תְחִנָּתִי לְפָנֶיךָ וְאַל־תְּשִׁבֵנִי בֵּית יְהוֹנָתָן הַסֹּפֵר וְלֹא אָמוּת שָׁם:

וַיְצַוֶּה הַמֶּלֶךְ צִדְקִיָּהוּ וַיַּפְקִדוּ אֶת־יִרְמְיָהוּ בַּחֲצַר הַמַּטָּרָה וְנָתֹן כא

לוֹ כִכַּר־לֶחֶם לַיּוֹם מִחוּץ הָאֹפִים עַד־תֹּם כָּל־הַלֶּחֶם מִן־הָעִיר

אלח   וַיֵּשֶׁב יִרְמְיָהוּ בַּחֲצַר הַמַּטָּרָה: וַיִּשְׁמַע שְׁפַטְיָה בֶן־מַתָּן וּגְדַלְיָהוּ

בֶּן־פַּשְׁחוּר וְיוּכַל בֶּן־שֶׁלֶמְיָהוּ וּפַשְׁחוּר בֶּן־מַלְכִּיָּה אֶת־ ב

הַדְּבָרִים אֲשֶׁר יִרְמְיָהוּ מְדַבֵּר אֶל־כָּל־הָעָם לֵאמֹר: כֹּה אָמַר

And Ẓidqiyyahu the king sent Yehukhal the son of Shelemya 3
and Ẓefanyahu the son of Ma'aseya the priest to the prophet
Yirmeyahu, saying, Pray for us to the LORD our GOD. Now 4
Yirmeyahu came in and went out among the people : for they
had not put him into prison. Then Par'o's army was come out 5
of Miẓrayim : and when the Kasdim that besieged Yerushalayim
heard tidings of them, they departed from Yerushalayim.

Then came the word of the LORD to the prophet Yirmeyahu 6
saying, Thus says the LORD, the GOD of Yisra'el ; Thus shall you 7
say to the king of Yehuda, that sent you to me to inquire of me ;
Behold, Par'o's army, which is come out to help you, shall return
to Miẓrayim into their own land. And the Kasdim shall come 8
back, and fight against this city, and take it, and burn it with
fire.   Thus says the LORD ; Do not deceive yourselves, 9
saying, The Kasdim shall surely depart from us : for they shall
not depart. For even if you had smitten the whole army of the 10
Kasdim that fight against you, and there remained but wounded
men among them, yet should they rise up every man in his tent,
and burn this city with fire. And it came to pass that when the 11
army of the Kasdim had withdrawn from Yerushalayim for fear
of Par'o's army,   then Yirmeyahu went out of Yerushalayim 12
to go into the land of Binyamin, to slip out from these amongst
the people. And when he was in the gate of Binyamin, a sentry 13
was there, whose name was Yeriyya, the son of Shelemya, the son
of Ḥananya ; and he seized Yirmeyahu the prophet, saying, Thou
art deserting to the Kasdim. Then Yirmeyahu said, It is false ; 14
I am not deserting to the Kasdim. But he did not hearken to
him : so Yeriyya seized Yirmeyahu, and brought him to the
princes. So the princes were angry with Yirmeyahu, and struck 15
him, and put him in prison in the house of Yehonatan the scribe :
for they had made that the prison. When Yirmeyahu was entered 16
into the pit, and into the cells, and Yirmeyahu had remained
there many days ; then Ẓidqiyyahu the king sent, and took him 17
out : and the king asked him secretly in his house, and said, Is
there any word from the LORD ? And Yirmeyahu said, There is :
for, said he, thou shalt be delivered into the hand of the king of
Bavel. Moreover Yirmeyahu said to king Ẓidqiyyahu, How have 18
I offended against thee, or against thy servants, or against this
people, that you have put me in prison ? Where are now your 19
prophets who prophesied to you, saying, The king of Bavel shall
not come against you, nor against this land ? Therefore hear now, 20
I pray thee, O my lord the king : let my supplication, I pray thee
be accepted before thee ; that thou cause me not to return to the
house of Yehonatan the scribe, lest I die there. Then Ẓidqiyyahu 21
the king commanded that they should commit Yirmeyahu to the
court of the guard, and that they should give him daily a piece
of bread out of the bakers' street, until all the bread in the city
was spent. Thus Yirmeyahu remained in the court of the guard.
Then Shefatya the son of Mattan, and Gedalyahu the son of **38**
Pashḥur and Yukhal the son of Shelemyahu, and Pashḥur the
son of Malkiyya, heard the words that Yirmeyahu had spoken
to all the people, saying, Thus says the LORD, He that remains in 2
this city shall die by the sword, by the famine, and by the

יהוה הַיֹּשֵׁב בָּעִיר הַזֹּאת יָמוּת בַּחֶרֶב בָּרָעָב וּבַדָּבֶר וְהַיֹּצֵא אֶל־

הַכַּשְׂדִּים יִחְיֶה וְהָיְתָה־לּוֹ נַפְשׁוֹ לְשָׁלָל וָחָי: כֹּה ג

אָמַר יהוה הִנָּתֹן תִּנָּתֵן הָעִיר הַזֹּאת בְּיַד חֵיל מֶלֶךְ־בָּבֶל

וּלְכָדָהּ: וַיֹּאמְרוּ הַשָּׂרִים אֶל־הַמֶּלֶךְ יוּמַת נָא אֶת־הָאִישׁ הַזֶּה ד

כִּי־עַל־כֵּן הוּא־מְרַפֵּא אֶת־יְדֵי אַנְשֵׁי הַמִּלְחָמָה הַנִּשְׁאָרִים ׀

בָּעִיר הַזֹּאת וְאֵת יְדֵי כָל־הָעָם לְדַבֵּר אֲלֵיהֶם כַּדְּבָרִים הָאֵלֶּה

כִּי הָאִישׁ הַזֶּה אֵינֶנּוּ דֹרֵשׁ לְשָׁלוֹם לָעָם הַזֶּה כִּי אִם־לְרָעָה:

וַיֹּאמֶר הַמֶּלֶךְ צִדְקִיָּהוּ הִנֵּה־הוּא בְּיֶדְכֶם כִּי־אֵין הַמֶּלֶךְ יוּכַל ה

אֶתְכֶם דָּבָר: וַיִּקְחוּ אֶת־יִרְמְיָהוּ וַיַּשְׁלִכוּ אֹתוֹ אֶל־הַבּוֹר ׀ ו

מַלְכִּיָּהוּ בֶן־הַמֶּלֶךְ אֲשֶׁר בַּחֲצַר הַמַּטָּרָה וַיְשַׁלְּחוּ אֶת־יִרְמְיָהוּ

בַּחֲבָלִים וּבַבּוֹר אֵין־מַיִם כִּי אִם־טִיט וַיִּטְבַּע יִרְמְיָהוּ בַּטִּיט:

וַיִּשְׁמַע עֶבֶד־מֶלֶךְ הַכּוּשִׁי אִישׁ סָרִיס וְהוּא בְּבֵית הַמֶּלֶךְ כִּי־ ז

נָתְנוּ אֶת־יִרְמְיָהוּ אֶל־הַבּוֹר וְהַמֶּלֶךְ יוֹשֵׁב בְּשַׁעַר בִּנְיָמִן: וַיֵּצֵא כג ח

עֶבֶד־מֶלֶךְ מִבֵּית הַמֶּלֶךְ וַיְדַבֵּר אֶל־הַמֶּלֶךְ לֵאמֹר: אֲדֹנִי הַמֶּלֶךְ ט

הֵרֵעוּ הָאֲנָשִׁים הָאֵלֶּה אֵת כָּל־אֲשֶׁר עָשׂוּ לְיִרְמְיָהוּ הַנָּבִיא אֵת

אֲשֶׁר־הִשְׁלִיכוּ אֶל־הַבּוֹר וַיָּמָת תַּחְתָּיו מִפְּנֵי הָרָעָב כִּי אֵין

הַלֶּחֶם עוֹד בָּעִיר: וַיְצַוֶּה הַמֶּלֶךְ אֵת עֶבֶד־מֶלֶךְ הַכּוּשִׁי לֵאמֹר י

קַח בְּיָדְךָ מִזֶּה שְׁלֹשִׁים אֲנָשִׁים וְהַעֲלִיתָ אֶת־יִרְמְיָהוּ הַנָּבִיא

מִן־הַבּוֹר בְּטֶרֶם יָמוּת: וַיִּקַּח ׀ עֶבֶד־מֶלֶךְ אֶת־הָאֲנָשִׁים בְּיָדוֹ יא

וַיָּבֹא בֵית־הַמֶּלֶךְ אֶל־תַּחַת הָאוֹצָר וַיִּקַּח מִשָּׁם בְּלוֹיֵ הַסְּחָבוֹת סחבות

וּבְלוֹיֵ מְלָחִים וַיְשַׁלְּחֵם אֶל־יִרְמְיָהוּ אֶל־הַבּוֹר בַּחֲבָלִים: וַיֹּאמֶר יב

עֶבֶד־מֶלֶךְ הַכּוּשִׁי אֶל־יִרְמְיָהוּ שִׂים נָא בְּלוֹאֵי הַסְּחָבוֹת

וְהַמְּלָחִים תַּחַת אַצִּלוֹת יָדֶיךָ מִתַּחַת לַחֲבָלִים וַיַּעַשׂ יִרְמְיָהוּ

כֵּן: וַיִּמְשְׁכוּ אֶת־יִרְמְיָהוּ בַּחֲבָלִים וַיַּעֲלוּ אֹתוֹ מִן־הַבּוֹר וַיֵּשֶׁב יג

יִרְמְיָהוּ בַּחֲצַר הַמַּטָּרָה: וַיִּשְׁלַח הַמֶּלֶךְ צִדְקִיָּהוּ יד

וַיִּקַּח אֶת־יִרְמְיָהוּ הַנָּבִיא אֵלָיו אֶל־מָבוֹא הַשְּׁלִישִׁי אֲשֶׁר

בְּבֵית יהוה וַיֹּאמֶר הַמֶּלֶךְ אֶל־יִרְמְיָהוּ שֹׁאֵל אֲנִי אֹתְךָ דָּבָר

אַל־תְּכַחֵד מִמֶּנִּי דָּבָר: וַיֹּאמֶר יִרְמְיָהוּ אֶל־צִדְקִיָּהוּ כִּי אַגִּיד לְךָ טו

הֲלוֹא הָמֵת תְּמִיתֵנִי וְכִי אִיעָצְךָ לֹא תִשְׁמַע אֵלָי: וַיִּשָּׁבַע הַמֶּלֶךְ־ טז

צִדְקִיָּהוּ אֶל־יִרְמְיָהוּ בַּסֵּתֶר לֵאמֹר חַי־יהוה אֵת אֲשֶׁר עָשָׂה־

לָנוּ אֶת־הַנֶּפֶשׁ הַזֹּאת אִם־אֲמִיתֶךָ וְאִם־אֶתֶּנְךָ בְּיַד הָאֲנָשִׁים

הָאֵלֶּה אֲשֶׁר מְבַקְשִׁים אֶת־נַפְשֶׁךָ: וַיֹּאמֶר יז

יִרְמְיָהוּ אֶל־צִדְקִיָּהוּ כֹּה־אָמַר יהוה אֱלֹהֵי צְבָאוֹת אֱלֹהֵי

יִשְׂרָאֵל אִם־יָצֹא תֵצֵא אֶל־שָׂרֵי מֶלֶךְ־בָּבֶל וְחָיְתָה נַפְשֶׁךָ

וְהָעִיר הַזֹּאת לֹא תִשָּׂרֵף בָּאֵשׁ וְחָיִתָה אַתָּה וּבֵיתֶךָ: וְאִם לֹא־ יח

תֵצֵא אֶל־שָׂרֵי מֶלֶךְ בָּבֶל וְנִתְּנָה הָעִיר הַזֹּאת בְּיַד הַכַּשְׂדִּים

pestilence : but he that goes over to the Kasdim shall live ; for
he shall have his life for a prey, and shall live. Thus says 3
the LORD, This city shall surely be given into the hand of the
army of the king of Bavel, who shall take it. Therefore the princes 4
said to the king, We pray thee, let this man be put to death :
for thus he weakens the hands of the men of war that remain in
this city, and the hands of all the people, in speaking such words
to them : for this man seeks not the welfare of this people, but
their hurt. Then Ẕidqiyyahu, the king said, Behold, he is in your 5
hand : for the king can do nothing against you. Then they took 6
Yirmeyahu and cast him into the pit of Malkiyyahu the king's
son, which was in the court of the guard : and they let Yirme-
yahu down with ropes. And in the pit there was no water, but
only mire ; and Yirmeyahu sank in the mire. Now when 'Eved- 7
melekh the Kushi, an eunuch who was in the king's house, heard
that they had put Yirmeyahu in the pit ; (the king was sitting
in the gate of Binyamin) then 'Eved-melekh went out of the 8
king's house, and spoke to the king saying, My lord the king, 9
these men have done evil in all that they have done to Yirmeyahu
the prophet, whom they have cast into the pit ; and he may well
die there of hunger : seeing that there is no more bread in the
city. Then the king commanded 'Eved-melekh the Kushi, saying, 10
Take from here thirty men with thee, and take up Yirmeyahu
the prophet out of the pit, before he dies. So 'Eved-melekh took 11
the men with him, and went into the house of the king under
the treasury, and took from there old rags and worn out clothes,
and let them down by ropes into the pit to Yirmeyahu. And 12
'Eved-melekh the Kushi said to Yirmeyahu, Put now these old
rags and clothes into thy armpits under the ropes. And Yirme-
yahu did so. So they drew up Yirmeyahu with the ropes, and 13
took him up out of the pit : and Yirmeyahu remained in the court
of the guard. Then Ẕidqiyyahu the king sent, and took 14
Yirmeyahu the prophet to him into the third entry that is in the
house of the LORD : and the king said to Yirmeyahu, I will ask
thee something ; hide nothing from me. Then Yirmeyahu said 15
to Ẕidqiyyahu, If I declare it to thee, wilt thou not surely put
me to death ? and if I give thee counsel, thou wilt not hearken
to me. So Ẕidqiyyahu the king swore secretly to Yirmeyahu, 16
saying, As the LORD lives, that made us this soul, I will not put
thee to death, neither will I give thee into the hand of these
men that seek thy life. Then Yirmeyahu said to Ẕidqi- 17
yyahu, Thus says the LORD, the GOD of hosts, the GOD of Yisra'el;
If thou wilt indeed go out to the princes of the king of Bavel,
then thy soul shall live, and this city shall not be burned with
fire ; and thou and thy house shall live : but if thou wilt not 18
go out to the princes of the king of Bavel, then shall this city be
given into the hand of the Kasdim, and they shall burn it with

יט   וּשְׂרָפֻהָ בָאֵשׁ וְאַתָּה לֹא־תִמָּלֵט מִיָּדָם: וַיֹּאמֶר

הַמֶּלֶךְ צִדְקִיָּהוּ אֶל־יִרְמְיָהוּ אֲנִי דֹאֵג אֶת־הַיְּהוּדִים אֲשֶׁר נָפְלוּ

אֶל־הַכַּשְׂדִּים פֶּן־יִתְּנוּ אֹתִי בְּיָדָם וְהִתְעַלְּלוּ־בִי:

כ   וַיֹּאמֶר

יִרְמְיָהוּ לֹא יִתֵּנוּ שְׁמַע־נָא ׀ בְּקוֹל יְהוָה לַאֲשֶׁר אֲנִי דֹּבֵר אֵלֶיךָ

כא   וְיִיטַב לְךָ וּתְחִי נַפְשֶׁךָ: וְאִם־מָאֵן אַתָּה לָצֵאת זֶה הַדָּבָר אֲשֶׁר

הִרְאַנִי יְהוָה: וְהִנֵּה כָל־הַנָּשִׁים אֲשֶׁר נִשְׁאֲרוּ בְּבֵית מֶלֶךְ־

כב   יְהוּדָה מוּצָאוֹת אֶל־שָׂרֵי מֶלֶךְ בָּבֶל וְהֵנָּה אֹמְרוֹת הִסִּיתוּךָ

כג   וְיָכְלוּ לְךָ אַנְשֵׁי שְׁלֹמֶךָ הָטְבְּעוּ בַבֹּץ רַגְלֶךָ נָסֹגוּ אָחוֹר: וְאֶת־

כָּל־נָשֶׁיךָ וְאֶת־בָּנֶיךָ מוֹצִאִים אֶל־הַכַּשְׂדִּים וְאַתָּה לֹא־תִמָּלֵט

מִיָּדָם כִּי בְיַד מֶלֶךְ־בָּבֶל תִּתָּפֵשׂ וְאֶת־הָעִיר הַזֹּאת תִּשְׂרֹף

כד   בָּאֵשׁ:   וַיֹּאמֶר צִדְקִיָּהוּ אֶל־יִרְמְיָהוּ אִישׁ אַל־יֵדַע

כה   בַּדְּבָרִים־הָאֵלֶּה וְלֹא תָמוּת: וְכִי־יִשְׁמְעוּ הַשָּׂרִים כִּי־דִבַּרְתִּי

אִתָּךְ וּבָאוּ אֵלֶיךָ וְאָמְרוּ אֵלֶיךָ הַגִּידָה־נָּא לָנוּ מַה־דִּבַּרְתָּ

אֶל־הַמֶּלֶךְ אַל־תְּכַחֵד מִמֶּנּוּ וְלֹא נְמִיתֶךָ וּמַה־דִּבֶּר אֵלֶיךָ

כו   הַמֶּלֶךְ: וְאָמַרְתָּ אֲלֵיהֶם מַפִּיל־אֲנִי תְחִנָּתִי לִפְנֵי הַמֶּלֶךְ

כז   לְבִלְתִּי הֲשִׁיבֵנִי בֵּית יְהוֹנָתָן לָמוּת שָׁם: וַיָּבֹאוּ כָל־

הַשָּׂרִים אֶל־יִרְמְיָהוּ וַיִּשְׁאֲלוּ אֹתוֹ וַיַּגֵּד לָהֶם כְּכָל־הַדְּבָרִים

הָאֵלֶּה אֲשֶׁר צִוָּה הַמֶּלֶךְ וַיַּחֲרִשׁוּ מִמֶּנּוּ כִּי לֹא־נִשְׁמַע

כח   הַדָּבָר: וַיֵּשֶׁב יִרְמְיָהוּ בַּחֲצַר הַמַּטָּרָה עַד־יוֹם אֲשֶׁר־

נִלְכְּדָה יְרוּשָׁלָ͏ִם   וְהָיָה כַּאֲשֶׁר נִלְכְּדָה יְרוּשָׁלָ͏ִם:

לט א   בַּשָּׁנָה הַתְּשִׁעִית לְצִדְקִיָּהוּ מֶלֶךְ־יְהוּדָה בַּחֹדֶשׁ הָעֲשִׂרִי בָּא

נְבוּכַדְרֶאצַּר מֶלֶךְ־בָּבֶל וְכָל־חֵילוֹ אֶל־יְרוּשָׁלַ͏ִם וַיָּצֻרוּ עָלֶיהָ:

ב   בְּעַשְׁתֵּי־עֶשְׂרֵה שָׁנָה לְצִדְקִיָּהוּ בַּחֹדֶשׁ הָרְבִיעִי בְּתִשְׁעָה

ג   לַחֹדֶשׁ הָבְקְעָה הָעִיר: וַיָּבֹאוּ כֹּל שָׂרֵי מֶלֶךְ־בָּבֶל וַיֵּשְׁבוּ בְּשַׁעַר

הַתָּוֶךְ נֵרְגַל שַׂרְאֶצֶר סַמְגַּר־נְבוֹ שַׂרְסְכִים רַב־סָרִיס נֵרְגַל

ד   שַׂרְאֶצֶר רַב־מָג וְכָל־שְׁאֵרִית שָׂרֵי מֶלֶךְ־בָּבֶל: וַיְהִי כַּאֲשֶׁר

רָאָם צִדְקִיָּהוּ מֶלֶךְ־יְהוּדָה וְכֹל ׀ אַנְשֵׁי הַמִּלְחָמָה וַיִּבְרְחוּ וַיֵּצְאוּ

לַיְלָה מִן־הָעִיר דֶּרֶךְ גַּן הַמֶּלֶךְ בְּשַׁעַר בֵּין הַחֹמֹתָיִם וַיֵּצֵא דֶּרֶךְ

ה   הָעֲרָבָה: וַיִּרְדְּפוּ חֵיל־כַּשְׂדִּים אַחֲרֵיהֶם וַיַּשִּׂגוּ אֶת־צִדְקִיָּהוּ

בְּעַרְבוֹת יְרֵחוֹ וַיִּקְחוּ אֹתוֹ וַיַּעֲלֻהוּ אֶל־נְבוּכַדְרֶאצַּר מֶלֶךְ־בָּבֶל

ו   רִבְלָתָה בְּאֶרֶץ חֲמָת וַיְדַבֵּר אִתּוֹ מִשְׁפָּטִים: וַיִּשְׁחַט מֶלֶךְ בָּבֶל

אֶת־בְּנֵי צִדְקִיָּהוּ בְּרִבְלָה לְעֵינָיו וְאֵת כָּל־חֹרֵי יְהוּדָה שָׁחַט

ז   מֶלֶךְ בָּבֶל: וְאֶת־עֵינֵי צִדְקִיָּהוּ עִוֵּר וַיַּאַסְרֵהוּ בַּנְחֻשְׁתַּיִם לָבִיא

ח   אֹתוֹ בָּבֶלָה: וְאֶת־בֵּית הַמֶּלֶךְ וְאֶת־בֵּית הָעָם שָׂרְפוּ הַכַּשְׂדִּים

ט   בָּאֵשׁ וְאֶת־חֹמוֹת יְרוּשָׁלַ͏ִם נָתָצוּ: וְאֵת יֶתֶר הָעָם הַנִּשְׁאָרִים

fire, and thou shalt not escape out of their hand. And 19
Ẕidqiyyahu the king said to Yirmeyahu, I am afraid of the men
of Yehuda who have deserted to the Kasdim, lest they deliver
me into their hand, and they torture me. But Yirmeyahu 20
said, They shall not deliver thee. Obey now the voice of the
LORD, which I speak to thee: so it shall be well with thee, and
thy soul shall live. But if thou refuse to go out, this is the word 21
that the LORD has shown me And, behold, all the women that 22
are left in the king of Yehuda's house shall be brought out to
the princes of the king of Bavel, and those women shall say,
Thy familiar friends have set thee on, and have prevailed against
thee: thy feet are sunk in the mire, they are turned away back.
So they shall bring out all thy wives and thy children to the 23
Kasdim: and thou shalt not escape out of their hand, but shalt
be taken by the hand of the king of Bavel: and thou shalt cause
this city to be burned with fire. Then Ẕidqiyyahu said to 24
Yirmeyahu, Let no man know of these words, and thou shalt not
die. But if the princes hear that I have talked with thee, and they 25
come to thee, and say to thee, Tell us now what thou hast said
to the king, hide it not from us, and we will not put thee to
death; and also what the king said to thee: then thou shalt say 26
to them, I presented my supplication before the king, that he
would not cause me to return to Yonatan's house, to die there.
Then all the princes came to Yirmeyahu and asked him: 27
and he told them according to all these words that the king had
commanded. So they left off speaking with him; for the matter
was not overheard. So Yirmeyahu remained in the court 28
of the guard until the day that Yerushalayim was taken:
And he was there when Yerushalayim was taken.
In the ninth year of Ẕidqiyyahu king of Yehuda, in the tenth **39**
month, Nevukhadreẕẕar king of Bavel and all his army came
against Yerushalayim, and they besieged it. In the eleventh year 2
of Ẕidqiyyahu, in the fourth month, the ninth day of the month,
a breach was made in the city. And all the princes of the king 3
of Bavel, came in, and sat in the middle gate, namely Nergal-
sar'eẕer, Samgar-nevo, Sarsekhim Rav-saris, Nergal-sar'eẕer
Rav-mag, with all the remainder of the princes of the king of
Bavel. And it came to pass, that when Ẕidqiyyahu the king of 4
Yehuda, and all the men of war saw them, then they fled, and
went out of the city by night, by the way of the king's garden,
by the gate between the two walls: and he went out the way of
the Arava. But the army of the Kasdim pursued after them, 5
and overtook Ẕidqiyyahu in the plains of Yereḥo: and when they
had taken him, they brought him up to Nevukhadreẕẕar king of
Bavel to Rivla in the land of Ḥamat, where he gave judgment
upon him. Then the king of Bavel slew the sons of Ẕidqiyyahu 6
in Rivla before his eyes: also the king of Bavel slew all the
nobles of Yehuda. Moreover he put out Ẕidqiyyahu's eyes, and 7
bound him with fetters, to carry him to Bavel. And the Kasdim 8
burned the king's house, and the houses of the people, with fire,
and broke down the walls of Yerushalayim. Then Nevuzar'adan 9
the captain of the guard carried away captive into Bavel the
remnant of the people that remained in the city and the deserters

בָּעִיר וְאֶת־הַנֹּפְלִים אֲשֶׁר נָפְלוּ עָלָיו וְאֵת יֶתֶר הָעָם הַנִּשְׁאָרִים

הֶגְלָה נְבוּזַרְאֲדָן רַב־טַבָּחִים בָּבֶל: וּמִן־הָעָם הַדַּלִּים אֲשֶׁר אֵין־

לָהֶם מְאוּמָה הִשְׁאִיר נְבוּזַרְאֲדָן רַב־טַבָּחִים בְּאֶרֶץ יְהוּדָה וַיִּתֵּן

יא לָהֶם כְּרָמִים וִיגֵבִים בַּיּוֹם הַהוּא: וַיְצַו נְבוּכַדְרֶאצַּר מֶלֶךְ־בָּבֶל

יב עַל־יִרְמְיָהוּ בְּיַד נְבוּזַרְאֲדָן רַב־טַבָּחִים לֵאמֹר: קָחֶנּוּ וְעֵינֶיךָ

שִׂים עָלָיו וְאַל־תַּעַשׂ לוֹ מְאוּמָה רָע כִּי אִם כַּאֲשֶׁר יְדַבֵּר

יג אֵלֶיךָ כֵּן עֲשֵׂה עִמּוֹ: וַיִּשְׁלַח נְבוּזַרְאֲדָן רַב־טַבָּחִים וּגְבוּשְׁזְבָּן

רַב־סָרִיס וְנֵרְגַל שַׂרְאֶצֶר רַב־מָג וְכֹל רַבֵּי מֶלֶךְ־בָּבֶל:

יד וַיִּשְׁלְחוּ וַיִּקְחוּ אֶת־יִרְמְיָהוּ מֵחֲצַר הַמַּטָּרָה וַיִּתְּנוּ אֹתוֹ אֶל־

גְּדַלְיָהוּ בֶּן־אֲחִיקָם בֶּן־שָׁפָן לְהוֹצִאֵהוּ אֶל־הַבָּיִת וַיֵּשֶׁב בְּתוֹךְ

טו הָעָם: וְאֶל־יִרְמְיָהוּ הָיָה דְבַר־יְהוָה בִּהְיֹתוֹ

טז עָצוּר בַּחֲצַר הַמַּטָּרָה לֵאמֹר: הָלוֹךְ וְאָמַרְתָּ לְעֶבֶד־מֶלֶךְ

הַכּוּשִׁי לֵאמֹר כֹּה־אָמַר יְהוָה צְבָאוֹת אֱלֹהֵי יִשְׂרָאֵל הִנְנִי מֵבִי

אֶת־דְּבָרַי אֶל־הָעִיר הַזֹּאת לְרָעָה וְלֹא לְטוֹבָה וְהָיוּ לְפָנֶיךָ

יז בַּיּוֹם הַהוּא: וְהִצַּלְתִּיךָ בַיּוֹם־הַהוּא נְאֻם־יְהוָה וְלֹא תִנָּתֵן בְּיַד

יח הָאֲנָשִׁים אֲשֶׁר־אַתָּה יָגוֹר מִפְּנֵיהֶם: כִּי מַלֵּט אֲמַלֶּטְךָ וּבַחֶרֶב

לֹא תִפֹּל וְהָיְתָה לְךָ נַפְשְׁךָ לְשָׁלָל כִּי־בָטַחְתָּ בִּי נְאֻם־

יְהוָה:

מ א הַדָּבָר אֲשֶׁר־הָיָה אֶל־יִרְמְיָהוּ מֵאֵת יְהוָה

אַחַר שַׁלַּח אֹתוֹ נְבוּזַרְאֲדָן רַב־טַבָּחִים מִן־הָרָמָה בְּקַחְתּוֹ

אֹתוֹ וְהוּא־אָסוּר בָּאזִקִּים בְּתוֹךְ כָּל־גָּלוּת יְרוּשָׁלַ͏ִם וִיהוּדָה

ב הַמֻּגְלִים בָּבֶלָה: וַיִּקַּח רַב־טַבָּחִים לְיִרְמְיָהוּ וַיֹּאמֶר אֵלָיו יְהוָה

ג אֱלֹהֶיךָ דִּבֶּר אֶת־הָרָעָה הַזֹּאת אֶל־הַמָּקוֹם הַזֶּה: וַיָּבֵא וַיַּעַשׂ

יְהוָה כַּאֲשֶׁר דִּבֵּר כִּי־חֲטָאתֶם לַיהוָה וְלֹא־שְׁמַעְתֶּם בְּקוֹלוֹ

ד וְהָיָה לָכֶם דָּבָר הַזֶּה: וְעַתָּה הִנֵּה פִתַּחְתִּיךָ הַיּוֹם מִן־הָאזִקִּים

אֲשֶׁר עַל־יָדֶךָ אִם־טוֹב בְּעֵינֶיךָ לָבוֹא אִתִּי בָבֶל בֹּא וְאָשִׂים

אֶת־עֵינִי עָלֶיךָ וְאִם־רַע בְּעֵינֶיךָ לָבוֹא־אִתִּי בָבֶל חֲדָל רְאֵה

כָּל־הָאָרֶץ לְפָנֶיךָ אֶל־טוֹב וְאֶל־הַיָּשָׁר בְּעֵינֶיךָ לָלֶכֶת שָׁמָּה

ה לֵךְ: וְעוֹדֶנּוּ לֹא־יָשׁוּב וְשֻׁבָה אֶל־גְּדַלְיָה בֶן־אֲחִיקָם בֶּן־שָׁפָן

אֲשֶׁר הִפְקִיד מֶלֶךְ־בָּבֶל בְּעָרֵי יְהוּדָה וְשֵׁב אִתּוֹ בְּתוֹךְ

הָעָם אוֹ אֶל־כָּל־הַיָּשָׁר בְּעֵינֶיךָ לָלֶכֶת לֵךְ וַיִּתֶּן־לוֹ רַב־

ו טַבָּחִים אֲרֻחָה וּמַשְׂאֵת וַיְשַׁלְּחֵהוּ: וַיָּבֹא יִרְמְיָהוּ אֶל־גְּדַלְיָה

בֶן־אֲחִיקָם הַמִּצְפָּתָה וַיֵּשֶׁב אִתּוֹ בְּתוֹךְ הָעָם הַנִּשְׁאָרִים

ז בָּאָרֶץ: וַיִּשְׁמְעוּ כָל־שָׂרֵי הַחֲיָלִים אֲשֶׁר בַּשָּׂדֶה

הֵמָּה וְאַנְשֵׁיהֶם כִּי־הִפְקִיד מֶלֶךְ־בָּבֶל אֶת־גְּדַלְיָהוּ בֶן־

אֲחִיקָם בָּאָרֶץ וְכִי הִפְקִיד אִתּוֹ אֲנָשִׁים וְנָשִׁים וָטָף וּמִדַּלַּת

ח הָאָרֶץ מֵאֲשֶׁר לֹא־הָגְלוּ בָּבֶלָה: וַיָּבֹאוּ אֶל־גְּדַלְיָה הַמִּצְפָּתָה

who had deserted to him, with the rest of the people that remained. But Nevuzar'adan the captain of the guard left of the 10 poor of the people, who had nothing, in the land of Yehuda, and gave them vineyards and fields at the same time. Now Nevu- 11 khadrezzar king of Bavel gave charge concerning Yirmeyahu to Nevuzar'adan the captain of the guard, saying, Take him, and 12 look well to him, and do him no harm ; but do to him as he shall say to thee. Then sent Nevuzar'adan the captain of the guard, 13 and Nevushazban, the Rav-saris, and Nergal-sar'ezer the Rav-mag and all the princes of the king of Bavel : and they sent, and 14 took Yirmeyahu out of the court of the guard, and committed him to Gedalyahu the son of Aḥikam the son of Shafan, that he should carry him home : so he dwelt among the people.

Now the word of the LORD came to Yirmeyahu, while 15 he was shut up in the court of the guard, saying, Go and speak 16 to 'Eved-melekh the Kushi, saying, Thus says the LORD of hosts, the GOD of Yisra'el, Behold, I will bring my words upon this city for evil, and not for good ; and they shall be accomplished in that day before thee. But I will deliver thee on that day, says 17 the LORD : and thou shalt not be given into the hand of the men of whom thou art afraid ; for I will surely deliver thee, and thou 18 shalt not fall by the sword, but thy life shall be for a prey to thee : because thou hast put thy trust in me, says the LORD.

The word that came to Yirmeyahu from the LORD, after **40** Nevuzar'adan the captain of the guard had let him go from Rama, when he had taken him bound as he was in chains among all the exiles of Yerushalayim and Yehuda who were carried away as exiles to Bavel. And the captain of the guard took 2 Yirmeyahu, and said to him, The LORD thy GOD has pronounced this evil upon this place. Now the LORD has brought it, and 3 done according as he has said : because you have sinned against the LORD, and have not obeyed his voice, therefore this thing is come upon you. And now, behold, I release thee this day 4 from the chains which were upon thy hand. If it seem good to thee to come with me into Bavel, come ; and I will look after thee : but if it seem ill to thee to come with me into Bavel, do not come : behold, all the land is before thee : wherever it seems good and convenient for thee to go, go there. (Then since he did not yet turn about ;) Go back then, said 5 he, Gedalya the son of Aḥiqam the son of Shafan, whom the king of Bavel has made governor over the cities of Yehuda, and dwell with him among the people : or go wherever it seems convenient to thee to go. So the captain of the guard gave him an allowance of food and a present, and let him go. Then 6 Yirmeyahu went to Gedalya the son of Aḥiqam to Miẓpa ; and dwelt with him among the people that were left in the land.

Now when all the captains of the forces which were in 7 the fields, they and their men, heard that the king of Bavel had made Gedalya the son of Aḥiqam governor in the land, and had committed to him men, and women, and children, and of the poor of the land, of them that were not carried away captive to Bavel ; then they came to Gedalya to Miẓpa, namely, Yish- 8 ma'el the son of Netanyahu, and Yoḥanan and Yonatan the

וְיִשְׁמָעֵאל בֶּן־נְתַנְיָהוּ וְיוֹחָנָן וְיוֹנָתָן בְּנֵי־קָרֵחַ וּשְׂרָיָה בֶן־תַּנְחֻמֶת
וּבְנֵי ׀ עוֹפַי הַנְּטֹפָתִי וִיזַנְיָהוּ בֶּן־הַמַּעֲכָתִי הֵמָּה וְאַנְשֵׁיהֶם׃ עֵיפַי
ט וַיִּשָּׁבַע לָהֶם גְּדַלְיָהוּ בֶן־אֲחִיקָם בֶּן־שָׁפָן וּלְאַנְשֵׁיהֶם לֵאמֹר
אַל־תִּירְאוּ מֵעֲבוֹד הַכַּשְׂדִּים שְׁבוּ בָאָרֶץ וְעִבְדוּ אֶת־מֶלֶךְ
י בָּבֶל וְיִיטַב לָכֶם׃ וַאֲנִי הִנְנִי יֹשֵׁב בַּמִּצְפָּה לַעֲמֹד לִפְנֵי הַכַּשְׂדִּים
אֲשֶׁר יָבֹאוּ אֵלֵינוּ וְאַתֶּם אִסְפוּ יַיִן וְקַיִץ וְשֶׁמֶן וְשִׂמוּ בִּכְלֵיכֶם
יא וּשְׁבוּ בְּעָרֵיכֶם אֲשֶׁר־תְּפַשְׂתֶּם׃ וְגַם כָּל־הַיְּהוּדִים אֲשֶׁר־
בְּמוֹאָב ׀ וּבִבְנֵי־עַמּוֹן וּבֶאֱדוֹם וַאֲשֶׁר בְּכָל־הָאֲרָצוֹת שָׁמְעוּ
כִּֽי־נָתַן מֶלֶךְ־בָּבֶל שְׁאֵרִית לִיהוּדָה וְכִי הִפְקִיד עֲלֵיהֶם אֶת־
יב גְּדַלְיָהוּ בֶּן־אֲחִיקָם בֶּן־שָׁפָן׃ וַיָּשֻׁבוּ כָל־הַיְּהוּדִים מִכָּל־
הַמְּקֹמוֹת אֲשֶׁר נִדְּחוּ־שָׁם וַיָּבֹאוּ אֶרֶץ־יְהוּדָה אֶל־גְּדַלְיָהוּ
יג הַמִּצְפָּתָה וַיַּאַסְפוּ יַיִן וָקַיִץ הַרְבֵּה מְאֹד׃ וְיוֹחָנָן
בֶּן־קָרֵחַ וְכָל־שָׂרֵי הַחֲיָלִים אֲשֶׁר בַּשָּׂדֶה בָּאוּ אֶל־גְּדַלְיָהוּ
יד הַמִּצְפָּתָה׃ וַיֹּאמְרוּ אֵלָיו הֲיָדֹעַ תֵּדַע כִּי בַּעֲלִיס ׀ מֶלֶךְ בְּנֵי־עַמּוֹן
שָׁלַח אֶת־יִשְׁמָעֵאל בֶּן־נְתַנְיָה לְהַכֹּתְךָ נָפֶשׁ וְלֹא־הֶאֱמִין לָהֶם
טו גְּדַלְיָהוּ בֶּן־אֲחִיקָם׃ וְיוֹחָנָן בֶּן־קָרֵחַ אָמַר אֶל־גְּדַלְיָהוּ בַסֵּתֶר
בַּמִּצְפָּה לֵאמֹר אֵלְכָה נָּא וְאַכֶּה אֶת־יִשְׁמָעֵאל בֶּן־נְתַנְיָה
וְאִישׁ לֹא יֵדָע לָמָּה יַכֶּכָּה נֶּפֶשׁ וְנָפֹצוּ כָּל־יְהוּדָה הַנִּקְבָּצִים
טז אֵלֶיךָ וְאָבְדָה שְׁאֵרִית יְהוּדָה׃ וַיֹּאמֶר גְּדַלְיָהוּ בֶן־אֲחִיקָם אֶל־
יוֹחָנָן בֶּן־קָרֵחַ אַל־תַּעַשׂ אֶת־הַדָּבָר הַזֶּה כִּי־שֶׁקֶר אַתָּה
מא א דֹבֵר אֶל־יִשְׁמָעֵאל׃ וַיְהִי ׀ בַּחֹדֶשׁ הַשְּׁבִיעִי בָּא
יִשְׁמָעֵאל בֶּן־נְתַנְיָה בֶן־אֱלִישָׁמָע מִזֶּרַע הַמְּלוּכָה וְרַבֵּי הַמֶּלֶךְ
וַעֲשָׂרָה אֲנָשִׁים אִתּוֹ אֶל־גְּדַלְיָהוּ בֶן־אֲחִיקָם הַמִּצְפָּתָה וַיֹּאכְלוּ
ב שָׁם לֶחֶם יַחְדָּו בַּמִּצְפָּה׃ וַיָּקָם יִשְׁמָעֵאל בֶּן־נְתַנְיָה וַעֲשֶׂרֶת
הָאֲנָשִׁים ׀ אֲשֶׁר־הָיוּ אִתּוֹ וַיַּכּוּ אֶת־גְּדַלְיָהוּ בֶן־אֲחִיקָם בֶּן־שָׁפָן
ג בַּחֶרֶב וַיָּמֶת אֹתוֹ אֲשֶׁר־הִפְקִיד מֶלֶךְ־בָּבֶל בָּאָרֶץ׃ וְאֵת כָּל־
הַיְּהוּדִים אֲשֶׁר־הָיוּ אִתּוֹ אֶת־גְּדַלְיָהוּ בַּמִּצְפָּה וְאֶת־הַכַּשְׂדִּים
ד אֲשֶׁר נִמְצְאוּ־שָׁם אֵת אַנְשֵׁי הַמִּלְחָמָה הִכָּה יִשְׁמָעֵאל׃ וַיְהִי
ה בַּיּוֹם הַשֵּׁנִי לְהָמִית אֶת־גְּדַלְיָהוּ וְאִישׁ לֹא יָדָע׃ וַיָּבֹאוּ אֲנָשִׁים
מִשְּׁכֶם מִשִּׁלוֹ וּמִשֹּׁמְרוֹן שְׁמֹנִים אִישׁ מְגֻלְּחֵי זָקָן וּקְרֻעֵי בְגָדִים
ו וּמִתְגֹּדְדִים וּמִנְחָה וּלְבוֹנָה בְּיָדָם לְהָבִיא בֵּית יְהוָה׃ וַיֵּצֵא
יִשְׁמָעֵאל בֶּן־נְתַנְיָה לִקְרָאתָם מִן־הַמִּצְפָּה הֹלֵךְ הָלֹךְ וּבֹכֶה
וַיְהִי כִּפְגֹשׁ אֹתָם וַיֹּאמֶר אֲלֵיהֶם בֹּאוּ אֶל־גְּדַלְיָהוּ בֶן־אֲחִיקָם׃
ז וַיְהִי כְּבוֹאָם אֶל־תּוֹךְ הָעִיר וַיִּשְׁחָטֵם יִשְׁמָעֵאל בֶּן־נְתַנְיָה אֶל־
ח תּוֹךְ הַבּוֹר הוּא וְהָאֲנָשִׁים אֲשֶׁר־אִתּוֹ׃ וַעֲשָׂרָה אֲנָשִׁים נִמְצְאוּ־
בָם וַיֹּאמְרוּ אֶל־יִשְׁמָעֵאל אַל־תְּמִתֵנוּ כִּי־יֶשׁ־לָנוּ מַטְמֹנִים

sons of Qareaẖ, and Seraya the son of Tanẖumet, and the sons
of 'Efay the Netofatite, and Yezanyahu the son of the Ma'a-
khatite, they and their men. And Gedalyahu the son of Aẖiqam 9
the son of Shafan swore to them and to their men, saying,
Fear not to serve the Kasdim: dwell in the land and serve
the king of Bavel, and it shall be well with you. As for me, 10
behold, I will dwell at Miẕpa to stand before the Kasdim who
will come to us: but as for you, gather wine, and summer
fruits, and oil, and put them in your vessels, and dwell in your
cities that you have taken. Likewise when all the men of Yehuda 11
that were in Mo'av, and among the children of 'Ammon, and
in Edom, and that were in all the countries, heard that the king
of Bavel had left a remnant of Yehuda, and that he had set over
them Gedalyahu the son of Aẖiqam the son of Shafan; then 12
all the men of Yehuda returned out of all places unto which
they were driven, and came to the land of Yehuda, to Gedalyahu,
to Miẕpa, and gathered a great abundance of wine and summer
fruits. Moreover Yoẖanan the son of Qareaẖ, and all the 13
captains of the forces that were in the countryside, came to
Gedalyahu to Miẕpa, and said to him, Dost thou certainly 14
know that Ba'alis the king of the children of 'Ammon has sent
Yishma'el the son of Netanya to slay thee? But Gedalyahu the
son of Aẖiqam did not believe them. Then Yoẖanan the son 15
of Qareaẖ spoke to Gedalyahu in Miẕpa secretly, saying, Let
me go, I pray thee, and I will slay the son of Netanya, and no
man shall know it: why should he slay thee, that all Yehuda
that are gathered to thee should be scattered, and the remnant
of Yehuda should perish? But Gedalyahu the son of Aẖiqam 16
said to Yoẖanan the son of Qareaẖ, Thou shalt not do this thing:
for thou speakest falsely of Yishma'el. Now it came to **41**
pass in the seventh month, that Yishma'el the son of Netanya
the son of Elishama, of the seed royal, and some of the chief
officers of the king, and ten men with him, came to Gedalyahu
the son of Aẖiqam to Miẕpa; and there they did eat bread
together in Miẕpa. Then Yishma'el the son of Netanya and the 2
ten men that were with him arose, and struck Gedalyahu the
son of Aẖiqam the son of Shafan with the sword, and slew
him, whom the king of Bavel had made governor over the land.
And Yishma'el slew all the men of Yehuda that were with him, 3
with Gedalyahu, at Mizpa, and the Kasdim that were found
there, and the men of war. And it came to pass on the second 4
day after the killing of Gedalyahu, (and no man knew it,) that 5
there came certain men from Shekhem, from Shilo, and from
Shomeron, eighty men, (their beards shaven, and their clothes
rent, and having cut themselves,) with offerings and incense
in their hand, to bring them to the house of the Lord. And 6
Yishma'el the son of Netanya went out of Miẕpa to meet them,
weeping as he went: and it came to pass, as he met them,
that he said to them, Come to Gedalyahu the son of Aẖiqam.
And when they came into the midst of the city, Yishma'el the 7
son of Netanya slew them, and cast them into the midst of the
pit, he, and the men that were with him. But ten men were 8
found among them that said to Yishma'el, Slay us not: for we

בַּשָּׂדֶה חִטִּים וּשְׂעֹרִים וְשֶׁמֶן וּדְבָשׁ וַיְחְדֵּל וְלֹא הֱמִיתָם בְּתוֹךְ

ט אֲחֵיהֶם: וְהַבּוֹר אֲשֶׁר הִשְׁלִיךְ שָׁם יִשְׁמָעֵאל אֵת כָּל־פִּגְרֵי
הָאֲנָשִׁים אֲשֶׁר הִכָּה בְּיַד־גְּדַלְיָהוּ הוּא אֲשֶׁר עָשָׂה הַמֶּלֶךְ
אָסָא מִפְּנֵי בַּעְשָׁא מֶלֶךְ־יִשְׂרָאֵל אֹתוֹ מִלֵּא יִשְׁמָעֵאל בֶּן־

י נְתַנְיָהוּ חֲלָלִים: וַיִּשְׁבְּ יִשְׁמָעֵאל אֶת־כָּל־שְׁאֵרִית הָעָם
אֲשֶׁר בַּמִּצְפָּה אֶת־בְּנוֹת הַמֶּלֶךְ וְאֶת־כָּל־הָעָם הַנִּשְׁאָרִים
בַּמִּצְפָּה אֲשֶׁר הִפְקִיד נְבוּזַרְאֲדָן רַב־טַבָּחִים אֶת־גְּדַלְיָהוּ בֶּן־
אֲחִיקָם וַיִּשְׁבֵּם יִשְׁמָעֵאל בֶּן־נְתַנְיָה וַיֵּלֶךְ לַעֲבֹר אֶל־בְּנֵי

יא עַמּוֹן: וַיִּשְׁמַע יוֹחָנָן בֶּן־קָרֵחַ וְכָל־שָׂרֵי הַחֲיָלִים
אֲשֶׁר אִתּוֹ אֵת כָּל־הָרָעָה אֲשֶׁר עָשָׂה יִשְׁמָעֵאל בֶּן־נְתַנְיָה:

יב וַיִּקְחוּ אֶת־כָּל־הָאֲנָשִׁים וַיֵּלְכוּ לְהִלָּחֵם עִם־יִשְׁמָעֵאל בֶּן־
נְתַנְיָה וַיִּמְצְאוּ אֹתוֹ אֶל־מַיִם רַבִּים אֲשֶׁר בְּגִבְעוֹן: וַיְהִי כִּרְאוֹת

יג כָּל־הָעָם אֲשֶׁר אֶת־יִשְׁמָעֵאל אֶת־יוֹחָנָן בֶּן־קָרֵחַ וְאֵת כָּל־
שָׂרֵי הַחֲיָלִים אֲשֶׁר אִתּוֹ וַיִּשְׂמָחוּ: וַיָּסֹבּוּ כָּל־הָעָם אֲשֶׁר־שָׁבָה

יד יִשְׁמָעֵאל מִן־הַמִּצְפָּה וַיָּשֻׁבוּ וַיֵּלְכוּ אֶל־יוֹחָנָן בֶּן־קָרֵחַ:

טו וְיִשְׁמָעֵאל בֶּן־נְתַנְיָה נִמְלַט בִּשְׁמֹנָה אֲנָשִׁים מִפְּנֵי יוֹחָנָן וַיֵּלֶךְ

טז אֶל־בְּנֵי עַמּוֹן: וַיִּקַּח יוֹחָנָן בֶּן־קָרֵחַ וְכָל־שָׂרֵי
הַחֲיָלִים אֲשֶׁר־אִתּוֹ אֵת כָּל־שְׁאֵרִית הָעָם אֲשֶׁר הֵשִׁיב מֵאֵת
יִשְׁמָעֵאל בֶּן־נְתַנְיָה מִן־הַמִּצְפָּה אַחַר הִכָּה אֶת־גְּדַלְיָה בֶּן־
אֲחִיקָם גְּבָרִים אַנְשֵׁי הַמִּלְחָמָה וְנָשִׁים וְטַף וְסָרִסִים אֲשֶׁר

יז הֵשִׁיב מִגִּבְעוֹן: וַיֵּלְכוּ וַיֵּשְׁבוּ בְּגֵרוּת כִּמְוֹהָם אֲשֶׁר־אֵצֶל בֵּית

יח לֶחֶם לָלֶכֶת לָבוֹא מִצְרָיִם: מִפְּנֵי הַכַּשְׂדִּים כִּי יָרְאוּ מִפְּנֵיהֶם
כִּי־הִכָּה יִשְׁמָעֵאל בֶּן־נְתַנְיָה אֶת־גְּדַלְיָהוּ בֶּן־אֲחִיקָם אֲשֶׁר־

מב הִפְקִיד מֶלֶךְ־בָּבֶל בָּאָרֶץ: וַיִּגְּשׁוּ כָּל־שָׂרֵי
הַחֲיָלִים וְיוֹחָנָן בֶּן־קָרֵחַ וִיזַנְיָה בֶּן־הוֹשַׁעְיָה וְכָל־הָעָם מִקָּטֹן

ב וְעַד־גָּדוֹל: וַיֹּאמְרוּ אֶל־יִרְמְיָהוּ הַנָּבִיא תִּפָּל־נָא תְחִנָּתֵנוּ
לְפָנֶיךָ וְהִתְפַּלֵּל בַּעֲדֵנוּ אֶל־יְהוָה אֱלֹהֶיךָ בְּעַד כָּל־הַשְּׁאֵרִית
הַזֹּאת כִּי־נִשְׁאַרְנוּ מְעַט מֵהַרְבֵּה כַּאֲשֶׁר עֵינֶיךָ רֹאוֹת אֹתָנוּ:

ג וְיַגֶּד־לָנוּ יְהוָה אֱלֹהֶיךָ אֶת־הַדֶּרֶךְ אֲשֶׁר נֵלֶךְ־בָּהּ וְאֶת־הַדָּבָר

ד אֲשֶׁר נַעֲשֶׂה: וַיֹּאמֶר אֲלֵיהֶם יִרְמְיָהוּ הַנָּבִיא שָׁמַעְתִּי הִנְנִי
מִתְפַּלֵּל אֶל־יְהוָה אֱלֹהֵיכֶם כְּדִבְרֵיכֶם וְהָיָה כָּל־הַדָּבָר אֲשֶׁר־

ה יַעֲנֶה יְהוָה אֶתְכֶם אַגִּיד לָכֶם לֹא־אֶמְנַע מִכֶּם דָּבָר: וְהֵמָּה
אָמְרוּ אֶל־יִרְמְיָהוּ יְהִי יְהוָה בָּנוּ לְעֵד אֱמֶת וְנֶאֱמָן אִם־לֹא

ו כְּכָל־הַדָּבָר אֲשֶׁר יִשְׁלָחֲךָ יְהוָה אֱלֹהֶיךָ אֵלֵינוּ כֵּן נַעֲשֶׂה: אִם־
טוֹב וְאִם־רָע בְּקוֹל ׀ יְהוָה אֱלֹהֵינוּ אֲשֶׁר אֲנוּ שֹׁלְחִים אֹתְךָ
אֵלָיו נִשְׁמָע לְמַעַן אֲשֶׁר יִיטַב־לָנוּ כִּי נִשְׁמַע בְּקוֹל יְהוָה

have in the countryside hidden stores, of wheat, and of barley, and of oil, and of honey. So he desisted, and did not slay them among their brethren. Now the pit wherein into which Yishma'el 9 had cast all the dead bodies of the men, whom he had slain because of Gedalyahu, was that which Asa the king made for fear of Ba'sha king of Yisra'el : and Yishma'el the son of Netanyahu filled it with the slain. Then Yishma'el carried away 10 captive all the residue of the people that were in Miẓpa, the king's daughters, and all the people that remained in Miẓpa, whom Nevuzar'adan the captain of the guard had committed to Gedalyahu the son of Aḥiqam : and Yishma'el the son of Netanya carried them away captive, and departed to go over to the children of 'Ammon.   But when Yoḥanan the son 11 of Qareaḥ, and all the captains of the forces that were with him, heard of all the evil that Yishma'el the son of Netanya had done, then they took all the men, and went to fight with Yishma- 12 'el the son of Netanya, and found him by the great pool of waters that are in Giv'on. Now it came to pass, that when all the people 13 who were with Yishma'el saw Yoḥanan the son of Qareaḥ, and all the captains of the forces that were with him, then they were glad. So all the people that Yishma'el had carried away captive 14 from Miẓpa turned about and came back, and went to Yoḥanan the son of Qareaḥ. But Yishma'el the son of Netanya escaped 15 from Yoḥanan with eight men, and went to the children of 'Am- non.   Then Yoḥanan the son of Qareaḥ, and all the 16 captains of the forces that were with him, took all the remnant of the people from Miẓpa, whom he had recovered from Yishma- 'el the son of Netanya, (after the latter had slain Gedalya the son of Aḥiqam,) mighty men of war, and the women, and the children, and the eunuchs whom he then brought from Giv'on : and they departed, and dwelt in Gerut-kimaham, which is by 17 Bet-leḥem, to go to enter into Miẓrayim, because of the Kasdim : 18 for they were afraid of them, because of Yishma'el the son of Netanya had slain Gedalyahu the son of Aḥiqam, whom the king of Bavel had made governor over the land.   Then **42** all the captains of the forces, and Yoḥanan the son of Qareaḥ, and Yezanya the son of Hosha'ya, and all the people from the least even to the greatest, came near, and said to Yirmeyahu 2 the prophet, Let now our supplication be accepted before thee, and pray for us to the Lᴏʀᴅ thy Gᴏᴅ, for all this remnant ; (for we are left but a few of many, as thy eyes see us :) that the 3 Lᴏʀᴅ thy Gᴏᴅ may show us the way in which we may walk, and the thing we may do. Then Yirmeyahu the prophet said to them, 4 I have heard you ; behold, I will pray to the Lᴏʀᴅ your Gᴏᴅ according to your words ; and it shall come to pass, that what- ever thing the Lᴏʀᴅ shall answer you, I will declare it to you ; I will keep nothing back from you. Then they said to Yirmeyahu, 5 The Lᴏʀᴅ be a true and faithful witness between us, if we do not act according to all the things for which the Lᴏʀᴅ thy Gᴏᴅ shall send thee to us. Whether it be good, or whether it be evil, 6 we will obey the voice of the Lᴏʀᴅ our Gᴏᴅ, to whom we send thee ; that it may be well with us, when we obey the voice of

ז אֱלֹהֵינוּ: וַיְהִי מִקֵּץ עֲשֶׂרֶת יָמִים וַיְהִי דְבַר־

ח יְהוָה אֶל־יִרְמְיָהוּ: וַיִּקְרָא אֶל־יוֹחָנָן בֶּן־קָרֵחַ וְאֶל כָּל־שָׂרֵי

ט הַחֲיָלִים אֲשֶׁר אִתּוֹ וּלְכָל־הָעָם לְמִקָּטֹן וְעַד־גָּדוֹל: וַיֹּאמֶר

אֲלֵיהֶם כֹּה־אָמַר יְהוָה אֱלֹהֵי יִשְׂרָאֵל אֲשֶׁר שְׁלַחְתֶּם אֹתִי

י אֵלָיו לְהַפִּיל תְּחִנַּתְכֶם לְפָנָיו: אִם־שׁוֹב תֵּשְׁבוּ בָּאָרֶץ הַזֹּאת

וּבָנִיתִי אֶתְכֶם וְלֹא אֶהֱרֹס וְנָטַעְתִּי אֶתְכֶם וְלֹא אֶתּוֹשׁ כִּי

יא נִחַמְתִּי אֶל־הָרָעָה אֲשֶׁר עָשִׂיתִי לָכֶם: אַל־תִּירְאוּ מִפְּנֵי

מֶלֶךְ בָּבֶל אֲשֶׁר־אַתֶּם יְרֵאִים מִפָּנָיו אַל־תִּירְאוּ מִמֶּנּוּ נְאֻם־

יְהוָה כִּי־אִתְּכֶם אָנִי לְהוֹשִׁיעַ אֶתְכֶם וּלְהַצִּיל אֶתְכֶם מִיָּדוֹ:

יב וְאֶתֵּן לָכֶם רַחֲמִים וְרִחַם אֶתְכֶם וְהֵשִׁיב אֶתְכֶם אֶל־אַדְמַתְכֶם: כה

יג וְאִם־אֹמְרִים אַתֶּם לֹא נֵשֵׁב בָּאָרֶץ הַזֹּאת לְבִלְתִּי שְׁמֹעַ בְּקוֹל

יד יְהוָה אֱלֹהֵיכֶם: לֵאמֹר לֹא כִּי אֶרֶץ מִצְרַיִם נָבוֹא אֲשֶׁר לֹא־

נִרְאֶה מִלְחָמָה וְקוֹל שׁוֹפָר לֹא נִשְׁמָע וְלַלֶּחֶם לֹא־נִרְעָב וְשָׁם

טו נֵשֵׁב: וְעַתָּה לָכֵן שִׁמְעוּ דְבַר־יְהוָה שְׁאֵרִית יְהוּדָה כֹּה־אָמַר

יְהוָה צְבָאוֹת אֱלֹהֵי יִשְׂרָאֵל אִם־אַתֶּם שׂוֹם תְּשִׂמוּן פְּנֵיכֶם

טז לָבֹא מִצְרַיִם וּבָאתֶם לָגוּר שָׁם: וְהָיְתָה הַחֶרֶב אֲשֶׁר אַתֶּם

יְרֵאִים מִמֶּנָּה שָׁם תַּשִּׂיג אֶתְכֶם בְּאֶרֶץ מִצְרָיִם וְהָרָעָב אֲשֶׁר־

אַתֶּם ׀ דֹּאֲגִים מִמֶּנּוּ שָׁם יִדְבַּק אַחֲרֵיכֶם מִצְרַיִם וְשָׁם תָּמֻתוּ:

יז וְיִהְיוּ כָל־הָאֲנָשִׁים אֲשֶׁר־שָׂמוּ אֶת־פְּנֵיהֶם לָבוֹא מִצְרַיִם לָגוּר

שָׁם יָמוּתוּ בַּחֶרֶב בָּרָעָב וּבַדָּבֶר וְלֹא־יִהְיֶה לָהֶם שָׂרִיד וּפָלִיט

יח מִפְּנֵי הָרָעָה אֲשֶׁר אֲנִי מֵבִיא עֲלֵיהֶם: כִּי כֹה אָמַר יְהוָה צְבָאוֹת

אֱלֹהֵי יִשְׂרָאֵל כַּאֲשֶׁר נִתַּךְ אַפִּי וַחֲמָתִי עַל־יֹשְׁבֵי יְרוּשָׁלִַם כֵּן

תִּתַּךְ חֲמָתִי עֲלֵיכֶם בְּבֹאֲכֶם מִצְרָיִם וִהְיִיתֶם לְאָלָה וּלְשַׁמָּה

יט וְלִקְלָלָה וּלְחֶרְפָּה וְלֹא־תִרְאוּ עוֹד אֶת־הַמָּקוֹם הַזֶּה: דִּבֶּר

יְהוָה עֲלֵיכֶם שְׁאֵרִית יְהוּדָה אַל־תָּבֹאוּ מִצְרָיִם יָדֹעַ תֵּדְעוּ

כ כִּי־הַעֵידֹתִי בָכֶם הַיּוֹם: כִּי הִתְעֵיתֶם בְּנַפְשׁוֹתֵיכֶם כִּי־אַתֶּם הִתְעֵיתֶם

שְׁלַחְתֶּם אֹתִי אֶל־יְהוָה אֱלֹהֵיכֶם לֵאמֹר הִתְפַּלֵּל בַּעֲדֵנוּ אֶל־

יְהוָה אֱלֹהֵינוּ וּכְכֹל אֲשֶׁר יֹאמַר יְהוָה אֱלֹהֵינוּ כֵּן הַגֶּד־לָנוּ

כא וְעָשִׂינוּ: וָאַגִּד לָכֶם הַיּוֹם וְלֹא שְׁמַעְתֶּם בְּקוֹל יְהוָה אֱלֹהֵיכֶם

כב וּלְכֹל אֲשֶׁר־שְׁלָחַנִי אֲלֵיכֶם: וְעַתָּה יָדֹעַ תֵּדְעוּ כִּי בַּחֶרֶב

בָּרָעָב וּבַדֶּבֶר תָּמוּתוּ בַּמָּקוֹם אֲשֶׁר חֲפַצְתֶּם לָבוֹא לָגוּר

מג א שָׁם: וַיְהִי כְּכַלּוֹת יִרְמְיָהוּ לְדַבֵּר אֶל־כָּל־הָעָם

אֶת־כָּל־דִּבְרֵי יְהוָה אֱלֹהֵיהֶם אֲשֶׁר שְׁלָחוֹ יְהוָה אֱלֹהֵיהֶם

ב אֲלֵיהֶם אֵת כָּל־הַדְּבָרִים הָאֵלֶּה: וַיֹּאמֶר עֲזַרְיָה

בֶן־הוֹשַׁעְיָה וְיוֹחָנָן בֶּן־קָרֵחַ וְכָל־הָאֲנָשִׁים הַזֵּדִים אֹמְרִים

אֶל־יִרְמְיָהוּ שֶׁקֶר אַתָּה מְדַבֵּר לֹא שְׁלָחֲךָ יְהוָה אֱלֹהֵינוּ לֵאמֹר

the Lord our God.   And it came to pass after ten days, 7
that the word of the Lord came to Yirmeyahu. Then he called 8
Yoḥanan the son of Qareaḥ, and all the captains of the forces
who were with him, and all the people from the least even to
the greatest, and he said to them, Thus says the Lord, the God 9
of Yisra'el, to whom you sent me to present your supplication
before him; If you will still abide in this land, then I will build 10
you, and not pull you down, and I will plant you, and not pluck
you up : for I repent of the evil that I have done to you. Be not 11
afraid of the king of Bavel, of whom you are afraid ; be not
afraid of him, says the Lord : for I am with you to save you, and
to deliver you from his hand. And I will show mercies to you, 12
that he may have mercy upon you, and let you return to your
own land. But if you say, We will not dwell in this land, neither 13
obey the voice of the Lord your God, saying, No ; but we will 14
go into the land of Miẓrayim, where we shall see no war, nor
hear the sound of the shofar, nor have hunger for bread ; and
there will we dwell : and now therefore hear the word of the 15
Lord, you remnant of Yehuda ; thus says the Lord of hosts, the
God of Yisra'el ; If indeed you set your faces to enter into
Miẓrayim and go to sojourn there ; then it shall come to pass, 16
that the sword, which you feared, shall overtake you there in
the land of Miẓrayim, and the famine, of which you were afraid,
shall follow close after you there in Miẓrayim ; and there you
shall die. And all the men that set their faces to go into Miẓrayim 17
to sojourn there shall die by the sword, by the famine, and by the
pestilence : and none of them shall remain or escape from the
evil that I will bring upon them. For thus says the Lord of 18
hosts, the God of Yisra'el ; As my anger and my fury has been
poured out upon the inhabitants of Yerushalayim ; so shall my
fury be poured out upon you, when you shall enter into Miẓra-
yim : and you shall be an oath, and an astonishment, and a curse,
and a reproach ; and you shall see this place no more. The Lord 19
has said concerning you, O remnant of Yehuda ; Do not go into
Miẓrayim : know certainly that I have forewarned you this day.
For you have gone astray at peril of your lives, when you sent 20
me to the Lord your God, saying, Pray for us to the Lord our
God ; and according to all that the Lord our God shall say, so
declare to us, and we will do it. And now I have this day de- 21
clared it to you ; but you have not obeyed the voice of the Lord
your God, nor anything for which he has sent me to you. Now 22
therefore know certainly that you shall die by the sword, by the
famine, and by the pestilence, in the place where you desire to go
and to sojourn.   And it came to pass, that when Yirmeyahu 43
had made an end of speaking to all the people all the words of
the Lord their God, for which the Lord their God had sent him
to them, all these words,   then 'Azarya the son of Hosha'ya 2
and Yoḥanan the son of Qareaḥ, and all the proud men, spoke,
saying to Yirmeyahu, Thou speakest falsely : the Lord our
God has not sent thee to say, Do not go into Miẓrayim to sojourn

לֹא־תָבֹאוּ מִצְרַיִם לָגוּר שָׁם: כִּי בָּרוּךְ בֶּן־נֵרִיָּה מַסִּית אֹתְךָ
בָּנוּ לְמַעַן תֵּת אֹתָנוּ בְיַד־הַכַּשְׂדִּים לְהָמִית אֹתָנוּ וּלְהַגְלוֹת
אֹתָנוּ בָּבֶל: וְלֹא־שָׁמַע יוֹחָנָן בֶּן־קָרֵחַ וְכָל־שָׂרֵי הַחֲיָלִים וְכָל־ ד
הָעָם בְּקוֹל יְהוָה לָשֶׁבֶת בְּאֶרֶץ יְהוּדָה: וַיִּקַּח יוֹחָנָן בֶּן־קָרֵחַ ה
וְכָל־שָׂרֵי הַחֲיָלִים אֵת כָּל־שְׁאֵרִית יְהוּדָה אֲשֶׁר־שָׁבוּ מִכָּל־
הַגּוֹיִם אֲשֶׁר נִדְּחוּ־שָׁם לָגוּר בְּאֶרֶץ יְהוּדָה: אֶת־הַגְּבָרִים וְאֶת־ ו
הַנָּשִׁים וְאֶת־הַטַּף וְאֶת־בְּנוֹת הַמֶּלֶךְ וְאֵת כָּל־הַנֶּפֶשׁ אֲשֶׁר
הִנִּיחַ נְבוּזַרְאֲדָן רַב־טַבָּחִים אֶת־גְּדַלְיָהוּ בֶּן־אֲחִיקָם בֶּן־שָׁפָן
וְאֵת יִרְמְיָהוּ הַנָּבִיא וְאֶת־בָּרוּךְ בֶּן־נֵרִיָּהוּ: וַיָּבֹאוּ אֶרֶץ מִצְרַיִם ז
כִּי לֹא שָׁמְעוּ בְּקוֹל יְהוָה וַיָּבֹאוּ עַד־תַּחְפַּנְחֵס: וַיְהִי ח
דְבַר־יְהוָה אֶל־יִרְמְיָהוּ בְּתַחְפַּנְחֵס לֵאמֹר: קַח בְּיָדְךָ אֲבָנִים ט
גְּדֹלוֹת וּטְמַנְתָּם בַּמֶּלֶט בַּמַּלְבֵּן אֲשֶׁר בְּפֶתַח בֵּית־פַּרְעֹה
בְּתַחְפַּנְחֵס לְעֵינֵי אֲנָשִׁים יְהוּדִים: וְאָמַרְתָּ אֲלֵיהֶם כֹּה־אָמַר י
יְהוָה צְבָאוֹת אֱלֹהֵי יִשְׂרָאֵל הִנְנִי שֹׁלֵחַ וְלָקַחְתִּי אֶת־
נְבוּכַדְרֶאצַּר מֶלֶךְ־בָּבֶל עַבְדִּי וְשַׂמְתִּי כִסְאוֹ מִמַּעַל לָאֲבָנִים
שְׁפִּירוּ | וּבָא
הָאֵלֶּה אֲשֶׁר טָמָנְתִּי וְנָטָה אֶת־שַׁפְרִירוֹ עֲלֵיהֶם: וּבָא וְהִכָּה יא
אֶת־אֶרֶץ מִצְרָיִם אֲשֶׁר לַמָּוֶת לַמָּוֶת וַאֲשֶׁר לַשְּׁבִי לַשֶּׁבִי וַאֲשֶׁר
לַחֶרֶב לֶחָרֶב: וְהִצַּתִּי אֵשׁ בְּבָתֵּי אֱלֹהֵי מִצְרַיִם וּשְׂרָפָם וְשָׁבָם יב
וְעָטָה אֶת־אֶרֶץ מִצְרַיִם כַּאֲשֶׁר־יַעְטֶה הָרֹעֶה אֶת־בִּגְדוֹ וְיָצָא
מִשָּׁם בְּשָׁלוֹם: וְשִׁבַּר אֶת־מַצְּבוֹת בֵּית שֶׁמֶשׁ אֲשֶׁר בְּאֶרֶץ יג
מִצְרָיִם וְאֶת־בָּתֵּי אֱלֹהֵי מִצְרַיִם יִשְׂרֹף בָּאֵשׁ: הַדָּבָר מד א
אֲשֶׁר הָיָה אֶל־יִרְמְיָהוּ אֶל כָּל־הַיְּהוּדִים הַיֹּשְׁבִים בְּאֶרֶץ
מִצְרָיִם הַיֹּשְׁבִים בְּמִגְדֹּל וּבְתַחְפַּנְחֵס וּבְנֹף וּבְאֶרֶץ פַּתְרוֹס
לֵאמֹר: כֹּה־אָמַר יְהוָה צְבָאוֹת אֱלֹהֵי יִשְׂרָאֵל אַתֶּם רְאִיתֶם ב
אֵת כָּל־הָרָעָה אֲשֶׁר הֵבֵאתִי עַל־יְרוּשָׁלַם וְעַל כָּל־עָרֵי יְהוּדָה
וְהִנָּם חָרְבָּה הַיּוֹם הַזֶּה וְאֵין בָּהֶם יוֹשֵׁב: מִפְּנֵי רָעָתָם אֲשֶׁר עָשׂוּ ג
לְהַכְעִסֵנִי לָלֶכֶת לְקַטֵּר לַעֲבֹד לֵאלֹהִים אֲחֵרִים אֲשֶׁר לֹא
יְדָעוּם הֵמָּה אַתֶּם וַאֲבֹתֵיכֶם: וָאֶשְׁלַח אֲלֵיכֶם אֶת־כָּל־עֲבָדַי ד
הַנְּבִיאִים הַשְׁכֵּים וְשָׁלֹחַ לֵאמֹר אַל־נָא תַעֲשׂוּ אֵת דְּבַר־
הַתֹּעֵבָה הַזֹּאת אֲשֶׁר שָׂנֵאתִי: וְלֹא שָׁמְעוּ וְלֹא־הִטּוּ אֶת־אָזְנָם ה
לָשׁוּב מֵרָעָתָם לְבִלְתִּי קַטֵּר לֵאלֹהִים אֲחֵרִים: וַתִּתַּךְ חֲמָתִי ו
וְאַפִּי וַתִּבְעַר בְּעָרֵי יְהוּדָה וּבְחֻצוֹת יְרוּשָׁלִַם וַתִּהְיֶינָה לְחָרְבָּה
לִשְׁמָמָה כַּיּוֹם הַזֶּה: וְעַתָּה כֹּה־אָמַר יְהוָה אֱלֹהֵי ז
צְבָאוֹת אֱלֹהֵי יִשְׂרָאֵל לָמָה אַתֶּם עֹשִׂים רָעָה גְדוֹלָה אֶל־
נַפְשֹׁתֵכֶם לְהַכְרִית לָכֶם אִישׁ־וְאִשָּׁה עוֹלֵל וְיוֹנֵק מִתּוֹךְ יְהוּדָה
לְבִלְתִּי הוֹתִיר לָכֶם שְׁאֵרִית: לְהַכְעִסֵנִי בְּמַעֲשֵׂי יְדֵיכֶם לְקַטֵּר ח

3 there: but Barukh the son of Neriyya sets thee on against us,
to deliver us into the hand of the Kasdim, that they might put
4 us into Bavel. So Yoḥanan the son of Qareaḥ, and all the captains
of the forces, and all the people, did not obey the voice of the
5 Lord, to dwell in the land of Yehuda. But Yoḥanan the son of
Qareaḥ, and all the captains of the forces, took all the remnant
of Yehuda, that were returned from all nations, into which
6 they had been driven, to dwell in the land of Yehuda; men, and
women, and children, and the king's daughters, and every person
that Nevuzar'adan the captain of the guard had left with Gedal-
yahu the son of Aḥiqam the son of Shafan, together with Yirme-
7 yahu the prophet, and Barukh the son of Neriyya. And they came
into the land of Miẕrayim: for they did not obey the voice of
8 the Lord: thus they came to Taḥpanḥes. Then the word
9 of the Lord came to Yirmeyahu in Taḥpanḥes, saying, Take
great stones in thy hand, and hide them in the mortar in the
brick work, which is at the entrance of Par'o's house in Taḥpan-
10 ḥes, in the sight of the men of Yehuda; and say to them, Thus
says the Lord of hosts, the God of Yisra'el; Behold, I will send
and take Nevukhadreẕẕar the king of Bavel, my servant, and will
set his throne upon these stones that I have hid; and he shall
11 spread his royal pavilion over them. And when he comes, he
shall smite the land of Miẕrayim, and deliver such as are for
death to death; and such as are for captivity to captivity; and
12 such as are for the sword to the sword. And I will kindle a fire
in the houses of the gods of Miẕrayim, and he shall burn them,
and carry them away captives: and he shall fold up the land of
Miẕrayim, as a shepherd folds up his garment; and he shall go
13 out from there in peace. And he shall break up the pillars of
Bet-Shemesh, that are in the land of Miẕrayim; and he shall burn
44 with fire the houses of the gods of Miẕrayim. The word
that came to Yirmeyahu concerning all the men of Yehuda who
dwelt in the land of Miẕrayim, who dwelt at Migdol, and at
Taḥpanḥes, and at Nof, and in the country of Patros, saying,
2 Thus says the Lord of hosts the God of Yisra'el; You have seen
all the evil that I have brought upon Yerushalayim, and upon
all the cities of Yehuda; and, behold, this day they are a ruin, and
3 no one dwells in them, because of their wickedness which they
have committed to provoke me to anger, in that they went to
burn incense, and to serve other gods, whom they knew not,
4 neither they, you, nor your fathers. Yet I sent to you all my
servants the prophets, sending them from morning till night,
5 saying, Oh, do not do this abominable thing that I hate. But they
hearkened not, nor inclined their ear to turn from their wicked-
6 ness, to burn no incense to other gods. So that my fury and my
anger was poured forth, and was kindled in the cities of Yehuda
and in the streets of Yerushalayim; and they have become a
7 waste and a desolation, as at this day. Therefore now thus
says the Lord, the God of hosts, the God of Yisra'el; Why do
you commit this great evil against your souls, to cut off from you
man and woman, child and suckling, from the midst of Yehuda,
8 leaving you no remnant; in that you provoke me to anger with
the works of your hands, burning incense to other gods in the

לֵאלֹהִים אֲחֵרִים בְּאֶרֶץ מִצְרַיִם אֲשֶׁר־אַתֶּם בָּאִים לָגוּר שָׁם
לְמַעַן הַכְרִית לָכֶם וּלְמַעַן הֱיוֹתְכֶם לִקְלָלָה וּלְחֶרְפָּה בְּכֹל גּוֹיֵי
ט הָאָרֶץ: הֲשְׁכַחְתֶּם אֶת־רָעוֹת אֲבוֹתֵיכֶם וְאֶת־רָעוֹת ׀ מַלְכֵי
יְהוּדָה וְאֵת רָעוֹת נָשָׁיו וְאֵת רָעֹתֵכֶם וְאֵת רָעֹת נְשֵׁיכֶם אֲשֶׁר
י עָשׂוּ בְּאֶרֶץ יְהוּדָה וּבְחֻצוֹת יְרוּשָׁלִָם: לֹא דֻכְּאוּ עַד הַיּוֹם הַזֶּה
וְלֹא יָרְאוּ וְלֹא־הָלְכוּ בְתוֹרָתִי וּבְחֻקֹּתַי אֲשֶׁר־נָתַתִּי לִפְנֵיכֶם
יא וְלִפְנֵי אֲבוֹתֵיכֶם: לָכֵן כֹּה־אָמַר יְהוָה צְבָאוֹת
אֱלֹהֵי יִשְׂרָאֵל הִנְנִי שָׂם פָּנַי בָּכֶם לְרָעָה וּלְהַכְרִית אֶת־כָּל־
יב יְהוּדָה: וְלָקַחְתִּי אֶת־שְׁאֵרִית יְהוּדָה אֲשֶׁר־שָׂמוּ פְנֵיהֶם לָבוֹא
אֶרֶץ־מִצְרַיִם לָגוּר שָׁם וְתַמּוּ כֹל בְּאֶרֶץ מִצְרַיִם יִפֹּלוּ בַּחֶרֶב
בָּרָעָב יִתַּמּוּ מִקָּטֹן וְעַד־גָּדוֹל בַּחֶרֶב וּבָרָעָב יָמֻתוּ וְהָיוּ
יג לְאָלָה לְשַׁמָּה וְלִקְלָלָה וּלְחֶרְפָּה: וּפָקַדְתִּי עַל הַיּוֹשְׁבִים
בְּאֶרֶץ מִצְרַיִם כַּאֲשֶׁר פָּקַדְתִּי עַל־יְרוּשָׁלִָם בַּחֶרֶב בָּרָעָב
יד וּבַדָּבֶר: וְלֹא יִהְיֶה פָלִיט וְשָׂרִיד לִשְׁאֵרִית יְהוּדָה הַבָּאִים
לָגוּר־שָׁם בְּאֶרֶץ מִצְרָיִם וְלָשׁוּב ׀ אֶרֶץ יְהוּדָה אֲשֶׁר־הֵמָּה
מְנַשְּׂאִים אֶת־נַפְשָׁם לָשׁוּב לָשֶׁבֶת שָׁם כִּי לֹא־יָשׁוּבוּ כִּי
טו אִם־פְּלֵטִים: וַיַּעֲנוּ אֶת־יִרְמְיָהוּ כָּל־הָאֲנָשִׁים
הַיֹּדְעִים כִּי־מְקַטְּרוֹת נְשֵׁיהֶם לֵאלֹהִים אֲחֵרִים וְכָל־הַנָּשִׁים
הָעֹמְדוֹת קָהָל גָּדוֹל וְכָל־הָעָם הַיֹּשְׁבִים בְּאֶרֶץ־מִצְרַיִם
טז בְּפַתְרוֹס לֵאמֹר: הַדָּבָר אֲשֶׁר־דִּבַּרְתָּ אֵלֵינוּ בְּשֵׁם יְהוָה אֵינֶנּוּ
יז שֹׁמְעִים אֵלֶיךָ: כִּי עָשֹׂה נַעֲשֶׂה אֶת־כָּל־הַדָּבָר ׀ אֲשֶׁר־יָצָא
מִפִּינוּ לְקַטֵּר לִמְלֶכֶת הַשָּׁמַיִם וְהַסֵּיךְ־לָהּ נְסָכִים כַּאֲשֶׁר עָשִׂינוּ
אֲנַחְנוּ וַאֲבֹתֵינוּ מְלָכֵינוּ וְשָׂרֵינוּ בְּעָרֵי יְהוּדָה וּבְחֻצוֹת יְרוּשָׁלִָם
יח וַנִּשְׂבַּע־לֶחֶם וַנִּהְיֶה טוֹבִים וְרָעָה לֹא רָאִינוּ: וּמִן־אָז חָדַלְנוּ
לְקַטֵּר לִמְלֶכֶת הַשָּׁמַיִם וְהַסֵּךְ־לָהּ נְסָכִים חָסַרְנוּ כֹל וּבַחֶרֶב
יט וּבָרָעָב תָּמְנוּ: וְכִי־אֲנַחְנוּ מְקַטְּרִים לִמְלֶכֶת הַשָּׁמַיִם וּלְהַסֵּךְ
לָהּ נְסָכִים הֲמִבַּלְעֲדֵי אֲנָשֵׁינוּ עָשִׂינוּ לָהּ כַּוָּנִים לְהַעֲצִבָה וְהַסֵּךְ
כ לָהּ נְסָכִים: וַיֹּאמֶר יִרְמְיָהוּ אֶל־כָּל־הָעָם עַל־ כו
הַגְּבָרִים וְעַל־הַנָּשִׁים וְעַל־כָּל־הָעָם הָעֹנִים אֹתוֹ דָּבָר לֵאמֹר:
כא הֲלוֹא אֶת־הַקִּטֵּר אֲשֶׁר קִטַּרְתֶּם בְּעָרֵי יְהוּדָה וּבְחֻצוֹת יְרוּשָׁלִַם
אַתֶּם וַאֲבוֹתֵיכֶם מַלְכֵיכֶם וְשָׂרֵיכֶם וְעַם הָאָרֶץ אֹתָם זָכַר יְהוָה
כב וַתַּעֲלֶה עַל־לִבּוֹ: וְלֹא־יוּכַל יְהוָה עוֹד לָשֵׂאת מִפְּנֵי רֹעַ
מַעַלְלֵיכֶם מִפְּנֵי הַתּוֹעֵבֹת אֲשֶׁר עֲשִׂיתֶם וַתְּהִי אַרְצְכֶם לְחָרְבָּה
כג וּלְשַׁמָּה וְלִקְלָלָה מֵאֵין יוֹשֵׁב כְּהַיּוֹם הַזֶּה: מִפְּנֵי אֲשֶׁר קִטַּרְתֶּם
וַאֲשֶׁר חֲטָאתֶם לַיהוָה וְלֹא שְׁמַעְתֶּם בְּקוֹל יְהוָה וּבְתֹרָתוֹ

land of Miẓrayim into which you are gone to dwell, that you might cut yourselves off, and that you might be a curse and a reproach among all the nations of the earth? Have you forgotten 9 the wickedness of your fathers, and the wickedness of the kings of Yehuda, and the wickedness of their wives, and your own wickedness, and the wickedness of your wives which they have committed in the land of Yehuda, and in the streets of Yerushalayim? They are not humbled to this day, neither have they 10 feared, nor followed my Tora, nor my statutes, that I set before you and before your fathers.   Therefore thus says the LORD 11 of hosts, the GOD of Yisra'el ; Behold, I will set my face against you for evil, and to cut off all Yehuda, and I will take the 12 remnant of Yehuda, that have set their faces to go into the land of Miẓrayim to sojourn there, and they shall all be consumed, and fall in the land of Miẓrayim ; they shall be consumed, and by the sword and by the famine : they shall die, from the least even to the greatest, by the sword and by the famine : and they shall become an oath, an astonishment, and a curse, and a reproach. For I will punish those who dwell in the land of 13 Miẓrayim, as I have punished Yerushalayim, by the sword, by the famine, and by the pestilence : so that none of the remnant 14 of Yehuda, who are gone into the land of Miẓrayim to sojourn there, shall escape or survive, to return to the land of Yehuda, to which they have a desire to return to dwell there : for none but fugitives shall return.   Then all the men who knew 15 that their wives had burned incense to other gods, and all the women that stood by, a great multitude even all the people that dwelt in the land of Miẓrayim, in Patros, answered Yirmeyahu, saying, As for the word that thou hast spoken to us in the name 16 of the LORD, we will not hearken to thee, but we will certainly 17 do everything that we uttered with our mouth, to burn incense to the queen of heaven, and to pour out drink offerings to her, as we have done, we, and our fathers, our kings and our princes, in the cities of Yehuda, and in the streets of Yerushalayim : for then we had plenty of bread, and were well off, and saw no evil. But since we left off burning incense to the queen of heaven, and 18 pouring out drink offerings to her, we have lacked all things, and have been consumed by the sword and by the famine. And 19 when we burned incense to the queen of heaven, and poured out drink offerings to her, did we alone make her cakes to worship her, and pour out drink offerings unto her, without our menfolk ?   Then Yirmeyahu said to all the people, to the men, 20 and to the women, and to all the people who had given him that answer, saying, The incense that you burned in the cities 21 of Yehuda, and in the streets of Yerushalayim, you, and your fathers, your kings, and your princes, and the people of the land, did not the LORD remember them, and came it not into his mind ? so that the LORD could no longer bear the evil of your 22 doings, and the abominations which you committed ; therefore is your land a ruin, and an astonishment, and a curse, without inhabitant, as at this day. Because you burned incense, and 23 because you sinned against the LORD, and did not obey the voice of the LORD, nor followed his Tora, nor his statutes, nor his

וּבְחֻקֹּתַי וּבְעֵדְוֺתַי לֹא הֲלַכְתֶּם עַל־כֵּן קָרָאת אֶתְכֶם הָרָעָה
הַזֹּאת כַּיּוֹם הַזֶּה: וַיֹּאמֶר יִרְמְיָהוּ אֶל־כָּל־הָעָם כד
וְאֶל כָּל־הַנָּשִׁים שִׁמְעוּ דְּבַר־יְהוָֺה כָּל־יְהוּדָה אֲשֶׁר בְּאֶרֶץ
מִצְרָיִם: כֹּה־אָמַר יְהוָֺה־צְבָאוֹת אֱלֹהֵי יִשְׂרָאֵל לֵאמֹר אַתֶּם כה
וּנְשֵׁיכֶם וַתְּדַבֵּרְנָה בְּפִיכֶם וּבִידֵיכֶם מִלֵּאתֶם לֵאמֹר עָשֹׂה
נַעֲשֶׂה אֶת־נְדָרֵינוּ אֲשֶׁר נָדַרְנוּ לְקַטֵּר לִמְלֶכֶת הַשָּׁמַיִם וּלְהַסֵּךְ
לָהּ נְסָכִים הָקֵים תָּקִימְנָה אֶת־נִדְרֵיכֶם וְעָשֹׂה תַעֲשֶׂינָה אֶת־
נִדְרֵיכֶם: לָכֵן שִׁמְעוּ דְבַר־יְהוָֺה כָּל־יְהוּדָה הַיֹּשְׁבִים בְּאֶרֶץ כו
מִצְרָיִם הִנְנִי נִשְׁבַּעְתִּי בִּשְׁמִי הַגָּדוֹל אָמַר יְהוָֺה אִם־יִהְיֶה עוֹד
שְׁמִי נִקְרָא ׀ בְּפִי ׀ כָּל־אִישׁ יְהוּדָה אֹמֵר חַי־אֲדֹנָי יְהוִֺה בְּכָל־
אֶרֶץ מִצְרָיִם: הִנְנִי שֹׁקֵד עֲלֵיהֶם לְרָעָה וְלֹא לְטוֹבָה וְתַמּוּ כָל־ כז
אִישׁ יְהוּדָה אֲשֶׁר בְּאֶרֶץ־מִצְרַיִם בַּחֶרֶב וּבָרָעָב עַד־כְּלוֹתָם:
וּפְלִיטֵי חֶרֶב יְשֻׁבוּן מִן־אֶרֶץ מִצְרַיִם אֶרֶץ יְהוּדָה מְתֵי מִסְפָּר כח
וְיָדְעוּ כָּל־שְׁאֵרִית יְהוּדָה הַבָּאִים לְאֶרֶץ־מִצְרַיִם לָגוּר שָׁם
דְּבַר־מִי יָקוּם מִמֶּנִּי וּמֵהֶם: וְזֹאת לָכֶם הָאוֹת נְאֻם־יְהוָֺה כִּי־ כט
פֹקֵד אֲנִי עֲלֵיכֶם בַּמָּקוֹם הַזֶּה לְמַעַן תֵּדְעוּ כִּי קוֹם יָקוּמוּ דְבָרַי
עֲלֵיכֶם לְרָעָה: כֹּה ׀ אָמַר יְהוָֺה הִנְנִי נֹתֵן אֶת־ ל
פַּרְעֹה חָפְרַע מֶלֶךְ־מִצְרַיִם בְּיַד אֹיְבָיו וּבְיַד מְבַקְשֵׁי נַפְשׁוֹ
כַּאֲשֶׁר נָתַתִּי אֶת־צִדְקִיָּהוּ מֶלֶךְ־יְהוּדָה בְּיַד נְבוּכַדְרֶאצַּר
מֶלֶךְ־בָּבֶל אֹיְבוֹ וּמְבַקֵּשׁ נַפְשׁוֹ: הַדָּבָר אֲשֶׁר אמה
דִּבֶּר יִרְמְיָהוּ הַנָּבִיא אֶל־בָּרוּךְ בֶּן־נֵרִיָּה בְּכָתְבוֹ אֶת־הַדְּבָרִים
הָאֵלֶּה עַל־סֵפֶר מִפִּי יִרְמְיָהוּ בַּשָּׁנָה הָרְבִעִית לִיהוֹיָקִים בֶּן־
יֹאשִׁיָּהוּ מֶלֶךְ יְהוּדָה לֵאמֹר: כֹּה־אָמַר יְהוָֺה אֱלֹהֵי יִשְׂרָאֵל ב
עָלֶיךָ בָּרוּךְ: אָמַרְתָּ אוֹי־נָא לִי כִּי־יָסַף יְהוָֺה יָגוֹן עַל־מַכְאֹבִי ג
יָגַעְתִּי בְּאַנְחָתִי וּמְנוּחָה לֹא מָצָאתִי: כֹּה ׀ תֹּאמַר אֵלָיו כֹּה ד
אָמַר יְהוָֺה הִנֵּה אֲשֶׁר־בָּנִיתִי אֲנִי הֹרֵס וְאֵת אֲשֶׁר־נָטַעְתִּי
אֲנִי נֹתֵשׁ וְאֶת־כָּל־הָאָרֶץ הִיא: וְאַתָּה תְּבַקֶּשׁ־לְךָ גְדֹלוֹת ה
אַל־תְּבַקֵּשׁ כִּי הִנְנִי מֵבִיא רָעָה עַל־כָּל־בָּשָׂר נְאֻם־יְהוָֺה
וְנָתַתִּי לְךָ אֶת־נַפְשְׁךָ לְשָׁלָל עַל כָּל־הַמְּקֹמוֹת אֲשֶׁר תֵּלֵךְ־
שָׁם: אֲשֶׁר הָיָה דְבַר־יְהוָֺה אֶל־יִרְמְיָהוּ הַנָּבִיא אמו
עַל־הַגּוֹיִם: לְמִצְרַיִם עַל־חֵיל פַּרְעֹה נְכוֹ מֶלֶךְ מִצְרַיִם אֲשֶׁר־ ב
הָיָה עַל־נְהַר־פְּרָת בְּכַרְכְּמִשׁ אֲשֶׁר הִכָּה נְבוּכַדְרֶאצַּר מֶלֶךְ
בָּבֶל בִּשְׁנַת הָרְבִיעִית לִיהוֹיָקִים בֶּן־יֹאשִׁיָּהוּ מֶלֶךְ יְהוּדָה:
עִרְכוּ מָגֵן וְצִנָּה וּגְשׁוּ לַמִּלְחָמָה: אִסְרוּ הַסּוּסִים וַעֲלוּ הַפָּרָשִׁים גד
וְהִתְיַצְּבוּ בְּכוֹבָעִים מִרְקוּ הָרְמָחִים לִבְשׁוּ הַסִּרְיֹנֹת: מַדּוּעַ ה
רָאִיתִי הֵמָּה חַתִּים נְסֹגִים אָחוֹר וְגִבּוֹרֵיהֶם יֻכַּתּוּ וּמָנוֹס נָסוּ

testimonies; therefore this evil has happened to you, as at this day.   Moreover Yirmeyahu said to all the people, and to all the women, Hear the word of the LORD, all those of Yehuda who are in the land of Miẓrayim: thus says the LORD of hosts, the GOD of Yisra'el saying; You and your wives have both spoken with your mouths, and fulfilled with your hands, saying, We will surely perform our vows that we have vowed, to burn incense to the queen of heaven, and to pour out drink offerings to her: if you will accomplish your vows, accomplish them; and if you will perform your vows, then perform them. Therefore hear the word of the LORD, all those of Yehuda who dwell in the land of Miẓrayim; Behold, I have sworn by my great name, says the LORD, that my name shall no more be named in the mouth of any man of Yehuda in all the land of Miẓrayim, saying, the LORD GOD lives. Behold, I will watch over them for evil, and not for good: and all the men of Yehuda that are in the land of Miẓrayim shall be consumed by the sword and by the famine, until there be an end of them. Yet a small number that escape the sword shall return out of the land of Miẓrayim into the land of Yehuda, and all the remnant of Yehuda, who are gone into the land of Miẓrayim to sojourn there, shall know whose words shall stand, mine, or theirs. And this shall be a sign to you, says the LORD, that I will punish you in this place, that you may know that my words shall surely stand against you for evil: thus says the LORD; Behold, I will give Par'o Ḥofra king of Miẓrayim into the hand of his enemies, and into the hand of them that seek his life; as I gave Ẓidqiyyahu king of Yehuda into the hand of Nevukhadreẓẓar king of Bavel, who was his enemy, and sought his life.   The word **45** that Yirmeyahu the prophet spoke to Barukh the son of Neriyya when he had written these words in a book at the mouth of Yirmeyahu in the fourth year of Yehoyaqim the son of Yoshiyyahu king of Yehuda, saying, Thus says the LORD, the GOD of Yisra'el to thee, O Barukh; Thou didst say, Woe is me now! for the LORD has added grief to my pain; I am weary in my sighing, and I find no rest. Thus shalt thou say to him, The LORD says thus; Behold, that which I have built I break down, and that which I have planted I pluck up, namely this whole land. And seekest thou great things for thyself? seek them not: for, behold, I will bring evil upon all flesh, says the LORD: but thy life I will give to thee for a prey in all the places to which thou goest.   The word of the LORD which came to Yirmeyahu **46** the prophet against the nations; against Miẓrayim, against the army of Par'o Nekho, king of Miẓrayim, which was by the river Perat in Karkemish, whom Nevukhadreẓẓar king of Bavel smote in the fourth year of Yehoyaqim the son of Yoshiyyahu king of Yehuda. Order the buckler and shield, and draw near to battle. Harness the horses; and mount, O horsemen, and stand to with your helmets; polish the spears, and put on the coats of mail. Why have I seen them dismayed and turning back? and their mighty ones are beaten down, and are fled away, and they do

וְלֹא הִפְנוּ מָגוֹר מִסָּבִיב נְאֻם־יְהוָֹה: אַל־יָנוּס הַקַּל וְאַל־יִמָּלֵט
הַגִּבּוֹר צָפוֹנָה עַל־יַד נְהַר־פְּרָת כָּשְׁלוּ וְנָפָלוּ: מִי־זֶה כַּיְאֹר
יַעֲלֶה כַּנְּהָרוֹת יִתְגָּעֲשׁוּ מֵימָיו: מִצְרַיִם כַּיְאֹר יַעֲלֶה וְכַנְּהָרוֹת
יִתְגָּעֲשׁוּ מָיִם וַיֹּאמֶר אַעֲלֶה אֲכַסֶּה־אֶרֶץ אֹבִידָה עִיר וְיֹשְׁבֵי
בָהּ: עֲלוּ הַסּוּסִים וְהִתְהֹלְלוּ הָרֶכֶב וְיֵצְאוּ הַגִּבּוֹרִים כּוּשׁ וּפוּט
תֹּפְשֵׂי מָגֵן וְלוּדִים תֹּפְשֵׂי דֹּרְכֵי קָשֶׁת: וְהַיּוֹם הַהוּא לַאדֹנָי יְהוִֹה
צְבָאוֹת יוֹם נְקָמָה לְהִנָּקֵם מִצָּרָיו וְאָכְלָה חֶרֶב וְשָׂבְעָה
וְרָוְתָה מִדָּמָם כִּי זֶבַח לַאדֹנָי יְהוִֹה צְבָאוֹת בְּאֶרֶץ צָפוֹן
אֶל־נְהַר־פְּרָת: עֲלִי גִלְעָד וּקְחִי צֳרִי בְּתוּלַת בַּת־מִצְרָיִם
לַשָּׁוְא הִרְבֵּית רְפֻאוֹת תְּעָלָה אֵין לָךְ: שָׁמְעוּ גוֹיִם קְלוֹנֵךְ
וְצִוְחָתֵךְ מָלְאָה הָאָרֶץ כִּי־גִבּוֹר בְּגִבּוֹר כָּשָׁלוּ יַחְדָּיו נָפְלוּ
שְׁנֵיהֶם: הַדָּבָר אֲשֶׁר דִּבֶּר יְהוָֹה אֶל־יִרְמְיָהוּ
הַנָּבִיא לָבוֹא נְבוּכַדְרֶאצַּר מֶלֶךְ בָּבֶל לְהַכּוֹת אֶת־אֶרֶץ
מִצְרָיִם: הַגִּידוּ בְמִצְרַיִם וְהַשְׁמִיעוּ בְמִגְדּוֹל וְהַשְׁמִיעוּ בְנֹף
וּבְתַחְפַּנְחֵס אִמְרוּ הִתְיַצֵּב וְהָכֵן לָךְ כִּי־אָכְלָה חֶרֶב סְבִיבֶיךָ:
מַדּוּעַ נִסְחַף אַבִּירֶיךָ לֹא עָמַד כִּי יְהוָֹה הֲדָפוֹ: הִרְבָּה כּוֹשֵׁל
גַּם־נָפַל אִישׁ אֶל־רֵעֵהוּ וַיֹּאמְרוּ קוּמָה וְנָשֻׁבָה אֶל־עַמֵּנוּ וְאֶל־
אֶרֶץ מוֹלַדְתֵּנוּ מִפְּנֵי חֶרֶב הַיּוֹנָה: קָרְאוּ שָׁם פַּרְעֹה מֶלֶךְ־
מִצְרַיִם שָׁאוֹן הֶעֱבִיר הַמּוֹעֵד: חַי־אָנִי נְאֻם־הַמֶּלֶךְ יְהוָֹה
צְבָאוֹת שְׁמוֹ כִּי כְּתָבוֹר בֶּהָרִים וּכְכַרְמֶל בַּיָּם יָבוֹא: כְּלֵי גוֹלָה
עֲשִׂי לָךְ יוֹשֶׁבֶת בַּת־מִצְרָיִם כִּי־נֹף לְשַׁמָּה תִהְיֶה וְנִצְּתָה מֵאֵין
יוֹשֵׁב: עֶגְלָה יְפֵה־פִיָּה מִצְרָיִם קֶרֶץ מִצָּפוֹן בָּא
בָא: גַּם־שְׂכִרֶיהָ בְקִרְבָּהּ כְּעֶגְלֵי מַרְבֵּק כִּי־גַם־הֵמָּה הִפְנוּ נָסוּ
יַחְדָּיו לֹא עָמָדוּ כִּי יוֹם אֵידָם בָּא עֲלֵיהֶם עֵת פְּקֻדָּתָם: קוֹלָהּ
כַּנָּחָשׁ יֵלֵךְ כִּי־בְחַיִל יֵלֵכוּ וּבְקַרְדֻּמּוֹת בָּאוּ לָהּ כְּחֹטְבֵי עֵצִים:
כָּרְתוּ יַעְרָהּ נְאֻם־יְהוָֹה כִּי לֹא יֵחָקֵר כִּי רַבּוּ מֵאַרְבֶּה וְאֵין
לָהֶם מִסְפָּר: הֹבִישָׁה בַּת־מִצְרָיִם נִתְּנָה בְּיַד עַם־צָפוֹן: אָמַר
יְהוָֹה צְבָאוֹת אֱלֹהֵי יִשְׂרָאֵל הִנְנִי פוֹקֵד אֶל־אָמוֹן מִנֹּא וְעַל־
פַּרְעֹה וְעַל־מִצְרַיִם וְעַל־אֱלֹהֶיהָ וְעַל־מְלָכֶיהָ וְעַל־פַּרְעֹה וְעַל
הַבֹּטְחִים בּוֹ: וּנְתַתִּים בְּיַד מְבַקְשֵׁי נַפְשָׁם וּבְיַד נְבוּכַדְרֶאצַּר
מֶלֶךְ־בָּבֶל וּבְיַד עֲבָדָיו וְאַחֲרֵי־כֵן תִּשְׁכֹּן כִּימֵי־קֶדֶם נְאֻם־
יְהוָֹה: וְאַתָּה אַל־תִּירָא עַבְדִּי יַעֲקֹב וְאַל־תֵּחַת

6 not look back: terror all around, says the LORD. Let not the
swift flee away, nor the mighty man escape; they shall stumble,
7 and fall towards the north by the river Perat. Who is this that
8 rises like the River, and like streams of turbulent waters? Miẕ-
rayim rises like the River, and like streams of turbulent waters:
and he says I will go up, and I will cover the earth; I will
9 destroy the city and its inhabitants. Come up, O horses; and
rage, O chariots; and let the mighty men come forth; Kush and
Put, that handle the shield; and Ludim, that handle and bend
10 the bow. For this is the day of the LORD GOD of hosts, a day of
vengeance, that he may avenge him of his adversaries: and
the sword shall devour, and it shall be sated, and drink its fill
of their blood: for the LORD GOD of hosts has a sacrifice in the
11 north country by the river Perat. Go up to Gil'ad, and take balm,
O virgin, daughter of Miẕrayim: in vain shalt thou use many
12 medicines; for thou shalt not be cured. The nations have heard
of thy shame, and thy cry has filled the land: for the mighty
man has stumbled against the mighty, and they are both fallen
13 together. The word that the LORD spoke to Yirmeyahu
the prophet, how Nevukhadreẕẕar king of Bavel should come
14 and smite the land of Miẕrayim. Declare in Miẕrayim, and
publish in Migdol, and report in Nof and in Taḥpanḥes: say,
Stand to, and prepare thyself; for the sword shall devour round
15 about thee. Why are thy valiant men swept away? None of
16 them stood, because the LORD did thrust him down. He made
many to fall, indeed, one fell upon another: and they said,
Arise, and let us go again to our own people, and to the land
17 of our nativity, from the oppressing sword. They did cry there,
Par'o king of Miẕrayim is but a noise; he has passed the time
18 appointed. As I live, says the King, whose name is the LORD of
hosts, Surely as Tavor is among the mountains, and as Karmel
19 by the sea, so shall he come. O thou daughter dwelling in Miẕ-
rayim, furnish thyself with the baggage of Exile: for Nof shall
20 be waste and desolate without inhabitant. Miẕrayim is
like a very fair heifer, but destruction comes; it comes out of
21 the north. Also her hired men in the midst of her are like fatted
bullocks; for they also are turned back, and are fled away
together: they did not stand, because the day of their calamity
22 was come upon them, and the time of their punishment. Her
sound is like that of a snake on the move; for they shall march
with force and come against her with axes, like hewers of wood.
23 They shall cut down her forest, says the LORD, though it cannot
be searched; because they are more numerous than locusts, and
24 are innumerable. The daughter of Miẕrayim shall be confounded;
she shall be delivered into the hand of the people of the north.
25 The LORD of hosts, the GOD of Yisra'el, says; Behold, I will
punish Amon of No, and Par'o and Miẕrayim, with their gods,
and their kings; even Par'o, and all those who trust in him:
26 and I will deliver them into the hand of those who seek their
lives, and into the hand of Nevukhadreẕẕar king of Bavel, and
into the hand of his servants: and afterwards it shall be inhab-
27 ited, as in the days of old, says the LORD. But fear not
thou, O my servant Ya'aqov, and be not dismayed, O Yisra'el:

יִשְׂרָאֵל כִּי הִנְנִי מוֹשִׁעֲךָ מֵרָחוֹק וְאֶת־זַרְעֲךָ מֵאֶרֶץ שִׁבְיָם
כח וְשָׁב יַעֲקוֹב וְשָׁקַט וְשַׁאֲנַן וְאֵין מַחֲרִיד: אַתָּה אַל־תִּירָא עַבְדִּי
יַעֲקֹב נְאֻם־יְהוָה כִּי אִתְּךָ אָנִי כִּי אֶעֱשֶׂה כָלָה בְּכָל־הַגּוֹיִם ׀
אֲשֶׁר הִדַּחְתִּיךָ שָׁמָּה וְאֹתְךָ לֹא־אֶעֱשֶׂה כָלָה וְיִסַּרְתִּיךָ לַמִּשְׁפָּט
מז א וְנַקֵּה לֹא אֲנַקֶּךָּ: אֲשֶׁר הָיָה דְבַר־יְהוָה אֶל־
יִרְמְיָהוּ הַנָּבִיא אֶל־פְּלִשְׁתִּים בְּטֶרֶם יַכֶּה פַרְעֹה אֶת־עַזָּה:
ב כֹּה ׀ אָמַר יְהוָה הִנֵּה־מַיִם עֹלִים מִצָּפוֹן וְהָיוּ לְנַחַל שׁוֹטֵף
וְיִשְׁטְפוּ אֶרֶץ וּמְלוֹאָהּ עִיר וְיֹשְׁבֵי בָהּ וְזָעֲקוּ הָאָדָם וְהֵילִל כֹּל
ג יוֹשֵׁב הָאָרֶץ: מִקּוֹל שַׁעֲטַת פַּרְסוֹת אַבִּירָיו מֵרַעַשׁ לְרִכְבּוֹ
ד הֲמוֹן גַּלְגִּלָּיו לֹא־הִפְנוּ אָבוֹת אֶל־בָּנִים מֵרִפְיוֹן יָדָיִם: עַל־הַיּוֹם
הַבָּא לִשְׁדוֹד אֶת־כָּל־פְּלִשְׁתִּים לְהַכְרִית לְצֹר וּלְצִידוֹן כֹּל
שָׂרִיד עֹזֵר כִּי־שֹׁדֵד יְהוָה אֶת־פְּלִשְׁתִּים שְׁאֵרִית אִי כַפְתּוֹר:
ה בָּאָה קָרְחָה אֶל־עַזָּה נִדְמְתָה אַשְׁקְלוֹן שְׁאֵרִית עִמְקָם עַד־
ו מָתַי תִּתְגּוֹדָדִי: הוֹי חֶרֶב לַיהוָה עַד־אָנָה לֹא תִשְׁקֹטִי הֵאָסְפִי
ז אֶל־תַּעְרֵךְ הֵרָגְעִי וָדֹמִּי: אֵיךְ תִּשְׁקֹטִי וַיהוָה צִוָּה־לָהּ אֶל־
מח א אַשְׁקְלוֹן וְאֶל־חוֹף הַיָּם שָׁם יְעָדָהּ: לְמוֹאָב כֹּה־
אָמַר יְהוָה צְבָאוֹת אֱלֹהֵי יִשְׂרָאֵל הוֹי אֶל־נְבוֹ כִּי שֻׁדָּדָה
ב הֹבִישָׁה נִלְכְּדָה קִרְיָתָיִם הֹבִישָׁה הַמִּשְׂגָּב וָחָתָּה: אֵין עוֹד
תְּהִלַּת מוֹאָב בְּחֶשְׁבּוֹן חָשְׁבוּ עָלֶיהָ רָעָה לְכוּ וְנַכְרִיתֶנָּה מִגּוֹי
ג גַּם־מַדְמֵן תִּדֹּמִּי אַחֲרַיִךְ תֵּלֶךְ חָרֶב: קוֹל צְעָקָה מֵחֹרוֹנָיִם שֹׁד
ד ה וָשֶׁבֶר גָּדוֹל: נִשְׁבְּרָה מוֹאָב הִשְׁמִיעוּ זְּעָקָה צעוריה: כִּי מַעֲלֵה צְעִירֶיהָ
הלחות בִּבְכִי יַעֲלֶה־בֶּכִי כִּי בְּמוֹרַד חֹרֹנַיִם צָרֵי צַעֲקַת־שֶׁבֶר הַלּוּחִית
ו ז שָׁמֵעוּ: נֻסוּ מַלְּטוּ נַפְשְׁכֶם וְתִהְיֶינָה כַּעֲרוֹעֵר בַּמִּדְבָּר: כִּי יַעַן
בִּטְחֵךְ בְּמַעֲשַׂיִךְ וּבְאוֹצְרוֹתַיִךְ גַּם־אַתְּ תִּלָּכֵדִי וְיָצָא כמיש כְּמוֹשׁ
ח בַּגּוֹלָה כֹּהֲנָיו וְשָׂרָיו יחד: וְיָבֹא שֹׁדֵד אֶל־כָּל־עִיר וְעִיר לֹא יַחְדָּו
ט תִמָּלֵט וְאָבַד הָעֵמֶק וְנִשְׁמַד הַמִּישֹׁר אֲשֶׁר אָמַר יְהוָה: תְּנוּ־
צִיץ לְמוֹאָב כִּי נָצֹא תֵּצֵא וְעָרֶיהָ לְשַׁמָּה תִהְיֶינָה מֵאֵין יוֹשֵׁב
י בָּהֵן: אָרוּר עֹשֶׂה מְלֶאכֶת יְהוָה רְמִיָּה וְאָרוּר מֹנֵעַ חַרְבּוֹ מִדָּם:
יא שַׁאֲנַן מוֹאָב מִנְּעוּרָיו וְשֹׁקֵט הוּא אֶל־שְׁמָרָיו וְלֹא־הוּרַק מִכְּלִי
אֶל־כֶּלִי וּבַגּוֹלָה לֹא הָלָךְ עַל־כֵּן עָמַד טַעְמוֹ בּוֹ וְרֵיחוֹ
יב לֹא נָמָר: לָכֵן הִנֵּה־יָמִים בָּאִים נְאֻם־יְהוָה
יג וְשִׁלַּחְתִּי־לוֹ צֹעִים וְצֵעֻהוּ וְכֵלָיו יָרִיקוּ וְנִבְלֵיהֶם יְנַפֵּצוּ: וּבֹשׁ
מוֹאָב מִכְּמוֹשׁ כַּאֲשֶׁר־בֹּשׁוּ בֵּית יִשְׂרָאֵל מִבֵּית אֵל מִבְטֶחָם:

for, behold, I will save thee from afar, and thy seed from the
land of their captivity; and Ya'aqov shall return, and be quiet
and at ease, and none shall make him afraid. Fear thou not, O 28
Ya'aqov my servant, says the Lord: for I am with thee; for I will
make a full end of all the nations where I have driven thee:
but I will not make a full end of thee, but correct thee in due
measure; yet will I not utterly destroy thee. The word of **47**
the Lord that came to Yirmeyahu the prophet against the
Pelishtim, before Par'o smote 'Azza. Thus says the Lord; Behold, 2
waters rise up out of the north, and shall be an overflowing
flood, and shall overflow the land, and all its fullness; the city,
and those who dwell in it; then the men shall cry, and all the
inhabitants of the land shall howl. At the noise of the stamping 3
of the hoofs of his stallions, at the rushing of his chariots, at
the rumbling of his wheels, the fathers do not look back to
their children for feebleness of hands; because of the day that 4
comes to spoil all the Pelishtim, and to cut off from Ẕor and
Ẕidon every helper that remains: for the Lord will spoil the
Pelishtim, the remnant of the country of Kaftor. Baldness is 5
come upon 'Azza; Ashqelon is cut off; O remnant of their valley,
how long wilt thou gash thyself? O thou sword of the Lord, how 6
long will it be ere thou be quiet? put up thyself into thy scab-
bard, rest, and be still. How can it be quiet, seeing the Lord has 7
given it a charge against Ashqelon, and against the sea shore?
there he has appointed it. Against Mo'av thus says the **48**
Lord of hosts, the God of Yisra'el; Woe to Nevo! for it is
spoiled: Qiryatayim is confounded and taken: Misgav is con-
founded and dismayed. There shall be no more praise of Mo'av: 2
in Ḫeshbon they have devised evil against it; come, and let us
cut it off from being a nation. Also thou shalt be cut down, O
Madmen; the sword shall pursue thee. A voice of crying shall 3
come from Ḫoronayim, spoiling and great destruction. Mo'av 4
is destroyed; her little ones have raised a cry. For in the ascent 5
of Luḫit with continual weeping shall they go up; for in the
going down of Ḫoronayim they have heard the distressing cry
of destruction. Flee, save your lives, and be like the juniper tree 6
in the wilderness. For because thou hast trusted in thy works 7
and in thy treasures, thou shalt also be taken: and Kemosh shall
go out into exile, his priests and his princes together. And the 8
spoiler shall come upon every city, and no city shall escape:
the valley also shall be ruined, and the plain shall be destroyed,
as the Lord has spoken. Give wings to Mo'av, that it may flee 9
and get away: for her cities shall be desolate, without any to
dwell in them. Cursed be he that does the work of the Lord 10
negligently, and cursed be he that keeps back his sword from
blood. Mo'av has been at ease from his youth, and he has settled 11
on his lees, and has not been emptied from vessel to vessel,
neither has he gone into exile: therefore his taste remained
in him, and his scent is not changed. Therefore, behold, 12
days are coming, says the Lord, when I will send to him tilters
who will tilt him, and will empty his vessels, and break their
bottles. And Mo'av shall be ashamed of Kemosh, as the house 13

יד טו אֵיךְ תֹּאמְרוּ גִּבּוֹרִים אֲנָחְנוּ וְאַנְשֵׁי־חַיִל לַמִּלְחָמָה: שֻׁדַּד מוֹאָב
וְעָרֶיהָ עָלָה וּמִבְחַר בַּחוּרָיו יָרְדוּ לַטָּבַח נְאֻם־הַמֶּלֶךְ יְהוָה
טז צְבָאוֹת שְׁמוֹ: קָרוֹב אֵיד־מוֹאָב לָבוֹא וְרָעָתוֹ מִהֲרָה מְאֹד:
יז נֻדוּ לוֹ כָּל־סְבִיבָיו וְכֹל יֹדְעֵי שְׁמוֹ אִמְרוּ אֵיכָה נִשְׁבַּר מַטֵּה־עֹז
יח מַקֵּל תִּפְאָרָה: רְדִי מִכָּבוֹד ישבי בַצָּמָא יֹשֶׁבֶת בַּת־דִּיבוֹן כִּי־ וּשְׁבִי
יט שֹׁדֵד מוֹאָב עָלָה בָךְ שִׁחֵת מִבְצָרָיִךְ: אֶל־דֶּרֶךְ עִמְדִי וְצַפִּי
כ יוֹשֶׁבֶת עֲרוֹעֵר שַׁאֲלִי־נָס וְנִמְלָטָה אִמְרִי מַה־נִּהְיָתָה: הֹבִישׁ
מוֹאָב כִּי־חַתָּה הילילי | וזעקי הַגִּידוּ בְאַרְנוֹן כִּי שֻׁדַּד מוֹאָב: הֵילִילוּ | וּזְעָקוּ
כא וּמִשְׁפָּט בָּא אֶל־אֶרֶץ הַמִּישֹׁר אֶל־חֹלוֹן וְאֶל־יַהְצָה וְעַל־
כב כג מופעת: וְעַל־דִּיבוֹן וְעַל־נְבוֹ וְעַל־בֵּית דִּבְלָתָיִם: וְעַל קִרְיָתַיִם מֵיפָעַת
כד וְעַל־בֵּית גָּמוּל וְעַל־בֵּית מְעוֹן: וְעַל־קְרִיּוֹת וְעַל־בָּצְרָה וְעַל
כה כָּל־עָרֵי אֶרֶץ מוֹאָב הָרְחֹקוֹת וְהַקְּרֹבוֹת: נִגְדְּעָה קֶרֶן מוֹאָב
כו וּזְרֹעוֹ נִשְׁבָּרָה נְאֻם יְהוָה: הַשְׁכִּירֻהוּ כִּי עַל־יְהוָה הִגְדִּיל וְסָפַק
כז מוֹאָב בְּקִיאוֹ וְהָיָה לִשְׂחֹק גַּם־הוּא: וְאִם | לוֹא הַשְּׂחֹק הָיָה
לְךָ יִשְׂרָאֵל אִם־בְּגַנָּבִים נמצאה כִּי־מִדֵּי דְבָרֶיךָ בּוֹ תִּתְנוֹדָד: נִמְצָא
כח עִזְבוּ עָרִים וְשִׁכְנוּ בַּסֶּלַע יֹשְׁבֵי מוֹאָב וִהְיוּ כְיוֹנָה תְּקַנֵּן בְּעֶבְרֵי
כט פִי־פָחַת: שָׁמַעְנוּ גְאוֹן־מוֹאָב גֵּאֶה מְאֹד גָּבְהוֹ וּגְאוֹנוֹ וְגַאֲוָתוֹ
ל וְרֻם לִבּוֹ: אֲנִי יָדַעְתִּי נְאֻם־יְהוָה עֶבְרָתוֹ וְלֹא־כֵן בַּדָּיו לֹא־כֵן
לא עָשׂוּ: עַל־כֵּן עַל־מוֹאָב אֲיֵלִיל וּלְמוֹאָב כֻּלֹּה אֶזְעָק אֶל־אַנְשֵׁי
לב קִיר־חֶרֶשׂ יֶהְגֶּה: מִבְּכִי יַעְזֵר אֶבְכֶּה־לָּךְ הַגֶּפֶן שִׂבְמָה
נְטִישֹׁתַיִךְ עָבְרוּ יָם עַד יָם יַעְזֵר נָגָעוּ עַל־קֵיצֵךְ וְעַל־בְּצִירֵךְ
לג שֹׁדֵד נָפָל: וְנֶאֶסְפָה שִׂמְחָה וָגִיל מִכַּרְמֶל וּמֵאֶרֶץ מוֹאָב וְיַיִן
לד מִיקָבִים הִשְׁבַּתִּי לֹא־יִדְרֹךְ הֵידָד הֵידָד לֹא הֵידָד: מִזַּעֲקַת
חֶשְׁבּוֹן עַד־אֶלְעָלֵה עַד־יַהַץ נָתְנוּ קוֹלָם מִצֹּעַר עַד־חֹרֹנַיִם
לה עֶגְלַת שְׁלִשִׁיָּה כִּי גַּם־מֵי נִמְרִים לִמְשַׁמּוֹת יִהְיוּ: וְהִשְׁבַּתִּי
לו לְמוֹאָב נְאֻם־יְהוָה מַעֲלֶה בָמָה וּמַקְטִיר לֵאלֹהָיו: עַל־כֵּן לִבִּי
לְמוֹאָב כַּחֲלִלִים יֶהֱמֶה וְלִבִּי אֶל־אַנְשֵׁי קִיר־חֶרֶשׂ כַּחֲלִילִים
לז יֶהֱמֶה עַל־כֵּן יִתְרַת עָשָׂה אָבָדוּ: כִּי כָל־רֹאשׁ קָרְחָה וְכָל־זָקָן
לח גְּרֻעָה עַל כָּל־יָדַיִם גְּדֻדֹת וְעַל־מָתְנַיִם שָׂק: עַל כָּל־גַּגּוֹת
מוֹאָב וּבִרְחֹבֹתֶיהָ כֻּלֹּה מִסְפֵּד כִּי־שָׁבַרְתִּי אֶת־מוֹאָב כִּכְלִי
לט אֵין־חֵפֶץ בּוֹ נְאֻם־יְהוָה: אֵיךְ חַתָּה הֵילִילוּ אֵיךְ הִפְנָה־

of Yisra'el was ashamed of Bet-el their confidence. How say 14
you, We are mighty and strong men for the war? Mo'av is 15
spoiled, and they have gone up into her cities, and his chosen
young men are gone down to the slaughter, says the King, whose
name is the LORD of hosts. The calamity of Mo'av is near at 16
hand, and his affliction hastens space. All you that are about 17
him, bemoan him, and all you that know his name; say, How
is the strong staff broken, and the glorious rod! Thou daughter 18
that dost inhabit Divon, come down from thy glory, and sit in
thirst; for the spoiler of Mo'av shall come upon thee, and he
shall destroy thy strongholds. O inhabitant of 'Aro'er, stand by 19
the way, and espy; ask him that flees, and her that escapes, and
say, What is done? Mo'av is confounded; for it is broken down: 20
howl and cry; tell it in Arnon, that Mo'av is spoiled, and 21
judgment is come upon the plain country; upon Ḥolon, and
upon Yahẓa, and upon Mefa'at, and upon Divon, and upon Nevo, 22
and upon Bet-divlatayim, and upon Qiryatayim, and upon Bet- 23
gamul, and upon Bet-me'on, and upon Qeriyyot, and upon Boẓra, 24
upon all the cities of the land of Mo'av, far or near. The horn 25
of Mo'av is cut off, and his arm is broken, says the LORD. Make 26
him drunk: for he magnified himself against the LORD: Mo'av
shall wallow in his vomit, and he too shall be in derision. For 27
was not Yisra'el a derision to thee? was he found among thieves?
for since thou didst speak of him, thou didst wag the head.
O you that dwell in Mo'av, leave the cities, and dwell in the rock, 28
and be like the dove that makes her nest in the sides of the
mouth of the abyss. We have heard the pride of Mo'av, (he is 29
exceeding proud) his loftiness, and his arrogance and his pride,
and the haughtiness of his heart. I know, says the LORD, his 30
insolence, and his injustice; his pratings have wrought injustice.
Therefore will I howl for Mo'av, and I will cry out for all Mo'av; 31
there will be mourning for the men of Qir-ḥeres. O vine of Sivma 32
I will weep for thee with the weeping of Ya'zer: thy branches
are gone over the sea, they reach to the sea of Ya'zer: the
spoiler is fallen upon thy summer fruits and upon thy vintage.
And joy and gladness is taken from the plentiful field, and from 33
the land of Mo'av; and I have caused wine to fail from the wine-
presses: none shall tread with shouting of joy; their shouting
shall be no shouting. From the cry of Ḥeshbon to El'ale, to 34
Yahaz, they have uttered their voice; from Ẓo'ar to Ḥoronayim,
'Eglat, Shelishiyya; for also the waters of Nimrim shall be
desolate. Moreover I will cause to cease in Mo'av, says the LORD, 35
him that offers in the high place, and him that burns incense to
his gods. Therefore my heart shall moan for Mo'av like flutes, 36
and my heart shall moan like pipes for the men of Qir-ḥeres:
because the abundance that he has gained has perished. For 37
every head shall be bald, and every beard clipped: upon all the
hands shall be gashes, and upon the loins sackcloth. There shall 38
be lamentation generally upon all the housetops of Mo'av, and in
its streets; for I have broken Mo'av like an unwanted vessel, says
the LORD. They shall howl, saying, How is it broken down! 39

עֶ֫רֶף מוֹאָב בּוֹשׁ וְהָיָה מוֹאָב לִשְׂחֹק וְלִמְחִתָּה לְכָל־
סְבִיבָיו׃ כִּי־כֹה אָמַר יְהוָה הִנֵּה כַנֶּשֶׁר יִדְאֶה מ
וּפָרַשׂ כְּנָפָיו אֶל־מוֹאָב׃ נִלְכְּדָה הַקְּרִיּוֹת וְהַמְּצָדוֹת נִתְפָּשָׂה מא
וְהָיָה לֵב גִּבּוֹרֵי מוֹאָב בַּיּוֹם הַהוּא כְּלֵב אִשָּׁה מְצֵרָה׃ וְנִשְׁמַד מב
מוֹאָב מֵעָם כִּי עַל־יְהוָה הִגְדִּיל׃ פַּחַד וָפַחַת וָפָח עָלֶיךָ יוֹשֵׁב מג
הנס מוֹאָב נְאֻם־יְהוָה׃ הַנִּיס מִפְּנֵי הַפַּחַד יִפֹּל אֶל־הַפַּחַת וְהָעֹלֶה מד
מִן־הַפַּחַת יִלָּכֵד בַּפָּח כִּי־אָבִיא אֵלֶיהָ אֶל־מוֹאָב שְׁנַת
פְּקֻדָּתָם נְאֻם־יְהוָה׃ בְּצֵל חֶשְׁבּוֹן עָמְדוּ מִכֹּחַ נָסִים כִּי־אֵשׁ מה
יָצָא מֵחֶשְׁבּוֹן וְלֶהָבָה מִבֵּין סִיחוֹן וַתֹּאכַל פְּאַת מוֹאָב וְקָדְקֹד
בְּנֵי שָׁאוֹן׃ אוֹי־לְךָ מוֹאָב אָבַד עַם־כְּמוֹשׁ כִּי־לֻקְּחוּ בָנֶיךָ בַּשֶּׁבִי מו
וּבְנֹתֶיךָ בַּשִּׁבְיָה׃ וְשַׁבְתִּי שְׁבוּת־מוֹאָב בְּאַחֲרִית הַיָּמִים נְאֻם־ מז
יְהוָה עַד־הֵנָּה מִשְׁפַּט מוֹאָב׃ לִבְנֵי עַמּוֹן כֹּה א מט
אָמַר יְהוָה הֲבָנִים אֵין לְיִשְׂרָאֵל אִם־יוֹרֵשׁ אֵין לוֹ מַדּוּעַ יָרַשׁ
כח מַלְכָּם אֶת־גָּד וְעַמּוֹ בְּעָרָיו יָשָׁב׃ לָכֵן הִנֵּה יָמִים בָּאִים נְאֻם־ ב
יְהוָה וְהִשְׁמַעְתִּי אֶל־רַבַּת בְּנֵי־עַמּוֹן תְּרוּעַת מִלְחָמָה וְהָיְתָה
לְתֵל שְׁמָמָה וּבְנֹתֶיהָ בָּאֵשׁ תִּצַּתְנָה וְיָרַשׁ יִשְׂרָאֵל אֶת־יֹרְשָׁיו
אָמַר יְהוָה׃ הֵילִילִי חֶשְׁבּוֹן כִּי שֻׁדְּדָה־עַי צְעַקְנָה בְּנוֹת רַבָּה ג
חֲגֹרְנָה שַׂקִּים סְפֹדְנָה וְהִתְשׁוֹטַטְנָה בַּגְּדֵרוֹת כִּי מַלְכָּם בַּגּוֹלָה
יֵלֵךְ כֹּהֲנָיו וְשָׂרָיו יַחְדָּיו׃ מַה־תִּתְהַלְלִי בָּעֲמָקִים זָב עִמְקֵךְ ד
הַבַּת הַשּׁוֹבֵבָה הַבֹּטְחָה בְּאֹצְרֹתֶיהָ מִי יָבוֹא אֵלָי׃ הִנְנִי מֵבִיא ה
עָלַיִךְ פַּחַד נְאֻם־אֲדֹנָי יְהוִה צְבָאוֹת מִכָּל־סְבִיבָיִךְ וְנִדַּחְתֶּם
אִישׁ לְפָנָיו וְאֵין מְקַבֵּץ לַנֹּדֵד׃ וְאַחֲרֵי־כֵן אָשִׁיב אֶת־שְׁבוּת ו
בְּנֵי־עַמּוֹן נְאֻם־יְהוָה׃ לֶאֱדוֹם כֹּה אָמַר יְהוָה ז
צְבָאוֹת הַאֵין עוֹד חָכְמָה בְּתֵימָן אָבְדָה עֵצָה מִבָּנִים נִסְרְחָה
חָכְמָתָם׃ נֻסוּ הָפְנוּ הֶעְמִיקוּ לָשֶׁבֶת יֹשְׁבֵי דְּדָן כִּי אֵיד עֵשָׂו ח
הֵבֵאתִי עָלָיו עֵת פְּקַדְתִּיו׃ אִם־בֹּצְרִים בָּאוּ לָךְ לֹא יַשְׁאִרוּ ט
עוֹלֵלוֹת אִם־גַּנָּבִים בַּלַּיְלָה הִשְׁחִיתוּ דַיָּם׃ כִּי־אֲנִי חָשַׂפְתִּי י
אֶת־עֵשָׂו גִּלֵּיתִי אֶת־מִסְתָּרָיו וְנֶחְבָּה לֹא יוּכָל שֻׁדַּד זַרְעוֹ
וְאֶחָיו וּשְׁכֵנָיו וְאֵינֶנּוּ׃ עָזְבָה יְתֹמֶיךָ אֲנִי אֲחַיֶּה וְאַלְמְנוֹתֶיךָ עָלַי יא
תִּבְטָחוּ׃ כִּי־כֹה ׀ אָמַר יְהוָה הִנֵּה אֲשֶׁר־אֵין יב
מִשְׁפָּטָם לִשְׁתּוֹת הַכּוֹס שָׁתוֹ יִשְׁתּוּ וְאַתָּה הוּא נָקֹה תִּנָּקֶה לֹא
תִנָּקֶה כִּי שָׁתֹה תִּשְׁתֶּה׃ כִּי בִי נִשְׁבַּעְתִּי נְאֻם־יְהוָה כִּי־לְשַׁמָּה יג

how has Mo'av turned her back with shame! so shall Mo'av
be a derision and a cause of despair to all them about him.
For thus says the LORD; Behold, he shall fly like an 40
eagle, and shall spread his wings over Mo'av. Qeriyyot is taken, 41
and the strongholds are surprised, and the mighty men's hearts
in Mo'av at that day shall be like the heart of a woman in her
pangs; and Mo'av shall be destroyed from being a people, 42
because he has magnified himself against the LORD. Terror, and 43
pit, and snare, shall be upon thee, O inhabitant of Mo'av, says the
LORD. He that flees from the Terror shall fall into the pit; and 44
he that gets up out of the pit shall be taken in the snare: for
I will bring upon it, upon Mo'av, the year of their punishment,
says the LORD. In the shadow of Ḥeshbon the fugitives stood 45
without strength: for a fire has gone out of Ḥeshbon and a flame
from the midst of Siḥon, and has devoured the corner of Mo'av,
and the crown of the head of the roaring people. Woe to these, 46
O Mo'av! The people of Kemosh is perishing: for thy sons are
taken into captivity, and thy daughters into thraldom. Yet I will 47
bring back the captivity of Mo'av in the latter days, says the
LORD. Thus for the judgment of Mo'av. Concerning the **49**
children of 'Ammon, thus says the LORD; Has Yisra'el no sons?
has he no heir? why then does Malkam inherit Gad, and his
people dwell in his cities? Therefore, behold, days are coming, 2
says the LORD, when I will cause an alarm of war to be heard in
Rabba of the children of 'Ammon; and it shall become a desolate
heap, and her daughters shall be burned with fire: then shall
Yisra'el dispossess those who dispossessed him, says the LORD.
Howl, O Ḥeshbon, for 'Ay is plundered: cry, O daughters of 3
Rabba, gird yourselves with sackcloth; lament, and run to and
fro by the hedges; for Malkam shall go into exile, and his priests
and his princes together. Why dost thou glory in the valleys? 4
thy valley flows with blood, O backsliding daughter, that trusts
in her treasures, saying, Who shall come against me? Behold, 5
I will bring terror upon thee, says the LORD GOD of hosts, from
all those who are round about thee; and you shall be driven
out every man straight before him; and there shall be none
to take in the wanderer. And afterwards I will bring back the 6
captivity of the children of 'Ammon, says the LORD.
Concerning Edom, thus says the LORD of hosts; Is wisdom 7
no more in Teman? has counsel perished from the prudent?
has their wisdom vanished? Flee, turn back, dwell in the deeps, 8
O inhabitants of Dedan; for I will bring the calamity of 'Esav
upon him, the time when I punish him. If grape gatherers come 9
to thee, would they not leave some gleanings? if thieves by
night, they will destroy only till they have enough. But I have 10
stripped 'Esav bare, I have uncovered his secret places, and he
shall not be able to hide himself: his seed is plundered, and
his brethren, and his neighbours, and he himself is no more.
Leave thy fatherless children, I will preserve them alive; and 11
let thy widows trust in me. For thus says the LORD; 12
Behold, they to whom it did not appertain to drink of the cup
shall surely drink; and art thou one who shall go scot free? thou
shalt not go unpunished, but thou shalt surely drink. For I have 13

לְחֶרְפָּה לְחֹרֶב וְלִקְלָלָה תִּהְיֶה בָצְרָה וְכָל־עָרֶיהָ תִהְיֶינָה
יד לְחָרְבוֹת עוֹלָם׃ שְׁמוּעָה שָׁמַעְתִּי מֵאֵת יְהוָה וְצִיר בַּגּוֹיִם שָׁלוּחַ
טו הִתְקַבְּצוּ וּבֹאוּ עָלֶיהָ וְקוּמוּ לַמִּלְחָמָה׃ כִּי־הִנֵּה קָטֹן נְתַתִּיךָ
טז בַּגּוֹיִם בָּזוּי בָּאָדָם׃ תִּפְלַצְתְּךָ הִשִּׁיא אֹתָךְ זְדוֹן לִבֶּךָ שֹׁכְנִי בְּחַגְוֵי
הַסֶּלַע תֹּפְשִׂי מְרוֹם גִּבְעָה כִּי־תַגְבִּיהַּ כַּנֶּשֶׁר קִנֶּךָ מִשָּׁם אוֹרִידְךָ
יז נְאֻם־יְהוָה׃ וְהָיְתָה אֱדוֹם לְשַׁמָּה כֹּל עֹבֵר עָלֶיהָ יִשֹּׁם וְיִשְׁרֹק
יח עַל־כָּל־מַכּוֹתֶהָ׃ כְּמַהְפֵּכַת סְדֹם וַעֲמֹרָה וּשְׁכֵנֶיהָ אָמַר יְהוָה
יט לֹא־יֵשֵׁב שָׁם אִישׁ וְלֹא־יָגוּר בָּהּ בֶּן־אָדָם׃ הִנֵּה כְּאַרְיֵה יַעֲלֶה
מִגְּאוֹן הַיַּרְדֵּן אֶל־נְוֵה אֵיתָן כִּי־אַרְגִּיעָה אֲרִיצֶנּוּ מֵעָלֶיהָ וּמִי
בָחוּר אֵלֶיהָ אֶפְקֹד כִּי מִי כָמוֹנִי וּמִי יוֹעִדֶנִּי וּמִי־זֶה רֹעֶה אֲשֶׁר
כ יַעֲמֹד לְפָנָי׃ לָכֵן שִׁמְעוּ עֲצַת־יְהוָה אֲשֶׁר יָעַץ אֶל־אֱדוֹם
וּמַחְשְׁבוֹתָיו אֲשֶׁר חָשַׁב אֶל־יֹשְׁבֵי תֵימָן אִם־לֹא יִסְחָבוּם
כא צְעִירֵי הַצֹּאן אִם־לֹא יַשִּׁים עֲלֵיהֶם נְוֵהֶם׃ מִקּוֹל נִפְלָם רָעֲשָׁה
כב הָאָרֶץ צְעָקָה בְּיַם־סוּף נִשְׁמַע קוֹלָהּ׃ הִנֵּה כַנֶּשֶׁר יַעֲלֶה וְיִדְאֶה
וְיִפְרֹשׂ כְּנָפָיו עַל־בָּצְרָה וְהָיָה לֵב גִּבּוֹרֵי אֱדוֹם בַּיּוֹם הַהוּא כְּלֵב
כג אִשָּׁה מְצֵרָה׃ לְדַמֶּשֶׂק בּוֹשָׁה חֲמָת וְאַרְפָּד כִּי־
כד שְׁמֻעָה רָעָה שָׁמְעוּ נָמֹגוּ בַּיָּם דְּאָגָה הַשְׁקֵט לֹא יוּכָל׃ רָפְתָה
דַמֶּשֶׂק הִפְנְתָה לָנוּס וְרֶטֶט ׀ הֶחֱזִיקָה צָרָה וַחֲבָלִים אֲחָזַתָּה
תְּהִלַּת כה כו כַּיּוֹלֵדָה׃ אֵיךְ לֹא־עֻזְּבָה עִיר תהלה קִרְיַת מְשׂוֹשִׂי׃ לָכֵן יִפְּלוּ
בַחוּרֶיהָ בִּרְחֹבֹתֶיהָ וְכָל־אַנְשֵׁי הַמִּלְחָמָה יִדַּמּוּ בַּיּוֹם הַהוּא
כז נְאֻם יְהוָה צְבָאוֹת׃ וְהִצַּתִּי אֵשׁ בְּחוֹמַת דַּמָּשֶׂק וְאָכְלָה אַרְמְנוֹת
כח בֶּן־הֲדָד׃ לְקֵדָר ׀ וּלְמַמְלְכוֹת חָצוֹר אֲשֶׁר הִכָּה
נְבוּכַדְרֶאצַּר נבוכדראצור מֶלֶךְ־בָּבֶל כֹּה אָמַר יְהוָה קוּמוּ עֲלוּ אֶל־קֵדָר
כט וְשָׁדְדוּ אֶת־בְּנֵי־קֶדֶם׃ אָהֳלֵיהֶם וְצֹאנָם יִקָּחוּ יְרִיעוֹתֵיהֶם וְכָל־
ל כְּלֵיהֶם וּגְמַלֵּיהֶם יִשְׂאוּ לָהֶם וְקָרְאוּ עֲלֵיהֶם מָגוֹר מִסָּבִיב׃ נֻסוּ
נֻּדוּ מְאֹד הֶעְמִיקוּ לָשֶׁבֶת יֹשְׁבֵי חָצוֹר נְאֻם־יְהוָה כִּי־יָעַץ
עֲלֵיכֶם עליהם נְבוּכַדְרֶאצַּר מֶלֶךְ־בָּבֶל עֵצָה וְחָשַׁב עליהם מַחֲשָׁבָה׃
לא קוּמוּ עֲלוּ אֶל־גּוֹי שְׁלֵיו יוֹשֵׁב לָבֶטַח נְאֻם־יְהוָה לֹא־דְלָתַיִם
לב וְלֹא־בְרִיחַ לוֹ בָּדָד יִשְׁכֹּנוּ׃ וְהָיוּ גְמַלֵּיהֶם לָבַז וַהֲמוֹן
מִקְנֵיהֶם לְשָׁלָל וְזֵרִתִים לְכָל־רוּחַ קְצוּצֵי פֵאָה וּמִכָּל־עֲבָרָיו

sworn by myself, says the Lord, that Boẓra shall become a
desolation, a reproach, a waste, and a curse ; and all its cities
shall be perpetual ruins. I have heard a rumour from the Lord,   14
and an ambassador is sent to the heathen, saying, Gather your-
selves together, and come against her, and rise up to the battle.
For, lo, I have made thee small among the nations, despised   15
among men. Thy terribleness has deceived thee, and the pride   16
of thy heart, O thou that dwellest in the clefts of the rock, that
holdest the height of the hill : though thou shouldst make thy
nest as high as the eagle, I will bring thee down from there,
says the Lord. Also Edom shall be a desolation : everyone   17
that goes by it shall be horrified, and shall hiss at all her
disasters. As in the overthrow of Sedom and 'Amora and its   18
neighbour cities, says the LORD, no man shall abide there, neither
shall a son of man dwell in it. Behold, he shall come up like   19
a lion from the wild country of the Yarden against a strong
sheepfold : for in a moment I will make him run over her :
and whoever is chosen, I will appoint him over her ; for who
is like me ? and who will set me a time ? and who is that
shepherd that will stand before me ? Therefore hear the counsel   20
of the Lord, that he has taken against Edom ; and his pur-
poses, that he has purposed against the inhabitants of Teman :
Surely the least of the flock shall drag them away : surely
their fold shall be appalled at them. The earth is moved at   21
the noise of their fall ; the sound of her cry is heard at the
Sea of Suf. Behold, he shall come up and fly like the eagle,   22
and spread his wings over Boẓra : and at that day shall the heart
of the mighty men of Edom be as the heart of a woman in her
pangs.   Concerning Dammeseq. Ḥamat is confounded,   23
and Arpad : for they have heard evil tidings : they are faint-
hearted ; there is anxiety on the sea ; it cannot be quiet.
Dammeseq is grown feeble, and turns herself to flee, and fear   24
has gripped her : anguish and sorrows have seized on her,
like a woman in travail. How was the city of praise left without 25
succour, the city of my joy ! Therefore her young men shall   26
fall in her streets, and all the men of war shall be cut off in
that day, says the Lord of hosts. And I will kindle a fire in   27
the wall of Dammeseq, and it shall consume the palaces of
Ben-hadad.   Concerning Qedar, and concerning the king-   28
doms of Ḥaẓor, which Nevukhadreẓẓar king of Bavel, shall
smite, thus says the Lord ; Arise, go up to Qedar, and plunder
the men of the east. Their tents and their flocks shall be taken 29
away : they shall take to themselves their curtains, and all their
vessels, and their camels ; and they shall cry to them, Terror
on every side ! Flee, get you far off, dwell in the deeps, O   30
inhabitants of Ḥaẓor, says the Lord ; for Nevukhadreẓẓar king
of Bavel has taken counsel against you, and has conceived
a purpose against you. Arise, get you up to a nation at ease,   31
that dwells in security, says the Lord, who have neither gates
nor bars, dwelling alone. And their camels shall be a booty,   32
and the multitude of their cattle a spoil : and I will scatter
to every wind those who have the corners of their hair cut off ;
and I will bring their calamity from every side says the Lord.

לג אָבִיא אֶת־אֵידָם נְאֻם־יְהוָה׃ וְהָיְתָה חָצוֹר לִמְעוֹן תַּנִּים
שְׁמָמָה עַד־עוֹלָם לֹא־יֵשֵׁב שָׁם אִישׁ וְלֹא־יָגוּר בָּהּ בֶּן־
לד אָדָם׃ אֲשֶׁר הָיָה דְבַר־יְהוָה אֶל־יִרְמְיָהוּ הַנָּבִיא
לה אֶל־עֵילָם בְּרֵאשִׁית מַלְכוּת צִדְקִיָּה מֶלֶךְ־יְהוּדָה לֵאמֹר׃ כֹּה
אָמַר יְהוָה צְבָאוֹת הִנְנִי שֹׁבֵר אֶת־קֶשֶׁת עֵילָם רֵאשִׁית
לו גְּבוּרָתָם׃ וְהֵבֵאתִי אֶל־עֵילָם אַרְבַּע רוּחוֹת מֵאַרְבַּע קְצוֹת
הַשָּׁמַיִם וְזֵרִתִים לְכֹל הָרֻחוֹת הָאֵלֶּה וְלֹא־יִהְיֶה הַגּוֹי אֲשֶׁר לֹא־
לז יָבוֹא שָׁם נִדְּחֵי עולם׃ וְהַחְתַּתִּי אֶת־עֵילָם לִפְנֵי אֹיְבֵיהֶם וְלִפְנֵי עֵילָם
מְבַקְשֵׁי נַפְשָׁם וְהֵבֵאתִי עֲלֵיהֶם ׀ רָעָה אֶת־חֲרוֹן אַפִּי נְאֻם־
לח יְהוָה וְשִׁלַּחְתִּי אַחֲרֵיהֶם אֶת־הַחֶרֶב עַד כַּלּוֹתִי אוֹתָם׃ וְשַׂמְתִּי
כִסְאִי בְּעֵילָם וְהַאֲבַדְתִּי מִשָּׁם מֶלֶךְ וְשָׂרִים נְאֻם־יְהוָה׃
לט וְהָיָה ׀ בְּאַחֲרִית הַיָּמִים אשוב אֶת־שבית עֵילָם נְאֻם־ אָשִׁיב | שְׁבוּת
נ א יְהוָה׃ הַדָּבָר אֲשֶׁר דִּבֶּר יְהוָה אֶל־בָּבֶל אֶל־
ב אֶרֶץ כַּשְׂדִּים בְּיַד יִרְמְיָהוּ הַנָּבִיא׃ הַגִּידוּ בַגּוֹיִם וְהַשְׁמִיעוּ
וּשְׂאוּ־נֵס הַשְׁמִיעוּ אַל־תְּכַחֵדוּ אִמְרוּ נִלְכְּדָה בָבֶל הֹבִישׁ בֵּל
ג חַת מְרֹדָךְ הֹבִישׁוּ עֲצַבֶּיהָ חַתּוּ גִּלּוּלֶיהָ׃ כִּי עָלָה עָלֶיהָ גּוֹי
מִצָּפוֹן הוּא־יָשִׁית אֶת־אַרְצָהּ לְשַׁמָּה וְלֹא־יִהְיֶה יוֹשֵׁב
ד בָּהּ מֵאָדָם וְעַד־בְּהֵמָה נָדוּ הָלָכוּ׃ בַּיָּמִים הָהֵמָּה וּבָעֵת
הַהִיא נְאֻם־יְהוָה יָבֹאוּ בְנֵי־יִשְׂרָאֵל הֵמָּה וּבְנֵי־יְהוּדָה יַחְדָּו
ה הָלוֹךְ וּבָכוֹ יֵלֵכוּ וְאֶת־יְהוָה אֱלֹהֵיהֶם יְבַקֵּשׁוּ׃ צִיּוֹן יִשְׁאָלוּ כט
דֶּרֶךְ הֵנָּה פְנֵיהֶם בֹּאוּ וְנִלְווּ אֶל־יְהוָה בְּרִית עוֹלָם לֹא
ו תִשָּׁכֵחַ׃ צֹאן אֹבְדוֹת היה עַמִּי רֹעֵיהֶם הִתְעוּם הָיוּ
ז הָרִים שׁובבים מֵהַר אֶל־גִּבְעָה הָלָכוּ שָׁכְחוּ רִבְצָם׃ כָּל־ שׁוֹבְבוּם
מוֹצְאֵיהֶם אֲכָלוּם וְצָרֵיהֶם אָמְרוּ לֹא נֶאְשָׁם תַּחַת אֲשֶׁר חָטְאוּ
ח לַיהוָה נְוֵה־צֶדֶק וּמִקְוֵה אֲבוֹתֵיהֶם יְהוָה׃ נֻדוּ
מִתּוֹךְ בָּבֶל וּמֵאֶרֶץ כַּשְׂדִּים יצאו וִהְיוּ כְּעַתּוּדִים לִפְנֵי־צֹאן׃ צְאוּ
ט כִּי הִנֵּה אָנֹכִי מֵעִיר וּמַעֲלֶה עַל־בָּבֶל קְהַל־גּוֹיִם גְּדֹלִים מֵאֶרֶץ
צָפוֹן וְעָרְכוּ לָהּ מִשָּׁם תִּלָּכֵד חִצָּיו כְּגִבּוֹר מַשְׁכִּיל לֹא יָשׁוּב
י רֵיקָם׃ וְהָיְתָה כַשְׂדִּים לְשָׁלָל כָּל־שֹׁלְלֶיהָ יִשְׂבָּעוּ נְאֻם־יְהוָה׃
יא כִּי תשמחי כִּי תעלזי שֹׁסֵי נַחֲלָתִי כִּי תפושי כְּעֶגְלָה דָשָׁה תִשְׂמְחוּ | תַעַלְזוּ תָפוּשׁוּ
יב ותצהלי כָּאַבִּרִים׃ בּוֹשָׁה אִמְּכֶם מְאֹד חָפְרָה יוֹלַדְתְּכֶם הִנֵּה וְתִצְהֲלוּ
יג אַחֲרִית גּוֹיִם מִדְבָּר צִיָּה וַעֲרָבָה׃ מִקֶּצֶף יְהוָה לֹא תֵשֵׁב וְהָיְתָה
שְׁמָמָה כֻּלָּהּ כֹּל עֹבֵר עַל־בָּבֶל יִשֹּׁם וְיִשְׁרֹק עַל־כָּל־מַכּוֹתֶהָ׃

33 And Ḥaẕor shall be a den of jackals, and a desolation for ever:
there shall no man abide there, nor any son of man dwell in
34 it. The word of the Lord that came to Yirmeyahu the
prophet against 'Elam in the beginning of the reign of Ẕidqiy-
35 yahu king of Yehuda, saying, Thus says the Lord of hosts;
Behold, I will break the bow of 'Elam, the chief of their might.
36 And upon 'Elam will I bring the four winds from the four
quarters of heaven, and will scatter them to all those winds;
and there shall be no nation to which the outcasts of 'Elam
37 shall not come. For I will cause 'Elam to lost heart before
their enemies, and before them that seek their life: and I
will bring evil upon them, my fierce anger, says the Lord;
and I will send the sword after them, till I have consumed
38 them: and I will set my throne in 'Elam, and will destroy
39 from there the king and the princes, says the Lord. But it shall
come to pass in the latter days, that I will bring back the
50 captivity of 'Elam, says the Lord. The word that the
Lord spoke against Bavel and against the land of the Kasdim
2 by Yirmeyahu the prophet. Declare among the nations, and
publish, and set up a banner; proclaim, and conceal not: say,
Bavel is taken, Bel is confounded, Merodakh is broken in
pieces; her idols are put to shame, her images are shattered.
3 For out of the north comes up a nation against her, who shall
make her land desolate, and none shall dwell in it: they shall
4 remove, they shall depart, both man and beast. In those days,
and in that time, says the Lord, the children of Yisra'el shall
come, they and the children of Yehuda together, going and
5 weeping: they shall go, and seek the LORD their GOD. They
shall ask the way to Ẕiyyon with their faces towards it, saying,
Come, and let us join ourselves to the Lord in a perpetual
6 covenant that shall not be forgotten. My people has
been lost sheep: their shepherds have caused them to go astray,
they have turned them away on the mountains: they have
gone from mountain to hill, they have forgotten their resting
7 place. All that found them have devoured them: and their
adversaries have said, We are not guilty, because they have
sinned against the Lord, the habitation of justice, even the
8 Lord, the hope of their fathers. Flee out of the midst
of Bavel, and depart from the land of the Kasdim, and be as the
9 he goats before the flocks. For, lo, I will raise and cause to
come up against Bavel an assembly of great nations from the
north country: and they shall array themselves against her;
from there she shall be taken: their arrows shall be like those
10 of a death dealing warrior; none shall return in vain. And the
land of the Kasdim shall be a spoil: all that plunder her shall
11 be satisfied, says the Lord. Because you were glad, because
you rejoiced, O robbers of my heritage, because you are grown
12 fat like the heifer at grass, and you neigh like stallions; your
mother shall be greatly ashamed; she that bore you shall be
disgraced: behold, shall be the last of the nations, a wilderness,
13 a dry land, and a desert. Because of the wrath of the Lord
it shall not be inhabited, but it shall be wholly desolate: every-
one that goes by Bavel shall be horrified, and shall hiss because

עִרְכוּ עַל־בָּבֶל ׀ סָבִיב כָּל־דֹּרְכֵי קֶשֶׁת יְדוּ אֵלֶיהָ אַל־תַּחְמְלוּ יד
אֶל־חֵץ כִּי לַיהוָה חָטָאָה׃ הָרִיעוּ עָלֶיהָ סָבִיב נָתְנָה יָדָהּ נָפְלוּ טו
אָשְׁיוֹתֶיהָ אשויתיה נֶהֶרְסוּ חוֹמוֹתֶיהָ כִּי נִקְמַת יְהוָה הִיא הִנָּקְמוּ בָהּ
כַּאֲשֶׁר עָשְׂתָה עֲשׂוּ־לָהּ׃ כִּרְתוּ זוֹרֵעַ מִבָּבֶל וְתֹפֵשׂ מַגָּל טז
בְּעֵת קָצִיר מִפְּנֵי חֶרֶב הַיּוֹנָה אִישׁ אֶל־עַמּוֹ יִפְנוּ וְאִישׁ
לְאַרְצוֹ יָנֻסוּ׃ שֶׂה פְזוּרָה יִשְׂרָאֵל אֲרָיוֹת הִדִּיחוּ יז
הָרִאשׁוֹן אֲכָלוֹ מֶלֶךְ אַשּׁוּר וְזֶה הָאַחֲרוֹן עִצְּמוֹ נְבוּכַדְרֶאצַּר
מֶלֶךְ בָּבֶל׃ לָכֵן כֹּה־אָמַר יְהוָה צְבָאוֹת אֱלֹהֵי יִשְׂרָאֵל הִנְנִי יח
פֹקֵד אֶל־מֶלֶךְ בָּבֶל וְאֶל־אַרְצוֹ כַּאֲשֶׁר פָּקַדְתִּי אֶל־מֶלֶךְ
אַשּׁוּר׃ וְשֹׁבַבְתִּי אֶת־יִשְׂרָאֵל אֶל־נָוֵהוּ וְרָעָה הַכַּרְמֶל וְהַבָּשָׁן יט
וּבְהַר אֶפְרַיִם וְהַגִּלְעָד תִּשְׂבַּע נַפְשׁוֹ׃ בַּיָּמִים הָהֵם וּבָעֵת הַהִיא כ
נְאֻם־יְהוָה יְבֻקַּשׁ אֶת־עֲוֺן יִשְׂרָאֵל וְאֵינֶנּוּ וְאֶת־חַטֹּאת יְהוּדָה
וְלֹא תִמָּצֶאינָה כִּי אֶסְלַח לַאֲשֶׁר אַשְׁאִיר׃ עַל־ כא
הָאָרֶץ מְרָתַיִם עֲלֵה עָלֶיהָ וְאֶל־יוֹשְׁבֵי פְּקוֹד חֲרֹב וְהַחֲרֵם
אַחֲרֵיהֶם נְאֻם־יְהוָה וַעֲשֵׂה כְּכֹל אֲשֶׁר צִוִּיתִיךָ׃ קוֹל מִלְחָמָה כב
בָּאָרֶץ וְשֶׁבֶר גָּדוֹל׃ אֵיךְ נִגְדַּע וַיִּשָּׁבֵר פַּטִּישׁ כָּל־הָאָרֶץ אֵיךְ כג
הָיְתָה לְשַׁמָּה בָּבֶל בַּגּוֹיִם׃ יָקֹשְׁתִּי לָךְ וְגַם־נִלְכַּדְתְּ בָּבֶל וְאַתְּ כד
לֹא יָדָעַתְּ נִמְצֵאת וְגַם־נִתְפַּשְׂתְּ כִּי בַיהוָה הִתְגָּרִית׃ פָּתַח יְהוָה כה
אֶת־אוֹצָרוֹ וַיּוֹצֵא אֶת־כְּלֵי זַעְמוֹ כִּי־מְלָאכָה הִיא לַאדֹנָי יְהוִה
צְבָאוֹת בְּאֶרֶץ כַּשְׂדִּים׃ בֹּאוּ־לָהּ מִקֵּץ פִּתְחוּ מַאֲבֻסֶיהָ סָלּוּהָ כו
כְמוֹ־עֲרֵמִים וְהַחֲרִימוּהָ אַל־תְּהִי־לָהּ שְׁאֵרִית׃ חִרְבוּ כָּל־ כז
פָּרֶיהָ יֵרְדוּ לַטָּבַח הוֹי עֲלֵיהֶם כִּי־בָא יוֹמָם עֵת פְּקֻדָּתָם׃ קוֹל כח
נָסִים וּפְלֵטִים מֵאֶרֶץ בָּבֶל לְהַגִּיד בְּצִיּוֹן אֶת־נִקְמַת יְהוָה
אֱלֹהֵינוּ נִקְמַת הֵיכָלוֹ׃ הַשְׁמִיעוּ אֶל־בָּבֶל ׀ רַבִּים כָּל־דֹּרְכֵי כט
לָהּ קֶשֶׁת חֲנוּ עָלֶיהָ סָבִיב אַל־יְהִי־ פְּלֵיטָה שַׁלְּמוּ־לָהּ כְּפָעֳלָהּ
כְּכֹל אֲשֶׁר עָשְׂתָה עֲשׂוּ־לָהּ כִּי אֶל־יְהוָה זָדָה אֶל־קְדוֹשׁ
יִשְׂרָאֵל׃ לָכֵן יִפְּלוּ בַחוּרֶיהָ בִּרְחֹבֹתֶיהָ וְכָל־אַנְשֵׁי מִלְחַמְתָּהּ ל
יִדַּמּוּ בַּיּוֹם הַהוּא נְאֻם־יְהוָה׃ הִנְנִי אֵלֶיךָ זָדוֹן לא
נְאֻם־אֲדֹנָי יְהוִה צְבָאוֹת כִּי בָּא יוֹמְךָ עֵת פְּקַדְתִּיךָ׃ וְכָשַׁל לב
זָדוֹן וְנָפַל וְאֵין לוֹ מֵקִים וְהִצַּתִּי אֵשׁ בְּעָרָיו וְאָכְלָה כָּל־
סְבִיבֹתָיו׃ כֹּה אָמַר יְהוָה צְבָאוֹת עֲשׁוּקִים בְּנֵי־ לג
יִשְׂרָאֵל וּבְנֵי־יְהוּדָה יַחְדָּו וְכָל־שֹׁבֵיהֶם הֶחֱזִיקוּ בָם מֵאֲנוּ
שַׁלְּחָם׃ גֹּאֲלָם ׀ חָזָק יְהוָה צְבָאוֹת שְׁמוֹ רִיב יָרִיב אֶת־רִיבָם לד

of all her plagues. Array yourselves against Bavel round about : 14
all you that bend the bow, shoot at her, spare no arrows :
for she has sinned against the LORD. Shout against her round 15
about : she has submitted herself : her butresses are fallen, her
walls are thrown down : for it is the vengeance of the LORD.
Take vengeance upon her ; as she has done, do to her ! Cut off 16
the sower from Bavel, and him that handles the sickle in the
time of harvest ! For fear of the oppressing sword they shall
turn everyone to his people, and they shall flee everyone to
his own land. Yisra'el is a scattered sheep ; the lions 17
have driven him away : first the king of Ashshur devoured him ;
and last this Nevukhadreẕẕar has broken his bones. Therefore 18
thus says the LORD of hosts, the GOD of Yisra'el ; Behold, I
will punish the king of Bavel and his land, as I have punished
the king of Ashshur. And I will bring Yisra'el back again to 19
his habitation, and he shall feed on the Karmel and the Bashan,
and his soul shall be satisfied upon mount Efrayim and the
Gil'ad. In those days, and in that time, says the LORD, the 20
iniquity of Yisra'el shall be sought for, and there shall be none ;
and the sins of Yehuda, but they shall not be found : for I will
pardon them whom I will leave as a remnant. Go up 21
against the land of Meratayim, against it, and against the inhab-
itants of Peqod : lay waste and utterly destroy after them,
says the LORD, and do according to all that I have commanded
thee. A sound of battle is in the land, and of great destruction. 22
How is the hammer of the whole earth cut asunder and broken ! 23
how is Bavel become a desolation among the nations ! I have 24
laid a snare for thee, and thou art also taken, O Bavel, and thou
wast not aware : thou art found, and also caught, because
thou hast striven against the LORD. The LORD has opened his 25
armoury, and hath brought forth the weapons of his indignation :
for the LORD GOD of hosts has a work to do in the land of
Kasdim. Come against her from the utmost border, open her 26
stables : cast her up like heaps of grain, and destroy her utterly !
let nothing of her be left ! Slay all her bullocks ; let them go 27
down to the slaughter : woe to them ! for their day is come,
the time of their punishment. The voice of them that flee and 28
escape out of the land of Bavel, to declare in Ẕiyyon the
vengeance of the LORD our GOD, the vengeance for his
temple. Call together the archers against Bavel: all you 29
that bend the bow, camp against it round about;
let none thereof escape : recompense her according to her
deeds ; according to all that she has done, do to her : for she
has been proud against the LORD, against the Holy One of Yis-
ra'el. Therefore shall her young men fall in the streets, and all 30
her men of war shall be cut off in that day, says the LORD.

Behold, I am against thee, O thou arrogant one, says the 31
LORD GOD of hosts : for thy day is come, the time that I will
punish thee. And the arrogant one shall stumble and fall, and 32
none shall raise him up : and I will kindle a fire in his cities,
and it shall devour all round about him. Thus says the 33
LORD of hosts ; The children of Yisra'el and the children of
Yehuda were oppressed together : and all that took them captive
held them fast ; they refused to let them go. Their redeemer is 34

לה לְמַעַן הַרְגִּיעַ אֶת־הָאָרֶץ וְהִרְגִּיזוּ לְיֹשְׁבֵי בָבֶל: חֶרֶב עַל־
כַּשְׂדִּים נְאֻם־יְהוָה וְאֶל־יֹשְׁבֵי בָבֶל וְאֶל־שָׂרֶיהָ וְאֶל־חֲכָמֶיהָ:

לו חֶרֶב אֶל־הַבַּדִּים וְנֹאָלוּ חֶרֶב אֶל־גִּבּוֹרֶיהָ וָחָתּוּ: חֶרֶב אֶל־
סוּסָיו וְאֶל־רִכְבּוֹ וְאֶל־כָּל־הָעֶרֶב אֲשֶׁר בְּתוֹכָהּ וְהָיוּ לְנָשִׁים

לז חֶרֶב אֶל־אוֹצְרֹתֶיהָ וּבֻזָּזוּ: חֹרֶב אֶל־מֵימֶיהָ וְיָבֵשׁוּ כִּי אֶרֶץ

לח פְּסִלִים הִיא וּבָאֵימִים יִתְהֹלָלוּ: לָכֵן יֵשְׁבוּ צִיִּים אֶת־אִיִּים

לט וְיָשְׁבוּ בָהּ בְּנוֹת יַעֲנָה וְלֹא־תֵשֵׁב עוֹד לָנֶצַח וְלֹא תִשְׁכּוֹן עַד־
דּוֹר וָדוֹר: כְּמַהְפֵּכַת אֱלֹהִים אֶת־סְדֹם וְאֶת־עֲמֹרָה וְאֶת־

מ שְׁכֵנֶיהָ נְאֻם־יְהוָה לֹא־יֵשֵׁב שָׁם אִישׁ וְלֹא־יָגוּר בָּהּ בֶּן־אָדָם:

מא הִנֵּה עַם בָּא מִצָּפוֹן וְגוֹי גָּדוֹל וּמְלָכִים רַבִּים יֵעֹרוּ מִיַּרְכְּתֵי־
אָרֶץ: קֶשֶׁת וְכִידֹן יַחֲזִיקוּ אַכְזָרִי הֵמָּה וְלֹא יְרַחֵמוּ קוֹלָם כַּיָּם

מב יֶהֱמֶה וְעַל־סוּסִים יִרְכָּבוּ עָרוּךְ כְּאִישׁ לַמִּלְחָמָה עָלַיִךְ בַּת־

מג בָּבֶל: שָׁמַע מֶלֶךְ־בָּבֶל אֶת־שִׁמְעָם וְרָפוּ יָדָיו צָרָה הֶחֱזִיקָתְהוּ

מד חִיל כַּיּוֹלֵדָה: הִנֵּה כְּאַרְיֵה יַעֲלֶה מִגְּאוֹן הַיַּרְדֵּן אֶל־נְוֵה אֵיתָן
כִּי־אַרְגִּעָה אֲרִיצֵם מֵעָלֶיהָ וּמִי בָחוּר אֵלֶיהָ אֶפְקֹד כִּי מִי כָמוֹנִי

מה וּמִי יוֹעִדֶנִּי וּמִי־זֶה רֹעֶה אֲשֶׁר יַעֲמֹד לְפָנָי: לָכֵן שִׁמְעוּ עֲצַת־
יְהוָה אֲשֶׁר יָעַץ אֶל־בָּבֶל וּמַחְשְׁבוֹתָיו אֲשֶׁר חָשַׁב אֶל־אֶרֶץ
כַּשְׂדִּים אִם־לֹא יִסְחָבוּם צְעִירֵי הַצֹּאן אִם־לֹא יַשִּׁים עֲלֵיהֶם

מו נָוֶה: מִקּוֹל נִתְפְּשָׂה בָבֶל נִרְעֲשָׁה הָאָרֶץ וּזְעָקָה בַּגּוֹיִם

נא נִשְׁמָע: כֹּה אָמַר יְהוָה הִנְנִי מֵעִיר עַל־בָּבֶל

א

ב וְאֶל־יֹשְׁבֵי לֵב קָמָי רוּחַ מַשְׁחִית: וְשִׁלַּחְתִּי לְבָבֶל זָרִים וְזֵרוּהָ

ג וִיבֹקְקוּ אֶת־אַרְצָהּ כִּי־הָיוּ עָלֶיהָ מִסָּבִיב בְּיוֹם רָעָה: אֶל־יִדְרֹךְ
יִדְרֹךְ הַדֹּרֵךְ קַשְׁתּוֹ וְאֶל־יִתְעַל בְּסִרְיֹנוֹ וְאַל־תַּחְמְלוּ אֶל־

ד בַּחֻרֶיהָ הַחֲרִימוּ כָּל־צְבָאָהּ: וְנָפְלוּ חֲלָלִים בְּאֶרֶץ כַּשְׂדִּים

ה וּמְדֻקָּרִים בְּחוּצוֹתֶיהָ: כִּי לֹא־אַלְמָן יִשְׂרָאֵל וִיהוּדָה מֵאֱלֹהָיו
מֵיְהוָה צְבָאוֹת כִּי אַרְצָם מָלְאָה אָשָׁם מִקְּדוֹשׁ יִשְׂרָאֵל: נֻסוּ

ו מִתּוֹךְ בָּבֶל וּמַלְּטוּ אִישׁ נַפְשׁוֹ אַל־תִּדַּמּוּ בַּעֲוֹנָהּ כִּי עֵת נְקָמָה

ז הִיא לַיהוָה גְּמוּל הוּא מְשַׁלֵּם לָהּ: כּוֹס־זָהָב בָּבֶל בְּיַד־יְהוָה
מְשַׁכֶּרֶת כָּל־הָאָרֶץ מִיֵּינָהּ שָׁתוּ גוֹיִם עַל־כֵּן יִתְהֹלְלוּ גוֹיִם:

ח פִּתְאֹם נָפְלָה בָבֶל וַתִּשָּׁבֵר הֵילִילוּ עָלֶיהָ קְחוּ צֳרִי לְמַכְאוֹבָהּ

strong; the LORD of hosts is his name: he will surely plead their cause, that he may give rest to the land, but unrest to the inhabitants of Bavel. A sword upon the Kasdim, says the LORD, 35 and upon the inhabitants of Bavel, and upon her princes, and upon her wise men! A sword upon the liars; and they shall 36 become fools: a sword upon her mighty men; and they shall be dismayed! A sword upon their horses, and upon their chariots, 37 and upon all the mingled people that are in the midst of her; and they shall become the women: a sword upon her treasures; and they shall be robbed! A drought upon her waters; and they 38 shall be dried up for it is a land of carved idols, and they are mad over things of horror. Therefore the wild beasts of the 39 desert shall dwell there, with jackals and desert owls: and it shall be no more inhabited forever; neither shall it be dwelt in from generation to generation. As GOD overthrew Sedom and 40 'Amora and its neighbour cities, says the LORD; so shall no man abide there, neither shall any son of man dwell in it. Behold, a 41 people shall come from the north, and a great nation, and many kings shall be raised up from the farthest parts of the earth. They shall hold the bow and javelin: they are cruel, and will 42 not show mercy: their voice shall roar like the sea, and they shall ride upon horses, everyone lined up, like a man to the battle, against thee, O daughter of Bavel. The king of Bavel 43 has heard the report of them, and his hands have grown feeble: anguish has taken hold of him, and pangs as of a woman in travail. Behold, he shall come up like a lion from the wild 44 country of the Yarden against a strong sheepfold: for in a moment I will make them run over her: and whoever is chosen I will appoint him over her; for who is like me? and who will set me a time? and who is that shepherd that will stand before me? Therefore hear the counsel of the LORD, that he has taken 45 against Bavel; and his purposes, that he has purposed against the land of Kasdim: Surely the least of the flock shall drag them away: surely the fold shall he appalled at them! At the noise 46 of the taking of Bavel the earth is moved, and the cry is heard among the nations.   Thus says the LORD; Behold, I will 51 raise up against Bavel, and against them that dwell in Lev-qamay, a destroying wind; and will send to Bavel winnowers, 2 and they shall winnow her, and shall empty her land: for in the day of trouble they shall be against her round about. Against 3 him that bends let the archer bend his bow, and against him that lifts himself up in his coat of mail: and spare not her young men; destroy utterly all her host. Thus the slain shall 4 fall in the land of the Kasdim, and they that are thrust through in her streets. For Yisra'el has not been widowed, nor Yehuda 5 of his GOD, of the LORD of hosts; though their land was filled with sin against the Holy One of Yisra'el. Flee out of the midst 6 of Bavel, and let every man save his life: be not cut off in her iniquity; for this is the time of the LORD'S vengeance; he will render to her a recompense. Bavel was a golden cup in the 7 LORD'S hand, that made all the earth drunk: the nations have drunk of her wine; therefore the nations are mad. Bavel is 8 suddenly fallen and destroyed: wail for her; take balm for her

ט אוּלַי תֵּרָפֵא׃ רִפִּאנוּ אֶת־בָּבֶל וְלֹא נִרְפָּתָה עִזְבוּהָ וְנֵלֵךְ אִישׁ
לְאַרְצוֹ כִּי־נָגַע אֶל־הַשָּׁמַיִם מִשְׁפָּטָהּ וְנִשָּׂא עַד־שְׁחָקִים׃
י הוֹצִיא יְהוָה אֶת־צִדְקֹתֵינוּ בֹּאוּ וּנְסַפְּרָה בְצִיּוֹן אֶת־מַעֲשֵׂה ל
יא יְהוָה אֱלֹהֵינוּ׃ הָבֵרוּ הַחִצִּים מִלְאוּ הַשְּׁלָטִים הֵעִיר יְהוָה אֶת־
רוּחַ מַלְכֵי מָדַי כִּי־עַל־בָּבֶל מְזִמָּתוֹ לְהַשְׁחִיתָהּ כִּי־נִקְמַת
יב יְהוָה הִיא נִקְמַת הֵיכָלוֹ׃ אֶל־חוֹמֹת בָּבֶל שְׂאוּ־נֵס הַחֲזִיקוּ
הַמִּשְׁמָר הָקִימוּ שֹׁמְרִים הָכִינוּ הָאֹרְבִים כִּי גַּם־זָמַם יְהוָה
יג גַּם־עָשָׂה אֵת אֲשֶׁר־דִּבֶּר אֶל־יֹשְׁבֵי בָבֶל׃ שֹׁכַנְתְּי עַל־מַיִם שָׁכַנְתְּ
יד רַבִּים רַבַּת אוֹצָרֹת בָּא קִצֵּךְ אַמַּת בִּצְעֵךְ׃ נִשְׁבַּע יְהוָה
צְבָאוֹת בְּנַפְשׁוֹ כִּי אִם־מִלֵּאתִיךְ אָדָם כַּיֶּלֶק וְעָנוּ עָלַיִךְ
טו הֵידָד׃ עֹשֵׂה אֶרֶץ בְּכֹחוֹ מֵכִין תֵּבֵל בְּחָכְמָתוֹ
טז וּבִתְבוּנָתוֹ נָטָה שָׁמָיִם׃ לְקוֹל תִּתּוֹ הֲמוֹן מַיִם בַּשָּׁמַיִם
וַיַּעַל נְשִׂאִים מִקְצֵה־אָרֶץ בְּרָקִים לַמָּטָר עָשָׂה וַיּוֹצֵא רוּחַ
יז מֵאֹצְרֹתָיו׃ נִבְעַר כָּל־אָדָם מִדַּעַת הֹבִישׁ כָּל־צֹרֵף מִפָּסֶל כִּי
יח שֶׁקֶר נִסְכּוֹ וְלֹא־רוּחַ בָּם׃ הֶבֶל הֵמָּה מַעֲשֵׂה תַּעְתֻּעִים בְּעֵת
יט פְּקֻדָּתָם יֹאבֵדוּ׃ לֹא־כְאֵלֶּה חֵלֶק יַעֲקוֹב כִּי־יוֹצֵר הַכֹּל הוּא
כ וְשֵׁבֶט נַחֲלָתוֹ יְהוָה צְבָאוֹת שְׁמוֹ׃ מַפֵּץ־אַתָּה לִי
כא כְּלֵי מִלְחָמָה וְנִפַּצְתִּי בְךָ גּוֹיִם וְהִשְׁחַתִּי בְךָ מַמְלָכוֹת׃ וְנִפַּצְתִּי
כב בְךָ סוּס וְרֹכְבוֹ וְנִפַּצְתִּי בְךָ רֶכֶב וְרֹכְבוֹ׃ וְנִפַּצְתִּי בְךָ אִישׁ וְאִשָּׁה
כג וְנִפַּצְתִּי בְךָ זָקֵן וָנָעַר וְנִפַּצְתִּי בְךָ בָּחוּר וּבְתוּלָה׃ וְנִפַּצְתִּי בְךָ
רֹעֶה וְעֶדְרוֹ וְנִפַּצְתִּי בְךָ אִכָּר וְצִמְדּוֹ וְנִפַּצְתִּי בְךָ פַּחוֹת וּסְגָנִים׃
כד וְשִׁלַּמְתִּי לְבָבֶל וּלְכֹל יוֹשְׁבֵי כַשְׂדִּים אֵת כָּל־רָעָתָם אֲשֶׁר־
כה עָשׂוּ בְצִיּוֹן לְעֵינֵיכֶם נְאֻם יְהוָה׃ הִנְנִי אֵלֶיךָ הַר
הַמַּשְׁחִית נְאֻם־יְהוָה הַמַּשְׁחִית אֶת־כָּל־הָאָרֶץ וְנָטִיתִי אֶת־
כו יָדִי עָלֶיךָ וְגִלְגַּלְתִּיךָ מִן־הַסְּלָעִים וּנְתַתִּיךָ לְהַר שְׂרֵפָה׃ וְלֹא־
יִקְחוּ מִמְּךָ אֶבֶן לְפִנָּה וְאֶבֶן לְמוֹסָדוֹת כִּי־שִׁמְמוֹת עוֹלָם תִּהְיֶה
כז נְאֻם־יְהוָה׃ שְׂאוּ־נֵס בָּאָרֶץ תִּקְעוּ שׁוֹפָר בַּגּוֹיִם קַדְּשׁוּ עָלֶיהָ
גּוֹיִם הַשְׁמִיעוּ עָלֶיהָ מַמְלְכוֹת אֲרָרַט מִנִּי וְאַשְׁכְּנָז פִּקְדוּ עָלֶיהָ
כח טִפְסָר הַעֲלוּ־סוּס כְּיֶלֶק סָמָר׃ קַדְּשׁוּ עָלֶיהָ גוֹיִם אֶת־מַלְכֵי
מָדַי אֶת־פַּחוֹתֶיהָ וְאֶת־כָּל־סְגָנֶיהָ וְאֵת כָּל־אֶרֶץ מֶמְשַׁלְתּוֹ׃
כט וַתִּרְעַשׁ הָאָרֶץ וַתָּחֹל כִּי קָמָה עַל־בָּבֶל מַחְשְׁבוֹת יְהוָה

pain, perhaps she may be healed. We would have healed Bavel, 9
but she was not healed: forsake her, and let us go every one
to his own country: for her judgment reaches to heaven, and
is lifted up to the skies. The LORD has brought forth our 10
vindication: come, and let us declare in Ẕiyyon the work of
the LORD our GOD. Select the arrows; fill up the quivers: the 11
LORD has raised up the spirit of the kings of the Maday: for
his purpose against Bavel is to destroy it; because it is the
vengeance of the LORD, the vengeance for his temple. Set up a 12
banner upon the walls of Bavel, make the watch strong, set up
the watchmen, prepare the ambushes: for the LORD has both
devised and done that which he spoke against the inhabitants
of Bavel. O thou that dwellest upon many waters, abundant in 13
treasures, thy end is come, and the measure of thy greed. The 14
LORD of hosts has sworn by himself, saying, Surely I will fill
thee with men as with locusts; and they shall raise shout
against thee. He has made the earth by his power, he 15
has established the world by his wisdom, and hath stretched
out the heaven by his understanding. When his voice resounds 16
with great mass of water in the heavens, and he raises vapours
from the ends of the Earth; when he makes lightning flashes
among the rain, and brings forth the wind out of his store-
houses: every man becomes stupid, without knowledge: every 17
founder is put to shame by his carved idol: for his molten
image is false, and there is no breath in them. They are vanity, 18
the work of delusion: in the time of their punishment they
shall perish. The portion of Ya'aqov is not like them; for he is 19
the fashioner of all things, and (Yisra'el) is the tribe of his
inheritance: the LORD of hosts is his name. Thou art my 20
chief and weapons of war: for with thee will I break in pieces
the nations, and with thee will destroy kingdoms; and with these 21
will I break in pieces the horse and his rider; and with thee
will I break in pieces the chariot and its rider; with thee also 22
will I break in pieces man and woman; and with thee will I
shatter old and young; and with thee will I shatter the young
man and the maid; I will also break in pieces with thee the 23
shepherd and his flock; and with thee will I break in pieces
the farmer and his yoke of oxen; and with thee will I break
in pieces governors and deputies. And I will pay back to Bavel 24
and to all the inhabitants of Kasdim all their evil that they have
done in Ẕiyyon in your sight, says the LORD. Behold, I am 25
against thee, O destroying mountain, says the LORD, which de-
stroyest all the earth: and I will stretch out my hand upon
thee, and roll thee down from the rocks, and will make thee a
burnt mountain. And they shall not take of thee a stone for a 26
corner, nor a stone for foundations; but thou shalt be desolate
for ever, says the LORD. Set up a banner in the land, blow a 27
shofar among the nations, prepare the nations against her, call
together against her the kingdoms of Ararat, Minni, and Ash-
kenaz; appoint a captain against her; cause the horses to come
up like bristling locusts. Prepare nations for war against her, 28
the kings of the Maday, its governors, and all its deputies, and
all the land of his dominion. And the land trembles and withers 29

לָשׂוּם אֶת־אֶרֶץ בָּבֶל לְשַׁמָּה מֵאֵין יוֹשֵׁב: חָדְלוּ גִבּוֹרֵי בָבֶל ל

לְהִלָּחֵם יָשְׁבוּ בַּמְּצָדוֹת נָשְׁתָה גְבוּרָתָם הָיוּ לְנָשִׁים הִצִּיתוּ

מִשְׁכְּנֹתֶיהָ נִשְׁבְּרוּ בְרִיחֶיהָ: רָץ לִקְרַאת־רָץ יָרוּץ וּמַגִּיד לא

לִקְרַאת מַגִּיד לְהַגִּיד לְמֶלֶךְ בָּבֶל כִּי־נִלְכְּדָה עִירוֹ מִקָּצֶה:

וְהַמַּעְבָּרוֹת נִתְפָּשׂוּ וְאֶת־הָאֲגַמִּים שָׂרְפוּ בָאֵשׁ וְאַנְשֵׁי הַמִּלְחָמָה לב

נִבְהָלוּ: כִּי כֹה אָמַר יהוה צְבָאוֹת אֱלֹהֵי יִשְׂרָאֵל לג

בַּת־בָּבֶל כְּגֹרֶן עֵת הִדְרִיכָהּ עוֹד מְעַט וּבָאָה עֵת־הַקָּצִיר

לָהּ: אֲכָלָנוּ הֲמָמָנוּ נְבוּכַדְרֶאצַּר מֶלֶךְ בָּבֶל הִצִּיגָנוּ כְּלִי רִיק לד אֲכָלָנוּ הֲמָמָנוּ הֲצִיגָנוּ | בְּלָעָנוּ הֱדִיחָנוּ

בְּלָעָנוּ כַּתַּנִּין מִלָּא כְרֵשׂוֹ מֵעֲדָנָי הֱדִיחָנוּ: חֲמָסִי וּשְׁאֵרִי לה

עַל־בָּבֶל תֹּאמַר יֹשֶׁבֶת צִיּוֹן וְדָמִי אֶל־יֹשְׁבֵי כַשְׂדִּים תֹּאמַר

יְרוּשָׁלִָם: לָכֵן כֹּה אָמַר יהוה הִנְנִי־רָב אֶת־ לו

רִיבֵךְ וְנִקַּמְתִּי אֶת־נִקְמָתֵךְ וְהַחֲרַבְתִּי אֶת־יַמָּהּ וְהֹבַשְׁתִּי

אֶת־מְקוֹרָהּ: וְהָיְתָה בָבֶל לְגַלִּים מְעוֹן־תַּנִּים שַׁמָּה וּשְׁרֵקָה לז

מֵאֵין יוֹשֵׁב: יַחְדָּו כַּכְּפִרִים יִשְׁאָגוּ נָעֲרוּ כְּגוֹרֵי אֲרָיוֹת: בְּחֻמָּם לח

אָשִׁית אֶת־מִשְׁתֵּיהֶם וְהִשְׁכַּרְתִּים לְמַעַן יַעֲלֹזוּ וְיָשְׁנוּ שְׁנַת־

עוֹלָם וְלֹא יָקִיצוּ נְאֻם יהוה: אוֹרִידֵם כְּכָרִים לִטְבוֹחַ כְּאֵילִים מ

עִם־עַתּוּדִים: אֵיךְ נִלְכְּדָה שֵׁשַׁךְ וַתִּתָּפֵשׂ תְּהִלַּת כָּל־הָאָרֶץ מא

אֵיךְ הָיְתָה לְשַׁמָּה בָּבֶל בַּגּוֹיִם: עָלָה עַל־בָּבֶל הַיָּם בַּהֲמוֹן מב

גַּלָּיו נִכְסָתָה: הָיוּ עָרֶיהָ לְשַׁמָּה אֶרֶץ צִיָּה וַעֲרָבָה אֶרֶץ לֹא־ מג

יֵשֵׁב בָּהֵן כָּל־אִישׁ וְלֹא־יַעֲבֹר בָּהֵן בֶּן־אָדָם: וּפָקַדְתִּי עַל־בֵּל מד

בְּבָבֶל וְהֹצֵאתִי אֶת־בִּלְעוֹ מִפִּיו וְלֹא־יִנְהֲרוּ אֵלָיו עוֹד גּוֹיִם גַּם־

חוֹמַת בָּבֶל נָפָלָה: צְאוּ מִתּוֹכָהּ עַמִּי וּמַלְּטוּ אִישׁ אֶת־נַפְשׁוֹ מה

מֵחֲרוֹן אַף־יהוה: וּפֶן־יֵרַךְ לְבַבְכֶם וְתִירְאוּ בַּשְּׁמוּעָה מו

הַנִּשְׁמַעַת בָּאָרֶץ וּבָא בַשָּׁנָה הַשְּׁמוּעָה וְאַחֲרָיו בַּשָּׁנָה

הַשְּׁמוּעָה וְחָמָס בָּאָרֶץ וּמֹשֵׁל עַל־מֹשֵׁל: לָכֵן הִנֵּה יָמִים מז

בָּאִים וּפָקַדְתִּי עַל־פְּסִילֵי בָבֶל וְכָל־אַרְצָהּ תֵּבוֹשׁ וְכָל־חֲלָלֶיהָ

יִפְּלוּ בְתוֹכָהּ: וְרִנְּנוּ עַל־בָּבֶל שָׁמַיִם וָאָרֶץ וְכֹל אֲשֶׁר בָּהֶם כִּי מח

מִצָּפוֹן יָבוֹא־לָהּ הַשּׁוֹדְדִים נְאֻם־יהוה: גַּם־בָּבֶל לִנְפֹּל חַלְלֵי מט

יִשְׂרָאֵל גַּם־לְבָבֶל נָפְלוּ חַלְלֵי כָל־הָאָרֶץ: פְּלֵטִים מֵחֶרֶב הִלְכוּ נ

אַל־תַּעֲמֹדוּ זִכְרוּ מֵרָחוֹק אֶת־יהוה וִירוּשָׁלִַם תַּעֲלֶה עַל־

לְבַבְכֶם: בֹּשְׁנוּ כִּי־שָׁמַעְנוּ חֶרְפָּה כִּסְּתָה כְלִמָּה פָּנֵינוּ כִּי בָּאוּ נא

זָרִים עַל־מִקְדְּשֵׁי בֵּית יהוה: לָכֵן הִנֵּה־יָמִים נב

in pain: for every purpose of the LORD shall be performed
against Bavel, to make the land of Bavel a desolation without
30 inhabitant. The mighty men of Bavel have ceased to fight, they
have remained in their fortresses: their might has failed; they
have become like women: her dwellingplaces have been set on
31 fire, her bars are broken. One runner shall run to meet another,
and one messenger to meet another, to tell the king of Bavel
32 that his city is taken on every side, and that the fords are seized,
and the thickets have been burned with fire, and the men of
33 war are panic stricken. For thus says the LORD of hosts,
the GOD of Yisra'el; The daughter of Bavel is like a threshing-
floor, it is time to thresh her: yet a little while, and the time of
34 her harvest shall come. Nevukhadreẕẕar the king of Bavel has
devoured me, he has crushed me, he has made me an empty
vessel; like a crocodile, he has swallowed me up, he has filled
35 his belly with my delicacies, he has scoured me clean. The
violence done to me and to my flesh shall be upon Bavel, shall the
inhabitant of Ẕiyyon say; and my blood upon the inhabitants of
36 Kasdim, shall Yerushalayim say. Therefore thus says
the LORD; Behold, I will plead thy cause, and take vengeance
37 for thee; and I will dry up her sea, and make her spring dry. And
Bavel shall become heaps, a dwellingplace for jackals, an
38 astonishment, and a hissing, without inhabitant. They shall roar
39 together like lions: they shall growl like lions' whelps. When
they are heated, I will make feasts for them, and I will make
them drunk, that they may rejoice, and sleep a perpetual sleep,
40 and not awake, says the LORD. I will bring them down like lambs
41 to the slaughter, like rams with he goats. How is Sheshakh
taken! and how is the praise of the whole earth surprised! how
42 is Bavel become an astonishment among the nations! The sea
is come up upon Bavel: she is covered with the multitude of
43 its waves. Her cities are a desolation, a dry land, and a wilder-
ness, a land in which no man dwells, neither does any son of
44 man pass by them. And I will punish Bel in Bavel, and I will take
out of his mouth that which he has swallowed up; and the
nations shall not flow together any more to him: the very wall
45 of Bavel has fallen. My people, go out of the midst of her, and
46 deliver every man his soul from the fierce anger of the LORD. And
lest your heart faint, and you fear for the rumour that shall
be heard in the land: for a rumour shall both come one year,
and after that in another year shall come a rumour, and there
47 will be violence in the land, ruler against ruler. Therefore, behold,
days are coming, when I will do judgment upon the carved idols
of Bavel: and her whole land shall be put to shame, and all her
48 slain shall fall in the midst of her. Then the heaven and the earth,
and all that is therein, shall sing for Bavel: for the spoilers
49 shall come unto her from the north, says the LORD. As Bavel has
caused the slain of Yisra'el to fall, so at Bavel shall fall the
50 slain of all the land. You that have escaped the sword, go away,
stand not still; remember the LORD afar off, and let Yerusha-
51 layim come into your mind. We are ashamed, because we have
heard reproach: shame has covered our faces: for strangers
52 are come into the sanctuaries of the LORD's house. There-

בָּאִים נְאֻם־יְהוָה וּפָקַדְתִּי עַל־פְּסִילֶיהָ וּבְכָל־אַרְצָהּ יֶאֱנֹק

גג חָלָל: כִּי־תַעֲלֶה בָבֶל הַשָּׁמַיִם וְכִי תְבַצֵּר מְרוֹם עֻזָּהּ מֵאִתִּי

נד יָבֹאוּ שֹׁדְדִים לָהּ נְאֻם־יְהוָה: קוֹל זְעָקָה מִבָּבֶל וְשֶׁבֶר גָּדוֹל

נה מֵאֶרֶץ כַּשְׂדִּים: כִּי־שֹׁדֵד יְהוָה אֶת־בָּבֶל וְאִבַּד מִמֶּנָּה קוֹל

גָּדוֹל וְהָמוּ גַלֵּיהֶם כְּמַיִם רַבִּים נִתַּן שְׁאוֹן קוֹלָם: כִּי בָא

עָלֶיהָ עַל־בָּבֶל שׁוֹדֵד וְנִלְכְּדוּ גִּבּוֹרֶיהָ חִתְּתָה קַשְּׁתוֹתָם כִּי

נו אֵל גְּמֻלוֹת יְהוָה שַׁלֵּם יְשַׁלֵּם: וְהִשְׁכַּרְתִּי שָׂרֶיהָ וַחֲכָמֶיהָ

פַּחוֹתֶיהָ וּסְגָנֶיהָ וְגִבּוֹרֶיהָ וְיָשְׁנוּ שְׁנַת־עוֹלָם וְלֹא יָקִיצוּ נְאֻם־

נח הַמֶּלֶךְ יְהוָה צְבָאוֹת שְׁמוֹ: כֹּה־אָמַר יְהוָה

צְבָאוֹת חֹמוֹת בָּבֶל הָרְחָבָה עַרְעֵר תִּתְעַרְעָר וּשְׁעָרֶיהָ

הַגְּבֹהִים בָּאֵשׁ יִצַּתּוּ וְיִגְעוּ עַמִּים בְּדֵי־רִיק וּלְאֻמִּים בְּדֵי־אֵשׁ

לא נט וְיָעֵפוּ: הַדָּבָר אֲשֶׁר־צִוָּה יִרְמְיָהוּ הַנָּבִיא אֶת־

שְׂרָיָה בֶן־נֵרִיָּה בֶּן־מַחְסֵיָה בְּלֶכְתּוֹ אֶת־צִדְקִיָּהוּ מֶלֶךְ־יְהוּדָה

ס בָּבֶל בִּשְׁנַת הָרְבִעִית לְמָלְכוֹ וּשְׂרָיָה שַׂר מְנוּחָה: וַיִּכְתֹּב

יִרְמְיָהוּ אֵת כָּל־הָרָעָה אֲשֶׁר־תָּבוֹא אֶל־בָּבֶל אֶל־סֵפֶר אֶחָד

סא אֵת כָּל־הַדְּבָרִים הָאֵלֶּה הַכְּתֻבִים אֶל־בָּבֶל: וַיֹּאמֶר יִרְמְיָהוּ

אֶל־שְׂרָיָה כְּבֹאֲךָ בָבֶל וְרָאִיתָ וְקָרָאתָ אֵת כָּל־הַדְּבָרִים

סב הָאֵלֶּה: וְאָמַרְתָּ יְהוָה אַתָּה דִבַּרְתָּ אֶל־הַמָּקוֹם הַזֶּה לְהַכְרִיתוֹ

לְבִלְתִּי הֱיוֹת־בּוֹ יוֹשֵׁב לְמֵאָדָם וְעַד־בְּהֵמָה כִּי־שִׁמְמוֹת עוֹלָם

סג תִּהְיֶה: וְהָיָה כְּכַלֹּתְךָ לִקְרֹא אֶת־הַסֵּפֶר הַזֶּה תִּקְשֹׁר עָלָיו אֶבֶן

סד וְהִשְׁלַכְתּוֹ אֶל־תּוֹךְ פְּרָת: וְאָמַרְתָּ כָּכָה תִּשְׁקַע בָּבֶל וְלֹא־

תָקוּם מִפְּנֵי הָרָעָה אֲשֶׁר אָנֹכִי מֵבִיא עָלֶיהָ וְיָעֵפוּ עַד־הֵנָּה

נב א דִּבְרֵי יִרְמְיָהוּ: בֶּן־עֶשְׂרִים וְאַחַת שָׁנָה צִדְקִיָּהוּ

בְמָלְכוֹ וְאַחַת עֶשְׂרֵה שָׁנָה מָלַךְ בִּירוּשָׁלִָם וְשֵׁם אִמּוֹ

ב חֲמוּטַל בַּת־יִרְמְיָהוּ מִלִּבְנָה: וַיַּעַשׂ הָרַע בְּעֵינֵי יְהוָה כְּכֹל

ג אֲשֶׁר־עָשָׂה יְהוֹיָקִים: כִּי עַל־אַף יְהוָה הָיְתָה בִּירוּשָׁלִַם

וִיהוּדָה עַד־הִשְׁלִיכוֹ אוֹתָם מֵעַל פָּנָיו וַיִּמְרֹד צִדְקִיָּהוּ בְּמֶלֶךְ

ד בָּבֶל: וַיְהִי בַשָּׁנָה הַתְּשִׁעִית לְמָלְכוֹ בַּחֹדֶשׁ

הָעֲשִׂירִי בֶּעָשׂוֹר לַחֹדֶשׁ בָּא נְבוּכַדְרֶאצַּר מֶלֶךְ־בָּבֶל הוּא

וְכָל־חֵילוֹ עַל־יְרוּשָׁלִַם וַיַּחֲנוּ עָלֶיהָ וַיִּבְנוּ עָלֶיהָ דָּיֵק סָבִיב:

ה וַתָּבֹא הָעִיר בַּמָּצוֹר עַד עַשְׁתֵּי עֶשְׂרֵה שָׁנָה לַמֶּלֶךְ צִדְקִיָּהוּ:

ו בְּחֹדֶשׁ הָרְבִיעִי בְּתִשְׁעָה לַחֹדֶשׁ וַיֶּחֱזַק הָרָעָב בָּעִיר וְלֹא־הָיָה

ז לֶחֶם לְעַם הָאָרֶץ: וַתִּבָּקַע הָעִיר וְכָל־אַנְשֵׁי הַמִּלְחָמָה יִבְרְחוּ

וַיֵּצְאוּ מֵהָעִיר לַיְלָה דֶּרֶךְ שַׁעַר בֵּין־הַחֹמֹתַיִם אֲשֶׁר עַל־גַּן

ח הַמֶּלֶךְ וְכַשְׂדִּים עַל־הָעִיר סָבִיב וַיֵּלְכוּ דֶּרֶךְ הָעֲרָבָה: וַיִּרְדְּפוּ

fore, behold, days are coming, says the LORD, when I will do
judgment upon her carved idols: and through all her land the
wounded shall groan. Though Bavel should mount up to heaven, 53
and though she should fortify the height of her strength, yet
from me shall spoilers come to her, says the LORD. a sound of 54
a cry comes from Bavel, and great destruction from the land of
the Kasdim: because the LORD has spoiled Bavel, and has 55
quelled from her midst the great clamour; when her waves roar
like great waters, noise of their voice is sounded: because the 56
spoiler is come upon her, upon Bavel, and her mighty men are
taken, every one of their bows is broken: for the LORD GOD of
recompenses shall surely pay back. And I will make drunk her 57
princes, and her wise men, her governors, and her deputies, and
her mighty men: and they shall sleep a perpetual sleep, and
not awake, says the King, whose name is the LORD of hosts.

Thus says the LORD of hosts; The broad walls of Bavel 58
shall be utterly broken, and her high gates shall be burned with
fire; and the people shall labour in vain, and the nations for
the fire; and they shall be weary. The word which 59
Yirmeyahu the prophet commanded Seraya the son of Neriyya,
son of Maḥseya, when he went with Ẕidqiyyahu, the king of
Yehuda into Bavel in the fourth year of his reign. And this
Seraya was marshal of the camp. So Yirmeyahu wrote in a book 60
all the evil that should come upon Bavel, namely all these words
that are written against Bavel. And Yirmeyahu said to Seraya, 61
When thou comest to Bavel, and shalt see, and shalt read all
these words; then shalt thou say, O LORD, thou hast spoken 62
against this place, to cut it off, that none shall remain in it,
neither man nor beast, but that it shall be desolate forever. And 63
it shall be, when thou hast made an end of reading this book,
that thou shalt bind a stone to it, and cast it into the midst of
Perat: and thou shalt say, Thus shall Bavel sink, and shall not 64
rise, because of the evil that I will bring upon her: and they shall
be weary. Thus far the words of Yirmeyahu. Ẕidqiyyahu **52**
was twenty one years old when he began to reign, and he reigned
eleven years in Yerushalayim. And his mother's name was Ḥamu-
tal the daughter of Yirmeyahu of Livna. And he did that which 2
was evil in the eyes of the LORD, according to all that Yehoyaqim
had done. For through the anger of the LORD it came to pass in 3
Yerushalayim and Yehuda, till he cast them out from his pres-
ence. Then Ẕidqiyyahu rebelled against the king of Bavel.

And it came to pass in the ninth year of his reign, in the 4
tenth month, on the tenth day of the month, that Nevukhadreẕ-
ẕar king of Bavel came, he and all his army, against Yerushala-
yim, and encamped against it, and built a siege work against it
round about. So the city was besieged until the eleventh year of 5
king Ẕidqiyyahu. And in the fourth month, on the ninth day of 6
the month, the famine was severe in the city, so that there was
no bread for the people of the land. Then the city was breached, 7
and all the men of war fled, and went out of the city by night
by the way of the gate between the two walls, which was by the
king's garden; (now the Kasdim were by the city round about:)
and they went by the way of the plain. But the army of the 8

חֵיל־כַּשְׂדִּים אַחֲרֵי הַמֶּלֶךְ וַיַּשִּׂיגוּ אֶת־צִדְקִיָּהוּ בְּעַרְבֹת יְרֵחוֹ
ט וְכָל־חֵילוֹ נָפֹצוּ מֵעָלָיו: וַיִּתְפְּשׂוּ אֶת־הַמֶּלֶךְ וַיַּעֲלוּ אֹתוֹ אֶל־
י מֶלֶךְ בָּבֶל רִבְלָתָה בְּאֶרֶץ חֲמָת וַיְדַבֵּר אִתּוֹ מִשְׁפָּטִים: וַיִּשְׁחַט
מֶלֶךְ־בָּבֶל אֶת־בְּנֵי צִדְקִיָּהוּ לְעֵינָיו וְגַם אֶת־כָּל־שָׂרֵי יְהוּדָה
יא שָׁחַט בְּרִבְלָתָה: וְאֶת־עֵינֵי צִדְקִיָּהוּ עִוֵּר וַיַּאַסְרֵהוּ בַנְחֻשְׁתַּיִם

בֵּית־ וַיְבִאֵהוּ מֶלֶךְ־בָּבֶל בָּבֶלָה וַיִּתְּנֵהוּ בְבֵית־הַפְּקֻדֹּת עַד־יוֹם
יב מוֹתוֹ: וּבַחֹדֶשׁ הַחֲמִישִׁי בֶּעָשׂוֹר לַחֹדֶשׁ הִיא
שְׁנַת תְּשַׁע־עֶשְׂרֵה שָׁנָה לַמֶּלֶךְ נְבוּכַדְרֶאצַּר מֶלֶךְ־בָּבֶל בָּא
יג נְבוּזַרְאֲדָן רַב־טַבָּחִים עָמַד לִפְנֵי מֶלֶךְ־בָּבֶל בִּירוּשָׁלָם: וַיִּשְׂרֹף
אֶת־בֵּית־יְהוָה וְאֶת־בֵּית הַמֶּלֶךְ וְאֵת כָּל־בָּתֵּי יְרוּשָׁלַם וְאֶת־
יד כָּל־בֵּית הַגָּדוֹל שָׂרַף בָּאֵשׁ: וְאֶת־כָּל־חֹמוֹת יְרוּשָׁלַם סָבִיב
נָתְצוּ כָּל־חֵיל כַּשְׂדִּים אֲשֶׁר אֶת־רַב־טַבָּחִים: וּמִדַּלּוֹת הָעָם
טו וְאֶת־יֶתֶר הָעָם ׀ הַנִּשְׁאָרִים בָּעִיר וְאֶת־הַנֹּפְלִים אֲשֶׁר נָפְלוּ
אֶל־מֶלֶךְ בָּבֶל וְאֵת יֶתֶר הָאָמוֹן הֶגְלָה נְבוּזַרְאֲדָן רַב־טַבָּחִים:
טז וּמִדַּלּוֹת הָאָרֶץ הִשְׁאִיר נְבוּזַרְאֲדָן רַב־טַבָּחִים לְכֹרְמִים
יז וּלְיֹגְבִים: וְאֶת־עַמּוּדֵי הַנְּחֹשֶׁת אֲשֶׁר לְבֵית־יְהוָה וְאֶת־
הַמְּכֹנוֹת וְאֶת־יָם הַנְּחֹשֶׁת אֲשֶׁר בְּבֵית־יְהוָה שִׁבְּרוּ כַשְׂדִּים
יח וַיִּשְׂאוּ אֶת־כָּל־נְחֻשְׁתָּם בָּבֶלָה: וְאֶת־הַסִּרוֹת וְאֶת־הַיָּעִים וְאֶת־
הַמְזַמְּרוֹת וְאֶת־הַמִּזְרָקֹת וְאֶת־הַכַּפּוֹת וְאֵת כָּל־כְּלֵי הַנְּחֹשֶׁת
יט אֲשֶׁר־יְשָׁרְתוּ בָהֶם לָקָחוּ: וְאֶת־הַסִּפִּים וְאֶת־הַמַּחְתּוֹת וְאֶת־
הַמִּזְרָקוֹת וְאֶת־הַסִּירוֹת וְאֶת־הַמְּנֹרוֹת וְאֶת־הַכַּפּוֹת וְאֶת־
הַמְּנַקִּיּוֹת אֲשֶׁר זָהָב זָהָב וַאֲשֶׁר־כֶּסֶף כָּסֶף לָקַח רַב־טַבָּחִים:
כ הָעַמּוּדִים ׀ שְׁנַיִם הַיָּם אֶחָד וְהַבָּקָר שְׁנֵים־עָשָׂר נְחֹשֶׁת אֲשֶׁר־
תַּחַת הַמְּכֹנוֹת אֲשֶׁר עָשָׂה הַמֶּלֶךְ שְׁלֹמֹה לְבֵית יְהוָה לֹא־הָיָה
כא מִשְׁקָל לִנְחֻשְׁתָּם כָּל־הַכֵּלִים הָאֵלֶּה: וְהָעַמּוּדִים שְׁמֹנֶה עֶשְׂרֵה

קוֹמַת אַמָּה קוֹמָה הָעַמֻּד הָאֶחָד וְחוּט שְׁתֵּים־עֶשְׂרֵה אַמָּה יְסֻבֶּנּוּ
כב וְעָבְיוֹ אַרְבַּע אֶצְבָּעוֹת נָבוּב: וְכֹתֶרֶת עָלָיו נְחֹשֶׁת וְקוֹמַת
הַכֹּתֶרֶת הָאַחַת חָמֵשׁ אַמּוֹת וּשְׂבָכָה וְרִמּוֹנִים עַל־הַכּוֹתֶרֶת
כג סָבִיב הַכֹּל נְחֹשֶׁת וְכָאֵלֶּה לַעַמּוּד הַשֵּׁנִי וְרִמּוֹנִים: וַיִּהְיוּ הָרִמֹּנִים
תִּשְׁעִים וְשִׁשָּׁה רוּחָה כָּל־הָרִמּוֹנִים מֵאָה עַל־הַשְּׂבָכָה סָבִיב:
כד וַיִּקַּח רַב־טַבָּחִים אֶת־שְׂרָיָה כֹּהֵן הָרֹאשׁ וְאֶת־צְפַנְיָה כֹּהֵן
כה הַמִּשְׁנֶה וְאֶת־שְׁלֹשֶׁת שֹׁמְרֵי הַסַּף: וּמִן־הָעִיר לָקַח סָרִיס
אֶחָד אֲשֶׁר־הָיָה פָקִיד ׀ עַל־אַנְשֵׁי הַמִּלְחָמָה וְשִׁבְעָה אֲנָשִׁים
מֵרֹאֵי פְנֵי־הַמֶּלֶךְ אֲשֶׁר נִמְצְאוּ בָעִיר וְאֵת סֹפֵר שַׂר הַצָּבָא
הַמַּצְבִּא אֶת־עַם הָאָרֶץ וְשִׁשִּׁים אִישׁ מֵעַם הָאָרֶץ הַנִּמְצְאִים
כו בְּתוֹךְ הָעִיר: וַיִּקַּח אוֹתָם נְבוּזַרְאֲדָן רַב־טַבָּחִים וַיֹּלֶךְ אוֹתָם

Kasdim pursued after the king, and overtook Ẕidqiyyahu in the
plains of Yereḥo ; and all his army was scattered from him. Then 9
they took the king, and carried him up to the king of Bavel to
Rivla in the land of Ḥamat; where he gave judgment upon him.
And the king of Bavel slew the sons of Ẕidqiyyahu before his 10
eyes: he slew also all the princes of Yehuda in Rivla. Then he 11
put out the eyes of Ẕidqiyyahu; and the king of Bavel bound
him in fetters, and carried him to Bavel, and put him in prison
till the day of his death. Now in the fifth month, on the 12
tenth day of the month, which was the ninteenth year of Nevu-
khadreẕẕar king of Bavel, Nevuzar'adan, captain of the guard,
who served the king of Bavel, came to Yerushalayim. And he 13
burned the house of the LORD, and the king's house; and all the
houses of Yerushalayim, and every great house he burned with
fire: and all the army of the Kasdim, that were with the captain 14
of the guard, broke down all the walls of Yerushalayim round
about. Then Nevuzar'adan the captain of the guard carried away 15
into exile certain of the poor of the people, and the residue of
the people that remained in the city, and the deserts who had
deserted to the king of Bavel, and the rest of the multitude. But 16
Nevuzar'adan the captain of the guard left certain of the poor of
the land for vinedressers and for fieldworkers. Also the pillars 17
of brass that were in the house of the LORD, and the bases, and
the brazen sea that was in the house of the LORD, the Kasdim
broke, and carried all the brass of them to Bavel. The pans also, 18
and the shovels, and the snuffers, and the bowls, and the spoons,
and all the vessels of brass with which they ministered, they
took away. And the bowls, and the firepans, and the basins, and 19
the pans, and the candlesticks, and the spoons, and the bowls
both that which was of gold in gold, and that which was of
silver in silver, the captain of the guard took away. The two 20
pillars, one sea, and twelve brass bulls that were under the
bases, which king Shelomo had made in the house of the LORD:
the brass of all these vessels was unweighed. And as for the 21
pillars, the height of one pillar was eighteen cubits; and a
thread of twelve cubits did compass it; and its thickness was
four fingers: it was hollow. And a capital of brass was upon it; 22
and the height of one capital was five cubits, with network and
pomegranates upon the capitals round about, all of brass. The
second pillar also and the pomegranates were like these. And 23
there were ninety six pomegranates on a side; and all the pome-
granates upon the network were a hundred round about. And 24
the captain of the guard took Seraya the chief priest, and
Ẕefanya the second priest, and the three keepers of the door:
he also took out of the city an officer, who had the charge of 25
the men of war; and seven of those men who were near the
king's person, who were found in the city; and the scribe of the
chief of the army, who mustered the people of the land; and
sixty men of the people of the land, that were found in the midst
of the city. So Nevuzar'adan the captain of the guard took them, 26

אֶל־מֶלֶךְ בָּבֶל רִבְלָתָה׃ וַיַּכֶּה אוֹתָם מֶלֶךְ בָּבֶל וַיְמִתֵם בְּרִבְלָה כז
בְּאֶרֶץ חֲמָת וַיִּגֶל יְהוּדָה מֵעַל אַדְמָתוֹ׃ זֶה הָעָם אֲשֶׁר הֶגְלָה כח
נְבוּכַדְרֶאצַּר בִּשְׁנַת־שֶׁבַע יְהוּדִים שְׁלֹשֶׁת אֲלָפִים וְעֶשְׂרִים
וּשְׁלֹשָׁה׃ בִּשְׁנַת שְׁמוֹנֶה עֶשְׂרֵה לִנְבוּכַדְרֶאצַּר מִירוּשָׁלַםִ כט
נֶפֶשׁ שְׁמֹנֶה מֵאוֹת שְׁלֹשִׁים וּשְׁנָיִם׃ בִּשְׁנַת שָׁלֹשׁ וְעֶשְׂרִים ל
לִנְבוּכַדְרֶאצַּר הֶגְלָה נְבוּזַרְאֲדָן רַב־טַבָּחִים יְהוּדִים נֶפֶשׁ שְׁבַע
מֵאוֹת אַרְבָּעִים וַחֲמִשָּׁה כָּל־נֶפֶשׁ אַרְבַּעַת אֲלָפִים וְשֵׁשׁ
מֵאוֹת׃ וַיְהִי בִשְׁלֹשִׁים וָשֶׁבַע שָׁנָה לְגָלוּת יְהוֹיָכִן לא
מֶלֶךְ־יְהוּדָה בִּשְׁנֵים עָשָׂר חֹדֶשׁ בְּעֶשְׂרִים וַחֲמִשָּׁה לַחֹדֶשׁ נָשָׂא
אֱוִיל מְרֹדַךְ מֶלֶךְ בָּבֶל בִּשְׁנַת מַלְכֻתוֹ אֶת־רֹאשׁ יְהוֹיָכִין מֶלֶךְ־
הַכְּלוּא יְהוּדָה וַיֹּצֵא אֹתוֹ מִבֵּית הכליא׃ וַיְדַבֵּר אִתּוֹ טֹבוֹת וַיִּתֵּן אֶת־ לב
הַמְּלָכִים כִּסְאוֹ מִמַּעַל לְכִסֵּא מלכים אֲשֶׁר אִתּוֹ בְּבָבֶל׃ וְשִׁנָּה אֵת בִּגְדֵי לג
כִלְאוֹ וְאָכַל לֶחֶם לְפָנָיו תָּמִיד כָּל־יְמֵי חַיָּו׃ וַאֲרֻחָתוֹ אֲרֻחַת לד
תָּמִיד נִתְּנָה־לּוֹ מֵאֵת מֶלֶךְ־בָּבֶל דְּבַר־יוֹם בְּיוֹמוֹ עַד־יוֹם
מוֹתוֹ כֹּל יְמֵי חַיָּיו׃

and brought them to the king of Bavel to Rivla. And the king 27
of Bavel smote them, and put them to death in Rivla in the land
of Ḫamat. Thus Yehuda was exiled out of his own land. This 28
is the number of the people whom Nevukhadreẕẕar carried away
captive: in the seventh year three thousand and twenty three
men of Yehuda: in the eighteenth year of Nevukhadreẕẕar he 29
carried away from Yerushalayim eight hundred and thirty two
persons: in the twenty third year of Nevukhadreẕẕar, Nevuzar'- 30
adan the captain of the guard carried away into exile of the men
of Yehuda seven hundred and forty five persons: all the persons
were four thousand and six hundred. And it came to pass 31
in the thirty seventh year of the exile of Yehoyakhin king of
Yehuda, in the twelfth month, on the twenty fifth day of the
month, that Evil-merodakh king of Bavel in the first year of his
reign lifted up the head of Yehoyakhin king of Yehuda, and
brought him out of prison, and spoke kindly to him, and set 32
his throne above the throne of the kings that were with him in
Bavel, and changed his prison garments: and he did continually 33
eat bread before him all the days of his life. And for his 34
allowance, there was a continual allowance given him by the
king of Bavel, every day a portion until the day of his death,
all the days of his life.

יחזקאל

YEḪEZQEL-EZEKIEL

א וַיְהִי ׀ בִּשְׁלֹשִׁים שָׁנָה בָּרְבִיעִי בַּחֲמִשָּׁה לַחֹדֶשׁ וַאֲנִי בְתוֹךְ־
הַגּוֹלָה עַל־נְהַר־כְּבָר נִפְתְּחוּ הַשָּׁמַיִם וָאֶרְאֶה מַרְאוֹת אֱלֹהִים:

ב בַּחֲמִשָּׁה לַחֹדֶשׁ הִיא הַשָּׁנָה הַחֲמִישִׁית לְגָלוּת הַמֶּלֶךְ יוֹיָכִין:

ג הָיֹה הָיָה דְבַר־יְהוָה אֶל־יְחֶזְקֵאל בֶּן־בּוּזִי הַכֹּהֵן בְּאֶרֶץ כַּשְׂדִּים
עַל־נְהַר־כְּבָר וַתְּהִי עָלָיו שָׁם יַד־יְהוָה: ד וָאֵרֶא וְהִנֵּה רוּחַ סְעָרָה
בָּאָה מִן־הַצָּפוֹן עָנָן גָּדוֹל וְאֵשׁ מִתְלַקַּחַת וְנֹגַהּ לוֹ סָבִיב
וּמִתּוֹכָהּ כְּעֵין הַחַשְׁמַל מִתּוֹךְ הָאֵשׁ: ה וּמִתּוֹכָהּ דְּמוּת אַרְבַּע
חַיּוֹת וְזֶה מַרְאֵיהֶן דְּמוּת אָדָם לָהֵנָּה: ו וְאַרְבָּעָה פָנִים לְאֶחָת
וְאַרְבַּע כְּנָפַיִם לְאַחַת לָהֶם: ז וְרַגְלֵיהֶם רֶגֶל יְשָׁרָה וְכַף רַגְלֵיהֶם

ח כְּכַף רֶגֶל עֵגֶל וְנֹצְצִים כְּעֵין נְחֹשֶׁת קָלָל: וִידֵו אָדָם מִתַּחַת
כַּנְפֵיהֶם עַל אַרְבַּעַת רִבְעֵיהֶם וּפְנֵיהֶם וְכַנְפֵיהֶם לְאַרְבַּעְתָּם:
ט חֹבְרֹת אִשָּׁה אֶל־אֲחוֹתָהּ כַּנְפֵיהֶם לֹא־יִסַּבּוּ בְלֶכְתָּן אִישׁ אֶל־
י עֵבֶר פָּנָיו יֵלֵכוּ: וּדְמוּת פְּנֵיהֶם פְּנֵי אָדָם וּפְנֵי אַרְיֵה אֶל־הַיָּמִין
לְאַרְבַּעְתָּם וּפְנֵי־שׁוֹר מֵהַשְּׂמֹאול לְאַרְבַּעְתָּן וּפְנֵי־נֶשֶׁר
יא לְאַרְבַּעְתָּן: וּפְנֵיהֶם וְכַנְפֵיהֶם פְּרֻדוֹת מִלְמָעְלָה לְאִישׁ שְׁתַּיִם
יב חֹבְרוֹת אִישׁ וּשְׁתַּיִם מְכַסּוֹת אֵת גְּוִיֹתֵיהֶנָה: וְאִישׁ אֶל־עֵבֶר
פָּנָיו יֵלֵכוּ אֶל אֲשֶׁר יִהְיֶה־שָּׁמָּה הָרוּחַ לָלֶכֶת יֵלֵכוּ לֹא יִסַּבּוּ
יג בְּלֶכְתָּן: וּדְמוּת הַחַיּוֹת מַרְאֵיהֶם כְּגַחֲלֵי־אֵשׁ בֹּעֲרוֹת כְּמַרְאֵה
הַלַּפִּדִים הִיא מִתְהַלֶּכֶת בֵּין הַחַיּוֹת וְנֹגַהּ לָאֵשׁ וּמִן־הָאֵשׁ
יד יוֹצֵא בָרָק: וְהַחַיּוֹת רָצוֹא וָשׁוֹב כְּמַרְאֵה הַבָּזָק: טו וָאֵרֶא הַחַיּוֹת
וְהִנֵּה אוֹפַן אֶחָד בָּאָרֶץ אֵצֶל הַחַיּוֹת לְאַרְבַּעַת פָּנָיו: טז מַרְאֵה
הָאוֹפַנִּים וּמַעֲשֵׂיהֶם כְּעֵין תַּרְשִׁישׁ וּדְמוּת אֶחָד לְאַרְבַּעְתָּן
וּמַרְאֵיהֶם וּמַעֲשֵׂיהֶם כַּאֲשֶׁר יִהְיֶה הָאוֹפַן בְּתוֹךְ הָאוֹפָן: יז עַל־
אַרְבַּעַת רִבְעֵיהֶן בְּלֶכְתָּם יֵלֵכוּ לֹא יִסַּבּוּ בְּלֶכְתָּן: יח וְגַבֵּיהֶן וְגֹבַהּ
לָהֶם וְיִרְאָה לָהֶם וְגַבֹּתָם מְלֵאֹת עֵינַיִם סָבִיב לְאַרְבַּעְתָּן:
יט וּבְלֶכֶת הַחַיּוֹת יֵלְכוּ הָאוֹפַנִּים אֶצְלָם וּבְהִנָּשֵׂא הַחַיּוֹת מֵעַל
הָאָרֶץ יִנָּשְׂאוּ הָאוֹפַנִּים: כ עַל אֲשֶׁר יִהְיֶה־שָּׁם הָרוּחַ לָלֶכֶת
יֵלֵכוּ שָׁמָּה הָרוּחַ לָלֶכֶת וְהָאוֹפַנִּים יִנָּשְׂאוּ לְעֻמָּתָם כִּי רוּחַ הַחַיָּה
כא בָּאוֹפַנִּים: בְּלֶכְתָּם יֵלֵכוּ וּבְעָמְדָם יַעֲמֹדוּ וּבְהִנָּשְׂאָם מֵעַל הָאָרֶץ
כב יִנָּשְׂאוּ הָאוֹפַנִּים לְעֻמָּתָם כִּי רוּחַ הַחַיָּה בָּאוֹפַנִּים: וּדְמוּת עַל־
רָאשֵׁי הַחַיָּה רָקִיעַ כְּעֵין הַקֶּרַח הַנּוֹרָא נָטוּי עַל־רָאשֵׁיהֶם

1 Now it came to pass in the thirtieth year, in the fourth month,
on the fifth day of the month, as I was among the exiles by
the river Kevar, that the heavens were opened, and I saw
2 visions of God. In the fifth day of the month, which was the fifth
3 year of the exile of king Yoyakhin, the word of the Lord came
to Yeḥezqel the priest, the son of Buzi, in the land of Kasdim
by the river Kevar; and the hand of the Lord was there upon
4 him. And I looked, and, behold, a storm wind came out of the
north, a great cloud, and a fire flaring up, and a brightness was
about it, and out of the midst of it, as it were the colour of
5 electrum, out of the midst of the fire. Also out of the midst of
it came the likeness of four living creatures. And this was their
6 appearance; they had the likeness of a man. And every one
7 had four faces, and every one had four wings. And their feet
were straight feet; and the sole of their feet was like the sole
of a calf's foot: and they sparkled like the colour of burnished
8 brass. And they had the hands of a man under their wings on
their four sides; and as for their faces and their wings (of
9 those four) their wings were joined one to another; they turned
10 not when they went; they went everyone straight forward. As
for the likeness of their faces, they had the face of a man, and
they four had the face of a lion, on the right side: and they
four had the face of an ox on the left side; they four also
11 had the face of an eagle. Thus were their faces: and their wings
were divided upwards; two wings of everyone were joined
12 one to another, and two covered their bodies. And they went
everyone straight forward: wherever the spirit was minded
13 to go, they went; they turned not when they went. As for the
likeness of the living creatures, their appearance was like coals
of fire, burning like the appearance of torches: it flashed up
and down among the living creatures; and the fire was bright,
14 and out of the fire went forth lightning. And the living creatures
ran and returned like the appearance of a flash of lightning.
15 Now as I beheld the living creatures, behold one wheel upon
16 the earth by the living creatures, with his four faces. The
appearance of the wheels and their work was like the colour
of an emerald: and they four had one likeness: and their
appearance and their work was as it were a wheel in the
17 middle of a wheel. When they went, they went toward their
18 four sides: and they turned not when they went. As for their
rims, they were so high that they were dreadful, and their rims
19 were full of eyes round about them four. And when the living
creatures moved, the wheels went by them: and when the living
creatures were lifted up from the earth, the wheels were
20 lifted up. Wherever the spirit was minded to go, they moved,
for the spirit was minded to go there; and the wheels were
lifted up along with them: for the spirit of the living creature
21 was in the wheels. When those moved, these moved; and when
those stood still, these stood still; and when those were lifted
up from the earth, the wheels were lifted up along with them:
22 for the spirit of the living creature was in the wheels. And over
the heads of the living creatures there was the likeness of a
firmament, like the colour of the terrible ice, stretched out over

מלמעלה: וְתַחַת הָרָקִיעַ כַּנְפֵיהֶם יְשָׁרוֹת אִשָּׁה אֶל־אֲחוֹתָהּ כג
לְאִישׁ שְׁתַּיִם מְכַסּוֹת לָהֵנָּה וּלְאִישׁ שְׁתַּיִם מְכַסּוֹת לָהֵנָּה אֵת
גְּוִיֹּתֵיהֶם: וָאֶשְׁמַע אֶת־קוֹל כַּנְפֵיהֶם כְּקוֹל מַיִם רַבִּים כְּקוֹל־ כד
שַׁדַּי בְּלֶכְתָּם קוֹל הֲמֻלָּה כְּקוֹל מַחֲנֶה בְּעָמְדָם תְּרַפֶּינָה
כַנְפֵיהֶן: וַיְהִי־קוֹל מֵעַל לָרָקִיעַ אֲשֶׁר עַל־רֹאשָׁם בְּעָמְדָם כה
תְּרַפֶּינָה כַנְפֵיהֶן: וּמִמַּעַל לָרָקִיעַ אֲשֶׁר עַל־רֹאשָׁם כְּמַרְאֵה כו
אֶבֶן־סַפִּיר דְּמוּת כִּסֵּא וְעַל דְּמוּת הַכִּסֵּא דְּמוּת כְּמַרְאֵה אָדָם
עָלָיו מִלְמָעְלָה: וָאֵרֶא ׀ כְּעֵין חַשְׁמַל כְּמַרְאֵה־אֵשׁ בֵּית־לָהּ כז
סָבִיב מִמַּרְאֵה מָתְנָיו וּלְמַעְלָה וּמִמַּרְאֵה מָתְנָיו וּלְמַטָּה
רָאִיתִי כְּמַרְאֵה־אֵשׁ וְנֹגַהּ לוֹ סָבִיב: כְּמַרְאֵה הַקֶּשֶׁת אֲשֶׁר כח
יִהְיֶה בֶעָנָן בְּיוֹם הַגֶּשֶׁם כֵּן מַרְאֵה הַנֹּגַהּ סָבִיב הוּא מַרְאֵה
דְּמוּת כְּבוֹד־יְהוָה וָאֶרְאֶה וָאֶפֹּל עַל־פָּנַי וָאֶשְׁמַע קוֹל
מְדַבֵּר: וַיֹּאמֶר אֵלָי בֶּן־אָדָם עֲמֹד עַל־רַגְלֶיךָ ב א
וַאֲדַבֵּר אֹתָךְ: וַתָּבֹא בִי רוּחַ כַּאֲשֶׁר דִּבֶּר אֵלַי וַתַּעֲמִדֵנִי ב
עַל־רַגְלָי וָאֶשְׁמַע אֵת מִדַּבֵּר אֵלָי: וַיֹּאמֶר ג
אֵלַי בֶּן־אָדָם שׁוֹלֵחַ אֲנִי אוֹתְךָ אֶל־בְּנֵי יִשְׂרָאֵל אֶל־גּוֹיִם
הַמּוֹרְדִים אֲשֶׁר מָרְדוּ־בִי הֵמָּה וַאֲבוֹתָם פָּשְׁעוּ בִי עַד־עֶצֶם
הַיּוֹם הַזֶּה: וְהַבָּנִים קְשֵׁי פָנִים וְחִזְקֵי־לֵב אֲנִי שׁוֹלֵחַ אוֹתְךָ ד
אֲלֵיהֶם וְאָמַרְתָּ אֲלֵיהֶם כֹּה אָמַר אֲדֹנָי יְהוִה: וְהֵמָּה אִם־ ה
יִשְׁמְעוּ וְאִם־יֶחְדָּלוּ כִּי בֵּית מְרִי הֵמָּה וְיָדְעוּ כִּי נָבִיא הָיָה
בְתוֹכָם: וְאַתָּה בֶן־אָדָם אַל־תִּירָא מֵהֶם ו
וּמִדִּבְרֵיהֶם אַל־תִּירָא כִּי סָרָבִים וְסַלּוֹנִים אוֹתָךְ וְאֶל־עַקְרַבִּים
אַתָּה יוֹשֵׁב מִדִּבְרֵיהֶם אַל־תִּירָא וּמִפְּנֵיהֶם אַל־תֵּחָת כִּי בֵּית
מְרִי הֵמָּה: וְדִבַּרְתָּ אֶת־דְּבָרַי אֲלֵיהֶם אִם־יִשְׁמְעוּ וְאִם־יֶחְדָּלוּ ז
כִּי מְרִי הֵמָּה: וְאַתָּה בֶן־אָדָם שְׁמַע אֵת אֲשֶׁר־ ח
אֲנִי מְדַבֵּר אֵלֶיךָ אַל־תְּהִי־מֶרִי כְּבֵית הַמֶּרִי פְּצֵה פִיךָ וֶאֱכֹל
אֵת אֲשֶׁר־אֲנִי נֹתֵן אֵלֶיךָ: וָאֶרְאֶה וְהִנֵּה־יָד שְׁלוּחָה אֵלָי וְהִנֵּה־ ט
בוֹ מְגִלַּת־סֵפֶר: וַיִּפְרֹשׂ אוֹתָהּ לְפָנַי וְהִיא כְתוּבָה פָּנִים וְאָחוֹר י
וְכָתוּב אֵלֶיהָ קִנִים וָהֶגֶה וָהִי: וַיֹּאמֶר אֵלַי בֶּן־ ג א
אָדָם אֵת אֲשֶׁר־תִּמְצָא אֱכוֹל אֱכוֹל אֶת־הַמְּגִלָּה הַזֹּאת וְלֵךְ
דַּבֵּר אֶל־בֵּית יִשְׂרָאֵל: וָאֶפְתַּח אֶת־פִּי וַיַּאֲכִלֵנִי אֵת הַמְּגִלָּה ב
הַזֹּאת: וַיֹּאמֶר אֵלַי בֶּן־אָדָם בִּטְנְךָ תַאֲכֵל וּמֵעֶיךָ תְמַלֵּא אֵת ג
הַמְּגִלָּה הַזֹּאת אֲשֶׁר אֲנִי נֹתֵן אֵלֶיךָ וָאֹכְלָה וַתְּהִי בְּפִי כִּדְבַשׁ
לְמָתוֹק: וַיֹּאמֶר אֵלַי בֶּן־אָדָם לֶךְ־בֹּא אֶל־בֵּית ד
יִשְׂרָאֵל וְדִבַּרְתָּ בִדְבָרַי אֲלֵיהֶם: כִּי לֹא אֶל־עַם עִמְקֵי שָׂפָה ה

their heads above. And under the firmament their wings were   23
held straight, the one toward the other : everyone had two,
which covered them, namely, everyone two, which covered their
bodies. And when they moved, I heard the noise of their   24
wings, like the noise of great waters, like the voice of the
Almighty, the noise of a tumult, like the noise of a host : when
they stood still, they let down their wings. And there was a   25
voice from above the firmament that was over their heads ;
when they stood still, they let down their wings. And above   26
the firmament that was over their heads was the likeness of a
throne, in appearance like a sapphire stone : and upon the like-
ness of the throne was the likeness as the appearance of a man
above upon it. And I saw something like the colour of electrum,   27
like the appearance of fire round about enclosing it ; from what
appeared to be his loins upward, and from what appeared
to be his lions downward, I saw what appeared to be fire, and
there was a brightness round about him. As the appearance   28
of the bow that is in the cloud in the day of rain, so was the
appearance of the brightness round about. This was the appear-
ance of the likeness of the glory of the LORD. And when I saw
it, I fell upon my face, and I heard the voice of one that
spoke.   And he said to me, Son of man, stand upon   **2**
thy feet, and I will speak to thee. And a spirit entered into me   2
when he spoke to me, and set me upon my feet, and I heard
him that spoke to me.   And he said to me, Son of man,   3
I sent thee to the children of Yisra'el, to rebellious tribes
that have rebelled against me : they and their fathers have
transgressed against me, to this very day. For the children are   4
defiant and stiffhearted. I do send thee to them ; and thou shalt
say to them, Thus says the LORD GOD. And they, whether they   5
will hear, or whether they will refuse to hear, (for they are
a rebellious house,) yet they shall know that there has been a
prophet among them.   And thou, son of man, be not afraid   6
of them, neither be afraid of their words, though briers and
thorns be with thee, and thou dost sit upon scorpions : be
not afraid of their words, nor be dismayed at their looks,
for they are a rebellious house. And thou shalt speak my   7
words to them, whether they will hear, or whether they will
refuse to hear : for they are most rebellious.   But thou,   8
son of man, hear what I say to thee ; Be not thou rebellious
like that rebellious house : open thy mouth, and eat that which
I give thee. And when I looked, behold, a hand was sent to   9
me ; and, lo, a scroll of a book was in it ; and he spread it
before me ; and it was written inside and outside : and in it   10
was written lamentations, and mourning, and woe.   And   **3**
he said to me, Son of man, eat what thou findest ; eat this
scroll, and go and speak to the house of Yisra'el. So I opened   2
my mouth, and he caused me to eat that scroll. And he said   3
to me, Son of man, feed thy belly, and fill thy bowels with
this scroll that I give thee. Then I did eat it ; and it became
as sweet as honey in my mouth.   And he said to me, Son   4
of man, go, get thee to the house of Yisra'el, and speak with
my words to them. For thou art not sent to a people of a   5

ו וְכָבְדֵי לָשׁוֹן אַתָּה שָׁלוּחַ אֶל־בֵּית יִשְׂרָאֵל: לֹא ׀ אֶל־עַמִּים
רַבִּים עִמְקֵי שָׂפָה וְכִבְדֵי לָשׁוֹן אֲשֶׁר לֹא־תִשְׁמַע דִּבְרֵיהֶם אִם־

ז לֹא אֲלֵיהֶם שְׁלַחְתִּיךָ הֵמָּה יִשְׁמְעוּ אֵלֶיךָ: וּבֵית יִשְׂרָאֵל לֹא
יֹאבוּ לִשְׁמֹעַ אֵלֶיךָ כִּי־אֵינָם אֹבִים לִשְׁמֹעַ אֵלָי כִּי כָּל־בֵּית

ח יִשְׂרָאֵל חִזְקֵי־מֵצַח וּקְשֵׁי־לֵב הֵמָּה: הִנֵּה נָתַתִּי אֶת־פָּנֶיךָ

ט חֲזָקִים לְעֻמַּת פְּנֵיהֶם וְאֶת־מִצְחֲךָ חָזָק לְעֻמַּת מִצְחָם: כְּשָׁמִיר
חָזָק מִצֹּר נָתַתִּי מִצְחֶךָ לֹא־תִירָא אוֹתָם וְלֹא־תֵחַת מִפְּנֵיהֶם

י כִּי בֵּית מְרִי הֵמָּה: וַיֹּאמֶר אֵלָי בֶּן־אָדָם אֶת־

יא כָּל־דְּבָרַי אֲשֶׁר אֲדַבֵּר אֵלֶיךָ קַח בִּלְבָבְךָ וּבְאָזְנֶיךָ שְׁמָע: וְלֵךְ
בֹּא אֶל־הַגּוֹלָה אֶל־בְּנֵי עַמֶּךָ וְדִבַּרְתָּ אֲלֵיהֶם וְאָמַרְתָּ אֲלֵיהֶם

ב
יב כֹּה אָמַר אֲדֹנָי יְהוִה אִם־יִשְׁמְעוּ וְאִם־יֶחְדָּלוּ: וַתִּשָּׂאֵנִי רוּחַ
וָאֶשְׁמַע אַחֲרַי קוֹל רַעַשׁ גָּדוֹל בָּרוּךְ כְּבוֹד־יְהוָה מִמְּקוֹמוֹ:

יג וְקוֹל ׀ כַּנְפֵי הַחַיּוֹת מַשִּׁיקוֹת אִשָּׁה אֶל־אֲחוֹתָהּ וְקוֹל הָאוֹפַנִּים

יד לְעֻמָּתָם וְקוֹל רַעַשׁ גָּדוֹל: וְרוּחַ נְשָׂאַתְנִי וַתִּקָּחֵנִי וָאֵלֵךְ מַר

טו בַּחֲמַת רוּחִי וְיַד־יְהוָה עָלַי חָזָקָה: וָאָבוֹא אֶל־הַגּוֹלָה תֵּל אָבִיב

ואשב הַיֹּשְׁבִים אֶל־נְהַר־כְּבָר וָאֵשֵׁר הֵמָּה יוֹשְׁבִים שָׁם וָאֵשֵׁב שָׁם

טז שִׁבְעַת יָמִים מַשְׁמִים בְּתוֹכָם: וַיְהִי מִקְצֵה

יז שִׁבְעַת יָמִים וַיְהִי דְבַר־יְהוָה אֵלַי לֵאמֹר: בֶּן־
אָדָם צֹפֶה נְתַתִּיךָ לְבֵית יִשְׂרָאֵל וְשָׁמַעְתָּ מִפִּי דָּבָר וְהִזְהַרְתָּ

יח אוֹתָם מִמֶּנִּי: בְּאָמְרִי לָרָשָׁע מוֹת תָּמוּת וְלֹא הִזְהַרְתּוֹ וְלֹא
דִבַּרְתָּ לְהַזְהִיר רָשָׁע מִדַּרְכּוֹ הָרְשָׁעָה לְחַיֹּתוֹ הוּא רָשָׁע בַּעֲוֹנוֹ

יט יָמוּת וְדָמוֹ מִיָּדְךָ אֲבַקֵּשׁ: וְאַתָּה כִּי־הִזְהַרְתָּ רָשָׁע וְלֹא־שָׁב
מֵרִשְׁעוֹ וּמִדַּרְכּוֹ הָרְשָׁעָה הוּא בַּעֲוֹנוֹ יָמוּת וְאַתָּה אֶת־נַפְשְׁךָ

כ הִצַּלְתָּ: וּבְשׁוּב צַדִּיק מִצִּדְקוֹ וְעָשָׂה עָוֶל וְנָתַתִּי
מִכְשׁוֹל לְפָנָיו הוּא יָמוּת כִּי לֹא הִזְהַרְתּוֹ בְּחַטָּאתוֹ יָמוּת וְלֹא

כא תִזָּכַרְןָ צִדְקֹתָו אֲשֶׁר עָשָׂה וְדָמוֹ מִיָּדְךָ אֲבַקֵּשׁ: וְאַתָּה כִּי
הִזְהַרְתּוֹ צַדִּיק לְבִלְתִּי חֲטֹא צַדִּיק וְהוּא לֹא־חָטָא חָיוֹ יִחְיֶה

כב כִּי נִזְהָר וְאַתָּה אֶת־נַפְשְׁךָ הִצַּלְתָּ: וַתְּהִי עָלַי
שָׁם יַד־יְהוָה וַיֹּאמֶר אֵלַי קוּם צֵא אֶל־הַבִּקְעָה וְשָׁם אֲדַבֵּר

כג אוֹתָךְ: וָאָקוּם וָאֵצֵא אֶל־הַבִּקְעָה וְהִנֵּה־שָׁם כְּבוֹד־יְהוָה עֹמֵד
כַּכָּבוֹד אֲשֶׁר רָאִיתִי עַל־נְהַר־כְּבָר וָאֶפֹּל עַל־פָּנָי: וַתָּבֹא־בִי

כד רוּחַ וַתַּעֲמִדֵנִי עַל־רַגְלָי וַיְדַבֵּר אֹתִי וַיֹּאמֶר אֵלַי בֹּא הִסָּגֵר

כה בְּתוֹךְ בֵּיתֶךָ: וְאַתָּה בֶן־אָדָם הִנֵּה נָתְנוּ עָלֶיךָ

strange speech and of a hard language, but to the house of
Yisra'el ; not to many peoples of a strange speech and of a hard   6
language, whose words thou canst not understand. Surely, had
I sent thee to them, they would have hearkened to thee.
But the house of Yisra'el will not hearken to thee ; for they   7
will not hearken to me : for all the house of Yisra'el are
defiant and hardhearted. Behold, I have made thy face hard   8
against their faces, and forehead strong against their foreheads.
Like adamant harder than flint have I made thy forehead : fear   9
them not, neither be downcast at their looks, though they are
a rebellious house.   Moreover he said to me, Son of   10
man, all my words that I shall speak to thee take to thy heart,
and hear with thy ears. And go, get thee to the exiles, to the   11
children of thy people, and speak to them, and tell them, Thus
says the LORD GOD ; whether they will hear, or whether they will
refuse to hear. Then a spirit took me up, and I heard behind   12
me a voice of a great rushing, saying, Blessed be the glory of
the LORD from his place ; also the noise of the wings of the   13
living creatures as they touched one another, and the noise
of the wheels along with them, and a noise of a great rushing,
so a spirit lifted me up, and took me away, and I went in   14
bitterness, in the heat of my spirit ; and the hand of the
LORD was strong upon me. Then I came to the exiles at Tel-   15
aviv, that dwelt by the river Kevar, and I sat where they sat,
and remained there overwhelmed among them for seven days.

    And it came to pass at the end of seven days   that   16
the word of the LORD came to me, saying, Son of man, I have   17
made thee a watchman to the house of Yisra'el : and when
thou shalt hear a word at my mouth, thou shalt give them
warning from me. When I say to the wicked man, Thou shalt   18
surely die ; and thou givest him not warning, nor speakest
to warn the wicked from his wicked way, to save his life ;
the same wicked man shall die in his iniquity ; but his blood
will I require at thy hand. Yet if thou warn the wicked man,   19
and he turn not from his wickedness, nor from his wicked way,
he shall die in his iniquity ; but thou hast saved thy soul.

    Again, when a righteous man turns from his righteous-   20
ness, and commits iniquity, and I lay a stumblingblock before
him he shall die : because thou hast not given him warning,
he shall die in his sin, and his righteousness which he has
done shall not be remembered ; but his blood will I require
at thy hand. Nevertheless if thou warn the righteous man,   21
that the righteous sin not, and he does not sin, then he shall
surely live, because he is warned ; and thou hast saved thy
soul.   And the hand of the LORD was there   22
upon me; and he said to me, Arise, go out into the plain,
and I will talk with thee there. Then I arose, and went out   23
into the plain : and, behold, the glory of the LORD stood there,
as the glory which I saw by the river Kevar : and I fell on
my face. Then a spirit entered into me, and set me upon my   24
feet ; and he spoke with me, and said to me, Go, shut thyself
within thy house.   But thou, O son of man, behold, they   25
shall put cords upon thee, and shall bind thee with them, and

עֲבוֹתִים וַאֲסָרוּךָ בָּהֶם וְלֹא תֵצֵא בְּתוֹכָם: וּלְשׁוֹנְךָ אַדְבִּיק אֶל־ כו

חִכֶּךָ וְנֶאֱלַמְתָּ וְלֹא־תִהְיֶה לָהֶם לְאִישׁ מוֹכִיחַ כִּי בֵּית מְרִי

הֵמָּה: וּבְדַבְּרִי אוֹתְךָ אֶפְתַּח אֶת־פִּיךָ וְאָמַרְתָּ אֲלֵיהֶם כֹּה כז

אָמַר אֲדֹנָי יְהוִה הַשֹּׁמֵעַ ׀ יִשְׁמָע וְהֶחָדֵל ׀ יֶחְדָּל כִּי בֵּית מְרִי

הֵמָּה: וְאַתָּה בֶן־אָדָם קַח־לְךָ לְבֵנָה וְנָתַתָּה ד א

אוֹתָהּ לְפָנֶיךָ וְחַקּוֹתָ עָלֶיהָ עִיר אֶת־יְרוּשָׁלָ͏ִם: וְנָתַתָּה עָלֶיהָ ב

מָצוֹר וּבָנִיתָ עָלֶיהָ דָּיֵק וְשָׁפַכְתָּ עָלֶיהָ סֹלְלָה וְנָתַתָּה עָלֶיהָ

מַחֲנוֹת וְשִׂים־עָלֶיהָ כָּרִים סָבִיב: וְאַתָּה קַח־לְךָ מַחֲבַת בַּרְזֶל ג

וְנָתַתָּה אוֹתָהּ קִיר בַּרְזֶל בֵּינְךָ וּבֵין הָעִיר וַהֲכִינֹתָ אֶת־

פָּנֶיךָ אֵלֶיהָ וְהָיְתָה בַמָּצוֹר וְצַרְתָּ עָלֶיהָ אוֹת הִיא לְבֵית

יִשְׂרָאֵל: וְאַתָּה שְׁכַב עַל־צִדְּךָ הַשְּׂמָאלִי וְשַׂמְתָּ ד

אֶת־עֲוֺן בֵּית־יִשְׂרָאֵל עָלָיו מִסְפַּר הַיָּמִים אֲשֶׁר תִּשְׁכַּב עָלָיו

תִּשָּׂא אֶת־עֲוֺנָם: וַאֲנִי נָתַתִּי לְךָ אֶת־שְׁנֵי עֲוֺנָם לְמִסְפַּר יָמִים ה

שְׁלֹשׁ־מֵאוֹת וְתִשְׁעִים יוֹם וְנָשָׂאתָ עֲוֺן בֵּית־יִשְׂרָאֵל: וְכִלִּיתָ ו

אֶת־אֵלֶּה וְשָׁכַבְתָּ עַל־צִדְּךָ הַיְמָנִי שֵׁנִית וְנָשָׂאתָ אֶת־עֲוֺן הַיְמָנִ֫י

בֵּית־יְהוּדָה אַרְבָּעִים יוֹם יוֹם לַשָּׁנָה יוֹם לַשָּׁנָה נְתַתִּיו לָךְ:

וְאֶל־מְצוֹר יְרוּשָׁלַ͏ִם תָּכִין פָּנֶיךָ וּזְרֹעֲךָ חֲשׂוּפָה וְנִבֵּאתָ עָלֶיהָ: ז

וְהִנֵּה נָתַתִּי עָלֶיךָ עֲבוֹתִים וְלֹא־תֵהָפֵךְ מִצִּדְּךָ אֶל־צִדֶּךָ ח

עַד־כַּלּוֹתְךָ יְמֵי מְצוּרֶךָ: וְאַתָּה קַח־לְךָ חִטִּין וּשְׂעֹרִים ט

וּפוֹל וַעֲדָשִׁים וְדֹחַן וְכֻסְּמִים וְנָתַתָּה אוֹתָם בִּכְלִי אֶחָד

וְעָשִׂיתָ אוֹתָם לְךָ לְלֶחֶם מִסְפַּר הַיָּמִים אֲשֶׁר־אַתָּה ׀ שׁוֹכֵב

עַל־צִדְּךָ שְׁלֹשׁ־מֵאוֹת וְתִשְׁעִים יוֹם תֹּאכֲלֶנּוּ: וּמַאֲכָלְךָ י

אֲשֶׁר תֹּאכֲלֶנּוּ בְּמִשְׁקוֹל עֶשְׂרִים שֶׁקֶל לַיּוֹם מֵעֵת עַד־עֵת

תֹּאכֲלֶנּוּ: וּמַיִם בִּמְשׂוּרָה תִשְׁתֶּה שִׁשִּׁית הַהִין מֵעֵת עַד־עֵת יא

תִּשְׁתֶּה: וְעֻגַת שְׂעֹרִים תֹּאכֲלֶנָּה וְהִיא בְּגֶלְלֵי צֵאַת הָאָדָם יב

תְּעֻגֶנָה לְעֵינֵיהֶם: וַיֹּאמֶר יְהוָה כָּכָה יֹאכְלוּ יג

בְנֵי־יִשְׂרָאֵל אֶת־לַחְמָם טָמֵא בַּגּוֹיִם אֲשֶׁר אַדִּיחֵם שָׁם:

וָאֹמַר אֲהָהּ אֲדֹנָי יְהוִה הִנֵּה נַפְשִׁי לֹא מְטֻמָּאָה וּנְבֵלָה יד

וּטְרֵפָה לֹא־אָכַלְתִּי מִנְּעוּרַי וְעַד־עַתָּה וְלֹא־בָא בְּפִי בְּשַׂר

פִּגּוּל: וַיֹּאמֶר אֵלַי רְאֵה נָתַתִּי לְךָ טו

אֶת־צְפוּעֵי הַבָּקָר תַּחַת גֶּלְלֵי הָאָדָם וְעָשִׂיתָ אֶת־לַחְמְךָ צְפִיעֵי

עֲלֵיהֶם: וַיֹּאמֶר אֵלַי בֶּן־אָדָם הִנְנִי שֹׁבֵר מַטֵּה־ טז

לֶחֶם בִּירוּשָׁלַ͏ִם וְאָכְלוּ־לֶחֶם בְּמִשְׁקָל וּבִדְאָגָה וּמַיִם בִּמְשׂוּרָה

וּבְשִׂמָּמוֹן יִשְׁתּוּ: לְמַעַן יַחְסְרוּ לֶחֶם וָמָיִם וְנָשַׁמּוּ אִישׁ וְאָחִיו יז

וְנָמַקּוּ בַּעֲוֺנָם: וְאַתָּה בֶן־אָדָם קַח־לְךָ ׀ חֶרֶב ה א

חַדָּה תַּעַר הַגַּלָּבִים תִּקָּחֶנָּה לָּךְ וְהַעֲבַרְתָּ עַל־רֹאשְׁךָ וְעַל־זְקָנֶךָ

thou shalt not go out among them : and I will make thy tongue   26
cleave to the roof of thy mouth, that thou shalt be dumb,
and shalt not be to them a reprover : for they are a rebellious
house. But when I speak with thee, I will open thy mouth,   27
and thou shalt say to them, Thus says the LORD GOD ; He that
hears, let him hear ; and he that refuses to hear, let him refuse :
for they are a rebellious house.   Thou also, son of man,   **4**
take thee a brick, and lay it before thee, and trace upon it
a city, namely, Yerushalayim : and lay siege against it, and   2
build a siege wall against it, and cast a mound against it ; set
camps also against it, and set battering rams against it round
about. And take thou an iron pan, and set it for a wall of iron   3
between thee and the city : and set thy face towards it, and
it shall be besieged, and thou shalt lay siege against it. This
shall be a sign to the house of Yisra'el.   Moreover lie   4
thou upon thy left side, and lay the iniquity of the house of
Yisra'el upon it : according to the number of the days that
thou shalt lie upon it thou shalt bear their iniquity. For I have   5
laid upon thee the years of their iniquity, by an equivalent
number of days, three hundred and ninety days : so shalt
thou bear the iniquity of the house of Yisra'el. And when thou   6
hast accomplished them, lie again on thy right side, and thou
shalt bear the iniquity of the house of Yehuda : I have appointed
thee forty days, each day for a year. Therefore thou shalt set   7
thy face towards the siege of Yerushalayim, and thy arm
shall be uncovered, and thou shalt prophesy against it. And,   8
behold, I will lay cords upon thee, so that thou shalt not
be able to turn thyself from one side to another, till thou
hast completed the days of thy siege. Take thou also wheat,   9
and barley, and beans, and lentils, and millet, and spelt, and
put them in one vessel, and make thee bread from them ; for
the number of the days that thou shalt lie upon thy side, three
hundred and ninety days shalt thou eat it. And thy food   10
which thou shalt eat shall be by weight, twenty shekels a
day : once a day shalt thou eat it. Thou shalt drink also water   11
by measure, the sixth part of a hin : once a day shalt thou
drink. And thou shalt eat it like barley cakes, and thou shalt   12
bake it with human excrement, in their sight.   And the   13
LORD said, Thus shall the children of Yisra'el eat their bread,
unclean, among the nations, whither I will drive them. Then I   14
said, Ah LORD GOD, behold my soul has never been polluted :
for from my youth up even till now I have not eaten that
which dies of itself, or is torn by beasts, nor did loathsome
meat ever come into my mouth.   Then he said to me, Lo,   15
I have given thee cow's dung instead of human dung, and thou
shalt prepare thy bread upon that.   Moreover he said to   16
me, Son of man, behold, I will break the staff of bread in
Yerushalayim : and they shall eat bread by weight, and with
anxiety ; and they shall drink water by measure, and in appal-
ment : that they may lack bread and water, and be appalled   17
with one another, and waste away for their iniquity.   And   **5**
thou, Son of man, take a sharp knife ; a barber's razor take
for thyself ; and pass it over thy head, and over thy beard :

ב וְלָקַחְתָּ לְךָ מֹאזְנֵי מִשְׁקָל וְחִלַּקְתָּם: שְׁלִשִׁית בָּאוּר תַּבְעִיר
בְּתוֹךְ הָעִיר כִּמְלֹאת יְמֵי הַמָּצוֹר וְלָקַחְתָּ אֶת־הַשְּׁלִשִׁית
תַּכֶּה בַחֶרֶב סְבִיבוֹתֶיהָ וְהַשְּׁלִשִׁית תִּזְרֶה לָרוּחַ וְחֶרֶב אָרִיק

ג אַחֲרֵיהֶם: וְלָקַחְתָּ מִשָּׁם מְעַט בְּמִסְפָּר וְצַרְתָּ אוֹתָם בִּכְנָפֶיךָ:

ד וּמֵהֶם עוֹד תִּקָּח וְהִשְׁלַכְתָּ אוֹתָם אֶל־תּוֹךְ הָאֵשׁ וְשָׂרַפְתָּ אֹתָם
בָּאֵשׁ מִמֶּנּוּ תֵצֵא־אֵשׁ אֶל־כָּל־בֵּית יִשְׂרָאֵל:

ה כֹּה
אָמַר אֲדֹנָי יְהוִה זֹאת יְרוּשָׁלִַם בְּתוֹךְ הַגּוֹיִם שַׂמְתִּיהָ וּסְבִיבוֹתֶיהָ

ו אֲרָצוֹת: וַתֶּמֶר אֶת־מִשְׁפָּטַי לְרִשְׁעָה מִן־הַגּוֹיִם וְאֶת־חֻקּוֹתַי
מִן־הָאֲרָצוֹת אֲשֶׁר סְבִיבוֹתֶיהָ כִּי בְמִשְׁפָּטַי מָאָסוּ וְחֻקּוֹתַי
לֹא־הָלְכוּ בָהֶם: לָכֵן כֹּה־אָמַר ׀ אֲדֹנָי יְהוִה יַעַן

ז הֲמָנְכֶם מִן־הַגּוֹיִם אֲשֶׁר סְבִיבוֹתֵיכֶם בְּחֻקּוֹתַי לֹא הֲלַכְתֶּם
וְאֶת־מִשְׁפָּטַי לֹא עֲשִׂיתֶם וּכְמִשְׁפְּטֵי הַגּוֹיִם אֲשֶׁר סְבִיבוֹתֵיכֶם
לֹא עֲשִׂיתֶם: לָכֵן כֹּה אָמַר אֲדֹנָי יְהוִה הִנְנִי עָלַיִךְ

ח גַם־אָנִי וְעָשִׂיתִי בְתוֹכֵךְ מִשְׁפָּטִים לְעֵינֵי הַגּוֹיִם: וְעָשִׂיתִי בָךְ

ט אֵת אֲשֶׁר לֹא־עָשִׂיתִי וְאֵת אֲשֶׁר־לֹא־אֶעֱשֶׂה כָמֹהוּ עוֹד יַעַן
כָּל־תּוֹעֲבֹתָיִךְ: לָכֵן אָבוֹת יֹאכְלוּ בָנִים בְּתוֹכֵךְ

י וּבָנִים יֹאכְלוּ אֲבוֹתָם וְעָשִׂיתִי בָךְ שְׁפָטִים וְזֵרִיתִי אֶת־כָּל־
שְׁאֵרִיתֵךְ לְכָל־רוּחַ: לָכֵן חַי־אָנִי נְאֻם אֲדֹנָי יְהוִה אִם־לֹא יַעַן

יא אֶת־מִקְדָּשִׁי טִמֵּאת בְּכָל־שִׁקּוּצַיִךְ וּבְכָל־תּוֹעֲבֹתָיִךְ וְגַם־אֲנִי
אֶגְרַע וְלֹא־תָחוֹס עֵינִי וְגַם־אֲנִי לֹא אֶחְמוֹל: שְׁלִשִׁתֵיךְ בַּדֶּבֶר

יב יָמוּתוּ וּבָרָעָב יִכְלוּ בְתוֹכֵךְ וְהַשְּׁלִשִׁית בַּחֶרֶב יִפְּלוּ סְבִיבוֹתָיִךְ
וְהַשְּׁלִישִׁית לְכָל־רוּחַ אֱזָרֶה וְחֶרֶב אָרִיק אַחֲרֵיהֶם: וְכָלָה אַפִּי

יג וַהֲנִחוֹתִי חֲמָתִי בָּם וְהִנֶּחָמְתִּי וְיָדְעוּ כִּי־אֲנִי יְהוָה דִּבַּרְתִּי
בְּקִנְאָתִי בְּכַלּוֹתִי חֲמָתִי בָּם: וְאֶתְּנֵךְ לְחָרְבָּה וּלְחֶרְפָּה בַּגּוֹיִם

יד אֲשֶׁר סְבִיבוֹתָיִךְ לְעֵינֵי כָּל־עוֹבֵר: וְהָיְתָה חֶרְפָּה וּגְדוּפָה מוּסָר

טו וּמְשַׁמָּה לַגּוֹיִם אֲשֶׁר סְבִיבוֹתָיִךְ בַּעֲשׂוֹתִי בָךְ שְׁפָטִים בְּאַף
וּבְחֵמָה וּבְתֹכְחוֹת חֵמָה אֲנִי יְהוָה דִּבַּרְתִּי: בְּשַׁלְּחִי אֶת־חִצֵּי

טז הָרָעָב הָרָעִים בָּהֶם אֲשֶׁר הָיוּ לְמַשְׁחִית אֲשֶׁר־אֲשַׁלַּח אוֹתָם
לְשַׁחֶתְכֶם וְרָעָב אֹסֵף עֲלֵיכֶם וְשָׁבַרְתִּי לָכֶם מַטֵּה־לָחֶם:

יז וְשִׁלַּחְתִּי עֲלֵיכֶם רָעָב וְחַיָּה רָעָה וְשִׁכְּלֻךְ וְדֶבֶר וָדָם יַעֲבָר־בָּךְ
וְחֶרֶב אָבִיא עָלַיִךְ אֲנִי יְהוָה דִּבַּרְתִּי: וַיְהִי דְבַר־

ו א
יְהוָה אֵלַי לֵאמֹר: בֶּן־אָדָם שִׂים פָּנֶיךָ אֶל־הָרֵי יִשְׂרָאֵל וְהִנָּבֵא

ב

then take balances to weigh, and divide the hair. Thou shalt 2
burn with fire a third part in the midst of the city, when the
days of the siege are fulfilled : and thou shalt take a third
part, and smite about it with the sword : and a third part thou
shalt scatter to the wind ; and I will draw out a sword after
them. Thou shalt also take from these a small number, and 3
bind them in thy skirts. Then take more of them, and cast 4
them into the midst of the fire, and burn them in the fire ;
from there a fire shall come forth into all the house of
Yisra'el.   Thus says the LORD GOD ; This is Yerushalayim : 5
I have set it in the midst of the nations ; and countries are
round about her. And she has rebelled against my judgments 6
more wickedly than the nations, and against my statutes more
than the countries that are round her : for they have refused my
judgments, and as for my statutes, they have not followed
them.   Therefore thus says the LORD GOD ; Because you 7
have been more turbulent than the nations that are round about
you, and have not walked in my statutes, nor have you kept
my judgments, nor have you done according to the practices
of the nations that are round about you ;   therefore thus 8
says the LORD GOD ; Behold, I, even I, am against thee, and will
execute judgments in the midst of thee in the sight of the
nations. And I will do in thee that which I have not done, 9
and like which I will not do again, because of all thy abomina-
tions.   Therefore the fathers shall eat the sons in the 10
midst of thee, and the sons shall eat their fathers ; and I will
execute judgments in thee, and the whole remnant of thee
will I scatter to all the winds. Therefore, as I live, says the 11
LORD GOD ; Surely, because thou hast defiled my sanctuary
with all thy detestable things, and with all thy abominations,
therefore will I also diminish thee ; neither shall my eye spare,
neither will I have any pity. A third part of thee shall die 12
with the pestilence, and with famine shall they be consumed in
the midst of thee : and a third part shall fall by the sword
round about thee ; and I will scatter a third part to all the
winds, and I will draw out a sword after them. Thus shall 13
my anger spend itself, and I will relieve my fury upon them,
and I will be comforted : and they shall know that I the
LORD have spoken it in my zeal, when I have spent my fury
in them. Moreover I will make thee a desolation, and a reproach
among the nations that are round about thee, in the sight of 14
all that pass by. So it shall be a reproach and a taunt, an 15
instruction and an astonishment to the nations that are round
about thee, when I shall execute judgments in thee in anger
and in fury and in furious rebukes. I the LORD have spoken it.
When I shall send upon them the evil arrows of famine, which 16
shall be for destruction, which I will send to destroy you :
and I will increase the famine upon you, and will break your staff
of bread : so will I send upon you famine and evil beasts, 17
and they shall bereave thee ; and pestilence and blood shall
pass through thee ; and I will bring the sword upon thee. I the
LORD have spoken.   And the word of the LORD came to **6**
me, saying, Son of man, set thy face towards the mountains 2

ו

אֲלֵיהֶם: וְאָמַרְתָּ הָרֵי יִשְׂרָאֵל שִׁמְעוּ דְּבַר־אֲדֹנָי יְהוִה כֹּה־אָמַר ג

אֲדֹנָי יְהוִה לֶהָרִים וְלַגְּבָעֹות לָאֲפִיקִים וְלַגֵּאָיֹות הִנְנִי אֲנִי מֵבִיא

עֲלֵיכֶם חֶרֶב וְאִבַּדְתִּי בָּמֹותֵיכֶם: וְנָשַׁמּוּ מִזְבְּחֹותֵיכֶם וְנִשְׁבְּרוּ ד

חַמָּנֵיכֶם וְהִפַּלְתִּי חַלְלֵיכֶם לִפְנֵי גִּלּוּלֵיכֶם: וְנָתַתִּי אֶת־פִּגְרֵי ה

בְּנֵי יִשְׂרָאֵל לִפְנֵי גִּלּוּלֵיהֶם וְזֵרִיתִי אֶת־עַצְמֹותֵיכֶם סְבִיבֹות

מִזְבְּחֹותֵיכֶם: בְּכֹל מֹושְׁבֹותֵיכֶם הֶעָרִים תֶּחֱרַבְנָה וְהַבָּמֹות ו

תִּישַׁמְנָה לְמַעַן יֶחֶרְבוּ וְיֶאְשְׁמוּ מִזְבְּחֹותֵיכֶם וְנִשְׁבְּרוּ וְנִשְׁבְּתוּ

גִּלּוּלֵיכֶם וְנִגְדְּעוּ חַמָּנֵיכֶם וְנִמְחוּ מַעֲשֵׂיכֶם: וְנָפַל חָלָל בְּתֹוכְכֶם ז

וִידַעְתֶּם כִּי־אֲנִי יְהוָה: וְהֹותַרְתִּי בִּהְיֹות לָכֶם פְּלִיטֵי חֶרֶב בַּגֹּויִם ח

בְּהִזָּרֹותֵיכֶם בָּאֲרָצֹות: וְזָכְרוּ פְלִיטֵיכֶם אֹותִי בַּגֹּויִם אֲשֶׁר נִשְׁבּוּ־ ט

שָׁם אֲשֶׁר נִשְׁבַּרְתִּי אֶת־לִבָּם הַזֹּונֶה אֲשֶׁר־סָר מֵעָלַי וְאֵת

עֵינֵיהֶם הַזֹּנֹות אַחֲרֵי גִּלּוּלֵיהֶם וְנָקֹטּוּ בִּפְנֵיהֶם אֶל־הָרָעֹות אֲשֶׁר

עָשׂוּ לְכֹל תֹּועֲבֹתֵיהֶם: וְיָדְעוּ כִּי־אֲנִי יְהוָה לֹא אֶל־חִנָּם דִּבַּרְתִּי י

לַעֲשֹׂות לָהֶם הָרָעָה הַזֹּאת: כֹּה־אָמַר אֲדֹנָי יְהוִה יא

הַכֵּה בְכַפְּךָ וּרְקַע בְּרַגְלְךָ וֶאֱמָר־אָח אֶל כָּל־תֹּועֲבֹות רָעֹות

בֵּית יִשְׂרָאֵל אֲשֶׁר בַּחֶרֶב בָּרָעָב וּבַדֶּבֶר יִפֹּלוּ: הָרָחֹוק בַּדֶּבֶר יב

יָמוּת וְהַקָּרֹוב בַּחֶרֶב יִפֹּול וְהַנִּשְׁאָר וְהַנָּצוּר בָּרָעָב יָמוּת וְכִלֵּיתִי

חֲמָתִי בָּם: וִידַעְתֶּם כִּי־אֲנִי יְהוָה בִּהְיֹות חַלְלֵיהֶם בְּתֹוךְ יג

גִּלּוּלֵיהֶם סְבִיבֹות מִזְבְּחֹותֵיהֶם אֶל כָּל־גִּבְעָה רָמָה בְּכֹל רָאשֵׁי

הֶהָרִים וְתַחַת כָּל־עֵץ רַעֲנָן וְתַחַת כָּל־אֵלָה עֲבֻתָּה מְקֹום

אֲשֶׁר נָתְנוּ־שָׁם רֵיחַ נִיחֹחַ לְכֹל גִּלּוּלֵיהֶם: וְנָטִיתִי אֶת־יָדִי יד

עֲלֵיהֶם וְנָתַתִּי אֶת־הָאָרֶץ שְׁמָמָה וּמְשַׁמָּה מִמִּדְבַּר דִּבְלָתָה

בְּכֹל מֹושְׁבֹותֵיהֶם וְיָדְעוּ כִּי־אֲנִי יְהוָה: וַיְהִי ז א

דְּבַר־יְהוָה אֵלַי לֵאמֹר: וְאַתָּה בֶן־אָדָם כֹּה־אָמַר אֲדֹנָי יְהוִה ב

לְאַדְמַת יִשְׂרָאֵל קֵץ בָּא הַקֵּץ עַל־אַרְבַּעַת כַּנְפֹות הָאָרֶץ:

עַתָּה הַקֵּץ עָלַיִךְ וְשִׁלַּחְתִּי אַפִּי בָּךְ וּשְׁפַטְתִּיךְ כִּדְרָכָיִךְ וְנָתַתִּי ג

עָלַיִךְ אֵת כָּל־תֹּועֲבֹותָיִךְ: וְלֹא־תָחֹוס עֵינִי עָלַיִךְ וְלֹא אֶחְמֹול ד

כִּי דְרָכַיִךְ עָלַיִךְ אֶתֵּן וְתֹועֲבֹותַיִךְ בְּתֹוכֵךְ תִּהְיֶיןָ וִידַעְתֶּם כִּי־

אֲנִי יְהוָה: כֹּה אָמַר אֲדֹנָי יְהוִה רָעָה אַחַת רָעָה ה

הִנֵּה בָאָה: קֵץ בָּא בָּא הַקֵּץ הֵקִיץ אֵלָיִךְ הִנֵּה בָּאָה: בָּאָה ו

הַצְּפִירָה אֵלַיִךְ יֹושֵׁב הָאָרֶץ בָּא הָעֵת קָרֹוב הַיֹּום מְהוּמָה וְלֹא־

הֵד הָרִים: עַתָּה מִקָּרֹוב אֶשְׁפֹּוךְ חֲמָתִי עָלַיִךְ וְכִלֵּיתִי אַפִּי בָּךְ ח

of Yisra'el, and prophesy against them, and say, You mountains 3
of Yisra'el, hear the word of the LORD GOD; Thus says the
LORD GOD to the mountains, and to the hills, to the ravines,
and to the valleys.; Behold, I, even I, will bring a sword upon
you, and I will destroy your high places. And your altars 4
shall be desolate, and your sun images shall be broken: and
I will cast down your slain men before your idols. And I will 5
lay the dead carcasses of the children of Yisra'el before their
idols; and I will scatter your bones round about your altars.
In all your dwelling places the cities shall be laid waste, and the 6
high places shall be desolate; that your altars may be laid
waste and made desolate, and your idols may be broken and
cease, and your sun images may be cut down, and your works
may be wiped out. And the slain shall fall in the midst of you, 7
and you shall know that I am the LORD. Yet will I leave a 8
remnant, that you may have some that shall escape the sword
among the nations, when you shall be scattered through the
countries. And your fugitives shall remember me among the 9
nations whither they shall be carried captives, when I have
broken their wanton heart, which has departed from me, and
their eyes, which go astray after their idols: and they shall
loathe themselves for the evils which they have committed in
all their abominations. And they shall know that I am the 10
LORD, and that not in vain did I say that I would do this evil
to them.   Thus says the LORD GOD; Smite with thy hand, 11
and stamp with thy foot, and say, Alas for all the evil abomina-
tions of the house of Yisra'el! for they shall fall by the sword,
by the famine, and by the pestilence. He that is far off shall 12
die of the pestilence; and he that is near shall fall by the
sword; and he that remains and is besieged shall die by the
famine: thus will I spend my fury upon them. Then shall you 13
know that I am the LORD, when their slain men shall be among
their idols round about their altars, upon every high hill, in
all the tops of the mountains, and under every green tree, and
under every thick oak, the place where they did offer sweet
savour to all their idols. So will I stretch out my hand upon 14
them, and make the land desolate and waste, from the wilderness
to Divla, in all their habitations: and they shall know that
I am the LORD.   Moreover the word of the LORD came **7**
to me, saying, Also, thou son of man, thus says the LORD GOD 2
to the land of Yisra'el; An end, the end is come upon the four
corners of the land. Now is the end come upon thee, and I 3
will send my anger upon thee, and I will judge thee according
to thy ways, and I will recompense upon thee all thy abomina-
tions. And my eye shall not spare thee, neither will I have 4
pity: but I will recompense thy ways upon thee, and thy
abominations shall be in the midst of thee: and you shall know
that I am the LORD.   Thus says the LORD GOD! 5
An evil, a singular evil, behold, is come. An end is come; the 6
end is come, which he has stirred up against thee; behold,
it is come. The dawn is come to thee, O thou that dwellest 7
in the land: the time comes, it is near; the day is a day of
confusion, and not of joyful shouting on the mountains. Now 8

ט וּשְׁפַטְתִּיךְ כִּדְרָכָיִךְ וְנָתַתִּי עָלַיִךְ אֵת כָּל־תּוֹעֲבוֹתָיִךְ: וְלֹא־
תָחוֹס עֵינִי וְלֹא אֶחְמוֹל כִּדְרָכַיִךְ עָלַיִךְ אֶתֵּן וְתוֹעֲבוֹתַיִךְ בְּתוֹכֵךְ
י תִּהְיֶיןָ וִידַעְתֶּם כִּי אֲנִי יְהוָה מַכֶּה: הִנֵּה הַיּוֹם הִנֵּה בָאָה יָצְאָה
יא הַצְּפִרָה צָץ הַמַּטֶּה פָּרַח הַזָּדוֹן: הֶחָמָס קָם לְמַטֵּה־רֶשַׁע לֹא־
מֵהֶם וְלֹא מֵהֲמוֹנָם וְלֹא מֵהֱמֵהֶם וְלֹא־נֹהַּ בָּהֶם: בָּא הָעֵת הִגִּיעַ
יב הַיּוֹם הַקּוֹנֶה אַל־יִשְׂמָח וְהַמּוֹכֵר אַל־יִתְאַבָּל כִּי חָרוֹן אֶל־כָּל־
יג הֲמוֹנָהּ: כִּי הַמּוֹכֵר אֶל־הַמִּמְכָּר לֹא יָשׁוּב וְעוֹד בַּחַיִּים חַיָּתָם
כִּי־חָזוֹן אֶל־כָּל־הֲמוֹנָהּ לֹא יָשׁוּב וְאִישׁ בַּעֲוֹנוֹ חַיָּתוֹ לֹא־
יד יִתְחַזָּקוּ: תָּקְעוּ בַתָּקוֹעַ וְהָכִין הַכֹּל וְאֵין הֹלֵךְ לַמִּלְחָמָה כִּי
טו חֲרוֹנִי אֶל־כָּל־הֲמוֹנָהּ: הַחֶרֶב בַּחוּץ וְהַדֶּבֶר וְהָרָעָב מִבָּיִת
אֲשֶׁר בַּשָּׂדֶה בַּחֶרֶב יָמוּת וַאֲשֶׁר בָּעִיר רָעָב וָדֶבֶר יֹאכְלֶנּוּ:
טז וּפָלְטוּ פְּלִיטֵיהֶם וְהָיוּ אֶל־הֶהָרִים כְּיוֹנֵי הַגֵּאָיוֹת כֻּלָּם הֹמוֹת
יז אִישׁ בַּעֲוֹנוֹ: כָּל־הַיָּדַיִם תִּרְפֶּינָה וְכָל־בִּרְכַּיִם תֵּלַכְנָה מָּיִם:
יח וְחָגְרוּ שַׂקִּים וְכִסְּתָה אוֹתָם פַּלָּצוּת וְאֶל כָּל־פָּנִים בּוּשָׁה וּבְכָל־
יט רָאשֵׁיהֶם קָרְחָה: כַּסְפָּם בַּחוּצוֹת יַשְׁלִיכוּ וּזְהָבָם לְנִדָּה יִהְיֶה
כַּסְפָּם וּזְהָבָם לֹא־יוּכַל לְהַצִּילָם בְּיוֹם עֶבְרַת יְהוָה נַפְשָׁם לֹא
כ יְשַׂבֵּעוּ וּמֵעֵיהֶם לֹא יְמַלֵּאוּ כִּי־מִכְשׁוֹל עֲוֹנָם הָיָה: וּצְבִי עֶדְיוֹ
לְגָאוֹן שָׂמָהוּ וְצַלְמֵי תוֹעֲבֹתָם שִׁקּוּצֵיהֶם עָשׂוּ בוֹ עַל־כֵּן נְתַתִּיו
כא לָהֶם לְנִדָּה: וּנְתַתִּיו בְּיַד־הַזָּרִים לָבַז וּלְרִשְׁעֵי הָאָרֶץ לְשָׁלָל
כב וְחִלְּלוּהוּ: וַהֲסִבּוֹתִי פָנַי מֵהֶם וְחִלְּלוּ אֶת־צְפוּנִי וּבָאוּ־בָהּ פָּרִיצִים
כג וְחִלְּלוּהָ: עֲשֵׂה הָרַתּוֹק כִּי הָאָרֶץ מָלְאָה מִשְׁפַּט
כד דָּמִים וְהָעִיר מָלְאָה חָמָס: וְהֵבֵאתִי רָעֵי גוֹיִם וְיָרְשׁוּ אֶת־
כה בָּתֵּיהֶם וְהִשְׁבַּתִּי גְּאוֹן עַזִּים וְנִחֲלוּ מְקַדְשֵׁיהֶם: קְפָדָה־בָא
כו וּבִקְשׁוּ שָׁלוֹם וָאָיִן: הֹוָה עַל־הֹוָה תָּבוֹא וּשְׁמֻעָה אֶל־שְׁמוּעָה
תִּהְיֶה וּבִקְשׁוּ חָזוֹן מִנָּבִיא וְתוֹרָה תֹּאבַד מִכֹּהֵן וְעֵצָה מִזְּקֵנִים:
כז הַמֶּלֶךְ יִתְאַבָּל וְנָשִׂיא יִלְבַּשׁ שְׁמָמָה וִידֵי עַם־הָאָרֶץ תִּבָּהַלְנָה
מִדַּרְכָּם אֶעֱשֶׂה אוֹתָם וּבְמִשְׁפְּטֵיהֶם אֶשְׁפְּטֵם וְיָדְעוּ כִּי־אֲנִי
יְהוָה:

ד א וַיְהִי ׀ בַּשָּׁנָה הַשִּׁשִּׁית בַּשִּׁשִּׁי בַּחֲמִשָּׁה
לַחֹדֶשׁ אֲנִי יוֹשֵׁב בְּבֵיתִי וְזִקְנֵי יְהוּדָה יוֹשְׁבִים לְפָנָי וַתִּפֹּל

will I shortly pour out my fury upon thee, and accomplish my anger upon thee : and I will judge thee according to thy ways, and I will recompense thee for all thy abominations. And my eye shall not spare, neither will I have pity : I will 9 recompense thee according to thy ways and thy abominations that are in the midst of thee ; and you shall know that I the LORD do smite. Behold the day, behold, it is coming : the 10 dawn has gone forth ; the rod has blossomed, arrogance has budded. Violence is risen up into a rod of wickedness : none 11 of them shall remain, nothing of their multitude, nor of their splendour : neither shall there be wailing for them. The time is 12 come, the day draws near : let not the buyer rejoice, nor the seller mourn : for wrath is upon all its multitude. For the seller 13 shall not return to that which he has sold, although they were yet alive : for the vision concerns their whole multitude ; none returns ; for every man lives in his sin : they do not hold firm. They have blown the trumpet, and made all ready ; but none 14 goes to the battle : for my wrath is upon all their multitude. The sword is outside, and the pestilence and the famine within : 15 he that is in the field shall die with the sword ; and he that is in the city, famine and pestilence shall devour him. And those 16 fugitives that escape, shall be on the mountains like doves of the valleys, all of them moaning, every one for his iniquity. All 17 hands shall be feeble, and all knees shall drip with water. They 18 shall also gird themselves with sackcloth, and horror shall cover them ; and shame shall be upon all faces, and baldness upon all their heads. They shall cast their silver in the streets, and their 19 gold shall be like an unclean thing : their silver and their gold shall not be able to deliver them in the day of the .wrath of the LORD : they shall not satisfy their souls, neither fill their bowels : because it is the stumblingblock of their iniquity. As for the 20 beauty of his ornament which he set in majesty : they have set up in it the images of their abominations and of their detestable things : therefore I have set it far from them. And I will give it 21 into the hands of the strangers for a prey, and to the wicked of the earth for a spoil ; and they shall profane it. My face will I 22 turn also from them, and they shall profane my secret place : for the robbers shall enter into it, and profane it.   Make 23 the chain : for the land is full of bloody crimes, and the city is full of violence. And I will bring the worst of the nations, and 24 they shall possess their houses : I will also make the pride of the strong to cease ; and their holy places shall be profaned. Anguish comes ; and they shall seek peace, but there shall be 25 none. Calamity shall follow upon calamity, and rumour shall 26 come upon rumour ; then shall they seek a vision from the prophet ; but Tora shall perish from the priest, and counsel from the elders. The king shall mourn, and the prince shall 27 be wrapped in despair, and the hands of the people of the land shall be enfeebled : I will do to them after their way, and according to their deserts will I judge them ; and they shall know that I am the LORD.   And it came to pass in the sixth 8 year, in the sixth month, on the fifth day of the month, as I sat in my house, and the elders of Yehuda sat before me, that the

ב עָלַי שָׁם יַד אֲדֹנָי יְהוִה׃ וָאֶרְאֶה וְהִנֵּה דְמוּת כְּמַרְאֵה־אֵשׁ
מִמַּרְאֵה מָתְנָיו וּלְמַטָּה אֵשׁ וּמִמָּתְנָיו וּלְמַעְלָה כְּמַרְאֵה־זֹהַר
ג כְּעֵין הַחַשְׁמַלָה׃ וַיִּשְׁלַח תַּבְנִית יָד וַיִּקָּחֵנִי בְּצִיצִת רֹאשִׁי
וַתִּשָּׂא אֹתִי רוּחַ ׀ בֵּין־הָאָרֶץ וּבֵין הַשָּׁמַיִם וַתָּבֵא אֹתִי
יְרוּשָׁלְַמָה בְּמַרְאוֹת אֱלֹהִים אֶל־פֶּתַח שַׁעַר הַפְּנִימִית הַפּוֹנֶה
ד צָפוֹנָה אֲשֶׁר־שָׁם מוֹשַׁב סֵמֶל הַקִּנְאָה הַמַּקְנֶה׃ וְהִנֵּה־שָׁם
ה כְּבוֹד אֱלֹהֵי יִשְׂרָאֵל כַּמַּרְאֶה אֲשֶׁר רָאִיתִי בַּבִּקְעָה׃ וַיֹּאמֶר אֵלַי
בֶּן־אָדָם שָׂא־נָא עֵינֶיךָ דֶּרֶךְ צָפוֹנָה וָאֶשָּׂא עֵינַי דֶּרֶךְ צָפוֹנָה
ו וְהִנֵּה מִצָּפוֹן לְשַׁעַר הַמִּזְבֵּחַ סֵמֶל הַקִּנְאָה הַזֶּה בַּבִּאָה׃ וַיֹּאמֶר
אֵלַי בֶּן־אָדָם הֲרֹאֶה אַתָּה מהם עֹשִׂים תּוֹעֵבוֹת גְּדֹלוֹת אֲשֶׁר מָה הֵם
בֵּית־יִשְׂרָאֵל ׀ עֹשִׂים פֹּה לְרָחֳקָה מֵעַל מִקְדָּשִׁי וְעוֹד תָּשׁוּב
ז תִּרְאֶה תּוֹעֵבוֹת גְּדֹלוֹת׃ וַיָּבֵא אֹתִי אֶל־פֶּתַח הֶחָצֵר וָאֶרְאֶה
ח וְהִנֵּה חֹר־אֶחָד בַּקִּיר׃ וַיֹּאמֶר אֵלַי בֶּן־אָדָם חֲתָר־נָא בַקִּיר
ט וָאֶחְתֹּר בַּקִּיר וְהִנֵּה פֶּתַח אֶחָד׃ וַיֹּאמֶר אֵלָי בֹּא וּרְאֵה אֶת־
י הַתּוֹעֵבוֹת הָרָעוֹת אֲשֶׁר הֵם עֹשִׂים פֹּה׃ וָאָבוֹא וָאֶרְאֶה וְהִנֵּה
כָל־תַּבְנִית רֶמֶשׂ וּבְהֵמָה שֶׁקֶץ וְכָל־גִּלּוּלֵי בֵּית יִשְׂרָאֵל מְחֻקֶּה
יא עַל־הַקִּיר סָבִיב ׀ סָבִיב׃ וְשִׁבְעִים אִישׁ מִזִּקְנֵי בֵית־יִשְׂרָאֵל
וְיַאֲזַנְיָהוּ בֶן־שָׁפָן עֹמֵד בְּתוֹכָם עֹמְדִים לִפְנֵיהֶם וְאִישׁ מִקְטַרְתּוֹ
יב בְּיָדוֹ וַעֲתַר עֲנַן־הַקְּטֹרֶת עֹלֶה׃ וַיֹּאמֶר אֵלַי הֲרָאִיתָ בֶן־אָדָם
אֲשֶׁר זִקְנֵי בֵית־יִשְׂרָאֵל עֹשִׂים בַּחֹשֶׁךְ אִישׁ בְּחַדְרֵי מַשְׂכִּיתוֹ כִּי
יג אֹמְרִים אֵין יְהוָה רֹאֶה אֹתָנוּ עָזַב יְהוָה אֶת־הָאָרֶץ׃ וַיֹּאמֶר אֵלָי
יד עוֹד תָּשׁוּב תִּרְאֶה תּוֹעֵבוֹת גְּדֹלוֹת אֲשֶׁר־הֵמָּה עֹשִׂים׃ וַיָּבֵא
אֹתִי אֶל־פֶּתַח שַׁעַר בֵּית־יְהוָה אֲשֶׁר אֶל־הַצָּפוֹנָה וְהִנֵּה־שָׁם
טו הַנָּשִׁים יֹשְׁבוֹת מְבַכּוֹת אֶת־הַתַּמּוּז׃ וַיֹּאמֶר
אֵלַי הֲרָאִיתָ בֶן־אָדָם עוֹד תָּשׁוּב תִּרְאֶה תּוֹעֵבוֹת גְּדֹלוֹת
טז מֵאֵלֶּה׃ וַיָּבֵא אֹתִי אֶל־חֲצַר בֵּית־יְהוָה הַפְּנִימִית וְהִנֵּה־פֶתַח
הֵיכַל יְהוָה בֵּין הָאוּלָם וּבֵין הַמִּזְבֵּחַ כְּעֶשְׂרִים וַחֲמִשָּׁה אִישׁ
אֲחֹרֵיהֶם אֶל־הֵיכַל יְהוָה וּפְנֵיהֶם קֵדְמָה וְהֵמָּה מִשְׁתַּחֲוִיתֶם
יז קֵדְמָה לַשָּׁמֶשׁ׃ וַיֹּאמֶר אֵלַי הֲרָאִיתָ בֶן־אָדָם הֲנָקֵל לְבֵית
יְהוּדָה מֵעֲשׂוֹת אֶת־הַתּוֹעֵבוֹת אֲשֶׁר עָשׂוּ־פֹה כִּי־מָלְאוּ אֶת־
הָאָרֶץ חָמָס וַיָּשֻׁבוּ לְהַכְעִיסֵנִי וְהִנָּם שֹׁלְחִים אֶת־הַזְּמוֹרָה אֶל־
יח אַפָּם׃ וְגַם־אֲנִי אֶעֱשֶׂה בְחֵמָה לֹא־תָחוֹס עֵינִי וְלֹא אֶחְמֹל
ט א וְקָרְאוּ בְאָזְנַי קוֹל גָּדוֹל וְלֹא אֶשְׁמַע אוֹתָם׃ וַיִּקְרָא בְאָזְנַי קוֹל
ב גָּדוֹל לֵאמֹר קָרְבוּ פְּקֻדּוֹת הָעִיר וְאִישׁ כְּלִי מַשְׁחֵתוֹ בְּיָדוֹ׃ וְהִנֵּה

hand of the LORD GOD fell there upon me. Then I beheld, and lo   2
a likeness as the appearance of fire: from what appeared to be
his loins downward, fire ; and from his loins upward, as it were
the appearance of brightness, something like the colour of
electrum. And he put out the shape of a hand, and took me by   3
a lock of my head ; and a wind lifted me up between the earth
and the heaven, and brought me in the visions of GOD to Yerusha-
layim, to the door of the inner gate that looks towards the north ;
where was the seat of the image of jealousy, which provokes to
jealousy. And, behold, the glory of the GOD of Yisra'el was there,   4
according to the vision that I saw in the plain. Then he said to me,   5
Son of man, lift up thy eyes now the way towards the north. So
I lifted up my eyes the way towards the north, and behold
northward at the gate of the altar this image of jealousy in the
entry. And he said to me, Son of man, seest thou what they do ?   6
the great abominations that the house of Yisra'el commits here,
to drive me far off from my sanctuary ? but thou shalt see yet
again greater abominations. And he brought me to the door of   7
the court ; and when I looked, behold a hole in the wall. Then   8
said he to me, Son of man, dig now in the wall : and when I had
dug in the wall, behold a door. And he said to me, Go in, and   9
behold the wicked abominations that they are doing here. So I   10
went in and saw ; and behold every form of creeping thing, and
abominable beast, and all the idols of the house of Yisra'el,
traced upon the wall round about. And there stood before them   11
seventy men of the elders of the house of Yisra'el and in the
midst of them stood Ya'azanyahu, the son of Shafan, every man
with his censer in his hand ; and a thick cloud of incense went
up. Then he said to me, Son of man, hast thou seen what the   12
elders of the house of Yisra'el are doing in the dark, every man
in the chambers of his imagery ? for they say, The LORD sees us
not ; the LORD has forsaken the land. He said also to me, Thou   13
shalt see yet again greater abominations that they do. Then he   14
brought me to the door of the gate of the LORD's house which
was towards the north ; and, behold, there sat women weeping
for Tammuz.   Then he said to me, Hast thou seen this,   15
O son of man ? thou shalt see yet again greater abominations
than these. And he brought me into the inner court of the LORD's   16
house, and, behold, at the door of the temple of the LORD,
between the porch and the altar, were about twenty five men,
with their backs towards the temple of the LORD, and their faces
towards the east ; and they were prostrating themselves towards
the sun eastwards. Then he said to me, Hast thou seen this, O   17
son of man ? Is it not enough for the house of Yehuda that they
commit the abominations which they commit here ? but they also
have filled the land with violence, and have provoked me even
further to anger : and, lo, they put the branch to their nose.
Therefore I too will deal in fury : my eye shall not spare, neither   18
will I have pity : and though they cry in my ears with a loud
voice, yet will I not hear them. And he cried in my ears with a   9
loud voice, saying, Cause them that have charge over the city
to draw near, even every man with his destroying weapon in his
hand. And, behold, six men came from the way of the higher   2

שִׁשָּׁה אֲנָשִׁים בָּאִים ׀ מִדֶּרֶךְ־שַׁעַר הָעֶלְיוֹן אֲשֶׁר ׀ מָפְנֶה צָפוֹנָה
וְאִישׁ כְּלִי מַפָּצוֹ בְּיָדוֹ וְאִישׁ־אֶחָד בְּתוֹכָם לָבֻשׁ בַּדִּים וְקֶסֶת
הַסֹּפֵר בְּמָתְנָיו וַיָּבֹאוּ וַיַּעַמְדוּ אֵצֶל מִזְבַּח הַנְּחֹשֶׁת׃ וּכְבוֹד ׀ ג
אֱלֹהֵי יִשְׂרָאֵל נַעֲלָה מֵעַל הַכְּרוּב אֲשֶׁר הָיָה עָלָיו אֶל מִפְתַּן
הַבָּיִת וַיִּקְרָא אֶל־הָאִישׁ הַלָּבֻשׁ הַבַּדִּים אֲשֶׁר קֶסֶת הַסֹּפֵר
בְּמָתְנָיו׃ וַיֹּאמֶר יְהוָה אֵלָו עֲבֹר בְּתוֹךְ הָעִיר ד
בְּתוֹךְ יְרוּשָׁלָ͏ִם וְהִתְוִיתָ תָּו עַל־מִצְחוֹת הָאֲנָשִׁים הַנֶּאֱנָחִים
וְהַנֶּאֱנָקִים עַל כָּל־הַתּוֹעֵבוֹת הַנַּעֲשׂוֹת בְּתוֹכָהּ׃ וּלְאֵלֶּה אָמַר ה
אַל־ | עֵינְכֶם בְּאָזְנַי עִבְרוּ בָעִיר אַחֲרָיו וְהַכּוּ עַל־תָּחֹס עֵינֵיכֶם וְאַל־תַּחְמֹלוּ׃
זָקֵן בָּחוּר וּבְתוּלָה וְטַף וְנָשִׁים תַּהַרְגוּ לְמַשְׁחִית וְעַל־כָּל־אִישׁ ו
אֲשֶׁר־עָלָיו הַתָּו אַל־תִּגַּשׁוּ וּמִמִּקְדָּשִׁי תָּחֵלּוּ וַיָּחֵלּוּ בָּאֲנָשִׁים
הַזְּקֵנִים אֲשֶׁר לִפְנֵי הַבָּיִת׃ וַיֹּאמֶר אֲלֵיהֶם טַמְּאוּ אֶת־הַבַּיִת ז
וּמַלְאוּ אֶת־הַחֲצֵרוֹת חֲלָלִים צֵאוּ וְיָצְאוּ וְהִכּוּ בָעִיר׃ וַיְהִי ח
כְּהַכּוֹתָם וְנֵאשֲׁאַר אָנִי וָאֶפְּלָה עַל־פָּנַי וָאֶזְעַק וָאֹמַר אֲהָהּ אֲדֹנָי
יְהוִה הֲמַשְׁחִית אַתָּה אֵת כָּל־שְׁאֵרִית יִשְׂרָאֵל בְּשָׁפְכְּךָ אֶת־
חֲמָתְךָ עַל־יְרוּשָׁלָ͏ִם׃ וַיֹּאמֶר אֵלַי עֲוֹן בֵּית־יִשְׂרָאֵל וִיהוּדָה ט
גָּדוֹל בִּמְאֹד מְאֹד וַתִּמָּלֵא הָאָרֶץ דָּמִים וְהָעִיר מָלְאָה מֻטֶּה
כִּי אָמְרוּ עָזַב יְהוָה אֶת־הָאָרֶץ וְאֵין יְהוָה רֹאֶה׃ וְגַם־אֲנִי לֹא־ י
תָחוֹס עֵינִי וְלֹא אֶחְמֹל דַּרְכָּם בְּרֹאשָׁם נָתָתִּי׃ וְהִנֵּה הָאִישׁ ׀ יא
לְבֻשׁ הַבַּדִּים אֲשֶׁר הַקֶּסֶת בְּמָתְנָיו מֵשִׁיב דָּבָר לֵאמֹר עָשִׂיתִי
כְּכֹל אֲשֶׁר ה כַּאֲשֶׁר צִוִּיתָנִי׃ וָאֶרְאֶה וְהִנֵּה אֶל־הָרָקִיעַ אֲשֶׁר א י
עַל־רֹאשׁ הַכְּרֻבִים כְּאֶבֶן סַפִּיר כְּמַרְאֵה דְּמוּת כִּסֵּא נִרְאָה
עֲלֵיהֶם׃ וַיֹּאמֶר אֶל־הָאִישׁ ׀ לְבֻשׁ הַבַּדִּים וַיֹּאמֶר בֹּא אֶל־בֵּינוֹת ב
לַגַּלְגַּל אֶל־תַּחַת לַכְּרוּב וּמַלֵּא חָפְנֶיךָ גַחֲלֵי־אֵשׁ מִבֵּינוֹת
לַכְּרֻבִים וּזְרֹק עַל־הָעִיר וַיָּבֹא לְעֵינָי׃ וְהַכְּרֻבִים עֹמְדִים מִימִין ג
לַבַּיִת בְּבֹאוֹ הָאִישׁ וְהֶעָנָן מָלֵא אֶת־הֶחָצֵר הַפְּנִימִית׃ וַיָּרָם ד
כְּבוֹד־יְהוָה מֵעַל הַכְּרוּב עַל מִפְתַּן הַבָּיִת וַיִּמָּלֵא הַבַּיִת אֶת־
הֶעָנָן וְהֶחָצֵר מָלְאָה אֶת־נֹגַהּ כְּבוֹד יְהוָה׃ וְקוֹל כַּנְפֵי הַכְּרוּבִים ה
נִשְׁמַע עַד־הֶחָצֵר הַחִיצֹנָה כְּקוֹל אֵל־שַׁדַּי בְּדַבְּרוֹ׃ וַיְהִי בְּצַוֹּתוֹ ו
אֶת־הָאִישׁ לְבֻשׁ־הַבַּדִּים לֵאמֹר קַח אֵשׁ מִבֵּינוֹת לַגַּלְגַּל
מִבֵּינוֹת לַכְּרוּבִים וַיָּבֹא וַיַּעֲמֹד אֵצֶל הָאוֹפָן׃ וַיִּשְׁלַח הַכְּרוּב ז
אֶת־יָדוֹ מִבֵּינוֹת לַכְּרוּבִים אֶל־הָאֵשׁ אֲשֶׁר בֵּינוֹת הַכְּרֻבִים
וַיִּשָּׂא וַיִּתֵּן אֶל־חָפְנֵי לְבֻשׁ הַבַּדִּים וַיִּקַּח וַיֵּצֵא׃ וַיֵּרָא לַכְּרֻבִים ח
תַּבְנִית יַד־אָדָם תַּחַת כַּנְפֵיהֶם׃ וָאֶרְאֶה וְהִנֵּה אַרְבָּעָה אוֹפַנִּים ט

gate, which lies towards the north, and every man a slaughter weapon in his hand ; and one man among them was clothed in linen, with a writer's ink well by his side : and they went in, and stood beside the brazen altar. And the glory of the GOD 3 of Yisra'el had ascended from the keruv, on which it was, to the threshold of the house. And he called to the man clothed in linen, who had the writer's ink well by his side ;   and the 4 LORD said to him, Go through the midst of the city, through the midst of Yerushalayim, and set a mark upon the foreheads of the men that sigh and that cry on account of all the abominations that are done in her midst. And to the others he said in my 5 hearing, Go after him through the city, and strike : let not your eye spare, neither have pity : slay utterly old and young, both 6 maid, and little children, and women : but come not near any man upon whom is the mark ; and begin at my sanctuary. Then they began with the old men who were before the house. And 7 he said to them, Defile the house, and fill the courts with the slain : go out. And they went out, and slew in the city. And it 8 came to pass, while they were slaying them, and I was left, that I fell upon my face, and cried, and said, Ah LORD GOD ! wilt thou destroy all the remnant of Yisra'el in the pouring of thy fury upon Yerushalayim ? Then said he to me, The iniquity of the 9 house of Yisra'el and Yehuda is exceedingly great, and the land is full of blood, and the city full of injustice : for they say, The LORD has forsaken the land, and the LORD sees not. And as 10 for me also, my eye shall not spare, nor will I have pity, but I will recompense their way upon their head. And, behold, the 11 man clothed in linen, who had the ink well by his side, reported the matter, saying, I have done as thou hast commanded me.

Then I looked, and, behold, in the firmament that was **10** above the head of the keruvim there appeared over them something like a sapphire stone, like what appeared to be the shape of a throne. And he spoke to the man clothed in linen, 2 and said, Go in between the wheelwork, under the keruv, and fill thy hands with coals of fire from between the keruvim, and scatter them over the city. And he' went in in my sight. Now the keruvim stood on the right side of the house, when the 3 man went in ; and the cloud filled the inner court. Then the 4 glory of the LORD went up from the keruv, and stood above the threshold of the house ; and the house was filled with the cloud, and the court was full of the brightness of the LORD's glory. And the sound of the wings of the keruvim was heard 5 as far as the outer court, as the voice of the Almighty GOD when he speaks. And it came to pass, when he had commanded the 6 man clothed with linen saying, Take fire from between the wheelwork, from between the keruvim ; then he went in, and stood beside the wheel. And one keruv stretched out his hand from 7 between the keruvim unto the fire that was between the keruvim, and took, and put it into the hands of him that was clothed in linen : who took it, and went out. And the keruvim appeared 8 to have the form of a man's hand under their wings. And when 9 I looked, behold the four wheels by the keruvim, one wheel by one keruv, and another wheel by another keruv : and the

אֵצֶל הַכְּרוּבִים אוֹפַן אֶחָד אֵצֶל הַכְּרוּב אֶחָד וְאוֹפַן אֶחָד אֵצֶל

י הַכְּרוּב אֶחָד וּמַרְאֵה הָאוֹפַנִּים כְּעֵין אֶבֶן תַּרְשִׁישׁ: וּמַרְאֵיהֶם

דְּמוּת אֶחָד לְאַרְבַּעְתָּם כַּאֲשֶׁר יִהְיֶה הָאוֹפַן בְּתוֹךְ הָאוֹפָן:

יא בְּלֶכְתָּם אֶל־אַרְבַּעַת רִבְעֵיהֶם יֵלֵכוּ לֹא יִסַּבּוּ בְּלֶכְתָּם כִּי

הַמָּקוֹם אֲשֶׁר־יִפְנֶה הָרֹאשׁ אַחֲרָיו יֵלֵכוּ לֹא יִסַּבּוּ בְּלֶכְתָּם:

יב וְכָל־בְּשָׂרָם וְגַבֵּהֶם וִידֵיהֶם וְכַנְפֵיהֶם וְהָאוֹפַנִּים מְלֵאִים עֵינַיִם

יג סָבִיב לְאַרְבַּעְתָּם אוֹפַנֵּיהֶם: לָאוֹפַנִּים לָהֶם קוֹרָא הַגַּלְגַּל בְּאָזְנָי:

יד וְאַרְבָּעָה פָנִים לְאֶחָד פְּנֵי הָאֶחָד פְּנֵי הַכְּרוּב וּפְנֵי הַשֵּׁנִי פְּנֵי אָדָם

ט וְהַשְּׁלִישִׁי פְּנֵי אַרְיֵה וְהָרְבִיעִי פְּנֵי־נָשֶׁר: וַיֵּרֹמּוּ הַכְּרוּבִים הִיא

טו הַחַיָּה אֲשֶׁר רָאִיתִי בִּנְהַר־כְּבָר: וּבְלֶכֶת הַכְּרוּבִים יֵלֵכוּ

הָאוֹפַנִּים אֶצְלָם וּבִשְׂאֵת הַכְּרוּבִים אֶת־כַּנְפֵיהֶם לָרוּם מֵעַל

יז הָאָרֶץ לֹא־יִסַּבּוּ הָאוֹפַנִּים גַּם־הֵם מֵאֶצְלָם: בְּעָמְדָם יַעֲמֹדוּ

יח וּבְרוֹמָם יֵרוֹמּוּ אוֹתָם כִּי רוּחַ הַחַיָּה בָּהֶם: וַיֵּצֵא כְּבוֹד יְהוָה

יט מֵעַל מִפְתַּן הַבָּיִת וַיַּעֲמֹד עַל־הַכְּרוּבִים: וַיִּשְׂאוּ הַכְּרוּבִים אֶת־

כַּנְפֵיהֶם וַיֵּרוֹמּוּ מִן־הָאָרֶץ לְעֵינַי בְּצֵאתָם וְהָאוֹפַנִּים לְעֻמָּתָם

וַיַּעֲמֹד פֶּתַח שַׁעַר בֵּית־יְהוָה הַקַּדְמוֹנִי וּכְבוֹד אֱלֹהֵי־יִשְׂרָאֵל

כ עֲלֵיהֶם מִלְמָעְלָה: הִיא הַחַיָּה אֲשֶׁר רָאִיתִי תַּחַת אֱלֹהֵי־

כא יִשְׂרָאֵל בִּנְהַר־כְּבָר וָאֵדַע כִּי כְרוּבִים הֵמָּה: אַרְבָּעָה אַרְבָּעָה

פָנִים לְאֶחָד וְאַרְבַּע כְּנָפַיִם לְאֶחָד וּדְמוּת יְדֵי אָדָם תַּחַת

כב כַּנְפֵיהֶם: וּדְמוּת פְּנֵיהֶם הֵמָּה הַפָּנִים אֲשֶׁר רָאִיתִי עַל־נְהַר־

יא א כְּבָר מַרְאֵיהֶם וְאוֹתָם אִישׁ אֶל־עֵבֶר פָּנָיו יֵלֵכוּ: וַתִּשָּׂא אֹתִי

רוּחַ וַתָּבֵא אֹתִי אֶל־שַׁעַר בֵּית־יְהוָה הַקַּדְמוֹנִי הַפּוֹנֶה

קָדִימָה וְהִנֵּה בְּפֶתַח הַשַּׁעַר עֶשְׂרִים וַחֲמִשָּׁה אִישׁ וָאֶרְאֶה

בְתוֹכָם אֶת־יַאֲזַנְיָה בֶן־עַזֻּר וְאֶת־פְּלַטְיָהוּ בֶן־בְּנָיָהוּ שָׂרֵי

ב הָעָם: וַיֹּאמֶר אֵלַי בֶּן־אָדָם אֵלֶּה הָאֲנָשִׁים הַחֹשְׁבִים

ג אָוֶן וְהַיֹּעֲצִים עֲצַת־רָע בָּעִיר הַזֹּאת: הָאֹמְרִים לֹא בְקָרוֹב

ד בְּנוֹת בָּתִּים הִיא הַסִּיר וַאֲנַחְנוּ הַבָּשָׂר: לָכֵן הִנָּבֵא

ה עֲלֵיהֶם הִנָּבֵא בֶּן־אָדָם: וַתִּפֹּל עָלַי רוּחַ יְהוָה וַיֹּאמֶר אֵלַי אֱמֹר

כֹּה־אָמַר יְהוָה כֵּן אֲמַרְתֶּם בֵּית יִשְׂרָאֵל וּמַעֲלוֹת רוּחֲכֶם אֲנִי

ו יְדַעְתִּיהָ: הִרְבֵּיתֶם חַלְלֵיכֶם בָּעִיר הַזֹּאת וּמִלֵּאתֶם חוּצֹתֶיהָ

ז חָלָל: לָכֵן כֹּה־אָמַר אֲדֹנָי יְהוָה חַלְלֵיכֶם אֲשֶׁר

שַׂמְתֶּם בְּתוֹכָהּ הֵמָּה הַבָּשָׂר וְהִיא הַסִּיר וְאֶתְכֶם הוֹצִיא

ח מִתּוֹכָהּ: חֶרֶב יְרֵאתֶם וְחֶרֶב אָבִיא עֲלֵיכֶם נְאֻם אֲדֹנָי יְהוָה:

ט וְהוֹצֵאתִי אֶתְכֶם מִתּוֹכָהּ וְנָתַתִּי אֶתְכֶם בְּיַד־זָרִים וְעָשִׂיתִי

בָכֶם שְׁפָטִים: בַּחֶרֶב תִּפֹּלוּ עַל־גְּבוּל יִשְׂרָאֵל אֶשְׁפּוֹט אֶתְכֶם

appearance of the wheels was like the colour of an emerald
stone. And as for their appearances, they four had one likeness, 10
as if a wheel had been in the midst of a wheel. When they moved, 11
they went towards their four sides ; they turned not as they
went, but to the place where the head turned they followed
it ; they turned not as they went. And their whole body, 12
and their backs, and their hands, and their wings, and the
wheels, were full of eyes round about, even the wheels that
they four had. As for the wheels, they were called in my 13
hearing, Haggalgal (The wheelwork.) And every one had four 14
faces : the first face was the face of a keruv, and the second
face was the face of a man, and the third the face of a
lion, and the fourth the face of an eagle. And the keruvim 15
mounted up. This is the same living creature that I saw
by the river Kevar. And when the keruvim moved, the wheels 16
moved by them : and when the keruvim lifted up their wings to
mount up from the earth, the wheels also did not turn from
beside them. When they stood still, these stood still ; and when 17
they mounted up, these mounted also : for the spirit of the
living creature was in them. Then the glory of the Lord departed 18
from above the threshold of the house, and stood over the
keruvim. And the keruvim lifted up their wings, and mounted up 19
from the earth in my sight, when they went out, with the wheels
beside them ; and every one stood at the door of the east gate
of the Lord's house ; and the glory of the God of Yisra'el was
over them above. This is the living creature that I saw under 20
the God of Yisra'el by the river Kevar ; and I knew that they
were keruvim. Each one had four faces, and each one four 21
wings ; and the likeness of the hands of a man was under their
wings. And as for the likeness of their faces, the faces were the 22
same which I saw by the river Kevar, they were identical in their
appearances : each one went straight forward. Then a spirit **11**
lifted me up, and brought me to the east gate of the Lord's
house, which looks eastward : and behold at the door of the gate
twenty five men: among whom I saw Ya'azanya the son of
'Azzur and Pelatyahu the son of Benayahu, the princes of the
people.   Then he said to me, Son of man, these are the 2
men that devise mischief, and give wicked counsel in this city :
who say, It is not near ; let us build houses : this city is the 3
cauldron, and we are the meat.   Therefore prophesy against 4
them, prophesy, O son of man. And the spirit of the Lord fell 5
upon me, and said to me, Speak ; Thus says the Lord ; Thus have
you said, O house of Yisra'el: for I know the things that come into
your mind, everyone of them. You have multiplied your slain 6
in this city, and you have filled the streets of it with the slain.

Therefore thus says the Lord God ; Your slain whom you 7
have laid in the midst of it, they are the meat, and this city is
the cauldron : but I will bring you out of the midst of it. You 8
have feared the sword ; and I will bring a sword upon you, says
the Lord God. And I will bring you out of the midst of it, and 9
deliver you into the hands of strangers, and will execute judg-
ments among you. You shall fall by the sword ; I will judge you 10
at the border of Yisra'el ; and you shall know that I am the Lord.

יא וִידַעְתֶּם כִּי־אֲנִי יְהוָה׃ הִיא לֹא־תִהְיֶה לָכֶם לְסִיר וְאַתֶּם
תִּהְיוּ בְתוֹכָהּ לְבָשָׂר אֶל־גְּבוּל יִשְׂרָאֵל אֶשְׁפֹּט אֶתְכֶם׃
יב וִידַעְתֶּם כִּי־אֲנִי יְהוָה אֲשֶׁר בְּחֻקַּי לֹא הֲלַכְתֶּם וּמִשְׁפָּטַי לֹא
יג עֲשִׂיתֶם וּכְמִשְׁפְּטֵי הַגּוֹיִם אֲשֶׁר סְבִיבוֹתֵיכֶם עֲשִׂיתֶם׃ וַיְהִי
כְּהִנָּבְאִי וּפְלַטְיָהוּ בֶן־בְּנָיָה מֵת וָאֶפֹּל עַל־פָּנַי וָאֶזְעַק ׀ קוֹל
גָּדוֹל וָאֹמַר אֲהָהּ אֲדֹנָי יְהוִה כָּלָה אַתָּה עֹשֶׂה אֵת שְׁאֵרִית
יד טו יִשְׂרָאֵל׃ וַיְהִי דְבַר־יְהוָה אֵלַי לֵאמֹר׃ בֶּן־אָדָם
אַחֶיךָ אַחֶיךָ אַנְשֵׁי גְאֻלָּתֶךָ וְכָל־בֵּית יִשְׂרָאֵל כֻּלֹּה אֲשֶׁר אָמְרוּ
לָהֶם יֹשְׁבֵי יְרוּשָׁלִַם רַחֲקוּ מֵעַל יְהוָה לָנוּ הִיא נִתְּנָה הָאָרֶץ
טז לְמוֹרָשָׁה׃ לָכֵן אֱמֹר כֹּה אָמַר אֲדֹנָי יְהוִה כִּי
הִרְחַקְתִּים בַּגּוֹיִם וְכִי הֲפִיצוֹתִים בָּאֲרָצוֹת וָאֱהִי לָהֶם לְמִקְדָּשׁ
יז מְעַט בָּאֲרָצוֹת אֲשֶׁר־בָּאוּ שָׁם׃ לָכֵן אֱמֹר כֹּה־
אָמַר אֲדֹנָי יְהוִה וְקִבַּצְתִּי אֶתְכֶם מִן־הָעַמִּים וְאָסַפְתִּי אֶתְכֶם
מִן־הָאֲרָצוֹת אֲשֶׁר נְפֹצוֹתֶם בָּהֶם וְנָתַתִּי לָכֶם אֶת־אַדְמַת
יח יִשְׂרָאֵל׃ וּבָאוּ־שָׁמָּה וְהֵסִירוּ אֶת־כָּל־שִׁקּוּצֶיהָ וְאֶת־כָּל־
יט תּוֹעֲבוֹתֶיהָ מִמֶּנָּה׃ וְנָתַתִּי לָהֶם לֵב אֶחָד וְרוּחַ חֲדָשָׁה אֶתֵּן
בְּקִרְבְּכֶם וַהֲסִרֹתִי לֵב הָאֶבֶן מִבְּשָׂרָם וְנָתַתִּי לָהֶם לֵב בָּשָׂר׃
ו
כ לְמַעַן בְּחֻקֹּתַי יֵלֵכוּ וְאֶת־מִשְׁפָּטַי יִשְׁמְרוּ וְעָשׂוּ אֹתָם וְהָיוּ־
כא לִי לְעָם וַאֲנִי אֶהְיֶה לָהֶם לֵאלֹהִים׃ וְאֶל־לֵב שִׁקּוּצֵיהֶם
וְתוֹעֲבוֹתֵיהֶם לִבָּם הֹלֵךְ דַּרְכָּם בְּרֹאשָׁם נָתַתִּי נְאֻם אֲדֹנָי יְהוִה׃
כב וַיִּשְׂאוּ הַכְּרוּבִים אֶת־כַּנְפֵיהֶם וְהָאוֹפַנִּים לְעֻמָּתָם וּכְבוֹד
כג אֱלֹהֵי־יִשְׂרָאֵל עֲלֵיהֶם מִלְמָעְלָה׃ וַיַּעַל כְּבוֹד יְהוָה מֵעַל תּוֹךְ
כד הָעִיר וַיַּעֲמֹד עַל־הָהָר אֲשֶׁר מִקֶּדֶם לָעִיר׃ וְרוּחַ נְשָׂאַתְנִי
וַתְּבִיאֵנִי כַשְׂדִּימָה אֶל־הַגּוֹלָה בַּמַּרְאֶה בְּרוּחַ אֱלֹהִים וַיַּעַל
כה מֵעָלַי הַמַּרְאֶה אֲשֶׁר רָאִיתִי׃ וָאֲדַבֵּר אֶל־הַגּוֹלָה אֵת כָּל־דִּבְרֵי
יב א יְהוָה אֲשֶׁר הֶרְאָנִי׃ וַיְהִי דְבַר־יְהוָה אֵלַי לֵאמֹר׃
ב בֶּן־אָדָם בְּתוֹךְ בֵּית־הַמֶּרִי אַתָּה יֹשֵׁב אֲשֶׁר עֵינַיִם לָהֶם
לִרְאוֹת וְלֹא רָאוּ אָזְנַיִם לָהֶם לִשְׁמֹעַ וְלֹא שָׁמֵעוּ כִּי בֵּית מְרִי
ג הֵם׃ וְאַתָּה בֶן־אָדָם עֲשֵׂה לְךָ כְּלֵי גוֹלָה וּגְלֵה
יוֹמָם לְעֵינֵיהֶם וְגָלִיתָ מִמְּקוֹמְךָ אֶל־מָקוֹם אַחֵר לְעֵינֵיהֶם אוּלַי
ד יִרְאוּ כִּי בֵּית מְרִי הֵמָּה׃ וְהוֹצֵאתָ כֵלֶיךָ כִּכְלֵי גוֹלָה יוֹמָם
ה לְעֵינֵיהֶם וְאַתָּה תֵּצֵא בָעֶרֶב לְעֵינֵיהֶם כְּמוֹצָאֵי גּוֹלָה׃ לְעֵינֵיהֶם
ו חֲתָר־לְךָ בַקִּיר וְהוֹצֵאתָ בּוֹ׃ לְעֵינֵיהֶם עַל־כָּתֵף תִּשָּׂא בָּעֲלָטָה
תוֹצִיא פָּנֶיךָ תְכַסֶּה וְלֹא תִרְאֶה אֶת־הָאָרֶץ כִּי־מוֹפֵת נְתַתִּיךָ
ז לְבֵית יִשְׂרָאֵל׃ וָאַעַשׂ כֵּן כַּאֲשֶׁר צֻוֵּיתִי כֵּלַי הוֹצֵאתִי כִּכְלֵי

The city shall not be your cauldron, neither shall you be the 11
meat in the midst of it ; but I will judge you at the border of
Yisra'el : and you shall know that I am the LORD ; for you have 12
not walked in my statutes, neither executed my judgments, but
have done after the manners of the nations that are round about
you. And it came to pass, when I prophesied, that Pelatyahu the 13
the son of Benaya died. Then I fell down upon my face, and
cried with a loud voice, and said, Ah LORD GOD ! wilt thou make
a full end of the remnant of Yisra'el?   Again the word of the 14
LORD came to me, saying, Son of man, thy brethren, thy brothers, 15
thy next of kin, and all the house of Yisra'el entire are they to
whom the inhabitants of Yerushalayim have said, Get you far
from the LORD : to us is this land given in possession.   There- 16
fore say, Thus says the LORD GOD ; Although I have cast them
far off among the nations, and although I have scattered them
among the countries, and I have been to them a little sanctuary
in the countries where they have come,   therefore say, 17
Thus says the LORD GOD ; Yet will I gather you from the
peoples, and assemble you out of the countries where you
have been scattered, and I will give you the land of Yisra'el.
And they shall come there, and they shall take away all 18
the detestable things of it, and all the abominations of it
from there. And I will give them one heart, and I will put a new 19
spirit within you ; and I will take the stony heart out of their
flesh, and will give them a heart of flesh ; that they may walk in 20
my statutes, and keep my ordinances, and do them : and they
shall be my people, and I will be their GOD. But as for them 21
whose heart follows after the heart of their detestable things
and their abominations, I will recompense their way upon their
own heads, says the LORD GOD. Then did the keruvim lift up 22
their wings, and the wheels along with them ; and the glory of
the GOD of Yisra'el was over them above. And the glory of the 23
LORD went up from the midst of the city, and stood upon the
mountain which is on the east side of the city. Afterwards a 24
spirit took me up, and brought me in a vision by the spirit of
GOD into Kasdim, to the exiles. So the vision that I had seen
went up from me. Then I related to the exiles all the things that 25
the LORD had shown me.   Then word of the LORD came to **12**
me, saying, Son of man, thou dwellest in the midst of a rebellious 2
house, who have eyes to see, and see not ; they have ears to
hear, and hear not : for they are a rebellious house.

Therefore, thou son of man, prepare thee the gear for exile, 3
and remove as though for exile by day in their sight ; and thou
shalt remove from thy place to another place in their sight : it
may be that they will perceive, though they are a rebellious
house. Then shalt thou bring forth thy gear by day in their sight, 4
as gear for exile : and thou shalt go forth at evening in their
sight, as they that go out into exile. Dig thou through the wall 5
in their sight, and carry out through it. In their sight shalt thou 6
bear it upon thy shoulders, and carry it out in the dark : thou
shalt cover thy face, that thou see not the ground : for I have set
thee for a sign to the house of Yisra'el. And I did as I was 7
commanded : I brought out my gear by day, as gear for exile,

גּוֹלָה יוֹמָם וּבָעֶרֶב חָתַרְתִּי־לִי בַקִּיר בְּיָד בָּעֲלָטָה הוֹצֵאתִי
ח עַל־כָּתֵף נָשָׂאתִי לְעֵינֵיהֶם׃ וַיְהִי דְבַר־יְהוָה
ט אֵלַי בַּבֹּקֶר לֵאמֹר׃ בֶּן־אָדָם הֲלֹא אָמְרוּ אֵלֶיךָ בֵּית יִשְׂרָאֵל
י בֵּית הַמֶּרִי מָה אַתָּה עֹשֶׂה׃ אֱמֹר אֲלֵיהֶם כֹּה אָמַר אֲדֹנָי יְהוִה
הַנָּשִׂיא הַמַּשָּׂא הַזֶּה בִּירוּשָׁלַ‍ִם וְכָל־בֵּית יִשְׂרָאֵל אֲשֶׁר־הֵמָּה
יא בְּתוֹכָם׃ אֱמֹר אֲנִי מוֹפֶתְכֶם כַּאֲשֶׁר עָשִׂיתִי כֵּן יֵעָשֶׂה לָהֶם
יב בַּגּוֹלָה בַשְּׁבִי יֵלֵכוּ׃ וְהַנָּשִׂיא אֲשֶׁר־בְּתוֹכָם אֶל־כָּתֵף יִשָּׂא
בָּעֲלָטָה וְיֵצֵא בַּקִּיר יַחְתְּרוּ לְהוֹצִיא בוֹ פָּנָיו יְכַסֶּה יַעַן אֲשֶׁר
יג לֹא־יִרְאֶה לַעַיִן הוּא אֶת־הָאָרֶץ׃ וּפָרַשְׂתִּי אֶת־רִשְׁתִּי עָלָיו
וְנִתְפַּשׂ בִּמְצוּדָתִי וְהֵבֵאתִי אֹתוֹ בָבֶלָה אֶרֶץ כַּשְׂדִּים וְאוֹתָהּ
יד לֹא־יִרְאֶה וְשָׁם יָמוּת׃ וְכֹל אֲשֶׁר סְבִיבֹתָיו עֶזְרֹה וְכָל־אֲגַפָּיו
טו אֱזָרֶה לְכָל־רוּחַ וְחֶרֶב אָרִיק אַחֲרֵיהֶם׃ וְיָדְעוּ כִּי־אֲנִי יְהוָה
טז בַּהֲפִיצִי אוֹתָם בַּגּוֹיִם וְזֵרִיתִי אוֹתָם בָּאֲרָצוֹת׃ וְהוֹתַרְתִּי
מֵהֶם אַנְשֵׁי מִסְפָּר מֵחֶרֶב מֵרָעָב וּמִדָּבֶר לְמַעַן יְסַפְּרוּ
אֶת־כָּל־תּוֹעֲבוֹתֵיהֶם בַּגּוֹיִם אֲשֶׁר־בָּאוּ שָׁם וְיָדְעוּ כִּי־אֲנִי
יז יח יְהוָה׃ וַיְהִי דְבַר־יְהוָה אֵלַי לֵאמֹר׃ בֶּן־אָדָם
יט לַחְמְךָ בְּרַעַשׁ תֹּאכֵל וּמֵימֶיךָ בְּרָגְזָה וּבִדְאָגָה תִּשְׁתֶּה׃ וְאָמַרְתָּ
אֶל־עַם הָאָרֶץ כֹּה־אָמַר אֲדֹנָי יְהוִה לְיוֹשְׁבֵי יְרוּשָׁלַ‍ִם אֶל־
אַדְמַת יִשְׂרָאֵל לַחְמָם בִּדְאָגָה יֹאכֵלוּ וּמֵימֵיהֶם בְּשִׁמָּמוֹן יִשְׁתּוּ
כ לְמַעַן תֵּשַׁם אַרְצָהּ מִמְּלֹאָהּ מֵחֲמַס כָּל־הַיֹּשְׁבִים בָּהּ׃ וְהֶעָרִים
הַנּוֹשָׁבוֹת תֶּחֱרַבְנָה וְהָאָרֶץ שְׁמָמָה תִהְיֶה וִידַעְתֶּם כִּי־אֲנִי
כא כב יְהוָה׃ וַיְהִי דְבַר־יְהוָה אֵלַי לֵאמֹר׃ בֶּן־אָדָם
מָה־הַמָּשָׁל הַזֶּה לָכֶם עַל־אַדְמַת יִשְׂרָאֵל לֵאמֹר יַאַרְכוּ
כג הַיָּמִים וְאָבַד כָּל־חָזוֹן׃ לָכֵן אֱמֹר אֲלֵיהֶם כֹּה־אָמַר אֲדֹנָי יְהוִה
הִשְׁבַּתִּי אֶת־הַמָּשָׁל הַזֶּה וְלֹא־יִמְשְׁלוּ אֹתוֹ עוֹד בְּיִשְׂרָאֵל כִּי
כד אִם־דַּבְּרוּ אֲלֵיהֶם קָרְבוּ הַיָּמִים וּדְבַר כָּל־חָזוֹן׃ כִּי לֹא יִהְיֶה
כה עוֹד כָּל־חֲזוֹן שָׁוְא וּמִקְסַם חָלָק בְּתוֹךְ בֵּית יִשְׂרָאֵל׃ כִּי ׀ אֲנִי
יְהוָה אֲדַבֵּר אֵת אֲשֶׁר אֲדַבֵּר דָּבָר וְיֵעָשֶׂה לֹא תִמָּשֵׁךְ עוֹד
כִּי בִימֵיכֶם בֵּית הַמֶּרִי אֲדַבֵּר דָּבָר וַעֲשִׂיתִיו נְאֻם אֲדֹנָי
כו כז יְהוִה׃ וַיְהִי דְבַר־יְהוָה אֵלַי לֵאמֹר׃ בֶּן־אָדָם
הִנֵּה בֵית־יִשְׂרָאֵל אֹמְרִים הֶחָזוֹן אֲשֶׁר־הוּא חֹזֶה לְיָמִים רַבִּים
כח וּלְעִתִּים רְחוֹקוֹת הוּא נִבָּא׃ לָכֵן אֱמֹר אֲלֵיהֶם
כֹּה אָמַר אֲדֹנָי יְהוִה לֹא־תִמָּשֵׁךְ עוֹד כָּל־דְּבָרָי אֲשֶׁר אֲדַבֵּר
יג א דָּבָר וְיֵעָשֶׂה נְאֻם אֲדֹנָי יְהוִה׃ וַיְהִי דְבַר־יְהוָה
ב אֵלַי לֵאמֹר׃ בֶּן־אָדָם הִנָּבֵא אֶל־נְבִיאֵי יִשְׂרָאֵל הַנִּבָּאִים

and in the evening I dug through the wall with my hand ; I brought it out in the dark and I bore it on my shoulder in their sight.   And in the morning came the word of the LORD 8 to me, saying, Son of man, has not the house of Yisra'el, the 9 rebellious house, said to thee, What doest thou ? Say thou to 10 them, Thus says the LORD GOD ; This burden concerns the prince in Yerushalayim, and all the house of Yisra'el that are among them. Say, I am your sign : as I have done, so shall it be done 11 to them : they shall go into exile, into captivity. And the prince 12 that is among them shall bear upon his shoulder in the dark, and shall go out : they shall dig through the wall to carry out thereby : he shall cover his face, that he see not the ground with his eyes. My net also will I spread upon him, and he shall be 13 taken in my snare : and I will bring him to Bavel to the land of the Kasdim ; yet he shall not see it, though he shall die there. And I will scatter towards every wind all that are about him to 14 help him, and all his troops ; and I will draw out the sword after them. And they shall know that I am the LORD, when I 15 shall scatter them among the nations, and disperse them in the countries. But I will leave a few men of them over from the 16 sword, from the famine, and from the pestilence ; that they may confess all their abominations among the nations where they come ; and they shall know that I am the LORD.   Moreover 17 the word of the LORD came to me saying, Son of man, eat thy 18 bread with quaking, and drink thy water with trembling and with anxiety ; and say to the people of the land, Thus says the 19 LORD GOD of the inhabitants of Yerushalayim, and of the land of Yisra'el ; They shall eat their bread with anxiety, and drink their water with appalment, that her land may be desolate, bare of its fullness, because of the violence of all that dwell in it. And 20 the cities that are inhabited shall be laid waste, and the land shall be desolate ; and you shall know that I am the LORD.

And the word of the LORD came to me saying, Son of man, 21,22 what is that proverb that you have in the land of Yisra'el, saying, The days are prolonged, and every vision fails ? Tell 23 them therefore, Thus says the LORD GOD ; I will make this proverb to cease, and they shall no more use it as a proverb in Yisra'el ; but say to them, The days are at hand, and the word of every vision. For there shall be no more any vain 24 vision nor flattering divination within the house of Yisra'el. For I am the LORD : I will speak, and the word that I shall 25 speak shall come to pass ; it shall be no more prolonged : for in your days, O rebellious house, will I say the word, and will perform it, says the LORD GOD.   And the word of the LORD 26 came to me, saying, Son of man, behold, they of the house of 27 Yisra'el say, The vision that he sees is for many days to come, and he prophesies of times that are far off.   Therefore 28 say to them, Thus says the LORD GOD ; None of my words shall be delayed any more, but the word which I have spoken shall be done, says the LORD GOD.   And the word of the 13 LORD came to me, saying, Son of man, prophesy against the 2 prophets of Yisra'el that prophesy, and say to them that prophesy out of their own hearts, Hear the word of the LORD ;

ג וְאָמַרְתָּ לִנְבִיאֵי מִלִּבָּם שִׁמְעוּ דְּבַר־יְהוָה: כֹּה אָמַר אֲדֹנָי
יֱהוִה הוֹי עַל־הַנְּבִיאִים הַנְּבָלִים אֲשֶׁר הֹלְכִים אַחַר רוּחָם
ד ה וּלְבִלְתִּי רָאוּ: כְּשֻׁעָלִים בָּחֳרָבוֹת נְבִיאֶיךָ יִשְׂרָאֵל הָיוּ: לֹא
עֲלִיתֶם בַּפְּרָצוֹת וַתִּגְדְּרוּ גָדֵר עַל־בֵּית יִשְׂרָאֵל לַעֲמֹד
ו בַּמִּלְחָמָה בְּיוֹם יְהוָה: חָזוּ שָׁוְא וְקֶסֶם כָּזָב הָאֹמְרִים נְאֻם־
ז יְהוָה וַיהוָה לֹא שְׁלָחָם וְיִחֲלוּ לְקַיֵּם דָּבָר: הֲלוֹא מַחֲזֵה־שָׁוְא
חֲזִיתֶם וּמִקְסַם כָּזָב אֲמַרְתֶּם וְאֹמְרִים נְאֻם־יְהוָה וַאֲנִי לֹא
ח דִבַּרְתִּי: לָכֵן כֹּה אָמַר אֲדֹנָי יֱהוִה יַעַן דַּבֶּרְכֶם
ט שָׁוְא וַחֲזִיתֶם כָּזָב לָכֵן הִנְנִי אֲלֵיכֶם נְאֻם אֲדֹנָי יֱהוִה: וְהָיְתָה
יָדִי אֶל־הַנְּבִיאִים הַחֹזִים שָׁוְא וְהַקֹּסְמִים כָּזָב בְּסוֹד עַמִּי לֹא־
יִהְיוּ וּבִכְתָב בֵּית־יִשְׂרָאֵל לֹא יִכָּתֵבוּ וְאֶל־אַדְמַת יִשְׂרָאֵל
י לֹא יָבֹאוּ וִידַעְתֶּם כִּי אֲנִי אֲדֹנָי יֱהוִה: יַעַן וּבְיַעַן הִטְעוּ
אֶת־עַמִּי לֵאמֹר שָׁלוֹם וְאֵין שָׁלוֹם וְהוּא בֹּנֶה חַיִץ וְהִנָּם
יא טָחִים אֹתוֹ תָּפֵל: אֱמֹר אֶל־טָחֵי תָפֵל וְיִפֹּל הָיָה | גֶּשֶׁם
שׁוֹטֵף וְאַתֵּנָה אַבְנֵי אֶלְגָּבִישׁ תִּפֹּלְנָה וְרוּחַ סְעָרוֹת תְּבַקֵּעַ:
יב וְהִנֵּה נָפַל הַקִּיר הֲלוֹא יֵאָמֵר אֲלֵיכֶם אַיֵּה הַטִּיחַ אֲשֶׁר
יג טַחְתֶּם: לָכֵן כֹּה אָמַר אֲדֹנָי יֱהוִה וּבִקַּעְתִּי רוּחַ־
סְעָרוֹת בַּחֲמָתִי וְגֶשֶׁם שֹׁטֵף בְּאַפִּי יִהְיֶה וְאַבְנֵי אֶלְגָּבִישׁ בְּחֵמָה
יד לְכָלָה: וְהָרַסְתִּי אֶת־הַקִּיר אֲשֶׁר־טַחְתֶּם תָּפֵל וְהִגַּעְתִּיהוּ
אֶל־הָאָרֶץ וְנִגְלָה יְסֹדוֹ וְנָפְלָה וּכְלִיתֶם בְּתוֹכָהּ וִידַעְתֶּם כִּי־
טו אֲנִי יְהוָה: וְכִלֵּיתִי אֶת־חֲמָתִי בַּקִּיר וּבַטָּחִים אֹתוֹ תָּפֵל וְאֹמַר
טז לָכֶם אֵין הַקִּיר וְאֵין הַטָּחִים אֹתוֹ: נְבִיאֵי יִשְׂרָאֵל הַנִּבְּאִים
אֶל־יְרוּשָׁלִַם וְהַחֹזִים לָהּ חֲזוֹן שָׁלֹם וְאֵין שָׁלֹם נְאֻם אֲדֹנָי
יז יֱהוִה: וְאַתָּה בֶן־אָדָם שִׂים פָּנֶיךָ אֶל־בְּנוֹת עַמְּךָ
יח הַמִּתְנַבְּאוֹת מִלִּבְּהֶן וְהִנָּבֵא עֲלֵיהֶן: וְאָמַרְתָּ כֹּה־אָמַר | אֲדֹנָי
יֱהוִה הוֹי לִמְתַפְּרוֹת כְּסָתוֹת עַל | כָּל־אַצִּילֵי יָדַי וְעֹשׂוֹת
הַמִּסְפָּחוֹת עַל־רֹאשׁ כָּל־קוֹמָה לְצוֹדֵד נְפָשׁוֹת הַנְּפָשׁוֹת
יט תְּצוֹדֵדְנָה לְעַמִּי וּנְפָשׁוֹת לָכֶנָה תְחַיֶּינָה: וַתְּחַלֶּלְנָה אֹתִי אֶל־
עַמִּי בְּשַׁעֲלֵי שְׂעֹרִים וּבִפְתוֹתֵי לֶחֶם לְהָמִית נְפָשׁוֹת אֲשֶׁר לֹא־
תְמוּתֶנָה וּלְחַיּוֹת נְפָשׁוֹת אֲשֶׁר לֹא־תִחְיֶינָה בְּכַזֶּבְכֶם לְעַמִּי
כ שֹׁמְעֵי כָזָב: לָכֵן כֹּה־אָמַר | אֲדֹנָי יֱהוִה הִנְנִי
אֶל־כִּסְּתוֹתֵיכֶנָה אֲשֶׁר אַתֵּנָה מְצֹדְדוֹת שָׁם אֶת־הַנְּפָשׁוֹת
לְפֹרְחוֹת וְקָרַעְתִּי אֹתָם מֵעַל זְרוֹעֹתֵיכֶם וְשִׁלַּחְתִּי אֶת־
כא הַנְּפָשׁוֹת אֲשֶׁר אַתֶּם מְצֹדְדוֹת אֶת־נְפָשִׁים לְפֹרְחֹת: וְקָרַעְתִּי
אֶת־מִסְפְּחֹתֵיכֶם וְהִצַּלְתִּי אֶת־עַמִּי מִיֶּדְכֶן וְלֹא־יִהְיוּ עוֹד
כב בְּיֶדְכֶן לִמְצוּדָה וִידַעְתֶּן כִּי־אֲנִי יְהוָה: יַעַן הַכְאוֹת לֵב־צַדִּיק

3 thus says the Lord God; Woe to the foolish prophets, that
4 follow their own spirit, and have seen nothing! O Yisra'el, thy
5 prophets are like foxes among ruins. You have not gone up
into the breaches, nor have you built a fence for the house of
6 Yisra'el to stand in the battle in the day of the Lord. They
have seen vanity and lying divination; they say, The Lord
says: and the Lord has not sent them: and they hope that he
7 will confirm the word. Have you not seen a vain vision, and
have you not spoken a lying divination, in that you say, The
8 Lord says; yet I have not spoken? Therefore thus says
the Lord God; Because you have spoken vanity, and seen lies,
9 therefore behold, I am against you, says the Lord God, and
my hand shall be against the prophets that see vanity, and that
divine lies: they shall not be in the counsel of my people,
neither shall they be written in the writing of the house of
Yisra'el, neither shall they enter into the land of Yisra'el;
10 and you shall know that I am the Lord God. Because, even
because they have led my people astray, saying, Peace; and
there was no peace; and if anyone builds a wall, these daub
11 it with whitewash: say to them who daub it with whitewash
that it shall fall: there shall be a deluge of rain; and you, O
you great hailstones, shall fall; and a stormy wind shall break
12 out. Lo, when the wall is fallen, shall it not be said to you, Where
13 is the daubing with which you daubed it? Therefore
thus says the Lord God; I will even rend it with a stormy wind
in my fury; and there shall be a deluge of rain in my anger, and
14 great hailstones in my fury to consume it. So will I break down
the wall that you have daubed with whitewash, and bring it down
to the ground, so that its foundation shall be laid bare, and it
shall fall and you shall be consumed in the midst of it: and you
15 shall know that I am the Lord. Thus will I spend my wrath upon
the wall, and upon those who have daubed it with whitewash,
and I will say to you, The wall is no more, nor they that
16 daubed it; namely, the prophets of Yisra'el who prophesied
concerning Yerushalayim, and saw visions of peace concerning
17 her, when there was no peace, says the Lord God. And
thou son of man, set thy face against the daughters of thy
people, who prophesy out of their own heart; and prophesy
18 thou against them, and say, Thus says the Lord God; Woe to
the women that sew bands upon all arms, and make veils upon
the head of people of every height, for hunting souls! will you
hunt the souls of my people, and will you save your own souls
19 alive? And will you profane me among my people for handfuls
of barley and for pieces of bread, to slay the souls that should
not die, and to save the souls alive that should not live, by your
20 lying to my people who hear your lies? Therefore, thus says
the Lord God; Behold, I am against your armbands, with which
you hunt the souls there, whisking them off to destruction;
and I will tear them from your arms, and I will let the souls go
free, namely the souls that you hunt, whisking them to
21 destruction. Your headveils also I will tear, and deliver my people
out of your hand, and they shall be no more in your hand to
22 be hunted; and you shall know that I am the Lord. Because

שֶׁקֶר וַאֲנִי לֹא הִכְאַבְתִּיו וּלְחַזֵּק יְדֵי רָשָׁע לְבִלְתִּי־שׁוּב מִדַּרְכּוֹ
הָרָע לְהַחֲיֹתוֹ׃ לָכֵן שָׁוְא לֹא תֶחֱזֶינָה וְקֶסֶם לֹא־תִקְסַמְנָה עוֹד כג
ז וְהִצַּלְתִּי אֶת־עַמִּי מִיֶּדְכֶן וִידַעְתֶּן כִּי־אֲנִי יְהוָה׃ וַיָּבוֹא אֵלַי איד
אֲנָשִׁים מִזִּקְנֵי יִשְׂרָאֵל וַיֵּשְׁבוּ לְפָנָי׃ וַיְהִי דְבַר־יְהוָה אֵלַי ב
לֵאמֹר׃ בֶּן־אָדָם הָאֲנָשִׁים הָאֵלֶּה הֶעֱלוּ גִלּוּלֵיהֶם עַל־לִבָּם ג
וּמִכְשׁוֹל עֲוֺנָם נָתְנוּ נֹכַח פְּנֵיהֶם הַאִדָּרֹשׁ אִדָּרֵשׁ לָהֶם׃ לָכֵן דַּבֵּר־ ד
אוֹתָם וְאָמַרְתָּ אֲלֵיהֶם כֹּה־אָמַר ׀ אֲדֹנָי יְהוִה אִישׁ אִישׁ מִבֵּית
יִשְׂרָאֵל אֲשֶׁר יַעֲלֶה אֶת־גִּלּוּלָיו אֶל־לִבּוֹ וּמִכְשׁוֹל עֲוֺנוֹ יָשִׂים נֹכַח
בָא פָּנָיו וּבָא אֶל־הַנָּבִיא אֲנִי יְהוָה נַעֲנֵיתִי לוֹ בה בְרֹב גִּלּוּלָיו׃ לְמַעַן ה
תְּפֹשׂ אֶת־בֵּית־יִשְׂרָאֵל בְּלִבָּם אֲשֶׁר נָזֹרוּ מֵעָלַי בְּגִלּוּלֵיהֶם
כֻּלָּם׃ לָכֵן אֱמֹר ׀ אֶל־בֵּית יִשְׂרָאֵל כֹּה אָמַר אֲדֹנָי ו
יְהוִה שׁוּבוּ וְהָשִׁיבוּ מֵעַל גִּלּוּלֵיכֶם וּמֵעַל כָּל־תּוֹעֲבֹתֵיכֶם הָשִׁיבוּ
פְנֵיכֶם׃ כִּי אִישׁ אִישׁ מִבֵּית יִשְׂרָאֵל וּמֵהַגֵּר אֲשֶׁר־יָגוּר בְּיִשְׂרָאֵל ז
וְיִנָּזֵר מֵאַחֲרַי וְיַעַל גִּלּוּלָיו אֶל־לִבּוֹ וּמִכְשׁוֹל עֲוֺנוֹ יָשִׂים נֹכַח פָּנָיו
וּבָא אֶל־הַנָּבִיא לִדְרָשׁ־לוֹ בִי אֲנִי יְהוָה נַעֲנֶה־לּוֹ בִּי׃ וְנָתַתִּי ח
פָנַי בָּאִישׁ הַהוּא וַהֲשִׂמֹתִיהוּ לְאוֹת וְלִמְשָׁלִים וְהִכְרַתִּיו מִתּוֹךְ
עַמִּי וִידַעְתֶּם כִּי־אֲנִי יְהוָה׃ וְהַנָּבִיא כִי־יְפֻתֶּה וְדִבֶּר ט
דָבָר אֲנִי יְהוָה פִּתֵּיתִי אֵת הַנָּבִיא הַהוּא וְנָטִיתִי אֶת־יָדִי
עָלָיו וְהִשְׁמַדְתִּיו מִתּוֹךְ עַמִּי יִשְׂרָאֵל׃ וְנָשְׂאוּ עֲוֺנָם כַּעֲוֺן הַדֹּרֵשׁ י
כַּעֲוֺן הַנָּבִיא יִהְיֶה׃ לְמַעַן לֹא־יִתְעוּ עוֹד בֵּית־יִשְׂרָאֵל מֵאַחֲרַי יא
וְלֹא־יִטַּמְּאוּ עוֹד בְּכָל־פִּשְׁעֵיהֶם וְהָיוּ־לִי לְעָם וַאֲנִי אֶהְיֶה
לָהֶם לֵאלֹהִים נְאֻם אֲדֹנָי יְהוִה׃ וַיְהִי דְבַר־יְהוָה אֵלַי יב
לֵאמֹר׃ בֶּן־אָדָם אֶרֶץ כִּי תֶחֱטָא־לִי לִמְעָל־מַעַל וְנָטִיתִי יָדִי יג
עָלֶיהָ וְשָׁבַרְתִּי לָהּ מַטֵּה־לָחֶם וְהִשְׁלַחְתִּי־בָהּ רָעָב וְהִכְרַתִּי
מִמֶּנָּה אָדָם וּבְהֵמָה׃ וְהָיוּ שְׁלֹשֶׁת הָאֲנָשִׁים הָאֵלֶּה בְּתוֹכָהּ נֹחַ יד
דנאל וְאִיּוֹב הֵמָּה בְצִדְקָתָם יְנַצְּלוּ נַפְשָׁם נְאֻם אֲדֹנָי יְהוִה׃ לוּ־ טו
חַיָּה רָעָה אַעֲבִיר בָּאָרֶץ וְשִׁכְּלָתָּה וְהָיְתָה שְׁמָמָה מִבְּלִי עוֹבֵר
מִפְּנֵי הַחַיָּה׃ שְׁלֹשֶׁת הָאֲנָשִׁים הָאֵלֶּה בְּתוֹכָהּ חַי־אָנִי נְאֻם אֲדֹנָי טז
יְהוִה אִם־בָּנִים וְאִם־בָּנוֹת יַצִּילוּ הֵמָּה לְבַדָּם יִנָּצֵלוּ וְהָאָרֶץ
תִּהְיֶה שְׁמָמָה׃ אוֹ חֶרֶב אָבִיא עַל־הָאָרֶץ הַהִיא וְאָמַרְתִּי חֶרֶב יז
תַּעֲבֹר בָּאָרֶץ וְהִכְרַתִּי מִמֶּנָּה אָדָם וּבְהֵמָה׃ וּשְׁלֹשֶׁת הָאֲנָשִׁים יח
הָאֵלֶּה בְּתוֹכָהּ חַי־אָנִי נְאֻם אֲדֹנָי יְהוִה לֹא יַצִּילוּ בָּנִים וּבָנוֹת כִּי
הֵם לְבַדָּם יִנָּצֵלוּ׃ אוֹ דֶּבֶר אֲשַׁלַּח אֶל־הָאָרֶץ הַהִיא וְשָׁפַכְתִּי יט

with lies you have cowed the heart of the righteous whom I have
not grieved ; and strengthened the hands of the wicked, that he
should not return from his wicked way, by promising him life :
therefore you shall see no more vanity, nor divine divinations : 23
for I will deliver my people out of your hand : and you shall
know that I am the LORD. Then came certain of the elders of 14
Yisra'el to me, and sat before me. And the word of the 2
LORD came to me, saying, Son of man, these men have set up 3
their idols in their heart, and put the stumblingblock of their
iniquity before their faces : should I let myself be inquired of at
all by them ? Therefore speak to them, and say to them, Thus 4
says the LORD GOD ; Every man of the house of Yisra'el that sets
up his idols in his heart, and puts the stumblingblock of his
iniquity before his face, and comes to the prophet ; I the LORD
will answer him that comes with the multitude of his idols ;
that I may catch the house of Yisra'el in their own heart, 5
because they are all estranged from me through their idols.
Therefore say to the house of Yisra'el, Thus says the LORD 6
GOD ; Repent, and turn yourselves from your idols ; and turn
away your faces from all your abominations. For everyone of the 7
house of Yisra'el, and of the stranger that sojourns in Yisra'el, who
separates himself from me, and sets up his idols in his heart, and
puts the stumblingblock of his iniquity before his face, and
comes to a prophet to inquire of him concerning me ; I the LORD
will answer him by myself : and I will set my face against that 8
man, and will make him a sign and a proverb, and I will cut him
off from the midst of my people ; and you shall know that I am
the LORD. And if the prophet be deceived when he has 9
spoken a thing, I the LORD have deceived that prophet, and I will
stretch out my hand upon him, and will destroy him from the
midst of my people Yisra'el. And they shall bear the punishment 10
of their iniquity : the punishment of the prophet shall be even
as the punishment of him that seeks to him ; that the house of 11
Yisra'el may no more go astray from me, neither be defiled any
more by all their trangressions ; but that they may be my people,
and I may be their GOD, says the LORD GOD. The word of 12
the LORD came again to me, saying, Son of man, when the land 13
sins against me by trespassing grievously, then will I stretch
out my hand upon it, and will break its staff of bread, and will
send famine upon it, and will cut off man and beast from it :
though these three men, Noaḥ, Dani'el, and Iyyov, were in it, they 14
should only save their own lives by their righteousness, says the
LORD GOD. If I cause evil beasts to pass through the land, and 15
they spoil it, so that it be desolate, that no man may pass through
because of the beasts : though these three men were in it, as I 16
live, says the LORD GOD, they shall deliver neither sons nor
daughters ; they alone shall be saved, but the land shall be
desolate. Or if I bring a sword upon that land, and say, Sword, 17
go through the land ; so that I cut off man and beast from it :
though these three men were in it, as I live, says the LORD GOD, 18
they shall deliver neither sons nor daughters, but they alone
shall be saved. Or if I send a pestilence into that land, and pour 19
out my fury upon it in blood, to cut off from it man and beast :

כ חֲמָתִי עָלֶיהָ בְּדָם לְהַכְרִית מִמֶּנָּה אָדָם וּבְהֵמָה: וְנֹחַ דָּנִאֵל
וְאִיּוֹב בְּתוֹכָהּ חַי־אָנִי נְאֻם אֲדֹנָי יֱהֹוִה אִם־בֵּן אִם־בַּת יַצִּילוּ
כא הֵמָּה בְצִדְקָתָם יַצִּילוּ נַפְשָׁם: כִּי כֹה אָמַר אֲדֹנָי
יֱהֹוִה אַף כִּי־אַרְבַּעַת שְׁפָטַי ׀ הָרָעִים חֶרֶב וְרָעָב וְחַיָּה רָעָה
וָדֶבֶר שִׁלַּחְתִּי אֶל־יְרוּשָׁלָם לְהַכְרִית מִמֶּנָּה אָדָם וּבְהֵמָה:
כב וְהִנֵּה נוֹתְרָה־בָּהּ פְּלֵטָה הַמּוּצָאִים בָּנִים וּבָנוֹת הִנָּם יוֹצְאִים
אֲלֵיכֶם וּרְאִיתֶם אֶת־דַּרְכָּם וְאֶת־עֲלִילוֹתָם וְנִחַמְתֶּם עַל־
הָרָעָה אֲשֶׁר הֵבֵאתִי עַל־יְרוּשָׁלַם אֵת כָּל־אֲשֶׁר הֵבֵאתִי עָלֶיהָ:
כג וְנִחֲמוּ אֶתְכֶם כִּי־תִרְאוּ אֶת־דַּרְכָּם וְאֶת־עֲלִילוֹתָם וִידַעְתֶּם
כִּי לֹא חִנָּם עָשִׂיתִי אֵת כָּל־אֲשֶׁר־עָשִׂיתִי בָהּ נְאֻם אֲדֹנָי
טו א ב יֱהֹוִה: וַיְהִי דְבַר־יְהֹוָה אֵלַי לֵאמֹר: בֶּן־אָדָם
מַה־יִּהְיֶה עֵץ־הַגֶּפֶן מִכָּל־עֵץ הַזְּמוֹרָה אֲשֶׁר הָיָה בַּעֲצֵי הַיָּעַר:
ג הֲיֻקַּח מִמֶּנּוּ עֵץ לַעֲשׂוֹת לִמְלָאכָה אִם־יִקְחוּ מִמֶּנּוּ יָתֵד לִתְלוֹת
ד עָלָיו כָּל־כֶּלִי: הִנֵּה לָאֵשׁ נִתַּן לְאָכְלָה אֵת שְׁנֵי קְצוֹתָיו אָכְלָה
ה הָאֵשׁ וְתוֹכוֹ נָחָר הֲיִצְלַח לִמְלָאכָה: הִנֵּה בִּהְיוֹתוֹ תָמִים לֹא
יֵעָשֶׂה לִמְלָאכָה אַף כִּי־אֵשׁ אֲכָלַתְהוּ וַיֵּחָר וְנַעֲשָׂה עוֹד
ו לִמְלָאכָה: לָכֵן כֹּה אָמַר אֲדֹנָי יֱהֹוִה כַּאֲשֶׁר
עֵץ־הַגֶּפֶן בְּעֵץ הַיַּעַר אֲשֶׁר־נְתַתִּיו לָאֵשׁ לְאָכְלָה כֵּן נָתַתִּי
ז אֶת־יֹשְׁבֵי יְרוּשָׁלָם: וְנָתַתִּי אֶת־פָּנַי בָּהֶם מֵהָאֵשׁ יָצָאוּ
וְהָאֵשׁ תֹּאכְלֵם וִידַעְתֶּם כִּי־אֲנִי יְהֹוָה בְּשׂוּמִי אֶת־פָּנַי
ח בָּהֶם: וְנָתַתִּי אֶת־הָאָרֶץ שְׁמָמָה יַעַן מָעֲלוּ מַעַל נְאֻם אֲדֹנָי
טז א ב יֱהֹוִה: וַיְהִי דְבַר־יְהֹוָה אֵלַי לֵאמֹר: בֶּן־אָדָם
ג הוֹדַע אֶת־יְרוּשָׁלַם אֶת־תּוֹעֲבֹתֶיהָ: וְאָמַרְתָּ כֹּה־אָמַר אֲדֹנָי
יֱהֹוִה לִירוּשָׁלַם מְכֹרֹתַיִךְ וּמֹלְדֹתַיִךְ מֵאֶרֶץ הַכְּנַעֲנִי אָבִיךְ
ד הָאֱמֹרִי וְאִמֵּךְ חִתִּית: וּמוֹלְדוֹתַיִךְ בְּיוֹם הוּלֶּדֶת אֹתָךְ לֹא־
כָרַּת שָׁרֵּךְ וּבְמַיִם לֹא־רֻחַצְתְּ לְמִשְׁעִי וְהָמְלֵחַ לֹא הֻמְלַחַתְּ
ה וְהָחְתֵּל לֹא חֻתָּלְתְּ: לֹא־חָסָה עָלַיִךְ עַיִן לַעֲשׂוֹת לָךְ אַחַת
מֵאֵלֶּה לְחֻמְלָה עָלָיִךְ וַתֻּשְׁלְכִי אֶל־פְּנֵי הַשָּׂדֶה בְּגֹעַל נַפְשֵׁךְ
ו בְּיוֹם הֻלֶּדֶת אֹתָךְ: וָאֶעֱבֹר עָלַיִךְ וָאֶרְאֵךְ מִתְבּוֹסֶסֶת בְּדָמָיִךְ
ז וָאֹמַר לָךְ בְּדָמַיִךְ חֲיִי וָאֹמַר לָךְ בְּדָמַיִךְ חֲיִי: רְבָבָה כְּצֶמַח
הַשָּׂדֶה נְתַתִּיךְ וַתִּרְבִּי וַתִּגְדְּלִי וַתָּבֹאִי בַּעֲדִי עֲדָיִים שָׁדַיִם נָכֹנוּ
ח וּשְׂעָרֵךְ צִמֵּחַ וְאַתְּ עֵרֹם וְעֶרְיָה: וָאֶעֱבֹר עָלַיִךְ וָאֶרְאֵךְ וְהִנֵּה
עִתֵּךְ עֵת דֹּדִים וָאֶפְרֹשׂ כְּנָפִי עָלַיִךְ וָאֲכַסֶּה עֶרְוָתֵךְ וָאֶשָּׁבַע לָךְ
ט וָאָבוֹא בִבְרִית אֹתָךְ נְאֻם אֲדֹנָי יֱהֹוִה וַתִּהְיִי לִי: וָאֶרְחָצֵךְ בַּמַּיִם
י וָאֶשְׁטֹף דָּמַיִךְ מֵעָלָיִךְ וָאֲסֻכֵךְ בַּשָּׁמֶן: וָאַלְבִּישֵׁךְ רִקְמָה וָאֶנְעֲלֵךְ

though Noaḥ, Dani'el, and Iyyov, were in it, as I live, says the   20
LORD GOD, they shall deliver neither son nor daughter ; they shall
but save their own lives by their righteousness.   For thus   21
says the LORD GOD ; How much more when I send my four
severe judgments upon Yerushalayim, namely the sword, and the
famine, and the evil beast, and the pestilence, to cut off from
it man and beast ? Yet, behold, therein shall be left a remnant   22
to be brought out, both sons and daughters : behold, they shall
come out to you, and you shall see their way and their doings :
and you shall be comforted concerning the evil that I have
brought upon Yerushalayim, even concerning all that I have
brought upon it. And they shall console you, when you see their   23
ways and their doings : and you shall know that not without
cause have I done all that I have done in it, says the LORD GOD.

15
1,2

And the word of the LORD came to me, saying, Son of man,
What is the vine tree more than any tree, that vine branch which
grew up among the trees of the forest ? Can wood be taken   3
from it to do any work ? or will men take a peg of it for hanging
on it any vessel? Behold, it is cast into the fire for fuel; the   4
fire devours both ends of it, and the middle of it is burned. Is it fit
for any work ? Behold, when it was whole, it was meet for no   5
work : how much less shall it be meet yet for any work, when the
fire has devoured it, and it is burned ?   Therefore thus   6
says the LORD GOD ; As the vine tree among the trees of the
forest, which I have given to the fire for fuel, so will I give the
inhabitants of Yerushalayim. And I will set my face against them;   7
they shall go out from one fire, and another fire shall devour
them ; and you shall know that I am the LORD, when I set my
face against them. And I will make the land desolate, because   8
they have acted faithlessly, says the LORD GOD.   And the   **16**
word of the LORD came to me, saying, Son of man, cause Yerusha-   2
layim to know her abominations, and say, Thus says the LORD   3
GOD to Yerushalayim ; Thy birth and thy nativity is of the land   4
of Kena'an ; thy father was an Emorite, and thy mother a
Ḥittite, and as for thy birth, in the day thou wast born thy
navel was not cut, neither wast thou washed in water for
cleansing ; thou wast not salted at all, nor swaddled at all. No   5
eyes pitied thee, to do any of these to thee, to have compassion
upon thee ; but thou wast cast out in the open field, in thy
loathsomeness, in the day that thou wast born. And when I
passed by thee, and saw thee weltering in thy blood, I said to   6
thee, In thy blood live ! yea, I said to thee, In thy blood live !
I will cause thee to increase like the plant of the field. And thou   7
didst increase, and grow big, and thou didst come to possess
great attractions : thy breasts were firm, and thy hair was
grown, and yet thou wast poorly clad and bare. Now when I
passed by thee, and looked upon thee, behold, thy time was the   8
time of love ; and I spread my skirt over thee, and covered
thy nakedness ; yea, I swore to thee, and entered into a co-
venant with thee, says the LORD GOD, and thou didst become
mine. Then I washed thee with water ; indeed, I rinsed away   9
thy blood from thee, and I anointed thee with oil. I clothed thee   10
also with embroidered cloth, and shod thee with taḥash skin,

יא תָּחַשׁ וָאֶחְבְּשֵׁךְ בַּשֵּׁשׁ וַאֲכַסֵּךְ מֶשִׁי: וָאֶעְדֵּךְ עֶדִי וָאֶתְּנָה
יב צְמִידִים עַל־יָדַיִךְ וְרָבִיד עַל־גְּרוֹנֵךְ: וָאֶתֵּן נֶזֶם עַל־אַפֵּךְ
יג וַעֲגִילִים עַל־אָזְנָיִךְ וַעֲטֶרֶת תִּפְאֶרֶת בְּרֹאשֵׁךְ: וַתַּעְדִּי זָהָב
וָכֶסֶף וּמַלְבּוּשֵׁךְ שׁשׁי וָמֶשִׁי וְרִקְמָה סֹלֶת וּדְבַשׁ וָשֶׁמֶן אכלתי שֵׁשׁ | אָכָלְתְּ
יד וַתִּיפִי בִּמְאֹד מְאֹד וַתִּצְלְחִי לִמְלוּכָה: וַיֵּצֵא לָךְ שֵׁם בַּגּוֹיִם ח
בְּיָפְיֵךְ כִּי ׀ כָּלִיל הוּא בַּהֲדָרִי אֲשֶׁר־שַׂמְתִּי עָלַיִךְ נְאֻם אֲדֹנָי
טו יֱהֹוִה: וַתִּבְטְחִי בְיָפְיֵךְ וַתִּזְנִי עַל־שְׁמֵךְ וַתִּשְׁפְּכִי אֶת־תַּזְנוּתַיִךְ
טז עַל־כָּל־עוֹבֵר לוֹ־יֶהִי: וַתִּקְחִי מִבְּגָדַיִךְ וַתַּעֲשִׂי־לָךְ בָּמוֹת
יז טְלֻאוֹת וַתִּזְנִי עֲלֵיהֶם לֹא בָאוֹת וְלֹא יִהְיֶה: וַתִּקְחִי כְּלֵי
תִפְאַרְתֵּךְ מִזְּהָבִי וּמִכַּסְפִּי אֲשֶׁר נָתַתִּי לָךְ וַתַּעֲשִׂי־לָךְ צַלְמֵי
יח זָכָר וַתִּזְנִי־בָם: וַתִּקְחִי אֶת־בִּגְדֵי רִקְמָתֵךְ וַתְּכַסִּים וְשַׁמְנִי
יט וּקְטָרְתִּי נתתי לִפְנֵיהֶם: וְלַחְמִי אֲשֶׁר־נָתַתִּי לָךְ סֹלֶת וָשֶׁמֶן נָתַתְּ
וּדְבַשׁ הֶאֱכַלְתִּיךְ וּנְתַתִּיהוּ לִפְנֵיהֶם לְרֵיחַ נִיחֹחַ וַיֶּהִי נְאֻם אֲדֹנָי
כ יֱהֹוִה: וַתִּקְחִי אֶת־בָּנַיִךְ וְאֶת־בְּנוֹתַיִךְ אֲשֶׁר יָלַדְתְּ לִי וַתִּזְבָּחִים
כא לָהֶם לֶאֱכוֹל הַמְעַט מתזנותך: וַתִּשְׁחֲטִי אֶת־בָּנַי וַתִּתְּנִים מִתַּזְנוּתָיִךְ
כב בְּהַעֲבִיר אוֹתָם לָהֶם: וְאֵת כָּל־תּוֹעֲבֹתַיִךְ וְתַזְנֻתַיִךְ לֹא זכרתי זָכַרְתְּ
אֶת־יְמֵי נְעוּרָיִךְ בִּהְיוֹתֵךְ עֵירֹם וְעֶרְיָה מִתְבּוֹסֶסֶת בְּדָמֵךְ
כג הָיִית: וַיְהִי אַחֲרֵי כָּל־רָעָתֵךְ אוֹי אוֹי לָךְ נְאֻם אֲדֹנָי יֱהֹוִה:
כד כה וַתִּבְנִי־לָךְ גֶּב וַתַּעֲשִׂי־לָךְ רָמָה בְּכָל־רְחוֹב: אֶל־כָּל־רֹאשׁ
דֶּרֶךְ בָּנִית רָמָתֵךְ וַתְּתַעֲבִי אֶת־יָפְיֵךְ וַתְּפַשְּׂקִי אֶת־רַגְלַיִךְ
כו לְכָל־עוֹבֵר וַתַּרְבִּי אֶת־תזנותך: וַתִּזְנִי אֶל־בְּנֵי־מִצְרַיִם שְׁכֵנַיִךְ תַּזְנוּתָיִךְ
כז גִּדְלֵי בָשָׂר וַתַּרְבִּי אֶת־תַּזְנֻתֵךְ לְהַכְעִיסֵנִי: וְהִנֵּה נָטִיתִי יָדִי
עָלַיִךְ וָאֶגְרַע חֻקֵּךְ וָאֶתְּנֵךְ בְּנֶפֶשׁ שֹׂנְאוֹתַיִךְ בְּנוֹת פְּלִשְׁתִּים
כח הַנִּכְלָמוֹת מִדַּרְכֵּךְ זִמָּה: וַתִּזְנִי אֶל־בְּנֵי אַשּׁוּר מִבִּלְתִּי שָׂבְעָתֵךְ
כט וַתִּזְנִים וְגַם לֹא שָׂבָעַתְּ: וַתַּרְבִּי אֶת־תַּזְנוּתֵךְ אֶל־אֶרֶץ כְּנַעַן
ל כַּשְׂדִּימָה וְגַם־בְּזֹאת לֹא שָׂבָעַתְּ: מָה אֲמֻלָה לִבָּתֵךְ נְאֻם אֲדֹנָי
יֱהֹוִה בַּעֲשׂוֹתֵךְ אֶת־כָּל־אֵלֶּה מַעֲשֵׂה אִשָּׁה־זוֹנָה שַׁלָּטֶת:
לא בִּבְנוֹתַיִךְ גַּבֵּךְ בְּרֹאשׁ כָּל־דֶּרֶךְ וְרָמָתֵךְ עשיתי בְּכָל־רְחוֹב עָשִׂית
לב ולא־הייתי כַּזּוֹנָה לְקַלֵּס אֶתְנָן: הָאִשָּׁה הַמְּנָאָפֶת תַּחַת אִישָׁהּ הָיִית

and I girded thee about with fine linen, and I covered thee with
silk. I decked thee also with ornaments, and I put bracelets upon   11
thy hands, and a chain on thy neck, and I put a ring upon thy   12
nose, and earrings in thy ears, and a beautiful crown upon thy
head. Thus wast thou decked with gold and silver ; and thy   13
raiment was of fine linen, and silk, and embroidered cloth ; thou
didst eat fine flour, and honey, and oil : and thou wast very
very beautiful, and thou wast fit for royal estate. And thy   14
renown went forth among the nations for thy beauty : for it was
perfect through my splendour which I had bestowed upon thee,
says the LORD GOD. But thou didst trust in thy own beauty, and   15
didst play the harlot because of thy renown, and didst lavish
thy fornications on everyone that passed by ; his it was.
And thou didst take some of thy garments, and didst make for   16
thyself high places decked out in various colours, and on those
thou didst play the harlot : such things may not come about,
nor shall it continue. Thou hast also taken thy fair implements,   17
made of my gold and my silver, and hast made for thyself male
images, and hast committed lewdness with them, and thou hast   18
taken thy embroidered garments, to cover them : and thou hast
set my oil and my incense before them. My bread also which I   19
gave thee, fine flour, and oil, and honey, with which I fed thee,
thou hast even set it before them for a sweet savour : and thus
it was, says the LORD GOD. Moreover thou hast taken thy sons   20
and thy daughters, whom thou hast born to me, and these hast
thou sacrificed to them to be devoured. Were thy harlotries so
small a matter ? And thou hast slain my children, and delivered   21
them to cause them to pass through the fire for them ? And in   22
all thy abominations and thy harlotries thou hast not remem-
bered the days of thy youth, when thou was poorly clad and
bare, weltering in thy blood. And it came to pass after all thy   23
wickedness, (woe, woe to thee ! says the LORD GOD ;) that thou   24
hast also built to thee a platform, and hast made thee a high
place in every street. Thou hast built thy high place on every   25
main street, and hast made thy beauty to be abhorred, and hast
offered thyself to every one that passed by, and multiplied thy
harlotries. Thou hast also played the harlot with the children of   26
Miẓrayim, thy neighours of large flesh ; and hast multiplied
thy harlotry, to provoke me to anger. Behold, therefore I have   27
stretched out my hand over thee, and have diminished thy
allotment, and delivered thee to the will of them that hate thee,
the daughters of the Pelishtim, who are ashamed of thy lewd
way. Thou hast played the harlot also with the children of   28
Ashshur, because thou wast insatiable ; yea, thou hast played
the harlot with them, and yet thou couldst not be satisfied.
Thou hast moreover multiplied thy harlotry in the land of   29
Kena‘an as far as Kasdim ; and yet thou wast not satisfied
with that. How weak is thy heart, says the LORD GOD, seeing   30
thou doest all these things, the work of an importunate harlot ;
in that thou didst build thy platform in every main street, and   31
didst make thy high place in every street ; yet thou hast not been
like a harlot, for thou didst scorn payment, but rather like   32
a wife that commits adultery, who takes strangers instead of

תִּקַּח אֶת־זָרִים: לְכָל־זֹנוֹת יִתְּנוּ־נֵדֶה וְאַתְּ נָתַתְּ אֶת־נְדָנַיִךְ
לְכָל־מְאַהֲבַיִךְ וַתִּשְׁחֲדִי אוֹתָם לָבוֹא אֵלַיִךְ מִסָּבִיב בְּתַזְנוּתָיִךְ:

לד　וַיְהִי־בָךְ הֵפֶךְ מִן־הַנָּשִׁים בְּתַזְנוּתַיִךְ וְאַחֲרַיִךְ לֹא זוּנָּה וּבְתִתֵּךְ
אֶתְנָן וְאֶתְנָן לֹא נִתַּן־לָךְ וַתְּהִי לְהֶפֶךְ: לָכֵן זוֹנָה שִׁמְעִי דְּבַר־
יְהוָה:

לו　　　כֹּה־אָמַר אֲדֹנָי יֱהוִֹה יַעַן הִשָּׁפֵךְ נְחֻשְׁתֵּךְ
וַתִּגָּלֶה עֶרְוָתֵךְ בְּתַזְנוּתַיִךְ עַל־מְאַהֲבָיִךְ וְעַל כָּל־גִּלּוּלֵי
תוֹעֲבוֹתַיִךְ וְכִדְמֵי בָנַיִךְ אֲשֶׁר נָתַתְּ לָהֶם: לָכֵן הִנְנִי מְקַבֵּץ אֶת־
כָּל־מְאַהֲבַיִךְ אֲשֶׁר עָרַבְתְּ עֲלֵיהֶם וְאֵת כָּל־אֲשֶׁר אָהַבְתְּ עַל
כָּל־אֲשֶׁר שָׂנֵאת וְקִבַּצְתִּי אֹתָם עָלַיִךְ מִסָּבִיב וְגִלֵּיתִי עֶרְוָתֵךְ
אֲלֵהֶם וְרָאוּ אֶת־כָּל־עֶרְוָתֵךְ: וּשְׁפַטְתִּיךְ מִשְׁפְּטֵי נֹאֲפוֹת

לט　וְשֹׁפְכֹת דָּם וּנְתַתִּיךְ דַּם חֵמָה וְקִנְאָה: וְנָתַתִּי אוֹתָךְ בְּיָדָם
וְהָרְסוּ גַבֵּךְ וְנִתְּצוּ רָמֹתַיִךְ וְהִפְשִׁיטוּ אוֹתָךְ בְּגָדַיִךְ וְלָקְחוּ כְּלֵי
תִפְאַרְתֵּךְ וְהִנִּיחוּךְ עֵירֹם וְעֶרְיָה: וְהֶעֱלוּ עָלַיִךְ קָהָל וְרָגְמוּ

מא　אוֹתָךְ בָּאָבֶן וּבִתְּקוּךְ בְּחַרְבוֹתָם: וְשָׂרְפוּ בָתַּיִךְ בָּאֵשׁ וְעָשׂוּ־בָךְ
שְׁפָטִים לְעֵינֵי נָשִׁים רַבּוֹת וְהִשְׁבַּתִּיךְ מִזּוֹנָה וְגַם־אֶתְנַן לֹא

מב　תִתְּנִי־עוֹד: וַהֲנִחֹתִי חֲמָתִי בָּךְ וְסָרָה קִנְאָתִי מִמֵּךְ וְשָׁקַטְתִּי

מג　וְלֹא אֶכְעַס עוֹד: ‏זָכַרְתְּ‏ יַעַן אֲשֶׁר לֹא־זָכַרְתְּ אֶת־יְמֵי נְעוּרַיִךְ
וַתִּרְגְּזִי־לִי בְּכָל־אֵלֶּה וְגַם־אֲנִי הֵא דַרְכֵּךְ ׀ בְּרֹאשׁ נָתַתִּי נְאֻם

מד　‏עָשִׂית‏ אֲדֹנָי יֱהוִֹה וְלֹא עָשִׂיתי אֶת־הַזִּמָּה עַל כָּל־תּוֹעֲבֹתָיִךְ: הִנֵּה
כָּל־הַמֹּשֵׁל עָלַיִךְ יִמְשֹׁל לֵאמֹר כְּאִמָּה כְּבִתָּהּ: בַּת־אִמֵּךְ אַתְּ

מה　גֹּעֶלֶת אִישָׁהּ וּבָנֶיהָ וַאֲחוֹת אֲחוֹתֵךְ אַתְּ אֲשֶׁר גָּעֲלוּ אַנְשֵׁיהֶן
וּבְנֵיהֶן אִמְּכֶן חִתִּית וַאֲבִיכֶן אֱמֹרִי: וַאֲחוֹתֵךְ הַגְּדוֹלָה שֹׁמְרוֹן

מו　הִיא וּבְנוֹתֶיהָ הַיּוֹשֶׁבֶת עַל־שְׂמֹאולֵךְ וַאֲחוֹתֵךְ הַקְּטַנָּה מִמֵּךְ
הַיּוֹשֶׁבֶת מִימִינֵךְ סְדֹם וּבְנוֹתֶיהָ: וְלֹא בְדַרְכֵיהֶן הָלַכְתְּ

מז　‏עָשִׂית‏ וּכְתוֹעֲבוֹתֵיהֶן עָשִׂיתי כִּמְעַט קָט וַתַּשְׁחִתִי מֵהֵן בְּכָל־דְּרָכָיִךְ:
חַי־אָנִי נְאֻם אֲדֹנָי יֱהוִֹה אִם־עָשְׂתָה סְדֹם אֲחוֹתֵךְ הִיא וּבְנוֹתֶיהָ

מט　כַּאֲשֶׁר עָשִׂית אַתְּ וּבְנוֹתָיִךְ: הִנֵּה־זֶה הָיָה עֲוֹן סְדֹם אֲחוֹתֵךְ
גָּאוֹן שִׂבְעַת־לֶחֶם וְשַׁלְוַת הַשְׁקֵט הָיָה לָהּ וְלִבְנוֹתֶיהָ וְיַד־עָנִי

נ　וְאֶבְיוֹן לֹא הֶחֱזִיקָה: וַתִּגְבְּהֶינָה וַתַּעֲשֶׂינָה תוֹעֵבָה לְפָנָי וָאָסִיר

נא　אֶתְהֶן כַּאֲשֶׁר רָאִיתִי: וְשֹׁמְרוֹן כַּחֲצִי חַטֹּאתַיִךְ
‏אֲחוֹתֵךְ‏ לֹא חָטָאָה וַתַּרְבִּי אֶת־תּוֹעֲבוֹתַיִךְ מֵהֵנָּה וַתְּצַדְּקִי אֶת־אֲחוֹתֵךְ

נב　‏עָשִׂית‏ בְּכָל־תּוֹעֲבֹתַיִךְ אֲשֶׁר עָשִׂיתי: גַּם־אַתְּ ׀ שְׂאִי כְלִמָּתֵךְ אֲשֶׁר

her husband! Men give gifts to all harlots: but thou givest thy 33
gifts to all thy lovers, and hirest them, that they may come to
thee on every side for thy lewd satisfaction. And the contrary 34
is in thee from other women, in that thou didst solicit to harlotry,
and wast not solicited; and in that thou didst give hire, and no
hire was given thee: thus thou art contrary. Wherefore, O harlot, 35
hear the word of the Lord: Thus says the Lord God; 36
Because thy shame was displayed, and thy nakedness laid bare
through thy harlotries with thy lovers, and with all the idols
of thy abominations, and because of the blood of thy children,
which thou didst give to them; behold, therefore I will gather 37
all thy lovers, with whom thou hast taken pleasure, and all
them that thou hast loved, with all them that thou hast hated; I
will even gather them round about against thee, and will uncover
thy nakedness to them, that they may see all thy nakedness. And 38
I will judge thee, as women are judged that break wedlock or
shed blood; and I will bring upon thee the blood of anger and
jealousy. And I will also give thee into their hand, and they 39
shall throw down thy platform, and shall break down thy high
places: they shall strip thee also of thy clothes, and shall take
thy fair jewels, and leave thee naked and bare. They shall also 40
bring up a company against thee, and they shall stone thee with
stones, and thrust thee through with their swords. And they shall 41
burn thy houses with fire, and execute judgments upon thee in
the sight of many women: and I will cause thee to cease from
playing the harlot, and thou also shalt give no hire any more.
So will I relieve my fury upon thee, and my jealousy shall 42
depart from thee, and I will be quiet, and will be no more angry.
Because thou hast not remembered the days of thy youth, but 43
hast fretted me in all these things; behold, therefore I also will
recompense thy ways upon thy head, says the Lord God: for
thou hast not taken thought concerning thy abominations.
Behold, everyone that uses proverbs shall use this proverb 44
against thee, saying, As is the mother, so is her daughter. Thou 45
art thy mother's daughter, who loathed her husband and her
children; and thou art the sister of thy sisters, who loathed
their husbands and their children: your mother was a Ḥittite,
and your father an Emorite. And thy elder sister is Shomeron, 46
she and her daughters that dwell at thy left hand: and thy
younger sister, that dwells at thy right hand, is Sedom and her
daughters. Yet hast thou not walked after their ways, nor done 47
after their abominations: for after a very little while, thou wast
more corrupt than they in all thy ways. As I live, says the Lord 48
God, Sedom thy sister has not done, neither she nor her
daughters, as thou hast done, thou and thy daughters. Behold 49
this was the iniquity of thy sister Sedom: she and her daughters
had pride, surfeit of bread, and abundance of idleness, and yet
she did not strengthen the hand of the poor and needy. And 50
they were haughty, and committed abomination before me:
therefore I removed them when I saw it. Nor did Shomeron 51
commit half of thy sins; but thou hast multiplied thy abomina-
tions more than they, and hast justified thy sisters by all thy
abominations which thou hast done. Thou also, bear thy own 52

פִּלַּלְתְּ לַאֲחוֹתֵךְ בְּחַטֹּאתַיִךְ אֲשֶׁר־הִתְעַבְתְּ מֵהֵן תִּצְדַּקְנָה
נג מִמֵּךְ וְגַם־אַתְּ בּוֹשִׁי וּשְׂאִי כְלִמָּתֵךְ בְּצַדֶּקְתֵּךְ אַחְיוֹתֵךְ׃ וְשַׁבְתִּי
אֶת־שְׁבִיתְהֶן אֶת־שְׁבִית סְדֹם וּבְנוֹתֶיהָ וְאֶת־שְׁבִית שֹׁמְרוֹן שבות | שְׁבִית
נד וּבְנוֹתֶיהָ וּשְׁבִית שְׁבִיתַיִךְ בְּתוֹכֲהֶנָה׃ לְמַעַן תִּשְׂאִי כְלִמָּתֵךְ ושבות
נה וְנִכְלַמְתְּ מִכֹּל אֲשֶׁר עָשִׂית בְּנַחֲמֵךְ אֹתָן׃ וַאֲחוֹתַיִךְ סְדֹם
וּבְנוֹתֶיהָ תָּשֹׁבְןָ לְקַדְמָתָן וְשֹׁמְרוֹן וּבְנוֹתֶיהָ תָּשֹׁבְןָ לְקַדְמָתָן
נו וְאַתְּ וּבְנוֹתַיִךְ תְּשֻׁבֶינָה לְקַדְמַתְכֶן׃ וְלוֹא הָיְתָה סְדֹם אֲחוֹתֵךְ
נז לִשְׁמוּעָה בְּפִיךְ בְּיוֹם גְּאוֹנָיִךְ׃ בְּטֶרֶם תִּגָּלֶה רָעָתֵךְ כְּמוֹ עֵת
חֶרְפַּת בְּנוֹת־אֲרָם וְכָל־סְבִיבוֹתֶיהָ בְּנוֹת פְּלִשְׁתִּים הַשָּׁאטוֹת
נח אוֹתָךְ מִסָּבִיב׃ אֶת־זִמָּתֵךְ וְאֶת־תּוֹעֲבוֹתַיִךְ אַתְּ נְשָׂאתִים
נט נְאֻם יְהוָה׃ כִּי כֹה אָמַר אֲדֹנָי יֱהֹוִה וְעָשִׂית אוֹתָךְ
ס כַּאֲשֶׁר עָשִׂית אֲשֶׁר־בָּזִית אָלָה לְהָפֵר בְּרִית׃ וְזָכַרְתִּי אֲנִי אֶת־ ט
סא בְּרִיתִי אוֹתָךְ בִּימֵי נְעוּרָיִךְ וַהֲקִימוֹתִי לָךְ בְּרִית עוֹלָם׃ וְזָכַרְתְּ
אֶת־דְּרָכַיִךְ וְנִכְלַמְתְּ בְּקַחְתֵּךְ אֶת־אֲחוֹתַיִךְ הַגְּדֹלוֹת מִמֵּךְ
אֶל־הַקְּטַנּוֹת מִמֵּךְ וְנָתַתִּי אֶתְהֶן לָךְ לְבָנוֹת וְלֹא מִבְּרִיתֵךְ׃
סב סג וַהֲקִימוֹתִי אֲנִי אֶת־בְּרִיתִי אִתָּךְ וְיָדַעַתְּ כִּי־אֲנִי יְהוָה׃ לְמַעַן
תִּזְכְּרִי וָבֹשְׁתְּ וְלֹא יִהְיֶה־לָּךְ עוֹד פִּתְחוֹן פֶּה מִפְּנֵי כְּלִמָּתֵךְ
יז א בְּכַפְּרִי־לָךְ לְכָל־אֲשֶׁר עָשִׂית נְאֻם אֲדֹנָי יֱהֹוִה׃ וַיְהִי
ב דְבַר־יְהוָה אֵלַי לֵאמֹר׃ בֶּן־אָדָם חוּד חִידָה וּמְשֹׁל מָשָׁל אֶל־
ג בֵּית יִשְׂרָאֵל׃ וְאָמַרְתָּ כֹּה־אָמַר ׀ אֲדֹנָי יֱהֹוִה הַנֶּשֶׁר הַגָּדוֹל גְּדוֹל
הַכְּנָפַיִם אֶרֶךְ הָאֵבֶר מָלֵא הַנּוֹצָה אֲשֶׁר־לוֹ הָרִקְמָה בָּא אֶל־
ד הַלְּבָנוֹן וַיִּקַּח אֶת־צַמֶּרֶת הָאָרֶז׃ אֵת רֹאשׁ יְנִיקוֹתָיו קָטָף
ה וַיְבִיאֵהוּ אֶל־אֶרֶץ כְּנַעַן בְּעִיר רֹכְלִים שָׂמוֹ׃ וַיִּקַּח מִזֶּרַע הָאָרֶץ
ו וַיִּתְּנֵהוּ בִּשְׂדֵה־זָרַע קָח עַל־מַיִם רַבִּים צַפְצָפָה שָׂמוֹ׃ וַיִּצְמַח
וַיְהִי לְגֶפֶן סֹרַחַת שִׁפְלַת קוֹמָה לִפְנוֹת דָּלִיּוֹתָיו אֵלָיו וְשָׁרָשָׁיו
ז תַּחְתָּיו יִהְיוּ וַתְּהִי לְגֶפֶן וַתַּעַשׂ בַּדִּים וַתְּשַׁלַּח פֹּארוֹת׃ וַיְהִי
נֶשֶׁר־אֶחָד גָּדוֹל גְּדוֹל כְּנָפַיִם וְרַב נוֹצָה וְהִנֵּה הַגֶּפֶן הַזֹּאת כָּפְנָה
שָׁרָשֶׁיהָ עָלָיו וְדָלִיּוֹתָיו שִׁלְחָה־לּוֹ לְהַשְׁקוֹת אוֹתָהּ מֵעֲרֻגוֹת
ח מַטָּעָהּ׃ אֶל־שָׂדֶה טּוֹב אֶל־מַיִם רַבִּים הִיא שְׁתוּלָה לַעֲשׂוֹת
ט עָנָף וְלָשֵׂאת פֶּרִי לִהְיוֹת לְגֶפֶן אַדָּרֶת׃ אֱמֹר כֹּה אָמַר
אֲדֹנָי יֱהֹוִה תִּצְלָח הֲלוֹא אֶת־שָׁרָשֶׁיהָ יְנַתֵּק וְאֶת־פִּרְיָהּ ׀
יְקוֹסֵס וְיָבֵשׁ כָּל־טַרְפֵּי צִמְחָהּ תִּיבָשׁ וְלֹא־בִזְרֹעַ גְּדוֹלָה
י וּבְעַם־רָב לְמַשְׂאוֹת אוֹתָהּ מִשָּׁרָשֶׁיהָ׃ וְהִנֵּה שְׁתוּלָה הֲתִצְלָח

disgrace, in that thou hast given judgment for thy sisters : through thy sins that thou hast committed more abominable than they, they are become more righteous than thou : yea, be thou confounded also, and bear thy shame, in that thou hast made thy sisters seem righteous. When I shall bring back their 53 captivity, the captivity of Sedom and her daughters, and the captivity of Shomeron and her daughters, then will I bring back the captivity of thy captives in the midst of them : that 54 thou mayst bear thy own disgrace, and mayst be confounded in all that thou hast done, in that thou art a comfort to them. When 55 thy sisters, Sedom and her daughters, shall return to their former estate, and Shomeron and her daughters shall return to their former estate, then thou and thy daughters shall return to your former estate. For was not thy sister Sedom a byword in thy 56 mouth in the day of thy pride, before thy wickedness was laid 57 bare, it was at the time of the taunt of the daughters of Aram, and all that are round about her, the daughters of the Pelishtim, who despise thee round about ? Thou hast borne thy lewdness 58 and thy abominations, says the LORD.   For thus says the 59 LORD GOD ; I will even deal with thee as thou hast done, for thou hast despised the oath in breaking the covenant. Never- 60 theless I will remember my covenant with thee in the days of thy youth, and I will establish unto thee an everlasting covenant. Then thou shalt remember thy ways, and be ashamed, when 61 thou shalt receive thy sisters, thy elder and thy younger : and I will give them to thee for daughters, but not on account of the covenant with thee. And I will establish my covenant with 62 thee ; and thou shalt know that I am the LORD : that thou mayst 63 remember, and be put to shame, and never open thy mouth any more because of thy shame, when I have forgiven thee for all that thou hast done, says the LORD GOD.   And the word of **17** the LORD came to me, saying, Son of man, propound a riddle, 2 and speak a parable to the house of Yisra'el ; and say, Thus says 3 the LORD GOD ; A great eagle with great wings and long pinions, rich in plumage of many colours, came to the Levanon, and took the top of the cedar : he broke off the topmost of its young 4 twigs; and carried it into a land of trade ; he set it in a city of merchants. He took also of the seed of the land, and planted 5 it in a fruitful field ; he placed it by great waters, and set it like a willow tree. And it grew, and became a spreading vine of low 6 stature, whose tendrils turned towards him, and the roots of which were under him : so it became a vine, and brought forth branches, and sent out sprigs. But there was another 7 great eagle with great wings and many feathers : and, be- hold, this vine did bend her roots towards him, and send out her tendrils towards him, from its plantations, that he might water it. It was planted in a good soil by many waters, that it 8 might bring forth branches, and that it might bear fruit, that it might be a goodly vine. Say thou, Thus says the LORD GOD ; 9 Shall it prosper ? shall he not pull up its roots, and cut off its fruit, that it wither ? it shall wither in all its sprouting leaves ; it will not need great power or many people to pluck it up by its roots. Yea,. behold, planted though it is, shall it prosper ? 10

הֲלֹא כְגַעַת בָּהּ רוּחַ הַקָּדִים תִּיבַשׁ יָבֹשׁ עַל־עֲרֻגֹת צִמְחָהּ
תִּיבָשׁ׃ וַיְהִי דְבַר־יְהוָה אֵלַי לֵאמֹר׃ אֱמָר־נָא יא יב
לְבֵית הַמֶּרִי הֲלֹא יְדַעְתֶּם מָה־אֵלֶּה אֱמֹר הִנֵּה־בָא מֶלֶךְ־בָּבֶל
יְרוּשָׁלִַם וַיִּקַּח אֶת־מַלְכָּהּ וְאֶת־שָׂרֶיהָ וַיָּבֵא אוֹתָם אֵלָיו
בָּבֶלָה׃ וַיִּקַּח מִזֶּרַע הַמְּלוּכָה וַיִּכְרֹת אִתּוֹ בְּרִית וַיָּבֵא אֹתוֹ יג
בְּאָלָה וְאֶת־אֵילֵי הָאָרֶץ לָקָח׃ לִהְיוֹת מַמְלָכָה שְׁפָלָה לְבִלְתִּי יד
הִתְנַשֵּׂא לִשְׁמֹר אֶת־בְּרִיתוֹ לְעָמְדָהּ׃ וַיִּמְרָד־בּוֹ לִשְׁלֹחַ טו
מַלְאָכָיו מִצְרַיִם לָתֶת־לוֹ סוּסִים וְעַם־רָב הֲיִצְלָח הֲיִמָּלֵט
הָעֹשֵׂה אֵלֶּה וְהֵפֵר בְּרִית וְנִמְלָט׃ חַי־אָנִי נְאֻם אֲדֹנָי יְהוִה אִם־ טז
לֹא בִּמְקוֹם הַמֶּלֶךְ הַמַּמְלִיךְ אֹתוֹ אֲשֶׁר בָּזָה אֶת־אָלָתוֹ וַאֲשֶׁר
הֵפֵר אֶת־בְּרִיתוֹ אִתּוֹ בְתוֹךְ־בָּבֶל יָמוּת׃ וְלֹא בְחַיִל גָּדוֹל יז
וּבְקָהָל רָב יַעֲשֶׂה אוֹתוֹ פַרְעֹה בַמִּלְחָמָה בִּשְׁפֹּךְ סֹלְלָה וּבִבְנוֹת
דָּיֵק לְהַכְרִית נְפָשׁוֹת רַבּוֹת׃ וּבָזָה אָלָה לְהָפֵר בְּרִית וְהִנֵּה נָתַן יח
יָדוֹ וְכָל־אֵלֶּה עָשָׂה לֹא יִמָּלֵט׃ לָכֵן כֹּה־אָמַר יט
אֲדֹנָי יְהוִה חַי־אָנִי אִם־לֹא אָלָתִי אֲשֶׁר בָּזָה וּבְרִיתִי אֲשֶׁר הֵפִיר
וּנְתַתִּיו בְּרֹאשׁוֹ׃ וּפָרַשְׂתִּי עָלָיו רִשְׁתִּי וְנִתְפַּשׂ בִּמְצוּדָתִי כ
וַהֲבִיאוֹתִיהוּ בָבֶלָה וְנִשְׁפַּטְתִּי אִתּוֹ שָׁם מַעֲלוֹ אֲשֶׁר מָעַל־בִּי׃
וְאֵת כָּל־מִבְרָחָו בְּכָל־אֲגַפָּיו בַּחֶרֶב יִפֹּלוּ וְהַנִּשְׁאָרִים לְכָל־ כא
רוּחַ יִפָּרֵשׂוּ וִידַעְתֶּם כִּי אֲנִי יְהוָה דִּבַּרְתִּי׃ כֹּה כב
אָמַר אֲדֹנָי יְהוִה וְלָקַחְתִּי אָנִי מִצַּמֶּרֶת הָאֶרֶז הָרָמָה וְנָתָתִּי
מֵרֹאשׁ יֹנְקוֹתָיו רַךְ אֶקְטֹף וְשָׁתַלְתִּי אָנִי עַל הַר־גָּבֹהַּ וְתָלוּל׃
בְּהַר מְרוֹם יִשְׂרָאֵל אֶשְׁתֳּלֶנּוּ וְנָשָׂא עָנָף וְעָשָׂה פֶרִי וְהָיָה לְאֶרֶז כג
אַדִּיר וְשָׁכְנוּ תַחְתָּיו כֹּל צִפּוֹר כָּל־כָּנָף בְּצֵל דָּלִיּוֹתָיו תִּשְׁכֹּנָּה׃
וְיָדְעוּ כָּל־עֲצֵי הַשָּׂדֶה כִּי אֲנִי יְהוָה הִשְׁפַּלְתִּי ׀ עֵץ גָּבֹהַּ הִגְבַּהְתִּי כד
עֵץ שָׁפָל הוֹבַשְׁתִּי עֵץ לָח וְהִפְרַחְתִּי עֵץ יָבֵשׁ אֲנִי יְהוָה דִּבַּרְתִּי
וְעָשִׂיתִי׃ וַיְהִי דְבַר־יְהוָה אֵלַי לֵאמֹר׃ מַה־לָּכֶם יח א ב
אַתֶּם מֹשְׁלִים אֶת־הַמָּשָׁל הַזֶּה עַל־אַדְמַת יִשְׂרָאֵל לֵאמֹר
אָבוֹת יֹאכְלוּ בֹסֶר וְשִׁנֵּי הַבָּנִים תִּקְהֶינָה׃ חַי־אָנִי נְאֻם אֲדֹנָי ג
יְהוִה אִם־יִהְיֶה לָכֶם עוֹד מְשֹׁל הַמָּשָׁל הַזֶּה בְּיִשְׂרָאֵל׃ הֵן כָּל־ ד
הַנְּפָשׁוֹת לִי הֵנָּה כְּנֶפֶשׁ הָאָב וּכְנֶפֶשׁ הַבֵּן לִי־הֵנָּה הַנֶּפֶשׁ
הַחֹטֵאת הִיא תָמוּת׃ וְאִישׁ כִּי־יִהְיֶה צַדִּיק ה
וְעָשָׂה מִשְׁפָּט וּצְדָקָה׃ אֶל־הֶהָרִים לֹא אָכָל וְעֵינָיו לֹא נָשָׂא ו
אֶל־גִּלּוּלֵי בֵּית יִשְׂרָאֵל וְאֶת־אֵשֶׁת רֵעֵהוּ לֹא טִמֵּא וְאֶל־אִשָּׁה
נִדָּה לֹא יִקְרָב׃ וְאִישׁ לֹא יוֹנֶה חֲבֹלָתוֹ חוֹב יָשִׁיב גְּזֵלָה לֹא יִגְזֹל ז

shall it not utterly wither, when the east wind touches it? it
shall wither in the plantations where it grew. And the 11
word of the Lord came to me, saying, Say now to the rebellious 12
house, Know you not what these things mean? tell them, Behold,
the king of Bavel is come to Yerushalayim, and has taken its
king, and its princes, and has led them with him to Bavel; and 13
has taken of the king's seed, and made a covenant with him, and
has put him on oath: he has also taken away the mighty of
the land: that the kingdom might be lowly, that it might not 14
lift itself up, but that by keeping his covenant it might stand. But 15
he rebelled against him by sending his ambassadors to Miẕrayim,
that they might give him horses and much people. Shall he
prosper? shall he that does such things escape? or shall he break
the covenant, and yet be saved? As I live, says the Lord God, 16
surely in the place where the king dwells that made him king,
whose oath he despised, and whose covenant he broke, even
with him in the midst of Bavel he shall die. Neither shall Par'o 17
with his mighty army and great company help him in the war, by
casting up mounds, and building siege works, to cut off many per-
sons: seeing he despised the oath by breaking the covenant; for, 18
surely, having given his hand, and having done all these things,
he shall not escape. Therefore thus says the Lord God; 19
As I live, surely my oath that he has despised, and my covenant
that he has broken, even that will I recompense upon his own
head. And I will spread my net upon him, and he shall be taken 20
in my snare, and I will bring him to Bavel, and will plead with
him there for his trespass that he has trespassed against me.
And all his fugitives of all his troops shall fall by the sword, and 21
they that remain shall be scattered to all the winds: and you
shall know that I the Lord have spoken it. Thus says the 22
Lord God; I will also take of the top of the high cedar, and will
set it; I will pluck off from the top of his young twigs a tender
one, and will plant it upon a high and lofty mountain: in the 23
mountain of the height of Yisra'el will I plant it: and it shall
bring forth boughs, and bear fruit, and be a stately cedar: and
under it shall dwell all birds of every wing; in the shadow of
its branches they shall dwell. And all the trees of the field shall 24
know that I the Lord have brought down the high tree, and
have exated the low tree; have dried up the green tree, and
have made the dry tree to flourish: I the Lord have spoken
and have done it. The word of the Lord came to me again, **18**
saying, What mean you, that you use this proverb concerning 2
the land of Yisra'el, saying, The fathers have eaten sour grapes,
and the children's teeth are set on edge? As I live, says the Lord 3
God, you shall not have occasion any more to use this proverb
in Yisra'el. Behold, all souls are mine; as the soul of the father, 4
so also the soul of the son is mine: the soul that sins, it shall
die. But if a man be just, and do that which is lawful and 5
right, and has not eaten upon the mountains, nor lifted up his 6
eyes to the idols of the house of Yisra'el, nor defiled his
neighbour's wife, nor comes near to a menstruous woman, and 7
does not oppress any, but restores to the debtor his pledge,
commits no robbery, gives his bread to the hungry, and covers

לַחְמוֹ לְרָעֵב יִתֵּן וְעֵירֹם יְכַסֶּה־בָּגֶד׃ בַּנֶּשֶׁךְ לֹא־יִתֵּן וְתַרְבִּית ח
לֹא יִקָּח מֵעָוֶל יָשִׁיב יָדוֹ מִשְׁפַּט אֱמֶת יַעֲשֶׂה בֵּין אִישׁ לְאִישׁ׃
י בְּחֻקּוֹתַי יְהַלֵּךְ וּמִשְׁפָּטַי שָׁמַר לַעֲשׂוֹת אֱמֶת צַדִּיק הוּא חָיֹה ט
יִחְיֶה נְאֻם אֲדֹנָי יְהוִה׃ וְהוֹלִיד בֵּן־פָּרִיץ שֹׁפֵךְ דָּם וְעָשָׂה אָח י
מֵאַחַד מֵאֵלֶּה׃ וְהוּא אֶת־כָּל־אֵלֶּה לֹא עָשָׂה כִּי גַם אֶל־ יא
הֶהָרִים אָכַל וְאֶת־אֵשֶׁת רֵעֵהוּ טִמֵּא׃ עָנִי וְאֶבְיוֹן הוֹנָה גְּזֵלוֹת יב
גָּזָל חֲבֹל לֹא יָשִׁיב וְאֶל־הַגִּלּוּלִים נָשָׂא עֵינָיו תּוֹעֵבָה עָשָׂה׃
בַּנֶּשֶׁךְ נָתַן וְתַרְבִּית לָקַח וָחָי לֹא יִחְיֶה אֵת כָּל־הַתּוֹעֵבוֹת יג
הָאֵלֶּה עָשָׂה מוֹת יוּמָת דָּמָיו בּוֹ יִהְיֶה׃ וְהִנֵּה הוֹלִיד בֵּן וַיַּרְא יד
אֶת־כָּל־חַטֹּאת אָבִיו אֲשֶׁר עָשָׂה וַיִּרְאֶה וְלֹא יַעֲשֶׂה כָּהֵן׃ עַל־ טו
הֶהָרִים לֹא אָכָל וְעֵינָיו לֹא נָשָׂא אֶל־גִּלּוּלֵי בֵּית יִשְׂרָאֵל אֶת־
אֵשֶׁת רֵעֵהוּ לֹא טִמֵּא׃ וְאִישׁ לֹא הוֹנָה חֲבֹל לֹא חָבָל וּגְזֵלָה טז
לֹא גָזָל לַחְמוֹ לְרָעֵב נָתָן וְעֵרוֹם כִּסָּה־בָגֶד׃ מֵעָנִי הֵשִׁיב יָדוֹ יז
נֶשֶׁךְ וְתַרְבִּית לֹא לָקָח מִשְׁפָּטַי עָשָׂה בְּחֻקּוֹתַי הָלָךְ הוּא לֹא
יָמוּת בַּעֲוֺן אָבִיו חָיֹה יִחְיֶה׃ אָבִיו כִּי־עָשַׁק עֹשֶׁק גָּזַל גֵּזֶל יח
אָח וַאֲשֶׁר לֹא־טוֹב עָשָׂה בְּתוֹךְ עַמָּיו וְהִנֵּה־מֵת בַּעֲוֺנוֹ׃
וַאֲמַרְתֶּם מַדֻּעַ לֹא־נָשָׂא הַבֵּן בַּעֲוֺן הָאָב וְהַבֵּן מִשְׁפָּט וּצְדָקָה יט
עָשָׂה אֵת כָּל־חֻקּוֹתַי שָׁמַר וַיַּעֲשֶׂה אֹתָם חָיֹה יִחְיֶה׃ הַנֶּפֶשׁ כ
הַחֹטֵאת הִיא תָמוּת בֵּן לֹא־יִשָּׂא ׀ בַּעֲוֺן הָאָב וְאָב לֹא יִשָּׂא
הרשע בַּעֲוֺן הַבֵּן צִדְקַת הַצַּדִּיק עָלָיו תִּהְיֶה וְרִשְׁעַת רשע עָלָיו
תִּהְיֶה׃ וְהָרָשָׁע כִּי יָשׁוּב מִכָּל־חַטֹּאתוֹ אֲשֶׁר כא
עָשָׂה וְשָׁמַר אֶת־כָּל־חֻקּוֹתַי וְעָשָׂה מִשְׁפָּט וּצְדָקָה חָיֹה יִחְיֶה
לֹא יָמוּת׃ כָּל־פְּשָׁעָיו אֲשֶׁר עָשָׂה לֹא יִזָּכְרוּ לוֹ בְּצִדְקָתוֹ אֲשֶׁר־ כב
עָשָׂה יִחְיֶה׃ הֶחָפֹץ אֶחְפֹּץ מוֹת רָשָׁע נְאֻם אֲדֹנָי יְהוִה הֲלוֹא כג
בְּשׁוּבוֹ מִדְּרָכָיו וְחָיָה׃ וּבְשׁוּב צַדִּיק מִצִּדְקָתוֹ כד
וְעָשָׂה עָוֶל כְּכֹל הַתּוֹעֵבוֹת אֲשֶׁר־עָשָׂה הָרָשָׁע יַעֲשֶׂה וָחָי
כָּל־צִדְקֹתָו אֲשֶׁר־עָשָׂה לֹא תִזָּכַרְנָה בְּמַעֲלוֹ אֲשֶׁר־מָעַל
וּבְחַטָּאתוֹ אֲשֶׁר־חָטָא בָּם יָמוּת׃ וַאֲמַרְתֶּם לֹא יִתָּכֵן כה
דֶּרֶךְ אֲדֹנָי שִׁמְעוּ־נָא בֵּית יִשְׂרָאֵל הֲדַרְכִּי לֹא יִתָּכֵן הֲלֹא
דַרְכֵיכֶם לֹא יִתָּכֵנוּ׃ בְּשׁוּב־צַדִּיק מִצִּדְקָתוֹ וְעָשָׂה עָוֶל וּמֵת כו
עֲלֵיהֶם בְּעַוְלוֹ אֲשֶׁר־עָשָׂה יָמוּת׃ וּבְשׁוּב רָשָׁע כז
מֵרִשְׁעָתוֹ אֲשֶׁר עָשָׂה וַיַּעַשׂ מִשְׁפָּט וּצְדָקָה הוּא אֶת־נַפְשׁוֹ
וישב יְחַיֶּה׃ וַיִּרְאֶה וַיָּשׁוֹב מִכָּל־פְּשָׁעָיו אֲשֶׁר עָשָׂה חָיוֹ יִחְיֶה לֹא כח

the naked with a garment ; does not give out money on interest, 8
nor accepts any increase, withdraws his hand from iniquity,
executes true judgment between man and man, walks in my 9
statutes, and keeps my judgments, to deal truly ; he is just,
he shall surely live, says the LORD GOD. If he has begotten a son 10
that is a robber, a shedder of blood, and that has done the like
of any one of these things, though he has not done any of these, 11
yet the other has even eaten on the mountains, and defiled
his neighbour's wife, has oppressed the poor and needy, has 12
committed robbery, has not restored a pledge, and has lifted
up his eyes to the idols, has committed abomination, has given 13
out money on interest, and has accepted increase : shall he then
live ? he shall not live : he has done all these abominations ;
he shall surely die ; his blood shall be upon him. Now, if he has 14
begotten a son, that sees all his father's sins which he has done,
and considers, and does not like them, that has not eaten upon 15
the mountains, nor has lifted up his eyes to the idols of the house
of Yisra'el, nor has defiled his neighbour's wife, nor has op- 16
pressed any, has not taken a pledge, nor has committed robbery,
but has given his bread to the hungry, and has covered the naked
with a garment, has taken off his hand from the poor, has not 17
accepted usury or interest, has executed my judgments, has
walked in my statutes ; he shall not die for the iniquity of his
father, he shall surely live. As for his father, because he cruelly 18
oppressed, robbed his brother, and did that which is not good
among his people, behold, he shall die in his iniquity. Yet you 19
say, Why ? does not the son bear the iniquity of the father ?
When the son has done that which is lawful and right, and has
kept all my statutes, and has done them, he shall surely live.
The soul that sins, it shall die. The son shall not bear the iniquity 20
of the father, neither shall the father bear the iniquity of the son :
the righteousness of the righteous shall be upon him, and the
wickedness of the wicked shall be upon him.   But if the 21
wicked will turn from all his sins that he has committed, and
keep all my statutes, and do that which is lawful and right, he
shall surely live, he shall not die. None of his transgressions that 22
he has committed shall be remembered against him : in his
righteousness that he has done he shall live. Have I any pleasure 23
at all that the wicked should die ? says the LORD GOD : and not
that he should return from his ways, and live ?   But when 24
the righteous turns away from his righteousness, and commits
iniquity, and does according to all the abominations that the
wicked man does, shall he live ? All his righteousness that he has
done shall not be remembered : in his trespass that he has tres-
passed, and in his sin that he has sinned, in them shall he die.
Yet you say, The way of the LORD is unfair. Hear now, O house 25
of Yisra'el ; Is my way unfair ? surely your ways are unfair !
When a righteous man turns away from his righteousness, and 26
commits iniquity, and dies in them ; for his iniquity that he has
done he shall die.   Again, when the wicked man turns 27
away from his wickedness that he has committed, and does that
which is lawful and right, he shall save his soul alive. Because 28
he considers, and turns away from all his transgressions that

כט ימוּת: וְאָמְרוּ בֵּית יִשְׂרָאֵל לֹא יִתָּכֵן דֶּרֶךְ אֲדֹנָי הַדְּרָכַי לֹא

ל יִתָּכֵנוּ בֵּית יִשְׂרָאֵל הֲלֹא דַרְכֵיכֶם לֹא יִתָּכֵן: לָכֵן אִישׁ כִּדְרָכָיו אֶשְׁפֹּט אֶתְכֶם בֵּית יִשְׂרָאֵל נְאֻם אֲדֹנָי יְהוִה שׁוּבוּ וְהָשִׁיבוּ

לא מִכָּל־פִּשְׁעֵיכֶם וְלֹא־יִהְיֶה לָכֶם לְמִכְשׁוֹל עָוֹן: הַשְׁלִיכוּ מֵעֲלֵיכֶם אֶת־כָּל־פִּשְׁעֵיכֶם אֲשֶׁר פְּשַׁעְתֶּם בָּם וַעֲשׂוּ לָכֶם לֵב

לב חָדָשׁ וְרוּחַ חֲדָשָׁה וְלָמָּה תָמֻתוּ בֵּית יִשְׂרָאֵל: כִּי לֹא אֶחְפֹּץ

יט א בְּמוֹת הַמֵּת נְאֻם אֲדֹנָי יְהוִה וְהָשִׁיבוּ וִחְיוּ:   וְאַתָּה שָׂא קִינָה אֶל־נְשִׂיאֵי יִשְׂרָאֵל: וְאָמַרְתָּ מָה אִמְּךָ לְבִיָּא בֵּין

ג אֲרָיוֹת רָבָצָה בְּתוֹךְ כְּפִרִים רִבְּתָה גוּרֶיהָ: וַתַּעַל אֶחָד מִגֻּרֶיהָ

ד כְּפִיר הָיָה וַיִּלְמַד לִטְרָף־טֶרֶף אָדָם אָכָל: וַיִּשְׁמְעוּ אֵלָיו גּוֹיִם

ה בְּשַׁחְתָּם נִתְפָּשׂ וַיְבִאֻהוּ בַחַחִים אֶל־אֶרֶץ מִצְרָיִם: וַתֵּרֶא כִּי נוֹחֲלָה אָבְדָה תִּקְוָתָהּ וַתִּקַּח אֶחָד מִגֻּרֶיהָ כְּפִיר שָׂמָתְהוּ:

ו וַיִּתְהַלֵּךְ בְּתוֹךְ־אֲרָיוֹת כְּפִיר הָיָה וַיִּלְמַד לִטְרָף־טֶרֶף אָדָם

ז אָכָל: וַיֵּדַע אַלְמְנוֹתָיו וְעָרֵיהֶם הֶחֱרִיב וַתֵּשַׁם אֶרֶץ וּמְלֹאָהּ

ח מִקּוֹל שַׁאֲגָתוֹ: וַיִּתְּנוּ עָלָיו גּוֹיִם סָבִיב מִמְּדִינוֹת וַיִּפְרְשׂוּ עָלָיו

ט רִשְׁתָּם בְּשַׁחְתָּם נִתְפָּשׂ: וַיִּתְּנֻהוּ בַסּוּגַר בַּחַחִים וַיְבִאֻהוּ אֶל־מֶלֶךְ בָּבֶל יְבִאֻהוּ בַּמְּצֹדוֹת לְמַעַן לֹא־יִשָּׁמַע קוֹלוֹ עוֹד אֶל־

י הָרֵי יִשְׂרָאֵל: אִמְּךָ כַגֶּפֶן בְּדָמְךָ עַל־מַיִם שְׁתוּלָה פֹּרִיָּה וַעֲנֵפָה הָיְתָה מִמַּיִם רַבִּים: וַיִּהְיוּ־לָהּ מַטּוֹת עֹז אֶל־

יא שִׁבְטֵי מֹשְׁלִים וַתִּגְבַּהּ קוֹמָתוֹ עַל־בֵּין עֲבֹתִים וַיֵּרָא בְגָבְהוֹ

יב בְּרֹב דָּלִיֹּתָיו: וַתֻּתַּשׁ בְּחֵמָה לָאָרֶץ הֻשְׁלָכָה וְרוּחַ הַקָּדִים הוֹבִישׁ פִּרְיָהּ הִתְפָּרְקוּ וְיָבֵשׁוּ מַטֵּה עֻזָּהּ אֵשׁ אֲכָלָתְהוּ:

יג וְעַתָּה שְׁתוּלָה בַמִּדְבָּר בְּאֶרֶץ צִיָּה וְצָמָא: וַתֵּצֵא אֵשׁ מִמַּטֵּה בַדֶּיהָ פִּרְיָהּ אָכָלָה וְלֹא־הָיָה בָהּ מַטֵּה עֹז שֵׁבֶט לִמְשׁוֹל קִינָה הִיא וַתְּהִי לְקִינָה:

יא א וַיְהִי בַּשָּׁנָה הַשְּׁבִיעִית בַּחֲמִשִׁי בֶּעָשׂוֹר לַחֹדֶשׁ בָּאוּ אֲנָשִׁים

ב מִזִּקְנֵי יִשְׂרָאֵל לִדְרֹשׁ אֶת־יְהוָה וַיֵּשְׁבוּ לְפָנָי: וַיְהִי

ג דְבַר־יְהוָה אֵלַי לֵאמֹר: בֶּן־אָדָם דַּבֵּר אֶת־זִקְנֵי יִשְׂרָאֵל וְאָמַרְתָּ אֲלֵהֶם כֹּה אָמַר אֲדֹנָי יְהוִה הֲלִדְרֹשׁ אֹתִי אַתֶּם בָּאִים

ד חַי־אָנִי אִם־אִדָּרֵשׁ לָכֶם נְאֻם אֲדֹנָי יְהוִה: הֲתִשְׁפֹּט אֹתָם הֲתִשְׁפּוֹט בֶּן־אָדָם אֶת־תּוֹעֲבֹת אֲבוֹתָם הוֹדִיעֵם: וְאָמַרְתָּ

ה אֲלֵיהֶם כֹּה־אָמַר אֲדֹנָי יְהוִה בְּיוֹם בָּחֳרִי בְיִשְׂרָאֵל וָאֶשָּׂא יָדִי לְזֶרַע בֵּית יַעֲקֹב וָאִוָּדַע לָהֶם בְּאֶרֶץ מִצְרָיִם וָאֶשָּׂא יָדִי לָהֶם

he has committed, he shall surely live, he shall not die. Yet the 29
house of Yisra'el says, The way of the LORD is not fair. O house
of Yisra'el, are my ways unfair? surely your ways are unfair!
Therefore I will judge you, O house of Yisra'el, every one 30
according to his ways, says the LORD GOD. Repent, and turn your-
selves from all your transgressions; so that iniquity shall not
be your ruin. Cast away from you all your transgressions, in 31
which you have transgressed; and make for yourselves a new
heart and a new spirit: for why will you die, O house of Yisra'el?
For I have no pleasure in the death of him that dies, says the
LORD GOD: therefore turn, and live. And you, take up a **19**
lamentation for the princes of Yisra'el, and say, What a lioness 2
was thy mother! she lay down among lions, she nourished her
whelps among young lions. And she brought up one of her 3
whelps: it became a young lion, and it learned to catch the
prey; it devoured men. The nations also heard of him; he was 4
taken in their pit, and they brought him with hooks to the land
of Mizrayim. Now when she saw that though she had waited, her 5
hope was lost, then she took another of her whelps, and made
him a young lion. And he went up and down among the lions, 6
he became a young lion, and learned to catch the prey, and
devoured men. And he knew their palaces, and he laid waste 7
their cities; and the land and all that was in it was appalled by
the noise of his roaring. Then the nations set on him on every 8
side from the provinces, and spread their net over him: he was
taken in their pit. And they put him in a cage with hooks, and 9
brought him to the king of Bavel: they brought him into strong-
holds, that his voice should no more be heard upon the mountains
of Yisra'el. Thy mother is like the vine in thy likeness, 10
planted by the waters: she was fruitful and full of branches by
reason of many waters. And she had strong rods for the sceptres 11
of them that bore rule, and its stature was exalted among the
thick branches, and it appeared in its height with the multitude
of its tendrils. But she was plucked up in fury, she was cast 12
down to the ground, and the east wind dried up her fruit: her
strong rods were broken and withered; the fire consumed it.
And now she is planted in the wilderness, in a dry and thirsty 13
ground. And fire is gone out of the rod of her branches; it has 14
devoured her fruit, so that she has no strong rod to be a
sceptre to rule. This is a lamentation, and a lamentation it has
become.

And it came to pass in the seventh year, in the fifth month, **20**
on the tenth day of the month, that certain of the elders of
Yisra'el came to inquire of the LORD, and sat before me.

Then the word of the LORD came to me, saying, Son of man, 2,3
speak to the elders of Yisra'el, and say to them, Thus says the
LORD GOD; Are you come to inquire of me? As I live, says the
LORD GOD, I will not be inquired of by you. Wilt thou judge 4
them, son of man, wilt thou judge them? cause them to know
the abominations of their fathers: and say to them, Thus says 5
the LORD GOD; In the day when I chose Yisra'el and lifted up
my hand to the seed of the house of Ya'aqov, and made myself
known to them in the land of Mizrayim, when I lifted up my

לֵאמֹר אֲנִי יְהוָה אֱלֹהֵיכֶם: בַּיּוֹם הַהוּא נָשָׂאתִי יָדִי לָהֶם
לְהוֹצִיאָם מֵאֶרֶץ מִצְרָיִם אֶל־אֶרֶץ אֲשֶׁר־תַּרְתִּי לָהֶם זָבַת
חָלָב וּדְבַשׁ צְבִי הִיא לְכָל־הָאֲרָצוֹת: וָאֹמַר אֲלֵהֶם אִישׁ שִׁקּוּצֵי
עֵינָיו הַשְׁלִיכוּ וּבְגִלּוּלֵי מִצְרַיִם אַל־תִּטַּמָּאוּ אֲנִי יְהוָה אֱלֹהֵיכֶם:
וַיַּמְרוּ־בִי וְלֹא אָבוּ לִשְׁמֹעַ אֵלַי אִישׁ אֶת־שִׁקּוּצֵי עֵינֵיהֶם לֹא
הִשְׁלִיכוּ וְאֶת־גִּלּוּלֵי מִצְרַיִם לֹא עָזָבוּ וָאֹמַר לִשְׁפֹּךְ חֲמָתִי
עֲלֵיהֶם לְכַלּוֹת אַפִּי בָּהֶם בְּתוֹךְ אֶרֶץ מִצְרָיִם: וָאַעַשׂ לְמַעַן שְׁמִי
לְבִלְתִּי הֵחֵל לְעֵינֵי הַגּוֹיִם אֲשֶׁר־הֵמָּה בְתוֹכָם אֲשֶׁר נוֹדַעְתִּי
אֲלֵיהֶם לְעֵינֵיהֶם לְהוֹצִיאָם מֵאֶרֶץ מִצְרָיִם: וָאוֹצִיאֵם מֵאֶרֶץ
מִצְרַיִם וָאֲבִאֵם אֶל־הַמִּדְבָּר: וָאֶתֵּן לָהֶם אֶת־חֻקּוֹתַי וְאֶת־
מִשְׁפָּטַי הוֹדַעְתִּי אוֹתָם אֲשֶׁר יַעֲשֶׂה אוֹתָם הָאָדָם וָחַי בָּהֶם:
וְגַם אֶת־שַׁבְּתוֹתַי נָתַתִּי לָהֶם לִהְיוֹת לְאוֹת בֵּינִי וּבֵינֵיהֶם לָדַעַת
כִּי אֲנִי יְהוָה מְקַדְּשָׁם: וַיַּמְרוּ־בִי בֵית־יִשְׂרָאֵל בַּמִּדְבָּר בְּחֻקּוֹתַי
לֹא־הָלָכוּ וְאֶת־מִשְׁפָּטַי מָאָסוּ אֲשֶׁר יַעֲשֶׂה אֹתָם הָאָדָם וָחַי
בָּהֶם וְאֶת־שַׁבְּתֹתַי חִלְּלוּ מְאֹד וָאֹמַר לִשְׁפֹּךְ חֲמָתִי עֲלֵיהֶם
בַּמִּדְבָּר לְכַלּוֹתָם: וָאֶעֱשֶׂה לְמַעַן שְׁמִי לְבִלְתִּי הֵחֵל לְעֵינֵי הַגּוֹיִם
אֲשֶׁר הוֹצֵאתִים לְעֵינֵיהֶם: וְגַם־אֲנִי נָשָׂאתִי יָדִי לָהֶם בַּמִּדְבָּר
לְבִלְתִּי הָבִיא אוֹתָם אֶל־הָאָרֶץ אֲשֶׁר־נָתַתִּי זָבַת חָלָב וּדְבַשׁ
צְבִי הִיא לְכָל־הָאֲרָצוֹת: יַעַן בְּמִשְׁפָּטַי מָאָסוּ וְאֶת־חֻקּוֹתַי לֹא־
הָלְכוּ בָהֶם וְאֶת־שַׁבְּתוֹתַי חִלֵּלוּ כִּי אַחֲרֵי גִלּוּלֵיהֶם לִבָּם הֹלֵךְ:
וַתָּחָס עֵינִי עֲלֵיהֶם מִשַּׁחֲתָם וְלֹא־עָשִׂיתִי אוֹתָם כָּלָה בַּמִּדְבָּר:
וָאֹמַר אֶל־בְּנֵיהֶם בַּמִּדְבָּר בְּחוּקֵּי אֲבוֹתֵיכֶם אַל־תֵּלֵכוּ וְאֶת־
מִשְׁפְּטֵיהֶם אַל־תִּשְׁמֹרוּ וּבְגִלּוּלֵיהֶם אַל־תִּטַּמָּאוּ: אֲנִי יְהוָה
אֱלֹהֵיכֶם בְּחֻקּוֹתַי לֵכוּ וְאֶת־מִשְׁפָּטַי שִׁמְרוּ וַעֲשׂוּ אוֹתָם: וְאֶת־
שַׁבְּתוֹתַי קַדֵּשׁוּ וְהָיוּ לְאוֹת בֵּינִי וּבֵינֵיכֶם לָדַעַת כִּי אֲנִי יְהוָה
אֱלֹהֵיכֶם: וַיַּמְרוּ־בִי הַבָּנִים בְּחֻקּוֹתַי לֹא־הָלָכוּ וְאֶת־מִשְׁפָּטַי
לֹא־שָׁמְרוּ לַעֲשׂוֹת אוֹתָם אֲשֶׁר יַעֲשֶׂה אוֹתָם הָאָדָם וָחַי בָּהֶם
אֶת־שַׁבְּתוֹתַי חִלֵּלוּ וָאֹמַר לִשְׁפֹּךְ חֲמָתִי עֲלֵיהֶם לְכַלּוֹת אַפִּי בָּם
בַּמִּדְבָּר: וַהֲשִׁבֹתִי אֶת־יָדִי וָאַעַשׂ לְמַעַן שְׁמִי לְבִלְתִּי הֵחֵל
לְעֵינֵי הַגּוֹיִם אֲשֶׁר־הוֹצֵאתִי אוֹתָם לְעֵינֵיהֶם: גַּם־אֲנִי נָשָׂאתִי
אֶת־יָדִי לָהֶם בַּמִּדְבָּר לְהָפִיץ אֹתָם בַּגּוֹיִם וּלְזָרוֹת אוֹתָם
בָּאֲרָצוֹת: יַעַן מִשְׁפָּטַי לֹא־עָשׂוּ וְחֻקּוֹתַי מָאָסוּ וְאֶת־שַׁבְּתוֹתַי
חִלֵּלוּ וְאַחֲרֵי גִּלּוּלֵי אֲבוֹתָם הָיוּ עֵינֵיהֶם: וְגַם־אֲנִי נָתַתִּי לָהֶם

hand to them, saying, I am the LORD your GOD ; in the day that 6
I lifted up my hand to them, to bring them out of the land of
Miẕrayim into a land that I had spied out for them, flowing
with milk and honey, which is an ornament for all the lands :
then I said to them, Cast away every man the abominations 7
of his eyes, and do not defile yourselves with the idols of
Miẕrayim : I am the LORD your GOD. But they rebelled against 8
me, and would not hearken to me : they did not cast away
every man the abominations of their eyes, neither did they for-
sake the idols of Miẕrayim : then I said, I will pour out my fury
upon them, to accomplish my anger against them in the midst of
the land of Miẕrayim. But I acted for my name's sake, that 9
it should not be profaned in the sight of the nations, among
whom they were, in whose sight I made myself known to them,
in bringing them out of the land of Miẕrayim. And I caused them 10
to go out of the land of Miẕrayim, and brought them into the
wilderness. And I gave them my statutes, and made my judg- 11
ments known to them, which if a man do, he may live by them.
Moreover also I gave them my sabbaths, to be a sign between me 12
and them, that they might know that I am the LORD who
sanctify them. But the house of Yisra'el rebelled against me in 13
the wilderness : they did not follow my statutes, and they
rejected my judgments, which if a man do, he may live by them ;
and my sabbaths they greatly profaned : then I said, I would
pour out my fury upon them in the wilderness, to consume them.
But I acted for my name's sake, that it should not be profaned 14
in the sight of the nations, in whose sight I brought them out.
Indeed, I also lifted up my hand to them in the wilderness, 15
that I would not bring them into the land which I had given them,
one flowing with milk and honey, which is the ornament of all
the lands; because they rejected my judgments, and did not fol- 16
low my statutes, but profaned my sabbaths : for their heart went
after their idols. Nevertheless my eye spared them, and I did 17
not destroy them, neither did I make an end of them in the
wilderness. But I said to their children in the wilderness, Do not 18
follow the statutes of your fathers, nor observe their judgments,
nor defile yourselves with their idols : I am the LORD your GOD ; 19
follow my statutes, and keep my judgments, and do them ;
and hallow my sabbaths ; and they shall be a sign between me 20
and you, that you may know that I am the LORD your GOD.
But the children rebelled against me : they did not follow my 21
statutes, nor did they keep my judgments to do them, which if
a man do, he may live by them ; they profaned my sabbaths :
then I said, I would pour out my fury upon them, to spend my
anger against them in the wilderness. Nevertheless I withdrew 22
my hand, and acted for my name's sake, that it should not be
profaned in the sight of the nations, in whose sight I brought
them out. I lifted up my hand to them also in the wilderness, 23
declaring that I would scatter them among the nations, and dis-
perse them through the countries ; because they had not executed 24
my judgments, but had rejected my statutes, and had profaned
my sabbaths, and their eyes were after their fathers' idols. So 25
I too gave them statutes that were not good, and judgments

חֻקִּים לֹא טוֹבִים וּמִשְׁפָּטִים לֹא יִחְיוּ בָּהֶם: וָאֲטַמֵּא אוֹתָם טז
בְּמַתְּנוֹתָם בְּהַעֲבִיר כָּל־פֶּטֶר רָחַם לְמַעַן אֲשִׁמֵּם לְמַעַן אֲשֶׁר
יֵדְעוּ אֲשֶׁר אֲנִי יְהֹוָה: לָכֵן דַּבֵּר אֶל־בֵּית יִשְׂרָאֵל טז

בֶּן־אָדָם וְאָמַרְתָּ אֲלֵיהֶם כֹּה אָמַר אֲדֹנָי יְהֹוִה עוֹד זֹאת גִּדְּפוּ
אוֹתִי אֲבוֹתֵיכֶם בְּמַעֲלָם בִּי מָעַל: וָאֲבִיאֵם אֶל־הָאָרֶץ אֲשֶׁר כח
נָשָׂאתִי אֶת־יָדִי לָתֵת אוֹתָהּ לָהֶם וַיִּרְאוּ כָל־גִּבְעָה רָמָה וְכָל־
עֵץ עָבֹת וַיִּזְבְּחוּ־שָׁם אֶת־זִבְחֵיהֶם וַיִּתְּנוּ־שָׁם כַּעַס קָרְבָּנָם
וַיָּשִׂימוּ שָׁם רֵיחַ נִיחוֹחֵיהֶם וַיַּסִּיכוּ שָׁם אֶת־נִסְכֵּיהֶם: וָאֹמַר טט
אֲלֵהֶם מָה הַבָּמָה אֲשֶׁר־אַתֶּם הַבָּאִים שָׁם וַיִּקָּרֵא שְׁמָהּ בָּמָה
עַד הַיּוֹם הַזֶּה: לָכֵן אֱמֹר ׀ אֶל־בֵּית יִשְׂרָאֵל כֹּה ל

אָמַר אֲדֹנָי יְהֹוִה הַבְדֶרֶךְ אֲבוֹתֵיכֶם אַתֶּם נִטְמְאִים וְאַחֲרֵי
שִׁקּוּצֵיהֶם אַתֶּם זֹנִים: וּבִשְׂאֵת מַתְּנֹתֵיכֶם בְּהַעֲבִיר בְּנֵיכֶם בָּאֵשׁ לא
אַתֶּם נִטְמְאִים לְכָל־גִּלּוּלֵיכֶם עַד־הַיּוֹם וַאֲנִי אִדָּרֵשׁ לָכֶם בֵּית
יִשְׂרָאֵל חַי־אָנִי נְאֻם אֲדֹנָי יְהֹוִה אִם־אִדָּרֵשׁ לָכֶם: וְהָעֹלָה עַל־ לב
רוּחֲכֶם הָיוֹ לֹא תִהְיֶה אֲשֶׁר ׀ אַתֶּם אֹמְרִים נִהְיֶה כַגּוֹיִם
כְּמִשְׁפְּחוֹת הָאֲרָצוֹת לְשָׁרֵת עֵץ וָאָבֶן: חַי־אָנִי נְאֻם אֲדֹנָי יְהֹוִה לג
אִם־לֹא בְּיָד חֲזָקָה וּבִזְרוֹעַ נְטוּיָה וּבְחֵמָה שְׁפוּכָה אֶמְלוֹךְ
עֲלֵיכֶם: וְהוֹצֵאתִי אֶתְכֶם מִן־הָעַמִּים וְקִבַּצְתִּי אֶתְכֶם מִן־ לד
הָאֲרָצוֹת אֲשֶׁר נְפוֹצֹתֶם בָּם בְּיָד חֲזָקָה וּבִזְרוֹעַ נְטוּיָה וּבְחֵמָה
שְׁפוּכָה: וְהֵבֵאתִי אֶתְכֶם אֶל־מִדְבַּר הָעַמִּים וְנִשְׁפַּטְתִּי אִתְּכֶם לה
שָׁם פָּנִים אֶל־פָּנִים: כַּאֲשֶׁר נִשְׁפַּטְתִּי אֶת־אֲבוֹתֵיכֶם בְּמִדְבַּר לו
אֶרֶץ מִצְרַיִם כֵּן אִשָּׁפֵט אִתְּכֶם נְאֻם אֲדֹנָי יְהֹוִה: וְהַעֲבַרְתִּי לז
אֶתְכֶם תַּחַת הַשָּׁבֶט וְהֵבֵאתִי אֶתְכֶם בְּמָסֹרֶת הַבְּרִית: וּבָרוֹתִי לח
מִכֶּם הַמֹּרְדִים וְהַפּוֹשְׁעִים בִּי מֵאֶרֶץ מְגוּרֵיהֶם אוֹצִיא אוֹתָם
וְאֶל־אַדְמַת יִשְׂרָאֵל לֹא יָבוֹא וִידַעְתֶּם כִּי־אֲנִי יְהֹוָה: וְאַתֶּם לט
בֵּית־יִשְׂרָאֵל כֹּה־אָמַר ׀ אֲדֹנָי יְהֹוִה אִישׁ גִּלּוּלָיו לְכוּ עֲבֹדוּ
וְאַחַר אִם־אֵינְכֶם שֹׁמְעִים אֵלָי וְאֶת־שֵׁם קָדְשִׁי לֹא תְחַלְּלוּ־
עוֹד בְּמַתְּנוֹתֵיכֶם וּבְגִלּוּלֵיכֶם: כִּי בְהַר־קָדְשִׁי בְּהַר ׀ מְרוֹם מ
יִשְׂרָאֵל נְאֻם אֲדֹנָי יְהֹוִה שָׁם יַעַבְדֻנִי כָּל־בֵּית יִשְׂרָאֵל כֻּלֹּה
בָּאָרֶץ שָׁם אֶרְצֵם וְשָׁם אֶדְרוֹשׁ אֶת־תְּרוּמֹתֵיכֶם וְאֶת־רֵאשִׁית
מַשְׂאוֹתֵיכֶם בְּכָל־קָדְשֵׁיכֶם: בְּרֵיחַ נִיחֹחַ אֶרְצֶה אֶתְכֶם יב
בְּהוֹצִיאִי אֶתְכֶם מִן־הָעַמִּים וְקִבַּצְתִּי אֶתְכֶם מִן־הָאֲרָצוֹת
אֲשֶׁר נְפֹצֹתֶם בָּם וְנִקְדַּשְׁתִּי בָכֶם לְעֵינֵי הַגּוֹיִם: וִידַעְתֶּם כִּי־אֲנִי מב
יְהֹוָה בַּהֲבִיאִי אֶתְכֶם אֶל־אַדְמַת יִשְׂרָאֵל אֶל־הָאָרֶץ אֲשֶׁר
נָשָׂאתִי אֶת־יָדִי לָתֵת אוֹתָהּ לַאֲבוֹתֵיכֶם: וּזְכַרְתֶּם־שָׁם אֶת־ מג

whereby they should not live ; and I polluted them by their **26** gifts, in that they caused to pass (through the fire) all that opens the womb, that I might blight them, that they might know that I am the LORD.　　　Therefore, son of man, speak to the house **27** of Yisra'el, and say to them, Thus says the LORD GOD ; Yet in this your fathers have blasphemed me, in that they have committed a trespass against me. For when I had brought them into **28** the land, about which I lifted up my hand to give it to them, then they saw every high hill, and all the thick leaved trees, and there they offered their sacrifices, and there they presented the provocations of their offering : there also they made their sweet savour, and there they poured out their drink offerings. Then I **29** said to them, What is the high place to which you go ? And its name is called Bama to this day.　　　Therefore say to the **30** house of Yisra'el, Thus says the LORD GOD ; Are you polluted after the manner of your fathers ? and do you go astray after their abominations ? For when you offer your gifts, and make **31** your sons pass through the fire, you defile yourselves with all your idols, to this day : and shall I be inquired of by you, O house of Yisra'el ? As I live, says the LORD GOD, I will not be inquired of by you. And that which comes into your mind shall **32** never come about, that you say, We will be like the nations, like the families of the countries, to serve wood and stone. As I live, says the LORD GOD, surely with a mighty hand, and **33** with a stretched out arm, and with anger poured out, will I be king over you : and I will bring you out from the peoples and **34** will gather you out of the countries in which you are scattered, with a mighty hand, and with a stretched out arm, and with anger poured out. And I will bring you into the wilderness of the **35** peoples, and there will remonstrate with you face to face. As I **36** remonstrated with your fathers in the wilderness of the land of Miẓrayim, so will I remonstrate with you, says the LORD GOD. And I will cause you to pass under the rod, and I will bring **37** you into the discipline of the covenant : and I will purge out **38** from among you the rebels, and them that transgress against me : I will bring them out of the country where they sojourn, and they shall not enter into the land of Yisra'el : and you shall know that I am the LORD. As for you, O house of Yisra'el, thus **39** says the LORD GOD ; Go serve every man his idols ; but afterwards you will surely hearken to me, and profane my holy name no more with your gifts, and with your idols. For in my **40** holy mountain, in the mountain of the height of Yisra'el, says the LORD GOD, there shall all the house of Yisra'el all of them in the land, serve me : there will I accept them, and there will I require your offerings, and the firstfruits of your gifts, with all your holy things. I will accept you with your sweet savour, **41** when I bring you out from the peoples, and gather you out of the countries in which you have been scattered ; and I will be sanctified in you before the nations. And you shall know that I **42** am the LORD, when I shall bring you into the land of Yisra'el, into the country about which I lifted up my hand to give it to your fathers. And there shall you remember your ways, and all **43** your doings, in which you have been defiled ; and you shall loathe

דַּרְכֵיכֶם וְאֵת כָּל־עֲלִילוֹתֵיכֶם אֲשֶׁר נִטְמֵאתֶם בָּם וּנְקֹטֹתֶם
מד בִּפְנֵיכֶם בְּכָל־רָעוֹתֵיכֶם אֲשֶׁר עֲשִׂיתֶם׃ וִידַעְתֶּם כִּי־אֲנִי יְהוָה
בַּעֲשׂוֹתִי אִתְּכֶם לְמַעַן שְׁמִי לֹא כְדַרְכֵיכֶם הָרָעִים וְכַעֲלִילוֹתֵיכֶם
כא א הַנִּשְׁחָתוֹת בֵּית יִשְׂרָאֵל נְאֻם אֲדֹנָי יְהוִה׃ וַיְהִי
ב דְבַר־יְהוָה אֵלַי לֵאמֹר׃ בֶּן־אָדָם שִׂים פָּנֶיךָ דֶּרֶךְ תֵּימָנָה וְהַטֵּף
ג אֶל־דָּרוֹם וְהִנָּבֵא אֶל־יַעַר הַשָּׂדֶה נֶגֶב׃ וְאָמַרְתָּ לְיַעַר הַנֶּגֶב
שְׁמַע דְּבַר־יְהוָה כֹּה־אָמַר אֲדֹנָי יְהוִה הִנְנִי מַצִּית־בְּךָ ׀ אֵשׁ
וְאָכְלָה בְךָ כָל־עֵץ־לַח וְכָל־עֵץ יָבֵשׁ לֹא־תִכְבֶּה לַהֶבֶת
ד שַׁלְהֶבֶת וְנִצְרְבוּ־בָהּ כָּל־פָּנִים מִנֶּגֶב צָפוֹנָה׃ וְרָאוּ כָּל־בָּשָׂר
ה כִּי אֲנִי יְהוָה בִּעַרְתִּיהָ לֹא תִּכְבֶּה׃ וָאֹמַר אֲהָהּ אֲדֹנָי יְהוִה הֵמָּה
ו אֹמְרִים לִי הֲלֹא מְמַשֵּׁל מְשָׁלִים הוּא׃ וַיְהִי דְבַר־
ז יְהוָה אֵלַי לֵאמֹר׃ בֶּן־אָדָם שִׂים פָּנֶיךָ אֶל־יְרוּשָׁלִַם וְהַטֵּף אֶל־
ח מִקְדָּשִׁים וְהִנָּבֵא אֶל־אַדְמַת יִשְׂרָאֵל׃ וְאָמַרְתָּ לְאַדְמַת יִשְׂרָאֵל
כֹּה אָמַר יְהוָה הִנְנִי אֵלַיִךְ וְהוֹצֵאתִי חַרְבִּי מִתַּעְרָהּ וְהִכְרַתִּי
ט מִמֵּךְ צַדִּיק וְרָשָׁע׃ יַעַן אֲשֶׁר־הִכְרַתִּי מִמֵּךְ צַדִּיק וְרָשָׁע לָכֵן
י תֵּצֵא חַרְבִּי מִתַּעְרָהּ אֶל־כָּל־בָּשָׂר מִנֶּגֶב צָפוֹן׃ וְיָדְעוּ
כָּל־בָּשָׂר כִּי אֲנִי יְהוָה הוֹצֵאתִי חַרְבִּי מִתַּעְרָהּ לֹא תָשׁוּב
יא עוֹד׃ וְאַתָּה בֶן־אָדָם הֵאָנַח בְּשִׁבְרוֹן מָתְנַיִם
יב וּבִמְרִירוּת תֵּאָנַח לְעֵינֵיהֶם׃ וְהָיָה כִּי־יֹאמְרוּ אֵלֶיךָ עַל־מָה
אַתָּה נֶאֱנָח וְאָמַרְתָּ אֶל־שְׁמוּעָה כִי־בָאָה וְנָמֵס כָּל־לֵב וְרָפוּ
כָל־יָדַיִם וְכִהֲתָה כָל־רוּחַ וְכָל־בִּרְכַּיִם תֵּלַכְנָה מַּיִם הִנֵּה בָאָה
יג וְנִהְיָתָה נְאֻם אֲדֹנָי יְהוִה׃ וַיְהִי דְבַר־יְהוָה אֵלַי
יד לֵאמֹר׃ בֶּן־אָדָם הִנָּבֵא וְאָמַרְתָּ כֹּה אָמַר אֲדֹנָי אֱמֹר חֶרֶב חֶרֶב
טו הוּחַדָּה וְגַם־מְרוּטָה׃ לְמַעַן טְבֹחַ טֶבַח הוּחַדָּה לְמַעַן־הֱיֵה־לָהּ
טז בָּרָק מֹרָטָּה אוֹ נָשִׂישׂ שֵׁבֶט בְּנִי מֹאֶסֶת כָּל־עֵץ׃ וַיִּתֵּן אֹתָהּ
לְמָרְטָה לִתְפֹּשׂ בַּכָּף הִיא־הוּחַדָּה חֶרֶב וְהִיא מֹרָטָּה לָתֵת
יז אוֹתָהּ בְּיַד־הוֹרֵג׃ זְעַק וְהֵילֵל בֶּן־אָדָם כִּי־הִיא הָיְתָה בְעַמִּי
הִיא בְּכָל־נְשִׂיאֵי יִשְׂרָאֵל מְגוּרֵי אֶל־חֶרֶב הָיוּ אֶת־עַמִּי לָכֵן
יח סְפֹק אֶל־יָרֵךְ׃ כִּי בֹחַן וּמָה אִם־גַּם־שֵׁבֶט מֹאֶסֶת לֹא יִהְיֶה
יט נְאֻם אֲדֹנָי יְהוִה׃ וְאַתָּה בֶן־אָדָם הִנָּבֵא וְהַךְ כַּף
אֶל־כָּף וְתִכָּפֵל חֶרֶב שְׁלִישִׁתָה חֶרֶב חֲלָלִים הִיא חֶרֶב חָלָל
כ הַגָּדוֹל הַחֹדֶרֶת לָהֶם׃ לְמַעַן ׀ לָמוּג לֵב וְהַרְבֵּה הַמִּכְשֹׁלִים
עַל כָּל־שַׁעֲרֵיהֶם נָתַתִּי אִבְחַת־חָרֶב אָח עֲשׂוּיָה לְבָרָק
כא מְעֻטָּה לְטָבַח׃ הִתְאַחֲדִי הֵימִנִי הָשִׂימִי הַשְׂמִילִי אָנָה פָּנַיִךְ
כב מֻעָדוֹת׃ וְגַם־אֲנִי אַכֶּה כַפִּי אֶל־כַּפִּי וַהֲנִחֹתִי חֲמָתִי אֲנִי יְהוָה

yourselves in your own sight for all your evils that you have com-
mitted. And you shall know that I am the Lord, when I have acted 44
with you for my name's sake, not according to your wicked ways,
nor according to your corrupt doings, O house of Yisra'el, says the
Lord God. Moreover the word of the Lord came to me, **21**
saying, Son of man, set thy face towards the south, and preach 2
towards the south, and prophesy against the forest land of the
Negev ; and say to the forest of the Negev, Hear the word of the 3
Lord ; Thus says the Lord God ; Behold, I will kindle a fire in
thee, and it shall devour every green tree in thee, and every dry
tree ; it shall not be quenched ; it shall be a flaming flame, and all
faces from the Negev northwards shall be scorched by it. And 4
all flesh shall see that I the Lord have kindled it : it shall not
be quenched. Then said I, Ah Lord God ! they say of me, Does 5
he not speak in allegories ? And the word of the Lord 6
came to me, saying, Son of man, set thy face toward Yerushala- 7
yim, and preach towards the holy places, and prophesy against
the land of Yisra'el, and say to the land of Yisra'el, Thus says 8
the Lord ; Behold, I am against thee, and will draw my sword
out of its sheath, and will cut off from thee the righteous and
the wicked. Seeing then that I will cut off from thee the righteous 9
and the wicked, therefore shall my sword go out of its sheath :
against all flesh from the south to the north : that all flesh may
know that I the Lord, have drawn my sword out of its sheath : 10
it shall not return any more. Sigh therefore, thou son of 11
man ; with the breaking of thy loins, and with bitterness sigh
before their eyes. And it shall be, when they say to thee, Why 12
dost thou sigh ? then thou shalt answer, For the tidings ; because
it comes : and every heart shall melt, and all hands shall be
feeble, and every spirit shall faint, and all knees shall drip with
water : behold, it comes, and shall be brought to pass, says the
Lord God. Again the word of the Lord came to me, 13
saying, Son of man, prophesy, and say, Thus says the Lord ; 14
Say, A sword, a sword is sharpened, and also polished : it is 15
sharpened to make a sore slaughter : it is polished that it may
glitter : should we then make mirth ? it is a rod for my son ;
it rejects every other tree. And he has given it to be polished, 16
that it may be handled : this sword is sharpened, and it is
polished, to give it into the hand of the slayer. Cry and howl, son 17
of man : for it shall be upon my people, it shall be upon all the
princes of Yisra'el : terrors by reason of the sword shall be
upon my people : smite therefore upon thy thigh. For there is 18
a testing time ; and what if there is also this rod of spurning ?
he could not continue to be, says the Lord God. Thou 19
therefore, son of man, prophesy, and smite thy hands together,
and let the sword be doubled the third time, the sword of
the slain : it is the sword of the great slaughter, which
encompasses them. I have set the point of the sword against 20
all their gates, that their heart may melt, and their stumblings
be multiplied : ah ! it is made bright, it is wrapped up for the
slaughter. Go thee one way or other, either to the right hand, 21
or the left, wherever thy edge is pointed. I will also smite 22
my hands together, and I will relieve my anger : I the Lord

דִּבַּרְתִּי׃ וַיְהִי דְבַר־יְהוָה אֵלַי לֵאמֹר׃ וְאַתָּה בֶן־ כג כד
אָדָם שִׂים־לְךָ ׀ שְׁנַיִם דְּרָכִים לָבוֹא חֶרֶב מֶלֶךְ־בָּבֶל מֵאֶרֶץ
אֶחָד יֵצְאוּ שְׁנֵיהֶם וְיָד בָּרֵא בְּרֹאשׁ דֶּרֶךְ־עִיר בָּרֵא׃ דֶּרֶךְ תָּשִׂים כה
לָבוֹא חֶרֶב אֵת רַבַּת בְּנֵי־עַמּוֹן וְאֶת־יְהוּדָה בִירוּשָׁלִַם בְּצוּרָה׃
כִּי־עָמַד מֶלֶךְ־בָּבֶל אֶל־אֵם הַדֶּרֶךְ בְּרֹאשׁ שְׁנֵי הַדְּרָכִים לִקְסָם־ כו
קָסֶם קִלְקַל בַּחִצִּים שָׁאַל בַּתְּרָפִים רָאָה בַּכָּבֵד׃ בִּימִינוֹ ׀ הָיָה כז
הַקֶּסֶם יְרוּשָׁלִַם לָשׂוּם כָּרִים לִפְתֹּחַ פֶּה בְּרֶצַח לְהָרִים קוֹל
בִּתְרוּעָה לָשׂוּם כָּרִים עַל־שְׁעָרִים לִשְׁפֹּךְ סֹלְלָה לִבְנוֹת דָּיֵק׃
כִּקְסָם־ וְהָיָה לָהֶם כקסום־שָׁוְא בְּעֵינֵיהֶם שְׁבֻעֵי שְׁבֻעוֹת לָהֶם וְהוּא־ כח
מַזְכִּיר עָוֺן לְהִתָּפֵשׂ׃ לָכֵן כֹּה־אָמַר אֲדֹנָי יְהוִה יַעַן כט
הַזְכַּרְכֶם עֲוֺנְכֶם בְּהִגָּלוֹת פִּשְׁעֵיכֶם לְהֵרָאוֹת חַטֹּאותֵיכֶם בְּכֹל
עֲלִילוֹתֵיכֶם יַעַן הִזָּכֶרְכֶם בַּכַּף תִּתָּפֵשׂוּ׃ וְאַתָּה חָלָל ל
רָשָׁע נְשִׂיא יִשְׂרָאֵל אֲשֶׁר־בָּא יוֹמוֹ בְּעֵת עֲוֺן קֵץ׃ כֹּה לא
אָמַר אֲדֹנָי יְהוִה הָסִיר הַמִּצְנֶפֶת וְהָרִים הָעֲטָרָה זֹאת לֹא־זֹאת
הַשָּׁפָלָה הַגְבֵּהַ וְהַגָּבֹהַּ הַשְׁפִּיל׃ עַוָּה עַוָּה עַוָּה אֲשִׂימֶנָּה גַּם־זֹאת לב
לֹא הָיָה עַד־בֹּא אֲשֶׁר־לוֹ הַמִּשְׁפָּט וּנְתַתִּיו׃ וְאַתָּה לג
בֶן־אָדָם הִנָּבֵא וְאָמַרְתָּ כֹּה אָמַר אֲדֹנָי יְהוִה אֶל־בְּנֵי עַמּוֹן
וְאֶל־חֶרְפָּתָם וְאָמַרְתָּ חֶרֶב חֶרֶב פְּתוּחָה לְטֶבַח מְרוּטָה לְהָכִיל
לְמַעַן בָּרָק׃ בַּחֲזוֹת לָךְ שָׁוְא בִּקְסָם־לָךְ כָּזָב לָתֵת אוֹתָךְ אֶל־ לד
צַוְּארֵי חַלְלֵי רְשָׁעִים אֲשֶׁר־בָּא יוֹמָם בְּעֵת עֲוֺן קֵץ׃ הָשַׁב אֶל־ לה
תַּעְרָהּ בִּמְקוֹם אֲשֶׁר־נִבְרֵאת בְּאֶרֶץ מְכֻרוֹתַיִךְ אֶשְׁפֹּט אֹתָךְ׃
וְשָׁפַכְתִּי עָלַיִךְ זַעְמִי בְּאֵשׁ עֶבְרָתִי אָפִיחַ עָלָיִךְ וּנְתַתִּיךְ בְּיַד לו
אֲנָשִׁים בֹּעֲרִים חָרָשֵׁי מַשְׁחִית׃ לָאֵשׁ תִּהְיֶה לְאָכְלָה דָּמֵךְ יִהְיֶה לז
בְּתוֹךְ הָאָרֶץ לֹא תִזָּכֵרִי כִּי אֲנִי יְהוָה דִּבַּרְתִּי׃ וַיְהִי א כב
דְבַר־יְהוָה אֵלַי לֵאמֹר׃ וְאַתָּה בֶן־אָדָם הֲתִשְׁפֹּט הֲתִשְׁפֹּט אֶת־ ב
עִיר הַדָּמִים וְהוֹדַעְתָּהּ אֵת כָּל־תּוֹעֲבוֹתֶיהָ׃ וְאָמַרְתָּ כֹּה אָמַר ג
אֲדֹנָי יְהוִה עִיר שֹׁפֶכֶת דָּם בְּתוֹכָהּ לָבוֹא עִתָּהּ וְעָשְׂתָה גִלּוּלִים
עָלֶיהָ לְטָמְאָה׃ בְּדָמֵךְ אֲשֶׁר־שָׁפַכְתְּ אָשַׁמְתְּ וּבְגִלּוּלַיִךְ אֲשֶׁר־ ד
עָשִׂית טָמֵאת וַתַּקְרִיבִי יָמַיִךְ וַתָּבוֹא עַד־שְׁנוֹתָיִךְ עַל־כֵּן
נְתַתִּיךְ חֶרְפָּה לַגּוֹיִם וְקַלָּסָה לְכָל־הָאֲרָצוֹת׃ הַקְּרֹבוֹת ה
וְהָרְחֹקוֹת מִמֵּךְ יִתְקַלְּסוּ־בָךְ טְמֵאַת הַשֵּׁם רַבַּת הַמְּהוּמָה׃

have said it.   The word of the LORD came to me again,   23
saying, Also, thou son of man, appoint thee two ways, that   24
the sword of the king of Bavel may come : the two of them
shall come out of one land : and construct a signpost, at the
head of the way to the city construct it. Appoint a way, that   25
the sword may come to Rabba of the children of 'Ammon,
and to Yehuda in Yerushalayim, fortified though it is. For the 26
king of Bavel stood at the parting of the way, at the head of the
two ways to use divination : he shook the arrows, he consulted
the terafim, he looked in the liver. At this right hand was the 27
divination for Yerushalayim, to set battering rams, to open the
mouth for the slaughter, to lift up the voice with shouting,
to set battering rams against the gates, to cast up a mound, to
build a fort. And it shall be to them as a false divination in their 28
sight, (they have sword oaths to this effect :) but it brings
their iniquity to remembrance, that they may be taken.

Therefore thus says the LORD GOD ; Because you have made   29
your iniquity to be remembered, in that your transgressions
are laid bare, so that in all your doings your sins do appear ;
because, you are come to remembrance, you shall be seized with
the hand.   And thou, profane wicked prince of Yisra'el   30
whose day is come, in the time of his final punishment,

thus says the LORD GOD ; Remove the turban, and take   31
off the crown : this shall not remain the same : exalt him that
is low, and abase him that is high. A ruin, a ruin, a ruin will   32
I make of it. For all that it shall not be, until he come, whose
right it is, and whom I have appointed.   And thou, son   33
of man, prophesy and say, Thus says the LORD GOD concerning
the children of 'Ammon, and concerning their reproach ; say
thou, The sword, the sword is drawn : for the slaughter it is
polished, for grasping, that it may glitter : whilst they see   34
false visions for thee, whilst they divine lies about thee, to
bring thee down on the necks of the slain, the wicked, whose
day is come, when their iniquity shall have an end. Return   35
it to its sheath ! I will judge thee in the place where thou wast
created, in the land of thy nativity. And I will pour out my   36
indignation upon thee, I will blow against thee with the fire
of my wrath, and deliver thee into the hand of brutish men,
skilful to destroy. Thou shalt be for fuel to the fire ; thy blood   37
shall be in the midst of the land ; thou shalt be no more
remembered : for I the LORD have spoken it.   Then the   **22**
word of the LORD came to me, saying, Now, thou son of man,   2
wilt thou judge, wilt thou judge the bloody city ? then make
known to her all her abominations. And thou shalt say, Thus   3
says the LORD GOD, A city that sheds blood in the midst of
it, that her time may come, and makes idols against herself
to defile herself. Thou art become guilty in thy blood that thou   4
hast shed ; and art defiled in thy idols which thou hast made ;
and thou hast caused thy days to draw near, and art come to
thy years : therefore have I made thee a reproach to the nations,
and a mocking to all countries. Those that are near, and those   5
that are far from thee, shall mock thee, infamous as thou art,

הִנֵּה נְשִׂיאֵי יִשְׂרָאֵל אִישׁ לִזְרֹעוֹ הָיוּ בָךְ לְמַעַן שְׁפָךְ־דָּם: אָב ו ז
וָאֵם הֵקַלּוּ בָךְ לַגֵּר עָשׂוּ בַעֹשֶׁק בְּתוֹכֵךְ יָתוֹם וְאַלְמָנָה הוֹנוּ בָךְ:
קָדָשַׁי בָּזִית וְאֶת־שַׁבְּתֹתַי חִלָּלְתְּ: אַנְשֵׁי רָכִיל הָיוּ בָךְ לְמַעַן ח ט
שְׁפָךְ־דָּם וְאֶל־הֶהָרִים אָכְלוּ בָךְ זִמָּה עָשׂוּ בְתוֹכֵךְ: עֶרְוַת־אָב י
גִּלָּה־בָךְ טְמֵאַת הַנִּדָּה עִנּוּ־בָךְ: וְאִישׁ ׀ אֶת־אֵשֶׁת רֵעֵהוּ עָשָׂה יא
תּוֹעֵבָה וְאִישׁ אֶת־כַּלָּתוֹ טִמֵּא בְזִמָּה וְאִישׁ אֶת־אֲחֹתוֹ בַת־
אָבִיו עִנָּה־בָךְ: שֹׁחַד לָקְחוּ־בָךְ לְמַעַן שְׁפָךְ־דָּם נֶשֶׁךְ וְתַרְבִּית יב
לָקַחַתְּ וַתְּבַצְּעִי רֵעַיִךְ בַּעֹשֶׁק וְאֹתִי שָׁכַחַתְּ נְאֻם אֲדֹנָי יְהוִה:
וְהִנֵּה הִכֵּיתִי כַפִּי אֶל־בִּצְעֵךְ אֲשֶׁר עָשִׂית וְעַל־דָּמֵךְ אֲשֶׁר הָיוּ יג
בְּתוֹכֵךְ: הֲיַעֲמֹד לִבֵּךְ אִם־תֶּחֱזַקְנָה יָדַיִךְ לַיָּמִים אֲשֶׁר אֲנִי עֹשֶׂה יד
אוֹתָךְ אֲנִי יְהוָה דִּבַּרְתִּי וְעָשִׂיתִי: וַהֲפִיצוֹתִי אוֹתָךְ בַּגּוֹיִם וְזֵרִיתִיךְ טו
יג בָּאֲרָצוֹת וַהֲתִמֹּתִי טֻמְאָתֵךְ מִמֵּךְ: וְנִחַלְתְּ בָּךְ לְעֵינֵי גוֹיִם וְיָדַעַתְּ טז
כִּי־אֲנִי יְהוָה: וַיְהִי דְבַר־יְהוָה אֵלַי לֵאמֹר: בֶּן־ יז יח
לְסִיג אָדָם הָיוּ־לִי בֵית־יִשְׂרָאֵל לסוג כֻּלָּם נְחֹשֶׁת וּבְדִיל וּבַרְזֶל
וְעוֹפֶרֶת בְּתוֹךְ כּוּר סִגִים כֶּסֶף הָיוּ: לָכֵן כֹּה יט
אָמַר אֲדֹנָי יְהוִה יַעַן הֱיוֹת כֻּלְּכֶם לְסִגִים לָכֵן הִנְנִי קֹבֵץ אֶתְכֶם
אֶל־תּוֹךְ יְרוּשָׁלִָם: קְבֻצַת כֶּסֶף וּנְחֹשֶׁת וּבַרְזֶל וְעוֹפֶרֶת וּבְדִיל כ
אֶל־תּוֹךְ כּוּר לָפַחַת־עָלָיו אֵשׁ לְהַנְתִּיךְ כֵּן אֶקְבֹּץ בְּאַפִּי וּבַחֲמָתִי
וְהִנַּחְתִּי וְהִתַּכְתִּי אֶתְכֶם: וְכִנַּסְתִּי אֶתְכֶם וְנָפַחְתִּי עֲלֵיכֶם כא
בְּאֵשׁ עֶבְרָתִי וְנִתַּכְתֶּם בְּתוֹכָהּ: כְּהִתּוּךְ כֶּסֶף בְּתוֹךְ כּוּר כב
כֵּן תֻּתְּכוּ בְתוֹכָהּ וִידַעְתֶּם כִּי־אֲנִי יְהוָה שָׁפַכְתִּי חֲמָתִי
עֲלֵיכֶם: וַיְהִי דְבַר־יְהוָה אֵלַי לֵאמֹר: בֶּן־אָדָם כג כד
אֱמָר־לָהּ אַתְּ אֶרֶץ לֹא מְטֹהָרָה הִיא לֹא גֻשְׁמָהּ בְּיוֹם זָעַם:
קֶשֶׁר נְבִיאֶיהָ בְּתוֹכָהּ כַּאֲרִי שׁוֹאֵג טֹרֵף טָרֶף נֶפֶשׁ אָכָלוּ חֹסֶן כה
וִיקָר יִקָּחוּ אַלְמְנוֹתֶיהָ הִרְבּוּ בְתוֹכָהּ: כֹּהֲנֶיהָ חָמְסוּ תוֹרָתִי כו
וַיְחַלְּלוּ קָדָשַׁי בֵּין־קֹדֶשׁ לְחֹל לֹא הִבְדִּילוּ וּבֵין־הַטָּמֵא לְטָהוֹר
לֹא הוֹדִיעוּ וּמִשַּׁבְּתוֹתַי הֶעְלִימוּ עֵינֵיהֶם וָאֵחַל בְּתוֹכָם: שָׂרֶיהָ כז
בְקִרְבָּהּ כִּזְאֵבִים טֹרְפֵי טָרֶף לִשְׁפָּךְ־דָּם לְאַבֵּד נְפָשׁוֹת לְמַעַן
בְּצֹעַ בָּצַע: וּנְבִיאֶיהָ טָחוּ לָהֶם תָּפֵל חֹזִים שָׁוְא וְקֹסְמִים לָהֶם כח

and full of tumult. Behold, the princes of Yisra'el, each of them 6
amongst thee, putting out his full force, for shedding blood.
Amongst thee, they have made light of father and mother : in 7
the midst of thee have they dealt by oppression with the
stranger : in thee they have wronged the fatherless and the
widow. Thou hast despised my holy things, and hast profaned 8
my sabbaths. In thee are men that did carry slander to shed 9
blood : and in thee they did eat upon the mountains : in the
midst of thee they have committed lewdness. In thee they have 10
uncovered their father's nakedness : in thee they have abused
her who is unclean of her menstrual flow. One has committed 11
a disgusting act with his neighbour's wife ; and another has
lewdly defiled his daughter in law ; and another in thee has
abused his sister, his father's daughter. In thee they have taken 12
gifts to shed blood ; thou hast taken usury and interest, and
thou hast taken unjust gain of thy neighbours by extortion,
and hast forgotten me, says the LORD GOD. Behold, therefore 13
I have struck my hand at thy dishonest gain which thou
hast made, and at thy blood which has been in the midst of
thee. Can thy heart endure, or can thy hands be strong, in 14
the days that I shall deal with thee ? I the LORD have spoken
it, and will do it. And I will scatter thee among the nations, 15
and disperse thee in the countries, and will consume thy
uncleanliness out of thee. And thou shalt be profaned by thyself 16
in the sight of the nations, and thou shalt know that I am the
LORD.   And the word of the LORD came to me, saying ; 17
Son of man, the house of Yisra'el is to me become dross : all 18
of them, brass, and tin, and iron, and lead, in the midst of
the furnace ; they are even the dross of silver.   Therefore 19
thus says the LORD GOD ; Because you are all become dross,
behold, therefore I will gather you into the midst of Yerusha-
layim. As they gather silver, and brass, and iron, and lead, 20
and tin, into the midst of the furnace, to blow the fire upon it,
to melt it ; so will I gather you in my anger and in my fury,
and I will leave you there, and melt you. And I will gather 21
you, and blow upon you in the fire of my wrath, and you shall
be melted in the midst of it. As silver is melted in the midst of 22
the furnace, so shall you be melted in the midst of it ; and
you shall know that I the LORD have poured out my fury
upon you.   And the word of the LORD came to me, saying, 23
Son of man, say to her, Thou art a land that is not cleansed, 24
nor rained upon in the day of indignation. There is a conspiracy 25
of her prophets in the midst thereof, like a roaring lion ravening
the prey ; they have devoured souls ; they take treasure and
precious things ; they have made her widows many in the midst
of her. Her priests have violated my Tora, and have profaned 26
my holy things : they have put no difference between the holy
and common, neither have they taught the difference between
the unclean and the clean, and they have hidden their eyes
from my sabbaths, and I am profaned among them. Her princes 27
in the midst of her are like wolves ravening the prey, to shed
blood, and to destroy souls, to get dishonest gain. And her 28
prophets have daubed them with whitewash, seeing false visions,

כט כֹּה אָמְרוּ עַם הָאָרֶץ כֹּה אָמַר אֲדֹנָי יֱהֹוִה וַיהֹוָה לֹא דִבֵּר: עַם הָאָרֶץ
עָשְׁקוּ עֹשֶׁק וְגָזְלוּ גָּזֵל וְעָנִי וְאֶבְיוֹן הוֹנוּ וְאֶת־הַגֵּר עָשְׁקוּ
בְּלֹא מִשְׁפָּט: וָאֲבַקֵּשׁ מֵהֶם אִישׁ גֹּדֵר־גָּדֵר וְעֹמֵד בַּפֶּרֶץ
ל לְפָנַי בְּעַד הָאָרֶץ לְבִלְתִּי שַׁחֲתָהּ וְלֹא מָצָאתִי: וָאֶשְׁפֹּךְ עֲלֵיהֶם
לא זַעְמִי בְּאֵשׁ עֶבְרָתִי כִּלִּיתִים דַּרְכָּם בְּרֹאשָׁם נָתַתִּי נְאֻם אֲדֹנָי
יֱהֹוִה:

כג וַיְהִי דְבַר־יְהֹוָה אֵלַי לֵאמֹר: בֶּן־אָדָם
ב שְׁתַּיִם נָשִׁים בְּנוֹת אֵם־אַחַת הָיוּ: וַתִּזְנֶינָה בְמִצְרַיִם בִּנְעוּרֵיהֶן
ג זָנוּ שָׁמָּה מֹעֲכוּ שְׁדֵיהֶן וְשָׁם עִשּׂוּ דַּדֵּי בְּתוּלֵיהֶן: וּשְׁמוֹתָן אׇהֳלָה
ד הַגְּדוֹלָה וְאׇהֳלִיבָה אֲחוֹתָהּ וַתִּהְיֶינָה לִי וַתֵּלַדְנָה בָּנִים וּבָנוֹת
וּשְׁמוֹתָן שֹׁמְרוֹן אׇהֳלָה וִירוּשָׁלַ͏ִם אׇהֳלִיבָה: וַתִּזֶן אׇהֳלָה תַּחְתִּי
ה וַתַּעְגַּב עַל־מְאַהֲבֶיהָ אֶל־אַשּׁוּר קְרוֹבִים: לְבֻשֵׁי תְכֵלֶת פַּחוֹת
ו וּסְגָנִים בַּחוּרֵי חֶמֶד כֻּלָּם פָּרָשִׁים רֹכְבֵי סוּסִים: וַתִּתֵּן תַּזְנוּתֶיהָ
ז עֲלֵיהֶם מִבְחַר בְּנֵי־אַשּׁוּר כֻּלָּם וּבְכֹל אֲשֶׁר־עָגְבָה בְּכׇל־גִּלּוּלֵיהֶם
ח נִטְמָאָה: וְאֶת־תַּזְנוּתֶיהָ מִמִּצְרַיִם לֹא עָזָבָה כִּי אוֹתָהּ שָׁכְבוּ
ט בִּנְעוּרֶיהָ וְהֵמָּה עִשּׂוּ דַּדֵּי בְתוּלֶיהָ וַיִּשְׁפְּכוּ תַזְנוּתָם עָלֶיהָ: לָכֵן
נְתַתִּיהָ בְּיַד־מְאַהֲבֶיהָ בְּיַד בְּנֵי אַשּׁוּר אֲשֶׁר עָגְבָה עֲלֵיהֶם: הֵמָּה
גִלּוּ עֶרְוָתָהּ בָּנֶיהָ וּבְנוֹתֶיהָ לָקָחוּ וְאוֹתָהּ בַּחֶרֶב הָרָגוּ וַתְּהִי־
שֵׁם לַנָּשִׁים וּשְׁפוּטִים עָשׂוּ בָהּ:
יא וַתֵּרֶא אֲחוֹתָהּ
אׇהֳלִיבָה וַתַּשְׁחֵת עַגְבָתָהּ מִמֶּנָּה וְאֶת־תַּזְנוּתֶיהָ מִזְּנוּנֵי
יב אֲחוֹתָהּ: אֶל־בְּנֵי אַשּׁוּר עָגָבָה פַּחוֹת וּסְגָנִים קְרֹבִים לְבֻשֵׁי
יג מִכְלוֹל פָּרָשִׁים רֹכְבֵי סוּסִים בַּחוּרֵי חֶמֶד כֻּלָּם: וָאֵרֶא כִּי
יד נִטְמָאָה דֶּרֶךְ אֶחָד לִשְׁתֵּיהֶן: וַתּוֹסֶף אֶל־תַּזְנוּתֶיהָ וַתֵּרֶא אַנְשֵׁי
טו מְחֻקֶּה עַל־הַקִּיר צַלְמֵי כַשְׂדִּיִּים חֲקֻקִים בַּשָּׁשַׁר: חֲגוֹרֵי אֵזוֹר כַּשְׂדִּים
בְּמׇתְנֵיהֶם סְרוּחֵי טְבוּלִים בְּרָאשֵׁיהֶם מַרְאֵה שָׁלִשִׁים כֻּלָּם
טז דְּמוּת בְּנֵי־בָבֶל כַּשְׂדִּים אֶרֶץ מוֹלַדְתָּם: וַתַּעְגְּבָה עֲלֵיהֶם לְמַרְאֵה
עֵינֶיהָ וַתִּשְׁלַח מַלְאָכִים אֲלֵיהֶם כַּשְׂדִּימָה: וַיָּבֹאוּ אֵלֶיהָ בְנֵי־
יז בָבֶל לְמִשְׁכַּב דֹּדִים וַיְטַמְּאוּ אוֹתָהּ בְּתַזְנוּתָם וַתִּטְמָא־בָם
יח וַתֵּקַע נַפְשָׁהּ מֵהֶם: וַתְּגַל תַּזְנוּתֶיהָ וַתְּגַל אֶת־עֶרְוָתָהּ וַתֵּקַע
יט נַפְשִׁי מֵעָלֶיהָ כַּאֲשֶׁר נָקְעָה נַפְשִׁי מֵעַל אֲחוֹתָהּ: וַתַּרְבֶּה אֶת־
תַּזְנוּתֶיהָ לִזְכֹּר אֶת־יְמֵי נְעוּרֶיהָ אֲשֶׁר זָנְתָה בְּאֶרֶץ מִצְרָיִם:
כ וַתַּעְגְּבָה עַל פִּלַגְשֵׁיהֶם אֲשֶׁר בְּשַׂר־חֲמוֹרִים בְּשָׂרָם וְזִרְמַת

כַּשְׂדִּים

and divining lies to them, saying, Thus says the LORD GOD,
when the LORD has not spoken. The people of the land have 29
used oppression, and committed robbery, and have wronged
the poor and needy: indeed, they have oppressed the stranger
wrongfully. And I sought for a man among them, that should 30
make up the hedge, and stand in the breach before me the land,
that I should not destroy it: but I found none. Therefore I 31
have poured out my indignation upon them; I have consumed
them with the fire of my wrath: their own way have I recom-
pensed upon their heads, says the LORD GOD. The word **23**
of the LORD came again to me, saying, Son of man, there 2
were two women, the daughters of one mother: And they 3
committed harlotry in Miẕrayim; they committed harlotry in
their youth: there were their breasts pressed, and there their
virgin teats were handled. And the names of them were Ahola 4
the elder, and Aholiva her sister: and they were mine, and
they bore sons and daughters. Thus were their names; Shomeron
is Ahola, and Yerushalayim is Aholiva. And Ahola played the 5
harlot when she was mine; and she doted on her lovers, on
those of Ashshur her neighbours, who were clothed with blue, 6
captains and rulers, all of them charming young men, horsemen
riding upon horses. Thus she committed her lewd practices with 7
them, with all them that were the choice men of Ashshur, and
with all on whom she doted, with all their idols she defiled
herself. Neither did she give up her lewd practices brought from 8
Miẕrayim: for in her youth they lay with her, and they handled
her virgin breasts, and poured out their lust upon her. Therefore 9
I have delivered her into the hand of her lovers, into the hand of
the children of Ashshur, upon whom she doted. These uncovered 10
her nakedness: they took her sons and her daughters, and slew
her with the sword: and she became notorious among women;
for they had executed judgment upon her. And her sister 11
Aholiva saw this, yet she was more corrupt in her inordinate
love than she, and in her harlotries more than her sister in her
harlotries. She doted upon the children of Ashshur her neigh- 12
bours, captains and rulers clothed most gorgeously, horsemen
riding upon horses, all of the charming young men. Then I saw 13
that she was defiled, that they took both of them the same way,
and that she increased her harlotries: for when she saw men 14
portrayed upon the wall, the images of the Kasdim portrayed
with vermilion, girded with girdles upon their loins, with flowing 15
turbans upon their heads, all of them looking like captains, after
the manner of the children of Bavel in Kasdim, the land of their
nativity: and as soon as she saw them with her eyes, she doted 16
upon them, and sent messengers to them to Kasdim. And the 17
children of Bavel came to her into the bed of love, and they
defiled her with their lust, and she was polluted with them, and
her mind was alienated from them. So she uncovered her 18
harlotries, and uncovered her nakedness: then my mind was
alienated from her, just as my mind was alienated from her
sister. Yet she multiplied her harlotries, recalling the days of her 19
youth, when she had played the harlot in the land of Miẕrayim.
For she doted upon her paramours there, whose members were 20

סוּסִים זִרְמָתָם: וַתִּפְקְדִי אֵת זִמַּת נְעוּרָיִךְ בַּעֲשׂוֹת מִמִּצְרַיִם כא

דַּדַּיִךְ לְמַעַן שְׁדֵי נְעוּרָיִךְ: לָכֵן אָהֳלִיבָה כֹּה־ כב
אָמַר אֲדֹנָי יְהֹוִה הִנְנִי מֵעִיר אֶת־מְאַהֲבַיִךְ עָלַיִךְ אֵת אֲשֶׁר־
נָקְעָה נַפְשֵׁךְ מֵהֶם וַהֲבֵאתִים עָלַיִךְ מִסָּבִיב: בְּנֵי בָבֶל וְכָל־ כג
כַּשְׂדִּים פְּקוֹד וְשׁוֹעַ וְקוֹעַ כָּל־בְּנֵי אַשּׁוּר אוֹתָם בַּחוּרֵי חֶמֶד
פַּחוֹת וּסְגָנִים כֻּלָּם שָׁלִשִׁים וּקְרוּאִים רֹכְבֵי סוּסִים כֻּלָּם: וּבָאוּ כד
עָלַיִךְ הֹצֶן רֶכֶב וְגַלְגַּל וּבִקְהַל עַמִּים צִנָּה וּמָגֵן וְקוֹבַע יָשִׂימוּ
עָלַיִךְ סָבִיב וְנָתַתִּי לִפְנֵיהֶם מִשְׁפָּט וּשְׁפָטוּךְ בְּמִשְׁפְּטֵיהֶם:
וְנָתַתִּי קִנְאָתִי בָּךְ וְעָשׂוּ אוֹתָךְ בְּחֵמָה אַפֵּךְ וְאָזְנַיִךְ יָסִירוּ כה
וְאַחֲרִיתֵךְ בַּחֶרֶב תִּפּוֹל הֵמָּה בָּנַיִךְ וּבְנוֹתַיִךְ יִקָּחוּ וְאַחֲרִיתֵךְ
תֵּאָכֵל בָּאֵשׁ: וְהִפְשִׁיטוּךְ אֶת־בְּגָדָיִךְ וְלָקְחוּ כְּלֵי תִפְאַרְתֵּךְ: כו
וְהִשְׁבַּתִּי זִמָּתֵךְ מִמֵּךְ וְאֶת־זְנוּתֵךְ מֵאֶרֶץ מִצְרָיִם וְלֹא־תִשְׂאִי יד
עֵינַיִךְ אֲלֵיהֶם וּמִצְרַיִם לֹא תִזְכְּרִי־עוֹד: כִּי כֹה כז
אָמַר אֲדֹנָי יְהֹוִה הִנְנִי נֹתְנָךְ בְּיַד אֲשֶׁר שָׂנֵאת בְּיַד אֲשֶׁר־נָקְעָה
נַפְשֵׁךְ מֵהֶם: וְעָשׂוּ אוֹתָךְ בְּשִׂנְאָה וְלָקְחוּ כָּל־יְגִיעֵךְ וַעֲזָבוּךְ כח
עֵירֹם וְעֶרְיָה וְנִגְלָה עֶרְוַת זְנוּנַיִךְ וְזִמָּתֵךְ וְתַזְנוּתָיִךְ: עָשֹׂה אֵלֶּה כט
לָךְ בִּזְנוֹתֵךְ אַחֲרֵי גוֹיִם עַל אֲשֶׁר־נִטְמֵאת בְּגִלּוּלֵיהֶם: בְּדֶרֶךְ ל
אֲחוֹתֵךְ הָלָכְתְּ וְנָתַתִּי כוֹסָהּ בְּיָדֵךְ: כֹּה אָמַר לא
אֲדֹנָי יְהֹוִה כּוֹס אֲחוֹתֵךְ תִּשְׁתִּי הָעֲמֻקָּה וְהָרְחָבָה תִּהְיֶה לִצְחֹק
וּלְלַעַג מִרְבָּה לְהָכִיל: שִׁכָּרוֹן וְיָגוֹן תִּמָּלֵאִי כּוֹס שַׁמָּה לב
וּשְׁמָמָה כּוֹס אֲחוֹתֵךְ שֹׁמְרוֹן: וְשָׁתִית אוֹתָהּ וּמָצִית וְאֶת־ לג
חֲרָשֶׂיהָ תְּגָרֵמִי וְשָׁדַיִךְ תְּנַתֵּקִי כִּי אֲנִי דִבַּרְתִּי נְאֻם אֲדֹנָי לד
יְהֹוִה: לָכֵן כֹּה אָמַר אֲדֹנָי יְהֹוִה יַעַן שָׁכַחַתְּ לה
אוֹתִי וַתַּשְׁלִיכִי אוֹתִי אַחֲרֵי גַוֵּךְ וְגַם־אַתְּ שְׂאִי זִמָּתֵךְ וְאֶת־
תַּזְנוּתָיִךְ: וַיֹּאמֶר יְהֹוָה אֵלַי בֶּן־אָדָם הֲתִשְׁפּוֹט לו
אֶת־אָהֳלָה וְאֶת־אָהֳלִיבָה וְהַגֵּד לָהֶן אֵת תּוֹעֲבוֹתֵיהֶן: כִּי נִאֵפוּ לז
וְדָם בִּידֵיהֶן וְאֶת־גִּלּוּלֵיהֶן נִאֵפוּ וְגַם אֶת־בְּנֵיהֶן אֲשֶׁר יָלְדוּ־לִי
הֶעֱבִירוּ לָהֶם לְאָכְלָה: עוֹד זֹאת עָשׂוּ לִי טִמְּאוּ אֶת־מִקְדָּשִׁי לח
בַּיּוֹם הַהוּא וְאֶת־שַׁבְּתוֹתַי חִלֵּלוּ: וּבְשַׁחֲטָם אֶת־בְּנֵיהֶם לט
לְגִלּוּלֵיהֶם וַיָּבֹאוּ אֶל־מִקְדָּשִׁי בַּיּוֹם הַהוּא לְחַלְּלוֹ וְהִנֵּה־כֹה
עָשׂוּ בְּתוֹךְ בֵּיתִי: וְאַף כִּי תִשְׁלַחְנָה לַאֲנָשִׁים בָּאִים מִמֶּרְחָק מ

like those of asses, and whose issue was like that of horses.
Thus thou didst call to remembrance the lewdness of thy youth, 21
when those of Miẕrayim handled thy teats, for the breasts
of thy youth. Therefore, O Aholiva, thus says the LORD 22
GOD; Behold, I will raise up thy lovers against thee, from whom
thy mind is alienated, and I will bring them against thee on every
side; the children of Bavel, and all Kasdim, Peqod, and Shoa, 23
and Qoa, all the children of Ashshur with them: all of them
charming young men, captains, and rulers, great lords and re-
nowned, all of them riding upon horses. And they shall come 24
against thee, a multitude of wagons, and wheels, and with an
assembly of people, who shall set against thee buckler and shield
and helmet round about: and I will put the case before them,
and they shall judge thee according to their judgments. And I 25
will set my jealousy against thee, and they shall deal furiously
with thee: they shall take away thy nose and thy ears; and
thy remnant shall fall by the sword: they shall take thy sons
and thy daughters; and thy residue shall be devoured by the
fire. They shall also strip thee of thy clothes, and take away thy 26
fair jewels. Thus will I make thy lewdness to cease from thee, 27
and thy harlotry brought from the land of Miẕrayim: so that
thou shalt not lift up thy eyes to them, nor remember Miẕrayim
any more. For thus says the LORD GOD; Behold, I will 28
deliver thee into the hand of them whom thou hatest, into the
hand of them from whom thy mind is alienated: and they shall 29
deal with thee in hatred, and shall take away all thy labour, and
shall leave thee naked and bare: and the nakedness of thy
harlotries shall be uncovered, both thy lewdness and thy harlot-
ies. I will do these things to thee, because thou hast gone astray 30
after the nations, and because thou are polluted with their
idols. Thou hast walked in the way of thy sister; therefore will 31
I give her cup into thy hand. Thus says the LORD GOD; 32
Thou shalt drink of thy sister's cup which is deep and large:
thou shalt be laughed to scorn and had in derision; for it
contains much. Thou shalt be filled with drunkenness and sorrow, 33
with the cup of astonishment and appalment, with the cup of
thy sister Shomeron. Thou shalt drink it and drain it out, and 34
thou shalt break its fragments in pieces, and tear thy own
breasts, for I have spoken it, says the LORD GOD. Therefore 35
thus says the LORD GOD; Because thou hast forgotten me, and
cast me behind thy back, therefore bear thou also thy lewdness
and thy harlotries. And the LORD said to me, Son of man, wilt 36
thou judge Ahola and Aholiva? then proclaim their disgusting
deeds; that they have committed adultery, and blood is on their 37
hands, for with their idols they have committed adultery, and
they have also caused their sons, whom they bore to me, to pass
(through the fire,) to them to be devoured. Moreover this they 38
did to me: they defiled my sanctuary on that day, and profaned
my sabbaths. For when they had slain their children to their 39
idols, then they came the same day into my sanctuary to profane
it; and, lo, thus they did in the midst of my house. And further- 40
more, you sent for men to come from far, to whom a messenger
was sent; and, lo, they came: for whom thou didst wash thyself,

אֲשֶׁר מַלְאָךְ שָׁל֣וּחַ אֲלֵיהֶם֒ וְהִנֵּה־בָ֗אוּ לַאֲשֶׁ֨ר רָחַ֤צְתְּ כָּחַ֨לְתְּ

מא עֵינַ֨יִךְ֙ וְעָ֣דִית עֶ֑דִי: וְיָשַׁבְתְּ֙ עַל־מִטָּ֣ה כְבוּדָּ֔ה וְשֻׁלְחָ֥ן עָר֖וּךְ

לְפָנֶ֑יהָ וּקְטׇרְתִּ֥י וְשַׁמְנִ֖י שַׂ֥מְתְּ עָלֶֽיהָ: וְק֣וֹל הָמ֣וֹן שָׁלֵ֮ו בָ֒הּ וְאֶל־

מב אֲנָשִׁים֙ מֵרֹ֣ב אָדָ֔ם מֽוּבָאִ֥ים סֽוֹבָאִ֖ים מִמִּדְבָּ֑ר וַֽיִּתְּנ֤וּ צְמִידִים֙ סבאים

מג אֶל־יְדֵיהֶ֔ן וַעֲטֶ֥רֶת תִּפְאֶ֖רֶת עַל־רָֽאשֵׁיהֶֽן: וָאֹמַ֕ר לַבָּלָ֖ה נִאוּפִ֑ים

מד עַ֛ת [יזנה] יַזְנ֥וּ תַזְנוּתֶ֖הָ וָהִֽיא: וַיָּב֣וֹא אֵלֶ֔יהָ כְּב֖וֹא אֶל־אִשָּׁ֣ה זוֹנָ֑ה יזנו

מה כֵּ֣ן בָּ֔אוּ אֶל־אׇֽהֳלָ֖ה וְאֶל־אׇֽהֳלִיבָ֑ה אִשֹּׁ֖ת הַזִּמָּֽה: וַאֲנָשִׁ֣ים

צַדִּיקִ֗ם הֵ֚מָּה יִשְׁפְּ֣טוּ אֽוֹתְהֶ֔ם מִשְׁפַּ֖ט נֹֽאֲפ֑וֹת וּמִשְׁפַּ֖ט שֹׁפְכֹ֥ת

מו דָּ֑ם כִּ֤י נֹֽאֲפֹת֙ הֵ֔נָּה וְדָ֖ם בִּֽידֵיהֶֽן: כִּ֛י כֹּ֥ה אָמַ֖ר א

מז אֲדֹנָ֣י יֱהֹוִ֔ה הַעֲלֵ֤ה עֲלֵיהֶם֙ קָהָ֔ל וְנָתֹ֥ן אֶתְהֶ֖ן לְזַעֲוָ֣ה וְלָבַ֑ז וְרָגְמ֨וּ

עֲלֵיהֶ֥ן אֶ֨בֶן֙ קָהָ֔ל וּבָרֵ֥א אֽוֹתְהֶ֖ן בְּחַרְבוֹתָ֑ם בְּנֵֽיהֶ֤ם וּבְנֽוֹתֵיהֶם֙

מח יַהֲרֹ֔גוּ וּבָתֵּיהֶ֖ן בָּאֵ֥שׁ יִשְׂרֹֽפוּ: וְהִשְׁבַּתִּ֥י זִמָּ֖ה מִן־הָאָ֑רֶץ

מט וְנִ֨וַּסְּר֔וּ כׇּל־הַנָּשִׁ֔ים וְלֹ֥א תַעֲשֶׂ֖ינָה כְּזִמַּתְכֶֽנָה: וְנָתְנ֤וּ זִמַּתְכֶ֨נָה֙

עֲלֵיכֶ֔ם וַחֲטָאֵ֥י גִלּֽוּלֵיכֶ֖ן תִּשֶּׂ֑אינָה וִֽידַעְתֶּ֕ם כִּ֥י אֲנִ֖י אֲדֹנָ֥י

כד יֱהֹוִֽה: וַֽיְהִי֩ דְבַר־יְהֹוָ֨ה אֵלַ֜י בַּשָּׁנָ֤ה הַתְּשִׁיעִית֙

ב בַּחֹ֣דֶשׁ הָעֲשִׂירִ֔י בֶּעָשׂ֥וֹר לַחֹ֖דֶשׁ לֵאמֹֽר: בֶּן־אָדָ֗ם [כתוב] כְּתׇב־לְךָ֙ אֶת־ כתב

שֵׁ֣ם הַיּ֔וֹם אֶת־עֶ֖צֶם הַיּ֣וֹם הַזֶּ֑ה סָמַ֤ךְ מֶֽלֶךְ־בָּבֶל֙ אֶל־יְר֣וּשָׁלַ֔͏ִם

ג בְּעֶ֖צֶם הַיּ֥וֹם הַזֶּֽה: וּמְשֹׁ֤ל אֶל־בֵּית־הַמֶּ֨רִי֙ מָשָׁ֔ל וְאָמַרְתָּ֖ אֲלֵיהֶ֑ם

ד כֹּ֤ה אָמַר֙ אֲדֹנָ֣י יֱהֹוִ֔ה שְׁפֹ֤ת הַסִּיר֙ שְׁפֹ֔ת וְגַם־יְצֹ֥ק בּ֖וֹ מָֽיִם: אֱסֹ֤ף

נְתָחֶ֨יהָ֙ אֵלֶ֔יהָ כׇּל־נֵ֥תַח ט֖וֹב יָרֵ֣ךְ וְכָתֵ֑ף מִבְחַ֥ר עֲצָמִ֖ים מַלֵּֽא:

ה מִבְחַ֤ר הַצֹּאן֙ לָק֔וֹחַ וְגַ֛ם דּ֥וּר הָעֲצָמִ֖ים תַּחְתֶּ֑יהָ רַתַּ֣ח רְתָחֶ֔יהָ

ו גַּם־בָּשְׁל֥וּ עֲצָמֶ֖יהָ בְּתוֹכָֽהּ: לָכֵ֞ן כֹּה־אָמַ֣ר ׀ אֲדֹנָ֣י

יֱהֹוִ֗ה אוֹי֮ עִ֣יר הַדָּמִים֒ סִ֚יר אֲשֶׁ֣ר חֶלְאָתָ֣ה בָ֔הּ וְחֶ֨לְאָתָ֔הּ לֹ֥א

יָצְאָ֖ה מִמֶּ֑נָּה לִנְתָחֶ֤יהָ לִנְתָחֶ֨יהָ֙ הֽוֹצִיאָ֔הּ לֹֽא־נָפַ֥ל עָלֶ֖יהָ גּוֹרָֽל:

ז כִּ֤י דָמָהּ֙ בְּתוֹכָ֣הּ הָיָ֔ה עַל־צְחִ֥יחַ סֶ֖לַע שָׂמָ֑תְהוּ לֹ֤א שְׁפָכַ֨תְהוּ֙

ח עַל־הָאָ֔רֶץ לְכַסּ֥וֹת עָלָ֖יו עָפָֽר: לְהַעֲל֤וֹת חֵמָה֙ לִנְקֹ֣ם נָקָ֔ם נָתַ֧תִּי

ט אֶת־דָּמָ֛הּ עַל־צְחִ֥יחַ סָ֖לַע לְבִלְתִּ֥י הִכָּסֽוֹת: לָכֵ֗ן

כֹּ֤ה אָמַר֙ אֲדֹנָ֣י יֱהֹוִ֔ה א֖וֹי עִ֣יר הַדָּמִ֑ים גַּם־אֲנִ֖י אַגְדִּ֥יל הַמְּדוּרָֽה:

י הַרְבֵּ֤ה הָעֵצִים֙ הַדְלֵ֣ק הָאֵ֔שׁ הָתֵ֖ם הַבָּשָׂ֑ר וְהַרְקַח֙ הַמֶּרְקָחָ֔ה

יא וְהָעֲצָמ֖וֹת יֵחָֽרוּ: וְהַעֲמִידָ֥הּ עַל־גֶּחָלֶ֖יהָ רֵקָ֑ה לְמַ֨עַן תֵּחַ֜ם וְחָ֣רָה

נְחֻשְׁתָּ֗הּ וְנִתְּכָ֤ה בְתוֹכָהּ֙ טֻמְאָתָ֔הּ תִּתֻּ֖ם חֶלְאָתָֽהּ: תְּאֻנִ֖ים

יב הֶלְאָ֑ת וְלֹ֨א־תֵצֵ֤א מִמֶּ֨נָּה֙ רַבַּ֣ת חֶלְאָתָ֔הּ בְּאֵ֖שׁ חֶלְאָתָֽהּ:

יג בְּטֻמְאָתֵ֖ךְ זִמָּ֑ה יַ֧עַן טִֽהַרְתִּ֛יךְ וְלֹ֥א טָהַ֖רְתְּ מִטֻּמְאָתֵ֤ךְ לֹ֣א

יד תִטְהֲרִי־ע֔וֹד עַד־הֲנִיחִ֥י אֶת־חֲמָתִ֖י בָּֽךְ: אֲנִ֧י יְהֹוָ֣ה דִּבַּ֗רְתִּי

בָּ֤אָה וְעָשִׂ֨יתִי֙ לֹֽא־אֶפְרַ֣ע וְלֹֽא־אָח֔וּס וְלֹ֖א אֶנָּחֵ֑ם כִּדְרָכַ֤יִךְ

טו וְכַעֲלִילוֹתַ֨יִךְ֙ שְׁפָט֔וּךְ נְאֻ֖ם אֲדֹנָ֥י יֱהֹוִֽה: וַיְהִ֥י ויהי

didst paint thy eyes, and didst deck thyself with ornaments, and didst sit upon a stately bed, and a table prepared before it,   41 whereupon thou didst set my incense and my oil. And a voice of   42 a carefree multitude was with her : and with the men of many sorts were brought Sava'im from the wilderness, who put bracelets on their hands, and beautiful crowns on their heads. Then   43 I said to her that was worn out in adulteries, will they now still commit harlotries with her, and she with them ? Yet they   44 went in to her, as they go in to a woman that plays the harlot : so went they in to Ahola and to Aholiva, the lewd women. And   45 righteous men, they shall judge them after the judgment due to adulteresses, and after the judgment due to women that shed blood ; because they are adulteresses, and blood is on their hands.   For thus says the Lord God ; I will bring up an   46 assembly upon them, and will make them a horror and a spoil. And the assembly shall stone them with stones, and cut them in   47 pieces with their swords ; they shall slay their sons and their daughters, and burn up their houses with fire. Thus will I cause   48 lewdness to cease out of the land, that all women may be taught not to do after your lewdness. And your lewdness will be   49 requited upon you, and you shall bear the sins of your idols : and you shall know that I am the Lord God.   And in the   **24** ninth year, in the tenth month, on the tenth day of the month, the word of the Lord came to me, saying, Son of man, write the   2 name of the day, of this same day : the king of Bavel has invested Yerushalayim on this very day. And utter a parable   3 to the rebellious house, and say to them, Thus says the Lord God ; Set on the pot, set it on, and also pour water into it : gather the pieces of meat into it, every good piece, the thigh,   4 and the shoulder ; fill it with choice bones. Take the choice of   5 the flock, and also pile the bones under it ; make it boil well, and let the bones of it be cooked in it.   Therefore thus   6 says the Lord God ; Woe to the bloody city, to the pot in which there is filth, for its filth is not gone out of it ! bring it out piece by piece ; no lot has fallen upon it. For her blood is in the midst   7 of her ; she set it upon the bare rock ; she poured it not upon the ground, to cover it with dust ; that it might cause fury to come,   8 that vengeance might be taken, for I have set her blood upon the bare rock, that it should not be covered.   Therefore thus   9 says the Lord God ; Woe to the bloody city ! I too will make the pile great. Heap on wood, kindle the fire, boil away the meat,   10 and mix the spices, and let the bones be reduced to ashes. Then   11 set it empty upon its glowing embers, that the brass of it may be heated, and may burn, and that the impurity of it may be molten in it, that the filth of it may be consumed. Futile is the toil, for   12 her great filth went not out of her : her filth is noisome. Because   13 of thy lewd uncleanliness, because I have purged thee, and thou wast not purged, thou shalt not be purged from thy filthiness any more, till I have relieved my fury upon thee. I the Lord have   14 spoken it : it shall come to pass, and I will do it ; I will not go back, neither will I spare, neither will I repent ; according to thy ways, and according to thy doings, shall they judge thee, says the Lord God.   Also the word of the Lord came to me,   15

טז דְּבַר־יְהוָה אֵלַי לֵאמֹר׃ בֶּן־אָדָם הִנְנִי לֹקֵחַ מִמְּךָ אֶת־מַחְמַד
עֵינֶיךָ בְּמַגֵּפָה וְלֹא תִסְפֹּד וְלֹא תִבְכֶּה וְלוֹא תָבוֹא דִּמְעָתֶךָ׃
יז הֵאָנֵק ׀ דֹּם מֵתִים אֵבֶל לֹא־תַעֲשֶׂה פְּאֵרְךָ חֲבוֹשׁ עָלֶיךָ וּנְעָלֶיךָ
תָּשִׂים בְּרַגְלֶיךָ וְלֹא תַעְטֶה עַל־שָׂפָם וְלֶחֶם אֲנָשִׁים לֹא תֹאכֵל׃
יח וָאֲדַבֵּר אֶל־הָעָם בַּבֹּקֶר וַתָּמָת אִשְׁתִּי בָּעָרֶב וָאַעַשׂ בַּבֹּקֶר
יט כַּאֲשֶׁר צֻוֵּיתִי׃ וַיֹּאמְרוּ אֵלַי הָעָם הֲלֹא־תַגִּיד לָנוּ מָה־אֵלֶּה לָּנוּ
כ כִּי אַתָּה עֹשֶׂה׃ וָאֹמַר אֲלֵיהֶם דְּבַר־יְהוָה הָיָה אֵלַי לֵאמֹר׃
כא אֱמֹר ׀ לְבֵית יִשְׂרָאֵל כֹּה־אָמַר אֲדֹנָי יְהוִה הִנְנִי מְחַלֵּל אֶת־
מִקְדָּשִׁי גְּאוֹן עֻזְּכֶם מַחְמַד עֵינֵיכֶם וּמַחְמַל נַפְשְׁכֶם וּבְנֵיכֶם
כב וּבְנוֹתֵיכֶם אֲשֶׁר עֲזַבְתֶּם בַּחֶרֶב יִפֹּלוּ׃ וַעֲשִׂיתֶם כַּאֲשֶׁר עָשִׂיתִי
כג עַל־שָׂפָם לֹא תַעְטוּ וְלֶחֶם אֲנָשִׁים לֹא תֹאכֵלוּ׃ וּפְאֵרֵכֶם עַל־
רָאשֵׁיכֶם וְנַעֲלֵיכֶם בְּרַגְלֵיכֶם לֹא תִסְפְּדוּ וְלֹא תִבְכּוּ וּנְמַקֹּתֶם
כד בַּעֲוֺנֹתֵיכֶם וּנְהַמְתֶּם אִישׁ אֶל־אָחִיו׃ וְהָיָה יְחֶזְקֵאל לָכֶם טו
לְמוֹפֵת כְּכֹל אֲשֶׁר־עָשָׂה תַּעֲשׂוּ בְּבֹאָהּ וִידַעְתֶּם כִּי אֲנִי אֲדֹנָי
כה יְהוִה׃ וְאַתָּה בֶן־אָדָם הֲלוֹא בְּיוֹם קַחְתִּי מֵהֶם
אֶת־מָעֻזָּם מְשׂוֹשׂ תִּפְאַרְתָּם אֶת־מַחְמַד עֵינֵיהֶם וְאֶת־מַשָּׂא
כו נַפְשָׁם בְּנֵיהֶם וּבְנוֹתֵיהֶם׃ בַּיּוֹם הַהוּא יָבוֹא הַפָּלִיט אֵלֶיךָ
כז לְהַשְׁמָעוּת אָזְנָיִם׃ בַּיּוֹם הַהוּא יִפָּתַח פִּיךָ אֶת־הַפָּלִיט
וּתְדַבֵּר וְלֹא תֵאָלֵם עוֹד וְהָיִיתָ לָהֶם לְמוֹפֵת וְיָדְעוּ כִּי־אֲנִי
א ב יְהוָה׃ וַיְהִי דְבַר־יְהוָה אֵלַי לֵאמֹר׃ בֶּן־אָדָם שִׂים כה
ג פָּנֶיךָ אֶל־בְּנֵי עַמּוֹן וְהִנָּבֵא עֲלֵיהֶם׃ וְאָמַרְתָּ לִבְנֵי עַמּוֹן שִׁמְעוּ
דְּבַר־אֲדֹנָי יְהוִה כֹּה־אָמַר אֲדֹנָי יְהוִה יַעַן אָמְרֵךְ הֶאָח אֶל־
מִקְדָּשִׁי כִי־נִחָל וְאֶל־אַדְמַת יִשְׂרָאֵל כִּי נָשַׁמָּה וְאֶל־בֵּית
ד יְהוּדָה כִּי הָלְכוּ בַּגּוֹלָה׃ לָכֵן הִנְנִי נֹתְנָךְ לִבְנֵי־קֶדֶם לְמוֹרָשָׁה
וְיִשְּׁבוּ טִירוֹתֵיהֶם בָּךְ וְנָתְנוּ בָךְ מִשְׁכְּנֵיהֶם הֵמָּה יֹאכְלוּ פִרְיֵךְ
ה וְהֵמָּה יִשְׁתּוּ חֲלָבֵךְ׃ וְנָתַתִּי אֶת־רַבָּה לִנְוֵה גְמַלִּים וְאֶת־בְּנֵי
ו עַמּוֹן לְמִרְבַּץ־צֹאן וִידַעְתֶּם כִּי־אֲנִי יְהוָה׃ כִּי כֹה
אָמַר אֲדֹנָי יְהוִה יַעַן מַחְאֲךָ יָד וְרַקְעֲךָ בְּרָגֶל וַתִּשְׂמַח בְּכָל־
ז שָׁאטְךָ בְּנֶפֶשׁ אֶל־אַדְמַת יִשְׂרָאֵל׃ לָכֵן הִנְנִי נָטִיתִי אֶת־יָדִי
עָלֶיךָ וּנְתַתִּיךָ לבג לַגּוֹיִם וְהִכְרַתִּיךָ מִן־הָעַמִּים וְהַאֲבַדְתִּיךָ מִן־ לְבַז
ח הָאֲרָצוֹת אַשְׁמִידְךָ וְיָדַעְתָּ כִּי־אֲנִי יְהוָה׃ כֹּה
אָמַר אֲדֹנָי יְהוִה יַעַן אֱמֹר מוֹאָב וְשֵׂעִיר הִנֵּה כְּכָל־הַגּוֹיִם בֵּית
ט יְהוּדָה׃ לָכֵן הִנְנִי פֹתֵחַ אֶת־כֶּתֶף מוֹאָב מֵהֶעָרִים מֵעָרָיו
י מִקָּצֵהוּ צְבִי אֶרֶץ בֵּית הַיְשִׁימֹת בַּעַל מְעוֹן וקריתמה׃ לִבְנֵי־ וְקִרְיָתָיְמָה

saying, Son of man, behold, I am about to take away from 16
thee the delight of thy eyes at a stroke: yet thou shalt neither
mourn nor weep, nor shall thy tears run down. Sigh in silence; 17
make no mourning for the dead, bind on thy turban, and put on
thy shoes upon thy feet, and cover not thy lips, nor eat the bread
of men. So I spoke to the people in the morning: and at 18
evening my wife died; and I did in the morning as I was
commanded. And the people said to me, Wilt thou not tell us 19
what these things mean to us, that thou doest? Then I answered 20
them, The word of the Lord has come to me, saying, Speak to 21
the house of Yisra'el, Thus says the Lord God; Behold, I will
profane my sanctuary, the pride of your strength, the delight
of your eyes, and the longing of your soul; and your sons and
your daughters whom you have left behind shall fall by the
sword. And you shall do as I have done: you shall not cover 22
your lips, nor eat the bread of men. And your turbans shall 23
remain upon your heads, and your shoes upon your feet: you
shall neither mourn nor weep; but you shall pine away for your
iniquities, and groan to one another. Thus shall Yeḥezqel be a 24
sign for you: according to all that he has done shall you do:
and when this comes about, you shall know that I am the Lord
God. Also, thou son of man, shall it not be in the day 25
when I take from them their strength, the joy of their glory,
the desire of their eyes, and that whereon they set their minds,
their sons and their daughters, that on that day he that escapes 26
shall come to thee, to cause thee to hear it with thy ears? On 27
that day shall thy mouth be opened to the fugitive, and thou
shalt speak, and be no more dumb: and thou shalt be a sign to
them; and they shall know that I am the Lord. And **25**
the word of the Lord came to me, saying, Son of man, set thy 2
face against the chidren of 'Ammon, and prophesy against them;
and say to the children of 'Ammon, Hear the word of the Lord 3
God; Because thou didst say Aha, against my sanctuary, when
it was profaned; and against the land of Yisra'el, when it was
made desolate; and against the house of Yehuda, when they went
into exile; behold, therefore I will deliver thee to the men of the 4
east for a possession, and they shall set their palaces in thee,
and make their dwellings in thee; they shall eat thy fruit, and
they shall drink thy milk. And I will make Rabba a pasture for 5
camels, and the children of 'Ammon a couching place for flocks:
and you shall know that I am the Lord. For thus says the 6
Lord God; Because thou hast clapped thy hands, and stamped
with the feet, and rejoiced with all the disdain of thy soul
against the land of Yisra'el; behold, therefore I have stretched 7
out my hand upon thee, and I will deliver thee for a spoil to the
nations; and I will cut thee off from the peoples, and I will cause
thee to perish out of the countries: I will destroy thee; and
thou shalt know that I am the Lord. Thus says the Lord 8
God; Because Mo'av and Se'ir do say, Behold, the house of
Yehuda is like all the nations; therefore, behold, I will open the 9
flank of Mo'av on the side of the cities, on the side of his cities
which are on his frontiers, the beautiful country of Bet-hayshi-
not, Ba'al-me'on, and Qiryatayim, to the children of the east I 10

קֶדֶם עַל־בְּנֵי עַמּוֹן וּנְתַתִּיהָ לְמוֹרָשָׁה לְמַעַן לֹא־תִזָּכֵר

בְּנֵי־עַמּוֹן בַּגּוֹיִם: וּבְמוֹאָב אֶעֱשֶׂה שְׁפָטִים וְיָדְעוּ כִּי־אֲנִי יא

יְהוָה: כֹּה אָמַר אֲדֹנָי יֱהוִֹה יַעַן עֲשׂוֹת אֱדוֹם יב

בִּנְקֹם נָקָם לְבֵית יְהוּדָה וַיֶּאְשְׁמוּ אָשׁוֹם וְנִקְמוּ בָהֶם: לָכֵן כֹּה יג

אָמַר אֲדֹנָי יֱהוִֹה וְנָטִתִי יָדִי עַל־אֱדוֹם וְהִכְרַתִּי מִמֶּנָּה אָדָם

וּבְהֵמָה וּנְתַתִּיהָ חָרְבָּה מִתֵּימָן וּדְדָנֶה בַּחֶרֶב יִפֹּלוּ: וְנָתַתִּי אֶת־ יד

נִקְמָתִי בֶּאֱדוֹם בְּיַד עַמִּי יִשְׂרָאֵל וְעָשׂוּ בֶאֱדוֹם כְּאַפִּי וְכַחֲמָתִי

וְיָדְעוּ אֶת־נִקְמָתִי נְאֻם אֲדֹנָי יֱהוִֹה: כֹּה אָמַר טו

אֲדֹנָי יֱהוִֹה יַעַן עֲשׂוֹת פְּלִשְׁתִּים בִּנְקָמָה וַיִּנָּקְמוּ נָקָם בִּשְׁאָט

בְּנֶפֶשׁ לְמַשְׁחִית אֵיבַת עוֹלָם: לָכֵן כֹּה אָמַר אֲדֹנָי יֱהוִֹה הִנְנִי טז

נוֹטֶה יָדִי עַל־פְּלִשְׁתִּים וְהִכְרַתִּי אֶת־כְּרֵתִים וְהַאֲבַדְתִּי אֶת־

שְׁאֵרִית חוֹף הַיָּם: וְעָשִׂיתִי בָם נְקָמוֹת גְּדֹלוֹת בְּתוֹכְחוֹת חֵמָה יז

וְיָדְעוּ כִּי־אֲנִי יְהוָה בְּתִתִּי אֶת־נִקְמָתִי בָּם:

וַיְהִי בְּעַשְׁתֵּי־עֶשְׂרֵה שָׁנָה בְּאֶחָד לַחֹדֶשׁ הָיָה דְבַר־יְהוָה אֵלַי א כו

לֵאמֹר: בֶּן־אָדָם יַעַן אֲשֶׁר־אָמְרָה צֹּר עַל־יְרוּשָׁלַ‍ִם הֶאָח ב

נִשְׁבְּרָה דַּלְתוֹת הָעַמִּים נָסֵבָּה אֵלָי אִמָּלְאָה הָחֳרָבָה: לָכֵן כֹּה ג

אָמַר אֲדֹנָי יֱהוִֹה הִנְנִי עָלַיִךְ צֹר וְהַעֲלֵיתִי עָלַיִךְ גּוֹיִם רַבִּים

כְּהַעֲלוֹת הַיָּם לְגַלָּיו: וְשִׁחֲתוּ חֹמוֹת צֹר וְהָרְסוּ מִגְדָּלֶיהָ וְסִחֵיתִי ד

עֲפָרָהּ מִמֶּנָּה וְנָתַתִּי אוֹתָהּ לִצְחִיחַ סָלַע: מִשְׁטַח חֲרָמִים ה

תִּהְיֶה בְּתוֹךְ הַיָּם כִּי אֲנִי דִבַּרְתִּי נְאֻם אֲדֹנָי יֱהוִֹה וְהָיְתָה לְבַז

לַגּוֹיִם: וּבְנוֹתֶיהָ אֲשֶׁר בַּשָּׂדֶה בַּחֶרֶב תֵּהָרַגְנָה וְיָדְעוּ כִּי־אֲנִי ו

יְהוָה: כִּי כֹה אָמַר אֲדֹנָי יֱהוִֹה הִנְנִי מֵבִיא אֶל־ ז

צֹר נְבוּכַדְרֶאצַּר מֶלֶךְ־בָּבֶל מִצָּפוֹן מֶלֶךְ מְלָכִים בְּסוּס וּבְרֶכֶב

וּבְפָרָשִׁים וְקָהָל וְעַם־רָב: בְּנוֹתַיִךְ בַּשָּׂדֶה בַּחֶרֶב יַהֲרֹג וְנָתַן ח

עָלַיִךְ דָּיֵק וְשָׁפַךְ עָלַיִךְ סֹלְלָה וְהֵקִים עָלַיִךְ צִנָּה: וּמְחִי קָבְלּוֹ ט

יִתֵּן בְּחֹמוֹתָיִךְ וּמִגְדְּלֹתַיִךְ יִתֹּץ בְּחַרְבוֹתָיו: מִשִּׁפְעַת סוּסָיו י

יְכַסֵּךְ אֲבָקָם מִקּוֹל פָּרַשׁ וְגַלְגַּל וָרֶכֶב תִּרְעַשְׁנָה חוֹמוֹתַיִךְ

בְּבוֹאוֹ בִּשְׁעָרַיִךְ כִּמְבוֹאֵי עִיר מְבֻקָּעָה: בְּפַרְסוֹת סוּסָיו יִרְמֹס יא

אֶת־כָּל־חוּצוֹתָיִךְ עַמֵּךְ בַּחֶרֶב יַהֲרֹג וּמַצְּבוֹת עֻזֵּךְ לָאָרֶץ תֵּרֵד:

וְשָׁלְלוּ חֵילֵךְ וּבָזְזוּ רְכֻלָּתֵךְ וְהָרְסוּ חוֹמוֹתַיִךְ וּבָתֵּי חֶמְדָּתֵךְ יִתֹּצוּ יב

וַאֲבָנַיִךְ וְעֵצַיִךְ וַעֲפָרֵךְ בְּתוֹךְ מַיִם יָשִׂימוּ: וְהִשְׁבַּתִּי הֲמוֹן שִׁירָיִךְ יג

will give it (along with the children of ‘Ammon) as a possession,
so that the children of ‘Ammon may not be remembered among
the nations. And I will execute judgments upon Mo’av; and 11
they shall know that I am the LORD. Thus says the LORD 12
GOD; Because Edom has dealt against the house of Yehuda by
taking vengeance, and has greatly offended, and revenged him-
self upon them; therefore thus says the LORD GOD; I will also 13
stretch out my hand upon Edom, and will cut off man and beast
from it; and I will make it desolate from Teman; and they of
Dedan shall fall by the sword. And I will lay my vengeance 14
upon Edom by the hand of my people Yisra’el: and they shall do
in Edom according to my anger and according to my fury; and
they shall know my vengeance, says the LORD GOD. Thus 15
says the LORD GOD; Because the Pelishtim have dealt by revenge,
and have taken vengeance with disdain of soul, to destroy with
everlasting hatred; therefore thus says the LORD GOD; Behold, 16
I stretch out my hand upon the Pelishtim, and I will cut off the
Keretim, and destroy the remnant of the sea coast; and I will 17
execute great vengeance upon them with furious rebukes; and
they shall know that I am the LORD, when I shall lay my
vengeance upon them.

And it came to pass in the eleventh year, on the first day of the **26**
month, that the word of the LORD came to me, saying, Son of 2
man, because Ẕor has said against Yerushalayim, Aha, she is
broken that was the gates of the peoples: she is turned to me:
I shall be filled with her that is laid waste: therefore thus says 3
the LORD GOD; Behold, I am against thee, O Ẕor, and will cause
many nations to come up against thee, as the sea causes his
waves to come up. And they shall destroy the walls of Ẕor, 4
and break down her towers: I will also scrape her dust from
her, and make her like a bare rock. It shall be a place for the 5
spreading of nets in the midst of the sea: for I have spoken it,
says the LORD GOD: and it shall become a spoil to the nations.
And her daughters who are in the field shall be slain by the 6
sword; and they shall know that I am the LORD. For thus 7
says the LORD GOD; Behold, I will bring upon Ẕor Nevukhadreẕẕar
king of Bavel, a king of kings, from the north, with horses, and
with chariots, and with horsemen, and a company, and much
people. He shall slay thy daughters in the field with the sword: 8
and he shall lay a siege work against thee, and cast a mound
against thee, and lift up the buckler against thee. And he shall set 9
his engine of war against thy walls, and with his axes he shall
break down thy towers. By reason of the abundance of his 10
horses their dust shall cover thee: thy walls shall shake at the
noise of the horsemen, and of the wheels, and of the chariots,
when he shall enter into thy gates, as men enter into a city in
which a breach is made. With the hoofs of his horses shall he 11
tread down all thy streets: he shall slay thy people by the sword,
and thy strong garrisons shall go down to the ground. And they 12
shall make a spoil of thy riches, and make a prey of thy mer-
chandise: and they shall break down thy walls, and destroy the
houses of thy delight: and they shall lay thy stones and thy
timber and thy dust in the midst of the water. And I will cause 13

יד   וְקוֹל כִּנּוֹרַיִךְ לֹא יִשָּׁמַע עוֹד: וּנְתַתִּיךְ לִצְחִיחַ סֶלַע מִשְׁטַח

חֲרָמִים תִּהְיֶה לֹא תִבָּנֶה עוֹד כִּי אֲנִי יהוה דִּבַּרְתִּי נְאֻם אֲדֹנָי

יהוה:

טו   כֹּה אָמַר אֲדֹנָי יהוה לְצוֹר הֲלֹא ׀ מִקּוֹל

טז   מַפַּלְתֵּךְ בֶּאֱנֹק חָלָל בֵּהָרֵג הֶרֶג בְּתוֹכֵךְ יִרְעֲשׁוּ הָאִיִּים: וְיָרְדוּ

מֵעַל כִּסְאוֹתָם כֹּל נְשִׂיאֵי הַיָּם וְהֵסִירוּ אֶת־מְעִילֵיהֶם וְאֶת־

בִּגְדֵי רִקְמָתָם יִפְשֹׁטוּ ׀ חֲרָדוֹת יִלְבָּשׁוּ עַל־הָאָרֶץ יֵשֵׁבוּ

וְחָרְדוּ לִרְגָעִים וְשָׁמְמוּ עָלָיִךְ: וְנָשְׂאוּ עָלַיִךְ קִינָה וְאָמְרוּ לָךְ

אֵיךְ אָבַדְתְּ נוֹשֶׁבֶת מִיַּמִּים הָעִיר הַהֻלָּלָה אֲשֶׁר הָיְתָה

חֲזָקָה בַיָּם הִיא וְיֹשְׁבֶיהָ אֲשֶׁר־נָתְנוּ חִתִּיתָם לְכָל־יוֹשְׁבֶיהָ:

יח   עַתָּה יֶחְרְדוּ הָאִיִּן יוֹם מַפַּלְתֵּךְ וְנִבְהֲלוּ הָאִיִּים אֲשֶׁר־בַּיָּם

מִצֵּאתֵךְ:

יט   כִּי כֹה אָמַר אֲדֹנָי יהוה בְּתִתִּי אֹתָךְ

עִיר נֶחֱרֶבֶת כֶּעָרִים אֲשֶׁר לֹא־נוֹשָׁבוּ בְּהַעֲלוֹת עָלַיִךְ אֶת־תְּהוֹם

וְכִסּוּךְ הַמַּיִם הָרַבִּים: וְהוֹרַדְתִּיךְ אֶת־יוֹרְדֵי בוֹר אֶל־עַם עוֹלָם

כ   וְהוֹשַׁבְתִּיךְ בְּאֶרֶץ תַּחְתִּיּוֹת כׇּחֳרָבוֹת מֵעוֹלָם אֶת־יוֹרְדֵי

בוֹר לְמַעַן לֹא תֵשֵׁבִי וְנָתַתִּי צְבִי בְּאֶרֶץ חַיִּים: בַּלָּהוֹת

כא   אֶתְּנֵךְ וְאֵינֵךְ וּתְבֻקְשִׁי וְלֹא־תִמָּצְאִי עוֹד לְעוֹלָם נְאֻם אֲדֹנָי

יהוה: וַיְהִי דְבַר־יהוה אֵלַי לֵאמֹר: וְאַתָּה בֶן־

א כז

הַיֶּשֶׁבֶת   אָדָם שָׂא עַל־צֹר קִינָה: וְאָמַרְתָּ לְצוֹר הַיֹּשֶׁבְתִּי עַל־מְבוֹאֹת יָם

ב

רֹכֶלֶת הָעַמִּים אֶל־אִיִּים רַבִּים כֹּה אָמַר אֲדֹנָי יהוה צוֹר אַתְּ

ג

אָמַרְתְּ אֲנִי כְּלִילַת יֹפִי: בְּלֵב יַמִּים גְּבוּלָיִךְ בֹּנַיִךְ כָּלְלוּ יׇפְיֵךְ:

ד

בְּרוֹשִׁים מִשְּׂנִיר בָּנוּ לָךְ אֵת כָּל־לֻחֹתָיִם אֶרֶז מִלְּבָנוֹן לָקָחוּ

ה

לַעֲשׂוֹת תֹּרֶן עָלָיִךְ: אַלּוֹנִים מִבָּשָׁן עָשׂוּ מִשּׁוֹטָיִךְ קַרְשֵׁךְ עָשׂוּ־

ו

שֵׁן בַּת־אֲשֻׁרִים מֵאִיֵּי כִתִּים: שֵׁשׁ־בְּרִקְמָה מִמִּצְרַיִם הָיָה

מִפְרָשֵׂךְ לִהְיוֹת לָךְ לְנֵס תְּכֵלֶת וְאַרְגָּמָן מֵאִיֵּי אֱלִישָׁה הָיָה

ז

מְכַסֵּךְ: יֹשְׁבֵי צִידוֹן וְאַרְוַד הָיוּ שָׁטִים לָךְ חֲכָמַיִךְ צוֹר הָיוּ בָךְ

ח

הֵמָּה חֹבְלָיִךְ: זִקְנֵי גְבַל וַחֲכָמֶיהָ הָיוּ בָךְ מַחֲזִיקֵי בִּדְקֵךְ כָּל־

ט

אֳנִיּוֹת הַיָּם וּמַלָּחֵיהֶם הָיוּ בָךְ לַעֲרֹב מַעֲרָבֵךְ: פָּרַס וְלוּד וּפוּט

י

הָיוּ בְחֵילֵךְ אַנְשֵׁי מִלְחַמְתֵּךְ מָגֵן וְכוֹבַע תִּלּוּ־בָךְ הֵמָּה נָתְנוּ

הֲדָרֵךְ: בְּנֵי אַרְוַד וְחֵילֵךְ עַל־חוֹמוֹתַיִךְ סָבִיב וְגַמָּדִים

יא

בְּמִגְדְּלוֹתַיִךְ הָיוּ שִׁלְטֵיהֶם תִּלּוּ עַל־חוֹמוֹתַיִךְ סָבִיב הֵמָּה

יב

כָּלְלוּ יָפְיֵךְ: תַּרְשִׁישׁ סֹחַרְתֵּךְ מֵרֹב כָּל־הוֹן בְּכֶסֶף בַּרְזֶל בְּדִיל

יג

וְעוֹפֶרֶת נָתְנוּ עִזְבוֹנָיִךְ: יָוָן תֻּבַל וָמֶשֶׁךְ הֵמָּה רֹכְלָיִךְ בְּנֶפֶשׁ

the noise of thy songs to cease ; and the sound of thy lyres shall
be heard no more. And I will make thee like a bare rock : thou 14
shalt be a place to spread nets upon ; thou shalt be built no
more : for I the LORD have spoken it, says the LORD GOD.
Thus says the LORD GOD to Ẕor ; Shall not the islands shake 15
at the sound of thy fall, when the wounded cry, when the slaugh-
ter is made in the midst of thee ? Then all the princes of the sea 16
shall come down from their thrones, and lay away their robes,
and strip off their embroidered garments . they shall clothe
themselves with trembling ; they shall sit upon the ground, and
shall tremble every moment, and be appalled at thee. And they 17
shall take up a lamentation for thee, and say to thee, How art
thou destroyed, that was peopled from the seas, the renowned
city, that was strong in the sea, she and her inhabitants, who
cause their terror to be on all those round about. Now shall the 18
islands tremble in the day of thy fall ; yea, the islands that are
in the sea shall be alarmed at thy departure. For thus 19
says the LORD GOD ; When I shall make thee a desolate city, like
the cities that are not inhabited ; when I shall bring up the deep
upon thee, and great waters shall cover thee ; when I shall bring 20
thee down with them that descend into the pit, to the people of
old time and shall set thee in the lowest parts of the earth, (like
places desolate of old,) with them that go down to the pit, that
thou be not inhabited ; and I shall set up my ornament in the
land of living ; I will make thee a terror, and thou shalt be no 21
more ; though thou be sought for, yet shalt thou never be found
again, says the LORD GOD. And the word of the LORD came **27**
to me, saying, Now, thou son of man, take up a lamentation for 2
Ẕor ; and say to Ẕor, O thou that dwellest at the entry of the 3
sea, that art a merchant of the peoples to many islands, Thus
says the LORD GOD ; O Ẕor, thou hast said, I am of perfect
beauty. Thy borders are in the heart of the seas, thy builders 4
have perfected thy beauty. They have made all thy planks of 5
cypress trees from Senir : they have taken cedars from Levanon
to make masts for thee. Of the oaks of Bashan have they made 6
thy oars ; they have made thy benches of ivory with box tree-
wood brought out of the isles of the Kittiyyim. Fine linen with 7
embroidered work from Miẕrayim was that which thou didst
spread out to be thy banner ; blue and purple from the isles of
Elisha was thy awning. The inhabitants of Ẕidon and Arvad 8
were thy rowers : thy wise men, O Ẕor, were in thee ; they were
thy pilots. The elders of Geval and its wise men were in thee 9
caulking thy seams : the ships of the sea with their mariners
were in thee to exchange thy merchandise. They of Paras and 10
of Lud and of Put were in thy army, thy men of war : they
hung the shield and helmet in thee ; they provided thy comeli-
ness. The men of Arvad with thy army were upon thy walls 11
round about, and Gammadim were on thy towers : they hung
their shields upon thy walls round about ; they have completed
thy beauty. Tarshish was thy merchant by reason of the multitude 12
of all kind of riches ; with silver, iron, tin, and lead, they traded
for thy wares. Yavan, Tuval, and Meshekh, they were thy 13
merchants : they traded the persons of men and vessels of brass

יד אָדֶס וּכְלֵי נְחֹשֶׁת נָתְנוּ מַעֲרָבֵךְ: מִבֵּית תּוֹגַרְמָה סוּסִים וּפָרָשִׁים

טו וּפְרָדִים נָתְנוּ עִזְבוֹנָיִךְ: בְּנֵי דְדָן רֹכְלַיִךְ אִיִּים רַבִּים סְחֹרַת יָדֵךְ

טז **וְהַבְּנִים** קַרְנוֹת שֵׁן והובנים הֵשִׁיבוּ אֶשְׁכָּרֵךְ: אֲרָם סֹחַרְתֵּךְ מֵרֹב
מַעֲשָׂיִךְ בְּנֹפֶךְ אַרְגָּמָן וְרִקְמָה וּבוּץ וְרָאמֹת וְכַדְכֹּד נָתְנוּ

יז בְּעִזְבוֹנָיִךְ: יְהוּדָה וְאֶרֶץ יִשְׂרָאֵל הֵמָּה רֹכְלָיִךְ בְּחִטֵּי מִנִּית וּפַנַּג

יח וּדְבַשׁ וָשֶׁמֶן וָצֹרִי נָתְנוּ מַעֲרָבֵךְ: דַּמֶּשֶׂק סֹחַרְתֵּךְ בְּרֹב מַעֲשָׂיִךְ

יט מֵרֹב כָּל־הוֹן בְּיֵין חֶלְבּוֹן וְצֶמֶר צָחַר: וְדָן וְיָוָן מְאוּזָּל בְּעִזְבוֹנָיִךְ

כ נָתְנוּ בַּרְזֶל עָשׁוֹת קִדָּה וְקָנֶה בְּמַעֲרָבֵךְ הָיָה: דְּדָן רֹכַלְתֵּךְ

כא בְּבִגְדֵי־חֹפֶשׁ לְרִכְבָּה: עֲרַב וְכָל־נְשִׂיאֵי קֵדָר הֵמָּה סֹחֲרֵי יָדֵךְ

כב בְּכָרִים וְאֵילִם וְעַתּוּדִים בָּם סֹחֲרָיִךְ: רֹכְלֵי שְׁבָא וְרַעְמָה הֵמָּה
רֹכְלָיִךְ בְּרֹאשׁ כָּל־בֹּשֶׂם וּבְכָל־אֶבֶן יְקָרָה וְזָהָב נָתְנוּ עִזְבוֹנָיִךְ:

כג חָרָן וְכַנֵּה וָעֶדֶן רֹכְלֵי שְׁבָא אַשּׁוּר כִּלְמַד רֹכַלְתֵּךְ: הֵמָּה רֹכְלַיִךְ

כד בְּמַכְלֻלִים בִּגְלוֹמֵי תְּכֵלֶת וְרִקְמָה וּבְגִנְזֵי בְּרֹמִים בַּחֲבָלִים
חֲבֻשִׁים וַאֲרֻזִים בְּמַרְכֻלְתֵּךְ: אֳנִיּוֹת תַּרְשִׁישׁ שָׁרוֹתַיִךְ מַעֲרָבֵךְ

כה וַתִּמָּלְאִי וַתִּכְבְּדִי מְאֹד בְּלֵב יַמִּים: בְּמַיִם רַבִּים הֱבִיאוּךְ הַשָּׁטִים

כו אֹתָךְ רוּחַ הַקָּדִים שְׁבָרֵךְ בְּלֵב יַמִּים: הוֹנֵךְ וְעִזְבוֹנַיִךְ מַעֲרָבֵךְ

כז מַלָּחַיִךְ וְחֹבְלָיִךְ מַחֲזִיקֵי בִדְקֵךְ וְעֹרְבֵי מַעֲרָבֵךְ וְכָל־אַנְשֵׁי
מִלְחַמְתֵּךְ אֲשֶׁר־בָּךְ וּבְכָל־קְהָלֵךְ אֲשֶׁר בְּתוֹכֵךְ יִפְּלוּ בְּלֵב

כח יַמִּים בְּיוֹם מַפַּלְתֵּךְ: לְקוֹל זַעֲקַת חֹבְלָיִךְ יִרְעֲשׁוּ מִגְרֹשׁוֹת:

כט וְיָרְדוּ מֵאָנִיּוֹתֵיהֶם כֹּל תֹּפְשֵׂי מָשׁוֹט מַלָּחִים כֹּל חֹבְלֵי הַיָּם אֶל־

ל הָאָרֶץ יַעֲמֹדוּ: וְהִשְׁמִיעוּ עָלַיִךְ בְּקוֹלָם וְיִזְעֲקוּ מָרָה וְיַעֲלוּ עָפָר

לא עַל־רָאשֵׁיהֶם בָּאֵפֶר יִתְפַּלָּשׁוּ: וְהִקְרִיחוּ אֵלַיִךְ קָרְחָה וְחָגְרוּ

לב שַׂקִּים וּבָכוּ אֵלַיִךְ בְּמַר־נֶפֶשׁ מִסְפֵּד מָר: וְנָשְׂאוּ אֵלַיִךְ בְּנִיהֶם

לג קִינָה וְקוֹנְנוּ עָלָיִךְ מִי כְצוֹר כְּדֻמָּה בְּתוֹךְ הַיָּם: בְּצֵאת עִזְבוֹנַיִךְ
מִיַּמִּים הִשְׂבַּעַתְּ עַמִּים רַבִּים בְּרֹב הוֹנַיִךְ וּמַעֲרָבַיִךְ הֶעֱשַׁרְתְּ

לד מַלְכֵי־אָרֶץ: עֵת נִשְׁבֶּרֶת מִיַּמִּים בְּמַעֲמַקֵּי־מָיִם מַעֲרָבֵךְ וְכָל־

לה קְהָלֵךְ בְּתוֹכֵךְ נָפָלוּ: כֹּל יֹשְׁבֵי הָאִיִּים שָׁמְמוּ עָלָיִךְ וּמַלְכֵיהֶם

לו שָׂעֲרוּ שַׂעַר רָעֲמוּ פָּנִים: סֹחֲרִים בָּעַמִּים שָׁרְקוּ עָלָיִךְ בַּלָּהוֹת
הָיִית וְאֵינֵךְ עַד־עוֹלָם: וַיְהִי דְבַר־יְהוָה אֵלַי לֵאמֹר: **כח** א

ב בֶּן־אָדָם אֱמֹר לִנְגִיד צֹר כֹּה־אָמַר ׀ אֲדֹנָי יְהוִה יַעַן גָּבַהּ
לִבְּךָ וַתֹּאמֶר אֵל אָנִי מוֹשַׁב אֱלֹהִים יָשַׁבְתִּי בְּלֵב יַמִּים וְאַתָּה

for thy merchandise. They of the house of Togarma traded for 14
thy wares with horses and horsemen and mules. The men of 15
Dedan were thy merchants; many islands were the market of
thy domain: they brought thee horns of ivory and ebony in
payment. Aram was thy merchant by reason of the multitude of 16
thy works: they traded for thy wares with turquoise, purple,
and embroidered work, and fine linen, and coral, and rubies.
Yehuda and the land of Yisra'el they were thy merchants: they 17
traded for thy merchandise wheat of Minnit, and pastry, and
honey, and oil, and balm. Dammeseq was thy merchant for the 18
multitude of thy works, for the multitude of all riches; in the
wine of Ḥelbon, and white wool. Dan also and Yavan gave yarn 19
for thy wares: bright iron, cassia, and calamus, were among thy
merchandise. Dedan was thy merchant in precious clothes for 20
riding. 'Arav, and all the princes of Qedar, were merchants of 21
thy domain, in rams, and goats: in these were they thy mer-
chants. The merchants of Sheva and Ra'ma, they were thy 22
merchants: they dealt in thy wares with chief of all spices, and
with all precious stones, and gold. Ḥaran, and Kanne, and 'Eden, 23
the merchants of Sheva, Ashshur, and Kilmad, thy merchants.
These traded with thee in choice garments, in clothes of blue 24
and embroidered work, and in carpets of coloured stuff, bound
with ropes and made fast, for thy merchandise. The ships of
Tarshish were thy caravans for thy wares: and thou wast 25
replenished, and heavy laden in the heart of the seas. Thy rowers 26
brought thee into great waters: the east wind has broken thee
in the heart of the seas. Thy riches, and thy wares, thy mer- 27
chandise, thy mariners, and thy pilots, they that caulk thy seams,
and they that trade for thy merchandise, and all thy men of war,
that are in thee, along with all thy company which is in the
midst of thee, shall fall into the heart of the seas in the day
of thy ruin. At the sound of the cry of thy pilots, the neighbour- 28
ing districts shall quake. And all that handle the oar, the mari- 29
ners, and all the pilots of the sea, shall come down from their
ships, they shall stand upon the land; and they shall cause their 30
voice to be heard over thee, and shall cry bitterly, and shall
cast up dust upon their heads, they shall wallow in the ashes: 31
and they shall make themselves bald for thee, and gird them-
selves with sackcloth, and they shall weep for thee in bitterness
of soul, a bitter mourning. And in their wailing they shall take 32
up a lamentation for thee, and lament over thee, saying, Who is
like Ẓor, like her who is brought to silence in the midst of the
sea? When thy wares went forth out of the seas, thou didst fill 33
many peoples; thou didst enrich the kings of the earth with the
multitude of thy riches and of thy merchandise. Now thou art bro- 34
ken by the seas, in the depths of the waters; thy merchandise and
all thy company are fallen in thy midst. All the inhabitants of the 35
islands are appalled at thee, and their kings are horribly afraid;
their faces show alarm. The merchants among the people hiss at 36
thee; thou art become a terror, and never shalt be any more. **28**

The word of the Lord came again to me, saying, Son of man, 1,2
say to the prince of Ẓor, Thus says the Lord God; Because thy
heart is lifted up, and thou hast said, I am a God, I sit in the seat

ג אָדָם וְלֹא־אֵל וַתִּתֵּן לִבְּךָ כְּלֵב אֱלֹהִים: הִנֵּה חָכָם אַתָּה מִדָּנִאֵל

ד כָּל־סָתוּם לֹא עֲמָמוּךָ: בְּחָכְמָתְךָ וּבִתְבוּנָתְךָ עָשִׂיתָ לְּךָ חָיִל

ה וַתַּעַשׂ זָהָב וָכֶסֶף בְּאוֹצְרוֹתֶיךָ: בְּרֹב חָכְמָתְךָ בִּרְכֻלָּתְךָ הִרְבִּיתָ

חֵילֶךָ וַיִּגְבַּהּ לְבָבְךָ בְּחֵילֶךָ:   לָכֵן כֹּה אָמַר אֲדֹנָי יְהוִֹה

ו יַעַן תִּתְּךָ אֶת־לְבָבְךָ כְּלֵב אֱלֹהִים: לָכֵן הִנְנִי מֵבִיא עָלֶיךָ זָרִים

עָרִיצֵי גּוֹיִם וְהֵרִיקוּ חַרְבוֹתָם עַל־יְפִי חָכְמָתֶךָ וְחִלְּלוּ יִפְעָתֶךָ:

ח לַשַּׁחַת יוֹרִדוּךָ וָמַתָּה מְמוֹתֵי חָלָל בְּלֵב יַמִּים: הֶאָמֹר תֹּאמַר

אֱלֹהִים אָנִי לִפְנֵי הֹרְגֶךָ וְאַתָּה אָדָם וְלֹא־אֵל בְּיַד מְחַלְלֶיךָ:

ט מוֹתֵי עֲרֵלִים תָּמוּת בְּיַד־זָרִים כִּי אֲנִי דִבַּרְתִּי נְאֻם אֲדֹנָי

יְהוִֹה: וַיְהִי דְבַר־יְהוָה אֵלַי לֵאמֹר: בֶּן־אָדָם שָׂא

יא קִינָה עַל־מֶלֶךְ צוֹר וְאָמַרְתָּ לּוֹ כֹּה אָמַר אֲדֹנָי יְהוִֹה אַתָּה חוֹתֵם

יב תָּכְנִית מָלֵא חָכְמָה וּכְלִיל יֹפִי: בְּעֵדֶן גַּן־אֱלֹהִים הָיִיתָ כָּל־אֶבֶן

יְקָרָה מְסֻכָתֶךָ אֹדֶם פִּטְדָה וְיָהֲלֹם תַּרְשִׁישׁ שֹׁהַם וְיָשְׁפֵה סַפִּיר

נֹפֶךְ וּבָרְקַת וְזָהָב מְלֶאכֶת תֻּפֶּיךָ וּנְקָבֶיךָ בָּךְ בְּיוֹם הִבָּרַאֲךָ

יג כּוֹנָנוּ: אַתְּ־כְּרוּב מִמְשַׁח הַסּוֹכֵךְ וּנְתַתִּיךָ בְּהַר קֹדֶשׁ אֱלֹהִים

יד הָיִיתָ בְּתוֹךְ אַבְנֵי־אֵשׁ הִתְהַלָּכְתָּ: תָּמִים אַתָּה בִּדְרָכֶיךָ מִיּוֹם

טו הִבָּרְאָךְ עַד־נִמְצָא עַוְלָתָה בָּךְ: בְּרֹב רְכֻלָּתְךָ מָלוּ תוֹכְךָ חָמָס

וַתֶּחֱטָא וָאֶחַלֶּלְךָ מֵהַר אֱלֹהִים וָאַבֶּדְךָ כְּרוּב הַסֹּכֵךְ מִתּוֹךְ

טז אַבְנֵי־אֵשׁ: גָּבַהּ לִבְּךָ בְּיָפְיֶךָ שִׁחַתָּ חָכְמָתְךָ עַל־יִפְעָתֶךָ עַל־

יז אֶרֶץ הִשְׁלַכְתִּיךָ לִפְנֵי מְלָכִים נְתַתִּיךָ לְרַאֲוָה בָךְ: מֵרֹב

עֲוֹנֶיךָ בְּעֶוֶל רְכֻלָּתְךָ חִלַּלְתָּ מִקְדָּשֶׁיךָ וָאוֹצִא־אֵשׁ מִתּוֹכְךָ

הִיא אֲכָלַתְךָ וָאֶתֶּנְךָ לְאֵפֶר עַל־הָאָרֶץ לְעֵינֵי כָּל־רֹאֶיךָ:

יח כָּל־יוֹדְעֶיךָ בָּעַמִּים שָׁמְמוּ עָלֶיךָ בַּלָּהוֹת הָיִיתָ וְאֵינְךָ עַד־

עוֹלָם: וַיְהִי דְבַר־יְהוָה אֵלַי לֵאמֹר: בֶּן־אָדָם

יט שִׂים פָּנֶיךָ אֶל־צִידוֹן וְהִנָּבֵא עָלֶיהָ: וְאָמַרְתָּ כֹּה אָמַר אֲדֹנָי

כ יְהוִֹה הִנְנִי עָלַיִךְ צִידוֹן וְנִכְבַּדְתִּי בְּתוֹכֵךְ וְיָדְעוּ כִּי־אֲנִי יְהוָה

כב בַּעֲשׂוֹתִי בָהּ שְׁפָטִים וְנִקְדַּשְׁתִּי בָהּ: וְשִׁלַּחְתִּי־בָהּ דֶּבֶר וָדָם

בְּחוּצוֹתֶיהָ וְנִפְלַל חָלָל בְּתוֹכָהּ בְּחֶרֶב עָלֶיהָ מִסָּבִיב וְיָדְעוּ

כג כִּי־אֲנִי יְהוָה: וְלֹא־יִהְיֶה עוֹד לְבֵית יִשְׂרָאֵל סִלּוֹן מַמְאִיר

of God, in the heart of the seas; yet thou art a man, and not
God, though thou hast set thy heart as the heart of God: behold, 3
thou art wiser than Dani'el; there is no secret that they can hide
from thee: with thy wisdom and with thy understanding thou 4
hast acquired riches, and hast gotten gold and silver in thy
treasures: by thy great wisdom and by thy trading thou hast 5
increased thy riches, and thy heart is lifted up because of thy
riches: therefore thus says the Lord God; Because thou 6
hast set thy heart as the heart of God; behold, therefore I will 7
bring strangers upon thee, the most terrible of the nations: and
they shall draw their swords against the beauty of thy wisdom,
and they shall defile thy brightness. They shall bring thee down 8
to the pit, and thou shalt die the deaths of them that are slain
in the heart of the seas. Wilt thou yet say before him that slays 9
thee, I am God? but thou art a man, and not God, in the hand
of him that slays thee. Thou shalt die the deaths of the uncir- 10
cumcised by the hand of strangers: for I have spoken it, says
the Lord God. Moreover the word of the Lord came to 11
me, saying, Son of man, take up a lamentation for the king of 12
Ẕor, and say to him, Thus says the Lord God; Thou art a seal
and a paragon, full of wisdom, and perfect in beauty. Thou 13
has been in 'Eden the garden of God; every precious stone was
thy covering, the ruby, the crysolithe, and the diamond, the
emerald, the shoham, and the jade, the sapphire, the turquoise,
and the beryl, and gold; the workmanship of thy settings and
thy sockets was in thee, in the day that thou wast created they
were prepared. Thou wast the far covering keruv; and I have 14
set thee so: thou wast upon the holy mountain of God; thou
hast walked up and down in the midst of the stones of fire.
Thou wast perfect in thy ways from the day that thou wast 15
created, till iniquity was found in thee. By the multitude of thy 16
merchandise they have filled the midst of thee with violence,
and thou hast sinned: therefore I have cast thee as profane
out of the mountain of God: and I will destroy thee, O covering
keruv, from the midst of the stones of fire. Thy heart was lifted 17
up because of thy beauty, thou hast corrupted thy wisdom by
reason of thy brightness: I have cast thee to the ground, I have
laid thee before kings, that they may gaze upon thee. Thou hast 18
defiled thy sanctuaries by the multitude of thy iniquities, by the
iniquity of thy traffic; therefore have I brought forth a fire from
the midst of thee, it has devoured thee, and I have turned
thee to ashes upon the earth in the sight of all them that behold
thee. All they that know thee among the peoples shall be appalled 19
at thee: thou art become a terror, and thou shalt exist no more
for ever. And the word of the Lord came to me, saying, 20
Son of man, set thy face against Ẕidon, and prophesy against it, 21
and say, Thus says the Lord God; Behold, I am against thee, O 22
Ẕidon; and I will be glorified in the midst of thee: and they shall
know that I am the Lord, when I shall have executed judgments
in her, and shall be sanctified in her. For I will send into her 23
pestilence, and blood into her streets; and the wounded shall
fall in heaps in the midst of her by the sword upon her on every
side; and they shall know that I am the Lord. And there shall be 24

וְקוֹץ מַכְאִב מִכֹּל סְבִיבֹתָם הַשָּׁאטִים אוֹתָם וְיָדְעוּ כִּי אֲנִי אֲדֹנָי

כה יְהוָה: כֹּה־אָמַר אֲדֹנָי יְהוִֹה בְּקַבְּצִי אֶת־בֵּית

יִשְׂרָאֵל מִן־הָעַמִּים אֲשֶׁר נָפֹצוּ בָם וְנִקְדַּשְׁתִּי בָם לְעֵינֵי הַגּוֹיִם

כו וְיָשְׁבוּ עַל־אַדְמָתָם אֲשֶׁר נָתַתִּי לְעַבְדִּי לְיַעֲקֹב: וְיָשְׁבוּ עָלֶיהָ

לָבֶטַח וּבָנוּ בָתִּים וְנָטְעוּ כְרָמִים וְיָשְׁבוּ לָבֶטַח בַּעֲשׂוֹתִי

שְׁפָטִים בְּכֹל הַשָּׁאטִים אֹתָם מִסְּבִיבוֹתָם וְיָדְעוּ כִּי אֲנִי יְהוָה

כט אֱלֹהֵיהֶם: בַּשָּׁנָה הָעֲשִׂירִית בָּעֲשִׂרִי בִּשְׁנֵים עָשָׂר

ב לַחֹדֶשׁ הָיָה דְבַר־יְהוָה אֵלַי לֵאמֹר: בֶּן־אָדָם שִׂים פָּנֶיךָ עַל־

ג פַּרְעֹה מֶלֶךְ מִצְרָיִם וְהִנָּבֵא עָלָיו וְעַל־מִצְרַיִם כֻּלָּהּ: דַּבֵּר

וְאָמַרְתָּ כֹּה־אָמַר אֲדֹנָי יְהוִֹה הִנְנִי עָלֶיךָ פַּרְעֹה מֶלֶךְ־מִצְרַיִם

הַתַּנִּים הַגָּדוֹל הָרֹבֵץ בְּתוֹךְ יְאֹרָיו אֲשֶׁר אָמַר לִי יְאֹרִי וַאֲנִי

חיים ד עֲשִׂיתִנִי: וְנָתַתִּי חַחִיים בִּלְחָיֶיךָ וְהִדְבַּקְתִּי דְגַת־יְאֹרֶיךָ

בְּקַשְׂקְשֹׂתֶיךָ וְהַעֲלִיתִיךָ מִתּוֹךְ יְאֹרֶיךָ וְאֵת כָּל־דְּגַת יְאֹרֶיךָ

ה בְּקַשְׂקְשֹׂתֶיךָ תִּדְבָּק: וּנְטַשְׁתִּיךָ הַמִּדְבָּרָה אוֹתְךָ וְאֵת כָּל־דְּגַת

יְאֹרֶיךָ עַל־פְּנֵי הַשָּׂדֶה תִּפּוֹל לֹא תֵאָסֵף וְלֹא תִקָּבֵץ לְחַיַּת

ו הָאָרֶץ וּלְעוֹף הַשָּׁמַיִם נְתַתִּיךָ לְאָכְלָה: וְיָדְעוּ כָּל־יֹשְׁבֵי מִצְרַיִם

ז כִּי אֲנִי יְהוָה יַעַן הֱיוֹתָם מִשְׁעֶנֶת קָנֶה לְבֵית יִשְׂרָאֵל: בְּתָפְשָׂם

בכף בְּךָ בְכַפְּךָ תֵּרוֹץ וּבָקַעְתָּ לָהֶם כָּל־כָּתֵף וּבְהִשָּׁעֲנָם עָלֶיךָ תִּשָּׁבֵר

ח וְהַעֲמַדְתָּ לָהֶם כָּל־מָתְנָיִם: לָכֵן כֹּה אָמַר אֲדֹנָי

יְהוִֹה הִנְנִי מֵבִיא עָלַיִךְ חָרֶב וְהִכְרַתִּי מִמֵּךְ אָדָם וּבְהֵמָה:

ט וְהָיְתָה אֶרֶץ־מִצְרַיִם לִשְׁמָמָה וְחָרְבָּה וְיָדְעוּ כִּי־אֲנִי יְהוָה יַעַן

אָמַר יְאֹר לִי וַאֲנִי עָשִׂיתִי: לָכֵן הִנְנִי אֵלֶיךָ וְאֶל־יְאֹרֶיךָ וְנָתַתִּי

י אֶת־אֶרֶץ מִצְרַיִם לְחָרְבוֹת חֹרֶב שְׁמָמָה מִמִּגְדֹּל סְוֵנֵה וְעַד־

יא גְּבוּל כּוּשׁ: לֹא תַעֲבָר־בָּהּ רֶגֶל אָדָם וְרֶגֶל בְּהֵמָה לֹא תַעֲבָר־

יב בָּהּ וְלֹא תֵשֵׁב אַרְבָּעִים שָׁנָה: וְנָתַתִּי אֶת־אֶרֶץ מִצְרַיִם שְׁמָמָה

בְּתוֹךְ אֲרָצוֹת נְשַׁמּוֹת וְעָרֶיהָ בְּתוֹךְ עָרִים מָחֳרָבוֹת תִּהְיֶיןָ

שְׁמָמָה אַרְבָּעִים שָׁנָה וַהֲפִצֹתִי אֶת־מִצְרַיִם בַּגּוֹיִם וְזֵרִיתִים

יג בָּאֲרָצוֹת: כִּי כֹּה אָמַר אֲדֹנָי יְהוִֹה מִקֵּץ אַרְבָּעִים

יד שָׁנָה אֲקַבֵּץ אֶת־מִצְרַיִם מִן־הָעַמִּים אֲשֶׁר־נָפֹצוּ שָׁמָּה: וְשַׁבְתִּי

אֶת־שְׁבוּת מִצְרַיִם וַהֲשִׁבֹתִי אֹתָם אֶרֶץ פַּתְרוֹס עַל־אֶרֶץ

מְכוּרָתָם וְהָיוּ שָׁם מַמְלָכָה שְׁפָלָה: מִן־הַמַּמְלָכוֹת תִּהְיֶה

טו שְׁפָלָה וְלֹא־תִתְנַשֵּׂא עוֹד עַל־הַגּוֹיִם וְהִמְעַטְתִּים לְבִלְתִּי רְדוֹת

טז בַּגּוֹיִם: וְלֹא יִהְיֶה־עוֹד לְבֵית יִשְׂרָאֵל לְמִבְטָח מַזְכִּיר עָוֹן

no more a pricking brier to the house of Yisra'el, nor a thorn to
give pain, among all those that are round about that disdain them;
and they shall know that I am the LORD. Thus says the LORD 25
GOD; When I shall have gathered the house of Yisra'el from the
peoples among whom they are scattered, and shall be sanctified
in them in the sight of the nations, then shall they dwell in their
land that I have given to my servant Ya'aqov. And they shall 26
dwell safely there, and shall build houses, and plant vineyards,
and they shall dwell in security, when I have executed judgments
upon all those that disdain them round about them; and they
shall know that I am the LORD their GOD. In the tenth **29**
year, in the tenth month, on the twelfth day of the month, the
word of the LORD came to me, saying, Son of man, set thy face 2
against Par'o king of Miẕrayim, and prophesy against him, and
against all Miẕrayim: speak, and say, Thus says the LORD GOD; 3
Behold, I am against thee, Par'o king of Miẕrayim, the great
crocodile that couches in the midst of his streams, who has said,
My River is my own, and I have made it for myself. But I will 4
put hooks in thy jaws, and I will cause the fish of thy streams to
stick to thy scales, and I will bring thee up out of the midst of
thy streams, and all the fish of thy streams shall stick to thy
scales. And I will cast thee unto the wilderness, thee and all the 5
fish of thy rivers: thou shalt fall upon the open fields; thou
shalt not be brought together, nor gathered: I have given thee for
food to the beasts of the earth and to the birds of the sky. And 6
all the inhabitants of Miẕrayim shall know that I am the LORD,
because they have been a staff of reed to the house of Yisra'el.
When they took hold of thee by the hand, thou didst break, and 7
tore all their shoulder: and when they leaned upon thee, thou
didst break, and didst make all their loins to be at a stand.
Therefore thus says the LORD GOD; Behold, I will bring a 8
sword upon thee, and cut off man and beast out of thee. And the 9
land of Miẕrayim shall be desolate and waste; and they shall
know that I am the LORD: because he has said, The River is
mine, and I have made it. Behold, therefore I am against thee, 10
and against thy streams, and I will make the land of Miẕrayim
utterly waste and desolate, from Migdol to Seven, as far as the
border of Kush. No foot of man shall pass through it, nor foot 11
of beast shall pass through it, neither shall it be inhabited for
forty years. And I will make the land of Miẕrayim desolate in 12
the midst of waste lands, and her cities shall be desolate among
ruined cities for forty years: and I will scatter Miẕrayim among
the nations, and will disperse them through the lands. Yet 13
thus says the LORD GOD; At the end of forty years I will gather
Miẕrayim from the people where they were scattered: and I 14
will bring back the captivity of Miẕrayim, and will cause them to
return to the land of Patros, into the land of their origin; and
they shall be there an abject kingdom. It shall be the most abject 15
of the kingdoms; and it shall not exalt itself any more above
the nations: for I will diminish them, that they shall no more rule
over the nations. And it shall be no more a safe standby for the 16
house of Yisra'el, bringing their iniquity to remembrance, when
they shall turn after them: but they shall know that I am the

בְּפֻנוֹתָם אֲחֲרֵיהֶם וְיָדְעוּ כִּי אֲנִי אֲדֹנָי יְהוִה: וַיְהִי
בְּעֶשְׂרִים וָשֶׁבַע שָׁנָה בָּרִאשׁוֹן בְּאֶחָד לַחֹדֶשׁ הָיָה דְבַר־יְהוָה
אֵלַי לֵאמֹר: בֶּן־אָדָם נְבוּכַדְרֶאצַּר מֶלֶךְ־בָּבֶל הֶעֱבִיד אֶת־
חֵילוֹ עֲבֹדָה גְדוֹלָה אֶל־צֹר כָּל־רֹאשׁ מֻקְרָח וְכָל־כָּתֵף מְרוּטָה
וְשָׂכָר לֹא־הָיָה לוֹ וּלְחֵילוֹ מִצֹּר עַל־הָעֲבֹדָה אֲשֶׁר־עָבַד
עָלֶיהָ: לָכֵן כֹּה אָמַר אֲדֹנָי יְהוִה הִנְנִי נֹתֵן
לִנְבוּכַדְרֶאצַּר מֶלֶךְ־בָּבֶל אֶת־אֶרֶץ מִצְרָיִם וְנָשָׂא הֲמֹנָהּ וְשָׁלַל
שְׁלָלָהּ וּבָזַז בִּזָּהּ וְהָיְתָה שָׂכָר לְחֵילוֹ: פְּעֻלָּתוֹ אֲשֶׁר־עָבַד בָּהּ
נָתַתִּי לוֹ אֶת־אֶרֶץ מִצְרָיִם אֲשֶׁר עָשׂוּ לִי נְאֻם אֲדֹנָי יְהוִה: בַּיּוֹם
הַהוּא אַצְמִיחַ קֶרֶן לְבֵית יִשְׂרָאֵל וּלְךָ אֶתֵּן פִּתְחוֹן־פֶּה בְּתוֹכָם
וְיָדְעוּ כִּי־אֲנִי יְהוָה: וַיְהִי דְבַר־יְהוָה אֵלַי לֵאמֹר:
בֶּן־אָדָם הִנָּבֵא וְאָמַרְתָּ כֹּה אָמַר אֲדֹנָי יְהוִה הֵילִילוּ הָהּ לַיּוֹם:
כִּי־קָרוֹב יוֹם וְקָרוֹב יוֹם לַיהוָה יוֹם עָנָן עֵת גּוֹיִם יִהְיֶה: וּבָאָה
חֶרֶב בְּמִצְרַיִם וְהָיְתָה חַלְחָלָה בְּכוּשׁ בִּנְפֹל חָלָל בְּמִצְרָיִם
וְלָקְחוּ הֲמוֹנָהּ וְנֶהֶרְסוּ יְסוֹדוֹתֶיהָ: כּוּשׁ וּפוּט וְלוּד וְכָל־הָעֶרֶב
וְכוּב וּבְנֵי אֶרֶץ הַבְּרִית אִתָּם בַּחֶרֶב יִפֹּלוּ: כֹּה
אָמַר יְהוָה וְנָפְלוּ סֹמְכֵי מִצְרַיִם וְיָרַד גְּאוֹן עֻזָּהּ מִמִּגְדֹּל סְוֵנֵה
בַּחֶרֶב יִפְּלוּ־בָהּ נְאֻם אֲדֹנָי יְהוִה: וְנָשַׁמּוּ בְּתוֹךְ אֲרָצוֹת נְשַׁמּוֹת
וְעָרָיו בְּתוֹךְ־עָרִים נַחֲרָבוֹת תִּהְיֶינָה: וְיָדְעוּ כִּי־אֲנִי יְהוָה בְּתִתִּי־
אֵשׁ בְּמִצְרַיִם וְנִשְׁבְּרוּ כָּל־עֹזְרֶיהָ: בַּיּוֹם הַהוּא יֵצְאוּ מַלְאָכִים
מִלְּפָנַי בַּצִּים לְהַחֲרִיד אֶת־כּוּשׁ בֶּטַח וְהָיְתָה חַלְחָלָה בָהֶם
כְּיוֹם מִצְרַיִם כִּי הִנֵּה בָּאָה: כֹּה אָמַר אֲדֹנָי יְהוִה
וְהִשְׁבַּתִּי אֶת־הֲמוֹן מִצְרַיִם בְּיַד נְבוּכַדְרֶאצַּר מֶלֶךְ־בָּבֶל: הוּא
וְעַמּוֹ אִתּוֹ עָרִיצֵי גוֹיִם מוּבָאִים לְשַׁחֵת הָאָרֶץ וְהֵרִיקוּ חַרְבוֹתָם
עַל־מִצְרַיִם וּמָלְאוּ אֶת־הָאָרֶץ חָלָל: וְנָתַתִּי יְאֹרִים חָרָבָה
וּמָכַרְתִּי אֶת־הָאָרֶץ בְּיַד־רָעִים וַהֲשִׁמֹּתִי אֶרֶץ וּמְלֹאָהּ בְּיַד־
זָרִים אֲנִי יְהוָה דִּבַּרְתִּי: כֹּה־אָמַר אֲדֹנָי יְהוִה
וְהַאֲבַדְתִּי גִלּוּלִים וְהִשְׁבַּתִּי אֱלִילִים מִנֹּף וְנָשִׂיא מֵאֶרֶץ־מִצְרַיִם
לֹא יִהְיֶה־עוֹד וְנָתַתִּי יִרְאָה בְּאֶרֶץ מִצְרָיִם: וַהֲשִׁמֹּתִי אֶת־
פַּתְרוֹס וְנָתַתִּי אֵשׁ בְּצֹעַן וְעָשִׂיתִי שְׁפָטִים בְּנֹא: וְשָׁפַכְתִּי חֲמָתִי
עַל־סִין מָעוֹז מִצְרָיִם וְהִכְרַתִּי אֶת־הֲמוֹן נֹא: וְנָתַתִּי אֵשׁ
בְּמִצְרַיִם חוּל תָּחִיל סִין וְנֹא תִּהְיֶה לְהִבָּקֵעַ וְנֹף צָרֵי יוֹמָם:
בַּחוּרֵי אָוֶן וּפִי־בֶסֶת בַּחֶרֶב יִפֹּלוּ וְהֵנָּה בַּשְּׁבִי תֵלַכְנָה:
וּבִתְחַפְנְחֵס חָשַׂךְ הַיּוֹם בְּשִׁבְרִי־שָׁם אֶת־מֹטוֹת מִצְרַיִם

Lord God. And it came to pass in the twenty seventh 17
year, in the first month, on the first day of the month, that the
word of the Lord came to me, saying, Son of man, Nevukhad- 18
reẕẕar king of Bavel made his army labour hard against Ẕor:
every head was made bald, and every shoulder was peeled: yet
he had no wages, nor his army, for Ẕor, for the labour that he
performed against it: therefore thus says the Lord God; 19
Behold, I will give the land of Miẕrayim to Nevukhadreẕẕar king
of Bavel; and he shall take her multitude, and take her spoil,
and take her prey; and it shall be the wages for his army. I have 20
given him the land of Miẕrayim for his labour with which he
served against it, which they did for me, says the Lord God. On 21
that day will I cause the horn of the house of Yisra'el to put out
shoots, and I will open thy mouth in the midst of them; and
they shall know that I am the Lord. And the word of the 30
Lord came to me, saying, Son of man, prophesy and say, Thus 2
says the Lord God; Howl, Alas for the day! For the day is near, 3
even the day of the Lord is near, a cloudy day; it shall be the
time of the nations. And the sword shall come upon Miẕrayim, 4
and anguish shall be in Kush, when the slain shall fall in
Miẕrayim, and they shall take away her multitude, and her
foundations shall be broken down. Kush, and Put, and Lud, and 5
all 'Erev, and Kuv, and the men of the land that is in league
(with them,) shall fall with them by the sword. Thus 6
says the Lord; They also that uphold Miẕrayim shall fall; and
the pride of her power shall come down: from Migdol to Seven
shall they fall in it by the sword, says the Lord God. And they 7
shall be desolate in the midst of the countries that are desolate,
and her cities shall be (wasted) in the midst of the cities that
are wasted. And they shall know that I am the Lord, when I 8
have set a fire in Miẕrayim, and when all her helpers shall be
destroyed. On that day shall messengers go from me in ships to 9
terrify the confident men of Kush, and anguish shall come upon
them, as in the day of Miẕrayim: for, lo, it comes. Thus 10
says the Lord God; I will also put an end to the multitude of
Miẕrayim by the hand of Nevukhadreẕẕar king of Bavel. He 11
and his people with him, the terrible of the nations, shall be
brought to destroy the land: and they shall draw their swords
against Miẕrayim; and fill the land with the slain. And I will 12
make the streams dry, and sell the land into the hand of the
wicked: and I will make the land desolate, and all that is in it,
by the hand of strangers: I the Lord have spoken it. Thus 13
says the Lord God; I will also destroy the idols, and I will put
an end to the images of Nof; and there shall be no more a prince
of the land of Miẕrayim: and I will put a fear in the land of
Miẕrayim. And I will make Patros desolate, and will set fire in 14
Ẕo'an, and will execute judgments in No. And I will pour my 15
fury upon Sin, the strength of Miẕrayim; and I will cut off the
multitude of No. And I will set a fire in Miẕrayim: Sin shall 16
be in great agony, and No shall be rent asunder, and Nof shall
have enemies by day. The young men of Aven and of Pi-veset 17
shall fall by the sword: and these cities shall go into captivity.
At Teḥafneḥes also the day shall be darkened, when I shall break 18

וְנִשְׁבַּת־בָּהּ גְּאוֹן עֻזָּהּ הִיא עָנָן יְכַסֶּנָּה וּבְנוֹתֶיהָ בַּשְּׁבִי תֵלַכְנָה׃

יט וְעָשִׂיתִי שְׁפָטִים בְּמִצְרָיִם וְיָדְעוּ כִּי־אֲנִי יְהוָה׃ וַיְהִי בְּאַחַת עֶשְׂרֵה שָׁנָה בָּרִאשׁוֹן בְּשִׁבְעָה לַחֹדֶשׁ הָיָה דְבַר־

כ יְהוָה אֵלַי לֵאמֹר׃ בֶּן־אָדָם אֶת־זְרוֹעַ פַּרְעֹה מֶלֶךְ־מִצְרַיִם שָׁבָרְתִּי וְהִנֵּה לֹא־חֻבְּשָׁה לָתֵת רְפֻאוֹת לָשׂוּם חִתּוּל לְחָבְשָׁהּ

כא לְחָזְקָהּ לִתְפֹּשׂ בֶּחָרֶב׃ לָכֵן כֹּה־אָמַר ׀ אֲדֹנָי יְהוִה הִנְנִי אֶל־פַּרְעֹה מֶלֶךְ־מִצְרַיִם וְשָׁבַרְתִּי אֶת־זְרֹעֹתָיו אֶת־

כב הַחֲזָקָה וְאֶת־הַנִּשְׁבָּרֶת וְהִפַּלְתִּי אֶת־הַחֶרֶב מִיָּדוֹ׃ וַהֲפִצוֹתִי

כג אֶת־מִצְרַיִם בַּגּוֹיִם וְזֵרִיתִם בָּאֲרָצוֹת׃ וְחִזַּקְתִּי אֶת־זְרֹעוֹת מֶלֶךְ בָּבֶל וְנָתַתִּי אֶת־חַרְבִּי בְּיָדוֹ וְשָׁבַרְתִּי אֶת־זְרֹעוֹת פַּרְעֹה

כד וְנָאַק נַאֲקוֹת חָלָל לְפָנָיו׃ וְהַחֲזַקְתִּי אֶת־זְרֹעוֹת מֶלֶךְ בָּבֶל וּזְרֹעוֹת פַּרְעֹה תִּפֹּלְנָה וְיָדְעוּ כִּי־אֲנִי יְהוָה בְּתִתִּי חַרְבִּי

כה בְּיַד מֶלֶךְ־בָּבֶל וְנָטָה אוֹתָהּ אֶל־אֶרֶץ מִצְרָיִם׃ וַהֲפִצוֹתִי אֶת־מִצְרַיִם בַּגּוֹיִם וְזֵרִיתִי אוֹתָם בָּאֲרָצוֹת וְיָדְעוּ כִּי־אֲנִי

כו יְהוָה׃ וַיְהִי בְּאַחַת עֶשְׂרֵה שָׁנָה בַּשְּׁלִישִׁי בְּאֶחָד

לא לַחֹדֶשׁ הָיָה דְבַר־יְהוָה אֵלַי לֵאמֹר׃ בֶּן־אָדָם אֱמֹר אֶל־פַּרְעֹה

ב מֶלֶךְ־מִצְרַיִם וְאֶל־הֲמוֹנוֹ אֶל־מִי דָּמִיתָ בְגָדְלֶךָ׃ הִנֵּה אַשּׁוּר

ג אֶרֶז בַּלְּבָנוֹן יְפֵה עָנָף וְחֹרֶשׁ מֵצַל וּגְבַהּ קוֹמָה וּבֵין עֲבֹתִים הָיְתָה צַמַּרְתּוֹ׃ מַיִם גִּדְּלוּהוּ תְּהוֹם רֹמְמָתְהוּ אֶת־נַהֲרֹתֶיהָ הֹלֵךְ

ד סְבִיבוֹת מַטָּעָהּ וְאֶת־תְּעָלֹתֶיהָ שִׁלְּחָה אֶל כָּל־עֲצֵי הַשָּׂדֶה׃

ה עַל־כֵּן גָּבְהָא קֹמָתוֹ מִכֹּל עֲצֵי הַשָּׂדֶה וַתִּרְבֶּינָה סַרְעַפֹּתָיו

ו וַתֶּאֱרַכְנָה פֹארֹתָו מִמַּיִם רַבִּים בְּשַׁלְּחוֹ׃ בִּסְעַפֹּתָיו קִנְנוּ כָּל־עוֹף הַשָּׁמַיִם וְתַחַת פֹּארֹתָיו יָלְדוּ כֹּל חַיַּת הַשָּׂדֶה וּבְצִלּוֹ יֵשְׁבוּ

ז כֹּל גּוֹיִם רַבִּים׃ וַיְּיף בְּגָדְלוֹ בְּאֹרֶךְ דָּלִיּוֹתָיו כִּי־הָיָה שָׁרְשׁוֹ אֶל־

ח מַיִם רַבִּים׃ אֲרָזִים לֹא־עֲמָמֻהוּ בְּגַן־אֱלֹהִים בְּרוֹשִׁים לֹא דָמוּ אֶל־סְעַפֹּתָיו וְעַרְמֹנִים לֹא־הָיוּ כְּפֹארֹתָיו כָּל־עֵץ בְּגַן־אֱלֹהִים

ט לֹא־דָמָה אֵלָיו בְּיָפְיוֹ׃ יָפֶה עֲשִׂיתִיו בְּרֹב דָּלִיּוֹתָיו וַיְקַנְאֻהוּ כָּל־עֲצֵי־עֵדֶן אֲשֶׁר בְּגַן הָאֱלֹהִים׃ לָכֵן כֹּה אָמַר

י אֲדֹנָי יְהוִה יַעַן אֲשֶׁר גָּבַהְתָּ בְּקוֹמָה וַיִּתֵּן צַמַּרְתּוֹ אֶל־בֵּין

יא עֲבוֹתִים וְרָם לְבָבוֹ בְּגָבְהוֹ׃ וְאֶתְּנֵהוּ בְּיַד אֵיל גּוֹיִם עָשׂוֹ יַעֲשֶׂה

יב לוֹ כְּרִשְׁעוֹ גֵּרַשְׁתִּיהוּ׃ וַיִּכְרְתֻהוּ זָרִים עָרִיצֵי גוֹיִם וַיִּטְּשֻׁהוּ אֶל־

there the yokes of Miẕrayim: and the pomp of her strength
shall cease in her: as for her, a cloud shall cover her, and her
daughters shall go into captivity. Thus will I execute judgments 19
in Miẕrayim: and they shall know that I am the LORD.

And it came to pass in the eleventh year, in the first month, 20
on the seventh day of the month, that the word of the LORD came
to me, saying, Son of man, I have broken the arm of Par'o king 21
of Miẕrayim; and, lo, it has not been bound up to be healed, to
put a dressing to bind it, to make it strong to hold the sword.

Therefore thus says the LORD GOD; Behold, I am against 22
Par'o king of Miẕrayim and will break his arms, the strong, and
that which was broken; and I will cause the sword to fall out of
his hand. And I will scatter Miẕrayim among the nations, and 23
will disperse them through the countries. And I will strengthen 24
the arms of the king of Bavel, and put my sword in his hand:
but I will break Par'o's arms, and he shall groan before him with
the groanings of deadly wounded man. Thus I will strengthen 25
the arms of the king of Bavel, and the arms of Par'o shall fall
down; and they shall know that I am the LORD, when I shall put
my sword into the hand of the king of Bavel, and he shall stretch
it out upon the land of Miẕrayim. And I will scatter Miẕrayim 26
among the nations, and disperse them among the countries; and
they shall know that I am the LORD. And it came to pass **31**
in the eleventh year, in the third month, on the first day of the
month, that the word of the LORD came to me, saying, Son of 2
man, speak to Par'o king of Miẕrayim, and to his multitude;
Whom art thou like in thy greatness? Behold, Ashshur was a 3
cedar in the Levanon with fair branches, amid a shadowing
forest, and of a high stature; and its top was among the thick
boughs. The waters made it great, the deep set it up on high, 4
with her rivers running round about her plants, and she sent out
her little canals to all the trees of the field. Therefore its height 5
was exalted above all the trees of the field, and its boughs were
multiplied, and its branches became long because of the multitude
of waters, when it shot them forth. All the birds of the sky made 6
their nests in its boughs, and under its branches all the beasts of
the field brought forth their young, and under its shadow
all great nations dwelt. Thus was it fair in its greatness, in the 7
length of its branches: for its root was by many waters. The 8
cedars in the garden of GOD could not obscure it: the cypress
trees were not like its boughs, and the plane trees were not like
its branches; nor did any tree in the garden of GOD compare
with it in beauty. I have made it fair by the multitude of its 9
branches: so that all the trees of 'Eden, that were in the garden
of GOD, envied him. Therefore thus says the LORD GOD; 10
Because thou hast lifted up thyself in height, and he has shot
up his top among the thick boughs, and his heart is lifted up in
his height; I have therefore delivered him into the hand of the 11
mighty one of the nations; he shall surely deal with him: I have
driven him out for his wickedness. And strangers, the terrible 12
of the nations, have cut him off, and have left him: upon the
mountains and in all the valleys his branches are fallen, and his
boughs were broken by all the water courses of the land; and all

הֶהָרִים וּבְכָל־גֵּאָיוֹת נָפְלוּ דָלִיּוֹתָיו וַתִּשָּׁבַרְנָה פֹּארֹתָיו בְּכָל־

אֲפִיקֵי הָאָרֶץ וַיֵּרְדוּ מִצִּלּוֹ כָּל־עַמֵּי הָאָרֶץ וַיִּטְּשֻׁהוּ: עַל־מַפַּלְתּוֹ

יִשְׁכְּנוּ כָּל־עוֹף הַשָּׁמָיִם וְאֶל־פֹּארֹתָיו הָיוּ כֹּל חַיַּת הַשָּׂדֶה:

לְמַעַן אֲשֶׁר לֹא־יִגְבְּהוּ בְקוֹמָתָם כָּל־עֲצֵי־מַיִם וְלֹא־יִתְּנוּ אֶת־

צַמַּרְתָּם אֶל־בֵּין עֲבֹתִים וְלֹא־יַעַמְדוּ אֲלֵיהֶם בְּגָבְהָם כָּל־שֹׁתֵי

מָיִם כִּי כֻלָּם נִתְּנוּ לַמָּוֶת אֶל־אֶרֶץ תַּחְתִּית בְּתוֹךְ בְּנֵי אָדָם אֶל־

יוֹרְדֵי בוֹר: · · · · · · · · · כֹּה־אָמַר אֲדֹנָי יְהוִה בְּיוֹם רִדְתּוֹ

שְׁאוֹלָה הֶאֱבַלְתִּי כִּסֵּתִי עָלָיו אֶת־תְּהוֹם וָאֶמְנַע נַהֲרוֹתֶיהָ

וַיִּכָּלְאוּ מַיִם רַבִּים וָאַקְדִּר עָלָיו לְבָנוֹן וְכָל־עֲצֵי הַשָּׂדֶה עָלָיו

עֻלְפֶּה: מִקּוֹל מַפַּלְתּוֹ הִרְעַשְׁתִּי גוֹיִם בְּהוֹרִדִי אֹתוֹ שְׁאוֹלָה אֶת־

יוֹרְדֵי בוֹר וַיִּנָּחֲמוּ בְּאֶרֶץ תַּחְתִּית כָּל־עֲצֵי־עֵדֶן מִבְחַר וְטוֹב־

לְבָנוֹן כָּל־שֹׁתֵי מָיִם: גַּם־הֵם אִתּוֹ יָרְדוּ שְׁאוֹלָה אֶל־חַלְלֵי־חָרֶב

וּזְרֹעוֹ יָשְׁבוּ בְצִלּוֹ בְּתוֹךְ גּוֹיִם: אֶל־מִי דָמִיתָ כָּכָה בְּכָבוֹד וּבְגֹדֶל

בַּעֲצֵי־עֵדֶן וְהוּרַדְתָּ אֶת־עֲצֵי־עֵדֶן אֶל־אֶרֶץ תַּחְתִּית בְּתוֹךְ

עֲרֵלִים תִּשְׁכַּב אֶת־חַלְלֵי־חֶרֶב הוּא פַרְעֹה וְכָל־הֲמוֹנֹה נְאֻם

אֲדֹנָי יְהוִה: · · · · · · · · · וַיְהִי בִּשְׁתֵּי עֶשְׂרֵה שָׁנָה בִּשְׁנֵי־עָשָׂר

חֹדֶשׁ בְּאֶחָד לַחֹדֶשׁ הָיָה דְבַר־יְהוָה אֵלַי לֵאמֹר: בֶּן־אָדָם שָׂא

קִינָה עַל־פַּרְעֹה מֶלֶךְ־מִצְרַיִם וְאָמַרְתָּ אֵלָיו כְּפִיר גּוֹיִם נִדְמֵיתָ

וְאַתָּה כַּתַּנִּים בַּיַּמִּים וַתָּגַח בְּנַהֲרוֹתֶיךָ וַתִּדְלַח־מַיִם בְּרַגְלֶיךָ

וַתִּרְפֹּס נַהֲרוֹתָם: · · · · · · · · · כֹּה אָמַר אֲדֹנָי יְהוִה וּפָרַשְׂתִּי

עָלֶיךָ אֶת־רִשְׁתִּי בִּקְהַל עַמִּים רַבִּים וְהֶעֱלוּךָ בְּחֶרְמִי:

וּנְטַשְׁתִּיךָ בָאָרֶץ עַל־פְּנֵי הַשָּׂדֶה אֲטִילֶךָ וְהִשְׁכַּנְתִּי עָלֶיךָ כָּל־

עוֹף הַשָּׁמַיִם וְהִשְׂבַּעְתִּי מִמְּךָ חַיַּת כָּל־הָאָרֶץ: וְנָתַתִּי אֶת־

בְּשָׂרְךָ עַל־הֶהָרִים וּמִלֵּאתִי הַגֵּאָיוֹת רָמוּתֶךָ: וְהִשְׁקֵיתִי אֶרֶץ

צָפָתְךָ מִדָּמְךָ אֶל־הֶהָרִים וַאֲפִקִים יִמָּלְאוּן מִמֶּךָּ: וְכִסֵּיתִי

בְכַבּוֹתְךָ שָׁמַיִם וְהִקְדַּרְתִּי אֶת־כֹּכְבֵיהֶם שֶׁמֶשׁ בֶּעָנָן אֲכַסֶּנּוּ

וְיָרֵחַ לֹא־יָאִיר אוֹרוֹ: כָּל־מְאוֹרֵי אוֹר בַּשָּׁמַיִם אַקְדִּירֵם עָלֶיךָ

וְנָתַתִּי חֹשֶׁךְ עַל־אַרְצֶךָ נְאֻם אֲדֹנָי יְהוִה: וְהִכְעַסְתִּי לֵב עַמִּים

רַבִּים בַּהֲבִיאִי שִׁבְרְךָ בַּגּוֹיִם עַל־אֲרָצוֹת אֲשֶׁר לֹא־יְדַעְתָּם:

וַהֲשִׁמּוֹתִי עָלֶיךָ עַמִּים רַבִּים וּמַלְכֵיהֶם יִשְׂעֲרוּ עָלֶיךָ שַׂעַר

בְּעוֹפְפִי חַרְבִּי עַל־פְּנֵיהֶם וְחָרְדוּ לִרְגָעִים אִישׁ לְנַפְשׁוֹ בְּיוֹם

מַפַּלְתֶּךָ: · · · · · · · · · כִּי כֹּה אָמַר אֲדֹנָי יְהוִה חֶרֶב מֶלֶךְ־בָּבֶל

תְּבוֹאֶךָ: בְּחַרְבוֹת גִּבּוֹרִים אַפִּיל הֲמוֹנֶךָ עָרִיצֵי גוֹיִם כֻּלָּם

the peoples of the earth are gone down from his shadow, and
have left him. Upon his ruin shall dwell all the birds of the sky, 13
and all the beasts of the field shall be upon his branches: so 14
that none of all the trees by the waters exalt themselves in
their height, nor shoot up their top among the thick boughs, and
that their trunks do not tower on high, all that drink water: for
they are all delivered to death, to the nether parts of the earth,
in the midst of the children of men, with them that go down to
the pit. Thus says the LORD GOD; In the day when he 15
went down to She'ol I caused the deep to mourn, to cover itself
for him, I restrained the floods thereof, and the great waters
were stayed: and I wrapped Levanon in gloom for him, and
all the trees of the field fainted for him. I made the nations shake 16
at the sound of his fall, when I cast him down to She'ol with
them that descend into the pit: and all the trees of 'Eden, the
choice and best of Levanon, all that drink water were comforted
in the nether parts of the earth. They also went down into 17
She'ol with him, to them that are slain with the sword; and they
that were his arm, that dwelt under his shadow in the midst of
nations. To whom art thou thus like in glory and in greatness 18
among the trees of 'Eden? yet shalt thou be brought down with
the trees of 'Eden to the nether parts of the earth: thou shalt
lie in the midst of the uncircumcised, with them that are slain
by the sword. This is Par'o and all his multitude, says the LORD
GOD. And it came to pass in the twelfth year, in the **32**
twelfth month, on the first day of the month, that the word
of the LORD came to me, saying, Son of man, take up a lamenta- 2
tion for Par'o king of Miẓrayim, and say to him, Thou didst
liken thyself to a young lion among the nations; but thou art
rather a crocodile in the seas, and thou dost thrust forward in
thy streams, churning the water with thy feet, and fouling their
channels. Thus says the LORD GOD; I will therefore spread 3
out my net over thee with a company of many peoples, and they
will bring thee up in my net. Then will I throw thee upon the 4
land, I will cast thee forth upon the open field, and will cause
all the birds of the sky to remain upon thee, and I will fill the
beasts of the whole earth with thee. And I will lay thy flesh 5
upon the mountains, and fill the valleys with thy height. I will 6
also water with thy blood the land over which thou overflowest
as far as the mountains; and the rivers shall be full of thee.
And when I shall extinguish thee, I will cover the heaven, and 7
make dark the stars thereof; I will cover the sun with a cloud,
and the moon shall not give her light. All the bright lights of 8
heaven will I make dark over thee, and set darkness upon thy
land, says the LORD GOD. I will also vex the hearts of many 9
peoples, when I shall bring thy destruction among the nations,
into the countries which thou hast not known. Yea, I will make 10
many peoples appalled at thee, and their kings shall be horribly
afraid for thee, when I shall brandish my sword before them;
and they shall tremble at every moment, every man for his own
life, in the day of thy fall. For thus says the LORD GOD; 11
The sword of the king of Bavel shall come upon thee. By the 12
swords of the mighty will I cause thy multitude to fall, the

יג וְשִׁדְּדוּ אֶת־גְּאוֹן מִצְרַיִם וְנִשְׁמַד כָּל־הֲמוֹנָהּ׃ וְהַאֲבַדְתִּי
אֶת־כָּל־בְּהֶמְתָּהּ מֵעַל מַיִם רַבִּים וְלֹא תִדְלָחֵם רֶגֶל־אָדָם
יד עוֹד וּפַרְסוֹת בְּהֵמָה לֹא תִדְלָחֵם׃ אָז אַשְׁקִיעַ מֵימֵיהֶם
טו וְנַהֲרוֹתָם כַּשֶּׁמֶן אוֹלִיךְ נְאֻם אֲדֹנָי יְהוִה׃ בְּתִתִּי אֶת־אֶרֶץ
מִצְרַיִם שְׁמָמָה וּנְשַׁמָּה אֶרֶץ מִמְּלֹאָהּ בְּהַכּוֹתִי אֶת־כָּל־
טז יוֹשְׁבֵי בָהּ וְיָדְעוּ כִּי־אֲנִי יְהוָה׃ קִינָה הִיא וְקוֹנְנוּהָ בְּנוֹת
הַגּוֹיִם תְּקוֹנֵנָּה אוֹתָהּ עַל־מִצְרַיִם וְעַל־כָּל־הֲמוֹנָהּ תְּקוֹנֵנָּה
אוֹתָהּ נְאֻם אֲדֹנָי יְהוִה׃
יז וַיְהִי בִּשְׁתֵּי עֶשְׂרֵה שָׁנָה בַּחֲמִשָּׁה עָשָׂר לַחֹדֶשׁ הָיָה דְבַר־יְהוָה
יח אֵלַי לֵאמֹר׃ בֶּן־אָדָם נְהֵה עַל־הֲמוֹן מִצְרַיִם וְהוֹרִדֵהוּ אוֹתָהּ
יט וּבְנוֹת גּוֹיִם אַדִּרִם אֶל־אֶרֶץ תַּחְתִּיּוֹת אֶת־יוֹרְדֵי בוֹר׃ מִמִּי
כ נָעָמְתְּ רְדָה וְהָשְׁכְּבָה אֶת־עֲרֵלִים׃ בְּתוֹךְ חַלְלֵי־חֶרֶב יִפֹּלוּ חֶרֶב
כא נִתָּנָה מָשְׁכוּ אוֹתָהּ וְכָל־הֲמוֹנֶיהָ׃ יְדַבְּרוּ־לוֹ אֵלֵי גִבּוֹרִים מִתּוֹךְ
כב שְׁאוֹל אֶת־עֹזְרָיו יָרְדוּ שָׁכְבוּ הָעֲרֵלִים חַלְלֵי חָרֶב׃ שָׁם אַשּׁוּר
וְכָל־קְהָלָהּ סְבִיבוֹתָיו קִבְרֹתָיו כֻּלָּם חֲלָלִים הַנֹּפְלִים בֶּחָרֶב׃
כג אֲשֶׁר נִתְּנוּ קִבְרֹתֶיהָ בְּיַרְכְּתֵי־בוֹר וַיְהִי קְהָלָהּ סְבִיבוֹת קְבֻרָתָהּ
כד כֻּלָּם חֲלָלִים נֹפְלִים בַּחֶרֶב אֲשֶׁר־נָתְנוּ חִתִּית בְּאֶרֶץ חַיִּים׃ שָׁם
עֵילָם וְכָל־הֲמוֹנָהּ סְבִיבוֹת קְבֻרָתָהּ כֻּלָּם חֲלָלִים הַנֹּפְלִים בַּחֶרֶב
אֲשֶׁר־יָרְדוּ עֲרֵלִים ׀ אֶל־אֶרֶץ תַּחְתִּיּוֹת אֲשֶׁר נָתְנוּ חִתִּיתָם
כה בְּאֶרֶץ חַיִּים וַיִּשְׂאוּ כְלִמָּתָם אֶת־יוֹרְדֵי בוֹר׃ בְּתוֹךְ חֲלָלִים נָתְנוּ
מִשְׁכָּב לָהּ בְּכָל־הֲמוֹנָהּ סְבִיבוֹתָיו קִבְרֹתֶהָ כֻּלָּם עֲרֵלִים חַלְלֵי־
חֶרֶב כִּי־נִתַּן חִתִּיתָם בְּאֶרֶץ חַיִּים וַיִּשְׂאוּ כְלִמָּתָם אֶת־יוֹרְדֵי
כו בוֹר בְּתוֹךְ חֲלָלִים נִתָּן׃ שָׁם מֶשֶׁךְ תֻּבַל וְכָל־הֲמוֹנָהּ סְבִיבוֹתָיו
קִבְרוֹתֶיהָ כֻּלָּם עֲרֵלִים מְחֻלְלֵי חֶרֶב כִּי־נָתְנוּ חִתִּיתָם בְּאֶרֶץ
כז חַיִּים׃ וְלֹא יִשְׁכְּבוּ אֶת־גִּבּוֹרִים נֹפְלִים מֵעֲרֵלִים אֲשֶׁר יָרְדוּ־
שְׁאוֹל בִּכְלֵי־מִלְחַמְתָּם וַיִּתְּנוּ אֶת־חַרְבוֹתָם תַּחַת רָאשֵׁיהֶם
וַתְּהִי עֲוֺנֹתָם עַל־עַצְמוֹתָם כִּי־חִתִּית גִּבּוֹרִים בְּאֶרֶץ חַיִּים׃
כח כט וְאַתָּה בְּתוֹךְ עֲרֵלִים תִּשָּׁבַר וְתִשְׁכַּב אֶת־חַלְלֵי־חָרֶב׃ שָׁמָּה
אֱדוֹם מְלָכֶיהָ וְכָל־נְשִׂיאֶיהָ אֲשֶׁר־נִתְּנוּ בִגְבוּרָתָם אֶת־חַלְלֵי־
ל חָרֶב הֵמָּה אֶת־עֲרֵלִים יִשְׁכָּבוּ וְאֶת־יֹרְדֵי בוֹר׃ שָׁמָּה נְסִיכֵי צָפוֹן
כֻּלָּם וְכָל־צִדֹנִי אֲשֶׁר־יָרְדוּ אֶת־חֲלָלִים בְּחִתִּיתָם מִגְּבוּרָתָם

terrible of the nations, all of them: and they shall spoil the
13 pride of Miẕrayim, and all its multitude shall be destroyed. I will
destroy also all its beasts from beside many waters; neither
shall the foot of man churn them up any more, nor the hoofs
14 of beasts make them muddy. Then will I make their waters clear,
15 and cause their rivers to run like oil, says the Lord God. When I
shall make the land of Miẕrayim desolate and waste: the
country shall be destitute of that of which it was full, when
I shall smite all them that dwell there, then shall they know that
16 I am the Lord. It is a lamentation, and they shall make lament
with it: the daughters of the nations shall keen it: they shall
keen it over Miẕrayim, and over all her multitude, says the
Lord God.
17 And it came to pass in the twelfth year, on the fifteenth day of
the month, that the word of the Lord came to me, saying,
18 Son of man, wail for the multitude of Miẕrayim, and cast them
down, her together with the daughters of mighty nations, to the
nether parts of the earth, with them that go down into the pit.
19 Whom dost thou pass in beauty? go down, and be thou laid with
20 the uncircumcised. They shall fall in the midst of them that are
slain by the sword: she is delivered to the sword: draw her
21 down and all her multitudes. The mighty chiefs from the midst
of She'ol shall speak of him and his helpers, saying, They are
22 gone down, the uncircumcised lie slain by the sword. Ashshur
is there and all her company: his graves are about him: all of
23 them slain, fallen by the sword: whose graves are set in the
sides of the pit, and her company is round about her grave: all
of them slain, fallen by the sword, who struck terror into the
24 land of the living. There is 'Elam and all her multitude round
about her grave, all of them slain, fallen by the sword, who are
gone down uncircumcised into the nether parts of the earth,
who struck terror into the land of the living; yet have they
25 borne their shame with them that go down to the pit. They have
set her a bed in the midst of the slain with all her multitude: her
graves are round about him: all of them uncircumcised, slain
by the sword: though the terror of them was spread in the land
of the living, yet have they borne their shame with them that go
down to the pit: he is put in the midst of them that are slain.
26 There is Meshekh, Tuval, and all her multitude: her graves are
round about him: all of them uncircumcised, slain by the sword,
27 though they struck their terror into the land of the living. And
shall they not lie with the fallen mighty of the uncircumcised,
who are gone down to She'ol with their weapons of war, their
swords laid under their heads, and their iniquities having come
upon their bones? For the terror of the mighty was in the land
28 of the living. And thou shalt be broken in the midst of the
uncircumcised, and shalt lie with them that are slain with the
29 sword. Edom is there, her kings, and all her princes, who for
all their might are laid by them that were slain by the sword:
they shall lie with the uncircumcised, and with them that go down
30 to the pit. There are the princes of the north, all of them, and all
the Ẕidonians, who are gone down with the slain; ashamed for
the terror caused by their might; and they lie uncircumcised with

בּוֹשִׁים וַיִּשְׁכְּבוּ עֲרֵלִים אֶת־חַלְלֵי־חֶרֶב וַיִּשְׂאוּ כְלִמָּתָם אֶת־

לא   יוֹרְדֵי בוֹר: אוֹתָם יִרְאֶה פַרְעֹה וְנִחַם עַל־כָּל־הֲמוֹנֹה חַלְלֵי־חֶרֶב

לב   חתתי   פַּרְעֹה וְכָל־חֵילוֹ נְאֻם אֲדֹנָי יֱהֹוִה: כִּי־נָתַתִּי אֶת־חִתִּיתוֹ בְּאֶרֶץ

חַיִּים וְהֻשְׁכַּב בְּתוֹךְ עֲרֵלִים אֶת־חַלְלֵי־חֶרֶב פַּרְעֹה וְכָל־הֲמוֹנֹה

א לג   נְאֻם אֲדֹנָי יֱהֹוִה: וַיְהִי דְבַר־יְהֹוָה אֵלַי לֵאמֹר:

ב   בֶּן־אָדָם דַּבֵּר אֶל־בְּנֵי־עַמְּךָ וְאָמַרְתָּ אֲלֵיהֶם אֶרֶץ כִּי־אָבִיא

עָלֶיהָ חָרֶב וְלָקְחוּ עַם־הָאָרֶץ אִישׁ אֶחָד מִקְצֵיהֶם וְנָתְנוּ אֹתוֹ

ג   לָהֶם לְצֹפֶה: וְרָאָה אֶת־הַחֶרֶב בָּאָה עַל־הָאָרֶץ וְתָקַע בַּשּׁוֹפָר

ד   וְהִזְהִיר אֶת־הָעָם: וְשָׁמַע הַשֹּׁמֵעַ אֶת־קוֹל הַשּׁוֹפָר וְלֹא נִזְהָר

וַתָּבוֹא חֶרֶב וַתִּקָּחֵהוּ דָּמוֹ בְּרֹאשׁוֹ יִהְיֶה: אֵת קוֹל הַשּׁוֹפָר שָׁמַע

ה

ו   וְלֹא נִזְהָר דָּמוֹ בּוֹ יִהְיֶה וְהוּא נִזְהָר נַפְשׁוֹ מִלֵּט: וְהַצֹּפֶה כִּי־

יִרְאֶה אֶת־הַחֶרֶב בָּאָה וְלֹא־תָקַע בַּשּׁוֹפָר וְהָעָם לֹא־נִזְהָר

וַתָּבוֹא חֶרֶב וַתִּקַּח מֵהֶם נָפֶשׁ הוּא בַּעֲוֹנוֹ נִלְקָח וְדָמוֹ מִיַּד־

ז   הַצֹּפֶה אֶדְרֹשׁ:   וְאַתָּה בֶן־אָדָם צֹפֶה נְתַתִּיךָ לְבֵית

יִשְׂרָאֵל וְשָׁמַעְתָּ מִפִּי דָּבָר וְהִזְהַרְתָּ אֹתָם מִמֶּנִּי: בְּאָמְרִי

ח   לְרָשָׁע רָשָׁע מוֹת תָּמוּת וְלֹא דִבַּרְתָּ לְהַזְהִיר רָשָׁע מִדַּרְכּוֹ

הוּא רָשָׁע בַּעֲוֹנוֹ יָמוּת וְדָמוֹ מִיָּדְךָ אֲבַקֵּשׁ: וְאַתָּה כִּי־הִזְהַרְתָּ

ט

רָשָׁע מִדַּרְכּוֹ לָשׁוּב מִמֶּנָּה וְלֹא־שָׁב מִדַּרְכּוֹ הוּא בַּעֲוֹנוֹ יָמוּת

י   וְאַתָּה נַפְשְׁךָ הִצַּלְתָּ:   וְאַתָּה בֶן־אָדָם אֱמֹר אֶל־

בֵּית יִשְׂרָאֵל כֵּן אֲמַרְתֶּם לֵאמֹר כִּי־פְשָׁעֵינוּ וְחַטֹּאתֵינוּ עָלֵינוּ

יא   וּבָם אֲנַחְנוּ נְמַקִּים וְאֵיךְ נִחְיֶה: אֱמֹר אֲלֵיהֶם חַי־אָנִי נְאֻם

אֲדֹנָי יֱהֹוִה אִם־אֶחְפֹּץ בְּמוֹת הָרָשָׁע כִּי אִם־בְּשׁוּב רָשָׁע

מִדַּרְכּוֹ וְחָיָה שׁוּבוּ שׁוּבוּ מִדַּרְכֵיכֶם הָרָעִים וְלָמָּה תָמוּתוּ

יב   בֵּית יִשְׂרָאֵל: וְאַתָּה בֶן־אָדָם אֱמֹר אֶל־בְּנֵי־עַמְּךָ

צִדְקַת הַצַּדִּיק לֹא תַצִּילֶנּוּ בְּיוֹם פִּשְׁעוֹ וְרִשְׁעַת הָרָשָׁע לֹא־

יִכָּשֶׁל בָּהּ בְּיוֹם שׁוּבוֹ מֵרִשְׁעוֹ וְצַדִּיק לֹא יוּכַל לִחְיוֹת בָּהּ בְּיוֹם

יג   חֲטֹאתוֹ: בְּאָמְרִי לַצַּדִּיק חָיֹה יִחְיֶה וְהוּא־בָטַח עַל־צִדְקָתוֹ

וְעָשָׂה עָוֶל כָּל־צִדְקֹתָו לֹא תִזָּכַרְנָה וּבְעַוְלוֹ אֲשֶׁר־עָשָׂה

יד   בּוֹ יָמוּת: וּבְאָמְרִי לָרָשָׁע מוֹת תָּמוּת וְשָׁב מֵחַטָּאתוֹ וְעָשָׂה

טו   מִשְׁפָּט וּצְדָקָה: חֲבֹל יָשִׁיב רָשָׁע גְּזֵלָה יְשַׁלֵּם בְּחֻקּוֹת הַחַיִּים

טז   הָלַךְ לְבִלְתִּי עֲשׂוֹת עָוֶל חָיוֹ יִחְיֶה לֹא יָמוּת: כָּל־חַטֹּאתָו אֲשֶׁר

כ

חָטָא לֹא תִזָּכַרְנָה לוֹ מִשְׁפָּט וּצְדָקָה עָשָׂה חָיוֹ יִחְיֶה: וְאָמְרוּ

בְּנֵי עַמְּךָ לֹא יִתָּכֵן דֶּרֶךְ אֲדֹנָי וְהֵמָּה דַּרְכָּם לֹא־יִתָּכֵן:

them that are slain by the sword, and bear their shame with them
that go down to the pit. Par'o shall see them, and shall be com- 31
forted over all his multitude, namely Par'o and all his army slain
by the sword, says the LORD GOD. For I have struck my terror 32
into the land of the living : and he shall be laid in the midst of
the uncircumcised with them that are slain with the sword, Par'o
and all his multitude, says the LORD GOD.   And the word 33
of the LORD came to me, saying, Son of man, speak to the chil- 2
dren of thy people, and say to them, When I bring the sword upon
a land, if the people of the land take a man from among them,
and set him for their watchman : if when he sees the sword 3
come upon the land, he blow the shofar, and warn the people ;
then whoever hears the sound of the shofar, and takes no 4
warning ; if the sword comes, and takes him away, his blood shall
be upon his own head. He heard the sound of the shofar, and 5
took no warning ; his blood shall be upon him. But if he had
taken warning, he would have saved his life. But if the watchman, 6
sees the sword comes, and does not blow the shofar, and the
people are not warned ; if the sword comes, and takes any person
from among them, he is taken away in his iniquity ; but his blood
will I require at the watchman's hand.   So thou, O son 7
of man, I have set thee a watchman to the house of Yisra'el ;
therefore thou shalt hear the word at my mouth, and warn them
from me. When I say to the wicked, O wicked man, thou shalt 8
surely die ; if thou dost not speak to warn the wicked from his
way, that wicked man shall die in his iniquity ; but his blood will
I require at thy hand. But if thou warn the wicked of his way to 9
turn from it ; if he do not turn from his way, he shall die in his
iniquity ; but thou hast saved thy life.   Therefore, O thou 10
son of man, speak to the house of Yisra'el ; Thus you speak,
saying, If our transgressions and our sins are upon us, and we
pine away in them, how should we then live ? Say to them, As 11
I live, says the LORD GOD, I have no pleasure in the death of the
wicked ; but that the wicked turn from his way and live : turn,
turn from your evil ways : for why will you die, O house of
Yisra'el ?   And thou, son of man, say to the children of 12
thy people, The righteousness of the righteous shall not deliver
him in the day of his transgression : as for the wickedness of
the wicked, he shall not stumble for that in the day that he turns
from his wickedness ; neither shall the righteous be able to live
for that in the day that he sins. When I shall say to the righteous, 13
that he shall surely live ; if he trust to his own righteousness,
and commit iniquity, all his righteousnesses shall not be remem-
bered ; but for his iniquity that he has committed, he shall die
for that. Again, when I say to the wicked, Thou shalt surely die ; 14
if he turn from his sin, and do that which is lawful and right ;
if the wicked restore the pledge, give back that which he had 15
robbed, follow the statutes of life, without committing iniquity ;
he shall surely live, he shall not die. None of his sins that he has 16
committed shall be remembered for him : he has done that
which is lawful and right ; he shall surely live. Yet the children 17
of thy people say, The way of the LORD is unfair : but it is their

יח יט בְּשׁוּב־צַדִּיק מִצִּדְקָתוֹ וְעָשָׂה עָוֶל וּמֵת בָּהֶם׃ וּבְשׁוּב רָשָׁע
כ מֵרִשְׁעָתוֹ וְעָשָׂה מִשְׁפָּט וּצְדָקָה עֲלֵיהֶם הוּא יִחְיֶה׃ וַאֲמַרְתֶּם
לֹא יִתָּכֵן דֶּרֶךְ אֲדֹנָי אִישׁ כִּדְרָכָיו אֶשְׁפּוֹט אֶתְכֶם בֵּית
כא יִשְׂרָאֵל׃ וַיְהִי בִּשְׁתֵּי עֶשְׂרֵה שָׁנָה בָּעֲשִׂרִי
בַּחֲמִשָּׁה לַחֹדֶשׁ לְגָלוּתֵנוּ בָּא־אֵלַי הַפָּלִיט מִירוּשָׁלַםִ לֵאמֹר
כב הֻכְּתָה הָעִיר׃ וְיַד־יְהוָה הָיְתָה אֵלַי בָּעֶרֶב לִפְנֵי בּוֹא הַפָּלִיט
וַיִּפְתַּח אֶת־פִּי עַד־בּוֹא אֵלַי בַּבֹּקֶר וַיִּפָּתַח פִּי וְלֹא נֶאֱלַמְתִּי
כג כד עוֹד׃ וַיְהִי דְבַר־יְהוָה אֵלַי לֵאמֹר׃ בֶּן־אָדָם
יֹשְׁבֵי הֶחֳרָבוֹת הָאֵלֶּה עַל־אַדְמַת יִשְׂרָאֵל אֹמְרִים לֵאמֹר אֶחָד
הָיָה אַבְרָהָם וַיִּירַשׁ אֶת־הָאָרֶץ וַאֲנַחְנוּ רַבִּים לָנוּ נִתְּנָה הָאָרֶץ
כה לְמוֹרָשָׁה׃ לָכֵן אֱמֹר אֲלֵיהֶם כֹּה־אָמַר ׀ אֲדֹנָי
יְהוִה עַל־הַדָּם ׀ תֹּאכֵלוּ וְעֵינֵכֶם תִּשְׂאוּ אֶל־גִּלּוּלֵיכֶם וְדָם
כו תִּשְׁפֹּכוּ וְהָאָרֶץ תִּירָשׁוּ׃ עֲמַדְתֶּם עַל־חַרְבְּכֶם עֲשִׂיתֶן תּוֹעֵבָה
כז וְאִישׁ אֶת־אֵשֶׁת רֵעֵהוּ טִמֵּאתֶם וְהָאָרֶץ תִּירָשׁוּ׃ כֹּה־תֹאמַר
אֲלֵהֶם כֹּה־אָמַר אֲדֹנָי יְהוִה חַי־אָנִי אִם־לֹא אֲשֶׁר בֶּחֳרָבוֹת
בַּחֶרֶב יִפֹּלוּ וַאֲשֶׁר עַל־פְּנֵי הַשָּׂדֶה לַחַיָּה נְתַתִּיו לְאָכְלוֹ וַאֲשֶׁר
כח בַּמְּצָדוֹת וּבַמְּעָרוֹת בַּדֶּבֶר יָמוּתוּ׃ וְנָתַתִּי אֶת־הָאָרֶץ שְׁמָמָה
וּמְשַׁמָּה וְנִשְׁבַּת גְּאוֹן עֻזָּהּ וְשָׁמְמוּ הָרֵי יִשְׂרָאֵל מֵאֵין עוֹבֵר׃
כט וְיָדְעוּ כִּי־אֲנִי יְהוָה בְּתִתִּי אֶת־הָאָרֶץ שְׁמָמָה וּמְשַׁמָּה עַל כָּל־
ל תּוֹעֲבֹתָם אֲשֶׁר עָשׂוּ׃ וְאַתָּה בֶן־אָדָם בְּנֵי עַמְּךָ
הַנִּדְבָּרִים בְּךָ אֵצֶל הַקִּירוֹת וּבְפִתְחֵי הַבָּתִּים וְדִבֶּר־חַד אֶת־
אַחַד אִישׁ אֶת־אָחִיו לֵאמֹר בֹּאוּ־נָא וְשִׁמְעוּ מַה הַדָּבָר הַיּוֹצֵא
לא מֵאֵת יְהוָה׃ וְיָבוֹאוּ אֵלֶיךָ כִּמְבוֹא־עָם וְיֵשְׁבוּ לְפָנֶיךָ עַמִּי וְשָׁמְעוּ
אֶת־דְּבָרֶיךָ וְאוֹתָם לֹא יַעֲשׂוּ כִּי־עֲגָבִים בְּפִיהֶם הֵמָּה עֹשִׂים
לב אַחֲרֵי בִצְעָם לִבָּם הֹלֵךְ׃ וְהִנְּךָ לָהֶם כְּשִׁיר עֲגָבִים יְפֵה קוֹל
לג וּמֵטִב נַגֵּן וְשָׁמְעוּ אֶת־דְּבָרֶיךָ וְעֹשִׂים אֵינָם אוֹתָם׃ וּבְבֹאָהּ הִנֵּה
לד א בָאָה וְיָדְעוּ כִּי נָבִיא הָיָה בְתוֹכָם׃ וַיְהִי דְבַר־
ב יְהוָה אֵלַי לֵאמֹר׃ בֶּן־אָדָם הִנָּבֵא עַל־רוֹעֵי יִשְׂרָאֵל הִנָּבֵא
וְאָמַרְתָּ אֲלֵיהֶם לָרֹעִים כֹּה־אָמַר ׀ אֲדֹנָי יְהוִה הוֹי רֹעֵי יִשְׂרָאֵל
ג אֲשֶׁר הָיוּ רֹעִים אוֹתָם הֲלוֹא הַצֹּאן יִרְעוּ הָרֹעִים׃ אֶת־הַחֵלֶב
תֹּאכֵלוּ וְאֶת־הַצֶּמֶר תִּלְבָּשׁוּ הַבְּרִיאָה תִּזְבָּחוּ הַצֹּאן לֹא תִרְעוּ׃
ד אֶת־הַנַּחְלוֹת לֹא חִזַּקְתֶּם וְאֶת־הַחוֹלָה לֹא־רִפֵּאתֶם וְלַנִּשְׁבֶּרֶת
לֹא חֲבַשְׁתֶּם וְאֶת־הַנִּדַּחַת לֹא הֲשֵׁבֹתֶם וְאֶת־הָאֹבֶדֶת לֹא

way that is unfair. When the righteous man turns from his 18
righteousness, and commits iniquity, then he shall die in those.
But if the wicked man turn from his wickedness, and do that 19
which is lawful and right he shall live in those. Yet you say, The 20
way of the LORD is unfair. O house of Yisra'el, I will judge you
every man after his ways.   And it came to pass in the 21
twelfth year of our exile, in the tenth month, on the fifth day
of the month, that one that had escaped out of Yerushalayim
came to me, saying, The city is smitten. Now the hand of the 22
LORD was upon me in the evening, before the fugitive came ; and
had opened my mouth, by the time he came to me in the
morning ; and my mouth was opened, and I was no longer
dumb.   Then the word of the LORD came to me, saying, 23
Son of man, they that inhabit those waste places of the land of 24
Yisra'el speak, saying, Avraham was one man, and yet he in-
herited the land : but we are many ; the land is given us for
inheritance.   Therefore say to them, Thus says the LORD 25
GOD ; You eat with the blood, and lift up your eyes toward your
idols, and shed blood : and shall you possess the land ? You 26
stand upon your sword, you carry out disgusting deeds, and you
defile every man his neighbour's wife : and shall you possess
the land ? Say thou to them as follows : Thus says the LORD 27
GOD ; As I live, surely they that are in the waste places shall
fall by the sword, and him that is in the open field will I give
to the beasts for food, and those who are in the strongholds
and in the caves shall die of the pestilence. For I will make the 28
land most desolate, and the pride of her strength shall cease ;
and the mountains of Yisra'el shall be blighted, so that none
shall pass through. Then shall they know that I am the LORD, 29
when I have made the land a total blight because of their
disgusting deeds which they have committed.   As 30
for thee, son of man, the children of thy people who talk
against thee by the walls and in the doors of the houses, speak
one to another, everyone to his brother, saying, Come, I pray
you, and hear what is the word that comes from the LORD.
And they come to thee as the people come, and they sit before 31
thee, my people, and they hear thy words, but they do not
carry them out ; for it is become flute music in their mouths,
whilst their heart is set on unjust gain. And, lo, thou art to 32
them like a song for flutes by one who has a pleasant voice,
and can play the instrument well : for they hear the words, but
they do not carry them out. But when it comes to pass, (see, it 33
is coming,) then they shall know that a prophet has been among **34**
them.   And the word of the LORD came to me, saying, Son 1,2
of man, prophesy against the shepherds of Yisra'el, prophesy,
and say to them, to the shepherds, Thus says the LORD GOD ;
Woe to the shepherds of Yisra'el that have fed themselves !
should not the shepherds feed the flocks ? You eat the fat, and 3
clothe yourselves with the wool, you kill the fatlings : but you
do not feed the sheep. You have not strengthened the weak, nor 4
have you healed the sick, nor have you bound the crippled,
nor have you brought back the strayed, nor have you sought that
which was lost ; but with force and with cruelty have you ruled

ה בְּקֶשְׁתָּם וּבְחָזְקָה רְדִיתֶם אֹתָם וּבְפָרֶךְ: וַתְּפוּצֶינָה מִבְּלִי רֹעֶה

ו וַתִּהְיֶינָה לְאָכְלָה לְכָל־חַיַּת הַשָּׂדֶה וַתְּפוּצֶינָה: יִשְׁגּוּ צֹאנִי בְּכָל־
הֶהָרִים וְעַל כָּל־גִּבְעָה רָמָה וְעַל כָּל־פְּנֵי הָאָרֶץ נָפֹצוּ צֹאנִי וְאֵין

ז דּוֹרֵשׁ וְאֵין מְבַקֵּשׁ: לָכֵן רֹעִים שִׁמְעוּ אֶת־דְּבַר יְהוָה: חַי־אָנִי

ח נְאֻם ׀ אֲדֹנָי יְהוִֹה אִם־לֹא יַעַן הֱיוֹת־צֹאנִי ׀ לָבַז וַתִּהְיֶינָה צֹאנִי
לְאָכְלָה לְכָל־חַיַּת הַשָּׂדֶה מֵאֵין רֹעֶה וְלֹא־דָרְשׁוּ רֹעַי אֶת־צֹאנִי

ט וַיִּרְעוּ הָרֹעִים אוֹתָם וְאֶת־צֹאנִי לֹא רָעוּ: לָכֵן הָרֹעִים שִׁמְעוּ
דְּבַר־יְהוָה: כֹּה־אָמַר אֲדֹנָי יְהוִֹה הִנְנִי אֶל־
הָרֹעִים וְדָרַשְׁתִּי אֶת־צֹאנִי מִיָּדָם וְהִשְׁבַּתִּים מֵרְעוֹת צֹאן וְלֹא־
יִרְעוּ עוֹד הָרֹעִים אוֹתָם וְהִצַּלְתִּי צֹאנִי מִפִּיהֶם וְלֹא־תִהְיֶיןָ לָהֶם

י לְאָכְלָה: כִּי כֹּה אָמַר אֲדֹנָי יְהוִֹה הִנְנִי־אָנִי

יא וְדָרַשְׁתִּי אֶת־צֹאנִי וּבִקַּרְתִּים: כְּבַקָּרַת רֹעֶה עֶדְרוֹ בְּיוֹם־הֱיוֹתוֹ

יב בְתוֹךְ־צֹאנוֹ נִפְרָשׁוֹת כֵּן אֲבַקֵּר אֶת־צֹאנִי וְהִצַּלְתִּי אֶתְהֶם
מִכָּל־הַמְּקוֹמֹת אֲשֶׁר נָפֹצוּ שָׁם בְּיוֹם עָנָן וַעֲרָפֶל: וְהוֹצֵאתִים

יג מִן־הָעַמִּים וְקִבַּצְתִּים מִן־הָאֲרָצוֹת וַהֲבִיאֹתִים אֶל־אַדְמָתָם
וּרְעִיתִים אֶל־הָרֵי יִשְׂרָאֵל בָּאֲפִיקִים וּבְכֹל מוֹשְׁבֵי הָאָרֶץ:

יד בְּמִרְעֶה־טּוֹב אֶרְעֶה אֹתָם וּבְהָרֵי מְרוֹם־יִשְׂרָאֵל יִהְיֶה נְוֵהֶם שָׁם

טו תִּרְבַּצְנָה בְּנָוֶה טּוֹב וּמִרְעֶה שָׁמֵן תִּרְעֶינָה אֶל־הָרֵי יִשְׂרָאֵל: אֲנִי

טז אֶרְעֶה צֹאנִי וַאֲנִי אַרְבִּיצֵם נְאֻם אֲדֹנָי יְהוִֹה: אֶת־הָאֹבֶדֶת
אֲבַקֵּשׁ וְאֶת־הַנִּדַּחַת אָשִׁיב וְלַנִּשְׁבֶּרֶת אֶחֱבֹשׁ וְאֶת־הַחוֹלָה
אֲחַזֵּק וְאֶת־הַשְּׁמֵנָה וְאֶת־הַחֲזָקָה אַשְׁמִיד אֶרְעֶנָּה בְמִשְׁפָּט:

יז וְאַתֵּנָה צֹאנִי כֹּה אָמַר אֲדֹנָי יְהוִֹה הִנְנִי שֹׁפֵט בֵּין־שֶׂה לָשֶׂה

יח לָאֵילִים וְלָעַתּוּדִים: הַמְעַט מִכֶּם הַמִּרְעֶה הַטּוֹב תִּרְעוּ וְיֶתֶר
מִרְעֵיכֶם תִּרְמְסוּ בְּרַגְלֵיכֶם וּמִשְׁקַע־מַיִם תִּשְׁתּוּ וְאֵת הַנּוֹתָרִים

יט בְּרַגְלֵיכֶם תִּרְפֹּשׂוּן: וְצֹאנִי מִרְמַס רַגְלֵיכֶם תִּרְעֶינָה וּמִרְפַּשׂ

כ רַגְלֵיכֶם תִּשְׁתֶּינָה: לָכֵן כֹּה אָמַר אֲדֹנָי יְהוִֹה
אֲלֵיהֶם הִנְנִי־אָנִי וְשָׁפַטְתִּי בֵּין־שֶׂה בִרְיָה וּבֵין שֶׂה רָזָה: יַעַן

כא בְּצַד וּבְכָתֵף תֶּהְדֹּפוּ וּבְקַרְנֵיכֶם תְּנַגְּחוּ כָּל־הַנַּחְלוֹת עַד אֲשֶׁר

כב הֲפִיצוֹתֶם אוֹתָנָה אֶל־הַחוּצָה: וְהוֹשַׁעְתִּי לְצֹאנִי וְלֹא־תִהְיֶינָה
עוֹד לָבַז וְשָׁפַטְתִּי בֵּין שֶׂה לָשֶׂה: וַהֲקִמֹתִי עֲלֵיהֶם רֹעֶה אֶחָד

כג וְרָעָה אֶתְהֶן אֵת עַבְדִּי דָוִיד הוּא יִרְעֶה אֹתָם וְהוּא־יִהְיֶה לָהֶן

כד לְרֹעֶה: וַאֲנִי יְהוָה אֶהְיֶה לָהֶם לֵאלֹהִים וְעַבְדִּי דָוִד נָשִׂיא

כה בְּתוֹכָם אֲנִי יְהוָה דִּבַּרְתִּי: וְכָרַתִּי לָהֶם בְּרִית שָׁלוֹם וְהִשְׁבַּתִּי
חַיָּה־רָעָה מִן־הָאָרֶץ וְיָשְׁבוּ בַמִּדְבָּר לָבֶטַח וְיָשְׁנוּ **בַּיְּעָרִים**:

כו וְנָתַתִּי אוֹתָם וּסְבִיבוֹת גִּבְעָתִי בְּרָכָה וְהוֹרַדְתִּי הַגֶּשֶׁם בְּעִתּוֹ

them. And they were scattered, because there was no shepherd :   5
and they became food for all the beasts of the field, when they
were scattered. My sheep wandered through all the mountains,   6
and upon every high hill : for my flock was dispersed upon all
the face of the earth, and none did search or seek after them.
Therefore, shepherds, hear the word of the LORD ; As I live, says   7,8
the LORD GOD, surely since my flock has become a prey, and
my sheep have become food for every beast of the field, because
there was no shepherd, nor did my shepherds search for my
flock, but the shepherds fed themselves, and fed not my flock ;
therefore, O shepherds, hear the word of the LORD ;   thus   9,10
says the LORD GOD ; Behold, I am against the shepherds ; and I
will require my flock at their hand, and I will put an end to
their feeding the sheep ; nor shall the shepherds feed themselves
any more ; for I will deliver my flock from their mouth, that
they may not be food for them.   For thus says the LORD   11
GOD ; Behold, I will both search my sheep, and seek them out.
As a shepherd seeks out his flock in the day that he is among   12
his sheep that are strayed ; so will I seek out my sheep, and will
deliver them out of all places where they have been dispersed in
the cloudy and dark day. And I will bring them out from among   13
the peoples, and gather them from the countries, and will bring
them to their own land, and pasture them upon the mountains
of Yisra'el by the water courses, and in all the inhabited places
of the country. I will feed them in a good pasture, and upon   14
the high mountains of Yisra'el shall their fold be : there shall
they lie in a good pasture, and in a fat grazing land shall they
feed upon the mountains of Yisra'el. I will feed my flock, and I   15
will cause them to lie down, says the LORD GOD. I will seek that   16
which was lost, and bring back the strayed, and will bind up
the crippled, and will strengthen the sick : but I will destroy the
fat and the strong ; I will make them graze upon justice. And as   17
for you, O my flock, thus says the LORD GOD ; Behold, I judge
between one lamb and another, the rams and the he goats. Is   18
it so small a thing to you that you have eaten up the good
pasture, but you must also tread down with your feet the residue
of your pasture lands ? and to have drunk of the clear waters,
but you must also foul the residue with your feet ? And as for   19
my sheep they eat that which you have trodden with your feet ;
and they drink that which you have fouled with your feet.

Therefore thus says the LORD GOD to them : Behold, I will   20
judge between the fat cattle and between the lean cattle. Because   21
you have thrust with side and with shoulder, and pushed all the
weak ones with your horns, till you have scattered them abroad ;
therefore will I save my flock, and they shall no more be a prey ;   22
and I will judge between cattle and cattle. And I will set up one   23
shepherd over them, and he shall feed them, namely my servant
David ; he shall feed them, and he shall be their shepherd.
And I the LORD will be their GOD, and my servant David will   24
be a prince among them ; I the LORD have spoken it. And I will   25
make with them a covenant of peace, and will cause the evil
beasts to cease out of the land : and they shall dwell safely in
the wilderness, and sleep in the woods. And I will make them   26

כז גִּשְׁמֵי בְרָכָה יִהְיוּ׃ וְנָתַן עֵץ הַשָּׂדֶה אֶת־פִּרְיוֹ וְהָאָרֶץ תִּתֵּן
יְבוּלָהּ וְהָיוּ עַל־אַדְמָתָם לָבֶטַח וְיָדְעוּ כִּי־אֲנִי יְהוָה בְּשִׁבְרִי אֶת־
כח מֹטוֹת עֻלָּם וְהִצַּלְתִּים מִיַּד הָעֹבְדִים בָּהֶם׃ וְלֹא־יִהְיוּ עוֹד בַּז
לַגּוֹיִם וְחַיַּת הָאָרֶץ לֹא תֹאכְלֵם וְיָשְׁבוּ לָבֶטַח וְאֵין מַחֲרִיד׃
כט וַהֲקִמֹתִי לָהֶם מַטָּע לְשֵׁם וְלֹא־יִהְיוּ עוֹד אֲסֻפֵי רָעָב בָּאָרֶץ
ל וְלֹא־יִשְׂאוּ עוֹד כְּלִמַּת הַגּוֹיִם׃ וְיָדְעוּ כִּי־אֲנִי יְהוָה אֱלֹהֵיהֶם
לא אִתָּם וְהֵמָּה עַמִּי בֵּית יִשְׂרָאֵל נְאֻם אֲדֹנָי יֱהוִה׃ וְאַתֵּן
צֹאנִי צֹאן מַרְעִיתִי אָדָם אַתֶּם אֲנִי אֱלֹהֵיכֶם נְאֻם אֲדֹנָי
לה א ב יֱהוִה׃ וַיְהִי דְבַר־יְהוָה אֵלַי לֵאמֹר׃ בֶּן־אָדָם שִׂים
ג פָּנֶיךָ עַל־הַר שֵׂעִיר וְהִנָּבֵא עָלָיו׃ וְאָמַרְתָּ לּוֹ כֹּה אָמַר אֲדֹנָי
יֱהוִה הִנְנִי אֵלֶיךָ הַר־שֵׂעִיר וְנָטִיתִי יָדִי עָלֶיךָ וּנְתַתִּיךָ שְׁמָמָה
ד וּמְשַׁמָּה׃ עָרֶיךָ חָרְבָּה אָשִׂים וְאַתָּה שְׁמָמָה תִהְיֶה וְיָדַעְתָּ כִּי־
ה אֲנִי יְהוָה׃ יַעַן הֱיוֹת לְךָ אֵיבַת עוֹלָם וַתַּגֵּר אֶת־בְּנֵי־יִשְׂרָאֵל
ו עַל־יְדֵי־חָרֶב בְּעֵת אֵידָם בְּעֵת עֲוֺן קֵץ׃ לָכֵן חַי־אָנִי נְאֻם אֲדֹנָי
יֱהוִה כִּי־לְדָם אֶעֶשְׂךָ וְדָם יִרְדֲּפֶךָ אִם־לֹא דָם שָׂנֵאתָ וְדָם
ז יִרְדֲּפֶךָ׃ וְנָתַתִּי אֶת־הַר שֵׂעִיר לְשִׁמְמָה וּשְׁמָמָה וְהִכְרַתִּי מִמֶּנּוּ
ח עֹבֵר וָשָׁב׃ וּמִלֵּאתִי אֶת־הָרָיו חֲלָלָיו גִּבְעוֹתֶיךָ וְגֵאוֹתֶיךָ וְכָל־
ט אֲפִיקֶיךָ חַלְלֵי־חֶרֶב יִפְּלוּ בָהֶם׃ שִׁמְמוֹת עוֹלָם אֶתֶּנְךָ וְעָרֶיךָ
י לֹא תישבנה וִידַעְתֶּם כִּי־אֲנִי יְהוָה׃ יַעַן אֲמָרְךָ אֶת־שְׁנֵי הַגּוֹיִם תָּשֹׁבְנָה
יא וְאֶת־שְׁתֵּי הָאֲרָצוֹת לִי תִהְיֶינָה וִירַשְׁנוּהָ וַיהוָה שָׁם הָיָה׃ לָכֵן
חַי־אָנִי נְאֻם אֲדֹנָי יֱהוִה וְעָשִׂיתִי כְּאַפְּךָ וּכְקִנְאָתְךָ אֲשֶׁר עָשִׂיתָה
יב מִשִּׂנְאָתֶיךָ בָּם וְנוֹדַעְתִּי בָם כַּאֲשֶׁר אֶשְׁפְּטֶךָ׃ וְיָדַעְתָּ כִּי אֲנִי
יְהוָה שָׁמַעְתִּי ׀ אֶת־כָּל־נָאָצוֹתֶיךָ אֲשֶׁר אָמַרְתָּ עַל־הָרֵי יִשְׂרָאֵל
יג לֵאמֹר ׀ שממה לָנוּ נִתְּנוּ לְאָכְלָה׃ וַתַּגְדִּילוּ עָלַי בְּפִיכֶם שָׁמֵמוּ
יד וְהַעְתַּרְתֶּם עָלַי דִּבְרֵיכֶם אֲנִי שָׁמָעְתִּי׃ כֹּה
אָמַר אֲדֹנָי יֱהוִה כִּשְׂמֹחַ כָּל־הָאָרֶץ שְׁמָמָה אֶעֱשֶׂה־לָּךְ׃
טו כְּשִׂמְחָתְךָ לְנַחֲלַת בֵּית־יִשְׂרָאֵל עַל אֲשֶׁר־שָׁמֵמָה כֵּן אֶעֱשֶׂה־
לָּךְ שְׁמָמָה תִהְיֶה הַר־שֵׂעִיר וְכָל־אֱדוֹם כֻּלָּהּ וְיָדְעוּ כִּי־אֲנִי
לו א יְהוָה׃ וְאַתָּה בֶן־אָדָם הִנָּבֵא אֶל־הָרֵי יִשְׂרָאֵל
ב וְאָמַרְתָּ הָרֵי יִשְׂרָאֵל שִׁמְעוּ דְּבַר־יְהוָה׃ כֹּה אָמַר אֲדֹנָי יֱהוִה
יַעַן אָמַר הָאוֹיֵב עֲלֵיכֶם הֶאָח וּבָמוֹת עוֹלָם לְמוֹרָשָׁה הָיְתָה
ג לָּנוּ׃ לָכֵן הִנָּבֵא וְאָמַרְתָּ כֹּה אָמַר אֲדֹנָי יֱהוִה יַעַן בְּיַעַן שַׁמּוֹת

and the places round about my hill a blessing; and I will cause
the shower to come down in its season; they will be showers
of blessing. And the tree of the field shall yield her fruit, and   27
the earth shall yield her increase, and they shall be secure in
their land, and shall know that I am the LORD, when I have
broken the bars of their yoke, and delivered them out of the
hand of those that enslaved them. And they shall no more be   28
a prey to the nations, nor shall the beast of the land devour
them; but they shall dwell in safety, and none shall make them
afraid. And I will raise up for them a plantation for renown,   29
and they shall be no more consumed with hunger in the land, nor
suffer any more the insult of the nations. Thus shall they know   30
that I the LORD their GOD am with them, and that they, the
house of Yisra'el are my people, says the LORD GOD. But you   31
my flock, the flock of my pasture, are men, and I am your GOD,
says the LORD GOD.   And the word of the LORD came to   **35**
me, saying, Son of man, set thy face against mount Se'ir, and   2
prophesy against it, and say to it, Thus says the LORD GOD;   3
Behold, O mount Se'ir, I am against thee, and I will stretch out
my hand against thee, and I will make thee a total blight. I will   4
lay thy cities waste, and thou shalt be desolate, and thou shalt
know that I am the LORD. Because thou hast had a perpetual   5
hatred and hast hurled the children of Yisra'el to the power of
the sword in the time of their calamity, in the time of their
final punishment: therefore, as I live, says the LORD GOD, I will   6
prepare thee to blood, and blood shall pursue thee: surely
thou hast hated thy own blood; therefore blood shall pursue
thee. Thus will I make mount Se'ir most desolate, and cut off   7
from it all who come and go. And I will fill its mountains with its   8
slain men: in thy hills, and in thy valleys, and in all thy water
courses shall they fall that are slain with the sword. I will make   9
thee perpetual desolations, and thy cities shal not have a restora-
tion: and you shall know that I am the LORD. Because thou hast   10
said, These two nations and these two countries shall be mine,
and we will possess it; though the LORD was there: therefore,   11
as I live, says the LORD GOD, I will do according to thy anger,
and according to thy envy which thou hast used out of thy
hatred against them; and I will make myself known among them,
when I shall judge thee. And thou shalt know that I am the LORD,   12
and that I have heard all thy blasphemies which thou hast spoken
against the mountains of Yisra'el saying, They are laid desolate,
they are given us to consume. Thus with your mouth you have   13
boasted against me, and have multiplied your words against me:
I have heard them.   Thus says the LORD GOD; When the   14
whole earth rejoices, I will make thee desolate. As thou didst   15
rejoice at the inheritance of the house of Yisra'el because it
was desolate, so will I do to thee: thou shalt be desolate, O
mount Se'ir, and all Edom, all of it: and they shall know that I
am the LORD.   And thou, son of man, prophesy to the moun-   **36**
tains of Yisra'el, and say, You mountains of Yisra'el hear the
word of the LORD: thus says the LORD GOD; Because the enemy   2
has said against you, Aha, even the ancient high places are ours
in possession: therefore prophesy and say, Thus says the LORD   3

וּשְׁאֹ֤ף אֶתְכֶם֙ מִסָּבִ֔יב לִהְיוֹתְכֶ֣ם מוֹרָשָׁ֔ה לִשְׁאֵרִ֖ית הַגּוֹיִ֑ם וַתַּעֲל֛וּ
עַל־שְׂפַ֥ת לָשׁ֖וֹן וְדִבַּת־עָֽם׃ לָכֵן֙ הָרֵ֣י יִשְׂרָאֵ֔ל שִׁמְע֖וּ דְּבַר־אֲדֹנָ֣י ד
יְהוִ֑ה כֹּֽה־אָמַר֩ אֲדֹנָ֨י יְהוִ֜ה לֶהָרִ֣ים וְלַגְּבָע֗וֹת לָאֲפִיקִ֨ים וְלַגֵּאָי֜וֹת
וְלֶחֳרָב֣וֹת הַשֹּֽׁמְמ֗וֹת וְלֶעָרִ֤ים הַנֶּֽעֱזָבוֹת֙ אֲשֶׁ֨ר הָי֤וּ לְבַז֙ וּלְלַ֔עַג
לִשְׁאֵרִ֥ית הַגּוֹיִ֖ם אֲשֶׁ֥ר מִסָּבִֽיב׃ לָכֵ֗ן כֹּֽה־אָמַר֮ ה
אֲדֹנָ֣י יְהוִה֒ אִם־לֹ֠א בְּאֵ֨שׁ קִנְאָתִ֥י דִבַּ֛רְתִּי עַל־שְׁאֵרִ֥ית הַגּוֹיִ֖ם
וְעַל־אֱד֣וֹם כֻּלָּ֑א אֲשֶׁ֣ר נָֽתְנוּ־אֶת־אַרְצִ֣י ׀ לָ֠הֶם לְמוֹרָשָׁ֜ה בְּשִׂמְחַ֤ת
כָּל־לֵבָב֙ בִּשְׁאָ֣ט נֶ֔פֶשׁ לְמַ֥עַן מִגְרָשָׁ֖הּ לָבַֽז׃ לָכֵ֕ן הִנָּבֵ֖א עַל־ ו
אַדְמַ֣ת יִשְׂרָאֵ֑ל וְאָמַרְתָּ֡ לֶהָרִים֩ וְלַגְּבָע֨וֹת לָאֲפִיקִ֜ים וְלַגֵּאָי֗וֹת
כֹּֽה־אָמַ֞ר אֲדֹנָ֣י יְהוִ֗ה הִנְנִ֨י בְקִנְאָתִ֤י וּבַחֲמָתִי֙ דִּבַּ֔רְתִּי יַ֛עַן כְּלִמַּ֥ת
גּוֹיִ֖ם נְשָׂאתֶֽם׃ לָכֵ֗ן כֹּ֤ה אָמַר֙ אֲדֹנָ֣י יְהוִ֔ה אֲנִ֖י נָשָׂ֣אתִי אֶת־יָדִ֑י ז
אִם־לֹ֤א הַגּוֹיִם֙ אֲשֶׁ֣ר לָכֶ֣ם מִסָּבִ֔יב הֵ֖מָּה כְּלִמָּתָ֥ם יִשָּֽׂאוּ׃ וְאַתֶּ֞ם ח
הָרֵ֤י יִשְׂרָאֵל֙ עַנְפְּכֶ֣ם תִּתֵּ֔נוּ וּפֶרְיְכֶ֥ם תִּשְׂא֖וּ לְעַמִּ֣י יִשְׂרָאֵ֑ל כִּ֥י
קֵרְב֖וּ לָבֽוֹא׃ כִּ֥י הִנְנִ֖י אֲלֵיכֶ֑ם וּפָנִ֣יתִי אֲלֵיכֶ֔ם וְנֶעֱבַדְתֶּ֖ם ט
וְנִזְרַעְתֶּֽם׃ וְהִרְבֵּיתִ֤י עֲלֵיכֶם֙ אָדָ֔ם כָּל־בֵּ֥ית יִשְׂרָאֵ֖ל כֻּלֹּ֑ה י
וְנֹֽשְׁבוּ֙ הֶֽעָרִ֔ים וְהֶחֳרָב֖וֹת תִּבָּנֶֽינָה׃ וְהִרְבֵּיתִ֧י עֲלֵיכֶ֛ם אָדָ֥ם יא
וּבְהֵמָ֖ה וְרָב֣וּ וּפָר֑וּ וְהוֹשַׁבְתִּ֨י אֶתְכֶ֜ם כְּקַדְמוֹתֵיכֶ֗ם וְהֵֽטִבֹתִי֙
מֵרִאשֹׁ֣תֵיכֶ֔ם וִידַעְתֶּ֖ם כִּֽי־אֲנִ֥י יְהוָֽה׃ וְהוֹלַכְתִּ֨י עֲלֵיכֶ֜ם אָדָ֗ם יב
אֶת־עַמִּ֤י יִשְׂרָאֵל֙ וִֽירֵשׁ֔וּךָ וְהָיִ֥יתָ לָהֶ֖ם לְנַחֲלָ֑ה וְלֹא־תוֹסִ֥ף ע֖וֹד
לְשַׁכְּלָֽם׃ כֹּ֤ה אָמַר֙ אֲדֹנָ֣י יְהוִ֔ה יַ֚עַן אֹמְרִ֣ים לָכֶ֔ם יג
אַ֣תְּ | גוֹיַ֖יִךְ — אֹכֶ֥לֶת אָדָ֖ם אתי וּמְשַׁכֶּ֥לֶת גויך הָיִֽית׃ לָכֵ֗ן אָדָם֙ לֹא־תֹ֣אכְלִ֔י יד
גוֹיַ֖יִךְ | תְשַׁכְּלִֽי — ע֑וֹד וגויך לֹ֥א תכשלי־ע֖וֹד נְאֻ֖ם אֲדֹנָ֥י יְהוִֽה׃ וְלֹא־אַשְׁמִ֨יעַ אֵלַ֥יִךְ טו
וְגוֹיַ֖יִךְ — ע֜וֹד כְּלִמַּ֣ת הַגּוֹיִ֗ם וְחֶרְפַּ֥ת עַמִּ֖ים לֹ֣א תִשְׂאִי־ע֑וֹד וגויך לֹא־
תַכְשִׁ֥לִי ע֖וֹד נְאֻ֖ם אֲדֹנָ֥י יְהוִֽה׃ וַיְהִ֥י דְבַר־יְהוָ֖ה טז
אֵלַ֥י לֵאמֹֽר׃ בֶּן־אָדָ֗ם בֵּ֤ית יִשְׂרָאֵל֙ יֹשְׁבִ֣ים עַל־אַדְמָתָ֔ם וַיְטַמְּא֣וּ יז
אוֹתָ֔הּ בְּדַרְכָּ֖ם וּבַעֲלִילוֹתָ֑ם כְּטֻמְאַת֙ הַנִּדָּ֔ה הָיְתָ֥ה דַרְכָּ֖ם לְפָנָֽי׃
וָאֶשְׁפֹּ֤ךְ חֲמָתִי֙ עֲלֵיהֶ֔ם עַל־הַדָּ֖ם אֲשֶׁר־שָׁפְכ֣וּ עַל־הָאָ֑רֶץ יח
וּבְגִלּוּלֵיהֶ֖ם טִמְּאֽוּהָ׃ וָאָפִ֤יץ אֹתָם֙ בַּגּוֹיִ֔ם וַיִּזָּר֖וּ בָּאֲרָצ֑וֹת יט
כְּדַרְכָּ֥ם וְכַעֲלִילוֹתָ֖ם שְׁפַטְתִּֽים׃ וַיָּב֗וֹא אֶל־הַגּוֹיִם֙ אֲשֶׁר־בָּ֣אוּ כ
שָׁ֔ם וַֽיְחַלְּל֖וּ אֶת־שֵׁ֣ם קָדְשִׁ֑י בֶּאֱמֹ֤ר לָהֶם֙ עַם־יְהוָ֣ה אֵ֔לֶּה וּמֵאַרְצ֖וֹ
יָצָֽאוּ׃ וָאֶחְמֹ֖ל עַל־שֵׁ֣ם קָדְשִׁ֑י אֲשֶׁ֤ר חִלְּלֻ֙הוּ֙ בֵּ֣ית יִשְׂרָאֵ֔ל בַּגּוֹיִ֖ם כא
אֲשֶׁר־בָּ֥אוּ שָֽׁמָּה׃ לָכֵ֞ן אֱמֹ֣ר לְבֵֽית־יִשְׂרָאֵ֗ל כֹּ֤ה כב

GOD ; Because they have made you desolate, and swallowed you up on every side, that you might be a possession to the rest of the nations, and you are taken up in the lips of talkers, and are become the gossip of the people : therefore, you mountains of [4] of Yisra'el, hear the word of the LORD GOD ; Thus says the LORD GOD to the mountains, and to the hills, to the water courses, and to the valleys, to the desolate wastes, and to the cities that are forsaken, which have become a prey and a derision to the residue of the nations that are round about ;   therefore thus says [5] the LORD GOD ; Surely in the fire of my jealousy have I spoken against the residue of the nations, and against all Edom, who have appointed my land to themselves for a possession with the joy of all their heart, with disdainful minds, to cast it out for a prey. Prophesy therefore concerning the land of Yisra'el, and [6] say to the mountains, and to the hills, to the water courses, and to the valleys saying, Thus says the LORD GOD ; Behold, I have spoken in my jealousy and in my fury, because you have suffered the insult of the nations : therefore thus says the LORD GOD ; [7] I have lifted up my hand, saying, Surely the nations that are about you, they shall bear their own insult. But you, O mountains [8] of Yisra'el, you shall shoot forth your branches, and yield your fruit to my people of Yisra'el ; for they will soon be coming. For, behold, I am for you, and I will turn to you, and you shall be [9] tilled and sown : and I will multiply men upon you, all the house [10] of Yisra'el, all of it : and the cities shall be inhabited, and the waste places rebuilt : and I will multiply upon you man and [11] beast ; and they shall increase and bring fruit : and I will cause you to be inhabited as in your former times, and I will do better to you than at your beginnings : and you shall know that I am the LORD. And I will cause men to walk upon you, my people [12] Yisra'el ; and they shall possess thee, and thou shalt be their inheritance, and thou shalt no longer bereave them of children.

    Thus says the LORD GOD : Because they say to you, Thou art [13] a land that devourest men, and hast bereaved thy nations ; therefore thou shalt devour men no longer, nor any more bereave [14] thy nations, says the LORD GOD. Neither will I allow the insult [15] of the nations to be heard any more against thee, nor shalt thou bear the reproach of peoples, any longer, nor shalt thou cause thy nations to stumble any more, says the LORD GOD.   And [16] the word of the LORD came to me, saying, Son of man, when the [17] house of Yisra'el dwelt in their own land, they defiled it by their way and by their doings : their way was before me as the uncleanness of a menstruous woman. So I poured my fury upon [18] them for the blood that they had shed upon the land, and for their idols with which they had defiled it : and I scattered them [19] among the nations, and they were dispersed through the countries : according to their way and according to their doings I judged them. And when they came to the nations, into which [20] they came, they profaned my holy name, in that men said of them, These are the people of the LORD, and they are gone out of his land. But I had concern for my holy name, which the [21] house of Yisra'el had profaned among the nations, into which they came.   Therefore say to the house of Yisra'el, Thus [22]

אָמַר אֲדֹנָי יֱהֹוִה לֹא לְמַעַנְכֶם אֲנִי עֹשֶׂה בֵּית יִשְׂרָאֵל כִּי אִם־
לְשֵׁם־קָדְשִׁי אֲשֶׁר חִלַּלְתֶּם בַּגּוֹיִם אֲשֶׁר־בָּאתֶם שָׁם׃ וְקִדַּשְׁתִּי כג
אֶת־שְׁמִי הַגָּדוֹל הַמְחֻלָּל בַּגּוֹיִם אֲשֶׁר חִלַּלְתֶּם בְּתוֹכָם וְיָדְעוּ
הַגּוֹיִם כִּי־אֲנִי יְהֹוָה נְאֻם אֲדֹנָי יֱהֹוִה בְּהִקָּדְשִׁי בָכֶם לְעֵינֵיהֶם׃
וְלָקַחְתִּי אֶתְכֶם מִן־הַגּוֹיִם וְקִבַּצְתִּי אֶתְכֶם מִכָּל־הָאֲרָצוֹת כד
כב וְהֵבֵאתִי אֶתְכֶם אֶל־אַדְמַתְכֶם׃ וְזָרַקְתִּי עֲלֵיכֶם מַיִם טְהוֹרִים כה
וּטְהַרְתֶּם מִכֹּל טֻמְאוֹתֵיכֶם וּמִכָּל־גִּלּוּלֵיכֶם אֲטַהֵר אֶתְכֶם׃
וְנָתַתִּי לָכֶם לֵב חָדָשׁ וְרוּחַ חֲדָשָׁה אֶתֵּן בְּקִרְבְּכֶם וַהֲסִרֹתִי אֶת־ כו
לֵב הָאֶבֶן מִבְּשַׂרְכֶם וְנָתַתִּי לָכֶם לֵב בָּשָׂר׃ וְאֶת־רוּחִי אֶתֵּן כז
בְּקִרְבְּכֶם וְעָשִׂיתִי אֵת אֲשֶׁר־בְּחֻקַּי תֵּלֵכוּ וּמִשְׁפָּטַי תִּשְׁמְרוּ
וַעֲשִׂיתֶם׃ וִישַׁבְתֶּם בָּאָרֶץ אֲשֶׁר נָתַתִּי לַאֲבֹתֵיכֶם וִהְיִיתֶם לִי כח
לְעָם וְאָנֹכִי אֶהְיֶה לָכֶם לֵאלֹהִים׃ וְהוֹשַׁעְתִּי אֶתְכֶם מִכֹּל כט
טֻמְאוֹתֵיכֶם וְקָרָאתִי אֶל־הַדָּגָן וְהִרְבֵּיתִי אֹתוֹ וְלֹא־אֶתֵּן עֲלֵיכֶם
רָעָב׃ וְהִרְבֵּיתִי אֶת־פְּרִי הָעֵץ וּתְנוּבַת הַשָּׂדֶה לְמַעַן אֲשֶׁר לֹא ל
תִקְחוּ עוֹד חֶרְפַּת רָעָב בַּגּוֹיִם׃ וּזְכַרְתֶּם אֶת־דַּרְכֵיכֶם הָרָעִים לא
וּמַעַלְלֵיכֶם אֲשֶׁר לֹא־טוֹבִים וּנְקֹטֹתֶם בִּפְנֵיכֶם עַל עֲוֹנֹתֵיכֶם וְעַל
תּוֹעֲבוֹתֵיכֶם׃ לֹא לְמַעַנְכֶם אֲנִי־עֹשֶׂה נְאֻם אֲדֹנָי יֱהֹוִה יִוָּדַע לב
לָכֶם בּוֹשׁוּ וְהִכָּלְמוּ מִדַּרְכֵיכֶם בֵּית יִשְׂרָאֵל׃
כֹּה אָמַר אֲדֹנָי יֱהֹוִה בְּיוֹם טַהֲרִי אֶתְכֶם מִכֹּל עֲוֺנוֹתֵיכֶם לג
וְהוֹשַׁבְתִּי אֶת־הֶעָרִים וְנִבְנוּ הֶחֳרָבוֹת׃ וְהָאָרֶץ הַנְּשַׁמָּה לד
תֵּעָבֵד תַּחַת אֲשֶׁר הָיְתָה שְׁמָמָה לְעֵינֵי כָּל־עוֹבֵר׃ וְאָמְרוּ לה
הָאָרֶץ הַלֵּזוּ הַנְּשַׁמָּה הָיְתָה כְּגַן־עֵדֶן וְהֶעָרִים הֶחֳרֵבוֹת
וְהַנְשַׁמּוֹת וְהַנֶּהֱרָסוֹת בְּצוּרוֹת יָשָׁבוּ׃ וְיָדְעוּ הַגּוֹיִם אֲשֶׁר לו
יִשָּׁאֲרוּ סְבִיבוֹתֵיכֶם כִּי ׀ אֲנִי יְהֹוָה בָּנִיתִי הַנֶּהֱרָסוֹת נָטַעְתִּי
הַנְּשַׁמָּה אֲנִי יְהֹוָה דִּבַּרְתִּי וְעָשִׂיתִי׃ כֹּה אָמַר לז
אֲדֹנָי יֱהֹוִה עוֹד זֹאת אִדָּרֵשׁ לְבֵית־יִשְׂרָאֵל לַעֲשׂוֹת לָהֶם
אַרְבֶּה אֹתָם כַּצֹּאן אָדָם׃ כְּצֹאן קָדָשִׁים כְּצֹאן יְרוּשָׁלַםִ לח
בְּמוֹעֲדֶיהָ כֵּן תִּהְיֶינָה הֶעָרִים הֶחֳרֵבוֹת מְלֵאוֹת צֹאן אָדָם
וְיָדְעוּ כִּי־אֲנִי יְהֹוָה׃
הָיְתָה עָלַי יַד־יְהֹוָה וַיּוֹצִאֵנִי בְרוּחַ יְהֹוָה וַיְנִיחֵנִי בְּתוֹךְ הַבִּקְעָה אלז
וְהִיא מְלֵאָה עֲצָמוֹת׃ וְהֶעֱבִירַנִי עֲלֵיהֶם סָבִיב ׀ סָבִיב וְהִנֵּה ב
רַבּוֹת מְאֹד עַל־פְּנֵי הַבִּקְעָה וְהִנֵּה יְבֵשׁוֹת מְאֹד׃ וַיֹּאמֶר אֵלַי ג
בֶּן־אָדָם הֲתִחְיֶינָה הָעֲצָמוֹת הָאֵלֶּה וָאֹמַר אֲדֹנָי יֱהֹוִה אַתָּה
יָדָעְתָּ׃ וַיֹּאמֶר אֵלַי הִנָּבֵא עַל־הָעֲצָמוֹת הָאֵלֶּה וְאָמַרְתָּ אֲלֵיהֶם ד
הָעֲצָמוֹת הַיְבֵשׁוֹת שִׁמְעוּ דְּבַר־יְהֹוָה׃ כֹּה אָמַר אֲדֹנָי יֱהֹוִה ה
לָעֲצָמוֹת הָאֵלֶּה הִנֵּה אֲנִי מֵבִיא בָכֶם רוּחַ וִחְיִיתֶם׃ וְנָתַתִּי ו

says the LORD GOD; I do not do this for your sakes, O house
of Yisra'el, but for my holy name's sake, which you have
profaned among the nations, to which you came. And I will　23
sanctify my great name, which was profaned among the nations,
which you have profaned in the midst of them; and the nations
shall know that I am the LORD, says the LORD GOD, when I shall
be sanctified in you before their eyes. For I will take you from　24
among the nations, and gather you out of all countries, and will
bring you into your own land. Then will I sprinkle clean water　25
upon you, and you shall be clean: from all your uncleannesses,
and from all your idols, will I cleanse you. A new heart also　26
will I give you, and a new spirit will I put within you: and I will
take away the stony heart out of your flesh, and I will give you
a heart of flesh. And I will put my spirit within you, and cause　27
you to follow my statutes, and you shall keep my judgments,
and do them. And you shall dwell in the land that I gave to your　28
fathers; and you shall be my people, and I will be your GOD.
And I will save you from all your uncleannesses: and I will　29
summon the corn, and make it abundant, and lay no famine
upon you. And I will make the fruit of the tree, and the increase　30
of the field abundant, that you shall receive no longer the
reproach of famine among the nations. Then shall you remember　31
your evil ways, and your doings that were not good, and will
loathe yourselves in your own sight for your iniquities and for
your disgusting deeds. Not for your sakes shall I do this, says　32
the LORD GOD; let that be known to you. Be ashamed and
confounded for your ways, O house of Yisra'el.

Thus says the LORD GOD; On the day that I shall have cleansed　33
you from all your iniquities I will also cause the cities to be
inhabited, and the wastes shall be rebuilt. And the desolate land　34
shall be tilled, instead of the desolation that it was in the sight
of all that passed by. And they shall say, This land that was　35
blighted is become like the garden of 'Eden; and the waste and
blighted and ruined cities are fortified, and inhabited. Then the　36
nations that are left round about you shall know that I the LORD
have rebuilt the ruined places, and have replanted that which
was blighted: I the LORD have spoken it, and I will do it.

　　Thus says the LORD GOD; moreover, this request I will grant　37
to the house of Yisra'el to do it for them; I will increase them
with men like a flock. Like the flock of sacrifices, like the flock　38
of Yerushalayim in her appointed times; so shall the waste
cities be filled with flocks of men: and they shall know that I am
the LORD.

The hand of the LORD was upon me, and carried me out in the　**37**
spirit of the LORD, and set me down in the midst of the valley
which was full of bones, and he caused me to pass by them round　2
about: and, behold, there were very many in the open valley;
and, lo, they were very dry. And he said to me, Son of man, can　3
these bones live? And I answered, O LORD GOD, thou knowst.
Again he said to me, Prophesy over these bones, and say to them,　4
O dry bones, hear the word of the LORD. Thus says the LORD GOD　5
to these bones; Behold, I will cause breath to enter into you, and
you shall live: and I will lay sinews upon you, and I will bring　6

עֲלֵיכֶם גִּדִים וְהַעֲלֵתִי עֲלֵיכֶם בָּשָׂר וְקָרַמְתִּי עֲלֵיכֶם עוֹר וְנָתַתִּי
בָכֶם רוּחַ וִחְיִיתֶם וִידַעְתֶּם כִּי־אֲנִי יְהוָה: וְנִבֵּאתִי כַּאֲשֶׁר צֻוֵּיתִי
וַיְהִי־קוֹל כְּהִנָּבְאִי וְהִנֵּה־רַעַשׁ וַתִּקְרְבוּ עֲצָמוֹת עֶצֶם אֶל־
עַצְמוֹ: וְרָאִיתִי וְהִנֵּה־עֲלֵיהֶם גִּדִים וּבָשָׂר עָלָה וַיִּקְרַם עֲלֵיהֶם
עוֹר מִלְמָעְלָה וְרוּחַ אֵין בָּהֶם: וַיֹּאמֶר אֵלַי הִנָּבֵא אֶל־הָרוּחַ
הִנָּבֵא בֶן־אָדָם וְאָמַרְתָּ אֶל־הָרוּחַ כֹּה־אָמַר ׀ אֲדֹנָי יְהֹוִה
מֵאַרְבַּע רוּחוֹת בֹּאִי הָרוּחַ וּפְחִי בַּהֲרוּגִים הָאֵלֶּה וְיִחְיוּ:
וְהִנַּבֵּאתִי כַּאֲשֶׁר צִוָּנִי וַתָּבוֹא בָהֶם הָרוּחַ וַיִּחְיוּ וַיַּעַמְדוּ עַל־
רַגְלֵיהֶם חַיִל גָּדוֹל מְאֹד מְאֹד: וַיֹּאמֶר אֵלַי בֶּן־אָדָם הָעֲצָמוֹת
הָאֵלֶּה כָּל־בֵּית יִשְׂרָאֵל הֵמָּה הִנֵּה אֹמְרִים יָבְשׁוּ עַצְמוֹתֵינוּ
וְאָבְדָה תִקְוָתֵנוּ נִגְזַרְנוּ לָנוּ: לָכֵן הִנָּבֵא וְאָמַרְתָּ אֲלֵיהֶם כֹּה־
אָמַר אֲדֹנָי יְהוִה הִנֵּה אֲנִי פֹתֵחַ אֶת־קִבְרוֹתֵיכֶם וְהַעֲלֵיתִי
אֶתְכֶם מִקִּבְרוֹתֵיכֶם עַמִּי וְהֵבֵאתִי אֶתְכֶם אֶל־אַדְמַת יִשְׂרָאֵל:
וִידַעְתֶּם כִּי־אֲנִי יְהוָה בְּפִתְחִי אֶת־קִבְרוֹתֵיכֶם וּבְהַעֲלוֹתִי אֶתְכֶם
מִקִּבְרוֹתֵיכֶם עַמִּי: וְנָתַתִּי רוּחִי בָכֶם וִחְיִיתֶם וְהִנַּחְתִּי אֶתְכֶם
עַל־אַדְמַתְכֶם וִידַעְתֶּם כִּי אֲנִי יְהוָה דִּבַּרְתִּי וְעָשִׂיתִי נְאֻם־
יְהוָה:　　　　　　　וַיְהִי דְבַר־יְהוָה אֵלַי לֵאמֹר: וְאַתָּה בֶן־
אָדָם קַח־לְךָ עֵץ אֶחָד וּכְתֹב עָלָיו לִיהוּדָה וְלִבְנֵי יִשְׂרָאֵל חֲבֵרָו
וּלְקַח עֵץ אֶחָד וּכְתוֹב עָלָיו לְיוֹסֵף עֵץ אֶפְרַיִם וְכָל־בֵּית יִשְׂרָאֵל
חֲבֵרָו: וְקָרַב אֹתָם אֶחָד אֶל־אֶחָד לְךָ לְעֵץ אֶחָד וְהָיוּ לַאֲחָדִים
בְּיָדֶךָ: וְכַאֲשֶׁר יֹאמְרוּ אֵלֶיךָ בְּנֵי עַמְּךָ לֵאמֹר הֲלוֹא־תַגִּיד לָנוּ
מָה־אֵלֶּה לָּךְ: דַּבֵּר אֲלֵהֶם כֹּה־אָמַר אֲדֹנָי יְהוִה הִנֵּה אֲנִי לֹקֵחַ
אֶת־עֵץ יוֹסֵף אֲשֶׁר בְּיַד־אֶפְרַיִם וְשִׁבְטֵי יִשְׂרָאֵל חֲבֵרָו וְנָתַתִּי
אוֹתָם עָלָיו אֶת־עֵץ יְהוּדָה וַעֲשִׂיתִם לְעֵץ אֶחָד וְהָיוּ אֶחָד
בְּיָדִי: וְהָיוּ הָעֵצִים אֲשֶׁר־תִּכְתֹּב עֲלֵיהֶם בְּיָדְךָ לְעֵינֵיהֶם: וְדַבֵּר
אֲלֵיהֶם כֹּה־אָמַר אֲדֹנָי יְהוִה הִנֵּה אֲנִי לֹקֵחַ אֶת־בְּנֵי יִשְׂרָאֵל
מִבֵּין הַגּוֹיִם אֲשֶׁר הָלְכוּ־שָׁם וְקִבַּצְתִּי אֹתָם מִסָּבִיב וְהֵבֵאתִי
אוֹתָם אֶל־אַדְמָתָם: וְעָשִׂיתִי אֹתָם לְגוֹי אֶחָד בָּאָרֶץ בְּהָרֵי
יִשְׂרָאֵל וּמֶלֶךְ אֶחָד יִהְיֶה לְכֻלָּם לְמֶלֶךְ וְלֹא יִהְיֶה־עוֹד לִשְׁנֵי
גוֹיִם וְלֹא יֵחָצוּ עוֹד לִשְׁתֵּי מַמְלָכוֹת עוֹד: וְלֹא יִטַּמְּאוּ עוֹד
בְּגִלּוּלֵיהֶם וּבְשִׁקּוּצֵיהֶם וּבְכֹל פִּשְׁעֵיהֶם וְהוֹשַׁעְתִּי אֹתָם מִכֹּל
מוֹשְׁבֹתֵיהֶם אֲשֶׁר חָטְאוּ בָהֶם וְטִהַרְתִּי אוֹתָם וְהָיוּ־לִי לְעָם וַאֲנִי
אֶהְיֶה לָהֶם לֵאלֹהִים: וְעַבְדִּי דָוִד מֶלֶךְ עֲלֵיהֶם וְרוֹעֶה אֶחָד
יִהְיֶה לְכֻלָּם וּבְמִשְׁפָּטַי יֵלֵכוּ וְחֻקֹּתַי יִשְׁמְרוּ וְעָשׂוּ אוֹתָם: וְיָשְׁבוּ
עַל־הָאָרֶץ אֲשֶׁר נָתַתִּי לְעַבְדִּי לְיַעֲקֹב אֲשֶׁר יָשְׁבוּ־בָהּ אֲבוֹתֵיכֶם
וְיָשְׁבוּ עָלֶיהָ הֵמָּה וּבְנֵיהֶם וּבְנֵי בְנֵיהֶם עַד־עוֹלָם וְדָוִד עַבְדִּי

up flesh upon you, and cover you with skin, and put breath in you, and you shall live ; and you shall know that I am the LORD. So I prophesied as I was commanded : and as I prophesied, there 7 was a noise, and behold a rattling, and the bones came together, bone to its bone. And as I beheld, lo, the sinews and the flesh 8 came up on them, and the skin covered them above : but there was no breath in them. Then he said to me, Prophesy to the 9 breath, prophesy, son of man, and say to the breath, Thus says the LORD GOD ; Come from the four winds, O breath, and breathe upon these slain, that they may live. So I prophesied as he 10 commanded me, and the breath came into them, and they lived, and stood up on their feet, an exceeding great army. Then he said 11 to me, Son of man, these bones are the whole house of Yisra'el : behold, they say, Our bones are dried, and our hope is lost : we are clean cut off. Therefore prophesy and say to them, Thus 12 says the LORD GOD ; Behold, O my people, I will open your graves, and cause you to come up out of your graves, and bring you into the land of Yisra'el. And you shall know that I am the LORD, 13 when I have opened your graves, O my people, and have brought you up out of your graves, and I shall put my spirit in you, and 14 you shall live, and I shall place you in your own land : then you shall know that I the LORD have spoken, and performed it, says the LORD.   And the word of the LORD came to me saying, 15 And thou, son of man, take thee one stick, and write upon it, For 16 Yehuda, and for the children of Yisra'el his companions: then take another stick and write upon it, For Yosef, the stick of Efrayim, and for all the house of Yisra'el his companions : and join them 17 one to the other to make one stick ; and they shall become one in thy hand. And when the children of thy people shall speak to 18 thee, saying, Wilt thou not tell us what thou meanest by these ? say to them, Thus says the LORD GOD ; Behold I will take the 19 stick of Yosef, which is in the hand of Efrayim, and the tribes of Yisra'el his companions, and will put them and it together with the stick of Yehuda to form one stick, and they shall be one in my hand. And the sticks on which thou writest shall be 20 in thy hand before their eyes. And say to them, Thus says the 21 LORD GOD ; Behold, I will take the children of Yisra'el from among the nations, into which they are gone, and will gather them on every side, and bring them into their own land : and 22 I will make them one nation in the land upon the mountains of Yisra'el ; and one king shall be king over them all : and they shall no more be two nations, nor shall they be divided into two kingdoms any more at all : nor shall they defile themselves any 23 more with their idols, nor with their detestable things, nor with any of their transgressions : but I will save them in all their dwellingplaces, where they have sinned, and will cleanse them : so shall they be my people, and I will be their GOD. And David 24 my servant shall be king over them ; and they all shall have one shepherd : they shall also follow my judgments, and observe my statutes, and do them. And they shall dwell in the land that I 25 have given to Ya'aqov my servant, in which your fathers have dwelt ; and they shall dwell there, they, and their children, and their children's children for ever : and my servant David shall be

נָשִׂיא לָהֶם לְעוֹלָם׃ וְכָרַתִּי לָהֶם בְּרִית שָׁלוֹם בְּרִית עוֹלָם יִהְיֶה כו
אוֹתָם וּנְתַתִּים וְהִרְבֵּיתִי אוֹתָם וְנָתַתִּי אֶת־מִקְדָּשִׁי בְּתוֹכָם
לְעוֹלָם׃ וְהָיָה מִשְׁכָּנִי עֲלֵיהֶם וְהָיִיתִי לָהֶם לֵאלֹהִים וְהֵמָּה יִהְיוּ־ כז
כג לִי לְעָם׃ וְיָדְעוּ הַגּוֹיִם כִּי אֲנִי יְהוָה מְקַדֵּשׁ אֶת־יִשְׂרָאֵל בִּהְיוֹת כח
מִקְדָּשִׁי בְּתוֹכָם לְעוֹלָם׃ וַיְהִי דְבַר־יְהוָה אֵלַי לח א
לֵאמֹר׃ בֶּן־אָדָם שִׂים פָּנֶיךָ אֶל־גּוֹג אֶרֶץ הַמָּגוֹג נְשִׂיא רֹאשׁ ב
מֶשֶׁךְ וְתֻבָל וְהִנָּבֵא עָלָיו׃ וְאָמַרְתָּ כֹּה אָמַר אֲדֹנָי יְהוִה הִנְנִי ג
אֵלֶיךָ גּוֹג נְשִׂיא רֹאשׁ מֶשֶׁךְ וְתֻבָל׃ וְשׁוֹבַבְתִּיךָ וְנָתַתִּי חַחִים ד
בִּלְחָיֶיךָ וְהוֹצֵאתִי אוֹתְךָ וְאֶת־כָּל־חֵילֶךָ סוּסִים וּפָרָשִׁים לְבֻשֵׁי
מִכְלוֹל כֻּלָּם קָהָל רָב צִנָּה וּמָגֵן תֹּפְשֵׂי חֲרָבוֹת כֻּלָּם׃ פָּרַס כּוּשׁ ה
וּפוּט אִתָּם כֻּלָּם מָגֵן וְכוֹבָע׃ גֹּמֶר וְכָל־אֲגַפֶּיהָ בֵּית תּוֹגַרְמָה ו
יַרְכְּתֵי צָפוֹן וְאֶת־כָּל־אֲגַפָּיו עַמִּים רַבִּים אִתָּךְ׃ הִכֹּן וְהָכֵן לְךָ ז
אַתָּה וְכָל־קְהָלֶךָ הַנִּקְהָלִים עָלֶיךָ וְהָיִיתָ לָהֶם לְמִשְׁמָר׃
מִיָּמִים רַבִּים תִּפָּקֵד בְּאַחֲרִית הַשָּׁנִים תָּבוֹא ׀ אֶל־אֶרֶץ ׀ ח
מְשׁוֹבֶבֶת מֵחֶרֶב מְקֻבֶּצֶת מֵעַמִּים רַבִּים עַל הָרֵי יִשְׂרָאֵל
אֲשֶׁר־הָיוּ לְחָרְבָּה תָּמִיד וְהִיא מֵעַמִּים הוּצָאָה וְיָשְׁבוּ לָבֶטַח
כֻּלָּם׃ וְעָלִיתָ כַּשֹּׁאָה תָבוֹא כֶּעָנָן לְכַסּוֹת הָאָרֶץ תִּהְיֶה אַתָּה ט
וְכָל־אֲגַפֶּיךָ וְעַמִּים רַבִּים אוֹתָךְ׃ כֹּה אָמַר אֲדֹנָי י
יְהוִה וְהָיָה ׀ בַּיּוֹם הַהוּא יַעֲלוּ דְבָרִים עַל־לְבָבֶךָ וְחָשַׁבְתָּ
מַחֲשֶׁבֶת רָעָה׃ וְאָמַרְתָּ אֶעֱלֶה עַל־אֶרֶץ פְּרָזוֹת אָבוֹא יא
הַשֹּׁקְטִים יֹשְׁבֵי לָבֶטַח כֻּלָּם יֹשְׁבִים בְּאֵין חוֹמָה וּבְרִיחַ וּדְלָתַיִם
אֵין לָהֶם׃ לִשְׁלֹל שָׁלָל וְלָבֹז בַּז לְהָשִׁיב יָדְךָ עַל־חֳרָבוֹת יב
נוֹשָׁבֹת וְאֶל־עַם מְאֻסָּף מִגּוֹיִם עֹשֶׂה מִקְנֶה וְקִנְיָן יֹשְׁבֵי
עַל־טַבּוּר הָאָרֶץ׃ שְׁבָא וּדְדָן וְסֹחֲרֵי תַרְשִׁישׁ וְכָל־כְּפִרֶיהָ יג
יֹאמְרוּ לְךָ הֲלִשְׁלֹל שָׁלָל אַתָּה בָא הֲלָבֹז בַּז הִקְהַלְתָּ
קְהָלֶךָ לָשֵׂאת ׀ כֶּסֶף וְזָהָב לָקַחַת מִקְנֶה וְקִנְיָן לִשְׁלֹל שָׁלָל
גָּדוֹל׃ לָכֵן הִנָּבֵא בֶן־אָדָם וְאָמַרְתָּ לְגוֹג כֹּה אָמַר יד
אֲדֹנָי יְהוִה הֲלוֹא ׀ בַּיּוֹם הַהוּא בְּשֶׁבֶת עַמִּי יִשְׂרָאֵל לָבֶטַח
תֵּדָע׃ וּבָאתָ מִמְּקוֹמְךָ מִיַּרְכְּתֵי צָפוֹן אַתָּה וְעַמִּים רַבִּים טו
אִתָּךְ רֹכְבֵי סוּסִים כֻּלָּם קָהָל גָּדוֹל וְחַיִל רָב׃ וְעָלִיתָ עַל־עַמִּי טז
יִשְׂרָאֵל כֶּעָנָן לְכַסּוֹת הָאָרֶץ בְּאַחֲרִית הַיָּמִים תִּהְיֶה וַהֲבִאוֹתִיךָ
עַל־אַרְצִי לְמַעַן דַּעַת הַגּוֹיִם אֹתִי בְּהִקָּדְשִׁי בְךָ לְעֵינֵיהֶם
גּוֹג׃ כֹּה־אָמַר אֲדֹנָי יְהוִה הַאַתָּה־הוּא אֲשֶׁר־ יז
דִּבַּרְתִּי בְּיָמִים קַדְמוֹנִים בְּיַד עֲבָדַי נְבִיאֵי יִשְׂרָאֵל הַנִּבְּאִים

their prince for ever. Moreover I will make a covenant of peace 26
with them ; it shall be an everlasting covenant with them, which
I will give them ; and I will multiply them, and will set my
sanctuary in the midst of them for evermore. And my tabernacle 27
shall be with them : and I will be their GOD, and they shall be
my people. Then the nations shall know that I the LORD do 28
sanctify Yisra'el, when my sanctuary shall be in the midst of them
for evermore.   And the word of the LORD came to me, **38**
saying, Son of man, set thy face against Gog, of the land of 2
Magog, the chief prince of Meshekh and Tuval, and prophesy
against him, and say, Thus says the LORD GOD ; Behold, I am 3
against thee, O Gog, the chief prince of Meshekh and Tuval :
and I will turn thee about and put hooks into thy jaws, and I 4
will bring thee out, and all thy army, horses and horsemen, all
of them in complete attire, a great company with buckler and
shield, all of them handling swords : Paras, Kush, and Put with 5
them ; all of them with shield and helmet : Gomer, and all his 6
bands ; the house of Togarma of the far sides of the north, and
all his bands : and many peoples with thee. Be thou prepared, 7
and prepare for thyself, thou, and all thy company that are
assembled unto thee, and be thou a guard to them. After many 8
days thou shalt be called upon : in the latter years thou shalt
come against the land that is brought back from the sword, and is
gathered out of many peoples against the mountains of Yisra'el,
which have been a continual waste : but it is brought out of the
nations, and they dwell safely all of them. Thou shalt ascend and 9
come like a storm, thou shalt be like a cloud to cover the land,
thou, and all thy bands, and many peoples with thee.   Thus 10
says the LORD GOD ; It shall come to pass on that day, that things
shall come into thy mind, and thou shalt think an evil scheme :
and thou shalt say, I will go up to the land of unwalled villages ; 11
I will go to them that are at quiet, that dwell in safety, all of
them dwelling without walls, and having neither bars nor gates ;
to take a spoil, and to take a prey ; to turn thy hand against the 12
waste places that are now inhabited, and against a people that
are gathered out of the nations, that have acquired cattle and
goods, and that dwell at the centre of the earth. Sheva, and 13
Dedan, and the merchants of Tarshish, with all its young lions,
shall say to thee, Art thou come to take a spoil ? hast thou
gathered thy company to take a prey ? to carry away silver and
gold, to take away cattle and goods, to take a great spoil ?

Therefore, son of man, prophesy and say to Gog, Thus says 14
the LORD GOD ; In that day when my people of Yisra'el dwell
safely, shalt thou not know it ? And thou shalt come from thy 15
place out of the far sides of the north, thou; and many peoples
with thee, all of them riding upon horses, a great company, and
a mighty army : and thou shalt come up against my people of 16
Yisra'el, like a cloud to cover the land ; it shall be in the latter
days, and I will bring thee against my land, that the nations may
know me, when I shall be sanctified by thee, O Gog, before their
eyes.   Thus says the LORD GOD ; Art thou he of whom I 17
have spoken in old time by my servants the prophets of Yisra'el,
who prophesied in those days for many years that I would bring

בַּיָּמִים הָהֵם שָׁנִים לְהָבִיא אֹתְךָ עֲלֵיהֶם׃ וְהָיָה ׀ יח
בַּיּוֹם הַהוּא בְּיוֹם בּוֹא גוֹג עַל־אַדְמַת יִשְׂרָאֵל נְאֻם אֲדֹנָי יֱהֹוִה
תַּעֲלֶה חֲמָתִי בְּאַפִּי׃ וּבְקִנְאָתִי בְאֵשׁ־עֶבְרָתִי דִּבַּרְתִּי אִם־לֹא ׀ יט
בַּיּוֹם הַהוּא יִהְיֶה רַעַשׁ גָּדוֹל עַל אַדְמַת יִשְׂרָאֵל׃ וְרָעֲשׁוּ מִפָּנַי כ
דְּגֵי הַיָּם וְעוֹף הַשָּׁמַיִם וְחַיַּת הַשָּׂדֶה וְכָל־הָרֶמֶשׂ הָרֹמֵשׂ עַל־
הָאֲדָמָה וְכֹל הָאָדָם אֲשֶׁר עַל־פְּנֵי הָאֲדָמָה וְנֶהֶרְסוּ הֶהָרִים
וְנָפְלוּ הַמַּדְרֵגוֹת וְכָל־חוֹמָה לָאָרֶץ תִּפּוֹל׃ וְקָרָאתִי עָלָיו לְכָל־ כא
הָרַי חֶרֶב נְאֻם אֲדֹנָי יֱהֹוִה חֶרֶב אִישׁ בְּאָחִיו תִּהְיֶה׃ וְנִשְׁפַּטְתִּי כב
אִתּוֹ בְּדֶבֶר וּבְדָם וְגֶשֶׁם שׁוֹטֵף וְאַבְנֵי אֶלְגָּבִישׁ אֵשׁ וְגָפְרִית
אַמְטִיר עָלָיו וְעַל־אֲגַפָּיו וְעַל־עַמִּים רַבִּים אֲשֶׁר אִתּוֹ׃
וְהִתְגַּדִּלְתִּי וְהִתְקַדִּשְׁתִּי וְנוֹדַעְתִּי לְעֵינֵי גּוֹיִם רַבִּים וְיָדְעוּ כִּי־ כג
אֲנִי יְהֹוָה׃ וְאַתָּה בֶן־אָדָם הִנָּבֵא עַל־גּוֹג וְאָמַרְתָּ א לט
כֹּה אָמַר אֲדֹנָי יֱהֹוִה הִנְנִי אֵלֶיךָ גּוֹג נְשִׂיא רֹאשׁ מֶשֶׁךְ וְתֻבָל׃
וְשֹׁבַבְתִּיךָ וְשִׁשֵּׁאתִיךָ וְהַעֲלִיתִיךָ מִיַּרְכְּתֵי צָפוֹן וַהֲבִאוֹתִיךָ עַל־ ב
הָרֵי יִשְׂרָאֵל׃ וְהִכֵּיתִי קַשְׁתְּךָ מִיַּד שְׂמֹאולְךָ וְחִצֶּיךָ מִיַּד יְמִינְךָ ג
אַפִּיל׃ עַל־הָרֵי יִשְׂרָאֵל תִּפּוֹל אַתָּה וְכָל־אֲגַפֶּיךָ וְעַמִּים אֲשֶׁר ד
אִתָּךְ לְעֵיט צִפּוֹר כָּל־כָּנָף וְחַיַּת הַשָּׂדֶה נְתַתִּיךָ לְאָכְלָה׃ עַל־ ה
פְּנֵי הַשָּׂדֶה תִּפּוֹל כִּי אֲנִי דִבַּרְתִּי נְאֻם אֲדֹנָי יֱהֹוִה׃ וְשִׁלַּחְתִּי־אֵשׁ ו
בְּמָגוֹג וּבְיֹשְׁבֵי הָאִיִּים לָבֶטַח וְיָדְעוּ כִּי־אֲנִי יְהֹוָה׃ וְאֶת־שֵׁם ז
קָדְשִׁי אוֹדִיעַ בְּתוֹךְ עַמִּי יִשְׂרָאֵל וְלֹא־אַחֵל אֶת־שֵׁם־קָדְשִׁי
עוֹד וְיָדְעוּ הַגּוֹיִם כִּי־אֲנִי יְהֹוָה קָדוֹשׁ בְּיִשְׂרָאֵל׃ הִנֵּה בָאָה ח
וְנִהְיָתָה נְאֻם אֲדֹנָי יֱהֹוִה הוּא הַיּוֹם אֲשֶׁר דִּבַּרְתִּי׃ וְיָצְאוּ יֹשְׁבֵי ׀ ט
עָרֵי יִשְׂרָאֵל וּבִעֲרוּ וְהִשִּׂיקוּ בְּנֶשֶׁק וּמָגֵן וְצִנָּה בְּקֶשֶׁת וּבְחִצִּים
וּבְמַקֵּל יָד וּבְרֹמַח וּבִעֲרוּ בָהֶם אֵשׁ שֶׁבַע שָׁנִים׃ וְלֹא־יִשְׂאוּ י
עֵצִים מִן־הַשָּׂדֶה וְלֹא יַחְטְבוּ מִן־הַיְּעָרִים כִּי בַנֶּשֶׁק יְבַעֲרוּ־
אֵשׁ וְשָׁלְלוּ אֶת־שֹׁלְלֵיהֶם וּבָזְזוּ אֶת־בֹּזְזֵיהֶם נְאֻם אֲדֹנָי
יֱהֹוִה׃ וְהָיָה בַיּוֹם הַהוּא אֶתֵּן לְגוֹג ׀ מְקוֹם־שָׁם יא
קֶבֶר בְּיִשְׂרָאֵל גֵּי הָעֹבְרִים קִדְמַת הַיָּם וְחֹסֶמֶת הִיא אֶת־
הָעֹבְרִים וְקָבְרוּ שָׁם אֶת־גּוֹג וְאֶת־כָּל־הֲמוֹנֹה וְקָרְאוּ גֵּיא הֲמוֹן
גּוֹג׃ וּקְבָרוּם בֵּית יִשְׂרָאֵל לְמַעַן טַהֵר אֶת־הָאָרֶץ שִׁבְעָה יב
חֳדָשִׁים׃ וְקָבְרוּ כָּל־עַם הָאָרֶץ וְהָיָה לָהֶם לְשֵׁם יוֹם הִכָּבְדִי יג
נְאֻם אֲדֹנָי יֱהֹוִה׃ וְאַנְשֵׁי תָמִיד יַבְדִּילוּ עֹבְרִים בָּאָרֶץ מְקַבְּרִים יד
אֶת־הָעֹבְרִים אֶת־הַנּוֹתָרִים עַל־פְּנֵי הָאָרֶץ לְטַהֲרָהּ מִקְצֵה

thee against them ?   And it shall come to pass on that day,   18
when Gog shall come against the land of Yisra'el, says the LORD
GOD, that my fury shall glare out. For in my jealousy and in the   19
fire of my anger have I spoken saying, Surely in that day there
shall be a great shaking in the land of Yisra'el ; so that the fishes   20
of the sea, and the birds of the sky, and the beasts of the field,
and all creeping things that creep upon the earth, and all the men
that are upon the face of the earth, shall shake at my presence,
and the mountains shall be thrown down, and the steep places
shall fall, and every wall shall fall to the ground. And I will call   21
for a sword against him throughout all my mountains, says the
LORD GOD : every man's sword shall be against his brother. And   22
I will contend with him by pestilence and by blood ; and I will
rain down upon him, and upon his bands, and upon the many
peoples that are with him, a torrential rain, and great hailstones,
fire, and brimstone. Thus will I magnify myself and sanctify   23
myself , and I will make myself known in the eyes of many
nations, and they shall know that I am the LORD.   And   **39**
thou, son of man, prophesy against Gog, and say, Thus says the
LORD GOD ; Behold, I am against thee, O Gog, the chief prince
of Meshekh and Tuval : and I will turn thee about, and entice   2
thee on, and will cause thee to come up from the far sides of
the north, and will bring thee against the mountains of Yisra'el :
and I will smite thy bow out of thy left hand, and will cause thy   3
arrows to fall out of thy right hand. Thou shalt fall upon the   4
mountains of Yisra'el, thou, and all thy bands, and the peoples
that are with thee : I will give thee to the ravenous birds of
every sort, and to the beasts of the field to be devoured. Thou   5
shalt fall upon the open field : for I have spoken it, says the LORD
GOD. And I will send a fire on Magog, and among them that   6
dwell securely in the coastlands : and they shall know that I am
the LORD. So will I make my holy name known in the midst of   7
my people Yisra'el ; and I will not allow my holy name to be
profaned any more : and the nations shall know that I am the
LORD, the Holy One in Yisra'el. Behold, it comes, and it is accom-   8
plished, says the LORD GOD ; this is the day of which I have
spoken. And they that dwell in the cities of Yisra'el shall go   9
forth, and shall set fire to the weapons, and burn them, both
shield and buckler, bow and arrows, and the staves, and the
spears, and they shall make fires with them for seven years.
So that they shall take no wood out of the field, nor cut down   10
any out of the forests ; for they shall make fire with the weap-
ons : and they shall spoil those that spoiled them, and rob those
that robbed them, says the LORD GOD.   And it shall come to   11
pass on that day, that I will give to Gog a place for burial in
Yisra'el, the valley of those who travel to the east of the sea :
and it shall block the path of the travellers : and there shall they
bury Gog and all his multitude : and they shall call it The Valley
of Hamon-gog (the Multitude of Gog.) And seven months shall   12
the house of Yisra'el be burying them, that they may cleanse the
land. And all the people of the land shall bury them ; and it   13
shall be to them a renown on the day that I shall be glorified, says
the LORD GOD. And permanent officers shall despatch men to   14

טו שִׁבְעָה־חֳדָשִׁים יַחְקֹרוּ׃ וְעָבְרוּ הָעֹבְרִים בָּאָרֶץ וְרָאָה עֶצֶם אָדָם
וּבָנָה אֶצְלוֹ צִיּוּן עַד קָבְרוּ אֹתוֹ הַמְקַבְּרִים אֶל־גֵּיא הֲמוֹן גּוֹג׃
טז יז וְגַם שֶׁם־עִיר הֲמוֹנָה וְטִהֲרוּ הָאָרֶץ׃ וְאַתָּה בֶן־
אָדָם כֹּה־אָמַר ׀ אֲדֹנָי יְהוִה אֱמֹר לְצִפּוֹר כָּל־כָּנָף וּלְכֹל ׀ חַיַּת
הַשָּׂדֶה הִקָּבְצוּ וָבֹאוּ הֵאָסְפוּ מִסָּבִיב עַל־זִבְחִי אֲשֶׁר אֲנִי זֹבֵחַ
לָכֶם זֶבַח גָּדוֹל עַל הָרֵי יִשְׂרָאֵל וַאֲכַלְתֶּם בָּשָׂר וּשְׁתִיתֶם דָּם׃
יח בְּשַׂר גִּבּוֹרִים תֹּאכֵלוּ וְדַם־נְשִׂיאֵי הָאָרֶץ תִּשְׁתּוּ אֵילִים כָּרִים
יט וְעַתּוּדִים פָּרִים מְרִיאֵי בָשָׁן כֻּלָּם׃ וַאֲכַלְתֶּם־חֵלֶב לְשָׂבְעָה
כ וּשְׁתִיתֶם דָּם לְשִׁכָּרוֹן מִזִּבְחִי אֲשֶׁר־זָבַחְתִּי לָכֶם׃ וּשְׂבַעְתֶּם עַל־
שֻׁלְחָנִי סוּס וָרֶכֶב גִּבּוֹר וְכָל־אִישׁ מִלְחָמָה נְאֻם אֲדֹנָי יְהוִה׃
כא וְנָתַתִּי אֶת־כְּבוֹדִי בַּגּוֹיִם וְרָאוּ כָל־הַגּוֹיִם אֶת־מִשְׁפָּטִי אֲשֶׁר
כב עָשִׂיתִי וְאֶת־יָדִי אֲשֶׁר־שַׂמְתִּי בָהֶם׃ וְיָדְעוּ בֵּית יִשְׂרָאֵל כִּי אֲנִי כד
כג יְהוָה אֱלֹהֵיהֶם מִן־הַיּוֹם הַהוּא וָהָלְאָה׃ וְיָדְעוּ הַגּוֹיִם כִּי בַעֲוֺנָם
גָּלוּ בֵית־יִשְׂרָאֵל עַל אֲשֶׁר מָעֲלוּ־בִי וָאַסְתִּר פָּנַי מֵהֶם וָאֶתְּנֵם
כד בְּיַד צָרֵיהֶם וַיִּפְּלוּ בַחֶרֶב כֻּלָּם׃ כְּטֻמְאָתָם וּכְפִשְׁעֵיהֶם עָשִׂיתִי
כה אֹתָם וָאַסְתִּר פָּנַי מֵהֶם׃ לָכֵן כֹּה אָמַר אֲדֹנָי יְהוִה
עַתָּה אָשִׁיב אֶת־שְׁבִית יַעֲקֹב וְרִחַמְתִּי כָּל־בֵּית יִשְׂרָאֵל שְׁבוּת
כו וְקִנֵּאתִי לְשֵׁם קָדְשִׁי׃ וְנָשׂוּ אֶת־כְּלִמָּתָם וְאֶת־כָּל־מַעֲלָם אֲשֶׁר
כז מָעֲלוּ־בִי בְּשִׁבְתָּם עַל־אַדְמָתָם לָבֶטַח וְאֵין מַחֲרִיד׃ בְּשׁוֹבְבִי
אוֹתָם מִן־הָעַמִּים וְקִבַּצְתִּי אֹתָם מֵאַרְצוֹת אֹיְבֵיהֶם וְנִקְדַּשְׁתִּי
כח בָם לְעֵינֵי הַגּוֹיִם רַבִּים׃ וְיָדְעוּ כִּי אֲנִי יְהוָה אֱלֹהֵיהֶם בְּהַגְלוֹתִי
אֹתָם אֶל־הַגּוֹיִם וְכִנַּסְתִּים אֶל־אַדְמָתָם וְלֹא־אוֹתִיר עוֹד מֵהֶם
כט שָׁם׃ וְלֹא־אַסְתִּיר עוֹד פָּנַי מֵהֶם אֲשֶׁר שָׁפַכְתִּי אֶת־רוּחִי עַל־
מ א בֵּית יִשְׂרָאֵל נְאֻם אֲדֹנָי יְהוִה׃ בְּעֶשְׂרִים וְחָמֵשׁ
שָׁנָה לְגָלוּתֵנוּ בְּרֹאשׁ הַשָּׁנָה בֶּעָשׂוֹר לַחֹדֶשׁ בְּאַרְבַּע עֶשְׂרֵה
שָׁנָה אַחַר אֲשֶׁר הֻכְּתָה הָעִיר בְּעֶצֶם ׀ הַיּוֹם הַזֶּה הָיְתָה עָלַי יַד־
ב יְהוָה וַיָּבֵא אֹתִי שָׁמָּה׃ בְּמַרְאוֹת אֱלֹהִים הֱבִיאַנִי אֶל־אֶרֶץ
יִשְׂרָאֵל וַיְנִיחֵנִי אֶל־הַר גָּבֹהַּ מְאֹד וְעָלָיו כְּמִבְנֵה־עִיר מִנֶּגֶב׃
ג וַיָּבֵיא אוֹתִי שָׁמָּה וְהִנֵּה־אִישׁ מַרְאֵהוּ כְּמַרְאֵה נְחֹשֶׁת וּפְתִיל־
ד פִּשְׁתִּים בְּיָדוֹ וּקְנֵה הַמִּדָּה וְהוּא עֹמֵד בַּשָּׁעַר׃ וַיְדַבֵּר אֵלַי הָאִישׁ
בֶּן־אָדָם רְאֵה בְעֵינֶיךָ וּבְאָזְנֶיךָ שְּׁמָע וְשִׂים לִבְּךָ לְכֹל אֲשֶׁר־אֲנִי
מַרְאֶה אוֹתָךְ כִּי לְמַעַן הַרְאוֹתְכָה הֻבָאתָה הֵנָּה הַגֵּד אֶת־כָּל־

range the land and with these rangers they shall bury those that
remain above the earth, to cleanse it : after the end of seven
months they will make their search. And the rangers that pass   15
through the land, when any sees a human bone, then shall he set
up a sign by it, till the buriers have buried it in the valley of
Hamon-gog. And also the name of the city shall be Hamona.   16
Thus shall they cleanse the land.   And, thou son of man,   17
thus says the Lord God ; Speak to every feathered bird, and to
every beast of the field, Assemble yourselves, and come ; gather
yourselves on every side to my festive meal that I prepare for
you, a great feast upon the mountains of Yisra'el, that you may
eat meat, and drink blood. You shall eat the flesh of the mighty, 18
and drink the blood of the princes of the earth, of rams, of lambs,
and of goats, of bullocks, all of them fatlings of Bashan. And   19
you shall eat fat till you are full, and drink blood till you are
drunken, of my feast which I have prepared for you. Thus you   20
shall be filled at my table with horses and chariots, with mighty
men, and with all men of war, says the Lord God. And I will set   21
my glory among the nations, and all the nations shall see my
judgment that I have executed, and my hand that I have laid
upon them. So the house of Yisra'el shall know that I am the   22
Lord their God from that day onwards. And the nations shall   23
know that the house of Yisra'el went into exile for their iniquity :
because they broke faith with me, therefore I hid my face from
them, and gave them into the hand of their enemies : so they
fell by the sword all of them. According to their uncleanness   24
and according to their transgressions have I done to them, and I
hid my face from them.   Therefore thus says the Lord   25
God ; Now will I bring back the captivity of Ya'aqov, and have
mercy upon the whole house of Yisra'el, and will be zealous for
my holy name ; and they will be quit of their shame, and of   26
all their faithlessness in which they have been faithless to me,
when they dwell securely on their land, with none to make them
afraid. When I have brought them back from the peoples, and   27
gathered them out of their enemies' lands, and am sanctified in
them in the sight of many nations ; then shall they know that   28
I am the Lord their God, who caused them to be led into exile
among the nations : but I have gathered them to their own land,
and have left none of them there any more. Nor will I hide my   29
face any more from them : for I have poured out my spirit upon
the house of Yisra'el, says the Lord God.   In the twenty   **40**
fifth year of our exile, in the beginning of the year, on the tenth
day of the month, in the fourteenth year after the city was smit-
ten, on that very day the hand of the Lord was upon me, and
brought me there. In the visions of God he brought me into the   2
land of Yisra'el, and set me upon a very high mountain, upon
which was something like the structure of a city to the south.
And he brought me there, and, behold, there was a man, whose   3
appearance was like the appearance of brass, with a thread of
flax in his hand, and a measuring reed ; and he stood at the gate.
And the man said to me, Son of man, behold with thy eyes, and   4
hear with thy ears, and put thy mind to all that I shall show thee ;
for thou wast brought here, in order that they might be shown to

ה אֲשֶׁר־אַתָּה רֹאֶה לְבֵית יִשְׂרָאֵל׃ וְהִנֵּה חוֹמָה מִחוּץ לַבַּיִת
סָבִיב ׀ סָבִיב וּבְיַד הָאִישׁ קְנֵה הַמִּדָּה שֵׁשׁ־אַמּוֹת בָּאַמָּה וָטֹפַח
ו וַיָּמָד אֶת־רֹחַב הַבִּנְיָן קָנֶה אֶחָד וְקוֹמָה קָנֶה אֶחָד׃ וַיָּבוֹא אֶל־
שַׁעַר אֲשֶׁר פָּנָיו דֶּרֶךְ הַקָּדִימָה וַיַּעַל בְּמַעֲלוֹתָו וַיָּמָד ׀ אֶת־סַף
ז הַשַּׁעַר קָנֶה אֶחָד רֹחַב וְאֵת סַף אֶחָד קָנֶה אֶחָד רֹחַב׃ וְהַתָּא
קָנֶה אֶחָד אֹרֶךְ וְקָנֶה אֶחָד רֹחַב וּבֵין הַתָּאִים חָמֵשׁ אַמּוֹת וְסַף
ח הַשַּׁעַר מֵאֵצֶל אוּלָם הַשַּׁעַר מֵהַבַּיִת קָנֶה אֶחָד׃ וַיָּמָד אֶת־אֻלָם
ט הַשַּׁעַר מֵהַבַּיִת קָנֶה אֶחָד׃ וַיָּמָד אֶת־אֻלָם הַשַּׁעַר שְׁמֹנֶה אַמּוֹת
י וְאֵילָו שְׁתַּיִם אַמּוֹת וְאֻלָם הַשַּׁעַר מֵהַבָּיִת׃ וְתָאֵי הַשַּׁעַר דֶּרֶךְ
הַקָּדִים שְׁלֹשָׁה מִפֹּה וּשְׁלֹשָׁה מִפֹּה מִדָּה אַחַת לִשְׁלָשְׁתָּם וּמִדָּה
יא אַחַת לָאֵילִם מִפֹּה וּמִפּוֹ׃ וַיָּמָד אֶת־רֹחַב פֶּתַח־הַשַּׁעַר עֶשֶׂר
יב אַמּוֹת אֹרֶךְ הַשַּׁעַר שְׁלוֹשׁ עֶשְׂרֵה אַמּוֹת׃ וּגְבוּל לִפְנֵי הַתָּאוֹת
אַמָּה אֶחָת וְאַמָּה־אַחַת גְּבוּל מִפֹּה וְהַתָּא שֵׁשׁ־אַמּוֹת מִפּוֹ וְשֵׁשׁ
יג אַמּוֹת מִפּוֹ׃ וַיָּמָד אֶת־הַשַּׁעַר מִגַּג הַתָּא לְגַגּוֹ רֹחַב עֶשְׂרִים
יד וְחָמֵשׁ אַמּוֹת פֶּתַח נֶגֶד פָּתַח׃ וַיַּעַשׂ אֶת־אֵילִים שִׁשִּׁים אַמָּה
טו וְאֶל־אֵיל הֶחָצֵר הַשַּׁעַר סָבִיב ׀ סָבִיב׃ וְעַל־פְּנֵי הַשַּׁעַר היאתון הָאִיתוֹן
טז עַל־לִפְנֵי אֻלָם הַשַּׁעַר הַפְּנִימִי חֲמִשִּׁים אַמָּה׃ וְחַלֹּנוֹת אֲטֻמוֹת
אֶל־הַתָּאִים וְאֶל אֵלֵיהֵמָה לִפְנִימָה לַשַּׁעַר סָבִיב ׀ סָבִיב וְכֵן
לָאֵלַמּוֹת וְחַלּוֹנוֹת סָבִיב ׀ סָבִיב לִפְנִימָה וְאֶל־אַיִל תִּמֹרִים׃
יז וַיְבִיאֵנִי אֶל־הֶחָצֵר הַחִיצוֹנָה וְהִנֵּה לְשָׁכוֹת וְרִצְפָה עָשׂוּי לֶחָצֵר
יח סָבִיב ׀ סָבִיב שְׁלֹשִׁים לְשָׁכוֹת אֶל־הָרִצְפָה׃ וְהָרִצְפָה אֶל־כֶּתֶף
יט הַשְּׁעָרִים לְעֻמַּת אֹרֶךְ הַשְּׁעָרִים הָרִצְפָה הַתַּחְתּוֹנָה׃ וַיָּמָד רֹחַב
מִלִּפְנֵי הַשַּׁעַר הַתַּחְתּוֹנָה לִפְנֵי הֶחָצֵר הַפְּנִימִי מִחוּץ מֵאָה אַמָּה
כ הַקָּדִים וְהַצָּפוֹן׃ וְהַשַּׁעַר אֲשֶׁר פָּנָיו דֶּרֶךְ הַצָּפוֹן לֶחָצֵר הַחִיצוֹנָה
כא מָדַד אָרְכּוֹ וְרָחְבּוֹ׃ וְתָאָו שְׁלוֹשָׁה מִפּוֹ וּשְׁלֹשָׁה מִפּוֹ וְאֵילָו
וְאֵלַמָּו הָיָה כְּמִדַּת הַשַּׁעַר הָרִאשׁוֹן חֲמִשִּׁים אַמָּה אָרְכּוֹ וְרֹחַב
כב חָמֵשׁ וְעֶשְׂרִים בָּאַמָּה׃ וְחַלּוֹנָו וְאֵלַמָּו וְתִמֹרָו כְּמִדַּת הַשַּׁעַר
אֲשֶׁר פָּנָיו דֶּרֶךְ הַקָּדִים וּבְמַעֲלוֹת שֶׁבַע יַעֲלוּ־בוֹ וְאֵילַמָּו
כג לִפְנֵיהֶם׃ וְשַׁעַר לֶחָצֵר הַפְּנִימִי נֶגֶד הַשַּׁעַר לַצָּפוֹן וְלַקָּדִים וַיָּמָד
כד מִשַּׁעַר אֶל־שַׁעַר מֵאָה אַמָּה׃ וַיּוֹלִכֵנִי דֶּרֶךְ הַדָּרוֹם וְהִנֵּה־שַׁעַר
כה דֶּרֶךְ הַדָּרוֹם וּמָדַד אֵילָו וְאֵילַמָּו כַּמִּדּוֹת הָאֵלֶּה׃ וְחַלּוֹנִים לוֹ
וּלְאֵילַמָּו סָבִיב ׀ סָבִיב כְּהַחַלֹּנוֹת הָאֵלֶּה חֲמִשִּׁים אַמָּה אֹרֶךְ

thee : declare all that thou seest to the house of Yisra'el. And   5
behold a wall on the outside of the house round about, and in the
man's hand a measuring reed of six cubits long, of a cubit and
a hand breadth each : so he measured the breadth of the building,
one reed ; and the height, one reed. Then he came to the gate   6
which looks toward the east, and went up by its stairs, and
measured the threshold of the gate, which was one reed broad ;
and the other threshold of the gate, which was one reed broad.
And every little chamber was one reed long, and one reed broad ;   7
and the space between the little chambers was five cubits ; and
the threshold of the gate by the porch of the gate within was
one reed. He measured also the porch of the gate from within,   8
one reed. Then he measured the porch of the gate, eight cubits ;   9
and its posts two cubits ; and the porch of the gate was on the
inside. And the little chambers of the gate eastward were three   10
on this side, and three on that side ; they three were of one
measure : and the posts had one measure on this side and on
that side. And he measured the breadth of the entry of the gate,   11
ten cubits ; and the length of the gate, thirteen cubits. And there   12
was a border of one cubit before the little chambers on this side,
and a border, one cubit on that side : and the little chambers
were six cubits on this side, and six cubits on that side. And he   13
measured the gate from the roof of one little chamber to the
roof of another : the breadth was twenty five cubits, from door
to door. And he made his measure of the posts, sixty cubits ; also   14
for the posts of the courts, round about the gate. And from the   15
forefront of the gate of the entrance to the front of the inner
porch of the gate was a space of fifty cubits. And there were   16
narrow windows to the little chambers, and to their posts within
the gate round about, and likewise to the porches ; and windows
were round about inward : and upon each post were palm trees.
Then he brought me into the outer court, and, lo, there were   17
chambers, and a pavement made for the court round about :
thirty chambers were upon the pavement. And the pavement   18
was by the side of the gates corresponding to the length of the
gates ; that was the lower pavement. Then he measured the   19
breadth from the front of the lower gate to the front of the inner
court without, a hundred cubits both eastward and northward.
And the gate of the outer court that looked towards the north,   20
he measured its length and its breadth. And its little chambers   21
were three on this side and three on that side ; and its posts and
its porches were after the measure of the first gate : its length
was fifty cubits, and its breadth twenty five cubits. And its   22
windows, and its porch, and its palm trees, were after the mea-
sure of the gate that looked toward the east ; and it was ascended
by seven steps ; and its porch lay before them. And there was a   23
gate of the inner court over against the other gate towards the
north, and towards the east ; and he measured from gate to gate
a hundred cubits. After that he brought me towards the south,   24
and behold a gate towards the south : and he measured its posts
and its porch according to these measures. And there were   25
windows in it and in its porch round about, like those windows :
the length was fifty cubits, and the breadth twenty five cubits.

כו וְרֹחַב חָמֵשׁ וְעֶשְׂרִים אַמָּה׃ וּמַעֲלוֹת שִׁבְעָה עֹלוֹתָו וְאֵלַמָּו
כז לִפְנֵיהֶם וְתִמֹרִים לוֹ אֶחָד מִפּוֹ וְאֶחָד מִפּוֹ אֶל־אֵילָו׃ וְשַׁעַר
לֶחָצֵר הַפְּנִימִי דֶּרֶךְ הַדָּרוֹם וַיָּמָד מִשַּׁעַר אֶל־הַשַּׁעַר דֶּרֶךְ
כח הַדָּרוֹם מֵאָה אַמּוֹת׃ וַיְבִיאֵנִי אֶל־חָצֵר הַפְּנִימִי בְּשַׁעַר הַדָּרוֹם
כט וַיָּמָד אֶת־הַשַּׁעַר הַדָּרוֹם כַּמִּדּוֹת הָאֵלֶּה׃ וְתָאָו וְאֵלָו וְאֵלַמָּו
כַּמִּדּוֹת הָאֵלֶּה וְחַלּוֹנוֹת לוֹ וּלְאֵלַמָּו סָבִיב ׀ סָבִיב חֲמִשִּׁים אַמָּה
ל אֹרֶךְ וְרֹחַב עֶשְׂרִים וְחָמֵשׁ אַמּוֹת׃ וְאֵלַמּוֹת סָבִיב ׀ סָבִיב אֹרֶךְ
לא חָמֵשׁ וְעֶשְׂרִים אַמָּה וְרֹחַב חָמֵשׁ אַמּוֹת׃ וְאֵלַמָּו אֶל־חָצֵר
לב הַחִיצוֹנָה וְתִמֹרִים אֶל־אֵילָו וּמַעֲלוֹת שְׁמוֹנֶה מַעֲלָו׃ וַיְבִיאֵנִי אֶל־
הֶחָצֵר הַפְּנִימִי דֶּרֶךְ הַקָּדִים וַיָּמָד אֶת־הַשַּׁעַר כַּמִּדּוֹת הָאֵלֶּה׃
לג וְתָאָו וְאֵלָו וְאֵלַמָּו כַּמִּדּוֹת הָאֵלֶּה וְחַלּוֹנוֹת לוֹ וּלְאֵלַמָּו סָבִיב ׀
לד סָבִיב אֹרֶךְ חֲמִשִּׁים אַמָּה וְרֹחַב חָמֵשׁ וְעֶשְׂרִים אַמָּה׃ וְאֵלַמָּו
לֶחָצֵר הַחִיצוֹנָה וְתִמֹרִים אֶל־אֵילָו מִפּוֹ וּמִפּוֹ וּשְׁמֹנֶה מַעֲלוֹת
לה לו מַעֲלָו׃ וַיְבִיאֵנִי אֶל־שַׁעַר הַצָּפוֹן וּמָדַד כַּמִּדּוֹת הָאֵלֶּה׃ תָּאָו
אֵלָו וְאֵלַמָּו וְחַלּוֹנוֹת לוֹ סָבִיב ׀ סָבִיב אֹרֶךְ חֲמִשִּׁים אַמָּה וְרֹחַב
לז חָמֵשׁ וְעֶשְׂרִים אַמָּה׃ וְאֵילָו לֶחָצֵר הַחִיצוֹנָה וְתִמֹרִים אֶל־אֵילָו
לח מִפּוֹ וּמִפּוֹ וּשְׁמֹנֶה מַעֲלוֹת מַעֲלָו׃ וְלִשְׁכָּה וּפִתְחָהּ בְּאֵילִים
לט הַשְּׁעָרִים שָׁם יָדִיחוּ אֶת־הָעֹלָה׃ וּבְאֻלָם הַשַּׁעַר שְׁנַיִם שֻׁלְחָנוֹת
מִפּוֹ וּשְׁנַיִם שֻׁלְחָנוֹת מִפֹּה לִשְׁחוֹט אֲלֵיהֶם הָעוֹלָה וְהַחַטָּאת
מ וְהָאָשָׁם׃ וְאֶל־הַכָּתֵף מִחוּצָה לָעוֹלֶה לְפֶתַח הַשַּׁעַר הַצָּפוֹנָה
שְׁנַיִם שֻׁלְחָנוֹת וְאֶל־הַכָּתֵף הָאַחֶרֶת אֲשֶׁר לְאֻלָם הַשַּׁעַר שְׁנַיִם
מא שֻׁלְחָנוֹת׃ אַרְבָּעָה שֻׁלְחָנוֹת מִפֹּה וְאַרְבָּעָה שֻׁלְחָנוֹת מִפֹּה
מב לְכֶתֶף הַשָּׁעַר שְׁמוֹנָה שֻׁלְחָנוֹת אֲלֵיהֶם יִשְׁחָטוּ׃ וְאַרְבָּעָה
שֻׁלְחָנוֹת לָעוֹלָה אַבְנֵי גָזִית אֹרֶךְ אַמָּה אַחַת וָחֵצִי וְרֹחַב אַמָּה
אַחַת וָחֵצִי וְגֹבַהּ אַמָּה אֶחָת אֲלֵיהֶם וְיַנִּיחוּ אֶת־הַכֵּלִים אֲשֶׁר
מג יִשְׁחֲטוּ אֶת־הָעוֹלָה בָּם וְהַזָּבַח׃ וְהַשְׁפַתַּיִם טֹפַח אֶחָד מוּכָנִים
מד בַּבַּיִת סָבִיב ׀ סָבִיב וְאֶל־הַשֻּׁלְחָנוֹת בְּשַׂר הַקָּרְבָּן׃ וּמִחוּצָה
לַשַּׁעַר הַפְּנִימִי לִשְׁכוֹת שָׁרִים בֶּחָצֵר הַפְּנִימִי אֲשֶׁר אֶל־כֶּתֶף
שַׁעַר הַצָּפוֹן וּפְנֵיהֶם דֶּרֶךְ הַדָּרוֹם אֶחָד אֶל־כֶּתֶף שַׁעַר הַקָּדִים
מה פְּנֵי דֶּרֶךְ הַצָּפֹן׃ וַיְדַבֵּר אֵלַי זֹה הַלִּשְׁכָּה אֲשֶׁר פָּנֶיהָ דֶּרֶךְ הַדָּרוֹם כה
מו לַכֹּהֲנִים שֹׁמְרֵי מִשְׁמֶרֶת הַבָּיִת׃ וְהַלִּשְׁכָּה אֲשֶׁר פָּנֶיהָ דֶּרֶךְ
הַצָּפוֹן לַכֹּהֲנִים שֹׁמְרֵי מִשְׁמֶרֶת הַמִּזְבֵּחַ הֵמָּה בְנֵי־צָדוֹק
מז הַקְּרֵבִים מִבְּנֵי־לֵוִי אֶל־יְהוָה לְשָׁרְתוֹ׃ וַיָּמָד אֶת־הֶחָצֵר אֹרֶךְ ׀
מֵאָה אַמָּה וְרֹחַב מֵאָה אַמָּה מְרֻבָּעַת וְהַמִּזְבֵּחַ לִפְנֵי הַבָּיִת׃
מח וַיְבִאֵנִי אֶל־אֻלָם הַבַּיִת וַיָּמָד אֵל אֻלָם חָמֵשׁ אַמּוֹת מִפֹּה וְחָמֵשׁ

And there were seven steps to go up to it, and its porch lay before 26
them : and it had palm trees, one on this side, and another on
that side, upon its posts. And there was a gate in the inner court 27
towards the south : and he measured from gate to gate towards
the south a hundred cubits. And he brought me to the inner 28
court by the south gate : and he measured the south gate accord-
ing to these measures ; and its little chambers, and its posts, and 29
its porch, according to these measurers : and there were windows
in it and in its porch round about : it was fifty cubits long, and
twenty five cubits broad. And there were porches round about, 30
twenty five cubits long, and five cubits broad. And its porch was 31
towards the court ; and palm trees were upon its posts : and it
was ascended by eight steps. And he brought me into the inner 32
court towards the east : and he measured the gate according
to these measures. And its little chambers, and its posts, 33
and its porch were according to these measures : and it had
windows in it and also in its porch round about : it was fifty
cubits long, and twenty five cubits broad. And its porch lay 34
towards the outer court ; and palm trees were upon its posts,
on this side, and on that side : and its was ascended by eight
steps. And he brought me to the north gate. and measured it 35
according to these measures ; its little chambers, its posts, 36
and its porch, and it had windows round about : the length
was fifty cubits, and the breadth twenty five cubits. And its 37
posts were towards the outer court ; and palm trees were upon
its posts, on this side, and on that side : and it was ascended by
eight steps. And there was a chamber with its door by the posts 38
of the gates, where they washed the burnt offering. And in the 39
porch of the gate were two tables on this side and two tables on
that side, on which to slaughter the burnt offering and the sin
offering and the guilt offering. And on the outside, as one goes 40
up to the entry of the north gate, were two tables ; and on the
other side, which was at the porch of the gate, were two tables.
Four tables were on this side, and four tables on that side, by the 41
side of the gate ; eight tables, on which they slaughtered their
sacrifices. And there were four tables of hewn stone for the burnt 42
offering, of a cubit and a half long, and a cubit and a half broad,
and one cubit high : on which also they laid the instruments
with which they slaughtered the burnt offering and the sacrifice.
And the hooks, of one hand breadth, were fastened within round 43
about : and upon the tables was to be the meat of the offering.
And outside the inner gate were the chambers for the singers 44
in the inner court, which was at the the side of the north gate ;
and they faced towards the south : one at the side of the east
gate facing the direction of the north. And he said to me, This 45
chamber, which faces the direction of the south, is for the priests,
the keepers of the charge of the house. And the chamber which 46
faces the direction of the north is for the priests, the keepers
of the charge of the altar : these are the sons of Ẕadoq, who
from among the sons of Levi, come near to the Lord to minister
to him. So he measured the court, a hundred cubits long, and 47
a hundred cubits broad, foursquare ; and the altar was in front of
the house. And he brought me to the porch of the house, and 48

אֵמ֣וֹת מִפֹּ֔ה וְרֹ֣חַב הַשַּׁ֔עַר שָׁלֹ֥שׁ אַמּ֖וֹת מִפּ֑וֹ וְשָׁלֹ֥שׁ אַמּ֖וֹת מִפֹּֽה׃

מט אֹ֣רֶךְ הָאֻלָ֗ם עֶשְׂרִ֣ים אַמָּ֔ה וְרֹ֕חַב עַשְׁתֵּ֥י עֶשְׂרֵ֖ה אַמָּ֑ה וּבַֽמַּעֲל֕וֹת אֲשֶׁ֥ר יַעֲל֖וּ אֵלָ֑יו וְעַמֻּדִים֙ אֶל־הָ֣אֵילִ֔ים אֶחָ֥ד מִפֹּ֖ה וְאֶחָ֥ד מִפֹּֽה׃

מא א וַיְבִיאֵ֖נִי אֶל־הַהֵיכָ֑ל וַיָּ֣מׇד אֶת־הָאֵילִ֗ים שֵׁשׁ־אַמּ֥וֹת רֹ֙חַב֙ מִפּ֔וֹ

ב וְשֵֽׁשׁ־אַמּ֥וֹת רֹ֛חַב מִפּ֖וֹ רֹ֣חַב הָאֹ֑הֶל וְרֹ֣חַב הַפֶּ֗תַח עֶ֣שֶׂר אַמּ֔וֹת וְכִתְפ֣וֹת הַפֶּ֔תַח חָמֵ֤שׁ אַמּוֹת֙ מִפּ֔וֹ וְחָמֵ֥שׁ אַמּ֖וֹת מִפּ֑וֹ וַיָּ֤מׇד אׇרְכּוֹ֙

ג אַרְבָּעִ֣ים אַמָּ֔ה וְרֹ֖חַב עֶשְׂרִ֥ים אַמָּֽה׃ וּבָ֣א לִפְנִ֔ימָה וַיָּ֥מׇד אֵיל־הַפֶּ֖תַח שְׁתַּ֣יִם אַמּ֑וֹת וְהַפֶּ֙תַח֙ שֵׁ֣שׁ אַמּ֔וֹת וְרֹ֥חַב הַפֶּ֖תַח שֶׁ֥בַע

ד אַמּֽוֹת׃ וַיָּ֨מׇד אֶת־אׇרְכּ֜וֹ עֶשְׂרִ֣ים אַמָּ֗ה וְרֹ֛חַב עֶשְׂרִ֥ים אַמָּ֖ה אֶל־

ה פְּנֵ֣י הַהֵיכָ֑ל וַיֹּ֥אמֶר אֵלַ֖י זֶ֥ה קֹ֥דֶשׁ הַקֳּדָשִֽׁים׃ וַיָּ֣מׇד קִ֧יר־הַבַּ֛יִת שֵׁ֥שׁ אַמּ֖וֹת וְרֹ֣חַב הַצֵּלָ֗ע אַרְבַּ֤ע אַמּוֹת֙ סָבִ֣יב ׀ סָבִ֔יב לַבַּ֖יִת סָבִ֥יב ׀

ו וְהַצְּלָע֩וֹת צֵלָ֨ע אֶל־צֵלָ֜ע שָׁל֧וֹשׁ וּשְׁלֹשִׁ֣ים פְּעָמִ֗ים וּ֠בָא֠וֹת בַּקִּ֤יר אֲשֶׁר־לַבַּ֛יִת לַצְּלָע֖וֹת סָבִ֣יב ׀ סָבִ֑יב לִהְי֣וֹת אֲחוּזִ֔ים וְלֹֽא־יִהְי֥וּ

ז אֲחוּזִ֖ים בְּקִ֣יר הַבָּֽיִת׃ וְֽרָחֲבָ֡ה וְֽנָסְבָה֩ לְמַ֨עְלָה לְמַ֜עְלָה לַצְּלָע֗וֹת כִּ֣י מֽוּסַב־הַ֠בַּ֠יִת לְמַ֨עְלָה לְמַ֜עְלָה סָבִ֤יב ׀ סָבִיב֙ לַבַּ֔יִת עַל־כֵּ֤ן רֹֽחַב־לַבַּ֖יִת לְמָ֑עְלָה וְכֵ֧ן הַתַּחְתּוֹנָ֛ה יַעֲלֶ֥ה עַל־הָעֶלְיוֹנָ֖ה

ח לַתִּיכוֹנָֽה׃ וְרָאִ֧יתִי לַבַּ֛יִת גֹּ֖בַהּ סָבִ֣יב ׀ סָבִ֑יב מְיֻסְד֤וֹת הַצְּלָעוֹת֙ · · · · · · מְיֻסָּד֤וֹת

ט מְל֣וֹ הַקָּנֶ֔ה שֵׁ֥שׁ אַמּ֖וֹת אַצִּֽילָה׃ רֹ֣חַב הַקִּ֧יר אֲשֶׁר־לַצֵּלָ֛ע אֶל־

י הַח֖וּץ חָמֵ֣שׁ אַמּ֑וֹת וַאֲשֶׁ֣ר מֻנָּ֔ח בֵּ֥ית צְלָע֖וֹת אֲשֶׁ֥ר לַבָּֽיִת׃ וּבֵ֨ין

יא הַלְּשָׁכ֜וֹת רֹ֣חַב עֶשְׂרִ֥ים אַמָּ֛ה סָבִ֥יב לַבַּ֖יִת סָבִ֣יב ׀ סָבִֽיב׃ וּפֶ֤תַח הַצֵּלָע֙ לַמֻּנָּ֔ח פֶּ֤תַח אֶחָד֙ דֶּ֣רֶךְ הַצָּפ֔וֹן וּפֶ֥תַח אֶחָ֖ד לַדָּר֑וֹם וְרֹ֣חַב

יב מְק֣וֹם הַמֻּנָּ֗ח חָמֵ֥שׁ אַמּ֛וֹת סָבִ֖יב ׀ סָבִֽיב׃ וְהַבִּנְיָ֡ן אֲשֶׁר֩ אֶל־פְּנֵ֨י הַגִּזְרָ֜ה פְּאַ֣ת דֶּֽרֶךְ־הַיָּ֗ם רֹ֚חַב שִׁבְעִ֣ים אַמָּ֔ה וְקִ֧יר הַבִּנְיָ֛ן חָמֵשׁ־

יג אַמּ֥וֹת רֹ֖חַב סָבִ֣יב ׀ סָבִ֑יב וְאׇרְכּ֖וֹ תִּשְׁעִ֥ים אַמָּֽה׃ וּמָדַ֣ד אֶת־הַבַּ֗יִת אֹ֚רֶךְ מֵאָ֣ה אַמָּ֔ה וְהַגִּזְרָ֤ה וְהַבִּנְיָה֙ וְקִ֣ירוֹתֶ֔יהָ אֹ֖רֶךְ מֵאָ֥ה

יד אַמָּֽה׃ וְרֹ֗חַב פְּנֵ֤י הַבַּ֙יִת֙ וְהַגִּזְרָ֣ה לַקָּדִ֔ים מֵאָ֖ה אַמָּֽה׃ וּמָדַ֣ד אֹֽרֶךְ־

טו הַבִּנְיָ֗ן אֶל־פְּנֵ֤י הַגִּזְרָה֙ אֲשֶׁ֣ר עַל־אַחֲרֶ֔יהָ וְאַתּוּקֵיהָ֗א מִפּ֖וֹ וּמִפּ֑וֹ מֵאָ֣ה אַמָּ֑ה וְהַֽהֵיכָל֙ הַפְּנִימִ֔י וְאֻלַמֵּ֖י הֶחָצֵֽר׃ הַסִּפִּ֣ים וְהַחַלּוֹנִ֣ים הָאֲטֻמ֗וֹת וְהָאַתִּיקִ֣ים ׀ סָבִ֞יב לִשְׁלׇשְׁתָּ֗ם נֶ֧גֶד הַסַּ֛ף שְׂחִ֥יף עֵ֖ץ

טז סָבִ֣יב ׀ סָבִ֑יב וְהָאָ֙רֶץ֙ עַד־הַֽחַלֹּנ֔וֹת וְהַֽחַלֹּנ֖וֹת מְכֻסּֽוֹת׃ עַל־מֵעַ֣ל הַפֶּ֡תַח וְעַד־הַבַּ֩יִת֩ הַפְּנִימִ֨י וְלַח֜וּץ וְאֶל־כׇּל־הַקִּ֨יר סָבִ֧יב ׀ סָבִ֛יב

measured each post of the porch, five cubits on this side, and
five cubits on that side : and the breadth of the gate was three
cubits on this side, and three cubits on that side. The length of   49
the porch was twenty cubits, and the breadth eleven cubits ;
and it was ascended by steps : and there were pillars by the
posts, one on this side, and another on that side. Then he   **41**
brought me to the temple, and measured the posts, six cubits
broad on the one side, and six cubits broad on the other
side, which was the breadth of the tent. And the breadth of the   2
door was ten cubits ; and the sides of the door were five cubits
on the one side, and five cubits on the other side : and he
measured its length, forty cubits : and the breadth, twenty cubits.
Then he came to the interior, and measured the post of the door,   3
two cubits ; and the door, six cubits ; and the breadth of the
door, seven cubits. So he measured its length, twenty cubits ;   4
and the breadth, twenty cubits, according to the breadth of the
temple : and he said to me, This is the most holy place. Then   5
he measured the wall of the house, six cubits ; and the breadth of
every side chamber, four cubits, round about the house on every
side. And the side chambers were one over another thirty three   6
times ; and there were recesses in the wall of the house for the
side chambers round about, that they might have hold, so that
they were not fastened into the wall of the house. And the side   7
chambers were broader as one circled higher and higher : for
the winding about of the house went still upward round about
the house : therefore the breadth let in to the house continued
upward ; and thus one ascended from the lowest level to the
topmost level by the middle. I saw also that the house had a   8
platform round about : the foundations of the side chambers
were a full reed of six long cubits. The thickness of the wall,   9
which was for the side chamber on the outside, was five cubits :
and so was that which was left by the place of the side chambers
of the house. And between the chambers was a breadth of twenty   10
cubits round about the house on every side. And the doors of   11
the side chambers were towards the place that was left, one door
towards the north, and another door towards the south : and
the breadth of the place that was left was five cubits round
about. Now the building that was before the main wing on   12
the side towards the west was seventy cubits broad ; and
the wall of the building was five cubits thick round about,
and its length was ninety cubits. So he measured the house,   13
a hundred cubits long ; including the main wing and the build-
ing, with its walls, a hundred cubits long ; also the breadth of   14
the front of the house and of the main wing towards the east,
a hundred cubits. And he measured the length of the building   15
in front of the main wing which was behind it, and its galleries
on the one side and on the other side, a hundred cubits, with the
inner temple, and the porches of the court : the thresholds, and   16
the narrow windows, and the galleries were round about those
three : opposite the threshold there was a wooden panelling all
round, so the space from the ground up to the windows, and the
windows were covered ; likewise to the space above the door   17
even to the inner house, and outside, and on all the wall round

יח בַּפְּנִימִי וּבַחִיצוֹן מִדּוֹת׃ וְעָשׂוּי כְּרוּבִים וְתִמֹרִים וְתִמֹרָה בֵּין־
יט כְּרוּב לִכְרוּב וּשְׁנַיִם פָּנִים לַכְּרוּב׃ וּפְנֵי אָדָם אֶל־הַתִּמֹרָה מִפּוֹ
וּפְנֵי־כְפִיר אֶל־הַתִּמֹרָה מִפּוֹ עָשׂוּי אֶל־כָּל־הַבַּיִת סָבִיב ׀ סָבִיב׃
כ מֵהָאָרֶץ עַד־מֵעַל הַפֶּתַח הַכְּרוּבִים וְהַתִּמֹרִים עֲשׂוּיִם וְקִיר
כא הַהֵיכָל׃ הַהֵיכָל מְזוּזַת רְבֻעָה וּפְנֵי הַקֹּדֶשׁ הַמַּרְאֶה כַּמַּרְאֶה׃
כב הַמִּזְבֵּחַ עֵץ שָׁלוֹשׁ אַמּוֹת גָּבֹהַּ וְאָרְכּוֹ שְׁתַּיִם־אַמּוֹת וּמִקְצֹעוֹתָיו
לוֹ וְאָרְכּוֹ וְקִירֹתָיו עֵץ וַיְדַבֵּר אֵלַי זֶה הַשֻּׁלְחָן אֲשֶׁר לִפְנֵי יְהוָה׃
כג כד וּשְׁתַּיִם דְּלָתוֹת לַהֵיכָל וְלַקֹּדֶשׁ׃ וּשְׁתַּיִם דְּלָתוֹת לַדְּלָתוֹת שְׁתַּיִם
מוּסַבּוֹת דְּלָתוֹת שְׁתַּיִם לְדֶלֶת אֶחָת וּשְׁתֵּי דְלָתוֹת לָאַחֶרֶת׃
כה וַעֲשׂוּיָה אֲלֵיהֶן אֶל־דַּלְתוֹת הַהֵיכָל כְּרוּבִים וְתִמֹרִים כַּאֲשֶׁר
כו עֲשׂוּיִם לַקִּירוֹת וְעָב עֵץ אֶל־פְּנֵי הָאוּלָם מֵהַחוּץ׃ וְחַלּוֹנִים
אֲטֻמוֹת וְתִמֹרִים מִפּוֹ וּמִפּוֹ אֶל־כִּתְפוֹת הָאוּלָם וְצַלְעוֹת הַבַּיִת
מב א וְהָעֻבִּים׃ וַיּוֹצִאֵנִי אֶל־הֶחָצֵר הַחִיצוֹנָה הַדֶּרֶךְ דֶּרֶךְ הַצָּפוֹן וַיְבִאֵנִי
אֶל־הַלִּשְׁכָּה אֲשֶׁר נֶגֶד הַגִּזְרָה וַאֲשֶׁר־נֶגֶד הַבִּנְיָן אֶל־הַצָּפוֹן׃
ב אֶל־פְּנֵי אֹרֶךְ אַמּוֹת הַמֵּאָה פֶּתַח הַצָּפוֹן וְהָרֹחַב חֲמִשִּׁים אַמּוֹת׃
ג נֶגֶד הָעֶשְׂרִים אֲשֶׁר לֶחָצֵר הַפְּנִימִי וְנֶגֶד רִצְפָה אֲשֶׁר לֶחָצֵר
ד הַחִיצוֹנָה אַתִּיק אֶל־פְּנֵי־אַתִּיק בַּשְּׁלִשִׁים׃ וְלִפְנֵי הַלְּשָׁכוֹת
מַהֲלַךְ עֶשֶׂר אַמּוֹת רֹחַב אֶל־הַפְּנִימִית דֶּרֶךְ אַמָּה אֶחָת
ה וּפִתְחֵיהֶם לַצָּפוֹן׃ וְהַלְּשָׁכוֹת הָעֶלְיוֹנֹת קְצֻרוֹת כִּי־יוֹכְלוּ
ו אַתִּיקִים מֵהֵנָּה מֵהַתַּחְתֹּנוֹת וּמֵהַתִּיכֹנוֹת בִּנְיָן׃ כִּי מְשֻׁלָּשׁוֹת
הֵנָּה וְאֵין לָהֶן עַמּוּדִים כְּעַמּוּדֵי הַחֲצֵרוֹת עַל־כֵּן נֶאֱצַל
ז מֵהַתַּחְתּוֹנוֹת וּמֵהַתִּיכֹנוֹת מֵהָאָרֶץ׃ וְגָדֵר אֲשֶׁר־לַחוּץ לְעֻמַּת
הַלְּשָׁכוֹת דֶּרֶךְ הֶחָצֵר הַחִצֹנָה אֶל־פְּנֵי הַלְּשָׁכוֹת אָרְכּוֹ חֲמִשִּׁים
ח אַמָּה׃ כִּי־אֹרֶךְ הַלְּשָׁכוֹת אֲשֶׁר לֶחָצֵר הַחִצֹנָה חֲמִשִּׁים אַמָּה
ט וְהִנֵּה עַל־פְּנֵי הַהֵיכָל מֵאָה אַמָּה׃ ומתחתה לשכות הָאֵלֶּה וּמִתַּחַת הַלְּשָׁכוֹת
י המבוא מֵהַקָּדִים בְּבֹאוֹ לָהֵנָּה מֵהֶחָצֵר הַחִצֹנָה׃ בְּרֹחַב ׀ גֶּדֶר הַמֵּבִיא
יא הֶחָצֵר דֶּרֶךְ הַקָּדִים אֶל־פְּנֵי הַגִּזְרָה וְאֶל־פְּנֵי הַבִּנְיָן לְשָׁכוֹת׃ וְדֶרֶךְ
לִפְנֵיהֶם כְּמַרְאֵה הַלְּשָׁכוֹת אֲשֶׁר דֶּרֶךְ הַצָּפוֹן כְּאָרְכָּן כֵּן רָחְבָּן
יב וְכֹל מוֹצָאֵיהֶן וּכְמִשְׁפְּטֵיהֶן וּכְפִתְחֵיהֶן׃ וּכְפִתְחֵי הַלְּשָׁכוֹת אֲשֶׁר
דֶּרֶךְ הַדָּרוֹם פֶּתַח בְּרֹאשׁ דָּרֶךְ דֶּרֶךְ בִּפְנֵי הַגְּדֶרֶת הֲגִינָה דֶּרֶךְ
יג הַקָּדִים בְּבוֹאָן׃ וַיֹּאמֶר אֵלַי לִשְׁכוֹת הַצָּפוֹן לִשְׁכוֹת הַדָּרוֹם אֲשֶׁר כו
אֶל־פְּנֵי הַגִּזְרָה הֵנָּה ׀ לִשְׁכוֹת הַקֹּדֶשׁ אֲשֶׁר יֹאכְלוּ־שָׁם הַכֹּהֲנִים

about inside and outside by measure. And it was made with 18
keruvim and palm trees, so that a palm tree was between one
keruv and another ; and every keruv had two faces : so that the 19
face of a man was towards the palm tree on the one side, and the
face of a young lion towards the palm tree on the other side :
thus was it made through all the house round about. From the 20
ground to above the door were fashioned keruvim and palm
trees, and so on the wall of the temple. The posts of the temple 21
were squared, and likewise the front of the sanctuary ; the
appearance of the latter was like the appearance of the former.
The altar, three cubits high, and two cubits long was of wood ; 22
and it had corners ; and its length and its walls were of wood :
and he said to me, This is the table that is before the LORD. And 23
the temple and the sanctuary had two doors. And the doors had 24
two leaves each, two turning leaves ; two leaves for the one
door, and two leaves for the other door. And there were fashioned 25
on them, on the doors of the temple, keruvim and palm trees,
such as were made upon the walls ; and there were thick planks
on the front of the porch outside. And there were narrow 26
windows and palm trees on the one side and on the other side,
on the sides of the porch, and upon the side chambers of the
house, and on the thick planks. Then he brought me out into **42**
the outer court, the way towards the north : and brought me
into the chamber that was over against the main wing, and
which was before the building towards the north, to the front 2
of which the length was a hundred cubits with the door on
the north, and the breadth was fifty cubits. Over against the 3
twenty cubits which were for the inner court, and over against
the pavement which was for the outer court, with gallery
against gallery in three stories. And before the chambers was 4
a walk of ten cubits breadth inward, a way of one cubit ; and
their doors were towards the north. Now the upper chambers 5
were shorter : for the galleries took away from these, more
than from the lower, and the middlemost, in the building. For 6
they were in three stories, but had not pillars as the pillars of the
courts : therefore it was set back from the ground more than the
lowest and the middlemost. And the wall that was outside op- 7
posite the chambers, toward the outer court on the forefront of
the chambers, the length of it was fifty cubits. For the length 8
of the chambers that belonged to the outer court was fifty
cubits : and, lo, in front of the temple was an extent of a
hundred cubits. And from under these chambers was the entry 9
on the east side, as one goes into them from the outer court.
Chambers were set in the thickness of the wall of the court 10
towards the east, over against the main wing, and over against
the building, with a way before them ; like the appearance 11
of the chambers which were towards the north, as long as
they, and as broad as they, with all their exits, and according
to their fashions ; and as their doors, so were also the doors 12
of the chambers that were towards the south ; there was a door
in the head of the way, the way directly before the wall towards
the east, as one enters into them. Then he said to me, The north 13
chambers and the south chambers, which are before the main

אֲשֶׁר־קְרוֹבִים לַיהוָה קׇדְשֵׁי הַקֳּדָשִׁים שָׁם יַנִּיחוּ ׀ קׇדְשֵׁי
הַקֳּדָשִׁים וְהַמִּנְחָה וְהַחַטָּאת וְהָאָשָׁם כִּי הַמָּקוֹם קָדֹשׁ: בְּבֹאָם יד
הַכֹּהֲנִים וְלֹא־יֵצְאוּ מֵהַקֹּדֶשׁ אֶל־הֶחָצֵר הַחִיצוֹנָה וְשָׁם יַנִּיחוּ
וְלָבְשׁוּ בִגְדֵיהֶם אֲשֶׁר־יְשָׁרְתוּ בָהֵן כִּי־קֹדֶשׁ הֵנָּה ילבשו בְּגָדִים אֲחֵרִים
וְקָרְבוּ אֶל־אֲשֶׁר לָעָם: וְכִלָּה אֶת־מִדּוֹת הַבַּיִת הַפְּנִימִי וְהוֹצִיאַנִי טו
דֶּרֶךְ הַשַּׁעַר אֲשֶׁר פָּנָיו דֶּרֶךְ הַקָּדִים וּמְדָדוֹ סָבִיב ׀ סָבִיב: מָדַד רוּחַ טז
מֵאוֹת הַקָּדִים בִּקְנֵה הַמִּדָּה חֲמֵשׁ־אמות קָנִים בִּקְנֵה הַמִּדָּה סָבִיב:
מָדַד רוּחַ הַצָּפוֹן חֲמֵשׁ־מֵאוֹת קָנִים בִּקְנֵה הַמִּדָּה סָבִיב: אֵת יז יח
רוּחַ הַדָּרוֹם מָדָד חֲמֵשׁ־מֵאוֹת קָנִים בִּקְנֵה הַמִּדָּה: סָבַב אֶל־ יט
רוּחַ הַיָּם מָדַד חֲמֵשׁ־מֵאוֹת קָנִים בִּקְנֵה הַמִּדָּה: לְאַרְבַּע רוּחוֹת כ
מְדָדוֹ חוֹמָה לוֹ סָבִיב ׀ סָבִיב אֹרֶךְ חֲמֵשׁ מֵאוֹת וְרֹחַב חֲמֵשׁ
מֵאוֹת לְהַבְדִּיל בֵּין הַקֹּדֶשׁ לְחֹל: וַיּוֹלִכֵנִי אֶל־הַשָּׁעַר שַׁעַר אֲשֶׁר א מג
פֹּנֶה דֶּרֶךְ הַקָּדִים: וְהִנֵּה כְּבוֹד אֱלֹהֵי יִשְׂרָאֵל בָּא מִדֶּרֶךְ הַקָּדִים ב
וְקוֹלוֹ כְּקוֹל מַיִם רַבִּים וְהָאָרֶץ הֵאִירָה מִכְּבֹדוֹ: וּכְמַרְאֵה ג
הַמַּרְאֶה אֲשֶׁר רָאִיתִי כַּמַּרְאֶה אֲשֶׁר־רָאִיתִי בְּבֹאִי לְשַׁחֵת אֶת־
הָעִיר וּמַרְאוֹת כַּמַּרְאֶה אֲשֶׁר רָאִיתִי אֶל־נְהַר כְּבָר וָאֶפֹּל אֶל־
פָּנָי: וּכְבוֹד יהוה בָּא אֶל־הַבָּיִת דֶּרֶךְ שַׁעַר אֲשֶׁר פָּנָיו דֶּרֶךְ ד
הַקָּדִים: וַתִּשָּׂאֵנִי רוּחַ וַתְּבִאֵנִי אֶל־הֶחָצֵר הַפְּנִימִי וְהִנֵּה מָלֵא ה
כְבוֹד־יהוה הַבָּיִת: וָאֶשְׁמַע מִדַּבֵּר אֵלַי מֵהַבָּיִת וְאִישׁ הָיָה ו
עֹמֵד אֶצְלִי: וַיֹּאמֶר אֵלַי בֶּן־אָדָם אֶת־מְקוֹם כִּסְאִי וְאֶת־מְקוֹם ז
כַּפּוֹת רַגְלַי אֲשֶׁר אֶשְׁכׇּן־שָׁם בְּתוֹךְ בְּנֵי־יִשְׂרָאֵל לְעוֹלָם וְלֹא
יְטַמְּאוּ עוֹד בֵּית־יִשְׂרָאֵל שֵׁם קׇדְשִׁי הֵמָּה וּמַלְכֵיהֶם בִּזְנוּתָם
וּבְפִגְרֵי מַלְכֵיהֶם בָּמוֹתָם: בְּתִתָּם סִפָּם אֶת־סִפִּי וּמְזוּזָתָם אֵצֶל ח
מְזוּזָתִי וְהַקִּיר בֵּינִי וּבֵינֵיהֶם וְטִמְּאוּ ׀ אֶת־שֵׁם קׇדְשִׁי בְּתוֹעֲבוֹתָם
אֲשֶׁר עָשׂוּ וָאֲכַל אֹתָם בְּאַפִּי: עַתָּה יְרַחֲקוּ אֶת־זְנוּתָם וּפִגְרֵי ט
מַלְכֵיהֶם מִמֶּנִּי וְשָׁכַנְתִּי בְתוֹכָם לְעוֹלָם: אַתָּה י
בֶן־אָדָם הַגֵּד אֶת־בֵּית־יִשְׂרָאֵל אֶת־הַבַּיִת וְיִכָּלְמוּ מֵעֲוֺנוֹתֵיהֶם
וּמָדְדוּ אֶת־תׇּכְנִית: וְאִם־נִכְלְמוּ מִכֹּל אֲשֶׁר־עָשׂוּ צוּרַת הַבַּיִת יא
וּתְכוּנָתוֹ וּמוֹצָאָיו וּמוֹבָאָיו וְכׇל־צוּרֹתָו וְאֵת כׇּל־חֻקֹּתָיו וְכׇל־
צוּרֹתָו וְכׇל־תּוֹרֹתָו הוֹדַע אוֹתָם וּכְתֹב לְעֵינֵיהֶם וְיִשְׁמְרוּ אֶת־
כׇּל־צוּרָתוֹ וְאֶת־כׇּל־חֻקֹּתָיו וְעָשׂוּ אוֹתָם: זֹאת תּוֹרַת הַבָּיִת עַל־ יב

wing, they are holy chambers, where the priests that approach to the LORD shall eat the most holy things : there shall they lay the most holy things, and the meal offering, and the sin offering, and the guilt offering ; for the place is holy. When the priests 14 enter there, then shall they not go out of the holy place into the outer court, but there they shall lay their garments in which they minister ; for they are holy ; and shall put on other garments, and shall approach to those things which belong to the people. Now when he had made an end of measuring the inner 15 house, he brought me out towards the gate whose prospect is towards the east, and measured it round about. He measured 16 the east side with the measuring reed, five hundred reeds, with the measuring reed round about. He measured the north 17 side, five hundred reeds, with the measuring reed round about. He measured the south side, five hundred reeds, with 18 the measuring reed. He turned about to the west side, and 19 measured five hundred reeds with the measuring reed. He 20 measured it by the four sides : it had a wall round about, five hundred reeds long, and five hundred broad, to make a separation between the holy and the common. Then he brought me 43 to the gate, the gate that looks towards the east : and, behold, 2 the glory of the GOD of Yisra'el came from the way of the east: and his voice was like the sound of many waters: and the earth shone with his glory. And the appearance of the 3 vision which I saw, was like the vision that I saw when I came to destroy the city : and the visions were like the vision that I saw by the river Kevar, and I fell upon my face. And the 4 glory of the LORD came into the house by the way of the gate whose prospect is towards the east. And a spirit took me up, 5 and brought me into the inner court ; and, behold, the glory of the LORD filled the house. And I heard one speaking to me 6 out of the house ; and a man stood by me. And he said to me, 7 Son of man, behold the place of my throne, and the place of the soles of my feet, where I will dwell in the midst of the children of Yisra'el for ever ; and the house of Yisra'el shall no more profane my holy name, neither they, nor their kings, by their harlotry, nor by the carcasses of their kings in their high places. In their setting of their threshold by my thresholds, 8 and their doorpost by my posts, and only the wall between me and them, they have defiled my holy·name by their disgusting deeds which they have committed : and so I have consumed them in my anger. Now let them put away their 9 harlotry, and the carcasses of their kings, far from me, and I will dwell in the midst of them for ever.

Thou son of man, describe the house to the house of 10 Yisra'el, that they may be ashamed of their iniquities : and let them measure the pattern. And if they are ashamed of all 11 that they have done, make known to them the form of the house, and its fashion, and its exits, and its entrances, and all its forms, and its ordinances, and all its shapes, and all its Torot : and write it in their sight, that they may keep its whole form, and all its ordinances, and do them. This is the Tora of 12 the house ; Upon the top of the mountain its whole limit round

רֹאשׁ הָהָר כָּל־גְּבֻלוֹ סָבִיב ׀ סָבִיב קֹדֶשׁ קָדָשִׁים הִנֵּה־זֹאת
יג תּוֹרַת הַבָּיִת׃ וְאֵלֶּה מִדּוֹת הַמִּזְבֵּחַ בָּאַמּוֹת אַמָּה אַמָּה וָטֹפַח
וְחֵיק הָאַמָּה וְאַמָּה־רֹחַב וּגְבוּלָהּ אֶל־שְׂפָתָהּ סָבִיב זֶרֶת הָאֶחָד
יד וְזֶה גַּב הַמִּזְבֵּחַ׃ וּמֵחֵיק הָאָרֶץ עַד־הָעֲזָרָה הַתַּחְתּוֹנָה שְׁתַּיִם
אַמּוֹת וְרֹחַב אַמָּה אֶחָת וּמֵהָעֲזָרָה הַקְּטַנָּה עַד־הָעֲזָרָה הַגְּדוֹלָה
טו אַרְבַּע אַמּוֹת וְרֹחַב הָאַמָּה׃ וְהַהַרְאֵל אַרְבַּע אַמּוֹת וּמֵהָאֲרִאֵיל
טז וּלְמַעְלָה הַקְּרָנוֹת אַרְבַּע׃ וְהָאֲרִאֵיל שְׁתֵּים עֶשְׂרֵה אֹרֶךְ
יז בִּשְׁתֵּים עֶשְׂרֵה רֹחַב רָבוּעַ אֶל אַרְבַּעַת רְבָעָיו׃ וְהָעֲזָרָה אַרְבַּע
עֶשְׂרֵה אֹרֶךְ בְּאַרְבַּע עֶשְׂרֵה רֹחַב אֶל אַרְבַּעַת רְבָעֶיהָ וְהַגְּבוּל
סָבִיב אוֹתָהּ חֲצִי הָאַמָּה וְהַחֵיק־לָהּ אַמָּה סָבִיב וּמַעֲלֹתֵהוּ פְּנוֹת
יח קָדִים׃ וַיֹּאמֶר אֵלַי בֶּן־אָדָם כֹּה אָמַר אֲדֹנָי יֱהוִה אֵלֶּה חֻקּוֹת
הַמִּזְבֵּחַ בְּיוֹם הֵעָשׂוֹתוֹ לְהַעֲלוֹת עָלָיו עוֹלָה וְלִזְרֹק עָלָיו דָּם׃
יט וְנָתַתָּה אֶל־הַכֹּהֲנִים הַלְוִיִּם אֲשֶׁר הֵם מִזֶּרַע צָדוֹק הַקְּרֹבִים אֵלַי
כ נְאֻם אֲדֹנָי יֱהוִה לְשָׁרְתֵנִי פַּר בֶּן־בָּקָר לְחַטָּאת׃ וְלָקַחְתָּ מִדָּמוֹ
וְנָתַתָּה עַל־אַרְבַּע קַרְנֹתָיו וְאֶל־אַרְבַּע פִּנּוֹת הָעֲזָרָה וְאֶל־
כא הַגְּבוּל סָבִיב וְחִטֵּאתָ אוֹתוֹ וְכִפַּרְתָּהוּ׃ וְלָקַחְתָּ אֵת הַפָּר
כב הַחַטָּאת וּשְׂרָפוֹ בְּמִפְקַד הַבַּיִת מִחוּץ לַמִּקְדָּשׁ׃ וּבַיּוֹם הַשֵּׁנִי
תַּקְרִיב שְׂעִיר־עִזִּים תָּמִים לְחַטָּאת וְחִטְּאוּ אֶת־הַמִּזְבֵּחַ כַּאֲשֶׁר
כג חִטְּאוּ בַּפָּר׃ בְּכַלּוֹתְךָ מֵחַטֵּא תַּקְרִיב פַּר בֶּן־בָּקָר תָּמִים וְאַיִל
כד מִן־הַצֹּאן תָּמִים׃ וְהִקְרַבְתָּם לִפְנֵי יְהוָה וְהִשְׁלִיכוּ הַכֹּהֲנִים
כה עֲלֵיהֶם מֶלַח וְהֶעֱלוּ אוֹתָם עֹלָה לַיהוָה׃ שִׁבְעַת יָמִים תַּעֲשֶׂה
שְׂעִיר־חַטָּאת לַיּוֹם וּפַר בֶּן־בָּקָר וְאַיִל מִן־הַצֹּאן תְּמִימִים יַעֲשׂוּ׃
כו כז שִׁבְעַת יָמִים יְכַפְּרוּ אֶת־הַמִּזְבֵּחַ וְטִהֲרוּ אֹתוֹ וּמִלְאוּ יָדוֹ׃ וִיכַלּוּ כז
אֶת־הַיָּמִים וְהָיָה בַיּוֹם הַשְּׁמִינִי וָהָלְאָה יַעֲשׂוּ הַכֹּהֲנִים עַל־
הַמִּזְבֵּחַ אֶת־עוֹלוֹתֵיכֶם וְאֶת־שַׁלְמֵיכֶם וְרָצֵאתִי אֶתְכֶם נְאֻם
מד א אֲדֹנָי יֱהוִה׃ וַיָּשֶׁב אֹתִי דֶּרֶךְ שַׁעַר הַמִּקְדָּשׁ
ב הַחִיצוֹן הַפֹּנֶה קָדִים וְהוּא סָגוּר׃ וַיֹּאמֶר אֵלַי יְהוָה הַשַּׁעַר הַזֶּה
סָגוּר יִהְיֶה לֹא יִפָּתֵחַ וְאִישׁ לֹא־יָבֹא בוֹ כִּי יְהוָה אֱלֹהֵי־יִשְׂרָאֵל
ג בָּא בוֹ וְהָיָה סָגוּר׃ אֶת־הַנָּשִׂיא נָשִׂיא הוּא יֵשֶׁב־בּוֹ לאכול־ לֶאֱכָל־
ד לֶחֶם לִפְנֵי יְהוָה מִדֶּרֶךְ אוּלָם הַשַּׁעַר יָבוֹא וּמִדַּרְכּוֹ יֵצֵא׃ וַיְבִיאֵנִי
דֶּרֶךְ־שַׁעַר הַצָּפוֹן אֶל־פְּנֵי הַבַּיִת וָאֵרֶא וְהִנֵּה מָלֵא כְבוֹד־יְהוָה
ה אֶת־בֵּית יְהוָה וָאֶפֹּל אֶל־פָּנָי׃ וַיֹּאמֶר אֵלַי יְהוָה בֶּן־אָדָם שִׂים
לִבְּךָ וּרְאֵה בְעֵינֶיךָ וּבְאָזְנֶיךָ שְּׁמָע אֵת כָּל־אֲשֶׁר אֲנִי מְדַבֵּר אֹתָךְ

about shall be most holy. Behold, this is the Tora of the house. And these are the measures of the altar by cubits : the cubit 13 is a cubit and a hand breadth ; the bottom shall be a cubit, and the breadth a cubit, and its border by its edge round about shall be a span : and this shall be the higher part of the altar. And 14 from the bottom upon the ground even to the lower ledge shall be two cubits, and the breadth one cubit ; and from the lesser ledge to the greater ledge shall be four cubits, and the breadth one cubit. And the altar hearth shall be four cubits 15 high ; and from the altar hearth and upwards shall be four horns. And the altar hearth shall be twelve cubits long by 16 twelve broad, square in its four sides. And the ledge shall be 17 fourteen cubits long by fourteen broad its four sides, and the border about it shall be half a cubit ; and the bottom of it shall be a cubit about ; and its stairs shall look towards the east. And he said to me, Son of man, thus says the LORD GOD ; 18 These are the ordinances of the altar on the day when they shall make it, to offer burnt offerings upon it, and to sprinkle blood upon it. And thou shalt give to the priests the Levites 19 that are of the seed of Ẓadoq, who come near to me, to minister to me, says the LORD GOD, a young bullock for a sin offering. And thou shalt take of its blood, and put it on the four horns 20 of it, and on the four corners of the ledge, and upon the border round about : thus shalt thou purify and make atonement for it. Thou shalt take the bullock also of the sin offering, and it shall 21 be burnt in the appointed place of the house, outside the sanctuary. And on the second day thou shalt offer a he goat without 22 blemish for a sin offering ; and they shall purify the altar, as they did purify it with the bullock. When thou hast made an end 23 of purifying it, thou shalt offer a young bullock without blemish, and a ram out of the flock without blemish. And thou shalt 24 present them before the LORD, and the priests shall cast salt upon them, and they shall offer them up for a burnt offering to the LORD. Seven days shalt thou prepare every day a goat 25 for a sin offering : they shall also prepare a young bullock, and a ram out of the flock, without blemish. Seven days shall they 26 make atonement for the altar and cleanse it ; and they shall consecrate it. And when these days are expired, it shall be, 27 that upon the eighth day, and onwards, the priests shall make your burnt offerings upon the altar, and your peace offerings ; and I will accept you, says the LORD GOD.   Then he **44** brought me back the way of the outer gate of the sanctuary which looks towards the east ; and it was shut. Then the LORD 2 said to me ; This gate shall be shut, it shall not be opened, and no man shall enter in by it ; because the LORD, the GOD of Yisra'el, has entered in by it, therefore it shall be shut. As for the 3 prince, he, being a prince, shall sit in it to eat bread before the LORD ; he shall enter by the way of the porch of that gate, and shall go out by the way of the same. Then he brought me 4 the way of the north gate before the house : and I looked, and, behold, the glory of the LORD filled the house of the LORD : and I fell upon my face. And the LORD said to me, Son of man, 5 mark well, and behold with thy eyes, and hear with thy ears all

לְכָל־חֻקּוֹת בֵּית־יְהוָה וּלְכָל־תּוֹרֹתָו וְשַׂמְתָּ לִבְּךָ לִמְבוֹא הַבַּיִת
ו בְּכֹל מוֹצָאֵי הַמִּקְדָּשׁ׃ וְאָמַרְתָּ אֶל־מֶרִי אֶל־בֵּית יִשְׂרָאֵל כֹּה
אָמַר אֲדֹנָי יֱהֹוִה רַב־לָכֶם מִכָּל־תּוֹעֲבוֹתֵיכֶם בֵּית יִשְׂרָאֵל׃
ז בַּהֲבִיאֲכֶם בְּנֵי־נֵכָר עַרְלֵי־לֵב וְעַרְלֵי בָשָׂר לִהְיוֹת בְּמִקְדָּשִׁי
לְחַלְּלוֹ אֶת־בֵּיתִי בְּהַקְרִיבְכֶם אֶת־לַחְמִי חֵלֶב וָדָם וַיָּפֵרוּ אֶת־
ח בְּרִיתִי אֶל כָּל־תּוֹעֲבוֹתֵיכֶם׃ וְלֹא שְׁמַרְתֶּם מִשְׁמֶרֶת קָדָשָׁי
ט וַתְּשִׂימוּן לְשֹׁמְרֵי מִשְׁמַרְתִּי בְּמִקְדָּשִׁי לָכֶם׃ כֹּה־
אָמַר אֲדֹנָי יֱהֹוִה כָּל־בֶּן־נֵכָר עֶרֶל לֵב וְעֶרֶל בָּשָׂר לֹא יָבוֹא אֶל־
י מִקְדָּשִׁי לְכָל־בֶּן־נֵכָר אֲשֶׁר בְּתוֹךְ בְּנֵי יִשְׂרָאֵל׃ כִּי אִם־הַלְוִיִּם
אֲשֶׁר רָחֲקוּ מֵעָלַי בִּתְעוֹת יִשְׂרָאֵל אֲשֶׁר תָּעוּ מֵעָלַי אַחֲרֵי
יא גִּלּוּלֵיהֶם וְנָשְׂאוּ עֲוֺנָם׃ וְהָיוּ בְמִקְדָּשִׁי מְשָׁרְתִים פְּקֻדּוֹת אֶל־
שַׁעֲרֵי הַבַּיִת וּמְשָׁרְתִים אֶת־הַבָּיִת הֵמָּה יִשְׁחֲטוּ אֶת־הָעֹלָה
יב וְאֶת־הַזֶּבַח לָעָם וְהֵמָּה יַעַמְדוּ לִפְנֵיהֶם לְשָׁרְתָם׃ יַעַן אֲשֶׁר
יְשָׁרְתוּ אוֹתָם לִפְנֵי גִלּוּלֵיהֶם וְהָיוּ לְבֵית־יִשְׂרָאֵל לְמִכְשׁוֹל
עָוֺן עַל־כֵּן נָשָׂאתִי יָדִי עֲלֵיהֶם נְאֻם אֲדֹנָי יֱהֹוִה וְנָשְׂאוּ עֲוֺנָם׃
יג וְלֹא־יִגְּשׁוּ אֵלַי לְכַהֵן לִי וְלָגֶשֶׁת עַל־כָּל־קָדָשַׁי אֶל־קָדְשֵׁי
יד הַקְּדָשִׁים וְנָשְׂאוּ כְּלִמָּתָם וְתוֹעֲבוֹתָם אֲשֶׁר עָשׂוּ׃ וְנָתַתִּי
אוֹתָם שֹׁמְרֵי מִשְׁמֶרֶת הַבָּיִת לְכֹל עֲבֹדָתוֹ וּלְכֹל אֲשֶׁר יֵעָשֶׂה
טו בּוֹ׃ וְהַכֹּהֲנִים הַלְוִיִּם בְּנֵי צָדוֹק אֲשֶׁר שָׁמְרוּ אֶת־
מִשְׁמֶרֶת מִקְדָּשִׁי בִּתְעוֹת בְּנֵי־יִשְׂרָאֵל מֵעָלַי הֵמָּה יִקְרְבוּ אֵלַי
לְשָׁרְתֵנִי וְעָמְדוּ לְפָנַי לְהַקְרִיב לִי חֵלֶב וָדָם נְאֻם אֲדֹנָי יֱהֹוִה׃
טז הֵמָּה יָבֹאוּ אֶל־מִקְדָּשִׁי וְהֵמָּה יִקְרְבוּ אֶל־שֻׁלְחָנִי לְשָׁרְתֵנִי
יז וְשָׁמְרוּ אֶת־מִשְׁמַרְתִּי׃ וְהָיָה בְּבוֹאָם אֶל־שַׁעֲרֵי הֶחָצֵר
הַפְּנִימִית בִּגְדֵי פִשְׁתִּים יִלְבָּשׁוּ וְלֹא־יַעֲלֶה עֲלֵיהֶם צֶמֶר
יח בְּשָׁרְתָם בְּשַׁעֲרֵי הֶחָצֵר הַפְּנִימִית וָבָיְתָה׃ פַּאֲרֵי פִשְׁתִּים יִהְיוּ
עַל־רֹאשָׁם וּמִכְנְסֵי פִשְׁתִּים יִהְיוּ עַל־מָתְנֵיהֶם לֹא יַחְגְּרוּ בַּיָּזַע׃
יט וּבְצֵאתָם אֶל־הֶחָצֵר הַחִיצוֹנָה אֶל־הֶחָצֵר הַחִיצוֹנָה אֶל־הָעָם
יִפְשְׁטוּ אֶת־בִּגְדֵיהֶם אֲשֶׁר־הֵמָּה מְשָׁרְתִם בָּם וְהִנִּיחוּ אוֹתָם
בְּלִשְׁכֹת הַקֹּדֶשׁ וְלָבְשׁוּ בְּגָדִים אֲחֵרִים וְלֹא־יְקַדְּשׁוּ אֶת־הָעָם
כ בְּבִגְדֵיהֶם׃ וְרֹאשָׁם לֹא יְגַלֵּחוּ וּפֶרַע לֹא יְשַׁלֵּחוּ כָּסוֹם יִכְסְמוּ
כא אֶת־רָאשֵׁיהֶם׃ וְיַיִן לֹא־יִשְׁתּוּ כָּל־כֹּהֵן בְּבוֹאָם אֶל־הֶחָצֵר
כב הַפְּנִימִית׃ וְאַלְמָנָה וּגְרוּשָׁה לֹא־יִקְחוּ לָהֶם לְנָשִׁים כִּי אִם־
בְּתוּלֹת מִזֶּרַע בֵּית יִשְׂרָאֵל וְהָאַלְמָנָה אֲשֶׁר תִּהְיֶה אַלְמָנָה

that I say to thee concerning all the ordinances of the house
of the LORD, and all its Torot; and mark well the entrance of
the house, with all the exits of the sanctuary. And thou shalt 6
say to the rebellious ones, to the house of Yisra'el, Thus says
the LORD GOD; O house of Yisra'el, enough now of all your
disgusting deeds, in that you have brought into my sanctuary 7
strangers, uncircumcised in heart, and uncircumcised in flesh,
to be in my sanctuary, to pollute it, even my house, when
you offer my bread, the fat and the blood, and they have broken
my covenant because of all your disgusting deeds; and you 8
have not kept the charge of my holy things: but you have
set keepers of my charge in my sanctuary to please your-
selves. Thus says the LORD GOD; No stranger, uncircum- 9
cised in heart, nor uncircumcised in flesh, shall enter into my
sanctuary, of any stranger that is among the children of Yisra'el. 10
But the Levites that are gone away far from me, when Yisra'el
went astray, that went astray from me after their idols, they
shall bear their iniquity: and they shall be ministers in my sanct- 11
uary, having charge at the gates of the house, and ministering in
the house: they shall slay the burnt offering and the sacrifice
for the people, and they shall stand before them to minister
to them. Because they ministered to them before their idols, 12
and became a stumbling flock of iniquity to the house of Yis-
ra'el; therefore I have lifted up my hand against them, says
the LORD GOD, and they shall bear their iniquity. And they 13
shall not come near to me, to do the office of a priest to me,
nor to come near to any of my holy things, to the most holy
things: but they shall bear their shame, and their disgusting
deeds which they have committed. And I will make them 14
keepers of the charge of the house, for all its service, and for
all that shall be done in it. But the priests the Levites, 15
the sons of Ẕadoq, that kept the charge of my sanctuary when
the children of Yisra'el went astray from me, they shall come
near to me to minister to me, and they shall stand before me
to offer to me the fat and the blood, says the LORD GOD: they 16
shall enter into my sanctuary, and they shall come near to my
table, to minister to me, and they shall keep my charge. And 17
it shall come to pass, that when they enter in at the gates of
the inner court, they shall be clothed with linen garments; and
no wool shall come upon them, whilst they minister in the gates
of the inner court, and within. They shall have linen turbans 18
upon their heads, and shall have linen breeches upon their
loins; they shall not gird themselves with anything that causes
sweat. And when they go out into the outer court, into the 19
outer court to the people, they shall put off their garments
in which they minister, and lay them in the holy chambers,
and they shall put on other garments; so as not to hallow the
people with their garments. Nor shall they shave their heads, 20
nor suffer their locks to grow long; but they shall crop their
heads. Nor shall any priest drink wine, when they enter into 21
the inner court. Nor shall they take a widow, or a divorced 22
woman for wives: but they shall take virgins of the seed of
the house of Yisra'el, or a widow that is the widow of a priest.

כג מִכֹּהֵן יִקָּחוּ׃ וְאֶת־עַמִּי יוֹרוּ בֵּין קֹדֶשׁ לְחֹל וּבֵין־טָמֵא לְטָהוֹר
כד יוֹדִיעֻם׃ וְעַל־רִיב הֵמָּה יַעַמְדוּ לשפט בְּמִשְׁפָּטַי ושפטהו וְאֶת־ לְמִשְׁפָּט יִשְׁפְּטֻהוּ
תּוֹרֹתַי וְאֶת־חֻקֹּתַי בְּכָל־מוֹעֲדַי יִשְׁמֹרוּ וְאֶת־שַׁבְּתוֹתַי יְקַדֵּשׁוּ׃
כה וְאֶל־מֵת אָדָם לֹא יָבוֹא לְטָמְאָה כִּי אִם־לְאָב וּלְאֵם וּלְבֵן
כו וּלְבַת לְאָח וּלְאָחוֹת אֲשֶׁר־לֹא־הָיְתָה לְאִישׁ יִטַּמָּאוּ׃ וְאַחֲרֵי
כז טָהֳרָתוֹ שִׁבְעַת יָמִים יִסְפְּרוּ־לוֹ׃ וּבְיוֹם בֹּאוֹ אֶל־הַקֹּדֶשׁ אֶל־
הֶחָצֵר הַפְּנִימִית לְשָׁרֵת בַּקֹּדֶשׁ יַקְרִיב חַטָּאתוֹ נְאֻם אֲדֹנָי
כח יְהוִה׃ וְהָיְתָה לָהֶם לְנַחֲלָה אֲנִי נַחֲלָתָם וַאֲחֻזָּה לֹא־תִתְּנוּ
כט לָהֶם בְּיִשְׂרָאֵל אֲנִי אֲחֻזָּתָם׃ הַמִּנְחָה וְהַחַטָּאת וְהָאָשָׁם
ל הֵמָּה יֹאכְלוּם וְכָל־חֵרֶם בְּיִשְׂרָאֵל לָהֶם יִהְיֶה׃ וְרֵאשִׁית
כָּל־בִּכּוּרֵי כֹל וְכָל־תְּרוּמַת כֹּל מִכֹּל תְּרוּמוֹתֵיכֶם לַכֹּהֲנִים
יִהְיֶה וְרֵאשִׁית עֲרִיסוֹתֵיכֶם תִּתְּנוּ לַכֹּהֵן לְהָנִיחַ בְּרָכָה אֶל־
לא בֵּיתֶךָ׃ כָּל־נְבֵלָה וּטְרֵפָה מִן־הָעוֹף וּמִן־הַבְּהֵמָה לֹא יֹאכְלוּ
אמה הַכֹּהֲנִים׃ וּבְהַפִּילְכֶם אֶת־הָאָרֶץ בְּנַחֲלָה תָּרִימוּ
תְרוּמָה לַיהוָה ׀ קֹדֶשׁ מִן־הָאָרֶץ אֹרֶךְ חֲמִשָּׁה וְעֶשְׂרִים אֶלֶף
ב אֹרֶךְ וְרֹחַב עֲשָׂרָה אָלֶף קֹדֶשׁ־הוּא בְכָל־גְּבוּלָהּ סָבִיב׃ יִהְיֶה
מִזֶּה אֶל־הַקֹּדֶשׁ חֲמֵשׁ מֵאוֹת בַּחֲמֵשׁ מֵאוֹת מְרֻבָּע סָבִיב
ג וַחֲמִשִּׁים אַמָּה מִגְרָשׁ לוֹ סָבִיב׃ וּמִן־הַמִּדָּה הַזֹּאת תָּמוֹד אֹרֶךְ
חֲמֵשׁ וְעֶשְׂרִים אֶלֶף וְרֹחַב עֲשֶׂרֶת אֲלָפִים וּבוֹ־יִהְיֶה הַמִּקְדָּשׁ
ד קֹדֶשׁ קָדָשִׁים׃ קֹדֶשׁ מִן־הָאָרֶץ הוּא לַכֹּהֲנִים מְשָׁרְתֵי הַמִּקְדָּשׁ
יִהְיֶה הַקְּרֵבִים לְשָׁרֵת אֶת־יְהוָה וְהָיָה לָהֶם מָקוֹם לְבָתִּים
ה וּמִקְדָּשׁ לַמִּקְדָּשׁ׃ וַחֲמִשָּׁה וְעֶשְׂרִים אֶלֶף אֹרֶךְ וַעֲשֶׂרֶת אֲלָפִים
רֹחַב יהיה לַלְוִיִּם מְשָׁרְתֵי הַבַּיִת לָהֶם לַאֲחֻזָּה עֶשְׂרִים לְשָׁכֹת׃ וְהָיָה
ו וַאֲחֻזַּת הָעִיר תִּתְּנוּ חֲמֵשֶׁת אֲלָפִים רֹחַב וְאֹרֶךְ חֲמִשָּׁה וְעֶשְׂרִים
ז אֶלֶף לְעֻמַּת תְּרוּמַת הַקֹּדֶשׁ לְכָל־בֵּית יִשְׂרָאֵל יִהְיֶה׃ וְלַנָּשִׂיא
מִזֶּה וּמִזֶּה לִתְרוּמַת הַקֹּדֶשׁ וְלַאֲחֻזַּת הָעִיר אֶל־פְּנֵי תְרוּמַת־
הַקֹּדֶשׁ וְאֶל־פְּנֵי אֲחֻזַּת הָעִיר מִפְּאַת יָם יָמָּה וּמִפְּאַת
קֵדְמָה קָדִימָה וְאֹרֶךְ לְעֻמּוֹת אַחַד הַחֲלָקִים מִגְּבוּל יָם
ח אֶל־גְּבוּל קָדִימָה׃ לָאָרֶץ יִהְיֶה־לּוֹ לַאֲחֻזָּה בְּיִשְׂרָאֵל וְלֹא־
יוֹנוּ עוֹד נְשִׂיאַי אֶת־עַמִּי וְהָאָרֶץ יִתְּנוּ לְבֵית־יִשְׂרָאֵל
ט לְשִׁבְטֵיהֶם׃ כֹּה־אָמַר אֲדֹנָי יְהוִה רַב־לָכֶם
נְשִׂיאֵי יִשְׂרָאֵל חָמָס וָשֹׁד הָסִירוּ וּמִשְׁפָּט וּצְדָקָה עֲשׂוּ הָרִימוּ

And they shall teach my people the difference between the holy 23
and common, and cause them to discern between the unclean
and the clean. And in a controversy they shall stand in judg- 24
ment and they shall judge it according to my judgments : and
they shall keep my Torot and my statutes in all my appointed
times ; and they shall hallow my sabbaths. And they shall come 25
near no dead person to defile themselves : but for father, or
for mother, or for son, or for daughter, for brother, or for sister
that has had no husband, they may defile themselves. And 26
after he is cleansed, they shall reckon to him seven days.
And in the day that he goes into the sanctuary, into the inner 27
court, to minister in the sanctuary, he shall offer his sin offer-
ing, says the Lord God. And it shall be to them for an 28
inheritance : I am their inheritance : and you shall give them
no possession in Yisra'el : I am their possession. They shall 29
eat the meal offering, and the sin offering, and the guilt offer-
ing : and every devoted thing in Yisra'el shall be theirs. And 30
the first of all the firstfruits of all things, and every heave of-
fering of all your heave offerings, shall belong to the priests :
you shall also give to the priest the first of your dough, that
he may cause a blessing to rest on thy house. The priests 31
shall not eat of anything that dies of itself, or is torn, whe-
ther it be bird or beast. And when you divide **45**
by lot the land for inheritance, you shall designate a portion
to the Lord, a holy area of the land : the length shall be the
length of twenty five thousand reeds, and the breadth shall be
ten thousand. This shall be holy in all its border round about.
Of this there shall be a square plot for the sanctuary, five 2
hundred by five hundred round about ; and there shall be an
open space for it of fifty cubits round about. And of this measure 3
shalt thou measure a length of twenty five thousand, and a
breadth of ten thousand : and in it shall be the sanctuary,
which is most holy. The holy portion of the land shall be for 4
the priests the ministers of the sanctuary, who come near to
minister to the Lord : and it shall be a place for their houses,
and a holy place for the sanctuary. And an area of twenty 5
five thousand in length, and ten thousand in breadth, shall also
the Levites, the ministers of the house, have for themselves, for
a possession, twenty districts. And you shall appoint the posses- 6
sion of the city five thousand broad, and twenty five thousand
long, adjoining the designated portion of the holy area : it shall
be for the whole house of Yisra'el. And the prince's portion 7
shall be on either side of the designated holy area, and of the
possession of the city, in front of the designated holy area, and
in front of the possession of the city, on the west side westward,
and on the east side eastward : and the length shall correspond
to one of the portions, from the western boundary to the eastern
boundary. It shall be his possession of the land in Yisra'el : and 8
my princes shall no more oppress my people ; but they shall
give to the house of Yisra'el the rest of the land according to
their tribes. Thus said the Lord God ; Enough now, you 9
princes of Yisra'el : remove violence and spoil, and execute
judgment and justice, take away your exactions from my people,

י גֵרֻשֹׁתֵיכֶם מֵעַל עַמִּי נְאֻם אֲדֹנָי יֱהֹוִה׃ מֹאזְנֵי־צֶדֶק וְאֵיפַת־צֶדֶק
יא וּבַת־צֶדֶק יְהִי לָכֶם׃ הָאֵיפָה וְהַבַּת תֹּכֶן אֶחָד יִהְיֶה לָשֵׂאת
מַעְשַׂר הַחֹמֶר הַבָּת וַעֲשִׂירִת הַחֹמֶר הָאֵיפָה אֶל־הַחֹמֶר יִהְיֶה
יב מַתְכֻּנְתּוֹ׃ וְהַשֶּׁקֶל עֶשְׂרִים גֵּרָה עֶשְׂרִים שְׁקָלִים חֲמִשָּׁה
יג וְעֶשְׂרִים שְׁקָלִים עֲשָׂרָה וַחֲמִשָּׁה שֶׁקֶל הַמָּנֶה יִהְיֶה לָכֶם׃ זֹאת
הַתְּרוּמָה אֲשֶׁר תָּרִימוּ שִׁשִּׁית הָאֵיפָה מֵחֹמֶר הַחִטִּים וְשִׁשִּׁיתֶם
יד הָאֵיפָה מֵחֹמֶר הַשְּׂעֹרִים׃ וְחֹק הַשֶּׁמֶן הַבַּת הַשֶּׁמֶן מַעְשַׂר הַבַּת
טו מִן־הַכֹּר עֲשֶׂרֶת הַבַּתִּים חֹמֶר כִּי־עֲשֶׂרֶת הַבַּתִּים חֹמֶר׃ וְשֶׂה־ כח
אַחַת מִן־הַצֹּאן מִן־הַמָּאתַיִם מִמַּשְׁקֵה יִשְׂרָאֵל לְמִנְחָה וּלְעוֹלָה
טז וְלִשְׁלָמִים לְכַפֵּר עֲלֵיהֶם נְאֻם אֲדֹנָי יֱהֹוִה׃ כֹּל
יז הָעָם הָאָרֶץ יִהְיוּ אֶל־הַתְּרוּמָה הַזֹּאת לַנָּשִׂיא בְּיִשְׂרָאֵל׃ וְעַל־
הַנָּשִׂיא יִהְיֶה הָעוֹלוֹת וְהַמִּנְחָה וְהַנֵּסֶךְ בַּחַגִּים וּבֶחֳדָשִׁים
וּבַשַּׁבָּתוֹת בְּכָל־מוֹעֲדֵי בֵּית יִשְׂרָאֵל הוּא־יַעֲשֶׂה אֶת־הַחַטָּאת
וְאֶת־הַמִּנְחָה וְאֶת־הָעוֹלָה וְאֶת־הַשְּׁלָמִים לְכַפֵּר בְּעַד בֵּית־
יח יִשְׂרָאֵל׃ כֹּה־אָמַר אֲדֹנָי יֱהֹוִה בָּרִאשׁוֹן בְּאֶחָד
יט לַחֹדֶשׁ תִּקַּח פַּר־בֶּן־בָּקָר תָּמִים וְחִטֵּאתָ אֶת־הַמִּקְדָּשׁ׃ וְלָקַח
הַכֹּהֵן מִדַּם הַחַטָּאת וְנָתַן אֶל־מְזוּזַת הַבַּיִת וְאֶל־אַרְבַּע פִּנּוֹת
כ הָעֲזָרָה לַמִּזְבֵּחַ וְעַל־מְזוּזַת שַׁעַר הֶחָצֵר הַפְּנִימִית׃ וְכֵן תַּעֲשֶׂה
בְּשִׁבְעָה בַחֹדֶשׁ מֵאִישׁ שֹׁגֶה וּמִפֶּתִי וְכִפַּרְתֶּם אֶת־הַבָּיִת׃
כא בָּרִאשׁוֹן בְּאַרְבָּעָה עָשָׂר יוֹם לַחֹדֶשׁ יִהְיֶה לָכֶם הַפָּסַח חָג
כב שְׁבֻעוֹת יָמִים מַצּוֹת יֵאָכֵל׃ וְעָשָׂה הַנָּשִׂיא בַּיּוֹם הַהוּא בַּעֲדוֹ
כג וּבְעַד כָּל־עַם הָאָרֶץ פַּר חַטָּאת׃ וְשִׁבְעַת יְמֵי־הֶחָג יַעֲשֶׂה
עוֹלָה לַיהֹוָה שִׁבְעַת פָּרִים וְשִׁבְעַת אֵילִים תְּמִימִם לַיּוֹם שִׁבְעַת
כד הַיָּמִים וְחַטָּאת שְׂעִיר עִזִּים לַיּוֹם׃ וּמִנְחָה אֵיפָה לַפָּר וְאֵיפָה
כה לָאַיִל יַעֲשֶׂה וְשֶׁמֶן הִין לָאֵיפָה׃ בַּשְּׁבִיעִי בַּחֲמִשָּׁה עָשָׂר יוֹם
לַחֹדֶשׁ בֶּחָג יַעֲשֶׂה כָאֵלֶּה שִׁבְעַת הַיָּמִים כַּחַטָּאת כָּעֹלָה
אמו וְכַמִּנְחָה וְכַשָּׁמֶן׃ כֹּה־אָמַר אֲדֹנָי יֱהֹוִה שַׁעַר
הֶחָצֵר הַפְּנִימִית הַפֹּנֶה קָדִים יִהְיֶה סָגוּר שֵׁשֶׁת יְמֵי הַמַּעֲשֶׂה
ב וּבְיוֹם הַשַּׁבָּת יִפָּתֵחַ וּבְיוֹם הַחֹדֶשׁ יִפָּתֵחַ׃ וּבָא הַנָּשִׂיא דֶּרֶךְ
אוּלָם הַשַּׁעַר מִחוּץ וְעָמַד עַל־מְזוּזַת הַשַּׁעַר וְעָשׂוּ הַכֹּהֲנִים אֶת־
עוֹלָתוֹ וְאֶת־שְׁלָמָיו וְהִשְׁתַּחֲוָה עַל־מִפְתַּן הַשַּׁעַר וְיָצָא וְהַשַּׁעַר
ג לֹא־יִסָּגֵר עַד־הָעָרֶב׃ וְהִשְׁתַּחֲווּ עַם־הָאָרֶץ פֶּתַח הַשַּׁעַר הַהוּא
ד בַּשַּׁבָּתוֹת וּבֶחֳדָשִׁים לִפְנֵי יְהֹוָה׃ וְהָעֹלָה אֲשֶׁר־יַקְרִב הַנָּשִׂיא

says the LORD GOD. You shall have just balances, and a just efa, 10
and a just bat. The efa and the bat shall be of one measure, 11
that the bat may contain the tenth part of a ḥomer, and the
efa the tenth part of a ḥomer: its measure shall be after the
ḥomer. And the shekel shall be twenty gera: twenty shekels, 12
five and twenty shekels, fifteen shekels, shall be your mane.
This is the offering that you shall set apart; the sixth part of 13
an efa of a ḥomer of wheat, and you shall give the sixth part
of an efa of a ḥomer of barley: concerning the ordinance of oil, 14
the bat of oil, you shall offer the tenth part of a bat out of the
kor, which is a ḥomer of ten bats; for ten bats are a ḥomer:
and one lamb out of the flock, out of two hundred, out of the 15
well watered pastures of Yisra'el; for a meal offering, and for
a burnt offering, and for peace offerings, to atone for them,
says the LORD GOD. All the people of the land shall give 16
this offering for the prince in Yisra'el. And it shall be the prince's 17
part to give burnt offerings, and meal offerings, and drink
offerings, on the feasts, and on the new moons, and on the
sabbaths, at all appointed times of the house of Yisra'el: he
shall prepare the sin offering, and the meal offering, and the
burnt offering, and the peace offerings, to make atonement for
the house of Yisra'el. Thus says the LORD GOD; In the first 18
month, on the first day of the month, thou shalt take a young
bullock without blemish, and purify the sanctuary: and the 19
priest shall take of the blood of the sin offering, and put it upon
the doorposts of the house, and upon the four corners of the
ledge of the altar, and upon the doorpost of the gate of the inner
court. And so thou shalt do on the seventh day of the month 20
for everyone that sins in error or in ignorance: so shall you
make atonement for the house. In the first month, on the four- 21
teenth day of the month, you shall have the passover, a feast
of seven days; unleavened bread shall be eaten. And upon that 22
day shall the prince prepare for himself and for all the people
of the land a bullock for a sin offering. And seven days of the 23
feast he shall prepare a burnt offering to the LORD, seven bullocks
and seven rams without blemish daily for the seven days; and
a kid of the goats daily for a sin offering. And he shall prepare 24
a meal offering of an efa for a bullock, and an efa for a ram,
and a hin of oil for an efa. In the seventh month, on the fifteenth 25
day of the month, in the feast, shall he do the like the seven
days; both as to the sin offering, as to the burnt offering, and as
to the meal offering, and as to the oil. Thus says the LORD **46**
GOD; The gate of the inner court that looks towards the east
shall be shut for the six working days; but on the sabbath it
shall be opened, and on the day of the new moon it shall be
opened. And the prince shall enter by the way of the porch of that 2
gate from outside, and shall stand by the post of the gate, and
the priests shall prepare his burnt offering, and his peace offer-
ings, and he shall bow down at the threshold of the gate: then
he shall go out; but the gate shall not be shut until the evening.
Likewise the people of the land shall bow down at the door of 3
this gate before the LORD on the sabbaths and on the new moons.
And the burnt offering that the prince shall offer to the LORD 4

ה לַיהוה בְּיוֹם הַשַּׁבָּת שִׁשָּׁה כְבָשִׂים תְּמִימִם וְאַיִל תָּמִים: וּמִנְחָה
ו אֵיפָה לָאַיִל וְלַכְּבָשִׂים מִנְחָה מַתַּת יָדוֹ וְשֶׁמֶן הִין לָאֵיפָה: וּבְיוֹם
הַחֹדֶשׁ פַּר בֶּן־בָּקָר תְּמִימִם וְשֵׁשֶׁת כְּבָשִׂים וָאַיִל תְּמִימִם יִהְיוּ:
ז וְאֵיפָה לַפָּר וְאֵיפָה לָאַיִל יַעֲשֶׂה מִנְחָה וְלַכְּבָשִׂים כַּאֲשֶׁר תַּשִּׂיג
ח יָדוֹ וְשֶׁמֶן הִין לָאֵיפָה: וּבְבוֹא הַנָּשִׂיא דֶּרֶךְ אוּלָם הַשַּׁעַר יָבוֹא
ט וּבְדַרְכּוֹ יֵצֵא: וּבְבוֹא עַם־הָאָרֶץ לִפְנֵי יהוה בַּמּוֹעֲדִים הַבָּא דֶּרֶךְ
שַׁעַר צָפוֹן לְהִשְׁתַּחֲוֺת יֵצֵא דֶּרֶךְ־שַׁעַר נֶגֶב וְהַבָּא דֶּרֶךְ־שַׁעַר
נֶגֶב יֵצֵא דֶּרֶךְ־שַׁעַר צָפוֹנָה לֹא יָשׁוּב דֶּרֶךְ הַשַּׁעַר אֲשֶׁר־בָּא בוֹ
י כִּי נִכְחוֹ יצאו: וְהַנָּשִׂיא בְּתוֹכָם בְּבוֹאָם יָבוֹא וּבְצֵאתָם יֵצֵאוּ: יֵצֵא
יא וּבַחַגִּים וּבַמּוֹעֲדִים תִּהְיֶה הַמִּנְחָה אֵיפָה לַפָּר וְאֵיפָה לָאַיִל
יב וְלַכְּבָשִׂים מַתַּת יָדוֹ וְשֶׁמֶן הִין לָאֵיפָה: וְכִי־
יַעֲשֶׂה הַנָּשִׂיא נְדָבָה עוֹלָה אוֹ־שְׁלָמִים נְדָבָה לַיהוה וּפָתַח לוֹ
אֶת־הַשַּׁעַר הַפֹּנֶה קָדִים וְעָשָׂה אֶת־עֹלָתוֹ וְאֶת־שְׁלָמָיו כַּאֲשֶׁר
יג יַעֲשֶׂה בְּיוֹם הַשַּׁבָּת וְיָצָא וְסָגַר אֶת־הַשַּׁעַר אַחֲרֵי צֵאתוֹ: וְכֶבֶשׂ
בֶּן־שְׁנָתוֹ תָּמִים תַּעֲשֶׂה עוֹלָה לַיּוֹם לַיהוה בַּבֹּקֶר בַּבֹּקֶר תַּעֲשֶׂה
יד אֹתוֹ: וּמִנְחָה תַעֲשֶׂה עָלָיו בַּבֹּקֶר בַּבֹּקֶר שִׁשִּׁית הָאֵיפָה וְשֶׁמֶן
שְׁלִישִׁית הַהִין לָרֹס אֶת־הַסֹּלֶת מִנְחָה לַיהוה חֻקּוֹת עוֹלָם
טו תָּמִיד: ועשו אֶת־הַכֶּבֶשׂ וְאֶת־הַמִּנְחָה וְאֶת־הַשֶּׁמֶן בַּבֹּקֶר יַעֲשׂוּ
טז בַּבֹּקֶר עוֹלַת תָּמִיד: כֹּה־אָמַר אֲדֹנָי יֱהוִה כִּי־
יִתֵּן הַנָּשִׂיא מַתָּנָה לְאִישׁ מִבָּנָיו נַחֲלָתוֹ הִיא לְבָנָיו תִּהְיֶה
יז אֲחֻזָּתָם הִיא בְּנַחֲלָה: וְכִי־יִתֵּן מַתָּנָה מִנַּחֲלָתוֹ לְאַחַד מֵעֲבָדָיו
וְהָיְתָה לּוֹ עַד־שְׁנַת הַדְּרוֹר וְשָׁבַת לַנָּשִׂיא אַךְ נַחֲלָתוֹ בָּנָיו לָהֶם
יח תִּהְיֶה: וְלֹא־יִקַּח הַנָּשִׂיא מִנַּחֲלַת הָעָם לְהוֹנֹתָם מֵאֲחֻזָּתָם
מֵאֲחֻזָּתוֹ יַנְחִל אֶת־בָּנָיו לְמַעַן אֲשֶׁר לֹא־יָפֻצוּ עַמִּי אִישׁ
יט מֵאֲחֻזָּתוֹ: וַיְבִיאֵנִי בַמָּבוֹא אֲשֶׁר עַל־כֶּתֶף הַשַּׁעַר אֶל־הַלְּשָׁכוֹת
הַקֹּדֶשׁ אֶל־הַכֹּהֲנִים הַפֹּנוֹת צָפוֹנָה וְהִנֵּה־שָׁם מָקוֹם בירכתם בַּיַּרְכָתַיִם
כ יָמָּה: וַיֹּאמֶר אֵלַי זֶה הַמָּקוֹם אֲשֶׁר יְבַשְּׁלוּ־שָׁם הַכֹּהֲנִים אֶת־
הָאָשָׁם וְאֶת־הַחַטָּאת אֲשֶׁר יֹאפוּ אֶת־הַמִּנְחָה לְבִלְתִּי הוֹצִיא
כא אֶל־הֶחָצֵר הַחִיצוֹנָה לְקַדֵּשׁ אֶת־הָעָם: וַיּוֹצִיאֵנִי אֶל־הֶחָצֵר
הַחִיצֹנָה וַיַּעֲבִירֵנִי אֶל־אַרְבַּעַת מִקְצוֹעֵי הֶחָצֵר וְהִנֵּה חָצֵר

on the sabbath day shall be six lambs without blemish, and a
ram without blemish. And the meal offering shall be an efa for   5
a ram, and the meal offering for the lambs as he shall be able
to give, and a hin of oil to every efa. And on the day of the new   6
moon it shall be a young bullock without blemish, and six lambs,
and a ram : they shall be without blemish. And he shall prepare   7
a meal offering, an efa for a bullock, and an efa for a ram, and
for the lambs according as his means extend, and a hin of oil
to an efa. And when the prince shall enter, he shall go in by the   8
way of the porch of that gate, and he shall go out by the same
way. But when the people of the land shall come before the   9
Lord on the appointed seasons, he that enters in by the way
of the north gate to bow down shall go out by the way of the
south gate ; and he that enters by the way of the south gate
shall go out by the way of the north gate : he shall not return
by the way of the same gate through which he came in, but
shall go out straight ahead. And the prince shall be in the midst   10
of them ; when they go in, he shall go in ; and when they go
out, they shall go out together. And on the feasts and on the   11
appointed seasons the meal offering shall be an efa for a bullock,
and an efa for a ram, and for the lambs as he is able to give,
and a hin of oil with every efa.   Now when the prince   12
shall prepare a voluntary burnt offering or peace offerings
voluntarily to the Lord, the gate that looks towards the east
shall be opened for him, and he shall prepare his burnt offering
and his peace offerings, as he shall do on the sabbath day :
then he shall go out ; and after his going out the gate shall be
shut. And thou shalt daily prepare a burnt offering to the Lord   13
of a lamb of the first year without blemish : thou shalt prepare
it every morning. And thou shalt prepare a meal offering for   14
it every morning, the sixth part of an efa, and the third part
of a hin of oil, to moisten the fine flour ; a meal offering contin-
ually by perpetual ordinances to the Lord. Thus shall they pre-   15
pare the lamb, and the meal offering, and the oil, every morning
for a continual burnt offering.   Thus says the Lord God ; if   16
the prince give a gift to any of his sons, it shall be his inheritance,
it shall be his sons' ; it shall be their possession by inheritance.   17
But if he give a gift of his inheritance to one of his servants,
then it shall be his to the year of liberty ; then it shall return
to the prince : but his inheritance shall be his sons' for them.
Moreover the prince shall not take of the people's inheritance   18
to thrust them wrongfully out of their possession ; but he shall
give his sons inheritance out of his own possession : that my
people be not scattered every man from his possession. Then   19
he brought me through the entry, which was at the side of the
gate, into the holy chambers of the priests, which looked towards
the north : and, behold, there was a place on the far side west-
ward. Then he said to me, This is the place where the priests   20
shall cook the guilt offering and the sin offering, where they
shall bake the meal offering ; so that they do not carry them
out into the outer court, to hallow the people. Then he brought   21
me out into the outer court, and caused me to pass by the four
corners of the court ; and, behold, in every corner of the court

כב בְּמִקְצֹעַ הֶחָצֵר חָצֵר בְּמִקְצֹעַ הֶחָצֵר׃ בְּאַרְבַּעַת מִקְצֹעוֹת הֶחָצֵר
חֲצֵרוֹת קְטֻרוֹת אַרְבָּעִים אֹרֶךְ וּשְׁלֹשִׁים רֹחַב מִדָּה אַחַת
כג לְאַרְבַּעְתָּם מְהֻקְצָעוֹת׃ וְטוּר סָבִיב בָּהֶם סָבִיב לְאַרְבַּעְתָּם
כד וּמְבַשְּׁלוֹת עָשׂוּי מִתַּחַת הַטִּירוֹת סָבִיב׃ וַיֹּאמֶר אֵלַי אֵלֶּה בֵּית
הַמְבַשְּׁלִים אֲשֶׁר יְבַשְּׁלוּ־שָׁם מְשָׁרְתֵי הַבַּיִת אֶת־זֶבַח הָעָם׃
מז א וַיְשִׁבֵנִי אֶל־פֶּתַח הַבַּיִת וְהִנֵּה־מַיִם יֹצְאִים מִתַּחַת מִפְתַּן הַבַּיִת
קָדִימָה כִּי־פְנֵי הַבַּיִת קָדִים וְהַמַּיִם יֹרְדִים מִתַּחַת מִכֶּתֶף הַבַּיִת
ב הַיְמָנִית מִנֶּגֶב לַמִּזְבֵּחַ׃ וַיּוֹצִאֵנִי דֶּרֶךְ־שַׁעַר צָפוֹנָה וַיְסִבֵּנִי דֶּרֶךְ
חוּץ אֶל־שַׁעַר הַחוּץ דֶּרֶךְ הַפּוֹנֶה קָדִים וְהִנֵּה־מַיִם מְפַכִּים מִן־
ג הַכָּתֵף הַיְמָנִית׃ בְּצֵאת־הָאִישׁ קָדִים וְקָו בְּיָדוֹ וַיָּמָד אֶלֶף בָּאַמָּה
ד וַיַּעֲבִרֵנִי בַמַּיִם מֵי אָפְסָיִם׃ וַיָּמָד אֶלֶף וַיַּעֲבִרֵנִי בַמַּיִם מַיִם
ה בִּרְכָּיִם וַיָּמָד אֶלֶף וַיַּעֲבִרֵנִי מֵי מָתְנָיִם׃ וַיָּמָד אֶלֶף נַחַל אֲשֶׁר
לֹא־אוּכַל לַעֲבֹר כִּי־גָאוּ הַמַּיִם מֵי שָׂחוּ נַחַל אֲשֶׁר לֹא־יֵעָבֵר׃
ו ז וַיֹּאמֶר אֵלַי הֲרָאִיתָ בֶן־אָדָם וַיּוֹלִכֵנִי וַיְשִׁבֵנִי שְׂפַת הַנָּחַל׃ בְּשׁוּבֵנִי
ח וְהִנֵּה אֶל־שְׂפַת הַנַּחַל עֵץ רַב מְאֹד מִזֶּה וּמִזֶּה׃ וַיֹּאמֶר אֵלַי
הַמַּיִם הָאֵלֶּה יוֹצְאִים אֶל־הַגְּלִילָה הַקַּדְמוֹנָה וְיָרְדוּ עַל־הָעֲרָבָה
ט וּבָאוּ הַיָּמָּה אֶל־הַיָּמָּה הַמּוּצָאִים וְנִרְפְּאוּ הַמָּיִם׃ וְהָיָה כָל־נֶפֶשׁ
חַיָּה ׀ אֲשֶׁר־יִשְׁרֹץ אֶל כָּל־אֲשֶׁר יָבוֹא שָׁם נַחֲלִים יִחְיֶה וְהָיָה
הַדָּגָה רַבָּה מְאֹד כִּי בָאוּ שָׁמָּה הַמַּיִם הָאֵלֶּה וְיֵרָפְאוּ וָחָי כֹּל
י אֲשֶׁר־יָבוֹא שָׁמָּה הַנָּחַל׃ וְהָיָה יַעַמְדוּ עָלָיו דַּוָּגִים מֵעֵין גֶּדִי וְעַד־ עָמְדוּ
עֵין עֶגְלַיִם מִשְׁטוֹחַ לַחֲרָמִים יִהְיוּ לְמִינָה תִּהְיֶה דְגָתָם כִּדְגַת הַיָּם
יא יב הַגָּדוֹל רַבָּה מְאֹד׃ בִּצֹּאתוֹ וּגְבָאָיו וְלֹא יֵרָפְאוּ לְמֶלַח נִתָּנוּ׃ וְעַל־ כט
הַנַּחַל יַעֲלֶה עַל־שְׂפָתוֹ מִזֶּה ׀ וּמִזֶּה ׀ כָּל־עֵץ־מַאֲכָל לֹא־יִבּוֹל
עָלֵהוּ וְלֹא־יִתֹּם פִּרְיוֹ לָחֳדָשָׁיו יְבַכֵּר כִּי מֵימָיו מִן־הַמִּקְדָּשׁ הֵמָּה
יג יוֹצְאִים וְהָיוּ פִרְיוֹ לְמַאֲכָל וְעָלֵהוּ לִתְרוּפָה׃ כֹּה וְהָיָה
אָמַר אֲדֹנָי יֱהֹוִה גֵּה גְבוּל אֲשֶׁר תִּתְנַחֲלוּ אֶת־הָאָרֶץ לִשְׁנֵי עָשָׂר
יד שִׁבְטֵי יִשְׂרָאֵל יוֹסֵף חֲבָלִים׃ וּנְחַלְתֶּם אוֹתָהּ אִישׁ כְּאָחִיו אֲשֶׁר
נָשָׂאתִי אֶת־יָדִי לְתִתָּהּ לַאֲבֹתֵיכֶם וְנָפְלָה הָאָרֶץ הַזֹּאת לָכֶם
טו בְּנַחֲלָה׃ וְזֶה גְּבוּל הָאָרֶץ לִפְאַת צָפוֹנָה מִן־הַיָּם הַגָּדוֹל הַדֶּרֶךְ
טז חֶתְלֹן לְבוֹא צְדָדָה׃ חֲמָת ׀ בֵּרוֹתָה סִבְרַיִם אֲשֶׁר בֵּין־גְּבוּל

there was a court. In the four corners of the court there were 22
roofless courts, forty cubits long and thirty broad: these four
corners were of one measure. And there was a row of masonry 23
round about in them, round about those four, and it was made
with cooking hearths under the rows round about. Then he said 24
to me, These are the places of them that cook, where the
ministers of the house shall boil the sacrifice of the people.
Then he brought me back to the door of the house; and, behold, **47**
water issued out from under the threshold of the house east-
ward: for the forefront of the house looked towards the east,
and the water came down from beneath, from the right side of
the house, at the south side of the altar. Then he brought me 2
out by the way of the gate northward, and led me round the
way outside to the outer gate by the way what looks eastward;
and, behold, there ran out water on the right side. And when 3
the man that had the line in his hand went out eastward, he
measured a thousand cubits, and he made me pass through the
water; the water was up to the ankles. Again he measured 4
a thousand, and made me pass through the water; the water
was up to the knees. Again he measured a thousand, and made
me pass through water up to the loins. And he measured a 5
further thousand; and it was a stream that I could not pass
over: for the waters were risen, waters to swim in, a stream
that could not be passed over. And he said to me, Son of man, 6
hast thou seen this? Then he brought me, and caused me to
return to the edge of the stream. Now when I had returned, 7
behold, at the bank of the stream were very many trees on the
one side and on the other. Then he said to me, These waters 8
issue out towards the eastern region, and go down into the
'Arava; and on their entering the sea, the sea of issuing waters,
the waters shall be healed. And it shall come to pass, that 9
every living thing, with which it swarms, wherever the streams
shall come, shall live: and there shall be a very great multitude
of fish, because these waters shall come thither: so that every-
thing shall be healed, and shall live where that stream comes.
And it shall come to pass, that the fishers shall stand upon it 10
from 'En-gedi as far as 'En-'eglayim; there shall be a place for
the spreading of nets; their fish shall be of various kinds, like
the fish of the great sea, exceeding many. But its miry places 11
and its marshes shall not be healed; they shall be given for salt.
And by the stream upon its bank, on this side and on that side, 12
shall grow all trees for food, whose leaf shall not wither, neither
shall its fruit fail: it shall bring forth new fruit every month,
because their waters have issued out of the sanctuary: and its
fruit shall be for food, and its leaf for medicine. Thus 13
says the Lord God; This shall be the border, according to which
you shall divide the land for inheritance to the twelve tribes of
Yisra'el: Yosef shall have two portions. And you shall inherit it, 14
one as well as another: that concerning which I lifted up my
hand to give it to your fathers: and this land shall fall to you for
inheritance. And this shall be the border of the land towards 15
the north side, from the great sea, by the way of Ḥetlon, as you
go to Ẕedad; Ḥamat, Berota, Sivrayim, which is between the 16

יז דַּמֶּשֶׂק וּבֵין גְּבוּל חֲמָת חָצֵר הַתִּיכוֹן אֲשֶׁר אֶל־גְּבוּל חַוְרָן: וְהָיָה
גְבוּל מִן־הַיָּם חֲצַר עֵינוֹן גְּבוּל דַּמֶּשֶׂק וְצָפוֹן ׀ צָפוֹנָה וּגְבוּל חֲמָת
יח וְאֵת פְּאַת צָפוֹן: וּפְאַת קָדִים מִבֵּין חַוְרָן וּמִבֵּין דַּמֶּשֶׂק וּמִבֵּין
הַגִּלְעָד וּמִבֵּין אֶרֶץ יִשְׂרָאֵל הַיַּרְדֵּן מִגְּבוּל עַל־הַיָּם הַקַּדְמוֹנִי
יט תָּמֹדּוּ וְאֵת פְּאַת קָדִימָה: וּפְאַת נֶגֶב תֵּימָנָה מִתָּמָר עַד־מֵי
מְרִיבוֹת קָדֵשׁ נַחֲלָה אֶל־הַיָּם הַגָּדוֹל וְאֵת פְּאַת־תֵּימָנָה נֶגְבָּה:
כ וּפְאַת־יָם הַיָּם הַגָּדוֹל מִגְּבוּל עַד־נֹכַח לְבוֹא חֲמָת זֹאת פְּאַת־
כא כב יָם: וְחִלַּקְתֶּם אֶת־הָאָרֶץ הַזֹּאת לָכֶם לְשִׁבְטֵי יִשְׂרָאֵל: וְהָיָה
תַּפִּלוּ אוֹתָהּ בְּנַחֲלָה לָכֶם וּלְהַגֵּרִים הַגָּרִים בְּתוֹכְכֶם אֲשֶׁר־
הוֹלִדוּ בָנִים בְּתוֹכְכֶם וְהָיוּ לָכֶם כְּאֶזְרָח בִּבְנֵי יִשְׂרָאֵל אִתְּכֶם
כג יִפְּלוּ בְנַחֲלָה בְּתוֹךְ שִׁבְטֵי יִשְׂרָאֵל: וְהָיָה בַשֵּׁבֶט אֲשֶׁר־גָּר הַגֵּר
מח א אִתּוֹ שָׁם תִּתְּנוּ נַחֲלָתוֹ נְאֻם אֲדֹנָי יְהוִה: וְאֵלֶּה
שְׁמוֹת הַשְּׁבָטִים מִקְצֵה צָפוֹנָה אֶל־יַד דֶּרֶךְ־חֶתְלֹן ׀ לְבוֹא־חֲמָת
חֲצַר עֵינָן גְּבוּל דַּמֶּשֶׂק צָפוֹנָה אֶל־יַד חֲמָת וְהָיוּ־לוֹ פְאַת־קָדִים
ב הַיָּם דָּן אֶחָד: וְעַל ׀ גְּבוּל דָּן מִפְּאַת קָדִים עַד־פְּאַת יָמָּה אָשֵׁר
ג אֶחָד: וְעַל ׀ גְּבוּל אָשֵׁר מִפְּאַת קָדִימָה וְעַד־פְּאַת־יָמָּה נַפְתָּלִי
ד אֶחָד: וְעַל ׀ גְּבוּל נַפְתָּלִי מִפְּאַת קָדְמָה עַד־פְּאַת יָמָּה מְנַשֶּׁה
ה אֶחָד: וְעַל ׀ גְּבוּל מְנַשֶּׁה מִפְּאַת קָדְמָה עַד־פְּאַת יָמָּה אֶפְרָיִם
ו אֶחָד: וְעַל ׀ גְּבוּל אֶפְרַיִם מִפְּאַת קָדִים וְעַד־פְּאַת־יָמָּה רְאוּבֵן
ז אֶחָד: וְעַל ׀ גְּבוּל רְאוּבֵן מִפְּאַת קָדִים עַד־פְּאַת יָמָּה יְהוּדָה
ח אֶחָד: וְעַל גְּבוּל יְהוּדָה מִפְּאַת קָדִים עַד־פְּאַת יָמָּה תִּהְיֶה
הַתְּרוּמָה אֲשֶׁר־תָּרִימוּ חֲמִשָּׁה וְעֶשְׂרִים אֶלֶף רֹחַב וְאֹרֶךְ כְּאַחַד
הַחֲלָקִים מִפְּאַת קָדִימָה עַד־פְּאַת־יָמָּה וְהָיָה הַמִּקְדָּשׁ בְּתוֹכוֹ:
ט הַתְּרוּמָה אֲשֶׁר תָּרִימוּ לַיהוָה אֹרֶךְ חֲמִשָּׁה וְעֶשְׂרִים אֶלֶף וְרֹחַב
י עֲשֶׂרֶת אֲלָפִים: וּלְאֵלֶּה תִּהְיֶה תְרוּמַת־הַקֹּדֶשׁ לַכֹּהֲנִים צָפוֹנָה
חֲמִשָּׁה וְעֶשְׂרִים אֶלֶף וְיָמָּה רֹחַב עֲשֶׂרֶת אֲלָפִים וְקָדִימָה רֹחַב
עֲשֶׂרֶת אֲלָפִים וְנֶגְבָּה אֹרֶךְ חֲמִשָּׁה וְעֶשְׂרִים אָלֶף וְהָיָה מִקְדַּשׁ־
יא יְהוָה בְּתוֹכוֹ: לַכֹּהֲנִים הַמְקֻדָּשׁ מִבְּנֵי צָדוֹק אֲשֶׁר שָׁמְרוּ
מִשְׁמַרְתִּי אֲשֶׁר לֹא־תָעוּ בִּתְעוֹת בְּנֵי יִשְׂרָאֵל כַּאֲשֶׁר תָּעוּ
יב הַלְוִיִּם: וְהָיְתָה לָהֶם תְּרוּמִיָּה מִתְּרוּמַת הָאָרֶץ קֹדֶשׁ קָדָשִׁים
יג אֶל־גְּבוּל הַלְוִיִּם: וְהַלְוִיִּם לְעֻמַּת גְּבוּל הַכֹּהֲנִים חֲמִשָּׁה וְעֶשְׂרִים
אֶלֶף אֹרֶךְ וְרֹחַב עֲשֶׂרֶת אֲלָפִים כָּל־אֹרֶךְ חֲמִשָּׁה וְעֶשְׂרִים אֶלֶף
יד וְרֹחַב עֲשֶׂרֶת אֲלָפִים: וְלֹא־יִמְכְּרוּ מִמֶּנּוּ וְלֹא יָמֵר וְלֹא יעבור יַעֲבִיר

border of Dammeseq and the border of Ḥamat; the middle
Ḥaẓer, which is by the border of Ḥavran. And the border from 17
the sea shall be Ḥaẓar-'enon, the border of Dammeseq, and the
north northward, and the border of Ḥamat. That is the north
side. And the east side, between Ḥavran, and Dammeseq and 18
Gil'ad, and between the land of Yisra'el and the Yarden, from the
border to the eastern sea shall you measure. That is the east
side. And the Negev side southward from Tamar to the waters 19
of Merivot-qadesh to the wadi, as far as the great sea. That is
the south side towards the Negev. The west side also shall be 20
the great sea from the border, as far as over against the entrance
of Ḥamat. That is the west side. So shall you divide this land 21
for yourselves according to the tribes of Yisra'el. And it shall 22
come to pass, that you shall divide it by lot for an inheritance
to you, and to the strangers that sojourn among you, who shall
beget children among you: and they shall be to you as those
born in the country among the children of Yisra'el; they shall
have inheritance with you among the tribes of Yisra'el. And it 23
shall come to pass, that in whatever tribe the stranger may
sojourn, there shall you give him his inheritance, says the LORD
GOD. Now these are the names of the tribes. From the north **48**
end beside the way to Ḥetlon, as one goes to Ḥamat, Ḥaẓar-'enan,
the border of Dammeseq northward beside Ḥamat; for these
are his sides east and west; a portion for Dan. And by the border 2
of Dan, from the east side to the west side a portion for Asher.
And by the border of Asher, from the east side to the west side, 3
a portion for Naftali. And by the border of Naftali, from the east 4
side to the west side, a portion for Menashshe. And by the border 5
of Menashshe, from the east side to the west side, a portion
for Efrayim. And by the border of Efrayim, from the east side 6
to the west side a portion for Re'uven. And by the border of 7
Re'uven, from the east side to the west side, a portion for
Yehuda. And by the border of Yehuda, from the east side to the 8
west side, shall be the designated portion which you shall
designate of twenty five thousand reeds in breadth, and in length
as one of the other parts, from the east side to the west side:
and the sanctuary shall be in the midst of it. The portion that you 9
shall designate to the LORD shall be of twenty five thousand in
length, and of ten thousand in breadth. And they, the priests, 10
shall have this holy portion; towards the north twenty five
thousand in length, and towards the west ten thousand in breadth,
and towards the east ten thousand in breadth, and towards
the south twenty five thousand in length: and the sanc-
tuary of the LORD shall be in the midst of it. It shall belong 11
to the priests that are sanctified of the sons of Ẓadoq; who
have kept my charge, who went not astray when the children
of Yisra'el went astray, as the other Levities went astray. And 12
it shall be to them a section set apart from the designated portion
of the land, a thing most holy, by the border of the Levites. And 13
over against the border of the priests, the Levites shall have an
area twenty five thousand in length, and ten thousand in breadth:
all the length shall be twenty five thousand, and the breadth ten
thousand. And they shall not sell any of it, nor exchange, nor 14

רֵאשִׁ֥ית הָאָ֖רֶץ כִּי־קֹ֣דֶשׁ לַֽיהוָֽה: וַחֲמֵ֨שֶׁת אֲלָפִ֤ים הַנּוֹתָר֙ בָּרֹ֔חַב   ט

עַל־פְּנֵ֨י חֲמִשָּׁ֤ה וְעֶשְׂרִים֙ אֶ֔לֶף חֹֽל־ה֥וּא לָעִ֖יר לְמוֹשָׁ֣ב וּלְמִגְרָ֑שׁ

וְהָיְתָ֥ה הָעִ֖יר בְּתוֹכֹֽה: וְאֵ֖לֶּה מִדּוֹתֶ֑יהָ פְּאַ֤ת צָפוֹן֙ חֲמֵ֣שׁ מֵא֔וֹת   טז

וְאַרְבַּ֣עַת אֲלָפִ֔ים וּפְאַת־נֶ֗גֶב חֲמֵ֤שׁ חֲמֵשׁ֙ מֵא֣וֹת וְאַרְבַּ֔עַת

אֲלָפִ֑ים וּמִפְּאַ֣ת קָדִ֗ים חֲמֵ֤שׁ מֵאוֹת֙ וְאַרְבַּ֣עַת אֲלָפִ֔ים וּפְאַת־יָ֗מָּה

חֲמֵ֥שׁ מֵא֖וֹת וְאַרְבַּ֥עַת אֲלָפִֽים: וְהָיָ֣ה מִגְרָשׁ֮ לָעִיר֒ צָפ֨וֹנָה   יז

חֲמִשִּׁ֜ים וּמָאתַ֗יִם וְנֶ֛גְבָּה חֲמִשִּׁ֥ים וּמָאתַ֖יִם וְקָדִ֥ימָה חֲמִשִּׁ֛ים

וּמָאתַ֖יִם וְיָ֥מָּה חֲמִשִּׁ֥ים וּמָאתָֽיִם: וְהַנּוֹתָ֣ר בָּאֹ֗רֶךְ לְעֻמַּ֣ת ׀   יח

תְּרוּמַ֣ת הַקֹּ֡דֶשׁ עֲשֶׂ֣רֶת אֲלָפִים֩ קָדִ֨ימָה וַעֲשֶׂ֤רֶת אֲלָפִים֙ יָ֔מָּה

וְהָיָ֗ה לְעֻמַּת֙ תְּרוּמַ֣ת הַקֹּ֔דֶשׁ וְהָיְתָ֤ה תְבוּאָתֹה֙ לְלֶ֔חֶם לְעֹבְדֵ֖י

הָעִֽיר: וְהָעֹבֵ֖ד הָעִ֑יר יַֽעַבְד֕וּהוּ מִכֹּ֖ל שִׁבְטֵ֥י יִשְׂרָאֵֽל: כָּל־   יט

הַתְּרוּמָ֗ה חֲמִשָּׁ֤ה וְעֶשְׂרִים֙ אֶ֔לֶף בַּחֲמִשָּׁ֥ה וְעֶשְׂרִ֖ים אָ֑לֶף רְבִיעִ֗ית

תָּרִ֙ימוּ֙ אֶת־תְּרוּמַ֣ת הַקֹּ֔דֶשׁ אֶל־אֲחֻזַּ֖ת הָעִֽיר: וְהַנּוֹתָ֣ר לַנָּשִׂ֣יא   כא

מִזֶּ֣ה ׀ וּמִזֶּ֣ה ׀ לִתְרֽוּמַת־הַקֹּ֣דֶשׁ וְלַאֲחֻזַּ֣ת הָעִ֡יר אֶל־פְּנֵ֣י חֲמִשָּׁה֩

וְעֶשְׂרִ֨ים אֶ֜לֶף ׀ תְּרוּמָ֗ה עַד־גְּב֤וּל קָדִ֙ימָה֙ וְיָ֨מָּה֙ עַל־פְּנֵ֣י חֲמִשָּׁ֤ה

וְעֶשְׂרִים֙ אֶ֔לֶף עַל־גְּב֣וּל יָ֔מָּה לְעֻמַּ֥ת חֲלָקִ֖ים לַנָּשִׂ֑יא וְהָיְתָה֙

תְּרוּמַ֣ת הַקֹּ֔דֶשׁ וּמִקְדַּ֥שׁ הַבַּ֖יִת בְּתוֹכֹֽה: וּמֵאֲחֻזַּ֣ת הַלְוִיִּ֗ם   כב

וּמֵאֲחֻזַּ֣ת הָעִ֔יר בְּת֛וֹךְ אֲשֶׁ֥ר לַנָּשִׂ֖יא יִֽהְיֶ֑ה בֵּ֣ין ׀ גְּב֣וּל יְהוּדָ֗ה

וּבֵין֙ גְּב֣וּל בִּנְיָמִ֔ן לַנָּשִׂ֖יא יִהְיֶֽה: וְיֶ֖תֶר הַשְּׁבָטִ֑ים מִפְּאַ֣ת קָדִ֗ימָה   כג

עַד־פְּאַת־יָ֔מָּה בִּנְיָמִ֖ן אֶחָֽד: וְעַ֣ל ׀ גְּב֣וּל בִּנְיָמִ֗ן מִפְּאַ֥ת קָדִ֛ימָה   כד

עַד־פְּאַת־יָ֖מָּה שִׁמְע֥וֹן אֶחָֽד: וְעַ֣ל ׀ גְּב֣וּל שִׁמְע֗וֹן מִפְּאַ֥ת קָדִ֛ימָה   כה

עַד־פְּאַת־יָ֖מָּה יִשָּׂשכָ֥ר אֶחָֽד: וְעַ֣ל ׀ גְּב֣וּל יִשָּׂשכָ֗ר מִפְּאַ֥ת קָדִ֛ימָה   כו

עַד־פְּאַת־יָ֖מָּה זְבוּלֻ֥ן אֶחָֽד: וְעַ֣ל ׀ גְּב֣וּל זְבוּלֻ֗ן מִפְּאַ֥ת קָדִ֛מָה   כז

עַד־פְּאַת־יָ֖מָּה גָּ֣ד אֶחָֽד: וְעַל֙ גְּב֣וּל גָּ֔ד אֶל־פְּאַ֥ת נֶ֖גֶב תֵּימָ֑נָה   כח

וְהָיָ֨ה גְב֜וּל מִתָּמָ֗ר מֵ֚י מְרִיבַ֣ת קָדֵ֔שׁ נַחֲלָ֖ה עַל־הַיָּ֥ם הַגָּדֽוֹל:

זֹ֣את הָאָ֗רֶץ אֲשֶׁר־תַּפִּ֤ילוּ מִֽנַּחֲלָה֙ לְשִׁבְטֵ֣י יִשְׂרָאֵ֔ל וְאֵ֖לֶּה   כט

מַחְלְקוֹתָ֑ם נְאֻ֖ם אֲדֹנָ֥י יְהוִֽה: וְאֵ֖לֶּה תּוֹצְאֹ֣ת הָעִ֑יר   ל

מִפְּאַ֥ת צָפ֖וֹן חֲמֵ֥שׁ מֵא֛וֹת וְאַרְבַּ֥עַת אֲלָפִ֖ים מִדָּֽה: וְשַׁעֲרֵ֣י הָעִ֗יר   לא

עַל־שְׁמוֹת֙ שִׁבְטֵ֣י יִשְׂרָאֵ֔ל שְׁעָרִ֥ים שְׁלוֹשָׁ֖ה צָפ֑וֹנָה שַׁ֣עַר רְאוּבֵ֗ן

אֶחָ֞ד שַׁ֤עַר יְהוּדָה֙ אֶחָ֔ד שַׁ֥עַר לֵוִ֖י אֶחָֽד: וְאֶל־פְּאַ֣ת קָדִ֗ימָה חֲמֵ֣שׁ   לב

מֵא֣וֹת וְאַרְבַּ֣עַת אֲלָפִ֔ים וּשְׁעָרִ֖ים שְׁלֹשָׁ֑ה וְשַׁ֨עַר יוֹסֵ֤ף אֶחָד֙ שַׁ֣עַר

בִּנְיָמִ֣ן אֶחָ֔ד שַׁ֥עַר דָּ֖ן אֶחָֽד: וּפְאַת־נֶ֗גְבָּה חֲמֵ֤שׁ מֵאוֹת֙ וְאַרְבַּ֣עַת   לג

אֲלָפִ֔ים מִדָּ֑ה וּשְׁעָרִ֣ים שְׁלֹשָׁ֔ה שַׁ֣עַר שִׁמְע֞וֹן אֶחָ֗ד שַׁ֤עַר יִשָּׂשכָר֙

אֶחָ֔ד שַׁ֥עַר זְבוּלֻ֖ן אֶחָֽד: פְּאַת־יָ֗מָּה חֲמֵ֤שׁ מֵאוֹת֙ וְאַרְבַּ֣עַת   לד

אֲלָפִ֔ים שַׁעֲרֵיהֶ֖ם שְׁלֹשָׁ֑ה שַׁ֣עַר גָּ֗ד אֶחָד֙ שַׁ֣עַר אָשֵׁ֣ר אֶחָ֔ד

alienate that choice portion of the land : for it is holy to the Lord. And the five thousand, that are left in the breadth in front   15
of the twenty five thousand, shall be for common use, for the city, for dwelling, and for open land : and the city shall be in the midst of it. And these shall be its measures ; the north side   16
four thousand five hundred, and the south side four thousand five hundred, and on the east side four thousand five hundred, and the west side four thousand five hundred. And   17
the city shall have open lands, to the north two hundred and fifty, and to the south two hundred and fifty, and to the east two hundred and fifty, and to the west two hundred and fifty.
And the residue in the length corresponding to the designated   18
holy portion shall be ten thousand eastward, and ten thousand westward : and it shall be alongside the designated holy portion ; and its produce shall be for food for those that work in the city.
And those who work in the city shall work in it of all the tribes   19
of Yisra'el. And the designated portion shall be twenty five   20
thousand by twenty five thousand : you shall designate the holy portion foursquare, including the possession of the city. And the   21
residue shall be for the prince, on the one side and on the other of the holy portion, and of the possession of the city ; in front of the twenty five thousand of the designated area to the east border, and westward in front of the twenty five thousand to the west border : corresponding to the portions of the tribes shall be the area for the prince : and the holy area set apart, and the sanctuary of the house shall be in the midst of it. Thus the   22
possession of the Levites, and the possession of the city, shall be in the midst of that which is the prince's ; between the border of Yehuda and the border of Binyamin, shall be the portion of the prince. As for the rest of the tribes from the east side to the west   23
side, Binyamin shall have a portion. And by the border of Binya-   24
min ; from the east side to the west side, Shim'on shall have a portion. And by the border of Shim'on, from the east side to the   25
west side, Yissakhar shall have a portion. And by the border   26
of Yissakhar, from the east side to the west side, Zevulun shall have a portion. And by the border of Zevulun, from the east side   27
to the west side, Gad shall have one portion. And by the border   28
of Gad, at the Negev side southward, the border shall be from Tamar by the waters Merivat-qadesh, to the wadi, as far as the great sea. This is the land which you shall divide by lot to the   29
tribes of Yisra'el for inheritance, and these are their portions, says the Lord God.   And these are the exits of the city.   30
On the north side, there is measure of four thousand five hundred. And the gates of the city shall be after the names of the   31
tribes of Yisra'el : three gates northward ; one gate of Re'uven, one gate of Yehuda, one gate of Levi. And at the east side there   32
is a measure of four thousand five hundred : and three gates; one gate of Yosef, one gate of Binyamin, one gate of Dan. And at   33
the south side there is a measure of four thousand five hundred ; and three gates ; one gate of Shim'on, one gate of Yissakhar, one gate of Zevulun. At the west side there is a measure of   34

לה שַׁ֥עַר נַפְתָּלִ֖י אֶחָֽד׃ סָבִ֕יב שְׁמֹנָ֥ה עָשָׂ֖ר אָ֑לֶף וְשֵׁם־הָעִ֥יר
מִיּ֖וֹם יְהוָ֥ה ׀ שָֽׁמָּה׃

four thousand five hundred, with their three gates ; one gate of 35
Gad, one gate of Asher, one gate of Naftali. It shall be round
about eighteen thousand measures : and the name of the city
from that day shall be, The Lord is there.

שנים עשר

הושע
יואל
עמוס
עובדיה
יונה
מיכה
נחום
חבקוק
צפניה
חגי
זכריה
מלאכי

HOSHEA-HOSEA
YO'EL - JOEL
'AMOS
'OVADYA - OBADIAH
YONA - JONAH
MIKHA - MICAH
NAH̱UM - NAHUM
H̱AVAQQUQ - HABAKKUK
ẔEFANYA - ZEPHANIAH
H̱AGGAY - HAGGAI
ZEKHARYA - ZECHARIAH
MAL'AKI - MALACHI

THE TWELVE PROPHETS

א א דְּבַר־יְהוָה ׀ אֲשֶׁר הָיָה אֶל־הוֹשֵׁעַ בֶּן־בְּאֵרִי בִּימֵי עֻזִּיָּה
יוֹתָם אָחָז יְחִזְקִיָּה מַלְכֵי יְהוּדָה וּבִימֵי יָרָבְעָם בֶּן־יוֹאָשׁ
ב מֶלֶךְ יִשְׂרָאֵל׃ תְּחִלַּת דִּבֶּר־יְהוָה בְּהוֹשֵׁעַ וַיֹּאמֶר יְהוָה אֶל־
הוֹשֵׁעַ לֵךְ קַח־לְךָ אֵשֶׁת זְנוּנִים וְיַלְדֵי זְנוּנִים כִּי־זָנֹה תִזְנֶה
ג הָאָרֶץ מֵאַחֲרֵי יְהוָה׃ וַיֵּלֶךְ וַיִּקַּח אֶת־גֹּמֶר בַּת־דִּבְלָיִם
ד וַתַּהַר וַתֵּלֶד־לוֹ בֵּן׃ וַיֹּאמֶר יְהוָה אֵלָיו קְרָא שְׁמוֹ יִזְרְעֶאל
כִּי־עוֹד מְעַט וּפָקַדְתִּי אֶת־דְּמֵי יִזְרְעֶאל עַל־בֵּית יֵהוּא
ה וְהִשְׁבַּתִּי מַמְלְכוּת בֵּית יִשְׂרָאֵל׃ וְהָיָה בַּיּוֹם הַהוּא וְשָׁבַרְתִּי
ו אֶת־קֶשֶׁת יִשְׂרָאֵל בְּעֵמֶק יִזְרְעֶאל׃ וַתַּהַר עוֹד וַתֵּלֶד בַּת
וַיֹּאמֶר לוֹ קְרָא שְׁמָהּ לֹא רֻחָמָה כִּי לֹא אוֹסִיף עוֹד אֲרַחֵם
ז אֶת־בֵּית יִשְׂרָאֵל כִּי־נָשֹׂא אֶשָּׂא לָהֶם׃ וְאֶת־בֵּית יְהוּדָה
אֲרַחֵם וְהוֹשַׁעְתִּים בַּיהוָה אֱלֹהֵיהֶם וְלֹא אוֹשִׁיעֵם בְּקֶשֶׁת
ח וּבְחֶרֶב וּבְמִלְחָמָה בְּסוּסִים וּבְפָרָשִׁים׃ וַתִּגְמֹל אֶת־לֹא
ט רֻחָמָה וַתַּהַר וַתֵּלֶד בֵּן׃ וַיֹּאמֶר קְרָא שְׁמוֹ לֹא עַמִּי כִּי אַתֶּם
ב א לֹא עַמִּי וְאָנֹכִי לֹא־אֶהְיֶה לָכֶם׃ וְהָיָה מִסְפַּר
בְּנֵי־יִשְׂרָאֵל כְּחוֹל הַיָּם אֲשֶׁר לֹא־יִמַּד וְלֹא יִסָּפֵר וְהָיָה
בִּמְקוֹם אֲשֶׁר־יֵאָמֵר לָהֶם לֹא־עַמִּי אַתֶּם יֵאָמֵר לָהֶם בְּנֵי
ב אֵל־חָי׃ וְנִקְבְּצוּ בְּנֵי־יְהוּדָה וּבְנֵי־יִשְׂרָאֵל יַחְדָּו וְשָׂמוּ לָהֶם
ג רֹאשׁ אֶחָד וְעָלוּ מִן־הָאָרֶץ כִּי גָדוֹל יוֹם יִזְרְעֶאל׃ אִמְרוּ
ד לַאֲחֵיכֶם עַמִּי וְלַאֲחוֹתֵיכֶם רֻחָמָה׃ רִיבוּ בְאִמְּכֶם רִיבוּ
כִּי־הִיא לֹא אִשְׁתִּי וְאָנֹכִי לֹא אִישָׁהּ וְתָסֵר זְנוּנֶיהָ מִפָּנֶיהָ
ה וְנַאֲפוּפֶיהָ מִבֵּין שָׁדֶיהָ׃ פֶּן־אַפְשִׁיטֶנָּה עֲרֻמָּה וְהִצַּגְתִּיהָ
כְּיוֹם הִוָּלְדָהּ וְשַׂמְתִּיהָ כַמִּדְבָּר וְשַׁתִּהָ כְּאֶרֶץ צִיָּה וַהֲמִתִּיהָ
ו ז בַּצָּמָא׃ וְאֶת־בָּנֶיהָ לֹא אֲרַחֵם כִּי־בְנֵי זְנוּנִים הֵמָּה׃ כִּי
זָנְתָה אִמָּם הֹבִישָׁה הוֹרָתָם כִּי אָמְרָה אֵלְכָה אַחֲרֵי מְאַהֲבַי
ח נֹתְנֵי לַחְמִי וּמֵימַי צַמְרִי וּפִשְׁתִּי שַׁמְנִי וְשִׁקּוּיָי׃ לָכֵן הִנְנִי־
שָׂךְ אֶת־דַּרְכֵּךְ בַּסִּירִים וְגָדַרְתִּי אֶת־גְּדֵרָהּ וּנְתִיבוֹתֶיהָ לֹא
ט תִמְצָא׃ וְרִדְּפָה אֶת־מְאַהֲבֶיהָ וְלֹא־תַשִּׂיג אֹתָם וּבִקְשָׁתַם
וְלֹא תִמְצָא וְאָמְרָה אֵלְכָה וְאָשׁוּבָה אֶל־אִישִׁי הָרִאשׁוֹן
י כִּי טוֹב לִי אָז מֵעָתָּה׃ וְהִיא לֹא יָדְעָה כִּי אָנֹכִי נָתַתִּי
לָהּ הַדָּגָן וְהַתִּירוֹשׁ וְהַיִּצְהָר וְכֶסֶף הִרְבֵּיתִי לָהּ וְזָהָב עָשׂוּ
יא לַבָּעַל׃ לָכֵן אָשׁוּב וְלָקַחְתִּי דְגָנִי בְּעִתּוֹ וְתִירוֹשִׁי בְּמוֹעֲדוֹ
יב וְהִצַּלְתִּי צַמְרִי וּפִשְׁתִּי לְכַסּוֹת אֶת־עֶרְוָתָהּ׃ וְעַתָּה אֲגַלֶּה
אֶת־נַבְלֻתָהּ לְעֵינֵי מְאַהֲבֶיהָ וְאִישׁ לֹא־יַצִּילֶנָּה מִיָּדִי׃
יג וְהִשְׁבַּתִּי כָּל־מְשׂוֹשָׂהּ חַגָּהּ חָדְשָׁהּ וְשַׁבַּתָּהּ וְכֹל מוֹעֲדָהּ׃

1

The word of the Lord that came to Hoshea, the son of Be'eri, 1
in the days of 'Uzziyya, Yotam, Aḥaz, and Yeḥizqiyya, kings
of Yehuda, and in the days of Yarov'am the son of Yo'ash, king of
Yisra'el. When the Lord spoke at first with Hoshea, the Lord 2
said to Hoshea, Go take to thee a wife of harlotry and children of
harlotry; for the land has lewdly gone astray from the Lord. So 3
he went and took Gomer the daughter of Divlayim; who con-
ceived, and bore him a son. And the Lord said to him, Call his 4
name Yizre'el; for yet a little while, and I will visit the blood of
Yizre'el upon the house of Yehu, and will bring the kingdom of
the house of Yisra'el to an end. And it shall come to pass on that 5
day, that I will break the bow of Yisra'el in the valley of Yizre'el.
And she conceived again, and bore a daughter. And God said 6
to him, Call her name Lo-ruḥama (Unpitied:) for I will no
more have mercy upon the house of Yisra'el to forgive them
at all. But I will have mercy upon the house of Yehuda, and 7
will save them by the Lord their God, and will not save them
by bow, nor by sword, nor by battle, by horses, nor by horse-
men. Now when she had weaned Lo-ruḥama, she conceived, 8
and bore a son. Then God said, Call his name Lo-'ammi (Not- 9
my-people:) for you are not my people, and I will not be your
God. Yet the number of the children of Yisra'el shall be like **2**
the sand of the sea, which cannot be measured or numbered; and
it shall come to pass, that instead of that which was said to
them, You are not my people, it shall be said to them, You are
the sons of the living God. Then shall the children of Yehuda 2
and the children of Yisra'el be gathered together, and appoint
themselves one head, and they shall come up out of the land:
for great shall be the day of Yizre'el. Say to your brothers, 'Am- 3
mi (My people;) and to your sisters, Ruḥama (Pitied.) Contend 4
with your mother, contend: for she is not my wife, nor
am I her husband: let her therefore put away her harlotry
out of her sight, and her adulteries from between her breasts;
lest I strip her naked, and set her as in the day that she was 5
born, and make her as a wilderness, and set her like a dry
land, and slay her with thirst. And I will not have mercy upon 6
her children; for they are the children of harlotry. For their 7
mother has played the harlot: she who conceived them has
acted shamefully: for she said, I will go after my lovers, who
give me my bread and my water, my wool and my flax, my oil
and my drink. Therefore, behold, I will hedge up thy way with 8
thorns, and make a wall against her, that she shall not find
her paths. And she shall follow after her lovers, but she shall 9
not catch them; and she shall seek them, but shall not find
them: then she shall say, I will go and return to my first hus-
band; for then it was better with me than now. For she did not 10
know that it was I who gave her the corn, and the wine, and the
oil, and multiplied silver and gold for her, which they used for
the Ba'al. Therefore I will take back my corn in its time, and my 11
wine in its season, and will take away my wool and my flax which
were to cover her nakedness. And now I will uncover her lewd- 12
ness in the sight of her lovers, and none shall deliver her out
of my hand. I will also bring all her mirth to an end, her feast 13

וַהֲשִׁמֹּתִי גַּפְנָהּ וּתְאֵנָתָהּ אֲשֶׁר אָמְרָה אֶתְנָה הֵמָּה לִי אֲשֶׁר ד
נָתְנוּ־לִי מְאַהֲבָי וְשַׂמְתִּים לְיַעַר וַאֲכָלָתַם חַיַּת הַשָּׂדֶה:

וּפָקַדְתִּי עָלֶיהָ אֶת־יְמֵי הַבְּעָלִים אֲשֶׁר תַּקְטִיר לָהֶם וַתַּעַד ט
נִזְמָהּ וְחֶלְיָתָהּ וַתֵּלֶךְ אַחֲרֵי מְאַהֲבֶיהָ וְאֹתִי שָׁכְחָה נְאֻם־
יְהוָה:

לָכֵן הִנֵּה אָנֹכִי מְפַתֶּיהָ וְהֹלַכְתִּיהָ טז
הַמִּדְבָּר וְדִבַּרְתִּי עַל־לִבָּהּ: וְנָתַתִּי לָהּ אֶת־כְּרָמֶיהָ מִשָּׁם יז
וְאֶת־עֵמֶק עָכוֹר לְפֶתַח תִּקְוָה וְעָנְתָה שָּׁמָּה כִּימֵי נְעוּרֶיהָ
וּכְיוֹם עֲלוֹתָהּ מֵאֶרֶץ־מִצְרָיִם:

וְהָיָה בַיּוֹם־ יח
הַהוּא נְאֻם־יְהוָה תִּקְרְאִי אִישִׁי וְלֹא־תִקְרְאִי־לִי עוֹד בַּעְלִי:
וַהֲסִרֹתִי אֶת־שְׁמוֹת הַבְּעָלִים מִפִּיהָ וְלֹא־יִזָּכְרוּ עוֹד בִּשְׁמָם: יט
וְכָרַתִּי לָהֶם בְּרִית בַּיּוֹם הַהוּא עִם־חַיַּת הַשָּׂדֶה וְעִם־עוֹף כ
הַשָּׁמַיִם וְרֶמֶשׂ הָאֲדָמָה וְקֶשֶׁת וְחֶרֶב וּמִלְחָמָה אֶשְׁבּוֹר מִן־
הָאָרֶץ וְהִשְׁכַּבְתִּים לָבֶטַח: וְאֵרַשְׂתִּיךְ לִי לְעוֹלָם וְאֵרַשְׂתִּיךְ כא
לִי בְּצֶדֶק וּבְמִשְׁפָּט וּבְחֶסֶד וּבְרַחֲמִים: וְאֵרַשְׂתִּיךְ לִי בָּאֱמוּנָה כב
וְיָדַעַתְּ אֶת־יְהוָה:

וְהָיָה בַּיּוֹם הַהוּא אֶעֱנֶה כג
נְאֻם־יְהוָה אֶעֱנֶה אֶת־הַשָּׁמָיִם וְהֵם יַעֲנוּ אֶת־הָאָרֶץ:
וְהָאָרֶץ תַּעֲנֶה אֶת־הַדָּגָן וְאֶת־הַתִּירוֹשׁ וְאֶת־הַיִּצְהָר כד
וְהֵם יַעֲנוּ אֶת־יִזְרְעֶאל: וּזְרַעְתִּיהָ לִּי בָּאָרֶץ וְרִחַמְתִּי אֶת־ כה
לֹא רֻחָמָה וְאָמַרְתִּי לְלֹא־עַמִּי עַמִּי־אַתָּה וְהוּא יֹאמַר
אֱלֹהָי:

וַיֹּאמֶר יְהוָה אֵלַי עוֹד לֵךְ אֱהַב־אִשָּׁה ג א
אֲהֻבַת רֵעַ וּמְנָאָפֶת כְּאַהֲבַת יְהוָה אֶת־בְּנֵי יִשְׂרָאֵל וְהֵם
פֹּנִים אֶל־אֱלֹהִים אֲחֵרִים וְאֹהֲבֵי אֲשִׁישֵׁי עֲנָבִים: וָאֶכְּרֶהָ ב
לִּי בַּחֲמִשָּׁה עָשָׂר כָּסֶף וְחֹמֶר שְׂעֹרִים וְלֵתֶךְ שְׂעֹרִים:
וָאֹמַר אֵלֶיהָ יָמִים רַבִּים תֵּשְׁבִי לִי לֹא תִזְנִי וְלֹא תִהְיִי ג
לְאִישׁ וְגַם־אֲנִי אֵלָיִךְ: כִּי יָמִים רַבִּים יֵשְׁבוּ בְּנֵי יִשְׂרָאֵל ד
אֵין מֶלֶךְ וְאֵין שָׂר וְאֵין זֶבַח וְאֵין מַצֵּבָה וְאֵין אֵפוֹד
וּתְרָפִים: אַחַר יָשֻׁבוּ בְּנֵי יִשְׂרָאֵל וּבִקְשׁוּ אֶת־יְהוָה אֱלֹהֵיהֶם ה
וְאֵת דָּוִיד מַלְכָּם וּפָחֲדוּ אֶל־יְהוָה וְאֶל־טוּבוֹ בְּאַחֲרִית
הַיָּמִים:

שִׁמְעוּ דְבַר־יְהוָה בְּנֵי יִשְׂרָאֵל כִּי רִיב ד א
לַיהוָה עִם־יוֹשְׁבֵי הָאָרֶץ כִּי אֵין־אֱמֶת וְאֵין־חֶסֶד וְאֵין־דַּעַת
אֱלֹהִים בָּאָרֶץ: אָלֹה וְכַחֵשׁ וְרָצֹחַ וְגָנֹב וְנָאֹף פָּרָצוּ וְדָמִים ב
בְּדָמִים נָגָעוּ: עַל־כֵּן תֶּאֱבַל הָאָרֶץ וְאֻמְלַל כָּל־יוֹשֵׁב בָּהּ ג

days, her new moons, and her sabbaths, and all her appointed
times. And I will blight her vines and her fig trees, concerning   14
which she has said, These are my rewards that my lovers have
given me: and I will make them a forest, and the wild beasts
shall eat them. And I will visit upon her the days of the   15
Be'alim, on which she burned incense to them, and she decked
herself with her earrings and her jewels, and she went after
her lovers, and forgot me, says the Lord.   Therefore, be-   16
hold, I will allure her, and bring her into the wilderness, and
speak tenderly to her. And will give her her vineyards from   17
there, and the valley of 'Akhor (Troubling) for a Gate of Hope:
and she shall respond there, as in the days of her youth, and
as in the day when she came up out of the land of Miẓ-
rayim.   And it shall be on that day, says the Lord, that   18
thou shalt say, Ishi (my Husband;) and shalt no more say to
me Ba'ali (my Master.) For I will take away the names of the   19
Be'alim out of her mouth, and they shall no more be mentioned
by their name. And on that day I will make a covenant for   20
them with the wild beasts, and with the birds of the sky, and
with the creeping things of the ground: and I will break the
bow and the sword and the battle out of the earth, and will
make them lie down in safety. And I will betroth thee to me   21
for ever; and I will betroth thee to me in righteousness. and
in judgment, and in loyal love, and in mercies. And I will betroth   22
thee to me in faithfulness: and thou shalt know the Lord.

    And it shall come to pass on that day, that I will re-   23
spond, says the Lord; I will answer the heavens, and they shall
answer the earth; and the earth shall answer the corn, and   24
the wine, and the oil; and they shall answer Yizre'el. And I   25
will sow her to me in the earth; and I will have mercy upon
her that had not obtained mercy; and I will say to them that
were not my people, Thou art my people; and they shall say,
Thou art my God.   Then the Lord said to me, Go yet,   **3**
love a women who is beloved by a paramour, and an adul-
teress, according to the love of the Lord towards the children
of Yisra'el, who look to other gods, and love cakes of raisins.
So I bought her to me for fifteen pieces of silver, and for a   2
ḥomer of barley, and a letekh of barley: And I said to her, Thou   3
shalt remain as mine for many days; thou shalt not play the
harlot, and thou shalt not belong to another man: so will I
also be towards thee. For the children of Yisra'el shall re-   4
main for many days, having no king, nor prince, nor sacrifice,
nor pillar, nor efod, nor terafim: afterwards the children of   5
Yisra'el shall return, and seek the Lord their God, and David
their king; and shall come trembling to the Lord and his good-
ness in the latter days.   Hear the word of the Lord, you   **4**
children of Yisra'el: for the Lord has a controversy with the
inhabitants of the land, because there is no truth, nor love,
nor knowledge of God in the land. There is swearing, and lying,   2
and killing, and stealing, and committing adultery; they break
all bounds, and blood leads to blood. Therefore shall the land   3
mourn, and everyone that dwells in it shall languish, along
with the wild beasts, and the birds of the sky; indeed, the fish

ד בְּחַיַּ֤ת הַשָּׂדֶה֙ וּבְע֣וֹף הַשָּׁמַ֔יִם וְגַם־דְּגֵ֣י הַיָּ֑ם יֵאָסֵֽפוּ׃ אַ֣ךְ

ה אִ֤ישׁ אַל־יָרֵב֙ וְאַל־יוֹכַ֣ח אִ֔ישׁ וְעַמְּךָ֖ כִּמְרִיבֵ֣י כֹהֵ֑ן וְכָשַׁלְתָּ֣

ו הַיּ֔וֹם וְכָשַׁ֧ל גַּם־נָבִ֛יא עִמְּךָ֖ לָ֑יְלָה וְדָמִ֖יתִי אִמֶּֽךָ׃ נִדְמ֣וּ עַמִּ֔י

ואמאסך מִבְּלִ֣י הַדָּ֑עַת כִּֽי־אַתָּ֞ה הַדַּ֣עַת מָאַ֗סְתָּ וְאֶמְאָֽסְאךָ֙ מִכַּהֵ֣ן לִ֔י

ז וַתִּשְׁכַּח֙ תּוֹרַ֣ת אֱלֹהֶ֔יךָ אֶשְׁכַּ֥ח בָּנֶ֖יךָ גַּם־אָֽנִי׃ כְּרֻבָּ֖ם כֵּ֣ן

ח חָֽטְאוּ־לִ֑י כְּבוֹדָ֖ם בְּקָל֣וֹן אָמִ֑יר׃ חַטַּ֥את עַמִּ֖י יֹאכֵ֑לוּ וְאֶל־

ט עֲוֺנָ֖ם יִשְׂא֣וּ נַפְשֽׁוֹ׃ וְהָיָ֥ה כָעָ֖ם כַּכֹּהֵ֑ן וּפָקַדְתִּ֤י עָלָיו֙ דְּרָכָ֔יו

י וּמַֽעֲלָלָ֖יו אָשִׁ֣יב לֽוֹ׃ וְאָֽכְלוּ֙ וְלֹ֣א יִשְׂבָּ֔עוּ הִזְנ֖וּ וְלֹ֣א יִפְרֹ֑צוּ

יא כִּֽי־אֶת־יְהֹוָ֥ה עָזְב֖וּ לִשְׁמֹֽר׃ זְנ֛וּת וְיַ֥יִן וְתִיר֖וֹשׁ יִֽקַּֽח־לֵֽב׃

יב עַמִּי֙ בְּעֵצ֣וֹ יִשְׁאָ֔ל וּמַקְל֖וֹ יַגִּ֣יד ל֑וֹ כִּ֣י ר֤וּחַ זְנוּנִים֙ הִתְעָ֔ה

יג וַיִּזְנ֖וּ מִתַּ֣חַת אֱלֹהֵיהֶֽם׃ עַל־רָאשֵׁ֤י הֶֽהָרִים֙ יְזַבֵּ֔חוּ וְעַל־

הַגְּבָעוֹת֙ יְקַטֵּ֔רוּ תַּ֣חַת אַלּ֧וֹן וְלִבְנֶ֛ה וְאֵלָ֖ה כִּ֣י ט֣וֹב צִלָּ֑הּ

יד עַל־כֵּ֗ן תִּזְנֶ֙ינָה֙ בְּנ֣וֹתֵיכֶ֔ם וְכַלּֽוֹתֵיכֶ֖ם תְּנָאַ֑פְנָה׃ לֹֽא־אֶפְק֞וֹד

עַל־בְּנוֹתֵיכֶ֣ם כִּ֣י תִזְנֶ֗ינָה וְעַל־כַּלּֽוֹתֵיכֶם֙ כִּ֣י תְנָאַ֔פְנָה כִּֽי־הֵ֣ם

עִם־הַזֹּנ֣וֹת יְפָרֵ֔דוּ וְעִם־הַקְּדֵשׁ֖וֹת יְזַבֵּ֑חוּ וְעָ֥ם לֹֽא־יָבִ֖ין

טו יִלָּבֵֽט׃ אִם־זֹנֶ֤ה אַתָּה֙ יִשְׂרָאֵ֔ל אַל־יֶאְשַׁ֖ם יְהוּדָ֑ה וְאַל־

תָּבֹ֣אוּ הַגִּלְגָּ֗ל וְאַֽל־תַּעֲלוּ֙ בֵּ֣ית אָ֔וֶן וְאַל־תִּשָּׁבְע֖וּ חַי־יְהֹוָֽה׃

טז כִּי֙ כְּפָרָ֣ה סֹֽרֵרָ֔ה סָרַ֖ר יִשְׂרָאֵ֑ל עַתָּה֙ יִרְעֵ֣ם יְהֹוָ֔ה כְּכֶ֖בֶשׂ

יז בַּמֶּרְחָֽב׃ חֲב֥וּר עֲצַבִּ֖ים אֶפְרָ֑יִם הַֽנַּֽח־לֽוֹ׃ סָ֖ר סׇבְאָ֑ם הַזְנֵ֣ה הִזְנ֔וּ

יח יט אָהֲב֤וּ הֵב֙וּ קָל֣וֹן מָגִנֶּֽיהָ׃ צָרַ֥ר ר֛וּחַ אוֹתָ֖הּ בִּכְנָפֶ֑יהָ וְיֵבֹ֖שׁוּ

מִזִּבְחוֹתָֽם׃   שִׁמְעוּ־זֹ֣את הַכֹּֽהֲנִ֗ים וְהַקְשִׁ֣יבוּ ׀

ה א בֵּ֤ית יִשְׂרָאֵל֙ וּבֵ֤ית הַמֶּ֙לֶךְ֙ הַאֲזִ֔ינוּ כִּ֥י לָכֶ֖ם הַמִּשְׁפָּ֑ט כִּֽי־פַח֙

ב הֱיִיתֶם֙ לְמִצְפָּ֔ה וְרֶ֖שֶׁת פְּרוּשָׂ֥ה עַל־תָּבֽוֹר׃ וְשַׁחֲטָ֥ה שֵׂטִ֖ים

ג הֶעְמִ֑יקוּ וַאֲנִ֖י מוּסָ֥ר לְכֻלָּֽם׃ אֲנִי֙ יָדַ֣עְתִּי אֶפְרַ֔יִם וְיִשְׂרָאֵ֖ל

לֹֽא־נִכְחַ֣ד מִמֶּ֑נִּי כִּ֤י עַתָּה֙ הִזְנֵ֣יתָ אֶפְרַ֔יִם נִטְמָ֖א יִשְׂרָאֵֽל׃

ד לֹ֤א יִתְּנוּ֙ מַ֣עַלְלֵיהֶ֔ם לָשׁ֖וּב אֶל־אֱלֹֽהֵיהֶ֑ם כִּ֣י ר֤וּחַ זְנוּנִים֙

ה בְּקִרְבָּ֔ם וְאֶת־יְהֹוָ֖ה לֹ֥א יָדָֽעוּ׃ וְעָנָ֥ה גְאֽוֹן־יִשְׂרָאֵ֖ל בְּפָנָ֑יו

וְיִשְׂרָאֵ֣ל וְאֶפְרַ֗יִם יִכָּֽשְׁלוּ֙ בַּעֲוֺנָ֔ם כָּשַׁ֥ל גַּם־יְהוּדָ֖ה עִמָּֽם׃

ו בְּצֹאנָ֣ם וּבִבְקָרָ֗ם יֵֽלְכ֛וּ לְבַקֵּ֥שׁ אֶת־יְהֹוָ֖ה וְלֹ֣א יִמְצָ֑אוּ חָלַ֖ץ

ז מֵהֶֽם׃ בַּֽיהֹוָ֣ה בָּגָ֔דוּ כִּֽי־בָנִ֥ים זָרִ֖ים יָלָ֑דוּ עַתָּ֛ה יֹאכְלֵ֥ם חֹ֖דֶשׁ

ח אֶת־חֶלְקֵיהֶֽם׃   תִּקְע֤וּ שׁוֹפָר֙ בַּגִּבְעָ֔ה חֲצֹצְרָ֖ה

of the sea also shall be taken away. Yet let no man strive, and   4
let none accuse: for thy people are as they that strive with
the priest. Therefore shalt thou fall in the day, and the prophet   5
also shall fall with thee in the night, and I will destroy thy
mother. My people are destroyed for lack of knowledge: be-   6
cause thou hast rejected knowledge, I will also reject thee, that
thou shalt be no priest to me: seeing thou hast forgotten the
Tora of thy God, I will also forget thy children. As they were   7
increased, the more they sinned against me: I will change their
glory into shame. They feed on the sin of my people, and they   8
set their heart on their iniquity. And it shall be, like people,   9
like priest: and I will punish them for their ways, and reward
them for their doings. For they shall eat, and not have enough: 10
they shall commit harlotry, and shall not increase: because
they have ceased to take heed to the Lord. Harlotry and wine   11
and new wine take away the heart. My people ask counsel   12
of a piece of wood, and their staff declares to them! For the
spirit of harlotry has caused them to err, and they have gone
astray lewdly from under their God. They sacrifice upon the   13
tops of the mountains, and burn incense upon the hills, under
oaks and poplars and terebinths, because the shadow thereof
is good: therefore your daughters commit harlotry, and your
daughters in law commit adultery. I will not punish your   14
daughters when they commit harlotry, nor your daughters in
law when they commit adultery: for they themselves go aside
with harlots, and they sacrifice with prostitutes: therefore the
people that does not understand shall be trodden down. Though   15
thou, Yisra'el, dost play the harlot, let not Yehuda also be
guilty; and do not come to Gilgal, nor go up to Bet-aven, nor
swear, As the Lord lives. For Yisra'el is headstrong like a head-   16
strong heifer: now shall the Lord feed them as a lamb in a
broad pasture? Efrayim is joined to idols: let him alone.   17
Their drunken bout is over; their lewd orgy is done; they have   18
had their fill of love; their shield is disgrace. The wind has   19
bound her up in its wings, and they shall be ashamed because
of their sacrifices.   Hear this, O priests; and hearken, O   **5**
house of Yisra'el; and give ear, O house of the king; for yours
is the judgment, because you have been a snare on Miẓpa, and
a net spread upon Tavor. And the apostates are deep dyed in   2
slaughter, and I am rejected by them all. I know Efrayim and   3
Yisra'el is not hid from me: for now, O Efrayim, thou commit-
test harlotry, and Yisra'el is defiled. Their doings will not al-   4
low them to return to their God: for the spirit of harlotry is
in the midst of them, and they have not known the Lord.
And the pride of Yisra'el does testify to his face: therefore   5
shall Yisra'el and Efrayim stumble in their iniquity; Yehuda
also shall stumble with them. They shall go with their flocks   6
and with their herds to seek the Lord; but they shall not find
him; he has withdrawn himself from them. They have dealt   7
treacherously against the Lord: for they have begotten strange
children: now shall a month devour them with their por-
tions.   Blow the shofar in Giv'a, and the trumpet in   8
Rama: cry aloud at Bet-aven, They are after thee, O Binyamin.

ט בְּרָמָה הָרִיעוּ בֵּית אָוֶן אַחֲרֶיךָ בִּנְיָמִין: אֶפְרַיִם לְשַׁמָּה תִהְיֶה

י בְּיוֹם תּוֹכֵחָה בְּשִׁבְטֵי יִשְׂרָאֵל הוֹדַעְתִּי נֶאֱמָנָה: הָיוּ שָׂרֵי

יא יְהוּדָה כְּמַסִּיגֵי גְּבוּל עֲלֵיהֶם אֶשְׁפּוֹךְ כַּמַּיִם עֶבְרָתִי: עָשׁוּק

יב אֶפְרַיִם רְצוּץ מִשְׁפָּט כִּי הוֹאִיל הָלַךְ אַחֲרֵי־צָו: וַאֲנִי כָעָשׁ

יג לְאֶפְרַיִם וְכָרָקָב לְבֵית יְהוּדָה: וַיַּרְא אֶפְרַיִם אֶת־חָלְיוֹ וִיהוּדָה אֶת־מְזֹרוֹ וַיֵּלֶךְ אֶפְרַיִם אֶל־אַשּׁוּר וַיִּשְׁלַח אֶל־מֶלֶךְ יָרֵב

יד וְהוּא לֹא יוּכַל לִרְפֹּא לָכֶם וְלֹא־יִגְהֶה מִכֶּם מָזוֹר: כִּי אָנֹכִי כַשַּׁחַל לְאֶפְרַיִם וְכַכְּפִיר לְבֵית יְהוּדָה אֲנִי אֲנִי אֶטְרֹף וְאֵלֵךְ

טו אֶשָּׂא וְאֵין מַצִּיל: אֵלֵךְ אָשׁוּבָה אֶל־מְקוֹמִי עַד אֲשֶׁר־

א יֶאְשְׁמוּ וּבִקְשׁוּ פָנַי בַּצַּר לָהֶם יְשַׁחֲרֻנְנִי: לְכוּ וְנָשׁוּבָה אֶל־

ב יְהוָה כִּי הוּא טָרָף וְיִרְפָּאֵנוּ יַךְ וְיַחְבְּשֵׁנוּ: יְחַיֵּנוּ מִיֹּמָיִם בַּיּוֹם

ג הַשְּׁלִישִׁי יְקִמֵנוּ וְנִחְיֶה לְפָנָיו: וְנֵדְעָה נִרְדְּפָה לָדַעַת אֶת־יְהוָה כְּשַׁחַר נָכוֹן מֹצָאוֹ וְיָבוֹא כַגֶּשֶׁם לָנוּ כְּמַלְקוֹשׁ יוֹרֶה אָרֶץ:

ד מָה אֶעֱשֶׂה־לְּךָ אֶפְרַיִם מָה אֶעֱשֶׂה־לְּךָ יְהוּדָה וְחַסְדְּכֶם

ה כַּעֲנַן־בֹּקֶר וְכַטַּל מַשְׁכִּים הֹלֵךְ: עַל־כֵּן חָצַבְתִּי בַּנְּבִיאִים

ו הֲרַגְתִּים בְּאִמְרֵי־פִי וּמִשְׁפָּטֶיךָ אוֹר יֵצֵא: כִּי חֶסֶד חָפַצְתִּי

ז וְלֹא־זָבַח וְדַעַת אֱלֹהִים מֵעֹלוֹת: וְהֵמָּה כְּאָדָם עָבְרוּ בְרִית

ח ט שָׁם בָּגְדוּ בִי: גִּלְעָד קִרְיַת פֹּעֲלֵי אָוֶן עֲקֻבָּה מִדָּם: וּכְחַכֵּי אִישׁ

י גְּדוּדִים חֶבֶר כֹּהֲנִים דֶּרֶךְ יְרַצְּחוּ־שֶׁכְמָה כִּי זִמָּה עָשׂוּ: בְּבֵית

שַׁעֲרוּרִיָּה   יִשְׂרָאֵל רָאִיתִי שַׁעֲרִירִיָּה שָׁם זְנוּת לְאֶפְרַיִם נִטְמָא יִשְׂרָאֵל:

כְּרָפְאִי   איא גַּם־יְהוּדָה שָׁת קָצִיר לָךְ בְּשׁוּבִי שְׁבוּת עַמִּי: כְּרָפְאִי

לְיִשְׂרָאֵל וְנִגְלָה עֲוֹן אֶפְרַיִם וְרָעוֹת שֹׁמְרוֹן כִּי פָעֲלוּ שָׁקֶר

ב וְגַנָּב יָבוֹא פָּשַׁט גְּדוּד בַּחוּץ: וּבַל־יֹאמְרוּ לִלְבָבָם כָּל־רָעָתָם

ג זָכָרְתִּי עַתָּה סְבָבוּם מַעַלְלֵיהֶם נֶגֶד פָּנַי הָיוּ: בְּרָעָתָם

ד יְשַׂמְּחוּ־מֶלֶךְ וּבְכַחֲשֵׁיהֶם שָׂרִים: כֻּלָּם מְנָאֲפִים כְּמוֹ תַנּוּר

ה בֹּעֵרָה מֵאֹפֶה יִשְׁבּוֹת מֵעִיר מִלּוּשׁ בָּצֵק עַד־חֻמְצָתוֹ: יוֹם

ו מַלְכֵּנוּ הֶחֱלוּ שָׂרִים חֲמַת מִיָּיִן מָשַׁךְ יָדוֹ אֶת־לֹצְצִים: כִּי־ קֵרְבוּ כַתַּנּוּר לִבָּם בְּאָרְבָּם כָּל־הַלַּיְלָה יָשֵׁן אֹפֵהֶם בֹּקֶר

ז הוּא בֹעֵר כְּאֵשׁ לֶהָבָה: כֻּלָּם יֵחַמּוּ כַּתַּנּוּר וְאָכְלוּ אֶת־

ח שֹׁפְטֵיהֶם כָּל־מַלְכֵיהֶם נָפָלוּ אֵין־קֹרֵא בָהֶם אֵלָי: אֶפְרַיִם

Efrayim shall be desolate in the day of rebuke: among the 9
tribes of Yisra'el I have made known that which shall surely
be. The princes of Yehuda are like them that remove the land- 10
mark: therefore I will pour out my wrath upon them like
water. Efrayim is oppressed and crushed in judgment, because 11
he willingly walked after vanity. Therefore will I be to Efrayim 12
as a moth, and to the house of Yehuda as rottenness. When 13
Efrayim saw his sickness, and Yehuda saw his wound, then Efra-
yim went to Ashshur, and sent to king Yarev: but he is not
able to heal you, nor cure you of your wound. For I will be 14
to Efrayim as a lion, and as a young lion to the house of
Yehuda: I, even I, will tear and go away; I will take away, and
there shall be none to deliver. I will go and return to my place, 15
till they acknowledge their offence, and seek my face: in their
affliction they will seek me, saying, Come, and let us return 6
to the LORD: for he has torn, and he will heal us; he has smit-
ten, and he will bind us up. After two days he will revive us: 2
in the third day he will raise us up, and we shall live in his
presence. Let us therefore know, let us follow on to know the 3
LORD: his going forth is sure as the morning; and he shall come
to us as the rain, as the latter rain that waters the earth.
O Efrayim, what shall I do to thee? O Yehuda, what shall I 4
do to thee? for your love is like a morning cloud, and as the
early dew that early passes away. Therefore have I hewed 5
them by the prophets; I have slain them by the words of my
mouth: and thy judgment goes forth like the light. For I de- 6
sired loyal love, and not sacrifice; and the knowledge of GOD
more than burnt offerings. But they like Adam have trans- 7
gressed the covenant; there have they dealt treacherously
against me. Gil'ad is a city of them that work iniquity; it is 8
polluted with blood. And as troops of robbers wait for a man, 9
so does the company of priests; they murder on the way to
Shekhem: for they commit lewdness. I have seen a horrible 10
thing in the house of Yisra'el: there harlotry is found in Efra-
yim, Yisra'el is defiled: also, O Yehuda, there is a harvest 11
appointed for thee. When I would have returned the captivity
of my people,   when I would have healed Yisra'el, then 7
the iniquity of Efrayim was uncovered, and the wickedness of
Shomeron: for they commit falsehood; and the thief comes in,
and the bandits raid without. And they consider not in their 2
hearts that I remember all their wickedness: now their own
doings have beset them about; they are before my face. They 3
make the king glad with their wickedness, and the princes with
their lies. They are all adulterers, like an oven heated by the 4
baker; he rests from stoking the fire; from the time of the
kneading of the dough, until it is leavened. On the day of·our 5
king, the princes were sick with the heat of wine; he stretched
out his hand with scorners. For they made ready their heart 6
like an oven, whilst they lie in wait: their baker sleeps all the
night; in the morning it burns like a flaming fire. They are all 7
hot as an oven, and have devoured their judges; all their kings
are fallen: there is none among them that calls to me. Efrayim, 8
he has mingled himself among the peoples; Efrayim is a cake

בְּעַמִּים הוּא יִתְבּוֹלָל אֶפְרַיִם הָיָה עֻגָה בְּלִי הֲפוּכָה: אָכְלוּ

ט

זָרִים כֹּחוֹ וְהוּא לֹא יָדָע גַּם־שֵׂיבָה זָרְקָה בּוֹ וְהוּא לֹא יָדָע:

וְעָנָה גְאוֹן־יִשְׂרָאֵל בְּפָנָיו וְלֹא־שָׁבוּ אֶל־יְהוָה אֱלֹהֵיהֶם

וְלֹא בִקְשֻׁהוּ בְּכָל־זֹאת: וַיְהִי אֶפְרַיִם כְּיוֹנָה פוֹתָה אֵין

יא

לֵב מִצְרַיִם קָרָאוּ אַשּׁוּר הָלָכוּ: כַּאֲשֶׁר יֵלֵכוּ אֶפְרוֹשׂ

יב

עֲלֵיהֶם רִשְׁתִּי כְּעוֹף הַשָּׁמַיִם אוֹרִידֵם אַיְסִרֵם כְּשֵׁמַע

לַעֲדָתָם: אוֹי לָהֶם כִּי־נָדְדוּ מִמֶּנִּי שֹׁד לָהֶם כִּי־

יג

פָשְׁעוּ בִי וְאָנֹכִי אֶפְדֵּם וְהֵמָּה דִּבְּרוּ עָלַי כְּזָבִים: וְלֹא־זָעֲקוּ

יד

אֵלַי בְּלִבָּם כִּי יְיֵלִילוּ עַל־מִשְׁכְּבוֹתָם עַל־דָּגָן וְתִירוֹשׁ

יִתְגּוֹרָרוּ יָסוּרוּ בִי: וַאֲנִי יִסַּרְתִּי חִזַּקְתִּי זְרוֹעֹתָם וְאֵלַי

טו

יְחַשְּׁבוּ־רָע: יָשׁוּבוּ ׀ לֹא עָל הָיוּ כְּקֶשֶׁת רְמִיָּה יִפְּלוּ בַחֶרֶב

טז

שָׂרֵיהֶם מִזַּעַם לְשׁוֹנָם זוּ לַעְגָּם בְּאֶרֶץ מִצְרָיִם: אֶל־חִכְּךָ

ח א

שֹׁפָר כַּנֶּשֶׁר עַל־בֵּית יְהוָה יַעַן עָבְרוּ בְרִיתִי וְעַל־תּוֹרָתִי

פָשָׁעוּ: לִי יִזְעָקוּ אֱלֹהַי יְדַעֲנוּךָ יִשְׂרָאֵל: זָנַח יִשְׂרָאֵל טוֹב

ב ג

אוֹיֵב יִרְדְּפוֹ: הֵם הִמְלִיכוּ וְלֹא מִמֶּנִּי הֵשִׂירוּ וְלֹא יָדָעְתִּי

ד

כַּסְפָּם וּזְהָבָם עָשׂוּ לָהֶם עֲצַבִּים לְמַעַן יִכָּרֵת: זָנַח עֶגְלֵךְ

ה

שֹׁמְרוֹן חָרָה אַפִּי בָּם עַד־מָתַי לֹא יוּכְלוּ נִקָּיֹן: כִּי מִיִּשְׂרָאֵל

ו

וְהוּא חָרָשׁ עָשָׂהוּ וְלֹא אֱלֹהִים הוּא כִּי־שְׁבָבִים יִהְיֶה עֵגֶל

שֹׁמְרוֹן: כִּי רוּחַ יִזְרָעוּ וְסוּפָתָה יִקְצֹרוּ קָמָה אֵין־לוֹ צֶמַח

ז

בְּלִי יַעֲשֶׂה־קֶּמַח אוּלַי יַעֲשֶׂה זָרִים יִבְלָעֻהוּ: נִבְלַע יִשְׂרָאֵל

ח

עַתָּה הָיוּ בַגּוֹיִם כִּכְלִי אֵין־חֵפֶץ בּוֹ: כִּי־הֵמָּה עָלוּ אַשּׁוּר

ט

פֶּרֶא בּוֹדֵד לוֹ אֶפְרַיִם הִתְנוּ אֲהָבִים: גַּם כִּי־יִתְנוּ בַגּוֹיִם

עַתָּה אֲקַבְּצֵם וַיָּחֵלּוּ מְּעָט מִמַּשָּׂא מֶלֶךְ שָׂרִים: כִּי־הִרְבָּה

יא

אֶפְרַיִם מִזְבְּחוֹת לַחֲטֹא הָיוּ־לוֹ מִזְבְּחוֹת לַחֲטֹא: אֶכְתָּוב־

יב

אֶכְתָּוב

רָבֵּי

לוֹ רֻבֵּי תּוֹרָתִי כְּמוֹ־זָר נֶחְשָׁבוּ: זִבְחֵי הַבְהָבַי יִזְבְּחוּ בָשָׂר

יג

וַיֹּאכֵלוּ יְהוָה לֹא רָצָם עַתָּה יִזְכֹּר עֲוֹנָם וְיִפְקֹד חַטֹּאתָם

הֵמָּה מִצְרַיִם יָשׁוּבוּ: וַיִּשְׁכַּח יִשְׂרָאֵל אֶת־עֹשֵׂהוּ וַיִּבֶן הֵיכָלוֹת

יד

וִיהוּדָה הִרְבָּה עָרִים בְּצֻרוֹת וְשִׁלַּחְתִּי־אֵשׁ בְּעָרָיו וְאָכְלָה

אַרְמְנֹתֶיהָ: אַל־תִּשְׂמַח יִשְׂרָאֵל ׀ אֶל־גִּיל

ט א

כָּעַמִּים כִּי זָנִיתָ מֵעַל אֱלֹהֶיךָ אָהַבְתָּ אֶתְנַן עַל כָּל־גָּרְנוֹת

דָּגָן: גֹּרֶן וָיֶקֶב לֹא יִרְעֵם וְתִירוֹשׁ יְכַחֶשׁ בָּהּ: לֹא יֵשְׁבוּ

ב ג

בְּאֶרֶץ יְהוָה וְשָׁב אֶפְרַיִם מִצְרַיִם וּבְאַשּׁוּר טָמֵא יֹאכֵלוּ:

לֹא־יִסְּכוּ לַיהוָה ׀ יַיִן וְלֹא יֶעֶרְבוּ־לוֹ זִבְחֵיהֶם כְּלֶחֶם אוֹנִים

ד

not turned. Strangers have devoured his strength, and he 9
knows it not: yea, grey hairs are here and there upon him, yet
he knows not. And the pride of Yisra'el testifies to his face: 10
and they do not return to the LORD their GOD, nor seek him
for all this. Efrayim also is like a silly dove without heart: they 11
call to Miẓrayim, they go to Ashshur. As they go, I will spread 12
my net upon them; I will bring them down like the birds of
the sky; I will chastise them, as their congregation has heard.

Woe to them! for they have fled from me: destruction 13
to them! because they have transgressed against me: I would
have redeemed them, but they have spoken lies against me.
And they have not cried to me with their heart, though they 14
howled upon their beds: they assemble themselves for corn and
wine, and they rebel against me. Though I have trained them 15
and strengthened their arms, yet do they devise mischief
against me. They turn to them, but to no avail: they are like a 16
deceitful bow: their princes shall fall by the sword for the
rage of their tongue: this shall be their derision in the land
of Miẓrayim. Set the shofar to thy mouth. He shall come like an **8**
eagle against the house of the LORD, because they have trans-
gressed my covenant, and rebelled against my Tora. Yisra'el 2
shall cry to me, My GOD, we know thee. Yisra'el has cast off 3
that which is good: the enemy shall pursue him. They have 4
set up kings, but not from me: they have made princes, and I
knew it not: of their silver and their gold they have made
themselves idols, that they may be cut off. Thy calf, O Sho- 5
meron, has cast thee off; my anger burns against them: how
long will it be before they attain to innocency? For from Yis- 6
ra'el was it also: the workman made it; it is not GOD: but the
calf of Shomeron shall be broken in pieces. For they have 7
sown the wind, and they shall reap the stormwind: it has no
stalk: the bud that shall yield no meal: if perhaps it yields,
strangers shall swallow it up. Yisra'el is swallowed up: now 8
shall they be among the nations like a useless vessel. For they 9
are gone up to Ashshur, a wild ass alone by himself: Efrayim
has hired lovers. Though they have hired lovers among the 10
nations, now I will gather them; and in a little while they will
tremble at the burden of a king and princes. Because Efrayim 11
has multiplied altars for sin, the altars have been to him a
cause of sinning. Though I write for him the great things of 12
my Tora, they are reckoned a strange thing. As for the sac- 13
rifices that they burn for me, let them slaughter the flesh, and
eat it; the LORD desires them not; now will he remember their
iniquity, and punish their sins: they shall return to Miẓrayim.
For Yisra'el has forgotten his Maker, and builds palaces; and 14
Yehuda has multiplied fortified cities: but I will send a fire
upon his cities, and it shall devour their palaces.   Rejoice **9**
not, O Yisra'el, for joy, as other people: for thou hast gone
lewdly astray from thy GOD, thou hast loved a harlot's pay
upon every cornfloor. The floor and the winepress shall not 2
feed them, and the new wine shall fail her. They shall not 3
dwell in the LORD's land; but Efrayim shall return to Miẓrayim,
and they shall eat unclean food in Ashshur. They shall not 4

לָהֶם כָּל־אֹכְלָיו יִטַּמָּאוּ כִּי־לַחְמָם לְנַפְשָׁם לֹא יָבוֹא בֵּית
ה ו יְהוָה׃ מַה־תַּעֲשׂוּ לְיוֹם מוֹעֵד וּלְיוֹם חַג־יְהוָה׃ כִּי־הִנֵּה
הָלְכוּ מִשֹּׁד מִצְרַיִם תְּקַבְּצֵם מֹף תְּקַבְּרֵם מַחְמַד לְכַסְפָּם
ז קִמּוֹשׁ יִירָשֵׁם חוֹחַ בְּאָהֳלֵיהֶם׃ בָּאוּ ׀ יְמֵי הַפְּקֻדָּה בָּאוּ יְמֵי
הַשִּׁלֻּם יֵדְעוּ יִשְׂרָאֵל אֱוִיל הַנָּבִיא מְשֻׁגָּע אִישׁ הָרוּחַ עַל רֹב
ח עֲוֺנְךָ וְרַבָּה מַשְׂטֵמָה׃ צֹפֶה אֶפְרַיִם עִם־אֱלֹהָי נָבִיא פַּח יָקוֹשׁ
ט עַל־כָּל־דְּרָכָיו מַשְׂטֵמָה בְּבֵית אֱלֹהָיו׃ הֶעְמִיקוּ שִׁחֵתוּ כִּימֵי
י הַגִּבְעָה יִזְכּוֹר עֲוֺנָם יִפְקוֹד חַטֹּאותָם׃ כַּעֲנָבִים
בַּמִּדְבָּר מָצָאתִי יִשְׂרָאֵל כְּבִכּוּרָה בִתְאֵנָה בְּרֵאשִׁיתָהּ רָאִיתִי
אֲבוֹתֵיכֶם הֵמָּה בָּאוּ בַעַל־פְּעוֹר וַיִּנָּזְרוּ לַבֹּשֶׁת וַיִּהְיוּ שִׁקּוּצִים
יא כְּאָהֳבָם׃ אֶפְרַיִם כָּעוֹף יִתְעוֹפֵף כְּבוֹדָם מִלֵּדָה וּמִבֶּטֶן
יב וּמֵהֵרָיוֹן׃ כִּי אִם־יְגַדְּלוּ אֶת־בְּנֵיהֶם וְשִׁכַּלְתִּים מֵאָדָם כִּי־
יג גַם־אוֹי לָהֶם בְּשׂוּרִי מֵהֶם׃ אֶפְרַיִם כַּאֲשֶׁר־רָאִיתִי לְצוֹר
יד שְׁתוּלָה בְנָוֶה וְאֶפְרַיִם לְהוֹצִיא אֶל־הֹרֵג בָּנָיו׃ תֵּן־לָהֶם
טו יְהוָה מַה־תִּתֵּן תֵּן־לָהֶם רֶחֶם מַשְׁכִּיל וְשָׁדַיִם צֹמְקִים׃ כָּל־
רָעָתָם בַּגִּלְגָּל כִּי־שָׁם שְׂנֵאתִים עַל רֹעַ מַעַלְלֵיהֶם מִבֵּיתִי
טז אֲגָרְשֵׁם לֹא אוֹסֵף אַהֲבָתָם כָּל־שָׂרֵיהֶם סֹרְרִים׃ הֻכָּה
אֶפְרַיִם שָׁרְשָׁם יָבֵשׁ פְּרִי בלי־יַעֲשׂוּן גַּם כִּי יֵלֵדוּן וְהֵמַתִּי בַּל־
יז מַחֲמַדֵּי בִטְנָם׃ יִמְאָסֵם אֱלֹהַי כִּי לֹא שָׁמְעוּ לוֹ וְיִהְיוּ
א י נֹדְדִים בַּגּוֹיִם׃ גֶּפֶן בּוֹקֵק יִשְׂרָאֵל פְּרִי יְשַׁוֶּה־לּוֹ
כְּרֹב לְפִרְיוֹ הִרְבָּה לַמִּזְבְּחוֹת כְּטוֹב לְאַרְצוֹ הֵיטִיבוּ מַצֵּבוֹת׃
ב חָלַק לִבָּם עַתָּה יֶאְשָׁמוּ הוּא יַעֲרֹף מִזְבְּחוֹתָם יְשֹׁדֵד מַצֵּבוֹתָם׃
ג כִּי עַתָּה יֹאמְרוּ אֵין מֶלֶךְ לָנוּ כִּי לֹא יָרֵאנוּ אֶת־יְהוָה
ד וְהַמֶּלֶךְ מַה־יַּעֲשֶׂה־לָּנוּ׃ דִּבְּרוּ דְבָרִים אָלוֹת שָׁוְא כָּרֹת
ה בְּרִית וּפָרַח כָּרֹאשׁ מִשְׁפָּט עַל תַּלְמֵי שָׂדָי׃ לְעֶגְלוֹת בֵּית
אָוֶן יָגוּרוּ שְׁכַן שֹׁמְרוֹן כִּי־אָבַל עָלָיו עַמּוֹ וּכְמָרָיו עָלָיו יָגִילוּ
ו עַל־כְּבוֹדוֹ כִּי־גָלָה מִמֶּנּוּ׃ גַּם־אוֹתוֹ לְאַשּׁוּר יוּבָל מִנְחָה
ז לְמֶלֶךְ יָרֵב בָּשְׁנָה אֶפְרַיִם יִקָּח וְיֵבוֹשׁ יִשְׂרָאֵל מֵעֲצָתוֹ׃ נִדְמֶה
ח שֹׁמְרוֹן מַלְכָּהּ כְּקֶצֶף עַל־פְּנֵי־מָיִם׃ וְנִשְׁמְדוּ בָּמוֹת אָוֶן
חַטַּאת יִשְׂרָאֵל קוֹץ וְדַרְדַּר יַעֲלֶה עַל־מִזְבְּחוֹתָם וְאָמְרוּ

pour out wine offerings to the LORD, neither shall they be pleasing to him: their sacrifices shall be to them as the bread of mourners; all that eat thereof shall be polluted: for their bread shall be for their hunger only; it shall not come into the house of the LORD. What will you do on the solemn day, and on the 5 day of the feast of the LORD? For, lo, they are gone from de- 6 struction: Miẓrayim shall gather them up, Mof shall bury them: the treasuries for their silver, nettles, shall possess them: thorns shall be in their tents. The days of punishment are come, the 7 days of recompense are come; Yisra'el shall know it: the prophet is a fool, the man of spirit is mad; because of the multitude of thy iniquity, great is the hatred. The watchman of 8 Efrayim with my GOD, the prophet; a fowler's snare is in all his ways, and enmity in the house of his GOD. They have deeply 9 corrupted themselves, as in the days of Giv'a: therefore he will remember their iniquity, he will punish their sins.   I found 10 Yisra'el like grapes in the wilderness; I saw your fathers as the first ripe fruit in the fig tree at her first season: but when they came to Ba'al-pe'or, they dedicated themselves to that shame; and they became detestable like the thing which they loved. As 11 for Efrayim, their glory shall fly away like a bird; no birth, and no pregnancy, and no conception. Though they bring up their 12 children, yet I will bereave them, that there shall not be a man left: woe also to them when I depart from them! Efrayim, 13 as I saw Ẓor, is planted in pleasant place: but Efrayim shall bring forth his children to the slayer. Give them, O LORD: what 14 wilt thou give? give them a miscarrying womb and dry breasts. All their wickedness is in Gilgal: for there I hated them: for 15 the wickedness of their doings I will drive them out of my house: I will love them no more: all their princes are rebellious. Efrayim is smitten, their root is dried up, they shall bear no 16 fruit: yea, though they bring forth, yet will I slay the beloved fruit of their womb. My GOD will cast them away, because they 17 did not hearken to him: and they shall be wanderers among the nations.   Yisra'el is an emptied vine; how should he **10** bring forth fruit to himself? as his fruit increased, so has he multiplied his altars; the more goodly was his land, so did he improve his pillars. Their heart is divided; now they shall be 2 found guilty: he shall break down their altars, he shall spoil their pillars. For now they shall say, We have no king, because 3 we did not fear the LORD; what then should a king do for us? They have spoken mere words; with empty oaths they 4 make a covenant: this judgment springs up like hemlock in the furrows of the field. The inhabitants of Shomeron shall 5 fear because of the calves of Bet-aven: for its people shall mourn over it, and its priests that rejoiced on it, for its glory, because it is departed from it. It shall be also carried to Ash- 6 shur for a present to king Yarev: Efrayim shall receive shame, and Yisra'el shall be ashamed of his own counsel. As for 7 Shomeron, her king is cut off like the foam on the surface of water. The high places also of Aven, the sin of Yisra'el, shall 8 be destroyed: the thorn and the thistle shall come up on their altars; and they shall say to the mountains, Cover us; and to

לֶהָרִים כַּסּוּנוּ וְלַגְּבָעוֹת נִפְלוּ עָלֵינוּ׃ מִימֵי ט
הַגִּבְעָה חָטָאתָ יִשְׂרָאֵל שָׁם עָמָדוּ לֹא־תַשִּׂיגֵם בַּגִּבְעָה
מִלְחָמָה עַל־בְּנֵי עַלְוָה׃ בְּאַוָּתִי וְאֶסֳּרֵם וְאֻסְּפוּ עֲלֵיהֶם עַמִּים י
עוֹנוֹתָם בְּאָסְרָם לִשְׁתֵּי עינתם׃ וְאֶפְרַיִם עֶגְלָה מְלֻמָּדָה אֹהַבְתִּי יא
לָדוּשׁ וַאֲנִי עָבַרְתִּי עַל־טוּב צַוָּארָהּ אַרְכִּיב אֶפְרַיִם יַחֲרוֹשׁ
ג יְהוּדָה יְשַׂדֶּד־לוֹ יַעֲקֹב׃ זִרְעוּ לָכֶם לִצְדָקָה קִצְרוּ לְפִי־חֶסֶד יב
נִירוּ לָכֶם נִיר וְעֵת לִדְרוֹשׁ אֶת־יְהוָה עַד־יָבוֹא וְיֹרֶה צֶדֶק
לָכֶם׃ חֲרַשְׁתֶּם־רֶשַׁע עַוְלָתָה קְצַרְתֶּם אֲכַלְתֶּם פְּרִי־כָחַשׁ יג
כִּי־בָטַחְתָּ בְדַרְכְּךָ בְּרֹב גִּבּוֹרֶיךָ׃ וְקָאם שָׁאוֹן בְּעַמֶּךָ וְכָל־ יד
מִבְצָרֶיךָ יוּשַּׁד כְּשֹׁד שַׁלְמַן בֵּית אַרְבֵאל בְּיוֹם מִלְחָמָה אֵם
עַל־בָּנִים רֻטָּשָׁה׃ כָּכָה עָשָׂה לָכֶם בֵּית־אֵל מִפְּנֵי רָעַת טו
רָעַתְכֶם בַּשַּׁחַר נִדְמֹה נִדְמָה מֶלֶךְ יִשְׂרָאֵל׃ כִּי נַעַר יִשְׂרָאֵל א יא
וָאֹהֲבֵהוּ וּמִמִּצְרַיִם קָרָאתִי לִבְנִי׃ קָרְאוּ לָהֶם כֵּן הָלְכוּ ב
מִפְּנֵיהֶם לַבְּעָלִים יְזַבֵּחוּ וְלַפְּסִלִים יְקַטֵּרוּן׃ וְאָנֹכִי תִרְגַּלְתִּי ג
לְאֶפְרַיִם קָחָם עַל־זְרוֹעֹתָיו וְלֹא יָדְעוּ כִּי רְפָאתִים׃ בְּחַבְלֵי ד
אָדָם אֶמְשְׁכֵם בַּעֲבֹתוֹת אַהֲבָה וָאֶהְיֶה לָהֶם כִּמְרִימֵי עֹל
עַל לְחֵיהֶם וְאַט אֵלָיו אוֹכִיל׃ לֹא יָשׁוּב אֶל־אֶרֶץ מִצְרַיִם ה
וְאַשּׁוּר הוּא מַלְכּוֹ כִּי מֵאֲנוּ לָשׁוּב׃ וְחָלָה חֶרֶב בְּעָרָיו וְכִלְּתָה ו
בַדָּיו וְאָכָלָה מִמֹּעֲצוֹתֵיהֶם׃ וְעַמִּי תְלוּאִים לִמְשׁוּבָתִי וְאֶל־ ז
עַל יִקְרָאֻהוּ יַחַד לֹא יְרוֹמֵם׃ אֵיךְ אֶתֶּנְךָ אֶפְרַיִם אֲמַגֶּנְךָ ח
יִשְׂרָאֵל אֵיךְ אֶתֶּנְךָ כְאַדְמָה אֲשִׂימְךָ כִּצְבֹאיִם נֶהְפַּךְ עָלַי
לִבִּי יַחַד נִכְמְרוּ נִחוּמָי׃ לֹא אֶעֱשֶׂה חֲרוֹן אַפִּי לֹא אָשׁוּב ט
לְשַׁחֵת אֶפְרָיִם כִּי אֵל אָנֹכִי וְלֹא־אִישׁ בְּקִרְבְּךָ קָדוֹשׁ וְלֹא
אָבוֹא בְּעִיר׃ אַחֲרֵי יְהוָה יֵלְכוּ כְּאַרְיֵה יִשְׁאָג כִּי־הוּא יִשְׁאַג י
וְיֶחֶרְדוּ בָנִים מִיָּם׃ יֶחֶרְדוּ כְצִפּוֹר מִמִּצְרַיִם וּכְיוֹנָה מֵאֶרֶץ יא
אַשּׁוּר וְהוֹשַׁבְתִּים עַל־בָּתֵּיהֶם נְאֻם־יְהוָה׃ סְבָבֻנִי א יב
בְכַחַשׁ אֶפְרַיִם וּבְמִרְמָה בֵּית יִשְׂרָאֵל וִיהוּדָה עֹד רָד עִם־אֵל
וְעִם־קְדוֹשִׁים נֶאֱמָן׃ אֶפְרַיִם רֹעֶה רוּחַ וְרֹדֵף קָדִים כָּל־הַיּוֹם ב
כָּזָב וָשֹׁד יַרְבֶּה וּבְרִית עִם־אַשּׁוּר יִכְרֹתוּ וְשֶׁמֶן לְמִצְרַיִם
יוּבָל׃ וְרִיב לַיהוָה עִם־יְהוּדָה וְלִפְקֹד עַל־יַעֲקֹב כִּדְרָכָיו ג
כְּמַעֲלָלָיו יָשִׁיב לוֹ׃ בַּבֶּטֶן עָקַב אֶת־אָחִיו וּבְאוֹנוֹ שָׂרָה אֶת־ ד
אֱלֹהִים׃ וַיָּשַׂר אֶל־מַלְאָךְ וַיֻּכָל בָּכָה וַיִּתְחַנֶּן־לוֹ בֵּית־אֵל ה

the hills, Fall on us.   O Yisra'el, thou hast sinned more   9
than in the days of Giv'a: there they have remained: shall not
war overtake them, those children of iniquity, as in Giv'a?
When I so desire, I will chastise them; and the peoples shall   10
be gathered against them, when they are harnessed for labour
in their two furrows. And Efrayim is like a heifer well taught,   11
that loves to tread out the corn; but I passed over her fair
neck: I will make Efrayim to ride; Yehuda shall plough, and
Ya'aqov shall break his clods. Sow for yourselves by righteous-   12
ness, reap by the scale of love; break up your fallow ground:
for it is time to seek the LORD, till he comes and rains righteous-
ness upon you. You have ploughed wickedness, you have   13
reaped iniquity; you have eaten the fruit of lies: because thou
didst trust in thy way, in the multitude of thy mighty men.
Therefore shall a tumult arise among thy peoples, and all thy   14
fortresses shall be spoiled, as Shalman spoiled Bet-arbel in the
day of battle: the mother was dashed in pieces upon her chil-
dren. So has Bet-el done to you because of your great wicked-   15
ness: at day break was the king of Yisra'el utterly cut off.
When Yisra'el was a child, then I loved him, and called my son   **11**
out of Miẓrayim. As they called them, so they went from them: 2
they sacrificed to the Be'alim, and burned incense to graven im-
ages. It was I who taught Efrayim to walk, taking them by their   3
arms; but they knew not that I healed them. I drew them with   4
human cords, with leading strings of love: and I was to them
as they that lift off the yoke from their jaws, and I held food
out to them. He should not have returned to the land of Miẓ-   5
rayim; nor should Ashshur have been their king. Because they
refused to return, the sword shall abide in his cities, and shall   6
consume his branches, and devour them, because of their own
counsels. And my people are bent on turning away from me: 7
though they called them to rise, none at all would raise himself.
How shall I give thee up, O Efrayim? how shall I surrender thee, 8
O Yisra'el? how shall I make thee like Adma; how shall I set
thee like Ẓevoyim? my heart is turned within me, all my com-
passion is kindled. I will not execute the fierceness of my anger, 9
I will not turn to destroy Efrayim: for I am GOD, and not man;
the Holy One in the midst of thee: and I will not come as an
enemy. They shall walk after the LORD, who shall roar like a   10
lion: when he shall roar, then the children shall come trembling
from the west. They shall come trembling like a bird out of Miẓ- 11
rayim and like a dove out of the land of Ashshur: and I will
place them in their houses, says the LORD.   Efrayim com-   **12**
passes me about with lies, and the house of Yisra'el with deceit:
but Yehuda still rules with GOD, and is faithful with holy ones.
Efrayim guards the wind, and follows after the east wind: he   2
daily increases lies and desolation; and they make an alliance
with Ashshur, and oil is carried into Miẓrayim. The LORD has   3
also a controversy with Yehuda, and will punish Ya'aqov accord-
ing to his ways: according to his doings will he recompense
him. He took his brother by the heel in the womb, and by his   4
strength he strove with GOD: and he strove with an angel, and   5
prevailed: he wept, and made supplication to him: he would

ו יִמְצָאֶנּוּ וְשָׁם יְדַבֵּר עִמָּנוּ׃ וַיהוָה אֱלֹהֵי הַצְּבָאוֹת יְהוָה זִכְרוֹ׃
ז וְאַתָּה בֵּאלֹהֶיךָ תָשׁוּב חֶסֶד וּמִשְׁפָּט שְׁמֹר וְקַוֵּה אֶל־אֱלֹהֶיךָ
ח ט תָּמִיד׃ כְּנַעַן בְּיָדוֹ מֹאזְנֵי מִרְמָה לַעֲשֹׁק אָהֵב׃ וַיֹּאמֶר אֶפְרַיִם
אַךְ עָשַׁרְתִּי מָצָאתִי אוֹן לִי כָּל־יְגִיעַי לֹא יִמְצְאוּ־לִי עָוֺן אֲשֶׁר־
י חֵטְא׃ וְאָנֹכִי יְהוָה אֱלֹהֶיךָ מֵאֶרֶץ מִצְרָיִם עֹד אוֹשִׁיבְךָ בָאֳהָלִים
יא כִּימֵי מוֹעֵד׃ וְדִבַּרְתִּי עַל־הַנְּבִיאִים וְאָנֹכִי חָזוֹן הִרְבֵּיתִי וּבְיַד
יב הַנְּבִיאִים אֲדַמֶּה׃ אִם־גִּלְעָד אָוֶן אַךְ־שָׁוְא הָיוּ בַּגִּלְגָּל שְׁוָרִים
יג זִבֵּחוּ גַּם מִזְבְּחוֹתָם כְּגַלִּים עַל תַּלְמֵי שָׂדָי׃ וַיִּבְרַח יַעֲקֹב שְׂדֵה
יד אֲרָם וַיַּעֲבֹד יִשְׂרָאֵל בְּאִשָּׁה וּבְאִשָּׁה שָׁמָר׃ וּבְנָבִיא הֶעֱלָה
טו יְהוָה אֶת־יִשְׂרָאֵל מִמִּצְרָיִם וּבְנָבִיא נִשְׁמָר׃ הִכְעִיס אֶפְרַיִם
יג א תַּמְרוּרִים וְדָמָיו עָלָיו יִטּוֹשׁ וְחֶרְפָּתוֹ יָשִׁיב לוֹ אֲדֹנָיו׃ כְּדַבֵּר
ב אֶפְרַיִם רְתֵת נָשָׂא הוּא בְּיִשְׂרָאֵל וַיֶּאְשַׁם בַּבַּעַל וַיָּמֹת׃ וְעַתָּה ׀
יוֹסִפוּ לַחֲטֹא וַיַּעֲשׂוּ לָהֶם מַסֵּכָה מִכַּסְפָּם כִּתְבוּנָם עֲצַבִּים
מַעֲשֵׂה חָרָשִׁים כֻּלֹּה לָהֶם הֵם אֹמְרִים זֹבְחֵי אָדָם עֲגָלִים יִשָּׁקוּן׃
ג לָכֵן יִהְיוּ כַּעֲנַן־בֹּקֶר וְכַטַּל מַשְׁכִּים הֹלֵךְ כְּמֹץ יְסֹעֵר מִגֹּרֶן
ד וּכְעָשָׁן מֵאֲרֻבָּה׃ וְאָנֹכִי יְהוָה אֱלֹהֶיךָ מֵאֶרֶץ מִצְרָיִם וֵאלֹהִים
ה זוּלָתִי לֹא תֵדָע וּמוֹשִׁיעַ אַיִן בִּלְתִּי׃ אֲנִי יְדַעְתִּיךָ בַּמִּדְבָּר בְּאֶרֶץ
ו תַּלְאֻבוֹת׃ כְּמַרְעִיתָם וַיִּשְׂבָּעוּ שָׂבְעוּ וַיָּרָם לִבָּם עַל־כֵּן שְׁכֵחוּנִי׃
ז ח וָאֱהִי לָהֶם כְּמוֹ־שָׁחַל כְּנָמֵר עַל־דֶּרֶךְ אָשׁוּר׃ אֶפְגְּשֵׁם כְּדֹב
שַׁכּוּל וְאֶקְרַע סְגוֹר לִבָּם וְאֹכְלֵם שָׁם כְּלָבִיא חַיַּת הַשָּׂדֶה
ט תְּבַקְּעֵם׃ שִׁחֶתְךָ יִשְׂרָאֵל כִּי־בִי בְעֶזְרֶךָ׃ אֱהִי מַלְכְּךָ אֵפוֹא
וְיוֹשִׁיעֲךָ בְּכָל־עָרֶיךָ וְשֹׁפְטֶיךָ אֲשֶׁר אָמַרְתָּ תְּנָה־לִּי מֶלֶךְ וְשָׂרִים׃
יא יב אֶתֶּן־לְךָ מֶלֶךְ בְּאַפִּי וְאֶקַּח בְּעֶבְרָתִי׃ צָרוּר עֲוֺן
יג אֶפְרָיִם צְפוּנָה חַטָּאתוֹ׃ חֶבְלֵי יוֹלֵדָה יָבֹאוּ לוֹ הוּא־בֵן לֹא חָכָם
יד כִּי־עֵת לֹא־יַעֲמֹד בְּמִשְׁבַּר בָּנִים׃ מִיַּד שְׁאוֹל אֶפְדֵּם מִמָּוֶת
אֶגְאָלֵם אֱהִי דְבָרֶיךָ מָוֶת אֱהִי קָטָבְךָ שְׁאוֹל נֹחַם יִסָּתֵר מֵעֵינָי׃
טו כִּי הוּא בֵּין אַחִים יַפְרִיא יָבוֹא קָדִים רוּחַ יְהוָה מִמִּדְבָּר עֹלֶה
וְיֵבוֹשׁ מְקוֹרוֹ וְיֶחֱרַב מַעְיָנוֹ הוּא יִשְׁסֶה אוֹצַר כָּל־כְּלִי חֶמְדָּה׃
יד א תֶּאְשַׁם שֹׁמְרוֹן כִּי מָרְתָה בֵּאלֹהֶיהָ בַּחֶרֶב יִפֹּלוּ עֹלְלֵיהֶם

find him in Bet-el, and there he would speak with us. But the 6
LORD is the GOD of hosts; The LORD is his name. Therefore turn 7
thou to thy GOD: keep troth and justice, and wait on thy GOD
continually. As for the merchant, the balances of deceit are in 8
his hand: he loves to oppress. And Efrayim said, Yet I am be- 9
come rich, I have found wealth for myself: in all my labours
they shall find no iniquity in me that were sin. But I am the 10
LORD thy GOD from the land of Miẓrayim. I will yet make thee
dwell in tents, as in the days of the appointed feast. I have also 11
spoken by the prophets, and I have multiplied visions, and used
similes by means of the prophets. Indeed, Gil'ad is iniquitous; 12
they are become mere vanity; in Gilgal they have sacrificed
bullocks: their altars are like droppings on the furrows of the
field. And Ya'aqov fled into the country of Aram, and Yis- 13
ra'el served for a wife, and for a wife he kept sheep. And by a 14
prophet the LORD brought Yisra'el out of Miẓrayim, and by a
prophet was he preserved. Efrayim provoked him to anger most 15
bitterly: therefore shall he leave his blood guilt upon him, and
his LORD shall requite his reproach on him. When Efrayim spoke, **13**
there was trembling; he exalted himself in Yisra'el; but when
he became guilty through the Ba'al, he died. And now they sin 2
more and more, and have made for themselves molten images
of their silver, and idols according to their own understanding,
all of it the work of the craftsmen: they say of them, Let the
men who sacrifice kiss calves. Therefore they shall be as the 3
morning cloud, and as the dew that passes early away, as the
chaff that is driven with the wind out of the floor, and as the
smoke out of the window. Yet I am the LORD thy GOD from the 4
land of Miẓrayim, and thou knowst no god but me: for there is
no saviour besides me. I did know thee in the wilderness, in the 5
land of great drought. When they were fed, they became full; 6
they were filled, and their heart was exalted; therefore they
have forgotten me. Therefore I will be to them as a lion: as a 7
leopard by the way I will observe them: I will meet them like 8
a bear that is bereaved of her whelps, and I will rend their closed
up heart, and there will I devour them like a lion: the wild
beast shall tear them. O Yisra'el thou hast destroyed thyself; for 9
thou art against me, against thy help. Where is thy king, that 10
he may save thee in all thy cities? and thy judges of whom thou
didst say, Give me a king and princes? I give thee a king in my 11
anger, and take him away in my wrath.   The iniquity of 12
Efrayim is bound up; his sin is laid in store. The pangs of a 13
travailing woman shall come upon him: he is an unwise son;
for this is no time to tarry, at the moment of childbirth. I would 14
ransom them from the power of She'ol; I would redeem them
from death: O death where are thy plagues? O She'ol, where is
thy destruction? compassion shall be hidden from my eyes.
Though he be fertile among the reed grass, an east wind shall 15
come, the wind of the LORD shall come up from the wilderness,
and his spring shall become dry, and his fountain shall be dried
up: he shall spoil the treasure of all precious vessels. Shomeron **14**
shall be found guilty, for she has rebelled against her GOD:
they shall fall by the sword: their infants shall be dashed in

יְרֻטָּשׁוּ וְהָרִיּוֹתָיו יְבֻקָּעוּ׃ שׁוּבָה יִשְׂרָאֵל עַד יהוה ב
אֱלֹהֶיךָ כִּי כָשַׁלְתָּ בַּעֲוֺנֶךָ׃ קְחוּ עִמָּכֶם דְּבָרִים וְשׁוּבוּ אֶל־יהוה ג
אִמְרוּ אֵלָיו כָּל־תִּשָּׂא עָוֺן וְקַח־טוֹב וּנְשַׁלְּמָה פָרִים שְׂפָתֵינוּ׃
אַשּׁוּר ׀ לֹא יוֹשִׁיעֵנוּ עַל־סוּס לֹא נִרְכָּב וְלֹא־נֹאמַר עוֹד אֱלֹהֵינוּ ד
לְמַעֲשֵׂה יָדֵינוּ אֲשֶׁר־בְּךָ יְרֻחַם יָתוֹם׃ אֶרְפָּא מְשׁוּבָתָם אֹהֲבֵם ה
ד נְדָבָה כִּי שָׁב אַפִּי מִמֶּנּוּ׃ אֶהְיֶה כַטַּל לְיִשְׂרָאֵל יִפְרַח כַּשּׁוֹשַׁנָּה ו
וְיַךְ שָׁרָשָׁיו כַּלְּבָנוֹן׃ יֵלְכוּ יֹנְקוֹתָיו וִיהִי כַזַּיִת הוֹדוֹ וְרֵיחַ לוֹ ז
כַּלְּבָנוֹן׃ יָשֻׁבוּ יֹשְׁבֵי בְצִלּוֹ יְחַיּוּ דָגָן וְיִפְרְחוּ כַגָּפֶן זִכְרוֹ כְּיֵין ח
לְבָנוֹן׃ אֶפְרַיִם מַה־לִּי עוֹד לָעֲצַבִּים אֲנִי עָנִיתִי וַאֲשׁוּרֶנּוּ אֲנִי ט
כִּבְרוֹשׁ רַעֲנָן מִמֶּנִּי פֶּרְיְךָ נִמְצָא׃ מִי חָכָם וְיָבֵן אֵלֶּה נָבוֹן וְיֵדָעֵם י
כִּי־יְשָׁרִים דַּרְכֵי יהוה וְצַדִּקִים יֵלְכוּ בָם וּפֹשְׁעִים יִכָּשְׁלוּ בָם׃

יואל א

דְּבַר־יהוה ׀ אֲשֶׁר הָיָה אֶל־יוֹאֵל בֶּן־פְּתוּאֵל׃ שִׁמְעוּ־זֹאת הַזְּקֵנִים א ב
וְהַאֲזִינוּ כֹּל יוֹשְׁבֵי הָאָרֶץ הֶהָיְתָה זֹּאת בִּימֵיכֶם וְאִם בִּימֵי
אֲבֹתֵיכֶם׃ עָלֶיהָ לִבְנֵיכֶם סַפֵּרוּ וּבְנֵיכֶם לִבְנֵיהֶם וּבְנֵיהֶם לְדוֹר ג
אַחֵר׃ יֶתֶר הַגָּזָם אָכַל הָאַרְבֶּה וְיֶתֶר הָאַרְבֶּה אָכַל הַיָּלֶק וְיֶתֶר ד
הַיֶּלֶק אָכַל הֶחָסִיל׃ הָקִיצוּ שִׁכּוֹרִים וּבְכוּ וְהֵילִלוּ כָּל־שֹׁתֵי יָיִן ה
עַל־עָסִיס כִּי נִכְרַת מִפִּיכֶם׃ כִּי־גוֹי עָלָה עַל־אַרְצִי עָצוּם וְאֵין ו
מִסְפָּר שִׁנָּיו שִׁנֵּי אַרְיֵה וּמְתַלְּעוֹת לָבִיא לוֹ׃ שָׂם גַּפְנִי לְשַׁמָּה ז
וּתְאֵנָתִי לִקְצָפָה חָשֹׂף חֲשָׂפָהּ וְהִשְׁלִיךְ הִלְבִּינוּ שָׂרִיגֶיהָ׃ אֱלִי ח
כִּבְתוּלָה חֲגֻרַת־שַׂק עַל־בַּעַל נְעוּרֶיהָ׃ הָכְרַת מִנְחָה וָנֶסֶךְ ט
מִבֵּית יהוה אָבְלוּ הַכֹּהֲנִים מְשָׁרְתֵי יהוה׃ שֻׁדַּד שָׂדֶה אָבְלָה י
אֲדָמָה כִּי שֻׁדַּד דָּגָן הוֹבִישׁ תִּירוֹשׁ אֻמְלַל יִצְהָר׃ הֹבִישׁוּ יא
אִכָּרִים הֵילִילוּ כֹּרְמִים עַל־חִטָּה וְעַל־שְׂעֹרָה כִּי אָבַד
קְצִיר שָׂדֶה׃ הַגֶּפֶן הוֹבִישָׁה וְהַתְּאֵנָה אֻמְלָלָה רִמּוֹן גַּם־ יב
תָּמָר וְתַפּוּחַ כָּל־עֲצֵי הַשָּׂדֶה יָבֵשׁוּ כִּי־הֹבִישׁ שָׂשׂוֹן מִן־בְּנֵי
אָדָם׃ חִגְרוּ וְסִפְדוּ הַכֹּהֲנִים הֵילִילוּ מְשָׁרְתֵי יג
מִזְבֵּחַ בֹּאוּ לִינוּ בַשַּׂקִּים מְשָׁרְתֵי אֱלֹהָי כִּי נִמְנַע מִבֵּית

pieces, and their women with child shall be ripped up.   O   2
Yisra'el, return to the LORD thy GOD; for thou hast stumbled
in thy iniquity. Take with you words, and turn to the LORD: 3
say to him, Forgive all iniquity, and receive us graciously: so
we will offer the words of our lips instead of calves. Ashshur 4
shall not save us; we will not ride upon horses: nor shall
we say any more to the work of our hands, You are our gods:
for in thee the fatherless finds mercy. I will heal their backslid- 5
ing, I will love them freely: for my anger is turned away from
him. I will be as the dew to Yisra'el: he shall flower like the 6
lily, and cast forth his roots like the Levanon. His branches shall 7
spread, and his beauty shall be like the olive tree, and his
fragrance like the Levanon. They who dwell in his shadow, 8
shall return; they shall revive like corn, and blossom like the
vine: their fragrance shall be like the wine of Levanon. Efrayim 9
shall say, What have I to do any more with idols? I answer him
and look on him: I am like a leafy cypress tree; from me is
thy fruit found. Whoever is wise, let him understand these 10
things: whoever is prudent let him know them; for the ways of
the LORD are right, and the just do walk in them: but the trans-
gressors shall stumble in them.

YO'EL / JOEL   1

The word of the LORD that came to Yo'el the son of Petu'el. 1
Hear this, you old men, and give ear, all you inhabitants of the 2
land. Has such a thing been in your days, or even in the days of
your fathers? Tell your children of it, and let your children 3
tell their children, and their children another generation. That 4
which the cutting locust has left, the swarming locust has eaten;
and that which the swarming locust has left, the hopping locust
has eaten; and that which the hopping locust has left, the
destroying locust has eaten. Awake, drunkards, and weep; 5
and howl, all you drinkers of wine, because of the sweet wine;
for it is cut off from your mouth. For a nation is come up upon 6
my land, mighty, and without number, whose teeth are the teeth
of a lion, and he has the fangs of a lioness. He has laid my vine 7
waste, and splintered my fig tree: he has made it clean bare, and
cast it down; its branches are made white. Lament like a virgin 8
girded with sackcloth for the husband of her youth. The meal 9
offering and the drink offering is cut off from the house of the
LORD; the priests, the LORD's ministers, mourn. The field is 10
wasted, the land mourns; for the corn is wasted: the new wine
is dried up, the oil languishes. Be ashamed, O you farmers; wail, 11
O you vinedressers, for the wheat and for the barley; because
the harvest of the field is perished. The vine is dried up, and 12
the fig tree languishes; the pomegranate tree, the palm tree
also, and the apple tree, all the trees of the field, are withered
because joy is withered away from the sons of men.   Gird 13
yourselves, and lament, you priests: wail, you ministers of the
altar: come, lie all night in sackcloth, you ministers of my

יד אֱלֹהֵיכֶם מִנְחָה וָנָסֶךְ׃ קַדְּשׁוּ־צוֹם קִרְאוּ עֲצָרָה אִסְפוּ זְקֵנִים
טו כֹּל יֹשְׁבֵי הָאָרֶץ בֵּית יְהוָה אֱלֹהֵיכֶם וְזַעֲקוּ אֶל־יְהוָה׃ אֲהָהּ
טז לַיּוֹם כִּי קָרוֹב יוֹם יְהוָה וּכְשֹׁד מִשַּׁדַּי יָבוֹא׃ הֲלוֹא נֶגֶד עֵינֵינוּ
יז אֹכֶל נִכְרָת מִבֵּית אֱלֹהֵינוּ שִׂמְחָה וָגִיל׃ עָבְשׁוּ פְרֻדוֹת תַּחַת
יח מֶגְרְפֹתֵיהֶם נָשַׁמּוּ אֹצָרוֹת נֶהֶרְסוּ מַמְּגֻרוֹת כִּי הֹבִישׁ דָּגָן׃ מַה־
נֶּאֶנְחָה בְהֵמָה נָבֹכוּ עֶדְרֵי בָקָר כִּי אֵין מִרְעֶה לָהֶם גַּם־עֶדְרֵי
יט הַצֹּאן נֶאְשָׁמוּ׃ אֵלֶיךָ יְהוָה אֶקְרָא כִּי־אֵשׁ אָכְלָה נְאוֹת
כ מִדְבָּר וְלֶהָבָה לִהֲטָה כָּל־עֲצֵי הַשָּׂדֶה׃ גַּם־בַּהֲמוֹת שָׂדֶה
תַּעֲרוֹג אֵלֶיךָ כִּי יָבְשׁוּ אֲפִיקֵי מָיִם וְאֵשׁ אָכְלָה נְאוֹת
ב א הַמִּדְבָּר׃ תִּקְעוּ שׁוֹפָר בְּצִיּוֹן וְהָרִיעוּ בְּהַר קָדְשִׁי
ב יִרְגְּזוּ כֹּל יֹשְׁבֵי הָאָרֶץ כִּי־בָא יוֹם־יְהוָה כִּי קָרוֹב׃ יוֹם חֹשֶׁךְ
וַאֲפֵלָה יוֹם עָנָן וַעֲרָפֶל כְּשַׁחַר פָּרֻשׂ עַל־הֶהָרִים עַם רַב וְעָצוּם
כָּמֹהוּ לֹא נִהְיָה מִן־הָעוֹלָם וְאַחֲרָיו לֹא יוֹסֵף עַד־שְׁנֵי דּוֹר וָדוֹר׃
ג לְפָנָיו אָכְלָה אֵשׁ וְאַחֲרָיו תְּלַהֵט לֶהָבָה כְּגַן־עֵדֶן הָאָרֶץ לְפָנָיו
ד וְאַחֲרָיו מִדְבַּר שְׁמָמָה וְגַם־פְּלֵיטָה לֹא־הָיְתָה לּוֹ׃ כְּמַרְאֵה
ה סוּסִים מַרְאֵהוּ וּכְפָרָשִׁים כֵּן יְרוּצוּן׃ כְּקוֹל מַרְכָּבוֹת עַל־רָאשֵׁי
הֶהָרִים יְרַקֵּדוּן כְּקוֹל לַהַב אֵשׁ אֹכְלָה קָשׁ כְּעַם עָצוּם עֱרוּךְ
ו ז מִלְחָמָה׃ מִפָּנָיו יָחִילוּ עַמִּים כָּל־פָּנִים קִבְּצוּ פָארוּר׃ כְּגִבּוֹרִים
יְרֻצוּן כְּאַנְשֵׁי מִלְחָמָה יַעֲלוּ חוֹמָה וְאִישׁ בִּדְרָכָיו יֵלֵכוּן וְלֹא
ח יְעַבְּטוּן אֹרְחוֹתָם׃ וְאִישׁ אָחִיו לֹא יִדְחָקוּן גֶּבֶר בִּמְסִלָּתוֹ יֵלֵכוּן
ט וּבְעַד הַשֶּׁלַח יִפֹּלוּ לֹא יִבְצָעוּ׃ בָּעִיר יָשֹׁקּוּ בַּחוֹמָה יְרֻצוּן בַּבָּתִּים
י יַעֲלוּ בְּעַד הַחַלּוֹנִים יָבֹאוּ כַּגַּנָּב׃ לְפָנָיו רָגְזָה אֶרֶץ רָעֲשׁוּ שָׁמָיִם
יא שֶׁמֶשׁ וְיָרֵחַ קָדָרוּ וְכוֹכָבִים אָסְפוּ נָגְהָם׃ וַיהוָה נָתַן קוֹלוֹ לִפְנֵי
חֵילוֹ כִּי רַב מְאֹד מַחֲנֵהוּ כִּי עָצוּם עֹשֵׂה דְבָרוֹ כִּי־גָדוֹל יוֹם־
יב יְהוָה וְנוֹרָא מְאֹד וּמִי יְכִילֶנּוּ׃ וְגַם־עַתָּה נְאֻם־יְהוָה שֻׁבוּ עָדַי
יג בְּכָל־לְבַבְכֶם וּבְצוֹם וּבִבְכִי וּבְמִסְפֵּד׃ וְקִרְעוּ לְבַבְכֶם וְאַל־
בִּגְדֵיכֶם וְשׁוּבוּ אֶל־יְהוָה אֱלֹהֵיכֶם כִּי־חַנּוּן וְרַחוּם הוּא אֶרֶךְ
יד אַפַּיִם וְרַב־חֶסֶד וְנִחָם עַל־הָרָעָה׃ מִי יוֹדֵעַ יָשׁוּב וְנִחָם וְהִשְׁאִיר
טו אַחֲרָיו בְּרָכָה מִנְחָה וָנֶסֶךְ לַיהוָה אֱלֹהֵיכֶם׃ תִּקְעוּ
טז שׁוֹפָר בְּצִיּוֹן קַדְּשׁוּ־צוֹם קִרְאוּ עֲצָרָה׃ אִסְפוּ־עָם קַדְּשׁוּ קָהָל
קִבְצוּ זְקֵנִים אִסְפוּ עוֹלָלִים וְיֹנְקֵי שָׁדָיִם יֵצֵא חָתָן מֵחֶדְרוֹ וְכַלָּה

GOD: for the meal offering and the drink offering is withheld
from the house of your GOD. Sanctify a fast, call a solemn assem- 14
bly, gather the elders and all the inhabitants of the land into
the house of the LORD your GOD, and cry to the LORD. Alas for 15
the day! for the day of the LORD is at hand, and as a destruc-
tion from the Almighty shall it come. Is not the food cut off 16
before our eyes, joy and gladness from the house of our GOD?
The seed shrivels under their clods, the garners are laid desolate, 17
the barns are broken down; for the corn is withered. How do 18
the beasts groan! the herds of cattle are perplexed, because they
have no pasture; yea, the flocks of sheep are made desolate.
O LORD, to thee do I cry: for the fire has devoured the pastures 19
of the wilderness, and the flame has burned all the trees of
the field. Even beasts of the field cry to thee: for the water 20
courses are dried up, and the fire has devoured the pastures
of the wilderness.　　　　　Blow the shofar in Ẕiyyon, and sound 2
an alarm in my holy mountain: let all the inhabitants of the
land tremble: for the day of the LORD comes, for it is near at
hand; a day of darkness and of gloom, a day of clouds and 2
of thick darkness. Like twilight spread over the mountains, a
great people and a mighty; there has not been ever the like, nor
shall there be any more such after them, to the years of many
generations. A fire devours before them; and behind them blazes 3
a flame: the land is like the garden of 'Eden before them, and
behind them a desolate wilderness; and nothing escapes them.
The appearance of them is like the appearance of horses; and 4
as horsemen, so do they run. Like the noise of chariots on the 5
tops of mountains they leap; like the noise of a flame of fire
that devours the stubble, like a strong people set in battle
array. At their presence the peoples are in anguish: all faces 6
are covered with blackness. They run like mighty men; they 7
climb the wall like men of war; and they march everyone on
his ways; and they do not break their ranks: nor does one thrust 8
another; they walk everyone in his path: and they burst
through the weapons; they are not wounded. They run to and fro 9
in the city; they run upon the wall, they climb up into the
houses; they enter in at the windows like a thief. The earth 10
quakes before them; the heavens tremble: the sun and the
moon are darkened, and the stars withdraw their shining: and 11
the LORD utters his voice before his army: for his camp is very
great: for he who executes his word is strong: for the day of
the LORD is great and very terrible; and who can abide it? Yet 12
even now, says the LORD, turn to me with all your heart, and
with fasting, and with weeping, and with mourning: and rend 13
your hearts, and not your garments, and turn to the LORD your
GOD: for he is gracious and merciful, slow to anger, and great in
love, and repents of evil. Who knows whether he will not turn 14
and relent, and leave a blessing behind him; a meal offering
and a drink offering for the LORD your GOD?　　　　　Blow 15
the shofar in Ẕiyyon, sanctify a fast, call a solemn assembly:
gather the people, sanctify the congregation, assemble the el- 16
ders, gather the children, and those who suck the breasts:
let the bridegroom go forth from his chamber, and the bride

יז מֵחֻפָּתָהּ׃ בֵּין הָאוּלָם וְלַמִּזְבֵּחַ יִבְכּוּ הַכֹּהֲנִים מְשָׁרְתֵי יְהוָה
וְיֹאמְרוּ חוּסָה יְהוָה עַל־עַמֶּךָ וְאַל־תִּתֵּן נַחֲלָתְךָ לְחֶרְפָּה לִמְשָׁל־

יח בָּם גּוֹיִם לָמָּה יֹאמְרוּ בָעַמִּים אַיֵּה אֱלֹהֵיהֶם׃ וַיְקַנֵּא יְהוָה
לְאַרְצוֹ וַיַּחְמֹל עַל־עַמּוֹ׃ וַיַּעַן יְהוָה וַיֹּאמֶר לְעַמּוֹ הִנְנִי שֹׁלֵחַ

יט לָכֶם אֶת־הַדָּגָן וְהַתִּירוֹשׁ וְהַיִּצְהָר וּשְׂבַעְתֶּם אֹתוֹ וְלֹא־אֶתֵּן
אֶתְכֶם עוֹד חֶרְפָּה בַּגּוֹיִם׃ וְאֶת־הַצְּפוֹנִי אַרְחִיק מֵעֲלֵיכֶם

כ וְהִדַּחְתִּיו אֶל־אֶרֶץ צִיָּה וּשְׁמָמָה אֶת־פָּנָיו אֶל־הַיָּם הַקַּדְמֹנִי
וְסֹפוֹ אֶל־הַיָּם הָאַחֲרוֹן וְעָלָה בָאְשׁוֹ וְתַעַל צַחֲנָתוֹ כִּי הִגְדִּיל

כא לַעֲשׂוֹת׃ אַל־תִּירְאִי אֲדָמָה גִּילִי וּשְׂמָחִי כִּי־הִגְדִּיל יְהוָה

כב לַעֲשׂוֹת׃ אַל־תִּירְאוּ בַּהֲמוֹת שָׂדַי כִּי דָשְׁאוּ נְאוֹת מִדְבָּר כִּי־

כג עֵץ נָשָׂא פִרְיוֹ תְּאֵנָה וָגֶפֶן נָתְנוּ חֵילָם׃ וּבְנֵי צִיּוֹן גִּילוּ וְשִׂמְחוּ
בַּיהוָה אֱלֹהֵיכֶם כִּי־נָתַן לָכֶם אֶת־הַמּוֹרֶה לִצְדָקָה וַיּוֹרֶד לָכֶם

כד גֶּשֶׁם מוֹרֶה וּמַלְקוֹשׁ בָּרִאשׁוֹן׃ וּמָלְאוּ הַגֳּרָנוֹת בָּר וְהֵשִׁיקוּ

כה הַיְקָבִים תִּירוֹשׁ וְיִצְהָר׃ וְשִׁלַּמְתִּי לָכֶם אֶת־הַשָּׁנִים אֲשֶׁר אָכַל
הָאַרְבֶּה הַיֶּלֶק וְהֶחָסִיל וְהַגָּזָם חֵילִי הַגָּדוֹל אֲשֶׁר שִׁלַּחְתִּי בָּכֶם׃

כו וַאֲכַלְתֶּם אָכוֹל וְשָׂבוֹעַ וְהִלַּלְתֶּם אֶת־שֵׁם יְהוָה אֱלֹהֵיכֶם אֲשֶׁר־

כז עָשָׂה עִמָּכֶם לְהַפְלִיא וְלֹא־יֵבֹשׁוּ עַמִּי לְעוֹלָם׃ וִידַעְתֶּם כִּי
בְקֶרֶב יִשְׂרָאֵל אָנִי וַאֲנִי יְהוָה אֱלֹהֵיכֶם וְאֵין עוֹד וְלֹא־יֵבֹשׁוּ עַמִּי

ג א לְעוֹלָם׃   וְהָיָה אַחֲרֵי־כֵן אֶשְׁפּוֹךְ אֶת־רוּחִי עַל־
כָּל־בָּשָׂר וְנִבְּאוּ בְּנֵיכֶם וּבְנֹתֵיכֶם זִקְנֵיכֶם חֲלֹמוֹת יַחֲלֹמוּן

ב בַּחוּרֵיכֶם חֶזְיֹנוֹת יִרְאוּ׃ וְגַם עַל־הָעֲבָדִים וְעַל־הַשְּׁפָחוֹת בַּיָּמִים

ג הָהֵמָּה אֶשְׁפּוֹךְ אֶת־רוּחִי׃ וְנָתַתִּי מוֹפְתִים בַּשָּׁמַיִם וּבָאָרֶץ דָּם

ד וָאֵשׁ וְתִימֲרוֹת עָשָׁן׃ הַשֶּׁמֶשׁ יֵהָפֵךְ לְחֹשֶׁךְ וְהַיָּרֵחַ לְדָם לִפְנֵי בּוֹא

ה יוֹם יְהוָה הַגָּדוֹל וְהַנּוֹרָא׃ וְהָיָה כֹּל אֲשֶׁר־יִקְרָא בְּשֵׁם יְהוָה
יִמָּלֵט כִּי בְּהַר־צִיּוֹן וּבִירוּשָׁלַ͏ִם תִּהְיֶה פְלֵיטָה כַּאֲשֶׁר אָמַר יְהוָה

ד א וּבַשְּׂרִידִים אֲשֶׁר יְהוָה קֹרֵא׃ כִּי הִנֵּה בַּיָּמִים הָהֵמָּה וּבָעֵת הַהִיא

אשיב ב אֲשֶׁר אָשׁוּב אֶת־שְׁבוּת יְהוּדָה וִירוּשָׁלָ͏ִם׃ וְקִבַּצְתִּי אֶת־כָּל־
הַגּוֹיִם וְהוֹרַדְתִּים אֶל־עֵמֶק יְהוֹשָׁפָט וְנִשְׁפַּטְתִּי עִמָּם שָׁם עַל־

ג עַמִּי וְנַחֲלָתִי יִשְׂרָאֵל אֲשֶׁר פִּזְּרוּ בַגּוֹיִם וְאֶת־אַרְצִי חִלֵּקוּ׃ וְאֶל־

ד עַמִּי יַדּוּ גוֹרָל וַיִּתְּנוּ הַיֶּלֶד בַּזּוֹנָה וְהַיַּלְדָּה מָכְרוּ בַיַּיִן וַיִּשְׁתּוּ׃ וְגַם
מָה־אַתֶּם לִי צֹר וְצִידוֹן וְכֹל גְּלִילוֹת פְּלָשֶׁת הַגְּמוּל אַתֶּם
מְשַׁלְּמִים עָלָי וְאִם־גֹּמְלִים אַתֶּם עָלַי קַל מְהֵרָה אָשִׁיב גְּמֻלְכֶם

out of her pavilion. Let the priests, the ministers of the LORD, 17
weep between the porch and the altar, and let them say, Spare
thy people, O LORD, and give not thy heritage to reproach,
that the nations should rule over them: why should they say
among the peoples, Where is their GOD? Then the LORD was 18
zealous for his land, and pitied his people. And the LORD an- 19
swered and said to his people, Behold, I will send you corn, and
wine, and oil, and you shall be satisfied therewith: and I will
no more make you a reproach among the nations: but I will 20
remove far off from you the northern one, and will drive him
into a barren and desolate land, with his face towards the eastern
sea, and his hinder part toward the western sea, and his foulness
shall come up, and his ill savour shall ascend, though he has
done great things. Fear not, O land; be glad and rejoice: for 21
the LORD will do greater things. Be not afraid, O beasts of the 22
field: for the pastures of the wilderness shall spring, for the
tree bears its fruit, the fig tree and the vine do yield their
strength. Be glad then, you children of Ẕiyyon, and rejoice in 23
the LORD your GOD: for he has given you the former rain in
due measure, and he has brought down for you the rain in
the first month, the former rain, and the latter rain. And the 24
floors shall be full of wheat, and the vats shall overflow with
wine and oil. And I will restore to you the years that the locust 25
has eaten, the hopping locust, and the destroying locust, and the
cutting locust, my great army which I sent among you. And you 26
shall eat in plenty, and be satisfied, and praise the name of the
LORD your GOD, who has dealt wondrously with you: and my
people shall never be ashamed. And you shall know that I am in 27
the midst of Yisra'el, and that I am the LORD your GOD, and there
it is none else: and my people shall never be ashamed.

And it shall come to pass afterwards, that I will pour out **3**
my spirit upon all flesh; and your sons and your daughters shall
prophesy; your old men shall dream dreams, your young men
shall see visions: and also upon the servants and upon the hand- 2
maids in those days will I pour out my spirit. And I will exhibit 3
wonders in the heavens and on the earth, blood, and fire, and
pillars of smoke. The sun shall be turned into darkness, and the 4
moon into blood, before the coming of the great and the terrible
day of the LORD And it shall come to pass, that whoever shall 5
call on the name of the LORD shall be delivered: for in mount
Ẕiyyon and in Yerushalayim there shall be those that escape,
as the LORD has said, and among the remnant those whom the
LORD shall call. For, behold, in those days, and in that time, **4**
when I shall bring back the captivity of Yehuda and Yerusha-
layim, I will also gather all nations, and will bring them down 2
into the valley of Yehoshafat, and will enter into judgment with
them there for my people and for my heritage Yisra'el, whom
they have scattered among the nations, and have divided up my
land. And they have cast lots for my people; and have given a 3
boy for a harlot, and sold a girl for wine, that they might drink.
Moreover, what are you to me, O Ẕor and Ẕidon, and all the 4
provinces of Peleshet? will you render retribution on my be-
half? and if you render retribution on my behalf, swiftly and

בְּרֹאשְׁכֶֽם׃ אֲשֶׁר־כַּסְפִּי וּזְהָבִי לְקַחְתֶּם וּמַחֲמַדַּי הַטֹּבִים ה
הֲבֵאתֶם לְהֵיכְלֵיכֶֽם׃ וּבְנֵי יְהוּדָה וּבְנֵי יְרוּשָׁלִַם מְכַרְתֶּם לִבְנֵי ו
הַיְּוָנִים לְמַעַן הַרְחִיקָם מֵעַל גְּבוּלָֽם׃ הִנְנִי מְעִירָם מִן־הַמָּקוֹם ז
אֲשֶׁר־מְכַרְתֶּם אֹתָם שָׁמָּה וַהֲשִׁבֹתִי גְמֻלְכֶם בְּרֹאשְׁכֶֽם׃
וּמָכַרְתִּי אֶת־בְּנֵיכֶם וְאֶת־בְּנוֹתֵיכֶם בְּיַד בְּנֵי יְהוּדָה וּמְכָרוּם ח
לִשְׁבָאיִם אֶל־גּוֹי רָחוֹק כִּי יְהוָה דִּבֵּֽר׃ קִרְאוּ־ ט
זֹאת בַגּוֹיִם קַדְּשׁוּ מִלְחָמָה הָעִירוּ הַגִּבּוֹרִים יִגְּשׁוּ יַעֲלוּ כֹּל אַנְשֵׁי
הַמִּלְחָמָֽה׃ כֹּתּוּ אִתֵּיכֶם לַחֲרָבוֹת וּמַזְמְרֹתֵיכֶם לִרְמָחִים הַחַלָּשׁ י
יֹאמַר גִּבּוֹר אָֽנִי׃ עוּשׁוּ וָבֹאוּ כָל־הַגּוֹיִם מִסָּבִיב וְנִקְבָּצוּ שָׁמָּה יא
הַנְחַת יְהוָה גִּבּוֹרֶֽיךָ׃ יֵעוֹרוּ וְיַעֲלוּ הַגּוֹיִם אֶל־עֵמֶק יְהוֹשָׁפָט כִּי יב
שָׁם אֵשֵׁב לִשְׁפֹּט אֶת־כָּל־הַגּוֹיִם מִסָּבִֽיב׃ שִׁלְחוּ מַגָּל כִּי בָשַׁל יג
קָצִיר בֹּאוּ רְדוּ כִּי־מָלְאָה גַּת הֵשִׁיקוּ הַיְקָבִים כִּי רַבָּה רָעָתָֽם׃
הֲמוֹנִים הֲמוֹנִים בְּעֵמֶק הֶחָרוּץ כִּי קָרוֹב יוֹם יְהוָה בְּעֵמֶק יד
הֶחָרֽוּץ׃ שֶׁמֶשׁ וְיָרֵחַ קָדָרוּ וְכוֹכָבִים אָסְפוּ נָגְהָֽם׃ וַיהוָה מִצִּיּוֹן טו טז
יִשְׁאָג וּמִירוּשָׁלִַם יִתֵּן קוֹלוֹ וְרָעֲשׁוּ שָׁמַיִם וָאָרֶץ וַיהוָה מַחֲסֶה
לְעַמּוֹ וּמָעוֹז לִבְנֵי יִשְׂרָאֵֽל׃ וִידַעְתֶּם כִּי אֲנִי יְהוָה אֱלֹהֵיכֶם שֹׁכֵן יז
בְּצִיּוֹן הַר־קָדְשִׁי וְהָיְתָה יְרוּשָׁלִַם קֹדֶשׁ וְזָרִים לֹא־יַעַבְרוּ־בָהּ
עֽוֹד׃ וְהָיָה בַיּוֹם הַהוּא יִטְּפוּ הֶהָרִים עָסִיס יח
וְהַגְּבָעוֹת תֵּלַכְנָה חָלָב וְכָל־אֲפִיקֵי יְהוּדָה יֵלְכוּ מָיִם וּמַעְיָן
מִבֵּית יְהוָה יֵצֵא וְהִשְׁקָה אֶת־נַחַל הַשִּׁטִּֽים׃ מִצְרַיִם לִשְׁמָמָה יט
תִהְיֶה וֶאֱדוֹם לְמִדְבַּר שְׁמָמָה תִּהְיֶה מֵחֲמַס בְּנֵי יְהוּדָה אֲשֶׁר־
שָׁפְכוּ דָם־נָקִיא בְּאַרְצָֽם׃ וִיהוּדָה לְעוֹלָם תֵּשֵׁב וִירוּשָׁלִַם כ
לְדוֹר וָדֽוֹר׃ וְנִקֵּיתִי דָּמָם לֹא־נִקֵּיתִי וַיהוָה שֹׁכֵן בְּצִיּֽוֹן׃ כא

עמוס א

דִּבְרֵי עָמוֹס אֲשֶׁר־הָיָה בַנֹּקְדִים מִתְּקוֹעַ אֲשֶׁר חָזָה עַל־ א
יִשְׂרָאֵל בִּימֵי ׀ עֻזִּיָּה מֶֽלֶךְ־יְהוּדָה וּבִימֵי יָרָבְעָם בֶּן־יוֹאָשׁ
מֶלֶךְ יִשְׂרָאֵל שְׁנָתַיִם לִפְנֵי הָרָֽעַשׁ׃ וַיֹּאמַר ׀ יְהוָה מִצִּיּוֹן ב
יִשְׁאָג וּמִירוּשָׁלִַם יִתֵּן קוֹלוֹ וְאָֽבְלוּ נְאוֹת הָרֹעִים וְיָבֵשׁ רֹאשׁ
הַכַּרְמֶֽל׃ כֹּה אָמַר יְהוָה עַל־שְׁלֹשָׁה פִּשְׁעֵי ג

speedily will I return your retribution upon your own head. Be- 5
cause you have taken my silver and my gold, and have carried
into your temples my goodly treasures: the children also of 6
Yehuda and the children of Yerushalayim have you sold to the
children of the Yevanim that you might remove them far from
their border. Behold, I will raise them out of the place to which 7
you have sold them, and will return your retribution upon your
own head: and I will sell your sons and your daughters into 8
the hand of the children of Yehuda, and they shall sell them to
the Shevayim, to a people far off: for the LORD has spoken
it.   Proclaim this among the nations; Prepare war, stir up 9
the mighty men, let all the men of war draw near; let them
come up: beat your ploughshares into swords, and your pruning- 10
hooks into spears: let the weak say, I am strong. Hasten, and 11
come, all you nations, and gather yourselves together round
about: cause thy mighty ones to come down there, O LORD.
Let the nations be stirred up, and come up to the valley of 12
Yehoshafat: for there will I sit to judge all the nations round
about. Put in the sickle, for the harvest is ripe: come, tread 13
down; for the press is full, the vats overflow; for their wicked-
ness is great. Multitudes, multitudes in the valley of decision: 14
for the day of the LORD is near in the valley of decision. The sun 15
and the moon are darkened, and the stars withdraw their shin-
ing. And the LORD roars out of Ẕiyyon, and utters his voice from 16
Yerushalayim; and the heavens and the earth shake: but the
LORD will be a shelter for his people, and a stronghold for the
children of Yisra'el. So shall you know that I am the LORD 17
your GOD dwelling in Ẕiyyon, my holy mountain: then shall
Yerushalayim be holy, and no strangers shall pass through her
any more.   And it shall come to pass on that day, that 18
the mountains shall drop down sweet wine, and the hills shall
flow with milk, and all the water courses of Yehuda shall flow
with water, and a fountain shall issue from the house of the
LORD, and shall water the valley of Shittim. Miẕrayim shall be 19
a desolation, and Edom shall be a desolate wilderness, for the
violence done to the children of Yehuda, because they have shed
innocent blood in their land. But Yehuda shall remain for ever, 20
and Yerushalayim from generation to generation. And though 21
I have acquitted them, those who shed their blood I have not
acquitted; and the LORD will dwell in Ẕiyyon.

'AMOS   1

The words of 'Amos, who was among the herdmen of Teqoa 1
which he saw concerning Yisra'el in the day of 'Uzziyya king of
Yehuda, and in the days of Yarov'am the son of Yo'ash king of
Yisra'el, two years before the earthquake. And he said, The 2
LORD will roar from Ẕiyyon, and utter his voice from Yerusha-
layim; and the pastures of the shepherds shall mourn, and the
top of Karmel shall wither.   Thus says the LORD; For three 3
transgressions of Dammeseq, I will turn away its punishment,

דַּמֶּשֶׂק וְעַל־אַרְבָּעָה לֹא אֲשִׁיבֶנּוּ עַל־דּוּשָׁם בַּחֲרֻצוֹת הַבַּרְזֶל
ד אֶת־הַגִּלְעָד׃ וְשִׁלַּחְתִּי אֵשׁ בְּבֵית חֲזָאֵל וְאָכְלָה אַרְמְנוֹת
ה בֶּן־הֲדָד׃ וְשָׁבַרְתִּי בְּרִיחַ דַּמֶּשֶׂק וְהִכְרַתִּי יוֹשֵׁב מִבִּקְעַת־
אָוֶן וְתוֹמֵךְ שֵׁבֶט מִבֵּית עֶדֶן וְגָלוּ עַם־אֲרָם קִירָה אָמַר
ו יְהוָה׃ כֹּה אָמַר יְהוָה עַל־שְׁלֹשָׁה פִּשְׁעֵי עַזָּה
וְעַל־אַרְבָּעָה לֹא אֲשִׁיבֶנּוּ עַל־הַגְלוֹתָם גָּלוּת שְׁלֵמָה לְהַסְגִּיר
ז ח לֶאֱדוֹם׃ וְשִׁלַּחְתִּי אֵשׁ בְּחוֹמַת עַזָּה וְאָכְלָה אַרְמְנֹתֶיהָ׃ וְהִכְרַתִּי
יוֹשֵׁב מֵאַשְׁדּוֹד וְתוֹמֵךְ שֵׁבֶט מֵאַשְׁקְלוֹן וַהֲשִׁיבוֹתִי יָדִי עַל־עֶקְרוֹן
ט וְאָבְדוּ שְׁאֵרִית פְּלִשְׁתִּים אָמַר אֲדֹנָי יֱהֹוִה׃ כֹּה
אָמַר יְהוָה עַל־שְׁלֹשָׁה פִּשְׁעֵי־צֹר וְעַל־אַרְבָּעָה לֹא אֲשִׁיבֶנּוּ
עַל־הַסְגִּירָם גָּלוּת שְׁלֵמָה לֶאֱדוֹם וְלֹא זָכְרוּ בְּרִית אַחִים׃
י יא וְשִׁלַּחְתִּי אֵשׁ בְּחוֹמַת צֹר וְאָכְלָה אַרְמְנוֹתֶיהָ׃ כֹּה
אָמַר יְהוָה עַל־שְׁלֹשָׁה פִּשְׁעֵי אֱדוֹם וְעַל־אַרְבָּעָה לֹא אֲשִׁיבֶנּוּ
עַל־רָדְפוֹ בַחֶרֶב אָחִיו וְשִׁחֵת רַחֲמָיו וַיִּטְרֹף לָעַד אַפּוֹ
יב וְעֶבְרָתוֹ שְׁמָרָה נֶצַח׃ וְשִׁלַּחְתִּי אֵשׁ בְּתֵימָן וְאָכְלָה אַרְמְנוֹת
יג בָּצְרָה׃ כֹּה אָמַר יְהוָה עַל־שְׁלֹשָׁה פִּשְׁעֵי בְנֵי־
עַמּוֹן וְעַל־אַרְבָּעָה לֹא אֲשִׁיבֶנּוּ עַל־בִּקְעָם הָרוֹת הַגִּלְעָד
יד לְמַעַן הַרְחִיב אֶת־גְּבוּלָם׃ וְהִצַּתִּי אֵשׁ בְּחוֹמַת רַבָּה וְאָכְלָה
טו אַרְמְנוֹתֶיהָ בִּתְרוּעָה בְּיוֹם מִלְחָמָה בְּסַעַר בְּיוֹם סוּפָה׃ וְהָלַךְ
ב א מַלְכָּם בַּגּוֹלָה הוּא וְשָׂרָיו יַחְדָּו אָמַר יְהוָה׃ כֹּה
אָמַר יְהוָה עַל־שְׁלֹשָׁה פִּשְׁעֵי מוֹאָב וְעַל־אַרְבָּעָה לֹא אֲשִׁיבֶנּוּ
ב עַל־שָׂרְפוֹ עַצְמוֹת מֶלֶךְ־אֱדוֹם לַשִּׂיד׃ וְשִׁלַּחְתִּי־אֵשׁ בְּמוֹאָב
וְאָכְלָה אַרְמְנוֹת הַקְּרִיּוֹת וּמֵת בְּשָׁאוֹן מוֹאָב בִּתְרוּעָה בְּקוֹל
ג שׁוֹפָר׃ וְהִכְרַתִּי שׁוֹפֵט מִקִּרְבָּהּ וְכָל־שָׂרֶיהָ אֶהֱרוֹג עִמּוֹ אָמַר
ד יְהוָה׃ כֹּה אָמַר יְהוָה עַל־שְׁלֹשָׁה פִּשְׁעֵי יְהוּדָה
וְעַל־אַרְבָּעָה לֹא אֲשִׁיבֶנּוּ עַל־מָאֳסָם אֶת־תּוֹרַת יְהוָה וְחֻקָּיו לֹא
ה שָׁמָרוּ וַיַּתְעוּם כִּזְבֵיהֶם אֲשֶׁר־הָלְכוּ אֲבוֹתָם אַחֲרֵיהֶם׃ וְשִׁלַּחְתִּי
ו אֵשׁ בִּיהוּדָה וְאָכְלָה אַרְמְנוֹת יְרוּשָׁלִָם׃ כֹּה
אָמַר יְהוָה עַל־שְׁלֹשָׁה פִּשְׁעֵי יִשְׂרָאֵל וְעַל־אַרְבָּעָה לֹא אֲשִׁיבֶנּוּ
ז עַל־מִכְרָם בַּכֶּסֶף צַדִּיק וְאֶבְיוֹן בַּעֲבוּר נַעֲלָיִם׃ הַשֹּׁאֲפִים

but for the fourth I will not turn away its punishment; because
they have threshed Gil'ad with threshing instruments of iron:
but I will send a fire into the house of Ḥaza'el, which will devour 4
the palaces of Ben-hadad. And I will break the bar of Dam- 5
meseq, and cut off the inhabitant from the valley of Aven, and
him who holds the sceptre from the house of 'Eden: and the
people of Aram shall go into exile to Qir, says the LORD.

Thus says the LORD; For three transgressions of 'Azza, I 6
will turn away its punishment, but for the fourth I will not turn
away its punishment; because they carried away into exile a
whole captivity, to deliver them up to Edom: but I will send a 7
fire on the wall of 'Azza, which shall devour its palaces: and I 8
will cut off the inhabitant from Ashdod, and him who holds the
sceptre from Ashqelon, and I will turn my hand against
'Eqron: and the remnant of the Pelishtim shall perish,
says the LORD GOD. Thus 9
says the LORD; For three transgressions of Ẕor, I will turn away
its punishment, but for the fourth I will not turn away its punish-
ment; because they delivered up a complete captivity to Edom,
and remembered not the brotherly covenant: but I will send 10
a fire on the wall of Ẕor, which shall devour its palaces.

Thus says the LORD; For three transgressions of Edom, 11
I will turn away its punishment, but for the fourth I will not
turn away its punishment; because he did pursue his brother
with the sword, and did cast off all pity, and his anger tore
perpetually, and he kept his wrath for ever: but I will send 12
a fire upon Teman, which shall devour the palaces of Boẕ-
ra. Thus says the LORD; For three transgressions of the 13
children of 'Ammon, I will turn away their punishment, but
for the fourth I will not turn away their punishment; because
they have ripped up the women with child of Gil'ad, that they
might enlarge their border: but I will kindle a fire in the wall 14
of Rabba, and it shall devour its palaces, with shouting in the
day of battle, with a tempest in the day of the storm: and their 15
king shall go into exile, he and his princes together, says the
LORD. Thus says the LORD; For three transgressions of **2**
Mo'av, I will turn away its punishment, but for the fourth I will
not turn away its punishment; because he burned the bones of
the king of Edom into lime: but I will send a fire upon Mo'av, 2
and it shall devour the palaces of Qeriyyot: and Mo'av shall
die amidst tumult, shouting, and the sound of the shofar: and 3
I will cut off the judge from their midst, and will slay all his
princes with him, says the LORD. Thus says the LORD; 4
For three transgressions of Yehuda, I will turn away his pun-
ishment, but for the fourth I will not turn away his punishment;
because they have despised the Tora of the LORD, and have
not kept his commandments, and their lies, after which their
fathers have walked, have led them astray: but I will send a 5
fire upon Yehuda, and it shall devour the palaces of Yerusha-
layim. Thus says the LORD; For three transgressions of 6
Yisra'el, I will turn away his punishment, but for the fourth
I will not turn away his punishment; because they sold the
righteous for silver, and the poor for a pair of shoes; that pant 7

עַל־עֲפַר־אֶרֶץ בְּרֹאשׁ דַּלִּים וְדֶרֶךְ עֲנָוִים יַטּוּ וְאִישׁ וְאָבִיו
ח יֵלְכוּ אֶל־הַנַּעֲרָה לְמַעַן חַלֵּל אֶת־שֵׁם קָדְשִׁי: וְעַל־בְּגָדִים
חֲבֻלִים יַטּוּ אֵצֶל כָּל־מִזְבֵּחַ וְיֵין עֲנוּשִׁים יִשְׁתּוּ בֵּית אֱלֹהֵיהֶם:
ט וְאָנֹכִי הִשְׁמַדְתִּי אֶת־הָאֱמֹרִי מִפְּנֵיהֶם אֲשֶׁר כְּגֹבַהּ אֲרָזִים
גָּבְהוֹ וְחָסֹן הוּא כָּאַלּוֹנִים וָאַשְׁמִיד פִּרְיוֹ מִמַּעַל וְשָׁרָשָׁיו
ו י מִתָּחַת: וְאָנֹכִי הֶעֱלֵיתִי אֶתְכֶם מֵאֶרֶץ מִצְרָיִם וָאוֹלֵךְ אֶתְכֶם
יא בַּמִּדְבָּר אַרְבָּעִים שָׁנָה לָרֶשֶׁת אֶת־אֶרֶץ הָאֱמֹרִי: וָאָקִים
מִבְּנֵיכֶם לִנְבִיאִים וּמִבַּחוּרֵיכֶם לִנְזִרִים הַאַף אֵין־זֹאת בְּנֵי
יב יִשְׂרָאֵל נְאֻם־יהוה: וַתַּשְׁקוּ אֶת־הַנְּזִרִים יָיִן וְעַל־הַנְּבִיאִים
יג צִוִּיתֶם לֵאמֹר לֹא תִּנָּבְאוּ: הִנֵּה אָנֹכִי מֵעִיק תַּחְתֵּיכֶם כַּאֲשֶׁר
יד תָּעִיק הָעֲגָלָה הַמְלֵאָה לָהּ עָמִיר: וְאָבַד מָנוֹס מִקָּל
טו וְחָזָק לֹא־יְאַמֵּץ כֹּחוֹ וְגִבּוֹר לֹא־יְמַלֵּט נַפְשׁוֹ: וְתֹפֵשׂ הַקֶּשֶׁת
לֹא יַעֲמֹד וְקַל בְּרַגְלָיו לֹא יְמַלֵּט וְרֹכֵב הַסּוּס לֹא יְמַלֵּט
טז נַפְשׁוֹ: וְאַמִּיץ לִבּוֹ בַּגִּבּוֹרִים עָרוֹם יָנוּס בַּיּוֹם־הַהוּא נְאֻם־
ג א יהוה: שִׁמְעוּ אֶת־הַדָּבָר הַזֶּה אֲשֶׁר דִּבֶּר יהוה
עֲלֵיכֶם בְּנֵי יִשְׂרָאֵל עַל כָּל־הַמִּשְׁפָּחָה אֲשֶׁר הֶעֱלֵיתִי מֵאֶרֶץ
ב מִצְרַיִם לֵאמֹר: רַק אֶתְכֶם יָדַעְתִּי מִכֹּל מִשְׁפְּחוֹת הָאֲדָמָה
ג עַל־כֵּן אֶפְקֹד עֲלֵיכֶם אֵת כָּל־עֲוֺנֹתֵיכֶם: הֲיֵלְכוּ שְׁנַיִם יַחְדָּו
ד בִּלְתִּי אִם־נוֹעָדוּ: הֲיִשְׁאַג אַרְיֵה בַּיַּעַר וְטֶרֶף אֵין לוֹ הֲיִתֵּן
ה כְּפִיר קוֹלוֹ מִמְּעֹנָתוֹ בִּלְתִּי אִם־לָכָד: הֲתִפֹּל צִפּוֹר עַל־פַּח
הָאָרֶץ וּמוֹקֵשׁ אֵין לָהּ הֲיַעֲלֶה־פַּח מִן־הָאֲדָמָה וְלָכוֹד לֹא
ו יִלְכּוֹד: אִם־יִתָּקַע שׁוֹפָר בְּעִיר וְעָם לֹא יֶחֱרָדוּ אִם־תִּהְיֶה
ז רָעָה בְּעִיר וַיהוה לֹא עָשָׂה: כִּי לֹא יַעֲשֶׂה אֲדֹנָי יֱהוִה דָּבָר
ח כִּי אִם־גָּלָה סוֹדוֹ אֶל־עֲבָדָיו הַנְּבִיאִים: אַרְיֵה שָׁאָג מִי לֹא
ט יִירָא אֲדֹנָי יֱהוִה דִּבֶּר מִי לֹא יִנָּבֵא: הַשְׁמִיעוּ עַל־אַרְמְנוֹת
בְּאַשְׁדּוֹד וְעַל־אַרְמְנוֹת בְּאֶרֶץ מִצְרָיִם וְאִמְרוּ הֵאָסְפוּ עַל־
הָרֵי שֹׁמְרוֹן וּרְאוּ מְהוּמֹת רַבּוֹת בְּתוֹכָהּ וַעֲשׁוּקִים בְּקִרְבָּהּ:
י וְלֹא־יָדְעוּ עֲשׂוֹת־נְכֹחָה נְאֻם־יהוה הָאוֹצְרִים חָמָס וָשֹׁד
יא בְּאַרְמְנוֹתֵיהֶם: לָכֵן כֹּה אָמַר אֲדֹנָי יֱהוִה צַר
יב וּסְבִיב הָאָרֶץ וְהוֹרִד מִמֵּךְ עֻזֵּךְ וְנָבֹזּוּ אַרְמְנוֹתָיִךְ: כֹּה אָמַר
יהוה כַּאֲשֶׁר יַצִּיל הָרֹעֶה מִפִּי הָאֲרִי שְׁתֵּי כְרָעַיִם אוֹ בְדַל־
אֹזֶן כֵּן יִנָּצְלוּ בְּנֵי יִשְׂרָאֵל הַיֹּשְׁבִים בְּשֹׁמְרוֹן בִּפְאַת מִטָּה
יג וּבִדְמֶשֶׁק עָרֶשׂ: שִׁמְעוּ וְהָעִידוּ בְּבֵית יַעֲקֹב נְאֻם־אֲדֹנָי יֱהוִה
יד אֱלֹהֵי הַצְּבָאוֹת: כִּי בְּיוֹם פָּקְדִי פִשְׁעֵי־יִשְׂרָאֵל עָלָיו וּפָקַדְתִּי
עַל־מִזְבְּחוֹת בֵּית־אֵל וְנִגְדְּעוּ קַרְנוֹת הַמִּזְבֵּחַ וְנָפְלוּ לָאָרֶץ:

after the dust of the earth on the head of the poor, and turn
aside the way of the humble: and a man and his father will
go in to the same girl, to profane my holy name: and they 8
lay themselves down beside every altar upon clothes taken in
pledge, and they drink the wine of the condemned in the house
of their god. Yet I destroyed the Emori before them, whose 9
height was like the height of the cedars, and he was strong
as the oaks; yet I destroyed his fruit from above, and his roots
from beneath. Also I brought you up out of the land of Miẕ- 10
rayim, and led you forty years through the wilderness, to pos-
sess the land of the Emori. And I raised up of your sons for 11
prophets, and of your young men for Nezirim. Is it not even
thus, O you children of Yisra'el? says the Lord. But you gave 12
the Nezirim wine to drink; and commanded the prophets, say-
ing, Prophesy not. Behold, I will press you down in your place, 13
as a cart presses down that is full of sheaves. So the flight 14
shall perish from the swift, and the strong shall not retain his
force, nor shall the mighty man deliver himself: nor shall he 15
who handles the bow stand; and he who is swift of foot shall
not deliver himself: nor shall he who rides the horse deliver
himself. And he who is courageous among the mighty shall flee
away naked on that day, says the Lord. Hear this word **3**
that the Lord has spoken against you, O children of Yisra'el,
against the whole family which I brought up from the land of
Miẕrayim, saying, You only have I known of all the families of 2
the earth: therefore I will punish you for all your iniquities. Can 3
two walk together, unless they be agreed? will a lion roar in the 4
forest, when he has no prey? will a young lion cry out of his
den, if he has taken nothing? Can a bird fall in a snare upon 5
the earth, where there is no lure for it? does a snare spring up
from the earth, and have taken nothing at all? Shall a shofar be 6
sounded in the city, and the people not be afraid? shall evil befall
a city, and the Lord has not done it? Surely the Lord God will 7
do nothing, without revealing his secret to his servants the
prophets. The lion has roared, who will not fear? the Lord God 8
has spoken, who can but prophesy? Publish in the palaces at 9
Ashdod, and in the palaces in the land of Miẕrayim, and say,
Assemble yourselves upon the mountains of Shomeron, and
behold the great tumults within her, and the oppressed in her
midst. For they know not to do right, says the Lord, who 10
store up violence and robbery in their palaces. There- 11
fore thus says the Lord God; An adversary there shall be and
shall surround the land; and he shall bring down thy strength
from thee, and thy palaces shall be spoiled. Thus says the Lord; 12
As the shepherd takes out of the mouth of the lion two legs,
or a piece of an ear; so shall the children of Yisra'el that dwell
in Shomeron, escape with the corner of a bed, and the corner
of a couch. Hear, and testify in the house of Ya'aqov, says 13
the Lord God, the God of hosts, that in the day that I shall 14
visit the transgressions of Yisra'el upon him I will also punish
the altars of Bet-el: and the horns of the altar shall be cut off,

טו וְהִכֵּיתִי בֵית־הַחֹרֶף עַל־בֵּית הַקָּיִץ וְאָבְדוּ בָּתֵּי הַשֵּׁן וְסָפוּ
ד א בָּתִּים רַבִּים נְאֻם־יְהוָה׃ שִׁמְעוּ הַדָּבָר הַזֶּה
פָּרוֹת הַבָּשָׁן אֲשֶׁר בְּהַר שֹׁמְרוֹן הָעֹשְׁקוֹת דַּלִּים הָרֹצְצוֹת
ב אֶבְיוֹנִים הָאֹמְרֹת לַאֲדֹנֵיהֶם הָבִיאָה וְנִשְׁתֶּה׃ נִשְׁבַּע אֲדֹנָי
יֱהוִה בְּקָדְשׁוֹ כִּי הִנֵּה יָמִים בָּאִים עֲלֵיכֶם וְנִשָּׂא אֶתְכֶם
ג בְּצִנּוֹת וְאַחֲרִיתְכֶן בְּסִירוֹת דּוּגָה׃ וּפְרָצִים תֵּצֶאנָה אִשָּׁה נֶגְדָּהּ
ד וְהִשְׁלַכְתֶּנָה הַהַרְמוֹנָה נְאֻם־יְהוָה׃ בֹּאוּ בֵית־אֵל וּפִשְׁעוּ
הַגִּלְגָּל הַרְבּוּ לִפְשֹׁעַ וְהָבִיאוּ לַבֹּקֶר זִבְחֵיכֶם לִשְׁלֹשֶׁת יָמִים
ה מַעְשְׂרֹתֵיכֶם׃ וְקַטֵּר מֵחָמֵץ תּוֹדָה וְקִרְאוּ נְדָבוֹת הַשְׁמִיעוּ כִּי
ו כֵן אֲהַבְתֶּם בְּנֵי יִשְׂרָאֵל נְאֻם אֲדֹנָי יֱהוִה׃ וְגַם אֲנִי נָתַתִּי לָכֶם
נִקְיוֹן שִׁנַּיִם בְּכָל־עָרֵיכֶם וְחֹסֶר לֶחֶם בְּכֹל מְקוֹמֹתֵיכֶם וְלֹא־
ז שַׁבְתֶּם עָדַי נְאֻם־יְהוָה׃ וְגַם אָנֹכִי מָנַעְתִּי מִכֶּם אֶת־הַגֶּשֶׁם
בְּעוֹד שְׁלֹשָׁה חֳדָשִׁים לַקָּצִיר וְהִמְטַרְתִּי עַל־עִיר אֶחָת וְעַל־
עִיר אַחַת לֹא אַמְטִיר חֶלְקָה אַחַת תִּמָּטֵר וְחֶלְקָה אֲשֶׁר־לֹא־
ח תַמְטִיר עָלֶיהָ תִּיבָשׁ׃ וְנָעוּ שְׁתַּיִם שָׁלֹשׁ עָרִים אֶל־עִיר אַחַת
ט לִשְׁתּוֹת מַיִם וְלֹא יִשְׂבָּעוּ וְלֹא־שַׁבְתֶּם עָדַי נְאֻם־יְהוָה׃ הִכֵּיתִי
אֶתְכֶם בַּשִּׁדָּפוֹן וּבַיֵּרָקוֹן הַרְבּוֹת גַּנּוֹתֵיכֶם וְכַרְמֵיכֶם וּתְאֵנֵיכֶם
י וְזֵיתֵיכֶם יֹאכַל הַגָּזָם וְלֹא־שַׁבְתֶּם עָדַי נְאֻם־יְהוָה׃ שִׁלַּחְתִּי
בָכֶם דֶּבֶר בְּדֶרֶךְ מִצְרַיִם הָרַגְתִּי בַחֶרֶב בַּחוּרֵיכֶם עִם שְׁבִי
סוּסֵיכֶם וָאַעֲלֶה בְּאֹשׁ מַחֲנֵיכֶם וּבְאַפְּכֶם וְלֹא־שַׁבְתֶּם עָדַי
יא נְאֻם־יְהוָה׃ הָפַכְתִּי בָכֶם כְּמַהְפֵּכַת אֱלֹהִים אֶת־סְדֹם
וְאֶת־עֲמֹרָה וַתִּהְיוּ כְּאוּד מֻצָּל מִשְּׂרֵפָה וְלֹא־שַׁבְתֶּם עָדַי
יב נְאֻם־יְהוָה׃ לָכֵן כֹּה אֶעֱשֶׂה־לְּךָ יִשְׂרָאֵל עֵקֶב
יג כִּי־זֹאת אֶעֱשֶׂה־לָּךְ הִכּוֹן לִקְרַאת־אֱלֹהֶיךָ יִשְׂרָאֵל׃ כִּי
הִנֵּה יוֹצֵר הָרִים וּבֹרֵא רוּחַ וּמַגִּיד לְאָדָם מַה־שֵּׂחוֹ עֹשֵׂה
שַׁחַר עֵיפָה וְדֹרֵךְ עַל־בָּמֳתֵי אָרֶץ יְהוָה אֱלֹהֵי־צְבָאוֹת
ה א שְׁמוֹ׃ שִׁמְעוּ אֶת־הַדָּבָר הַזֶּה אֲשֶׁר אָנֹכִי נֹשֵׂא
ב עֲלֵיכֶם קִינָה בֵּית יִשְׂרָאֵל׃ נָפְלָה לֹא־תוֹסִיף קוּם בְּתוּלַת
ג יִשְׂרָאֵל נִטְּשָׁה עַל־אַדְמָתָהּ אֵין מְקִימָהּ׃ כִּי כֹה
אָמַר אֲדֹנָי יֱהוִה הָעִיר הַיֹּצֵאת אֶלֶף תַּשְׁאִיר מֵאָה וְהַיּוֹצֵאת
ד מֵאָה תַּשְׁאִיר עֲשָׂרָה לְבֵית יִשְׂרָאֵל׃ כִּי כֹה
ה אָמַר יְהוָה לְבֵית יִשְׂרָאֵל דִּרְשׁוּנִי וִחְיוּ׃ וְאַל־תִּדְרְשׁוּ בֵּית־אֵל
וְהַגִּלְגָּל לֹא תָבֹאוּ וּבְאֵר שֶׁבַע לֹא תַעֲבֹרוּ כִּי הַגִּלְגָּל גָּלֹה
ו יִגְלֶה וּבֵית אֵל יִהְיֶה לְאָוֶן׃ דִּרְשׁוּ אֶת־יְהוָה וִחְיוּ פֶּן־יִצְלַח
ז כָּאֵשׁ בֵּית יוֹסֵף וְאָכְלָה וְאֵין־מְכַבֶּה לְבֵית־אֵל׃ הַהֹפְכִים

and fall to the ground. And I will smite the winter house and 15
the summer house together; and the houses of ivory shall
perish, and the great houses shall have an end, says the
LORD. Hear this word, you cows of Bashan, that are in **4**
the mountain of Shomeron, who oppress the poor, who crush
the needy, who say to their lords, Bring, that we may drink.
The LORD GOD has sworn by his holiness, that, lo, the days shall 2
come upon you, when you will be taken with hooks, and your
remnant with fishhooks. And you shall go out at the breaches, 3
every one straight before her; and you shall be cast away into
Harmon, says the LORD. Come to Bet-el, and transgress; to Gil- 4
gal and multiply transgression; and bring your sacrifices every
morning, and your tithes after three days: and offer a sacri- 5
fice of thanksgiving of that which is leavened, and proclaim
and publish the free will offerings: for this you like, O you
children of Yisra'el says the LORD GOD. And I also have given you 6
cleanness of teeth in all your cities, and want of bread in all
your places: yet you have not returned to me, says the LORD.
And I too have withheld the rain from you, when there were 7
yet three months to the harvest: and I caused it to rain upon
one city, and caused it not to rain upon another city: one
piece was rained upon, and the piece whereupon it did not rain,
withered. So two or three cities wandered to one city, to drink 8
water; but they were not satisfied: yet have you not returned
to me, says the LORD. I have smitten you with blasting and 9
mildew: when your gardens and your vineyards and your fig
trees and your olive trees increased, the cutting locust de-
voured them: yet have you not returned to me, says the LORD.
I have sent among you the pestilence after the manner of 10
Miẕrayim: your young men I have slain with the sword, and
I have taken away your horses; and I have made the stench
of your camp to come up to your nostrils: yet have you not
returned to me, says the LORD. I have overthrown some of 11
you, as GOD overthrew Sedom and 'Amora, and you were as a
brand plucked out of the burning: yet have you not returned
to me, says the LORD. Therefore thus will I do to thee, 12
O Yisra'el: and because I will do this to thee, prepare to meet
thy GOD, O Yisra'el. For, lo, he that forms the mountains, and 13
creates the wind, and declares to man what is his thought, that
makes the morning darkness, and treads upon the high places of
the earth, The LORD, the GOD of hosts, is his name. Hear **5**
this word which I take up against you, a lamentation, O house
of Yisra'el. The virgin of Yisra'el is fallen; she shall no more 2
rise: she is forsaken upon her land; there is none to raise
her up. For thus says the LORD GOD; The city that went 3
out a thousand shall have a hundred left, and that which
went forth a hundred shall have ten left for the house of
Yisra'el. For, thus says the LORD to the house of Yisra'el, 4
Seek me and you shall live: but do not seek Bet-el, nor enter 5
into Gilgal, and do not pass to Be'er-sheva; for Gilgal shall
surely go into exile, and Bet-el shall come to nought. Seek the 6
LORD, and live; lest he break out like fire in the house of Yosef,
and devour it, and there be none to quench it in Bet-el, O you 7

ח לְלַעֲנָה מִשְׁפָּט וּצְדָקָה לָאָרֶץ הִנִּיחוּ׃ עֹשֵׂה כִימָה וּכְסִיל
וְהֹפֵךְ לַבֹּקֶר צַלְמָוֶת וְיוֹם לַיְלָה הֶחְשִׁיךְ הַקּוֹרֵא לְמֵי־הַיָּם
ט וַיִּשְׁפְּכֵם עַל־פְּנֵי הָאָרֶץ יְהוָה שְׁמוֹ׃ הַמַּבְלִיג שֹׁד עַל־עָז וְשֹׁד
י עַל־מִבְצָר יָבוֹא׃ שָׂנְאוּ בַשַּׁעַר מוֹכִיחַ וְדֹבֵר תָּמִים יְתָעֵבוּ׃
יא לָכֵן יַעַן בּוֹשַׁסְכֶם עַל־דָּל וּמַשְׂאַת־בַּר תִּקְחוּ מִמֶּנּוּ בָּתֵּי
גָזִית בְּנִיתֶם וְלֹא־תֵשְׁבוּ בָם כַּרְמֵי־חֶמֶד נְטַעְתֶּם וְלֹא תִשְׁתּוּ
יב אֶת־יֵינָם׃ כִּי יָדַעְתִּי רַבִּים פִּשְׁעֵיכֶם וַעֲצֻמִים חַטֹּאתֵיכֶם
יג צֹרְרֵי צַדִּיק לֹקְחֵי כֹפֶר וְאֶבְיוֹנִים בַּשַּׁעַר הִטּוּ׃ לָכֵן הַמַּשְׂכִּיל
יד בָּעֵת הַהִיא יִדֹּם כִּי עֵת רָעָה הִיא׃ דִּרְשׁוּ־טוֹב וְאַל־רָע לְמַעַן ז
תִּחְיוּ וִיהִי־כֵן יְהוָה אֱלֹהֵי־צְבָאוֹת אִתְּכֶם כַּאֲשֶׁר אֲמַרְתֶּם׃
טו שִׂנְאוּ־רָע וְאֶהֱבוּ טוֹב וְהַצִּיגוּ בַשַּׁעַר מִשְׁפָּט אוּלַי יֶחֱנַן
טז יְהוָה אֱלֹהֵי־צְבָאוֹת שְׁאֵרִית יוֹסֵף׃ לָכֵן כֹּה־
אָמַר יְהוָה אֱלֹהֵי צְבָאוֹת אֲדֹנָי בְּכָל־רְחֹבוֹת מִסְפֵּד
וּבְכָל־חוּצוֹת יֹאמְרוּ הוֹ־הוֹ וְקָרְאוּ אִכָּר אֶל־אֵבֶל וּמִסְפֵּד
יז אֶל־יוֹדְעֵי נֶהִי׃ וּבְכָל־כְּרָמִים מִסְפֵּד כִּי־אֶעֱבֹר בְּקִרְבְּךָ אָמַר
יח יְהוָה׃ הוֹי הַמִּתְאַוִּים אֶת־יוֹם יְהוָה לָמָּה־זֶּה
יט לָכֶם יוֹם יְהוָה הוּא־חֹשֶׁךְ וְלֹא־אוֹר׃ כַּאֲשֶׁר יָנוּס אִישׁ מִפְּנֵי
הָאֲרִי וּפְגָעוֹ הַדֹּב וּבָא הַבַּיִת וְסָמַךְ יָדוֹ עַל־הַקִּיר וּנְשָׁכוֹ
כ הַנָּחָשׁ׃ הֲלֹא־חֹשֶׁךְ יוֹם יְהוָה וְלֹא־אוֹר וְאָפֵל וְלֹא־נֹגַהּ לוֹ׃
כא כב שָׂנֵאתִי מָאַסְתִּי חַגֵּיכֶם וְלֹא אָרִיחַ בְּעַצְּרֹתֵיכֶם׃ כִּי אִם־תַּעֲלוּ־
לִי עֹלוֹת וּמִנְחֹתֵיכֶם לֹא אֶרְצֶה וְשֶׁלֶם מְרִיאֵיכֶם לֹא אַבִּיט׃
כג כד הָסֵר מֵעָלַי הֲמוֹן שִׁרֶיךָ וְזִמְרַת נְבָלֶיךָ לֹא אֶשְׁמָע׃ וְיִגַּל כַּמַּיִם
כה מִשְׁפָּט וּצְדָקָה כְּנַחַל אֵיתָן׃ הַזְּבָחִים וּמִנְחָה הִגַּשְׁתֶּם־לִי
כו בַמִּדְבָּר אַרְבָּעִים שָׁנָה בֵּית יִשְׂרָאֵל׃ וּנְשָׂאתֶם אֵת סִכּוּת
מַלְכְּכֶם וְאֵת כִּיּוּן צַלְמֵיכֶם כּוֹכַב אֱלֹהֵיכֶם אֲשֶׁר עֲשִׂיתֶם
כז לָכֶם׃ וְהִגְלֵיתִי אֶתְכֶם מֵהָלְאָה לְדַמָּשֶׂק אָמַר יְהוָה אֱלֹהֵי־
ו א צְבָאוֹת שְׁמוֹ׃ הוֹי הַשַּׁאֲנַנִּים בְּצִיּוֹן וְהַבֹּטְחִים
בְּהַר שֹׁמְרוֹן נְקֻבֵי רֵאשִׁית הַגּוֹיִם וּבָאוּ לָהֶם בֵּית יִשְׂרָאֵל׃
ב עִבְרוּ כַלְנֵה וּרְאוּ וּלְכוּ מִשָּׁם חֲמַת רַבָּה וּרְדוּ גַת־פְּלִשְׁתִּים
הֲטוֹבִים מִן־הַמַּמְלָכוֹת הָאֵלֶּה אִם־רַב גְּבוּלָם מִגְּבֻלְכֶם׃
ג ד הַמְנַדִּים לְיוֹם רָע וַתַּגִּישׁוּן שֶׁבֶת חָמָס׃ הַשֹּׁכְבִים עַל־מִטּוֹת
שֵׁן וּסְרֻחִים עַל־עַרְשׂוֹתָם וְאֹכְלִים כָּרִים מִצֹּאן וַעֲגָלִים מִתּוֹךְ
ה מַרְבֵּק׃ הַפֹּרְטִים עַל־פִּי הַנָּבֶל כְּדָוִיד חָשְׁבוּ לָהֶם כְּלֵי־שִׁיר׃

who turn judgment to wormwood, and cast down righteousness
to the ground. He who made the Pleiades and Orion, and turns 8
deepest darkness into morning, and makes the day darken
into night: that calls for the waters of the sea, and pours them
out upon the face of the earth: The LORD is his name: who 9
sends forth destruction against the strong, the destruction that
comes against the fortress. They hate him who reproves in the 10
gate, and they abhor him that speaks uprightly. Therefore, 11
since you trample upon the poor, and take from him exactions
of wheat: you have built houses of hewn stone, but you shall
not dwell in them; you have planted pleasant vineyards, but
you shall not drink wine of them. For I know your many trans- 12
gressions and your mighty sins: you that afflict the just, that
take a bribe, and turn aside the poor at the gate. Therefore 13
the prudent shall keep silence in that time; for it is an evil
time. Seek good, and not evil, that you may live: and so 14
the LORD, the GOD of hosts, shall be with you, as you have
spoken. Hate the evil, and love the good, and establish justice 15
in the gate: it may be that the LORD GOD of hosts will be
gracious to the remnant of Yosef. Therefore the 16
LORD, the GOD of hosts, the LORD, says thus; Lamentation
shall there be in all streets; and they shall say in all the
highways, Alas! alas! and they shall call the farmer to mourn-
ing, and to wailing such as are skilful in lamentation. And in all 17
vineyards there shall be wailing: for I will pass through thee,
says the LORD. Woe to you that desire the day of the 18
LORD! why would you have this day of the LORD; it is darkness,
and not light. As if a man did flee from a lion, and a bear met 19
him; or went into the house, and leaned his hand on the wall,
and a snake bit him. Shall not the day of the LORD be darkness, 20
and not light? even very dark, and no brightness in it? I hate, 21
I despise your feasts, and I will not smell the sacrifices of your
solemn assemblies. Though you offer me burnt offerings and 22
your meal offerings, I will not accept them: neither will I
regard the peace offerings of your fat beasts. Take away from 23
me the noise of thy songs; for I will not hear the melody of thy
lutes. But let justice roll down like waters, and righteousness 24
like a mighty stream. Did you bring me sacrifices and offerings 25
for forty years in the wilderness, O house of Yisra'el? But you 26
shall carry Sikkut your king, and Kiyyun, your images, the
star image of your GOD which you made for yourselves, and I 27
will cause you to go into exile beyond Dammeseq, says the
LORD, whose name is the GOD of hosts. Woe to them 6
that are at ease in Ẕiyyon, and trust in the mountain of Shome-
ron, who are named chief of the nations, to whom the house
of Yisra'el come ! Pass to Kalne, and see; and from there go to 2
Ḥamat the great: then go down to Gat of the Pelishtim: are
they better than these kingdoms? or is their border greater than
your border? You that put far away the evil day, and cause 3
the seat of violence to come near; that lie upon beds of ivory, 4
and stretch themselves upon their couches, and eat the lambs
out of the flock, and the calves out of the midst of the stall;
that pluck the strings of the lute, and devise for themselves 5

ו הַשֹּׁתִים בְּמִזְרְקֵי יַיִן וְרֵאשִׁית שְׁמָנִים יִמְשָׁחוּ וְלֹא נֶחְלוּ עַל־
ז שֵׁבֶר יוֹסֵף׃ לָכֵן עַתָּה יִגְלוּ בְּרֹאשׁ גֹּלִים וְסָר מִרְזַח סְרוּחִים׃
ח נִשְׁבַּע אֲדֹנָי יֱהוִה בְּנַפְשׁוֹ נְאֻם־יהוה אֱלֹהֵי צְבָאוֹת מְתָאֵב
אָנֹכִי אֶת־גְּאוֹן יַעֲקֹב וְאַרְמְנֹתָיו שָׂנֵאתִי וְהִסְגַּרְתִּי עִיר
ט וּמְלֹאָהּ׃ וְהָיָה אִם־יִוָּתְרוּ עֲשָׂרָה אֲנָשִׁים בְּבַיִת אֶחָד וָמֵתוּ׃
י וּנְשָׂאוֹ דּוֹדוֹ וּמְסָרְפוֹ לְהוֹצִיא עֲצָמִים מִן־הַבַּיִת וְאָמַר לַאֲשֶׁר
בְּיַרְכְּתֵי הַבַּיִת הַעוֹד עִמָּךְ וְאָמַר אָפֶס וְאָמַר הָס כִּי לֹא לְהַזְכִּיר
יא בְּשֵׁם יהוה׃ כִּי־הִנֵּה יהוה מְצַוֶּה וְהִכָּה הַבַּיִת
יב הַגָּדוֹל רְסִיסִים וְהַבַּיִת הַקָּטֹן בְּקִעִים׃ הַיְרֻצוּן בַּסֶּלַע סוּסִים
אִם־יַחֲרוֹשׁ בַּבְּקָרִים כִּי־הֲפַכְתֶּם לְרֹאשׁ מִשְׁפָּט וּפְרִי צְדָקָה
יג לְלַעֲנָה׃ הַשְּׂמֵחִים לְלֹא דָבָר הָאֹמְרִים הֲלוֹא בְּחָזְקֵנוּ לָקַחְנוּ
יד לָנוּ קַרְנָיִם׃ כִּי הִנְנִי מֵקִים עֲלֵיכֶם בֵּית יִשְׂרָאֵל נְאֻם־יהוה
אֱלֹהֵי הַצְּבָאוֹת גּוֹי וְלָחֲצוּ אֶתְכֶם מִלְּבוֹא חֲמָת עַד־נַחַל
ז א הָעֲרָבָה׃ כֹּה הִרְאַנִי אֲדֹנָי יֱהוִה וְהִנֵּה יוֹצֵר גֹּבַי
ב בִּתְחִלַּת עֲלוֹת הַלָּקֶשׁ וְהִנֵּה־לֶקֶשׁ אַחַר גִּזֵּי הַמֶּלֶךְ׃ וְהָיָה אִם־
כִּלָּה לֶאֱכוֹל אֶת־עֵשֶׂב הָאָרֶץ וָאֹמַר אֲדֹנָי יֱהוִה סְלַח־נָא
ג מִי יָקוּם יַעֲקֹב כִּי קָטֹן הוּא׃ נִחַם יהוה עַל־זֹאת לֹא תִהְיֶה
ד אָמַר יהוה׃ כֹּה הִרְאַנִי אֲדֹנָי יֱהוִה וְהִנֵּה קֹרֵא
לָרִב בָּאֵשׁ אֲדֹנָי יֱהוִה וַתֹּאכַל אֶת־תְּהוֹם רַבָּה וְאָכְלָה אֶת־
ה הַחֵלֶק׃ וָאֹמַר אֲדֹנָי יֱהוִה חֲדַל־נָא מִי יָקוּם יַעֲקֹב כִּי קָטֹן
ו הוּא׃ נִחַם יהוה עַל־זֹאת גַּם־הִיא לֹא תִהְיֶה אָמַר אֲדֹנָי
ז יֱהוִה׃ כֹּה הִרְאַנִי וְהִנֵּה אֲדֹנָי נִצָּב עַל־חוֹמַת אֲנָךְ
ח וּבְיָדוֹ אֲנָךְ׃ וַיֹּאמֶר יהוה אֵלַי מָה־אַתָּה רֹאֶה עָמוֹס וָאֹמַר
אֲנָךְ וַיֹּאמֶר אֲדֹנָי הִנְנִי שָׂם אֲנָךְ בְּקֶרֶב עַמִּי יִשְׂרָאֵל לֹא־אוֹסִיף
ט עוֹד עֲבוֹר לוֹ׃ וְנָשַׁמּוּ בָּמוֹת יִשְׂחָק וּמִקְדְּשֵׁי יִשְׂרָאֵל יֶחֱרָבוּ
י וְקַמְתִּי עַל־בֵּית יָרָבְעָם בֶּחָרֶב׃ וַיִּשְׁלַח אֲמַצְיָה
כֹּהֵן בֵּית־אֵל אֶל־יָרָבְעָם מֶלֶךְ־יִשְׂרָאֵל לֵאמֹר קָשַׁר עָלֶיךָ
עָמוֹס בְּקֶרֶב בֵּית יִשְׂרָאֵל לֹא־תוּכַל הָאָרֶץ לְהָכִיל אֶת־
יא כָּל־דְּבָרָיו׃ כִּי־כֹה אָמַר עָמוֹס בַּחֶרֶב יָמוּת יָרָבְעָם וְיִשְׂרָאֵל
יב גָּלֹה יִגְלֶה מֵעַל אַדְמָתוֹ׃ וַיֹּאמֶר אֲמַצְיָה אֶל־
עָמוֹס חֹזֶה לֵךְ בְּרַח־לְךָ אֶל־אֶרֶץ יְהוּדָה וֶאֱכָל־שָׁם לֶחֶם וְשָׁם
יג תִּנָּבֵא׃ וּבֵית־אֵל לֹא־תוֹסִיף עוֹד לְהִנָּבֵא כִּי מִקְדַּשׁ־מֶלֶךְ הוּא
יד וּבֵית מַמְלָכָה הוּא׃ וַיַּעַן עָמוֹס וַיֹּאמֶר אֶל־אֲמַצְיָה לֹא־נָבִיא

instruments of music, like David; that drink wine in bowls, 6
and anoint themselves with chief ointments: but they are not
grieved for the ruin of Yosef. Therefore now they shall go into 7
exile at the head of the exiles; and the revelry of those who
stretched themselves out shall pass away. The Lord God has 8
sworn by himself, The Lord, the God of hosts says, I abhor the
pride of Ya'aqov, and I hate his palaces: therefore I will de-
liver up the city with all that is in it. And it shall come to pass, 9
if there remain ten men in one house, that they shall die. And 10
if a man's uncle, he that burns him, shall take him up, to bring
the bones out of the house, and shall say to him that is in
the recesses of the house, Is there yet any with thee? and he
shall say, No; then shall he say, Hold thy tongue: for we must
not make mention of the name of the Lord.   For, behold, 11
the Lord commands, and he will smite the great house into
splinters, and the little house into chips. Do horses run upon 12
the rock? does one plough there with oxen? for you have
turned judgment into gall, and the fruit of righteousness into
wormwood: you who rejoice in a thing of nought, who say, 13
Have we not taken to us horns by our own strength? For, be- 14
hold, I will raise up against you a nation, O house of Yisra'el,
says the Lord the God of hosts; and they shall afflict you from
the entrance of Ḥamat to the wadi of the 'Arava.   Thus **7**
the Lord God showed me; and, behold, he was forming locusts
in the beginning of the shooting up of the latter growth; and,
lo, it was the latter growth after the king's mowings. And it 2
came to pass, that when they had made an end of eating the
grass of the land, then I said, O Lord God, forgive, I beseech
thee: how shall Ya'aqov stand? for he is small. The Lord re- 3
lented concerning this: It shall not be, said the Lord.   Thus 4
did the Lord God show me: and, behold, the Lord God called
to judgment by fire, and it devoured the great deep, and was
eating up the land. Then I said, O Lord God, cease, I beseech 5
thee: how shall Ya'aqov stand? for he is small. The Lord 6
relented concerning this: This also shall not be, said the Lord
God.   Thus he showed me: and, behold, the Lord stood 7
upon a wall made by a plumbline, with a plumbline in his
hand. And the Lord said to me, 'Amos, what dost thou see? 8
And I said, A plumbline. Then said the Lord, Behold, I will
set a plumbline in the midst of my people Yisra'el: I will not
again pardon him any more: and the high places of Yisḥaq shall 9
be desolate, and the sanctuaries of Yisra'el shall be laid
waste; and I will rise against the house of Yarov'am with the
sword.   Then Amaẓya the priest of Bet-el sent to Ya- 10
rov'am king of Yisra'el, saying, 'Amos has conspired against
thee in the midst of the house of Yisra'el: the land is not able
to bear all his words. For thus 'Amos says, Yarov'am shall die 11
by the sword, and Yisra'el shall surely be led away into
exile out of their own land.   And Amaẓya said to 12
'Amos, O thou seer, go, flee thee away into the land of
Yehuda, and there eat bread, and prophesy there: but do 13
not prophesy again any more at Bet-el: for it is the king's
sanctuary, and it is a royal house. Then 'Amos answered and 14

אָנֹכִי וְלֹא בֶן־נָבִיא אָנֹכִי כִּי־בוֹקֵר אָנֹכִי וּבוֹלֵס שִׁקְמִים:
טו ח וַיִּקָּחֵנִי יהוה מֵאַחֲרֵי הַצֹּאן וַיֹּאמֶר אֵלַי יהוה לֵךְ הִנָּבֵא אֶל־עַמִּי
טז יִשְׂרָאֵל: וְעַתָּה שְׁמַע דְּבַר־יהוה אַתָּה אֹמֵר לֹא תִנָּבֵא עַל־
יז יִשְׂרָאֵל וְלֹא תַטִּיף עַל־בֵּית יִשְׂחָק: לָכֵן כֹּה־אָמַר יהוה
אִשְׁתְּךָ בָּעִיר תִּזְנֶה וּבָנֶיךָ וּבְנֹתֶיךָ בַּחֶרֶב יִפֹּלוּ וְאַדְמָתְךָ בַּחֶבֶל
תְּחֻלָּק וְאַתָּה עַל־אֲדָמָה טְמֵאָה תָּמוּת וְיִשְׂרָאֵל גָּלֹה יִגְלֶה
ח א מֵעַל אַדְמָתוֹ: כֹּה הִרְאַנִי אֲדֹנָי יֱהֹוִה וְהִנֵּה כְּלוּב
ב קָיִץ: וַיֹּאמֶר מָה־אַתָּה רֹאֶה עָמוֹס וָאֹמַר כְּלוּב קָיִץ וַיֹּאמֶר
יהוה אֵלַי בָּא הַקֵּץ אֶל־עַמִּי יִשְׂרָאֵל לֹא־אוֹסִיף עוֹד עֲבוֹר לוֹ:
ג וְהֵילִילוּ שִׁירוֹת הֵיכָל בַּיּוֹם הַהוּא נְאֻם אֲדֹנָי יֱהֹוִה רַב הַפֶּגֶר
ד בְּכָל־מָקוֹם הִשְׁלִיךְ הָס: שִׁמְעוּ־זֹאת הַשֹּׁאֲפִים
ה אֶבְיוֹן וְלַשְׁבִּית ענוי־אָרֶץ: לֵאמֹר מָתַי יַעֲבֹר הַחֹדֶשׁ וְנַשְׁבִּירָה עֲנִיֵּי
שֶּׁבֶר וְהַשַּׁבָּת וְנִפְתְּחָה־בָּר לְהַקְטִין אֵיפָה וּלְהַגְדִּיל שֶׁקֶל
ו וּלְעַוֵּת מֹאזְנֵי מִרְמָה: לִקְנוֹת בַּכֶּסֶף דַּלִּים וְאֶבְיוֹן בַּעֲבוּר
ז נַעֲלָיִם וּמַפַּל בַּר נַשְׁבִּיר: נִשְׁבַּע יהוה בִּגְאוֹן יַעֲקֹב אִם־אֶשְׁכַּח
ח לָנֶצַח כָּל־מַעֲשֵׂיהֶם: הַעַל זֹאת לֹא־תִרְגַּז הָאָרֶץ וְאָבַל
כָּל־יוֹשֵׁב בָּהּ וְעָלְתָה כָאֹר כֻּלָּהּ וְנִגְרְשָׁה ונשקה כִּיאוֹר וְנִשְׁקְעָה
ט מִצְרָיִם: וְהָיָה ׀ בַּיּוֹם הַהוּא נְאֻם אֲדֹנָי יֱהֹוִה
וְהֵבֵאתִי הַשֶּׁמֶשׁ בַּצָּהֳרָיִם וְהַחֲשַׁכְתִּי לָאָרֶץ בְּיוֹם אוֹר:
י וְהָפַכְתִּי חַגֵּיכֶם לְאֵבֶל וְכָל־שִׁירֵיכֶם לְקִינָה וְהַעֲלֵיתִי עַל־
כָּל־מָתְנַיִם שָׂק וְעַל־כָּל־רֹאשׁ קָרְחָה וְשַׂמְתִּיהָ כְּאֵבֶל יָחִיד
יא וְאַחֲרִיתָהּ כְּיוֹם מָר: הִנֵּה ׀ יָמִים בָּאִים נְאֻם
אֲדֹנָי יֱהֹוִה וְהִשְׁלַחְתִּי רָעָב בָּאָרֶץ לֹא־רָעָב לַלֶּחֶם וְלֹא־
יב צָמָא לַמַּיִם כִּי אִם־לִשְׁמֹעַ אֵת דִּבְרֵי יהוה: וְנָעוּ מִיָּם
עַד־יָם וּמִצָּפוֹן וְעַד־מִזְרָח יְשׁוֹטְטוּ לְבַקֵּשׁ אֶת־דְּבַר־
יג יהוה וְלֹא יִמְצָאוּ: בַּיּוֹם הַהוּא תִּתְעַלַּפְנָה הַבְּתוּלֹת הַיָּפוֹת
יד וְהַבַּחוּרִים בַּצָּמָא: הַנִּשְׁבָּעִים בְּאַשְׁמַת שֹׁמְרוֹן וְאָמְרוּ
חֵי אֱלֹהֶיךָ דָּן וְחֵי דֶּרֶךְ בְּאֵר־שָׁבַע וְנָפְלוּ וְלֹא־יָקוּמוּ
ט א עוֹד: רָאִיתִי אֶת־אֲדֹנָי נִצָּב עַל־הַמִּזְבֵּחַ וַיֹּאמֶר
הַךְ הַכַּפְתּוֹר וְיִרְעֲשׁוּ הַסִּפִּים וּבְצַעַם בְּרֹאשׁ כֻּלָּם וְאַחֲרִיתָם
ב בַּחֶרֶב אֶהֱרֹג לֹא־יָנוּס לָהֶם נָס וְלֹא־יִמָּלֵט לָהֶם פָּלִיט: אִם־
יַחְתְּרוּ בִשְׁאוֹל מִשָּׁם יָדִי תִקָּחֵם וְאִם־יַעֲלוּ הַשָּׁמַיִם מִשָּׁם
ג אוֹרִידֵם: וְאִם־יֵחָבְאוּ בְּרֹאשׁ הַכַּרְמֶל מִשָּׁם אֲחַפֵּשׂ וּלְקַחְתִּים
וְאִם־יִסָּתְרוּ מִנֶּגֶד עֵינַי בְּקַרְקַע הַיָּם מִשָּׁם אֲצַוֶּה אֶת־הַנָּחָשׁ

said to Amaẓya, I am no prophet, neither am I a prophet's son;
but I was a herdman, and a dresser of sycamore trees: and the 15
Lord took me as I followed the flock, and the Lord said to
me, Go, prophesy to my people Yisra'el. Now therefore hear 16
the word of the Lord: Thou sayst, Do not prophesy against
Yisra'el, and do not preach against the house of Yisḥaq. There- 17
fore thus says the Lord; Thy wife shall be a harlot in the city,
and thy sons and thy daughters shall fall by the sword, and thy
land shall be divided by line; and thou shalt die in an unclean
land: and Yisra'el shall surely go into Exile out of his land.

Thus the Lord God showed me: and behold a basket of **8**
summer fruit. And he said, 'Amos, what seest thou? And I said, 2
A basket of summer fruit. Then the Lord said to me, The end
is come upon my people of Yisra'el; I will not again pardon him
any more. And the songs of the temple shall become wailings 3
on that day, says the Lord God: many will be the dead bodies;
in every place they shall be cast forth; O hush.   Hear this, 4
O you that swallow up the needy, so as to destroy the poor
of the land, saying, When will the new moon be gone, that we 5
may sell corn? and the sabbath, that we may set forth wheat,
making the efa small, and the shekel great, and falsifying the
balances of deceit? that we may buy the poor for silver, and 6
the needy for a pair of shoes; and sell the refuse of the wheat?
The Lord has sworn by the pride of Ya'aqov, saying, Surely I 7
will never forget any of their deeds. Shall not the land tremble 8
for this, and everyone mourn that dwells in it? and it shall all
rise up like the River; and it shall overflow and sink down like
the River of Miẓrayim.   And it shall come to pass on 9
that day, says the Lord God, that I will cause the sun to go
down at noon, and I will darken the earth in the clear day:
and I will turn your feasts into mourning, and all your songs 10
into lamentation; and I will bring up sackcloth upon all loins,
and baldness upon every head; and I will make it as the mourn-
ing for an only son, and its end like a bitter day.   Behold, 11
days are coming, says the Lord God, when I will send a
famine in the land, not a famine for bread, nor a thirst
for water, but for hearing the words of the Lord: and they 12
shall wander from sea to sea, and from the north even to
the east, they shall run to and fro to seek the word of the
Lord, and shall not find it. In that day shall the fair virgins 13
and young men faint for thirst. They that swear by the sin 14
of Shomeron, and say, As thy god, O Dan, lives; and, As the
road to Be'er-sheva lives; they shall fall, and never rise up
again.   I saw the Lord standing besides the altar: and **9**
he said, Smite the capitals, that the thresholds may shake: and
break them in pieces over the head of all of them; and I will
slay the remnant of them with the sword: not a single one of
them shall flee away, and not a single one of them shall escape.
Though they dig into She'ol, from there shall my hand take 2
them; though they climb up to heaven, from there will I bring
them down: and though they hide themselves in the top of the 3
Karmel, I will search and take them out from there; and though
they be hid from my sight in the bottom of the sea, from there

וּנְשָׁכָם: וְאִם־יֵלְכוּ בַשְּׁבִי לִפְנֵי אֹיְבֵיהֶם מִשָּׁם אֲצַוֶּה אֶת־ ד
ה הַחֶרֶב וַהֲרָגָתַם וְשַׂמְתִּי עֵינִי עֲלֵיהֶם לְרָעָה וְלֹא לְטוֹבָה: וַאדֹנָי
יֱהוִה הַצְּבָאוֹת הַנּוֹגֵעַ בָּאָרֶץ וַתָּמוֹג וְאָבְלוּ כָּל־יוֹשְׁבֵי בָהּ
ו וְעָלְתָה כַיְאֹר כֻּלָּהּ וְשָׁקְעָה כִּיאֹר מִצְרָיִם: הַבּוֹנֶה בַשָּׁמַיִם
מַעֲלוֹתָו וַאֲגֻדָּתוֹ עַל־אֶרֶץ יְסָדָהּ הַקֹּרֵא לְמֵי־הַיָּם וַיִּשְׁפְּכֵם
ז עַל־פְּנֵי הָאָרֶץ יְהוָה שְׁמוֹ: הֲלוֹא כִבְנֵי כֻשִׁיִּים
אַתֶּם לִי בְּנֵי יִשְׂרָאֵל נְאֻם־יְהוָה הֲלוֹא אֶת־יִשְׂרָאֵל הֶעֱלֵיתִי
ח מֵאֶרֶץ מִצְרַיִם וּפְלִשְׁתִּיִּים מִכַּפְתּוֹר וַאֲרָם מִקִּיר: הִנֵּה עֵינֵי ׀
אֲדֹנָי יֱהוִה בַּמַּמְלָכָה הַחַטָּאָה וְהִשְׁמַדְתִּי אֹתָהּ מֵעַל פְּנֵי
הָאֲדָמָה אֶפֶס כִּי לֹא הַשְׁמֵיד אַשְׁמִיד אֶת־בֵּית יַעֲקֹב נְאֻם־
ט יְהוָה: כִּי־הִנֵּה אָנֹכִי מְצַוֶּה וַהֲנִעוֹתִי בְכָל־הַגּוֹיִם אֶת־בֵּית
י יִשְׂרָאֵל כַּאֲשֶׁר יִנּוֹעַ בַּכְּבָרָה וְלֹא־יִפּוֹל צְרוֹר אָרֶץ: בַּחֶרֶב
יָמוּתוּ כֹּל חַטָּאֵי עַמִּי הָאֹמְרִים לֹא־תַגִּישׁ וְתַקְדִּים בַּעֲדֵינוּ
יא הָרָעָה: בַּיּוֹם הַהוּא אָקִים אֶת־סֻכַּת דָּוִיד הַנֹּפֶלֶת וְגָדַרְתִּי אֶת־
יב פִּרְצֵיהֶן וַהֲרִסֹתָיו אָקִים וּבְנִיתִיהָ כִּימֵי עוֹלָם: לְמַעַן יִירְשׁוּ אֶת־
שְׁאֵרִית אֱדוֹם וְכָל־הַגּוֹיִם אֲשֶׁר־נִקְרָא שְׁמִי עֲלֵיהֶם נְאֻם־יְהוָה
יג עֹשֶׂה זֹּאת: הִנֵּה יָמִים בָּאִים נְאֻם־יְהוָה וְנִגַּשׁ
חוֹרֵשׁ בַּקֹּצֵר וְדֹרֵךְ עֲנָבִים בְּמֹשֵׁךְ הַזָּרַע וְהִטִּיפוּ הֶהָרִים עָסִיס
יד וְכָל־הַגְּבָעוֹת תִּתְמוֹגַגְנָה: וְשַׁבְתִּי אֶת־שְׁבוּת עַמִּי יִשְׂרָאֵל
וּבָנוּ עָרִים נְשַׁמּוֹת וְיָשָׁבוּ וְנָטְעוּ כְרָמִים וְשָׁתוּ אֶת־יֵינָם וְעָשׂוּ
טו גַנּוֹת וְאָכְלוּ אֶת־פְּרִיהֶם: וּנְטַעְתִּים עַל־אַדְמָתָם וְלֹא יִנָּתְשׁוּ
עוֹד מֵעַל אַדְמָתָם אֲשֶׁר נָתַתִּי לָהֶם אָמַר יְהוָה אֱלֹהֶיךָ:

עובדיה א

א חֲזוֹן עֹבַדְיָה כֹּה־אָמַר אֲדֹנָי יֱהוִה לֶאֱדוֹם שְׁמוּעָה שָׁמַעְנוּ מֵאֵת
ב יְהוָה וְצִיר בַּגּוֹיִם שֻׁלָּח קוּמוּ וְנָקוּמָה עָלֶיהָ לַמִּלְחָמָה: הִנֵּה
ג קָטֹן נְתַתִּיךָ בַּגּוֹיִם בָּזוּי אַתָּה מְאֹד: זְדוֹן לִבְּךָ הִשִּׁיאֶךָ שֹׁכְנִי
ד בְחַגְוֵי־סֶלַע מְרוֹם שִׁבְתּוֹ אֹמֵר בְּלִבּוֹ מִי יוֹרִדֵנִי אָרֶץ: אִם־
תַּגְבִּיהַּ כַּנֶּשֶׁר וְאִם־בֵּין כּוֹכָבִים שִׂים קִנֶּךָ מִשָּׁם אוֹרִידְךָ נְאֻם־
ה יְהוָה: אִם־גַּנָּבִים בָּאוּ־לְךָ אִם־שׁוֹדְדֵי לַיְלָה אֵיךְ נִדְמֵיתָה
הֲלוֹא יִגְנְבוּ דַּיָּם אִם־בֹּצְרִים בָּאוּ לָךְ הֲלוֹא יַשְׁאִירוּ עֹלֵלוֹת:

will I command the serpent, and he shall bite them: and though 4
they go into captivity before their enemies, from there I will
command the sword, and it shall slay them: and I will set my
eyes upon them for evil, and not for good. And the LORD GOD 5
of hosts is he that touches the land, and it melts, and all that
dwell therein mourn: and it rises up all of it like the River and
sinks down like the River of Miẓrayim. It is he that builds his 6
upper chambers in the heavens, and has founded his stairway
in the earth; he that calls for the waters of the sea, and pours
them out upon the face of the earth: the LORD is his name.

Are you not as much mine as the children of the Kushiyyim, O 7
children of Yisra'el? says the LORD. Have not I brought up
Yisra'el out of the land of Miẓrayim? and the Pelishtim from
Kaftor, and Aram from Qir? Behold, the eyes of the LORD GOD 8
are upon the sinful kingdom, and I will destroy it from off the
face of the earth; except that I will not utterly destroy the house
of Ya'aqov, says the LORD. For, lo, I will command, and I will 9
sift the house of Yisra'el among all nations, as corn is sifted in
a sieve, yet shall not the least grain fall upon the earth. All 10
the sinners of my people shall die by the sword, who say, The
evil shall not overtake or meet us. On that day I will raise up 11
the tabernacle of David that is fallen, and repair its breaches;
and I will raise up his ruins, and I will build it as in the days
of old: that they may possess the remnant of Edom, and of all 12
the nations, who are called by my name, says the LORD who
does this. Behold, days are coming, says the LORD, when 13
the ploughman shall overtake the reaper, and the treader of
grapes him who sows seed; and the mountains shall drop sweet
wine, and all the hills shall melt. And I will bring back the cap- 14
tivity of my people of Yisra'el, and they shall build the waste
cities, and inhabit them; and they shall plant vineyards, and
drink their wine; they shall also make gardens, and eat the
fruit of them. And I will plant them upon their land, and they 15
shall no more be plucked up out of their land which I have given
them, says the LORD thy GOD.

'OVADYA / OBADIAH   1

The vision of 'Ovadya. Thus says the LORD GOD concerning 1
Edom; We have heard tidings from the LORD, and an ambassador
is sent among the nations, Arise, and let us rise up against
her in battle. Behold, I will make thee small among the nations: 2
thou art greatly despised. The pride of thy heart has deceived 3
thee, thou who dwellest in the clefts of the rock, whose habi-
tation is high; who says in his heart, Who shall bring me down
to the ground? Though thou dost soar aloft like the eagle, and 4
though thou dost set thy nest among the stars, from there I
will bring thee down, says the LORD. If thieves came to thee, if 5
robbers by night, (how art thou cut off!) would they not have
stolen till they had enough? if the grape gatherers came to thee,

ו ז אֵיךְ נֶחְפְּשׂוּ עֵשָׂו נִבְעוּ מַצְפֻּנָיו: עַד־הַגְּבוּל שִׁלְּחוּךָ כֹּל אַנְשֵׁי
בְרִיתֶךָ הִשִּׁיאוּךָ יָכְלוּ לְךָ אַנְשֵׁי שְׁלֹמֶךָ לַחְמְךָ יָשִׂימוּ מָזוֹר
ח תַּחְתֶּיךָ אֵין תְּבוּנָה בּוֹ: הֲלוֹא בַּיּוֹם הַהוּא נְאֻם־יְהוָה וְהַאֲבַדְתִּי
ט חֲכָמִים מֵאֱדוֹם וּתְבוּנָה מֵהַר עֵשָׂו: וְחַתּוּ גִבּוֹרֶיךָ תֵּימָן לְמַעַן
י יִכָּרֶת־אִישׁ מֵהַר עֵשָׂו מִקָּטֶל: מֵחֲמַס אָחִיךָ יַעֲקֹב תְּכַסְּךָ
יא בוּשָׁה וְנִכְרַתָּ לְעוֹלָם: בְּיוֹם עֲמָדְךָ מִנֶּגֶד בְּיוֹם שְׁבוֹת זָרִים
חֵילוֹ וְנָכְרִים בָּאוּ שְׁעָרָו וְעַל־יְרוּשָׁלִַם יַדּוּ גוֹרָל גַּם־אַתָּה כְּאַחַד
יב מֵהֶם: וְאַל־תֵּרֶא בְיוֹם־אָחִיךָ בְּיוֹם נָכְרוֹ וְאַל־תִּשְׂמַח לִבְנֵי־
יג יְהוּדָה בְּיוֹם אָבְדָם וְאַל־תַּגְדֵּל פִּיךָ בְּיוֹם צָרָה: אַל־תָּבוֹא
בְשַׁעַר־עַמִּי בְּיוֹם אֵידָם אַל־תֵּרֶא גַם־אַתָּה בְּרָעָתוֹ בְּיוֹם אֵידוֹ
יד וְאַל־תִּשְׁלַחְנָה בְחֵילוֹ בְּיוֹם אֵידוֹ: וְאַל־תַּעֲמֹד עַל־הַפֶּרֶק
טו לְהַכְרִית אֶת־פְּלִיטָיו וְאַל־תַּסְגֵּר שְׂרִידָיו בְּיוֹם צָרָה: כִּי־קָרוֹב
יוֹם־יְהוָה עַל־כָּל־הַגּוֹיִם כַּאֲשֶׁר עָשִׂיתָ יֵעָשֶׂה לָּךְ גְּמֻלְךָ יָשׁוּב
טז בְּרֹאשֶׁךָ: כִּי כַּאֲשֶׁר שְׁתִיתֶם עַל־הַר קָדְשִׁי יִשְׁתּוּ כָל־הַגּוֹיִם
יז תָּמִיד וְשָׁתוּ וְלָעוּ וְהָיוּ כְּלוֹא הָיוּ: וּבְהַר צִיּוֹן תִּהְיֶה פְלֵיטָה
יח וְהָיָה קֹדֶשׁ וְיָרְשׁוּ בֵּית יַעֲקֹב אֵת מוֹרָשֵׁיהֶם: וְהָיָה בֵית־
יַעֲקֹב אֵשׁ וּבֵית יוֹסֵף לֶהָבָה וּבֵית עֵשָׂו לְקַשׁ וְדָלְקוּ בָהֶם
יט וַאֲכָלוּם וְלֹא־יִהְיֶה שָׂרִיד לְבֵית עֵשָׂו כִּי יְהוָה דִּבֵּר: וְיָרְשׁוּ
הַנֶּגֶב אֶת־הַר עֵשָׂו וְהַשְּׁפֵלָה אֶת־פְּלִשְׁתִּים וְיָרְשׁוּ אֶת־
כ שְׂדֵה אֶפְרַיִם וְאֵת שְׂדֵה שֹׁמְרוֹן וּבִנְיָמִן אֶת־הַגִּלְעָד: וְגָלֻת
הַחֵל־הַזֶּה לִבְנֵי יִשְׂרָאֵל אֲשֶׁר־כְּנַעֲנִים עַד־צָרְפַת וְגָלֻת
כא יְרוּשָׁלִַם אֲשֶׁר בִּסְפָרַד יִרְשׁוּ אֵת עָרֵי הַנֶּגֶב: וְעָלוּ מוֹשִׁעִים ט
בְּהַר צִיּוֹן לִשְׁפֹּט אֶת־הַר עֵשָׂו וְהָיְתָה לַיהוָה הַמְּלוּכָה:

would they not leave some gleanings of grapes? How has 'Esav 6
been pillaged! how are his hidden things sought out! All the 7
men of thy confederacy have driven thee to the border: the men
who were at peace with thee have deceived thee, and prevailed
against thee; they who eat thy bread have laid a snare under
thee. There is no discernment in him, for shall I not in that 8
day, says the LORD, even destroy the wise men out of Edom,
and understanding out of the mount of 'Esav? And thy mighty 9
men, O Teman, shall be dismayed, to the end that everyone from
the mount of 'Esav may be cut off by slaughter. For thy violence 10
against thy brother Ya'aqov, shame shall cover thee, and thou
shalt be cut off for ever. On the day that thou didst stand aloof, 11
on the day that strangers took captive his substance, and for-
eigners entered into his gates, and cast lots upon Yerushalayim,
then thou too wast one of them. But thou shouldst not have 12
looked on the day of thy brother on the day of his misfortune;
nor shouldst thou have rejoiced over the children of Yehuda on
the day of their destruction; nor shouldst thou have spoken
proudly on the day of distress. Thou shouldst not have entered 13
into the gate of my people on the day of their calamity; nor
shouldst thou have been among those that looked on their afflic-
tion on the day of their calamity, nor have laid hands on their
substance on the day of their calamity; nor shouldst thou have 14
stood on the crossway, to cut off those of his who escaped;
nor shouldst thou have delivered up those of his who remained
on the day of distress. For the day of the LORD is near upon 15
all the nations: as thou hast done, it shall be done to thee:
thy deeds shall return upon thy own head. For as you have 16
drunk upon my holy mountain, so shall all the nations drink
continually, indeed, they shall drink, and they shall swallow
down, and they shall be as though they had not been. But upon 17
mount Ẕiyyon, there shall be deliverance, and there shall be
holiness; and the house of Ya'aqov shall possess their own
possessions. And the house of Ya'aqov shall be fire, and the 18
house of Yosef flame, and the house of 'Esav for stubble, and
they shall kindle in them, and devour them; and there shall
not be any remaining of the house of 'Esav; for the LORD has
spoken it. And they of the Negev shall occupy the mountain of 19
'Esav; and they of the Shefela the land of the Pelishtim: and
they shall occupy the field of Efrayim and the field of Shomeron:
and Binyamin shall occupy the Gil'ad. And this exiled host of 20
the children of Yisra'el who are among the Kena'anim as far as
Ẕarefat, and the exiles of Yerushalayim who are in Sefarad, shall
occupy the cities of the Negev. And liberators shall ascend 21
upon mount Ẕiyyon to judge the mountain of 'Esav; and the
kingdom shall be the LORD's.

א ב וַיְהִי דְּבַר־יְהוָה אֶל־יוֹנָה בֶן־אֲמִתַּי לֵאמֹר׃ קוּם לֵךְ אֶל־נִינְוֵה
ג הָעִיר הַגְּדוֹלָה וּקְרָא עָלֶיהָ כִּי־עָלְתָה רָעָתָם לְפָנָי׃ וַיָּקָם יוֹנָה
לִבְרֹחַ תַּרְשִׁישָׁה מִלִּפְנֵי יְהוָה וַיֵּרֶד יָפוֹ וַיִּמְצָא אָנִיָּה ׀ בָּאָה
תַרְשִׁישׁ וַיִּתֵּן שְׂכָרָהּ וַיֵּרֶד בָּהּ לָבוֹא עִמָּהֶם תַּרְשִׁישָׁה מִלִּפְנֵי
ד יְהוָה׃ וַיהוָה הֵטִיל רוּחַ־גְּדוֹלָה אֶל־הַיָּם וַיְהִי סַעַר־גָּדוֹל בַּיָּם
ה וְהָאֳנִיָּה חִשְּׁבָה לְהִשָּׁבֵר׃ וַיִּירְאוּ הַמַּלָּחִים וַיִּזְעֲקוּ אִישׁ אֶל־
אֱלֹהָיו וַיָּטִלוּ אֶת־הַכֵּלִים אֲשֶׁר בָּאֳנִיָּה אֶל־הַיָּם לְהָקֵל
ו מֵעֲלֵיהֶם וְיוֹנָה יָרַד אֶל־יַרְכְּתֵי הַסְּפִינָה וַיִּשְׁכַּב וַיֵּרָדַם׃ וַיִּקְרַב
אֵלָיו רַב הַחֹבֵל וַיֹּאמֶר לוֹ מַה־לְּךָ נִרְדָּם קוּם קְרָא אֶל־אֱלֹהֶיךָ
ז אוּלַי יִתְעַשֵּׁת הָאֱלֹהִים לָנוּ וְלֹא נֹאבֵד׃ וַיֹּאמְרוּ אִישׁ אֶל־רֵעֵהוּ
לְכוּ וְנַפִּילָה גוֹרָלוֹת וְנֵדְעָה בְּשֶׁלְּמִי הָרָעָה הַזֹּאת לָנוּ וַיַּפִּלוּ
ח גּוֹרָלוֹת וַיִּפֹּל הַגּוֹרָל עַל־יוֹנָה׃ וַיֹּאמְרוּ אֵלָיו הַגִּידָה־נָּא לָנוּ
בַּאֲשֶׁר לְמִי־הָרָעָה הַזֹּאת לָנוּ מַה־מְּלַאכְתְּךָ וּמֵאַיִן תָּבוֹא מָה
ט אַרְצֶךָ וְאֵי־מִזֶּה עַם אָתָּה׃ וַיֹּאמֶר אֲלֵיהֶם עִבְרִי אָנֹכִי וְאֶת־
יְהוָה אֱלֹהֵי הַשָּׁמַיִם אֲנִי יָרֵא אֲשֶׁר־עָשָׂה אֶת־הַיָּם וְאֶת־
י הַיַּבָּשָׁה׃ וַיִּירְאוּ הָאֲנָשִׁים יִרְאָה גְדוֹלָה וַיֹּאמְרוּ אֵלָיו מַה־זֹּאת
עָשִׂיתָ כִּי־יָדְעוּ הָאֲנָשִׁים כִּי־מִלִּפְנֵי יְהוָה הוּא בֹרֵחַ כִּי הִגִּיד
יא לָהֶם׃ וַיֹּאמְרוּ אֵלָיו מַה־נַּעֲשֶׂה לָּךְ וְיִשְׁתֹּק הַיָּם מֵעָלֵינוּ כִּי הַיָּם
יב הוֹלֵךְ וְסֹעֵר׃ וַיֹּאמֶר אֲלֵיהֶם שָׂאוּנִי וַהֲטִילֻנִי אֶל־הַיָּם וְיִשְׁתֹּק
הַיָּם מֵעֲלֵיכֶם כִּי יוֹדֵעַ אָנִי כִּי בְשֶׁלִּי הַסַּעַר הַגָּדוֹל הַזֶּה עֲלֵיכֶם׃
יג וַיַּחְתְּרוּ הָאֲנָשִׁים לְהָשִׁיב אֶל־הַיַּבָּשָׁה וְלֹא יָכֹלוּ כִּי הַיָּם הוֹלֵךְ
יד וְסֹעֵר עֲלֵיהֶם׃ וַיִּקְרְאוּ אֶל־יְהוָה וַיֹּאמְרוּ אָנָּה יְהוָה אַל־נָא
נֹאבְדָה בְּנֶפֶשׁ הָאִישׁ הַזֶּה וְאַל־תִּתֵּן עָלֵינוּ דָּם נָקִיא כִּי־אַתָּה
טו יְהוָה כַּאֲשֶׁר חָפַצְתָּ עָשִׂיתָ׃ וַיִּשְׂאוּ אֶת־יוֹנָה וַיְטִלֻהוּ אֶל־הַיָּם
טז וַיַּעֲמֹד הַיָּם מִזַּעְפּוֹ׃ וַיִּירְאוּ הָאֲנָשִׁים יִרְאָה גְדוֹלָה אֶת־יְהוָה
ב א וַיִּזְבְּחוּ־זֶבַח לַיהוָה וַיִּדְּרוּ נְדָרִים׃ וַיְמַן יְהוָה דָּג גָּדוֹל לִבְלֹעַ אֶת־
ב יוֹנָה וַיְהִי יוֹנָה בִּמְעֵי הַדָּג שְׁלֹשָׁה יָמִים וּשְׁלֹשָׁה לֵילוֹת׃ וַיִּתְפַּלֵּל
ג יוֹנָה אֶל־יְהוָה אֱלֹהָיו מִמְּעֵי הַדָּגָה׃ וַיֹּאמֶר קָרָאתִי מִצָּרָה לִי
ד אֶל־יְהוָה וַיַּעֲנֵנִי מִבֶּטֶן שְׁאוֹל שִׁוַּעְתִּי שָׁמַעְתָּ קוֹלִי׃ וַתַּשְׁלִיכֵנִי
מְצוּלָה בִּלְבַב יַמִּים וְנָהָר יְסֹבְבֵנִי כָּל־מִשְׁבָּרֶיךָ וְגַלֶּיךָ עָלַי
ה עָבָרוּ׃ וַאֲנִי אָמַרְתִּי נִגְרַשְׁתִּי מִנֶּגֶד עֵינֶיךָ אַךְ אוֹסִיף לְהַבִּיט אֶל־
ו הֵיכַל קָדְשֶׁךָ׃ אֲפָפוּנִי מַיִם עַד־נֶפֶשׁ תְּהוֹם יְסֹבְבֵנִי סוּף חָבוּשׁ
ז לְרֹאשִׁי׃ לְקִצְבֵי הָרִים יָרַדְתִּי הָאָרֶץ בְּרִחֶיהָ בַעֲדִי לְעוֹלָם
ח וַתַּעַל מִשַּׁחַת חַיַּי יְהוָה אֱלֹהָי׃ בְּהִתְעַטֵּף עָלַי נַפְשִׁי אֶת־יְהוָה

Now the word of the LORD came to Yona the son of Amit- 1
tay, saying, Arise, go to Nineve, that great city, and cry 2
against it; for their wickedness is come up before me. But 3
Yona rose up to flee to Tarshish from the presence of the
LORD, and went down to Yafo; and he found a ship going
to Tarshish: so he paid the fare of it, and went down into
it, to go with them to Tarshish from the presence of the
LORD. But the LORD hurled a great wind upon the sea, and there 4
was a mighty tempest in the sea, so that the ship seemed likely
to be wrecked. Then the mariners were afraid, and cried every 5
man to his god, and threw out the articles that were in the ship
into the sea, to lighten it for them. But Yona was gone down
into the recesses of the ship; and he lay down, and was fast
asleep. So the shipmaster came to him, and said to him, What 6
meanest thou, O sleeper? arise, call upon thy GOD, perhaps GOD
will think upon us, that we perish not. And they said everyone 7
to his fellow, Come, and let us cast lots, that we may know for
whose cause this evil is upon us. So they cast lots, and the lot
fell upon Yona. Then they said to him, Tell us, we pray thee, 8
for whose cause this evil is upon us; what is thy occupation?
and where dost thou come from? what is thy country? and of
what people art thou? And he said to them, I am a Hebrew; and 9
I fear the LORD, the GOD of heaven, who made the sea and the
dry land. Then the men were exceedingly afraid, and they said 10
to him, Why hast thou done this? For the men knew that he
had fled from the presence of the LORD, because he had told
them. Then they said to him, What shall we do to thee, that 11
the sea may be calm for us? for the sea grew more and more
tempestuous. And he said to them, Take me up, and cast me 12
into the sea; so shall the sea be calm for you: for I know that
for my sake this great tempest is upon you. Nevertheless the 13
men rowed hard to bring the ship back to land; but they could
not: for the sea grew more and more tempestuous against them.
So they cried to the LORD, and said, We beseech thee, O LORD, 14
we beseech thee, let us not perish for this man's life, and lay
not upon us innocent blood: for thou, O LORD, hast done as it
pleased thee. So they took up Yona, and cast him into the sea: 15
and the sea ceased from its raging. Then the men feared the 16
LORD exceedingly, and offered a sacrifice to the LORD, and made
vows. Now the LORD had appointed a great fish to swallow up 2
Yona. And Yona was in the belly of the fish for three days and
three nights. Then Yona prayed to the LORD his GOD out of the 2
fish's belly, and said, I cried to the LORD out of my distress, 3
and he heard me; out of the belly of She'ol I cried and thou
didst hear my voice. For thou didst cast me into the deep, into 4
the heart of the seas; and the floods compassed me about: all
thy billows and thy waves passed over me. Then I said, I am 5
cast out of thy sight; yet I will look again towards thy holy
temple. The waters compassed me about, to the point of death: 6
the depth closed me round about, the weeds were wrapped
about my head. I went down to the bottoms of the mountains; 7
the earth with her bars closed on me forever: yet hast thou
brought up my life from the pit, O LORD my GOD. When my 8

זְכַרְתִּי וַתָּבוֹא אֵלֶיךָ תְּפִלָּתִי אֶל־הֵיכַל קׇדְשֶׁךָ׃ מְשַׁמְּרִים הַבְלֵי־ ט
שָׁוְא חַסְדָּם יַעֲזֹבוּ׃ וַאֲנִי בְּקוֹל תּוֹדָה אֶזְבְּחָה־לָּךְ אֲשֶׁר נָדַרְתִּי י
אֲשַׁלֵּמָה יְשׁוּעָתָה לַיהוה׃ וַיֹּאמֶר יהוה לַדָּג וַיָּקֵא יא
אֶת־יוֹנָה אֶל־הַיַּבָּשָׁה׃ וַיְהִי דְבַר־יהוה אֶל־יוֹנָה א ג
שֵׁנִית לֵאמֹר׃ קוּם לֵךְ אֶל־נִינְוֵה הָעִיר הַגְּדוֹלָה וּקְרָא אֵלֶיהָ ב
אֶת־הַקְּרִיאָה אֲשֶׁר אָנֹכִי דֹּבֵר אֵלֶיךָ׃ וַיָּקׇם יוֹנָה וַיֵּלֶךְ אֶל־נִינְוֵה ג
כִּדְבַר יהוה וְנִינְוֵה הָיְתָה עִיר־גְּדוֹלָה לֵאלֹהִים מַהֲלַךְ שְׁלֹשֶׁת
יָמִים׃ וַיָּחֶל יוֹנָה לָבוֹא בָעִיר מַהֲלַךְ יוֹם אֶחָד וַיִּקְרָא וַיֹּאמַר ד
עוֹד אַרְבָּעִים יוֹם וְנִינְוֵה נֶהְפָּכֶת׃ וַיַּאֲמִינוּ אַנְשֵׁי נִינְוֵה בֵּאלֹהִים ה
וַיִּקְרְאוּ־צוֹם וַיִּלְבְּשׁוּ שַׂקִּים מִגְּדוֹלָם וְעַד־קְטַנָּם׃ וַיִּגַּע הַדָּבָר ו
אֶל־מֶלֶךְ נִינְוֵה וַיָּקׇם מִכִּסְאוֹ וַיַּעֲבֵר אַדַּרְתּוֹ מֵעָלָיו וַיְכַס שַׂק
וַיֵּשֶׁב עַל־הָאֵפֶר׃ וַיַּזְעֵק וַיֹּאמֶר בְּנִינְוֵה מִטַּעַם הַמֶּלֶךְ וּגְדֹלָיו ז
לֵאמֹר הָאָדָם וְהַבְּהֵמָה הַבָּקָר וְהַצֹּאן אַל־יִטְעֲמוּ מְאוּמָה אַל־
יִרְעוּ וּמַיִם אַל־יִשְׁתּוּ׃ וְיִתְכַּסּוּ שַׂקִּים הָאָדָם וְהַבְּהֵמָה וְיִקְרְאוּ ח
אֶל־אֱלֹהִים בְּחׇזְקָה וְיָשֻׁבוּ אִישׁ מִדַּרְכּוֹ הָרָעָה וּמִן־הֶחָמָס אֲשֶׁר
בְּכַפֵּיהֶם׃ מִי־יוֹדֵעַ יָשׁוּב וְנִחַם הָאֱלֹהִים וְשָׁב מֵחֲרוֹן אַפּוֹ וְלֹא ט
נֹאבֵד׃ וַיַּרְא הָאֱלֹהִים אֶת־מַעֲשֵׂיהֶם כִּי־שָׁבוּ מִדַּרְכָּם הָרָעָה י
וַיִּנָּחֶם הָאֱלֹהִים עַל־הָרָעָה אֲשֶׁר־דִּבֶּר לַעֲשׂוֹת־לָהֶם וְלֹא
עָשָׂה׃ וַיֵּרַע אֶל־יוֹנָה רָעָה גְדוֹלָה וַיִּחַר לוֹ׃ וַיִּתְפַּלֵּל אֶל־יהוה א ב ד
וַיֹּאמַר אָנָּה יהוה הֲלוֹא־זֶה דְבָרִי עַד־הֱיוֹתִי עַל־אַדְמָתִי עַל־כֵּן
קִדַּמְתִּי לִבְרֹחַ תַּרְשִׁישָׁה כִּי יָדַעְתִּי כִּי אַתָּה אֵל־חַנּוּן וְרַחוּם
אֶרֶךְ אַפַּיִם וְרַב־חֶסֶד וְנִחָם עַל־הָרָעָה׃ וְעַתָּה יהוה קַח־נָא ג
אֶת־נַפְשִׁי מִמֶּנִּי כִּי טוֹב מוֹתִי מֵחַיָּי׃ וַיֹּאמֶר יהוה הַהֵיטֵב חָרָה ד
לָךְ׃ וַיֵּצֵא יוֹנָה מִן־הָעִיר וַיֵּשֶׁב מִקֶּדֶם לָעִיר וַיַּעַשׂ לוֹ שָׁם סֻכָּה ה
וַיֵּשֶׁב תַּחְתֶּיהָ בַּצֵּל עַד אֲשֶׁר יִרְאֶה מַה־יִּהְיֶה בָּעִיר׃ וַיְמַן יהוה־ ו
אֱלֹהִים קִיקָיוֹן וַיַּעַל ׀ מֵעַל לְיוֹנָה לִהְיוֹת צֵל עַל־רֹאשׁוֹ לְהַצִּיל
לוֹ מֵרָעָתוֹ וַיִּשְׂמַח יוֹנָה עַל־הַקִּיקָיוֹן שִׂמְחָה גְדוֹלָה׃ וַיְמַן ז
הָאֱלֹהִים תּוֹלַעַת בַּעֲלוֹת הַשַּׁחַר לַמׇּחֳרָת וַתַּךְ אֶת־הַקִּיקָיוֹן
וַיִּיבָשׁ׃ וַיְהִי ׀ כִּזְרֹחַ הַשֶּׁמֶשׁ וַיְמַן אֱלֹהִים רוּחַ קָדִים חֲרִישִׁית ח
וַתַּךְ הַשֶּׁמֶשׁ עַל־רֹאשׁ יוֹנָה וַיִּתְעַלָּף וַיִּשְׁאַל אֶת־נַפְשׁוֹ לָמוּת
וַיֹּאמֶר טוֹב מוֹתִי מֵחַיָּי׃ וַיֹּאמֶר אֱלֹהִים אֶל־יוֹנָה הַהֵיטֵב חָרָה־ ט
לְךָ עַל־הַקִּיקָיוֹן וַיֹּאמֶר הֵיטֵב חָרָה־לִי עַד־מָוֶת׃ וַיֹּאמֶר יהוה י
אַתָּה חַסְתָּ עַל־הַקִּיקָיוֹן אֲשֶׁר לֹא־עָמַלְתָּ בּוֹ וְלֹא גִדַּלְתּוֹ
שֶׁבִּן־לַיְלָה הָיָה וּבִן־לַיְלָה אָבָד׃ וַאֲנִי לֹא אָחוּס עַל־נִינְוֵה יא

soul fainted within me I remembered the LORD : and my prayer came in to thee, into thy holy temple. They that guard lying 9 vanities forsake their loyalty. But I will sacrifice to thee with 10 the voice of thanksgiving; I will pay that which I have vowed. Salvation belongs to the LORD.   And the LORD spoke to 11 the fish, and it vomited out Yona upon the dry land.   And 3 the word of the LORD came to Yona the second time, saying, Arise, go to Nineve, that great city, and proclaim to it the mes- 2 sage that I bid thee. So Yona arose, and went to Nineve, accord- 3 ing to the word of the LORD. Now Nineve was an exceeding great city of three days' journey in extent. And Yona began to enter 4 the city a day's journey, and he cried, and said, Another forty days, and Nineve shall be overthrown. So the people of Nineve 5 believed God, and proclaimed a fast, and put on sackcloth, from the greatest of them even to the least of them. For word came 6 to the king of Nineve, and he arose from his throne, and he laid his robe from him, and covered himself with sackcloth, and sat in ashes. And he caused it to be proclaimed and published through 7 Nineve by the decree of the king and his nobles, saying, Let neither man nor beast, herd nor flock, taste any thing: let them not feed, nor drink water: but let man and beast be covered 8 with sackcloth, and cry mightily to GOD: and let them turn every- one from his evil way, and from the violence that is in their hands. Who can tell? GOD may turn and relent, and turn away 9 from his fierce anger, so that we perish not. And GOD saw their 10 deeds, in that they turned from their evil way; and GOD repented of the evil, which he had said that he would do to them; and he did not do it. But it displeased Yona exceedingly, and he was 4 vexed. And he prayed to the LORD, and said, I pray thee, O LORD, 2 was not this my saying, when I was still in my own country? Therefore I fled beforehand to Tarshish: for I knew that thou art a gracious GOD, and merciful, slow to anger, and great in love, and repentest of the evil. Therefore now, O LORD, take my 3 life from me, I pray thee; for it is better for me to die than to live. Then the LORD said, Art thou so greatly vexed? So Yona 4,5 went out of the city, and sat on the east side of the city, and there he made himself a shelter and sat under it in the shade, till he might see what would come to pass in the city. And the 6 LORD GOD appointed a castor oil plant, and made it to come up over Yona, that it might be a shade over his head, to deliver him from his distress. And Yona was exceeding glad of the plant. But GOD appointed a worm when the dawn came up the next 7 day, and it attacked the plant, so that it withered. And it came 8 to pass, when the sun arose, that GOD prepared a vehement east wind; and the sun beat down upon the head of Yona, so that he fainted; so he asked that he might die, and he said, It is better for me to die than to live. And GOD said to Yona, Art thou so 9 greatly vexed on account of the plant? And he said, I am greatly vexed to death. Then the LORD said, Thou art concerned about 10 the castor oil plant, for which thou hast not laboured, and which thou didst not rear, which came up in a night, and perished in a night: and should I not be concerned for Nineve, that great city, 11 in which are more than one hundred and twenty thousand per-

הָעִיר הַגְּדוֹלָה אֲשֶׁר יֶשׁ־בָּהּ הַרְבֵּה מִשְׁתֵּים־עֶשְׂרֵה רִבּוֹ
אָדָם אֲשֶׁר לֹא־יָדַע בֵּין־יְמִינוֹ לִשְׂמֹאלוֹ וּבְהֵמָה רַבָּה׃

מיכה א

י דְּבַר־יְהוָה ׀ אֲשֶׁר הָיָה אֶל־מִיכָה הַמֹּרַשְׁתִּי בִּימֵי יוֹתָם אָחָז א
יְחִזְקִיָּה מַלְכֵי יְהוּדָה אֲשֶׁר־חָזָה עַל־שֹׁמְרוֹן וִירוּשָׁלִָם׃ שִׁמְעוּ ב
עַמִּים כֻּלָּם הַקְשִׁיבִי אֶרֶץ וּמְלֹאָהּ וִיהִי אֲדֹנָי יְהוִה בָּכֶם לְעֵד
אֲדֹנָי מֵהֵיכַל קָדְשׁוֹ׃ כִּי־הִנֵּה יְהוָה יֹצֵא מִמְּקוֹמוֹ וְיָרַד וְדָרַךְ ג
בָּמֳתֵי עַל־במותי־אָרֶץ׃ וְנָמַסּוּ הֶהָרִים תַּחְתָּיו וְהָעֲמָקִים יִתְבַּקָּעוּ ד
כַּדּוֹנַג מִפְּנֵי הָאֵשׁ כְּמַיִם מֻגָּרִים בְּמוֹרָד׃ בְּפֶשַׁע יַעֲקֹב כָּל־זֹאת ה
וּבְחַטֹּאות בֵּית יִשְׂרָאֵל מִי־פֶשַׁע יַעֲקֹב הֲלוֹא שֹׁמְרוֹן וּמִי בָּמוֹת
יְהוּדָה הֲלוֹא יְרוּשָׁלִָם׃ וְשַׂמְתִּי שֹׁמְרוֹן לְעִי הַשָּׂדֶה לְמַטָּעֵי כָרֶם ו
וְהִגַּרְתִּי לַגַּי אֲבָנֶיהָ וִיסֹדֶיהָ אֲגַלֶּה׃ וְכָל־פְּסִילֶיהָ יֻכַּתּוּ וְכָל־ ז
אֶתְנַנֶּיהָ יִשָּׂרְפוּ בָאֵשׁ וְכָל־עֲצַבֶּיהָ אָשִׂים שְׁמָמָה כִּי מֵאֶתְנַן
זוֹנָה קִבָּצָה וְעַד־אֶתְנַן זוֹנָה יָשׁוּבוּ׃ עַל־זֹאת אֶסְפְּדָה וְאֵילִילָה ח
שׁוֹלָל אֵילְכָה שילל וְעָרוֹם אֶעֱשֶׂה מִסְפֵּד כַּתַּנִּים וְאֵבֶל כִּבְנוֹת יַעֲנָה׃
כִּי אֲנוּשָׁה מַכּוֹתֶיהָ כִּי־בָאָה עַד־יְהוּדָה נָגַע עַד־שַׁעַר עַמִּי ט
עַד־יְרוּשָׁלִָם׃ בְּגַת אַל־תַּגִּידוּ בָּכוֹ אַל־תִּבְכּוּ בְּבֵית לְעַפְרָה י
הִתְפַּלָּשִׁי עָפָר התפלשתי׃ עִבְרִי לָכֶם יוֹשֶׁבֶת שָׁפִיר עֶרְיָה־בֹשֶׁת לֹא יא
יָצְאָה יוֹשֶׁבֶת צַאֲנָן מִסְפַּד בֵּית הָאֵצֶל יִקַּח מִכֶּם עֶמְדָּתוֹ׃ כִּי־ יב
חָלָה לְטוֹב יוֹשֶׁבֶת מָרוֹת כִּי־יָרַד רָע מֵאֵת יְהוָה לְשַׁעַר
יְרוּשָׁלִָם׃ רְתֹם הַמֶּרְכָּבָה לָרֶכֶשׁ יוֹשֶׁבֶת לָכִישׁ רֵאשִׁית חַטָּאת יג
הִיא לְבַת־צִיּוֹן כִּי־בָךְ נִמְצְאוּ פִּשְׁעֵי יִשְׂרָאֵל׃ לָכֵן תִּתְּנִי יד
שִׁלּוּחִים עַל מוֹרֶשֶׁת גַּת בָּתֵּי אַכְזִיב לְאַכְזָב לְמַלְכֵי יִשְׂרָאֵל׃
אָבִיא עֹד הַיֹּרֵשׁ אבי לָךְ יוֹשֶׁבֶת מָרֵשָׁה עַד־עֲדֻלָּם יָבוֹא כְּבוֹד טו
יִשְׂרָאֵל׃ קָרְחִי וָגֹזִּי עַל־בְּנֵי תַּעֲנוּגָיִךְ הַרְחִבִי קָרְחָתֵךְ טז
כַּנֶּשֶׁר כִּי גָלוּ מִמֵּךְ׃ הוֹי חֹשְׁבֵי־אָוֶן וּפֹעֲלֵי רָע ב א
עַל־מִשְׁכְּבוֹתָם בְּאוֹר הַבֹּקֶר יַעֲשׂוּהָ כִּי יֶשׁ־לְאֵל יָדָם׃
וְחָמְדוּ שָׂדוֹת וְגָזָלוּ וּבָתִּים וְנָשָׂאוּ וְעָשְׁקוּ גֶּבֶר וּבֵיתוֹ וְאִישׁ ב
וְנַחֲלָתוֹ׃ לָכֵן כֹּה אָמַר יְהוָה הִנְנִי חֹשֵׁב עַל־ ג
הַמִּשְׁפָּחָה הַזֹּאת רָעָה אֲשֶׁר לֹא־תָמִישׁוּ מִשָּׁם צַוְּארֹתֵיכֶם וְלֹא

sons that cannot discern between their right hand and their left hand; and also much cattle?

KHA / MICAH

1

The word of the LORD that came to Mikha the Morashtite in the days of Yotam, Aḥaz, Yeḥizqiyya, kings of Yehuda, which he saw concerning Shomeron and Yerushalayim. Hear, all you peoples; hearken, O earth, and all that is in it: and let the LORD GOD be witness against you, the LORD from his holy temple. For, behold, the LORD comes out of his place, and will come down, and tread upon the high places of the earth. And the mountains shall melt under him, and the valleys shall be split, like wax before the fire, and like water that is poured down a steep place. All this is for the transgression of Ya'aqov, and for the sins of the house of Yisra'el. What is the transgression of Ya'aqov? is it not Shomeron? and what are the high places of Yehuda? are they not Yerushalayim? Therefore I will turn Shomeron into a heap of rubble in the field, into a place for planting vines; and I will pour her stones into the valley, and I will lay bare her foundations. And all her carved idols shall be beaten to pieces, and all her hires shall be burned with the fire, and all her idols will I lay desolate: for she gathered them of the hire of a harlot, and they shall return to the hire of a harlot. For this I will wail and howl, I will go stripped and naked: I will make a wailing like jackals, and a mourning like owls. For her wound is incurable; for it has come as far as Yehuda; it has reached the gate of my people, to Yerushalayim. Declare it not at Gat, weep not at all: in Bet-le'afra roll thyself in the dust. Pass away, thou inhabitant of Shafir in nakedness and shame: the inhabitant of Ẓa'anan did not come forth to the mourning of Bet-ha'eẓel: he will take away from you that standing still! For the inhabitant of Marot waited carefully for good tidings: but evil came down from the LORD to the gate of Yerushalayim. Harness the chariot to the steed, O inhabitant of Lakhish: she was the beginning of sin to the daughter of Ẓiyyon: for the transgressions of Yisra'el were found in thee. Therefore shalt thou give presents to Moreshet-gat: the houses of Akhziv are a dried up stream to the kings of Yisra'el. Yet will I bring an impropriator upon thee, O inhabitant of Maresha: the glory of Yisra'el shall come to 'Adullam. Make thyself bald, and crop thy hair for the children of thy delight; make a wide baldness on thy head like a vulture; for they are exiled from thee. **2** Woe to them that devise iniquity, and work evil upon their beds! when the morning is light, they execute it, because it is in the power of their hand. And they covet fields, and take them by violence; and houses, and take them away: so they oppress a man and his house, even a man and his heritage. Therefore thus says the LORD; Behold, against this family do I devise an evil, from which you shall not remove your necks;

ד תֵלְכוּ רוֹמָה כִּי עֵת רָעָה הִיא׃ בַּיּוֹם הַהוּא יִשָּׂא עֲלֵיכֶם מָשָׁל
וְנָהָה נְהִי נִהְיָה אָמַר שָׁדוֹד נְשַׁדֻּנוּ חֵלֶק עַמִּי יָמִיר אֵיךְ יָמִישׁ
ה לִי לְשׁוֹבֵב שָׂדֵינוּ יְחַלֵּק׃ לָכֵן לֹא־יִהְיֶה לְךָ מַשְׁלִיךְ חֶבֶל בְּגוֹרָל
ו בִּקְהַל יהוה׃ אַל־תַּטִּפוּ יַטִּיפוּן לֹא־יַטִּפוּ לָאֵלֶּה לֹא יִסַּג
ז כְּלִמּוֹת׃ הֶאָמוּר בֵּית־יַעֲקֹב הֲקָצַר רוּחַ יהוה אִם־אֵלֶּה מַעֲלָלָיו
ח הֲלוֹא דְבָרַי יֵיטִיבוּ עִם הַיָּשָׁר הוֹלֵךְ׃ וְאֶתְמוּל עַמִּי לְאוֹיֵב
יְקוֹמֵם מִמּוּל שַׂלְמָה אֶדֶר תַּפְשִׁטוּן מֵעֹבְרִים בֶּטַח שׁוּבֵי
ט מִלְחָמָה׃ נְשֵׁי עַמִּי תְּגָרְשׁוּן מִבֵּית תַּעֲנֻגֶיהָ מֵעַל עֹלָלֶיהָ תִּקְחוּ
י הֲדָרִי לְעוֹלָם׃ קוּמוּ וּלְכוּ כִּי לֹא־זֹאת הַמְּנוּחָה בַּעֲבוּר טָמְאָה
יא תְּחַבֵּל וְחֶבֶל נִמְרָץ׃ לוּ־אִישׁ הֹלֵךְ רוּחַ וָשֶׁקֶר כִּזֵּב אַטִּף לְךָ
יב לַיַּיִן וְלַשֵּׁכָר וְהָיָה מַטִּיף הָעָם הַזֶּה׃ אָסֹף אֶאֱסֹף יַעֲקֹב כֻּלָּךְ
קַבֵּץ אֲקַבֵּץ שְׁאֵרִית יִשְׂרָאֵל יַחַד אֲשִׂימֶנּוּ כְּצֹאן בָּצְרָה
יג כְּעֵדֶר בְּתוֹךְ הַדָּבְרוֹ תְּהִימֶנָה מֵאָדָם׃ עָלָה הַפֹּרֵץ לִפְנֵיהֶם
פָּרְצוּ וַיַּעֲבֹרוּ שַׁעַר וַיֵּצְאוּ בוֹ וַיַּעֲבֹר מַלְכָּם לִפְנֵיהֶם וַיהוה
ג א בְּרֹאשָׁם׃ וָאֹמַר שִׁמְעוּ־נָא רָאשֵׁי יַעֲקֹב וּקְצִינֵי
ב בֵּית יִשְׂרָאֵל הֲלוֹא לָכֶם לָדַעַת אֶת־הַמִּשְׁפָּט׃ שֹׂנְאֵי טוֹב
ג וְאֹהֲבֵי רעה גֹּזְלֵי עוֹרָם מֵעֲלֵיהֶם וּשְׁאֵרָם מֵעַל עַצְמוֹתָם׃ וַאֲשֶׁר רָע
אָכְלוּ שְׁאֵר עַמִּי וְעוֹרָם מֵעֲלֵיהֶם הִפְשִׁיטוּ וְאֶת־עַצְמֹתֵיהֶם
ד פִּצֵּחוּ וּפָרְשׂוּ כַּאֲשֶׁר בַּסִּיר וּכְבָשָׂר בְּתוֹךְ קַלָּחַת׃ אָז יִזְעֲקוּ אֶל־
יהוה וְלֹא יַעֲנֶה אוֹתָם וְיַסְתֵּר פָּנָיו מֵהֶם בָּעֵת הַהִיא כַּאֲשֶׁר
ה הֵרֵעוּ מַעַלְלֵיהֶם׃ כֹּה אָמַר יהוה עַל־הַנְּבִיאִים
הַמַּתְעִים אֶת־עַמִּי הַנֹּשְׁכִים בְּשִׁנֵּיהֶם וְקָרְאוּ שָׁלוֹם וַאֲשֶׁר לֹא־
ו יִתֵּן עַל־פִּיהֶם וְקִדְּשׁוּ עָלָיו מִלְחָמָה׃ לָכֵן לַיְלָה לָכֶם מֵחָזוֹן
וְחָשְׁכָה לָכֶם מִקְּסֹם וּבָאָה הַשֶּׁמֶשׁ עַל־הַנְּבִיאִים וְקָדַר
ז עֲלֵיהֶם הַיּוֹם׃ וּבֹשׁוּ הַחֹזִים וְחָפְרוּ הַקֹּסְמִים וְעָטוּ עַל־שָׂפָם
ח כֻּלָּם כִּי אֵין מַעֲנֵה אֱלֹהִים׃ וְאוּלָם אָנֹכִי מָלֵאתִי כֹחַ אֶת־
רוּחַ יהוה וּמִשְׁפָּט וּגְבוּרָה לְהַגִּיד לְיַעֲקֹב פִּשְׁעוֹ וּלְיִשְׂרָאֵל
ט חַטָּאתוֹ׃ שִׁמְעוּ־נָא זֹאת רָאשֵׁי בֵּית יַעֲקֹב
וּקְצִינֵי בֵּית יִשְׂרָאֵל הַמְתַעֲבִים מִשְׁפָּט וְאֵת כָּל־הַיְשָׁרָה
י יא יְעַקֵּשׁוּ׃ בֹּנֶה צִיּוֹן בְּדָמִים וִירוּשָׁלַ‍ִם בְּעַוְלָה׃ רָאשֶׁיהָ ׀ בְּשֹׁחַד

nor shall you go haughtily: for it will be a time of evil. In that 4
day shall they take up a parable against you, and lament with
a doleful lamentation, saying, We are utterly spoiled: he changes
the position of my people; how he removes it from me, and
divides our field amongst renegades! Therefore thou shalt 5
have none that shall cast the line by lot in the congrega-
tion of the LORD. They preach, saying, Do not preach: they 6
shall not preach concerning these things, that they shall
not take shame. O thou that art named the house of Ya‘a- 7
qov, is the spirit of the LORD straitened? are these his do-
ings? do not my words do good to him that walks uprightly?
And against my people he raises him up as an enemy: you 8
pull off the mantle from the front of the garment of them
that pass by securely returning from war. The women of my 9
people you cast out from their pleasant houses; from their
children you take away my glory for ever. Arise, and depart; for 10
this is not your place of rest; because of its uncleanness, it shall
destroy with a grievous destruction. If a man walking in wind 11
and falsehood would lie, saying, I will preach to thee of wine
and of strong drink; he would even be the preacher of this
people. I will surely assemble, O Ya‘aqov, all of thee; I will 12
surely gather the remnant of Yisra’el; I will put them to-
gether like the sheep into a fold and like the flock in the midst
of their pasture; they shall make a great noise by reason of
the multitude of men. The breaker is come up before them: 13
they have broken in, and have passed through the gate, and
are gone out by it: and their king passes on before them, and
the LORD at the head of them.   And I said, Hear, I pray **3**
you, O heads of Ya‘aqov, and you rulers of the house of Yis-
ra’el; Is it not for you to know justice? You who hate the good, 2
and love the evil; who pluck off their skin from off them, and
their flesh from off their bones; who also eat the flesh of my 3
people, and flay their skin from off them; and break their bones,
and chop them in pieces, as for the pot, and like meat within
the cauldron. Then shall they cry to the LORD, but he will not 4
answer them: he will even hide his face from them at that
time, because they have behaved themselves ill in their
doings.   Thus says the LORD concerning the prophets 5
that make my people err, that bite with their teeth, and cry,
Peace; and whoever puts nothing into their mouths, they pre-
pare war against him. Therefore it shall be night for you, 6
that you shall not have a vision; and it shall be dark for you,
that you shall not divine; and the sun shall go down upon the
prophets, and the day shall be dark over them. Then shall the 7
seers be put to shame, and the magicians confounded: yea,
they shall all cover their lips; for there is no answer from GOD.
But truly I am full of power by the spirit of the LORD, and of 8
judgment, and of might, to declare to Ya‘aqov his transgression,
and to Yisra’el his sin.   Hear this, I pray you, you heads of 9
the house of Ya‘aqov, and rulers of the house of Yisra’el, that ab-
hor justice, and pervert all equity; that build up Ziyyon with 10
blood, and Yerushalayim with iniquity. The heads thereof judge 11
for reward, and the priest thereof teach for hire, and the prophets

יִשְׁפֹּטוּ וְכֹהֲנֶיהָ בִּמְחִיר יוֹרוּ וּנְבִיאֶיהָ בְּכֶסֶף יִקְסֹמוּ וְעַל־יְהוָה
יא יִשָּׁעֵנוּ לֵאמֹר הֲלוֹא יְהוָה בְּקִרְבֵּנוּ לֹא־תָבוֹא עָלֵינוּ רָעָה: לָכֵן
בִּגְלַלְכֶם צִיּוֹן שָׂדֶה תֵחָרֵשׁ וִירוּשָׁלִַם עִיִּין תִּהְיֶה וְהַר הַבַּיִת
ד א לְבָמוֹת יָעַר: וְהָיָה ׀ בְּאַחֲרִית הַיָּמִים יִהְיֶה הַר
בֵּית־יְהוָה נָכוֹן בְּרֹאשׁ הֶהָרִים וְנִשָּׂא הוּא מִגְּבָעוֹת וְנָהֲרוּ עָלָיו
ב עַמִּים: וְהָלְכוּ גּוֹיִם רַבִּים וְאָמְרוּ לְכוּ ׀ וְנַעֲלֶה אֶל־הַר־יְהוָה
וְאֶל־בֵּית אֱלֹהֵי יַעֲקֹב וְיוֹרֵנוּ מִדְּרָכָיו וְנֵלְכָה בְּאֹרְחֹתָיו כִּי מִצִּיּוֹן
ג תֵּצֵא תוֹרָה וּדְבַר־יְהוָה מִירוּשָׁלִָם: וְשָׁפַט בֵּין עַמִּים רַבִּים
וְהוֹכִיחַ לְגוֹיִם עֲצֻמִים עַד־רָחוֹק וְכִתְּתוּ חַרְבֹתֵיהֶם לְאִתִּים
וַחֲנִיתֹתֵיהֶם לְמַזְמֵרוֹת לֹא־יִשְׂאוּ גּוֹי אֶל־גּוֹי חֶרֶב וְלֹא־יִלְמְדוּן
ד עוֹד מִלְחָמָה: וְיָשְׁבוּ אִישׁ תַּחַת גַּפְנוֹ וְתַחַת תְּאֵנָתוֹ וְאֵין
יא מַחֲרִיד כִּי־פִי יְהוָה צְבָאוֹת דִּבֵּר: כִּי כָּל־הָעַמִּים יֵלְכוּ
אִישׁ בְּשֵׁם אֱלֹהָיו וַאֲנַחְנוּ נֵלֵךְ בְּשֵׁם־יְהוָה אֱלֹהֵינוּ לְעוֹלָם
ו וָעֶד: בַּיּוֹם הַהוּא נְאֻם־יְהוָה אֹסְפָה הַצֹּלֵעָה
ז וְהַנִּדָּחָה אֲקַבֵּצָה וַאֲשֶׁר הֲרֵעֹתִי: וְשַׂמְתִּי אֶת־הַצֹּלֵעָה לִשְׁאֵרִית
וְהַנַּהֲלָאָה לְגוֹי עָצוּם וּמָלַךְ יְהוָה עֲלֵיהֶם בְּהַר צִיּוֹן מֵעַתָּה וְעַד־
ח עוֹלָם: וְאַתָּה מִגְדַּל־עֵדֶר עֹפֶל בַּת־צִיּוֹן עָדֶיךָ
תֵּאתֶה וּבָאָה הַמֶּמְשָׁלָה הָרִאשֹׁנָה מַמְלֶכֶת לְבַת־יְרוּשָׁלִָם:
ט עַתָּה לָמָּה תָרִיעִי רֵעַ הֲמֶלֶךְ אֵין־בָּךְ אִם־יוֹעֲצֵךְ אָבָד כִּי־
י הֶחֱזִיקֵךְ חִיל כַּיּוֹלֵדָה: חוּלִי וָגֹחִי בַּת־צִיּוֹן כַּיּוֹלֵדָה כִּי־עַתָּה
תֵצְאִי מִקִּרְיָה וְשָׁכַנְתְּ בַּשָּׂדֶה וּבָאת עַד־בָּבֶל שָׁם תִּנָּצֵלִי שָׁם
יא יִגְאָלֵךְ יְהוָה מִכַּף אֹיְבָיִךְ: וְעַתָּה נֶאֶסְפוּ עָלַיִךְ גּוֹיִם רַבִּים
יב הָאֹמְרִים תֶּחֱנָף וְתַחַז בְּצִיּוֹן עֵינֵינוּ: וְהֵמָּה לֹא יָדְעוּ מַחְשְׁבוֹת
יג יְהוָה וְלֹא הֵבִינוּ עֲצָתוֹ כִּי קִבְּצָם כֶּעָמִיר גֹּרְנָה: קוּמִי וָדוֹשִׁי
בַת־צִיּוֹן כִּי־קַרְנֵךְ אָשִׂים בַּרְזֶל וּפַרְסֹתַיִךְ אָשִׂים נְחוּשָׁה
וַהֲדִקּוֹת עַמִּים רַבִּים וְהַחֲרַמְתִּי לַיהוָה בִּצְעָם וְחֵילָם לַאֲדוֹן
יד כָּל־הָאָרֶץ: עַתָּה תִּתְגֹּדְדִי בַת־גְּדוּד מָצוֹר שָׂם עָלֵינוּ בַּשֵּׁבֶט
ה א יַכּוּ עַל־הַלְּחִי אֵת שֹׁפֵט יִשְׂרָאֵל: וְאַתָּה בֵּית־
לֶחֶם אֶפְרָתָה צָעִיר לִהְיוֹת בְּאַלְפֵי יְהוּדָה מִמְּךָ לִי יֵצֵא לִהְיוֹת
ב מוֹשֵׁל בְּיִשְׂרָאֵל וּמוֹצָאֹתָיו מִקֶּדֶם מִימֵי עוֹלָם: לָכֵן יִתְּנֵם עַד־

thereof divine for money: yet will they lean upon the LORD,
and say, Is not the LORD among us? no evil can come upon us.
Therefore shall Ẕiyyon for your sake be ploughed like a field, 12
and Yerushalayim shall become heaps of rubble, and the moun-
tain of the house like the high places of the forest. But **4**
in the last days it shall come to pass, that the mountain of the
house of the LORD shall be established on the top of the
mountains, and it shall be exalted above the hills; and peoples
shall stream towards it. And many nations shall come, and 2
say, Come, and let us go up to the mountain of the LORD, and
to the house of the GOD of Ya'aqov; and he will teach us of
his ways, and we will walk in his paths: for Tora shall go forth
from Ẕiyyon, and the word of the LORD from Yerushalayim.
And he shall judge between many peoples, and decide con- 3
cerning strong nations afar off; and they shall beat their
swords into ploughshares, and their spears into pruninghooks:
nation shall not lift up a sword against nation, nor shall
they learn war any more. But they shall sit every man un- 4
der his vine and under his fig tree; and none shall make
them afraid: for the mouth of the LORD of hosts has spoken
it. For let all people walk everyone in the name of his god, 5
and we will walk in the name of the LORD our GOD for ever
and ever. In that day, says the LORD, I will assem- 6
ble her that limps, and I will gather her that is driven out,
and her that I have afflicted; and I will make her that limped 7
a remnant, and her that was cast far off a strong nation: and
the LORD shall reign over them in mount Ẕiyyon, from hence-
forth, and forever. And thou, O tower of the flock, the 8
stronghold of the daughter of Ẕiyyon, to thee shall it come;
the former dominion shall come, the kingdom of the daughter
of Yerushalayim. Now why dost thou cry out aloud? is there 9
no king in thee? is thy counsellor perished? that pangs have
seized thee as a woman in travail. Be in pain, and labour to 10
bring forth, O daughter of Ẕiyyon, like a woman in travail: for
now shalt thou go out of the city, and thou shalt dwell in the
field, and thou shalt come to Bavel; there shalt thou be rescued;
there the LORD shall redeem thee from the hand of thy enemies.
And now many nations are gathered against thee, that say, 11
Let her be defiled, and let our eyes look upon Ẕiyyon. But they 12
know not the thoughts of the LORD, neither do they under-
stand his counsel: for he has gathered them as the sheaves
to the threshing floor. Arise and thresh, O daughter of Ẕiyyon: 13
for I will make thy horn iron, and I will make thy hoofs brass:
and thou shalt beat in pieces many peoples: and thou shalt
devote their gain to the LORD, and their substance to the LORD
of the whole earth. Now gash thyself, O daughter of troops: 14
he has laid siege against us: they shall smite the judge of Yis-
ra'el with a rod upon the cheek. But thou, Bet-leḫem- **5**
efrata, though thou art little among the thousands of Yehuda,
yet out of thee shall he come forth to me that is to be ruler
in Yisra'el; and his goings out are from ancient time, from
days of old. Therefore will he give them up, until the time 2
when she who travails has brought forth: then the remnant

עֵת יוֹלֵדָה יָלָדָה וְיֶתֶר אֶחָיו יְשׁוּבוּן עַל־בְּנֵי יִשְׂרָאֵל: וְעָמַד ג
וְרָעָה בְּעֹז יהוה בִּגְאוֹן שֵׁם יהוה אֱלֹהָיו וְיָשָׁבוּ כִּי־עַתָּה
יִגְדַּל עַד־אַפְסֵי־אָרֶץ: וְהָיָה זֶה שָׁלוֹם אַשּׁוּר ׀ כִּי־יָבוֹא ד
בְאַרְצֵנוּ וְכִי יִדְרֹךְ בְּאַרְמְנֹתֵינוּ וַהֲקֵמֹנוּ עָלָיו שִׁבְעָה רֹעִים
וּשְׁמֹנָה נְסִיכֵי אָדָם: וְרָעוּ אֶת־אֶרֶץ אַשּׁוּר בַּחֶרֶב וְאֶת־אֶרֶץ ה
נִמְרֹד בִּפְתָחֶיהָ וְהִצִּיל מֵאַשּׁוּר כִּי־יָבוֹא בְאַרְצֵנוּ וְכִי יִדְרֹךְ
בִּגְבוּלֵנוּ: וְהָיָה ׀ שְׁאֵרִית יַעֲקֹב בְּקֶרֶב עַמִּים ו
רַבִּים כְּטַל מֵאֵת יהוה כִּרְבִיבִים עֲלֵי־עֵשֶׂב אֲשֶׁר לֹא־יְקַוֶּה
לְאִישׁ וְלֹא יְיַחֵל לִבְנֵי אָדָם: וְהָיָה שְׁאֵרִית יַעֲקֹב בַּגּוֹיִם בְּקֶרֶב ז
עַמִּים רַבִּים כְּאַרְיֵה בְּבַהֲמוֹת יַעַר כִּכְפִיר בְּעֶדְרֵי־צֹאן אֲשֶׁר
אִם־עָבַר וְרָמַס וְטָרַף וְאֵין מַצִּיל: תָּרֹם יָדְךָ עַל־צָרֶיךָ ח
וְכָל־אֹיְבֶיךָ יִכָּרֵתוּ: וְהָיָה בַיּוֹם־הַהוּא נְאֻם־ ט
יהוה וְהִכְרַתִּי סוּסֶיךָ מִקִּרְבֶּךָ וְהַאֲבַדְתִּי מַרְכְּבֹתֶיךָ: וְהִכְרַתִּי י
עָרֵי אַרְצֶךָ וְהָרַסְתִּי כָּל־מִבְצָרֶיךָ: וְהִכְרַתִּי כְשָׁפִים מִיָּדֶךָ יא
וּמְעוֹנְנִים לֹא יִהְיוּ־לָךְ: וְהִכְרַתִּי פְסִילֶיךָ וּמַצֵּבוֹתֶיךָ מִקִּרְבֶּךָ יב
וְלֹא־תִשְׁתַּחֲוֶה עוֹד לְמַעֲשֵׂה יָדֶיךָ: וְנָתַשְׁתִּי אֲשֵׁירֶיךָ מִקִּרְבֶּךָ יג
וְהִשְׁמַדְתִּי עָרֶיךָ: וְעָשִׂיתִי בְּאַף וּבְחֵמָה נָקָם אֶת־הַגּוֹיִם אֲשֶׁר יד
לֹא שָׁמֵעוּ: שִׁמְעוּ־נָא אֵת אֲשֶׁר־יהוה אֹמֵר קוּם ו א
רִיב אֶת־הֶהָרִים וְתִשְׁמַעְנָה הַגְּבָעוֹת קוֹלֶךָ: שִׁמְעוּ הָרִים אֶת־ ב
רִיב יהוה וְהָאֵתָנִים מֹסְדֵי אָרֶץ כִּי רִיב לַיהוה עִם־עַמּוֹ וְעִם־
יִשְׂרָאֵל יִתְוַכָּח: עַמִּי מֶה־עָשִׂיתִי לְךָ וּמָה הֶלְאֵתִיךָ עֲנֵה בִי: ג
כִּי הֶעֱלִתִיךָ מֵאֶרֶץ מִצְרַיִם וּמִבֵּית עֲבָדִים פְּדִיתִיךָ וָאֶשְׁלַח ד
לְפָנֶיךָ אֶת־מֹשֶׁה אַהֲרֹן וּמִרְיָם: עַמִּי זְכָר־נָא מַה־יָּעַץ בָּלָק ה
מֶלֶךְ מוֹאָב וּמֶה־עָנָה אֹתוֹ בִּלְעָם בֶּן־בְּעוֹר מִן־הַשִּׁטִּים עַד־
הַגִּלְגָּל לְמַעַן דַּעַת צִדְקוֹת יהוה: בַּמָּה אֲקַדֵּם יהוה אִכַּף ו
לֵאלֹהֵי מָרוֹם הַאֲקַדְּמֶנּוּ בְעוֹלוֹת בַּעֲגָלִים בְּנֵי שָׁנָה: הֲיִרְצֶה ז
יהוה בְּאַלְפֵי אֵילִים בְּרִבְבוֹת נַחֲלֵי־שָׁמֶן הַאֶתֵּן בְּכוֹרִי פִּשְׁעִי
פְּרִי בִטְנִי חַטַּאת נַפְשִׁי: הִגִּיד לְךָ אָדָם מַה־טּוֹב וּמָה־יהוה ח
דּוֹרֵשׁ מִמְּךָ כִּי אִם־עֲשׂוֹת מִשְׁפָּט וְאַהֲבַת חֶסֶד וְהַצְנֵעַ לֶכֶת
עִם־אֱלֹהֶיךָ: קוֹל יהוה לָעִיר יִקְרָא וְתוּשִׁיָּה יִרְאֶה ט
שְׁמֶךָ שִׁמְעוּ מַטֶּה וּמִי יְעָדָהּ: עוֹד הַאִשׁ בֵּית רָשָׁע אֹצְרוֹת י
רֶשַׁע וְאֵיפַת רָזוֹן זְעוּמָה: הַאֶזְכֶּה בְּמֹאזְנֵי רֶשַׁע וּבְכִיס אַבְנֵי יא

of his brethren shall return to the children of Yisra'el. And 3
he shall stand and feed his flock in the strength of the
LORD, in the majesty of the name of the LORD his GOD; and
they shall abide: for now shall he be great to the ends of the
earth. And this shall be peace; when Ashshur shall come into 4
our land, and when he shall tread in our palaces, then
shall we raise against him seven shepherds, and eight
princes of men. And they shall graze the land of Ashshur 5
with the sword, and the land of Nimrod with the keen
blade: thus shall he deliver us from Ashshur, when he comes
to our land, and when he treads within our border. And 6
the remnant of Ya'aqov shall be in the midst of many
peoples like dew from the LORD, like the showers upon the grass,
that tarries not for man, nor waits for the sons of men. And the 7
remnant of Ya'aqov shall be among the nations in the midst
of many peoples like a lion among the beasts of the forest, like
a young lion among the flocks of sheep: who, if he go through,
treads down, and tears in pieces, and none can deliver. Thy 8
hand shall be lifted up upon thy adversaries, and all thy enemies
shall be cut off. And it shall come to pass on that day, 9
says the LORD, that I will cut off thy horses out of the midst
of thee, and I will destroy thy chariots: and I will cut off the 10
cities of thy land, and throw down all thy strongholds: And I 11
will cut off witchcrafts out of thy hand; and thou shalt have
no more soothsayers: thy carved idols and thy pillars also will 12
I cut off, out of the midst of thee; and thou shalt no more
worship the work of thy hands. And I will pluck up thy Asherim 13
out of the midst of thee: and I will destroy thy cities. And I 14
will execute vengeance in anger and fury upon the nations, such
as they have not heard. Hear now what the LORD says; **6**
Arise, contend before the mountains, and let the hills hear thy
voice. Hear, O mountains, the LORD's controversy, and you 2
strong foundations of the earth: for the LORD has a controversy
with his people, and he will contend with Yisra'el. O my people, 3
what have I done to thee? and wherein have I wearied thee?
testify against me. For I brought thee up out of the land of 4
Miẓrayim, and redeemed thee out of the house of bondage;
and I sent before thee Moshe, Aharon, and Miryam. O my 5
people, remember now what Balaq king of Mo'av devised, and
what Bil'am, the son of Be'or answered him: from Shittim to
Gilgal; that you may know the righteous acts of the LORD.
With what shall I come before the LORD, and bow myself before 6
the high GOD? shall I come before him with burnt offerings,
with calves of a year old? will the LORD be pleased with thou- 7
sands of rams, or with ten thousands of rivers of oil? shall I
give my firstborn for my transgression, the fruit of my body for
the sin of my soul? He has told thee, O man, what is good; and 8
what does the LORD require of thee, but to do justly, and to love
true loyalty, and to walk humbly with thy GOD? The 9
LORD's voice cries to the city, and the man of wisdom shall
see thy name: hear the rod, and who has appointed it. Are 10
there yet the treasures of wickedness in the house of the
wicked, and the scant measure that is abominable? shall I 11

יב מִרְמָה: אֲשֶׁר עֲשִׁירֶיהָ מָלְאוּ חָמָס וְיֹשְׁבֶיהָ דִּבְּרוּ־שָׁקֶר וּלְשׁוֹנָם
יג רְמִיָּה בְּפִיהֶם: וְגַם־אֲנִי הֶחֱלֵיתִי הַכּוֹתֶךָ הַשְׁמֵם עַל־חַטֹּאתֶךָ:
יד אַתָּה תֹאכַל וְלֹא תִשְׂבָּע וְיֶשְׁחֲךָ בְּקִרְבֶּךָ וְתַסֵּג וְלֹא תַפְלִיט
טו וַאֲשֶׁר תְּפַלֵּט לַחֶרֶב אֶתֵּן: אַתָּה תִזְרַע וְלֹא תִקְצוֹר אַתָּה
טז תִדְרֹךְ־זַיִת וְלֹא־תָסוּךְ שֶׁמֶן וְתִירוֹשׁ וְלֹא תִשְׁתֶּה־יָּיִן: וְיִשְׁתַּמֵּר
חֻקּוֹת עָמְרִי וְכֹל מַעֲשֵׂה בֵית־אַחְאָב וַתֵּלְכוּ בְּמֹעֲצוֹתָם
לְמַעַן תִּתִּי אֹתְךָ לְשַׁמָּה וְיֹשְׁבֶיהָ לִשְׁרֵקָה וְחֶרְפַּת עַמִּי
ז א תִּשָּׂאוּ: אַלְלַי לִי כִּי הָיִיתִי כְּאָסְפֵּי־קַיִץ כְּעֹלְלֹת
ב בָּצִיר אֵין־אֶשְׁכּוֹל לֶאֱכוֹל בִּכּוּרָה אִוְּתָה נַפְשִׁי: אָבַד חָסִיד מִן־
הָאָרֶץ וְיָשָׁר בָּאָדָם אָיִן כֻּלָּם לְדָמִים יֶאֱרֹבוּ אִישׁ אֶת־אָחִיהוּ
ג יָצוּדוּ חֵרֶם: עַל־הָרַע כַּפַּיִם לְהֵיטִיב הַשַּׂר שֹׁאֵל וְהַשֹּׁפֵט
ד בַּשִּׁלּוּם וְהַגָּדוֹל דֹּבֵר הַוַּת נַפְשׁוֹ הוּא וַיְעַבְּתוּהָ: טוֹבָם כְּחֵדֶק
יָשָׁר מִמְּסוּכָה יוֹם מְצַפֶּיךָ פְּקֻדָּתְךָ בָאָה עַתָּה תִהְיֶה מְבוּכָתָם:
ה אַל־תַּאֲמִינוּ בְרֵעַ אַל־תִּבְטְחוּ בְּאַלּוּף מִשֹּׁכֶבֶת חֵיקֶךָ שְׁמֹר
ו פִּתְחֵי־פִיךָ: כִּי־בֵן מְנַבֵּל אָב בַּת קָמָה בְאִמָּהּ כַּלָּה בַּחֲמֹתָהּ
ז אֹיְבֵי אִישׁ אַנְשֵׁי בֵיתוֹ: וַאֲנִי בַּיהוָה אֲצַפֶּה אוֹחִילָה לֵאלֹהֵי
ח יִשְׁעִי יִשְׁמָעֵנִי אֱלֹהָי: אַל־תִּשְׂמְחִי אֹיַבְתִּי לִי כִּי נָפַלְתִּי קָמְתִּי
ט כִּי־אֵשֵׁב בַּחֹשֶׁךְ יְהוָה אוֹר לִי: זַעַף יְהוָה אֶשָּׂא
כִּי חָטָאתִי לוֹ עַד אֲשֶׁר יָרִיב רִיבִי וְעָשָׂה מִשְׁפָּטִי יוֹצִיאֵנִי לָאוֹר
י אֶרְאֶה בְּצִדְקָתוֹ: וְתֵרֶא אֹיַבְתִּי וּתְכַסֶּהָ בוּשָׁה הָאֹמְרָה אֵלַי
אַיּוֹ יְהוָה אֱלֹהָיִךְ עֵינַי תִּרְאֶינָּה בָּהּ עַתָּה תִּהְיֶה לְמִרְמָס כְּטִיט
יא יב חוּצוֹת: יוֹם לִבְנוֹת גְּדֵרָיִךְ יוֹם הַהוּא יִרְחַק־חֹק: יוֹם הוּא וְעָדֶיךָ
יָבוֹא לְמִנִּי אַשּׁוּר וְעָרֵי מָצוֹר וּלְמִנִּי מָצוֹר וְעַד־נָהָר וְיָם
יג מִיָּם וְהַר הָהָר: וְהָיְתָה הָאָרֶץ לִשְׁמָמָה עַל־יֹשְׁבֶיהָ מִפְּרִי
יד מַעַלְלֵיהֶם: רְעֵה עַמְּךָ בְשִׁבְטֶךָ צֹאן נַחֲלָתֶךָ
שֹׁכְנִי לְבָדָד יַעַר בְּתוֹךְ כַּרְמֶל יִרְעוּ בָשָׁן וְגִלְעָד כִּימֵי עוֹלָם:
טו טז כִּימֵי צֵאתְךָ מֵאֶרֶץ מִצְרָיִם אַרְאֶנּוּ נִפְלָאוֹת: יִרְאוּ גוֹיִם
וְיֵבֹשׁוּ מִכֹּל גְּבוּרָתָם יָשִׂימוּ יָד עַל־פֶּה אָזְנֵיהֶם תֶּחֱרַשְׁנָה:
יז יְלַחֲכוּ עָפָר כַּנָּחָשׁ כְּזֹחֲלֵי אֶרֶץ יִרְגְּזוּ מִמִּסְגְּרֹתֵיהֶם אֶל־יְהוָה

count myself pure with wicked balances, and with a bag of
deceitful weights? For its rich men are full of violence, and 12
its inhabitants have spoken lies, and their tongue is deceitful
in their mouth. Therefore will I smite thee with sore wounds, 13
and blight thee because of thy sins. Thou shalt eat, but not be 14
satisfied; and thy sickness shall be in thy inward parts; and
thou shalt conceive, but shalt not deliver; and that which thou
bringest forth I will give up to the sword. Thou shalt sow, but 15
thou shalt not reap; thou shalt tread the olives, but thou shalt
not anoint thyself with oil; and sweet wine, but shalt not
drink wine. For the statutes of 'Omri are kept, and all the 16
deeds of the house of Aẖ'av, and you walked in their counsels;
that I should make thee a desolation, and the inhabitants there-
of a hissing: therefore you shall bear the reproach of my peo-
ple. Woe is me! for I am like the last of the summer **7**
fruits, like the grape gleanings of the vintage: there is no
cluster to eat, no first ripe fruit that my soul desires. The good 2
man is perished out of the earth: and there is no upright one
among men: they all lie in wait for blood; each man hunts his
brother with a net. Their hands are upon that which is evil, 3
to do it diligently; the prince asks, and the judge is ready
for a reward; and the great man utters the evil desire of his
soul: and so they weave the web. The best of them is as a 4
brier: the most upright is sharper than a thorn hedge: the day
of thy watchmen and thy punishment comes; now shall their
perplexity come. Trust not in a friend, put not confidence in a 5
guide: keep the doors of thy mouth from her that lies in thy
bosom. For the son dishonours the father, the daughter rises 6
up against her mother, the daughter in law against her mother
in law; a man's enemies are the men of his own house. There- 7
fore I will look to the Lord; I will wait for the God of my
salvation: my God will hear me. Rejoice not against me, O my 8
enemy: when I fall, I shall arise; when I sit in darkness, the
Lord shall be a light to me. I will bear the indignation 9
of the Lord, because I have sinned against him, until he plead
my cause, and execute judgment for me: he will bring me forth
to the light, and I shall behold his righteousness. Then my 10
enemy shall see it, and shame shall cover her; who said to
me, Where is the Lord thy God? my eyes shall behold her:
now she shall be trodden down as the mire of the streets. The 11
day that thy walls are to be rebuilt, that day shall be far
removed. But there shall be a day when they shall come to thee 12
from Ashshur, and from the cities of Maẕor, and from Maẕor
even to the river, and from sea to sea, and from mountain to
mountain. And the land shall be desolate because of them that 13
dwell in it, for the fruit of their doings. Tend thy peo- 14
ple with thy staff, the flock of thy heritage, who dwell solitarily
in the wood, in the midst of Karmel: let them feed in Bashan
and Gil'ad, as in the days of old. As in the days of thy coming 15
out of the land of Miẕrayim I will show him marvellous things.
The nations shall see and be ashamed of all their might: they 16
shall lay their hand upon their mouth, their ears shall be deaf.
They shall lick the dust like a snake, they shall come trembling 17

יח אֱלֹהֵינוּ יִפְחָדוּ וְיִרְאוּ מִמֶּךָּ׃ מִי־אֵל כָּמוֹךָ נֹשֵׂא עָוֹן וְעֹבֵר עַל־
פֶּשַׁע לִשְׁאֵרִית נַחֲלָתוֹ לֹא־הֶחֱזִיק לָעַד אַפּוֹ כִּי־חָפֵץ חֶסֶד
יט הוּא׃ יָשׁוּב יְרַחֲמֵנוּ יִכְבֹּשׁ עֲוֺנֹתֵינוּ וְתַשְׁלִיךְ בִּמְצֻלוֹת יָם כָּל־
כ חַטֹּאתָם׃ תִּתֵּן אֱמֶת לְיַעֲקֹב חֶסֶד לְאַבְרָהָם אֲשֶׁר־נִשְׁבַּעְתָּ יב
לַאֲבֹתֵינוּ מִימֵי קֶדֶם׃

נחום א

א ב מַשָּׂא נִינְוֵה סֵפֶר חֲזוֹן נַחוּם הָאֶלְקֹשִׁי׃ אֵל קַנּוֹא וְנֹקֵם יהוה
נֹקֵם יהוה וּבַעַל חֵמָה נֹקֵם יהוה לְצָרָיו וְנוֹטֵר הוּא לְאֹיְבָיו׃
ג יהוה אֶרֶךְ אַפַּיִם וגדול־כֹּחַ וְנַקֵּה לֹא יְנַקֶּה יהוה בְּסוּפָה וּגְדָל־
ד וּבִשְׂעָרָה דַּרְכּוֹ וְעָנָן אֲבַק רַגְלָיו׃ גּוֹעֵר בַּיָּם וַיַּבְּשֵׁהוּ וְכָל־
ה הַנְּהָרוֹת הֶחֱרִיב אֻמְלַל בָּשָׁן וְכַרְמֶל וּפֶרַח לְבָנוֹן אֻמְלָל׃ הָרִים
רָעֲשׁוּ מִמֶּנּוּ וְהַגְּבָעוֹת הִתְמֹגָגוּ וַתִּשָּׂא הָאָרֶץ מִפָּנָיו וְתֵבֵל וְכָל־
ו יוֹשְׁבֵי בָהּ׃ לִפְנֵי זַעְמוֹ מִי יַעֲמוֹד וּמִי יָקוּם בַּחֲרוֹן אַפּוֹ חֲמָתוֹ
ז נִתְּכָה כָאֵשׁ וְהַצֻּרִים נִתְּצוּ מִמֶּנּוּ׃ טוֹב יהוה לְמָעוֹז בְּיוֹם צָרָה
ח וְיֹדֵעַ חֹסֵי בוֹ׃ וּבְשֶׁטֶף עֹבֵר כָּלָה יַעֲשֶׂה מְקוֹמָהּ וְאֹיְבָיו יְרַדֶּף־
ט חֹשֶׁךְ׃ מַה־תְּחַשְּׁבוּן אֶל־יהוה כָּלָה הוּא עֹשֶׂה לֹא־תָקוּם
י פַּעֲמַיִם צָרָה׃ כִּי עַד־סִירִים סְבֻכִים וּכְסָבְאָם סְבוּאִים אֻכְּלוּ
יא כְּקַשׁ יָבֵשׁ מָלֵא׃ מִמֵּךְ יָצָא חֹשֵׁב עַל־יהוה רָעָה יֹעֵץ
יב בְּלִיָּעַל׃ כֹּה ׀ אָמַר יהוה אִם־שְׁלֵמִים וְכֵן רַבִּים
יג וְכֵן נָגֹזּוּ וְעָבָר וְעִנִּתִךְ לֹא אֲעַנֵּךְ עוֹד׃ וְעַתָּה אֶשְׁבֹּר מֹטֵהוּ
יד מֵעָלָיִךְ וּמוֹסְרֹתַיִךְ אֲנַתֵּק׃ וְצִוָּה עָלֶיךָ יהוה לֹא־יִזָּרַע מִשִּׁמְךָ
עוֹד מִבֵּית אֱלֹהֶיךָ אַכְרִית פֶּסֶל וּמַסֵּכָה אָשִׂים קִבְרֶךָ כִּי
ב א קַלּוֹתָ׃ הִנֵּה עַל־הֶהָרִים רַגְלֵי מְבַשֵּׂר מַשְׁמִיעַ
שָׁלוֹם חָגִּי יְהוּדָה חַגַּיִךְ שַׁלְּמִי נְדָרָיִךְ כִּי לֹא יוֹסִיף עוֹד לעבור־ לַעֲבָר־
ב בָּךְ בְּלִיַּעַל כֻּלֹּה נִכְרָת׃ עָלָה מֵפִיץ עַל־פָּנַיִךְ נָצוֹר מְצוּרָה
ג צַפֵּה־דֶרֶךְ חַזֵּק מָתְנַיִם אַמֵּץ כֹּחַ מְאֹד׃ כִּי שָׁב יהוה אֶת־גְּאוֹן
ד יַעֲקֹב כִּגְאוֹן יִשְׂרָאֵל כִּי בְקָקוּם בֹּקְקִים וּזְמֹרֵיהֶם שִׁחֵתוּ׃ מָגֵן

out of their holes like crawling things of the earth: they shall
be afraid of the LORD our GOD, and shall fear because of thee.
Who is a GOD like thee, who pardons iniquity, and forgives the 18
transgression of the remnant of his heritage? he does not main-
tain his anger for ever, because he delights in mercy. He will 19
again have compassion upon us; he will suppress our iniquities.
And thou wilt cast all their sins into the depths of the sea;
thou wilt show truth to Ya'aqov, loyal love to Avraham, as 20
thou hast sworn to our fathers from days of old.

NAḤUM / NAHUM 1

The burden of Nineve. The book of the vision of Naḥum the 1
Elqoshite. The LORD is a jealous and revenging GOD; the LORD 2
revenges, and is full of wrath; the LORD takes vengeance on
his adversaries, and he keeps wrath for his enemies. The LORD 3
is slow to anger, and great in power, and will by no means
acquit the wicked: the LORD, his way is in the tempest and in the
storm, and the clouds are the dust of his feet. He rebukes the 4
sea, and makes it dry, and dries up all the rivers: Bashan
languishes, and Karmel, and the flower of Levanon fades. The 5
mountains quake at him, and the hills melt, and the earth is
aroused at his presence, both the world, and all that dwell
in it. Who can stand before his indignation? and who can abide 6
in the fierceness of his anger? his fury is poured out like fire,
and the rocks are broken up by him. The LORD is good, a 7
stronghold in the day of trouble; and he knows them that trust
in him. But with an overrunning flood he will make an utter 8
end of her place, and darkness shall pursue his enemies. What 9
do you contrive against the LORD? he will make an utter end:
affliction shall not rise up the second time. For they are en- 10
tangled with thorns, drunken as with their drink; they are
devoured as stubble fully dry. There is one come out of thee, 11
that contrives evil against the LORD, a wicked counsellor.

Thus says the LORD; Though they are at peace, and like- 12
wise many, even so they shall be cut down, and it shall pass
away. Though I have afflicted thee, I will afflict thee no more.
For now will I break his yoke from off thee, and will burst 13
thy bonds asunder. And the LORD has given a commandment 14
concerning thee, that no more of thy name be sown: out of
the house of thy gods will I cut off the carved idol and the
molten image: I will make thy grave; for thou art vile.

Behold upon the mountains the feet of him that brings **2**
good tidings, that announces peace! O Yehuda, keep thy feasts,
perform thy vows: for the wicked one shall no more pass
through thee; he is utterly cut off. The batterer is come up 2
against thee: guard the ramparts, watch the way, make thy
loins strong, fortify thy power mightily. For the LORD restores 3
the pride of Ya'aqov, like the pride of Yisra'el: for plunderers
have stripped them, and marred their vine branches. The shield 4
of his mighty men is made red, the valiant men are in scarlet:

גִּבֹּרֵיהוּ מְאָדָּם אַנְשֵׁי־חַיִל מְתֻלָּעִים בְּאֵשׁ־פְּלָדוֹת הָרֶכֶב בְּיוֹם
ה הֲכִינוֹ וְהַבְּרֹשִׁים הָרְעָלוּ: בַּחוּצוֹת יִתְהוֹלְלוּ הָרֶכֶב יִשְׁתַּקְשְׁקוּן
ו בָּרְחֹבוֹת מַרְאֵיהֶן כַּלַּפִּידִים כַּבְּרָקִים יְרוֹצֵצוּ: יִזְכֹּר אַדִּירָיו
ז (בַּהֲלִיכָתָם) יִכָּשְׁלוּ בהלוכתם יְמַהֲרוּ חוֹמָתָהּ וְהֻכַן הַסֹּכֵךְ: שַׁעֲרֵי הַנְּהָרוֹת
ח נִפְתָּחוּ וְהַהֵיכָל נָמוֹג: וְהֻצַּב גֻּלְּתָה הֹעֲלָתָה וְאַמְהֹתֶיהָ מְנַהֲגוֹת
ט כְּקוֹל יוֹנִים מְתֹפְפֹת עַל־לִבְבֵהֶן: וְנִינְוֵה כִבְרֵכַת־מַיִם מִימֵי
י הִיא וְהֵמָּה נָסִים עִמְדוּ עֲמֹדוּ וְאֵין מַפְנֶה: בֹּזּוּ כֶסֶף בֹּזּוּ זָהָב
יא וְאֵין קֵצֶה לַתְּכוּנָה כָּבֹד מִכֹּל כְּלִי חֶמְדָּה: בּוּקָה וּמְבוּקָה
וּמְבֻלָּקָה וְלֵב נָמֵס וּפַק בִּרְכַּיִם וְחַלְחָלָה בְּכָל־מָתְנַיִם וּפְנֵי
יב כֻלָּם קִבְּצוּ פָארוּר: אַיֵּה מְעוֹן אֲרָיוֹת וּמִרְעֶה הוּא לַכְּפִרִים
יג אֲשֶׁר הָלַךְ אַרְיֵה לָבִיא שָׁם גּוּר אַרְיֵה וְאֵין מַחֲרִיד: אַרְיֵה
טֹרֵף בְּדֵי גֹרוֹתָיו וּמְחַנֵּק לְלִבְאֹתָיו וַיְמַלֵּא־טֶרֶף חֹרָיו וּמְעֹנֹתָיו
יד טְרֵפָה: הִנְנִי אֵלַיִךְ נְאֻם יהוה צְבָאוֹת וְהִבְעַרְתִּי בֶעָשָׁן רִכְבָּהּ
וּכְפִירַיִךְ תֹּאכַל חָרֶב וְהִכְרַתִּי מֵאֶרֶץ טַרְפֵּךְ וְלֹא־יִשָּׁמַע עוֹד
ג א קוֹל מַלְאָכֵכֵה: הוֹי עִיר דָּמִים כֻּלָּהּ כַּחַשׁ פֶּרֶק
ב מְלֵאָה לֹא יָמִישׁ טָרֶף: קוֹל שׁוֹט וְקוֹל רַעַשׁ אוֹפָן וְסוּס דֹּהֵר
ג וּמֶרְכָּבָה מְרַקֵּדָה: פָּרָשׁ מַעֲלֶה וְלַהַב חֶרֶב וּבְרַק חֲנִית וְרֹב
ד (וְיִכָּשְׁלוּ) חָלָל וְכֹבֶד פָּגֶר וְאֵין קֵצֶה לַגְּוִיָּה יכשלו בִּגְוִיָּתָם: מֵרֹב זְנוּנֵי
זוֹנָה טוֹבַת חֵן בַּעֲלַת כְּשָׁפִים הַמֹּכֶרֶת גּוֹיִם בִּזְנוּנֶיהָ וּמִשְׁפָּחוֹת
ה בִּכְשָׁפֶיהָ: הִנְנִי אֵלַיִךְ נְאֻם יהוה צְבָאוֹת וְגִלֵּיתִי שׁוּלַיִךְ עַל־
ו פָּנָיִךְ וְהַרְאֵיתִי גוֹיִם מַעְרֵךְ וּמַמְלָכוֹת קְלוֹנֵךְ: וְהִשְׁלַכְתִּי עָלַיִךְ
ז שִׁקֻּצִים וְנִבַּלְתִּיךְ וְשַׂמְתִּיךְ כְּרֹאִי: וְהָיָה כָל־רֹאַיִךְ יִדּוֹד מִמֵּךְ
וְאָמַר שָׁדְּדָה נִינְוֵה מִי יָנוּד לָהּ מֵאַיִן אֲבַקֵּשׁ מְנַחֲמִים לָךְ:
ח הֲתֵיטְבִי מִנֹּא אָמוֹן הַיֹּשְׁבָה בַּיְאֹרִים מַיִם סָבִיב לָהּ אֲשֶׁר־חֵיל
ט יָם מִיָּם חוֹמָתָהּ: כּוּשׁ עָצְמָה וּמִצְרַיִם וְאֵין קֵצֶה פּוּט וְלוּבִים
י הָיוּ בְּעֶזְרָתֵךְ: גַּם־הִיא לַגֹּלָה הָלְכָה בַשֶּׁבִי גַּם עֹלָלֶיהָ יְרֻטְּשׁוּ
בְּרֹאשׁ כָּל־חוּצוֹת וְעַל־נִכְבַּדֶּיהָ יַדּוּ גוֹרָל וְכָל־גְּדוֹלֶיהָ רֻתְּקוּ
יא בַזִּקִּים: גַּם־אַתְּ תִּשְׁכְּרִי תְּהִי נַעֲלָמָה גַּם־אַתְּ תְּבַקְשִׁי מָעוֹז
יב מֵאוֹיֵב: כָּל־מִבְצָרַיִךְ תְּאֵנִים עִם־בִּכּוּרִים אִם־יִנּוֹעוּ וְנָפְלוּ עַל־
יג פִּי אוֹכֵל: הִנֵּה עַמֵּךְ נָשִׁים בְּקִרְבֵּךְ לְאֹיְבַיִךְ פָּתוֹחַ נִפְתְּחוּ שַׁעֲרֵי

the chariots glitter with steel in the day of his preparation,
and the spears of cypress wood are brandished. The chariots 5
shall rage in the streets, they shall jostle one against another
in the squares : they seem like torches, they run to and fro like
lightnings. He remembers his valiant men : they stumble in 6
their walk ; they make haste to its wall, and the screen is pre-
pared. The gates of the rivers are opened, and the palace is 7
dissolved. It is set up ; she is uncovered ; she is carried away; 8
and her maidens moan as with the voice of doves, drumming
on their breasts. But Nineve is like a pool of water long 9
established : yet they flee away. Halt, halt, they cry ; but none
turns back. Take the spoil of silver, take the spoil of gold : 10
for there is no end of the store : there is an abundance of all
precious vessels. She is empty, and void, and waste: and the 11
heart melts, and the knees knock together, and there is trem-
bling in all loins, and the faces of them all are covered with
blackness. Where is the den of the lions, and the feeding- 12
place of the young lions, where the lion, and the lioness walked,
and the lion's whelp, and none made them afraid? The lion 13
did tear in pieces enough for his whelps, and strangled for his
lionesses, and filled his holes with prey, and his dens with ravin.
Behold, I am against thee, says the Lord of hosts, and I will 14
burn her chariots in the smoke, and the sword shall devour thy
young lions: and I will cut off thy prey from the earth, and the
voice of thy messengers shall no more be heard. Woe to **3**
the bloody city! it is all full of lies and robbery; the prey departs
not; The noise of a whip, and the noise of the rattling of the 2
wheels, and of prancing horses, and bounding chariots. The 3
horseman leaps up with his bright sword and glittering spear :
and there is a multitude of slain, and a heap of carcasses; and
there is no end of corpses ; they stumble upon their corpses :
because of the multitude of the harlotries of the charming and 4
bewitching harlot, that sells nations through her lewd practices,
and families through her witchcrafts. Behold, I am against thee, 5
says the Lord of hosts; and I will uncover thy skirts upon thy
face, and I will show the nations thy nakedness, and the king-
doms thy shame. And I will cast abominable filth upon thee, and 6
make thee vile, and will make thee like dung. And it shall come 7
to pass, that all they that look upon thee shall flee from thee,
and say, Nineve is laid waste : who will bemoan her? whence
shall I seek comforters for thee? Art thou better than No-amon, 8
that was situated among the rivers, that had the waters round
about it, whose rampart was the sea, and her wall was from
the sea? Kush the mighty, and Miẕrayim without end ; Put and 9
Luvim were thy help; yet she went into Exile, into captivity: 10
her young children also were dashed in pieces at the top of all
the streets : and they cast lots for her honourable men, and all
her great men were bound in chains. Thou also shalt be drunk- 11
en: thou shalt be dazed, thou also shalt seek a refuge from
the enemy. All thy strongholds shall be like fig trees with the 12
first ripe figs: if they are shaken, then they fall into the mouth
of the eater. Behold, thy people in the midst of thee are women: 13
the gates of thy land are set wide open to thy enemies: the

יד אַרְצֵךְ אָכְלָה אֵשׁ בְּרִיחָיִךְ: מֵי מָצוֹר שַׁאֲבִי־לָךְ חַזְּקִי מִבְצָרָיִךְ
טו בֹּאִי בַטִּיט וְרִמְסִי בַחֹמֶר הַחֲזִיקִי מַלְבֵּן: שָׁם תֹּאכְלֵךְ אֵשׁ
תַּכְרִיתֵךְ חֶרֶב תֹּאכְלֵךְ כַּיָּלֶק הִתְכַּבֵּד כַּיֶּלֶק הִתְכַּבְּדִי כָּאַרְבֶּה:
טז יז הִרְבֵּית רֹכְלַיִךְ מִכּוֹכְבֵי הַשָּׁמָיִם יֶלֶק פָּשַׁט וַיָּעֹף: מִנְּזָרַיִךְ
כָּאַרְבֶּה וְטַפְסְרַיִךְ כְּגוֹב גּוֹבָי הַחוֹנִים בַּגְּדֵרוֹת בְּיוֹם קָרָה
יח שֶׁמֶשׁ זָרְחָה וְנוֹדַד וְלֹא־נוֹדַע מְקוֹמוֹ אַיָּם: נָמוּ רֹעֶיךָ
מֶלֶךְ אַשּׁוּר יִשְׁכְּנוּ אַדִּירֶיךָ נָפֹשׁוּ עַמְּךָ עַל־הֶהָרִים וְאֵין
יט מְקַבֵּץ: אֵין־כֵּהָה לְשִׁבְרֶךָ נַחְלָה מַכָּתֶךָ כֹּל ׀ שֹׁמְעֵי שִׁמְעֲךָ
תָּקְעוּ כַף עָלֶיךָ כִּי עַל־מִי לֹא־עָבְרָה רָעָתְךָ תָּמִיד:

חבקוק א

א ב הַמַּשָּׂא אֲשֶׁר חָזָה חֲבַקּוּק הַנָּבִיא: עַד־אָנָה יְהוָה שִׁוַּעְתִּי וְלֹא יג
ג תִשְׁמָע אֶזְעַק אֵלֶיךָ חָמָס וְלֹא תוֹשִׁיעַ: לָמָּה תַרְאֵנִי אָוֶן וְעָמָל
ד תַּבִּיט וְשֹׁד וְחָמָס לְנֶגְדִּי וַיְהִי רִיב וּמָדוֹן יִשָּׂא: עַל־כֵּן תָּפוּג
תּוֹרָה וְלֹא־יֵצֵא לָנֶצַח מִשְׁפָּט כִּי רָשָׁע מַכְתִּיר אֶת־הַצַּדִּיק
ה עַל־כֵּן יֵצֵא מִשְׁפָּט מְעֻקָּל: רְאוּ בַגּוֹיִם וְהַבִּיטוּ וְהִתַּמְּהוּ תְּמָהוּ
ו כִּי־פֹעַל פֹּעֵל בִּימֵיכֶם לֹא תַאֲמִינוּ כִּי יְסֻפָּר: כִּי־הִנְנִי מֵקִים
אֶת־הַכַּשְׂדִּים הַגּוֹי הַמַּר וְהַנִּמְהָר הַהוֹלֵךְ לְמֶרְחֲבֵי־אֶרֶץ לָרֶשֶׁת
ז מִשְׁכָּנוֹת לֹּא־לוֹ: אָיֹם וְנוֹרָא הוּא מִמֶּנּוּ מִשְׁפָּטוֹ וּשְׂאֵתוֹ יֵצֵא:
ח וְקַלּוּ מִנְּמֵרִים סוּסָיו וְחַדּוּ מִזְּאֵבֵי עֶרֶב וּפָשׁוּ פָּרָשָׁיו וּפָרָשָׁיו
ט מֵרָחוֹק יָבֹאוּ יָעֻפוּ כְּנֶשֶׁר חָשׁ לֶאֱכוֹל: כֻּלֹּה לְחָמָס יָבוֹא מְגַמַּת
י פְּנֵיהֶם קָדִימָה וַיֶּאֱסֹף כַּחוֹל שֶׁבִי: וְהוּא בַּמְּלָכִים יִתְקַלָּס וְרֹזְנִים
יא מִשְׂחָק לוֹ הוּא לְכָל־מִבְצָר יִשְׂחָק וַיִּצְבֹּר עָפָר וַיִּלְכְּדָהּ: אָז
יב חָלַף רוּחַ וַיַּעֲבֹר וְאָשֵׁם זוּ כֹחוֹ לֵאלֹהוֹ: הֲלוֹא אַתָּה מִקֶּדֶם
יְהוָה אֱלֹהַי קְדֹשִׁי לֹא נָמוּת יְהוָה לְמִשְׁפָּט שַׂמְתּוֹ וְצוּר לְהוֹכִיחַ
יג יְסַדְתּוֹ: טְהוֹר עֵינַיִם מֵרְאוֹת רָע וְהַבִּיט אֶל־עָמָל לֹא תוּכָל
יד לָמָּה תַבִּיט בּוֹגְדִים תַּחֲרִישׁ בְּבַלַּע רָשָׁע צַדִּיק מִמֶּנּוּ: וַתַּעֲשֶׂה

fire has devoured thy bars. Draw thee waters for the siege,   14
fortify thy strongholds: go into the clay, and tread the mortar,
take hold of the brick mould. There shall the fire devour thee ;   15
the sword shall cut thee off, it shall eat thee up like the locust:
be swept away as with the locust, be swept away as with the
swarming locust. Thou hast multiplied thy merchants above   16
the stars of heaven: the locust spreads itself, and flies away.
Thy crowned ones are like the locusts, and thy captains like   17
swarms of grasshoppers, which camp in the hedges in the cold
day, but when the sun arises they flee away, and their place is
not known where they are. Thy shepherds slumber, O king of   18
Ashshur: thy nobles are at rest: thy people are scattered upon
the mountains, and no man gathers them in. There is no heal-   19
ing for thy breach; thy wound is grievous: all that hear the
report of thee clap the hands over thee: for upon whom has
not thy wickedness passed continually ?

ḤAVAQQUQ / HABAKKUK   1

The burden which Ḥavaqquq the prophet did see. O LORD, how   1,2
long shall I cry, and thou wilt not hear ! I cry out to thee of
violence, and thou wilt not save ! Why dost thou show me   3
iniquity, and cause me to behold mischief ? for spoiling and
violence are before me : and there is strife; and contention
raises its head. Therefore Tora is slackened, and justice does   4
not go out triumphantly: for the wicked man besets the righ-
teous, so that justice goes out perverted. Look among the na-   5
tions, and behold, and be struck with amazement: for a deed will
be performed in your days, which you will not believe, though
it be told you. For, lo, I raise up the Kasdim, a bitter and   6
impetuous nation, who shall march through the breadth of
the land, to possess the dwelling places that are not theirs.
They are terrible and dreadful: their justice and their dignity   7
shall proceed of themselves. Their horses also are swifter   8
than leopards, and are more fierce than the wolves of the
desert: and their horsemen shall spread themselves, and their
horsemen shall come from far; they shall fly like a vulture
hastening to devour. They shall come all of them to do vio-   9
lence; their faces set towards the east: and they shall gather
captives like sand. And they shall scoff at kings, and princes   10
shall be a scorn to them: they shall deride every stronghold;
for they shall heap dust, and take it. Then he shall vanish,   11
and be gone like the wind, bearing his guilt : such is the
strength imputed to his god. Art thou not from everlasting,   12
O LORD my GOD, my Holy One ? we shall not die. O LORD,
thou hast ordained them for judgment ; and, O mighty GOD,
thou hast established them for correction. Thou art of eyes   13
too pure to behold evil, canst not look on iniquity : why
dost thou look upon them that deal treacherously, and dost
hold thy peace when the wicked devours the man that is more
righteous than he ? And dost make men like the fishes of the   14

טו אָדָם כִּדְגֵי הַיָּם כְּרֶמֶשׂ לֹא־מֹשֵׁל בּוֹ: כֻּלֹּה בְּחַכָּה הֵעֲלָה
טז יְגֹרֵהוּ בְחֶרְמוֹ וְיַאַסְפֵהוּ בְּמִכְמַרְתּוֹ עַל־כֵּן יִשְׂמַח וְיָגִיל: עַל־
כֵּן יְזַבֵּחַ לְחֶרְמוֹ וִיקַטֵּר לְמִכְמַרְתּוֹ כִּי בָהֵמָּה שָׁמֵן חֶלְקוֹ
יז וּמַאֲכָלוֹ בְּרִאָה: הַעַל כֵּן יָרִיק חֶרְמוֹ וְתָמִיד לַהֲרֹג גּוֹיִם לֹא
ב א יַחְמוֹל: עַל־מִשְׁמַרְתִּי אֶעֱמֹדָה וְאֶתְיַצְּבָה עַל־
מָצוֹר וַאֲצַפֶּה לִרְאוֹת מַה־יְדַבֶּר־בִּי וּמָה אָשִׁיב עַל־תּוֹכַחְתִּי:
ב וַיַּעֲנֵנִי יהוה וַיֹּאמֶר כְּתֹב חָזוֹן וּבָאֵר עַל־הַלֻּחוֹת לְמַעַן יָרוּץ
ג קוֹרֵא בוֹ: כִּי עוֹד חָזוֹן לַמּוֹעֵד וְיָפֵחַ לַקֵּץ וְלֹא יְכַזֵּב אִם־
ד יִתְמַהְמַהּ חַכֵּה־לוֹ כִּי־בֹא יָבֹא לֹא יְאַחֵר: הִנֵּה עֻפְּלָה לֹא־
ה יָשְׁרָה נַפְשׁוֹ בּוֹ וְצַדִּיק בֶּאֱמוּנָתוֹ יִחְיֶה: וְאַף כִּי־הַיַּיִן בֹּגֵד גֶּבֶר
יָהִיר וְלֹא יִנְוֶה אֲשֶׁר הִרְחִיב כִּשְׁאוֹל נַפְשׁוֹ וְהוּא כַמָּוֶת וְלֹא
ו יִשְׂבָּע וַיֶּאֱסֹף אֵלָיו כָּל־הַגּוֹיִם וַיִּקְבֹּץ אֵלָיו כָּל־הָעַמִּים: הֲלוֹא־
אֵלֶּה כֻלָּם עָלָיו מָשָׁל יִשָּׂאוּ וּמְלִיצָה חִידוֹת לוֹ וְיֹאמַר הוֹי
ז הַמַּרְבֶּה לֹּא־לוֹ עַד־מָתַי וּמַכְבִּיד עָלָיו עַבְטִיט: הֲלוֹא פֶתַע
ח יָקוּמוּ נֹשְׁכֶיךָ וְיִקְצוּ מְזַעְזְעֶיךָ וְהָיִיתָ לִמְשִׁסּוֹת לָמוֹ: כִּי־אַתָּה
שַׁלּוֹתָ גּוֹיִם רַבִּים יְשָׁלּוּךָ כָּל־יֶתֶר עַמִּים מִדְּמֵי אָדָם וַחֲמַס־
ט אֶרֶץ קִרְיָה וְכָל־יֹשְׁבֵי בָהּ: הוֹי בֹּצֵעַ בֶּצַע רָע
י לְבֵיתוֹ לָשׂוּם בַּמָּרוֹם קִנּוֹ לְהִנָּצֵל מִכַּף־רָע: יָעַצְתָּ בֹּשֶׁת לְבֵיתֶךָ
יא קְצוֹת־עַמִּים רַבִּים וְחוֹטֵא נַפְשֶׁךָ: כִּי־אֶבֶן מִקִּיר תִּזְעָק וְכָפִיס
יב מֵעֵץ יַעֲנֶנָּה: הוֹי בֹּנֶה עִיר בְּדָמִים וְכוֹנֵן קִרְיָה
יג בְּעַוְלָה: הֲלוֹא הִנֵּה מֵאֵת יהוה צְבָאוֹת וְיִיגְעוּ עַמִּים בְּדֵי־
יד אֵשׁ וּלְאֻמִּים בְּדֵי־רִיק יִעָפוּ: כִּי תִּמָּלֵא הָאָרֶץ לָדַעַת אֶת־
טו כְּבוֹד יהוה כַּמַּיִם יְכַסּוּ עַל־יָם: הוֹי מַשְׁקֵה רֵעֵהוּ
טז מְסַפֵּחַ חֲמָתְךָ וְאַף שַׁכֵּר לְמַעַן הַבִּיט עַל־מְעוֹרֵיהֶם: שָׂבַעְתָּ
קָלוֹן מִכָּבוֹד שְׁתֵה גַם־אַתָּה וְהֵעָרֵל תִּסּוֹב עָלֶיךָ כּוֹס יְמִין יהוה
יז וְקִיקָלוֹן עַל־כְּבוֹדֶךָ: כִּי־חֲמַס לְבָנוֹן יְכַסֶּךָּ וְשֹׁד בְּהֵמוֹת יְחִיתַן
יח מִדְּמֵי אָדָם וַחֲמַס־אֶרֶץ קִרְיָה וְכָל־יֹשְׁבֵי בָהּ: מָה־
הוֹעִיל פֶּסֶל כִּי פְסָלוֹ יֹצְרוֹ מַסֵּכָה וּמוֹרֶה שָּׁקֶר כִּי־בָטַח יֹצֵר
יט יִצְרוֹ עָלָיו לַעֲשׂוֹת אֱלִילִים אִלְּמִים: הוֹי אֹמֵר לָעֵץ
הָקִיצָה עוּרִי לְאֶבֶן דּוּמָם הוּא יוֹרֶה הִנֵּה־הוּא תָּפוּשׂ זָהָב וָכֶסֶף
כ וְכָל־רוּחַ אֵין בְּקִרְבּוֹ: וַיהוה בְּהֵיכַל קָדְשׁוֹ הַס מִפָּנָיו כָּל־

sea, like the creeping things, that have no ruler over them? They take up all of them with the angle, they catch them in 15 their net, and gather them in their drag: therefore they rejoice and are glad. Therefore they sacrifice to their net, and 16 burn incense to their drag; because by them their portion is fat, and their food plenteous. Shall they therefore empty their 17 net, and not spare to slay the nations continually?   I will **2** stand upon my watch, and set me upon the tower, and will watch to see what he will say to me, and what I shall answer when I am reproved. And the LORD answered me, and said, 2 Write the vision, and make it plain upon tablets, that he who reads it may run. For there is still a vision for the appointed 3 time; and it speaks concerning the end, and does not lie: though it tarry, wait for it; because it will surely come, it will not delay. Behold, his soul is puffed up; it is not upright in him: but 4 the just shall live by his faith. Moreover, wine is treacherous; the 5 arrogant man shall not abide, whose desires gape wide like She'ol; and like death, he cannot be satisfied: for he has gathered to himself all the nations, and has collected to him all the peoples: shall not all these take up a parable against him, 6 and a taunting proverb against him, and say, Woe to him that increases that which is not his! how long? and that loads himself with property taken in pledge! Shall not thy exactors rise 7 up suddenly against thee, and thy shakers awaken, and thou shalt be for plunder to them? Because thou hast spoiled many 8 nations, all the remnant of the peoples shall spoil thee; because of men's blood, and for the violence done to the land, to the city, and all that dwell in it.   Woe to him that gets evil 9 gain for his house, that he may set his nest on high, that he may be delivered from the power of evil! Thou hast devised 10 shame to thy house by cutting off many peoples, and hast sinned against thy life. For the stone shall cry out of the wall, 11 and the beam out of the timber shall answer it.   Woe 12 to him that builds a town with blood, and establishes a city by iniquity! Behold, is it not of the LORD of hosts that the peoples 13 labour only for fire, and the nations weary themselves only for vanity? For the earth shall be filled with the knowledge of the 14 glory of the LORD, as the waters cover the sea.   Woe to 15 him that gives his neighbour drink, adding thy venom to it, and making him drunken also, that thou mayst look on their nakedness! Thou art filled with shame instead of glory: drink 16 thou also, and stagger: the cup of the LORD's right hand shall be turned to thee, and shameful disgrace shall be on thy glory. For the violence done to Levanon covers thee, and the spoil 17 of beasts, which made them afraid, because of men's blood, and for the violence done to the land, to the city, and to all that dwell therein.   What use is there in a carved idol, 18 that its carver has fashioned, a molten image, and a teacher of lies? that the maker should trust in his own manufacture, when he makes dumb idols?   Woe to him that says to the 19 wood, Awake; to the dumb stone, Arise, Can it teach? Behold, it is overlaid with gold and silver; and there is no breath at all in it. But the LORD is in his holy temple: let all the earth keep 20

א הָאָֽרֶץ׃ תְּפִלָּה לַחֲבַקּוּק הַנָּבִיא עַל שִׁגְיֹנֽוֹת׃
ב יְהֹוָה שָׁמַעְתִּי שִׁמְעֲךָ יָרֵאתִי יְהֹוָה פָּעָלְךָ בְּקֶרֶב שָׁנִים חַיֵּיהוּ
ג בְּקֶרֶב שָׁנִים תּוֹדִיעַ בְּרֹגֶז רַחֵם תִּזְכּֽוֹר׃ אֱלוֹהַּ מִתֵּימָן יָבוֹא
וְקָדוֹשׁ מֵהַר־פָּארָן סֶלָה כִּסָּה שָׁמַיִם הוֹדוֹ וּתְהִלָּתוֹ מָלְאָה
ד הָאָֽרֶץ׃ וְנֹגַהּ כָּאוֹר תִּהְיֶה קַרְנַיִם מִיָּדוֹ לוֹ וְשָׁם חֶבְיוֹן עֻזֹּֽה׃
ה ו לְפָנָיו יֵלֶךְ דָּבֶר וְיֵצֵא רֶשֶׁף לְרַגְלָֽיו׃ עָמַד ׀ וַיְמֹדֶד אֶרֶץ רָאָה
וַיַּתֵּר גּוֹיִם וַיִּתְפֹּֽצְצוּ הַרְרֵי־עַד שַׁחוּ גִּבְעוֹת עוֹלָם הֲלִיכוֹת
ז עוֹלָם לֽוֹ׃ תַּחַת אָוֶן רָאִיתִי אָהֳלֵי כוּשָׁן יִרְגְּזוּן יְרִיעוֹת אֶרֶץ
ח מִדְיָֽן׃ הֲבִנְהָרִים חָרָה יְהֹוָה אִם בַּנְּהָרִים אַפֶּךָ
אִם־בַּיָּם עֶבְרָתֶךָ כִּי תִרְכַּב עַל־סוּסֶיךָ מַרְכְּבֹתֶיךָ יְשׁוּעָֽה׃
ט עֶרְיָה תֵעוֹר קַשְׁתֶּךָ שְׁבֻעוֹת מַטּוֹת אֹמֶר סֶלָה נְהָרוֹת תְּבַקַּע־
י אָֽרֶץ׃ רָאוּךָ יָחִילוּ הָרִים זֶרֶם מַיִם עָבָר נָתַן תְּהוֹם קוֹלוֹ רוֹם
יא יָדֵיהוּ נָשָֽׂא׃ שֶׁמֶשׁ יָרֵחַ עָמַד זְבֻלָה לְאוֹר חִצֶּיךָ יְהַלֵּכוּ לְנֹגַהּ
יב יג בְּרַק חֲנִיתֶֽךָ׃ בְּזַעַם תִּצְעַד־אָרֶץ בְּאַף תָּדוּשׁ גּוֹיִֽם׃ יָצָאתָ לְיֵשַׁע
עַמֶּךָ לְיֵשַׁע אֶת־מְשִׁיחֶךָ מָחַצְתָּ רֹּאשׁ מִבֵּית רָשָׁע עָרוֹת יְסוֹד
יד עַד־צַוָּאר סֶֽלָה׃ נָקַבְתָּ בְמַטָּיו רֹאשׁ פְּרָזָו יִסְעֲרוּ
טו לַהֲפִיצֵנִי עֲלִיצֻתָם כְּמוֹ־לֶאֱכֹל עָנִי בַּמִּסְתָּֽר׃ דָּרַכְתָּ בַיָּם סוּסֶיךָ
טז חֹמֶר מַיִם רַבִּֽים׃ שָׁמַעְתִּי ׀ וַתִּרְגַּז בִּטְנִי לְקוֹל צָלֲלוּ שְׂפָתַי יָבוֹא
רָקָב בַּעֲצָמַי וְתַחְתַּי אֶרְגָּז אֲשֶׁר אָנוּחַ לְיוֹם צָרָה לַעֲלוֹת לְעַם
יז יְגוּדֶֽנּוּ׃ כִּֽי־תְאֵנָה לֹֽא־תִפְרָח וְאֵין יְבוּל בַּגְּפָנִים כִּחֵשׁ מַעֲשֵׂה־
זַיִת וּשְׁדֵמוֹת לֹא־עָשָׂה אֹכֶל גָּזַר מִמִּכְלָה צֹאן וְאֵין בָּקָר
יח יט בָּרְפָתִֽים׃ וַאֲנִי בַּֽיהֹוָה אֶעְלוֹזָה אָגִילָה בֵּאלֹהֵי יִשְׁעִֽי׃ יְהֹוִה אֲדֹנָי
חֵילִי וַיָּשֶׂם רַגְלַי כָּאַיָּלוֹת וְעַל־בָּמוֹתַי יַדְרִכֵנִי לַמְנַצֵּחַ בִּנְגִינוֹתָֽי׃

יד
א דְּבַר־יְהֹוָה ׀ אֲשֶׁר הָיָה אֶל־צְפַנְיָה בֶּן־כּוּשִׁי בֶן־גְּדַלְיָה בֶּן־
ב אֲמַרְיָה בֶּן־חִזְקִיָּה בִּימֵי יֹאשִׁיָּהוּ בֶן־אָמוֹן מֶלֶךְ יְהוּדָה׃ אָסֹף

silence before him. A prayer of the prophet Ḥavaqquq. 1
(upon Shigyonot.) O LORD, I have heard the report of thee, 2
and I was afraid: O LORD, revive thy work in the midst of
the years, in the midst of the years make known; in wrath re-
member mercy. GOD comes from Teman, and the Holy One 3
from mount Paran. (Sela.) His glory covered the heavens, and
the earth was full of his praise. And there is a brightness as the 4
light; rays issue from his hand: and there the hiding of his
power is lodged. Before him goes the pestilence, and burning 5
coals go forth at his feet. He stands and shakes the earth: he 6
beholds, and causes the nations to tremble; and the everlasting
mountains are dashed in pieces; the eternal hills bow. His ways
are as of old. I saw the tents of Kushan in affliction: and the 7
curtains of the land of Midyan do tremble. Is the LORD 8
displeased against the rivers? is thy anger against the rivers?
is thy wrath against the sea? that thou ridest upon thy horses,
thy chariots of salvation? Thy bow is stripped bare, according 9
to the oaths thou didst address to the tribes. (Sela.) Thou wilt
cleave the earth with rivers. The mountains saw thee, and they 10
tremble: the stream of water passed by: the deep uttered its
voice, and lifted up its hands on high. The sun and moon stood 11
still in their habitation: at the light of thy arrows as they speed,
and at the shining of thy glittering spear. Thou dost march 12
through the land in indignation, thou dost thresh the nations
in anger. Thou hast come forth for the salvation of thy people, 13
for the salvation of thy anointed; thou hast crushed the head
of the house of the wicked, uncovering it from the foundation
to the neck. (Sela.) Thou hast pierced with his own 14
shafts the head of his warriors, who come out as a storm wind
to scatter me: their rejoicing is as to devour the poor secret-
ly. Thou hast trodden through the sea with thy horses, 15
through the heap of great waters. When I heard, my belly 16
trembled; my lips quivered at the sound: rottenness enters
my bones, and I tremble where I stand, that I should wait
for the day of trouble: when he comes up against the people
whom he invades. Although the fig tree shall not blossom, 17
neither shall fruit be in the vines; the labour of the olive
shall fail, and the fields shall yield no food; the flock shall
be cut off from the fold, and there shall be no herd in the
stalls: yet I will rejoice in the LORD, I will joy in the GOD of 18
my salvation. GOD, the LORD is my strength, and he makes my 19
feet like those of deers, and he guides me on my high places.
(To the Menaẕẕeaḥ; on my stringed instruments.)

ẔEFANYA / ZEPHANIAH 1

The word of the LORD which came to Ẕefanya the son Kushi, 1
the son of Gedalya, the son of Amarya, the son of Ḥizqiyya,
in the days of Yoshiyyahu the son of Amon, king of Yehuda.
I will utterly consume all things from off the face of the earth, 2
says the LORD. I will consume man and beast; I will consume

אָסֵף כֹּל מֵעַל פְּנֵי הָאֲדָמָה נְאֻם־יְהוָה: אָסֵף אָדָם וּבְהֵמָה אָסֵף
עוֹף־הַשָּׁמַיִם וּדְגֵי הַיָּם וְהַמַּכְשֵׁלוֹת אֶת־הָרְשָׁעִים וְהִכְרַתִּי
אֶת־הָאָדָם מֵעַל פְּנֵי הָאֲדָמָה נְאֻם־יְהוָה: וְנָטִיתִי יָדִי עַל־
יְהוּדָה וְעַל כָּל־יוֹשְׁבֵי יְרוּשָׁלָ͏ִם וְהִכְרַתִּי מִן־הַמָּקוֹם הַזֶּה
אֶת־שְׁאָר הַבַּעַל אֶת־שֵׁם הַכְּמָרִים עִם־הַכֹּהֲנִים: וְאֶת־
הַמִּשְׁתַּחֲוִים עַל־הַגַּגּוֹת לִצְבָא הַשָּׁמָיִם וְאֶת־הַמִּשְׁתַּחֲוִים
הַנִּשְׁבָּעִים לַיהוָה וְהַנִּשְׁבָּעִים בְּמַלְכָּם: וְאֶת־הַנְּסוֹגִים מֵאַחֲרֵי
יְהוָה וַאֲשֶׁר לֹא־בִקְשׁוּ אֶת־יְהוָה וְלֹא־דְרָשֻׁהוּ: הַס מִפְּנֵי
אֲדֹנָי יְהוִה כִּי קָרוֹב יוֹם יְהוָה כִּי־הֵכִין יְהוָה זֶבַח הִקְדִּישׁ
קְרֻאָיו: וְהָיָה בְּיוֹם זֶבַח יְהוָה וּפָקַדְתִּי עַל־
הַשָּׂרִים וְעַל־בְּנֵי הַמֶּלֶךְ וְעַל כָּל־הַלֹּבְשִׁים מַלְבּוּשׁ נָכְרִי:
וּפָקַדְתִּי עַל כָּל־הַדּוֹלֵג עַל־הַמִּפְתָּן בַּיּוֹם הַהוּא הַמְמַלְאִים
בֵּית אֲדֹנֵיהֶם חָמָס וּמִרְמָה: וְהָיָה בַיּוֹם הַהוּא
נְאֻם־יְהוָה קוֹל צְעָקָה מִשַּׁעַר הַדָּגִים וִילָלָה מִן־הַמִּשְׁנֶה וְשֶׁבֶר
גָּדוֹל מֵהַגְּבָעוֹת: הֵילִילוּ יֹשְׁבֵי הַמַּכְתֵּשׁ כִּי נִדְמָה כָּל־עַם כְּנַעַן
נִכְרְתוּ כָּל־נְטִילֵי כָסֶף: וְהָיָה בָּעֵת הַהִיא אֲחַפֵּשׂ
אֶת־יְרוּשָׁלַ͏ִם בַּנֵּרוֹת וּפָקַדְתִּי עַל־הָאֲנָשִׁים הַקֹּפְאִים עַל־
שִׁמְרֵיהֶם הָאֹמְרִים בִּלְבָבָם לֹא־יֵיטִיב יְהוָה וְלֹא יָרֵעַ: וְהָיָה
חֵילָם לִמְשִׁסָּה וּבָתֵּיהֶם לִשְׁמָמָה וּבָנוּ בָתִּים וְלֹא יֵשֵׁבוּ וְנָטְעוּ
כְרָמִים וְלֹא יִשְׁתּוּ אֶת־יֵינָם: קָרוֹב יוֹם־יְהוָה הַגָּדוֹל קָרוֹב
וּמַהֵר מְאֹד קוֹל יוֹם יְהוָה מַר צֹרֵחַ שָׁם גִּבּוֹר: יוֹם עֶבְרָה הַיּוֹם
הַהוּא יוֹם צָרָה וּמְצוּקָה יוֹם שֹׁאָה וּמְשׁוֹאָה יוֹם חֹשֶׁךְ וַאֲפֵלָה
יוֹם עָנָן וַעֲרָפֶל: יוֹם שׁוֹפָר וּתְרוּעָה עַל הֶעָרִים הַבְּצֻרוֹת וְעַל
הַפִּנּוֹת הַגְּבֹהוֹת: וַהֲצֵרֹתִי לָאָדָם וְהָלְכוּ כַּעִוְרִים כִּי לַיהוָה
חָטָאוּ וְשֻׁפַּךְ דָּמָם כֶּעָפָר וּלְחֻמָם כַּגְּלָלִים: גַּם־כַּסְפָּם גַּם־
זְהָבָם לֹא־יוּכַל לְהַצִּילָם בְּיוֹם עֶבְרַת יְהוָה וּבְאֵשׁ קִנְאָתוֹ
תֵּאָכֵל כָּל־הָאָרֶץ כִּי־כָלָה אַךְ־נִבְהָלָה יַעֲשֶׂה אֵת כָּל־יֹשְׁבֵי
הָאָרֶץ: הִתְקוֹשְׁשׁוּ וָקוֹשּׁוּ הַגּוֹי לֹא נִכְסָף:
בְּטֶרֶם לֶדֶת חֹק כְּמֹץ עָבַר יוֹם בְּטֶרֶם לֹא־יָבוֹא עֲלֵיכֶם
חֲרוֹן אַף־יְהוָה בְּטֶרֶם לֹא־יָבוֹא עֲלֵיכֶם יוֹם אַף־יְהוָה: בַּקְּשׁוּ
אֶת־יְהוָה כָּל־עַנְוֵי הָאָרֶץ אֲשֶׁר מִשְׁפָּטוֹ פָּעָלוּ בַּקְּשׁוּ־צֶדֶק
בַּקְּשׁוּ עֲנָוָה אוּלַי תִּסָּתְרוּ בְּיוֹם אַף־יְהוָה: כִּי עַזָּה עֲזוּבָה
תִהְיֶה וְאַשְׁקְלוֹן לִשְׁמָמָה אַשְׁדּוֹד בַּצָּהֳרַיִם יְגָרְשׁוּהָ וְעֶקְרוֹן
תֵּעָקֵר: הוֹי יֹשְׁבֵי חֶבֶל הַיָּם גּוֹי כְּרֵתִים דְּבַר־
יְהוָה עֲלֵיכֶם כְּנַעַן אֶרֶץ פְּלִשְׁתִּים וְהַאֲבַדְתִּיךְ מֵאֵין יוֹשֵׁב:

the birds of the sky, and the fishes of the sea, and the stum- 3
blingblocks with the wicked; and I will cut off man from off the
face of the earth, says the LORD. I will also stretch out my hand 4
upon Yehuda, and upon all the inhabitants of Yerushalayim;
and I will cut off the remnant of the Ba'al from this place, and
the name of the idolatrous priests with the priests; and those 5
who worship the host of heaven upon the housetops; and those
who worship, who swear to the LORD, and who yet swear by
Malkam; and those who are turned back from the LORD: and who 6
have not sought the LORD, nor inquired for him. Hold thy peace at 7
the presence of the LORD GOD: for the day of the LORD is at hand:
for the LORD has prepared a festal meal, he has bid his guests.
And it shall come to pass on the day of the LORD's feast, that 8
I will punish the princes, and the king's children, and all such as
are clothed in foreign apparel. And on the same day I will punish 9
all those who leap over the threshold, who fill their masters'
house with violence and deceit. And it shall come to 10
pass on that day, says the LORD, that there shall be the noise
of a cry from the fish gate, and a wailing from the second
quarter, and a great crashing from the hills. Wail, you inhab- 11
itants of Makhtesh, for all the merchant peoples are undone;
all that weigh silver are cut off. And it shall come to 12
pass at that time, that I will search Yerushalayim with can-
dles, and punish the men that are settled on their lees: that say
in their heart, The LORD does neither good, nor evil. There- 13
fore their wealth shall become a prey, and their houses a deso-
lation: they shall also build houses, but not inhabit them; and
they shall plant vineyards, but not drink the wine of them.
The great day of the LORD is near, it is near, and hastens great- 14
ly, the sound of the day of the LORD: the mighty man shall cry
there bitterly. That day is a day of wrath, a day of trouble 15
and distress, a day of ruin and desolation, a day of darkness
and gloom, a day of clouds and thick darkness. A day of shofar 16
and alarm against the fortified cities, and against the high
towers. And I will bring distress upon men, that they shall 17
walk like blind men, because they have sinned against the
LORD: and their blood shall be poured out like dust, and their
flesh like dung. Nor shall their silver or their gold be able to 18
deliver them on the day of the LORD's wrath; but the whole land
will be devoured by the fire of his jealousy: for he shall make
an end, indeed, a frightful end of all that dwell in the land.

2

Gather yourselves together, and assemble together, O un-
feeling nation; before the decree is brought forth, before the 2
day when you pass away like chaff, before the fierce anger of
the LORD come upon you, before the day of the LORD's anger
come upon you. Seek the LORD, all you humble of the earth, who 3
have performed his judgment; seek righteousness, seek humil-
ity: it may be you shall be hidden in the day of the LORD's
anger. For 'Azza shall be forsaken, and Ashqelon shall be a 4
desolation: they shall drive out Ashdod at the noon day, and
'Eqron shall be rooted up. Woe to the inhabitants of 5
the sea coast, the nation of the Keretim! the word of the LORD
is against you; O Kena'an, the land of the Pelishtim, I will

ו ז וְהָיְתָה חֶבֶל הַיָּם נְוֺת כְּרֹת רֹעִים וְגִדְרוֹת צֹאן: וְהָיָה חֶבֶל
לִשְׁאֵרִית בֵּית יְהוּדָה עֲלֵיהֶם יִרְעוּן בְּבָתֵּי אַשְׁקְלוֹן בָּעֶרֶב
שְׁבִיתָם ח יִרְבָּצוּן כִּי יִפְקְדֵם יהוה אֱלֹהֵיהֶם וְשָׁב שבותם: שָׁמַעְתִּי חֶרְפַּת
מוֹאָב וְגִדּוּפֵי בְּנֵי עַמּוֹן אֲשֶׁר חֵרְפוּ אֶת־עַמִּי וַיַּגְדִּילוּ עַל־גְּבוּלָם:
ט לָכֵן חַי־אָנִי נְאֻם יהוה צְבָאוֹת אֱלֹהֵי יִשְׂרָאֵל כִּי מוֹאָב כִּסְדֹם
תִּהְיֶה וּבְנֵי עַמּוֹן כַּעֲמֹרָה מִמְשַׁק חָרוּל וּמִכְרֵה־מֶלַח וּשְׁמָמָה
י עַד־עוֹלָם שְׁאֵרִית עַמִּי יְבָזּוּם וְיֶתֶר גּוֹי יִנְחָלוּם: זֹאת לָהֶם
יא תַּחַת גְּאוֹנָם כִּי חֵרְפוּ וַיַּגְדִּלוּ עַל־עַם יהוה צְבָאוֹת: נוֹרָא יהוה
עֲלֵיהֶם כִּי רָזָה אֵת כָּל־אֱלֹהֵי הָאָרֶץ וְיִשְׁתַּחֲווּ־לוֹ אִישׁ מִמְּקוֹמוֹ
יב יג כֹּל אִיֵּי הַגּוֹיִם: גַּם־אַתֶּם כּוּשִׁים חַלְלֵי חַרְבִּי הֵמָּה: וְיֵט יָדוֹ
עַל־צָפוֹן וִיאַבֵּד אֶת־אַשּׁוּר וְיָשֵׂם אֶת־נִינְוֵה לִשְׁמָמָה צִיָּה
יד כַּמִּדְבָּר: וְרָבְצוּ בְתוֹכָהּ עֲדָרִים כָּל־חַיְתוֹ־גוֹי גַּם־קָאַת גַּם־
קִפֹּד בְּכַפְתֹּרֶיהָ יָלִינוּ קוֹל יְשׁוֹרֵר בַּחַלּוֹן חֹרֶב בַּסַּף כִּי אַרְזָה
טו עֵרָה: זֹאת הָעִיר הָעַלִּיזָה הַיּוֹשֶׁבֶת לָבֶטַח הָאֹמְרָה בִּלְבָבָהּ
אֲנִי וְאַפְסִי עוֹד אֵיךְ ׀ הָיְתָה לְשַׁמָּה מַרְבֵּץ לַחַיָּה כֹּל עוֹבֵר
ג א עָלֶיהָ יִשְׁרֹק יָנִיעַ יָדוֹ: הוֹי מֹרְאָה וְנִגְאָלָה הָעִיר
ב הַיּוֹנָה: לֹא שָׁמְעָה בְּקוֹל לֹא לָקְחָה מוּסָר בַּיהוה לֹא בָטָחָה
ג אֶל־אֱלֹהֶיהָ לֹא קָרֵבָה: שָׂרֶיהָ בְקִרְבָּהּ אֲרָיוֹת שֹׁאֲגִים שֹׁפְטֶיהָ
ד זְאֵבֵי עֶרֶב לֹא גָרְמוּ לַבֹּקֶר: נְבִיאֶיהָ פֹּחֲזִים אַנְשֵׁי בֹּגְדוֹת
ה כֹּהֲנֶיהָ חִלְּלוּ־קֹדֶשׁ חָמְסוּ תּוֹרָה: יהוה צַדִּיק בְּקִרְבָּהּ לֹא יַעֲשֶׂה
עַוְלָה בַּבֹּקֶר בַּבֹּקֶר מִשְׁפָּטוֹ יִתֵּן לָאוֹר לֹא נֶעְדָּר וְלֹא־יוֹדֵעַ עַוָּל
ו בֹּשֶׁת: הִכְרַתִּי גוֹיִם נָשַׁמּוּ פִּנּוֹתָם הֶחֱרַבְתִּי חוּצוֹתָם מִבְּלִי
ז עוֹבֵר נִצְדּוּ עָרֵיהֶם מִבְּלִי־אִישׁ מֵאֵין יוֹשֵׁב: אָמַרְתִּי אַךְ־תִּירְאִי
אוֹתִי תִּקְחִי מוּסָר וְלֹא־יִכָּרֵת מְעוֹנָהּ כֹּל אֲשֶׁר־פָּקַדְתִּי עָלֶיהָ
ח אָכֵן הִשְׁכִּימוּ הִשְׁחִיתוּ כֹּל עֲלִילוֹתָם: לָכֵן חַכּוּ־לִי נְאֻם־יהוה
לְיוֹם קוּמִי לְעַד כִּי מִשְׁפָּטִי לֶאֱסֹף גּוֹיִם לְקָבְצִי מַמְלָכוֹת לִשְׁפֹּךְ
עֲלֵיהֶם זַעְמִי כֹּל חֲרוֹן אַפִּי כִּי בְּאֵשׁ קִנְאָתִי תֵּאָכֵל כָּל־הָאָרֶץ:
ט כִּי־אָז אֶהְפֹּךְ אֶל־עַמִּים שָׂפָה בְרוּרָה לִקְרֹא כֻלָּם בְּשֵׁם יהוה
י לְעָבְדוֹ שְׁכֶם אֶחָד: מֵעֵבֶר לְנַהֲרֵי־כוּשׁ עֲתָרַי בַּת־פּוּצַי יוֹבִלוּן

destroy thee, so that there shall be no inhabitant. And the sea   6
coast shall be pastures, and meadows for shepherds, and folds
for flocks. And it shall be an allotment for the remnant of the   7
house of Yehuda; they shall feed there; in the houses of Ash-
qelon they shall lie down in the evening: for the LORD their
GOD shall remember them, and restore their captivity. I have   8
heard the taunt of Mo'av, and the revilings of the children of
'Ammon, whereby they have taunted my people, and magnified
themselves against their border. Therefore as I live, says the   9
LORD of hosts, the GOD of Yisra'el, Surely Mo'av shall be like
Sedom, and the children of 'Ammon like 'Amora, the breeding
place of nettles, and saltpits, and a desolation for ever: the
residue of my people shall spoil them, and the remnant of my
people shall possess them. This they shall have for their pride,   10
because they have reproached and magnified themselves against
the people of the LORD of hosts. The LORD will be terrible to   11
them: for he will famish all the gods of the earth; and men
shall worship him, everyone from his place, all the islands of
the nations. You Kushites also, you shall be slain by my sword.   12
And he will stretch out his hand against the north, and destroy   13
Ashshur; and will make Nineve a desolation, dry like the wild-
erness. And flocks shall lie down in the midst of her, all the   14
beasts of the nations: both the little owl and the great owl shall
lodge in its capitals; their voice shall sing in the window; des-
olation shall be in the threshold: for he has uncovered the
cedar work. This is the joyful city that dwelt securely, that   15
said in her heart, I am, and there is none beside me: how is
she become a desolation, a place for beasts to lie down in: every
one that passes by her shall hiss, and gesture with his
hand.   Woe to her that is filthy and polluted, to the   **3**
oppressing city! She did not obey the voice; she did not ac-   2
cept correction; she did not trust in the LORD; she did not
draw near to her GOD. Her princes within her are roaring lions;   3
her judges are wolves at evening; they gnaw no bones in the
morning. Her prophets are worthless, treacherous persons: her   4
priests have polluted the sanctuary, they have violently per-
verted Tora. The LORD is just; he is in her midst; he will not   5
do iniquity: every morning he brings his judgment to light; it
does not fail; but the unjust knows no shame. I have cut off   6
nations: their pinnacles are desolate; I have made their streets
waste, so that none passes by: their cities are destroyed, so
that there is no man, there is no inhabitant. I said, Surely thou   7
wilt fear me, thou wilt accept correction; then her dwelling
would not have been cut off, according to all that I had threat-
ened to bring upon her. However, they were up early and cor-
rupted all their doings. Therefore wait for me, says the LORD,   8
until the day that I rise up to the prey: for my determination
is to gather the nations, that I may assemble the kingdoms, to
pour upon them my indignation, all my fierce anger: for all the
earth shall be devoured with the fire of my jealousy. For then   9
I will convert the peoples to a purer language, that they may
all call upon the name of the LORD, to serve him with one
consent. From beyond the rivers of Kush come my suppliants,   10

יא מִנְחָתִי׃ בַּיּוֹם הַהוּא לֹא תֵבוֹשִׁי מִכֹּל עֲלִילֹתַיִךְ אֲשֶׁר פָּשַׁעַתְּ בִּי
כִּי־אָז ׀ אָסִיר מִקִּרְבֵּךְ עַלִּיזֵי גַּאֲוָתֵךְ וְלֹא־תוֹסִפִי לְגָבְהָה עוֹד
יב בְּהַר קׇדְשִׁי׃ וְהִשְׁאַרְתִּי בְקִרְבֵּךְ עַם עָנִי וָדָל וְחָסוּ בְּשֵׁם
יג יְהוָה׃ שְׁאֵרִית יִשְׂרָאֵל לֹא־יַעֲשׂוּ עַוְלָה וְלֹא־יְדַבְּרוּ כָזָב
וְלֹא־יִמָּצֵא בְּפִיהֶם לְשׁוֹן תַּרְמִית כִּי־הֵמָּה יִרְעוּ וְרָבְצוּ וְאֵין
יד מַחֲרִיד׃ רׇנִּי בַּת־צִיּוֹן הָרִיעוּ יִשְׂרָאֵל שִׂמְחִי וְעׇלְזִי
טו בְּכׇל־לֵב בַּת יְרוּשָׁלָ͏ִם׃ הֵסִיר יְהוָה מִשְׁפָּטַיִךְ פִּנָּה אֹיְבֵךְ מֶלֶךְ
טז יִשְׂרָאֵל ׀ יְהוָה בְּקִרְבֵּךְ לֹא־תִירְאִי רָע עוֹד׃ בַּיּוֹם
יז הַהוּא יֵאָמֵר לִירוּשָׁלַ͏ִם אַל־תִּירָאִי צִיּוֹן אַל־יִרְפּוּ יָדָיִךְ׃ יְהוָה
אֱלֹהַיִךְ בְּקִרְבֵּךְ גִּבּוֹר יוֹשִׁיעַ יָשִׂישׂ עָלַיִךְ בְּשִׂמְחָה יַחֲרִישׁ
יח בְּאַהֲבָתוֹ יָגִיל עָלַיִךְ בְּרִנָּה׃ נוּגֵי מִמּוֹעֵד אָסַפְתִּי מִמֵּךְ הָיוּ
יט מַשְׂאֵת עָלֶיהָ חֶרְפָּה׃ הִנְנִי עֹשֶׂה אֶת־כׇּל־מְעַנַּיִךְ בָּעֵת הַהִיא
וְהוֹשַׁעְתִּי אֶת־הַצֹּלֵעָה וְהַנִּדָּחָה אֲקַבֵּץ וְשַׂמְתִּים לִתְהִלָּה
כ וּלְשֵׁם בְּכׇל־הָאָרֶץ בׇּשְׁתָּם׃ בָּעֵת הַהִיא אָבִיא אֶתְכֶם טו
וּבָעֵת קַבְּצִי אֶתְכֶם כִּי־אֶתֵּן אֶתְכֶם לְשֵׁם וְלִתְהִלָּה בְּכֹל
עַמֵּי הָאָרֶץ בְּשׁוּבִי אֶת־שְׁבוּתֵיכֶם לְעֵינֵיכֶם אָמַר יְהוָה׃

חגי א

א בִּשְׁנַת שְׁתַּיִם לְדָרְיָוֶשׁ הַמֶּלֶךְ בַּחֹדֶשׁ הַשִּׁשִּׁי בְּיוֹם אֶחָד לַחֹדֶשׁ
הָיָה דְבַר־יְהוָה בְּיַד־חַגַּי הַנָּבִיא אֶל־זְרֻבָּבֶל בֶּן־שְׁאַלְתִּיאֵל פַּחַת
ב יְהוּדָה וְאֶל־יְהוֹשֻׁעַ בֶּן־יְהוֹצָדָק הַכֹּהֵן הַגָּדוֹל לֵאמֹר׃ כֹּה אָמַר
יְהוָה צְבָאוֹת לֵאמֹר הָעָם הַזֶּה אָמְרוּ לֹא עֶת־בֹּא עֶת־בֵּית
ג יְהוָה לְהִבָּנוֹת׃ וַיְהִי דְּבַר־יְהוָה בְּיַד־חַגַּי הַנָּבִיא
ד לֵאמֹר׃ הַעֵת לָכֶם אַתֶּם לָשֶׁבֶת בְּבָתֵּיכֶם סְפוּנִים וְהַבַּיִת הַזֶּה
ה חָרֵב׃ וְעַתָּה כֹּה אָמַר יְהוָה צְבָאוֹת שִׂימוּ לְבַבְכֶם עַל־דַּרְכֵיכֶם׃
ו זְרַעְתֶּם הַרְבֵּה וְהָבֵא מְעָט אָכוֹל וְאֵין־לְשׇׂבְעָה שָׁתוֹ וְאֵין־
לְשׇׁכְרָה לָבוֹשׁ וְאֵין־לְחֹם לוֹ וְהַמִּשְׂתַּכֵּר מִשְׂתַּכֵּר אֶל־צְרוֹר
ז נָקוּב׃ כֹּה אָמַר יְהוָה צְבָאוֹת שִׂימוּ לְבַבְכֶם עַל־
ח דַּרְכֵיכֶם׃ עֲלוּ הָהָר וַהֲבֵאתֶם עֵץ וּבְנוּ הַבָּיִת וְאֶרְצֶה־בּוֹ וְאֶכָּבֵד
ט אָמַר יְהוָה׃ פָּנֹה אֶל־הַרְבֵּה וְהִנֵּה לִמְעָט וַהֲבֵאתֶם הַבַּיִת
וְנָפַחְתִּי בוֹ יַעַן מֶה נְאֻם יְהוָה צְבָאוֹת יַעַן בֵּיתִי אֲשֶׁר־הוּא

the daughters of Puẓay, who bring my offering. On that day   11
thou shalt not be ashamed for all thy doings, in which thou
hast transgressed against me: for then I will take away out of
the midst of thee those who rejoice in thy pride, and thou
shalt no more be haughty in my holy mountain. And I will   12
leave in the midst of thee a poor and lowly people, and they
shall trust in the name of the LORD. The remnant of Yisra'el   13
shall not do iniquity, nor speak lies; neither shall a deceitful
tongue be found in their mouth: for they shall feed and lie
down, and none shall make them afraid.   Sing, O daugh-   14
ter of Ẓiyyon; shout, O Yisra'el; be glad and rejoice with all
thy heart, O daughter of Yerushalayim. The LORD has taken   15
away thy judgments, he has cast out thy enemy: the king of
Yisra'el, the LORD, is in the midst of thee: thou shalt not see
evil any more.   In that day it shall be said to Yerusha-   16
layim, Fear thou not: and to Ẓiyyon, Let not thy hands be
slack. The LORD thy GOD is in the midst of thee; a mighty one   17
who will save; he will rejoice over thee with joy; he will be
silent in his love, he will joy over thee with singing. Those   18
that mourn far away from the festive assembly, do I gather;
they were thine, who had borne for thee the burden of in-
sult. Behold, at that time I will undo all that afflict thee: 19
and I will save her who limps, and gather her that was driven
out; and I will get them praise and fame, who had been put
to shame in all the earth. At that time will I bring you in, and   20
at that time I will gather you: for I will make you a name and
a praise among all the people of the earth, when I restore your
captivity before your eyes, says the LORD.

ḤAGGAY / HAGGAY   1

In the second year of Daryavesh the king, in the sixth month,   1
on the first day of the month, the word of the LORD came by
Ḥaggay the prophet to Zerubbavel the son of She'alti'el, gov-
ernor of Yehuda, and to Yehoshua the son of Yehoẓadaq, the
high priest, saying, Thus speaks the LORD of hosts, saying, This   2
people say, The time is not come, the time that the LORD's
house should be built.   Then the word of the LORD came   3
by Ḥaggay the prophet, saying, Is it time for you, yourselves,   4
to dwell in your well timbered houses, whilst this house lies
waste? Now therefore thus says the LORD of hosts; Consider   5
your ways. You have sown much, and bring in little; you eat,   6
but you have not enough; you drink, but you are not filled
with drink; you clothe yourselves, but no one is warm; and he
that earns wages earns wages to put them into a bag with
holes.   Thus says the LORD of hosts; Consider your ways.   7
Go up to the mountain, and bring wood, and build the house;   8
and I will take pleasure in it, and I will be glorified, says the
LORD. You looked for much, and, lo, it came to little; and when   9
you brought it home, I did blow upon it. Why? says the LORD
of hosts. Because of my house that lies waste, and everyone of

י חָרֵב וְאַתֶּם רָצִים אִישׁ לְבֵיתוֹ׃ עַל־כֵּן עֲלֵיכֶם כָּלְאוּ שָׁמַיִם
יא מִטָּל וְהָאָרֶץ כָּלְאָה יְבוּלָהּ׃ וָאֶקְרָא חֹרֶב עַל־הָאָרֶץ וְעַל־
הֶהָרִים וְעַל־הַדָּגָן וְעַל־הַתִּירוֹשׁ וְעַל־הַיִּצְהָר וְעַל אֲשֶׁר
תּוֹצִיא הָאֲדָמָה וְעַל־הָאָדָם וְעַל־הַבְּהֵמָה וְעַל כָּל־יְגִיעַ
יב כַּפָּיִם׃ וַיִּשְׁמַע זְרֻבָּבֶל ׀ בֶּן־שַׁלְתִּיאֵל וִיהוֹשֻׁעַ
בֶּן־יְהוֹצָדָק הַכֹּהֵן הַגָּדוֹל וְכֹל ׀ שְׁאֵרִית הָעָם בְּקוֹל יְהוָה
אֱלֹהֵיהֶם וְעַל־דִּבְרֵי חַגַּי הַנָּבִיא כַּאֲשֶׁר שְׁלָחוֹ יְהוָה אֱלֹהֵיהֶם
יג וַיִּירְאוּ הָעָם מִפְּנֵי יְהוָה׃ וַיֹּאמֶר חַגַּי מַלְאַךְ
יְהוָה בְּמַלְאֲכוּת יְהוָה לָעָם לֵאמֹר אֲנִי אִתְּכֶם נְאֻם־יְהוָה׃
יד וַיָּעַר יְהוָה אֶת־רוּחַ זְרֻבָּבֶל בֶּן־שַׁלְתִּיאֵל פַּחַת יְהוּדָה
וְאֶת־רוּחַ יְהוֹשֻׁעַ בֶּן־יְהוֹצָדָק הַכֹּהֵן הַגָּדוֹל וְאֶת־רוּחַ כֹּל
שְׁאֵרִית הָעָם וַיָּבֹאוּ וַיַּעֲשׂוּ מְלָאכָה בְּבֵית־יְהוָה צְבָאוֹת
טו אֱלֹהֵיהֶם׃ בְּיוֹם עֶשְׂרִים וְאַרְבָּעָה לַחֹדֶשׁ בַּשִּׁשִּׁי
ב א בִּשְׁנַת שְׁתַּיִם לְדָרְיָוֶשׁ הַמֶּלֶךְ׃ בַּשְּׁבִיעִי בְּעֶשְׂרִים וְאֶחָד לַחֹדֶשׁ
ב הָיָה דְּבַר־יְהוָה בְּיַד־חַגַּי הַנָּבִיא לֵאמֹר׃ אֱמָר־נָא אֶל־זְרֻבָּבֶל
בֶּן־שַׁלְתִּיאֵל פַּחַת יְהוּדָה וְאֶל־יְהוֹשֻׁעַ בֶּן־יְהוֹצָדָק הַכֹּהֵן הַגָּדוֹל
ג וְאֶל־שְׁאֵרִית הָעָם לֵאמֹר׃ מִי בָכֶם הַנִּשְׁאָר אֲשֶׁר רָאָה אֶת־
הַבַּיִת הַזֶּה בִּכְבוֹדוֹ הָרִאשׁוֹן וּמָה אַתֶּם רֹאִים אֹתוֹ עַתָּה הֲלוֹא
ד כָמֹהוּ כְּאַיִן בְּעֵינֵיכֶם׃ וְעַתָּה חֲזַק זְרֻבָּבֶל ׀ נְאֻם־יְהוָה וַחֲזַק
יְהוֹשֻׁעַ בֶּן־יְהוֹצָדָק הַכֹּהֵן הַגָּדוֹל וַחֲזַק כָּל־עַם הָאָרֶץ נְאֻם־
ה יְהוָה וַעֲשׂוּ כִּי־אֲנִי אִתְּכֶם נְאֻם יְהוָה צְבָאוֹת׃ אֶת־הַדָּבָר אֲשֶׁר
כָּרַתִּי אִתְּכֶם בְּצֵאתְכֶם מִמִּצְרַיִם וְרוּחִי עֹמֶדֶת בְּתוֹכְכֶם אַל־
ו תִּירָאוּ׃ כִּי כֹה אָמַר יְהוָה צְבָאוֹת עוֹד אַחַת
מְעַט הִיא וַאֲנִי מַרְעִישׁ אֶת־הַשָּׁמַיִם וְאֶת־הָאָרֶץ וְאֶת־הַיָּם
ז וְאֶת־הֶחָרָבָה׃ וְהִרְעַשְׁתִּי אֶת־כָּל־הַגּוֹיִם וּבָאוּ חֶמְדַּת כָּל־
הַגּוֹיִם וּמִלֵּאתִי אֶת־הַבַּיִת הַזֶּה כָּבוֹד אָמַר יְהוָה צְבָאוֹת׃
ח ט לִי הַכֶּסֶף וְלִי הַזָּהָב נְאֻם יְהוָה צְבָאוֹת׃ גָּדוֹל יִהְיֶה כְּבוֹד
הַבַּיִת הַזֶּה הָאַחֲרוֹן מִן־הָרִאשׁוֹן אָמַר יְהוָה צְבָאוֹת וּבַמָּקוֹם
י הַזֶּה אֶתֵּן שָׁלוֹם נְאֻם יְהוָה צְבָאוֹת׃ בְּעֶשְׂרִים
וְאַרְבָּעָה לַתְּשִׁיעִי בִּשְׁנַת שְׁתַּיִם לְדָרְיָוֶשׁ הָיָה דְּבַר־יְהוָה
יא בְּיַד־חַגַּי הַנָּבִיא לֵאמֹר׃ כֹּה אָמַר יְהוָה צְבָאוֹת שְׁאַל־נָא
יב אֶת־הַכֹּהֲנִים תּוֹרָה לֵאמֹר׃ הֵן ׀ יִשָּׂא־אִישׁ בְּשַׂר־קֹדֶשׁ בִּכְנַף
בִּגְדוֹ וְנָגַע בִּכְנָפוֹ אֶל־הַלֶּחֶם וְאֶל־הַנָּזִיד וְאֶל־הַיַּיִן וְאֶל־שֶׁמֶן
יג וְאֶל־כָּל־מַאֲכָל הֲיִקְדָּשׁ וַיַּעֲנוּ הַכֹּהֲנִים וַיֹּאמְרוּ לֹא׃ וַיֹּאמֶר חַגַּי
אִם־יִגַּע טְמֵא־נֶפֶשׁ בְּכָל־אֵלֶּה הֲיִטְמָא וַיַּעֲנוּ הַכֹּהֲנִים וַיֹּאמְרוּ
יד יִטְמָא׃ וַיַּעַן חַגַּי וַיֹּאמֶר כֵּן הָעָם־הַזֶּה וְכֵן־הַגּוֹי הַזֶּה לְפָנַי נְאֻם־

you runs to his own house. Therefore the heaven over you is 10
restrained from giving dew, and the earth is restrained from
giving its produce. And I called for a drought upon the land, 11
and upon the mountains, and upon the corn, and upon the new
wine, and upon the oil, and upon that which the ground brings
forth, and upon men, and upon cattle, and upon all the labour
of the hands. Then Zerubbavel the son of Shalti'el, and 12
Yehoshua the son of Yehoẕadaq, the high priest, with all the
remnant of the people, obeyed the voice of the LORD their
GOD, and the words of H̱aggay the prophet, as the LORD their
GOD had sent him, and the people feared before the LORD.

Then H̱aggay the LORD's messenger spoke the LORD's mes- 13
sage to the people, saying, I am with you, says the LORD.
And the LORD stirred up the spirit of Zerubbavel the son of 14
Shalti'el, governor of Yehuda, and the spirit of Yehoshua the
son of Yehoẕadaq, the high priest, and the spirit of all the
remnant of the people; and they came and worked in the house
of the LORD of hosts, their GOD, On the twenty fourth 15
day of the sixth month, in the second year of Daryavesh the
king. In the seventh month, on the twenty first day of the **2**
month, the word of the LORD came by the prophet H̱aggay,
saying, Speak now to Zerubbavel the son of Shalti'el, governor 2
of Yehuda, and to Yehoshua the son of Yehoẕadaq, the high
priest, and to the residue of the people, saying, Who is left 3
among you that saw this house in its first glory? and how do
you see it now? is it not in your eyes as nothing? Yet now be 4
strong, O Zerubbavel, says the LORD; and be strong, O Yeho-
shua, son of Yehoẕadaq, the high priest; and be strong, all you
people of the land, says the LORD, and work: for I am with
you, says the LORD of hosts, according to the word that I cove- 5
nanted with you when you came out of Miẕrayim, so my spirit
remains among you: fear not. For thus says the LORD 6
of hosts; Yet again, in just a little while, I will shake the
heavens, and the earth, and the sea, and the dry land; and I 7
will shake all the nations, and the costliest things of all the
nations shall come; and I will fill this house with glory, says
the LORD of hosts. The silver is mine, and the gold is mine, 8
says the LORD of hosts. The glory of this latter house shall be 9
greater than that of the former, says the LORD of hosts: and
in this place I will give peace, says the LORD of hosts. On 10
the twenty fourth day of the ninth month, in the second year
of Daryavesh, the word of the LORD came by H̱aggay the pro-
phet, saying, Thus says the LORD of hosts; Ask now a Tora of 11
the priests, saying, If one carries consecrated meat in the skirt 12
of his garment, and with his skirt he touches bread, or pottage,
or wine, or oil, or any food, does it become holy? And the
priests answered and said, No. Then said H̱aggay, If one that 13
is unclean by a dead body touch any of these, shall it be
unclean? And the priests answered and said, It becomes un-
clean. Then H̱aggay answered, and said, Such is this people, 14
and such is this nation before me, says the LORD; and such is

יְהוָה וְכֵן כָּל־מַעֲשֵׂה יְדֵיהֶם וַאֲשֶׁר יַקְרִיבוּ שָׁם טָמֵא הוּא:

ט וְעַתָּה שִׂימוּ־נָא לְבַבְכֶם מִן־הַיּוֹם הַזֶּה וָמָעְלָה מִטֶּרֶם שׂוּם־

טז אֶבֶן אֶל־אֶבֶן בְּהֵיכַל יְהוָה: מִהְיוֹתָם בָּא אֶל־עֲרֵמַת עֶשְׂרִים
וְהָיְתָה עֲשָׂרָה בָּא אֶל־הַיֶּקֶב לַחְשֹׂף חֲמִשִּׁים פּוּרָה וְהָיְתָה

יז עֶשְׂרִים: הִכֵּיתִי אֶתְכֶם בַּשִּׁדָּפוֹן וּבַיֵּרָקוֹן וּבַבָּרָד אֵת כָּל־

יח מַעֲשֵׂה יְדֵיכֶם וְאֵין־אֶתְכֶם אֵלַי נְאֻם־יְהוָה: שִׂימוּ־נָא לְבַבְכֶם
מִן־הַיּוֹם הַזֶּה וָמָעְלָה מִיּוֹם עֶשְׂרִים וְאַרְבָּעָה לַתְּשִׁיעִי לְמִן־

יט הַיּוֹם אֲשֶׁר־יֻסַּד הֵיכַל־יְהוָה שִׂימוּ לְבַבְכֶם: הַעוֹד הַזֶּרַע
בַּמְּגוּרָה וְעַד־הַגֶּפֶן וְהַתְּאֵנָה וְהָרִמּוֹן וְעֵץ הַזַּיִת לֹא נָשָׂא מִן־
הַיּוֹם הַזֶּה אֲבָרֵךְ:

כ וַיְהִי דְבַר־יְהוָה שֵׁנִית אֶל־

כא חַגַּי בְּעֶשְׂרִים וְאַרְבָּעָה לַחֹדֶשׁ לֵאמֹר: אֱמֹר אֶל־זְרֻבָּבֶל פַּחַת־

כב יְהוּדָה לֵאמֹר אֲנִי מַרְעִישׁ אֶת־הַשָּׁמַיִם וְאֶת־הָאָרֶץ: וְהָפַכְתִּי
כִּסֵּא מַמְלָכוֹת וְהִשְׁמַדְתִּי חֹזֶק מַמְלְכוֹת הַגּוֹיִם וְהָפַכְתִּי

כג מֶרְכָּבָה וְרֹכְבֶיהָ וְיָרְדוּ סוּסִים וְרֹכְבֵיהֶם אִישׁ בְּחֶרֶב אָחִיו: בַּיּוֹם
הַהוּא נְאֻם־יְהוָה צְבָאוֹת אֶקָּחֲךָ זְרֻבָּבֶל בֶּן־שְׁאַלְתִּיאֵל עַבְדִּי
נְאֻם־יְהוָה וְשַׂמְתִּיךָ כַּחוֹתָם כִּי־בְךָ בָחַרְתִּי נְאֻם יְהוָה צְבָאוֹת:

א בַּחֹדֶשׁ הַשְּׁמִינִי בִּשְׁנַת שְׁתַּיִם לְדָרְיָוֶשׁ הָיָה דְבַר־יְהוָה אֶל־

ב זְכַרְיָה בֶּן־בֶּרֶכְיָה בֶּן־עִדּוֹ הַנָּבִיא לֵאמֹר: קָצַף יְהוָה עַל־

ג אֲבוֹתֵיכֶם קָצֶף: וְאָמַרְתָּ אֲלֵהֶם כֹּה אָמַר יְהוָה צְבָאוֹת שׁוּבוּ

ד אֵלַי נְאֻם יְהוָה צְבָאוֹת וְאָשׁוּב אֲלֵיכֶם אָמַר יְהוָה צְבָאוֹת: אַל־
תִּהְיוּ כַאֲבֹתֵיכֶם אֲשֶׁר קָרְאוּ־אֲלֵיהֶם הַנְּבִיאִים הָרִאשֹׁנִים
לֵאמֹר כֹּה אָמַר יְהוָה צְבָאוֹת שׁוּבוּ נָא מִדַּרְכֵיכֶם הָרָעִים
וּמַעֲלִילֵיכֶם הָרָעִים וְלֹא שָׁמְעוּ וְלֹא־הִקְשִׁיבוּ אֵלַי נְאֻם־יְהוָה:

ה אֲבוֹתֵיכֶם אַיֵּה־הֵם וְהַנְּבִאִים הַלְעוֹלָם יִחְיוּ: אַךְ ׀ דְּבָרַי וְחֻקַּי
אֲשֶׁר צִוִּיתִי אֶת־עֲבָדַי הַנְּבִיאִים הֲלוֹא הִשִּׂיגוּ אֲבֹתֵיכֶם וַיָּשׁוּבוּ
וַיֹּאמְרוּ כַּאֲשֶׁר זָמַם יְהוָה צְבָאוֹת לַעֲשׂוֹת לָנוּ כִּדְרָכֵינוּ

ז וּכְמַעֲלָלֵינוּ כֵּן עָשָׂה אִתָּנוּ: בְּיוֹם עֶשְׂרִים
וְאַרְבָּעָה לְעַשְׁתֵּי־עָשָׂר חֹדֶשׁ הוּא־חֹדֶשׁ שְׁבָט בִּשְׁנַת שְׁתַּיִם
לְדָרְיָוֶשׁ הָיָה דְבַר־יְהוָה אֶל־זְכַרְיָה בֶּן־בֶּרֶכְיָהוּ בֶּן־עִדּוֹא

ח הַנָּבִיא לֵאמֹר: רָאִיתִי הַלַּיְלָה וְהִנֵּה־אִישׁ רֹכֵב עַל־סוּס אָדֹם
וְהוּא עֹמֵד בֵּין הַהֲדַסִּים אֲשֶׁר בַּמְּצֻלָה וְאַחֲרָיו סוּסִים אֲדֻמִּים

ט שְׂרֻקִּים וּלְבָנִים: וָאֹמַר מָה־אֵלֶּה אֲדֹנִי וַיֹּאמֶר אֵלַי הַמַּלְאָךְ

every work of their hands; and that which they offer there is
unclean. And now, I pray you, consider from this day on-   15
wards. Before a stone was laid upon a stone in the temple of
the LORD, when one came to a heap of twenty measures, there   16
were but ten: when one came to the wine vat to draw out
fifty measures of the press, there were but twenty. I smote   17
you with blasting and with mildew and with hail in all the
labours of your hands; yet you turned not to me, says the
LORD. But now consider from this day onwards, from the twen-   18
ty fourth day of the ninth month, from the day that the founda-
tion of the LORD's temple was laid, consider it. Is the seed yet 19
in the barn? and do the vine, and the fig tree, and the pome-
granate, and the olive tree, still not bring forth? from this day
I will bless you.   And again the word of the LORD came   20
to Ḥaggay on the twenty fourth day of the month, saying,
Speak to Zerubbavel, governor of Yehuda, saying, I will shake   21
the heavens and the earth; and I will overthrow the throne of   22
kingdoms, and I will destroy the strength of the kingdoms of
the nations; and I will overthrow the chariots, and those that
ride in them; and the horses and their riders shall come down,
everyone by the sword of his brother. On that day, says the   23
LORD of hosts, I will take thee, O Zerubbavel, my servant, the
son of She'alti'el, says the LORD, and will make thee like a
signet ring: for I have chosen thee, says the LORD of hosts.

ZEKHARYA / ZECHARIAH   1

In the eighth month, in the second year of Daryavesh, the word   1
of the LORD came to Zekharya, the son of Berekhya, the son of
'Iddo the prophet, saying, The LORD has been much displeased   2
with your fathers. Therefore say to them, Thus says the LORD   3
of hosts; Turn to me, says the LORD of hosts, and I will return
to you, says the LORD of hosts. Be not like your fathers, to whom 4
the former prophets cried, saying, Thus says the LORD of hosts;
Turn now from your evil ways, and from your evil doings: but
they did not hear, or hearken to me, says the LORD. Your fathers, 5
where are they? and the prophets, do they live for ever? But   6
my words and my statutes, which I commanded my servants
the prophets, did they not overtake your fathers? so that they
repented and said, As the LORD of hosts intended to do to us,
according to our ways, and according to our doings, so has he
dealt with us.   On the twenty fourth day of the eleventh 7
month, which is the month Shevat, in the second year of
Daryavesh, the word of the LORD came to Zekharya, the son of
Berekhya, the son of 'Iddo the prophet, saying, I saw in the   8
night, and behold a man riding upon a red horse, and he
stood among the myrtle bushes that were in the glen; and
behind him were there red horses, sorrel, and white. Then I   9

י הַדֹּבֵר בִּי אֲנִי אַרְאֶךָּ מָה־הֵמָּה אֵלֶּה: וַיַּעַן הָאִישׁ הָעֹמֵד בֵּין־
יא הַהֲדַסִּים וַיֹּאמַר אֵלֶּה אֲשֶׁר שָׁלַח יהוה לְהִתְהַלֵּךְ בָּאָרֶץ: וַיַּעֲנוּ
אֶת־מַלְאַךְ יהוה הָעֹמֵד בֵּין הַהֲדַסִּים וַיֹּאמְרוּ הִתְהַלַּכְנוּ בָאָרֶץ
יב וְהִנֵּה כָל־הָאָרֶץ יֹשֶׁבֶת וְשֹׁקָטֶת: וַיַּעַן מַלְאַךְ־יהוה וַיֹּאמַר יהוה
צְבָאוֹת עַד־מָתַי אַתָּה לֹא־תְרַחֵם אֶת־יְרוּשָׁלִַם וְאֵת עָרֵי יְהוּדָה
יג אֲשֶׁר זָעַמְתָּה זֶה שִׁבְעִים שָׁנָה: וַיַּעַן יהוה אֶת־הַמַּלְאָךְ הַדֹּבֵר
יד בִּי דְּבָרִים טוֹבִים דְּבָרִים נִחֻמִים: וַיֹּאמֶר אֵלַי הַמַּלְאָךְ הַדֹּבֵר
בִּי קְרָא לֵאמֹר כֹּה אָמַר יהוה צְבָאוֹת קִנֵּאתִי לִירוּשָׁלִַם וּלְצִיּוֹן
טו קִנְאָה גְדוֹלָה: וְקֶצֶף גָּדוֹל אֲנִי קֹצֵף עַל־הַגּוֹיִם הַשַּׁאֲנַנִּים אֲשֶׁר
אֲנִי קָצַפְתִּי מְּעָט וְהֵמָּה עָזְרוּ לְרָעָה:
טז לָכֵן כֹּה־אָמַר יהוה שַׁבְתִּי לִירוּשָׁלִַם בְּרַחֲמִים בֵּיתִי יִבָּנֶה בָּהּ
יז נְאֻם יהוה צְבָאוֹת וקוה יִנָּטֶה עַל־יְרוּשָׁלִָם: עוֹד ׀ קְרָא לֵאמֹר וְקָו
כֹּה אָמַר יהוה צְבָאוֹת עוֹד תְּפוּצֶנָה עָרַי מִטּוֹב וְנִחַם יהוה עוֹד
ב א אֶת־צִיּוֹן וּבָחַר עוֹד בִּירוּשָׁלִָם: וָאֶשָּׂא אֶת־עֵינַי
ב וָאֵרֶא וְהִנֵּה אַרְבַּע קְרָנוֹת: וָאֹמַר אֶל־הַמַּלְאָךְ הַדֹּבֵר בִּי
מָה־אֵלֶּה וַיֹּאמֶר אֵלַי אֵלֶּה הַקְּרָנוֹת אֲשֶׁר זֵרוּ אֶת־יְהוּדָה
ג אֶת־יִשְׂרָאֵל וִירוּשָׁלִָם: וַיַּרְאֵנִי יהוה אַרְבָּעָה
ד חָרָשִׁים: וָאֹמַר מָה אֵלֶּה בָאִים לַעֲשׂוֹת וַיֹּאמֶר לֵאמֹר אֵלֶּה
הַקְּרָנוֹת אֲשֶׁר־זֵרוּ אֶת־יְהוּדָה כְּפִי־אִישׁ לֹא־נָשָׂא רֹאשׁוֹ וַיָּבֹאוּ
אֵלֶּה לְהַחֲרִיד אֹתָם לְיַדּוֹת אֶת־קַרְנוֹת הַגּוֹיִם הַנֹּשְׂאִים קֶרֶן
ה אֶל־אֶרֶץ יְהוּדָה לְזָרוֹתָהּ: וָאֶשָּׂא עֵינַי וָאֵרֶא
ו וְהִנֵּה־אִישׁ וּבְיָדוֹ חֶבֶל מִדָּה: וָאֹמַר אָנָה אַתָּה הֹלֵךְ וַיֹּאמֶר אֵלַי
ז לָמֹד אֶת־יְרוּשָׁלִַם לִרְאוֹת כַּמָּה־רָחְבָּהּ וְכַמָּה אָרְכָּהּ: וְהִנֵּה
ח הַמַּלְאָךְ הַדֹּבֵר בִּי יֹצֵא וּמַלְאָךְ אַחֵר יֹצֵא לִקְרָאתוֹ: וַיֹּאמֶר אֵלָו
רֻץ דַּבֵּר אֶל־הַנַּעַר הַלָּז לֵאמֹר פְּרָזוֹת תֵּשֵׁב יְרוּשָׁלִַם מֵרֹב אָדָם
ט וּבְהֵמָה בְּתוֹכָהּ: וַאֲנִי אֶהְיֶה־לָּהּ נְאֻם־יהוה חוֹמַת אֵשׁ סָבִיב
י וּלְכָבוֹד אֶהְיֶה בְתוֹכָהּ: הוֹי הוֹי וְנֻסוּ מֵאֶרֶץ צָפוֹן
נְאֻם־יהוה כִּי כְּאַרְבַּע רוּחוֹת הַשָּׁמַיִם פֵּרַשְׂתִּי אֶתְכֶם נְאֻם־
יא יב יהוה: הוֹי צִיּוֹן הִמָּלְטִי יוֹשֶׁבֶת בַּת־בָּבֶל: כִּי כֹה
אָמַר יהוה צְבָאוֹת אַחַר כָּבוֹד שְׁלָחַנִי אֶל־הַגּוֹיִם הַשֹּׁלְלִים
יג אֶתְכֶם כִּי הַנֹּגֵעַ בָּכֶם נֹגֵעַ בְּבָבַת עֵינוֹ: כִּי הִנְנִי מֵנִיף אֶת־
יָדִי עֲלֵיהֶם וְהָיוּ שָׁלָל לְעַבְדֵיהֶם וִידַעְתֶּם כִּי־יהוה צְבָאוֹת
יד שְׁלָחָנִי: רָנִּי וְשִׂמְחִי בַּת־צִיּוֹן כִּי הִנְנִי־בָא
טו וְשָׁכַנְתִּי בְתוֹכֵךְ נְאֻם־יהוה: וְנִלְווּ גוֹיִם רַבִּים אֶל־יהוה בַּיּוֹם

said, O my lord, what are these? And the angel that talked
with me said to me, I will show thee what these are. And the　10
man that stood among the myrtle bushes answered and said,
These are they whom the LORD has sent to walk to and fro in
the earth. And they answered the angel of the LORD that stood　11
among the myrtle bushes, and said, We have walked to and
fro in the earth, and, behold, all the earth sits still, and is at
rest. Then the angel of the LORD answered and said, O LORD　12
of hosts, how long wilt thou not have mercy on Yerushalayim
and on the cities of Yehuda, against which thou hast had
indignation these seventy years? And the LORD answered the　13
angel that talked with me with good words, words of comfort.
So the angel that spoke with me said to me, Proclaim, saying,　14
Thus says the LORD of hosts; I am zealous for Yerushalayim
and for Ẕiyyon with a great zeal. And I am very much dis-　15
pleased with the nations that are at ease: for I was a little
angry, but they helped forward the affliction.
Therefore thus says the LORD; I have returned to Yerushalayim　16
with mercies: my house shall be rebuilt in it, says the LORD
of hosts, and a line shall be stretched forth over Yerusha-
layim. Proclaim further, saying, Thus says the LORD of hosts;　17
My cities shall again overflow with prosperity; and the LORD
shall yet comfort Ẕiyyon, and shall yet choose Yerushalayim.

　　　　Then I lifted up my eyes, and saw, and behold four　**2**
horns. And I said to the angel that talked with me, What are　2
these? And he answered me, These are the horns which have
scattered Yehuda, Yisra'el, and Yerushalayim.　　　　And the　3
LORD showed me four craftsmen. Then said I, What are they　4
coming to do? And he spoke, saying, Those were the horns
which scattered Yehuda, so that no man could lift up his head:
but these are come to terrify them, to cast out the horns of
the nations, which lifted up their horn over the land of Yehuda
to scatter it.　　　　I lifted up my eyes again, and looked, and　5
behold a man with a measuring line in his hand. Then I said,　6
Where dost thou go? And he said to me, To measure Yerusha-
layim, to see what is the breadth of it, and what is the length
of it. And, behold, the angel that talked with me went out,　7
and another angel went out to meet him, and he said to him,　8
Run, speak to this young man, saying, Yerushalayim shall be
inhabited like unwalled towns because of the multitude of men
and cattle that shall be in it: for I, says the LORD, will be to　9
her a wall of fire round about, and will be the glory in the midst
of her.　　　　Ho, ho, flee then from the land of the north, says　10
the LORD: for I have spread you abroad as the four winds of
the heaven, says the LORD. Escape, O Ẕiyyon, that dwellest　11
with the daughter of Bavel.　　　　For thus says the LORD of　12
hosts — (because of his honour he sent me to the nations which
spoiled you: for he that touches you touches the apple of his
eye) — For behold, I will shake my hand over them, and　13
they shall be a spoil to those who served them.
And you shall know that the LORD of hosts has sent me.
　　　　Sing and rejoice, O daughter of Ẕiyyon : for, lo, I come, and I　14
will dwell in the midst of thee, says the LORD. And many na-　15

הַהוּא וְהָיוּ לִי לְעָם וְשָׁכַנְתִּי בְתוֹכֵךְ וְיָדַעַתְּ כִּי־יְהוָה צְבָאוֹת
שְׁלָחַנִי אֵלָיִךְ: וְנָחַל יְהוָה אֶת־יְהוּדָה חֶלְקוֹ עַל אַדְמַת הַקֹּדֶשׁ טז
וּבָחַר עוֹד בִּירוּשָׁלִָם: הַס כָּל־בָּשָׂר מִפְּנֵי יְהוָה כִּי נֵעוֹר מִמְּעוֹן יז
קָדְשׁוֹ: וַיַּרְאֵנִי אֶת־יְהוֹשֻׁעַ הַכֹּהֵן הַגָּדוֹל עֹמֵד א ג
לִפְנֵי מַלְאַךְ יְהוָה וְהַשָּׂטָן עֹמֵד עַל־יְמִינוֹ לְשִׂטְנוֹ: וַיֹּאמֶר יְהוָה ב
אֶל־הַשָּׂטָן יִגְעַר יְהוָה בְּךָ הַשָּׂטָן וְיִגְעַר יְהוָה בְּךָ הַבֹּחֵר
בִּירוּשָׁלִָם הֲלוֹא זֶה אוּד מֻצָּל מֵאֵשׁ: וִיהוֹשֻׁעַ הָיָה לָבֻשׁ ג
בְּגָדִים צוֹאִים וְעֹמֵד לִפְנֵי הַמַּלְאָךְ: וַיַּעַן וַיֹּאמֶר אֶל־הָעֹמְדִים ד
לְפָנָיו לֵאמֹר הָסִירוּ הַבְּגָדִים הַצֹּאִים מֵעָלָיו וַיֹּאמֶר אֵלָיו
רְאֵה הֶעֱבַרְתִּי מֵעָלֶיךָ עֲוֺנֶךָ וְהַלְבֵּשׁ אֹתְךָ מַחֲלָצוֹת: וָאֹמַר ה
יָשִׂימוּ צָנִיף טָהוֹר עַל־רֹאשׁוֹ וַיָּשִׂימוּ הַצָּנִיף הַטָּהוֹר עַל־רֹאשׁוֹ
וַיַּלְבִּשֻׁהוּ בְּגָדִים וּמַלְאַךְ יְהוָה עֹמֵד: וַיָּעַד מַלְאַךְ יְהוָה בִּיהוֹשֻׁעַ ו
לֵאמֹר: כֹּה־אָמַר יְהוָה צְבָאוֹת אִם־בִּדְרָכַי תֵּלֵךְ וְאִם אֶת־ ז
מִשְׁמַרְתִּי תִשְׁמֹר וְגַם־אַתָּה תָּדִין אֶת־בֵּיתִי וְגַם תִּשְׁמֹר אֶת־
חֲצֵרָי וְנָתַתִּי לְךָ מַהְלְכִים בֵּין הָעֹמְדִים הָאֵלֶּה: שְׁמַע־נָא ח
יְהוֹשֻׁעַ ׀ הַכֹּהֵן הַגָּדוֹל אַתָּה וְרֵעֶיךָ הַיֹּשְׁבִים לְפָנֶיךָ כִּי־אַנְשֵׁי
מוֹפֵת הֵמָּה כִּי־הִנְנִי מֵבִיא אֶת־עַבְדִּי צֶמַח: כִּי ׀ הִנֵּה הָאֶבֶן ט
אֲשֶׁר נָתַתִּי לִפְנֵי יְהוֹשֻׁעַ עַל־אֶבֶן אַחַת שִׁבְעָה עֵינָיִם הִנְנִי
מְפַתֵּחַ פִּתֻּחָהּ נְאֻם יְהוָה צְבָאוֹת וּמַשְׁתִּי אֶת־עֲוֺן הָאָרֶץ־הַהִיא
בְּיוֹם אֶחָד: בַּיּוֹם הַהוּא נְאֻם יְהוָה צְבָאוֹת תִּקְרְאוּ אִישׁ לְרֵעֵהוּ י
אֶל־תַּחַת גֶּפֶן וְאֶל־תַּחַת תְּאֵנָה: וַיָּשָׁב הַמַּלְאָךְ א ד
יז הַדֹּבֵר בִּי וַיְעִירֵנִי כְּאִישׁ אֲשֶׁר־יֵעוֹר מִשְּׁנָתוֹ: וַיֹּאמֶר אֵלַי מָה ב
וְאֹמַר אַתָּה רֹאֶה ויאמר רָאִיתִי וְהִנֵּה מְנוֹרַת זָהָב כֻּלָּהּ וְגֻלָּהּ עַל־
רֹאשָׁהּ וְשִׁבְעָה נֵרֹתֶיהָ עָלֶיהָ שִׁבְעָה וְשִׁבְעָה מוּצָקוֹת לַנֵּרוֹת
אֲשֶׁר עַל־רֹאשָׁהּ: וּשְׁנַיִם זֵיתִים עָלֶיהָ אֶחָד מִימִין הַגֻּלָּה וְאֶחָד ג
עַל־שְׂמֹאלָהּ: וָאַעַן וָאֹמַר אֶל־הַמַּלְאָךְ הַדֹּבֵר בִּי לֵאמֹר מָה־ ד
אֵלֶּה אֲדֹנִי: וַיַּעַן הַמַּלְאָךְ הַדֹּבֵר בִּי וַיֹּאמֶר אֵלַי הֲלוֹא יָדַעְתָּ ה
מָה־הֵמָּה אֵלֶּה וָאֹמַר לֹא אֲדֹנִי: וַיַּעַן וַיֹּאמֶר אֵלַי לֵאמֹר ו
זֶה דְּבַר־יְהוָה אֶל־זְרֻבָּבֶל לֵאמֹר לֹא בְחַיִל וְלֹא בְכֹחַ כִּי
אִם־בְּרוּחִי אָמַר יְהוָה צְבָאוֹת: מִי־אַתָּה הַר־הַגָּדוֹל לִפְנֵי ז
זְרֻבָּבֶל לְמִישֹׁר וְהוֹצִיא אֶת־הָאֶבֶן הָרֹאשָׁה תְּשֻׁאוֹת חֵן ׀ חֵן
לָהּ: וַיְהִי דְבַר־יְהוָה אֵלַי לֵאמֹר: יְדֵי זְרֻבָּבֶל ח ט
יִסְּדוּ הַבַּיִת הַזֶּה וְיָדָיו תְּבַצַּעְנָה וְיָדַעְתָּ כִּי־יְהוָה צְבָאוֹת שְׁלָחַנִי
אֲלֵיכֶם: כִּי מִי בַז לְיוֹם קְטַנּוֹת וְשָׂמְחוּ וְרָאוּ אֶת־הָאֶבֶן הַבְּדִיל י
בְּיַד זְרֻבָּבֶל שִׁבְעָה־אֵלֶּה עֵינֵי יְהוָה הֵמָּה מְשׁוֹטְטִים בְּכָל־

tions shall join themselves to the Lord on that day, and shall
be my people: and I will dwell in the midst of thee, and thou
shalt know that the Lord of hosts has sent me to thee. And the 16
Lord shall inherit Yehuda as his portion in the holy land, and
shall choose Yerushalayim again. Be silent, all flesh, before the 17
Lord: for he has roused himself out of his holy habita-
tion. And he showed me Yehoshua the high priest stand- **3**
ing before the angel of the Lord, and the adversary standing at
his right hand to thwart him. And the Lord said to the adversary, 2
The Lord rebukes thee, O adversary; even the Lord who has
chosen Yerushalayim rebukes thee: for is not this man a brand
plucked out of the fire? Now Yehoshua was clothed in filthy gar- 3
ments, and he stood before the angel. And he answered and spoke 4
to those who stood before him, saying, Take off the filthy gar-
ments from him. And to him he said, Behold, I have caused thy
iniquity to pass from thee; and I clothe thee in festive garments.
Then I said, Let them put a pure mitre on his head. So they set 5
the pure mitre on his head, and clothed him with garments. And
the angel of the Lord stood by. And the angel of the Lord fore- 6
warned Yehoshua, saying, Thus says the Lord of hosts; If thou 7
wilt walk in my ways, and if thou wilt keep my charge, and
thou wilt also judge my house, and wilt also guard my courts,
then I will give thee access among these who stand by. Hear 8
now, O Yehoshua the high priest, thou, and thy fellows who
sit before thee: for they are men of good omen: for, behold, I
will bring my servant Ẕemaḥ. For behold the stone that I have 9
laid before Yehoshua; upon one stone are seven facets: behold,
I will engrave its inscription, says the Lord of hosts, and I will
remove the iniquity of that land in one day. On that day, says 10
the Lord of hosts, everyone of you shall invite his neighbour
to come under his vine and under his fig tree. And **4**
the angel that talked with me came back, and waked me, as
a man that is wakened out of his sleep, And he said to me, 2
What seest thou? And I said, I have looked, and behold a
candlestick all of gold, with a bowl upon the top of it, and
seven lamps to it, and seven pipes to the seven lamps, which
were upon the top of it: and there are two olive trees by it, 3
one upon the right side of the bowl, and the other upon the
left side of it. So I answered and spoke to the angel who talked 4
with me, saying, What are these, my lord? Then the angel 5
who talked with me answered and said to me, Knowst thou
not what these are? And I said, No, my lord. Then he answered 6
and spoke to me, saying, This is the word of the Lord to
Zerubbavel, saying, Not by might, nor by power, but by my
spirit, says the Lord of hosts. Who art thou, O great mountain? 7
before Zerubbavel become a plain! and he shall produce the
headstone of it, amid shoutings of, Grace, grace to it.

Then the word of the Lord came to me, saying, The 8, 9
hands of Zerubbavel have laid the foundation of this house;
his hands shall also finish it; and thou shalt know that the
Lord of hosts has sent me to you. For who has despised the 10
day of small things? for those seven shall rejoice, and shall
see the plummet in the hand of Zerubbavel; the eyes of the

א הָאָֽרֶץ: וָאַ֙עַן֙ וָאֹמַ֣ר אֵלָ֔יו מַה־שְּׁנֵ֤י הַזֵּיתִים֙ הָאֵ֔לֶּה עַל־יְמִ֥ין

ב הַמְּנוֹרָ֖ה וְעַל־שְׂמֹאולָֽהּ: וָאַ֣עַן שֵׁנִ֔ית וָאֹמַ֖ר אֵלָ֑יו מַה־שְּׁתֵּ֣י

שִׁבֲּלֵ֣י הַזֵּיתִ֗ים אֲשֶׁר֙ בְּיַ֗ד שְׁנֵ֛י צַנְתְּר֥וֹת הַזָּהָ֖ב הַמְרִיקִ֥ים

ג מֵעֲלֵיהֶ֖ם הַזָּהָֽב: וַיֹּ֤אמֶר אֵלַי֙ לֵאמֹ֔ר הֲל֥וֹא יָדַ֖עְתָּ מָה־אֵ֑לֶּה

ד וָאֹמַ֖ר לֹ֣א אֲדֹנִֽי: וַיֹּ֕אמֶר אֵ֛לֶּה שְׁנֵ֥י בְנֵֽי־הַיִּצְהָ֖ר הָעֹמְדִ֑ים עַל־

א ה אֲד֖וֹן כָּל־הָאָֽרֶץ: וָאָשׁ֗וּב וָאֶשָּׂ֤א עֵינַי֙ וָֽאֶרְאֶ֔ה וְהִנֵּ֖ה

ב מְגִלָּ֥ה עָפָֽה: וַיֹּ֣אמֶר אֵלַ֔י מָ֥ה אַתָּ֖ה רֹאֶ֑ה וָאֹמַ֗ר אֲנִ֤י רֹאֶה֙ מְגִלָּ֣ה

ג עָפָ֔ה אָרְכָּהּ֙ עֶשְׂרִ֣ים בָּֽאַמָּ֔ה וְרָחְבָּ֖הּ עֶ֥שֶׂר בָּאַמָּֽה: וַיֹּ֣אמֶר אֵלַ֗י

זֹ֣את הָֽאָלָ֔ה הַיּוֹצֵ֖את עַל־פְּנֵ֣י כָל־הָאָ֑רֶץ כִּ֣י כָל־הַגֹּנֵ֗ב מִזֶּה֙

ד כָּמ֣וֹהָ נִקָּ֔ה וְכָ֨ל־הַנִּשְׁבָּ֔ע מִזֶּ֖ה כָּמ֣וֹהָ נִקָּֽה: הֽוֹצֵאתִ֗יהָ נְאֻם֙ יְהוָ֣ה

ה צְבָא֔וֹת וּבָ֙אָה֙ אֶל־בֵּ֣ית הַגַּנָּ֔ב וְאֶל־בֵּ֛ית הַנִּשְׁבָּ֥ע בִּשְׁמִ֖י לַשָּׁ֑קֶר

וְלָ֙נֶה֙ בְּת֣וֹךְ בֵּית֔וֹ וְכִלַּ֖תּוּ וְאֶת־עֵצָ֥יו וְאֶת־אֲבָנָֽיו: וַיֵּצֵ֗א הַמַּלְאָ֛ךְ

ו הַדֹּבֵ֥ר בִּ֖י וַיֹּ֣אמֶר אֵלַ֑י שָׂ֣א נָ֣א עֵינֶ֔יךָ וּרְאֵ֕ה מָ֖ה הַיּוֹצֵ֥את הַזֹּֽאת:

ז וָאֹמַ֖ר מַה־הִ֑יא וַיֹּ֕אמֶר זֹ֤את הָֽאֵיפָה֙ הַיּוֹצֵ֔את וַיֹּ֕אמֶר זֹ֥את עֵינָ֖ם

ח בְּכָל־הָאָֽרֶץ: וְהִנֵּ֛ה כִּכַּ֥ר עֹפֶ֖רֶת נִשֵּׂ֑את וְזֹאת֙ אִשָּׁ֣ה אַחַ֔ת יוֹשֶׁ֖בֶת

ט בְּת֣וֹךְ הָאֵיפָֽה: וַיֹּ֙אמֶר֙ זֹ֣את הָֽרִשְׁעָ֔ה וַיַּשְׁלֵ֥ךְ אֹתָ֖הּ אֶל־תּ֣וֹךְ

הָֽאֵיפָ֑ה וַיַּשְׁלֵ֛ךְ אֶת־אֶ֥בֶן הָעֹפֶ֖רֶת אֶל־פִּֽיהָ:   וָאֶשָּׂ֙א

עֵינַ֜י וָאֵ֗רֶא וְהִנֵּה֙ שְׁתַּ֣יִם נָשִׁ֣ים יֽוֹצְא֔וֹת וְר֖וּחַ בְּכַנְפֵיהֶ֑ם וְלָהֵ֙נָּה֙

כְנָפַ֔יִם כְּכַנְפֵ֖י הַחֲסִידָ֑ה וַתִּשֶּׂ֙אנָה֙ אֶת־הָ֣אֵיפָ֔ה בֵּ֥ין הָאָ֖רֶץ וּבֵ֥ין

י הַשָּׁמָֽיִם: וָאֹמַ֗ר אֶל־הַמַּלְאָ֛ךְ הַדֹּבֵ֥ר בִּ֖י אָ֣נָה הֵ֥מָּה מֽוֹלִכ֖וֹת אֶת־

יא הָאֵיפָֽה: וַיֹּ֣אמֶר אֵלַ֔י לִבְנֽוֹת־לָ֥הֿ בַ֖יִת בְּאֶ֣רֶץ שִׁנְעָ֑ר וְהוּכַ֛ן

א ו וְהֻנִּֽיחָה שָּׁ֖ם עַל־מְכֻנָתָֽהּ:   וָאָשֻׁ֛ב וָאֶשָּׂ֥א עֵינַ֖י

וָֽאֶרְאֶ֔ה וְהִנֵּ֣ה אַרְבַּ֤ע מַרְכָּבוֹת֙ יֹֽצְא֔וֹת מִבֵּ֖ין שְׁנֵ֥י הֶֽהָרִ֑ים

ב וְהֶהָרִ֖ים הָרֵ֥י נְחֹֽשֶׁת: בַּמֶּרְכָּבָ֥ה הָרִֽאשֹׁנָ֖ה סוּסִ֣ים אֲדֻמִּ֑ים

ג וּבַמֶּרְכָּבָ֥ה הַשֵּׁנִ֖ית סוּסִ֥ים שְׁחֹרִֽים: וּבַמֶּרְכָּבָ֥ה הַשְּׁלִשִׁ֖ית סוּסִ֣ים

ד לְבָנִ֑ים וּבַמֶּרְכָּבָה֙ הָרְבִעִ֔ית סוּסִ֥ים בְּרֻדִּ֖ים אֲמֻצִּֽים: וָאַ֙עַן֙ וָאֹמַ֔ר

ה אֶל־הַמַּלְאָ֖ךְ הַדֹּבֵ֣ר בִּ֑י מָה־אֵ֖לֶּה אֲדֹנִֽי: וַיַּ֥עַן הַמַּלְאָ֖ךְ וַיֹּ֣אמֶר

אֵלָ֑י אֵ֣לֶּה אַרְבַּ֗ע רֻח֤וֹת הַשָּׁמַ֙יִם֙ יֽוֹצְא֔וֹת מֵֽהִתְיַצֵּ֖ב עַל־אֲד֥וֹן

ו כָּל־הָאָֽרֶץ: אֲשֶׁר־בָּ֞הּ הַסּוּסִ֣ים הַשְּׁחֹרִ֗ים יֹֽצְאִים֙ אֶל־אֶ֣רֶץ

צָפ֔וֹן וְהַלְּבָנִ֖ים יָצְא֣וּ אֶל־אַחֲרֵיהֶ֑ם וְהַבְּרֻדִּ֔ים יָצְא֖וּ אֶל־אֶ֥רֶץ

ז הַתֵּימָֽן: וְהָאֲמֻצִּ֣ים יָצְא֗וּ וַיְבַקְשׁוּ֙ לָלֶ֙כֶת֙ לְהִתְהַלֵּ֣ךְ בָּאָ֔רֶץ

ח וַיֹּ֙אמֶר֙ לְכ֣וּ הִתְהַלְּכ֣וּ בָאָ֔רֶץ וַתִּתְהַלַּ֖כְנָה בָּאָ֑רֶץ: וַיַּזְעֵ֣ק אֹתִ֗י

וַיְדַבֵּ֤ר אֵלַי֙ לֵאמֹ֔ר רְאֵ֕ה הַיּֽוֹצְאִ֖ים אֶל־אֶ֣רֶץ צָפ֑וֹן הֵנִ֖יחוּ אֶת־

ט רוּחִ֖י בְּאֶ֥רֶץ צָפֽוֹן: וַיְהִ֥י דְבַר־יְהוָ֖ה אֵלַ֥י לֵאמֹֽר:

LORD, they rove to and fro through the whole earth. Then I 11
answered, and said to him, What are these two olive trees
upon the right side of the candlestick and upon the left side
of it? And I answered again, and said to him, What are these 12
two olive branches which are beside the two golden spouts
that empty the golden oil out of themselves? And he answered 13
me and said, Knowst thou not what these are? And I said, No,
my lord. Then he said, These are the two anointed ones, that 14
stand by the LORD of the whole earth.   Then I turned, 5
and lifted up my eyes, and looked, and behold a flying scroll.
And he said to me, What seest thou? And I answered, I see a 2
flying scroll; the length of it is twenty cubits, and the breadth
of it is ten cubits. Then he said to me, This is the curse that 3
goes forth over the face of the whole earth: for every thief
has been hitherto quit of this which is on it, and every false
swearer has been quit of this which is on it. I have now pro- 4
duced it, says the LORD of hosts, and it shall enter into the
house of the thief, and into the house of him that swears
falsely by my name: and it shall remain in the midst of his
house, and shall consume it with the timber of it and the
stones of it. Then the angel that talked with me went out, and 5
said to me, Lift up now thy eyes, and see what is this that
goes out. And I said, What is it? And he said, This is an efa 6
measure going out. And he said, This is their appearance
throughout the earth. And behold, the leaden cover was lifted; 7
and there was a woman sitting in the midst of the efa. And 8
he said, This is Wickedness. And he cast her into the midst
of the efa measure; and he cast the lead cover over the mouth
of it.   Then I lifted up my eyes, and looked, and, behold, 9
there came two women, and the wind was in their wings;
for they had wings like the wings of a stork: and they lifted
up the efa measure between the earth and the sky. Then I said 10
to the angel that talked with me, Where are they taking the
efa? And he said to me, To build with it a house in the land 11
of Shin'ar: and when it is prepared, they will set it down there
upon its base.   And I turned, and lifted up my eyes, and 6
looked, and, behold, there came out four chariots from be-
tween the two mountains; and the mountains were mountains
of brass. In the first chariot were red horses; and in the second 2
chariot, black horses; and in the third chariot, white horses; 3
and in the fourth chariot, grizzled, bay horses. Then I ans- 4
wered and said to the angel who talked with me, What are
these, my lord? And the angel answered and said to me, These 5
are the four winds of the heavens, which go forth from stand-
ing before the LORD of all the earth. That in which are the 6
black horses goes out into the north country; and the white go
after them; and the grizzled go towards the south country.
And the bay horses went out, and sought to go that they 7
might walk to and fro through the earth: and he said, Get
you hence, walk to and fro through the earth. So they walked
to and fro through the earth. Then he cried upon me, and 8
spoke to me, saying, Behold, these that go towards the north
country have relieved my spirit in the north country.   And 9

י לָקוֹחַ מֵאֵת הַגּוֹלָה מֵחֶלְדַּי וּמֵאֵת טוֹבִיָּה וּמֵאֵת יְדַעְיָה וּבָאתָ
אַתָּה בַּיּוֹם הַהוּא וּבָאתָ בֵּית יֹאשִׁיָּה בֶן־צְפַנְיָה אֲשֶׁר־בָּאוּ
יא מִבָּבֶל: וְלָקַחְתָּ כֶסֶף־וְזָהָב וְעָשִׂיתָ עֲטָרוֹת וְשַׂמְתָּ בְּרֹאשׁ
יב יְהוֹשֻׁעַ בֶּן־יְהוֹצָדָק הַכֹּהֵן הַגָּדוֹל: וְאָמַרְתָּ אֵלָיו לֵאמֹר כֹּה
אָמַר יהוה צְבָאוֹת לֵאמֹר הִנֵּה־אִישׁ צֶמַח שְׁמוֹ וּמִתַּחְתָּיו
יג יִצְמָח וּבָנָה אֶת־הֵיכַל יהוה: וְהוּא יִבְנֶה אֶת־הֵיכַל יהוה וְהוּא־
יִשָּׂא הוֹד וְיָשַׁב וּמָשַׁל עַל־כִּסְאוֹ וְהָיָה כֹהֵן עַל־כִּסְאוֹ וַעֲצַת
יד שְׁלוֹם תִּהְיֶה בֵּין שְׁנֵיהֶם: וְהָעֲטָרֹת תִּהְיֶה לְחֵלֶם וּלְטוֹבִיָּה יח
טו וְלִידַעְיָה וּלְחֵן בֶּן־צְפַנְיָה לְזִכָּרוֹן בְּהֵיכַל יהוה: וּרְחוֹקִים יָבֹאוּ
וּבָנוּ בְּהֵיכַל יהוה וִידַעְתֶּם כִּי־יהוה צְבָאוֹת שְׁלָחַנִי אֲלֵיכֶם וְהָיָה
ז א אִם־שָׁמוֹעַ תִּשְׁמְעוּן בְּקוֹל יהוה אֱלֹהֵיכֶם: וַיְהִי
בִּשְׁנַת אַרְבַּע לְדָרְיָוֶשׁ הַמֶּלֶךְ הָיָה דְבַר־יהוה אֶל־זְכַרְיָה
ב בְּאַרְבָּעָה לַחֹדֶשׁ הַתְּשִׁעִי בְּכִסְלֵו: וַיִּשְׁלַח בֵּית־אֵל שַׂרְאֶצֶר
ג וְרֶגֶם מֶלֶךְ וַאֲנָשָׁיו לְחַלּוֹת אֶת־פְּנֵי יהוה: לֵאמֹר אֶל־
הַכֹּהֲנִים אֲשֶׁר לְבֵית־יהוה צְבָאוֹת וְאֶל־הַנְּבִיאִים לֵאמֹר
הַאֶבְכֶּה בַּחֹדֶשׁ הַחֲמִשִׁי הִנָּזֵר כַּאֲשֶׁר עָשִׂיתִי זֶה כַּמֶּה
ד שָׁנִים: וַיְהִי דְּבַר־יהוה צְבָאוֹת אֵלַי לֵאמֹר:
ה אֱמֹר אֶל־כָּל־עַם הָאָרֶץ וְאֶל־הַכֹּהֲנִים לֵאמֹר כִּי־צַמְתֶּם וְסָפוֹד
ו בַּחֲמִישִׁי וּבַשְּׁבִיעִי וְזֶה שִׁבְעִים שָׁנָה הֲצוֹם צַמְתֻּנִי אָנִי: וְכִי
ז תֹאכְלוּ וְכִי תִשְׁתּוּ הֲלוֹא אַתֶּם הָאֹכְלִים וְאַתֶּם הַשֹּׁתִים: הֲלוֹא
אֶת־הַדְּבָרִים אֲשֶׁר קָרָא יהוה בְּיַד הַנְּבִיאִים הָרִאשֹׁנִים בִּהְיוֹת
יְרוּשָׁלִַם יֹשֶׁבֶת וּשְׁלֵוָה וְעָרֶיהָ סְבִיבֹתֶיהָ וְהַנֶּגֶב וְהַשְּׁפֵלָה
ח ט יֹשֵׁב: וַיְהִי דְּבַר־יהוה אֶל־זְכַרְיָה לֵאמֹר: כֹּה
אָמַר יהוה צְבָאוֹת לֵאמֹר מִשְׁפַּט אֱמֶת שְׁפֹטוּ וְחֶסֶד וְרַחֲמִים
י עֲשׂוּ אִישׁ אֶת־אָחִיו: וְאַלְמָנָה וְיָתוֹם גֵּר וְעָנִי אַל־תַּעֲשֹׁקוּ
יא וְרָעַת אִישׁ אָחִיו אַל־תַּחְשְׁבוּ בִּלְבַבְכֶם: וַיְמָאֲנוּ לְהַקְשִׁיב
יב וַיִּתְּנוּ כָתֵף סֹרָרֶת וְאָזְנֵיהֶם הִכְבִּידוּ מִשְּׁמוֹעַ: וְלִבָּם שָׂמוּ שָׁמִיר
מִשְּׁמוֹעַ אֶת־הַתּוֹרָה וְאֶת־הַדְּבָרִים אֲשֶׁר שָׁלַח יהוה צְבָאוֹת
בְּרוּחוֹ בְּיַד הַנְּבִיאִים הָרִאשֹׁנִים וַיְהִי קֶצֶף גָּדוֹל מֵאֵת יהוה
יג צְבָאוֹת: וַיְהִי כַאֲשֶׁר־קָרָא וְלֹא שָׁמֵעוּ כֵּן יִקְרְאוּ וְלֹא אֶשְׁמָע
יד אָמַר יהוה צְבָאוֹת: וְאֵסָעֲרֵם עַל כָּל־הַגּוֹיִם אֲשֶׁר לֹא־יְדָעוּם
וְהָאָרֶץ נָשַׁמָּה אַחֲרֵיהֶם מֵעֹבֵר וּמִשָּׁב וַיָּשִׂימוּ אֶרֶץ־חֶמְדָּה

the word of the Lord came to me, saying, Take from the 10
Exiles, from Ḫelday, from Toviyya, and from Yeda'ya, and
come thou on that same day and go into the house of Yoshiyya
the son of Ẕefanya who have come from Bavel; and take 11
from them silver and gold, and make crowns, and set them
upon the head of Yehoshua the son of Yehoẕadaq, the high
priest; and speak to him, saying, Thus speaks the Lord of 12
hosts, saying, Behold a man whose name is Ẕemaḫ, and who
shall grow up out of his place; and he shall build the temple
of the Lord: he shall build the temple of the Lord; and he 13
shall bear the glory, and shall sit and rule upon his throne;
and there shall be a priest before his throne: and the counsel
of peace shall be between them both. But the crowns shall 14
remain for a memorial to Ḫelem, and to Toviyya, and to
Yeda'ya, and to Ḫen the son of Ẕefanya, in the temple of the
Lord. And they that are far off shall come and build in the 15
temple of the Lord, and you shall know that the Lord of
hosts has sent me to you. And this shall come to pass, if you
diligently obey the voice of the Lord your God. And it 7
came to pass in the fourth year of king Daryavesh, that the
word of the Lord came to Zekharya on the fourth day of the
ninth month, in Kislev; when Bet-el, Shar'eẕer, and Regem- 2
melekh, and his men had sent to entreat the favour of the
Lord, and to speak to the priests who were in the house of 3
the Lord of hosts, and to the prophets, saying, Should I weep
in the fifth month, separating myself, as I have done these so
many years? Then the word of the Lord of hosts came 4
to me, saying, Speak to all the people of the land, and to the 5
priests, saying, When you fasted and mourned in the fifth
month and in the seventh, for these seventy years, was it for
me that you really fasted? And when you did eat, and when 6
you did drink, did you not eat for yourselves, and drink for
yourselves? Should you not hear the words which the Lord 7
has proclaimed by the former prophets, when Yerushalayim
was inhabited and in prosperity, and its cities round about
her, when the Negev and the coastal plain were inhabited?

And the word of the Lord came to Zekharya, saying, 8
Thus spoke the Lord of hosts, saying, Execute true judgment, 9
and show loyal love and mercy every man to his brother:
and do not oppress the widow, or the fatherless, the stranger, 10
or the poor; and let none of you devise evil against his brother
in your heart. But they refused to hearken, and turned a stub- 11
born shoulder, and stopped their ears, that they should not
hear: and they made their hearts an adamant stone, lest they 12
should hear the Tora, and the words which the Lord of hosts
had sent in his spirit by the former prophets: therefore a great
anger came from the Lord of hosts. And so, when he cried, 13
and they would not hear, the Lord of hosts said: So shall
they cry, and I will not hear; but I will scatter them with a 14
storm wind among all the nations whom they know not; and
the land shall be desolate after them, so that no man shall
pass by or return. Thus they made the pleasant land a desola-

א ב לַשַּׁמָּה׃ וַיְהִי דְּבַר־יְהוָה צְבָאוֹת לֵאמֹר׃ כֹּה
אָמַר יְהוָה צְבָאוֹת קִנֵּאתִי לְצִיּוֹן קִנְאָה גְדוֹלָה וְחֵמָה גְדוֹלָה
ג קִנֵּאתִי לָהּ׃ כֹּה אָמַר יְהוָה שַׁבְתִּי אֶל־צִיּוֹן וְשָׁכַנְתִּי
בְּתוֹךְ יְרוּשָׁלִָם וְנִקְרְאָה יְרוּשָׁלִַם עִיר הָאֱמֶת וְהַר־יְהוָה
ד צְבָאוֹת הַר הַקֹּדֶשׁ׃ כֹּה אָמַר יְהוָה צְבָאוֹת עֹד
יֵשְׁבוּ זְקֵנִים וּזְקֵנוֹת בִּרְחֹבוֹת יְרוּשָׁלִָם וְאִישׁ מִשְׁעַנְתּוֹ בְּיָדוֹ
ה מֵרֹב יָמִים׃ וּרְחֹבוֹת הָעִיר יִמָּלְאוּ יְלָדִים וִילָדוֹת מְשַׂחֲקִים
ו בִּרְחֹבֹתֶיהָ׃ כֹּה אָמַר יְהוָה צְבָאוֹת כִּי יִפָּלֵא
בְּעֵינֵי שְׁאֵרִית הָעָם הַזֶּה בַּיָּמִים הָהֵם גַּם־בְּעֵינַי יִפָּלֵא נְאֻם
ז יְהוָה צְבָאוֹת׃ כֹּה אָמַר יְהוָה צְבָאוֹת הִנְנִי
ח מוֹשִׁיעַ אֶת־עַמִּי מֵאֶרֶץ מִזְרָח וּמֵאֶרֶץ מְבוֹא הַשָּׁמֶשׁ׃ וְהֵבֵאתִי
אֹתָם וְשָׁכְנוּ בְּתוֹךְ יְרוּשָׁלִָם וְהָיוּ־לִי לְעָם וַאֲנִי אֶהְיֶה לָהֶם
ט לֵאלֹהִים בֶּאֱמֶת וּבִצְדָקָה׃ כֹּה־אָמַר יְהוָה
צְבָאוֹת תֶּחֱזַקְנָה יְדֵיכֶם הַשֹּׁמְעִים בַּיָּמִים הָאֵלֶּה אֵת הַדְּבָרִים
הָאֵלֶּה מִפִּי הַנְּבִיאִים אֲשֶׁר בְּיוֹם יֻסַּד בֵּית־יְהוָה צְבָאוֹת
י הַהֵיכָל לְהִבָּנוֹת׃ כִּי לִפְנֵי הַיָּמִים הָהֵם שְׂכַר הָאָדָם לֹא נִהְיָה
וּשְׂכַר הַבְּהֵמָה אֵינֶנָּה וְלַיּוֹצֵא וְלַבָּא אֵין־שָׁלוֹם מִן־הַצָּר וַאֲשַׁלַּח
יא אֶת־כָּל־הָאָדָם אִישׁ בְּרֵעֵהוּ׃ וְעַתָּה לֹא כַיָּמִים הָרִאשֹׁנִים אֲנִי
יב לִשְׁאֵרִית הָעָם הַזֶּה נְאֻם יְהוָה צְבָאוֹת׃ כִּי־זֶרַע הַשָּׁלוֹם
הַגֶּפֶן תִּתֵּן פִּרְיָהּ וְהָאָרֶץ תִּתֵּן אֶת־יְבוּלָהּ וְהַשָּׁמַיִם יִתְּנוּ
יג טַלָּם וְהִנְחַלְתִּי אֶת־שְׁאֵרִית הָעָם הַזֶּה אֶת־כָּל־אֵלֶּה׃ וְהָיָה
כַּאֲשֶׁר הֱיִיתֶם קְלָלָה בַּגּוֹיִם בֵּית יְהוּדָה וּבֵית יִשְׂרָאֵל
כֵּן אוֹשִׁיעַ אֶתְכֶם וִהְיִיתֶם בְּרָכָה אַל־תִּירָאוּ תֶּחֱזַקְנָה
יד יְדֵיכֶם׃ כִּי כֹה אָמַר יְהוָה צְבָאוֹת כַּאֲשֶׁר
זָמַמְתִּי לְהָרַע לָכֶם בְּהַקְצִיף אֲבֹתֵיכֶם אֹתִי אָמַר יְהוָה צְבָאוֹת
טו וְלֹא נִחָמְתִּי׃ כֵּן שַׁבְתִּי זָמַמְתִּי בַּיָּמִים הָאֵלֶּה לְהֵיטִיב אֶת־
טז יְרוּשָׁלִַם וְאֶת־בֵּית יְהוּדָה אַל־תִּירָאוּ׃ אֵלֶּה הַדְּבָרִים אֲשֶׁר
תַּעֲשׂוּ דַּבְּרוּ אֱמֶת אִישׁ אֶת־רֵעֵהוּ אֱמֶת וּמִשְׁפַּט שָׁלוֹם שִׁפְטוּ
יז בְּשַׁעֲרֵיכֶם׃ וְאִישׁ ׀ אֶת־רָעַת רֵעֵהוּ אַל־תַּחְשְׁבוּ בִּלְבַבְכֶם
וּשְׁבֻעַת שֶׁקֶר אַל־תֶּאֱהָבוּ כִּי אֶת־כָּל־אֵלֶּה אֲשֶׁר שָׂנֵאתִי נְאֻם־
יח יט יְהוָה׃ וַיְהִי דְּבַר־יְהוָה צְבָאוֹת אֵלַי לֵאמֹר׃ כֹּה־
אָמַר יְהוָה צְבָאוֹת צוֹם הָרְבִיעִי וְצוֹם הַחֲמִישִׁי וְצוֹם הַשְּׁבִיעִי
וְצוֹם הָעֲשִׂירִי יִהְיֶה לְבֵית־יְהוּדָה לְשָׂשׂוֹן וּלְשִׂמְחָה וּלְמֹעֲדִים
כ טוֹבִים וְהָאֱמֶת וְהַשָּׁלוֹם אֱהָבוּ׃ כֹּה אָמַר יְהוָה
כא צְבָאוֹת עֹד אֲשֶׁר יָבֹאוּ עַמִּים וְיֹשְׁבֵי עָרִים רַבּוֹת׃ וְהָלְכוּ יֹשְׁבֵי
אַחַת אֶל־אַחַת לֵאמֹר נֵלְכָה הָלוֹךְ לְחַלּוֹת אֶת־פְּנֵי יְהוָה

tion. And the word of the LORD of hosts came to me, 1
saying, Thus says the LORD of hosts; I was zealous for Ẕiyyon 2
with great zeal, and I was zealous for her with a great fury.
Thus says the LORD; I have returned to Ẕiyyon, and will dwell 3
in the midst of Yerushalayim: and Yerushalayim shall be
called The city of truth; and the mountain of the LORD of
hosts, The holy mountain. Thus says the LORD of hosts; 4
Old men and old women shall yet again dwell in the streets
of Yerushalayim, and every man with his staff in his hand for
very age. And the streets of the city shall be full of boys and 5
girls playing in its streets. Thus says the LORD of hosts; 6
If it be marvellous in the eyes of the remnant of this people
in these days, it will also be marvellous in my eyes, says the
LORD of hosts. Thus says the LORD of hosts; Behold, I 7
will save my people from the east country, and from the west
country; and I will bring them in, and they will dwell in the 8
midst of Yerushalayim: and they will be my people, and I
will be their GOD, in truth and in righteousness. Thus 9
says the LORD of hosts; Let your hands be strong, you that
hear in these days these words by the mouth of the prophets,
who spoke on the day that the foundation of the house of
the LORD of hosts was laid, saying that the temple might be
built. For before these days there was no hire for man, nor 10
any hire for beast; nor was there any peace to him that went
out or came in because of the adversary: for I set all men
everyone against his neighbour. But now I will not be to the 11
remnant of this people as in the former days, says the LORD
of hosts. For there shall be the seed of peace; the vine shall 12
give her fruit, and the ground shall yield its increase, and the
heavens shall give their dew; and I will cause the remnant of
this people to possess all these things. And it shall come to 13
pass, that as you were a curse among the nations, O house
of Yehuda, and house of Yisra'el; so will I save you, and you
shall be a blessing: fear not, but let your hands be strong.

For thus says the LORD of hosts; As I intended to do 14
you mischief, when your fathers provoked me to anger, says
the LORD of hosts, and I did not relent: so have I turned about, 15
and do purpose in these days to do good to Yerushalayim
and to the house of Yehuda: fear not. These are the things 16
that you shall do; Speak every man the truth to his neigh-
bour; execute the judgment of truth and peace in your gates:
and let none of you devise evil in your hearts against his 17
neighbour; and love no false oath: for all these are things
that I hate, says the LORD. And the word of the LORD 18
of hosts came to me, saying, Thus says the LORD of hosts; 19
The fast of the fourth month, and the fast of the fifth, and
the fast of the seventh, and the fast of the tenth, shall be-
come times of joy and gladness, and cheerful feasts to the
house of Yehuda; therefore love the truth and peace.

Thus says the LORD of hosts; It shall yet come to pass, 20
that there shall come people, and the inhabitants of many
cities: and the inhabitants of one city shall go to another, 21
saying, Let us go speedily to entreat the favour of the LORD,

כב וּלְבַקֵּשׁ אֶת־יְהוָה צְבָאוֹת אֵלְכָה גַּם־אָנִי׃ וּבָאוּ עַמִּים רַבִּים
וְגוֹיִם עֲצוּמִים לְבַקֵּשׁ אֶת־יְהוָה צְבָאוֹת בִּירוּשָׁלִָם וּלְחַלּוֹת
כג אֶת־פְּנֵי יְהוָה׃ כֹּה־אָמַר יְהוָה צְבָאוֹת בַּיָּמִים יט
הָהֵמָּה אֲשֶׁר יַחֲזִיקוּ עֲשָׂרָה אֲנָשִׁים מִכֹּל לְשֹׁנוֹת הַגּוֹיִם וְהֶחֱזִיקוּ
בִּכְנַף אִישׁ יְהוּדִי לֵאמֹר נֵלְכָה עִמָּכֶם כִּי שָׁמַעְנוּ אֱלֹהִים
ט א עִמָּכֶם׃ מַשָּׂא דְבַר־יְהוָה בְּאֶרֶץ חַדְרָךְ וְדַמֶּשֶׂק
ב מְנֻחָתוֹ כִּי לַיהוָה עֵין אָדָם וְכֹל שִׁבְטֵי יִשְׂרָאֵל׃ וְגַם־חֲמָת
ג תִּגְבָּל־בָּהּ צֹר וְצִידוֹן כִּי חָכְמָה מְאֹד׃ וַתִּבֶן צֹר מָצוֹר לָהּ
ד וַתִּצְבָּר־כֶּסֶף כֶּעָפָר וְחָרוּץ כְּטִיט חוּצוֹת׃ הִנֵּה אֲדֹנָי יוֹרִשֶׁנָּה
ה וְהִכָּה בַיָּם חֵילָהּ וְהִיא בָּאֵשׁ תֵּאָכֵל׃ תֵּרֶא אַשְׁקְלוֹן וְתִירָא
וְעַזָּה וְתָחִיל מְאֹד וְעֶקְרוֹן כִּי־הֹבִישׁ מֶבָּטָהּ וְאָבַד מֶלֶךְ מֵעַזָּה
ו וְאַשְׁקְלוֹן לֹא תֵשֵׁב׃ וְיָשַׁב מַמְזֵר בְּאַשְׁדּוֹד וְהִכְרַתִּי גְּאוֹן
ז פְּלִשְׁתִּים׃ וַהֲסִרֹתִי דָמָיו מִפִּיו וְשִׁקֻּצָיו מִבֵּין שִׁנָּיו וְנִשְׁאַר גַּם־
ח הוּא לֵאלֹהֵינוּ וְהָיָה כְּאַלֻּף בִּיהוּדָה וְעֶקְרוֹן כִּיבוּסִי׃ וְחָנִיתִי
לְבֵיתִי מִצָּבָה מֵעֹבֵר וּמִשָּׁב וְלֹא־יַעֲבֹר עֲלֵיהֶם עוֹד נֹגֵשׂ כִּי
ט עַתָּה רָאִיתִי בְעֵינָי׃ גִּילִי מְאֹד בַּת־צִיּוֹן הָרִיעִי
בַּת יְרוּשָׁלִַם הִנֵּה מַלְכֵּךְ יָבוֹא לָךְ צַדִּיק וְנוֹשָׁע הוּא עָנִי וְרֹכֵב
י עַל־חֲמוֹר וְעַל־עַיִר בֶּן־אֲתֹנוֹת׃ וְהִכְרַתִּי־רֶכֶב מֵאֶפְרַיִם וְסוּס
מִירוּשָׁלִַם וְנִכְרְתָה קֶשֶׁת מִלְחָמָה וְדִבֶּר שָׁלוֹם לַגּוֹיִם וּמָשְׁלוֹ
יא מִיָּם עַד־יָם וּמִנָּהָר עַד־אַפְסֵי־אָרֶץ׃ גַּם־אַתְּ בְּדַם־בְּרִיתֵךְ
יב שִׁלַּחְתִּי אֲסִירַיִךְ מִבּוֹר אֵין מַיִם בּוֹ׃ שׁוּבוּ לְבִצָּרוֹן אֲסִירֵי
יג הַתִּקְוָה גַּם־הַיּוֹם מַגִּיד מִשְׁנֶה אָשִׁיב לָךְ׃ כִּי־דָרַכְתִּי לִי יְהוּדָה
קֶשֶׁת מִלֵּאתִי אֶפְרַיִם וְעוֹרַרְתִּי בָנַיִךְ צִיּוֹן עַל־בָּנַיִךְ יָוָן וְשַׂמְתִּיךְ
יד כְּחֶרֶב גִּבּוֹר׃ וַיהוָה עֲלֵיהֶם יֵרָאֶה וְיָצָא כַבָּרָק חִצּוֹ וַאדֹנָי יֱהוִה
טו בַּשּׁוֹפָר יִתְקָע וְהָלַךְ בְּסַעֲרוֹת תֵּימָן׃ יְהוָה צְבָאוֹת יָגֵן עֲלֵיהֶם
וְאָכְלוּ וְכָבְשׁוּ אַבְנֵי־קֶלַע וְשָׁתוּ הָמוּ כְּמוֹ־יָיִן וּמָלְאוּ כַּמִּזְרָק
טז כְּזָוִיּוֹת מִזְבֵּחַ׃ וְהוֹשִׁיעָם יְהוָה אֱלֹהֵיהֶם בַּיּוֹם הַהוּא כְּצֹאן עַמּוֹ
יז כִּי אַבְנֵי־נֵזֶר מִתְנוֹסְסוֹת עַל־אַדְמָתוֹ׃ כִּי מַה־טּוּבוֹ וּמַה־יָּפְיוֹ
י א דָּגָן בַּחוּרִים וְתִירוֹשׁ יְנוֹבֵב בְּתֻלוֹת׃ שַׁאֲלוּ מֵיְהוָה מָטָר בְּעֵת
מַלְקוֹשׁ יְהוָה עֹשֶׂה חֲזִיזִים וּמְטַר־גֶּשֶׁם יִתֵּן לָהֶם לְאִישׁ עֵשֶׂב

and to seek the LORD of hosts: I will go also. And many 22
peoples and strong nations shall come to seek the LORD of hosts
in Yerushalayim, and to pray before the LORD.   Thus says 23
the LORD of hosts; In those days it shall come to pass, that
ten· men out of all the languages of the nations shall take
hold, and shall seize the skirt of him that is a Jew, saying,
We will go with you: for we have heard that GOD is with
you.   The burden of the word of the LORD; in the land 9
of Ḥadrakh and Dammeseq shall his resting place be: for the
eyes of man, as of all the tribes of Yisra'el, shall be towards
the LORD: and in Ḥamat also which borders thereby; Ẓor and 2
Ẓidon, though it be very wise. And Ẓor did build herself a 3
stronghold, and heaped up silver like dust, and fine gold like
the mire of the streets. Behold, the LORD will strip her of her 4
possessions, and he will smite her power into the sea; and
she shall be devoured with fire. Ashqelon shall see it, and fear; 5
'Azza also shall see it, and be very sorrowful, and 'Eqron shall
see that her expectation has been confounded; and the king
shall perish from 'Azza, and Ashqelon shall not be inhabited.
And a bastard shall dwell in Ashdod, and I will cut off the 6
pride of the Pelishtim. And I will take away his blood out of 7
his mouth, and his detestable things from between his teeth:
and he too, shall remain for our GOD, and he shall be like a
clan in Yehuda, and 'Eqron like the Yevusite. And I will en- 8
camp about my house against any army, against any that pass
by, and return: and no oppressor shall pass through them
any more: for now have I seen with my eyes.   Rejoice 9
greatly, O daughter of Ẓiyyon; shout, O daughter of Yerushala-
yim: behold, thy king comes to thee: he is just, and victorious;
humble, and riding upon an ass, and upon a colt, the foal of an
ass. And I will cut off the chariot from Efrayim, and the horse 10
from Yerushalayim, and the battle bow shall be cut off: and he
shall speak peace to the nations: and his dominion shall be
from sea to sea, and from the river to the ends of the earth.
As for thee also, because of the blood of thy covenant I have 11
sent forth thy prisoners out of the pit in which there was no
water. Return to the stronghold you prisoners of hope: even 12
to day will I restore to thee a double promise. For I have bent 13
Yehuda for me, I have filled the bow with Efrayim, and raised
up my sons, O Ẓiyyon, against thy sons, O Yavan, and made
thee as the sword of a mighty man. And the LORD shall be 14
seen over them, and his arrow shall go forth like the lightning:
and the LORD GOD shall blow the shofar, and shall move in the
stormwinds of the south. The LORD of hosts shall defend them; 15
and they shall devour, and subdue with sling stones; and they
shall drink, and be boisterous as through wine; and they shall be
filled like bowls, and like the corners of the altar. And the 16
LORD their GOD shall save them on that day as the flock of his
people; for they shall be like the stones of a crown gleaming
over his land. For how goodly they are, and how beautiful! 17
corn shall make young men flourish; and new wine, the
virgins. Ask rain of the LORD in the time of the latter rain, of 10
the LORD who makes lightnings; and he will give them showers

ב בַּשָּׂדֶה: כִּי הַתְּרָפִים דִּבְּרוּ־אָוֶן וְהַקּוֹסְמִים חָזוּ שֶׁקֶר וַחֲלֹמוֹת
הַשָּׁוְא יְדַבֵּרוּ הֶבֶל יְנַחֵמוּן עַל־כֵּן נָסְעוּ כְמוֹ־צֹאן יַעֲנוּ כִּי־אֵין
ג רֹעֶה: עַל־הָרֹעִים חָרָה אַפִּי וְעַל־הָעַתּוּדִים
אֶפְקוֹד כִּי־פָקַד יהוה צְבָאוֹת אֶת־עֶדְרוֹ אֶת־בֵּית יְהוּדָה וְשָׂם
ד אוֹתָם כְּסוּס הוֹדוֹ בַּמִּלְחָמָה: מִמֶּנּוּ פִנָּה מִמֶּנּוּ יָתֵד מִמֶּנּוּ קֶשֶׁת
ה מִלְחָמָה מִמֶּנּוּ יֵצֵא כָל־נוֹגֵשׂ יַחְדָּו: וְהָיוּ כְגִבֹּרִים בּוֹסִים בְּטִיט
חוּצוֹת בַּמִּלְחָמָה וְנִלְחֲמוּ כִּי יהוה עִמָּם וְהֹבִישׁוּ רֹכְבֵי סוּסִים:
ו וְגִבַּרְתִּי ׀ אֶת־בֵּית יְהוּדָה וְאֶת־בֵּית יוֹסֵף אוֹשִׁיעַ וְהוֹשְׁבוֹתִים
כִּי רִחַמְתִּים וְהָיוּ כַּאֲשֶׁר לֹא־זְנַחְתִּים כִּי אֲנִי יהוה אֱלֹהֵיהֶם
ז וְאֶעֱנֵם: וְהָיוּ כְגִבּוֹר אֶפְרַיִם וְשָׂמַח לִבָּם כְּמוֹ־יָיִן וּבְנֵיהֶם יִרְאוּ
ח וְשָׂמֵחוּ יָגֵל לִבָּם בַּיהוה: אֶשְׁרְקָה לָהֶם וַאֲקַבְּצֵם כִּי פְדִיתִים
ט וְרָבוּ כְּמוֹ רָבוּ: וְאֶזְרָעֵם בָּעַמִּים וּבַמֶּרְחַקִּים יִזְכְּרוּנִי וְחָיוּ אֶת־
י בְּנֵיהֶם וָשָׁבוּ: וַהֲשֵׁבוֹתִים מֵאֶרֶץ מִצְרַיִם וּמֵאַשּׁוּר אֲקַבְּצֵם וְאֶל־
יא אֶרֶץ גִּלְעָד וּלְבָנוֹן אֲבִיאֵם וְלֹא יִמָּצֵא לָהֶם: וְעָבַר בַּיָּם צָרָה
וְהִכָּה בַיָּם גַּלִּים וְהֹבִישׁוּ כֹּל מְצוּלוֹת יְאֹר וְהוּרַד גְּאוֹן אַשּׁוּר
יב וְשֵׁבֶט מִצְרַיִם יָסוּר: וְגִבַּרְתִּים בַּיהוה וּבִשְׁמוֹ יִתְהַלָּכוּ נְאֻם
יא א יהוה: פְּתַח לְבָנוֹן דְּלָתֶיךָ וְתֹאכַל אֵשׁ בַּאֲרָזֶיךָ:
ב הֵילֵל בְּרוֹשׁ כִּי־נָפַל אֶרֶז אֲשֶׁר אַדִּרִים שֻׁדָּדוּ הֵילִילוּ אַלּוֹנֵי בָשָׁן
ג כִּי יָרַד יַעַר הבצור: קוֹל יִלְלַת הָרֹעִים כִּי שֻׁדְּדָה אַדַּרְתָּם קוֹל הַבָּצִיר
ד שַׁאֲגַת כְּפִירִים כִּי שֻׁדַּד גְּאוֹן הַיַּרְדֵּן: כֹּה אָמַר
ה יהוה אֱלֹהָי רְעֵה אֶת־צֹאן הַהֲרֵגָה: אֲשֶׁר קֹנֵיהֶן יַהַרְגֻן וְלֹא
יֶאְשָׁמוּ וּמֹכְרֵיהֶן יֹאמַר בָּרוּךְ יהוה וַאעְשִׁר וְרֹעֵיהֶם לֹא יַחְמוֹל
ו עֲלֵיהֶן: כִּי לֹא אֶחְמוֹל עוֹד עַל־יֹשְׁבֵי הָאָרֶץ נְאֻם־יהוה וְהִנֵּה
אָנֹכִי מַמְצִיא אֶת־הָאָדָם אִישׁ בְּיַד־רֵעֵהוּ וּבְיַד מַלְכּוֹ וְכִתְּתוּ
ז אֶת־הָאָרֶץ וְלֹא אַצִּיל מִיָּדָם: וָאֶרְעֶה אֶת־צֹאן הַהֲרֵגָה לָכֵן
עֲנִיֵּי הַצֹּאן וָאֶקַּח־לִי שְׁנֵי מַקְלוֹת לְאַחַד קָרָאתִי נֹעַם וּלְאַחַד
ח קָרָאתִי חֹבְלִים וָאֶרְעֶה אֶת־הַצֹּאן: וָאַכְחִד אֶת־שְׁלֹשֶׁת הָרֹעִים
ט בְּיֶרַח אֶחָד וַתִּקְצַר נַפְשִׁי בָּהֶם וְגַם־נַפְשָׁם בָּחֲלָה בִי: וָאֹמַר לֹא
אֶרְעֶה אֶתְכֶם הַמֵּתָה תָמוּת וְהַנִּכְחֶדֶת תִּכָּחֵד וְהַנִּשְׁאָרוֹת

of rain, to everyone grass in the field. For the terafim have 2
spoken vanity, and the diviners have seen a lie, and the dreams
tell falsehood; they comfort in vain: therefore they went their
way as a flock, they were afflicted, because there was no
shepherd.   My anger burns against the shepherds, and I 3
will punish the goats: for the LORD of hosts has remembered
his flock, the house of Yehuda, and makes them like the mag-
nificent steed in the battle. Out of him shall come forth the 4
cornerstone, out of him the stake, out of him the battle bow,
out of him every ruler together. And they shall be like mighty 5
men, who tread down their enemies in the mire of the streets
in the battle: and they shall fight, because the LORD is with
them, and the riders on horses shall be confounded. And I 6
will strengthen the house of Yehuda, and I will save the house
of Yosef, and I will bring them back again for I have had mercy
upon them: and they shall be as though I had not cast them
off : for I am the LORD their GOD, and will hear them. And they 7
of Efrayim shall be like a mighty man, and their heart shall
rejoice as through wine: and their children shall see it, and
be glad; their heart shall rejoice in the LORD. I will whis- 8
tle to them, and gather them; for I have redeemed them: and
they shall increase as they have before increased. And I 9
will sow them among the peoples: and they shall remem-
ber me in far countries; and they shall live with their chil-
dren, and shall return. And I will bring them back out of 10
the land of Miẓrayim, and gather them out of Ashshur, and I
will bring them into the land of Gil‘ad and Levanon; so that
there will be no room for them. And he shall pass through the 11
sea with affliction, and shall smite the waves in the sea, and
all the deeps of the River shall dry up: and the pride of Ash-
shur shall be brought down, and the sceptre of Miẓrayim shall
depart away. And I will strengthen them in the LORD; and they 12
shall walk up and down in his name, says the LORD.   Open **11**
thy doors, O Levanon, that the fire may devour thy cedars.
Wail, O cypress tree; for the cedar is fallen; because the mighty 2
are spoiled: wail, O you oaks of Bashan; for the thick forest
is come down. There is a voice of the wailing of the shepherds; 3
for their glory is spoiled: a voice of the roaring of young lions;
for the wild country of the Yarden is plundered.   Thus 4
says the LORD my GOD: Feed the flock of the slaughter; whose 5
possessors slay them, and hold themselves not guilty: and they
that sell them say, Blessed is the LORD; for I am rich: and
their own shepherds pity them not. For I will no more pity 6
the inhabitants of the land, says the LORD: but, lo, I will de-
liver the men everyone into his neighbour's hand, and into the
hand of his king: and they shall smite the land, and out of
their hand I will not deliver them. So I fed the flock of slaugh- 7
ter, indeed the poorest of the flock. And I took for myself two
rods; the one I called Grace, and the other I called Severity;
and I fed the flock. Three shepherds also I cut off in one month; 8
and I became impatient with them, and their soul also ab-
horred me. Then I said, I will not be your shepherd: that which 9
dies, let it die; and that which is to be cut off, let it be cut off;

תֹּאכַלְנָה אִשָּׁה אֶת־בְּשַׂר רְעוּתָהּ: וָאֶקַּח אֶת־מַקְלִי אֶת־נֹעַם י
וָאֶגְדַּע אֹתוֹ לְהָפֵיר אֶת־בְּרִיתִי אֲשֶׁר כָּרַתִּי אֶת־כָּל־הָעַמִּים:
וַתֻּפַר בַּיּוֹם הַהוּא וַיֵּדְעוּ כֵן עֲנִיֵּי הַצֹּאן הַשֹּׁמְרִים אֹתִי כִּי דְבַר־ יא
יְהוָה הוּא: וָאֹמַר אֲלֵיהֶם אִם־טוֹב בְּעֵינֵיכֶם הָבוּ שְׂכָרִי וְאִם־ יב
לֹא ׀ חֲדָלוּ וַיִּשְׁקְלוּ אֶת־שְׂכָרִי שְׁלֹשִׁים כָּסֶף: וַיֹּאמֶר יְהוָה אֵלַי יג
הַשְׁלִיכֵהוּ אֶל־הַיּוֹצֵר אֶדֶר הַיְקָר אֲשֶׁר יָקַרְתִּי מֵעֲלֵיהֶם וָאֶקְחָה
שְׁלֹשִׁים הַכֶּסֶף וָאַשְׁלִיךְ אֹתוֹ בֵּית יְהוָה אֶל־הַיּוֹצֵר: וָאֶגְדַּע יד
אֶת־מַקְלִי הַשֵּׁנִי אֵת הַחֹבְלִים לְהָפֵר אֶת־הָאַחֲוָה בֵּין יְהוּדָה
וּבֵין יִשְׂרָאֵל: וַיֹּאמֶר יְהוָה אֵלָי עוֹד קַח־לְךָ כְּלִי טו
רֹעֶה אֱוִלִי: כִּי הִנֵּה־אָנֹכִי מֵקִים רֹעֶה בָּאָרֶץ הַנִּכְחָדוֹת לֹא־ טז
יִפְקֹד הַנַּעַר לֹא־יְבַקֵּשׁ וְהַנִּשְׁבֶּרֶת לֹא יְרַפֵּא הַנִּצָּבָה לֹא יְכַלְכֵּל
וּבְשַׂר הַבְּרִיאָה יֹאכַל וּפַרְסֵיהֶן יְפָרֵק: הוֹי רֹעִי הָאֱלִיל עֹזְבִי יז
הַצֹּאן חֶרֶב עַל־זְרוֹעוֹ וְעַל־עֵין יְמִינוֹ זְרֹעוֹ יָבוֹשׁ תִּיבָשׁ וְעֵין
כ יְמִינוֹ כָּהֹה תִכְהֶה: מַשָּׂא דְבַר־יְהוָה עַל־ איב
יִשְׂרָאֵל נְאֻם־יְהוָה נֹטֶה שָׁמַיִם וְיֹסֵד אָרֶץ וְיֹצֵר רוּחַ־אָדָם
בְּקִרְבּוֹ: הִנֵּה אָנֹכִי שָׂם אֶת־יְרוּשָׁלַםִ סַף־רַעַל לְכָל־הָעַמִּים ב
סָבִיב וְגַם עַל־יְהוּדָה יִהְיֶה בַמָּצוֹר עַל־יְרוּשָׁלָםִ: וְהָיָה בַיּוֹם־ ג
הַהוּא אָשִׂים אֶת־יְרוּשָׁלַםִ אֶבֶן מַעֲמָסָה לְכָל־הָעַמִּים כָּל־
עֹמְסֶיהָ שָׂרוֹט יִשָּׂרֵטוּ וְנֶאֶסְפוּ עָלֶיהָ כֹּל גּוֹיֵי הָאָרֶץ: בַּיּוֹם הַהוּא ד
נְאֻם־יְהוָה אַכֶּה כָל־סוּס בַּתִּמָּהוֹן וְרֹכְבוֹ בַּשִּׁגָּעוֹן וְעַל־בֵּית
יְהוּדָה אֶפְקַח אֶת־עֵינַי וְכֹל סוּס הָעַמִּים אַכֶּה בַּעִוָּרוֹן: וְאָמְרוּ ה
אַלֻּפֵי יְהוּדָה בְּלִבָּם אַמְצָה לִי יֹשְׁבֵי יְרוּשָׁלַםִ בַּיהוָה צְבָאוֹת
אֱלֹהֵיהֶם: בַּיּוֹם הַהוּא אָשִׂים אֶת־אַלֻּפֵי יְהוּדָה כְּכִיּוֹר אֵשׁ ו
בְּעֵצִים וּכְלַפִּיד אֵשׁ בְּעָמִיר וְאָכְלוּ עַל־יָמִין וְעַל־שְׂמֹאול אֶת־
כָּל־הָעַמִּים סָבִיב וְיָשְׁבָה יְרוּשָׁלַםִ עוֹד תַּחְתֶּיהָ בִּירוּשָׁלָםִ:
וְהוֹשִׁיעַ יְהוָה אֶת־אָהֳלֵי יְהוּדָה בָּרִאשֹׁנָה לְמַעַן לֹא־תִגְדַּל ז
תִּפְאֶרֶת בֵּית־דָּוִיד וְתִפְאֶרֶת יֹשֵׁב יְרוּשָׁלַםִ עַל־יְהוּדָה: בַּיּוֹם ח
הַהוּא יָגֵן יְהוָה בְּעַד יוֹשֵׁב יְרוּשָׁלַםִ וְהָיָה הַנִּכְשָׁל בָּהֶם בַּיּוֹם
הַהוּא כְּדָוִיד וּבֵית דָּוִיד כֵּאלֹהִים כְּמַלְאַךְ יְהוָה לִפְנֵיהֶם: וְהָיָה ט
בַּיּוֹם הַהוּא אֲבַקֵּשׁ לְהַשְׁמִיד אֶת־כָּל־הַגּוֹיִם הַבָּאִים עַל־
יְרוּשָׁלָםִ: וְשָׁפַכְתִּי עַל־בֵּית דָּוִיד וְעַל ׀ יוֹשֵׁב יְרוּשָׁלַםִ רוּחַ חֵן י
וְתַחֲנוּנִים וְהִבִּיטוּ אֵלַי אֵת אֲשֶׁר־דָּקָרוּ וְסָפְדוּ עָלָיו כְּמִסְפֵּד עַל־

and let the rest eat the flesh of one another. And I took my 10
rod, Grace, and snapped it, that I might break my covenant
which I had made with all the peoples. And it was broken on 11
that day: and so the poorest of the flock who paid heed to me
knew that it was the word of the LORD. And I said to them, If 12
you think good, give me my hire; and if not, forbear. So they
weighed for my hire thirty pieces of silver. And the LORD said 13
to me, Cast it into the treasury: the goodly price that I was
priced at by them. And I took the thirty pieces of silver, and
cast them into the treasury in the house of the LORD. Then I 14
snapped my other staff, Severity, that I might break the bro-
therhood between Yehuda and Yisra'el.   And the LORD 15
said to me, Take to thee yet the instruments of a foolish
shepherd. For, lo, I will raise up a shepherd in the land, who 16
shall not take care of those who are cut off, nor seek the young
one, nor heal the broken, nor feed that which stands still: but
he shall eat the flesh of the fat, and break their hoofs in
pieces. Woe to my worthless shepherd who forsakes the flock! 17
the sword shall be upon his arm, and upon his right eye: his
arm shall be dried up, and his right eye shall be darkened.

The burden of the word of the LORD concerning Yisra'el. **12**
The saying of the LORD, who stretches out the heavens, and
lays the foundation of the earth, and forms the spirit of man
within him; Behold, I will make Yerushalayim a cup of stag- 2
gering to all the peoples round about, and it shall also be for
Yehuda during the siege against Yerushalayim. And on that 3
day I will make Yerushalayim a burdensome stone for all the
peoples: all that burden themselves with it shall be grievously
hurt: and all the peoples of the earth shall be gathered to-
gether against it. On that day, says the LORD, I will smite 4
every horse with astonishment, and his rider with madness:
and I will open my eyes upon the house of Yehuda, and will
smite every horse of the nations with blindness. And the gov- 5
ernors of Yehuda shall say in their heart, The inhabitants of
Yerushalayim are my strength through the LORD of hosts their
GOD. On that day I will make the chiefs of Yehuda like a 6
hearth of fire among trees, and like a torch of fire in a sheaf;
and they shall devour all the peoples round about, on the right
hand and on the left: and Yerushalayim shall be inhabited
again in her own place, even in Yerushalayim. And the LORD 7
shall save the tents of Yehuda first, that the glory of the house
of David and the glory of the inhabitants of Yerushalayim do
not magnify themselves against Yehuda. On that day shall 8
the LORD defend the inhabitants of Yerushalayim; and he that
stumbles among them at that day shall be like David; and the
house of David shall be like a divine being, like the angel of
the LORD before them. And it shall come to pass on that day, 9
that I will seek to destroy all the nations that come against
Yerushalayim. But I will pour upon the house of David, and 10
upon the inhabitants of Yerushalayim, the spirit of grace and
of supplication: and they shall look towards me, regarding
those whom the nations have thrust through. And they shall
mourn for him (that is slain) as one mourns for an only son,

יא הַיָּחִיד וְהָמֵר עָלָיו כְּהָמֵר עַל־הַבְּכוֹר׃ בַּיּוֹם הַהוּא יִגְדַּל הַמִּסְפֵּד
יב בִּירוּשָׁלִַם כְּמִסְפַּד הֲדַדְרִמּוֹן בְּבִקְעַת מְגִדּוֹן׃ וְסָפְדָה הָאָרֶץ
מִשְׁפָּחוֹת מִשְׁפָּחוֹת לְבָד מִשְׁפַּחַת בֵּית־דָּוִיד לְבָד וּנְשֵׁיהֶם לְבָד
יג מִשְׁפַּחַת בֵּית־נָתָן לְבָד וּנְשֵׁיהֶם לְבָד׃ מִשְׁפַּחַת בֵּית־לֵוִי
יד לְבָד וּנְשֵׁיהֶם לְבָד מִשְׁפַּחַת הַשִּׁמְעִי לְבָד וּנְשֵׁיהֶם לְבָד׃ כֹּל
הַמִּשְׁפָּחוֹת הַנִּשְׁאָרוֹת מִשְׁפָּחֹת מִשְׁפָּחֹת לְבָד וּנְשֵׁיהֶם לְבָד׃
יג א בַּיּוֹם הַהוּא יִהְיֶה מָקוֹר נִפְתָּח לְבֵית דָּוִיד וּלְיֹשְׁבֵי יְרוּשָׁלִָם
ב לְחַטַּאת וּלְנִדָּה׃ וְהָיָה בַיּוֹם הַהוּא נְאֻם ׀ יְהוָה צְבָאוֹת אַכְרִית
אֶת־שְׁמוֹת הָעֲצַבִּים מִן־הָאָרֶץ וְלֹא יִזָּכְרוּ עוֹד וְגַם אֶת־
ג הַנְּבִיאִים וְאֶת־רוּחַ הַטֻּמְאָה אַעֲבִיר מִן־הָאָרֶץ׃ וְהָיָה כִּי־יִנָּבֵא
אִישׁ עוֹד וְאָמְרוּ אֵלָיו אָבִיו וְאִמּוֹ יֹלְדָיו לֹא תִחְיֶה כִּי שֶׁקֶר
ד דִּבַּרְתָּ בְּשֵׁם יְהוָה וּדְקָרֻהוּ אָבִיהוּ וְאִמּוֹ יֹלְדָיו בְּהִנָּבְאוֹ׃ וְהָיָה ׀
בַּיּוֹם הַהוּא יֵבֹשׁוּ הַנְּבִיאִים אִישׁ מֵחֶזְיֹנוֹ בְּהִנָּבְאֹתוֹ וְלֹא
ה יִלְבְּשׁוּ אַדֶּרֶת שֵׂעָר לְמַעַן כַּחֵשׁ׃ וְאָמַר לֹא נָבִיא אָנֹכִי
ו אִישׁ־עֹבֵד אֲדָמָה אָנֹכִי כִּי־אָדָם הִקְנַנִי מִנְּעוּרָי׃ וְאָמַר
אֵלָיו מָה הַמַּכּוֹת הָאֵלֶּה בֵּין יָדֶיךָ וְאָמַר אֲשֶׁר הֻכֵּיתִי בֵּית
ז מְאַהֲבָי׃ חֶרֶב עוּרִי עַל־רֹעִי וְעַל־גֶּבֶר עֲמִיתִי
נְאֻם יְהוָה צְבָאוֹת הַךְ אֶת־הָרֹעֶה וּתְפוּצֶיןָ הַצֹּאן וַהֲשִׁבֹתִי יָדִי
ח עַל־הַצֹּעֲרִים׃ וְהָיָה בְכָל־הָאָרֶץ נְאֻם־יְהוָה פִּי־שְׁנַיִם בָּהּ יִכָּרְתוּ
ט יִגְוָעוּ וְהַשְּׁלִשִׁית יִוָּתֶר בָּהּ׃ וְהֵבֵאתִי אֶת־הַשְּׁלִשִׁית בָּאֵשׁ
וּצְרַפְתִּים כִּצְרֹף אֶת־הַכֶּסֶף וּבְחַנְתִּים כִּבְחֹן אֶת־הַזָּהָב הוּא ׀
יִקְרָא בִשְׁמִי וַאֲנִי אֶעֱנֶה אֹתוֹ אָמַרְתִּי עַמִּי הוּא וְהוּא יֹאמַר
יד א יְהוָה אֱלֹהָי׃ הִנֵּה יוֹם־בָּא לַיהוָה וְחֻלַּק שְׁלָלֵךְ
ב בְּקִרְבֵּךְ׃ וְאָסַפְתִּי אֶת־כָּל־הַגּוֹיִם ׀ אֶל־יְרוּשָׁלִַם לַמִּלְחָמָה
וְנִלְכְּדָה הָעִיר וְנָשַׁסּוּ הַבָּתִּים וְהַנָּשִׁים תשגלנה וְיָצָא חֲצִי תִּשָּׁכַבְנָה
ג הָעִיר בַּגּוֹלָה וְיֶתֶר הָעָם לֹא יִכָּרֵת מִן־הָעִיר׃ וְיָצָא יְהוָה וְנִלְחַם
ד בַּגּוֹיִם הָהֵם כְּיוֹם הִלָּחֲמוֹ בְּיוֹם קְרָב׃ וְעָמְדוּ רַגְלָיו בַּיּוֹם־הַהוּא
עַל־הַר הַזֵּיתִים אֲשֶׁר עַל־פְּנֵי יְרוּשָׁלִַם מִקֶּדֶם וְנִבְקַע הַר הַזֵּיתִים
מֵחֶצְיוֹ מִזְרָחָה וָיָמָּה גֵּיא גְּדוֹלָה מְאֹד וּמָשׁ חֲצִי הָהָר צָפוֹנָה
ה וְחֶצְיוֹ נֶגְבָּה׃ וְנַסְתֶּם גֵּיא־הָרַי כִּי־יַגִּיעַ גֵּי־הָרִים אֶל־אָצַל וְנַסְתֶּם
כַּאֲשֶׁר נַסְתֶּם מִפְּנֵי הָרַעַשׁ בִּימֵי עֻזִּיָּה מֶלֶךְ־יְהוּדָה וּבָא יְהוָה

and shall be in bitterness over him, as one that is in bitterness
for a firstborn. On that day shall there be a great mourning 11
in Yerushalayim, like the mourning of Hadadrimmon in the val-
ley of Megiddon. And the land shall mourn, every family apart; 12
the family of the house of David apart, and their wives apart;
the family of the house of Natan apart, and their wives apart;
the family of the house of Levi apart, and their wives apart; 13
the family of Shim'i apart, and their wives apart; all the 14
families that remain, every family apart, and their wives apart.
On that day there shall be a fountain opened to the house of **13**
David and to the inhabitants of Yerushalayim for cleansing
and for sprinkling. And it shall come to pass on that day, says 2
the LORD of hosts, that I will cut off the names of the idols
out of the land, and they shall no more be remembered: and
also I will cause the prophets and the unclean spirit to pass
out of the land. And it shall come to pass, that when any shall 3
yet prophesy, then his father and his mother who begot him
shall say to him, Thou shalt not live; for thou speakest lies
in the name of the LORD: and his father and his mother who
begot him shall thrust him through when he prophesies. And 4
it shall come to pass on that day, that the prophets shall be
ashamed every one of his vision, when he has prophesied; and
they shall not put on the hairy mantle to deceive: but he 5
shall say, I am no prophet, I am a tiller of the ground; for a
man taught me to keep cattle from my youth. And one shall 6
say to him, What are these wounds between thy hands? Then
he shall answer, Those with which I was wounded in the house
of my friends. Awake, O sword, against my shepherd, 7
and against the man who is associated with me, says the LORD
of hosts: smite the shepherd, and the sheep shall be scattered:
and I will turn my hand against the little ones. And it shall 8
come to pass, that in all the land, says the LORD, two parts
in it shall be cut off and die; but the third shall be left in it.
And I will bring the third part through the fire, and will refine 9
them as silver is refined, and will try them as gold is tried:
they shall call on my name, and I will hear them: I will say,
It is my people: and they shall say, The LORD is my GOD.

Behold, the day of the LORD comes, when thy spoil shall be **14**
divided in the midst of thee. For I will gather all the nations 2
against Yerushalayim to battle; and the city shall be taken,
and the houses rifled, and the women ravished; and half of the
city shall go into exile, and the residue of the people shall not
be cut off from the city. Then shall the LORD go out, and fight 3
against those nations, as when he fought in the day of battle.
And his feet shall stand in that day upon the mount of Olives, 4
which is before Yerushalayim on the east, and the mount of
Olives shall be split along the middle of it by a very great
valley from east to west; and half of the mountain shall be
removed towards the north, and half of it, towards the south.
And you shall flee to the valley of the mountains; for the val- 5
ley of the mountains shall reach to Aẕel: and you shall flee,
just as you fled from before the earthquake in the days of
'Uzziyya king of Yehuda: and the LORD my GOD shall come, and

ו אֱלֹהַי כׇּל־קְדֹשִׁים עִמָּךְ׃ וְהָיָה בַּיּוֹם הַהוּא לֹא־יִהְיֶה אוֹר יְקָרוֹת
ז יקפאון׃ וְהָיָה יוֹם־אֶחָד הוּא יִוָּדַע לַיהֹוָה לֹא־יוֹם וְלֹא־לָיְלָה וְקִפָּאוֹן
ח וְהָיָה לְעֵת־עֶרֶב יִהְיֶה־אוֹר׃ וְהָיָה ׀ בַּיּוֹם הַהוּא יֵצְאוּ מַיִם־חַיִּים
מִירוּשָׁלַ͏ִם חֶצְיָם אֶל־הַיָּם הַקַּדְמוֹנִי וְחֶצְיָם אֶל־הַיָּם הָאַחֲרוֹן
ט בַּקַּיִץ וּבָחֹרֶף יִהְיֶה׃ וְהָיָה יְהֹוָה לְמֶלֶךְ עַל־כׇּל־הָאָרֶץ בַּיּוֹם
י הַהוּא יִהְיֶה יְהֹוָה אֶחָד וּשְׁמוֹ אֶחָד׃ יִסּוֹב כׇּל־הָאָרֶץ כָּעֲרָבָה
מִגֶּבַע לְרִמּוֹן נֶגֶב יְרוּשָׁלָ͏ִם וְרָאֲמָה וְיָשְׁבָה תַחְתֶּיהָ לְמִשַּׁעַר
בִּנְיָמִן עַד־מְקוֹם שַׁעַר הָרִאשׁוֹן עַד־שַׁעַר הַפִּנִּים וּמִגְדַּל חֲנַנְאֵל
יא עַד יִקְבֵי הַמֶּלֶךְ׃ וְיָשְׁבוּ בָהּ וְחֵרֶם לֹא יִהְיֶה־עוֹד וְיָשְׁבָה יְרוּשָׁלַ͏ִם
יב לָבֶטַח׃ וְזֹאת ׀ תִּהְיֶה הַמַּגֵּפָה אֲשֶׁר יִגֹּף יְהֹוָה
אֶת־כׇּל־הָעַמִּים אֲשֶׁר צָבְאוּ עַל־יְרוּשָׁלָ͏ִם הָמֵק ׀ בְּשָׂרוֹ וְהוּא
עֹמֵד עַל־רַגְלָיו וְעֵינָיו תִּמַּקְנָה בְחֹרֵיהֶן וּלְשׁוֹנוֹ תִּמַּק בְּפִיהֶם׃
יג וְהָיָה בַּיּוֹם הַהוּא תִּהְיֶה מְהוּמַת־יְהֹוָה רַבָּה בָּהֶם וְהֶחֱזִיקוּ אִישׁ
יד יַד רֵעֵהוּ וְעָלְתָה יָדוֹ עַל־יַד רֵעֵהוּ׃ וְגַם־יְהוּדָה תִּלָּחֵם בִּירוּשָׁלָ͏ִם
טו וְאֻסַּף חֵיל כׇּל־הַגּוֹיִם סָבִיב זָהָב וָכֶסֶף וּבְגָדִים לָרֹב מְאֹד׃ וְכֵן
תִּהְיֶה מַגֵּפַת הַסּוּס הַפֶּרֶד הַגָּמָל וְהַחֲמוֹר וְכׇל־הַבְּהֵמָה אֲשֶׁר
טז יִהְיֶה בַּמַּחֲנוֹת הָהֵמָּה כַּמַּגֵּפָה הַזֹּאת׃ וְהָיָה כׇּל־הַנּוֹתָר מִכׇּל־
הַגּוֹיִם הַבָּאִים עַל־יְרוּשָׁלָ͏ִם וְעָלוּ מִדֵּי שָׁנָה בְשָׁנָה לְהִשְׁתַּחֲוֺת
יז לְמֶלֶךְ יְהֹוָה צְבָאוֹת וְלָחֹג אֶת־חַג הַסֻּכּוֹת׃ וְהָיָה אֲשֶׁר לֹא־
יַעֲלֶה מֵאֵת מִשְׁפְּחוֹת הָאָרֶץ אֶל־יְרוּשָׁלַ͏ִם לְהִשְׁתַּחֲוֺת לְמֶלֶךְ
יח יְהֹוָה צְבָאוֹת וְלֹא עֲלֵיהֶם יִהְיֶה הַגָּשֶׁם׃ וְאִם־מִשְׁפַּחַת מִצְרַיִם
לֹא־תַעֲלֶה וְלֹא בָאָה וְלֹא עֲלֵיהֶם תִּהְיֶה הַמַּגֵּפָה אֲשֶׁר יִגֹּף
יְהֹוָה אֶת־הַגּוֹיִם אֲשֶׁר לֹא יַעֲלוּ לָחֹג אֶת־חַג הַסֻּכּוֹת׃
יט זֹאת תִּהְיֶה חַטַּאת מִצְרָיִם וְחַטַּאת כׇּל־הַגּוֹיִם אֲשֶׁר לֹא
כ יַעֲלוּ לָחֹג אֶת־חַג הַסֻּכּוֹת׃ בַּיּוֹם הַהוּא יִהְיֶה עַל־מְצִלּוֹת
הַסּוּס קֹדֶשׁ לַיהֹוָה וְהָיָה הַסִּירוֹת בְּבֵית יְהֹוָה כַּמִּזְרָקִים
כא לִפְנֵי הַמִּזְבֵּחַ׃ וְהָיָה כׇּל־סִיר בִּירוּשָׁלַ͏ִם וּבִיהוּדָה קֹדֶשׁ כא
לַיהֹוָה צְבָאוֹת וּבָאוּ כׇּל־הַזֹּבְחִים וְלָקְחוּ מֵהֶם וּבִשְּׁלוּ בָהֶם
וְלֹא־יִהְיֶה כְנַעֲנִי עוֹד בְּבֵית־יְהֹוָה צְבָאוֹת בַּיּוֹם הַהוּא׃

all the holy ones with thee. And it shall come to pass on that 6
day, that there shall neither be bright light nor thick darkness;
but it shall be one particular day which shall be known as the 7
Lord's, neither day, nor night: but it shall come to pass that
at evening time, there will be light. And on that day, living 8
waters shall go out from Yerushalayim; half of them towards
the eastern sea, and half of them toward the western sea: in
summer and in winter shall it be. And the Lord shall be king 9
over all the earth: on that day the Lord shall be one, and his
name One. All the land shall be changed like the 'Arava from 10
Geva to Rimmon south of Yerushalayim; whilst she shall be
lifted up, and shall remain in her place, from the gate of Bin-
yamin to the place of the first gate, to the corner gate, and
from the tower of Ḥanan'el to the king's winepresses. And 11
men shall dwell in it, and there shall be no more utter destruc-
tion; but Yerushalayim shall dwell secure. And this 12
shall be the plague with which the Lord will smite all the
peoples that have fought against Yerushalayim; their flesh
shall consume away while they stand upon their feet, and their
eyes shall consume away in their sockets, and their tongue
shall consume away in their mouth. And it shall come to pass 13
on that day, that a great panic from the Lord shall be among
them; and they shall lay hold every one on the hand of his
neighbour, and his hand shall rise up against the hand of his
neighbour. And Yehuda also shall fight at Yerushalayim; and 14
the wealth of all the nations round about shall be gathered to-
gether, gold, and silver, and clothing, in great abundance. And 15
such shall be the plague of the horse, of the mule, of the camel,
and of the ass, and of all the beasts that shall be in these
camps, as this plague. And it shall come to pass, that every 16
one that is left of all the nations who came against Yerusha-
layim, shall go up from year to year to worship the King, the
Lord of hosts, and to keep the feast of booths. And who- 17
ever does not come up of all the families of the earth to Yeru-
shalayim to worship the King, the Lord of hosts, upon them
shall be no rain. And if the family of Miẕrayim does not go up, 18
and does not come, then they shall have no overflow. This shall
be the plague, with which the Lord will smite the nations that
shall not come up to keep the feast of booths. This shall 19
be the punishment of Miẕrayim, and the punishment of all
nations that do not come up to keep the feast of booths.
On that day shall there be (inscribed) upon the bells of the 20
horses, Holiness to the Lord; and the pots in the Lord's house
shall be like the basins before the altar. And every pot in Ye- 21
rushalayim and in Yehuda shall be sacred to the Lord of hosts:
and all they that sacrifice shall come and take of them, and
cook in them: and on that day there shall be no more mer-
chants in the house of the Lord of hosts.

מַשָּׂא דְבַר־יהוה אֶל־יִשְׂרָאֵל בְּיַד מַלְאָכִי: אָהַבְתִּי אֶתְכֶם א ב
אָמַר יהוה וַאֲמַרְתֶּם בַּמָּה אֲהַבְתָּנוּ הֲלוֹא־אָח עֵשָׂו לְיַעֲקֹב
נְאֻם־יהוה וָאֹהַב אֶת־יַעֲקֹב: וְאֶת־עֵשָׂו שָׂנֵאתִי וָאָשִׂים אֶת־ ג
הָרָיו שְׁמָמָה וְאֶת־נַחֲלָתוֹ לְתַנּוֹת מִדְבָּר: כִּי־תֹאמַר אֱדוֹם ד
רֻשַּׁשְׁנוּ וְנָשׁוּב וְנִבְנֶה חֳרָבוֹת כֹּה אָמַר יהוה צְבָאוֹת הֵמָּה יִבְנוּ
וַאֲנִי אֶהֱרוֹס וְקָרְאוּ לָהֶם גְּבוּל רִשְׁעָה וְהָעָם אֲשֶׁר־זָעַם יהוה
עַד־עוֹלָם: וְעֵינֵיכֶם תִּרְאֶינָה וְאַתֶּם תֹּאמְרוּ יִגְדַּל יהוה מֵעַל ה
לִגְבוּל יִשְׂרָאֵל: בֵּן יְכַבֵּד אָב וְעֶבֶד אֲדֹנָיו וְאִם־אָב אָנִי אַיֵּה ו
כְבוֹדִי וְאִם־אֲדוֹנִים אָנִי אַיֵּה מוֹרָאִי אָמַר ׀ יהוה צְבָאוֹת לָכֶם
הַכֹּהֲנִים בּוֹזֵי שְׁמִי וַאֲמַרְתֶּם בַּמֶּה בָזִינוּ אֶת־שְׁמֶךָ: מַגִּישִׁים ז
עַל־מִזְבְּחִי לֶחֶם מְגֹאָל וַאֲמַרְתֶּם בַּמֶּה גֵאַלְנוּךָ בֶּאֱמָרְכֶם שֻׁלְחַן
יהוה נִבְזֶה הוּא: וְכִי־תַגִּשׁוּן עִוֵּר לִזְבֹּחַ אֵין רָע וְכִי תַגִּישׁוּ ח
פִּסֵּחַ וְחֹלֶה אֵין רָע הַקְרִיבֵהוּ נָא לְפֶחָתֶךָ הֲיִרְצְךָ אוֹ הֲיִשָּׂא
פָנֶיךָ אָמַר יהוה צְבָאוֹת: וְעַתָּה חַלּוּ־נָא פְנֵי־אֵל וִיחָנֵנוּ מִיֶּדְכֶם ט
הָיְתָה זֹּאת הֲיִשָּׂא מִכֶּם פָּנִים אָמַר יהוה צְבָאוֹת: מִי גַם־בָּכֶם י
וְיִסְגֹּר דְּלָתַיִם וְלֹא־תָאִירוּ מִזְבְּחִי חִנָּם אֵין־לִי חֵפֶץ בָּכֶם אָמַר
יהוה צְבָאוֹת וּמִנְחָה לֹא־אֶרְצֶה מִיֶּדְכֶם: כִּי מִמִּזְרַח־שֶׁמֶשׁ יא
וְעַד־מְבוֹאוֹ גָּדוֹל שְׁמִי בַּגּוֹיִם וּבְכָל־מָקוֹם מֻקְטָר מֻגָּשׁ לִשְׁמִי
וּמִנְחָה טְהוֹרָה כִּי־גָדוֹל שְׁמִי בַּגּוֹיִם אָמַר יהוה צְבָאוֹת: וְאַתֶּם יב
מְחַלְּלִים אוֹתוֹ בֶּאֱמָרְכֶם שֻׁלְחַן אֲדֹנָי מְגֹאָל הוּא וְנִיבוֹ נִבְזֶה
אָכְלוֹ: וַאֲמַרְתֶּם הִנֵּה מַתְּלָאָה וְהִפַּחְתֶּם אוֹתוֹ אָמַר יהוה יג
צְבָאוֹת וַהֲבֵאתֶם גָּזוּל וְאֶת־הַפִּסֵּחַ וְאֶת־הַחוֹלֶה וַהֲבֵאתֶם אֶת־
הַמִּנְחָה הַאֶרְצֶה אוֹתָהּ מִיֶּדְכֶם אָמַר יהוה: וְאָרוּר נוֹכֵל וְיֵשׁ יד
בְּעֶדְרוֹ זָכָר וְנֹדֵר וְזֹבֵחַ מָשְׁחָת לַאדֹנָי כִּי מֶלֶךְ גָּדוֹל אָנִי אָמַר
יהוה צְבָאוֹת וּשְׁמִי נוֹרָא בַגּוֹיִם: וְעַתָּה אֲלֵיכֶם הַמִּצְוָה הַזֹּאת ב א
הַכֹּהֲנִים: אִם־לֹא תִשְׁמְעוּ וְאִם־לֹא תָשִׂימוּ עַל־לֵב לָתֵת כָּבוֹד ב
לִשְׁמִי אָמַר יהוה צְבָאוֹת וְשִׁלַּחְתִּי בָכֶם אֶת־הַמְּאֵרָה וְאָרוֹתִי
אֶת־בִּרְכוֹתֵיכֶם וְגַם אָרוֹתִיהָ כִּי אֵינְכֶם שָׂמִים עַל־לֵב: הִנְנִי ג
גֹעֵר לָכֶם אֶת־הַזֶּרַע וְזֵרִיתִי פֶרֶשׁ עַל־פְּנֵיכֶם פֶּרֶשׁ חַגֵּיכֶם וְנָשָׂא
אֶתְכֶם אֵלָיו: וִידַעְתֶּם כִּי שִׁלַּחְתִּי אֲלֵיכֶם אֵת הַמִּצְוָה הַזֹּאת ד
לִהְיוֹת בְּרִיתִי אֶת־לֵוִי אָמַר יהוה צְבָאוֹת: בְּרִיתִי ׀ הָיְתָה אִתּוֹ ה
הַחַיִּים וְהַשָּׁלוֹם וָאֶתְּנֵם־לוֹ מוֹרָא וַיִּירָאֵנִי וּמִפְּנֵי שְׁמִי נִחַת הוּא:
תּוֹרַת אֱמֶת הָיְתָה בְּפִיהוּ וְעַוְלָה לֹא־נִמְצָא בִשְׂפָתָיו בְּשָׁלוֹם ו

1

The burden of the word of the LORD to Yisra'el by Mal'akhi. 1
I have loved you, says the LORD. Yet you say, In what hast thou 2
loved us? Was not 'Esav Ya'aqov's brother? says the LORD: yet
I loved Ya'aqov, and I hated 'Esav, and laid his mountains 3
waste, and gave his heritage to the jackals of the wilderness.
For Edom says, We are made destitute; but we will return and 4
rebuild the desolate places. Thus says the LORD of hosts, They
shall build, but I will throw down; and they shall be called,
The border of wickedness, and, The people against whom the
LORD has indignation for ever. And your eyes shall see, and you 5
shall say, The LORD is great beyond the border of Yisra'el. A 6
son honours his father, and a servant his master: if then I am
a father, where is my honour? and if I am a master, where is
my fear? says the LORD of hosts to you, O priests, who despise
my name. And you say, In what have we despised thy name?
You offer disgusting bread upon my altar; and you say, In what 7
have we polluted thee? In that you say, The table of the LORD is
contemptible. And if you offer the blind for sacrifice, is it not 8
evil? and if you offer a lame or sick animal, is that not evil? offer
it now to thy governor; will he be pleased with thee, or will he
show you favour? says the LORD of hosts. And now, I pray you, 9
entreat GOD that he will be gracious to us: this has been your
doing: will he show favour to any of you? says the LORD of
hosts. O that there were one among you who would shut the 10
doors that you might not kindle fire on my altar for nought!
I have no pleasure in you, says the LORD of hosts, nor will I
accept an offering at your hand. For from the rising of the sun 11
until it goes down, my name is great among the nations; and
in every place incense is burnt and sacrifices are offered to my
name, and a pure offering: for my name is great among the
nations, says the LORD of hosts. But you profane it, in that you 12
suppose that the table of the LORD is disgusting, and its fruit
contemptible to eat. And you have said, Behold, what a weari- 13
ness it is! and you have snuffed at it, says the LORD of hosts;
and you have brought that which was torn, and the lame, and
the sick; so you have brought an offering: should I accept this
at your hand? says the LORD. But cursed be the deceiver, who 14
has in his flock a male, and yet vows, and sacrifices to the
LORD what is blemished: for I am a great king, says the LORD
of hosts, and my name is feared among the nations. And now, **2**
O you priests, this commandment is for you. If you will not 2
hear, and if you will not lay it to heart, to give glory to my
name, says the LORD of hosts, then I will send a curse upon you,
and I will curse your blessings: indeed, I have cursed them al-
ready, because you do not lay it to heart. Behold, I will rebuke 3
your seed, and spread dung upon your faces, even the dung of
your feasts; and you will be taken away with it. And you shall 4
know that I have sent this commandment to you, that my cov-
enant might be with Levi, says the LORD of hosts. My covenant 5
was with him for life and peace; and I gave them to him for the
fear with which he feared me, and was afraid of my name.
The Tora of truth was in his mouth, and iniquity was not to be 6
found on his lips: he walked with me in peace and uprightness,

ז וּבְמִישׁוֹר הָלַךְ אִתִּי וְרַבִּים הֵשִׁיב מֵעָוֺן׃ כִּי־שִׂפְתֵי כֹהֵן יִשְׁמְרוּ־
ח דַעַת וְתוֹרָה יְבַקְשׁוּ מִפִּיהוּ כִּי מַלְאַךְ יְהוָה־צְבָאוֹת הוּא׃ וְאַתֶּם
סַרְתֶּם מִן־הַדֶּרֶךְ הִכְשַׁלְתֶּם רַבִּים בַּתּוֹרָה שִׁחַתֶּם בְּרִית הַלֵּוִי
ט אָמַר יְהוָה צְבָאוֹת׃ וְגַם־אֲנִי נָתַתִּי אֶתְכֶם נִבְזִים וּשְׁפָלִים לְכָל־
הָעָם כְּפִי אֲשֶׁר אֵינְכֶם שֹׁמְרִים אֶת־דְּרָכַי וְנֹשְׂאִים פָּנִים
י בַּתּוֹרָה׃ הֲלוֹא אָב אֶחָד לְכֻלָּנוּ הֲלוֹא אֵל אֶחָד בְּרָאָנוּ מַדּוּעַ
יא נִבְגַּד אִישׁ בְּאָחִיו לְחַלֵּל בְּרִית אֲבֹתֵינוּ׃ בָּגְדָה יְהוּדָה
וְתוֹעֵבָה נֶעֶשְׂתָה בְיִשְׂרָאֵל וּבִירוּשָׁלָ͏ִם כִּי ׀ חִלֵּל יְהוּדָה קֹדֶשׁ
יב יְהוָה אֲשֶׁר אָהֵב וּבָעַל בַּת־אֵל נֵכָר׃ יַכְרֵת יְהוָה לָאִישׁ
אֲשֶׁר יַעֲשֶׂנָּה עֵר וְעֹנֶה מֵאָהֳלֵי יַעֲקֹב וּמַגִּישׁ מִנְחָה לַיהוָה
יג צְבָאוֹת׃ וְזֹאת שֵׁנִית תַּעֲשׂוּ כַּסּוֹת דִּמְעָה אֶת־
מִזְבַּח יְהוָה בְּכִי וַאֲנָקָה מֵאֵין עוֹד פְּנוֹת אֶל־הַמִּנְחָה וְלָקַחַת
יד רָצוֹן מִיֶּדְכֶם׃ וַאֲמַרְתֶּם עַל־מָה עַל כִּי־יְהוָה הֵעִיד בֵּינְךָ
וּבֵין ׀ אֵשֶׁת נְעוּרֶיךָ אֲשֶׁר אַתָּה בָּגַדְתָּה בָּהּ וְהִיא חֲבֶרְתְּךָ
טו וְאֵשֶׁת בְּרִיתֶךָ׃ וְלֹא־אֶחָד עָשָׂה וּשְׁאָר רוּחַ לוֹ וּמָה הָאֶחָד
מְבַקֵּשׁ זֶרַע אֱלֹהִים וְנִשְׁמַרְתֶּם בְּרוּחֲכֶם וּבְאֵשֶׁת נְעוּרֶיךָ
טז אַל־יִבְגֹּד׃ כִּי־שָׂנֵא שַׁלַּח אָמַר יְהוָה אֱלֹהֵי יִשְׂרָאֵל וְכִסָּה
חָמָס עַל־לְבוּשׁוֹ אָמַר יְהוָה צְבָאוֹת וְנִשְׁמַרְתֶּם בְּרוּחֲכֶם וְלֹא
יז תִבְגֹּדוּ׃ הוֹגַעְתֶּם יְהוָה בְּדִבְרֵיכֶם וַאֲמַרְתֶּם בַּמָּה
הוֹגָעְנוּ בֶּאֱמָרְכֶם כָּל־עֹשֵׂה רָע טוֹב ׀ בְּעֵינֵי יְהוָה וּבָהֶם הוּא
ג א חָפֵץ אוֹ אַיֵּה אֱלֹהֵי הַמִּשְׁפָּט׃ הִנְנִי שֹׁלֵחַ מַלְאָכִי וּפִנָּה־דֶרֶךְ
לְפָנָי וּפִתְאֹם יָבוֹא אֶל־הֵיכָלוֹ הָאָדוֹן ׀ אֲשֶׁר־אַתֶּם מְבַקְשִׁים
וּמַלְאַךְ הַבְּרִית אֲשֶׁר אַתֶּם חֲפֵצִים הִנֵּה־בָא אָמַר יְהוָה צְבָאוֹת׃
ב וּמִי מְכַלְכֵּל אֶת־יוֹם בּוֹאוֹ וּמִי הָעֹמֵד בְּהֵרָאוֹתוֹ כִּי־הוּא כְּאֵשׁ
ג מְצָרֵף וּכְבֹרִית מְכַבְּסִים׃ וְיָשַׁב מְצָרֵף וּמְטַהֵר כֶּסֶף וְטִהַר אֶת־
בְּנֵי־לֵוִי וְזִקַּק אֹתָם כַּזָּהָב וְכַכָּסֶף וְהָיוּ לַיהוָה מַגִּישֵׁי מִנְחָה
ד בִּצְדָקָה׃ וְעָרְבָה לַיהוָה מִנְחַת יְהוּדָה וִירוּשָׁלָ͏ִם כִּימֵי עוֹלָם
ה וּכְשָׁנִים קַדְמֹנִיֹּת׃ וְקָרַבְתִּי אֲלֵיכֶם לַמִּשְׁפָּט וְהָיִיתִי ׀ עֵד מְמַהֵר
בַּמְכַשְּׁפִים וּבַמְנָאֲפִים וּבַנִּשְׁבָּעִים לַשָּׁקֶר וּבְעֹשְׁקֵי שְׂכַר־שָׂכִיר
ו אַלְמָנָה וְיָתוֹם וּמַטֵּי־גֵר וְלֹא יְרֵאוּנִי אָמַר יְהוָה צְבָאוֹת׃ כִּי
ז אֲנִי יְהוָה לֹא שָׁנִיתִי וְאַתֶּם בְּנֵי־יַעֲקֹב לֹא כְלִיתֶם׃ לְמִימֵי

and turned many away from iniquity. For the priest's lips should 7
keep knowledge, and they should seek Tora at his mouth: for
he is a messenger of the LORD of hosts. But you have turned 8
aside out of the way; you have caused many to stumble in the
Tora; you have corrupted the covenant of Levi, says the LORD
of hosts. Therefore I also have made you contemptible and base 9
before all the people, since you have not kept my ways, but
have been partial in regard to the Tora. Have we not all one 10
father? has not one GOD created us? why do we deal treach-
erously every man against his brother, to profane the cov-
enant of our fathers? Yehuda has dealt treacherously, and a 11
disgusting thing has been done in Yisra'el and in Yerushalayim;
for Yehuda has profaned the holiness of the LORD which he
loved, and has married the daughter of a strange god. The LORD 12
will cut off from the man that does this all living offspring from
the tents of Ya'aqov, or any to present an offering to the LORD
of hosts.   And this is the second thing you do: you cover 13
the altar of the LORD with tears, with weeping, and with sighing,
because he will not regard the offering any more, or receive it
with good will at your hand. And you say, Why is this? It is 14
because the LORD has been witness between thee and the wife
of thy youth, against whom thou hast dealt treacherously: yet
she is thy companion, and the wife of thy covenant. And has 15
he not ordained one flesh, so that one should have a spiritual
kin? And what does that one flesh seek? A godly seed. There-
fore take heed to your spirit, and let none deal treacherously
against the wife of his youth. For to put away is hateful, says 16
the LORD, the GOD of Yisra'el, and violence will cover his gar-
ment, says the LORD of hosts: therefore take heed to your spirit,
that you do not deal treacherously.   You have wearied the 17
LORD with your words. Yet you say, In what have we wearied
him? When you say, Everyone that does evil is good in the
sight of the LORD, and he delights in them; or, Where is the GOD
of judgment? Behold, I send my messenger, and he shall clear **3**
the way before me: and the LORD, whom you seek, shall sud-
denly come to his temple; and the messenger of the covenant,
whom you delight in, behold, he shall come, says the LORD of
hosts. But who may abide the day of his coming? and who shall 2
stand when he appears? for he is like a refiner's fire, and like
the washers' soap: and he shall sit as a refiner and purifier of 3
silver: and he shall purify the sons of Levi, and purge them
like gold and silver, that they may offer to the LORD an offering
in righteousness. Then shall the offering of Yehuda and Yeru- 4
shalayim be pleasant to the LORD, as in the days of old, and
as in former years. And I will come near to you to judgment; 5
and I will be a swift witness against the sorcerers, and against
the adulterers, and against false swearers, and against those
who oppress the hireling in his wages, the widow, and the father-
less, and who turn aside the stranger from his right, and fear not
me, says the LORD of hosts. For I am the LORD, I do not change; 6
therefore you sons of Ya'aqov are not consumed. From the 7
days of your fathers you have turned aside from my ordinances,
and have not kept them. Return to me, and I will return to you,

אֲבֹתֵיכֶם סַרְתֶּם מֵחֻקַּי וְלֹא שְׁמַרְתֶּם שׁוּבוּ אֵלַי וְאָשׁוּבָה
ח אֲלֵיכֶם אָמַר יְהוָה צְבָאוֹת וַאֲמַרְתֶּם בַּמֶּה נָשׁוּב׃ הֲיִקְבַּע
אָדָם אֱלֹהִים כִּי אַתֶּם קֹבְעִים אֹתִי וַאֲמַרְתֶּם בַּמֶּה קְבַעֲנוּךָ
ט הַמַּעֲשֵׂר וְהַתְּרוּמָה׃ בַּמְּאֵרָה אַתֶּם נֵאָרִים וְאֹתִי אַתֶּם
י קֹבְעִים הַגּוֹי כֻּלּוֹ׃ הָבִיאוּ אֶת־כָּל־הַמַּעֲשֵׂר אֶל־בֵּית הָאוֹצָר
וִיהִי טֶרֶף בְּבֵיתִי וּבְחָנוּנִי נָא בָּזֹאת אָמַר יְהוָה צְבָאוֹת
אִם־לֹא אֶפְתַּח לָכֶם אֵת אֲרֻבּוֹת הַשָּׁמַיִם וַהֲרִיקֹתִי לָכֶם
יא בְּרָכָה עַד־בְּלִי־דָי׃ וְגָעַרְתִּי לָכֶם בָּאֹכֵל וְלֹא־יַשְׁחִת לָכֶם
אֶת־פְּרִי הָאֲדָמָה וְלֹא־תְשַׁכֵּל לָכֶם הַגֶּפֶן בַּשָּׂדֶה אָמַר
יב יְהוָה צְבָאוֹת׃ וְאִשְּׁרוּ אֶתְכֶם כָּל־הַגּוֹיִם כִּי־תִהְיוּ אַתֶּם
יג אֶרֶץ חֵפֶץ אָמַר יְהוָה צְבָאוֹת׃ חָזְקוּ עָלַי
יד דִּבְרֵיכֶם אָמַר יְהוָה וַאֲמַרְתֶּם מַה־נִּדְבַּרְנוּ עָלֶיךָ׃ אֲמַרְתֶּם
שָׁוְא עֲבֹד אֱלֹהִים וּמַה־בֶּצַע כִּי שָׁמַרְנוּ מִשְׁמַרְתּוֹ וְכִי
טו הָלַכְנוּ קְדֹרַנִּית מִפְּנֵי יְהוָה צְבָאוֹת׃ וְעַתָּה אֲנַחְנוּ מְאַשְּׁרִים
טז זֵדִים גַּם־נִבְנוּ עֹשֵׂי רִשְׁעָה גַּם בָּחֲנוּ אֱלֹהִים וַיִּמָּלֵטוּ׃ אָז נִדְבְּרוּ
יִרְאֵי יְהוָה אִישׁ אֶל־רֵעֵהוּ וַיַּקְשֵׁב יְהוָה וַיִּשְׁמָע וַיִּכָּתֵב סֵפֶר
יז זִכָּרוֹן לְפָנָיו לְיִרְאֵי יְהוָה וּלְחֹשְׁבֵי שְׁמוֹ׃ וְהָיוּ לִי אָמַר יְהוָה
צְבָאוֹת לַיּוֹם אֲשֶׁר אֲנִי עֹשֶׂה סְגֻלָּה וְחָמַלְתִּי עֲלֵיהֶם כַּאֲשֶׁר
יח יַחְמֹל אִישׁ עַל־בְּנוֹ הָעֹבֵד אֹתוֹ׃ וְשַׁבְתֶּם וּרְאִיתֶם בֵּין צַדִּיק
יט לְרָשָׁע בֵּין עֹבֵד אֱלֹהִים לַאֲשֶׁר לֹא עֲבָדוֹ׃ כִּי־
הִנֵּה הַיּוֹם בָּא בֹּעֵר כַּתַּנּוּר וְהָיוּ כָל־זֵדִים וְכָל־עֹשֵׂה רִשְׁעָה קַשׁ
וְלִהַט אֹתָם הַיּוֹם הַבָּא אָמַר יְהוָה צְבָאוֹת אֲשֶׁר לֹא־יַעֲזֹב לָהֶם
כ שֹׁרֶשׁ וְעָנָף׃ וְזָרְחָה לָכֶם יִרְאֵי שְׁמִי שֶׁמֶשׁ צְדָקָה וּמַרְפֵּא
כא בִּכְנָפֶיהָ וִיצָאתֶם וּפִשְׁתֶּם כְּעֶגְלֵי מַרְבֵּק׃ וְעַסּוֹתֶם רְשָׁעִים כִּי־
יִהְיוּ אֵפֶר תַּחַת כַּפּוֹת רַגְלֵיכֶם בַּיּוֹם אֲשֶׁר אֲנִי עֹשֶׂה אָמַר יְהוָה
כב צְבָאוֹת׃ זִכְרוּ תּוֹרַת מֹשֶׁה עַבְדִּי אֲשֶׁר צִוִּיתִי
כג אוֹתוֹ בְחֹרֵב עַל־כָּל־יִשְׂרָאֵל חֻקִּים וּמִשְׁפָּטִים׃ הִנֵּה אָנֹכִי שֹׁלֵחַ
לָכֶם אֵת אֵלִיָּה הַנָּבִיא לִפְנֵי בּוֹא יוֹם יְהוָה הַגָּדוֹל וְהַנּוֹרָא׃
כד וְהֵשִׁיב לֵב־אָבוֹת עַל־בָּנִים וְלֵב בָּנִים עַל־אֲבוֹתָם פֶּן־אָבוֹא
וְהִכֵּיתִי אֶת־הָאָרֶץ חֵרֶם׃

הנה אנכי שלח לכם את אליה הנביא
לפני בוא יום יהוה הגדול והנורא

says the LORD of hosts. But you have said, With what shall we
8 return? Will a man rob GOD? Yet you have robbed me. But you
9 say, In what have we robbed thee? In tithes and offerings. You
are cursed with a curse: for you have robbed me, this whole
10 nation. Bring all the tithes into the storehouse, so that there
may be food in my house, and put me to the test with that, says
the LORD of hosts, if I will not open for you the windows of
11 heaven, and pour out for you blessing immeasurable. And I will
rebuke the devourer for your sakes, and he shall not destroy
the fruits of your ground; nor shall your vine cast her fruit
12 before the time in the field, says the LORD of hosts. And all na-
tions shall call you blessed: for you shall be a land of delight,
13 says the LORD of hosts. Your words have been strong
against me, says the LORD. Yet you say, What have we spoken
14 against thee? You have said, It is vain to serve GOD: and what
profit is it that we have kept his charge, and that we have
15 walked mournfully before the LORD of hosts? And now we call
the proud happy; they who work wickedness are even built
16 up; even they who tempt GOD escape. Then they who feared
the LORD spoke to one another: and the LORD hearkened, and
heard it, and a book of remembrance was written before him for
17 those who feared the LORD, and took heed of his name. And
they shall be mine, says the LORD of hosts, on that day which I
appoint as my particular day; and I will spare them, as a man
18 spares his own son who serves him. Then you shall return,
and see the difference between the righteous and the wicked,
between him that serves GOD and him that does not serve
19 him. For, behold, that day is coming; it burns like a fur-
nace; and all the arrogant, and all who do wickedly, shall be
stubble: and the day that is coming shall burn them up, says
the LORD of hosts, so that it will leave them neither root nor
20 branch. But to you who fear my name the sun of righteousness
shall arise with healing in its wings; and you shall go out,
21 and leap like calves from the stall. And you shall tread down
the wicked; for they shall be ashes under the soles of your feet
22 on the day that I do this, says the LORD of hosts. Remem-
ber the Tora of Moshe my servant, which I commanded him in
23 Ḥorev for all Yisra'el, both statutes and judgments. Behold, I
will send you Eliyya, the prophet, before the coming of the great
24 and dreadful day of the LORD: and he shall turn the heart of
the fathers to the children, and the heart of the children to their
fathers, lest I come and smite the land with a curse.

כתובים

תהלים
משלי
איוב
שיר השירים
רות
איכה
קהלת
אסתר
דניאל
עזרא·נחמיה
דברי הימים

THE HOLY WRITINGS

תהלים

TEHILLIM-PSALMS

ספר ראשון

א

א אַשְׁרֵי־הָאִישׁ אֲשֶׁר ׀ לֹא הָלַךְ בַּעֲצַת רְשָׁעִים וּבְדֶרֶךְ חַטָּאִים
ב לֹא עָמָד וּבְמוֹשַׁב לֵצִים לֹא יָשָׁב׃ כִּי אִם בְּתוֹרַת יְהוָה חֶפְצוֹ
ג וּבְתוֹרָתוֹ יֶהְגֶּה יוֹמָם וָלָיְלָה׃ וְהָיָה כְּעֵץ שָׁתוּל עַל־פַּלְגֵי מָיִם
אֲשֶׁר פִּרְיוֹ ׀ יִתֵּן בְּעִתּוֹ וְעָלֵהוּ לֹא־יִבּוֹל וְכֹל אֲשֶׁר־יַעֲשֶׂה
ד ה יַצְלִיחַ׃ לֹא־כֵן הָרְשָׁעִים כִּי אִם־כַּמֹּץ אֲשֶׁר־תִּדְּפֶנּוּ רוּחַ׃ עַל־
כֵּן ׀ לֹא־יָקֻמוּ רְשָׁעִים בַּמִּשְׁפָּט וְחַטָּאִים בַּעֲדַת צַדִּיקִים׃
ו כִּי־יוֹדֵעַ יְהוָה דֶּרֶךְ צַדִּיקִים וְדֶרֶךְ רְשָׁעִים תֹּאבֵד׃

ב

א ב לָמָּה רָגְשׁוּ גוֹיִם וּלְאֻמִּים יֶהְגּוּ־רִיק׃ יִתְיַצְּבוּ ׀ מַלְכֵי־אֶרֶץ
ג וְרוֹזְנִים נוֹסְדוּ־יָחַד עַל־יְהוָה וְעַל־מְשִׁיחוֹ׃ נְנַתְּקָה אֶת־
ד מוֹסְרוֹתֵימוֹ וְנַשְׁלִיכָה מִמֶּנּוּ עֲבֹתֵימוֹ׃ יוֹשֵׁב בַּשָּׁמַיִם יִשְׂחָק
ה ו אֲדֹנָי יִלְעַג־לָמוֹ׃ אָז יְדַבֵּר אֵלֵימוֹ בְאַפּוֹ וּבַחֲרוֹנוֹ יְבַהֲלֵמוֹ׃ וַאֲנִי
ז נָסַכְתִּי מַלְכִּי עַל־צִיּוֹן הַר־קָדְשִׁי׃ אֲסַפְּרָה אֶל חֹק יְהוָה אָמַר
ח אֵלַי בְּנִי אַתָּה אֲנִי הַיּוֹם יְלִדְתִּיךָ׃ שְׁאַל מִמֶּנִּי וְאֶתְּנָה גוֹיִם
ט נַחֲלָתֶךָ וַאֲחֻזָּתְךָ אַפְסֵי־אָרֶץ׃ תְּרֹעֵם בְּשֵׁבֶט בַּרְזֶל כִּכְלִי יוֹצֵר
י יא תְּנַפְּצֵם׃ וְעַתָּה מְלָכִים הַשְׂכִּילוּ הִוָּסְרוּ שֹׁפְטֵי אָרֶץ׃ עִבְדוּ אֶת־
יב יְהוָה בְּיִרְאָה וְגִילוּ בִּרְעָדָה׃ נַשְּׁקוּ־בַר פֶּן־יֶאֱנַף ׀ וְתֹאבְדוּ דֶרֶךְ
כִּי־יִבְעַר כִּמְעַט אַפּוֹ אַשְׁרֵי כָּל־חוֹסֵי בוֹ׃

ג

א ב מִזְמוֹר לְדָוִד בְּבָרְחוֹ מִפְּנֵי ׀ אַבְשָׁלוֹם בְּנוֹ׃ יְהוָה מָה־רַבּוּ צָרָי
ג רַבִּים קָמִים עָלָי׃ רַבִּים אֹמְרִים לְנַפְשִׁי אֵין יְשׁוּעָתָה לּוֹ
ד בֵאלֹהִים סֶלָה׃ וְאַתָּה יְהוָה מָגֵן בַּעֲדִי כְּבוֹדִי וּמֵרִים רֹאשִׁי׃
ה ו קוֹלִי אֶל־יְהוָה אֶקְרָא וַיַּעֲנֵנִי מֵהַר קָדְשׁוֹ סֶלָה׃ אֲנִי שָׁכַבְתִּי
ז וָאִישָׁנָה הֱקִיצוֹתִי כִּי יְהוָה יִסְמְכֵנִי׃ לֹא־אִירָא מֵרִבְבוֹת עָם
ח אֲשֶׁר סָבִיב שָׁתוּ עָלָי׃ קוּמָה יְהוָה ׀ הוֹשִׁיעֵנִי אֱלֹהַי כִּי־הִכִּיתָ
ט אֶת־כָּל־אֹיְבַי לֶחִי שִׁנֵּי רְשָׁעִים שִׁבַּרְתָּ׃ לַיהוָה הַיְשׁוּעָה
עַל־עַמְּךָ בִרְכָתֶךָ סֶּלָה׃

ד

א ב לַמְנַצֵּחַ בִּנְגִינוֹת מִזְמוֹר לְדָוִד׃ בְּקָרְאִי עֲנֵנִי ׀ אֱלֹהֵי צִדְקִי בַּצָּר
ג הִרְחַבְתָּ לִּי חָנֵּנִי וּשְׁמַע תְּפִלָּתִי׃ בְּנֵי־אִישׁ עַד־מֶה כְבוֹדִי
ד לִכְלִמָּה תֶּאֱהָבוּן רִיק תְּבַקְשׁוּ כָזָב סֶלָה׃ וּדְעוּ כִּי־הִפְלָה
ה יְהוָה חָסִיד לוֹ יְהוָה יִשְׁמַע בְּקָרְאִי אֵלָיו׃ רִגְזוּ וְאַל־תֶּחֱטָאוּ
ו אִמְרוּ בִלְבַבְכֶם עַל־מִשְׁכַּבְכֶם וְדֹמּוּ סֶלָה׃ זִבְחוּ זִבְחֵי־
ז צֶדֶק וּבִטְחוּ אֶל־יְהוָה׃ רַבִּים אֹמְרִים מִי־יַרְאֵנוּ טוֹב נְסָה־

1

BOOK ONE

BLESSED is the man who does not walk in the counsel of the 1
wicked, nor stands in the way of sinners, nor sits in the seat of
scorners. But his delight is in the Tora of the LORD; and in his 2
Tora he meditates day and night. And he shall be like a tree 3
planted by streams of water, that brings forth its fruit in its
season; its leaf also shall not wither; and in whatever he does
he shall prosper. Not so the wicked: but they are like the chaff 4
which the wind drives away. Therefore the wicked shall not 5
stand in the judgment, nor sinners in the congregation of the
righteous. For the LORD knows the way of the righteous: but 6
the way of the wicked shall perish.

2

WHY are the nations in uproar, and the people mutter a vain
thing? The kings of the earth set themselves, and the rulers 2
take counsel together, against the LORD, and against his anoin-
ted, saying, Let us break their bonds asunder, and cast away 3
their cords from us. He who sits in the heavens laughs: the 4
LORD has them in derision. Then shall he speak to them in his 5
wrath, and terrify them in his burning anger. But I have set my 6
king upon Ẕiyyon, my holy hill. I will tell of the decree: the 7
LORD has said to me, Thou art my son; this day have I begotten
thee. Ask of me, and I shall give thee nations for thy inheri- 8
tance, and the uttermost parts of the earth for thy possession.
Thou shalt break them with a rod of iron; thou shalt dash 9
them in pieces like a potter's vessel. Be wise now therefore, 10
O kings: be warned, O judges of the earth. Serve the LORD 11
with fear, and rejoice with trembling. Worship in purity, 12
lest he be angry, and you perish from the way, for in a little
while his anger will blaze. Blessed are all who put their trust
in him.

3

A PSALM of David, when he fled from Avshalom his son. LORD, 1,2
how many are my enemies become! many are they who rise up
against me: many there be who say of my soul, There is no 3
help for him in GOD. (Sela.) But thou, O LORD, art a shield 4
for me; my glory, and the lifter up of my head. I cried to the 5
LORD with my voice, and he heard me out of his holy hill.
(Sela.) I lie me down and sleep; I awake; for the LORD sus- 6
tains me. I will not be afraid of ten thousands of people, that 7
have set themselves against me round about. Arise, O LORD; 8
save me, O my GOD: for thou hast smitten all my enemies
upon the cheek; thou hast broken the teeth of the wicked.
Salvation belongs to the LORD: thy blessing be upon thy 9
people. (Sela.)

4

FOR the chief Musician on strings, A Psalm of David. Hear me 1,2
when I call, O GOD of my righteousness: thou hast enlarged
me when I was in distress; have mercy upon me, and hear my
prayer. O sons of men, how long will you turn my glory into 3
shame? you love vanity, and seek after falsehood. (Sela.)
But know that the LORD has set apart the godly man as his 4
own: the LORD will hear when I call to him. Tremble, and sin 5
not: commune with your own heart upon your bed, and be still.
(Sela.) Offer the sacrifices of righteousness, and put your trust 6
in the LORD. There are many who say, Who will show us 7
good? LORD, lift thou up the light of thy countenance upon us.

ד

ח עָלֵינוּ אוֹר פָּנֶיךָ יְהוָה׃ נָתַתָּה שִׂמְחָה בְלִבִּי מֵעֵת דְּגָנָם
ט וְתִירוֹשָׁם רָבּוּ׃ בְּשָׁלוֹם יַחְדָּו אֶשְׁכְּבָה וְאִישָׁן כִּי־אַתָּה יְהוָה
לְבָדָד לָבֶטַח תּוֹשִׁיבֵנִי׃

ה א ב לַמְנַצֵּחַ אֶל־הַנְּחִילוֹת מִזְמוֹר לְדָוִד׃ אֲמָרַי הַאֲזִינָה ׀ יְהוָה בִּינָה
ג הֲגִיגִי׃ הַקְשִׁיבָה ׀ לְקוֹל שַׁוְעִי מַלְכִּי וֵאלֹהָי כִּי־אֵלֶיךָ אֶתְפַּלָּל׃
ד ה יְהוָה בֹּקֶר תִּשְׁמַע קוֹלִי בֹּקֶר אֶעֱרָךְ־לְךָ וַאֲצַפֶּה׃ כִּי ׀ לֹא אֵל־
ו חָפֵץ רֶשַׁע ׀ אָתָּה לֹא יְגֻרְךָ רָע׃ לֹא־יִתְיַצְּבוּ הוֹלְלִים לְנֶגֶד
ז עֵינֶיךָ שָׂנֵאתָ כָּל־פֹּעֲלֵי אָוֶן׃ תְּאַבֵּד דֹּבְרֵי כָזָב אִישׁ־דָּמִים
ח וּמִרְמָה יְתָעֵב ׀ יְהוָה׃ וַאֲנִי בְּרֹב חַסְדְּךָ אָבוֹא בֵיתֶךָ אֶשְׁתַּחֲוֶה
ט אֶל־הֵיכַל־קָדְשְׁךָ בְּיִרְאָתֶךָ׃ יְהוָה ׀ נְחֵנִי בְצִדְקָתֶךָ לְמַעַן שׁוֹרְרָי
הַיָּשָׁר
י הושר לְפָנַי דַּרְכֶּךָ׃ כִּי אֵין בְּפִיהוּ נְכוֹנָה קִרְבָּם הַוּוֹת קֶבֶר־
יא פָּתוּחַ גְּרוֹנָם לְשׁוֹנָם יַחֲלִיקוּן׃ הַאֲשִׁימֵם ׀ אֱלֹהִים יִפְּלוּ
יב מִמֹּעֲצוֹתֵיהֶם בְּרֹב פִּשְׁעֵיהֶם הַדִּיחֵמוֹ כִּי מָרוּ בָךְ׃ וְיִשְׂמְחוּ
כָל־חוֹסֵי בָךְ לְעוֹלָם יְרַנֵּנוּ וְתָסֵךְ עָלֵימוֹ וְיַעְלְצוּ בְךָ אֹהֲבֵי שְׁמֶךָ׃
יג כִּי־אַתָּה תְּבָרֵךְ צַדִּיק יְהוָה כַּצִּנָּה רָצוֹן תַּעְטְרֶנּוּ׃

ו א ב לַמְנַצֵּחַ בִּנְגִינוֹת עַל־הַשְּׁמִינִית מִזְמוֹר לְדָוִד׃ יְהוָה אַל־בְּאַפְּךָ
ג תוֹכִיחֵנִי וְאַל־בַּחֲמָתְךָ תְיַסְּרֵנִי׃ חָנֵּנִי יְהוָה כִּי אֻמְלַל אָנִי רְפָאֵנִי
ד יְהוָה כִּי נִבְהֲלוּ עֲצָמָי׃ וְנַפְשִׁי נִבְהֲלָה מְאֹד וְאַתְּ יְהוָה עַד־מָתָי׃
ה ו שׁוּבָה יְהוָה חַלְּצָה נַפְשִׁי הוֹשִׁיעֵנִי לְמַעַן חַסְדֶּךָ׃ כִּי אֵין בַּמָּוֶת
ז זִכְרֶךָ בִּשְׁאוֹל מִי יוֹדֶה־לָּךְ׃ יָגַעְתִּי ׀ בְּאַנְחָתִי אַשְׂחֶה בְכָל־לַיְלָה
ח מִטָּתִי בְּדִמְעָתִי עַרְשִׂי אַמְסֶה׃ עָשְׁשָׁה מִכַּעַס עֵינִי עָתְקָה בְּכָל־
ט צוֹרְרָי׃ סוּרוּ מִמֶּנִּי כָּל־פֹּעֲלֵי אָוֶן כִּי־שָׁמַע יְהוָה קוֹל בִּכְיִי׃
י יא שָׁמַע יְהוָה תְּחִנָּתִי יְהוָה תְּפִלָּתִי יִקָּח׃ יֵבֹשׁוּ ׀ וְיִבָּהֲלוּ מְאֹד כָּל־
אֹיְבָי יָשֻׁבוּ יֵבֹשׁוּ רָגַע׃

ז א ב שִׁגָּיוֹן לְדָוִד אֲשֶׁר־שָׁר לַיהוָה עַל־דִּבְרֵי־כוּשׁ בֶּן־יְמִינִי׃ יְהוָה
ג אֱלֹהַי בְּךָ חָסִיתִי הוֹשִׁיעֵנִי מִכָּל־רֹדְפַי וְהַצִּילֵנִי׃ פֶּן־יִטְרֹף
ד כְּאַרְיֵה נַפְשִׁי פֹּרֵק וְאֵין מַצִּיל׃ יְהוָה אֱלֹהַי אִם־עָשִׂיתִי זֹאת
ה אִם־יֶשׁ־עָוֶל בְּכַפָּי׃ אִם־גָּמַלְתִּי שׁוֹלְמִי רָע וָאֲחַלְּצָה צוֹרְרִי
ו רֵיקָם׃ יִרַדֹּף אוֹיֵב ׀ נַפְשִׁי וְיַשֵּׂג וְיִרְמֹס לָאָרֶץ חַיָּי וּכְבוֹדִי ׀
ז לֶעָפָר יַשְׁכֵּן סֶלָה׃ קוּמָה יְהוָה ׀ בְּאַפֶּךָ הִנָּשֵׂא בְּעַבְרוֹת צוֹרְרָי

Thou hast put more gladness in my heart than they have 8
whose corn and wine are increased. I will both lie down and 9
sleep, in peace: for thou, LORD, alone, makest me to dwell
in safety.

5

To the chief Musician for flutes, A Psalm of David. Give ear 1,2
to my words, O LORD, consider my meditation. Hearken to the 3
voice of my cry, my King, and my GOD: for to thee I will pray.
My voice shalt thou hear in the morning, O LORD; in the morn- 4
ing I will direct my prayer to thee; and will wait expectantly.
For thou art not a GOD that hast pleasure in wickedness: nor 5
shall evil dwell with thee. The boastful shall not stand in thy 6
sight: thou hatest all workers of iniquity. Thou dost destroy 7
them that speak falsehood: the LORD abhors the bloody and
deceitful man. But as for me, I will come into thy house in the 8
multitude of thy love: and in the fear of thee I will worship
towards thy holy temple. Lead me, O LORD, in thy righteousness 9
because of my enemies; make thy way straight before my face.
For there is no sincerity in their mouth; in their heart is malice; 10
their throat is an open sepulchre; they flatter with their tongue.
Condemn them, O GOD; let them fall by their own counsels; 11
cast them out for the multitude of their transgressions; for they
have rebelled against thee. But let all those that put their trust 12
in thee rejoice: let them ever shout for joy, because thou dost
defend them: and let those who love thy name be joyful in
thee. For thou, LORD, dost bless the righteous; thou dost encircle 13
him with favour as with a shield.

6

To the chief Musician on strings upon the Sheminit, A Psalm
of David. O LORD, rebuke me not in thy anger, nor chasten 2
me in thy hot displeasure. Have mercy upon me, O LORD; for I 3
am weak: O LORD, heal me; for my bones shudder; and 4
my soul is much affrighted. And thou, O LORD, how long?
Return, O LORD, deliver my soul: oh save me on account of 5
thy steadfast love. For in death there is no remembrance of 6
thee: in She'ol who shall give thee thanks? I am weary with 7
my groaning: all the night I make my bed to swim; I water my
couch with my tears. My eye is wasted because of grief; it 8
grows weak because of all my enemies. Depart from me, all you 9
workers of iniquity; for the LORD has heard the voice of my
weeping. The LORD has heard my supplication; the LORD receives 10
my prayer. All my enemies will be ashamed and much affright- 11
ed: they will turn back and be confounded in a moment.

7

A SHIGGAYON of David, which he sang to the LORD, concerning
the words of Kush the Benyeminite. O LORD my GOD, in thee 2
do I put my trust: save me from all them that persecute me,
and deliver me: lest he tear my soul like a lion, rending it in 3
pieces, while there is none to deliver. O LORD my GOD, if I have 4
done this; if there be iniquity in my hands; if I have rewarded 5
evil to him that was at peace with me; (indeed, I have res-
cued him that without cause is my enemy:) let the enemy 6
persecute my soul, and take it; and let him tread down my
life to the earth, and lay my honour in the dust. (Sela.) Arise, 7
O LORD, in thy anger, lift up thyself against the fury of my
enemies: and awake for me: thou hast commanded judgment.

ח וְעוּרָה אֵלַי מִשְׁפָּט צִוִּיתָ׃ וַעֲדַת לְאֻמִּים תְּסוֹבְבֶךָּ וְעָלֶיהָ
ט לַמָּרוֹם שׁוּבָה׃ יְהוָה יָדִין עַמִּים שָׁפְטֵנִי יְהוָה כְּצִדְקִי וּכְתֻמִּי
י עָלָי׃ יִגְמָר־נָא רַע ׀ רְשָׁעִים וּתְכוֹנֵן צַדִּיק וּבֹחֵן לִבּוֹת וּכְלָיוֹת
יא יב אֱלֹהִים צַדִּיק׃ מָגִנִּי עַל־אֱלֹהִים מוֹשִׁיעַ יִשְׁרֵי־לֵב׃ אֱלֹהִים
יג שׁוֹפֵט צַדִּיק וְאֵל זֹעֵם בְּכָל־יוֹם׃ אִם־לֹא יָשׁוּב חַרְבּוֹ יִלְטוֹשׁ
יד קַשְׁתּוֹ דָרַךְ וַיְכוֹנְנֶהָ׃ וְלוֹ הֵכִין כְּלֵי־מָוֶת חִצָּיו לְדֹלְקִים יִפְעָל׃
טו טז הִנֵּה יְחַבֶּל־אָוֶן וְהָרָה עָמָל וְיָלַד שָׁקֶר׃ בּוֹר כָּרָה וַיַּחְפְּרֵהוּ וַיִּפֹּל
יז בְּשַׁחַת יִפְעָל׃ יָשׁוּב עֲמָלוֹ בְרֹאשׁוֹ וְעַל קָדְקֳדוֹ חֲמָסוֹ יֵרֵד׃
יח אוֹדֶה יְהוָה כְּצִדְקוֹ וַאֲזַמְּרָה שֵׁם־יְהוָה עֶלְיוֹן׃
ח א ב לַמְנַצֵּחַ עַל־הַגִּתִּית מִזְמוֹר לְדָוִד׃ יְהוָה אֲדֹנֵינוּ מָה־אַדִּיר שִׁמְךָ
ג בְּכָל־הָאָרֶץ אֲשֶׁר־תְּנָה הוֹדְךָ עַל־הַשָּׁמָיִם׃ מִפִּי עוֹלְלִים ׀
ד וְיֹנְקִים יִסַּדְתָּ עֹז לְמַעַן צוֹרְרֶיךָ לְהַשְׁבִּית אוֹיֵב וּמִתְנַקֵּם׃ כִּי־
אֶרְאֶה שָׁמֶיךָ מַעֲשֵׂה אֶצְבְּעֹתֶיךָ יָרֵחַ וְכוֹכָבִים אֲשֶׁר כּוֹנָנְתָּה׃
ה ו מָה־אֱנוֹשׁ כִּי־תִזְכְּרֶנּוּ וּבֶן־אָדָם כִּי תִפְקְדֶנּוּ׃ וַתְּחַסְּרֵהוּ מְּעַט
ז מֵאֱלֹהִים וְכָבוֹד וְהָדָר תְּעַטְּרֵהוּ׃ תַּמְשִׁילֵהוּ בְּמַעֲשֵׂי יָדֶיךָ כֹּל
ח שַׁתָּה תַחַת־רַגְלָיו׃ צֹנֶה וַאֲלָפִים כֻּלָּם וְגַם בַּהֲמוֹת שָׂדָי׃
ט צִפּוֹר שָׁמַיִם וּדְגֵי הַיָּם עֹבֵר אָרְחוֹת יַמִּים׃ יְהוָה אֲדֹנֵינוּ מָה־
אַדִּיר שִׁמְךָ בְּכָל־הָאָרֶץ׃
ט א ב לַמְנַצֵּחַ עַל־מוּת לַבֵּן מִזְמוֹר לְדָוִד׃ אוֹדֶה יְהוָה בְּכָל־לִבִּי
ג אֲסַפְּרָה כָּל־נִפְלְאוֹתֶיךָ׃ אֶשְׂמְחָה וְאֶעֶלְצָה בָךְ אֲזַמְּרָה שִׁמְךָ
ד ה עֶלְיוֹן׃ בְּשׁוּב־אוֹיְבַי אָחוֹר יִכָּשְׁלוּ וְיֹאבְדוּ מִפָּנֶיךָ׃ כִּי־עָשִׂיתָ
ו מִשְׁפָּטִי וְדִינִי יָשַׁבְתָּ לְכִסֵּא שׁוֹפֵט צֶדֶק׃ גָּעַרְתָּ גוֹיִם אִבַּדְתָּ
ז רָשָׁע שְׁמָם מָחִיתָ לְעוֹלָם וָעֶד׃ הָאוֹיֵב ׀ תַּמּוּ חֳרָבוֹת לָנֶצַח
ח וְעָרִים נָתַשְׁתָּ אָבַד זִכְרָם הֵמָּה׃ וַיהוָה לְעוֹלָם יֵשֵׁב כּוֹנֵן
ט לַמִּשְׁפָּט כִּסְאוֹ׃ וְהוּא יִשְׁפֹּט־תֵּבֵל בְּצֶדֶק יָדִין לְאֻמִּים
י בְּמֵישָׁרִים׃ וִיהִי יְהוָה מִשְׂגָּב לַדָּךְ מִשְׂגָּב לְעִתּוֹת בַּצָּרָה׃
יא יב וְיִבְטְחוּ בְךָ יוֹדְעֵי שְׁמֶךָ כִּי לֹא־עָזַבְתָּ דֹרְשֶׁיךָ יְהוָה׃ זַמְּרוּ
יג לַיהוָה יֹשֵׁב צִיּוֹן הַגִּידוּ בָעַמִּים עֲלִילוֹתָיו׃ כִּי־דֹרֵשׁ דָּמִים אוֹתָם
יד זָכָר לֹא־שָׁכַח צַעֲקַת עֲנִיִּים׃ חָנְנֵנִי יְהוָה רְאֵה עָנְיִי מִשֹּׂנְאָי

ענוים

Let the congregation of the peoples compass thee about: and 8
for their sakes return thou on high. The LORD shall judge the 9
peoples. Judge me, O LORD, according to my righteousness, and
according to my integrity that is in me. O let the wickedness 10
of the wicked come to an end; but establish the just: for the
righteous GOD tries the hearts and reins. My defence is of GOD, 11
who saves the upright in heart. GOD is a righteous judge; and a 12
GOD who has indignation every day. If a man does not turn, 13
then he will whet his sword; he has bent his bow, and made
it ready. He has also prepared for him the instruments of 14
death; he makes arrows for the pursuers. Behold, he travails 15
with iniquity, and has conceived mischief, and brings forth
falsehood. He has made a pit, and has dug it out, and has fallen 16
into the ditch which he made. His mischief shall return upon 17
his own head, and his violent dealing shall come down upon his
own pate. I will praise the LORD according to his righteousness: 18
and will sing praise to the name of the LORD most high. **8**
To the chief Musician upon the Gittit, A Psalm of David. O 1,2
LORD our LORD, how majestic is thy name in all the earth; who
hast set thy glory above the heavens. Out of the mouth of 3
babes and sucklings hast thou founded strength because of
thy enemies, that thou mightest still the enemy and the
avenger. When I behold thy heavens, the work of thy fingers, 4
the moon and the stars, which thou hast ordained; what is man, 5
that thou art mindful of him? and the son of man, that thou
visitest him? Yet thou hast made him a little lower than the 6
angels, and thou dost crown him with glory and honour. Thou 7
makest him to have dominion over the works of thy hands; thou
hast put all things under his feet: all sheep, and oxen, and 8
also the beasts of the field; the birds of the sky, and the fish 9
of the sea; whatever passes through the paths of the seas. O 10
LORD our LORD, how majestic is thy name in all the earth!
To the chief Musician on the death of Labben, A Psalm of 9
David. I will praise thee, O LORD, with my whole heart; I 2
will relate all thy marvellous works. I will be glad and rejoice 3
in thee: I will sing praise to thy name, O thou most High:
when my enemies are turned back, when they stumble and 4
perish at thy presence. For thou hast maintained my right and 5
my cause; thou didst sit on the throne giving righteous judg-
ment. Thou hast rebuked the nations, thou hast destroyed the 6
wicked, thou hast blotted out their name for ever and ever.
The enemies are come to an end, in perpetual ruins: for thou 7
hast destroyed the cities; their memorial is perished. But the 8
LORD shall endure forever: he has prepared his throne for
judgment. And he will judge the world in righteousness, he will 9
minister judgment to the people in uprightness. The LORD also 10
will be a stronghold for the oppressed, a refuge in times of
trouble. And they that know thy name will put their trust in 11
thee: for thou, LORD, hast not forsaken those who seek thee.
Sing praises to the LORD, who dwells in Ẓiyyon: declare among 12
the peoples his doings. For he avenges blood, he remembers 13
it: he does not forget the cry of the humble. Be gracious to me, 14
O LORD; consider my trouble which I suffer from those who

טו מְרוֹמְמִי מִשַּׁעֲרֵי־מָוֶת: לְמַעַן אֲסַפְּרָה כָּל־תְּהִלָּתֶיךָ בְּשַׁעֲרֵי
טז בַת־צִיּוֹן אָגִילָה בִּישׁוּעָתֶךָ: טָבְעוּ גוֹיִם בְּשַׁחַת עָשׂוּ בְּרֶשֶׁת־זוּ
יז טָמָנוּ נִלְכְּדָה רַגְלָם: נוֹדַע ׀ יהוה מִשְׁפָּט עָשָׂה בְּפֹעַל כַּפָּיו נוֹקֵשׁ
יח רָשָׁע הִגָּיוֹן סֶלָה: יָשׁוּבוּ רְשָׁעִים לִשְׁאוֹלָה כָּל־גּוֹיִם שְׁכֵחֵי
(עֲנִיִּים) יט אֱלֹהִים: כִּי לֹא לָנֶצַח יִשָּׁכַח אֶבְיוֹן תִּקְוַת עֲנָוִים תֹּאבַד לָעַד:
כ כא קוּמָה יהוה אַל־יָעֹז אֱנוֹשׁ יִשָּׁפְטוּ גוֹיִם עַל־פָּנֶיךָ: שִׁיתָה יהוה ׀
מוֹרָה לָהֶם יֵדְעוּ גוֹיִם אֱנוֹשׁ הֵמָּה סֶּלָה:
י א ב לָמָה יהוה תַּעֲמֹד בְּרָחוֹק תַּעְלִים לְעִתּוֹת בַּצָּרָה: בְּגַאֲוַת
ג רָשָׁע יִדְלַק עָנִי יִתָּפְשׂוּ ׀ בִּמְזִמּוֹת זוּ חָשָׁבוּ: כִּי־הִלֵּל רָשָׁע עַל־
ד תַּאֲוַת נַפְשׁוֹ וּבֹצֵעַ בֵּרֵךְ נִאֵץ ׀ יהוה: רָשָׁע כְּגֹבַהּ אַפּוֹ בַּל־
ה יִדְרֹשׁ אֵין אֱלֹהִים כָּל־מְזִמּוֹתָיו: יָחִילוּ דְרָכָו ׀ בְּכָל־עֵת מָרוֹם
ו מִשְׁפָּטֶיךָ מִנֶּגְדּוֹ כָּל־צוֹרְרָיו יָפִיחַ בָּהֶם: אָמַר בְּלִבּוֹ בַּל־אֶמּוֹט
ז לְדֹר וָדֹר אֲשֶׁר לֹא־בְרָע: אָלָה ׀ פִּיהוּ מָלֵא וּמִרְמוֹת וָתֹךְ תַּחַת
ח לְשׁוֹנוֹ עָמָל וָאָוֶן: יֵשֵׁב ׀ בְּמַאְרַב חֲצֵרִים בַּמִּסְתָּרִים יַהֲרֹג נָקִי
ט עֵינָיו לְחֵלְכָה יִצְפֹּנוּ: יֶאֱרֹב בַּמִּסְתָּר ׀ כְּאַרְיֵה בְסֻכֹּה יֶאֱרֹב
(יִדְכֶּה) י לַחֲטוֹף עָנִי יַחְטֹף עָנִי בְּמָשְׁכוֹ בְרִשְׁתּוֹ: ודכה יָשֹׁחַ וְנָפַל
(חֵל כָּאִים) יא בַּעֲצוּמָיו חלכאים: אָמַר בְּלִבּוֹ שָׁכַח אֵל הִסְתִּיר פָּנָיו בַּל־
(עֲנִיִּים) יב רָאָה לָנֶצַח: קוּמָה יהוה אֵל נְשָׂא יָדֶךָ אַל־תִּשְׁכַּח ענוים:
יג יד עַל־מֶה ׀ נִאֵץ רָשָׁע ׀ אֱלֹהִים אָמַר בְּלִבּוֹ לֹא תִדְרֹשׁ: רָאִתָה
כִּי־אַתָּה ׀ עָמָל וָכַעַס ׀ תַּבִּיט לָתֵת בְּיָדֶךָ עָלֶיךָ יַעֲזֹב חֵלֶכָה
טו יָתוֹם אַתָּה ׀ הָיִיתָ עוֹזֵר: שְׁבֹר זְרוֹעַ רָשָׁע וָרָע תִּדְרוֹשׁ־רִשְׁעוֹ
טז יז בַל־תִּמְצָא: יהוה מֶלֶךְ עוֹלָם וָעֶד אָבְדוּ גוֹיִם מֵאַרְצוֹ: תַּאֲוַת
יח עֲנָוִים שָׁמַעְתָּ יהוה תָּכִין לִבָּם תַּקְשִׁיב אָזְנֶךָ: לִשְׁפֹּט יָתוֹם
וָדָךְ בַּל־יוֹסִיף עוֹד לַעֲרֹץ אֱנוֹשׁ מִן־הָאָרֶץ:
(נוּדִי) יא א לַמְנַצֵּחַ לְדָוִד בַּיהוה ׀ חָסִיתִי אֵיךְ תֹּאמְרוּ לְנַפְשִׁי נודו הַרְכֶם
ב צִפּוֹר: כִּי הִנֵּה הָרְשָׁעִים יִדְרְכוּן קֶשֶׁת כּוֹנְנוּ חִצָּם עַל־יֶתֶר
ג לִירוֹת בְּמוֹ־אֹפֶל לְיִשְׁרֵי־לֵב: כִּי הַשָּׁתוֹת יֵהָרֵסוּן צַדִּיק
ד מַה־פָּעָל: יהוה ׀ בְּהֵיכַל קָדְשׁוֹ יהוה בַּשָּׁמַיִם כִּסְאוֹ עֵינָיו
ה יֶחֱזוּ עַפְעַפָּיו יִבְחֲנוּ בְּנֵי אָדָם: יהוה צַדִּיק יִבְחָן וְרָשָׁע
ו וְאֹהֵב חָמָס שָׂנְאָה נַפְשׁוֹ: יַמְטֵר עַל־רְשָׁעִים פַּחִים אֵשׁ
(ב) ז וְגָפְרִית וְרוּחַ זִלְעָפוֹת מְנָת כּוֹסָם: כִּי־צַדִּיק יהוה צְדָקוֹת
אָהֵב יָשָׁר יֶחֱזוּ פָנֵימוֹ:

hate me, thou that liftest me up from the gates of death: that I may relate all thy praise in the gates of the daughter of Ẕiyyon. 15

I will rejoice in thy salvation. The nations are sunk down in the pit that they have made: in the net which they hid is their own foot taken. The LORD is known by the judgment which he executes: the wicked is snared in the work of his own hands. (A Higgayon. Sela.) The wicked shall be turned back to She'ol, all the nations that forget GOD. For the needy shall not always be forgotten: the expectation of the poor shall not perish forever. Arise, O LORD; let man not prevail: let the nations be judged in thy sight. Put them in fear, O LORD: the nations will then know themselves to be but men. (Sela.) 16 17 18 19 20 21

WHY standest thou afar off, O LORD? why hidest thou thyself in times of trouble? The wicked in his pride hotly pursues the poor: let them be taken in the devices that they have imagined. For the wicked boasts of his heart's desire, and the greedy wretch curses and renounces the LORD. The wicked, through the pride of his countenance thinks, He will not seek out: all his thoughts are, GOD is not. His ways are always strong; thy judgments are far above out of his sight: as for all his enemies, he hisses at them. He says in his heart, I shall not be moved: for I shall never be in adversity. His mouth is full of cursing and deceit and fraud: under his tongue is mischief and iniquity. He sits in the lurking places of the villages: in the secret places he murders the innocent: his eyes stealthily watch for the helpless. He lies in wait secretly like a lion in his den: he lies in wait to catch the poor: he catches the poor, when he draws him into his net. The helpless collapse: they bow down, and fall into his power. He says in his heart, GOD has forgotten: he hides his face; he will never see it. Arise, O LORD; O GOD, lift up thy hand: forget not the humble. Why does the wicked man renounce GOD? he says in his heart, Thou wilt not avenge. Thou hast seen it; for thou beholdest mischief and spite, to requite it with thy hand: the helpless man commits himself to thee; thou art the helper of the fatherless. Break thou the arm of the wicked and the evil man: seek out his wickedness till thou find none left. The LORD is King for ever and ever: the nations are perished out of his land. LORD, thou hast heard the desire of the humble: thou wilt strengthen their heart, thou wilt cause thy ear to hear: to judge the fatherless and the oppressed, so that none shall any longer terrify innocent men from the earth. **10** 2 3 4 5 6 7 8 9 10 11 12 13 14 15 16 17 18

To the chief Musician, of David. In the LORD I put my trust: how can you say to my soul, Flee like a bird to your mountain? For, lo, the wicked bend the bow, they make ready their arrow upon the string, that they may shoot in darkness at the upright in heart. For when the foundations are destroyed, what can the righteous do? The LORD in his holy temple, the LORD whose throne is in heaven, whose eyes behold, whose eyelids try, the children of men: the LORD tries the righteous: but the wicked and him who loves violence his soul hates. Upon the wicked he shall rain coals, fire and brimstone, and a scorching wind shall be the portion of their cup. For the LORD is righteous, he loves righteousness; the upright shall behold his face. **11** 2 3 4 5 6 7

לַמְנַצֵּחַ עַל־הַשְּׁמִינִית מִזְמוֹר לְדָוִד: הוֹשִׁיעָה יְהוָה כִּי־גָמַר

חָסִיד כִּי־פַסּוּ אֱמוּנִים מִבְּנֵי אָדָם: שָׁוְא ׀ יְדַבְּרוּ אִישׁ אֶת־רֵעֵהוּ

שְׂפַת חֲלָקוֹת בְּלֵב וָלֵב יְדַבֵּרוּ: יַכְרֵת יְהוָה כָּל־שִׂפְתֵי חֲלָקוֹת

לָשׁוֹן מְדַבֶּרֶת גְּדֹלוֹת: אֲשֶׁר אָמְרוּ ׀ לִלְשֹׁנֵנוּ נַגְבִּיר שְׂפָתֵינוּ

אִתָּנוּ מִי אָדוֹן לָנוּ: מִשֹּׁד עֲנִיִּים מֵאַנְקַת אֶבְיוֹנִים עַתָּה אָקוּם

יֹאמַר יְהוָה אָשִׁית בְּיֵשַׁע יָפִיחַ לוֹ: אִמְרוֹת יְהוָה אֲמָרוֹת

טְהֹרוֹת כֶּסֶף צָרוּף בַּעֲלִיל לָאָרֶץ מְזֻקָּק שִׁבְעָתָיִם: אַתָּה־יְהוָה

תִּשְׁמְרֵם תִּצְּרֶנּוּ ׀ מִן־הַדּוֹר זוּ לְעוֹלָם: סָבִיב רְשָׁעִים יִתְהַלָּכוּן

כְּרֻם זֻלּוּת לִבְנֵי אָדָם:

יג

לַמְנַצֵּחַ מִזְמוֹר לְדָוִד: עַד־אָנָה יְהוָה תִּשְׁכָּחֵנִי נֶצַח עַד־אָנָה ׀

תַּסְתִּיר אֶת־פָּנֶיךָ מִמֶּנִּי: עַד־אָנָה אָשִׁית עֵצוֹת בְּנַפְשִׁי יָגוֹן

בִּלְבָבִי יוֹמָם עַד־אָנָה ׀ יָרוּם אֹיְבִי עָלָי: הַבִּיטָה עֲנֵנִי יְהוָה

אֱלֹהָי הָאִירָה עֵינַי פֶּן־אִישַׁן הַמָּוֶת: פֶּן־יֹאמַר אֹיְבִי יְכָלְתִּיו

צָרַי יָגִילוּ כִּי אֶמּוֹט: וַאֲנִי ׀ בְּחַסְדְּךָ בָטַחְתִּי יָגֵל לִבִּי בִּישׁוּעָתֶךָ

אָשִׁירָה לַיהוָה כִּי גָמַל עָלָי:

יד

לַמְנַצֵּחַ לְדָוִד אָמַר נָבָל בְּלִבּוֹ אֵין אֱלֹהִים הִשְׁחִיתוּ הִתְעִיבוּ

עֲלִילָה אֵין עֹשֵׂה־טוֹב: יְהוָה מִשָּׁמַיִם הִשְׁקִיף עַל־בְּנֵי־אָדָם

לִרְאוֹת הֲיֵשׁ מַשְׂכִּיל דֹּרֵשׁ אֶת־אֱלֹהִים: הַכֹּל סָר יַחְדָּו נֶאֱלָחוּ

אֵין עֹשֵׂה־טוֹב אֵין גַּם־אֶחָד: הֲלֹא יָדְעוּ כָּל־פֹּעֲלֵי אָוֶן אֹכְלֵי

עַמִּי אָכְלוּ לֶחֶם יְהוָה לֹא קָרָאוּ: שָׁם ׀ פָּחֲדוּ פָחַד כִּי־אֱלֹהִים

בְּדוֹר צַדִּיק: עֲצַת־עָנִי תָבִישׁוּ כִּי יְהוָה מַחְסֵהוּ: מִי יִתֵּן

מִצִּיּוֹן יְשׁוּעַת יִשְׂרָאֵל בְּשׁוּב יְהוָה שְׁבוּת עַמּוֹ יָגֵל יַעֲקֹב

יִשְׂמַח יִשְׂרָאֵל:

טו

מִזְמוֹר לְדָוִד יְהוָה מִי־יָגוּר בְּאָהֳלֶךָ מִי־יִשְׁכֹּן בְּהַר קָדְשֶׁךָ:

הוֹלֵךְ תָּמִים וּפֹעֵל צֶדֶק וְדֹבֵר אֱמֶת בִּלְבָבוֹ: לֹא־רָגַל ׀ עַל־

לְשֹׁנוֹ לֹא־עָשָׂה לְרֵעֵהוּ רָעָה וְחֶרְפָּה לֹא־נָשָׂא עַל־קְרֹבוֹ:

נִבְזֶה ׀ בְּעֵינָיו נִמְאָס וְאֶת־יִרְאֵי יְהוָה יְכַבֵּד נִשְׁבַּע לְהָרַע

וְלֹא יָמִר: כַּסְפּוֹ ׀ לֹא־נָתַן בְּנֶשֶׁךְ וְשֹׁחַד עַל־נָקִי לֹא־לָקָח

עֹשֵׂה אֵלֶּה לֹא יִמּוֹט לְעוֹלָם:

טז

מִכְתָּם לְדָוִד שָׁמְרֵנִי אֵל כִּי־חָסִיתִי בָךְ: אָמַרְתְּ לַיהוָה אֲדֹנָי

אָתָּה טוֹבָתִי בַּל־עָלֶיךָ: לִקְדוֹשִׁים אֲשֶׁר־בָּאָרֶץ הֵמָּה וְאַדִּירֵי

כָּל־חֶפְצִי־בָם: יִרְבּוּ עַצְּבוֹתָם אַחֵר מָהָרוּ בַּל־אַסִּיךְ נִסְכֵּיהֶם

12

To the chief Musician upon the Sheminit, A Psalm of David. 1
Help, Lord; for the godly man ceases; for the faithful fail from 2
among the children of men. They speak vanity every one with 3
his fellow: with flattering lips and with a double heart they
speak. May the Lord cut off all flattering lips, the tongue that 4
speaks proud things: who have said, With our tongue we will 5
prevail; our lips are our own: who is lord over us? For the 6
violence done to the poor, for the sighing of the needy, now will
I arise, says the Lord; I will set him in safety at whom they
hiss. The words of the Lord are pure words: silver refined in a 7
furnace upon the ground, purified seven times. Thou shalt keep 8
them, O Lord, thou shalt preserve them from this generation
forever. The wicked walk on every side, when vileness is exalted 9
among the children of men. **13**
To the chief Musician, A Psalm of David. How long wilt thou 1,2
forget me O Lord? forever? how long wilt thou hide thy face
from me? How long shall I take counsel in my soul, having sor- 3
row in my heart daily? how long shall my enemy be exalted
over me? Look, and hear me, O Lord my God: lighten my 4
eyes, lest I sleep the sleep of death; lest my enemy say, I have 5
prevailed against him; and those who trouble me rejoice when
I am moved. But I have trusted in thy mercy; my heart shall re- 6
joice in thy salvation. I will sing to the Lord, because he has
dealt bountifully with me.
To the chief Musician, of David. The fool has said in **14**
his heart, There is no God. They are corrupt, they have done
abominable works, there is none that does good. The Lord look- 2
ed down from heaven upon the children of men, to see if there
were any that understood, and sought God. They are all gone 3
aside, they are all together become filthy: there is none that
does good, no, not one. Have all the workers of iniquity no 4
knowledge? who eat up my people as they eat bread, and call
not upon the Lord. There were they in great fear: for God is 5
in the generation of the righteous. You shame the counsel of the 6
poor, because the Lord is his refuge. Oh that the salvation of 7
Yisra'el were come out of Ẕiyyon! when the Lord brings back
the captivity of his people, Ya'aqov shall rejoice, and Yisra'el
shall be glad.
A Psalm of David. Lord, who shall abide in thy tent? who shall **15**
dwell in thy holy hill? He that walks uprightly, and acts justly, 2
and speaks the truth in his heart. He that does not slander with 3
his tongue, nor does evil to his fellow, nor takes up a reproach
against his neighbour. In whose eyes a vile person is despised; 4
but he honours them that fear the Lord. He that swears to his
own hurt, and changes not. He that does not put out his money 5
on interest, nor takes a bribe against the innocent. He that does
these things shall never be moved.
A mikhtam of David. Preserve me, O God: for in thee do I put **16**
my trust. I have said to the Lord, Thou art my Lord: I have 2
no good apart from thee; and to the saints that are on the earth, 3
They are the excellent, in whom is all my delight. Their sorrows 4
shall be multiplied that hasten after another god: their drink of-
ferings of blood will I not offer, nor take up their names upon

מָדָם וּבַל־אֶשָּׂא אֶת־שְׁמוֹתָם עַל־שְׂפָתָי׃ יְהוָה מְנָת־חֶלְקִי ה
וְכוֹסִי אַתָּה תּוֹמִיךְ גּוֹרָלִי׃ חֲבָלִים נָפְלוּ־לִי בַּנְּעִמִים אַף־נַחֲלָת ו
שָׁפְרָה עָלָי׃ אֲבָרֵךְ אֶת־יְהוָה אֲשֶׁר יְעָצָנִי אַף־לֵילוֹת יִסְּרוּנִי ז
כִלְיוֹתָי׃ שִׁוִּיתִי יְהוָה לְנֶגְדִּי תָמִיד כִּי מִימִינִי בַּל־אֶמּוֹט׃ לָכֵן ׀ ח ט
שָׂמַח לִבִּי וַיָּגֶל כְּבוֹדִי אַף־בְּשָׂרִי יִשְׁכֹּן לָבֶטַח׃ כִּי ׀ לֹא־תַעֲזֹב י
חֲסִידְךָ נַפְשִׁי לִשְׁאוֹל לֹא־תִתֵּן חסידיך לִרְאוֹת שָׁחַת׃ תּוֹדִיעֵנִי אֹרַח יא
חַיִּים שֹׂבַע שְׂמָחוֹת אֶת־פָּנֶיךָ נְעִמוֹת בִּימִינְךָ נֶצַח׃
תְּפִלָּה לְדָוִד שִׁמְעָה יְהוָה ׀ צֶדֶק הַקְשִׁיבָה רִנָּתִי הַאֲזִינָה תְפִלָּתִי א יז
בְּלֹא שִׂפְתֵי מִרְמָה׃ מִלְּפָנֶיךָ מִשְׁפָּטִי יֵצֵא עֵינֶיךָ תֶּחֱזֶינָה ב
מֵישָׁרִים׃ בָּחַנְתָּ לִבִּי ׀ פָּקַדְתָּ לַּיְלָה צְרַפְתַּנִי בַל־תִּמְצָא זַמֹּתִי ג
בַּל־יַעֲבָר־פִּי׃ לִפְעֻלּוֹת אָדָם בִּדְבַר שְׂפָתֶיךָ אֲנִי שָׁמַרְתִּי ד
אָרְחוֹת פָּרִיץ׃ תָּמֹךְ אֲשֻׁרַי בְּמַעְגְּלוֹתֶיךָ בַּל־נָמוֹטּוּ פְעָמָי׃ ה
אֲנִי־קְרָאתִיךָ כִי־תַעֲנֵנִי אֵל הַט־אָזְנְךָ לִי שְׁמַע אִמְרָתִי׃ הַפְלֵה ו ז
חֲסָדֶיךָ מוֹשִׁיעַ חוֹסִים מִמִּתְקוֹמְמִים בִּימִינֶךָ׃ שָׁמְרֵנִי כְּאִישׁוֹן ח
בַּת־עָיִן בְּצֵל כְּנָפֶיךָ תַּסְתִּירֵנִי׃ מִפְּנֵי רְשָׁעִים זוּ שַׁדּוּנִי אֹיְבַי ט
בְּנֶפֶשׁ יַקִּיפוּ עָלָי׃ חֶלְבָּמוֹ סָּגְרוּ פִּימוֹ דִּבְּרוּ בְגֵאוּת׃ אַשֻּׁרֵנוּ י יא
סְבָבוּנוּ עַתָּה סבבוני עֵינֵיהֶם יָשִׁיתוּ לִנְטוֹת בָּאָרֶץ׃ דִּמְיֹנוֹ כְּאַרְיֵה יב
יִכְסוֹף לִטְרֹף וְכִכְפִיר יֹשֵׁב בְּמִסְתָּרִים׃ קוּמָה יְהוָה קַדְּמָה יג
פָנָיו הַכְרִיעֵהוּ פַּלְּטָה נַפְשִׁי מֵרָשָׁע חַרְבֶּךָ׃ מִמְתִים יָדְךָ ׀ יד
וּצְפוּנְךָ יְהוָה מִמְתִים מֵחֶלֶד חֶלְקָם בַּחַיִּים וצפינך תְּמַלֵּא בִטְנָם
יִשְׂבְּעוּ בָנִים וְהִנִּיחוּ יִתְרָם לְעוֹלְלֵיהֶם׃ אֲנִי בְּצֶדֶק אֶחֱזֶה פָנֶיךָ טו
אֶשְׂבְּעָה בְהָקִיץ תְּמוּנָתֶךָ׃
לַמְנַצֵּחַ לְעֶבֶד יְהוָה לְדָוִד אֲשֶׁר דִּבֶּר ׀ לַיהוָה אֶת־דִּבְרֵי הַשִּׁירָה א יח
הַזֹּאת בְּיוֹם ׀ הִצִּיל־יְהוָה אוֹתוֹ מִכַּף כָּל־אֹיְבָיו וּמִיַּד שָׁאוּל׃
וַיֹּאמַר אֶרְחָמְךָ יְהוָה חִזְקִי׃ יְהוָה ׀ סַלְעִי וּמְצוּדָתִי וּמְפַלְטִי אֵלִי ב ג
צוּרִי אֶחֱסֶה־בּוֹ מָגִנִּי וְקֶרֶן־יִשְׁעִי מִשְׂגַּבִּי׃ מְהֻלָּל אֶקְרָא יְהוָה ד
וּמִן־אֹיְבַי אִוָּשֵׁעַ׃ אֲפָפוּנִי חֶבְלֵי־מָוֶת וְנַחֲלֵי בְלִיַּעַל יְבַעֲתוּנִי׃ ה
חֶבְלֵי שְׁאוֹל סְבָבוּנִי קִדְּמוּנִי מוֹקְשֵׁי מָוֶת׃ בַּצַּר־לִי ׀ אֶקְרָא ו ז
יְהוָה וְאֶל־אֱלֹהַי אֲשַׁוֵּעַ יִשְׁמַע מֵהֵיכָלוֹ קוֹלִי וְשַׁוְעָתִי לְפָנָיו ׀
תָּבוֹא בְאָזְנָיו׃ וַתִּגְעַשׁ וַתִּרְעַשׁ ׀ הָאָרֶץ וּמוֹסְדֵי הָרִים יִרְגָּזוּ ח
וַיִּתְגָּעֲשׁוּ כִּי־חָרָה לוֹ׃ עָלָה עָשָׁן ׀ בְּאַפּוֹ וְאֵשׁ־מִפִּיו תֹּאכֵל ט

my lips. The LORD is the portion of my inheritance and of my 5
cup: thou maintainest my lot. The lines are fallen to me in 6
pleasant places; yea, I have a goodly heritage. I bless the LORD, 7
who gives me counsel: my reins also admonish me in the night
seasons. I have set the LORD always before me: surely he is at 8
my right hand, I shall not be moved. Therefore my heart is glad, 9
and my glory rejoices: my flesh also dwells secure. For thou 10
wilt not abandon my soul to She'ol; nor wilt thou suffer thy
holy one to see the pit. Thou wilt make known to me the path 11
of life: in thy presence is fulness of joy; at thy right hand are
pleasures for evermore.

A PRAYER of David. Hear the right, O LORD, attend to my cry, **17**
give ear to my prayer, from lips without deceit. Let my sentence 2
come forth from thy presence; let thy eyes behold the right.
Thou hast proved my heart; thou hast visited it in the night: 3
thou hast tried me, but thou findest nothing; let no presump-
tuous thought pass my lips. Concerning the works of men, by 4
the word of thy lips I have kept me from the paths of the vio-
lent. My steps have held fast to thy paths; my feet have not 5
slipped. I have called upon thee, for thou wilt hear me, O GOD: 6
incline thy ear to me, and hear my speech. Show marvellously 7
thy steadfast love, saving with thy right hand from their ene-
mies those who seek refuge. Keep me as the apple of the eye, 8
hide me under the shadow of thy wings, from the wicked that
oppress me, from my deadly enemies, who compass me about. 9
They are inclosed in their own fat: with their mouth they 10
speak proudly. They dog our footsteps; they surround us: 11
they set their eyes to tread us down to the earth; he is 12
like a lion greedy for its prey, and as it were a young
lion lurking in secret places. Arise, O LORD, confront him, 13
cast him down: deliver my soul from the wicked, by thy sword:
from men, by thy hand, O LORD, from men whose portion in 14
life is of the world, and whose belly thou fillest with thy
treasure: who have children in plenty, and who leave their
abundance to their babes. As for me, I will behold thy face in 15
righteousness: I shall be satisfied, when I awake, with behold-
ing thy likeness.

To the chief Musician, of David, the servant of the LORD, **18**
who spoke to the LORD the words of this song in the day
that the LORD delivered him from the hand of all his enemies,
and from the hand of Sha'ul: and he said, I will love thee, 2
O LORD, my strength. The LORD is my rock, and my fortress, 3
and my deliverer; my GOD, my rock, in whom I will trust; my
shield, and the horn of my salvation, and my high tower. He is 4
worthy to be praised: I will call upon the LORD: so shall I be
saved from my enemies. The bonds of death encircled me, and the 5
floods of ungodly men made me afraid. The cords of She'ol com- 6
passed me about: the snares of death took me by surprise.
In my distress I called upon the LORD, and cried to my GOD: he 7
heard my voice out of his temple, and my cry came before him,
into his ears. Then the earth shook and trembled; and the 8
foundations of the hills moved and were shaken, because of his
anger. There went up a smoke out of his nostrils, and fire out 9

י גֶּחָלִים בָּעֲרוּ מִמֶּנּוּ׃ וַיֵּט שָׁמַיִם וַיֵּרַד וַעֲרָפֶל תַּחַת רַגְלָיו׃
יא יב וַיִּרְכַּב עַל־כְּרוּב וַיָּעֹף וַיֵּדֶא עַל־כַּנְפֵי־רוּחַ׃ יָשֶׁת חֹשֶׁךְ ׀ סִתְרוֹ
יג סְבִיבוֹתָיו סֻכָּתוֹ חֶשְׁכַת־מַיִם עָבֵי שְׁחָקִים׃ מִנֹּגַהּ נֶגְדּוֹ עָבָיו
יד עָבְרוּ בָּרָד וְגַחֲלֵי־אֵשׁ׃ וַיַּרְעֵם בַּשָּׁמַיִם ׀ יְהוָה וְעֶלְיוֹן יִתֵּן קֹלוֹ
טו בָּרָד וְגַחֲלֵי־אֵשׁ׃ וַיִּשְׁלַח חִצָּיו וַיְפִיצֵם וּבְרָקִים רָב וַיְהֻמֵּם׃
טז וַיֵּרָאוּ ׀ אֲפִיקֵי מַיִם וַיִּגָּלוּ מוֹסְדוֹת תֵּבֵל מִגַּעֲרָתְךָ יְהוָה מִנִּשְׁמַת
יז יח רוּחַ אַפֶּךָ׃ יִשְׁלַח מִמָּרוֹם יִקָּחֵנִי יַמְשֵׁנִי מִמַּיִם רַבִּים׃ יַצִּילֵנִי
יט מֵאֹיְבִי עָז וּמִשֹּׂנְאַי כִּי־אָמְצוּ מִמֶּנִּי׃ יְקַדְּמוּנִי בְיוֹם־אֵידִי וַיְהִי־
כ כא יְהוָה לְמִשְׁעָן לִי׃ וַיּוֹצִיאֵנִי לַמֶּרְחָב יְחַלְּצֵנִי כִּי חָפֵץ בִּי׃ יִגְמְלֵנִי
כב יְהוָה כְּצִדְקִי כְּבֹר יָדַי יָשִׁיב לִי׃ כִּי־שָׁמַרְתִּי דַּרְכֵי יְהוָה וְלֹא־
כג רָשַׁעְתִּי מֵאֱלֹהָי׃ כִּי כָל־מִשְׁפָּטָיו לְנֶגְדִּי וְחֻקֹּתָיו לֹא־אָסִיר מֶנִּי׃
כד כה וָאֱהִי תָמִים עִמּוֹ וָאֶשְׁתַּמֵּר מֵעֲוֺנִי׃ וַיָּשֶׁב־יְהוָה לִי כְצִדְקִי כְּבֹר
כו יָדַי לְנֶגֶד עֵינָיו׃ עִם־חָסִיד תִּתְחַסָּד עִם־גְּבַר תָּמִים תִּתַּמָּם׃
כז כח עִם־נָבָר תִּתְבָּרָר וְעִם־עִקֵּשׁ תִּתְפַּתָּל׃ כִּי־אַתָּה עַם־עָנִי תוֹשִׁיעַ
כט וְעֵינַיִם רָמוֹת תַּשְׁפִּיל׃ כִּי־אַתָּה תָּאִיר נֵרִי יְהוָה אֱלֹהַי יַגִּיהַּ
ל לא חָשְׁכִּי׃ כִּי־בְךָ אָרֻץ גְּדוּד וּבֵאלֹהַי אֲדַלֶּג־שׁוּר׃ הָאֵל תָּמִים
לב דַּרְכּוֹ אִמְרַת־יְהוָה צְרוּפָה מָגֵן הוּא לְכֹל ׀ הַחֹסִים בּוֹ׃ כִּי מִי
לג אֱלוֹהַּ מִבַּלְעֲדֵי יְהוָה וּמִי צוּר זוּלָתִי אֱלֹהֵינוּ׃ הָאֵל הַמְאַזְּרֵנִי
לד חָיִל וַיִּתֵּן תָּמִים דַּרְכִּי׃ מְשַׁוֶּה רַגְלַי כָּאַיָּלוֹת וְעַל בָּמֹתַי יַעֲמִידֵנִי׃
לה לו מְלַמֵּד יָדַי לַמִּלְחָמָה וְנִחֲתָה קֶשֶׁת־נְחוּשָׁה זְרוֹעֹתָי׃ וַתִּתֶּן־לִי
לז מָגֵן יִשְׁעֶךָ וִימִינְךָ תִסְעָדֵנִי וְעַנְוַתְךָ תַרְבֵּנִי׃ תַּרְחִיב צַעֲדִי תַחְתָּי
לח וְלֹא מָעֲדוּ קַרְסֻלָּי׃ אֶרְדּוֹף אוֹיְבַי וְאַשִּׂיגֵם וְלֹא־אָשׁוּב עַד־
לט מ כַּלּוֹתָם׃ אֶמְחָצֵם וְלֹא־יֻכְלוּ קוּם יִפְּלוּ תַּחַת רַגְלָי׃ וַתְּאַזְּרֵנִי חַיִל
מא לַמִּלְחָמָה תַּכְרִיעַ קָמַי תַּחְתָּי׃ וְאֹיְבַי נָתַתָּה לִּי עֹרֶף וּמְשַׂנְאַי
מב מג אַצְמִיתֵם׃ יְשַׁוְּעוּ וְאֵין־מוֹשִׁיעַ עַל־יְהוָה וְלֹא עָנָם׃ וְאֶשְׁחָקֵם
מד כְּעָפָר עַל־פְּנֵי־רוּחַ כְּטִיט חוּצוֹת אֲרִיקֵם׃ תְּפַלְּטֵנִי מֵרִיבֵי

of his mouth devoured: coals were kindled by it. He bowed 10
the heavens also, and came down: and darkness was under his
feet. And he rode upon a keruv, and did fly: he soared on the 11
wings of the wind. He made darkness his secret place; his 12
pavilion round about him was dark water and thick clouds of
the skies. At the brightness that was before him his thick 13
clouds passed, hail and coals of fire. The Lord also thundered 14
in the heavens, and the Highest gave his voice; hail and coals
of fire. And he sent out his arrows, and scattered them; and he 15
shot out lightnings, and confounded them. Then the channels 16
of waters were seen, and the foundations of the world were
laid bare, at thy rebuke, O Lord, at the blast of the breath of
thy nostrils. He sent from above, he took me, he drew me out 17
of many waters. He delivered me from my strong enemy, and 18
from those who hated me: for they were too strong for me.
They surprised me in the day of my calamity: but the Lord 19
was my stay. He brought me forth also into a large place; he 20
delivered me, because he delighted in me. The Lord rewards 21
me according to my righteousness; according to the cleanness
of my hands he recompenses me. For I have kept the 22
ways of the Lord, and have not wickedly departed from my
God. For all his judgments were before me, and I did not put 23
away his statutes from me. I was also upright before him, and I 24
kept myself from my iniquity. Therefore the Lord recompenses 25
me according to my righteousness, according to the cleanness
of my hands in his eyesight. With the merciful thou wilt show 26
thyself merciful; with an upright man thou wilt show thyself
upright; with the pure thou wilt show thyself pure; and with 27
the perverse thou wilt show thyself subtle. For thou wilt save 28
the afflicted people; but wilt bring down high looks. For thou 29
wilt light my candle: the Lord my God will enlighten my
darkness. For by thee I run through a troop; and by my God 30
I leap over a wall. As for God, his way is perfect: the word of 31
the Lord is tried: he is a shield to all those who trust in him.
For who is God save the Lord? or who is a rock save our God? 32
It is God that girds me with strength, and makes my way 33
perfect. He makes my feet like hinds' feet, and sets me upon 34
my heights. He teaches my hands to war, so that a bow of brass is 35
bent in my arms. Thou hast also given me the shield of thy sal- 36
vation: and thy right hand has supported me and thy condes-
cension has made me great. Thou hast enlarged my steps 37
under me, that my feet did not slip. I have pursued my enemies, 38
and overtaken them: neither did I turn back till they were
consumed. I have crushed them so that they were not able to 39
rise: they are fallen under my feet. For thou hast girded me 40
with strength to the battle: thou hast subdued under me those
who rose up against me. Thou hast also made my enemies turn 41
their backs on me; that I might destroy those who hate me.
They cried, but there was none to save them: to the Lord, but 42
he answered them not. Then did I beat them small like the dust 43
before the wind: I did cast them out like the dirt in the streets.
Thou deliverest me from the strivings of the people; thou 44
makest me the head of nations: a people whom I have not

מה עַם תְּשִׁימֵנִי לְרֹאשׁ גּוֹיִם עַם לֹא־יָדַעְתִּי יַעַבְדוּנִי: לְשֵׁמַע
מו אֹזֶן יִשָּׁמְעוּ לִי בְּנֵי־נֵכָר יְכַחֲשׁוּ־לִי: בְּנֵי־נֵכָר יִבֹּלוּ וְיַחְרְגוּ
מז מח מִמִּסְגְּרוֹתֵיהֶם: חַי־יהוה וּבָרוּךְ צוּרִי וְיָרוּם אֱלוֹהֵי יִשְׁעִי: הָאֵל
מט הַנּוֹתֵן נְקָמוֹת לִי וַיַּדְבֵּר עַמִּים תַּחְתָּי: מְפַלְּטִי מֵאֹיְבָי אַף מִן־
נ קָמַי תְּרוֹמְמֵנִי מֵאִישׁ חָמָס תַּצִּילֵנִי: עַל־כֵּן ׀ אוֹדְךָ בַגּוֹיִם ׀ יהוה
נא וּלְשִׁמְךָ אֲזַמֵּרָה: מַגְדִּל יְשׁוּעוֹת מַלְכּוֹ וְעֹשֶׂה חֶסֶד ׀ לִמְשִׁיחוֹ
לְדָוִד וּלְזַרְעוֹ עַד־עוֹלָם:
יט א ב לַמְנַצֵּחַ מִזְמוֹר לְדָוִד: הַשָּׁמַיִם מְסַפְּרִים כְּבוֹד־אֵל וּמַעֲשֵׂה יָדָיו
ג מַגִּיד הָרָקִיעַ: יוֹם לְיוֹם יַבִּיעַ אֹמֶר וְלַיְלָה לְּלַיְלָה יְחַוֶּה־דָּעַת:
ד ה אֵין־אֹמֶר וְאֵין דְּבָרִים בְּלִי נִשְׁמָע קוֹלָם: בְּכָל־הָאָרֶץ ׀ יָצָא
ו קַוָּם וּבִקְצֵה תֵבֵל מִלֵּיהֶם לַשֶּׁמֶשׁ שָׂם־אֹהֶל בָּהֶם: וְהוּא כְּחָתָן
ז יֹצֵא מֵחֻפָּתוֹ יָשִׂישׂ כְּגִבּוֹר לָרוּץ אֹרַח: מִקְצֵה הַשָּׁמַיִם ׀ מוֹצָאוֹ
ח וּתְקוּפָתוֹ עַל־קְצוֹתָם וְאֵין נִסְתָּר מֵחַמָּתוֹ: תּוֹרַת יהוה תְּמִימָה
ט מְשִׁיבַת נָפֶשׁ עֵדוּת יהוה נֶאֱמָנָה מַחְכִּימַת פֶּתִי: פִּקּוּדֵי יהוה
י יְשָׁרִים מְשַׂמְּחֵי־לֵב מִצְוַת יהוה בָּרָה מְאִירַת עֵינָיִם: יִרְאַת
יהוה ׀ טְהוֹרָה עוֹמֶדֶת לָעַד מִשְׁפְּטֵי־יהוה אֱמֶת צָדְקוּ יַחְדָּו:
יא הַנֶּחֱמָדִים מִזָּהָב וּמִפַּז רָב וּמְתוּקִים מִדְּבַשׁ וְנֹפֶת צוּפִים:
יב יג גַּם־עַבְדְּךָ נִזְהָר בָּהֶם בְּשָׁמְרָם עֵקֶב רָב: שְׁגִיאוֹת מִי־יָבִין
יד מִנִּסְתָּרוֹת נַקֵּנִי: גַּם מִזֵּדִים ׀ חֲשֹׂךְ עַבְדֶּךָ אַל־יִמְשְׁלוּ־בִי אָז
טו אֵיתָם וְנִקֵּיתִי מִפֶּשַׁע רָב: יִהְיוּ לְרָצוֹן ׀ אִמְרֵי־פִי וְהֶגְיוֹן לִבִּי
לְפָנֶיךָ יהוה צוּרִי וְגֹאֲלִי:
כ א ב לַמְנַצֵּחַ מִזְמוֹר לְדָוִד: יַעַנְךָ יהוה בְּיוֹם צָרָה יְשַׂגֶּבְךָ שֵׁם ׀ אֱלֹהֵי
ג ד יַעֲקֹב: יִשְׁלַח־עֶזְרְךָ מִקֹּדֶשׁ וּמִצִּיּוֹן יִסְעָדֶךָּ: יִזְכֹּר כָּל־מִנְחֹתֶךָ
ה וְעוֹלָתְךָ יְדַשְּׁנֶה סֶלָה: יִתֶּן־לְךָ כִלְבָבֶךָ וְכָל־עֲצָתְךָ יְמַלֵּא:
ו נְרַנְּנָה ׀ בִּישׁוּעָתֶךָ וּבְשֵׁם־אֱלֹהֵינוּ נִדְגֹּל יְמַלֵּא יהוה כָּל־
ז מִשְׁאֲלוֹתֶיךָ: עַתָּה יָדַעְתִּי כִּי הוֹשִׁיעַ ׀ יהוה מְשִׁיחוֹ יַעֲנֵהוּ מִשְּׁמֵי
ח קָדְשׁוֹ בִּגְבֻרוֹת יֵשַׁע יְמִינוֹ: אֵלֶּה בָרֶכֶב וְאֵלֶּה בַסּוּסִים וַאֲנַחְנוּ ׀
ט בְּשֵׁם־יהוה אֱלֹהֵינוּ נַזְכִּיר: הֵמָּה כָּרְעוּ וְנָפָלוּ וַאֲנַחְנוּ קַּמְנוּ
י וַנִּתְעוֹדָד: יהוה הוֹשִׁיעָה הַמֶּלֶךְ יַעֲנֵנוּ בְיוֹם־קָרְאֵנוּ: ג
כא א ב לַמְנַצֵּחַ מִזְמוֹר לְדָוִד: יהוה בְּעָזְּךָ יִשְׂמַח־מֶלֶךְ וּבִישׁוּעָתְךָ מַה־

known shall serve me. As soon as they hear of me, they shall 45
obey me: the strangers shall submit themselves to me. The 46
strangers shall fade away, and come trembling out of their
close places. The LORD lives; and blessed is my rock; and let 47
the GOD of my salvation be exalted. It is GOD who avenges me, 48
and has subdued peoples under me. He delivers me from my 49
enemies: indeed, thou liftest me up above those who rise up
against me: thou deliverest me from the violent man. There- 50
fore will I give thanks to thee, O LORD, among the nations,
and sing praises to thy name. Great deliverance he gives to his 51
king; and shows steadfast love to his anointed, to David, and
to his seed for evermore. **19**
To the chief Musician, A Psalm of David. The heavens declare 1,2
the glory of GOD; and the firmament proclaims his handiwork.
Day to day utters speech, and night to night expresses know- 3
ledge. There is no speech nor are there words; their voice is 4
not heard. Their line is gone out through all the earth, and 5
their words to the end of the world. In them he has set a tent
for the sun, which is like a bridegroom coming out of his 6
chamber, and rejoices like a strong man to run a race. His 7
going forth is from the end of the heaven, and his circuit to
the ends of it: and there is nothing hid from his heat. The Tora 8
of the LORD is perfect, restoring the soul: the testimony of
the LORD is sure, making wise the simple. The statutes of the 9
LORD are right, rejoicing the heart: the commandment of the
LORD is pure, enlightening the eyes. The fear of the LORD is 10
clean, enduring forever: the judgments of the LORD are true
and are righteous altogether. More to be desired are they than 11
gold, even much fine gold: sweeter also than honey and the
honeycomb. Moreover by them is thy servant enlightened: and 12
in keeping of them there is great reward. Who can discern 13
errors? cleanse thou me from secret faults. Keep back thy 14
servant also from presumptuous sins; let them not have do-
minion over me: then shall I be upright, and I shall be clear
of much transgression. Let the words of my mouth, and the 15
meditation of my heart, be acceptable in thy sight, O LORD,
my rock, and my redeemer. **20**
To the chief Musician, A Psalm for David. May the LORD hear 1,2
thee in the day of trouble; may the name of the GOD of Ya'aqov
defend thee! May he send thee help from the sanctuary, and 3
strengthen thee out of Ẕiyyon! May he remember all thy 4
offerings, and accept with favour thy burnt offering! (Sela.)
May he grant thee thy heart's desire, and fulfil all thy counsel! 5
May we rejoice in thy salvation, and in the name of our GOD 6
set up our banner! Let the LORD fulfil all thy petitions! Now I 7
know that the LORD saves his anointed; that he answers him
from his holy heaven with the saving strength of his right hand.
Some trust in chariots, and some in horses: but we will make 8
mention of the name of the LORD our GOD. They are bowed 9
down and fallen: but we are risen, and stand upright. Save, 10
LORD; O King, who hears us on the day when we call. **21**
To the chief Musicians, A Psalm of David. The king joys in thy 1,2
strength, O LORD; and in thy salvation how greatly he rejoices!

יָגֶל
יָגִיל מְאֹד: תַּאֲוַת לִבּוֹ נָתַתָּה לּוֹ וַאֲרֶשֶׁת שְׂפָתָיו בַּל־מָנַעְתָּ ג
סֶּלָה: כִּי־תְקַדְּמֶנּוּ בִּרְכוֹת טוֹב תָּשִׁית לְרֹאשׁוֹ עֲטֶרֶת פָּז: חַיִּים ד ה
שָׁאַל מִמְּךָ נָתַתָּה לּוֹ אֹרֶךְ יָמִים עוֹלָם וָעֶד: גָּדוֹל כְּבוֹדוֹ ו
בִּישׁוּעָתֶךָ הוֹד וְהָדָר תְּשַׁוֶּה עָלָיו: כִּי־תְשִׁיתֵהוּ בְרָכוֹת לָעַד ז
תְּחַדֵּהוּ בְשִׂמְחָה אֶת־פָּנֶיךָ: כִּי־הַמֶּלֶךְ בֹּטֵחַ בַּיהוָה וּבְחֶסֶד ח
עֶלְיוֹן בַּל־יִמּוֹט: תִּמְצָא יָדְךָ לְכָל־אֹיְבֶיךָ יְמִינְךָ תִּמְצָא שֹׂנְאֶיךָ: ט
תְּשִׁיתֵמוֹ ׀ כְּתַנּוּר אֵשׁ לְעֵת פָּנֶיךָ יְהוָה בְּאַפּוֹ יְבַלְּעֵם וְתֹאכְלֵם י
אֵשׁ: פִּרְיָמוֹ מֵאֶרֶץ תְּאַבֵּד וְזַרְעָם מִבְּנֵי אָדָם: כִּי־נָטוּ יא יב
עָלֶיךָ רָעָה חָשְׁבוּ מְזִמָּה בַּל־יוּכָלוּ: כִּי תְּשִׁיתֵמוֹ שֶׁכֶם יג
בְּמֵיתָרֶיךָ תְּכוֹנֵן עַל־פְּנֵיהֶם: רוּמָה יְהוָה בְעֻזֶּךָ נָשִׁירָה יד
וּנְזַמְּרָה גְּבוּרָתֶךָ:

כב
לַמְנַצֵּחַ עַל־אַיֶּלֶת הַשַּׁחַר מִזְמוֹר לְדָוִד: אֵלִי אֵלִי לָמָה עֲזַבְתָּנִי א ב
רָחוֹק מִישׁוּעָתִי דִּבְרֵי שַׁאֲגָתִי: אֱלֹהַי אֶקְרָא יוֹמָם וְלֹא תַעֲנֶה ג
וְלַיְלָה וְלֹא־דוּמִיָּה לִי: וְאַתָּה קָדוֹשׁ יוֹשֵׁב תְּהִלּוֹת יִשְׂרָאֵל: בְּךָ ד ה
בָּטְחוּ אֲבֹתֵינוּ בָּטְחוּ וַתְּפַלְּטֵמוֹ: אֵלֶיךָ זָעֲקוּ וְנִמְלָטוּ בְּךָ בָטְחוּ ו
וְלֹא־בוֹשׁוּ: וְאָנֹכִי תוֹלַעַת וְלֹא־אִישׁ חֶרְפַּת אָדָם וּבְזוּי עָם: ז
כָּל־רֹאַי יַלְעִגוּ לִי יַפְטִירוּ בְשָׂפָה יָנִיעוּ רֹאשׁ: גֹּל אֶל־יְהוָה ח ט
יְפַלְּטֵהוּ יַצִּילֵהוּ כִּי חָפֵץ בּוֹ: כִּי־אַתָּה גֹחִי מִבָּטֶן מַבְטִיחִי עַל־ י
שְׁדֵי אִמִּי: עָלֶיךָ הָשְׁלַכְתִּי מֵרָחֶם מִבֶּטֶן אִמִּי אֵלִי אָתָּה: אַל־ יא יב
תִּרְחַק מִמֶּנִּי כִּי־צָרָה קְרוֹבָה כִּי־אֵין עוֹזֵר: סְבָבוּנִי פָּרִים רַבִּים יג
אַבִּירֵי בָשָׁן כִּתְּרוּנִי: פָּצוּ עָלַי פִּיהֶם אַרְיֵה טֹרֵף וְשֹׁאֵג: כַּמַּיִם יד טו
נִשְׁפַּכְתִּי וְהִתְפָּרְדוּ כָּל־עַצְמוֹתָי הָיָה לִבִּי כַּדּוֹנָג נָמֵס בְּתוֹךְ
מֵעָי: יָבֵשׁ כַּחֶרֶשׂ ׀ כֹּחִי וּלְשׁוֹנִי מֻדְבָּק מַלְקוֹחָי וְלַעֲפַר־מָוֶת טז
תִּשְׁפְּתֵנִי: כִּי סְבָבוּנִי כְּלָבִים עֲדַת מְרֵעִים הִקִּיפוּנִי כָּאֲרִי יָדַי יז
וְרַגְלָי: אֲסַפֵּר כָּל־עַצְמוֹתָי הֵמָּה יַבִּיטוּ יִרְאוּ־בִי: יְחַלְּקוּ בְגָדַי יח יט
לָהֶם וְעַל־לְבוּשִׁי יַפִּילוּ גוֹרָל: וְאַתָּה יְהוָה אַל־תִּרְחָק אֱיָלוּתִי כ
לְעֶזְרָתִי חוּשָׁה: הַצִּילָה מֵחֶרֶב נַפְשִׁי מִיַּד־כֶּלֶב יְחִידָתִי: כא
הוֹשִׁיעֵנִי מִפִּי אַרְיֵה וּמִקַּרְנֵי רֵמִים עֲנִיתָנִי: אֲסַפְּרָה שִׁמְךָ לְאֶחָי כב כג
בְּתוֹךְ קָהָל אֲהַלְלֶךָּ: יִרְאֵי יְהוָה ׀ הַלְלוּהוּ כָּל־זֶרַע יַעֲקֹב כד

Thou hast given him his heart's desire, and hast not withheld 3
the request of his lips. (Sela.) For thou dost meet him with the 4
blessings of goodness: thou settest a crown of pure gold on
his head. He asked life of thee, and thou didst give it him; 5
length of days for ever and ever. His glory is great in thy 6
salvation: honour and majesty thou dost lay upon him. For 7
thou dost make him most blessed forever: thou makest him
exceeding glad with thy countenance. For the king trusts in 8
the Lord, and through the steadfast love of the most High he
shall not be moved. Thy hand shall find out all thy enemies: 9
thy right hand shall seize those that hate thee. Thou shalt make 10
them like a fiery oven in the time of thy anger: the Lord shall
swallow them up in his wrath, and the fire shall devour them.
Their fruit shalt thou destroy from the earth, and their seed 11
from among the children of men. For they intended evil against 12
thee: they imagined a mischievous device, but they will not
succeed. For thou shalt make them turn their back; thou 13
shalt aim thy bowstrings against the face of them. Be thou 14
exalted, Lord, in thy own strength: we will sing and praise
thy power.

To the chief Musician upon Ayyelet-hashshaḥar, A Psalm of **22**
David. My God, my God, why hast thou forsaken me? why art 2
thou so far from helping me, from the words of my loud com-
plaint? O my God, I cry in the daytime, but thou hearest not; 3
and in the night season, and I have no rest. But thou art holy, 4
O thou that art enthroned upon the praises of Yisra'el. Our 5
fathers trusted in thee: they trusted, and thou didst deliver
them. They cried to thee, and were delivered: they trusted in 6
thee, and were not confounded. But I am a worm, and no man; 7
a reproach of men, and despised of the people. All that see 8
me laugh me to scorn: they shoot out the lip, they shake the
head, saying, He trusts in the Lord that he will deliver him! 9
Let him deliver him, seeing he delights in him. But thou art he 10
that took me out of the womb: thou didst make me hope when
I was upon my mother's breasts. I was cast upon thee from the 11
womb: thou art my God from my mother's belly. Be not far 12
from me; for trouble is near; for there is none to help. Many 13
bulls have compassed me: strong bulls of Bashan have beset
me round. They gape upon me with their mouths, like a raven- 14
ing and a roaring lion. I am poured out like water, and all my 15
bones are out of joint: my heart is become like wax; it is
melted in the midst of my bowels. My strength is dried up like 16
a potsherd; and my tongue cleaves to my jaws; and thou layest
me down in the dust of death. For dogs have compassed me: 17
the assembly of the wicked have inclosed me: they seize my
hands and my feet like a lion. I can count all my bones: they 18
look and stare upon me. They part my garments among them, 19
and cast lots upon my vesture. But be not thou far from me, 20
O Lord: O my strength, haste thee to help me. Deliver my life 21
from the sword; my only one from the power of the dog. Save 22
me from the lion's mouth: for thou hast answered me from the
horns of the wild oxen. I will declare thy name to my brethren: 23
in the midst of the congregation I will praise thee. You who 24

כה כַּבְּדוּהוּ וְגוּרוּ מִמֶּנּוּ כָּל־זֶרַע יִשְׂרָאֵל׃ כִּי לֹא־בָזָה וְלֹא שִׁקַּץ
כו עֱנוּת עָנִי וְלֹא־הִסְתִּיר פָּנָיו מִמֶּנּוּ וּבְשַׁוְּעוֹ אֵלָיו שָׁמֵעַ׃ מֵאִתְּךָ
כז תְּהִלָּתִי בְּקָהָל רָב נְדָרַי אֲשַׁלֵּם נֶגֶד יְרֵאָיו׃ יֹאכְלוּ עֲנָוִים ׀
כח וְיִשְׂבָּעוּ יְהַלְלוּ יהוה דֹּרְשָׁיו יְחִי לְבַבְכֶם לָעַד׃ יִזְכְּרוּ ׀ וְיָשֻׁבוּ
אֶל־יהוה כָּל־אַפְסֵי־אָרֶץ וְיִשְׁתַּחֲווּ לְפָנֶיךָ כָּל־מִשְׁפְּחוֹת גּוֹיִם׃
כט ל כִּי לַיהוה הַמְּלוּכָה וּמֹשֵׁל בַּגּוֹיִם׃ אָכְלוּ וַיִּשְׁתַּחֲווּ ׀ כָּל־דִּשְׁנֵי־
לא אֶרֶץ לְפָנָיו יִכְרְעוּ כָּל־יוֹרְדֵי עָפָר וְנַפְשׁוֹ לֹא חִיָּה׃ זֶרַע
לב יַעַבְדֶנּוּ יְסֻפַּר לַאדֹנָי לַדּוֹר׃ יָבֹאוּ וְיַגִּידוּ צִדְקָתוֹ לְעַם נוֹלָד
כִּי עָשָׂה׃

כג א ב מִזְמוֹר לְדָוִד יהוה רֹעִי לֹא אֶחְסָר׃ בִּנְאוֹת דֶּשֶׁא יַרְבִּיצֵנִי עַל־
ג מֵי מְנֻחוֹת יְנַהֲלֵנִי׃ נַפְשִׁי יְשׁוֹבֵב יַנְחֵנִי בְמַעְגְּלֵי־צֶדֶק לְמַעַן
ד שְׁמוֹ׃ גַּם כִּי־אֵלֵךְ בְּגֵיא צַלְמָוֶת לֹא־אִירָא רָע כִּי־אַתָּה עִמָּדִי
ה שִׁבְטְךָ וּמִשְׁעַנְתֶּךָ הֵמָּה יְנַחֲמֻנִי׃ תַּעֲרֹךְ לְפָנַי ׀ שֻׁלְחָן נֶגֶד צֹרְרָי
ו דִּשַּׁנְתָּ בַשֶּׁמֶן רֹאשִׁי כּוֹסִי רְוָיָה׃ אַךְ ׀ טוֹב וָחֶסֶד יִרְדְּפוּנִי כָּל־יְמֵי
חַיָּי וְשַׁבְתִּי בְּבֵית־יהוה לְאֹרֶךְ יָמִים׃

כד א ב לְדָוִד מִזְמוֹר לַיהוה הָאָרֶץ וּמְלוֹאָהּ תֵּבֵל וְיֹשְׁבֵי בָהּ׃ כִּי־הוּא
ג עַל־יַמִּים יְסָדָהּ וְעַל־נְהָרוֹת יְכוֹנְנֶהָ׃ מִי־יַעֲלֶה בְהַר־יהוה וּמִי־
ד יָקוּם בִּמְקוֹם קָדְשׁוֹ׃ נְקִי כַפַּיִם וּבַר־לֵבָב אֲשֶׁר לֹא־נָשָׂא לַשָּׁוְא
ה נַפְשׁוֹ וְלֹא נִשְׁבַּע לְמִרְמָה׃ יִשָּׂא בְרָכָה מֵאֵת יהוה וּצְדָקָה נַפְשִׁי
ו מֵאֱלֹהֵי יִשְׁעוֹ׃ זֶה דּוֹר דֹּרְשָׁו מְבַקְשֵׁי פָנֶיךָ יַעֲקֹב סֶלָה׃
ז שְׂאוּ שְׁעָרִים ׀ רָאשֵׁיכֶם וְהִנָּשְׂאוּ פִּתְחֵי עוֹלָם וְיָבוֹא מֶלֶךְ
ח הַכָּבוֹד׃ מִי זֶה מֶלֶךְ הַכָּבוֹד יהוה עִזּוּז וְגִבּוֹר יהוה גִּבּוֹר
ט מִלְחָמָה׃ שְׂאוּ שְׁעָרִים ׀ רָאשֵׁיכֶם וּשְׂאוּ פִּתְחֵי עוֹלָם וְיָבֹא
י מֶלֶךְ הַכָּבוֹד׃ מִי הוּא זֶה מֶלֶךְ הַכָּבוֹד יהוה צְבָאוֹת הוּא
מֶלֶךְ הַכָּבוֹד סֶלָה׃

כה א ב לְדָוִד אֵלֶיךָ יהוה נַפְשִׁי אֶשָּׂא׃ אֱלֹהַי בְּךָ בָטַחְתִּי אַל־אֵבוֹשָׁה
ג אַל־יַעַלְצוּ אֹיְבַי לִי׃ גַּם כָּל־קֹוֶיךָ לֹא יֵבֹשׁוּ יֵבֹשׁוּ הַבּוֹגְדִים
ד ה רֵיקָם׃ דְּרָכֶיךָ יהוה הוֹדִיעֵנִי אֹרְחוֹתֶיךָ לַמְּדֵנִי׃ הַדְרִיכֵנִי
בַאֲמִתֶּךָ ׀ וְלַמְּדֵנִי כִּי־אַתָּה אֱלֹהֵי יִשְׁעִי אוֹתְךָ קִוִּיתִי כָּל־הַיּוֹם׃
ו ז זְכֹר־רַחֲמֶיךָ יהוה וַחֲסָדֶיךָ כִּי מֵעוֹלָם הֵמָּה׃ חַטֹּאות נְעוּרַי ׀

fear the LORD, praise him; all you the seed of Ya'aqov, glorify
him; and fear him, all the seed of Yisra'el. For he has not 25
despised nor abhorred the affliction of the afflicted; nor has he
hid his face from him; but when he cried to him, he heard.
My praise shall be of thee in the great congregation: I will 26
pay my vows before those who fear him. The meek shall eat 27
and be satisfied: those who seek him shall praise the LORD:
may your heart forever revive! All the ends of the world shall 28
remember and turn to the LORD: and all the families of the
nations shall worship before thee. For the kingdom is the 29
LORD's: and he is ruler over the nations. All the fat ones of the 30
earth shall eat and worship: all they that go down to the dust,
and he tnat cannot keep alive his own soul, shall bow before
him. Their seed shall serve him; it shall be told of the LORD to 31
the coming generation. They shall come, and shall declare his 32
righteousness to a people that shall be born, that he has done
this.
A PSALM of David. The LORD is my shepherd; I shall not want. **23**
He makes me to lie down in green pastures: he leads me 2
beside the still waters. He restores my soul: he leads me in the 3
paths of righteousness for his name's sake. Even though I 4
walk through the valley of the shadow of death, I will fear no
evil: for thou art with me; thy rod and thy staff they comfort
me. Thou preparest a table before me in the presence of my 5
enemies: thou anointest my head with oil; my cup runs over.
Surely goodness and mercy shall follow me all the days of my 6
life: and I will dwell in the house of the LORD forever.
A PSALM of David. The earth is the LORD's, and the fulness **24**
thereof; the world, and they that dwell in it. For he has 2
founded it upon the seas, and established it upon the floods.
Who shall ascend into the mountain of the LORD? or who shall 3
stand in his holy place? He that has clean hands, and a pure 4
heart; who has not taken my name in vain, nor sworn deceit-
fully. He shall receive a blessing from the LORD, and righteous- 5
ness from the GOD of his salvation. This is Ya'aqov, the gene- 6
ration of those who seek him, that seek thy face. (Sela.) Lift 7
up your heads, O you gates; and be lifted up, you everlasting
doors; and the King of glory shall come in. Who is this King 8
of glory? The LORD strong and mighty, the LORD mighty in
battle. Lift up your heads, O you gates; and lift them up, 9
you everlasting doors; that the King of glory may come in.
Who is this King of glory? The LORD of hosts, he is the King 10
of glory. (Sela.)
25
OF DAVID. To thee, O LORD, do I lift up my soul. O my GOD, 1,2
I trust in thee: let me not be ashamed, let not my enemies
triumph over me. Moreover let none that wait on thee be 3
ashamed: let them be ashamed who betray without cause.
Make me know thy ways, O LORD; teach me thy paths. Lead 4,5
me in thy truth, and teach me: for thou art the GOD of my
salvation; for thee do I wait all the day. Remember, O LORD, 6
thy tender mercies and thy truth; for they have been from of
old. Remember not the sins of my youth, nor my transgres- 7
sions: according to thy loyal love remember thou me for thy

ח וּפְשָׁעַי אַל־תִּזְכֹּר כְּחַסְדְּךָ זְכׇר־לִי־אַתָּה לְמַעַן טוּבְךָ יהוה: טוֹב־
ט וְיָשָׁר יהוה עַל־כֵּן יוֹרֶה חַטָּאִים בַּדָּרֶךְ: יַדְרֵךְ עֲנָוִים בַּמִּשְׁפָּט
י וִילַמֵּד עֲנָוִים דַּרְכּוֹ: כׇּל־אׇרְחוֹת יהוה חֶסֶד וֶאֱמֶת לְנֹצְרֵי בְרִיתוֹ
יא יב וְעֵדֹתָיו: לְמַעַן־שִׁמְךָ יהוה וְסָלַחְתָּ לַעֲוֺנִי כִּי רַב־הוּא: מִי־זֶה
יג הָאִישׁ יְרֵא יהוה יוֹרֶנּוּ בְּדֶרֶךְ יִבְחָר: נַפְשׁוֹ בְּטוֹב תָּלִין וְזַרְעוֹ
יד טו יִירַשׁ אָרֶץ: סוֹד יהוה לִירֵאָיו וּבְרִיתוֹ לְהוֹדִיעָם: עֵינַי תָּמִיד
טז אֶל־יהוה כִּי הוּא־יוֹצִיא מֵרֶשֶׁת רַגְלָי: פְּנֵה־אֵלַי וְחׇנֵּנִי כִּי־יָחִיד
יז יח וְעָנִי אָנִי: צָרוֹת לְבָבִי הִרְחִיבוּ מִמְּצוּקוֹתַי הוֹצִיאֵנִי: רְאֵה עׇנְיִי
יט וַעֲמָלִי וְשָׂא לְכׇל־חַטֹּאותָי: רְאֵה־אוֹיְבַי כִּי־רָבּוּ וְשִׂנְאַת חָמָס
כ שְׂנֵאוּנִי: שׇׁמְרָה נַפְשִׁי וְהַצִּילֵנִי אַל־אֵבוֹשׁ כִּי־חָסִיתִי בָךְ:
כא כב תֹּם־וָיֹשֶׁר יִצְּרוּנִי כִּי קִוִּיתִיךָ: פְּדֵה אֱלֹהִים אֶת־יִשְׂרָאֵל מִכֹּל
צָרוֹתָיו:
כו א לְדָוִד ׀ שׇׁפְטֵנִי יהוה כִּי־אֲנִי בְּתֻמִּי הָלַכְתִּי וּבַיהוה בָּטַחְתִּי לֹא
ב ג אֶמְעָד: בְּחָנֵנִי יהוה וְנַסֵּנִי צרופה כִלְיוֹתַי וְלִבִּי: כִּי־חַסְדְּךָ לְנֶגֶד צָרְפָה
ד עֵינָי וְהִתְהַלַּכְתִּי בַּאֲמִתֶּךָ: לֹא־יָשַׁבְתִּי עִם־מְתֵי־שָׁוְא וְעִם
ה נַעֲלָמִים לֹא אָבוֹא: שָׂנֵאתִי קְהַל מְרֵעִים וְעִם־רְשָׁעִים לֹא
ו ז אֵשֵׁב: אֶרְחַץ בְּנִקָּיוֹן כַּפָּי וַאֲסֹבְבָה אֶת־מִזְבַּחֲךָ יהוה: לַשְׁמִעַ
ח בְּקוֹל תּוֹדָה וּלְסַפֵּר כׇּל־נִפְלְאוֹתֶיךָ: יהוה אָהַבְתִּי מְעוֹן בֵּיתֶךָ
ט וּמְקוֹם מִשְׁכַּן כְּבוֹדֶךָ: אַל־תֶּאֱסֹף עִם־חַטָּאִים נַפְשִׁי וְעִם־
י אַנְשֵׁי דָמִים חַיָּי: אֲשֶׁר־בִּידֵיהֶם זִמָּה וִימִינָם מָלְאָה שֹּׁחַד:
יא יב וַאֲנִי בְּתֻמִּי אֵלֵךְ פְּדֵנִי וְחׇנֵּנִי: רַגְלִי עָמְדָה בְמִישׁוֹר בְּמַקְהֵלִים
אֲבָרֵךְ יהוה:
כז א לְדָוִד ׀ יהוה ׀ אוֹרִי וְיִשְׁעִי מִמִּי אִירָא יהוה מָעוֹז־חַיַּי מִמִּי
ב אֶפְחָד: בִּקְרֹב עָלַי ׀ מְרֵעִים לֶאֱכֹל אֶת־בְּשָׂרִי צָרַי וְאֹיְבַי לִי
ג הֵמָּה כָשְׁלוּ וְנָפָלוּ: אִם־תַּחֲנֶה עָלַי ׀ מַחֲנֶה לֹא־יִירָא לִבִּי אִם־
ד תָּקוּם עָלַי מִלְחָמָה בְּזֹאת אֲנִי בוֹטֵחַ: אַחַת ׀ שָׁאַלְתִּי מֵאֵת־
יהוה אוֹתָהּ אֲבַקֵּשׁ שִׁבְתִּי בְּבֵית־יהוה כׇּל־יְמֵי חַיַּי לַחֲזוֹת
ה בְּנֹעַם־יהוה וּלְבַקֵּר בְּהֵיכָלוֹ: כִּי יִצְפְּנֵנִי ׀ בְּסֻכֹּה בְּיוֹם רָעָה
ו יַסְתִּרֵנִי בְּסֵתֶר אׇהֳלוֹ בְּצוּר יְרוֹמְמֵנִי: וְעַתָּה יָרוּם רֹאשִׁי עַל
אֹיְבַי סְבִיבוֹתַי וְאֶזְבְּחָה בְאׇהֳלוֹ זִבְחֵי תְרוּעָה אָשִׁירָה וַאֲזַמְּרָה
ז ח לַיהוה: שְׁמַע־יהוה קוֹלִי אֶקְרָא וְחׇנֵּנִי וַעֲנֵנִי: לְךָ ׀ אָמַר לִבִּי
ט בַּקְּשׁוּ פָנָי אֶת־פָּנֶיךָ יהוה אֲבַקֵּשׁ: אַל־תַּסְתֵּר פָּנֶיךָ ׀ מִמֶּנִּי אַל
תַּט־בְּאַף עַבְדֶּךָ עֶזְרָתִי הָיִיתָ אַל־תִּטְּשֵׁנִי וְאַל־תַּעַזְבֵנִי אֱלֹהֵי

goodness' sake, O LORD. Good and upright is the LORD: there- 8
fore does he instruct sinners in the way. He directs the humble 9
in justice: and he teaches the meek his way. All the paths of 10
the LORD are mercy and truth to such as keep his covenant and
his testimonies. For thy name's sake, O LORD, pardon my in- 11
iquity; for it is great. What man is he that fears the LORD? him 12
shall he teach in the way that he should choose. His soul 13
shall abide in prosperity; and his seed shall inherit the earth.
The counsel of the LORD is with them that fear him; and he 14
will reveal to them his covenant. My eyes are ever towards the 15
LORD; for he shall pluck my feet out of the net. Turn thee to me, 16
and be gracious to me; for I am desolate and afflicted. The 17
troubles of my heart are enlarged: O bring me out of my
distresses. Look upon my affliction and my pain; and forgive 18
all my sins. Consider my enemies; for they are many; and they 19
hate me with a cruel hatred. O keep my soul, and deliver me: 20
let me not be ashamed; for I put my trust in thee. Let integrity 21
and uprightness preserve me; because I wait for thee. Redeem 22
Yisra'el, O GOD, out of all his troubles.

OF DAVID. Judge me, O LORD; for I have walked in my integrity: **26**
and I have trusted in the LORD; I shall not slip. Examine me, O 2
LORD, and prove me; try my reins and my heart. For thy loyal 3
love is before my eyes: and I have walked in thy truth. I have 4
not sat with vain persons, neither do I enter the company of
dissemblers. I have hated the congregation of evil doers; and 5
I do not sit with the wicked. I wash my hands in innocency: so 6
I compass thy altar, O LORD: that I may sound the voice of 7
thanksgiving, and tell of all thy wondrous works. LORD, I love 8
the habitation of thy house, and the place where thy glory
dwells. Gather not my soul with sinners, nor my life with 9
bloody men: in whose hands is mischief, and their right hand is 10
full of bribes. But as for me, I will walk in my integrity: 11
redeem me, and be gracious unto me. My foot stands in an 12
even place: in the congregations I will bless the LORD.

OF DAVID. The LORD is my light and my salvation; whom **27**
shall I fear? the LORD is the stronghold of my life; of
whom shall I be afraid? When the wicked, my enemies and my 2
foes, came upon me to eat up my flesh, they stumbled and fell.
Though a host should camp against me, my heart shall not fear: 3
though war should rise against me, even then I will be con-
fident. One thing have I desired of the LORD, that will I seek 4
after; that I may dwell in the house of the LORD all the days
of my life, to behold the beauty of the LORD, and to inquire in
his temple. For in the day of evil he shall hide me in his 5
pavilion: in the covert of his tent he shall hide me; he shall
set me up upon a rock. And now shall my head be lifted up 6
above my enemies round about me: therefore I will offer in his
tabernacle sacrifices of joy; I will sing, and I will make melody
to the LORD. Hear, O LORD, when I cry with my voice: be 7
gracious to me, and answer me. Of thee my heart has said, 8
Seek my face. Thy face, O LORD, I seek. Hide not thy face from 9
me; put not thy servant away in anger: thou hast been my
help; abandon me not, nor forsake me, O GOD of my salvation.

י יא יִשְׁעִי: כִּי־אָבִי וְאִמִּי עֲזָבוּנִי וַיהוָה יַאַסְפֵנִי: הוֹרֵנִי יְהוָה דַּרְכֶּךָ
יב וּנְחֵנִי בְּאֹרַח מִישׁוֹר לְמַעַן שׁוֹרְרָי: אַל־תִּתְּנֵנִי בְּנֶפֶשׁ צָרָי כִּי
יג קָמוּ־בִי עֵדֵי־שֶׁקֶר וִיפֵחַ חָמָס: לוּלֵא הֶאֱמַנְתִּי לִרְאוֹת
יד בְּטוּב־יְהוָה בְּאֶרֶץ חַיִּים: קַוֵּה אֶל־יְהוָה חֲזַק וְיַאֲמֵץ לִבֶּךָ
וְקַוֵּה אֶל־יְהוָה:

כח א לְדָוִד אֵלֶיךָ יְהוָה | אֶקְרָא צוּרִי אַל־תֶּחֱרַשׁ מִמֶּנִּי פֶּן־תֶּחֱשֶׁה
ב מִמֶּנִּי וְנִמְשַׁלְתִּי עִם־יוֹרְדֵי בוֹר: שְׁמַע קוֹל תַּחֲנוּנַי בְּשַׁוְּעִי אֵלֶיךָ
ג בְּנָשְׂאִי יָדַי אֶל־דְּבִיר קָדְשֶׁךָ: אַל־תִּמְשְׁכֵנִי עִם־רְשָׁעִים וְעִם־
ד פֹּעֲלֵי אָוֶן דֹּבְרֵי שָׁלוֹם עִם־רֵעֵיהֶם וְרָעָה בִּלְבָבָם: תֶּן־לָהֶם
כְּפָעֳלָם וּכְרֹעַ מַעַלְלֵיהֶם כְּמַעֲשֵׂה יְדֵיהֶם תֵּן לָהֶם הָשֵׁב גְּמוּלָם
ה לָהֶם: כִּי לֹא יָבִינוּ אֶל־פְּעֻלֹּת יְהוָה וְאֶל־מַעֲשֵׂה יָדָיו יֶהֶרְסֵם
ו ז וְלֹא יִבְנֵם: בָּרוּךְ יְהוָה כִּי־שָׁמַע קוֹל תַּחֲנוּנָי: יְהוָה | עֻזִּי וּמָגִנִּי
ח בּוֹ בָטַח לִבִּי וְנֶעֱזָרְתִּי וַיַּעֲלֹז לִבִּי וּמִשִּׁירִי אֲהוֹדֶנּוּ: יְהוָה עֹז־לָמוֹ
ט וּמָעוֹז יְשׁוּעוֹת מְשִׁיחוֹ הוּא: הוֹשִׁיעָה | אֶת־עַמֶּךָ וּבָרֵךְ אֶת־
נַחֲלָתֶךָ וּרְעֵם וְנַשְּׂאֵם עַד־הָעוֹלָם:

כט א ב מִזְמוֹר לְדָוִד הָבוּ לַיהוָה בְּנֵי אֵלִים הָבוּ לַיהוָה כָּבוֹד וָעֹז: הָבוּ
ג לַיהוָה כְּבוֹד שְׁמוֹ הִשְׁתַּחֲווּ לַיהוָה בְּהַדְרַת־קֹדֶשׁ: קוֹל יְהוָה
ד עַל־הַמָּיִם אֵל־הַכָּבוֹד הִרְעִים יְהוָה עַל־מַיִם רַבִּים: קוֹל־יְהוָה
ה בַּכֹּחַ קוֹל יְהוָה בֶּהָדָר: קוֹל יְהוָה שֹׁבֵר אֲרָזִים וַיְשַׁבֵּר יְהוָה
ו אֶת־אַרְזֵי הַלְּבָנוֹן: וַיַּרְקִידֵם כְּמוֹ־עֵגֶל לְבָנוֹן וְשִׂרְיֹן כְּמוֹ בֶן־
ז ח רְאֵמִים: קוֹל־יְהוָה חֹצֵב לַהֲבוֹת אֵשׁ: קוֹל יְהוָה יָחִיל מִדְבָּר
ט יָחִיל יְהוָה מִדְבַּר קָדֵשׁ: קוֹל יְהוָה | יְחוֹלֵל אַיָּלוֹת וַיֶּחֱשֹׂף
י יְעָרוֹת וּבְהֵיכָלוֹ כֻּלּוֹ אֹמֵר כָּבוֹד: יְהוָה לַמַּבּוּל יָשָׁב וַיֵּשֶׁב
יא יְהוָה מֶלֶךְ לְעוֹלָם: יְהוָה עֹז לְעַמּוֹ יִתֵּן יְהוָה | יְבָרֵךְ אֶת־ ד
עַמּוֹ בַשָּׁלוֹם:

ל א ב מִזְמוֹר שִׁיר־חֲנֻכַּת הַבַּיִת לְדָוִד: אֲרוֹמִמְךָ יְהוָה כִּי דִלִּיתָנִי וְלֹא־
ג ד שִׂמַּחְתָּ אֹיְבַי לִי: יְהוָה אֱלֹהָי שִׁוַּעְתִּי אֵלֶיךָ וַתִּרְפָּאֵנִי: יְהוָה
ה הֶעֱלִיתָ מִן־שְׁאוֹל נַפְשִׁי חִיִּיתַנִי מיורדי־בוֹר: זַמְּרוּ לַיהוָה מִיָּרְדִי־
ו חֲסִידָיו וְהוֹדוּ לְזֵכֶר קָדְשׁוֹ: כִּי רֶגַע | בְּאַפּוֹ חַיִּים בִּרְצוֹנוֹ בָּעֶרֶב
ז יָלִין בֶּכִי וְלַבֹּקֶר רִנָּה: וַאֲנִי אָמַרְתִּי בְשַׁלְוִי בַּל־אֶמּוֹט לְעוֹלָם:
ח יְהוָה בִּרְצוֹנְךָ הֶעֱמַדְתָּה לְהַרְרִי עֹז הִסְתַּרְתָּ פָנֶיךָ הָיִיתִי נִבְהָל:

For my father and my mother have forsaken me, but the LORD 10
will take me up. Teach me thy way, O LORD, and lead me in 11
an even path, because of my enemies. Deliver me not over 12
to the will of my enemies: for false witnesses are risen up
against me, and such as breathe out violence. Were it not that 13
I believed I should see the goodness of the LORD in the land of
the living. Wait on the LORD: be of good courage, and he shall 14
strengthen thy heart: and wait on the LORD.

28
OF DAVID. To thee I will cry, O LORD; my rock; be not silent to
me: lest, if thou be silent to me, I become like those who go
down into the pit. Hear the voice of my supplications, when I 2
cry to thee, when I lift up my hands towards thy holy sanctuary.
Drag me not away with the wicked, and with the workers of 3
iniquity, who speak peace to their neighbours, but there is evil
in their hearts. Give them according to their deeds, and accord- 4
ing to the wickedness of their endeavours: give them after the
work of their hands; render to them their desert. Because they 5
give no heed to the works of the LORD, nor to the operation of
his hands, he will destroy them, and not build them up. Blessed 6
be the LORD, because he has heard the voice of my supplications.
The LORD is my strength and my shield; my heart trusted in 7
him, and I am helped: therefore my heart greatly rejoices; and
with my song I will praise him. The LORD is a strength to them, 8
and he is the saving strength of his anointed. Save thy people, 9
and bless thy inheritance: and shepherd them, and carry them
forever.

29
A PSALM of David. Ascribe to the LORD, O you mighty, ascribe to
the LORD glory and strength. Give to the LORD the glory due to 2
his name; worship the LORD in the beauty of holiness. The voice 3
of the LORD is upon the waters: the GOD of glory thunders: the
LORD is upon many waters. The voice of the LORD is powerful; 4
the voice of the LORD is full of majesty. The voice of the LORD 5
breaks the cedars; yea, the LORD breaks the cedars of the Leva-
non. He make them also skip like a calf; Levanon and Shiryon 6
like a young wild ox. The voice of the LORD divides the flames 7
of fire. The voice of the LORD shakes the wilderness; the LORD 8
shakes the wilderness of Qadesh. The voice of the LORD makes 9
the hinds to calve, and strips the forests bare, and in his temple
everyone speaks of his glory. The LORD sat enthroned at the 10
flood; and he sits enthroned as King forever. The LORD gives 11
strength to his people; the LORD blesses his people with
peace.

30
A PSALM and Song at the dedication of the house; of David. I 1,2
will extol thee, O LORD; for thou hast lifted me up, and hast not
made my foes to rejoice over me. O LORD my GOD, I cried to 3
thee and thou hast healed me. O LORD, thou hast brought up my 4
soul from She'ol: thou hast kept me alive, that I should not go
down to the pit. Sing to the LORD, O his pious ones, and give 5
thanks to his holy name. For his anger endures but a moment; 6
in his favour is life: weeping may endure for a night, but joy
comes in the morning. And in my prosperity I said, I shall never 7
be moved. LORD, by thy favour thou hast made my mountain to 8
stand strong: thou didst hide thy face, and I was affrighted.

ט י אֵלֶיךָ יהוה אֶקְרָא וְאֶל־אֲדֹנָי אֶתְחַנָּן׃ מַה־בֶּצַע בְּדָמִי בְּרִדְתִּי
יא אֶל שָׁחַת הֲיוֹדְךָ עָפָר הֲיַגִּיד אֲמִתֶּךָ׃ שְׁמַע־יהוה וְחָנֵּנִי יהוה
יב הֱיֵה־עֹזֵר לִי׃ הָפַכְתָּ מִסְפְּדִי לְמָחוֹל לִי פִּתַּחְתָּ שַׂקִּי וַתְּאַזְּרֵנִי
יג שִׂמְחָה׃ לְמַעַן ׀ יְזַמֶּרְךָ כָבוֹד וְלֹא יִדֹּם יהוה אֱלֹהַי לְעוֹלָם
אוֹדֶךָּ׃
לא א ב לַמְנַצֵּחַ מִזְמוֹר לְדָוִד׃ בְּךָ־יהוה חָסִיתִי אַל־אֵבוֹשָׁה לְעוֹלָם
ג בְּצִדְקָתְךָ פַלְּטֵנִי׃ הַטֵּה אֵלַי ׀ אָזְנְךָ מְהֵרָה הַצִּילֵנִי הֱיֵה לִי ׀
ד לְצוּר־מָעוֹז לְבֵית מְצוּדוֹת לְהוֹשִׁיעֵנִי׃ כִּי־סַלְעִי וּמְצוּדָתִי אָתָּה
ה וּלְמַעַן שִׁמְךָ תַּנְחֵנִי וּתְנַהֲלֵנִי׃ תּוֹצִיאֵנִי מֵרֶשֶׁת זוּ טָמְנוּ לִי כִּי־
ו אַתָּה מָעוּזִּי׃ בְּיָדְךָ אַפְקִיד רוּחִי פָּדִיתָה אוֹתִי יהוה אֵל אֱמֶת׃
ז ח שָׂנֵאתִי הַשֹּׁמְרִים הַבְלֵי־שָׁוְא וַאֲנִי אֶל־יהוה בָּטָחְתִּי׃ אָגִילָה
וְאֶשְׂמְחָה בְּחַסְדֶּךָ אֲשֶׁר רָאִיתָ אֶת־עָנְיִי יָדַעְתָּ בְּצָרוֹת נַפְשִׁי׃
ט י וְלֹא הִסְגַּרְתַּנִי בְּיַד־אוֹיֵב הֶעֱמַדְתָּ בַמֶּרְחָב רַגְלָי׃ חָנֵּנִי יהוה
יא כִּי צַר לִי עָשְׁשָׁה בְכַעַס עֵינִי נַפְשִׁי וּבִטְנִי׃ כִּי כָלוּ בְיָגוֹן חַיַּי
יב וּשְׁנוֹתַי בַּאֲנָחָה כָּשַׁל בַּעֲוֺנִי כֹחִי וַעֲצָמַי עָשֵׁשׁוּ׃ מִכָּל־צֹרְרַי
הָיִיתִי חֶרְפָּה וְלִשְׁכֵנַי ׀ מְאֹד וּפַחַד לִמְיֻדָּעָי רֹאַי בַּחוּץ נָדְדוּ
יג יד מִמֶּנִּי׃ נִשְׁכַּחְתִּי כְּמֵת מִלֵּב הָיִיתִי כִּכְלִי אֹבֵד׃ כִּי שָׁמַעְתִּי ׀ דִּבַּת
טו רַבִּים מָגוֹר מִסָּבִיב בְּהִוָּסְדָם יַחַד עָלַי לָקַחַת נַפְשִׁי זָמָמוּ׃ וַאֲנִי ׀
טז עָלֶיךָ בָטַחְתִּי יהוה אָמַרְתִּי אֱלֹהַי אָתָּה׃ בְּיָדְךָ עִתֹּתָי הַצִּילֵנִי
יז מִיַּד־אוֹיְבַי וּמֵרֹדְפָי׃ הָאִירָה פָנֶיךָ עַל־עַבְדֶּךָ הוֹשִׁיעֵנִי בְחַסְדֶּךָ׃
יח יהוה אַל־אֵבוֹשָׁה כִּי קְרָאתִיךָ יֵבֹשׁוּ רְשָׁעִים יִדְּמוּ לִשְׁאוֹל׃
יט תֵּאָלַמְנָה שִׂפְתֵי שָׁקֶר הַדֹּבְרוֹת עַל־צַדִּיק עָתָק בְּגַאֲוָה וָבוּז׃
כ מָה רַב טוּבְךָ אֲשֶׁר־צָפַנְתָּ לִּירֵאֶיךָ פָּעַלְתָּ לַחוֹסִים בָּךְ נֶגֶד
כא בְּנֵי אָדָם׃ תַּסְתִּירֵם ׀ בְּסֵתֶר פָּנֶיךָ מֵרֻכְסֵי אִישׁ תִּצְפְּנֵם בְּסֻכָּה
כב מֵרִיב לְשֹׁנוֹת׃ בָּרוּךְ יהוה כִּי הִפְלִיא חַסְדּוֹ לִי בְּעִיר מָצוֹר׃
כג וַאֲנִי ׀ אָמַרְתִּי בְחָפְזִי נִגְרַזְתִּי מִנֶּגֶד עֵינֶיךָ אָכֵן שָׁמַעְתָּ קוֹל
כד תַּחֲנוּנַי בְּשַׁוְּעִי אֵלֶיךָ׃ אֶהֱבוּ אֶת־יהוה כָּל־חֲסִידָיו אֱמוּנִים
כה נֹצֵר יהוה וּמְשַׁלֵּם עַל־יֶתֶר עֹשֵׂה גַאֲוָה׃ חִזְקוּ וְיַאֲמֵץ
לְבַבְכֶם כָּל־הַמְיַחֲלִים לַיהוה׃
לב א ב לְדָוִד מַשְׂכִּיל אַשְׁרֵי נְשׂוּי־פֶּשַׁע כְּסוּי חֲטָאָה׃ אַשְׁרֵי־אָדָם לֹא

I cried to thee, O LORD; and to the LORD I made supplication. 9
What profit is there in my blood, when I go down to the pit? 10
Shall dust praise thee? shall it declare thy truth? Hear, O LORD, 11
and be gracious to me: LORD, be thou my helper. Thou hast 12
turned for me my mourning into dancing: thou hast loosed my
sackcloth, and girded me with gladness; to the end that my glory 13
may sing praise to thee, and not be silent. O LORD my GOD, I
will give thanks to thee forever.

31

To the chief Musician, A Psalm of David. In thee, O LORD, do 1,2
I take refuge; let me never be ashamed: deliver me in thy
righteousness. Incline thy ear to me; deliver me speedily: be 3
thou my strong rock, a fortress of defence to save me. For 4
thou art my rock and my fortress; therefore for thy name's sake
lead me, and guide me. Pull me out of the net that they have 5
hidden for me: for thou art my stronghold. Into thy hand I 6
commit my spirit: thou hast redeemed me, O LORD GOD of truth.
I hate them that regard vain idols: but I trust in the LORD. 7
I will be glad and rejoice in thy loyal love: for thou hast con- 8
sidered my affliction: thou hast known the troubles of my soul;
and thou hast not delivered me up into the hand of the enemy: 9
thou hast set my feet in a broad place. Be gracious to me, O 10
LORD, for I am in trouble: my eye is consumed with grief, my
soul and my body. For my life is spent with grief, and my years 11
with sighing: my strength fails because of my iniquity, and my
bones are wasted away. I am the scorn of all my adversaries, 12
and very much of my neighbours, and a dread to my acquaint-
ances: those who see me in the street flee from me. I am for- 13
gotten as a dead man out of mind: I am like a broken vessel.
For I have heard the slander of many: fear on every side: while 14
they took counsel together against me, they devised to take
away my life. But I trusted in thee, O LORD: I said, Thou art my 15
GOD. My times are in thy hand: deliver me from the hand of 16
my enemies, and from those who persecute me. Make thy face 17
to shine upon thy servant: save me by thy loyal love. Let me 18
not be ashamed, O LORD; for I have called upon thee: let the
wicked be ashamed, and let them be silent in She'ol. Let the 19
lying lips be put to silence; which speak arrogant words, proud-
ly and contemptuously, against the righteous. Oh how great is 20
thy goodness, which thou has laid up for those who fear thee;
which thou hast performed for those who trust in thee in the
sight of the sons of men! Thou hidest them in the covert of thy 21
presence from the plots of men: thou shalt keep them secretly
in a pavilion from the strife of tongues. Blessed be the LORD: 22
for he has shown me his marvellous love in a strong city. For 23
I said in my haste, I am cut off from before thy eyes: never-
theless thou didst hear the voice of my supplications when I
cried to thee. O love the LORD, all his pious ones: for the LORD 24
preserves the faithful, and plentifully repays him who acts
haughtily. Be of good courage, and let your heart be strong, all 25
you who hope in the LORD.

32

OF DAVID. A maskil. Blessed is he whose transgression is
forgiven, whose sin is covered. Blessed is the man to whom 2
the LORD imputes no iniquity, and in whose spirit there is no

יַחְשֹׁב יהוה לוֹ עָוֺן וְאֵין בְּרוּחוֹ רְמִיָּה: כִּי־הֶחֱרַשְׁתִּי בָּלוּ עֲצָמָי ג
בְּשַׁאֲגָתִי כׇּל־הַיּוֹם: כִּי ׀ יוֹמָם וָלַיְלָה תִּכְבַּד עָלַי יָדֶךָ נֶהְפַּךְ ד
לְשַׁדִּי בְּחַרְבֹנֵי קַיִץ סֶלָה: חַטָּאתִי אוֹדִיעֲךָ וַעֲוֺנִי לֹא־כִסִּיתִי ה
אָמַרְתִּי אוֹדֶה עֲלֵי פְשָׁעַי לַיהוה וְאַתָּה נָשָׂאתָ עֲוֺן חַטָּאתִי
סֶלָה: עַל־זֹאת יִתְפַּלֵּל כׇּל־חָסִיד ׀ אֵלֶיךָ לְעֵת מְצֹא רַק לְשֵׁטֶף ו
מַיִם רַבִּים אֵלָיו לֹא יַגִּיעוּ: אַתָּה ׀ סֵתֶר לִי מִצַּר תִּצְּרֵנִי רׇנֵּי פַלֵּט ז
תְּסוֹבְבֵנִי סֶלָה: אַשְׂכִּילְךָ ׀ וְאוֹרְךָ בְּדֶרֶךְ־זוּ תֵלֵךְ אִיעֲצָה עָלֶיךָ ח
עֵינִי: אַל־תִּהְיוּ ׀ כְּסוּס כְּפֶרֶד אֵין הָבִין בְּמֶתֶג־וָרֶסֶן עֶדְיוֹ ט
לִבְלוֹם בַּל קְרֹב אֵלֶיךָ: רַבִּים מַכְאוֹבִים לָרָשָׁע וְהַבּוֹטֵחַ י
בַּיהוה חֶסֶד יְסוֹבְבֶנּוּ: שִׂמְחוּ בַיהוה וְגִילוּ צַדִּיקִים וְהַרְנִינוּ יא
כׇּל־יִשְׁרֵי־לֵב:

רַנְּנוּ צַדִּיקִים בַּיהוה לַיְשָׁרִים נָאוָה תְהִלָּה: הוֹדוּ לַיהוה בְּכִנּוֹר לג א ב
בְּנֵבֶל עָשׂוֹר זַמְּרוּ־לוֹ: שִׁירוּ־לוֹ שִׁיר חָדָשׁ הֵיטִיבוּ נַגֵּן בִּתְרוּעָה: ג
כִּי־יָשָׁר דְּבַר־יהוה וְכׇל־מַעֲשֵׂהוּ בֶּאֱמוּנָה: אֹהֵב צְדָקָה וּמִשְׁפָּט ד ה
חֶסֶד יהוה מָלְאָה הָאָרֶץ: בִּדְבַר יהוה שָׁמַיִם נַעֲשׂוּ וּבְרוּחַ פִּיו ו
כׇּל־צְבָאָם: כֹּנֵס כַּנֵּד מֵי הַיָּם נֹתֵן בְּאֹצָרוֹת תְּהוֹמוֹת: יִירְאוּ ז ח
מֵיהוה כׇּל־הָאָרֶץ מִמֶּנּוּ יָגוּרוּ כׇּל־יֹשְׁבֵי תֵבֵל: כִּי הוּא אָמַר ט
וַיֶּהִי הוּא־צִוָּה וַיַּעֲמֹד: יהוה הֵפִיר עֲצַת־גּוֹיִם הֵנִיא מַחְשְׁבוֹת י
עַמִּים: עֲצַת יהוה לְעוֹלָם תַּעֲמֹד מַחְשְׁבוֹת לִבּוֹ לְדֹר וָדֹר: יא
אַשְׁרֵי הַגּוֹי אֲשֶׁר־יהוה אֱלֹהָיו הָעָם ׀ בָּחַר לְנַחֲלָה לוֹ: מִשָּׁמַיִם יב יג
הִבִּיט יהוה רָאָה אֶת־כׇּל־בְּנֵי הָאָדָם: מִמְּכוֹן־שִׁבְתּוֹ הִשְׁגִּיחַ יד
אֶל כׇּל־יֹשְׁבֵי הָאָרֶץ: הַיֹּצֵר יַחַד לִבָּם הַמֵּבִין אֶל־כׇּל־מַעֲשֵׂיהֶם: טו
אֵין־הַמֶּלֶךְ נוֹשָׁע בְּרׇב־חָיִל גִּבּוֹר לֹא־יִנָּצֵל בְּרׇב־כֹּחַ: שֶׁקֶר טז יז
הַסּוּס לִתְשׁוּעָה וּבְרֹב חֵילוֹ לֹא יְמַלֵּט: הִנֵּה עֵין יהוה אֶל־ יח
יְרֵאָיו לַמְיַחֲלִים לְחַסְדּוֹ: לְהַצִּיל מִמָּוֶת נַפְשָׁם וּלְחַיּוֹתָם בָּרָעָב: יט
נַפְשֵׁנוּ חִכְּתָה לַיהוה עֶזְרֵנוּ וּמָגִנֵּנוּ הוּא: כִּי־בוֹ יִשְׂמַח לִבֵּנוּ כ כא
כִּי בְשֵׁם קׇדְשׁוֹ בָטָחְנוּ: יְהִי־חַסְדְּךָ יהוה עָלֵינוּ כַּאֲשֶׁר כב
יִחַלְנוּ לָךְ:

לְדָוִד בְּשַׁנּוֹתוֹ אֶת־טַעְמוֹ לִפְנֵי אֲבִימֶלֶךְ וַיְגָרְשֵׁהוּ וַיֵּלַךְ: לד א
אֲבָרְכָה אֶת־יהוה בְּכׇל־עֵת תָּמִיד תְּהִלָּתוֹ בְּפִי: בַּיהוה ב ג
תִּתְהַלֵּל נַפְשִׁי יִשְׁמְעוּ עֲנָוִים וְיִשְׂמָחוּ: גַּדְּלוּ לַיהוה אִתִּי ד
וּנְרוֹמְמָה שְׁמוֹ יַחְדָּו: דָּרַשְׁתִּי אֶת־יהוה וְעָנָנִי וּמִכׇּל־מְגוּרוֹתַי ה

guile. When I kept silence, my bones wasted away through my 3
groaning all the day long. For day and night thy hand was heavy 4
upon me: my moisture is turned into the drought of summer.
(Sela.) I acknowledged my sin to thee, and my iniquity I have 5
not hid. I said, I will confess my transgressions to the LORD;
and thou didst forgive the iniquity of my sin. (Sela.) For this 6
shall everyone that is godly pray to thee in a time when thou
mayst be found: then surely the floods of great waters shall not
come near him. Thou art my hiding place; thou shalt preserve 7
me from trouble; thou dost compass me about with songs of
deliverance. (Sela.) I will instruct thee and teach thee in the 8
way which thou shalt go: I will counsel thee, with my eye upon
thee. Be not like the horse, or the mule, which have no under- 9
standing: whose mouth must be held in with bit and bridle, that
they come not near to thee. Many are the sorrows of the wick- 10
ed: but he that trusts in the LORD, shall be surrounded by love.
Be glad in the LORD, and rejoice, O you righteous: and shout 11
for joy, all you who are upright in heart.

REJOICE in the LORD, O you righteous: praise is comely for the **33**
upright. Praise the LORD with a lyre: make melody to him with 2
the harp of ten strings. Sing to him a new song; play skilfully 3
with loud jubilations. For the word of the LORD is right; and all 4
his work is done in faithfulness. He loves righteousness and 5
judgment: the earth is full of the goodness of the LORD. By the 6
word of the LORD were the heavens made; and all the host of
them by the breath of his mouth. He gathers the waters of the 7
sea together like a rampart: he lays up the depths in store-
houses. Let all the earth fear the LORD: let all the inhabitants 8
of the world stand in awe of him. For he spoke, and it was; 9
he commanded, and it stood fast. The LORD brings the counsel 10
of the nations to nought: he makes the devices of the peoples
to be of no effect. The counsel of the LORD stands forever, the 11
thoughts of his heart to all generations. Happy is the nation 12
whose GOD is the LORD; and the people whom he has chosen for
his own inheritance. The LORD looks down from heaven; he 13
beholds all the sons of men. From the place of his habitation he 14
looks upon all the inhabitants of the earth; he who fashions 15
their hearts alike; who considers all their deeds. There is no 16
king saved by the multitude of a host: a mighty man is not
delivered by great strength. A horse is a vain thing for safety: 17
nor shall he save by his great strength. Behold, the eye of the 18
LORD is upon those who fear him, upon those who hope in his
steadfast love: to deliver their soul from death, and to keep 19
them alive in famine. Our soul waited for the LORD: he is our 20
help and our shield. For our heart shall rejoice in him, because 21
we have trusted in his holy name. Let thy steadfast love, O 22
LORD be upon us, even as we hope in thee.

OF DAVID, when he changed his demeanour before Avimelekh; **34**
who drove him away, and he departed. I will bless the LORD 2
at all time: his praise shall continually be in my mouth.
My soul shall glory in the LORD: the humble shall hear of it, 3
and be glad. O magnify the LORD with me, and let us exalt his 4
name together. I sought the LORD, and he answered me, and de- 5

הִצִּילָנִי׃ הִבִּיטוּ אֵלָיו וְנָהָרוּ וּפְנֵיהֶם אַל־יֶחְפָּרוּ׃ זֶה עָנִי קָרָא ו ז
וַיהוָה שָׁמֵעַ וּמִכָּל־צָרוֹתָיו הוֹשִׁיעוֹ׃ חֹנֶה מַלְאַךְ־יְהוָה סָבִיב ח
לִירֵאָיו וַיְחַלְּצֵם׃ טַעֲמוּ וּרְאוּ כִּי־טוֹב יְהוָה אַשְׁרֵי הַגֶּבֶר יֶחֱסֶה־ ט
בּוֹ׃ יְראוּ אֶת־יְהוָה קְדֹשָׁיו כִּי־אֵין מַחְסוֹר לִירֵאָיו׃ כְּפִירִים י יא
רָשׁוּ וְרָעֵבוּ וְדֹרְשֵׁי יְהוָה לֹא־יַחְסְרוּ כָל־טוֹב׃ לְכוּ־בָנִים שִׁמְעוּ־ יב
לִי יִרְאַת יְהוָה אֲלַמֶּדְכֶם׃ מִי־הָאִישׁ הֶחָפֵץ חַיִּים אֹהֵב יָמִים יג
לִרְאוֹת טוֹב׃ נְצֹר לְשׁוֹנְךָ מֵרָע וּשְׂפָתֶיךָ מִדַּבֵּר מִרְמָה׃ סוּר יד טו
מֵרָע וַעֲשֵׂה־טוֹב בַּקֵּשׁ שָׁלוֹם וְרָדְפֵהוּ׃ עֵינֵי יְהוָה אֶל־צַדִּיקִים טז
וְאָזְנָיו אֶל־שַׁוְעָתָם׃ פְּנֵי יְהוָה בְּעֹשֵׂי רָע לְהַכְרִית מֵאֶרֶץ זִכְרָם׃ יז
צָעֲקוּ וַיהוָה שָׁמֵעַ וּמִכָּל־צָרוֹתָם הִצִּילָם׃ קָרוֹב יְהוָה לְנִשְׁבְּרֵי־ יח יט
לֵב וְאֶת־דַּכְּאֵי־רוּחַ יוֹשִׁיעַ׃ רַבּוֹת רָעוֹת צַדִּיק וּמִכֻּלָּם יַצִּילֶנּוּ כ
יְהוָה׃ שֹׁמֵר כָּל־עַצְמוֹתָיו אַחַת מֵהֵנָּה לֹא נִשְׁבָּרָה׃ תְּמוֹתֵת כא כב
רָשָׁע רָעָה וְשֹׂנְאֵי צַדִּיק יֶאְשָׁמוּ׃ פּוֹדֶה יְהוָה נֶפֶשׁ עֲבָדָיו וְלֹא כג
יֶאְשְׁמוּ כָּל־הַחֹסִים בּוֹ׃

לְדָוִד ׀ רִיבָה יְהוָה אֶת־יְרִיבַי לְחַם אֶת־לֹחֲמָי׃ הַחֲזֵק מָגֵן וְצִנָּה לה א ב
וְקוּמָה בְּעֶזְרָתִי׃ וְהָרֵק חֲנִית וּסְגֹר לִקְרַאת רֹדְפָי אֱמֹר לְנַפְשִׁי ג
יְשֻׁעָתֵךְ אָנִי׃ יֵבֹשׁוּ וְיִכָּלְמוּ מְבַקְשֵׁי נַפְשִׁי יִסֹּגוּ אָחוֹר וְיַחְפְּרוּ ד
חֹשְׁבֵי רָעָתִי׃ יִהְיוּ כְּמֹץ לִפְנֵי־רוּחַ וּמַלְאַךְ יְהוָה דּוֹחֶה׃ יְהִי־ ה ו
דַרְכָּם חֹשֶׁךְ וַחֲלַקְלַקֹּת וּמַלְאַךְ יְהוָה רֹדְפָם׃ כִּי־חִנָּם טָמְנוּ־לִי ז
שַׁחַת רִשְׁתָּם חִנָּם חָפְרוּ לְנַפְשִׁי׃ תְּבוֹאֵהוּ שׁוֹאָה לֹא־יֵדָע ח
וְרִשְׁתּוֹ אֲשֶׁר־טָמַן תִּלְכְּדוֹ בְּשׁוֹאָה יִפָּל־בָּהּ׃ וְנַפְשִׁי תָּגִיל בַּיהוָה ט
תָּשִׂישׂ בִּישׁוּעָתוֹ׃ כָּל עַצְמוֹתַי ׀ תֹּאמַרְנָה יְהוָה מִי כָמוֹךָ מַצִּיל י
עָנִי מֵחָזָק מִמֶּנּוּ וְעָנִי וְאֶבְיוֹן מִגֹּזְלוֹ׃ יְקוּמוּן עֵדֵי חָמָס אֲשֶׁר לֹא־ יא
יָדַעְתִּי יִשְׁאָלוּנִי׃ יְשַׁלְּמוּנִי רָעָה תַּחַת טוֹבָה שְׁכוֹל לְנַפְשִׁי׃ יב
וַאֲנִי ׀ בַּחֲלוֹתָם לְבוּשִׁי שָׂק עִנֵּיתִי בַצּוֹם נַפְשִׁי וּתְפִלָּתִי עַל־חֵיקִי יג
תָשׁוּב׃ כְּרֵעַ־כְּאָח לִי הִתְהַלָּכְתִּי כַּאֲבֶל־אֵם קֹדֵר שַׁחוֹתִי׃ יד
וּבְצַלְעִי שָׂמְחוּ וְנֶאֱסָפוּ נֶאֶסְפוּ עָלַי נֵכִים וְלֹא יָדַעְתִּי קָרְעוּ טו
וְלֹא־דָמּוּ׃ בְּחַנְפֵי לַעֲגֵי מָעוֹג חָרֹק עָלַי שִׁנֵּימוֹ׃ אֲדֹנָי כַּמָּה טז יז
תִּרְאֶה הָשִׁיבָה נַפְשִׁי מִשֹּׁאֵיהֶם מִכְּפִירִים יְחִידָתִי׃ אוֹדְךָ בְּקָהָל יח
רָב בְּעַם עָצוּם אֲהַלְלֶךָּ׃ אַל־יִשְׂמְחוּ־לִי אֹיְבַי שֶׁקֶר שֹׂנְאַי חִנָּם יט

livered me from all my fears. They looked to him, and are 6
radiant: and their faces shall not be ashamed. This poor 7
man cries, and the LORD hears, and saves him out of all his
troubles. The angel of the LORD encamps round about those 8
who fear him, and he delivers them. O taste and see that the 9
LORD is good: blessed is the man who trusts in him. O fear the 10
LORD, you saints of his: for those who fear him have no lack.
The young lions lack, and suffer hunger: but they who seek the 11
LORD shall not want any good thing. Come, children, hearken 12
to me: I will teach you the fear of the LORD. Who is the man 13
that desires life, and loves many days, that he may see good?
Keep thy tongue from evil, and thy lips from speaking guile. 14
Depart from evil, and do good; seek peace, and pursue it. The 15 16
eyes of the LORD are towards the righteous, and his ears are
open to their cry. The face of the LORD is against those who do 17
evil, to cut off the remembrance of them from the earth. The 18
righteous cry, and the LORD hears, and delivers them out of all
their troubles. The LORD is near to them who are of a broken 19
heart; and he saves such as are of a contrite spirit. Many are the 20
afflictions of the righteous: but the LORD delivers him out of
them all. He keeps all his bones: not one of them is broken. 21
Evil shall slay the wicked: and they that hate the righteous shall 22
be condemned. The LORD redeems the soul of his servants: and 23
none of them that trust in him shall be condemned.

OF DAVID. Strive, O LORD, with those who contend against **35**
me: fight with those who oppose me. Take hold of shield 2
and buckler, and rise up for my help. Draw out also the 3
spear, and battle axe against those who persecute me: say to
my soul, I am thy salvation. Let them be confounded and put to 4
shame who seek after my soul: let them be turned back and
brought to confusion who devise my hurt. Let them be as chaff 5
before the wind: the angel of the LORD thrusting them. Let their 6
way be dark and slippery: the angel of the LORD pursuing them.
For without cause have they hid for me their net; a pit without 7
cause have they dug for my soul. Let destruction come upon him 8
unawares; and let his net that he has hid catch himself: let
him fall to ruin. And my soul shall be joyful in the LORD: it shall 9
rejoice in his salvation. All my bones shall say, LORD, who is like 10
thee, who delivers the poor from him that is too strong for him,
and the poor and the needy from him that robs him? False wit- 11
nesses rise up; they ask me things that I know not. They repay 12
me evil for good; a bereavement to my soul! But as for me, 13
when they were sick, my clothing was sackcloth: I afflicted my
soul with fasting; and as for my prayer may it return to my
own bosom. I went about as for my friend or brother: I bowed 14
down heavily, as one who mourns for his mother. But when I 15
stumble they rejoice, and gather themselves together. Wretches
whom I have not known tear me in pieces without ceasing.
Like profane men, scornful mockers, they grind their teeth 16
against me. LORD, how long wilt thou look on? rescue my soul 17
from their destructions, my only one from the lions. I will give 18
thee thanks in the great congregation: I will praise thee among
a numerous people. Let not those who are wrongfully my ene- 19

יִקְרְצוּ־עָיִן׃ כִּי לֹא שָׁלוֹם יְדַבֵּרוּ וְעַל רִגְעֵי־אֶרֶץ דִּבְרֵי מִרְמוֹת כ
יַחֲשֹׁבוּן׃ וַיַּרְחִיבוּ עָלַי פִּיהֶם אָמְרוּ הֶאָח | הֶאָח רָאֲתָה עֵינֵנוּ׃ כא
רָאִיתָה יהוה אַל־תֶּחֱרַשׁ אֲדֹנָי אַל־תִּרְחַק מִמֶּנִּי׃ הָעִירָה כב כג
וְהָקִיצָה לְמִשְׁפָּטִי אֱלֹהַי וַאדֹנָי לְרִיבִי׃ שָׁפְטֵנִי כְצִדְקְךָ יהוה כד
אֱלֹהָי וְאַל־יִשְׂמְחוּ־לִי׃ אַל־יֹאמְרוּ בְלִבָּם הֶאָח נַפְשֵׁנוּ אַל־ כה
יֹאמְרוּ בִּלַּעֲנוּהוּ׃ יֵבֹשׁוּ וְיַחְפְּרוּ | יַחְדָּו שְׂמֵחֵי רָעָתִי יִלְבְּשׁוּ־ כו
בֹשֶׁת וּכְלִמָּה הַמַּגְדִּילִים עָלָי׃ יָרֹנּוּ וְיִשְׂמְחוּ חֲפֵצֵי צִדְקִי כז
ה וְיֹאמְרוּ תָמִיד יִגְדַּל יהוה הֶחָפֵץ שְׁלוֹם עַבְדּוֹ׃ וּלְשׁוֹנִי תֶּהְגֶּה כח
צִדְקֶךָ כָּל־הַיּוֹם תְּהִלָּתֶךָ׃

לו לַמְנַצֵּחַ | לְעֶבֶד־יהוה לְדָוִד׃ נְאֻם־פֶּשַׁע לָרָשָׁע בְּקֶרֶב לִבִּי אֵין־ א ב
פַּחַד אֱלֹהִים לְנֶגֶד עֵינָיו׃ כִּי־הֶחֱלִיק אֵלָיו בְּעֵינָיו לִמְצֹא עֲוֺנוֹ ג
לִשְׂנֹא׃ דִּבְרֵי־פִיו אָוֶן וּמִרְמָה חָדַל לְהַשְׂכִּיל לְהֵיטִיב׃ אָוֶן | ד ה
יַחְשֹׁב עַל־מִשְׁכָּבוֹ יִתְיַצֵּב עַל־דֶּרֶךְ לֹא־טוֹב רָע לֹא יִמְאָס׃
יהוה בְּהַשָּׁמַיִם חַסְדֶּךָ אֱמוּנָתְךָ עַד־שְׁחָקִים׃ צִדְקָתְךָ | כְּהַרְרֵי־ ו ז
אֵל מִשְׁפָּטֶךָ תְּהוֹם רַבָּה אָדָם וּבְהֵמָה תוֹשִׁיעַ | יהוה׃ מַה־יָּקָר ח
חַסְדְּךָ אֱלֹהִים וּבְנֵי אָדָם בְּצֵל כְּנָפֶיךָ יֶחֱסָיוּן׃ יִרְוְיֻן מִדֶּשֶׁן בֵּיתֶךָ ט
וְנַחַל עֲדָנֶיךָ תַשְׁקֵם׃ כִּי־עִמְּךָ מְקוֹר חַיִּים בְּאוֹרְךָ נִרְאֶה־ י
אוֹר׃ מְשֹׁךְ חַסְדְּךָ לְיֹדְעֶיךָ וְצִדְקָתְךָ לְיִשְׁרֵי־לֵב׃ אַל־תְּבוֹאֵנִי יא יב
רֶגֶל גַּאֲוָה וְיַד־רְשָׁעִים אַל־תְּנִדֵנִי׃ שָׁם נָפְלוּ פֹּעֲלֵי אָוֶן יג
דֹּחוּ וְלֹא־יָכְלוּ קוּם׃

לז לְדָוִד | אַל־תִּתְחַר בַּמְּרֵעִים אַל־תְּקַנֵּא בְּעֹשֵׂי עַוְלָה׃ כִּי כֶחָצִיר א ב
מְהֵרָה יִמָּלוּ וּכְיֶרֶק דֶּשֶׁא יִבּוֹלוּן׃ בְּטַח בַּיהוה וַעֲשֵׂה־טוֹב שְׁכָן־ ג
אֶרֶץ וּרְעֵה אֱמוּנָה׃ וְהִתְעַנַּג עַל־יהוה וְיִתֶּן־לְךָ מִשְׁאֲלֹת לִבֶּךָ׃ ד
גּוֹל עַל־יהוה דַּרְכֶּךָ וּבְטַח עָלָיו וְהוּא יַעֲשֶׂה׃ וְהוֹצִיא כָאוֹר ה ו
צִדְקֶךָ וּמִשְׁפָּטֶךָ כַּצָּהֳרָיִם׃ דּוֹם | לַיהוה וְהִתְחוֹלֵל לוֹ אַל־תִּתְחַר ז
בְּמַצְלִיחַ דַּרְכּוֹ בְּאִישׁ עֹשֶׂה מְזִמּוֹת׃ הֶרֶף מֵאַף וַעֲזֹב חֵמָה אַל־ ח
תִּתְחַר אַךְ־לְהָרֵעַ׃ כִּי־מְרֵעִים יִכָּרֵתוּן וְקֹוֵי יהוה הֵמָּה יִירְשׁוּ־ ט
אָרֶץ׃ וְעוֹד מְעַט וְאֵין רָשָׁע וְהִתְבּוֹנַנְתָּ עַל־מְקוֹמוֹ וְאֵינֶנּוּ׃ י

mies rejoice over me; or those who hate me without cause wink
their eye. For they seek not peace: but they devise deceitful   20
matters against those who are quiet in the land. For they open   21
their mouths wide against me, and say, Aha, aha, our eye has
seen it. Thou hast seen, O LORD: keep no silence: O LORD, be   22
not far from me. Rouse thyself, and awake to my judgment; to   23
my cause, my GOD and my LORD. Judge me, O LORD my GOD,   24
according to thy righteousness; and let them not rejoice over
me. Let them not say in their hearts, Ah, so we have our de-   25
sire: let them not say, We have swallowed him up. Let them   26
be ashamed and brought to confusion together, those who re-
joice at my hurt: let them be clothed with shame and dis-
honour, those who magnify themselves against me. Let them   27
shout for joy, and be glad, those who favour my righteous
cause: and let them say continually, Let the LORD be magni-
fied, who has pleasure in the welfare of his servant. And my   28
tongue shall speak of thy righteousness; of thy praise all the
day long.

To the chief Musician, of David the servant of the LORD.   **36**
Transgression speaks to the wicked within his heart; there is   2
no fear of GOD before his eyes. For he flatters himself in his   3
own eyes, that his iniquity cannot be found out and hated.
The words of his mouth are iniquity and deceit: he has left   4
off being wise, and doing good. He devises mischief upon his   5
bed; he sets himself in a way that is not good; he does not
abhor evil. Thy steadfast love, O LORD, is in the heavens; and   6
thy faithfulness reaches the clouds. Thy righteousness is like   7
the great mountains; thy judgments are a great deep: O LORD,
thou preservest man and beast. How excellent is thy love, O   8
GOD! therefore the children of men shelter under the shadow
of thy wings. They are abundantly satisfied with the fatness of   9
thy house; and thou makest them to drink of the river of thy
pleasures. For with thee is the fountain of life: in thy light   10
we see light. O continue thy steadfast love to those who know   11
thee; and thy righteousness to the upright in heart. Let not the   12
foot of pride come against me, and let not the hand of the
wicked drive me away. There are the workers of iniquity fallen: 13
they are cast down, and are not able to rise.

OF DAVID. Fret not thyself because of evil doers, nor be envious   **37**
against the workers of iniquity. For they shall soon be cut down   2
like the grass, and wither like the green herb. Trust in the LORD,   3
and do good; dwell in the land, and enjoy security. Delight   4
thyself also in the LORD; and he shall give thee the desires of
thy heart. Commit thy way to the LORD; trust also in him; and   5
he will bring it to pass. And he will bring forth thy righteous-   6
ness as the light, and thy judgment like the noonday. Rest in   7
the LORD, and wait patiently for him: fret not thyself because
of him who prospers in his way, because of the man who ac-
complishes wicked devices. Cease from anger, and forsake   8
wrath: fret not thyself: it comes to no good. For evildoers   9
shall be cut off: but those who wait upon the LORD, they shall
inherit the earth. For yet a little while, and the wicked shall not   10
be: and thou shalt look well at his place, but he will not be

יא יב וַעֲנָוִים יִירְשׁוּ־אָרֶץ וְהִתְעַנְּגוּ עַל־רֹב שָׁלוֹם׃ זֹמֵם רָשָׁע לַצַּדִּיק
יג יד וְחֹרֵק עָלָיו שִׁנָּיו׃ אֲדֹנָי יִשְׂחַק־לוֹ כִּי־רָאָה כִּי־יָבֹא יוֹמוֹ׃ חֶרֶב
פָּתְחוּ רְשָׁעִים וְדָרְכוּ קַשְׁתָּם לְהַפִּיל עָנִי וְאֶבְיוֹן לִטְבוֹחַ
טו טז יִשְׁרֵי־דָרֶךְ׃ חַרְבָּם תָּבוֹא בְלִבָּם וְקַשְּׁתוֹתָם תִּשָּׁבַרְנָה׃ טוֹב־
יז מְעַט לַצַּדִּיק מֵהֲמוֹן רְשָׁעִים רַבִּים׃ כִּי זְרוֹעוֹת רְשָׁעִים
יח תִּשָּׁבַרְנָה וְסוֹמֵךְ צַדִּיקִים יהוה׃ יוֹדֵעַ יהוה יְמֵי תְמִימִם
יט וְנַחֲלָתָם לְעוֹלָם תִּהְיֶה׃ לֹא־יֵבֹשׁוּ בְּעֵת רָעָה וּבִימֵי רְעָבוֹן
כ יִשְׂבָּעוּ׃ כִּי רְשָׁעִים ׀ יֹאבֵדוּ וְאֹיְבֵי יהוה כִּיקַר כָּרִים כָּלוּ בֶעָשָׁן
כא כב כָּלוּ׃ לֹוֶה רָשָׁע וְלֹא יְשַׁלֵּם וְצַדִּיק חוֹנֵן וְנוֹתֵן׃ כִּי מְבֹרָכָיו יִירְשׁוּ
כג אָרֶץ וּמְקֻלָּלָיו יִכָּרֵתוּ׃ מֵיהוה מִצְעֲדֵי־גֶבֶר כּוֹנָנוּ וְדַרְכּוֹ יֶחְפָּץ׃
כד כה כִּי־יִפֹּל לֹא־יוּטָל כִּי־יהוה סוֹמֵךְ יָדוֹ׃ נַעַר ׀ הָיִיתִי גַּם־זָקַנְתִּי
כו וְלֹא־רָאִיתִי צַדִּיק נֶעֱזָב וְזַרְעוֹ מְבַקֶּשׁ־לָחֶם׃ כָּל־הַיּוֹם חוֹנֵן
כז כח וּמַלְוֶה וְזַרְעוֹ לִבְרָכָה׃ סוּר מֵרָע וַעֲשֵׂה־טוֹב וּשְׁכֹן לְעוֹלָם׃ כִּי
יהוה ׀ אֹהֵב מִשְׁפָּט וְלֹא־יַעֲזֹב אֶת־חֲסִידָיו לְעוֹלָם נִשְׁמָרוּ וְזֶרַע
כט ל רְשָׁעִים נִכְרָת׃ צַדִּיקִים יִירְשׁוּ־אָרֶץ וְיִשְׁכְּנוּ לָעַד עָלֶיהָ׃ פִּי־
לא צַדִּיק יֶהְגֶּה חָכְמָה וּלְשׁוֹנוֹ תְּדַבֵּר מִשְׁפָּט׃ תּוֹרַת אֱלֹהָיו בְּלִבּוֹ
לב לג לֹא תִמְעַד אֲשֻׁרָיו׃ צוֹפֶה רָשָׁע לַצַּדִּיק וּמְבַקֵּשׁ לַהֲמִיתוֹ׃ יהוה
לד לֹא־יַעַזְבֶנּוּ בְיָדוֹ וְלֹא יַרְשִׁיעֶנּוּ בְּהִשָּׁפְטוֹ׃ קַוֵּה אֶל־יהוה ׀ וּשְׁמֹר
לה דַּרְכּוֹ וִירוֹמִמְךָ לָרֶשֶׁת אָרֶץ בְּהִכָּרֵת רְשָׁעִים תִּרְאֶה׃ רָאִיתִי
לו רָשָׁע עָרִיץ וּמִתְעָרֶה כְּאֶזְרָח רַעֲנָן׃ וַיַּעֲבֹר וְהִנֵּה אֵינֶנּוּ
לז וָאֲבַקְשֵׁהוּ וְלֹא נִמְצָא׃ שְׁמָר־תָּם וּרְאֵה יָשָׁר כִּי־אַחֲרִית
לח לְאִישׁ שָׁלוֹם׃ וּפֹשְׁעִים נִשְׁמְדוּ יַחְדָּו אַחֲרִית רְשָׁעִים נִכְרָתָה׃
לט מ וּתְשׁוּעַת צַדִּיקִים מֵיהוה מָעוּזָּם בְּעֵת צָרָה׃ וַיַּעְזְרֵם יהוה
וַיְפַלְּטֵם יְפַלְּטֵם מֵרְשָׁעִים וְיוֹשִׁיעֵם כִּי־חָסוּ בוֹ׃
לח א ב מִזְמוֹר לְדָוִד לְהַזְכִּיר׃ יהוה אַל־בְּקֶצְפְּךָ תוֹכִיחֵנִי וּבַחֲמָתְךָ
ג ד תְיַסְּרֵנִי׃ כִּי־חִצֶּיךָ נִחֲתוּ בִי וַתִּנְחַת עָלַי יָדֶךָ׃ אֵין־מְתֹם
ה בִּבְשָׂרִי מִפְּנֵי זַעְמֶךָ אֵין־שָׁלוֹם בַּעֲצָמַי מִפְּנֵי חַטָּאתִי׃ כִּי עֲוֺנֹתַי
ו עָבְרוּ רֹאשִׁי כְּמַשָּׂא כָבֵד יִכְבְּדוּ מִמֶּנִּי׃ הִבְאִישׁוּ נָמַקּוּ חַבּוּרֹתָי
ז מִפְּנֵי אִוַּלְתִּי׃ נַעֲוֵיתִי שַׁחֹתִי עַד־מְאֹד כָּל־הַיּוֹם קֹדֵר הִלָּכְתִּי׃

there. But the meek shall inherit the earth; and shall delight 11
themselves in the abundance of peace. The wicked man plots 12
against the just, and grinds his teeth against him. The LORD 13
shall laugh at him: for he sees that his day is coming. The 14
wicked have drawn out the sword, and have bent their bow, to
cast down the poor and needy, and to slay such as are of up-
right ways. Their sword shall enter into their own heart, and 15
their bows shall be broken. A little that a righteous man has is 16
better than the riches of many wicked men. For the arms of the 17
wicked shall be broken: but the LORD upholds the just. The 18
LORD knows the days of the innocent: and their inheritance
shall be for ever. They shall not be ashamed in the evil time: 19
and in the days of famine they shall be satisfied. But the 20
wicked and the enemies of the LORD shall perish like the glory
of the meadows; they shall consume; they shall pass away in
smoke. The wicked borrows, but does not pay back: but the 21
righteous man gives with a good grace. For such as are blessed 22
of him shall inherit the earth; and they that are cursed of him
shall be cut off. The steps of a man are ordered by the LORD: 23
and he delights in his way. Though he fall, he shall not be ut- 24
terly cast down: for the LORD upholds him with his hand. I 25
have been young, and now am old; yet I have not seen a just
man forsaken, and his seed begging bread. He lends generously 26
at all times; and his seed is blessed. Depart from evil, and do 27
good; and dwell for evermore. For the LORD loves justice, 28
and forsakes not his pious ones; they are preserved for ever:
but the seed of the wicked shall be cut off. The righteous 29
shall inherit the land, and dwell in it for ever. The mouth of 30
the righteous speaks wisdom, and his tongue discourses justice.
The Tora of his GOD is in his heart; none of his steps shall 31
falter. The wicked man watches the righteous, and seeks to 32
slay him. The LORD will not leave him in his hand, nor allow 33
him to be condemned when he is judged. Wait on the LORD, 34
and keep his way, and he shall exalt thee to inherit the land:
when the wicked are cut off, thou shalt see it. I have seen the 35
wicked in great power, and spreading himself like a green tree
in its native soil. Yet he passed away, and, lo, he was not: 36
I sought him, but he could not be found. Mark the perfect man, 37
and behold the upright: for the end of that man is peace.
But the transgressors are destroyed together: the end of the 38
wicked is cut off. And the salvation of the righteous is of the 39
LORD: he is their strength in the time of trouble. And the LORD 40
will help them, and deliver them: he shall deliver them
from the wicked, and save them, because they take refuge in
him.

38

A PSALM of David, for invocation. O LORD, rebuke me not in 1,2
thy wrath: nor chasten me in thy hot displeasure. For thy 3
arrows stick fast in me, and thy hand presses me sore. There 4
is no soundness in my flesh because of thy anger; nor is there
any health in my bones because of my sin. For my iniquities 5
are gone over my head: like a heavy burden they are too
heavy for me. My wounds stink; they fester because of my 6
foolishness. I am troubled; I am bowed down greatly; I go 7

ח ט כִּֽי־כְסָלַי מָלְאוּ נִקְלֶה וְאֵין מְתֹם בִּבְשָׂרִי: נְפוּגוֹתִי וְנִדְכֵּיתִי עַד־
י מְאֹד שָׁאַגְתִּי מִנַּהֲמַת לִבִּי: אֲדֹנָי נֶגְדְּךָ כָל־תַּאֲוָתִי וְאַנְחָתִי
יא מִמְּךָ לֹא־נִסְתָּרָה: לִבִּי סְחַרְחַר עֲזָבַנִי כֹחִי וְאוֹר־עֵינַי גַּם־הֵם
יב אֵין אִתִּי: אֹהֲבַי ׀ וְרֵעַי מִנֶּגֶד נִגְעִי יַעֲמֹדוּ וּקְרוֹבַי מֵרָחֹק עָמָדוּ:
יג וַיְנַקְשׁוּ ׀ מְבַקְשֵׁי נַפְשִׁי וְדֹרְשֵׁי רָעָתִי דִּבְּרוּ הַוּוֹת וּמִרְמוֹת כָּל־
יד טו הַיּוֹם יֶהְגּוּ: וַאֲנִי כְחֵרֵשׁ לֹא אֶשְׁמָע וּכְאִלֵּם לֹא יִפְתַּח־פִּיו: וָאֱהִי
טז כְּאִישׁ אֲשֶׁר לֹא־שֹׁמֵעַ וְאֵין בְּפִיו תּוֹכָחוֹת: כִּֽי־לְךָ יְהוָה הוֹחָלְתִּי
יז אַתָּה תַעֲנֶה אֲדֹנָי אֱלֹהָי: כִּֽי־אָמַרְתִּי פֶּן־יִשְׂמְחוּ־לִי בְּמוֹט רַגְלִי
יח יט עָלַי הִגְדִּילוּ: כִּֽי־אֲנִי לְצֶלַע נָכוֹן וּמַכְאוֹבִי נֶגְדִּי תָמִיד: כִּֽי־
כ עֲוֺנִי אַגִּיד אֶדְאַג מֵחַטָּאתִי: וְאֹיְבַי חַיִּים עָצֵמוּ וְרַבּוּ שֹׂנְאַי
כא שָׁקֶר: וּמְשַׁלְּמֵי רָעָה תַּחַת טוֹבָה יִשְׂטְנוּנִי תַּחַת רדופי־ רָדְפִי־
כב כג טוֹב: אַל־תַּעַזְבֵנִי יְהוָה אֱלֹהַי אַל־תִּרְחַק מִמֶּנִּי: חוּשָׁה
לְעֶזְרָתִי אֲדֹנָי תְּשׁוּעָתִי:
לט א ב לַמְנַצֵּחַ לידיתון מִזְמוֹר לְדָוִד: אָמַרְתִּי אֶשְׁמְרָה דְרָכַי מֵחֲטוֹא לִֽידוּתוּן
ג בִלְשׁוֹנִי אֶשְׁמְרָה־לְפִי מַחְסוֹם בְּעֹד רָשָׁע לְנֶגְדִּי: נֶאֱלַמְתִּי
ד דוּמִיָּה הֶחֱשֵׁיתִי מִטּוֹב וּכְאֵבִי נֶעְכָּר: חַם־לִבִּי ׀ בְּקִרְבִּי בַּהֲגִיגִי
ה תִבְעַר־אֵשׁ דִּבַּרְתִּי בִּלְשׁוֹנִי: הוֹדִיעֵנִי יְהוָה ׀ קִצִּי וּמִדַּת יָמַי
ו מַה־הִיא אֵדְעָה מֶה־חָדֵל אָנִי: הִנֵּה טְפָחוֹת ׀ נָתַתָּה יָמַי וְחֶלְדִּי
ז כְאַיִן נֶגְדֶּךָ אַךְ־כָּל־הֶבֶל כָּל־אָדָם נִצָּב סֶלָה: אַךְ־בְּצֶלֶם ׀
ח יִתְהַלֶּךְ־אִישׁ אַךְ־הֶבֶל יֶהֱמָיוּן יִצְבֹּר וְלֹא־יֵדַע מִי־אֹסְפָם: וְעַתָּה
ט מַה־קִּוִּיתִי אֲדֹנָי תּוֹחַלְתִּי לְךָ הִיא: מִכָּל־פְּשָׁעַי הַצִּילֵנִי חֶרְפַּת
י נָבָל אַל־תְּשִׂימֵנִי: נֶאֱלַמְתִּי לֹא אֶפְתַּח־פִּי כִּי אַתָּה עָשִׂיתָ:
יא יב הָסֵר מֵעָלַי נִגְעֶךָ מִתִּגְרַת יָדְךָ אֲנִי כָלִיתִי: בְּתוֹכָחוֹת עַל־
עָוֺן ׀ יִסַּרְתָּ אִישׁ וַתֶּמֶס כָּעָשׁ חֲמוּדוֹ אַךְ הֶבֶל כָּל־אָדָם סֶלָה:
יג שִׁמְעָה תְפִלָּתִי ׀ יְהוָה וְשַׁוְעָתִי ׀ הַאֲזִינָה אֶל־דִּמְעָתִי אַל־
יד תֶּחֱרַשׁ כִּי גֵר אָנֹכִי עִמָּךְ תּוֹשָׁב כְּכָל־אֲבוֹתָי: הָשַׁע מִמֶּנִּי
וְאַבְלִיגָה בְּטֶרֶם אֵלֵךְ וְאֵינֶנִּי:
מ א ב לַמְנַצֵּחַ לְדָוִד מִזְמוֹר: קַוֹּה קִוִּיתִי יְהוָה וַיֵּט אֵלַי וַיִּשְׁמַע שַׁוְעָתִי:
ג וַיַּעֲלֵנִי ׀ מִבּוֹר שָׁאוֹן מִטִּיט הַיָּוֵן וַיָּקֶם עַל־סֶלַע רַגְלַי כּוֹנֵן אֲשֻׁרָי:
ד וַיִּתֵּן בְּפִי ׀ שִׁיר חָדָשׁ תְּהִלָּה לֵאלֹהֵינוּ יִרְאוּ רַבִּים וְיִירָאוּ
ה וְיִבְטְחוּ בַּיהוָה: אַשְׁרֵי־הַגֶּבֶר אֲשֶׁר־שָׂם יְהוָה מִבְטַחוֹ וְלֹא־

mourning all the day long. For my loins are filled with burning: 8
and there is no soundness in my flesh. I am feeble and sore 9
broken: I groan by reason of the disquietness of my heart.
LORD, all my desire is before thee; and my sighing is not hid 10
from thee. My heart palpitates, my strength fails me: as for 11
the light of my eyes, it also is gone from me. My lovers and 12
my friends stand aloof from my plague; and my kinsmen stand
afar off. And they who seek after my life lay snares for me: 13
and they who seek my hurt speak mischievous things, and
meditate deceits all the day long. But I, like a deaf man, hear 14
not; and like a dumb man that opens not his mouth. Thus I was 15
like a man that hears not, and in whose mouth are no rebukes.
For in thee, O LORD, I hope: thou wilt hear, O LORD my GOD. 16
For I said, Lest they should rejoice over me: when my foot 17
slips, they magnify themselves against me. For I am ready to 18
stumble, and my pain is continually before me. For I will declare 19
my iniquity; I will be sorry for my sin. But my enemies are in 20
vigorous life; and they who hate me wrongfully are many.
They also who render evil for good are my adversaries; be- 21
cause I follow what is good. Forsake me not, O LORD: O my 22
GOD, be not far from me. Make haste to help me, O LORD my 23
salvation.

39

To the chief Musician, for Yedutun, A Psalm of David. I said, 1, 2
I will take heed to my ways, that I sin not with my tongue:
I will keep a curb on my mouth, while the wicked man is before
me. I was dumb with silence, I held my peace, had no comfort, 3
and my pain was stirred up. My heart was hot within me; while 4
I was musing, the fire burned: then I spoke with my tongue,
LORD, make me to know my end, and the measure of my days, 5
what it is; I will know how frail I am. Behold, thou hast made 6
my days like handbreadths; and my age is as nothing before
thee: truly every man at his best state is altogether vanity.
(Sela.) Surely every man walks in a vain show: surely they 7
are disquieted in vain: he heaps up riches, and knows not
who shall gather them. And now, LORD, what do I wait for? my 8
hope is in thee. Deliver me from all my transgressions: make 9
me not the reproach of the base man. I am dumb, I open not 10
my mouth; because thou didst it. Remove thy stroke away 11
from me: I am consumed by the blow of thy hand. When thou 12
with rebukes dost correct a man for iniquity, thou makest his
beauty to consume away like a moth: surely every man is
vanity. (Sela.) Hear my prayer, O LORD, and give ear to my 13
cry; keep not silence at my tears: for I am a stranger with thee,
and a sojourner, as all my fathers were. Look away from me, 14
that I may recover brightness, before I go hence, and am no
more.

40

To the chief Musician, A Psalm of David. I waited patiently for 1, 2
the LORD; and he inclined to me, and heard my cry. He brought 3
me up also out of the gruesome pit, out of the miry clay, and
set my feet upon a rock, and established my footsteps. And he 4
has put a new song in my mouth, a praise to our GOD. Many
shall see, and fear, and shall trust in the LORD. Blessed is that 5
man that makes the LORD his trust, and looks not to the proud,

ו פְּנָה אֶל־רְהָבִים וְשָׂטֵי כָזָב׃ רַבּוֹת עָשִׂיתָ ׀ אַתָּה ׀ יהוה אֱלֹהַי
נִפְלְאֹתֶיךָ וּמַחְשְׁבֹתֶיךָ אֵלֵינוּ אֵין ׀ עֲרֹךְ אֵלֶיךָ אַגִּידָה וַאֲדַבֵּרָה
ז עָצְמוּ מִסַּפֵּר׃ זֶבַח וּמִנְחָה ׀ לֹא־חָפַצְתָּ אָזְנַיִם כָּרִיתָ לִּי עוֹלָה
ח וַחֲטָאָה לֹא שָׁאָלְתָּ׃ אָז אָמַרְתִּי הִנֵּה־בָאתִי בִּמְגִלַּת־סֵפֶר
ט כָּתוּב עָלָי׃ לַעֲשׂוֹת־רְצוֹנְךָ אֱלֹהַי חָפָצְתִּי וְתוֹרָתְךָ בְּתוֹךְ מֵעָי׃
י בִּשַּׂרְתִּי צֶדֶק ׀ בְּקָהָל רָב הִנֵּה שְׂפָתַי לֹא אֶכְלָא יהוה אַתָּה
יא יָדָעְתָּ׃ צִדְקָתְךָ לֹא־כִסִּיתִי ׀ בְּתוֹךְ לִבִּי אֱמוּנָתְךָ וּתְשׁוּעָתְךָ
יב אָמָרְתִּי לֹא־כִחַדְתִּי חַסְדְּךָ וַאֲמִתְּךָ לְקָהָל רָב׃ אַתָּה יהוה לֹא־
יג תִכְלָא רַחֲמֶיךָ מִמֶּנִּי חַסְדְּךָ וַאֲמִתְּךָ תָּמִיד יִצְּרוּנִי׃ כִּי אָפְפוּ־עָלַי
רָעוֹת עַד־אֵין מִסְפָּר הִשִּׂיגוּנִי עֲוֺנֹתַי וְלֹא־יָכֹלְתִּי לִרְאוֹת עָצְמוּ
יד מִשַּׂעֲרוֹת רֹאשִׁי וְלִבִּי עֲזָבָנִי׃ רְצֵה יהוה לְהַצִּילֵנִי יהוה לְעֶזְרָתִי
טו חוּשָׁה׃ יֵבֹשׁוּ וְיַחְפְּרוּ ׀ יַחַד מְבַקְשֵׁי נַפְשִׁי לִסְפּוֹתָהּ יִסֹּגוּ אָחוֹר
טז וְיִכָּלְמוּ חֲפֵצֵי רָעָתִי׃ יָשֹׁמּוּ עַל־עֵקֶב בָּשְׁתָּם הָאֹמְרִים לִי הֶאָח ׀
יז הֶאָח׃ יָשִׂישׂוּ וְיִשְׂמְחוּ ׀ בְּךָ כָּל־מְבַקְשֶׁיךָ יֹאמְרוּ תָמִיד יִגְדַּל
יח יהוה אֹהֲבֵי תְּשׁוּעָתֶךָ׃ וַאֲנִי ׀ עָנִי וְאֶבְיוֹן אֲדֹנָי יַחֲשָׁב לִי עֶזְרָתִי
וּמְפַלְטִי אַתָּה אֱלֹהַי אַל־תְּאַחַר׃

מא א ב לַמְנַצֵּחַ מִזְמוֹר לְדָוִד׃ אַשְׁרֵי מַשְׂכִּיל אֶל־דָּל בְּיוֹם רָעָה יְמַלְּטֵהוּ
ג יהוה׃ יהוה ׀ יִשְׁמְרֵהוּ וִיחַיֵּהוּ יאשר בָּאָרֶץ וְאַל־תִּתְּנֵהוּ בְּנֶפֶשׁ וְאֻשַּׁר
ד אֹיְבָיו׃ יהוה יִסְעָדֶנּוּ עַל־עֶרֶשׂ דְּוָי כָּל־מִשְׁכָּבוֹ הָפַכְתָּ בְחָלְיוֹ׃
ה ו אֲנִי־אָמַרְתִּי יהוה חָנֵּנִי רְפָאָה נַפְשִׁי כִּי־חָטָאתִי לָךְ׃ אוֹיְבַי
ז יֹאמְרוּ רַע לִי מָתַי יָמוּת וְאָבַד שְׁמוֹ׃ וְאִם־בָּא לִרְאוֹת ׀ שָׁוְא
ח יְדַבֵּר לִבּוֹ יִקְבָּץ־אָוֶן לוֹ יֵצֵא לַחוּץ יְדַבֵּר׃ יַחַד עָלַי יִתְלַחֲשׁוּ
ט כָּל־שֹׂנְאָי עָלַי ׀ יַחְשְׁבוּ רָעָה לִי׃ דְּבַר־בְּלִיַּעַל יָצוּק בּוֹ וַאֲשֶׁר
י שָׁכַב לֹא־יוֹסִיף לָקוּם׃ גַּם־אִישׁ שְׁלוֹמִי ׀ אֲשֶׁר־בָּטַחְתִּי בוֹ אוֹכֵל
יא לַחְמִי הִגְדִּיל עָלַי עָקֵב׃ וְאַתָּה יהוה חָנֵּנִי וַהֲקִימֵנִי וַאֲשַׁלְּמָה
יב יג לָהֶם׃ בְּזֹאת יָדַעְתִּי כִּי־חָפַצְתָּ בִּי כִּי לֹא־יָרִיעַ אֹיְבִי עָלָי׃ וַאֲנִי
יד בְּתֻמִּי תָּמַכְתָּ בִּי וַתַּצִּיבֵנִי לְפָנֶיךָ לְעוֹלָם׃ בָּרוּךְ יהוה ׀ אֱלֹהֵי ו
יִשְׂרָאֵל מֵהָעוֹלָם וְעַד־הָעוֹלָם אָמֵן ׀ וְאָמֵן׃

ספר שני

מב א ב לַמְנַצֵּחַ מַשְׂכִּיל לִבְנֵי־קֹרַח׃ כְּאַיָּל תַּעֲרֹג עַל־אֲפִיקֵי־מָיִם כֵּן
ג נַפְשִׁי תַעֲרֹג אֵלֶיךָ אֱלֹהִים׃ צָמְאָה נַפְשִׁי ׀ לֵאלֹהִים לְאֵל חָי

nor to such as turn aside to lies. Many, O Lord my God, are 6
thy wonderful works which thou hast done, and thy thoughts
which are towards us: none can compare with thee: if I would
declare and speak of them, they are more than can be num-
bered. Thou dost not desire sacrifice or meal offering; thou hast 7
dug open my ears; burnt offering and sin offering hast thou
not required. Then said I, Lo, I come with the scroll of the book 8
which is written for me; I delight to do thy will, O my God: 9
and thy Tora is within my heart. I have preached righteousness 10
in the great congregation: lo, I did not refrain my lips, O Lord,
thou knowst. I have not hid thy righteousness within my heart; 11
I have declared thy faithfulness and thy salvation: I have not
concealed thy love and thy truth from the great congregation.
Withhold not thou thy tender mercies from me, O Lord: let 12
thy steadfast love and thy truth continually preserve me. For 13
innumerable evils have compassed me about: my iniquities
have taken hold upon me, so that I am not able to look up; they
are more than the hairs of my head: therefore my heart fails
me. Be pleased, O Lord, to deliver me: O Lord, make haste 14
to help me. Let them be ashamed and confounded together 15
who seek after my soul to destroy it; let them be turned
backward and put to shame who wish me evil. Let them be 16
appalled because of their shame who say concerning me, Aha,
aha. Let all those who seek thee rejoice and be glad in thee: 17
let such as love thy salvation say continually, The Lord be
magnified. But I am poor and needy; yet the Lord takes 18
thought for me: thou art my help and my deliverer; delay not,
O my God!

41

To the chief Musician, A Psalm of David. Blessed is he who 1, 2
considers the poor: the Lord will deliver him in the day of
evil. The Lord preserves him, and keeps him alive; he is called 3
happy upon the earth: and thou wilt not deliver him to the will
of his enemies. The Lord strengthens him upon the bed of 4
sickness: whenever he is prostrate thou recoverest him in his
illness. I said, Lord, be gracious to me: heal my soul; for I 5
have sinned against thee. My enemies speak evil of me, When 6
shall he die, and his name perish? And if one comes to see me, 7
he speaks vanity: his heart gathers iniquity to itself; when he
goes abroad, he tells it. All that hate me whisper together 8
against me: against me they devise my hurt. An evil disease, 9
say they, cleaves fast to him: and from where he lies he shall
rise up no more. Even my own familiar friend, in whom I 10
trusted, who did eat of my bread, has lifted up his heel against
me. But thou, O Lord, be gracious to me, and raise me up, that 11
I may pay them back. By this I know that thou favourest me, 12
because my enemy does not triumph over me. And as for me, 13
thou upholdest me in my integrity, and settest me before thy
face for ever. Blessed be the Lord, the God of Yisra'el from 14
everlasting, and to everlasting. Amen, and Amen.

42

To the chief Musician, A Maskil, for the sons of Qoraḥ. As the 1,2
hart pants after the water brooks, so my soul pants after thee,
O God. My soul thirsts for God, for the living God: when shall 3

ד מָתַי אָבוֹא וְאֵרָאֶה פְּנֵי אֱלֹהִים׃ הָיְתָה־לִּי דִמְעָתִי לֶחֶם יוֹמָם
ה וָלָיְלָה בֶּאֱמֹר אֵלַי כָּל־הַיּוֹם אַיֵּה אֱלֹהֶיךָ׃ אֵלֶּה אֶזְכְּרָה ׀
וְאֶשְׁפְּכָה עָלַי ׀ נַפְשִׁי כִּי אֶעֱבֹר ׀ בַּסָּךְ אֶדַּדֵּם עַד־בֵּית אֱלֹהִים
ו בְּקוֹל־רִנָּה וְתוֹדָה הָמוֹן חוֹגֵג׃ מַה־תִּשְׁתּוֹחֲחִי ׀ נַפְשִׁי וַתֶּהֱמִי
ז עָלָי הוֹחִלִי לֵאלֹהִים כִּי־עוֹד אוֹדֶנּוּ יְשׁוּעוֹת פָּנָיו׃ אֱלֹהַי עָלַי
נַפְשִׁי תִשְׁתּוֹחָח עַל־כֵּן אֶזְכָּרְךָ מֵאֶרֶץ יַרְדֵּן וְחֶרְמוֹנִים מֵהַר
ח מִצְעָר׃ תְּהוֹם־אֶל־תְּהוֹם קוֹרֵא לְקוֹל צִנּוֹרֶיךָ כָּל־מִשְׁבָּרֶיךָ
ט וְגַלֶּיךָ עָלַי עָבָרוּ׃ יוֹמָם ׀ יְצַוֶּה יהוה ׀ חַסְדּוֹ וּבַלַּיְלָה שִׁירֹה עִמִּי
י תְּפִלָּה לְאֵל חַיָּי׃ אוֹמְרָה ׀ לְאֵל סַלְעִי לָמָה שְׁכַחְתָּנִי לָמָּה־קֹדֵר
יא אֵלֵךְ בְּלַחַץ אוֹיֵב׃ בְּרֶצַח ׀ בְּעַצְמוֹתַי חֵרְפוּנִי צוֹרְרָי בְּאָמְרָם אֵלַי
יב כָּל־הַיּוֹם אַיֵּה אֱלֹהֶיךָ׃ מַה־תִּשְׁתּוֹחֲחִי ׀ נַפְשִׁי וּמַה־תֶּהֱמִי עָלָי
הוֹחִילִי לֵאלֹהִים כִּי־עוֹד אוֹדֶנּוּ יְשׁוּעֹת פָּנַי וֵאלֹהָי׃

מג א שָׁפְטֵנִי אֱלֹהִים ׀ וְרִיבָה רִיבִי מִגּוֹי לֹא־חָסִיד מֵאִישׁ־מִרְמָה
ב וְעַוְלָה תְפַלְּטֵנִי׃ כִּי־אַתָּה ׀ אֱלֹהֵי מָעוּזִּי לָמָה זְנַחְתָּנִי לָמָּה־קֹדֵר
ג אֶתְהַלֵּךְ בְּלַחַץ אוֹיֵב׃ שְׁלַח־אוֹרְךָ וַאֲמִתְּךָ הֵמָּה יַנְחוּנִי יְבִיאוּנִי
ד אֶל־הַר־קָדְשְׁךָ וְאֶל־מִשְׁכְּנוֹתֶיךָ׃ וְאָבוֹאָה ׀ אֶל־מִזְבַּח אֱלֹהִים
ה אֶל־אֵל שִׂמְחַת גִּילִי וְאוֹדְךָ בְכִנּוֹר אֱלֹהִים אֱלֹהָי׃ מַה־
תִּשְׁתּוֹחֲחִי ׀ נַפְשִׁי וּמַה־תֶּהֱמִי עָלָי הוֹחִילִי לֵאלֹהִים כִּי־עוֹד
אוֹדֶנּוּ יְשׁוּעֹת פָּנַי וֵאלֹהָי׃

מד א ב לַמְנַצֵּחַ לִבְנֵי־קֹרַח מַשְׂכִּיל׃ אֱלֹהִים ׀ בְּאָזְנֵינוּ שָׁמַעְנוּ אֲבוֹתֵינוּ
ג סִפְּרוּ־לָנוּ פֹּעַל־פָּעַלְתָּ בִימֵיהֶם בִּימֵי קֶדֶם׃ אַתָּה ׀ יָדְךָ גּוֹיִם
ד הוֹרַשְׁתָּ וַתִּטָּעֵם תָּרַע לְאֻמִּים וַתְּשַׁלְּחֵם׃ כִּי לֹא בְחַרְבָּם יָרְשׁוּ
אֶרֶץ וּזְרוֹעָם לֹא־הוֹשִׁיעָה לָּמוֹ כִּי־יְמִינְךָ וּזְרוֹעֲךָ וְאוֹר פָּנֶיךָ כִּי
ה ו רְצִיתָם׃ אַתָּה־הוּא מַלְכִּי אֱלֹהִים צַוֵּה יְשׁוּעוֹת יַעֲקֹב׃ בְּךָ
ז צָרֵינוּ נְנַגֵּחַ בְּשִׁמְךָ נָבוּס קָמֵינוּ׃ כִּי לֹא בְקַשְׁתִּי אֶבְטָח וְחַרְבִּי
ח לֹא תוֹשִׁיעֵנִי׃ כִּי הוֹשַׁעְתָּנוּ מִצָּרֵינוּ וּמְשַׂנְאֵינוּ הֱבִישׁוֹתָ׃
ט י בֵּאלֹהִים הִלַּלְנוּ כָל־הַיּוֹם וְשִׁמְךָ ׀ לְעוֹלָם נוֹדֶה סֶלָה׃ אַף־זָנַחְתָּ
יא וַתַּכְלִימֵנוּ וְלֹא־תֵצֵא בְּצִבְאוֹתֵינוּ׃ תְּשִׁיבֵנוּ אָחוֹר מִנִּי־צָר
יב וּמְשַׂנְאֵינוּ שָׁסוּ לָמוֹ׃ תִּתְּנֵנוּ כְּצֹאן מַאֲכָל וּבַגּוֹיִם זֵרִיתָנוּ׃
יג יד תִּמְכֹּר־עַמְּךָ בְלֹא־הוֹן וְלֹא־רִבִּיתָ בִּמְחִירֵיהֶם׃ תְּשִׂימֵנוּ חֶרְפָּה

4 I come and appear before God? My tears have been my bread
day and night, while they say to me all the day, Where is thy
5 God? When I remember these things, I pour out my soul in me:
how I was wont to pass on with the throng, leading them in
procession to the house of God, with the voice of joy and
6 praise, a crowd keeping holiday. Why art thou cast down, O
my soul? and why dost thou moan within me? hope thou in
God: for I shall yet praise him for the help of his countenance.
7 O my God, my soul is cast down within me: because I re-
member thee from the land of Yarden and the hills of Ḫermon,
8 from the mount Miẕ'ar. Deep calls to deep at the noise of thy
cataracts: all thy waves and thy billows are gone over me.
9 Yet the Lord will command his steadfast love in the daytime,
and in the night his song shall be with me, a prayer to the
10 God of my life. I will say to God my rock, Why hast thou
forgotten me? why go I mourning under the oppression of the
11 enemy? Like a deadly wound in my bones, my enemies taunt
12 me; while they say daily to me, Where is thy God? Why art
thou cast down, O my soul? and why moanest thou within me?
hope thou in God: for I shall yet praise him, who is the health
of my countenance, and my God.

43
Judge me, O God, and plead my cause against an ungodly
2 nation: O deliver me from the deceitful and unjust man. For
thou art the God of my strength: why dost thou cast me off?
3 why go I mourning under the oppression of the enemy? O send
out thy light and thy truth: let them lead me; let them bring
4 me to thy holy hill, and to thy dwelling places. Then will I go
to the altar of God, to God my exceeding joy: and I will praise
5 thee with the lyre, O God my God. Why art thou cast down,
O my soul? and why dost thou moan within me? hope in God:
for I shall yet praise him, who is the health of my countenance,
and my God.

44
1, 2 To the chief Musician for the sons of Qoraḥ, A Maskil. We have
heard with our ears, O God; our fathers have told us, what
3 work thou didst in their days, in the times of old: how thou
didst drive out nations with thy hand, and didst plant them;
4 how thou didst batter the peoples, and cast them out. For they
did not get the land in possession by their own sword, nor
did their own arm save them: but thy right hand, and thy arm,
and the light of thy countenance, because thou didst favourably
5 accept them. Thou art my King, O God: command deliverances
6 for Ya'aqov. Through thee will we push down our enemies:
through thy name will we tread those under who rise up
7 against us. For I trust not in my bow, nor shall my sword save
8 me. But thou hast saved us from our enemies, and hast put
9 to shame those who hated us. In God we have gloried all
10 the day long, and we praise thy name for ever. (Sela.) Yet,
thou hast cast off, and put us to shame; and thou goest not
11 forth with our armies. Thou makest us to turn back from the
enemy: and they who hate us take plunder for themselves.
12 Thou hast given us like sheep to be eaten: and hast scattered
13 us among the nations. Thou sellest thy people for no great gain,
14 and hast not put high their prices. Thou dost make us a taunt

לְשְׁכֵנֵינוּ לַעַג וָקֶלֶס לִסְבִיבוֹתֵינוּ: תְּשִׂימֵנוּ מָשָׁל בַּגּוֹיִם מְנוֹד־ טו
רֹאשׁ בַּלְאֻמִּים: כָּל־הַיּוֹם כְּלִמָּתִי נֶגְדִּי וּבֹשֶׁת פָּנַי כִּסָּתְנִי: טז
מִקּוֹל מְחָרֵף וּמְגַדֵּף מִפְּנֵי אוֹיֵב וּמִתְנַקֵּם: כָּל־זֹאת בָּאַתְנוּ וְלֹא יז יח
שְׁכַחֲנוּךָ וְלֹא־שִׁקַּרְנוּ בִּבְרִיתֶךָ: לֹא־נָסוֹג אָחוֹר לִבֵּנוּ וַתֵּט יט
אֲשֻׁרֵינוּ מִנִּי אָרְחֶךָ: כִּי דִכִּיתָנוּ בִּמְקוֹם תַּנִּים וַתְּכַס עָלֵינוּ כ
בְצַלְמָוֶת: אִם־שָׁכַחְנוּ שֵׁם אֱלֹהֵינוּ וַנִּפְרֹשׂ כַּפֵּינוּ לְאֵל זָר: הֲלֹא כא כב
אֱלֹהִים יַחֲקָר־זֹאת כִּי־הוּא יֹדֵעַ תַּעֲלֻמוֹת לֵב: כִּי־עָלֶיךָ הֹרַגְנוּ כג
כָל־הַיּוֹם נֶחְשַׁבְנוּ כְּצֹאן טִבְחָה: עוּרָה ׀ לָמָּה תִישַׁן ׀ אֲדֹנָי כד
הָקִיצָה אַל־תִּזְנַח לָנֶצַח: לָמָּה־פָנֶיךָ תַסְתִּיר תִּשְׁכַּח עָנְיֵנוּ כה
וְלַחֲצֵנוּ: כִּי שָׁחָה לֶעָפָר נַפְשֵׁנוּ דָּבְקָה לָאָרֶץ בִּטְנֵנוּ: קוּמָה כו כז
עֶזְרָתָה לָּנוּ וּפְדֵנוּ לְמַעַן חַסְדֶּךָ:

לַמְנַצֵּחַ עַל־שֹׁשַׁנִּים לִבְנֵי־קֹרַח מַשְׂכִּיל שִׁיר יְדִידֹת: רָחַשׁ לִבִּי ׀ א ב מה
דָּבָר טוֹב אֹמֵר אָנִי מַעֲשַׂי לְמֶלֶךְ לְשׁוֹנִי עֵט ׀ סוֹפֵר מָהִיר:
יָפְיָפִיתָ מִבְּנֵי אָדָם הוּצַק חֵן בְּשְׂפְתוֹתֶיךָ עַל־כֵּן בֵּרַכְךָ אֱלֹהִים ג
לְעוֹלָם: חֲגוֹר־חַרְבְּךָ עַל־יָרֵךְ גִּבּוֹר הוֹדְךָ וַהֲדָרֶךָ: וַהֲדָרְךָ ׀ צְלַח ד ה
רְכַב עַל־דְּבַר־אֱמֶת וְעַנְוָה־צֶדֶק וְתוֹרְךָ נוֹרָאוֹת יְמִינֶךָ: חִצֶּיךָ ו
שְׁנוּנִים עַמִּים תַּחְתֶּיךָ יִפְּלוּ בְּלֵב אוֹיְבֵי הַמֶּלֶךְ: כִּסְאֲךָ אֱלֹהִים ז
עוֹלָם וָעֶד שֵׁבֶט מִישֹׁר שֵׁבֶט מַלְכוּתֶךָ: אָהַבְתָּ צֶּדֶק וַתִּשְׂנָא ח
רֶשַׁע עַל־כֵּן ׀ מְשָׁחֲךָ אֱלֹהִים אֱלֹהֶיךָ שֶׁמֶן שָׂשׂוֹן מֵחֲבֵרֶךָ: מֹר־ ט
וַאֲהָלוֹת קְצִיעוֹת כָּל־בִּגְדֹתֶיךָ מִן־הֵיכְלֵי שֵׁן מִנִּי שִׂמְּחוּךָ: בְּנוֹת י
מְלָכִים בְּיִקְּרוֹתֶיךָ נִצְּבָה שֵׁגַל לִימִינְךָ בְּכֶתֶם אוֹפִיר: שִׁמְעִי־ יא
בַת וּרְאִי וְהַטִּי אָזְנֵךְ וְשִׁכְחִי עַמֵּךְ וּבֵית אָבִיךְ: וְיִתְאָו הַמֶּלֶךְ יב
יָפְיֵךְ כִּי־הוּא אֲדֹנַיִךְ וְהִשְׁתַּחֲוִי־לוֹ: וּבַת־צֹר ׀ בְּמִנְחָה פָּנַיִךְ יְחַלּוּ יג
עֲשִׁירֵי עָם: כָּל־כְּבוּדָּה בַת־מֶלֶךְ פְּנִימָה מִמִּשְׁבְּצוֹת זָהָב יד
לְבוּשָׁהּ: לִרְקָמוֹת תּוּבַל לַמֶּלֶךְ בְּתוּלוֹת אַחֲרֶיהָ רֵעוֹתֶיהָ טו
מוּבָאוֹת לָךְ: תּוּבַלְנָה בִּשְׂמָחֹת וָגִיל תְּבֹאֶינָה בְּהֵיכַל מֶלֶךְ: טז
תַּחַת אֲבֹתֶיךָ יִהְיוּ בָנֶיךָ תְּשִׁיתֵמוֹ לְשָׂרִים בְּכָל־הָאָרֶץ: אַזְכִּירָה יז יח
שִׁמְךָ בְּכָל־דֹּר וָדֹר עַל־כֵּן עַמִּים יְהוֹדֻךָ לְעֹלָם וָעֶד:

לַמְנַצֵּחַ לִבְנֵי־קֹרַח עַל־עֲלָמוֹת שִׁיר: אֱלֹהִים לָנוּ מַחֲסֶה וָעֹז א ב מו
עֶזְרָה בְצָרוֹת נִמְצָא מְאֹד: עַל־כֵּן לֹא־נִירָא בְּהָמִיר אָרֶץ ג

to our neighbours, a scorn and a derision to those round about
us. Thou makest us a byword among the nations, a shaking of 15
the head among the peoples. My confusion is before me all the 16
day, and the shame of my face has covered me, For the voice 17
of him that taunts and blasphemes; by reason of the enemy
and avenger. All this is come upon us; yet we have not for- 18
gotten thee, nor have we been false to thy covenant. Our heart 19
is not turned back, nor have our steps declined from thy way;
though thou hast sore broken us in the place of jackals, and 20
covered us with the shadow of death. If we had forgotten the 21
name of our God, or stretched out our hands to a strange god;
would not God search this out? for he knows the secrets of 22
the heart. But for thy sake are we killed all the day long; we 23
are reckoned as sheep for the slaughter. Awake, why sleepest 24
thou, O Lord? arise, cast us not off for ever. Why dost thou 25
hide thy face, and forget our affliction and our oppression? For 26
our soul is bowed down to the dust: our belly cleaves to the
earth. Arise for our help, and redeem us for the sake of thy 27
steadfast love.
To the chief Musician, to Shoshannim, A Maskil for the sons **45**
of Qoraḥ. A Song of loves. My heart overflows with a goodly 2
matter: I relate my verses for the king: my tongue is the pen
of a ready writer. Thou art fairer than the children of men: 3
grace is poured into thy lips: therefore God has blessed thee
for ever. Gird thy sword upon thy thigh, O mighty warrior: 4
thy glory and thy majesty. And in thy majesty ride prosper- 5
ously on in the cause of truth and for the sake of righteousness;
and let thy right hand teach thee terrible things. Thy arrows 6
are sharp: the people fall under thee: they sink into the heart
of the king's enemies. Thy throne, of God, is for ever and ever: 7
the sceptre of thy kingdom is a sceptre of equity. Thou lovest 8
righteousness, and hatest wickedness: therefore God, thy God,
has anointed thee with the oil of gladness above thy fellows.
All thy garments are fragrant with myrrh, and aloes, and 9
cassia: out of the ivory palaces stringed instruments have made
thee glad. Kings' daughters are among thy favourites: upon 10
thy right hand stands the queen in gold of Ofir. Hearken, O 11
daughter, and consider, and incline thy ear; forget also thy own
people, and thy father's house; so shall the king desire thy 12
beauty: for he is thy lord; and do homage to him. And O 13
daughter of Ẕor, the rich among the people, shall entreat thy
favour with a gift. The king's daughter is all glorious within: 14
her clothing is inwrought with gold. She shall be brought to 15
the king in embroidered garments: the virgins, her companions
that follow her, shall be brought to thee. With gladness and 16
rejoicing shall they be led: they shall enter the king's palace.
Instead of thy fathers shall be thy children, whom thou shalt 17
make princes in all the earth. I will make thy name to be re- 18
membered in all generations: therefore shall the people praise
thee for ever and ever.
To the chief Musician for the sons of Qoraḥ, A Song to 'Alamot. **46**
God is our refuge and strength, a very present help in trouble. 2
Therefore we will not fear, though the earth change, and 3

ד וּבְמוֹט הָרִים בְּלֵב יַמִּים: יֶהֱמוּ יֶחְמְרוּ מֵימָיו יִרְעֲשׁוּ־הָרִים
ה בְּגַאֲוָתוֹ סֶלָה: נָהָר פְּלָגָיו יְשַׂמְּחוּ עִיר־אֱלֹהִים קְדֹשׁ מִשְׁכְּנֵי
ו עֶלְיוֹן: אֱלֹהִים בְּקִרְבָּהּ בַּל־תִּמּוֹט יַעְזְרֶהָ אֱלֹהִים לִפְנוֹת בֹּקֶר:
ז ח הָמוּ גוֹיִם מָטוּ מַמְלָכוֹת נָתַן בְּקוֹלוֹ תָּמוּג אָרֶץ: יְהוָה צְבָאוֹת
ט עִמָּנוּ מִשְׂגָּב לָנוּ אֱלֹהֵי יַעֲקֹב סֶלָה: לְכוּ־חֲזוּ מִפְעֲלוֹת יְהוָה
י אֲשֶׁר־שָׂם שַׁמּוֹת בָּאָרֶץ: מַשְׁבִּית מִלְחָמוֹת עַד־קְצֵה הָאָרֶץ
יא קֶשֶׁת יְשַׁבֵּר וְקִצֵּץ חֲנִית עֲגָלוֹת יִשְׂרֹף בָּאֵשׁ: הַרְפּוּ וּדְעוּ כִּי־
יב אָנֹכִי אֱלֹהִים אָרוּם בַּגּוֹיִם אָרוּם בָּאָרֶץ: יְהוָה צְבָאוֹת עִמָּנוּ
מִשְׂגָּב לָנוּ אֱלֹהֵי יַעֲקֹב סֶלָה:

מז א ב לַמְנַצֵּחַ לִבְנֵי־קֹרַח מִזְמוֹר: כָּל־הָעַמִּים תִּקְעוּ־כָף הָרִיעוּ
ג לֵאלֹהִים בְּקוֹל רִנָּה: כִּי־יְהוָה עֶלְיוֹן נוֹרָא מֶלֶךְ גָּדוֹל עַל־
ד ה כָּל־הָאָרֶץ: יַדְבֵּר עַמִּים תַּחְתֵּינוּ וּלְאֻמִּים תַּחַת רַגְלֵינוּ: יִבְחַר־
ו לָנוּ אֶת־נַחֲלָתֵנוּ אֶת גְּאוֹן יַעֲקֹב אֲשֶׁר־אָהֵב סֶלָה: עָלָה אֱלֹהִים
ז בִּתְרוּעָה יְהוָה בְּקוֹל שׁוֹפָר: זַמְּרוּ אֱלֹהִים זַמֵּרוּ זַמְּרוּ לְמַלְכֵּנוּ
ח ט זַמֵּרוּ: כִּי מֶלֶךְ כָּל־הָאָרֶץ אֱלֹהִים זַמְּרוּ מַשְׂכִּיל: מָלַךְ
י אֱלֹהִים עַל־גּוֹיִם אֱלֹהִים יָשַׁב ׀ עַל־כִּסֵּא קָדְשׁוֹ: נְדִיבֵי
עַמִּים ׀ נֶאֱסָפוּ עַם אֱלֹהֵי אַבְרָהָם כִּי לֵאלֹהִים מָגִנֵּי־אֶרֶץ
מְאֹד נַעֲלָה:

מח א ב שִׁיר מִזְמוֹר לִבְנֵי־קֹרַח: גָּדוֹל יְהוָה וּמְהֻלָּל מְאֹד בְּעִיר אֱלֹהֵינוּ
ג הַר־קָדְשׁוֹ: יְפֵה נוֹף מְשׂוֹשׂ כָּל־הָאָרֶץ הַר־צִיּוֹן יַרְכְּתֵי צָפוֹן
ד ה קִרְיַת מֶלֶךְ רָב: אֱלֹהִים בְּאַרְמְנוֹתֶיהָ נוֹדַע לְמִשְׂגָּב: כִּי־הִנֵּה
ו הַמְּלָכִים נוֹעֲדוּ עָבְרוּ יַחְדָּו: הֵמָּה רָאוּ כֵּן תָּמָהוּ נִבְהֲלוּ נֶחְפָּזוּ:
ז ח רְעָדָה אֲחָזָתַם שָׁם חִיל כַּיּוֹלֵדָה: בְּרוּחַ קָדִים תְּשַׁבֵּר אֳנִיּוֹת
ט תַּרְשִׁישׁ: כַּאֲשֶׁר שָׁמַעְנוּ ׀ כֵּן רָאִינוּ בְּעִיר־יְהוָה צְבָאוֹת בְּעִיר
י אֱלֹהֵינוּ אֱלֹהִים יְכוֹנְנֶהָ עַד־עוֹלָם סֶלָה: דִּמִּינוּ אֱלֹהִים חַסְדֶּךָ
יא בְּקֶרֶב הֵיכָלֶךָ: כְּשִׁמְךָ ׀ אֱלֹהִים כֵּן תְּהִלָּתְךָ עַל־קַצְוֵי־אֶרֶץ צֶדֶק
יב מָלְאָה יְמִינֶךָ: יִשְׂמַח ׀ הַר־צִיּוֹן תָּגֵלְנָה בְּנוֹת יְהוּדָה לְמַעַן
יג יד מִשְׁפָּטֶיךָ: סֹבּוּ צִיּוֹן וְהַקִּיפוּהָ סִפְרוּ מִגְדָּלֶיהָ: שִׁיתוּ לִבְּכֶם ׀
טו לְחֵילָה פַּסְּגוּ אַרְמְנוֹתֶיהָ לְמַעַן תְּסַפְּרוּ לְדוֹר אַחֲרוֹן: כִּי זֶה ׀
אֱלֹהִים אֱלֹהֵינוּ עוֹלָם וָעֶד הוּא יְנַהֲגֵנוּ עַל־מוּת:

מט א ב לַמְנַצֵּחַ לִבְנֵי־קֹרַח מִזְמוֹר: שִׁמְעוּ־זֹאת כָּל־הָעַמִּים הַאֲזִינוּ כָּל־
ג ד יֹשְׁבֵי חָלֶד: גַּם־בְּנֵי אָדָם גַּם־בְּנֵי־אִישׁ יַחַד עָשִׁיר וְאֶבְיוֹן: פִּי
ה יְדַבֵּר חָכְמוֹת וְהָגוּת לִבִּי תְבוּנוֹת: אַטֶּה לְמָשָׁל אָזְנִי אֶפְתַּח

though the mountains are moved in the midst of the sea;
though its waters roar and are troubled, though the mountains 4
shake with the swelling thereof. (Sela.) There is a river, whose 5
streams make glad the city of God, the holiest dwelling place
of the most High. God is in the midst of her; she shall not be 6
moved: God shall help her at the dawn of day. Nations raged, 7
kingdoms were moved: he uttered his voice, the earth melted.
The Lord of hosts is with us; the God of Ya'aqov is our fort- 8
ress. (Sela.) Come, behold the works of the Lord, who has 9
made desolations in the earth. He makes wars to cease to the 10
end of the earth; he breaks the bow, and cuts the spear in
sunder; he burns the chariots in the fire. Be still, and know that 11
I am God: I will be exalted among the nations, I will be exalted
in the earth. The Lord of hosts is with us; the God of Ya'aqov 12
is our fortress. (Sela.) **47**
To the chief Musician, A Psalm for the sons of Qoraḥ. O clap 1,2
your hands, all you peoples; shout to God with the voice of
triumph. For the Lord most high is terrible; he is a great King 3
over all the earth. He subdues peoples under us, and nations 4
under our feet. He chooses our inheritance for us, the pride 5
of Ya'aqov whom he loves. (Sela.) God is gone up with a 6
shout, the Lord with the sound of a shofar. Sing praises to 7
God, sing praises: sing praises to our King, sing praises. For 8
God is the King of all the earth: sing a Maskil psalm. God 9
reigns over the nations: God sits upon the throne of his holi-
ness. The nobles of the peoples are gathered together, the 10
people of the God of Avraham: for the shields of the earth
belong to God: he is greatly exalted. **48**
A song, A Psalm for the sons of Qoraḥ. Great is the Lord, and 1,2
highly to be praised in the city of our God, in the mountain
of his holiness. Beautiful for situation, the joy of the whole 3
earth: mount Ẕiyyon, the sides of the north, the city of the
great King. God is known in her palaces for a fortress. For, lo, 4
the kings were assembled, they came on together. As soon as 5
they saw, they were astounded; they were affrighted; they 6
rushed away. Fear took hold of them there, and pain, like a 7
woman in travail. Thou breakest the ships of Tarshish with an 8
east wind. As we have heard, so have we seen in the city of the 9
Lord of hosts, in the city of our God: may God establish it
for ever. (Sela.) We have thought of thy steadfast love, O God, 10
in the midst of thy temple. According to thy name, O God, so is 11
thy praise to the ends of the earth: thy right hand is full of
righteousness. Let mount Ẕiyyon rejoice, let the daughters of 12
Yehuda be glad, because of thy judgments. Walk about Ẕiyyon, 13
and go round about her: count her towers. Mark well her bul- 14
warks, consider her palaces; that you may tell it to the gene-
ration following. For such is God, our God, for ever and ever: 15
he will be our guide to the death. **49**
To the chief Musician, A Psalm for the sons of Qoraḥ. Hear 1,2
this, all the peoples; give ear, all the inhabitants of the world:
both low and high, rich and poor, together. My mouth shall 3,4
speak wisdom; and the meditation of my heart shall be under-
standing. I will incline my ear to a parable: I will open my 5

ו ז בְּכִנּוֹר חִידָתִי׃ לָמָּה אִירָא בִּימֵי רָע עֲוֹן עֲקֵבַי יְסוּבֵּנִי׃ הַבֹּטְחִים
ח עַל־חֵילָם וּבְרֹב עָשְׁרָם יִתְהַלָּלוּ׃ אָח לֹא־פָדֹה יִפְדֶּה אִישׁ לֹא־
ט י יִתֵּן לֵאלֹהִים כָּפְרוֹ׃ וְיֵקַר פִּדְיוֹן נַפְשָׁם וְחָדַל לְעוֹלָם׃ וִיחִי־עוֹד
יא לָנֶצַח לֹא יִרְאֶה הַשָּׁחַת׃ כִּי יִרְאֶה ׀ חֲכָמִים יָמוּתוּ יַחַד כְּסִיל
יב וָבַעַר יֹאבֵדוּ וְעָזְבוּ לַאֲחֵרִים חֵילָם׃ קִרְבָּם בָּתֵּימוֹ ׀ לְעוֹלָם
יג מִשְׁכְּנֹתָם לְדֹר וָדֹר קָרְאוּ בִשְׁמוֹתָם עֲלֵי אֲדָמוֹת׃ וְאָדָם בִּיקָר
יד בַּל־יָלִין נִמְשַׁל כַּבְּהֵמוֹת נִדְמוּ׃ זֶה דַרְכָּם כֵּסֶל לָמוֹ וְאַחֲרֵיהֶם ׀
טו בְּפִיהֶם יִרְצוּ סֶלָה׃ כַּצֹּאן ׀ לִשְׁאוֹל שַׁתּוּ מָוֶת יִרְעֵם וַיִּרְדּוּ בָם
טז יְשָׁרִים ׀ לַבֹּקֶר וְצִירָם לְבַלּוֹת שְׁאוֹל מִזְּבֻל לוֹ׃ אַךְ־אֱלֹהִים וְצוּרָם
יז יִפְדֶּה נַפְשִׁי מִיַּד שְׁאוֹל כִּי יִקָּחֵנִי סֶלָה׃ אַל־תִּירָא כִּי־יַעֲשִׁר
יח אִישׁ כִּי־יִרְבֶּה כְּבוֹד בֵּיתוֹ׃ כִּי לֹא בְמוֹתוֹ יִקַּח הַכֹּל לֹא־יֵרֵד
יט כ אַחֲרָיו כְּבוֹדוֹ׃ כִּי־נַפְשׁוֹ בְּחַיָּיו יְבָרֵךְ וְיוֹדֻךָ כִּי־תֵיטִיב לָךְ׃ תָּבוֹא ז
כא עַד־דּוֹר אֲבוֹתָיו עַד־נֵצַח לֹא יִרְאוּ־אוֹר׃ אָדָם בִּיקָר וְלֹא יָבִין
נִמְשַׁל כַּבְּהֵמוֹת נִדְמוּ׃

נ א מִזְמוֹר לְאָסָף אֵל ׀ אֱלֹהִים יְהוָה דִּבֶּר וַיִּקְרָא־אָרֶץ מִמִּזְרַח־
ב ג שֶׁמֶשׁ עַד־מְבֹאוֹ׃ מִצִּיּוֹן מִכְלַל־יֹפִי אֱלֹהִים הוֹפִיעַ׃ יָבֹא אֱלֹהֵינוּ
ד וְאַל־יֶחֱרַשׁ אֵשׁ־לְפָנָיו תֹּאכֵל וּסְבִיבָיו נִשְׂעֲרָה מְאֹד׃ יִקְרָא אֶל־
ה הַשָּׁמַיִם מֵעָל וְאֶל־הָאָרֶץ לָדִין עַמּוֹ׃ אִסְפוּ־לִי חֲסִידָי כֹּרְתֵי
ו בְרִיתִי עֲלֵי־זָבַח׃ וַיַּגִּידוּ שָׁמַיִם צִדְקוֹ כִּי־אֱלֹהִים ׀ שֹׁפֵט הוּא
ז סֶלָה׃ שִׁמְעָה עַמִּי ׀ וַאֲדַבֵּרָה יִשְׂרָאֵל וְאָעִידָה בָּךְ אֱלֹהִים
ח אֱלֹהֶיךָ אָנֹכִי׃ לֹא עַל־זְבָחֶיךָ אוֹכִיחֶךָ וְעוֹלֹתֶיךָ לְנֶגְדִּי תָמִיד׃
ט י לֹא־אֶקַּח מִבֵּיתְךָ פָר מִמִּכְלְאֹתֶיךָ עַתּוּדִים׃ כִּי־לִי כָל־חַיְתוֹ־
יא יָעַר בְּהֵמוֹת בְּהַרְרֵי־אָלֶף׃ יָדַעְתִּי כָּל־עוֹף הָרִים וְזִיז שָׂדַי
יב יג עִמָּדִי׃ אִם־אֶרְעַב לֹא־אֹמַר לָךְ כִּי־לִי תֵבֵל וּמְלֹאָהּ׃ הַאוֹכַל
יד בְּשַׂר אַבִּירִים וְדַם עַתּוּדִים אֶשְׁתֶּה׃ זְבַח לֵאלֹהִים תּוֹדָה וְשַׁלֵּם
טו טז לְעֶלְיוֹן נְדָרֶיךָ׃ וּקְרָאֵנִי בְּיוֹם צָרָה אֲחַלֶּצְךָ וּתְכַבְּדֵנִי׃ וְלָרָשָׁע ׀
יז אָמַר אֱלֹהִים מַה־לְּךָ לְסַפֵּר חֻקָּי וַתִּשָּׂא בְרִיתִי עֲלֵי־פִיךָ׃ וְאַתָּה
יח שָׂנֵאתָ מוּסָר וַתַּשְׁלֵךְ דְּבָרַי אַחֲרֶיךָ׃ אִם־רָאִיתָ גַנָּב וַתִּרֶץ עִמּוֹ
יט וְעִם מְנָאֲפִים חֶלְקֶךָ׃ פִּיךָ שָׁלַחְתָּ בְרָעָה וּלְשׁוֹנְךָ תַּצְמִיד
כ כא מִרְמָה׃ תֵּשֵׁב בְּאָחִיךָ תְדַבֵּר בְּבֶן־אִמְּךָ תִּתֶּן־דֹּפִי׃ אֵלֶּה עָשִׂיתָ

riddle to the lyre. Why should I fear in the days of evil, when 6
the iniquity of my persecutors compasses me about? They that 7
trust in their wealth, and boast themselves in the multitude of
their riches; none of them can by any means redeem his 8
brother, nor give to God a ransom for him: for the redemption 9
of their soul is too dear, and he leaves it for ever: that he 10
might still live for ever, and not see the pit. When he sees that 11
wise men die, that the fool and the brutish person perish to-
gether, and leave their wealth to others: their inward thought 12
is, that their houses shall continue for ever, and their dwelling
places to all generations; they call their lands after their own
names. Nevertheless man abides not in honour: he is like the 13
beasts that perish. This is their way in their folly: and their 14
posterity who approve their sayings. (Sela.) Like sheep they 15
are appointed to She'ol; death shall be their shepherd; and the
upright shall have dominion over them in the morning; and
their form shall waste away in She'ol, leaving behind their
dwelling. But God will redeem my soul from the power of 16
She'ol: for he shall receive me. (Sela.) Be not thou afraid when 17
one is made rich, when the glory of his house is increased; for 18
when he dies he shall carry nothing away: his glory shall not
descend after him. Though while he lives he blesses his soul: 19
and though men praise thee, when thou doest well to thyself:
it shall go to the generation of his fathers; they shall never 20
see light. Man that is in honour, and understands not, is like 21
the beasts that perish.

A psalm of Asaf. The mighty one, God, the Lord, has spoken, **50**
and called the earth from the rising of the sun to the going
down thereof. Out of Ẕiyyon, the perfection of beauty, God 2
has shone forth. Our God comes, and does not keep silence: 3
a fire devours before him, and it is very tempestuous round
about him. He calls to the heavens above, and to the earth, that 4
he may judge his people. Gather my pious ones together to me; 5
those that have made a covenant with me by sacrifice. And the 6
heavens declare his righteousness: for God is judge himself.
(Sela.) Hear, O my people, and I will speak; O Yisra'el, and I 7
will testify against thee: I am God, thy God. I will not reprove 8
thee for thy sacrifices; and thy burnt offerings are continually be-
fore me. I will take no bullock out of thy house, nor he goats out 9
of thy folds. For every beast of the forest is mine, and the cattle 10
upon a thousand hills. I know all the birds of the mountains: 11
and the wild beasts of the field are mine. If I were hungry, I 12
would not tell thee: for the world is mine, and the fulness
thereof. Do I eat the flesh of bulls, or drink the blood of goats? 13
Offer to God a thanksgiving; and pay thy vows to the most 14
High: and call upon me in the day of trouble: I will deliver 15
thee, and thou shalt glorify me. But to the wicked man God 16
says, What hast thou to do to declare my statutes, or that thou
shouldst take my covenant in thy mouth? Seeing thou hatest 17
instruction, and dost cast my words behind thee. When thou 18
didst see a thief, then thou didst consort with him, and hast
been partaker with adulterers. Thou givest thy mouth free rein 19
for evil, and thy tongue frames deceit. Thou sittest and speak- 20

וְהֶחֱרַשְׁתִּי דִּמִּיתָ הֱיוֹת־אֶהְיֶה כָמוֹךָ אוֹכִיחֲךָ וְאֶעֶרְכָה לְעֵינֶיךָ׃
כב כג בִּינוּ־נָא זֹאת שֹׁכְחֵי אֱלוֹהַּ פֶּן־אֶטְרֹף וְאֵין מַצִּיל׃ זֹבֵחַ תּוֹדָה
יְכַבְּדָנְנִי וְשָׂם דֶּרֶךְ אַרְאֶנּוּ בְּיֵשַׁע אֱלֹהִים׃
נא א ב לַמְנַצֵּחַ מִזְמוֹר לְדָוִד׃ בְּבוֹא־אֵלָיו נָתָן הַנָּבִיא כַּאֲשֶׁר־בָּא אֶל־
ג בַּת־שָׁבַע׃ חָנֵּנִי אֱלֹהִים כְּחַסְדֶּךָ כְּרֹב רַחֲמֶיךָ מְחֵה פְשָׁעָי׃
ד ה הרבה כַּבְּסֵנִי מֵעֲוֺנִי וּמֵחַטָּאתִי טַהֲרֵנִי׃ כִּי־פְשָׁעַי אֲנִי אֵדָע הֶרֶב
ו וְחַטָּאתִי נֶגְדִּי תָמִיד׃ לְךָ לְבַדְּךָ ׀ חָטָאתִי וְהָרַע בְּעֵינֶיךָ עָשִׂיתִי
ז לְמַעַן תִּצְדַּק בְּדָבְרֶךָ תִּזְכֶּה בְשָׁפְטֶךָ׃ הֵן־בְּעָווֹן חוֹלָלְתִּי
ח וּבְחֵטְא יֶחֱמַתְנִי אִמִּי׃ הֵן־אֱמֶת חָפַצְתָּ בַטֻּחוֹת וּבְסָתֻם חָכְמָה
ט תוֹדִיעֵנִי׃ תְּחַטְּאֵנִי בְאֵזוֹב וְאֶטְהָר תְּכַבְּסֵנִי וּמִשֶּׁלֶג אַלְבִּין׃
י יא תַּשְׁמִיעֵנִי שָׂשׂוֹן וְשִׂמְחָה תָּגֵלְנָה עֲצָמוֹת דִּכִּיתָ׃ הַסְתֵּר פָּנֶיךָ
יב מֵחֲטָאָי וְכָל־עֲוֺנֹתַי מְחֵה׃ לֵב טָהוֹר בְּרָא־לִי אֱלֹהִים וְרוּחַ נָכוֹן
יג חַדֵּשׁ בְּקִרְבִּי׃ אַל־תַּשְׁלִיכֵנִי מִלְּפָנֶיךָ וְרוּחַ קָדְשְׁךָ אַל־תִּקַּח
יד טו מִמֶּנִּי׃ הָשִׁיבָה לִּי שְׂשׂוֹן יִשְׁעֶךָ וְרוּחַ נְדִיבָה תִסְמְכֵנִי׃ אֲלַמְּדָה
טז פֹשְׁעִים דְּרָכֶיךָ וְחַטָּאִים אֵלֶיךָ יָשׁוּבוּ׃ הַצִּילֵנִי מִדָּמִים ׀ אֱלֹהִים
יז אֱלֹהֵי תְּשׁוּעָתִי תְּרַנֵּן לְשׁוֹנִי צִדְקָתֶךָ׃ אֲדֹנָי שְׂפָתַי תִּפְתָּח וּפִי
יח יַגִּיד תְּהִלָּתֶךָ׃ כִּי ׀ לֹא־תַחְפֹּץ זֶבַח וְאֶתֵּנָה עוֹלָה לֹא תִרְצֶה׃
יט זִבְחֵי אֱלֹהִים רוּחַ נִשְׁבָּרָה לֵב־נִשְׁבָּר וְנִדְכֶּה אֱלֹהִים לֹא תִבְזֶה׃
כ כא הֵיטִיבָה בִרְצוֹנְךָ אֶת־צִיּוֹן תִּבְנֶה חוֹמוֹת יְרוּשָׁלָםִ׃ אָז תַּחְפֹּץ
זִבְחֵי־צֶדֶק עוֹלָה וְכָלִיל אָז יַעֲלוּ עַל־מִזְבַּחֲךָ פָרִים׃
נב א ב לַמְנַצֵּחַ מַשְׂכִּיל לְדָוִד׃ בְּבוֹא ׀ דּוֹאֵג הָאֲדֹמִי וַיַּגֵּד לְשָׁאוּל וַיֹּאמֶר
ג לוֹ בָּא דָוִד אֶל־בֵּית אֲחִימֶלֶךְ׃ מַה־תִּתְהַלֵּל בְּרָעָה הַגִּבּוֹר חֶסֶד
ד אֵל כָּל־הַיּוֹם׃ הַוּוֹת תַּחְשֹׁב לְשׁוֹנֶךָ כְּתַעַר מְלֻטָּשׁ עֹשֵׂה רְמִיָּה׃
ה ו אָהַבְתָּ רָּע מִטּוֹב שֶׁקֶר ׀ מִדַּבֵּר צֶדֶק סֶלָה׃ אָהַבְתָּ כָל־דִּבְרֵי־
ז בָלַע לְשׁוֹן מִרְמָה׃ גַּם־אֵל יִתָּצְךָ לָנֶצַח יַחְתְּךָ וְיִסָּחֲךָ מֵאֹהֶל
ח וְשֵׁרֶשְׁךָ מֵאֶרֶץ חַיִּים סֶלָה׃ וְיִרְאוּ צַדִּיקִים וְיִירָאוּ וְעָלָיו
ט יִשְׂחָקוּ׃ הִנֵּה הַגֶּבֶר לֹא יָשִׂים אֱלֹהִים מָעוּזּוֹ וַיִּבְטַח בְּרֹב
י עָשְׁרוֹ יָעֹז בְּהַוָּתוֹ׃ וַאֲנִי ׀ כְּזַיִת רַעֲנָן בְּבֵית אֱלֹהִים בָּטַחְתִּי
יא בְחֶסֶד־אֱלֹהִים עוֹלָם וָעֶד׃ אוֹדְךָ לְעוֹלָם כִּי עָשִׂיתָ וַאֲקַוֶּה
שִׁמְךָ כִי־טוֹב נֶגֶד חֲסִידֶיךָ׃

est against thy brother; thou dost slander thy own mother's
son. These things hast thou done, and if I kept silence, thou 21
wouldst think that I was altogether such a one as thyself: but
I will reprove thee, and set the matter before thy eyes. Now 22
consider this, you who forget God, lest I tear you in pieces,
and there be none to deliver. Whoever offers praise glorifies 23
me: and to him that orders his way aright I will show the salva-
tion of God.

51

To the chief Musician, A Psalm of David, when Natan the 1,2
prophet came to him, after he had gone in to Bat-sheva. Be
gracious to me, O God, according to thy steadfast love: accord- 3
ing to the multitude of thy tender mercies blot out my trans-
gressions. Wash me thoroughly from my iniquity, and cleanse 4
me from my sin. For I acknowledge my transgressions: and my 5
sin is ever before me. Against thee, thee alone, have I sinned, 6
and done that which is evil in thy sight: so that thou art
justified in thy sentence, and clear in thy judgment. Behold, 7
I was shaped in iniquity; and in sin did my mother conceive me.
Behold, thou desirest truth in the inward parts: therefore teach 8
me wisdom in the inmost heart. Purge me with hyssop, and I shall 9
be clean: wash me, and I shall be whiter than snow. Make 10
me to hear joy and gladness: that the bones which thou hast
broken may rejoice. Hide thy face from my sins, and blot out 11
all my iniquities. Create in me a clean heart, O God and renew 12
a steadfast spirit within me. Cast me not away from thy pre- 13
sence; and take not thy holy spirit from me. Restore to me the 14
joy of thy salvation; and uphold me with a willing spirit. Then 15
I will teach transgressors thy ways; and sinners shall return to
thee. Deliver me from bloodguiltiness, O God, thou God of my 16
salvation: and my tongue shall sing aloud of thy righteousness.
O Lord, open my lips; and my mouth shall rehearse thy praise. 17
For thou desirest not sacrifice; or else I would give it: thou 18
delightest not in burnt offering. The sacrifices of God are a 19
broken spirit: a broken and a contrite heart, O God, thou wilt
not despise. Do good in thy favour to Ẕiyyon: build thou the 20
walls of Yerushalayim. Then shalt thou be pleased with the 21
sacrifices of righteousness, with burnt offering and whole burnt
offering: then shall they offer bullocks upon thy altar.

52

To the chief Musician, A Maskil of David, when Do'eg the 1,2
Edomite came and told Sha'ul, and said to him, David is come
to the house of Aḥimelekh. Why boastest thou thyself of evil, 3
O mighty man? the love of God endures for all time. Thy tongue 4
devises mischiefs; like a sharp razor, working deceitfully. Thou 5
lovest evil more than good; and lying rather than speaking
righteousness. (Sela.) Thou lovest all devouring words, a de- 6
ceitful tongue. God shall likewise destroy thee for ever, he shall 7
take thee away, and pluck thee out of thy tent, and root thee
out of the land of the living. (Sela.) The righteous also shall 8
see, and fear, and shall laugh at him: lo, this is the man who 9
made not God his strength; but trusted in the abundance of his
riches, and strengthened himself in his wickedness. But I am 10
like a green olive tree in the house of God: I trust in the love
of God for ever and ever. I will give thee thanks for ever, be- 11

א ב לַמְנַצֵּחַ עַל־מָחֲלַת מַשְׂכִּיל לְדָוִד: אָמַר נָבָל בְּלִבּוֹ אֵין אֱלֹהִים
ג הִשְׁחִיתוּ וְהִתְעִיבוּ עָוֶל אֵין עֹשֵׂה־טוֹב: אֱלֹהִים מִשָּׁמַיִם
הִשְׁקִיף עַל־בְּנֵי־אָדָם לִרְאוֹת הֲיֵשׁ מַשְׂכִּיל דֹּרֵשׁ אֶת־אֱלֹהִים:
ד ה כֻּלּוֹ סָג יַחְדָּו נֶאֱלָחוּ אֵין עֹשֵׂה־טוֹב אֵין גַּם־אֶחָד: הֲלֹא יָדְעוּ
ו פֹּעֲלֵי אָוֶן אֹכְלֵי עַמִּי אָכְלוּ לֶחֶם אֱלֹהִים לֹא קָרָאוּ: שָׁם ׀ פָּחֲדוּ
פַחַד לֹא־הָיָה פָחַד כִּי־אֱלֹהִים פִּזַּר עַצְמוֹת חֹנָךְ הֱבִשֹׁתָה כִּי־
ז אֱלֹהִים מְאָסָם: מִי יִתֵּן מִצִּיּוֹן יְשֻׁעוֹת יִשְׂרָאֵל בְּשׁוּב אֱלֹהִים
שְׁבוּת עַמּוֹ יָגֵל יַעֲקֹב יִשְׂמַח יִשְׂרָאֵל:

נד א ב לַמְנַצֵּחַ בִּנְגִינֹת מַשְׂכִּיל לְדָוִד: בְּבוֹא הַזִּיפִים וַיֹּאמְרוּ לְשָׁאוּל
ג הֲלֹא דָוִד מִסְתַּתֵּר עִמָּנוּ: אֱלֹהִים בְּשִׁמְךָ הוֹשִׁיעֵנִי וּבִגְבוּרָתְךָ
ד ה תְדִינֵנִי: אֱלֹהִים שְׁמַע תְּפִלָּתִי הַאֲזִינָה לְאִמְרֵי־פִי: כִּי זָרִים ׀
קָמוּ עָלַי וְעָרִיצִים בִּקְשׁוּ נַפְשִׁי לֹא שָׂמוּ אֱלֹהִים לְנֶגְדָּם סֶלָה:
ו ז הִנֵּה אֱלֹהִים עֹזֵר לִי אֲדֹנָי בְּסֹמְכֵי נַפְשִׁי: יָשׁוֹב הָרַע לְשֹׁרְרָי יָשִׁיב
ח בַּאֲמִתְּךָ הַצְמִיתֵם: בִּנְדָבָה אֶזְבְּחָה־לָּךְ אוֹדֶה שִּׁמְךָ יְהוָה כִּי־
ט טוֹב: כִּי מִכָּל־צָרָה הִצִּילָנִי וּבְאֹיְבַי רָאֲתָה עֵינִי:

נה א ב לַמְנַצֵּחַ בִּנְגִינֹת מַשְׂכִּיל לְדָוִד: הַאֲזִינָה אֱלֹהִים תְּפִלָּתִי וְאַל־
ג תִּתְעַלַּם מִתְּחִנָּתִי: הַקְשִׁיבָה לִּי וַעֲנֵנִי אָרִיד בְּשִׂיחִי וְאָהִימָה:
ד מִקּוֹל אוֹיֵב מִפְּנֵי עָקַת רָשָׁע כִּי־יָמִיטוּ עָלַי אָוֶן וּבְאַף יִשְׂטְמוּנִי:
ה ו לִבִּי יָחִיל בְּקִרְבִּי וְאֵימוֹת מָוֶת נָפְלוּ עָלָי: יִרְאָה וָרַעַד יָבֹא בִי
ז וַתְּכַסֵּנִי פַּלָּצוּת: וָאֹמַר מִי־יִתֶּן־לִּי אֵבֶר כַּיּוֹנָה אָעוּפָה וְאֶשְׁכֹּנָה:
ח ט הִנֵּה אַרְחִיק נְדֹד אָלִין בַּמִּדְבָּר סֶלָה: אָחִישָׁה מִפְלָט לִי מֵרוּחַ
י סֹעָה מִסָּעַר: בַּלַּע אֲדֹנָי פַּלַּג לְשׁוֹנָם כִּי־רָאִיתִי חָמָס וְרִיב
יא בָּעִיר: יוֹמָם וָלַיְלָה יְסוֹבְבֻהָ עַל־חוֹמֹתֶיהָ וְאָוֶן וְעָמָל בְּקִרְבָּהּ:
יב יג הַוּוֹת בְּקִרְבָּהּ וְלֹא־יָמִישׁ מֵרְחֹבָהּ תֹּךְ וּמִרְמָה: כִּי לֹא־אוֹיֵב
יד יְחָרְפֵנִי וְאֶשָּׂא לֹא־מְשַׂנְאִי עָלַי הִגְדִּיל וְאֶסָּתֵר מִמֶּנּוּ: וְאַתָּה
טו אֱנוֹשׁ כְּעֶרְכִּי אַלּוּפִי וּמְיֻדָּעִי: אֲשֶׁר יַחְדָּו נַמְתִּיק סוֹד בְּבֵית
טז אֱלֹהִים נְהַלֵּךְ בְּרָגֶשׁ: יַשִּׁימָוֶת ׀ עָלֵימוֹ יֵרְדוּ שְׁאוֹל חַיִּים כִּי־ יַשִּׁיא מָוֶת
יז רָעוֹת בִּמְגוּרָם בְּקִרְבָּם: אֲנִי אֶל־אֱלֹהִים אֶקְרָא וַיהוָה יוֹשִׁיעֵנִי:

cause thou hast done it: and I will wait on thy name, for it is
good, before thy saints.
To the chief Musician on Maḥalat, A Maskil of David. The fool 1,2
has said in his heart, There is no God. They have acted cor-
ruptly, and they have done abominable iniquity: there is none
that does good. God looked down from heaven upon the child- 3
ren of men, to see if there were any man of discernment, that did
seek God. Is every one of them dross? are they altogether filthy? 4
is there no one who does good? No, not even one. Have the 5
workers of iniquity no knowledge, who eat up my people as
they eat bread: and do not call upon God? There were they in 6
great fear, where no fear was: for God has scattered the bones
of him that encamps against thee: thou hast put them to shame,
because God has rejected them. Oh that the salvation of Yisra'el 7
were come out of Ẕiyyon! When God brings back the captiv-
ity of his people, Ya'aqov shall rejoice, and Yisra'el shall be
glad.
54
To the chief Musician for strings, A Maskil of David, when the 1,2
Zifim came and said to Sha'ul, Does not David hide himself with
us? Save me, O God, by thy name, and judge me by thy strength. 3
Hear my prayer, O God; give ear to the words of my mouth. 4
For strangers are risen up against me, and violent men seek 5
after my soul: they have not set God before them. (Sela.)
Behold, God is my helper: the Lord is the sustainer of my 6
soul. He rewards evil to my enemies: O, cut them off in thy 7
truth. I will sacrifice a free will offering to thee: I will praise 8
thy name, O Lord; for it is good. For he has delivered me out 9
of all trouble: and my eye has gazed upon my enemies.
55
To the chief Musician for strings, A Maskil of David. Give ear 1,2
to my prayer, O God; and hide not thyself from my supplica-
tion. Attend to me, and answer me: I sob in my complaint, and 3
make moan; because of the voice of the enemy, because of the 4
oppression of the wicked: for they cast iniquity upon me, and
in wrath they persecute me. My heart is sore pained within 5
me: and the terrors of death are fallen upon me. Fearfulness 6
and trembling are come upon me, and horror has overwhelmed
me. And I said, Oh that I had wings like a dove! for then I 7
would fly away, and be at rest. Lo, then I would wander far off, 8
and remain in the wilderness. (Sela.) I would hasten to find a 9
refuge for myself from the windy storm and the tempest.
Destroy, O Lord, and divide their tongues: for I have seen 10
violence and strife in the city. Day and night they go about it 11
upon its walls: mischief also and trouble are in the midst of
it. Wickedness is in the midst of it: oppression and fraud depart 12
not from her streets. For it was not an enemy who taunted me; 13
then I could have borne it: nor was it one who hated me who
did magnify himself against me; then I would have hid myself
from him: but it was thou, a man my equal, my companion, 14
and my familiar friend. We took sweet counsel together, and 15
walked to the house of God in company. Let death spread its 16
oblivion upon them, and let them go down alive into She'ol: for
wickedness is in their dwellings, and among them. As for me, I 17
will call upon God; and the Lord shall save me. Evening, and 18

יח יט עֶרֶב וָבֹקֶר וְצָהֳרַיִם אָשִׂיחָה וְאֶהֱמֶה וַיִּשְׁמַע קוֹלִי: פָּדָה בְשָׁלוֹם
כ נַפְשִׁי מִקֲּרָב־לִי כִּי־בְרַבִּים הָיוּ עִמָּדִי: יִשְׁמַע ׀ אֵל ׀ וְיַעֲנֵם
וְיֹשֵׁב קֶדֶם סֶלָה אֲשֶׁר אֵין חֲלִיפוֹת לָמוֹ וְלֹא יָרְאוּ אֱלֹהִים:
כא כב שָׁלַח יָדָיו בִּשְׁלֹמָיו חִלֵּל בְּרִיתוֹ: חָלְקוּ ׀ מַחְמָאֹת פִּיו וּקֲרָב־
כג לִבּוֹ רַכּוּ דְבָרָיו מִשֶּׁמֶן וְהֵמָּה פְתִחוֹת: הַשְׁלֵךְ עַל־יְהוָה ׀ יְהָבְךָ
כד וְהוּא יְכַלְכְּלֶךָ לֹא־יִתֵּן לְעוֹלָם מוֹט לַצַּדִּיק: וְאַתָּה אֱלֹהִים ׀
תּוֹרִדֵם לִבְאֵר שַׁחַת אַנְשֵׁי דָמִים וּמִרְמָה לֹא־יֶחֱצוּ יְמֵיהֶם
וַאֲנִי אֶבְטַח־בָּךְ:
נו א לַמְנַצֵּחַ ׀ עַל־יוֹנַת אֵלֶם רְחֹקִים לְדָוִד מִכְתָּם בֶּאֱחֹז אֹתוֹ
ב פְלִשְׁתִּים בְּגַת: חָנֵּנִי אֱלֹהִים כִּי־שְׁאָפַנִי אֱנוֹשׁ כָּל־הַיּוֹם לֹחֵם
ג יִלְחָצֵנִי: שָׁאֲפוּ שׁוֹרְרַי כָּל־הַיּוֹם כִּי־רַבִּים לֹחֲמִים לִי מָרוֹם:
ד ה יוֹם אִירָא אֲנִי אֵלֶיךָ אֶבְטָח: בֵּאלֹהִים אֲהַלֵּל דְּבָרוֹ בֵּאלֹהִים
ו בָּטַחְתִּי לֹא אִירָא מַה־יַּעֲשֶׂה בָשָׂר לִי: כָּל־הַיּוֹם דְּבָרַי יְעַצֵּבוּ
ז עָלַי כָּל־מַחְשְׁבֹתָם לָרָע: יָגוּרוּ ׀ יצפינו הֵמָּה עֲקֵבַי יִשְׁמֹרוּ יִצְפּוֹנוּ
ח כַּאֲשֶׁר קִוּוּ נַפְשִׁי: עַל־אָוֶן פַּלֶּט־לָמוֹ בְּאַף עַמִּים ׀ הוֹרֵד אֱלֹהִים:
ט י נֹדִי סָפַרְתָּה אָתָּה שִׂימָה דִמְעָתִי בְנֹאדֶךָ הֲלֹא בְּסִפְרָתֶךָ: אָז
יָשׁוּבוּ אוֹיְבַי אָחוֹר בְּיוֹם אֶקְרָא זֶה־יָדַעְתִּי כִּי־אֱלֹהִים לִי:
יא יב בֵּאלֹהִים אֲהַלֵּל דָּבָר בַּיהוָה אֲהַלֵּל דָּבָר: בֵּאלֹהִים בָּטַחְתִּי לֹא
יג אִירָא מַה־יַּעֲשֶׂה אָדָם לִי: עָלַי אֱלֹהִים נְדָרֶיךָ אֲשַׁלֵּם תּוֹדֹת
יד לָךְ: כִּי הִצַּלְתָּ נַפְשִׁי מִמָּוֶת הֲלֹא רַגְלַי מִדֶּחִי לְהִתְהַלֵּךְ לִפְנֵי
אֱלֹהִים בְּאוֹר הַחַיִּים:
נז א לַמְנַצֵּחַ אַל־תַּשְׁחֵת לְדָוִד מִכְתָּם בְּבָרְחוֹ מִפְּנֵי־שָׁאוּל בַּמְּעָרָה:
ב חָנֵּנִי אֱלֹהִים ׀ חָנֵּנִי כִּי בְךָ חָסָיָה נַפְשִׁי וּבְצֵל־כְּנָפֶיךָ אֶחְסֶה עַד
ג ד יַעֲבֹר הַוּוֹת: אֶקְרָא לֵאלֹהִים עֶלְיוֹן לָאֵל גֹּמֵר עָלָי: יִשְׁלַח
מִשָּׁמַיִם ׀ וְיוֹשִׁיעֵנִי חֵרֵף שֹׁאֲפִי סֶלָה יִשְׁלַח אֱלֹהִים חַסְדּוֹ וַאֲמִתּוֹ:
ה נַפְשִׁי ׀ בְּתוֹךְ לְבָאִם אֶשְׁכְּבָה לֹהֲטִים בְּנֵי־אָדָם שִׁנֵּיהֶם חֲנִית
ו וְחִצִּים וּלְשׁוֹנָם חֶרֶב חַדָּה: רוּמָה עַל־הַשָּׁמַיִם אֱלֹהִים עַל כָּל־
ז הָאָרֶץ כְּבוֹדֶךָ: רֶשֶׁת ׀ הֵכִינוּ לִפְעָמַי כָּפַף נַפְשִׁי כָּרוּ לְפָנַי
ח שִׁיחָה נָפְלוּ בְתוֹכָהּ סֶלָה: נָכוֹן לִבִּי אֱלֹהִים נָכוֹן לִבִּי אָשִׁירָה
ט וַאֲזַמֵּרָה: עוּרָה כְבוֹדִי עוּרָה הַנֵּבֶל וְכִנּוֹר אָעִירָה שָּׁחַר:
י יא אוֹדְךָ בָעַמִּים ׀ אֲדֹנָי אֲזַמֶּרְךָ בַּלְאֻמִּים: כִּי־גָדֹל עַד־שָׁמַיִם
יב חַסְדֶּךָ וְעַד־שְׁחָקִים אֲמִתֶּךָ: רוּמָה עַל־שָׁמַיִם אֱלֹהִים עַל ח
כָּל־הָאָרֶץ כְּבוֹדֶךָ:

morning, and at noon, I pray, and cry aloud: and he hears my
voice. He has delivered my soul in peace from the battle that 19
was against me: for there were many who strove with me. GOD 20
who is enthroned from olden time, shall hear and afflict them
(Sela;) those who dread no changes, and do not fear GOD. He 21
has put forth his hands against such as are at peace with him:
he has broken his covenant. The words of his mouth were 22
smoother than butter, but war was in his heart: his words were
softer than oil, yet they were drawn swords. Cast thy burden 23
upon the LORD, and he shall sustain thee: he shall never suffer
the righteous to be moved. But thou, O GOD, shalt bring them 24
down into the pit of destruction: bloody and deceitful men shall
not live out half their days; but I will trust in thee.

To the chief Musician, upon Yonat-elem-reḥoqim, A Mikhtam of **56**
David, when the Pelishtim seized him in Gat. Be gracious to me, 2
O GOD: for men long to swallow me up; all day long the foeman
oppresses me. My enemies daily long to swallow me up, for 3
they are many who fight against me, O thou most High. When 4
I am afraid, I will trust in thee. In GOD, I will praise his word, 5
in GOD I have put my trust; I will not fear; what can flesh do
to me? Every day they wrest my words: all their thoughts are 6
against me for evil. They gather themselves together, they hide 7
themselves, they mark my steps, as they wait for my soul. Shall 8
they escape by iniquity? in thy anger cast down the peoples,
O GOD. Thou dost count my wanderings: put my tears into thy 9
bottle: are they not in thy book? When I cry to thee, then shall 10
my enemies turn back: this I know; for GOD is for me. In GOD, 11
I will praise his word: in the LORD, I will praise his word. In 12
GOD have I put my trust: I will not be afraid. What can man do
to me? Thy vows are upon me, O GOD: I will pay thee my of- 13
ferings of thanksgiving. For thou hast delivered my soul from 14
death, yea, my feet from falling, that I may walk before GOD
in the light of the living!

To the chief Musician, Al-tashḥet, a Mikhtam of David, when **57**
he fled from Sha'ul in the cave. Be gracious to me, O GOD, be 2
gracious to me: for my soul trusts in thee: and in the shadow
of thy wings will I take refuge, until calamities be overpast.
I will cry to GOD most high; to GOD who performs all things 3
for me. He will send from heaven, and save me; he scorns him 4
who would swallow me up. (Sela.) GOD shall send forth his
steadfast love and his truth. My soul is among lions: and I lie 5
down among those who are aflame, the sons of men, whose
teeth are spears and arrows, and their tongue a sharp sword.
Be thou exalted, O GOD, above the heavens; let thy glory be 6
above all the earth. They have prepared a net for my steps; 7
my soul is bowed down: they have dug a pit before me, into the
midst of which they are fallen themselves. (Sela.) My heart is 8
steadfast, O GOD, my heart is steadfast: I will sing and give
praise. Wake up, my glory; awake, the harp and the lyre: I will 9
awake the dawn. I will praise thee, O LORD, among the peoples: 10
I will sing to thee among the nations. For thy love is great unto 11
the heavens, and thy truth to the clouds. Be thou exalted, O 12
GOD, above the heavens: let thy glory be above all the earth.

א ב לַמְנַצֵּחַ אַל־תַּשְׁחֵת לְדָוִד מִכְתָּם: הַאֻמְנָם אֵלֶם צֶדֶק תְּדַבֵּרוּן
ג מֵישָׁרִים תִּשְׁפְּטוּ בְּנֵי אָדָם: אַף־בְּלֵב עוֹלֹת תִּפְעָלוּן בָּאָרֶץ
ד חֲמַס יְדֵיכֶם תְּפַלֵּסוּן: זֹרוּ רְשָׁעִים מֵרָחֶם תָּעוּ מִבֶּטֶן דֹּבְרֵי כָזָב:
ה חֲמַת־לָמוֹ כִּדְמוּת חֲמַת־נָחָשׁ כְּמוֹ־פֶתֶן חֵרֵשׁ יַאְטֵם אָזְנוֹ:
ו ז אֲשֶׁר לֹא־יִשְׁמַע לְקוֹל מְלַחֲשִׁים חוֹבֵר חֲבָרִים מְחֻכָּם: אֱלֹהִים
ח הֲרָס־שִׁנֵּימוֹ בְּפִימוֹ מַלְתְּעוֹת כְּפִירִים נְתֹץ ׀ יהוה: יִמָּאֲסוּ כְמוֹ־
ט מַיִם יִתְהַלְּכוּ־לָמוֹ יִדְרֹךְ חִצָּו כְּמוֹ יִתְמֹלָלוּ: כְּמוֹ שַׁבְּלוּל תֶּמֶס
י יַהֲלֹךְ נֵפֶל אֵשֶׁת בַּל־חָזוּ שָׁמֶשׁ: בְּטֶרֶם יָבִינוּ סִּירֹתֵיכֶם אָטָד
יא כְּמוֹ־חַי כְּמוֹ־חָרוֹן יִשְׂעָרֶנּוּ: יִשְׂמַח צַדִּיק כִּי־חָזָה נָקָם פְּעָמָיו
יב יִרְחַץ בְּדַם הָרָשָׁע: וְיֹאמַר אָדָם אַךְ־פְּרִי לַצַּדִּיק אַךְ יֵשׁ־
אֱלֹהִים שֹׁפְטִים בָּאָרֶץ:
נט א לַמְנַצֵּחַ אַל־תַּשְׁחֵת לְדָוִד מִכְתָּם בִּשְׁלֹחַ שָׁאוּל וַיִּשְׁמְרוּ אֶת־
ב הַבַּיִת לַהֲמִיתוֹ: הַצִּילֵנִי מֵאֹיְבַי ׀ אֱלֹהָי מִמִּתְקוֹמְמַי תְּשַׂגְּבֵנִי:
ג ד הַצִּילֵנִי מִפֹּעֲלֵי אָוֶן וּמֵאַנְשֵׁי דָמִים הוֹשִׁיעֵנִי: כִּי הִנֵּה אָרְבוּ
ה לְנַפְשִׁי יָגוּרוּ עָלַי עַזִּים לֹא־פִשְׁעִי וְלֹא־חַטָּאתִי יהוה: בְּלִי־עָוֺן
ו יְרֻצוּן וְיִכּוֹנָנוּ עוּרָה לִקְרָאתִי וּרְאֵה: וְאַתָּה יהוה־אֱלֹהִים ׀
צְבָאוֹת אֱלֹהֵי יִשְׂרָאֵל הָקִיצָה לִפְקֹד כָּל־הַגּוֹיִם אַל־תָּחֹן כָּל־
ז ח בֹּגְדֵי אָוֶן סֶלָה: יָשׁוּבוּ לָעֶרֶב יֶהֱמוּ כַכָּלֶב וִיסוֹבְבוּ עִיר: הִנֵּה ׀
ט יַבִּיעוּן בְּפִיהֶם חֲרָבוֹת בְּשִׂפְתוֹתֵיהֶם כִּי־מִי שֹׁמֵעַ: וְאַתָּה יהוה
י תִּשְׂחַק־לָמוֹ תִּלְעַג לְכָל־גּוֹיִם: עֻזּוֹ אֵלֶיךָ אֶשְׁמֹרָה כִּי־אֱלֹהִים
יא יב מִשְׂגַּבִּי: אֱלֹהֵי חסדו יְקַדְּמֵנִי אֱלֹהִים יַרְאֵנִי בְשֹׁרְרָי: אַל־ חַסְדִּי
תַּהַרְגֵם ׀ פֶּן־יִשְׁכְּחוּ עַמִּי הֲנִיעֵמוֹ בְחֵילְךָ וְהוֹרִידֵמוֹ מָגִנֵּנוּ אֲדֹנָי:
יג חַטַּאת־פִּימוֹ דְּבַר־שְׂפָתֵימוֹ וְיִלָּכְדוּ בִגְאוֹנָם וּמֵאָלָה וּמִכַּחַשׁ
יד יְסַפֵּרוּ: כַּלֵּה בְחֵמָה כַּלֵּה וְאֵינֵמוֹ וְיֵדְעוּ כִּי־אֱלֹהִים מֹשֵׁל בְּיַעֲקֹב
טו לְאַפְסֵי הָאָרֶץ סֶלָה: וְיָשֻׁבוּ לָעֶרֶב יֶהֱמוּ כַכָּלֶב וִיסוֹבְבוּ עִיר:
טז יז הֵמָּה ינועון לֶאֱכֹל אִם־לֹא יִשְׂבְּעוּ וַיָּלִינוּ: וַאֲנִי ׀ אָשִׁיר עֻזֶּךָ יְנִיעוּן
יח וַאֲרַנֵּן לַבֹּקֶר חַסְדֶּךָ כִּי־הָיִיתָ מִשְׂגָּב לִי וּמָנוֹס בְּיוֹם צַר־לִי: עֻזִּי
אֵלֶיךָ אֲזַמֵּרָה כִּי־אֱלֹהִים מִשְׂגַּבִּי אֱלֹהֵי חַסְדִּי:
ס א ב לַמְנַצֵּחַ עַל־שׁוּשַׁן עֵדוּת מִכְתָּם לְדָוִד לְלַמֵּד: בְּהַצּוֹתוֹ ׀ אֶת
אֲרַם נַהֲרַיִם וְאֶת־אֲרַם צוֹבָה וַיָּשָׁב יוֹאָב וַיַּךְ אֶת־אֱדוֹם בְּגֵיא־
ג מֶלַח שְׁנֵים עָשָׂר אָלֶף: אֱלֹהִים זְנַחְתָּנוּ פְרַצְתָּנוּ אָנַפְתָּ תְּשׁוֹבֵב

To the chief Musician, Al-tashḥet, A Mikhtam of David. Do 1, 2
you indeed speak righteousness in private? do you judge up-
rightly, O you sons of men? No, in your hearts you work 3
wickedness; your hands deal out violence on the earth. The 4
wicked are estranged from the womb: they err from birth,
speaking lies. Their poison is like the poison of a snake: they 5
are like the deaf adder that stops its ear; which will not hearken 6
to the voice of charmers, charming never so wisely. Break their 7
teeth, O GOD, in their mouth: break out the fangs of the young
lions, O LORD. Let them melt away like waters which run con- 8
tinually: when he aims his arrows, let them be as if cut in
pieces; like the slimy track of a snail which disappears: like 9
the untimely births of a woman, that have not seen the sun.
Before your pots can feel the thorns, he shall sweep them 10
away as with a whirlwind, both the green and the burning.
The righteous shall rejoice when he sees the vengeance: he 11
shall wash his feet in the blood of the wicked. So that a man 12
shall say, Verily there is a reward for the righteous: verily
there is a GOD who judges in the earth.

To the chief Musician, Al-tashḥet, A Mikhtam of David; when **59**
Sha'ul sent, and they watched the house to kill him. Deliver me 2
from my enemies, O my GOD: defend me from those who rise
up against me. Deliver me from the workers of iniquity, and 3
save me from bloody men. For, lo, they lie in wait for my soul: 4
fierce men are gathered against me; not for my transgression,
nor for my sin, O LORD. They run and prepare themselves for 5
no fault of mine: awake to help me, and behold. Thou therefore, 6
O LORD GOD of hosts, the GOD of Yisra'el, awake to punish
all the nations: be not gracious to any wicked traitors. (Sela).
They return at evening: they howl like a dog, and go round 7
about the city. Behold, they belch out with their mouth: swords 8
are in their lips: for who hears? But thou, O LORD, shalt laugh 9
at them; thou shalt have all the nations in derision. Upon thee, 10
O my strength, will I wait: for GOD is my fortress. GOD who 11
loves me shall come to meet me: GOD shall let me gaze upon
my enemies. Slay them not, lest my people forget: scatter them 12
by thy power; and bring them down, O LORD our shield. For the 13
sin of their mouth and the words of their lips let them even
be taken in their pride: and for cursing and lying which they
speak. Consume them in wrath, consume them, that they may 14
be no more: and let them know that GOD rules in Ya'aqov to
the ends of the earth. (Sela.) And at evening let them return; 15
and let them howl like a dog, and go round about the city.
Let them wander up and down for food, and murmur if they 16
have not their fill. But I will sing of thy power; yea, I will sing 17
aloud of thy steadfast love in the morning: for thou hast been
my defence and refuge in the day of my distress. To thee, O 18
my strength, will I sing: for GOD is my fortress, and the GOD
who loves me.

To the chief Musician upon Shushan-'edut, A Mikhtam of David, **60**
to teach; when he strove with Aram-naharayim and with Aram- 2
Ẓova, and Yo'av returned, and smote twelve thousand of Edom
in the valley of salt. O GOD, thou hast cast us off, thou hast shat- 3

ד ה לָנוּ׃ הִרְעַשְׁתָּה אֶרֶץ פְּצַמְתָּהּ רְפָה שְׁבָרֶיהָ כִי־מָטָה׃ הִרְאִיתָ
ו עַמְּךָ קָשָׁה הִשְׁקִיתָנוּ יַיִן תַּרְעֵלָה׃ נָתַתָּה לִּירֵאֶיךָ נֵּס לְהִתְנוֹסֵס
ז מִפְּנֵי קֹשֶׁט סֶלָה׃ לְמַעַן יֵחָלְצוּן יְדִידֶיךָ הוֹשִׁיעָה יְמִינְךָ ועננו׃ וַעֲנֵנִי
ח אֱלֹהִים ׀ דִּבֶּר בְּקָדְשׁוֹ אֶעְלֹזָה אֲחַלְּקָה שְׁכֶם וְעֵמֶק סֻכּוֹת
ט אֲמַדֵּד׃ לִי גִלְעָד ׀ וְלִי מְנַשֶּׁה וְאֶפְרַיִם מָעוֹז רֹאשִׁי יְהוּדָה
י מְחֹקְקִי׃ מוֹאָב ׀ סִיר רַחְצִי עַל־אֱדוֹם אַשְׁלִיךְ נַעֲלִי עָלַי פְּלֶשֶׁת
יא יב הִתְרוֹעָעִי׃ מִי יֹבִלֵנִי עִיר מָצוֹר מִי נָחַנִי עַד־אֱדוֹם׃ הֲלֹא־אַתָּה
יג אֱלֹהִים זְנַחְתָּנוּ וְלֹא־תֵצֵא אֱלֹהִים בְּצִבְאוֹתֵינוּ׃ הָבָה־לָּנוּ
יד עֶזְרָת מִצָּר וְשָׁוְא תְּשׁוּעַת אָדָם׃ בֵּאלֹהִים נַעֲשֶׂה־חָיִל
וְהוּא יָבוּס צָרֵינוּ׃
סא א ב לַמְנַצֵּחַ ׀ עַל־נְגִינַת לְדָוִד׃ שִׁמְעָה אֱלֹהִים רִנָּתִי הַקְשִׁיבָה
ג תְּפִלָּתִי׃ מִקְצֵה הָאָרֶץ ׀ אֵלֶיךָ אֶקְרָא בַּעֲטֹף לִבִּי בְּצוּר־יָרוּם
ד ה מִמֶּנִּי תַנְחֵנִי׃ כִּי־הָיִיתָ מַחְסֶה לִי מִגְדַּל־עֹז מִפְּנֵי אוֹיֵב׃ אָגוּרָה
ו בְאָהָלְךָ עוֹלָמִים אֶחֱסֶה בְסֵתֶר כְּנָפֶיךָ סֶּלָה׃ כִּי־אַתָּה אֱלֹהִים
ז שָׁמַעְתָּ לִנְדָרָי נָתַתָּ יְרֻשַּׁת יִרְאֵי שְׁמֶךָ׃ יָמִים עַל־יְמֵי־מֶלֶךְ
ח תּוֹסִיף שְׁנוֹתָיו כְּמוֹ־דֹר וָדֹר׃ יֵשֵׁב עוֹלָם לִפְנֵי אֱלֹהִים
ט חֶסֶד וֶאֱמֶת מַן יִנְצְרֻהוּ׃ כֵּן אֲזַמְּרָה שִׁמְךָ לָעַד לְשַׁלְּמִי
נְדָרַי יוֹם ׀ יוֹם׃
סב א ב לַמְנַצֵּחַ עַל־יְדוּתוּן מִזְמוֹר לְדָוִד׃ אַךְ אֶל־אֱלֹהִים דּוּמִיָּה נַפְשִׁי
ג מִמֶּנּוּ יְשׁוּעָתִי׃ אַךְ־הוּא צוּרִי וִישׁוּעָתִי מִשְׂגַּבִּי לֹא־אֶמּוֹט רַבָּה׃
ד עַד־אָנָה ׀ תְּהוֹתְתוּ עַל־אִישׁ תְּרָצְּחוּ כֻלְּכֶם כְּקִיר נָטוּי גָּדֵר
ה הַדְּחוּיָה׃ אַךְ מִשְּׂאֵתוֹ ׀ יָעֲצוּ לְהַדִּיחַ יִרְצוּ כָזָב בְּפִיו יְבָרֵכוּ
ו וּבְקִרְבָּם יְקַלְלוּ־סֶלָה׃ אַךְ לֵאלֹהִים דּוֹמִּי נַפְשִׁי כִּי־מִמֶּנּוּ
ז ח תִּקְוָתִי׃ אַךְ־הוּא צוּרִי וִישׁוּעָתִי מִשְׂגַּבִּי לֹא אֶמּוֹט׃ עַל־אֱלֹהִים
ט יִשְׁעִי וּכְבוֹדִי צוּר־עֻזִּי מַחְסִי בֵּאלֹהִים׃ בִּטְחוּ בוֹ בְכָל־עֵת ׀ עָם
י שִׁפְכוּ־לְפָנָיו לְבַבְכֶם אֱלֹהִים מַחֲסֶה־לָּנוּ סֶלָה׃ אַךְ ׀ הֶבֶל בְּנֵי־
יא אָדָם כָּזָב בְּנֵי אִישׁ בְּמֹאזְנַיִם לַעֲלוֹת הֵמָּה מֵהֶבֶל יָחַד׃ אַל־
תִּבְטְחוּ בְעֹשֶׁק וּבְגָזֵל אַל־תֶּהְבָּלוּ חַיִל ׀ כִּי־יָנוּב אַל־תָּשִׁיתוּ
יב לֵב׃ אַחַת ׀ דִּבֶּר אֱלֹהִים שְׁתַּיִם־זוּ שָׁמָעְתִּי כִּי עֹז לֵאלֹהִים׃
יג וּלְךָ־אֲדֹנָי חָסֶד כִּי־אַתָּה תְשַׁלֵּם לְאִישׁ כְּמַעֲשֵׂהוּ׃
סג א ב מִזְמוֹר לְדָוִד בִּהְיוֹתוֹ בְּמִדְבַּר יְהוּדָה׃ אֱלֹהִים ׀ אֵלִי אַתָּה
אֲשַׁחֲרֶךָּ צָמְאָה לְךָ ׀ נַפְשִׁי כָּמַהּ לְךָ בְשָׂרִי בְּאֶרֶץ־צִיָּה וְעָיֵף
ג ד בְּלִי־מָיִם׃ כֵּן בַּקֹּדֶשׁ חֲזִיתִךָ לִרְאוֹת עֻזְּךָ וּכְבוֹדֶךָ׃ כִּי־טוֹב

tered us, thou hast been angry; O turn thyself to us again. Thou 4
hast made the earth to tremble; thou hast broken it: heal its
breaches; for it totters. Thou hast shown thy people hard things: 5
thou hast made us drink the wine of staggering. Thou hast given a 6
banner to those who fear thee, that it may be displayed because of
the truth. (Sela.) That thy beloved ones may be delivered; 7
save with thy right hand, and answer me. God has spoken in 8
his holiness; I will rejoice, I will divide Shekhem, and measure
out the valley of Sukkot. Gil'ad is mine, and Menashshe is mine; 9
Efrayim also is the strength of my head; Yehuda is my sceptre;
Mo'av is my washpot; over Edom will I cast my shoe: 10
Peleshet, cry aloud because of me. Who will bring me into the 11
strong city? who will lead me into Edom? Hast thou not rejected 12
us, O God? so that thou goest not forth, O God, with our hosts.
Give us help against the foe: for vain is the help of man. 13
Through God we shall do valiantly: for he it is who will tread 14
down our enemies.

61

To the chief Musician, on strings, Of David. Hear my cry, 1,2
O God; attend to my prayer. From the end of the earth I 3
will cry to thee, when my heart faints. lead me to the rock
that is too high for me. For thou hast been a shelter for me, 4
and a strong tower from the enemy. I will abide in thy tent for 5
ever: I will trust in the covert of thy wings. (Sela.) For thou, 6
O God, hast heard my vows: thou hast granted the heritage of
those who fear thy name. Prolong the king's life: may his 7
years be as many generations. May he be enthroned before God 8
for ever: O appoint love and truth, that they may preserve him.
So will I sing praise to thy name for ever, as I perform my vows 9
day by day.

62

To the chief Musician, to Yedutun, A Psalm of David. My soul 1,2
waits in silence only for God: from him comes my salvation.
He alone is my rock and my salvation; he is my fortress: I 3
shall not be greatly moved. How long will you seek to over- 4
whelm a man? You will be all of you demolished like a leaning
wall, or a tottering fence. They even devise to thrust him down 5
from his majesty: they delight in lies: they bless with their
mouth, but they curse inwardly. (Sela.) My soul waits in 6
silence only for God; for my expectation is from him. He alone 7
is my rock and my salvation: he is my defence; I shall not be
moved. In God is my salvation and my glory: the rock of my 8
strength, and my refuge, is in God. Trust in him at all times; 9
you people, pour out your heart before him: God is a refuge
for us. (Sela.) Men of low degree are mere breath, and men 10
of high degree are a lie: to be laid in the balance, they are al-
together lighter than air. Trust not in oppression, and become 11
not vain in robbery: if riches increase, set not your heart upon
them. God has spoken once: twice have I heard this; that power 12
belongs to God. But love is also thine, when thou renderest to 13
every man according to his work.

63

A psalm of David, when he was in the wilderness of Yehuda.
O God, thou art my God; earnestly I seek thee: my soul 2
thirsts for thee, my flesh longs for thee in a dry and thirsty land,
where no water is; to see thy power and thy glory, as I have 3

ה חַסְדְּךָ מֵחַיִּים שְׂפָתַי יְשַׁבְּחוּנְךָ: כֵּן אֲבָרֶכְךָ בְחַיָּי בְּשִׁמְךָ אֶשָּׂא

ו כַפָּי: כְּמוֹ חֵלֶב וָדֶשֶׁן תִּשְׂבַּע נַפְשִׁי וְשִׂפְתֵי רְנָנוֹת יְהַלֶּל־פִּי:

ז אִם־זְכַרְתִּיךָ עַל־יְצוּעָי בָּאַשְׁמֻרוֹת אֶהְגֶּה־בָּךְ: כִּי־הָיִיתָ עֶזְרָתָה

ח לִי וּבְצֵל כְּנָפֶיךָ אֲרַנֵּן: דָּבְקָה נַפְשִׁי אַחֲרֶיךָ בִּי תָּמְכָה יְמִינֶךָ:

ט יָ וְהֵמָּה לְשׁוֹאָה יְבַקְשׁוּ נַפְשִׁי יָבֹאוּ בְּתַחְתִּיּוֹת הָאָרֶץ: יַגִּירֻהוּ

יא עַל־יְדֵי־חָרֶב מְנָת שֻׁעָלִים יִהְיוּ: וְהַמֶּלֶךְ יִשְׂמַח בֵּאלֹהִים

יִתְהַלֵּל כָּל־הַנִּשְׁבָּע בּוֹ כִּי יִסָּכֵר פִּי דוֹבְרֵי־שָׁקֶר:

א סד לַמְנַצֵּחַ מִזְמוֹר לְדָוִד: שְׁמַע־אֱלֹהִים קוֹלִי בְשִׂיחִי מִפַּחַד אוֹיֵב

ב ג תִּצֹּר חַיָּי: תַּסְתִּירֵנִי מִסּוֹד מְרֵעִים מֵרִגְשַׁת פֹּעֲלֵי אָוֶן: אֲשֶׁר

ד ה שָׁנְנוּ כַחֶרֶב לְשׁוֹנָם דָּרְכוּ חִצָּם דָּבָר מָר: לִירוֹת בַּמִּסְתָּרִים תָּם

ו פִּתְאֹם יֹרֻהוּ וְלֹא יִירָאוּ ׀ יְחַזְּקוּ־לָמוֹ ׀ דָּבָר רָע יְסַפְּרוּ לִטְמוֹן

ז מוֹקְשִׁים אָמְרוּ מִי יִרְאֶה־לָּמוֹ: יַחְפְּשׂוּ־עוֹלֹת תַּמְנוּ חֵפֶשׂ

ח מְחֻפָּשׂ וְקֶרֶב אִישׁ וְלֵב עָמֹק: וַיֹּרֵם אֱלֹהִים חֵץ פִּתְאוֹם הָיוּ

ט מַכּוֹתָם: וַיַּכְשִׁילוּהוּ עָלֵימוֹ לְשׁוֹנָם יִתְנֹדֲדוּ כָּל־רֹאֵה בָם: וַיִּירְאוּ

יא כָּל־אָדָם וַיַּגִּידוּ פֹּעַל אֱלֹהִים וּמַעֲשֵׂהוּ הִשְׂכִּילוּ: יִשְׂמַח צַדִּיק

בַּיהוָה וְחָסָה בוֹ וְיִתְהַלְלוּ כָּל־יִשְׁרֵי־לֵב:

א סה לַמְנַצֵּחַ מִזְמוֹר לְדָוִד שִׁיר: לְךָ דֻמִיָּה תְהִלָּה אֱלֹהִים בְּצִיּוֹן וּלְךָ

ב ג יְשֻׁלַּם־נֶדֶר: שֹׁמֵעַ תְּפִלָּה עָדֶיךָ כָּל־בָּשָׂר יָבֹאוּ: דִּבְרֵי עֲוֹנֹת

ד גָּבְרוּ מֶנִּי פְּשָׁעֵינוּ אַתָּה תְכַפְּרֵם: אַשְׁרֵי ׀ תִּבְחַר וּתְקָרֵב יִשְׁכֹּן

ה חֲצֵרֶיךָ נִשְׂבְּעָה בְּטוּב בֵּיתֶךָ קְדֹשׁ הֵיכָלֶךָ: נוֹרָאוֹת ׀ בְּצֶדֶק

ו תַּעֲנֵנוּ אֱלֹהֵי יִשְׁעֵנוּ מִבְטָח כָּל־קַצְוֵי־אֶרֶץ וְיָם רְחֹקִים: מֵכִין

ז הָרִים בְּכֹחוֹ נֶאְזָר בִּגְבוּרָה: מַשְׁבִּיחַ ׀ שְׁאוֹן יַמִּים שְׁאוֹן גַּלֵּיהֶם

ח וַהֲמוֹן לְאֻמִּים: וַיִּירְאוּ ׀ יֹשְׁבֵי קְצָוֹת מֵאוֹתֹתֶיךָ מוֹצָאֵי־בֹקֶר

ט י וָעֶרֶב תַּרְנִין: פָּקַדְתָּ הָאָרֶץ ׀ וַתְּשֹׁקְקֶהָ רַבַּת תַּעְשְׁרֶנָּה פֶּלֶג

יא אֱלֹהִים מָלֵא מָיִם תָּכִין דְּגָנָם כִּי־כֵן תְּכִינֶהָ: תְּלָמֶיהָ רַוֵּה נַחֵת

יב גְּדוּדֶהָ בִּרְבִיבִים תְּמֹגְגֶנָּה צִמְחָהּ תְּבָרֵךְ: עִטַּרְתָּ שְׁנַת טוֹבָתֶךָ

יג וּמַעְגָּלֶיךָ יִרְעֲפוּן דָּשֶׁן: יִרְעֲפוּ נְאוֹת מִדְבָּר וְגִיל גְּבָעוֹת

יד תַּחְגֹּרְנָה: לָבְשׁוּ כָרִים ׀ הַצֹּאן וַעֲמָקִים יַעַטְפוּ־בָר יִתְרוֹעֲעוּ

אַף־יָשִׁירוּ:

seen thee in the sanctuary. Because thy steadfast love is better 4
than life, my lips shall praise thee. Thus will I bless thee while 5
I live: I will lift up my hands in thy name. My soul is satisfied 6
as with marrow and fatness; and my mouth praises thee with
joyful lips: when I remember thee upon my bed, and meditate 7
on thee in the night watches. Because thou hast been my help, 8
therefore in the shadow of thy wings I will rejoice. My soul 9
clings to thee: thy right hand upholds me. But those who seek 10
my soul, to destroy it, shall go into the lower parts of the earth.
They shall be given over to the sword: they shall be a portion 11
for foxes. But the king shall rejoice in God; everyone who 12
swears by him shall glory: for the mouth of those who speak
lies shall be stopped.

64

To the chief Musician, A Psalm of David. Hear my voice, O 1,2
God, in my prayer: preserve my life from fear of the enemy.
Hide me from the secret council of the wicked; from the tumult 3
of the workers of iniquity: who have whetted their tongue like 4
a sword, aimed their arrows of bitter words: to shoot the in- 5
nocent man in secret; suddenly do they shoot at him, and fear
not. They encourage one another in an evil matter: they speak 6
of laying snares secretly; they say, Who shall see them? They 7
search out iniquities; they accomplish a diligent search: for
the inward thought of man, and the heart, is deep. But God 8
shoots his arrow at them: suddenly their wounds are on them.
So they make their own tongue a stumbling to themselves; all 9
that see them shake the head. And all men are afraid, and they 10
declare the work of God; for they wisely consider of his doing.
The just man shall be glad in the Lord, and shall trust in him; 11
and all the upright in heart shall glory.

65

To the chief Musician, A Psalm of David, a Poem. Praise awaits 1,2
thee, O God, in Ẕiyyon: and to thee shall the vow be performed.
O thou that hearest prayer, to thee shall all flesh come. Iniqui- 3,4
ties prevail against me: as for our transgressions, thou shalt
purge them away. Happy is the man whom thou choosest, and 5
causest to approach to thee, that he may dwell in thy courts: we
will be satisfied with the goodness of thy house, thy holy temple.
By terrible things in righteousness wilt thou answer us, O God 6
of our salvation; who art the confidence of all the ends of the
earth, and of the farthest sea. Who by his strength places the 7
mountains in position; who is girded with power: who stills 8
the noise of the seas, the roaring of their waves, and the tumult
of the peoples. They also who dwell in the uttermost parts are 9
afraid at thy signs: thou makest the outgoings of the morning
and evening to rejoice. Thou visitest the earth, and waterest it: 10
thou greatly enrichest it with the river of God, which is full of
water: thou providest corn for them, for so thou hast prepared
it. Watering her furrows abundantly, settling her ridges: thou 11
makest it soft with showers: thou blessest its growth. Thou 12
crownest the year with thy goodness; and thy paths drop fat-
ness. The pastures of the wilderness drop moisture: and the 13
little hills rejoice on every side. The meadows are clothed with 14
flocks; the valleys also are covered over with corn; they shout
for joy, they also sing.

סו א ב לַמְנַצֵּחַ שִׁיר מִזְמוֹר הָרִיעוּ לֵאלֹהִים כׇּל־הָאָרֶץ׃ זַמְּרוּ כְבוֹד־
ג שְׁמוֹ שִׂימוּ כָבוֹד תְּהִלָּתוֹ׃ אִמְרוּ לֵאלֹהִים מַה־נּוֹרָא מַעֲשֶׂיךָ
ד בְּרֹב עֻזְּךָ יְכַחֲשׁוּ לְךָ אֹיְבֶיךָ׃ כׇּל־הָאָרֶץ ׀ יִשְׁתַּחֲווּ לְךָ וִיזַמְּרוּ־
ה לָךְ יְזַמְּרוּ שִׁמְךָ סֶלָה׃ לְכוּ וּרְאוּ מִפְעֲלוֹת אֱלֹהִים נוֹרָא עֲלִילָה
ו עַל־בְּנֵי אָדָם׃ הָפַךְ יָם ׀ לְיַבָּשָׁה בַּנָּהָר יַעַבְרוּ בְרָגֶל שָׁם נִשְׂמְחָה־
ז בּוֹ׃ מֹשֵׁל בִּגְבוּרָתוֹ ׀ עוֹלָם עֵינָיו בַּגּוֹיִם תִּצְפֶּינָה הַסּוֹרְרִים ׀ אַל־
ח ירימו לָמוֹ סֶלָה׃ בָּרְכוּ עַמִּים ׀ אֱלֹהֵינוּ וְהַשְׁמִיעוּ קוֹל תְּהִלָּתוֹ׃ יָרוּמוּ
ט הַשָּׂם נַפְשֵׁנוּ בַּחַיִּים וְלֹא־נָתַן לַמּוֹט רַגְלֵנוּ׃ כִּי־בְחַנְתָּנוּ אֱלֹהִים
יא צְרַפְתָּנוּ כִּצְרׇף־כָּסֶף׃ הֲבֵאתָנוּ בַמְּצוּדָה שַׂמְתָּ מוּעָקָה
יב בְמׇתְנֵינוּ׃ הִרְכַּבְתָּ אֱנוֹשׁ לְרֹאשֵׁנוּ בָּאנוּ־בָאֵשׁ וּבַמַּיִם וַתּוֹצִיאֵנוּ
יג יד לָרְוָיָה׃ אָבוֹא בֵיתְךָ בְעוֹלוֹת אֲשַׁלֵּם לְךָ נְדָרָי׃ אֲשֶׁר־פָּצוּ שְׂפָתָי
טו וְדִבֶּר־פִּי בַּצַּר־לִי׃ עֹלוֹת מֵחִים אַעֲלֶה־לָּךְ עִם־קְטֹרֶת אֵילִים
טז אֶעֱשֶׂה בָקָר עִם־עַתּוּדִים סֶלָה׃ לְכוּ־שִׁמְעוּ וַאֲסַפְּרָה כׇּל־יִרְאֵי
יז אֱלֹהִים אֲשֶׁר עָשָׂה לְנַפְשִׁי׃ אֵלָיו פִּי־קָרָאתִי וְרוֹמַם תַּחַת
יח יט לְשׁוֹנִי׃ אָוֶן אִם־רָאִיתִי בְלִבִּי לֹא יִשְׁמַע ׀ אֲדֹנָי׃ אָכֵן שָׁמַע
כ אֱלֹהִים הִקְשִׁיב בְּקוֹל תְּפִלָּתִי׃ בָּרוּךְ אֱלֹהִים אֲשֶׁר לֹא־הֵסִיר
תְּפִלָּתִי וְחַסְדּוֹ מֵאִתִּי׃

סז א ב לַמְנַצֵּחַ בִּנְגִינֹת מִזְמוֹר שִׁיר׃ אֱלֹהִים יְחׇנֵּנוּ וִיבָרְכֵנוּ יָאֵר פָּנָיו
ג ד אִתָּנוּ סֶלָה׃ לָדַעַת בָּאָרֶץ דַּרְכֶּךָ בְּכׇל־גּוֹיִם יְשׁוּעָתֶךָ׃ יוֹדוּךָ
ה עַמִּים ׀ אֱלֹהִים יוֹדוּךָ עַמִּים כֻּלָּם׃ יִשְׂמְחוּ וִירַנְּנוּ לְאֻמִּים כִּי־
ו תִשְׁפֹּט עַמִּים מִישֹׁר וּלְאֻמִּים ׀ בָּאָרֶץ תַּנְחֵם סֶלָה׃ יוֹדוּךָ
ז עַמִּים ׀ אֱלֹהִים יוֹדוּךָ עַמִּים כֻּלָּם׃ אֶרֶץ נָתְנָה יְבוּלָהּ
ח יְבָרְכֵנוּ אֱלֹהִים אֱלֹהֵינוּ׃ יְבָרְכֵנוּ אֱלֹהִים וְיִירְאוּ אוֹתוֹ כׇּל־ ט
אַפְסֵי־אָרֶץ׃

סח א ב לַמְנַצֵּחַ לְדָוִד מִזְמוֹר שִׁיר׃ יָקוּם אֱלֹהִים יָפוּצוּ אוֹיְבָיו וְיָנוּסוּ
ג מְשַׂנְאָיו מִפָּנָיו׃ כְּהִנְדֹּף עָשָׁן תִּנְדֹּף כְּהִמֵּס דּוֹנַג מִפְּנֵי־אֵשׁ
ד יֹאבְדוּ רְשָׁעִים מִפְּנֵי אֱלֹהִים׃ וְצַדִּיקִים יִשְׂמְחוּ יַעַלְצוּ לִפְנֵי
ה אֱלֹהִים וְיָשִׂישׂוּ בְשִׂמְחָה׃ שִׁירוּ ׀ לֵאלֹהִים זַמְּרוּ שְׁמוֹ סֹלּוּ לָרֹכֵב
ו בָּעֲרָבוֹת בְּיָהּ שְׁמוֹ וְעִלְזוּ לְפָנָיו׃ אֲבִי יְתוֹמִים וְדַיַּן אַלְמָנוֹת
ז אֱלֹהִים בִּמְעוֹן קׇדְשׁוֹ׃ אֱלֹהִים ׀ מוֹשִׁיב יְחִידִים ׀ בַּיְתָה מוֹצִיא
ח אֲסִירִים בַּכּוֹשָׁרוֹת אַךְ סוֹרְרִים שָׁכְנוּ צְחִיחָה׃ אֱלֹהִים בְּצֵאתְךָ
ט לִפְנֵי עַמֶּךָ בְּצַעְדְּךָ בִישִׁימוֹן סֶלָה׃ אֶרֶץ רָעָשָׁה ׀ אַף־שָׁמַיִם

To the chief Musician, A Poem, a Psalm. Make a joyful noise 1
to God, all the earth: sing to the glory of his name: make his 2
praise glorious. Say to God, How terrible are thy works! through 3
the greatness of thy power shall thy enemies cringe before thee.
All the earth shall worship thee, and shall sing to thee; they 4
shall sing to thy name. (Sela.) Come and see the works of 5
God: terrible is his doing towards the children of men. He 6
turned the sea into dry land: they went through the river on
foot: there did we rejoice in him. He rules by his power for- 7
ever; his eyes behold the nations: let not the rebellious exalt
themselves. (Sela.) O bless our God, you peoples, and make 8
the voice of his praise to be heard: who has kept our soul in 9
life, and has not suffered our foot to be moved. For thou, O God, 10
hast tested us: thou hast tried us, as silver is refined. Thou 11
hast brought us into the net; thou hast laid affliction upon our
loins. Thou hast caused men to ride over our heads; we went 12
through fire and through water: but thou didst bring us out
into abundance. I will go into thy house with burnt offerings: 13
I will pay thee my vows, which my lips have uttered, and my 14
mouth has spoken, when I was in trouble. I will offer unto thee 15
burnt sacrifices of fatlings, with the sweet smoke of rams; I
will offer bullocks with goats. (Sela.) Come and hear, all you 16
that fear God, and I will declare what he has done for my soul.
I cried to him with my mouth, and he was extolled with my 17
tongue. If I had looked on wickedness with my heart, the Lord 18
would not have heard: but verily God has heard me; he has 19
attended to the voice of my prayer. Blessed be God, who has 20
not turned away my prayer, nor removed his steadfast love
from me.

67

To the chief Musician on strings, A Psalm, a Poem. God be 1,2
gracious to us, and bless us; and cause his face to shine upon
us; (Sela.) that thy way may be known upon earth, thy salva- 3
tion among all nations. Let the peoples praise thee, O God; let 4
all the peoples give thanks to thee. O let the nations be glad 5
and sing for joy: for thou shalt judge the peoples with equity,
and govern the nations upon earth. (Sela.) Let the peoples 6
praise thee, O God; let all the peoples give thee thanks. The 7
earth has yielded her increase; and God, our own God, shall
bless us. God shall bless us; and let all the ends of the earth 8
fear him.

68

To the chief Musician, A Psalm, a Poem of David. Let God 1,2
arise, let his enemies be scattered: and let those who hate him
flee before him. As smoke is driven away, so drive them away: 3
as wax melts before the fire, so let the wicked perish at the
presence of God. But let the righteous be glad; let them rejoice 4
before God: and let them joyfully exult. Sing to God, sing prai- 5
ses to his name: extol him who rides upon the clouds; Ya is
his name: and rejoice before him. A father of the fatherless, 6
and a judge of widows, is God in his holy habitation. God makes 7
the lonely ones dwell in a house: he brings out the prisoners
into prosperity; but the rebellious dwell in a parched land. O 8
God, when thou didst go out before thy people, when thou didst
march through the wilderness; (Sela;) the earth shook, the 9

י נָטְפוּ מִפְּנֵי אֱלֹהִים זֶה סִינַי מִפְּנֵי אֱלֹהִים אֱלֹהֵי יִשְׂרָאֵל׃ גֶּשֶׁם
יא נְדָבוֹת תָּנִיף אֱלֹהִים נַחֲלָתְךָ וְנִלְאָה אַתָּה כוֹנַנְתָּהּ׃ חַיָּתְךָ
יב יָשְׁבוּ־בָהּ תָּכִין בְּטוֹבָתְךָ לֶעָנִי אֱלֹהִים׃ אֲדֹנָי יִתֶּן־אֹמֶר
יג הַמְבַשְּׂרוֹת צָבָא רָב׃ מַלְכֵי צְבָאוֹת יִדֹּדוּן יִדֹּדוּן וּנְוַת־בַּיִת
יד תְּחַלֵּק שָׁלָל׃ אִם־תִּשְׁכְּבוּן בֵּין שְׁפַתָּיִם כַּנְפֵי יוֹנָה נֶחְפָּה בַכֶּסֶף
טו וְאֶבְרוֹתֶיהָ בִּירַקְרַק חָרוּץ׃ בְּפָרֵשׂ שַׁדַּי מְלָכִים בָּהּ תַּשְׁלֵג
טז יז בְּצַלְמוֹן׃ הַר־אֱלֹהִים הַר־בָּשָׁן הַר גַּבְנֻנִּים הַר־בָּשָׁן׃ לָמָּה ׀
תְּרַצְּדוּן הָרִים גַּבְנֻנִּים הָהָר חָמַד אֱלֹהִים לְשִׁבְתּוֹ אַף־יְהוָה
יח יִשְׁכֹּן לָנֶצַח׃ רֶכֶב אֱלֹהִים רִבֹּתַיִם אַלְפֵי שִׁנְאָן אֲדֹנָי בָם סִינַי
יט בַּקֹּדֶשׁ׃ עָלִיתָ לַמָּרוֹם ׀ שָׁבִיתָ שֶּׁבִי לָקַחְתָּ מַתָּנוֹת בָּאָדָם וְאַף
כ סוֹרְרִים לִשְׁכֹּן ׀ יָהּ אֱלֹהִים׃ בָּרוּךְ אֲדֹנָי יוֹם ׀ יוֹם יַעֲמָס־לָנוּ
כא הָאֵל יְשׁוּעָתֵנוּ סֶלָה׃ הָאֵל ׀ לָנוּ אֵל לְמוֹשָׁעוֹת וְלֵיהוִה אֲדֹנָי
כב לַמָּוֶת תּוֹצָאוֹת׃ אַךְ־אֱלֹהִים יִמְחַץ רֹאשׁ אֹיְבָיו קָדְקֹד שֵׂעָר
כג מִתְהַלֵּךְ בַּאֲשָׁמָיו׃ אָמַר אֲדֹנָי מִבָּשָׁן אָשִׁיב אָשִׁיב מִמְּצֻלוֹת יָם׃
כד כה לְמַעַן ׀ תִּמְחַץ רַגְלְךָ בְּדָם לְשׁוֹן כְּלָבֶיךָ מֵאֹיְבִים מִנֵּהוּ׃ רָאוּ
כו הֲלִיכוֹתֶיךָ אֱלֹהִים הֲלִיכוֹת אֵלִי מַלְכִּי בַקֹּדֶשׁ׃ קִדְּמוּ שָׁרִים
כז אַחַר נֹגְנִים בְּתוֹךְ עֲלָמוֹת תּוֹפֵפוֹת׃ בְּמַקְהֵלוֹת בָּרְכוּ אֱלֹהִים
כח אֲדֹנָי מִמְּקוֹר יִשְׂרָאֵל׃ שָׁם בִּנְיָמִן ׀ צָעִיר רֹדֵם שָׂרֵי יְהוּדָה
כט רִגְמָתָם שָׂרֵי זְבֻלוּן שָׂרֵי נַפְתָּלִי׃ צִוָּה אֱלֹהֶיךָ עֻזֶּךָ עוּזָּה אֱלֹהִים
ל לא זוּ פָּעַלְתָּ לָּנוּ׃ מֵהֵיכָלֶךָ עַל־יְרוּשָׁלָםִ לְךָ יוֹבִילוּ מְלָכִים שָׁי׃ גְּעַר
חַיַּת קָנֶה עֲדַת אַבִּירִים ׀ בְּעֶגְלֵי עַמִּים מִתְרַפֵּס בְּרַצֵּי־כָסֶף בִּזַּר
לב עַמִּים קְרָבוֹת יֶחְפָּצוּ׃ יֶאֱתָיוּ חַשְׁמַנִּים מִנִּי מִצְרָיִם כּוּשׁ תָּרִיץ
לג יָדָיו לֵאלֹהִים׃ מַמְלְכוֹת הָאָרֶץ שִׁירוּ לֵאלֹהִים זַמְּרוּ אֲדֹנָי
לד לה סֶלָה׃ לָרֹכֵב בִּשְׁמֵי שְׁמֵי־קֶדֶם הֵן יִתֵּן בְּקוֹלוֹ קוֹל עֹז׃ תְּנוּ עֹז
לו לֵאלֹהִים עַל־יִשְׂרָאֵל גַּאֲוָתוֹ וְעֻזּוֹ בַּשְּׁחָקִים׃ נוֹרָא אֱלֹהִים ׀
מִמִּקְדָּשֶׁיךָ אֵל יִשְׂרָאֵל הוּא נֹתֵן ׀ עֹז וְתַעֲצֻמוֹת לָעָם בָּרוּךְ
אֱלֹהִים׃
סט א ב לַמְנַצֵּחַ עַל־שׁוֹשַׁנִּים לְדָוִד׃ הוֹשִׁיעֵנִי אֱלֹהִים כִּי בָאוּ מַיִם עַד־
ג נָפֶשׁ׃ טָבַעְתִּי ׀ בִּיוֵן מְצוּלָה וְאֵין מָעֳמָד בָּאתִי בְמַעֲמַקֵּי־מַיִם
ד וְשִׁבֹּלֶת שְׁטָפָתְנִי׃ יָגַעְתִּי בְקָרְאִי נִחַר גְּרוֹנִי כָּלוּ עֵינַי מְיַחֵל
ה לֵאלֹהָי׃ רַבּוּ ׀ מִשַּׂעֲרוֹת רֹאשִׁי שֹׂנְאַי חִנָּם עָצְמוּ מַצְמִיתַי אֹיְבַי

heavens also dropped at the presence of GOD: even Sinay itself
at the presence of GOD, the GOD of Yisra'el. Thou, O GOD, didst   10
send a plentiful rain, whereby thou didst strengthen thy inheri-
tance, when it languished. Thy flock found a dwelling in it: 11
thou, O GOD, preparest of thy goodness for the poor. The LORD   12
gives the word: great is the company of those who bear the
tidings. Kings of armies flee, they flee: and she who dwells in   13
the house divides the spoil. When you lie among the sheepfolds   14
you shall shine as the wings of a dove covered with silver, and
her pinions with yellow gold. When the Almighty scatters kings   15
in it, snow falls in Ẕalmon. O mighty hill, O hill of Bashan; O   16
high peaked hill, hill of Bashan: why dost thou look askance,   17
O high peaked hill, at the mountain which GOD has desired for
his abode? truly the LORD will dwell there forever. The chariots   18
of GOD are twice ten thousand, thousands upon thousands: the
LORD is among them: Sinay in holiness! Thou hast ascended on   19
high, thou hast led captivity captive: thou hast received gifts
from men; yea, from the rebellious also, that the LORD GOD
might dwell there. Blessed be the LORD who day by day bears   20
our burden. GOD is our salvation. (Sela.) He that is our GOD is   21
the GOD of salvations; and to GOD the LORD belong the issues
of death. But GOD will smite through the head of his enemies,   22
the hairy scalp of such as goes on still in his trespasses. The   23
LORD said, I will bring back from Bashan, I wil bring them
back from the depths of the sea: that thy foot may wade in   24
blood; and the tongue of thy dogs have its portion of thy ene-
mies. They see thy processions, O GOD; the processions of my   25
GOD, my King, in the sanctuary. The singers go before, the   26
players on instruments follow after; among them are maidens
beating tambourines. Bless GOD in the congregations, the LORD,   27
from the fountain of Yisra'el. There is Binyamin, the youngest,   28
ruling them, the princes of Yehuda, their council, the princes
of Zevulun, and the princes of Naftali. Thy GOD has comman-   29
ded thy strength: strengthen, O GOD, that which thou hast
wrought for us, out of thy temple at Yerushalayim, whither   30
kings shall bring thee gifts. Rebuke the wild beast of the reed   31
grass, the company of bulls with the calves of the peoples, who
seek to ingratiate themselves with pieces of silver; the prodiga-
lity of nations desiring to approach thee. Nobles shall come out   32
of Miẕrayim; Kush shall soon stretch out her hands to GOD.
Sing to GOD, you kingdoms of the earth; O sing praise to the   33
LORD; (Sela;) to him that rides upon the heavens of heavens,   34
which are of old; lo, he sends out his voice, a mighty voice.
Ascribe strength to GOD: his majesty is over Yisra'el, and his   35
strength is in the clouds. O GOD, thou art terrible out of thy   36
holy places: the GOD of Yisra'el: he gives strength and power
to his people. Blessed is GOD.   **69**
To the chief Musician upon Shoshannim, Of David. Save me,   1, 2
O GOD; for the waters are come in to my soul. I sink in deep   3
mire, where there is no standing: I am come into deep waters,
and the flood overwhelms me. I am weary with my crying: my   4
throat is dried: my eyes fail while I wait for my GOD. They   5
who hate me without cause are more than the hairs of my head:

שֶׁקֶר אֲשֶׁר לֹא־גָזַלְתִּי אָז אָשִׁיב׃ אֱלֹהִים אַתָּה יָדַעְתָּ לְאִוַּלְתִּי ו
וְאַשְׁמוֹתַי מִמְּךָ לֹא־נִכְחָדוּ׃ אַל־יֵבֹשׁוּ בִי ׀ קֹוֶיךָ אֲדֹנָי יֱהֹוִה ז
צְבָאוֹת אַל־יִכָּלְמוּ בִי מְבַקְשֶׁיךָ אֱלֹהֵי יִשְׂרָאֵל׃ כִּי־עָלֶיךָ ח
נָשָׂאתִי חֶרְפָּה כִּסְּתָה כְלִמָּה פָנָי׃ מוּזָר הָיִיתִי לְאֶחָי וְנָכְרִי ט
לִבְנֵי אִמִּי׃ כִּי־קִנְאַת בֵּיתְךָ אֲכָלָתְנִי וְחֶרְפּוֹת חוֹרְפֶיךָ נָפְלוּ י
עָלָי׃ וָאֶבְכֶּה בַצּוֹם נַפְשִׁי וַתְּהִי לַחֲרָפוֹת לִי׃ וָאֶתְּנָה לְבוּשִׁי שָׂק יא יב
וָאֱהִי לָהֶם לְמָשָׁל׃ יָשִׂיחוּ בִי יֹשְׁבֵי שָׁעַר וּנְגִינוֹת שׁוֹתֵי שֵׁכָר׃ יג
וַאֲנִי תְפִלָּתִי־לְךָ ׀ יְהוָה עֵת רָצוֹן אֱלֹהִים בְּרָב־חַסְדֶּךָ עֲנֵנִי יד
בֶּאֱמֶת יִשְׁעֶךָ׃ הַצִּילֵנִי מִטִּיט וְאַל־אֶטְבָּעָה אִנָּצְלָה מִשֹּׂנְאַי טו
וּמִמַּעֲמַקֵּי־מָיִם׃ אַל־תִּשְׁטְפֵנִי ׀ שִׁבֹּלֶת מַיִם וְאַל־תִּבְלָעֵנִי טז
מְצוּלָה וְאַל־תֶּאְטַר־עָלַי בְּאֵר פִּיהָ׃ עֲנֵנִי יְהוָה כִּי־טוֹב חַסְדֶּךָ יז
כְּרֹב רַחֲמֶיךָ פְּנֵה אֵלָי׃ וְאַל־תַּסְתֵּר פָּנֶיךָ מֵעַבְדֶּךָ כִּי־צַר־לִי יח
מַהֵר עֲנֵנִי׃ קָרְבָה אֶל־נַפְשִׁי גְאָלָהּ לְמַעַן אֹיְבַי פְּדֵנִי׃ אַתָּה יט כ
יָדַעְתָּ חֶרְפָּתִי וּבָשְׁתִּי וּכְלִמָּתִי נֶגְדְּךָ כָּל־צוֹרְרָי׃ חֶרְפָּה ׀ שָׁבְרָה כא
לִבִּי וָאָנוּשָׁה וָאֲקַוֶּה לָנוּד וָאַיִן וְלַמְנַחֲמִים וְלֹא מָצָאתִי׃ וַיִּתְּנוּ כב
בְּבָרוּתִי רֹאשׁ וְלִצְמָאִי יַשְׁקוּנִי חֹמֶץ׃ יְהִי־שֻׁלְחָנָם לִפְנֵיהֶם לְפָח כג
וְלִשְׁלוֹמִים לְמוֹקֵשׁ׃ תֶּחְשַׁכְנָה עֵינֵיהֶם מֵרְאוֹת וּמָתְנֵיהֶם תָּמִיד כד
הַמְעַד׃ שְׁפָךְ־עֲלֵיהֶם זַעְמֶךָ וַחֲרוֹן אַפְּךָ יַשִּׂיגֵם׃ תְּהִי־טִירָתָם כה כו
נְשַׁמָּה בְּאָהֳלֵיהֶם אַל־יְהִי יֹשֵׁב׃ כִּי־אַתָּה אֲשֶׁר־הִכִּיתָ רָדָפוּ כז
וְאֶל־מַכְאוֹב חֲלָלֶיךָ יְסַפֵּרוּ׃ תְּנָה־עָוֹן עַל־עֲוֺנָם וְאַל־יָבֹאוּ כח
בְּצִדְקָתֶךָ׃ יִמָּחוּ מִסֵּפֶר חַיִּים וְעִם צַדִּיקִים אַל־יִכָּתֵבוּ׃ וַאֲנִי עָנִי כט ל
וְכוֹאֵב יְשׁוּעָתְךָ אֱלֹהִים תְּשַׂגְּבֵנִי׃ אֲהַלְלָה שֵׁם־אֱלֹהִים בְּשִׁיר לא
וַאֲגַדְּלֶנּוּ בְתוֹדָה׃ וְתִיטַב לַיהוָה מִשּׁוֹר פָּר מַקְרִן מַפְרִיס׃ רָאוּ לב לג
עֲנָוִים יִשְׂמָחוּ דֹּרְשֵׁי אֱלֹהִים וִיחִי לְבַבְכֶם׃ כִּי־שֹׁמֵעַ אֶל־ לד
אֶבְיוֹנִים יְהוָה וְאֶת־אֲסִירָיו לֹא בָזָה׃ יְהַלְלוּהוּ שָׁמַיִם וָאָרֶץ לה
יַמִּים וְכָל־רֹמֵשׂ בָּם׃ כִּי אֱלֹהִים ׀ יוֹשִׁיעַ צִיּוֹן וְיִבְנֶה עָרֵי לו
יְהוּדָה וְיָשְׁבוּ שָׁם וִירֵשׁוּהָ׃ וְזֶרַע עֲבָדָיו יִנְחָלוּהָ וְאֹהֲבֵי לז
שְׁמוֹ יִשְׁכְּנוּ־בָהּ׃
לַמְנַצֵּחַ לְדָוִד לְהַזְכִּיר׃ אֱלֹהִים לְהַצִּילֵנִי יְהוָה לְעֶזְרָתִי חוּשָׁה׃ א ב ע
יֵבֹשׁוּ וְיַחְפְּרוּ מְבַקְשֵׁי נַפְשִׁי יִסֹּגוּ אָחוֹר וְיִכָּלְמוּ חֲפֵצֵי רָעָתִי׃ ג

they who would destroy me are many, who hate me wrong-
fully. What I took not away, that must I restore. O GOD, thou   6
knowst my folly; and my sins are not hid from thee. Let not   7
those who wait on thee, O LORD GOD of hosts, be ashamed for
my sake: let not those who seek thee be confounded for my
sake, O GOD of Yisra'el. Because for thy sake I have borne in-   8
sult; confusion has covered my face. I am become a stranger   9
to my brothers, and an alien to my mother's children. For the   10
zeal of thy house has eaten me up; and the taunts of those who
taunt thee are fallen upon me. When I wept, and chastened my   11
soul with fasting, that became a reproach to me. I made sack-   12
cloth also my garment; and I became a proverb to them. They   13
who sit in the gate talk of me; and I am the song of drunkards.
But as for me, let my prayer be to thee, O LORD, in an accept-   14
able time: O GOD, in the greatness of thy steadfast love hear
me, in the truth of thy salvation. Deliver me out of the mire,   15
and let me not sink: let me be delivered from those who hate
me, and out of the deep waters. Let not the waterflood over-   16
whelm me, nor let the deep swallow me up, and let not the
pit shut her mouth upon me. Hear me, O LORD; for thy love   17
is good: turn towards me according to the multitude of
thy compassion. And hide not thy face from thy servant; for   18
I am in trouble: answer me speedily. Draw near to my soul,   19
and redeem it: ransom me because of my enemies. Thou   20
knowst my reproach, and my shame, and my dishonour: my
adversaries are all before thee. Insult has broken my heart; and   21
I am sick: and I looked for some to take pity, but there was
none; and for comforters, but I found none. And they gave me   22
poison in my food; and for my thirst they gave me vinegar to
drink. Let their table become a snare before them: and when   23
they are at peace, let it be a trap. Let their eyes be darkened,   24
that they see not; and make their loins continually to shake.
Pour out thy indignation upon them, and let thy fierce anger   25
overtake them. Let their habitation be desolate; let none dwell   26
in their tents. For they persecute him whom thou hast smitten;   27
and they tell of the pain of those whom thou hast wounded.
Add iniquity to their iniquity: and let them not be admitted to   28
thy vindication. Let them be blotted out of the book of the   29
living, and not be written with the righteous. But I am af-   30
flicted and in pain: let thy salvation, O GOD, set me on high.
I will praise the name of GOD with a song, and will magnify him   31
with thanksgiving. And it shall please the LORD better than an   32
ox or a bullock that has horns and hoofs. The humble shall   33
see this, and be glad: and let your hearts revive, you who seek
GOD. For the LORD hears the poor, and despises not his prison-   34
ers. Let the heaven and earth praise him, the seas, and every-   35
thing that moves therein. For GOD will save Ẕiyyon, and will   36
build the cities of Yehuda: that they may dwell there, and have
it in possession. The seed also of his servants shall inherit it: 37
and they that love his name shall dwell there.   **70**
To the chief Musician, of David, for invocation. Make haste,   1,2
O GOD, to deliver me; to help me, O LORD. Let them be a-   3
shamed and confounded who seek after my soul: let them be

ד ה יָשׁוּבוּ עַל־עֵקֶב בׇּשְׁתָּם הָאֹמְרִים הֶאָח ׀ הֶאָח׃ יָשִׂישׂוּ וְיִשְׂמְחוּ ׀
בְּךָ כׇּל־מְבַקְשֶׁיךָ וְיֹאמְרוּ תָמִיד יִגְדַּל אֱלֹהִים אֹהֲבֵי יְשׁוּעָתֶךָ׃
ו וַאֲנִי ׀ עָנִי וְאֶבְיוֹן אֱלֹהִים חוּשָׁה לִּי עֶזְרִי וּמְפַלְטִי אַתָּה יְהוָה
אַל־תְּאַחַר׃
עא א ב בְּךָ־יְהוָה חָסִיתִי אַל־אֵבוֹשָׁה לְעוֹלָם׃ בְּצִדְקָתְךָ תַּצִּילֵנִי
ג וּתְפַלְּטֵנִי הַטֵּה־אֵלַי אׇזְנְךָ וְהוֹשִׁיעֵנִי׃ הֱיֵה לִי ׀ לְצוּר מָעוֹן
ד לָבוֹא תָּמִיד צִוִּיתָ לְהוֹשִׁיעֵנִי כִּי־סַלְעִי וּמְצוּדָתִי אָתָּה׃ אֱלֹהַי
ה פַּלְּטֵנִי מִיַּד רָשָׁע מִכַּף מְעַוֵּל וְחוֹמֵץ׃ כִּי־אַתָּה תִקְוָתִי אֲדֹנָי
ו יְהוִה מִבְטַחִי מִנְּעוּרָי׃ עָלֶיךָ ׀ נִסְמַכְתִּי מִבֶּטֶן מִמְּעֵי אִמִּי אַתָּה
ז גוֹזִי בְּךָ תְהִלָּתִי תָמִיד׃ כְּמוֹפֵת הָיִיתִי לְרַבִּים וְאַתָּה מַחֲסִי־עֹז׃
ח ט יִמָּלֵא פִי תְּהִלָּתֶךָ כׇּל־הַיּוֹם תִּפְאַרְתֶּךָ׃ אַל־תַּשְׁלִיכֵנִי לְעֵת
י זִקְנָה כִּכְלוֹת כֹּחִי אַל־תַּעַזְבֵנִי׃ כִּי־אָמְרוּ אוֹיְבַי לִי וְשֹׁמְרֵי נַפְשִׁי
יא נוֹעֲצוּ יַחְדָּו׃ לֵאמֹר אֱלֹהִים עֲזָבוֹ רִדְפוּ וְתִפְשׂוּהוּ כִּי־אֵין מַצִּיל׃
יב יג אֱלֹהִים אַל־תִּרְחַק מִמֶּנִּי אֱלֹהַי לְעֶזְרָתִי חישה׃ יֵבֹשׁוּ יִכְלוּ שֹׂטְנֵי חוּשָׁה
יד נַפְשִׁי יַעֲטוּ חֶרְפָּה וּכְלִמָּה מְבַקְשֵׁי רָעָתִי׃ וַאֲנִי תָּמִיד אֲיַחֵל
טו וְהוֹסַפְתִּי עַל־כׇּל־תְּהִלָּתֶךָ׃ פִּי ׀ יְסַפֵּר צִדְקָתֶךָ כׇּל־הַיּוֹם
טז תְּשׁוּעָתֶךָ כִּי לֹא יָדַעְתִּי סְפֹרוֹת׃ אָבוֹא בִּגְבֻרוֹת אֲדֹנָי יְהוִה
יז אַזְכִּיר צִדְקָתְךָ לְבַדֶּךָ׃ אֱלֹהִים לִמַּדְתַּנִי מִנְּעוּרָי וְעַד־הֵנָּה אַגִּיד
יח נִפְלְאוֹתֶיךָ׃ וְגַם עַד־זִקְנָה ׀ וְשֵׂיבָה אֱלֹהִים אַל־תַּעַזְבֵנִי עַד־אַגִּיד
יט זְרוֹעֲךָ לְדוֹר לְכׇל־יָבוֹא גְּבוּרָתֶךָ׃ וְצִדְקָתְךָ אֱלֹהִים עַד־מָרוֹם
כ אֲשֶׁר־עָשִׂיתָ גְדֹלוֹת אֱלֹהִים מִי כָמוֹךָ׃ אֲשֶׁר הראיתנו ׀ צָרוֹת הִרְאִיתַנִי
רַבּוֹת וְרָעוֹת תָּשׁוּב תחיינו וּמִתְּהֹמוֹת הָאָרֶץ תָּשׁוּב תעלנו׃ תְּחַיֵּנִי | תַּעֲלֵנִי
כא כב תֶּרֶב ׀ גְּדֻלָּתִי וְתִסֹּב תְּנַחֲמֵנִי׃ גַּם־אֲנִי ׀ אוֹדְךָ בִכְלִי־נֶבֶל אֲמִתְּךָ
כג אֱלֹהָי אֲזַמְּרָה לְךָ בְכִנּוֹר קְדוֹשׁ יִשְׂרָאֵל׃ תְּרַנֵּנָּה שְׂפָתַי כִּי
כד אֲזַמְּרָה־לָּךְ וְנַפְשִׁי אֲשֶׁר פָּדִיתָ׃ גַּם־לְשׁוֹנִי כׇּל־הַיּוֹם תֶּהְגֶּה
צִדְקָתֶךָ כִּי־בֹשׁוּ כִי־חָפְרוּ מְבַקְשֵׁי רָעָתִי׃
עב א ב לִשְׁלֹמֹה ׀ אֱלֹהִים מִשְׁפָּטֶיךָ לְמֶלֶךְ תֵּן וְצִדְקָתְךָ לְבֶן־מֶלֶךְ׃ יָדִין
ג עַמְּךָ בְצֶדֶק וַעֲנִיֶּיךָ בְמִשְׁפָּט׃ יִשְׂאוּ הָרִים שָׁלוֹם לָעָם וּגְבָעוֹת
ד בִּצְדָקָה׃ יִשְׁפֹּט ׀ עֲנִיֵּי־עָם יוֹשִׁיעַ לִבְנֵי אֶבְיוֹן וִידַכֵּא עוֹשֵׁק׃
ה ו יִירָאוּךָ עִם־שָׁמֶשׁ וְלִפְנֵי יָרֵחַ דּוֹר דּוֹרִים׃ יֵרֵד כְּמָטָר עַל־גֵּז

turned backward, and put to confusion, who desire my hurt.
Let them be turned back because of their shame who say, Aha,   4
aha. Let all those who seek thee rejoice and be glad in thee: and   5
let such as love thy salvation say continually, Let GOD be
magnified. But I am poor and needy: make haste to me, O GOD: 6
thou art my help and my deliverer; delay not, O LORD.

IN thee, O LORD, do I take refuge: let me never be put to con-   **71**
fusion. Deliver me in thy righteousness, and cause me to es-   2
cape: incline thy ear to me, and save me. Be thou my strong   3
habitation, to which I may continually resort; which thou hast
appointed to save me; for thou art my rock and my fortress.
Deliver me, O my GOD, out of the hand of the wicked man,   4
out of the hand of the unrighteous and violent man. For thou art   5
my hope, O LORD GOD: thou art my trust from my youth. By thee   6
have I been sustained from the womb: thou art he who took me
out of my mother's bowels: my praise is continually of thee. I am   7
as a marvel to many; but thou art my strong refuge. Let my   8
mouth be filled with thy praise and with thy glory all the day.
Cast me not off in the time of old age; forsake me not when   9
my strength fails me. For my enemies speak against me; and   10
they who watch for my soul take counsel together, saying,   11
GOD has forsaken him: pursue and catch him; for there is none
to deliver him. O GOD, be not far from me: O my GOD, make   12
haste to help me. Let them be confounded and consumed who   13
are adversaries to my soul; let them be covered with reproach
and dishonour who seek my hurt. But as for me, I will hope   14
continually, and will praise thee yet more and more. My mouth   15
shall rehearse thy righteousness and thy salvation all the day;
for I cannot count them. I will come to celebrate the mighty   16
acts of the LORD GOD: I will make mention of thy righteous-
ness, thine alone. O GOD, thou hast taught me from my youth: 17
and I still declare thy wondrous deeds. Now also when I am old   18
and greyheaded, O GOD, forsake me not; until I have related
thy strength to this generation, and thy power to everyone
that is to come. Thy righteousness also, O GOD, reaches the high   19
heavens, who hast done great things. O GOD, who is like thee!
Thou who hast shown me many and grievous troubles, restore   20
me to life again, and bring me up again from the depths of the
earth. Increase my greatness, and turn to comfort me. I too will   21,22
praise thee with the harp, speaking of thy truth, O my GOD:
to thee will I sing with the lyre, O thou Holy One of Yisra'el.
My lips shall greatly rejoice when I sing to thee; and my soul,   23
which thou hast redeemed. My tongue also shall tell of thy   24
righteousness all the day long: for they are confounded, for
they are brought to shame, who seek my hurt.

FOR Shelomo. Give the king thy judgments, O GOD, and thy   **72**
righteousness to the king's son. That he may judge thy people   2
with righteousness, and thy poor with justice. Let the moun-   3
tains bring peace to the people, and the hills, by righteousness.
May he judge the cause of the poor of the people, may he save   4
the children of the needy, and break the oppressor in pieces.
May they fear thee as long as the sun and moon endure,   5
throughout all generations. May he come down like rain upon   6

ז כְּרְבִיבִים זַרְזִיף אָרֶץ׃ יִפְרַח־בְּיָמָיו צַדִּיק וְרֹב שָׁלוֹם עַד־בְּלִי
ח ט יָרֵחַ׃ וְיֵרְדְּ מִיָּם עַד־יָם וּמִנָּהָר עַד־אַפְסֵי־אָרֶץ׃ לְפָנָיו יִכְרְעוּ
י צִיִּים וְאֹיְבָיו עָפָר יְלַחֵכוּ׃ מַלְכֵי תַרְשִׁישׁ וְאִיִּים מִנְחָה יָשִׁיבוּ
יא מַלְכֵי שְׁבָא וּסְבָא אֶשְׁכָּר יַקְרִיבוּ׃ וְיִשְׁתַּחֲווּ־לוֹ כָל־מְלָכִים כָּל־
יב יג גּוֹיִם יַעַבְדוּהוּ׃ כִּי־יַצִּיל אֶבְיוֹן מְשַׁוֵּעַ וְעָנִי וְאֵין־עֹזֵר לוֹ׃ יָחֹס
יד עַל־דַּל וְאֶבְיוֹן וְנַפְשׁוֹת אֶבְיוֹנִים יוֹשִׁיעַ׃ מִתּוֹךְ וּמֵחָמָס יִגְאַל
טו נַפְשָׁם וְיֵיקַר דָּמָם בְּעֵינָיו׃ וִיחִי וְיִתֶּן־לוֹ מִזְּהַב שְׁבָא וְיִתְפַּלֵּל
טז בַּעֲדוֹ תָמִיד כָּל־הַיּוֹם יְבָרְכֶנְהוּ׃ יְהִי פִסַּת־בַּר ׀ בָּאָרֶץ בְּרֹאשׁ
יז הָרִים יִרְעַשׁ כַּלְּבָנוֹן פִּרְיוֹ וְיָצִיצוּ מֵעִיר כְּעֵשֶׂב הָאָרֶץ׃ יְהִי שְׁמוֹ ׀
יִנּוֹן לְעוֹלָם לִפְנֵי־שֶׁמֶשׁ ינין שְׁמוֹ וְיִתְבָּרְכוּ בוֹ כָּל־גּוֹיִם יְאַשְּׁרוּהוּ׃
יח יט בָּרוּךְ ׀ יְהוָה אֱלֹהִים אֱלֹהֵי יִשְׂרָאֵל עֹשֵׂה נִפְלָאוֹת לְבַדּוֹ׃ וּבָרוּךְ ׀
שֵׁם כְּבוֹדוֹ לְעוֹלָם וְיִמָּלֵא כְבוֹדוֹ אֶת־כֹּל הָאָרֶץ אָמֵן ׀ וְאָמֵן׃
כ י כָּלּוּ תְפִלּוֹת דָּוִד בֶּן־יִשָׁי׃

ספר שלישי

עג א ב מִזְמוֹר לְאָסָף אַךְ טוֹב לְיִשְׂרָאֵל אֱלֹהִים לְבָרֵי לֵבָב׃ וַאֲנִי כִּמְעַט
ג נָטָיוּ|שֻׁפְּכוּ נטוי רַגְלָי כְּאַיִן שפכה אֲשֻׁרָי׃ כִּי־קִנֵּאתִי בַּהוֹלְלִים שְׁלוֹם
ד ה רְשָׁעִים אֶרְאֶה׃ כִּי אֵין חַרְצֻבּוֹת לְמוֹתָם וּבָרִיא אוּלָם׃ בַּעֲמַל
ו אֱנוֹשׁ אֵינֵמוֹ וְעִם־אָדָם לֹא יְנֻגָּעוּ׃ לָכֵן עֲנָקַתְמוֹ גַאֲוָה יַעֲטָף־
ז ח שִׁית חָמָס לָמוֹ׃ יָצָא מֵחֵלֶב עֵינֵמוֹ עָבְרוּ מַשְׂכִּיּוֹת לֵבָב׃ יָמִיקוּ ׀
ט וִידַבְּרוּ בְרָע עֹשֶׁק מִמָּרוֹם יְדַבֵּרוּ׃ שַׁתּוּ בַשָּׁמַיִם פִּיהֶם וּלְשׁוֹנָם
י יָשׁוּב תִּהֲלַךְ בָּאָרֶץ׃ לָכֵן ׀ ישיב עַמּוֹ הֲלֹם וּמֵי מָלֵא יִמָּצוּ לָמוֹ׃
יא יב וְאָמְרוּ אֵיכָה יָדַע־אֵל וְיֵשׁ דֵּעָה בְעֶלְיוֹן׃ הִנֵּה־אֵלֶּה רְשָׁעִים
יג וְשַׁלְוֵי עוֹלָם הִשְׂגּוּ־חָיִל׃ אַךְ־רִיק זִכִּיתִי לְבָבִי וָאֶרְחַץ בְּנִקָּיוֹן
יד טו כַּפָּי׃ וָאֱהִי נָגוּעַ כָּל־הַיּוֹם וְתוֹכַחְתִּי לַבְּקָרִים׃ אִם־אָמַרְתִּי
טז אֲסַפְּרָה כְמוֹ הִנֵּה דוֹר בָּנֶיךָ בָגָדְתִּי׃ וָאֲחַשְּׁבָה לָדַעַת זֹאת עָמָל
יז יח הוּא היא בְעֵינָי׃ עַד־אָבוֹא אֶל־מִקְדְּשֵׁי־אֵל אָבִינָה לְאַחֲרִיתָם׃ אַךְ
יט בַּחֲלָקוֹת תָּשִׁית לָמוֹ הִפַּלְתָּם לְמַשּׁוּאוֹת׃ אֵיךְ הָיוּ לְשַׁמָּה
כ כְרָגַע סָפוּ תַמּוּ מִן־בַּלָּהוֹת׃ כַּחֲלוֹם מֵהָקִיץ אֲדֹנָי בָּעִיר ׀ צַלְמָם
כא כב תִּבְזֶה׃ כִּי יִתְחַמֵּץ לְבָבִי וְכִלְיוֹתַי אֶשְׁתּוֹנָן׃ וַאֲנִי־בַעַר וְלֹא
כג אֵדָע בְּהֵמוֹת הָיִיתִי עִמָּךְ׃ וַאֲנִי תָמִיד עִמָּךְ אָחַזְתָּ בְּיַד־יְמִינִי׃

the mown grass: like showers that water the earth. In his days 7
let the righteous flourish; and let there be abundance of peace
till the moon is no more. May he have dominion also from sea 8
to sea, and from the river to the ends of the earth. Let them 9
who dwell in the wilderness bow down before him, and his
enemies lick the dust. May the kings of Tarshish and of the 10
isles bring presents: let the kings of Sheva and Seva offer
gifts. And may all kings fall down before him; all nations 11
serve him. For he shall deliver the needy when he cries; the 12
poor also, and him who has no helper. He will spare the poor 13
and needy, and shall save the souls of the needy. He will re- 14
deem their soul from deceit and violence: and precious shall
their blood be in his sight. Long may he live, and may the 15
gold of Sheva be given to him: and let prayer be continually
offered for him: let them bless him all the day. May there be 16
abundance of corn in the land: may it rustle on the tops of the
mountains: may its fruit be like the Levanon: and may they
flourish in the city like the grass of the earth. May his name 17
endure forever: may his name continue as long as the sun:
and may men bless themselves by him: let all nations call
him happy! Blessed be the LORD GOD, the GOD of Yisra'el, who 18
does wondrous things alone. And blessed be his glorious name 19
for ever: and let the whole earth be filled with his glory; Amen,
and Amen. The prayers of David the son of Yishay are ended. 20

BOOK THREE

73 A PSALM of Asaf. Truly GOD is good to Yisra'el, to such as are
of a clean heart. But as for me, my feet were almost gone; my 2
steps had well nigh slipped. For I was envious of the arrogant, 3
when I saw the prosperity of the wicked. For there are no 4
pangs at their death; their body is firm. They are not in trouble 5
as other men; nor are they plagued like other men. Therefore 6
pride is their necklace; violence covers them like a garment.
Their eyes stand out with fatness: they have more than heart 7
could wish. They deride, and wickedly speak oppression: they 8
speak loftily. They set their mouth against the heavens, and 9
their tongue struts through the earth. Therefore his people re- 10
turn here: and abundant waters are drained out by them. And 11
they say, How does GOD know? and is there knowledge in the
most High? Behold, these are the wicked, always at ease; they 12
increase in riches. Surely I have cleansed my heart in vain, and 13
washed my hands in innocency; for all the day I have been 14
stricken, and chastised every morning. If I had said, I will 15
speak thus; behold, I should have offended against the genera-
tion of thy children. So I pondered how I might understand 16
this, but it was too wearisome for me. Until I entered the 17
sanctuary of GOD; then I understood their end. Surely thou 18
dost set them in slippery places: thou dost cast them down into
destruction. How are they brought into desolation in a moment! 19
they are utterly consumed with terrors. As a dream when one 20
awakes; so, O LORD, on awaking, thou shalt despise their image.
When my heart was embittered, and I was pricked in my reins; 21
then I was foolish and ignorant: I was like a beast before thee. 22
But I am continually with thee: thou holdest my right hand. 23

כד כה בַּעֲצָתְךָ תַנְחֵנִי וְאַחַר כָּבוֹד תִּקָּחֵנִי: מִי־לִי בַשָּׁמָיִם וְעִמְּךָ לֹא־
כו חָפַצְתִּי בָאָרֶץ: כָּלָה שְׁאֵרִי וּלְבָבִי צוּר־לְבָבִי וְחֶלְקִי אֱלֹהִים
כז לְעוֹלָם: כִּי־הִנֵּה רְחֵקֶיךָ יֹאבֵדוּ הִצְמַתָּה כָּל־זוֹנֶה מִמֶּךָּ:
כח וַאֲנִי ׀ קִרֲבַת אֱלֹהִים לִי טוֹב שַׁתִּי ׀ בַּאדֹנָי יֱהֹוִה מַחְסִי לְסַפֵּר
כָּל־מַלְאֲכוֹתֶיךָ:

עד א מַשְׂכִּיל לְאָסָף לָמָה אֱלֹהִים זָנַחְתָּ לָנֶצַח יֶעְשַׁן אַפְּךָ בְּצֹאן
ב מַרְעִיתֶךָ: זְכֹר עֲדָתְךָ ׀ קָּנִיתָ קֶּדֶם גָּאַלְתָּ שֵׁבֶט נַחֲלָתֶךָ הַר־צִיּוֹן
ג זֶה ׀ שָׁכַנְתָּ בּוֹ: הָרִימָה פְעָמֶיךָ לְמַשֻּׁאוֹת נֶצַח כָּל־הֵרַע אוֹיֵב
ד בַּקֹּדֶשׁ: שָׁאֲגוּ צֹרְרֶיךָ בְּקֶרֶב מוֹעֲדֶךָ שָׂמוּ אוֹתֹתָם אֹתוֹת:
ה ו יִוָּדַע כְּמֵבִיא לְמָעְלָה בִּסְבָךְ־עֵץ קַרְדֻּמּוֹת: וְעַתָּה פִּתּוּחֶיהָ יָּחַד
ז בְּכַשִּׁיל וְכֵילַפֹּת יַהֲלֹמוּן: שִׁלְחוּ בָאֵשׁ מִקְדָּשֶׁךָ לָאָרֶץ חִלְּלוּ
ח מִשְׁכַּן־שְׁמֶךָ: אָמְרוּ בְלִבָּם נִינָם יָחַד שָׂרְפוּ כָל־מוֹעֲדֵי־אֵל
ט בָּאָרֶץ: אוֹתֹתֵינוּ לֹא־רָאִינוּ אֵין־עוֹד נָבִיא וְלֹא־אִתָּנוּ יֹדֵעַ עַד־
י יא מָה: עַד־מָתַי אֱלֹהִים יְחָרֶף צָר יְנָאֵץ אוֹיֵב שִׁמְךָ לָנֶצַח: לָמָּה
יב תָשִׁיב יָדְךָ וִימִינֶךָ מִקֶּרֶב חוקך כַלֵּה: וֵאלֹהִים מַלְכִּי מִקֶּדֶם חֵיקְךָ
יג פֹּעֵל יְשׁוּעוֹת בְּקֶרֶב הָאָרֶץ: אַתָּה פוֹרַרְתָּ בְעָזְּךָ יָם שִׁבַּרְתָּ
יד רָאשֵׁי תַנִּינִים עַל־הַמָּיִם: אַתָּה רִצַּצְתָּ רָאשֵׁי לִוְיָתָן תִּתְּנֶנּוּ
טו מַאֲכָל לְעָם לְצִיִּים: אַתָּה בָקַעְתָּ מַעְיָן וָנָחַל אַתָּה הוֹבַשְׁתָּ
טז נַהֲרוֹת אֵיתָן: לְךָ יוֹם אַף־לְךָ לָיְלָה אַתָּה הֲכִינוֹתָ מָאוֹר וָשָׁמֶשׁ:
יז יח אַתָּה הִצַּבְתָּ כָּל־גְּבוּלוֹת אָרֶץ קַיִץ וָחֹרֶף אַתָּה יְצַרְתָּם: זְכָר־
יט זֹאת אוֹיֵב חֵרֵף ׀ יְהֹוָה וְעַם־נָבָל נִאֲצוּ שְׁמֶךָ: אַל־תִּתֵּן לְחַיַּת
כ נֶפֶשׁ תּוֹרֶךָ חַיַּת עֲנִיֶּיךָ אַל־תִּשְׁכַּח לָנֶצַח: הַבֵּט לַבְּרִית כִּי־
כא מָלְאוּ מַחֲשַׁכֵּי־אֶרֶץ נְאוֹת חָמָס: אַל־יָשֹׁב דַּךְ נִכְלָם עָנִי
כב וְאֶבְיוֹן יְהַלְלוּ שְׁמֶךָ: קוּמָה אֱלֹהִים רִיבָה רִיבֶךָ זְכֹר חֶרְפָּתְךָ
כג מִנִּי־נָבָל כָּל־הַיּוֹם: אַל־תִּשְׁכַּח קוֹל צֹרְרֶיךָ שְׁאוֹן קָמֶיךָ
עֹלֶה תָמִיד:

עה א ב לַמְנַצֵּחַ אַל־תַּשְׁחֵת מִזְמוֹר לְאָסָף שִׁיר: הוֹדִינוּ לְּךָ ׀ אֱלֹהִים
ג הוֹדִינוּ וְקָרוֹב שְׁמֶךָ סִפְּרוּ נִפְלְאוֹתֶיךָ: כִּי אֶקַּח מוֹעֵד אֲנִי
ד מֵישָׁרִים אֶשְׁפֹּט: נְמֹגִים אֶרֶץ וְכָל־יֹשְׁבֶיהָ אָנֹכִי תִכַּנְתִּי
ה עַמּוּדֶיהָ סֶּלָה: אָמַרְתִּי לַהוֹלְלִים אַל־תָּהֹלּוּ וְלָרְשָׁעִים אַל־
ו תָּרִימוּ קָרֶן: אַל־תָּרִימוּ לַמָּרוֹם קַרְנְכֶם תְּדַבְּרוּ בְצַוָּאר עָתָק:

Thou shalt guide me with thy counsel, and afterwards receive 24
me to honourable state. Whom have I in heaven but thee? and 25
there is none upon earth that I desire beside thee. My flesh and 26
my heart fail: but God is the strength of my heart, and my
portion for ever. For, lo, they that are far from thee shall 27
perish: thou hast destroyed all those who go astray from
thee. But as for me, the nearness of God is my good: I have 28
made the Lord God my refuge, that I may relate all thy
works.

74
A maskil of Asaf. O God, why hast thou cast us off for ever?
why does thy anger smoke against the sheep of thy pasture?
Remember thy congregation, which thou hast purchased of old; 2
the tribe of thy inheritance, which thou hast redeemed; this
mount Ẕiyyon, wherein thou hast dwelt. Lift up thy feet to the 3
perpetual desolations; the enemy has destroyed everything in
the sanctuary. Thy enemies roar in the midst of thy meeting 4
place; they set up their signs for signs: they are known as 5
swingers of axes upwards in the thick forest: and now they 6
break down its carved work altogether with hatchet and with
hammers. They have burned thy sanctuary with fire, to the 7
ground: they have defiled the dwelling place of thy name. They 8
have said in their hearts, Let us destroy them together: they
have burned up all the meeting places of God in the land.
We see not our signs: there is no longer a prophet: nor is there 9
among us any that knows how long. O God, how long shall 10
the adversary insult? shall the enemy blaspheme thy name for
ever? Why dost thou withdraw thy hand, even thy right hand? 11
out of thy bosom with it! destroy! for God is my King of old, 12
working salvation in the midst of the earth. Thou didst divide 13
the sea by thy strength: thou didst break the heads of the sea
monsters in the waters. Thou didst crush the heads of livyatan: 14
thou didst give him for food to the desert people. Thou didst 15
split open springs and wadis: thou didst dry up the ever flowing
streams. The day is thine, the night also is thine: thou hast pre- 16
pared the light and the sun. Thou hast set all the borders of 17
the earth: thou hast made summer and winter. Remember this, 18
how the enemy has insulted the Lord, and how a base people
have blasphemed thy name. O deliver not the soul of thy 19
turtledove to the wild beast: forget not the congregation of thy
poor for ever. Look upon the covenant: for the dark places 20
of the earth are full, the habitations of cruelty. O let not the 21
oppressed return ashamed: let the poor and needy praise thy
name. Arise, O God, plead thy own cause: remember how the 22
foolish man insults thee daily. Forget not the voice of thy ene- 23
mies: the tumult of those who rise up against thee increases
continually.

75
To the chief Musician, Al-tashḥet, A Psalm of Asaf, A Poem.
To thee, O God, we give thanks; we give thanks; for thy name is 2
near; men declare thy wondrous works. Surely I shall take the 3
appointed time; I will judge with equity. When the earth and 4
all its inhabitants are dissolved, I bear up the pillars of it.
(Sela.) I said to the arrogant, Deal not arrogantly! and to the 5
wicked, Lift not the horn. Lift not your horn on high: speak 6

ז ח כִּי לֹא מִמּוֹצָא וּמִמַּעֲרָב וְלֹא מִמִּדְבַּר הָרִים: כִּי־אֱלֹהִים שֹׁפֵט
ט זֶה יַשְׁפִּיל וְזֶה יָרִים: כִּי כוֹס בְּיַד־יהוה וְיַיִן חָמַר ׀ מָלֵא מֶסֶךְ
י וַיַּגֵּר מִזֶּה אַךְ־שְׁמָרֶיהָ יִמְצוּ יִשְׁתּוּ כֹּל רִשְׁעֵי־אָרֶץ: וַאֲנִי
יא אַגִּיד לְעֹלָם אֲזַמְּרָה לֵאלֹהֵי יַעֲקֹב: וְכָל־קַרְנֵי רְשָׁעִים אֲגַדֵּעַ
תְּרוֹמַמְנָה קַרְנוֹת צַדִּיק:

עו א ב לַמְנַצֵּחַ בִּנְגִינֹת מִזְמוֹר לְאָסָף שִׁיר: נוֹדָע בִּיהוּדָה אֱלֹהִים
ג ד בְּיִשְׂרָאֵל גָּדוֹל שְׁמוֹ: וַיְהִי בְשָׁלֵם סֻכּוֹ וּמְעוֹנָתוֹ בְצִיּוֹן: שָׁמָּה
ה שִׁבַּר רִשְׁפֵי־קָשֶׁת מָגֵן וְחֶרֶב וּמִלְחָמָה סֶלָה: נָאוֹר אַתָּה אַדִּיר
ו מֵהַרְרֵי־טָרֶף: אֶשְׁתּוֹלְלוּ ׀ אַבִּירֵי לֵב נָמוּ שְׁנָתָם וְלֹא־מָצְאוּ כָל־
ז אַנְשֵׁי־חַיִל יְדֵיהֶם: מִגַּעֲרָתְךָ אֱלֹהֵי יַעֲקֹב נִרְדָּם וְרֶכֶב וָסוּס:
ח ט אַתָּה ׀ נוֹרָא אַתָּה וּמִי־יַעֲמֹד לְפָנֶיךָ מֵאָז אַפֶּךָ: מִשָּׁמַיִם
י הִשְׁמַעְתָּ דִּין אֶרֶץ יָרְאָה וְשָׁקָטָה: בְּקוּם־לַמִּשְׁפָּט אֱלֹהִים
יא לְהוֹשִׁיעַ כָּל־עַנְוֵי־אֶרֶץ סֶלָה: כִּי־חֲמַת אָדָם תּוֹדֶךָּ שְׁאֵרִית
יב חֵמֹת תַּחְגֹּר: נִדְרוּ וְשַׁלְּמוּ לַיהוה אֱלֹהֵיכֶם כָּל־סְבִיבָיו יֹבִילוּ
יג שַׁי לַמּוֹרָא: יִבְצֹר רוּחַ נְגִידִים נוֹרָא לְמַלְכֵי־אָרֶץ:

עז א ב לַמְנַצֵּחַ עַל־ידיתון לְאָסָף מִזְמוֹר: קוֹלִי אֶל־אֱלֹהִים וְאֶצְעָקָה ידוּתוּן
ג קוֹלִי אֶל־אֱלֹהִים וְהַאֲזִין אֵלָי: בְּיוֹם צָרָתִי אֲדֹנָי דָּרָשְׁתִּי יָדִי ׀
ד לַיְלָה נִגְּרָה וְלֹא תָפוּג מֵאֲנָה הִנָּחֵם נַפְשִׁי: אֶזְכְּרָה אֱלֹהִים
ה וְאֶהֱמָיָה אָשִׂיחָה ׀ וְתִתְעַטֵּף רוּחִי סֶלָה: אָחַזְתָּ שְׁמֻרוֹת עֵינָי
ו נִפְעַמְתִּי וְלֹא אֲדַבֵּר: חִשַּׁבְתִּי יָמִים מִקֶּדֶם שְׁנוֹת עוֹלָמִים:
ז אֶזְכְּרָה נְגִינָתִי בַּלָּיְלָה עִם־לְבָבִי אָשִׂיחָה וַיְחַפֵּשׂ רוּחִי:
ח ט הַלְעוֹלָמִים יִזְנַח ׀ אֲדֹנָי וְלֹא־יֹסִיף לִרְצוֹת עוֹד: הֶאָפֵס לָנֶצַח
י חַסְדּוֹ גָּמַר אֹמֶר לְדֹר וָדֹר: הֲשָׁכַח חַנּוֹת אֵל אִם־קָפַץ בְּאַף
יא יב רַחֲמָיו סֶלָה: וָאֹמַר חַלּוֹתִי הִיא שְׁנוֹת יְמִין עֶלְיוֹן: אזכיר אֶזְכּוֹר
יג מַעַלְלֵי־יָהּ כִּי־אֶזְכְּרָה מִקֶּדֶם פִּלְאֶךָ: וְהָגִיתִי בְכָל־פָּעֳלֶךָ
יד וּבַעֲלִילוֹתֶיךָ אָשִׂיחָה: אֱלֹהִים בַּקֹּדֶשׁ דַּרְכֶּךָ מִי־אֵל גָּדוֹל
טו טז כֵּאלֹהִים: אַתָּה הָאֵל עֹשֵׂה פֶלֶא הוֹדַעְתָּ בָעַמִּים עֻזֶּךָ: גָּאַלְתָּ
יז בִּזְרוֹעַ עַמֶּךָ בְּנֵי־יַעֲקֹב וְיוֹסֵף סֶלָה: רָאוּךָ מַּיִם ׀ אֱלֹהִים רָאוּךָ
יח מַּיִם יָחִילוּ אַף יִרְגְּזוּ תְהֹמוֹת: זֹרְמוּ מַיִם ׀ עָבוֹת קוֹל נָתְנוּ
יט שְׁחָקִים אַף־חֲצָצֶיךָ יִתְהַלָּכוּ: קוֹל רַעַמְךָ ׀ בַּגַּלְגַּל הֵאִירוּ
כ בְרָקִים תֵּבֵל רָגְזָה וַתִּרְעַשׁ הָאָרֶץ: בַּיָּם דַּרְכֶּךָ ושביליך וּשְׁבִילְךָ

not with an insolent neck. For judgment comes neither from the 7
east, nor from the west, nor from the desert peaks: but God 8
is the judge: he puts one down, and sets up another. For in 9
the hand of the Lord there is a cup, with foaming wine; it is
full of mixture; and he pours out of the same: but its dregs,
shall all the wicked of the earth drain and drink. But I will 10
declare for ever; I will sing praises to the God of Ya'aqov. All 11
the horns of the wicked also will I cut off; but the horns of the
righteous shall be exalted.
To the chief Musician on strings, A Psalm of Asaf, A Poem. **76**
In Yehuda is God known: his name is great in Yisra'el. In 2,3
Shalem also is his tabernacle, and his dwelling place is in
Ẕiyyon. There he broke the flashing arrows, the shield, and 4
the sword, and the battle. (Sela.) Thou art glorious and ex- 5
cellent, coming down from the mountains of prey. The stout- 6
hearted are bereft of reason, they have slept their sleep: and
none of the men of might have found their hands. At thy 7
rebuke, O God of Ya'aqov, he is put to sleep, together with
chariot and horse. Thou, even thou, art to be feared: and who 8
may stand in thy sight when once thou art angry? Thou didst 9
cause judgment to be heard from heaven; the earth feared, and
was still, When God arose to judgment, to save all the humble 10
of the earth. (Sela.) Surely the wrath of man shall praise thee: 11
thou wilt gird thyself with the remainder of wrath. Vow, and 12
pay to the Lord your God: let all that be round about him
bring presents to him that is to be feared. He shall cut off the 13
spirit of princes: he is terrible to the kings of the earth. **77**
To the chief Musician, to Yedutun, A Psalm of Asaf. To God 1,2
I will cry aloud: aloud to God. O, hear me! In the day of my 3
trouble I sought the Lord: my hand is stretched out in the night,
and rests not: my soul refuses to be comforted. I remember 4
God, and moan: I meditate, and my spirit faints. (Sela.) Thou 5
holdest fast my eyelids: I am so troubled that I cannot speak.
I have considered the days of old, the years of ancient times. 6
I call to remembrance my song in the night: I meditate with 7
my heart: and my spirit makes diligent search. Will the Lord 8
cast off for ever? and will he be favourable no more? Is his 9
steadfast love clean gone forever? does his promise fail for
evermore? Has God forgotten to be gracious? has he in anger 10
shut up his tender mercies? (Sela.) And I said, I am sick at 11
heart, for the right hand of the most High has changed. I will 12
remember the works of the Lord: surely I will remember thy
wonders of old. I will meditate also on all thy work, and muse 13
on thy doings. Thy way, O God, is in holiness: who is so great 14
a God as our God? Thou art the God that doest wonders: thou 15
hast declared thy strength among the people. Thou hast with 16
thy arm redeemed thy people, the sons of Ya'aqov and Yosef.
(Sela.) The waters saw thee, O God, the waters saw thee: they 17
were afraid: the depths also trembled. The clouds poured out 18
water: the skies sent out a sound: thy arrows also went ab-
road. The voice of thy thunder was in the whirlwind: the light- 19
nings lightened the world: the earth trembled and shook. Thy 20
way was in the sea, and thy path in the great waters, and thy

כא בְּמַיִם רַבִּים וְעִקְּבוֹתֶיךָ לֹא נֹדָעוּ: נָחִיתָ כַצֹּאן עַמֶּךָ בְּיַד־
מֹשֶׁה וְאַהֲרֹן:

א עח מַשְׂכִּיל לְאָסָף הַאֲזִינָה עַמִּי תּוֹרָתִי הַטּוּ אָזְנְכֶם לְאִמְרֵי־פִי:
ב אֶפְתְּחָה בְמָשָׁל פִּי אַבִּיעָה חִידוֹת מִנִּי־קֶדֶם: אֲשֶׁר שָׁמַעְנוּ
ד וַנֵּדָעֵם וַאֲבוֹתֵינוּ סִפְּרוּ־לָנוּ: לֹא נְכַחֵד ׀ מִבְּנֵיהֶם לְדוֹר אַחֲרוֹן
ה מְסַפְּרִים תְּהִלּוֹת יהוה וֶעֱזוּזוֹ וְנִפְלְאֹתָיו אֲשֶׁר עָשָׂה: וַיָּקֶם
עֵדוּת ׀ בְּיַעֲקֹב וְתוֹרָה שָׂם בְּיִשְׂרָאֵל אֲשֶׁר צִוָּה אֶת־אֲבוֹתֵינוּ
ו לְהוֹדִיעָם לִבְנֵיהֶם: לְמַעַן יֵדְעוּ ׀ דּוֹר אַחֲרוֹן בָּנִים יִוָּלֵדוּ יָקֻמוּ
ז וִיסַפְּרוּ לִבְנֵיהֶם: וְיָשִׂימוּ בֵאלֹהִים כִּסְלָם וְלֹא יִשְׁכְּחוּ מַעַלְלֵי־
ח אֵל וּמִצְוֹתָיו יִנְצֹרוּ: וְלֹא יִהְיוּ ׀ כַּאֲבוֹתָם דּוֹר סוֹרֵר וּמֹרֶה דּוֹר
ט לֹא־הֵכִין לִבּוֹ וְלֹא־נֶאֶמְנָה אֶת־אֵל רוּחוֹ: בְּנֵי־אֶפְרַיִם נוֹשְׁקֵי
י רוֹמֵי־קָשֶׁת הָפְכוּ בְּיוֹם קְרָב: לֹא שָׁמְרוּ בְּרִית אֱלֹהִים וּבְתוֹרָתוֹ
מֵאֲנוּ לָלֶכֶת: וַיִּשְׁכְּחוּ עֲלִילוֹתָיו וְנִפְלְאוֹתָיו אֲשֶׁר הֶרְאָם: נֶגֶד
יב אֲבוֹתָם עָשָׂה פֶלֶא בְּאֶרֶץ מִצְרַיִם שְׂדֵה־צֹעַן: בָּקַע יָם וַיַּעֲבִירֵם
יג וַיַּצֶּב־מַיִם כְּמוֹ־נֵד: וַיַּנְחֵם בֶּעָנָן יוֹמָם וְכָל־הַלַּיְלָה בְּאוֹר אֵשׁ:
יד יְבַקַּע צֻרִים בַּמִּדְבָּר וַיַּשְׁקְ כִּתְהֹמוֹת רַבָּה: וַיּוֹצִא נוֹזְלִים מִסָּלַע
טו וַיּוֹרֶד כַּנְּהָרוֹת מָיִם: וַיּוֹסִיפוּ עוֹד לַחֲטֹא־לוֹ לַמְרוֹת עֶלְיוֹן
טז בַּצִּיָּה: וַיְנַסּוּ־אֵל בִּלְבָבָם לִשְׁאָל־אֹכֶל לְנַפְשָׁם: וַיְדַבְּרוּ
יז בֵּאלֹהִים אָמְרוּ הֲיוּכַל אֵל לַעֲרֹךְ שֻׁלְחָן בַּמִּדְבָּר: הֵן הִכָּה־
יח צוּר ׀ וַיָּזוּבוּ מַיִם וּנְחָלִים יִשְׁטֹפוּ הֲגַם־לֶחֶם יוּכַל תֵּת אִם־יָכִין
כ שְׁאֵר לְעַמּוֹ: לָכֵן ׀ שָׁמַע יהוה וַיִּתְעַבָּר וְאֵשׁ נִשְּׂקָה בְיַעֲקֹב
כא וְגַם־אַף עָלָה בְיִשְׂרָאֵל: כִּי לֹא הֶאֱמִינוּ בֵּאלֹהִים וְלֹא בָטְחוּ
כב בִּישׁוּעָתוֹ: וַיְצַו שְׁחָקִים מִמָּעַל וְדַלְתֵי שָׁמַיִם פָּתָח: וַיַּמְטֵר
כג עֲלֵיהֶם מָן לֶאֱכֹל וּדְגַן־שָׁמַיִם נָתַן לָמוֹ: לֶחֶם אַבִּירִים אָכַל
כה אִישׁ צֵידָה שָׁלַח לָהֶם לָשֹׂבַע: יַסַּע קָדִים בַּשָּׁמָיִם וַיְנַהֵג בְּעֻזּוֹ
כו תֵימָן: וַיַּמְטֵר עֲלֵיהֶם כֶּעָפָר שְׁאֵר וּכְחוֹל יַמִּים עוֹף כָּנָף: וַיַּפֵּל
כז בְּקֶרֶב מַחֲנֵהוּ סָבִיב לְמִשְׁכְּנֹתָיו: וַיֹּאכְלוּ וַיִּשְׂבְּעוּ מְאֹד
כט וְתַאֲוָתָם יָבִא לָהֶם: לֹא־זָרוּ מִתַּאֲוָתָם עוֹד אָכְלָם בְּפִיהֶם:
ל וְאַף אֱלֹהִים ׀ עָלָה בָהֶם וַיַּהֲרֹג בְּמִשְׁמַנֵּיהֶם וּבַחוּרֵי יִשְׂרָאֵל
לא הִכְרִיעַ: בְּכָל־זֹאת חָטְאוּ־עוֹד וְלֹא הֶאֱמִינוּ בְּנִפְלְאוֹתָיו: וַיְכַל־
לב

footsteps were not known. Thou didst lead thy people like a 21
flock by the hand of Moshe and Aharon.

A MASKIL of Asaf. Give ear, O my people, to my Tora: incline **78**
your ears to the words of my mouth. I will open my mouth with 2
a parable: I will utter riddles concerning ancient times: of that 3
which we have heard and known, and our fathers have told us.
We will not hide them from their children, relating to the 4
latter generation the praises of the LORD, and his strength, and
his wonderful works that he has done. For he established a 5
Testimony in Ya'aqov, and appointed a Tora in Yisra'el, which
he commanded our fathers, that they should make them known
to their children: that the generation to come might know 6
them, the children which should be born; who should arise
and declare them to their children: that they might set their 7
hope in GOD, and not forget the works of GOD, but keep his
commandments: and that they might not be as their fathers, 8
a stubborn and rebellious generation; a generation that set not
their heart aright, and whose spirit was not steadfast with
GOD. The children of Efrayim were as archers, carrying bows, 9
who turned back in the day of battle. They kept not the cove- 10
nant of GOD, and refused to follow his Tora; and forgot his 11
works, and his wonders that he had shown them. Marvellous 12
things he did in the sight of their fathers, in the land of Miẓ-
rayim, in the field of Ẓo'an. He divided the sea, and caused 13
them to pass through; and he made the waters to stand like
a heap. In the daytime also he led them with a cloud, and all 14
the night with a light of fire. He split rocks in the wilderness, 15
and gave them drink as out of the great depths. He brought 16
streams also out of the rock, and caused waters to run down
like rivers. And they sinned yet more against him, rebelling 17
against the most High in the wilderness. And they tempted 18
GOD in their heart by asking food for their craving. And they 19
spoke against GOD; they said, Can GOD furnish a table in the
wilderness? Behold, he smote the rock, that the waters gushed 20
out, and the streams overflowed; can he give bread also? can he
provide meat for his people? Therefore the LORD heard this, 21
and was angry: so a fire was kindled against Ya'aqov, and
anger also came up against Yisra'el; because they believed not 22
in GOD, and trusted not in his salvation: though he commanded 23
the clouds from above, and opened the doors of heaven, and 24
rained down manna upon them to eat, and gave them of the
corn of heaven. Man ate the bread of angels: he sent them 25
provision to the full. He caused an east wind to blow in the 26
sky: and by his power he brought on the south wind. And 27
he rained meat upon them like dust, and feathered birds like
the sand of the sea: and he let it fall in the midst of their camp, 28
round about their habitations. So they did eat, and were well 29
filled: for he gave them their own desire; they were not yet 30
sated with their lust: whilst their meat was still in their
mouths, the wrath of GOD came upon them, and slew the fat- 31
test of them, and smote down the young men of Yisra'el. For all 32
this they sinned still, and did not believe in his wondrous works.
Therefore he ended their days with emptiness, and their years 33

לד בַּהֶבֶל יְמֵיהֶם וּשְׁנוֹתָם בַּבֶּהָלָה: אִם־הֲרָגָם וּדְרָשׁוּהוּ וְשָׁבוּ
לה לו וְשִׁחֲרוּ־אֵל: וַיִּזְכְּרוּ כִּי־אֱלֹהִים צוּרָם וְאֵל עֶלְיוֹן גֹּאֲלָם: וַיְפַתּוּהוּ
לז בְּפִיהֶם וּבִלְשׁוֹנָם יְכַזְּבוּ־לוֹ: וְלִבָּם לֹא־נָכוֹן עִמּוֹ וְלֹא נֶאֶמְנוּ
לח בִּבְרִיתוֹ: וְהוּא רַחוּם ׀ יְכַפֵּר עָוֹן וְלֹא־יַשְׁחִית וְהִרְבָּה לְהָשִׁיב יא
לט אַפּוֹ וְלֹא־יָעִיר כָּל־חֲמָתוֹ: וַיִּזְכֹּר כִּי־בָשָׂר הֵמָּה רוּחַ הוֹלֵךְ וְלֹא
מ מא יָשׁוּב: כַּמָּה יַמְרוּהוּ בַמִּדְבָּר יַעֲצִיבוּהוּ בִּישִׁימוֹן: וַיָּשׁוּבוּ וַיְנַסּוּ
מב אֵל וּקְדוֹשׁ יִשְׂרָאֵל הִתְווּ: לֹא־זָכְרוּ אֶת־יָדוֹ יוֹם אֲשֶׁר־פָּדָם
מג מִנִּי־צָר: אֲשֶׁר־שָׂם בְּמִצְרַיִם אֹתוֹתָיו וּמוֹפְתָיו בִּשְׂדֵה־צֹעַן:
מד מה וַיַּהֲפֹךְ לְדָם יְאֹרֵיהֶם וְנֹזְלֵיהֶם בַּל־יִשְׁתָּיוּן: יְשַׁלַּח בָּהֶם עָרֹב
מו וַיֹּאכְלֵם וּצְפַרְדֵּעַ וַתַּשְׁחִיתֵם: וַיִּתֵּן לֶחָסִיל יְבוּלָם וִיגִיעָם
מז מח לָאַרְבֶּה: יַהֲרֹג בַּבָּרָד גַּפְנָם וְשִׁקְמוֹתָם בַּחֲנָמַל: וַיַּסְגֵּר לַבָּרָד
מט בְּעִירָם וּמִקְנֵיהֶם לָרְשָׁפִים: יְשַׁלַּח־בָּם ׀ חֲרוֹן אַפּוֹ עֶבְרָה וָזַעַם
נ וְצָרָה מִשְׁלַחַת מַלְאֲכֵי רָעִים: יְפַלֵּס נָתִיב לְאַפּוֹ לֹא־חָשַׂךְ
נא מִמָּוֶת נַפְשָׁם וְחַיָּתָם לַדֶּבֶר הִסְגִּיר: וַיַּךְ כָּל־בְּכוֹר בְּמִצְרָיִם
נב רֵאשִׁית אוֹנִים בְּאָהֳלֵי־חָם: וַיַּסַּע כַּצֹּאן עַמּוֹ וַיְנַהֲגֵם כַּעֵדֶר
נג בַּמִּדְבָּר: וַיַּנְחֵם לָבֶטַח וְלֹא פָחָדוּ וְאֶת־אוֹיְבֵיהֶם כִּסָּה הַיָּם:
נד נה וַיְבִיאֵם אֶל־גְּבוּל קָדְשׁוֹ הַר־זֶה קָנְתָה יְמִינוֹ: וַיְגָרֶשׁ מִפְּנֵיהֶם ׀
גּוֹיִם וַיַּפִּילֵם בְּחֶבֶל נַחֲלָה וַיַּשְׁכֵּן בְּאָהֳלֵיהֶם שִׁבְטֵי יִשְׂרָאֵל:
נו נז וַיְנַסּוּ וַיַּמְרוּ אֶת־אֱלֹהִים עֶלְיוֹן וְעֵדוֹתָיו לֹא שָׁמָרוּ: וַיִּסֹּגוּ
נח וַיִּבְגְּדוּ כַּאֲבוֹתָם נֶהְפְּכוּ כְּקֶשֶׁת רְמִיָּה: וַיַּכְעִיסוּהוּ בְּבָמוֹתָם
נט וּבִפְסִילֵיהֶם יַקְנִיאוּהוּ: שָׁמַע אֱלֹהִים וַיִּתְעַבָּר וַיִּמְאַס מְאֹד
ס סא בְּיִשְׂרָאֵל: וַיִּטֹּשׁ מִשְׁכַּן שִׁלוֹ אֹהֶל שִׁכֵּן בָּאָדָם: וַיִּתֵּן לַשְּׁבִי עֻזּוֹ
סב וְתִפְאַרְתּוֹ בְיַד־צָר: וַיַּסְגֵּר לַחֶרֶב עַמּוֹ וּבְנַחֲלָתוֹ הִתְעַבָּר:
סג סד בַּחוּרָיו אָכְלָה־אֵשׁ וּבְתוּלֹתָיו לֹא הוּלָּלוּ: כֹּהֲנָיו בַּחֶרֶב נָפָלוּ
סה וְאַלְמְנֹתָיו לֹא תִבְכֶּינָה: וַיִּקַץ כְּיָשֵׁן ׀ אֲדֹנָי כְּגִבּוֹר מִתְרוֹנֵן מִיָּיִן:
סו סז וַיַּךְ־צָרָיו אָחוֹר חֶרְפַּת עוֹלָם נָתַן לָמוֹ: וַיִּמְאַס בְּאֹהֶל יוֹסֵף
סח וּבְשֵׁבֶט אֶפְרַיִם לֹא בָחָר: וַיִּבְחַר אֶת־שֵׁבֶט יְהוּדָה אֶת־הַר צִיּוֹן
סט אֲשֶׁר אָהֵב: וַיִּבֶן כְּמוֹ־רָמִים מִקְדָּשׁוֹ כְּאֶרֶץ יְסָדָהּ לְעוֹלָם:

with trouble. When he slew them, then they sought him: and
they returned and earnestly inquired after GOD. And they re-
membered that GOD was their rock, and the high GOD their
redeemer. Nevertheless they did flatter him with their mouths,
and they lied to him with their tongues. For their heart was
not steadfast with him, neither were they faithful in his
covenant. But he was full of compassion, forgiving iniquity,
and he did not destroy them: often he turned away
his anger, not stirring up all his wrath. For he remem-
bered that they were but flesh; a wind that passes away, and
comes not again. How often did they rebel against him in the
wilderness, and grieve him in the desert! They turned back also
and tempted GOD, and pained the Holy One of Yisra'el. They
remembered not his hand, nor the day when he delivered them
from the enemy. How he had wrought his signs in Miẓrayim,
and his wonders in the field of Ẓo'an: and had turned their
canals into blood; and their floods, so that they could not drink.
He sent swarms of gnats among them, which devoured them;
and frogs, which destroyed them. He gave also their increase
to the destroying locust, and their labour to the swarming lo-
cust. He destroyed their vines with hail, and their sycamore
trees with frost. He gave over their cattle also to the hail, and
their flocks to hot thunderbolts. He cast upon them the fierce-
ness of his anger, wrath, and indignation, and trouble, an em-
bassy of evil messengers. He levelled a path for his anger; he
spared not their soul from death, but gave their life over to the
pestilence; and smote all the firstborn in Miẓrayim; the first of
their strength in the tents of Ḥam: but made his own people to
go out like sheep, and guided them in the wilderness like a flock.
And he led them on safely, so that they feared not: but the
sea overwhelmed their enemies. And he brought them to his
holy border, to the mountain, which his right hand had pur-
chased. He cast out nations before them, and apportioned to
them an inheritance by line, and made the tribes of Yisra'el to
dwell in their tents. Yet they tempted and rebelled against the
most high GOD, and kept not his testimonies: but turned back,
and dealt unfaithfully like their fathers: they were turned aside
like a deceitful bow. For they provoked him to anger with their
high places, and moved him to jealousy with their carved idols.
When GOD heard this, he was wroth, and greatly abhorred
Yisra'el: so that he forsook the tabernacle of Shilo, the tent
where he made his dwelling among men; and delivered his
strength into captivity, and his glory into the enemy's hand.
He gave his people over also to the sword; and was wroth with
his inheritance. The fire consumed their young men; and their
virgins had no marriage song. Their priests fell by the sword;
and their widows made no lamentation. Then the LORD awoke
as one out of sleep, and like a mighty man that shouts by rea-
son of wine. And he smote his enemies backward: he put upon
them a perpetual reproach. And he rejected the tabernacle of
Yosef, and chose not the tribe of Efrayim: but chose the tribe
of Yehuda, the mount Ẓiyyon which he loved. And he built his
sanctuary like the high heavens, like the earth which he has

34
35

36
37

38

39

40
41
42

43
44

45
46

47
48
49

50

51
52

53
54

55

56
57

58

59
60
61

62
63
64
65

66
67
68
69

ע עא וַיִּבְחַר בְּדָוִד עַבְדּוֹ וַיִּקָּחֵהוּ מִמִּכְלְאֹת צֹאן: מֵאַחַר עָלוֹת הֱבִיאוֹ
עב לִרְעוֹת בְּיַעֲקֹב עַמּוֹ וּבְיִשְׂרָאֵל נַחֲלָתוֹ: וַיִּרְעֵם כְּתֹם לְבָבוֹ
וּבִתְבוּנוֹת כַּפָּיו יַנְחֵם:

עט א מִזְמוֹר לְאָסָף אֱלֹהִים בָּאוּ גוֹיִם ׀ בְּנַחֲלָתֶךָ טִמְּאוּ אֶת־הֵיכַל
ב קָדְשֶׁךָ שָׂמוּ אֶת־יְרוּשָׁלִַם לְעִיִּים: נָתְנוּ אֶת־נִבְלַת עֲבָדֶיךָ
ג מַאֲכָל לְעוֹף הַשָּׁמָיִם בְּשַׂר חֲסִידֶיךָ לְחַיְתוֹ־אָרֶץ: שָׁפְכוּ דָמָם ׀
ד כַּמַּיִם סְבִיבוֹת יְרוּשָׁלִָם וְאֵין קוֹבֵר: הָיִינוּ חֶרְפָּה לִשְׁכֵנֵינוּ לַעַג
ה וָקֶלֶס לִסְבִיבוֹתֵינוּ: עַד־מָה יהוה תֶּאֱנַף לָנֶצַח תִּבְעַר כְּמוֹ־
ו אֵשׁ קִנְאָתֶךָ: שְׁפֹךְ חֲמָתְךָ ׀ אֶל־הַגּוֹיִם אֲשֶׁר לֹא־יְדָעוּךָ וְעַל
ז מַמְלָכוֹת אֲשֶׁר בְּשִׁמְךָ לֹא קָרָאוּ: כִּי אָכַל אֶת־יַעֲקֹב וְאֶת־
ח נָוֵהוּ הֵשַׁמּוּ: אַל־תִּזְכָּר־לָנוּ עֲוֺנֹת רִאשֹׁנִים מַהֵר יְקַדְּמוּנוּ
ט רַחֲמֶיךָ כִּי דַלּוֹנוּ מְאֹד: עָזְרֵנוּ ׀ אֱלֹהֵי יִשְׁעֵנוּ עַל־דְּבַר כְּבוֹד־
י שְׁמֶךָ וְהַצִּילֵנוּ וְכַפֵּר עַל־חַטֹּאתֵינוּ לְמַעַן שְׁמֶךָ: לָמָּה ׀ יֹאמְרוּ
הַגּוֹיִם אַיֵּה אֱלֹהֵיהֶם יִוָּדַע בגיים לְעֵינֵינוּ נִקְמַת דַּם־עֲבָדֶיךָ בַּגּוֹיִם
יא הַשָּׁפוּךְ: תָּבוֹא לְפָנֶיךָ אֶנְקַת אָסִיר כְּגֹדֶל זְרוֹעֲךָ הוֹתֵר בְּנֵי
יב תְמוּתָה: וְהָשֵׁב לִשְׁכֵנֵינוּ שִׁבְעָתַיִם אֶל־חֵיקָם חֶרְפָּתָם אֲשֶׁר
יג חֵרְפוּךָ אֲדֹנָי: וַאֲנַחְנוּ עַמְּךָ ׀ וְצֹאן מַרְעִיתֶךָ נוֹדֶה לְּךָ לְעוֹלָם
לְדֹר וָדֹר נְסַפֵּר תְּהִלָּתֶךָ:

פ א ב לַמְנַצֵּחַ אֶל־שֹׁשַׁנִּים עֵדוּת לְאָסָף מִזְמוֹר: רֹעֵה יִשְׂרָאֵל ׀ הַאֲזִינָה
ג נֹהֵג כַּצֹּאן יוֹסֵף יֹשֵׁב הַכְּרוּבִים הוֹפִיעָה: לִפְנֵי אֶפְרַיִם ׀ וּבִנְיָמִן
ד וּמְנַשֶּׁה עוֹרְרָה אֶת־גְּבוּרָתֶךָ וּלְכָה לִישֻׁעָתָה לָּנוּ: אֱלֹהִים
ה הֲשִׁיבֵנוּ וְהָאֵר פָּנֶיךָ וְנִוָּשֵׁעָה: יהוה אֱלֹהִים צְבָאוֹת עַד־מָתַי
ו עָשַׁנְתָּ בִּתְפִלַּת עַמֶּךָ: הֶאֱכַלְתָּם לֶחֶם דִּמְעָה וַתַּשְׁקֵמוֹ
ז בִּדְמָעוֹת שָׁלִישׁ: תְּשִׂימֵנוּ מָדוֹן לִשְׁכֵנֵינוּ וְאֹיְבֵינוּ יִלְעֲגוּ־לָמוֹ:
ח ט אֱלֹהִים צְבָאוֹת הֲשִׁיבֵנוּ וְהָאֵר פָּנֶיךָ וְנִוָּשֵׁעָה: גֶּפֶן מִמִּצְרַיִם
י תַּסִּיעַ תְּגָרֵשׁ גּוֹיִם וַתִּטָּעֶהָ: פִּנִּיתָ לְפָנֶיהָ וַתַּשְׁרֵשׁ שָׁרָשֶׁיהָ
יא יב וַתְּמַלֵּא־אָרֶץ: כָּסּוּ הָרִים צִלָּהּ וַעֲנָפֶיהָ אַרְזֵי־אֵל: תְּשַׁלַּח
יג קְצִירֶהָ עַד־יָם וְאֶל־נָהָר יוֹנְקוֹתֶיהָ: לָמָּה פָּרַצְתָּ גְדֵרֶיהָ וְאָרוּהָ
יד טו כָּל־עֹבְרֵי דָרֶךְ: יְכַרְסְמֶנָּה חֲזִיר מִיָּעַר וְזִיז שָׂדַי יִרְעֶנָּה: אֱלֹהִים
טז צְבָאוֹת שׁוּב נָא הַבֵּט מִשָּׁמַיִם וּרְאֵה וּפְקֹד גֶּפֶן זֹאת: וְכַנָּה

established for ever. And chose David his servant, and took 70
him from the sheepfolds: from following the ewes that gave 71
suck, he brought him to be shepherd of Ya'aqov his people, and
Yisra'el his inheritance. So he tended them according to the 72
integrity of his heart; and guided them by the skilfulness of his
hands.

A PSALM of Asaf. O GOD, heathen nations are come into thy **79**
inheritance; thy holy temple they have defiled; they have laid
Yerushalayim in heaps. The dead bodies of thy servants they 2
have given to be food to the birds of the sky, the flesh of
thy pious ones to the beasts of the earth. Their blood have they 3
shed like water round about Yerushalayim; and there was none
to bury them. We are become a taunt to our neighbours, a scorn 4
and derision to those round about us. How long, LORD? wilt 5
thou be angry for ever? will thy jealousy burn like fire? Pour 6
out thy wrath upon the nations that do not know thee, and up-
on the kingdoms that do not call upon thy name. For they have 7
devoured Ya'aqov, and laid waste his dwelling place. O remem- 8
ber not against us former iniquities: let thy tender mercies
speedily come to meet us: for we are brought very low. Help us, 9
O GOD of our salvation, for the glory of thy name: and deliver
us, and forgive our sins, for thy name's sake. Why should the 10
nations say, Where is their GOD? let the revenging of the blood
of thy servants which is shed be made manifest among the na-
tions, and before our eyes. Let the groaning of the prisoners 11
come before thee; according to the greatness of thy power pre-
serve a remnant of those who are appointed to die; and render 12
to our neighbours sevenfold into their bosom their insult, where-
with they have insulted thee, O LORD. So we thy people and 13
the sheep of thy pasture will give thee thanks for ever: we will
relate thy praise to all generations.

To the chief Musician upon Shoshannim, A Testimony, A **80**
Psalm of Asaf. Give ear, O shepherd of Yisra'el, that leadest 2
Yosef like flock, thou who art enthroned upon the keru-
vim, shine forth. Before Efrayim, and Binyamin, and Me- 3
nashshe, stir up thy might, and come to save us.
Restore us, O GOD, and cause thy face to shine; and we shall 4
be saved. O LORD GOD of hosts, how long wilt thou be angry 5
against the prayer of thy people? Thou hast fed them with the 6
bread of tears; and hast given them tears to drink in great
measure. Thou makest us a strife to our neighbours: and our 7
enemies mock as they please. Restore us, O GOD of hosts, and 8
cause thy face to shine; and we shall be saved. Thou hast 9
brought a vine out of Miẓrayim, thou hast cast out nations, and
planted it. Thou didst clear a space for it, and didst cause it 10
to take deep root, and it filled the land. The hills were covered 11
with the shadow of it, and the mighty cedars with its boughs.
She sent out her boughs to the sea, and her branches to the 12
river. Why hast thou then broken down her fences, so that all 13
they who pass by the way do pluck her fruit? The boar out of 14
the wood ravages it, and the wild beast of the field devours it.
Return, we beseech thee, O GOD of hosts: look down from 15
heaven, and behold, and be mindful of this vine; and of the 16
stock which thy right hand has planted, and the branch that

יז אֲשֶׁר־נָטְעָה יְמִינֶךָ וְעַל־בֵּן אִמַּצְתָּה לָּךְ׃ שְׂרֻפָה בָאֵשׁ כְּסוּחָה
יח מִגַּעֲרַת פָּנֶיךָ יֹאבֵדוּ׃ תְּהִי־יָדְךָ עַל־אִישׁ יְמִינֶךָ עַל־בֶּן־אָדָם
יט כ אִמַּצְתָּ לָּךְ׃ וְלֹא־נָסוֹג מִמֶּךָּ תְּחַיֵּנוּ וּבְשִׁמְךָ נִקְרָא׃ יְהוָה
אֱלֹהִים צְבָאוֹת הֲשִׁיבֵנוּ הָאֵר פָּנֶיךָ וְנִוָּשֵׁעָה׃
פא א ב לַמְנַצֵּחַ ׀ עַל־הַגִּתִּית לְאָסָף׃ הַרְנִינוּ לֵאלֹהִים עוּזֵּנוּ הָרִיעוּ
ג לֵאלֹהֵי יַעֲקֹב׃ שְׂאוּ־זִמְרָה וּתְנוּ־תֹף כִּנּוֹר נָעִים עִם־נָבֶל׃
ד ה תִּקְעוּ בַחֹדֶשׁ שׁוֹפָר בַּכֵּסֶה לְיוֹם חַגֵּנוּ׃ כִּי חֹק לְיִשְׂרָאֵל הוּא
ו מִשְׁפָּט לֵאלֹהֵי יַעֲקֹב׃ עֵדוּת ׀ בִּיהוֹסֵף שָׂמוֹ בְּצֵאתוֹ עַל־אֶרֶץ
ז מִצְרָיִם שְׂפַת לֹא־יָדַעְתִּי אֶשְׁמָע׃ הֲסִירוֹתִי מִסֵּבֶל שִׁכְמוֹ כַּפָּיו
ח מִדּוּד תַּעֲבֹרְנָה׃ בַּצָּרָה קָרָאתָ וָאֲחַלְּצֶךָּ אֶעֶנְךָ בְּסֵתֶר רַעַם
ט אֶבְחָנְךָ עַל־מֵי מְרִיבָה סֶלָה׃ שְׁמַע עַמִּי וְאָעִידָה בָּךְ יִשְׂרָאֵל
י אִם־תִּשְׁמַע־לִי׃ לֹא־יִהְיֶה בְךָ אֵל זָר וְלֹא תִשְׁתַּחֲוֶה לְאֵל נֵכָר׃
יא אָנֹכִי ׀ יְהוָה אֱלֹהֶיךָ הַמַּעַלְךָ מֵאֶרֶץ מִצְרָיִם הַרְחֶב־פִּיךָ
יב וַאֲמַלְאֵהוּ׃ וְלֹא־שָׁמַע עַמִּי לְקוֹלִי וְיִשְׂרָאֵל לֹא־אָבָה לִי׃
יג יד וָאֲשַׁלְּחֵהוּ בִּשְׁרִירוּת לִבָּם יֵלְכוּ בְּמוֹעֲצוֹתֵיהֶם׃ לוּ עַמִּי שֹׁמֵעַ
טו לִי יִשְׂרָאֵל בִּדְרָכַי יְהַלֵּכוּ׃ כִּמְעַט אוֹיְבֵיהֶם אַכְנִיעַ וְעַל־צָרֵיהֶם
טז אָשִׁיב יָדִי׃ מְשַׂנְאֵי יְהוָה יְכַחֲשׁוּ־לוֹ וִיהִי עִתָּם לְעוֹלָם׃
יז וַיַּאֲכִילֵהוּ מֵחֵלֶב חִטָּה וּמִצּוּר דְּבַשׁ אַשְׂבִּיעֶךָ׃
פב א מִזְמוֹר לְאָסָף אֱלֹהִים נִצָּב בַּעֲדַת־אֵל בְּקֶרֶב אֱלֹהִים יִשְׁפֹּט׃
ב ג עַד־מָתַי תִּשְׁפְּטוּ־עָוֶל וּפְנֵי רְשָׁעִים תִּשְׂאוּ־סֶלָה׃ שִׁפְטוּ־דַל
ד וְיָתוֹם עָנִי וָרָשׁ הַצְדִּיקוּ׃ פַּלְּטוּ־דַל וְאֶבְיוֹן מִיַּד רְשָׁעִים הַצִּילוּ׃
ה לֹא יָדְעוּ ׀ וְלֹא יָבִינוּ בַּחֲשֵׁכָה יִתְהַלָּכוּ יִמּוֹטוּ כָּל־מוֹסְדֵי אָרֶץ׃
ו ז אֲנִי־אָמַרְתִּי אֱלֹהִים אַתֶּם וּבְנֵי עֶלְיוֹן כֻּלְּכֶם׃ אָכֵן כְּאָדָם
ח תְּמוּתוּן וּכְאַחַד הַשָּׂרִים תִּפֹּלוּ׃ קוּמָה אֱלֹהִים שָׁפְטָה הָאָרֶץ
כִּי־אַתָּה תִנְחַל בְּכָל־הַגּוֹיִם׃
פג א ב שִׁיר מִזְמוֹר לְאָסָף׃ אֱלֹהִים אַל־דֳּמִי־לָךְ אַל־תֶּחֱרַשׁ וְאַל־
ג תִּשְׁקֹט אֵל׃ כִּי־הִנֵּה אוֹיְבֶיךָ יֶהֱמָיוּן וּמְשַׂנְאֶיךָ נָשְׂאוּ רֹאשׁ׃
ד ה עַל־עַמְּךָ יַעֲרִימוּ סוֹד וְיִתְיָעֲצוּ עַל־צְפוּנֶיךָ׃ אָמְרוּ לְכוּ וְנַכְחִידֵם
ו מִגּוֹי וְלֹא־יִזָּכֵר שֵׁם־יִשְׂרָאֵל עוֹד׃ כִּי נוֹעֲצוּ לֵב יַחְדָּו עָלֶיךָ
ז ח בְּרִית יִכְרֹתוּ׃ אָהֳלֵי אֱדוֹם וְיִשְׁמְעֵאלִים מוֹאָב וְהַגְרִים׃ גְּבָל

thou madest strong for thyself. It is burned with fire, it is cut 17
down: they perish at the rebuke of thy countenance. Let thy 18
hand be upon the man of thy right hand, upon the son of a man
whom thou madest strong for thyself. So shall we not turn back 19
from thee: revive us and we will call upon thy name. Restore 20
us, O LORD GOD of hosts, cause thy face to shine; and we shall
be saved.

81

To the chief Musician upon the Gittit, Of Asaf. Sing aloud to GOD 1, 2
our strength: make a joyful noise to the GOD of Ya'aqov. Raise 3
a song, sound the timbrel, the sweet lyre, with the harp. Blow 4
a shofar at the new moon, at the full moon on our feast day.
For this is a statute for Yisra'el, an ordinance of the GOD of 5
Ya'aqov. This he ordained in Yosef for testimony, when he 6
went out over the land of Mizrayim. I heard the language of
him whom I had not known, saying, I removed his shoulder from 7
the burden: his hands are freed from the basket. Thou didst 8
call in trouble, and I delivered thee; I answered thee in the
secret place of thunder: I proved thee at the waters of Meriva.
(Sela.) Hear, O my people, and I will testify against thee: O 9
Yisra'el, if thou wilt hearken to me: there shall be no strange god 10
among thee; nor shalt thou worship any foreign deity. I am the 11
LORD thy GOD who brought thee out of the land of Mizrayim:
open thy mouth wide, and I will fill it. But my people would 12
not hearken to my voice; and Yisra'el would none of me. So I 13
let them go after the stubbornness of their hearts, that they
might follow their own counsels. Oh that my people would 14
hearken to me, and Yisra'el would walk in my ways! I would 15
soon subdue their enemies, and turn my hand against their ad-
versaries. Let the haters of the LORD cringe before him: and 16
their punishment should last forever. But he would feed him 17
with the finest of the wheat: and with honey out of the rock I
will satisfy thee.

A PSALM of Asaf. GOD stands in the congregation of GOD; he **82**
judges among the judges. How long will you judge unjustly, and 2
respect the persons of the wicked? (Sela.) Judge the cause of 3
the poor and fatherless: vindicate the afflicted and needy. Deli- 4
ver the poor and destitute: rescue them out of the hand of the
wicked. They know not, nor do they understand; they walk on 5
in darkness: all the foundations of the earth are shaken.
I had said, You are angels, all of you sons of the most High; 6
Nevertheless, you shall die like a man, and fall as one man, O 7
princes. Arise, O GOD, judge the earth: for thou shalt possess all 8
the nations.

83

A POEM, A Psalm of Asaf. Do not keep silence, O GOD: do not 1, 2
hold thy peace, and be still, O GOD. For lo, thy enemies make a 3
tumult: and they who hate thee have lifted up the head. They 4
take crafty counsel against thy people, and consult against thy
hidden ones. They have said, Come, and let us cut them off 5
from being a nation; that the name of Yisra'el may be no more
in remembrance. For they have consulted together with one 6
consent: they are confederate against thee: the tents of Edom, 7
and the Yishme'elim; of Mo'av, and the Hagrim; Geval, and 8
'Ammon, and 'Amaleq; Peleshet with the inhabitants of Zor;

ט וְעַמּוֹן וַעֲמָלֵק פְּלֶשֶׁת עִם־יֹשְׁבֵי צוֹר׃ גַּם־אַשּׁוּר נִלְוָה עִמָּם הָיוּ
י זְרוֹעַ לִבְנֵי־לוֹט סֶלָה׃ עֲשֵׂה־לָהֶם כְּמִדְיָן כְּסִיסְרָא כְיָבִין בְּנַחַל
יא יב קִישׁוֹן׃ נִשְׁמְדוּ בְעֵין־דֹּאר הָיוּ דֹּמֶן לָאֲדָמָה׃ שִׁיתֵמוֹ נְדִיבֵמוֹ
יג כְּעֹרֵב וְכִזְאֵב וּכְזֶבַח וּכְצַלְמֻנָּע כָּל־נְסִיכֵמוֹ׃ אֲשֶׁר אָמְרוּ
יד נִירְשָׁה לָּנוּ אֵת נְאוֹת אֱלֹהִים׃ אֱלֹהַי שִׁיתֵמוֹ כַגַּלְגַּל כְּקַשׁ
טו טז לִפְנֵי־רוּחַ׃ כְּאֵשׁ תִּבְעַר־יָעַר וּכְלֶהָבָה תְּלַהֵט הָרִים׃ כֵּן
יז תִּרְדְּפֵם בְּסַעֲרֶךָ וּבְסוּפָתְךָ תְבַהֲלֵם׃ מַלֵּא פְנֵיהֶם קָלוֹן וִיבַקְשׁוּ
יח יט שִׁמְךָ יְהוָה׃ יֵבֹשׁוּ וְיִבָּהֲלוּ עֲדֵי־עַד וְיַחְפְּרוּ וְיֹאבֵדוּ׃ וְיֵדְעוּ כִּי־
אַתָּה שִׁמְךָ יְהוָה לְבַדֶּךָ עֶלְיוֹן עַל־כָּל־הָאָרֶץ׃

פד א ב לַמְנַצֵּחַ עַל־הַגִּתִּית לִבְנֵי־קֹרַח מִזְמוֹר׃ מַה־יְּדִידוֹת מִשְׁכְּנוֹתֶיךָ
ג יְהוָה צְבָאוֹת׃ נִכְסְפָה וְגַם־כָּלְתָה ׀ נַפְשִׁי לְחַצְרוֹת יְהוָה לִבִּי
ד וּבְשָׂרִי יְרַנְּנוּ אֶל אֵל־חָי׃ גַּם־צִפּוֹר ׀ מָצְאָה בַיִת וּדְרוֹר ׀ קֵן
לָהּ אֲשֶׁר־שָׁתָה אֶפְרֹחֶיהָ אֶת־מִזְבְּחוֹתֶיךָ יְהוָה צְבָאוֹת מַלְכִּי
ה ו וֵאלֹהָי׃ אַשְׁרֵי יוֹשְׁבֵי בֵיתֶךָ עוֹד יְהַלְלוּךָ סֶּלָה׃ אַשְׁרֵי אָדָם
ז עוֹז־לוֹ בָךְ מְסִלּוֹת בִּלְבָבָם׃ עֹבְרֵי ׀ בְּעֵמֶק הַבָּכָא מַעְיָן יְשִׁיתוּהוּ
ח גַּם־בְּרָכוֹת יַעְטֶה מוֹרֶה׃ יֵלְכוּ מֵחַיִל אֶל־חָיִל יֵרָאֶה אֶל־אֱלֹהִים
ט בְּצִיּוֹן׃ יְהוָה אֱלֹהִים צְבָאוֹת שִׁמְעָה תְפִלָּתִי הַאֲזִינָה אֱלֹהֵי
י יא יַעֲקֹב סֶלָה׃ מָגִנֵּנוּ רְאֵה אֱלֹהִים וְהַבֵּט פְּנֵי מְשִׁיחֶךָ׃ כִּי טוֹב־
יוֹם בַּחֲצֵרֶיךָ מֵאָלֶף בָּחַרְתִּי הִסְתּוֹפֵף בְּבֵית אֱלֹהַי מִדּוּר
יב בְּאׇהֳלֵי־רֶשַׁע׃ כִּי שֶׁמֶשׁ ׀ וּמָגֵן יְהוָה אֱלֹהִים חֵן וְכָבוֹד יִתֵּן
יג יְהוָה לֹא יִמְנַע־טוֹב לַהֹלְכִים בְּתָמִים׃ יְהוָה צְבָאוֹת אַשְׁרֵי יב
אָדָם בֹּטֵחַ בָּךְ׃

פה א ב לַמְנַצֵּחַ לִבְנֵי־קֹרַח מִזְמוֹר׃ רָצִיתָ יְהוָה אַרְצֶךָ שַׁבְתָּ שְׁבוּת שְׁבִית
ג ד יַעֲקֹב׃ נָשָׂאתָ עֲוֺן עַמֶּךָ כִּסִּיתָ כׇל־חַטָּאתָם סֶלָה׃ אָסַפְתָּ כׇל־
ה עֶבְרָתֶךָ הֱשִׁיבוֹתָ מֵחֲרוֹן אַפֶּךָ׃ שׁוּבֵנוּ אֱלֹהֵי יִשְׁעֵנוּ וְהָפֵר
ו ז כַּעַסְךָ עִמָּנוּ׃ הַלְעוֹלָם תֶּאֱנַף־בָּנוּ תִּמְשֹׁךְ אַפְּךָ לְדֹר וָדֹר׃ הֲלֹא־
ח אַתָּה תָּשׁוּב תְּחַיֵּנוּ וְעַמְּךָ יִשְׂמְחוּ־בָךְ׃ הַרְאֵנוּ יְהוָה חַסְדֶּךָ
ט וְיֶשְׁעֲךָ תִּתֶּן־לָנוּ׃ אֶשְׁמְעָה מַה־יְדַבֵּר הָאֵל ׀ יְהוָה כִּי ׀ יְדַבֵּר
י שָׁלוֹם אֶל־עַמּוֹ וְאֶל־חֲסִידָיו וְאַל־יָשׁוּבוּ לְכִסְלָה׃ אַךְ ׀ קָרוֹב
יא לִירֵאָיו יִשְׁעוֹ לִשְׁכֹּן כָּבוֹד בְּאַרְצֵנוּ׃ חֶסֶד־וֶאֱמֶת נִפְגָּשׁוּ צֶדֶק
יב יג וְשָׁלוֹם נָשָׁקוּ׃ אֱמֶת מֵאֶרֶץ תִּצְמָח וְצֶדֶק מִשָּׁמַיִם נִשְׁקָף׃ גַּם־
יד יְהוָה יִתֵּן הַטּוֹב וְאַרְצֵנוּ תִּתֵּן יְבוּלָהּ׃ צֶדֶק לְפָנָיו יְהַלֵּךְ וְיָשֵׂם
לְדֶרֶךְ פְּעָמָיו׃

Ashshur also is joined with them: they are the strong arm of 9
the children of Lot. (Sela.) Do to them as to Midyan; as to 10
Sisera, as to Yavin, at the wadi of Qishon: who perished at 11
'En-dor: they became like dung on the earth. Make their nobles 12
like 'Orev, and like Ze'ev: and all their princes like Zevaḥ, and
Ẕalmunna: who said, Let us seize for our possession the pastu- 13
res of God. O my God, make them like the whirling chaff: like
the stubble before the wind. As the fire burns a wood, and as 15
the flame sets the mountains on fire; so pursue them with thy 16
tempest, and terrify them with thy storm. Fill their faces with 17
shame; that they may seek thy name, O Lord. Let them be con- 18
founded and affrighted forever; and let them be put to shame,
and perish: that men may know that thou alone, whose name 19
is the Lord, art the most high over all the earth.

84
To the chief Musician upon the Gittit, A Psalm for the sons of
Qoraḥ. How lovely are thy dwelling places, O Lord of hosts! 2
My soul longs, indeed, it faints for the courts of the Lord: my 3
heart and my flesh cry out for the living God. Even the spar- 4
row has found a home, and the swallow a nest for herself,
where she may lay her young. Thy altars, O Lord of hosts,
my King, and my God—happy are they who dwell in thy house: 5
they are ever praising thee. (Sela.) Happy is the man whose 6
strength is in thee; in whose heart are thy highways, who, 7
passing through the valley of Bakha, turn in into a waterspring;
moreover, the early rain covers it with blessings. They go from 8
strength to strength, every one of them appears before God
in Ẕiyyon. O Lord God of hosts, hear my prayer: give ear, 9
O God of Ya'aqov. (Sela.) Behold, O God, our shield, and look 10
upon the face of thy anointed. For a day in thy courts is better 11
than a thousand. I had rather be at the threshold in the house
of my God, than dwell in the tents of wickedness. For the 12
Lord God is a sun and shield: the Lord will give grace and
honour: no good thing will he withhold from those who walk
uprightly. O Lord of hosts, happy is the man who trusts in 13
thee.

85
To the chief Musician, A Psalm for the sons of Qoraḥ. Lord, 1,2
thou hast been favourable to thy land: thou hast brought back
the captivity of Ya'aqov. Thou hast forgiven the iniquity of 3
thy people, thou hast pardoned all their sin. (Sela.) Thou hast 4
withdrawn all thy wrath: thou hast turned from the fierceness
of thy anger. Restore us, O God of our salvation, and cause 5
thy anger towards us to cease. Wilt thou be angry with us for- 6
ever? Wilt thou draw out thy anger to all generations? Wilt 7
thou not revive us again: that thy people may rejoice in thee?
Show us thy mercy, O Lord, and grant us thy salvation. 8
I will hear what God the Lord will speak: for he will speak 9
peace to his people, and to his pious ones: but let them not
turn back to folly. Surely his salvation is near to them who 10
fear him; that glory may dwell in our land. Love and truth are 11
met together; righteousness and peace have kissed each other.
Truth will spring out of the earth; and righteousness will look 12
down from heaven. The Lord moreover shall give that which 13
is good; and our land shall yield its increase. Righteousness 14

א ב תְּפִלָּה לְדָוִד הַטֵּה־יְהוָה אָזְנְךָ עֲנֵנִי כִּי־עָנִי וְאֶבְיוֹן אָנִי׃ שָׁמְרָה
נַפְשִׁי כִּי־חָסִיד אָנִי הוֹשַׁע עַבְדְּךָ אַתָּה אֱלֹהַי הַבּוֹטֵחַ אֵלֶיךָ׃
ג ד חָנֵּנִי אֲדֹנָי כִּי־אֵלֶיךָ אֶקְרָא כָּל־הַיּוֹם׃ שַׂמֵּחַ נֶפֶשׁ עַבְדֶּךָ כִּי־
ה אֵלֶיךָ אֲדֹנָי נַפְשִׁי אֶשָּׂא׃ כִּי־אַתָּה אֲדֹנָי טוֹב וְסַלָּח וְרַב־חֶסֶד
ו לְכָל־קֹרְאֶיךָ׃ הַאֲזִינָה יְהוָה תְּפִלָּתִי וְהַקְשִׁיבָה בְּקוֹל תַּחֲנוּנוֹתָי׃
ז ח בְּיוֹם צָרָתִי אֶקְרָאֶךָּ כִּי תַעֲנֵנִי׃ אֵין־כָּמוֹךָ בָאֱלֹהִים ׀ אֲדֹנָי וְאֵין
ט כְּמַעֲשֶׂיךָ׃ כָּל־גּוֹיִם ׀ אֲשֶׁר עָשִׂיתָ יָבוֹאוּ ׀ וְיִשְׁתַּחֲווּ לְפָנֶיךָ אֲדֹנָי
י וִיכַבְּדוּ לִשְׁמֶךָ׃ כִּי־גָדוֹל אַתָּה וְעֹשֵׂה נִפְלָאוֹת אַתָּה אֱלֹהִים
יא לְבַדֶּךָ׃ הוֹרֵנִי יְהוָה ׀ דַּרְכֶּךָ אֲהַלֵּךְ בַּאֲמִתֶּךָ יַחֵד לְבָבִי לְיִרְאָה
יב שְׁמֶךָ׃ אוֹדְךָ ׀ אֲדֹנָי אֱלֹהַי בְּכָל־לְבָבִי וַאֲכַבְּדָה שִׁמְךָ לְעוֹלָם׃
יג יד כִּי־חַסְדְּךָ גָּדוֹל עָלָי וְהִצַּלְתָּ נַפְשִׁי מִשְּׁאוֹל תַּחְתִּיָּה׃ אֱלֹהִים ׀
זֵדִים קָמוּ־עָלַי וַעֲדַת עָרִיצִים בִּקְשׁוּ נַפְשִׁי וְלֹא שָׂמוּךָ לְנֶגְדָּם׃
טו וְאַתָּה אֲדֹנָי אֵל־רַחוּם וְחַנּוּן אֶרֶךְ אַפַּיִם וְרַב־חֶסֶד וֶאֱמֶת׃
טז פְּנֵה אֵלַי וְחָנֵּנִי תְּנָה־עֻזְּךָ לְעַבְדֶּךָ וְהוֹשִׁיעָה לְבֶן־אֲמָתֶךָ׃
יז עֲשֵׂה־עִמִּי אוֹת לְטוֹבָה וְיִרְאוּ שֹׂנְאַי וְיֵבֹשׁוּ כִּי־אַתָּה יְהוָה
עֲזַרְתַּנִי וְנִחַמְתָּנִי׃

פז א ב לִבְנֵי־קֹרַח מִזְמוֹר שִׁיר יְסוּדָתוֹ בְּהַרְרֵי־קֹדֶשׁ׃ אֹהֵב יְהוָה שַׁעֲרֵי
ג צִיּוֹן מִכֹּל מִשְׁכְּנוֹת יַעֲקֹב׃ נִכְבָּדוֹת מְדֻבָּר בָּךְ עִיר הָאֱלֹהִים
ד סֶלָה׃ אַזְכִּיר ׀ רַהַב וּבָבֶל לְיֹדְעָי הִנֵּה פְלֶשֶׁת וְצוֹר עִם־כּוּשׁ זֶה
ה יֻלַּד־שָׁם׃ וּלְצִיּוֹן ׀ יֵאָמַר אִישׁ וְאִישׁ יֻלַּד־בָּהּ וְהוּא יְכוֹנְנֶהָ עֶלְיוֹן׃
ו ז יְהוָה יִסְפֹּר בִּכְתוֹב עַמִּים זֶה יֻלַּד־שָׁם סֶלָה׃ וְשָׁרִים כְּחֹלְלִים
כָּל־מַעְיָנַי בָּךְ׃

פח א שִׁיר מִזְמוֹר לִבְנֵי קֹרַח לַמְנַצֵּחַ עַל־מָחֲלַת לְעַנּוֹת מַשְׂכִּיל
ב לְהֵימָן הָאֶזְרָחִי׃ יְהוָה אֱלֹהֵי יְשׁוּעָתִי יוֹם־צָעַקְתִּי בַלַּיְלָה נֶגְדֶּךָ׃
ג ד תָּבוֹא לְפָנֶיךָ תְּפִלָּתִי הַטֵּה אָזְנְךָ לְרִנָּתִי׃ כִּי־שָׂבְעָה בְרָעוֹת
ה נַפְשִׁי וְחַיַּי לִשְׁאוֹל הִגִּיעוּ׃ נֶחְשַׁבְתִּי עִם־יוֹרְדֵי בוֹר הָיִיתִי כְּגֶבֶר
ו אֵין־אֱיָל׃ בַּמֵּתִים חָפְשִׁי כְּמוֹ חֲלָלִים ׀ שֹׁכְבֵי קֶבֶר אֲשֶׁר לֹא
ז זְכַרְתָּם עוֹד וְהֵמָּה מִיָּדְךָ נִגְזָרוּ׃ שַׁתַּנִי בְּבוֹר תַּחְתִּיּוֹת
ח בְּמַחֲשַׁכִּים בִּמְצֹלוֹת׃ עָלַי סָמְכָה חֲמָתֶךָ וְכָל־מִשְׁבָּרֶיךָ עִנִּיתָ
ט סֶּלָה׃ הִרְחַקְתָּ מְיֻדָּעַי מִמֶּנִּי שַׁתַּנִי תוֹעֵבוֹת לָמוֹ כָּלֻא וְלֹא אֵצֵא׃
י עֵינִי דָאֲבָה מִנִּי עֹנִי קְרָאתִיךָ יְהוָה בְּכָל־יוֹם שִׁטַּחְתִּי אֵלֶיךָ

shall go before him, and walk in the way of his steps.

A PRAYER of David. Incline thy ear, O LORD, hear me: for I 1
am poor and needy. Preserve my soul; for I am godly: O thou 2
my GOD, save thy servant who trusts in thee. Be gracious to 3
me, O LORD: for I cry to thee daily. Rejoice the soul of thy 4
servant: for to thee, O LORD, do I lift up my soul. For thou, 5
LORD, art good, and ready to forgive; and of bountiful love
towards all those who call upon thee. Give ear, O LORD, to my 6
prayer; and attend to the voice of my supplications. On the day 7
of my trouble I will call upon thee: for thou wilt answer me.
Among the gods there is none like thee, O LORD; nor are there 8
any works like thine. All nations whom thou hast made shall 9
come and prostrate themselves before thee, O LORD; and shall
glorify thy name. For thou art great, and doest wondrous 10
things: thou art GOD alone. Teach me thy way, O LORD; I will 11
walk in thy truth: make my heart single to fear thy name. I will 12
thank thee, O LORD my GOD, with all my heart: and I will glorify thy
name for evermore. For great is thy steadfast love towards 13
me: and thou hast delivered my soul from the depths of
She'ol. O GOD, the proud are risen against me, and the as- 14
sembly of violent men have sought after my soul; and have
not set thee before them. But thou, O LORD, art a GOD full of 15
compassion, and gracious, longsuffering, and bountiful in love
and truth. O turn to me, and have mercy upon me; give thy 16
strength to thy servant, and save the son of thy handmaid.
Show me a sign for good; that they who hate me may see it, 17
and be ashamed: because thou, LORD, hast helped me, and
comforted me.

A PSALM for the sons of Qoraḥ, A Poem. His foundation is in **87**
the holy mountains. The LORD loves the gates of Ẕiyyon more 2
than all the dwellings of Ya'aqov. Glorious things are spoken 3
of thee, O city of GOD. (Sela.) I will make mention of Rahav 4
and Bavel to those who know me: behold Peleshet, and Ẕor,
with Kush, saying, Such a man was born there. But of Ẕiyyon it 5
shall be said, This and that man was born in her: and the
highest himself shall establish her. The LORD shall record, when 6
he registers the peoples, that this man was born there. (Sela.)
And singers and dancers alike, shall say, All my springs are 7
in thee.

A POEM, A Psalm for the sons of Qoraḥ, to the chief Musician **88**
upon Maḥalat Le'annot, A Maskil of Heman the Ezraḥite. O 2
LORD GOD of my salvation, when I cry in the night before thee:
let my prayer come before thee: incline thy ear to my cry; 3
for my soul is sated with evils: and my life draws near to 4
She'ol. I am reckoned with those who go down into the pit: 5
I am like a man who has no strength: free among the dead, 6
like the slain that lie in the grave, whom thou rememberest
no more: and they are cut off from thy hand. Thou hast laid 7
me in the lowest pit, in darkness, in the deeps. Thy wrath 8
lies hard upon me, and thou dost overwhelm me with all thy
waves. (Sela.) Thou hast put away my acquaintance far from 9
me; thou hast made me an abomination to them: I am shut up,
and I cannot come out. My eye is dim by reason of affliction: 10

יא כַפָּי: הֲלַמֵּתִים תַּעֲשֶׂה־פֶּלֶא אִם־רְפָאִים יָקוּמוּ ׀ יוֹדוּךָ סֶּלָה:
יב יג הַיְסֻפַּר בַּקֶּבֶר חַסְדֶּךָ אֱמוּנָתְךָ בָּאֲבַדּוֹן: הֲיִוָּדַע בַּחֹשֶׁךְ פִּלְאֶךָ
יד וְצִדְקָתְךָ בְּאֶרֶץ נְשִׁיָּה: וַאֲנִי ׀ אֵלֶיךָ יהוה שִׁוַּעְתִּי וּבַבֹּקֶר תְּפִלָּתִי
טו טז תְקַדְּמֶךָּ: לָמָה יהוה תִּזְנַח נַפְשִׁי תַּסְתִּיר פָּנֶיךָ מִמֶּנִּי: עָנִי אֲנִי
יז וְגֹוֵעַ מִנֹּעַר נָשָׂאתִי אֵמֶיךָ אָפוּנָה: עָלַי עָבְרוּ חֲרוֹנֶיךָ בִּעוּתֶיךָ
יח יט צִמְּתוּתֻנִי: סַבּוּנִי כַמַּיִם כָּל־הַיּוֹם הִקִּיפוּ עָלַי יָחַד: הִרְחַקְתָּ
מִמֶּנִּי אֹהֵב וָרֵעַ מְיֻדָּעַי מַחְשָׁךְ:
פט א ב מַשְׂכִּיל לְאֵיתָן הָאֶזְרָחִי: חַסְדֵי יהוה עוֹלָם אָשִׁירָה לְדֹר וָדֹר ׀
ג אוֹדִיעַ אֱמוּנָתְךָ בְּפִי: כִּי־אָמַרְתִּי עוֹלָם חֶסֶד יִבָּנֶה שָׁמַיִם ׀ תָּכִן
ד ה אֱמוּנָתְךָ בָהֶם: כָּרַתִּי בְרִית לִבְחִירִי נִשְׁבַּעְתִּי לְדָוִד עַבְדִּי: עַד־
ו עוֹלָם אָכִין זַרְעֶךָ וּבָנִיתִי לְדֹר־וָדוֹר כִּסְאֲךָ סֶלָה: וְיוֹדוּ שָׁמַיִם
ז פִּלְאֲךָ יהוה אַף־אֱמוּנָתְךָ בִּקְהַל קְדֹשִׁים: כִּי מִי בַשַּׁחַק יַעֲרֹךְ
ח לַיהוה יִדְמֶה לַיהוה בִּבְנֵי אֵלִים: אֵל נַעֲרָץ בְּסוֹד־קְדֹשִׁים רַבָּה
ט וְנוֹרָא עַל־כָּל־סְבִיבָיו: יהוה ׀ אֱלֹהֵי צְבָאוֹת מִי־כָמוֹךָ חֲסִין ׀
י יָהּ וֶאֱמוּנָתְךָ סְבִיבוֹתֶיךָ: אַתָּה מוֹשֵׁל בְּגֵאוּת הַיָּם בְּשׂוֹא גַלָּיו
יא אַתָּה תְשַׁבְּחֵם: אַתָּה דִכִּאתָ כֶחָלָל רָהַב בִּזְרוֹעַ עֻזְּךָ פִּזַּרְתָּ
יב אוֹיְבֶיךָ: לְךָ שָׁמַיִם אַף־לְךָ אָרֶץ תֵּבֵל וּמְלֹאָהּ אַתָּה יְסַדְתָּם:
יג יד צָפוֹן וְיָמִין אַתָּה בְרָאתָם תָּבוֹר וְחֶרְמוֹן בְּשִׁמְךָ יְרַנֵּנוּ: לְךָ זְרוֹעַ
טו עִם־גְּבוּרָה תָּעֹז יָדְךָ תָּרוּם יְמִינֶךָ: צֶדֶק וּמִשְׁפָּט מְכוֹן כִּסְאֶךָ
טז חֶסֶד וֶאֱמֶת יְקַדְּמוּ פָנֶיךָ: אַשְׁרֵי הָעָם יוֹדְעֵי תְרוּעָה יהוה בְּאוֹר־
יז יח פָּנֶיךָ יְהַלֵּכוּן: בְּשִׁמְךָ יְגִילוּן כָּל־הַיּוֹם וּבְצִדְקָתְךָ יָרוּמוּ: כִּי־
יט תִפְאֶרֶת עֻזָּמוֹ אָתָּה וּבִרְצוֹנְךָ תרים קַרְנֵנוּ: כִּי לַיהוה מָגִנֵּנוּ תָּרוּם
כ וְלִקְדוֹשׁ יִשְׂרָאֵל מַלְכֵּנוּ: אָז דִּבַּרְתָּ בְחָזוֹן לַחֲסִידֶיךָ וַתֹּאמֶר
כא שִׁוִּיתִי עֵזֶר עַל־גִּבּוֹר הֲרִימוֹתִי בָחוּר מֵעָם: מָצָאתִי דָּוִד עַבְדִּי
כב בְּשֶׁמֶן קָדְשִׁי מְשַׁחְתִּיו: אֲשֶׁר יָדִי תִּכּוֹן עִמּוֹ אַף־זְרוֹעִי תְאַמְּצֶנּוּ:
כג כד לֹא־יַשִּׁא אוֹיֵב בּוֹ וּבֶן־עַוְלָה לֹא יְעַנֶּנּוּ: וְכַתּוֹתִי מִפָּנָיו צָרָיו
כה וּמְשַׂנְאָיו אֶגּוֹף: וֶאֱמוּנָתִי וְחַסְדִּי עִמּוֹ וּבִשְׁמִי תָּרוּם קַרְנוֹ:
כו כז וְשַׂמְתִּי בַיָּם יָדוֹ וּבַנְּהָרוֹת יְמִינוֹ: הוּא יִקְרָאֵנִי אָבִי אָתָּה אֵלִי

Lord, I have called daily upon thee, I have stretched out my
hands to thee. Wilt thou show wonders to the dead? shall the 11
shades arise and praise thee? (Sela.) Shall thy steadfast love 12
be reported in the grave? or thy faithfulness in Avaddon? Shall 13
thy wonders be known in the dark? and thy righteousness in the
land of forgetfulness? But to thee have I cried, O Lord; and 14
in the morning shall my prayer attend thee. Lord, why dost 15
thou cast off my soul? why dost thou hide thy face from me?
I am afflicted and close to death from my youth up. I suffer 16
thy terrors, I am numb. Thy fierce wrath goes over me; 17
thy terrors have cut me off. They come round about me 18
daily like water; they compass me about together. Friend and 19
companion hast thou put far from me, my acquaintances are in
darkness.

89

A MASKIL of Etan the Ezraḥite. I will sing of the steadfast 1, 2
love of the Lord for ever: with my mouth I will make known
thy faithfulness to all generations. For I have said, The world 3
is built by love: thou dost establish thy faithfulness in the very
heavens. I have made a covenant with my chosen, I have 4
sworn to David my servant, Thy seed will I establish for ever, 5
and build up thy throne to all generations. (Sela.) And the 6
heavens shall praise thy wonders, O Lord: thy faithfulness also
in the assembly of the holy ones. For who in the skies can be 7
compared to the Lord? who among the sons of the mighty
can be likened to the Lord? A God dreaded in the great council 8
of the holy ones, and had in reverence by all those round
about him. O Lord God of hosts, O Lord, who is strong like 9
thee? and thy faithfulness is round about thee. Thou rulest the 10
raging of the sea: when the waves thereof rise up, thou stillest
them. Thou hast trodden down Rahav like carrion; thou hast 11
scattered thy enemies with thy strong arm. The skies are 12
thine, the earth also is thine: the world and the fulness thereof,
thou hast founded them. The north and the south, thou hast 13
created them: Tavor and Ḥermon shall rejoice in thy name.
Thou hast a mighty arm: strong is thy hand, and high is thy 14
right hand. Righteousness and justice are the foundation of thy 15
throne: love and truth shall go before thee. Happy is the people 16
that know the joyful note: they shall walk, O Lord, in the
light of thy countenance. In thy name they rejoice all the day: 17
and in thy righteousness they are exalted. For thou art the 18
glory of their strength: and in thy favour our horn shall be
exalted. For our shield belongs to the Lord; and our king to 19
the Holy One of Yisra'el. Then thou didst speak in vision to thy 20
pious one, and didst say, I have laid help upon one that is
mighty; I have exalted one chosen out of the people. I have 21
found David my servant; with my holy oil have I anointed
him: with whom my hand shall be established: my arm also 22
shall strengthen him. The enemy shall not exact upon him; nor 23
the son of wickedness afflict him. And I will beat down his foes 24
before his face, and strike down those who hate him. But my 25
faithfulness and my steadfast love shall be with him: and
in my name shall his horn be exalted. I will set his hand also 26
on the sea, and his right hand on the rivers. He shall cry to 27

וְצוּר יְשׁוּעָתִי׃ אַף־אָנִי בְּכוֹר אֶתְּנֵהוּ עֶלְיוֹן לְמַלְכֵי־אָרֶץ׃ לְעוֹלָם כח כט
אֶשְׁמָר־ אשמור־לוֹ חַסְדִּי וּבְרִיתִי נֶאֱמֶנֶת לוֹ׃ וְשַׂמְתִּי לָעַד זַרְעוֹ וְכִסְאוֹ ל
כִּימֵי שָׁמָיִם׃ אִם־יַעַזְבוּ בָנָיו תּוֹרָתִי וּבְמִשְׁפָּטַי לֹא יֵלֵכוּן׃ אִם־ לא לב
חֻקֹּתַי יְחַלֵּלוּ וּמִצְוֺתַי לֹא יִשְׁמֹרוּ׃ וּפָקַדְתִּי בְשֵׁבֶט פִּשְׁעָם לג
וּבִנְגָעִים עֲוֺנָם׃ וְחַסְדִּי לֹא־אָפִיר מֵעִמּוֹ וְלֹא אֲשַׁקֵּר בֶּאֱמוּנָתִי׃ לד
לֹא־אֲחַלֵּל בְּרִיתִי וּמוֹצָא שְׂפָתַי לֹא אֲשַׁנֶּה׃ אַחַת נִשְׁבַּעְתִּי לה לו
בְקָדְשִׁי אִם־לְדָוִד אֲכַזֵּב׃ זַרְעוֹ לְעוֹלָם יִהְיֶה וְכִסְאוֹ כַשֶּׁמֶשׁ לז
נֶגְדִּי׃ כְּיָרֵחַ יִכּוֹן עוֹלָם וְעֵד בַּשַּׁחַק נֶאֱמָן סֶלָה׃ וְאַתָּה זָנַחְתָּ לח לט
וַתִּמְאָס הִתְעַבַּרְתָּ עִם־מְשִׁיחֶךָ׃ נֵאַרְתָּה בְּרִית עַבְדֶּךָ חִלַּלְתָּ מ
לָאָרֶץ נִזְרוֹ׃ פָּרַצְתָּ כָל־גְּדֵרֹתָיו שַׂמְתָּ מִבְצָרָיו מְחִתָּה׃ שַׁסֻּהוּ מא מב
כָּל־עֹבְרֵי דָרֶךְ הָיָה חֶרְפָּה לִשְׁכֵנָיו׃ הֲרִימוֹתָ יְמִין צָרָיו הִשְׂמַחְתָּ מג
כָּל־אוֹיְבָיו׃ אַף־תָּשִׁיב צוּר חַרְבּוֹ וְלֹא הֲקֵמֹתוֹ בַּמִּלְחָמָה׃ מד
הִשְׁבַּתָּ מִטְּהָרוֹ וְכִסְאוֹ לָאָרֶץ מִגַּרְתָּה׃ הִקְצַרְתָּ יְמֵי עֲלוּמָיו מה מו
הֶעֱטִיתָ עָלָיו בּוּשָׁה סֶלָה׃ עַד־מָה יְהוָה תִּסָּתֵר לָנֶצַח תִּבְעַר מז
כְּמוֹ־אֵשׁ חֲמָתֶךָ׃ זְכָר־אֲנִי מֶה־חָלֶד עַל־מַה־שָּׁוְא בָּרָאתָ כָל־ מח
בְּנֵי־אָדָם׃ מִי גֶבֶר יִחְיֶה וְלֹא יִרְאֶה־מָּוֶת יְמַלֵּט נַפְשׁוֹ מִיַּד־ מט
שְׁאוֹל סֶלָה׃ אַיֵּה ׀ חֲסָדֶיךָ הָרִאשֹׁנִים ׀ אֲדֹנָי נִשְׁבַּעְתָּ לְדָוִד נ
בֶּאֱמוּנָתֶךָ׃ זְכֹר אֲדֹנָי חֶרְפַּת עֲבָדֶיךָ שְׂאֵתִי בְחֵיקִי כָּל־רַבִּים נא
עַמִּים׃ אֲשֶׁר חֵרְפוּ אוֹיְבֶיךָ ׀ יְהוָה אֲשֶׁר חֵרְפוּ עִקְּבוֹת מְשִׁיחֶךָ׃ נב
בָּרוּךְ יְהוָה לְעוֹלָם אָמֵן ׀ וְאָמֵן׃ נג

ספר רביעי תְּפִלָּה לְמֹשֶׁה אִישׁ־הָאֱלֹהִים אֲדֹנָי מָעוֹן אַתָּה הָיִיתָ לָּנוּ בְּדֹר צ א
וָדֹר׃ בְּטֶרֶם ׀ הָרִים יֻלָּדוּ וַתְּחוֹלֵל אֶרֶץ וְתֵבֵל וּמֵעוֹלָם עַד־עוֹלָם ב
אַתָּה אֵל׃ תָּשֵׁב אֱנוֹשׁ עַד־דַּכָּא וַתֹּאמֶר שׁוּבוּ בְנֵי־אָדָם׃ כִּי ג ד
אֶלֶף שָׁנִים בְּעֵינֶיךָ כְּיוֹם אֶתְמוֹל כִּי יַעֲבֹר וְאַשְׁמוּרָה בַלָּיְלָה׃
זְרַמְתָּם שֵׁנָה יִהְיוּ בַּבֹּקֶר כֶּחָצִיר יַחֲלֹף׃ בַּבֹּקֶר יָצִיץ וְחָלָף ה ו
לָעֶרֶב יְמוֹלֵל וְיָבֵשׁ׃ כִּי־כָלִינוּ בְאַפֶּךָ וּבַחֲמָתְךָ נִבְהָלְנוּ׃ שַׁתָּ ז ח
עֲוֺנֹתֵינוּ לְנֶגְדֶּךָ עֲלֻמֵנוּ לִמְאוֹר פָּנֶיךָ׃ כִּי כָל־יָמֵינוּ פָּנוּ בְעֶבְרָתֶךָ ט
כִּלִּינוּ שָׁנֵינוּ כְמוֹ־הֶגֶה׃ יְמֵי־שְׁנוֹתֵינוּ בָהֶם שִׁבְעִים שָׁנָה וְאִם י
בִּגְבוּרֹת ׀ שְׁמוֹנִים שָׁנָה וְרָהְבָּם עָמָל וָאָוֶן כִּי־גָז חִישׁ וַנָּעֻפָה׃

me, Thou art my father, my God, and the rock of my salvation.
Also I will make him firstborn, the highest of the kings of the 28
earth. I will keep my truth with him for evermore, and my 29
covenant shall stand fast with him. His seed also will I make 30
to endure for ever, and his throne like the days of heaven.
If his children forsake my Tora, and walk not in my judgments; 31
if they break my statutes, and keep not my commandments; 32
then I will punish their transgression with the rod, and their 33
iniquity with strokes. Nevertheless I will not utterly take my 34
steadfast love from him, nor suffer my faithfulness to fail.
My covenant I will not break, nor alter that which has issued 35
from my lips. Once I have sworn by my holiness that I will not 36
fail unto David. His seed shall endure for ever, and his throne 37
shall be like the sun before me. It shall be established for ever 38
like the moon, and the witness in the sky is sure. (Sela.) But 39
thou hast cast off and rejected, thou hast been angry with thy
anointed. Thou hast renounced the covenant of thy servant: 40
thou hast profaned his crown to the ground. Thou hast broken 41
down all his fences; thou hast brought his strongholds to
ruin. All that pass by the way plunder him: he is a taunt to 42
his neighbours. Thou hast exalted the right hand of his adver- 43
saries; thou hast made all his enemies rejoice. Thou hast also 44
turned back the edge of his sword, and hast not made him to
stand in the battle. Thou hast made his brightness to cease, 45
and cast his throne down to the ground. The days of his youth 46
thou hast shortened: thou hast covered him with shame. (Sela.)
How long, Lord? wilt thou hide thyself forever? shall thy 47
wrath burn like fire? Remember how short my time is: for 48
what nothingness hast thou created all the sons of men! What man 49
is he that lives, and shall not see death, but shall deliver his
soul from the power of She'ol? (Sela.) Lord, where are thy 50
former oaths of steadfast love which thou didst make to
David in thy faithfulness? Remember, Lord, the disgrace of 51
thy servants: how I bear in my bosom the insults of all the
many peoples, wherewith thy enemies have insulted, O Lord; 52
wherewith they have insulted the footsteps of thy anointed.
Blessed be the Lord for evermore. Amen, and Amen. 53

BOOK FOUR   A PRAYER of Moshe the man of God. Lord, thou hast been our **90**
dwelling place in all generations. Before the mountains were 2
brought forth, and before ever thou hadst formed the earth and
the world, even from everlasting to everlasting, thou art God.
Thou turnest man back to dust; and sayst, Return, you children 3
of men. For a thousand years in thy sight are but like yesterday 4
when it is past, and like a watch in the night. Thou engulfest 5
them; they are like sleepers; they are like the short lived grass
in the morning. In the morning it flourishes, and fades; by 6
evening it is withered and dry. For we are consumed by thy 7
anger, and by thy wrath are we terrified. Thou hast set our 8
iniquities before thee, our secret sins in the light of thy counten-
ance. For all our days are passed away in thy wrath: we spend 9
our years like a tale that is told. The days of our years are 10
seventy; or if by reason of special strength, eighty years; yet

יא יב מִי־יוֹדֵעַ עֹז אַפֶּךָ וּכְיִרְאָתְךָ עֶבְרָתֶךָ: לִמְנוֹת יָמֵינוּ כֵּן הוֹדַע
יג וְנָבִא לְבַב חָכְמָה: שׁוּבָה יהוה עַד־מָתָי וְהִנָּחֵם עַל־עֲבָדֶיךָ:
יד טו שַׂבְּעֵנוּ בַבֹּקֶר חַסְדֶּךָ וּנְרַנְּנָה וְנִשְׂמְחָה בְּכָל־יָמֵינוּ: שַׂמְּחֵנוּ
טז כִּימוֹת עִנִּיתָנוּ שְׁנוֹת רָאִינוּ רָעָה: יֵרָאֶה אֶל־עֲבָדֶיךָ פָעֳלֶךָ
יג יז וַהֲדָרְךָ עַל־בְּנֵיהֶם: וִיהִי ׀ נֹעַם אֲדֹנָי אֱלֹהֵינוּ עָלֵינוּ וּמַעֲשֵׂה
יָדֵינוּ כּוֹנְנָה עָלֵינוּ וּמַעֲשֵׂה יָדֵינוּ כּוֹנְנֵהוּ:
צא א ב יֹשֵׁב בְּסֵתֶר עֶלְיוֹן בְּצֵל שַׁדַּי יִתְלוֹנָן: אֹמַר לַיהוה מַחְסִי
ג וּמְצוּדָתִי אֱלֹהַי אֶבְטַח־בּוֹ: כִּי הוּא יַצִּילְךָ מִפַּח יָקוּשׁ מִדֶּבֶר
ד הַוּוֹת: בְּאֶבְרָתוֹ ׀ יָסֶךְ לָךְ וְתַחַת־כְּנָפָיו תֶּחְסֶה צִנָּה וְסֹחֵרָה
ה ו אֲמִתּוֹ: לֹא־תִירָא מִפַּחַד לָיְלָה מֵחֵץ יָעוּף יוֹמָם: מִדֶּבֶר בָּאֹפֶל
ז יַהֲלֹךְ מִקֶּטֶב יָשׁוּד צָהֳרָיִם: יִפֹּל מִצִּדְּךָ ׀ אֶלֶף וּרְבָבָה מִימִינֶךָ
ח ט אֵלֶיךָ לֹא יִגָּשׁ: רַק בְּעֵינֶיךָ תַבִּיט וְשִׁלֻּמַת רְשָׁעִים תִּרְאֶה: כִּי־
י אַתָּה יהוה מַחְסִי עֶלְיוֹן שַׂמְתָּ מְעוֹנֶךָ: לֹא־תְאֻנֶּה אֵלֶיךָ רָעָה
יא וְנֶגַע לֹא־יִקְרַב בְּאָהֳלֶךָ: כִּי מַלְאָכָיו יְצַוֶּה־לָּךְ לִשְׁמָרְךָ בְּכָל־
יב יג דְּרָכֶיךָ: עַל־כַּפַּיִם יִשָּׂאוּנְךָ פֶּן־תִּגֹּף בָּאֶבֶן רַגְלֶךָ: עַל־שַׁחַל וָפֶתֶן
יד תִּדְרֹךְ תִּרְמֹס כְּפִיר וְתַנִּין: כִּי בִי חָשַׁק וַאֲפַלְּטֵהוּ אֲשַׂגְּבֵהוּ
טו כִּי־יָדַע שְׁמִי: יִקְרָאֵנִי ׀ וְאֶעֱנֵהוּ עִמּוֹ־אָנֹכִי בְצָרָה אֲחַלְּצֵהוּ
טז וַאֲכַבְּדֵהוּ: אֹרֶךְ יָמִים אַשְׂבִּיעֵהוּ וְאַרְאֵהוּ בִּישׁוּעָתִי:
צב א ב מִזְמוֹר שִׁיר לְיוֹם הַשַּׁבָּת: טוֹב לְהֹדוֹת לַיהוה וּלְזַמֵּר לְשִׁמְךָ
ג ד עֶלְיוֹן: לְהַגִּיד בַּבֹּקֶר חַסְדֶּךָ וֶאֱמוּנָתְךָ בַּלֵּילוֹת: עֲלֵי־עָשׂוֹר
ה וַעֲלֵי־נָבֶל עֲלֵי הִגָּיוֹן בְּכִנּוֹר: כִּי שִׂמַּחְתַּנִי יהוה בְּפָעֳלֶךָ בְּמַעֲשֵׂי
ו יָדֶיךָ אֲרַנֵּן: מַה־גָּדְלוּ מַעֲשֶׂיךָ יהוה מְאֹד עָמְקוּ מַחְשְׁבֹתֶיךָ:
ז ח אִישׁ־בַּעַר לֹא יֵדָע וּכְסִיל לֹא־יָבִין אֶת־זֹאת: בִּפְרֹחַ רְשָׁעִים ׀
ט כְּמוֹ עֵשֶׂב וַיָּצִיצוּ כָּל־פֹּעֲלֵי אָוֶן לְהִשָּׁמְדָם עֲדֵי־עַד: וְאַתָּה
י מָרוֹם לְעֹלָם יהוה: כִּי הִנֵּה אֹיְבֶיךָ יהוה כִּי־הִנֵּה אֹיְבֶיךָ יֹאבֵדוּ
יא יִתְפָּרְדוּ כָּל־פֹּעֲלֵי אָוֶן: וַתָּרֶם כִּרְאֵים קַרְנִי בַּלֹּתִי בְּשֶׁמֶן רַעֲנָן:
יב יג וַתַּבֵּט עֵינִי בְּשׁוּרָי בַּקָּמִים עָלַי מְרֵעִים תִּשְׁמַעְנָה אָזְנָי: צַדִּיק

their pride is but trouble and wretchedness; it is soon cut off,
and we fly away. Who knows the power of thy anger? even ac-   11
cording to thy fear, so is thy wrath. So teach us to number our   12
days, that we may get a heart of wisdom. Return, O LORD, how   13
long? and relent concerning thy servants. O satisfy us in the   14
morning with thy steadfast love; that we may rejoice and be
glad all our days. Make us glad according to the days wherein   15
thou hast afflicted us, and the years in which we have seen evil.
Let thy work appear to thy servants, and thy glory to their   16
children. And let the beauty of the LORD our GOD be upon us: 17
and establish the work of our hands upon us; O prosper it, the
work of our hands.

HE that dwells in the secret place of the most High shall abide   **91**
under the shadow of the Almighty. I will say of the LORD, who   2
is my refuge and my fortress: (my GOD; in him will I trust,)
that he will deliver thee from the snare of the fowler, and from   3
the noisome pestilence. He shall cover thee with his pinions,   4
and under his wings shalt thou find refuge: his truth shall be
thy shield and buckler. Thou shalt not be afraid of the terror by   5
night; nor of the arrow that flies by day; nor of the pestilence   6
that walks in darkness; nor of the destruction that wastes at
noonday. A thousand shall fall at thy side and ten thousand   7
at thy right hand; but it shall not come near thee. Only with   8
thy eyes shalt thou behold and see the recompense of the wick-
ed; because thou O LORD, art my refuge. Thou hast made the   9
most High thy habitation. No evil shall befall thee, nor shall   10
any plague come near thy dwelling. For he shall give his angels   11
charge over thee, to keep thee in all thy ways. They shall bear   12
thee up in their hands, lest thou dash thy foot against a stone.
Thou shalt tread upon the lion and adder: the young lion and   13
the crocodile shalt thou trample under foot. Because he has set   14
his delight upon me, therefore will I deliver him: I will set him
on high, because he has known my name. He shall call upon me,   15
and I will answer him: I will be with him in trouble; I will de-
liver him, and honour him. With long life I will satisfy him, and   16
show him my salvation.
                                                                   92
A PSALM, A Poem for the Sabbath day. It is a good thing to   1, 2
give thanks to the LORD, and to sing praise to thy name, O most
High: to relate thy steadfast love in the morning, and thy faith-   3
fulness every night, upon an instrument of ten strings and up-   4
on the harp; to the melody of the lyre. For thou, LORD, hast   5
made me glad through thy work: I will triumph in the works
of thy hands. O LORD, how great are thy works! and thy   6
thoughts are very deep. A brutish man does not know; nor   7
does a fool understand this. When the wicked spring like grass,   8
and when all the workers of iniquity flourish; it is that they
shall be destroyed forever: but thou, LORD, art most high for   9
evermore. For, lo, thy enemies, O LORD, for lo, thy enemies shall   10
perish; all the workers of iniquity shall be scattered. But my   11
horn shalt thou exalt like the horn of a wild ox: I shall be
anointed with fresh oil. My eye has seen the downfall of my   12
enemies, and my ears have heard the doom of the wicked who
rise against me. The righteous man flourishes like the palm   13

יד כַּתָּמָר יִפְרָח כְּאֶרֶז בַּלְּבָנוֹן יִשְׂגֶּה: שְׁתוּלִים בְּבֵית יְהוָה
טו בְּחַצְרוֹת אֱלֹהֵינוּ יַפְרִיחוּ: עוֹד יְנוּבוּן בְּשֵׂיבָה דְּשֵׁנִים וְרַעֲנַנִּים
טז יִהְיוּ: לְהַגִּיד כִּי־יָשָׁר יְהוָה צוּרִי וְלֹא־עלתה בּוֹ: עוֹלָתָה

צג א יְהוָה מָלָךְ גֵּאוּת לָבֵשׁ לָבֵשׁ יְהוָה עֹז הִתְאַזָּר אַף־תִּכּוֹן תֵּבֵל
ב ג בַּל־תִּמּוֹט: נָכוֹן כִּסְאֲךָ מֵאָז מֵעוֹלָם אָתָּה: נָשְׂאוּ נְהָרוֹת ׀ יְהוָה
ד נָשְׂאוּ נְהָרוֹת קוֹלָם יִשְׂאוּ נְהָרוֹת דָּכְיָם: מִקֹּלוֹת ׀ מַיִם רַבִּים
ה אַדִּירִים מִשְׁבְּרֵי־יָם אַדִּיר בַּמָּרוֹם יְהוָה: עֵדֹתֶיךָ ׀ נֶאֶמְנוּ מְאֹד
לְבֵיתְךָ נַאֲוָה־קֹדֶשׁ יְהוָה לְאֹרֶךְ יָמִים:

צד א ב אֵל־נְקָמוֹת יְהוָה אֵל נְקָמוֹת הוֹפִיעַ: הִנָּשֵׂא שֹׁפֵט הָאָרֶץ הָשֵׁב
ג גְּמוּל עַל־גֵּאִים: עַד־מָתַי רְשָׁעִים ׀ יְהוָה עַד־מָתַי רְשָׁעִים יַעֲלֹזוּ:
ד ה יַבִּיעוּ יְדַבְּרוּ עָתָק יִתְאַמְּרוּ כָּל־פֹּעֲלֵי אָוֶן: עַמְּךָ יְהוָה יְדַכְּאוּ
ו ז וְנַחֲלָתְךָ יְעַנּוּ: אַלְמָנָה וְגֵר יַהֲרֹגוּ וִיתוֹמִים יְרַצֵּחוּ: וַיֹּאמְרוּ לֹא
ח יִרְאֶה־יָּהּ וְלֹא־יָבִין אֱלֹהֵי יַעֲקֹב: בִּינוּ בֹּעֲרִים בָּעָם וּכְסִילִים
ט מָתַי תַּשְׂכִּילוּ: הֲנֹטַע אֹזֶן הֲלֹא יִשְׁמָע אִם־יֹצֵר עַיִן הֲלֹא יַבִּיט:
י יא הֲיֹסֵר גּוֹיִם הֲלֹא יוֹכִיחַ הַמְלַמֵּד אָדָם דָּעַת: יְהוָה יֹדֵעַ מַחְשְׁבוֹת
יב אָדָם כִּי־הֵמָּה הָבֶל: אַשְׁרֵי הַגֶּבֶר אֲשֶׁר־תְּיַסְּרֶנּוּ יָּהּ וּמִתּוֹרָתְךָ
יג יד תְלַמְּדֶנּוּ: לְהַשְׁקִיט לוֹ מִימֵי רָע עַד יִכָּרֶה לָרָשָׁע שָׁחַת: כִּי ׀
טו לֹא־יִטֹּשׁ יְהוָה עַמּוֹ וְנַחֲלָתוֹ לֹא יַעֲזֹב: כִּי־עַד־צֶדֶק יָשׁוּב מִשְׁפָּט
טז וְאַחֲרָיו כָּל־יִשְׁרֵי־לֵב: מִי־יָקוּם לִי עִם־מְרֵעִים מִי־יִתְיַצֵּב לִי
יז עִם־פֹּעֲלֵי אָוֶן: לוּלֵי יְהוָה עֶזְרָתָה לִּי כִּמְעַט ׀ שָׁכְנָה דוּמָה
יח יט נַפְשִׁי: אִם־אָמַרְתִּי מָטָה רַגְלִי חַסְדְּךָ יְהוָה יִסְעָדֵנִי: בְּרֹב
כ שַׂרְעַפַּי בְּקִרְבִּי תַּנְחוּמֶיךָ יְשַׁעַשְׁעוּ נַפְשִׁי: הַיְחָבְרְךָ כִּסֵּא הַוּוֹת
כא כב יֹצֵר עָמָל עֲלֵי־חֹק: יָגוֹדּוּ עַל־נֶפֶשׁ צַדִּיק וְדָם נָקִי יַרְשִׁיעוּ: וַיְהִי
כג יְהוָה לִי לְמִשְׂגָּב וֵאלֹהַי לְצוּר מַחְסִי: וַיָּשֶׁב עֲלֵיהֶם ׀ אֶת־אוֹנָם
וּבְרָעָתָם יַצְמִיתֵם יַצְמִיתֵם יְהוָה אֱלֹהֵינוּ:

צה א ב לְכוּ נְרַנְּנָה לַיהוָה נָרִיעָה לְצוּר יִשְׁעֵנוּ: נְקַדְּמָה פָנָיו בְּתוֹדָה
ג בִּזְמִרוֹת נָרִיעַ לוֹ: כִּי אֵל גָּדוֹל יְהוָה וּמֶלֶךְ גָּדוֹל עַל־כָּל־אֱלֹהִים:
ד ה אֲשֶׁר בְּיָדוֹ מֶחְקְרֵי־אָרֶץ וְתוֹעֲפוֹת הָרִים לוֹ: אֲשֶׁר־לוֹ הַיָּם וְהוּא
ו עָשָׂהוּ וְיַבֶּשֶׁת יָדָיו יָצָרוּ: בֹּאוּ נִשְׁתַּחֲוֶה וְנִכְרָעָה נִבְרְכָה לִפְנֵי־
ז יְהוָה עֹשֵׂנוּ: כִּי הוּא אֱלֹהֵינוּ וַאֲנַחְנוּ ׀ עַם מַרְעִיתוֹ וְצֹאן יָדוֹ

tree: he grows like a cedar in the Levanon. Those that are plan- **14**
ted in the house of the LORD shall flourish in the courts of our
GOD. They still bring forth fruit in old age; they are fat and **15**
flourishing; to declare that the LORD is upright: he is my rock, **16**
and there is no unrighteousness in him.

THE LORD reigns, he is clothed with majesty; the LORD is robed; **93**
he has girded himself with strength: the world also is estab-
lished, that it cannot be moved. Thy throne is established of old: **2**
thou art from everlasting. The floods have lifted up, O LORD, **3**
the floods have lifted up their voice; the floods lift up their
roaring. The LORD on high is mightier than the noise of many **4**
waters, than the mighty waves of the sea. Thy testimonies are **5**
very sure: holiness becomes thy house, O LORD, for length of
days.

O LORD GOD, to whom vengeance belongs; O GOD, to whom **94**
vengeance belongs, shine forth! Lift up thyself, thou judge of **2**
the earth: render to the proud their recompense. LORD, how **3**
long shall the wicked, how long shall the wicked triumph?
How long shall they utter and speak hard things? and all the **4**
workers of iniquity boast themselves? They crush thy people, **5**
O LORD, and afflict thy heritage. They slay the widow and the **6**
stranger, and murder the fatherless. Yet they say, The LORD **7**
shall not see, nor shall the GOD of Ya'aqov regard it. Under- **8**
stand, you brutish among the people: and fools, when will you
be wise? He that planted the ear, shall he not hear? he that **9**
formed the eye, shall he not see? He that chastises nations, **10**
shall he not correct? he that teaches man knowledge? The **11**
LORD knows the thoughts of man, that they are vanity. Blessed **12**
is the man whom thou dost chasten, O LORD, and teachest him
out of thy Tora, that thou mayst give him rest from the days **13**
of adversity, until the pit is dug for the wicked. For the LORD **14**
will not cast off his people, nor will he forsake his inheritance.
But judgment shall return to righteousness: and all the upright **15**
in heart shall follow it. Who will rise up for me against the evil- **16**
doers? who will stand up for me against the workers of ini-
quity? Unless the LORD had been my help, my soul had soon **17**
dwelt in silence. When I said, My foot slips; thy steadfast love, **18**
O LORD, held me up. When my cares within me were many, **19**
thy comforts would cheer my soul. Shall the seat of iniquity, **20**
framing mischief by law, have fellowship with thee? They **21**
gather themselves together against the soul of the righteous,
and condemn the innocent blood. But the LORD has become my **22**
defence; and my GOD, the rock of my refuge. And he brings **23**
upon them their own iniquity, and he cuts them off in their
own wickedness; the LORD our GOD cuts them off.

O COME, let us sing to the LORD: let us make a joyful noise to **95**
the rock of our salvation. Let us come before his presence with **2**
thanksgiving, and make a joyful noise to him with psalms. For **3**
the LORD is a great GOD, and a great King above all gods. In **4**
his hand are the deep places of the earth: the mountain peaks
are his also. The sea is his, and he made it: and his hands for- **5**
med the dry land. O come, let us worship and bow down: let **6**
us kneel before the LORD our maker; for he is our GOD; and **7**

ח הַיּוֹם אִם־בְּקֹלוֹ תִשְׁמָעוּ: אַל־תַּקְשׁוּ לְבַבְכֶם כִּמְרִיבָה
ט כְּיוֹם מַסָּה בַּמִּדְבָּר: אֲשֶׁר נִסּוּנִי אֲבוֹתֵיכֶם בְּחָנוּנִי גַּם־
י רָאוּ פָעֳלִי: אַרְבָּעִים שָׁנָה ׀ אָקוּט בְּדוֹר וָאֹמַר עַם תֹּעֵי
יא לֵבָב הֵם וְהֵם לֹא־יָדְעוּ דְרָכָי: אֲשֶׁר־נִשְׁבַּעְתִּי בְאַפִּי אִם־
יְבֹאוּן אֶל־מְנוּחָתִי:
צו א ב שִׁירוּ לַיהוה שִׁיר חָדָשׁ שִׁירוּ לַיהוה כָּל־הָאָרֶץ: שִׁירוּ לַיהוה
ג בָּרְכוּ שְׁמוֹ בַּשְּׂרוּ מִיּוֹם־לְיוֹם יְשׁוּעָתוֹ: סַפְּרוּ בַגּוֹיִם כְּבוֹדוֹ בְּכָל־
ד הָעַמִּים נִפְלְאוֹתָיו: כִּי גָדוֹל יהוה וּמְהֻלָּל מְאֹד נוֹרָא הוּא עַל־
ה כָּל־אֱלֹהִים: כִּי ׀ כָּל־אֱלֹהֵי הָעַמִּים אֱלִילִים וַיהוה שָׁמַיִם עָשָׂה:
ו ז הוֹד־וְהָדָר לְפָנָיו עֹז וְתִפְאֶרֶת בְּמִקְדָּשׁוֹ: הָבוּ לַיהוה מִשְׁפְּחוֹת
ח עַמִּים הָבוּ לַיהוה כָּבוֹד וָעֹז: הָבוּ לַיהוה כְּבוֹד שְׁמוֹ שְׂאוּ־מִנְחָה
ט וּבֹאוּ לְחַצְרוֹתָיו: הִשְׁתַּחֲווּ לַיהוה בְּהַדְרַת־קֹדֶשׁ חִילוּ מִפָּנָיו
י כָּל־הָאָרֶץ: אִמְרוּ בַגּוֹיִם ׀ יהוה מָלָךְ אַף־תִּכּוֹן תֵּבֵל בַּל־תִּמּוֹט
יא יָדִין עַמִּים בְּמֵישָׁרִים: יִשְׂמְחוּ הַשָּׁמַיִם וְתָגֵל הָאָרֶץ יִרְעַם הַיָּם
יב וּמְלֹאוֹ: יַעֲלֹז שָׂדַי וְכָל־אֲשֶׁר־בּוֹ אָז יְרַנְּנוּ כָּל־עֲצֵי־יָעַר:
יג לִפְנֵי יהוה ׀ כִּי בָא כִּי בָא לִשְׁפֹּט הָאָרֶץ יִשְׁפֹּט־תֵּבֵל בְּצֶדֶק
וְעַמִּים בֶּאֱמוּנָתוֹ:
צז א ב יהוה מָלָךְ תָּגֵל הָאָרֶץ יִשְׂמְחוּ אִיִּים רַבִּים: עָנָן וַעֲרָפֶל סְבִיבָיו
ג צֶדֶק וּמִשְׁפָּט מְכוֹן כִּסְאוֹ: אֵשׁ לְפָנָיו תֵּלֵךְ וּתְלַהֵט סָבִיב צָרָיו:
ד ה הֵאִירוּ בְרָקָיו תֵּבֵל רָאֲתָה וַתָּחֵל הָאָרֶץ: הָרִים כַּדּוֹנַג נָמַסּוּ
ו מִלִּפְנֵי יהוה מִלִּפְנֵי אֲדוֹן כָּל־הָאָרֶץ: הִגִּידוּ הַשָּׁמַיִם צִדְקוֹ
ז וְרָאוּ כָל־הָעַמִּים כְּבוֹדוֹ: יֵבֹשׁוּ ׀ כָּל־עֹבְדֵי פֶסֶל הַמִּתְהַלְלִים
ח בָּאֱלִילִים הִשְׁתַּחֲווּ־לוֹ כָּל־אֱלֹהִים: שָׁמְעָה וַתִּשְׂמַח ׀ צִיּוֹן
ט וַתָּגֵלְנָה בְּנוֹת יְהוּדָה לְמַעַן מִשְׁפָּטֶיךָ יהוה: כִּי־אַתָּה יהוה
י עֶלְיוֹן עַל־כָּל־הָאָרֶץ מְאֹד נַעֲלֵיתָ עַל־כָּל־אֱלֹהִים: אֹהֲבֵי
יהוה שִׂנְאוּ רָע שֹׁמֵר נַפְשׁוֹת חֲסִידָיו מִיַּד רְשָׁעִים יַצִּילֵם:
יא יב אוֹר זָרֻעַ לַצַּדִּיק וּלְיִשְׁרֵי־לֵב שִׂמְחָה: שִׂמְחוּ צַדִּיקִים בַּיהוה
וְהוֹדוּ לְזֵכֶר קָדְשׁוֹ:
צח א מִזְמוֹר שִׁירוּ לַיהוה ׀ שִׁיר חָדָשׁ כִּי־נִפְלָאוֹת עָשָׂה הוֹשִׁיעָה־לּוֹ
ב יְמִינוֹ וּזְרוֹעַ קָדְשׁוֹ: הוֹדִיעַ יהוה יְשׁוּעָתוֹ לְעֵינֵי הַגּוֹיִם גִּלָּה
ג צִדְקָתוֹ: זָכַר חַסְדּוֹ ׀ וֶאֱמוּנָתוֹ לְבֵית יִשְׂרָאֵל רָאוּ כָל־אַפְסֵי־
ד אָרֶץ אֵת יְשׁוּעַת אֱלֹהֵינוּ: הָרִיעוּ לַיהוה כָּל־הָאָרֶץ פִּצְחוּ וְרַנְּנוּ
ה ו וְזַמֵּרוּ: זַמְּרוּ לַיהוה בְּכִנּוֹר בְּכִנּוֹר וְקוֹל זִמְרָה: בַּחֲצֹצְרוֹת וְקוֹל

we are the people of his pasture, and the flock of his hand:
today even, if you will only hearken to his voice! Do not har- 8
den your hearts as in Meriva, as in the day of Massa in the
wilderness: when your fathers tempted me, proved me, even 9
though they saw my deeds. Forty years long did I loathe this 10
generation and I said, It is a people that errs in their heart, and
that do not know my ways: whereupon I swore in my anger 11
that they should not enter into my rest.
O SING to the LORD a new song: sing to the LORD, all the earth. **96**
Sing to the LORD, bless his name; announce his salvation from 2
day to day. Declare his glory among the nations, his wonders 3
among all the peoples. For the LORD is great, and greatly to be 4
praised: he is to be feared above all gods. For all the gods of 5
the nations are idols: but the LORD made the heavens. Honour 6
and majesty are before him: strength and beauty are in his
sanctuary. Ascribe to the LORD, O families of the peoples, as- 7
cribe to the LORD glory and strength. Ascribe to the LORD the 8
glory due to his name: bring an offering, and come into his
courts. O worship the LORD in the beauty of holiness: tremble 9
before him, all the earth. Say among the nations that the LORD 10
reigns: the world also is established so that it shall not be
moved: he shall judge the people with equity. Let the heavens 11
rejoice, and let the earth be glad; let the sea roar, and the ful-
ness thereof; let the field be joyful, and all that is in it: then shall 12
all the trees of the wood sing for joy. Before the LORD: for he 13
comes, for he comes to judge the earth: he shall judge the world
in righteousness, and the people in his faithfulness.
THE LORD reigns; let the earth rejoice; let the multitude of **97**
isles be glad. Clouds and darkness are round about him: righte- 2
ousness and judgment are the foundation of his throne. A fire 3
goes before him, and burns up his enemies round about. His 4
lightnings lightened the world: the earth saw, and trembled.
The hills melted like wax at the presence of the LORD, at the 5
presence of the LORD of the whole earth. The heavens decla- 6
red his righteousness, and all the peoples saw his glory. Con- 7
founded be all they who serve carved idols, who boast them-
selves of idols: bow down before him, all you gods. Ẕiyyon 8
heard, and was glad; and the daughters of Yehuda rejoiced be-
cause of thy judgments, O LORD. For thou, LORD, art high above 9
all the earth: thou art exalted far above all gods. You that love 10
the LORD, hate evil! he preserves the souls of his pious ones;
he delivers them out of the hand of the wicked. Light is sown 11
for the righteous, and gladness for the upright in heart. Rejoice 12
in the LORD, O you righteous; and give thanks to his holy
name.
A PSALM. O sing to the LORD a new song; for he has done mar- **98**
vellous things: his right hand, and his holy arm have gained
him the victory. The LORD has made known his salvation: his 2
righteousness he has revealed in the sight of the nations. He 3
has remembered his love and his truth towards the house of
Yisra'el: all the ends of the earth have seen the salvation of
our GOD. Make a joyful noise to the LORD, all the earth: make 4
a loud noise, and rejoice, and sing praise. Sing to the LORD 5

שׁוֹפָר הָרִיעוּ לִפְנֵי ׀ הַמֶּלֶךְ יְהוָה: יִרְעַם הַיָּם וּמְלֹאוֹ תֵּבֵל וְיֹשְׁבֵי ז
בָהּ: נְהָרוֹת יִמְחֲאוּ־כָף יַחַד הָרִים יְרַנֵּנוּ: לִפְנֵי־יְהוָה כִּי בָא ח ט
לִשְׁפֹּט הָאָרֶץ יִשְׁפֹּט־תֵּבֵל בְּצֶדֶק וְעַמִּים בְּמֵישָׁרִים:
יְהוָה מָלָךְ יִרְגְּזוּ עַמִּים יֹשֵׁב כְּרוּבִים תָּנוּט הָאָרֶץ: יְהוָה בְּצִיּוֹן א ב צט
גָּדוֹל וְרָם הוּא עַל־כָּל־הָעַמִּים: יוֹדוּ שִׁמְךָ גָּדוֹל וְנוֹרָא קָדוֹשׁ ג
הוּא: וְעֹז מֶלֶךְ מִשְׁפָּט אָהֵב אַתָּה כּוֹנַנְתָּ מֵישָׁרִים מִשְׁפָּט ד
וּצְדָקָה בְּיַעֲקֹב ׀ אַתָּה עָשִׂיתָ: רוֹמְמוּ יְהוָה אֱלֹהֵינוּ וְהִשְׁתַּחֲווּ ה
לַהֲדֹם רַגְלָיו קָדוֹשׁ הוּא: מֹשֶׁה וְאַהֲרֹן ׀ בְּכֹהֲנָיו וּשְׁמוּאֵל ו
בְּקֹרְאֵי שְׁמוֹ קֹרְאִים אֶל־יְהוָה וְהוּא יַעֲנֵם: בְּעַמּוּד עָנָן יְדַבֵּר ז
אֲלֵיהֶם שָׁמְרוּ עֵדֹתָיו וְחֹק נָתַן־לָמוֹ: יְהוָה אֱלֹהֵינוּ אַתָּה עֲנִיתָם ח
אֵל נֹשֵׂא הָיִיתָ לָהֶם וְנֹקֵם עַל־עֲלִילוֹתָם: רוֹמְמוּ יְהוָה אֱלֹהֵינוּ ט
וְהִשְׁתַּחֲווּ לְהַר קָדְשׁוֹ כִּי־קָדוֹשׁ יְהוָה אֱלֹהֵינוּ:
מִזְמוֹר לְתוֹדָה הָרִיעוּ לַיהוָה כָּל־הָאָרֶץ: עִבְדוּ אֶת־יְהוָה א ב ק
בְּשִׂמְחָה בֹּאוּ לְפָנָיו בִּרְנָנָה: דְּעוּ כִּי־יְהוָה הוּא אֱלֹהִים הוּא ג
וְלוֹ עָשָׂנוּ וְלֹא אֲנַחְנוּ עַמּוֹ וְצֹאן מַרְעִיתוֹ: בֹּאוּ שְׁעָרָיו ׀ בְּתוֹדָה ד
חֲצֵרֹתָיו בִּתְהִלָּה הוֹדוּ לוֹ בָּרְכוּ שְׁמוֹ: כִּי־טוֹב יְהוָה לְעוֹלָם ה
חַסְדּוֹ וְעַד־דֹּר וָדֹר אֱמוּנָתוֹ:
יד לְדָוִד מִזְמוֹר חֶסֶד־וּמִשְׁפָּט אָשִׁירָה לְךָ יְהוָה אֲזַמֵּרָה: א קא
אַשְׂכִּילָה ׀ בְּדֶרֶךְ תָּמִים מָתַי תָּבוֹא אֵלָי אֶתְהַלֵּךְ בְּתָם־לְבָבִי ב
בְּקֶרֶב בֵּיתִי: לֹא־אָשִׁית ׀ לְנֶגֶד עֵינַי דְּבַר־בְּלִיָּעַל עֲשֹׂה־סֵטִים ג
שָׂנֵאתִי לֹא יִדְבַּק בִּי: לֵבָב עִקֵּשׁ יָסוּר מִמֶּנִּי רָע לֹא אֵדָע: ד
מְלָשְׁנִי מלושני בַסֵּתֶר ׀ רֵעֵהוּ אוֹתוֹ אַצְמִית גְּבַהּ־עֵינַיִם וּרְחַב לֵבָב ה
אֹתוֹ לֹא אוּכָל: עֵינַי ׀ בְּנֶאֶמְנֵי־אֶרֶץ לָשֶׁבֶת עִמָּדִי הֹלֵךְ בְּדֶרֶךְ ו
תָּמִים הוּא יְשָׁרְתֵנִי: לֹא־יֵשֵׁב ׀ בְּקֶרֶב בֵּיתִי עֹשֵׂה רְמִיָּה דֹּבֵר ז
שְׁקָרִים לֹא־יִכּוֹן לְנֶגֶד עֵינָי: לַבְּקָרִים אַצְמִית כָּל־רִשְׁעֵי־אָרֶץ ח
לְהַכְרִית מֵעִיר־יְהוָה כָּל־פֹּעֲלֵי אָוֶן:
תְּפִלָּה לְעָנִי כִי־יַעֲטֹף וְלִפְנֵי יְהוָה יִשְׁפֹּךְ שִׂיחוֹ: יְהוָה שִׁמְעָה א ב קב
תְפִלָּתִי וְשַׁוְעָתִי אֵלֶיךָ תָבוֹא: אַל־תַּסְתֵּר פָּנֶיךָ ׀ מִמֶּנִּי בְּיוֹם ג
צַר לִי הַטֵּה־אֵלַי אָזְנֶךָ בְּיוֹם אֶקְרָא מַהֵר עֲנֵנִי: כִּי־כָלוּ בְעָשָׁן ד
יָמָי וְעַצְמוֹתַי כְּמוֹקֵד נִחָרוּ: הוּכָּה כָעֵשֶׂב וַיִּבַשׁ לִבִּי כִּי־שָׁכַחְתִּי ה
מֵאֲכֹל לַחְמִי: מִקּוֹל אַנְחָתִי דָּבְקָה עַצְמִי לִבְשָׂרִי: דָּמִיתִי ו ז

with the lyre; with the lyre, and the voice of psalm. With 6
trumpets and sound of a shofar make a joyful noise before the
Lord, the King. Let the sea roar, and the fulness thereof; the 7
world, and they who dwell therein. Let the rivers clap their 8
hands: let the mountains sing for joy together. Before the 9
Lord; for he comes to judge the earth: with righteousness shall
he judge the world, and the people with equity.
The Lord reigns; let the peoples tremble: he is enthroned upon **99**
the keruvim; let the earth be moved. The Lord is great in 2
Ẕiyyon; and he is high above all the peoples. Let them praise 3
thy great and terrible name; for it is holy. O mighty king, who 4
loves justice, thou hast established equity; thou dost execute
justice and righteousness in Ya'aqov. Exalt the Lord our God, 5
and worship at his footstool; for he is holy. Moshe and Aharon 6
among his priests, and Shemu'el among those who call upon
his name; they called upon the Lord, and he answered them. He 7
spoke to them in the cloudy pillar: they kept his testimonies,
and the ordinance that he gave them. Thou didst answer them, 8
O Lord our God: a forgiving God wast thou to them, though
thou didst take vengeance for their misdeeds. Exalt the Lord 9
our God, and worship at his holy hill; for the Lord our God
is holy.
A psalm of thanksgiving. Make a joyful noise to the Lord, all **100**
the earth. Serve the Lord with gladness: come before his pre- 2
sence with singing. Know that the Lord he is God: it is he who 3
made us, and we belong to him; we are his people, and the
sheep of his pasture. Enter into his gates with thanksgiving, 4
and into his courts with praise: be thankful to him, and bless
his name. For the Lord is good; his steadfast love endures for- 5
ever; and his faithfulness to all generations.
A psalm of David, I will sing of loyal love and justice: to thee, **101**
O Lord, I will sing. I will celebrate with a Maskil psalm the 2
way of integrity. O when wilt thou come to me? I will walk
within my house in the integrity of my heart. I will set no 3
wicked thing before my eyes: I hate the work of those who
turn aside; it shall not cleave to me. A perverse heart shall 4
depart from me: I will know no evil matter. Whoever secretly 5
slanders his neighbour, him I will cut off: him that has a high
look and a proud heart I will not suffer. My eyes are upon 6
the faithful of the land, that they may dwell with me: he that
walks in the way of integrity, he shall serve me. He that works 7
deceit shall not dwell within my house: he that tells lies shall
not remain in my sight. Morning by morning I will destroy all 8
the wicked of the land; that I may cut off all the evildoers
from the city of the Lord.
A prayer of the afflicted, when he faints, and pours out his **102**
complaint before the Lord. Hear my prayer, O Lord, and let 2
my cry reach thee. Hide not thy face from me in the day when 3
I am in trouble; incline thy ear to me: in the day when I call,
answer me speedily. For my days are consumed like smoke, 4
and my bones are burned like a hearth. My heart is smitten 5
like grass, and withered; so that I forget how to eat my bread.
By reason of the voice of my groaning, my bones cleave to 6

לִקְאַת מִדְבָּר הָיִיתִי כְּכוֹס חֳרָבוֹת: שָׁקַדְתִּי וָאֶהְיֶה כְּצִפּוֹר ח
בּוֹדֵד עַל־גָּג: כָּל־הַיּוֹם חֵרְפוּנִי אוֹיְבָי מְהוֹלָלַי בִּי נִשְׁבָּעוּ: כִּי־ ט י
אֵפֶר כַּלֶּחֶם אָכָלְתִּי וְשִׁקֻּוַי בִּבְכִי מָסָכְתִּי: מִפְּנֵי־זַעַמְךָ וְקִצְפֶּךָ יא
כִּי נְשָׂאתַנִי וַתַּשְׁלִיכֵנִי: יָמַי כְּצֵל נָטוּי וַאֲנִי כָּעֵשֶׂב אִיבָשׁ: וְאַתָּה יב יג
יְהוָה לְעוֹלָם תֵּשֵׁב וְזִכְרְךָ לְדֹר וָדֹר: אַתָּה תָקוּם תְּרַחֵם צִיּוֹן יד
כִּי־עֵת לְחֶנְנָהּ כִּי־בָא מוֹעֵד: כִּי־רָצוּ עֲבָדֶיךָ אֶת־אֲבָנֶיהָ וְאֶת־ טו
עֲפָרָהּ יְחֹנֵנוּ: וְיִירְאוּ גוֹיִם אֶת־שֵׁם יְהוָה וְכָל־מַלְכֵי הָאָרֶץ אֶת־ טז
כְּבוֹדֶךָ: כִּי־בָנָה יְהוָה צִיּוֹן נִרְאָה בִּכְבוֹדוֹ: פָּנָה אֶל־תְּפִלַּת יז יח
הָעַרְעָר וְלֹא־בָזָה אֶת־תְּפִלָּתָם: תִּכָּתֶב זֹאת לְדוֹר אַחֲרוֹן וְעַם יט
נִבְרָא יְהַלֶּל־יָהּ: כִּי־הִשְׁקִיף מִמְּרוֹם קָדְשׁוֹ יְהוָה מִשָּׁמַיִם ׀ אֶל־ כ
אֶרֶץ הִבִּיט: לִשְׁמֹעַ אֶנְקַת אָסִיר לְפַתֵּחַ בְּנֵי תְמוּתָה: לְסַפֵּר כא כב
בְּצִיּוֹן שֵׁם יְהוָה וּתְהִלָּתוֹ בִּירוּשָׁלָם: בְּהִקָּבֵץ עַמִּים יַחְדָּו כג
כֹּחִי וּמַמְלָכוֹת לַעֲבֹד אֶת־יְהוָה: עִנָּה בַדֶּרֶךְ כֹּחוֹ קִצַּר יָמָי: אֹמַר כד כה
אֵלִי אַל־תַּעֲלֵנִי בַּחֲצִי יָמָי בְּדוֹר דּוֹרִים שְׁנוֹתֶיךָ: לְפָנִים הָאָרֶץ כו
יָסַדְתָּ וּמַעֲשֵׂה יָדֶיךָ שָׁמָיִם: הֵמָּה ׀ יֹאבֵדוּ וְאַתָּה תַעֲמֹד וְכֻלָּם כז
כַּבֶּגֶד יִבְלוּ כַּלְּבוּשׁ תַּחֲלִיפֵם וְיַחֲלֹפוּ: וְאַתָּה־הוּא וּשְׁנוֹתֶיךָ לֹא כח
יִתָּמּוּ: בְּנֵי־עֲבָדֶיךָ יִשְׁכּוֹנוּ וְזַרְעָם לְפָנֶיךָ יִכּוֹן: כט
לְדָוִד ׀ בָּרְכִי נַפְשִׁי אֶת־יְהוָה וְכָל־קְרָבַי אֶת־שֵׁם קָדְשׁוֹ: בָּרְכִי א ב קג
נַפְשִׁי אֶת־יְהוָה וְאַל־תִּשְׁכְּחִי כָּל־גְּמוּלָיו: הַסֹּלֵחַ לְכָל־עֲוֺנֵכִי ג
הָרֹפֵא לְכָל־תַּחֲלוּאָיְכִי: הַגּוֹאֵל מִשַּׁחַת חַיָּיְכִי הַמְעַטְּרֵכִי חֶסֶד ד
וְרַחֲמִים: הַמַּשְׂבִּיעַ בַּטּוֹב עֶדְיֵךְ תִּתְחַדֵּשׁ כַּנֶּשֶׁר נְעוּרָיְכִי: עֹשֵׂה ה ו
צְדָקוֹת יְהוָה וּמִשְׁפָּטִים לְכָל־עֲשׁוּקִים: יוֹדִיעַ דְּרָכָיו לְמֹשֶׁה ז
לִבְנֵי יִשְׂרָאֵל עֲלִילוֹתָיו: רַחוּם וְחַנּוּן יְהוָה אֶרֶךְ אַפַּיִם וְרַב־ ח
חָסֶד: לֹא־לָנֶצַח יָרִיב וְלֹא לְעוֹלָם יִטּוֹר: לֹא כַחֲטָאֵינוּ עָשָׂה ט י
לָנוּ וְלֹא כַעֲוֺנֹתֵינוּ גָּמַל עָלֵינוּ: כִּי כִגְבֹהַּ שָׁמַיִם עַל־הָאָרֶץ גָּבַר יא
חַסְדּוֹ עַל־יְרֵאָיו: כִּרְחֹק מִזְרָח מִמַּעֲרָב הִרְחִיק מִמֶּנּוּ אֶת־ יב
פְּשָׁעֵינוּ: כְּרַחֵם אָב עַל־בָּנִים רִחַם יְהוָה עַל־יְרֵאָיו: כִּי־הוּא יג יד
יָדַע יִצְרֵנוּ זָכוּר כִּי־עָפָר אֲנָחְנוּ: אֱנוֹשׁ כֶּחָצִיר יָמָיו כְּצִיץ טו
הַשָּׂדֶה כֵּן יָצִיץ: כִּי רוּחַ עָבְרָה־בּוֹ וְאֵינֶנּוּ וְלֹא־יַכִּירֶנּוּ עוֹד טז
מְקוֹמוֹ: וְחֶסֶד יְהוָה ׀ מֵעוֹלָם וְעַד־עוֹלָם עַל־יְרֵאָיו וְצִדְקָתוֹ יז

my skin. I am like an owl of the wilderness: I am like a night 7
flier of the desert. I watch, and am like a lonely sparrow upon 8
the house top. My enemies insult me all the day; and they 9
that are mad against me swear by me. For I have eaten ashes 10
like bread, and mingled my drink with weeping, because of 11
thy indignation and thy wrath: for thou hast lifted me up, and
cast me down. My days are like an evening shadow; and I am 12
withered like grass. But thou, O LORD, sittest enthroned for- 13
ever; and thy name endures to all generations. Thou wilt arise, 14
and have mercy upon Ẕiyyon: for it is time to favour her;
for the set time is come. For thy servants hold her stones dear, 15
and cherish her very dust. So the nations shall fear the name 16
of the LORD, and all the kings of the earth thy glory. For the 17
LORD builds up Ẕiyyon, he appears in his glory. He heeds the 18
prayer of the destitute, and does not despise their prayer. This 19
shall be written for the generation to come: so that a people
yet unborn shall praise the LORD. For he has looked down from 20
the height of his sanctuary; from heaven did the LORD behold
the earth; to hear the groaning of the prisoner; to loose those 21
who are appointed to death; that men may declare the name 22
of LORD in Ẕiyyon, and his praise in Yerushalayim; when the 23
people are gathered together, and the kingdoms, to serve the
LORD. He weakened my strength in the way; he shortened my 24
days. I say, O my GOD, take me not away in the midst of my 25
days: thou whose years endure to all generations. Of old thou 26
hast laid the foundation of the earth: and the heavens are the
work of thy hands. They shall perish, but thou shalt endure: 27
yea, all of them shall grow old like a garment; thou shalt
change them like a cloak, and they will pass away: but thou 28
art the same, and thy years shall have no end. The children 29
of thy servants shall continue, and their seed shall be estab-
lished before thee.

103
OF David. Bless the LORD, O my soul: and all that is within me
bless his holy name. Bless the LORD, O my soul, and forget not 2
all his benefits: who forgives all thy iniquities; who heals all 3
thy diseases; who redeems thy life from the pit; who encircles 4
thee with love and compassion; who satisfies thy old age with 5
good; so that thy youth is renewed like the eagle's. The LORD 6
executes righteousness, and judgment for all that are oppressed.
He made known his ways to Moshe, his acts to the children 7
of Yisra'el. The LORD is merciful and gracious, slow to anger, 8
and plenteous in steadfast love. He will not always chide: 9
neither will he keep his anger forever. He has not dealt with 10
us after our sins; nor repaid us according to our iniquities.
For as the heaven is high above the earth, so great is his 11
steadfast love towards those who fear him. As far as the east 12
is from the west, so far has he removed our transgressions
from us. As a father pities his children, so the LORD pities 13
those who fear him. For he knows our frame; he remembers 14
that we are dust. As for man, his days are like grass: like a 15
flower of the field, so he blooms. For the wind passes over it, 16
and it is gone; and its place knows it no more. But the stead- 17
fast love of the LORD is from everlasting to everlasting upon

יח יט לִבְנֵי בָנִים׃ לְשֹׁמְרֵי בְרִיתוֹ וּלְזֹכְרֵי פִקֻּדָיו לַעֲשׂוֹתָם׃ יְהוָה
כ בַּשָּׁמַיִם הֵכִין כִּסְאוֹ וּמַלְכוּתוֹ בַּכֹּל מָשָׁלָה׃ בָּרְכוּ יְהוָה
כא מַלְאָכָיו גִּבֹּרֵי כֹחַ עֹשֵׂי דְבָרוֹ לִשְׁמֹעַ בְּקוֹל דְּבָרוֹ׃ בָּרְכוּ יְהוָה
כב כָּל־צְבָאָיו מְשָׁרְתָיו עֹשֵׂי רְצוֹנוֹ׃ בָּרְכוּ יְהוָה ׀ כָּל־מַעֲשָׂיו בְּכָל־
מְקֹמוֹת מֶמְשַׁלְתּוֹ בָּרְכִי נַפְשִׁי אֶת־יְהוָה׃
קד א בָּרְכִי נַפְשִׁי אֶת־יְהוָה יְהוָה אֱלֹהַי גָּדַלְתָּ מְּאֹד הוֹד וְהָדָר
ב ג לָבָשְׁתָּ׃ עֹטֶה־אוֹר כַּשַּׂלְמָה נוֹטֶה שָׁמַיִם כַּיְרִיעָה׃ הַמְקָרֶה
ד בַמַּיִם עֲלִיּוֹתָיו הַשָּׂם־עָבִים רְכוּבוֹ הַמְהַלֵּךְ עַל־כַּנְפֵי־רוּחַ׃ עֹשֶׂה
ה מַלְאָכָיו רוּחוֹת מְשָׁרְתָיו אֵשׁ לֹהֵט׃ יָסַד־אֶרֶץ עַל־מְכוֹנֶיהָ בַּל־
ו תִּמּוֹט עוֹלָם וָעֶד׃ תְּהוֹם כַּלְּבוּשׁ כִּסִּיתוֹ עַל־הָרִים יַעַמְדוּ־מָיִם׃
ז ח מִן־גַּעֲרָתְךָ יְנוּסוּן מִן־קוֹל רַעַמְךָ יֵחָפֵזוּן׃ יַעֲלוּ הָרִים יֵרְדוּ
ט בְקָעוֹת אֶל־מְקוֹם זֶה ׀ יָסַדְתָּ לָהֶם׃ גְּבוּל־שַׂמְתָּ בַּל־יַעֲבֹרוּן
י בַּל־יְשׁוּבוּן לְכַסּוֹת הָאָרֶץ׃ הַמְשַׁלֵּחַ מַעְיָנִים בַּנְּחָלִים בֵּין הָרִים
יא יב יְהַלֵּכוּן׃ יַשְׁקוּ כָּל־חַיְתוֹ שָׂדָי יִשְׁבְּרוּ פְרָאִים צְמָאָם׃ עֲלֵיהֶם
יג עוֹף־הַשָּׁמַיִם יִשְׁכּוֹן מִבֵּין עֳפָאיִם יִתְּנוּ־קוֹל׃ מַשְׁקֶה הָרִים
יד מֵעֲלִיּוֹתָיו מִפְּרִי מַעֲשֶׂיךָ תִּשְׂבַּע הָאָרֶץ׃ מַצְמִיחַ חָצִיר ׀ לַבְּהֵמָה
טו וְעֵשֶׂב לַעֲבֹדַת הָאָדָם לְהוֹצִיא לֶחֶם מִן־הָאָרֶץ׃ וְיַיִן ׀ יְשַׂמַּח
לְבַב־אֱנוֹשׁ לְהַצְהִיל פָּנִים מִשָּׁמֶן וְלֶחֶם לְבַב־אֱנוֹשׁ יִסְעָד׃
טז יז יִשְׂבְּעוּ עֲצֵי יְהוָה אַרְזֵי לְבָנוֹן אֲשֶׁר נָטָע׃ אֲשֶׁר־שָׁם צִפֳּרִים
יח יְקַנֵּנוּ חֲסִידָה בְּרוֹשִׁים בֵּיתָהּ׃ הָרִים הַגְּבֹהִים לַיְּעֵלִים סְלָעִים
יט כ מַחְסֶה לַשְׁפַנִּים׃ עָשָׂה יָרֵחַ לְמוֹעֲדִים שֶׁמֶשׁ יָדַע מְבוֹאוֹ׃ תָּשֶׁת־
כא חֹשֶׁךְ וִיהִי לָיְלָה בּוֹ־תִרְמֹשׂ כָּל־חַיְתוֹ־יָעַר׃ הַכְּפִירִים שֹׁאֲגִים
כב לַטָּרֶף וּלְבַקֵּשׁ מֵאֵל אָכְלָם׃ תִּזְרַח הַשֶּׁמֶשׁ יֵאָסֵפוּן וְאֶל־
כג כד מְעוֹנֹתָם יִרְבָּצוּן׃ יֵצֵא אָדָם לְפָעֳלוֹ וְלַעֲבֹדָתוֹ עֲדֵי־עָרֶב׃ מָה־
רַבּוּ מַעֲשֶׂיךָ ׀ יְהוָה כֻּלָּם בְּחָכְמָה עָשִׂיתָ מָלְאָה הָאָרֶץ קִנְיָנֶךָ׃
כה זֶה ׀ הַיָּם גָּדוֹל וּרְחַב יָדָיִם שָׁם־רֶמֶשׂ וְאֵין מִסְפָּר חַיּוֹת קְטַנּוֹת
כו עִם־גְּדֹלוֹת׃ שָׁם אֳנִיּוֹת יְהַלֵּכוּן לִוְיָתָן זֶה־יָצַרְתָּ לְשַׂחֶק־בּוֹ׃
כז כח כֻּלָּם אֵלֶיךָ יְשַׂבֵּרוּן לָתֵת אָכְלָם בְּעִתּוֹ׃ תִּתֵּן לָהֶם יִלְקֹטוּן
כט תִּפְתַּח יָדְךָ יִשְׂבְּעוּן טוֹב׃ תַּסְתִּיר פָּנֶיךָ יִבָּהֵלוּן תֹּסֵף רוּחָם
ל יִגְוָעוּן וְאֶל־עֲפָרָם יְשׁוּבוּן׃ תְּשַׁלַּח רוּחֲךָ יִבָּרֵאוּן וּתְחַדֵּשׁ פְּנֵי
לא לב אֲדָמָה׃ יְהִי כְבוֹד יְהוָה לְעוֹלָם יִשְׂמַח יְהוָה בְּמַעֲשָׂיו׃ הַמַּבִּיט

those who fear him, and his righteousness to children's child-
ren; to such as keep his covenant, and to those who remember 18
his commandments to do them. The Lord has established his 19
throne in the heavens; and his kingdom rules over all. Bless the 20
Lord, you angels of his, you mighty ones who perform his
bidding, hearkening to the voice of his word. Bless the Lord, 21
all his hosts; you ministers of his, who do his pleasure. Bless 22
the Lord, all his works in all places of his dominion. Bless the
Lord, O my soul!

Bless the Lord, O my soul. O Lord my God thou art very great, **104**
thou art clothed with glory and majesty. Who covers himself 2
with light as with a garment: who stretches out the heavens
like a curtain: who lays the beams of his chambers in the 3
waters: who makes the clouds his chariot: who walks upon
the wings of the wind: who makes the winds his messengers; 4
the flames of fire his ministers: who laid the foundations of the 5
earth, that it should not be removed forever. Thou didst 6
cover it with the deep as with a garment: the waters stood
above the mountains. At thy rebuke they fled; at the voice of 7
thy thunder they hastened away; they went up the mountains; 8
they flowed down the valleys to the place which thou didst
found for them. Thou didst set a bound that they might not 9
pass over; that they might not turn back to cover the earth.
He sends the springs into the valleys; they flow between the 10
hills: they give drink to every wild beast: the wild asses 11
quench their thirst. Beside them dwell the birds of the sky; 12
from among the branches they sing. He waters the hills from 13
his upper chambers: the earth is satisfied with the fruit of thy
works. He causes the grass to grow for the cattle, and plants 14
for the service of man: that he may bring forth food out of the
earth; and wine that makes glad the heart of man; oil to 15
brighten his face; and bread which sustains the heart of man.
The trees of the Lord have their fill; the cedars of Levanon, 16
which he has planted; where the birds make their nests: as for 17
the stork, the cypress trees are her house. The high hills are a 18
refuge for the wild goats; and the rocks for the badgers. He 19
appointed the moon' for seasons: the sun knows his going
down. Thou makest darkness, and it is night; when all the 20
beasts of the forest do creep forth. The young lions roar after 21
their prey, and seek their food from God. The sun rises, they 22
slink away, and lay them down in their dens. Man goes forth 23
to his work and to his labour until the evening. O Lord, how 24
manifold are thy works! in wisdom hast thou made them all:
the earth is full of thy creatures. So is this great and wide sea, 25
wherein are creeping things innumerable, both small and great
beasts. There go the ships: there are the dolphins, whom thou 26
hast made to play therein. These wait all upon thee; that thou 27
mayst give them their food in due season. Thou givest it to 28
them; they gather it: thou openest thy hand, they are filled
with good. Thou hidest thy face, they are troubled: thou takest 29
away their breath, they die, and return to their dust. Thou 30
sendest forth thy breath, they are created: and thou renewest
the face of the earth. May the glory of the Lord endure for- 31

לג לָאָרֶץ וַתִּרְעָד יִגַּע בֶּהָרִים וְיֶעֱשָׁנוּ: אָשִׁירָה לַיהוָה בְּחַיָּי
לד אֲזַמְּרָה לֵאלֹהַי בְּעוֹדִי: יֶעֱרַב עָלָיו שִׂיחִי אָנֹכִי אֶשְׂמַח בַּיהוָה:
לה יִתַּמּוּ חַטָּאִים ׀ מִן־הָאָרֶץ וּרְשָׁעִים ׀ עוֹד אֵינָם בָּרְכִי נַפְשִׁי
אֶת־יְהוָה הַלְלוּיָהּ:
קה א ב הוֹדוּ לַיהוָה קִרְאוּ בִּשְׁמוֹ הוֹדִיעוּ בָעַמִּים עֲלִילוֹתָיו: שִׁירוּ־לוֹ
ג זַמְּרוּ־לוֹ שִׂיחוּ בְּכָל־נִפְלְאוֹתָיו: הִתְהַלְלוּ בְּשֵׁם קָדְשׁוֹ יִשְׂמַח
ד ה לֵב ׀ מְבַקְשֵׁי יְהוָה: דִּרְשׁוּ יְהוָה וְעֻזּוֹ בַּקְּשׁוּ פָנָיו תָּמִיד: זִכְרוּ
ו נִפְלְאוֹתָיו אֲשֶׁר־עָשָׂה מֹפְתָיו וּמִשְׁפְּטֵי־פִיו: זֶרַע אַבְרָהָם עַבְדּוֹ
ז בְּנֵי יַעֲקֹב בְּחִירָיו: הוּא יְהוָה אֱלֹהֵינוּ בְּכָל־הָאָרֶץ מִשְׁפָּטָיו:
ח ט זָכַר לְעוֹלָם בְּרִיתוֹ דָּבָר צִוָּה לְאֶלֶף דּוֹר: אֲשֶׁר כָּרַת אֶת־
י אַבְרָהָם וּשְׁבוּעָתוֹ לְיִשְׂחָק: וַיַּעֲמִידֶהָ לְיַעֲקֹב לְחֹק לְיִשְׂרָאֵל
יא בְּרִית עוֹלָם: לֵאמֹר לְךָ אֶתֵּן אֶת־אֶרֶץ־כְּנָעַן חֶבֶל נַחֲלַתְכֶם:
יב יג בִּהְיוֹתָם מְתֵי מִסְפָּר כִּמְעַט וְגָרִים בָּהּ: וַיִּתְהַלְּכוּ מִגּוֹי אֶל־גּוֹי
יד מִמַּמְלָכָה אֶל־עַם אַחֵר: לֹא־הִנִּיחַ אָדָם לְעָשְׁקָם וַיּוֹכַח עֲלֵיהֶם
טו טז מְלָכִים: אַל־תִּגְּעוּ בִמְשִׁיחָי וְלִנְבִיאַי אַל־תָּרֵעוּ: וַיִּקְרָא רָעָב
יז עַל־הָאָרֶץ כָּל־מַטֵּה־לֶחֶם שָׁבָר: שָׁלַח לִפְנֵיהֶם אִישׁ לְעֶבֶד
יח יט נִמְכַּר יוֹסֵף: עִנּוּ בַכֶּבֶל רגליו בַּרְזֶל בָּאָה נַפְשׁוֹ: עַד־עֵת בֹּא־ רַגְלוֹ
כ דְבָרוֹ אִמְרַת יְהוָה צְרָפָתְהוּ: שָׁלַח מֶלֶךְ וַיַּתִּירֵהוּ מֹשֵׁל עַמִּים
כא כב וַיְפַתְּחֵהוּ: שָׂמוֹ אָדוֹן לְבֵיתוֹ וּמֹשֵׁל בְּכָל־קִנְיָנוֹ: לֶאְסֹר שָׂרָיו
כג בְּנַפְשׁוֹ וּזְקֵנָיו יְחַכֵּם: וַיָּבֹא יִשְׂרָאֵל מִצְרָיִם וְיַעֲקֹב גָּר בְּאֶרֶץ־
כד כה חָם: וַיֶּפֶר אֶת־עַמּוֹ מְאֹד וַיַּעֲצִמֵהוּ מִצָּרָיו: הָפַךְ לִבָּם לִשְׂנֹא
כו עַמּוֹ לְהִתְנַכֵּל בַּעֲבָדָיו: שָׁלַח מֹשֶׁה עַבְדּוֹ אַהֲרֹן אֲשֶׁר בָּחַר־בּוֹ:
כז כח שָׂמוּ־בָם דִּבְרֵי אֹתוֹתָיו וּמֹפְתִים בְּאֶרֶץ חָם: שָׁלַח חֹשֶׁךְ וַיַּחְשִׁךְ
כט וְלֹא־מָרוּ אֶת־דבריו: הָפַךְ אֶת־מֵימֵיהֶם לְדָם וַיָּמֶת אֶת־דְּגָתָם: דְּבָרוֹ
ל לא שָׁרַץ אַרְצָם צְפַרְדְּעִים בְּחַדְרֵי מַלְכֵיהֶם: אָמַר וַיָּבֹא עָרֹב כִּנִּים
לב לג בְּכָל־גְּבוּלָם: נָתַן גִּשְׁמֵיהֶם בָּרָד אֵשׁ לֶהָבוֹת בְּאַרְצָם: וַיַּךְ גַּפְנָם
לד וּתְאֵנָתָם וַיְשַׁבֵּר עֵץ גְּבוּלָם: אָמַר וַיָּבֹא אַרְבֶּה וְיֶלֶק וְאֵין
לה לו מִסְפָּר: וַיֹּאכַל כָּל־עֵשֶׂב בְּאַרְצָם וַיֹּאכַל פְּרִי אַדְמָתָם: וַיַּךְ כָּל־
לז בְּכוֹר בְּאַרְצָם רֵאשִׁית לְכָל־אוֹנָם: וַיּוֹצִיאֵם בְּכֶסֶף וְזָהָב וְאֵין
לח בִּשְׁבָטָיו כּוֹשֵׁל: שָׂמַח מִצְרַיִם בְּצֵאתָם כִּי־נָפַל פַּחְדָּם עֲלֵיהֶם:

ever: let the Lord rejoice in his works. He looks on the earth, 32
and it trembles: he touches the hills, and they smoke. I will 33
sing to the Lord as long as I live: I will sing praise to my God
while I have my being. My meditation of him shall be sweet: 34
I will rejoice in the Lord. The sinners will be consumed out of 35
the earth, and the wicked will be no more. Bless thou the
Lord, O my soul. Haleluya!

O give thanks to the Lord; call upon his name: make known **105**
his deeds among the people. Sing to him, sing psalms to him: 2
talk of all his wondrous works. Glory in his holy name: let 3
the heart of those who seek the Lord rejoice. Seek the Lord, 4
and his strength: seek his face continually. Remember his mar- 5
vellous works that he has done; his wonders, and the judg-
ments of his mouth; O seed of Avraham his servant, you 6
children of Ya'aqov his chosen ones. He is the Lord our God: 7
his judgments are over all the earth. He has remembered his 8
covenant forever, the word which he commanded to a thou-
sand generations; which he made with Avraham, and his oath 9
to Yizḥaq; and confirmed the same to Ya'aqov for a law, and 10
to Yisra'el for an everlasting covenant: saying, To thee I will 11
give the land of Kena'an, the lot of your inheritance: when 12
they were but a few men in number; of little account, and
sojourners there: when they went from one nation to another, 13
from one kingdom to another people; he suffered no man to do 14
them wrong: but he reproved kings for their sakes; saying, 15
Touch not my anointed, and do my prophets no harm. More- 16
over he called for a famine upon the land: he broke every
staff of bread. He sent a man before them; Yosef was sold for 17
a servant: whose foot they hurt with fetters: he was laid in 18
iron: until the time that his word came to pass: the word of 19
the Lord had tested him. The king sent and loosed him: and 20
the ruler of the people let him go free. He made him lord of 21
his house, and ruler of all his substance: to bind his princes at 22
his pleasure; and teach his elders wisdom. So Yisra'el came 23
into Miẓrayim; and Ya'aqov sojourned in the land of Ḥam.
And he increased his people greatly; and made them stronger 24
than their enemies. He turned their heart to hate his people, 25
to deal craftily with his servants. He sent Moshe his servant; 26
and Aharon whom he had chosen. They performed his signs 27
among them, and wonders in the land of Ḥam. He sent dark- 28
ness, and made it dark, and they did not rebel against his word.
He turned their water into blood, and slew their fish. Their 29, 30
land swarmed with frogs, in the chambers of their kings. He 31
spoke, and there came swarms of gnats, and lice in all their bor-
ders. He gave them hail for rain, and flaming fire in their land. 32
He smote their vines also and their fig trees; and broke the 33
trees of their country. He spoke, and the swarming locust came, 34
and the hopping locust without number, and they did eat up 35
every plant in their land, and devoured the fruit of their ground.
Then he smote all the firstborn in their land, the chief of all 36
their strength. He brought them forth also with silver and gold: 37
and there was not one who stumbled among their tribes. Miẓ- 38
rayim was glad when they departed: for the fear of them had

לט מ פָּרַשׂ עָנָן לְמָסָךְ וְאֵשׁ לְהָאִיר לָיְלָה: שָׁאַל וַיָּבֵא שְׂלָו וְלֶחֶם
מא מב שָׁמַיִם יַשְׂבִּיעֵם: פָּתַח צוּר וַיָּזוּבוּ מָיִם הָלְכוּ בַּצִּיּוֹת נָהָר: כִּי־זָכַר
מג אֶת־דְּבַר קָדְשׁוֹ אֶת־אַבְרָהָם עַבְדּוֹ: וַיּוֹצִא עַמּוֹ בְשָׂשׂוֹן בְּרִנָּה
מד אֶת־בְּחִירָיו: וַיִּתֵּן לָהֶם אַרְצוֹת גּוֹיִם וַעֲמַל לְאֻמִּים יִירָשׁוּ:
טו מה בַּעֲבוּר ׀ יִשְׁמְרוּ חֻקָּיו וְתוֹרֹתָיו יִנְצֹרוּ הַלְלוּיָהּ:
קו א ב הַלְלוּיָהּ ׀ הוֹדוּ לַיהוָה כִּי־טוֹב כִּי לְעוֹלָם חַסְדּוֹ: מִי יְמַלֵּל
ג גְּבוּרוֹת יְהוָה יַשְׁמִיעַ כָּל־תְּהִלָּתוֹ: אַשְׁרֵי שֹׁמְרֵי מִשְׁפָּט עֹשֵׂה
ד צְדָקָה בְכָל־עֵת: זָכְרֵנִי יְהוָה בִּרְצוֹן עַמֶּךָ פָּקְדֵנִי בִּישׁוּעָתֶךָ:
ה לִרְאוֹת ׀ בְּטוֹבַת בְּחִירֶיךָ לִשְׂמֹחַ בְּשִׂמְחַת גּוֹיֶךָ לְהִתְהַלֵּל
ו ז עִם־נַחֲלָתֶךָ: חָטָאנוּ עִם־אֲבוֹתֵינוּ הֶעֱוִינוּ הִרְשָׁעְנוּ: אֲבוֹתֵינוּ
בְמִצְרַיִם ׀ לֹא־הִשְׂכִּילוּ נִפְלְאוֹתֶיךָ לֹא זָכְרוּ אֶת־רֹב חֲסָדֶיךָ
ח וַיַּמְרוּ עַל־יָם בְּיַם־סוּף: וַיּוֹשִׁיעֵם לְמַעַן שְׁמוֹ לְהוֹדִיעַ אֶת־
ט גְּבוּרָתוֹ: וַיִּגְעַר בְּיַם־סוּף וַיֶּחֱרָב וַיּוֹלִיכֵם בַּתְּהֹמוֹת כַּמִּדְבָּר:
י יא וַיּוֹשִׁיעֵם מִיַּד שׂוֹנֵא וַיִּגְאָלֵם מִיַּד אוֹיֵב: וַיְכַסּוּ־מַיִם צָרֵיהֶם אֶחָד
יב יג מֵהֶם לֹא נוֹתָר: וַיַּאֲמִינוּ בִדְבָרָיו יָשִׁירוּ תְּהִלָּתוֹ: מִהֲרוּ שָׁכְחוּ
יד מַעֲשָׂיו לֹא־חִכּוּ לַעֲצָתוֹ: וַיִּתְאַוּוּ תַאֲוָה בַּמִּדְבָּר וַיְנַסּוּ־אֵל
טו טז בִּישִׁימוֹן: וַיִּתֵּן לָהֶם שֶׁאֱלָתָם וַיְשַׁלַּח רָזוֹן בְּנַפְשָׁם: וַיְקַנְאוּ
יז לְמֹשֶׁה בַּמַּחֲנֶה לְאַהֲרֹן קְדוֹשׁ יְהוָה: תִּפְתַּח־אֶרֶץ וַתִּבְלַע דָּתָן
יח וַתְּכַס עַל־עֲדַת אֲבִירָם: וַתִּבְעַר־אֵשׁ בַּעֲדָתָם לֶהָבָה תְּלַהֵט
יט כ רְשָׁעִים: יַעֲשׂוּ־עֵגֶל בְּחֹרֵב וַיִּשְׁתַּחֲווּ לְמַסֵּכָה: וַיָּמִירוּ אֶת־
כא כְּבוֹדָם בְּתַבְנִית שׁוֹר אֹכֵל עֵשֶׂב: שָׁכְחוּ אֵל מוֹשִׁיעָם עֹשֶׂה
כב גְדֹלוֹת בְּמִצְרָיִם: נִפְלָאוֹת בְּאֶרֶץ חָם נוֹרָאוֹת עַל־יַם־סוּף:
כג וַיֹּאמֶר לְהַשְׁמִידָם לוּלֵי מֹשֶׁה בְחִירוֹ עָמַד בַּפֶּרֶץ לְפָנָיו לְהָשִׁיב
כד חֲמָתוֹ מֵהַשְׁחִית: וַיִּמְאֲסוּ בְּאֶרֶץ חֶמְדָּה לֹא־הֶאֱמִינוּ לִדְבָרוֹ:
כה כו וַיֵּרָגְנוּ בְאָהֳלֵיהֶם לֹא שָׁמְעוּ בְּקוֹל יְהוָה: וַיִּשָּׂא יָדוֹ לָהֶם לְהַפִּיל
כז אוֹתָם בַּמִּדְבָּר: וּלְהַפִּיל זַרְעָם בַּגּוֹיִם וּלְזָרוֹתָם בָּאֲרָצוֹת:
כח כט וַיִּצָּמְדוּ לְבַעַל פְּעוֹר וַיֹּאכְלוּ זִבְחֵי מֵתִים: וַיַּכְעִיסוּ בְּמַעַלְלֵיהֶם
ל וַתִּפְרָץ־בָּם מַגֵּפָה: וַיַּעֲמֹד פִּינְחָס וַיְפַלֵּל וַתֵּעָצַר הַמַּגֵּפָה:
לא לב וַתֵּחָשֶׁב לוֹ לִצְדָקָה לְדֹר וָדֹר עַד־עוֹלָם: וַיַּקְצִיפוּ עַל־מֵי מְרִיבָה

fallen on them. He spread a cloud for a covering; and fire to   39
give light in the night. They asked, and he brought quails, and   40
satisfied them with bread from heaven. He opened the rock,   41
and the water gushed out; it ran in the dry places like a river.
For he remembered his holy promise to Avraham his servant. And   42
he brought out his people with joy, and his chosen ones with   43
gladness: and gave them the lands of the nations: and they   44
seized the labour of the peoples; that they might observe his   45
statutes, and keep his Torot. Haleluya!

HALELUYA; O give thanks to the LORD; for he is good: for his   **106**
steadfast love endures for ever. Who can utter the mighty   2
acts of the LORD? who can declare all his praise? Happy   3
are they who maintain justice, and do righteousness at all
times. Remember me, O LORD, when thou showest favour to thy   4
people: O visit me with thy salvation; that I may see the good   5
of thy chosen ones, that I may rejoice in the gladness of thy
nation, that I may glory with thy inheritance. We have sinned   6
with our fathers, we have committed iniquity, we have done
wickedly. Our fathers in Miẓrayim paid no heed to thy wonders;   7
they did not remember the multitude of thy deeds of loving-
kindness; and they rebelled against thee at the Sea, at the Sea of
Suf. But he saved them for his name's sake, that he might make   8
known his mighty power. He rebuked the Sea of Suf also, and   9
it was dried up: so he led them through the depths, as through
the wilderness. And he saved them from the hand of him who   10
hated them, and redeemed them from the hand of the enemy.
And the waters covered their enemies: there was not one of   11
them left. Then they believed his words; they sang his praise.   12
They soon forgot his works; they did not wait for his counsel: 13
but lusted exceedingly in the wilderness, and tried GOD in the   14
desert. And he gave them their request; but sent leanness into   15
their soul. And they envied Moshe in the camp, Aharon the   16
LORD's holy one. The earth opened and swallowed up Datan,   17
and covered the company of Aviram. And a fire was kindled in   18
their company; the flame burned up the wicked. They made a   19
calf in Ḥorev, and worshipped a molten image. Thus they ex-   20
changed their glory for the likeness of an ox that eats grass!
They forgot GOD who had saved them, who had done great   21
things in Miẓrayim; wondrous works in the land of Ḥam, and   22
terrible things by the Sea of Suf. Therefore he said that he   23
would destroy them, had not Moshe his chosen one stood be-
fore him in the breach, to turn away his wrath, lest he should
destroy them. Moreover, they despised the pleasant land, they   24
believed not his word: but murmured in their tents, and did not   25
hearken to the voice of the LORD. Therefore he lifted up his   26
hand against them, swearing to overthrow them in the wilder-
ness: to cast out their seed also among the nations, and to   27
scatter them in the lands. Then they joined themselves to   28
Ba'al-pe'or, and ate the sacrifices of the dead. Thus they pro-   29
voked him to anger with their deeds: and the plague broke
out upon them. Then stood up Pineḥas, and executed judgment: 30
and so the plague was stayed. And that was counted to him   31
for righteousness to all generations for evermore. And they   32

לג וַיֵּרַע לְמֹשֶׁה בַּעֲבוּרָם: כִּי־הִמְרוּ אֶת־רוּחוֹ וַיְבַטֵּא בִּשְׂפָתָיו:
לד לה לֹא־הִשְׁמִידוּ אֶת־הָעַמִּים אֲשֶׁר אָמַר יהוה לָהֶם: וַיִּתְעָרְבוּ
לו בַגּוֹיִם וַיִּלְמְדוּ מַעֲשֵׂיהֶם: וַיַּעַבְדוּ אֶת־עֲצַבֵּיהֶם וַיִּהְיוּ לָהֶם
לז לח לְמוֹקֵשׁ: וַיִּזְבְּחוּ אֶת־בְּנֵיהֶם וְאֶת־בְּנוֹתֵיהֶם לַשֵּׁדִים: וַיִּשְׁפְּכוּ
דָם נָקִי דַּם־בְּנֵיהֶם וּבְנוֹתֵיהֶם אֲשֶׁר זִבְּחוּ לַעֲצַבֵּי כְנָעַן וַתֶּחֱנַף
לט מ הָאָרֶץ בַּדָּמִים: וַיִּטְמְאוּ בְמַעֲשֵׂיהֶם וַיִּזְנוּ בְּמַעַלְלֵיהֶם: וַיִּחַר־
מא אַף יהוה בְּעַמּוֹ וַיְתָעֵב אֶת־נַחֲלָתוֹ: וַיִּתְּנֵם בְּיַד־גּוֹיִם וַיִּמְשְׁלוּ
מב מג בָהֶם שֹׂנְאֵיהֶם: וַיִּלְחָצוּם אוֹיְבֵיהֶם וַיִּכָּנְעוּ תַּחַת יָדָם: פְּעָמִים
מד רַבּוֹת יַצִּילֵם וְהֵמָּה יַמְרוּ בַעֲצָתָם וַיָּמֹכּוּ בַּעֲוֺנָם: וַיַּרְא בַּצַּר לָהֶם
מה מו בְּשָׁמְעוֹ אֶת־רִנָּתָם: וַיִּזְכֹּר לָהֶם בְּרִיתוֹ וַיִּנָּחֵם כְּרֹב חֲסָדָו: וַיִּתֵּן
מז אוֹתָם לְרַחֲמִים לִפְנֵי כָּל־שׁוֹבֵיהֶם: הוֹשִׁיעֵנוּ ׀ יהוה אֱלֹהֵינוּ
וְקַבְּצֵנוּ מִן־הַגּוֹיִם לְהֹדוֹת לְשֵׁם קָדְשֶׁךָ לְהִשְׁתַּבֵּחַ בִּתְהִלָּתֶךָ:
מח בָּרוּךְ יהוה ׀ אֱלֹהֵי יִשְׂרָאֵל מִן־הָעוֹלָם ׀ וְעַד הָעוֹלָם וְאָמַר
כָּל־הָעָם אָמֵן הַלְלוּיָהּ:

ספר חמישי

קז א ב הֹדוּ לַיהוה כִּי־טוֹב כִּי לְעוֹלָם חַסְדּוֹ: יֹאמְרוּ גְּאוּלֵי יהוה אֲשֶׁר
ג גְּאָלָם מִיַּד־צָר: וּמֵאֲרָצוֹת קִבְּצָם מִמִּזְרָח וּמִמַּעֲרָב מִצָּפוֹן
ד וּמִיָּם: תָּעוּ בַמִּדְבָּר בִּישִׁימוֹן דָּרֶךְ עִיר מוֹשָׁב לֹא מָצָאוּ:
ה ו רְעֵבִים גַּם־צְמֵאִים נַפְשָׁם בָּהֶם תִּתְעַטָּף: וַיִּצְעֲקוּ אֶל־יהוה
ז בַּצַּר לָהֶם מִמְּצוּקוֹתֵיהֶם יַצִּילֵם: וַיַּדְרִיכֵם בְּדֶרֶךְ יְשָׁרָה לָלֶכֶת
ח ט אֶל־עִיר מוֹשָׁב: יוֹדוּ לַיהוה חַסְדּוֹ וְנִפְלְאוֹתָיו לִבְנֵי אָדָם: כִּי־
י הִשְׂבִּיעַ נֶפֶשׁ שֹׁקֵקָה וְנֶפֶשׁ רְעֵבָה מִלֵּא־טוֹב: יֹשְׁבֵי חֹשֶׁךְ
יא וְצַלְמָוֶת אֲסִירֵי עֳנִי וּבַרְזֶל: כִּי־הִמְרוּ אִמְרֵי־אֵל וַעֲצַת עֶלְיוֹן
יב יג נָאָצוּ: וַיַּכְנַע בֶּעָמָל לִבָּם כָּשְׁלוּ וְאֵין עֹזֵר: וַיִּזְעֲקוּ אֶל־יהוה
יד בַּצַּר לָהֶם מִמְּצֻקוֹתֵיהֶם יוֹשִׁיעֵם: יוֹצִיאֵם מֵחֹשֶׁךְ וְצַלְמָוֶת
טו וּמוֹסְרוֹתֵיהֶם יְנַתֵּק: יוֹדוּ לַיהוה חַסְדּוֹ וְנִפְלְאוֹתָיו לִבְנֵי אָדָם:
טז יז כִּי־שִׁבַּר דַּלְתוֹת נְחֹשֶׁת וּבְרִיחֵי בַרְזֶל גִּדֵּעַ: אֱוִלִים מִדֶּרֶךְ
יח פִּשְׁעָם וּמֵעֲוֺנֹתֵיהֶם יִתְעַנּוּ: כָּל־אֹכֶל תְּתַעֵב נַפְשָׁם וַיַּגִּיעוּ
יט עַד־שַׁעֲרֵי מָוֶת: וַיִּזְעֲקוּ אֶל־יהוה בַּצַּר לָהֶם מִמְּצֻקוֹתֵיהֶם
כ כא יוֹשִׁיעֵם: יִשְׁלַח דְּבָרוֹ וְיִרְפָּאֵם וִימַלֵּט מִשְּׁחִיתוֹתָם: יוֹדוּ לַיהוה

angered him at the waters of Meriva, so that it went ill with
Moshe for their sakes: because they angered his spirit, so that 33
he spoke rashly with his lips. They did not destroy the nations, 34
concerning whom the LORD commanded them: but were ming- 35
led among the nations, and learned their works: and they 36
served their idols, which became a snare to them. And they 37
sacrificed their sons and their daughters to idols, and shed 38
innocent blood, the blood of their sons and of their daughters,
whom they sacrificed to the idols of Kena'an: and the land was
polluted with blood. Thus they were defiled with their own 39
works, and went astray in their doings. Therefore was the 40
wrath of the LORD kindled against his people, and he abhorred
his inheritance. So he gave them into the hand of the nations; 41
and they that hated them ruled over them. Their enemies also 42
oppressed them, and they were brought into subjection under
their hand. Many times did he deliver them; but they were re- 43
bellious in their counsel, and were brought low through their
iniquity. Nevertheless he regarded their affliction, when he 44
heard their cry: and he remembered for them his covenant, 45
and relented according to the abundance of his steadfast love.
Moreover he caused them to be pitied by all their captors. Save 46,47
us, O LORD our GOD, and gather us from among the nations,
to give thanks to thy holy name, and to triumph in thy praise.
Blessed be the LORD GOD of Yisra'el from everlasting to ever- 48
lasting: and let all the people say, Amen. Haleluya!

BOOK FIVE

107 O GIVE thanks to the LORD, for he is good: for his steadfast love
endures for ever. Let the redeemed of the LORD say so, whom 2
he has redeemed from the hand of the enemy; and gathered 3
them out of the lands, from the east, and from the west, from
the north, and from the south. They wandered in the wilder- 4
ness in a desert way; they found no city to dwell in. Hungry 5
and thirsty, their soul fainted in them. Then they cried to the 6
LORD in their trouble; he delivered them out of their distresses.
And he led them forth by the right way, that they might go to 7
a city of habitation. Let them praise the LORD for his steadfast 8
love, and for his wonderful works to the children of men! For 9
he has satisfied the longing soul, and filled the hungry soul with
goodness. Such as sat in darkness and in the shadow of death, 10
bound in affliction and iron; because they had rebelled against 11
the words of GOD, and rejected the counsel of the most High:
so that he brought down their heart with labour; they fell 12
down, and there was none to help. Then they cried to the LORD 13
in their trouble, and he saved them out of their distresses.
He brought them out of darkness and the shadow of death, 14
and broke their bands asunder. Let them praise the LORD 15
for his steadfast love, and for his wonderful works to
the children of men! For he has broken the gates of brass, 16
and cut the bars of iron asunder. The foolish were afflicted 17
on account of their sinful way, and their iniquities. Their soul 18
abhorred all manner of food; for they came near the gates
of death. Then they cried to the LORD in their trouble, and he 19
saved them out of their distresses. He sends his word, and heals 20

כב חַסְדּוֹ וְנִפְלְאוֹתָיו לִבְנֵי אָדָם: וְיִזְבְּחוּ זִבְחֵי תוֹדָה וִיסַפְּרוּ
כג מַעֲשָׂיו בְּרִנָּה: ׆ יוֹרְדֵי הַיָּם בָּאֳנִיּוֹת עֹשֵׂי מְלָאכָה
כד בְּמַיִם רַבִּים: ׆ הֵמָּה רָאוּ מַעֲשֵׂי יְהוָה וְנִפְלְאוֹתָיו
כה בִּמְצוּלָה: ׆ וַיֹּאמֶר וַיַּעֲמֵד רוּחַ סְעָרָה וַתְּרוֹמֵם גַּלָּיו: ׆
כו כז יַעֲלוּ שָׁמַיִם יֵרְדוּ תְהוֹמוֹת נַפְשָׁם בְּרָעָה תִתְמוֹגָג: ׆ יָחוֹגּוּ
כח וְיָנוּעוּ כַּשִּׁכּוֹר וְכָל־חָכְמָתָם תִּתְבַּלָּע: ׆ וַיִּצְעֲקוּ אֶל־
כט יְהוָה בַּצַּר לָהֶם וּמִמְּצוּקֹתֵיהֶם יוֹצִיאֵם: יָקֵם סְעָרָה לִדְמָמָה
ל וַיֶּחֱשׁוּ גַּלֵּיהֶם: וַיִּשְׂמְחוּ כִי־יִשְׁתֹּקוּ וַיַּנְחֵם אֶל־מְחוֹז חֶפְצָם:
לא לב יוֹדוּ לַיהוָה חַסְדּוֹ וְנִפְלְאוֹתָיו לִבְנֵי אָדָם: וִירוֹמְמוּהוּ בִּקְהַל־עָם
לג וּבְמוֹשַׁב זְקֵנִים יְהַלְלוּהוּ: יָשֵׂם נְהָרוֹת לְמִדְבָּר וּמֹצָאֵי מַיִם
לד לה לְצִמָּאוֹן: אֶרֶץ פְּרִי לִמְלֵחָה מֵרָעַת יוֹשְׁבֵי בָהּ: יָשֵׂם מִדְבָּר
לו לַאֲגַם־מַיִם וְאֶרֶץ צִיָּה לְמֹצָאֵי מָיִם: וַיּוֹשֶׁב שָׁם רְעֵבִים וַיְכוֹנְנוּ
לז עִיר מוֹשָׁב: וַיִּזְרְעוּ שָׂדוֹת וַיִּטְּעוּ כְרָמִים וַיַּעֲשׂוּ פְּרִי תְבוּאָה:
לח לט וַיְבָרְכֵם וַיִּרְבּוּ מְאֹד וּבְהֶמְתָּם לֹא יַמְעִיט: וַיִּמְעֲטוּ וַיָּשֹׁחוּ
מ מֵעֹצֶר רָעָה וְיָגוֹן: ׆ שֹׁפֵךְ בּוּז עַל־נְדִיבִים וַיַּתְעֵם בְּתֹהוּ
מא מב לֹא־דָרֶךְ: וַיְשַׂגֵּב אֶבְיוֹן מֵעוֹנִי וַיָּשֶׂם כַּצֹּאן מִשְׁפָּחוֹת: יִרְאוּ
מג יְשָׁרִים וְיִשְׂמָחוּ וְכָל־עַוְלָה קָפְצָה פִּיהָ: מִי־חָכָם וְיִשְׁמָר־אֵלֶּה
וְיִתְבּוֹנְנוּ חַסְדֵי יְהוָה:

קח א ב שִׁיר מִזְמוֹר לְדָוִד: נָכוֹן לִבִּי אֱלֹהִים אָשִׁירָה וַאֲזַמְּרָה אַף־
ג ד כְּבוֹדִי: עוּרָה הַנֵּבֶל וְכִנּוֹר אָעִירָה שָּׁחַר: אוֹדְךָ בָעַמִּים ׀ יְהוָה
ה וַאֲזַמֶּרְךָ בַּלְאֻמִּים: כִּי־גָדוֹל מֵעַל־שָׁמַיִם חַסְדֶּךָ וְעַד־שְׁחָקִים
ו אֲמִתֶּךָ: רוּמָה עַל־שָׁמַיִם אֱלֹהִים וְעַל כָּל־הָאָרֶץ כְּבוֹדֶךָ:
ז ח לְמַעַן יֵחָלְצוּן יְדִידֶיךָ הוֹשִׁיעָה יְמִינְךָ וַעֲנֵנוּ: אֱלֹהִים ׀ דִּבֶּר וַעֲנֵנִי
ט בְּקָדְשׁוֹ אֶעְלֹזָה אֲחַלְּקָה שְׁכֶם וְעֵמֶק סֻכּוֹת אֲמַדֵּד: לִי גִלְעָד ׀
י לִי מְנַשֶּׁה וְאֶפְרַיִם מָעוֹז רֹאשִׁי יְהוּדָה מְחֹקְקִי: מוֹאָב ׀ סִיר
יא רַחְצִי עַל־אֱדוֹם אַשְׁלִיךְ נַעֲלִי עֲלֵי־פְלֶשֶׁת אֶתְרוֹעָע: מִי יֹבִלֵנִי
יב עִיר מִבְצָר מִי נָחַנִי עַד־אֱדוֹם: הֲלֹא־אֱלֹהִים זְנַחְתָּנוּ וְלֹא־תֵצֵא
יג אֱלֹהִים בְּצִבְאֹתֵינוּ: הָבָה־לָּנוּ עֶזְרָת מִצָּר וְשָׁוְא תְּשׁוּעַת אָדָם:
יד בֵּאלֹהִים נַעֲשֶׂה־חָיִל וְהוּא יָבוּס צָרֵינוּ:

קט א ב לַמְנַצֵּחַ לְדָוִד מִזְמוֹר אֱלֹהֵי תְהִלָּתִי אַל־תֶּחֱרַשׁ: כִּי פִי רָשָׁע

them, and delivers them from their destructions. Let them 21
praise the Lord for his steadfast love, and for his wonderful
works to the children of men! And let them sacrifice the sacri- 22
fices of thanksgiving, and declare his works with rejoicing. They 23
that go down to the sea in ships, that do business in great
waters; these saw the works of the Lord, and his wonders in 24
the deep. For he commanded, and raised the stormy wind, which 25
lifted up the waves thereof. They mount up to the sky, they 26
go down again to the depths: their soul is melted away be-
cause of trouble. They reel to and fro, and stagger like a 27
drunken man, and are at their wits' end. Then they cry to the Lord 28
in their trouble, and he brings them out of their distresses. He 29
makes the storm a calm, so that the waves thereof are still. Then 30
are they glad because they are quiet; and he brings them to
their desired haven. Let them praise the Lord for his steadfast 31
love, and for his wonderful works to the children of men! Let 32
them exalt him also in the congregation of the people, and
praise him in the assembly of the elders. He turns rivers into 33
a wilderness, and watersprings into dry ground; a fruitful 34
land into barrenness, because of wickedness of those who
dwell therein. He turned the wilderness into a pool of 35
water, and dry ground into watersprings. And there he makes 36
the hungry to dwell, and they establish a city for habitation;
and sow fields, and plant vineyards, which yield fruits of in- 37
crease. He blesses them also, so that they are multiplied great- 38
ly; and does not let their cattle decrease. When they are dimi- 39
nished and brought low through oppression, affliction, and
sorrow: he pours contempt upon nobles, and causes them to 40
wander in the wilderness, where there is no way: yet he sets 41
the poor on high from affliction, and makes his families like a
flock. The righteous shall see it, and rejoice: and all iniquity 42
shall stop her mouth. Whoever is wise, let them consider these 43
things, and let them observe the loving acts of the Lord.

108

A poem, A Psalm of David. My heart is firm, O God; I will 1,2
sing, I will give praise; my glory likewise. Awake the harp and 3
the lyre: I will awaken the dawn. I will praise thee, O Lord, 4
among the peoples: and I will sing praises to thee among the
nations. For thy steadfast love is great above the heavens: 5
and thy truth reaches the clouds. Be thou exalted, O God, above 6
the heavens: and thy glory above all the earth; that thy be- 7
loved ones may be delivered: save with thy right hand, and
answer me. God has spoken in his holiness; I will rejoice, I will 8
divide Shekhem, and measure out the valley of Sukkot. Gil'ad 9
is mine; Menashshe is mine; Efrayim also is the strength of my
head; Yehuda is my sceptre; Mo'av is my washpot; over Edom 10
will I cast my shoe; over Peleshet I will cry in triumph. Who 11
will bring me into the strong city? who will lead me to Edom?
Hast thou not rejected us, O God? so that thou goest not forth, 12
O God, with our hosts. Give us help against the foe: for vain is 13
the help of man. Through God we shall do valiantly: for he it 14
is who will tread down our enemies.

109

To the chief Musician, A Psalm of David. Keep not silent, O
God of my praise; for the mouth of the wicked and the mouth 2

ג וּפִי־מִרְמָה עָלַי פָּתָחוּ דִּבְּרוּ אִתִּי לְשׁוֹן שָׁקֶר׃ וְדִבְרֵי שִׂנְאָה
ד סְבָבוּנִי וַיִּלָּחֲמוּנִי חִנָּם׃ תַּחַת־אַהֲבָתִי יִשְׂטְנוּנִי וַאֲנִי תְפִלָּה׃
ה ו וַיָּשִׂימוּ עָלַי רָעָה תַּחַת טוֹבָה וְשִׂנְאָה תַּחַת אַהֲבָתִי׃ הַפְקֵד
ז עָלָיו רָשָׁע וְשָׂטָן יַעֲמֹד עַל־יְמִינוֹ׃ בְּהִשָּׁפְטוֹ יֵצֵא רָשָׁע וּתְפִלָּתוֹ
ח ט תִּהְיֶה לַחֲטָאָה׃ יִהְיוּ־יָמָיו מְעַטִּים פְּקֻדָּתוֹ יִקַּח אַחֵר׃ יִהְיוּ־
י בָנָיו יְתוֹמִים וְאִשְׁתּוֹ אַלְמָנָה׃ וְנוֹעַ יָנוּעוּ בָנָיו וְשִׁאֵלוּ וְדָרְשׁוּ
יא מֵחָרְבוֹתֵיהֶם׃ יְנַקֵּשׁ נוֹשֶׁה לְכָל־אֲשֶׁר־לוֹ וְיָבֹזּוּ זָרִים יְגִיעוֹ׃
יב יג אַל־יְהִי־לוֹ מֹשֵׁךְ חָסֶד וְאַל־יְהִי חוֹנֵן לִיתוֹמָיו׃ יְהִי־אַחֲרִיתוֹ
יד לְהַכְרִית בְּדוֹר אַחֵר יִמַּח שְׁמָם׃ יִזָּכֵר ׀ עֲוֺן אֲבֹתָיו אֶל־יְהוָה
טו וְחַטַּאת אִמּוֹ אַל־תִּמָּח׃ יִהְיוּ נֶגֶד־יְהוָה תָּמִיד וְיַכְרֵת מֵאֶרֶץ
טז זִכְרָם׃ יַעַן אֲשֶׁר ׀ לֹא זָכַר עֲשׂוֹת חָסֶד וַיִּרְדֹּף אִישׁ־עָנִי וְאֶבְיוֹן
יז וְנִכְאֵה לֵבָב לְמוֹתֵת׃ וַיֶּאֱהַב קְלָלָה וַתְּבוֹאֵהוּ וְלֹא־חָפֵץ
יח בִּבְרָכָה וַתִּרְחַק מִמֶּנּוּ׃ וַיִּלְבַּשׁ קְלָלָה כְּמַדּוֹ וַתָּבֹא כַמַּיִם
יט בְּקִרְבּוֹ וְכַשֶּׁמֶן בְּעַצְמוֹתָיו׃ תְּהִי־לוֹ כְּבֶגֶד יַעְטֶה וּלְמֵזַח תָּמִיד
כ יַחְגְּרֶהָ׃ זֹאת ׀ פְּעֻלַּת שֹׂטְנַי מֵאֵת יְהוָה וְהַדֹּבְרִים רָע עַל־נַפְשִׁי׃
כא וְאַתָּה ׀ יְהוִה אֲדֹנָי עֲשֵׂה־אִתִּי לְמַעַן שְׁמֶךָ כִּי־טוֹב חַסְדְּךָ
כב כג הַצִּילֵנִי׃ כִּי־עָנִי וְאֶבְיוֹן אָנֹכִי וְלִבִּי חָלַל בְּקִרְבִּי׃ כְּצֵל כִּנְטוֹתוֹ
כד נֶהֱלָכְתִּי נִנְעַרְתִּי כָּאַרְבֶּה׃ בִּרְכַּי כָּשְׁלוּ מִצּוֹם וּבְשָׂרִי כָּחַשׁ
כה כו מִשָּׁמֶן׃ וַאֲנִי ׀ הָיִיתִי חֶרְפָּה לָהֶם יִרְאוּנִי יְנִיעוּן רֹאשָׁם׃ עָזְרֵנִי
כז יְהוָה אֱלֹהָי הוֹשִׁיעֵנִי כְחַסְדֶּךָ׃ וְיֵדְעוּ כִּי־יָדְךָ זֹּאת אַתָּה יְהוָה
כח עֲשִׂיתָהּ׃ יְקַלְלוּ־הֵמָּה וְאַתָּה תְבָרֵךְ קָמוּ ׀ וַיֵּבֹשׁוּ וְעַבְדְּךָ יִשְׂמָח׃
כט ל יִלְבְּשׁוּ שׂוֹטְנַי כְּלִמָּה וְיַעֲטוּ כַמְעִיל בָּשְׁתָּם׃ אוֹדֶה יְהוָה מְאֹד
לא בְּפִי וּבְתוֹךְ רַבִּים אֲהַלְלֶנּוּ׃ כִּי־יַעֲמֹד לִימִין אֶבְיוֹן לְהוֹשִׁיעַ
מִשֹּׁפְטֵי נַפְשׁוֹ׃
קי א לְדָוִד מִזְמוֹר נְאֻם יְהוָה ׀ לַאדֹנִי שֵׁב לִימִינִי עַד־אָשִׁית אֹיְבֶיךָ
ב הֲדֹם לְרַגְלֶיךָ׃ מַטֵּה עֻזְּךָ יִשְׁלַח יְהוָה מִצִּיּוֹן רְדֵה בְּקֶרֶב אֹיְבֶיךָ׃
ג עַמְּךָ נְדָבֹת בְּיוֹם חֵילֶךָ בְּהַדְרֵי־קֹדֶשׁ מֵרֶחֶם מִשְׁחָר לְךָ טַל
ד יַלְדֻתֶיךָ׃ נִשְׁבַּע יְהוָה ׀ וְלֹא יִנָּחֵם אַתָּה־כֹהֵן לְעוֹלָם עַל־דִּבְרָתִי
ה ו מַלְכִּי־צֶדֶק׃ אֲדֹנָי עַל־יְמִינְךָ מָחַץ בְּיוֹם־אַפּוֹ מְלָכִים׃ יָדִין

of the deceitful are opened against me: they have spoken
against me with a lying tongue. For they have compassed me 3
about with words of hatred; and fought against me without a
cause. In return for my love they are my accusers; whilst I 4
have nothing but prayer. And they have repaid me evil for 5
good, and hatred for my love, saying: Set a wicked man over 6
him: and let an adversary stand at his right hand. When he 7
shall be judged, let him be condemned: and let his prayer be
turned into sin. Let his days be few; and let another take his 8
possessions. Let his children be fatherless, and his wife a widow. 9
Let his children be vagabonds, and beg: let them seek their 10
bread also out of their desolate places. Let the creditor seize 11
everything that he has, and let strangers spoil his labour. Let 12
there be none to extend kindness to him: nor let there be any
to favour his fatherless children. Let his posterity be cut off; 13
and in the generation following let their name be blotted out.
May the iniquity of his fathers be remembered by the LORD; 14
and let not the sin of his mother be blotted out. Let them be 15
before the LORD continually, that he may cut off the memory of
them from the earth. Because he remembered not to show 16
kindness, but pursued the poor and needy man, and the broken-
hearted to their death. For he loved cursing, and it came to him: 17
and he delighted not in blessing, and it was far from him. And 18
he clothed himself with cursing like his garment, and it came
into his bowels like water, and like oil into his bones. Let it be 19
to him as the garment which he puts on, and for the girdle
wherewith he is girded continually. This is what my adversaries 20
seek to obtain from the LORD, and they who speak evil against
my soul. But do thou for me, O GOD the LORD, for thy name's 21
sake: because thy steadfast love is good, deliver thou me. For 22
I am poor and needy, and my heart is wounded within me. I 23
am gone like the shadow at evening: I am shaken off like the
locust. My knees totter through fasting; and my flesh fails of 24
fatness. I have become a taunt to them: when they see me they 25
shake their heads. Help me, O LORD my GOD: O save me ac- 26
cording to thy steadfast love: that they may know that this 27
is thy hand; that thou, LORD, hast done it. Let them curse, but 28
bless thou: when they arise, let them be ashamed; but let thy
servant rejoice. Let my adversaries be clothed with shame, and 29
let them cover themselves with their own confusion, as with
a robe. I will greatly praise the LORD with my mouth; yea, I 30
will praise him among the multitude. For he stands at the right 31
hand of the poor, to save him from those who would condemn
him to death.

A PSALM of David. The LORD says to my master, Sit thou at my **110**
right hand, until I make thy enemies thy footstool. The LORD 2
shall send thy mighty sceptre out of Ẕiyyon: rule in the midst of
thy enemies. Thy people offered themselves willingly in the 3
majesty of their holiness, on the day of thy battle; when still the
dew of thy youth was upon thee, fresh from the womb of dawn.
The LORD has sworn, and will not change his mind, 4
Thou shalt be a priest forever, after the manner of Malki-
ẕedeq. The LORD is at thy right hand, he crushes kings on the 5

ז בַגּוֹיִם מָלֵא גְוִיּוֹת מָחַץ רֹאשׁ עַל־אֶרֶץ רַבָּה׃ מִנַּחַל בַּדֶּרֶךְ
יִשְׁתֶּה עַל־כֵּן יָרִים רֹאשׁ׃

קיא א ב הַלְלוּיָהּ ׀ אוֹדֶה יְהוָה בְּכָל־לֵבָב בְּסוֹד יְשָׁרִים וְעֵדָה׃ גְּדֹלִים
ג מַעֲשֵׂי יְהוָה דְּרוּשִׁים לְכָל־חֶפְצֵיהֶם׃ הוֹד־וְהָדָר פָּעֳלוֹ וְצִדְקָתוֹ
ד ה עֹמֶדֶת לָעַד׃ זֵכֶר עָשָׂה לְנִפְלְאֹתָיו חַנּוּן וְרַחוּם יְהוָה׃ טֶרֶף
ו נָתַן לִירֵאָיו יִזְכֹּר לְעוֹלָם בְּרִיתוֹ׃ כֹּחַ מַעֲשָׂיו הִגִּיד לְעַמּוֹ
ז לָתֵת לָהֶם נַחֲלַת גּוֹיִם׃ מַעֲשֵׂי יָדָיו אֱמֶת וּמִשְׁפָּט נֶאֱמָנִים
ח כָּל־פִּקּוּדָיו׃ סְמוּכִים לָעַד לְעוֹלָם עֲשׂוּיִם בֶּאֱמֶת וְיָשָׁר׃
ט פְּדוּת ׀ שָׁלַח לְעַמּוֹ צִוָּה־לְעוֹלָם בְּרִיתוֹ קָדוֹשׁ וְנוֹרָא שְׁמוֹ׃
י רֵאשִׁית חָכְמָה ׀ יִרְאַת יְהוָה שֵׂכֶל טוֹב לְכָל־עֹשֵׂיהֶם תְּהִלָּתוֹ טז
עֹמֶדֶת לָעַד׃

קיב א הַלְלוּיָהּ ׀ אַשְׁרֵי־אִישׁ יָרֵא אֶת־יְהוָה בְּמִצְוֺתָיו חָפֵץ מְאֹד׃
ב ג גִּבּוֹר בָּאָרֶץ יִהְיֶה זַרְעוֹ דּוֹר יְשָׁרִים יְבֹרָךְ׃ הוֹן־וָעֹשֶׁר בְּבֵיתוֹ
ד וְצִדְקָתוֹ עֹמֶדֶת לָעַד׃ זָרַח בַּחֹשֶׁךְ אוֹר לַיְשָׁרִים חַנּוּן וְרַחוּם
ה ו וְצַדִּיק׃ טוֹב־אִישׁ חוֹנֵן וּמַלְוֶה יְכַלְכֵּל דְּבָרָיו בְּמִשְׁפָּט׃ כִּי־
ז לְעוֹלָם לֹא־יִמּוֹט לְזֵכֶר עוֹלָם יִהְיֶה צַדִּיק׃ מִשְּׁמוּעָה רָעָה לֹא
ח יִירָא נָכוֹן לִבּוֹ בָּטֻחַ בַּיהוָה׃ סָמוּךְ לִבּוֹ לֹא יִירָא עַד אֲשֶׁר־
ט יִרְאֶה בְצָרָיו׃ פִּזַּר ׀ נָתַן לָאֶבְיוֹנִים צִדְקָתוֹ עֹמֶדֶת לָעַד קַרְנוֹ
י תָּרוּם בְּכָבוֹד׃ רָשָׁע יִרְאֶה ׀ וְכָעָס שִׁנָּיו יַחֲרֹק וְנָמָס תַּאֲוַת
רְשָׁעִים תֹּאבֵד׃

קיג א ב הַלְלוּיָהּ ׀ הַלְלוּ עַבְדֵי יְהוָה הַלְלוּ אֶת־שֵׁם יְהוָה׃ יְהִי שֵׁם יְהוָה
ג מְבֹרָךְ מֵעַתָּה וְעַד־עוֹלָם׃ מִמִּזְרַח־שֶׁמֶשׁ עַד־מְבוֹאוֹ מְהֻלָּל
ד ה שֵׁם יְהוָה׃ רָם עַל־כָּל־גּוֹיִם ׀ יְהוָה עַל הַשָּׁמַיִם כְּבוֹדוֹ׃ מִי
ו כַּיהוָה אֱלֹהֵינוּ הַמַּגְבִּיהִי לָשָׁבֶת׃ הַמַּשְׁפִּילִי לִרְאוֹת בַּשָּׁמַיִם
ז ח וּבָאָרֶץ׃ מְקִימִי מֵעָפָר דָּל מֵאַשְׁפֹּת יָרִים אֶבְיוֹן׃ לְהוֹשִׁיבִי
ט עִם־נְדִיבִים עִם נְדִיבֵי עַמּוֹ׃ מוֹשִׁיבִי ׀ עֲקֶרֶת הַבַּיִת אֵם־
הַבָּנִים שְׂמֵחָה הַלְלוּיָהּ׃

קיד א ב בְּצֵאת יִשְׂרָאֵל מִמִּצְרָיִם בֵּית יַעֲקֹב מֵעַם לֹעֵז׃ הָיְתָה יְהוּדָה
ג לְקָדְשׁוֹ יִשְׂרָאֵל מַמְשְׁלוֹתָיו׃ הַיָּם רָאָה וַיָּנֹס הַיַּרְדֵּן יִסֹּב
ד ה לְאָחוֹר׃ הֶהָרִים רָקְדוּ כְאֵילִים גְּבָעוֹת כִּבְנֵי־צֹאן׃ מַה־לְּךָ הַיָּם
ו כִּי תָנוּס הַיַּרְדֵּן תִּסֹּב לְאָחוֹר׃ הֶהָרִים תִּרְקְדוּ כְאֵילִים גְּבָעוֹת

day of his wrath. He judges among the nations: their land is 6
full of dead bodies; he will shatter heads over many countries.
He will drink of the brook in the way: therefore will he lift up 7
the head.

HALELUYA! I will praise the LORD with my whole heart, in the **111**
assembly of the upright, and in the congregation. The works 2
of the LORD are great, sought out by all who love them. His 3
work is honourable and glorious: and his righteousness endures
for ever. He has made his wonderful works to be remembered: 4
the LORD is gracious and full of compassion. He has given food 5
to those who fear him: he will ever be mindful of his covenant.
He has declared to his people the power of his works, that he may 6
give them the heritage of the nations. The works of his hands 7
are truth and justice; all his commandments are sure. They 8
stand fast for ever and ever, done in truth and uprightness.
He sent redemption to his people: he has commanded his 9
covenant forever: holy and reverend is his name. The fear of 10
the LORD is the beginning of wisdom: a good understanding
have all they who do his commandments: his praise endures
forever.

HALELUYA! Happy is the man who fears the LORD, who de- **112**
lights greatly in his commandments. His seed shall be mighty 2
upon earth: the generation of the upright shall be blessed.
Wealth and riches shall be in his house: and his righteousness 3
endures for ever. Light rises in the darkness for the upright:
he is gracious, and full of compassion, and just. A good man 5
lends with a good grace: he conducts his affairs justly. Surely 6
he shall never be moved: the righteous shall be in everlasting
remembrance. He shall not be afraid of evil tidings: his heart 7
is firm, trusting in the LORD. His heart is established, he shall 8
not be afraid, until he gaze upon his enemies. He has distri- 9
buted freely, he has given to the poor; his righteousness en-
dures for ever; his horn shall be exalted with honour. The 10
wicked man shall see it, and be grieved; he shall gnash
his teeth, and melt away: the desire of the wicked shall come
to nought.

HALELUYA! Give praise, O servants of the LORD, praise the name **113**
of the LORD. Blessed be the name of the LORD from this time 2
forth and for evermore. From the rising of the sun to its 3
setting, the LORD's name is to be praised. The LORD is high 4
above all nations, and his glory is above the heavens. Who is 5
like the LORD our GOD, who is enthroned on high, and yet looks 6
far down to behold the things that are in heaven, and on the
earth! He raises up the poor out of the dust, and lifts the 7
needy out of the ashheap; that he may set him with nobles, 8
with the nobles of his people. He makes the barren woman to 9
keep house, and be a joyful mother of children. Haleluya !

WHEN Yisra'el went out of Miẓrayim, the house of Ya'aqov **114**
from a people of strange language; Yehuda became his sanc- 2
tuary, and Yisra'el his dominion. The sea saw it, and fled: the 3
Yarden was driven back. The mountains skipped like rams, 4
the little hills like young sheep. What ails thee, O thou sea, 5
that thou fleest? thou Yarden, that thou art driven back? You 6

ז ח כִּבְנֵי־צֹאן׃ מִלִּפְנֵי אָדוֹן חוּלִי אָרֶץ מִלִּפְנֵי אֱלוֹהַּ יַעֲקֹב׃ הַהֹפְכִי
הַצּוּר אֲגַם־מָיִם חַלָּמִישׁ לְמַעְיְנוֹ־מָיִם׃

קטו א לֹא לָנוּ יהוה לֹא לָנוּ כִּי־לְשִׁמְךָ תֵּן כָּבוֹד עַל־חַסְדְּךָ עַל־
ב ג אֲמִתֶּךָ׃ לָמָּה יֹאמְרוּ הַגּוֹיִם אַיֵּה־נָא אֱלֹהֵיהֶם׃ וֵאלֹהֵינוּ
ד בַשָּׁמָיִם כֹּל אֲשֶׁר־חָפֵץ עָשָׂה׃ עֲצַבֵּיהֶם כֶּסֶף וְזָהָב מַעֲשֵׂה יְדֵי
ה ו אָדָם׃ פֶּה־לָהֶם וְלֹא יְדַבֵּרוּ עֵינַיִם לָהֶם וְלֹא יִרְאוּ׃ אָזְנַיִם לָהֶם
ז וְלֹא יִשְׁמָעוּ אַף לָהֶם וְלֹא יְרִיחוּן׃ יְדֵיהֶם ׀ וְלֹא יְמִישׁוּן רַגְלֵיהֶם
ח וְלֹא יְהַלֵּכוּ לֹא־יֶהְגּוּ בִּגְרוֹנָם׃ כְּמוֹהֶם יִהְיוּ עֹשֵׂיהֶם כֹּל אֲשֶׁר־
ט בֹּטֵחַ בָּהֶם׃ יִשְׂרָאֵל בְּטַח בַּיהוה עֶזְרָם וּמָגִנָּם הוּא׃ בֵּית אַהֲרֹן
יא בִּטְחוּ בַיהוה עֶזְרָם וּמָגִנָּם הוּא׃ יִרְאֵי יהוה בִּטְחוּ בַיהוה עֶזְרָם
יב וּמָגִנָּם הוּא׃ יהוה זְכָרָנוּ יְבָרֵךְ יְבָרֵךְ אֶת־בֵּית יִשְׂרָאֵל יְבָרֵךְ
יג יד אֶת־בֵּית אַהֲרֹן׃ יְבָרֵךְ יִרְאֵי יהוה הַקְּטַנִּים עִם־הַגְּדֹלִים׃ יֹסֵף
טו יהוה עֲלֵיכֶם עֲלֵיכֶם וְעַל־בְּנֵיכֶם׃ בְּרוּכִים אַתֶּם לַיהוה עֹשֵׂה
טז שָׁמַיִם וָאָרֶץ׃ הַשָּׁמַיִם שָׁמַיִם לַיהוה וְהָאָרֶץ נָתַן לִבְנֵי־אָדָם׃
יז יח לֹא הַמֵּתִים יְהַלְלוּ־יָהּ וְלֹא כָּל־יֹרְדֵי דוּמָה׃ וַאֲנַחְנוּ ׀ נְבָרֵךְ
יָהּ מֵעַתָּה וְעַד־עוֹלָם הַלְלוּיָהּ׃

קטז א ב אָהַבְתִּי כִּי־יִשְׁמַע ׀ יהוה אֶת־קוֹלִי תַּחֲנוּנָי׃ כִּי־הִטָּה אָזְנוֹ לִי
ג וּבְיָמַי אֶקְרָא׃ אֲפָפוּנִי ׀ חֶבְלֵי־מָוֶת וּמְצָרֵי שְׁאוֹל מְצָאוּנִי צָרָה
ד ה וְיָגוֹן אֶמְצָא׃ וּבְשֵׁם־יהוה אֶקְרָא אָנָּה יהוה מַלְּטָה נַפְשִׁי׃ חַנּוּן
ו יהוה וְצַדִּיק וֵאלֹהֵינוּ מְרַחֵם׃ שֹׁמֵר פְּתָאיִם יהוה דַּלּוֹתִי וְלִי
ז ח יְהוֹשִׁיעַ׃ שׁוּבִי נַפְשִׁי לִמְנוּחָיְכִי כִּי־יהוה גָּמַל עָלָיְכִי׃ כִּי חִלַּצְתָּ
ט נַפְשִׁי מִמָּוֶת אֶת־עֵינִי מִן־דִּמְעָה אֶת־רַגְלִי מִדֶּחִי׃ אֶתְהַלֵּךְ
י לִפְנֵי יהוה בְּאַרְצוֹת הַחַיִּים׃ הֶאֱמַנְתִּי כִּי אֲדַבֵּר אֲנִי עָנִיתִי מְאֹד׃
יא יב אֲנִי אָמַרְתִּי בְחָפְזִי כָּל־הָאָדָם כֹּזֵב׃ מָה־אָשִׁיב לַיהוה כָּל־
יג יד תַּגְמוּלוֹהִי עָלָי׃ כּוֹס־יְשׁוּעוֹת אֶשָּׂא וּבְשֵׁם יהוה אֶקְרָא׃ נְדָרַי
טו לַיהוה אֲשַׁלֵּם נֶגְדָה־נָּא לְכָל־עַמּוֹ׃ יָקָר בְּעֵינֵי יהוה הַמָּוְתָה
טז לַחֲסִידָיו׃ אָנָּה יהוה כִּי־אֲנִי עַבְדֶּךָ אֲנִי־עַבְדְּךָ בֶּן־אֲמָתֶךָ
יז פִּתַּחְתָּ לְמוֹסֵרָי׃ לְךָ־אֶזְבַּח זֶבַח תּוֹדָה וּבְשֵׁם יהוה אֶקְרָא׃
יח יט נְדָרַי לַיהוה אֲשַׁלֵּם נֶגְדָה־נָּא לְכָל־עַמּוֹ׃ בְּחַצְרוֹת ׀ בֵּית יהוה
בְּתוֹכֵכִי יְרוּשָׁלִָם הַלְלוּיָהּ׃

קיז א ב הַלְלוּ אֶת־יהוה כָּל־גּוֹיִם שַׁבְּחוּהוּ כָּל־הָאֻמִּים׃ כִּי גָבַר עָלֵינוּ ׀
חַסְדּוֹ וֶאֱמֶת־יהוה לְעוֹלָם הַלְלוּיָהּ׃

mountains, that you skip like rams; and you little hills, like
lambs? Tremble, thou earth, at the presence of the LORD, at 7
the presence of the GOD of Ya'aqov; who turned the rock into 8
a pool of water, the flint into a fountain of waters.

NOT to us, O LORD, not to us, but to thy name give glory, for **115**
thy steadfast love, and for thy truth. Why should the nations 2
say, Where is now their GOD? But our GOD is in the heavens: 3
he has done whatever he has pleased. Their idols are silver 4
and gold, the work of men's hands. They have mouths, but 5
they cannot speak: eyes have they, but they cannot see: they 6
have ears, but they cannot hear: noses have they, but they
cannot smell: they have hands, but they cannot feel: feet have 7
they, but they cannot walk: nor can they speak through their
throat. They who make them are like them; so is everyone who 8
trusts in them. O Yisra'el, trust in the LORD: he is their help 9
and their shield. O house of Aharon, trust in the LORD : he is 10
their help and their shield. You who fear the LORD, trust in the 11
LORD: he is their help and their shield. The LORD has been 12
mindful of us: he will bless us; he will bless the house of
Yisra'el; he will bless the house of Aharon. He will bless those 13
who fear the LORD, both small and great. May the LORD in- 14
crease you more and more, you and your children. May you 15
be blessed of the LORD who made heaven and earth. The 16
heavens are the heavens of the LORD: but he has given the earth
to the children of men. The dead cannot praise the LORD, nor 17
can any who go down into silence. But we will bless the LORD 18
from this time forth and for evermore. Haleluya!

116
I love the LORD who hears my voice and my supplications. Because 1,2
he has inclined his ear to me, therefore I will call upon him as
long as I live. The cords of death surrounded me, and the pains 3
of She'ol seized upon me: I found trouble and sorrow. Then 4
I called upon the name of the LORD; O LORD, I beseech thee,
deliver my soul. Gracious is the LORD, and just; and our GOD 5
is merciful. The LORD preserves the simple: I was brought low, 6
and he saved me. Return to thy rest, O my soul; for the LORD 7
has dealt bountifully with thee. For thou hast delivered my 8
soul from death, my eyes from tears, and my feet from falling.
I will walk before the LORD in the land of the living. I kept 9,10
faith even when I said, I am greatly afflicted. I said in my haste, 11
Every man is false. How can I repay the LORD for all his bene- 12
fits toward me? I will raise the cup of salvation, and call upon 13
the name of the LORD. I will pay my vows to the LORD now in 14
the presence of all his people. Precious in the sight of the 15
LORD is the death of his pious ones. O LORD, truly I am thy 16
servant; I am thy servant, the son of thy handmaid: thou hast
loosed my bonds. I will offer to thee the sacrifice of thanks- 17
giving, and I will call upon the name of the LORD. I will pay 18
my vows to the LORD in the presence of all his people, in the 19
courts of the LORD's house, in the midst of thee, O Yerusha-
layim. Haleluya!

O PRAISE the LORD, all you nations: praise him all you peoples. **117**
For his love for us is great: and the truth of the LORD endures 2
for ever. Haleluya!

א ב הוֹד֣וּ לַיהוָ֣ה כִּי־ט֑וֹב כִּ֖י לְעוֹלָ֣ם חַסְדּֽוֹ׃ יֹֽאמַר־נָ֥א יִשְׂרָאֵ֑ל כִּ֖י
ג ד לְעוֹלָ֣ם חַסְדּֽוֹ׃ יֹֽאמְרוּ־נָ֥א בֵֽית־אַהֲרֹ֑ן כִּ֖י לְעוֹלָ֣ם חַסְדּֽוֹ׃ יֹֽאמְרוּ־
ה נָ֭א יִרְאֵ֣י יהוה כִּ֖י לְעוֹלָ֣ם חַסְדּֽוֹ׃ מִֽן־הַ֭מֵּצַר קָרָ֣אתִי יָּ֑הּ עָנָ֖נִי
ו ז בַמֶּרְחָ֣ב יָֽהּ׃ יהוה לִ֭י לֹ֣א אִירָ֑א מַה־יַּעֲשֶׂ֖ה לִ֣י אָדָֽם׃ יהוה לִ֭י
ח בְּעֹזְרָ֑י וַ֝אֲנִ֗י אֶרְאֶ֥ה בְשֹׂנְאָֽי׃ ט֗וֹב לַחֲס֥וֹת בַּיהוה מִ֝בְּטֹ֗חַ בָּאָדָֽם׃
ט י ט֗וֹב לַחֲס֥וֹת בַּיהוה מִ֝בְּטֹ֗חַ בִּנְדִיבִֽים׃ כָּל־גּוֹיִ֥ם סְבָב֑וּנִי בְּשֵׁ֥ם
יא יהוה כִּ֣י אֲמִילַֽם׃ סַבּ֥וּנִי גַם־סְבָב֑וּנִי בְּשֵׁ֥ם יהוה כִּ֣י אֲמִילַֽם׃
יב יג סַבּ֣וּנִי כִדְבֹרִ֗ים דֹּ֭עֲכוּ כְּאֵ֣שׁ קוֹצִ֑ים בְּשֵׁ֥ם יהוה כִּ֣י אֲמִילַֽם׃ דַּחֹ֣ה
יד דְחִיתַ֣נִי לִנְפֹּ֑ל וַֽיהוה עֲזָרָֽנִי׃ עָזִּ֣י וְזִמְרָ֣ת יָ֑הּ וַֽיְהִי־לִ֝֗י לִישׁוּעָֽה׃
טו טז ק֤וֹל ׀ רִנָּ֬ה וִישׁוּעָ֗ה בְּאָהֳלֵ֥י צַדִּיקִ֑ים יְמִ֥ין יהוה עֹ֣שָׂה חָֽיִל׃ יְמִ֣ין
יז יהוה רוֹמֵמָ֑ה יְמִ֥ין יהוה עֹ֣שָׂה חָֽיִל׃ לֹ֣א אָמ֣וּת כִּי־אֶחְיֶ֑ה וַ֝אֲסַפֵּ֗ר
יח יט מַעֲשֵׂ֥י יָֽהּ׃ יַסֹּ֣ר יִסְּרַ֣נִּי יָּ֑הּ וְ֝לַמָּ֗וֶת לֹ֣א נְתָנָֽנִי׃ פִּתְחוּ־לִ֥י שַׁעֲרֵי־
כ צֶ֑דֶק אָבֹא־בָ֝ם אוֹדֶ֥ה יָֽהּ׃ זֶה־הַשַּׁ֥עַר לַֽיהוה צַ֝דִּיקִ֗ים יָבֹ֥אוּ בֽוֹ׃
כא כב א֭וֹדְךָ כִּ֣י עֲנִיתָ֑נִי וַתְּהִי־לִ֝֗י לִֽישׁוּעָֽה׃ אֶ֭בֶן מָאֲס֣וּ הַבּוֹנִ֑ים הָ֝יְתָ֗ה
כג כד לְרֹ֣אשׁ פִּנָּֽה׃ מֵאֵ֣ת יהוה הָ֣יְתָה זֹּ֑את הִ֖יא נִפְלָ֣את בְּעֵינֵֽינוּ׃ זֶה־
כה הַ֭יּוֹם עָשָׂ֣ה יהוה נָגִ֖ילָה וְנִשְׂמְחָ֣ה בֽוֹ׃ אָנָּ֣א יהוה הוֹשִׁ֘יעָ֥ה נָּ֑א
כו אָֽנָּ֥א יהוה הַצְלִ֘יחָ֥ה נָּֽא׃ בָּר֣וּךְ הַ֭בָּא בְּשֵׁ֣ם יהוה בֵּ֝רַכְנוּכֶ֗ם מִבֵּ֥ית
כז יהוה׃ אֵ֤ל ׀ יהוה וַיָּ֪אֶר֫ לָ֥נוּ אִסְרוּ־חַ֥ג בַּעֲבֹתִ֑ים עַד־קַ֝רְנ֗וֹת
כח כט הַמִּזְבֵּֽחַ׃ אֵלִ֣י אַתָּ֣ה וְאוֹדֶ֑ךָּ אֱ֝לֹהַ֗י אֲרוֹמְמֶֽךָּ׃ הוֹד֣וּ לַיהוה כִּי־
ט֑וֹב כִּ֖י לְעוֹלָ֣ם חַסְדּֽוֹ׃

קיט א ב אַשְׁרֵ֥י תְמִֽימֵי־דָ֑רֶךְ הַֽ֝הֹלְכִ֗ים בְּתוֹרַ֥ת יהוה׃ אַ֭שְׁרֵי נֹצְרֵ֣י
ג עֵֽדֹתָ֑יו בְּכָל־לֵ֥ב יִדְרְשֽׁוּהוּ׃ אַ֭ף לֹא־פָעֲל֣וּ עַוְלָ֑ה בִּדְרָכָ֥יו הָלָֽכוּ׃
ד ה אַ֭תָּה צִוִּ֣יתָה פִקֻּדֶ֑יךָ לִשְׁמֹ֥ר מְאֹֽד׃ אַ֭חֲלַי יִכֹּ֣נוּ דְרָכָ֑י לִ֝שְׁמֹ֗ר
ו ז חֻקֶּֽיךָ׃ אָ֥ז לֹא־אֵב֑וֹשׁ בְּ֝הַבִּיטִ֗י אֶל־כָּל־מִצְוֺתֶֽיךָ׃ א֭וֹדְךָ
ח בְּיֹ֣שֶׁר לֵבָ֑ב בְּ֝לָמְדִ֗י מִשְׁפְּטֵ֥י צִדְקֶֽךָ׃ אֶת־חֻקֶּ֥יךָ אֶשְׁמֹ֑ר אַל־
תַּעַזְבֵ֥נִי עַד־מְאֹֽד׃
ט י בַּמֶּ֣ה יְזַכֶּה־נַּ֭עַר אֶת־אָרְח֑וֹ לִ֝שְׁמֹ֗ר כִּדְבָרֶֽךָ׃ בְּכָל־לִבִּ֥י
יא דְרַשְׁתִּ֑יךָ אַל־תַּ֝שְׁגֵּ֗נִי מִמִּצְוֺתֶֽיךָ׃ בְּ֭לִבִּי צָפַ֣נְתִּי אִמְרָתֶ֑ךָ
יב יג לְ֝מַ֗עַן לֹ֣א אֶֽחֱטָא־לָֽךְ׃ בָּר֣וּךְ אַתָּ֣ה יהוה לַמְּדֵ֥נִי חֻקֶּֽיךָ׃ בִּשְׂפָתַ֥י
יד סִ֝פַּ֗רְתִּי כֹּ֣ל מִשְׁפְּטֵי־פִֽיךָ׃ בְּדֶ֖רֶךְ עֵדְוֺתֶ֥יךָ שַׂ֗שְׂתִּי כְּעַ֣ל כָּל־הֽוֹן׃

O GIVE thanks to the LORD; for he is good: for his steadfast love 1
endures forever. Let Yisra'el now say, that his steadfast love 2
endures forever. Let the house of Aharon now say, that his 3
steadfast love endures forever. Let those now who fear the 4
LORD say, that his steadfast love endures forever. Out of my 5
distress I called upon the LORD: the LORD answered me with
liberation. The LORD is on my side; I will not fear: what can 6
a man do to me? The LORD takes my part with those who help 7
me: therefore I shall gaze upon those who hate me. It is better 8
to take refuge in the LORD than to put confidence in man. It is 9
better to take refuge in the LORD than to trust in princes. All 10
nations compassed me about: but in the name of the LORD
I cut them off. They compassed me about; indeed, they sur- 11
rounded me: but in the name of the LORD I cut them off. They 12
compassed me about like bees; they are quenched like a fire
of thorns: for in the name of the LORD I cut them off. Thou 13
didst push me hard that I might fall: but the LORD helped me.
The LORD is my strength and song, and is become my salvation. 14
The voice of rejoicing and salvation is in the tents of the 15
righteous: the right hand of the LORD does valiantly. The right 16
hand of the LORD is exalted: the right hand of the LORD does
valiantly. I shall not die, but live, and declare the works of 17
the LORD. The LORD has chastised me severely: but he has not 18
given me up to death. Open to me the gates of righteousness: 19
I will go in to them, and I will praise the LORD: this is the gate 20
of the LORD, into which the righteous shall enter. I will give 21
thee thanks, for thou hast answered me, and art become my
salvation. The stone which the builders rejected has become 22
the head stone of the corner. This is the LORD's doing; it is 23
marvellous in our eyes. This is the day which the LORD has 24
made; we will rejoice and be glad in it. Save us, O LORD, we 25
pray thee: we pray thee, O LORD, prosper us. Blessed is he who 26
comes in the name of the LORD: we have blessed you out of
the house of the LORD. GOD is the LORD, who has shown us 27
light: bind the sacrifice with cords, to the horns of the altar.
Thou art my GOD, and I will praise thee: my GOD, I will exalt 28
thee. O give thanks to the LORD; for he is good: for his stead- 29
fast love endures forever.

HAPPY are those whose way is blameless, who walk in the **119**
Tora of the LORD. Happy are they who keep his testimonies 2
and seek him with the whole heart. They also do no iniquity: 3
they walk in his ways. Thou hast commanded thy precepts to 4
be kept diligently. O that my ways were directed to keep thy 5
statutes! Then should I not be ashamed, when I observe all 6
thy commandments. I shall give thee thanks with uprightness 7
of heart, when I learn thy righteous judgments. I will keep thy 8
statutes: O do not forsake me utterly.

Wherewith shall a young man keep his way pure? by guarding 9
it according to thy word. With my whole heart I have sought 10
thee: O let me not wander from thy commandments. Thy word 11
have I hid in my heart, that I might not sin against thee. Bless- 12
ed art thou, O LORD: teach me thy statutes. With my lips I 13
have declared all the judgments of thy mouth. I have rejoiced 14

טו טז בְּפִקֻּדֶיךָ אָשִׂיחָה וְאַבִּיטָה אֹרְחֹתֶיךָ׃ בְּחֻקֹּתֶיךָ אֶשְׁתַּעֲשָׁע
לֹא אֶשְׁכַּח דְּבָרֶךָ׃
יז יח גְּמֹל עַל־עַבְדְּךָ אֶחְיֶה וְאֶשְׁמְרָה דְבָרֶךָ׃ גַּל־עֵינַי וְאַבִּיטָה
יט נִפְלָאוֹת מִתּוֹרָתֶךָ׃ גֵּר אָנֹכִי בָאָרֶץ אַל־תַּסְתֵּר מִמֶּנִּי מִצְוֺתֶיךָ׃
כ כא גָּרְסָה נַפְשִׁי לְתַאֲבָה אֶל־מִשְׁפָּטֶיךָ בְכָל־עֵת׃ גָּעַרְתָּ זֵדִים
כב אֲרוּרִים הַשֹּׁגִים מִמִּצְוֺתֶיךָ׃ גַּל מֵעָלַי חֶרְפָּה וָבוּז כִּי עֵדֹתֶיךָ
כג כד נָצָרְתִּי׃ גַּם יָשְׁבוּ שָׂרִים בִּי נִדְבָּרוּ עַבְדְּךָ יָשִׂיחַ בְּחֻקֶּיךָ׃ גַּם־
עֵדֹתֶיךָ שַׁעֲשֻׁעָי אַנְשֵׁי עֲצָתִי׃
כה כו דָּבְקָה לֶעָפָר נַפְשִׁי חַיֵּנִי כִּדְבָרֶךָ׃ דְּרָכַי סִפַּרְתִּי וַתַּעֲנֵנִי לַמְּדֵנִי
כז כח חֻקֶּיךָ׃ דֶּרֶךְ־פִּקּוּדֶיךָ הֲבִינֵנִי וְאָשִׂיחָה בְּנִפְלְאוֹתֶיךָ׃ דָּלְפָה נַפְשִׁי
כט מִתּוּגָה קַיְּמֵנִי כִּדְבָרֶךָ׃ דֶּרֶךְ־שֶׁקֶר הָסֵר מִמֶּנִּי וְתוֹרָתְךָ חָנֵּנִי׃
ל לא דֶּרֶךְ־אֱמוּנָה בָחָרְתִּי מִשְׁפָּטֶיךָ שִׁוִּיתִי׃ דָּבַקְתִּי בְעֵדְוֺתֶיךָ יְהוָה
לב אַל־תְּבִישֵׁנִי׃ דֶּרֶךְ־מִצְוֺתֶיךָ אָרוּץ כִּי תַרְחִיב לִבִּי׃
לג לד הוֹרֵנִי יְהוָה דֶּרֶךְ חֻקֶּיךָ וְאֶצְּרֶנָּה עֵקֶב׃ הֲבִינֵנִי וְאֶצְּרָה תוֹרָתֶךָ
לה וְאֶשְׁמְרֶנָּה בְכָל־לֵב׃ הַדְרִיכֵנִי בִּנְתִיב מִצְוֺתֶיךָ כִּי־בוֹ חָפָצְתִּי׃
לו לז הַט־לִבִּי אֶל־עֵדְוֺתֶיךָ וְאַל אֶל־בָּצַע׃ הַעֲבֵר עֵינַי מֵרְאוֹת שָׁוְא
לח לט בִּדְרָכֶךָ חַיֵּנִי׃ הָקֵם לְעַבְדְּךָ אִמְרָתֶךָ אֲשֶׁר לְיִרְאָתֶךָ׃ הַעֲבֵר
מ חֶרְפָּתִי אֲשֶׁר יָגֹרְתִּי כִּי מִשְׁפָּטֶיךָ טוֹבִים׃ הִנֵּה תָּאַבְתִּי
לְפִקֻּדֶיךָ בְּצִדְקָתְךָ חַיֵּנִי׃
מא מב וִיבֹאֻנִי חֲסָדֶךָ יְהוָה תְּשׁוּעָתְךָ כְּאִמְרָתֶךָ׃ וְאֶעֱנֶה חֹרְפִי
מג דָבָר כִּי־בָטַחְתִּי בִּדְבָרֶךָ׃ וְאַל־תַּצֵּל מִפִּי דְבַר־אֱמֶת עַד־
מד מְאֹד כִּי לְמִשְׁפָּטֶךָ יִחָלְתִּי׃ וְאֶשְׁמְרָה תוֹרָתְךָ תָמִיד לְעוֹלָם
מה מו וָעֶד׃ וְאֶתְהַלְּכָה בָרְחָבָה כִּי פִקֻּדֶיךָ דָרָשְׁתִּי׃ וַאֲדַבְּרָה
מז בְעֵדֹתֶיךָ נֶגֶד מְלָכִים וְלֹא אֵבוֹשׁ׃ וְאֶשְׁתַּעֲשַׁע בְּמִצְוֺתֶיךָ
מח אֲשֶׁר אָהָבְתִּי׃ וְאֶשָּׂא־כַפַּי אֶל־מִצְוֺתֶיךָ אֲשֶׁר אָהָבְתִּי
וְאָשִׂיחָה בְחֻקֶּיךָ׃
מט נ זְכֹר־דָּבָר לְעַבְדֶּךָ עַל אֲשֶׁר יִחַלְתָּנִי׃ זֹאת נֶחָמָתִי בְעָנְיִי כִּי
נא אִמְרָתְךָ חִיָּתְנִי׃ זֵדִים הֱלִיצֻנִי עַד־מְאֹד מִתּוֹרָתְךָ לֹא נָטִיתִי׃
נב נג זָכַרְתִּי מִשְׁפָּטֶיךָ מֵעוֹלָם ׀ יְהוָה וָאֶתְנֶחָם׃ זַלְעָפָה אֲחָזַתְנִי
נד מֵרְשָׁעִים עֹזְבֵי תּוֹרָתֶךָ׃ זְמִרוֹת הָיוּ־לִי חֻקֶּיךָ בְּבֵית מְגוּרָי׃
נה נו זָכַרְתִּי בַלַּיְלָה שִׁמְךָ יְהוָה וָאֶשְׁמְרָה תּוֹרָתֶךָ׃ זֹאת הָיְתָה־לִּי
כִּי פִקֻּדֶיךָ נָצָרְתִּי׃

in the way of thy testimonies, as much as in all riches. I will
meditate in thy precepts, and observe thy ways. I will delight 15, 16
myself in thy statutes: I will not forget thy word.

Deal bountifully with thy servant, that I may live, and keep thy 17
word. Open thou my eyes, that I may behold wondrous things 18
out of thy Tora. I am a stranger on the earth : do not hide thy 19
commandments from me. My soul is consumed with the longing 20
that it has to thy judgments at all times. Thou hast rebuked 21
the proud that are cursed, who wander from thy commandments.
Remove insult and contempt from me ; for I have kept thy 22
testimonies. Princes also did sit and speak against me : but thy 23
servant did meditate on thy statutes. Thy testimonies also are 24
my delight ; they are my counsellors.

My soul cleaves to the dust : revive me according to thy word. 25
I have declared my ways, and thou didst hear me : teach me thy 26
statutes. Make me to understand the way of thy precepts : so I 27
shall talk of thy wondrous works. My soul melts away for 28
heaviness : strengthen me according to thy word. Remove from 29
me the way of falsehood : and graciously bestow thy Tora upon
me. I have chosen the way of truth : thy judgments have I laid 30
before me. I have held fast to thy testimonies : O Lord, put me 31
not to shame. I will run the way of thy commandments, for 32
therein thou dost enlarge my heart.

Teach me, O Lord, the way of thy statutes ; and I shall keep 33
it to the end. Give me understanding, and I shall keep thy Tora ; 34
and I shall observe it with my whole heart. Make me to go in the 35
path of thy commandments ; for therein do I delight. Incline 36
my heart to thy testimonies, and not to unjust gain. Turn away 37
my eyes from beholding vanity ; and give me life in thy way.
Confirm to thy servant thy word, which relates to the fear of 38
thee. Turn away my insult which I fear : for thy judgments are 39
good. Behold, I have longed after thy precepts : give me life in 40
thy righteousness.

And let thy promises of steadfast love come to pass for me, O 41
Lord ; even thy salvation ; according to thy word. So shall I 42
have wherewith to answer him who insults me : for I trust in
thy word. And take not the word of truth utterly out of my 43
mouth ; for I have hoped in thy judgments. So shall I keep thy 44
Tora continually for ever and ever. And I will walk at liberty : 45
for I seek thy precepts. I will also speak of thy testimonies 46
before kings, and will not be ashamed. And I will delight myself 47
in thy commandments, which I have loved. My hands also will 48
I lift up to thy commandments, which I have loved ; and I will
meditate on thy statutes.

Remember the word to thy servant, whereby thou hast given 49
me hope. This is my comfort in my affliction : for thy word has 50
revived me. The proud have had me greatly in derision : yet I 51
have not declined from thy Tora. When I remembered thy judg- 52
ments of old, O Lord, I took comfort. Horror has taken hold 53
of me because of the wicked who forsake thy Tora. Thy statutes 54
have been my songs in the house of my pilgrimage. I have 55
remembered thy name, O Lord, in the night, and have kept thy
Tora. This was my lot, because I kept thy precepts. 56

נז נח חֶלְקִי יְהוָה אָמַרְתִּי לִשְׁמֹר דְּבָרֶיךָ׃ חִלִּיתִי פָנֶיךָ בְכָל־לֵב חָנֵּנִי
נט ס כְּאִמְרָתֶךָ׃ חִשַּׁבְתִּי דְרָכָי וָאָשִׁיבָה רַגְלַי אֶל־עֵדֹתֶיךָ׃ חַשְׁתִּי
סא וְלֹא הִתְמַהְמָהְתִּי לִשְׁמֹר מִצְוֺתֶיךָ׃ חֶבְלֵי רְשָׁעִים עִוְּדֻנִי תּוֹרָתְךָ
סב לֹא שָׁכָחְתִּי׃ חֲצוֹת־לַיְלָה אָקוּם לְהוֹדוֹת לָךְ עַל מִשְׁפְּטֵי
סג סד צִדְקֶךָ׃ חָבֵר אָנִי לְכָל־אֲשֶׁר יְרֵאוּךָ וּלְשֹׁמְרֵי פִּקּוּדֶיךָ׃ חַסְדְּךָ
יְהוָה מָלְאָה הָאָרֶץ חֻקֶּיךָ לַמְּדֵנִי׃
סה סו טוֹב עָשִׂיתָ עִם־עַבְדְּךָ יְהוָה כִּדְבָרֶךָ׃ טוּב טַעַם וָדַעַת לַמְּדֵנִי
סז כִּי בְמִצְוֺתֶיךָ הֶאֱמָנְתִּי׃ טֶרֶם אֶעֱנֶה אֲנִי שֹׁגֵג וְעַתָּה אִמְרָתְךָ
סח סט שָׁמָרְתִּי׃ טוֹב־אַתָּה וּמֵטִיב לַמְּדֵנִי חֻקֶּיךָ׃ טָפְלוּ עָלַי שֶׁקֶר זֵדִים
ע אֲנִי בְּכָל־לֵב ׀ אֱצֹּר פִּקּוּדֶיךָ׃ טָפַשׁ כַּחֵלֶב לִבָּם אֲנִי תּוֹרָתְךָ
עא עב שִׁעֲשָׁעְתִּי׃ טוֹב־לִי כִי־עֻנֵּיתִי לְמַעַן אֶלְמַד חֻקֶּיךָ׃ טוֹב־לִי יז
תוֹרַת־פִּיךָ מֵאַלְפֵי זָהָב וָכָסֶף׃
עג עד יָדֶיךָ עָשׂוּנִי וַיְכוֹנְנוּנִי הֲבִינֵנִי וְאֶלְמְדָה מִצְוֺתֶיךָ׃ יְרֵאֶיךָ יִרְאוּנִי
עה וְיִשְׂמָחוּ כִּי לִדְבָרְךָ יִחָלְתִּי׃ יָדַעְתִּי יְהוָה כִּי־צֶדֶק מִשְׁפָּטֶיךָ
עו וֶאֱמוּנָה עִנִּיתָנִי׃ יְהִי־נָא חַסְדְּךָ לְנַחֲמֵנִי כְּאִמְרָתְךָ לְעַבְדֶּךָ׃
עז עח יְבֹאוּנִי רַחֲמֶיךָ וְאֶחְיֶה כִּי־תוֹרָתְךָ שַׁעֲשֻׁעָי׃ יֵבֹשׁוּ זֵדִים כִּי־
עט שֶׁקֶר עִוְּתוּנִי אֲנִי אָשִׂיחַ בְּפִקּוּדֶיךָ׃ יָשׁוּבוּ לִי יְרֵאֶיךָ וידעו וְיֹדְעֵי
פ עֵדֹתֶיךָ׃ יְהִי־לִבִּי תָמִים בְּחֻקֶּיךָ לְמַעַן לֹא אֵבוֹשׁ׃
פא פב כָּלְתָה לִתְשׁוּעָתְךָ נַפְשִׁי לִדְבָרְךָ יִחָלְתִּי׃ כָּלוּ עֵינַי לְאִמְרָתֶךָ
פג לֵאמֹר מָתַי תְּנַחֲמֵנִי׃ כִּי־הָיִיתִי כְּנֹאד בְּקִיטוֹר חֻקֶּיךָ לֹא
פד פה שָׁכָחְתִּי׃ כַּמָּה יְמֵי־עַבְדֶּךָ מָתַי תַּעֲשֶׂה בְרֹדְפַי מִשְׁפָּט׃ כָּרוּ־לִי
פו זֵדִים שִׁיחוֹת אֲשֶׁר לֹא כְתוֹרָתֶךָ׃ כָּל־מִצְוֺתֶיךָ אֱמוּנָה שֶׁקֶר
פז רְדָפוּנִי עָזְרֵנִי׃ כִּמְעַט כִּלּוּנִי בָאָרֶץ וַאֲנִי לֹא־עָזַבְתִּי פִקֻּדֶיךָ׃
פח כְּחַסְדְּךָ חַיֵּנִי וְאֶשְׁמְרָה עֵדוּת פִּיךָ׃
פט צ לְעוֹלָם יְהוָה דְּבָרְךָ נִצָּב בַּשָּׁמָיִם׃ לְדֹר וָדֹר אֱמוּנָתֶךָ כּוֹנַנְתָּ
צא צב אֶרֶץ וַתַּעֲמֹד׃ לְמִשְׁפָּטֶיךָ עָמְדוּ הַיּוֹם כִּי הַכֹּל עֲבָדֶיךָ׃ לוּלֵי
צג תוֹרָתְךָ שַׁעֲשֻׁעָי אָז אָבַדְתִּי בְעָנְיִי׃ לְעוֹלָם לֹא־אֶשְׁכַּח פִּקּוּדֶיךָ
צד צה כִּי־בָם חִיִּיתָנִי׃ לְךָ־אֲנִי הוֹשִׁיעֵנִי כִּי פִקּוּדֶיךָ דָרָשְׁתִּי׃ לִי קִוּוּ
צו רְשָׁעִים לְאַבְּדֵנִי עֵדֹתֶיךָ אֶתְבּוֹנָן׃ לְכָל־תִּכְלָה רָאִיתִי קֵץ
רְחָבָה מִצְוָתְךָ מְאֹד׃
צז צח מָה־אָהַבְתִּי תוֹרָתֶךָ כָּל־הַיּוֹם הִיא שִׂיחָתִי׃ מֵאֹיְבַי תְּחַכְּמֵנִי

The LORD is my portion: I have said that I would keep thy   57
words. I entreated thy favour with my whole heart: be merciful   58
to me according to thy word. I thought on my ways, and turned   59
my feet to thy testimonies. I made haste, and delayed not to   60
keep thy commandments. Bands of wicked men have robbed   61
me: but I have not forgotten thy Tora. At midnight I will rise   62
to give thanks to thee because of thy righteous judgments. I   63
am a companion of all those who fear thee, and of those who
keep thy precepts. The earth, O LORD, is full of thy steadfast   64
love: teach me thy statutes.

Thou hast dealt well with thy servant, O LORD, according to thy   65
word. Teach me good discernment and knowledge: for I have   66
believed thy commandments. Before I was afflicted I went   67
astray: but now I observe thy word. Thou art good, and doest   68
good; teach me thy statutes. The proud have smeared me with   69
a lie: but I will keep thy precepts with my whole heart. Their   70
heart is gross like fat, but I delight in thy Tora. It is good for me   71
that I have been afficted; that I might learn thy statutes. The   72
Tora of thy mouth is better to me than thousands of gold and
silver.

Thy hands have made me and fashioned me: give me under-   73
standing, that I may learn thy commandments. They who fear   74
thee will see me and be glad, because I have hoped in thy word.
I know, O LORD, that thy judgments are right, and that in faith-   75
fulness thou has afflicted me. Let thy steadfast love be my com-   76
fort, according to thy word to thy servant. Let thy mercies   77
come to me, that I may live: for thy Tora is my delight. Let   78
the proud be ashamed; for they dealt perversely with me with
guile: but I will meditate on thy precepts. Let those who fear   79
thee turn to me, and those who have known thy testimonies.
Let my heart be sound in thy statutes; that I be not ashamed.   80

My soul faints for thy salvation: I hope in thy word. My eyes   81,82
fail with longing for thy word, saying, When wilt thou comfort
me? For I am become like a wineskin in the smoke; yet I do   83
not forget thy statutes. How many are the days of thy servant?   84
when wilt thou execute judgment on those who persecute me?
The proud have dug pits for me, which are not according to thy   85
Tora. All thy commandments are faithful: they persecute me   86
wrongfully; help thou me. They had almost consumed me upon   87
earth; but I forsook not thy precepts. In thy steadfast love spare   88
my life; so I shall keep the testimony of thy mouth.

For ever, O LORD; thy word stands fast in the heavens. Thy   89,90
faithfulness endures to all generations: thou hast established
the earth, and it stands firm. They continue this day according to   91
thy ordinances: for all are thy servants. Unless thy Tora had   92
been my delights, I should have perished in my affliction. I will   93
never forget thy precepts: for with them thou hast given me life.
I am thine, save me; for I have sought thy precepts. The wicked   94,95
have waited for me to destroy me: but I will consider thy testi-
monies. I have seen an end of every purpose: but thy com-   96
mandment is exceedingly broad.

O how I love thy Tora! it is my meditation all the day. Thy com-   97,98
mandments make me wiser than my enemies: for they are ever

צט מִצְוֺתֶךָ כִּי לְעוֹלָם הִיא־לִי׃ מִכׇּל־מְלַמְּדַי הִשְׂכַּלְתִּי כִּי עֵדְוֺתֶיךָ
ק קא שִׂיחָה לִּי׃ מִזְּקֵנִים אֶתְבּוֹנָן כִּי פִקּוּדֶיךָ נָצָרְתִּי׃ מִכׇּל־אֹרַח רָע
קב כָּלִאתִי רַגְלָי לְמַעַן אֶשְׁמֹר דְּבָרֶךָ׃ מִמִּשְׁפָּטֶיךָ לֹא־סָרְתִּי
קג כִּי־אַתָּה הוֹרֵתָנִי׃ מַה־נִּמְלְצוּ לְחִכִּי אִמְרָתֶךָ מִדְּבַשׁ לְפִי׃
קד מִפִּקּוּדֶיךָ אֶתְבּוֹנָן עַל־כֵּן שָׂנֵאתִי ׀ כׇּל־אֹרַח שָׁקֶר׃

קה קו נֵר־לְרַגְלִי דְבָרֶךָ וְאוֹר לִנְתִיבָתִי׃ נִשְׁבַּעְתִּי וָאֲקַיֵּמָה לִשְׁמֹר
קז קח מִשְׁפְּטֵי צִדְקֶךָ׃ נַעֲנֵיתִי עַד־מְאֹד יְהֹוָה חַיֵּנִי כִדְבָרֶךָ׃ נִדְבוֹת
קט פִּי רְצֵה־נָא יְהֹוָה וּמִשְׁפָּטֶיךָ לַמְּדֵנִי׃ נַפְשִׁי בְכַפִּי תָמִיד וְתוֹרָתְךָ
קי קיא לֹא שָׁכָחְתִּי׃ נָתְנוּ רְשָׁעִים פַּח לִי וּמִפִּקּוּדֶיךָ לֹא תָעִיתִי׃ נָחַלְתִּי
קיב עֵדְוֺתֶיךָ לְעוֹלָם כִּי־שְׂשׂוֹן לִבִּי הֵמָּה׃ נָטִיתִי לִבִּי לַעֲשׂוֹת חֻקֶּיךָ
לְעוֹלָם עֵקֶב׃

קיג קיד סֵעֲפִים שָׂנֵאתִי וְתוֹרָתְךָ אָהָבְתִּי׃ סִתְרִי וּמָגִנִּי אָתָּה לִדְבָרְךָ
קטו קטז יִחָלְתִּי׃ סוּרוּ מִמֶּנִּי מְרֵעִים וְאֶצְּרָה מִצְוֺת אֱלֹהָי׃ סׇמְכֵנִי
קיז כְאִמְרָתְךָ וְאֶחְיֶה וְאַל־תְּבִישֵׁנִי מִשִּׂבְרִי׃ סְעָדֵנִי וְאִוָּשֵׁעָה
קיח וְאֶשְׁעָה בְחֻקֶּיךָ תָמִיד׃ סָלִיתָ כׇּל־שׁוֹגִים מֵחֻקֶּיךָ כִּי־שֶׁקֶר
קיט תַּרְמִיתָם׃ סִגִים הִשְׁבַּתָּ כׇל־רִשְׁעֵי־אָרֶץ לָכֵן אָהַבְתִּי עֵדֹתֶיךָ׃
קכ סָמַר מִפַּחְדְּךָ בְשָׂרִי וּמִמִּשְׁפָּטֶיךָ יָרֵאתִי׃

קכא קכב עָשִׂיתִי מִשְׁפָּט וָצֶדֶק בַּל־תַּנִּיחֵנִי לְעֹשְׁקָי׃ עֲרֹב עַבְדְּךָ לְטוֹב
קכג קכד אַל־יַעַשְׁקֻנִי זֵדִים׃ עֵינַי כָּלוּ לִישׁוּעָתֶךָ וּלְאִמְרַת צִדְקֶךָ׃ עֲשֵׂה
קכה עִם־עַבְדְּךָ כְחַסְדֶּךָ וְחֻקֶּיךָ לַמְּדֵנִי׃ עַבְדְּךָ־אָנִי הֲבִינֵנִי וְאֵדְעָה
קכו קכז עֵדֹתֶיךָ׃ עֵת לַעֲשׂוֹת לַיהֹוָה הֵפֵרוּ תּוֹרָתֶךָ׃ עַל־כֵּן אָהַבְתִּי
קכח מִצְוֺתֶיךָ מִזָּהָב וּמִפָּז׃ עַל־כֵּן ׀ כׇּל־פִּקּוּדֵי כֹל יִשָּׁרְתִּי כׇּל־
אֹרַח שֶׁקֶר שָׂנֵאתִי׃

קכט קל פְּלָאוֹת עֵדְוֺתֶיךָ עַל־כֵּן נְצָרָתַם נַפְשִׁי׃ פֵּתַח־דְּבָרֶיךָ יָאִיר מֵבִין
קלא קלב פְּתָיִים׃ פִּי־פָעַרְתִּי וָאֶשְׁאָפָה כִּי לְמִצְוֺתֶיךָ יָאָבְתִּי׃ פְּנֵה־אֵלַי
קלג וְחׇנֵּנִי כְּמִשְׁפָּט לְאֹהֲבֵי שְׁמֶךָ׃ פְּעָמַי הָכֵן בְּאִמְרָתֶךָ וְאַל־
קלד קלה תַּשְׁלֶט־בִּי כׇל־אָוֶן׃ פְּדֵנִי מֵעֹשֶׁק אָדָם וְאֶשְׁמְרָה פִּקּוּדֶיךָ׃ פָּנֶיךָ
קלו הָאֵר בְּעַבְדֶּךָ וְלַמְּדֵנִי אֶת־חֻקֶּיךָ׃ פַּלְגֵי־מַיִם יָרְדוּ עֵינָי עַל
לֹא־שָׁמְרוּ תוֹרָתֶךָ׃

קלז קלח צַדִּיק אַתָּה יְהֹוָה וְיָשָׁר מִשְׁפָּטֶיךָ׃ צִוִּיתָ צֶדֶק עֵדֹתֶיךָ וֶאֱמוּנָה
קלט קמ מְאֹד׃ צִמְּתַתְנִי קִנְאָתִי כִּי־שָׁכְחוּ דְבָרֶיךָ צָרָי׃ צְרוּפָה
קמא אִמְרָתְךָ מְאֹד וְעַבְדְּךָ אֲהֵבָהּ׃ צָעִיר אָנֹכִי וְנִבְזֶה פִּקֻּדֶיךָ

with me. I have more understanding than all my teachers : for   99
thy testimonies are my meditation. I understand more than the   100
elders, because I keep thy precepts. I have restrained my feet   101
from every evil way, that I might keep thy word. I have not de-   102
parted from thy judgments : for thou hast taught me. How sweet   103
are thy words to my palate ! sweeter than honey to my mouth !
Through thy precepts I get understanding : therefore I hate   104
every false way.

Thy word is a lamp to my feet' and a light to my path.   105
I have sworn, and I will perform it, that I will keep thy righ-   106
teous judgments. I am afflicted very much: revive me, O LORD,   107
according to thy word. Accept' I beseech thee, the freewill   108
offerings of my mouth, O LORD, and teach me thy ordinances.
My soul is continually in my hand: yet I have not forgotten thy   109
Tora. The wicked have laid a snare for me : yet I have not   110
strayed from thy precepts. Thy testimonies I have taken as a   111
heritage for ever: for they are the rejoicing of my heart. I have 112
inclined my heart to perform thy statutes always, to the end.
I hate men of vain thoughts : but thy Tora I love. Thou art my   113,114
hiding place and my shield : I hope in thy word. Depart from   115
me, you evildoers : for I will keep commandments of my GOD.
Uphold me according to thy word, that I may live : and let me   116
not be ashamed of my hope. Hold me up, and I shall be safe :   117
and I will watch thy statutes continually, Thou hast trodden   118
down all those who stray from thy statutes : for their deceit is
vain. Thou puttest away all the wicked of the earth like dross : 119
therefore I love thy testimonies. My flesh shudders for fear of   120
thee ; and I am afraid of thy judgments.

I have done justice and righteousness : leave me not to my op-   121
pressors. Be surety for thy servant for good : let not the proud 122
opppress me. My eyes fail with watching for thy salvation, and   123
for the word of thy righteousness. Deal with thy servant accord- 124
ing to thy steadfast love, and teach me thy statutes. I am thy ser- 125
vant; give me understanding, that I may know thy testimonies.
It is time to act for the LORD: they have made void thy Tora.   126
Therefore I love thy commandments above gold; yea, above   127
fine gold. Therefore I esteem all thy precepts to be entirely   128
right; and I have loathed every false way.

Thy testimonies are wonderful : therefore my soul keeps them.   129
The unfolding of thy words gives light ; it gives understanding   130
to the simple. With open mouth I pant : because I long for thy   131
commandments. Look upon me, and be gracious unto me, as is   132
thy wont towards those who love thy name. Order my steps in   133
thy word: and let not any iniquity have dominion over me.
Deliver me from the oppression of man: and I will keep thy   134
precepts. Make thy face to shine upon thy servant; and teach me   135
thy statutes. Rivers of water run down from my eyes, because   136
they do not keep thy Tora.

Righteous art thou, O LORD and upright are thy judgments.   137
Thou hast commanded thy testimonies in righteousness and in   138
great faithfulness. My zeal consumes me, because my enemies   139
have forgotten thy words. Thy word is very pure : therefore thy   140
servant loves it. I am small and despised : yet I do not forget thy 141

קמב קמג לֹא שָׁכָחְתִּי׃ צִדְקָתְךָ צֶדֶק לְעוֹלָם וְתוֹרָתְךָ אֱמֶת׃ צַר־
קמד וּמָצוֹק מְצָאוּנִי מִצְוֺתֶיךָ שַׁעֲשֻׁעָי׃ צֶדֶק עֵדְוֺתֶיךָ לְעוֹלָם
הֲבִינֵנִי וְאֶחְיֶה׃
קמה קמו קָרָאתִי בְכׇל־לֵב עֲנֵנִי יְהוָה חֻקֶּיךָ אֶצֹּרָה׃ קְרָאתִיךָ הוֹשִׁיעֵנִי
קמז וְאֶשְׁמְרָה עֵדֹתֶיךָ׃ קִדַּמְתִּי בַנֶּשֶׁף וָאֲשַׁוֵּעָה לדבריך יִחָלְתִּי׃ לִדְבָרְךָ
קמח קמט קִדְּמוּ עֵינַי אַשְׁמֻרוֹת לָשִׂיחַ בְּאִמְרָתֶךָ׃ קוֹלִי שִׁמְעָה כְחַסְדֶּךָ
קנ יְהוָה כְּמִשְׁפָּטֶךָ חַיֵּנִי׃ קָרְבוּ רֹדְפֵי זִמָּה מִתּוֹרָתְךָ רָחָקוּ׃
קנא קנב קָרוֹב אַתָּה יְהוָה וְכׇל־מִצְוֺתֶיךָ אֱמֶת׃ קֶדֶם יָדַעְתִּי מֵעֵדֹתֶיךָ
כִּי לְעוֹלָם יְסַדְתָּם׃
קנג קנד רְאֵה־עׇנְיִי וְחַלְּצֵנִי כִּי־תוֹרָתְךָ לֹא שָׁכָחְתִּי׃ רִיבָה רִיבִי וּגְאָלֵנִי
קנה לְאִמְרָתְךָ חַיֵּנִי׃ רָחוֹק מֵרְשָׁעִים יְשׁוּעָה כִּי־חֻקֶּיךָ לֹא דָרָשׁוּ׃
קנו קנז רַחֲמֶיךָ רַבִּים ׀ יְהוָה כְּמִשְׁפָּטֶיךָ חַיֵּנִי׃ רַבִּים רֹדְפַי וְצָרָי
קנח מֵעֵדְוֺתֶיךָ לֹא נָטִיתִי׃ רָאִיתִי בֹגְדִים וָאֶתְקוֹטָטָה אֲשֶׁר אִמְרָתְךָ
קנט קס לֹא שָׁמָרוּ׃ רְאֵה כִּי־פִקּוּדֶיךָ אָהָבְתִּי יְהוָה כְּחַסְדְּךָ חַיֵּנִי׃ רֹאשׁ־
דְּבָרְךָ אֱמֶת וּלְעוֹלָם כׇּל־מִשְׁפַּט צִדְקֶךָ׃
קסא קסב שָׂרִים רְדָפוּנִי חִנָּם ומדבריך פָּחַד לִבִּי׃ שָׂשׂ אָנֹכִי עַל־אִמְרָתֶךָ וּמִדְּבָרְךָ
קסג כְּמוֹצֵא שָׁלָל רָב׃ שֶׁקֶר שָׂנֵאתִי וַאֲתַעֵבָה תּוֹרָתְךָ אָהָבְתִּי׃
קסד קסה שֶׁבַע בַּיּוֹם הִלַּלְתִּיךָ עַל מִשְׁפְּטֵי צִדְקֶךָ׃ שָׁלוֹם רָב לְאֹהֲבֵי
קסו תוֹרָתֶךָ וְאֵין־לָמוֹ מִכְשׁוֹל׃ שִׂבַּרְתִּי לִישׁוּעָתְךָ יְהוָה וּמִצְוֺתֶיךָ
קסז קסח עָשִׂיתִי׃ שָׁמְרָה נַפְשִׁי עֵדֹתֶיךָ וָאֹהֲבֵם מְאֹד׃ שָׁמַרְתִּי פִקּוּדֶיךָ
וְעֵדֹתֶיךָ כִּי כׇל־דְּרָכַי נֶגְדֶּךָ׃
קסט קע תִּקְרַב רִנָּתִי לְפָנֶיךָ יְהוָה כִּדְבָרְךָ הֲבִינֵנִי׃ תָּבוֹא תְּחִנָּתִי לְפָנֶיךָ
קעא כְּאִמְרָתְךָ הַצִּילֵנִי׃ תַּבַּעְנָה שְׂפָתַי תְּהִלָּה כִּי תְלַמְּדֵנִי חֻקֶּיךָ׃
קעב קעג תַּעַן לְשׁוֹנִי אִמְרָתֶךָ כִּי כׇל־מִצְוֺתֶיךָ צֶּדֶק׃ תְּהִי־יָדְךָ לְעׇזְרֵנִי
קעד כִּי פִקּוּדֶיךָ בָחָרְתִּי׃ תָּאַבְתִּי לִישׁוּעָתְךָ יְהוָה וְתוֹרָתְךָ שַׁעֲשֻׁעָי׃
קעה קעו תְּחִי־נַפְשִׁי וּתְהַלְלֶךָּ וּמִשְׁפָּטֶךָ יַעְזְרֻנִי׃ תָּעִיתִי כְּשֶׂה אֹבֵד בַּקֵּשׁ
עַבְדֶּךָ כִּי מִצְוֺתֶיךָ לֹא שָׁכָחְתִּי׃
קכ א ב שִׁיר הַמַּעֲלוֹת אֶל־יְהוָה בַּצָּרָתָה לִּי קָרָאתִי וַיַּעֲנֵנִי׃ יְהוָה
ג הַצִּילָה נַפְשִׁי מִשְּׂפַת־שֶׁקֶר מִלָּשׁוֹן רְמִיָּה׃ מַה־יִּתֵּן לְךָ וּמַה־
ד יֹּסִיף לָךְ לָשׁוֹן רְמִיָּה׃ חִצֵּי גִבּוֹר שְׁנוּנִים עִם גַּחֲלֵי רְתָמִים׃
ה ו אוֹיָה־לִי כִּי־גַרְתִּי מֶשֶׁךְ שָׁכַנְתִּי עִם־אׇהֳלֵי קֵדָר׃ רַבַּת
ז שָׁכְנָה־לָּהּ נַפְשִׁי עִם שׂוֹנֵא שָׁלוֹם׃ אֲנִי־שָׁלוֹם וְכִי אֲדַבֵּר
הֵמָּה לַמִּלְחָמָה׃
קכא א ב שִׁיר לַמַּעֲלוֹת אֶשָּׂא עֵינַי אֶל־הֶהָרִים מֵאַיִן יָבֹא עֶזְרִי׃ עֶזְרִי

precepts. Thy righteousness is an everlasting righteousness, and 142
thy Tora is truth. Trouble and anguish have taken hold of me: 143
yet thy commandments are my delights. Thy testimonies are 144
righteous forever : give me understanding, and I shall live.
I cry with my whole heart ; answer me, O Lord : I will keep thy 145
statutes. I cry to thee ; save me, and I shall keep thy testimonies. 146
I rise before dawn, and I cry out: my hope is in thy word. 147
My eyes open before the night watches, that I may meditate 148
on thy saying. Hear my voice according to thy steadfast love : 149
O Lord, revive me according to thy judgment. Those who fol- 150
low after mischief draw near: they are far from thy Tora. Thou 151
art near, O Lord; and all thy commandments are truth. Con- 152
cerning thy testimonies, I have known of old that thou hast
founded them forever.
Consider my affliction, and deliver me : for I do not forget thy 153
Tora. Plead my cause, and deliver me : give me life according to 154
thy word. Salvation is far from the wicked ; for they seek not 155
thy statutes. Great are thy compassions, O Lord : give me life 156
as is thy wont. Many are my persecutors and my enemies ; yet I 157
do not decline from thy testimonies. I behold transgressors, and 158
I am grieved ; because they keep not thy saying. Consider how 159
I love thy precepts : revive me, O Lord, according to thy stead-
fast love. The sum of thy word is truth : and every one of thy 160
righteous judgments endures for ever.
Princes have persecuted me without cause : but my heart stands 161
in awe of thy word. I rejoice at thy word, like one who finds 162
great spoil. I hate and abhor lying : but thy Tora I love. Seven 163,164
times a day I praise thee because of thy righteous judgments.
Great peace have they who love thy Tora : and nothing can 165
make them stumble. Lord, I have hoped for thy salvation, and 166
I have done thy commandments. My soul has kept thy testi- 167
monies ; and I love them exceedingly. I have kept thy precepts 168
and thy testimonies : for all my ways are before thee.
Let my cry come before thee, O Lord : give me understanding 169
according to thy word. Let my supplication come before thee : 170
deliver me according to thy word. My lips shall utter praise, 171
for thou hast taught me thy statutes. My tongue shall sing 172
of thy word : for all thy commandments are just. Let thy hand 173
help me ; for I have chosen thy precepts. I long for thy salvation, 174
O Lord ; and thy law is my delight. Let my soul live, and it shall 175
praise thee ; and let thy judment help me. I have gone astray 176
like a lost sheep ; seek out thy servant ; for I do not forget thy
commandments.
A MA‘ALOT Poem. In my distress I cried to the Lord, and he **120**
heard me. Deliver my soul, O Lord, from lying lips, from a 2
deceitful tongue. What shall be given to thee? or what shall be 3
done to thee, thou false tongue? Sharp arrows of the mighty, 4
with coals of the broom tree. Woe is me, that I sojourn in 5
Meshekh, that I dwell in the tents of Qedar! My soul has long 6
dwelt with haters of peace. I am a man of peace: but when 7
I speak, they are for war.
A MA‘ALOT Poem. I will lift up my eyes to the hills From **121**
whence comes my help? My help comes from the Lord, who 2

ג מֵעִם יְהוָה עֹשֵׂה שָׁמַיִם וָאָרֶץ: אַל־יִתֵּן לַמּוֹט רַגְלֶךָ אַל־יָנוּם
ד ה שֹׁמְרֶךָ: הִנֵּה לֹא־יָנוּם וְלֹא יִישָׁן שׁוֹמֵר יִשְׂרָאֵל: יְהוָה שֹׁמְרֶךָ
ו יְהוָה צִלְּךָ עַל־יַד יְמִינֶךָ: יוֹמָם הַשֶּׁמֶשׁ לֹא־יַכֶּכָּה וְיָרֵחַ בַּלָּיְלָה:
ז ח יְהוָה יִשְׁמׇרְךָ מִכׇּל־רָע יִשְׁמֹר אֶת־נַפְשֶׁךָ: יְהוָה יִשְׁמׇר־צֵאתְךָ
וּבוֹאֶךָ מֵעַתָּה וְעַד־עוֹלָם:
קכב א שִׁיר הַמַּעֲלוֹת לְדָוִד שָׂמַחְתִּי בְּאֹמְרִים לִי בֵּית יְהוָה נֵלֵךְ:
ב ג עֹמְדוֹת הָיוּ רַגְלֵינוּ בִּשְׁעָרַיִךְ יְרוּשָׁלָםִ: יְרוּשָׁלַםִ הַבְּנוּיָה כְּעִיר
ד שֶׁחֻבְּרָה־לָּהּ יַחְדָּו: שֶׁשָּׁם עָלוּ שְׁבָטִים שִׁבְטֵי־יָהּ עֵדוּת
ה לְיִשְׂרָאֵל לְהֹדוֹת לְשֵׁם יְהוָה: כִּי שָׁמָּה ׀ יָשְׁבוּ כִסְאוֹת
ו לְמִשְׁפָּט כִּסְאוֹת לְבֵית דָּוִיד: שַׁאֲלוּ שְׁלוֹם יְרוּשָׁלָםִ יִשְׁלָיוּ
ז ח אֹהֲבָיִךְ: יְהִי־שָׁלוֹם בְּחֵילֵךְ שַׁלְוָה בְּאַרְמְנוֹתָיִךְ: לְמַעַן אַחַי
ט וְרֵעָי אֲדַבְּרָה־נָּא שָׁלוֹם בָּךְ: לְמַעַן בֵּית־יְהוָה אֱלֹהֵינוּ
אֲבַקְשָׁה טוֹב לָךְ:
קכג א ב שִׁיר הַמַּעֲלוֹת אֵלֶיךָ נָשָׂאתִי אֶת־עֵינַי הַיֹּשְׁבִי בַּשָּׁמָיִם: הִנֵּה
כְעֵינֵי עֲבָדִים אֶל־יַד אֲדוֹנֵיהֶם כְּעֵינֵי שִׁפְחָה אֶל־יַד גְּבִרְתָּהּ
ג כֵּן עֵינֵינוּ אֶל־יְהוָה אֱלֹהֵינוּ עַד שֶׁיְּחׇנֵּנוּ: חׇנֵּנוּ יְהוָה חׇנֵּנוּ
ד כִּי־רַב שָׂבַעְנוּ בוּז: רַבַּת שָׂבְעָה־לָּהּ נַפְשֵׁנוּ הַלַּעַג הַשַּׁאֲנַנִּים
הַבּוּז לִגְאֵיוֹנִים: לִגְאֵי יוֹנִים
קכד א שִׁיר הַמַּעֲלוֹת לְדָוִד לוּלֵי יְהוָה שֶׁהָיָה לָנוּ יֹאמַר־נָא יִשְׂרָאֵל:
ב ג לוּלֵי יְהוָה שֶׁהָיָה לָנוּ בְּקוּם עָלֵינוּ אָדָם: אֲזַי חַיִּים בְּלָעוּנוּ
ד בַּחֲרוֹת אַפָּם בָּנוּ: אֲזַי הַמַּיִם שְׁטָפוּנוּ נַחְלָה עָבַר עַל־
ה ו נַפְשֵׁנוּ: אֲזַי עָבַר עַל־נַפְשֵׁנוּ הַמַּיִם הַזֵּידוֹנִים: בָּרוּךְ יְהוָה
ז שֶׁלֹּא נְתָנָנוּ טֶרֶף לְשִׁנֵּיהֶם: נַפְשֵׁנוּ כְּצִפּוֹר נִמְלְטָה מִפַּח
ח יוֹקְשִׁים הַפַּח נִשְׁבָּר וַאֲנַחְנוּ נִמְלָטְנוּ: עֶזְרֵנוּ בְּשֵׁם יְהוָה
עֹשֵׂה שָׁמַיִם וָאָרֶץ:
קכה א שִׁיר הַמַּעֲלוֹת הַבֹּטְחִים בַּיהוָה כְּהַר־צִיּוֹן לֹא־יִמּוֹט לְעוֹלָם
ב יֵשֵׁב: יְרוּשָׁלַםִ הָרִים סָבִיב לָהּ וַיהוָה סָבִיב לְעַמּוֹ מֵעַתָּה וְעַד־
ג עוֹלָם: כִּי לֹא יָנוּחַ שֵׁבֶט הָרֶשַׁע עַל גּוֹרַל הַצַּדִּיקִים לְמַעַן לֹא־
ד יִשְׁלְחוּ הַצַּדִּיקִים ׀ בְּעַוְלָתָה יְדֵיהֶם: הֵיטִיבָה יְהוָה לַטּוֹבִים
ה וְלִישָׁרִים בְּלִבּוֹתָם: וְהַמַּטִּים עַקַלְקַלּוֹתָם יוֹלִיכֵם יְהוָה אֶת־
פֹּעֲלֵי הָאָוֶן שָׁלוֹם עַל־יִשְׂרָאֵל:
קכו א ב שִׁיר הַמַּעֲלוֹת בְּשׁוּב יְהוָה אֶת־שִׁיבַת צִיּוֹן הָיִינוּ כְּחֹלְמִים: אָז
יִמָּלֵא שְׂחוֹק פִּינוּ וּלְשׁוֹנֵנוּ רִנָּה אָז יֹאמְרוּ בַגּוֹיִם הִגְדִּיל יְהוָה

made heaven and earth. He will not suffer thy foot to be 3
moved: he who keeps thee will not slumber. Behold, he who 4
keeps Yisra'el shall neither slumber nor sleep. The LORD is 5
thy keeper: the LORD is thy shade upon thy right hand. The sun 6
shall not smite thee by day, nor the moon by night. The LORD 7
shall preserve thee from all evil: he shall preserve thy soul.
The LORD shall preserve thy going out and thy coming in from 8
this time forth, and for evermore.
A MA'ALOT Poem of David. I was glad when they said to me, **122**
Let us go into the house of the LORD: when our feet stood 2
within thy gates, O Yerushalayim; O Yerushalayim, built as 3
a city that is compact together: there the tribes used to go up, 4
the tribes of the LORD, an appointed practice for Yisra'el, to give
thanks to the name of the LORD. For there are set thrones of 5
judgment, the thrones of the house of David. Pray for the peace 6
of Yerushalayim: they who love thee shall prosper: peace be 7
within thy walls, and prosperity within thy palaces. For my 8
brethren and companions' sakes, I will now say, Peace be
within thee. For the sake of the house of the LORD our GOD 9
I will seek thy good.
A MA'ALOT Poem. To thee I lift up my eyes, O thou who dwell- **123**
est in the heavens. Behold, as the eyes of servants look to the 2
hand of their masters, and as the eyes of a maid to the hand
of her mistress; so our eyes wait upon the LORD our GOD, until
he shall be gracious to us. Be gracious to us, O LORD, be 3
gracious to us: for we are overfilled with contempt. Our soul is 4
overfilled with the scorn of those who are at ease, and with
the contempt of the proud.
A MA'ALOT Poem of David. If not for the LORD who was with **124**
us, let Yisra'el now say—if not for the LORD who was with us, 2
when men rose up against us: then they would have swallowed 3
us up alive, when their anger was kindled against us: then the 4
waters would have overwhelmed us, the stream would have
gone over our soul: then the proud waters would have gone 5
over our soul. Blessed be the LORD, who has not given us as 6
a prey to their teeth. Our soul is escaped like a bird out of 7
the snare of the fowlers: the snare is broken, and we are
escaped. Our help is in the name of the LORD, who made hea- 8
ven and earth.
A MA'ALOT Poem. They who trust in the LORD shall be like **125**
mount Ẕiyyon, which cannot be removed, but abides for ever.
As the mountains are round about Yerushalayim, so the LORD 2
is round about his people from henceforth and forever. For 3
the sceptre of wickedness shall not rest upon the share allotted
to the righteous; lest the righteous put forth their hands to
do wrong. Do good, O LORD, to those who are good, and to 4
those who are upright in their hearts. As for such as turn aside 5
to their crooked ways, the LORD shall lead them away with the
workers of iniquity: but peace shall be upon Yisra'el.
A MA'ALOT Poem. When the LORD brought back the captivity **126**
of Ẕiyyon, we were like men in a dream. Then was our mouth 2

לַעֲשׂוֹת עִם־אֵלֶּה׃ הִגְדִּיל יהוה לַעֲשׂוֹת עִמָּנוּ הָיִינוּ שְׂמֵחִים׃ ג
שְׁבִיתֵנוּ שׁוּבָה יהוה אֶת־שבותנו כַּאֲפִיקִים בַּנֶּגֶב׃ הַזֹּרְעִים בְּדִמְעָה ד ה
בְּרִנָּה יִקְצֹרוּ׃ הָלוֹךְ יֵלֵךְ ׀ וּבָכֹה נֹשֵׂא מֶשֶׁךְ־הַזָּרַע בֹּא־יָבֹא ו
בְרִנָּה נֹשֵׂא אֲלֻמֹּתָיו׃
שִׁיר הַמַּעֲלוֹת לִשְׁלֹמֹה אִם־יהוה ׀ לֹא־יִבְנֶה בַיִת שָׁוְא עָמְלוּ א קכז
בוֹנָיו בּוֹ אִם־יהוה לֹא־יִשְׁמָר־עִיר שָׁוְא ׀ שָׁקַד שׁוֹמֵר׃ שָׁוְא לָכֶם ׀ ב
מַשְׁכִּימֵי קוּם מְאַחֲרֵי־שֶׁבֶת אֹכְלֵי לֶחֶם הָעֲצָבִים כֵּן יִתֵּן לִידִידוֹ
שֵׁנָא׃ הִנֵּה נַחֲלַת יהוה בָּנִים שָׂכָר פְּרִי הַבָּטֶן׃ כְּחִצִּים בְּיַד־ ג ד
גִּבּוֹר כֵּן בְּנֵי הַנְּעוּרִים׃ אַשְׁרֵי הַגֶּבֶר אֲשֶׁר מִלֵּא אֶת־אַשְׁפָּתוֹ ה
מֵהֶם לֹא־יֵבֹשׁוּ כִּי־יְדַבְּרוּ אֶת־אוֹיְבִים בַּשָּׁעַר׃
שִׁיר הַמַּעֲלוֹת אַשְׁרֵי כָּל־יְרֵא יהוה הַהֹלֵךְ בִּדְרָכָיו׃ יְגִיעַ כַּפֶּיךָ א ב קכח
כִּי תֹאכֵל אַשְׁרֶיךָ וְטוֹב לָךְ׃ אֶשְׁתְּךָ ׀ כְּגֶפֶן פֹּרִיָּה בְּיַרְכְּתֵי בֵיתֶךָ ג
בָּנֶיךָ כִּשְׁתִלֵי זֵיתִים סָבִיב לְשֻׁלְחָנֶךָ׃ הִנֵּה כִי־כֵן יְבֹרַךְ גָּבֶר יְרֵא ד
יהוה׃ יְבָרֶכְךָ יהוה מִצִּיּוֹן וּרְאֵה בְּטוּב יְרוּשָׁלִָם כֹּל יְמֵי חַיֶּיךָ׃ ה
יח וּרְאֵה־בָנִים לְבָנֶיךָ שָׁלוֹם עַל־יִשְׂרָאֵל׃ ו
שִׁיר הַמַּעֲלוֹת רַבַּת צְרָרוּנִי מִנְּעוּרַי יֹאמַר־נָא יִשְׂרָאֵל׃ רַבַּת א ב קכט
צְרָרוּנִי מִנְּעוּרָי גַּם לֹא־יָכְלוּ לִי׃ עַל־גַּבִּי חָרְשׁוּ חֹרְשִׁים הֶאֱרִיכוּ ג
לְמַעֲנִיתָם למענותם׃ יהוה צַדִּיק קִצֵּץ עֲבוֹת רְשָׁעִים׃ יֵבֹשׁוּ וְיִסֹּגוּ אָחוֹר ד ה
כֹּל שֹׂנְאֵי צִיּוֹן׃ יִהְיוּ כַּחֲצִיר גַּגּוֹת שֶׁקַּדְמַת שָׁלַף יָבֵשׁ׃ שֶׁלֹּא ו ז
מִלֵּא כַפּוֹ קוֹצֵר וְחִצְנוֹ מְעַמֵּר׃ וְלֹא אָמְרוּ ׀ הָעֹבְרִים בִּרְכַּת־ ח
יהוה אֲלֵיכֶם בֵּרַכְנוּ אֶתְכֶם בְּשֵׁם יהוה׃
שִׁיר הַמַּעֲלוֹת מִמַּעֲמַקִּים קְרָאתִיךָ יהוה׃ אֲדֹנָי שִׁמְעָה א ב קל
בְקוֹלִי תִּהְיֶינָה אָזְנֶיךָ קַשֻּׁבוֹת לְקוֹל תַּחֲנוּנָי׃ אִם־עֲוֺנוֹת ג
תִּשְׁמָר־יָהּ אֲדֹנָי מִי יַעֲמֹד׃ כִּי־עִמְּךָ הַסְּלִיחָה לְמַעַן תִּוָּרֵא׃ ד
קִוִּיתִי יהוה קִוְּתָה נַפְשִׁי וְלִדְבָרוֹ הוֹחָלְתִּי׃ נַפְשִׁי לַאדֹנָי ה ו
מִשֹּׁמְרִים לַבֹּקֶר שֹׁמְרִים לַבֹּקֶר׃ יַחֵל יִשְׂרָאֵל אֶל־יהוה ז
כִּי־עִם־יהוה הַחֶסֶד וְהַרְבֵּה עִמּוֹ פְדוּת׃ וְהוּא יִפְדֶּה אֶת־ ח
יִשְׂרָאֵל מִכֹּל עֲוֺנֹתָיו׃
שִׁיר הַמַּעֲלוֹת לְדָוִד יהוה ׀ לֹא־גָבַהּ לִבִּי וְלֹא־רָמוּ עֵינַי וְלֹא־ א קלא
הִלַּכְתִּי ׀ בִּגְדֹלוֹת וּבְנִפְלָאוֹת מִמֶּנִּי׃ אִם־לֹא שִׁוִּיתִי ׀ וְדוֹמַמְתִּי ב

filled with laughter, and our tongue with singing: then they
said among the nations, The LORD has done great things for
them. The LORD has done great things for us; we are glad. 3
Bring back our captivity, O LORD, like the streams in the 4
Negev. They who sow in tears shall reap in joy. He who goes 5, 6
weeping on his way, bearing a bag of seed, shall come back
with a joyful shout, carrying his sheaves.
A MA'ALOT Poem for Shelomo. Unless the LORD builds the **127**
house, they who build it labour in vain: unless the LORD keeps
the city, the watchman stays awake in vain. It is vain for you to 2
rise up early, to sit up late, to eat the bread of toil: for truly to
his beloved he gives tranquillity. Lo, children are a heritage of 3
the LORD: and the fruit of the womb is a reward. As arrows in 4
the hand of a mighty man; so are the children of one's youth.
Happy is the man that has his quiver full of them: they shall 5
not be put to shame, but they shall speak with their enemies
in the gate.
A MA'ALOT Poem. Happy is everyone who fears the LORD; who **128**
walks in his ways. For thou shalt eat the labour of thy hands: 2
happy shalt thou be, and it shall be well with thee. Thy wife 3
shall be like a fruitful vine in the recesses of thy house: thy
children like olive plants round about thy table. Behold, thus 4
shall the man be blessed who fears the LORD. The LORD shall 5
bless thee out of Ẕiyyon: and thou shalt see the good of
Yerushalayim all the days of thy life. And thou shalt see thy 6
children's children, and peace upon Yisra'el.
A MA'ALOT Poem. Many a time have they afflicted me from **129**
my youth, may Yisra'el now say: many a time have they 2
afflicted me from my youth: yet they have not prevailed against
me. The ploughers ploughed upon my back: they made long 3
their furrows. The LORD is righteous: he has cut asunder the 4
cord of the wicked. Let them be confounded and turned back, 5
all who hate Ẕiyyon. Let them be like the grass upon the 6
housetops, which withers before it is plucked: wherewith the 7
mower fills not his hand; nor he who binds sheaves his bosom.
Nor do they who go by say, The blessing of the LORD be upon 8
you: we bless you in the name of the LORD.
A MA'ALOT Poem. Out of the depths I have cried to thee, O **130**
LORD. LORD, hear my voice: let thy ears be attentive to the 2
voice of my supplications. If thou, LORD, shouldst mark iniqui- 3
ties, O LORD, who could stand? But there is forgiveness with 4
thee, that thou mayst be feared. I wait for the LORD, my soul 5
waits, and in his word I hope. My soul waits for the LORD more 6
than they who watch for the morning: more than watchmen
for the morning. Let Yisra'el hope in the LORD: for with the 7
LORD there is steadfast love, and with him is plenteous
redemption. And he shall redeem Yisra'el from all his 8
iniquities.
A MA'ALOT Poem of David. LORD, my heart is not haughty, **131**
nor my eyes lofty: nor do I exercise myself in great matters,
or in things too high for me. Surely I have stilled and quieted 2
myself, like a weaned child beside his mother: my soul within

ג נַפְשִׁי כְּגָמֻל עָלַי אִמּוֹ כַּגָּמֻל עָלַי נַפְשִׁי׃ יַחֵל יִשְׂרָאֵל אֶל־
יהוה מֵעַתָּה וְעַד־עוֹלָם׃
קלב א ב שִׁיר הַמַּעֲלוֹת זְכוֹר־יהוה לְדָוִד אֵת כָּל־עֻנּוֹתוֹ׃ אֲשֶׁר נִשְׁבַּע
ג לַיהוה נָדַר לַאֲבִיר יַעֲקֹב׃ אִם־אָבֹא בְּאֹהֶל בֵּיתִי אִם־אֶעֱלֶה
ד ה עַל־עֶרֶשׂ יְצוּעָי׃ אִם־אֶתֵּן שְׁנַת לְעֵינָי לְעַפְעַפַּי תְּנוּמָה׃ עַד־
ו אֶמְצָא מָקוֹם לַיהוה מִשְׁכָּנוֹת לַאֲבִיר יַעֲקֹב׃ הִנֵּה־שְׁמַעֲנוּהָ
ז בְאֶפְרָתָה מְצָאנוּהָ בִּשְׂדֵי־יָעַר׃ נָבוֹאָה לְמִשְׁכְּנוֹתָיו נִשְׁתַּחֲוֶה
ח ט לַהֲדֹם רַגְלָיו׃ קוּמָה יהוה לִמְנוּחָתֶךָ אַתָּה וַאֲרוֹן עֻזֶּךָ׃ כֹּהֲנֶיךָ
י יִלְבְּשׁוּ־צֶדֶק וַחֲסִידֶיךָ יְרַנֵּנוּ׃ בַּעֲבוּר דָּוִד עַבְדֶּךָ אַל־תָּשֵׁב פְּנֵי
יא מְשִׁיחֶךָ׃ נִשְׁבַּע־יהוה ׀ לְדָוִד אֱמֶת לֹא־יָשׁוּב מִמֶּנָּה מִפְּרִי בִטְנְךָ
יב אָשִׁית לְכִסֵּא־לָךְ׃ אִם־יִשְׁמְרוּ בָנֶיךָ ׀ בְּרִיתִי וְעֵדֹתִי זוֹ אֲלַמְּדֵם
יג גַּם־בְּנֵיהֶם עֲדֵי־עַד יֵשְׁבוּ לְכִסֵּא־לָךְ׃ כִּי־בָחַר יהוה בְּצִיּוֹן אִוָּהּ
יד טו לְמוֹשָׁב לוֹ׃ זֹאת־מְנוּחָתִי עֲדֵי־עַד פֹּה אֵשֵׁב כִּי אִוִּתִיהָ׃ צֵידָהּ
טז בָּרֵךְ אֲבָרֵךְ אֶבְיוֹנֶיהָ אַשְׂבִּיעַ לָחֶם׃ וְכֹהֲנֶיהָ אַלְבִּישׁ יֶשַׁע
יז וַחֲסִידֶיהָ רַנֵּן יְרַנֵּנוּ׃ שָׁם אַצְמִיחַ קֶרֶן לְדָוִד עָרַכְתִּי נֵר לִמְשִׁיחִי׃
יח אוֹיְבָיו אַלְבִּישׁ בֹּשֶׁת וְעָלָיו יָצִיץ נִזְרוֹ׃
קלג א שִׁיר הַמַּעֲלוֹת לְדָוִד הִנֵּה מַה־טּוֹב וּמַה־נָּעִים שֶׁבֶת אַחִים גַּם־
ב יָחַד׃ כַּשֶּׁמֶן הַטּוֹב ׀ עַל־הָרֹאשׁ יֹרֵד עַל־הַזָּקָן זְקַן־אַהֲרֹן שֶׁיֹּרֵד
ג עַל־פִּי מִדּוֹתָיו׃ כְּטַל־חֶרְמוֹן שֶׁיֹּרֵד עַל־הַרְרֵי צִיּוֹן כִּי שָׁם ׀ צִוָּה
יהוה אֶת־הַבְּרָכָה חַיִּים עַד־הָעוֹלָם׃
קלד א שִׁיר הַמַּעֲלוֹת הִנֵּה ׀ בָּרְכוּ אֶת־יהוה כָּל־עַבְדֵי יהוה הָעֹמְדִים
ב בְּבֵית־יהוה בַּלֵּילוֹת׃ שְׂאוּ־יְדֵכֶם קֹדֶשׁ וּבָרְכוּ אֶת־יהוה׃
ג יְבָרֶכְךָ יהוה מִצִּיּוֹן עֹשֵׂה שָׁמַיִם וָאָרֶץ׃
קלה א ב הַלְלוּיָהּ ׀ הַלְלוּ אֶת־שֵׁם יהוה הַלְלוּ עַבְדֵי יהוה׃ שֶׁעֹמְדִים
ג בְּבֵית יהוה בְּחַצְרוֹת בֵּית אֱלֹהֵינוּ׃ הַלְלוּיָהּ כִּי־טוֹב יהוה זַמְּרוּ
ד ה לִשְׁמוֹ כִּי נָעִים׃ כִּי־יַעֲקֹב בָּחַר לוֹ יָהּ יִשְׂרָאֵל לִסְגֻלָּתוֹ׃ כִּי אֲנִי
ו יָדַעְתִּי כִּי־גָדוֹל יהוה וַאֲדֹנֵינוּ מִכָּל־אֱלֹהִים׃ כֹּל אֲשֶׁר־חָפֵץ
ז יהוה עָשָׂה בַּשָּׁמַיִם וּבָאָרֶץ בַּיַּמִּים וְכָל־תְּהֹמוֹת׃ מַעֲלֶה נְשִׂאִים
מִקְצֵה הָאָרֶץ בְּרָקִים לַמָּטָר עָשָׂה מוֹצֵא־רוּחַ מֵאוֹצְרוֹתָיו׃
ח ט שֶׁהִכָּה בְּכוֹרֵי מִצְרָיִם מֵאָדָם עַד־בְּהֵמָה׃ שָׁלַח ׀ אוֹתֹת וּמֹפְתִים
י בְּתוֹכֵכִי מִצְרָיִם בְּפַרְעֹה וּבְכָל־עֲבָדָיו׃ שֶׁהִכָּה גּוֹיִם רַבִּים וְהָרַג
יא מְלָכִים עֲצוּמִים׃ לְסִיחוֹן ׀ מֶלֶךְ הָאֱמֹרִי וּלְעוֹג מֶלֶךְ הַבָּשָׁן וּלְכֹל

me is like a weaned child. Let Yisra'el hope in the LORD from 3
henceforth and for ever.
A MA'ALOT Poem. LORD, remember to David's favour all his **132**
afflictions: how he swore to the LORD, and vowed to the mighty 2
GOD of Ya'aqov: Surely I will not come into the tabernacle of 3
my house, nor go up into my bed; I will not give sleep to my 4
eyes, slumber to my eyelids, until I find out a place for the 5
LORD, a habitation for the mighty One of Ya'aqov. Lo, we heard 6
of it at Efrat: we found it in Sede-ya'ar. We will go into his 7
dwelling places: we will worship at his footstool. Arise, O 8
LORD, to thy resting place; thou, and the ark of thy strength.
Let thy priests be clothed with righteousness; and let thy pious 9
ones shout for joy. For thy servant David's sake do not turn away 10
the face of thy anointed. The LORD has sworn in truth to David; 11
he will not turn from it; One of the sons of thy body will I set
upon thy throne. If thy children will keep my covenant and my 12
Testimony that I shall teach them, their children shall also sit
upon thy throne for evermore. For the LORD has chosen Ẕiyyon: 13
he has desired it for his habitation. This is my resting place 14
forever: here will I dwell; for I have desired it. I will abund- 15
antly bless her provisions: I will satisfy her poor with bread.
I will also clothe her priests with salvation: and her pious ones 16
shall shout aloud for joy. There will I make the horn of David to 17
shoot up: I have set up a lamp for my anointed. His enemies I 18
will clothe with shame: but upon himself his crown will
flourish.
A MA'ALOT Poem of David. Behold, how good and how pleasant **133**
it is for brothers to dwell together in unity! It is like the pre- 2
cious ointment upon the head, running down upon the beard,
the beard of Aharon: running down over the hem of his gar-
ments: like the dew of Ḥermon descending upon the mountains 3
of Ẕiyyon: for there the LORD has commanded the blessing,
even life for evermore.
A MA'ALOT Poem. Behold, bless the LORD, all you servants **134**
of the LORD, who stand by night in the house of the LORD.
Lift up your hands in the sanctuary, and bless the LORD. 2
May the LORD who made heaven and earth bless thee out of 3
Ẕiyyon.
HALELUYA! Praise the name of the LORD; praise him, O servants **135**
of the LORD. You who stand in the house of the LORD, in the 2
courts of the house of our GOD, Haleluya! for the LORD is good: 3
sing praises to his name; for it is pleasant. For the LORD has 4
chosen Ya'aqov to himself, Yisra'el for his peculiar possession.
For I know that the LORD is great, and that our LORD is above 5
all gods. Whatever the LORD wishes, he has done in heaven, 6
and in earth, in the seas, and all deep places. He causes vapours 7
to ascend from the ends of the earth; he makes lightnings for
the rain; he brings the wind out of the treasuries. It was he 8
who smote the firstborn of Miẕrayim, both of man and beast;
who sent signs and wonders into the midst of thee, O Miẕrayim, 9
upon Par'o, and upon all his servants; who smote great nations, 10
and slew mighty kings; Siḥon king of the Emori, and 'Og king 11

יב יג מַמְלְכוֹת כְּנָעַן׃ וְנָתַן אַרְצָם נַחֲלָה נַחֲלָה לְיִשְׂרָאֵל עַמּוֹ׃ יְהוָה
יד שִׁמְךָ לְעוֹלָם יְהוָה זִכְרְךָ לְדֹר־וָדֹר׃ כִּי־יָדִין יְהוָה עַמּוֹ וְעַל־
טו טז עֲבָדָיו יִתְנֶחָם׃ עֲצַבֵּי הַגּוֹיִם כֶּסֶף וְזָהָב מַעֲשֵׂה יְדֵי אָדָם׃ פֶּה־
יז לָהֶם וְלֹא יְדַבֵּרוּ עֵינַיִם לָהֶם וְלֹא יִרְאוּ׃ אָזְנַיִם לָהֶם וְלֹא יַאֲזִינוּ
יח אַף אֵין־יֶשׁ־רוּחַ בְּפִיהֶם׃ כְּמוֹהֶם יִהְיוּ עֹשֵׂיהֶם כֹּל אֲשֶׁר־בֹּטֵחַ
יט בָּהֶם׃ בֵּית יִשְׂרָאֵל בָּרְכוּ אֶת־יְהוָה בֵּית אַהֲרֹן בָּרְכוּ אֶת־יְהוָה׃
כ כא בֵּית הַלֵּוִי בָּרְכוּ אֶת־יְהוָה יִרְאֵי יְהוָה בָּרְכוּ אֶת־יְהוָה׃ בָּרוּךְ
יְהוָה ׀ מִצִּיּוֹן שֹׁכֵן יְרוּשָׁלִָם הַלְלוּיָהּ׃

קלו א ב הוֹדוּ לַיהוָה כִּי־טוֹב כִּי לְעוֹלָם חַסְדּוֹ׃ הוֹדוּ לֵאלֹהֵי הָאֱלֹהִים
ג ד כִּי לְעוֹלָם חַסְדּוֹ׃ הוֹדוּ לַאֲדֹנֵי הָאֲדֹנִים כִּי לְעוֹלָם חַסְדּוֹ׃ לְעֹשֵׂה
ה נִפְלָאוֹת גְּדֹלוֹת לְבַדּוֹ כִּי לְעוֹלָם חַסְדּוֹ׃ לְעֹשֵׂה הַשָּׁמַיִם
ו בִּתְבוּנָה כִּי לְעוֹלָם חַסְדּוֹ׃ לְרֹקַע הָאָרֶץ עַל־הַמָּיִם כִּי לְעוֹלָם
ז ח חַסְדּוֹ׃ לְעֹשֵׂה אוֹרִים גְּדֹלִים כִּי לְעוֹלָם חַסְדּוֹ׃ אֶת־הַשֶּׁמֶשׁ
ט לְמֶמְשֶׁלֶת בַּיּוֹם כִּי לְעוֹלָם חַסְדּוֹ׃ אֶת־הַיָּרֵחַ וְכוֹכָבִים
י לְמֶמְשְׁלוֹת בַּלָּיְלָה כִּי לְעוֹלָם חַסְדּוֹ׃ לְמַכֵּה מִצְרַיִם בִּבְכוֹרֵיהֶם
יא יב כִּי לְעוֹלָם חַסְדּוֹ׃ וַיּוֹצֵא יִשְׂרָאֵל מִתּוֹכָם כִּי לְעוֹלָם חַסְדּוֹ׃ בְּיָד
יג חֲזָקָה וּבִזְרוֹעַ נְטוּיָה כִּי לְעוֹלָם חַסְדּוֹ׃ לְגֹזֵר יַם־סוּף לִגְזָרִים כִּי
יד טו לְעוֹלָם חַסְדּוֹ׃ וְהֶעֱבִיר יִשְׂרָאֵל בְּתוֹכוֹ כִּי לְעוֹלָם חַסְדּוֹ׃ וְנִעֵר
טז פַּרְעֹה וְחֵילוֹ בְיַם־סוּף כִּי לְעוֹלָם חַסְדּוֹ׃ לְמוֹלִיךְ עַמּוֹ בַּמִּדְבָּר
יז יח כִּי לְעוֹלָם חַסְדּוֹ׃ לְמַכֵּה מְלָכִים גְּדֹלִים כִּי לְעוֹלָם חַסְדּוֹ׃ וַיַּהֲרֹג
יט מְלָכִים אַדִּירִים כִּי לְעוֹלָם חַסְדּוֹ׃ לְסִיחוֹן מֶלֶךְ הָאֱמֹרִי כִּי
כ כא לְעוֹלָם חַסְדּוֹ׃ וּלְעוֹג מֶלֶךְ הַבָּשָׁן כִּי לְעוֹלָם חַסְדּוֹ׃ וְנָתַן אַרְצָם
כב לְנַחֲלָה כִּי לְעוֹלָם חַסְדּוֹ׃ נַחֲלָה לְיִשְׂרָאֵל עַבְדּוֹ כִּי לְעוֹלָם
כג כד חַסְדּוֹ׃ שֶׁבְּשִׁפְלֵנוּ זָכַר לָנוּ כִּי לְעוֹלָם חַסְדּוֹ׃ וַיִּפְרְקֵנוּ מִצָּרֵינוּ
כה כו כִּי לְעוֹלָם חַסְדּוֹ׃ נֹתֵן לֶחֶם לְכָל־בָּשָׂר כִּי לְעוֹלָם חַסְדּוֹ׃ הוֹדוּ
לְאֵל הַשָּׁמָיִם כִּי לְעוֹלָם חַסְדּוֹ׃

קלז א ב עַל־נַהֲרוֹת ׀ בָּבֶל שָׁם יָשַׁבְנוּ גַּם־בָּכִינוּ בְּזָכְרֵנוּ אֶת־צִיּוֹן׃ עַל־
ג עֲרָבִים בְּתוֹכָהּ תָּלִינוּ כִּנֹּרוֹתֵינוּ׃ כִּי שָׁם ׀ שְׁאֵלוּנוּ שׁוֹבֵינוּ
ד דִּבְרֵי־שִׁיר וְתוֹלָלֵינוּ שִׂמְחָה שִׁירוּ לָנוּ מִשִּׁיר צִיּוֹן׃ אֵיךְ נָשִׁיר

of Bashan, and all the kingdoms of Kena'an; and gave their 12
land for a heritage, a heritage to Yisra'el his people. Thy name, 13
O Lord, endures forever; and thy renown, O Lord, throughout
all generations. For the Lord will judge the cause of his people, 14
and he will relent concerning his servants. The idols of the 15
nations are silver and gold, the work of men's hands. They 16
have mouths, but they cannot speak; eyes have they, but they
cannot see; they have ears, but they cannot hear; nor is there 17
any breath in their mouths. May they who make them become 18
like them; and everyone who trusts in them. Bless the Lord, 19
O house of Yisra'el: bless the Lord, O house of Aharon: Bless 20
the Lord, O house of Levi: you who fear the Lord, bless the
Lord. Blessed be the Lord out of Ẕiyyon, he who dwells at 21
Yerushalayim. Haleluya!

O give thanks to the Lord; for he is good: for his steadfast **136**
love endures forever. O give thanks to the God of gods: for 2
his steadfast love endures forever. O give thanks to the Lord of 3
lords: for his steadfast love endures forever. To him who alone 4
does great wonders: for his steadfast love endures forever. To 5
him who by understanding made the heavens: for his steadfast
love endures forever. To him who stretched out the earth 6
above the waters: for his steadfast love endures forever.
To him who made great lights: for his steadfast love endures 7
forever: the sun to rule by day: for his steadfast love endures 8
forever: the moon and stars to rule by night: for his steadfast 9
love endures forever. To him who smote Miẕrayim in their 10
firstborn: for his steadfast love endures forever: and brought 11
out Yisra'el from among them: for his steadfast love endures
forever: with a strong hand, and with a stretched out arm: 12
for his steadfast love endures forever. To him who divided the 13
Sea of Suf asunder: for his steadfast love endures forever: and 14
made Yisra'el pass through the midst of it: for his steadfast
love endures forever: but overthrew Par'o and his host in the 15
Sea of Suf: for his steadfast love endures forever. To him who 16
led his people through the wilderness: for his steadfast love en-
endures forever. To him who smote great kings: for his stead- 17
fast love endures forever: and slew mighty kings: for his stead- 18
fast love endures forever: Siḥon king of the Emori: for his 19
steadfast love endures forever: and 'Og the king of Bashan: 20
for his steadfast love endures forever: and gave their land for 21
a heritage: for his steadfast love endures forever: a heritage 22
to Yisra'el his servant: for his steadfast love endures forever.
Who remembered us in our low estate: for his steadfast love 23
endures forever: and has delivered us from our enemies: for his 24
steadfast love endures forever. Who gives bread to all flesh: 25
for his steadfast love endures forever. O give thanks to the 26
God of heaven: for his steadfast love endures forever.

By the rivers of Bavel, there we sat down, yea, we wept, when **137**
we remembered Ẕiyyon. We hung our lyres upon the willows 2
in its midst. For there they who carried us away captive asked 3
us for a song; and they who spoiled us asked us for mirth, say-
ing, Sing us one of the songs of Ẕiyyon. How shall we sing 4

אֶת־שִׁיר־יְהוָה עַל אַדְמַת נֵכָר׃ אִם־אֶשְׁכָּחֵךְ יְרוּשָׁלִָם תִּשְׁכַּח ה
יְמִינִי׃ תִּדְבַּק לְשׁוֹנִי ׀ לְחִכִּי אִם־לֹא אֶזְכְּרֵכִי אִם־לֹא אַעֲלֶה ו
אֶת־יְרוּשָׁלִַם עַל רֹאשׁ שִׂמְחָתִי׃ זְכֹר יְהוָה ׀ לִבְנֵי אֱדוֹם אֵת יוֹם ז
יְרוּשָׁלִָם הָאֹמְרִים עָרוּ ׀ עָרוּ עַד הַיְסוֹד בָּהּ׃ בַּת־בָּבֶל הַשְּׁדוּדָה ח
אַשְׁרֵי שֶׁיְשַׁלֶּם־לָךְ אֶת־גְּמוּלֵךְ שֶׁגָּמַלְתְּ לָנוּ׃ אַשְׁרֵי ׀ שֶׁיֹּאחֵז ט
וְנִפֵּץ אֶת־עֹלָלַיִךְ אֶל־הַסָּלַע׃

קלח לְדָוִד ׀ אוֹדְךָ בְכָל־לִבִּי נֶגֶד אֱלֹהִים אֲזַמְּרֶךָּ׃ אֶשְׁתַּחֲוֶה אֶל־ א ב
הֵיכַל קָדְשְׁךָ וְאוֹדֶה אֶת־שְׁמֶךָ עַל־חַסְדְּךָ וְעַל־אֲמִתֶּךָ כִּי־
הִגְדַּלְתָּ עַל־כָּל־שִׁמְךָ אִמְרָתֶךָ׃ בְּיוֹם קָרָאתִי וַתַּעֲנֵנִי תַּרְהִבֵנִי ג
בְנַפְשִׁי עֹז׃ יוֹדוּךָ יְהוָה כָּל־מַלְכֵי־אָרֶץ כִּי שָׁמְעוּ אִמְרֵי־פִיךָ׃ ד
וְיָשִׁירוּ בְּדַרְכֵי יְהוָה כִּי־גָדוֹל כְּבוֹד יְהוָה׃ כִּי־רָם יְהוָה וְשָׁפָל ה ו
יִרְאֶה וְגָבֹהַּ מִמֶּרְחָק יְיֵדָע׃ אִם־אֵלֵךְ ׀ בְּקֶרֶב צָרָה תְּחַיֵּנִי עַל ז
אַף אֹיְבַי תִּשְׁלַח יָדֶךָ וְתוֹשִׁיעֵנִי יְמִינֶךָ׃ יְהוָה יִגְמֹר בַּעֲדִי יְהוָה ח
חַסְדְּךָ לְעוֹלָם מַעֲשֵׂי יָדֶיךָ אַל־תֶּרֶף׃

קלט לַמְנַצֵּחַ לְדָוִד מִזְמוֹר יְהוָה חֲקַרְתַּנִי וַתֵּדָע׃ אַתָּה יָדַעְתָּ שִׁבְתִּי א ב
וְקוּמִי בַּנְתָּה לְרֵעִי מֵרָחוֹק׃ אָרְחִי וְרִבְעִי זֵרִיתָ וְכָל־דְּרָכַי ג
הִסְכַּנְתָּה׃ כִּי אֵין מִלָּה בִּלְשׁוֹנִי הֵן יְהוָה יָדַעְתָּ כֻלָּהּ׃ אָחוֹר ד ה
פְּלִיאָה וָקֶדֶם צַרְתָּנִי וַתָּשֶׁת עָלַי כַּפֶּכָה׃ פלאיה דַעַת מִמֶּנִּי נִשְׂגְּבָה ו
לֹא־אוּכַל לָהּ׃ אָנָה אֵלֵךְ מֵרוּחֶךָ וְאָנָה מִפָּנֶיךָ אֶבְרָח׃ אִם־ ז ח
אֶסַּק שָׁמַיִם שָׁם אָתָּה וְאַצִּיעָה שְּׁאוֹל הִנֶּךָּ׃ אֶשָּׂא כַנְפֵי־שָׁחַר ט
אֶשְׁכְּנָה בְּאַחֲרִית יָם׃ גַּם־שָׁם יָדְךָ תַנְחֵנִי וְתֹאחֲזֵנִי יְמִינֶךָ׃ וָאֹמַר י יא
אַךְ־חֹשֶׁךְ יְשׁוּפֵנִי וְלַיְלָה אוֹר בַּעֲדֵנִי׃ גַּם־חֹשֶׁךְ לֹא־יַחְשִׁיךְ מִמֶּךָ יב
וְלַיְלָה כַּיּוֹם יָאִיר כַּחֲשֵׁיכָה כָּאוֹרָה׃ כִּי־אַתָּה קָנִיתָ כִלְיֹתָי יג
תְּסֻכֵּנִי בְּבֶטֶן אִמִּי׃ אוֹדְךָ עַל כִּי נוֹרָאוֹת נִפְלֵיתִי נִפְלָאִים יד
מַעֲשֶׂיךָ וְנַפְשִׁי יֹדַעַת מְאֹד׃ לֹא־נִכְחַד עָצְמִי מִמֶּךָּ אֲשֶׁר־עֻשֵּׂיתִי טו
בַסֵּתֶר רֻקַּמְתִּי בְּתַחְתִּיּוֹת אָרֶץ׃ גָּלְמִי ׀ רָאוּ עֵינֶיךָ וְעַל־סִפְרְךָ טז
וְלוֹ כֻּלָּם יִכָּתֵבוּ יָמִים יֻצָּרוּ ולא אֶחָד בָּהֶם׃ וְלִי מַה־יָּקְרוּ רֵעֶיךָ אֵל יז
מֶה עָצְמוּ רָאשֵׁיהֶם׃ אֶסְפְּרֵם מֵחוֹל יִרְבּוּן הֱקִיצֹתִי וְעוֹדִי עִמָּךְ׃ יח

the Lord's song in a foreign land? If I forget thee, O Yerusha- 5
layim, let my right hand forget her cunning. If I do not remem- 6
ber thee, let my tongue cleave to the roof of my mouth; if I
do not set Yerushalayim above my highest joy. Remember, O 7
Lord, against the children of Edom the day of Yerushalayim,
when they said, Rase it, rase it, to its very foundations. O daugh- 8
ter of Bavel, marked for devastation; happy is he who shall repay
thee thy recompense for what thou hast done to us. Happy is 9
he who shall seize and dash thy little ones against the rock.

Of David. I will praise thee with my whole heart: before prin- **138**
ces I will sing praise to thee. I will bow down towards thy 2
holy temple, and praise thy name for thy steadfast love, and
for thy truth: for thou hast magnified thy word above all thy
name. In the day when I cried thou didst answer me, and didst 3
strengthen me with strength in my soul. All the kings of the 4
earth shall give thee thanks, O Lord, when they hear the words
of thy mouth. Yea, they shall sing of the ways of the Lord: 5
for great is the glory of the Lord. Though the Lord be high, 6
yet he takes note of the lowly: but the haughty he knows from
afar. Though I walk in the midst of trouble, thou wilt revive 7
me: thou shalt stretch out thy hand against the wrath of my
enemies, and thy right hand shall save me. May the Lord ac- 8
complish his purpose concerning me: thy steadfast love, O
Lord, endures forever: do not forsake the works of thy own
hands.

To the chief Musician, A Psalm of David. O Lord, thou hast **139**
searched me, and known me. Thou knowst my sitting down 2
and my rising up, thou understandest my thought afar off. Thou 3
hast measured my going and my lying down, and thou art
acquainted with all my ways. For no word is yet on my tongue, 4
and lo, O Lord, thou knowst it all. Thou hast beset me behind 5
and before, and laid thy hand upon me. Such knowledge is too 6
wonderful for me; it is high, I cannot attain unto it. Where 7
shall I go from thy spirit? or where shall I flee from thy pre-
sence? If I ascend up into heaven, thou art there: if I make 8
my bed in She'ol, behold, thou art there. If I take the wings of 9
the morning, and dwell in the uttermost parts of the sea; even 10
there shall thy hand lead me, and thy right hand shall hold me.
If I say, Surely only darkness shall cover me; and the light be 11
night about me, even the darkness is not dark for thee, but the 12
night shines like the day: the darkness and the light are both
alike to thee. For thou hast formed my reins: thou hast knit 13
me together in my mother's womb. I will praise thee; for I am 14
fearfully and wonderfully made: marvellous are thy works;
and my soul knows that right well. My frame was not hidden 15
from thee, when I was made in secret, and curiously wrought
in the lowest parts of the earth. Thy eyes did see my unshaped 16
flesh; for in thy book all things are written: the days also in
which they are to be fashioned, and for it too there was one of
them. How precious also are thy thoughts to me, O God! how 17
great is the sum of them! If I should count them, they are more 18
in number than the sand. When I awake, I am still with thee.

יט כ אִם־תִּקְטֹל אֱלוֹהַּ ׀ רָשָׁע וְאַנְשֵׁי דָמִים סוּרוּ מֶנִּי׃ אֲשֶׁר יֹמְרֻךָ
כא לִמְזִמָּה נָשֻׂא לַשָּׁוְא עָרֶיךָ׃ הֲלוֹא־מְשַׂנְאֶיךָ יהוה ׀ אֶשְׂנָא
כב וּבִתְקוֹמְמֶיךָ אֶתְקוֹטָט׃ תַּכְלִית שִׂנְאָה שְׂנֵאתִים לְאוֹיְבִים הָיוּ
כג כד לִי׃ חׇקְרֵנִי אֵל וְדַע לְבָבִי בְּחָנֵנִי וְדַע שַׂרְעַפָּי׃ וּרְאֵה אִם־
דֶּרֶךְ־עֹצֶב בִּי וּנְחֵנִי בְּדֶרֶךְ עוֹלָם׃
קמ א ב לַמְנַצֵּחַ מִזְמוֹר לְדָוִד׃ חַלְּצֵנִי יהוה מֵאָדָם רָע מֵאִישׁ חֲמָסִים
ג ד תִּנְצְרֵנִי׃ אֲשֶׁר חָשְׁבוּ רָעוֹת בְּלֵב כׇּל־יוֹם יָגוּרוּ מִלְחָמוֹת׃ שָׁנְנוּ
ה לְשׁוֹנָם כְּמוֹ־נָחָשׁ חֲמַת עַכְשׁוּב תַּחַת שְׂפָתֵימוֹ סֶלָה׃ שׇׁמְרֵנִי
יהוה ׀ מִידֵי רָשָׁע מֵאִישׁ חֲמָסִים תִּנְצְרֵנִי אֲשֶׁר חָשְׁבוּ לִדְחוֹת
ו פְּעָמָי׃ טָמְנוּ־גֵאִים ׀ פַּח לִי וַחֲבָלִים פָּרְשׂוּ רֶשֶׁת לְיַד־מַעְגָּל
ז מֹקְשִׁים שָׁתוּ־לִי סֶלָה׃ אָמַרְתִּי לַיהוה אֵלִי אָתָּה הַאֲזִינָה
ח יהוה קוֹל תַּחֲנוּנָי׃ יֱהוִה אֲדֹנָי עֹז יְשׁוּעָתִי סַכֹּתָה לְרֹאשִׁי
ט בְּיוֹם נָשֶׁק׃ אַל־תִּתֵּן יהוה מַאֲוַיֵּי רָשָׁע זְמָמוֹ אַל־תָּפֵק יָרוּמוּ
י יא סֶלָה׃ רֹאשׁ מְסִבָּי עֲמַל שְׂפָתֵימוֹ יכסומו׃ ימיטו עֲלֵיהֶם יְכַסֵּמוֹ: יִמּוֹטוּ
יב גֶּחָלִים בָּאֵשׁ יַפִּלֵם בְּמַהֲמֹרוֹת בַּל־יָקוּמוּ׃ אִישׁ לָשׁוֹן בַּל־
יג יִכּוֹן בָּאָרֶץ אִישׁ־חָמָס רָע יְצוּדֶנּוּ לְמַדְחֵפֹת׃ יָדַעְתָּ כִּי־יַעֲשֶׂה
יד יהוה דִּין עָנִי מִשְׁפַּט אֶבְיֹנִים׃ אַךְ צַדִּיקִים יוֹדוּ לִשְׁמֶךָ יֵשְׁבוּ יט
יְשָׁרִים אֶת־פָּנֶיךָ׃
קמא א מִזְמוֹר לְדָוִד יהוה קְרָאתִיךָ חוּשָׁה לִּי הַאֲזִינָה קוֹלִי בְּקׇרְאִי־
ב לָךְ׃ תִּכּוֹן תְּפִלָּתִי קְטֹרֶת לְפָנֶיךָ מַשְׂאַת כַּפַּי מִנְחַת־עָרֶב׃
ג ד שִׁיתָה יהוה שׇׁמְרָה לְפִי נִצְּרָה עַל־דַּל שְׂפָתָי׃ אַל־תַּט־לִבִּי ׀
לְדָבָר ׀ רָע לְהִתְעוֹלֵל עֲלִלוֹת ׀ בְּרֶשַׁע אֶת־אִישִׁים פֹּעֲלֵי־אָוֶן
ה וּבַל־אֶלְחַם בְּמַנְעַמֵּיהֶם׃ יֶהֶלְמֵנִי צַדִּיק ׀ חֶסֶד וְיוֹכִיחֵנִי שֶׁמֶן
ו רֹאשׁ אַל־יָנִי רֹאשִׁי כִּי־עוֹד וּתְפִלָּתִי בְּרָעוֹתֵיהֶם׃ נִשְׁמְטוּ בִידֵי־
ז סֶלַע שֹׁפְטֵיהֶם וְשָׁמְעוּ אֲמָרַי כִּי נָעֵמוּ׃ כְּמוֹ פֹלֵחַ וּבֹקֵעַ בָּאָרֶץ
ח נִפְזְרוּ עֲצָמֵינוּ לְפִי שְׁאוֹל׃ כִּי אֵלֶיךָ ׀ יֱהוִה אֲדֹנָי עֵינָי בְּכָה חָסִיתִי
ט אַל־תְּעַר נַפְשִׁי׃ שׇׁמְרֵנִי מִידֵי פַח יָקְשׁוּ לִי וּמֹקְשׁוֹת פֹּעֲלֵי אָוֶן׃
י יִפְּלוּ בְמַכְמֹרָיו רְשָׁעִים יַחַד אָנֹכִי עַד־אֶעֱבוֹר׃
קמב א ב מַשְׂכִּיל לְדָוִד בִּהְיוֹתוֹ בַמְּעָרָה תְפִלָּה׃ קוֹלִי אֶל־יהוה אֶזְעָק
ג קוֹלִי אֶל־יהוה אֶתְחַנָּן׃ אֶשְׁפֹּךְ לְפָנָיו שִׂיחִי צָרָתִי לְפָנָיו אַגִּיד׃
ד בְּהִתְעַטֵּף עָלַי ׀ רוּחִי וְאַתָּה יָדַעְתָּ נְתִיבָתִי בְּאֹרַח־זוּ אֲהַלֵּךְ

Surely thou wilt slay the wicked, O God: depart from me 19
therefore, you bloody men, who speak against thee wickedly, 20
and thy enemies, who take thy name in vain. Do I not hate, 21
O Lord, those who hate thee? and do I not strive with those
who rise up against thee? I hate them with the utmost hatred: 22
I count them my enemies. Search me, O God, and know my 23
heart: try me, and know my thoughts: and see if there is any 24
wicked way in me, and lead me in the way everlasting.

140

To the chief Musician, A Psalm of David. Deliver me, O Lord, 1,2
from the evil man: preserve me from the violent man; who de- 3
vise mischiefs in their heart; continually they stir up wars.
They have sharpened their tongues like a serpent; a spider's 4
venom is under their lips. (Sela.) Keep me, O Lord, from the 5
hands of the wicked; preserve me from the violent man: who
have purposed to trip up my feet. The proud have hidden a 6
snare for me, and cords; they have spread a net by the way-
side; they have set traps for me. (Sela.) I said to the Lord, 7
Thou art my God: hear the voice of my supplications, O Lord.
O God the Lord, the strength of my salvation, thou hast 8
screened my head in the day of battle; grant not, O Lord, the 9
desires of the wicked man: further not his wicked device; lest
they exalt themselves. (Sela.) As for the head of those who 10
compass me about, let the mischief of their own lips cover
them. Let burning coals fall upon them: let them be cast into 11
the fire; into deep pits, so that they do not rise up again. Let 12
not a slanderer be established in the earth: let evil hunt the
violent man to his overthrow. I know that the Lord will main- 13
tain the cause of the afflicted, and the right of the poor. Surely 14
the righteous shall give thanks to thy name: the upright shall
dwell in thy presence.

141

A psalm of David. Lord, I cry to thee: make haste to me;
give ear to my voice, when I cry to thee. Let my prayer be set 2
forth before thee like incense; and the lifting up of my hands
like the evening sacrifice. Set a guard, O Lord, to my mouth; 3
keep watch over the door of my lips. Incline not my heart to 4
any evil thing, to practise wicked deeds with men who work
iniquity: and let me not eat of their dainties. Let the righteous 5
strike me in kindness: and let him rebuke me; it shall be as
oil for my head: let not my head refuse it: but still shall my
prayer be against their evil plight. When their judges are 6
thrown down upon the rocks, then they will hear how sweet
were my words. As when one cuts and breaks up wood on the 7
earth, so are our bones strewn at the mouth of She'ol. But my 8
eyes are towards thee, O God the Lord: in thee I seek refuge;
do not pour away my life. Keep me from the snare which they 9
have laid for me, and the traps of the workers of iniquity. Let 10
the wicked fall together into their own nets, whilst I escape.

142

A maskil of David; A Prayer when he was in the cave. I cry 1,2
to the Lord with my voice; with my voice I make my suppli-
cation to the Lord. I pour out my complaint before him; I 3
declare my trouble before him. When my spirit faints within 4
me, then thou knowst my path. In the way wherein I walk they

ה טָמְנוּ פַח לִי: הַבֵּיט יָמִין ׀ וּרְאֵה וְאֵין־לִי מַכִּיר אָבַד מָנוֹס מִמֶּנִּי
ו אֵין דּוֹרֵשׁ לְנַפְשִׁי: זָעַקְתִּי אֵלֶיךָ יהוה אָמַרְתִּי אַתָּה מַחְסִי חֶלְקִי
ז בְּאֶרֶץ הַחַיִּים: הַקְשִׁיבָה ׀ אֶל־רִנָּתִי כִּי־דַלּוֹתִי מְאֹד הַצִּילֵנִי
ח מֵרֹדְפַי כִּי אָמְצוּ מִמֶּנִּי: הוֹצִיאָה מִמַּסְגֵּר ׀ נַפְשִׁי לְהוֹדוֹת אֶת־
שְׁמֶךָ בִּי יַכְתִּרוּ צַדִּיקִים כִּי תִגְמֹל עָלָי:
קמג א מִזְמוֹר לְדָוִד יהוה ׀ שְׁמַע תְּפִלָּתִי הַאֲזִינָה אֶל־תַּחֲנוּנַי בֶּאֱמֻנָתְךָ
ב עֲנֵנִי בְּצִדְקָתֶךָ: וְאַל־תָּבוֹא בְמִשְׁפָּט אֶת־עַבְדֶּךָ כִּי לֹא־יִצְדַּק
ג לְפָנֶיךָ כָל־חָי: כִּי רָדַף אוֹיֵב ׀ נַפְשִׁי דִּכָּא לָאָרֶץ חַיָּתִי הוֹשִׁיבַנִי
ד בְמַחֲשַׁכִּים כְּמֵתֵי עוֹלָם: וַתִּתְעַטֵּף עָלַי רוּחִי בְּתוֹכִי יִשְׁתּוֹמֵם
ה לִבִּי: זָכַרְתִּי יָמִים ׀ מִקֶּדֶם הָגִיתִי בְכָל־פָּעֳלֶךָ בְּמַעֲשֵׂה יָדֶיךָ
ו ז אֲשׂוֹחֵחַ: פֵּרַשְׂתִּי יָדַי אֵלֶיךָ נַפְשִׁי ׀ כְּאֶרֶץ־עֲיֵפָה לְךָ סֶלָה: מַהֵר
עֲנֵנִי ׀ יהוה כָּלְתָה רוּחִי אַל־תַּסְתֵּר פָּנֶיךָ מִמֶּנִּי וְנִמְשַׁלְתִּי עִם־
ח יֹרְדֵי בוֹר: הַשְׁמִיעֵנִי בַבֹּקֶר ׀ חַסְדֶּךָ כִּי־בְךָ בָטָחְתִּי הוֹדִיעֵנִי
ט דֶּרֶךְ־זוּ אֵלֵךְ כִּי־אֵלֶיךָ נָשָׂאתִי נַפְשִׁי: הַצִּילֵנִי מֵאֹיְבַי ׀ יהוה אֵלֶיךָ
י כִסִּתִי: לַמְּדֵנִי ׀ לַעֲשׂוֹת רְצוֹנֶךָ כִּי־אַתָּה אֱלוֹהָי רוּחֲךָ טוֹבָה
יא תַּנְחֵנִי בְּאֶרֶץ מִישׁוֹר: לְמַעַן־שִׁמְךָ יהוה תְּחַיֵּנִי בְּצִדְקָתְךָ ׀
יב תּוֹצִיא מִצָּרָה נַפְשִׁי: וּבְחַסְדְּךָ תַּצְמִית אֹיְבָי וְהַאֲבַדְתָּ כָּל־
צֹרְרֵי נַפְשִׁי כִּי אֲנִי עַבְדֶּךָ:
קמד א לְדָוִד ׀ בָּרוּךְ יהוה ׀ צוּרִי הַמְלַמֵּד יָדַי לַקְרָב אֶצְבְּעוֹתַי לַמִּלְחָמָה:
ב חַסְדִּי וּמְצוּדָתִי מִשְׂגַּבִּי וּמְפַלְטִי לִי מָגִנִּי וּבוֹ חָסִיתִי הָרוֹדֵד עַמִּי
ג ד תַחְתָּי: יהוה מָה־אָדָם וַתֵּדָעֵהוּ בֶּן־אֱנוֹשׁ וַתְּחַשְּׁבֵהוּ: אָדָם
ה לַהֶבֶל דָּמָה יָמָיו כְּצֵל עוֹבֵר: יהוה הַט־שָׁמֶיךָ וְתֵרֵד גַּע בֶּהָרִים
ו ז וְיֶעֱשָׁנוּ: בְּרוֹק בָּרָק וּתְפִיצֵם שְׁלַח חִצֶּיךָ וּתְהֻמֵּם: שְׁלַח יָדֶיךָ
ח מִמָּרוֹם פְּצֵנִי וְהַצִּילֵנִי מִמַּיִם רַבִּים מִיַּד בְּנֵי נֵכָר: אֲשֶׁר פִּיהֶם
ט דִּבֶּר־שָׁוְא וִימִינָם יְמִין שָׁקֶר: אֱלֹהִים שִׁיר חָדָשׁ אָשִׁירָה לָּךְ
י בְּנֵבֶל עָשׂוֹר אֲזַמְּרָה־לָּךְ: הַנּוֹתֵן תְּשׁוּעָה לַמְּלָכִים הַפּוֹצֶה
יא אֶת־דָּוִד עַבְדּוֹ מֵחֶרֶב רָעָה: פְּצֵנִי וְהַצִּילֵנִי מִיַּד בְּנֵי־נֵכָר
יב אֲשֶׁר פִּיהֶם דִּבֶּר־שָׁוְא וִימִינָם יְמִין שָׁקֶר: אֲשֶׁר בָּנֵינוּ ׀
כִּנְטִעִים מְגֻדָּלִים בִּנְעוּרֵיהֶם בְּנוֹתֵינוּ כְזָוִיֹּת מְחֻטָּבוֹת תַּבְנִית
יג הֵיכָל: מְזָוֵינוּ מְלֵאִים מְפִיקִים מִזַּן אֶל זַן צֹאונֵנוּ מַאֲלִיפוֹת
יד מְרֻבָּבוֹת בְּחוּצוֹתֵינוּ: אַלּוּפֵינוּ מְסֻבָּלִים אֵין פֶּרֶץ וְאֵין יוֹצֵאת

have hidden a snare for me. I look on my right hand, and be- 5
hold, but there is no man that knows me: I have nowhere to
flee; no man cares for my soul. I cried to thee, O LORD: I 6
said, Thou art my refuge and my portion in the land of the
living. Attend to my cry; for I am brought very low: deliver 7
me from my persecutors; for they are stronger than I. Bring 8
my soul out of prison, that I may give thanks to thy name: the
righteous shall crown themselves in me; for thou shalt deal
bountifully with me.

A PSALM of David. Hear my prayer, O LORD, give ear to my **143**
supplications: in thy faithfulness answer me, in thy righteous-
ness. And enter not into judgment with thy servant: for in thy 2
sight shall no man living be justified. For the enemy has perse- 3
cuted my soul; he has trodden my life down to the ground;
he has made me to dwell in darkness, as those that have been
long dead. Therefore my spirit faints within me; my heart with- 4
in me is appalled. I remember the days of old; I meditate on all 5
thy works; I muse on the work of thy hands. I stretch forth my 6
hands to thee: my soul thirsts after thee, like a thirsty land.
(Sela.) Answer me speedily, O LORD: my spirit fails: do not 7
hide thy face from me, lest I be like those who go down into
the pit. Cause me to hear thy words of steadfast love in the 8
morning; for in thee do I trust: cause me to know the way in
which I should walk; for I lift up my soul to thee. Deliver me, 9
O LORD, from my enemies: I flee to thee to hide me. Teach me 10
to do thy will; for thou art my GOD: let thy good spirit lead
me into a level land. Revive me, O LORD, for thy name's sake: 11
for thy righteousness' sake bring my soul out of trouble. And 12
in thy mercy cut off my enemies, and destroy all those who
afflict my soul: for I am thy servant.

OF David. Blessed be the LORD my rock, who teaches my hands **144**
to war, and my fingers to fight: my gracious one, and my 2
fortress; my high tower, and my deliverer; my shield, and he
in whom I trust; who subdues my people under me. LORD, what 3
is man, that thou takest knowledge of him! or the son of man,
that thou makest account of him! Man is like a breath: his 4
days are like a shadow that passes away. Bow thy heavens, O 5
LORD, and come down: touch the mountains, that they may
smoke. Cast forth lightning, and scatter them: shoot out thy 6
arrows, and destroy them. Send thy hand from above; rescue 7
me, and deliver me out of many waters, from the hand of
strangers; whose mouth speaks vanity, and their right hand is 8
a right hand of falsehood. I will sing a new song to thee, O GOD: 9
upon a harp of ten strings I will sing praises to thee. It is he 10
who gives salvation to kings: who delivers David his servant
from the hurtful sword. Rescue me, and deliver me from the 11
hand of strangers, whose mouth speaks vanity, and their right
hand is a right hand of falsehood. For our sons are as plants 12
grown up in their youth; our daughters as corner stones, pol-
ished after the fashion of a palace: our garners are full, affording 13
all manner of store: our sheep bring forth thousands and ten
thousands in our streets: our oxen are heavy laden: there is 14

וְאֵין צְוָחָה בִּרְחֹבֹתֵינוּ: אַשְׁרֵי הָעָם שֶׁכָּכָה לּוֹ אַשְׁרֵי ט
הָעָם שֶׁיהוה אֱלֹהָיו:
תְּהִלָּה לְדָוִד אֲרוֹמִמְךָ אֱלוֹהַי הַמֶּלֶךְ וַאֲבָרְכָה שִׁמְךָ לְעוֹלָם קמה א
וָעֶד: בְּכָל־יוֹם אֲבָרְכֶךָּ וַאֲהַלְלָה שִׁמְךָ לְעוֹלָם וָעֶד: גָּדוֹל יהוה ב ג
וּמְהֻלָּל מְאֹד וְלִגְדֻלָּתוֹ אֵין חֵקֶר: דּוֹר לְדוֹר יְשַׁבַּח מַעֲשֶׂיךָ ד
וּגְבוּרֹתֶיךָ יַגִּידוּ: הֲדַר כְּבוֹד הוֹדֶךָ וְדִבְרֵי נִפְלְאֹתֶיךָ אָשִׂיחָה: ה
וּגְדוּלָּתְךָ וֶעֱזוּז נוֹרְאֹתֶיךָ יֹאמֵרוּ וגדולתיך אֲסַפְּרֶנָּה: זֵכֶר רַב־טוּבְךָ ו ז
יַבִּיעוּ וְצִדְקָתְךָ יְרַנֵּנוּ: חַנּוּן וְרַחוּם יהוה אֶרֶךְ אַפַּיִם וּגְדָל־ ח
חָסֶד: טוֹב־יהוה לַכֹּל וְרַחֲמָיו עַל־כָּל־מַעֲשָׂיו: יוֹדוּךָ יהוה כָּל־ ט
מַעֲשֶׂיךָ וַחֲסִידֶיךָ יְבָרְכוּכָה: כְּבוֹד מַלְכוּתְךָ יֹאמֵרוּ וּגְבוּרָתְךָ יא
יְדַבֵּרוּ: לְהוֹדִיעַ ׀ לִבְנֵי הָאָדָם גְּבוּרֹתָיו וּכְבוֹד הֲדַר מַלְכוּתוֹ: יב
מַלְכוּתְךָ מַלְכוּת כָּל־עֹלָמִים וּמֶמְשַׁלְתְּךָ בְּכָל־דּוֹר וָדֹר: סוֹמֵךְ יג יד
יהוה לְכָל־הַנֹּפְלִים וְזוֹקֵף לְכָל־הַכְּפוּפִים: עֵינֵי־כֹל אֵלֶיךָ יְשַׂבֵּרוּ טו
וְאַתָּה נוֹתֵן־לָהֶם אֶת־אָכְלָם בְּעִתּוֹ: פּוֹתֵחַ אֶת־יָדֶךָ וּמַשְׂבִּיעַ טז
לְכָל־חַי רָצוֹן: צַדִּיק יהוה בְּכָל־דְּרָכָיו וְחָסִיד בְּכָל־מַעֲשָׂיו: יז
קָרוֹב יהוה לְכָל־קֹרְאָיו לְכֹל אֲשֶׁר יִקְרָאֻהוּ בֶאֱמֶת: רְצוֹן־ יח יט
יְרֵאָיו יַעֲשֶׂה וְאֶת־שַׁוְעָתָם יִשְׁמַע וְיוֹשִׁיעֵם: שׁוֹמֵר יהוה אֶת־ כ
כָּל־אֹהֲבָיו וְאֵת כָּל־הָרְשָׁעִים יַשְׁמִיד: תְּהִלַּת יהוה יְדַבֶּר פִּי כא
וִיבָרֵךְ כָּל־בָּשָׂר שֵׁם קָדְשׁוֹ לְעוֹלָם וָעֶד:
הַלְלוּיָהּ הַלְלִי נַפְשִׁי אֶת־יהוה: אֲהַלְלָה יהוה בְּחַיָּי אֲזַמְּרָה קמו א ב
לֵאלֹהַי בְּעוֹדִי: אַל־תִּבְטְחוּ בִנְדִיבִים בְּבֶן־אָדָם ׀ שֶׁאֵין לוֹ ג
תְשׁוּעָה: תֵּצֵא רוּחוֹ יָשֻׁב לְאַדְמָתוֹ בַּיּוֹם הַהוּא אָבְדוּ ד
עֶשְׁתֹּנֹתָיו: אַשְׁרֵי שֶׁאֵל יַעֲקֹב בְּעֶזְרוֹ שִׂבְרוֹ עַל־יהוה אֱלֹהָיו: ה
עֹשֶׂה ׀ שָׁמַיִם וָאָרֶץ אֶת־הַיָּם וְאֶת־כָּל־אֲשֶׁר־בָּם הַשֹּׁמֵר ו
אֱמֶת לְעוֹלָם: עֹשֶׂה מִשְׁפָּט ׀ לָעֲשׁוּקִים נֹתֵן לֶחֶם לָרְעֵבִים ז
יהוה מַתִּיר אֲסוּרִים: יהוה ׀ פֹּקֵחַ עִוְרִים יהוה זֹקֵף כְּפוּפִים ח
יהוה אֹהֵב צַדִּיקִים: יהוה ׀ שֹׁמֵר אֶת־גֵּרִים יָתוֹם וְאַלְמָנָה ט
יְעוֹדֵד וְדֶרֶךְ רְשָׁעִים יְעַוֵּת: יִמְלֹךְ יהוה ׀ לְעוֹלָם אֱלֹהַיִךְ צִיּוֹן י
לְדֹר וָדֹר הַלְלוּיָהּ:
הַלְלוּיָהּ ׀ כִּי־טוֹב זַמְּרָה אֱלֹהֵינוּ כִּי־נָעִים נָאוָה תְהִלָּה: בּוֹנֵה קמז א ב
יְרוּשָׁלַםִ יהוה נִדְחֵי יִשְׂרָאֵל יְכַנֵּס: הָרֹפֵא לִשְׁבוּרֵי לֵב וּמְחַבֵּשׁ ג
לְעַצְּבוֹתָם: מוֹנֶה מִסְפָּר לַכּוֹכָבִים לְכֻלָּם שֵׁמוֹת יִקְרָא: גָּדוֹל ד ה

no breach or migration: and there is no loud cry in our streets.
Happy is that people, that is in such a case: happy is that 15
people, whose God is the Lord.
A praise of David. I will extol thee, my God, O king; and I will **145**
bless thy name for ever and ever. Every day I will bless thee; 2
and I will praise thy name for ever and ever. Great is the Lord, 3
and greatly to be praised; and his greatness is unsearchable.
One generation shall praise thy works to another, and shall 4
declare thy mighty acts. I will speak of the glorious splendour 5
of thy majesty, and of thy wondrous works. And men shall 6
speak of the might of thy terrible acts: and I will declare thy
greatness. They shall utter the fame of thy great goodness, and 7
shall sing of thy righteousness. The Lord is gracious, and full 8
of compassion; slow to anger, and of abundant love. The Lord 9
is good to all: and his tender mercies are over all his works.
All thy works shall praise thee, O Lord; and thy pious ones 10
shall bless thee. They shall speak of the glory of thy kingdom, 11
and talk of thy power; to make known to the sons of men his 12
mighty acts, and the glorious majesty of his kingdom. Thy king- 13
dom is an everlasting kingdom, and thy dominion endures
throughout all generations. The Lord upholds all that fall, and 14
raises up all those who are bowed down. The eyes of all wait 15
upon thee; and thou givest them their food in due season. 16
Thou openest thy hand, and satisfiest the desire of every living
thing. The Lord is righteous in all his ways, and gracious in 17
all his works. The Lord is near to all those who call upon him, 18
to all who call upon him in truth. He will fulfil the desire of 19
those who fear him: he also will hear their cry, and will save
them. The Lord preserves all those who love him: but all the 20
wicked he will destroy. My mouth shall speak the praise of 21
the Lord: and let all flesh bless his holy name for ever and
ever.
146
Haleluya! Praise the Lord, O my soul. While I live I will praise 1,2
the Lord: I will sing praises to my God while I have my being.
Put not your trust in princes, nor in the son of man, in whom 3
there is no help. His breath goes forth, he returns to his earth; 4
in that very day his thoughts perish. Happy is he who has the 5
God of Ya'aqov for his help, whose hope is in the Lord his God:
who made heaven, and earth, the sea, and all that is in them: 6
who keeps truth forever. Who executes judgment for the op- 7
pressed: who gives bread to the hungry. The Lord looses the
prisoners: the Lord opens the eyes of the blind: the Lord raises 8
those who are bowed down: the Lord loves the righteous: the 9
Lord preserves the strangers; he relieves the fatherless and
widow: but the way of the wicked he makes crooked. The 10
Lord shall reign forever, thy God, O Ẕiyyon, to all generations.
Haleluya!
Praise the Lord: for it is good to sing praises to our God; for **147**
it is pleasant; praise is comely. The Lord builds Yerusha- 2
layim: he gathers together the outcasts of Yisra'el. He heals 3
the brokenhearted, and binds up their wounds. He counts the 4
number of the stars; he calls them all by their names. Great 5

אֲדוֹנֵינוּ וְרַב־כֹּחַ לִתְבוּנָתוֹ אֵין מִסְפָּר׃ מְעוֹדֵד עֲנָוִים יְהוָה ו
מַשְׁפִּיל רְשָׁעִים עֲדֵי־אָרֶץ׃ עֱנוּ לַיהוָה בְּתוֹדָה זַמְּרוּ לֵאלֹהֵינוּ ז
בְכִנּוֹר׃ הַמְכַסֶּה שָׁמַיִם ׀ בְּעָבִים הַמֵּכִין לָאָרֶץ מָטָר הַמַּצְמִיחַ ח
הָרִים חָצִיר׃ נוֹתֵן לִבְהֵמָה לַחְמָהּ לִבְנֵי עֹרֵב אֲשֶׁר יִקְרָאוּ׃ לֹא ט י
בִגְבוּרַת הַסּוּס יֶחְפָּץ לֹא־בְשׁוֹקֵי הָאִישׁ יִרְצֶה׃ רוֹצֶה יְהוָה אֶת־ יא
יְרֵאָיו אֶת־הַמְיַחֲלִים לְחַסְדּוֹ׃ שַׁבְּחִי יְרוּשָׁלַםִ אֶת־יְהוָה הַלְלִי יב
אֱלֹהַיִךְ צִיּוֹן׃ כִּי־חִזַּק בְּרִיחֵי שְׁעָרָיִךְ בֵּרַךְ בָּנַיִךְ בְּקִרְבֵּךְ׃ הַשָּׂם־ יג יד
גְּבוּלֵךְ שָׁלוֹם חֵלֶב חִטִּים יַשְׂבִּיעֵךְ׃ הַשֹּׁלֵחַ אִמְרָתוֹ אָרֶץ עַד־ טו
מְהֵרָה יָרוּץ דְּבָרוֹ׃ הַנֹּתֵן שֶׁלֶג כַּצָּמֶר כְּפוֹר כָּאֵפֶר יְפַזֵּר׃ מַשְׁלִיךְ טז יז
קַרְחוֹ כְפִתִּים לִפְנֵי קָרָתוֹ מִי יַעֲמֹד׃ יִשְׁלַח דְּבָרוֹ וְיַמְסֵם יַשֵּׁב יח
רוּחוֹ יִזְּלוּ־מָיִם׃ מַגִּיד דְּבָרָו לְיַעֲקֹב חֻקָּיו וּמִשְׁפָּטָיו לְיִשְׂרָאֵל׃ יט
לֹא עָשָׂה כֵן ׀ לְכָל־גּוֹי וּמִשְׁפָּטִים בַּל־יְדָעוּם הַלְלוּיָהּ׃ כ
הַלְלוּיָהּ ׀ הַלְלוּ אֶת־יְהוָה מִן־הַשָּׁמַיִם הַלְלוּהוּ בַּמְּרוֹמִים׃ א קמח
הַלְלוּהוּ כָל־מַלְאָכָיו הַלְלוּהוּ כָּל־צְבָאָו׃ הַלְלוּהוּ שֶׁמֶשׁ וְיָרֵחַ ב ג
הַלְלוּהוּ כָּל־כּוֹכְבֵי אוֹר׃ הַלְלוּהוּ שְׁמֵי הַשָּׁמָיִם וְהַמַּיִם אֲשֶׁר ׀ ד
מֵעַל הַשָּׁמָיִם׃ יְהַלְלוּ אֶת־שֵׁם יְהוָה כִּי הוּא צִוָּה וְנִבְרָאוּ׃ ה
וַיַּעֲמִידֵם לָעַד לְעוֹלָם חָק־נָתַן וְלֹא יַעֲבוֹר׃ הַלְלוּ אֶת־יְהוָה ו ז
מִן־הָאָרֶץ תַּנִּינִים וְכָל־תְּהֹמוֹת׃ אֵשׁ וּבָרָד שֶׁלֶג וְקִיטוֹר רוּחַ ח
סְעָרָה עֹשָׂה דְבָרוֹ׃ הֶהָרִים וְכָל־גְּבָעוֹת עֵץ פְּרִי וְכָל־אֲרָזִים׃ ט
הַחַיָּה וְכָל־בְּהֵמָה רֶמֶשׂ וְצִפּוֹר כָּנָף׃ מַלְכֵי־אֶרֶץ וְכָל־לְאֻמִּים י יא
שָׂרִים וְכָל־שֹׁפְטֵי אָרֶץ׃ בַּחוּרִים וְגַם־בְּתוּלוֹת זְקֵנִים עִם־ יב
נְעָרִים׃ יְהַלְלוּ ׀ אֶת־שֵׁם יְהוָה כִּי־נִשְׂגָּב שְׁמוֹ לְבַדּוֹ הוֹדוֹ יג
עַל־אֶרֶץ וְשָׁמָיִם׃ וַיָּרֶם קֶרֶן ׀ לְעַמּוֹ תְּהִלָּה לְכָל־חֲסִידָיו לִבְנֵי יד
יִשְׂרָאֵל עַם קְרֹבוֹ הַלְלוּיָהּ׃
הַלְלוּיָהּ ׀ שִׁירוּ לַיהוָה שִׁיר חָדָשׁ תְּהִלָּתוֹ בִּקְהַל חֲסִידִים׃ יִשְׂמַח א ב קמט
יִשְׂרָאֵל בְּעֹשָׂיו בְּנֵי־צִיּוֹן יָגִילוּ בְמַלְכָּם׃ יְהַלְלוּ שְׁמוֹ בְמָחוֹל ג
בְּתֹף וְכִנּוֹר יְזַמְּרוּ־לוֹ׃ כִּי־רוֹצֶה יְהוָה בְּעַמּוֹ יְפָאֵר עֲנָוִים ד
בִּישׁוּעָה׃ יַעְלְזוּ חֲסִידִים בְּכָבוֹד יְרַנְּנוּ עַל־מִשְׁכְּבוֹתָם׃ ה
רוֹמְמוֹת אֵל בִּגְרוֹנָם וְחֶרֶב פִּיפִיּוֹת בְּיָדָם׃ לַעֲשׂוֹת נְקָמָה ו ז
בַּגּוֹיִם תּוֹכֵחוֹת בַּלְאֻמִּים׃ לֶאְסֹר מַלְכֵיהֶם בְּזִקִּים וְנִכְבְּדֵיהֶם ח
בְּכַבְלֵי בַרְזֶל׃ לַעֲשׂוֹת בָּהֶם ׀ מִשְׁפָּט כָּתוּב הָדָר הוּא לְכָל־ ט
חֲסִידָיו הַלְלוּיָהּ׃

is our LORD, and of great power: his understanding is infinite.
The LORD upholds the humble: he casts the wicked down to the 6
ground. Sing to the LORD with thanksgiving; sing praise upon 7
the lyre to our GOD: who covers the heaven with clouds, who 8
prepares rain for the earth, who makes grass to grow upon the
mountains. He gives to the beast its food, and to the young 9
ravens which cry. He delights not in the strength of the horse: 10
he takes no pleasure in the legs of a man. The LORD takes plea- 11
sure in those who fear him, in those who hope in his stead-
fast love. Praise the LORD, O Yerushalaim; praise thy GOD, O 12
Ẕiyyon. For he has strengthened the bars of thy gates; he has 13
blessed thy children within thee. He makes peace in thy bor- 14
ders, and fills thee with the finest of the wheat. He sends forth 15
his commandment upon the earth: his word runs very swiftly.
He gives snow like wool: he scatters the hoar frost like ashes. 16
He casts forth his ice like morsels: who can stand before his 17
cold? He sends out his word, and melts them: he causes his 18
wind to blow: they run as water. He declares his Word to 19
Ya'aqov, his statutes and his judgments to Yisra'el. He has 20
not dealt so with any other nation: and as for his ordinances
they have not known them. Haleluya!
HALELUYA! Praise the LORD from the heavens: praise him in **148**
the heights. Praise him, all his angels: praise him, all his hosts. 2
Praise him, sun and moon: praise him, all you stars of light. 3
Praise him, heavens of heavens, and you waters that are above 4
the heavens. Let them praise the name of the LORD: for he 5
gave command, and they were created. And he established them 6
for ever and ever: he has made a decree which shall not pass.
Praise the LORD from the earth, O monsters, and all deeps: fire, 7, 8
and hail; snow, and vapours; stormy wind fulfilling his word:
mountains, and all hills; fruitful trees, and all cedars: beasts, 10
and all cattle; creeping things, and winged birds: kings of the 11
earth, and all peoples; princes, and all judges of the earth:
both young men, and girls; old men, and children: let them 12, 13
praise the name of the LORD: for his name alone is exalted; his
glory is above the earth and heaven. He also has exalted the 14
horn of his people, a praise for all his pious ones; even for the
children of Yisra'el, a people near to him. Haleluya!
HALELUYA! Sing to the LORD a new song, his praise is sounded **149**
in the congregation of the pious. Let Yisra'el rejoice in him 2
who made him: let the children of Ẕiyyon be joyful in their
King. Let them praise his name in the dance: let them sing 3
praises to him with the timbrel and lyre. For the LORD takes 4
pleasure in his people: he will beautify the humble with salva-
tion. Let the pious be joyful in glory: let them sing aloud upon 5
their beds. The high praises of GOD are in their mouth, and a 6
two edged sword in their hand; to execute vengeance upon the 7
nations, chastisements upon the peoples; to bind their kings with 8
chains, and their nobles with fetters of iron; to execute upon 9
them the judgment written: it is an honour to all his pious ones.
Haleluya!

הַלְלוּיָהּ ׀ הַלְלוּ־אֵל בְּקָדְשׁוֹ הַלְלוּהוּ בִּרְקִיעַ עֻזּוֹ: הַלְלוּהוּ
בִגְבוּרֹתָיו הַלְלוּהוּ כְּרֹב גֻּדְלוֹ: הַלְלוּהוּ בְּתֵקַע שׁוֹפָר הַלְלוּהוּ
בְּנֵבֶל וְכִנּוֹר: הַלְלוּהוּ בְּתֹף וּמָחוֹל הַלְלוּהוּ בְּמִנִּים וְעֻגָב:
הַלְלוּהוּ בְצִלְצְלֵי־שָׁמַע הַלְלוּהוּ בְּצִלְצְלֵי תְרוּעָה: כֹּל הַנְּשָׁמָה
תְּהַלֵּל יָהּ הַלְלוּיָהּ:

150

HALELUYA! Praise GOD in his sanctuary: praise him in the 1
firmament of his power. Praise him for his mighty acts: praise 2
him according to his exceeding greatness. Praise him with the 3
sound of the shofar: praise him with the harp and lyre. Praise 4
him with the timbrel and dance: praise him with stringed in-
struments and the pipe. Praise him upon sounding cymbals: 5
praise him upon loud clashing cymbals. Let everything that has 6
breath praise the LORD. Haleluya!

משלי

MISHLE – PROVERBS

א א ב מִשְׁלֵי שְׁלֹמֹה בֶן־דָּוִד מֶלֶךְ יִשְׂרָאֵל: לָדַעַת חָכְמָה וּמוּסָר
ג לְהָבִין אִמְרֵי בִינָה: לָקַחַת מוּסַר הַשְׂכֵּל צֶדֶק וּמִשְׁפָּט
ד ה וּמֵשָׁרִים: לָתֵת לִפְתָאיִם עָרְמָה לְנַעַר דַּעַת וּמְזִמָּה: יִשְׁמַע
ו חָכָם וְיוֹסֶף לֶקַח וְנָבוֹן תַּחְבֻּלוֹת יִקְנֶה: לְהָבִין מָשָׁל וּמְלִיצָה
ז דִּבְרֵי חֲכָמִים וְחִידֹתָם: יִרְאַת יְהוָה רֵאשִׁית דָּעַת חָכְמָה
וּמוּסָר אֱוִילִים בָּזוּ:
ח ט שְׁמַע בְּנִי מוּסַר אָבִיךָ וְאַל־תִּטֹּשׁ תּוֹרַת אִמֶּךָ: כִּי ׀ לִוְיַת חֵן
י הֵם לְרֹאשֶׁךָ וַעֲנָקִים לְגַרְגְּרֹתֶךָ: בְּנִי אִם־יְפַתּוּךָ חַטָּאִים אַל־
יא תֹּבֵא: אִם־יֹאמְרוּ לְכָה אִתָּנוּ נֶאֶרְבָה לְדָם נִצְפְּנָה לְנָקִי חִנָּם:
יב יג נִבְלָעֵם כִּשְׁאוֹל חַיִּים וּתְמִימִים כְּיוֹרְדֵי בוֹר: כָּל־הוֹן יָקָר נִמְצָא
יד נְמַלֵּא בָתֵּינוּ שָׁלָל: גּוֹרָלְךָ תַּפִּיל בְּתוֹכֵנוּ כִּיס אֶחָד יִהְיֶה לְכֻלָּנוּ:
טו טז בְּנִי אַל־תֵּלֵךְ בְּדֶרֶךְ אִתָּם מְנַע רַגְלְךָ מִנְּתִיבָתָם: כִּי רַגְלֵיהֶם
יז לָרַע יָרוּצוּ וִימַהֲרוּ לִשְׁפָּךְ־דָּם: כִּי־חִנָּם מְזֹרָה הָרָשֶׁת בְּעֵינֵי כָּל־
יח יט בַּעַל כָּנָף: וְהֵם לְדָמָם יֶאֱרֹבוּ יִצְפְּנוּ לְנַפְשֹׁתָם: כֵּן אָרְחוֹת כָּל־
בֹּצֵעַ בָּצַע אֶת־נֶפֶשׁ בְּעָלָיו יִקָּח:
כ כא חָכְמוֹת בַּחוּץ תָּרֹנָּה בָּרְחֹבוֹת תִּתֵּן קוֹלָהּ: בְּרֹאשׁ הֹמִיּוֹת
כב תִּקְרָא בְּפִתְחֵי שְׁעָרִים בָּעִיר אֲמָרֶיהָ תֹאמֵר: עַד־מָתַי ׀ פְּתָיִם
תְּאֵהֲבוּ פֶתִי וְלֵצִים לָצוֹן חָמְדוּ לָהֶם וּכְסִילִים יִשְׂנְאוּ־דָעַת:
כג תָּשׁוּבוּ לְתוֹכַחְתִּי הִנֵּה אַבִּיעָה לָכֶם רוּחִי אוֹדִיעָה דְבָרַי
כד כה אֶתְכֶם: יַעַן קָרָאתִי וַתְּמָאֵנוּ נָטִיתִי יָדִי וְאֵין מַקְשִׁיב: וַתִּפְרְעוּ
כו כָל־עֲצָתִי וְתוֹכַחְתִּי לֹא אֲבִיתֶם: גַּם־אֲנִי בְּאֵידְכֶם אֶשְׂחָק אֶלְעַג
כְּשׁוֹאָה כז בְּבֹא פַחְדְּכֶם: בְּבֹא כְשַׁאֲוָה ׀ פַּחְדְּכֶם וְאֵידְכֶם כְּסוּפָה יֶאֱתֶה
כח בְּבֹא עֲלֵיכֶם צָרָה וְצוּקָה: אָז יִקְרָאֻנְנִי וְלֹא אֶעֱנֶה יְשַׁחֲרֻנְנִי וְלֹא
כט ל יִמְצָאֻנְנִי: תַּחַת כִּי־שָׂנְאוּ דָעַת וְיִרְאַת יְהוָה לֹא בָחָרוּ: לֹא־אָבוּ
לא לַעֲצָתִי נָאֲצוּ כָּל־תּוֹכַחְתִּי: וְיֹאכְלוּ מִפְּרִי דַרְכָּם וּמִמֹּעֲצֹתֵיהֶם
לב יִשְׂבָּעוּ: כִּי מְשׁוּבַת פְּתָיִם תַּהַרְגֵם וְשַׁלְוַת כְּסִילִים תְּאַבְּדֵם:
לג וְשֹׁמֵעַ לִי יִשְׁכָּן־בֶּטַח וְשַׁאֲנַן מִפַּחַד רָעָה:
ב א ב בְּנִי אִם־תִּקַּח אֲמָרָי וּמִצְוֹתַי תִּצְפֹּן אִתָּךְ: לְהַקְשִׁיב לַחָכְמָה
ג אָזְנֶךָ תַּטֶּה לִבְּךָ לַתְּבוּנָה: כִּי אִם לַבִּינָה תִקְרָא לַתְּבוּנָה תִּתֵּן
ד ה קוֹלֶךָ: אִם־תְּבַקְשֶׁנָּה כַכָּסֶף וְכַמַּטְמוֹנִים תַּחְפְּשֶׂנָּה: אָז תָּבִין
ו יִרְאַת יְהוָה וְדַעַת אֱלֹהִים תִּמְצָא: כִּי־יְהוָה יִתֵּן חָכְמָה מִפִּיו

THE proverbs of Shelomo the son of David, king of Yisra'el; to 1,2 know wisdom and instruction; to perceive the words of understanding; to receive the instruction of wisdom, justice, and 3 judgment, and equity; to give prudence to the simple, to the 4 young man knowledge and discretion. A wise man will hear, and 5 will increase learning; and a man of understanding shall attain to wise counsels: to understand a proverb, and a figure; the 6 words of the wise, and their riddles. The fear of the Lord is the 7 beginning of knowledge: but fools despise wisdom and instruction.

My son, hear the instruction of thy father, and do not forsake 8 the Tora of thy mother: for they shall be a graceful garland for 9 thy head, and chains about thy neck. My son, if sinners entice 10 thee, do not consent. If they say, Come with us, let us lie in 11 wait for blood, let us lurk for the innocent without cause: let 12 us swallow them up alive like She'ol; and whole, like those who go down into the pit: we shall find all precious goods; we shall 13 fill our houses with spoil: throw in thy lot among us; we shall 14 all have one purse: my son, do not walk in the way with them; 15 restrain thy foot from their path: for their feet run to evil, and 16 they make haste to shed blood. For no heed is taken of the net 17 which is spread in the sight of any bird. And they lie in wait 18 for their blood; they lurk for their lives. So are the ways of 19 everyone who is greedy of gain; it takes away the life of its owner.

Wisdom cries aloud in the street; she utters her voice in the 20 squares: she cries in the chief place of concourse, at the en- 21 trances of the gates: in the city she utters her words, saying, How long, you simple ones, will you love being simple? and 22 how long, O scorners, will you delight in scoffing, and fools hate knowledge? turn at my reproof: behold, I will pour out 23 my spirit to you, I will make known to you my words. Because 24 I have called, and you refused; I have stretched out my hand, and no man regarded; but you have set at nought all my coun- 25 sel, and would none of my reproof: I also will laugh at your 26 calamity; I will mock when your fear comes upon you; when 27 your fear comes like a storm, and your calamity comes like a tempest; when distress and anguish come upon you. Then shall 28 they call upon me, but I will not answer; they shall seek me early, but they will not find me: for they hated knowledge, and 29 did not choose the fear of the Lord: they would none of my 30 counsel: they despised all my reproof. Therefore they shall eat 31 of the fruit of their own way, and be filled with their own de- vices. For the turning away of the simple shall slay them, and 32 the erring of fools shall destroy them. But he who listens to me 33 shall dwell safely, and shall be at ease without fear of evil.

My son, if thou wilt receive my words, and treasure up my 2 commandments with thee; so that thou incline thy ear to wis- 2 dom, and apply thy heart to understanding indeed, if thou criest 3 after wisdom, and liftest up thy voice for understanding; if 4 thou seekest her like silver, and searchest for her as for hidden treasures; then shalt thou understand the fear of the Lord, 5 and find the knowledge of God. For the Lord gives wisdom: 6

יִצְפֹּן דַּעַת וּתְבוּנָה: וצפן לַיְשָׁרִים תּוּשִׁיָּה מָגֵן לְהֹלְכֵי תֹם: לִנְצֹר ז ח
אָרְחוֹת מִשְׁפָּט וְדֶרֶךְ חֲסִידָו יִשְׁמֹר: אָז תָּבִין צֶדֶק וּמִשְׁפָּט ט
וּמֵישָׁרִים כָּל־מַעְגַּל־טוֹב: כִּי־תָבוֹא חָכְמָה בְלִבֶּךָ וְדַעַת י
לְנַפְשְׁךָ יִנְעָם: מְזִמָּה תִּשְׁמֹר עָלֶיךָ תְּבוּנָה תִנְצְרֶכָּה: לְהַצִּילְךָ יא יב
מִדֶּרֶךְ רָע מֵאִישׁ מְדַבֵּר תַּהְפֻּכוֹת: הַעֹזְבִים אָרְחוֹת יֹשֶׁר לָלֶכֶת יג
בְּדַרְכֵי־חֹשֶׁךְ: הַשְּׂמֵחִים לַעֲשׂוֹת רָע יָגִילוּ בְּתַהְפֻּכוֹת רָע: אֲשֶׁר יד טו
אָרְחֹתֵיהֶם עִקְּשִׁים וּנְלוֹזִים בְּמַעְגְּלוֹתָם: לְהַצִּילְךָ מֵאִשָּׁה זָרָה טז
מִנָּכְרִיָּה אֲמָרֶיהָ הֶחֱלִיקָה: הַעֹזֶבֶת אַלּוּף נְעוּרֶיהָ וְאֶת־בְּרִית יז
אֱלֹהֶיהָ שָׁכֵחָה: כִּי שָׁחָה אֶל־מָוֶת בֵּיתָהּ וְאֶל־רְפָאִים יח
מַעְגְּלֹתֶיהָ: כָּל־בָּאֶיהָ לֹא יְשׁוּבוּן וְלֹא־יַשִּׂיגוּ אָרְחוֹת חַיִּים: יט
לְמַעַן תֵּלֵךְ בְּדֶרֶךְ טוֹבִים וְאָרְחוֹת צַדִּיקִים תִּשְׁמֹר: כִּי־יְשָׁרִים כ כא
יִשְׁכְּנוּ־אָרֶץ וּתְמִימִים יִוָּתְרוּ בָהּ: וּרְשָׁעִים מֵאֶרֶץ יִכָּרֵתוּ כב
וּבוֹגְדִים יִסְּחוּ מִמֶּנָּה:

ג בְּנִי תּוֹרָתִי אַל־תִּשְׁכָּח וּמִצְוֹתַי יִצֹּר לִבֶּךָ: כִּי אֹרֶךְ יָמִים א ב
וּשְׁנוֹת חַיִּים וְשָׁלוֹם יוֹסִיפוּ לָךְ: חֶסֶד וֶאֱמֶת אַל־יַעַזְבֻךָ קָשְׁרֵם ג
עַל־גַּרְגְּרוֹתֶיךָ כָּתְבֵם עַל־לוּחַ לִבֶּךָ: וּמְצָא־חֵן וְשֵׂכֶל־טוֹב ד
בְּעֵינֵי אֱלֹהִים וְאָדָם:
בְּטַח אֶל־יהוה בְּכָל־לִבֶּךָ וְאֶל־בִּינָתְךָ אַל־תִּשָּׁעֵן: בְּכָל־דְּרָכֶיךָ ה ו
דָעֵהוּ וְהוּא יְיַשֵּׁר אֹרְחֹתֶיךָ: אַל־תְּהִי חָכָם בְּעֵינֶיךָ יְרָא אֶת־ ז
יהוה וְסוּר מֵרָע: רִפְאוּת תְּהִי לְשָׁרֶּךָ וְשִׁקּוּי לְעַצְמוֹתֶיךָ: כַּבֵּד ח ט
אֶת־יהוה מֵהוֹנֶךָ וּמֵרֵאשִׁית כָּל־תְּבוּאָתֶךָ: וְיִמָּלְאוּ אֲסָמֶיךָ י
שָׂבָע וְתִירוֹשׁ יְקָבֶיךָ יִפְרֹצוּ:
מוּסַר יהוה בְּנִי אַל־תִּמְאָס וְאַל־תָּקֹץ בְּתוֹכַחְתּוֹ: כִּי אֶת יא יב
אֲשֶׁר יֶאֱהַב יהוה יוֹכִיחַ וּכְאָב אֶת־בֵּן יִרְצֶה: אַשְׁרֵי אָדָם יג
מָצָא חָכְמָה וְאָדָם יָפִיק תְּבוּנָה: כִּי טוֹב סַחְרָהּ מִסְּחַר־כָּסֶף יד
מִפְּנִינִים וּמֵחָרוּץ תְּבוּאָתָהּ: יְקָרָה הִיא מפניים וְכָל־חֲפָצֶיךָ לֹא יִשְׁווּ־ טו
בָהּ: אֹרֶךְ יָמִים בִּימִינָהּ בִּשְׂמֹאולָהּ עֹשֶׁר וְכָבוֹד: דְּרָכֶיהָ טז יז
דַרְכֵי־נֹעַם וְכָל־נְתִיבוֹתֶיהָ שָׁלוֹם: עֵץ־חַיִּים הִיא לַמַּחֲזִיקִים יח
בָּהּ וְתֹמְכֶיהָ מְאֻשָּׁר:
יהוה בְּחָכְמָה יָסַד־אָרֶץ כּוֹנֵן שָׁמַיִם בִּתְבוּנָה: בְּדַעְתּוֹ תְּהוֹמוֹת יט כ
נִבְקָעוּ וּשְׁחָקִים יִרְעֲפוּ־טָל: בְּנִי אַל־יָלֻזוּ מֵעֵינֶיךָ נְצֹר תֻּשִׁיָּה כא
וּמְזִמָּה: וְיִהְיוּ חַיִּים לְנַפְשֶׁךָ וְחֵן לְגַרְגְּרֹתֶיךָ: אָז תֵּלֵךְ לָבֶטַח כב כג
דַּרְכֶּךָ וְרַגְלְךָ לֹא תִגּוֹף: אִם־תִּשְׁכַּב לֹא־תִפְחָד וְשָׁכַבְתָּ וְעָרְבָה כד

out of his mouth come knowledge and understanding. He 7
lays up sound wisdom for the righteous: he is a shield to those
who walk uprightly, to keep the paths of justice; and he pre- 8
serves the way of his pious ones. Then shalt thou understand 9
righteousness, and justice and equity, every good path: for 10
wisdom shall enter thy heart, and knowledge be pleasant to
thy soul; discretion shall preserve thee, understanding shall 11
keep thee: to deliver thee from the way of the evil man, from 12
the man who speaks perverse things; who leave the paths of 13
uprightness, to walk in the ways of darkness; who rejoice to 14
do evil, and delight in the perverseness of the wicked; whose 15
ways are crooked, and who are underhand in their paths: to 16
deliver thee from the strange woman, from the alien woman
who speaks so smoothly; who forsakes the friend of her youth, 17
and forgets the covenant of her GOD. For her house inclines 18
to death, and her paths to the dead. None that go to her return, 19
nor do they regain the paths of life: that thou mayst walk in 20
the way of good men, and keep the paths of the righteous. For 21
the upright shall dwell in the land, and the innocent shall re-
main in it. But the wicked shall be cut off from the earth, and 22
the faithless shall be rooted out of it.

My son, forget not my Tora; but let thy heart keep my com- **3**
mandments: For length of days, and long life, and peace, shall 2
they add to thee. Let not loyal love and truth forsake thee: 3
bind them about thy neck; write them upon the table of thy
heart: so shalt thou find grace and good understanding in the 4
sight of GOD and man.

Trust in the LORD with all thy heart; and do not lean upon thy 5
own understanding. In all thy ways acknowledge him, and he 6
shall direct thy paths. Be not wise in thy own eyes: fear the 7
LORD, and depart from evil. It shall be health to thy navel, and 8
marrow to thy bones. Honour the LORD with thy substance, and 9
with the firstfruits of all thy increase: so shall thy barns be 10
filled with plenty, and thy vats shall burst with new wine.

My son, do not despise the chastening of the LORD; nor be 11
weary of his correction: for the LORD reproves him whom he 12
loves: even as a father the son in whom he delights. Happy is 13
the man who finds wisdom, and the man who gets understand-
ing. For the merchandise of it is better than the merchandise 14
of silver, and its gain than fine gold. She is more precious than 15
rubies: and all the things thou canst desire are not to be com-
pared to her. Length of days is in her right hand; and in her 16
left hand are riches and honour. Her ways are ways of plea- 17
santness, and all her paths are peace. She is a tree of life to 18
those who lay hold on her: and happy are those who hold her
fast.

The LORD by wisdom founded the earth; by understanding he 19
established the heavens. By his knowledge the depths were 20
broken up, and the clouds drop down dew. My son, let them 21
not depart from thy eyes: keep sound wisdom and discretion:
so shall they be life to thy soul, and grace to thy neck. Then 22,23
shalt thou walk in thy way safely, and thy foot shall not
stumble. When thou liest down, thou shalt not be afraid: in- 24

כה שְׁנָתֶךָ: אַל־תִּירָא מִפַּחַד פִּתְאֹם וּמִשֹּׁאַת רְשָׁעִים כִּי תָבֹא:
כו כז כִּי־יהוה יִהְיֶה בְכִסְלֶךָ וְשָׁמַר רַגְלְךָ מִלָּכֶד: אַל־תִּמְנַע־טוֹב
כח מִבְּעָלָיו בִּהְיוֹת לְאֵל ידיך לַעֲשׂוֹת: אַל־תֹּאמַר לרעיך ׀ לֵךְ יָדְךָ | לְרֵעֲךָ ׀
כט וָשׁוּב וּמָחָר אֶתֵּן וְיֵשׁ אִתָּךְ: אַל־תַּחֲרֹשׁ עַל־רֵעֲךָ רָעָה וְהוּא־
ל יוֹשֵׁב לָבֶטַח אִתָּךְ: אַל־תרוב עִם־אָדָם חִנָּם אִם־לֹא גְמָלְךָ תָּרִיב
לא לב רָעָה: אַל־תְּקַנֵּא בְּאִישׁ חָמָס וְאַל־תִּבְחַר בְּכָל־דְּרָכָיו: כִּי
לג תוֹעֲבַת יהוה נָלוֹז וְאֶת־יְשָׁרִים סוֹדוֹ: מְאֵרַת יהוה בְּבֵית רָשָׁע
לד וּנְוֵה צַדִּיקִים יְבָרֵךְ: אִם־לַלֵּצִים הוּא־יָלִיץ ולעניים יִתֶּן־חֵן: וְלַעֲנָוִים
לה כָּבוֹד חֲכָמִים יִנְחָלוּ וּכְסִילִים מֵרִים קָלוֹן:
ד א ב שִׁמְעוּ בָנִים מוּסַר אָב וְהַקְשִׁיבוּ לָדַעַת בִּינָה: כִּי לֶקַח טוֹב
ג נָתַתִּי לָכֶם תּוֹרָתִי אַל־תַּעֲזֹבוּ: כִּי־בֵן הָיִיתִי לְאָבִי רַךְ וְיָחִיד לִפְנֵי
ד ה אִמִּי: וַיֹּרֵנִי וַיֹּאמֶר לִי יִתְמָךְ־דְּבָרַי לִבֶּךָ שְׁמֹר מִצְוֺתַי וֶחְיֵה: קְנֵה
ו חָכְמָה קְנֵה בִינָה אַל־תִּשְׁכַּח וְאַל־תֵּט מֵאִמְרֵי־פִי: אַל־תַּעַזְבֶהָ
ז וְתִשְׁמְרֶךָּ אֱהָבֶהָ וְתִצְּרֶךָּ: רֵאשִׁית חָכְמָה קְנֵה חָכְמָה וּבְכָל־
ח קִנְיָנְךָ קְנֵה בִינָה: סַלְסְלֶהָ וּתְרוֹמְמֶךָּ תְּכַבֵּדְךָ כִּי תְחַבְּקֶנָּה:
ט תִּתֵּן לְרֹאשְׁךָ לִוְיַת־חֵן עֲטֶרֶת תִּפְאֶרֶת תְּמַגְּנֶךָּ: שְׁמַע בְּנִי
יא וְקַח אֲמָרָי וְיִרְבּוּ לְךָ שְׁנוֹת חַיִּים: בְּדֶרֶךְ חָכְמָה הֹרֵתִיךָ
יב הִדְרַכְתִּיךָ בְּמַעְגְּלֵי־יֹשֶׁר: בְּלֶכְתְּךָ לֹא־יֵצַר צַעֲדֶךָ וְאִם־תָּרוּץ
יג יד לֹא תִכָּשֵׁל: הַחֲזֵק בַּמּוּסָר אַל־תֶּרֶף נִצְּרֶהָ כִּי־הִיא חַיֶּיךָ: בְּאֹרַח
טו רְשָׁעִים אַל־תָּבֹא וְאַל־תְּאַשֵּׁר בְּדֶרֶךְ רָעִים: פְּרָעֵהוּ אַל־
טז תַּעֲבָר־בּוֹ שְׂטֵה מֵעָלָיו וַעֲבוֹר: כִּי לֹא יִשְׁנוּ אִם־לֹא יָרֵעוּ וְנִגְזְלָה
יז שְׁנָתָם אִם־לֹא יכשולו: כִּי לָחֲמוּ לֶחֶם רֶשַׁע וְיֵין חֲמָסִים יִשְׁתּוּ: יַכְשִׁילוּ
יח יט וְאֹרַח צַדִּיקִים כְּאוֹר נֹגַהּ הוֹלֵךְ וָאוֹר עַד־נְכוֹן הַיּוֹם: דֶּרֶךְ
כ רְשָׁעִים כָּאֲפֵלָה לֹא יָדְעוּ בַּמֶּה יִכָּשֵׁלוּ: בְּנִי
כא לִדְבָרַי הַקְשִׁיבָה לַאֲמָרַי הַט־אָזְנֶךָ: אַל־יַלִּזוּ מֵעֵינֶיךָ שָׁמְרֵם
כב בְּתוֹךְ לְבָבֶךָ: כִּי־חַיִּים הֵם לְמֹצְאֵיהֶם וּלְכָל־בְּשָׂרוֹ מַרְפֵּא:
כג כד מִכָּל־מִשְׁמָר נְצֹר לִבֶּךָ כִּי־מִמֶּנּוּ תּוֹצְאוֹת חַיִּים: הָסֵר מִמְּךָ
כה עִקְּשׁוּת פֶּה וּלְזוּת שְׂפָתַיִם הַרְחֵק מִמֶּךָּ: עֵינֶיךָ לְנֹכַח יַבִּיטוּ
כו וְעַפְעַפֶּיךָ יַיְשִׁרוּ נֶגְדֶּךָ: פַּלֵּס מַעְגַּל רַגְלֶךָ וְכָל־דְּרָכֶיךָ יִכֹּנוּ:
כז אַל־תֵּט־יָמִין וּשְׂמֹאול הָסֵר רַגְלְךָ מֵרָע:
ה א ב בְּנִי לְחָכְמָתִי הַקְשִׁיבָה לִתְבוּנָתִי הַט־אָזְנֶךָ: לִשְׁמֹר מְזִמּוֹת

deed, thou shalt lie down, and thy sleep shall be sweet. Be not 25
afraid of sudden fear, nor of the ruin of the wicked, when it
comes. For the LORD shall be thy confidence, and shall keep 26
thy foot from being caught. Withhold not good from those to 27
whom it is due, when it is in the power of thy hand to do it. Say 28
not to thy neighbour, Go, and come back, and to morrow I will
give; when thou hast it by thee. Do not devise evil against thy 29
neighbour, seeing he dwells securely by thee. Do not strive with 30
a man without cause, if he have done thee no harm. Do not envy 31
the oppressor, and choose none of his ways. For the underhand 32
man is abomination to the LORD: and he shares his counsel
with the righteous. The curse of the LORD is in the house of 33
the wicked: but he blesses the habitation of the just. Surely 34
he scorns the scorners: but he gives grace to the humble. The 35
wise shall inherit honour: but fools shall get shame.

Hear, you children, the instruction of a father, and attend to **4**
know understanding. For I give you good doctrine, forsake not 2
my Tora. For I was my father's son, tender and the only one 3
in the sight of my mother. He taught me also, and said to me, 4
Let thy heart hold fast to my words: keep my commandments,
and live. Get wisdom, get understanding: do not forget it; nor 5
decline from the words of my mouth. Do not forsake her, and 6
she shall preserve thee: love her, and she shall keep thee. The 7
beginning of wisdom is, Get wisdom: therefore use all your
means to acquire understanding. Exalt her, and she shall pro- 8
mote thee: she will bring thee to honour, when thou dost
embrace her. She shall give to thy head an ornament of grace: 9
a crown of glory shall she bestow on thee. Hear, O my son, 10
and receive my sayings; and the years of thy life shall be many.
I have taught thee in the way of wisdom; I have led thee in 11
paths of rectitude. When thou goest, thy steps shall not be con- 12
fined; and when thou runnest, thou shalt not stumble. Take 13
fast hold of instruction; let her not go: keep her; for she is
thy life. Do not enter into the path of the wicked, and do not 14
go in the way of evil men. Avoid it, do not pass by it, turn 15
from it, and pass on. For they sleep not, unless they have done 16
mischief; and their sleep is taken away, unless they cause
some to fall. For they eat the bread of wickedness, and drink 17
the wine of violence. But the path of just men is like the 18
gleam of sunlight, that shines ever more brightly until the height
of noonday. The way of the wicked is like darkness: they know 19
not at what they stumble.   My son, attend to my words; 20
incline thy ear to my sayings. Let them not depart from thy 21
eyes; keep them in the midst of thy heart. For they are life to 22
those who find them, and health to all their flesh. Keep thy 23
heart with the greatest vigilance; for out of it are the issues
of life. Put away from thee a dissembling mouth, and perverse 24
lips put far from thee. Let thy eyes look right on, and let thy 25
eyelids look straight before thee. Make even the path of thy 26
foot, and let all thy ways be firm. Do not turn to the right hand 27
or to the left: remove thy foot from evil.

My son, attend to my wisdom, and bend thy ear to my under- **5**
standing: that thou mayst preserve discretion, and that thy 2

וְדַעַת שְׂפָתֶיךָ יִנְצֹרוּ׃ כִּי נֹפֶת תִּטֹּפְנָה שִׂפְתֵי זָרָה וְחָלָק מִשֶּׁמֶן ג
חִכָּהּ׃ וְאַחֲרִיתָהּ מָרָה כַלַּעֲנָה חַדָּה כְּחֶרֶב פִּיּוֹת׃ רַגְלֶיהָ ד ה
יֹרְדוֹת מָוֶת שְׁאוֹל צְעָדֶיהָ יִתְמֹכוּ׃ אֹרַח חַיִּים פֶּן־תְּפַלֵּס נָעוּ ו
מַעְגְּלֹתֶיהָ לֹא תֵדָע׃

וְעַתָּה בָנִים שִׁמְעוּ־לִי וְאַל־תָּסוּרוּ מֵאִמְרֵי־פִי׃ הַרְחֵק מֵעָלֶיהָ ז ח
דַרְכֶּךָ וְאַל־תִּקְרַב אֶל־פֶּתַח בֵּיתָהּ׃ פֶּן־תִּתֵּן לַאֲחֵרִים הוֹדֶךָ ט
וּשְׁנֹתֶיךָ לְאַכְזָרִי׃ פֶּן־יִשְׂבְּעוּ זָרִים כֹּחֶךָ וַעֲצָבֶיךָ בְּבֵית נָכְרִי׃ י
וְנָהַמְתָּ בְאַחֲרִיתֶךָ בִּכְלוֹת בְּשָׂרְךָ וּשְׁאֵרֶךָ׃ וְאָמַרְתָּ אֵיךְ שָׂנֵאתִי יא יב
מוּסָר וְתוֹכַחַת נָאַץ לִבִּי׃ וְלֹא־שָׁמַעְתִּי בְּקוֹל מוֹרָי וְלִמְלַמְּדַי יג
לֹא־הִטִּיתִי אָזְנִי׃ כִּמְעַט הָיִיתִי בְכָל־רָע בְּתוֹךְ קָהָל וְעֵדָה׃ יד
שְׁתֵה־מַיִם מִבּוֹרֶךָ וְנֹזְלִים מִתּוֹךְ בְּאֵרֶךָ׃ יָפוּצוּ מַעְיְנֹתֶיךָ חוּצָה טו טז
ב בִּרְחֹבוֹת פַּלְגֵי־מָיִם׃ יִהְיוּ־לְךָ לְבַדֶּךָ וְאֵין לְזָרִים אִתָּךְ׃ יְהִי־ יז יח
מְקוֹרְךָ בָרוּךְ וּשְׂמַח מֵאֵשֶׁת נְעוּרֶךָ׃ אַיֶּלֶת אֲהָבִים וְיַעֲלַת חֵן יט
דַּדֶּיהָ יְרַוֻּךָ בְכָל־עֵת בְּאַהֲבָתָהּ תִּשְׁגֶּה תָמִיד׃ וְלָמָּה תִשְׁגֶּה בְנִי כ
בְזָרָה וּתְחַבֵּק חֵק נָכְרִיָּה׃ כִּי נֹכַח ׀ עֵינֵי יהוה דַּרְכֵי־אִישׁ וְכָל־ כא
מַעְגְּלֹתָיו מְפַלֵּס׃ עֲווֹנֹתָיו יִלְכְּדֻנוֹ אֶת־הָרָשָׁע וּבְחַבְלֵי חַטָּאתוֹ כב
יִתָּמֵךְ׃ הוּא יָמוּת בְּאֵין מוּסָר וּבְרֹב אִוַּלְתּוֹ יִשְׁגֶּה׃ בְּנִי אִם־ כג א ו
עָרַבְתָּ לְרֵעֶךָ תָּקַעְתָּ לַזָּר כַּפֶּיךָ׃ נוֹקַשְׁתָּ בְאִמְרֵי־פִיךָ נִלְכַּדְתָּ ב
בְּאִמְרֵי־פִיךָ׃ עֲשֵׂה זֹאת אֵפוֹא ׀ בְּנִי וְהִנָּצֵל כִּי בָאתָ בְכַף־ ג
רֵעֶךָ לֵךְ הִתְרַפֵּס וּרְהַב רֵעֶיךָ׃ אַל־תִּתֵּן שֵׁנָה לְעֵינֶיךָ וּתְנוּמָה ד
לְעַפְעַפֶּיךָ׃ הִנָּצֵל כִּצְבִי מִיָּד וּכְצִפּוֹר מִיַּד יָקוּשׁ׃ ה

לֵךְ־אֶל־נְמָלָה עָצֵל רְאֵה דְרָכֶיהָ וַחֲכָם׃ אֲשֶׁר אֵין־לָהּ קָצִין ו ז
שֹׁטֵר וּמֹשֵׁל׃ תָּכִין בַּקַּיִץ לַחְמָהּ אָגְרָה בַקָּצִיר מַאֲכָלָהּ׃ עַד־ ח ט
מָתַי עָצֵל ׀ תִּשְׁכָּב מָתַי תָּקוּם מִשְּׁנָתֶךָ׃ מְעַט שֵׁנוֹת מְעַט י
תְּנוּמוֹת מְעַט ׀ חִבֻּק יָדַיִם לִשְׁכָּב׃ וּבָא־כִמְהַלֵּךְ רֵאשֶׁךָ יא
וּמַחְסֹרְךָ כְּאִישׁ מָגֵן׃

אָדָם בְּלִיַּעַל אִישׁ אָוֶן הוֹלֵךְ עִקְּשׁוּת פֶּה׃ קֹרֵץ בְּעֵינָו יב יג
מֹלֵל בְּרַגְלָו מֹרֶה בְּאֶצְבְּעֹתָיו׃ תַּהְפֻּכוֹת ׀ בְּלִבּוֹ חֹרֵשׁ רָע יד
מִדְיָנִים בְּכָל־עֵת מדנים יְשַׁלֵּחַ׃ עַל־כֵּן פִּתְאֹם יָבוֹא אֵידוֹ פֶּתַע טו
יִשָּׁבֵר וְאֵין מַרְפֵּא׃

תּוֹעֲבַת שֶׁשׁ־הֵנָּה שָׂנֵא יהוה וְשֶׁבַע תועבות נַפְשׁוֹ׃ עֵינַיִם רָמוֹת טז יז
לְשׁוֹן שָׁקֶר וְיָדַיִם שֹׁפְכוֹת דָּם־נָקִי׃ לֵב חֹרֵשׁ מַחְשְׁבוֹת יח

lips may keep knowledge. For the lips of a strange woman drip 3
honey, and her mouth is smoother than oil: but her end is 4
bitter as wormwood, sharp as a two edged sword. Her feet go 5
down to death; her steps take hold of She'ol. She is far from 6
measuring her way of life; her paths wander, and she is
ignorant.

Hear me now therefore, O children, and do not depart from the 7
words of my mouth. Remove thy way far from her, and do 8
not come near the door of her house: lest thou give thy vigour 9
to others, and thy years to the cruel one: lest strangers be fil- 10
led with thy strength; and thy labours go to the house of a
stranger: and thou moan when thy end comes, when thy flesh 11
and thy body are consumed, and thou say, How have I hated 12
instruction, and my heart despised reproof! And I have not 13
obeyed the voice of my teachers, nor bent my ear to those who
instructed me! I was almost in all evil in the midst of the 14
congregation and assembly. Drink waters out of thy own cis- 15
tern, and running waters out of thy own well. So will thy 16
spring be dispersed abroad, and streams of water will flow
in the broad places. Let them be only thy own, and not strangers' 17
with thee. Let thy fountain be blessed: and rejoice with the 18
wife of thy youth. A loving hind and a pleasant roe; let her 19
breasts satisfy thee at all times; and be thou ravished always
with her love. And why wilt thou, my son, be ravished with 20
a strange woman, and embrace the bosom of an alien? For the 21
ways of man are before the eyes of the LORD, and he ponders
all his goings. His own iniquities shall trap the wicked man, 22
and he shall be caught fast in the cords of his sins. He shall die 23
for want of instruction; and in the greatness of his folly he
shall go astray. My son, if thou be surety for thy friend, if **6**
thou hast struck thy palms for a stranger, if thou art snared 2
with the words of thy mouth, caught with the sayings of thy
mouth: do this now, my son, and deliver thyself, when thou 3
art come into the hand of thy neighbour; go, abase thyself, and
importune thy neighbour. Give no sleep to thy eyes, nor slum- 4
ber to thy eyelids. Deliver thyself like a gazelle from the hand 5
of the hunter, and like a bird from the hand of the fowler.

Go to the ant, thou sluggard; consider her ways, and be wise: 6
which having no guide, overseer, or ruler; provides her bread 7,8
in the summer, and gathers her food in the harvest. How long 9
wilt thou sleep, O sluggard? when wilt thou arise out of thy
sleep? A little sleep, a little slumber, a little folding of the 10
hands to sleep: so shall thy poverty come like a marauder, 11
and thy want like an armed man.

A base person, a wicked man, is one that walks with a crooked 12
mouth, that winks with his eyes, that taps with his feet, that 13
points with his fingers; perverseness is in his heart; he devises 14
mischief continually; he sows discord. Therefore shall his 15
calamity come suddenly; suddenly shall he be broken without
remedy.

There are six things which the LORD hates, and seven which 16
are an abomination to him: a proud look, a lying tongue, and 17
hands that shed innocent blood, a heart that devises wicked 18

יט אָוֶן רַגְלַיִם מְמַהֲרוֹת לָרוּץ לָרָעָה: יָפִיחַ כְּזָבִים עֵד שָׁקֶר
כ וּמְשַׁלֵּחַ מְדָנִים בֵּין אַחִים: נְצֹר בְּנִי מִצְוַת
כא אָבִיךָ וְאַל־תִּטֹּשׁ תּוֹרַת אִמֶּךָ: קָשְׁרֵם עַל־לִבְּךָ תָמִיד עָנְדֵם
כב עַל־גַּרְגְּרֹתֶךָ: בְּהִתְהַלֶּכְךָ ׀ תַּנְחֶה אֹתָךְ בְּשָׁכְבְּךָ תִּשְׁמֹר
כג עָלֶיךָ וַהֲקִיצוֹתָ הִיא תְשִׂיחֶךָ: כִּי נֵר מִצְוָה וְתוֹרָה אוֹר וְדֶרֶךְ
כד חַיִּים תּוֹכְחוֹת מוּסָר: לִשְׁמָרְךָ מֵאֵשֶׁת רָע מֵחֶלְקַת לָשׁוֹן
כה כו נָכְרִיָּה: אַל־תַּחְמֹד יָפְיָהּ בִּלְבָבֶךָ וְאַל־תִּקָּחֲךָ בְּעַפְעַפֶּיהָ: כִּי
בְעַד־אִשָּׁה זוֹנָה עַד־כִּכַּר לָחֶם וְאֵשֶׁת אִישׁ נֶפֶשׁ יְקָרָה תָצוּד:
כז כח הֲיַחְתֶּה אִישׁ אֵשׁ בְּחֵיקוֹ וּבְגָדָיו לֹא תִשָּׂרַפְנָה: אִם־יְהַלֵּךְ
כט אִישׁ עַל־הַגֶּחָלִים וְרַגְלָיו לֹא תִכָּוֶינָה: כֵּן הַבָּא אֶל־אֵשֶׁת
ל רֵעֵהוּ לֹא יִנָּקֶה כָּל־הַנֹּגֵעַ בָּהּ: לֹא־יָבוּזוּ לַגַּנָּב כִּי יִגְנוֹב
לא לְמַלֵּא נַפְשׁוֹ כִּי יִרְעָב: וְנִמְצָא יְשַׁלֵּם שִׁבְעָתָיִם אֶת־כָּל־הוֹן
לב בֵּיתוֹ יִתֵּן: נֹאֵף אִשָּׁה חֲסַר־לֵב מַשְׁחִית נַפְשׁוֹ הוּא יַעֲשֶׂנָּה:
לג לד נֶגַע־וְקָלוֹן יִמְצָא וְחֶרְפָּתוֹ לֹא תִמָּחֶה: כִּי־קִנְאָה חֲמַת־גָּבֶר
לה וְלֹא־יַחְמוֹל בְּיוֹם נָקָם: לֹא־יִשָּׂא פְּנֵי כָל־כֹּפֶר וְלֹא־יֹאבֶה
ז א כִּי תַרְבֶּה־שֹׁחַד: בְּנִי שְׁמֹר אֲמָרָי וּמִצְוֹתַי
ב תִּצְפֹּן אִתָּךְ: שְׁמֹר מִצְוֹתַי וֶחְיֵה וְתוֹרָתִי כְּאִישׁוֹן עֵינֶיךָ:
ג ד קָשְׁרֵם עַל־אֶצְבְּעֹתֶיךָ כָּתְבֵם עַל־לוּחַ לִבֶּךָ: אֱמֹר לַחָכְמָה
ה אֲחֹתִי אָתְּ וּמֹדָע לַבִּינָה תִקְרָא: לִשְׁמָרְךָ מֵאִשָּׁה זָרָה
ו מִנָּכְרִיָּה אֲמָרֶיהָ הֶחֱלִיקָה: כִּי בְּחַלּוֹן בֵּיתִי בְּעַד אֶשְׁנַבִּי
ז ח נִשְׁקָפְתִּי: וָאֵרֶא בַפְּתָאיִם אָבִינָה בַבָּנִים נַעַר חֲסַר־לֵב: עֹבֵר
ט בַּשּׁוּק אֵצֶל פִּנָּהּ וְדֶרֶךְ בֵּיתָהּ יִצְעָד: בְּנֶשֶׁף־בְּעֶרֶב יוֹם בְּאִישׁוֹן
י לַיְלָה וַאֲפֵלָה: וְהִנֵּה אִשָּׁה לִקְרָאתוֹ שִׁית זוֹנָה וּנְצֻרַת לֵב:
יא יב הֹמִיָּה הִיא וְסֹרָרֶת בְּבֵיתָהּ לֹא־יִשְׁכְּנוּ רַגְלֶיהָ: פַּעַם ׀ בַּחוּץ
יג פַּעַם בָּרְחֹבוֹת וְאֵצֶל כָּל־פִּנָּה תֶאֱרֹב: וְהֶחֱזִיקָה בּוֹ וְנָשְׁקָה לּוֹ
יד הֵעֵזָה פָנֶיהָ וַתֹּאמַר לוֹ: זִבְחֵי שְׁלָמִים עָלָי הַיּוֹם שִׁלַּמְתִּי נְדָרָי:
טו טז עַל־כֵּן יָצָאתִי לִקְרָאתֶךָ לְשַׁחֵר פָּנֶיךָ וָאֶמְצָאֶךָּ: מַרְבַדִּים
יז רָבַדְתִּי עַרְשִׂי חֲטֻבוֹת אֵטוּן מִצְרָיִם: נַפְתִּי מִשְׁכָּבִי מֹר אֲהָלִים
יח יט וְקִנָּמוֹן: לְכָה נִרְוֶה דֹדִים עַד־הַבֹּקֶר נִתְעַלְּסָה בָּאֳהָבִים: כִּי
כ אֵין הָאִישׁ בְּבֵיתוֹ הָלַךְ בְּדֶרֶךְ מֵרָחוֹק: צְרוֹר־הַכֶּסֶף לָקַח בְּיָדוֹ
כא לְיוֹם הַכֵּסֶא יָבֹא בֵיתוֹ: הִטַּתּוּ בְּרֹב לִקְחָהּ בְּחֵלֶק שְׂפָתֶיהָ
כב תַּדִּיחֶנּוּ: הוֹלֵךְ אַחֲרֶיהָ פִּתְאֹם כְּשׁוֹר אֶל־טָבַח יָבוֹא וּכְעֶכֶס

thoughts, feet that are swift in running to mischief, a false wit- 19
ness that breathes out lies, and one that sows discord among
brethren.   My son, keep thy father's commandment, and 20
forsake not the Tora of thy mother: bind them continually up- 21
on thy heart, and tie them about thy neck. When thou walkest, 22
it shall lead thee; when thou liest down, it shall keep thee; and
when thou awakest, it shall talk with thee. For the command- 23
ment is a lamp; and Tora is light; and reproofs of instruction
are the way of life: to keep thee from the evil woman, from 24
the smoothness of the tongue of an alien. Lust not after her 25
beauty in thy heart; nor let her take thee with her eyelids.
For by means of a harlot a man is brought to a piece 26
of bread: and the adulteress will hunt for the precious life. Can 27
a man take fire in his bosom, and his clothes not be burned?
Can one walk upon hot coals, and his feet not be scorched? 28
So he that goes in to his neighbour's wife; whoever touches 29
her shall not go unpunished. Do not men despise a thief, even 30
if he steals to satisfy his soul when he is hungry? And if he 31
be found, he shall restore sevenfold; he shall give all the sub-
stance of his house. He who commits adultery with a woman 32
lacks understanding: he who does that destroys his soul. A 33
wound and dishonour shall he get; and his reproach shall not
be wiped away. For jealousy is the rage of a man: and he will 34
not spare in the day of vengeance. He will not regard any ran- 35
som; nor will he rest content, though thou givest many gifts.

       My son, keep my words, and lay up my commandments 7
with thee. Keep my commandments, and live; and my Tora as 2
the apple of thy eye. Bind them upon thy fingers, write them 3
upon the table of thy heart. Say to wisdom, Thou art my sister; 4
and call understanding thy kinswoman: that they may keep 5
thee from the strange woman, from the alien woman who makes
smooth her words. For at the window of my house I looked 6
out through my lattice, and beheld among the simple ones, I 7
discerned among the youths, a young man void of understand-
ing, passing through the street near her corner; and he went 8
the way to her house, in the twilight, in the evening, in the 9
blackness of a dark night : and, behold, there met him a woman 10
with the attire of a harlot, and wily of heart. (She is noisy and 11
ungovernable: her feet do not remain in her house: now is she 12
outside, now in the streets, and she lies in wait at every cor-
ner.) So she caught hold of him, and kissed him, and with an 13
impudent face said to him, I have had to sacrifice peace offer- 14
ings; this day have I paid my vows. So I came out to meet 15
thee, diligently to seek thy face, and I have found thee. I have 16
decked my bed with coverings, with tapestry of Miẓrian yarn.
I have perfumed my bed with myrrh, aloes, and cinnamon. 17
Come, let us take our fill of love until the morning: let us de- 18
light ourselves with loves. For my husband is not at home, he 19
is gone a long journey: he has taken a bag of money with him, 20
and will come home at the full moon. With her much fair speech 21
she causes him to yield, with the smoothness of her lips she
seduces him. He goes after her at once, as an ox goes to the 22
slaughter, and as a man in chains to the chastisement of a

כג אֶל־מוּסַר אֱוִיל׃ עַד יְפַלַּח חֵץ כְּבֵדוֹ כְּמַהֵר צִפּוֹר אֶל־פָּח
וְלֹא־יָדַע כִּי־בְנַפְשׁוֹ הוּא׃
כד כה וְעַתָּה בָנִים שִׁמְעוּ־לִי וְהַקְשִׁיבוּ לְאִמְרֵי־פִי׃ אַל־יֵשְׂטְ אֶל־
כו דְּרָכֶיהָ לִבֶּךָ אַל־תֵּתַע בִּנְתִיבוֹתֶיהָ׃ כִּי־רַבִּים חֲלָלִים הִפִּילָה
כז וַעֲצֻמִים כָּל־הֲרֻגֶיהָ׃ דַּרְכֵי שְׁאוֹל בֵּיתָהּ יֹרְדוֹת אֶל־חַדְרֵי־
ח א ב מָוֶת׃ הֲלֹא־חָכְמָה תִקְרָא וּתְבוּנָה תִּתֵּן קוֹלָהּ׃ בְּרֹאשׁ־מְרֹמִים
ג עֲלֵי־דָרֶךְ בֵּית נְתִיבוֹת נִצָּבָה׃ לְיַד־שְׁעָרִים לְפִי־קָרֶת מְבוֹא
ד פְתָחִים תָּרֹנָּה׃ אֲלֵיכֶם אִישִׁים אֶקְרָא וְקוֹלִי אֶל־בְּנֵי אָדָם׃
ה ו הָבִינוּ פְתָאיִם עָרְמָה וּכְסִילִים הָבִינוּ לֵב׃ שִׁמְעוּ כִּי־נְגִידִים
ז אֲדַבֵּר וּמִפְתַּח שְׂפָתַי מֵישָׁרִים׃ כִּי־אֱמֶת יֶהְגֶּה חִכִּי וְתוֹעֲבַת
ח ט שְׂפָתַי רֶשַׁע׃ בְּצֶדֶק כָּל־אִמְרֵי־פִי אֵין בָּהֶם נִפְתָּל וְעִקֵּשׁ׃ כֻּלָּם
י נְכֹחִים לַמֵּבִין וִישָׁרִים לְמֹצְאֵי דָעַת׃ קְחוּ־מוּסָרִי וְאַל־כָּסֶף
יא וְדַעַת מֵחָרוּץ נִבְחָר׃ כִּי־טוֹבָה חָכְמָה מִפְּנִינִים וְכָל־חֲפָצִים לֹא
יב יִשְׁווּ־בָהּ׃ אֲנִי־חָכְמָה שָׁכַנְתִּי עָרְמָה וְדַעַת מְזִמּוֹת אֶמְצָא׃
יג יִרְאַת יְהוָה שְׂנֹאת רָע גֵּאָה וְגָאוֹן ׀ וְדֶרֶךְ רָע וּפִי תַהְפֻּכוֹת
יד טו שָׂנֵאתִי׃ לִי־עֵצָה וְתוּשִׁיָּה אֲנִי בִינָה לִי גְבוּרָה׃ בִּי מְלָכִים
טז יִמְלֹכוּ וְרֹזְנִים יְחֹקְקוּ צֶדֶק׃ בִּי שָׂרִים יָשֹׂרוּ וּנְדִיבִים כָּל־שֹׁפְטֵי
יז יח צֶדֶק׃ אֲנִי אהביה אֵהָב וּמְשַׁחֲרַי יִמְצָאֻנְנִי׃ עֹשֶׁר־וְכָבוֹד אִתִּי אֹהֲבַי
יט הוֹן עָתֵק וּצְדָקָה׃ טוֹב פִּרְיִי מֵחָרוּץ וּמִפָּז וּתְבוּאָתִי מִכֶּסֶף
כ כא נִבְחָר׃ בְּאֹרַח־צְדָקָה אֲהַלֵּךְ בְּתוֹךְ נְתִיבוֹת מִשְׁפָּט׃ לְהַנְחִיל
אֹהֲבַי ׀ יֵשׁ וְאֹצְרֹתֵיהֶם אֲמַלֵּא׃
כב כג יְהוָה קָנָנִי רֵאשִׁית דַּרְכּוֹ קֶדֶם מִפְעָלָיו מֵאָז׃ מֵעוֹלָם נִסַּכְתִּי
כד מֵרֹאשׁ מִקַּדְמֵי־אָרֶץ׃ בְּאֵין־תְּהֹמוֹת חוֹלָלְתִּי בְּאֵין מַעְיָנוֹת
כה כו נִכְבַּדֵּי־מָיִם׃ בְּטֶרֶם הָרִים הָטְבָּעוּ לִפְנֵי גְבָעוֹת חוֹלָלְתִּי׃ עַד־
כז לֹא עָשָׂה אֶרֶץ וְחוּצוֹת וְרֹאשׁ עַפְרוֹת תֵּבֵל׃ בַּהֲכִינוֹ שָׁמַיִם
כח שָׁם אָנִי בְּחוּקוֹ חוּג עַל־פְּנֵי תְהוֹם׃ בְּאַמְּצוֹ שְׁחָקִים מִמָּעַל
כט בַּעֲזוֹז עִינוֹת תְּהוֹם׃ בְּשׂוּמוֹ לַיָּם ׀ חֻקּוֹ וּמַיִם לֹא יַעַבְרוּ־פִיו
ל בְּחוּקוֹ מוֹסְדֵי אָרֶץ׃ וָאֶהְיֶה אֶצְלוֹ אָמוֹן וָאֶהְיֶה שַׁעֲשֻׁעִים
לא יוֹם ׀ יוֹם מְשַׂחֶקֶת לְפָנָיו בְּכָל־עֵת׃ מְשַׂחֶקֶת בְּתֵבֵל אַרְצוֹ
וְשַׁעֲשֻׁעַי אֶת־בְּנֵי אָדָם׃
לב לג וְעַתָּה בָנִים שִׁמְעוּ־לִי וְאַשְׁרֵי דְּרָכַי יִשְׁמֹרוּ׃ שִׁמְעוּ מוּסָר וַחֲכָמוּ
לד וְאַל־תִּפְרָעוּ׃ אַשְׁרֵי אָדָם שֹׁמֵעַ לִי לִשְׁקֹד עַל־דַּלְתֹתַי יוֹם ׀ יוֹם

fool; till a dart strike through his liver; as a bird hastens to 23
the snare, and knows not that it is for his life.

Hearken to me now therefore, O you children, and attend to 24
the words of my mouth. Let not thy heart decline to her ways, 25
do not go astray in her paths. For she has cast down many 26
wounded: and many strong men have been slain by her. Her 27
house is the way to She'ol, going down to the chambers of
death. Does not wisdom call? and understanding put forth her **8**
voice? She stands at the top of high places by the way, where 2
the paths meet. She cries out at the gates, at the entry of the 3
city, at the coming in of the doors. To you, O men, I call; and 4
my voice is to the sons of man. O you simple, understand 5
prudence: and, you fools, be of an understanding heart. Hear; 6
for I will speak excellent things; and the opening of my lips
shall be rectitude. For my mouth shall speak truth; and wick- 7
edness is an abomination to my lips. All the words of my mouth 8
are in righteousness; there is nothing crooked or perverse in
them. They are all plain to him that understands, and right 9
to those who find knowledge. Receive my instruction, and not 10
silver; and knowledge rather than choice gold. For wisdom is 11
better than rubies; and all the things that may be desired are
not to be compared to it. I, wisdom, dwell with prudence, and 12
find knowledge and discretion. The fear of the LORD is to hate 13
evil: pride, and arrogancy, and the evil way, and the sly mouth
I hate. Counsel is mine, and sound wisdom: I am understand- 14
ing; I have strength. By me kings reign, and princes decree 15
justice. By me princes rule, and nobles, even all the judges of 16
the earth. I love those who love me; and those who seek me 17
early shall find me. Riches and honour are with me; yea, dur- 18
able riches and righteousness. My fruit is better than gold, 19
yea, than fine gold; and my produce than choice silver. I walk 20
in the way of righteousness, in the midst of the paths of
justice: That I may cause those who love me to inherit sub- 21
stance; and I will fill their treasures.

The LORD created me as the beginning of his way, the first of 22
his works of old. I was set up from everlasting, from the begin- 23
ning, before ever the earth was. When there were no depths, 24
I was brought forth; when there were no fountains abound-
ing with water. Before the mountains were settled, before the 25
hills was I brought forth: while as yet he had not made the 26
earth, or the fields, or the highest part of the dust of the world.
When he established the heavens, I was there: when he drew 27
a circle over the surface of the deep: when he established the 28
clouds above: when the fountains of the deep became strong:
when he gave to the sea its decree, that the waters should not 29
pass his commandment: when he appointed the foundations
of the earth: then I was by him, as a nurseling: and I was 30
daily his delight, playing always before him; playing with the 31
universe, his earth; and my delights were with the sons of
men.

Now therefore hearken to me, O you children: for happy are 32
they who keep my ways. Hear instruction, and be wise, and 33
refuse it not. Happy is the man who hearkens to me, watch- 34

לה לִשְׁמֹר מְזוּזֹת פְּתָחָי׃ כִּי מֹצְאִי מָצְאִי חַיִּים וַיָּפֶק רָצוֹן מֵיְהוָה׃ מְצָא
לו וְחֹטְאִי חֹמֵס נַפְשׁוֹ כָּל־מְשַׂנְאַי אָהֲבוּ מָוֶת׃
א ב חָכְמוֹת בָּנְתָה בֵיתָהּ חָצְבָה עַמּוּדֶיהָ שִׁבְעָה׃ טָבְחָה טִבְחָהּ ט
ג מָסְכָה יֵינָהּ אַף עָרְכָה שֻׁלְחָנָהּ׃ שָׁלְחָה נַעֲרֹתֶיהָ תִקְרָא עַל־גַּפֵּי
ד ה מְרֹמֵי קָרֶת׃ מִי־פֶתִי יָסֻר הֵנָּה חֲסַר־לֵב אָמְרָה לּוֹ׃ לְכוּ לַחֲמוּ
ו בְלַחֲמִי וּשְׁתוּ בְּיַיִן מָסָכְתִּי׃ עִזְבוּ פְתָאיִם וִחְיוּ וְאִשְׁרוּ בְּדֶרֶךְ
ז ח בִּינָה׃ יֹסֵר לֵץ לֹקֵחַ לוֹ קָלוֹן וּמוֹכִיחַ לְרָשָׁע מוּמוֹ׃ אַל־תּוֹכַח
ט לֵץ פֶּן־יִשְׂנָאֶךָּ הוֹכַח לְחָכָם וְיֶאֱהָבֶךָּ׃ תֵּן לְחָכָם וְיֶחְכַּם־עוֹד
י הוֹדַע לְצַדִּיק וְיוֹסֶף לֶקַח׃ תְּחִלַּת חָכְמָה יִרְאַת יְהוָה וְדַעַת
יא יב קְדֹשִׁים בִּינָה׃ כִּי־בִי יִרְבּוּ יָמֶיךָ וְיוֹסִיפוּ לְּךָ שְׁנוֹת חַיִּים׃ אִם־ ג
יג חָכַמְתָּ חָכַמְתָּ לָּךְ וְלַצְתָּ לְבַדְּךָ תִשָּׂא׃ אֵשֶׁת כְּסִילוּת הֹמִיָּה
יד פְּתַיּוּת וּבַל־יָדְעָה מָּה׃ וְיָשְׁבָה לְפֶתַח בֵּיתָהּ עַל־כִּסֵּא
טו טז מְרֹמֵי קָרֶת׃ לִקְרֹא לְעֹבְרֵי־דָרֶךְ הַמְיַשְּׁרִים אֹרְחוֹתָם׃ מִי־
יז פֶתִי יָסֻר הֵנָּה וַחֲסַר־לֵב וְאָמְרָה לּוֹ׃ מַיִם־גְּנוּבִים יִמְתָּקוּ
יח וְלֶחֶם סְתָרִים יִנְעָם׃ וְלֹא־יָדַע כִּי־רְפָאִים שָׁם בְּעִמְקֵי
שְׁאוֹל קְרֻאֶיהָ׃
א ב מִשְׁלֵי שְׁלֹמֹה בֵּן חָכָם יְשַׂמַּח־אָב וּבֵן כְּסִיל תּוּגַת אִמּוֹ׃ לֹא־ י
ג יוֹעִילוּ אוֹצְרוֹת רֶשַׁע וּצְדָקָה תַּצִּיל מִמָּוֶת׃ לֹא־יַרְעִיב יְהוָה
ד נֶפֶשׁ צַדִּיק וְהַוַּת רְשָׁעִים יֶהְדֹּף׃ רָאשׁ עֹשֶׂה כַף־רְמִיָּה וְיַד
ה חָרוּצִים תַּעֲשִׁיר׃ אֹגֵר בַּקַּיִץ בֵּן מַשְׂכִּיל נִרְדָּם בַּקָּצִיר בֵּן
ו ז מֵבִישׁ׃ בְּרָכוֹת לְרֹאשׁ צַדִּיק וּפִי רְשָׁעִים יְכַסֶּה חָמָס׃ זֵכֶר
ח צַדִּיק לִבְרָכָה וְשֵׁם רְשָׁעִים יִרְקָב׃ חֲכַם־לֵב יִקַּח מִצְוֹת וֶאֱוִיל
ט שְׂפָתַיִם יִלָּבֵט׃ הוֹלֵךְ בַּתֹּם יֵלֶךְ בֶּטַח וּמְעַקֵּשׁ דְּרָכָיו יִוָּדֵעַ׃
י יא קֹרֵץ עַיִן יִתֵּן עַצָּבֶת וֶאֱוִיל שְׂפָתַיִם יִלָּבֵט׃ מְקוֹר חַיִּים פִּי צַדִּיק
יב וּפִי רְשָׁעִים יְכַסֶּה חָמָס׃ שִׂנְאָה תְּעֹרֵר מְדָנִים וְעַל כָּל־פְּשָׁעִים
יג תְּכַסֶּה אַהֲבָה׃ בְּשִׂפְתֵי נָבוֹן תִּמָּצֵא חָכְמָה וְשֵׁבֶט לְגֵו חֲסַר־
יד טו לֵב׃ חֲכָמִים יִצְפְּנוּ־דָעַת וּפִי־אֱוִיל מְחִתָּה קְרֹבָה׃ הוֹן עָשִׁיר
טז קִרְיַת עֻזּוֹ מְחִתַּת דַּלִּים רֵישָׁם׃ פְּעֻלַּת צַדִּיק לְחַיִּים תְּבוּאַת
יז רָשָׁע לְחַטָּאת׃ אֹרַח לְחַיִּים שׁוֹמֵר מוּסָר וְעוֹזֵב תּוֹכַחַת מַתְעֶה׃
יח יט מְכַסֶּה שִׂנְאָה שִׂפְתֵי־שָׁקֶר וּמוֹצִא דִבָּה הוּא כְסִיל׃ בְּרֹב דְּבָרִים

ing daily at my gates, waiting at the posts of my doors. For 35
whoever finds me finds life, and obtains favour of the LORD.
But he who sins against me wrongs his own soul: all they who 36
hate me love death.

Wisdom has built her house, she has hewn out her seven pil- **9**
lars: she has killed her beasts; she has mingled her wine; she 2
has also furnished her table. She has sent forth her maidens: 3
she calls upon the highest places of the city, Whoever is simple, 4
let him turn in here: as for him that lacks understanding, she
says to him, Come, eat of my bread, and drink of the wine 5
which I have mingled. Forsake foolishness, and live; and go in 6
the way of understanding. He who corrects a scorner brings 7
shame on himself: and he who rebukes a wicked man brings
on himself his blemish. Do not reprove a scorner, lest he hate 8
thee: rebuke a wise man, and he will love thee. Give instruc- 9
tion to a wise man, and he will be yet wiser: teach a just man,
and he will increase in learning. The fear of the LORD is the 10
beginning of wisdom: and the knowledge of holy matters is
understanding. For by me thy days shall be multiplied, and the 11
years of thy life shall be increased. If thou art wise, thou art 12
wise for thyself: and if thou scornest, thou alone shalt bear it.
The woman Folly is clamorous: she is simple, and knows 13
nothing. For she sits at the door of her house, on a seat in the 14
high places of the city. Calling out to passers by who are going 15
straight on their ways: Whoever is simple, let him turn in 16
here: and as for him that lacks understanding, she says to him,
Stolen waters are sweet, and bread eaten in secret is pleasant. 17
But he knows not that the dead are there; and that her guests 18
are in the depths of She'ol.

The proverbs of Shelomo. A wise son makes a glad father: **10**
but a foolish son is the grief of his mother. Treasures of wick- 2
edness profit nothing: but righteousness delivers from death.
The LORD will not suffer the soul of the righteous to famish: 3
but he thrusts away the desire of the wicked. A slack hand 4
causes poverty: but the hand of the diligent makes rich. He 5
that gathers in summer is a wise son: but a son that sleeps in
harvest brings shame. Blessings are upon the head of the 6
just: but violence covers the mouth of the wicked. The me- 7
mory of the just is blessed: but the name of the wicked shall
rot. The wise in heart will receive commandments: but a prat- 8
ing fool shall be punished. He that walks uprightly walks 9
surely: but he that perverts his ways shall be found out. He 10
that winks with the eye causes sorrow: and a prating fool shall
fall. The mouth of a righteous man is a fountain of life: but 11
violence covers the mouth of the wicked. Hatred stirs up strifes: 12
but love covers all sins. In the lips of him that has understand- 13
ing wisdom is found: but a rod is for the back of him that is
void of understanding. Wise men lay up knowledge: but the 14
mouth of the fool brings ruin near. The rich man's wealth is 15
his strong city: the ruin of the poor is their poverty. The wage 16
of the righteous brings life: the gain of the wicked leads to
sin. He that keeps instruction is in the way of life: but he that 17
refuses reproof leads astray. He who hides hatred uses lying 18

כ לֹא יֶחְדַּל־פָּשַׁע וְחֹשֵׂךְ שְׂפָתָיו מַשְׂכִּיל׃ כֶּסֶף נִבְחָר לְשׁוֹן צַדִּיק
כא לֵב רְשָׁעִים כִּמְעָט׃ שִׂפְתֵי צַדִּיק יִרְעוּ רַבִּים וֶאֱוִילִים בַּחֲסַר־לֵב
כב כג יָמוּתוּ׃ בִּרְכַּת יְהוָה הִיא תַעֲשִׁיר וְלֹא־יוֹסִף עֶצֶב עִמָּהּ׃ כִּשְׂחוֹק
כד לִכְסִיל עֲשׂוֹת זִמָּה וְחָכְמָה לְאִישׁ תְּבוּנָה׃ מְגוֹרַת רָשָׁע הִיא
כה תְבוֹאֶנּוּ וְתַאֲוַת צַדִּיקִים יִתֵּן׃ כַּעֲבוֹר סוּפָה וְאֵין רָשָׁע וְצַדִּיק
כו יְסוֹד עוֹלָם׃ כַּחֹמֶץ ׀ לַשִּׁנַּיִם וְכֶעָשָׁן לָעֵינָיִם כֵּן הֶעָצֵל לְשֹׁלְחָיו׃
כז כח יִרְאַת יְהוָה תּוֹסִיף יָמִים וּשְׁנוֹת רְשָׁעִים תִּקְצֹרְנָה׃ תּוֹחֶלֶת
כט צַדִּיקִים שִׂמְחָה וְתִקְוַת רְשָׁעִים תֹּאבֵד׃ מָעוֹז לַתֹּם דֶּרֶךְ יְהוָה
ל וּמְחִתָּה לְפֹעֲלֵי אָוֶן׃ צַדִּיק לְעוֹלָם בַּל־יִמּוֹט וּרְשָׁעִים לֹא
לא יִשְׁכְּנוּ־אָרֶץ׃ פִּי־צַדִּיק יָנוּב חָכְמָה וּלְשׁוֹן תַּהְפֻּכוֹת תִּכָּרֵת׃
לב יא א שִׂפְתֵי צַדִּיק יֵדְעוּן רָצוֹן וּפִי רְשָׁעִים תַּהְפֻּכוֹת׃ מֹאזְנֵי מִרְמָה
ב תּוֹעֲבַת יְהוָה וְאֶבֶן שְׁלֵמָה רְצוֹנוֹ׃ בָּא־זָדוֹן וַיָּבֹא קָלוֹן וְאֶת־
ג ד צְנוּעִים חָכְמָה׃ תֻּמַּת יְשָׁרִים תַּנְחֵם וְסֶלֶף בֹּגְדִים ושדם׃ לֹא־ יְשָׁדֵּם
ה יוֹעִיל הוֹן בְּיוֹם עֶבְרָה וּצְדָקָה תַּצִּיל מִמָּוֶת׃ צִדְקַת תָּמִים
ו תְּיַשֵּׁר דַּרְכּוֹ וּבְרִשְׁעָתוֹ יִפֹּל רָשָׁע׃ צִדְקַת יְשָׁרִים תַּצִּילֵם וּבְהַוַּת
ז בֹּגְדִים יִלָּכֵדוּ׃ בְּמוֹת אָדָם רָשָׁע תֹּאבַד תִּקְוָה וְתוֹחֶלֶת אוֹנִים
ח ט אָבָדָה׃ צַדִּיק מִצָּרָה נֶחֱלָץ וַיָּבֹא רָשָׁע תַּחְתָּיו׃ בְּפֶה חָנֵף
י יַשְׁחִת רֵעֵהוּ וּבְדַעַת צַדִּיקִים יֵחָלֵצוּ׃ בְּטוּב צַדִּיקִים תַּעֲלֹץ
יא קִרְיָה וּבַאֲבֹד רְשָׁעִים רִנָּה׃ בְּבִרְכַּת יְשָׁרִים תָּרוּם קָרֶת וּבְפִי
יב רְשָׁעִים תֵּהָרֵס׃ בָּז־לְרֵעֵהוּ חֲסַר־לֵב וְאִישׁ תְּבוּנוֹת יַחֲרִישׁ׃
יג יד הוֹלֵךְ רָכִיל מְגַלֶּה־סּוֹד וְנֶאֱמַן־רוּחַ מְכַסֶּה דָבָר׃ בְּאֵין תַּחְבֻּלוֹת
טו יִפָּל־עָם וּתְשׁוּעָה בְּרֹב יוֹעֵץ׃ רַע־יֵרוֹעַ כִּי־עָרַב זָר וְשֹׂנֵא
טז תֹקְעִים בּוֹטֵחַ׃ אֵשֶׁת־חֵן תִּתְמֹךְ כָּבוֹד וְעָרִיצִים יִתְמְכוּ־עֹשֶׁר׃
יז יח גֹּמֵל נַפְשׁוֹ אִישׁ חָסֶד וְעֹכֵר שְׁאֵרוֹ אַכְזָרִי׃ רָשָׁע עֹשֶׂה פְעֻלַּת־
יט שָׁקֶר וְזֹרֵעַ צְדָקָה שֶׂכֶר אֱמֶת׃ כֵּן־צְדָקָה לְחַיִּים וּמְרַדֵּף רָעָה
כ כא לְמוֹתוֹ׃ תּוֹעֲבַת יְהוָה עִקְּשֵׁי־לֵב וּרְצוֹנוֹ תְּמִימֵי דָרֶךְ׃ יָד לְיָד
כב לֹא־יִנָּקֶה רָּע וְזֶרַע צַדִּיקִים נִמְלָט׃ נֶזֶם זָהָב בְּאַף חֲזִיר אִשָּׁה

lips, and he that utters a slander, is a fool. In the multitude of   19
words sin is not lacking: but he who restrains his lips is wise.
The tongue of the just is like choice silver: the heart of the   20
wicked is little worth. The lips of the righteous feed many: 21
but fools die for want of wisdom. The blessing of the LORD,   22
it makes rich, and he adds no sorrow with it. It is as sport to   23
a fool to do mischief: and likewise is it to a man of under-
standing to practise wisdom. What the wicked dreads shall   24
come upon him: but the desire of the righteous shall be gran-
ted. When the storm wind passes, the wicked is no more: 25
but the righteous is an everlasting foundation. As vinegar to   26
the teeth, and as smoke to the eyes, so is the sluggard to those
who send him. The fear of the LORD prolongs days: but the   27
years of the wicked shall be shortened. The hope of the   28
righteous is gladness: but the expectation of the wicked shall
perish. The way of the LORD is a stronghold to the upright,   29
but destruction to the workers of iniquity. The righteous shall   30
never be removed: but the wicked shall not inhabit the earth.
The mouth of the just brings forth wisdom: but the perverse   31
tongue shall be cut off. The lips of the righteous know what   32
is acceptable: but the mouth of the wicked is crookedness. A   **11**
false balance is abomination to the LORD: but a just weight is
his delight. When pride comes, then comes shame: but with   2
the lowly is wisdom. The integrity of the upright shall guide   3
them: but the perverseness of the faithless shall destroy them.
Riches profit not in the day of wrath: but righteousness de-   4
livers from death. The righteousness of the innocent shall direct   5
his way: but the wicked shall fall by his own wickedness. The   6
righteousness of the upright shall deliver them: but the faith-
less shall be caught in their own malice. When a wicked man   7
dies, his expectation shall perish: and the hope of unjust men
perishes. The righteous is delivered out of trouble, and the   8
wicked comes in his stead. A hypocrite destroys his neigh-   9
bour with his mouth: but the just shall be delivered through
knowledge. When it goes well with the righteous, the city re-   10
joices: but when the wicked perish, there is jubilation. By the   11
blessing of the upright a city is exalted: but it is overthrown
by the mouth of the wicked. He that is void of wisdom despises   12
his neighbour: but a man of understanding holds his peace.
A talebearer reveals secrets: but he that is of a faithful spirit   13
conceals the matter. Where there is no counsel, a people falls: 14
but in the multitude of counsellors there is safety. He that is   15
surety for a stranger shall smart for it: but he that hates
suretyship is safe. A woman of charm obtains honour: and   16
powerful men obtain wealth. The merciful man does good to   17
his own soul: but he that is cruel troubles his own flesh. The   18
wicked man earns wages of deceit: but he that sows righteous-
ness has a sure reward. He that is firm in righteousness achieves   19
life; but he that pursues evil comes to his own death. They   20
that are of a crooked heart are an abomination to the LORD:
but such as are upright in their way are his delight. They who   21
join hands for wicked ends shall not go unpunished: but the
seed of the righteous shall be delivered. Like a jewel of gold in   22

כג יָפָה וְסָרַת טָעַם׃ תַּאֲוַת צַדִּיקִים אַךְ־טוֹב תִּקְוַת רְשָׁעִים

כד עֶבְרָה׃ יֵשׁ מְפַזֵּר וְנוֹסָף עוֹד וְחֹשֵׂךְ מִיֹּשֶׁר אַךְ־לְמַחְסוֹר׃ נֶפֶשׁ־

כה בְּרָכָה תְדֻשָּׁן וּמַרְוֶה גַּם־הוּא יוֹרֶא׃ מֹנֵעַ בָּר יִקְּבֻהוּ לְאוֹם

כו וּבְרָכָה לְרֹאשׁ מַשְׁבִּיר׃ שֹׁחֵר טוֹב יְבַקֵּשׁ רָצוֹן וְדֹרֵשׁ רָעָה

כז תְבוֹאֶנּוּ׃ בּוֹטֵחַ בְּעָשְׁרוֹ הוּא יִפֹּל וְכֶעָלֶה צַדִּיקִים יִפְרָחוּ׃ עֹכֵר

כח בֵּיתוֹ יִנְחַל־רוּחַ וְעֶבֶד אֱוִיל לַחֲכַם־לֵב׃ פְּרִי־צַדִּיק עֵץ חַיִּים

כט וְלֹקֵחַ נְפָשׁוֹת חָכָם׃ הֵן צַדִּיק בָּאָרֶץ יְשֻׁלָּם אַף כִּי־רָשָׁע וְחוֹטֵא׃

ל

לא

יב א אֹהֵב מוּסָר אֹהֵב דָּעַת וְשֹׂנֵא תוֹכַחַת בָּעַר׃ טוֹב יָפִיק רָצוֹן

ג מֵיְהוָה וְאִישׁ מְזִמּוֹת יַרְשִׁיעַ׃ לֹא־יִכּוֹן אָדָם בְּרֶשַׁע וְשֹׁרֶשׁ

ד צַדִּיקִים בַּל־יִמּוֹט׃ אֵשֶׁת־חַיִל עֲטֶרֶת בַּעְלָהּ וּכְרָקָב בְּעַצְמוֹתָיו

ה מְבִישָׁה׃ מַחְשְׁבוֹת צַדִּיקִים מִשְׁפָּט תַּחְבֻּלוֹת רְשָׁעִים מִרְמָה׃

ו דִּבְרֵי רְשָׁעִים אֱרָב־דָּם וּפִי יְשָׁרִים יַצִּילֵם׃ הָפוֹךְ רְשָׁעִים וְאֵינָם

ח וּבֵית צַדִּיקִים יַעֲמֹד׃ לְפִי־שִׂכְלוֹ יְהֻלַּל־אִישׁ וְנַעֲוֵה־לֵב יִהְיֶה

ט לָבוּז׃ טוֹב נִקְלֶה וְעֶבֶד לוֹ מִמִּתְכַּבֵּד וַחֲסַר־לָחֶם׃ יוֹדֵעַ צַדִּיק

י נֶפֶשׁ בְּהֶמְתּוֹ וְרַחֲמֵי רְשָׁעִים אַכְזָרִי׃ עֹבֵד אַדְמָתוֹ יִשְׂבַּע־לָחֶם

יב וּמְרַדֵּף רֵיקִים חֲסַר־לֵב׃ חָמַד רָשָׁע מְצוֹד רָעִים וְשֹׁרֶשׁ

יג צַדִּיקִים יִתֵּן׃ בְּפֶשַׁע שְׂפָתַיִם מוֹקֵשׁ רָע וַיֵּצֵא מִצָּרָה צַדִּיק׃

יד מִפְּרִי פִי־אִישׁ יִשְׂבַּע־טוֹב וּגְמוּל יְדֵי־אָדָם יָשׁוּב לוֹ׃ דֶּרֶךְ אֱוִיל יָשָׁר

טו בְּעֵינָיו וְשֹׁמֵעַ לְעֵצָה חָכָם׃ אֱוִיל בַּיּוֹם יִוָּדַע כַּעְסוֹ וְכֹסֶה

טז קָלוֹן עָרוּם׃ יָפִיחַ אֱמוּנָה יַגִּיד צֶדֶק וְעֵד שְׁקָרִים מִרְמָה׃ יֵשׁ

יז בּוֹטֶה כְּמַדְקְרוֹת חָרֶב וּלְשׁוֹן חֲכָמִים מַרְפֵּא׃ שְׂפַת־אֱמֶת תִּכּוֹן

יח לָעַד וְעַד־אַרְגִּיעָה לְשׁוֹן שָׁקֶר׃ מִרְמָה בְּלֶב־חֹרְשֵׁי רָע וּלְיֹעֲצֵי

כ שָׁלוֹם שִׂמְחָה׃ לֹא־יְאֻנֶּה לַצַּדִּיק כָּל־אָוֶן וּרְשָׁעִים מָלְאוּ רָע׃

כא תּוֹעֲבַת יְהוָה שִׂפְתֵי־שָׁקֶר וְעֹשֵׂי אֱמוּנָה רְצוֹנוֹ׃ אָדָם עָרוּם

כב כֹּסֶה דָּעַת וְלֵב כְּסִילִים יִקְרָא אִוֶּלֶת׃ יַד־חָרוּצִים תִּמְשׁוֹל

כד וּרְמִיָּה תִּהְיֶה לָמַס׃ דְּאָגָה בְלֶב־אִישׁ יַשְׁחֶנָּה וְדָבָר טוֹב

כה יְשַׂמְּחֶנָּה׃ יָתֵר מֵרֵעֵהוּ צַדִּיק וְדֶרֶךְ רְשָׁעִים תַּתְעֵם׃ לֹא־יַחֲרֹךְ

a swine's snout, so is a fair woman without discretion. The   23
desire of the righteous is only good: but the expectation of
the wicked is wrath. There is one who gives freely, and yet   24
increases, another spares unjustly, but comes to want. The libe-   25
ral soul shall be made rich: and he who waters shall be nourished
also himself. He who holds back corn, the people shall curse   26
him: but blessing shall be upon the head of him who sells
freely. He who diligently seeks good procures favour: but he   27
who seeks mischief, it shall come to him. He who trusts in his   28
riches shall fall: but the righteous shall flourish like foliage.
He who troubles his own house shall inherit wind: and the fool   29
shall be servant to the wise of heart. The fruit of the righteous   30
is a tree of life; and he that wins souls is wise. Behold, the   31
just man shall be recompensed on earth: how much more the
wicked and the sinner! Whoever loves knowledge loves disci-   **12**
pline: but he who hates reproof is stupid. A good man obtains   2
favour of the LORD: but a man of wicked devices will he con-
demn. A man shall not be established by wickedness: but the   3
root of the righteous shall not be moved. A virtuous woman is   4
a crown to her husband: but she that acts shamefully is as
rottenness in his bones. The thoughts of the righteous are   5
right: but the counsels of the wicked are deceit. The words   6
of the wicked are to lie in wait for blood: but the mouth of
the upright shall deliver them. The wicked are overthrown, and   7
are no more: but the house of the righteous shall stand. A   8
man shall be commended according to his intelligence: but he
that is of perverse mind shall be despised. Better is one lightly   9
esteemed who owns a servant, than one who pranks himself
but lacks bread. A righteous man regards the life of his beast: 10
but the heart of the wicked is cruel. He that tills his land shall   11
have plenty of bread: but he that follows vain persons is void
of understanding. The wicked man craves — he is snared by   12
mischief: but the righteous strike root. The wicked is snared   13
by the transgression of his lips: but the just shall come out of
trouble. A man shall be satisfied with good by the fruit of his   14
mouth: and the recompense of a man's hands shall be rendered
to him. The way of a fool is right in his own eyes: but he that   15
hearkens unto counsel is wise. A fool's wrath is presently   16
known: but a prudent man conceals disgrace. He who utters   17
truth gives just evidence: but a false witness utters deceit.
There is one who speaks like the piercings of a sword: but   18
the tongue of the wise is health. The lip of truth shall be estab-   19
lished for ever: but a lying tongue is but for a moment. Deceit   20
is in the heart of those who imagine evil: but the counsellors
of peace have joy. No evil shall happen to the just: but the   21
wicked are filled with mischief. Lying lips are abomination to   22
the LORD: but they who deal truly are his delight. A prudent   23
man conceals knowledge: but the heart of fools proclaims his
foolishness. The hand of the diligent shall bear rule: but the   24
slothful shall be under tribute. Anxiety in a man's heart de-   25
jects it: but a good word gladdens it. The righteous guides   26
his neighbour aright: but the way of the wicked leads them
astray. The slothful man does not roast his catch: but the   27

כח רְמִיָּה צֵידוֹ וְהוֹן־אָדָם יָקָר חָרוּץ׃ בְּאֹרַח־צְדָקָה חַיִּים וְדֶרֶךְ
נְתִיבָה אַל־מָוֶת׃

יג א ב בֵּן חָכָם מוּסַר אָב וְלֵץ לֹא־שָׁמַע גְּעָרָה׃ מִפְּרִי פִי־אִישׁ יֹאכַל
ג טוֹב וְנֶפֶשׁ בֹּגְדִים חָמָס׃ נֹצֵר פִּיו שֹׁמֵר נַפְשׁוֹ פֹּשֵׂק שְׂפָתָיו
ד מְחִתָּה־לוֹ׃ מִתְאַוָּה וָאַיִן נַפְשׁוֹ עָצֵל וְנֶפֶשׁ חָרֻצִים תְּדֻשָּׁן׃
ה ו דְּבַר־שֶׁקֶר יִשְׂנָא צַדִּיק וְרָשָׁע יַבְאִישׁ וְיַחְפִּיר׃ צְדָקָה תִּצֹּר תָּם־
ז דָּרֶךְ וְרִשְׁעָה תְּסַלֵּף חַטָּאת׃ יֵשׁ מִתְעַשֵּׁר וְאֵין כֹּל מִתְרוֹשֵׁשׁ
ח ט וְהוֹן רָב׃ כֹּפֶר נֶפֶשׁ־אִישׁ עָשְׁרוֹ וְרָשׁ לֹא־שָׁמַע גְּעָרָה׃ אוֹר־
י צַדִּיקִים יִשְׂמָח וְנֵר רְשָׁעִים יִדְעָךְ׃ רַק־בְּזָדוֹן יִתֵּן מַצָּה וְאֶת־
יא יב נוֹעָצִים חָכְמָה׃ הוֹן מֵהֶבֶל יִמְעָט וְקֹבֵץ עַל־יָד יַרְבֶּה׃ תּוֹחֶלֶת
יג מְמֻשָּׁכָה מַחֲלָה־לֵב וְעֵץ חַיִּים תַּאֲוָה בָאָה׃ בָּז לְדָבָר יֵחָבֶל לוֹ
יד וִירֵא מִצְוָה הוּא יְשֻׁלָּם׃ תּוֹרַת חָכָם מְקוֹר חַיִּים לָסוּר מִמֹּקְשֵׁי
טו טז מָוֶת׃ שֵׂכֶל־טוֹב יִתֶּן־חֵן וְדֶרֶךְ בֹּגְדִים אֵיתָן׃ כָּל־עָרוּם יַעֲשֶׂה
יז בְדָעַת וּכְסִיל יִפְרֹשׂ אִוֶּלֶת׃ מַלְאָךְ רָשָׁע יִפֹּל בְּרָע וְצִיר אֱמוּנִים
יח יט מַרְפֵּא׃ רֵישׁ וְקָלוֹן פּוֹרֵעַ מוּסָר וְשׁוֹמֵר תּוֹכַחַת יְכֻבָּד׃ תַּאֲוָה
כ נִהְיָה תֶּעֱרַב לְנָפֶשׁ וְתוֹעֲבַת כְּסִילִים סוּר מֵרָע׃ הלוך אֶת־ הוֹלֵךְ
כא חֲכָמִים וחכם וְרֹעֶה כְסִילִים יֵרוֹעַ׃ חַטָּאִים תְּרַדֵּף רָעָה וְאֶת־ יֶחְכָּם
כב צַדִּיקִים יְשַׁלֶּם־טוֹב׃ טוֹב יַנְחִיל בְּנֵי־בָנִים וְצָפוּן לַצַּדִּיק חֵיל
כג כד חוֹטֵא׃ רָב־אֹכֶל נִיר רָאשִׁים וְיֵשׁ נִסְפֶּה בְּלֹא מִשְׁפָּט׃ חוֹשֵׂךְ
כה שִׁבְטוֹ שׂוֹנֵא בְנוֹ וְאֹהֲבוֹ שִׁחֲרוֹ מוּסָר׃ צַדִּיק אֹכֵל לְשֹׂבַע נַפְשׁוֹ

יד א וּבֶטֶן רְשָׁעִים תֶּחְסָר׃ חַכְמוֹת נָשִׁים בָּנְתָה בֵיתָהּ וְאִוֶּלֶת בְּיָדֶיהָ
ב ג תֶהֶרְסֶנּוּ׃ הוֹלֵךְ בְּיָשְׁרוֹ יְרֵא יְהוָה וּנְלוֹז דְּרָכָיו בּוֹזֵהוּ׃ בְּפִי־אֱוִיל
ד חֹטֶר גַּאֲוָה וְשִׂפְתֵי חֲכָמִים תִּשְׁמוּרֵם׃ בְּאֵין אֲלָפִים אֵבוּס בָּר ד
ה וְרָב־תְּבוּאוֹת בְּכֹחַ שׁוֹר׃ עֵד אֱמוּנִים לֹא יְכַזֵּב וְיָפִיחַ כְּזָבִים עֵד
ו ז שָׁקֶר׃ בִּקֶּשׁ־לֵץ חָכְמָה וָאָיִן וְדַעַת לְנָבוֹן נָקָל׃ לֵךְ מִנֶּגֶד לְאִישׁ
ח כְּסִיל וּבַל־יָדַעְתָּ שִׂפְתֵי־דָעַת׃ חָכְמַת עָרוּם הָבִין דַּרְכּוֹ וְאִוֶּלֶת
ט י כְּסִילִים מִרְמָה׃ אֱוִלִים יָלִיץ אָשָׁם וּבֵין יְשָׁרִים רָצוֹן׃ לֵב יוֹדֵעַ
יא מָרַּת נַפְשׁוֹ וּבְשִׂמְחָתוֹ לֹא־יִתְעָרַב זָר׃ בֵּית רְשָׁעִים יִשָּׁמֵד
יב וְאֹהֶל יְשָׁרִים יַפְרִיחַ׃ יֵשׁ דֶּרֶךְ יָשָׁר לִפְנֵי־אִישׁ וְאַחֲרִיתָהּ דַּרְכֵי־

industrious man arrives at precious wealth. In the way of   28
righteousness is life; and in its path there is no death.

A wise son hears his father's instruction: but a scorner does   **13**
not accept rebuke. A man shall eat good from the fruit of his   2
mouth: but the desire of the faithless is for violence. He who   3
guards his mouth keeps his life: but he who opens wide his lips
shall have destruction. The soul of the sluggard desires, and   4
has nothing: but the soul of the diligent shall be richly sup-
plied. A righteous man hates lying: but a wicked man is vile,   5
and comes to shame. Righteousness keeps him that is upright   6
in the way: but wickedness overthrows the sinner. There is   7
one who pretends to be rich, yet has nothing: there is another
who pretends to be poor, yet has great riches. The ransom of   8
a man's life are his riches: but the poor hears no threat. The   9
light of the righteous rejoices: but the lamp of the wicked shall
be put out. Only by pride comes contention: but with the well   10
advised is wisdom. Wealth gotten by vanity shall be diminis-   11
hed: but he that gathers by labour shall increase. Hope deferred   12
makes the heart sick: but desire fulfilled is a tree of life. He   13
who despises the word shall be punished; but he who fears the
commandment shall be rewarded. The Tora of the wise is a   14
fountain of life, to depart from the snares of death. Good   15
understanding gives grace: but the way of the faithless is rough.
In everything a prudent man acts with knowledge: but a fool   16
lays bare his folly. A wicked messenger falls into mischief: 17
but a faithful ambassador is health. Poverty and shame come   18
to him who refuses instruction: but he who heeds reproof shall
be honoured. A desire subdued is sweet to the soul: but it is   19
abomination to fools to depart from evil. He that walks with   20
wise men shall be wise: but a companion of fools shall suffer
harm. Evil pursues sinners: but to the righteous good shall be   21
repaid. A good man leaves an inheritance to his children's child-   22
ren: but the wealth of the sinner is laid up for the just. Much   23
food is in the well tilled acre of the poor: but sometimes ruin
comes for want of judgment. He that spares his rod hates his   24
son: but he that loves him chastises him early. The righteous   25
eats to satisfy his soul: but the belly of the wicked shall feel
want. The wisdom of women builds her house: but Folly plucks   **14**
it down with her hands. He who walks in his uprightness fears   2
the LORD: but he who is perverse in his ways despises him. In   3
the mouth of the foolish is a rod of pride: but the lips of the
wise shall preserve them. Where no oxen are, the crib is clean: 4
but much increase comes by the strength of the ox. A trusty   5
witness is he that does not lie: but he that utters lies is a
false witness. A scorner seeks wisdom, and does not find it: but   6
knowledge is easy to him who understands. Go from the pre-   7
sence of a foolish man, for thou perceivest not in him the lips
of knowledge. The wisdom of the prudent is to understand his   8
way: but the folly of fools is deceit. Guilt mocks fools: but   9
the favour of GOD is among the upright. The heart knows its   10
own bitterness; and no stranger shares its joy. The house of   11
the wicked shall be overthrown: but the tent of the upright
shall flourish. There is a way which seems right to a man, but at   12

מָוֶת׃ גַּם־בִּשְׂחֹק יִכְאַב־לֵב וְאַחֲרִיתָהּ שִׂמְחָה תוּגָה׃ מִדְּרָכָיו יג יד
יִשְׂבַּע סוּג לֵב וּמֵעָלָיו אִישׁ טוֹב׃ פֶּתִי יַאֲמִין לְכָל־דָּבָר וְעָרוּם טו
יָבִין לַאֲשֻׁרוֹ׃ חָכָם יָרֵא וְסָר מֵרָע וּכְסִיל מִתְעַבֵּר וּבוֹטֵחַ׃ קְצַר־ טז יז
אַפַּיִם יַעֲשֶׂה אִוֶּלֶת וְאִישׁ מְזִמּוֹת יִשָּׂנֵא׃ נָחֲלוּ פְתָאיִם אִוֶּלֶת יח
וַעֲרוּמִים יַכְתִּרוּ דָעַת׃ שַׁחוּ רָעִים לִפְנֵי טוֹבִים וּרְשָׁעִים עַל־ יט
שַׁעֲרֵי צַדִּיק׃ גַּם־לְרֵעֵהוּ יִשָּׂנֵא רָשׁ וְאֹהֲבֵי עָשִׁיר רַבִּים׃ בָּז־ כ כא
עֲנָוִים לְרֵעֵהוּ חוֹטֵא וּמְחוֹנֵן עניים אַשְׁרָיו׃ הֲלוֹא־יִתְעוּ חֹרְשֵׁי רָע כב
וְחֶסֶד וֶאֱמֶת חֹרְשֵׁי טוֹב׃ בְּכָל־עֶצֶב יִהְיֶה מוֹתָר וּדְבַר־שְׂפָתַיִם כג
אַךְ־לְמַחְסוֹר׃ עֲטֶרֶת חֲכָמִים עָשְׁרָם אִוֶּלֶת כְּסִילִים אִוֶּלֶת׃ כד
מַצִּיל נְפָשׁוֹת עֵד אֱמֶת וְיָפִחַ כְּזָבִים מִרְמָה׃ בְּיִרְאַת יְהוָה כה כו
מִבְטַח־עֹז וּלְבָנָיו יִהְיֶה מַחְסֶה׃ יִרְאַת יְהוָה מְקוֹר חַיִּים לָסוּר כז
מִמֹּקְשֵׁי מָוֶת׃ בְּרָב־עָם הַדְרַת־מֶלֶךְ וּבְאֶפֶס לְאֹם מְחִתַּת כח
רָזוֹן׃ אֶרֶךְ אַפַּיִם רַב־תְּבוּנָה וּקְצַר־רוּחַ מֵרִים אִוֶּלֶת׃ חַיֵּי כט ל
בְשָׂרִים לֵב מַרְפֵּא וּרְקַב עֲצָמוֹת קִנְאָה׃ עֹשֵׁק דָּל חֵרֵף עֹשֵׂהוּ לא
וּמְכַבְּדוֹ חֹנֵן אֶבְיוֹן׃ בְּרָעָתוֹ יִדָּחֶה רָשָׁע וְחֹסֶה בְמוֹתוֹ צַדִּיק׃ לב
בְּלֵב נָבוֹן תָּנוּחַ חָכְמָה וּבְקֶרֶב כְּסִילִים תִּוָּדֵעַ׃ צְדָקָה תְרוֹמֵם־ לג לד
גּוֹי וְחֶסֶד לְאֻמִּים חַטָּאת׃ רְצוֹן־מֶלֶךְ לְעֶבֶד מַשְׂכִּיל וְעֶבְרָתוֹ לה
תִּהְיֶה מֵבִישׁ׃ מַעֲנֶה־רַּךְ יָשִׁיב חֵמָה וּדְבַר־עֶצֶב יַעֲלֶה־אָף׃ טו א
לְשׁוֹן חֲכָמִים תֵּיטִיב דָּעַת וּפִי כְסִילִים יַבִּיעַ אִוֶּלֶת׃ בְּכָל־מָקוֹם ב ג
עֵינֵי יְהוָה צֹפוֹת רָעִים וְטוֹבִים׃ מַרְפֵּא לָשׁוֹן עֵץ חַיִּים וְסֶלֶף ד
בָּהּ שֶׁבֶר בְּרוּחַ׃ אֱוִיל יִנְאַץ מוּסַר אָבִיו וְשֹׁמֵר תּוֹכַחַת יַעְרִם׃ ה
בֵּית צַדִּיק חֹסֶן רָב וּבִתְבוּאַת רָשָׁע נֶעְכָּרֶת׃ שִׂפְתֵי חֲכָמִים ו ז
יְזָרוּ דָעַת וְלֵב כְּסִילִים לֹא־כֵן׃ זֶבַח רְשָׁעִים תּוֹעֲבַת יְהוָה ח
וּתְפִלַּת יְשָׁרִים רְצוֹנוֹ׃ תּוֹעֲבַת יְהוָה דֶּרֶךְ רָשָׁע וּמְרַדֵּף צְדָקָה ט
יֶאֱהָב׃ מוּסָר רָע לְעֹזֵב אֹרַח שׂוֹנֵא תוֹכַחַת יָמוּת׃ שְׁאוֹל י יא
וַאֲבַדּוֹן נֶגֶד יְהוָה אַף כִּי־לִבּוֹת בְּנֵי־אָדָם׃ לֹא יֶאֱהַב־לֵץ הוֹכֵחַ יב
לוֹ אֶל־חֲכָמִים לֹא יֵלֵךְ׃ לֵב שָׂמֵחַ יֵיטִב פָּנִים וּבְעַצְּבַת־לֵב רוּחַ יג
וּפִי נְכֵאָה׃ לֵב נָבוֹן יְבַקֶּשׁ־דָּעַת וּפְנֵי כְסִילִים יִרְעֶה אִוֶּלֶת׃ כָּל־יְמֵי יד טו

its end are the ways of death. Even in laughter the heart aches: 13
and the end of that mirth is grief. The dissembler shall have 14
enough of his own ways: but a good man shall find satisfac-
tion in himself. The simple man believes everything: but the 15
prudent man looks well to his step. A wise man fears, and de- 16
parts from evil: but the fool rages, and is confident. He that is 17
soon angry acts foolishly: but a man of wicked devices is
hated. The simple inherit folly: but the prudent are crowned 18
with knowledge. The evil bow before the good; and the wicked 19
at the gates of the righteous. The poor man is hated even by 20
his own neighbour: but the rich has many friends. He that 21
despises his neighbour sins: but he that is kind to the poor,
happy is he. Do not they who devise evil go astray? and do not 22
they who devise good enjoy loyalty and truth? In all labour 23
there is profit: but the talk of the lips tends only to penury.
The crown of the wise is their riches: but the foolishness of 24
fools is folly. A true witness saves lives: but a deceitful witness 25
utters lies. In the fear of the Lord a man has strong confi- 26
dence: and his children shall have a place of refuge. The fear 27
of the Lord is a fountain of life, to depart from the snares of
death. In the multitude of people is the king's glory: but in the 28
lack of people is the downfall of the prince. He that is slow to 29
anger is of great understanding: but he that is hasty of spirit
exalts folly. A sound heart is the life of the flesh: but envy is 30
the rottenness of the bones. He that oppresses the poor blas- 31
phemes his maker: but he that honours him is gracious to the
poor. The wicked is thrust down in his calamity: but the 32
righteous has hope in his death. Wisdom rests quietly in the 33
heart of the judicious: but the folly in the breast of fools shall
easily be known. Righteousness exalts a nation: but sin is a 34
reproach to any people. The king's favour is turned towards 35
a wise servant: but his anger falls on one who acts shamefully.
A soft answer turns away wrath: but grievous words stir up **15**
anger. The tongue of the wise uses knowledge aright: but the 2
mouth of fools pours out foolishness. The eyes of the Lord are 3
in every place, watching the evil and the good. A wholesome 4
tongue is a tree of life: but perverseness therein is a wound to
the spirit. A fool despises his father's correction: but he that 5
regards reproof is prudent. In the house of the righteous is 6
much treasure: but in the revenues of the wicked is trouble.
The lips of the wise disperse knowledge: but the heart of the 7
foolish is vanity. The sacrifice of the wicked is an abomina- 8
tion to the Lord: but the prayer of the upright is his delight.
The way of the wicked is an abominaion unto the Lord: but 9
he who follows after righteousness loves him. There is a severe 10
correction for him who forsakes the way: he who hates re-
proof shall die. She'ol and destruction are before the Lord: 11
how much more then the hearts of the children of men? A 12
scorner does not like to be reproved; nor will he go to the
wise. A merry heart makes a cheerful countenance: but by 13
sorrow of the heart the spirit is broken. The heart of the judi- 14
cious seeks knowledge: but the mouth of fools feeds on foolish-
ness. All the days of the poor are evil: but he that is of a 15

עֲנִי רָעִים וְטוֹב־לֵב מִשְׁתֶּה תָמִיד: טוֹב־מְעַט בְּיִרְאַת יְהוָה טז
מֵאוֹצָר רָב וּמְהוּמָה בוֹ: טוֹב אֲרֻחַת יָרָק וְאַהֲבָה־שָׁם מִשּׁוֹר יז
אָבוּס וְשִׂנְאָה־בוֹ: אִישׁ חֵמָה יְגָרֶה מָדוֹן וְאֶרֶךְ אַפַּיִם יַשְׁקִיט יח
רִיב: דֶּרֶךְ עָצֵל כִּמְשֻׂכַת חָדֶק וְאֹרַח יְשָׁרִים סְלֻלָה: יט
בֵּן חָכָם יְשַׂמַּח־אָב וּכְסִיל אָדָם בּוֹזֶה אִמּוֹ: אִוֶּלֶת שִׂמְחָה כ כא
לַחֲסַר־לֵב וְאִישׁ תְּבוּנָה יְיַשֶּׁר־לָכֶת: הָפֵר מַחֲשָׁבוֹת בְּאֵין סוֹד כב
וּבְרֹב יוֹעֲצִים תָּקוּם: שִׂמְחָה לָאִישׁ בְּמַעֲנֵה־פִיו וְדָבָר בְּעִתּוֹ כג
מַה־טּוֹב: אֹרַח חַיִּים לְמַעְלָה לְמַשְׂכִּיל לְמַעַן סוּר מִשְּׁאוֹל כד
מָטָּה: בֵּית גֵּאִים יִסַּח ׀ יְהוָה וְיַצֵּב גְּבוּל אַלְמָנָה: תּוֹעֲבַת יְהוָה כה כו
מַחְשְׁבוֹת רָע וּטְהֹרִים אִמְרֵי־נֹעַם: עֹכֵר בֵּיתוֹ בּוֹצֵעַ בָּצַע כז
וְשׂוֹנֵא מַתָּנֹת יִחְיֶה: לֵב צַדִּיק יֶהְגֶּה לַעֲנוֹת וּפִי רְשָׁעִים יַבִּיעַ כח
רָעוֹת: רָחוֹק יְהוָה מֵרְשָׁעִים וּתְפִלַּת צַדִּיקִים יִשְׁמָע: מְאוֹר־ כט ל
עֵינַיִם יְשַׂמַּח־לֵב שְׁמוּעָה טוֹבָה תְּדַשֶּׁן־עָצֶם: אֹזֶן שֹׁמַעַת לא
תּוֹכַחַת חַיִּים בְּקֶרֶב חֲכָמִים תָּלִין: פּוֹרֵעַ מוּסָר מוֹאֵס נַפְשׁוֹ לב
וְשׁוֹמֵעַ תּוֹכַחַת קוֹנֶה לֵּב: יִרְאַת יְהוָה מוּסַר חָכְמָה וְלִפְנֵי לג
כָבוֹד עֲנָוָה: לְאָדָם מַעַרְכֵי־לֵב וּמֵיְהוָה מַעֲנֵה לָשׁוֹן: כָּל־ טז א ב
דַּרְכֵי־אִישׁ זַךְ בְּעֵינָיו וְתֹכֵן רוּחוֹת יְהוָה: גֹּל אֶל־יְהוָה מַעֲשֶׂיךָ ג
וְיִכֹּנוּ מַחְשְׁבֹתֶיךָ: כֹּל פָּעַל יְהוָה לַמַּעֲנֵהוּ וְגַם־רָשָׁע לְיוֹם רָעָה: ד
תּוֹעֲבַת יְהוָה כָּל־גְּבַהּ־לֵב יָד לְיָד לֹא יִנָּקֶה: בְּחֶסֶד וֶאֱמֶת ה ו
יְכֻפַּר עָוֹן וּבְיִרְאַת יְהוָה סוּר מֵרָע: בִּרְצוֹת יְהוָה דַּרְכֵי־אִישׁ ז
גַּם־אוֹיְבָיו יַשְׁלִם אִתּוֹ: טוֹב מְעַט בִּצְדָקָה מֵרֹב תְּבוּאוֹת בְּלֹא ח
מִשְׁפָּט: לֵב אָדָם יְחַשֵּׁב דַּרְכּוֹ וַיהוָה יָכִין צַעֲדוֹ: קֶסֶם ׀ עַל־ ט י
שִׂפְתֵי־מֶלֶךְ בְּמִשְׁפָּט לֹא יִמְעַל־פִּיו: פֶּלֶס ׀ וּמֹאזְנֵי מִשְׁפָּט לַיהוָה יא
מַעֲשֵׂהוּ כָּל־אַבְנֵי־כִיס: תּוֹעֲבַת מְלָכִים עֲשׂוֹת רֶשַׁע כִּי בִצְדָקָה יב
יִכּוֹן כִּסֵּא: רְצוֹן מְלָכִים שִׂפְתֵי־צֶדֶק וְדֹבֵר יְשָׁרִים יֶאֱהָב: חֲמַת־ יג יד
מֶלֶךְ מַלְאֲכֵי־מָוֶת וְאִישׁ חָכָם יְכַפְּרֶנָּה: בְּאוֹר־פְּנֵי־מֶלֶךְ חַיִּים טו
וּרְצוֹנוֹ כְּעָב מַלְקוֹשׁ: קְנֹה־חָכְמָה מַה־טּוֹב מֵחָרוּץ וּקְנוֹת בִּינָה טז
נִבְחָר מִכָּסֶף: מְסִלַּת יְשָׁרִים סוּר מֵרָע שֹׁמֵר נַפְשׁוֹ נֹצֵר דַּרְכּוֹ: יז
לִפְנֵי־שֶׁבֶר גָּאוֹן וְלִפְנֵי כִשָּׁלוֹן גֹּבַהּ רוּחַ: טוֹב שְׁפַל־רוּחַ אֶת־ יח יט
עֲנָוִים עניים מְחַלֵּק שָׁלָל אֶת־גֵּאִים: מַשְׂכִּיל עַל־דָּבָר יִמְצָא־טוֹב כ

merry heart has a continual feast. Better is little with the fear 16
of the LORD, than great treasure and trouble with it. Better is 17
a dinner of herbs where love is, than a fatted ox and hatred
with it. A wrathful man stirs up strife: but he that is slow to 18
anger appeases strife. The way of a sluggard is as hedged in 19
with thorns: but the path of the righteous is level.

A wise son makes a glad father : but a foolish man despises 20
his mother. Folly is joy to him who is destitute of wisdom: 21
but a man of understanding walks straight forward. Without 22
counsel purposes are frustrated: but in the multitude of coun-
sellors they are established. A man has joy in the answer of 23
his mouth: and a word in due season, how good it is! The way 24
of life for the wise leads upward, that he may depart from She'ol
beneath. The LORD will pluck up the house of the proud: but 25
he will establish the border of the widow. The thoughts of the 26
wicked are an abomination to the LORD : but pleasant words
are pure. He that is greedy of gain troubles his own house ; 27
but he that hates gifts shall live. The heart of the righteous 28
ponders how to answer: but the mouth of the wicked pours
out evil things. The LORD is far from the wicked: but he hears 29
the prayer of the righteous. The light of the eyes rejoices the 30
heart : and a good report makes the bones fat. The ear that 31
listens to the reproof of life abides among the wise. He that 32
refuses correction despises his own soul: but he that listens
to reproof gets understanding. The fear of the LORD is instruc- 33
tion in wisdom; and humility goes before honour. The thoughts **16**
of the heart are man's, but from the LORD comes the utterance
of the tongue. All the ways of a man are clean in his own eyes ; 2
but the LORD weighs the spirits. Commit thy works to the LORD, 3
and thy plans shall be established. The LORD has made every 4
thing for his own purpose: yea, even the wicked for the day
of evil. Everyone that is proud in heart is an abomination to the 5
LORD : those who join hands in an evil cause shall not go un-
punished. By loyalty and truth iniquity is purged : and by the 6
fear of the LORD men depart from evil. When a man's ways 7
please the LORD, he makes even his enemies to be at peace
with him. Better is a little with righteousness than great reve- 8
nues without right. A man's heart devises his way: but the 9
LORD directs his steps. A divine sentence is in the lips of the 10
king : his mouth does not transgress in judgment. A just weight 11
and balance are the LORD's: all the weights in the bag are his
work. It is an abomination to kings to commit wickedness: 12
for a throne is established by righteousness. Righteous lips are 13
the delight of kings ; and they love him who speaks what is
right. The wrath of a king is as messengers of death: but a 14
wise man will pacify it. In the light of the king's countenance 15
is life ; and his favour is as a cloud bringing the spring rain.
How much better is it to get wisdom than gold! and to get 16
understanding is preferable to silver! The highway of the 17
upright is to depart from evil : he that guards his path
preserves his soul. Pride goes before destruction, and haughti- 18
ness of spirit before a fall. Better it is to be of a humble spirit 19
with the lowly, than to divide the spoil with the proud. He who 20

וּבוֹטֵחַ בַּיהוָה אַשְׁרָיו׃ לַחֲכַם־לֵב יִקָּרֵא נָבוֹן וּמֶתֶק שְׂפָתַיִם כא
יֹסִיף לֶקַח׃ מְקוֹר חַיִּים שֵׂכֶל בְּעָלָיו וּמוּסַר אֱוִלִים אִוֶּלֶת׃ לֵב כב כג
חָכָם יַשְׂכִּיל פִּיהוּ וְעַל־שְׂפָתָיו יֹסִיף לֶקַח׃ צוּף־דְּבַשׁ אִמְרֵי־ כד
נֹעַם מָתוֹק לַנֶּפֶשׁ וּמַרְפֵּא לָעָצֶם׃ יֵשׁ דֶּרֶךְ יָשָׁר לִפְנֵי־אִישׁ כה
וְאַחֲרִיתָהּ דַּרְכֵי־מָוֶת׃ נֶפֶשׁ עָמֵל עָמְלָה לּוֹ כִּי־אָכַף עָלָיו פִּיהוּ׃ כו
שְׂפָתוֹ אִישׁ בְּלִיַּעַל כֹּרֶה רָעָה וְעַל־שפתיו כְּאֵשׁ צָרָבֶת׃ אִישׁ תַּהְפֻּכוֹת כז כח
יְשַׁלַּח מָדוֹן וְנִרְגָּן מַפְרִיד אַלּוּף׃ אִישׁ חָמָס יְפַתֶּה רֵעֵהוּ וְהוֹלִיכוֹ כט
בְּדֶרֶךְ לֹא־טוֹב׃ עֹצֶה עֵינָיו לַחְשֹׁב תַּהְפֻּכוֹת קֹרֵץ שְׂפָתָיו כִּלָּה ל
רָעָה׃ עֲטֶרֶת תִּפְאֶרֶת שֵׂיבָה בְּדֶרֶךְ צְדָקָה תִּמָּצֵא׃ טוֹב אֶרֶךְ לא לב
אַפַּיִם מִגִּבּוֹר וּמֹשֵׁל בְּרוּחוֹ מִלֹּכֵד עִיר׃ בַּחֵיק יוּטַל אֶת־הַגּוֹרָל לג
וּמֵיְהוָה כָּל־מִשְׁפָּטוֹ׃ טוֹב פַּת חֲרֵבָה וְשַׁלְוָה־בָהּ מִבַּיִת מָלֵא א יז
זִבְחֵי־רִיב׃ עֶבֶד־מַשְׂכִּיל יִמְשֹׁל בְּבֵן מֵבִישׁ וּבְתוֹךְ אַחִים יַחֲלֹק ב
נַחֲלָה׃ מַצְרֵף לַכֶּסֶף וְכוּר לַזָּהָב וּבֹחֵן לִבּוֹת יְהוָה׃ מֵרַע מַקְשִׁיב ג ד
עַל־שְׂפַת־אָוֶן שֶׁקֶר מֵזִין עַל־לְשׁוֹן הַוֹּת׃ לֹעֵג לָרָשׁ חֵרֵף עֹשֵׂהוּ ה
שָׂמֵחַ לְאֵיד לֹא יִנָּקֶה׃ עֲטֶרֶת זְקֵנִים בְּנֵי בָנִים וְתִפְאֶרֶת בָּנִים ו
אֲבוֹתָם׃ לֹא־נָאוָה לְנָבָל שְׂפַת־יֶתֶר אַף כִּי־לְנָדִיב שְׂפַת־שָׁקֶר׃ ז
אֶבֶן־חֵן הַשֹּׁחַד בְּעֵינֵי בְעָלָיו אֶל־כָּל־אֲשֶׁר יִפְנֶה יַשְׂכִּיל׃ ח
מְכַסֶּה־פֶּשַׁע מְבַקֵּשׁ אַהֲבָה וְשֹׁנֶה בְדָבָר מַפְרִיד אַלּוּף׃ תֵּחַת ט י
גְּעָרָה בְמֵבִין מֵהַכּוֹת כְּסִיל מֵאָה׃ אַךְ־מְרִי יְבַקֶּשׁ־רָע וּמַלְאָךְ יא
אַכְזָרִי יְשֻׁלַּח־בּוֹ׃ פָּגוֹשׁ דֹּב שַׁכּוּל בְּאִישׁ וְאַל־כְּסִיל בְּאִוַּלְתּוֹ׃ יב
תָמוּשׁ מֵשִׁיב רָעָה תַּחַת טוֹבָה לֹא־תמיש רָעָה מִבֵּיתוֹ׃ פּוֹטֵר מַיִם יג יד
רֵאשִׁית מָדוֹן וְלִפְנֵי הִתְגַּלַּע הָרִיב נְטוֹשׁ׃ מַצְדִּיק רָשָׁע וּמַרְשִׁיעַ טו
צַדִּיק תּוֹעֲבַת יְהוָה גַּם־שְׁנֵיהֶם׃ לָמָּה־זֶּה מְחִיר בְּיַד־כְּסִיל טז
לִקְנוֹת חָכְמָה וְלֶב־אָיִן׃ בְּכָל־עֵת אֹהֵב הָרֵעַ וְאָח לְצָרָה יִוָּלֵד׃ יז
אָדָם חֲסַר־לֵב תּוֹקֵעַ כָּף עֹרֵב עֲרֻבָּה לִפְנֵי רֵעֵהוּ׃ אֹהֵב פֶּשַׁע יח יט
אֹהֵב מַצָּה מַגְבִּיהַּ פִּתְחוֹ מְבַקֶּשׁ־שָׁבֶר׃ עִקֶּשׁ־לֵב לֹא יִמְצָא־ כ
טוֹב וְנֶהְפָּךְ בִּלְשׁוֹנוֹ יִפּוֹל בְּרָעָה׃ יֹלֵד כְּסִיל לְתוּגָה לוֹ וְלֹא־ כא
יִשְׂמַח אֲבִי נָבָל׃ לֵב שָׂמֵחַ יֵיטִב גֵּהָה וְרוּחַ נְכֵאָה תְּיַבֶּשׁ־גָּרֶם׃ כב
שֹׁחַד מֵחֵק רָשָׁע יִקָּח לְהַטּוֹת אָרְחוֹת מִשְׁפָּט׃ כג
אֶת־פְּנֵי מֵבִין חָכְמָה וְעֵינֵי כְסִיל בִּקְצֵה־אָרֶץ׃ כַּעַס לְאָבִיו בֵּן כד כה

considers his words shall find good: and he who trusts in the   21
LORD shall be happy. The wise in heart shall be called prudent: 22
and the sweetness of the lips increases learning. Intelligence is
a wellspring of life to him who has it: but folly is a chastise-   23
ment to fools. The heart of the wise teaches his mouth, and   24
adds learning to his lips. Pleasant words are like a honey-   25
comb, sweet to the soul, and health to the bones. There is a
way which seems right to a man, but its end are the ways of   26
death. The hunger of the labourer labours for him; for his   27
mouth presses upon him. An ungodly man digs up evil: and in   28
his lips there is a kind of burning fire. A perverse man sows   29
strife: and a whisperer separates close friends. A violent man
entices his neighbour, and leads him into a way that is not   30
good: he winks his eyes to devise crooked things: pursing his   31
lips he brings evil to pass. The hoary head is a crown of glory;   32
it is found in the way of righteousness. He that is slow to
anger is better than the mighty; and he that rules his spirit   33
than one who captures a city. The lot is cast into the lap; but the
whole of its decision is from the LORD. Better is a dry morsel,   **17**
and quietness with it, than a house full of feasting with strife.
A wise servant shall control a son who acts shamefully, and   2
shall share the inheritance among the brethren. The refining   3
pot is for silver, and the furnace for gold: but the LORD tries
the hearts. A wicked doer gives heed to false lips; and a liar   4
gives ear to a mischievous tongue. One who mocks the poor   5
insults his maker : and one who is glad at calamity shall not
go unpunished. Children's children are the crown of old men;   6
and the glory of children are their fathers. Haughty speech   7
does not befit a churl: much less do lying lips a prince. A   8
bribe is a fair jewel to the eyes of him who dispenses it:
wherever it turns it brings success. He that covers a transgres-   9
sion seeks love; but he that repeats a matter separates close
friends. A reproof enters more into a wise man than a hundred   10
blows into a fool. An evil man seeks only to be insolent: but a   11
stern messenger shall be sent against him. Let a bear robbed of   12
her whelps meet a man, rather than a fool in his folly. Who-   13
ever rewards evil for good, evil shall not depart from his house.
The beginning of strife is like letting out water: therefore leave   14
off contention, before it breaks out. He who justifies the wick-   15
ed, and he who condemns the just, both of them are abomi-
nation to the LORD. Why is the purchase price of wisdom in   16
the hand of a fool, seeing he has no sense? A friend loves at   17
all times, and a brother is born for adversity. A man who strikes   18
the palm is void of understanding, in becoming surety in the
presence of his friend. He loves transgression that loves strife: 19
and he that makes high his door seeks destruction. He that has a   20
crooked heart finds no good: and he that has a perverse tongue
falls into mischief. He that begets a fool does it to his sorrow: 21
and the father of a churl has no joy. A merry heart is a good   22
medicine: but a broken spirit dries the bones. A wicked man   23
takes a bribe out of the bosom to pervert the ways of justice.
Wisdom is before him that has understanding; but the eyes   24
of a fool are in the ends of the earth. A foolish son is a grief   25

כו כְּסִיל וּמֶמֶר לְיוֹלַדְתּוֹ: גַּם עֲנוֹשׁ לַצַּדִּיק לֹא־טוֹב לְהַכּוֹת נְדִיבִים
כז כח עַל־יֹשֶׁר: חוֹשֵׂךְ אֲמָרָיו יוֹדֵעַ דָּעַת וקר־רוּחַ אִישׁ תְּבוּנָה: גַּם יְקַר־
יח א אֱוִיל מַחֲרִישׁ חָכָם יֵחָשֵׁב אֹטֵם שְׂפָתָיו נָבוֹן: לְתַאֲוָה יְבַקֵּשׁ
ב נִפְרָד בְּכָל־תּוּשִׁיָּה יִתְגַּלָּע: לֹא־יַחְפֹּץ כְּסִיל בִּתְבוּנָה כִּי אִם־
ג ד בְּהִתְגַּלּוֹת לִבּוֹ: בְּבוֹא־רָשָׁע בָּא גַם־בּוּז וְעִם־קָלוֹן חֶרְפָּה: מַיִם
ה עֲמֻקִּים דִּבְרֵי פִי־אִישׁ נַחַל נֹבֵעַ מְקוֹר חָכְמָה: שְׂאֵת פְּנֵי־רָשָׁע
ו לֹא־טוֹב לְהַטּוֹת צַדִּיק בַּמִּשְׁפָּט: שִׂפְתֵי כְסִיל יָבֹאוּ בְרִיב וּפִיו
ז לְמַהֲלֻמוֹת יִקְרָא: פִּי־כְסִיל מְחִתָּה־לוֹ וּשְׂפָתָיו מוֹקֵשׁ נַפְשׁוֹ:
ח ט דִּבְרֵי נִרְגָּן כְּמִתְלַהֲמִים וְהֵם יָרְדוּ חַדְרֵי־בָטֶן: גַּם מִתְרַפֶּה
ה י בִּמְלַאכְתּוֹ אָח הוּא לְבַעַל מַשְׁחִית: מִגְדַּל־עֹז שֵׁם יהוה בּוֹ־
יא יָרוּץ צַדִּיק וְנִשְׂגָּב: הוֹן עָשִׁיר קִרְיַת עֻזּוֹ וּכְחוֹמָה נִשְׂגָּבָה
יב יג בְּמַשְׂכִּיתוֹ: לִפְנֵי־שֶׁבֶר יִגְבַּהּ לֶב־אִישׁ וְלִפְנֵי כָבוֹד עֲנָוָה: מֵשִׁיב
יד דָּבָר בְּטֶרֶם יִשְׁמָע אִוֶּלֶת הִיא־לוֹ וּכְלִמָּה: רוּחַ־אִישׁ יְכַלְכֵּל
טו מַחֲלֵהוּ וְרוּחַ נְכֵאָה מִי יִשָּׂאֶנָּה: לֵב נָבוֹן יִקְנֶה־דָּעַת וְאֹזֶן
טז חֲכָמִים תְּבַקֶּשׁ־דָּעַת: מַתָּן אָדָם יַרְחִיב לוֹ וְלִפְנֵי גְדֹלִים יַנְחֶנּוּ:
יז יח צַדִּיק הָרִאשׁוֹן בְּרִיבוֹ יבא־רֵעֵהוּ וַחֲקָרוֹ: מִדְיָנִים יַשְׁבִּית הַגּוֹרָל וּבָא־
יט וּבֵין עֲצוּמִים יַפְרִיד: אָח נִפְשָׁע מִקִּרְיַת־עֹז ומדונים כִּבְרִיחַ וּמִדְיָנִים
כ אַרְמוֹן: מִפְּרִי פִי־אִישׁ תִּשְׂבַּע בִּטְנוֹ תְּבוּאַת שְׂפָתָיו יִשְׂבָּע:
כא כב מָוֶת וְחַיִּים בְּיַד־לָשׁוֹן וְאֹהֲבֶיהָ יֹאכַל פִּרְיָהּ: מָצָא אִשָּׁה מָצָא
כג טוֹב וַיָּפֶק רָצוֹן מֵיהוה: תַּחֲנוּנִים יְדַבֶּר־רָשׁ וְעָשִׁיר יַעֲנֶה עַזּוֹת:
כד יט א אִישׁ רֵעִים לְהִתְרֹעֵעַ וְיֵשׁ אֹהֵב דָּבֵק מֵאָח: טוֹב רָשׁ הוֹלֵךְ
ב בְּתֻמּוֹ מֵעִקֵּשׁ שְׂפָתָיו וְהוּא כְסִיל: גַּם בְּלֹא־דַעַת נֶפֶשׁ לֹא־
ג טוֹב וְאָץ בְּרַגְלַיִם חוֹטֵא: אִוֶּלֶת אָדָם תְּסַלֵּף דַּרְכּוֹ וְעַל־יהוה
ד ה יִזְעַף לִבּוֹ: הוֹן יֹסִיף רֵעִים רַבִּים וְדָל מֵרֵעֵהוּ יִפָּרֵד: עֵד שְׁקָרִים
ו לֹא יִנָּקֶה וְיָפִיחַ כְּזָבִים לֹא יִמָּלֵט: רַבִּים יְחַלּוּ פְנֵי־נָדִיב וְכָל־
ז הָרֵעַ לְאִישׁ מַתָּן: כָּל אֲחֵי־רָשׁ ׀ שְׂנֵאֻהוּ אַף כִּי מְרֵעֵהוּ
ח רָחֲקוּ מִמֶּנּוּ מְרַדֵּף אֲמָרִים לא־הֵמָּה: קֹנֶה־לֵּב אֹהֵב נַפְשׁוֹ לוֹ־
ט שֹׁמֵר תְּבוּנָה לִמְצֹא־טוֹב: עֵד שְׁקָרִים לֹא יִנָּקֶה וְיָפִיחַ
כְּזָבִים יֹאבֵד:

to his father, and bitterness to her that bore him. Neither is it 26 good to punish an inocent man, nor to give blows to noble men for their integrity. He that has knowledge spares his 27 words: and a man of understanding is slow to anger. Even a 28 fool, when he holds his peace, is counted wise: and he that shuts his lips is esteemed a man of understanding. He who **18** keeps himself apart seeks to satisfy his own vanity: he breaks out against all sound policy. A fool has no delight in under- 2 standing, but that his heart may lay itself bare. When the 3 wicked comes, then comes also contempt, and with ignominy reproach. The words of a man's mouth are like deep waters, a 4 flowing wadi, a fountain of wisdom. It is not good to favour 5 the person of the wicked, so as to turn aside justice from the righteous. A fool's lips enter into contention, and his mouth 6 calls for strokes. A fool's mouth is his destruction, and his lips 7 are the snare of his soul. The words of a talebearer are like 8 dainties, and they go down into the innermost parts of the body. He also that is slothful in his work is brother to him who 9 destroys. The name of the LORD is a strong tower: the righteous 10 runs into it, and is safe. The rich man's wealth is his strong 11 city, and as a high wall in his own conceit. Before destruction 12 the heart of man is haughty, but before honour goes humility. He that answers a matter before he hears it, it is folly and 13 shame to him. The spirit of a man will sustain his infirmity; 14 but a wounded spirit who can bear? The heart of the prudent 15 acquires knowledge; and the ear of the wise seeks knowledge. A man's gift makes room for him, and brings him before great 16 men. The one who pleads first seems to be in the right: then 17 his neighbour comes forward, and sifts his case. The lot causes 18 contentions to cease, and it decides between the mighty. A 19 brother offended is harder to be won than a strong city: and their contentions are like the bars of a castle. A man's belly 20 shall be satisfied with the fruit of his mouth; and with the increase of his lips shall he be filled. Death and life are in the 21 power of the tongue: and they that love it shall eat its fruit. He who finds a wife finds a good thing, and obtains favour of 22 the LORD. The poor uses entreaties; but the rich answers with 23 impudence. There are friends who merely pretend friendship: 24 and there is a true friend who is closer than a brother. Better **19** is the poor man who walks in his integrity, than he that is perverse in his lips, and is a fool. Also, that the soul be without 2 knowledge is not good; and he that hastens with his feet sins. The foolishness of a man perverts his way: and his heart frets 3 against the LORD. Wealth makes many friends; but as for the 4 poor, his neighbour keeps himself apart. A false witness shall 5 not go unpunished, and he that utters lies shall not escape. Many will entreat the favour of the generous man: and every 6 man is a friend to him that gives gifts. All the brethren of the 7 poor do hate him: how much more do his friends go far from him? Their word for him is, Pursuer. He that gets wisdom loves 8 his own soul: he that keeps understanding shall find good. A 9 false witness shall not go unpunished, and he that utters lies shall perish.

י יא לֹא־נָאוֶה לִכְסִיל תַּעֲנוּג אַף כִּי־לְעֶבֶד ׀ מְשֹׁל בְּשָׂרִים׃ שֵׂכֶל
יב אָדָם הֶאֱרִיךְ אַפּוֹ וְתִפְאַרְתּוֹ עֲבֹר עַל־פָּשַׁע׃ נַהַם כַּכְּפִיר זַעַף
יג מֶלֶךְ וּכְטַל עַל־עֵשֶׂב רְצוֹנוֹ׃ הַוֺּת לְאָבִיו בֵּן כְּסִיל וְדֶלֶף טֹרֵד
יד מִדְיְנֵי אִשָּׁה׃ בַּיִת וָהוֹן נַחֲלַת אָבוֹת וּמֵיְהוָה אִשָּׁה מַשְׂכָּלֶת׃
טו טז עַצְלָה תַּפִּיל תַּרְדֵּמָה וְנֶפֶשׁ רְמִיָּה תִרְעָב׃ שֹׁמֵר מִצְוָה שֹׁמֵר
יז נַפְשׁוֹ בּוֹזֵה דְרָכָיו יוּמָת׃ מַלְוֵה יְהוָה חוֹנֵן דָּל וּגְמֻלוֹ יְשַׁלֶּם־לוֹ׃ יָמוּת
יח יט יַסֵּר בִּנְךָ כִּי־יֵשׁ תִּקְוָה וְאֶל־הֲמִיתוֹ אַל־תִּשָּׂא נַפְשֶׁךָ׃ גרל־חֵמָה גְּדָל־
כ נֹשֵׂא עֹנֶשׁ כִּי אִם־תַּצִּיל וְעוֹד תּוֹסִף׃ שְׁמַע עֵצָה וְקַבֵּל מוּסָר
כא לְמַעַן תֶּחְכַּם בְּאַחֲרִיתֶךָ׃ רַבּוֹת מַחֲשָׁבוֹת בְּלֶב־אִישׁ וַעֲצַת
כב יְהוָה הִיא תָקוּם׃ תַּאֲוַת אָדָם חַסְדּוֹ וְטוֹב־רָשׁ מֵאִישׁ כָּזָב׃
כג כד יִרְאַת יְהוָה לְחַיִּים וְשָׂבֵעַ יָלִין בַּל־יִפָּקֶד רָע׃ טָמַן עָצֵל יָדוֹ
כה בַּצַּלָּחַת גַּם־אֶל־פִּיהוּ לֹא יְשִׁיבֶנָּה׃ לֵץ תַּכֶּה וּפֶתִי יַעְרִם וְהוֹכִיחַ
כו לְנָבוֹן יָבִין דָּעַת׃ מְשַׁדֶּד־אָב יַבְרִיחַ אֵם בֵּן מֵבִישׁ וּמַחְפִּיר׃
כז כח חֲדַל־בְּנִי לִשְׁמֹעַ מוּסָר לִשְׁגוֹת מֵאִמְרֵי־דָעַת׃ עֵד בְּלִיַּעַל יָלִיץ
כט מִשְׁפָּט וּפִי רְשָׁעִים יְבַלַּע־אָוֶן׃ נָכוֹנוּ לַלֵּצִים שְׁפָטִים וּמַהֲלֻמוֹת
כ א ב לְגֵו כְּסִילִים׃ לֵץ הַיַּיִן הֹמֶה שֵׁכָר וְכָל־שֹׁגֶה בּוֹ לֹא יֶחְכָּם׃ נַהַם
ג כַּכְּפִיר אֵימַת מֶלֶךְ מִתְעַבְּרוֹ חוֹטֵא נַפְשׁוֹ׃ כָּבוֹד לָאִישׁ שֶׁבֶת
ד מֵרִיב וְכָל־אֱוִיל יִתְגַּלָּע׃ מֵחֹרֶף עָצֵל לֹא־יַחֲרֹשׁ ישאל בַקָּצִיר וְשָׁאַל
ה ו וָאָיִן׃ מַיִם עֲמֻקִּים עֵצָה בְלֶב־אִישׁ וְאִישׁ תְּבוּנָה יִדְלֶנָּה׃ רָב־
ז אָדָם יִקְרָא אִישׁ חַסְדּוֹ וְאִישׁ אֱמוּנִים מִי יִמְצָא׃ מִתְהַלֵּךְ בְּתֻמּוֹ
ח צַדִּיק אַשְׁרֵי בָנָיו אַחֲרָיו׃ מֶלֶךְ יוֹשֵׁב עַל־כִּסֵּא־דִין מְזָרֶה בְעֵינָיו
ט י כָּל־רָע׃ מִי־יֹאמַר זִכִּיתִי לִבִּי טָהַרְתִּי מֵחַטָּאתִי׃ אֶבֶן וָאֶבֶן
יא אֵיפָה וְאֵיפָה תּוֹעֲבַת יְהוָה גַּם־שְׁנֵיהֶם׃ גַּם בְּמַעֲלָלָיו יִתְנַכֶּר־
יב נָעַר אִם־זַךְ וְאִם־יָשָׁר פָּעֳלוֹ׃ אֹזֶן שֹׁמַעַת וְעַיִן רֹאָה יְהוָה עָשָׂה
יג גַם־שְׁנֵיהֶם׃ אַל־תֶּאֱהַב שֵׁנָה פֶּן־תִּוָּרֵשׁ פְּקַח עֵינֶיךָ שְׂבַע־לָחֶם׃
יד טו רַע רַע יֹאמַר הַקּוֹנֶה וְאֹזֵל לוֹ אָז יִתְהַלָּל׃ יֵשׁ זָהָב וְרָב־פְּנִינִים
טז וּכְלִי יְקָר שִׂפְתֵי־דָעַת׃ לְקַח־בִּגְדוֹ כִּי־עָרַב זָר וּבְעַד נכרים נָכְרִיָּה
יז חַבְלֵהוּ׃ עָרֵב לָאִישׁ לֶחֶם שָׁקֶר וְאַחַר יִמָּלֵא־פִיהוּ חָצָץ׃

Luxury is not seemly for a fool; much less for a servant to 10
have rule over princes. The discretion of a man makes him 11
slow to anger; and it is his glory to pass over a transgression.
The king's wrath is like the roaring of a lion; and his favour 12
is like dew upon the grass. A foolish son is the calamity of 13
his father: and the contentions of a wife are a continual drip.
House and riches are the inheritance of fathers: but a prudent 14
wife is from the LORD. Slothfulness casts into a deep sleep; 15
and the idle soul shall suffer hunger. He that keeps the com- 16
mandment keeps his own soul; but he that despises his ways
shall die. He that gives graciously to the poor makes a loan 17
to the LORD; and that which he has given he will pay him back.
Chastise thy son while there is hope, and let not thy soul 18
spare for his crying. A man of great anger shall suffer the 19
penalty; for if thou interpose, that shall only add to it. Hear 20
counsel, and receive instruction, that thou mayst be wise in
thy latter end. There are many devices in a man's heart; but 21
the counsel of the LORD, that shall stand. The attraction of a 22
man is his kindness: but a poor man is better than a liar. The 23
fear of the LORD tends to life: and he that has it shall abide
satisfied; he shall not be visited with evil. A lazy man hides 24
his hand in the dish, and will not so much as bring it back to
his mouth. Smite a scorner, and the simple will beware: but 25
rebuke one that has understanding, and he will gain knowledge.
A son of scandalous and shameful ways shall ruin his father, 26
and drive his mother away. Cease, my son, to hear the instruc- 27
tion only to stray from the words of knowledge. An ungodly 28
witness scorns justice: and the mouth of the wicked devours
iniquity. Judgments are prepared for scorners, and stripes for
the back of fools. Wine is a mocker, strong drink is riotous. **20**
and whoever is misled thereby is not wise. The terror of a king 2
is as the roaring of a lion: he who provokes him to anger for-
feits his life. It is an honour for a man to cease from strife: 3
but every fool will burst out. The sluggard will not plough by 4
reason of the cold; therefore he shall beg in harvest, and have
nothing. Counsel in the heart of man is like deep water; but a 5
man of understanding will draw it out. Most men will pro- 6
claim everyone his own goodness: but a faithful man who can
find? The just man walks in his integrity: happy are his child- 7
ren after him. A king that sits on the throne of judgment 8
scatters away all evil with his eyes. Who can say, I have made 9
my heart clean, I am pure from my sin? Divers weights, and 10
divers measures, both of them are alike an abomination to the
LORD. Even a child is known by his doings, whether his work 11
be pure, and whether it be right. The hearing ear, and the see- 12
ing eye: the LORD has made them both. Do not love sleep, lest 13
thou come to poverty; open thy eyes, and thou shalt be satis-
fied with bread. It is bad, it is bad, says the buyer: but when 14
he is gone his way, then he boasts. There is gold, and a multi- 15
tude of rubies: but the lips of knowledge are a precious jewel.
Take his garment when he has become surely for a stranger: 16
and take his pledge on behalf of an alien woman. Bread of 17
deceit is sweet to a man; but afterwards his mouth shall be

יח יט מַחֲשָׁבוֹת בְּעֵצָה תִכּוֹן וּבְתַחְבֻּלוֹת עֲשֵׂה מִלְחָמָה׃ גּוֹלֶה־סּוֹד
כ הוֹלֵךְ רָכִיל וּלְפֹתֶה שְׂפָתָיו לֹא תִתְעָרָב׃ מְקַלֵּל אָבִיו וְאִמּוֹ — בֶּאֱשׁוּן
כא יִדְעַךְ נֵרוֹ בֶּאֱשׁוּן חֹשֶׁךְ׃ נַחֲלָה מְבֻחֶלֶת בָּרִאשׁוֹנָה וְאַחֲרִיתָהּ — מְבֹהֶלֶת
כב לֹא תְבֹרָךְ׃ אַל־תֹּאמַר אֲשַׁלְּמָה־רָע קַוֵּה לַיהוה וְיֹשַׁע לָךְ׃
כג כד תּוֹעֲבַת יהוה אֶבֶן וָאָבֶן וּמֹאזְנֵי מִרְמָה לֹא־טוֹב׃ מֵיהוה
כה מִצְעֲדֵי־גָבֶר וְאָדָם מַה־יָּבִין דַּרְכּוֹ׃ מוֹקֵשׁ אָדָם יָלַע קֹדֶשׁ
כו וְאַחַר נְדָרִים לְבַקֵּר׃ מְזָרֶה רְשָׁעִים מֶלֶךְ חָכָם וַיָּשֶׁב עֲלֵיהֶם
כז כח אוֹפָן׃ נֵר יהוה נִשְׁמַת אָדָם חֹפֵשׂ כָּל־חַדְרֵי־בָטֶן׃ חֶסֶד וֶאֱמֶת
כט יִצְּרוּ־מֶלֶךְ וְסָעַד בַּחֶסֶד כִּסְאוֹ׃ תִּפְאֶרֶת בַּחוּרִים כֹּחָם וַהֲדַר
ל זְקֵנִים שֵׂיבָה׃ חַבֻּרוֹת פֶּצַע תמריק בְּרָע וּמַכּוֹת חַדְרֵי־בָטֶן׃ — תַּמְרוּק
כא א ב פַּלְגֵי־מַיִם לֶב־מֶלֶךְ בְּיַד־יהוה עַל־כָּל־אֲשֶׁר יַחְפֹּץ יַטֶּנּוּ׃ כָּל־
ג דֶּרֶךְ־אִישׁ יָשָׁר בְּעֵינָיו וְתֹכֵן לִבּוֹת יהוה׃ עֲשֹׂה צְדָקָה וּמִשְׁפָּט
ד נִבְחָר לַיהוה מִזָּבַח׃ רוּם־עֵינַיִם וּרְחַב־לֵב נִר רְשָׁעִים חַטָּאת׃
ה ו מַחְשְׁבוֹת חָרוּץ אַךְ־לְמוֹתָר וְכָל־אָץ אַךְ־לְמַחְסוֹר׃ פֹּעַל
ז אֹצָרוֹת בִּלְשׁוֹן שָׁקֶר הֶבֶל נִדָּף מְבַקְשֵׁי־מָוֶת׃ שֹׁד־רְשָׁעִים
ח יְגוֹרֵם כִּי מֵאֲנוּ לַעֲשׂוֹת מִשְׁפָּט׃ הֲפַכְפַּךְ דֶּרֶךְ אִישׁ וָזָר וְזַךְ יָשָׁר
ט פָּעֳלוֹ׃ טוֹב לָשֶׁבֶת עַל־פִּנַּת־גָּג מֵאֵשֶׁת מדונים וּבֵית חָבֶר׃ — מִדְיָנִים
י יא נֶפֶשׁ רָשָׁע אִוְּתָה־רָע לֹא־יֻחַן בְּעֵינָיו רֵעֵהוּ׃ בַּעְנָשׁ־לֵץ יֶחְכַּם־
יב פֶּתִי וּבְהַשְׂכִּיל לְחָכָם יִקַּח־דָּעַת׃ מַשְׂכִּיל צַדִּיק לְבֵית רָשָׁע
יג מְסַלֵּף רְשָׁעִים לָרָע׃ אֹטֵם אָזְנוֹ מִזַּעֲקַת־דָּל גַּם־הוּא יִקְרָא
יד וְלֹא יֵעָנֶה׃ מַתָּן בַּסֵּתֶר יִכְפֶּה־אָף וְשֹׁחַד בַּחֵק חֵמָה עַזָּה׃
טו טז שִׂמְחָה לַצַּדִּיק עֲשׂוֹת מִשְׁפָּט וּמְחִתָּה לְפֹעֲלֵי אָוֶן׃ אָדָם תּוֹעֶה
יז מִדֶּרֶךְ הַשְׂכֵּל בִּקְהַל רְפָאִים יָנוּחַ׃ אִישׁ מַחְסוֹר אֹהֵב שִׂמְחָה
יח אֹהֵב יַיִן־וָשֶׁמֶן לֹא יַעֲשִׁיר׃ כֹּפֶר לַצַּדִּיק רָשָׁע וְתַחַת יְשָׁרִים
יט כ בּוֹגֵד׃ טוֹב שֶׁבֶת בְּאֶרֶץ־מִדְבָּר מֵאֵשֶׁת מדונים וָכָעַס׃ אוֹצָר — מִדְיָנִים
כא נֶחְמָד וָשֶׁמֶן בִּנְוֵה חָכָם וּכְסִיל אָדָם יְבַלְּעֶנּוּ׃ רֹדֵף צְדָקָה וָחָסֶד
כב יִמְצָא חַיִּים צְדָקָה וְכָבוֹד׃ עִיר גִּבֹּרִים עָלָה חָכָם וַיֹּרֶד עֹז
כג כד מִבְטֶחָה׃ שֹׁמֵר פִּיו וּלְשׁוֹנוֹ שֹׁמֵר מִצָּרוֹת נַפְשׁוֹ׃ זֵד יָהִיר לֵץ
כה שְׁמוֹ עוֹשֶׂה בְּעֶבְרַת זָדוֹן׃ תַּאֲוַת עָצֵל תְּמִיתֶנּוּ כִּי־מֵאֲנוּ יָדָיו
כו כז לַעֲשׂוֹת׃ כָּל־הַיּוֹם הִתְאַוָּה תַאֲוָה וְצַדִּיק יִתֵּן וְלֹא יַחְשֹׂךְ׃ זֶבַח

filled with gravel. Every purpose is established by counsel: 18
and with good advice conduct war. He that goes about as a 19
talebearer reveals secrets: therefore meddle not with him who
prates with his lips. He who curses his father or his mother, 20
his lamp shall be put out in utter darkness. An estate may be 21
gotten hastily at the beginning; but its end shall not be blessed.
Do not say, I will repay evil; but wait on the LORD, and he will 22
save thee. Divers weights are an abomination to the LORD; 23
and a false balance is not good. Man's goings are of the LORD; 24
how can a man then understand his own way? It is a snare 25
to a man rashly to declare, It is holy; and afterwards to probe
his vows. A wise king scatters the wicked, and drives the wheel 26
over them. The spirit of man is the candle of the LORD, search- 27
ing all the inward parts of the belly. Love and truth preserve 28
the king: and his throne is upheld by loyalty. The glory of 29
young men is their strength: and the beauty of old men is the
grey head. Bruises and wounds purge away evil: so do stripes 30
which reach the inward parts. Like water courses is the king's **21**
heart in the hand of the LORD: he directs it wherever he wishes.
Every way of a man is right in his own eyes: but the LORD 2
weighs the heart. To do justice and judgment is more accept- 3
able to the LORD than sacrifice. A haughty look, and a proud 4
heart are the sinful growth of the wicked. The thoughts of the 5
diligent tend only to plenteousness; but everyone that is hasty
comes to want. The getting of treasures by a lying tongue is a 6
fleeting vapour: they lead to death. The robbery of the wicked 7
shall destroy them; because they refuse to do justice. The way 8
of some men is crooked and strange; but as for the pure, his
work is right. It is better to dwell in a corner of the housetop, 9
than with a brawling woman in a roomy house. The soul of 10
the wicked desires evil: his neighbour finds no favour in his
eyes. When the scorner is punished, the simple man is made 11
wise: and when the wise is instructed, he receives knowledge.
The righteous man who considers the house of the wicked, 12
leads the wicked astray to greater evil. Whoever stops his 13
ears at the cry of the poor, he also shall cry himself, but shall
not be heard. A gift in secret pacifies anger: and a reward in 14
the bosom strong wrath. It is joy to the just to do judgment: 15
but it is the downfall of the workers of iniquity. The man that 16
wanders out of the way of understanding shall remain in the
congregation of the shades. He that loves pleasure shall be a 17
poor man: he that loves wine and oil shall not be rich. The 18
wicked is a ransom for the righteous, and the transgressor for
the upright. It is better to live in the wilderness, than with a 19
contentious and shrewish woman. Costly things and oil are 20
treasured up in the wise man's dwelling: but a fool devours
them. He that follows righteousness and loyalty finds life, 21
righteousness, and honour. A wise man scales the city of the 22
mighty, and casts down the stronghold in which it trusts. He 23
who guards his mouth and his tongue keeps his soul from troub-
les. The proud and haughty one, scorner is his name, acts in 24
arrogant wrath. The desire of the lazy man kills him; for his 25
hands refuse to labour; he covets greedily all the day long: 26

כח רְשָׁעִים תּוֹעֵבָה אַף כִּי־בְזִמָּה יְבִיאֶנּוּ׃ עֵד־כְּזָבִים יֹאבֵד וְאִישׁ
כט שׁוֹמֵעַ לָנֶצַח יְדַבֵּר׃ הֵעֵז אִישׁ רָשָׁע בְּפָנָיו וְיָשָׁר הוּא ׀ יכין יָבִין
ל לא דרכיו׃ אֵין חָכְמָה וְאֵין תְּבוּנָה וְאֵין עֵצָה לְנֶגֶד יהוה׃ סוּס מוּכָן דַּרְכּוֹ
כב א לְיוֹם מִלְחָמָה וְלַיהוה הַתְּשׁוּעָה׃ נִבְחָר שֵׁם מֵעֹשֶׁר רָב מִכֶּסֶף
ב ג וּמִזָּהָב חֵן טוֹב׃ עָשִׁיר וָרָשׁ נִפְגָּשׁוּ עֹשֵׂה כֻלָּם יהוה׃ עָרוּם ׀
ד רָאָה רָעָה ויסתר וּפְתָיִים עָבְרוּ וְנֶעֱנָשׁוּ׃ עֵקֶב עֲנָוָה יִרְאַת וְנִסְתָּר
ה יהוה עֹשֶׁר וְכָבוֹד וְחַיִּים׃ צִנִּים פַּחִים בְּדֶרֶךְ עִקֵּשׁ שׁוֹמֵר נַפְשׁוֹ
ו יִרְחַק מֵהֶם׃ חֲנֹךְ לַנַּעַר עַל־פִּי דַרְכּוֹ גַּם כִּי־יַזְקִין לֹא־יָסוּר
ז ח מִמֶּנָּה׃ עָשִׁיר בְּרָשִׁים יִמְשׁוֹל וְעֶבֶד לֹוֶה לְאִישׁ מַלְוֶה׃ זוֹרֵעַ
ט עַוְלָה יקצור־אָוֶן וְשֵׁבֶט עֶבְרָתוֹ יִכְלֶה׃ טוֹב־עַיִן הוּא יְבֹרָךְ יִקְצָר־
י כִּי־נָתַן מִלַּחְמוֹ לַדָּל׃ גָּרֵשׁ לֵץ וְיֵצֵא מָדוֹן וְיִשְׁבֹּת דִּין וְקָלוֹן׃
יא יב אֹהֵב טהור־לֵב חֵן שְׂפָתָיו רֵעֵהוּ מֶלֶךְ׃ עֵינֵי יהוה נָצְרוּ דָעַת טְהָר־
יג וַיְסַלֵּף דִּבְרֵי בֹגֵד׃ אָמַר עָצֵל אֲרִי בַחוּץ בְּתוֹךְ רְחֹבוֹת אֵרָצֵחַ׃
יד טו שׁוּחָה עֲמֻקָּה פִּי זָרוֹת זְעוּם יהוה יפול־שָׁם׃ אִוֶּלֶת קְשׁוּרָה יִפָּל־
טז בְלֶב־נָעַר שֵׁבֶט מוּסָר יַרְחִיקֶנָּה מִמֶּנּוּ׃ עֹשֵׁק דָּל לְהַרְבּוֹת לוֹ
יז נֹתֵן לְעָשִׁיר אַךְ־לְמַחְסוֹר׃ הַט אָזְנְךָ וּשְׁמַע דִּבְרֵי חֲכָמִים וְלִבְּךָ
יח תָּשִׁית לְדַעְתִּי׃ כִּי־נָעִים כִּי־תִשְׁמְרֵם בְּבִטְנֶךָ יִכֹּנוּ יַחְדָּו עַל־
יט שְׂפָתֶיךָ׃ לִהְיוֹת בַּיהוה מִבְטַחֶךָ הוֹדַעְתִּיךָ הַיּוֹם אַף־אָתָּה׃
כ כא הֲלֹא כָתַבְתִּי לְךָ שלשום בְּמֹעֵצֹת וָדָעַת׃ לְהוֹדִיעֲךָ קֹשְׁטְ שָׁלִישִׁים ו
כב אִמְרֵי אֱמֶת לְהָשִׁיב אֲמָרִים אֱמֶת לְשֹׁלְחֶיךָ׃ אַל־
כג תִּגְזָל־דָּל כִּי דַל־הוּא וְאַל־תְּדַכֵּא עָנִי בַשָּׁעַר׃ כִּי־יהוה יָרִיב
כד רִיבָם וְקָבַע אֶת־קֹבְעֵיהֶם נָפֶשׁ׃ אַל־תִּתְרַע אֶת־בַּעַל אָף
כה וְאֶת־אִישׁ חֵמוֹת לֹא תָבוֹא׃ פֶּן־תֶּאֱלַף ארחתו וְלָקַחְתָּ מוֹקֵשׁ
כו כז לְנַפְשֶׁךָ׃ אַל־תְּהִי בְתֹקְעֵי־כָף בַּעֹרְבִים מַשָּׁאוֹת׃ אִם־אֵין־לְךָ
כח לְשַׁלֵּם לָמָּה יִקַּח מִשְׁכָּבְךָ מִתַּחְתֶּיךָ׃ אַל־תַּסֵּג גְּבוּל עוֹלָם
כט אֲשֶׁר עָשׂוּ אֲבוֹתֶיךָ׃ חָזִיתָ אִישׁ ׀ מָהִיר בִּמְלַאכְתּוֹ לִפְנֵי־מְלָכִים
כג א יִתְיַצָּב בַּל־יִתְיַצֵּב לִפְנֵי חֲשֻׁכִּים׃ כִּי־תֵשֵׁב לִלְחוֹם אֶת־מוֹשֵׁל
ב בִּין תָּבִין אֶת־אֲשֶׁר לְפָנֶיךָ׃ וְשַׂמְתָּ שַׂכִּין בְּלֹעֶךָ אִם־בַּעַל נֶפֶשׁ
ג ד אָתָּה׃ אַל־תִּתְאָו לְמַטְעַמּוֹתָיו וְהוּא לֶחֶם כְּזָבִים׃ אַל־תִּיגַע
ה לְהַעֲשִׁיר מִבִּינָתְךָ חֲדָל׃ התעוף עֵינֶיךָ בּוֹ וְאֵינֶנּוּ כִּי עָשֹׂה הֲתָעִיף

but the righteous gives and spares not. The sacrifice of the 27
wicked is an abomination: how much more, when he brings
it with evil intent? A false witness shall perish: but the word 28
of a man who truly attends shall endure. A wicked man hardens 29
his face: but as for the upright, he considers his way. There 30
is no wisdom or understanding or counsel against the LORD.
The horse is prepared for the day of battle: but safety comes 31
from the LORD. A good name is rather to be chosen than great **22**
riches, and amiable grace rather than silver or gold. The rich 2
and poor meet together: the LORD is the maker of them all.
A prudent man foresees evil, and hides himself: but the simple 3
pass on, and are punished. The reward of humility and the fear 4
of the LORD are riches, and honour, and life. Thorns and snares 5
are in the way of the crooked man: he that guards his soul
shall be far from them. Train up a child in the way he should 6
go: and when he is old, he will not depart from it. The rich 7
rules over the poor, and the borrower is servant to the lender.
He that sows iniquity shall reap vanity: and the rod of his 8
arrogance shall fail. He that has a generous eye shall be bles- 9
sed; for he gives of his bread to the poor. Cast out the scorner, 10
and contention will go out; yea, strife and disgrace will cease.
He that loves purseness of heart, and grace is on his lips, the 11
king shall be his friend. The eyes of the LORD preserve know- 12
ledge, and he overthrows the words of the transgressor. The 13
lazy man says, There is a lion outside, I shall be slain in the
streets. The mouth of strange woman is a deep pit: he who in- 14
curs the LORD's indignation shall fall therein. Foolishness is bound 15
in the heart of a child; but the rod of correction shall drive it
far from him. He that oppresses the poor may well bring him 16
gain, and he that gives to the rich, may nevertheless come to
want. Incline thy ear, and hear the words of the wise, and apply 17
thy heart to my knowledge. For it is a pleasant thing if thou 18
keep them within thee; let them be firmly attached together
to thy lips. That thy trust may be in the LORD, I have made 19
known to thee this day, even to thee. Have I not written to 20
thee excellent things in counsels and knowledge, that I might 21
make thee know the certainty of the words of truth; that thou
mightest answer the words of truth to those who send thee?

Do not rob the poor, because he is poor: nor oppress the 22
afflicted in the gate: for the LORD will plead their cause, and rob 23
life those who rob them. Make no friendship with an angry 24
man; and with a furious man thou shalt not go: lest thou learn 25
his ways, and get a snare to thy soul. Be not thou one of those 26
who strike the palm, or of those who are sureties for debts.
If thou hast nothing with which to pay, why should he take 27
away thy bed from under thee? Remove not the ancient land- 28
mark, which thy fathers have set. Dost thou see a man diligent 29
in his business? he shall stand before kings; he shall not stand
before obscure men. When thou sittest to eat with a ruler, **23**
consider diligently what is before thee: and put a knife to thy 2
throat, if thou be a man given to appetite. Be not desirous of 3
his dainties: for they are deceitful food. Do not toil to be 4
rich: because thou hast understanding, forbear. Wilt thou set 5

יָעוֹף	הֲתָעִיף עֵינֶיךָ בּוֹ וְאֵינֶנּוּ כִּי עָשֹׂה יַעֲשֶׂה־לּוֹ כְנָפַיִם כְּנֶשֶׁר וְעוּף הַשָּׁמָיִם: אַל־תִּלְחַם אֶת־לֶחֶם רַע עָיִן וְאַל־תִּתְאָו לְמַטְעַמֹּתָיו: כִּי ׀ כְּמוֹ־שָׁעַר בְּנַפְשׁוֹ כֶּן־הוּא אֱכֹל וּשְׁתֵה יֹאמַר לָךְ וְלִבּוֹ בַּל־עִמָּךְ: פִּתְּךָ־אָכַלְתָּ תְקִיאֶנָּה וְשִׁחַתָּ דְּבָרֶיךָ הַנְּעִימִים: בְּאָזְנֵי כְסִיל אַל־תְּדַבֵּר כִּי־יָבוּז לְשֵׂכֶל מִלֶּיךָ: אַל־תַּסֵּג גְּבוּל עוֹלָם וּבִשְׂדֵי יְתוֹמִים אַל־תָּבֹא: כִּי־גֹאֲלָם חָזָק הוּא־יָרִיב אֶת־רִיבָם אִתָּךְ: הָבִיאָה לַמּוּסָר לִבֶּךָ וְאָזְנֶךָ לְאִמְרֵי־דָעַת: אַל־תִּמְנַע מִנַּעַר מוּסָר כִּי־תַכֶּנּוּ בַשֵּׁבֶט לֹא יָמוּת: אַתָּה בַּשֵּׁבֶט תַּכֶּנּוּ וְנַפְשׁוֹ מִשְּׁאוֹל תַּצִּיל: בְּנִי אִם־חָכַם לִבֶּךָ יִשְׂמַח לִבִּי גַם־אָנִי: וְתַעְלֹזְנָה כִלְיוֹתָי בְּדַבֵּר שְׂפָתֶיךָ מֵישָׁרִים: אַל־יְקַנֵּא לִבְּךָ בַּחַטָּאִים כִּי אִם־בְּיִרְאַת־יְהֹוָה כָּל־הַיּוֹם: כִּי אִם־יֵשׁ אַחֲרִית וְתִקְוָתְךָ לֹא תִכָּרֵת: שְׁמַע־אַתָּה בְנִי וַחֲכָם וְאַשֵּׁר בַּדֶּרֶךְ לִבֶּךָ: אַל־תְּהִי בְסֹבְאֵי־יָיִן בְּזֹלֲלֵי בָשָׂר לָמוֹ: כִּי־סֹבֵא וְזוֹלֵל יִוָּרֵשׁ וּקְרָעִים תַּלְבִּישׁ נוּמָה: שְׁמַע לְאָבִיךָ זֶה
גִּיל יָגִיל וְיוֹלֵד ׀ יִשְׂמַח	יְלָדֶךָ וְאַל־תָּבוּז כִּי־זָקְנָה אִמֶּךָ: אֱמֶת קְנֵה וְאַל־תִּמְכֹּר חָכְמָה וּמוּסָר וּבִינָה: גִּיל יָגִיל אֲבִי צַדִּיק יוֹלֵד חָכָם וְיִשְׂמַח־בּוֹ: יִשְׂמַח־אָבִיךָ וְאִמֶּךָ וְתָגֵל יוֹלַדְתֶּךָ: תְּנָה־בְנִי לִבְּךָ לִי וְעֵינֶיךָ דְּרָכַי
תִּצֹּרְנָה	תִּצֹּרְנָה: כִּי־שׁוּחָה עֲמֻקָּה זוֹנָה וּבְאֵר צָרָה נָכְרִיָּה: אַף־הִיא כְּחֶתֶף תֶּאֱרֹב וּבוֹגְדִים בְּאָדָם תּוֹסִף: לְמִי אוֹי לְמִי אֲבוֹי לְמִי
מִדְיָנִים	מדונים ׀ לְמִי שִׂיחַ לְמִי פְּצָעִים חִנָּם לְמִי חַכְלִלוּת עֵינָיִם: לַמְאַחֲרִים עַל־הַיָּיִן לַבָּאִים לַחְקֹר מִמְסָךְ: אַל־תֵּרֶא יַיִן כִּי
בַּכּוֹס	יִתְאַדָּם כִּי־יִתֵּן בַּכּוֹס עֵינוֹ יִתְהַלֵּךְ בְּמֵישָׁרִים: אַחֲרִיתוֹ כְּנָחָשׁ יִשָּׁךְ וּכְצִפְעֹנִי יַפְרִשׁ: עֵינֶיךָ יִרְאוּ זָרוֹת וְלִבְּךָ יְדַבֵּר תַּהְפֻּכוֹת: וְהָיִיתָ כְּשֹׁכֵב בְּלֶב־יָם וּכְשֹׁכֵב בְּרֹאשׁ חִבֵּל: הִכּוּנִי בַל־חָלִיתִי הֲלָמוּנִי בַּל־יָדָעְתִּי מָתַי אָקִיץ אוֹסִיף אֲבַקְשֶׁנּוּ עוֹד: אַל־תְּקַנֵּא בְּאַנְשֵׁי רָעָה וְאַל־תִּתְאָו לִהְיוֹת אִתָּם: כִּי־שֹׁד יֶהְגֶּה לִבָּם וְעָמָל שְׂפָתֵיהֶם תְּדַבֵּרְנָה: בְּחָכְמָה יִבָּנֶה בָּיִת וּבִתְבוּנָה יִתְכּוֹנָן: וּבְדַעַת חֲדָרִים יִמָּלְאוּ כָּל־הוֹן יָקָר וְנָעִים: גֶּבֶר־חָכָם בַּעוֹז וְאִישׁ־דַּעַת מְאַמֶּץ־כֹּחַ: כִּי בְתַחְבֻּלוֹת תַּעֲשֶׂה־לְּךָ מִלְחָמָה וּתְשׁוּעָה בְּרֹב יוֹעֵץ: רָאמוֹת לֶאֱוִיל חָכְמוֹת בַּשַּׁעַר לֹא יִפְתַּח־פִּיהוּ: מְחַשֵּׁב לְהָרֵעַ לוֹ בַּעַל־מְזִמּוֹת יִקְרָאוּ: זִמַּת אִוֶּלֶת חַטָּאת וְתוֹעֲבַת לְאָדָם לֵץ: הִתְרַפִּיתָ בְּיוֹם צָרָה צַר כֹּחֶכָה: הַצֵּל

Verse numbers (right margin, top to bottom): ו ז ח ט י יא יב יג יד טו טז יז יח יט כ כא כב כג כד כה כו כז כח כט ל לא לב לג לד   כד א ב ג ד ה ו ז ח ט י

thy eyes upon it? it is already gone: for riches suddenly make
themselves wings; they fly away like an eagle towards the sky.
Do not eat the bread of him who has an evil eye, nor desire   6
his dainties. For as one that calculates in his heart, so is he: 7
Eat and drink, says he to thee; but his heart is not with thee.
The morsel which thou hast eaten shalt thou vomit up, and   8
lose thy sweet words. Do not speak in the ears of a fool: for   9
he will despise the wisdom of thy words. Do not remove the   10
old landmark; and do not enter the fields of the fatherless:
for their redeemer is mighty; he shall plead their cause with   11
thee. Apply thy heart to instruction, and thy ears to the words of 12
knowledge. Do not withhold correction from the child: for if   13
thou beatest him with the rod, he will not die. Thou shalt beat   14
him with the rod, and shalt deliver his soul from She'ol. My   15
son, if thy heart is wise, my heart too shall rejoice: and my   16
reins shall rejoice, when thy lips speak right things. Let not   17
thy heart envy sinners: but be in the fear of the LORD all the
day long. For surely there is a future; and thy expectation shall   18
not be cut off. Hear, my son, and be wise, and guide thy heart   19
in the way. Be not among winebibbers; among gluttonous   20
eaters of meat: for the drunkard and the glutton shall come   21
to poverty: and drowsiness shall clothe a man with rags.
Hearken to thy father who begot thee, and despise not thy   22
mother when she is old. Buy the truth, and sell it not; also   23
wisdom, and instruction, and understanding. The father of the   24
righteous shall greatly rejoice: and he who begets a wise child
shall have joy of him. Let thy father and thy mother be glad,   25
and let her who bore thee rejoice My son, give me thy heart,   26
and let thy eyes observe my ways. For a harlot is a deep ditch;   27
and an alien woman is a narrow pit. She also lies in wait like   28
a robber, and increases the transgressors among men. Who   29
cries, Woe? who cries, Alas? who has quarrels? who has com-
plaints? who has causeless injuries? who has redness of eyes?
They who tarry long at the wine; they who go to seek mixed   30
wine. Look not upon the wine when it is red, when it sparkles   31
in the cup, when it goes down smoothly: at the last it bites   32
like a snake, and stings like a viper. Thy eyes shall behold   33
strange things, and thy heart shall utter perverse words. Yea,   34
thou shalt be like one who lies down in the midst of the sea,
or like one who lies upon the top of a mast. They have struck   35
me, but I was not hurt; they have beaten me, and I felt it not:
when shall I awake? I will seek it yet again. Be not envious   **24**
of evil men, nor desire to be with them. For their heart studies   2
destruction, and their lips talk of mischief. Through wisdom   3
a house is built; and by understanding it is established: and by   4
knowledge are the chambers filled with all precious and pleas-
ant riches. A wise man is strong; and a man of knowledge   5
increases strength. For by wise counsel thou shalt make thy   6
war: and in multitude of counsellors there is victory. Wisdom   7
it too high for a fool: he does not open his mouth in the gate.
He who devises to do evil shall be called a mischievous person.   8
The devising of folly is sin: and the scorner is an abomination   9
to men. If thou faint in the day of adversity, thy strength is   10

יב לְקֻחִים לַמָּוֶת וּמָטִים לַהֶרֶג אִם־תַּחְשׂוֹךְ׃ כִּי־תֹאמַר הֵן לֹא־
יָדַעְנוּ זֶה הֲלֹא־תֹכֵן לִבּוֹת ׀ הוּא־יָבִין וְנֹצֵר נַפְשְׁךָ הוּא יֵדָע
יג וְהֵשִׁיב לְאָדָם כְּפָעֳלוֹ׃ אֱכׇל־בְּנִי דְבַשׁ כִּי־טוֹב וְנֹפֶת מָתוֹק עַל־
יד חִכֶּךָ׃ כֵּן ׀ דְּעֶה חׇכְמָה לְנַפְשֶׁךָ אִם־מָצָאתָ וְיֵשׁ אַחֲרִית וְתִקְוָתְךָ
טו לֹא תִכָּרֵת׃ אַל־תֶּאֱרֹב רָשָׁע לִנְוֵה צַדִּיק אַל־תְּשַׁדֵּד רִבְצוֹ׃
טז יז כִּי שֶׁבַע ׀ יִפּוֹל צַדִּיק וָקָם וּרְשָׁעִים יִכָּשְׁלוּ בְרָעָה׃ בִּנְפֹל אויביך אֹיִבְךָ
יח אַל־תִּשְׂמָח וּבִכָּשְׁלוֹ אַל־יָגֵל לִבֶּךָ׃ פֶּן־יִרְאֶה יְהוָה וְרַע בְּעֵינָיו
וְהֵשִׁיב מֵעָלָיו אַפּוֹ׃
יט כ אַל־תִּתְחַר בַּמְּרֵעִים אַל־תְּקַנֵּא בָּרְשָׁעִים׃ כִּי ׀ לֹא־תִהְיֶה
כא אַחֲרִית לָרָע נֵר רְשָׁעִים יִדְעָךְ׃ יְרָא־אֶת־יְהוָה בְּנִי וָמֶלֶךְ
כב עִם־שׁוֹנִים אַל־תִּתְעָרָב׃ כִּי־פִתְאֹם יָקוּם אֵידָם וּפִיד שְׁנֵיהֶם
מִי יוֹדֵעַ׃
כג כד גַּם־אֵלֶּה לַחֲכָמִים הַכֵּר־פָּנִים בְּמִשְׁפָּט בַּל־טוֹב׃ אֹמֵר ׀
כה לְרָשָׁע צַדִּיק אָתָּה יִקְּבֻהוּ עַמִּים יִזְעָמוּהוּ לְאֻמִּים׃ וְלַמּוֹכִיחִים
כו יִנְעָם וַעֲלֵיהֶם תָּבוֹא בִרְכַּת־טוֹב׃ שְׂפָתַיִם יִשָּׁק מֵשִׁיב
כז דְּבָרִים נְכֹחִים׃ הָכֵן בַּחוּץ ׀ מְלַאכְתֶּךָ וְעַתְּדָהּ בַּשָּׂדֶה לָךְ
אַחַר וּבָנִיתָ בֵיתֶךָ׃
כח כט אַל־תְּהִי עֵד־חִנָּם בְּרֵעֶךָ וַהֲפִתִּיתָ בִּשְׂפָתֶיךָ׃ אַל־תֹּאמַר כַּאֲשֶׁר
עָשָׂה־לִי כֵּן אֶעֱשֶׂה־לּוֹ אָשִׁיב לָאִישׁ כְּפָעֳלוֹ׃
ל לא עַל־שְׂדֵה אִישׁ־עָצֵל עָבַרְתִּי וְעַל־כֶּרֶם אָדָם חֲסַר־לֵב׃ וְהִנֵּה
עָלָה כֻלּוֹ ׀ קִמְּשֹׂנִים כָּסּוּ פָנָיו חֲרֻלִּים וְגֶדֶר אֲבָנָיו נֶהֱרָסָה׃
לב לג וָאֶחֱזֶה אָנֹכִי אָשִׁית לִבִּי רָאִיתִי לָקַחְתִּי מוּסָר׃ מְעַט שֵׁנוֹת
לד מְעַט תְּנוּמוֹת מְעַט ׀ חִבֻּק יָדַיִם לִשְׁכָּב׃ וּבָא־מִתְהַלֵּךְ רֵישֶׁךָ
וּמַחְסֹרֶיךָ כְּאִישׁ מָגֵן׃
כה א גַּם־אֵלֶּה מִשְׁלֵי שְׁלֹמֹה אֲשֶׁר הֶעְתִּיקוּ אַנְשֵׁי ׀ חִזְקִיָּה מֶלֶךְ־
ב יְהוּדָה׃ כְּבֹד אֱלֹהִים הַסְתֵּר דָּבָר וּכְבֹד מְלָכִים חֲקֹר דָּבָר׃
ג ד שָׁמַיִם לָרוּם וָאָרֶץ לָעֹמֶק וְלֵב מְלָכִים אֵין חֵקֶר׃ הָגוֹ סִיגִים
ה מִכָּסֶף וַיֵּצֵא לַצֹּרֵף כֶּלִי׃ הָגוֹ רָשָׁע לִפְנֵי־מֶלֶךְ וְיִכּוֹן בַּצֶּדֶק כִּסְאוֹ׃
ו ז אַל־תִּתְהַדַּר לִפְנֵי־מֶלֶךְ וּבִמְקוֹם גְּדֹלִים אַל־תַּעֲמֹד׃ כִּי טוֹב
אֲמׇר־לְךָ עֲלֵה הֵנָּה מֵהַשְׁפִּילְךָ לִפְנֵי נָדִיב אֲשֶׁר רָאוּ עֵינֶיךָ׃
ח אַל־תֵּצֵא לָרִב מַהֵר פֶּן מַה־תַּעֲשֶׂה בְּאַחֲרִיתָהּ בְּהַכְלִים אֹתְךָ

small: if thou forbear to rescue those who are drawn to death, 11
and those who are ready to be slain; if thou sayst, Behold, 12
we knew it not, does not he who ponders the heart consider
it? and he who keeps thy soul, does he not know it? and shall
he not render to every man according to his works? My son, 13
eat honey, because it is good; and the honeycomb, which is
sweet to thy taste: know that such is wisdom for thy soul! 14
when hast found it, then there shall be a reward, and thy ex-
pectation shall not be cut off. Do not lie in wait, O wicked 15
man, against the dwelling of the righteous; do not plunder
his resting place: for a just man falls seven times, and yet 16
rises up again: but the wicked stumble into mischief. Do not 17
rejoice when thy enemy falls, and do not let thy heart be glad
when he stumbles : lest the Lord see it, and it displease him, 18
and he turn away his wrath from him.

Fret not thyself because of evil men, nor be envious at the 19
wicked; for there shall be no reward to the evil man; the 20
candle of the wicked shall be put out. My son, fear thou the 21
Lord and the king : and do not meddle with them who are
given to change: for their calamity shall rise suddenly; and 22
who knows the ruin of them both?

These words also belong to the wise. It is not good to have 23
respect of persons in judgment. He who says to the wicked, 24
Thou art in the right; him shall the people curse, nations shall
abhor him: but those who rebuke the wicked shall have delight, 25
and a good blessing shall come upon them. Like a kiss on the 26
lips, it is when one gives a right answer. Prepare thy work 27
outside, and make it fit for thyself in the field; and afterwards
build thy house.

Be not a witness against thy neighbour without cause; and 28
deceive not with thy lips. Do not say, I will do so to him as he 29
has done to me : I will render to the man according to his
deeds.

I went by the field of a lazy man, and by the vineyard of a 30
man void of understanding; and, lo, it was all grown over with 31
thorns, and nettles had covered it over, and its stone wall was
broken down. Then I saw, and considered it well: I looked upon 32
it, and received instruction. A little sleep, a little slumber, a 33
little folding of the hands to sleep — so shall thy poverty come 34
like a marauder; and thy want like an armed man.

These also are proverbs of Shelomo, which the men of Ḥiz- **25**
qiyya, king of Yehuda copied out. It is the glory of God to 2
conceal a thing: but the honour of kings is to search out a
matter. The heaven for height, and the earth for depth, and the 3
heart of kings is unsearchable. Take away the dross from the 4
silver, and a vessel emerges for the refiner. Take away the 5
wicked from before the king, and his throne shall be established
in righteousness. Do not give thyself airs in the presence of 6
the king, and stand not in the place of great men: for better 7
it is that it be said to thee, Come up here; than that thou
shouldst be put lower in the presence of the prince whom thy
eyes have seen. Do not proceed hastily to litigation, lest thou 8
know not what to do in the end of it, when thy neighbour has

רֵעֶךָ: רִיבְךָ רִיב אֶת־רֵעֶךָ וְסוֹד אַחֵר אַל־תְּגָל: פֶּן־יְחַסֶּדְךָ ט
שֹׁמֵעַ וְדִבָּתְךָ לֹא תָשׁוּב: תַּפּוּחֵי זָהָב בְּמַשְׂכִּיּוֹת כָּסֶף יא
דָּבָר דָּבֻר עַל־אָפְנָיו: נֶזֶם זָהָב וַחֲלִי־כָתֶם מוֹכִיחַ חָכָם יב
עַל־אֹזֶן שֹׁמָעַת:
ז כְּצִנַּת־שֶׁלֶג ׀ בְּיוֹם קָצִיר צִיר נֶאֱמָן לְשֹׁלְחָיו וְנֶפֶשׁ אֲדֹנָיו יג
יָשִׁיב:
נְשִׂיאִים וְרוּחַ וְגֶשֶׁם אָיִן אִישׁ מִתְהַלֵּל בְּמַתַּת־שָׁקֶר: בְּאֹרֶךְ יד טו
אַפַּיִם יְפֻתֶּה קָצִין וְלָשׁוֹן רַכָּה תִּשְׁבָּר־גָּרֶם: דְּבַשׁ מָצָאתָ אֱכֹל טז
דַּיֶּךָּ פֶּן־תִּשְׂבָּעֶנּוּ וַהֲקֵאתוֹ: הֹקַר רַגְלְךָ מִבֵּית רֵעֶךָ פֶּן־יִשְׂבָּעֲךָ יז
וּשְׂנֵאֶךָ: מֵפִיץ וְחֶרֶב וְחֵץ שָׁנוּן אִישׁ־עֹנֶה בְרֵעֵהוּ עֵד שָׁקֶר: יח
שֵׁן רָעָה וְרֶגֶל מוּעָדֶת מִבְטָח בּוֹגֵד בְּיוֹם צָרָה: מַעֲדֶה־בֶּגֶד ׀ יט כ
בְּיוֹם קָרָה חֹמֶץ עַל־נָתֶר וְשָׁר בַּשִּׁרִים עַל לֶב־רָע: אִם־רָעֵב כא
שֹׂנַאֲךָ הַאֲכִלֵהוּ לָחֶם וְאִם־צָמֵא הַשְׁקֵהוּ מָיִם: כִּי גֶחָלִים כב
אַתָּה חֹתֶה עַל־רֹאשׁוֹ וַיהוָה יְשַׁלֶּם־לָךְ: רוּחַ צָפוֹן תְּחוֹלֵל כג
גָּשֶׁם וּפָנִים נִזְעָמִים לְשׁוֹן סָתֶר: טוֹב שֶׁבֶת עַל־פִּנַּת־גָּג מֵאֵשֶׁת כד
מִדְיָנִים מדונים וּבֵית חָבֶר:
מַיִם קָרִים עַל־נֶפֶשׁ עֲיֵפָה וּשְׁמוּעָה טוֹבָה מֵאֶרֶץ מֶרְחָק: מַעְיָן כה כו
נִרְפָּשׂ וּמָקוֹר מָשְׁחָת צַדִּיק מָט לִפְנֵי־רָשָׁע: אָכֹל דְּבַשׁ הַרְבּוֹת כז
לֹא־טוֹב וְחֵקֶר כְּבֹדָם כָּבוֹד: עִיר פְּרוּצָה אֵין חוֹמָה אִישׁ אֲשֶׁר כח
אֵין מַעְצָר לְרוּחוֹ: כַּשֶּׁלֶג ׀ בַּקַּיִץ וְכַמָּטָר בַּקָּצִיר כֵּן לֹא־נָאוֶה כו א
לוֹ לִכְסִיל כָּבוֹד: כַּצִּפּוֹר לָנוּד כַּדְּרוֹר לָעוּף כֵּן קִלְלַת חִנָּם לא ב
תָבֹא: שׁוֹט לַסּוּס מֶתֶג לַחֲמוֹר וְשֵׁבֶט לְגֵו כְּסִילִים: אַל־תַּעַן ג ד
כְּסִיל כְּאִוַּלְתּוֹ פֶּן־תִּשְׁוֶה־לּוֹ גַם־אָתָּה: עֲנֵה כְסִיל כְּאִוַּלְתּוֹ ה
פֶּן־יִהְיֶה חָכָם בְּעֵינָיו: מְקַצֶּה רַגְלַיִם חָמָס שֹׁתֶה שֹׁלֵחַ דְּבָרִים ו
בְּיַד־כְּסִיל: דַּלְיוּ שֹׁקַיִם מִפִּסֵּחַ וּמָשָׁל בְּפִי כְסִילִים: כִּצְרוֹר ז ח
אֶבֶן בְּמַרְגֵּמָה כֵּן־נוֹתֵן לִכְסִיל כָּבוֹד: חוֹחַ עָלָה בְיַד־שִׁכּוֹר ט
וּמָשָׁל בְּפִי כְסִילִים: רַב מְחוֹלֵל־כֹּל י
וְשֹׂכֵר כְּסִיל וְשֹׂכֵר עֹבְרִים: כְּכֶלֶב שָׁב עַל־קֵאוֹ כְּסִיל שׁוֹנֶה יא
בְאִוַּלְתּוֹ: רָאִיתָ אִישׁ חָכָם בְּעֵינָיו תִּקְוָה לִכְסִיל מִמֶּנּוּ: אָמַר יב יג
עָצֵל שַׁחַל בַּדָּרֶךְ אֲרִי בֵּין הָרְחֹבוֹת: הַדֶּלֶת תִּסּוֹב עַל־צִירָהּ יד
וְעָצֵל עַל־מִטָּתוֹ: טָמַן עָצֵל יָדוֹ בַּצַּלָּחַת נִלְאָה לַהֲשִׁיבָהּ אֶל־ טו
פִּיו: חָכָם עָצֵל בְּעֵינָיו מִשִּׁבְעָה מְשִׁיבֵי טָעַם: מַחֲזִיק בְּאָזְנֵי־ טז יז

put thee to shame. Debate thy cause with thy neighbour. and 9
do not reveal the secret of another: lest he who hears thee be- 10
tray thee ; and lest thy calumny be carried back. A word fitly 11
spoken is like apples of gold in ornaments of silver. Like an ear- 12
ring of gold, and an ornament of fine gold, so is a wise re-
prover upon an obedient ear.

Like the cold snow in the time of harvest, so is a faithful 13
messenger to those who send him: for he refreshes the soul
of his master.

One who boasts of gifts that he does not give is like clouds 14
and wind without rain. By long forbearing is a ruler won over, 15
and a soft tongue breaks the bone. Hast thou found honey? 16
eat as much as is sufficient for thee, lest thou be sated with it,
and vomit it up. Let thy foot be seldom in thy neighbour's 17
house ; lest he be weary of thee, and hate thee. A man who 18
bears false witness against his neighbour is like a maul, and
a sword, and a sharp arrow. Confidence in an unfaithful man 19
in time of trouble is like a broken tooth, and a foot out of
joint. Like one who takes off a garment in cold weather, and 20
like acid upon nitre, is he who sings songs to a heavy heart.
If thy enemy be hungry, give him bread to eat; and if he be 21
thirsty, give him water to drink : for thou shalt heap coals 22
of fire upon his head, and the LORD shall reward thee. The north 23
wind brings in the rain: so does an angry countenance, a back
biting tongue. It is better to dwell in the corner of the house- 24
top, than with a brawling woman and in a roomy house.

As cold water to a thirsty soul, so is good news from a far 25
country. A righteous man falling down before the wicked is 26
like a muddied fountain, and a polluted spring. It is not good to 27
eat much honey: so it is honour to set bounds to honour.
He that has no rule over his own spirit is like a city that is 28
broken down, and without walls. As snow in summer, and as **26**
rain in harvest, so honour is not seemly for a fool. Like a 2
wandering sparrow, like a flying swallow, so a curse that is
causeless comes home to roost. A whip for the horse, a bridle 3
for the ass, and a rod for the fool's back. Do not answer a fool 4
according to his folly, lest thou become like him thyself. Answer 5
a fool according to his folly, lest he be wise in his own conceit.
He that sends a message by the hand of a fool cuts off his own 6
feet, and drinks in damage. Like the legs of a lame man which 7
hang useless, so is a parable in the mouth of fools. As one who 8
binds a stone in a sling, so is he that gives honour to a fool.
Like a thorn that goes up into the hand of a drunkard, so is 9
a parable in the mouth of fools.   A master craftsman 10
performs everything; but he who hires a fool is as he who hires
the passers by. As a dog returns to his vomit, so a fool returns 11
to his folly. Seest thou a man wise in his own eyes? there is 12
more hope of a fool than of him. The lazy man says, There is 13
a lion in the way; a lion is in the streets. As the doors turns 14
on its hinges, so does the slothful upon his bed. The sluggard 15
buries his hand in the dish; it grieves him to bring it back to
his mouth. The sluggard is wiser in his own eyes than seven 16
men that can give sensible reasons. He who passes by, and 17

כֶּלֶב עֹבֵר מִתְעַבֵּר עַל־רִיב לֹּא־לוֹ׃ כְּמִתְלַהְלֵהַּ הַיֹּרֶה זִקִּים יח
חִצִּים וָמָוֶת׃ כֵּן־אִישׁ רִמָּה אֶת־רֵעֵהוּ וְאָמַר הֲלֹא־מְשַׂחֵק אָנִי׃ יט
בְּאֶפֶס עֵצִים תִּכְבֶּה־אֵשׁ וּבְאֵין נִרְגָּן יִשְׁתֹּק מָדוֹן׃ פֶּחָם לְגֶחָלִים כ כא
מִדְיָנִים וְעֵצִים לְאֵשׁ וְאִישׁ מדונים לְחַרְחַר־רִיב׃
דִּבְרֵי נִרְגָּן כְּמִתְלַהֲמִים וְהֵם יָרְדוּ חַדְרֵי־בָטֶן׃ כֶּסֶף סִיגִים כב כג
מְצֻפֶּה עַל־חָרֶשׂ שְׂפָתַיִם דֹּלְקִים וְלֶב־רָע׃ בִּשְׂפָתָו יִנָּכֵר שׂוֹנֵא כד
וּבְקִרְבּוֹ יָשִׁית מִרְמָה׃ כִּי־יְחַנֵּן קוֹלוֹ אַל־תַּאֲמֶן־בּוֹ כִּי שֶׁבַע כה
תּוֹעֵבוֹת בְּלִבּוֹ׃ תִּכַּסֶּה שִׂנְאָה בְּמַשָּׁאוֹן תִּגָּלֶה רָעָתוֹ בְקָהָל׃ כו
כֹּרֶה־שַּׁחַת בָּהּ יִפֹּל וְגֹלֵל אֶבֶן אֵלָיו תָּשׁוּב׃ לְשׁוֹן־שֶׁקֶר יִשְׂנָא כז כח
דַכָּיו וּפֶה חָלָק יַעֲשֶׂה מִדְחֶה׃ אַל־תִּתְהַלֵּל בְּיוֹם מָחָר כִּי לֹא־ א כז
תֵדַע מַה־יֵּלֶד יוֹם׃ יְהַלֶּלְךָ זָר וְלֹא־פִיךָ נָכְרִי וְאַל־שְׂפָתֶיךָ׃ ב
כֹּבֶד־אֶבֶן וְנֵטֶל הַחוֹל וְכַעַס אֱוִיל כָּבֵד מִשְּׁנֵיהֶם׃ אַכְזְרִיּוּת ג ד
חֵמָה וְשֶׁטֶף אָף וּמִי יַעֲמֹד לִפְנֵי קִנְאָה׃ טוֹבָה תּוֹכַחַת מְגֻלָּה ה
מֵאַהֲבָה מְסֻתָּרֶת׃ נֶאֱמָנִים פִּצְעֵי אוֹהֵב וְנַעְתָּרוֹת נְשִׁיקוֹת ו
שׂוֹנֵא׃ נֶפֶשׁ שְׂבֵעָה תָּבוּס נֹפֶת וְנֶפֶשׁ רְעֵבָה כָּל־מַר מָתוֹק׃ ז
כְּצִפּוֹר נוֹדֶדֶת מִן־קִנָּהּ כֵּן־אִישׁ נוֹדֵד מִמְּקוֹמוֹ׃ שֶׁמֶן וּקְטֹרֶת ח ט
וְרֵעַ יְשַׂמַּח־לֵב וּמֶתֶק רֵעֵהוּ מֵעֲצַת־נָפֶשׁ׃ רֵעֲךָ ורעה אָבִיךָ אַל־ י
תַּעֲזֹב וּבֵית אָחִיךָ אַל־תָּבוֹא בְּיוֹם אֵידֶךָ טוֹב שָׁכֵן קָרוֹב
מֵאָח רָחוֹק׃ חֲכַם בְּנִי וְשַׂמַּח לִבִּי וְאָשִׁיבָה חֹרְפִי דָבָר׃ עָרוּם יא יב
רָאָה רָעָה נִסְתָּר פְּתָאיִם עָבְרוּ נֶעֱנָשׁוּ׃ קַח־בִּגְדוֹ כִּי־עָרַב זָר יג
וּבְעַד נָכְרִיָּה חַבְלֵהוּ׃ מְבָרֵךְ רֵעֵהוּ ׀ בְּקוֹל גָּדוֹל בַּבֹּקֶר הַשְׁכֵּים יד
מִדְיָנִים קְלָלָה תֵּחָשֶׁב לוֹ׃ דֶּלֶף טוֹרֵד בְּיוֹם סַגְרִיר וְאֵשֶׁת מדונים טו
נִשְׁתָּוָה׃ צֹפְנֶיהָ צָפַן־רוּחַ וְשֶׁמֶן יְמִינוֹ יִקְרָא׃ בַּרְזֶל בְּבַרְזֶל יָחַד טז יז
וְאִישׁ יַחַד פְּנֵי־רֵעֵהוּ׃ נֹצֵר תְּאֵנָה יֹאכַל פִּרְיָהּ וְשֹׁמֵר אֲדֹנָיו יח
יְכֻבָּד׃ כַּמַּיִם הַפָּנִים לַפָּנִים כֵּן לֵב הָאָדָם לָאָדָם׃ שְׁאוֹל ואבדה יט כ
לֹא תִשְׂבַּעְנָה וְעֵינֵי הָאָדָם לֹא תִשְׂבַּעְנָה׃
מַצְרֵף לַכֶּסֶף וְכוּר לַזָּהָב וְאִישׁ לְפִי מַהֲלָלוֹ׃ אִם־תִּכְתּוֹשׁ כא כב
אֶת־הָאֱוִיל ׀ בַּמַּכְתֵּשׁ בְּתוֹךְ הָרִיפוֹת בַּעֱלִי לֹא־תָסוּר
מֵעָלָיו אִוַּלְתּוֹ׃
יָדֹעַ תֵּדַע פְּנֵי צֹאנֶךָ שִׁית לִבְּךָ לַעֲדָרִים׃ כִּי לֹא לְעוֹלָם חֹסֶן כג כד
וְדוֹר וְאִם־נֵזֶר לְדוֹר דור׃ נִגְלָה חָצִיר וְנִרְאָה־דֶשֶׁא וְנֶאֶסְפוּ עִשְּׂבוֹת כה

meddles with a strife not his own, is like one who takes a dog 18
by the ears. As a madman who throws firebrands, arrows, and 19
death, so is a man who tricks his neighbour, and says, But 20
I was only joking! Where no wood is, there the fire goes out: 21
so where there is no talebearer, strife ceases. As coals are to
burning coals, and wood to fire; so is a contentious man to
kindle strife. 22
The words of a talebearer are like dainties, and they go down 23
into the innermost parts of the body. Burning lips and a wicked
heart are like an earthenware dish covered with silver dross. 24
He who hates dissembles with his lips, and lays up deceit within 25
him; when he speaks fair, do not believe him: for there are 26
seven abominations in his heart. He whose hatred is covered
by deceit, his wickedness shall be revealed before the whole 27
congregation. The one who digs a pit shall fall into it: and 28
if one rolls a stone, it will return upon him. A lying tongue **27**
hates its victims; and a flattering mouth works ruin. Do not
boast thyself of tomorrow; for thou knowst not what today 2
may bring forth. Let another man praise thee, and not thy own 3
mouth; a stranger, and not thy own lips. A stone is heavy, and
the sand weighty; but a fool's wrath is heavier than both of 4
them. Wrath is cruel, and anger is overwhelming; but who is 5
able to stand before envy? Open rebuke is better than hidden 6
love. Faithful are the wounds of a friend; but the kisses of an 7
enemy are profuse. The full soul loathes a honeycomb; but 8
to the hungry soul every bitter thing is sweet. As a bird that
wanders from her nest, so is a man who wanders from his 9
place. Ointment and perfume rejoice the heart: so does the 10
sweetness of a man's friend by hearty counsel. Do not forsake
thy own friend, and thy father's friend; nor go into thy
brother's house in the day of thy calamity: for better is a 11
neighbour that is near than a brother far off. My son, be wise,
and make my heart glad, that I may answer him who taunts 12
me. A prudent man sees the evil, and hides himself; but simple- 13
tons pass on, and are punished. Take his garment when he
is surety for a stranger, and take his pledge on behalf of an 14
alien woman. He that blesses his friend with a loud voice,
rising early in the morning, it shall be counted a curse to him. 15
A continual dripping on a very rainy day and a contentious 16
woman are alike. Whoever would hide her hides the wind, like 17
the ointment of his right hand, which betrays itself. Iron 18
sharpens iron; so one man sharpens another. He who guards
the fig tree shall eat its fruit: so he who waits on his master 19
shall be honoured. As in water face answers to face, so the 20
heart of man to man. She'ol and Avaddon are never full; so the
eyes of man are never satisfied. 21
The refining pot is for silver, and the furnace for gold; and a 22
man is tried according to his praise. Though thou shouldst
grind a fool in a mortar among crushed grain with a pestle,
yet will his foolishness not depart from him. 23
Be diligent to know the state of thy flocks, and look well to thy 24
herds. For riches are not forever: and does the crown endure 25
to all generations? When the grass sprouts forth, and the young

הָרִים׃ כְּבָשִׂים לִלְבוּשֶׁךָ וּמְחִיר שָׂדֶה עַתּוּדִים׃ וְדֵי ׀ חֲלֵב עִזִּים כו כז
כח לְלַחְמְךָ לְלֶחֶם בֵּיתֶךָ וְחַיִּים לְנַעֲרוֹתֶיךָ׃ נָסוּ וְאֵין־רֹדֵף רָשָׁע א
וְצַדִּיקִים כִּכְפִיר יִבְטָח׃ בְּפֶשַׁע אֶרֶץ רַבִּים שָׂרֶיהָ וּבְאָדָם מֵבִין ב
יֹדֵעַ כֵּן יַאֲרִיךְ׃ גֶּבֶר רָשׁ וְעֹשֵׁק דַּלִּים מָטָר סֹחֵף וְאֵין לָחֶם׃ ג
עֹזְבֵי תוֹרָה יְהַלְלוּ רָשָׁע וְשֹׁמְרֵי תוֹרָה יִתְגָּרוּ בָם׃ אַנְשֵׁי־רָע ד ה
לֹא־יָבִינוּ מִשְׁפָּט וּמְבַקְשֵׁי יְהוָה יָבִינוּ כֹל׃
טוֹב־רָשׁ הוֹלֵךְ בְּתֻמּוֹ מֵעִקֵּשׁ דְּרָכַיִם וְהוּא עָשִׁיר׃ נוֹצֵר תּוֹרָה ו ז
בֵּן מֵבִין וְרֹעֶה זוֹלְלִים יַכְלִים אָבִיו׃ מַרְבֶּה הוֹנוֹ בְּנֶשֶׁךְ ח
וְתַרְבִּית ובתרבית לְחוֹנֵן דַּלִּים יִקְבְּצֶנּוּ׃ מֵסִיר אָזְנוֹ מִשְּׁמֹעַ תּוֹרָה גַּם־ ט
תְּפִלָּתוֹ תּוֹעֵבָה׃ מַשְׁגֶּה יְשָׁרִים ׀ בְּדֶרֶךְ רָע בִּשְׁחוּתוֹ הוּא־יִפּוֹל י
וּתְמִימִים יִנְחֲלוּ־טוֹב׃ חָכָם בְּעֵינָיו אִישׁ עָשִׁיר וְדַל מֵבִין יא
יַחְקְרֶנּוּ׃ בַּעֲלֹץ צַדִּיקִים רַבָּה תִפְאָרֶת וּבְקוּם רְשָׁעִים יְחֻפַּשׂ יב
אָדָם׃ מְכַסֶּה פְשָׁעָיו לֹא יַצְלִיחַ וּמוֹדֶה וְעֹזֵב יְרֻחָם׃ אַשְׁרֵי יג יד
אָדָם מְפַחֵד תָּמִיד וּמַקְשֶׁה לִבּוֹ יִפּוֹל בְּרָעָה׃ אֲרִי־נֹהֵם וְדֹב טו
שׁוֹקֵק מוֹשֵׁל רָשָׁע עַל עַם־דָּל׃
שֹׂנֵא ח נָגִיד חֲסַר תְּבוּנוֹת וְרַב מַעֲשַׁקּוֹת שנאי בֶּצַע יַאֲרִיךְ טז
יָמִים׃
אָדָם עָשֻׁק בְּדַם־נָפֶשׁ עַד־בּוֹר יָנוּס אַל־יִתְמְכוּ־בוֹ׃ הוֹלֵךְ יז יח
תָּמִים יִוָּשֵׁעַ וְנֶעְקַשׁ דְּרָכַיִם יִפּוֹל בְּאֶחָת׃ עֹבֵד אַדְמָתוֹ יִשְׂבַּע־ יט
לָחֶם וּמְרַדֵּף רֵיקִים יִשְׂבַּע־רִישׁ׃ אִישׁ אֱמוּנוֹת רַב־בְּרָכוֹת וְאָץ כ
לְהַעֲשִׁיר לֹא יִנָּקֶה׃ הַכֵּר־פָּנִים לֹא־טוֹב וְעַל־פַּת־לֶחֶם יִפְשַׁע־ כא
גָּבֶר׃ נִבְהָל לַהוֹן אִישׁ רַע עָיִן וְלֹא־יֵדַע כִּי־חֶסֶר יְבֹאֶנּוּ׃ מוֹכִיחַ כב כג
אָדָם אַחֲרַי חֵן יִמְצָא מִמַּחֲלִיק לָשׁוֹן׃ גּוֹזֵל ׀ אָבִיו וְאִמּוֹ וְאֹמֵר כד
אֵין־פָּשַׁע חָבֵר הוּא לְאִישׁ מַשְׁחִית׃ רְחַב־נֶפֶשׁ יְגָרֶה מָדוֹן כה
וּבוֹטֵחַ עַל־יְהוָה יְדֻשָּׁן׃ בּוֹטֵחַ בְּלִבּוֹ הוּא כְסִיל וְהוֹלֵךְ בְּחָכְמָה כו
הוּא יִמָּלֵט׃ נוֹתֵן לָרָשׁ אֵין מַחְסוֹר וּמַעְלִים עֵינָיו רַב־מְאֵרוֹת׃ כז
בְּקוּם רְשָׁעִים יִסָּתֵר אָדָם וּבְאָבְדָם יִרְבּוּ צַדִּיקִים׃ אִישׁ תּוֹכָחוֹת כח א כט
מַקְשֶׁה־עֹרֶף פֶּתַע יִשָּׁבֵר וְאֵין מַרְפֵּא׃ בִּרְבוֹת צַדִּיקִים יִשְׂמַח ב

grass appears, and the herbs on the mountains are gathered
in; lambs shall provide thy clothing, and goats the price of a   26
field: and thou shalt have goats' milk enough for thy food, for   27
the food of thy household, and for the maintenance of thy
maidens. The wicked flee when no man pursues: but the   **28**
righteous are bold as a lion. When the land is sinful, its princes   2
are numerous: but when there is a judicious man, knowing
what is right, he shall endure. A poor man that oppresses the   3
weak is like a sweeping rain which leaves no food. They who   4
forsake Tora praise the wicked: but such as keep Tora contend
with them. Evil men understand not justice: but they who seek   5
the Lord understand all things.

Better is the poor who walks in his uprightness, than he who   6
deals perversely in his ways, though he be rich. A wise son   7
keeps Tora, but he that is a companion of riotous men shames
his father. He who by usury and unjust gain increases his   8
substance, gathers it for him who will graciously regard the
poor. He who turns away his ear from hearing Tora, even his   9
prayer is abomination. He who causes the righteous to go   10
astray in an evil way, he shall fall himself into his own pit :
but the innocent shall inherit good. The rich man is wise in   11
his own conceit ; but the poor that has understanding searches
him out. When righteous men rejoice, there is great glory: 12
but when the wicked rise, men hide themselves. He that covers   13
up his sins shall not prosper: but whoever confesses and for-
sakes them shall have mercy. Happy is the man who fears   14
always : but he who hardens his heart shall fall into mischief.
As a roaring lion, and a hungry bear ; so is a wicked ruler over   15
the poor people.

The prince who lacks understanding is also a great oppressor: 16
but the one who hates covetousness shall prolong his days.
A man that is burdened with the blood of any person shall   17
flee to the pit; let none support him. He who walks uprightly   18
shall be saved: but he who takes crooked paths shall fall
suddenly. He who tills his land shall have plenty of bread: but   19
he who follows after vain persons shall have poverty enough.
A faithful man shall abound with blessings: but he who makes   20
haste to be rich shall not go unpunished. To have respect of   21
persons is not good : for a man will transgress for a piece of
bread. The man of evil eye is eager for wealth: he does not   22
know that want will come upon him. He who rebukes a man   23
shall find more favour afterwards than he who flatters with
the tongue. He who robs his father or his mother, and says,   24
It is no transgression; he is companion of a destroyer. He that   25
is of a greedy heart stirs up strife: but he that puts his trust
in the Lord shall be made rich. He who trusts in his own heart   26
is a fool: but he who walks wisely, shall escape. He who gives   27
to the poor shall not lack: but he who hides his eyes shall have
many a curse. When the wicked rise, men hide themselves: 28
but when they perish, the righteous increase. He, that being   **29**
often reproved hardens his neck, shall suddenly be broken,
beyond healing. When the righteous are on the increase, the   2
people rejoice: but when the wicked man bears rule, the people

הָעָם וּבִמְשֹׁל רָשָׁע יֵאָנַח עָם: אִישׁ־אֹהֵב חָכְמָה יְשַׂמַּח אָבִיו   ג

וְרֹעֶה זוֹנוֹת יְאַבֶּד־הוֹן: מֶלֶךְ בְּמִשְׁפָּט יַעֲמִיד אָרֶץ וְאִישׁ   ד

תְּרוּמוֹת יֶהֶרְסֶנָּה: גֶּבֶר מַחֲלִיק עַל־רֵעֵהוּ רֶשֶׁת פּוֹרֵשׂ עַל־   ה

פְּעָמָיו: בְּפֶשַׁע אִישׁ רָע מוֹקֵשׁ וְצַדִּיק יָרוּן וְשָׂמֵחַ: יֹדֵעַ צַדִּיק   ז

דִּין דַּלִּים רָשָׁע לֹא־יָבִין דָּעַת: אַנְשֵׁי לָצוֹן יָפִיחוּ קִרְיָה וַחֲכָמִים   ח

יָשִׁיבוּ אָף: אִישׁ־חָכָם נִשְׁפָּט אֶת־אִישׁ אֱוִיל וְרָגַז וְשָׂחַק וְאֵין   ט

נָחַת: אַנְשֵׁי דָמִים יִשְׂנְאוּ־תָם וִישָׁרִים יְבַקְשׁוּ נַפְשׁוֹ: כָּל־רוּחוֹ   יא

יוֹצִיא כְסִיל וְחָכָם בְּאָחוֹר יְשַׁבְּחֶנָּה: מֹשֵׁל מַקְשִׁיב עַל־דְּבַר־   יב

שָׁקֶר כָּל־מְשָׁרְתָיו רְשָׁעִים: רָשׁ וְאִישׁ תְּכָכִים נִפְגָּשׁוּ מֵאִיר־   יג

עֵינֵי שְׁנֵיהֶם יְהוָה: מֶלֶךְ שׁוֹפֵט בֶּאֱמֶת דַּלִּים כִּסְאוֹ לָעַד יִכּוֹן: יד

שֵׁבֶט וְתוֹכַחַת יִתֵּן חָכְמָה וְנַעַר מְשֻׁלָּח מֵבִישׁ אִמּוֹ: בִּרְבוֹת   טו

רְשָׁעִים יִרְבֶּה־פָּשַׁע וְצַדִּיקִים בְּמַפַּלְתָּם יִרְאוּ: יַסֵּר בִּנְךָ וִינִיחֶךָ   יז

וְיִתֵּן מַעֲדַנִּים לְנַפְשֶׁךָ:

בְּאֵין חָזוֹן יִפָּרַע עָם וְשֹׁמֵר תּוֹרָה אַשְׁרֵהוּ: בִּדְבָרִים לֹא־יִוָּסֶר   יט

עָבֶד כִּי־יָבִין וְאֵין מַעֲנֶה: חָזִיתָ אִישׁ אָץ בִּדְבָרָיו תִּקְוָה לִכְסִיל   כ

מִמֶּנּוּ: מְפַנֵּק מִנַּעַר עַבְדּוֹ וְאַחֲרִיתוֹ יִהְיֶה מָנוֹן: אִישׁ־אַף יְגָרֶה   כב

מָדוֹן וּבַעַל חֵמָה רַב־פָּשַׁע: גַּאֲוַת אָדָם תַּשְׁפִּילֶנּוּ וּשְׁפַל־רוּחַ   כג

יִתְמֹךְ כָּבוֹד: חוֹלֵק עִם־גַּנָּב שׂוֹנֵא נַפְשׁוֹ אָלָה יִשְׁמַע וְלֹא יַגִּיד: כד

חֶרְדַּת אָדָם יִתֵּן מוֹקֵשׁ וּבוֹטֵחַ בַּיהוָה יְשֻׂגָּב: רַבִּים מְבַקְשִׁים   כה

פְּנֵי־מוֹשֵׁל וּמֵיהוָה מִשְׁפַּט־אִישׁ: תּוֹעֲבַת צַדִּיקִים אִישׁ עָוֶל   כו

וְתוֹעֲבַת רָשָׁע יְשַׁר־דָּרֶךְ:

דִּבְרֵי ׀ אָגוּר בִּן־יָקֶה הַמַּשָּׂא נְאֻם הַגֶּבֶר לְאִיתִיאֵל לְאִיתִיאֵל   א   ל

וְאֻכָל: כִּי בַעַר אָנֹכִי מֵאִישׁ וְלֹא־בִינַת אָדָם לִי: וְלֹא־לָמַדְתִּי   ב ג

חָכְמָה וְדַעַת קְדֹשִׁים אֵדָע: מִי עָלָה־שָׁמַיִם ׀ וַיֵּרַד מִי אָסַף־   ד

רוּחַ ׀ בְּחָפְנָיו מִי צָרַר־מַיִם ׀ בַּשִּׂמְלָה מִי הֵקִים כָּל־אַפְסֵי־אָרֶץ

מַה־שְּׁמוֹ וּמַה־שֶּׁם־בְּנוֹ כִּי תֵדָע: כָּל־אִמְרַת אֱלוֹהַּ צְרוּפָה   ה

מָגֵן הוּא לַחֹסִים בּוֹ: אַל־תּוֹסְףְ עַל־דְּבָרָיו פֶּן־יוֹכִיחַ בְּךָ   ו

וְנִכְזָבְתָּ: שְׁתַּיִם שָׁאַלְתִּי מֵאִתָּךְ אַל־תִּמְנַע מִמֶּנִּי   ז

בְּטֶרֶם אָמוּת: שָׁוְא ׀ וּדְבַר־כָּזָב הַרְחֵק מִמֶּנִּי רֵאשׁ וָעֹשֶׁר אַל־   ח

תִּתֶּן־לִי הַטְרִיפֵנִי לֶחֶם חֻקִּי: פֶּן אֶשְׂבַּע ׀ וְכִחַשְׁתִּי וְאָמַרְתִּי מִי   ט

יְהוָה וּפֶן־אִוָּרֵשׁ וְגָנַבְתִּי וְתָפַשְׂתִּי שֵׁם אֱלֹהָי: י   אַל־

mourn. He who loves wisdom gladdens his father: but he who   3
keeps company with harlots wastes his substance. The king   4
by justice establishes the land: but he who exacts gifts over-
throws it. A man who flatters his neighbour spreads a net for   5
his feet. In the transgression of an evil man there is a snare: 6
but the righteous man sings and rejoices. The righteous   7
man apprehends the cause of the poor: but the wicked man
cannot grasp that knowledge. Scornful men stir up a city into   8
strife: but wise men turn away wrath. If a wise man contends   9
with a foolish man, whether he rage or laugh, there is no rest.
The bloodthirsty hate the innocent : but the just seek his good.   10
A fool vents all his anger: but a wise man keeping it in sub-   11
dues it. If a ruler hearken to lies, all his servants are wicked. 12
The poor and the deceitful man meet together: the LORD gives   13
light to the eyes of both. The king who faithfully judges the   14
poor, his throne shall be established for ever. The rod and   15
reproof give wisdom : but a child left to himself brings shame
to his mother. When the wicked are multiplied, transgression   16
increases: both the righteous shall witness their fall. Correct   17
thy son, and he will give thee rest; and he will give delight to
thy soul.
Where there is no vision, the people become unruly: but happy   18
is he who keeps Tora. A servant will not be corrected by   19
words: for though he understands he will not answer. Seest   20
thou a man that is hasty in his words? there is more hope for
a fool than for him. He who pampers his servant from a child   21
shall have him become his master at last. An angry man stirs   22
up strife, and a furious man abounds in transgression. A man's   23
pride shall bring him low: but the humble in spirit shall attain
honour. Whoever is partner with a thief is his own enemy: 24
he hears the adjuration of witnesses, but discloses nothing.
The fear of man brings a snare: but he who puts his trust in   25
the LORD shall be protected. Many seek the ruler's favour; but   26
a man's judgment comes from the LORD. An unjust man is an   27
abomination to the just: and he that is upright in the way is
an abomination to the wicked.
The words of Agur son of Yaqe, the burden. Thus says the   **30**
man, I am weary, O GOD, I am weary, O GOD, and I am con-
sumed: for I am more brutish than a man, and have not the   2
understanding of a man. I have not learned wisdom; that I   3
should desire to have the knowledge of the holy. Who has   4
ascended up into heaven, and come down again? who has
gathered the wind in his fists? who has bound the waters in
a garment? who has established all the ends of the earth? what
is his name, and what is his son's name, if thou canst tell? Every 5
word of GOD is proven: he is a shield to those who put their
trust in him. Add not to his words, lest he reprove thee, and   6
thou be found a liar.   Two things have I asked of thee;   7
do not deny me them before I die: remove far from me vanity   8
and lies: give me neither poverty nor riches; feed me with my
allotted portion: lest I become sated, and deny thee, and say,   9
Who is the LORD? or lest I be poor, and steal, and violate the
name of my GOD.   Accuse not a servant to his master,   10

יא תַּלְשֵׁן עֶבֶד אֶל־אֲדֹנוֹ פֶּן־יְקַלֶּלְךָ וְאָשָׁמְתָּ׃ דּוֹר אָבִיו יְקַלֵּל
יב יג וְאֶת־אִמּוֹ לֹא יְבָרֵךְ׃ דּוֹר טָהוֹר בְּעֵינָיו וּמִצֹּאָתוֹ לֹא רֻחָץ׃ דּוֹר
יד מָה־רָמוּ עֵינָיו וְעַפְעַפָּיו יִנָּשֵׂאוּ׃ דּוֹר ׀ חֲרָבוֹת שִׁנָּיו וּמַאֲכָלוֹת
מְתַלְּעֹתָיו לֶאֱכֹל עֲנִיִּים מֵאֶרֶץ וְאֶבְיוֹנִים מֵאָדָם׃
טו לַעֲלוּקָה ׀ שְׁתֵּי בָנוֹת הַב ׀ הַב שָׁלוֹשׁ הֵנָּה לֹא תִשְׂבַּעְנָה אַרְבַּע
טז לֹא־אָמְרוּ הוֹן׃ שְׁאוֹל וְעֹצֶר רָחַם אֶרֶץ לֹא־שָׂבְעָה מַּיִם וְאֵשׁ
יז לֹא־אָמְרָה הוֹן׃ עַיִן ׀ תִּלְעַג לְאָב וְתָבוּז לִיקְּהַת אֵם יִקְּרוּהָ
יח עֹרְבֵי־נַחַל וְיֹאכְלוּהָ בְנֵי־נָשֶׁר׃ שְׁלֹשָׁה הֵמָּה
יט נִפְלְאוּ מִמֶּנִּי וְאַרְבָּעָ לֹא יְדַעְתִּים׃ דֶּרֶךְ הַנֶּשֶׁר ׀ בַּשָּׁמַיִם
דֶּרֶךְ נָחָשׁ עֲלֵי צוּר דֶּרֶךְ־אֳנִיָּה בְלֶב־יָם וְדֶרֶךְ גֶּבֶר בְּעַלְמָה׃
כ כֵּן ׀ דֶּרֶךְ אִשָּׁה מְנָאָפֶת אָכְלָה וּמָחֲתָה פִיהָ וְאָמְרָה לֹא־
פָעַלְתִּי אָוֶן׃
כא כב תַּחַת שָׁלוֹשׁ רָגְזָה אֶרֶץ וְתַחַת אַרְבַּע לֹא־תוּכַל שְׂאֵת׃ תַּחַת
כג עֶבֶד כִּי יִמְלוֹךְ וְנָבָל כִּי יִשְׂבַּע־לָחֶם׃ תַּחַת שְׂנוּאָה כִּי תִבָּעֵל
וְשִׁפְחָה כִּי־תִירַשׁ גְּבִרְתָּהּ׃
כד כה אַרְבָּעָה הֵם קְטַנֵּי־אָרֶץ וְהֵמָּה חֲכָמִים מְחֻכָּמִים׃ הַנְּמָלִים עַם
כו לֹא־עָז וַיָּכִינוּ בַקַּיִץ לַחְמָם׃ שְׁפַנִּים עַם לֹא־עָצוּם וַיָּשִׂימוּ
כז כח בַסֶּלַע בֵּיתָם׃ מֶלֶךְ אֵין לָאַרְבֶּה וַיֵּצֵא חֹצֵץ כֻּלּוֹ׃ שְׂמָמִית
בְּיָדַיִם תְּתַפֵּשׂ וְהִיא בְּהֵיכְלֵי מֶלֶךְ׃
כט ל שְׁלֹשָׁה הֵמָּה מֵיטִיבֵי צָעַד וְאַרְבָּעָה מֵיטִבֵי לָכֶת׃ לַיִשׁ גִּבּוֹר
לא בַּבְּהֵמָה וְלֹא־יָשׁוּב מִפְּנֵי־כֹל׃ זַרְזִיר מָתְנַיִם אוֹ־תָיִשׁ וּמֶלֶךְ
לב לג אַלְקוּם עִמּוֹ׃ אִם־נָבַלְתָּ בְהִתְנַשֵּׂא וְאִם־זַמּוֹתָ יָד לְפֶה׃ כִּי
מִיץ חָלָב יוֹצִיא חֶמְאָה וּמִיץ־אַף יוֹצִיא דָם וּמִיץ אַפַּיִם יוֹצִיא
לא א רִיב׃ דִּבְרֵי לְמוּאֵל מֶלֶךְ מַשָּׂא אֲשֶׁר־יִסְּרַתּוּ
ב ג אִמּוֹ׃ מַה־בְּרִי וּמַה־בַּר־בִּטְנִי וּמֶה בַּר־נְדָרָי׃ אַל־תִּתֵּן לַנָּשִׁים
ד חֵילֶךָ וּדְרָכֶיךָ לַמְחוֹת מְלָכִין׃ אַל לַמְלָכִים ׀ לְמוֹאֵל אַל
ה לַמְלָכִים שְׁתוֹ־יָיִן וּלְרוֹזְנִים אֵו שֵׁכָר׃ פֶּן־יִשְׁתֶּה וְיִשְׁכַּח אֵי
ו מְחֻקָּק וִישַׁנֶּה דִּין כָּל־בְּנֵי־עֹנִי׃ תְּנוּ־שֵׁכָר לְאוֹבֵד וְיַיִן לְמָרֵי
ז ח נָפֶשׁ׃ יִשְׁתֶּה וְיִשְׁכַּח רִישׁוֹ וַעֲמָלוֹ לֹא יִזְכָּר־עוֹד׃ פְּתַח־
ט פִּיךָ לְאִלֵּם אֶל־דִּין כָּל־בְּנֵי חֲלוֹף׃ פְּתַח־פִּיךָ שְׁפָט־צֶדֶק
וְדִין עָנִי וְאֶבְיוֹן׃

lest he curse thee, and thou be found guilty. There is a gene- 11
ration that curse their father, and do not bless their mother.
There is a generation that are pure in their own eyes, and yet 12
are not washed from their filthiness. There is a generation, 13
O how lofty are their eyes! and their eyelids are lifted up.
There is a generation, whose teeth are like swords, and their jaw 14
teeth like knives, to devour the poor from off the earth, and
the needy from among men.

The leech has two daughters, crying, Give, give. There are 15
three things that are never satisfied; four that never say, It is
enough. She'ol; and the barren womb; the earth that is never 16
sated with water; and the fire that never says, It is enough.
The eye that mocks at his father, and scorns to obey his mother, 17
the ravens of the valley shall pick it out, and the young vul-
tures shall eat it.   There are three things which are too 18
wonderful for me, yea, four which I know not: the way of the 19
vultures in the air ; the way of a snake upon a rock ; the way of
a ship in the midst of the sea ; and the way of a man with
a young woman. Likewise the way of an adulterous woman ; 20
she eats, and wipes her mouth, and says, I have done nothing
wrong.

For three things the earth is disquieted, and for four it cannot 21
bear: for a slave when he becomes king; and a fool when he is 22
filled with food; for an unloved woman when she is married; 23
and a handmaid that is heir to her mistress.

There are four things which are little upon the earth, but 24
they are exceeding wise: the ants are a people not strong, yet 25
they prepare their bread in the summer; the badgers are but 26
a feeble folk, yet they make their houses in the rocks; the 27
locusts have no king, yet go they forth all of them by bands;
The lizard clambers up with her hands, and she is in king's 28
palaces.

There are three things which are stately in their tread; four 29
are comely in their stride: a lion which is strongest among 30
beasts, and does not turn away for anyone; a greyhound; a he 31
goat also; and a king, against whom there is no rising up.
If thou hast done foolishly in lifting thyself up, or if thou hast 32
thought evil, lay thy hand upon thy mouth. Surely the wringing 33
of milk brings forth curd, and the wringing of the nose brings
forth blood: so the forcing of wrath brings forth strife.

The words of king Lemu'el, the prophecy, that his mother **31**
taught him. What, my son? and what, son of my womb? and 2
what, son of my vows? Give not thy strength to women, nor 3
thy ways to those who destroy kings. It is not for kings, O 4
Lemu'el, it is not for kings to drink wine; nor for princes to
say, Where is strong drink? Lest he drink, and forget the 5
decree, and pervert the judgment of any of the afflicted. Give 6
strong drink to him that is ready to perish, and wine to those
of heavy hearts. Let him drink, and forget his poverty, and 7
remember his misery no more. Open thy mouth for the dumb, 8
in the cause of all such as are appointed to destruction. Open 9
thy mouth, judge righteously, and plead the cause of the poor
and needy.

אֵֽשֶׁת־חַיִל מִי יִמְצָא וְרָחֹק מִפְּנִינִים מִכְרָהּ: בָּטַח בָּהּ לֵב בַּעְלָהּ

וְשָׁלָל לֹא יֶחְסָר: גְּמָלַתְהוּ טוֹב וְלֹא־רָע כֹּל יְמֵי חַיֶּֽיהָ: דָּרְשָׁה

צֶמֶר וּפִשְׁתִּים וַתַּעַשׂ בְּחֵפֶץ כַּפֶּֽיהָ: הָיְתָה כָּאֳנִיּוֹת סוֹחֵר

מִמֶּרְחָק תָּבִיא לַחְמָהּ: וַתָּקָם ׀ בְּעוֹד לַיְלָה וַתִּתֵּן טֶרֶף לְבֵיתָהּ

וְחֹק לְנַעֲרֹתֶֽיהָ: זָמְמָה שָׂדֶה וַתִּקָּחֵהוּ מִפְּרִי כַפֶּֽיהָ נָטְעָה כָּרֶם:

חָגְרָה בְעוֹז מָתְנֶיהָ וַתְּאַמֵּץ זְרֹעוֹתֶֽיהָ: טָעֲמָה כִּי־טוֹב סַחְרָהּ

לֹא־יִכְבֶּה בַלַּיְלָה נֵרָהּ: יָדֶיהָ שִׁלְּחָה בַכִּישׁוֹר וְכַפֶּיהָ תָּמְכוּ פָֽלֶךְ:

כַּפָּהּ פָּרְשָׂה לֶעָנִי וְיָדֶיהָ שִׁלְּחָה לָאֶבְיוֹן: לֹא־תִירָא לְבֵיתָהּ

מִשָּׁלֶג כִּי כָל־בֵּיתָהּ לָבֻשׁ שָׁנִים: מַרְבַדִּים עָשְׂתָה־לָּהּ שֵׁשׁ

וְאַרְגָּמָן לְבוּשָׁהּ: נוֹדָע בַּשְּׁעָרִים בַּעְלָהּ בְּשִׁבְתּוֹ עִם־זִקְנֵי־אָֽרֶץ:

סָדִין עָשְׂתָה וַתִּמְכֹּר וַחֲגוֹר נָתְנָה לַכְּנַעֲנִי: עֹז־וְהָדָר לְבוּשָׁהּ

וַתִּשְׂחַק לְיוֹם אַחֲרוֹן: פִּיהָ פָּתְחָה בְחָכְמָה וְתֽוֹרַת־חֶסֶד עַל־

לְשׁוֹנָֽהּ: צוֹפִיָּה הֲלִיכוֹת בֵּיתָהּ וְלֶחֶם עַצְלוּת לֹא תֹאכֵל: קָמוּ

בָנֶיהָ וַֽיְאַשְּׁרוּהָ בַּעְלָהּ וַֽיְהַלְלָהּ: רַבּוֹת בָּנוֹת עָשׂוּ חָיִל וְאַתְּ

עָלִית עַל־כֻּלָּֽנָה: שֶׁקֶר הַחֵן וְהֶבֶל הַיֹּפִי אִשָּׁה יִרְאַת־יְהוָה הִיא

תִתְהַלָּל: תְּנוּ־לָהּ מִפְּרִי יָדֶיהָ וִיהַלְלוּהָ בַשְּׁעָרִים מַעֲשֶֽׂיהָ:

Who can find a woman of worth? for her price is far above 10
rubies. The heart of her husband safely trusts in her, and he 11
shall have no lack of gain. She will do him good and not evil 12
all the days of her life. She seeks wool, and flax, and works 13
willingly with her hands. She is like the merchant ships; she 14
brings her food from afar. She rises also while it is yet night, 15
and gives food to her household, and a portion to her maidens.
She considers a field, and buys it: with the fruit of her hands 16
she plants a vineyard. She girds her loins with strength, and 17
she makes her arms strong. She perceives that her merchandise 18
is good: her candle does not go out by night. She lays her 19
hands to the distaff, and her palms hold the spindle. She 20
stretches out her palm to the poor; yea, she reaches forth her
hands to the needy. She is not afraid of the snow for her house- 21
hold: for all her household are clothed with scarlet. She makes 22
herself coverlets; her clothing is fine linen and purple. Her 23
husband is known in the gates, when he sits among the elders
of the land. She makes garments, and sells them; and delivers 24
girdles to the merchant. Strength and dignity are her clothing ; 25
and she laughs at the time to come. She opens her mouth with 26
wisdom; and on her tongue is a Tora of steadfast love. She 27
looks well to the ways of her household, and does not eat the
bread of idleness. Her children rise up, and call her blessed; her 28
husband also, and he praises her: many daughters have done 29
virtuously, but thou excellest them all. Grace is deceitful, and 30
beauty is vain: but a woman who fears the LORD, she shall be
praised. Give her of the fruit of her hands; and let her deeds 31
praise her in the gates.

איוב

IYYOV – JOB

א אִישׁ הָיָה בְאֶרֶץ־עוּץ אִיּוֹב שְׁמוֹ וְהָיָה ׀ הָאִישׁ הַהוּא תָּם וְיָשָׁר א
וִירֵא אֱלֹהִים וְסָר מֵרָע׃ וַיִּוָּלְדוּ לוֹ שִׁבְעָה בָנִים וְשָׁלוֹשׁ בָּנוֹת׃ ב
וַיְהִי מִקְנֵהוּ שִׁבְעַת אַלְפֵי־צֹאן וּשְׁלֹשֶׁת אַלְפֵי גְמַלִּים וַחֲמֵשׁ ג
מֵאוֹת צֶמֶד־בָּקָר וַחֲמֵשׁ מֵאוֹת אֲתוֹנוֹת וַעֲבֻדָּה רַבָּה מְאֹד וַיְהִי
הָאִישׁ הַהוּא גָּדוֹל מִכָּל־בְּנֵי־קֶדֶם׃ וְהָלְכוּ בָנָיו וְעָשׂוּ מִשְׁתֶּה ד
בֵּית אִישׁ יוֹמוֹ וְשָׁלְחוּ וְקָרְאוּ לִשְׁלֹשֶׁת אַחְיֹתֵיהֶם לֶאֱכֹל
וְלִשְׁתּוֹת עִמָּהֶם׃ וַיְהִי כִּי הִקִּיפוּ יְמֵי הַמִּשְׁתֶּה וַיִּשְׁלַח אִיּוֹב ה
וַיְקַדְּשֵׁם וְהִשְׁכִּים בַּבֹּקֶר וְהֶעֱלָה עֹלוֹת מִסְפַּר כֻּלָּם כִּי אָמַר
אִיּוֹב אוּלַי חָטְאוּ בָנַי וּבֵרֲכוּ אֱלֹהִים בִּלְבָבָם כָּכָה יַעֲשֶׂה אִיּוֹב
כָּל־הַיָּמִים׃ וַיְהִי הַיּוֹם וַיָּבֹאוּ בְּנֵי הָאֱלֹהִים ו
לְהִתְיַצֵּב עַל־יהוה וַיָּבוֹא גַם־הַשָּׂטָן בְּתוֹכָם׃ וַיֹּאמֶר יהוה ז
אֶל־הַשָּׂטָן מֵאַיִן תָּבֹא וַיַּעַן הַשָּׂטָן אֶת־יהוה וַיֹּאמַר מִשּׁוּט
בָּאָרֶץ וּמֵהִתְהַלֵּךְ בָּהּ׃ וַיֹּאמֶר יהוה אֶל־הַשָּׂטָן הֲשַׂמְתָּ לִבְּךָ ח
עַל־עַבְדִּי אִיּוֹב כִּי אֵין כָּמֹהוּ בָּאָרֶץ אִישׁ תָּם וְיָשָׁר יְרֵא אֱלֹהִים
וְסָר מֵרָע׃ וַיַּעַן הַשָּׂטָן אֶת־יהוה וַיֹּאמַר הַחִנָּם יָרֵא אִיּוֹב ט
אֱלֹהִים׃ הֲלֹא־אַתָּה שַׂכְתָּ בַעֲדוֹ וּבְעַד־בֵּיתוֹ וּבְעַד כָּל־אֲשֶׁר־לוֹ י
מִסָּבִיב מַעֲשֵׂה יָדָיו בֵּרַכְתָּ וּמִקְנֵהוּ פָּרַץ בָּאָרֶץ׃ וְאוּלָם שְׁלַח־ יא
נָא יָדְךָ וְגַע בְּכָל־אֲשֶׁר־לוֹ אִם־לֹא עַל־פָּנֶיךָ יְבָרְכֶךָּ׃ וַיֹּאמֶר יב
יהוה אֶל־הַשָּׂטָן הִנֵּה כָל־אֲשֶׁר־לוֹ בְּיָדֶךָ רַק אֵלָיו אַל־תִּשְׁלַח
יָדֶךָ וַיֵּצֵא הַשָּׂטָן מֵעִם פְּנֵי יהוה׃ וַיְהִי הַיּוֹם וּבָנָיו וּבְנֹתָיו אֹכְלִים יג
וְשֹׁתִים יַיִן בְּבֵית אֲחִיהֶם הַבְּכוֹר׃ וּמַלְאָךְ בָּא אֶל־אִיּוֹב וַיֹּאמַר יד
הַבָּקָר הָיוּ חֹרְשׁוֹת וְהָאֲתֹנוֹת רֹעוֹת עַל־יְדֵיהֶם׃ וַתִּפֹּל שְׁבָא טו
וַתִּקָּחֵם וְאֶת־הַנְּעָרִים הִכּוּ לְפִי־חָרֶב וָאִמָּלְטָה רַק־אֲנִי לְבַדִּי
לְהַגִּיד לָךְ׃ עוֹד ׀ זֶה מְדַבֵּר וְזֶה בָּא וַיֹּאמַר אֵשׁ אֱלֹהִים נָפְלָה טז
מִן־הַשָּׁמַיִם וַתִּבְעַר בַּצֹּאן וּבַנְּעָרִים וַתֹּאכְלֵם וָאִמָּלְטָה רַק־אֲנִי
לְבַדִּי לְהַגִּיד לָךְ׃ עוֹד ׀ זֶה מְדַבֵּר וְזֶה בָּא וַיֹּאמַר כַּשְׂדִּים שָׂמוּ ׀ יז
שְׁלֹשָׁה רָאשִׁים וַיִּפְשְׁטוּ עַל־הַגְּמַלִּים וַיִּקָּחוּם וְאֶת־הַנְּעָרִים
הִכּוּ לְפִי־חָרֶב וָאִמָּלְטָה רַק־אֲנִי לְבַדִּי לְהַגִּיד לָךְ׃ עַד זֶה מְדַבֵּר יח
וְזֶה בָּא וַיֹּאמַר בָּנֶיךָ וּבְנוֹתֶיךָ אֹכְלִים וְשֹׁתִים יַיִן בְּבֵית אֲחִיהֶם
הַבְּכוֹר׃ וְהִנֵּה רוּחַ גְּדוֹלָה בָּאָה ׀ מֵעֵבֶר הַמִּדְבָּר וַיִּגַּע בְּאַרְבַּע יט
פִּנּוֹת הַבַּיִת וַיִּפֹּל עַל־הַנְּעָרִים וַיָּמוּתוּ וָאִמָּלְטָה רַק־אֲנִי לְבַדִּי
לְהַגִּיד לָךְ׃ וַיָּקָם אִיּוֹב וַיִּקְרַע אֶת־מְעִלוֹ וַיָּגָז אֶת־רֹאשׁוֹ וַיִּפֹּל כ

There was a man in the land of 'Uz, whose name was Iyyov, 1
and that man was perfect and upright, and one who feared GOD,
and turned away from evil. And there were born to him seven 2
sons and three daughters. His possessions also were seven 3
thousand sheep, and three thousand camels, and five hundred
yoke of oxen, and five hundred she asses, and very many
servants; so that this man was the greatest of all the men of
the east. And his sons used to go and feast in the house of each 4
one on his day; and they used to send and call for their three
sisters to eat and drink with them. And when the days of 5
their feasting were gone about, Iyyov sent and sanctified them,
and rose up early in the morning, and offered burnt offerings
according to the number of them all: for Iyyov said, It may
be that my sons have sinned, and despised GOD in their hearts.
Thus Iyyov did continually.   Now there was a day when 6
the sons of GOD came to present themselves before the LORD,
and the adversary came also among them. And the LORD said 7
to the adversary, From where dost thou come? Then the ad-
versary answered the LORD, and said, From going to and fro
in the earth, and from walking up and down in it. And the 8
LORD said to the adversary, Hast thou considered my servant
Iyyov, that there is none like him on earth, a perfect and an
upright man, one who fears GOD, and turns away from evil?
Then the adversary answered the LORD, and said, Does Iyyov 9
fear GOD for nought? Hast thou not made a hedge about him, 10
and about his house, and about all that he has on every side?
thou hast blessed the work of his hands, and his substance is
increased in the land. But now put forth thy hand, and touch 11
all that he has, and he will curse thee to thy face. And the 12
LORD said to the adversary, Behold, all that he has is in thy
power; only upon himself do not put forth thy hand. So the
adversary went out from the presence of the LORD. Now there 13
was a day when his sons and his daughters were eating and
drinking wine in their eldest brother's house: and there came 14
a messenger to Iyyov, and said, The oxen were ploughing, and
the asses were feeding beside them: and men of Sheva fell 15
upon them, and took them away; and slew the servants with
the edge of the sword; and I only am escaped alone to tell thee.
While he was yet speaking, there came also another, and said, 16
The fire of GOD has fallen from heaven, and has burned up the
sheep, and the servants, and consumed them; and I only am
escaped alone to tell thee. While he was yet speaking, there 17
came also another, and said, The Kasdim formed three bands,
and fell upon the camels, and have carried them away, and
have slain the servants with the edge of the sword; and I only
am escaped alone to tell thee. While he was yet speaking, there 18
came also another, and said, Thy sons and thy daughters were
eating and drinking wine in their eldest brother's house: and, 19
behold, there came a great wind from across the wilderness,
and smote the four corners of the house, and it fell upon the
young men, and they are dead; and I only am escaped alone
to tell thee. Then Iyyov arose, and rent his coat, and shaved 20
his head, and fell down upon the ground, and prostrated him-

כא אַרְצָה וַיִּשְׁתָּחוּ׃ וַיֹּאמֶר עָרֹם יָצָתִי מִבֶּטֶן אִמִּי וְעָרֹם אָשׁוּב
כב שָׁמָּה יהוה נָתַן וַיהוה לָקָח יְהִי שֵׁם יהוה מְבֹרָךְ׃ בְּכָל־זֹאת
ב א לֹא־חָטָא אִיּוֹב וְלֹא־נָתַן תִּפְלָה לֵאלֹהִים׃ וַיְהִי הַיּוֹם וַיָּבֹאוּ בְּנֵי
הָאֱלֹהִים לְהִתְיַצֵּב עַל־יהוה וַיָּבוֹא גַם־הַשָּׂטָן בְּתֹכָם לְהִתְיַצֵּב
ב עַל־יהוה׃ וַיֹּאמֶר יהוה אֶל־הַשָּׂטָן אֵי מִזֶּה תָּבֹא וַיַּעַן הַשָּׂטָן
ג אֶת־יהוה וַיֹּאמַר מִשֻּׁט בָּאָרֶץ וּמֵהִתְהַלֵּךְ בָּהּ׃ וַיֹּאמֶר יהוה
אֶל־הַשָּׂטָן הֲשַׂמְתָּ לִבְּךָ אֶל־עַבְדִּי אִיּוֹב כִּי אֵין כָּמֹהוּ בָּאָרֶץ
אִישׁ תָּם וְיָשָׁר יְרֵא אֱלֹהִים וְסָר מֵרָע וְעֹדֶנּוּ מַחֲזִיק בְּתֻמָּתוֹ
ד וַתְּסִיתֵנִי בוֹ לְבַלְּעוֹ חִנָּם׃ וַיַּעַן הַשָּׂטָן אֶת־יהוה וַיֹּאמַר עוֹר
ה בְּעַד־עוֹר וְכֹל אֲשֶׁר לָאִישׁ יִתֵּן בְּעַד נַפְשׁוֹ׃ אוּלָם שְׁלַח־נָא
ו יָדְךָ וְגַע אֶל־עַצְמוֹ וְאֶל־בְּשָׂרוֹ אִם־לֹא אֶל־פָּנֶיךָ יְבָרְכֶךָּ׃ וַיֹּאמֶר
ז יהוה אֶל־הַשָּׂטָן הִנּוֹ בְיָדֶךָ אַךְ אֶת־נַפְשׁוֹ שְׁמֹר׃ וַיֵּצֵא הַשָּׂטָן
מֵאֵת פְּנֵי יהוה וַיַּךְ אֶת־אִיּוֹב בִּשְׁחִין רָע מִכַּף רַגְלוֹ עַד וְעַד
ח קָדְקֳדוֹ׃ וַיִּקַּח־לוֹ חֶרֶשׂ לְהִתְגָּרֵד בּוֹ וְהוּא יֹשֵׁב בְּתוֹךְ־הָאֵפֶר׃
ט וַתֹּאמֶר לוֹ אִשְׁתּוֹ עֹדְךָ מַחֲזִיק בְּתֻמָּתֶךָ בָּרֵךְ אֱלֹהִים וָמֻת׃
י וַיֹּאמֶר אֵלֶיהָ כְּדַבֵּר אַחַת הַנְּבָלוֹת תְּדַבֵּרִי גַּם אֶת־הַטּוֹב
נְקַבֵּל מֵאֵת הָאֱלֹהִים וְאֶת־הָרָע לֹא נְקַבֵּל בְּכָל־זֹאת לֹא־
חָטָא אִיּוֹב בִּשְׂפָתָיו׃
יא וַיִּשְׁמְעוּ שְׁלֹשֶׁת ׀ רֵעֵי אִיּוֹב אֵת כָּל־הָרָעָה הַזֹּאת הַבָּאָה עָלָיו
וַיָּבֹאוּ אִישׁ מִמְּקֹמוֹ אֱלִיפַז הַתֵּימָנִי וּבִלְדַּד הַשּׁוּחִי וְצוֹפַר
יב הַנַּעֲמָתִי וַיִּוָּעֲדוּ יַחְדָּו לָבוֹא לָנוּד־לוֹ וּלְנַחֲמוֹ׃ וַיִּשְׂאוּ אֶת־
עֵינֵיהֶם מֵרָחוֹק וְלֹא הִכִּירֻהוּ וַיִּשְׂאוּ קוֹלָם וַיִּבְכּוּ וַיִּקְרְעוּ אִישׁ
יג מְעִלוֹ וַיִּזְרְקוּ עָפָר עַל־רָאשֵׁיהֶם הַשָּׁמָיְמָה׃ וַיֵּשְׁבוּ אִתּוֹ
לָאָרֶץ שִׁבְעַת יָמִים וְשִׁבְעַת לֵילוֹת וְאֵין־דֹּבֵר אֵלָיו דָּבָר
ג א כִּי רָאוּ כִּי־גָדַל הַכְּאֵב מְאֹד׃ אַחֲרֵי־כֵן פָּתַח אִיּוֹב אֶת־פִּיהוּ
וַיְקַלֵּל אֶת־יוֹמוֹ׃
ב ג וַיַּעַן אִיּוֹב וַיֹּאמַר׃ יֹאבַד יוֹם אִוָּלֶד בּוֹ וְהַלַּיְלָה אָמַר הֹרָה גָבֶר׃
ד הַיּוֹם הַהוּא יְהִי חֹשֶׁךְ אַל־יִדְרְשֵׁהוּ אֱלוֹהַּ מִמָּעַל וְאַל־תּוֹפַע
ה עָלָיו נְהָרָה׃ יִגְאָלֻהוּ חֹשֶׁךְ וְצַלְמָוֶת תִּשְׁכָּן־עָלָיו עֲנָנָה יְבַעֲתֻהוּ
ו כִּמְרִירֵי יוֹם׃ הַלַּיְלָה הַהוּא יִקָּחֵהוּ אֹפֶל אַל־יִחַדְּ בִּימֵי שָׁנָה
ז בְּמִסְפַּר יְרָחִים אַל־יָבֹא׃ הִנֵּה הַלַּיְלָה הַהוּא יְהִי גַלְמוּד אַל־
ח ט תָּבֹא רְנָנָה בוֹ׃ יִקְּבֻהוּ אֹרְרֵי־יוֹם הָעֲתִידִים עֹרֵר לִוְיָתָן׃ יֶחְשְׁכוּ
י כּוֹכְבֵי נִשְׁפּוֹ יְקַו־לְאוֹר וָאַיִן וְאַל־יִרְאֶה בְּעַפְעַפֵּי־שָׁחַר׃ כִּי לֹא

self, and said, Naked I came out of my mother's womb, and naked 21
I shall return there: the LORD gave, and the LORD has taken
away; blessed be the name of the LORD. In all this Iyyov sinned 22
not, nor did he lay reproach on GOD. Again there was a day 2
when the sons of GOD came to present themselves before the
LORD, and the adversary came also among them to present
himself before the LORD. And the LORD said to the adversary, 2
From where dost thou come? And the adversary answered the
LORD, and said, From going to and fro in the earth, and from
walking up and down in it. And the LORD said to the adversary, 3
Hast thou considered my servant Iyyov, that there is none like
him on earth, a perfect and an upright man, one that fears
GOD and turns away from evil? and still he holds fast to his
integrity, although thou didst move me against him, to destroy
him without cause. And the adversary answered the LORD, and 4
said, Skin covers skin! for all that a man has he will give for
his life. But put forth thy hand now, and touch his bone and 5
his flesh, and he will curse thee to thy face. And the LORD said 6
to the adversary, Behold, he is in thy hand; but save his life.
So the adversary went forth from the presence of the LORD, 7
and smote Iyyov with vile sores from the sole of his foot to
his crown. And he took him a potsherd with which to scrape 8
himself; and he sat down among the ashes. Then his wife said 9
to him, Dost thou still retain thy integrity? curse GOD, and
die. But he said to her, Thou speakest as one of the foolish 10
women speaks. What? shall we receive good at the hand of
GOD, and shall we not receive evil? In all this Iyyov did not
sin with his lips.
Now when Iyyov's three friends heard of all this evil that was 11
come upon him, they came every one from his own place;
Elifaz the Temanite, and Bildad the Shuḥite, and Ẕofar the
Na'amatite: for they had made an appointment together to
come to mourn with him and to comfort him. And when they 12
lifted up their eyes afar off, and knew him not, they lifted up
their voice, and wept; and they rent every one his coat, and
sprinkled dust upon their heads toward heaven. And they 13
sat down with him on the ground for seven days and seven
nights, and none spoke a word to him: for they saw that his
suffering was very great. After this Iyyov opened his mouth, 3
and cursed his day.
And Iyyov spoke, and said, Oh that the day had perished 2,3
wherein I was born, and the night which said, There is a man
child conceived. Let that day be darkness; let not GOD inquire 4
after it from above, nor let the light shine upon it. Let darkness 5
and the shadow of death stain it; let a cloud dwell upon it; let
the blackness of the day terrify it. As for that night, let dark- 6
ness seize upon it; let it not rejoice among the days of the
year, let it not come into the number of the months. Lo, let 7
that night be solitary, let no joyful cry be heard in it. Let them 8
curse it who curse the day, who are ready to arouse livyatan.
Let the stars of its dusk be dark; let it look for light, but have 9
none; and let it not see the eyelids of the morn: because it did 10
not shut up the doors of my mother's womb nor hide

א   סָגַר דַּלְתֵי בִטְנִי וַיַּסְתֵּר עָמָל מֵעֵינָי: לָמָּה לֹּא מֵרֶחֶם אָמוּת

יא   מִבֶּטֶן יָצָאתִי וְאֶגְוָע: מַדּוּעַ קִדְּמוּנִי בִרְכָּיִם וּמַה־שָּׁדַיִם כִּי

יב   אִינָק: כִּי־עַתָּה שָׁכַבְתִּי וְאֶשְׁקוֹט יָשַׁנְתִּי אָז ׀ יָנוּחַ לִי: עִם־

יג   מְלָכִים וְיֹעֲצֵי אָרֶץ הַבֹּנִים חֳרָבוֹת לָמוֹ: אוֹ עִם־שָׂרִים זָהָב לָהֶם

יד   הַמְמַלְאִים בָּתֵּיהֶם כָּסֶף: אוֹ כְנֵפֶל טָמוּן לֹא אֶהְיֶה כְּעֹלְלִים

טו   לֹא־רָאוּ אוֹר: שָׁם רְשָׁעִים חָדְלוּ רֹגֶז וְשָׁם יָנוּחוּ יְגִיעֵי כֹחַ:

טז   יַחַד אֲסִירִים שַׁאֲנָנוּ לֹא שָׁמְעוּ קוֹל נֹגֵשׂ: קָטֹן וְגָדוֹל שָׁם הוּא

יז   וְעֶבֶד חָפְשִׁי מֵאֲדֹנָיו: לָמָּה יִתֵּן לְעָמֵל אוֹר וְחַיִּים לְמָרֵי נָפֶשׁ:

יח   הַמְחַכִּים לַמָּוֶת וְאֵינֶנּוּ וַיַּחְפְּרֻהוּ מִמַּטְמוֹנִים: הַשְּׂמֵחִים אֱלֵי־

יט   גִיל יָשִׂישׂוּ כִּי יִמְצְאוּ־קָבֶר: לְגֶבֶר אֲשֶׁר־דַּרְכּוֹ נִסְתָּרָה וַיָּסֶךְ

כ   אֱלוֹהַּ בַּעֲדוֹ: כִּי־לִפְנֵי לַחְמִי אַנְחָתִי תָבֹא וַיִּתְּכוּ כַמַּיִם שַׁאֲגֹתָי:

כא   כִּי פַחַד פָּחַדְתִּי וַיֶּאֱתָיֵנִי וַאֲשֶׁר יָגֹרְתִּי יָבֹא לִי: לֹא שָׁלַוְתִּי ׀

כב   וְלֹא שָׁקַטְתִּי וְלֹא־נָחְתִּי וַיָּבֹא רֹגֶז:

כג

כד

כה

כו

ד   וַיַּעַן אֱלִיפַז הַתֵּימָנִי וַיֹּאמַר: הֲנִסָּה דָבָר אֵלֶיךָ תִּלְאֶה וַעְצֹר

ב   בְּמִלִּין מִי יוּכָל: הִנֵּה יִסַּרְתָּ רַבִּים וְיָדַיִם רָפוֹת תְּחַזֵּק: כּוֹשֵׁל

ג   יְקִימוּן מִלֶּיךָ וּבִרְכַּיִם כֹּרְעוֹת תְּאַמֵּץ: כִּי עַתָּה ׀ תָּבוֹא אֵלֶיךָ

ד   וַתֵּלֶא תִּגַּע עָדֶיךָ וַתִּבָּהֵל: הֲלֹא יִרְאָתְךָ כִּסְלָתֶךָ תִּקְוָתְךָ וְתֹם

ה   דְּרָכֶיךָ: זְכָר־נָא מִי הוּא נָקִי אָבָד וְאֵיפֹה יְשָׁרִים נִכְחָדוּ: כַּאֲשֶׁר

ו   רָאִיתִי חֹרְשֵׁי אָוֶן וְזֹרְעֵי עָמָל יִקְצְרֻהוּ: מִנִּשְׁמַת אֱלוֹהַּ יֹאבֵדוּ

ז   וּמֵרוּחַ אַפּוֹ יִכְלוּ: שַׁאֲגַת אַרְיֵה וְקוֹל שָׁחַל וְשִׁנֵּי כְפִירִים נִתָּעוּ:

ח   לַיִשׁ אֹבֵד מִבְּלִי־טָרֶף וּבְנֵי לָבִיא יִתְפָּרָדוּ: וְאֵלַי דָּבָר יְגֻנָּב וַתִּקַּח

ט   אָזְנִי שֵׁמֶץ מֶנְהוּ: בִּשְׂעִפִּים מֵחֶזְיֹנוֹת לָיְלָה בִּנְפֹל תַּרְדֵּמָה עַל־

י   אֲנָשִׁים: פַּחַד קְרָאַנִי וּרְעָדָה וְרֹב עַצְמוֹתַי הִפְחִיד: וְרוּחַ עַל־

יא   פָּנַי יַחֲלֹף תְּסַמֵּר שַׂעֲרַת בְּשָׂרִי: יַעֲמֹד ׀ וְלֹא־אַכִּיר מַרְאֵהוּ

יב   תְּמוּנָה לְנֶגֶד עֵינָי דְּמָמָה וָקוֹל אֶשְׁמָע: הַאֱנוֹשׁ מֵאֱלוֹהַּ יִצְדָּק

יג   אִם־מֵעֹשֵׂהוּ יִטְהַר־גָּבֶר: הֵן בַּעֲבָדָיו לֹא יַאֲמִין וּבְמַלְאָכָיו יָשִׂים

יד   תָּהֳלָה: אַף ׀ שֹׁכְנֵי בָתֵּי־חֹמֶר אֲשֶׁר־בֶּעָפָר יְסוֹדָם יְדַכְּאוּם לִפְנֵי־

טו   עָשׁ: מִבֹּקֶר לָעֶרֶב יֻכַּתּוּ מִבְּלִי מֵשִׂים לָנֶצַח יֹאבֵדוּ: הֲלֹא־נִסַּע

ה א   יִתְרָם בָּם יָמוּתוּ וְלֹא בְחָכְמָה: קְרָא־נָא הֲיֵשׁ עוֹנֶךָּ וְאֶל־מִי

ב   מִקְּדֹשִׁים תִּפְנֶה: כִּי־לֶאֱוִיל יַהֲרָג־כָּעַשׂ וּפֹתֶה תָּמִית קִנְאָה:

trouble from my eyes. Why did I not die from the   11
womb? why did I not perish when I came out of the
belly? Why did the knees receive me? or why the breasts that   12
I should suck? For now should I have lain still and been quiet,   13
I should have slept: then had I been at rest, with kings and   14
counsellors of the earth, who built desolate places for them-
selves; or with princes that had gold, who filled their houses   15
with silver: or as an hidden untimely birth I had not been;   16
as infants that never saw light. There the wicked cease from   17
troubling; and there the weary are at rest. There the prisoners   18
are at ease together; they hear not the voice of the slave driver.
The small and great are there; and the servant is free from   19
his master. Why is light given to him that is in misery, and   20
life to the bitter in soul; who long for death, but it does not   21
come; and dig for it more than for hidden treasures; who re-   22
joice exceedingly, and are glad, when they can find a grave?
Why is light given to a man whose way is hidden, and from   23
whom GOD has screened himself? For my sighing comes before   24
I eat, and my roarings are poured out like the waters. For the   25
thing which I had feared is come upon me, and that which I
was afraid of is come to me. I had no repose, nor had I rest,   26
nor was I quiet ; yet trouble came.   **4**
Then Elifaz the Temanite answered and said, If one ventures a   1,2
word to thee, wilt thou be grieved? but who can withhold him-
self from speaking? Behold, thou hast instructed many, and   3
thou hast strengthened the weak hands. Thy words have up-   4
held him that was falling, and thou hast strengthened the feeble
knees. But now it is come upon thee, and thou art weary ; it   5
touches thee, and thou art troubled. Is not thy fear of GOD thy   6
confidence, and thy hope the integrity of thy ways? Recall,   7
now, who that was innocent ever perished? or where were the
upright cut off? Even as I have seen, they that plough iniquity,   8
and sow wickedness, reap the same. By the breath of GOD they   9
perish, and by the blast of his anger they are consumed. The   10
roar of the lion, and the cry of the fierce lion, and the teeth
of the young lions, are broken. The old lion perishes for lack   11
of prey, and the lion's whelps are scattered abroad. Now a   12
word came stealthily to me, and my ear took fright at it. In   13
thoughts from the visions of the night, when deep sleep falls,
fear came upon me, and trembling, which made all my bones   14
to shake. Then a spirit passed before my face ; it made the hair   15
of my flesh to bristle up: it stood still, but I could not discern   16
its form: a shape was before my eyes: there was silence, and
I heard a voice saying, Shall mortal man be more just than   17
GOD? shall a man be more pure than his maker? Behold, he   18
puts no trust in his servants; and his angels he charges with
folly: how much more those who dwell in houses of clay,   19
whose foundation is in the dust, who are crushed before the
moth? Between morning and evening they are destroyed: they   20
perish for ever without anyone paying heed. Is not their excel-   21
lency which was in them gone away? they die; for they are
without wisdom. Call now, is there any that will answer thee?   **5**
and to which of the holy ones wilt thou turn? For anger kills   2

אֲנִי־דָאִיתִי אֱוִיל מַשְׁרִישׁ וָאֶקּוֹב נָוֵהוּ פִתְאֹם: יִרְחֲקוּ בָנָיו מִיֶּשַׁע

וְיִדַּכְּאוּ בַשַּׁעַר וְאֵין מַצִּיל: אֲשֶׁר קְצִירוֹ רָעֵב יֹאכֵל וְאֶל־מִצִּנִּים

יִקָּחֵהוּ וְשָׁאַף צַמִּים חֵילָם: כִּי לֹא־יֵצֵא מֵעָפָר אָוֶן וּמֵאֲדָמָה

לֹא־יִצְמַח עָמָל: כִּי־אָדָם לְעָמָל יוּלָּד וּבְנֵי־רֶשֶׁף יַגְבִּיהוּ עוּף:

אוּלָם אֲנִי אֶדְרֹשׁ אֶל־אֵל וְאֶל־אֱלֹהִים אָשִׂים דִּבְרָתִי: עֹשֶׂה

גְדֹלוֹת וְאֵין חֵקֶר נִפְלָאוֹת עַד־אֵין מִסְפָּר: הַנֹּתֵן מָטָר עַל־פְּנֵי־

אָרֶץ וְשֹׁלֵחַ מַיִם עַל־פְּנֵי חוּצוֹת: לָשׂוּם שְׁפָלִים לְמָרוֹם וְקֹדְרִים

שָׂגְבוּ יֶשַׁע: מֵפֵר מַחְשְׁבוֹת עֲרוּמִים וְלֹא־תַעֲשֶׂינָה יְדֵיהֶם

תּוּשִׁיָּה: לֹכֵד חֲכָמִים בְּעָרְמָם וַעֲצַת נִפְתָּלִים נִמְהָרָה: יוֹמָם

יְפַגְּשׁוּ־חֹשֶׁךְ וְכַלַּיְלָה יְמַשְׁשׁוּ בַצָּהֳרָיִם: וַיֹּשַׁע מֵחֶרֶב מִפִּיהֶם

וּמִיַּד חָזָק אֶבְיוֹן: וַתְּהִי לַדַּל תִּקְוָה וְעֹלָתָה קָפְצָה פִּיהָ: הִנֵּה

אַשְׁרֵי אֱנוֹשׁ יוֹכִחֶנּוּ אֱלוֹהַּ וּמוּסַר שַׁדַּי אַל־תִּמְאָס: כִּי הוּא

יַכְאִיב וְיֶחְבָּשׁ יִמְחַץ וְיָדָיו תִּרְפֶּינָה: בְּשֵׁשׁ צָרוֹת יַצִּילֶךָּ וּבְשֶׁבַע

לֹא־יִגַּע בְּךָ רָע: בְּרָעָב פָּדְךָ מִמָּוֶת וּבְמִלְחָמָה מִידֵי חָרֶב:

בְּשׁוֹט לָשׁוֹן תֵּחָבֵא וְלֹא־תִירָא מִשֹּׁד כִּי יָבוֹא: לְשֹׁד וּלְכָפָן

תִּשְׂחָק וּמֵחַיַּת הָאָרֶץ אַל־תִּירָא: כִּי עִם־אַבְנֵי הַשָּׂדֶה בְרִיתֶךָ

וְחַיַּת הַשָּׂדֶה הָשְׁלְמָה־לָךְ: וְיָדַעְתָּ כִּי־שָׁלוֹם אָהֳלֶךָ וּפָקַדְתָּ

נָוְךָ וְלֹא תֶחֱטָא: וְיָדַעְתָּ כִּי־רַב זַרְעֶךָ וְצֶאֱצָאֶיךָ כְּעֵשֶׂב הָאָרֶץ:

תָּבוֹא בְכֶלַח אֱלֵי־קָבֶר כַּעֲלוֹת גָּדִישׁ בְּעִתּוֹ: הִנֵּה־זֹאת חֲקַרְנוּהָ

כֶּן־הִיא שְׁמָעֶנָּה וְאַתָּה דַע־לָךְ:   וַיַּעַן אִיּוֹב

ב

וַיֹּאמַר: לוּ שָׁקוֹל יִשָּׁקֵל כַּעְשִׂי וְהַיָּתִי בְּמֹאזְנַיִם יִשְׂאוּ־יָחַד:

כִּי־עַתָּה מֵחוֹל יַמִּים יִכְבָּד עַל־כֵּן דְּבָרַי לָעוּ: כִּי חִצֵּי שַׁדַּי

עִמָּדִי אֲשֶׁר חֲמָתָם שֹׁתָה רוּחִי בִּעוּתֵי אֱלוֹהַּ יַעַרְכוּנִי: הֲיִנְהַק־

פֶּרֶא עֲלֵי־דֶשֶׁא אִם יִגְעֶה־שּׁוֹר עַל־בְּלִילוֹ: הֲיֵאָכֵל תָּפֵל מִבְּלִי־

מֶלַח אִם־יֶשׁ־טַעַם בְּרִיר חַלָּמוּת: מֵאֲנָה לִנְגּוֹעַ נַפְשִׁי הֵמָּה

כִּדְוֵי לַחְמִי: מִי־יִתֵּן תָּבוֹא שֶׁאֱלָתִי וְתִקְוָתִי יִתֵּן אֱלוֹהַּ: וְיֹאֵל

אֱלוֹהַּ וִידַכְּאֵנִי יַתֵּר יָדוֹ וִיבַצְּעֵנִי: וּתְהִי־עוֹד נֶחָמָתִי וַאֲסַלְּדָה

בְחִילָה לֹא יַחְמוֹל כִּי־לֹא כִחַדְתִּי אִמְרֵי קָדוֹשׁ: מַה־כֹּחִי כִּי־

אֲיַחֵל וּמַה־קִּצִּי כִּי־אַאֲרִיךְ נַפְשִׁי: אִם־כֹּחַ אֲבָנִים כֹּחִי אִם־

the foolish man, and envy slays the simpleton. I have seen the   3
foolish taking root: and suddenly I cursed his dwelling, saying,
Let his children be far from safety, and let them be crushed in   4
the gate, with none to rescue them. Let the hungry eat up his   5
harvest, and take it to the thorn hedges, and let the thirsty
swallow up their substance. For affliction does not come out   6
of the dust, nor does trouble spring out of the ground; but   7
man is born to trouble, as the sparks fly upward. But I would   8
seek to GOD, and to GOD I would commit my cause: who   9
does great things and unsearchable ; marvellous things without
number : who gives rain upon the earth, and sends water up-   10
on the fields: to set up on high those who are low ; that those   11
who mourn may be exalted to safety. He frustrates the de-   12
vices of the crafty, so that their hands cannot perform their
policy. He catches the wise in their own craftiness; and the   13
rash counsel of the crooked. They meet with darkness   14
in the daytime, and grope in the noonday as in the night. But   15
he saves from the sword, from the enemy's mouth; and the
poor from the hand of the mighty. So the poor has hope, and   16
iniquity stops her mouth. Behold, happy is the man whom GOD   17
corrects : therefore do not despise the chastening of the
Almighty: for he makes sore, and binds up: he wounds, but   18
his hands make whole. He will deliver thee in six troubles: 19
and in seven no evil shall touch thee. In famine he will redeem   20
thee from death: and in war from the power of the sword.
Thou shalt be hid from the scourge of the tongue: nor shalt   21
thou be afraid of destruction when it comes. At destruction and   22
famine thou shalt laugh: nor shalt thou be afraid of the beasts
of the earth. For thou shalt be in league with the stones of   23
the field: and the wild beasts shall be at peace with thee. And   24
thou shalt know that thy tent is at peace; and thou shalt visit
thy habitation, and shalt miss nothing. Thou shalt know also   25
that thy seed shall be great, and thy offspring as the grass of
the earth. Thou shalt come to thy grave with a rich harvest,   26
like a full sheaf of corn which comes up in its season. Lo   27
this, we have searched it, so it is; hear it, and know it, for thy **6**
good.   And Iyyov answered and said, Oh that my vexation   1,2
were thoroughly weighed, and my calamity laid in the balances !
For now it would be heavier than the sand of the sea: there-   3
fore my words are stammering. For the arrows of the Almighty   4
are within me, the poison of which my spirit drinks up: the
terrors of GOD array themselves against me. Does the wild ass   5
bray when he has grass? or does the ox low over his fodder?
Can that which is unsavoury be eaten without salt? or is there   6
any taste in the white of an egg? My soul refuses to touch   7
them ; they are to me as loathsome food. Oh that I might have   8
my request; and that GOD would grant me the thing that I long
for! Even that it would please GOD to trample on me; that he   9
would let loose his hand, and cut me off! Then should I yet   10
have comfort ; yea, I would exalt in pain : let him not spare ;
for I have not denied the words of the Holy One. What is my   11
strength, that I should hope? and what is my end, that I should
be patient? Is my strength the strength of stones? or is my   12

יג יד בְּשָׂרִי נָחוּשׁ׃ הַאִם אֵין עֶזְרָתִי בִי וְתֻשִׁיָּה נִדְּחָה מִמֶּנִּי׃ לַמָּס
טו מֵרֵעֵהוּ חָסֶד וְיִרְאַת שַׁדַּי יַעֲזוֹב׃ אַחַי בָּגְדוּ כְמוֹ־נָחַל כַּאֲפִיק
טז יז נְחָלִים יַעֲבֹרוּ׃ הַקֹּדְרִים מִנִּי־קָרַח עָלֵימוֹ יִתְעַלֶּם־שָׁלֶג׃ בְּעֵת
יח יְזֹרְבוּ נִצְמָתוּ בְּחֻמּוֹ נִדְעֲכוּ מִמְּקוֹמָם׃ יִלָּפְתוּ אָרְחוֹת דַּרְכָּם
יט יַעֲלוּ בַתֹּהוּ וְיֹאבֵדוּ׃ הִבִּיטוּ אָרְחוֹת תֵּמָא הֲלִיכֹת שְׁבָא קִוּוּ־
כ כא לָמוֹ׃ בֹּשׁוּ כִּי־בָטָח בָּאוּ עָדֶיהָ וַיֶּחְפָּרוּ׃ כִּי־עַתָּה הֱיִיתֶם לוֹ
כב תִּרְאוּ חֲתַת וַתִּירָאוּ׃ הֲכִי־אָמַרְתִּי הָבוּ לִי וּמִכֹּחֲכֶם שִׁחֲדוּ
כג כד בַעֲדִי׃ וּמַלְּטוּנִי מִיַּד־צָר וּמִיַּד עָרִיצִים תִּפְדּוּנִי׃ הוֹרוּנִי וַאֲנִי
כה אַחֲרִישׁ וּמַה־שָּׁגִיתִי הָבִינוּ לִי׃ מַה־נִּמְרְצוּ אִמְרֵי־יֹשֶׁר וּמַה־
כו יּוֹכִיחַ הוֹכֵחַ מִכֶּם׃ הַלְהוֹכַח מִלִּים תַּחְשֹׁבוּ וּלְרוּחַ אִמְרֵי נֹאָשׁ׃
כז כח אַף־עַל־יָתוֹם תַּפִּילוּ וְתִכְרוּ עַל־רֵיעֲכֶם׃ וְעַתָּה הוֹאִילוּ פְנוּ־
כט בִי וְעַל־פְּנֵיכֶם אִם־אֲכַזֵּב׃ שֻׁבוּ־נָא אַל־תְּהִי עַוְלָה וְשֻׁבִי עוֹד וְשׁוּבוּ
ל ז א צִדְקִי־בָהּ׃ הֲיֵשׁ־בִּלְשׁוֹנִי עַוְלָה אִם־חִכִּי לֹא־יָבִין הַוּוֹת׃ הֲלֹא־
ב צָבָא לֶאֱנוֹשׁ עֲלֵי־אָרֶץ וְכִימֵי שָׂכִיר יָמָיו׃ כְּעֶבֶד יִשְׁאַף־צֵל
ג וּכְשָׂכִיר יְקַוֶּה פָעֳלוֹ׃ כֵּן הָנְחַלְתִּי לִי יַרְחֵי־שָׁוְא וְלֵילוֹת עָמָל
ד מִנּוּ־לִי׃ אִם־שָׁכַבְתִּי וְאָמַרְתִּי מָתַי אָקוּם וּמִדַּד־עָרֶב וְשָׂבַעְתִּי
ה נְדֻדִים עֲדֵי־נָשֶׁף׃ לָבַשׁ בְּשָׂרִי רִמָּה וגיש עָפָר עוֹרִי רָגַע וַיִּמָּאֵס׃ וְגוּשׁ
ו ז יָמַי קַלּוּ מִנִּי־אָרֶג וַיִּכְלוּ בְּאֶפֶס תִּקְוָה׃ זְכֹר כִּי־רוּחַ חַיָּי לֹא־
ח תָשׁוּב עֵינִי לִרְאוֹת טוֹב׃ לֹא־תְשׁוּרֵנִי עֵין רֹאִי עֵינֶיךָ בִּי וְאֵינֶנִּי׃
ט י כָּלָה עָנָן וַיֵּלַךְ כֵּן יוֹרֵד שְׁאוֹל לֹא יַעֲלֶה׃ לֹא־יָשׁוּב עוֹד לְבֵיתוֹ
יא וְלֹא־יַכִּירֶנּוּ עוֹד מְקֹמוֹ׃ גַּם־אֲנִי לֹא אֶחֱשָׂךְ פִּי אֲדַבְּרָה בְּצַר
יב רוּחִי אָשִׂיחָה בְּמַר נַפְשִׁי׃ הֲיָם־אָנִי אִם־תַּנִּין כִּי־תָשִׂים עָלַי
יג מִשְׁמָר׃ כִּי־אָמַרְתִּי תְּנַחֲמֵנִי עַרְשִׂי יִשָּׂא בְשִׂיחִי מִשְׁכָּבִי׃
יד טו וְחִתַּתַּנִי בַחֲלֹמוֹת וּמֵחֶזְיֹנוֹת תְּבַעֲתַנִּי׃ וַתִּבְחַר מַחֲנָק נַפְשִׁי מָוֶת
טז מֵעַצְמוֹתָי׃ מָאַסְתִּי לֹא־לְעֹלָם אֶחְיֶה חֲדַל מִמֶּנִּי כִּי־הֶבֶל יָמָי׃
יז יח מָה־אֱנוֹשׁ כִּי תְגַדְּלֶנּוּ וְכִי־תָשִׁית אֵלָיו לִבֶּךָ׃ וַתִּפְקְדֶנּוּ לִבְקָרִים
יט לִרְגָעִים תִּבְחָנֶנּוּ׃ כַּמָּה לֹא־תִשְׁעֶה מִמֶּנִּי לֹא־תַרְפֵּנִי עַד־בִּלְעִי
כ רֻקִּי׃ חָטָאתִי מָה אֶפְעַל ׀ לָךְ נֹצֵר הָאָדָם לָמָה שַׂמְתַּנִי לְמִפְגָּע

flesh of brass? Is not my help in me? and is sound policy   13
driven quite from me? To him that is afflicted love is due from 14
his friend; or else he forsakes the fear of the Almighty. My   15
brethren have dealt deceitfully like a wadi, and like the water
courses which disappear; which are black by reason of the   16
ice, and in which the snow dissolves: when the time comes   17
they grow warm, they vanish: when it is hot, they are con-
sumed out of their place. The caravans turn this way and that   18
in their course: they go up into the waste, and perish. The   19
caravans of Tema looked, the companies of Sheva waited for
them — they were confounded because they had hoped; they   20
came there, and were abashed. For now you are like it; you   21
see terror, and are afraid. Did I say, Bring me something? or,   22
Give a ransom for me out of your substance? or, Deliver me   23
from the enemy's hand? or, Redeem me from the hand of
tyrants? Teach me, and I will hold my peace: and cause me   24
to understand wherein I have erred. How forcible are right   25
words! but what does your reproof seek to reprove? Do you   26
think your words to be a sound argument, but the sayings of a
desperate man to be mere wind? would you even overthrow   27
an orphan, or seek to undermine your friend? Now therefore,   28
be good enough to turn towards me: for surely I will not lie
to your face. Return, I pray you, let there be no unfairness: 29
and turn back again: my cause is just. Is there injustice in my 30
tongue? cannot my taste discern crafty devices? Has not a   **7**
man hard service upon earth? and are not his days like the
days of a hireling? As a servant earnestly desires the shadow,   2
and as a hireling looks for the reward of his work: so I am   3
allotted months of emptiness, and wearisome nights are ap-
pointed to me. When I lie down, I say, When shall I arise, and   4
the night be gone? and I am full of tossings to and fro until
the dawning of the day. My flesh is clothed with worms; my   5
skin is a clod of earth: it curdles and decays. My days are   6
swifter than a weaver's shuttle, and are spent without hope.
O remember that my life is a breath: my eye shall no more   7
see good. The eye of him who sees me shall see me no more: 8
while thy eyes are upon me, I am gone. As the cloud is con-   9
sumed and vanishes away: so he who goes down to the grave
shall come up no more. He shall return no more to his house,   10
nor shall his place know him any more. Therefore I will not   11
restrain my mouth; I will speak in the anguish of my spirit;
I will complain in the bitterness of my soul. Am I a sea, or a   12
sea monster, that thou settest a watch over me? When I say,   13
My bed shall comfort me, my couch shall ease my complaint;
then thou dost scare me with dreams, and dost terrify me   14
through visions: so that my soul chooses strangling, and death   15
rather than these my bones. I loathe it; I would not live al-   16
ways: let me alone; for my days are emptiness. What is man,   17
that thou shouldst magnify him? and that thou shouldst set
thy heart upon him? and that thou shouldst remember him   18
every morning, and try him every moment? How long wilt   19
thou not depart from me, nor let me alone till I swallow down
my spittle? If I have sinned, what do I do to thee, O thou pre- 20

לֵךְ וְאֶהְיֶה עָלַי לְמַשָּׂא׃ וּמֶה ׀ לֹא־תִשָּׂא פִשְׁעִי וְתַעֲבִיר אֶת־עֲוֺנִי
כִּי־עַתָּה לֶעָפָר אֶשְׁכָּב וְשִׁחֲרְתַּנִי וְאֵינֶנִּי׃   וַיַּעַן
בִּלְדַּד הַשּׁוּחִי וַיֹּאמַר׃ עַד־אָן תְּמַלֶּל־אֵלֶּה וְרוּחַ כַּבִּיר אִמְרֵי־
פִיךָ׃ הַאֵל יְעַוֵּת מִשְׁפָּט וְאִם־שַׁדַּי יְעַוֵּת־צֶדֶק׃ אִם־בָּנֶיךָ חָטְאוּ־
לוֹ וַיְשַׁלְּחֵם בְּיַד־פִּשְׁעָם׃ אִם־אַתָּה תְּשַׁחֵר אֶל־אֵל וְאֶל־שַׁדַּי
תִּתְחַנָּן׃ אִם־זַךְ וְיָשָׁר אָתָּה כִּי־עַתָּה יָעִיר עָלֶיךָ וְשִׁלַּם נְוַת
צִדְקֶךָ׃ וְהָיָה רֵאשִׁיתְךָ מִצְעָר וְאַחֲרִיתְךָ יִשְׂגֶּה מְאֹד׃ כִּי־שְׁאַל־
נָא לְדֹר רִישׁוֹן וְכוֹנֵן לְחֵקֶר אֲבוֹתָם׃ כִּי־תְמוֹל אֲנַחְנוּ וְלֹא נֵדָע
כִּי צֵל יָמֵינוּ עֲלֵי־אָרֶץ׃ הֲלֹא־הֵם יוֹרוּךָ יֹאמְרוּ לָךְ וּמִלִּבָּם יוֹצִאוּ
מִלִּים׃ הֲיִגְאֶה־גֹּמֶא בְּלֹא בִצָּה יִשְׂגֶּא־אָחוּ בְלִי־מָיִם׃ עֹדֶנּוּ
בְאִבּוֹ לֹא יִקָּטֵף וְלִפְנֵי כָל־חָצִיר יִיבָשׁ׃ כֵּן אָרְחוֹת כָּל־שֹׁכְחֵי
אֵל וְתִקְוַת חָנֵף תֹּאבֵד׃ אֲשֶׁר־יָקוֹט כִּסְלוֹ וּבֵית עַכָּבִישׁ מִבְטַחוֹ׃
יִשָּׁעֵן עַל־בֵּיתוֹ וְלֹא יַעֲמֹד יַחֲזִיק בּוֹ וְלֹא יָקוּם׃ רָטֹב הוּא לִפְנֵי־
שָׁמֶשׁ וְעַל גַּנָּתוֹ יֹנַקְתּוֹ תֵצֵא׃ עַל־גַּל שָׁרָשָׁיו יְסֻבָּכוּ בֵּית אֲבָנִים
יֶחֱזֶה׃ אִם־יְבַלְּעֶנּוּ מִמְּקֹמוֹ וְכִחֶשׁ בּוֹ לֹא רְאִיתִיךָ׃ הֶן־הוּא
מְשׂוֹשׂ דַּרְכּוֹ וּמֵעָפָר אַחֵר יִצְמָחוּ׃ הֶן־אֵל לֹא יִמְאַס־תָּם וְלֹא־
יַחֲזִיק בְּיַד־מְרֵעִים׃ עַד־יְמַלֶּה שְׂחוֹק פִּיךָ וּשְׂפָתֶיךָ תְרוּעָה׃
שֹׂנְאֶיךָ יִלְבְּשׁוּ־בֹשֶׁת וְאֹהֶל רְשָׁעִים אֵינֶנּוּ׃   וַיַּעַן
אִיּוֹב וַיֹּאמַר׃ אָמְנָם יָדַעְתִּי כִי־כֵן וּמַה־יִּצְדַּק אֱנוֹשׁ עִם־אֵל׃
אִם־יַחְפֹּץ לָרִיב עִמּוֹ לֹא־יַעֲנֶנּוּ אַחַת מִנִּי־אָלֶף׃ חֲכַם לֵבָב וְאַמִּיץ
כֹּחַ מִי־הִקְשָׁה אֵלָיו וַיִּשְׁלָם׃ הַמַּעְתִּיק הָרִים וְלֹא יָדָעוּ אֲשֶׁר
הֲפָכָם בְּאַפּוֹ׃ הַמַּרְגִּיז אֶרֶץ מִמְּקוֹמָהּ וְעַמּוּדֶיהָ יִתְפַלָּצוּן׃ הָאֹמֵר
לַחֶרֶס וְלֹא יִזְרָח וּבְעַד כּוֹכָבִים יַחְתֹּם׃ נֹטֶה שָׁמַיִם לְבַדּוֹ וְדוֹרֵךְ
עַל־בָּמֳתֵי יָם׃ עֹשֶׂה־עָשׁ כְּסִיל וְכִימָה וְחַדְרֵי תֵמָן׃ עֹשֶׂה גְדֹלוֹת
עַד־אֵין חֵקֶר וְנִפְלָאוֹת עַד־אֵין מִסְפָּר׃ הֵן יַעֲבֹר עָלַי וְלֹא
אֶרְאֶה וְיַחֲלֹף וְלֹא־אָבִין לוֹ׃ הֵן יַחְתֹּף מִי יְשִׁיבֶנּוּ מִי־יֹאמַר
אֵלָיו מַה־תַּעֲשֶׂה׃ אֱלוֹהַּ לֹא־יָשִׁיב אַפּוֹ תַּחְתּוֹ שָׁחֲחוּ עֹזְרֵי רָהַב׃
אַף כִּי־אָנֹכִי אֶעֱנֶנּוּ אֶבְחֲרָה דְבָרַי עִמּוֹ׃ אֲשֶׁר אִם־צָדַקְתִּי לֹא
אֶעֱנֶה לִמְשֹׁפְטִי אֶתְחַנָּן׃ אִם־קָרָאתִי וַיַּעֲנֵנִי לֹא־אַאֲמִין כִּי־

server of men? why hast thou set me as thy target, so that I
am a burden to myself? And why dost thou not pardon my 21
transgression, and take away my iniquity? for now I shall sleep
in the dust; and thou shalt seek me, but I shall not be.

Then answered Bildad the Shuḥite, and said, How long wilt **8**
thou speak these things? and how long shall the words of thy 2
mouth be like a strong wind? Does GOD pervert judgment? 3
or does the Almighty pervert justice? If thy children have 4
sinned against him, he has cast them out for their trans-
gression. If thou wilt seek to GOD, and make thy supplication 5
to the Almighty; if thou be pure and upright; surely now he 6
will rouse himself for thee, and make the habitation of thy
righteousness prosperous. Though thy beginning was small, yet 7
thy end will be very great. For inquire, I pray thee, of the 8
former age, and attend assiduously to what their fathers have
sought out: (for we are but of yesterday, and know nothing, 9
because our days upon earth are a shadow:) shall not they 10
teach thee, and tell thee, and utter words out of their heart?
Can the rush shoot up without mire? can the reed grass grow 11
without water? Whilst it is yet in its greenness, and not cut 12
down, it withers before any other herb. So are the paths of 13
all who forget GOD; and the hypocrite's hope shall perish,
whose hope shall be cut off, and whose trust shall be a 14
spider's web. He shall lean upon his house, but it shall not 15
stand: he shall hold it fast, but it shall not endure. He is green 16
before the sun, and his branch shoots forth over his garden
wall. His roots are wrapped about the stone heap: he selects 17
for himself a place of stones. But if one destroy him from his 18
place, then it shall deny him, saying, I have not seen thee.
Behold, this is the joy of his way, and out of the earth shall 19
others spring. Behold, GOD will not cast away an innocent man, 20
nor will he uphold evil doers. He will yet fill thy mouth with 21
laughing, and thy lips with rejoicing. They who hate thee shall 22
be clothed with shame; and the tent of the wicked shall be **9**
no more.   Then Iyyov answered and said, Truly I know 1,2
it is so : but how should a man be just before GOD ? If one will 3
contend with him, he cannot answer him one of a thousand.
He is wise in heart, and mighty in strength: who has hardened 4
himself against him, and prospered? he who removes mount- 5
ains, and they know not: when he overturns them in his anger:
who shakes the earth out of her place, and its pillars tremble: 6
who commands the sun, and it rises not; and seals up the 7
stars. He alone spreads out the heavens, and treads upon the 8
waves of the sea: who makes the Bear, Orion, and Pleiades, 9
and the chambers of the south wind: who does great things 10
past finding out; yea, and wonders without number. Lo, he goes 11
by me, and I see him not : he passes on also, but I perceive him
not. Behold, he snatches away, who can hinder him? who will 12
say to him, What doest thou? GOD will not withdraw his anger: 13
the helpers of Rahav stoop under him. How much less shall 14
I answer him, and choose out my words to reason with him?
Whom, though I were righteous, yet would I not answer, but 15
I would make supplication to him who contends with me. If 16

יז יח יאזין קולי: אשר־בשערה ישופני והרבה פצעי חנם: לא־יתנני
יט השב רוחי כי ישבעני ממררים: אם־לכח אמיץ הנה ואם־
כ כא למשפט מי יועידני: אם־אצדק פי ירשיעני תם־אני ויעקשני: תם־
כב אני לא־אדע נפשי אמאס חיי: אחת היא על־כן אמרתי תם
כג כד ורשע הוא מכלה: אם־שוט ימית פתאם למסת נקים ילעג: ארץ
כה נתנה ביד־רשע פני־שפטיה יכסה אם־לא אפוא מי־הוא: וימי
כו קלו מני־רץ ברחו לא־ראו טובה: חלפו עם־אניות אבה כנשר
כז יטוש עלי־אכל: אם־אמרי אשכחה שיחי אעזבה פני ואבליגה:
כח כט יגרתי כל־עצבתי ידעתי כי־לא תנקני: אנכי ארשע למה־
ל זה הבל איגע: אם־התרחצתי במו־שלג והזכותי בבר כפי: במי־
לא לב אז בשחת תטבלני ותעבוני שלמותי: כי־לא־איש כמני אעננו
לג נבוא יחדו במשפט: לא יש־בינינו מוכיח ישת ידו על־שנינו:
לד לה יסר מעלי שבטו ואמתו אל־תבעתני: אדברה ולא איראנו
י א כי־לא־כן אנכי עמדי: נקטה נפשי בחיי אעזבה עלי שיחי
ב אדברה במר נפשי: אמר אל־אלוה אל־תרשיעני הודיעני
ג על מה־תריבני: הטוב לך ׀ כי־תעשק כי־תמאס יגיע כפיך
ד ועל־עצת רשעים הופעת: העיני בשר לך אם־כראות אנוש
ה ו תראה: הכימי אנוש ימיך אם־שנותיך כימי גבר: כי־תבקש
ז לעוני ולחטאתי תדרוש: על־דעתך כי־לא ארשע ואין מידך
ח ט מציל: ידיך עצבוני ויעשוני יחד סביב ותבלעני: זכר־נא כי־
י כחמר עשיתני ואל־עפר תשיבני: הלא כחלב תתיכני וכגבינה
יא יב תקפיאני: עור ובשר תלבישני ובעצמות וגידים תשככני: חיים
יג וחסד עשית עמדי ופקדתך שמרה רוחי: ואלה צפנת בלבבך
יד ידעתי כי־זאת עמך: אם־חטאתי ושמרתני ומעוני לא תנקני:
טו אם־רשעתי אללי לי וצדקתי לא־אשא ראשי שבע קלון
טז יז וראה עניי: ויגאה כשחל תצודני ותשב תתפלא־בי: תחדש
יח עדיך ׀ נגדי ותרב כעשך עמדי חליפות וצבא עמי: ולמה

I had called, and he had answered me, yet would I not believe
that he had hearkened to my voice. For he crushes me with a   17
tempest, and multiplies my wounds without cause: he will not   18
let me take my breath, but fills me with bitterness. If I speak   19
of strength, lo, he is strong: and if of judgment, who shall
set me a time to plead? Though I were just, my own mouth   20
would condemn me: though I were innocent, he would prove
me perverse. Though I were innocent, yet would I not know   21
myself: I would despise my life. Therefore I said, It is all   22
one: he destroys the innocent and the wicked. If the scourge   23
slay suddenly, he would mock at the trial of the innocent.
The earth is given into the hand of the wicked: he covers the   24
faces of its judges; if not he, then who is it? Now my days are   25
swifter than a runner: they flee away, they see no good. They   26
pass away like the swift ships: like the vulture that swoops
on the prey. If I say, I will forget my complaint, I will leave   27
off my sad countenance, and comfort myself: I am afraid of   28
all my pains, I know that thou wilt not hold me innocent.
I shall be condemned ; why then do I labour in vain ? If I wash   29,30
myself with snow water, and make my hands never so clean;
yet shalt thou plunge me in the ditch, and my own clothes   31
shall abhor me. For he is not a man, as I am, that I should   32
answer him, and we should come together in judgment. There   33
is no umpire between us, who might lay his hand upon us both.
Let him take his rod away from me, and let not his fear terrify   34
me: for then I would speak, and not fear him; for I am not so   35
in myself. My soul is weary of my life; I will give free utter-   **10**
ance to my complaint ; I will speak in the bitterness of my soul.
I will say to GOD, Do not condemn me; inform why thou dost   2
contend with me. Is it good to thee that thou shouldst oppress,   3
that thou shouldst despise the work of thy hands, and shine
upon the counsel of the wicked? Hast thou eyes of flesh? or   4
seest thou as man sees? Are thy days as the days of man? are   5
thy years as man's days, that thou inquirest after my iniquity,   6
and searchest after my sin; although thou knowest that I am not   7
wicked; and there is none that can deliver out of thy hand?
Thy hands have made me and fashioned me together round   8
about; yet thou dost destroy me. Remember, I beseech thee,   9
that thou hast made me like clay; and wilt thou bring me
back to dust? Hast thou not poured me out like milk, and   10
curdled me like cheese? Thou hast clothed me with skin and   11
flesh, and hast knit me together with bones and sinews. Thou   12
hast granted me life and favour, and thy providence has pre-
served my spirit. Yet these things hast thou hidden in thy   13
heart : I know that this is with thee. If I sin, then thou markest   14
me, and thou wilt not acquit me from my iniquity. If I be   15
wicked, woe is me; and if I be righteous, yet will I not lift up
my head ; for I am filled with disgrace, and I see my affliction.
If my head is lifted up proudly, thou huntest me like a lion: 16
and again thou dost work wonders against me. Thou renewest   17
thy witnesses against me, and increasest thy indignation upon
me; thou dost bring fresh armies against me. Why then hast   18
thou brought me forth out of the womb ? Oh, that I had per-

מֵרֶחֶם הֹצֵאתָנִי אֶגְוָע וְעַיִן לֹא־תִרְאֵנִי: כַּאֲשֶׁר לֹא־הָיִיתִי אֶהְיֶה
מִבֶּטֶן לַקֶּבֶר אוּבָל: הֲלֹא־מְעַט יָמַי יֶחְדָּל יָשִׁית מִמֶּנִּי וְאַבְלִיגָה
מְעָט: בְּטֶרֶם אֵלֵךְ וְלֹא אָשׁוּב אֶל־אֶרֶץ חֹשֶׁךְ וְצַלְמָוֶת:
אֶרֶץ עֵיפָתָה ׀ כְּמוֹ אֹפֶל צַלְמָוֶת וְלֹא סְדָרִים וַתֹּפַע כְּמוֹ־
אֹפֶל:

וַיַּעַן צֹפַר הַנַּעֲמָתִי וַיֹּאמַר: הֲרֹב דְּבָרִים לֹא יֵעָנֶה
וְאִם־אִישׁ שְׂפָתַיִם יִצְדָּק: בַּדֶּיךָ מְתִים יַחֲרִישׁוּ וַתִּלְעַג וְאֵין
מַכְלִם: וַתֹּאמֶר זַךְ לִקְחִי וּבַר הָיִיתִי בְעֵינֶיךָ: וְאוּלָם מִי־יִתֵּן
אֱלוֹהַּ דַּבֵּר וְיִפְתַּח שְׂפָתָיו עִמָּךְ: וְיַגֶּד־לְךָ תַּעֲלֻמוֹת חָכְמָה כִּי־
כִפְלַיִם לְתוּשִׁיָּה וְדַע כִּי־יַשֶּׁה לְךָ אֱלוֹהַ מֵעֲוֺנֶךָ: הַחֵקֶר אֱלוֹהַ
תִּמְצָא אִם עַד־תַּכְלִית שַׁדַּי תִּמְצָא: גָּבְהֵי שָׁמַיִם מַה־תִּפְעָל
עֲמֻקָּה מִשְּׁאוֹל מַה־תֵּדָע: אֲרֻכָּה מֵאֶרֶץ מִדָּהּ וּרְחָבָה מִנִּי־יָם:
אִם־יַחֲלֹף וְיַסְגִּיר וְיַקְהִיל וּמִי יְשִׁיבֶנּוּ: כִּי־הוּא יָדַע מְתֵי־שָׁוְא
וַיַּרְא־אָוֶן וְלֹא יִתְבּוֹנָן: וְאִישׁ נָבוּב יִלָּבֵב וְעַיִר פֶּרֶא אָדָם יִוָּלֵד:
אִם־אַתָּה הֲכִינוֹתָ לִבֶּךָ וּפָרַשְׂתָּ אֵלָיו כַּפֶּךָ: אִם־אָוֶן בְּיָדְךָ
הַרְחִיקֵהוּ וְאַל־תַּשְׁכֵּן בְּאֹהָלֶיךָ עַוְלָה: כִּי־אָז ׀ תִּשָּׂא פָנֶיךָ מִמּוּם
וְהָיִיתָ מֻצָק וְלֹא תִירָא: כִּי־אַתָּה עָמָל תִּשְׁכָּח כְּמַיִם עָבְרוּ תִזְכֹּר:
וּמִצָּהֳרַיִם יָקוּם חָלֶד תָּעֻפָה כַּבֹּקֶר תִּהְיֶה: וּבָטַחְתָּ כִּי־יֵשׁ תִּקְוָה
וְחָפַרְתָּ לָבֶטַח תִּשְׁכָּב: וְרָבַצְתָּ וְאֵין מַחֲרִיד וְחִלּוּ פָנֶיךָ רַבִּים:
וְעֵינֵי רְשָׁעִים תִּכְלֶינָה וּמָנוֹס אָבַד מִנְהֶם וְתִקְוָתָם מַפַּח־
נָפֶשׁ:

וַיַּעַן אִיּוֹב וַיֹּאמַר: אָמְנָם כִּי אַתֶּם־עָם
וְעִמָּכֶם תָּמוּת חָכְמָה: גַּם־לִי לֵבָב ׀ כְּמוֹכֶם לֹא־נֹפֵל אָנֹכִי
מִכֶּם וְאֶת־מִי־אֵין כְּמוֹ־אֵלֶּה: שְׂחֹק לְרֵעֵהוּ ׀ אֶהְיֶה קֹרֵא
לֶאֱלוֹהַּ וַיַּעֲנֵהוּ שְׂחוֹק צַדִּיק תָּמִים: לַפִּיד בּוּז לְעַשְׁתּוּת שַׁאֲנָן
נָכוֹן לְמוֹעֲדֵי רָגֶל: יִשְׁלָיוּ אֹהָלִים ׀ לְשֹׁדְדִים וּבַטֻּחוֹת לְמַרְגִּיזֵי
אֵל לַאֲשֶׁר הֵבִיא אֱלוֹהַּ בְּיָדוֹ: וְאוּלָם שְׁאַל־נָא בְהֵמוֹת וְתֹרֶךָּ
וְעוֹף הַשָּׁמַיִם וְיַגֶּד־לָךְ: אוֹ שִׂיחַ לָאָרֶץ וְתֹרֶךָּ וִיסַפְּרוּ לְךָ דְּגֵי
הַיָּם: מִי לֹא־יָדַע בְּכָל־אֵלֶּה כִּי יַד־יְהוָה עָשְׂתָה זֹּאת: אֲשֶׁר בְּיָדוֹ
נֶפֶשׁ כָּל־חָי וְרוּחַ כָּל־בְּשַׂר־אִישׁ: הֲלֹא־אֹזֶן מִלִּין תִּבְחָן וְחֵךְ אֹכֶל
יִטְעַם־לוֹ: בִּישִׁישִׁים חָכְמָה וְאֹרֶךְ יָמִים תְּבוּנָה: עִמּוֹ חָכְמָה

ished, and no eye had seen me! I should have been as though 19
I had not been; I should have been carried from the womb to
the grave. Are not my days few? cease then, and let me alone, 20
that I may take comfort a little, Before I go whence I shall 21
not return, to the land of darkness and the shadow of death, A 22
land of gloom, as darkness itself ; and of the shadow of death,
without any order, and where the light is as darkness.

11

Then answered Ẕofar the Na'amatite, and said, Should 1,2
not the multitude of words be answered? and should a man
full of talk be accounted in the right? Should thy babble make 3
men hold their peace? and when thou mockest, shall no man
make thee ashamed? For thou hast said, My doctrine is pure, 4
and I am clean in thy eyes. But oh that God would speak, and 5
open his lips against thee: and that he would tell thee the 6
secrets of wisdom, for wisdom is manifold! Know therefore
that God exacts of thee less than thy iniquity deserves. Canst 7
thou find out the deep things of God? canst thou find out the
purpose of the Almighty? It is as high as heaven; what canst 8
thou do? deeper than She'ol; what canst thou know? Its mea- 9
sure is longer than the earth, and broader than the sea. If he 10
pass by, or shut up, or call to judgment, then who can hinder
him? For he knows vain men; and when he sees iniquity, shall 11
he then take no notice of it? But the stupid man shall be- 12
come wise, when a wild ass's colt, shall be turned into man!
If thou prepare thy heart, and stretch out thy hands towards 13
him; if iniquity be in thy hand, put it far away, and let not 14
wickedness dwell in thy tents. Surely then thou shalt lift up thy 15
face without blemish; and thou shalt be steadfast, and shalt
not fear: because thou shalt forget thy misery, and remember 16
it as waters that pass away: and thy eye shall be clearer than 17
the noonday; its darkness shall be like the morning. And thou 18
shalt be secure, because there is hope; yea, thou shalt look
about thee, and thou shalt take thy rest in safety. Also thou 19
shalt lie down, and none shall make thee afraid; for many shall
entreat thy favour. But the eyes of the wicked shall fail, and 20
they shall not escape, and their hope shall turn to despair.

12

And Iyyov answered and said, No doubt but you are the 1,2
people, and wisdom shall die with you. But I have understand- 3
ing as well as you; I am not inferior to you; yea, who knows
not such things as these? I am as one who is become a laughing 4
stock to his friend; that called upon God and he answered him;
the just, the innocent man is a laughing stock. Contempt is 5
ready in the thought of him that is at ease, for those that are
ruined, that slip with their feet. The tents of robbers prosper, 6
and they who provoke God are secure; they who bring their
God in their hand. But ask now the beasts, and they shall teach 7
thee; and the birds of the sky, and they shall tell thee: or speak 8
to the earth, and it shall teach thee: and the fishes of the sea
shall declare to thee. Who knows not among all these that the 9
hand of the Lord has done this; in whose hand is the soul of 10
every living thing, and the breath of all mankind? Does not 11
the ear try words as the palate tastes food? With aged men 12
is wisdom; and length of days brings understanding. With him 13

יד	וּגְבוּרָה לוֹ עֵצָה וּתְבוּנָה: הֵן יַהֲרוֹס וְלֹא יִבָּנֶה יִסְגֹּר עַל־אִישׁ וְלֹא
טו	יִפָּתֵחַ: הֵן יַעְצֹר בַּמַּיִם וְיִבָשׁוּ וִישַׁלְּחֵם וְיַהַפְכוּ־אָרֶץ: עִמּוֹ עֹז
טז	וְתוּשִׁיָּה לוֹ שֹׁגֵג וּמַשְׁגֶּה: מוֹלִיךְ יוֹעֲצִים שׁוֹלָל וְשֹׁפְטִים יְהוֹלֵל:
יז	מוּסַר מְלָכִים פִּתֵּחַ וַיֶּאְסֹר אֵזוֹר בְּמָתְנֵיהֶם: מוֹלִיךְ כֹּהֲנִים שׁוֹלָל
יח	וְאֵיתָנִים יְסַלֵּף: מֵסִיר שָׂפָה לְנֶאֱמָנִים וְטַעַם זְקֵנִים יִקָּח: שׁוֹפֵךְ
יט	בּוּז עַל־נְדִיבִים וּמְזִיחַ אֲפִיקִים רִפָּה: מְגַלֶּה עֲמֻקוֹת מִנִּי־חֹשֶׁךְ
כ	וַיֹּצֵא לָאוֹר צַלְמָוֶת: מַשְׂגִּיא לַגּוֹיִם וַיְאַבְּדֵם שֹׁטֵחַ לַגּוֹיִם וַיַּנְחֵם:
כא	מֵסִיר לֵב רָאשֵׁי עַם־הָאָרֶץ וַיַּתְעֵם בְּתֹהוּ לֹא־דָרֶךְ: יְמַשְׁשׁוּ־
כב	חֹשֶׁךְ וְלֹא־אוֹר וַיַּתְעֵם כַּשִּׁכּוֹר: הֶן־כֹּל רָאֲתָה עֵינִי שָׁמְעָה אָזְנִי
כג	
יג א	וַתָּבֶן לָהּ: כְּדַעְתְּכֶם יָדַעְתִּי גַם־אָנִי לֹא־נֹפֵל אָנֹכִי מִכֶּם: אוּלָם
ב	אֲנִי אֶל־שַׁדַּי אֲדַבֵּר וְהוֹכֵחַ אֶל־אֵל אֶחְפָּץ: וְאוּלָם אַתֶּם טֹפְלֵי־
ג	
ד	שָׁקֶר רֹפְאֵי אֱלִל כֻּלְּכֶם: מִי־יִתֵּן הַחֲרֵשׁ תַּחֲרִישׁוּן וּתְהִי לָכֶם
ה	לְחָכְמָה: שִׁמְעוּ־נָא תוֹכַחְתִּי וְרִבוֹת שְׂפָתַי הַקְשִׁיבוּ: הַלְאֵל
ו	תְּדַבְּרוּ עַוְלָה וְלוֹ תְּדַבְּרוּ רְמִיָּה: הֲפָנָיו תִּשָּׂאוּן אִם־לָאֵל תְּרִיבוּן:
ז	הֲטוֹב כִּי־יַחְקֹר אֶתְכֶם אִם־כְּהָתֵל בֶּאֱנוֹשׁ תְּהָתֵלּוּ בוֹ: הוֹכֵחַ
ח	
ט	יוֹכִיחַ אֶתְכֶם אִם־בַּסֵּתֶר פָּנִים תִּשָּׂאוּן: הֲלֹא שְׂאֵתוֹ תְּבַעֵת
י	אֶתְכֶם וּפַחְדּוֹ יִפֹּל עֲלֵיכֶם: זִכְרֹנֵיכֶם מִשְׁלֵי־אֵפֶר לְגַבֵּי־חֹמֶר
יא	
יב	גַּבֵּיכֶם: הַחֲרִישׁוּ מִמֶּנִּי וַאֲדַבְּרָה־אָנִי וְיַעֲבֹר עָלַי מָה: עַל־מָה ׀
יג	
יד	אֶשָּׂא בְשָׂרִי בְּשִׁנָּי וְנַפְשִׁי אָשִׂים בְּכַפִּי: הֵן יִקְטְלֵנִי לֹא אֲיַחֵל אַךְ־
טו	דְּרָכַי אֶל־פָּנָיו אוֹכִיחַ: גַּם־הוּא־לִי לִישׁוּעָה כִּי־לֹא לְפָנָיו חָנֵף
טז	יָבוֹא: שִׁמְעוּ שָׁמוֹעַ מִלָּתִי וְאַחֲוָתִי בְּאָזְנֵיכֶם: הִנֵּה־נָא עָרַכְתִּי
יז	
יח	מִשְׁפָּט יָדַעְתִּי כִּי־אֲנִי אֶצְדָּק: מִי־הוּא יָרִיב עִמָּדִי כִּי־עַתָּה
יט	אַחֲרִישׁ וְאֶגְוָע: אַךְ־שְׁתַּיִם אַל־תַּעַשׂ עִמָּדִי אָז מִפָּנֶיךָ לֹא אֶסָּתֵר:
כ	
כא	כַּפְּךָ מֵעָלַי הַרְחַק וְאֵמָתְךָ אַל־תְּבַעֲתַנִּי: וּקְרָא וְאָנֹכִי אֶעֱנֶה אוֹ־
כב	אֲדַבֵּר וַהֲשִׁיבֵנִי: כַּמָּה לִי עֲוֹנוֹת וְחַטָּאוֹת פִּשְׁעִי וְחַטָּאתִי הֹדִיעֵנִי:
כג	
כד	לָמָּה־פָנֶיךָ תַסְתִּיר וְתַחְשְׁבֵנִי לְאוֹיֵב לָךְ: הֶעָלֶה נִדָּף תַּעֲרוֹץ וְאֶת־
כה	קַשׁ יָבֵשׁ תִּרְדֹּף: כִּי־תִכְתֹּב עָלַי מְרֹרוֹת וְתוֹרִישֵׁנִי עֲוֹנוֹת נְעוּרָי:
כו	
כז	וְתָשֵׂם בַּסַּד ׀ רַגְלַי וְתִשְׁמוֹר כָּל־אָרְחוֹתָי עַל־שָׁרְשֵׁי רַגְלַי
יד א	תִּתְחַקֶּה: וְהוּא כְּרָקָב יִבְלֶה כְּבֶגֶד אֲכָלוֹ עָשׁ: אָדָם יְלוּד אִשָּׁה
ב	קְצַר יָמִים וּשְׂבַע־רֹגֶז: כְּצִיץ יָצָא וַיִּמָּל וַיִּבְרַח כַּצֵּל וְלֹא יַעֲמוֹד:

is wisdom and might, he has counsel and understanding. Be- 14
hold, he breaks down, and it cannot be built again: he shuts
up a man, and there can be no opening. Behold, he withholds 15
the waters, and they dry up: then he sends them out, and they
overwhelm the earth. With him is strength and sound wisdom: 16
the deceived and the deceiver are his. He leads counsellors 17
away bereft of counsel, and makes judges fools. He looses the 18
bond of kings, and binds their loins with a girdle. He leads 19
priests away bereft of dignity, and overthrows the mighty. He 20
removes the speech of the trusty, and takes away the under-
standing of the aged. He pours contempt upon princes, and 21
weakens the belt of the mighty. He uncovers deep things 22
out of darkness, and brings out to light the shadow of death.
He makes nations great and destroys them: he disperses nations, 23
and guides them. He takes away the heart of the chiefs of the 24
people of the land, and causes them to wander in a wilderness
where there is no way. They grope in the dark without light, 25
and he makes them stagger like a drunken man. Lo, my eye **13**
has seen all this, my ear has heard and understood it. What you 2
know, I know also: I am not inferior to you. Yet, I would 3
speak to the Almighty, and I desire to reason with GOD. But 4
you are forgers of lies, you are all physicians of no value.
O that you would altogether keep silent! and it should be your 5
wisdom. Hear now my reasoning, and hearken to the pleadings 6
of my lips. Will you speak wickedly for GOD? and talk deceit- 7
fully for him? Will you show him partiality? will you contend 8
on behalf of GOD? Will it be well for you if he should search 9
you out? or as one man deceives another, will you deceive
him? He will surely reprove you, if you secretly show partiality. 10
Shall not his majesty make you afraid? and his dread fall upon 11
you? Your remembrances are like ashes; your bodies are like 12
bodies of clay. Hold your peace, let me alone, that I may speak, 13
and let come on me what will. For what? I will take my flesh 14
in my teeth, and take my life in my hand. Though he slay me, 15
yet will I trust in him: but I will maintain my own ways before
him. This also shall be my salvation: for a hypocrite shall not 16
come before him. Hear diligently my speech, and let my decla- 17
ration be in your ears. Behold now, I have ordered my cause; 18
I know that I shall be vindicated. Who is he that will contend 19
with me? for then I would hold my tongue and die. Only do not 20
two things to me: then will I not hide myself from thee. With- 21
draw thy hand far from me: and let not thy terror make me
afraid. Then call thou, and I will answer: or let me speak, and 22
thou answer me. How many are my iniquities and sins? let 23
me know my transgression and my sin. Why dost thou hide 24
thy face, and hold me for thy enemy? Wilt thou chase a driven 25
leaf? and wilt thou pursue the dry stubble? For thou writest 26
bitter things against me, and makest me inherit the iniquities
of my youth. Thou puttest my feet also in the stocks, and 27
lookest narrowly at all my paths; thou settest thy print upon
the heels of my feet. And he is consumed like rottenness; 28
like a garment eaten by moths. Man that is born of a woman **14**
is of few days, and full of trouble. He comes forth like a flower, 2

ג ד אַף־עַל־זֶה פָּקַחְתָּ עֵינֶךָ וְאֹתִי תָבִיא בְמִשְׁפָּט עִמָּךְ׃ מִי־יִתֵּן
ה טָהוֹר מִטָּמֵא לֹא אֶחָד׃ אִם־חֲרוּצִים ׀ יָמָיו מִסְפַּר־חֳדָשָׁיו אִתָּךְ
ו חֻקָּו עָשִׂיתָ וְלֹא יַעֲבֹר׃ שְׁעֵה מֵעָלָיו וְיֶחְדָּל עַד־יִרְצֶה כְּשָׂכִיר
ז יוֹמוֹ׃ כִּי יֵשׁ לָעֵץ תִּקְוָה אִם־יִכָּרֵת וְעוֹד יַחֲלִיף וְיֹנַקְתּוֹ לֹא
ח ט תֶחְדָּל׃ אִם־יַזְקִין בָּאָרֶץ שָׁרְשׁוֹ וּבֶעָפָר יָמוּת גִּזְעוֹ׃ מֵרֵיחַ מַיִם
י יַפְרִחַ וְעָשָׂה קָצִיר כְּמוֹ־נָטַע׃ וְגֶבֶר יָמוּת וַיֶּחֱלָשׁ וַיִּגְוַע אָדָם
יא יב וְאַיּוֹ׃ אָזְלוּ־מַיִם מִנִּי־יָם וְנָהָר יֶחֱרַב וְיָבֵשׁ׃ וְאִישׁ שָׁכַב וְלֹא־
יג יָקוּם עַד־בִּלְתִּי שָׁמַיִם לֹא יָקִיצוּ וְלֹא־יֵעֹרוּ מִשְּׁנָתָם׃ מִי יִתֵּן ׀
בִּשְׁאוֹל תַּצְפִּנֵנִי תַּסְתִּירֵנִי עַד־שׁוּב אַפֶּךָ תָּשִׁית לִי חֹק וְתִזְכְּרֵנִי׃
יד אִם־יָמוּת גֶּבֶר הֲיִחְיֶה כָּל־יְמֵי צְבָאִי אֲיַחֵל עַד־בּוֹא חֲלִיפָתִי׃
טו טז תִּקְרָא וְאָנֹכִי אֶעֱנֶךָּ לְמַעֲשֵׂה יָדֶיךָ תִכְסֹף׃ כִּי־עַתָּה צְעָדַי
יז תִּסְפּוֹר לֹא־תִשְׁמוֹר עַל־חַטָּאתִי׃ חָתֻם בִּצְרוֹר פִּשְׁעִי וַתִּטְפֹּל
יח יט עַל־עֲוֺנִי׃ וְאוּלָם הַר־נוֹפֵל יִבּוֹל וְצוּר יֶעְתַּק מִמְּקֹמוֹ׃ אֲבָנִים ׀
שָׁחֲקוּ מַיִם תִּשְׁטֹף־סְפִיחֶיהָ עֲפַר־אָרֶץ וְתִקְוַת אֱנוֹשׁ הֶאֱבַדְתָּ׃
כ כא תִּתְקְפֵהוּ לָנֶצַח וַיַּהֲלֹךְ מְשַׁנֶּה פָנָיו וַתְּשַׁלְּחֵהוּ׃ יִכְבְּדוּ בָנָיו וְלֹא
כב יֵדָע וְיִצְעֲרוּ וְלֹא־יָבִין לָמוֹ׃ אַךְ־בְּשָׂרוֹ עָלָיו יִכְאָב וְנַפְשׁוֹ עָלָיו
טו א ב תֶּאֱבָל׃ וַיַּעַן אֱלִיפַז הַתֵּמָנִי וַיֹּאמַר׃ הֶחָכָם יַעֲנֶה
ג דַעַת־רוּחַ וִימַלֵּא קָדִים בִּטְנוֹ׃ הוֹכֵחַ בְּדָבָר לֹא יִסְכּוֹן וּמִלִּים
ד לֹא־יוֹעִיל בָּם׃ אַף־אַתָּה תָּפֵר יִרְאָה וְתִגְרַע שִׂיחָה לִפְנֵי־אֵל׃
ה ו כִּי יְאַלֵּף עֲוֺנְךָ פִיךָ וְתִבְחַר לְשׁוֹן עֲרוּמִים׃ יַרְשִׁיעֲךָ פִיךָ וְלֹא־
ז אָנִי וּשְׂפָתֶיךָ יַעֲנוּ־בָךְ׃ הֲרִאישׁוֹן אָדָם תִּוָּלֵד וְלִפְנֵי גְבָעוֹת
ח ט חוֹלָלְתָּ׃ הַבְסוֹד אֱלוֹהַּ תִּשְׁמָע וְתִגְרַע אֵלֶיךָ חָכְמָה׃ מַה־
י יָּדַעְתָּ וְלֹא נֵדָע תָּבִין וְלֹא־עִמָּנוּ הוּא׃ גַּם־שָׂב גַּם־יָשִׁישׁ בָּנוּ
יא כַּבִּיר מֵאָבִיךָ יָמִים׃ הַמְעַט מִמְּךָ תַּנְחֻמוֹת אֵל וְדָבָר לָאַט
יב יג עִמָּךְ׃ מַה־יִּקָּחֲךָ לִבֶּךָ וּמַה־יִּרְזְמוּן עֵינֶיךָ׃ כִּי־תָשִׁיב אֶל־אֵל
יד רוּחֶךָ וְהֹצֵאתָ מִפִּיךָ מִלִּין׃ מָה־אֱנוֹשׁ כִּי־יִזְכֶּה וְכִי־יִצְדַּק יְלוּד
טו טז אִשָּׁה׃ הֵן בִּקְדֹשָׁו לֹא יַאֲמִין וְשָׁמַיִם לֹא־זַכּוּ בְעֵינָיו׃ אַף כִּי־

and is cut down: he flees also like a shadow, and does not
endure. And dost thou open thy eyes upon such a one, and   3
bringest me into judgment with thee? Who can bring a clean   4
thing out of an unclean? not one. Seeing his days are deter-   5
mined, the number of his months is with thee, thou hast
appointed his bounds that he cannot pass; turn from him, that   6
he may rest, till he shall accomplish, as a hireling, his day.
For there is hope of a tree, if it be cut down, that it will sprout   7
again, and that its tender branch will not cease. Though its   8
root grow old in the earth, and its stock die in the ground;
yet through the scent of water it will bud, and bring forth   9
boughs like a plant. But man dies, and is laid low; yea, man   10
perishes, and where is he? The waters fail from the sea, and   11
the river is parched, and dries up: but man lies down, and does   12
not rise: till the heavens be no more, they shall not awake,
nor be raised out of their sleep. O that thou wouldst hide me   13
in She'ol, that thou wouldst keep me secret, until thy wrath
is past, that thou wouldst appoint me a set time, and re-
member me! If a man die, shall he live again? all the days   14
of my service I should wait, until my reward should come.
Thou shouldst call, and I would answer thee: thou shouldst   15
have a desire to the work of thy hands. For now thou num-   16
berest my steps: dost thou not watch for my sin? My trans-   17
gression is sealed up in a bag, and thou dost daub my iniquity
with wax. And surely the mountain falling crumbles away,   18
and the rock is removed out of its place. The waters wear the   19
stones: the torrents wash away the dust of the earth; so
thou destroyest the hope of man. Thou prevailest for ever   20
against him, and he passes: thou changest his countenance,
and sendest him away. His sons come to honour, and he knows   21
it not; and they are brought low, but he perceives them not.
Only when his flesh is on him does he feel pain, and while   22
his soul is within him does he mourn.   Then answered   **15**
Elifaz the Temanite, and said, Should a wise man utter windy   2
knowledge, and fill his belly with the east wind? Should he   3
reason with unprofitable talk? or with speeches wherewith he
can do no good? Yea, thou castest off fear, and thou dost   4
slight the prayer that is made before GOD. For thy mouth   5
utters thy iniquity, and thou choosest the tongue of the crafty.
Thy own mouth condemns thee, and not I: yea, thy own lips   6
testify against thee. Art thou the first man that was born? or   7
wast thou made before the hills? Dost thou listen in to the   8
council of GOD, and keep wisdom to thyself? What knowst   9
thou, that we know not? what understandest thou, which is
not in us? With us are both the greyheaded and very aged   10
men, much older than thy father. Are the consolations of GOD   11
too small for thee? or the word which he spoke softly with
thee? Why does thy heart carry thee away? and why do thy   12
eyes wink? that thou turnest thy spirit against GOD, and let-   13
test such words go out of thy mouth? What is man, that he   14
should be clean? and one born of a woman, that he should
be righteous? Behold, he puts no trust in his holy ones; and   15
the heavens are not clean in his sight: how much less one   16

יז נִתְעָב וְנֶאֱלָח אִישׁ־שֹׁתֶה כַמַּיִם עַוְלָה׃ אֲחַוְּךָ שְׁמַע־לִי וְזֶה־
יח יט חָזִיתִי וַאֲסַפֵּרָה׃ אֲשֶׁר־חֲכָמִים יַגִּידוּ וְלֹא כִחֲדוּ מֵאֲבוֹתָם׃ לָהֶם
כ לְבַדָּם נִתְּנָה הָאָרֶץ וְלֹא־עָבַר זָר בְּתוֹכָם׃ כָּל־יְמֵי רָשָׁע הוּא
כא מִתְחוֹלֵל וּמִסְפַּר שָׁנִים נִצְפְּנוּ לֶעָרִיץ׃ קוֹל־פְּחָדִים בְּאָזְנָיו בַּשָּׁלוֹם
כב שׁוֹדֵד יְבוֹאֶנּוּ׃ לֹא־יַאֲמִין שׁוּב מִנִּי־חֹשֶׁךְ וצפו הוּא אֱלֵי־חָרֶב׃ וְצָפוּי
כג כד נֹדֵד הוּא לַלֶּחֶם אַיֵּה יָדַע׀ כִּי־נָכוֹן בְּיָדוֹ יוֹם־חֹשֶׁךְ׃ יְבַעֲתֻהוּ
כה צַר וּמְצוּקָה תִּתְקְפֵהוּ כְּמֶלֶךְ׀ עָתִיד לַכִּידוֹר׃ כִּי־נָטָה אֶל־אֵל
כו יָדוֹ וְאֶל־שַׁדַּי יִתְגַּבָּר׃ יָרוּץ אֵלָיו בְּצַוָּאר בַּעֲבִי גַּבֵּי מָגִנָּיו׃
כז כח כִּי־כִסָּה פָנָיו בְּחֶלְבּוֹ וַיַּעַשׂ פִּימָה עֲלֵי־כָסֶל׃ וַיִּשְׁכּוֹן׀ עָרִים
כט נִכְחָדוֹת בָּתִּים לֹא־יֵשְׁבוּ לָמוֹ אֲשֶׁר הִתְעַתְּדוּ לְגַלִּים׃ לֹא־
ל יֶעְשַׁר וְלֹא־יָקוּם חֵילוֹ וְלֹא־יִטֶּה לָאָרֶץ מִנְלָם׃ לֹא־יָסוּר׀ מִנִּי־
לא חֹשֶׁךְ יֹנַקְתּוֹ תְּיַבֵּשׁ שַׁלְהָבֶת וְיָסוּר בְּרוּחַ פִּיו׃ אַל־יַאֲמֵן בַּשָּׁו
לב נִתְעָה כִּי־שָׁוְא תִּהְיֶה תְמוּרָתוֹ׃ בְּלֹא־יוֹמוֹ תִּמָּלֵא וְכִפָּתוֹ לֹא
לג לד רַעֲנָנָה׃ יַחְמֹס כַּגֶּפֶן בִּסְרוֹ וְיַשְׁלֵךְ כַּזַּיִת נִצָּתוֹ׃ כִּי־עֲדַת חָנֵף
לה גַּלְמוּד וְאֵשׁ אָכְלָה אָהֳלֵי־שֹׁחַד׃ הָרֹה עָמָל וְיָלֹד אָוֶן וּבִטְנָם
טז א ב תָּכִין מִרְמָה׃ וַיַּעַן אִיּוֹב וַיֹּאמַר׃ שָׁמַעְתִּי כְאֵלֶּה
ג רַבּוֹת מְנַחֲמֵי עָמָל כֻּלְּכֶם׃ הֲקֵץ לְדִבְרֵי־רוּחַ אוֹ מַה־יַּמְרִיצְךָ
ד כִּי תַעֲנֶה׃ גַּם׀ אָנֹכִי כָּכֶם אֲדַבֵּרָה לוּ יֵשׁ נַפְשְׁכֶם תַּחַת נַפְשִׁי
אַחְבִּירָה עֲלֵיכֶם בְּמִלִּים וְאָנִיעָה עֲלֵיכֶם בְּמוֹ רֹאשִׁי׃
ה ו אֲאַמִּצְכֶם בְּמוֹ־פִי וְנִיד שְׂפָתַי יַחְשֹׂךְ׃ אִם־אֲדַבְּרָה לֹא־יֵחָשֵׂךְ
ז כְּאֵבִי וְאַחְדְּלָה מַה־מִּנִּי יַהֲלֹךְ׃ אַךְ־עַתָּה הֶלְאָנִי הֲשִׁמּוֹתָ כָּל־
ח ט עֲדָתִי׃ וַתִּקְמְטֵנִי לְעֵד הָיָה וַיָּקָם בִּי כַחֲשִׁי בְּפָנַי יַעֲנֶה׃ אַפּוֹ
י טָרַף׀ וַיִּשְׂטְמֵנִי חָרַק עָלַי בְּשִׁנָּיו צָרִי׀ יִלְטוֹשׁ עֵינָיו לִי׃ פָּעֲרוּ
יא עָלַי׀ בְּפִיהֶם בְּחֶרְפָּה הִכּוּ לְחָיָי יַחַד עָלַי יִתְמַלָּאוּן׃ יַסְגִּירֵנִי
יב אֵל אֶל עֲוִיל וְעַל־יְדֵי רְשָׁעִים יִרְטֵנִי׃ שָׁלֵו הָיִיתִי׀ וַיְפַרְפְּרֵנִי
יג וְאָחַז בְּעָרְפִּי וַיְפַצְפְּצֵנִי וַיְקִימֵנִי לוֹ לְמַטָּרָה׃ יָסֹבּוּ עָלַי׀ רַבָּיו
יד יְפַלַּח כִּלְיוֹתַי וְלֹא יַחְמוֹל יִשְׁפֹּךְ לָאָרֶץ מְרֵרָתִי׃ יִפְרְצֵנִי פֶרֶץ
טו עַל־פְּנֵי־פָרֶץ יָרֻץ עָלַי כְּגִבּוֹר׃ שַׂק תָּפַרְתִּי עֲלֵי גִלְדִּי וְעֹלַלְתִּי

who is abominable and filthy? man, who drinks iniquity like
water? I will tell thee, hear me; and that which I have seen   17
I will declare; which wise men have told from their fathers,   18
and have not hidden it: to whom alone the earth was given,   19
and no stranger passed among them. The wicked man travails   20
with pain all his days, through the number of years stored
up for the tyrant. A dreadful sound is in his ears: in pros-   21
perity the destroyer shall come upon him. He does not believe   22
that he will return out of darkness, and he is waited for by
the sword. He wanders abroad for bread, saying, Where is it?   23
he knows that the day of darkness is ready at his hand.
Trouble and anguish make him afraid; they prevail against   24
him, as a king ready to the battle. For he stretches out his   25
hand against GOD, and behaves proudly against the Almighty.
He runs upon him with neck armour, with the thick bosses   26
of his bucklers: because he has covered his face with his fat,   27
and has put collops of fat on his flanks. And he dwells in deso-   28
late cities, and in houses which no man inhabits, which are ready
to become heaps. He shall not be rich, neither shall his sub-   29
stance continue, neither shall their produce bend to the earth.
He shall not depart out of darkness; the flame shall dry up   30
his branches, and by the breath of his mouth shall he go
away. Let him not trust in vanity, deceiving himself: for vanity   31
shall be his recompense. It shall be accomplished before his   32
time, and his branch shall not be green. He shall shake off   33
his unripe grape like the vine, and shall cast of his flower
like the olive. For the company of hypocrites shall be   34
desolate, and fire shall consume the tents of bribery. They   35
conceive mischief, and bring forth vanity, and their belly   **16**
prepares deceit.   Then Iyyov answered and said, I have   1,2
heard many such things: miserable comforters are you all.
Shall windy words have an end? or what provokes thee that   3
thou answerest? Would I also speak as you do? if your soul   4
were in my soul's stead, would I join words together against
you, and shake my head at you? I would strengthen you with   5
my mouth, and the moving of my lips should assuage your
grief. Though I speak, my grief is not assuaged: and though   6
I forbear, what am I eased? But now he has made me weary: 7
thou hast made desolate all my company. And thou hast filled   8
me with wrinkles, which is a witness against me: and my
leanness rising up against me bears witness to my face. He   9
tears me in his wrath, and hates me: he gnashes at me with
his teeth; my enemy sharpens his eyes upon me. They have   10
gaped upon me with their mouth; they have smitten me upon
the cheek scornfully; they gather themselves together against
me. GOD has delivered me to the ungodly, and turned me   11
over into the hands of the wicked. I was at ease, but he broke   12
me asunder: he has also taken me by my neck, and shaken
me to pieces, and set me up for his target. His archers com-   13
pass me round about, he cleaves my reins asunder, and does
not spare; he pours out my gall upon the ground. He breaks   14
me with breach upon breach, he runs upon me like a giant.
I have sewn sackcloth upon my skin, and have laid my horn   15

חֲמַרְמְרוּ
בְּעָפָר קַרְנִי: פָּנַי חמרמרה מִנִּי־בֶכִי וְעַל עַפְעַפַּי צַלְמָוֶת: עַל טז יז
לֹא־חָמָס בְּכַפָּי וּתְפִלָּתִי זַכָּה: אֶרֶץ אַל־תְּכַסִּי דָמִי וְאַל־יְהִי יח
מָקוֹם לְזַעֲקָתִי: גַּם־עַתָּה הִנֵּה־בַשָּׁמַיִם עֵדִי וְשָׂהֲדִי בַּמְּרוֹמִים: יט
מְלִיצַי רֵעָי אֶל־אֱלוֹהַּ דָּלְפָה עֵינִי: וְיוֹכַח לְגֶבֶר עִם־אֱלוֹהַּ כ כא
וּבֶן־אָדָם לְרֵעֵהוּ: כִּי־שְׁנוֹת מִסְפָּר יֶאֱתָיוּ וְאֹרַח לֹא־אָשׁוּב כב
אֶהֱלֹךְ: רוּחִי חֻבָּלָה יָמַי נִזְעָכוּ קְבָרִים לִי: אִם־לֹא הֲתֻלִים א ב יז
עִמָּדִי וּבְהַמְּרוֹתָם תָּלַן עֵינִי: שִׂימָה־נָּא עָרְבֵנִי עִמָּךְ מִי־הוּא ג
לְיָדִי יִתָּקֵעַ: כִּי־לִבָּם צָפַנְתָּ מִּשָּׂכֶל עַל־כֵּן לֹא תְרֹמֵם: לְחֵלֶק ד ה
יַגִּיד רֵעִים וְעֵינֵי בָנָיו תִּכְלֶנָה: וְהִצִּגַנִי לִמְשֹׁל עַמִּים וְתֹפֶת ו
לְפָנִים אֶהְיֶה: וַתֵּכַהּ מִכַּעַשׂ עֵינִי וִיצֻרַי כַּצֵּל כֻּלָּם: יָשֹׁמּוּ ז ח
ד יְשָׁרִים עַל־זֹאת וְנָקִי עַל־חָנֵף יִתְעֹרָר: וְיֹאחֵז צַדִּיק דַּרְכּוֹ ט
וּטֳהָר־יָדַיִם יֹסִיף אֹמֶץ: וְאוּלָם כֻּלָּם תָּשֻׁבוּ וּבֹאוּ נָא וְלֹא־ י
אֶמְצָא בָכֶם חָכָם: יָמַי עָבְרוּ זִמֹּתַי נִתְּקוּ מוֹרָשֵׁי לְבָבִי: יא
לַיְלָה לְיוֹם יָשִׂימוּ אוֹר קָרוֹב מִפְּנֵי־חֹשֶׁךְ: אִם־אֲקַוֶּה שְׁאוֹל יב יג
בֵּיתִי בַּחֹשֶׁךְ רִפַּדְתִּי יְצוּעָי: לַשַּׁחַת קָרָאתִי אָבִי אָתָּה אִמִּי יד
וַאֲחֹתִי לָרִמָּה: וְאַיֵּה אֵפוֹ תִקְוָתִי וְתִקְוָתִי מִי יְשׁוּרֶנָּה: בַּדֵּי שְׁאֹל טו טז
תֵּרַדְנָה אִם־יַחַד עַל־עָפָר נָחַת: וַיַּעַן בִּלְדַּד א יח
הַשֻּׁחִי וַיֹּאמַר: עַד־אָנָה ׀ תְּשִׂימוּן קִנְצֵי לְמִלִּין תָּבִינוּ וְאַחַר ב
נְדַבֵּר: מַדּוּעַ נֶחְשַׁבְנוּ כַבְּהֵמָה נִטְמִינוּ בְּעֵינֵיכֶם: טֹרֵף נַפְשׁוֹ ג ד
בְּאַפּוֹ הַלְמַעַנְךָ תֵּעָזַב אָרֶץ וְיֶעְתַּק־צוּר מִמְּקֹמוֹ: גַּם אוֹר רְשָׁעִים ה
יִדְעָךְ וְלֹא־יִגַּהּ שְׁבִיב אִשּׁוֹ: אוֹר חָשַׁךְ בְּאָהֳלוֹ וְנֵרוֹ עָלָיו יִדְעָךְ: ו
יֵצְרוּ צַעֲדֵי אוֹנוֹ וְתַשְׁלִיכֵהוּ עֲצָתוֹ: כִּי־שֻׁלַּח בְּרֶשֶׁת בְּרַגְלָיו ז ח
וְעַל־שְׂבָכָה יִתְהַלָּךְ: יֹאחֵז בְּעָקֵב פָּח יַחֲזֵק עָלָיו צַמִּים: טָמוּן ט י
בָּאָרֶץ חַבְלוֹ וּמַלְכֻּדְתּוֹ עֲלֵי נָתִיב: סָבִיב בִּעֲתֻהוּ בַלָּהוֹת יא
וְהֱפִיצֻהוּ לְרַגְלָיו: יְהִי־רָעֵב אֹנוֹ וְאֵיד נָכוֹן לְצַלְעוֹ: יֹאכַל בַּדֵּי יב יג
עוֹרוֹ יֹאכַל בַּדָּיו בְּכוֹר מָוֶת: יִנָּתֵק מֵאָהֳלוֹ מִבְטַחוֹ וְתַצְעִדֵהוּ יד
לְמֶלֶךְ בַּלָּהוֹת: תִּשְׁכּוֹן בְּאָהֳלוֹ מִבְּלִי־לוֹ יְזֹרֶה עַל־נָוֵהוּ גָפְרִית: טו
מִתַּחַת שָׁרָשָׁיו יִבָשׁוּ וּמִמַּעַל יִמַּל קְצִירוֹ: זִכְרוֹ־אָבַד מִנִּי־אֶרֶץ טז יז

in the dust. My face is scalded with weeping, and on my eye- 16
lids is the shadow of death; though no injustice is in my hands; 17
and my prayer is pure. O earth, cover not my blood, and let 18
my cry have no pause. Even now, behold, my witness is in 19
heaven, and my testimony is on high. My friends scorn me: 20
but my eye pours out tears to God. O that a man might plead 21
his cause with God, as the son of man with his fellow! For 22
when a few years are come, then I shall go the way whence
I shall not return. My spirit is broken, my days are extinct, **17**
the grave is ready for me. Are there not mockers with me? 2
and does not my eye dwell on their provocation? Give now a 3
pledge, be surety for me with thyself: who else is there that
will strike hands with me? For thou hast hid their heart from 4
understanding: therefore shalt thou not exalt them. They are 5
as one who invites friends to have a share, whilst the eyes of
his children fail. He has made me also a byword of the 6
peoples; and I shall be a horror to every face. My eye also 7
is dim by reason of vexation, and all my members are as
a shadow. Upright men are astonished at this, and the in- 8
nocent stirs up himself against the godless. Yet the righteous 9
holds on his way, and he that has clean hands grows stronger
and stronger. But as for you all, return, and come now: for 10
I cannot find one wise man among you. My days are past, my 11
purposes are broken off, even the thoughts of my heart. They 12
change the night into day, saying, the light is near when the
darkness is at hand. If I look to She'ol as my home: if I 13
spread my couch in the darkness: if I say to the pit, Thou art 14
my father; to the worm, Thou art my mother and my sister;
where then is my hope? as for my hope, who shall see it? 15
Will they go down with me to the bars of She'ol? shall we 16
descend together to the dust? Then answered Bildad **18**
the Shuḥite, and said, How long will you make a perversion 2
of words? consider, and afterwards we will speak. Why are 3
we counted as beasts, and reputed vile in your sight? He 4
tears himself in his anger. Shall the earth be forsaken for
thee? or shall the rock be removed out of his place? Yea, 5
the light of the wicked shall be put out, and the spark of his
fire shall not shine. The light shall be dark in his tent, and his 6
candle over him shall be put out. The steps of his strength 7
shall be straitened, and his own counsel shall cast him down.
For he is cast into a net by his own feet, and he walks on a 8
pitfall. The trap shall take him by the heel, and the snare 9
shall prevail against him. The noose is laid for him in the 10
ground, and a trap for him in the way. Terrors shall make him 11
afraid on every side, and shall chase him at his heels: his 12
first born shall he plagued with hunger, and his wife beset
with calamity. He will devour the limbs of his skin: the first- 13
born doomed to die will devour his own limbs. He shall 14
be cut off from the tent of his security; and shall he brought to
the king of terrors. In his tent dwells that which is none of 15
his: brimstone is scattered on his habitation. His roots shall 16
be dried up beneath, and above shall his branch wither. His 17
remembrance shall perish from the earth, and he shall have no

וְלֹא־שָׂם לוֹ עַל־פְּנֵי־חוּץ: יֶהְדְּפֻהוּ מֵאוֹר אֶל־חֹשֶׁךְ וּמִתֵּבֵל

יְנִדֻּהוּ: לֹא נִין לוֹ וְלֹא־נֶכֶד בְּעַמּוֹ וְאֵין שָׂרִיד בִּמְגוּרָיו: עַל־

יוֹמוֹ נָשַׁמּוּ אַחֲרֹנִים וְקַדְמֹנִים אָחֲזוּ שָׂעַר: אַךְ־אֵלֶּה מִשְׁכְּנוֹת

עַוָּל וְזֶה מְקוֹם לֹא־יָדַע־אֵל: וַיַּעַן אִיּוֹב וַיֹּאמַר: יט א

עַד־אָנָה תּוֹגְיוּן נַפְשִׁי וּתְדַכְּאוּנַנִי בְמִלִּים: זֶה עֶשֶׂר פְּעָמִים

תַּכְלִימוּנִי לֹא־תֵבֹשׁוּ תַּהְכְּרוּ־לִי: וְאַף־אָמְנָם שָׁגִיתִי אִתִּי

תָּלִין מְשׁוּגָתִי: אִם־אָמְנָם עָלַי תַּגְדִּילוּ וְתוֹכִיחוּ עָלַי חֶרְפָּתִי:

דְּעוּ־אֵפוֹ כִּי־אֱלוֹהַּ עִוְּתָנִי וּמְצוּדוֹ עָלַי הִקִּיף: הֵן אֶצְעַק חָמָס

וְלֹא אֵעָנֶה אֲשַׁוַּע וְאֵין מִשְׁפָּט: אָרְחִי גָדַר וְלֹא אֶעֱבוֹר וְעַל־

נְתִיבוֹתַי חֹשֶׁךְ יָשִׂים: כְּבוֹדִי מֵעָלַי הִפְשִׁיט וַיָּסַר עֲטֶרֶת רֹאשִׁי:

יִתְּצֵנִי סָבִיב וָאֵלַךְ וַיַּסַּע כָּעֵץ תִּקְוָתִי: וַיַּחַר עָלַי אַפּוֹ וַיַּחְשְׁבֵנִי

לוֹ כְצָרָיו: יַחַד ׀ יָבֹאוּ גְדוּדָיו וַיָּסֹלּוּ עָלַי דַּרְכָּם וַיַּחֲנוּ סָבִיב

לְאָהֳלִי: אַחַי מֵעָלַי הִרְחִיק וְיֹדְעַי אַךְ־זָרוּ מִמֶּנִּי: חָדְלוּ קְרוֹבַי

וּמְיֻדָּעַי שְׁכֵחוּנִי: גָּרֵי בֵיתִי וְאַמְהֹתַי לְזָר תַּחְשְׁבֻנִי נָכְרִי הָיִיתִי

בְעֵינֵיהֶם: לְעַבְדִּי קָרָאתִי וְלֹא יַעֲנֶה בְּמוֹ־פִי אֶתְחַנֶּן־לוֹ: רוּחִי

זָרָה לְאִשְׁתִּי וְחַנֹּתִי לִבְנֵי בִטְנִי: גַּם־עֲוִילִים מָאֲסוּ בִי אָקוּמָה

וַיְדַבְּרוּ־בִי: תִּעֲבוּנִי כָּל־מְתֵי סוֹדִי וְזֶה־אָהַבְתִּי נֶהְפְּכוּ־בִי:

בְּעוֹרִי וּבִבְשָׂרִי דָּבְקָה עַצְמִי וָאֶתְמַלְּטָה בְּעוֹר שִׁנָּי: חָנֻּנִי חָנֻּנִי

אַתֶּם רֵעָי כִּי יַד־אֱלוֹהַּ נָגְעָה בִּי: לָמָּה תִּרְדְּפֻנִי כְמוֹ־אֵל

וּמִבְּשָׂרִי לֹא תִשְׂבָּעוּ: מִי־יִתֵּן אֵפוֹ וְיִכָּתְבוּן מִלָּי מִי־יִתֵּן בַּסֵּפֶר

וְיֻחָקוּ: בְּעֵט־בַּרְזֶל וְעֹפָרֶת לָעַד בַּצּוּר יֵחָצְבוּן: וַאֲנִי יָדַעְתִּי

גֹּאֲלִי חָי וְאַחֲרוֹן עַל־עָפָר יָקוּם: וְאַחַר עוֹרִי נִקְּפוּ־זֹאת וּמִבְּשָׂרִי

אֶחֱזֶה אֱלוֹהַּ: אֲשֶׁר אֲנִי ׀ אֶחֱזֶה־לִּי וְעֵינַי רָאוּ וְלֹא־זָר כָּלוּ

כִלְיֹתַי בְּחֵקִי: כִּי תֹאמְרוּ מַה־נִּרְדָּף־לוֹ וְשֹׁרֶשׁ דָּבָר נִמְצָא־בִי:

גּוּרוּ לָכֶם ׀ מִפְּנֵי־חֶרֶב כִּי־חֵמָה עֲוֹנוֹת חָרֶב לְמַעַן תֵּדְעוּן

שַׁדִּין: וַיַּעַן צֹפַר הַנַּעֲמָתִי וַיֹּאמַר: לָכֵן שְׂעִפַּי כ א

יְשִׁיבוּנִי וּבַעֲבוּר חוּשִׁי בִי: מוּסַר כְּלִמָּתִי אֶשְׁמָע וְרוּחַ מִבִּינָתִי

יַעֲנֵנִי: הֲזֹאת יָדַעְתָּ מִנִּי־עַד מִנִּי שִׂים אָדָם עֲלֵי־אָרֶץ: כִּי

name in the street. He shall be driven from light into dark- 18
ness, and chased out of the world. He shall have neither son 19
nor offspring among his people, nor any remaining in his
dwellings. They who come after him shall be astonished at 20
his day, as they who went before were affrighted. Surely such 21
are the dwellings of the wicked, and this is the place of him
who knows not God. Then Iyyov answered and said, **19**
How long will you vex my soul, and break me in pieces with 2
words? These ten times have you reproached me: you are not 3
ashamed that you slight me. And be it indeed that I have 4
erred, my error remains with myself. If indeed you will magni- 5
fy yourselves against me, and plead against me my reproach:
know now that God has overthrown me, and has compassed 6
me with his net. Behold, I cry out, Violence, but I am not 7
heard: I cry aloud, but there is no justice. He has fenced up 8
my way so that I cannot pass, and he has set darkness in my
paths. He has stripped me of my glory, and taken the crown 9
from my head. He has destroyed me on every side, and I am 10
gone: and my hope he has uprooted like a tree. He has also 11
kindled his wrath against me, and he counts me to him as one
of his enemies. His troops come together, and raise up their 12
way against me, and encamp round about my tent. He has 13
put my brethren far from me, and my acquaintances are
wholly estranged from me. My kinsfolk have failed, and my 14
familiar friends have forgotten me. They who dwell in my 15
house, and my womenservants, count me for a stranger: I am
an alien in their sight. I call my servant, and he gives me no 16
answer; though I entreat him with my mouth. My breath is 17
repulsive to my wife, and my cries to my own children. Yea, 18
young children despise me; I arise, and they speak against
me. All my trusted friends abhor me: and they whom I love 19
are turned against me. My bone cleaves to my skin and to 20
my flesh, and I am escaped with the skin of my teeth. Have 21
pity upon me, have pity upon me, O my friends; for the hand
of God has touched me. Why do you, like God, persecute me, 22
and are not satisfied with my flesh? Oh that my words were 23
now written! oh that they were inscribed in a book! that 24
with an iron pen and lead they were engraved in the rock
for ever! For I know that my avenger lives, and that he who 25
outlives all things, will rise when I shall be dust.
But whilst I am still in my flesh, though it be after my skin is 26
torn from my body, I would see God: that I might see him for 27
myself: that my eyes might behold, and not another: in longing
for that my reins are consumed within me. And if you should 28
say, Do we indeed persecute him? and is not the root of the
matter found in me? be afraid of the sword: for wrath brings 29
the punishments of the sword, that you may know that there
is judgment. Then answered Ẕofar the Na'amatite, and **20**
said, Therefore my thoughts answer me, even because of my 2
agitation that is in me. I have heard the censure which insults 3
me, and the spirit of my understanding causes me to answer.
Knowst thou not this of old, since man was placed upon earth, 4
that the triumphing of the wicked is short, and the joy of the 5

רְנַנַת רְשָׁעִים מִקָּרוֹב וְשִׂמְחַת חָנֵף עֲדֵי־רָגַע: אִם־יַעֲלֶה ו
לַשָּׁמַיִם שִׂיאוֹ וְרֹאשׁוֹ לָעָב יַגִּיעַ: כְּגֶלְלוֹ לָנֶצַח יֹאבֵד רֹאָיו ז
יֹאמְרוּ אַיּוֹ: כַּחֲלוֹם יָעוּף וְלֹא יִמְצָאֻהוּ וְיֻדַּד כְּחֶזְיוֹן לָיְלָה: ח
עַיִן שְׁזָפַתּוּ וְלֹא תוֹסִיף וְלֹא־עוֹד תְּשׁוּרֶנּוּ מְקוֹמוֹ: בָּנָיו יְרַצּוּ ט
דַלִּים וְיָדָיו תָּשֵׁבְנָה אוֹנוֹ: עַצְמוֹתָיו מָלְאוּ עֲלוּמָו וְעִמּוֹ עַל־ יא
עָפָר תִּשְׁכָּב: אִם־תַּמְתִּיק בְּפִיו רָעָה יַכְחִידֶנָּה תַּחַת לְשׁוֹנוֹ: יב
יַחְמֹל עָלֶיהָ וְלֹא יַעַזְבֶנָּה וְיִמְנָעֶנָּה בְּתוֹךְ חִכּוֹ: לַחְמוֹ בְּמֵעָיו יג יד
נֶהְפָּךְ מְרוֹרַת פְּתָנִים בְּקִרְבּוֹ: חַיִל בָּלַע וַיְקִאֶנּוּ מִבִּטְנוֹ יֹרִשֶׁנּוּ טו
אֵל: רֹאשׁ־פְּתָנִים יִינָק תַּהַרְגֵהוּ לְשׁוֹן אֶפְעֶה: אַל־יֵרֶא טז יז
בִפְלַגּוֹת נַהֲרֵי נַחֲלֵי דְּבַשׁ וְחֶמְאָה: מֵשִׁיב יָגָע וְלֹא יִבְלָע כְּחֵיל יח
תְּמוּרָתוֹ וְלֹא יַעֲלֹס: כִּי־רִצַּץ עָזַב דַּלִּים בַּיִת גָּזַל וְלֹא יִבֶנֵהוּ: יט
כִּי ׀ לֹא־יָדַע שָׁלֵו בְּבִטְנוֹ בַּחֲמוּדוֹ לֹא יְמַלֵּט: אֵין־שָׂרִיד לְאָכְלוֹ כ כא
עַל־כֵּן לֹא־יָחִיל טוּבוֹ: בִּמְלֹאות שִׂפְקוֹ יֵצֶר לוֹ כָּל־יַד עָמֵל כב
תְּבֹאֶנּוּ: יְהִי ׀ לְמַלֵּא בִטְנוֹ יְשַׁלַּח־בּוֹ חֲרוֹן אַפּוֹ וְיַמְטֵר עָלֵימוֹ כג
בִּלְחוּמוֹ: יִבְרַח מִנֵּשֶׁק בַּרְזֶל תַּחְלְפֵהוּ קֶשֶׁת נְחוּשָׁה: שָׁלַף כד כה
וַיֵּצֵא מִגֵּוָה וּבָרָק מִמְּרֹרָתוֹ יַהֲלֹךְ עָלָיו אֵמִים: כָּל־חֹשֶׁךְ טָמוּן כו
לִצְפּוּנָיו תְּאָכְלֵהוּ אֵשׁ לֹא־נֻפָּח יֵרַע שָׂרִיד בְּאָהֳלוֹ: יְגַלּוּ שָׁמַיִם כז
עֲוֹנוֹ וְאֶרֶץ מִתְקוֹמָמָה לוֹ: יִגֶל יְבוּל בֵּיתוֹ נִגָּרוֹת בְּיוֹם אַפּוֹ: כח
זֶה ׀ חֵלֶק־אָדָם רָשָׁע מֵאֱלֹהִים וְנַחֲלַת אִמְרוֹ מֵאֵל: וַיַּעַן כט כא א
אִיּוֹב וַיֹּאמַר: שִׁמְעוּ שָׁמוֹעַ מִלָּתִי וּתְהִי־זֹאת תַּנְחוּמֹתֵיכֶם: ב
שָׂאוּנִי וְאָנֹכִי אֲדַבֵּר וְאַחַר דַּבְּרִי תַלְעִיג: הֶאָנֹכִי לְאָדָם שִׂיחִי ג ד
וְאִם־מַדּוּעַ לֹא־תִקְצַר רוּחִי: פְּנוּ־אֵלַי וְהָשַׁמּוּ וְשִׂימוּ יָד עַל־פֶּה: ה
וְאִם־זָכַרְתִּי וְנִבְהָלְתִּי וְאָחַז בְּשָׂרִי פַּלָּצוּת: מַדּוּעַ רְשָׁעִים יִחְיוּ ו ז
עָתְקוּ גַּם־גָּבְרוּ חָיִל: זַרְעָם נָכוֹן לִפְנֵיהֶם עִמָּם וְצֶאֱצָאֵיהֶם ח
לְעֵינֵיהֶם: בָּתֵּיהֶם שָׁלוֹם מִפָּחַד וְלֹא שֵׁבֶט אֱלוֹהַּ עֲלֵיהֶם: שׁוֹרוֹ ט
עִבַּר וְלֹא יַגְעִל תְּפַלֵּט פָּרָתוֹ וְלֹא תְשַׁכֵּל: יְשַׁלְּחוּ כַצֹּאן יא
עֲוִילֵיהֶם וְיַלְדֵיהֶם יְרַקֵּדוּן: יִשְׂאוּ כְּתֹף וְכִנּוֹר וְיִשְׂמְחוּ לְקוֹל יב
יְכַלּוּ עוּגָב: יִבְלוּ בַטּוֹב יְמֵיהֶם וּבְרֶגַע שְׁאוֹל יֵחָתּוּ: וַיֹּאמְרוּ לָאֵל יג יד
סוּר מִמֶּנּוּ וְדַעַת דְּרָכֶיךָ לֹא חָפָצְנוּ: מַה־שַׁדַּי כִּי־נַעַבְדֶנּוּ טו

hypocrite but for a moment? Though his excellency mount up 6
to the heavens, and his head reach the clouds; yet he shall 7
perish for ever like his own dung: they who have seen him
shall say, Where is he? He shall fly away like a dream, and 8
shall not be found: yea, he shall be chased away like a vision
of the night. The eye which saw him shall see him no more; 9
nor shall his place any more behold him. His children shall seek 10
to please the poor, and his hands shall give back that which
he has robbed. His bones are full of his youth; yet shall it lie 11
down with him in the dust. Though wickedness be sweet in 12
his mouth, though he hide it under his tongue; though he spare 13
it, and forsake it not; but keep it still within his mouth: yet his 14
food in his bowels is turned, it is the gall of asps within him.
He has swallowed down riches, and he shall vomit them up 15
again: God shall cast them out of his belly. He shall suck the 16
poison of asps: the viper's tongue shall slay him. He shall not 17
see the rivers, the floods, the streams of honey and curd. That 18
which he laboured for he shall restore, and shall not swallow
it down: from the riches of his trading he will have no en-
joyment. Because he has oppressed and has forsaken the poor; 19
he has violently taken away a house which he did not build;
because his greed knew no rest, he will not save anything over 20
of that which he coveted. None of his food shall be left; there- 21
fore shall his goods not prosper. In the fullness of his sufficiency 22
he shall be in straits: all the force of misery shall come upon
him. When he is about to fill his belly, God shall cast the fury 23
of his wrath upon him, and shall rain it upon him into his
flesh. He shall flee from the iron weapon, and the bow of brass 24
shall strike him through. It is drawn, and comes out of his 25
body; yea, the glittering blade comes out of his gall: terrors
are upon him. Utter darkness is laid up for his treasures: a 26
fire not blown shall consume him; it shall go ill with him that
is left in his tent. The heaven shall reveal his iniquity; and 27
the earth shall rise up against him. The increase of his house 28
shall depart, and his goods shall flow away in the day of his
wrath. This is the portion of a wicked man from God, and 29
the heritage appointed to him by God. Then Iyyov ans- **21**
wered and said, Hear diligently my speech, and let this be your 2
consolations. Suffer me that I may speak; and after I have 3
spoken, mock on. As for me, is my complaint to man? why 4
should I not be impatient? Turn to me, and be astonished, and 5
lay your hand upon your mouth. Even when I remember, I am 6
afraid, and trembling takes holds of my flesh. Why do the 7
wicked live, become old, yea, grow mighty in power? Their 8
seed is established in their sight with them, and their offspring
before their eyes. Their houses are safe without fear, nor is 9
the rod of God upon them. Their bull genders, and does not 10
fail; their cow calves, and does not cast her calf. They send 11
forth their little ones like a flock, and their children dance.
They take the timbrel and lyre, and rejoice at the sound of 12
the pipe. They spend their days in wealth, and in a moment 13
go down to She'ol. Therefore they say to God, Depart from us; 14
for we desire not the knowledge of thy ways. What is the 15

וּמַה־נֹּעִיל כִּי נִפְגַּע־בּוֹ: הֵן לֹא בְיָדָם טוּבָם עֲצַת רְשָׁעִים ט

רָחֲקָה מֶנִּי: כַּמָּה נֵר־רְשָׁעִים יִדְעָךְ וְיָבֹא עָלֵימוֹ אֵידָם חֲבָלִים י

יְחַלֵּק בְּאַפּוֹ: יִהְיוּ כְּתֶבֶן לִפְנֵי־רוּחַ וּכְמֹץ גְּנָבַתּוּ סוּפָה: אֱלוֹהַּ יח

יִצְפֹּן־לְבָנָיו אוֹנוֹ יְשַׁלֵּם אֵלָיו וְיֵדָע: יִרְאוּ עֵינָו כִּידוֹ וּמֵחֲמַת יט

שַׁדַּי יִשְׁתֶּה: כִּי מַה־חֶפְצוֹ בְּבֵיתוֹ אַחֲרָיו וּמִסְפַּר חֳדָשָׁיו חֻצָּצוּ: כ

הַלְאֵל יְלַמֶּד־דָּעַת וְהוּא רָמִים יִשְׁפּוֹט: זֶה יָמוּת בְּעֶצֶם תֻּמּוֹ כא

כֻּלּוֹ שַׁלְאֲנַן וְשָׁלֵיו: עֲטִינָיו מָלְאוּ חָלָב וּמֹחַ עַצְמוֹתָיו יְשֻׁקֶּה: כב

וְזֶה יָמוּת בְּנֶפֶשׁ מָרָה וְלֹא־אָכַל בַּטּוֹבָה: יַחַד עַל־עָפָר יִשְׁכָּבוּ כג

וְרִמָּה תְּכַסֶּה עֲלֵיהֶם: הֵן יָדַעְתִּי מַחְשְׁבוֹתֵיכֶם וּמְזִמּוֹת עָלַי כד

תַּחְמֹסוּ: כִּי תֹאמְרוּ אַיֵּה בֵית־נָדִיב וְאַיֵּה אֹהֶל ׀ מִשְׁכְּנוֹת כה

רְשָׁעִים: הֲלֹא שְׁאֶלְתֶּם עוֹבְרֵי דָרֶךְ וְאֹתֹתָם לֹא תְנַכֵּרוּ: כִּי כו

לְיוֹם אֵיד יֵחָשֶׂךְ רָע לְיוֹם עֲבָרוֹת יוּבָלוּ: מִי־יַגִּיד עַל־פָּנָיו כז

דַּרְכּוֹ וְהוּא־עָשָׂה מִי יְשַׁלֶּם־לוֹ: וְהוּא לִקְבָרוֹת יוּבָל וְעַל־ כח

גָּדִישׁ יִשְׁקוֹד: מָתְקוּ־לוֹ רִגְבֵי נָחַל וְאַחֲרָיו כָּל־אָדָם יִמְשׁוֹךְ כט

וּלְפָנָיו אֵין מִסְפָּר: וְאֵיךְ תְּנַחֲמוּנִי הָבֶל וּתְשׁוּבֹתֵיכֶם נִשְׁאַר־ ל

מָעַל: ל

וַיַּעַן אֱלִיפַז הַתֵּימָנִי וַיֹּאמַר: הַלְאֵל יִסְכָּן־ כב

גָּבֶר כִּי־יִסְכֹּן עָלֵימוֹ מַשְׂכִּיל: הַחֵפֶץ לְשַׁדַּי כִּי תִצְדָּק וְאִם־ ב

בֶּצַע כִּי־תַתֵּם דְּרָכֶיךָ: הֲמִיָּרְאָתְךָ יֹכִיחֶךָ יָבוֹא עִמְּךָ בַּמִּשְׁפָּט: ג

הֲלֹא רָעָתְךָ רַבָּה וְאֵין־קֵץ לַעֲוֹנֹתֶיךָ: כִּי־תַחְבֹּל אַחֶיךָ חִנָּם ד

וּבִגְדֵי עֲרוּמִּים תַּפְשִׁיט: לֹא־מַיִם עָיֵף תַּשְׁקֶה וּמֵרָעֵב תִּמְנַע־ ה

לָחֶם: וְאִישׁ זְרוֹעַ לוֹ הָאָרֶץ וּנְשׂוּא פָנִים יֵשֶׁב בָּהּ: אַלְמָנוֹת ו

שִׁלַּחְתָּ רֵיקָם וּזְרֹעוֹת יְתֹמִים יְדֻכָּא: עַל־כֵּן סְבִיבוֹתֶיךָ פַחִים ז

וִיבַהֶלְךָ פַּחַד פִּתְאֹם: אוֹ־חֹשֶׁךְ לֹא־תִרְאֶה וְשִׁפְעַת־מַיִם ח

תְּכַסֶּךָּ: הֲלֹא־אֱלוֹהַּ גֹּבַהּ שָׁמָיִם וּרְאֵה רֹאשׁ כּוֹכָבִים כִּי־ י

רָמּוּ: וְאָמַרְתָּ מַה־יָּדַע אֵל הַבְעַד עֲרָפֶל יִשְׁפּוֹט: עָבִים סֵתֶר־ יא

לוֹ וְלֹא יִרְאֶה וְחוּג שָׁמַיִם יִתְהַלָּךְ: הַאֹרַח עוֹלָם תִּשְׁמֹר יב

אֲשֶׁר דָּרְכוּ מְתֵי־אָוֶן: אֲשֶׁר־קֻמְּטוּ וְלֹא־עֵת נָהָר יוּצַק יְסוֹדָם: יג

הָאֹמְרִים לָאֵל סוּר מִמֶּנּוּ וּמַה־יִּפְעַל שַׁדַּי לָמוֹ: וְהוּא מִלֵּא יד

בָתֵּיהֶם טוֹב וַעֲצַת רְשָׁעִים רָחֲקָה מֶנִּי: יִרְאוּ צַדִּיקִים וְיִשְׂמָחוּ טו

Almighty, that we should serve him? and what profit should
we have, if we pray to him? Lo, is their good not in their hand? 16
let the counsel of the wicked be far from me. How often is the 17
candle of the wicked put out? and when does their calamity
come upon them? does he distribute sorrows to them in his
anger? are they as stubble before the wind, and as chaff that the 18
storm carries away? God lays up his iniquity for the children: 19
let him rather reward him, that he may know it! Let his eyes 20
see his own destruction, and let him drink of the wrath of the
Almighty! For what pleasure has he in his house after him, 21
when the number of his months is already complete? Shall any 22
teach God knowledge? seeing he judges those who are high.
One dies in his full strength, being wholly at ease and quiet. 23
His vessels are full of milk, and his bones are moistened with 24
marrow. And another dies in the bitterness of his soul, and has 25
never eaten of good things. They shall lie down alike in the 26
dust, and the worm shall cover them. Behold, I know your 27
thoughts, and the devices which you wrongfully imagine
against me. For you say, Where is the house of the prince? 28
and where is the tent in which the wicked dwelt? Have you not 29
asked those who go by the way? and do not falsify their
tokens; that the wicked man is reserved for the day of destruc- 30
tion; that they shall be led forth to the day of wrath. But who 31
shall declare his way to his face? and who shall repay him
for what he has done? For he is brought to the grave, and 32
watch is kept over his tomb. The clods of the valley shall be 33
sweet to him, and every man shall draw after him, and there
are innumerable going before him. Why then do you comfort me 34
in vain, seeing in your answers there remains falsehood? **22**
Then Elifaz the Temanite answered and said, Can a man be 1,2
profitable to God? Surely he that is wise is profitable to himself!
Is it any pleasure to the Almighty, that thou art righteous? or 3
is it gain to him, that thou makest thy ways perfect? will he 4
reprove thee for fear of thee? will he enter with thee into
judgment? Is not thy wickedness great? and thy iniquities in- 5
finite? For thou hast taken pledges from thy brother for nought, 6
and stripped the naked of their clothing. Thou hast not given 7
water to the weary to drink, and thou hast withheld bread
from the hungry. But like the mighty man, who has the earth; 8
and the honourable man who dwells in it, thou hast sent 9
widows away empty, and the arms of the fatherless have been
broken. Therefore snares are round about thee, and sudden fear 10
troubles thee; or darkness, that thou canst not see; and abun- 11
dance of waters cover thee. Is not God in the height of heaven? 12
and behold the height of the stars, how high they are! And 13
thou sayst, What does God know? does he judge through the
dark cloud? Thick clouds are a covering to him, so that he 14
sees not; and he walks in the circuit of heaven. Hast thou 15
marked the old way which wicked men have trodden? who 16
were cut down out of time, whose foundation was overflown
with a flood: who said to God, Depart from us: and what can 17
the Almighty do for them? Yet he filled their houses with good 18
things: but the counsel of the wicked is far from me. The 19

וְנָקִי יִלְעַג־לָמוֹ׃ אִם־לֹא נִכְחַד קִימָנוּ וְיִתְרָם אָכְלָה אֵשׁ כ
הַסְכֶּן־נָא עִמּוֹ וּשְׁלָם בָּהֶם תְּבוֹאַתְךָ טוֹבָה׃ קַח־נָא מִפִּיו כא כב
תּוֹרָה וְשִׂים אֲמָרָיו בִּלְבָבֶךָ׃ אִם־תָּשׁוּב עַד־שַׁדַּי תִּבָּנֶה כג
תַּרְחִיק עַוְלָה מֵאָהֳלֶךָ׃ וְשִׁית־עַל־עָפָר בָּצֶר וּבְצוּר נְחָלִים כד
אוֹפִיר׃ וְהָיָה שַׁדַּי בְּצָרֶיךָ וְכֶסֶף תּוֹעָפוֹת לָךְ׃ כִּי־אָז עַל־ כה כו
שַׁדַּי תִּתְעַנָּג וְתִשָּׂא אֶל־אֱלוֹהַּ פָּנֶיךָ׃ תַּעְתִּיר אֵלָיו וְיִשְׁמָעֶךָּ כז
וּנְדָרֶיךָ תְשַׁלֵּם׃ וְתִגְזַר־אֹמֶר וְיָקָם לָךְ וְעַל־דְּרָכֶיךָ נָגַהּ אוֹר׃ כח
ה כִּי־הִשְׁפִּילוּ וַתֹּאמֶר גֵּוָה וְשַׁח עֵינַיִם יוֹשִׁעַ׃ יְמַלֵּט אִי־נָקִי כט ל
וְנִמְלַט בְּבֹר כַּפֶּיךָ׃ וַיַּעַן אִיּוֹב וַיֹּאמַר׃ גַּם־ א כג ב
הַיּוֹם מְרִי שִׂחִי יָדִי כָּבְדָה עַל־אַנְחָתִי׃ מִי־יִתֵּן יָדַעְתִּי וְאֶמְצָאֵהוּ ג
אָבוֹא עַד־תְּכוּנָתוֹ׃ אֶעֶרְכָה לְפָנָיו מִשְׁפָּט וּפִי אֲמַלֵּא תוֹכָחוֹת׃ ד
אֵדְעָה מִלִּים יַעֲנֵנִי וְאָבִינָה מַה־יֹּאמַר לִי׃ הַבְּרָב־כֹּחַ יָרִיב ה ו
עִמָּדִי לֹא אַךְ־הוּא יָשִׂם בִּי׃ שָׁם יָשָׁר נוֹכָח עִמּוֹ וַאֲפַלְּטָה ז
לָנֶצַח מִשֹּׁפְטִי׃ הֵן קֶדֶם אֶהֱלֹךְ וְאֵינֶנּוּ וְאָחוֹר וְלֹא־אָבִין לוֹ׃ ח
שְׂמֹאול בַּעֲשֹׂתוֹ וְלֹא־אָחַז יַעְטֹף יָמִין וְלֹא אֶרְאֶה׃ כִּי־יָדַע ט י
דֶּרֶךְ עִמָּדִי בְּחָנַנִי כַּזָּהָב אֵצֵא׃ בַּאֲשֻׁרוֹ אָחֲזָה רַגְלִי דַּרְכּוֹ יא
שָׁמַרְתִּי וְלֹא־אָט׃ מִצְוַת שְׂפָתָיו וְלֹא אָמִישׁ מֵחֻקִּי צָפַנְתִּי יב
אִמְרֵי־פִיו׃ וְהוּא בְאֶחָד וּמִי יְשִׁיבֶנּוּ וְנַפְשׁוֹ אִוְּתָה וַיָּעַשׂ׃ כִּי יג יד
יַשְׁלִים חֻקִּי וְכָהֵנָּה רַבּוֹת עִמּוֹ׃ עַל־כֵּן מִפָּנָיו אֶבָּהֵל אֶתְבּוֹנֵן טו
וְאֶפְחַד מִמֶּנּוּ׃ וְאֵל הֵרַךְ לִבִּי וְשַׁדַּי הִבְהִילָנִי׃ כִּי־לֹא נִצְמַתִּי טז יז
מִפְּנֵי־חֹשֶׁךְ וּמִפָּנַי כִּסָּה־אֹפֶל׃ מַדּוּעַ מִשַּׁדַּי לֹא־ א כד
נִצְפְּנוּ עִתִּים וְיֹדְעָו לֹא־חָזוּ יָמָיו׃ גְּבֻלוֹת יַשִּׂיגוּ עֵדֶר גָּזְלוּ ב
וַיִּרְעוּ׃ חֲמוֹר יְתוֹמִים יִנְהָגוּ יַחְבְּלוּ שׁוֹר אַלְמָנָה׃ יַטּוּ אֶבְיֹנִים ג ד
עֲנִיֵּי מִדָּרֶךְ יַחַד חֻבְּאוּ ענוי־אָרֶץ׃ הֵן פְּרָאִים בַּמִּדְבָּר יָצְאוּ בְּפָעֳלָם ה
יִקְצוֹרוּ מְשַׁחֲרֵי לַטָּרֶף עֲרָבָה לוֹ לֶחֶם לַנְּעָרִים׃ בַּשָּׂדֶה בְּלִילוֹ יקצירו ו
וְכֶרֶם רָשָׁע יְלַקֵּשׁוּ׃ עָרוֹם יָלִינוּ מִבְּלִי לְבוּשׁ וְאֵין כְּסוּת ז
בַּקָּרָה׃ מִזֶּרֶם הָרִים יִרְטָבוּ וּמִבְּלִי מַחְסֶה חִבְּקוּ־צוּר׃ יִגְזְלוּ ח ט

righteous see it, and are glad: and the innocent laugh them
to scorn, saying, Surely our adversaries are cut off, and the   20
remnant of them the fire consumes. Acquaint now thyself with   21
him, and be at peace: thereby good shall come to thee. Receive,   22
I pray thee, Tora from his mouth, and lay up his words in thy
heart. If thou return to the Almighty, thou shalt be built up,   23
thou shalt put away iniquity far from thy tent. And thou shalt   24
hold gold as dust, and the gold of Ofir as the stones of the
brooks. Yea, the Almighty shall be thy gold, and precious silver   25
to thee. For then shalt thou have thy delight in the Almighty,   26
and shall lift up thy face to GOD. Thou shalt make thy prayer   27
to him, and he shall hear thee, and thou shalt pay thy vows.
Thou shalt also decree a thing, and it shall be established unto   28
thee: and the light shall shine upon thy ways. When men have   29
humbled thee, and thou sayst, There is lifting up, then he shall
save the humble person. He delivers the innocent man: and   30
thou shalt be delivered by the pureness of thy hands.   **23**

    Then Iyyov answered and said, Even today my complaint   1,2
is bitter : my stroke is heavy because of my groaning. Oh that   3
I knew where I might find him! that I might come even to his
seat! I would order my cause before him, and fill my mouth   4
with arguments. I would know the words which he would   5
answer me, and understand what he would say to me. Would   6
he contend with me in his great power? No; but he would
give heed to me. There the upright might reason with him;   7
so should I be delivered for ever from my judge. Behold, I go   8
forward, but he is not there; and backward, but I cannot
perceive him: on the left hand, where he works, but I cannot   9
behold him: he hides himself on the right hand, that I cannot
see him: for he knows the way that I take: when he has tried   10
me, I shall come forth like gold. My foot has held fast to his   11
steps; his way have I kept, and not turned aside. Nor have I   12
gone back from the commandment of his lips, I have treasured
the words of his mouth more than my necessary food. But   13
he⁻ is unchangeable, and who can turn him? and what his soul
desires, even that he does. For he performs the thing that is   14
appointed for me and many such things are with him. There-   15
fore am I terrified at his presence: when I consider, I am afraid
of him. For GOD makes my heart faint, and the Almighty has   16
affrighted me: because I was not cut off before the darkness,   17
nor did he cover the thick darkness from my face.   Why   **24**
are not times of judgment treasured up by the Almighty? and
why do those who know him never see his days? Some remove   2
the landmarks; they violently take away flocks, and feed them.
They drive away the ass of the fatherless, they take the   3
widow's ox for a pledge. They turn the needy out of the way: 4
the poor of the earth hide themselves together; behold, like   5
wild asses in the desert, they go forth to their work; rising
betimes to work for food: the wilderness yields food for them
for their children; they reap his corn in the field; and they   6
glean the vineyard of the wicked; they lie all night naked with-   7
out clothing, and they have no covering in the cold; they are   8
wet with the showers of the mountains, and embrace the

י מִשֹּׁד יָתוֹם וְעַל־עָנִי יַחְבֹּלוּ: עָרוֹם הִלְּכוּ בְּלִי לְבוּשׁ וּרְעֵבִים
יא נָשְׂאוּ עֹמֶר: בֵּין־שׁוּרֹתָם יַצְהִירוּ יְקָבִים דָּרְכוּ וַיִּצְמָאוּ:
יב מֵעִיר מְתִים ׀ יִנְאָקוּ וְנֶפֶשׁ־חֲלָלִים תְּשַׁוֵּעַ וֶאֱלוֹהַּ לֹא־יָשִׂים
יג תִּפְלָה: הֵמָּה ׀ הָיוּ בְּמֹרְדֵי אוֹר לֹא־הִכִּירוּ דְרָכָיו וְלֹא יָשְׁבוּ
יד בִּנְתִיבֹתָיו: לָאוֹר יָקוּם רוֹצֵחַ יִקְטָל־עָנִי וְאֶבְיוֹן וּבַלַּיְלָה יְהִי
טו כַגַּנָּב: וְעֵין נֹאֵף ׀ שָׁמְרָה נֶשֶׁף לֵאמֹר לֹא־תְשׁוּרֵנִי עָיִן וְסֵתֶר
טז פָּנִים יָשִׂים: חָתַר בַּחֹשֶׁךְ בָּתִּים יוֹמָם חִתְּמוּ־לָמוֹ לֹא־יָדְעוּ
יז אוֹר: כִּי יַחְדָּו ׀ בֹּקֶר לָמוֹ צַלְמָוֶת כִּי־יַכִּיר בַּלְהוֹת צַלְמָוֶת:
יח קַל־הוּא ׀ עַל־פְּנֵי־מַיִם תְּקֻלַּל חֶלְקָתָם בָּאָרֶץ לֹא־יִפְנֶה דֶּרֶךְ
יט כ כְּרָמִים: צִיָּה גַם־חֹם יִגְזְלוּ מֵימֵי־שֶׁלֶג שְׁאוֹל חָטָאוּ: יִשְׁכָּחֵהוּ
כא רֶחֶם ׀ מְתָקוֹ רִמָּה עוֹד לֹא־יִזָּכֵר וַתִּשָּׁבֵר כָּעֵץ עַוְלָה: רֹעֶה
כב עֲקָרָה לֹא תֵלֵד וְאַלְמָנָה לֹא יְיֵטִיב: וּמָשַׁךְ אַבִּירִים בְּכֹחוֹ
כג יָקוּם וְלֹא־יַאֲמִין בַּחַיִּין: יִתֶּן־לוֹ לָבֶטַח וְיִשָּׁעֵן וְעֵינֵיהוּ
כד עַל־דַּרְכֵיהֶם: רוֹמּוּ מְּעַט ׀ וְאֵינֶנּוּ וְהֻמְּכוּ כַּכֹּל יִקָּפְצוּן
כה וּכְרֹאשׁ שִׁבֹּלֶת יִמָּלוּ: וְאִם־לֹא אֵפוֹ מִי יַכְזִיבֵנִי וְיָשֵׂם לְאַל
כה א ב מִלָּתִי: וַיַּעַן בִּלְדַּד הַשֻּׁחִי וַיֹּאמַר: הַמְשֵׁל וָפַחַד
ג עִמּוֹ עֹשֶׂה שָׁלוֹם בִּמְרוֹמָיו: הֲיֵשׁ מִסְפָּר לִגְדוּדָיו וְעַל־מִי לֹא־
ד יָקוּם אוֹרֵהוּ: וּמַה־יִּצְדַּק אֱנוֹשׁ עִם־אֵל וּמַה־יִּזְכֶּה יְלוּד אִשָּׁה:
ה ו הֵן עַד־יָרֵחַ וְלֹא יַאֲהִיל וְכוֹכָבִים לֹא־זַכּוּ בְעֵינָיו: אַף כִּי־
כו א אֱנוֹשׁ רִמָּה וּבֶן־אָדָם תּוֹלֵעָה: וַיַּעַן אִיּוֹב וַיֹּאמַר:
ב ג מֶה־עָזַרְתָּ לְלֹא־כֹחַ הוֹשַׁעְתָּ זְרוֹעַ לֹא־עֹז: מַה־יָּעַצְתָּ לְלֹא
ד חָכְמָה וְתֻשִׁיָּה לָרֹב הוֹדָעְתָּ: אֶת־מִי הִגַּדְתָּ מִלִּין וְנִשְׁמַת־
ה מִי יָצְאָה מִמֶּךָּ: הָרְפָאִים יְחוֹלָלוּ מִתַּחַת מַיִם וְשֹׁכְנֵיהֶם:
ו ז עָרוֹם שְׁאוֹל נֶגְדּוֹ וְאֵין כְּסוּת לָאֲבַדּוֹן: נֹטֶה צָפוֹן עַל־תֹּהוּ
ח תֹּלֶה אֶרֶץ עַל־בְּלִימָה: צֹרֵר־מַיִם בְּעָבָיו וְלֹא־נִבְקַע עָנָן
ט י תַּחְתָּם: מְאַחֵז פְּנֵי־כִסֵּה פַּרְשֵׁז עָלָיו עֲנָנוֹ: חֹק־חָג עַל־פְּנֵי־
יא מָיִם עַד־תַּכְלִית אוֹר עִם־חֹשֶׁךְ: עַמּוּדֵי שָׁמַיִם יְרוֹפָפוּ וְיִתְמְהוּ
יב יג מִגַּעֲרָתוֹ: בְּכֹחוֹ רָגַע הַיָּם ובתובנתו מָחַץ רָהַב: בְּרוּחוֹ שָׁמַיִם וּבִתְבוּנָתוֹ
יד שִׁפְרָה חֹלֲלָה יָדוֹ נָחָשׁ בָּרִחַ: הֶן־אֵלֶּה ׀ קְצוֹת דְּרָכָו וּמַה־שֵּׁמֶץ
כז א דָּבָר נִשְׁמַע־בּוֹ וְרַעַם גְּבוּרֹתָו מִי יִתְבּוֹנָן: וַיֹּסֶף

rock for want of a shelter. These pluck the fatherless from the 9
breast, and take a pledge of the poor, who go naked without 10
clothing; and they that carry the sheaf are hungry; they also 11
make the oil within the olive rows of the wicked; they tread
the winepresses, and suffer thirst. Men groan from out of the 12
city, and the soul of the wounded cries out: yet God lays no
blame on them. They are of those who rebel against the light; 13
they know not its ways, nor abide in its paths. The murderer 14
rising with the light kills the poor and needy, and in the night
he is like a thief. The eye also of the adulterer waits for the 15
twilight, saying, No eye shall see me : and he disguises his
face. In the dark they dig through houses; by day they shut 16
themselves up: they know not the light. For the morning is to 17
them even as deep darkness: for he was acquainted with the
terrors of deep darkness. He was swift upon the waters; their 18
portion is cursed in the earth: no treader turns towards their
vineyards. Drought and heat consume the snow waters: so 19
does She'ol those who have sinned. The womb shall forget 20
him; the worm shall feed sweetly on him; he shall be no more
remembered; and wickedness shall be broken like a tree. He 21
preys on the barren childless woman: and does not good to the
widow. And he draws the mighty away with his power: he 22
rises up, and no man is sure of life. Though it be given him 23
to be in safety, whereon he rests; yet his eyes are upon their
ways. Go up a little, and he is no more: go down at all and 24
they are shut up: they wither like the top of an ear of corn.
And if it be not so now, who will make me a liar, and make my 25
speech nothing worth ?   Then answered Bildad the Shuḥite, **25**
and said, Dominion and fear are with him, he makes peace in 2
his high places. Is there any number to his armies? and upon 3
whom does not his light arise? How then can man be justified 4
with God? or how can he be clean that is born of a woman?
Behold even the moon has no brightness; and the stars are not 5
pure in his sight. How much less man, that is a worm? and the 6
son of man, who is a maggot ?   And Iyyov answered and **26**
said. How hast thou helped him that is without power? how 2
hast thou saved the arm that has no strength? How hast thou 3
counselled him that has no wisdom? and how hast thou plenti-
fully declared sound wisdom? To whom hast thou uttered 4
words? and whose spirit came from thee? The shades tremble; 5
the waters beneath with the inhabitants thereof. She'ol is 6
naked before him, and Avaddon has no covering. He stretches 7
out the north over the empty place, and hangs the earth upon
nothing. He binds up the waters in his thick clouds; and the 8
cloud is not rent under them. He closes in the face of his 9
throne, and spreads his cloud upon it. He has compassed the 10
waters with bounds, at the boundary between light and darkness.
The pillars of heaven tremble and are astonished at his reproof. 11
He stirs up the sea with his power, and by his understanding 12
he smites through Rahav. By his wind the heavens were made 13
fair; his hand slew the slant serpent. Lo, these are parts of 14
his ways, and how terrifying is the thing that is heard of him;
but the thunder of his power who can understand ?   And **27**

אִיּוֹב שְׂאֵת מְשָׁלוֹ וַיֹּאמַר: חַי־אֵל הֵסִיר מִשְׁפָּטִי וְשַׁדַּי הֵמַר

נַפְשִׁי: כִּי־כָל־עוֹד נִשְׁמָתִי בִי וְרוּחַ אֱלוֹהַּ בְּאַפִּי: אִם־תְּדַבֵּרְנָה

שְׂפָתַי עַוְלָה וּלְשׁוֹנִי אִם־יֶהְגֶּה רְמִיָּה: חָלִילָה לִּי אִם־אַצְדִּיק

אֶתְכֶם עַד־אֶגְוָע לֹא־אָסִיר תֻּמָּתִי מִמֶּנִּי: בְּצִדְקָתִי הֶחֱזַקְתִּי

וְלֹא אַרְפֶּהָ לֹא־יֶחֱרַף לְבָבִי מִיָּמָי: יְהִי כְרָשָׁע אֹיְבִי וּמִתְקוֹמְמִי

כְעַוָּל: כִּי מַה־תִּקְוַת חָנֵף כִּי יִבְצָע כִּי יֵשֶׁל אֱלוֹהַּ נַפְשׁוֹ:

הַצַעֲקָתוֹ יִשְׁמַע ׀ אֵל כִּי־תָבוֹא עָלָיו צָרָה: אִם־עַל־שַׁדַּי

יִתְעַנָּג יִקְרָא אֱלוֹהַּ בְּכָל־עֵת: אוֹרֶה אֶתְכֶם בְּיַד־אֵל אֲשֶׁר

עִם־שַׁדַּי לֹא אֲכַחֵד: הֵן־אַתֶּם כֻּלְּכֶם חֲזִיתֶם וְלָמָּה־זֶּה הֶבֶל

תֶּהְבָּלוּ: זֶה ׀ חֵלֶק־אָדָם רָשָׁע עִם־אֵל וְנַחֲלַת עָרִיצִים מִשַּׁדַּי

יִקָּחוּ: אִם־יִרְבּוּ בָנָיו לְמוֹ־חָרֶב וְצֶאֱצָאָיו לֹא יִשְׂבְּעוּ־לָחֶם:

שְׂרִידָיו בַּמָּוֶת יִקָּבֵרוּ וְאַלְמְנֹתָיו לֹא תִבְכֶּינָה: אִם־יִצְבֹּר כֶּעָפָר

כָּסֶף וְכַחֹמֶר יָכִין מַלְבּוּשׁ: יָכִין וְצַדִּיק יִלְבָּשׁ וְכֶסֶף נָקִי

יַחֲלֹק: בָּנָה כָעָשׁ בֵּיתוֹ וּכְסֻכָּה עָשָׂה נֹצֵר: עָשִׁיר יִשְׁכַּב וְלֹא

יֵאָסֵף עֵינָיו פָּקַח וְאֵינֶנּוּ: תַּשִּׂיגֵהוּ כַמַּיִם בַּלָּהוֹת לַיְלָה גְּנָבַתּוּ

סוּפָה: יִשָּׂאֵהוּ קָדִים וְיֵלַךְ וִישָׂעֲרֵהוּ מִמְּקֹמוֹ: וְיַשְׁלֵךְ עָלָיו

וְלֹא יַחְמֹל מִיָּדוֹ בָּרוֹחַ יִבְרָח: יִשְׂפֹּק עָלֵימוֹ כַפֵּימוֹ וְיִשְׁרֹק

עָלָיו מִמְּקֹמוֹ: כִּי יֵשׁ לַכֶּסֶף מוֹצָא וּמָקוֹם לַזָּהָב יָזֹקּוּ: בַּרְזֶל

מֵעָפָר יֻקָּח וְאֶבֶן יָצוּק נְחוּשָׁה: קֵץ ׀ שָׂם לַחֹשֶׁךְ וּלְכָל־תַּכְלִית

הוּא חוֹקֵר אֶבֶן אֹפֶל וְצַלְמָוֶת: פָּרַץ נַחַל ׀ מֵעִם־גָּר הַנִּשְׁכָּחִים

מִנִּי־רָגֶל דַּלּוּ מֵאֱנוֹשׁ נָעוּ: אֶרֶץ מִמֶּנָּה יֵצֵא־לָחֶם וְתַחְתֶּיהָ

נֶהְפַּךְ כְּמוֹ־אֵשׁ: מְקוֹם־סַפִּיר אֲבָנֶיהָ וְעַפְרֹת זָהָב לוֹ: נָתִיב

לֹא־יְדָעוֹ עָיִט וְלֹא שְׁזָפַתּוּ עֵין אַיָּה: לֹא־הִדְרִיכֻהוּ בְנֵי־שָׁחַץ

לֹא־עָדָה עָלָיו שָׁחַל: בַּחַלָּמִישׁ שָׁלַח יָדוֹ הָפַךְ מִשֹּׁרֶשׁ הָרִים:

בַּצּוּרוֹת יְאֹרִים בִּקֵּעַ וְכָל־יְקָר רָאֲתָה עֵינוֹ: מִבְּכִי נְהָרוֹת

חִבֵּשׁ וְתַעֲלֻמָהּ יֹצִא אוֹר: וְהַחָכְמָה מֵאַיִן תִּמָּצֵא

וְאֵי זֶה מְקוֹם בִּינָה: לֹא־יָדַע אֱנוֹשׁ עֶרְכָּהּ וְלֹא תִמָּצֵא

בְּאֶרֶץ הַחַיִּים: תְּהוֹם אָמַר לֹא בִי־הִיא וְיָם אָמַר אֵין

עִמָּדִי: לֹא־יֻתַּן סְגוֹר תַּחְתֶּיהָ וְלֹא יִשָּׁקֵל כֶּסֶף מְחִירָהּ: לֹא־

Iyyov continued his discourse, and said, As God lives, who 2
has taken away my right; and the Almighty, who has
embittered my soul; all the while my breath is in me, and the 3
spirit of God is in my nostrils; my lips shall not speak wicked- 4
ness, nor my tongue utter deceit. Far be it from me that I 5
should justify you: till I die I will not put away my integrity
from me. My righteousness I hold fast, and I will not let it go: 6
my heart shall not reproach me as long as I live. Let my enemy 7
be as the wicked, and he who rises up against me as the
unrighteous. For what is the hope of the hypocrite, though 8
he has gained, when God takes away his soul? Will God hear 9
his cry when trouble comes upon him? Will he delight himself 10
in the Almighty? will he always call up on God? I will teach you 11
concerning the hand of God: that which is with the Almighty
will I not conceal. Behold, all you yourselves have seen it; 12
why then do you thus altogether breathe emptiness? This is the 13
portion of a wicked man with God, and the heritage of oppres-
sors, which they shall receive of the Almighty. If his children 14
be multiplied, it is for the sword: and his offspring shall not be
satisfied with bread. Those that remain of him shall be buried 15
by some other death: and his widows shall not weep. Though 16
he heap up silver as the dust, and prepare raiment as the clay;
he may prepare it, but the just shall put it on, and the innocent 17
shall divide the silver. He builds his house like the moth, and 18
as a booth which the watchman makes. A rich man shall he 19
lie down, as though his wealth could not be summed up: he
opens his eyes, and it is gone. Terrors overtake him like waters ; 20
a tempest steals him away in the night. The east wind carries 21
him away, and he departs : and it hurts him out of his place.
It hurls itself at him, and does not spare: he would fain 22
flee out of its hand. Men shall clap their hands at him ,and 23
shall hiss him out of his place. Surely there is a mine for silver, **28**
and a place for gold where they refine it. Iron is taken out of 2
the earth, and brass is molten out of the stone. He puts an end 3
to darkness, and searches out all perfection: the stones of dark-
ness, and the shadow of death. He breaks open a watercourse 4
in place far from inhabitants, forgotten by foottravellers:
they are dried up; they are gone away from men. As for the 5
earth, out of it comes bread: and under it is turned up as it
were fire. The stones of it are the place of sapphires: and it 6
has dust of gold. There is a path which no bird of prey knows, 7
and which the falcon's eye has not seen: the lion's whelps have 8
not trodden it, nor the fierce lion passed by it. He puts forth 9
his hand upon the rock; he overturns the mountains by the roots.
He cuts out channels among the rocks; and his eye sees every 10
precious thing. He binds the floods so that they do not trickle; 11
and the thing that is hidden he brings forth to light.

But where shall wisdom be found ? and where is the place 12
of understanding ? Man cannot know its price ; nor is it found in 13
the land of the living. The depth says, It is not in me: and the 14
sea says, It is not with me. It cannot be gotten for gold, nor 15
shall silver be weighed for its price. It cannot be valued with 16
the gold of Ofir, with the precious shoham stone, or the sap-

ז   תְּסֻלֶּה בְּכֶתֶם אוֹפִיר בְּשֹׁהַם יָקָר וְסַפִּיר: לֹא־יַעַרְכֶנָּה זָהָב

ח   וּזְכוֹכִית וּתְמוּרָתָהּ כְּלִי־פָז: רָאמוֹת וְגָבִישׁ לֹא יִזָּכֵר וּמֶשֶׁךְ

ט   חָכְמָה מִפְּנִינִים: לֹא־יַעַרְכֶנָּה פִּטְדַת־כּוּשׁ בְּכֶתֶם טָהוֹר לֹא

כ   תְסֻלֶּה: וְהַחָכְמָה מֵאַיִן תָּבוֹא וְאֵי זֶה מְקוֹם

כא   בִּינָה: וְנֶעֶלְמָה מֵעֵינֵי כָל־חָי וּמֵעוֹף הַשָּׁמַיִם נִסְתָּרָה: אֲבַדּוֹן

כב   וָמָוֶת אָמְרוּ בְּאָזְנֵינוּ שָׁמַעְנוּ שִׁמְעָהּ: אֱלֹהִים הֵבִין דַּרְכָּהּ

כג   וְהוּא יָדַע אֶת־מְקוֹמָהּ: כִּי־הוּא לִקְצוֹת־הָאָרֶץ יַבִּיט תַּחַת

כד   כָּל־הַשָּׁמַיִם יִרְאֶה: לַעֲשׂוֹת לָרוּחַ מִשְׁקָל וּמַיִם תִּכֵּן בְּמִדָּה:

כה   בַּעֲשֹׂתוֹ לַמָּטָר חֹק וְדֶרֶךְ לַחֲזִיז קֹלוֹת: אָז רָאָהּ וַיְסַפְּרָהּ

כו   הֱכִינָהּ וְגַם־חֲקָרָהּ: וַיֹּאמֶר לָאָדָם הֵן יִרְאַת אֲדֹנָי הִיא חָכְמָה

כז

כח   וְסוּר מֵרָע בִּינָה: וַיֹּסֶף אִיּוֹב שְׂאֵת מְשָׁלוֹ וַיֹּאמַר:

כט א   מִי־יִתְּנֵנִי כְיַרְחֵי־קֶדֶם כִּימֵי אֱלוֹהַּ יִשְׁמְרֵנִי: בְּהִלּוֹ נֵרוֹ עֲלֵי

ב   רֹאשִׁי לְאוֹרוֹ אֵלֶךְ חֹשֶׁךְ: כַּאֲשֶׁר הָיִיתִי בִּימֵי חָרְפִּי בְּסוֹד

ג   אֱלוֹהַּ עֲלֵי אָהֳלִי: בְּעוֹד שַׁדַּי עִמָּדִי סְבִיבוֹתַי נְעָרָי: בִּרְחֹץ

ד   הֲלִיכַי בְּחֵמָה וְצוּר יָצוּק עִמָּדִי פַּלְגֵי־שָׁמֶן: בְּצֵאתִי שַׁעַר עֲלֵי

ה

ו   קָרֶת בָּרְחוֹב אָכִין מוֹשָׁבִי: רָאוּנִי נְעָרִים וְנֶחְבָּאוּ וִישִׁישִׁים

ז

ח   קָמוּ עָמָדוּ: שָׂרִים עָצְרוּ בְמִלִּים וְכַף יָשִׂימוּ לְפִיהֶם: קוֹל־

ט

י   נְגִידִים נֶחְבָּאוּ וּלְשׁוֹנָם לְחִכָּם דָּבֵקָה: כִּי אֹזֶן שָׁמְעָה וַתְּאַשְּׁרֵנִי

יא   וְעַיִן רָאֲתָה וַתְּעִידֵנִי: כִּי־אֲמַלֵּט עָנִי מְשַׁוֵּעַ וְיָתוֹם וְלֹא־עֹזֵר

יב

יג   לוֹ: בִּרְכַּת אֹבֵד עָלַי תָּבֹא וְלֵב אַלְמָנָה אַרְנִן: צֶדֶק לָבַשְׁתִּי

יד   וַיִּלְבָּשֵׁנִי כִּמְעִיל וְצָנִיף מִשְׁפָּטִי: עֵינַיִם הָיִיתִי לַעִוֵּר וְרַגְלַיִם

טו

טז   לַפִּסֵּחַ אָנִי: אָב אָנֹכִי לָאֶבְיוֹנִים וְרִב לֹא־יָדַעְתִּי אֶחְקְרֵהוּ:

יז   וָאֲשַׁבְּרָה מְתַלְּעוֹת עַוָּל וּמִשִּׁנָּיו אַשְׁלִיךְ טָרֶף: וָאֹמַר עִם־קִנִּי

יח   אֶגְוָע וְכַחוֹל אַרְבֶּה יָמִים: שָׁרְשִׁי פָתוּחַ אֱלֵי־מָיִם וְטַל יָלִין

יט

כ   בִּקְצִירִי: כְּבוֹדִי חָדָשׁ עִמָּדִי וְקַשְׁתִּי בְּיָדִי תַחֲלִיף: לִי־שָׁמְעוּ

כא

כב   וְיִחֵלּוּ וְיִדְּמוּ לְמוֹ עֲצָתִי: אַחֲרֵי דְבָרִי לֹא יִשְׁנוּ וְעָלֵימוֹ תִּטֹּף

כג   מִלָּתִי: וְיִחֲלוּ כַמָּטָר לִי וּפִיהֶם פָּעֲרוּ לְמַלְקוֹשׁ: אֶשְׂחַק

כד

כה   אֲלֵהֶם לֹא יַאֲמִינוּ וְאוֹר פָּנַי לֹא יַפִּילוּן: אֶבְחַר דַּרְכָּם וְאֵשֵׁב

ל א   רֹאשׁ וְאֶשְׁכּוֹן כְּמֶלֶךְ בַּגְּדוּד כַּאֲשֶׁר אֲבֵלִים יְנַחֵם: וְעַתָּה

ב   שָׂחֲקוּ עָלַי צְעִירִים מִמֶּנִּי לְיָמִים אֲשֶׁר־מָאַסְתִּי אֲבוֹתָם לָשִׁית

ג   עִם־כַּלְבֵי צֹאנִי: גַּם־כֹּחַ יְדֵיהֶם לָמָּה לִּי עָלֵימוֹ אָבַד כָּלַח:

  בְּחֶסֶר וּבְכָפָן גַּלְמוּד הַעֹרְקִים צִיָּה אֶמֶשׁ שׁוֹאָה וּמְשֹׁאָה:

phire. Gold and glass cannot equal it: and the exchange of it 17
shall not be for vessels of fine gold. No mention shall be made 18
of coral, or of crystal: for the price of wisdom is above rubies.
The chrysolithe of Kush shall not equal it, nor shall it be valued 19
with pure gold. Whence then does wisdom come? and 20
where is the place of understanding? Seeing it is hidden from 21
the eyes of all living, and kept close from the birds of the sky.
Avaddon and death say, We have heard a rumour of it with 22
our ears. God understands its way, and he knows its place. 23
For he looks to the ends of the earth, and sees everything 24
under the whole heaven; when he makes a weight for the winds; 25
and he weighs the waters by measure. When he made a decree 26
for the rain, and a way for the lightning of the thunder: then
he saw it, and declared it; he established it, yea, and searched 27
it out. And to man he said, Behold, the fear of the Lord, that 28
is wisdom; and to depart from evil is understanding. **29**
Moreover Iyyov continued his discourse, and said, Oh that 1,2
I were as in months past, as in the days when God preserved
me; when his candle shone upon my head, and when by his 3
light I walked through darkness; as I was in the days of my 4
youth, when God shielded my tent; when the Almighty was yet 5
with me, when my children were about me; when I washed 6
my steps with butter, and the rock poured me out rivers of
oil; when I went out to the gate through the city, when I pre- 7
pared my seat in the broad place! The young men saw me, and 8
hid themselves: and the aged arose, and stood up. The princes 9
refrained from talking, and laid their hand on their mouth.
The voice of the nobles was hushed, and their tongue cleaved 10
to the roof of their mouth. When the ear heard me, then it 11
blessed me; and when the eye saw me, it gave witness to me;
because I delivered the poor that cried, and the fatherless, that 12
had none to help him. The blessing of him that was ready to 13
perish came upon me: and I caused the widow's heart to sing
for joy. I put on righteousness, and my justice clothed me, 14
as a robe and a diadem. I was eyes to the blind, and feet was 15
I to the lame. I was a father to the poor: and the cause 16
which I knew not I searched out. And I broke the jaws of the 17
wicked man, and plucked the prey out of his teeth. Then I said, 18
I shall die in my nest, and I shall multiply my days like the
sand. My root shall be spread out to the waters, and the dew 19
shall lie all night upon my branch. My glory shall be fresh in 20
me, and my bow shall be renewed in my hand. To me men gave 21
ear, and waited, and kept silence at my counsel. After my 22
words they did not speak again; and my speech dropped upon
them. And they waited for me as for the rain; and they opened 23
their mouth wide as for the latter rain. If I laughed at them, 24
they believed it not; and the light of my countenance they
cast not down. I chose out their way, and sat as chief, and 25
dwelt as a king in the army, as one that comforts the mourners.
But now they that are younger than I have me in derision, **30**
whose fathers I would have disdained to have set with the dogs
of my flock. Indeed what could I gain from the strength of 2
their hands, in whom the stock has perished? For want and 3

הַקֹּטְפִים מַלּוּחַ עֲלֵי־שִׂיחַ וְשֹׁרֶשׁ רְתָמִים לַחְמָם׃ מִן־גֵּו יְגֹרָשׁוּ ד ה
יָרִיעוּ עָלֵימוֹ כַּגַּנָּב׃ בַּעֲרוּץ נְחָלִים לִשְׁכֹּן חֹרֵי עָפָר וְכֵפִים׃ ו
בֵּין־שִׂיחִים יִנְהָקוּ תַּחַת חָרוּל יְסֻפָּחוּ׃ בְּנֵי־נָבָל גַּם־בְּנֵי בְלִי־ ז ח
שֵׁם נִכְּאוּ מִן־הָאָרֶץ׃ וְעַתָּה נְגִינָתָם הָיִיתִי וָאֱהִי לָהֶם לְמִלָּה׃ ט
יִתְרִי תִּעֲבוּנִי רָחֲקוּ מֶנִּי וּמִפָּנַי לֹא־חָשְׂכוּ רֹק׃ כִּי־יתרו פִּתַּח וַיְעַנֵּנִי י יא
וְרֶסֶן מִפָּנַי שִׁלֵּחוּ׃ עַל־יָמִין פִּרְחַח יָקוּמוּ רַגְלַי שִׁלֵּחוּ וַיָּסֹלּוּ עָלַי יב
לְהַוָּתִי אָרְחוֹת אֵידָם׃ נָתְסוּ נְתִיבָתִי להותי יֹעִילוּ לֹא עֹזֵר לָמוֹ׃ יג
כְּפֶרֶץ רָחָב יֶאֱתָיוּ תַּחַת שֹׁאָה הִתְגַּלְגָּלוּ׃ הָהְפַּךְ עָלַי בַּלָּהוֹת יד טו
תִּרְדֹּף כָּרוּחַ נְדִבָתִי וּכְעָב עָבְרָה יְשֻׁעָתִי׃ וְעַתָּה עָלַי תִּשְׁתַּפֵּךְ טז
נַפְשִׁי יֹאחֲזוּנִי יְמֵי־עֹנִי׃ לַיְלָה עֲצָמַי נִקַּר מֵעָלָי וְעֹרְקַי לֹא יז
יִשְׁכָּבוּן׃ בְּרָב־כֹּחַ יִתְחַפֵּשׂ לְבוּשִׁי כְּפִי כֻתָּנְתִּי יַאַזְרֵנִי׃ הֹרָנִי יח יט
לַחֹמֶר וָאֶתְמַשֵּׁל כֶּעָפָר וָאֵפֶר׃ אֲשַׁוַּע אֵלֶיךָ וְלֹא תַעֲנֵנִי כ
עָמַדְתִּי וַתִּתְבֹּנֶן בִּי׃ תֵּהָפֵךְ לְאַכְזָר לִי בְּעֹצֶם יָדְךָ תִשְׂטְמֵנִי׃ כא
תֻּשִׁיָּה תִּשָּׂאֵנִי אֶל־רוּחַ תַּרְכִּיבֵנִי וּתְמֹגְגֵנִי תשוה׃ כִּי־יָדַעְתִּי מָוֶת כב כג
תְּשִׁיבֵנִי וּבֵית מוֹעֵד לְכָל־חָי׃ אַךְ לֹא־בְעִי יִשְׁלַח־יָד אִם־ כד
בְּפִידוֹ לָהֶן שׁוּעַ׃ אִם־לֹא בָכִיתִי לִקְשֵׁה־יוֹם עָגְמָה נַפְשִׁי כה
לָאֶבְיוֹן׃ כִּי טוֹב קִוִּיתִי וַיָּבֹא רָע וַאֲיַחֲלָה לְאוֹר וַיָּבֹא אֹפֶל׃ כו
מֵעַי רֻתְּחוּ וְלֹא־דָמּוּ קִדְּמֻנִי יְמֵי־עֹנִי׃ קֹדֵר הִלַּכְתִּי בְּלֹא כז כח
חַמָּה קַמְתִּי בַקָּהָל אֲשַׁוֵּעַ׃ אָח הָיִיתִי לְתַנִּים וְרֵעַ לִבְנוֹת כט
יַעֲנָה׃ עוֹרִי שָׁחַר מֵעָלָי וְעַצְמִי־חָרָה מִנִּי־חֹרֶב׃ וַיְהִי לְאֵבֶל ל לא
כִּנֹּרִי וְעֻגָבִי לְקוֹל בֹּכִים׃ בְּרִית כָּרַתִּי לְעֵינָי וּמָה אֶתְבּוֹנֵן א לא
עַל־בְּתוּלָה׃ וּמֶה ׀ חֵלֶק אֱלוֹהַּ מִמָּעַל וְנַחֲלַת שַׁדַּי מִמְּרֹמִים׃ ב
הֲלֹא־אֵיד לְעַוָּל וְנֵכֶר לְפֹעֲלֵי אָוֶן׃ הֲלֹא־הוּא יִרְאֶה דְרָכָי ג ד
וְכָל־צְעָדַי יִסְפּוֹר׃ אִם־הָלַכְתִּי עִם־שָׁוְא וַתַּחַשׁ עַל־מִרְמָה ה
רַגְלִי׃ יִשְׁקְלֵנִי בְמֹאזְנֵי־צֶדֶק וְיֵדַע אֱלוֹהַּ תֻּמָּתִי׃ אִם־תִּטֶּה ו ז
אַשֻּׁרִי מִנִּי הַדָּרֶךְ וְאַחַר עֵינַי הָלַךְ לִבִּי וּבְכַפַּי דָּבַק מאום׃
אֶזְרְעָה וְאַחֵר יֹאכֵל וְצֶאֱצָאַי יְשֹׁרָשׁוּ׃ אִם־נִפְתָּה לִבִּי עַל־ ח ט
אִשָּׁה וְעַל־פֶּתַח רֵעִי אָרָבְתִּי׃ תִּטְחַן לְאַחֵר אִשְׁתִּי וְעָלֶיהָ י
הִיא | וְהוּא יִכְרְעוּן אֲחֵרִין׃ כִּי־הוּא זִמָּה וְהִיא עָוֺן פְּלִילִים׃ כִּי אֵשׁ הִיא יא יב

famine they are solitary; they flee into the wilderness, into a
gloomy waste and desolation. They cut up mallows by the   4
bushes, and roots of broom for warmth. They are driven forth   5
from among men, (they cry after them as after a thief;)
to dwell in the clefts of the wadis, in holes of the earth, and   6
in the rocks. Among the bushes they bray; under the nettles   7
they huddle together. They are children of churls, yea, child-   8
ren of base men: they are whipped out of the land. And now I   9
am their song, yea, I am their byword. They abhor me, they   10
flee far from me, and spare not to spit in my face. Because he   11
has loosed my cord, and afflicted me, they have also cast off
restraint before me. Upon my right hand rise the youthful rab-   12
ble; they push away my feet, and they raise up against me
the ways of their destruction. They mar my path, they further   13
my calamity; they have no need for help. They come upon   14
me as through a wide breach: amid the crash they roll on.
Terrors are turned upon me: my dignity is pursued as by the   15
wind: and my welfare passes away as a cloud. And now my   16
soul is poured out within me; days of affliction have taken
hold of me. My bones are pierced in me in the night season: 17
and my sinews take no rest. By the great force of my disease   18
is my skin changed: it binds me about as the collar of my coat.
He has cast me into the mire, and I am become like dust and   19
ashes. I cry to thee, and thou dost not answer me: I stand up,   20
dost thou then regard me? Thou art become cruel to me: with   21
thy strong hand thou opposest thyself against me. Thou liftest   22
me up to the wind; thou causest me to ride upon it, and the
roar of the storm dissolves me. For I know that thou wilt bring   23
me to death, and to the house appointed for all living. Yet does   24
not one in a heap of ruins stretch out his hand? and in his
disaster cry for help? Did not I weep for him that was in   25
trouble? was not my soul grieved for the poor? But when I   26
looked for good, then evil came: and when I waited for light,
there came darkness. My bowels are in turmoil, and they do   27
not rest: days of affliction have came upon me. I go mourning   28
without the sun: I stand up, and I cry in the congregation.
I am a brother to jackals, and a companion to owls. My skin   29, 30
hangs down black from me, and my bones are burned with
heat. Therefore my lyre is turned to mourning, and my pipe   31
to the voice of those who weep. I have made a covenant with   **31**
my eyes; why then should I look upon a virgin? For what   2
would be my portion from GOD above, and my heritage from
the Almighty on high? Is not destruction due to the wicked?   3
and a strange punishment to the workers of iniquity? Does   4
he not see my ways, and count all my steps? If I have walked   5
with vanity, or if my foot hath hasted to deceit; let me be   6
weighed in an even balance, that GOD may know my integrity.
If·my step has turned out of the way, and my heart walked   7
after my eyes, and if anything has cleaved to my hands; then   8
let me sow, and let another eat; yea, let my offspring be rooted
out. If my heart has been deceived by a woman, or if I have   9
laid wait at my neighbour's door; then let my wife grind for   10
another, and let others bow down upon her. For that would   11

עַד־אֲבַדּוֹן תֹּאכֵל וּבְכָל־תְּבוּאָתִי תְשָׁרֵשׁ: אִם־אֶמְאַס מִשְׁפַּט יג

עַבְדִּי וַאֲמָתִי בְּרִבָם עִמָּדִי: וּמָה אֶעֱשֶׂה כִּי־יָקוּם אֵל וְכִי־ יד

יִפְקֹד מָה אֲשִׁיבֶנּוּ: הֲלֹא־בַבֶּטֶן עֹשֵׂנִי עָשָׂהוּ וַיְכֻנֶנּוּ בָּרֶחֶם טו

אֶחָד: אִם־אֶמְנַע מֵחֵפֶץ דַּלִּים וְעֵינֵי אַלְמָנָה אֲכַלֶּה: וְאֹכַל טז

פִּתִּי לְבַדִּי וְלֹא־אָכַל יָתוֹם מִמֶּנָּה: כִּי מִנְּעוּרַי גְּדֵלַנִי כְאָב יז

וּמִבֶּטֶן אִמִּי אַנְחֶנָּה: אִם־אֶרְאֶה אוֹבֵד מִבְּלִי לְבוּשׁ וְאֵין כְּסוּת יח

לָאֶבְיוֹן: אִם־לֹא בֵרֲכוּנִי חֲלָצָו וּמִגֵּז כְּבָשַׂי יִתְחַמָּם: אִם־ יט

הֲנִיפוֹתִי עַל־יָתוֹם יָדִי כִּי־אֶרְאֶה בַשַּׁעַר עֶזְרָתִי: כְּתֵפִי מִשִּׁכְמָה כ

תִפּוֹל וְאֶזְרֹעִי מִקָּנָה תִשָּׁבֵר: כִּי פַחַד אֵלַי אֵיד אֵל וּמִשְּׂאֵתוֹ כא

לֹא אוּכָל: אִם־שַׂמְתִּי זָהָב כִּסְלִי וְלַכֶּתֶם אָמַרְתִּי מִבְטַחִי: כב

אִם־אֶשְׂמַח כִּי־רַב חֵילִי וְכִי־כַבִּיר מָצְאָה יָדִי: אִם־אֶרְאֶה כג

אוֹר כִּי יָהֵל וְיָרֵחַ יָקָר הֹלֵךְ: וַיִּפְתְּ בַּסֵּתֶר לִבִּי וַתִּשַּׁק יָדִי כד

לְפִי: גַּם־הוּא עָוֹן פְּלִילִי כִּי־כִחַשְׁתִּי לָאֵל מִמָּעַל: אִם־אֶשְׂמַח כה

בְּפִיד מְשַׂנְאִי וְהִתְעֹרַרְתִּי כִּי־מְצָאוֹ רָע: וְלֹא־נָתַתִּי לַחֲטֹא כו

חִכִּי לִשְׁאֹל בְּאָלָה נַפְשׁוֹ: אִם־לֹא אָמְרוּ מְתֵי אָהֳלִי מִי־יִתֵּן כז

מִבְּשָׂרוֹ לֹא נִשְׂבָּע: בַּחוּץ לֹא־יָלִין גֵּר דְּלָתַי לָאֹרַח אֶפְתָּח: כח

אִם־כִּסִּיתִי כְאָדָם פְּשָׁעָי לִטְמוֹן בְּחֻבִּי עֲוֹנִי: כִּי אֶעֱרוֹץ הֲמוֹן כט

רַבָּה וּבוּז־מִשְׁפָּחוֹת יְחִתֵּנִי וָאֶדֹּם לֹא־אֵצֵא פָתַח: מִי יִתֶּן־ ל

לִי ׀ שֹׁמֵעַ לִי הֶן־תָּוִי שַׁדַּי יַעֲנֵנִי וְסֵפֶר כָּתַב אִישׁ רִיבִי: אִם־ לא

לֹא עַל־שִׁכְמִי אֶשָּׂאֶנּוּ אֶעֶנְדֶנּוּ עֲטָרוֹת לִי: מִסְפַּר צְעָדַי לב

אַגִּידֶנּוּ כְּמוֹ־נָגִיד אֲקָרֲבֶנּוּ: אִם־עָלַי אַדְמָתִי תִזְעָק וְיַחַד לג

תְּלָמֶיהָ יִבְכָּיוּן: אִם־כֹּחָהּ אָכַלְתִּי בְלִי־כָסֶף וְנֶפֶשׁ בְּעָלֶיהָ לד

הִפָּחְתִּי: תַּחַת חִטָּה ׀ יֵצֵא חוֹחַ וְתַחַת־שְׂעֹרָה בָאְשָׁה תַּמּוּ לה

דִּבְרֵי אִיּוֹב:

וַיִּשְׁבְּתוּ שְׁלֹשֶׁת הָאֲנָשִׁים הָאֵלֶּה מֵעֲנוֹת אֶת־אִיּוֹב כִּי הוּא לב א

צַדִּיק בְּעֵינָיו: וַיִּחַר אַף ׀ אֱלִיהוּא בֶן־בַּרַכְאֵל ב

הַבּוּזִי מִמִּשְׁפַּחַת רָם בְּאִיּוֹב חָרָה אַפּוֹ עַל־צַדְּקוֹ נַפְשׁוֹ

מֵאֱלֹהִים: וּבִשְׁלֹשֶׁת רֵעָיו חָרָה אַפּוֹ עַל אֲשֶׁר לֹא־מָצְאוּ ג

מַעֲנֶה וַיַּרְשִׁיעוּ אֶת־אִיּוֹב: וֶאֱלִיהוּ חִכָּה אֶת־אִיּוֹב בִּדְבָרִים ד

כִּי זְקֵנִים־הֵמָּה מִמֶּנּוּ לְיָמִים: וַיַּרְא אֱלִיהוּא כִּי אֵין מַעֲנֶה ה

be a heinous crime; yea, it would be iniquity to be punished
by the judges. For it is a fire that consumes to Avaddon, and   12
would root out all my increase. If I did despise the cause   13
of my manservant or of my maidservant, when they contended
with me; what then shall I do when GOD rises up? and when   14
he remembers, what shall I answer him? Did not he who   15
made me in the belly make him? and did not one fashion us
in the womb? If I have withheld the poor from their desire,   16
or have caused the eyes of the widow to fail; or have eaten my   17
morsel myself alone, and the fatherless have not eaten thereof;
(for from my youth he was brought up with me, as with a   18
father, and I have guided her from my mother's womb;)
if I have seen any perish for want of clothing, or any poor   19
without covering; if his loins have not blessed me, and if he   20
were not warmed with the fleece of my sheep; if I have lifted   21
up my hand against the fatherless, even though I saw my help
in the gate: then let my arm fall from my shoulder blade, and   22
my arm be broken from the bone. For destruction from GOD   23
was a terror to me, and by reason of his majesty I could do
nothing. If I have made gold my hope, or have said to the   24
fine gold, Thou art my confidence; if I rejoiced because my   25
wealth was great, and because my hand had gotten much;
if I beheld the sun when it shone, or the moon walking in   26
brightness ; and my heart had been secretly enticed, or my mouth 27
had kissed my hand: this also were an iniquity to be punished   28
by the judge: for I should have betrayed the GOD that is above.
Did I rejoice at the destruction of him who hates me, or did   29
I exult when evil found him? Indeed I have not suffered my   30
mouth to sin by wishing a curse to his soul. Have not the   31
men of my tent said, Oh that we had of his flesh! we cannot
be satisfied? But the stranger did not lodge in the street: 32
I opened my doors to the traveller. Have I covered my trans-   33
gressions like Adam, by hiding my iniquity in my bosom? Did   34
I fear the great multitude, or did the contempt of families
terrify me? but I kept silence, and went not out of the door.
Oh that one would hear me! here is my mark, let the Almighty   35
answer me! and would that my adversary would pen his writ!
Surely I would take it upon my shoulder, and bind it as a   36
crown to me. I would declare to him the number of my steps;   37
as a prince would I go near to him. If my land cry against me,   38
or its furrows complain together; if I have eaten its fruits   39
without money, or have caused its owners to sigh: let thistles   40
grow instead of wheat, and cockle instead of barley. The words
of Iyyov are ended.

So these three men ceased to answer Iyyov, because he was   **32**
righteous in his own eyes.   Then the wrath of Elihu the   2
son of Barakh'el the Buzite, of the family of Ram burned:
against Iyyov his anger burned, because he justified himself
rather than GOD. Also against his three friends did his anger   3
burn, because they had found no answer, and yet had condemned
Iyyov. Now Elihu had waited to speak to Iyyov because they   4
were older than he. When Elihu saw that there was no answer   5
in the mouth of these three men, then his anger burned.

בְּפִי שְׁלֹשֶׁת הָאֲנָשִׁים וַיִּחַר אַפּוֹ׃ וַיַּעַן אֱלִיהוּא י

בֶן־בַּרַכְאֵל הַבּוּזִי וַיֹּאמַר צָעִיר אֲנִי לְיָמִים וְאַתֶּם יְשִׁישִׁים

עַל־כֵּן זָחַלְתִּי וָאִירָא ׀ מֵחַוֺּת דֵּעִי אֶתְכֶם׃ אָמַרְתִּי יָמִים ז

יְדַבֵּרוּ וְרֹב שָׁנִים יֹדִיעוּ חָכְמָה׃ אָכֵן רוּחַ־הִיא בֶאֱנוֹשׁ וְנִשְׁמַת ח

שַׁדַּי תְּבִינֵם׃ לֹא־רַבִּים יֶחְכָּמוּ וּזְקֵנִים יָבִינוּ מִשְׁפָּט׃ לָכֵן ט

אָמַרְתִּי שִׁמְעָה־לִּי אֲחַוֶּה דֵּעִי אַף־אָנִי׃ הֵן הוֹחַלְתִּי לְדִבְרֵיכֶם א

אָזִין עַד־תְּבוּנֹתֵיכֶם עַד־תַּחְקְרוּן מִלִּין׃ וְעָדֵיכֶם אֶתְבּוֹנָן יב

וְהִנֵּה אֵין לְאִיּוֹב מוֹכִיחַ עוֹנֶה אֲמָרָיו מִכֶּם׃ פֶּן־תֹּאמְרוּ יג

מָצָאנוּ חָכְמָה אֵל יִדְּפֶנּוּ לֹא־אִישׁ׃ וְלֹא־עָרַךְ אֵלַי מִלִּין יד

וּבְאִמְרֵיכֶם לֹא אֲשִׁיבֶנּוּ׃ חַתּוּ לֹא־עָנוּ עוֹד הֶעְתִּיקוּ מֵהֶם טו

מִלִּים׃ וְהוֹחַלְתִּי כִּי־לֹא יְדַבֵּרוּ כִּי עָמְדוּ לֹא־עָנוּ עוֹד׃ אַעֲנֶה טז

אַף־אֲנִי חֶלְקִי אֲחַוֶּה דֵעִי אַף־אָנִי׃ כִּי מָלֵתִי מִלִּים הֱצִיקַתְנִי יז

רוּחַ בִּטְנִי׃ הִנֵּה בִטְנִי כְּיַיִן לֹא־יִפָּתֵחַ כְּאֹבוֹת חֲדָשִׁים יִבָּקֵעַ׃ ט

אֲדַבְּרָה וְיִרְוַח־לִי אֶפְתַּח שְׂפָתַי וְאֶעֱנֶה׃ אַל־נָא אֶשָּׂא פְנֵי־ כ

אִישׁ וְאֶל־אָדָם לֹא אֲכַנֶּה׃ כִּי לֹא יָדַעְתִּי אֲכַנֶּה כִּמְעַט יִשָּׂאֵנִי כא

עֹשֵׂנִי׃ וְאוּלָם שְׁמַע־נָא אִיּוֹב מִלָּי וְכָל־דְּבָרַי הַאֲזִינָה׃ הִנֵּה־ אן לג

נָא פָתַחְתִּי פִי דִּבְּרָה לְשׁוֹנִי בְחִכִּי׃ יֹשֶׁר־לִבִּי אֲמָרָי וְדַעַת ג

שְׂפָתַי בָּרוּר מִלֵּלוּ׃ רוּחַ־אֵל עָשָׂתְנִי וְנִשְׁמַת שַׁדַּי תְּחַיֵּנִי׃ ד

אִם־תּוּכַל הֲשִׁיבֵנִי עֶרְכָה לְפָנַי הִתְיַצָּבָה׃ הֵן־אֲנִי כְפִיךָ לָאֵל הו

מֵחֹמֶר קֹרַצְתִּי גַם־אָנִי׃ הִנֵּה אֵימָתִי לֹא תְבַעֲתֶךָּ וְאַכְפִּי ז

עָלֶיךָ לֹא־יִכְבָּד׃ אַךְ אָמַרְתָּ בְאָזְנָי וְקוֹל מִלִּין אֶשְׁמָע׃ זַךְ חט

אֲנִי בְּלִי פָשַׁע חַף אָנֹכִי וְלֹא עָוֺן לִי׃ הֵן תְּנוּאוֹת עָלַי יִמְצָא י

יַחְשְׁבֵנִי לְאוֹיֵב לוֹ׃ יָשֵׂם בַּסַּד רַגְלָי יִשְׁמֹר כָּל־אָרְחֹתָי׃ הֶן־ אי

זֹאת לֹא־צָדַקְתָּ אֶעֱנֶךָּ כִּי־יִרְבֶּה אֱלוֹהַּ מֵאֱנוֹשׁ׃ מַדּוּעַ אֵלָיו יב

רִיבוֹתָ כִּי כָל־דְּבָרָיו לֹא יַעֲנֶה׃ כִּי־בְאַחַת יְדַבֶּר־אֵל וּבִשְׁתַּיִם יד

לֹא יְשׁוּרֶנָּה׃ בַּחֲלוֹם ׀ חֶזְיוֹן לַיְלָה בִּנְפֹל תַּרְדֵּמָה עַל־אֲנָשִׁים טו

בִּתְנוּמוֹת עֲלֵי מִשְׁכָּב׃ אָז יִגְלֶה אֹזֶן אֲנָשִׁים וּבְמֹסָרָם יַחְתֹּם׃ טז

לְהָסִיר אָדָם מַעֲשֶׂה וְגֵוָה מִגֶּבֶר יְכַסֶּה׃ יַחְשֹׂךְ נַפְשׁוֹ מִנִּי־שָׁחַת יחז

וְחַיָּתוֹ מֵעֲבֹר בַּשָּׁלַח׃ וְהוּכַח בְּמַכְאוֹב עַל־מִשְׁכָּבוֹ וְרִיב יט

עֲצָמָיו אֵתָן׃ וְזִהֲמַתּוּ חַיָּתוֹ לָחֶם וְנַפְשׁוֹ מַאֲכַל תַּאֲוָה׃ יִכֶל כא

בְּשָׂרוֹ מֵרֹאִי וְשֻׁפּוּ עַצְמוֹתָיו לֹא רֻאוּ׃ וַתִּקְרַב לַשַּׁחַת נַפְשׁוֹ כב

וְחַיָּתוֹ לַמְמִתִים׃ אִם־יֵשׁ עָלָיו ׀ מַלְאָךְ מֵלִיץ אֶחָד מִנִּי־אָלֶף כג

And Elihu the son of Barakh'el the Buzite answered and 6
said, I am young, and you are very old ; therefore I was afraid,
and durst not declare my opinion to you. I said, Days should 7
speak, and multitude of years should teach wisdom. But there 8
is a spirit in man: and the breath of the Almighty gives them
understanding. The old are not always wise: nor do the aged 9
understand judgment. Therefore I said, Hearken to me; I also 10
will express my opinion. Behold, I waited for your words; I 11
gave ear to your reasons, whilst you searched out what to say.
Yea, I attended unto you, and, behold, there was none of you 12
that convinced Iyyov, or that answered his words. Beware 13
lest you say, We have found out wisdom: GOD will thrust him
down, not man. Now he has not directed his words against me: 14
so that I will not answer him with your speeches. They are 15
amazed, they answer no more: they have left off speaking.
And shall I wait because they do not speak; because they stand 16
there, and answer no more? I also will answer my part, I also 17
will express my opinion. For I am full of words; the spirit 18
within me constrains me. Behold, my belly is like wine which 19
has no vent; it is ready to burst like new wineskins. I will 20
speak, that I may find relief: I will open my lips and answer.
Let me not, I pray you, respect any man's person, nor let me 21
give flattering titles to any man. For I do not know how to 22
flatter ; or else my maker would soon take me away. But now, **33**
Iyyov, I pray thee, hear my speeches, and hearken to all my
words. Behold, now I have opened my mouth, my tongue has 2
spoken in my mouth. My words shall be of the uprightness of 3
my heart: and my lips shall utter knowledge in purity. The 4
spirit of GOD has made me, and the breath of the Almighty has
given me life. If thou canst, answer me; set thy words in order 5
before me; stand up. Behold, I am towards GOD as thou art: 6
I also am formed out of the clay. Behold, my terror shall not 7
make thee afraid, nor shall my pressure be heavy upon thee.
Surely thou hast spoken in my hearing, and I have heard the 8
voice of thy words, saying, I am clean without transgression, 9
I am innocent; neither is there iniquity in me. Behold, he finds 10
occasions against me, he counts me for his enemy. He puts my 11
feet in the stocks, he marks all my paths. Behold, in this thou 12
art not right: I will answer thee, that GOD is greater than
man. Why dost thou strive against him, seeing that none of 13
his words will answer you. Surely GOD speaks once, yea twice, 14
yet man perceives it not. In a dream, in a vision of the night, 15
when deep sleep falls upon men, in slumberings upon the bed,
then he opens the ears of men, and with discipline seals their 16
instruction, that he may withdraw man from his purpose, and 17
hide pride from man. He keeps back his soul from the pit, and 18
his life from perishing by the sword. He is chastened also with 19
pain upon his bed, and the multitude of his bones with strong
pain : so that his life abhors bread, and his soul dainty food. 20
His flesh is consumed away, that it cannot be seen ; and his 21
bones that were not seen stick out. For his soul draws near to 22
the pit, and his life to the destroyers. If there be an angel over 23
him, an interpreter, one among a thousand, to declare to man

כד לְהַגִּיד לְאָדָם יָשְׁרוֹ: וַיְחֻנֶּנּוּ וַיֹּאמֶר פְּדָעֵהוּ מֵרֶדֶת שָׁחַת

כה מָצָאתִי כֹפֶר: רֻטֲפַשׁ בְּשָׂרוֹ מִנֹּעַר יָשׁוּב לִימֵי עֲלוּמָיו: יֶעְתַּר

אֶל־אֱלוֹהַּ וַיִּרְצֵהוּ וַיַּרְא פָּנָיו בִּתְרוּעָה וַיָּשֶׁב לֶאֱנוֹשׁ צִדְקָתוֹ:

יָשֹׁר עַל־אֲנָשִׁים וַיֹּאמֶר חָטָאתִי וְיָשָׁר הֶעֱוֵיתִי וְלֹא־שָׁוָה לִי:

כח פָּדָה נַפְשִׁי מֵעֲבֹר בַּשָּׁחַת וְחַיָּתִי בָּאוֹר תִּרְאֶה: הֶן־כָּל־אֵלֶּה

ל יִפְעַל־אֵל פַּעֲמַיִם שָׁלוֹשׁ עִם־גָּבֶר: לְהָשִׁיב נַפְשׁוֹ מִנִּי־שָׁחַת

לא לֵאוֹר בְּאוֹר הַחַיִּים: הַקְשֵׁב אִיּוֹב שְׁמַע־לִי הַחֲרֵשׁ וְאָנֹכִי

ז אֲדַבֵּר: אִם־יֵשׁ־מִלִּין הֲשִׁיבֵנִי דַּבֵּר כִּי־חָפַצְתִּי צַדְּקֶךָּ: אִם־אַיִן

אַתָּה שְׁמַע־לִי הַחֲרֵשׁ וַאֲאַלֶּפְךָ חָכְמָה: וַיַּעַן אֱלִיהוּא

לד א

ב וַיֹּאמַר: שִׁמְעוּ חֲכָמִים מִלָּי וְיֹדְעִים הַאֲזִינוּ לִי: כִּי־אֹזֶן מִלִּין

ג תִּבְחָן וְחֵךְ יִטְעַם לֶאֱכֹל: מִשְׁפָּט נִבְחֲרָה־לָּנוּ נֵדְעָה בֵינֵינוּ מַה־

ה טוֹב: כִּי־אָמַר אִיּוֹב צָדַקְתִּי וְאֵל הֵסִיר מִשְׁפָּטִי: עַל־מִשְׁפָּטִי

ו אֲכַזֵּב אָנוּשׁ חִצִּי בְלִי־פָשַׁע: מִי־גֶבֶר כְּאִיּוֹב יִשְׁתֶּה־לַּעַג כַּמָּיִם:

ז וְאָרַח לְחֶבְרָה עִם־פֹּעֲלֵי אָוֶן וְלָלֶכֶת עִם־אַנְשֵׁי־רֶשַׁע: כִּי־

ח אָמַר לֹא יִסְכָּן־גָּבֶר בִּרְצֹתוֹ עִם־אֱלֹהִים: לָכֵן ׀ אַנְשֵׁי לֵבָב

שִׁמְעוּ לִי חָלִלָה לָאֵל מֵרֶשַׁע וְשַׁדַּי מֵעָוֶל: כִּי פֹעַל אָדָם

יא יְשַׁלֶּם־לוֹ וּכְאֹרַח אִישׁ יַמְצִאֶנּוּ: אַף־אָמְנָם אֵל לֹא־יַרְשִׁיעַ

יב וְשַׁדַּי לֹא־יְעַוֵּת מִשְׁפָּט: מִי־פָקַד עָלָיו אָרְצָה וּמִי שָׂם תֵּבֵל

יג כֻּלָּהּ: אִם־יָשִׂים אֵלָיו לִבּוֹ רוּחוֹ וְנִשְׁמָתוֹ אֵלָיו יֶאֱסֹף: יִגְוַע

יד כָּל־בָּשָׂר יָחַד וְאָדָם עַל־עָפָר יָשׁוּב: וְאִם־בִּינָה שִׁמְעָה־זֹּאת

טו הַאֲזִינָה לְקוֹל מִלָּי: הַאַף שׂוֹנֵא מִשְׁפָּט יַחֲבוֹשׁ וְאִם־צַדִּיק

טז כַּבִּיר תַּרְשִׁיעַ: הַאֲמֹר לְמֶלֶךְ בְּלִיָּעַל רָשָׁע אֶל־נְדִיבִים: אֲשֶׁר

יח לֹא־נָשָׂא ׀ פְּנֵי שָׂרִים וְלֹא נִכַּר־שׁוֹעַ לִפְנֵי־דָל כִּי־מַעֲשֵׂה יָדָיו

כ כֻּלָּם: רֶגַע ׀ יָמֻתוּ וַחֲצוֹת לָיְלָה יְגֹעֲשׁוּ עָם וְיַעֲבֹרוּ וְיָסִירוּ אַבִּיר

כא לֹא בְיָד: כִּי־עֵינָיו עַל־דַּרְכֵי־אִישׁ וְכָל־צְעָדָיו יִרְאֶה: אֵין־

כב חֹשֶׁךְ וְאֵין צַלְמָוֶת לְהִסָּתֶר שָׁם פֹּעֲלֵי אָוֶן: כִּי לֹא עַל־אִישׁ

כד יָשִׂים עוֹד לַהֲלֹךְ אֶל־אֵל בַּמִּשְׁפָּט: יָרֹעַ כַּבִּירִים לֹא־חֵקֶר

כה וַיַּעֲמֵד אֲחֵרִים תַּחְתָּם: לָכֵן יַכִּיר מַעְבָּדֵיהֶם וְהָפַךְ לַיְלָה

כו וְיִדַּכָּאוּ: תַּחַת־רְשָׁעִים סְפָקָם בִּמְקוֹם רֹאִים: אֲשֶׁר עַל־כֵּן

סָרוּ מֵאַחֲרָיו וְכָל־דְּרָכָיו לֹא הִשְׂכִּילוּ: לְהָבִיא עָלָיו צַעֲקַת־

what is right: then he is gracious to him, and says, Deliver him   24
from going down to the pit: I have found a ransom. His flesh   25
shall be smoother than a child's: he shall return to the days of
his youth: he shall pray to GOD, and he will be favourable to   26
him: and he shall see his face with joy: for he will render to
man his righteousness. He should then assemble a row of men,   27
and say, I have sinned, and perverted that which was right, and
it profited me not. Thus he will redeem his soul from going into   28
the pit, and his life shall see the light. Lo, GOD does all these   29
things twice or three times with a man, to bring back his soul   30
from the pit, to be enlightened with the light of the living. Mark   31
well, O Iyyov, hearken to me: hold thy peace, and I will speak.
If thou hast anything to say, answer me: speak, for I desire to   32
justify thee. If not, hearken to me: hold thy peace, and I shall   33
teach thee wisdom.   Furthermore, Elihu answered and said,   **34**
Hear my words, O wise men; and give ear to me, you who have   2
knowledge. For the ear tries words, as the palate tastes food.   3
Let us choose what is right: let us know among ourselves   4
what is good. For Iyyov has said, I am righteous: and GOD   5
has taken away my right: notwithstanding my right I am   6
counted a liar; my wound is incurable, though I am without
transgression .What man is like Iyyov, who drinks up scorning   7
like water? who goes in company with the workers of iniquity,   8
and walks with wicked men. For he has said, It profits a man   9
nothing that he should be in accord with GOD. Therefore hear-   10
ken to me, you men of understanding: far be it from GOD, that
he should do wickedness; and from the Almighty, that he should
commit iniquity. For the work of a man shall he pay back to   11
him, and according to his ways will he cause to befall every
man. Yea, surely GOD will not do wickedly, nor will the Al-   12
mighty pervert justice. Who has given him a charge over the   13
earth? or who has disposed the whole world? If he set his   14
heart upon man, if he gather to himself his spirit and his breath;
all flesh shall perish together, and man shall return to dust.   15
If now thou hast understanding, hear this: hearken to the voice   16
of my words. Shall even one that hates right govern? and wilt   17
thou condemn him that is most just? Is it fit to say to a king,   18
Thou art base? and to princes, You are wicked? How much   19
less to him who does not respect the persons of princes, nor
regards the rich more than the poor? for they all are the work
of his hands. In a moment they die, at midnight the people   20
are shaken, and pass away; for they are removed and spirited
away without hands. For his eyes are upon the ways of man,   21
and he sees all his goings. There is no darkness, nor deep gloom,   22
where the workers of iniquity may hide themselves. For he   23
will not lay upon man anything more, that he should enter
into judgment with GOD. He shall break in pieces mighty men   24
without number, and set others in their stead. Surely he knows   25
their works, and he overturns them in the night, so that they
are destroyed. He strikes them as wicked men in the open sight   26
of others; because they turned back from following him, and   27
would not have regard to any of his ways: so that they cause   28
the cry of the poor to come to him, and he hears the cry of the

כט דַּל וְצַעֲקַת עֲנִיִּים יִשְׁמָע: וְהוּא יַשְׁקִט ׀ וּמִי יַרְשִׁעַ וְיַסְתֵּר פָּנִים
ל וּמִי יְשׁוּרֶנּוּ וְעַל־גּוֹי וְעַל־אָדָם יָחַד: מִמְּלֹךְ אָדָם חָנֵף מִמֹּקְשֵׁי
לא לב עָם: כִּי־אֶל־אֵל הֶאָמַר נָשָׂאתִי לֹא אֶחְבֹּל: בִּלְעֲדֵי אֶחֱזֶה
לג אַתָּה הֹרֵנִי אִם־עָוֶל פָּעַלְתִּי לֹא אֹסִיף: הֲמֵעִמְּךָ יְשַׁלְּמֶנָּה ׀
לד כִּי־מָאַסְתָּ כִּי־אַתָּה תִבְחַר וְלֹא־אָנִי וּמַה־יָּדַעְתָּ דַבֵּר: אַנְשֵׁי
לה לֵבָב יֹאמְרוּ לִי וְגֶבֶר חָכָם שֹׁמֵעַ לִי: אִיּוֹב לֹא־בְדַעַת יְדַבֵּר
לו וּדְבָרָיו לֹא בְהַשְׂכֵּיל: אָבִי יִבָּחֵן אִיּוֹב עַד־נֶצַח עַל־תְּשֻׁבֹת
לז בְּאַנְשֵׁי־אָוֶן: כִּי יֹסִיף עַל־חַטָּאתוֹ פֶשַׁע בֵּינֵינוּ יִסְפּוֹק וְיֶרֶב
לה א ב אֲמָרָיו לָאֵל: וַיַּעַן אֱלִיהוּ וַיֹּאמַר: הֲזֹאת חָשַׁבְתָּ
ג לְמִשְׁפָּט אָמַרְתָּ צִדְקִי מֵאֵל: כִּי־תֹאמַר מַה־יִּסְכָּן־לָךְ מָה־
ד ה אֹעִיל מֵחַטָּאתִי: אֲנִי אֲשִׁיבְךָ מִלִּין וְאֶת־רֵעֶיךָ עִמָּךְ: הַבֵּט
ו שָׁמַיִם וּרְאֵה וְשׁוּר שְׁחָקִים גָּבְהוּ מִמֶּךָּ: אִם־חָטָאתָ מַה־
ז תִּפְעָל־בּוֹ וְרַבּוּ פְשָׁעֶיךָ מַה־תַּעֲשֶׂה־לּוֹ: אִם־צָדַקְתָּ מַה־
ח תִּתֶּן־לוֹ אוֹ מַה־מִיָּדְךָ יִקָּח: לְאִישׁ־כָּמוֹךָ רִשְׁעֶךָ וּלְבֶן־אָדָם
ט צִדְקָתֶךָ: מֵרֹב עֲשׁוּקִים יַזְעִיקוּ יְשַׁוְּעוּ מִזְּרוֹעַ רַבִּים:
י יא וְלֹא־אָמַר אַיֵּה אֱלוֹהַ עֹשָׂי נֹתֵן זְמִרוֹת בַּלָּיְלָה: מַלְּפֵנוּ
יב מִבַּהֲמוֹת אָרֶץ וּמֵעוֹף הַשָּׁמַיִם יְחַכְּמֵנוּ: שָׁם יִצְעֲקוּ וְלֹא
יג יַעֲנֶה מִפְּנֵי גְּאוֹן רָעִים: אַךְ־שָׁוְא לֹא־יִשְׁמַע ׀ אֵל וְשַׁדַּי
יד לֹא יְשׁוּרֶנָּה: אַף כִּי־תֹאמַר לֹא תְשׁוּרֶנּוּ דִּין לְפָנָיו וּתְחוֹלֵל
טו טז לוֹ: וְעַתָּה כִּי־אַיִן פָּקַד אַפּוֹ וְלֹא־יָדַע בַּפַּשׁ מְאֹד: וְאִיּוֹב הֶבֶל
לו א יִפְצֶה־פִּיהוּ בִּבְלִי־דַעַת מִלִּין יַכְבִּר: וַיֹּסֶף
ב אֱלִיהוּא וַיֹּאמַר: כַּתַּר־לִי זְעֵיר וַאֲחַוֶּךָּ כִּי־עוֹד לֶאֱלוֹהַּ מִלִּים:
ג ד אֶשָּׂא דֵעִי לְמֵרָחוֹק וּלְפֹעֲלִי אֶתֵּן־צֶדֶק: כִּי־אָמְנָם לֹא־שֶׁקֶר
ה מִלָּי תְּמִים דֵּעוֹת עִמָּךְ: הֶן־אֵל כַּבִּיר וְלֹא יִמְאָס כַּבִּיר כֹּחַ
ו ז לֵב: לֹא־יְחַיֶּה רָשָׁע וּמִשְׁפַּט עֲנִיִּים יִתֵּן: לֹא־יִגְרַע מִצַּדִּיק
ח עֵינָיו וְאֶת־מְלָכִים לַכִּסֵּא וַיֹּשִׁיבֵם לָנֶצַח וַיִּגְבָּהוּ: וְאִם־אֲסוּרִים
ט בַּזִּקִּים יִלָּכְדוּן בְּחַבְלֵי־עֹנִי: וַיַּגֵּד לָהֶם פָּעֳלָם וּפִשְׁעֵיהֶם כִּי
י יא יִתְגַּבָּרוּ: וַיִּגֶל אָזְנָם לַמּוּסָר וַיֹּאמֶר כִּי־יְשֻׁבוּן מֵאָוֶן: אִם־
יב יִשְׁמְעוּ וְיַעֲבֹדוּ יְכַלּוּ יְמֵיהֶם בַּטּוֹב וּשְׁנֵיהֶם בַּנְּעִימִים: וְאִם־
יג לֹא יִשְׁמְעוּ בְּשֶׁלַח יַעֲבֹרוּ וְיִגְוְעוּ בִּבְלִי־דָעַת: וְחַנְפֵי־לֵב יָשִׂימוּ

afflicted. When he gives quietness, who then can condemn? and   29
when he hides his face, who then can behold him? Whether
against a nation, or against a man alike: that the hypocrite   30
reign not, lest the people be ensnared. For surely it is fitting   31
to say to GOD, I suffer, I will no more offend: that which I do   32
not see teach me: if I have done iniquity, I will do no more.
Shall he recompense it according to thy mind, when thou re-   33
fusest his judgment? shall he say, Thou shalt choose, and not
I; and speak what thou knowst. Men of understanding will tell   34
me, and the wise man who hears me will say, Iyyov has spoken   35
without knowledge, and his words were without wisdom. Would   36
that Iyyov may be tried to the end because he answers like
wicked men. For he adds rebellion to his sin; he strikes his fist   37
among us, and multiplies his words against GOD.   Then Elihu   **35**
spoke, and said, Thinkst thou this to be right, that thou dost   2
say, My righteousness is more than GOD's? For thou dost say,   3
What advantage will it be to thee? and, What profit shall I have,
more than if I had sinned? I will answer thee, and thy com-   4
panions with thee. Look to the heavens, and see; and behold   5
the clouds which are higher than thou. If thou hast sinned, what   6
doest thou against him? or if thy transgressions are multiplied,
what doest thou for him? If thou art righteous, what givest thou   7
him? or what does he receive of thy hand? Thy wickedness   8
may hurt a man as thou art; and thy righteousness may profit
the son of man. By reason of the multitude of oppressors the   9
oppressed cry: they cry out by reason of the arm of the mighty.
But none says, Where is GOD my maker, who gives songs in the   10
night; who teaches us by the beasts of the earth, and makes   11
us wiser by the birds of the sky? There, when they cry he does   12
not answer, because of the pride of evil men. Surely GOD will   13
not hear an empty cry, nor will the Almighty regard it.
Although thou sayst, Thou wilt not regard it, yet judgment is   14
before him; therefore trust in him. But now, because his anger   15
does not punish, and he does not heed the multitude of the
words, therefore does Iyyov open his mouth in vain, and multi-   16
plies words without knowledge.   Elihu also proceeded, and   **36**
said, Suffer me a little, and I will show thee; for I have yet   2
words to speak on GOD's behalf. I will fetch my knowledge   3
from afar, and will ascribe righteousness to my Maker. For   4
truly my words are not false: one that is perfect in knowledge
is with thee. Behold, GOD is mighty, and despises not any: he   5
is mighty in strength of wisdom. He preserves not the life of   6
the wicked: but gives to the poor their right. He withdraws   7
not his eyes from the righteous: but with kings on the throne
he establishes them for ever, and they are exalted. And if they   8
are bound in fetters, and are held in cords of affliction; then   9
he declares to them their work, and their transgressions when
they behave arrogantly. He opens also their ear to discipline,   10
and commands that they return from iniquity. If they obey and   11
serve him, they shall spend their days in prosperity, and their
years in pleasures. But if they do not obey, they shall perish by   12
the sword, and they shall die without knowledge. But the hypo-   13
crites in heart heap up wrath: they do not cry when he binds

אַף־לֹ֣א יְשַׁוּ֑עוּ כִּ֣י אֲסָרָ֑ם תָּ֥מֹת בַּנֹּ֥עַר נַפְשָׁ֗ם וְ֝חַיָּתָ֗ם בַּקְּדֵשִֽׁים׃
יְחַלֵּ֣ץ עָנִ֣י בְעָנְי֑וֹ וְיִ֖גֶל בַּלַּ֣חַץ אָזְנָֽם׃ וְאַ֤ף הֲסִיתְךָ֨ ׀ מִפִּי־צָ֗ר
רַ֭חַב לֹא־מוּצָ֣ק תַּחְתֶּ֑יהָ וְנַ֥חַת שֻׁ֝לְחָֽנְךָ֗ מָ֣לֵא דָֽשֶׁן׃ וְדִין־רָשָׁ֥ע
מָלֵ֣אתָ דִּ֣ין וּמִשְׁפָּ֑ט יִתְמֹֽכוּ׃ כִּֽי־חֵ֭מָה פֶּן־יְסִֽיתְךָ֣ בְּסָ֑פֶק וְרָב־
כֹּ֖פֶר אַל־יַטֶּֽךָּ׃ הֲיַעֲרֹ֣ךְ שׁ֭וּעֲךָ לֹ֣א בְצָ֑ר וְ֝כֹ֗ל מַאֲמַצֵּי־כֹֽחַ׃
אַל־תִּשְׁאַ֥ף הַלָּ֑יְלָה לַעֲל֖וֹת עַמִּ֣ים תַּחְתָּֽם׃ הִ֭שָּׁמֶר אַל־תֵּ֣פֶן
אֶל־אָ֑וֶן כִּֽי־עַל־זֶ֝֗ה בָּחַ֥רְתָּ מֵעֹֽנִי׃ הֶן־אֵ֭ל יַשְׂגִּ֣יב בְּכֹח֑וֹ מִ֖י
כָמֹ֣הוּ מוֹרֶֽה׃ מִֽי־פָקַ֣ד עָלָ֣יו דַּרְכּ֑וֹ וּמִֽי־אָ֝מַ֗ר פָּעַ֥לְתָּ עַוְלָֽה׃
זְ֭כֹר כִּֽי־תַשְׂגִּ֣יא פָעֳל֑וֹ אֲשֶׁ֖ר שֹׁרְר֣וּ אֲנָשִֽׁים׃ כָּל־אָדָ֥ם חָֽזוּ־ב֑וֹ
אֱ֝נ֗וֹשׁ יַבִּ֥יט מֵרָחֽוֹק׃ הֶן־אֵ֣ל שַׂ֭גִּיא וְלֹ֣א נֵדָ֑ע מִסְפַּ֖ר שָׁנָ֣יו וְלֹא־
חֵֽקֶר׃ כִּ֭י יְגָרַ֣ע נִטְפֵי־מָ֑יִם יָזֹ֖קּוּ מָטָ֣ר לְאֵדֽוֹ׃ אֲשֶֽׁר־יִזְּל֥וּ
שְׁחָקִ֑ים יִרְעֲפ֖וּ עֲלֵ֥י ׀ אָדָ֣ם רָֽב׃ אַ֣ף אִם־יָ֭בִין מִפְרְשֵׂי־עָ֑ב תְּ֝שֻׁא֗וֹת
סֻכָּתֽוֹ׃ הֵן־פָּרַ֣שׂ עָלָ֣יו אוֹר֑וֹ וְשָׁרְשֵׁ֖י הַיָּ֣ם כִּסָּֽה׃ כִּי־בָ֭ם יָדִ֣ין
עַמִּ֑ים יִֽתֶּן־אֹ֥כֶל לְמַכְבִּֽיר׃ עַל־כַּפַּ֥יִם כִּסָּה־א֑וֹר וַיְצַ֖ו עָלֶ֣יהָ
בְמַפְגִּֽיעַ׃ יַגִּ֣יד עָלָ֣יו רֵע֑וֹ מִ֝קְנֶ֗ה אַ֣ף עַל־עוֹלֶֽה׃ אַף־לְ֭זֹאת

יֶחֱרַ֣ד לִבִּ֑י וְ֝יִתַּ֗ר מִמְּקוֹמֽוֹ׃ שִׁמְע֤וּ שָׁמ֣וֹעַ בְּרֹ֣גֶז קֹל֑וֹ וְ֝הֶ֗גֶה מִפִּ֥יו
יֵצֵֽא׃ תַּֽחַת־כָּל־הַשָּׁמַ֥יִם יִשְׁרֵ֑הוּ וְ֝אוֹר֗וֹ עַל־כַּנְפ֥וֹת הָאָֽרֶץ׃
אַחֲרָ֤יו ׀ יִשְׁאַג־ק֗וֹל יַ֭רְעֵם בְּק֣וֹל גְּאוֹנ֑וֹ וְלֹ֥א יְ֝עַקְּבֵ֗ם כִּֽי־יִשָּׁמַ֥ע
קוֹלֽוֹ׃ יַרְעֵ֣ם אֵ֭ל בְּקוֹל֣וֹ נִפְלָא֑וֹת עֹשֶׂ֥ה גְ֝דֹל֗וֹת וְלֹ֣א נֵדָֽע׃
כִּ֤י לַשֶּׁ֨לֶג ׀ יֹאמַ֗ר הֱוֵ֪א אָ֥רֶץ וְגֶ֥שֶׁם מָטָ֑ר וְ֝גֶ֗שֶׁם מִטְר֥וֹת עֻזּֽוֹ׃
בְּיַד־כָּל־אָדָ֥ם יַחְתּ֑וֹם לָ֝דַ֗עַת כָּל־אַנְשֵׁ֥י מַעֲשֵֽׂהוּ׃ וַתָּ֣בֹא חַיָּ֣ה
בְמוֹ־אָ֑רֶב וּבִמְע֖וֹנֹתֶ֣יהָ תִשְׁכֹּֽן׃ מִן־הַ֭חֶדֶר תָּב֣וֹא סוּפָ֑ה וּֽמִמְּזָרִ֥ים
קָרָֽה׃ מִנִּשְׁמַת־אֵ֥ל יִתֶּן־קָ֑רַח וְרֹ֖חַב מַ֣יִם בְּמוּצָֽק׃ אַף־בְּ֭רִי
יַטְרִ֣יחַ עָ֑ב יָ֝פִ֗יץ עֲנַ֥ן אוֹרֽוֹ׃ וְה֤וּא מְסִבּ֨וֹת ׀ מִתְהַפֵּ֣ךְ בְּתַחְבּוּלֹתָ֑ו
לְפָעֳלָ֑ם כֹּ֤ל אֲשֶׁ֖ר יְצַוֵּ֥ם ׀ עַל־פְּנֵ֖י תֵבֵ֣ל אָֽרְצָה׃ אִם־לְשֵׁ֥בֶט אִם־
לְאַרְצ֑וֹ אִם־לְ֝חֶ֗סֶד יַמְצִאֵֽהוּ׃ הַאֲזִ֣ינָה זֹּ֣את אִיּ֑וֹב עֲ֝מֹ֗ד וְהִתְבּוֹנֵ֤ן ׀
נִפְלְא֬וֹת אֵֽל׃ הֲ֭תֵדַע בְּשׂוּם־אֱל֣וֹהַּ עֲלֵיהֶ֑ם וְ֝הוֹפִ֗יעַ א֣וֹר עֲנָנֽוֹ׃
הֲ֭תֵדַע עַל־מִפְלְשֵׂי־עָ֑ב מִ֝פְלְא֗וֹת תְּמִ֣ים דֵּעִֽים׃ אֲשֶׁר־בְּגָדֶ֥יךָ
חַמִּ֑ים בְּהַשְׁקִ֥ט אֶ֝֗רֶץ מִדָּרֽוֹם׃ תַּרְקִ֣יעַ עִ֭מּוֹ לִשְׁחָקִ֑ים חֲ֝זָקִ֗ים
כִּרְאִ֥י מוּצָֽק׃ ה֭וֹדִיעֵנוּ מַה־נֹּ֣אמַר ל֑וֹ לֹ֥א נַ֝עֲרֹ֗ךְ מִפְּנֵי־חֹֽשֶׁךְ׃
הַֽיְסֻפַּר־ל֭וֹ כִּ֣י אֲדַבֵּ֑ר אִֽם־אָ֥מַר אִ֝֗ישׁ כִּ֣י יְבֻלָּֽע׃ וְעַתָּ֤ה ׀ לֹ֤א

them. They die in youth, and their life ends in shame. He deli- 14,15
vers the poor by means of his affliction, and opens their ears 16
by oppression. He has even removed thee out of distress into
a broad place, where there is no straitness; and that which is
set on thy table is full of fatness. But thou art full of the 17
judgment of the wicked: judgment and justice take hold on
thee. But beware of wrath, lest he take thee away with his 18
clenched fist: nor let the greatness of the ransom turn thee
aside. Will thy riches avail, that are without stint, or all the 19
forces of thy strength? Desire not the night, when people are 20
cut off in their place. Take heed, regard not iniquity: for this 21
hast thou chosen rather than affliction. Behold, GOD is exalted 22
by his power: who teaches like him? Who has enjoined him his 23
way? or who can say, Thou hast wrought iniquity? Remember 24
that thou magnify his work, which men behold. Every man 25
may see it; man may behold it afar off. Behold, GOD is great, 26
and we know it not, nor can the number of his years be
searched out. When he draws up small drops of water, they are 27
distilled into a stream of rain; which the clouds do drop and 28
pour down on man abundantly. Can anyone understand the 29
spreadings of the clouds, or the noise of his tabernacle? Behold, 30
he spreads his light about him, and covers the roots of the sea.
For by these he judges the peoples; he gives food in abundance. 31
He covers his hands with the lightning, and commands it where 32
it shall strike. The noise of the storm tells of it; yea the cattle 33
also of the rising tempest. At this also my heart trembles, and **37**
is moved out of its place. Hear attentively the noise of his 2
voice, and the sound that goes out of his mouth. He directs it 3
under the whole heaven, and his lightning to the ends of the
earth. After it a voice roars: he thunders with the voice of his 4
excellency; and he will not stay them when his voice is heard.
GOD thunders marvellously with his voice; great things he 5
does, which we cannot comprehend. For he says to the snow, 6
Be thou on the earth; likewise to the small rain, and to the
great rain of his strength. He seals up the hand of every man; 7
that all men whom he has made may know his work. Then the 8
beasts go into dens, and remain in their places. Out of the 9
chamber comes the storm: and cold out of the scattering winds.
By the breath of GOD ice is given: and the breadth of the 10
waters is straitened. Also he burdens the thick cloud with an 11
overflow: the cloud scatters lightning: and it is turned round 12
about by his counsels: that they may do whatever he com-
mands them upon the face of the world, his land. He causes 13
it to come, whether for correction, or for his land, or for love.
Hearken to this, O Iyyov: stand still, and consider the wond- 14
rous works of GOD. Dost thou know how GOD lays his command 15
on them, and causes the lightning of his cloud to shine? Dost 16
thou know the balancings of the clouds, the wondrous works
of him who is perfect in knowledge? Thou whose garments are 17
warm, when the earth is quiet because of the south wind?
Canst thou with him spread out the sky, which is strong as 18
a molten mirror? Teach us what we shall say to him; for we 19
cannot order our speech by reason of darkness. Shall it be told 20

רָאוּ אוֹר בָּהִיר הוּא בַּשְּׁחָקִים וְרוּחַ עָבְרָה וַתְּטַהֲרֵם׃ מִצָּפוֹן כב
זָהָב יֶאֱתֶה עַל־אֱלוֹהַּ נוֹרָא הוֹד׃ שַׁדַּי לֹא־מְצָאנֻהוּ שַׂגִּיא־ כג
כֹחַ וּמִשְׁפָּט וְרֹב־צְדָקָה לֹא יְעַנֶּה׃ לָכֵן יְרֵאוּהוּ אֲנָשִׁים לֹא־ כד
יִרְאֶה כָּל־חַכְמֵי־לֵב׃ וַיַּעַן־יהוה אֶת־אִיּוֹב א לח
מִן ׀ הַסְּעָרָה מִנהַסְּעָרָה וַיֹּאמַר׃ מִי זֶה ׀ מַחְשִׁיךְ עֵצָה בְמִלִּין בְּלִי־דָעַת׃ אֱזָר־ ב ג
נָא כְגֶבֶר חֲלָצֶיךָ וְאֶשְׁאָלְךָ וְהוֹדִיעֵנִי׃ אֵיפֹה הָיִיתָ בְּיָסְדִי־ ד
אָרֶץ הַגֵּד אִם־יָדַעְתָּ בִינָה׃ מִי־שָׂם מְמַדֶּיהָ כִּי תֵדָע אוֹ מִי־ ה
נָטָה עָלֶיהָ קָּו׃ עַל־מָה אֲדָנֶיהָ הָטְבָּעוּ אוֹ מִי־יָרָה אֶבֶן ו
פִּנָּתָהּ׃ בְּרָן־יַחַד כּוֹכְבֵי בֹקֶר וַיָּרִיעוּ כָּל־בְּנֵי אֱלֹהִים׃ וַיָּסֶךְ ז ח
בִּדְלָתַיִם יָם בְּגִיחוֹ מֵרֶחֶם יֵצֵא׃ בְּשׂוּמִי עָנָן לְבֻשׁוֹ וַעֲרָפֶל ט
חֲתֻלָּתוֹ׃ וָאֶשְׁבֹּר עָלָיו חֻקִּי וָאָשִׂים בְּרִיחַ וּדְלָתָיִם׃ וָאֹמַר י יא
עַד־פֹּה תָבוֹא וְלֹא תֹסִיף וּפֹא־יָשִׁית בִּגְאוֹן גַּלֶּיךָ׃ הֲמִיָּמֶיךָ יב
הַשַּׁחַר צִוִּיתָ בֹּקֶר יִדַּעְתָּה שחר מְקֹמוֹ׃ לֶאֱחֹז בְּכַנְפוֹת הָאָרֶץ יג
וְיִנָּעֲרוּ רְשָׁעִים מִמֶּנָּה׃ תִּתְהַפֵּךְ כְּחֹמֶר חוֹתָם וְיִתְיַצְּבוּ כְּמוֹ יד
לְבוּשׁ׃ וְיִמָּנַע מֵרְשָׁעִים אוֹרָם וּזְרוֹעַ רָמָה תִּשָּׁבֵר׃ הֲבָאתָ טו טז
עַד־נִבְכֵי־יָם וּבְחֵקֶר תְּהוֹם הִתְהַלָּכְתָּ׃ הֲנִגְלוּ לְךָ שַׁעֲרֵי־ יז
מָוֶת וְשַׁעֲרֵי צַלְמָוֶת תִּרְאֶה׃ הִתְבֹּנַנְתָּ עַד־רַחֲבֵי־אָרֶץ הַגֵּד יח
אִם־יָדַעְתָּ כֻלָּהּ׃ אֵי־זֶה הַדֶּרֶךְ יִשְׁכָּן־אוֹר וְחֹשֶׁךְ אֵי־זֶה יט
מְקֹמוֹ׃ כִּי תִקָּחֶנּוּ אֶל־גְּבוּלוֹ וְכִי תָבִין נְתִיבוֹת בֵּיתוֹ׃ יָדַעְתָּ כ כא
כִּי־אָז תִּוָּלֵד וּמִסְפַּר יָמֶיךָ רַבִּים׃ הֲבָאתָ אֶל־אֹצְרוֹת שָׁלֶג כב
וְאוֹצְרוֹת בָּרָד תִּרְאֶה׃ אֲשֶׁר־חָשַׂכְתִּי לְעֶת־צָר לְיוֹם קְרָב כג
וּמִלְחָמָה׃ אֵי־זֶה הַדֶּרֶךְ יֵחָלֶק אוֹר יָפֵץ קָדִים עֲלֵי־אָרֶץ׃ כד
מִי־פִלַּג לַשֶּׁטֶף תְּעָלָה וְדֶרֶךְ לַחֲזִיז קֹלוֹת׃ לְהַמְטִיר עַל־אֶרֶץ כה כו
לֹא־אִישׁ מִדְבָּר לֹא־אָדָם בּוֹ׃ לְהַשְׂבִּיעַ שֹׁאָה וּמְשֹׁאָה כז
וּלְהַצְמִיחַ מֹצָא דֶשֶׁא׃ הֲיֵשׁ־לַמָּטָר אָב אוֹ מִי־הוֹלִיד אֶגְלֵי־ כח
טָל׃ מִבֶּטֶן מִי יָצָא הַקָּרַח וּכְפֹר שָׁמַיִם מִי יְלָדוֹ׃ כָּאֶבֶן מַיִם כט ל
יִתְחַבָּאוּ וּפְנֵי תְהוֹם יִתְלַכָּדוּ׃ הַתְקַשֵּׁר מַעֲדַנּוֹת כִּימָה אוֹ־ לא
מֹשְׁכוֹת כְּסִיל תְּפַתֵּחַ׃ הֲתֹצִיא מַזָּרוֹת בְּעִתּוֹ וְעַיִשׁ עַל־בָּנֶיהָ לב
תַנְחֵם׃ הֲיָדַעְתָּ חֻקּוֹת שָׁמָיִם אִם־תָּשִׂים מִשְׁטָרוֹ בָאָרֶץ׃ לג
ח הֲתָרִים לָעָב קוֹלֶךָ וְשִׁפְעַת־מַיִם תְּכַסֶּךָּ׃ הַתְשַׁלַּח בְּרָקִים לד לה

him that I would speak? or should a man wish to be swallowed
up? And now men see not the bright light which is in the clouds: 21
but the wind passes, and cleanses them. Gold comes out of the 22
north: about GOD is terrible majesty. The Almighty, (we cannot 23
find him out:) he is excellent in power, and in judgment, and
in plenty of justice: he will not oppress. Men do therefore fear 24
him : he regards not any who are wise of heart.   Then the **38**
LORD answered Iyyov out of the storm wind, and said, Who 2
is this that darkens counsel by words with out knowledge? Gird 3
up now thy loins like a man; for I will demand of thee, and
let me know thy answer. Where wast thou when I laid the 4
foundations of the earth? declare, if thou hast understanding.
Who determined its measurements, if thou knowst? or who 5
has stretched the line upon it? whereupon are its foundations 6
fastened? or who laid its corner stone; when the morning stars 7
sang together, and all the sons of GOD shouted for joy? or who 8
shut up the sea with doors, when it broke forth, and issued
out of the womb? when I made the cloud its garment, and thick 9
darkness a swaddling band for it, and prescribed bounds for it, 10
and set bars and doors, and said, Hitherto shalt thou come, but 11
no further : and here shall thy proud waves be stayed? Hast 12
thou commanded the morning since thy days began; and caused
the dayspring to know its place; that it might take hold of the 13
ends of the earth, that the wicked might be shaken out of it?
It is changed like clay under the seal; and they stand as a 14
garment. And from the wicked their light is withheld, and the 15
high arm shall be broken. Hast thou entered into the springs 16
of the sea? or hast thou walked in the recesses of the depth?
have the gates of death been opened to thee ? or hast thou seen 17
the doors of deepest darkness? hast thou comprehended the 18
expanse of the earth? declare if thou knowst it all. Where is the 19
way where light dwells? and as for darkness, where is its place,
that thou shouldst take it to its bound, and that thou shouldst 20
know the paths to its home? Thou knowst it because thou wast 21
then born, and the number of thy days is great. Hast thou 22
entered the treasuries of the snow? or hast thou seen the
treasuries of the hail, which I have reserved against the time 23
of trouble, against the day of battle and war? By what way is 24
the light parted, or the east wind scattered upon the earth?
who has divided a watercourse for the torrent of rain, or a 25
way for the lightning of thunder; to cause it to rain on a land 26
where no man is; on the wilderness, wherein there is no man;
to satisfy the desolate and waste ground; and to cause the bud 27
of the tender herb to spring forth? Has the rain a father? or 28
who has begotten the drops of dew? out of whose womb came 29
the ice ? and the hoar frost of heaven, who has given it birth ?
The waters are hidden as with a stone, and the face of the 30
deep forms a solid mass. Canst thou bind the chains of the 31
Pleiades, or loosen the cords of Orion ? canst thou bring forth 32
Mazzarot in their season ? or canst thou guide the Bear with
his sons ? knowst thou the ordinances of heaven ? canst thou 33
establish its dominion in the earth? canst thou lift up thy voice 34
to the clouds, that abundance of waters may cover thee? canst 35

וַיֵּלְכוּ וַיֹּאמְרוּ לָךְ הִנֵּנוּ׃ מִי־שָׁת בַּטֻּחוֹת חׇכְמָה אוֹ מִי־נָתַן לו

לַשֶּׂכְוִי בִינָה׃ מִי־יְסַפֵּר שְׁחָקִים בְּחׇכְמָה וְנִבְלֵי שָׁמַיִם מִי לז

יַשְׁכִּיב׃ בְּצֶקֶת עָפָר לַמּוּצָק וּרְגָבִים יְדֻבָּקוּ׃ הֲתָצוּד לְלָבִיא לח

טָרֶף וְחַיַּת כְּפִירִים תְּמַלֵּא׃ כִּי־יָשֹׁחוּ בַּמְּעוֹנוֹת יֵשְׁבוּ בַסֻּכָּה מ

לְמוֹ־אָרֶב׃ מִי יָכִין לָעֹרֵב צֵידוֹ כִּי־יְלָדָו אֶל־אֵל יְשַׁוֵּעוּ יִתְעוּ מא

לִבְלִי־אֹכֶל׃ הֲיָדַעְתָּ עֵת לֶדֶת יַעֲלֵי־סָלַע חֹלֵל אַיָּלוֹת תִּשְׁמֹר׃ א לט

תִּסְפֹּר יְרָחִים תְּמַלֶּאנָה וְיָדַעְתָּ עֵת לִדְתָּנָה׃ תִּכְרַעְנָה ג

יַלְדֵיהֶן תְּפַלַּחְנָה חֶבְלֵיהֶם תְּשַׁלַּחְנָה׃ יַחְלְמוּ בְנֵיהֶם יִרְבּוּ ד

בַבָּר יָצְאוּ וְלֹא־שָׁבוּ לָמוֹ׃ מִי־שִׁלַּח פֶּרֶא חׇפְשִׁי וּמֹסְרוֹת עָרוֹד ה

מִי פִתֵּחַ׃ אֲשֶׁר־שַׂמְתִּי עֲרָבָה בֵיתוֹ וּמִשְׁכְּנוֹתָיו מְלֵחָה׃ יִשְׂחַק ו

לַהֲמוֹן קִרְיָה תְּשֻׁאוֹת נוֹגֵשׂ לֹא יִשְׁמָע׃ יְתוּר הָרִים מִרְעֵהוּ ז

וְאַחַר כׇּל־יָרוֹק יִדְרוֹשׁ׃ הֲיֹאבֶה רֵּים עׇבְדֶךָ אִם־יָלִין עַל־ ט

אֲבוּסֶךָ׃ הֲתִקְשׇׁר־רֵים בְּתֶלֶם עֲבֹתוֹ אִם־יְשַׂדֵּד עֲמָקִים י

אַחֲרֶיךָ׃ הֲתִבְטַח־בּוֹ כִּי־רַב כֹּחוֹ וְתַעֲזֹב אֵלָיו יְגִיעֶךָ׃ הֲתַאֲמִין יא

בּוֹ כִּי־יָשׁוּב זַרְעֶךָ וְגׇרְנְךָ יֶאֱסֹף׃ כְּנַף־רְנָנִים נֶעֱלָסָה אִם־אֶבְרָה ג

חֲסִידָה וְנֹצָה׃ כִּי־תַעֲזֹב לָאָרֶץ בֵּיצֶיהָ וְעַל־עָפָר תְּחַמֵּם׃ יד

וַתִּשְׁכַּח כִּי־רֶגֶל תְּזוּרֶהָ וְחַיַּת הַשָּׂדֶה תְּדוּשֶׁהָ׃ הִקְשִׁיחַ בָּנֶיהָ טו

לְלֹא־לָהּ לְרִיק יְגִיעָהּ בְּלִי־פָחַד׃ כִּי־הִשָּׁהּ אֱלוֹהַּ חׇכְמָה וְלֹא־ יז

חָלַק לָהּ בַּבִּינָה׃ כָּעֵת בַּמָּרוֹם תַּמְרִיא תִּשְׂחַק לַסּוּס יח

וּלְרֹכְבוֹ׃ הֲתִתֵּן לַסּוּס גְּבוּרָה הֲתַלְבִּישׁ צַוָּארוֹ רַעְמָה׃ יט

הֲתַרְעִישֶׁנּוּ כָּאַרְבֶּה הוֹד נַחְרוֹ אֵימָה׃ יַחְפְּרוּ בָעֵמֶק וְיָשִׂישׂ כא

בְּכֹחַ יֵצֵא לִקְרַאת־נָשֶׁק׃ יִשְׂחַק לְפַחַד וְלֹא יֵחָת וְלֹא־יָשׁוּב כב

מִפְּנֵי־חָרֶב׃ עָלָיו תִּרְנֶה אַשְׁפָּה לַהַב חֲנִית וְכִידוֹן׃ בְּרַעַשׁ כג

וְרֹגֶז יְגַמֶּא־אָרֶץ וְלֹא־יַאֲמִין כִּי־קוֹל שׁוֹפָר׃ בְּדֵי שֹׁפָר ׀ יֹאמַר כה

הֶאָח וּמֵרָחוֹק יָרִיחַ מִלְחָמָה רַעַם שָׂרִים וּתְרוּעָה׃ הֲמִבִּינָתְךָ כו

יַאֲבֶר־נֵץ יִפְרֹשׂ כְּנָפָו לְתֵימָן׃ אִם־עַל־פִּיךָ יַגְבִּיהַּ נָשֶׁר וְכִי כז

יָרִים קִנּוֹ׃ סֶלַע יִשְׁכֹּן וְיִתְלֹנָן עַל־שֶׁן־סֶלַע וּמְצוּדָה׃ מִשָּׁם כח

חָפַר־אֹכֶל לְמֵרָחוֹק עֵינָיו יַבִּיטוּ׃ וְאֶפְרֹחָו יְעַלְעוּ־דָם וּבַאֲשֶׁר ל

חֲלָלִים שָׁם הוּא׃ וַיַּעַן יְהֹוָה אֶת־אִיּוֹב וַיֹּאמַר׃ הֲרֹב א מ

עִם־שַׁדַּי יִסּוֹר מוֹכִיחַ אֱלוֹהַּ יַעֲנֶנָּה׃ וַיַּעַן אִיּוֹב אֶת־ ג

thou send lightnings, that they may go, and say to thee, Here
we are? Who has put wisdom in the inward parts? or who has   36
given understanding to the birds? who can number the clouds   37
by wisdom? or who can refill the bottles of heaven, when the 38
dust grows into a mass, and the clods cleave fast together?
Wilt thou hunt the prey for the lion? or satisfy the appetite of   39
the young lions, when they couch in their dens, and abide in the   40
covert to lie in wait? Who provides for the raven his provision?   41
when his young ones cry to God, and wander for lack of food?
Knowst thou the time when the wild goats of the rock bring   **39**
forth? or canst thou mark when the hinds do calve? canst thou   2
number the months that they fulfil? or knowst thou the time
when they bring forth? They bow themselves, they bring forth   3
their young ones, they send forth their offspring. Their young   4
ones grow strong; they grow up with corn; they go forth, and
return not to them. Who has sent out the wild ass free? or who   5
has loosed the bands of the onager? whose house I have made   6
the wilderness, and the salt land his dwellings. He scorns the   7
tumult of the city, nor does he regard the shouts of the driver.
The range of the mountains is his pasture, and he searches after   8
every green thing. Will the wild ox be willing to serve thee, or   9
will he abide by thy crib? canst thou bind the wild ox with   10
ropes in the furrow? or will he harrow the valleys after thee?
wilt thou trust him, because his strength is great? or wilt thou   11
leave thy labour to him ? wilt thou believe him, that he will bring   12
home thy seed, and gather it into thy barn? The wing of the   13
ostrich waves joyously; but are they the pinions and plumage
of the stork? For she leaves her eggs in the earth, and warms   14
them in dust, and forgets that the foot may crush them, or that   15
the wild beast may break them. She is hardened against her   16
young ones, as though they were not hers: though her labour
is in vain of yet she is without fear; because God has deprived   17
her of wisdom, nor has he imparted to her understanding. At some   18
time she lifts up herself on high; she scorns the horse and his
rider. Hast thou given the horse strength? hast thou clothed   19
his neck with power? Dost thou make him leap like a locust?   20
the glory of his nostrils is terrible. He paws in the valley,   21
and rejoices in his strength: he goes out to meet the battle.
He mocks at fear, and is not affrighted; nor does he turn back   22
from the sword. The quiver rattles against him, the glittering   23
spear and the javelin. He swallows the ground with fierceness   24
and rage: nor does he believe that it is the sound of the trumpet.
He says among the trumpets, Ha, ha; and he smells the battle   25
afar off, the thunder of the captains, and the shouting. Does   26
the hawk fly by thy wisdom, and stretch her wings towards
the south ? does the vulture mount up at thy command, and   27
make her nest on high? She dwells and abides on the rock,   28
upon the crag of the rock, and the strong place. From thence   29
she swoops down on the prey, and her eyes behold afar off.
Her young ones also suck up blood: and where the slain are,   30
there is she.   Then the Lord answered Iyyov, and said,   **40**
Shall a reprover contend with the Almighty? he who reproaches   2
God, let him answer it.   Then Iyyov answered the Lord,   3

ד ה יְהוָה וַיֹּאמַר: הֵן קַלֹּתִי מָה אֲשִׁיבֶךָּ יָדִי שַׂמְתִּי לְמוֹ־פִי: אַחַת
ו דִּבַּרְתִּי וְלֹא אֶעֱנֶה וּשְׁתַּיִם וְלֹא אוֹסִיף: וַיַּעַן־יְהוָה
ז אֶת־אִיּוֹב מנסערה וַיֹּאמַר: אֱזָר־נָא כְגֶבֶר חֲלָצֶיךָ אֶשְׁאָלְךָ מִן|סְעָרָה
ח ט וְהוֹדִיעֵנִי: הַאַף תָּפֵר מִשְׁפָּטִי תַּרְשִׁיעֵנִי לְמַעַן תִּצְדָּק: וְאִם־
י זְרוֹעַ כָּאֵל ׀ לָךְ וּבְקוֹל כָּמֹהוּ תַרְעֵם: עֲדֵה־נָא גָאוֹן וָגֹבַהּ
יא וְהוֹד וְהָדָר תִּלְבָּשׁ: הָפֵץ עֶבְרוֹת אַפֶּךָ וּרְאֵה כָל־גֵּאֶה
יב וְהַשְׁפִּילֵהוּ: רְאֵה כָל־גֵּאֶה הַכְנִיעֵהוּ וַהֲדֹךְ רְשָׁעִים תַּחְתָּם:
יג יד טָמְנֵם בֶּעָפָר יָחַד פְּנֵיהֶם חֲבֹשׁ בַּטָּמוּן: וְגַם־אֲנִי אוֹדֶךָּ כִּי־
טו תוֹשִׁעַ לְךָ יְמִינֶךָ: הִנֵּה־נָא בְהֵמוֹת אֲשֶׁר־עָשִׂיתִי עִמָּךְ חָצִיר
טז כַּבָּקָר יֹאכֵל: הִנֵּה־נָא כֹחוֹ בְמָתְנָיו וְאֹנוֹ בִּשְׁרִירֵי בִטְנוֹ:
יז יח יַחְפֹּץ זְנָבוֹ כְמוֹ־אָרֶז גִּידֵי פַחֲדָו יְשֹׂרָגוּ: עֲצָמָיו אֲפִיקֵי נְחֻשָׁה
יט גְּרָמָיו כִּמְטִיל בַּרְזֶל: הוּא רֵאשִׁית דַּרְכֵי־אֵל הָעֹשׂוֹ יַגֵּשׁ
כ חַרְבּוֹ: כִּי־בוּל הָרִים יִשְׂאוּ־לוֹ וְכָל־חַיַּת הַשָּׂדֶה יְשַׂחֲקוּ־שָׁם:
כא כב תַּחַת־צֶאֱלִים יִשְׁכָּב בְּסֵתֶר קָנֶה וּבִצָּה: יְסֻכֻּהוּ צֶאֱלִים צִלְלוֹ
כג יְסֻבּוּהוּ עַרְבֵי־נָחַל: הֵן יַעֲשֹׁק נָהָר וְלֹא יַחְפּוֹז יִבְטַח ׀ כִּי־יָגִיחַ
כד כה יַרְדֵּן אֶל־פִּיהוּ: בְּעֵינָיו יִקָּחֶנּוּ בְּמוֹקְשִׁים יִנְקָב־אָף: תִּמְשֹׁךְ
כו לִוְיָתָן בְּחַכָּה וּבְחֶבֶל תַּשְׁקִיעַ לְשֹׁנוֹ: הֲתָשִׂים אַגְמֹן בְּאַפּוֹ
כז וּבְחוֹחַ תִּקֹּב לֶחֱיוֹ: הֲיַרְבֶּה אֵלֶיךָ תַּחֲנוּנִים אִם־יְדַבֵּר אֵלֶיךָ
כח כט רַכּוֹת: הֲיִכְרֹת בְּרִית עִמָּךְ תִּקָּחֶנּוּ לְעֶבֶד עוֹלָם: הַתְשַׂחֶק־בּוֹ
ל כַּצִּפּוֹר וְתִקְשְׁרֶנּוּ לְנַעֲרוֹתֶיךָ: יִכְרוּ עָלָיו חַבָּרִים יֶחֱצוּהוּ בֵּין
לא לב כְּנַעֲנִים: הַתְמַלֵּא בְשֻׂכּוֹת עוֹרוֹ וּבְצִלְצַל דָּגִים רֹאשׁוֹ: שִׂים־
מא א עָלָיו כַּפֶּךָ זְכֹר מִלְחָמָה אַל־תּוֹסַף: הֵן־תֹּחַלְתּוֹ נִכְזָבָה הֲגַם
ב אֶל־מַרְאָיו יֻטָל: לֹא־אַכְזָר כִּי יְעוּרֶנּוּ וּמִי הוּא לְפָנַי יִתְיַצָּב:
ג ד מִי הִקְדִּימַנִי וַאֲשַׁלֵּם תַּחַת כָּל־הַשָּׁמַיִם לִי־הוּא: לא־אַחֲרִישׁ לוֹ־
ה בַּדָּיו וּדְבַר־גְּבוּרוֹת וְחִין עֶרְכּוֹ: מִי־גִלָּה פְּנֵי לְבוּשׁוֹ בְּכֶפֶל רִסְנוֹ
ו ז מִי יָבוֹא: דַּלְתֵי פָנָיו מִי פִתֵּחַ סְבִיבוֹת שִׁנָּיו אֵימָה: גַּאֲוָה
ח אֲפִיקֵי מָגִנִּים סָגוּר חוֹתָם צָר: אֶחָד בְּאֶחָד יִגַּשׁוּ וְרוּחַ לֹא־יָבוֹא
ט י בֵינֵיהֶם: אִישׁ־בְּאָחִיהוּ יְדֻבָּקוּ יִתְלַכְּדוּ וְלֹא יִתְפָּרָדוּ: עֲטִישֹׁתָיו
יא תָּהֶל אוֹר וְעֵינָיו כְּעַפְעַפֵּי־שָׁחַר: מִפִּיו לַפִּידִים יַהֲלֹכוּ כִּידוֹדֵי
יב יג אֵשׁ יִתְמַלָּטוּ: מִנְּחִירָיו יֵצֵא עָשָׁן כְּדוּד נָפוּחַ וְאַגְמֹן: נַפְשׁוֹ

and said, Behold, I am vile; what shall I answer thee? I lay 4
my hand upon my mouth. Once I have spoken; but I will not 5
answer: yea, twice; but I will proceed no further.   Then 6
the Lord answered Iyyov out of the storm wind, and said,
Gird up thy loins now like a man: I will demand of thee, and 7
declare thou unto me. Wilt thou also disavow my judgment? 8
wilt thou condemn me, that thou mayst be in the right? hast 9
thou an arm like God? or canst thou thunder with a voice like
him? Deck thyself now with majesty and excellency; and array 10
thyself with glory and beauty. Cast abroad the rage of thy wrath: 11
and behold everyone that is proud, and abase him. Look on 12
everyone that is proud, and bring him low; and tread down
the wicked in their place. Hide them in the dust together; 13
and bind their faces in the hiding place. Then I will also confess 14
to thee that thy own right hand can save thee. Behold now 15
behemot, which I made with thee; he eats grass like an ox.
Lo now, his might is in his lions, and his force is in the muscles 16
of his belly. He stiffens his tail like a cedar: the sinews of his 17
thighs are knit together. His bones are tubes of brass; his 18
limbs are like bars of iron. He is the beginning of the ways of 19
God: let him that made him bring near his sword to him!
Surely the mountains bring him forth food, where all the wild 20
beasts play. He lies under the thorny bushes, in the cover of the 21
reed, and fens. The thorny bushes cover him with their shadow ; 22
the willows of the brook compass him about. Behold, he drinks 23
up a river, and hastens not : he trust that river will thrust
some food into his mouth. Shall anyone take him with his eyes 24
open? or pierce through his nose with a snare? Canst thou draw 25
out livyatan with a hook? or press down his tongue with a cord?
canst thou put a hook into his nose? or bore his jaw through 26
with a bridle ring? will he make many supplications to thee? 27
will he speak soft words to thee? will he make a covenant with 28
thee? to take him for thy servant for ever? wilt thou play with 29
him as with a bird? or wilt thou bind him for thy girls? will 30
the tradesmen heap up payment for him? shall they part him
among the merchants? canst thou fill his skin with barbed irons? 31
or his head with fish spears? Lay thy hand upon him! thou wilt 32
no more think of fighting. Behold, the hope of him is in vain : **41**
shall not one be cast down even at the sight of him? None is 2
so fierce that dare stir him up: who then is able to stand before
me? Who has a claim on me from before, that I should repay 3
him? whatever is under the whole heaven is mine. I will hold 4
my peace at him; listen to his words, the report of his power,
and his graceful speech. Who can uncover the face of his 5
garment? or who can come within his double bridle? who can 6
open the doors of his face? his teeth are terrible round about.
His scales are his pride, shut up together as with a close seal: 7
one is so near to another, that no air can come between them: 8
they are joined one to another, they stick together, that they 9
cannot be sundered. His sneezings flash forth light, and his 10
eyes are like the eyelids of the morning. Out of his mouth go 11
burning torches, and sparks of fire leap out. Out of his nostrils 12
goes smoke, as out of a seething pot and burning rushes. His 13

גַּחֲלִים תְּלַהֵט וְלַהַב מִפִּיו יֵצֵא: בְּצַוָּארוֹ יָלִין עֹז וּלְפָנָיו תָּדוּץ יד
דְּאָבָה: מַפְּלֵי בְשָׂרוֹ דָבֵקוּ יָצוּק עָלָיו בַּל־יִמּוֹט: לִבּוֹ יָצוּק טו טז
כְּמוֹ־אָבֶן וְיָצוּק כְּפֶלַח תַּחְתִּית: מִשֵּׂתוֹ יָגוּרוּ אֵלִים מִשְּׁבָרִים יז
יִתְחַטָּאוּ: מַשִּׂיגֵהוּ חֶרֶב בְּלִי תָקוּם חֲנִית מַסָּע וְשִׁרְיָה: יח
יַחְשֹׁב לְתֶבֶן בַּרְזֶל לְעֵץ רִקָּבוֹן נְחוּשָׁה: לֹא־יַבְרִיחֶנּוּ בֶן־ יט כ
קָשֶׁת לְקַשׁ נֶהֶפְכוּ־לוֹ אַבְנֵי־קָלַע: כְּקַשׁ נֶחְשְׁבוּ תוֹתָח כא
וְיִשְׂחַק לְרַעַשׁ כִּידוֹן: תַּחְתָּיו חַדּוּדֵי חָרֶשׂ יִרְפַּד חָרוּץ עֲלֵי־ כב
טִיט: יַרְתִּיחַ כַּסִּיר מְצוּלָה יָם יָשִׂים כַּמֶּרְקָחָה: אַחֲרָיו יָאִיר כג כד
נָתִיב יַחְשֹׁב תְּהוֹם לְשֵׂיבָה: אֵין־עַל־עָפָר מָשְׁלוֹ הֶעָשׂוּ כה
לִבְלִי־חָת: אֵת כָּל־גָּבֹהַּ יִרְאֶה הוּא מֶלֶךְ עַל־כָּל־בְּנֵי־ כו
שָׁחַץ: וַיַּעַן אִיּוֹב אֶת־יהוה וַיֹּאמַר: יָדַעְתָּ כִּי־ מב א ב
כֹל תּוּכָל וְלֹא־יִבָּצֵר מִמְּךָ מְזִמָּה: מִי זֶה ׀ מַעְלִים עֵצָה בְּלִי ג
דָעַת לָכֵן הִגַּדְתִּי וְלֹא אָבִין נִפְלָאוֹת מִמֶּנִּי וְלֹא אֵדָע: שְׁמַע־ ד
נָא וְאָנֹכִי אֲדַבֵּר אֶשְׁאָלְךָ וְהוֹדִיעֵנִי: לְשֵׁמַע־אֹזֶן שְׁמַעְתִּיךָ ה
וְעַתָּה עֵינִי רָאָתְךָ: עַל־כֵּן אֶמְאַס וְנִחַמְתִּי עַל־עָפָר וָאֵפֶר: ו
וַיְהִי אַחַר דִּבֶּר יהוה אֶת־הַדְּבָרִים הָאֵלֶּה אֶל־אִיּוֹב וַיֹּאמֶר ז
יהוה אֶל־אֱלִיפַז הַתֵּימָנִי חָרָה אַפִּי בְךָ וּבִשְׁנֵי רֵעֶיךָ כִּי לֹא
דִבַּרְתֶּם אֵלַי נְכוֹנָה כְּעַבְדִּי אִיּוֹב: וְעַתָּה קְחוּ־לָכֶם שִׁבְעָה־ ח
פָרִים וְשִׁבְעָה אֵילִים וּלְכוּ ׀ אֶל־עַבְדִּי אִיּוֹב וְהַעֲלִיתֶם עוֹלָה
בַּעַדְכֶם וְאִיּוֹב עַבְדִּי יִתְפַּלֵּל עֲלֵיכֶם כִּי אִם־פָּנָיו אֶשָּׂא
לְבִלְתִּי עֲשׂוֹת עִמָּכֶם נְבָלָה כִּי לֹא דִבַּרְתֶּם אֵלַי נְכוֹנָה
כְּעַבְדִּי אִיּוֹב: וַיֵּלְכוּ אֱלִיפַז הַתֵּימָנִי וּבִלְדַּד הַשּׁוּחִי צֹפַר ט
הַנַּעֲמָתִי וַיַּעֲשׂוּ כַּאֲשֶׁר דִּבֶּר אֲלֵיהֶם יהוה וַיִּשָּׂא יהוה אֶת־
שְׁבוּת פְּנֵי אִיּוֹב: וַיהוה שָׁב אֶת־שְׁבִית אִיּוֹב בְּהִתְפַּלְלוֹ בְּעַד רֵעֵהוּ י
וַיֹּסֶף יהוה אֶת־כָּל־אֲשֶׁר לְאִיּוֹב לְמִשְׁנֶה: וַיָּבֹאוּ אֵלָיו כָּל־ יא
אֶחָיו וְכָל־אַחְיֹתָיו וְכָל־יֹדְעָיו לְפָנִים וַיֹּאכְלוּ עִמּוֹ לֶחֶם
בְּבֵיתוֹ וַיָּנֻדוּ לוֹ וַיְנַחֲמוּ אֹתוֹ עַל כָּל־הָרָעָה אֲשֶׁר־הֵבִיא יהוה
עָלָיו וַיִּתְּנוּ־לוֹ אִישׁ קְשִׂיטָה אֶחָת וְאִישׁ נֶזֶם זָהָב אֶחָד:
וַיהוה בֵּרַךְ אֶת־אַחֲרִית אִיּוֹב מֵרֵאשִׁתוֹ וַיְהִי־לוֹ אַרְבָּעָה יב
עָשָׂר אֶלֶף צֹאן וְשֵׁשֶׁת אֲלָפִים גְּמַלִּים וְאֶלֶף־צֶמֶד בָּקָר וְאֶלֶף
אֲתוֹנוֹת: וַיְהִי־לוֹ שִׁבְעָנָה בָנִים וְשָׁלוֹשׁ בָּנוֹת: וַיִּקְרָא שֵׁם־ יג יד
הָאַחַת יְמִימָה וְשֵׁם הַשֵּׁנִית קְצִיעָה וְשֵׁם הַשְּׁלִישִׁית קֶרֶן
הַפּוּךְ: וְלֹא נִמְצָא נָשִׁים יָפוֹת כִּבְנוֹת אִיּוֹב בְּכָל־הָאָרֶץ וַיִּתֵּן טו
לָהֶם אֲבִיהֶם נַחֲלָה בְּתוֹךְ אֲחֵיהֶם: וַיְחִי אִיּוֹב אַחֲרֵי־זֹאת טז
מֵאָה וְאַרְבָּעִים שָׁנָה וַיַּרְא אֶת־בָּנָיו וְאֶת־בְּנֵי בָנָיו אַרְבָּעָה
דֹּרוֹת: וַיָּמָת אִיּוֹב זָקֵן וּשְׂבַע יָמִים: יז

breath kindles coals, and a flame goes out of his mouth. In his 14
neck abides strength, and terror dances before him. The flakes 15
of his flesh are, joined together: they are firm upon him; they
cannot be moved. His heart is as firm as a stone; yea, as hard 16
the nether millstone. When he raises himself up, the mighty 17
are afraid: by reason of the crashings they are beside themselves.
Though the sword reaches him, it does not avail; nor the spear, 18
the dart, or the javelin. He esteems iron as straw, and brass as 19
rotten wood: the arrow cannot make him flee: slingstones are 20
turned with him into stubble: darts are counted as stubble; he 21
laughs at the shaking of a spear. His underparts are like sharp 22
potsherds: he spreads himself like a threshing sledge on the
mire. He makes the deep to boil like a pot: he makes the sea 23
like a kettle. After him he leaves a shining wake ; one would 24
think the deep to be hoary. Upon earth there is not his like, who 25
is made without fear. He beholds all high things: he is a king 26
over all the children of pride. Then Iyyov answered the **42**
Lord, and said, I know that thou canst do everything, and that 2
no purpose of thine can be thwarted. Who is he that hides 3
counsel without knowledge? therefore I have uttered that which
I did not understand; things too wonderful for me, which I knew
not. Hear, I beseech thee, and I will speak: I will demand of 4
thee, and declare thou unto me. I have heard of thee by the 5
hearing of the ear: but now my eye sees thee. Wherefore I 6
abhor myself, and repent in dust and ashes.
And it was so, that after the Lord had spoken these words to 7
Iyyov, the Lord said to Elifaz the Temanite, My anger burns
against thee, and against thy two friends : for you have not spok-
en of me the thing that is right, like my servant Iyyov. Therefore 8
take for yourselves now seven bullocks and seven rams, and go
to my servant Iyyov, and offer up for yourselves a burnt offering;
and my servant Iyyov shall pray for you: for to him I will show
favour in doing you no disgrace, although you have not spoken
of me the thing which is right, like my servant Iyyov. So Elifaz 9
the Temanite and Bildad the Shuḥite and Ẕofar the Na'amatite
went, and did as the Lord commanded them: the Lord also
accepted Iyyov. And the Lord restored the fortunes of Iyyov, 10
when he prayed for his friends: and the Lord gave Iyyov twice
as much as he had before. Then all his brothers came to him, 11
and all his sisters, and all they who had been of his acquaintance
before, and did eat bread with him in his house: and they
bemoaned him, and comforted him over all the evil that the
Lord had brought upon him: every man also gave him a qesita,
and everyone an earring of gold. So the Lord blessed the latter 12
end of Iyyov more than his beginning: for he had fourteen
thousand sheep, and six thousand camels, and a thousand yoke
of oxen, and a thousand she asses. He had also seven sons and 13
three daughters. And he called the name of the first, Yemima; 14
and the name of the second, Qeẕi'a; and the name of the third,
Qeren-happukh. And in all the land were no women found 15
so fair as the daughters of Iyyov: and their father gave them
inheritance among their brothers. After this Iyyov lived a hun- 16
dred and forty years, and saw his sons, and his sons' sons, even
four generations. So Iyyov died, being old and full of days. 17

שיר השירים

SHIR HASHIRIM
THE SONG OF SONGS

שִׁיר הַשִּׁירִים אֲשֶׁר לִשְׁלֹמֹה: יִשָּׁקֵנִי מִנְּשִׁיקוֹת פִּיהוּ כִּי־ א ב
טוֹבִים דֹּדֶיךָ מִיָּיִן: לְרֵיחַ שְׁמָנֶיךָ טוֹבִים שֶׁמֶן תּוּרַק שְׁמֶךָ עַל־ ג
כֵּן עֲלָמוֹת אֲהֵבוּךָ: מָשְׁכֵנִי אַחֲרֶיךָ נָּרוּצָה הֱבִיאַנִי הַמֶּלֶךְ ד
חֲדָרָיו נָגִילָה וְנִשְׂמְחָה בָּךְ נַזְכִּירָה דֹדֶיךָ מִיַּיִן מֵישָׁרִים
אֲהֵבוּךָ: שְׁחוֹרָה אֲנִי וְנָאוָה בְּנוֹת יְרוּשָׁלָםִ כְּאָהֳלֵי ה
קֵדָר כִּירִיעוֹת שְׁלֹמֹה: אַל־תִּרְאוּנִי שֶׁאֲנִי שְׁחַרְחֹרֶת שֶׁשֱּׁזָפַתְנִי ו
הַשָּׁמֶשׁ בְּנֵי אִמִּי נִחֲרוּ־בִי שָׂמֻנִי נֹטֵרָה אֶת־הַכְּרָמִים כַּרְמִי
שֶׁלִּי לֹא נָטָרְתִּי: הַגִּידָה לִּי שֶׁאָהֲבָה נַפְשִׁי אֵיכָה תִרְעֶה אֵיכָה ז
תַּרְבִּיץ בַּצָּהֳרָיִם שַׁלָּמָה אֶהְיֶה כְּעֹטְיָה עַל עֶדְרֵי חֲבֵרֶיךָ:
אִם־לֹא תֵדְעִי לָךְ הַיָּפָה בַּנָּשִׁים צְאִי־לָךְ בְּעִקְבֵי הַצֹּאן ח
וּרְעִי אֶת־גְּדִיֹּתַיִךְ עַל מִשְׁכְּנוֹת הָרֹעִים: לְסֻסָתִי ט
בְּרִכְבֵי פַרְעֹה דִּמִּיתִיךְ רַעְיָתִי: נָאווּ לְחָיַיִךְ בַּתֹּרִים צַוָּארֵךְ י
בַּחֲרוּזִים: תּוֹרֵי זָהָב נַעֲשֶׂה־לָּךְ עִם נְקֻדּוֹת הַכָּסֶף: עַד־ יא יב
שֶׁהַמֶּלֶךְ בִּמְסִבּוֹ נִרְדִּי נָתַן רֵיחוֹ: צְרוֹר הַמֹּר ׀ דּוֹדִי לִי בֵּין שָׁדַי יג
יָלִין: אֶשְׁכֹּל הַכֹּפֶר ׀ דּוֹדִי לִי בְּכַרְמֵי עֵין גֶּדִי: הִנָּךְ יד טו
יָפָה רַעְיָתִי הִנָּךְ יָפָה עֵינַיִךְ יוֹנִים: הִנְּךָ יָפֶה דוֹדִי אַף נָעִים טז
רַהִיטֵנוּ אַף־עַרְשֵׂנוּ רַעֲנָנָה: קֹרוֹת בָּתֵּינוּ אֲרָזִים רחיטנו בְּרוֹתִים: יז
אֲנִי חֲבַצֶּלֶת הַשָּׁרוֹן שׁוֹשַׁנַּת הָעֲמָקִים: כְּשׁוֹשַׁנָּה בֵּין הַחוֹחִים ב א ב
כֵּן רַעְיָתִי בֵּין הַבָּנוֹת: כְּתַפּוּחַ בַּעֲצֵי הַיַּעַר כֵּן דּוֹדִי בֵּין ג
הַבָּנִים בְּצִלּוֹ חִמַּדְתִּי וְיָשַׁבְתִּי וּפִרְיוֹ מָתוֹק לְחִכִּי: הֱבִיאַנִי ד
אֶל־בֵּית הַיָּיִן וְדִגְלוֹ עָלַי אַהֲבָה: סַמְּכוּנִי בָּאֲשִׁישׁוֹת רַפְּדוּנִי ה
בַּתַּפּוּחִים כִּי־חוֹלַת אַהֲבָה אָנִי: שְׂמֹאלוֹ תַּחַת לְרֹאשִׁי וִימִינוֹ ו
תְּחַבְּקֵנִי: הִשְׁבַּעְתִּי אֶתְכֶם בְּנוֹת יְרוּשָׁלַםִ בִּצְבָאוֹת אוֹ ז
בְּאַיְלוֹת הַשָּׂדֶה אִם־תָּעִירוּ ׀ וְאִם־תְּעוֹרְרוּ אֶת־הָאַהֲבָה עַד
שֶׁתֶּחְפָּץ: קוֹל דּוֹדִי הִנֵּה־זֶה בָּא מְדַלֵּג עַל־הֶהָרִים ח
מְקַפֵּץ עַל־הַגְּבָעוֹת: דּוֹמֶה דוֹדִי לִצְבִי אוֹ לְעֹפֶר הָאַיָּלִים ט
הִנֵּה־זֶה עוֹמֵד אַחַר כָּתְלֵנוּ מַשְׁגִּיחַ מִן־הַחֲלֹּנוֹת מֵצִיץ מִן־
הַחֲרַכִּים: עָנָה דוֹדִי וְאָמַר לִי קוּמִי לָךְ רַעְיָתִי יָפָתִי וּלְכִי־ י
לָךְ: כִּי־הִנֵּה הַסְּתָו עָבָר הַגֶּשֶׁם חָלַף הָלַךְ לוֹ: הַנִּצָּנִים נִרְאוּ יא יב
בָאָרֶץ עֵת הַזָּמִיר הִגִּיעַ וְקוֹל הַתּוֹר נִשְׁמַע בְּאַרְצֵנוּ: הַתְּאֵנָה יג
לָךְ חָנְטָה פַגֶּיהָ וְהַגְּפָנִים ׀ סְמָדַר נָתְנוּ רֵיחַ קוּמִי לְכִי רַעְיָתִי יָפָתִי
וּלְכִי־לָךְ: יוֹנָתִי בְּחַגְוֵי הַסֶּלַע בְּסֵתֶר הַמַּדְרֵגָה יד
הַרְאִינִי אֶת־מַרְאַיִךְ הַשְׁמִיעִינִי אֶת־קוֹלֵךְ כִּי־קוֹלֵךְ עָרֵב
וּמַרְאֵיךְ נָאוֶה: אֶחֱזוּ־לָנוּ שׁוּעָלִים שֻׁעָלִים קְטַנִּים טו

SHIR HASHIRIM / THE SONG OF SONGS

1

THE song of songs, which is Shelomo's. Let him kiss me with 1,2
the kisses of his mouth: for thy love is better than wine. Thy 3
ointments are fragrant; for thy flowing oil thou art renowned:
therefore do the virgins love thee. Draw me, we will run after 4
thee: the king has brought me into his chambers: we will be
glad and rejoice in thee, we will praise thy love more than
wine: sincerely they love thee. I am black, but comely, 5
O daughters of Yerushalayim, like the tents of Qedar, like the
curtains of Shelomo. Do not gaze upon me, because I am black, 6
because the sun has scorched me: my mother's children were
angry with me; they made me the keeper of the vineyards;
but my own vineyard I have not kept. Tell me, O thou whom 7
my soul loves, where thou feedest, where thou makest thy
flock to rest at noon: for why should I be like one who cloaks
himself by the flocks of thy companions? If thou know not, O 8
thou fairest among women, go thy way forth by the footsteps
of the flock, and feed thy kids besides the shepherds' tents.
I compare thee, O my love, to a mare of the chariots of 9
Par'o. Thy cheeks would be comely with rows of jewels, thy 10
neck with strings of beads. We will make thee necklets of gold 11
studded with silver. While the king was reclining at his board, 12
my nard sent forth its fragrance. My wellbeloved is to me a 13
bundle of myrrh that lies between my breasts. My beloved is 14
to me a cluster of henna in the vineyards of 'En-gedi. Be- 15
hold, thou art fair, my love; behold, thou art fair; thou hast
doves' eyes. Behold, thou art fair, my beloved, yea, pleasant: 16
also our couch is green. The beams of our house are cedar, and 17
our rafters are of cypress. I am the tulip of the Sharon; the **2**
daffodil of the vallies. Like the lily among thorns, so is my 2
love among the daughters. Like the apple tree among the trees 3
of the wood, so is my beloved among the sons. I sat down
under his shadow with great delight, and his fruit was sweet
to my taste. He brought me to the banqueting house, and his 4
banner over me was love. Let me lean against the stout trunks, 5
let me couch among the apple trees: for I am sick with love.
His left hand is under my head, and his right hand embraces 6
me. I charge you, O daughters of Yerushalayim, by the gazelles, 7
and by the hinds of the field, that you stir not up, nor awake
my love, till it please. The voice of my beloved! behold, 8
he comes leaping upon the mountains, skipping upon the hills.
My beloved is like a gazelle or a young hart: behold, he 9
stands behind our wall, he looks in at the windows; he peers
through the lattice. My beloved spoke, and said to me, Rise up, 10
my love, my fair one, and come away. For, lo, the winter is 11
past, the rain is over and gone; the flowers appear on the 12
earth; the time of the singing bird is come, and the voice of
the turtle is heard in our land; the fig tree puts forth her green 13
figs, and the vines in blossom give their scent. Arise, my love,
my fair one, and come away. O my dove, who art in the 14
clefts of the rock, in the secret places of the cliff, let me see
thy countenance, let me hear thy voice; for sweet is thy voice,
and thy countenance is comely. Take us the foxes, the 15
little foxes, that spoil the vineyards: for our vineyards are in

טז מְחַבְּלִים כְּרָמִים וּכְרָמֵינוּ סְמָדַר: דּוֹדִי לִי וַאֲנִי לוֹ הָרֹעֶה
יז בַּשּׁוֹשַׁנִּים: עַד שֶׁיָּפוּחַ הַיּוֹם וְנָסוּ הַצְּלָלִים סֹב דְּמֵה־לְךָ דוֹדִי
ג א לִצְבִי אוֹ לְעֹפֶר הָאַיָּלִים עַל־הָרֵי בָתֶר: עַל־
מִשְׁכָּבִי בַּלֵּילוֹת בִּקַּשְׁתִּי אֵת שֶׁאָהֲבָה נַפְשִׁי בִּקַּשְׁתִּיו וְלֹא
ב מְצָאתִיו: אָקוּמָה נָּא וַאֲסוֹבְבָה בָעִיר בַּשְּׁוָקִים וּבָרְחֹבוֹת
ג אֲבַקְשָׁה אֵת שֶׁאָהֲבָה נַפְשִׁי בִּקַּשְׁתִּיו וְלֹא מְצָאתִיו: מְצָאוּנִי
ד הַשֹּׁמְרִים הַסֹּבְבִים בָּעִיר אֵת שֶׁאָהֲבָה נַפְשִׁי רְאִיתֶם: כִּמְעַט
שֶׁעָבַרְתִּי מֵהֶם עַד שֶׁמָּצָאתִי אֵת שֶׁאָהֲבָה נַפְשִׁי אֲחַזְתִּיו
וְלֹא אַרְפֶּנּוּ עַד־שֶׁהֲבֵיאתִיו אֶל־בֵּית אִמִּי וְאֶל־חֶדֶר
ה הוֹרָתִי: הִשְׁבַּעְתִּי אֶתְכֶם בְּנוֹת יְרוּשָׁלִַם בִּצְבָאוֹת אוֹ
בְּאַיְלוֹת הַשָּׂדֶה אִם־תָּעִירוּ ׀ וְאִם־תְּעוֹרְרוּ אֶת־הָאַהֲבָה
ו עַד שֶׁתֶּחְפָּץ: מִי זֹאת עֹלָה מִן־הַמִּדְבָּר
כְּתִימְרוֹת עָשָׁן מְקֻטֶּרֶת מוֹר וּלְבוֹנָה מִכֹּל אַבְקַת רוֹכֵל:
ז הִנֵּה מִטָּתוֹ שֶׁלִּשְׁלֹמֹה שִׁשִּׁים גִּבֹּרִים סָבִיב לָהּ מִגִּבֹּרֵי
ח יִשְׂרָאֵל: כֻּלָּם אֲחֻזֵי חֶרֶב מְלֻמְּדֵי מִלְחָמָה אִישׁ חַרְבּוֹ עַל־
ט יְרֵכוֹ מִפַּחַד בַּלֵּילוֹת: אַפִּרְיוֹן עָשָׂה לוֹ הַמֶּלֶךְ
י שְׁלֹמֹה מֵעֲצֵי הַלְּבָנוֹן: עַמּוּדָיו עָשָׂה כֶסֶף רְפִידָתוֹ זָהָב
יא מֶרְכָּבוֹ אַרְגָּמָן תּוֹכוֹ רָצוּף אַהֲבָה מִבְּנוֹת יְרוּשָׁלִָם: צְאֶינָה ׀
וּרְאֶינָה בְּנוֹת צִיּוֹן בַּמֶּלֶךְ שְׁלֹמֹה בָּעֲטָרָה שֶׁעִטְּרָה־לּוֹ אִמּוֹ
ד א בְּיוֹם חֲתֻנָּתוֹ וּבְיוֹם שִׂמְחַת לִבּוֹ: הִנָּךְ יָפָה
רַעְיָתִי הִנָּךְ יָפָה עֵינַיִךְ יוֹנִים מִבַּעַד לְצַמָּתֵךְ שַׂעְרֵךְ כְּעֵדֶר
ב הָעִזִּים שֶׁגָּלְשׁוּ מֵהַר גִּלְעָד: שִׁנַּיִךְ כְּעֵדֶר הַקְּצוּבוֹת שֶׁעָלוּ מִן־
ג הָרַחְצָה שֶׁכֻּלָּם מַתְאִימוֹת וְשַׁכֻּלָה אֵין בָּהֶם: כְּחוּט הַשָּׁנִי
שִׂפְתוֹתַיִךְ וּמִדְבָּרֵיךְ נָאוֶה כְּפֶלַח הָרִמּוֹן רַקָּתֵךְ מִבַּעַד לְצַמָּתֵךְ:
ד כְּמִגְדַּל דָּוִיד צַוָּארֵךְ בָּנוּי לְתַלְפִּיּוֹת אֶלֶף הַמָּגֵן תָּלוּי עָלָיו כֹּל
ה שִׁלְטֵי הַגִּבֹּרִים: שְׁנֵי שָׁדַיִךְ כִּשְׁנֵי עֳפָרִים תְּאוֹמֵי צְבִיָּה הָרוֹעִים
ו בַּשּׁוֹשַׁנִּים: עַד שֶׁיָּפוּחַ הַיּוֹם וְנָסוּ הַצְּלָלִים אֵלֶךְ לִי אֶל־הַר
ז הַמּוֹר וְאֶל־גִּבְעַת הַלְּבוֹנָה: כֻּלָּךְ יָפָה רַעְיָתִי וּמוּם אֵין
ח בָּךְ: אִתִּי מִלְּבָנוֹן כַּלָּה אִתִּי מִלְּבָנוֹן תָּבוֹאִי
תָּשׁוּרִי ׀ מֵרֹאשׁ אֲמָנָה מֵרֹאשׁ שְׂנִיר וְחֶרְמוֹן מִמְּעֹנוֹת אֲרָיוֹת
ט מֵהַרְרֵי נְמֵרִים: לִבַּבְתִּנִי אֲחֹתִי כַלָּה לִבַּבְתִּנִי באחד מֵעֵינַיִךְ בְּאַחַת
י בְּאַחַד עֲנָק מִצַּוְּרֹנָיִךְ: מַה־יָּפוּ דֹדַיִךְ אֲחֹתִי כַלָּה מַה־טֹּבוּ
יא דֹדַיִךְ מִיַּיִן וְרֵיחַ שְׁמָנַיִךְ מִכָּל־בְּשָׂמִים: נֹפֶת תִּטֹּפְנָה שִׂפְתוֹתַיִךְ
כַּלָּה דְּבַשׁ וְחָלָב תַּחַת לְשׁוֹנֵךְ וְרֵיחַ שַׂלְמֹתַיִךְ כְּרֵיחַ
יב לְבָנוֹן: גַּן ׀ נָעוּל אֲחֹתִי כַלָּה גַּל נָעוּל מַעְיָן
יג חָתוּם: שְׁלָחַיִךְ פַּרְדֵּס רִמּוֹנִים עִם פְּרִי מְגָדִים כְּפָרִים עִם־

blossom. My beloved is mine, and I am his: he feeds among the 16
lilies. Before the day cools, and the shadows flee away, turn, 17
my beloved, and be thou like a gazelle or a young hart upon
the mountains of Beter. By night on my bed I sought him 3
whom my soul loves: I sought him, but I found him not. I will 2
rise now, and go about the city in the streets, and in the broad
ways I will seek him whom my soul loves: I sought him, but
I found him not. The watchmen that go about the city found 3
me: to whom I said, Have you seen him whom my soul loves?
Scarce had I passed from them, when I found him whom my 4
soul loves: I held him, and would not let him go, until I had
brought him into my mother's house, and into the chamber of
her who conceived me. I charge you, O daughters of Yerusha- 5
layim, by the gazelles, and by the hinds of the field, that you
stir not up, nor awake my love, till it please. Who is this 6
coming out of the wilderness like columns of smoke, perfumed
with myrrh and frankincense, with all powders of the mer-
chant? Behold it is his litter, that of Shelomo! sixty valiant men 7
are round about it, of the mighty men of Yisra'el. All girt with 8
swords, and expert in war: every man has his sword upon his
thigh because of the fear by night. King Shelomo made 9
himself a palanquin of the timbers of the Levanon. He made its 10
pillars of silver, its back of gold, its seat of purple, the midst
of it being inlaid lovingly, by the daughters of Yerushalayim.
Go forth, O daughters of Ẕiyyon, and behold king Shelomo with 11
the crown with which his mother crowned him on the day of
his wedding, and on the day of the gladness of his heart.

Behold, thou art fair, my love; behold, thou art fair; 4
thou hast doves' eyes behind thy veil: thy hair is like a flock
of goats, that cascade down from mount Gil'ad. Thy teeth 2
are like a flock of shorn ewes, which came up from the
washing; all of which bear twins, and none of them miscarries.
Thy lips are like a thread of scarlet, and thy mouth is comely: 3
thy cheek is like a piece of a pomegranate within thy locks.
Thy neck is like the tower of David built with turrets, on which 4
there hang a thousand bucklers, all shields of mighty men. Thy 5
two breasts are like two fawns, twins of a gazelle, which feed
among the lilies. Before the day cools, and the shadows flee 6
away, I will get me to the mountain of myrrh, and to the hill
of frankincense. Thou art all fair, my love; there is no blemish 7
in thee. Come with me from Levanon, my bride, with 8
me from Levanon: look from the top of Amana, from the top
of Senir and Ḥermon, from the lions' dens, from the mountains
of the leopards. Thou hast ravished my heart, my sister, my 9
bride; thou hast ravished my heart with one of thy eyes, with
one link of thy necklace. How fair is thy love, my sister, my 10
bride! how much better is thy love than wine! and the smell
of thy ointments than all spices! Thy lips, O my bride, drop 11
as the honeycomb: honey and milk are under thy tongue; and
the scent of thy garments is like the scent of Levanon. A 12
garden enclosed is my sister, my bride; a spring shut up, a
fountain sealed. Thy shoots are an orchard of pomegranates, 13

יד	נְרָדִים: נֵרְדְּ ׀ וְכַרְכֹּם קָנֶה וְקִנָּמוֹן עִם כָּל־עֲצֵי לְבוֹנָה מֹר
טו	וַאֲהָלוֹת עִם כָּל־רָאשֵׁי בְשָׂמִים: מַעְיַן גַּנִּים בְּאֵר מַיִם חַיִּים
טז	וְנֹזְלִים מִן־לְבָנוֹן: עוּרִי צָפוֹן וּבוֹאִי תֵימָן הָפִיחִי גַנִּי יִזְּלוּ
ה א	בְשָׂמָיו יָבֹא דוֹדִי לְגַנּוֹ וְיֹאכַל פְּרִי מְגָדָיו: בָּאתִי לְגַנִּי אֲחֹתִי
	כַלָּה אָרִיתִי מוֹרִי עִם־בְּשָׂמִי אָכַלְתִּי יַעְרִי עִם־דִּבְשִׁי שָׁתִיתִי
ב	יֵינִי עִם־חֲלָבִי אִכְלוּ רֵעִים שְׁתוּ וְשִׁכְרוּ דּוֹדִים: אֲנִי
	יְשֵׁנָה וְלִבִּי עֵר קוֹל ׀ דּוֹדִי דוֹפֵק פִּתְחִי־לִי אֲחֹתִי רַעְיָתִי יוֹנָתִי
ג	תַמָּתִי שֶׁרֹּאשִׁי נִמְלָא־טָל קְוֻצּוֹתַי רְסִיסֵי לָיְלָה: פָּשַׁטְתִּי אֶת־
	כֻּתָּנְתִּי אֵיכָכָה אֶלְבָּשֶׁנָּה רָחַצְתִּי אֶת־רַגְלַי אֵיכָכָה אֲטַנְּפֵם:
ד	דּוֹדִי שָׁלַח יָדוֹ מִן־הַחֹר וּמֵעַי הָמוּ עָלָיו: קַמְתִּי אֲנִי לִפְתֹּחַ
	לְדוֹדִי וְיָדַי נָטְפוּ־מוֹר וְאֶצְבְּעֹתַי מוֹר עֹבֵר עַל כַּפּוֹת הַמַּנְעוּל:
ו	פָּתַחְתִּי אֲנִי לְדוֹדִי וְדוֹדִי חָמַק עָבָר נַפְשִׁי יָצְאָה בְדַבְּרוֹ
ז	בִּקַּשְׁתִּיהוּ וְלֹא מְצָאתִיהוּ קְרָאתִיו וְלֹא עָנָנִי: מְצָאֻנִי
	הַשֹּׁמְרִים הַסֹּבְבִים בָּעִיר הִכּוּנִי פְצָעוּנִי נָשְׂאוּ אֶת־רְדִידִי מֵעָלַי
ח	שֹׁמְרֵי הַחֹמוֹת: הִשְׁבַּעְתִּי אֶתְכֶם בְּנוֹת יְרוּשָׁלָ͏ִם אִם־תִּמְצְאוּ
ט	אֶת־דּוֹדִי מַה־תַּגִּידוּ לוֹ שֶׁחוֹלַת אַהֲבָה אָנִי: מַה־דּוֹדֵךְ מִדּוֹד
י	הַיָּפָה בַּנָּשִׁים מַה־דּוֹדֵךְ מִדּוֹד שֶׁכָּכָה הִשְׁבַּעְתָּנוּ: דּוֹדִי
יא	צַח וְאָדוֹם דָּגוּל מֵרְבָבָה: רֹאשׁוֹ כֶּתֶם פָּז קְוֻצּוֹתָיו תַּלְתַּלִּים
יב	שְׁחֹרוֹת כָּעוֹרֵב: עֵינָיו כְּיוֹנִים עַל־אֲפִיקֵי מָיִם רֹחֲצוֹת בֶּחָלָב
יג	יֹשְׁבוֹת עַל־מִלֵּאת: לְחָיָו כַּעֲרוּגַת הַבֹּשֶׂם מִגְדְּלוֹת מֶרְקָחִים
יד	שִׂפְתוֹתָיו שׁוֹשַׁנִּים נֹטְפוֹת מוֹר עֹבֵר: יָדָיו גְּלִילֵי זָהָב מְמֻלָּאִים
טו	בַּתַּרְשִׁישׁ מֵעָיו עֶשֶׁת שֵׁן מְעֻלֶּפֶת סַפִּירִים: שׁוֹקָיו עַמּוּדֵי
	שֵׁשׁ מְיֻסָּדִים עַל־אַדְנֵי־פָז מַרְאֵהוּ כַּלְּבָנוֹן בָּחוּר כָּאֲרָזִים:
טז	חִכּוֹ מַמְתַקִּים וְכֻלּוֹ מַחֲמַדִּים זֶה דוֹדִי וְזֶה רֵעִי בְּנוֹת יְרוּשָׁלָ͏ִם:
ו א	אָנָה הָלַךְ דּוֹדֵךְ הַיָּפָה בַּנָּשִׁים אָנָה פָּנָה דוֹדֵךְ וּנְבַקְשֶׁנּוּ
ב	עִמָּךְ: דּוֹדִי יָרַד לְגַנּוֹ לַעֲרֻגוֹת הַבֹּשֶׂם לִרְעוֹת בַּגַּנִּים וְלִלְקֹט
ג	שׁוֹשַׁנִּים: אֲנִי לְדוֹדִי וְדוֹדִי לִי הָרֹעֶה בַּשּׁוֹשַׁנִּים:
ד	יָפָה אַתְּ רַעְיָתִי כְּתִרְצָה נָאוָה כִּירוּשָׁלָ͏ִם אֲיֻמָּה כַּנִּדְגָּלוֹת: הָסֵבִּי
ה	עֵינַיִךְ מִנֶּגְדִּי שֶׁהֵם הִרְהִיבֻנִי שַׂעְרֵךְ כְּעֵדֶר הָעִזִּים שֶׁגָּלְשׁוּ
ו	מִן־הַגִּלְעָד: שִׁנַּיִךְ כְּעֵדֶר הָרְחֵלִים שֶׁעָלוּ מִן־הָרַחְצָה שֶׁכֻּלָּם
ז	מַתְאִימוֹת וְשַׁכֻּלָה אֵין בָּהֶם: כְּפֶלַח הָרִמּוֹן רַקָּתֵךְ מִבַּעַד
ח	לְצַמָּתֵךְ: שִׁשִּׁים הֵמָּה מְלָכוֹת וּשְׁמֹנִים פִּילַגְשִׁים וַעֲלָמוֹת
ט	אֵין מִסְפָּר: אַחַת הִיא יוֹנָתִי תַמָּתִי אַחַת הִיא לְאִמָּהּ בָּרָה

with pleasant fruits, henna and nard. Nard and saffron, cala- 14
mus and cinnamon, with all trees of frankincense; myrrh and
aloes, with all the chief spices: a fountain of gardens, a well 15
of living waters, and streams from Levanon. Awake, O north 16
wind; and come, thou south; blow upon my garden, that the
spices thereof may flow out. Let my beloved come into his
garden, and eat its choicest fruits. I am come into my garden, 5
my sister, my bride: I have gathered my myrrh with my spice;
I have eaten my honeycomb with my honey; I have drunk my
wine with my milk. Eat, O dear ones, and drink; drink deep, O
loving companions.   I sleep, but my heart wakes: hark, 2
my beloved is knocking, saying, Open to me, my sister, my
love, my dove, my undefiled: for my head is filled with dew,
and my locks with the drops of the night. I have put off my coat; 3
how shall I put it on? I have washed my feet; how shall I soil
them? My beloved put in his hand by the latchet of the door, 4
and my heart was thrilled for him. I rose up to open to my 5
beloved; and my hands dropped with myrrh, and my fingers
with flowing myrrh, upon the handles of the lock. I opened to 6
my beloved; but my beloved had turned away, and was gone:
my soul failed when he spoke: I sought him, but I could not
find him; I called him, but he gave me no answer. The watch- 7
men who went about the city found me, they struck me, they
wounded me; the keepers of the walls took away my veil from
me. I charge you, O daughters of Yerushalayim, if you find 8
my beloved, that you tell him, that I am sick with love.
What is thy beloved more than another beloved, O thou fairest 9
among women? what is thy beloved more than another beloved,
that thou dost so charge us? My beloved is white and ruddy, 10
distinguished among ten thousand. His head is as the most fine 11
gold, his locks are wavy, and black as a raven. His eyes are like 12
doves by the water courses, washed with milk, and fitly set.
His cheeks are like a bed of spices, like banks of fragrant 13
flowers: his lips like lilies, dropping flowing myrrh. His hands 14
are like rods of gold set with emeralds: his belly is polished
ivory overlaid with sapphires. His legs are pillars of marble, 15
set upon sockets of fine gold: his countenance is like the
Levanon, excellent as the cedars. His mouth is most sweet: 16
and he is altogether lovely. This is my beloved, and this is my
friend, O daughters of Yerushalayim. Where is thy beloved 6
gone, O thou fairest among women? where has thy beloved
turned aside? that we may seek him with thee. My beloved 2
is gone down into his garden, to the beds of spices, to feed
in the gardens, and to gather lilies. I am my beloved's, and 3
my beloved is mine: he feeds among the lilies.
Thou art beautiful, O my love, as Tirẓa, comely as Yerusha- 4
layim, terrible as an army with banners. Turn away thy eyes 5
from me, for they have overcome me: thy hair is like a flock
of goats cascading down from Gil'ad. Thy teeth are like a 6
flock of sheep which go up from the washing, of which all bear
twins, and not one of them miscarries. As a piece of a pome- 7
granate is thy cheek within thy veil. There are sixty queens, and 8
eighty concubines and young women without number. My dove, 9

הִיא לְיוֹלַדְתָּהּ רָאוּהָ בָנוֹת וַיְאַשְּׁרוּהָ מְלָכוֹת וּפִילַגְשִׁים
י וַיְהַלְלוּהָ׃ מִי־זֹאת הַנִּשְׁקָפָה כְּמוֹ־שָׁחַר יָפָה כַלְּבָנָה
יא בָּרָה כַּחַמָּה אֲיֻמָּה כַּנִּדְגָּלוֹת׃ אֶל־גִּנַּת אֱגוֹז יָרַדְתִּי לִרְאוֹת
יב בְּאִבֵּי הַנָּחַל לִרְאוֹת הֲפָרְחָה הַגֶּפֶן הֵנֵצוּ הָרִמֹּנִים׃ לֹא יָדַעְתִּי
ז א נַפְשִׁי שָׂמַתְנִי מַרְכְּבוֹת עַמִּי נָדִיב׃ שׁוּבִי שׁוּבִי הַשּׁוּלַמִּית
שׁוּבִי שׁוּבִי וְנֶחֱזֶה־בָּךְ מַה־תֶּחֱזוּ בַּשּׁוּלַמִּית כִּמְחֹלַת הַמַּחֲנָיִם׃
ב מַה־יָּפוּ פְעָמַיִךְ בַּנְּעָלִים בַּת־נָדִיב חַמּוּקֵי יְרֵכַיִךְ כְּמוֹ חֲלָאִים
ג מַעֲשֵׂה יְדֵי אָמָּן׃ שָׁרְרֵךְ אַגַּן הַסַּהַר אַל־יֶחְסַר הַמָּזֶג בִּטְנֵךְ
ד עֲרֵמַת חִטִּים סוּגָה בַּשּׁוֹשַׁנִּים׃ שְׁנֵי שָׁדַיִךְ כִּשְׁנֵי עֳפָרִים תָּאֳמֵי
ה צְבִיָּה׃ צַוָּארֵךְ כְּמִגְדַּל הַשֵּׁן עֵינַיִךְ בְּרֵכוֹת בְּחֶשְׁבּוֹן עַל־שַׁעַר
ו בַּת־רַבִּים אַפֵּךְ כְּמִגְדַּל הַלְּבָנוֹן צוֹפֶה פְּנֵי דַמָּשֶׂק׃ רֹאשֵׁךְ עָלַיִךְ
ז כַּכַּרְמֶל וְדַלַּת רֹאשֵׁךְ כָּאַרְגָּמָן מֶלֶךְ אָסוּר בָּרְהָטִים׃ מַה־
ח יָּפִית וּמַה־נָּעַמְתְּ אַהֲבָה בַּתַּעֲנוּגִים׃ זֹאת קוֹמָתֵךְ דָּמְתָה לְתָמָר
ט וְשָׁדַיִךְ לְאַשְׁכֹּלוֹת׃ אָמַרְתִּי אֶעֱלֶה בְתָמָר אֹחֲזָה בְּסַנְסִנָּיו וְיִהְיוּ־
י נָא שָׁדַיִךְ כְּאֶשְׁכְּלוֹת הַגֶּפֶן וְרֵיחַ אַפֵּךְ כַּתַּפּוּחִים׃ וְחִכֵּךְ
כְּיֵין הַטּוֹב הוֹלֵךְ לְדוֹדִי לְמֵישָׁרִים דּוֹבֵב שִׂפְתֵי יְשֵׁנִים׃
יא יב אֲנִי לְדוֹדִי וְעָלַי תְּשׁוּקָתוֹ׃ לְכָה דוֹדִי נֵצֵא הַשָּׂדֶה נָלִינָה
יג בַּכְּפָרִים׃ נַשְׁכִּימָה לַכְּרָמִים נִרְאֶה אִם־פָּרְחָה הַגֶּפֶן פִּתַּח
יד הַסְּמָדַר הֵנֵצוּ הָרִמּוֹנִים שָׁם אֶתֵּן אֶת־דֹּדַי לָךְ׃ הַדּוּדָאִים
נָתְנוּ־רֵיחַ וְעַל־פְּתָחֵינוּ כָּל־מְגָדִים חֲדָשִׁים גַּם־יְשָׁנִים דּוֹדִי
ח א צָפַנְתִּי לָךְ׃ מִי יִתֶּנְךָ כְּאָח לִי יוֹנֵק שְׁדֵי אִמִּי אֶמְצָאֲךָ בַחוּץ
ב אֶשָּׁקְךָ גַּם לֹא־יָבֻזוּ לִי׃ אֶנְהָגְךָ אֲבִיאֲךָ אֶל־בֵּית אִמִּי תְּלַמְּדֵנִי
ג אַשְׁקְךָ מִיַּיִן הָרֶקַח מֵעֲסִיס רִמֹּנִי׃ שְׂמֹאלוֹ תַּחַת רֹאשִׁי וִימִינוֹ
ד תְּחַבְּקֵנִי׃ הִשְׁבַּעְתִּי אֶתְכֶם בְּנוֹת יְרוּשָׁלִָם מַה־תָּעִירוּ ׀ וּמַה־
ה תְּעֹרְרוּ אֶת־הָאַהֲבָה עַד שֶׁתֶּחְפָּץ׃ מִי זֹאת
עֹלָה מִן־הַמִּדְבָּר מִתְרַפֶּקֶת עַל־דּוֹדָהּ תַּחַת הַתַּפּוּחַ עוֹרַרְתִּיךָ
ו שָׁמָּה חִבְּלַתְךָ אִמֶּךָ שָׁמָּה חִבְּלָה יְלָדַתְךָ׃ שִׂימֵנִי כַחוֹתָם
עַל־לִבֶּךָ כַּחוֹתָם עַל־זְרוֹעֶךָ כִּי־עַזָּה כַמָּוֶת אַהֲבָה קָשָׁה
ז כִשְׁאוֹל קִנְאָה רְשָׁפֶיהָ רִשְׁפֵּי אֵשׁ שַׁלְהֶבֶתְיָה׃ מַיִם רַבִּים לֹא
יוּכְלוּ לְכַבּוֹת אֶת־הָאַהֲבָה וּנְהָרוֹת לֹא יִשְׁטְפוּהָ אִם־יִתֵּן אִישׁ
ח אֶת־כָּל־הוֹן בֵּיתוֹ בָּאַהֲבָה בּוֹז יָבוּזוּ לוֹ׃ אָחוֹת
לָנוּ קְטַנָּה וְשָׁדַיִם אֵין לָהּ מַה־נַּעֲשֶׂה לַאֲחֹתֵנוּ בַּיּוֹם שֶׁיְּדֻבַּר־

my undefiled is but one; she is the only one of her mother, she is the choice one of her that bore her. The daughters saw her, and called her happy; and the queens and the concubines praised her.   Who is she that looks out like the dawn, **10** fair as the moon, clear as the sun, and terrible as an army with banners? I went down into the garden of nuts to see the **11** fruits of the valley, and to see whether the vine had blossomed, whether the pomegranates were in flower. Without my knowing **12** it, my soul set me among the chariots of a princely people. Return **7** return, O Shulammite; return, return, that we may look upon thee. What will you see in the Shulammite ? as it were the dance at Maḥanayim. How beautiful are thy feet in sandals, O prince's **2** daughter ! thy rounded thighs are like jewels, the work of the hands of an artist. Thy navel is like a round goblet, that never **3** lacks blended wine: thy belly is like a heap of wheat set about with lilies. Thy two breasts are like two fawns, the twins of a **4** gazelle. Thy neck is like a tower of ivory; thy eyes like the **5** pools in Ḥeshbon, by the gate of Bat-rabbim: thy nose is like the tower of the Levanon which looks toward Dammeseq. Thy **6** head upon thee is like the Karmel, and the hair of thy head like purple: a king is caught in its tresses. How fair and how **7** pleasant art thou, O love, for delights ! This thy stature is like **8** a palm tree, and thy breasts are like clusters of grapes. I said, **9** I will go up into the palm tree, I will take hold of its boughs : may thy breasts be like clusters of the vine, and the scent of thy countenance like apples; and the roof of thy mouth like the **10** best wine, that goes down sweetly for my beloved, causing the sleepers' lips to murmur. I am my beloved's, and his desire is **11** towards me. Come, my beloved, let us go forth into the field; **12** let us lodge in the villages. Let us get up early to the vine- **13** yards ; let us see if the vine has flowered, if the grape blos- soms have opened, if the pomegranates are in flower: there will I give thee my loves. The mandrakes give a fragrance, and **14** at our gates are all manner of choice fruits, new and old, which I have laid up for thee, O my beloved. O that thou wert **8** as my brother, that sucked the breasts of my mother! when I should find thee outside, I would kiss thee; and none would scorn me. I would lead thee, and bring thee into the house **2** of my mother who brought me up : I would cause thee to drink of spiced wine, of the juice of my pomegranate. His left hand **3** is under my head, and his right hand embraces me. I charge **4** you, O daughters of Yerushalayim, that you stir not up, nor awaken my love, until it please.   Who is that, coming **5** up from the wilderness, leaning upon her beloved? I roused thee under the apple tree: there thy mother was in travail with thee: there she who bore thee was in travail. Set me as **6** a seal upon thy heart, as a seal upon thy arm: for love is strong as death; jealousy is cruel as She'ol: the coals thereof are coals of fire, which have a most vehement flame. Many **7** waters cannot quench love, nor can the floods drown it: if a man would give all the substance of his house for love, it would be utterly scorned.   We have a little sister, and **8**

ט בָּהּ׃ אִם־חוֹמָה הִיא נִבְנֶה עָלֶיהָ טִירַת כָּסֶף וְאִם־דֶּלֶת הִיא
י נָצוּר עָלֶיהָ לוּחַ אָרֶז׃ אֲנִי חוֹמָה וְשָׁדַי כַּמִּגְדָּלוֹת אָז הָיִיתִי
יא בְעֵינָיו כְּמוֹצְאֵת שָׁלוֹם׃ כֶּרֶם הָיָה לִשְׁלֹמֹה בְּבַעַל הָמוֹן נָתַן
יב אֶת־הַכֶּרֶם לַנֹּטְרִים אִישׁ יָבִא בְּפִרְיוֹ אֶלֶף כָּסֶף׃ כַּרְמִי שֶׁלִּי
יג לְפָנָי הָאֶלֶף לְךָ שְׁלֹמֹה וּמָאתַיִם לְנֹטְרִים אֶת־פִּרְיוֹ׃ הַיּוֹשֶׁבֶת
יד בַּגַּנִּים חֲבֵרִים מַקְשִׁיבִים לְקוֹלֵךְ הַשְׁמִיעִנִי׃ בְּרַח ׀ דּוֹדִי וּדְמֵה־
לְךָ לִצְבִי אוֹ לְעֹפֶר הָאַיָּלִים עַל הָרֵי בְשָׂמִים׃

she has no breasts: what shall we do for our sister in the day
when she shall be spoken for? If she be a wall, we will build 9
upon her a battlement of silver: and if she be a door, we will
enclose her with boards of cedar. I was a wall, and my breasts 10
were like towers: then was I in his eyes as one who finds
content. Shelomo had a vineyard at Ba'al-hamon; he let out 11
the vineyard to keepers; everyone for its fruit was to bring a
thousand pieces of silver. My vineyard, which is mine, is before 12
me: thou, O Shelomo, may have the thousand, and those that
keep its fruit two hundred. Thou that dwellest in the gardens, 13
the companions hearken for thy voice: cause me to hear it.
Make haste, my beloved, and be thou like a gazelle or a young 14
hart upon the mountains of spices.

she has no breasts; what shall we do for our sister in the day
when she shall be spoken for? If she be a wall, we will build 8
upon her a battlement of silver; and if she be a door, we will 9
enclose her with boards of cedar. I was a wall, and my breasts
were like towers; then was I in his eyes as one who finds
content. Solomon had a vineyard at Baal-hamon; he let out 10
the vineyard to keepers; everyone for the fruit was to bring a 11
thousand pieces of silver. My vineyard, which is mine, is before
me; thou, O Solomon, must have the thousand, and those that 12
keep its fruit two hundred. Thou that dwellest in the gardens, 13
the companions hearken for thy voice; cause me to hear it.
Make haste, my beloved, and be thou like to a gazelle or a young 14
hart upon the mountains of spices.

רות

RUT-RUTH

א וַיְהִי בִּימֵי שְׁפֹט הַשֹּׁפְטִים וַיְהִי רָעָב בָּאָרֶץ וַיֵּלֶךְ אִישׁ מִבֵּית
ב לֶחֶם יְהוּדָה לָגוּר בִּשְׂדֵי מוֹאָב הוּא וְאִשְׁתּוֹ וּשְׁנֵי בָנָיו׃ וְשֵׁם
הָאִישׁ אֱלִימֶלֶךְ וְשֵׁם אִשְׁתּוֹ נָעֳמִי וְשֵׁם שְׁנֵי־בָנָיו ׀ מַחְלוֹן
וְכִלְיוֹן אֶפְרָתִים מִבֵּית לֶחֶם יְהוּדָה וַיָּבֹאוּ שְׂדֵי־מוֹאָב וַיִּהְיוּ־
ג שָׁם׃ וַיָּמָת אֱלִימֶלֶךְ אִישׁ נָעֳמִי וַתִּשָּׁאֵר הִיא וּשְׁנֵי בָנֶיהָ׃
ד וַיִּשְׂאוּ לָהֶם נָשִׁים מֹאֲבִיּוֹת שֵׁם הָאַחַת עָרְפָּה וְשֵׁם הַשֵּׁנִית
ה רוּת וַיֵּשְׁבוּ שָׁם כְּעֶשֶׂר שָׁנִים׃ וַיָּמוּתוּ גַם־שְׁנֵיהֶם מַחְלוֹן וְכִלְיוֹן
ו וַתִּשָּׁאֵר הָאִשָּׁה מִשְּׁנֵי יְלָדֶיהָ וּמֵאִישָׁהּ׃ וַתָּקָם הִיא וְכַלֹּתֶיהָ
וַתָּשָׁב מִשְּׂדֵי מוֹאָב כִּי שָׁמְעָה בִּשְׂדֵה מוֹאָב כִּי־פָקַד יהוה
ז אֶת־עַמּוֹ לָתֵת לָהֶם לָחֶם׃ וַתֵּצֵא מִן־הַמָּקוֹם אֲשֶׁר הָיְתָה־
שָׁמָּה וּשְׁתֵּי כַלֹּתֶיהָ עִמָּהּ וַתֵּלַכְנָה בַדֶּרֶךְ לָשׁוּב אֶל־אֶרֶץ
ח יְהוּדָה׃ וַתֹּאמֶר נָעֳמִי לִשְׁתֵּי כַלֹּתֶיהָ לֵכְנָה שֹּׁבְנָה אִשָּׁה לְבֵית
אִמָּהּ יעשה יהוה עִמָּכֶם חֶסֶד כַּאֲשֶׁר עֲשִׂיתֶם עִם־הַמֵּתִים יַעַשׂ
ט וְעִמָּדִי׃ יִתֵּן יהוה לָכֶם וּמְצֶאןָ מְנוּחָה אִשָּׁה בֵּית אִישָׁהּ וַתִּשַּׁק
י לָהֶן וַתִּשֶּׂאנָה קוֹלָן וַתִּבְכֶּינָה׃ וַתֹּאמַרְנָה־לָּהּ כִּי־אִתָּךְ נָשׁוּב
יא לְעַמֵּךְ׃ וַתֹּאמֶר נָעֳמִי שֹׁבְנָה בְנֹתַי לָמָּה תֵלַכְנָה עִמִּי הַעוֹד־
יב לִי בָנִים בְּמֵעַי וְהָיוּ לָכֶם לַאֲנָשִׁים׃ שֹׁבְנָה בְנֹתַי לֵכְןָ כִּי זָקַנְתִּי
מִהְיוֹת לְאִישׁ כִּי אָמַרְתִּי יֶשׁ־לִי תִקְוָה גַּם הָיִיתִי הַלַּיְלָה
יג לְאִישׁ וְגַם יָלַדְתִּי בָנִים׃ הֲלָהֵן ׀ תְּשַׂבֵּרְנָה עַד אֲשֶׁר יִגְדָּלוּ
הֲלָהֵן תֵּעָגֵנָה לְבִלְתִּי הֱיוֹת לְאִישׁ אַל בְּנֹתַי כִּי־מַר־לִי מְאֹד
יד מִכֶּם כִּי־יָצְאָה בִי יַד־יהוה׃ וַתִּשֶּׂנָה קוֹלָן וַתִּבְכֶּינָה עוֹד
טו וַתִּשַּׁק עָרְפָּה לַחֲמוֹתָהּ וְרוּת דָּבְקָה בָּהּ׃ וַתֹּאמֶר הִנֵּה שָׁבָה
טז יְבִמְתֵּךְ אֶל־עַמָּהּ וְאֶל־אֱלֹהֶיהָ שׁוּבִי אַחֲרֵי יְבִמְתֵּךְ׃ וַתֹּאמֶר
רוּת אַל־תִּפְגְּעִי־בִי לְעָזְבֵךְ לָשׁוּב מֵאַחֲרָיִךְ כִּי אֶל־אֲשֶׁר
תֵּלְכִי אֵלֵךְ וּבַאֲשֶׁר תָּלִינִי אָלִין עַמֵּךְ עַמִּי וֵאלֹהַיִךְ אֱלֹהָי׃
יז בַּאֲשֶׁר תָּמוּתִי אָמוּת וְשָׁם אֶקָּבֵר כֹּה יַעֲשֶׂה יהוה לִי וְכֹה
יח יֹסִיף כִּי הַמָּוֶת יַפְרִיד בֵּינִי וּבֵינֵךְ׃ וַתֵּרֶא כִּי־מִתְאַמֶּצֶת הִיא
יט לָלֶכֶת אִתָּהּ וַתֶּחְדַּל לְדַבֵּר אֵלֶיהָ׃ וַתֵּלַכְנָה שְׁתֵּיהֶם עַד־בֹּאָנָה
בֵּית לָחֶם וַיְהִי כְּבֹאָנָה בֵּית לֶחֶם וַתֵּהֹם כָּל־הָעִיר עֲלֵיהֶן
כ וַתֹּאמַרְנָה הֲזֹאת נָעֳמִי׃ וַתֹּאמֶר אֲלֵיהֶן אַל־תִּקְרֶאנָה לִי
כא נָעֳמִי קְרֶאןָ לִי מָרָא כִּי־הֵמַר שַׁדַּי לִי מְאֹד׃ אֲנִי מְלֵאָה הָלַכְתִּי
וְרֵיקָם הֱשִׁיבַנִי יהוה לָמָּה תִקְרֶאנָה לִי נָעֳמִי וַיהוה עָנָה בִי
כב וְשַׁדַּי הֵרַע לִי׃ וַתָּשָׁב נָעֳמִי וְרוּת הַמּוֹאֲבִיָּה כַלָּתָהּ עִמָּהּ

1

Now it came to pass in the days when the judges ruled, that 1
there was a famine in the land. And a certain man of Bet-
leẖem in Yehuda went to sojourn in the country of Mo'av, he,
and his wife, and his two sons. And the name of the man was 2
Elimelekh, and the name of his wife Na'omi, and the name of
his two sons, Maẖlon and Kilyon, Efratites from Bet-leẖem in
Yehuda. And they came into the country of Mo'av, and re-
mained there. And Elimelekh, Na'omi's husband died ; and she 3
was left, and her two sons. And they took wives for themselves 4
of the women of Mo'av; the name of the one was 'Orpa, and
the name of the other Rut: and they dwelled there about ten
years. And Maẖlon and Kilyon died, both of them; so that the 5
woman was bereft of her two sons and her husband. Then she 6
arose with her daughters in law, that she might return from the
country of Mo'av: for she had heard in the country of Mo'av
that the Lord had visited his people in giving them bread.
So she went out of the place where she was, and her two 7
daughters in law with her ; and they took the road to return
to the land of Yehuda. And Na'omi said to her two daughters 8
in law, Go, return each of you to her mother's house: the Lord
deal loyally with you, as you have dealt with the dead, and with
me. The Lord grant you that you may find rest, each of you 9
in the house of her husband. Then she kissed them; and they
lifted up their voice, and wept. And they said to her, No, we 10
will return with thee to thy people. And Na'omi said, Turn back, 11
my daughters: why will you go with me? are there yet any
more sons in my womb, that they may be your husbands?
turn back, my daughters, go your way; for I am too old to 12
have a husband. If I should say, I have hope, even if I should
have a husband tonight, and should bear sons; would you 13
tarry for them till they were grown? would you, for them, refrain
from having husbands? no, my daughters; for it grieves me
much for your sakes that the hand of the Lord is gone out
against me. And they lifted up their voice, and wept again: 14
and 'Orpa kissed her mother in law; but Rut held fast to her.
And she said, Behold, thy sister in law has gone back to her 15
people, and to her gods: go back after thy sister in law. And 16
Rut said, Entreat me not to leave thee, or to return from fol-
lowing after thee : for wherever thou goest, I will go ; and
where thou lodgest, I will lodge: thy people shall be my people,
and thy God my God: where thou diest, I will die, and there 17
will I be buried: the Lord do so to me, and more also, if aught
but death part thee and me. When she saw that she was stead- 18
fastly minded to go with her, then she left off speaking to her.
So the two of them went on until they came to Bet-leẖem. And 19
it came to pass, when they were come to Bet-leẖem, that all
the city was astir at their arrival, and they said, Is this
Na'omi? And she said to them, Call me not Na'omi, call me 20
Mara: for the Almighty has dealt very bitterly with me. I went 21
out full, and the Lord has brought me back empty: why then
do you call me Na'omi, seeing the Lord has testified against
me, and the Almighty has afflicted me? So Na'omi returned, and 22
Rut the Mo'avite woman, her daughter in law, with her, who

הַשָּׁבָה מִשְּׂדֵי מוֹאָב וְהֵמָּה בָּאוּ בֵּית לֶחֶם בִּתְחִלַּת קְצִיר
ב א שְׂעֹרִים: וּלְנָעֳמִי מידע לְאִישָׁהּ אִישׁ גִּבּוֹר חַיִל מִמִּשְׁפַּחַת מוֹדַע
ב אֱלִימֶלֶךְ וּשְׁמוֹ בֹּעַז: וַתֹּאמֶר רוּת הַמּוֹאֲבִיָּה אֶל־נָעֳמִי אֵלְכָה־
נָּא הַשָּׂדֶה וַאֲלַקֳטָה בַשִּׁבֳּלִים אַחַר אֲשֶׁר אֶמְצָא־חֵן בְּעֵינָיו
ג וַתֹּאמֶר לָהּ לְכִי בִתִּי: וַתֵּלֶךְ וַתָּבוֹא וַתְּלַקֵּט בַּשָּׂדֶה אַחֲרֵי
הַקֹּצְרִים וַיִּקֶר מִקְרֶהָ חֶלְקַת הַשָּׂדֶה לְבֹעַז אֲשֶׁר מִמִּשְׁפַּחַת
ד אֱלִימֶלֶךְ: וְהִנֵּה־בֹעַז בָּא מִבֵּית לֶחֶם וַיֹּאמֶר לַקּוֹצְרִים יְהוָה
ה עִמָּכֶם וַיֹּאמְרוּ לוֹ יְבָרֶכְךָ יְהוָה: וַיֹּאמֶר בֹּעַז לְנַעֲרוֹ הַנִּצָּב
ו עַל־הַקּוֹצְרִים לְמִי הַנַּעֲרָה הַזֹּאת: וַיַּעַן הַנַּעַר הַנִּצָּב עַל־
הַקּוֹצְרִים וַיֹּאמַר נַעֲרָה מוֹאֲבִיָּה הִיא הַשָּׁבָה עִם־נָעֳמִי מִשְּׂדֵי
ז מוֹאָב: וַתֹּאמֶר אֲלַקֳטָה־נָּא וְאָסַפְתִּי בָעֳמָרִים אַחֲרֵי הַקּוֹצְרִים
וַתָּבוֹא וַתַּעֲמוֹד מֵאָז הַבֹּקֶר וְעַד־עַתָּה זֶה שִׁבְתָּהּ הַבַּיִת
ח מְעָט: וַיֹּאמֶר בֹּעַז אֶל־רוּת הֲלוֹא שָׁמַעַתְּ בִּתִּי אַל־תֵּלְכִי
לִלְקֹט בְּשָׂדֶה אַחֵר וְגַם לֹא תַעֲבוּרִי מִזֶּה וְכֹה תִדְבָּקִין עִם־
ט נַעֲרֹתָי: עֵינַיִךְ בַּשָּׂדֶה אֲשֶׁר־יִקְצֹרוּן וְהָלַכְתְּ אַחֲרֵיהֶן הֲלוֹא
צִוִּיתִי אֶת־הַנְּעָרִים לְבִלְתִּי נָגְעֵךְ וְצָמִת וְהָלַכְתְּ אֶל־הַכֵּלִים
י וְשָׁתִית מֵאֲשֶׁר יִשְׁאֲבוּן הַנְּעָרִים: וַתִּפֹּל עַל־פָּנֶיהָ וַתִּשְׁתַּחוּ
אָרְצָה וַתֹּאמֶר אֵלָיו מַדּוּעַ מָצָאתִי חֵן בְּעֵינֶיךָ לְהַכִּירֵנִי וְאָנֹכִי
יא נָכְרִיָּה: וַיַּעַן בֹּעַז וַיֹּאמֶר לָהּ הֻגֵּד הֻגַּד לִי כֹּל אֲשֶׁר־עָשִׂית
אֶת־חֲמוֹתֵךְ אַחֲרֵי מוֹת אִישֵׁךְ וַתַּעַזְבִי אָבִיךְ וְאִמֵּךְ וְאֶרֶץ
יב מוֹלַדְתֵּךְ וַתֵּלְכִי אֶל־עַם אֲשֶׁר לֹא־יָדַעַתְּ תְּמוֹל שִׁלְשׁוֹם: יְשַׁלֵּם
יְהוָה פָּעֳלֵךְ וּתְהִי מַשְׂכֻּרְתֵּךְ שְׁלֵמָה מֵעִם יְהוָה אֱלֹהֵי יִשְׂרָאֵל
יג אֲשֶׁר־בָּאת לַחֲסוֹת תַּחַת־כְּנָפָיו: וַתֹּאמֶר אֶמְצָא־חֵן בְּעֵינֶיךָ
אֲדֹנִי כִּי נִחַמְתָּנִי וְכִי דִבַּרְתָּ עַל־לֵב שִׁפְחָתֶךָ וְאָנֹכִי לֹא אֶהְיֶה
יד כְּאַחַת שִׁפְחֹתֶיךָ: וַיֹּאמֶר לָה בֹעַז לְעֵת הָאֹכֶל גֹּשִׁי הֲלֹם וְאָכַלְתְּ
מִן־הַלֶּחֶם וְטָבַלְתְּ פִּתֵּךְ בַּחֹמֶץ וַתֵּשֶׁב מִצַּד הַקֹּצְרִים וַיִּצְבָּט־
טו לָהּ קָלִי וַתֹּאכַל וַתִּשְׂבַּע וַתֹּתַר: וַתָּקָם לְלַקֵּט וַיְצַו בֹּעַז אֶת־
טז נְעָרָיו לֵאמֹר גַּם בֵּין הָעֳמָרִים תְּלַקֵּט וְלֹא תַכְלִימוּהָ: וְגַם שֹׁל־
תָּשֹׁלּוּ לָהּ מִן־הַצְּבָתִים וַעֲזַבְתֶּם וְלִקְּטָה וְלֹא תִגְעֲרוּ־בָהּ:
יז וַתְּלַקֵּט בַּשָּׂדֶה עַד־הָעָרֶב וַתַּחְבֹּט אֵת אֲשֶׁר־לִקֵּטָה וַיְהִי
יח כְּאֵיפָה שְׂעֹרִים: וַתִּשָּׂא וַתָּבוֹא הָעִיר וַתֵּרֶא חֲמוֹתָהּ אֵת
אֲשֶׁר־לִקֵּטָה וַתּוֹצֵא וַתִּתֶּן־לָהּ אֵת אֲשֶׁר־הוֹתִרָה מִשָּׂבְעָהּ:
יט וַתֹּאמֶר לָהּ חֲמוֹתָהּ אֵיפֹה לִקַּטְתְּ הַיּוֹם וְאָנָה עָשִׂית יְהִי מַכִּירֵךְ
בָּרוּךְ וַתַּגֵּד לַחֲמוֹתָהּ אֵת אֲשֶׁר־עָשְׂתָה עִמּוֹ וַתֹּאמֶר שֵׁם

returned out of the country of Mo'av : and they came to Bet-
leḥem at the beginning of the barley harvest. Now Na'omi   2
had a kinsman of her husband's, a man of wealth, of the family
of Elimelekh; and his name was Bo'az. And Rut the Mo'avite   2
said to Na'omi, Let me now go to the field, and glean ears
of corn after him in whose sight I shall find favour. And she
said to her, Go, my daughter. And she went, and came, and   3
gleaned in the field after the reapers: and she happened to
come to a part of the field belonging to Bo'az, who was of
the kindred of Elimelekh. And, behold, Bo'az came from Bet-   4
leḥem, and said to the reapers, The LORD be with you. And
they answered him, The LORD, bless thee. Then Bo'az said to   5
his servant that was set over the reapers, Whose maiden is
this ? And the servant that was set over the reapers answered 6
and said, It is the Mo'avite girl who came back with Na'omi
out of the country of Mo'av : and she said, I pray you, let me 7
glean and gather after the reapers among the sheaves : so she
came, and has continued from the morning until now, scarcely
spending any time in the hut. Then said Bo'az to Rut, Hearest 8
thou not, my daughter? Go not to glean in another field, nor
go away from here, but keep close here to my maidens : let thy 9
eyes be on the field that they reap, and go after them : have
I not charged the young men that they shall not touch thee ?
and when thou art thirsty, go to the vessels, and drink of that
which the young men have drawn. Then she fell on her face,   10
and bowed herself to the ground, and said to him, Why have
I found favour in thy eyes, that thou shouldst take notice of me,
seeing I am a stranger ? And Bo'az answered and said to her, It 11
has been fully related to me, all that thou hast done to thy
mother in law since the death of thy husband : and how thou
hast left thy father and thy mother, and the land of thy birth,
and art come to a people whom thou knewest not before.
The LORD recompense thy deed, and may a full reward be   12
given thee by the LORD GOD of Yisra'el, under whose wings
thou art come to take refuge. Then she said, Let me find favour 13
in thy sight, my lord ; for thou hast comforted me, and thou
hast spoken gently to thy handmaid, though I am not even like
one of thy handmaidens. And Bo'az said to her at the mealtime, 14
Come here, and eat of the bread, and dip thy morsel in the
vinegar. And she sat beside the reapers: and he reached her
parched corn, and she did eat, and was replete, and left. And 15
when she was risen up to glean, Bo'az commanded his young
men, saying, Let her even glean among the sheaves, and do
not reproach her: and let fall also some of the handfuls on   16
purpose for her, and leave them, that she may glean them,
and do not rebuke her. So she gleaned in the field until even- 17
ing, and beat out what she had gleaned: and it was about an
efa of barley. And she took it up, and went into the city :   18
and her mother in law saw what she had gleaned : and she
brought it out, and gave to her what she had left over after
she had eaten her fill. And her mother in law said to her, Where 19
hast thou gleaned today? and where hast thou worked? blessed
is he who took notice of thee. And she related to her mother

כ הָאִישׁ אֲשֶׁר עָשִׂיתִי עִמּוֹ הַיּוֹם בֹּעַז: וַתֹּאמֶר נָעֳמִי לְכַלָּתָהּ
בָּרוּךְ הוּא לַיהֹוָה אֲשֶׁר לֹא־עָזַב חַסְדּוֹ אֶת־הַחַיִּים וְאֶת־הַמֵּתִים

כא וַתֹּאמֶר לָהּ נָעֳמִי קָרוֹב לָנוּ הָאִישׁ מִגֹּאֲלֵנוּ הוּא: וַתֹּאמֶר
רוּת הַמּוֹאֲבִיָּה גַּם כִּי־אָמַר אֵלַי עִם־הַנְּעָרִים אֲשֶׁר־לִי תִּדְבָּקִין
עַד אִם־כִּלּוּ אֵת כָּל־הַקָּצִיר אֲשֶׁר־לִי: וַתֹּאמֶר נָעֳמִי אֶל־רוּת

כב כַּלָּתָהּ טוֹב בִּתִּי כִּי תֵצְאִי עִם־נַעֲרוֹתָיו וְלֹא יִפְגְּעוּ־בָךְ בְּשָׂדֶה

כג אַחֵר: וַתִּדְבַּק בְּנַעֲרוֹת בֹּעַז לְלַקֵּט עַד־כְּלוֹת קְצִיר־הַשְּׂעֹרִים
וּקְצִיר הַחִטִּים וַתֵּשֶׁב אֶת־חֲמוֹתָהּ:

ג

א וַתֹּאמֶר לָהּ נָעֳמִי חֲמוֹתָהּ
בִּתִּי הֲלֹא אֲבַקֶּשׁ־לָךְ מָנוֹחַ אֲשֶׁר יִיטַב־לָךְ: וְעַתָּה הֲלֹא בֹעַז

ב מֹדַעְתָּנוּ אֲשֶׁר הָיִית אֶת־נַעֲרוֹתָיו הִנֵּה־הוּא זֹרֶה אֶת־גֹּרֶן

שִׂמְלֹתַיִךְ ג הַשְּׂעֹרִים הַלָּיְלָה: וְרָחַצְתְּ | וָסַכְתְּ וְשַׂמְתְּ שִׂמְלֹתַיִךְ עָלַיִךְ
וְיָרַדְתִּ וְיָרַדְתְּ הַגֹּרֶן אַל־תִּוָּדְעִי לָאִישׁ עַד כַּלֹּתוֹ לֶאֱכֹל וְלִשְׁתּוֹת:

ד וִיהִי בְשָׁכְבוֹ וְיָדַעַתְּ אֶת־הַמָּקוֹם אֲשֶׁר יִשְׁכַּב־שָׁם וּבָאת
וְשָׁכַבְתְּ וְגִלִּית מַרְגְּלֹתָיו וְשָׁכָבְתְּ וְהוּא יַגִּיד לָךְ אֵת אֲשֶׁר תַּעֲשִׂין:

אֵלַי ה וַתֹּאמֶר אֵלֶיהָ כֹּל אֲשֶׁר־תֹּאמְרִי אֶעֱשֶׂה: וַתֵּרֶד הַגֹּרֶן וַתַּעַשׂ

ו כְּכֹל אֲשֶׁר־צִוַּתָּה חֲמוֹתָהּ: וַיֹּאכַל בֹּעַז וַיֵּשְׁתְּ וַיִּיטַב לִבּוֹ וַיָּבֹא

ז לִשְׁכַּב בִּקְצֵה הָעֲרֵמָה וַתָּבֹא בַלָּט וַתְּגַל מַרְגְּלֹתָיו וַתִּשְׁכָּב:

ח וַיְהִי בַּחֲצִי הַלַּיְלָה וַיֶּחֱרַד הָאִישׁ וַיִּלָּפֵת וְהִנֵּה אִשָּׁה שֹׁכֶבֶת

ט מַרְגְּלֹתָיו: וַיֹּאמֶר מִי־אָתְּ וַתֹּאמֶר אָנֹכִי רוּת אֲמָתֶךָ וּפָרַשְׂתָּ
כְנָפֶךָ עַל־אֲמָתְךָ כִּי גֹאֵל אָתָּה: וַיֹּאמֶר בְּרוּכָה אַתְּ לַיהֹוָה

י בִּתִּי הֵיטַבְתְּ חַסְדֵּךְ הָאַחֲרוֹן מִן־הָרִאשׁוֹן לְבִלְתִּי־לֶכֶת אַחֲרֵי
הַבַּחוּרִים אִם־דַּל וְאִם־עָשִׁיר: וְעַתָּה בִּתִּי אַל־תִּירְאִי כֹּל

יא אֲשֶׁר־תֹּאמְרִי אֶעֱשֶׂה־לָּךְ כִּי יוֹדֵעַ כָּל־שַׁעַר עַמִּי כִּי אֵשֶׁת

יב חַיִל אָתְּ: וְעַתָּה כִּי אָמְנָם כִּי אִם גֹּאֵל אָנֹכִי וְגַם יֵשׁ גֹּאֵל
קָרוֹב מִמֶּנִּי: לִינִי | הַלַּיְלָה וְהָיָה בַבֹּקֶר אִם־יִגְאָלֵךְ טוֹב יִגְאָל

יג וְאִם־לֹא יַחְפֹּץ לְגָאֳלֵךְ וּגְאַלְתִּיךְ אָנֹכִי חַי־יְהֹוָה שִׁכְבִי עַד־

בְּטֶרֶם יד הַבֹּקֶר: וַתִּשְׁכַּב מַרְגְּלוֹתָו עַד־הַבֹּקֶר וַתָּקָם בטרום יַכִּיר אִישׁ
אֶת־רֵעֵהוּ וַיֹּאמֶר אַל־יִוָּדַע כִּי־בָאָה הָאִשָּׁה הַגֹּרֶן: וַיֹּאמֶר

טו הָבִי הַמִּטְפַּחַת אֲשֶׁר־עָלַיִךְ וְאֶחֳזִי־בָהּ וַתֹּאחֶז בָּהּ וַיָּמָד שֵׁשׁ־
שְׂעֹרִים וַיָּשֶׁת עָלֶיהָ וַיָּבֹא הָעִיר: וַתָּבוֹא אֶל־חֲמוֹתָהּ וַתֹּאמֶר

טז מִי־אַתְּ בִּתִּי וַתַּגֶּד־לָהּ אֵת כָּל־אֲשֶׁר עָשָׂה־לָהּ הָאִישׁ: וַתֹּאמֶר

אֵלַי שֵׁשׁ־הַשְּׂעֹרִים הָאֵלֶּה נָתַן לִי כִּי אָמַר אַל־תָּבוֹאִי רֵיקָם

in law where she had worked, and said, The man's name where
I worked today is Bo'az. And Na'omi said to her daughter in 20
law, Blessed is he of the LORD, who has not left off his stead-
fast love to the living and to the dead. And Na'omi said to her,
The man is near of kin to us, one of our nearest kinsmen. And 21
Rut the Mo'avite said, He said to me also, Thou shalt keep
close by my young men, until they have ended all my harvest.
And Na'omi said to Rut her daughter in law, It is good, my 22
daughter, that thou go out with his maidens, and that they meet
thee not in any other field. So she kept close to the maidens 23
of Bo'az to glean to the end of the barley harvest and of the
wheat harvest; and dwelt with her mother in law. Then Na'omi 3
her mother in law said to her, My daughter, shall I not seek a
home for thee, that it may be well with thee? And now is not 2
Bo'az of our kindred, with whose maidens thou wert ? Behold,
he winnows barley tonight in the threshingfloor. Wash thyself 3
therefore, and anoint thyself, and put thy raiment upon thee,
and get thee down to the threshingfloor: but do not make thy-
self known to the man, until he has finished eating and drinking.
And it shall be, when he lies down, that thou shalt mark the 4
place where he shall lie, and thou shalt go in, and uncover his
feet, and lay thee down; and he will tell thee what thou shalt
do. And she said to her, All that thou sayest to me I will do. 5
And she went down to the threshingfloor, and did according to 6
all that her mother in law bade her. And when Bo'az had 7
eaten and drunk, and his heart was merry, he went to lie down
at the end of the heap of corn : and she came softly, and un-
covered his feet, and laid herself down. And it came to pass 8
at midnight, that the man was startled, and turned over : and,
behold, a woman lay at his feet. And he said, Who art thou? 9
And she answered, I am Rut thy handmaid : spread therefore thy
skirt over thy handmaid ; for thou art a near kinsman. And 10
he said, Blessed be thou of the LORD, my daughter : for thou
hast shown more loyalty in the latter end than at the beginning,
inasmuch as thou didst not follow the young men, whether
poor or rich. And now, my daughter, fear not ; I will do to thee 11
all that thou requirest : for all the city of my people knows
that thou art a virtuous woman. And now it is true, that 12
I am thy near kinsman : yet there is a kinsman nearer than I.
Tarry this night, and it shall be in the morning, that if he will 13
perform to thee the part of a kinsman, well ; let him do the kins-
man's part: but if he will not do the part of a kinsman to thee,
then will I do the part of a kinsman to thee, as the LORD lives :
lie down until the morning. And she lay at his feet until the 14
morning: and she rose up before one could recognize another
person. And he said, Let it not be known that a woman came
into the threshingfloor. Also he said, Bring the veil that thou 15
hast upon thee, and hold it. And when she held it, he measured
six measures of barley, and laid it on her: and he went into the
city. And when she came to her mother in law, she said, Who 16
art thou, my daughter? And she told her all that the man had
done to her. And she said, These six measures of barley he 17
gave me; for he said to me, Do not go empty to thy mother in

אֶל־חֲמוֹתֵךְ: וַתֹּאמֶר שְׁבִי בִתִּי עַד אֲשֶׁר תֵּדְעִין אֵיךְ יִפֹּל יח
דָּבָר כִּי לֹא יִשְׁקֹט הָאִישׁ כִּי־אִם־כִּלָּה הַדָּבָר הַיּוֹם: וּבֹעַז ד א
עָלָה הַשַּׁעַר וַיֵּשֶׁב שָׁם וְהִנֵּה הַגֹּאֵל עֹבֵר אֲשֶׁר דִּבֶּר־בֹּעַז
וַיֹּאמֶר סוּרָה שְׁבָה־פֹּה פְּלֹנִי אַלְמֹנִי וַיָּסַר וַיֵּשֵׁב: וַיִּקַּח עֲשָׂרָה ב
אֲנָשִׁים מִזִּקְנֵי הָעִיר וַיֹּאמֶר שְׁבוּ־פֹה וַיֵּשֵׁבוּ: וַיֹּאמֶר לַגֹּאֵל ג
חֶלְקַת הַשָּׂדֶה אֲשֶׁר לְאָחִינוּ לֶאֱלִימֶלֶךְ מָכְרָה נָעֳמִי הַשָּׁבָה
מִשְּׂדֵה מוֹאָב: וַאֲנִי אָמַרְתִּי אֶגְלֶה אָזְנְךָ לֵאמֹר קְנֵה נֶגֶד ד
הַיֹּשְׁבִים וְנֶגֶד זִקְנֵי עַמִּי אִם־תִּגְאַל גְּאָל וְאִם־לֹא יִגְאַל הַגִּידָה
לִּי וְאֵדְעָ כִּי אֵין זוּלָתְךָ לִגְאוֹל וְאָנֹכִי אַחֲרֶיךָ וַיֹּאמֶר אָנֹכִי
אֶגְאָל: וַיֹּאמֶר בֹּעַז בְּיוֹם־קְנוֹתְךָ הַשָּׂדֶה מִיַּד נָעֳמִי וּמֵאֵת ה
רוּת הַמּוֹאֲבִיָּה אֵשֶׁת־הַמֵּת קָנִיתִי לְהָקִים שֵׁם־הַמֵּת עַל־
נַחֲלָתוֹ: וַיֹּאמֶר הַגֹּאֵל לֹא אוּכַל לִגְאוֹל־לִי פֶּן־אַשְׁחִית אֶת־ ו
נַחֲלָתִי גְּאַל־לְךָ אַתָּה אֶת־גְּאֻלָּתִי כִּי לֹא־אוּכַל לִגְאֹל: וְזֹאת ז
לְפָנִים בְּיִשְׂרָאֵל עַל־הַגְּאוּלָּה וְעַל־הַתְּמוּרָה לְקַיֵּם כָּל־דָּבָר
שָׁלַף אִישׁ נַעֲלוֹ וְנָתַן לְרֵעֵהוּ וְזֹאת הַתְּעוּדָה בְּיִשְׂרָאֵל: וַיֹּאמֶר ח
הַגֹּאֵל לְבֹעַז קְנֵה־לָךְ וַיִּשְׁלֹף נַעֲלוֹ: וַיֹּאמֶר בֹּעַז לַזְּקֵנִים וְכָל־ ט
הָעָם עֵדִים אַתֶּם הַיּוֹם כִּי קָנִיתִי אֶת־כָּל־אֲשֶׁר לֶאֱלִימֶלֶךְ
וְאֵת כָּל־אֲשֶׁר לְכִלְיוֹן וּמַחְלוֹן מִיַּד נָעֳמִי: וְגַם אֶת־רוּת י
הַמֹּאֲבִיָּה אֵשֶׁת מַחְלוֹן קָנִיתִי לִי לְאִשָּׁה לְהָקִים שֵׁם־הַמֵּת עַל־
נַחֲלָתוֹ וְלֹא־יִכָּרֵת שֵׁם־הַמֵּת מֵעִם אֶחָיו וּמִשַּׁעַר מְקוֹמוֹ עֵדִים
אַתֶּם הַיּוֹם: וַיֹּאמְרוּ כָּל־הָעָם אֲשֶׁר־בַּשַּׁעַר וְהַזְּקֵנִים עֵדִים יִתֵּן יא
יְהוָה אֶת־הָאִשָּׁה הַבָּאָה אֶל־בֵּיתֶךָ כְּרָחֵל וּכְלֵאָה אֲשֶׁר בָּנוּ
שְׁתֵּיהֶם אֶת־בֵּית יִשְׂרָאֵל וַעֲשֵׂה־חַיִל בְּאֶפְרָתָה וּקְרָא־שֵׁם בְּבֵית
לָחֶם: וִיהִי בֵיתְךָ כְּבֵית פֶּרֶץ אֲשֶׁר־יָלְדָה תָמָר לִיהוּדָה מִן־ יב
הַזֶּרַע אֲשֶׁר יִתֵּן יְהוָה לְךָ מִן־הַנַּעֲרָה הַזֹּאת: וַיִּקַּח בֹּעַז אֶת־רוּת יג
וַתְּהִי־לוֹ לְאִשָּׁה וַיָּבֹא אֵלֶיהָ וַיִּתֵּן יְהוָה לָהּ הֵרָיוֹן וַתֵּלֶד בֵּן:
וַתֹּאמַרְנָה הַנָּשִׁים אֶל־נָעֳמִי בָּרוּךְ יְהוָה אֲשֶׁר לֹא הִשְׁבִּית לָךְ יד
גֹּאֵל הַיּוֹם וְיִקָּרֵא שְׁמוֹ בְּיִשְׂרָאֵל: וְהָיָה לָךְ לְמֵשִׁיב נֶפֶשׁ טו
וּלְכַלְכֵּל אֶת־שֵׂיבָתֵךְ כִּי כַלָּתֵךְ אֲשֶׁר־אֲהֵבַתֶךְ יְלָדַתּוּ אֲשֶׁר־הִיא
טוֹבָה לָךְ מִשִּׁבְעָה בָּנִים: וַתִּקַּח נָעֳמִי אֶת־הַיֶּלֶד וַתְּשִׁתֵהוּ טז
בְחֵיקָהּ וַתְּהִי־לוֹ לְאֹמֶנֶת: וַתִּקְרֶאנָה לוֹ הַשְּׁכֵנוֹת שֵׁם לֵאמֹר יז
יֻלַּד־בֵּן לְנָעֳמִי וַתִּקְרֶאנָה שְׁמוֹ עוֹבֵד הוּא אֲבִי־יִשַׁי אֲבִי דָוִד:
וְאֵלֶּה תּוֹלְדוֹת פָּרֶץ פֶּרֶץ הוֹלִיד אֶת־חֶצְרוֹן: וְחֶצְרוֹן הוֹלִיד יח
אֶת־רָם וְרָם הוֹלִיד אֶת־עַמִּינָדָב: וְעַמִּינָדָב הוֹלִיד אֶת־נַחְשׁוֹן כ

law. Then she said, Sit still, my daughter, until thou know how 18
the matter will fall: for the man will not rest quiet until he
finishes the matter to day. Then Bo'az went up to the gate, and 4
sat down there: and, behold, the kinsman of whom Bo'az spoke
came by; unto whom he said, Ho there, such and such a one!
turn aside, sit down here. And he turned aside, and sat down.
And he took ten men of the elders of the city, and said, Sit 2
down here. And they sat down. And he said to the kinsman, 3
Na'omi, who is come back out of the country of Mo'av, is sell-
ing a parcel of land, which was our brother Elimelekh's : and I 4
thought to advise thee of it, saying, Buy it in the presence of
the inhabitants, and in the presence of the elders of my people.
If thou wilt redeem it, redeem it: but if thou wilt not redeem
it, then tell me, that I may know: for there is none to redeem
it besides thee; and I am after thee. And he said, I will redeem
it. Then said Bo'az, On the day thou buyest the field from the 5
hand of Na'omi, thou must buy also from Rut the Mo'avite, the
wife of the dead, to raise up the name of the dead upon his
inheritance. And the kinsman said, I cannot redeem it for my- 6
self, lest I harm my own inheritance: take my right of re-
demption for thyself; for I cannot redeem it. Now this was the 7
custom in former time in Yisra'el concerning redeeming and
concerning exchanging, to confirm all manner of transactions;
a man pulled off his shoe, and gave it to his neighbour: and
this was the manner of attesting in Yisra'el. Therefore the kins- 8
man said to Bo'az, Buy it for thyself. And he drew off his shoe.
And Bo'az said to the elders, and to all the people, you are 9
witnesses this day, that I have bought all that was Elimelekh's,
and all that was Kilyon's and Maḥlon's, from the hand of
Na'omi. Moreover Rut the Mo'avite, the wife of Maḥlon, have 10
I acquired as my wife, to raise up the name of the dead upon
his inheritance, that the name of the dead be not cut off from
among his brethren, and from the gate of his place : you are
witnesses this day. And all the people that were in the gate, 11
and the elders, said, We are witnesses. The LORD make the
woman that is come into thy house like Raḥel and like Le'a,
which two did build the house of Yisra'el; and be prosperous
in Efrata, and be famous in Bet-leḥem: and let thy house be like 12
the house of Pereẓ, whom Tamar bore to Yehuda, of the seed
which the LORD shall give thee of this young woman. So Bo'az 13
took Rut, and she was his wife : and he went in to her, and the
LORD gave her conception, and she bore a son. And the women 14
said to Na'omi, Blessed is the LORD, who has not left thee this
day without a redeemer, that his name may be famous in Yis-
ra'el. And he shall be to thee a restorer of thy life, and a nou- 15
risher of thy old age : for thy daughter in law, who loves thee,
who is better to thee than seven sons, she has born him. And 16
Na'omi took the child, and laid it in her bosom, and became
nurse to it. And the women her neighbours gave it a name, 17
saying, There is a son born to Na'omi; and they called his name
'Oved: he is the father of Yishay, the father of David.

Now these are the generations of Pereẓ: Pereẓ begot Ḥeẓron, 18
and Ḥeẓron begot Ram, and Ram begot 'Amminadav, and 19,20

כא וְנַחְשׁוֹן הוֹלִיד אֶת־שַׂלְמָה: וְשַׂלְמוֹן הוֹלִיד אֶת־בֹּעַז וּבֹעַז
כב הוֹלִיד אֶת־עוֹבֵד: וְעֹבֵד הוֹלִיד אֶת־יִשָׁי וְיִשַׁי הוֹלִיד אֶת־דָּוִד:

‘Amminadav begot Naẖshon, and Naẖshon begot Salma, and 21
Salmon begot Bo‘az, and Bo‘az begot ‘Oved, and ‘Oved begot 22
Yishay, and Yishay begot David.

איכה

EKHA - LAMENTATIONS

א אֵיכָה ׀ יָשְׁבָה בָדָד הָעִיר רַבָּתִי עָם הָיְתָה כְּאַלְמָנָה רַבָּתִי
ב בַגּוֹיִם שָׂרָתִי בַּמְּדִינוֹת הָיְתָה לָמַס׃ בָּכוֹ תִבְכֶּה בַּלַּיְלָה
וְדִמְעָתָהּ עַל לֶחֱיָהּ אֵין־לָהּ מְנַחֵם מִכָּל־אֹהֲבֶיהָ כָּל־רֵעֶיהָ
ג בָּגְדוּ בָהּ הָיוּ לָהּ לְאֹיְבִים׃ גָּלְתָה יְהוּדָה מֵעֹנִי וּמֵרֹב עֲבֹדָה
הִיא יָשְׁבָה בַגּוֹיִם לֹא מָצְאָה מָנוֹחַ כָּל־רֹדְפֶיהָ הִשִּׂיגוּהָ בֵּין
ד הַמְּצָרִים׃ דַּרְכֵי צִיּוֹן אֲבֵלוֹת מִבְּלִי בָּאֵי מוֹעֵד כָּל־שְׁעָרֶיהָ
ה שׁוֹמֵמִין כֹּהֲנֶיהָ נֶאֱנָחִים בְּתוּלֹתֶיהָ נּוּגוֹת וְהִיא מַר־לָהּ׃ הָיוּ צָרֶיהָ
לְרֹאשׁ אֹיְבֶיהָ שָׁלוּ כִּי־יהוה הוֹגָהּ עַל־רֹב פְּשָׁעֶיהָ עוֹלָלֶיהָ
ו הָלְכוּ שְׁבִי לִפְנֵי־צָר׃ וַיֵּצֵא מִן בַּת־צִיּוֹן כָּל־הֲדָרָהּ הָיוּ שָׂרֶיהָ מִבַּת
ז כְּאַיָּלִים לֹא־מָצְאוּ מִרְעֶה וַיֵּלְכוּ בְלֹא־כֹחַ לִפְנֵי רוֹדֵף׃ זָכְרָה
יְרוּשָׁלִַם יְמֵי עָנְיָהּ וּמְרוּדֶיהָ כֹּל מַחֲמֻדֶיהָ אֲשֶׁר הָיוּ מִימֵי קֶדֶם
בִּנְפֹל עַמָּהּ בְּיַד־צָר וְאֵין עוֹזֵר לָהּ רָאוּהָ צָרִים שָׂחֲקוּ עַל־
ח מִשְׁבַּתֶּהָ׃ חֵטְא חָטְאָה יְרוּשָׁלִַם עַל־כֵּן לְנִידָה הָיָתָה כָּל־
מְכַבְּדֶיהָ הִזִּילוּהָ כִּי־רָאוּ עֶרְוָתָהּ גַּם־הִיא נֶאֶנְחָה וַתָּשָׁב אָחוֹר׃
ט טֻמְאָתָהּ בְּשׁוּלֶיהָ לֹא זָכְרָה אַחֲרִיתָהּ וַתֵּרֶד פְּלָאִים אֵין מְנַחֵם
י לָהּ רְאֵה יהוה אֶת־עָנְיִי כִּי הִגְדִּיל אוֹיֵב׃ יָדוֹ פָּרַשׂ צָר עַל כָּל־
מַחֲמַדֶּיהָ כִּי־רָאֲתָה גוֹיִם בָּאוּ מִקְדָּשָׁהּ אֲשֶׁר צִוִּיתָה לֹא־יָבֹאוּ
יא בַקָּהָל לָךְ׃ כָּל־עַמָּהּ נֶאֱנָחִים מְבַקְּשִׁים לֶחֶם נָתְנוּ מחמודיהֶם חֲמַדֵּיהֶם
יב בְּאֹכֶל לְהָשִׁיב נָפֶשׁ רְאֵה יהוה וְהַבִּיטָה כִּי הָיִיתִי זוֹלֵלָה׃ לוֹא
אֲלֵיכֶם כָּל־עֹבְרֵי דֶרֶךְ הַבִּיטוּ וּרְאוּ אִם־יֵשׁ מַכְאוֹב כְּמַכְאֹבִי
יג אֲשֶׁר עוֹלַל לִי אֲשֶׁר הוֹגָה יהוה בְּיוֹם חֲרוֹן אַפּוֹ׃ מִמָּרוֹם
שָׁלַח־אֵשׁ בְּעַצְמֹתַי וַיִּרְדֶּנָּה פָּרַשׂ רֶשֶׁת לְרַגְלַי הֱשִׁיבַנִי אָחוֹר
יד נְתָנַנִי שֹׁמֵמָה כָּל־הַיּוֹם דָּוָה׃ נִשְׂקַד עֹל פְּשָׁעַי בְּיָדוֹ יִשְׂתָּרְגוּ
עָלוּ עַל־צַוָּארִי הִכְשִׁיל כֹּחִי נְתָנַנִי אֲדֹנָי בִּידֵי לֹא־אוּכַל קוּם׃
טו סִלָּה כָל־אַבִּירַי ׀ אֲדֹנָי בְּקִרְבִּי קָרָא עָלַי מוֹעֵד לִשְׁבֹּר בַּחוּרָי
טז גַּת דָּרַךְ אֲדֹנָי לִבְתוּלַת בַּת־יְהוּדָה׃ עַל־אֵלֶּה ׀ אֲנִי בוֹכִיָּה
עֵינִי ׀ עֵינִי יֹרְדָה מַּיִם כִּי־רָחַק מִמֶּנִּי מְנַחֵם מֵשִׁיב נַפְשִׁי הָיוּ
יז בָנַי שׁוֹמֵמִים כִּי גָבַר אוֹיֵב׃ פֵּרְשָׂה צִיּוֹן בְּיָדֶיהָ אֵין מְנַחֵם לָהּ
צִוָּה יהוה לְיַעֲקֹב סְבִיבָיו צָרָיו הָיְתָה יְרוּשָׁלִַם לְנִדָּה בֵּינֵיהֶם׃

How does the city sit solitary, that was full of people ! how is 1
she become like a widow ! she that was great among the na-
tions, and princess among the provinces, how is she become a
vassal ! She weeps sore in the night, and her tears are on her 2
cheeks: among all her lovers she has none to comfort her: all
her friends have dealt treacherously with her, they have be-
come her enemies. Yehuda is gone into exile because of afflic- 3
tion, and because of great servitude: she dwells among the
nations, she finds no rest: all her persecutors overtook her
within the straits. The ways of Ẕiyyon do mourn, because none 4
come to the solemn assembly: all her gates are desolate: her
priests sigh, her virgins are afflicted, and she is in bitterness.
Her adversaries have become the chief, her enemies prosper; 5
for the Lord has afflicted her for the multitude of her trans-
gressions: her infants are gone into captivity before the enemy.
And from the daughter of Ẕiyyon all her splendour is departed: 6
her princes are become like harts that find no pasture, and they
are gone without strength before the pursuer. Yerushalayim 7
remembers in the days of her affliction and of her miseries all
her pleasant things that she had in the days of old, when her
people fell into the hand of the enemy, and none did help her:
the adversaries saw her, and gloated at her destruction. Yeru- 8
shalayim has grievously sinned ; therefore she is become loath-
some : all that honoured her despise her, because they have seen
her nakedness : she herself also sighs, and turns backward.
Her filthiness was in her skirts; she took no thought of her 9
last end; therefore she came down astonishingly: she has no
comforter. O Lord, behold my affliction: for the enemy has
magnified himself. The adversary has spread out his hand upon 10
all her pleasant things : for she has seen that heathen nations
invade her sanctuary, those whom thou didst forbid to enter
into thy congregation. All her people sigh, they seek bread; 11
they have given their pleasant things for food to relieve the
soul : see, O Lord, and consider ; how abject I am become. Is 12
it nothing to you, all you that pass by? behold, and see if there
is any pain like my pain, which is done to me, with which the
Lord has afflicted me in the day of his fierce anger. From above 13
he has sent fire into my bones, and it prevails against them:
he has spread a net for my feet, he has turned me back: he
has made me desolate and faint all the day. The yoke of my 14
transgressions is fastened on by his hand: they are knit to-
gether, and come up upon my neck: he has made my strength
to fall, the Lord has delivered me into the hands of those
against whom I am not able to rise up. The Lord has spurned 15
all my mighty men in the midst of me : he has called an as-
sembly against me to crush my young men: the Lord has
trodden the virgin, the daughter of Yehuda, as in a winepress.
For these things I weep; my eye, my eye runs down with water, 16
because the comforter that should relieve my soul is far from
me : my children are desolate, because the enemy has prevailed.
Ẕiyyon spreads out her hands, and there is none to comfort 17
her : the Lord has commanded against Ya'aqov, adversaries
round about him : Yerushalayim is like a menstruous woman

יח צַדִּיק הוּא יְהוָה כִּי פִיהוּ מָרִיתִי שִׁמְעוּ־נָא כָל־עַמִּים וּרְאוּ הָעַמִּים
יט מַכְאֹבִי בְּתוּלֹתַי וּבַחוּרַי הָלְכוּ בַשֶּׁבִי: קָרָאתִי לַמְאַהֲבַי הֵמָּה
רִמּוּנִי כֹּהֲנַי וּזְקֵנַי בָּעִיר גָּוָעוּ כִּי־בִקְשׁוּ אֹכֶל לָמוֹ וְיָשִׁיבוּ אֶת־
כ נַפְשָׁם: רְאֵה יְהוָה כִּי־צַר־לִי מֵעַי חֳמַרְמָרוּ נֶהְפַּךְ לִבִּי בְּקִרְבִּי
כא כִּי מָרוֹ מָרִיתִי מִחוּץ שִׁכְּלָה־חֶרֶב בַּבַּיִת כַּמָּוֶת: שָׁמְעוּ כִּי
נֶאֱנָחָה אָנִי אֵין מְנַחֵם לִי כָּל־אֹיְבַי שָׁמְעוּ רָעָתִי שָׂשׂוּ כִּי
כב אַתָּה עָשִׂיתָ הֵבֵאתָ יוֹם־קָרָאתָ וְיִהְיוּ כָמוֹנִי: תָּבֹא כָל־רָעָתָם
לְפָנֶיךָ וְעוֹלֵל לָמוֹ כַּאֲשֶׁר עוֹלַלְתָּ לִי עַל כָּל־פְּשָׁעָי כִּי־
רַבּוֹת אַנְחֹתַי וְלִבִּי דַוָּי:

ב א אֵיכָה יָעִיב בְּאַפּוֹ ׀ אֲדֹנָי אֶת־בַּת־צִיּוֹן הִשְׁלִיךְ מִשָּׁמַיִם אֶרֶץ
ב תִּפְאֶרֶת יִשְׂרָאֵל וְלֹא־זָכַר הֲדֹם־רַגְלָיו בְּיוֹם אַפּוֹ: בִּלַּע אֲדֹנָי
לֹא חָמַל אֵת כָּל־נְאוֹת יַעֲקֹב הָרַס בְּעֶבְרָתוֹ מִבְצְרֵי בַת־ וְלֹא
ג יְהוּדָה הִגִּיעַ לָאָרֶץ חִלֵּל מַמְלָכָה וְשָׂרֶיהָ: גָּדַע בָּחֳרִי־אַף
כֹּל קֶרֶן יִשְׂרָאֵל הֵשִׁיב אָחוֹר יְמִינוֹ מִפְּנֵי אוֹיֵב וַיִּבְעַר בְּיַעֲקֹב
ד כְּאֵשׁ לֶהָבָה אָכְלָה סָבִיב: דָּרַךְ קַשְׁתּוֹ כְּאוֹיֵב נִצָּב יְמִינוֹ
כְּצָר וַיַּהֲרֹג כֹּל מַחֲמַדֵּי־עָיִן בְּאֹהֶל בַּת־צִיּוֹן שָׁפַךְ כָּאֵשׁ
ה חֲמָתוֹ: הָיָה אֲדֹנָי ׀ כְּאוֹיֵב בִּלַּע יִשְׂרָאֵל בִּלַּע כָּל־אַרְמְנוֹתֶיהָ
ו שִׁחֵת מִבְצָרָיו וַיֶּרֶב בְּבַת־יְהוּדָה תַּאֲנִיָּה וַאֲנִיָּה: וַיַּחְמֹס כַּגַּן
שֻׂכּוֹ שִׁחֵת מֹעֲדוֹ שִׁכַּח יְהוָה ׀ בְּצִיּוֹן מוֹעֵד וְשַׁבָּת וַיִּנְאַץ
ז בְּזַעַם־אַפּוֹ מֶלֶךְ וְכֹהֵן: זָנַח אֲדֹנָי ׀ מִזְבְּחוֹ נִאֵר מִקְדָּשׁוֹ הִסְגִּיר
בְּיַד־אוֹיֵב חוֹמֹת אַרְמְנוֹתֶיהָ קוֹל נָתְנוּ בְּבֵית־יְהוָה כְּיוֹם
ח מוֹעֵד: חָשַׁב יְהוָה ׀ לְהַשְׁחִית חוֹמַת בַּת־צִיּוֹן נָטָה קָו לֹא־
ט הֵשִׁיב יָדוֹ מִבַּלֵּעַ וַיַּאֲבֶל־חֵל וְחוֹמָה יַחְדָּו אֻמְלָלוּ: טָבְעוּ
בָאָרֶץ שְׁעָרֶיהָ אִבַּד וְשִׁבַּר בְּרִיחֶיהָ מַלְכָּהּ וְשָׂרֶיהָ בַגּוֹיִם אֵין
י תּוֹרָה גַּם־נְבִיאֶיהָ לֹא־מָצְאוּ חָזוֹן מֵיְהוָה: יֵשְׁבוּ לָאָרֶץ יִדְּמוּ
זִקְנֵי בַת־צִיּוֹן הֶעֱלוּ עָפָר עַל־רֹאשָׁם חָגְרוּ שַׂקִּים הוֹרִידוּ
יא לָאָרֶץ רֹאשָׁן בְּתוּלֹת יְרוּשָׁלָםִ: כָּלוּ בַדְּמָעוֹת עֵינַי חֳמַרְמְרוּ
מֵעַי נִשְׁפַּךְ לָאָרֶץ כְּבֵדִי עַל־שֶׁבֶר בַּת־עַמִּי בֵּעָטֵף עוֹלֵל וְיוֹנֵק

among them. The LORD is righteous; for I have rebelled 18
against his word: hear, I pray you, all the peoples, and behold
my pain: my virgins and my young men are gone into capti-
vity. I called for my lovers, but they deceived me: my priests 19
and my elders perished in the city, while they sought food for
themselves to relieve their souls. Behold, O LORD; for I am in 20
distress: my bowels are troubled; my heart is turned within
me; for I have grievously rebelled: abroad the sword bereaves,
at home it is like death. They have heard that I sigh: there 21
is none to comfort me: all my enemies have heard of my
trouble; they are glad that thou hast done it: thou wilt bring
the day that thou hast called, and they shall be like me. Let all 22
their wickedness come before thee; and do to them, as thou
hast done to me for all my transgressions: for my sighs are
many, and my heart is faint.
How has the LORD covered the daughter of Ẕiyyon with a **2**
cloud in his anger, and cast down from heaven to earth the
beauty of Yisra'el, and remembered not his footstool in the
day of his anger! The LORD has swallowed up without pity 2
all the habitations of Ya'aqov: he has thrown down in his
wrath the strongholds of the daughter of Yehuda; he has
brought them down to the ground: he has profaned the
kingdom and its princes. He has cut off in his fierce anger all 3
the horn of Yisra'el: he has drawn back his right hand from
before the enemy, and he has burned against Ya'aqov like a
flaming fire, which devours round about. He has bent his bow 4
like an enemy: with his right hand set like an adversary, he
has slain all that were pleasant to the eye: in the tent of the
daughter of Ẕiyyon, he has poured out his fury like fire. The 5
LORD was like an enemy: he has swallowed up Yisra'el, he
has swallowed up all her palaces: he has destroyed his strong-
holds, and has increased in the daughter of Yehuda mourning
and lamentation. And he has stripped his tabernacle, as if it 6
were a garden: he has destroyed his place of assembly: the
LORD has caused the appointed seasons and sabbaths to be for-
gotten in Ẕiyyon, and has spurned in the indignation of his
anger both king and priest. The LORD has cast off his altar, he 7
has abhorred his sanctuary, he has given up into the hand of
the enemy the walls of her palaces; they have made a noise
in the house of the LORD, as in the day of a solemn assembly.
The LORD has purposed to destroy the wall of the daughter of 8
Ẕiyyon: he has stretched out a line, he has not withdrawn his
hand from destroying: therefore he made the rampart and the
wall to lament; they languish together. Her gates are sunk 9
into the ground; he has destroyed and broken her bars: her
king and her princes are among the nations: there is no Tora;
her prophets also find no vision from the LORD. The elders of 10
the daughter of Ẕiyyon sit upon the ground, and keep silence:
they have cast up dust upon their heads; they have girded
themselves with sackcloth: the virgins of Yerushalayim hang
down their heads to the ground. My eyes fail with tears, my 11
bowels are troubled, my liver is poured upon the earth, for the
breach of the daughter of my people; because the children and

יב בִּרְחֹבוֹת קִרְיָה: לְאִמֹּתָם יֹאמְרוּ אַיֵּה דָּגָן וָיָיִן בְּהִתְעַטְּפָם
יג כֶּחָלָל בִּרְחֹבוֹת עִיר בְּהִשְׁתַּפֵּךְ נַפְשָׁם אֶל־חֵיק אִמֹּתָם: מָה־
אעודך מָה אֲדַמֶּה־לָּךְ הַבַּת יְרוּשָׁלִַם מָה אַשְׁוֶה־לָּךְ וַאֲנַחֲמֵךְ אֲעִידֵךְ
יד בְּתוּלַת בַּת־צִיּוֹן כִּי־גָדוֹל כַּיָּם שִׁבְרֵךְ מִי יִרְפָּא־לָךְ: נְבִיאַיִךְ
חָזוּ לָךְ שָׁוְא וְתָפֵל וְלֹא־גִלּוּ עַל־עֲוֺנֵךְ לְהָשִׁיב שביתך וַיֶּחֱזוּ שְׁבוּתֵךְ
טו לָךְ מַשְׂאוֹת שָׁוְא וּמַדּוּחִים: סָפְקוּ עָלַיִךְ כַּפַּיִם כָּל־עֹבְרֵי דֶרֶךְ
שָׁרְקוּ וַיָּנִעוּ רֹאשָׁם עַל־בַּת יְרוּשָׁלִָם הֲזֹאת הָעִיר שֶׁיֹּאמְרוּ
טז כְּלִילַת יֹפִי מָשׂוֹשׂ לְכָל־הָאָרֶץ: פָּצוּ עָלַיִךְ פִּיהֶם כָּל־אֹיְבַיִךְ
שָׁרְקוּ וַיַּחַרְקוּ־שֵׁן אָמְרוּ בִּלָּעְנוּ אַךְ זֶה הַיּוֹם שֶׁקִּוִּינֻהוּ מָצָאנוּ
יז רָאִינוּ: עָשָׂה יְהוָה אֲשֶׁר זָמָם בִּצַּע אֶמְרָתוֹ אֲשֶׁר צִוָּה מִימֵי־
קֶדֶם הָרַס וְלֹא חָמָל וַיְשַׂמַּח עָלַיִךְ אוֹיֵב הֵרִים קֶרֶן צָרָיִךְ:
יח צָעַק לִבָּם אֶל־אֲדֹנָי חוֹמַת בַּת־צִיּוֹן הוֹרִידִי כַנַּחַל דִּמְעָה יוֹמָם
יט וָלַיְלָה אַל־תִּתְּנִי פוּגַת לָךְ אַל־תִּדֹּם בַּת־עֵינֵךְ: קוּמִי ׀ רֹנִּי
בַלַּיְלָה לְרֹאשׁ אַשְׁמֻרוֹת שִׁפְכִי כַמַּיִם לִבֵּךְ נֹכַח פְּנֵי אֲדֹנָי שְׂאִי
אֵלָיו כַּפַּיִךְ עַל־נֶפֶשׁ עוֹלָלַיִךְ הָעֲטוּפִים בְּרָעָב בְּרֹאשׁ כָּל־
כ חוּצוֹת: רְאֵה יְהוָה וְהַבִּיטָה לְמִי עוֹלַלְתָּ כֹּה אִם־תֹּאכַלְנָה
נָשִׁים פִּרְיָם עֹלְלֵי טִפֻּחִים אִם־יֵהָרֵג בְּמִקְדַּשׁ אֲדֹנָי כֹּהֵן
כא וְנָבִיא: שָׁכְבוּ לָאָרֶץ חוּצוֹת נַעַר וְזָקֵן בְּתוּלֹתַי וּבַחוּרַי נָפְלוּ
כב בֶחָרֶב הָרַגְתָּ בְּיוֹם אַפֶּךָ טָבַחְתָּ לֹא חָמָלְתָּ: תִּקְרָא כְיוֹם
מוֹעֵד מְגוּרַי מִסָּבִיב וְלֹא הָיָה בְּיוֹם אַף־יְהוָה פָּלִיט וְשָׂרִיד
אֲשֶׁר־טִפַּחְתִּי וְרִבִּיתִי אֹיְבִי כִלָּם:

ג א ב אֲנִי הַגֶּבֶר רָאָה עֳנִי בְּשֵׁבֶט עֶבְרָתוֹ: אוֹתִי נָהַג וַיֹּלַךְ חֹשֶׁךְ וְלֹא־
ג ד אוֹר: אַךְ בִּי יָשֻׁב יַהֲפֹךְ יָדוֹ כָּל־הַיּוֹם: בִּלָּה בְשָׂרִי וְעוֹרִי שִׁבַּר
ה ו עַצְמוֹתָי: בָּנָה עָלַי וַיַּקַּף רֹאשׁ וּתְלָאָה: בְּמַחֲשַׁכִּים הוֹשִׁיבַנִי
ז ח כְּמֵתֵי עוֹלָם: גָּדַר בַּעֲדִי וְלֹא אֵצֵא הִכְבִּיד נְחָשְׁתִּי: גַּם כִּי
ט אֶזְעַק וַאֲשַׁוֵּעַ שָׂתַם תְּפִלָּתִי: גָּדַר דְּרָכַי בְּגָזִית נְתִיבֹתַי עִוָּה:
י יא דֹּב אֹרֵב הוּא לִי אריה בְּמִסְתָּרִים: דְּרָכַי סוֹרֵר וַיְפַשְּׁחֵנִי שָׂמַנִי אֲרִי
יב יג שֹׁמֵם: דָּרַךְ קַשְׁתּוֹ וַיַּצִּיבֵנִי כַּמַּטָּרָא לַחֵץ: הֵבִיא בְּכִלְיוֹתָי בְּנֵי
יד טו אַשְׁפָּתוֹ: הָיִיתִי שְּׂחֹק לְכָל־עַמִּי נְגִינָתָם כָּל־הַיּוֹם: הִשְׂבִּיעַנִי

the sucklings swoon in the broad places of the city. They say 12
to their mothers, Where is corn and wine? when they swoon
like wounded men in the broad places of the city, when their
soul is poured out into their mothers' bosom. What shall I take 13
to witness for thee? what shall I liken to thee, O daughter of
Yerushalayim? what shall I equal to thee, that I may comfort
thee, O virgin daughter of Ẕiyyon? for thy breach is great like
the sea: who can heal thee? Thy prophets have seen for thee 14
vain and foolish visions: and they have not exposed thy ini-
quity, to restore thy captivity; but have prophesied for thee
burdens of falsehood and deceit. All that pass by clap their 15
hands at thee; they hiss and wag their head at the daughter
of Yerushalayim, saying, Is this the city that men call The per-
fection of beauty, The joy of the whole earth? All thy enemies 16
have opened their mouth against thee: they hiss and gnash the
teeth: they say, We have swallowed her up: certainly this is
the day that we have looked for; we have found it, we have
seen it. The Lord has done that which he devised; he has 17
fulfilled his word that he commanded in the days of old: he
has thrown down without pity: and he has caused the enemy
to rejoice over thee, he has raised up the horn of thy adver-
saries. Their heart cried to the Lord. O wall of the daughter of 18
Ẕiyyon, let tears run down like a river day and night: give thy-
self no rest; let not the apple of thy eye cease. Arise, cry out 19
in the night: in the beginning of the watches pour out thy
heart like water before the face of the Lord: lift up thy hands
towards him for the life of thy young children, that faint for
hunger at the head of every street. Behold, O Lord, and con- 20
sider to whom thou hast done this. Shall the women eat their
fruit, their cherished babes? shall priest and prophet be slain in
the sanctuary of the Lord? Young and old lie on the ground in 21
the streets: my virgins and my young men are fallen by the
sword; thou hast slain them in the day of thy anger; thou hast
killed, and not pitied. Thou hast called as in the day of a 22
solemn assembly, my terrors round about, so that in the day
of the Lord's anger none escaped or remained: those that I
have cherished and brought up my enemy has consumed.

I am the man who has seen affliction by the rod of his wrath. **3**
He has led me, and brought me into darkness, but not into 2
light. Surely he is turned against me; he turns his hand against 3
me all the day. He has made my flesh and my skin to waste 4
away; he has broken my bones. He has built a mound against 5
me, and has beset me round about at head and hell. He has set 6
me in dark places, as those who are long ago dead. He has 7
hedged me about, so that I cannot get out: he has made my
chain heavy. Even when I cry and call for help, he stops up 8
my prayer. He has enclosed my ways with hewn stone, he 9
has made my paths crooked. He is to me like a bear lying in 10
wait, and like a lion in secret places. He has turned aside my 11
ways, and pulled me in pieces: he has made me desolate. He 12
has bent his bow, and set me as a mark for the arrow. He has 13
caused the arrows of his quiver to enter into my reins. I am 14
become a derision to all my people; and their song all the day.

טז בַמְּרוֹרִים הִרְוַנִי לַעֲנָה׃ וַיַּגְרֵס בֶּחָצָץ שִׁנָּי הִכְפִּישַׁנִי בָּאֵפֶר׃
יז יח וַתִּזְנַח מִשָּׁלוֹם נַפְשִׁי נָשִׁיתִי טוֹבָה׃ וָאֹמַר אָבַד נִצְחִי וְתוֹחַלְתִּי
יט כ מֵיהוה׃ זְכָר־עָנְיִי וּמְרוּדִי לַעֲנָה וָרֹאשׁ׃ זָכוֹר תִּזְכּוֹר ותשיח וְתָשׁוֹחַ
כא כב עָלַי נַפְשִׁי׃ זֹאת אָשִׁיב אֶל־לִבִּי עַל־כֵּן אוֹחִיל׃ חַסְדֵי יהוה
כג כִּי לֹא־תָמְנוּ כִּי לֹא־כָלוּ רַחֲמָיו׃ חֲדָשִׁים לַבְּקָרִים רַבָּה
כד כה אֱמוּנָתֶךָ׃ חֶלְקִי יהוה אָמְרָה נַפְשִׁי עַל־כֵּן אוֹחִיל לוֹ׃ טוֹב
כו יהוה לְקֹוָו לְנֶפֶשׁ תִּדְרְשֶׁנּוּ׃ טוֹב וְיָחִיל וְדוּמָם לִתְשׁוּעַת
כז כח יהוה׃ טוֹב לַגֶּבֶר כִּי־יִשָּׂא עֹל בִּנְעוּרָיו׃ יֵשֵׁב בָּדָד וְיִדֹּם כִּי
כט ל נָטַל עָלָיו׃ יִתֵּן בֶּעָפָר פִּיהוּ אוּלַי יֵשׁ תִּקְוָה׃ יִתֵּן לְמַכֵּהוּ
לא לב לֶחִי יִשְׂבַּע בְּחֶרְפָּה׃ כִּי לֹא יִזְנַח לְעוֹלָם אֲדֹנָי׃ כִּי אִם־הוֹגָה
לג לד וְרִחַם כְּרֹב חֲסָדָו׃ כִּי לֹא עִנָּה מִלִּבּוֹ וַיַּגֶּה בְּנֵי־אִישׁ׃ לְדַכֵּא
לה תַּחַת רַגְלָיו כֹּל אֲסִירֵי אָרֶץ׃ לְהַטּוֹת מִשְׁפַּט־גָּבֶר נֶגֶד פְּנֵי
לו לז עֶלְיוֹן׃ לְעַוֵּת אָדָם בְּרִיבוֹ אֲדֹנָי לֹא רָאָה׃ מִי זֶה אָמַר וַתֶּהִי
לח לט אֲדֹנָי לֹא צִוָּה׃ מִפִּי עֶלְיוֹן לֹא תֵצֵא הָרָעוֹת וְהַטּוֹב׃ מַה־
מ יִּתְאוֹנֵן אָדָם חָי גֶּבֶר עַל־חֲטָאָו׃ נַחְפְּשָׂה דְרָכֵינוּ וְנַחְקֹרָה
מא וְנָשׁוּבָה עַד־יהוה׃ נִשָּׂא לְבָבֵנוּ אֶל־כַּפָּיִם אֶל־אֵל בַּשָּׁמָיִם׃
מב מג נַחְנוּ פָשַׁעְנוּ וּמָרִינוּ אַתָּה לֹא סָלָחְתָּ׃ סַכֹּתָה בָאַף וַתִּרְדְּפֵנוּ
מד מה הָרַגְתָּ לֹא חָמָלְתָּ׃ סַכּוֹתָה בֶעָנָן לָךְ מֵעֲבוֹר תְּפִלָּה׃ סְחִי
מו וּמָאוֹס תְּשִׂימֵנוּ בְּקֶרֶב הָעַמִּים׃ פָּצוּ עָלֵינוּ פִּיהֶם כָּל־אֹיְבֵינוּ׃
מז מח פַּחַד וָפַחַת הָיָה לָנוּ הַשֵּׁאת וְהַשָּׁבֶר׃ פַּלְגֵי־מַיִם תֵּרַד עֵינִי
מט נ עַל־שֶׁבֶר בַּת־עַמִּי׃ עֵינִי נִגְּרָה וְלֹא תִדְמֶה מֵאֵין הֲפֻגוֹת׃ עַד־
נא יַשְׁקִיף וְיֵרֶא יהוה מִשָּׁמָיִם׃ עֵינִי עוֹלְלָה לְנַפְשִׁי מִכֹּל בְּנוֹת
נב נג עִירִי׃ צוֹד צָדוּנִי כַּצִּפּוֹר אֹיְבַי חִנָּם׃ צָמְתוּ בַבּוֹר חַיָּי וַיַּדּוּ־
נד נה אֶבֶן בִּי׃ צָפוּ־מַיִם עַל־רֹאשִׁי אָמַרְתִּי נִגְזָרְתִּי׃ קָרָאתִי שִׁמְךָ
נו יהוה מִבּוֹר תַּחְתִּיּוֹת׃ קוֹלִי שָׁמָעְתָּ אַל־תַּעְלֵם אָזְנְךָ לְרַוְחָתִי
נז נח לְשַׁוְעָתִי׃ קָרַבְתָּ בְּיוֹם אֶקְרָאֶךָּ אָמַרְתָּ אַל־תִּירָא׃ רַבְתָּ אֲדֹנָי
נט רִיבֵי נַפְשִׁי גָּאַלְתָּ חַיָּי׃ רָאִיתָה יהוה עַוָּתָתִי שָׁפְטָה מִשְׁפָּטִי׃
ס סא רָאִיתָה כָּל־נִקְמָתָם כָּל־מַחְשְׁבֹתָם לִי׃ שָׁמַעְתָּ חֶרְפָּתָם
סב יהוה כָּל־מַחְשְׁבֹתָם עָלָי׃ שִׂפְתֵי קָמַי וְהֶגְיוֹנָם עָלַי כָּל־הַיּוֹם׃

He has filled me with bitterness, he has sated me with worm- 15
wood. He has also broken my teeth with gravel stones, he has 16
pressed me down into the ashes. My soul is far removed from 17
peace : I have forgotten prosperity. And I said, My strength and 18
my hope are perished from the LORD. Remember my affliction 19
and my misery, the wormwood and the gall. My soul has them 20
still in remembrance, and is bowed down within me. This I recall 21
to my mind, therefore I have hope: that the LORD's steadfast love 22
has not ceased, and that his compassions do not fail. They are 23
new every morning: great is thy faithfulness. The LORD is my 24
portion, says my soul; therefore I will hope in him. The LORD 25
is good to those who wait for him, to the soul that seeks him.
It is good that a man should quietly hope for the salvation of 26
the LORD. It is good for a man that he bear the yoke in his 27
youth. Let him sit alone and keep silence, because he has taken 28
it upon him. Let him put his mouth in the dust ; perhaps there 29
may be hope. Let him offer his cheek to him who strikes 30
him; let him take his fill of insult. For the LORD will not cast 31
off for ever: but though he cause grief, yet will he have com- 32
passion according to the abundance of his steadfast love. For 33
he does not willingly afflict or grieve the children of men. To 34
crush under foot all the prisoners of the earth, to turn aside the 35
right of a man before the face of the most High, to subvert a 36
man in his cause, the LORD approves not. Who is he that says, 37
and it comes to pass, when the LORD commands it not? Out 38
of the mouth of the most High do not both good and evil come?
Why then does a living man complain, a man for the punish- 39
ment of his sins? Let us search and try our ways, and turn 40
back to the LORD. Let us lift up our heart with our hands to 41
GOD in the heavens. We have transgressed and have rebelled: 42
thou hast not pardoned. Thou hast covered with anger, and pur- 43
sued us: thou hast slain, thou hast not pitied. Thou hast 44
covered thyself with a cloud, so that prayer should not pass
through. Thou hast made us offscouring and refuse in the 45
midst of the people. All our enemies have opened their mouths 46
wide against us. Fear and the pit are come upon us, deso- 47
lation and destruction. My eye runs down with rivers of water 48
for the breach of the daughter of my people. My eye trickles 49
down, and ceases not, without any intermission, till the LORD 50
look down, and behold from heaven. My eye affects my soul 51
because of all the daughters of my city. They chased me sore, 52
like a bird, those who hate me without cause. They have cut 53
off my life in the dungeon, and have cast stones upon me.
Waters flowed over my head ; then I said, I am cut off. I called 54,55
upon thy name, O LORD, out of the nethermost pit. Thou hast 56
heard my voice: hide not thy ear at my sighing, at my cry.
Thou didst draw near in the day that I called upon thee: thou 57
didst say, Fear not. O LORD, thou hast pleaded the causes of 58
my soul; thou hast redeemed my life. O LORD, thou hast seen 59
my wrong: judge my cause. Thou hast seen all their vengeance 60
and all their devices against me. Thou hast heard their insult, 61
O LORD, and all their devices against me; the lips of those 62
who rose up against me, and their muttering against me all

סא שִׁבְתָּם֙ וְקִֽימָתָ֔ם הַבִּ֕יטָה אֲנִ֖י מַנְגִּֽינָתָֽם: תָּשִׁ֨יב לָהֶ֥ם גְּמ֛וּל

סה יְהוָ֖ה כְּמַעֲשֵׂ֥ה יְדֵיהֶֽם: תִּתֵּ֤ן לָהֶם֙ מְגִנַּת־לֵ֔ב תַּאֲלָֽתְךָ֖ לָהֶֽם:

סו תִּרְדֹּ֤ף בְּאַף֙ וְתַשְׁמִידֵ֔ם מִתַּ֖חַת שְׁמֵ֥י יְהוָֽה:

א ד אֵיכָה֙ יוּעַ֣ם זָהָ֔ב יִשְׁנֶ֖א הַכֶּ֣תֶם הַטּ֑וֹב תִּשְׁתַּפֵּ֙כְנָה֙ אַבְנֵי־קֹ֔דֶשׁ

ב בְּרֹ֖אשׁ כָּל־חוּצֽוֹת: בְּנֵ֤י צִיּוֹן֙ הַיְקָרִ֔ים הַמְסֻלָּאִ֖ים בַּפָּ֑ז אֵיכָ֣ה

תַּנִּ֖ים ג נֶחְשְׁבוּ֙ לְנִבְלֵי־חֶ֔רֶשׂ מַעֲשֵׂ֖ה יְדֵ֣י יוֹצֵֽר: גַּם־תַּנִּין֙ חָ֣לְצוּ שַׁ֔ד

כִּיעֵנִ֑ים ד הֵינִ֖יקוּ גּוּרֵיהֶ֑ן בַּת־עַמִּ֣י לְאַכְזָ֔ר כִּי עֵנִ֖ים בַּמִּדְבָּֽר: דָּבַ֨ק לְשׁ֥וֹן

יוֹנֵ֛ק אֶל־חִכּ֖וֹ בַּצָּמָ֑א עֽוֹלָלִים֙ שָׁ֣אֲלוּ לֶ֔חֶם פֹּרֵ֖שׂ אֵ֥ין לָהֶֽם:

ה הָאֹֽכְלִים֙ לְמַ֣עֲדַנִּ֔ים נָשַׁ֖מּוּ בַּחוּצ֑וֹת הָאֱמֻנִים֙ עֲלֵ֣י תוֹלָ֔ע חִבְּק֖וּ

ו אַשְׁפַּתּֽוֹת: וַיִּגְדַּל֙ עֲוֺ֣ן בַּת־עַמִּ֔י מֵֽחַטַּ֖את סְדֹ֑ם הַֽהֲפוּכָ֣ה כְמוֹ־

ז רָ֔גַע וְלֹא־חָ֥לוּ בָ֖הּ יָדָֽיִם: זַכּ֤וּ נְזִירֶ֙יהָ֙ מִשֶּׁ֔לֶג צַח֖וּ מֵחָלָ֑ב אָ֤דְמוּ

ח עֶ֨צֶם֙ מִפְּנִינִ֔ים סַפִּ֖יר גִּזְרָתָֽם: חָשַׁ֤ךְ מִשְּׁחוֹר֙ תָּאֳרָ֔ם לֹ֥א נִכְּר֖וּ

ט בַּחוּצ֑וֹת צָפַ֤ד עוֹרָם֙ עַל־עַצְמָ֔ם יָבֵ֖שׁ הָיָ֥ה כָעֵֽץ: טוֹבִ֤ים הָיוּ֙

חַלְלֵי־חֶ֔רֶב מֵֽחַלְלֵ֖י רָעָ֑ב שֶׁ֣הֵ֤ם יָזֻ֙בוּ֙ מְדֻקָּרִ֔ים מִתְּנוּבֹ֖ת שָׂדָֽי:

י יְדֵ֗י נָשִׁים֙ רַחֲמָ֣נִיּ֔וֹת בִּשְּׁל֖וּ יַלְדֵיהֶ֑ן הָי֤וּ לְבָרוֹת֙ לָ֔מוֹ בְּשֶׁ֖בֶר

יא בַּת־עַמִּֽי: כִּלָּ֤ה יְהוָה֙ אֶת־חֲמָת֔וֹ שָׁפַ֖ךְ חֲר֣וֹן אַפּ֑וֹ וַיַּצֶּת־אֵ֣שׁ

כָּל יב בְּצִיּ֔וֹן וַתֹּ֖אכַל יְסֹדֹתֶֽיהָ: לֹ֤א הֶאֱמִ֙ינוּ֙ מַלְכֵי־אֶ֔רֶץ וְכֹ֖ל יֹשְׁבֵ֣י

יג תֵבֵ֑ל כִּ֤י יָבֹא֙ צַ֣ר וְאוֹיֵ֔ב בְּשַׁעֲרֵ֖י יְרוּשָׁלִָֽם: מֵֽחַטֹּ֣את נְבִיאֶ֔יהָ

יד עֲוֺנֹ֖ת כֹּהֲנֶ֑יהָ הַשֹּׁפְכִ֥ים בְּקִרְבָּ֖הּ דַּ֥ם צַדִּיקִֽים: נָע֤וּ עִוְרִים֙

טָמֵ֣א טו בַּֽחוּצ֔וֹת נְגֹֽאֲל֖וּ בַּדָּ֑ם בְּלֹ֣א יֽוּכְל֔וּ יִגְּע֖וּ בִּלְבֻשֵׁיהֶֽם: ס֣וּרוּ טָמֵ֞א

קָרְאוּ לָ֗מוֹ ס֤וּרוּ ס֙וּרוּ֙ אַל־תִּגָּ֔עוּ כִּ֥י נָצ֖וּ גַּם־נָ֑עוּ אָֽמְרוּ֙ בַּגּוֹיִ֔ם לֹ֥א

טז יוֹסִ֖פוּ לָגֽוּר: פְּנֵ֤י יְהוָה֙ חִלְּקָ֔ם לֹ֥א יוֹסִ֖יף לְהַבִּיטָ֑ם פְּנֵ֤י כֹהֲנִים֙ לֹ֣א

וְזִקְנִ֖ים | עֽוֹדֵ֫ינוּ יז נָשָׂ֔אוּ זְקֵנִ֖ים לֹ֥א חָנָֽנוּ: עוֹדֵ֙ינָה֙ תִּכְלֶ֣ינָה עֵינֵ֔ינוּ אֶל־עֶזְרָתֵ֖נוּ הָ֑בֶל

יח בְּצִפִּיָּתֵ֣נוּ צִפִּ֔ינוּ אֶל־גּ֖וֹי לֹ֥א יוֹשִֽׁעַ: צָד֣וּ צְעָדֵ֔ינוּ מִלֶּ֖כֶת בִּרְחֹבֹתֵ֑ינוּ

יט קָרַ֣ב קִצֵּ֔נוּ מָלְא֥וּ יָמֵ֖ינוּ כִּי־בָ֥א קִצֵּֽנוּ: קַלִּ֤ים הָיוּ֙ רֹדְפֵ֔ינוּ מִנִּשְׁרֵ֖י

כ שָׁמָ֑יִם עַל־הֶהָרִ֣ים דְּלָקֻ֔נוּ בַּמִּדְבָּ֖ר אָ֥רְבוּ לָֽנוּ: ר֤וּחַ אַפֵּ֙ינוּ֙ מְשִׁ֣יחַ

שִׂ֤ישִׂי כא יְהוָ֔ה נִלְכַּ֖ד בִּשְׁחִיתוֹתָ֑ם אֲשֶׁ֣ר אָמַ֔רְנוּ בְּצִלּ֖וֹ נִֽחְיֶ֥ה בַגּוֹיִֽם: שִׂ֤ישִׂי

יוֹשֶׁ֖בֶת וְשִׂמְחִי֙ בַּת־אֱד֔וֹם יוֹשַׁ֖בְתִּי בְּאֶ֣רֶץ ע֑וּץ גַּם־עָלַ֙יִךְ֙ תַּעֲבָר־כּ֔וֹס

כב תִּשְׁכְּרִ֖י וְתִתְעָרִֽי: תַּם־עֲוֺנֵ֤ךְ בַּת־צִיּוֹן֙ לֹ֥א יוֹסִ֖יף לְהַגְלוֹתֵ֑ךְ

the day. Behold their sitting down, and their rising up; I am 63
their song. Render to them a recompense, O LORD, according 64
to the work of their hands. Give them sorrow of heart; thy 65
curse be on them! Pursue them in anger and destroy them 66
from under the heavens of the LORD.

How is the gold become dim! how is the most fine gold 4
changed! the hallowed stones are poured out at the top of
every street. The precious sons of Ẕiyyon, comparable to fine 2
gold, how are they esteemed as earthen pitchers, the work of
the hands of the potter! Even the jackals draw out the breast, 3
they give suck to their young ones: the daughter of my people
is become cruel, like the ostriches in the wilderness. The tongue 4
of the sucking child cleaves to the roof of his mouth for thirst:
the young children ask bread, and no man gives it to them.
They that did feed on dainties are desolate in the streets: 5
they that were brought up in scarlet embrace dunghills. For the 6
doom of the daughter of my people is greater than the
sin of Sedom, that was overthrown as in a moment, no hands
being laid upon her. Her Nazirites were purer than snow, they 7
were whiter than milk, they were more ruddy in body than
rubies, their polishing was as of sapphire: now their visage 8
is blacker than coal; they are not known in the streets: their
skin is shrivelled upon their bones; it is withered, it is be-
come like a stick. Those slain with the sword are better than 9
those slain with hunger: for when pierced through, the former
do ooze with the produce of the fields. Hands of compassionate 10
women have boiled their own children: they were their food
in the destruction of the daughter of my people. The LORD has 11
accomplished his fury; he has poured out his fierce anger, and
has kindled a fire in Ẕiyyon and it has devoured its founda-
tions. The kings of the earth, and all the inhabitants of the 12
world, would not have believed that the adversary and the
enemy would enter the gates of Yerushalayim. It was for the 13
sins of her prophets, and the iniquities of her priests, who
shed the blood of the just in the midst of her, They wandered 14
blind through the streets, polluted with blood, so that none
could touch their garments. Away! unclean! they cried at them; 15
away! away! do not touch. So they fled, and wandered away:
among the nations it was said, They shall no longer sojourn
here. The anger of the LORD has divided them; he will no more 16
regard them: they respected not the persons of the priests,
they were not gracious to the elders. As for us, our eyes do 17
yet fail for our vain help: in our watching we have watched
for a nation that could not save. They hunt our steps, that we 18
cannot walk in our broad places: our end is near, our days
are fulfilled; for our end is come. Our pursuers were swifter 19
than the vultures in the sky: they chased us upon the
mountains, they lay in wait for us in the wilderness. The breath 20
of our nostrils, the anointed of the LORD, was taken in their
pits, of whom we said, Under his shadow we shall live among
the nations. Rejoice and be glad, O daughter of Edom, that 21
dwellest in the land of 'Uẕ; the cup shall also pass over to
thee: thou shalt be drunken, and strip thyself bare. The punish- 22

פָּקַד עֲוֺנֵךְ בַּת־אֱדוֹם גִּלָּה עַל־חַטֹּאתָיִךְ׃
זְכֹר יהוה מֶה־הָיָה לָנוּ הַבִּיט וּרְאֵה אֶת־חֶרְפָּתֵנוּ׃ נַחֲלָתֵנוּ ה א ב
ואין נֶהֶפְכָה לְזָרִים בָּתֵּינוּ לְנָכְרִים׃ יְתוֹמִים הָיִינוּ אֵין אָב אִמֹּתֵינוּ ג
כְּאַלְמָנוֹת׃ מֵימֵינוּ בְּכֶסֶף שָׁתִינוּ עֵצֵינוּ בִּמְחִיר יָבֹאוּ׃ עַל ד ה
ולא צַוָּארֵנוּ נִרְדָּפְנוּ יָגַעְנוּ לֹא הוּנַח־לָנוּ׃ מִצְרַיִם נָתַנּוּ יָד אַשּׁוּר ו
ואינם ואנחנו לִשְׂבֹּעַ לָחֶם׃ אֲבֹתֵינוּ חָטְאוּ אֵינָם אֲנַחְנוּ עֲוֺנֹתֵיהֶם סָבָלְנוּ׃ ז
עֲבָדִים מָשְׁלוּ בָנוּ פֹּרֵק אֵין מִיָּדָם׃ בְּנַפְשֵׁנוּ נָבִיא לַחְמֵנוּ ח ט
מִפְּנֵי חֶרֶב הַמִּדְבָּר׃ עוֹרֵנוּ כְּתַנּוּר נִכְמָרוּ מִפְּנֵי זַלְעֲפוֹת י
רָעָב׃ נָשִׁים בְּצִיּוֹן עִנּוּ בְּתֻלֹת בְּעָרֵי יְהוּדָה׃ שָׂרִים בְּיָדָם יא יב
נִתְלוּ פְּנֵי זְקֵנִים לֹא נֶהְדָּרוּ׃ בַּחוּרִים טְחוֹן נָשָׂאוּ וּנְעָרִים יג
בָּעֵץ כָּשָׁלוּ׃ זְקֵנִים מִשַּׁעַר שָׁבָתוּ בַּחוּרִים מִנְּגִינָתָם׃ שָׁבַת יד טו
מְשׂוֹשׂ לִבֵּנוּ נֶהְפַּךְ לְאֵבֶל מְחֹלֵנוּ׃ נָפְלָה עֲטֶרֶת רֹאשֵׁנוּ טז
אוֹי־נָא לָנוּ כִּי חָטָאנוּ׃ עַל־זֶה הָיָה דָוֶה לִבֵּנוּ עַל־אֵלֶּה יז
חָשְׁכוּ עֵינֵינוּ׃ עַל הַר־צִיּוֹן שֶׁשָּׁמֵם שׁוּעָלִים הִלְּכוּ־בוֹ׃ אַתָּה יח יט
יהוה לְעוֹלָם תֵּשֵׁב כִּסְאֲךָ לְדֹר וָדוֹר׃ לָמָּה לָנֶצַח תִּשְׁכָּחֵנוּ כ
תַּעַזְבֵנוּ לְאֹרֶךְ יָמִים׃ הֲשִׁיבֵנוּ יהוה ׀ אֵלֶיךָ וְנָשׁוּב חַדֵּשׁ כא
יָמֵינוּ כְּקֶדֶם׃ כִּי אִם־מָאֹס מְאַסְתָּנוּ קָצַפְתָּ עָלֵינוּ עַד־מְאֹד׃ כב

השיבנו יהוה אליך ונשובה חדש ימינו כקדם

ment of thy iniquity is accomplished, O daughter of Ẕiyyon;
he will no more carry thee away into exile: he will visit thy
iniquity, O daughter of Edom; he will uncover thy sins.
Remember, O Lord, what is come upon us: consider, and be- 5
hold our insult. Our inheritance is turned over to strangers, our 2
houses to aliens. We are become orphans and fatherless, our 3
mothers are like widows. We have drunk our water for money; 4
our own wood is sold to us. We are pursued to our necks: we 5
labour, and have no rest. We have given the hand to Miẕrayim, 6
and to Ashshur, to be satisfied with bread. Our fathers have 7
sinned, and are no more; but we bear their iniquities. Servants 8
rule over us: there is none to deliver us out of their hand. We 9
get our bread with the peril of our lives because of the sword
of the wilderness. Our skin is hot like an oven because of the 10
burning famine. Women are ravished in Ẕiyyon, and maidens 11
in the cities of Yehuda. Princes are hanged up by their hand: 12
the faces of elders are not honoured. Young men drag the 13
millstone, and youths stumble under the wood. The elders have 14
ceased from the gate, the young men from their music. The joy 15
of our heart is ceased; our dance is turned into mourning. The 16
crown is fallen from our head: woe to us, that we have sinned!
For this our heart is faint; for these things our eyes are dim. 17
Because of the mountain of Ẕiyyon, which is desolate, foxes 18
prowl over it. Thou, O Lord, art enthroned forever; thy throne is 19
from generation to generation. Why dost thou forget us forever, 20
why dost thou so long forsake us? Turn us to thee, O Lord, 21
and we shall be turned; renew our days as of old: unless thou 22
hast utterly rejected us; and art exceedingly angry against us.

קהלת

QOHELET - ECCLESIASTES

א דִּבְרֵי קֹהֶלֶת בֶּן־דָּוִד מֶלֶךְ בִּירוּשָׁלָֽםִ׃ הֲבֵל הֲבָלִים אָמַר א ב
קֹהֶלֶת הֲבֵל הֲבָלִים הַכֹּל הָֽבֶל׃ מַה־יִּתְרוֹן לָֽאָדָם בְּכָל־עֲמָלוֹ ג
שֶׁיַּעֲמֹל תַּחַת הַשָּֽׁמֶשׁ׃ דּוֹר הֹלֵךְ וְדוֹר בָּא וְהָאָרֶץ לְעוֹלָם ד
עֹמָֽדֶת׃ וְזָרַח הַשֶּׁמֶשׁ וּבָא הַשָּׁמֶשׁ וְאֶל־מְקוֹמוֹ שׁוֹאֵף זוֹרֵחַ ה
הוּא שָֽׁם׃ הוֹלֵךְ אֶל־דָּרוֹם וְסוֹבֵב אֶל־צָפוֹן סוֹבֵב ׀ סֹבֵב הוֹלֵךְ ו
הָרוּחַ וְעַל־סְבִיבֹתָיו שָׁב הָרֽוּחַ׃ כָּל־הַנְּחָלִים הֹלְכִים אֶל־ ז
הַיָּם וְהַיָּם אֵינֶנּוּ מָלֵא אֶל־מְקוֹם שֶׁהַנְּחָלִים הֹלְכִים שָׁם הֵם
שָׁבִים לָלָֽכֶת׃ כָּל־הַדְּבָרִים יְגֵעִים לֹא־יוּכַל אִישׁ לְדַבֵּר לֹא־ ח
תִשְׂבַּע עַיִן לִרְאוֹת וְלֹא־תִמָּלֵא אֹזֶן מִשְּׁמֹֽעַ׃ מַה־שֶּֽׁהָיָה הוּא ט
שֶׁיִּהְיֶה וּמַה־שֶּׁנַּעֲשָׂה הוּא שֶׁיֵּעָשֶׂה וְאֵין כָּל־חָדָשׁ תַּחַת
הַשָּֽׁמֶשׁ׃ יֵשׁ דָּבָר שֶׁיֹּאמַר רְאֵה־זֶה חָדָשׁ הוּא כְּבָר הָיָה לְעֹֽלָמִים י
אֲשֶׁר הָיָה מִלְּפָנֵֽנוּ׃ אֵין זִכְרוֹן לָרִאשֹׁנִים וְגַם לָאַחֲרֹנִים שֶׁיִּהְיוּ יא
לֹא־יִהְיֶה לָהֶם זִכָּרוֹן עִם שֶׁיִּהְיוּ לָאַחֲרֹנָֽה׃
אֲנִי קֹהֶלֶת הָיִיתִי מֶלֶךְ עַל־יִשְׂרָאֵל בִּירוּשָׁלָֽםִ׃ וְנָתַתִּי אֶת־ יב יג
לִבִּי לִדְרוֹשׁ וְלָתוּר בַּחָכְמָה עַל כָּל־אֲשֶׁר נַעֲשָׂה תַּחַת
הַשָּׁמָיִם הוּא ׀ עִנְיַן רָע נָתַן אֱלֹהִים לִבְנֵי הָאָדָם לַעֲנוֹת בּֽוֹ׃
רָאִיתִי אֶת־כָּל־הַמַּעֲשִׂים שֶֽׁנַּעֲשׂוּ תַּחַת הַשָּׁמֶשׁ וְהִנֵּה הַכֹּל יד
הֶבֶל וּרְעוּת רֽוּחַ׃ מְעֻוָּת לֹא־יוּכַל לִתְקֹן וְחֶסְרוֹן לֹא־יוּכַל טו
לְהִמָּנֽוֹת׃ דִּבַּרְתִּי אֲנִי עִם־לִבִּי לֵאמֹר אֲנִי הִנֵּה הִגְדַּלְתִּי טז
וְהוֹסַפְתִּי חָכְמָה עַל כָּל־אֲשֶׁר־הָיָה לְפָנַי עַל־יְרוּשָׁלִָם וְלִבִּי
רָאָה הַרְבֵּה חָכְמָה וָדָֽעַת׃ וָאֶתְּנָה לִבִּי לָדַעַת חָכְמָה וְדַעַת יז
הֹלֵלוֹת וְשִׂכְלוּת יָדַעְתִּי שֶׁגַּם־זֶה הוּא רַעְיוֹן רֽוּחַ׃ כִּי בְּרֹב יח
חָכְמָה רָב־כָּעַס וְיוֹסִיף דַּעַת יוֹסִיף מַכְאֽוֹב׃ אָמַרְתִּי אֲנִי בְּלִבִּי א ב
לְכָה־נָּא אֲנַסְּכָה בְשִׂמְחָה וּרְאֵה בְטוֹב וְהִנֵּה גַם־הוּא הָֽבֶל׃
לִשְׂחוֹק אָמַרְתִּי מְהוֹלָל וּלְשִׂמְחָה מַה־זֹּה עֹשָֽׂה׃ תַּרְתִּי בְלִבִּי ב ג
לִמְשׁוֹךְ בַּיַּיִן אֶת־בְּשָׂרִי וְלִבִּי נֹהֵג בַּחָכְמָה וְלֶאֱחֹז בְּסִכְלוּת
עַד אֲשֶׁר־אֶרְאֶה אֵי־זֶה טוֹב לִבְנֵי הָאָדָם אֲשֶׁר יַעֲשׂוּ תַּחַת
הַשָּׁמַיִם מִסְפַּר יְמֵי חַיֵּיהֶֽם׃ הִגְדַּלְתִּי מַעֲשָׂי בָּנִיתִי לִי בָּתִּים ד
נָטַעְתִּי לִי כְּרָמִֽים׃ עָשִׂיתִי לִי גַּנּוֹת וּפַרְדֵּסִים וְנָטַעְתִּי בָהֶם עֵץ ה
כָּל־פֶּֽרִי׃ עָשִׂיתִי לִי בְּרֵכוֹת מָיִם לְהַשְׁקוֹת מֵהֶם יַעַר צוֹמֵחַ ו
עֵצִֽים׃ קָנִיתִי עֲבָדִים וּשְׁפָחוֹת וּבְנֵי־בַיִת הָיָה לִי גַּם מִקְנֶה בָקָר ז
וָצֹאן הַרְבֵּה הָיָה לִי מִכֹּל שֶׁהָיוּ לְפָנַי בִּירוּשָׁלָֽםִ׃ כָּנַסְתִּי לִי ח
גַּם־כֶּסֶף וְזָהָב וּסְגֻלַּת מְלָכִים וְהַמְּדִינוֹת עָשִׂיתִי לִי שָׁרִים
וְשָׁרוֹת וְתַעֲנוּגֹת בְּנֵי הָאָדָם שִׁדָּה וְשִׁדּֽוֹת׃ וְגָדַלְתִּי וְהוֹסַפְתִּי ט
מִכֹּל שֶׁהָיָה לְפָנַי בִּירוּשָׁלָֽםִ אַף חָכְמָתִי עָמְדָה לִּֽי׃ וְכֹל אֲשֶׁר י
שָׁאֲלוּ עֵינַי לֹא אָצַלְתִּי מֵהֶם לֹא־מָנַעְתִּי אֶת־לִבִּי מִכָּל־שִׂמְחָה

QOHELET / ECCLESIASTES

1

The words of Qohelet, the son of David, king in Yerushalayim. 1
Vanity of vanities, says Qohelet, vanity of vanities ; all is vanity. 2
What profit has a man of all his labour wherein he labours 3
under the sun? One generation passes away, and another ge- 4
neration comes: but the earth abides for ever. The sun also 5
rises, and the sun goes down, and hastens to its place where
it rises again. The wind goes towards the south, and veers to 6
the north; round and round goes the wind, and on its circuits
the wind returns. All the rivers run into the sea; yet the sea is 7
not full; to the place where the rivers flow, thither they return.
All things are full of weariness ; man cannot utter it : the eye 8
is not satisfied with seeing, nor the ear filled with hearing. That 9
which has been, it is that which shall be; and that which has
been done is that which shall be done: and there is nothing
new under the sun. Is there a thing whereof it may be said, 10
See, this is new; but it has already been in the ages before us.
There is no remembrance of former things; nor will there be 11
any remembrance of things that are to come among those who
shall come after.
I Qohelet was king over Yisra'el in Yerushalayim. And I gave 12,13
my heart to seek and search out by wisdom concerning all
things that are done under the heaven: it is a sore task that God
has given to the sons of man to be exercised with. I have seen 14
all the works that are done under the sun; and, behold, all is
vanity and a striving after wind. That which is crooked cannot 15
be made straight: and that which is wanting cannot be num-
bered. I spoke to my own heart, saying, See, I have acquired 16
great wisdom, surpassing all those who were before me in
Yerushalayim: for my heart has seen much of wisdom and
knowledge. And I gave my heart to know wisdom, and to know 17
madness and folly: I perceived that this also was a striving
after wind. For in much wisdom is much grief: and he that in- 18
creases knowledge increases sorrow. I said in my heart, Come **2**
now, I will try thee with mirth, therefore enjoy pleasure: and,
behold, this also was vanity. I said of laughter, It is mad: and 2
of mirth, What does it achieve? I sought in my heart to stimu- 3
late my body with wine (yet guiding my heart with wisdom ;)
and to lay hold on folly, till I might see what was good for
the sons of men, which they should do under the heaven all the
days of their life. I made great works for myself ; I built houses ; 4
I planted vineyards: I made gardens and orchards, and I planted 5
trees in them of all kind of fruits : I made pools of water, from 6
which to water a forest of growing trees : I acquired male and 7
female servants, and had servants born in my house; also I had
great possessions of herds and flocks, more than all who were
in Yerushalayim before me: I gathered also silver and gold, 8
and the treasure of kings and of the provinces: I acquired men
singers and women singers, and the delights of the sons of
men, women very many. So I was great, and increased more 9
than all that were before me in Yerushalayim: also my wisdom
remained with me. And whatever my eyes desired I did not 10
withhold from them; I did not restrain my heart from any joy;

כִּֽי־לִבִּי שָׂמֵחַ מִכָּל־עֲמָלִי וְזֶה־הָיָה חֶלְקִי מִכָּל־עֲמָלִי׃ וּפָנִיתִי יא
אֲנִי בְּכָל־מַעֲשַׂי שֶׁעָשׂוּ יָדַי וּבֶעָמָל שֶׁעָמַלְתִּי לַעֲשׂוֹת וְהִנֵּה
הַכֹּל הֶבֶל וּרְעוּת רוּחַ וְאֵין יִתְרוֹן תַּחַת הַשָּׁמֶשׁ׃ וּפָנִיתִי אֲנִי יב
לִרְאוֹת חָכְמָה וְהוֹלֵלוֹת וְסִכְלוּת כִּי ׀ מֶה הָאָדָם שֶׁיָּבוֹא אַחֲרֵי
הַמֶּלֶךְ אֵת אֲשֶׁר־כְּבָר עָשׂוּהוּ׃ וְרָאִיתִי אָנִי שֶׁיֵּשׁ יִתְרוֹן לַחָכְמָה יג
מִן־הַסִּכְלוּת כִּיתְרוֹן הָאוֹר מִן־הַחֹשֶׁךְ׃ הֶחָכָם עֵינָיו בְּרֹאשׁוֹ יד
וְהַכְּסִיל בַּחֹשֶׁךְ הוֹלֵךְ וְיָדַעְתִּי גַם־אָנִי שֶׁמִּקְרֶה אֶחָד יִקְרֶה אֶת־
כֻּלָּם׃ וְאָמַרְתִּי אֲנִי בְּלִבִּי כְּמִקְרֵה הַכְּסִיל גַּם־אֲנִי יִקְרֵנִי וְלָמָּה טו
חָכַמְתִּי אֲנִי אָז יוֹתֵר וְדִבַּרְתִּי בְלִבִּי שֶׁגַּם־זֶה הָבֶל׃ כִּי אֵין זִכְרוֹן טז
לֶחָכָם עִם־הַכְּסִיל לְעוֹלָם בְּשֶׁכְּבָר הַיָּמִים הַבָּאִים הַכֹּל נִשְׁכָּח
וְאֵיךְ יָמוּת הֶחָכָם עִם־הַכְּסִיל׃ וְשָׂנֵאתִי אֶת־הַחַיִּים כִּי רַע עָלַי יז
הַמַּעֲשֶׂה שֶׁנַּעֲשָׂה תַּחַת הַשָּׁמֶשׁ כִּי־הַכֹּל הֶבֶל וּרְעוּת רוּחַ׃
וְשָׂנֵאתִי אֲנִי אֶת־כָּל־עֲמָלִי שֶׁאֲנִי עָמֵל תַּחַת הַשָּׁמֶשׁ שֶׁאַנִּיחֶנּוּ יח
לָאָדָם שֶׁיִּהְיֶה אַחֲרָי׃ וּמִי יוֹדֵעַ הֶחָכָם יִהְיֶה אוֹ סָכָל וְיִשְׁלַט יט
בְּכָל־עֲמָלִי שֶׁעָמַלְתִּי וְשֶׁחָכַמְתִּי תַּחַת הַשָּׁמֶשׁ גַּם־זֶה הָבֶל׃
וְסַבּוֹתִי אֲנִי לְיַאֵשׁ אֶת־לִבִּי עַל כָּל־הֶעָמָל שֶׁעָמַלְתִּי תַּחַת כ
הַשָּׁמֶשׁ׃ כִּי־יֵשׁ אָדָם שֶׁעֲמָלוֹ בְּחָכְמָה וּבְדַעַת וּבְכִשְׁרוֹן כא
וּלְאָדָם שֶׁלֹּא עָמַל־בּוֹ יִתְּנֶנּוּ חֶלְקוֹ גַּם־זֶה הֶבֶל וְרָעָה רַבָּה׃
כִּי מֶה־הֹוֶה לָאָדָם בְּכָל־עֲמָלוֹ וּבְרַעְיוֹן לִבּוֹ שֶׁהוּא עָמֵל כב
תַּחַת הַשָּׁמֶשׁ׃ כִּי כָל־יָמָיו מַכְאֹבִים וָכַעַס עִנְיָנוֹ גַּם־בַּלַּיְלָה כג
לֹא־שָׁכַב לִבּוֹ גַּם־זֶה הֶבֶל הוּא׃ אֵין־טוֹב בָּאָדָם שֶׁיֹּאכַל כד
וְשָׁתָה וְהֶרְאָה אֶת־נַפְשׁוֹ טוֹב בַּעֲמָלוֹ גַּם־זֹה רָאִיתִי אָנִי
כִּי מִיַּד הָאֱלֹהִים הִיא׃ כִּי מִי יֹאכַל וּמִי יָחוּשׁ חוּץ מִמֶּנִּי׃ כה
כִּי לְאָדָם שֶׁטּוֹב לְפָנָיו נָתַן חָכְמָה וְדַעַת וְשִׂמְחָה וְלַחוֹטֶא כו
נָתַן עִנְיָן לֶאֱסֹף וְלִכְנוֹס לָתֵת לְטוֹב לִפְנֵי הָאֱלֹהִים גַּם־זֶה
הֶבֶל וּרְעוּת רוּחַ׃ לַכֹּל זְמָן וְעֵת לְכָל־חֵפֶץ תַּחַת הַשָּׁמָיִם׃ ג א
עֵת לָלֶדֶת וְעֵת לָמוּת ב
עֵת לָטַעַת וְעֵת לַעֲקוֹר נָטוּעַ׃
עֵת לַהֲרוֹג וְעֵת לִרְפּוֹא ג
עֵת לִפְרוֹץ וְעֵת לִבְנוֹת׃
עֵת לִבְכּוֹת וְעֵת לִשְׂחוֹק ד
עֵת סְפוֹד וְעֵת רְקוֹד׃
עֵת לְהַשְׁלִיךְ אֲבָנִים וְעֵת כְּנוֹס אֲבָנִים ה
עֵת לַחֲבוֹק וְעֵת לִרְחֹק מֵחַבֵּק׃
עֵת לְבַקֵּשׁ וְעֵת לְאַבֵּד ו
עֵת לִשְׁמוֹר וְעֵת לְהַשְׁלִיךְ׃

for my heart rejoiced in all my labour: and this was my portion of all my labour. Then I looked at all the works that my hands 11 had wrought, and at the labour that I had laboured to do: and, behold, all was vanity and a striving after wind, and there was no profit under the sun. And I turned myself to behold wisdom, 12 and madness, and folly: for what can the man do who comes after the king? even that which has been already done. Then I 13 saw that wisdom excels folly, as far as light excels darkness. The wise man's eyes are in his head; but the fool walks in 14 darkness: and I myself perceived also that one event happens to them all. Then I said in my heart, As it happens to the fool, 15 so it happens even to me; and why was I then more wise? Then I said in my heart, that this also is vanity. For of the wise man 16 as of the fool there is no enduring remembrance; seeing that which now is, shall, in the days to come, be entirely forgotten. And how does the wise man die? just like the fool. Therefore I 17 hated life; because the work that is done under the sun was grievous to me: for all is vanity and a striving after wind. And I hated all my labour in which I had laboured under the 18 sun: because I must leave it to the man who shall come after me. And who knows whether he will be a wise man or a fool? 19 yet shall he have rule over all my labour in which I have laboured, and in which I have shown myself wise under the sun. This also is vanity. Therefore I went about to cause my 20 heart to despair of all the labour which I took under the sun. For there is a man whose labour is with wisdom, and with 21 knowledge, and with skill; yet he must leave it for a portion to a man who has not laboured in it. This also is vanity and a great evil. For what has a man of all his labour, and of the 22 striving of his heart, in which he labours under the sun? For 23 all his days are pains, and his work is a vexation; even in the night his heart takes no rest. This also is vanity. There is 24 nothing better for a man, than that he should eat and drink, and that he should make his soul enjoy good in his labour; but this also I saw, that it was from the hand of GOD. For who can 25 eat, or who can enjoy pleasure, more than I? Surely he gives to 26 a man that is good in his sight, wisdom, and knowledge, and joy: but to the sinner he gives the task of gathering and heaping up, that he may give it to one who is good before GOD. This also is vanity and a striving after wind. To everything **3** there is a season, and a time to every purpose under the heaven:

a time to be born,	and a time to die; 2
a time to plant,	and a time to pluck up that which is planted;
a time to kill,	and a time to heal; 3
a time to break down,	and a time to build up;
a time to weep,	and a time to laugh; 4
a time to mourn,	and a time to dance;
a time to cast away stones,	and a time to gather stones together; 5
a time to embrace,	and a time to refrain from embracing;
a time to seek,	and a time to lose; 6
a time to keep,	and a time to cast away;

עֵת לְקָרֽוֹעַ וְעֵת לִתְפּ֔וֹר ז
עֵת לַחֲשׁ֖וֹת וְעֵת לְדַבֵּֽר׃
עֵת לֶֽאֱהֹב֙ וְעֵת לִשְׂנֹ֔א ח
עֵת מִלְחָמָ֖ה וְעֵת שָׁלֽוֹם׃
מַה־יִּתְרוֹן֙ הָֽעוֹשֶׂ֔ה בַּֽאֲשֶׁ֖ר ה֥וּא עָמֵֽל׃ רָאִ֣יתִי אֶת־הָֽעִנְיָ֗ן אֲשֶׁ֨ר ט
נָתַ֧ן אֱלֹהִ֛ים לִבְנֵ֥י הָֽאָדָ֖ם לַֽעֲנ֥וֹת בּֽוֹ׃ אֶת־הַכֹּ֥ל עָשָׂ֖ה יָפֶ֣ה י
בְעִתּ֑וֹ גַּ֤ם אֶת־הָֽעֹלָם֙ נָתַ֣ן בְּלִבָּ֔ם מִבְּלִ֞י אֲשֶׁ֧ר לֹֽא־יִמְצָ֣א
הָֽאָדָ֗ם אֶת־הַֽמַּעֲשֶׂ֛ה אֲשֶׁר־עָשָׂ֥ה הָֽאֱלֹהִ֖ים מֵרֹ֥אשׁ וְעַד־סֽוֹף׃
יָדַ֕עְתִּי כִּ֛י אֵ֥ין ט֖וֹב בָּ֑ם כִּ֣י אִם־לִשְׂמ֔וֹחַ וְלַֽעֲשׂ֥וֹת ט֖וֹב בְּחַיָּֽיו׃ יא
וְגַ֤ם כָּל־הָֽאָדָם֙ שֶׁיֹּאכַ֣ל וְשָׁתָ֔ה וְרָאָ֥ה ט֖וֹב בְּכָל־עֲמָל֑וֹ מַתַּ֥ת יב ב
אֱלֹהִ֖ים הִֽיא׃ יָדַ֗עְתִּי כִּ֠י כָּל־אֲשֶׁ֨ר יַֽעֲשֶׂ֤ה הָֽאֱלֹהִים֙ ה֣וּא יִֽהְיֶ֣ה יג
לְעוֹלָ֔ם עָלָיו֙ אֵ֣ין לְהוֹסִ֔יף וּמִמֶּ֖נּוּ אֵ֣ין לִגְרֹ֑עַ וְהָֽאֱלֹהִ֣ים עָשָׂ֔ה
שֶׁיִּֽרְא֖וּ מִלְּפָנָֽיו׃ מַה־שֶּֽׁהָיָה֙ כְּבָ֣ר ה֔וּא וַֽאֲשֶׁ֥ר לִֽהְי֖וֹת כְּבָ֣ר הָיָ֑ה יד
וְהָֽאֱלֹהִ֖ים יְבַקֵּ֥שׁ אֶת־נִרְדָּֽף׃ וְע֥וֹד רָאִ֖יתִי תַּ֣חַת הַשָּׁ֑מֶשׁ מְק֤וֹם טו
הַמִּשְׁפָּט֙ שָׁ֣מָּה הָרֶ֔שַׁע וּמְק֥וֹם הַצֶּ֖דֶק שָׁ֥מָּה הָרָֽשַׁע׃ אָמַ֤רְתִּי אֲנִי֙ טז
בְּלִבִּ֔י אֶת־הַצַּדִּיק֙ וְאֶת־הָ֣רָשָׁ֔ע יִשְׁפֹּ֖ט הָֽאֱלֹהִ֑ים כִּי־עֵ֣ת לְכָל־ יז
חֵ֔פֶץ וְעַ֥ל כָּל־הַֽמַּעֲשֶׂ֖ה שָֽׁם׃ אָמַ֤רְתִּי אֲנִי֙ בְּלִבִּ֔י עַל־דִּבְרַת֙ יח
בְּנֵ֣י הָֽאָדָ֔ם לְבָרָ֖ם הָֽאֱלֹהִ֑ים וְלִרְא֕וֹת שְׁהֶם־בְּהֵמָ֥ה הֵ֖מָּה לָהֶֽם׃
כִּי֩ מִקְרֶ֨ה בְנֵֽי־הָֽאָדָ֜ם וּמִקְרֶ֣ה הַבְּהֵמָ֗ה וּמִקְרֶ֤ה אֶחָד֙ לָהֶ֔ם כְּמ֥וֹת יט
זֶה֙ כֵּ֣ן מ֣וֹת זֶ֔ה וְר֥וּחַ אֶחָ֖ד לַכֹּ֑ל וּמוֹתַ֨ר הָֽאָדָ֤ם מִן־הַבְּהֵמָה֙ אַ֔יִן
כִּ֥י הַכֹּ֖ל הָֽבֶל׃ הַכֹּ֥ל הוֹלֵ֖ךְ אֶל־מָק֣וֹם אֶחָ֑ד הַכֹּל֙ הָיָ֣ה מִן־הֶֽעָפָ֔ר כ
וְהַכֹּ֖ל שָׁ֥ב אֶל־הֶֽעָפָֽר׃ מִ֣י יוֹדֵ֗עַ ר֚וּחַ בְּנֵ֣י הָֽאָדָ֔ם הָֽעֹלָ֥ה הִ֖יא כא
לְמָ֑עְלָה וְר֨וּחַ֙ הַבְּהֵמָ֔ה הַיֹּרֶ֥דֶת הִ֖יא לְמַ֣טָּה לָאָֽרֶץ׃ וְרָאִ֗יתִי כִּ֣י כב
אֵ֥ין טוֹב֙ מֵֽאֲשֶׁ֨ר יִשְׂמַ֤ח הָֽאָדָם֙ בְּמַֽעֲשָׂ֔יו כִּי־ה֖וּא חֶלְק֑וֹ כִּ֣י מִ֣י
יְבִיאֶ֔נּוּ לִרְא֕וֹת בְּמֶ֖ה שֶׁיִּֽהְיֶ֥ה אַֽחֲרָֽיו׃ וְשַׁ֣בְתִּֽי אֲנִ֗י וָֽאֶרְאֶה֙ אֶת־ א ד
כָּל־הָ֣עֲשֻׁקִ֔ים אֲשֶׁ֥ר נַֽעֲשִׂ֖ים תַּ֣חַת הַשָּׁ֑מֶשׁ וְהִנֵּ֣ה ׀ דִּמְעַ֣ת
הָֽעֲשֻׁקִ֗ים וְאֵ֤ין לָהֶם֙ מְנַחֵ֔ם וּמִיַּ֤ד עֹֽשְׁקֵיהֶם֙ כֹּ֔חַ וְאֵ֥ין לָהֶ֖ם
מְנַחֵֽם׃ וְשַׁבֵּ֧חַ אֲנִ֛י אֶת־הַמֵּתִ֖ים שֶׁכְּבָ֣ר מֵ֑תוּ מִן־הַ֣חַיִּ֔ים אֲשֶׁ֛ר ב
הֵ֥מָּה חַיִּ֖ים עֲדֶֽנָה׃ וְטוֹב֙ מִשְּׁנֵיהֶ֔ם אֵ֥ת אֲשֶׁר־עֲדֶ֖ן לֹ֣א הָיָ֑ה ג
אֲשֶׁ֤ר לֹֽא־רָאָה֙ אֶת־הַֽמַּעֲשֶׂ֣ה הָרָ֔ע אֲשֶׁ֥ר נַֽעֲשָׂ֖ה תַּ֥חַת הַשָּֽׁמֶשׁ׃
וְרָאִ֨יתִֽי אֲנִ֜י אֶת־כָּל־עָמָ֗ל וְאֵת֙ כָּל־כִּשְׁר֣וֹן הַֽמַּעֲשֶׂ֔ה כִּ֛י הִ֥יא ד
קִנְאַת־אִ֖ישׁ מֵֽרֵעֵ֑הוּ גַּם־זֶ֥ה הֶ֖בֶל וּרְע֥וּת רֽוּחַ׃ הַכְּסִיל֙ חֹבֵ֣ק ה
אֶת־יָדָ֔יו וְאֹכֵ֖ל אֶת־בְּשָׂרֽוֹ׃ ט֕וֹב מְלֹ֥א כַ֖ף נָ֑חַת מִמְּלֹ֥א חָפְנַ֛יִם ו
עָמָ֖ל וּרְע֥וּת רֽוּחַ׃ וְשַׁ֧בְתִּי אֲנִ֛י וָֽאֶרְאֶ֥ה הֶ֖בֶל תַּ֥חַת הַשָּֽׁמֶשׁ׃ ז
יֵ֣שׁ אֶחָד֩ וְאֵ֨ין שֵׁנִ֜י גַּ֣ם בֵּ֧ן וָאָ֣ח אֵֽין־ל֗וֹ וְאֵ֥ין קֵץ֙ לְכָל־עֲמָל֔וֹ ח
גַּם־עֵינ֖יו לֹֽא־תִשְׂבַּ֣ע עֹ֑שֶׁר וּלְמִ֣י ׀ אֲנִ֣י עָמֵ֗ל וּמְחַסֵּ֤ר אֶת־נַפְשִׁי֙

עֵינ֔וֹ

a time to rend,	and a time to sew ;	7
a time to keep silence,	and a time to speak ;	
a time to love,	and a time to hate ;	8
a time of war,	and a time of peace.	

What profit has the worker from his toil ? I have seen the task,   9,10
which GOD has given to the sons of men to be exercised in it.
He has made every thing beautiful in his time : also he has set   11
the mystery of the world in their heart, so that no man can
find out the work which GOD has made from the beginning to
the end. I know that there is nothing better for them, than   12
to rejoice, and to do good in his life : also that it is the gift of   13
GOD that every man should eat and drink, and enjoy the good
of all his labour. I know that, whatever GOD does, it shall be   14
forever : nothing can be added to it, nor anything taken from
it : and GOD does it, so that men should fear before him. That   15
which is, already has been ; and that which is to be has already
been ; and only GOD can find the fleeting moment. And more-   16
over I saw under the sun in the place of judgment, that wicked-
ness was there ; and in the place of righteousness, that iniquity
was there. I said in my heart, GOD shall judge the righteous   17
and the wicked : for there is a time there for every purpose
and for every work. I said in my heart, after the speech of the   18
sons of men, that GOD has chosen them out, but only to see
that they themselves are but as beasts ; that that which befalls   19
the sons of men befalls the beasts ; even one thing befalls them
both : as the one dies, so the other dies ; yea, they have all one
breath ; so that a man has no preeminence over a beast : for
all is vanity. All go to one place ; all are of the dust, and all   20
return to dust. Who knows whether the spirit of man goes up-   21
wards, and the spirit of the beast goes downwards to the earth?
So I saw that there is nothing better, than that a man should   22
rejoice in his work ; for that is his portion : for who shall bring
him to see what shall be after him? So I returned, and con-   **4**
sidered all the oppressions that are done under the sun : and
behold the tears of such as were oppressed, and they had no
comforter ; and on the side of their oppressors there was
power ; but they had no comforter. So I praised the dead that   2
are already dead more than the living that are yet alive ; but   3
better than both of them is he who has not yet been, who has
not seen the evil work that is done under the sun. Again, I   4
considered all labour, and every skill in work, that it comes
from a man's rivalry with his neighbour. This also is vanity
and a striving after wind. The fool folds his hands together, and   5
eats his own flesh. Better is a handful with quietness, than both   6
the hands full of labour and striving after wind. Then I retur-   7
ned, and I saw vanity under the sun. There is one alone, without   8
a companion ; yea, he has neither son nor brother : yet is there
no end of all his labour ; neither is his eye satisfied with riches :
he may say, For whom then do I labour, and bereave my soul

מְטוֹבָה גַּם־זֶה הֶבֶל וְעִנְיַן רָע הוּא: טוֹבִים הַשְּׁנַיִם מִן־הָאֶחָד ט

אֲשֶׁר יֵשׁ־לָהֶם שָׂכָר טוֹב בַּעֲמָלָם: כִּי אִם־יִפֹּלוּ הָאֶחָד יָקִים י

אֶת־חֲבֵרוֹ וְאִילוֹ הָאֶחָד שֶׁיִּפּוֹל וְאֵין שֵׁנִי לַהֲקִימוֹ: גַּם אִם־ יא

יִשְׁכְּבוּ שְׁנַיִם וְחַם לָהֶם וּלְאֶחָד אֵיךְ יֵחָם: וְאִם־יִתְקְפוֹ הָאֶחָד יב

הַשְּׁנַיִם יַעַמְדוּ נֶגְדּוֹ וְהַחוּט הַמְשֻׁלָּשׁ לֹא בִמְהֵרָה יִנָּתֵק: טוֹב יג

יֶלֶד מִסְכֵּן וְחָכָם מִמֶּלֶךְ זָקֵן וּכְסִיל אֲשֶׁר לֹא־יָדַע לְהִזָּהֵר

עוֹד: כִּי־מִבֵּית הַסּוּרִים יָצָא לִמְלֹךְ כִּי גַּם בְּמַלְכוּתוֹ נוֹלַד יד

רָשׁ: רָאִיתִי אֶת־כָּל־הַחַיִּים הַמְהַלְּכִים תַּחַת הַשָּׁמֶשׁ עִם טו

הַיֶּלֶד הַשֵּׁנִי אֲשֶׁר יַעֲמֹד תַּחְתָּיו: אֵין־קֵץ לְכָל־הָעָם לְכֹל טז

אֲשֶׁר־הָיָה לִפְנֵיהֶם גַּם הָאַחֲרוֹנִים לֹא יִשְׂמְחוּ־בוֹ כִּי־גַם־זֶה

הֶבֶל וְרַעְיוֹן רוּחַ: שְׁמֹר רַגְלֶיךָ כַּאֲשֶׁר תֵּלֵךְ אֶל־בֵּית הָאֱלֹהִים רַגְלְךָ

וְקָרוֹב לִשְׁמֹעַ מִתֵּת הַכְּסִילִים זָבַח כִּי־אֵינָם יוֹדְעִים לַעֲשׂוֹת

רָע: אַל־תְּבַהֵל עַל־פִּיךָ וְלִבְּךָ אַל־יְמַהֵר לְהוֹצִיא דָבָר לִפְנֵי ה א

הָאֱלֹהִים כִּי הָאֱלֹהִים בַּשָּׁמַיִם וְאַתָּה עַל־הָאָרֶץ עַל־כֵּן יִהְיוּ

דְבָרֶיךָ מְעַטִּים: כִּי בָּא הַחֲלוֹם בְּרֹב עִנְיָן וְקוֹל כְּסִיל בְּרֹב ב

דְּבָרִים: כַּאֲשֶׁר תִּדֹּר נֶדֶר לֵאלֹהִים אַל־תְּאַחֵר לְשַׁלְּמוֹ כִּי ג

אֵין חֵפֶץ בַּכְּסִילִים אֵת אֲשֶׁר־תִּדֹּר שַׁלֵּם: טוֹב אֲשֶׁר לֹא־ ד

תִדֹּר מִשֶּׁתִּדּוֹר וְלֹא תְשַׁלֵּם: אַל־תִּתֵּן אֶת־פִּיךָ לַחֲטִיא אֶת־ ה

בְּשָׂרֶךָ וְאַל־תֹּאמַר לִפְנֵי הַמַּלְאָךְ כִּי שְׁגָגָה הִיא לָמָּה יִקְצֹף

הָאֱלֹהִים עַל־קוֹלֶךָ וְחִבֵּל אֶת־מַעֲשֵׂה יָדֶיךָ: כִּי בְרֹב חֲלֹמוֹת ו

וַהֲבָלִים וּדְבָרִים הַרְבֵּה כִּי אֶת־הָאֱלֹהִים יְרָא: אִם־עֹשֶׁק ז

רָשׁ וְגֵזֶל מִשְׁפָּט וָצֶדֶק תִּרְאֶה בַמְּדִינָה אַל־תִּתְמַהּ עַל־הַחֵפֶץ

כִּי גָבֹהַּ מֵעַל גָּבֹהַּ שֹׁמֵר וּגְבֹהִים עֲלֵיהֶם: וְיִתְרוֹן אֶרֶץ בַּכֹּל ח

הִיא מֶלֶךְ לְשָׂדֶה נֶעֱבָד: אֹהֵב כֶּסֶף לֹא־יִשְׂבַּע כֶּסֶף וּמִי־אֹהֵב הוּא ט

בֶּהָמוֹן לֹא תְבוּאָה גַּם־זֶה הֶבֶל: בִּרְבוֹת הַטּוֹבָה רַבּוּ אוֹכְלֶיהָ י

וּמַה־כִּשְׁרוֹן לִבְעָלֶיהָ כִּי אִם־רְאִית עֵינָיו: מְתוּקָה שְׁנַת הָעֹבֵד רְאוּת יא

אִם־מְעַט וְאִם־הַרְבֵּה יֹאכֵל וְהַשָּׂבָע לֶעָשִׁיר אֵינֶנּוּ מַנִּיחַ לוֹ

לִישׁוֹן: יֵשׁ רָעָה חוֹלָה רָאִיתִי תַּחַת הַשָּׁמֶשׁ עֹשֶׁר שָׁמוּר יב

לִבְעָלָיו לְרָעָתוֹ: וְאָבַד הָעֹשֶׁר הַהוּא בְּעִנְיַן רָע וְהוֹלִיד בֵּן יג

וְאֵין בְּיָדוֹ מְאוּמָה: כַּאֲשֶׁר יָצָא מִבֶּטֶן אִמּוֹ עָרוֹם יָשׁוּב יד

לָלֶכֶת כְּשֶׁבָּא וּמְאוּמָה לֹא־יִשָּׂא בַעֲמָלוֹ שֶׁיֹּלֵךְ בְּיָדוֹ: וְגַם־ טו

זֹה רָעָה חוֹלָה כָּל־עֻמַּת שֶׁבָּא כֵּן יֵלֵךְ וּמַה־יִּתְרוֹן לוֹ שֶׁיַּעֲמֹל

לָרוּחַ: גַּם כָּל־יָמָיו בַּחֹשֶׁךְ יֹאכֵל וְכָעַס הַרְבֵּה וְחָלְיוֹ וָקָצֶף: טז

הִנֵּה אֲשֶׁר־רָאִיתִי אָנִי טוֹב אֲשֶׁר־יָפֶה לֶאֱכוֹל וְלִשְׁתּוֹת וְלִרְאוֹת יז

טוֹבָה בְּכָל־עֲמָלוֹ ׀ שֶׁיַּעֲמֹל תַּחַת־הַשֶּׁמֶשׁ מִסְפַּר יְמֵי־חַיָּו

of good? This is also vanity; indeed, it is a sorry business. Two 9
are better than one; because they have a good reward for
their labour. For if they fall, the one will lift up his fellow: 10
but woe to him that is alone when he falls; for he has not
another to help him up. Again, if two lie together, then they 11
have warmth: but how can one be warm alone? And if one 12
prevail against him, two shall withstand him; but a threefold
cord is not quickly broken. Better is a poor and a wise child 13
than an old and foolish king, who no longer knows how to
take care of himself. For out of prison one came forth to reign; 14
whilst another in his royal power may become poor. I saw 15
all the living who wander under the sun — they were with the
second child who was to rise up in his stead. There is no end 16
of all the people who come to acclaim the one who goes before
them: yet they who come after shall not rejoice in him. Surely
this also is vanity and a striving after wind. Keep thy foot when 17
thou goest to the house of GOD; to draw near to hearken is
better than to give the sacrifice of fools: for they consider not
that they do evil. Be not rash with thy mouth, and let not thy 5
heart be hasty to utter anything before GOD: for GOD is in
heaven, and thou upon earth: therefore let thy words be few.
For a dream comes through a multitude of business; and a 2
fool's voice is known by a multitude of words. When thou 3
vowest a vow to GOD, do not defer to pay it; for he has no
pleasure in fools: pay that which thou hast vowed. Better is 4
it that thou shouldst not vow, than that thou shouldst vow
and not pay. Do not let thy mouth cause thy flesh to sin; nor 5
say before the angel, that it was an error: why should GOD be
angry at thy voice and destroy the work of thy hands? For this 6
comes from the multitude of dreams and vanities and many
words: but fear thou GOD. If thou seest the oppression of the 7
poor, and the violent perverting of judgment and justice in a
province, do not marvel at the matter: for there is a high one
who watches over him that is high; and there are yet higher
ones over them. Moreover, land has an advantage for every- 8
one: he who tills a field is a king. He who loves silver 9
shall not be satisfied with silver; nor he that loves abundance
with increase: this is also vanity. When goods increase, they 10
who eat them are increased: and what good is there to the
their owner, saving the beholding of them with his eyes? The 11
sleep of a labouring man is sweet, whether he eat little or
much: but the repletion of the rich will not suffer him to sleep.
There is a sore evil which I have seen under the sun, namely, 12
riches kept for their owner to his hurt. But those riches perish 13
by evil adventure: and he begets a son, and there is nothing
in his hand. As he came forth from his mother's womb, naked 14
shall he return to go as he came, and he shall take nothing for
his labour, which he may carry away in his hand. And this also 15
is a sore evil, that in all points as he came, so shall he go:
and what profit has he that labours for the wind? All his days 16
also he eats in darkness, and he has much sorrow and sick-
ness and wrath. Behold that which I have seen: it is good and 17
comely for one to eat and to drink, and to enjoy the good of

אֲשֶׁר־נָתַן־לוֹ הָאֱלֹהִים כִּי־הוּא חֶלְקוֹ: גַּם כָּל־הָאָדָם אֲשֶׁר

ח   נָתַן־לוֹ הָאֱלֹהִים עֹשֶׁר וּנְכָסִים וְהִשְׁלִיטוֹ לֶאֱכֹל מִמֶּנּוּ וְלָשֵׂאת

אֶת־חֶלְקוֹ וְלִשְׂמֹחַ בַּעֲמָלוֹ זֹה מַתַּת אֱלֹהִים הִיא: כִּי לֹא

ט   הַרְבֵּה יִזְכֹּר אֶת־יְמֵי חַיָּיו כִּי הָאֱלֹהִים מַעֲנֶה בְּשִׂמְחַת לִבּוֹ:

א ו   יֵשׁ רָעָה אֲשֶׁר רָאִיתִי תַּחַת הַשָּׁמֶשׁ וְרַבָּה הִיא עַל־הָאָדָם:

ב   אִישׁ אֲשֶׁר יִתֶּן־לוֹ הָאֱלֹהִים עֹשֶׁר וּנְכָסִים וְכָבוֹד וְאֵינֶנּוּ חָסֵר

לְנַפְשׁוֹ ׀ מִכֹּל אֲשֶׁר־יִתְאַוֶּה וְלֹא־יַשְׁלִיטֶנּוּ הָאֱלֹהִים לֶאֱכֹל

ג   מִמֶּנּוּ כִּי אִישׁ נָכְרִי יֹאכְלֶנּוּ זֶה הֶבֶל וָחֳלִי רָע הוּא: אִם־יוֹלִיד

אִישׁ מֵאָה וְשָׁנִים רַבּוֹת יִחְיֶה וְרַב ׀ שֶׁיִּהְיוּ יְמֵי־שָׁנָיו וְנַפְשׁוֹ

לֹא־תִשְׂבַּע מִן־הַטּוֹבָה וְגַם־קְבוּרָה לֹא־הָיְתָה לּוֹ אָמַרְתִּי

ד   טוֹב מִמֶּנּוּ הַנָּפֶל: כִּי־בַהֶבֶל בָּא וּבַחֹשֶׁךְ יֵלֵךְ וּבַחֹשֶׁךְ שְׁמוֹ

ה   יְכֻסֶּה: גַּם־שֶׁמֶשׁ לֹא־רָאָה וְלֹא יָדָע זֶה נַחַת לָזֶה מִזֶּה: וְאִלּוּ

חָיָה אֶלֶף שָׁנִים פַּעֲמַיִם וְטוֹבָה לֹא רָאָה הֲלֹא אֶל־מָקוֹם

ז   אֶחָד הַכֹּל הוֹלֵךְ: כָּל־עֲמַל הָאָדָם לְפִיהוּ וְגַם־הַנֶּפֶשׁ לֹא

ח   תִמָּלֵא: כִּי מַה־יּוֹתֵר לֶחָכָם מִן־הַכְּסִיל מַה־לֶּעָנִי יוֹדֵעַ לַהֲלֹךְ

ט   נֶגֶד הַחַיִּים: טוֹב מַרְאֵה עֵינַיִם מֵהֲלָךְ־נָפֶשׁ גַּם־זֶה הֶבֶל

י   וּרְעוּת רוּחַ: מַה־שֶּׁהָיָה כְּבָר נִקְרָא שְׁמוֹ וְנוֹדָע אֲשֶׁר־הוּא

       שָׁתְקִיף   אָדָם וְלֹא־יוּכַל לָדִין עִם שֶׁהַתְּקִיף מִמֶּנּוּ: כִּי יֵשׁ־דְּבָרִים

יא   הַרְבֵּה מַרְבִּים הָבֶל מַה־יֹּתֵר לָאָדָם: כִּי מִי־יוֹדֵעַ מַה־טּוֹב

יב   לָאָדָם בַּחַיִּים מִסְפַּר יְמֵי־חַיֵּי הֶבְלוֹ וְיַעֲשֵׂם כַּצֵּל אֲשֶׁר מִי־

       טוֹב   יַגִּיד לָאָדָם מַה־יִּהְיֶה אַחֲרָיו תַּחַת הַשָּׁמֶשׁ: ז א ג

שֵׁם מִשֶּׁמֶן טוֹב וְיוֹם הַמָּוֶת מִיּוֹם הִוָּלְדוֹ: טוֹב לָלֶכֶת אֶל־

ב   בֵּית־אֵבֶל מִלֶּכֶת אֶל־בֵּית מִשְׁתֶּה בַּאֲשֶׁר הוּא סוֹף כָּל־

הָאָדָם וְהַחַי יִתֵּן אֶל־לִבּוֹ: טוֹב כַּעַס מִשְּׂחוֹק כִּי־בְרֹעַ פָּנִים

ג   יִיטַב לֵב: לֵב חֲכָמִים בְּבֵית אֵבֶל וְלֵב כְּסִילִים בְּבֵית שִׂמְחָה:

ד   טוֹב לִשְׁמֹעַ גַּעֲרַת חָכָם מֵאִישׁ שֹׁמֵעַ שִׁיר כְּסִילִים: כִּי כְקוֹל

ה   הַסִּירִים תַּחַת הַסִּיר כֵּן שְׂחֹק הַכְּסִיל וְגַם־זֶה הָבֶל: כִּי הָעֹשֶׁק

ז   יְהוֹלֵל חָכָם וִיאַבֵּד אֶת־לֵב מַתָּנָה: טוֹב אַחֲרִית דָּבָר

ח   מֵרֵאשִׁיתוֹ טוֹב אֶרֶךְ־רוּחַ מִגְּבַהּ־רוּחַ: אַל־תְּבַהֵל בְּרוּחֲךָ

ט   לִכְעוֹס כִּי כַעַס בְּחֵיק כְּסִילִים יָנוּחַ: אַל־תֹּאמַר מֶה הָיָה

י   שֶׁהַיָּמִים הָרִאשֹׁנִים הָיוּ טוֹבִים מֵאֵלֶּה כִּי לֹא מֵחָכְמָה

יא   שָׁאַלְתָּ עַל־זֶה: טוֹבָה חָכְמָה עִם־נַחֲלָה וְיֹתֵר לְרֹאֵי הַשָּׁמֶשׁ:

יב   כִּי בְּצֵל הַחָכְמָה בְּצֵל הַכָּסֶף וְיִתְרוֹן דַּעַת הַחָכְמָה תְּחַיֶּה

יג   בְעָלֶיהָ: רְאֵה אֶת־מַעֲשֵׂה הָאֱלֹהִים כִּי מִי יוּכַל לְתַקֵּן אֵת

יד   אֲשֶׁר עִוְּתוֹ: בְּיוֹם טוֹבָה הֱיֵה בְטוֹב וּבְיוֹם רָעָה רְאֵה גַּם אֶת־

all his labour in which he toils under the sun all the days of his life, which God gives him: for it is his portion. Every man **18** also to whom God has given riches and wealth, and has given him power to eat of it, and to take his portion, and to rejoice in his labour; this is the gift of God. For he shall remember that **19** the days of his life are not many, in which God provides him with the joy of his heart. There is an evil which I have seen **6** under the sun, and it is heavy upon men: a man to whom God **2** has given riches, wealth, and honour, so that he lacks nothing for his soul of all that he desires, yet God does not give him power to eat of it but a stranger eats it: this is vanity, and it is an evil disease. If a man begets a hundred children, and lives **3** many years, so that the days of his years are many, and his soul is not content with the good, and also that he has no burial; I say, that an untimely birth is better than he. For it **4** comes in vanity, and departs in darkness, and its name is covered with darkness. Moreover it has not seen the sun, nor **5** known anything: this has more comfort than the other. For **6** though he live a thousand years twice told, yet he has seen no good: do not all go to one place? All the labour of man is for **7** his mouth, and yet the appetite is not filled. For what advan- **8** tage has the wise more than the fool? what has the poor man who knows how to make his way among the living? Better is **9** the sight of the eyes than the wandering of the desire: this is also vanity and a striving after wind. That which has been was **10** named long ago, and it is known that it is but man: nor may he contend with one who is mightier than he. Seeing there **11** are many things that increase vanity, what is man the better? For who knows what is good for man in this life, all the days **12** of his vain life which he spends like a shadow? for who can tell a man what shall be after him under the sun? A good **7** name is better than precious ointment; and the day of death than the day of one's birth. It is better to go to the house of **2** mourning, than to go to the house of feasting: for that is the end of all men; and the living will lay it to his heart. Sorrow **3** is better than laughter: for by the sadness of the countenance the heart is made glad. The heart of the wise is in the house **4** of mourning; but the heart of fools is in the house of mirth. It is better to hear the rebuke of the wise, than for a man to **5** hear the song of fools. For as the crackling of thorns under a **6** pot, so is the laughter of the fool: this also is vanity. Surely **7** oppression makes a wise man mad; and a bribe destroys the heart. Better is the end of a thing than the beginning of it: and **8** the patient in spirit is better than the proud in spirit. Be not **9** hasty in thy spirit to be angry: for anger rests in the bosom of fools. Do not say, How was it that the former days were **10** better than these? for thou dost not inquire wisely concerning this. Wisdom is good with an inheritance: and by it there is **11** profit to them that see the sun. For wisdom is a defence, and **12** money is a defence: but the excellency of knowledge is, that wisdom gives life to those who have it. Consider the work of **13** God: for who can make that straight, which he has made crooked? In the day of prosperity be joyful, but in the day of **14**

זֶה לְעֻמַּת־זֶה עָשָׂה הָאֱלֹהִים עַל־דִּבְרַת שֶׁלֹּא יִמְצָא הָאָדָם
טו אַחֲרָיו מְאוּמָה׃ אֶת־הַכֹּל רָאִיתִי בִּימֵי הֶבְלִי יֵשׁ צַדִּיק אֹבֵד
טז בְּצִדְקוֹ וְיֵשׁ רָשָׁע מַאֲרִיךְ בְּרָעָתוֹ׃ אַל־תְּהִי צַדִּיק הַרְבֵּה
יז וְאַל־תִּתְחַכַּם יוֹתֵר לָמָּה תִּשּׁוֹמֵם׃ אַל־תִּרְשַׁע הַרְבֵּה וְאַל־
יח תְּהִי סָכָל לָמָּה תָמוּת בְּלֹא עִתֶּךָ׃ טוֹב אֲשֶׁר תֶּאֱחֹז בָּזֶה
וְגַם־מִזֶּה אַל־תַּנַּח אֶת־יָדֶךָ כִּי־יְרֵא אֱלֹהִים יֵצֵא אֶת־כֻּלָּם׃
יט כ הַחָכְמָה תָּעֹז לֶחָכָם מֵעֲשָׂרָה שַׁלִּיטִים אֲשֶׁר הָיוּ בָּעִיר׃ כִּי
כא אָדָם אֵין צַדִּיק בָּאָרֶץ אֲשֶׁר יַעֲשֶׂה־טּוֹב וְלֹא יֶחֱטָא׃ גַּם
לְכָל־הַדְּבָרִים אֲשֶׁר יְדַבֵּרוּ אַל־תִּתֵּן לִבֶּךָ אֲשֶׁר לֹא־תִשְׁמַע
כב אֶת־עַבְדְּךָ מְקַלְלֶךָ׃ כִּי גַּם־פְּעָמִים רַבּוֹת יָדַע לִבֶּךָ אֲשֶׁר
כג גַּם־אַתָּ קִלַּלְתָּ אֲחֵרִים׃ כָּל־זֹה נִסִּיתִי בַחָכְמָה אָמַרְתִּי
כד אֶחְכָּמָה וְהִיא רְחוֹקָה מִמֶּנִּי׃ רָחוֹק מַה־שֶּׁהָיָה וְעָמֹק ׀ עָמֹק
כה מִי יִמְצָאֶנּוּ׃ סַבּוֹתִי אֲנִי וְלִבִּי לָדַעַת וְלָתוּר וּבַקֵּשׁ חָכְמָה
כו וְחֶשְׁבּוֹן וְלָדַעַת רֶשַׁע כֶּסֶל וְהַסִּכְלוּת הוֹלֵלוֹת׃ וּמוֹצֶא אֲנִי
מַר מִמָּוֶת אֶת־הָאִשָּׁה אֲשֶׁר־הִיא מְצוֹדִים וַחֲרָמִים לִבָּהּ
אֲסוּרִים יָדֶיהָ טוֹב לִפְנֵי הָאֱלֹהִים יִמָּלֵט מִמֶּנָּה וְחוֹטֵא יִלָּכֶד
כז בָּהּ׃ רְאֵה זֶה מָצָאתִי אָמְרָה קֹהֶלֶת אַחַת לְאַחַת לִמְצֹא
כח חֶשְׁבּוֹן׃ אֲשֶׁר עוֹד־בִּקְשָׁה נַפְשִׁי וְלֹא מָצָאתִי אָדָם אֶחָד
כט מֵאֶלֶף מָצָאתִי וְאִשָּׁה בְכָל־אֵלֶּה לֹא מָצָאתִי׃ לְבַד רְאֵה־זֶה
מָצָאתִי אֲשֶׁר עָשָׂה הָאֱלֹהִים אֶת־הָאָדָם יָשָׁר וְהֵמָּה בִקְשׁוּ
ח א חִשְּׁבֹנוֹת רַבִּים׃ מִי כְּהֶחָכָם וּמִי יוֹדֵעַ פֵּשֶׁר דָּבָר חָכְמַת אָדָם
ב תָּאִיר פָּנָיו וְעֹז פָּנָיו יְשֻׁנֶּא׃ אֲנִי פִּי־מֶלֶךְ שְׁמֹר וְעַל דִּבְרַת
ג שְׁבוּעַת אֱלֹהִים׃ אַל־תִּבָּהֵל מִפָּנָיו תֵּלֵךְ אַל־תַּעֲמֹד בְּדָבָר
ד רָע כִּי כָּל־אֲשֶׁר יַחְפֹּץ יַעֲשֶׂה׃ בַּאֲשֶׁר דְּבַר־מֶלֶךְ שִׁלְטוֹן וּמִי
ה יֹאמַר־לוֹ מַה־תַּעֲשֶׂה׃ שׁוֹמֵר מִצְוָה לֹא יֵדַע דָּבָר רָע וְעֵת
ו וּמִשְׁפָּט יֵדַע לֵב חָכָם׃ כִּי לְכָל־חֵפֶץ יֵשׁ עֵת וּמִשְׁפָּט כִּי־רָעַת
ז הָאָדָם רַבָּה עָלָיו׃ כִּי־אֵינֶנּוּ יֹדֵעַ מַה־שֶּׁיִּהְיֶה כִּי כַּאֲשֶׁר יִהְיֶה
ח מִי יַגִּיד לוֹ׃ אֵין אָדָם שַׁלִּיט בָּרוּחַ לִכְלוֹא אֶת־הָרוּחַ וְאֵין
שִׁלְטוֹן בְּיוֹם הַמָּוֶת וְאֵין מִשְׁלַחַת בַּמִּלְחָמָה וְלֹא־יְמַלֵּט רֶשַׁע
ט אֶת־בְּעָלָיו׃ אֶת־כָּל־זֶה רָאִיתִי וְנָתוֹן אֶת־לִבִּי לְכָל־מַעֲשֶׂה
אֲשֶׁר נַעֲשָׂה תַּחַת הַשָּׁמֶשׁ עֵת אֲשֶׁר שָׁלַט הָאָדָם בְּאָדָם
י לְרַע לוֹ׃ וּבְכֵן רָאִיתִי רְשָׁעִים קְבֻרִים וָבָאוּ וּמִמְּקוֹם קָדוֹשׁ
יא יְהַלֵּכוּ וְיִשְׁתַּכְּחוּ בָעִיר אֲשֶׁר כֵּן־עָשׂוּ גַּם־זֶה הָבֶל׃ אֲשֶׁר אֵין־
נַעֲשָׂה פִתְגָם מַעֲשֵׂה הָרָעָה מְהֵרָה עַל־כֵּן מָלֵא לֵב בְּנֵי־הָאָדָם
יב בָּהֶם לַעֲשׂוֹת רָע׃ אֲשֶׁר חֹטֶא עֹשֶׂה רָע מְאַת וּמַאֲרִיךְ לוֹ
כִּי גַּם־יוֹדֵעַ אָנִי אֲשֶׁר יִהְיֶה־טּוֹב לְיִרְאֵי הָאֱלֹהִים אֲשֶׁר יִירְאוּ

adversity consider: GOD has made the one as well as the other, to the end that man should find nothing after him. All things 15 have I seen in the days of my vanity: there is a just man who perishes in his righteousness, and there is a wicked man who prolongs his life in his wickedness. Be not righteous overmuch; 16 nor make thyself overwise: why shouldst thou destroy thyself? Be not wicked overmuch, nor be foolish: why shouldst 17 thou die before thy time? It is good that thou shouldst take 18 hold of this; but do not withdraw thy hand from that either: for he that fears GOD performs them all. Wisdom strengthens 19 the wise more than ten rulers who are in a city. For there is 20 not a just man upon earth, that does good, and sins not. Also 21 take no heed to all words that are spoken; lest thou hear thy servant curse thee: for oftentimes also thy own heart knows 22 that thou thyself hast likewise cursed others. All this have I 23 proved by wisdom: I said, I will be wise; but it was far from me. That which is far off, and exceeding deep, who can find it 24 out? I cast about in my mind to know, and to search, and to 25 seek out wisdom, and the reason of things, and to know the wickedness of folly and foolishness which is madness: and I 26 find more bitter than death the woman, whose heart is snares and nets, and her hands are fetters: he who pleases GOD shall escape from her; but the sinner shall be caught by her. Behold, 27 this have I found, says Qohelet, counting one thing to another, to find out the sum, which yet my soul seeks, but I have not 28 found it: One man among a thousand I have found; but a woman among all those I have not found. Lo, this only have I 29 found, that GOD has made man upright; but they have sought out many inventions. Who is like the wise man? and who **8** knows the interpretation of a thing? a man's wisdom makes his face to shine, and the boldness of his face is changed. I 2 counsel thee to keep the king's commandment, and that in the manner of an oath of GOD. Be not hasty to go out of his pre- 3 sence: stand not in an evil thing; for he does whatever pleases him. For the word of a king has authority: and who may say 4 to him, What doest thou? He who keeps the commandment 5 shall feel no evil thing: and a wise man's heart discerns both time and method. For every matter has its time and method, 6 though the misery of man is great upon him. For he knows 7 not that which shall be: for who can tell him when it shall be? There is no man who has power over the wind to retain the 8 wind; nor has he power over the day of death: and there is no discharge in that war; nor shall wickedness deliver those who are given up to it. All this have I seen, and have appointed my 9 heart to every work that is done under the sun: there is a time when one man rules over another to his own hurt. And so I 10 saw the wicked buried, and come to their rest; but those who had done right were gone from the holy place, and were for- gotten in the city: this also is vanity. Because sentence 11 against an evil work is not executed speedily, therefore the heart of the sons of men is fully set in them to do evil. Though 12 a sinner do evil a hundred times, and his days are prolonged, yet surely I know that it shall be well with those who fear GOD,

יג מִלְּפָנָיו: וְטוֹב לֹא־יִהְיֶה לָרָשָׁע וְלֹא־יַאֲרִיךְ יָמִים כַּצֵּל אֲשֶׁר

יד אֵינֶנּוּ יָרֵא מִלִּפְנֵי אֱלֹהִים: יֶשׁ־הֶבֶל אֲשֶׁר נַעֲשָׂה עַל־הָאָרֶץ אֲשֶׁר ׀ יֵשׁ צַדִּיקִים אֲשֶׁר מַגִּיעַ אֲלֵהֶם כְּמַעֲשֵׂה הָרְשָׁעִים וְיֵשׁ רְשָׁעִים שֶׁמַּגִּיעַ אֲלֵהֶם כְּמַעֲשֵׂה הַצַּדִּיקִים אָמַרְתִּי שֶׁגַּם־

טו זֶה הָבֶל: וְשִׁבַּחְתִּי אֲנִי אֶת־הַשִּׂמְחָה אֲשֶׁר אֵין־טוֹב לָאָדָם תַּחַת הַשֶּׁמֶשׁ כִּי אִם־לֶאֱכֹל וְלִשְׁתּוֹת וְלִשְׂמוֹחַ וְהוּא יִלְוֶנּוּ בַעֲמָלוֹ יְמֵי חַיָּיו אֲשֶׁר־נָתַן־לוֹ הָאֱלֹהִים תַּחַת הַשָּׁמֶשׁ: כַּאֲשֶׁר

טז נָתַתִּי אֶת־לִבִּי לָדַעַת חָכְמָה וְלִרְאוֹת אֶת־הָעִנְיָן אֲשֶׁר נַעֲשָׂה עַל־הָאָרֶץ כִּי גַם בַּיּוֹם וּבַלַּיְלָה שֵׁנָה בְּעֵינָיו אֵינֶנּוּ

יז רֹאֶה: וְרָאִיתִי אֶת־כָּל־מַעֲשֵׂה הָאֱלֹהִים כִּי לֹא יוּכַל הָאָדָם לִמְצוֹא אֶת־הַמַּעֲשֶׂה אֲשֶׁר נַעֲשָׂה תַחַת־הַשֶּׁמֶשׁ בְּשֶׁל אֲשֶׁר יַעֲמֹל הָאָדָם לְבַקֵּשׁ וְלֹא יִמְצָא וְגַם אִם־יֹאמַר הֶחָכָם לָדַעַת לֹא יוּכַל לִמְצֹא: כִּי אֶת־כָּל־זֶה נָתַתִּי אֶל־לִבִּי וְלָבוּר אֶת־

ט א כָּל־זֶה אֲשֶׁר הַצַּדִּיקִים וְהַחֲכָמִים וַעֲבָדֵיהֶם בְּיַד הָאֱלֹהִים גַּם־אַהֲבָה גַם־שִׂנְאָה אֵין יוֹדֵעַ הָאָדָם הַכֹּל לִפְנֵיהֶם: הַכֹּל

ב כַּאֲשֶׁר לַכֹּל מִקְרֶה אֶחָד לַצַּדִּיק וְלָרָשָׁע לַטּוֹב וְלַטָּהוֹר וְלַטָּמֵא וְלַזֹּבֵחַ וְלַאֲשֶׁר אֵינֶנּוּ זֹבֵחַ כַּטּוֹב כַּחֹטֶא הַנִּשְׁבָּע כַּאֲשֶׁר

ג שְׁבוּעָה יָרֵא: זֶה ׀ רָע בְּכֹל אֲשֶׁר־נַעֲשָׂה תַּחַת הַשֶּׁמֶשׁ כִּי־מִקְרֶה אֶחָד לַכֹּל וְגַם לֵב בְּנֵי־הָאָדָם מָלֵא־רָע וְהוֹלֵלוֹת

ד בִּלְבָבָם בְּחַיֵּיהֶם וְאַחֲרָיו אֶל־הַמֵּתִים: כִּי־מִי אֲשֶׁר יִבָּחַר אֶל כָּל־הַחַיִּים יֵשׁ בִּטָּחוֹן כִּי־לְכֶלֶב חַי הוּא טוֹב מִן־הָאַרְיֵה הַמֵּת:

ה כִּי הַחַיִּים יוֹדְעִים שֶׁיָּמֻתוּ וְהַמֵּתִים אֵינָם יוֹדְעִים מְאוּמָה וְאֵין־עוֹד לָהֶם שָׂכָר כִּי נִשְׁכַּח זִכְרָם: גַּם אַהֲבָתָם גַּם־שִׂנְאָתָם

ו גַּם־קִנְאָתָם כְּבָר אָבָדָה וְחֵלֶק אֵין־לָהֶם עוֹד לְעוֹלָם בְּכֹל אֲשֶׁר־

ז נַעֲשָׂה תַּחַת הַשָּׁמֶשׁ: לֵךְ אֱכֹל בְּשִׂמְחָה לַחְמֶךָ וּשֲׁתֵה בְלֶב־טוֹב

ח יֵינֶךָ כִּי כְבָר רָצָה הָאֱלֹהִים אֶת־מַעֲשֶׂיךָ: בְּכָל־עֵת יִהְיוּ בְגָדֶיךָ לְבָנִים וְשֶׁמֶן עַל־רֹאשְׁךָ אַל־יֶחְסָר: רְאֵה חַיִּים עִם־

ט אִשָּׁה אֲשֶׁר־אָהַבְתָּ כָּל־יְמֵי חַיֵּי הֶבְלֶךָ אֲשֶׁר נָתַן־לְךָ תַּחַת הַשֶּׁמֶשׁ כֹּל יְמֵי הֶבְלֶךָ כִּי הוּא חֶלְקְךָ בַּחַיִּים וּבַעֲמָלְךָ אֲשֶׁר־

י אַתָּה עָמֵל תַּחַת הַשָּׁמֶשׁ: כֹּל אֲשֶׁר תִּמְצָא יָדְךָ לַעֲשׂוֹת בְּכֹחֲךָ עֲשֵׂה כִּי אֵין מַעֲשֶׂה וְחֶשְׁבּוֹן וְדַעַת וְחָכְמָה בִּשְׁאוֹל

יא אֲשֶׁר אַתָּה הֹלֵךְ שָׁמָּה: שַׁבְתִּי וְרָאֹה תַחַת־הַשֶּׁמֶשׁ כִּי לֹא לַקַּלִּים הַמֵּרוֹץ וְלֹא לַגִּבּוֹרִים הַמִּלְחָמָה וְגַם לֹא לַחֲכָמִים לֶחֶם וְגַם לֹא לַנְּבֹנִים עֹשֶׁר וְגַם לֹא לַיֹּדְעִים חֵן כִּי־עֵת וָפֶגַע

יב יִקְרֶה אֶת־כֻּלָּם: כִּי גַם לֹא־יֵדַע הָאָדָם אֶת־עִתּוֹ כַּדָּגִים שֶׁנֶּאֱחָזִים בִּמְצוֹדָה רָעָה וְכַצִּפֳּרִים הָאֲחֻזוֹת בַּפָּח כָּהֵם יוּקָשִׁים

who fear before him: but it shall not be well with the wicked, 13
and, like the shadow, he will not prolong his days; because he
does not fear before GOD. There is a vanity which is done upon 14
the earth ; that there are just men, to whom it happens ac-
cording to the deeds of the wicked; again, there are wicked
men, to whom it happens according to the deeds of the
righteous: I said that this also is vanity. So I commend mirth, 15
because a man has no better thing under the sun, than to eat,
and to drink, and to be merry : for that shall accompany him in
his labour during the days of his life, which GOD gives him
under the sun. When I applied my heart to know wisdom, and 16
to see the business that is done upon the earth: (how one sees
no sleep with one's eyes either by day or by night;) then I 17
beheld all the work of GOD, that a man cannot find out the
work that is done under the sun: because though a man labour
to seek it out, yet he shall not find it; furthermore; though a
wise man think to know it, yet he shall not be able to find it.
For all this I laid to my heart, and sought to clarify all this, 9
that the righteous, and the wise, and their deeds, are in the
hand of GOD: no man knows whether love or hatred is in store:
all is before them. All things come alike to all: there is one 2
event to the righteous, and to the wicked; to the good and to
the clean, and to the unclean ; to him who sacrifices, and to
him who does not sacrifice: as is the good, so is the sinner; and
he who swears, as he who fears an oath. This is an evil in 3
all things that are done under the sun, that there is one event
to all: yea, also the heart of the sons of men is full of evil, and
madness is in their heart while they live, and after that they
go to the dead. For to him that is joined to all the living 4
there is hope: for a living dog is better than a dead lion. For 5
the living know that they shall die: but the dead know nothing,
nor do they have any more a reward; for the memory of them
is forgotten. Also their love, and their hatred, and their envy, 6
is now long perished ; nor have they any more a portion forever
in any thing that is done under the sun. Go thy way, eat thy 7
bread with joy, and drink thy wine with a merry heart; for
GOD has already accepted thy works. Let thy garments be al- 8
ways white; and let thy head lack no oil. Live joyfully with the 9
wife whom thou lovest all the days of the life of thy vanity,
which he has given thee under the sun, all the days of thy
vanity: for that is thy portion in life, and in thy labour in
which thou dost labour under the sun. Whatever thy hand finds 10
to do, do it with thy strength, for there is no work, nor device,
nor knowledge, nor wisdom, in She'ol, whither thou goest. I re- 11
turned, and saw under the sun, that the race is not to the swift,
nor the battle to the strong, nor yet bread to the wise, nor yet
riches to men of understanding, nor yet favour to men of skill ;
but time and chance happens to them all. For man also knows 12
not his time: like the fishes that are taken in an evil net, and
like the birds that are caught in the snare; so are the sons of

בְּנֵי הָאָדָם לְעֵת רָעָה כְּשֶׁתִּפּוֹל עֲלֵיהֶם פִּתְאֹם: גַּם־זֹה רָאִיתִי ‏י

חָכְמָה תַּחַת הַשָּׁמֶשׁ וּגְדוֹלָה הִיא אֵלָי: עִיר קְטַנָּה וַאֲנָשִׁים ‏יד

בָּהּ מְעָט וּבָא־אֵלֶיהָ מֶלֶךְ גָּדוֹל וְסָבַב אֹתָהּ וּבָנָה עָלֶיהָ

מְצוֹדִים גְּדֹלִים: וּמָצָא בָהּ אִישׁ מִסְכֵּן חָכָם וּמִלַּט־הוּא ‏טו

אֶת־הָעִיר בְּחָכְמָתוֹ וְאָדָם לֹא זָכַר אֶת־הָאִישׁ הַמִּסְכֵּן הַהוּא:

וְאָמַרְתִּי אָנִי טוֹבָה חָכְמָה מִגְּבוּרָה וְחָכְמַת הַמִּסְכֵּן בְּזוּיָה ‏טז

וּדְבָרָיו אֵינָם נִשְׁמָעִים: דִּבְרֵי חֲכָמִים בְּנַחַת נִשְׁמָעִים מִזַּעֲקַת ‏יז

מוֹשֵׁל בַּכְּסִילִים: טוֹבָה חָכְמָה מִכְּלֵי קְרָב וְחוֹטֶא אֶחָד יְאַבֵּד ‏יח

טוֹבָה הַרְבֵּה: וְבוּבֵי מָוֶת יַבְאִישׁ יַבִּיעַ שֶׁמֶן רוֹקֵחַ יָקָר מֵחָכְמָה ‏א י

מִכָּבוֹד סִכְלוּת מְעָט: לֵב חָכָם לִימִינוֹ וְלֵב כְּסִיל לִשְׂמֹאלוֹ: ‏ב

וְגַם־בַּדֶּרֶךְ כְּשֶׁהסָּכָל הֹלֵךְ לִבּוֹ חָסֵר וְאָמַר לַכֹּל סָכָל הוּא: ‏ג

אִם־רוּחַ הַמּוֹשֵׁל תַּעֲלֶה עָלֶיךָ מְקוֹמְךָ אַל־תַּנַּח כִּי מַרְפֵּא יַנִּיחַ ‏ד

חֲטָאִים גְּדוֹלִים: יֵשׁ רָעָה רָאִיתִי תַּחַת הַשָּׁמֶשׁ כִּשְׁגָגָה שֶׁיֹּצָא ‏ה

מִלִּפְנֵי הַשַּׁלִּיט: נִתַּן הַסֶּכֶל בַּמְּרוֹמִים רַבִּים וַעֲשִׁירִים בַּשֵּׁפֶל ‏ו

יֵשֵׁבוּ: רָאִיתִי עֲבָדִים עַל־סוּסִים וְשָׂרִים הֹלְכִים כַּעֲבָדִים עַל־ ‏ז

הָאָרֶץ: חֹפֵר גּוּמָץ בּוֹ יִפּוֹל וּפֹרֵץ גָּדֵר יִשְּׁכֶנּוּ נָחָשׁ: מַסִּיעַ ‏ח ט

אֲבָנִים יֵעָצֵב בָּהֶם בּוֹקֵעַ עֵצִים יִסָּכֶן בָּם: אִם־קֵהָה הַבַּרְזֶל ‏י

וְהוּא לֹא־פָנִים קִלְקַל וַחֲיָלִים יְגַבֵּר וְיִתְרוֹן הַכְשֵׁיר חָכְמָה: אִם־ ‏יא

יִשֹּׁךְ הַנָּחָשׁ בְּלוֹא־לָחַשׁ וְאֵין יִתְרוֹן לְבַעַל הַלָּשׁוֹן: דִּבְרֵי פִי־ ‏יב

חָכָם חֵן וְשִׂפְתוֹת כְּסִיל תְּבַלְּעֶנּוּ: תְּחִלַּת דִּבְרֵי־פִיהוּ סִכְלוּת ‏יג

וְאַחֲרִית פִּיהוּ הוֹלֵלוּת רָעָה: וְהַסָּכָל יַרְבֶּה דְבָרִים לֹא־יֵדַע ‏יד

הָאָדָם מַה־שֶׁיִּהְיֶה וַאֲשֶׁר יִהְיֶה מֵאַחֲרָיו מִי יַגִּיד לוֹ: עֲמַל ‏טו

הַכְּסִילִים תְּיַגְּעֶנּוּ אֲשֶׁר לֹא־יָדַע לָלֶכֶת אֶל־עִיר: אִי־לָךְ אֶרֶץ ‏טז

שֶׁמַּלְכֵּךְ נַעַר וְשָׂרַיִךְ בַּבֹּקֶר יֹאכֵלוּ: אַשְׁרֵיךְ אֶרֶץ שֶׁמַּלְכֵּךְ בֶּן־ ‏יז

חוֹרִים וְשָׂרַיִךְ בָּעֵת יֹאכֵלוּ בִּגְבוּרָה וְלֹא בַשְּׁתִי: בַּעֲצַלְתַּיִם ‏יח

יִמַּךְ הַמְּקָרֶה וּבְשִׁפְלוּת יָדַיִם יִדְלֹף הַבָּיִת: לִשְׂחוֹק עֹשִׂים ‏יט

לֶחֶם וְיַיִן יְשַׂמַּח חַיִּים וְהַכֶּסֶף יַעֲנֶה אֶת־הַכֹּל: גַּם בְּמַדָּעֲךָ מֶלֶךְ ‏כ

אַל־תְּקַלֵּל וּבְחַדְרֵי מִשְׁכָּבְךָ אַל־תְּקַלֵּל עָשִׁיר כִּי עוֹף הַשָּׁמַיִם

יוֹלִיךְ אֶת־הַקּוֹל וּבַעַל הכנפים יַגִּיד דָּבָר: שַׁלַּח לַחְמְךָ עַל־ ‏א יא

פְּנֵי הַמָּיִם כִּי־בְרֹב הַיָּמִים תִּמְצָאֶנּוּ: תֶּן־חֵלֶק לְשִׁבְעָה וְגַם ‏ב

לִשְׁמוֹנָה כִּי לֹא תֵדַע מַה־יִּהְיֶה רָעָה עַל־הָאָרֶץ: אִם־יִמָּלְאוּ ‏ג

הֶעָבִים גֶּשֶׁם עַל־הָאָרֶץ יָרִיקוּ וְאִם־יִפּוֹל עֵץ בַּדָּרוֹם וְאִם

בַּצָּפוֹן מְקוֹם שֶׁיִּפּוֹל הָעֵץ שָׁם יְהוּא: שֹׁמֵר רוּחַ לֹא יִזְרָע ‏ד

וְרֹאֶה בֶעָבִים לֹא יִקְצוֹר: כַּאֲשֶׁר אֵינְךָ יוֹדֵעַ מַה־דֶּרֶךְ הָרוּחַ ‏ה

כַּעֲצָמִים בְּבֶטֶן הַמְּלֵאָה כָּכָה לֹא תֵדַע אֶת־מַעֲשֵׂה הָאֱלֹהִים

men snared in an evil time, when it falls suddenly upon them.
This wisdom have I seen also under the sun, and it seemed great 13
to me: there was a little city, and few men within it; and there 14
came a great king against it, and besieged it, and built great
siegeworks against it: now there was found in it a poor wise 15
man, and he by his wisdom saved the city; yet no man re-
membered that same poor man. Then said I, Wisdom is better 16
than strength: nevertheless the poor man's wisdom is despised,
and his words are not heard. The words of wise men heard in 17
quiet are better than the cry of him who rules among fools.
Wisdom is better than weapons of war: but one sinner destroys 18
much good. Dead flies cause the perfumer's ointment to give **10**
off a foul odour: so does a little folly outweigh wisdom and
honour. A wise man's heart inclines him to his right hand: 2
but a fool's heart to his left. Yea also, when a fool walks by 3
the way, his understanding fails him, and he reveals to every-
one that he is a fool. If the spirit of the ruler rise up against 4
thee, do not leave thy place; for deference appeases great
offences. There is an evil which I have seen under the sun, 5
when an error proceeds from the ruler: folly is set in great dig- 6
nity, and the rich sit in low place. I have seen servants upon 7
horses, and princes walking as servants upon the earth. He who 8
digs a pit shall fall into it; and whoever breaks through a
hedge, a snake shall bite him. He who removes stones shall be 9
hurt by them; and he who chops wood shall be endangered by
that. If the iron is blunt, and one does not whet the edge, then 10
he must put to more strength: but wisdom increases skill. If the 11
serpent bites and cannot be charmed, then there is no ad-
vantage in a charmer. The words of a wise man's mouth are 12
gracious; but the lips of a fool will swallow up himself. The 13
beginning of the words of his mouth is foolishness: and the
end of his talk is grievous madness. A fool also multiplies 14
words: yet no man can tell what shall be; and what shall be
after him, who can tell him? The labour of fools wearies him- 15
self; for he does not know to get to the city. Woe to thee, O 16
land, when thy king is a child, and thy princes dine in the
morning! Happy art thou, O land, when thy king is a man of 17
dignity, and thy princes eat in due season, for strength, and
not for drunkenness! By much slothfulness the beams col- 18
lapse; and through idleness of the hands the house leaks. A feast 19
is made for laughter, and wine makes life joyful: and money
answers all things. Do not curse the king, no, not even in thy 20
thought; and do not curse the rich even in thy bedchamber:
for a bird of the sky shall carry the sound, and that which has
wings shall tell the matter. Cast thy bread upon the waters: **11**
for thou shalt find it after many days. Give a portion to seven, 2
and even to eight; for thou knowst not what evil shall be upon
the earth. If the clouds are full of rain, they empty themselves 3
upon the earth: and if the tree falls towards the south, or
towards the north, in the place where the tree falls, there it
shall lie. He who observes the wind shall not sow; and he who 4
regards the clouds shall not reap. As thou knowst not what is 5
the way of the wind, nor how the bones grow in the womb of

ו אֲשֶׁר יַעֲשֶׂה אֶת־הַכֹּל: בַּבֹּקֶר זְרַע אֶת־זַרְעֶךָ וְלָעֶרֶב אַל־
תַּנַּח יָדֶךָ כִּי אֵינְךָ יוֹדֵעַ אֵי זֶה יִכְשַׁר הֲזֶה אוֹ־זֶה וְאִם־שְׁנֵיהֶם
ז כְּאֶחָד טוֹבִים: וּמָתוֹק הָאוֹר וְטוֹב לַעֵינַיִם לִרְאוֹת אֶת־
ח הַשָּׁמֶשׁ: כִּי אִם־שָׁנִים הַרְבֵּה יִחְיֶה הָאָדָם בְּכֻלָּם יִשְׂמָח וְיִזְכֹּר
ט אֶת־יְמֵי הַחֹשֶׁךְ כִּי־הַרְבֵּה יִהְיוּ כָּל־שֶׁבָּא הָבֶל: שְׂמַח בָּחוּר
בְּיַלְדוּתֶךָ וִיטִיבְךָ לִבְּךָ בִּימֵי בְחוּרוֹתֶךָ וְהַלֵּךְ בְּדַרְכֵי לִבְּךָ
ובמראי עֵינֶיךָ וְדָע כִּי עַל־כָּל־אֵלֶּה יְבִיאֲךָ הָאֱלֹהִים בַּמִּשְׁפָּט: וּבְמַרְאֵה
י וְהָסֵר כַּעַס מִלִּבֶּךָ וְהַעֲבֵר רָעָה מִבְּשָׂרֶךָ כִּי־הַיַּלְדוּת וְהַשַּׁחֲרוּת
א יב הָבֶל: וּזְכֹר אֶת־בּוֹרְאֶיךָ בִּימֵי בְּחוּרֹתֶיךָ עַד אֲשֶׁר לֹא־יָבֹאוּ
ב יְמֵי הָרָעָה וְהִגִּיעוּ שָׁנִים אֲשֶׁר תֹּאמַר אֵין־לִי בָהֶם חֵפֶץ: עַד
אֲשֶׁר לֹא־תֶחְשַׁךְ הַשֶּׁמֶשׁ וְהָאוֹר וְהַיָּרֵחַ וְהַכּוֹכָבִים וְשָׁבוּ
ג הֶעָבִים אַחַר הַגָּשֶׁם: בַּיּוֹם שֶׁיָּזֻעוּ שֹׁמְרֵי הַבַּיִת וְהִתְעַוְּתוּ
אַנְשֵׁי הֶחָיִל וּבָטְלוּ הַטֹּחֲנוֹת כִּי מִעֵטוּ וְחָשְׁכוּ הָרֹאוֹת בָּאֲרֻבּוֹת:
ד וְסֻגְּרוּ דְלָתַיִם בַּשּׁוּק בִּשְׁפַל קוֹל הַטַּחֲנָה וְיָקוּם לְקוֹל הַצִּפּוֹר
ה וְיִשַּׁחוּ כָּל־בְּנוֹת הַשִּׁיר: גַּם מִגָּבֹהַּ יִרָאוּ וְחַתְחַתִּים בַּדֶּרֶךְ
וְיָנֵאץ הַשָּׁקֵד וְיִסְתַּבֵּל הֶחָגָב וְתָפֵר הָאֲבִיּוֹנָה כִּי־הֹלֵךְ הָאָדָם
ו אֶל־בֵּית עוֹלָמוֹ וְסָבְבוּ בַשּׁוּק הַסֹּפְדִים: עַד אֲשֶׁר לֹא־ירחק יֵרָתֵק
חֶבֶל הַכֶּסֶף וְתָרֻץ גֻּלַּת הַזָּהָב וְתִשָּׁבֶר כַּד עַל־הַמַּבּוּעַ וְנָרֹץ
ז הַגַּלְגַּל אֶל־הַבּוֹר: וְיָשֹׁב הֶעָפָר עַל־הָאָרֶץ כְּשֶׁהָיָה וְהָרוּחַ
ח תָּשׁוּב אֶל־הָאֱלֹהִים אֲשֶׁר נְתָנָהּ: הֲבֵל הֲבָלִים אָמַר הַקּוֹהֶלֶת
ט הַכֹּל הָבֶל: וְיֹתֵר שֶׁהָיָה קֹהֶלֶת חָכָם עוֹד לִמַּד־דַּעַת אֶת־
י הָעָם וְאִזֵּן וְחִקֵּר תִּקֵּן מְשָׁלִים הַרְבֵּה: בִּקֵּשׁ קֹהֶלֶת לִמְצֹא
יא דִּבְרֵי־חֵפֶץ וְכָתוּב יֹשֶׁר דִּבְרֵי אֱמֶת: דִּבְרֵי חֲכָמִים כַּדָּרְבֹנוֹת
יב וּכְמַשְׂמְרוֹת נְטוּעִים בַּעֲלֵי אֲסֻפּוֹת נִתְּנוּ מֵרֹעֶה אֶחָד: וְיֹתֵר
מֵהֵמָּה בְּנִי הִזָּהֵר עֲשׂוֹת סְפָרִים הַרְבֵּה אֵין קֵץ וְלַהַג הַרְבֵּה
יג יְגִעַת בָּשָׂר: סוֹף דָּבָר הַכֹּל נִשְׁמָע אֶת־הָאֱלֹהִים יְרָא וְאֶת־
יד מִצְוֹתָיו שְׁמוֹר כִּי־זֶה כָּל־הָאָדָם: כִּי אֶת־כָּל־מַעֲשֶׂה הָאֱלֹהִים
יָבִא בְמִשְׁפָּט עַל כָּל־נֶעְלָם אִם־טוֹב וְאִם־רָע:

סוף דבר הכל נשמע
את האלהים ירא
ואת מצותיו
שמור
כי זה
כל האדם

her that is with child: even so thou knowst not the works of GOD who makes all. In the morning sow thy seed, and in the 6 evening do not withhold thy hand: for thou knowst not which shall prosper, whether this or that, or whether they both shall be alike good. Truly the light is sweet, and a pleasant thing 7 it is for the eyes to behold the sun: for if a man live many 8 years, let him rejoice in them all; yet let him remember the days of darkness ; for they shall be many. All that comes is vanity. Rejoice, O young man, in thy youth ; and let thy heart 9 cheer thee in the days of thy youth, and walk in the ways of thy heart, and in the sight of thy eyes: but know thou, that for all these things GOD will bring thee into judgment. There- 10 fore remove vexation from thy heart, and put away evil from thy flesh: for childhood and youth are vanity. Remember now **12** thy Creator in the days of thy youth, before the evil days come, and the years draw near, when thou shalt say, I have no pleasure in them ; before the sun, or the light, or the moon, 2 or the stars, are darkened, and the clouds return after the rain : in the day when the keepers of the house tremble, and the 3 strong men bow themselves, and the grinders cease because they are few, and those that look out of the windows are dim- med, and the doors are shut in the street, when the sound of 4 the grinding is low, and one starts up at the voice of the bird, and all the daughters of music are brought low; when they are 5 also afraid of that which is high, and terrors are in the way, and the almond tree blossoms, and the grasshopper drags itself along, and the caperberry fails; because the man goes to his eternal home, and the mourners go about the streets; before the 6 silver cord is loosed, or the golden bowl is shattered, or the pitcher is broken at the fountain, or the wheel broken at the cistern; and the dust returns to the earth as it was: and the 7 spirit returns to GOD who gave it. Vanity of vanities, says 8 Qohelet; all is vanity. And besides being wise, Qohelet also 9 taught the people knowledge ; for he weighed, and sought out, and set in order many proverbs. Qohelet sought to find 10 out acceptable words: and words of truth written in proper form. The words of the wise are like spurs, and like nails well 11 driven in are the sayings of the masters of collections ; they are given by one shepherd. And furthermore, my son, be admon- 12 ished: of making many books there is no end; and much study is a weariness of the flesh. The end of the matter, when all is 13 said and done: Fear GOD, and keep his commandments: for that is the whole duty of man. For GOD shall bring every work into 14 judgment, with every secret thing, whether it be good, or whether it be evil.

אסתר

ESTER – ESTHER

א וַיְהִ֖י בִּימֵ֣י אֲחַשְׁוֵר֑וֹשׁ ה֣וּא אֲחַשְׁוֵר֗וֹשׁ הַמֹּלֵךְ֙ מֵהֹ֣דּוּ וְעַד־כּ֔וּשׁ א
שֶׁ֛בַע וְעֶשְׂרִ֥ים וּמֵאָ֖ה מְדִינָֽה׃ בַּיָּמִ֖ים הָהֵ֑ם כְּשֶׁ֣בֶת ׀ הַמֶּ֣לֶךְ ב
אֲחַשְׁוֵר֗וֹשׁ עַ֚ל כִּסֵּ֣א מַלְכוּת֔וֹ אֲשֶׁ֖ר בְּשׁוּשַׁ֥ן הַבִּירָֽה׃ בִּשְׁנַ֤ת ג
שָׁלוֹשׁ֙ לְמָלְכ֔וֹ עָשָׂ֣ה מִשְׁתֶּ֔ה לְכָל־שָׂרָ֖יו וַעֲבָדָ֑יו חֵ֣יל ׀ פָּרַ֣ס
וּמָדַ֗י הַֽפַּרְתְּמִ֛ים וְשָׂרֵ֥י הַמְּדִינ֖וֹת לְפָנָֽיו׃ בְּהַרְאֹת֗וֹ אֶת־עֹ֙שֶׁר֙ ד
כְּב֣וֹד מַלְכוּת֔וֹ וְאֶ֨ת־יְקָ֔ר תִּפְאֶ֖רֶת גְּדוּלָּת֑וֹ יָמִ֣ים רַבִּ֔ים שְׁמוֹנִ֥ים
וּמְאַ֖ת יֽוֹם׃ וּבִמְל֣וֹאת ׀ הַיָּמִ֣ים הָאֵ֗לֶּה עָשָׂ֣ה הַ֠מֶּלֶךְ לְכָל־הָעָ֨ם ה
הַנִּמְצְאִ֜ים בְּשׁוּשַׁ֣ן הַבִּירָ֗ה לְמִגָּ֧דוֹל וְעַד־קָטָ֛ן מִשְׁתֶּ֖ה שִׁבְעַ֣ת
יָמִ֑ים בַּחֲצַ֕ר גִּנַּ֖ת בִּיתַ֥ן הַמֶּֽלֶךְ׃ ח֣וּר ׀ כַּרְפַּ֣ס וּתְכֵ֗לֶת אָחוּז֙ ו
בְּחַבְלֵי־ב֣וּץ וְאַרְגָּמָ֔ן עַל־גְּלִ֥ילֵי כֶ֖סֶף וְעַמּ֣וּדֵי שֵׁ֑שׁ מִטּ֣וֹת ׀ זָהָ֣ב
וָכֶ֗סֶף עַ֛ל רִֽצְפַ֥ת בַּהַט־וָשֵׁ֖שׁ וְדַ֥ר וְסֹחָֽרֶת׃ וְהַשְׁקוֹת֙ בִּכְלֵ֣י זָהָ֔ב ז
וְכֵלִ֖ים מִכֵּלִ֣ים שׁוֹנִ֑ים וְיֵ֥ין מַלְכ֛וּת רָ֖ב כְּיַ֥ד הַמֶּֽלֶךְ׃ וְהַשְּׁתִיָּ֣ה ח
כַדָּ֖ת אֵ֣ין אֹנֵ֑ס כִּי־כֵ֣ן ׀ יִסַּ֣ד הַמֶּ֗לֶךְ עַ֚ל כָּל־רַ֣ב בֵּית֔וֹ לַעֲשׂ֖וֹת
כִּרְצ֥וֹן אִישׁ־וָאִֽישׁ׃ גַּ֚ם וַשְׁתִּ֣י הַמַּלְכָּ֔ה עָשְׂתָ֖ה ט
מִשְׁתֵּ֣ה נָשִׁ֑ים בֵּ֚ית הַמַּלְכ֔וּת אֲשֶׁ֖ר לַמֶּ֥לֶךְ אֲחַשְׁוֵרֽוֹשׁ׃ בַּיּוֹם֙ י
הַשְּׁבִיעִ֔י כְּט֥וֹב לֵב־הַמֶּ֖לֶךְ בַּיָּ֑יִן אָמַ֡ר לִ֠מְהוּמָן בִּזְּתָ֨א חַרְבוֹנָ֜א
בִּגְתָ֤א וַאֲבַגְתָא֙ זֵתַ֣ר וְכַרְכַּ֔ס שִׁבְעַת֙ הַסָּ֣רִיסִ֔ים הַמְשָׁ֣רְתִ֔ים
אֶת־פְּנֵ֖י הַמֶּ֥לֶךְ אֲחַשְׁוֵרֽוֹשׁ׃ לְ֠הָבִיא אֶת־וַשְׁתִּ֧י הַמַּלְכָּ֛ה לִפְנֵ֥י יא
הַמֶּ֖לֶךְ בְּכֶ֣תֶר מַלְכ֑וּת לְהַרְא֨וֹת הָֽעַמִּ֤ים וְהַשָּׂרִים֙ אֶת־יָפְיָ֔הּ
כִּֽי־טוֹבַ֥ת מַרְאֶ֖ה הִֽיא׃ וַתְּמָאֵ֞ן הַמַּלְכָּ֣ה וַשְׁתִּ֗י לָבוֹא֙ בִּדְבַ֣ר יב
הַמֶּ֔לֶךְ אֲשֶׁ֖ר בְּיַ֣ד הַסָּרִיסִ֑ים וַיִּקְצֹ֤ף הַמֶּ֙לֶךְ֙ מְאֹ֔ד וַחֲמָת֖וֹ בָּעֲרָ֥ה
בֽוֹ׃ וַיֹּ֣אמֶר הַמֶּ֔לֶךְ לַחֲכָמִ֖ים יֹדְעֵ֣י הָעִתִּ֑ים כִּי־ יג
כֵן֙ דְּבַ֣ר הַמֶּ֔לֶךְ לִפְנֵ֕י כָּל־יֹדְעֵ֖י דָּ֥ת וָדִֽין׃ וְהַקָּרֹ֣ב אֵלָ֗יו כַּרְשְׁנָ֤א יד
שֵׁתָר֙ אַדְמָ֣תָא תַרְשִׁ֔ישׁ מֶ֥רֶס מַרְסְנָ֖א מְמוּכָ֑ן שִׁבְעַ֞ת שָׂרֵ֣י ׀
פָּרַ֣ס וּמָדַ֗י רֹאֵי֙ פְּנֵ֣י הַמֶּ֔לֶךְ הַיֹּשְׁבִ֥ים רִאשֹׁנָ֖ה בַּמַּלְכֽוּת׃ כְּדָת֙ טו
מַה־לַּעֲשׂ֔וֹת בַּמַּלְכָּ֖ה וַשְׁתִּ֑י עַ֣ל ׀ אֲשֶׁ֣ר לֹֽא־עָשְׂתָ֗ה אֶֽת־
מַאֲמַר֙ הַמֶּ֣לֶךְ אֲחַשְׁוֵר֔וֹשׁ בְּיַ֖ד הַסָּרִיסִֽים׃ וַיֹּ֣אמֶר טז
מְמוּכָ֗ן מומכן לִפְנֵ֤י הַמֶּ֙לֶךְ֙ וְהַשָּׂרִ֔ים לֹ֤א עַל־הַמֶּ֙לֶךְ֙ לְבַדּ֔וֹ עָוְתָ֖ה
וַשְׁתִּ֣י הַמַּלְכָּ֑ה כִּ֤י עַל־כָּל־הַשָּׂרִים֙ וְעַל־כָּל־הָ֣עַמִּ֔ים אֲשֶׁ֕ר בְּכָל־
מְדִינ֖וֹת הַמֶּ֥לֶךְ אֲחַשְׁוֵרֽוֹשׁ׃ כִּֽי־יֵצֵ֤א דְבַר־הַמַּלְכָּה֙ עַל־כָּל־ יז
הַנָּשִׁ֔ים לְהַבְז֥וֹת בַּעְלֵיהֶ֖ן בְּעֵינֵיהֶ֑ן בְּאָמְרָ֗ם הַמֶּ֣לֶךְ אֲחַשְׁוֵר֡וֹשׁ
אָמַ֞ר לְהָבִ֨יא אֶת־וַשְׁתִּ֧י הַמַּלְכָּ֛ה לְפָנָ֖יו וְלֹא־בָֽאָה׃ וְֽהַיּ֨וֹם יח
הַזֶּ֜ה תֹּאמַ֣רְנָה ׀ שָׂר֣וֹת פָּֽרַס־וּמָדַ֗י אֲשֶׁ֤ר שָֽׁמְעוּ֙ אֶת־דְּבַ֣ר
הַמַּלְכָּ֔ה לְכֹ֖ל שָׂרֵ֣י הַמֶּ֑לֶךְ וּכְדַ֖י בִּזָּי֥וֹן וָקָֽצֶף׃ אִם־עַל־הַמֶּ֣לֶךְ יט
ט֗וֹב יֵצֵ֤א דְבַר־מַלְכוּת֙ מִלְּפָנָ֔יו וְיִכָּתֵ֛ב בְּדָתֵ֥י פָֽרַס־וּמָדַ֖י וְלֹ֣א

Now it came to pass in the days of Aẖashverosh, (this is Aẖash- 1
verosh who reigned, from Hoddu as far as Kush,a hundred and
twenty seven provinces :) that in those days, when the king 2
Aẖashverosh sat on the throne of his kingdom, which was in
Shushan the capital, in the third year of his reign, he made a 3
feast for all his princes and his servants; the military power
of Paras and Maday, the nobles and princes of the provinces,
being before him : when he showed the riches of his glorious 4
kingdom and the honour of his excellent majesty many days,
namely a hundred and eighty days. And when these days were 5
fulfilled, the king made a feast for all the people that were
present in Shushan the capital, both for great and small, seven
days, in the court of the garden of the king's palace: there 6
were hangings of white, of fine cotton, and blue, fastened with
cords of fine linen and purple on silver rods and pillars of
marble: the divans were of gold and silver, upon a pavement of
alabaster, marble, pearl and precious stone. And they gave them 7
drink in vessels of gold, (the vessels being diverse from one
another,) and royal wine in abundance, according to the king's
bounty. And the drinking was according to the law; none did 8
compel: for so the king had appointed to all the officers of his
house, that they should do according to every man's pleasure.
Also Vashti the queen made a feast for the women, in 9
the royal house which belonged to king Aẖashverosh. On the 10
seventh day, when the heart of the king was merry with wine,
he commanded Mehuman, Bizzeta, H̱arvona, Bigta, and Ava-
gta, Zetar, and Karkas, the seven chamberlains who served
in the presence of Aẖashverosh the king, to bring Vashti the 11
queen before the king with the crown royal, to show the people
and the princes her beauty: for she was fair to look on. But 12
the queen Vashti refused to come at the king's commandment
by his chamberlains: therefore the king was very wrathful,
and his anger burned in him. Then the king said to the 13
wise men, who knew the times, (for so was the king's manner
toward all that knew law and judgment : and the next to him 14
was Karshena, Shetar, Admata, Tarshish, Meres, Marsena, and
Memukhan, the seven princes of Paras and Maday, who saw
the king's face, and who sat the first in the kingdom ;) What 15
shall we do to the queen Vashti according to law, because she
has not performed the bidding of the king Aẖashverosh by the
chamberlains ? And Memukhan answered before the king 16
and the princes, Vashti the queen has not done wrong to the
king only, but also to all the princes, and to all the peoples who
are in all the provinces of the king Aẖashverosh. For this deed 17
of the queen will be made known to all the women, so as to
make their husbands contemptible in their eyes, when it shall
be reported that the king Aẖashverosh commanded Vashti the
queen to be brought in before him, but she came not. And the 18
princesses of Paras and Maday, who have heard of the deed of
the queen, shall be telling of it today to all the king's princes.
Thus shall there be contempt and wrath in plenty. If it please 19
the king, let a royal commandment go out from him, and let it
be written among the laws of Paras and Maday, so that it be

יַעֲבוֹר אֲשֶׁר לְא־תָבוֹא וַשְׁתִּי לִפְנֵי הַמֶּלֶךְ אֲחַשְׁוֵרוֹשׁ וּמַלְכוּתָהּ

כ יִתֵּן הַמֶּלֶךְ לִרְעוּתָהּ הַטּוֹבָה מִמֶּנָּה: וְנִשְׁמַע פִּתְגָם הַמֶּלֶךְ אֲשֶׁר־יַעֲשֶׂה בְּכָל־מַלְכוּתוֹ כִּי רַבָּה הִיא וְכָל־הַנָּשִׁים יִתְּנוּ

כא יְקָר לְבַעְלֵיהֶן לְמִגָּדוֹל וְעַד־קָטָן: וַיִּיטַב הַדָּבָר בְּעֵינֵי הַמֶּלֶךְ

כב וְהַשָּׂרִים וַיַּעַשׂ הַמֶּלֶךְ כִּדְבַר מְמוּכָן: וַיִּשְׁלַח סְפָרִים אֶל־כָּל־מְדִינוֹת הַמֶּלֶךְ אֶל־מְדִינָה וּמְדִינָה כִּכְתָבָהּ וְאֶל־עַם וָעָם כִּלְשׁוֹנוֹ לִהְיוֹת כָּל־אִישׁ שֹׂרֵר בְּבֵיתוֹ וּמְדַבֵּר כִּלְשׁוֹן

ב א עַמּוֹ: אַחַר הַדְּבָרִים הָאֵלֶּה כְּשֹׁךְ חֲמַת הַמֶּלֶךְ אֲחַשְׁוֵרוֹשׁ זָכַר אֶת־וַשְׁתִּי וְאֵת אֲשֶׁר־עָשָׂתָה וְאֵת אֲשֶׁר־נִגְזַר

ב עָלֶיהָ: וַיֹּאמְרוּ נַעֲרֵי־הַמֶּלֶךְ מְשָׁרְתָיו יְבַקְשׁוּ לַמֶּלֶךְ נְעָרוֹת

ג בְּתוּלוֹת טוֹבוֹת מַרְאֶה: וְיַפְקֵד הַמֶּלֶךְ פְּקִידִים בְּכָל־מְדִינוֹת מַלְכוּתוֹ וְיִקְבְּצוּ אֶת־כָּל־נַעֲרָה־בְתוּלָה טוֹבַת מַרְאֶה אֶל־שׁוּשַׁן הַבִּירָה אֶל־בֵּית הַנָּשִׁים אֶל־יַד הֵגֶא סְרִיס הַמֶּלֶךְ

ד שֹׁמֵר הַנָּשִׁים וְנָתוֹן תַּמְרֻקֵיהֶן: וְהַנַּעֲרָה אֲשֶׁר תִּיטַב בְּעֵינֵי הַמֶּלֶךְ תִּמְלֹךְ תַּחַת וַשְׁתִּי וַיִּיטַב הַדָּבָר בְּעֵינֵי הַמֶּלֶךְ וַיַּעַשׂ

ב ה כֵּן: אִישׁ יְהוּדִי הָיָה בְּשׁוּשַׁן הַבִּירָה וּשְׁמוֹ

ו מָרְדֳּכַי בֶּן יָאִיר בֶּן־שִׁמְעִי בֶּן־קִישׁ אִישׁ יְמִינִי: אֲשֶׁר הָגְלָה מִירוּשָׁלַיִם עִם־הַגֹּלָה אֲשֶׁר הָגְלְתָה עִם יְכָנְיָה מֶלֶךְ־יְהוּדָה

ז אֲשֶׁר הֶגְלָה נְבוּכַדְנֶצַּר מֶלֶךְ בָּבֶל: וַיְהִי אֹמֵן אֶת־הֲדַסָּה הִיא אֶסְתֵּר בַּת־דֹּדוֹ כִּי אֵין לָהּ אָב וָאֵם וְהַנַּעֲרָה יְפַת־תֹּאַר וְטוֹבַת מַרְאֶה וּבְמוֹת אָבִיהָ וְאִמָּהּ לְקָחָהּ מָרְדֳּכַי לוֹ

ח לְבַת: וַיְהִי בְּהִשָּׁמַע דְּבַר־הַמֶּלֶךְ וְדָתוֹ וּבְהִקָּבֵץ נְעָרוֹת רַבּוֹת אֶל־שׁוּשַׁן הַבִּירָה אֶל־יַד הֵגַי וַתִּלָּקַח אֶסְתֵּר אֶל־בֵּית הַמֶּלֶךְ

ט אֶל־יַד הֵגַי שֹׁמֵר הַנָּשִׁים: וַתִּיטַב הַנַּעֲרָה בְעֵינָיו וַתִּשָּׂא חֶסֶד לְפָנָיו וַיְבַהֵל אֶת־תַּמְרוּקֶיהָ וְאֶת־מָנוֹתֶהָ לָתֵת לָהּ וְאֵת שֶׁבַע הַנְּעָרוֹת הָרְאֻיוֹת לָתֶת־לָהּ מִבֵּית הַמֶּלֶךְ וַיְשַׁנֶּהָ וְאֶת־

י נַעֲרוֹתֶיהָ לְטוֹב בֵּית הַנָּשִׁים: לֹא־הִגִּידָה אֶסְתֵּר אֶת־עַמָּהּ

יא וְאֶת־מוֹלַדְתָּהּ כִּי מָרְדֳּכַי צִוָּה עָלֶיהָ אֲשֶׁר לֹא־תַגִּיד: וּבְכָל־יוֹם וָיוֹם מָרְדֳּכַי מִתְהַלֵּךְ לִפְנֵי חֲצַר בֵּית־הַנָּשִׁים לָדַעַת אֶת־

יב שְׁלוֹם אֶסְתֵּר וּמַה־יֵּעָשֶׂה בָּהּ: וּבְהַגִּיעַ תֹּר נַעֲרָה וְנַעֲרָה לָבוֹא ׀ אֶל־הַמֶּלֶךְ אֲחַשְׁוֵרוֹשׁ מִקֵּץ הֱיוֹת לָהּ כְּדָת הַנָּשִׁים שְׁנֵים עָשָׂר חֹדֶשׁ כִּי כֵּן יִמְלְאוּ יְמֵי מְרוּקֵיהֶן שִׁשָּׁה חֳדָשִׁים בְּשֶׁמֶן הַמֹּר וְשִׁשָּׁה חֳדָשִׁים בַּבְּשָׂמִים וּבְתַמְרוּקֵי הַנָּשִׁים:

יג וּבָזֶה הַנַּעֲרָה בָּאָה אֶל־הַמֶּלֶךְ אֵת כָּל־אֲשֶׁר תֹּאמַר יִנָּתֵן לָהּ

יד לָבוֹא עִמָּהּ מִבֵּית הַנָּשִׁים עַד־בֵּית הַמֶּלֶךְ: בָּעֶרֶב ׀ הִיא בָאָה וּבַבֹּקֶר הִיא שָׁבָה אֶל־בֵּית הַנָּשִׁים שֵׁנִי אֶל־יַד שַׁעַשְׁגַז סְרִיס

not altered, that Vashti come no more before king Aẖashverosh;
and let the king give her royal estate to another who is better
than she. And when the king's decree which he shall make shall 20
be published throughout all his kingdom, which is great, all
the wives shall give honour to their husbands, both to high
and low. And the saying pleased the king and the princes; and the 21
king did according to the word of Memukhan: for he sent let- 22
ters into all the king's provinces, into every province according
to its writing, and to every people after their language, that
every man should bear rule in his own house, and speak ac-
cording to the language of his people. After these things, **2**
when the wrath of king Aẖashverosh was appeased, he re-
membered Vashti, and what she had done, and what was
decreed against her. Then the king's servants who ministered 2
to him said, Let fair young virgins be sought for the king: and 3
let the king appoint officers in all the provinces of his kingdom,
that they may gather together all the fair young virgins to
Shushan the capital, to the house of the women, to the custody
of Hege the king's chamberlain, keeper of the women; and let
their ointment be given them : and let the girl who pleases the 4
king be queen instead of Vashti. And the thing pleased the king;
and he did so. Now in Shushan the capital there was a 5
certain Jew, whose name was Mordekhay, the son of Ya'ir, the
son of Shim'i, the son of Qish, a Binyaminite; who had been 6
exiled from Yerushalayim with the captivity which had been
carried away into exile with Yekhonya king of Yehuda, whom
Nevukhadneẕẕar the king of Bavel had carried away into exile.
And he brought up Hadassa, that is, Ester, his uncle's daughter: 7
for she had neither father nor mother, and the girl was fair and
beautiful; and when her father and mother were dead, Mor-
dekhay took her for his own daughter. So it came to pass, 8
when the king's commandment and his decree were heard, and
when many young girls were gathered together to Shushan the
capital, to the custody of Hegay, that Ester was brought also
to the king's house, to the custody of Hegay, keeper of the
women. And the girl pleased him, and she obtained kindness 9
of him; and he speedily gave her her ointments, and her ap-
pointed rations, and the seven maids chosen to be given her,
out of the king's house: and he advanced her and her maids to
the best place in the house of the women. Ester had not made 10
known her people or her descent : for Mordekhay had charged
her that she should not tell. And Mordekhay walked every day 11
before the court of the women's house, to know how Ester did,
and what should become of her. Now when every girl's turn 12
was come to go in to king Aẖashverosh, after she had been
twelve months under the regulations for the women, (for so
were the days of their anointing, namely, six months with oil
of myrrh, and six months with sweet odours, and with other
ointments of the women;) this is how the girl would come to 13
the king : whatever she desired would be given her to take with
her out of the house of the women into the king's house: in the 14
evening she would go, and on the morrow she would return
to the second house of the women, to the custody of Sha'ash-

הַמֶּלֶךְ שֹׁמֵר הַפִּילַגְשִׁים לֹא־תָבוֹא עוֹד אֶל־הַמֶּלֶךְ כִּי אִם־
טו חָפֵץ בָּהּ הַמֶּלֶךְ וְנִקְרְאָה בְשֵׁם: וּבְהַגִּיעַ תֹּר־אֶסְתֵּר בַּת־
אֲבִיחַיִל ׀ דֹּד מָרְדֳּכַי אֲשֶׁר לָקַח־לוֹ לְבַת לָבוֹא אֶל־הַמֶּלֶךְ
לֹא בִקְשָׁה דָּבָר כִּי אִם אֶת־אֲשֶׁר יֹאמַר הֵגַי סְרִיס־הַמֶּלֶךְ
טז שֹׁמֵר הַנָּשִׁים וַתְּהִי אֶסְתֵּר נֹשֵׂאת חֵן בְּעֵינֵי כָּל־רֹאֶיהָ: וַתִּלָּקַח
אֶסְתֵּר אֶל־הַמֶּלֶךְ אֲחַשְׁוֵרוֹשׁ אֶל־בֵּית מַלְכוּתוֹ בַּחֹדֶשׁ
יז הָעֲשִׂירִי הוּא־חֹדֶשׁ טֵבֵת בִּשְׁנַת־שֶׁבַע לְמַלְכוּתוֹ: וַיֶּאֱהַב
הַמֶּלֶךְ אֶת־אֶסְתֵּר מִכָּל־הַנָּשִׁים וַתִּשָּׂא־חֵן וָחֶסֶד לְפָנָיו מִכָּל־
הַבְּתוּלוֹת וַיָּשֶׂם כֶּתֶר־מַלְכוּת בְּרֹאשָׁהּ וַיַּמְלִיכֶהָ תַּחַת וַשְׁתִּי:
יח וַיַּעַשׂ הַמֶּלֶךְ מִשְׁתֶּה גָדוֹל לְכָל־שָׂרָיו וַעֲבָדָיו אֵת מִשְׁתֵּה
אֶסְתֵּר וַהֲנָחָה לַמְּדִינוֹת עָשָׂה וַיִּתֵּן מַשְׂאֵת כְּיַד הַמֶּלֶךְ:
יט כ וּבְהִקָּבֵץ בְּתוּלוֹת שֵׁנִית וּמָרְדֳּכַי יֹשֵׁב בְּשַׁעַר־הַמֶּלֶךְ: אֵין
אֶסְתֵּר מַגֶּדֶת מוֹלַדְתָּהּ וְאֶת־עַמָּהּ כַּאֲשֶׁר צִוָּה עָלֶיהָ מָרְדֳּכָי
וְאֶת־מַאֲמַר מָרְדֳּכַי אֶסְתֵּר עֹשָׂה כַּאֲשֶׁר הָיְתָה בְאָמְנָה
כא אִתּוֹ: בַּיָּמִים הָהֵם וּמָרְדֳּכַי יֹשֵׁב בְּשַׁעַר־הַמֶּלֶךְ
קָצַף בִּגְתָן וָתֶרֶשׁ שְׁנֵי־סָרִיסֵי הַמֶּלֶךְ מִשֹּׁמְרֵי הַסַּף וַיְבַקְשׁוּ
כב לִשְׁלֹחַ יָד בַּמֶּלֶךְ אֲחַשְׁוֵרֹשׁ: וַיִּוָּדַע הַדָּבָר לְמָרְדֳּכַי וַיַּגֵּד
כג לְאֶסְתֵּר הַמַּלְכָּה וַתֹּאמֶר אֶסְתֵּר לַמֶּלֶךְ בְּשֵׁם מָרְדֳּכָי: וַיְבֻקַּשׁ
הַדָּבָר וַיִּמָּצֵא וַיִּתָּלוּ שְׁנֵיהֶם עַל־עֵץ וַיִּכָּתֵב בְּסֵפֶר דִּבְרֵי הַיָּמִים
ג א לִפְנֵי הַמֶּלֶךְ: אַחַר ׀ הַדְּבָרִים הָאֵלֶּה גִּדַּל הַמֶּלֶךְ
אֲחַשְׁוֵרוֹשׁ אֶת־הָמָן בֶּן־הַמְּדָתָא הָאֲגָגִי וַיְנַשְּׂאֵהוּ וַיָּשֶׂם אֶת־
ב כִּסְאוֹ מֵעַל כָּל־הַשָּׂרִים אֲשֶׁר אִתּוֹ: וְכָל־עַבְדֵי הַמֶּלֶךְ אֲשֶׁר־
בְּשַׁעַר הַמֶּלֶךְ כֹּרְעִים וּמִשְׁתַּחֲוִים לְהָמָן כִּי־כֵן צִוָּה־לוֹ הַמֶּלֶךְ
ג וּמָרְדֳּכַי לֹא יִכְרַע וְלֹא יִשְׁתַּחֲוֶה: וַיֹּאמְרוּ עַבְדֵי הַמֶּלֶךְ אֲשֶׁר־
ד בְּשַׁעַר הַמֶּלֶךְ לְמָרְדֳּכָי מַדּוּעַ אַתָּה עוֹבֵר אֵת מִצְוַת הַמֶּלֶךְ: וַיְהִי
באמרם אֵלָיו יוֹם וָיוֹם וְלֹא שָׁמַע אֲלֵיהֶם וַיַּגִּידוּ לְהָמָן לִרְאוֹת כְּאָמְרָם
ה הֲיַעַמְדוּ דִּבְרֵי מָרְדֳּכַי כִּי־הִגִּיד לָהֶם אֲשֶׁר־הוּא יְהוּדִי: וַיַּרְא הָמָן
ו כִּי־אֵין מָרְדֳּכַי כֹּרֵעַ וּמִשְׁתַּחֲוֶה לוֹ וַיִּמָּלֵא הָמָן חֵמָה: וַיִּבֶז בְּעֵינָיו
לִשְׁלֹחַ יָד בְּמָרְדֳּכַי לְבַדּוֹ כִּי־הִגִּידוּ לוֹ אֶת־עַם מָרְדֳּכָי וַיְבַקֵּשׁ
הָמָן לְהַשְׁמִיד אֶת־כָּל־הַיְּהוּדִים אֲשֶׁר בְּכָל־מַלְכוּת אֲחַשְׁוֵרוֹשׁ
ז עַם מָרְדֳּכָי: בַּחֹדֶשׁ הָרִאשׁוֹן הוּא־חֹדֶשׁ נִיסָן בִּשְׁנַת שְׁתֵּים
עֶשְׂרֵה לַמֶּלֶךְ אֲחַשְׁוֵרוֹשׁ הִפִּיל פּוּר הוּא הַגּוֹרָל לִפְנֵי
הָמָן מִיּוֹם ׀ לְיוֹם וּמֵחֹדֶשׁ לְחֹדֶשׁ שְׁנֵים־עָשָׂר הוּא־חֹדֶשׁ
ח אֲדָר: וַיֹּאמֶר הָמָן לַמֶּלֶךְ אֲחַשְׁוֵרוֹשׁ יֶשְׁנוֹ עַם־ ג
אֶחָד מְפֻזָּר וּמְפֹרָד בֵּין הָעַמִּים בְּכֹל מְדִינוֹת מַלְכוּתֶךָ וְדָתֵיהֶם

gaz, the king's chamberlain, who kept the concubines: she
would come in to the king no more, unless the king delighted
in her, and she were called by name. Now when the turn of 15
Ester, the daughter of Aviẖayil the uncle of Mordekhay, who
had taken her for his daughter, was come to go in to the king,
she requested nothing but what Hegay the king's chamber-
lain, the keeper of the women, appointed. And Ester obtained
favour in the sight of all those who looked upon her. So Ester 16
was taken to king Aẖashverosh into his royal house in the
tenth month, which is the month Tevet, in the seventh year
of his reign. And the king loved Ester more than all the 17
women, and she obtained grace and favour in his sight more
than all the virgins; so that he set the royal crown upon her
head, and made her queen instead of Vashti. Then the king made 18
a great feast for all his princes and his servants, Ester's feast;
and he granted a remission of taxes to the provinces, and gave
gifts, according to the state of the king. And when the virgins 19
were gathered together the second time, Mordekhay was sit-
ting at the king's gate. Ester had not yet made known her 20
kindred or her people; as Mordekhay had charged her: for
Ester carried out the bidding of Mordekhay, just as when she
was brought up with him. In those days, while Mordekhay 21
sat in the king's gate, two of the king's chamberlains, Bigtan
and Teresh, of those who kept the door, became disaffected,
and sought to lay hands on the king Aẖashverosh. And the 22
thing became known to Mordekhay, who told it to Ester the
queen; and Ester reported it to the king in Mordekhay's
name. And when inquiry was made of the matter, it was found 23
out; so that they were both hanged on a tree: and it was
written in the book of the chronicles in the presence of the
king. After these things king Aẖashverosh promoted **3**
Haman the son of Hammedata the Agagite, and advanced him,
and set his seat above all the princes who were with him. And 2
all the king's servants, who were in the king's gate, bowed, and
did obeisance to Haman: for the king had so commanded con-
cerning him. But Mordekhay did not bow, or do him obeisance.
Then the king's servants, who were in the king's gate, said to 3
Mordekhay, Why dost thou transgress the king's command-
ment? Now it came to pass, when they spoke daily to him, 4
and he did not hearken to them, that they told Haman, to see
whether Mordekhay's words would stand: for he had told them
that he was a Jew. And when Haman saw that Mordekhay did 5
not bow or do him obeisance, then Haman was full of wrath.
But he disdained to lay hands on Mordekhay alone; for they 6
had told him the people of Mordekhay: so that Haman sought
to destroy all the Jews who were throughout the whole king-
dom of Aẖashverosh, the people of Mordekhay. In the first 7
month, that is, the month Nisan, in the twelfth year of king
Aẖashverosh, they cast Pur, that is, the lot, before Haman from
day to day, and from month to month, to the twelfth month,
that is, the month Adar. And Haman said to king 8
Aẖashverosh, There is a certain people scattered abroad and
dispersed among the people in all the provinces of thy king-

שֹׁנוֹת מִכָּל־עָם וְאֶת־דָּתֵי הַמֶּלֶךְ אֵינָם עֹשִׂים וְלַמֶּלֶךְ אֵין־שֹׁוֶה
לְהַנִּיחָם׃ אִם־עַל־הַמֶּלֶךְ טוֹב יִכָּתֵב לְאַבְּדָם וַעֲשֶׂרֶת אֲלָפִים ט
כִּכַּר־כֶּסֶף אֶשְׁקוֹל עַל־יְדֵי עֹשֵׂי הַמְּלָאכָה לְהָבִיא אֶל־גִּנְזֵי
הַמֶּלֶךְ׃ וַיָּסַר הַמֶּלֶךְ אֶת־טַבַּעְתּוֹ מֵעַל יָדוֹ וַיִּתְּנָהּ לְהָמָן בֶּן־ י
הַמְּדָתָא הָאֲגָגִי צֹרֵר הַיְּהוּדִים׃ וַיֹּאמֶר הַמֶּלֶךְ לְהָמָן הַכֶּסֶף יא
נָתוּן לָךְ וְהָעָם לַעֲשׂוֹת בּוֹ כַּטּוֹב בְּעֵינֶיךָ׃ וַיִּקָּרְאוּ סֹפְרֵי הַמֶּלֶךְ יב
בַּחֹדֶשׁ הָרִאשׁוֹן בִּשְׁלוֹשָׁה עָשָׂר יוֹם בּוֹ וַיִּכָּתֵב כְּכָל־אֲשֶׁר־צִוָּה
הָמָן אֶל אֲחַשְׁדַּרְפְּנֵי־הַמֶּלֶךְ וְאֶל־הַפַּחוֹת אֲשֶׁר ׀ עַל־מְדִינָה
וּמְדִינָה וְאֶל־שָׂרֵי עַם וָעָם מְדִינָה וּמְדִינָה כִּכְתָבָהּ וְעַם וָעָם
כִּלְשׁוֹנוֹ בְּשֵׁם הַמֶּלֶךְ אֲחַשְׁוֵרֹשׁ נִכְתָּב וְנֶחְתָּם בְּטַבַּעַת הַמֶּלֶךְ׃
וְנִשְׁלוֹחַ סְפָרִים בְּיַד הָרָצִים אֶל־כָּל־מְדִינוֹת הַמֶּלֶךְ לְהַשְׁמִיד יג
לַהֲרֹג וּלְאַבֵּד אֶת־כָּל־הַיְּהוּדִים מִנַּעַר וְעַד־זָקֵן טַף וְנָשִׁים
בְּיוֹם אֶחָד בִּשְׁלוֹשָׁה עָשָׂר לְחֹדֶשׁ שְׁנֵים־עָשָׂר הוּא־חֹדֶשׁ אֲדָר
וּשְׁלָלָם לָבוֹז׃ פַּתְשֶׁגֶן הַכְּתָב לְהִנָּתֵן דָּת בְּכָל־מְדִינָה וּמְדִינָה יד
גָּלוּי לְכָל־הָעַמִּים לִהְיוֹת עֲתִדִים לַיּוֹם הַזֶּה׃ הָרָצִים יָצְאוּ טו
דְחוּפִים בִּדְבַר הַמֶּלֶךְ וְהַדָּת נִתְּנָה בְּשׁוּשַׁן הַבִּירָה וְהַמֶּלֶךְ
וְהָמָן יָשְׁבוּ לִשְׁתּוֹת וְהָעִיר שׁוּשָׁן נָבוֹכָה׃ וּמָרְדֳּכַי ד א
יָדַע אֶת־כָּל־אֲשֶׁר נַעֲשָׂה וַיִּקְרַע מָרְדֳּכַי אֶת־בְּגָדָיו וַיִּלְבַּשׁ
שַׂק וָאֵפֶר וַיֵּצֵא בְּתוֹךְ הָעִיר וַיִּזְעַק זְעָקָה גְדֹלָה וּמָרָה׃ וַיָּבוֹא ב
עַד לִפְנֵי שַׁעַר־הַמֶּלֶךְ כִּי אֵין לָבוֹא אֶל־שַׁעַר הַמֶּלֶךְ בִּלְבוּשׁ
שָׂק׃ וּבְכָל־מְדִינָה וּמְדִינָה מְקוֹם אֲשֶׁר דְּבַר־הַמֶּלֶךְ וְדָתוֹ ג
מַגִּיעַ אֵבֶל גָּדוֹל לַיְּהוּדִים וְצוֹם וּבְכִי וּמִסְפֵּד שַׂק וָאֵפֶר יֻצַּע
וַתָּבוֹאנָה לָרַבִּים׃ וַתָּבוֹאינָה נַעֲרוֹת אֶסְתֵּר וְסָרִיסֶיהָ וַיַּגִּידוּ לָהּ ד
וַתִּתְחַלְחַל הַמַּלְכָּה מְאֹד וַתִּשְׁלַח בְּגָדִים לְהַלְבִּישׁ אֶת־
מָרְדֳּכַי וּלְהָסִיר שַׂקּוֹ מֵעָלָיו וְלֹא קִבֵּל׃ וַתִּקְרָא אֶסְתֵּר לַהֲתָךְ ה
מִסָּרִיסֵי הַמֶּלֶךְ אֲשֶׁר הֶעֱמִיד לְפָנֶיהָ וַתְּצַוֵּהוּ עַל־מָרְדֳּכָי לָדַעַת
מַה־זֶּה וְעַל־מַה־זֶּה׃ וַיֵּצֵא הֲתָךְ אֶל־מָרְדֳּכָי אֶל־רְחוֹב הָעִיר ו
אֲשֶׁר לִפְנֵי שַׁעַר־הַמֶּלֶךְ׃ וַיַּגֶּד־לוֹ מָרְדֳּכַי אֵת כָּל־אֲשֶׁר קָרָהוּ ז
וְאֵת ׀ פָּרָשַׁת הַכֶּסֶף אֲשֶׁר אָמַר הָמָן לִשְׁקוֹל עַל־גִּנְזֵי הַמֶּלֶךְ
בַּיְּהוּדִים ביהודיים לְאַבְּדָם׃ וְאֶת־פַּתְשֶׁגֶן כְּתָב־הַדָּת אֲשֶׁר־נִתַּן בְּשׁוּשָׁן ח
לְהַשְׁמִידָם נָתַן לוֹ לְהַרְאוֹת אֶת־אֶסְתֵּר וּלְהַגִּיד לָהּ וּלְצַוּוֹת
עָלֶיהָ לָבוֹא אֶל־הַמֶּלֶךְ לְהִתְחַנֶּן־לוֹ וּלְבַקֵּשׁ מִלְּפָנָיו עַל־
עַמָּהּ׃ וַיָּבוֹא הֲתָךְ וַיַּגֵּד לְאֶסְתֵּר אֵת דִּבְרֵי מָרְדֳּכָי׃ וַתֹּאמֶר ט
אֶסְתֵּר לַהֲתָךְ וַתְּצַוֵּהוּ אֶל־מָרְדֳּכָי׃ כָּל־עַבְדֵי הַמֶּלֶךְ וְעַם־ יא

dom; and their laws are different from all people; nor do they keep the king's laws: therefore it is of no benefit to the king to tolerate them. If it please the king, let it be written that 9 they may be destroyed: and I will weigh out ten thousand talents of silver into the hands of those who have the charge of the business, to bring it into the king's treasuries. And the 10 king took his ring from his hand, and gave it to Haman the son of Hammedata the Agagite, the enemy of the Jews. And the 11 king said to Haman, The silver is given to thee, the people also, to do with them as it seems good to thee. Then the king's 12 scribes were called on the thirteenth day of the first month, and it was written according to all that Haman had commanded to the king's satraps, and to the governors who were over every province, and to the rulers of every people; to every province according to its writing, and to every people after their language; in the name of king Aḥashverosh was it written, and sealed with the king's ring. And the letters were sent 13 by couriers to all the king's provinces, to destroy, to kill, and to annihilate, all Jews, both young and old, little children and women, in one day, namely, on the thirteenth day of the twelfth month, which is the month Adar, and to take the spoil of them for plunder. The copy of the writing, to be given out as a law 14 in every province, was published to all the peoples, that they might be ready for that day. The couriers went out in haste 15 by the king's commandment, and the decree was given in Shushan the capital. And the king and Haman sat down to drink; but the city of Shushan was in consternation.   When **4** Mordekhay perceived all that was done, Mordekhay rent his clothes, and put on sackcloth with ashes, and went out into the midst of the city, and cried with a loud and a bitter cry; and came even before the king's gate: though none might 2 enter the king's gate clothed with sackcloth. And in every 3 province, wherever the king's commandment and his decree came, there was great mourning among the Jews, and fasting, and weeping, and wailing; and many lay in sackcloth and ashes. So Ester's maids and her chamberlains came and told 4 it her. Then was the queen exceedingly distressed; and she sent raiment to clothe Mordekhay, and to take away his sackcloth from him: but he would not accept it. Then Ester called 5 for Hatakh, one of the king's chamberlains, whom he had appointed to attend upon her, and gave him a message for Mordekhay, to learn what this was, and why it was. So Hatakh 6 went out to Mordekhay, to the broad place of the city, which was before the king's gate. And Mordekhay told him of all that 7 had happened to him, and of the sum of the money that Haman had promised to pay to the king's treasuries for destroying the Jews. Also he gave him a copy of the writing of the decree 8 that was given at Shushan to destroy them, to show it to Ester, and to declare it to her, and to charge her that she should go in to the king, to make supplication to him, and to entreat him for her people. And Hatakh came and told Ester the words 9 of Mordekhay. Again Ester spoke to Hatakh, and gave him a 10 message for Mordekhay; All the king's servants, and the people 11

מְדִינוֹת הַמֶּ֫לֶךְ יֹדְעִים אֲשֶׁר כָּל־אִישׁ וְאִשָּׁה אֲשֶׁר־יָבוֹא
אֶל־הַמֶּ֫לֶךְ אֶל־הֶחָצֵר הַפְּנִימִית אֲשֶׁר לֹא־יִקָּרֵא אַחַת דָּתוֹ
לְהָמִית לְבַד מֵאֲשֶׁר יוֹשִׁיט־לוֹ הַמֶּ֫לֶךְ אֶת־שַׁרְבִיט הַזָּהָב
וְחָיָה וַאֲנִי לֹא נִקְרֵאתִי לָבוֹא אֶל־הַמֶּ֫לֶךְ זֶה שְׁלוֹשִׁים יוֹם:

יג וַיַּגִּ֫ידוּ לְמָרְדֳּכָי אֵת דִּבְרֵי אֶסְתֵּר: וַיֹּ֫אמֶר מָרְדֳּכַי לְהָשִׁיב
אֶל־אֶסְתֵּר אַל־תְּדַמִּי בְנַפְשֵׁךְ לְהִמָּלֵט בֵּית־הַמֶּ֫לֶךְ מִכָּל־

יד הַיְּהוּדִים: כִּי אִם־הַחֲרֵשׁ תַּחֲרִ֫ישִׁי בָּעֵת הַזֹּאת רֶ֫וַח וְהַצָּלָה
יַעֲמוֹד לַיְּהוּדִים מִמָּקוֹם אַחֵר וְאַתְּ וּבֵית־אָבִיךְ תֹּאבֵדוּ וּמִי

טו יוֹדֵעַ אִם־לְעֵת כָּזֹאת הִגַּ֫עַתְּ לַמַּלְכוּת: וַתֹּ֫אמֶר אֶסְתֵּר

טז לְהָשִׁיב אֶל־מָרְדֳּכָי: לֵךְ כְּנוֹס אֶת־כָּל־הַיְּהוּדִים הַנִּמְצְאִים
בְּשׁוּשָׁן וְצ֫וּמוּ עָלַי וְאַל־תֹּאכְלוּ וְאַל־תִּשְׁתּוּ שְׁלֹ֫שֶׁת יָמִים
לַ֫יְלָה וָיוֹם גַּם־אֲנִי וְנַעֲרֹתַי אָצוּם כֵּן וּבְכֵן אָבוֹא אֶל־הַמֶּ֫לֶךְ

יז אֲשֶׁר לֹא־כַדָּת וְכַאֲשֶׁר אָבַ֫דְתִּי אָבָ֫דְתִּי: וַיַּעֲבֹר מָרְדֳּכָי וַיַּ֫עַשׂ
כְּכֹל אֲשֶׁר־צִוְּתָה עָלָיו אֶסְתֵּר:

ה א וַיְהִ֣י ׀ בַּיּוֹם הַשְּׁלִישִׁי וַתִּלְבַּשׁ
אֶסְתֵּר מַלְכוּת וַתַּעֲמֹד בַּחֲצַר בֵּית־הַמֶּ֫לֶךְ הַפְּנִימִית נֹ֫כַח
בֵּית הַמֶּ֫לֶךְ וְהַמֶּ֫לֶךְ יוֹשֵׁב עַל־כִּסֵּא מַלְכוּתוֹ בְּבֵית הַמַּלְכוּת

ב נֹ֫כַח פֶּ֫תַח הַבָּ֫יִת: וַיְהִי כִרְאוֹת הַמֶּ֫לֶךְ אֶת־אֶסְתֵּר הַמַּלְכָּה
עֹמֶ֫דֶת בֶּחָצֵר נָשְׂאָה חֵן בְּעֵינָיו וַיּ֫וֹשֶׁט הַמֶּ֫לֶךְ לְאֶסְתֵּר אֶת־
שַׁרְבִיט הַזָּהָב אֲשֶׁר בְּיָדוֹ וַתִּקְרַב אֶסְתֵּר וַתִּגַּע בְּרֹאשׁ

ג הַשַּׁרְבִיט: וַיֹּ֫אמֶר לָהּ הַמֶּ֫לֶךְ מַה־לָּךְ אֶסְתֵּר הַמַּלְכָּה וּמַה־

ד בַּקָּשָׁתֵךְ עַד־חֲצִי הַמַּלְכוּת וְיִנָּ֫תֵן לָךְ: וַתֹּ֫אמֶר אֶסְתֵּר אִם־
עַל־הַמֶּ֫לֶךְ טוֹב יָבוֹא הַמֶּ֫לֶךְ וְהָמָן הַיּוֹם אֶל־הַמִּשְׁתֶּה אֲשֶׁר־

ה עָשִׂ֫יתִי לוֹ: וַיֹּ֫אמֶר הַמֶּ֫לֶךְ מַהֲרוּ אֶת־הָמָן לַעֲשׂוֹת אֶת־דְּבַר
אֶסְתֵּר וַיָּבֹא הַמֶּ֫לֶךְ וְהָמָן אֶל־הַמִּשְׁתֶּה אֲשֶׁר־עָשְׂתָה אֶסְתֵּר:

ו וַיֹּ֫אמֶר הַמֶּ֫לֶךְ לְאֶסְתֵּר בְּמִשְׁתֵּה הַיַּ֫יִן מַה־שְּׁאֵלָתֵךְ וְיִנָּ֫תֵן לָךְ

ז וּמַה־בַּקָּשָׁתֵךְ עַד־חֲצִי הַמַּלְכוּת וְתֵעָשׂ: וַתַּ֫עַן אֶסְתֵּר וַתֹּאמַר

ח שְׁאֵלָתִי וּבַקָּשָׁתִי: אִם־מָצָ֫אתִי חֵן בְּעֵינֵי הַמֶּ֫לֶךְ וְאִם־עַל־
הַמֶּ֫לֶךְ טוֹב לָתֵת אֶת־שְׁאֵלָתִי וְלַעֲשׂוֹת אֶת־בַּקָּשָׁתִי יָבוֹא
הַמֶּ֫לֶךְ וְהָמָן אֶל־הַמִּשְׁתֶּה אֲשֶׁר אֶעֱשֶׂה לָהֶם וּמָחָר אֶעֱשֶׂה

ט כִּדְבַר הַמֶּ֫לֶךְ: וַיֵּצֵא הָמָן בַּיּוֹם הַהוּא שָׂמֵחַ וְטוֹב לֵב וְכִרְאוֹת
הָמָן אֶת־מָרְדֳּכַי בְּשַׁ֫עַר הַמֶּ֫לֶךְ וְלֹא־קָם וְלֹא־זָע מִמֶּ֫נּוּ וַיִּמָּלֵא

י הָמָן עַל־מָרְדֳּכַי חֵמָה: וַיִּתְאַפַּק הָמָן וַיָּבוֹא אֶל־בֵּיתוֹ וַיִּשְׁלַח

יא וַיָּבֵא אֶת־אֹהֲבָיו וְאֶת־זֶ֫רֶשׁ אִשְׁתּוֹ: וַיְסַפֵּר לָהֶם הָמָן אֶת־
כְּבוֹד עָשְׁרוֹ וְרֹב בָּנָיו וְאֵת כָּל־אֲשֶׁר גִּדְּלוֹ הַמֶּ֫לֶךְ וְאֵת אֲשֶׁר

יב נִשְּׂאוֹ עַל־הַשָּׂרִים וְעַבְדֵי הַמֶּ֫לֶךְ: וַיֹּ֫אמֶר הָמָן אַף לֹא־הֵבִיאָה
אֶסְתֵּר הַמַּלְכָּה עִם־הַמֶּ֫לֶךְ אֶל־הַמִּשְׁתֶּה אֲשֶׁר־עָשָׂתָה כִּי

of the king's provinces, do know, that whoever, whether man or woman, shall come to the king into the inner court, who is not called, there is one law for him, namely to put him to death, except such to whom the king shall hold out the golden sceptre, that he may live: but I have not been called to come in to the king these thirty days. And they told Ester's words **12** to Mordekhay. Then Mordekhay commanded to answer Ester, **13** Do not think in thy heart that thou shalt escape in the king's house any more than all the other Jews. For if thou dost at all **14** remain silent at this time, then shall relief and deliverance arise to the Jews from elsewhere; but thou and thy father's house shall perish: and who knows whether thou art not come to royal estate for such a time as this? Then Ester bade them **15** return Mordekhay this answer, Go, gather together all the **16** Jews who are present in Shushan, and fast for me, and neither eat nor drink for three days, night and day: I also and my maidens will fast likewise, and so I will go in to the king, though it is against the law: and if I perish, I perish. So Mordekhay **17** went his way, and did according to all that Ester had commanded him. Now it came to pass on the third day, that Ester **5** put on her royal apparel, and stood in the inner court of the king's house, over against the king's house: and the king sat upon his royal throne in the royal house, opposite the gate of the house. And so it was, that when the king saw Ester the **2** queen standing in the court, she obtained favour in his sight: and the king held out to Ester the golden sceptre that was in his hand. So Ester drew near, and touched the top of the sceptre. Then the king said to her, What is thy wish, queen **3** Ester? and what is thy request? it shall be given thee even to half the kingdom. And Ester answered, If it seem good to the **4** king, let the king and Haman come this day to the banquet that I have prepared for him. Then the king said, Cause Haman **5** to make haste, that he may do as Ester has said. So the king and Haman came to the banquet that Ester had prepared. And **6** the king said to Ester during the wine drinking, What is thy petition? and it shall be granted thee: and what is thy request? even to half the kingdom it shall be performed. Then Ester **7** answered, and said, My petition and my request is — if I have **8** found favour in the sight of the king, and if it please the king to grant my petition, and to perform my request, let the king and Haman come to the banquet that I shall prepare for them, and I will do tomorrow as the king has said. Then Haman went **9** out that day joyful and with a glad heart: but when Haman saw Mordekhay in the king's gate, that he did not stand or stir for him, he was full of indignation against Mordekhay. Nevertheless Haman restrained himself: and when he came **10** home, he sent and called for his friends, and Zeresh his wife. And Haman recounted to them the glory of his riches, and the multi- **11** tude of his children, and all the things wherein the king had promoted him, and how he had advanced him above the princes and servants of the king. Haman said moreover, Even Ester **12** the queen let no one come in with the king to the banquet that she had prepared but myself; and tomorrow also I am invited

יג אִם־אוֹתִי וְגַם־לְמָחָר אֲנִי קְרוּא־לָהּ עִם־הַמֶּלֶךְ׃ וְכָל־זֶה אֵינֶנּוּ
שֹׁוֶה לִי בְּכָל־עֵת אֲשֶׁר אֲנִי רֹאֶה אֶת־מָרְדֳּכַי הַיְּהוּדִי יוֹשֵׁב
יד בְּשַׁעַר הַמֶּלֶךְ׃ וַתֹּאמֶר לוֹ זֶרֶשׁ אִשְׁתּוֹ וְכָל־אֹהֲבָיו יַעֲשׂוּ־עֵץ
גָּבֹהַּ חֲמִשִּׁים אַמָּה וּבַבֹּקֶר ׀ אֱמֹר לַמֶּלֶךְ וְיִתְלוּ אֶת־מָרְדֳּכַי
עָלָיו וּבֹא־עִם־הַמֶּלֶךְ אֶל־הַמִּשְׁתֶּה שָׂמֵחַ וַיִּיטַב הַדָּבָר לִפְנֵי
ו א הָמָן וַיַּעַשׂ הָעֵץ׃ בַּלַּיְלָה הַהוּא נָדְדָה שְׁנַת
הַמֶּלֶךְ וַיֹּאמֶר לְהָבִיא אֶת־סֵפֶר הַזִּכְרֹנוֹת דִּבְרֵי הַיָּמִים וַיִּהְיוּ
ב נִקְרָאִים לִפְנֵי הַמֶּלֶךְ׃ וַיִּמָּצֵא כָתוּב אֲשֶׁר הִגִּיד מָרְדֳּכַי עַל־
בִּגְתָנָא וָתֶרֶשׁ שְׁנֵי סָרִיסֵי הַמֶּלֶךְ מִשֹּׁמְרֵי הַסַּף אֲשֶׁר בִּקְשׁוּ
ג לִשְׁלֹחַ יָד בַּמֶּלֶךְ אֲחַשְׁוֵרוֹשׁ׃ וַיֹּאמֶר הַמֶּלֶךְ מַה־נַּעֲשָׂה יְקָר
וּגְדוּלָּה לְמָרְדֳּכַי עַל־זֶה וַיֹּאמְרוּ נַעֲרֵי הַמֶּלֶךְ מְשָׁרְתָיו לֹא־
ד נַעֲשָׂה עִמּוֹ דָּבָר׃ וַיֹּאמֶר הַמֶּלֶךְ מִי בֶחָצֵר וְהָמָן בָּא לַחֲצַר
בֵּית־הַמֶּלֶךְ הַחִיצוֹנָה לֵאמֹר לַמֶּלֶךְ לִתְלוֹת אֶת־מָרְדֳּכַי עַל־
ה הָעֵץ אֲשֶׁר־הֵכִין לוֹ׃ וַיֹּאמְרוּ נַעֲרֵי הַמֶּלֶךְ אֵלָיו הִנֵּה הָמָן
ו עֹמֵד בֶּחָצֵר וַיֹּאמֶר הַמֶּלֶךְ יָבוֹא׃ וַיָּבוֹא הָמָן וַיֹּאמֶר לוֹ
הַמֶּלֶךְ מַה־לַּעֲשׂוֹת בָּאִישׁ אֲשֶׁר הַמֶּלֶךְ חָפֵץ בִּיקָרוֹ וַיֹּאמֶר
ז הָמָן בְּלִבּוֹ לְמִי יַחְפֹּץ הַמֶּלֶךְ לַעֲשׂוֹת יְקָר יוֹתֵר מִמֶּנִּי׃ וַיֹּאמֶר
ח הָמָן אֶל־הַמֶּלֶךְ אִישׁ אֲשֶׁר הַמֶּלֶךְ חָפֵץ בִּיקָרוֹ׃ יָבִיאוּ לְבוּשׁ
מַלְכוּת אֲשֶׁר לָבַשׁ־בּוֹ הַמֶּלֶךְ וְסוּס אֲשֶׁר רָכַב עָלָיו הַמֶּלֶךְ
ט וַאֲשֶׁר נִתַּן כֶּתֶר מַלְכוּת בְּרֹאשׁוֹ׃ וְנָתוֹן הַלְּבוּשׁ וְהַסּוּס עַל־
יַד־אִישׁ מִשָּׂרֵי הַמֶּלֶךְ הַפַּרְתְּמִים וְהִלְבִּשׁוּ אֶת־הָאִישׁ אֲשֶׁר
הַמֶּלֶךְ חָפֵץ בִּיקָרוֹ וְהִרְכִּיבֻהוּ עַל־הַסּוּס בִּרְחוֹב הָעִיר וְקָרְאוּ
י לְפָנָיו כָּכָה יֵעָשֶׂה לָאִישׁ אֲשֶׁר הַמֶּלֶךְ חָפֵץ בִּיקָרוֹ׃ וַיֹּאמֶר
הַמֶּלֶךְ לְהָמָן מַהֵר קַח אֶת־הַלְּבוּשׁ וְאֶת־הַסּוּס כַּאֲשֶׁר דִּבַּרְתָּ
וַעֲשֵׂה־כֵן לְמָרְדֳּכַי הַיְּהוּדִי הַיּוֹשֵׁב בְּשַׁעַר הַמֶּלֶךְ אַל־תַּפֵּל
יא דָּבָר מִכֹּל אֲשֶׁר דִּבַּרְתָּ׃ וַיִּקַּח הָמָן אֶת־הַלְּבוּשׁ וְאֶת־הַסּוּס ד
וַיַּלְבֵּשׁ אֶת־מָרְדֳּכָי וַיַּרְכִּיבֵהוּ בִּרְחוֹב הָעִיר וַיִּקְרָא לְפָנָיו כָּכָה
יב יֵעָשֶׂה לָאִישׁ אֲשֶׁר הַמֶּלֶךְ חָפֵץ בִּיקָרוֹ׃ וַיָּשָׁב מָרְדֳּכַי אֶל־
יג שַׁעַר הַמֶּלֶךְ וְהָמָן נִדְחַף אֶל־בֵּיתוֹ אָבֵל וַחֲפוּי רֹאשׁ׃ וַיְסַפֵּר
הָמָן לְזֶרֶשׁ אִשְׁתּוֹ וּלְכָל־אֹהֲבָיו אֵת כָּל־אֲשֶׁר קָרָהוּ וַיֹּאמְרוּ
לוֹ חֲכָמָיו וְזֶרֶשׁ אִשְׁתּוֹ אִם מִזֶּרַע הַיְּהוּדִים מָרְדֳּכַי אֲשֶׁר
יד הַחִלּוֹתָ לִנְפֹּל לְפָנָיו לֹא־תוּכַל לוֹ כִּי־נָפוֹל תִּפּוֹל לְפָנָיו׃ עוֹדָם
מְדַבְּרִים עִמּוֹ וְסָרִיסֵי הַמֶּלֶךְ הִגִּיעוּ וַיַּבְהִלוּ לְהָבִיא אֶת־הָמָן
ז א אֶל־הַמִּשְׁתֶּה אֲשֶׁר־עָשְׂתָה אֶסְתֵּר׃ וַיָּבֹא הַמֶּלֶךְ וְהָמָן לִשְׁתּוֹת
ב עִם־אֶסְתֵּר הַמַּלְכָּה׃ וַיֹּאמֶר הַמֶּלֶךְ לְאֶסְתֵּר גַּם בַּיּוֹם הַשֵּׁנִי
בְּמִשְׁתֵּה הַיַּיִן מַה־שְּׁאֵלָתֵךְ אֶסְתֵּר הַמַּלְכָּה וְתִנָּתֵן לָךְ וּמַה־

to her with the king. Yet all this avails me nothing, as long as 13
I see Mordekhay the Jew sitting at the king's gate. Then Zeresh 14
his wife and all his friends said to him, Let a gallows be made
fifty cubits high, and tomorrow speak to the king that
Mordekhay may be hanged on it: then go in cheerfully with
the king to the banquet. And the thing pleased Haman; and
he caused the gallows to be made.   On that night the 6
king could not sleep, so he commanded the book of records
of the chronicles to be brought; and they were read before
the king. And it was found written, that Mordekhay had told 2
of Bigtana and Teresh, two of the king's chamberlains, the
keepers of the door, who sought to lay hands on the king
Aḥashverosh. And the king said, What honour and dignity 3
have been done to Mordekhay for this? Then the king's servants
that ministered to him said, Nothing has been done for him.
And the king said, Who is in the court? Now Haman was come 4
into the outer court of the king's house, to speak to the king
about hanging Mordekhay on the gallows that he had prepared
for him. And the king's servants said to him, Behold, Haman 5
is standing in the court. And the king said, Let him come in.
So Haman came in. And the king said to him, What shall be 6
done to the man whom the king delights to honour? Now
Haman thought in his heart, To whom would the king delight
to do honour more than to myself? And Haman answered the 7
king, For the man whom the king delights to honour, let the 8
royal apparel be brought which the king has worn, and the
horse that the king rides upon, and on the head of which a
royal crown is placed; and let this apparel and horse be deli- 9
vered to the hand of one of the king's most noble princes, that
they may array the man whom the king delights to honour, and
bring him on horseback through the street of the city, and
proclaim before him, Thus shall it be done to the man whom
the king delights to honour. Then the king said to Haman, 10
Make haste, and take the apparel and the horse, as thou hast
said, and do so to Mordekhay the Jew, who sits at the king's
gate: let nothing fail of all thou hast spoken. Then Haman took 11
the apparel and the horse, and arrayed Mordekhay, and brought
him on horseback through the street of the city, and proclaimed
before him, Thus shall it be done to the man whom the king
delights to honour. And Mordekhay came back to the king's 12
gate. But Haman hastened to his house mourning, and having
his head covered. And Haman told Zeresh his wife and all his 13
friends everything that had befallen him. Then his wise men
and Zeresh his wife said to him, If Mordekhay, before whom
thou hast begun to fall, be of the seed of the Jews, then thou
shalt not prevail against him, but thou shalt surely fall before
him. And while they were yet talking with him, the king's 14
chamberlains came, and brought Haman hurriedly to the
banquet that Ester had prepared. So the king and Haman came 7
to drink with Ester the queen. And the king said again to 2
Ester on the second day at the wine drinking, What is thy
petition, queen Ester? and it shall be granted thee: and what
is thy request? and it shall be performed even to half the

ג בַּקָּשָׁתֵךְ עַד־חֲצִי הַמַּלְכוּת וְתֵעָשׂ: וַתַּעַן אֶסְתֵּר הַמַּלְכָּה
וַתֹּאמַר אִם־מָצָאתִי חֵן בְּעֵינֶיךָ הַמֶּלֶךְ וְאִם־עַל־הַמֶּלֶךְ טוֹב
ד תִּנָּתֶן־לִי נַפְשִׁי בִּשְׁאֵלָתִי וְעַמִּי בְּבַקָּשָׁתִי: כִּי נִמְכַּרְנוּ אֲנִי
וְעַמִּי לְהַשְׁמִיד לַהֲרוֹג וּלְאַבֵּד וְאִלּוּ לַעֲבָדִים וְלִשְׁפָחוֹת נִמְכַּרְנוּ
ה הֶחֱרַשְׁתִּי כִּי אֵין הַצָּר שֹׁוֶה בְּנֵזֶק הַמֶּלֶךְ: וַיֹּאמֶר
הַמֶּלֶךְ אֲחַשְׁוֵרוֹשׁ וַיֹּאמֶר לְאֶסְתֵּר הַמַּלְכָּה מִי הוּא זֶה וְאֵי־זֶה
ו הוּא אֲשֶׁר־מְלָאוֹ לִבּוֹ לַעֲשׂוֹת כֵּן: וַתֹּאמֶר אֶסְתֵּר אִישׁ צַר וְאוֹיֵב
ז הָמָן הָרָע הַזֶּה וְהָמָן נִבְעַת מִלִּפְנֵי הַמֶּלֶךְ וְהַמַּלְכָּה: וְהַמֶּלֶךְ
קָם בַּחֲמָתוֹ מִמִּשְׁתֵּה הַיַּיִן אֶל־גִּנַּת הַבִּיתָן וְהָמָן עָמַד לְבַקֵּשׁ
עַל־נַפְשׁוֹ מֵאֶסְתֵּר הַמַּלְכָּה כִּי רָאָה כִּי־כָלְתָה אֵלָיו הָרָעָה
ח מֵאֵת הַמֶּלֶךְ: וְהַמֶּלֶךְ שָׁב מִגִּנַּת הַבִּיתָן אֶל־בֵּית ׀ מִשְׁתֵּה
הַיַּיִן וְהָמָן נֹפֵל עַל־הַמִּטָּה אֲשֶׁר אֶסְתֵּר עָלֶיהָ וַיֹּאמֶר הַמֶּלֶךְ
הֲגַם לִכְבּוֹשׁ אֶת־הַמַּלְכָּה עִמִּי בַּבָּיִת הַדָּבָר יָצָא מִפִּי הַמֶּלֶךְ
ט וּפְנֵי הָמָן חָפוּ: וַיֹּאמֶר חַרְבוֹנָה אֶחָד מִן־הַסָּרִיסִים לִפְנֵי
הַמֶּלֶךְ גַּם הִנֵּה־הָעֵץ אֲשֶׁר־עָשָׂה הָמָן לְמָרְדֳּכַי אֲשֶׁר דִּבֶּר־טוֹב
עַל־הַמֶּלֶךְ עֹמֵד בְּבֵית הָמָן גָּבֹהַּ חֲמִשִּׁים אַמָּה וַיֹּאמֶר הַמֶּלֶךְ
י תְּלֻהוּ עָלָיו: וַיִּתְלוּ אֶת־הָמָן עַל־הָעֵץ אֲשֶׁר־הֵכִין לְמָרְדֳּכָי
ח א וַחֲמַת הַמֶּלֶךְ שָׁכָכָה: בַּיּוֹם הַהוּא נָתַן הַמֶּלֶךְ
אֲחַשְׁוֵרוֹשׁ לְאֶסְתֵּר הַמַּלְכָּה אֶת־בֵּית הָמָן צֹרֵר היהודיים הַיְּהוּדִים
ב וּמָרְדֳּכַי בָּא לִפְנֵי הַמֶּלֶךְ כִּי־הִגִּידָה אֶסְתֵּר מַה הוּא־לָהּ: וַיָּסַר
הַמֶּלֶךְ אֶת־טַבַּעְתּוֹ אֲשֶׁר הֶעֱבִיר מֵהָמָן וַיִּתְּנָהּ לְמָרְדֳּכָי וַתָּשֶׂם
ג אֶסְתֵּר אֶת־מָרְדֳּכַי עַל־בֵּית הָמָן: וַתּוֹסֶף אֶסְתֵּר
וַתְּדַבֵּר לִפְנֵי הַמֶּלֶךְ וַתִּפֹּל לִפְנֵי רַגְלָיו וַתֵּבְךְּ וַתִּתְחַנֶּן־לוֹ
לְהַעֲבִיר אֶת־רָעַת הָמָן הָאֲגָגִי וְאֵת מַחֲשַׁבְתּוֹ אֲשֶׁר חָשַׁב
ד עַל־הַיְּהוּדִים: וַיּוֹשֶׁט הַמֶּלֶךְ לְאֶסְתֵּר אֵת שַׁרְבִט הַזָּהָב וַתָּקָם
ה אֶסְתֵּר וַתַּעֲמֹד לִפְנֵי הַמֶּלֶךְ: וַתֹּאמֶר אִם־עַל־הַמֶּלֶךְ טוֹב
וְאִם־מָצָאתִי חֵן לְפָנָיו וְכָשֵׁר הַדָּבָר לִפְנֵי הַמֶּלֶךְ וְטוֹבָה אֲנִי
בְּעֵינָיו יִכָּתֵב לְהָשִׁיב אֶת־הַסְּפָרִים מַחֲשֶׁבֶת הָמָן בֶּן־הַמְּדָתָא
הָאֲגָגִי אֲשֶׁר כָּתַב לְאַבֵּד אֶת־הַיְּהוּדִים אֲשֶׁר בְּכָל־מְדִינוֹת
ו הַמֶּלֶךְ: כִּי אֵיכָכָה אוּכַל וְרָאִיתִי בָּרָעָה אֲשֶׁר־יִמְצָא אֶת־עַמִּי
ז וְאֵיכָכָה אוּכַל וְרָאִיתִי בְּאָבְדַן מוֹלַדְתִּי: וַיֹּאמֶר
הַמֶּלֶךְ אֲחַשְׁוֵרֹשׁ לְאֶסְתֵּר הַמַּלְכָּה וּלְמָרְדֳּכַי הַיְּהוּדִי הִנֵּה בֵית־
הָמָן נָתַתִּי לְאֶסְתֵּר וְאֹתוֹ תָּלוּ עַל־הָעֵץ עַל אֲשֶׁר־שָׁלַח יָדוֹ
ח ביהודיים: וְאַתֶּם כִּתְבוּ עַל־הַיְּהוּדִים כַּטּוֹב בְּעֵינֵיכֶם בְּשֵׁם בַּיְּהוּדִים
הַמֶּלֶךְ וְחִתְמוּ בְּטַבַּעַת הַמֶּלֶךְ כִּי־כְתָב אֲשֶׁר־נִכְתָּב בְּשֵׁם־
ט הַמֶּלֶךְ וְנַחְתּוֹם בְּטַבַּעַת הַמֶּלֶךְ אֵין לְהָשִׁיב: וַיִּקָּרְאוּ סֹפְרֵי־

kingdom. Then Ester the queen answered and said, If I have 3
found favour in thy sight, O king, and if it please the king, let
my life be given me at my petition, and my people at my
request: for we are sold, I and my people, to be destroyed, to 4
be slain, and to be annihilated. But if we had been sold
merely for bondmen and bondwomen, I would have held
my tongue, since the affliction would not have equalled the
king's damage. Then the king Aẖashverosh 5
answered and said to Ester the queen, Who is he, and where
is he, that durst presume in his heart to do so? And Ester 6
said, The adversary and enemy is this wicked Haman.
Then Haman was struck with terror before the king and the
queen. And the king arising from the banquet of wine in his 7
wrath went into the palace garden: and Haman stood up to
make request for his life to Ester the queen; for he saw that
evil was determined against him by the king. Then the king 8
returned out of the palace garden to the place of the wine
drinking; and Haman was fallen upon the divan whereon Ester
lay. Then the king said, Will he even assault the queen in my
own presence in the house? As the word went out of the king's
mouth, they covered Haman's face. And Ḥarvona, one of the 9
chamberlains, said before the king, Behold also, the gallows
fifty cubits high, which Haman has made for Mordekhay, who
had spoken good for the king, stands in the house of Haman.
Then the king said, Hang him on that. So they hanged Haman 10
on the gallows which he had prepared for Mordekhay. Then
the king's wrath was pacified. On that day king Aẖash- **8**
verosh gave the house of Haman the Jews' enemy to Ester the
queen. And Mordekhay came before the king; for Ester had
told him what he was to her. And the king took off his ring 2
which he had taken from Haman, and gave it to Mordekhay.
And Ester set Mordekhay over the house of Haman.

And Ester spoke once more before the king, and fell down 3
at his feet, and besought him with tears to avert the mischief of
Haman the Agagite, and his scheme that he had devised against
the Jews. Then the king held out the golden sceptre towards 4
Ester. So Ester arose, and stood before the king, and said, If it 5
please the king, and if I have found favour in his sight, and the
thing seem right before the king, and I be pleasing in his eyes,
let an order be written to revoke the letters devised by Haman
the son of Hammedata the Agagite, which he wrote to destroy
the Jews who are in all the king's provinces: for how can I 6
endure to see the evil that shall befall my people? or how can
I endure to see the destruction of my kindred? Then 7
the king Aẖashverosh said to Ester the queen and to Mordekhay
the Jew, Behold, I have given Ester the house of Haman, and him
they have hanged upon the gallows, because he would lay his
hand upon the Jews. Write also as you please about the Jews 8
in the king's name, and seal it with the king's ring: but the
writing which is already written in the king's name, and sealed
with the king's ring, cannot be revoked. Then the king's scribes 9
were called at that time in the third month, that is, the month

הַמֶּלֶךְ בָּעֵת־הַהִיא בַּחֹדֶשׁ הַשְּׁלִישִׁי הוּא־חֹדֶשׁ סִיוָן בִּשְׁלוֹשָׁה
וְעֶשְׂרִים בּוֹ וַיִּכָּתֵב כְּכָל־אֲשֶׁר־צִוָּה מָרְדֳּכַי אֶל־הַיְּהוּדִים וְאֶל
הָאֲחַשְׁדַּרְפְּנִים וְהַפַּחוֹת וְשָׂרֵי הַמְּדִינוֹת אֲשֶׁר ׀ מֵהֹדּוּ וְעַד־
כּוּשׁ שֶׁבַע וְעֶשְׂרִים וּמֵאָה מְדִינָה מְדִינָה וּמְדִינָה כִּכְתָבָהּ
וְעַם וָעָם כִּלְשֹׁנוֹ וְאֶל־הַיְּהוּדִים כִּכְתָבָם וְכִלְשׁוֹנָם׃ וַיִּכְתֹּב י
בְּשֵׁם הַמֶּלֶךְ אֲחַשְׁוֵרֹשׁ וַיַּחְתֹּם בְּטַבַּעַת הַמֶּלֶךְ וַיִּשְׁלַח סְפָרִים
בְּיַד הָרָצִים בַּסּוּסִים רֹכְבֵי הָרֶכֶשׁ הָאֲחַשְׁתְּרָנִים בְּנֵי הָרַמָּכִים׃
אֲשֶׁר נָתַן הַמֶּלֶךְ לַיְּהוּדִים ׀ אֲשֶׁר ׀ בְּכָל־עִיר וָעִיר לְהִקָּהֵל יא
וְלַעֲמֹד עַל־נַפְשָׁם לְהַשְׁמִיד וְלַהֲרֹג וּלְאַבֵּד אֶת־כָּל־חֵיל עַם
וּמְדִינָה הַצָּרִים אֹתָם טַף וְנָשִׁים וּשְׁלָלָם לָבוֹז׃ בְּיוֹם אֶחָד יב
בְּכָל־מְדִינוֹת הַמֶּלֶךְ אֲחַשְׁוֵרוֹשׁ בִּשְׁלוֹשָׁה עָשָׂר לְחֹדֶשׁ שְׁנֵים־
עָשָׂר הוּא־חֹדֶשׁ אֲדָר׃ פַּתְשֶׁגֶן הַכְּתָב לְהִנָּתֵן דָּת בְּכָל־מְדִינָה יג
הַיְּהוּדִים עֲתִידִים וּמְדִינָה גָּלוּי לְכָל־הָעַמִּים וְלִהְיוֹת היהודיים עתודים לַיּוֹם
הַזֶּה לְהִנָּקֵם מֵאֹיְבֵיהֶם׃ הָרָצִים רֹכְבֵי הָרֶכֶשׁ הָאֲחַשְׁתְּרָנִים יד
יָצְאוּ מְבֹהָלִים וּדְחוּפִים בִּדְבַר הַמֶּלֶךְ וְהַדָּת נִתְּנָה בְּשׁוּשַׁן
הַבִּירָה׃ וּמָרְדֳּכַי יָצָא ׀ מִלִּפְנֵי הַמֶּלֶךְ בִּלְבוּשׁ טו
מַלְכוּת תְּכֵלֶת וָחוּר וַעֲטֶרֶת זָהָב גְּדוֹלָה וְתַכְרִיךְ בּוּץ וְאַרְגָּמָן
ה וְהָעִיר שׁוּשָׁן צָהֲלָה וְשָׂמֵחָה׃ לַיְּהוּדִים הָיְתָה אוֹרָה וְשִׂמְחָה טז
וְשָׂשֹׂן וִיקָר׃ וּבְכָל־מְדִינָה וּמְדִינָה וּבְכָל־עִיר וָעִיר מְקוֹם יז
אֲשֶׁר דְּבַר־הַמֶּלֶךְ וְדָתוֹ מַגִּיעַ שִׂמְחָה וְשָׂשׂוֹן לַיְּהוּדִים מִשְׁתֶּה
וְיוֹם טוֹב וְרַבִּים מֵעַמֵּי הָאָרֶץ מִתְיַהֲדִים כִּי־נָפַל פַּחַד־
הַיְּהוּדִים עֲלֵיהֶם׃ וּבִשְׁנֵים עָשָׂר חֹדֶשׁ הוּא־חֹדֶשׁ אֲדָר בִּשְׁלוֹשָׁה א ט
עָשָׂר יוֹם בּוֹ אֲשֶׁר הִגִּיעַ דְּבַר־הַמֶּלֶךְ וְדָתוֹ לְהֵעָשׂוֹת בַּיּוֹם
אֲשֶׁר שִׂבְּרוּ אֹיְבֵי הַיְּהוּדִים לִשְׁלוֹט בָּהֶם וְנַהֲפוֹךְ הוּא אֲשֶׁר
יִשְׁלְטוּ הַיְּהוּדִים הֵמָּה בְּשֹׂנְאֵיהֶם׃ נִקְהֲלוּ הַיְּהוּדִים בְּעָרֵיהֶם ב
בְּכָל־מְדִינוֹת הַמֶּלֶךְ אֲחַשְׁוֵרוֹשׁ לִשְׁלֹחַ יָד בִּמְבַקְשֵׁי רָעָתָם
וְאִישׁ לֹא־עָמַד לִפְנֵיהֶם כִּי־נָפַל פַּחְדָּם עַל־כָּל־הָעַמִּים׃ וְכָל־ ג
שָׂרֵי הַמְּדִינוֹת וְהָאֲחַשְׁדַּרְפְּנִים וְהַפַּחוֹת וְעֹשֵׂי הַמְּלָאכָה
אֲשֶׁר לַמֶּלֶךְ מְנַשְּׂאִים אֶת־הַיְּהוּדִים כִּי־נָפַל פַּחַד־מָרְדֳּכַי
עֲלֵיהֶם׃ כִּי־גָדוֹל מָרְדֳּכַי בְּבֵית הַמֶּלֶךְ וְשָׁמְעוֹ הוֹלֵךְ בְּכָל־ ד
הַמְּדִינוֹת כִּי־הָאִישׁ מָרְדֳּכַי הוֹלֵךְ וְגָדוֹל׃ וַיַּכּוּ הַיְּהוּדִים ה
בְּכָל־אֹיְבֵיהֶם מַכַּת־חֶרֶב וְהֶרֶג וְאַבְדָן וַיַּעֲשׂוּ בְשֹׂנְאֵיהֶם
כִּרְצוֹנָם׃ וּבְשׁוּשַׁן הַבִּירָה הָרְגוּ הַיְּהוּדִים וְאַבֵּד חֲמֵשׁ מֵאוֹת ו
אִישׁ׃ וְאֵת ׀ ז
פַּרְשַׁנְדָּתָא וְאֵת ׀
דַּלְפוֹן וְאֵת ׀

Sivan, on the twenty third day of the month; and an order
was written, according to all that Mordekhay commanded, to
the Jews, and to the satraps, and the governors and princes of
the provinces, from Hoddu as far as Kush, a hundred and
twenty seven provinces, to every province according to its
writing, and to every people according to their language, and
to the Jews according to their writing, and according to their
language. And he wrote in the name of king Aẖashverosh, and 10
sealed it with the king's ring, and sent letters by couriers on
horseback, riding on the swift horses used in the royal service,
bred from the stud mares: by these the king granted the Jews 11
who were in every city to gather themselves together, and to
stand up for themselves, to destroy, to slay, and to annihilate
any armed force of any people or province that might assault
them, with their little ones and women, and to plunder their
goods; on one day in all the provinces of king Aẖashverosh, 12
namely, on the thirteenth day of the twelfth month, which is the
month Adar. The copy of the writing to be given out for a 13
commandment in every province was to be published to all the
peoples, and that the Jews should be ready by that day to
avenge themselves on their enemies. So the couriers who rode 14
on horseback, riding on the swift horses used in the royal service,
went out, being hastened and pressed on by the king's command-
ment. And the decree was given at Shushan the capital.

And Mordekhay went out from the presence of the king 15
in royal apparel of blue and white, and with a great crown
of gold, and with a wrap of fine linen and purple : and the
city of Shushan rejoiced and was glad. The Jews had light, 16
and gladness, and joy, and honour. And in every province, and 17
in every city, wherever the king's commandment and his decree
came, the Jews had joy and gladness, a feast and a holiday.
And many of the people of the land became Jews; for the fear
of the Jews fell upon them. Now in the twelfth month, that is, **9**
the month Adar, on the thirteenth day of the same, when the
king's commandment and his decree drew near to be put into
execution, on the day that the enemies of the Jews hoped to
have power over them, (though it was turned to the contrary,
that the Jews had rule over those who hated them;) the Jews 2
gathered themselves together in their cities throughout all the
provinces of the king Aẖashverosh, to lay hands on such as
sought their hurt: and no man could withstand them; for the
fear of them fell upon all the peoples. And all the rulers of the 3
provinces, and the satraps, and the governors, and the royal
officials, supported the Jews; because the fear of Mordekhay
had fallen upon them. For Mordekhay was great in the king's 4
house, and his fame went out throughout all the provinces: for
the man Mordekhay grew greater and greater. Thus the Jews 5
smote all their enemies with the stroke of the sword, and with
slaughter, and destruction, and did as they pleased to those
who hated them. And in Shushan the capital the Jews slew and 6
destroyed five hundred men, and they also slew 7
Parshandata, and
Dalfon, and

אַסְפָּתָא׃ וְאֵת ׀ ח
פּוֹרָתָא וְאֵת ׀
אֲדַלְיָא וְאֵת ׀
אֲרִידָתָא׃ וְאֵת ׀ ט
פַּרְמַשְׁתָּא וְאֵת ׀
אֲרִיסַי וְאֵת ׀
אֲרִידַי וְאֵת ׀
וַיְזָתָא׃ עֲשֶׂרֶת י
בְּנֵי הָמָן בֶּן־הַמְּדָתָא צֹרֵר הַיְּהוּדִים הָרָגוּ וּבַבִּזָּה לֹא שָׁלְחוּ
אֶת־יָדָם׃ בַּיּוֹם הַהוּא בָּא מִסְפַּר הַהֲרוּגִים בְּשׁוּשַׁן הַבִּירָה יא
לִפְנֵי הַמֶּלֶךְ׃ וַיֹּאמֶר הַמֶּלֶךְ לְאֶסְתֵּר הַמַּלְכָּה בְּשׁוּשַׁן הַבִּירָה יב
הָרְגוּ הַיְּהוּדִים וְאַבֵּד חֲמֵשׁ מֵאוֹת אִישׁ וְאֵת עֲשֶׂרֶת בְּנֵי־הָמָן
בִּשְׁאָר מְדִינוֹת הַמֶּלֶךְ מֶה עָשׂוּ וּמַה־שְּׁאֵלָתֵךְ וְיִנָּתֵן לָךְ וּמַה־
בַּקָּשָׁתֵךְ עוֹד וְתֵעָשׂ׃ וַתֹּאמֶר אֶסְתֵּר אִם־עַל־הַמֶּלֶךְ טוֹב יג
יִנָּתֵן גַּם־מָחָר לַיְּהוּדִים אֲשֶׁר בְּשׁוּשָׁן לַעֲשׂוֹת כְּדָת הַיּוֹם
וְאֵת עֲשֶׂרֶת בְּנֵי־הָמָן יִתְלוּ עַל־הָעֵץ׃ וַיֹּאמֶר הַמֶּלֶךְ לְהֵעָשׂוֹת יד
כֵּן וַתִּנָּתֵן דָּת בְּשׁוּשָׁן וְאֵת עֲשֶׂרֶת בְּנֵי־הָמָן תָּלוּ׃ וַיִּקָּהֲלוּ טו
(margin: הַיְּהוּדִים) הַיְּהוּדִיים אֲשֶׁר־בְּשׁוּשָׁן גַּם בְּיוֹם אַרְבָּעָה עָשָׂר לְחֹדֶשׁ אֲדָר
וַיַּהַרְגוּ בְשׁוּשָׁן שְׁלֹשׁ מֵאוֹת אִישׁ וּבַבִּזָּה לֹא שָׁלְחוּ אֶת־יָדָם׃
וּשְׁאָר הַיְּהוּדִים אֲשֶׁר בִּמְדִינוֹת הַמֶּלֶךְ נִקְהֲלוּ ׀ וְעָמֹד עַל־ טז
נַפְשָׁם וְנוֹחַ מֵאֹיְבֵיהֶם וְהָרוֹג בְּשֹׂנְאֵיהֶם חֲמִשָּׁה וְשִׁבְעִים אָלֶף
וּבַבִּזָּה לֹא שָׁלְחוּ אֶת־יָדָם׃ בְּיוֹם־שְׁלוֹשָׁה עָשָׂר לְחֹדֶשׁ אֲדָר יז
וְנוֹחַ בְּאַרְבָּעָה עָשָׂר בּוֹ וְעָשֹׂה אֹתוֹ יוֹם מִשְׁתֶּה וְשִׂמְחָה׃
(margin: וְהַיְּהוּדִים) וְהַיְּהוּדִיים אֲשֶׁר־בְּשׁוּשָׁן נִקְהֲלוּ בִּשְׁלוֹשָׁה עָשָׂר בּוֹ וּבְאַרְבָּעָה יח
עָשָׂר בּוֹ וְנוֹחַ בַּחֲמִשָּׁה עָשָׂר בּוֹ וְעָשֹׂה אֹתוֹ יוֹם מִשְׁתֶּה
(margin: הַפְּרָזִים) וְשִׂמְחָה׃ עַל־כֵּן הַיְּהוּדִים הפרוזים הַיֹּשְׁבִים בְּעָרֵי הַפְּרָזוֹת יט
עֹשִׂים אֵת יוֹם אַרְבָּעָה עָשָׂר לְחֹדֶשׁ אֲדָר שִׂמְחָה וּמִשְׁתֶּה
וְיוֹם טוֹב וּמִשְׁלֹחַ מָנוֹת אִישׁ לְרֵעֵהוּ׃ וַיִּכְתֹּב מָרְדֳּכַי אֶת־ כ
הַדְּבָרִים הָאֵלֶּה וַיִּשְׁלַח סְפָרִים אֶל־כָּל־הַיְּהוּדִים אֲשֶׁר בְּכָל־
מְדִינוֹת הַמֶּלֶךְ אֲחַשְׁוֵרוֹשׁ הַקְּרוֹבִים וְהָרְחוֹקִים׃ לְקַיֵּם עֲלֵיהֶם כא
לִהְיוֹת עֹשִׂים אֵת יוֹם אַרְבָּעָה עָשָׂר לְחֹדֶשׁ אֲדָר וְאֵת יוֹם־
חֲמִשָּׁה עָשָׂר בּוֹ בְּכָל־שָׁנָה וְשָׁנָה׃ כַּיָּמִים אֲשֶׁר־נָחוּ בָהֶם כב
הַיְּהוּדִים מֵאֹיְבֵיהֶם וְהַחֹדֶשׁ אֲשֶׁר נֶהְפַּךְ לָהֶם מִיָּגוֹן לְשִׂמְחָה
וּמֵאֵבֶל לְיוֹם טוֹב לַעֲשׂוֹת אוֹתָם יְמֵי מִשְׁתֶּה וְשִׂמְחָה וּמִשְׁלֹחַ
מָנוֹת אִישׁ לְרֵעֵהוּ וּמַתָּנוֹת לָאֶבְיֹנִים׃ וְקִבֵּל הַיְּהוּדִים אֵת כג
אֲשֶׁר־הֵחֵלּוּ לַעֲשׂוֹת וְאֵת אֲשֶׁר־כָּתַב מָרְדֳּכַי אֲלֵיהֶם׃ כִּי כד

Aspata	and	8
Porata,	and	
Adalya,	and	
Aridata,	and	9
Parmashta,	and	
Arisay,	and	
Ariday,	and	
Vayzata,	the ten	10

sons of Haman the son of Hammedata, the enemy of the Jews ;
but they did not lay their hands on the plunder. On that day 11
the number of those who were slain in Shushan the capital
was brought before the king. And the king said to Ester the 12
queen, The Jews have slain and destroyed five hundred men
in Shushan the capital, and also the ten sons of Haman; what
have they done in the rest of the king's provinces ? now what
is thy petition? and it shall be granted thee: and what more
dost thou request? and it shall be done. Then Ester said, If it 13
please the king, let it be granted to the Jews who are in Shu-
shan to do tomorrow also according to this day's decree, and
let Haman's ten sons be hanged upon the gallows. And the 14
king commanded it so to be done: and the decree was given at
Shushan; and they hanged Haman's ten sons. For the Jews who 15
were in Shushan gathered themselves together also on the four-
teenth day of the month Adar, and slew three hundred men at
Shushan; but they did not lay their hands on the plunder. But 16
the other Jews who were in the king's provinces gathered them-
selves together, and stood up for themselves, and had rest from
their enemies, and slew of their foes seventy five thousand,
(but they did not lay their hands on the plunder,) on the 17
thirteenth day of the month Adar ; and on the fourteenth day
of the same they rested, and made it a day of feasting and
gladness. But the Jews who were at Shushan gathered to- 18
gether on the thirteenth of the month, and on the fourteenth
of it; and on the fifteenth day of the same they rested, and
made it a day of feasting and gladness. Therefore the Jews 19
of the villages, who dwell in the unwalled towns, make the
fourteenth day of the month Adar a day of gladness and feast-
ing, and holiday, and of sending choice portions to one another.
And Mordekhay wrote these things, and sent letters to all the 20
Jews who were in all the provinces of the king Aḥashverosh,
both near and far, to enjoin upon them that they should keep 21
the fourteenth day of the month Adar, and the fifteenth day of
the same, year by year, as the days on which the Jews rested 22
from their enemies, and the month which was turned to them
from sorrow to joy, and from mourning to holiday: that they
should make them days of feasting and joy, and of sending
choice portions to one another, and gifts to the poor. And the 23
Jews undertook to do as they had begun, and as Mordekhay
had written to them; because Haman the son of Hammedata, 24

הָמָן בֶּן־הַמְּדָתָא הָאֲגָגִי צֹרֵר כָּל־הַיְּהוּדִים חָשַׁב עַל־הַיְּהוּדִים
כה לְאַבְּדָם וְהִפִּל פּוּר הוּא הַגּוֹרָל לְהֻמָּם וּלְאַבְּדָם׃ וּבְבֹאָהּ
לִפְנֵי הַמֶּלֶךְ אָמַר עִם־הַסֵּפֶר יָשׁוּב מַחֲשַׁבְתּוֹ הָרָעָה אֲשֶׁר־
חָשַׁב עַל־הַיְּהוּדִים עַל־רֹאשׁוֹ וְתָלוּ אֹתוֹ וְאֶת־בָּנָיו עַל־הָעֵץ׃
כו עַל־כֵּן קָרְאוּ לַיָּמִים הָאֵלֶּה פוּרִים עַל־שֵׁם הַפּוּר עַל־כֵּן עַל־
כָּל־דִּבְרֵי הָאִגֶּרֶת הַזֹּאת וּמָה־רָאוּ עַל־כָּכָה וּמָה הִגִּיעַ אֲלֵיהֶם׃
כז קִיְּמוּ וְקִבְּלֻ הַיְּהוּדִים ׀ עֲלֵיהֶם ׀ וְעַל־זַרְעָם וְעַל כָּל־הַנִּלְוִים
עֲלֵיהֶם וְלֹא יַעֲבוֹר לִהְיוֹת עֹשִׂים אֶת־שְׁנֵי הַיָּמִים הָאֵלֶּה
כח כִּכְתָבָם וְכִזְמַנָּם בְּכָל־שָׁנָה וְשָׁנָה׃ וְהַיָּמִים הָאֵלֶּה נִזְכָּרִים
וְנַעֲשִׂים בְּכָל־דּוֹר וָדוֹר מִשְׁפָּחָה וּמִשְׁפָּחָה מְדִינָה וּמְדִינָה
וְעִיר וָעִיר וִימֵי הַפּוּרִים הָאֵלֶּה לֹא יַעַבְרוּ מִתּוֹךְ הַיְּהוּדִים
כט וְזִכְרָם לֹא־יָסוּף מִזַּרְעָם׃ וַתִּכְתֹּב אֶסְתֵּר הַמַּלְכָּה
בַת־אֲבִיחַיִל וּמָרְדֳּכַי הַיְּהוּדִי אֶת־כָּל־תֹּקֶף לְקַיֵּם אֵת אִגֶּרֶת
ל הַפֻּרִים הַזֹּאת הַשֵּׁנִית׃ וַיִּשְׁלַח סְפָרִים אֶל־כָּל־הַיְּהוּדִים אֶל־
שֶׁבַע וְעֶשְׂרִים וּמֵאָה מְדִינָה מַלְכוּת אֲחַשְׁוֵרוֹשׁ דִּבְרֵי שָׁלוֹם
לא וֶאֱמֶת׃ לְקַיֵּם אֶת־יְמֵי הַפֻּרִים הָאֵלֶּה בִּזְמַנֵּיהֶם כַּאֲשֶׁר קִיַּם
עֲלֵיהֶם מָרְדֳּכַי הַיְּהוּדִי וְאֶסְתֵּר הַמַּלְכָּה וְכַאֲשֶׁר קִיְּמוּ עַל־
לב נַפְשָׁם וְעַל־זַרְעָם דִּבְרֵי הַצֹּמוֹת וְזַעֲקָתָם׃ וּמַאֲמַר אֶסְתֵּר
י א קִיַּם דִּבְרֵי הַפֻּרִים הָאֵלֶּה וְנִכְתָּב בַּסֵּפֶר׃ וַיָּשֶׂם
ב הַמֶּלֶךְ אחשרש ׀ מַס עַל־הָאָרֶץ וְאִיֵּי הַיָּם׃ וְכָל־מַעֲשֵׂה אֲחַשְׁוֵרוֹשׁ
תָקְפּוֹ וּגְבוּרָתוֹ וּפָרָשַׁת גְּדֻלַּת מָרְדֳּכַי אֲשֶׁר גִּדְּלוֹ הַמֶּלֶךְ הֲלוֹא־
ג הֵם כְּתוּבִים עַל־סֵפֶר דִּבְרֵי הַיָּמִים לְמַלְכֵי מָדַי וּפָרָס׃ כִּי ׀
מָרְדֳּכַי הַיְּהוּדִי מִשְׁנֶה לַמֶּלֶךְ אֲחַשְׁוֵרוֹשׁ וְגָדוֹל לַיְּהוּדִים וְרָצוּי
לְרֹב אֶחָיו דֹּרֵשׁ טוֹב לְעַמּוֹ וְדֹבֵר שָׁלוֹם לְכָל־זַרְעוֹ׃

the Agagite, the enemy of all the Jews, had schemed against
the Jews to destroy them, and had cast Pur, (that is, the lot,)
to consume them, and to destroy them; but when Ester came 25
before the king, he gave orders in writing that his wicked
scheme, which he had devised against the Jews, should return
upon his own head, and that he and his sons should be hanged
on the gallows. Therefore they called these days Purim after 26
the name of Pur. Therefore because of all the words of this
letter, and of what they had seen concerning this matter, and
what had befallen them, the Jews ordained, and took upon 27
them, and upon their seed, and upon all who joined themselves to
them, that they should unfailingly keep these two days according
to their writing, and according to their appointed time every year;
and that these days should be remembered and kept throughout 28
every generation, every family, every province, and every city;
and that these days of Purim should not fail from among the
Jews, or the memorial of them perish from their seed.

Then Ester the queen, the daughter of Aviḥayil, and Mor- 29
dekhay the Jew, wrote with all emphasis, to confirm this second
letter of Purim. And he sent letters to all the Jews, to the hundred 30
and twenty seven provinces of the kingdom of Aḥashverosh,
in words of peace and truth, to confirm these days of Purim in 31
their times appointed, according as Mordekhay the Jew and
Ester the queen had enjoined on them, and as they had decreed
for themselves and for their seed, with regard to the fastings
and the order of lamentation. And the decree of Ester con- 32
firmed these matters of Purim; and it was written in the
book. And the king Aḥashverosh laid a tribute upon the **10**
land, and upon the isles of the sea. And all the acts of his power 2
and of his might, and the full account of the greatness of
Mordekhay, to which the king advanced him, are they not
written in the book of the chronicles of the kings of Maday and
Paras? For Mordekhay the Jew was next to king Aḥashverosh, 3
and great among the Jews, and accepted by the multitude of his
brethren, seeking the good of his people, and speaking peace
to all his seed.

דניאל

DANIYYEL - DANIEL

א א בִּשְׁנַת שָׁלוֹשׁ לְמַלְכוּת יְהוֹיָקִים מֶלֶךְ־יְהוּדָה בָּא נְבוּכַדְנֶאצַּר
ב מֶלֶךְ־בָּבֶל יְרוּשָׁלַםִ וַיָּצַר עָלֶיהָ: וַיִּתֵּן אֲדֹנָי בְּיָדוֹ אֶת־יְהוֹיָקִים
מֶלֶךְ־יְהוּדָה וּמִקְצָת כְּלֵי בֵית־הָאֱלֹהִים וַיְבִיאֵם אֶרֶץ־שִׁנְעָר
ג בֵּית אֱלֹהָיו וְאֶת־הַכֵּלִים הֵבִיא בֵּית אוֹצַר אֱלֹהָיו: וַיֹּאמֶר
הַמֶּלֶךְ לְאַשְׁפְּנַז רַב סָרִיסָיו לְהָבִיא מִבְּנֵי יִשְׂרָאֵל וּמִזֶּרַע
ד הַמְּלוּכָה וּמִן־הַפַּרְתְּמִים: יְלָדִים אֲשֶׁר אֵין־בָּהֶם כָּל־מאוּם
וְטוֹבֵי מַרְאֶה וּמַשְׂכִּלִים בְּכָל־חָכְמָה וְיֹדְעֵי דַעַת וּמְבִינֵי מַדָּע
וַאֲשֶׁר כֹּחַ בָּהֶם לַעֲמֹד בְּהֵיכַל הַמֶּלֶךְ וּלְלַמְּדָם סֵפֶר וּלְשׁוֹן
ה כַּשְׂדִּים: וַיְמַן לָהֶם הַמֶּלֶךְ דְּבַר־יוֹם בְּיוֹמוֹ מִפַּת־בַּג הַמֶּלֶךְ
וּמִיֵּין מִשְׁתָּיו וּלְגַדְּלָם שָׁנִים שָׁלוֹשׁ וּמִקְצָתָם יַעַמְדוּ לִפְנֵי
ו הַמֶּלֶךְ: וַיְהִי בָהֶם מִבְּנֵי יְהוּדָה דָּנִיֵּאל חֲנַנְיָה מִישָׁאֵל וַעֲזַרְיָה:
ז וַיָּשֶׂם לָהֶם שַׂר הַסָּרִיסִים שֵׁמוֹת וַיָּשֶׂם לְדָנִיֵּאל בֵּלְטְשַׁאצַּר
ח וְלַחֲנַנְיָה שַׁדְרַךְ וּלְמִישָׁאֵל מֵישַׁךְ וְלַעֲזַרְיָה עֲבֵד נְגוֹ: וַיָּשֶׂם
דָּנִיֵּאל עַל־לִבּוֹ אֲשֶׁר לֹא־יִתְגָּאַל בְּפַת־בַּג הַמֶּלֶךְ וּבְיֵין מִשְׁתָּיו
ט וַיְבַקֵּשׁ מִשַּׂר הַסָּרִיסִים אֲשֶׁר לֹא יִתְגָּאָל: וַיִּתֵּן הָאֱלֹהִים אֶת־
י דָּנִיֵּאל לְחֶסֶד וּלְרַחֲמִים לִפְנֵי שַׂר הַסָּרִיסִים: וַיֹּאמֶר שַׂר
הַסָּרִיסִים לְדָנִיֵּאל יָרֵא אֲנִי אֶת־אֲדֹנִי הַמֶּלֶךְ אֲשֶׁר מִנָּה אֶת־
מַאֲכַלְכֶם וְאֶת־מִשְׁתֵּיכֶם אֲשֶׁר לָמָּה יִרְאֶה אֶת־פְּנֵיכֶם זֹעֲפִים
יא מִן־הַיְלָדִים אֲשֶׁר כְּגִילְכֶם וְחִיַּבְתֶּם אֶת־רֹאשִׁי לַמֶּלֶךְ: וַיֹּאמֶר
דָּנִיֵּאל אֶל־הַמֶּלְצַר אֲשֶׁר מִנָּה שַׂר הַסָּרִיסִים עַל־דָּנִיֵּאל
יב חֲנַנְיָה מִישָׁאֵל וַעֲזַרְיָה: נַס־נָא אֶת־עֲבָדֶיךָ יָמִים עֲשָׂרָה וְיִתְּנוּ־
יג לָנוּ מִן־הַזֵּרֹעִים וְנֹאכְלָה וּמַיִם וְנִשְׁתֶּה: וְיֵרָאוּ לְפָנֶיךָ מַרְאֵינוּ
וּמַרְאֵה הַיְלָדִים הָאֹכְלִים אֵת פַּת־בַּג הַמֶּלֶךְ וְכַאֲשֶׁר תִּרְאֵה
יד עֲשֵׂה עִם־עֲבָדֶיךָ: וַיִּשְׁמַע לָהֶם לַדָּבָר הַזֶּה וַיְנַסֵּם יָמִים עֲשָׂרָה:
טו וּמִקְצָת יָמִים עֲשָׂרָה נִרְאָה מַרְאֵיהֶם טוֹב וּבְרִיאֵי בָּשָׂר מִן־
טז כָּל־הַיְלָדִים הָאֹכְלִים אֵת פַּת־בַּג הַמֶּלֶךְ: וַיְהִי הַמֶּלְצַר נֹשֵׂא אֶת־
יז פַּת־בָּגָם וְיֵין מִשְׁתֵּיהֶם וְנֹתֵן לָהֶם זֵרְעֹנִים: וְהַיְלָדִים הָאֵלֶּה
אַרְבַּעְתָּם נָתַן לָהֶם הָאֱלֹהִים מַדָּע וְהַשְׂכֵּל בְּכָל־סֵפֶר וְחָכְמָה
יח וְדָנִיֵּאל הֵבִין בְּכָל־חָזוֹן וַחֲלֹמוֹת: וּלְמִקְצָת הַיָּמִים אֲשֶׁר־אָמַר
יט הַמֶּלֶךְ לַהֲבִיאָם וַיְבִיאֵם שַׂר הַסָּרִיסִים לִפְנֵי נְבֻכַדְנֶצַּר: וַיְדַבֵּר
אִתָּם הַמֶּלֶךְ וְלֹא נִמְצָא מִכֻּלָּם כְּדָנִיֵּאל חֲנַנְיָה מִישָׁאֵל
כ וַעֲזַרְיָה וַיַּעַמְדוּ לִפְנֵי הַמֶּלֶךְ: וְכֹל דְּבַר חָכְמַת בִּינָה אֲשֶׁר־
בִּקֵּשׁ מֵהֶם הַמֶּלֶךְ וַיִּמְצָאֵם עֶשֶׂר יָדוֹת עַל כָּל־הַחַרְטֻמִּים
כא הָאַשָּׁפִים אֲשֶׁר בְּכָל־מַלְכוּתוֹ: וַיְהִי דָּנִיֵּאל עַד־שְׁנַת אַחַת
לְכוֹרֶשׁ הַמֶּלֶךְ:
ב א וּבִשְׁנַת שְׁתַּיִם לְמַלְכוּת נְבֻכַדְנֶצַּר

1

In the third year of the reign of Yehoyaqim king of Yehuda, 1
Nevukhadneẕẕar king of Bavel came to Yerushalayim, and be-
sieged it. And the Lord gave Yehoyaqim king of Yehuda into 2
his hand, with part of the vessels of the house of God: which
he carried into the land of Shin'ar to the house of his god;
and he brought the vessels into the treasure house of his god.
And the king spoke to Ashpenaz the master of his eunuchs, 3
that he should bring some of the children of Yisra'el and of
the king's seed, and of the nobles; youths in whom was no 4
blemish, but well favoured, and skilful in all wisdom, and
discerning in knowledge, and perceptive in understanding, and
such as had ability in them to stand in the king's palace, and
whom they might teach the learning and the tongue of the
Kasdim. And the king appointed them a daily provision of the 5
king's food and of the wine which he drank; that they should
be thus reared for three years, and at the end of that time,
they might stand before the king. Now among these were of 6
the children of Yehuda: Daniyyel, Ḥananya, Misha'el, and 'Azar-
ya: to whom the chief of the eunuchs gave names: for he 7
gave to Daniyyel the name of Belteshaẕẕar; and to Ḥananya,
of Shadrakh; and to Misha'el, of Meshakh; and to 'Azarya, of
'Aved-nego. But Daniyyel purposed in his heart that he would 8
not defile himself with the portion of the king's food, nor with
the wine which he drank: therefore he requested of the chief of
the eunuchs that he might not defile himself. Now God had 9
brought Daniyyel into grace and compassion with the chief of
the eunuchs. And the chief of the eunuchs said to Daniyyel, 10
I fear my lord the king, who has appointed your food and your
drink: for why should he see you looking more woebegone than
other youths of your age? for then you should endanger my
head to the king. Then Daniyyel said to the steward whom the 11
chief of the eunuchs has set over Daniyyel, Ḥananya, Misha'el,
and 'Azarya, Put thy servants to the proof I beseech thee, ten 12
days; and let them give us vegetables to eat, and water to drink.
Then let our appearances, and the appearances of the youths 13
that eat of the king's food be observed by you; and as thou seest,
so deal with thy servants. So he consented to them in this 14
matter, and put them to the proof for ten days. And at the 15
end of ten days they appeared fairer and fatter in flesh than
all the youths who did eat the portion of the king's fare. So 16
the steward took away the food and the wine that they should
have drunk; and gave them vegetables. As for these four youths, 17
God gave them knowledge and skill in all learning and wisdom:
and Daniyyel had understanding in all visions and dreams. Now 18
at the end of the days that the king had said he should bring
them in, then the chief of the eunuchs brought them in before
Nevukhadneẕẕar. And the king spoke with them; and among 19
them all was found none like Daniyyel, Ḥananya, Misha'el, and
'Azarya: therefore they stood before the king. And in all matters 20
of wisdom and understanding, that the king inquired of them,
he found them ten times better than all the magicians and
conjurers who were in all his realm. And Daniyyel continued 21
to the first year of Koresh the king. And in the second **2**

חֲלַם נְבֻכַדְנֶצַּר חֲלֹמוֹת וַתִּתְפָּעֶם רוּחוֹ וּשְׁנָתוֹ נִהְיְתָה עָלָיו׃
ב וַיֹּאמֶר הַמֶּלֶךְ לִקְרֹא לַֽחַרְטֻמִּים וְלָאַשָּׁפִים וְלַֽמְכַשְּׁפִים
וְלַכַּשְׂדִּים לְהַגִּיד לַמֶּלֶךְ חֲלֹמֹתָיו וַיָּבֹאוּ וַיַּעַמְדוּ לִפְנֵי הַמֶּלֶךְ׃
ג וַיֹּאמֶר לָהֶם הַמֶּלֶךְ חֲלוֹם חָלָמְתִּי וַתִּפָּעֶם רוּחִי לָדַעַת אֶת־
ד הַחֲלוֹם׃ וַיְדַבְּרוּ הַכַּשְׂדִּים לַמֶּלֶךְ אֲרָמִית מַלְכָּא לְעָלְמִין חֱיִי
ה לְעַבְדָךְ אֱמַר חֶלְמָא לעבדיך וּפִשְׁרָא נְחַוֵּא׃ עָנֵה מַלְכָּא וְאָמַר
לְכַשְׂדָּאֵי לכשדיא מִלְּתָה מִנִּי אַזְדָּא הֵן לָא תְהוֹדְעוּנַּנִי חֶלְמָא וּפִשְׁרֵהּ
ו הַדָּמִין תִּתְעַבְדוּן וּבָתֵּיכוֹן נְוָלִי יִתְּשָׂמוּן׃ וְהֵן חֶלְמָא וּפִשְׁרֵהּ
תְּהַחֲוֺן מַתְּנָן וּנְבִזְבָּה וִיקָר שַׂגִּיא תְּקַבְּלוּן מִן־קֳדָמָי לָהֵן
ז חֶלְמָא וּפִשְׁרֵהּ הַחֲוֺנִי׃ עֲנוֹ תִנְיָנוּת וְאָמְרִין מַלְכָּא חֶלְמָא
ח יֵאמַר לְעַבְדוֹהִי וּפִשְׁרָה נְהַחֲוֵה׃ עָנֵה מַלְכָּא וְאָמַר מִן־יַצִּיב
יָדַע אֲנָה דִּי עִדָּנָא אַנְתּוּן זָבְנִין כָּל־קֳבֵל דִּי חֲזֵיתוּן דִּי
ט אַזְדָּא מִנִּי מִלְּתָא׃ דִּי הֵן־חֶלְמָא לָא תְהוֹדְעֻנַּנִי חֲדָה־הִיא דָתְכוֹן
הִזְדְּמִנְתּוּן וּמִלָּה כִדְבָה וּשְׁחִיתָה הזמנתון לְמֵאמַר קֳדָמַי עַד דִּי עִדָּנָא
י יִשְׁתַּנֵּא לָהֵן חֶלְמָא אֱמַרוּ לִי וְאִנְדַּע דִּי פִשְׁרֵהּ תְּהַחֲוֻנַּנִי׃ עֲנוֹ
כַשְׂדָּאֵי כשדיא קֳדָם־מַלְכָּא וְאָמְרִין לָא־אִיתַי אֱנָשׁ עַל־יַבֶּשְׁתָּא דִּי
מִלַּת מַלְכָּא יוּכַל לְהַחֲוָיָה כָּל־קֳבֵל דִּי כָּל־מֶלֶךְ רַב וְשַׁלִּיט
יא מִלָּה כִדְנָה לָא שְׁאֵל לְכָל־חַרְטֹּם וְאָשַׁף וְכַשְׂדָּי׃ וּמִלְּתָא דִי־
מַלְכָּה שָׁאֵל יַקִּירָה וְאָחֳרָן לָא אִיתַי דִּי יְחַוִּנַּהּ קֳדָם מַלְכָּא
יב לָהֵן אֱלָהִין דִּי מְדָרְהוֹן עִם־בִּשְׂרָא לָא אִיתוֹהִי׃ כָּל־קֳבֵל
דְּנָה מַלְכָּא בְּנַס וּקְצַף שַׂגִּיא וַאֲמַר לְהוֹבָדָה לְכֹל חַכִּימֵי
יג בָבֶל׃ וְדָתָא נֶפְקַת וְחַכִּימַיָּא מִתְקַטְּלִין וּבְעוֹ דָּנִיֵּאל וְחַבְרוֹהִי
יד לְהִתְקְטָלָה׃ בֵּאדַיִן דָּנִיֵּאל הֲתִיב עֵטָא וּטְעֵם
לְאַרְיוֹךְ רַב־טַבָּחַיָּא דִּי מַלְכָּא דִּי נְפַק לְקַטָּלָה לְחַכִּימֵי בָּבֶל׃
טו עָנֵה וְאָמַר לְאַרְיוֹךְ שַׁלִּיטָא דִי־מַלְכָּא עַל־מָה דָתָא מְהַחְצְפָה
טז מִן־קֳדָם מַלְכָּא אֱדַיִן מִלְּתָא הוֹדַע אַרְיוֹךְ לְדָנִיֵּאל׃ וְדָנִיֵּאל
עַל וּבְעָה מִן־מַלְכָּא דִּי זְמָן יִנְתֵּן־לֵהּ וּפִשְׁרָא לְהַחֲוָיָה
יז לְמַלְכָּא׃ אֱדַיִן דָּנִיֵּאל לְבַיְתֵהּ אֲזַל וְלַחֲנַנְיָה
יח מִישָׁאֵל וַעֲזַרְיָה חַבְרוֹהִי מִלְּתָא הוֹדַע׃ וְרַחֲמִין לְמִבְעֵא מִן־
קֳדָם אֱלָהּ שְׁמַיָּא עַל־רָזָא דְנָה דִּי לָא יְהֹבְדוּן דָּנִיֵּאל וְחַבְרוֹהִי
יט עִם־שְׁאָר חַכִּימֵי בָבֶל׃ אֱדַיִן לְדָנִיֵּאל בְּחֶזְוָא דִי־לֵילְיָא רָזָא גֲלִי
כ אֱדַיִן דָּנִיֵּאל בָּרִךְ לֶאֱלָהּ שְׁמַיָּא׃ עָנֵה דָנִיֵּאל וְאָמַר לֶהֱוֵא שְׁמֵהּ
דִּי־אֱלָהָא מְבָרַךְ מִן־עָלְמָא וְעַד־עָלְמָא דִּי חָכְמְתָא וּגְבוּרְתָא
כא דִּי לֵהּ־הִיא׃ וְהוּא מְהַשְׁנֵא עִדָּנַיָּא וְזִמְנַיָּא מְהַעְדֵּה מַלְכִין
וּמְהָקֵים מַלְכִין יָהֵב חָכְמְתָא לְחַכִּימִין וּמַנְדְּעָא לְיָדְעֵי בִינָה׃
כב וּנְהוֹרָא הוּא גָּלֵא עַמִּיקָתָא וּמְסַתְּרָתָא יָדַע מָה בַחֲשׁוֹכָא ונהירא עִמֵּהּ

year of the reign of Nevukhadneẕẕar, Nevukhadneẕẕar dreamed
dreams, wherewith his spirit was troubled, and his sleep was
gone from him. Then the king commanded to call the magicians, 2
and the conjurers, and the sorcerers, and the Kasdians, to tell
the king his dreams. So they came and stood before the king.
And the king said to them, I have dreamed a dream, and my 3
spirit was troubled to know the dream. Then the Kasdians spoke 4
to the king in the language of Aram, O king, live for ever:
tell thy servants the dream, and we will declare the interpreta-
tion. The king answered and said to the Kasdians, The thing is 5
gone from me: if you will not make known to me the dream,
with its interpretation, you shall be cut in pieces, and your
houses shall be made a dunghill. But if you declare the dream, 6
and its meaning, you shall receive of me gifts and rewards and
great honour: therefore declare to me the dream, and its mean-
ing. They answered again and said, Let the king tell his servants 7
the dream, and we will declare its meaning. The king answered 8
and said, I know for a certainty that you wish to gain time,
because you see the thing is determined by me. But if you will 9
not make known to me the dream, there is but one law for you:
for you have prepared lying and corrupt words to speak before
me, till the time be changed: therefore tell me the dream, and I
shall know that you can declare its interpretation to me. The 10
Kasdians answered before the king, and said, There is not a
man upon the earth who can declare the king's matter: for no
king, lord, nor ruler, has asked such things at any magician,
or conjurer, or Kasdian. And it is a hard thing that the king 11
demands, and there is none other that can declare it before
the king, except the gods, whose dwelling is not with flesh.
For this cause the king was angry and very furious, and 12
commanded to destroy all the wise men of Bavel. And the decree 13
went forth that the wise men should be slain; and they sought
Daniyyel and his companions to be slain. Then Daniyyel 14
answered with counsel and discretion to Aryokh the captain
of the king's guard, who had gone forth to slay the wise men
of Bavel: he answered and said to Aryokh the king's captain, 15
Why is the decree from the king so severe? Then Aryokh made
the thing known to Daniyyel. Then Daniyyel went in, and desired 16
of the king that he would give him time, so that he might show
the king the interpretation. Then Daniyyel went to his 17
house, and made the thing known to Ḥananya, Misha'el, and
'Azarya, his companions: that they would beg mercy from the 18
God of heaven concerning this secret; that Daniyyel and his
companions should not perish with the rest of the wise men
of Bavel. Then was the secret revealed to Daniyyel in a night 19
vision. So Daniyyel blessed the God of heaven. Daniyyel spoke 20
and said, Blessed be the name of God for ever and ever: for
wisdom and might are his: and he changes the times and the 21
the seasons: he removes kings, and sets up kings: he gives
wisdom to the wise, and knowledge to those who have under-
standing: he reveals the deep and secret things: he knows 22

כג שרא: לך ׀ אלה אבהתי מהודא ומשבח אנה די חכמתא
וגבורתא יהבת לי וכען הודעתני די־בעינא מנך די־מלת
כד מלכא הודעתנא: כל־קבל דנה דניאל על על־אריוך די
מני מלכא להובדא לחכימי בבל אזל ׀ וכן אמר־לה
לחכימי בבל אל־תהובד העלני קדם מלכא ופשרא למלכא
אחוא:
כה אדין אריוך בהתבהלה הנעל לדניאל קדם מלכא וכן אמר־
לה די־השכחת גבר מן־בני גלותא די יהוד די פשרא למלכא
כו יהודע: ענה מלכא ואמר לדניאל די שמה בלטשאצר
כז האיתיך כהל להודעתני חלמא די־חזית ופשרה: ענה דניאל — האיתך
קדם מלכא ואמר רזא די־מלכא שאל לא חכימין אשפין
כח חרטמין גזרין יכלין להחויה למלכא: ברם איתי אלה
בשמיא גלא רזין והודע למלכא נבוכדנצר מה די להוא
באחרית יומיא חלמך וחזוי ראשך על־משכבך דנה
כט הוא: אנתה מלכא רעיונך על־משכבך סלקו — אנת | רעיונך
מה די להוא אחרי דנה וגלא רזיא הודעך מה־די להוא:
ל ואנה לא בחכמה די־איתי בי מן־כל־חייא רזא דנה גלי לי
להן על־דברת די פשרא למלכא יהודעון ורעיוני לבבך
לא תנדע: אנתה מלכא חזה הוית ואלו צלם — אנת
חד שגיא צלמא דכן רב וזיוה יתיר קאם לקבלך ורוה
לב דחיל: הוא צלמא ראשה די־דהב טב חדוהי ודרעוהי די
לג כסף מעוהי וירכתה די נחש: שקוהי די פרזל רגלוהי מנהון — מנהן
לד די פרזל ומנהון די חסף: חזה הוית עד די התגזרת אבן — ומנהן
די־לא בידין ומחת לצלמא על־רגלוהי די פרזלא וחספא
לה והדקת המון: באדין דקו כחדה פרזלא חספא נחשא כספא — ב
ודהבא והוו כעור מן־אדרי־קיט ונשא המון רוחא וכל־אתר
לא־השתכח להון ואבנא ׀ די־מחת לצלמא הות לטור רב
לו ומלאת כל־ארעא: דנה חלמא ופשרה נאמר קדם־
לז מלכא: אנתה מלכא מלך מלכיא די אלה — אנת
לח שמיא מלכותא חסנא ותקפא ויקרא יהב־לך: ובכל־די
דארין בני־אנשא חיות ברא ועוף־שמיא יהב בידך והשלטך — דירין
לט בכלהון אנתה הוא ראשה די דהבא: ובתרך תקום מלכו — אנת
אחרי ארעא מנך ומלכו תליתיא אחרי די נחשא די תשלט — ארע | תליתאה
מ בכל־ארעא: ומלכו רביעיה תהוא תקיפה כפרזלא כל־ — רביעאה
קבל די פרזלא מהדק וחשל כלא וכפרזלא די־מרעע כל־
מא אלין תדק ותרע: ודי־חזיתה רגליא ואצבעתא מנהון חסף — מנהן

what is in the darkness, and the light dwells with him. I thank 　23
thee, O thou God of my father's, who hast given me wisdom and
might, and hast made known to me now what we desired of
thee : for thou hast now made known to us the king's matter.
Therefore Daniyyel went in to Aryokh, whom the king had or- 　24
dained to destroy the wise men of Bavel : he went and said thus
to him ; Do not destroy the wise men of Bavel : bring me in
before the king, and I will show the king the interpretation.

Then Aryokh brought in Daniyyel before the king in haste, and 　25
said thus to him, I have found a man of the exiles of Yehuda,
who will make known to the king the interpretation. The king 　26
answered and said to Daniyyel, whose name was Belteshazzar,
Art thou able to make known unto me the dream which I have
seen, and its meaning ? Daniyyel answered in the presence of the 　27
king, and said, The secret which the king has demanded is one
that the wise men, the conjurers, the magicians, and the
astrologers cannot declare to the king ; but there is a God in 　28
heaven who reveals secret things, and makes known to the king
Nevukhadnezzar what shall be in the latter days. Thy dream,
and the visions of thy head upon thy bed, are these ; 　　As 　29
for thee, O king, thy thoughts came to thee upon thy bed, as
to what should come to pass hereafter : and he who reveals
secret things makes known to thee what shall come to pass. But 　30
as for me, this secret is not revealed to me for any wisdom that
I have more than any living, but in order that the interpretation
shall be made known to the king, and that thou mightest know
the thoughts of thy heart. 　　Thou, O king, didst see, and 　31
behold a great image. This image, which was mighty, and whose
brightness was surpassing stood before thee ; and its form was
terrible. This image's head was of fine gold, its breast and its 　32
arms of silver, its belly and its thighs of brass, its legs of iron, 　33
its feet partly of iron and partly of clay. As thou didst look, a 　34
stone was cut out without hands, which smote the image upon
its feet which were of iron and clay, and broke them to pieces.
Then was the iron, the clay, the brass, the silver, and the gold, 　35
broken in pieces together, and became like the chaff of the
summer threshing floors ; and the wind carried them away,
so that no place was found for them : and the stone that smote
the image became a great mountain, and filled the whole earth.
This is the dream ; and we will state its meaning before the 　36
king. 　　Thou, O king, king of kings, to whom the God of 　37
heaven has given the kingdom, the power, the strength, and
the glory ; and wherever the children of men dwell, the beasts 　38
of the field and the birds of the sky, he has given them into thy
hand, and has made thee ruler over them all ; thou art this head
of gold. And after thee shall arise another kingdom inferior 　39
to thee, and another third kingdom of brass, which shall bear
rule over all the earth. And the fourth kingdom shall be strong 　40
as iron : because iron breaks to pieces and subdues all things :
and like iron that shatters, so shall it shatter and crush all these
other. And whereas thou didst see the feet and toes, partly of 　41

וּמִנְּהֵן   דִּי־פֶחָר וּמִנְּהוֹן פַּרְזֶל מַלְכוּ פְלִיגָה תֶּהֱוֵה וּמִן־נִצְבְּתָא דִי־
פַרְזְלָא לֶהֱוֵא־בַהּ כָּל־קֳבֵל דִּי חֲזַיְתָה פַּרְזְלָא מְעָרַב בַּחֲסַף

מב   מִנְּהֵן | וּמִנְּהֵן   טִינָא: וְאֶצְבְּעָת רַגְלַיָּא מִנְּהֵן פַּרְזֶל וּמִנְּהוֹן חֲסַף מִן־קְצָת

מג   וְדִי   מַלְכוּתָא תֶּהֱוֵה תַקִּיפָה וּמִנַּהּ תֶּהֱוֵא תְבִירָה: דִּי חֲזַיְתָ פַּרְזְלָא
מְעָרַב בַּחֲסַף טִינָא מִתְעָרְבִין לֶהֱוֹן בִּזְרַע אֲנָשָׁא וְלָא־לֶהֱוֹן
דָּבְקִין דְּנָה עִם־דְּנָה הֵא־כְדִי פַרְזְלָא לָא מִתְעָרַב עִם־חַסְפָּא:

מד   וּבְיוֹמֵיהוֹן דִּי מַלְכַיָּא אִנּוּן יְקִים אֱלָהּ שְׁמַיָּא מַלְכוּ דִּי לְעָלְמִין
לָא תִתְחַבַּל וּמַלְכוּתָה לְעַם אָחֳרָן לָא תִשְׁתְּבִק תַּדִּק וְתָסֵף

מה   כָּל־אִלֵּין מַלְכְוָתָא וְהִיא תְּקוּם לְעָלְמַיָּא: כָּל־קֳבֵל דִּי־חֲזַיְתָ
דִּי מִטּוּרָא אִתְגְּזֶרֶת אֶבֶן דִּי־לָא בִידַיִן וְהַדֶּקֶת פַּרְזְלָא נְחָשָׁא
חַסְפָּא כַּסְפָּא וְדַהֲבָא אֱלָהּ רַב הוֹדַע לְמַלְכָּא מָה דִּי לֶהֱוֵא
אַחֲרֵי דְנָה וְיַצִּיב חֶלְמָא וּמְהֵימַן פִּשְׁרֵהּ:

מו   בֵּאדַיִן
מַלְכָּא נְבוּכַדְנֶצַּר נְפַל עַל־אַנְפּוֹהִי וּלְדָנִיֵּאל סְגִד וּמִנְחָה
וְנִיחֹחִין אֲמַר לְנַסָּכָה לֵהּ:

מז   עָנֵה מַלְכָּא לְדָנִיֵּאל וְאָמַר מִן־
קְשֹׁט דִּי אֱלָהֲכוֹן הוּא אֱלָהּ אֱלָהִין וּמָרֵא מַלְכִין וְגָלֵה רָזִין
דִּי יְכֵלְתָּ לְמִגְלֵא רָזָא דְנָה:

מח   אֱדַיִן מַלְכָּא לְדָנִיֵּאל רַבִּי וּמַתְּנָן
רַבְרְבָן שַׂגִּיאָן יְהַב־לֵהּ וְהַשְׁלְטֵהּ עַל כָּל־מְדִינַת בָּבֶל וְרַב־
סִגְנִין עַל כָּל־חַכִּימֵי בָבֶל:

מט   וְדָנִיֵּאל בְּעָא מִן־מַלְכָּא וּמַנִּי עַל
עֲבִידְתָּא דִּי מְדִינַת בָּבֶל לְשַׁדְרַךְ מֵישַׁךְ וַעֲבֵד נְגוֹ וְדָנִיֵּאל
בִּתְרַע מַלְכָּא:

ג א   נְבוּכַדְנֶצַּר מַלְכָּא עֲבַד צְלֵם
דִּי־דְהַב רוּמֵהּ אַמִּין שִׁתִּין פְּתָיֵהּ אַמִּין שֵׁת אֲקִימֵהּ בְּבִקְעַת
דּוּרָא בִּמְדִינַת בָּבֶל:

ב   וּנְבוּכַדְנֶצַּר מַלְכָּא שְׁלַח לְמִכְנַשׁ ׀
לַאֲחַשְׁדַּרְפְּנַיָּא סִגְנַיָּא וּפַחֲוָתָא אֲדַרְגָּזְרַיָּא גְדָבְרַיָּא דְּתָבְרַיָּא
תִּפְתָּיֵא וְכֹל שִׁלְטֹנֵי מְדִינָתָא לְמֵתֵא לַחֲנֻכַּת צַלְמָא דִּי הֲקֵים
נְבוּכַדְנֶצַּר מַלְכָּא:

ג   בֵּאדַיִן מִתְכַּנְּשִׁין אֲחַשְׁדַּרְפְּנַיָּא סִגְנַיָּא
וּפַחֲוָתָא אֲדַרְגָּזְרַיָּא גְדָבְרַיָּא דְּתָבְרַיָּא תִּפְתָּיֵא וְכֹל שִׁלְטֹנֵי
מְדִינָתָא לַחֲנֻכַּת צַלְמָא דִּי הֲקֵים נְבוּכַדְנֶצַּר מַלְכָּא וְקָאֲמִין   וְקָיְמִין

ד   לָקֳבֵל צַלְמָא דִּי הֲקֵים נְבוּכַדְנֶצַּר: וְכָרוֹזָא קָרֵא בְחָיִל לְכוֹן

ה   אָמְרִין עַמְמַיָּא אֻמַּיָּא וְלִשָּׁנַיָּא: בְּעִדָּנָא דִּי־תִשְׁמְעוּן קָל   קַתְרוֹס
קַרְנָא מַשְׁרוֹקִיתָא קַיתָרֹס סַבְּכָא פְּסַנְתֵּרִין סוּמְפֹּנְיָה וְכֹל זְנֵי
זְמָרָא תִּפְּלוּן וְתִסְגְּדוּן לְצֶלֶם דַּהֲבָא דִּי הֲקֵים נְבוּכַדְנֶצַּר

ו   מַלְכָּא: וּמַן־דִּי־לָא יִפֵּל וְיִסְגֻּד בַּהּ־שַׁעֲתָא יִתְרְמֵא לְגוֹא־
אַתּוּן נוּרָא יָקִדְתָּא:

ז   כָּל־קֳבֵל דְּנָה בֵּהּ זִמְנָא כְּדִי שָׁמְעִין כָּל־   קַתְרוֹס
עַמְמַיָּא קָל קַרְנָא מַשְׁרוֹקִיתָא קַיתָרֹס שַׂבְּכָא פְּסַנְטֵרִין וְכֹל
זְנֵי זְמָרָא נָפְלִין כָּל־עַמְמַיָּא אֻמַיָּא וְלִשָּׁנַיָּא סָגְדִין לְצֶלֶם

ח   דַהֲבָא דִּי הֲקֵים נְבוּכַדְנֶצַּר מַלְכָּא: כָּל־קֳבֵל דְּנָה בֵּהּ זִמְנָא

potters' clay, and partly of iron, so it shall be a divided kingdom ;
but there shall be in it of the strength of the iron, just as thou
didst see the iron mixed with miry clay. And as the toes of the 42
feet were partly of iron, and partly of clay, so the kingdom shall
be partly strong, and partly brittle. And whereas thou didst see 43
iron mixed with miry clay, they shall mingle themselves with
the seed of men : but they shall not cleave one to another, just
as iron does not mix with clay. And in the days of these kings 44
shall the God of heaven set up a kingdom, which shall never
be destroyed : and the kingdom shall not be left to another peo-
ple, but it shall break in pieces and consume all these kingdoms,
and it shall stand for ever : just as thou didst see that a stone 45
was cut out of the mountain without hands, and that it broke
in pieces the iron, the brass, the clay, the silver, and the gold.
The great God has made known to the king what shall come to
pass hereafter : and the dream is certain, and the meaning of it
sure. Then the king Nevukhadneẕẕar fell upon his face, and 46
bowed down to Daniyyel, and commanded that they should offer
an offering and sweet odours to him. The king spoke to Daniyyel, 47
and said, Of a truth it is, that your God is the God of gods, and
the Lord of kings, and a revealer of secrets, seeing thou couldst
reveal this secret. Then the king made Daniyyel great, and 48
gave him many great gifts, and made him ruler over the whole
province of Bavel, and the chief prefect over all the wise men of
Bavel. Then Daniyyel requested of the king, and he set Shadrakh, 49
Meshakh, and 'Aved-nego, over the affairs of the province of
Bavel : but Daniyyel remained in the gate of the king.

Nevukhadneẕẕar the king made an image of gold, whose 3
height was sixty cubits, and the breadth of which was six
cubits : he set it up in the plain of Dura, in the province of
Bavel. Then Nevukhadneẕẕar the king sent to gather together 2
the satraps, the prefects, and the governors, the counsellors, the
treasurers, the justices, the magistrates, and all the rulers of the
provinces, to come to the dedication of the image which Nevu-
khadneẕẕar the king had set up. Then the satraps, the prefects, 3
and the governors, the counsellors, the treasurers, the justices,
the magistrates, and all the rulers of the provinces, were gather-
ed together to the dedication of the image that Nevukhadneẕẕar
the king had set up and they stood before the image that
Nevukhadneẕẕar had set up. Then a herald cried aloud, To you 4
it is commanded, O peoples, nations, and tongues, that when 5
you hear the sound of the horn, pipe, lyre, trigon, harp, bagpipe,
and all kinds of music, you fall down and worship the golden
image that Nevukhadneẕẕar the king has set up : and whoever 6
does not fall down and worship shall be cast in that same hour
into the midst of a burning fiery furnace. Therefore at that time, 7
when all the people heard the sound of the horn, pipe, lyre,
trigon, harp, and all kinds of music, all the peoples, nations,
and tongues, fell down and worshipped the golden image that
Nevukhadneẕẕar the king had set up. Therefore at that time 8

קְרִבוּ גֻּבְרִין כַּשְׂדָּאִין וַאֲכַלוּ קַרְצֵיהוֹן דִּי יְהוּדָיֵא׃ עֲנוֹ וְאָמְרִין ט
אַנְתְּ לִנְבוּכַדְנֶצַּר מַלְכָּא מַלְכָּא לְעָלְמִין חֱיִי׃ אנתה מַלְכָּא שָׂמְתָּ י
קַתְרֹס טְעֵם דִּי כָל־אֱנָשׁ דִּי־יִשְׁמַע קָל קַרְנָא מַשְׁרֹקִיתָא קיתרס
וְסוּפֹּנְיָה שַׂבְּכָא פסנתרין וסיפניה וְכֹל זְנֵי זְמָרָא יִפֵּל וְיִסְגֻּד לְצֶלֶם
דַּהֲבָא׃ וּמַן־דִּי־לָא יִפֵּל וְיִסְגֻּד יִתְרְמֵא לְגוֹא־אַתּוּן נוּרָא יא
יָקִדְתָּא׃ אִיתַי גֻּבְרִין יְהוּדָאיִן דִּי־מַנִּיתָ יָתְהוֹן עַל־עֲבִידַת יב
מְדִינַת בָּבֶל שַׁדְרַךְ מֵישַׁךְ וַעֲבֵד נְגוֹ גֻּבְרַיָּא אִלֵּךְ לָא־שָׂמוּ
עֲלָךְ | לֵאלָהָךְ עליך מַלְכָּא טְעֵם לאלהיך לָא פָלְחִין וּלְצֶלֶם דַּהֲבָא דִּי
הֲקֵימְתָּ לָא סָגְדִין׃ בֵּאדַיִן נְבוּכַדְנֶצַּר בִּרְגַז יג
וַחֲמָא אֲמַר לְהַיְתָיָה לְשַׁדְרַךְ מֵישַׁךְ וַעֲבֵד נְגוֹ בֵּאדַיִן גֻּבְרַיָּא
אִלֵּךְ הֵיתָיוּ קֳדָם מַלְכָּא׃ עָנֵה נְבֻכַדְנֶצַּר וְאָמַר לְהוֹן הַצְדָּא יד
שַׁדְרַךְ מֵישַׁךְ וַעֲבֵד נְגוֹ לֵאלָהַי לָא אִיתֵיכוֹן פָּלְחִין וּלְצֶלֶם
דַּהֲבָא דִּי הֲקֵימֶת לָא סָגְדִין׃ כְּעַן הֵן אִיתֵיכוֹן עֲתִידִין דִּי טו
קַתְרֹס בְעִדָּנָא דִּי־תִשְׁמְעוּן קָל קַרְנָא מַשְׁרוֹקִיתָא קיתרס שַׂבְּכָא
פְּסַנְתֵּרִין וְסוּמְפֹּנְיָה וְכֹל ׀ זְנֵי זְמָרָא תִּפְּלוּן וְתִסְגְּדוּן לְצַלְמָא
דִּי־עַבְדֵת וְהֵן לָא תִסְגְּדוּן בַּהּ־שַׁעֲתָא תִתְרְמוֹן לְגוֹא־אַתּוּן
נוּרָא יָקִדְתָּא וּמַן־הוּא אֱלָהּ דִּי יְשֵׁיזְבִנְכוֹן מִן־יְדָי׃ עֲנוֹ שַׁדְרַךְ טז
מֵישַׁךְ וַעֲבֵד נְגוֹ וְאָמְרִין לְמַלְכָּא נְבוּכַדְנֶצַּר לָא־חַשְׁחִין אֲנַחְנָא
עַל־דְּנָה פִּתְגָם לַהֲתָבוּתָךְ׃ הֵן אִיתַי אֱלָהַנָא דִּי־אֲנַחְנָא יז
פָלְחִין יָכִל לְשֵׁיזָבוּתַנָא מִן־אַתּוּן נוּרָא יָקִדְתָּא וּמִן־יְדָךְ מַלְכָּא
לֵאלָהָךְ יְשֵׁיזִב׃ וְהֵן לָא יְדִיעַ לֶהֱוֵא־לָךְ מַלְכָּא דִּי לאלהיך לָא־איתנא יח
פָלְחִין וּלְצֶלֶם דַּהֲבָא דִּי הֲקֵימְתָּ לָא נִסְגֻּד׃ בֵּאדַיִן יט
אֶשְׁתַּנִּי נְבוּכַדְנֶצַּר הִתְמְלִי חֱמָא וּצְלֵם אַנְפּוֹהִי אשתנו עַל־שַׁדְרַךְ
מֵישַׁךְ וַעֲבֵד נְגוֹ עָנֵה וְאָמַר לְמֵזֵא לְאַתּוּנָא חַד־שִׁבְעָה עַל
דִּי חֲזֵה לְמֵזְיֵהּ׃ וּלְגֻבְרִין גִּבָּרֵי־חַיִל דִּי בְחַיְלֵהּ אֲמַר לְכַפָּתָה כ
לְשַׁדְרַךְ מֵישַׁךְ וַעֲבֵד נְגוֹ לְמִרְמֵא לְאַתּוּן נוּרָא יָקִדְתָּא׃
פַּטְּשֵׁיהוֹן בֵּאדַיִן גֻּבְרַיָּא אִלֵּךְ כְּפִתוּ בְּסַרְבָּלֵיהוֹן פטישיהון וְכַרְבְּלָתְהוֹן כא
וּלְבֻשֵׁיהוֹן וּרְמִיו לְגוֹא־אַתּוּן נוּרָא יָקִדְתָּא׃ כָּל־קֳבֵל דְּנָה כב
מִן־דִּי מִלַּת מַלְכָּא מַחְצְפָה וְאַתּוּנָא אֵזֵה יַתִּירָה גֻּבְרַיָּא אִלֵּךְ
דִּי הַסִּקוּ לְשַׁדְרַךְ מֵישַׁךְ וַעֲבֵד נְגוֹ קַטִּל הִמּוֹן שְׁבִיבָא דִּי
נוּרָא׃ וְגֻבְרַיָּא אִלֵּךְ תְּלָתֵּהוֹן שַׁדְרַךְ מֵישַׁךְ וַעֲבֵד נְגוֹ נְפַלוּ כג
לְגוֹא־אַתּוּן־נוּרָא יָקִדְתָּא מְכַפְּתִין׃ אֱדַיִן נְבוּכַדְנֶצַּר כד
מַלְכָּא תְּוַהּ וְקָם בְּהִתְבְּהָלָה עָנֵה וְאָמַר לְהַדָּבְרוֹהִי הֲלָא
גֻבְרִין תְּלָתָה רְמֵינָא לְגוֹא־נוּרָא מְכַפְּתִין עָנַיִן וְאָמְרִין
לְמַלְכָּא יַצִּיבָא מַלְכָּא׃ עָנֵה וְאָמַר הָא־אֲנָה חָזֵה גֻּבְרִין כה
אַרְבְּעָה שְׁרַיִן מַהְלְכִין בְּגוֹא־נוּרָא וַחֲבָל לָא־אִיתַי בְּהוֹן

certain Kasdians came near, and accused the Jews. They spoke 9
and said to the king Nevukhadneẕẕar, O king, live for ever. Thou, 10
O king, hast made a decree, that every man that shall hear the
sound of the horn, pipe, lyre, trigon, harp, and bagpipe, and all
kinds of music, shall fall down and worship the golden image:
and whoever does not fall down and worship, he should be cast 11
into the midst of a burning fiery furnace. There are certain Jews 12
whom thou hast set over the affairs of the province of Bavel,
Shadrakh, Meshakh, and 'Aved-nego; these men, O king, have
not regarded thee: they do not serve thy gods, nor worship
the golden image which thou hast set up. Then Nevukhad- 13
neẕẕar in his rage and fury commanded to bring Shadrakh,
Meshakh, and 'Aved-nego. Then they brought these men before
the king. Nevukhadneẕẕar spoke and said to them, Is it true, O 14
Shadrakh, Meshakh, and 'Aved-nego, that you do not serve
my god, nor worship the golden image which I have set up?
Now if you are ready when you hear the sound of the horn, 15
pipe, lyre, trigon, harp, bagpipe, and all kinds of music, to fall
down and worship the image which I have made; well and good:
but if you do not worship, you shall be cast in that same hour
into the midst of a burning fiery furnace; and who is the god
who shall deliver you out of my hands? Shadrakh, Meshakh, 16
and 'Aved-nego, answered and said to the king, O Nevukhadneẕ-
ẕar, we have no need to answer thee in this matter. Behold, 17
our God whom we serve is able to deliver us; he can deliver
us from the burning fiery furnace, and out of thy hand, O king.
But if he does not, be it known to thee, O king, that we will 18
not serve thy gods, nor worship the golden image which thou
hast set up. Then was Nevukhadneẕẕar full of fury, and 19
the expression of his visage was changed against Shadrakh,
Meshakh, and 'Aved-nego: therefore he spoke, and commanded
that they should heat the furnace seven times more than it was
wont to be heated. And he commanded the most mighty men 20
that were in his army to bind Shadrakh, Meshakh, and 'Aved-
nego, and to cast them into the burning fiery furnace. Then 21
these men were bound in their mantles, their tunics, and their
hats, and their other garments, and were cast into the midst
of the burning fiery furnace. Therefore because the king's 22
commandment was urgent, and the furnace exceedingly hot, the
flame of the fire slew those men who had seized upon Shadrakh,
Meshakh, and 'Aved-nego. And these three men, Shadrakh, 23
Meshakh, and 'Aved-nego, fell down bound into the midst of the
burning fiery furnace. Then Nevukhadneẕẕar the king 24
was astonished, and rose up in haste, and spoke, and said to
his counsellors, Did we not cast three men bound into the midst
of the fire? They answered and said to the king, True, O king.
He answered and said, Lo, I see four men unbound, walking 25
in the midst of the fire, and they have no hurt; and the appea-

רְבִיעָאָה ט וְרֵוֵהּ דִּי רְבִיעָיָא דָּמֵה לְבַר־אֱלָהִין: בֵּאדַיִן קְרֵב
נְבוּכַדְנֶצַּר לִתְרַע אַתּוּן נוּרָא יָקִדְתָּא עָנֵה וְאָמַר שַׁדְרַךְ

עִלָאָה מֵישַׁךְ וַעֲבֵד־נְגוֹ עַבְדוֹהִי דִּי־אֱלָהָא עִלָּיָא פֻּקוּ וֶאֱתוֹ בֵּאדַיִן
י נָפְקִין שַׁדְרַךְ מֵישַׁךְ וַעֲבֵד נְגוֹ מִן־גּוֹא נוּרָא: וּמִתְכַּנְּשִׁין
אֲחַשְׁדַּרְפְּנַיָּא סִגְנַיָּא וּפַחֲוָתָא וְהַדָּבְרֵי מַלְכָּא חָזַיִן לְגֻבְרַיָּא

בְּגַשְׁמֵיהוֹן אִלֵּךְ דִּי לָא־שְׁלֵט נוּרָא בְּגֶשְׁמְהוֹן וּשְׂעַר רֵאשְׁהוֹן לָא הִתְחָרַךְ
וְסָרְבָּלֵיהוֹן לָא שְׁנוֹ וְרֵיחַ נוּר לָא עֲדָת בְּהוֹן: עָנֵה נְבוּכַדְנֶצַּר
וְאָמַר בְּרִיךְ אֱלָהֲהוֹן דִּי־שַׁדְרַךְ מֵישַׁךְ וַעֲבֵד נְגוֹ דִּי־שְׁלַח
מַלְאֲכֵהּ וְשֵׁיזִב לְעַבְדוֹהִי דִּי הִתְרְחִצוּ עֲלוֹהִי וּמִלַּת מַלְכָּא

גֶּשְׁמְהוֹן שַׁנִּיו וִיהַבוּ גֶשְׁמֵיהוֹן דִּי לָא־יִפְלְחוּן וְלָא־יִסְגְּדוּן לְכָל־אֱלָהּ לָהֵן
לֵאלָהֲהוֹן: וּמִנִּי שִׂים טְעֵם דִּי כָל־עַם אֻמָּה וְלִשָּׁן דִּי־יֵאמַר

שָׁלוּ שָׁלָה עַל־אֱלָהֲהוֹן דִּי־שַׁדְרַךְ מֵישַׁךְ וַעֲבֵד נְגוֹא הַדָּמִין יִתְעֲבֵד
וּבַיְתֵהּ נְוָלִי יִשְׁתַּוֵּה כָּל־קֳבֵל דִּי לָא אִיתַי אֱלָהּ אָחֳרָן דִּי־

ג ל יָכִל לְהַצָּלָה כִּדְנָה: בֵּאדַיִן מַלְכָּא הַצְלַח לְשַׁדְרַךְ מֵישַׁךְ
לא וַעֲבֵד נְגוֹ בִּמְדִינַת בָּבֶל: נְבוּכַדְנֶצַּר מַלְכָּא

דָּרִין לְכָל־עַמְמַיָּא אֻמַיָּא וְלִשָּׁנַיָּא דִּי־דָאֲרִין בְּכָל־אַרְעָא שְׁלָמְכוֹן
עִלָאָה לב יִשְׂגֵּא: אָתַיָּא וְתִמְהַיָּא דִּי עֲבַד עִמִּי אֱלָהָא עִלָּיָא שְׁפַר קָדָמַי
לג לְהַחֲוָיָה: אָתוֹהִי כְּמָה רַבְרְבִין וְתִמְהוֹהִי כְּמָה תַקִּיפִין

ד א מַלְכוּתֵהּ מַלְכוּת עָלַם וְשָׁלְטָנֵהּ עִם־דָּר וְדָר: אֲנָה נְבוּכַדְנֶצַּר
ב שְׁלֵה הֲוֵית בְּבֵיתִי וְרַעְנַן בְּהֵיכְלִי: חֵלֶם חֲזֵית וִידַחֲלִנַּנִי
ג וְהַרְהֹרִין עַל־מִשְׁכְּבִי וְחֶזְוֵי רֵאשִׁי יְבַהֲלֻנַּנִי: וּמִנִּי שִׂים טְעֵם
לְהַנְעָלָה קָדָמַי לְכֹל חַכִּימֵי בָבֶל דִּי־פְשַׁר חֶלְמָא יְהוֹדְעֻנַּנִי:

עָלִין | כַּשְׂדָּאֵי ד בֵּאדַיִן עָלִּין חַרְטֻמַיָּא אָשְׁפַיָּא כַּשְׂדָּיֵא וְגָזְרַיָּא וְחֶלְמָא אָמַר
ה אֲנָה קָדָמֵיהוֹן וּפִשְׁרֵהּ לָא־מְהוֹדְעִין לִי: וְעַד אָחֳרֵין עַל
קָדָמַי דָּנִיֵּאל דִּי־שְׁמֵהּ בֵּלְטְשַׁאצַּר כְּשֻׁם אֱלָהִי וְדִי רוּחַ־
ו אֱלָהִין קַדִּישִׁין בֵּהּ וְחֶלְמָא קָדָמוֹהִי אַמְרֵת: בֵּלְטְשַׁאצַּר
רַב חַרְטֻמַיָּא דִּי אֲנָה יִדְעֵת דִּי רוּחַ אֱלָהִין קַדִּישִׁין בָּךְ
ז וְכָל־רָז לָא־אָנֵס לָךְ חֶזְוֵי חֶלְמִי דִי־חֲזֵית וּפִשְׁרֵהּ אֱמַר: וְחֶזְוֵי
רֵאשִׁי עַל־מִשְׁכְּבִי חָזֵה הֲוֵית וַאֲלוּ אִילָן בְּגוֹא אַרְעָא וְרוּמֵהּ
ח שַׂגִּיא: רְבָה אִילָנָא וּתְקִף וְרוּמֵהּ יִמְטֵא לִשְׁמַיָּא וַחֲזוֹתֵהּ
ט לְסוֹף כָּל־אַרְעָא: עָפְיֵהּ שַׁפִּיר וְאִנְבֵּהּ שַׂגִּיא וּמָזוֹן לְכֹלָּא־

יָדוּרָן בֵּהּ תְּחֹתוֹהִי תַּטְלֵל ׀ חֵיוַת בָּרָא וּבְעַנְפוֹהִי יְדֻרוּן צִפֲּרֵי שְׁמַיָּא
וּמִנֵּהּ יִתְּזִין כָּל־בִּשְׂרָא: חָזֵה הֲוֵית בְּחֶזְוֵי רֵאשִׁי עַל־מִשְׁכְּבִי
יא וַאֲלוּ עִיר וְקַדִּישׁ מִן־שְׁמַיָּא נָחִת: קָרֵא בְחַיִל וְכֵן אָמַר גֹּדּוּ
אִילָנָא וְקַצִּצוּ עַנְפוֹהִי אַתַּרוּ עָפְיֵהּ וּבַדַּרוּ אִנְבֵּהּ תְּנֻד חֵיוְתָא
יב מִן־תַּחְתּוֹהִי וְצִפֲּרַיָּא מִן־עַנְפוֹהִי: בְּרַם עִקַּר שָׁרְשׁוֹהִי בְּאַרְעָא

rance of the fourth is like an angel. Then Nevukhadneẕẕar 26
came near to the mouth of the burning fiery furnace, and spoke,
and said, Shadrakh, Meshakh, and 'Aved-nego, servants of the
most high God, come out, and come here. Then Shadrakh,
Meshakh. and 'Aved-nego, came out of the midst of the fire.
And the satraps, the prefects, the governors, and the king's 27
counsellors, being gathered together, saw these men, upon whose
bodies the fire had no power, nor was a hair of their head singed,
nor were their mantles damaged, nor had the smell of fire passed
over them. Then Nevukhadneẕẕar spoke, and said, Blessed be 28
the God of Shadrakh, Meshakh, and 'Aved-nego, who has sent
his angel, and delivered his servants who trusted in him, setting
aside the king's word, and yielding their bodies, that they might
not serve or bow down to any god, except their own God.
Therefore I made a decree, That every people, nation, and 29
tongue, that speaks anything amiss against the God of Shad-
rakh, Meshakh, and 'Aved-nego, shall be cut in pieces, and their
houses shall be made a dunghill : because there is no other God
that can deliver after this sort. Then the king promoted Sha- 30
drakh, Meshakh, and 'Aved-nego, in the province of Bavel.
Nevukhadneẕẕar the king, to all the peoples, nations, and 31
tongues, that dwell in all the earth ; Peace be multiplied to you.
I thought it good to report the signs and wonders that high 32
God has wrought towards me. How great are his signs ! and 33
how mighty are his wonders ! his kingdom is an everlasting
kingdom, and his dominion is from generation to generation.
I Nevukhadneẕẕar was at rest in my house, and flourishing in **4**
my palace : I saw a dream which made me afraid, and the 2
thoughts upon my bed and the visions of my head troubled me.
Therefore I made a decree to bring in all the wise men of Bavel 3
before me, that they might make known to me the interpretation
of the dream. Then came in the magicians, the conjurers, the 4
Kasdians and the astrologers, : and I told the dream before them ;
but they could not make known to me its interpretation. But at 5
the last Daniyyel came in before me, whose name was Belte-
shaẕẕar, according to the name of my god, and in whom is the
spirit of the holy gods : and before him I told the dream, saying,
O Belteshaẕẕar chief of the magicians, because I know that the 6
spirit of the holy gods is in thee, and no secret is too difficult for
thee, tell me the visions of my dream that I have seen, and its
meaning. Thus were the visions of my head as I lay on my bed ; 7
I saw, and behold a tree in the midst of the earth, and its height
was great. The tree grew, and was strong, and its top reached 8
to the sky, and it was visible to the end of all the earth : its 9
leaves were fair, and its fruit abundant, and on it was food for
all : the beasts of the field had shade under it, and the birds of
the sky dwelt in its boughs, and all flesh was fed from it. I saw 10
in the visions of my head as I lay upon my bed, and, behold, a
watcher and a holy one came down from heaven ; he cried aloud, 11
and said thus, Hew down the tree, and cut off its branches,
shake off its leaves, and scatter its fruit : let the beasts flee
from under it, and the birds from its branches : but leave the 12
stump of its roots in the earth, in a band of iron and brass, amid

שִׁבְקוּ וּבֶאֱסוּר דִּי־פַרְזֶל וּנְחָשׁ בְּדִתְאָא דִּי בָרָא וּבְטַל שְׁמַיָּא
אֲנָשָׁא יִצְטַבַּע וְעִם־חֵיוְתָא חֲלָקֵהּ בַּעֲשַׂב אַרְעָא׃ לִבְבֵהּ מִן־אנושא יג
יְשַׁנּוֹן וּלְבַב חֵיוָא יִתְיְהִב לֵהּ וְשִׁבְעָה עִדָּנִין יַחְלְפוּן עֲלוֹהִי׃
בִּגְזֵרַת עִירִין פִּתְגָמָא וּמֵאמַר קַדִּישִׁין שְׁאֵלְתָא עַד־דִּבְרַת יד
עִלָּאָה | אֲנָשָׁא דִּי יִנְדְּעוּן חַיַּיָּא דִּי־שַׁלִּיט עליא בְּמַלְכוּת אנושא וּלְמַן־דִּי
עֲלַהּ יִצְבֵּא יִתְּנִנַּהּ ושפל אֲנָשִׁים יְקִים עליה׃ דְּנָה חֶלְמָא חֲזֵית טו
וְאַנְתְּ | פִּשְׁרֵהּ אֲנָה מַלְכָּא נְבוּכַדְנֶצַּר ואנתה בֵּלְטְשַׁאצַּר פשרא אֱמַר
כָּל־קֳבֵל דִּי ׀ כָּל־חַכִּימֵי מַלְכוּתִי לָא־יָכְלִין פִּשְׁרָא לְהוֹדָעוּתַנִי
וְאַנְתְּ ואנתה כָּהֵל דִּי רוּחַ־אֱלָהִין קַדִּישִׁין בָּךְ׃ אֱדַיִן דָּנִיֵּאל דִּי־ טז
שְׁמֵהּ בֵּלְטְשַׁאצַּר אֶשְׁתּוֹמַם כְּשָׁעָה חֲדָה וְרַעְיֹנֹהִי יְבַהֲלֻנֵּהּ
וּפִשְׁרֵהּ עָנֵה מַלְכָּא וְאָמַר בֵּלְטְשַׁאצַּר חֶלְמָא ופשרא אַל־יְבַהֲלָךְ
לְשָׂנְאָךְ | לְעָרָךְ עָנֵה בֵלְטְשַׁאצַּר וְאָמַר מראי חֶלְמָא לשנאיך ופשרה לעריך׃
אִילָנָא דִּי חֲזַיְתָ דִּי רְבָה וּתְקִף וְרוּמֵהּ יִמְטֵא לִשְׁמַיָּא וַחֲזוֹתֵהּ יז
לְכָל־אַרְעָא׃ וְעָפְיֵהּ שַׁפִּיר וְאִנְבֵּהּ שַׂגִּיא וּמָזוֹן לְכֹלָּא־בֵהּ יח
תְּחֹתוֹהִי תְּדוּר חֵיוַת בָּרָא וּבְעַנְפוֹהִי יִשְׁכְּנָן צִפְּרֵי שְׁמַיָּא׃
אַנְתְּ | רְבַת אנתה־הוּא מַלְכָּא דִּי רבית וּתְקֵפְתְּ וּרְבוּתָךְ רְבָת וּמְטָת יט
לִשְׁמַיָּא וְשָׁלְטָנָךְ לְסוֹף אַרְעָא׃ וְדִי חֲזָה מַלְכָּא עִיר וְקַדִּישׁ כ
נָחִת ׀ מִן־שְׁמַיָּא וְאָמַר גֹּדּוּ אִילָנָא וְחַבְּלוּהִי בְּרַם עִקַּר
שָׁרְשׁוֹהִי בְּאַרְעָא שבקו וּבֶאֱסוּר דִּי־פַרְזֶל וּנְחָשׁ בְּדִתְאָא דִּי
בָרָא וּבְטַל שְׁמַיָּא יִצְטַבַּע וְעִם־חֵיוַת בָּרָא חֲלָקֵהּ עַד דִּי־
עִלָּאָה שִׁבְעָה עִדָּנִין יַחְלְפוּן עֲלוֹהִי׃ דְּנָה פִשְׁרָא מַלְכָּא וּגְזֵרַת עליא כא
הִיא דִּי מְטָת עַל־מראי מַלְכָּא׃ וְלָךְ טָרְדִין מִן־אֲנָשָׁא וְעִם־ כב
חֵיוַת בָּרָא לֶהֱוֵה מְדֹרָךְ וְעִשְׂבָּא כְתוֹרִין ׀ לָךְ יְטַעֲמוּן וּמִטַּל
עֲלָךְ שְׁמַיָּא לָךְ מְצַבְּעִין וְשִׁבְעָה עִדָּנִין יַחְלְפוּן עליך עַד דִּי־תִנְדַּע
עִלָּאָה דִּי־שַׁלִּיט עליא בְּמַלְכוּת אֲנָשָׁא וּלְמַן־דִּי יִצְבֵּא יִתְּנִנַּהּ׃
וְדִי אֲמַרוּ לְמִשְׁבַּק עִקַּר שָׁרְשׁוֹהִי דִּי אִילָנָא מַלְכוּתָךְ לָךְ כג
קַיָּמָה מִן־דִּי תִנְדַּע דִּי שַׁלִּטִן שְׁמַיָּא׃ לָהֵן מַלְכָּא מִלְכִּי יִשְׁפַּר כד
עֲלָךְ וַחֲטָאָךְ עליך וחטיך בְּצִדְקָה פְרֻק ועויתך בְּמִחַן עֲנָיִן הֵן תהוה אַרְכָה
לִשְׁלֵוְתָךְ׃ כֹּלָּא מְטָא עַל־נְבוּכַדְנֶצַּר מַלְכָּא׃ לִקְצָת כה כו
יַרְחִין תְּרֵי־עֲשַׂר עַל־הֵיכַל מַלְכוּתָא דִּי בָבֶל מְהַלֵּךְ הֲוָה׃
עָנֵה מַלְכָּא וְאָמַר הֲלָא דָא־הִיא בָּבֶל רַבְּתָא דִּי־אֲנָה בֱנַיְתַהּ כז
לְבֵית מַלְכוּ בִּתְקָף חִסְנִי וְלִיקָר הַדְרִי׃ עוֹד מִלְּתָא בְּפֻם כח
מַלְכָּא קָל מִן־שְׁמַיָּא נְפַל לָךְ אָמְרִין נְבוּכַדְנֶצַּר מַלְכָּא
מַלְכוּתָא עֲדָת מִנָּךְ׃ וּמִן־אֲנָשָׁא לָךְ טָרְדִין וְעִם־חֵיוַת בָּרָא כט
עֲלָךְ מְדֹרָךְ עִשְׂבָּא כְתוֹרִין לָךְ יְטַעֲמוּן וְשִׁבְעָה עִדָּנִין יַחְלְפוּן עליך

the tender grass of the field. Let him be wet with the dew of
heaven, and let his portion be with the beasts in the grass of
the earth : let his heart be changed from man's, and let a beast's 13
heart be given to him ; and let seven seasons pass over him. This 14
matter is by the decree of the watchers, and the sentence by
the word of the holy ones : to the intent that the living may
know that the most High rules in the kingdom of men, and gives
it to whomever he will, and sets up over it the basest of men.
This dream I king Nevukhadneẕẕar, have seen. Now thou, O 15
Belteshaẕẕar, declare its interpretation, seeing that all the wise
men of my kingdom are not able to make known to me the
interpretation : but thou art able ; for the spirit of the holy
gods is in thee. Then Daniyyel, whose name was Belteshaẕẕar 16
was appalled for one hour, and his thoughts terrified him. The
king spoke, and said, Belteshaẕẕar, let not the dream, or its
interpretation terrify thee. Belteshaẕẕar answered and said, My
lord, the dream be for those who hate thee, and its interpre-
tation for thy enemies. The tree that thou sawest, which grew, 17
and was strong, whose top reached to the sky, and which was
visible to all the earth ; the leaves of which were fair, and the 18
fruit of which abundant, and on it was food for all ; under which
the beasts of the field dwelt, and upon the branches of which
the birds of the sky had their habitation : it is thou, O king, 19
that art grown and become strong : for thy greatness is grown,
and reaches to heaven, and thy dominion to the end of the earth.
And whereas the king saw a watcher and a holy one coming 20
down from heaven, and saying, Hew down the tree, and destroy
it ; yet leave the stump of its roots in the earth, in a band of iron
and brass, amid the tender grass of the field ; and let him be wet
with the dew of heaven, and let his portion be with the beasts
of the field, till seven seasons pass over him ; this is the inter- 21
pretation, O king, and this is the decree of the most High, which
is come upon my lord the king : That thou shalt be driven 22
from men, and thy dwelling shall be with the beasts of the field,
and thou shalt be made to eat grass like oxen, and thou shalt
be wet with the dew of heaven, and seven seasons shall pass
over thee, in order that thou mayest know that the most High
rules in the kingdom of men, and gives it to whomever he pleases.
And whereas it was commanded to leave the stump of the roots 23
of the tree ; thy kingdom shall be sure for thee, after thou shalt
come to know that the heavens do rule. Therefore, O king, let my 24
counsel be acceptable to thee, and break off thy sins by charity,
and thy iniquities by showing mercy to the poor ; that there may
be an extension of thy tranqillity. All this came upon the king 25
Nevukhadneẕẕar. At the end of twelve months he was 26
walking in the palace of the kingdom of Bavel. The king spoke, 27
and said, Is not this great Bavel, that I have built by the might
of my power as a royal residence, and for the honour of my
majesty ? While the word was in the king's mouth, there fell a 28
voice from heaven, saying, O king Nevukhadneẕẕar, to thee it is
spoken ; The kingdom is departed from thee. And thou shalt be 29
driven from men, and thy dwelling shall be with the beasts of
the field : thou shalt be made to eat grass like oxen, and seven

עִלָּאָה עַד דִּי־תִנְדַּע דִּי־שַׁלִּיט עליא בְּמַלְכוּת אֲנָשָׁא וּלְמַן־דִּי
יִצְבֵּא יִתְּנִנַּהּ׃ בַּהּ־שַׁעֲתָא מִלְּתָא סָפַת עַל־נְבוּכַדְנֶצַּר וּמִן־ ל
אֲנָשָׁא טְרִיד וְעִשְׂבָּא כְתוֹרִין יֵאכֻל וּמִטַּל שְׁמַיָּא גִּשְׁמֵהּ
יִצְטַבַּע עַד דִּי שַׂעְרֵהּ כְּנִשְׁרִין רְבָה וְטִפְרוֹהִי כְצִפְּרִין׃ וְלִקְצָת לא
יוֹמַיָּה אֲנָה נְבוּכַדְנֶצַּר עַיְנַי ׀ לִשְׁמַיָּא נִטְלֵת וּמַנְדְּעִי עֲלַי
וּלְעִלָּאָה יְתוּב ולעליא בָּרְכֵת וּלְחַי עָלְמָא שַׁבְּחֵת וְהַדְּרֵת דִּי שָׁלְטָנֵהּ
דָּיְרֵי שָׁלְטָן עָלַם וּמַלְכוּתֵהּ עִם־דָּר וְדָר׃ וְכָל־דארי אַרְעָא כְּלָה לב
וְדָיְרֵי חֲשִׁיבִין וּכְמִצְבְּיֵהּ עָבֵד בְּחֵיל שְׁמַיָּא ודארי אַרְעָא וְלָא אִיתַי
דִּי־יְמַחֵא בִידֵהּ וְיֵאמַר לֵהּ מָה עֲבַדְתְּ׃ בֵּהּ־זִמְנָא מַנְדְּעִי ׀ לג
יְתוּב עֲלַי וְלִיקַר מַלְכוּתִי הַדְרִי וְזִוִי יְתוּב עֲלַי וְלִי הַדָּבְרַי
וְרַבְרְבָנַי יְבַעוֹן וְעַל־מַלְכוּתִי הָתְקְנַת וּרְבוּ יַתִּירָה הוּסְפַת לִי׃
כְּעַן אֲנָה נְבֻכַדְנֶצַּר מְשַׁבַּח וּמְרוֹמֵם וּמְהַדַּר לְמֶלֶךְ שְׁמַיָּא דִּי לד
כָל־מַעֲבָדוֹהִי קְשֹׁט וְאֹרְחָתֵהּ דִּין וְדִי מַהְלְכִין בְּגֵוָה יָכִל
לְהַשְׁפָּלָה׃

בֵּלְשַׁאצַּר מַלְכָּא עֲבַד לְחֶם רַב לְרַבְרְבָנוֹהִי אֲלַף וְלָקֳבֵל ה א
אַלְפָּא חַמְרָא שָׁתֵה׃ בֵּלְשַׁאצַּר אֲמַר ׀ בִּטְעֵם חַמְרָא לְהַיְתָיָה ב
לְמָאנֵי דַּהֲבָא וְכַסְפָּא דִּי הַנְפֵּק נְבוּכַדְנֶצַּר אֲבוּהִי מִן־הֵיכְלָא
דִּי בִירוּשְׁלֶם וְיִשְׁתּוֹן בְּהוֹן מַלְכָּא וְרַבְרְבָנוֹהִי שֵׁגְלָתֵהּ
וּלְחֵנָתֵהּ׃ בֵּאדַיִן הַיְתִיו מָאנֵי דַהֲבָא דִּי הַנְפִּקוּ מִן־הֵיכְלָא ג
דִּי־בֵית אֱלָהָא דִּי בִירוּשְׁלֶם וְאִשְׁתִּיו בְּהוֹן מַלְכָּא וְרַבְרְבָנוֹהִי
שֵׁגְלָתֵהּ וּלְחֵנָתֵהּ׃ אִשְׁתִּיו חַמְרָא וְשַׁבַּחוּ לֵאלָהֵי דַּהֲבָא ד
נְפַקָה וְכַסְפָּא נְחָשָׁא פַרְזְלָא אָעָא וְאַבְנָא׃ בַּהּ־שַׁעֲתָה נפקו אֶצְבְּעָן ה
דִּי יַד־אֱנָשׁ וְכָתְבָן לָקֳבֵל נֶבְרַשְׁתָּא עַל־גִּירָא דִּי־כְתַל הֵיכְלָא
דִּי מַלְכָּא וּמַלְכָּא חָזֵה פַּס יְדָה דִּי כָתְבָה׃ אֱדַיִן מַלְכָּא זִיוֹהִי ו
שְׁנוֹהִי וְרַעְיֹנֹהִי יְבַהֲלוּנֵּהּ וְקִטְרֵי חַרְצֵהּ מִשְׁתָּרַיִן וְאַרְכֻבָּתֵהּ
כַּשְׂדָּאֵי דָּא לְדָא נָקְשָׁן׃ קָרֵא מַלְכָּא בְּחַיִל לְהֶעָלָה לְאָשְׁפַיָּא כשדיא ז
וְגָזְרַיָּא עָנֵה מַלְכָּא וְאָמַר ׀ לְחַכִּימֵי בָבֶל דִּי כָל־אֱנָשׁ דִּי־
וְהַמְנִיכָא יִקְרֵה כְּתָבָה דְנָה וּפִשְׁרֵהּ יְחַוִּנַּנִי אַרְגְּוָנָא יִלְבַּשׁ והמונכא דִי־
דַהֲבָא עַל־צַוְּארֵהּ וְתַלְתִּי בְמַלְכוּתָא יִשְׁלַט׃ אֱדַיִן ח
עָלִּין | וּפִשְׁרֵהּ עללין כֹּל חַכִּימֵי מַלְכָּא וְלָא־כָהֲלִין כְּתָבָא לְמִקְרֵא ופשרא
לְהוֹדָעָה לְמַלְכָּא׃ אֱדַיִן מַלְכָּא בֵלְשַׁאצַּר שַׂגִּיא מִתְבָּהַל ט
וְזִיוֹהִי שָׁנַיִן עֲלוֹהִי וְרַבְרְבָנוֹהִי מִשְׁתַּבְּשִׁין׃ מַלְכְּתָא לָקֳבֵל י
עַלַּת מִלֵּי מַלְכָּא וְרַבְרְבָנוֹהִי לְבֵית מִשְׁתְּיָא עללת עֲנָת מַלְכְּתָא
וְזִיוָךְ וַאֲמֶרֶת מַלְכָּא לְעָלְמִין חֱיִי אַל־יְבַהֲלוּךְ רַעְיוֹנָךְ וזיויך אַל־
יִשְׁתַּנּוֹ׃ אִיתַי גְּבַר בְּמַלְכוּתָךְ דִּי רוּחַ אֱלָהִין קַדִּישִׁין בֵּהּ יא
וּבְיוֹמֵי אֲבוּךְ נַהִירוּ וְשָׂכְלְתָנוּ וְחָכְמָה כְּחָכְמַת־אֱלָהִין

seasons shall pass over thee, in order that thou mayst know that the most High rules in the kingdom of men, and gives it to whomever he will. The same hour was the thing fulfilled upon 30 Nevukhadnezzar : and he was driven from men, and did eat grass as oxen, and his body was wet with the dew of heaven, till his hair was grown like eagles' feathers, and his nails like birds' claws. And at the end of the days I Nevukhadnezzar lifted up 31 my eyes to heaven, and my understanding returned to me, and I blessed the most High, and I praised and honoured him who lives for ever, whose dominion is an everlasting dominion, and his kingdom is from generation to generation : and all the inhabi- 32 tants of the earth are reputed as nothing : and he does according to his will in the host of heaven, and among the inhabitants of the earth : and none can stay his hand, or say to him, What doest thou ? At the same time my reason returned to me ; and 33 for the glory of my kingdom, my majesty and splendour returned to me ; and my counsellors and my lords sought to me ; and I was established in my kingdom, and still more greatness was added to me. Now I Nevukhadnezzar praise and extol and honour the 34 King of heaven, all whose works are truth, and his ways justice : and he is able to abase those who walk in pride.

Belshazzar the king made a great feast for a thousand of his 5 lords, and drank wine before the thousand. Belshazzar, while he 2 tasted the wine, commanded to bring the golden and silver vessels which his father Nevukhadnezzar had taken out of the temple which was in Yerushalayim ; that the king, and his lords, his wives, and his concubines, might drink from them. Then they 3 brought the golden vessels that were taken out of the temple of the house of GOD which was at Yerushalayim ; and the king, and his lords, his wives, and his concubines, drank from them. They drank wine, and praised the gods of gold, and of silver, of 4 brass, of iron, of wood, and of stone. In the same hour the 5 fingers of a man's hand appeared, and wrote over against the lampstand upon the plaster of the wall of the king's palace : and the king saw the part of the hand that wrote. Then the king's 6 colour changed, and his thoughts terrified him, so that the joints of his loins were loosed, and his knees smote one against the other. The king cried aloud to bring in the conjurers, the 7 Kasdians, and the astrologers. And the king spoke, and said to the wise men of Bavel, Whoever shall read this writing, and declare to me the meaning of it, shall be clothed with scarlet, and have a chain of gold about his neck, and shall rule as the third in the kingdom. Then all the king's wise men came 8 in, but they could not read the writing, nor make known to the king the meaning of it. Then king Belshazzar was greatly 9 alarmed, and his colour changed, and his lords were perplexed. Now the queen, by reason of the words of the king and his lords, 10 came into the banquet house : the queen spoke and said, O king, live for ever : let not thy thoughts affright thee, nor let thy colour change : there is a man in thy kingdom, in whom is the 11 spirit of the holy gods ; and in the days of thy father light and understanding and wisdom, like the wisdom of the gods, was found in him ; whom the king Nevukhadnezzar thy father, the

הִשְׁתְּכַחַת בֵּהּ וּמַלְכָּא נְבֻכַדְנֶצַּר אֲבוּךְ רַב חַרְטֻמִּין אָשְׁפִין
יב ד כַּשְׂדָּאִין גָּזְרִין הֲקִימֵהּ אֲבוּךְ מַלְכָּא׃ כָּל־קֳבֵל דִּי רוּחַ ׀ יַתִּירָה
וּמַנְדַּע וְשָׂכְלְתָנוּ מְפַשַּׁר חֶלְמִין וְאַחֲוָיַת אֲחִידָן וּמְשָׁרֵא קִטְרִין
הִשְׁתְּכַחַת בֵּהּ בְּדָנִיֵּאל דִּי־מַלְכָּא שָׂם־שְׁמֵהּ בֵּלְטְשַׁאצַּר כְּעַן
יג דָּנִיֵּאל יִתְקְרֵי וּפִשְׁרָה יְהַחֲוֵה׃ בֵּאדַיִן דָּנִיֵּאל הֻעַל
קֳדָם מַלְכָּא עָנֵה מַלְכָּא וְאָמַר לְדָנִיֵּאל אנתה־הוּא דָנִיֵּאל אַנְתְּ
דִּי־מִן־בְּנֵי גָלוּתָא דִּי יְהוּד דִּי הַיְתִי מַלְכָּא אַבִי מִן־יְהוּד׃
יד וְשִׁמְעֵת עליך דִּי רוּחַ אֱלָהִין בָּךְ וְנַהִירוּ וְשָׂכְלְתָנוּ וְחָכְמָה עֲלָךְ
טו יַתִּירָה הִשְׁתְּכַחַת בָּךְ׃ וּכְעַן הֻעַלּוּ קָדָמַי חַכִּימַיָּא אָשְׁפַיָּא
דִּי־כְתָבָה דְנָה יִקְרוֹן וּפִשְׁרֵהּ לְהוֹדָעֻתַנִי וְלָא־כָהֲלִין פְּשַׁר־
טז מִלְּתָא לְהַחֲוָיָה׃ וַאֲנָה שִׁמְעֵת עליך דִּי־תוכל פִּשְׁרִין עֲלָךְ | תִּכֻּל
לְמִפְשַׁר וְקִטְרִין לְמִשְׁרֵא כְּעַן הֵן תוכל כְּתָבָא לְמִקְרֵא תִּכֻּל
וּפִשְׁרֵהּ לְהוֹדָעֻתַנִי אַרְגְּוָנָא תִלְבַּשׁ והמונכא דִי־דַהֲבָא עַל־ וְהַמְנִיכָא
יז צוארך וְתַלְתָּא בְמַלְכוּתָא תִּשְׁלַט׃ בֵּאדַיִן
עָנֵה דָנִיֵּאל וְאָמַר קֳדָם מַלְכָּא מַתְּנָתָךְ לָךְ לֶהֶוְיָן וּנְבָזְבְּיָתָךְ
לְאָחֳרָן הַב בְּרַם כְּתָבָא אֶקְרֵא לְמַלְכָּא וּפִשְׁרָא אֲהוֹדְעִנֵּהּ׃
יח אנתה מַלְכָּא אֱלָהָא עליא מַלְכוּתָא וּרְבוּתָא וִיקָרָא וְהַדְרָא אַנְתְּ | עִלָּאָה
יט יְהַב לִנְבֻכַדְנֶצַּר אֲבוּךְ׃ וּמִן־רְבוּתָא דִּי יְהַב־לֵהּ כֹּל עַמְמַיָּא
אֻמַּיָּא וְלִשָּׁנַיָּא הֲווֹ זאעין וְדָחֲלִין מִן־קֳדָמוֹהִי דִּי־הֲוָא צָבֵא זָיְעִין
הֲוָה קָטֵל וְדִי־הֲוָה צָבֵא הֲוָה מַחֵא וְדִי־הֲוָה צָבֵא הֲוָה
כ מָרִים וְדִי־הֲוָא צָבֵא הֲוָא מַשְׁפִּל׃ וּכְדִי רִם לִבְבֵהּ וְרוּחֵהּ
תִּקְפַת לַהֲזָדָה הָנְחַת מִן־כָּרְסֵא מַלְכוּתֵהּ וִיקָרָה הֶעְדִּיו
כא מִנֵּהּ׃ וּמִן־בְּנֵי אֲנָשָׁא טְרִיד וְלִבְבֵהּ ׀ עִם־חֵיוְתָא שוי וְעִם־ שַׁוִּי
עֲרָדַיָּא מְדוֹרֵהּ עִשְׂבָּא כְתוֹרִין יְטַעֲמוּנֵּהּ וּמִטַּל שְׁמַיָּא גִּשְׁמֵהּ
יִצְטַבַּע עַד דִּי־יִדַע דִּי־שַׁלִּיט אֱלָהָא עליא בְּמַלְכוּת אֲנָשָׁא עִלָּאָה
כב וּלְמַן־דִּי יִצְבֵּא יְהָקֵים עליה׃ ואנתה בְּרֵהּ בֵּלְשַׁאצַּר לָא עֲלַהּ | וְאַנְתְּ
כג הַשְׁפֵּלְתְּ לִבְבָךְ כָּל־קֳבֵל דִּי כָל־דְּנָה יְדַעְתָּ׃ וְעַל מָרֵא־
שְׁמַיָּא ׀ הִתְרוֹמַמְתָּ וּלְמָאנַיָּא דִי־בַיְתֵהּ היתיו קדמיך ואנתה קָדָמָךְ | וְאַנְתְּ
ורברבניך שֵׁגְלָתָךְ וּלְחֵנָתָךְ חַמְרָא שָׁתַיִן בְּהוֹן וְלֵאלָהֵי וְרַבְרְבָנָךְ
כַסְפָּא־וְדַהֲבָא נְחָשָׁא פַרְזְלָא אָעָא וְאַבְנָא דִּי לָא־חָזַיִן וְלָא־
שָׁמְעִין וְלָא יָדְעִין שַׁבַּחְתָּ וְלֵאלָהָא דִּי־נִשְׁמְתָךְ בִּידֵהּ וְכָל־
כד אֹרְחָתָךְ לֵהּ לָא הַדַּרְתָּ׃ בֵּאדַיִן מִן־קֳדָמוֹהִי שְׁלִיחַ פַּסָּא דִי־
כה יְדָא וּכְתָבָא דְנָה רְשִׁים׃ וּדְנָה כְתָבָא דִּי רְשִׁים מְנֵא מְנֵא
כו תְּקֵל וּפַרְסִין׃ דְּנָה פְּשַׁר מִלְּתָא מְנֵא מְנָה־אֱלָהָא מַלְכוּתָךְ
כז כח וְהַשְׁלְמַהּ׃ תְּקֵל תְּקִלְתָּה בְמֹאזַנְיָא וְהִשְׁתְּכַחַתְּ חַסִּיר׃ פְּרֵס
כט פְּרִיסַת מַלְכוּתָךְ וִיהִיבַת לְמָדַי וּפָרָס׃ בֵּאדַיִן ׀ אֲמַר

king, I say, thy father, made chief of the magicians, con-
12 jurers, Kasdians, and astrologers; seeing that an excellent
spirit, and knowledge, and understanding to interpret dreams,
explain riddles, and solve problems, were found in the same
Daniyyel, whom the king named Belteshazzar: now let Dani-
yyel be called, and he will declare the interpretation.
13 Then was Daniyyel brought in before the king. The
king spoke and said to Daniyyel. Art thou that Daniyyel who
art of the children of the exiles of Yehuda, whom the king
14 my father brought out of Yehuda? I have heard of thee, that the
spirit of the gods is in thee, and that light and understanding
15 and excellent wisdom is found in thee. And now the wise men,
the conjurers, have been brought in before me, that they should
read this writing, and make known to me its meaning: but they
16 could not declare the interpretation of the thing: and I have
heard of thee, that thou canst give interpretations, and solve
problems: now if thou canst read the writing, and make known
to me the interpretation of it, thou shalt be clothed with scarlet,
and have a chain of gold about thy neck, and shalt rule as third
17 in the kingdom. Then Daniyyel answered and said before
the king, Let thy gifts be to thyself, and give thy rewards to
another; yet I will read the writing to the king, and make known
18 to him the interpretation. O thou king, the most high God gave
Nevukhadnezzar thy father a kingdom, and greatness, and glory,
19 and majesty: and because of the majesty that he gave him, all
peoples, nations, and tongues, trembled and feared before him:
whom he would he slew; and whom he would he kept alive;
and whom he would he set up; and whom he would he put down.
20 But when his heart was lifted up, and his mind hardened in pride,
he was deposed from his kingly throne, and his glory was taken
21 from him: and he was driven from the sons of men; and his
heart was made like the beasts, and his dwelling was with the
wild asses: he was fed with grass like oxen, and his body was
wet with the dew of heaven; until he came to know that the most
high God rules in the kingdom of men, and that he appoints over
22 it whomever he pleases. And thou his son, O Belshazzar, hast not
23 humbled thy heart, though thou knewest all this: but hast lifted
up thyself against the Lord of heaven; and they have brought
the vessels of his house before thee, and thou, and thy lords, thy
wives, and thy concubines, have drunk wine in them; and thou
hast praised the gods of silver, and gold, of brass, iron, wood,
and stone, which do not see, hear, or know: and the God in
whose hand thy breath is, and whose are all thy ways, thou hast
24 not glorified: then was the part of the hand sent from him; and
25 this writing was written. And this is the writing that was written,
26 Mene Mene Teqel Ufarsin. This is the interpretation of the
thing: Mene; God has numbered thy kingdom, and brought it
27 to an end. Teqel; Thou are weighed in the balances, and art
28 found wanting. Peres; Thy kingdom is divided, and given to
29 Maday and Paras. Then commanded Belshazzar, and they clothed

בֵּלְשַׁאצַּר וְהַלְבִּשׁוּ לְדָנִיֵּאל אַרְגְּוָנָא וְהַמוּנְכָא דִּי־דַהֲבָא עַל־ וְהַמְנִיכָא
צַוְּארֵהּ וְהַכְרִזוּ עֲלוֹהִי דִּי־לֶהֱוֵא שַׁלִּיט תַּלְתָּא בְּמַלְכוּתָא׃
ל בֵּהּ בְּלֵילְיָא קְטִיל בֵּלְאשַׁצַּר מַלְכָּא כַּשְׂדָּיאָ׃ כַּשְׂדָּאָה
ו א ב וְדָרְיָוֶשׁ מָדָיאָ קַבֵּל מַלְכוּתָא כְּבַר שְׁנִין שִׁתִּין וְתַרְתֵּין׃ שְׁפַר מָדָאָה
קֳדָם דָּרְיָוֶשׁ וַהֲקִים עַל־מַלְכוּתָא לַאֲחַשְׁדַּרְפְּנַיָּא מְאָה
ג וְעֶשְׂרִין דִּי לֶהֱוֺן בְּכָל־מַלְכוּתָא׃ וְעֵלָּא מִנְּהוֹן סָרְכִין תְּלָתָה
דִּי דָנִיֵּאל חַד מִנְּהוֹן דִּי־לֶהֱוֺן אֲחַשְׁדַּרְפְּנַיָּא אִלֵּין יָהֲבִין לְהוֹן
ד טַעְמָא וּמַלְכָּא לָא־לֶהֱוֵא נָזִק׃ אֱדַיִן דָּנִיֵּאל דְּנָה הֲוָא מִתְנַצַּח
עַל־סָרְכַיָּא וַאֲחַשְׁדַּרְפְּנַיָּא כָּל־קֳבֵל דִּי רוּחַ יַתִּירָא בֵּהּ
ה וּמַלְכָּא עֲשִׁית לַהֲקָמוּתֵהּ עַל־כָּל־מַלְכוּתָא׃ אֱדַיִן סָרְכַיָּא
וַאֲחַשְׁדַּרְפְּנַיָּא הֲווֹ בָעַיִן עִלָּה לְהַשְׁכָּחָה לְדָנִיֵּאל מִצַּד מַלְכוּתָא
וְכָל־עִלָּה וּשְׁחִיתָה לָא־יָכְלִין לְהַשְׁכָּחָה כָּל־קֳבֵל דִּי־מְהֵימַן
ו הוּא וְכָל־שָׁלוּ וּשְׁחִיתָה לָא הִשְׁתְּכַחַת עֲלוֹהִי׃ אֱדַיִן גֻּבְרַיָּא
אִלֵּךְ אָמְרִין דִּי לָא נְהַשְׁכַּח לְדָנִיֵּאל דְּנָה כָּל־עִלָּא לָהֵן
ז הַשְׁכַּחְנָה עֲלוֹהִי בְּדָת אֱלָהֵהּ׃ אֱדַיִן סָרְכַיָּא
וַאֲחַשְׁדַּרְפְּנַיָּא אִלֵּן הַרְגִּשׁוּ עַל־מַלְכָּא וְכֵן אָמְרִין לֵהּ דָּרְיָוֶשׁ
ח מַלְכָּא לְעָלְמִין חֱיִי׃ אִתְיָעַטוּ כֹּל ׀ סָרְכֵי מַלְכוּתָא סִגְנַיָּא
וַאֲחַשְׁדַּרְפְּנַיָּא הַדָּבְרַיָּא וּפַחֲוָתָא לְקַיָּמָה קְיָם מַלְכָּא וּלְתַקָּפָה
אֱסָר דִּי כָל־דִּי־יִבְעֵה בָעוּ מִן־כָּל־אֱלָהּ וֶאֱנָשׁ עַד־יוֹמִין
ט תְּלָתִין לָהֵן מִנָּךְ מַלְכָּא יִתְרְמֵא לְגֹב אַרְיָוָתָא׃ כְּעַן מַלְכָּא
תְּקִים אֱסָרָא וְתִרְשֻׁם כְּתָבָא דִּי לָא לְהַשְׁנָיָה כְּדָת־מָדַי
י וּפָרַס דִּי־לָא תֶעְדֵּא׃ כָּל־קֳבֵל דְּנָה מַלְכָּא דָּרְיָוֶשׁ רְשַׁם
יא כְּתָבָא וֶאֱסָרָא׃ וְדָנִיֵּאל כְּדִי יְדַע דִּי־רְשִׁים כְּתָבָא עַל לְבַיְתֵהּ ה
וְכַוִּין פְּתִיחָן לֵהּ בְּעִלִּיתֵהּ נֶגֶד יְרוּשְׁלֶם וְזִמְנִין תְּלָתָה בְיוֹמָא
הוּא ׀ בָּרֵךְ עַל־בִּרְכוֹהִי וּמְצַלֵּא וּמוֹדֵא קֳדָם אֱלָהֵהּ כָּל־קֳבֵל
יב דִּי־הֲוָא עָבֵד מִן־קַדְמַת דְּנָה׃ אֱדַיִן גֻּבְרַיָּא אִלֵּךְ הַרְגִּשׁוּ
יג וְהַשְׁכַּחוּ לְדָנִיֵּאל בָּעֵא וּמִתְחַנַּן קֳדָם אֱלָהֵהּ׃ בֵּאדַיִן קְרִבוּ
וְאָמְרִין קֳדָם־מַלְכָּא עַל־אֱסָר מַלְכָּא הֲלָא אֱסָר רְשַׁמְתָּ דִּי
כָל־אֱנָשׁ דִּי־יִבְעֵא מִן־כָּל־אֱלָהּ וֶאֱנָשׁ עַד־יוֹמִין תְּלָתִין
לָהֵן מִנָּךְ מַלְכָּא יִתְרְמֵא לְגוֹב אַרְיָוָתָא עָנֵה מַלְכָּא וְאָמַר
יד יַצִּיבָא מִלְּתָא כְּדָת־מָדַי וּפָרַס דִּי־לָא תֶעְדֵּא׃ בֵּאדַיִן עֲנוֹ
וְאָמְרִין קֳדָם מַלְכָּא דִּי דָנִיֵּאל דִּי מִן־בְּנֵי גָלוּתָא דִּי יְהוּד
לָא־שָׂם עליך מַלְכָּא טְעֵם וְעַל־אֱסָרָא דִּי רְשַׁמְתָּ וְזִמְנִין עֲלָךְ
טו תְּלָתָה בְּיוֹמָא בָּעֵא בָּעוּתֵהּ׃ אֱדַיִן מַלְכָּא כְּדִי מִלְּתָא שְׁמַע
שַׂגִּיא בְּאֵשׁ עֲלוֹהִי וְעַל דָּנִיֵּאל שָׂם בָּל לְשֵׁיזָבוּתֵהּ וְעַד
טז מֶעָלֵי שִׁמְשָׁא הֲוָא מִשְׁתַּדַּר לְהַצָּלוּתֵהּ׃ בֵּאדַיִן גֻּבְרַיָּא אִלֵּךְ

Daniyyel in scarlet, and put a chain of gold about his neck, and made a proclamation concerning him, that he should rule as the third in the kingdom. In that night Belshazzar the king of the 30 Kasdians was slain.

And Daryavesh the Madian received the kingdom, being about **6** sixty two years old. It pleased Daryavesh to set over the king- 2 dom a hundred and twenty satraps, who should be over the whole kingdom ; and over these were three presidents ; of whom 3 Daniyyel was one: that these satraps might give account to them, so that the king should have no loss. Then this Daniyyel became 4 distinguished above the presidents and satraps, because an excellent spirit was in him ; and the king thought to set him over the whole realm. Then the presidents and satraps sought to find 5 a pretext against Daniyyel concerning the kingdom ; but they could find no pretext or fault ; seeing that he was faithful, nor was any error or fault to be found in him. Then said these men, 6 We shall not find any pretext against this Daniyyel, unless we find it against him in connection with the law of his GOD.

Then these presidents and satraps came hurriedly to the 7 king, and said thus to him, king Daryavesh, live for ever. All 8 the presidents of the kingdom, the prefects, and the satraps, the counsellors, and the governors, have consulted together to establish a royal statute, and to make a firm decree, that whoever makes petition of any GOD or man for thirty days, save of thee, O king, he shall be cast into the lion's den. Now, O king, 9 establish the decree, and sign the writing, that it be not changed, according to the law of Maday and Paras, which is unalterable. Wherefore king Daryavesh signed the writing and the decree. 10 Now when Daniyyel came to know that the writing was signed, 11 he went into his house ; (now he had windows open in his chamber towards Yerushelem, and he kneeled upon his knees three times a day, and prayed, and gave thanks before his GOD, as he did aforetime.) Then these men came hurriedly, and 12 found Daniyyel praying and making supplication before his GOD. Then they came near, and spoke before the king concerning 13 the king's decree ; Hast thou not signed a decree, that every man that shall make petition of any GOD or man within thirty days, save of thee, O king, shall be cast into the lions' den ? The king answered and said, The thing is true, according to the law of Maday and Paras, which is unalterable. Then they 14 answered and said before the king, That Daniyyel who is of the children of the exiles of Yehuda, does not regard thee, O king, or the decree that thou hast signed, but makes his petition three times a day. Then the king, when he heard these words, was 15 much distressed, and set his heart on Daniyyel to rescue him : and he laboured till the going down of the sun to rescue him. Then these men came hurriedly to the king, and said to the 16

הַרְגִּשׁוּ עַל־מַלְכָּא וְאָמְרִין לְמַלְכָּא דַּע מַלְכָּא דִּי־דָת לְמָדַי
וּפָרַס דִּי־כָל־אֱסָר וּקְיָם דִּי־מַלְכָּא יְהָקֵים לָא לְהַשְׁנָיָה׃
יז בֵּאדַיִן מַלְכָּא אֲמַר וְהַיְתִיו לְדָנִיֵּאל וּרְמוֹ לְגֻבָּא דִּי אַרְיָוָתָא
עָנֵה מַלְכָּא וְאָמַר לְדָנִיֵּאל אֱלָהָךְ דִּי אנתה פָּלַח־לֵהּ אַנְתְּ
יח בִּתְדִירָא הוּא יְשֵׁיזְבִנָּךְ׃ וְהֵיתָיִת אֶבֶן חֲדָה וְשֻׂמַת עַל־פֻּם
גֻּבָּא וְחַתְמַהּ מַלְכָּא בְּעִזְקְתֵהּ וּבְעִזְקָת רַבְרְבָנוֹהִי דִּי לָא־
יט תִשְׁנֵא צְבוּ בְּדָנִיֵּאל׃ אֱדַיִן אֲזַל מַלְכָּא לְהֵיכְלֵהּ וּבָת טְוָת
כ וְדַחֲוָן לָא־הַנְעֵל קָדָמוֹהִי וְשִׁנְתֵּהּ נַדַּת עֲלוֹהִי׃ בֵּאדַיִן מַלְכָּא
בִּשְׁפַרְפָּרָא יְקוּם בְּנָגְהָא וּבְהִתְבְּהָלָה לְגֻבָּא דִּי־אַרְיָוָתָא אֲזַל׃
כא וּכְמִקְרְבֵהּ לְגֻבָּא לְדָנִיֵּאל בְּקָל עֲצִיב זְעִק עָנֵה מַלְכָּא וְאָמַר
לְדָנִיֵּאל דָּנִיֵּאל עֲבֵד אֱלָהָא חַיָּא אֱלָהָךְ דִּי אנתה פָּלַח־ אַנְתְּ
כב לֵהּ בִּתְדִירָא הֲיִכִל לְשֵׁיזָבוּתָךְ מִן־אַרְיָוָתָא׃ אֱדַיִן דָּנִיֵּאל
כג עִם־מַלְכָּא מַלִּל מַלְכָּא לְעָלְמִין חֱיִי׃ אֱלָהִי שְׁלַח מַלְאֲכֵהּ
וּסֲגַר פֻּם אַרְיָוָתָא וְלָא חַבְּלוּנִי כָּל־קֳבֵל דִּי קָדָמוֹהִי זָכוּ
כד הִשְׁתְּכַחַת לִי וְאַף קדמיך מַלְכָּא חֲבוּלָה לָא עַבְדֵת׃ בֵּאדַיִן קֳדָמָךְ
מַלְכָּא שַׂגִּיא טְאֵב עֲלוֹהִי וּלְדָנִיֵּאל אֲמַר לְהַנְסָקָה מִן־גֻּבָּא
וְהֻסַּק דָּנִיֵּאל מִן־גֻּבָּא וְכָל־חֲבָל לָא־הִשְׁתְּכַח בֵּהּ דִּי הֵימִן
כה בֵּאלָהֵהּ׃ וַאֲמַר מַלְכָּא וְהַיְתִיו גֻּבְרַיָּא אִלֵּךְ דִּי־אֲכַלוּ קַרְצוֹהִי
דִּי דָנִיֵּאל וּלְגֹב אַרְיָוָתָא רְמוֹ אִנּוּן בְּנֵיהוֹן וּנְשֵׁיהוֹן וְלָא־מְטוֹ
לְאַרְעִית גֻּבָּא עַד דִּי־שְׁלִטוּ בְהוֹן אַרְיָוָתָא וְכָל־גַּרְמֵיהוֹן
כו הַדִּקוּ׃ בֵּאדַיִן דָּרְיָוֶשׁ מַלְכָּא כְּתַב לְכָל־עַמְמַיָּא אֻמַיָּא
כז וְלִשָּׁנַיָּא דִּי־דארין בְּכָל־אַרְעָא שְׁלָמְכוֹן יִשְׂגֵּא׃ מִן־קֳדָמַי דָּיְרִין
שִׂים טְעֵם דִּי ׀ בְּכָל־שָׁלְטָן מַלְכוּתִי לֶהֱוֺן זאעין וְדָחֲלִין מִן־ זָיְעִין
קֳדָם אֱלָהֵהּ דִּי־דָנִיֵּאל דִּי־הוּא ׀ אֱלָהָא חַיָּא וְקַיָּם לְעָלְמִין
כח וּמַלְכוּתֵהּ דִּי־לָא תִתְחַבַּל וְשָׁלְטָנֵהּ עַד־סוֹפָא׃ מְשֵׁיזִב וּמַצִּל
וְעָבֵד אָתִין וְתִמְהִין בִּשְׁמַיָּא וּבְאַרְעָא דִּי שֵׁיזִב לְדָנִיֵּאל מִן־
כט יַד אַרְיָוָתָא׃ וְדָנִיֵּאל דְּנָה הַצְלַח בְּמַלְכוּת דָּרְיָוֶשׁ וּבְמַלְכוּת
כּוֹרֶשׁ פרסיא׃ פָּרְסָאָה
א ז בִּשְׁנַת חֲדָה לְבֵלְאשַׁצַּר מֶלֶךְ בָּבֶל דָּנִיֵּאל חֵלֶם חֲזָה וְחֶזְוֵי
רֵאשֵׁהּ עַל־מִשְׁכְּבֵהּ בֵּאדַיִן חֶלְמָא כְתַב רֵאשׁ מִלִּין אֲמַר׃
ב עָנֵה דָנִיֵּאל וְאָמַר חָזֵה הֲוֵית בְּחֶזְוִי עִם־לֵילְיָא וַאֲרוּ אַרְבַּע
ג רוּחֵי שְׁמַיָּא מְגִיחָן לְיַמָּא רַבָּא׃ וְאַרְבַּע חֵיוָן רַבְרְבָן סָלְקָן
ד מִן־יַמָּא שָׁנְיָן דָּא מִן־דָּא׃ קַדְמָיְתָא כְאַרְיֵה וְגַפִּין דִּי־נְשַׁר
לַהּ חָזֵה הֲוֵית עַד דִּי־מְּרִיטוּ גפיה וּנְטִילַת מִן־אַרְעָא וְעַל־ גַּפַּהּ
ה רַגְלַיִן כֶּאֱנָשׁ הֳקִימַת וּלְבַב אֱנָשׁ יְהִיב לַהּ׃ וַאֲרוּ חֵיוָה אָחֳרִי
תִנְיָנָה דָּמְיָה לְדֹב וְלִשְׂטַר־חַד הֳקִמַת וּתְלָת עִלְעִין בְּפֻמַּהּ

king, Know, O king, that it is the law of Maday and Paras that
no decree or statute which the king establishes may be changed.
Then the king commanded, and they brought Daniyyel, and cast 17
him into the lions' den. Now the king spoke and said to Daniyyel,
Thy God whom thou servest continually, he will rescue thee.
And a stone was brought, and laid upon the mouth of the den; 18
and the king sealed it with his own signet, and with the signet of
his lords; that nothing might be changed concerning Daniyyel.
Then the king went to his palace, and passed the night fasting: 19
nor were entertainments brought before him: and his sleep
fled from him. Then the king arose very early in the morning, 20
and went in haste to the lions' den. And when he came to the 21
den, he cried out in a tone of anguish to Daniyyel: and the king
spoke and said to Daniyyel, O Daniyyel, servant of the living God,
is thy God, whom thou servest continually, able to rescue thee
from the lions? Then Daniyyel said to the king, O king, live 22
for ever. My God has sent his angel, and has shut the lion's 23
mouths, that they have not hurt me: seeing that I was found
innocent before him; and also before thee, O king, have I done
no wrong. Then the king was exceedingly glad for him, and 24
commanded that they should take Daniyyel up out of the den.
So Daniyyel was taken up out of the den, and no manner of
hurt was found upon him, because he had trusted in his God.
And the king commanded, and they brought those men who had 25
accused Daniyyel, and they cast them into the lions' den, them,
their children, and their wives; and the lions had the mastery
of them, and broke all their bones in pieces before they reached
the bottom of the den. Then king Daryavesh wrote to all the 26
peoples, nations, and tongues, that dwell in all the earth;
Peace be multiplied to you. I make a decree, That in every 27
dominion of my kingdom men tremble and fear before the God
of Daniyyel: for he is the living God, and steadfast forever,
and his kingdom is one which shall not be destroyed, and his
dominion shall be even to the end. He delivers and rescues, 28
and he works signs and wonders in heaven and in earth, who
has delivered Daniyyel from the power of the lions. So this 29
Daniyyel prospered in the reign of Daryavesh, and in the reign
of Koresh the Parsian.

7 In the first year of Belshaẕẕar king of Bavel, Daniyyel had a
dream and visions of his head as he lay upon his bed: then he
wrote the dream, and told the sum of the matter. Daniyyel spoke 2
and said, I saw in my vision by night, and, behold, the four winds
of the heaven stirred up the great sea. And four great beasts 3
came up from the sea, diverse from one another. The first 4
was like a lion, and had eagle's wings: I beheld till its wings
were plucked off, and it was lifted up from the earth, and made
to stand upon two feet like a man, and a man's heart was
given to it. And behold, another beast, a second one, like a 5
bear, and it raised up itself on one side, and it had three ribs
in its mouth between its teeth: and thus it was said to it, Arise,

ה בֵּין שִׁנַּיהּ וְכֵן אָמְרִין לַהּ קֻמִי אֲכֻלִי בְּשַׂר שַׂגִּיא׃ בָּאתַר דְּנָה   [שְׁנָּה]

ו חָזֵה הֲוֵית וַאֲרוּ אָחֳרִי כִּנְמַר וְלַהּ גַּפִּין אַרְבַּע דִּי־עוֹף עַל־
גַּבַּהּ וְאַרְבְּעָה רֵאשִׁין לְחֵיוְתָא וְשָׁלְטָן יְהִיב לַהּ׃ בָּאתַר דְּנָה   [גַּבַּהּ | רְבִיעָאָה]

ז חָזֵה הֲוֵית בְּחֶזְוֵי לֵילְיָא וַאֲרוּ חֵיוָה רביעיה דְּחִילָה וְאֵימְתָנִי
וְתַקִּיפָא יַתִּירָא וְשִׁנַּיִן דִּי־פַרְזֶל לַהּ רַבְרְבָן אָכְלָה וּמַדֱּקָה
וּשְׁאָרָא ברגליה רָפְסָה וְהִיא מְשַׁנְּיָה מִן־כָּל־חֵיוָתָא דִּי קָדָמַיהּ   [בְּרַגְלַהּ | קַדְמָה]

ח וְקַרְנַיִן עֲשַׂר לַהּ מִשְׂתַּכַּל הֲוֵית בְּקַרְנַיָּא וַאֲלוּ קֶרֶן אָחֳרִי
זְעֵירָה סִלְקָת ביניהון וּתְלָת מִן־קַרְנַיָּא קַדְמָיָתָא אתעקרו   [בֵּינֵיהֵן | אִתְעֲקַרָה]
מִן־קדמיה וַאֲלוּ עַיְנִין כְּעַיְנֵי אֲנָשָׁא בְּקַרְנָא־דָא וּפֻם מְמַלִּל   [קַדְמָה]

ט רַבְרְבָן׃ חָזֵה הֲוֵית עַד דִּי כָרְסָוָן רְמִיו וְעַתִּיק יוֹמִין יְתִב
לְבוּשֵׁהּ כִּתְלַג חִוָּר וּשְׂעַר רֵאשֵׁהּ כַּעֲמַר נְקֵא כָּרְסְיֵהּ שְׁבִיבִין

י דִּי־נוּר גַּלְגִּלּוֹהִי נוּר דָּלִק׃ נְהַר דִּי־נוּר נָגֵד וְנָפֵק מִן־קֳדָמוֹהִי
אֶלֶף אלפים יְשַׁמְּשׁוּנֵּהּ וְרִבּוֹ רבון קָדָמוֹהִי יְקוּמוּן דִּינָא יְתִב   [אַלְפִין | רִבְבָן]

יא וְסִפְרִין פְּתִיחוּ׃ חָזֵה הֲוֵית בֵּאדַיִן מִן־קָל מִלַּיָּא רַבְרְבָתָא דִּי
קַרְנָא מְמַלֱּלָה חָזֵה הֲוֵית עַד דִּי קְטִילַת חֵיוְתָא וְהוּבַד גִּשְׁמַהּ

יב וִיהִיבַת לִיקֵדַת אֶשָּׁא׃ וּשְׁאָר חֵיוָתָא הֶעְדִּיו שָׁלְטָנְהוֹן וְאַרְכָה

יג בְחַיִּין יְהִיבַת לְהוֹן עַד־זְמַן וְעִדָּן׃ חָזֵה הֲוֵית בְּחֶזְוֵי לֵילְיָא
וַאֲרוּ עִם־עֲנָנֵי שְׁמַיָּא כְּבַר אֱנָשׁ אָתֵה הֲוָה וְעַד־עַתִּיק יוֹמַיָּא

יד מְטָה וּקְדָמוֹהִי הַקְרְבוּהִי׃ וְלֵהּ יְהִיב שָׁלְטָן וִיקָר וּמַלְכוּ וְכֹל
עַמְמַיָּא אֻמַיָּא וְלִשָּׁנַיָּא לֵהּ יִפְלְחוּן שָׁלְטָנֵהּ שָׁלְטָן עָלַם דִּי־
לָא יֶעְדֵּה וּמַלְכוּתֵהּ דִּי־לָא תִתְחַבַּל׃

טו אֶתְכְּרִיַּת רוּחִי אֲנָה דָנִיֵּאל בְּגוֹא נִדְנֶה וְחֶזְוֵי רֵאשִׁי יְבַהֲלֻנַּנִי׃ קִרְבֵת עַל־   [אֶתְכְּרִיַּת]

טז חַד מִן־קָאֲמַיָּא וְיַצִּיבָא אֶבְעֵא מִנֵּהּ עַל־כָּל־דְּנָה וַאֲמַר־לִי
וּפְשַׁר מִלַּיָּא יְהוֹדְעִנַּנִי׃ אִלֵּין חֵיוָתָא רַבְרְבָתָא דִּי אִנִּין אַרְבַּע

יז אַרְבְּעָה מַלְכִין יְקוּמוּן מִן־אַרְעָא׃ וִיקַבְּלוּן מַלְכוּתָא קַדִּישֵׁי

יח עֶלְיוֹנִין וְיַחְסְנוּן מַלְכוּתָא עַד־עָלְמָא וְעַד עָלַם עָלְמַיָּא׃ אֱדַיִן

יט צְבִית לְיַצָּבָא עַל־חֵיוְתָא רְבִיעָיְתָא דִּי־הֲוָת שָׁנְיָה מִן־כָּלְּהוֹן   [כָּלְּהֵן]
דְּחִילָה יַתִּירָה שניה דִּי־פַרְזֶל וְטִפְרַהּ דִּי־נְחָשׁ אָכְלָה מַדֱּקָה   [שְׁנָּה | וְטֻפְרַהּ]
וּשְׁאָרָא ברגליה רָפְסָה׃ וְעַל־קַרְנַיָּא עֲשַׂר דִּי בְרֵאשַׁהּ וְאָחֳרִי   [בְּרַגְלַהּ]

כ דִּי סִלְקַת ונפלו מִן־קדמיה תְּלָת וְקַרְנָא דִכֵּן וְעַיְנִין לַהּ וּפֻם   [וּנְפַלָה | קַדְמָה]
מְמַלִּל רַבְרְבָן וְחֶזְוַהּ רַב מִן־חַבְרָתַהּ׃

כא חָזֵה הֲוֵית וְקַרְנָא דִכֵּן
עָבְדָה קְרָב עִם־קַדִּישִׁין וְיָכְלָה לְהוֹן׃

כב עַד דִּי־אֲתָה עַתִּיק יוֹמַיָּא
וְדִינָא יְהִב לְקַדִּישֵׁי עֶלְיוֹנִין וְזִמְנָא מְטָה וּמַלְכוּתָא הֶחֱסִנוּ

כג קַדִּישִׁין׃ כֵּן אֲמַר חֵיוְתָא רְבִיעָיְתָא מַלְכוּ רביעיה תֶּהֱוֵא   [רְבִיעָאָה]
בְאַרְעָא דִּי תִשְׁנֵא מִן־כָּל־מַלְכְוָתָא וְתֵאכֻל כָּל־אַרְעָא

כד וּתְדוּשִׁנַּהּ וְתַדְּקִנַּהּ׃ וְקַרְנַיָּא עֲשַׂר מִנַּהּ מַלְכוּתָא עַשְׂרָה

devour much flesh. After this I beheld, and lo another, like a   6
leopard, which had upon the back of it four wings of a bird ;
the beast had also four heads ; and dominion was given to it.
After this I saw in the night visions, and behold a fourth beast,   7
dreadful and terrible, and strong exceedingly ; and it had great
iron teeth : it devoured and broke in pieces, and stamped the
residue with its feet : and it was different from all the beasts
that were before it ; and it had ten horns. I considered the horns,   8
and behold, there came up among them another little horn,
before which three of the first horns were plucked up by the
roots : and, behold, in this horn were eyes like the eyes of man,
and a mouth speaking great things. As I looked, thrones were   9
placed, and an ancient of days did sit, whose garment was white
as snow, and the hair of whose head was like the pure wool :
his throne was fiery flames, its wheels being burning fire.
A fiery stream issued and came forth from before him : a thou-   10
sand thousands served him, and ten thousand times ten thou-
sand stood before him : they sat in judgment, and the books
were opened. I looked then because of the sound of the great   11
words which the horn spoke : and as I looked the beast was
slain, and its body destroyed, and given to the burning flame.
And as for the rest of the beasts, their dominion was taken   12
away : yet their lives were prolonged for a season and a time.
I saw in the night visions, and, behold, one like a son of man   13
came with the clouds of heaven, and came to the ancient of
days, and they brought him near before him. And there was   14
given him dominion, and glory, and a kingdom, that all the peo-
ples, nations, and tongues, should serve him : his dominion is an
everlasting dominion, which shall not pass away, and his king-
dom one that shall not be destroyed.   As for me Daniyyel,   15
my spirit was grieved in the midst of my body, and the visions
of my head affrighted me. I came near to one of them that stood   16
by, and asked him the truth of all this. So he told me, and made
known to me the meaning of the things. These great beasts,   17
which are four, are four kings, who shall arise out of the earth.
But the holy ones of the most High shall take the kingdom,   18
and possess the kingdom forever, even forever and ever. Then   19
I wished to know the truth of the fourth beast, which was
different from all the others, exceedingly dreadful, the teeth of
which were of iron, and its nails of brass ; which devoured,
broke in pieces, and stamped the residue with his feet ; and of   20
the ten horns that were on its head, and of the other horn
which came up, and before which three fell ; that horn which
had eyes, and a mouth that spoke very great things, and which
appeared greater than its fellows. I beheld, and the same horn   21
made war with the holy ones, and prevailed against them ;
until the ancient of days came, and judgment was given for the   22
holy ones of the most High ; and the time came that the holy
ones possessed the kingdom. Thus he said, The fourth beast   23
shall be a fourth kingdom upon earth, which shall be different
from all kingdoms, and shall devour the whole earth, and shall
tread it down, and break it in pieces. And the ten horns are   24
ten kings that shall arise out of this kingdom : and another shall

מַלְכִין יְקֻמוּן וְאׇחֳרָן יְקוּם אַחֲרֵיהֹן וְהוּא יִשְׁנֵא מִן־קַדְמָיֵא
כה וּתְלָתָה מַלְכִין יְהַשְׁפִּל׃ וּמִלִּין לְצַד עִלָּיא יְמַלִּל וּלְקַדִּישֵׁי עלאה
עֶלְיוֹנִין יְבַלֵּא וְיִסְבַּר לְהַשְׁנָיָה זִמְנִין וְדָת וְיִתְיַהֲבוּן בִּידֵהּ עַד־
כו עִדָּן וְעִדָּנִין וּפְלַג עִדָּן׃ וְדִינָא יִתִּב וְשָׁלְטָנֵהּ יְהַעְדּוֹן לְהַשְׁמָדָה
כז וּלְהוֹבָדָה עַד־סוֹפָא׃ וּמַלְכוּתָה וְשָׁלְטָנָא וּרְבוּתָא דִּי מַלְכְוָת
תְּחוֹת כָּל־שְׁמַיָּא יְהִיבַת לְעַם קַדִּישֵׁי עֶלְיוֹנִין מַלְכוּתֵהּ
כח מַלְכוּת עָלַם וְכֹל שָׁלְטָנַיָּא לֵהּ יִפְלְחוּן וְיִשְׁתַּמְּעוּן׃ עַד־כָּה
סוֹפָא דִי־מִלְּתָא אֲנָה דָנִיֵּאל שַׂגִּיא ׀ רַעְיוֹנַי יְבַהֲלֻנַּנִי וְזִיוַי
יִשְׁתַּנּוֹן עֲלַי וּמִלְּתָא בְּלִבִּי נִטְרֵת׃

ח א בִּשְׁנַת שָׁלוֹשׁ לְמַלְכוּת בֵּלְאשַׁצַּר הַמֶּלֶךְ חָזוֹן נִרְאָה אֵלַי אֲנִי
ב דָנִיֵּאל אַחֲרֵי הַנִּרְאָה אֵלַי בַּתְּחִלָּה׃ וָאֶרְאֶה בֶּחָזוֹן וַיְהִי בִּרְאֹתִי
וַאֲנִי בְּשׁוּשַׁן הַבִּירָה אֲשֶׁר בְּעֵילָם הַמְּדִינָה וָאֶרְאֶה בֶּחָזוֹן וַאֲנִי
ג הָיִיתִי עַל־אוּבַל אוּלָי׃ וָאֶשָּׂא עֵינַי וָאֶרְאֶה וְהִנֵּה ׀ אַיִל אֶחָד
עֹמֵד לִפְנֵי הָאֻבָל וְלוֹ קְרָנָיִם וְהַקְּרָנַיִם גְּבֹהוֹת וְהָאַחַת גְּבֹהָה
ד מִן־הַשֵּׁנִית וְהַגְּבֹהָה עֹלָה בָּאַחֲרֹנָה׃ רָאִיתִי אֶת־הָאַיִל מְנַגֵּחַ
יָמָּה וְצָפוֹנָה וָנֶגְבָּה וְכָל־חַיּוֹת לֹא־יַעַמְדוּ לְפָנָיו וְאֵין מַצִּיל
ה מִיָּדוֹ וְעָשָׂה כִרְצֹנוֹ וְהִגְדִּיל׃ וַאֲנִי ׀ הָיִיתִי מֵבִין וְהִנֵּה צְפִיר־
הָעִזִּים בָּא מִן־הַמַּעֲרָב עַל־פְּנֵי כָל־הָאָרֶץ וְאֵין נוֹגֵעַ בָּאָרֶץ
ו וְהַצָּפִיר קֶרֶן חָזוּת בֵּין עֵינָיו׃ וַיָּבֹא עַד־הָאַיִל בַּעַל הַקְּרָנַיִם
ז אֲשֶׁר רָאִיתִי עֹמֵד לִפְנֵי הָאֻבָל וַיָּרָץ אֵלָיו בַּחֲמַת כֹּחוֹ׃ וּרְאִיתִיו
מַגִּיעַ ׀ אֵצֶל הָאַיִל וַיִּתְמַרְמַר אֵלָיו וַיַּךְ אֶת־הָאַיִל וַיְשַׁבֵּר
אֶת־שְׁתֵּי קְרָנָיו וְלֹא־הָיָה כֹחַ בָּאַיִל לַעֲמֹד לְפָנָיו וַיַּשְׁלִיכֵהוּ
ח אַרְצָה וַיִּרְמְסֵהוּ וְלֹא־הָיָה מַצִּיל לָאַיִל מִיָּדוֹ׃ וּצְפִיר הָעִזִּים
הִגְדִּיל עַד־מְאֹד וּכְעָצְמוֹ נִשְׁבְּרָה הַקֶּרֶן הַגְּדוֹלָה וַתַּעֲלֶנָה
ט חָזוּת אַרְבַּע תַּחְתֶּיהָ לְאַרְבַּע רוּחוֹת הַשָּׁמָיִם׃ וּמִן־הָאַחַת
מֵהֶם יָצָא קֶרֶן־אַחַת מִצְּעִירָה וַתִּגְדַּל־יֶתֶר אֶל־הַנֶּגֶב וְאֶל־
י הַמִּזְרָח וְאֶל־הַצֶּבִי׃ וַתִּגְדַּל עַד־צְבָא הַשָּׁמָיִם וַתַּפֵּל אַרְצָה
יא מִן־הַצָּבָא וּמִן־הַכּוֹכָבִים וַתִּרְמְסֵם׃ וְעַד שַׂר־הַצָּבָא הִגְדִּיל
יב וּמִמֶּנּוּ הֵרִים הַתָּמִיד וְהֻשְׁלַךְ מְכוֹן מִקְדָּשׁוֹ׃ וְצָבָא תִּנָּתֵן עַל־ הורם
הַתָּמִיד בְּפָשַׁע וְתַשְׁלֵךְ אֱמֶת אַרְצָה וְעָשְׂתָה וְהִצְלִיחָה׃
יג וָאֶשְׁמְעָה אֶחָד־קָדוֹשׁ מְדַבֵּר וַיֹּאמֶר אֶחָד קָדוֹשׁ לַפַּלְמוֹנִי
הַמְדַבֵּר עַד־מָתַי הֶחָזוֹן הַתָּמִיד וְהַפֶּשַׁע שֹׁמֵם תֵּת וְקֹדֶשׁ
יד וְצָבָא מִרְמָס׃ וַיֹּאמֶר אֵלַי עַד עֶרֶב בֹּקֶר אַלְפַּיִם וּשְׁלֹשׁ מֵאוֹת

rise after them ; and he shall be different from the former ones, and he shall subdue three kings. And he shall speak great words 25 against the most High, and shall wear out the holy ones of the most High, and think to change times and laws : and they shall be given into his hand for a season and seasons and half a season. But they shall sit in judgment, and his dominion shall 26 be taken away, to be consumed and destroyed to the end. And 27 the kingdom and dominion, and the greatness of the kingdoms under the whole heaven, shall be given to the people of the holy ones of the most High, whose kingdom is an everlasting kingdom, and all dominions shall serve and obey him. Here 28 is the end of the matter. As for me Daniyyel, my cogitations much affrighted me, and my colour changed : but I kept the matter in my heart.

In the third year of the reign of king Belshazzar a vision **8** appeared to me, even to me Daniyyel, after that which appeared to me at the first. And I saw in a vision ; and it came to pass, 2 when I saw, that I was at Shushan the capital, which is in the province of 'Elam ; and I saw in a vision, and I was by the river of Ulay. Then I lifted up my eyes, and saw, and, behold, there 3 stood before the river a ram which had two horns : and the two horns were high ; but one was higher than the other, and the higher came up last. I saw the ram pushing westward, and 4 northward, and southward ; so that no beasts might stand before him, was not there any that could deliver out of his hand ; but he did according to his will, and magnified himself. And as 5 I was considering, behold, a he goat came from the west across the face of the whole earth, and did not touch the ground : and the goat had a conspicuous horn between its eyes. And 6 it came to the ram that had two horns, which I had seen standing before the river, and ran at him in the fury of his power. And 7 I saw it come close to the ram, and it was enraged against him, and smote the ram, and broke his two horns : and the ram had no power to stand before it, but he cast him down to the ground, and trampled upon him : and there was none that could deliver the ram out of his hand. Therefore the he goat 8 grew very great : and when he was strong, the great horn was broken ; and instead of it came up four conspicious ones towards the four winds of heaven. And out of one of them came forth 9 a little horn, which grew exceedingly great, towards the south, and towards the east, and towards the land of beauty. And it grew great, even to the host of heaven ; and it cast 10 down some of the host and of the stars to the ground, and trampled upon them. Yes, it magnified itself even to the prince 11 of the host, and from him the daily sacrifice was taken away, and the place of his sanctuary was cast down. And for an 12 appointed time it was flagrantly set against the daily sacrifice, and it cast down the truth to the ground ; and it practised, and prospered. Then I heard one holy one speaking, and another 13 holy one said to that certain one who spoke, How long shall be the vision concerning the daily sacrifice, and the transgression of desolation, to give both the sanctuary and the host to be trodden under foot ? And he said to me, For two thousand 14

טו וְנִצְדַּק קֹדֶשׁ׃ וַיְהִי בִּרְאֹתִי אֲנִי דָנִיֵּאל אֶת־הֶחָזוֹן וָאֲבַקְשָׁה
טז בִינָה וְהִנֵּה עֹמֵד לְנֶגְדִּי כְּמַרְאֵה־גָבֶר׃ וָאֶשְׁמַע קוֹל־אָדָם בֵּין
יז אוּלָי וַיִּקְרָא וַיֹּאמַר גַּבְרִיאֵל הָבֵן לְהַלָּז אֶת־הַמַּרְאֶה׃ וַיָּבֹא
אֵצֶל עָמְדִי וּבְבֹאוֹ נִבְעַתִּי וָאֶפְּלָה עַל־פָּנָי וַיֹּאמֶר אֵלַי הָבֵן
יח בֶּן־אָדָם כִּי לְעֶת־קֵץ הֶחָזוֹן׃ וּבְדַבְּרוֹ עִמִּי נִרְדַּמְתִּי עַל־פָּנַי
יט אָרְצָה וַיִּגַּע־בִּי וַיַּעֲמִידֵנִי עַל־עָמְדִי׃ וַיֹּאמֶר הִנְנִי מוֹדִיעֲךָ
כ אֵת אֲשֶׁר־יִהְיֶה בְּאַחֲרִית הַזָּעַם כִּי לְמוֹעֵד קֵץ׃ הָאַיִל אֲשֶׁר־
כא רָאִיתָ בַּעַל הַקְּרָנָיִם מַלְכֵי מָדַי וּפָרָס׃ וְהַצָּפִיר הַשָּׂעִיר מֶלֶךְ
יָוָן וְהַקֶּרֶן הַגְּדוֹלָה אֲשֶׁר בֵּין־עֵינָיו הוּא הַמֶּלֶךְ הָרִאשׁוֹן׃
כב וְהַנִּשְׁבֶּרֶת וַתַּעֲמֹדְנָה אַרְבַּע תַּחְתֶּיהָ אַרְבַּע מַלְכֻיוֹת מִגּוֹי
כג יַעֲמֹדְנָה וְלֹא בְכֹחוֹ׃ וּבְאַחֲרִית מַלְכוּתָם כְּהָתֵם הַפֹּשְׁעִים
כד יַעֲמֹד מֶלֶךְ עַז־פָּנִים וּמֵבִין חִידוֹת׃ וְעָצַם כֹּחוֹ וְלֹא בְכֹחוֹ
וְנִפְלָאוֹת יַשְׁחִית וְהִצְלִיחַ וְעָשָׂה וְהִשְׁחִית עֲצוּמִים וְעַם־
כה קְדֹשִׁים׃ וְעַל־שִׂכְלוֹ וְהִצְלִיחַ מִרְמָה בְּיָדוֹ וּבִלְבָבוֹ יַגְדִּיל
וּבְשַׁלְוָה יַשְׁחִית רַבִּים וְעַל שַׂר־שָׂרִים יַעֲמֹד וּבְאֶפֶס יָד יִשָּׁבֵר׃
כו וּמַרְאֵה הָעֶרֶב וְהַבֹּקֶר אֲשֶׁר נֶאֱמַר אֱמֶת הוּא וְאַתָּה סְתֹם
כז הֶחָזוֹן כִּי לְיָמִים רַבִּים׃ וַאֲנִי דָנִיֵּאל נִהְיֵיתִי וְנֶחֱלֵיתִי יָמִים
וָאָקוּם וָאֶעֱשֶׂה אֶת־מְלֶאכֶת הַמֶּלֶךְ וָאֶשְׁתּוֹמֵם עַל־הַמַּרְאֶה
וְאֵין מֵבִין׃

ט א בִּשְׁנַת אַחַת לְדָרְיָוֶשׁ בֶּן־אֲחַשְׁוֵרוֹשׁ מִזֶּרַע מָדָי אֲשֶׁר הָמְלַךְ
ב עַל מַלְכוּת כַּשְׂדִּים׃ בִּשְׁנַת אַחַת לְמָלְכוֹ אֲנִי דָּנִיֵּאל בִּינֹתִי
בַּסְּפָרִים מִסְפַּר הַשָּׁנִים אֲשֶׁר הָיָה דְבַר־יְהוָה אֶל־יִרְמִיָה
ג הַנָּבִיא לְמַלֹּאות לְחָרְבוֹת יְרוּשָׁלִַם שִׁבְעִים שָׁנָה׃ וָאֶתְּנָה
ד אֶת־פָּנַי אֶל־אֲדֹנָי הָאֱלֹהִים לְבַקֵּשׁ תְּפִלָּה וְתַחֲנוּנִים בְּצוֹם
וְשַׂק וָאֵפֶר׃ וָאֶתְפַּלְלָה לַיהוָה אֱלֹהַי וָאֶתְוַדֶּה וָאֹמְרָה אָנָּא ו
ה אֲדֹנָי הָאֵל הַגָּדוֹל וְהַנּוֹרָא שֹׁמֵר הַבְּרִית וְהַחֶסֶד לְאֹהֲבָיו
ו וּלְשֹׁמְרֵי מִצְוֹתָיו׃ חָטָאנוּ וְעָוִינוּ והרשענו וּמָרָדְנוּ וְסוֹר הִרְשַׁעְנוּ
מִמִּצְוֹתֶךָ וּמִמִּשְׁפָּטֶיךָ׃ וְלֹא שָׁמַעְנוּ אֶל־עֲבָדֶיךָ הַנְּבִיאִים
ז אֲשֶׁר דִּבְּרוּ בְּשִׁמְךָ אֶל־מְלָכֵינוּ שָׂרֵינוּ וַאֲבֹתֵינוּ וְאֶל כָּל־עַם
הָאָרֶץ׃ לְךָ אֲדֹנָי הַצְּדָקָה וְלָנוּ בֹּשֶׁת הַפָּנִים כַּיּוֹם הַזֶּה לְאִישׁ
יְהוּדָה וּלְיוֹשְׁבֵי יְרוּשָׁלִַם וּלְכָל־יִשְׂרָאֵל הַקְּרֹבִים וְהָרְחֹקִים

and three hundred evenings and mornings ; then shall the sanctuary be restored. And it came to pass, when I, even I 15 Daniyyel, had seen the vision, and sought for the meaning, then, behold, there stood before me what looked like a man. And I heard a man's voice between the banks of Ulay, who 16 called, and said, Gavri'el, make this man understand the vision. So he came near where I stood : and when he came, I was 17 afraid, and fell upon my face : but he said to me, Understand, O son of man : for the vision is for the time of the end. Now 18 as he was speaking with me, I fell into a deep sleep on my face towards the ground : but he touched me, and set me upright. And he said, Behold, I will make thee know what 19 shall be in the latter end of the indignation : for it is for the appointed time of the end. The ram which thou sawest having 20 two horns are the kings of Maday and Paras. And the rough he 21 goat is the king of Yavan : and the great horn that is between his eyes is the first king. As for the horn which was broken, 22 in place of which four others arose, four kingdoms shall stand up out of the nation, but not with his power. And in the latter 23 time of their kingdom, when the transgressors are come to the full, a king of fierce countenance, and one who understands riddles, shall arise. And his power shall be mighty, but not 24 by his own power : and he shall destroy remarkably, and shall prosper, and practise, and shall destroy the mighty and the holy people. And through his cunning also he shall cause craft to 25 prosper in his hand, and shall magnify himself in his heart, and without difficulty he shall destroy many : he shall also stand up against the Prince of princes ; but he shall be broken without hand. And the vision of the evenings and the mornings 26 which was told is true : but seal up the vision ; for it refers to many days hence. And I Daniyyel fainted, and was sick certain 27 days ; afterwards I rose up, and did the king's business ; and I was astonished at the vision, but none understood it.

In the first year of Daryavesh the son of Aḥashverosh, of **9** the seed of Maday, who was made king over the realm of the Kasdians ; in the first year of his reign I Daniyyel considered 2 in the books the number of the years, whereof the word of the LORD came to Yirmeya the prophet, that he would accomplish seventy years in the desolations of Yerushalayim. And I set my 3 face to the LORD GOD, to seek by prayer and supplications, with fasting, and sackcloth, and ashes : and I prayed to the 4 LORD my GOD, and made my confession, and said, O LORD, the great and dreadful GOD, keeping covenant and troth to those who love him, and to those who keep his commandments ; we 5 have sinned, and have committed iniquity, and have done wickedly, and have rebelled, and have turned aside from thy precepts and from thy judgments : for we have not hearkened 6 to thy servants the prophets, who spoke in thy name to our kings, our princes, and our fathers, and to all the people of the land. O LORD, righteousness belongs to thee, but to us confusion 7 of faces, as at this day ; to the men of Yehuda, and to the inhabitants of Yerushalayim, and to all Yisra'el, who are near, and who are far off, through all the countries whither thou hast

ח בְּכָל־הָאֲרָצוֹת אֲשֶׁר הִדַּחְתָּם שָׁם בְּמַעֲלָם אֲשֶׁר מָעֲלוּ־בָֽךְ:
ט יהוה לָנוּ בֹּשֶׁת הַפָּנִים לִמְלָכֵינוּ לְשָׂרֵינוּ וְלַאֲבֹתֵינוּ אֲשֶׁר
י חָטָאנוּ לָֽךְ: לַאדֹנָי אֱלֹהֵינוּ הָרַחֲמִים וְהַסְּלִחוֹת כִּי מָרַדְנוּ
יא בּֽוֹ: וְלֹא שָׁמַעְנוּ בְּקוֹל יהוה אֱלֹהֵינוּ לָלֶכֶת בְּתוֹרֹתָיו אֲשֶׁר
נָתַן לְפָנֵינוּ בְּיַד עֲבָדָיו הַנְּבִיאִֽים: וְכָל־יִשְׂרָאֵל עָבְרוּ אֶת־
תּֽוֹרָתֶךָ וְסוֹר לְבִלְתִּי שְׁמוֹעַ בְּקֹלֶךָ וַתִּתַּךְ עָלֵינוּ הָאָלָה
יב וְהַשְּׁבֻעָה אֲשֶׁר כְּתוּבָה בְּתוֹרַת מֹשֶׁה עֶבֶד־הָאֱלֹהִים כִּי
חָטָאנוּ לֽוֹ: וַיָּקֶם אֶת־דבריו | אֲשֶׁר־דִּבֶּר עָלֵינוּ וְעַל־שֹׁפְטֵינוּ [דְּבָרוֹ]
יג אֲשֶׁר שְׁפָטוּנוּ לְהָבִיא עָלֵינוּ רָעָה גְדֹלָה אֲשֶׁר לֹא־נֶעֶשְׂתָה
תַּחַת כָּל־הַשָּׁמַיִם כַּאֲשֶׁר נֶעֶשְׂתָה בִּירוּשָׁלָֽםִ: כַּאֲשֶׁר כָּתוּב
בְּתוֹרַת מֹשֶׁה אֵת כָּל־הָרָעָה הַזֹּאת בָּאָה עָלֵינוּ וְלֹא־חִלִּינוּ
אֶת־פְּנֵי | יהוה אֱלֹהֵינוּ לָשׁוּב מֵעֲוֺנֵנוּ וּלְהַשְׂכִּיל בַּאֲמִתֶּֽךָ:
יד וַיִּשְׁקֹד יהוה עַל־הָרָעָה וַיְבִיאֶהָ עָלֵינוּ כִּֽי־צַדִּיק יהוה אֱלֹהֵינוּ
טו עַל־כָּל־מַעֲשָׂיו אֲשֶׁר עָשָׂה וְלֹא שָׁמַעְנוּ בְּקֹלֽוֹ: וְעַתָּה | אֲדֹנָי
אֱלֹהֵינוּ אֲשֶׁר הוֹצֵאתָ אֶֽת־עַמְּךָ מֵאֶרֶץ מִצְרַיִם בְּיָד חֲזָקָה
טז וַתַּעַשׂ־לְךָ שֵׁם כַּיּוֹם הַזֶּה חָטָאנוּ רָשָֽׁעְנוּ: אֲדֹנָי כְּכָל־
צִדְקֹתֶךָ יָשָׁב־נָא אַפְּךָ וַחֲמָתְךָ מֵעִירְךָ יְרוּשָׁלַםִ הַר־קָדְשֶׁךָ
כִּי בַחֲטָאֵינוּ וּבַעֲוֺנוֹת אֲבֹתֵינוּ יְרוּשָׁלַםִ וְעַמְּךָ לְחֶרְפָּה לְכָל־
יז סְבִיבֹתֵֽינוּ: וְעַתָּה | שְׁמַע אֱלֹהֵינוּ אֶל־תְּפִלַּת עַבְדְּךָ וְאֶל־
יח תַּחֲנוּנָיו וְהָאֵר פָּנֶיךָ עַל־מִקְדָּשְׁךָ הַשָּׁמֵם לְמַעַן אֲדֹנָֽי: הַטֵּה
אֱלֹהַי | אָזְנְךָ וּֽשֲׁמָע פקחה עֵינֶיךָ וּרְאֵה שֹֽׁמְמֹתֵינוּ וְהָעִיר [פְּקַח]
אֲשֶׁר־נִקְרָא שִׁמְךָ עָלֶיהָ כִּי | לֹא עַל־צִדְקֹתֵינוּ אֲנַחְנוּ מַפִּילִים
יט תַּחֲנוּנֵינוּ לְפָנֶיךָ כִּי עַל־רַחֲמֶיךָ הָרַבִּֽים: אֲדֹנָי | שְׁמָעָה אֲדֹנָי |
סְלָחָה אֲדֹנָי הַקֲשִׁיבָה וַעֲשֵׂה אַל־תְּאַחַר לְמַעַנְךָ אֱלֹהַי כִּֽי־
כ שִׁמְךָ נִקְרָא עַל־עִירְךָ וְעַל־עַמֶּֽךָ: וְעוֹד אֲנִי מְדַבֵּר וּמִתְפַּלֵּל
וּמִתְוַדֶּה חַטָּאתִי וְחַטַּאת עַמִּי יִשְׂרָאֵל וּמַפִּיל תְּחִנָּתִי לִפְנֵי
כא יהוה אֱלֹהַי עַל הַר־קֹדֶשׁ אֱלֹהָֽי: וְעוֹד אֲנִי מְדַבֵּר בַּתְּפִלָּה
וְהָאִישׁ גַּבְרִיאֵל אֲשֶׁר רָאִיתִי בֶחָזוֹן בַּתְּחִלָּה מֻעָף בִּיעָף נֹגֵעַ
כב אֵלַי כְּעֵת מִנְחַת־עָֽרֶב: וַיָּבֶן וַיְדַבֵּר עִמִּי וַיֹּאמַר דָּֽנִיֵּאל עַתָּה
כג יָצָאתִי לְהַשְׂכִּֽילְךָ בִינָֽה: בִּתְחִלַּת תַּחֲנוּנֶיךָ יָצָא דָבָר וַאֲנִי
בָּאתִי לְהַגִּיד כִּי חֲמוּדוֹת אָתָּה וּבִין בַּדָּבָר וְהָבֵן בַּמַּרְאֶֽה:
כד שָׁבֻעִים שִׁבְעִים נֶחְתַּךְ עַל־עַמְּךָ | וְעַל־עִיר קָדְשֶׁךָ לְכַלֵּא
הַפֶּשַׁע ולחתם חטאות וּלְכַפֵּר עָוֺן וּלְהָבִיא צֶדֶק עֹלָמִים [וּלְהָתֵם חַטָּאת]
כה וְלַחְתֹּם חָזוֹן וְנָבִיא וְלִמְשֹׁחַ קֹדֶשׁ קָֽדָשִֽׁים: וְתֵדַע וְתַשְׂכֵּל מִן־

driven them, because of their trespass which they have tres-
passed against thee. O LORD, to us belongs confusion of face, 8
to our kings, to our princes, and to our fathers, because we
have sinned against thee. To the LORD our GOD belongs mercies 9
and forgiveness, for we have rebelled against him ; for we have 10
not obeyed the voice of the LORD our GOD, to follow his Torot,
which he set before us by his servants the prophets. Yea, all 11
Yisra'el have transgressed thy Tora, and have turned aside, so
as not to obey thy voice ; therefore the curse is poured upon
us, and the oath that is written in the Tora of Moshe the servant
of GOD, because we have sinned against him. And he has 12
confirmed his word, which he spoke against us, and against our
judges who judged us, by bringing upon us a great evil : for
under the whole heaven there has not been done the like of
what has been done against Yerushalayim, as it is written in the 13
Tora of Moshe, all this evil is come upon us : yet we did not
offer our prayer before the LORD our GOD, that we might turn
from our iniquities, and understand thy truth. Therefore the 14
LORD has watched over the evil, and brought it upon us : for
the LORD our GOD is righteous in all his works which he has
done : for we did not obey his voice. And now, O LORD our 15
GOD, who hast brought thy people out of the land of Miẓrayim
with a mighty hand, and hast gotten thee renown, as at this
day ; we have sinned, we have done wickedly. O LORD, accord- 16
ing to all thy righteousness, I pray thee, let thy anger and thy
fury be turned away from thy city of Yerushalayim thy holy
mountain : because for our sins, and for the iniquities of our
fathers, Yerushalayim and thy people are become a reproach
to all that are about us. Now therefore, O our GOD, hear the 17
prayer of thy servant, and his supplications, and cause thy face
to shine upon thy sanctuary that is desolate, for the LORD's
sake. O my GOD, incline thy ear, and hear ; open thy eyes, and 18
behold our desolations, and the city which is called by thy
name : for we do not present our supplications before thee
because of our righteousnesses, but because of thy great mercies.
O LORD, hear ; O LORD, forgive ; O LORD, hearken and act ; delay 19
not, for thy own sake, O my GOD : for thy city and thy people are
called by thy name. And whilst I was speaking, and praying, and 20
confessing my sin and the sin of my people Yisra'el, and pre-
senting my supplication before the LORD my GOD for the holy
mountain of my GOD ; whilst I was still speaking in prayer, 21
the man Gavri'el, whom I had seen in the vision at the beginning,
approached close to me in swift flight about the time of the
evening sacrifice. And he made me understand, and talked with 22
me, and said, O Daniyyel, I am now come forth to give thee skill
and understanding. At the beginning of thy supplications the 23
commandment went out, and I am come to declare it ; for thou
art greatly beloved : therefore look into the word, and consider
the vision. Seventy weeks are decreed concerning thy people 24
and concerning thy holy city, to finish the transgression, and
to make an end to sins, and to atone for iniquity, and to bring in
everlasting righteousness, and to seal up vision and prophet, and
to anoint the most holy place. Know therefore and understand, 25

מֹצָא דָבָר לְהָשִׁיב וְלִבְנוֹת יְרוּשָׁלִַם עַד־מָשִׁיחַ נָגִיד שָׁבֻעִים
שִׁבְעָה וְשָׁבֻעִים שִׁשִּׁים וּשְׁנַיִם תָּשׁוּב וְנִבְנְתָה רְחוֹב וְחָרוּץ
וּבְצוֹק הָעִתִּים: וְאַחֲרֵי הַשָּׁבֻעִים שִׁשִּׁים וּשְׁנַיִם יִכָּרֵת מָשִׁיחַ   כו

וְאֵין לוֹ וְהָעִיר וְהַקֹּדֶשׁ יַשְׁחִית עַם נָגִיד הַבָּא וְקִצּוֹ בַשֶּׁטֶף
וְעַד קֵץ מִלְחָמָה נֶחֱרֶצֶת שֹׁמֵמוֹת: וְהִגְבִּיר בְּרִית לָרַבִּים שָׁבוּעַ   כז

אֶחָד וַחֲצִי הַשָּׁבוּעַ יַשְׁבִּית ׀ זֶבַח וּמִנְחָה וְעַל כְּנַף שִׁקּוּצִים
מְשֹׁמֵם וְעַד־כָּלָה וְנֶחֱרָצָה תִּתַּךְ עַל־שֹׁמֵם:

בִּשְׁנַת שָׁלוֹשׁ לְכוֹרֶשׁ מֶלֶךְ פָּרַס דָּבָר נִגְלָה לְדָנִיֵּאל אֲשֶׁר־נִקְרָא   י א

שְׁמוֹ בֵּלְטְשַׁאצַּר וֶאֱמֶת הַדָּבָר וְצָבָא גָדוֹל וּבִין אֶת־הַדָּבָר וּבִינָה
לוֹ בַּמַּרְאֶה: בַּיָּמִים הָהֵם אֲנִי דָנִיֵּאל הָיִיתִי מִתְאַבֵּל שְׁלֹשָׁה   ב

שָׁבֻעִים יָמִים: לֶחֶם חֲמֻדוֹת לֹא אָכַלְתִּי וּבָשָׂר וָיַיִן לֹא־בָא אֶל־   ג

פִּי וְסוֹךְ לֹא־סָכְתִּי עַד־מְלֹאת שְׁלֹשֶׁת שָׁבֻעִים יָמִים:
וּבְיוֹם עֶשְׂרִים וְאַרְבָּעָה לַחֹדֶשׁ הָרִאשׁוֹן וַאֲנִי הָיִיתִי עַל־יַד   ד

הַנָּהָר הַגָּדוֹל הוּא חִדָּקֶל: וָאֶשָּׂא אֶת־עֵינַי וָאֵרֶא וְהִנֵּה אִישׁ־   ה

אֶחָד לָבוּשׁ בַּדִּים וּמָתְנָיו חֲגֻרִים בְּכֶתֶם אוּפָז: וּגְוִיָּתוֹ כְתַרְשִׁישׁ   ו

וּפָנָיו כְּמַרְאֵה בָרָק וְעֵינָיו כְּלַפִּידֵי אֵשׁ וּזְרֹעֹתָיו וּמַרְגְּלֹתָיו
כְּעֵין נְחֹשֶׁת קָלָל וְקוֹל דְּבָרָיו כְּקוֹל הָמוֹן: וְרָאִיתִי אֲנִי דָנִיֵּאל   ז

לְבַדִּי אֶת־הַמַּרְאָה וְהָאֲנָשִׁים אֲשֶׁר הָיוּ עִמִּי לֹא רָאוּ אֶת־
הַמַּרְאָה אֲבָל חֲרָדָה גְדֹלָה נָפְלָה עֲלֵיהֶם וַיִּבְרְחוּ בְּהֵחָבֵא:
וַאֲנִי נִשְׁאַרְתִּי לְבַדִּי וָאֶרְאֶה אֶת־הַמַּרְאָה הַגְּדֹלָה הַזֹּאת וְלֹא   ח

נִשְׁאַר־בִּי כֹּחַ וְהוֹדִי נֶהְפַּךְ עָלַי לְמַשְׁחִית וְלֹא עָצַרְתִּי כֹּחַ:
וָאֶשְׁמַע אֶת־קוֹל דְּבָרָיו וּכְשָׁמְעִי אֶת־קוֹל דְּבָרָיו וַאֲנִי הָיִיתִי   ט

נִרְדָּם עַל־פָּנַי וּפָנַי אָרְצָה: וְהִנֵּה־יָד נָגְעָה בִּי וַתְּנִיעֵנִי עַל־   י

בִּרְכַּי וְכַפּוֹת יָדָי: וַיֹּאמֶר אֵלַי דָּנִיֵּאל אִישׁ־חֲמֻדוֹת הָבֵן   יא

בַּדְּבָרִים אֲשֶׁר אָנֹכִי דֹבֵר אֵלֶיךָ וַעֲמֹד עַל־עָמְדֶךָ כִּי עַתָּה
שֻׁלַּחְתִּי אֵלֶיךָ וּבְדַבְּרוֹ עִמִּי אֶת־הַדָּבָר הַזֶּה עָמַדְתִּי מַרְעִיד:
וַיֹּאמֶר אֵלַי אַל־תִּירָא דָנִיֵּאל כִּי ׀ מִן־הַיּוֹם הָרִאשׁוֹן אֲשֶׁר   יב

נָתַתָּ אֶת־לִבְּךָ לְהָבִין וּלְהִתְעַנּוֹת לִפְנֵי אֱלֹהֶיךָ נִשְׁמְעוּ
דְבָרֶיךָ וַאֲנִי בָאתִי בִּדְבָרֶיךָ: וְשַׂר ׀ מַלְכוּת פָּרַס עֹמֵד לְנֶגְדִּי   יג

עֶשְׂרִים וְאֶחָד יוֹם וְהִנֵּה מִיכָאֵל אַחַד הַשָּׂרִים הָרִאשֹׁנִים בָּא
לְעָזְרֵנִי וַאֲנִי נוֹתַרְתִּי שָׁם אֵצֶל מַלְכֵי פָרָס: וּבָאתִי לַהֲבִינְךָ   יד

אֵת אֲשֶׁר־יִקְרָה לְעַמְּךָ בְּאַחֲרִית הַיָּמִים כִּי־עוֹד חָזוֹן לַיָּמִים:
וּבְדַבְּרוֹ עִמִּי כַּדְּבָרִים הָאֵלֶּה נָתַתִּי פָנַי אַרְצָה וְנֶאֱלָמְתִּי: טו

וְהִנֵּה כִּדְמוּת בְּנֵי אָדָם נֹגֵעַ עַל־שְׂפָתָי וָאֶפְתַּח־פִּי וָאֲדַבְּרָה   טז

וָאֹמְרָה אֶל־הָעֹמֵד לְנֶגְדִּי אֲדֹנִי בַּמַּרְאָה נֶהֶפְכוּ צִירַי עָלַי

that from the going forth of the commandment to restore and
to build Yerushalayim until an anointed prince, shall be seven
weeks : then for sixty two weeks it shall be built again, with
squares and moat, but in a troubled time. And after sixty two 26
weeks shall an anointed one be cut off, and none will be left to
him : and the people of a prince that shall come shall destroy
the city and the sanctuary ; and his end shall be with a flood,
and to the end of the war desolations are decreed. And he shall 27
make a strong covenant with many for one week : and during
half of the week he shall cause the sacrifice and the offering
to cease ; and upon the wing of abominations shall come one
who makes desolate, until the decreed destruction is poured
out on the desolator.

In the third year of Koresh king of Paras a thing was revealed 10
to Daniyyel, whose name was called Belteshazzar ; and the word
was true, and for a long period ahead ; and he understood the
thing, and had understanding of the vision. In those days I 2
Daniyyel was mourning three full weeks. I ate no pleasant bread, 3
nor did meat or wine come into my mouth, nor did I anoint my-
self at all, till three whole weeks were fulfilled.

And on the twenty fourth day of the first month, as I was by the 4
side of the great river, which is Ḥiddeqel ; I lifted up my eyes, 5
and looked, and behold a certain man clothed in linen, whose
loins were girded with fine gold of Ufaz : his body also was like 6
the beryl, and his face like the appearance of lightning, and his
eyes like torches of fire, and his arms and his feet in colour
like burnished brass, and the sound of his words like the voice
of a multitude. And I Daniyyel alone saw the vision : for the men 7
who were with me did not see thee vision ; but a great trembl-
ing fell upon them, so that they fled to hide themselves. So 8
I was left alone, and saw this great vision, and there remained
no strength in me : for my comely appearance was horribly
changed, and I retained no strength. Yet I heard the sound of 9
his words : and when I heard the voice of his words, I was in a
deep sleep on my face, and my face towards the ground. And, 10
behold, a hand touched me, which set me trembling on my knees
and on the palms of my hands. And he said to me, O Daniyyel, 11
thou man greatly beloved, understand the words that I speak to
thee, and stand upright : for to thee am I now sent. And when
he had spoken this word to me, I stood trembling. Then said he 12
to me, Fear not, Daniyyel : for from the first day that thou didst
set thy heart to understand and to humble thyself before thy
GOD, thy words were heard, and I am come because of thy words.
But the guardian angel of the kingdom of Paras withstood me 13
twenty one days : but, lo, Mikha'el, one of the chief angels, came
to help me ; and I remained there with the kings of Paras. Now 14
I am come to make thee understand what shall befall thy people
in the latter days : for the vision is for days yet to come. And 15
when he had spoken such words to me, I set my face towards
the ground, and I became dumb. And, behold, one in the likeness 16
of the sons of men touched my lips : then I opened my mouth,
and spoke, and said to him that stood before me, O my lord, by
reason of the vision my pains have come upon me, and I retain

יז וְלֹא עָצַרְתִּי כֹחַ: וְהֵיךְ יוּכַל עֶבֶד אֲדֹנִי זֶה לְדַבֵּר עִם־אֲדֹנִי
זֶה וַאֲנִי מֵעַתָּה לֹא־יַעֲמָד־בִּי כֹחַ וּנְשָׁמָה לֹא נִשְׁאֲרָה־בִי:
יח יט וַיֹּסֶף וַיִּגַּע־בִּי כְּמַרְאֵה אָדָם וַיְחַזְּקֵנִי: וַיֹּאמֶר אַל־תִּירָא אִישׁ־
חֲמֻדוֹת שָׁלוֹם לָךְ חֲזַק וַחֲזָק וּכְדַבְּרוֹ עִמִּי הִתְחַזַּקְתִּי וָאֹמְרָה
כ יְדַבֵּר אֲדֹנִי כִּי חִזַּקְתָּנִי: וַיֹּאמֶר הֲיָדַעְתָּ לָמָּה־בָּאתִי אֵלֶיךָ
וְעַתָּה אָשׁוּב לְהִלָּחֵם עִם־שַׂר פָּרָס וַאֲנִי יוֹצֵא וְהִנֵּה שַׂר־
כא יָוָן בָּא: אֲבָל אַגִּיד לְךָ אֶת־הָרָשׁוּם בִּכְתָב אֱמֶת וְאֵין אֶחָד ז
יא א מִתְחַזֵּק עִמִּי עַל־אֵלֶּה כִּי אִם־מִיכָאֵל שַׂרְכֶם: וַאֲנִי
בִּשְׁנַת אַחַת לְדָרְיָוֶשׁ הַמָּדִי עָמְדִי לְמַחֲזִיק וּלְמָעוֹז לוֹ:
ב וְעַתָּה אֱמֶת אַגִּיד לָךְ הִנֵּה־עוֹד שְׁלֹשָׁה מְלָכִים עֹמְדִים
לְפָרַס וְהָרְבִיעִי יַעֲשִׁיר עֹשֶׁר־גָּדוֹל מִכֹּל וּכְחֶזְקָתוֹ בְעָשְׁרוֹ
ג יָעִיר הַכֹּל אֵת מַלְכוּת יָוָן: וְעָמַד מֶלֶךְ גִּבּוֹר וּמָשַׁל מִמְשָׁל
ד רַב וְעָשָׂה כִּרְצוֹנוֹ: וּכְעָמְדוֹ תִּשָּׁבֵר מַלְכוּתוֹ וְתֵחָץ לְאַרְבַּע
רוּחוֹת הַשָּׁמָיִם וְלֹא לְאַחֲרִיתוֹ וְלֹא כְמָשְׁלוֹ אֲשֶׁר מָשָׁל כִּי
ה תִנָּתֵשׁ מַלְכוּתוֹ וְלַאֲחֵרִים מִלְּבַד־אֵלֶּה: וְיֶחֱזַק מֶלֶךְ־הַנֶּגֶב
ו וּמִן־שָׂרָיו וְיֶחֱזַק עָלָיו וּמָשַׁל מִמְשָׁל רַב מֶמְשַׁלְתּוֹ: וּלְקֵץ
שָׁנִים יִתְחַבָּרוּ וּבַת מֶלֶךְ־הַנֶּגֶב תָּבוֹא אֶל־מֶלֶךְ הַצָּפוֹן
לַעֲשׂוֹת מֵישָׁרִים וְלֹא־תַעְצֹר כּוֹחַ הַזְּרוֹעַ וְלֹא יַעֲמֹד וּזְרֹעוֹ
ז וְתִנָּתֵן הִיא וּמְבִיאֶיהָ וְהַיֹּלְדָהּ וּמַחֲזִקָהּ בָּעִתִּים: וְעָמַד מִנֵּצֶר
שָׁרָשֶׁיהָ כַּנּוֹ וְיָבֹא אֶל־הַחַיִל וְיָבֹא בְּמָעוֹז מֶלֶךְ הַצָּפוֹן וְעָשָׂה
ח בָהֶם וְהֶחֱזִיק: וְגַם אֱלֹהֵיהֶם עִם־נְסִכֵיהֶם עִם־כְּלֵי חֶמְדָּתָם
כֶּסֶף וְזָהָב בַּשְּׁבִי יָבִא מִצְרָיִם וְהוּא שָׁנִים יַעֲמֹד מִמֶּלֶךְ
ט הַצָּפוֹן: וּבָא בְּמַלְכוּת מֶלֶךְ הַנֶּגֶב וְשָׁב אֶל־אַדְמָתוֹ: וּבָנָו
יִתְגָּרוּ וְאָסְפוּ הֲמוֹן חֲיָלִים רַבִּים וּבָא בוֹא וְשָׁטַף וְעָבַר וְיָשֹׁב
יא ויתגרו עַד־מָעֻזֹּה: וְיִתְמַרְמַר מֶלֶךְ הַנֶּגֶב וְיָצָא וְנִלְחַם עִמּוֹ וְיִתְגָּרֶה
יב עִם־מֶלֶךְ הַצָּפוֹן וְהֶעֱמִיד הָמוֹן רָב וְנִתַּן הֶהָמוֹן בְּיָדוֹ: וְנִשָּׂא
יג הֶהָמוֹן ירום לְבָבוֹ וְהִפִּיל רִבֹּאוֹת וְלֹא יָעוֹז: וְשָׁב מֶלֶךְ הַצָּפוֹן וְרָם
וְהֶעֱמִיד הָמוֹן רַב מִן־הָרִאשׁוֹן וּלְקֵץ הָעִתִּים שָׁנִים יָבוֹא
יד בוֹא בְּחַיִל גָּדוֹל וּבִרְכוּשׁ רָב: וּבָעִתִּים הָהֵם רַבִּים יַעַמְדוּ
עַל־מֶלֶךְ הַנֶּגֶב וּבְנֵי ׀ פָּרִיצֵי עַמְּךָ יִנַּשְּׂאוּ לְהַעֲמִיד חָזוֹן

no strength. For how can the servant of my lord talk with this   17
my lord ? for as for me, there remains now no strength in me, nor
is there breath left in me. Then again came one in the likeness of   18
a man, and touched me and strengthened me, and said, O man   19
greatly beloved, fear not : peace be unto thee, be strong, and
be resolute. And when he had spoken to me, I was strengthened,
and said, Let my lord speak ; for thou hast strengthened me.
Then he said to me, Dost thou know why I have come to thee ?   20
But now I will return to fight with the guardian angel of Paras :
and when I depart from him, lo, the guardian angel of Yavan
shall come. But I will tell thee that which is inscribed in the   21
true record : and none stands fast with me against these, except
your guardian angel, Mikha'el.   As for me, in the first   **11**
year of Daryavesh the Madian, I stood up to confirm and to
strengthen him. And now will I tell thee the truth. Behold, there   2
shall stand up yet three kings in Paras : and the fourth shall be
far richer than all of them : and when he has grown strong
through his riches, he shall stir up all against the kingdom of
Yavan. And a mighty king shall stand up, who shall rule with   3
great dominion, and do according to his will. And when he shall   4
stand up, his kingdom shall be broken, and shall be divided
towards the four winds of heaven ; and not to his posterity, nor
according to his dominion with which he ruled : for his kingdom
shall be plucked up, and go to others besides those. And the   5
king of the south shall be strong, but one of his princes shall be
stronger than he, and have dominion ; his dominion shall be
a great dominion. And at the end of years they shall join them-   6
selves together ; for the king's daughter of the south shall come
to the king of the north to make an agreement : but she shall
not retain the power of her arm ; nor shall he stand, nor his
arm : but she shall be given up, and they who brought her,
and he who begot her, and he who strengthened her in those
times. But from a branch of her roots shall one stand up in his   7
place : he shall come with an army, and shall enter into the
fortress of the king of the north, and shall deal against them,
and shall prevail : and he shall also carry captives into Mizrayim   8
their gods, with their princes, and with their precious vessels of
silver and of gold ; and he shall abstain for some years from
attacking the king of the north. But he shall come into the   9
kingdom of the king of the south, and shall return to his own
land. But his sons shall be stirred up, and shall assemble a   10
multitude of great forces : and one shall certainly come, and
overflow, and pass through : then shall he return, and be stirred
up, even to his fortress. And the king of the south shall be moved   11
with anger, and shall come out and fight with him, with the king
of the north : and he shall set forth a great multitude ; but the
multitude shall be given into his hand. And when he has taken   12
away the multitude, his heart shall be lifted up ; and he
shall cast down tens of thousands : but he shall not prevail. For   13
the king of the north shall again set forth a multitude greater
than the former, and shall certainly come after certain years with
a great army and with abundant supplies. And in those times   14
there shall many stand up against the king of the south : also

ט וְנִכְשָׁלוּ׃ וְיָבֹא מֶלֶךְ הַצָּפוֹן וְיִשְׁפֹּךְ סוֹלְלָה וְלָכַד עִיר מִבְצָרוֹת
וּזְרֹעוֹת הַנֶּגֶב לֹא יַעֲמֹדוּ וְעַם מִבְחָרָיו וְאֵין כֹּחַ לַעֲמֹד׃
טז וְיַעַשׂ הַבָּא אֵלָיו כִּרְצוֹנוֹ וְאֵין עוֹמֵד לְפָנָיו וְיַעֲמֹד בְּאֶרֶץ־
יז הַצְּבִי וְכָלָה בְיָדוֹ׃ וְיָשֵׂם ׀ פָּנָיו לָבוֹא בְּתֹקֶף כָּל־מַלְכוּתוֹ
וִישָׁרִים עִמּוֹ וְעָשָׂה וּבַת הַנָּשִׁים יִתֶּן־לוֹ לְהַשְׁחִיתָהּ וְלֹא
יח תַעֲמֹד וְלֹא־לוֹ תִהְיֶה׃ וישב ׀ פָּנָיו לְאִיִּים וְלָכַד רַבִּים וְיָשֵׂם
יט וְהִשְׁבִּית קָצִין חֶרְפָּתוֹ לוֹ בִּלְתִּי חֶרְפָּתוֹ יָשִׁיב לוֹ׃ וְיָשֵׁב פָּנָיו
כ לְמָעוּזֵּי אַרְצוֹ וְנִכְשַׁל וְנָפַל וְלֹא יִמָּצֵא׃ וְעָמַד עַל־כַּנּוֹ
מַעֲבִיר נוֹגֵשׂ הֶדֶר מַלְכוּת וּבְיָמִים אֲחָדִים יִשָּׁבֵר וְלֹא
כא בְאַפַּיִם וְלֹא בְמִלְחָמָה׃ וְעָמַד עַל־כַּנּוֹ נִבְזֶה וְלֹא־נָתְנוּ עָלָיו
הוֹד מַלְכוּת וּבָא בְשַׁלְוָה וְהֶחֱזִיק מַלְכוּת בַּחֲלַקְלַקּוֹת׃
כב כג וּזְרֹעוֹת הַשֶּׁטֶף יִשָּׁטְפוּ מִלְּפָנָיו וְיִשָּׁבֵרוּ וְגַם נְגִיד בְּרִית׃ וּמִן־
הִתְחַבְּרוּת אֵלָיו יַעֲשֶׂה מִרְמָה וְעָלָה וְעָצַם בִּמְעַט־גּוֹי׃
כד בְּשַׁלְוָה וּבְמִשְׁמַנֵּי מְדִינָה יָבוֹא וְעָשָׂה אֲשֶׁר לֹא־עָשׂוּ אֲבֹתָיו
וַאֲבוֹת אֲבֹתָיו בִּזָּה וְשָׁלָל וּרְכוּשׁ לָהֶם יִבְזוֹר וְעַל מִבְצָרִים
כה יְחַשֵּׁב מַחְשְׁבֹתָיו וְעַד־עֵת׃ וְיָעֵר כֹּחוֹ וּלְבָבוֹ עַל־מֶלֶךְ הַנֶּגֶב
בְּחַיִל גָּדוֹל וּמֶלֶךְ הַנֶּגֶב יִתְגָּרֶה לַמִּלְחָמָה בְּחַיִל־גָּדוֹל וְעָצוּם
כו עַד־מְאֹד וְלֹא יַעֲמֹד כִּי־יַחְשְׁבוּ עָלָיו מַחֲשָׁבוֹת׃ וְאֹכְלֵי
כז פַת־בָּגוֹ יִשְׁבְּרוּהוּ וְחֵילוֹ יִשְׁטוֹף וְנָפְלוּ חֲלָלִים רַבִּים׃ וּשְׁנֵיהֶם
הַמְּלָכִים לְבָבָם לְמֵרָע וְעַל־שֻׁלְחָן אֶחָד כָּזָב יְדַבֵּרוּ וְלֹא
כח תִצְלָח כִּי־עוֹד קֵץ לַמּוֹעֵד׃ וְיָשֹׁב אַרְצוֹ בִּרְכוּשׁ גָּדוֹל וּלְבָבוֹ
כט עַל־בְּרִית קֹדֶשׁ וְעָשָׂה וְשָׁב לְאַרְצוֹ׃ לַמּוֹעֵד יָשׁוּב וּבָא
ל בַנֶּגֶב וְלֹא־תִהְיֶה כָרִאשֹׁנָה וְכָאַחֲרֹנָה׃ וּבָאוּ בוֹ צִיִּים כִּתִּים
וְנִכְאָה וְשָׁב וְזָעַם עַל־בְּרִית־קוֹדֶשׁ וְעָשָׂה וְשָׁב וְיָבֵן עַל־
לא עֹזְבֵי בְּרִית קֹדֶשׁ׃ וּזְרֹעִים מִמֶּנּוּ יַעֲמֹדוּ וְחִלְּלוּ הַמִּקְדָּשׁ
לב הַמָּעוֹז וְהֵסִירוּ הַתָּמִיד וְנָתְנוּ הַשִּׁקּוּץ מְשׁוֹמֵם׃ וּמַרְשִׁיעֵי
לג בְרִית יַחֲנִיף בַּחֲלַקּוֹת וְעַם יֹדְעֵי אֱלֹהָיו יַחֲזִקוּ וְעָשׂוּ׃ וּמַשְׂכִּילֵי

the renegades of thy people shall exalt themselves to fulfil the
vision ; but they shall stumble. So the king of the north shall   15
come, and cast up a mound, and seize a well fortified city and
the arms of the south shall not withstand, nor his chosen people,
for they shall have no strength to withstand. But he who comes   16
against him shall do according to his own will, and none shall
stand before him : and he shall stand in the land of beauty, and
in his hand shall be destruction. He shall also set his face to   17
enter with the strength of his whole kingdom, but he shall
make peace with him : and he shall give him the daughter of
women, to destroy it : but she shall not stand or remain his.
After this he shall turn his face to the isles, and shall take   18
many : but a commander shall put an end to his insult ; indeed,
he shall cause his insult to return upon him. Then he shall   19
turn his face towards the strongholds of his own land : but he
shall stumble and fall, and not be found. Then there shall stand   20
up in his place one who shall send an exactor of taxes through-
out glory of the kingdom, but within a few days he shall be
destroyed, but not in anger, or in battle. And in his place shall 21
stand up a vile person, to whom the honour of the kingdom
has not been given : but he shall come in without difficulty,
and obtain the kingdom by flatteries. And the force of the flood   22
shall be swept away before him, and shall be broken ; even
the prince of the covenant. And after the league made with him   23
he shall work deceitfully : for he shall come up, and shall
become strong with a small people. He shall enter without   24
difficulty even upon the fattest places of the province ; and he
shall do that which his fathers have not done, or his fathers'
fathers ; he shall scatter among them prey, and spoil, and riches :
and he shall devise schemes against the strongholds, but only
for a time. And he shall stir up his power and his courage against 25
the king of the south with a great army ; and the king of the
south shall be stirred up to battle with a very great and mighty
army ; but he shall not stand : for they shall devise schemes
against him. For those who eat his food shall destroy him, and   26
his army shall overflow : and many shall fall down slain. And   27
both these kings' hearts shall be to do mischief, and they shall
speak lies at one table ; but it shall not prosper : for the end is
yet to come at the time appointed. Then shall he return into   28
his land with great riches ; and his heart shall be set against the
holy covenant ; and he shall work his will, and return to his own
land. At the time appointed he shall return, and come towards   29
the south ; but it shall not be at the latter time as it was at the
former. For ships of Kittim shall come against him : therefore   30
he shall lose heart and return, and have indignation against the
holy covenant, and do his will ; he shall even return, and have
an understanding with those who forsake the holy covenant.
And arms shall stand up on his part, and they shall profane   31
sanctuary and fortress, and shall take away the daily sacrifice,
and they shall set up the abomination that makes desolate. And   32
such as do wickedly against the covenant shall he seduce by
flatteries : but the people who know their GOD shall be strong,
and prevail. And they who understand among the people shall   33

עָם יָבִינוּ לָרַבִּים וְנִכְשְׁלוּ בְּחֶרֶב וּבְלֶהָבָה בִּשְׁבִי וּבְבִזָּה
לד יָמִים׃ וּבְהִכָּשְׁלָם יֵעָזְרוּ עֵזֶר מְעָט וְנִלְווּ עֲלֵיהֶם רַבִּים
לה בַּחֲלַקְלַקּוֹת׃ וּמִן־הַמַּשְׂכִּילִים יִכָּשְׁלוּ לִצְרוֹף בָּהֶם וּלְבָרֵר
לו וְלַלְבֵּן עַד־עֵת קֵץ כִּי־עוֹד לַמּוֹעֵד׃ וְעָשָׂה כִרְצוֹנוֹ הַמֶּלֶךְ
וְיִתְרוֹמֵם וְיִתְגַּדֵּל עַל־כָּל־אֵל וְעַל אֵל אֵלִים יְדַבֵּר נִפְלָאוֹת
לז וְהִצְלִיחַ עַד־כָּלָה זַעַם כִּי נֶחֱרָצָה נֶעֱשָׂתָה׃ וְעַל־אֱלֹהֵי
אֲבֹתָיו לֹא יָבִין וְעַל־חֶמְדַּת נָשִׁים וְעַל־כָּל־אֱלוֹהַּ לֹא יָבִין
לח כִּי עַל־כֹּל יִתְגַּדָּל׃ וְלֶאֱלֹהַּ מָעֻזִּים עַל־כַּנּוֹ יְכַבֵּד וְלֶאֱלוֹהַּ
אֲשֶׁר לֹא־יְדָעֻהוּ אֲבֹתָיו יְכַבֵּד בְּזָהָב וּבְכֶסֶף וּבְאֶבֶן יְקָרָה
לט וּבַחֲמֻדוֹת׃ וְעָשָׂה לְמִבְצְרֵי מָעֻזִּים עִם־אֱלוֹהַּ נֵכָר אֲשֶׁר
הכיר יַרְבֶּה כָבוֹד וְהִמְשִׁילָם בָּרַבִּים וַאֲדָמָה יְחַלֵּק בִּמְחִיר׃ יַכִּיר
מ וּבְעֵת קֵץ יִתְנַגַּח עִמּוֹ מֶלֶךְ הַנֶּגֶב וְיִשְׂתָּעֵר עָלָיו מֶלֶךְ הַצָּפוֹן
בְּרֶכֶב וּבְפָרָשִׁים וּבָאֳנִיּוֹת רַבּוֹת וּבָא בַאֲרָצוֹת וְשָׁטַף וְעָבָר׃
מא וּבָא בְּאֶרֶץ הַצְּבִי וְרַבּוֹת יִכָּשֵׁלוּ וְאֵלֶּה יִמָּלְטוּ מִיָּדוֹ אֱדוֹם
מב וּמוֹאָב וְרֵאשִׁית בְּנֵי עַמּוֹן׃ וְיִשְׁלַח יָדוֹ בַּאֲרָצוֹת וְאֶרֶץ
מג מִצְרַיִם לֹא תִהְיֶה לִפְלֵיטָה׃ וּמָשַׁל בְּמִכְמַנֵּי הַזָּהָב וְהַכֶּסֶף
מד וּבְכֹל חֲמֻדוֹת מִצְרָיִם וְלֻבִים וְכֻשִׁים בְּמִצְעָדָיו׃ וּשְׁמֻעוֹת
יְבַהֲלֻהוּ מִמִּזְרָח וּמִצָּפוֹן וְיָצָא בְּחֵמָא גְדֹלָה לְהַשְׁמִיד וּלְהַחֲרִים
מה רַבִּים׃ וְיִטַּע אָהֳלֵי אַפַּדְנוֹ בֵּין יַמִּים לְהַר־צְבִי־קֹדֶשׁ וּבָא
יב א עַד־קִצּוֹ וְאֵין עוֹזֵר לוֹ׃ וּבָעֵת הַהִיא יַעֲמֹד מִיכָאֵל הַשַּׂר
הַגָּדוֹל הָעֹמֵד עַל־בְּנֵי עַמֶּךָ וְהָיְתָה עֵת צָרָה אֲשֶׁר לֹא־
נִהְיְתָה מִהְיוֹת גּוֹי עַד הָעֵת הַהִיא וּבָעֵת הַהִיא יִמָּלֵט עַמְּךָ
ב כָּל־הַנִּמְצָא כָּתוּב בַּסֵּפֶר׃ וְרַבִּים מִיְּשֵׁנֵי אַדְמַת־עָפָר יָקִיצוּ
ג אֵלֶּה לְחַיֵּי עוֹלָם וְאֵלֶּה לַחֲרָפוֹת לְדִרְאוֹן עוֹלָם׃ וְהַמַּשְׂכִּלִים
יַזְהִרוּ כְּזֹהַר הָרָקִיעַ וּמַצְדִּיקֵי הָרַבִּים כַּכּוֹכָבִים לְעוֹלָם
ד וָעֶד׃ וְאַתָּה דָנִיֵּאל סְתֹם הַדְּבָרִים וַחֲתֹם הַסֵּפֶר
ה עַד־עֵת קֵץ יְשֹׁטְטוּ רַבִּים וְתִרְבֶּה הַדָּעַת׃ וְרָאִיתִי אֲנִי דָנִיֵּאל
וְהִנֵּה שְׁנַיִם אֲחֵרִים עֹמְדִים אֶחָד הֵנָּה לִשְׂפַת הַיְאֹר וְאֶחָד
ו הֵנָּה לִשְׂפַת הַיְאֹר׃ וַיֹּאמֶר לָאִישׁ לְבוּשׁ הַבַּדִּים אֲשֶׁר מִמַּעַל
ז לְמֵימֵי הַיְאֹר עַד־מָתַי קֵץ הַפְּלָאוֹת׃ וָאֶשְׁמַע אֶת־הָאִישׁ
לְבוּשׁ הַבַּדִּים אֲשֶׁר מִמַּעַל לְמֵימֵי הַיְאֹר וַיָּרֶם יְמִינוֹ וּשְׂמֹאלוֹ

instruct many : yet they shall fall by the sword, and by flame,
by captivity, and by spoil, some days. Now when they shall fall,   34
they shall receive a little help : but many shall join themselves
to them with flatteries. And some of them of understanding   35
shall fall, to try them, and to refine, and to make them white,
even to the time of the end : because it is yet for the time
appointed. And the king shall do according to his will ; and he   36
shall exalt himself, and magnify himself above every god, and
shall speak astonishing things against the GOD of gods, and shall
prosper till the indignation be accomplished : for that which is
determined shall be done. Nor shall he regard the gods of his   37
fathers, nor the desire of women, nor regard any god : for he
shall magnify himself above all. But in his place he shall honour   38
the god of strongholds, and a god whom his fathers did not
know shall he honour with gold, and silver, and with precious
stones, and costly things. And he shall deal with the strongest   39
fortresses with the help of a foreign god ; those whom he ac-
knowledges, he will magnify with honour : and he shall make
them rulers over many, and shall divide the land for a price. And   40
at the time of the end shall the king of the south push at him :
and the king of the north shall come against him like a storm, with
chariots, and with horsemen, and with many ships ; and he shall
enter into the countries, and shall overflow and pass over. He   41
shall enter also into the land of beauty, and many countries
shall be overthrown : but these shall escape out of his hand —
Edom, and Mo'av, and the chief of the chidren of 'Ammon. He   42
shall stretch forth his hand also upon the countries : and the land
of Miẓrayim shall not escape. But he shall have power over the   43
treasures of gold and of silver, and over all the precious things
of Miẓrayim : and the Lubbians and the Kushites shall follow
in his train. But tidings out of the east and out of the north   44
shall affright him : therefore he shall go forth with great fury
to destroy, and utterly to do away with many. And he shall plant   45
the tents of his palace between the seas and the holy mountain
of beauty ; yet he shall come to his end, and none shall help him.
And at that time shall Mikha'el stand up, the great chief angel,   **12**
who stands for the children of thy people : and there shall be a
time of trouble, such as never was since there was a nation till
that same time : and at that time thy people shall be delivered,
every one who shall be found written in the book. And many of   2
those who sleep in the dust of the earth shall awake, some to
everlasting life, and some to shame and everlasting contempt.
And they who are wise shall shine like the brightness of the   3
firmament ; and they who turn many to righeousness like the
stars for ever and ever.   But thou, O Daniyyel, shut up   4
the words, and seal the book, until the time of the end : many
shall run to and fro, and knowledge shall be increased. Then I   5
Daniyyel looked, and, behold, there stood two others, the one on
this side of the bank of the River, and the other on that side of
the bank of the river. And one said to the man clothed in linen,   6
who was above the waters of the River, How long shall it be to
the end of the wonders ? And I heard the man clothed in linen,   7
who was above the waters of the River, when he lifted up his

אֶל־הַשָּׁמַיִם וַיִּשָּׁבַע בְּחֵי הָעוֹלָם כִּי לְמוֹעֵד מוֹעֲדִים וָחֵצִי
וּכְכַלּוֹת נַפֵּץ יַד־עַם־קֹדֶשׁ תִּכְלֶינָה כָל־אֵלֶּה׃ וַאֲנִי שָׁמַעְתִּי ח
וְלֹא אָבִין וָאֹמְרָה אֲדֹנִי מָה אַחֲרִית אֵלֶּה׃ וַיֹּאמֶר לֵךְ ט
דָּנִיֵּאל כִּי־סְתֻמִים וַחֲתֻמִים הַדְּבָרִים עַד־עֵת קֵץ׃ יִתְבָּרֲרוּ י
וְיִתְלַבְּנוּ וְיִצָּרְפוּ רַבִּים וְהִרְשִׁיעוּ רְשָׁעִים וְלֹא יָבִינוּ כָּל־
רְשָׁעִים וְהַמַּשְׂכִּלִים יָבִינוּ׃ וּמֵעֵת הוּסַר הַתָּמִיד וְלָתֵת יא
שִׁקּוּץ שֹׁמֵם יָמִים אֶלֶף מָאתַיִם וְתִשְׁעִים׃ אַשְׁרֵי הַמְחַכֶּה יב
וְיַגִּיעַ לְיָמִים אֶלֶף שְׁלֹשׁ מֵאוֹת שְׁלֹשִׁים וַחֲמִשָּׁה׃ וְאַתָּה יג
לֵךְ לַקֵּץ וְתָנוּחַ וְתַעֲמֹד לְגֹרָלְךָ לְקֵץ הַיָּמִין׃

right hand and his left hand to heaven, and swore by that one who lives for ever that it shall be for a time, times, and a half ; and when the crushing of the power of the holy people shall have been completed, all these things shall be finished. And I 8 heard, but I did not understand : then I said, O my LORD, what shall be the end of these things ? And he said, Go thy way, 9 Daniyyel : for the words are closed up and sealed till the time of the end. Many shall purify themselves, and make themselves 10 white, and be tried ; but the wicked shall do wickedly : and none of the wicked shall understand ; but the wise shall understand. And from the time that the daily sacrifice shall be taken away, 11 and the abomination that makes desolate be set up, there shall be a thousand two hundred and ninety days. Happy is he who 12 waits, and reaches a thousand three hundred and thirty five days. But go thou thy way till the end be : for thou shalt rest, 13 and stand up for thy alloted portion at the end of the days.

עזרא·נחמיה

ʻEZRA·NEH̱EMYA
EZRA·NEHEMIAH

א א וּבִשְׁנַת אַחַת לְכוֹרֶשׁ מֶלֶךְ פָּרַס לִכְלוֹת דְּבַר־יהוה מִפִּי
יִרְמְיָה הֵעִיר יהוה אֶת־רוּחַ כֹּרֶשׁ מֶלֶךְ־פָּרַס וַיַּעֲבֶר־קוֹל
ב בְּכָל־מַלְכוּתוֹ וְגַם־בְּמִכְתָּב לֵאמֹר: כֹּה אָמַר כֹּרֶשׁ מֶלֶךְ
פָּרַס כֹּל מַמְלְכוֹת הָאָרֶץ נָתַן לִי יהוה אֱלֹהֵי הַשָּׁמָיִם וְהוּא־
ג פָקַד עָלַי לִבְנוֹת־לוֹ בַיִת בִּירוּשָׁלִַם אֲשֶׁר בִּיהוּדָה: מִי־בָכֶם
מִכָּל־עַמּוֹ יְהִי אֱלֹהָיו עִמּוֹ וְיַעַל לִירוּשָׁלִַם אֲשֶׁר בִּיהוּדָה
וְיִבֶן אֶת־בֵּית יהוה אֱלֹהֵי יִשְׂרָאֵל הוּא הָאֱלֹהִים אֲשֶׁר
ד בִּירוּשָׁלִָם: וְכָל־הַנִּשְׁאָר מִכָּל־הַמְּקֹמוֹת אֲשֶׁר הוּא גָר־שָׁם
יְנַשְּׂאוּהוּ אַנְשֵׁי מְקֹמוֹ בְּכֶסֶף וּבְזָהָב וּבִרְכוּשׁ וּבִבְהֵמָה עִם־
ה הַנְּדָבָה לְבֵית הָאֱלֹהִים אֲשֶׁר בִּירוּשָׁלִָם: וַיָּקוּמוּ רָאשֵׁי
הָאָבוֹת לִיהוּדָה וּבִנְיָמִן וְהַכֹּהֲנִים וְהַלְוִיִּם לְכֹל הֵעִיר הָאֱלֹהִים
אֶת־רוּחוֹ לַעֲלוֹת לִבְנוֹת אֶת־בֵּית יהוה אֲשֶׁר בִּירוּשָׁלִָם:
ו וְכָל־סְבִיבֹתֵיהֶם חִזְּקוּ בִידֵיהֶם בִּכְלֵי־כֶסֶף בַּזָּהָב בָּרְכוּשׁ
וּבַבְּהֵמָה וּבַמִּגְדָּנוֹת לְבַד עַל־כָּל־הִתְנַדֵּב:
ז וְהַמֶּלֶךְ כּוֹרֶשׁ הוֹצִיא אֶת־כְּלֵי בֵית־יהוה אֲשֶׁר הוֹצִיא
ח נְבוּכַדְנֶצַּר מִירוּשָׁלִַם וַיִּתְּנֵם בְּבֵית אֱלֹהָיו: וַיּוֹצִיאֵם כּוֹרֶשׁ
מֶלֶךְ פָּרַס עַל־יַד מִתְרְדָת הַגִּזְבָּר וַיִּסְפְּרֵם לְשֵׁשְׁבַּצַּר הַנָּשִׂיא
ט לִיהוּדָה: וְאֵלֶּה מִסְפָּרָם אֲגַרְטְלֵי זָהָב שְׁלֹשִׁים
י אֲגַרְטְלֵי־כֶסֶף אָלֶף מַחֲלָפִים תִּשְׁעָה וְעֶשְׂרִים: כְּפוֹרֵי זָהָב
שְׁלֹשִׁים כְּפוֹרֵי כֶסֶף מִשְׁנִים אַרְבַּע מֵאוֹת וַעֲשָׂרָה כֵּלִים
יא אֲחֵרִים אָלֶף: כָּל־כֵּלִים לַזָּהָב וְלַכֶּסֶף חֲמֵשֶׁת אֲלָפִים וְאַרְבַּע
מֵאוֹת הַכֹּל הֶעֱלָה שֵׁשְׁבַּצַּר עִם הֵעָלוֹת הַגּוֹלָה מִבָּבֶל
לִירוּשָׁלִָם:
ב א וְאֵלֶּה ׀ בְּנֵי הַמְּדִינָה הָעֹלִים מִשְּׁבִי הַגּוֹלָה אֲשֶׁר הֶגְלָה
נבוכדנצור מֶלֶךְ־בָּבֶל לְבָבֶל וַיָּשׁוּבוּ לִירוּשָׁלִַם וִיהוּדָה אִישׁ נְבוּכַדְנֶצַּר
ב לְעִירוֹ: אֲשֶׁר־בָּאוּ עִם־זְרֻבָּבֶל יֵשׁוּעַ נְחֶמְיָה שְׂרָיָה רְעֵלָיָה
מָרְדֳּכַי בִּלְשָׁן מִסְפָּר בִּגְוַי רְחוּם בַּעֲנָה מִסְפַּר אַנְשֵׁי עַם
ג ד יִשְׂרָאֵל: בְּנֵי פַרְעֹשׁ אַלְפַּיִם מֵאָה שִׁבְעִים וּשְׁנָיִם: בְּנֵי שְׁפַטְיָה
ה שְׁלֹשׁ מֵאוֹת שִׁבְעִים וּשְׁנָיִם: בְּנֵי אָרַח שְׁבַע מֵאוֹת חֲמִשָּׁה
ו וְשִׁבְעִים: בְּנֵי־פַחַת מוֹאָב לִבְנֵי יֵשׁוּעַ יוֹאָב אַלְפַּיִם שְׁמֹנֶה
ז מֵאוֹת וּשְׁנֵים עָשָׂר: בְּנֵי עֵילָם אֶלֶף מָאתַיִם חֲמִשִּׁים וְאַרְבָּעָה:
ח ט בְּנֵי זַתּוּא תְּשַׁע מֵאוֹת וְאַרְבָּעִים וַחֲמִשָּׁה: בְּנֵי זַכָּי שְׁבַע
י יא מֵאוֹת וְשִׁשִּׁים: בְּנֵי בָנִי שֵׁשׁ מֵאוֹת אַרְבָּעִים וּשְׁנָיִם: בְּנֵי בֵבָי
יב שֵׁשׁ מֵאוֹת עֶשְׂרִים וּשְׁלֹשָׁה: בְּנֵי עַזְגָּד אֶלֶף מָאתַיִם עֶשְׂרִים
יג יד וּשְׁנָיִם: בְּנֵי אֲדֹנִיקָם שֵׁשׁ מֵאוֹת שִׁשִּׁים וְשִׁשָּׁה: בְּנֵי בִגְוָי
טו אַלְפַּיִם חֲמִשִּׁים וְשִׁשָּׁה: בְּנֵי עָדִין אַרְבַּע מֵאוֹת חֲמִשִּׁים

Now in the first year of Koresh king of Paras, that the word of 1
the LORD by the mouth of Yirmeya might be fulfilled, the LORD
stirred up the spirit of Koresh king of Paras, that he made a
proclamation throughout all his kingdom, and put it also in
writing, saying, Thus says Koresh king of Paras, The LORD GOD 2
of heaven has given me all the kingdoms of the earth; and he has
charged me to build him a house at Yerushalayim, which is in
Yehuda. Whoever is among you of all his people, let his GOD be 3
with him, and let him go up to Yerushalayim, which is in Yehuda,
and build the house of the LORD GOD of Yisra'el ; (he is the GOD,)
which is in Yerushalayim. And whoever remains in any place 4
where he sojourns, let the men of his place help him with silver,
and with gold, and with goods, and with beasts, besides the free-
will offering for the house of GOD that is in Yerushalayim. Then 5
rose up the chiefs of the fathers' houses of Yehuda and Binyamin,
and the priests, and the Levites, with all them whose spirit GOD
had stirred to go up to build the house of the LORD which is in
Yerushalayim. And all they who were about them strengthened 6
their hands with vessels of silver, with gold, with goods, and
with beasts, and with precious things, besides all that was
willingly offered.

Also Koresh the king brought forth the vessels of the house 7
of the LORD, which Nevukhadnezzar had brought out of Yeru-
shalayim, and had put them in the house of his gods ; those 8
did Koresh king of Paras bring out by the hand of Mitredat the
treasurer, and counted them out to Sheshbazzar, the prince of
Yehuda.   And this is the number of them : thirty basins 9
of gold, a thousand basins of silver, twenty nine knives, thirty 10
bowls of gold, silver bowls of a second sort four hundred and
ten, and other vessels a thousand. And the vessels of gold and 11
of silver were five thousand four hundred. All these did Shesh-
bazzar bring, when the exiles were brought up from Bavel to
Yerushalayim.

Now these are the children of the province who went up out **2**
of the captivity, of those exiles whom Nevukhadnezzar the
king of Bavel had carried away to Bavel, and they came back
to Yerushalayim and Yehuda, everyone to his city. They came 2
with Zerubbavel, Yeshua, Nehemya, Seraya, Re'elya, Mordekhay,
Bilshan, Mispar, Bigvay, Rehum, and Ba'ana. The number of
the men of the children of Yisra'el : the children of Par'osh, 3
two thousand one hundred and seventy two. The children of 4
Shefatya, three hundred and seventy two. The children of Arah, 5
seven hundred and seventy five. The children of Pahat-mo'av, 6
of the children of Yeshua and Yo'av, two thousand eight
hundred and twelve. The children of 'Elam, one thousand two 7
hundred and fifty four. The children of Zattu, nine hundred 8
and forty five. The children of Zakkay, seven hundred and 9
sixty. The children of Bani, six hundred and forty two. The 10,11
children of Bevay, six hundred and twenty three. The children 12
of 'Azgad, one thousand two hundred and twenty two. The 13
children of Adoniqam, six hundred and sixty six. The children 14
of Bigvay, two thousand and fifty six. The children of 'Adin, 15

טז יז וְאַרְבָּעָה: בְּנֵי־אָטֵר לִיחִזְקִיָּה תִּשְׁעִים וּשְׁמֹנָה: בְּנֵי בֵצָי שְׁלֹשׁ
יח יט מֵאוֹת עֶשְׂרִים וּשְׁלֹשָׁה: בְּנֵי יוֹרָה מֵאָה וּשְׁנֵים עָשָׂר: בְּנֵי
כ חָשֻׁם מָאתַיִם עֶשְׂרִים וּשְׁלֹשָׁה: בְּנֵי גִבָּר תִּשְׁעִים וַחֲמִשָּׁה:
כא כב בְּנֵי בֵית־לָחֶם מֵאָה עֶשְׂרִים וּשְׁלֹשָׁה: אַנְשֵׁי נְטֹפָה חֲמִשִּׁים
כג כד וְשִׁשָּׁה: אַנְשֵׁי עֲנָתוֹת מֵאָה עֶשְׂרִים וּשְׁמֹנָה: בְּנֵי עַזְמָוֶת
כה אַרְבָּעִים וּשְׁנָיִם: בְּנֵי קִרְיַת עָרִים כְּפִירָה וּבְאֵרוֹת שְׁבַע מֵאוֹת
כו וְאַרְבָּעִים וּשְׁלֹשָׁה: בְּנֵי הָרָמָה וָגָבַע שֵׁשׁ מֵאוֹת עֶשְׂרִים
כז כח וְאֶחָד: אַנְשֵׁי מִכְמָס מֵאָה עֶשְׂרִים וּשְׁנָיִם: אַנְשֵׁי בֵית־אֵל
כט ל וְהָעָי מָאתַיִם עֶשְׂרִים וּשְׁלֹשָׁה: בְּנֵי נְבוֹ חֲמִשִּׁים וּשְׁנָיִם: בְּנֵי
לא מַגְבִּישׁ מֵאָה חֲמִשִּׁים וְשִׁשָּׁה: בְּנֵי עֵילָם אַחֵר אֶלֶף מָאתַיִם
לב לג חֲמִשִּׁים וְאַרְבָּעָה: בְּנֵי חָרִם שְׁלֹשׁ מֵאוֹת וְעֶשְׂרִים: בְּנֵי־לֹד
לד חָדִיד וְאוֹנוֹ שְׁבַע מֵאוֹת עֶשְׂרִים וַחֲמִשָּׁה: בְּנֵי יְרֵחוֹ שְׁלֹשׁ
לה מֵאוֹת אַרְבָּעִים וַחֲמִשָּׁה: בְּנֵי סְנָאָה שְׁלֹשֶׁת אֲלָפִים וְשֵׁשׁ
לו מֵאוֹת וּשְׁלֹשִׁים: הַכֹּהֲנִים בְּנֵי יְדַעְיָה לְבֵית יֵשׁוּעַ תְּשַׁע מֵאוֹת
לז לח שִׁבְעִים וּשְׁלֹשָׁה: בְּנֵי אִמֵּר אֶלֶף חֲמִשִּׁים וּשְׁנָיִם: בְּנֵי פַשְׁחוּר
לט אֶלֶף מָאתַיִם אַרְבָּעִים וְשִׁבְעָה: בְּנֵי חָרִם אֶלֶף וְשִׁבְעָה עָשָׂר:
מ הַלְוִיִּם בְּנֵי־יֵשׁוּעַ וְקַדְמִיאֵל לִבְנֵי הוֹדַוְיָה שִׁבְעִים וְאַרְבָּעָה:
מא מב הַמְשֹׁרְרִים בְּנֵי אָסָף מֵאָה עֶשְׂרִים וּשְׁמֹנָה: בְּנֵי הַשֹּׁעֲרִים בְּנֵי־
שַׁלּוּם בְּנֵי־אָטֵר בְּנֵי־טַלְמוֹן בְּנֵי־עַקּוּב בְּנֵי חֲטִיטָא בְּנֵי שֹׁבָי
מג הַכֹּל מֵאָה שְׁלֹשִׁים וְתִשְׁעָה: הַנְּתִינִים בְּנֵי־צִיחָא בְנֵי־חֲשׂוּפָא
מד מה בְּנֵי טַבָּעוֹת: בְּנֵי־קֵרֹס בְּנֵי־סִיעֲהָא בְּנֵי פָדוֹן: בְּנֵי־לְבָנָה בְנֵי
מו מז חֲגָבָה בְּנֵי עַקּוּב: בְּנֵי־חָגָב בְּנֵי־שמלי בְּנֵי חָנָן: בְּנֵי־גִדֵּל בְּנֵי־ שַׁלְמַי
מח מט גַחַר בְּנֵי רְאָיָה: בְּנֵי־רְצִין בְּנֵי־נְקוֹדָא בְּנֵי גַזָּם: בְּנֵי־עֻזָּא בְנֵי־
נ נא פָסֵחַ בְּנֵי בֵסָי: בְּנֵי־אַסְנָה בְנֵי־מְעוּנִים בְּנֵי נפיסים: בְּנֵי־בַקְבּוּק נְפוּסִים
נב בְּנֵי־חֲקוּפָא בְּנֵי חַרְחוּר: בְּנֵי־בַצְלוּת בְּנֵי־מְחִידָא בְּנֵי חַרְשָׁא:
נג נד בְּנֵי־בַרְקוֹס בְּנֵי־סִיסְרָא בְּנֵי־תָמַח: בְּנֵי נְצִיחַ בְּנֵי חֲטִיפָא:
נה נו בְּנֵי עַבְדֵי שְׁלֹמֹה בְּנֵי־סֹטַי בְּנֵי־הַסֹּפֶרֶת בְּנֵי פְרוּדָא: בְּנֵי־
נז יַעְלָה בְנֵי־דַרְקוֹן בְּנֵי גִדֵּל: בְּנֵי שְׁפַטְיָה בְנֵי־חַטִּיל בְּנֵי פֹּכֶרֶת
נח הַצְּבָיִים בְּנֵי אָמִי: כָּל־הַנְּתִינִים וּבְנֵי עַבְדֵי שְׁלֹמֹה שְׁלֹשׁ מֵאוֹת
נט תִּשְׁעִים וּשְׁנָיִם: וְאֵלֶּה הָעֹלִים מִתֵּל מֶלַח תֵּל
חַרְשָׁא כְּרוּב אַדָּן אִמֵּר וְלֹא יָכְלוּ לְהַגִּיד בֵּית־אֲבוֹתָם וְזַרְעָם
ס אִם מִיִּשְׂרָאֵל הֵם: בְּנֵי־דְלָיָה בְנֵי־טוֹבִיָּה בְּנֵי נְקוֹדָא שֵׁשׁ
סא מֵאוֹת חֲמִשִּׁים וּשְׁנָיִם: וּמִבְּנֵי הַכֹּהֲנִים בְּנֵי

four hundred and fifty four. The children of Ater (of Yeẖiz- 16
qiyya,) ninety eight. The children of Beẕay, three hundred and 17
twenty three. The children of Yora, a hundred and twelve. 18
The children of H̱ashum, two hundred and twenty three. The 19,20
children of Gibbar, ninety five. The children of Bet-leẖem, one 21
hundred and twenty three. The men of Netofa, fifty six. The men 22,23
of 'Anatot, one hundred and twenty eight. The children of 24
'Azmavet, forty two. The children of Qiryat-'arim, Kefira, and 25
Be'erot, seven hundred and forty three. The children of Rama 26
and Geva, six hundred and twenty one. The men of Mikhmas, 27
one hundred and twenty two. The men of Bet-el and 'Ay, two 28
hundred and twenty three. the children of Nevo, fifty two. The 29,30
children of Magbish, one hundred and fifty six. The children of 31
the other 'Elam, one thousand two hundred and fifty four. The 32
children of H̱arim, three hundred and twenty. The children of 33
Lod, H̱adid, and Ono, seven hundred and twenty five. The chil- 34
dren of Yereẖo, three hundred and forty five. The children of 35
Sena'a, three thousand six hundred and thirty. The priests : the 36
children of Yeda'ya of the houses of Yeshua, nine hundred and
seventy three. The children of Immer, one thousand and fifty 37
two. The children of Pashẖur, one thousand two hundred and 38
forty seven. The children of H̱arim, one thousand and seventeen. 39
The Levites : the children of Yeshua and Qadmi'el of the children 40
of Hodavya, seventy four. The singers : the children of Asaf, one 41
hundred and twenty eight. The children of the gatekeepers : the 42
children of Shallum, the children of Ater, the children of
Talmon, the children of 'Aqquv, the children of H̱atita, the
children of Shovav, in all, one hundred and thirty nine. The 43
temple servants ; the children of Ẕiẖa, the children of H̱asufa,
and the children of Tabba'ot, the children of Qeros, the children 44
of Si'aha, the children of Padon, the children of Levana, the 45
children of H̱agava, the children of 'Aqquv, the children of H̱a- 46
gav, the children of Salmay, the children of H̱anan, the children 47
of Giddel, the children of Gaẖar, the children of Re'aya, the chil- 48
dren of Reẕin, the children of Neqoda, the children of Gazzam, 49
the children of 'Uzza, the children of Pase'aẖ, the children of 50
Besay, the children of Asna, the children of Me'unim, the chil-
dren of Nefusim, the children of Baqbuq, the children of H̱aqufa, 51
the children of H̱arẖur, the children of Baẕlut, the children of 52
Meẖida, the children of H̱arsha, the children of Barqos, the 53
children of Sisera, the children of Temaẖ, the children of Neẕiaẖ, 54
the children of H̱atifa. The children of the servants of Shelomo : 55
the children of Sotay, the children of Soferet, the children of
Peruda, the children of Ya'ala, the children of Darqon, the chil- 56
dren of Giddel, the children of Shefatya, the children of H̱attil, 57
the children of Pokheret-haẕevayim, the children of Ami. All 58
the temple servants, and the children of the servants of Shelo-
mo were three hundred and ninety two. And 59
these were they who went up from Tel-melaẖ, Tel-ẖarsha,
Keruv, Addan, and Immer, but they could not tell their father's
house, and their seed, whether they were of Yisra'el : the 60
children of Delaya, the children of Tovya, the children of Neqo-
da, six hundred and fifty two. And of the children 61

חֲבַיָּה בְּנֵי הַקּוֹץ בְּנֵי בַרְזִלַּי אֲשֶׁר לָקַח מִבְּנוֹת בַּרְזִלַּי הַגִּלְעָדִי
אִשָּׁה וַיִּקָּרֵא עַל־שְׁמָם׃ אֵלֶּה בִּקְשׁוּ כְתָבָם הַמִּתְיַחְשִׂים וְלֹא סב
נִמְצָאוּ וַיְגֹאֲלוּ מִן־הַכְּהֻנָּה׃ וַיֹּאמֶר הַתִּרְשָׁתָא לָהֶם אֲשֶׁר סג
לֹא־יֹאכְלוּ מִקֹּדֶשׁ הַקֳּדָשִׁים עַד עֲמֹד כֹּהֵן לְאוּרִים וּלְתֻמִּים׃
כָּל־הַקָּהָל כְּאֶחָד אַרְבַּע רִבּוֹא אַלְפַּיִם שְׁלֹשׁ־מֵאוֹת שִׁשִּׁים׃ סד
מִלְּבַד עַבְדֵיהֶם וְאַמְהֹתֵיהֶם אֵלֶּה שִׁבְעַת אֲלָפִים שְׁלֹשׁ מֵאוֹת סה
שְׁלֹשִׁים וְשִׁבְעָה וְלָהֶם מְשֹׁרְרִים וּמְשֹׁרְרוֹת מָאתָיִם׃ סוּסֵיהֶם סו
שְׁבַע מֵאוֹת שְׁלֹשִׁים וְשִׁשָּׁה פִּרְדֵיהֶם מָאתַיִם אַרְבָּעִים
וַחֲמִשָּׁה׃ גְּמַלֵּיהֶם אַרְבַּע מֵאוֹת שְׁלֹשִׁים וַחֲמִשָּׁה חֲמֹרִים סז
שֵׁשֶׁת אֲלָפִים שְׁבַע מֵאוֹת וְעֶשְׂרִים׃ וּמֵרָאשֵׁי סח
הָאָבוֹת בְּבוֹאָם לְבֵית יְהוָה אֲשֶׁר בִּירוּשָׁלִָם הִתְנַדְּבוּ לְבֵית
הָאֱלֹהִים לְהַעֲמִידוֹ עַל־מְכוֹנוֹ׃ כְּכֹחָם נָתְנוּ לְאוֹצַר הַמְּלָאכָה סט
זָהָב דַּרְכְּמוֹנִים שֵׁשׁ־רִבָּאוֹת וָאֶלֶף וְכֶסֶף מָנִים חֲמֵשֶׁת
אֲלָפִים וְכָתְנֹת כֹּהֲנִים מֵאָה׃ וַיֵּשְׁבוּ הַכֹּהֲנִים ע
וְהַלְוִיִּם וּמִן־הָעָם וְהַמְשֹׁרְרִים וְהַשּׁוֹעֲרִים וְהַנְּתִינִים בְּעָרֵיהֶם
וְכָל־יִשְׂרָאֵל בְּעָרֵיהֶם׃ וַיִּגַּע הַחֹדֶשׁ הַשְּׁבִיעִי ג א
וּבְנֵי יִשְׂרָאֵל בֶּעָרִים וַיֵּאָסְפוּ הָעָם כְּאִישׁ אֶחָד אֶל־יְרוּשָׁלִָם׃
וַיָּקָם יֵשׁוּעַ בֶּן־יוֹצָדָק וְאֶחָיו הַכֹּהֲנִים וּזְרֻבָּבֶל בֶּן־שְׁאַלְתִּיאֵל ב
וְאֶחָיו וַיִּבְנוּ אֶת־מִזְבַּח אֱלֹהֵי יִשְׂרָאֵל לְהַעֲלוֹת עָלָיו עֹלוֹת
כַּכָּתוּב בְּתוֹרַת מֹשֶׁה אִישׁ־הָאֱלֹהִים׃ וַיָּכִינוּ הַמִּזְבֵּחַ עַל־ ג
מְכוֹנָתוֹ כִּי בְּאֵימָה עֲלֵיהֶם מֵעַמֵּי הָאֲרָצוֹת וַיַּעַל עָלָיו
עֹלוֹת לַיהוָה עֹלוֹת לַבֹּקֶר וְלָעָרֶב׃ וַיַּעֲשׂוּ אֶת־חַג הַסֻּכּוֹת ד
כַּכָּתוּב וְעֹלַת יוֹם בְּיוֹם בְּמִסְפָּר כְּמִשְׁפַּט דְּבַר־יוֹם בְּיוֹמוֹ׃
וְאַחֲרֵי־כֵן עֹלַת תָּמִיד וְלֶחֳדָשִׁים וּלְכָל־מוֹעֲדֵי יְהוָה הַמְקֻדָּשִׁים ה
וּלְכֹל מִתְנַדֵּב נְדָבָה לַיהוָה׃ מִיּוֹם אֶחָד לַחֹדֶשׁ הַשְּׁבִיעִי ו
הֵחֵלּוּ לְהַעֲלוֹת עֹלוֹת לַיהוָה וְהֵיכַל יְהוָה לֹא יֻסָּד׃ וַיִּתְּנוּ־ ז
כֶסֶף לַחֹצְבִים וְלֶחָרָשִׁים וּמַאֲכָל וּמִשְׁתֶּה וָשֶׁמֶן לַצִּדֹנִים
וְלַצֹּרִים לְהָבִיא עֲצֵי אֲרָזִים מִן־הַלְּבָנוֹן אֶל־יָם יָפוֹא כְּרִשְׁיוֹן
כּוֹרֶשׁ מֶלֶךְ־פָּרַס עֲלֵיהֶם׃ וּבַשָּׁנָה הַשֵּׁנִית ח
לְבוֹאָם אֶל־בֵּית הָאֱלֹהִים לִירוּשָׁלִַם בַּחֹדֶשׁ הַשֵּׁנִי הֵחֵלּוּ
זְרֻבָּבֶל בֶּן־שְׁאַלְתִּיאֵל וְיֵשׁוּעַ בֶּן־יוֹצָדָק וּשְׁאָר אֲחֵיהֶם ׀
הַכֹּהֲנִים וְהַלְוִיִּם וְכָל־הַבָּאִים מֵהַשְּׁבִי יְרוּשָׁלִַם וַיַּעֲמִידוּ אֶת־
הַלְוִיִּם מִבֶּן עֶשְׂרִים שָׁנָה וָמַעְלָה לְנַצֵּחַ עַל־מְלֶאכֶת בֵּית־

of the priests : the children of Ḥovayya, the children of Haqqoẕ ;
the children of Barzillay, who took a wife of the daughters of
Barzillay the Gil'adite, and was called after their name : these 62
sought their register among those who were reckoned by genea-
logy, but they were not found : therefore they were excluded
from the priesthood as unfit. And the governor said to them, 63
that they should not eat of the most holy things, till there stood
up a priest with Urim and with Tummim. The whole congrega- 64
tion together was forty two thousand three hundred and sixty,
besides their men servants and women servants, of whom there 65
were seven thousand three hundred and thirty seven : and there
were among them two hundred singing men and singing women.
Their horses were seven hundred and thirty six ; their mules, two 66
hundred and forty five ; their camels, four hundred and thirty 67
five ; their asses, six thousand seven hundred and twenty.
And some of the chiefs of fathers' houses, when they 68
came to the house of the LORD which is at Yerushalayim, offered
freely for the house of GOD to set it up in its place : they gave 69
after their ability to the treasury of the work sixty one thousand
drachmas of gold, and five thousand minas of silver, and one
hundred priests' garments. So the priests, and the Levites, 70
and some of the people, and the singers, and the gatekeepers,
and the temple servants, dwelt in their cities, and all Yisra'el
in their cities. And when the seventh month was come, **3**
and the children of Yisra'el were in the cities, the people
gathered themselves together as one man to Yerushalayim.
Then stood up Yeshua the son of Yoẕadaq, and his brethren 2
the priests, and Zerubbavel the son of She'alti'el, and his
brethren, and they built the altar of the GOD of Yisra'el, to
offer burnt offerings upon it, as it is written in the Tora of
Moshe the man of GOD. And they set the altar upon its bases ; 3
for fear was upon them because of the people of those countries :
and they offered burnt offerings upon it to the LORD, burnt
offerings morning and evening. And they kept the feast of
booths, as it is written, and offered the daily burnt offerings 4
by number, according to the prescribed form, as the duty of
every day required ; and afterwards they offered the continual 5
burnt offering, both of the new moons, and of all the sacred
appointed seasons of the LORD, and on behalf of everyone who
willingly offered a free will offering to the LORD. From the first 6
day of the seventh month they began to offer burnt offerings to
the LORD. But the foundation of the temple of the LORD was not
yet laid. They gave money also to the masons, and to the carpen- 7
ters ; and food, and drink, and oil, to those of Ẕidon, and of Ẕor,
to bring cedar trees from the Levanon to the sea of Yafo,
according to the grant that they had from Koresh king of
Paras. Now in the second year of their coming to the 8
house of GOD at Yerushalayim, in the second month, began
Zerubbavel the son of She'alti'el, and Yeshua the son of Yoẕadaq,
and the remnant of their brethren the priests and the Levites,
and all they who were come out of the captivity to Yerushala-
yim ; and appointed the Levites, from twenty years old and
upwards, to superintend the work of the house of the LORD.

ט יְהוָה: וַיַּעֲמֹד יֵשׁוּעַ בָּנָיו וְאֶחָיו קַדְמִיאֵל וּבָנָיו בְּנֵי־יְהוּדָה
כְּאֶחָד לְנַצֵּחַ עַל־עֹשֵׂה הַמְּלָאכָה בְּבֵית הָאֱלֹהִים בְּנֵי חֵנָדָד
י בְּנֵיהֶם וַאֲחֵיהֶם הַלְוִיִּם: וְיִסְּדוּ הַבֹּנִים אֶת־הֵיכַל יְהוָה וַיַּעֲמִידוּ
הַכֹּהֲנִים מְלֻבָּשִׁים בַּחֲצֹצְרוֹת וְהַלְוִיִּם בְּנֵי־אָסָף בַּמְצִלְתַּיִם
יא לְהַלֵּל אֶת־יְהוָה עַל־יְדֵי דָּוִיד מֶלֶךְ־יִשְׂרָאֵל: וַיַּעֲנוּ בְּהַלֵּל
וּבְהוֹדֹת לַיהוָה כִּי טוֹב כִּי־לְעוֹלָם חַסְדּוֹ עַל־יִשְׂרָאֵל וְכָל־
הָעָם הֵרִיעוּ תְרוּעָה גְדוֹלָה בְהַלֵּל לַיהוָה עַל הוּסַד בֵּית־
יב יְהוָה: וְרַבִּים מֵהַכֹּהֲנִים וְהַלְוִיִּם וְרָאשֵׁי הָאָבוֹת הַזְּקֵנִים אֲשֶׁר
רָאוּ אֶת־הַבַּיִת הָרִאשׁוֹן בְּיָסְדוֹ זֶה הַבַּיִת בְּעֵינֵיהֶם בֹּכִים
יג בְּקוֹל גָּדוֹל וְרַבִּים בִּתְרוּעָה בְשִׂמְחָה לְהָרִים קוֹל: וְאֵין הָעָם ב
מַכִּירִים קוֹל תְּרוּעַת הַשִּׂמְחָה לְקוֹל בְּכִי הָעָם כִּי הָעָם
מְרִיעִים תְּרוּעָה גְדוֹלָה וְהַקּוֹל נִשְׁמַע עַד־לְמֵרָחוֹק:
ד א וַיִּשְׁמְעוּ צָרֵי יְהוּדָה וּבִנְיָמִן כִּי־בְנֵי הַגּוֹלָה בּוֹנִים הֵיכָל לַיהוָה
ב אֱלֹהֵי יִשְׂרָאֵל: וַיִּגְּשׁוּ אֶל־זְרֻבָּבֶל וְאֶל־רָאשֵׁי הָאָבוֹת וַיֹּאמְרוּ
לָהֶם נִבְנֶה עִמָּכֶם כִּי כָכֶם נִדְרוֹשׁ לֵאלֹהֵיכֶם ולא ׀ אֲנַחְנוּ וְלוֹ ׀
זֹבְחִים מִימֵי אֵסַר חַדֹּן מֶלֶךְ אַשּׁוּר הַמַּעֲלֶה אֹתָנוּ פֹּה:
ג וַיֹּאמֶר לָהֶם זְרֻבָּבֶל וְיֵשׁוּעַ וּשְׁאָר רָאשֵׁי הָאָבוֹת לְיִשְׂרָאֵל
לֹא־לָכֶם וָלָנוּ לִבְנוֹת בַּיִת לֵאלֹהֵינוּ כִּי אֲנַחְנוּ יַחַד נִבְנֶה
לַיהוָה אֱלֹהֵי יִשְׂרָאֵל כַּאֲשֶׁר צִוָּנוּ הַמֶּלֶךְ כּוֹרֶשׁ מֶלֶךְ־פָּרָס:
ד וַיְהִי עַם־הָאָרֶץ מְרַפִּים יְדֵי עַם־יְהוּדָה ומבלהים אוֹתָם וּמְבַהֲלִים
ה לִבְנוֹת: וְסֹכְרִים עֲלֵיהֶם יוֹעֲצִים לְהָפֵר עֲצָתָם כָּל־יְמֵי כּוֹרֶשׁ
ו מֶלֶךְ פָּרַס וְעַד־מַלְכוּת דָּרְיָוֶשׁ מֶלֶךְ־פָּרָס: וּבְמַלְכוּת
אֲחַשְׁוֵרוֹשׁ בִּתְחִלַּת מַלְכוּתוֹ כָּתְבוּ שִׂטְנָה עַל־יֹשְׁבֵי יְהוּדָה
ז וִירוּשָׁלִָם: וּבִימֵי אַרְתַּחְשַׁשְׂתָּא כָּתַב בִּשְׁלָם מִתְרְדָת
טָבְאֵל וּשְׁאָר כְּנָוֺתָו עַל־אַרְתַּחְשַׁשְׂתְּא מֶלֶךְ פָּרָס וּכְתָב
ח הַנִּשְׁתְּוָן כָּתוּב אֲרָמִית וּמְתֻרְגָּם אֲרָמִית: רְחוּם
בְּעֵל־טְעֵם וְשִׁמְשַׁי סָפְרָא כְּתַבוּ אִגְּרָה חֲדָה עַל־יְרוּשְׁלֶם
ט לְאַרְתַּחְשַׁשְׂתְּא מַלְכָּא כְּנֵמָא: אֱדַיִן רְחוּם בְּעֵל־טְעֵם
וְשִׁמְשַׁי סָפְרָא וּשְׁאָר כְּנָוָתְהוֹן דִּינָיֵא וַאֲפַרְסַתְכָיֵא טַרְפְּלָיֵא
י אֲפָרְסָיֵא אַרְכְּוָי בָבְלָיֵא שׁוּשַׁנְכָיֵא דהוא עֵלְמָיֵא: וּשְׁאָר דֶּהָיֵא
אֻמַּיָּא דִּי הַגְלִי אָסְנַפַּר רַבָּא וְיַקִּירָא וְהוֹתֵב הִמּוֹ בְּקִרְיָה
יא דִּי שָׁמְרָיִן וּשְׁאָר עֲבַר־נַהֲרָה וּכְעֶנֶת: דְּנָה פַּרְשֶׁגֶן
אִגַּרְתָּא דִּי שְׁלַחוּ עֲלוֹהִי עַל־אַרְתַּחְשַׁשְׂתְּא מַלְכָּא עבדך עַבְדָךְ
יב אֱנָשׁ עֲבַר־נַהֲרָה וּכְעֶנֶת: יְדִיעַ לֶהֱוֵא לְמַלְכָּא

9 Then stood Yeshua with his sons and his brethren, Qadmi'el
and his sons, the sons of Yehuda, together, to superintend
the workmen in the house of God: the sons of Ḥenadad, with
10 their sons and their brethren the Levites. And when the builders
laid the foundation of the temple of the Lord, they set the
priests in their apparel with trumpets, and the Levites the sons
of Asaf with cymbals, to praise the Lord, according to the form
11 prescribed by David king of Yisra'el. And they sang responsively
in praising and giving thanks to the Lord; because he is good,
for his steadfast love endures for ever towards Yisra'el. And all
the people shouted with a great shout, when they praised the
Lord, because the foundation of the house of the Lord was
12 laid. But many of the priests and Levites and the chiefs of the
fathers' houses, old men who had seen the first house; when
the foundation of this house was laid before their eyes, wept
13 with a loud voice; but many shouted aloud for joy: so that
the people could not distinguish the sound of the shout of joy
from the sound of the weeping of the people: for the people
shouted with a loud shout, and the sound was heard afar
off.

4 Now when the adversaries of Yehuda and Binyamin heard
that the children of the exiles were building the temple to the
2 Lord God of Yisra'el; then they came to Zerubbavel, and to the
chiefs of the fathers' houses and said to them, Let us build with
you: for we seek your God, as you do; and we have sacrificed
to him since the days of Esar-ḥaddon king of Ashshur, who
3 brought us up here. But Zerubbavel, and Yeshua, and the rest of
the chiefs of the fathers' houses of Yisra'el, said to them, You
have nothing to do with us in building a house to our God; but
we ourselves alone will build to the Lord God of Yisra'el, as
4 king Koresh the king of Paras has commanded us. Then the
people of the land weakened the hands of the people of Yehuda,
5 and frightened them off from building, and they hired counsellors
against them, to frustrate their purpose, all the days of Koresh
6 king of Paras, until the reign of Daryavesh king of Paras. And
in the reign of Aḥashverosh, in the beginning of his reign, they
wrote to him an accusation against the inhabitants of Yehuda
7 and Yerushalayim. And in the days of Artaḥshasta,
Bishlam, Mitredat, Tave'el, and the rest of their companions,
wrote to Artaḥshasta, king of Paras; and the writing of the
letter was written in the Aramic script, and translated into the
8 Aramic tongue. Reḥum the chancellor and Shimshay the
scribe wrote a letter against Yerushalayim to Artaḥshasta the
9 king in this sort: then wrote Reḥum the chancellor, and Shim-
shay the scribe, and the rest of their companions; the Dinites,
the Afarsatkhites, the Tarpelites, the Afarsites, the Arkevites, the
10 Bavlites, the Shushankhites, the Dehites, the 'Elamites, and the
rest of the nations whom the great and noble Asnappar brought
over, and placed in the cities of Shomeron, and the rest who
11 are on this side of the river. And now, this is the copy
of the letter that they sent to him, to Artaḥshasta the king;
Thy servants the men on this side of the river. And now,
12 Be it known to the king, that the Jews who came up

ד

דִּי יְהוּדָיֵא דִּי סְלִקוּ מִן־לְוָתָךְ עֲלֶינָא אֲתוֹ לִירוּשְׁלֶם קִרְיְתָא

שַׁכְלִלוּ מָרָדְתָּא וּבְאִישְׁתָּא בָּנַיִן וְשׁוּרַיָּ אֶשְׁכְלִלוּ וְאֻשַּׁיָּא יַחִיטוּ:

יג כְּעַן יְדִיעַ לֶהֱוֵא לְמַלְכָּא דִּי הֵן קִרְיְתָא דָךְ תִּתְבְּנֵא וְשׁוּרַיָּא יִשְׁתַּכְלְלוּן מִנְדָּה־בְלוֹ וַהֲלָךְ לָא יִנְתְּנוּן וְאַפְּתֹם מַלְכִים תְּהַנְזִק:

יד כְּעַן כָּל־קֳבֵל דִּי־מְלַח הֵיכְלָא מְלַחְנָא וְעַרְוַת מַלְכָּא לָא אֲרִיךְ לַנָא לְמֶחֱזֵא עַל־דְּנָה שְׁלַחְנָא וְהוֹדַעְנָא לְמַלְכָּא:

יה דִּי יְבַקַּר בִּסְפַר־דָּכְרָנַיָּא דִּי אֲבָהָתָךְ וּתְהַשְׁכַּח בִּסְפַר דָּכְרָנַיָּא וְתִנְדַּע דִּי קִרְיְתָא דָךְ קִרְיָא מָרָדָא וּמְהַנְזְקַת מַלְכִין וּמְדִנָן וְאֶשְׁתַּדּוּר עָבְדִין בְּגַוַּהּ מִן־יוֹמָת עָלְמָא עַל־דְּנָה קִרְיְתָא דָךְ הָחָרְבַת: מְהוֹדְעִין אֲנַחְנָה לְמַלְכָּא דִּי הֵן קִרְיְתָא דָךְ תִּתְבְּנֵא וְשׁוּרַיָּה יִשְׁתַּכְלְלוּן לָקֳבֵל דְּנָה חֲלָק בַּעֲבַר נַהֲרָא לָא אִיתַי לָךְ:

יז פִּתְגָמָא שְׁלַח מַלְכָּא עַל־רְחוּם בְּעֵל־טְעֵם וְשִׁמְשַׁי סָפְרָא וּשְׁאָר כְּנָוָתְהוֹן דִּי יָתְבִין בְּשָׁמְרָיִן וּשְׁאָר עֲבַר־נַהֲרָה שְׁלָם וּכְעֶת: נִשְׁתְּוָנָא דִּי שְׁלַחְתּוּן

יח עֲלֶינָא מְפָרַשׁ קֱרִי קָדָמָי: וּמִנִּי שִׂים טְעֵם וּבַקַּרוּ וְהַשְׁכַּחוּ דִּי

יט קִרְיְתָא דָךְ מִן־יוֹמָת עָלְמָא עַל־מַלְכִין מִתְנַשְּׂאָה וּמְרַד וְאֶשְׁתַּדּוּר מִתְעֲבֶד־בַּהּ: וּמַלְכִין תַּקִּיפִין הֲווֹ עַל־יְרוּשְׁלֶם

כ וְשַׁלִּיטִין בְּכֹל עֲבַר נַהֲרָה וּמִדָּה בְלוֹ וַהֲלָךְ מִתְיְהֵב לְהוֹן:

כא כְּעַן שִׂימוּ טְּעֵם לְבַטָּלָא גֻּבְרַיָּא אִלֵּךְ וְקִרְיְתָא דָךְ לָא

כב תִתְבְּנֵא עַד־מִנִּי טַעְמָא יִתְּשָׂם: וּזְהִירִין הֱווֹ שָׁלוּ לְמֶעְבַּד עַל־דְּנָה לְמָה יִשְׂגֵּא חֲבָלָא לְהַנְזָקַת מַלְכִין: אֱדַיִן

כג מִן־דִּי פַּרְשֶׁגֶן נִשְׁתְּוָנָא דִּי אַרְתַּחְשַׁשְׂתְּא מַלְכָּא קֱרִי קֳדָם־רְחוּם וְשִׁמְשַׁי סָפְרָא וּכְנָוָתְהוֹן אֲזַלוּ בִבְהִילוּ לִירוּשְׁלֶם עַל־יְהוּדָיֵא וּבַטִּלוּ הִמּוֹ בְּאֶדְרָע וְחָיִל: בֵּאדַיִן

כד בְּטֵלַת עֲבִידַת בֵּית־אֱלָהָא דִּי בִּירוּשְׁלֶם וַהֲוָת בָּטְלָא עַד שְׁנַת תַּרְתֵּין לְמַלְכוּת דָּרְיָוֶשׁ מֶלֶךְ־פָּרָס:

ה א וְהִתְנַבִּי חַגַּי נְבִיאָה וּזְכַרְיָה בַר־עִדּוֹא נְבִיַּאיָּא עַל־יְהוּדָיֵא דִּי בִיהוּד וּבִירוּשְׁלֶם בְּשֻׁם אֱלָהּ יִשְׂרָאֵל עֲלֵיהוֹן: בֵּאדַיִן

ב קָמוּ זְרֻבָּבֶל בַּר־שְׁאַלְתִּיאֵל וְיֵשׁוּעַ בַּר־יוֹצָדָק וְשָׁרִיו לְמִבְנֵא בֵּית אֱלָהָא דִּי בִירוּשְׁלֶם וְעִמְּהוֹן נְבִיַּאיָּא דִי־אֱלָהָא מְסָעֲדִין לְהוֹן:

ג בַּהּ־זִמְנָא אֲתָה עֲלֵיהוֹן תַּתְּנַי פַּחַת עֲבַר־נַהֲרָה וּשְׁתַר בּוֹזְנַי וּכְנָוָתְהוֹן וְכֵן אָמְרִין לְהֹם מַן־שָׂם לְכֹם טְעֵם בַּיְתָא דְנָה לִבְּנֵא

ד וְאֻשַּׁרְנָא דְנָה לְשַׁכְלָלָה: אֱדַיִן כְּנֵמָא אֲמַרְנָא לְהֹם מַן־אִנּוּן

ה שְׁמָהָת גֻּבְרַיָּא דִּי־דְנָה בִנְיָנָא בָּנַיִן: וְעֵין אֱלָהֲהֹם הֲוָת עַל־שָׂבֵי יְהוּדָיֵא וְלָא־בַטִּלוּ הִמּוֹ עַד־טַעְמָא לְדָרְיָוֶשׁ יְהָךְ וֶאֱדַיִן

from thee to us are come to Yerushalayim ; they are building
the rebellious and the bad city, and have set up its walls, and
joined the foundations. Be it known now to the king, that, if 13
this city is built, and the walls set up again, then they will
not pay toll, tribute, and custom, and so the revenue of the
kings will suffer damage. Now because we feel closely bound 14
to the king's palace, and it was not meet for us to see the
king's dishonour, therefore we have sent and certified the king ;
that search may be made in the book of the records of thy 15
fathers : so shalt thou find in the book of the records, and
know that this city is a rebellious city, and hurtful to kings and
provinces, and that they have moved sedition within the same
of old time : for which cause was this city laid waste. We make 16
known to the king that, if this city is rebuilt and its walls set up,
by this means thou shalt have no portion on this side of the
river. Then the king sent an answer to Reḥum the chan- 17
cellor, and to Shimshay the scribe, and to the rest of their
companions who dwelt in Shomeron, and to the rest beyond the
river, Peace. And now, the letter which you sent to us has been 18
plainly read before me. And I commanded, and search has been 19
made, and it is found that this city of old time made insurrection
against kings, and that rebellion and sedition were made in it.
And there have been mighty kings over Yerushalayim, who ruled 20
over all countries beyond the river ; and toll, tribute, and custom,
was paid to them. Therefore make a decree to cause these men 21
to cease, and that this city be not rebuilt, until a further decree
is given from me. Take heed now not to be slack in this : why 22
should damage grow to the hurt of the kings ? Now when 23
the copy of king Artaḥshasta's letter was read before Reḥum,
and Shimshay the scribe, and their companions, they went up
in haste to Yerushalayim to the Jews, and made them to cease
by force and power. Then the work of the house of God 24
which is at Yerushalayim ceased. So it ceased until the second
year of the reign of Daryavesh king of Paras.

Then the prophets, Ḥaggay the prophet, and Zekharya the son **5**
of 'Iddo, prophesied to the Jews who were in Yehuda and Yeru-
shalayim in the name of the God of Yisra'el, even to them. Then 2
rose up Zerubbavel the son of She'alti'el, and Yeshua the son
of Yoẕadaq, and began to build the house of God which is at
Yerushalayim : and with them were the prophets of God helping
them.

At the same time came to them Tattenay, governor on this side of 3
the river, and Shetar-bozenay, and their companions, and said
thus to them, Who has commanded you to build this house, and
to make up this wall ? We then spoke to them after this manner : 4
What are the names of the men who are engaged on this building?
But the eye of their God was upon the elders of the Jews, that 5
they could not cause them to cease, till the matter came to
Daryavesh : and then they returned answer by letter concerning

יְתִיבוּן נִשְׁתְּוָנָא עַל־דְּנָה׃ פַּרְשֶׁגֶן אִגַּרְתָּא דִּי־ ו
שְׁלַח תַּתְּנַי ׀ פַּחַת עֲבַר־נַהֲרָה וּשְׁתַר בּוֹזְנַי וּכְנָוָתֵהּ אֲפַרְסְכָיֵא
דִּי בַּעֲבַר נַהֲרָה עַל־דָּרְיָוֶשׁ מַלְכָּא׃ פִּתְגָמָא שְׁלַחוּ עֲלוֹהִי ז
וְכִדְנָה כְּתִיב בְּגַוֵּהּ לְדָרְיָוֶשׁ מַלְכָּא שְׁלָמָא כֹלָּא׃ יְדִיעַ ׀ לֶהֱוֵא ח
לְמַלְכָּא דִּי־אֲזַלְנָא לִיהוּד מְדִינְתָּא לְבֵית אֱלָהָא רַבָּא וְהוּא
מִתְבְּנֵא אֶבֶן גְּלָל וְאָע מִתְּשָׂם בְּכֻתְלַיָּא וַעֲבִידְתָּא דָךְ
אָסְפַּרְנָא מִתְעַבְדָא וּמַצְלַח בְּיֶדְהֹם׃ אֱדַיִן שְׁאֵלְנָא לְשָׂבַיָּא ט
אִלֵּךְ כְּנֵמָא אֲמַרְנָא לְּהֹם מַן־שָׂם לְכֹם טְעֵם בַּיְתָא דְנָה
לְמִבְנְיָה וְאֻשַּׁרְנָא דְנָה לְשַׁכְלָלָה׃ וְאַף שְׁמָהָתְהֹם שְׁאֵלְנָא י
לְהֹם לְהוֹדָעוּתָךְ דִּי נִכְתֻּב שֻׁם־גֻּבְרַיָּא דִּי בְרָאשֵׁיהֹם׃ וּכְנֵמָא יא
פִתְגָמָא הֲתִיבוּנָא לְמֵמַר אֲנַחְנָא הִמּוֹ עַבְדוֹהִי דִּי־אֱלָהּ
שְׁמַיָּא וְאַרְעָא וּבָנַיִן בַּיְתָא דִּי־הֲוָא בְנֵה מִקַּדְמַת דְּנָה
שְׁנִין שַׂגִּיאָן וּמֶלֶךְ לְיִשְׂרָאֵל רַב בְּנָהִי וְשַׁכְלְלֵהּ׃ לָהֵן מִן־דִּי יב
הַרְגִּזוּ אֲבָהֳתַנָא לֶאֱלָהּ שְׁמַיָּא יְהַב הִמּוֹ בְּיַד נְבוּכַדְנֶצַּר
כַּסְדָּאָה מֶלֶךְ־בָּבֶל כסדיא וּבַיְתָה דְנָה סַתְרֵהּ וְעַמָּה הַגְלִי
לְבָבֶל׃ בְּרַם בִּשְׁנַת חֲדָה לְכוֹרֶשׁ מַלְכָּא דִּי יג
בָבֶל כּוֹרֶשׁ מַלְכָּא שָׂם טְעֵם בֵּית־אֱלָהָא דְנָה לִבְּנֵא׃ וְאַף יד
מָאנַיָּא דִי־בֵית־אֱלָהָא דִּי דַהֲבָה וְכַסְפָּא דִּי נְבוּכַדְנֶצַּר
הַנְפֵּק מִן־הֵיכְלָא דִּי בִירוּשְׁלֶם וְהֵיבֵל הִמּוֹ לְהֵיכְלָא דִּי
בָבֶל הַנְפֵּק הִמּוֹ כּוֹרֶשׁ מַלְכָּא מִן־הֵיכְלָא דִּי בָבֶל וִיהִיבוּ
אֵל לְשֵׁשְׁבַּצַּר שְׁמֵהּ דִּי פֶחָה שָׂמֵהּ׃ וַאֲמַר־לֵהּ אלה ׀ מָאנַיָּא טו
שֵׂא אֱזֶל־אֲחֵת הִמּוֹ בְּהֵיכְלָא דִּי בִירוּשְׁלֶם וּבֵית אֱלָהָא
יִתְבְּנֵא עַל־אַתְרֵהּ׃ אֱדַיִן שֵׁשְׁבַּצַּר דֵּךְ אֲתָא טז
יְהַב אֻשַּׁיָּא דִּי־בֵית אֱלָהָא דִּי בִירוּשְׁלֶם וּמִן־אֱדַיִן וְעַד־כְּעַן
מִתְבְּנֵא וְלָא שְׁלִם׃ וּכְעַן הֵן עַל־מַלְכָּא טָב יִתְבַּקַּר בְּבֵית יז
גִּנְזַיָּא דִּי־מַלְכָּא תַמָּה דִּי בְּבָבֶל הֵן אִיתַי דִּי־מִן־כּוֹרֶשׁ מַלְכָּא
שִׂים טְעֵם לְמִבְנֵא בֵּית־אֱלָהָא דֵךְ בִּירוּשְׁלֶם וּרְעוּת מַלְכָּא
עַל־דְּנָה יִשְׁלַח עֲלֶינָא׃ בֵּאדַיִן דָּרְיָוֶשׁ מַלְכָּא ו א
שָׂם טְעֵם וּבַקַּרוּ ׀ בְּבֵית סִפְרַיָּא דִּי גִנְזַיָּא מְהַחֲתִין תַּמָּה
בְּבָבֶל׃ וְהִשְׁתְּכַח בְּאַחְמְתָא בְּבִירְתָא דִּי בְּמָדַי מְדִינְתָּא ב
מְגִלָּה חֲדָה וְכֵן־כְּתִיב בְּגַוַּהּ דִּכְרוֹנָה׃ בִּשְׁנַת ג
חֲדָה לְכוֹרֶשׁ מַלְכָּא כּוֹרֶשׁ מַלְכָּא שָׂם טְעֵם בֵּית־אֱלָהָא
בִירוּשְׁלֶם בַּיְתָא יִתְבְּנֵא אֲתַר דִּי־דָבְחִין דִּבְחִין וְאֻשּׁוֹהִי
מְסוֹבְלִין רוּמֵהּ אַמִּין שִׁתִּין פְּתָיֵהּ אַמִּין שִׁתִּין׃ נִדְבָּכִין דִּי־ ד
אֶבֶן גְּלָל תְּלָתָא וְנִדְבָּךְ דִּי־אָע חֲדַת וְנִפְקְתָא מִן־בֵּית
מַלְכָּא תִּתְיְהִב׃ וְאַף מָאנֵי בֵית־אֱלָהָא דִּי דַהֲבָה וְכַסְפָּא ה

this matter. The copy of the letter that Tattenay, governor 6
on this side of the river, and Shetar-bozenay, and his companions
the Afarsekhites, who were on this side of the river, sent to
Daryavesh the king: they sent a letter to him, and in it was 7
written thus; To Daryavesh the king, all peace. Be it known to 8
the king, that we went into the province of Yehuda, to the house
of the great God, which is built with great stones, and timber
is laid in the walls, and this work goes on with diligence, and
prospers in their hands. Then we asked those elders, and said 9
to them thus, Who commanded you to build this house, and to
make up these walls? We asked their names also, to make known 10
to thee, that we might write the names of the men who were at
their head. And thus they returned us answer, saying, We are 11
the servants of the God of heaven and earth, and build the house
that was built these many years ago, which a great king of
Yisra'el did build and set up. But because our fathers had pro- 12
voked the God of heaven to anger, he gave them into the hand
of Nevukhadneẕẕar the king of Bavel, the Kasdian, who destroyed
this house, and carried the people away into Bavel. But 13
in the first year of Koresh the king of Bavel the same king
Koresh made a decree to build this house of God. And also 14
the vessels of gold and silver of the house of God, which
Nevukhadneẕẕar took out of the temple that was in Yerusha-
layim, and brought into the temple of Bavel, these did Koresh
the king take out of the temple of Bavel, and they were delivered
to one, whose name was Sheshbaẕẕar, whom he had made
governor; and he said to him, Take these vessels, go, carry them 15
into the temple that is in Yerushalayim, and let the house of God
be built on its place. Then came the same Sheshbaẕẕar, 16
and laid the foundation of the house of God which is in Yerusha-
layim: and since that time even until now it has been in building,
and it is still not finished. Now therefore, if it seem good to the 17
king, let search be made in the king's treasure house, which is
there at Bavel, whether it be so, that a decree was made by
Koresh the king to build this house of God at Yerushalayim,
and let the king send his pleasure to us concerning this matter.

Then Daryavesh the king made a decree, and search was 6
made in the house of the archives, where the treasures were laid
up in Bavel. And there was found at Aḥmeta, the fortress that 2
is in the province of Maday, a roll, and therein was a record thus
written: In the first year of Koresh the king, the same 3
Koresh the king made a decree, Concerning the house of God
at Yerushalayim; let the house be built, the place where they
offer sacrifices, and let its foundations be strongly laid; its
height sixty cubits, and its breadth sixty cubits; with three 4
rows of great stones, and a row of new timber: and let the
expenses be paid out of the king's house: and also let the golden 5

דִּי־נְבוּכַדְנֶצַּר הַנְפֵּק מִן־הֵיכְלָא דִי־בִירוּשְׁלֶם וְהֵיבֵל לְבָבֶל
יַהֲתִיבוּן וִיהָךְ לְהֵיכְלָא דִי־בִירוּשְׁלֶם לְאַתְרֵהּ וְתַחֵת בְּבֵית
ו אֱלָהָא׃ כְּעַן תַּתְּנַי פַּחַת עֲבַר־נַהֲרָה שְׁתַר בּוֹזְנַי
וּכְנָוָתְהוֹן אֲפַרְסְכָיֵא דִּי בַּעֲבַר נַהֲרָה רַחִיקִין הֲווֹ מִן־תַּמָּה׃
ז שְׁבֻקוּ לַעֲבִידַת בֵּית־אֱלָהָא דֵךְ פַּחַת יְהוּדָיֵא וּלְשָׂבֵי יְהוּדָיֵא
ח בֵּית־אֱלָהָא דֵךְ יִבְנוֹן עַל־אַתְרֵהּ׃ וּמִנִּי שִׂים טְעֵם לְמָא דִי־
תַעַבְדוּן עִם־שָׂבֵי יְהוּדָיֵא אִלֵּךְ לְמִבְנֵא בֵּית־אֱלָהָא דֵךְ
וּמִנִּכְסֵי מַלְכָּא דִּי מִדַּת עֲבַר נַהֲרָה אָסְפַּרְנָא נִפְקְתָא תֶּהֱוֵא
ט מִתְיַהֲבָא לְגֻבְרַיָּא אִלֵּךְ דִּי־לָא לְבַטָּלָא׃ וּמָה חַשְׁחָן וּבְנֵי
תוֹרִין וְדִכְרִין וְאִמְּרִין ׀ לַעֲלָוָן ׀ לֶאֱלָהּ שְׁמַיָּא חִנְטִין מְלַח ׀
חֲמַר וּמְשַׁח כְּמֵאמַר כָּהֲנַיָּא דִי־בִירוּשְׁלֶם לֶהֱוֵא מִתְיְהֵב
י לְהֹם יוֹם ׀ בְּיוֹם דִּי־לָא שָׁלוּ׃ דִּי־לֶהֱוֺן מְהַקְרְבִין נִיחוֹחִין
יא לֶאֱלָהּ שְׁמַיָּא וּמְצַלַּיִן לְחַיֵּי מַלְכָּא וּבְנוֹהִי׃ וּמִנִּי שִׂים טְעֵם דִּי
כָל־אֱנָשׁ דִּי יְהַשְׁנֵא פִּתְגָמָא דְנָה יִתְנְסַח אָע מִן־בַּיְתֵהּ וּזְקִיף
יב יִתְמְחֵא עֲלֹהִי וּבַיְתֵהּ נְוָלוּ יִתְעֲבֵד עַל־דְּנָה׃ וֵאלָהָא דִּי שַׁכִּן
שְׁמֵהּ תַּמָּה יְמַגַּר כָּל־מֶלֶךְ וְעַם דִּי ׀ יִשְׁלַח יְדֵהּ לְהַשְׁנָיָה
לְחַבָּלָה בֵּית־אֱלָהָא דֵךְ דִּי בִירוּשְׁלֶם אֲנָה דָרְיָוֶשׁ שָׂמֶת
יג טְעֵם אָסְפַּרְנָא יִתְעֲבִד׃ אֱדַיִן תַּתְּנַי פַּחַת עֲבַר־
נַהֲרָה שְׁתַר בּוֹזְנַי וּכְנָוָתְהוֹן לָקֳבֵל דִּי־שְׁלַח דָּרְיָוֶשׁ מַלְכָּא
יד כְּנֵמָא אָסְפַּרְנָא עֲבַדוּ׃ וְשָׂבֵי יְהוּדָיֵא בָּנַיִן וּמַצְלְחִין בִּנְבוּאַת
חַגַּי נביאה וּזְכַרְיָה בַּר־עִדּוֹא וּבְנוֹ וְשַׁכְלִלוּ מִן־טַעַם אֱלָהּ נְבִיָּא
יִשְׂרָאֵל וּמִטְּעֵם כּוֹרֶשׁ וְדָרְיָוֶשׁ וְאַרְתַּחְשַׁשְׂתְּא מֶלֶךְ פָּרָס׃
טו וְשֵׁיצִיא בַּיְתָה דְנָה עַד יוֹם תְּלָתָה לִירַח אֲדָר דִּי־הִיא שְׁנַת־
טז שֵׁת לְמַלְכוּת דָּרְיָוֶשׁ מַלְכָּא׃ וַעֲבַדוּ בְנֵי־
יִשְׂרָאֵל כָּהֲנַיָּא וְלֵוָיֵא וּשְׁאָר בְּנֵי־גָלוּתָא חֲנֻכַּת בֵּית־אֱלָהָא
יז דְנָה בְּחֶדְוָה׃ וְהַקְרִבוּ לַחֲנֻכַּת בֵּית־אֱלָהָא דְנָה תּוֹרִין מְאָה
דִּכְרִין מָאתַיִן אִמְּרִין אַרְבַּע מְאָה וּצְפִירֵי עִזִּין לחטיא עַל־ לְחַטָּאָה
יח כָּל־יִשְׂרָאֵל תְּרֵי־עֲשַׂר לְמִנְיָן שִׁבְטֵי יִשְׂרָאֵל׃ וַהֲקִימוּ כָהֲנַיָּא ג
בִּפְלֻגָּתְהוֹן וְלֵוָיֵא בְּמַחְלְקָתְהוֹן עַל־עֲבִידַת אֱלָהָא דִּי
יט בִירוּשְׁלֶם כִּכְתָב סְפַר מֹשֶׁה׃ וַיַּעֲשׂוּ בְנֵי־הַגּוֹלָה
כ אֶת־הַפָּסַח בְּאַרְבָּעָה עָשָׂר לַחֹדֶשׁ הָרִאשׁוֹן׃ כִּי הִטַּהֲרוּ
הַכֹּהֲנִים וְהַלְוִיִּם כְּאֶחָד כֻּלָּם טְהוֹרִים וַיִּשְׁחֲטוּ הַפֶּסַח לְכָל־
כא בְּנֵי הַגּוֹלָה וְלַאֲחֵיהֶם הַכֹּהֲנִים וְלָהֶם׃ וַיֹּאכְלוּ בְנֵי־יִשְׂרָאֵל
הַשָּׁבִים מֵהַגּוֹלָה וְכֹל הַנִּבְדָּל מִטֻּמְאַת גּוֹיֵ־הָאָרֶץ אֲלֵהֶם
כב לִדְרֹשׁ לַיהוָה אֱלֹהֵי יִשְׂרָאֵל׃ וַיַּעֲשׂוּ חַג־מַצּוֹת שִׁבְעַת יָמִים

and silver vessels of the house of God which Nevukhadneẕẕar
took out of the temple which is at Yerushalayim, and brought to
Bavel, be restored, and brought back to the temple which is at
Yerushalayim, every one to its place, and place them in the
house of God. Now Tattenay, governor beyond the river, 6
Shetar-bozenay, and your associates, the Afarsekhites, who are
beyond the river, keep far from hence: let the work of this 7
house of God alone; let the governor of the Jews and the elders
of the Jews build this house of God in its place. Moreover I make 8
a decree as to what you shall do for the elders of these Jews for
the building of this house of God: that of the king's goods, even
of the tribute beyond the river, expenses be given with all
diligence to these men so that they are not delayed. And that 9
which they have need of, both young bullocks, and rams, and
lambs, for the burnt offerings of the God of heaven, wheat, salt,
wine and oil, according to the word of the priests who are at
Yerushalayim, let it be given them day by day without fail: that 10
they may offer sacrifices of sweet savour to the God of heaven,
and pray for the life of the king, and of his sons. Also I have made 11
a decree, that whoever shall alter this word, let a beam of a tim-
ber be pulled down from his house, and let him be lifted up and
impaled thereon; and let his house be made a dunghill for this.
And may the God who has caused his name to dwell there 12
destroy all kings and peoples, that shall put to their hand to alter
this, or to destroy this house of God which is at Yerushalayim.
I Daryavesh have made a decree; let it be done with diligence.

Then Tattenay governor on this side of the river, Shetar- 13
bozenay, and their associates, according to that which Daryavesh
the king had sent, so they did with diligence. And the elders of 14
the Jews built, and they prospered through the prophesying
of Ḥaggay the prophet and Zekharya the son of 'Iddo. And they
built, and finished it, according to the commandment of the God
of Yisra'el, and according to the commandment of Koresh, and
Daryavesh, and Artaḥshasta king of Paras. And this house was 15
finished on the third day of the month Adar, which was in the
sixth year of the reign of Daryavesh the king. And the 16
children of Yisra'el, the priests and the Levites, and the rest
of the children of the exile, kept the dedication of this house of
God with joy, and they offered at the dedication of this house 17
of God a hundred bullocks, two hundred rams, four hundred
lambs; and for a sin offering for all Yisra'el, twelve he goats,
according to the number of the tribes of Yisra'el. And they set 18
the priests in their divisions, and the Levites in their courses,
for the service of God, which is at Yerushalayim; as it is written
in the book of Moshe. And the children of the exile kept the 19
passover upon the fourteenth day of the first month. For the 20
priests and the Levites had purified themselves; all of them were
pure; and they killed the passover lamb for all the children of
the exile, and for their brethren the priests, and for themselves.
And the children of Yisra'el who were come back out of exile, 21
and all such as had separated themselves to them from the
filthiness of the nations of the land, to seek the Lord God of
Yisra'el did eat of it. And they kept the feast of unleavened 22

ו

בְּשִׂמְחָה כִּי שִׂמְּחָם יְהוָה וְהֵסֵב לֵב מֶלֶךְ־אַשּׁוּר עֲלֵיהֶם לְחַזֵּק
ז א יְדֵיהֶם בִּמְלֶאכֶת בֵּית־הָאֱלֹהִים אֱלֹהֵי יִשְׂרָאֵל׃ וְאַחַר
הַדְּבָרִים הָאֵלֶּה בְּמַלְכוּת אַרְתַּחְשַׁסְתְּא מֶלֶךְ־פָּרָס עֶזְרָא
ב בֶּן־שְׂרָיָה בֶּן־עֲזַרְיָה בֶּן־חִלְקִיָּה׃ בֶּן־שַׁלּוּם בֶּן־צָדוֹק בֶּן־
ג ד אֲחִיטוּב׃ בֶּן־אֲמַרְיָה בֶן־עֲזַרְיָה בֶּן־מְרָיוֹת׃ בֶּן־זְרַחְיָה בֶן־
ה עֻזִּי בֶּן־בֻּקִּי׃ בֶּן־אֲבִישׁוּעַ בֶּן־פִּינְחָס בֶּן־אֶלְעָזָר בֶּן־אַהֲרֹן
ו הַכֹּהֵן הָרֹאשׁ׃ הוּא עֶזְרָא עָלָה מִבָּבֶל וְהוּא־סֹפֵר מָהִיר
בְּתוֹרַת מֹשֶׁה אֲשֶׁר־נָתַן יְהוָה אֱלֹהֵי יִשְׂרָאֵל וַיִּתֶּן־לוֹ הַמֶּלֶךְ
ז כְּיַד־יְהוָה אֱלֹהָיו עָלָיו כֹּל בַּקָּשָׁתוֹ׃ וַיַּעֲלוּ מִבְּנֵי־
יִשְׂרָאֵל וּמִן־הַכֹּהֲנִים וְהַלְוִיִּם וְהַמְשֹׁרְרִים וְהַשֹּׁעֲרִים וְהַנְּתִינִים
ח אֶל־יְרוּשָׁלָםִ בִּשְׁנַת־שֶׁבַע לְאַרְתַּחְשַׁסְתְּא הַמֶּלֶךְ׃ וַיָּבֹא
ט יְרוּשָׁלַםִ בַּחֹדֶשׁ הַחֲמִישִׁי הִיא שְׁנַת הַשְּׁבִיעִית לַמֶּלֶךְ׃ כִּי
בְּאֶחָד לַחֹדֶשׁ הָרִאשׁוֹן הוּא יְסֻד הַמַּעֲלָה מִבָּבֶל וּבְאֶחָד
לַחֹדֶשׁ הַחֲמִישִׁי בָּא אֶל־יְרוּשָׁלַםִ כְּיַד־אֱלֹהָיו הַטּוֹבָה עָלָיו׃
י כִּי עֶזְרָא הֵכִין לְבָבוֹ לִדְרוֹשׁ אֶת־תּוֹרַת יְהוָה וְלַעֲשֹׂת וּלְלַמֵּד
יא בְּיִשְׂרָאֵל חֹק וּמִשְׁפָּט׃ וְזֶה ׀ פַּרְשֶׁגֶן הַנִּשְׁתְּוָן אֲשֶׁר
נָתַן הַמֶּלֶךְ אַרְתַּחְשַׁסְתְּא לְעֶזְרָא הַכֹּהֵן הַסֹּפֵר סֹפֵר דִּבְרֵי
יב מִצְוֹת־יְהוָה וְחֻקָּיו עַל־יִשְׂרָאֵל׃ אַרְתַּחְשַׁסְתְּא מֶלֶךְ
מַלְכַיָּא לְעֶזְרָא כָהֲנָא סָפַר דָּתָא דִּי־אֱלָהּ שְׁמַיָּא גְּמִיר
יג וּכְעֶנֶת׃ מִנִּי שִׂים טְעֵם דִּי כָל־מִתְנַדַּב בְּמַלְכוּתִי מִן־עַמָּא
יד יִשְׂרָאֵל וְכָהֲנוֹהִי וְלֵוָיֵא לִמְהָךְ לִירוּשְׁלֶם עִמָּךְ יְהָךְ׃ כָּל־
קֳבֵל דִּי מִן־קֳדָם מַלְכָּא וְשִׁבְעַת יָעֲטֹהִי שְׁלִיחַ לְבַקָּרָא עַל־
טו יְהוּד וְלִירוּשְׁלֶם בְּדָת אֱלָהָךְ דִּי בִידָךְ׃ וּלְהֵיבָלָה כְּסַף וּדְהַב
דִּי־מַלְכָּא וְיָעֲטוֹהִי הִתְנַדַּבוּ לֶאֱלָהּ יִשְׂרָאֵל דִּי בִירוּשְׁלֶם
טז מִשְׁכְּנֵהּ׃ וְכֹל כְּסַף וּדְהַב דִּי תְהַשְׁכַּח בְּכֹל מְדִינַת בָּבֶל עִם
הִתְנַדָּבוּת עַמָּא וְכָהֲנַיָּא מִתְנַדְּבִין לְבֵית אֱלָהֲהֹם דִּי
יז בִירוּשְׁלֶם׃ כָּל־קֳבֵל דְּנָה אָסְפַּרְנָא תִקְנֵא בְּכַסְפָּא דְנָה
תּוֹרִין ׀ דִּכְרִין אִמְּרִין וּמִנְחָתְהוֹן וְנִסְכֵּיהוֹן וּתְקָרֵב הִמּוֹ עַל־
יח מַדְבְּחָה דִּי בֵּית אֱלָהֲכֹם דִּי בִירוּשְׁלֶם׃ וּמָה דִי עליך וְעַל־ עֲלָךְ
אחיך יִיטַב בִּשְׁאָר כַּסְפָּא וְדַהֲבָה לְמֶעְבַּד כִּרְעוּת אֱלָהֲכֹם אַחָךְ
יט תַּעַבְדוּן׃ וּמָאנַיָּא דִּי־מִתְיַהֲבִין לָךְ לְפָלְחָן בֵּית אֱלָהָךְ הַשְׁלֵם
כ קֳדָם אֱלָהּ יְרוּשְׁלֶם׃ וּשְׁאָר חַשְׁחוּת בֵּית אֱלָהָךְ דִּי יִפֶּל־לָךְ
כא לְמִנְתַּן תִּנְתֵּן מִן־בֵּית גִּנְזֵי מַלְכָּא׃ וּמִנִּי אֲנָה אַרְתַּחְשַׁסְתְּא
מַלְכָּא שִׂים טְעֵם לְכֹל גִּזַּבְרַיָּא דִּי בַּעֲבַר נַהֲרָה דִּי כָל־
דִּי יִשְׁאֲלֶנְכוֹן עֶזְרָא כָהֲנָה סָפַר דָּתָא דִּי־אֱלָהּ שְׁמַיָּא
כב אָסְפַּרְנָא יִתְעֲבִד׃ עַד־כְּסַף כַּכְּרִין מְאָה וְעַד־חִנְטִין כּוֹרִין

bread seven days with joy : for the LORD had made them joyful,
and turned the heart of the king of Ashshur to them, to
strengthen their hands in the work of the house of GOD, the GOD
of Yisra'el. Now after these things, in the reign of 7
Artaẖshasta king of Paras, 'Ezra the son of Seraya, the son of
'Azarya, the son of Ḥilqiyya, the son of Shallum, the son of 2
Ẕadoq, the son of Aẖituv, the son of Amarya, the son of 'Azarya, 3
the son of Merayot, the son of Zeraẖya, the son of 'Uzzi, the 4
son of Buqqi, the son of Avishua, the son of Pineẖas, the son of 5
El'azar, the son of Aharon the chief priest : — this 'Ezra went 6
up from Bavel ; and he was a ready scribe in the Tora of Moshe,
which the LORD GOD of Yisra'el had given : and the king granted
him all his request, according to the hand of the LORD his GOD
upon him. And there went up some of the children 7
of Yisra'el, and of the priests, and the Levites, and the singers,
and the gatekeepers, and the temple servants, to Yerushalayim,
in the seventh year of Artaẖshasta the king. And he came to 8
Yerushalayim in the fifth month, which was in the seventh year
of the king. For upon the first day of the first month was the 9
beginning of the going up from Bavel, and on the first day of
the fifth month he came to Yerushalayim, according to the good
hand of his GOD upon him. For 'Ezra had prepared his heart to 10
seek the Tora of the LORD, and to do it, and to teach in Yisra'el
statutes and judgments. Now this is the copy of the letter 11
that the king Artaẖshasta gave to 'Ezra the priest, the scribe,
learned in the words of the commandments of the LORD, and of
his statutes to Yisra'el. Artaẖshasta, king of kings, to 12
'Ezra the priest, a scribe of the law of the GOD of heaven, a
perfect man. And now, I make a decree, that all they of the 13
people of Yisra'el, and of his priests and Levites, in my realm,
who are minded of their own freewill to go up to Yerushalayim,
may go with thee. For thou art sent by the king, and by his 14
seven counsellors, to inquire concerning Yehuda and Yerusha-
layim, according to the law of thy GOD which is in thy hand ;
and to carry the silver and gold, which the king and his 15
counsellors have freely offered to the GOD of Yisra'el, whose
habitation is in Yerushalayim, and all the silver and gold that 16
thou canst find in all the province of Bavel, with the freewill
offering of the people, and of the priests, offering willingly
for the house of their GOD which is in Yerushalayim : that thou 17
mayst buy speedily with this money bullocks, rams, lambs, with
their meal offerings and their drink offerings, and offer them
upon the altar of the house of your GOD which is in Yerushalayim.
And whatever shall seem good to thee, and to thy brethren, to 18
do with the rest of the silver and the gold, that do after the will
of your GOD. And the vessels that are given thee for the service 19
of the house of thy GOD, deliver before the GOD of Yerushalayim.
And what more shall be needful for the house of thy GOD, which 20
thou shalt have occasion to bestow, bestow it out of the king's
treasure house. And I, even I Artaẖshasta the king, do make a 21
decree to all the treasurers who are beyond the river, that what-
ever 'Ezra the priest, the scribe of the law of the GOD of heaven,
shall require of you, it be done with diligence, up to a hundred 22

מְאָה וְעַד־חֲמַר בַּתִּין מְאָה וְעַד־בַּתִּין מְשַׁח מְאָה וּמְלַח
דִּי־לָא כְתָב׃ כָּל־דִּי מִן־טַעַם אֱלָהּ שְׁמַיָּא יִתְעֲבֵד אַדְרַזְדָּא כג
לְבֵית אֱלָהּ שְׁמַיָּא דִּי־לְמָה לֶהֱוֵא קְצַף עַל־מַלְכוּת מַלְכָּא
וּבְנוֹהִי׃ וּלְכֹם מְהוֹדְעִין דִּי כָל־כָּהֲנַיָּא וְלֵוָיֵא זַמָּרַיָּא תָרָעַיָּא כד
נְתִינַיָּא וּפָלְחֵי בֵּית אֱלָהָא דְנָה מִנְדָּה בְלוֹ וַהֲלָךְ לָא שַׁלִּיט
לְמִרְמֵא עֲלֵיהֹם׃ וְאַנְתְּ עֶזְרָא כְּחָכְמַת אֱלָהָךְ דִּי־בִידָךְ מֶנִּי כה
דִּינִין שָׁפְטִין וְדַיָּנִין דִּי־לֶהֱוֺן דָּאנִין לְכָל־עַמָּה דִּי בַּעֲבַר נַהֲרָה
לְכָל־יָדְעֵי דָּתֵי אֱלָהָךְ וְדִי לָא יָדַע תְּהוֹדְעוּן׃ וְכָל־דִּי־לָא כו
לֶהֱוֵא עָבֵד דָּתָא דִי־אֱלָהָךְ וְדָתָא דִּי מַלְכָּא אָסְפַּרְנָא דִּינָה
לִשְׁרֹשִׁי לֶהֱוֵא מִתְעֲבֵד מִנֵּהּ הֵן לְמוֹת הֵן לשרשו הֵן־לַעֲנָשׁ נִכְסִין
וְלֶאֱסוּרִין׃ בָּרוּךְ יהוה אֱלֹהֵי אֲבוֹתֵינוּ אֲשֶׁר נָתַן כז
כָּזֹאת בְּלֵב הַמֶּלֶךְ לְפָאֵר אֶת־בֵּית יהוה אֲשֶׁר בִּירוּשָׁלִָם׃
וְעָלַי הִטָּה־חֶסֶד לִפְנֵי הַמֶּלֶךְ וְיוֹעֲצָיו וּלְכָל־שָׂרֵי הַמֶּלֶךְ כח
הַגִּבֹּרִים וַאֲנִי הִתְחַזַּקְתִּי כְּיַד־יהוה אֱלֹהַי עָלַי וָאֶקְבְּצָה
מִיִּשְׂרָאֵל רָאשִׁים לַעֲלוֹת עִמִּי׃
וְאֵלֶּה רָאשֵׁי אֲבֹתֵיהֶם וְהִתְיַחְשָׂם הָעֹלִים עִמִּי בְּמַלְכוּת ח א
אַרְתַּחְשַׁסְתְּא הַמֶּלֶךְ מִבָּבֶל׃ מִבְּנֵי פִינְחָס גֵּרְשֹׁם מִבְּנֵי ב
אִיתָמָר דָּנִיֵּאל מִבְּנֵי דָוִיד חַטּוּשׁ׃ מִבְּנֵי שְׁכַנְיָה מִבְּנֵי פַרְעֹשׁ ג
זְכַרְיָה וְעִמּוֹ הִתְיַחֵשׂ לִזְכָרִים מֵאָה וַחֲמִשִּׁים׃ מִבְּנֵי פַּחַת ד
מוֹאָב אֶלְיְהוֹעֵינַי בֶּן־זְרַחְיָה וְעִמּוֹ מָאתַיִם הַזְּכָרִים׃ מִבְּנֵי ה
שְׁכַנְיָה בֶּן־יַחֲזִיאֵל וְעִמּוֹ שְׁלֹשׁ מֵאוֹת הַזְּכָרִים׃ וּמִבְּנֵי עָדִין ו
עֶבֶד בֶּן־יוֹנָתָן וְעִמּוֹ חֲמִשִּׁים הַזְּכָרִים׃ וּמִבְּנֵי עֵילָם יְשַׁעְיָה ז
בֶּן־עֲתַלְיָה וְעִמּוֹ שִׁבְעִים הַזְּכָרִים׃ וּמִבְּנֵי שְׁפַטְיָה זְבַדְיָה בֶּן־ ח
מִיכָאֵל וְעִמּוֹ שְׁמֹנִים הַזְּכָרִים׃ מִבְּנֵי יוֹאָב עֹבַדְיָה בֶּן־יְחִיאֵל ט
וְעִמּוֹ מָאתַיִם וּשְׁמֹנָה עָשָׂר הַזְּכָרִים׃ וּמִבְּנֵי שְׁלוֹמִית בֶּן־ י
יוֹסִפְיָה וְעִמּוֹ מֵאָה וְשִׁשִּׁים הַזְּכָרִים׃ וּמִבְּנֵי בֵּבַי זְכַרְיָה בֶּן־ יא
בֵּבָי וְעִמּוֹ עֶשְׂרִים וּשְׁמֹנָה הַזְּכָרִים׃ וּמִבְּנֵי עַזְגָּד יוֹחָנָן בֶּן־הַקָּטָן יב
וְעִמּוֹ מֵאָה וַעֲשָׂרָה הַזְּכָרִים׃ וּמִבְּנֵי אֲדֹנִיקָם אַחֲרֹנִים וְאֵלֶּה יג
שְׁמוֹתָם אֱלִיפֶלֶט יְעִיאֵל וּשְׁמַעְיָה וְעִמָּהֶם שִׁשִּׁים הַזְּכָרִים׃
וְזַכּוּר וּמִבְּנֵי בִּגְוַי עוּתַי וזבוד וְעִמָּהֶם שִׁבְעִים הַזְּכָרִים׃ יד
וָאֶקְבְּצֵם אֶל־הַנָּהָר הַבָּא אֶל־אַהֲוָא וַנַּחֲנֶה שָׁם יָמִים שְׁלֹשָׁה טו
וָאָבִינָה בָעָם וּבַכֹּהֲנִים וּמִבְּנֵי לֵוִי לֹא־מָצָאתִי שָׁם׃ וָאֶשְׁלְחָה טז
לֶאֱלִיעֶזֶר לַאֲרִיאֵל לִשְׁמַעְיָה וּלְאֶלְנָתָן וּלְיָרִיב וּלְאֶלְנָתָן וּלְנָתָן
וַאֲצַוֶּה וְלִזְכַרְיָה וְלִמְשֻׁלָּם רָאשִׁים וּלְיוֹיָרִיב וּלְאֶלְנָתָן מְבִינִים׃ ואוצאה יז

talents of silver, and up to a hundred measures of wheat, and
up to a hundred bats of wine, and up to a hundred bats of oil,
and salt without prescribed limit. Whatever is commanded by 23
the God of heaven, let it be speedily done for the house of the
God of heaven: for why should there be wrath against the
realm of the king and his sons? We also notify you, that as 24
regards any of the priests and Levites, singers, gatekeepers,
servants, or ministers of this house of God, it shall not be lawful
to impose toll, tribute, or custom, upon them. And thou, 'Ezra, 25
after the wisdom of thy God, that is in thy hand, appoint
magistrates and judges, who may judge all the people that are
beyond the river, all such as know the laws of thy God; and
teach them who do not know them. And whoever will not do 26
the law of thy God, and the law of the king, let judgment be
with diligence executed upon him, whether it be for death, or
for banishment, or for confiscation of goods, or for imprison-
ment. Blessed be the Lord God of our fathers, which has 27
put such a thing as this in the king's heart, to beautify the house
of the Lord which is in Yerushalayim: and has given me grace 28
before the king, and his counsellors, and before all the king's
mighty princes. And I was strenthened as the hand of the Lord
my God was upon me, and I gathered together out of Yisra'el
chief men to go up with me.

8 Now these are the heads of their fathers' houses, and this is the
genealogy of those who went up with me from Bavel, in the
reign of Artaḥshasta the king. Of the sons of Pineḥas, Gershom: 2
of the sons of Itamar, Daniyyel: of the sons of David, Ḥattush:
of the sons of Shekhanya, of the sons of Par'osh, Zekharya; 3
and with him were reckoned by genealogy one hundred and
fifty males. Of the sons of Paḥat-mo'av, Elyeho'enay the son 4
of Zeraḥya; and with him two hundred males. Of the sons of 5
Shekhanya, the son of Yaḥazi'el and with him three hundred
males. And of the sons of 'Adin, 'Eved the son of Yonatan; and 6
with him fifty males. And of the sons of 'Elam, Yesha'ya the son 7
of 'Atalya; and with him seventy males. And of the sons of 8
Shefatya, Zevadya the son of Mikha'el; and with him eighty
males. Of the sons of Yo'av, 'Ovadya the son of Yeḥi'el; and 9
with him two hundred and eighteen males. And of the sons of 10
Shelomit, the son of Yosifya; and with him one hundred and
sixty males. And of the sons of Bevay, Zekharya the son of 11
Bevay: and with him twenty eight males. And of the sons of 12
'Azgad, Yoḥanan the son of Haqqatan; and with him a hundred
and ten males. And of the sons of Adoniqam (who came in 13
the rear,) these were their names: Elifelet, Ye'i'el, and Shema'-
ya; and with them were sixty males. And of the sons of Bigvay, 14
'Utay and Zakkur; and with them were seventy males.
And I gathered them together at the river that runs to Ahava, 15
and we encamped there for three days: and I inspected the
people, and the priests, but found there none of the sons of Levi.
So I sent for Eli'ezer, for Ari'el, for Shema'ya, and for Elnatan, 16
and for Yariv, and for Elnatan, and for Natan, and for Zekharya,
and for Meshullam, chief men: and for Yoyariv, and for Elnatan,
men of understanding. And I sent them with commandment to 17

אוֹתָם עַל־אִדּוֹ הָרֹאשׁ בְּכָסִפְיָא הַמָּקוֹם וָאָשִׂימָה בְּפִיהֶם
דְּבָרִים לְדַבֵּר אֶל־אִדּוֹ אָחִיו הנתונים בְּכָסִפְיָא הַמָּקוֹם הַנְּתִינִים
יח לְהָבִיא־לָנוּ מְשָׁרְתִים לְבֵית אֱלֹהֵינוּ׃ וַיָּבִיאוּ לָנוּ כְּיַד־
אֱלֹהֵינוּ הַטּוֹבָה עָלֵינוּ אִישׁ שֶׂכֶל מִבְּנֵי מַחְלִי בֶּן־לֵוִי בֶּן־
יט יִשְׂרָאֵל וְשֵׁרֵבְיָה וּבָנָיו וְאֶחָיו שְׁמֹנָה עָשָׂר׃ וְאֶת־חֲשַׁבְיָה וְאִתּוֹ
כ יְשַׁעְיָה מִבְּנֵי מְרָרִי אֶחָיו וּבְנֵיהֶם עֶשְׂרִים׃ וּמִן־
הַנְּתִינִים שֶׁנָּתַן דָּוִיד וְהַשָּׂרִים לַעֲבֹדַת הַלְוִיִּם נְתִינִים מָאתַיִם
כא וְעֶשְׂרִים כֻּלָּם נִקְּבוּ בְשֵׁמוֹת׃ וָאֶקְרָא שָׁם צוֹם עַל־הַנָּהָר
אַהֲוָא לְהִתְעַנּוֹת לִפְנֵי אֱלֹהֵינוּ לְבַקֵּשׁ מִמֶּנּוּ דֶּרֶךְ יְשָׁרָה לָנוּ
כב וּלְטַפֵּנוּ וּלְכָל־רְכוּשֵׁנוּ׃ כִּי בֹשְׁתִּי לִשְׁאוֹל מִן־הַמֶּלֶךְ חַיִל
וּפָרָשִׁים לְעָזְרֵנוּ מֵאוֹיֵב בַּדָּרֶךְ כִּי־אָמַרְנוּ לַמֶּלֶךְ לֵאמֹר יַד־
אֱלֹהֵינוּ עַל־כָּל־מְבַקְשָׁיו לְטוֹבָה וְעֻזּוֹ וְאַפּוֹ עַל כָּל־עֹזְבָיו׃
כג כד וַנָּצוּמָה וַנְּבַקְשָׁה מֵאֱלֹהֵינוּ עַל־זֹאת וַיֵּעָתֵר לָנוּ׃ וָאַבְדִּילָה
מִשָּׂרֵי הַכֹּהֲנִים שְׁנֵים עָשָׂר לְשֵׁרֵבְיָה חֲשַׁבְיָה וְעִמָּהֶם מֵאֲחֵיהֶם
כה עֲשָׂרָה׃ ואשקולה לָהֶם אֶת־הַכֶּסֶף וְאֶת־הַזָּהָב וְאֶת־הַכֵּלִים וָאֶשְׁקֳלָה
תְּרוּמַת בֵּית־אֱלֹהֵינוּ הַהֵרִימוּ הַמֶּלֶךְ וְיֹעֲצָיו וְשָׂרָיו וְכָל־
כו יִשְׂרָאֵל הַנִּמְצָאִים׃ וָאֶשְׁקֲלָה עַל־יָדָם כֶּסֶף כִּכָּרִים שֵׁשׁ־
מֵאוֹת וַחֲמִשִּׁים וּכְלֵי־כֶסֶף מֵאָה לְכִכָּרִים זָהָב מֵאָה כִכָּר׃
כז וּכְפֹרֵי זָהָב עֶשְׂרִים לַאֲדַרְכֹנִים אָלֶף וּכְלֵי נְחֹשֶׁת מֻצְהָב
כח טוֹבָה שְׁנַיִם חֲמוּדֹת כַּזָּהָב׃ וָאֹמְרָה אֲלֵהֶם אַתֶּם קֹדֶשׁ
לַיהוה וְהַכֵּלִים קֹדֶשׁ וְהַכֶּסֶף וְהַזָּהָב נְדָבָה לַיהוה אֱלֹהֵי
כט אֲבֹתֵיכֶם׃ שִׁקְדוּ וְשִׁמְרוּ עַד־תִּשְׁקְלוּ לִפְנֵי שָׂרֵי הַכֹּהֲנִים
וְהַלְוִיִּם וְשָׂרֵי־הָאָבוֹת לְיִשְׂרָאֵל בִּירוּשָׁלִָם הַלִּשְׁכוֹת בֵּית
ל יהוה׃ וְקִבְּלוּ הַכֹּהֲנִים וְהַלְוִיִּם מִשְׁקַל הַכֶּסֶף וְהַזָּהָב וְהַכֵּלִים
לא לְהָבִיא לִירוּשָׁלִַם לְבֵית אֱלֹהֵינוּ׃ וַנִּסְעָה מִנְּהַר
אַהֲוָא בִּשְׁנֵים עָשָׂר לַחֹדֶשׁ הָרִאשׁוֹן לָלֶכֶת יְרוּשָׁלִָם וְיַד־
אֱלֹהֵינוּ הָיְתָה עָלֵינוּ וַיַּצִּילֵנוּ מִכַּף אוֹיֵב וְאוֹרֵב עַל־הַדָּרֶךְ׃
לב לג וַנָּבוֹא יְרוּשָׁלִָם וַנֵּשֶׁב שָׁם יָמִים שְׁלֹשָׁה׃ וּבַיּוֹם הָרְבִיעִי נִשְׁקַל
הַכֶּסֶף וְהַזָּהָב וְהַכֵּלִים בְּבֵית אֱלֹהֵינוּ עַל יַד־מְרֵמוֹת בֶּן־
אוּרִיָּה הַכֹּהֵן וְעִמּוֹ אֶלְעָזָר בֶּן־פִּינְחָס וְעִמָּהֶם יוֹזָבָד בֶּן־יֵשׁוּעַ
לד וְנוֹעַדְיָה בֶן־בִּנּוּי הַלְוִיִּם׃ בְּמִסְפָּר בְּמִשְׁקָל לַכֹּל וַיִּכָּתֵב כָּל־
לה הַמִּשְׁקָל בָּעֵת הַהִיא׃ הַבָּאִים מֵהַשְּׁבִי בְנֵי־ ד
הַגּוֹלָה הִקְרִיבוּ עֹלוֹת ׀ לֵאלֹהֵי יִשְׂרָאֵל פָּרִים שְׁנֵים־עָשָׂר
עַל־כָּל־יִשְׂרָאֵל אֵילִים ׀ תִּשְׁעִים וְשִׁשָּׁה כְּבָשִׂים שִׁבְעִים
לו וְשִׁבְעָה צְפִירֵי חַטָּאת שְׁנֵים עָשָׂר הַכֹּל עוֹלָה לַיהוה׃ וַיִּתְּנוּ ׀
אֶת־דָּתֵי הַמֶּלֶךְ לַאֲחַשְׁדַּרְפְּנֵי הַמֶּלֶךְ וּפַחֲווֹת עֵבֶר הַנָּהָר

Iddo the chief at the place Kasifya, and I told them what they should say to Iddo, and to his brother who were appointed at the place Kasifya that they should bring to us ministers for the house of GOD. And by the good hand of our GOD upon us they 18 brought us a man of discretion, of the sons of Maḥli, the son of Levi, the son of Yisra'el ; and Sherevya, with his sons and his brothers, eighteen ; and Ḥashavya, and with him Yesha'ya of the 19 sons of Merari, his brethren and their sons, twenty ; also 20 of the temple servants, whom David and the princes had appointed for the service of the Levites, two hundred and twenty temple servants ; all of whom were mentioned by name. Then I 21 proclaimed a fast there, at the river of Ahava, that we might afflict ourselves before our GOD, to seek of him a safe journey for us, and for our little ones, and for all our substance. For I 22 was ashamed to ask of the king a band of soldiers and horsemen to help us against the enemy on the road : because we had spoken to the king, saying, The hand of our GOD is upon all those who seek him for good ; but his power and his wrath are against all those who forsake him. So we fasted and besought 23 our GOD for this : and he listened to our entreaty. Then I 24 separated twelve of the chief of the priests, Sherevya, Ḥashavya, and ten of their brethren with them, and weighed to them the 25 silver, and the gold, and the vessels, the offering of the house of our GOD, which the king, and his counsellors, and his lords, and all Yisra'el there present, had offered : so I weighed into their 26 hand six hundred and fifty talents of silver, and of silver vessels a hundred talents, and of gold a hundred talents; also twenty 27 bowls of gold, of a thousand darics ; and two vessels of fine copper, precious as gold. And I said to them, You are holy to the 28 LORD ; the vessels are holy also ; and the silver and the gold are a freewill offering to the LORD GOD of your fathers. Watch, and 29 keep them, until you weigh them before the chief of the priests and the Levites, and chief of the fathers of Yisra'el, at Yerusha- layim, in the chambers of the house of the LORD. So the priests 30 and the Levites took the weight of the silver, and the gold, and the vessels, to bring them to Yerushalayim to the house of our GOD. Then we departed from the river of Ahava on the 31 twelfth day of the first month, to go to Yerushalayim : and the hand of our GOD was upon us, and he delivered us from the hand of the enemy, and of such as lie in wait by the way. And we came 32 to Yerushalayim, and abode there three days. Now on the fourth 33 day the silver and the gold and the vessels were weighed in the house of our GOD by the hand of Meremot the son of Uriyya the priest ; and with him was El'azar the son of Pineḥas ; and with them was Yozavad the son of Yeshua, and No'adya the son of Binnuy, Levites ; the whole was counted and weighed : and 34 the weight of everything was recorded at that time. Also 35 the children of those who had been carried away, who were come out of the exile, offered burnt offerings to the GOD of Yisra'el, twelve bullocks for all Yisra'el, ninety six rams, seventy seven lambs, twelve he goats for a sin offering : all this was a burnt of- fering to the LORD. And they delivered the king's commissions to 36 the king's satraps, and to the governors on this side of the river :

א וְנִשְּׂאוּ אֶת־הָעָם וְאֶת־בֵּית הָאֱלֹהִים׃ וּכְכַלּוֹת
אֵלֶּה נִגְּשׁוּ אֵלַי הַשָּׂרִים לֵאמֹר לֹא־נִבְדְּלוּ הָעָם יִשְׂרָאֵל
וְהַכֹּהֲנִים וְהַלְוִיִּם מֵעַמֵּי הָאֲרָצוֹת כְּתֹעֲבֹתֵיהֶם לַכְּנַעֲנִי הַחִתִּי
ב הַפְּרִזִּי הַיְבוּסִי הָעַמֹּנִי הַמֹּאָבִי הַמִּצְרִי וְהָאֱמֹרִי׃ כִּי־נָשְׂאוּ
מִבְּנֹתֵיהֶם לָהֶם וְלִבְנֵיהֶם וְהִתְעָרְבוּ זֶרַע הַקֹּדֶשׁ בְּעַמֵּי הָאֲרָצוֹת
ג וְיַד הַשָּׂרִים וְהַסְּגָנִים הָיְתָה בַּמַּעַל הַזֶּה רִאשׁוֹנָה׃ וּכְשָׁמְעִי
אֶת־הַדָּבָר הַזֶּה קָרַעְתִּי אֶת־בִּגְדִי וּמְעִילִי וָאֶמְרְטָה מִשְּׂעַר
ד רֹאשִׁי וּזְקָנִי וָאֵשְׁבָה מְשׁוֹמֵם׃ וְאֵלַי יֵאָסְפוּ כֹּל חָרֵד בְּדִבְרֵי
אֱלֹהֵי־יִשְׂרָאֵל עַל מַעַל הַגּוֹלָה וַאֲנִי יֹשֵׁב מְשׁוֹמֵם עַד לְמִנְחַת
ה הָעָרֶב׃ וּבְמִנְחַת הָעֶרֶב קַמְתִּי מִתַּעֲנִיתִי וּבְקָרְעִי בִגְדִי וּמְעִילִי
ו וָאֶכְרְעָה עַל־בִּרְכַּי וָאֶפְרְשָׂה כַפַּי אֶל־יְהוָה אֱלֹהָי׃ וָאֹמְרָה
אֱלֹהַי בֹּשְׁתִּי וְנִכְלַמְתִּי לְהָרִים אֱלֹהַי פָּנַי אֵלֶיךָ כִּי עֲוֺנֹתֵינוּ
ז רָבוּ לְמַעְלָה רֹּאשׁ וְאַשְׁמָתֵנוּ גָדְלָה עַד לַשָּׁמָיִם׃ מִימֵי
אֲבֹתֵינוּ אֲנַחְנוּ בְּאַשְׁמָה גְדֹלָה עַד הַיּוֹם הַזֶּה וּבַעֲוֺנֹתֵינוּ נִתַּנּוּ
אֲנַחְנוּ מְלָכֵינוּ כֹהֲנֵינוּ בְּיַד ׀ מַלְכֵי הָאֲרָצוֹת בַּחֶרֶב בַּשְּׁבִי
ח וּבַבִּזָּה וּבְבֹשֶׁת פָּנִים כְּהַיּוֹם הַזֶּה׃ וְעַתָּה כִּמְעַט־רֶגַע הָיְתָה
תְחִנָּה מֵאֵת ׀ יְהוָה אֱלֹהֵינוּ לְהַשְׁאִיר לָנוּ פְּלֵיטָה וְלָתֶת־לָנוּ
יָתֵד בִּמְקוֹם קָדְשׁוֹ לְהָאִיר עֵינֵינוּ אֱלֹהֵינוּ וּלְתִתֵּנוּ מִחְיָה
ט מְעַט בְּעַבְדֻתֵנוּ׃ כִּי־עֲבָדִים אֲנַחְנוּ וּבְעַבְדֻתֵנוּ לֹא עֲזָבָנוּ
אֱלֹהֵינוּ וַיַּט־עָלֵינוּ חֶסֶד לִפְנֵי מַלְכֵי פָרַס לָתֶת־לָנוּ מִחְיָה
לְרוֹמֵם אֶת־בֵּית אֱלֹהֵינוּ וּלְהַעֲמִיד אֶת־חָרְבֹתָיו וְלָתֶת־לָנוּ
י גָדֵר בִּיהוּדָה וּבִירוּשָׁלִָם׃ וְעַתָּה מַה־נֹּאמַר אֱלֹהֵינוּ אַחֲרֵי־
יא זֹאת כִּי עָזַבְנוּ מִצְוֺתֶיךָ׃ אֲשֶׁר צִוִּיתָ בְּיַד עֲבָדֶיךָ הַנְּבִיאִים
לֵאמֹר הָאָרֶץ אֲשֶׁר אַתֶּם בָּאִים לְרִשְׁתָּהּ אֶרֶץ נִדָּה הִיא
בְּנִדַּת עַמֵּי הָאֲרָצוֹת בְּתוֹעֲבֹתֵיהֶם אֲשֶׁר מִלְאוּהָ מִפֶּה אֶל־
יב פֶּה בְּטֻמְאָתָם׃ וְעַתָּה בְּנוֹתֵיכֶם אַל־תִּתְּנוּ לִבְנֵיהֶם וּבְנֹתֵיהֶם
אַל־תִּשְׂאוּ לִבְנֵיכֶם וְלֹא־תִדְרְשׁוּ שְׁלֹמָם וְטוֹבָתָם עַד־עוֹלָם
לְמַעַן תֶּחֶזְקוּ וַאֲכַלְתֶּם אֶת־טוּב הָאָרֶץ וְהוֹרַשְׁתֶּם לִבְנֵיכֶם
יג עַד־עוֹלָם׃ וְאַחֲרֵי כָּל־הַבָּא עָלֵינוּ בְּמַעֲשֵׂינוּ הָרָעִים וּבְאַשְׁמָתֵנוּ
הַגְּדֹלָה כִּי ׀ אַתָּה אֱלֹהֵינוּ חָשַׂכְתָּ לְמַטָּה מֵעֲוֺנֵנוּ וְנָתַתָּה לָּנוּ
יד פְּלֵיטָה כָּזֹאת׃ הֲנָשׁוּב לְהָפֵר מִצְוֺתֶיךָ וּלְהִתְחַתֵּן בְּעַמֵּי
הַתֹּעֵבוֹת הָאֵלֶּה הֲלוֹא תֶאֱנַף־בָּנוּ עַד־כַּלֵּה לְאֵין שְׁאֵרִית
טו וּפְלֵיטָה׃ יְהוָה אֱלֹהֵי יִשְׂרָאֵל צַדִּיק אַתָּה כִּי־
נִשְׁאַרְנוּ פְלֵיטָה כְּהַיּוֹם הַזֶּה הִנְנוּ לְפָנֶיךָ בְּאַשְׁמָתֵינוּ כִּי אֵין
א י לַעֲמוֹד לְפָנֶיךָ עַל־זֹאת׃ וּכְהִתְפַּלֵּל עֶזְרָא

and they furthered the people, and the house of GOD.   Now 1
when these things were done, the princes came to me, saying,
The people of Yisra'el, and the priests, and the Levites, have
not separated themselves from the peoples of the lands, doing
according to their abominations, even of the Kena'ani, the Ḥitti,
the Perizzi, the Yevusi, the 'Ammoni, the Mo'avi, the Miẓri,
and the Emori. For they have taken of their daughters for them- 2
selves, and for their sons : so that the holy seed have mingled
themselves with the peoples of those lands : indeed, the hand of
the princes and rulers has been chief in this crime. And when 3
I heard this thing, I rent my garment and my mantle, and plucked
off the hair of my head and of my beard, and sat down appalled.
Then everyone who trembled at the words of the GOD of Yisra'el, 4
because of the transgression of those who had been carried
away gathered around me ; and I sat appalled until the evening
sacrifice. And at the evening sacrifice I arose from my fasting ; 5
and my garment and my mantle being rent, I fell upon my knees,
and spread out my hands to the LORD my GOD, and said, O my 6
GOD, I am ashamed and blush to lift up my face to thee, my GOD :
for our iniquities are increased over our head, and our guilt has
mounted to the heavens. Since the days of our fathers we have 7
been exceedingly guilty to this day ; and for our iniquities we,
our kings, and our priests, have been delivered into the hand of
the kings of the lands, to the sword, to captivity, and to plun-
dering, and to utter shame, as it is this day. And now for a little 8
moment grace has been shown by the LORD our GOD, to leave
us a remnant to escape, and to give us a secure anchorage in
his holy place, that our GOD may lighten our eyes, and give us
a little reviving in our bondage. For we were slaves ; yet our 9
GOD did not forsake us in our slavery but gave us grace in the
sight of the kings of Paras ; to give us a reviving, to set up the
house of our GOD, and to repair its ruins, and to give us a wall
in Yehuda and in Yerushalayim. And now, O our GOD, what shall 10
we say after this ? for we have forsaken thy commandments,
which thou hast commanded by thy servants the prophets, 11
saying, The land, into which you go to possess it, is an unclean
land through the uncleanness of the peoples of the lands,
with their abominations, for they have filled it from one end
to the other with their uncleanness. Now therefore do not give 12
your daughters to their sons, nor take their daughters to your
sons, nor seek their peace or their welfare for ever : that you
may be strong, and eat the good of the land, and leave it for an
inheritance to your children for ever. And after all that which 13
has come upon us for our evil deeds, and for our great guilt,
seeing that thou our GOD hast punished us less than our
iniquities deserve, and hast given us such deliverance as this ;
should we again break thy commandments, and make marriages 14
with the peoples of these abominations ? wouldst thou not be
angry with us till thou wouldst consume us, so that there should
be no remnant nor any to escape ?   O LORD GOD of Yisra'el, 15
thou are righteous : for we are left, a remnant that is escaped,
as it is this day : behold, we are before thee in our guiltiness :
but we cannot stand before thee because of this.   Now **10**

וּכְהִתְוַדֹּתוֹ בֹּכֶה וּמִתְנַפֵּל לִפְנֵי בֵּית הָאֱלֹהִים נִקְבְּצוּ אֵלָיו
מִיִּשְׂרָאֵל קָהָל רַב־מְאֹד אֲנָשִׁים וְנָשִׁים וִילָדִים כִּי־בָכוּ הָעָם
הַרְבֵּה בֶכֶה:

עֵילָם ב וַיַּעַן שְׁכַנְיָה בֶן־יְחִיאֵל מִבְּנֵי עוֹלָם וַיֹּאמֶר לְעֶזְרָא אֲנַחְנוּ
מָעַלְנוּ בֵאלֹהֵינוּ וַנֹּשֶׁב נָשִׁים נָכְרִיּוֹת מֵעַמֵּי הָאָרֶץ וְעַתָּה יֵשׁ־
ג מִקְוֶה לְיִשְׂרָאֵל עַל־זֹאת: וְעַתָּה נִכְרָת־בְּרִית לֵאלֹהֵינוּ
לְהוֹצִיא כָל־נָשִׁים וְהַנּוֹלָד מֵהֶם בַּעֲצַת אֲדֹנָי וְהַחֲרֵדִים בְּמִצְוַת
ד אֱלֹהֵינוּ וְכַתּוֹרָה יֵעָשֶׂה: קוּם כִּי־עָלֶיךָ הַדָּבָר וַאֲנַחְנוּ עִמָּךְ
ה חֲזַק וַעֲשֵׂה: וַיָּקָם עֶזְרָא וַיַּשְׁבַּע אֶת־שָׂרֵי
הַכֹּהֲנִים הַלְוִיִּם וְכָל־יִשְׂרָאֵל לַעֲשׂוֹת כַּדָּבָר הַזֶּה וַיִּשָּׁבֵעוּ:
ו וַיָּקָם עֶזְרָא מִלִּפְנֵי בֵּית הָאֱלֹהִים וַיֵּלֶךְ אֶל־לִשְׁכַּת יְהוֹחָנָן בֶּן־
אֶלְיָשִׁיב וַיֵּלֶךְ שָׁם לֶחֶם לֹא־אָכַל וּמַיִם לֹא־שָׁתָה כִּי מִתְאַבֵּל
ז עַל־מַעַל הַגּוֹלָה: וַיַּעֲבִירוּ קוֹל בִּיהוּדָה וִירוּשָׁלַםִ לְכֹל בְּנֵי
ח הַגּוֹלָה לְהִקָּבֵץ יְרוּשָׁלָםִ: וְכֹל אֲשֶׁר לֹא־יָבוֹא לִשְׁלֹשֶׁת הַיָּמִים
כַּעֲצַת הַשָּׂרִים וְהַזְּקֵנִים יָחֳרַם כָּל־רְכוּשׁוֹ וְהוּא יִבָּדֵל מִקְּהַל
הַגּוֹלָה:

ט וַיִּקָּבְצוּ כָל־אַנְשֵׁי־יְהוּדָה וּבִנְיָמִן ׀ יְרוּשָׁלַםִ לִשְׁלֹשֶׁת הַיָּמִים
הוּא חֹדֶשׁ הַתְּשִׁיעִי בְּעֶשְׂרִים בַּחֹדֶשׁ וַיֵּשְׁבוּ כָל־הָעָם בִּרְחוֹב
בֵּית הָאֱלֹהִים מַרְעִידִים עַל־הַדָּבָר וּמֵהַגְּשָׁמִים: י וַיָּקָם עֶזְרָא
הַכֹּהֵן וַיֹּאמֶר אֲלֵהֶם אַתֶּם מְעַלְתֶּם וַתֹּשִׁיבוּ נָשִׁים נָכְרִיּוֹת
לְהוֹסִיף עַל־אַשְׁמַת יִשְׂרָאֵל: יא וְעַתָּה תְּנוּ תוֹדָה לַיהוָה אֱלֹהֵי־
אֲבֹתֵיכֶם וַעֲשׂוּ רְצוֹנוֹ וְהִבָּדְלוּ מֵעַמֵּי הָאָרֶץ וּמִן־הַנָּשִׁים
יב הַנָּכְרִיּוֹת: וַיַּעֲנוּ כָל־הַקָּהָל וַיֹּאמְרוּ קוֹל גָּדוֹל

כִּדְבָרְךָ יג כֵּן כדבריך עָלֵינוּ לַעֲשׂוֹת: אֲבָל הָעָם רָב וְהָעֵת גְּשָׁמִים וְאֵין
כֹּחַ לַעֲמוֹד בַּחוּץ וְהַמְּלָאכָה לֹא־לְיוֹם אֶחָד וְלֹא לִשְׁנַיִם כִּי־
יד הִרְבִּינוּ לִפְשֹׁעַ בַּדָּבָר הַזֶּה: יַעֲמְדוּ־נָא שָׂרֵינוּ לְכָל־הַקָּהָל וְכֹל ׀
אֲשֶׁר בֶּעָרֵינוּ הַהֹשִׁיב נָשִׁים נָכְרִיּוֹת יָבֹא לְעִתִּים מְזֻמָּנִים
וְעִמָּהֶם זִקְנֵי־עִיר וָעִיר וְשֹׁפְטֶיהָ עַד לְהָשִׁיב חֲרוֹן אַף־אֱלֹהֵינוּ
טו מִמֶּנּוּ עַד לַדָּבָר הַזֶּה: אַךְ יוֹנָתָן בֶּן־עֲשָׂהאֵל וְיַחְזְיָה בֶן־תִּקְוָה
טז עָמְדוּ עַל־זֹאת וּמְשֻׁלָּם וְשַׁבְּתַי הַלֵּוִי עֲזָרֻם: וַיַּעֲשׂוּ־כֵן בְּנֵי
הַגּוֹלָה וַיִּבָּדְלוּ עֶזְרָא הַכֹּהֵן אֲנָשִׁים רָאשֵׁי הָאָבוֹת לְבֵית
אֲבֹתָם וְכֻלָּם בְּשֵׁמוֹת וַיֵּשְׁבוּ בְּיוֹם אֶחָד לַחֹדֶשׁ הָעֲשִׂירִי
יז לְדַרְיוֹשׁ הַדָּבָר: וַיְכַלּוּ בַכֹּל אֲנָשִׁים הַהֹשִׁיבוּ נָשִׁים נָכְרִיּוֹת

when 'Ezra had prayed, and when he had made confession,
weeping and casting himself before the house of God, there
assembled to him out of Yisra'el a very great congregation
of men and women and children: for the people wept very
bitterly.
2 And Shekhanya the son of Yeḥi'el, one of the sons of 'Elam,
answered and said to 'Ezra, We have trespassed against our
God, and have taken alien women of the peoples of the land:
3 yet now there is hope in Yisra'el concerning this thing. Now
therefore let us make a covenant with our God to put away all
such women, and such as are born of them, according to the
counsel of my lord, and of those who tremble at the command-
ment of our God; and let it be done according to the Tora.
4 Arise; for it is thy task: we also will be with thee: be of good
5 courage, and do it. Then 'Ezra arose, and made the chief
priests, the Levites, and all Yisra'el swear that they would
6 do according to this word. And they swore. Then 'Ezra rose up
from before the house of God, and went into the chamber of
Yoḥanan the son of Elyashiv: and when he came there, he ate
no bread, nor drank water: for he mourned because of the
7 transgression of the exiles. And they made proclamation through-
out Yehuda and Yerushalayim to all the children of the exile,
that they should gather themselves together to Yerushalayim;
8 and that whoever would not come within three days, according
to the counsel of the princes and the elders, all his substance
should be forfeited, and himself separated from the congregation
of the exiles.
9 Then all the men of Yehuda and Binyamin gathered themselves
together to Yerushalayim within three days. It was the ninth
month, on the twentieth day of the month; and all the people
sat in the open place before the house of God, trembling because
10 of this matter, and on account of the great rain. And 'Ezra the
priest stood up, and said to them, You have transgressed, and
11 have taken alien women to increase the guilt of Yisra'el. Now
therefore make confession to the Lord God of your fathers, and
do his pleasure: and separate yourselves from the peoples of
12 the land, and from the alien women. Then all the congre-
gation answered and said with a loud voice, As thou hast said,
13 so must we do. But the people are many, and it is a time of
much rain, and we are not able to stand outside, nor is this a
work of one day or two: for we are many who have have
14 transgressed in this thing. Let now our rulers of all the congre-
gation stand, and let all those who have taken foreign women in
our cities come at appointed times, and with them the elders of
every city, and their judges, until the fierce wrath of our God
15 for this matter is turned away from us. Only Yonatan the son
of 'Asa'el and Yaḥzeya the son of Tiqva stood out against this:
16 and Meshullam and Shabbetay the Levite helped them. And the
children of the exile did so. And certain chiefs of the fathers'
houses after the house of their fathers, and all of them by their
names, were separated by 'Ezra the priest, and they sat down on
17 the first day of the tenth month to examine the matter. And they
made an end of the whole matter of the men who had taken

יח עַד יוֹם אֶחָד לַחֹדֶשׁ הָרִאשׁוֹן׃ וַיִּמָּצֵא מִבְּנֵי
הַכֹּהֲנִים אֲשֶׁר הֹשִׁיבוּ נָשִׁים נָכְרִיּוֹת מִבְּנֵי יֵשׁוּעַ בֶּן־יוֹצָדָק
יט וְאֶחָיו מַעֲשֵׂיָה וֶאֱלִיעֶזֶר וְיָרִיב וּגְדַלְיָה׃ וַיִּתְּנוּ יָדָם לְהוֹצִיא
כ נְשֵׁיהֶם וַאֲשֵׁמִים אֵיל־צֹאן עַל־אַשְׁמָתָם׃ וּמִבְּנֵי אִמֵּר חֲנָנִי
כא וּזְבַדְיָה׃ וּמִבְּנֵי חָרִם מַעֲשֵׂיָה וְאֵלִיָּה וּשְׁמַעְיָה וִיחִיאֵל וְעֻזִּיָּה׃
כב וּמִבְּנֵי פַּשְׁחוּר אֶלְיוֹעֵינַי מַעֲשֵׂיָה יִשְׁמָעֵאל נְתַנְאֵל יוֹזָבָד
כג וְאֶלְעָשָׂה׃ וּמִן־הַלְוִיִּם יוֹזָבָד וְשִׁמְעִי וְקֵלָיָה הוּא קְלִיטָא
כד פְּתַחְיָה יְהוּדָה וֶאֱלִיעֶזֶר׃ וּמִן־הַמְשֹׁרְרִים אֶלְיָשִׁיב וּמִן־
כה הַשֹּׁעֲרִים שַׁלֻּם וָטֶלֶם וְאוּרִי׃ וּמִיִּשְׂרָאֵל מִבְּנֵי פַרְעֹשׁ רַמְיָה
כו וְיִזִּיָּה וּמַלְכִּיָּה וּמִיָּמִן וְאֶלְעָזָר וּמַלְכִּיָּה וּבְנָיָה׃ וּמִבְּנֵי עֵילָם
כז מַתַּנְיָה זְכַרְיָה וִיחִיאֵל וְעַבְדִּי וִירֵמוֹת וְאֵלִיָּה׃ וּמִבְּנֵי זַתּוּא
כח אֶלְיוֹעֵנַי אֶלְיָשִׁיב מַתַּנְיָה וִירֵמוֹת וְזָבָד וַעֲזִיזָא׃ וּמִבְּנֵי בֵּבָי
כט יְהוֹחָנָן חֲנַנְיָה זַבַּי עַתְלָי׃ וּמִבְּנֵי בָּנִי מְשֻׁלָּם מַלּוּךְ וַעֲדָיָה יָשׁוּב
ל וּשְׁאָל ירמות׃ וּמִבְּנֵי פַּחַת מוֹאָב עַדְנָא וּכְלָל בְּנָיָה מַעֲשֵׂיָה וְרָמוֹת
לא מַתַּנְיָה בְצַלְאֵל וּבִנּוּי וּמְנַשֶּׁה׃ וּבְנֵי חָרִם אֱלִיעֶזֶר יִשִּׁיָּה מַלְכִּיָּה
לב לג שְׁמַעְיָה שִׁמְעוֹן׃ בִּנְיָמִן מַלּוּךְ שְׁמַרְיָה׃ מִבְּנֵי חָשֻׁם מַתְּנַי
לד מַתַּתָּה זָבָד אֱלִיפֶלֶט יְרֵמַי מְנַשֶּׁה שִׁמְעִי׃ מִבְּנֵי בָנִי מַעֲדַי
לה לו עַמְרָם וְאוּאֵל׃ בְּנָיָה בֵדְיָה כלוהי׃ וַנְיָה מְרֵמוֹת אֶלְיָשִׁיב׃ כְּלוּהוּ
לז לח לט מַתַּנְיָה מַתְּנַי ויעשו׃ וּבָנִי וּבִנּוּי שִׁמְעִי׃ וְשֶׁלֶמְיָה וְנָתָן וַעֲדָיָה׃ וְיַעֲשָׂי
מ מא מב מַכְנַדְבַי שָׁשַׁי שָׁרָי׃ עֲזַרְאֵל וְשֶׁלֶמְיָהוּ שְׁמַרְיָה׃ שַׁלּוּם אֲמַרְיָה
מג יוֹסֵף׃ מִבְּנֵי נְבוֹ יְעִיאֵל מַתִּתְיָה זָבָד זְבִינָא ידו וְיוֹאֵל בְּנָיָה׃ יַדַּי
מד כָּל־אֵלֶּה נשאי נָשִׁים נָכְרִיּוֹת וְיֵשׁ מֵהֶם נָשִׁים וַיָּשִׂימוּ נָשְׂאוּ
א א בָּנִים׃ דִּבְרֵי נְחֶמְיָה בֶּן־חֲכַלְיָה וַיְהִי בְחֹדֶשׁ־ נחמיה
ב כִסְלֵו שְׁנַת עֶשְׂרִים וַאֲנִי הָיִיתִי בְּשׁוּשַׁן הַבִּירָה׃ וַיָּבֹא חֲנָנִי
אֶחָד מֵאַחַי הוּא וַאֲנָשִׁים מִיהוּדָה וָאֶשְׁאָלֵם עַל־הַיְּהוּדִים
ג הַפְּלֵיטָה אֲשֶׁר־נִשְׁאֲרוּ מִן־הַשֶּׁבִי וְעַל־יְרוּשָׁלָם׃ וַיֹּאמְרוּ לִי
הַנִּשְׁאָרִים אֲשֶׁר נִשְׁאֲרוּ מִן־הַשְּׁבִי שָׁם בַּמְּדִינָה בְּרָעָה גְדֹלָה
ד וּבְחֶרְפָּה וְחוֹמַת יְרוּשָׁלַםִ מְפֹרָצֶת וּשְׁעָרֶיהָ נִצְּתוּ בָאֵשׁ׃ וַיְהִי
כְּשָׁמְעִי ׀ אֶת־הַדְּבָרִים הָאֵלֶּה יָשַׁבְתִּי וָאֶבְכֶּה וָאֶתְאַבְּלָה
ה יָמִים וָאֱהִי צָם וּמִתְפַּלֵּל לִפְנֵי אֱלֹהֵי הַשָּׁמָיִם׃ וָאֹמַר אָנָּא
יהוה אֱלֹהֵי הַשָּׁמַיִם הָאֵל הַגָּדוֹל וְהַנּוֹרָא שֹׁמֵר הַבְּרִית וָחֶסֶד
ו לְאֹהֲבָיו וּלְשֹׁמְרֵי מִצְוֺתָיו׃ תְּהִי נָא אָזְנְךָ־קַשֶּׁבֶת וְעֵינֶיךָ
פְתוּחוֹת לִשְׁמֹעַ אֶל־תְּפִלַּת עַבְדְּךָ אֲשֶׁר אָנֹכִי מִתְפַּלֵּל
לְפָנֶיךָ הַיּוֹם יוֹמָם וָלַיְלָה עַל־בְּנֵי יִשְׂרָאֵל עֲבָדֶיךָ וּמִתְוַדֶּה
עַל־חַטֹּאות בְּנֵי־יִשְׂרָאֵל אֲשֶׁר חָטָאנוּ לָךְ וַאֲנִי וּבֵית־אָבִי
ז חָטָאנוּ׃ חֲבֹל חָבַלְנוּ לָךְ וְלֹא־שָׁמַרְנוּ אֶת־הַמִּצְוֺת וְאֶת־

foreign women by the first day of the first month. And 18
among the sons of the priests there were found such as had
taken foreign women: namely, of the sons of Yeshua the son
of Yozadaq, and his brothers; Ma'aseya, and Eli'ezer, and Yariv,
and Gedalya. And they gave their hand that they would put 19
away their wives; and being guilty, they offered a ram of the
flock for their guilt. And of the sons of Immer; Hanani, and 20
Zevadya; and of the sons of Harim, Ma'aseya and Eliyya, and 21
Shema'ya, and Yehi'el, and 'Uzziyya; and of the sons of Pashhur, 22
Elyo'enay, Ma'aseya, Yishma'el, Netan'el, Yozavad, and El'asa;
and of the Levites, Yozavad, and Sim'i, and Qelaya, (the same 23
is Qelita,) Petahya, Yehuda, and Eli'ezer; and of the singers, 24
Elyashiv; and of the gatekeepers, Shallum, and Telem, and Uri;
and of Yisra'el: of the sons of Par'osh, Ramya, and Yizziyya, 25
and Malkiyya, and Miyyamin, and El'azar, and Malkiyya, and
Benaya; and of the sons of 'Elam, Mattanya, Zekharya, and 26
Yehi'el, and 'Avdi, and Yeremot, and Eliyya; and of the sons 27
of Zattu, Elyo'enay, Elyashiv, Mattanya, and Yeremot, and
Zavad, and 'Aziza; and of the sons of Bevay, Yehohanan, 28
Hananya, Zabbay, and 'Atlay; and of the sons of Bani, Me- 29
shullam, Malukh, and 'Adaya, Yashuv, and She'al, and Ra-
mot; and of the sons of Pahat-mo'av, 'Adna, and Kelal, 30
Benaya, Ma'aseya, Mattanya, Bezal'el, and Binnuy, and Menash-
she; and of the sons of Harim, Eli'ezer, Yishshiyya, Malkiyya, 31
Shema'ya, Shim'on, Binyamin, Malukh, Shemarya; of the sons 32,33
of Hashum, Mattenay, Mattatta, Zavad, Elifelet, Yeremay,
Menashshe, Shim'i; of the sons of Bani, Ma'aday, 'Amram, 34
and U'el, Benaya, Bedeya, Keluhu, Vanya, Meremot, Elyashiv, 35,36
Mattanya, Mattenay, and Ya'asay, and Bani, and Binnuy, Shim'i, 37,38
Shelemya, and Natan, and 'Adaya, Makhnadvay, Shashay, 39,40
Sharay, 'Azar'el, and Shelemyahu, Shemarya, Shallum, Amar- 41,42
ya, and Yosef. Of the sons of Nevo, Ye'i'el, Mattitya, Zavad, 43
Zevina, Yadday, and Yo'el, Benaya. All these had married for- 44
eign women: and some of them had wives by whom they had
children.

NEHEMYA

The words of Nehemya the son of Hakhalya. 1
And it came to pass in the month Kislev, in the twentieth year,
as I was in Shushan the capital, that Hanani, one of my broth- 2
ers, came, he and certain men of Yehuda; and I asked them
concerning the Jews who had escaped, who were left of the
captivity, and concerning Yerushalayim. And they said to me, 3
The remnant who are left of the captivity there in the province
suffer much hardship and insult: and the wall of Yerushalayim
is broken down, and its gates are burned with fire. And it came 4
to pass, when I heard these words, that I sat down and wept,
and mourned certain days, and I fasted, and prayed before the
God of heaven, and said, I pray thee, O LORD GOD of heaven, 5
the great and terrible GOD, who keeps covenant and troth to
those who love him and observe his commandments: let thy 6
ear now be attentive, and thy eyes open, that thou mayst hear
the prayer of thy servant, which I pray before thee now day and
night, for the children of Yisra'el thy servants, and I will confess
the sins of the children of Yisra'el which we have sinned against
thee: both I and my fathers house have sinned. We have dealt 7

ח הַחֻקִּים וְאֶת־הַמִּשְׁפָּטִים אֲשֶׁר צִוִּיתָ אֶת־מֹשֶׁה עַבְדֶּךָ: זְכָר־
נָא אֶת־הַדָּבָר אֲשֶׁר צִוִּיתָ אֶת־מֹשֶׁה עַבְדְּךָ לֵאמֹר אַתֶּם

ט תִּמְעֲלוּ אֲנִי אָפִיץ אֶתְכֶם בָּעַמִּים: וְשַׁבְתֶּם אֵלַי וּשְׁמַרְתֶּם
מִצְוֹתַי וַעֲשִׂיתֶם אֹתָם אִם־יִהְיֶה נִדַּחֲכֶם בִּקְצֵה הַשָּׁמַיִם

י מִשָּׁם אֲקַבְּצֵם וַהֲבוֹאתִים אֶל־הַמָּקוֹם אֲשֶׁר בָּחַרְתִּי לְשַׁכֵּן
אֶת־שְׁמִי שָׁם: וְהֵם עֲבָדֶיךָ וְעַמֶּךָ אֲשֶׁר פָּדִיתָ בְּכֹחֲךָ הַגָּדוֹל

יא וּבְיָדְךָ הַחֲזָקָה: אָנָּא אֲדֹנָי תְּהִי נָא אָזְנְךָ־קַשֶּׁבֶת אֶל־תְּפִלַּת
עַבְדְּךָ וְאֶל־תְּפִלַּת עֲבָדֶיךָ הַחֲפֵצִים לְיִרְאָה אֶת־שְׁמֶךָ
וְהַצְלִיחָה־נָּא לְעַבְדְּךָ הַיּוֹם וּתְנֵהוּ לְרַחֲמִים לִפְנֵי הָאִישׁ

ב הַזֶּה וַאֲנִי הָיִיתִי מַשְׁקֶה לַמֶּלֶךְ:   וַיְהִי ׀ בְּחֹדֶשׁ
נִיסָן שְׁנַת עֶשְׂרִים לְאַרְתַּחְשַׁסְתְּא הַמֶּלֶךְ יַיִן לְפָנָי וָאֶשָּׂא

ב אֶת־הַיַּיִן וָאֶתְּנָה לַמֶּלֶךְ וְלֹא־הָיִיתִי רַע לְפָנָיו: וַיֹּאמֶר לִי
הַמֶּלֶךְ מַדּוּעַ ׀ פָּנֶיךָ רָעִים וְאַתָּה אֵינְךָ חוֹלֶה אֵין זֶה כִּי־אִם

ג רֹעַ לֵב וָאִירָא הַרְבֵּה מְאֹד: וָאֹמַר לַמֶּלֶךְ הַמֶּלֶךְ לְעוֹלָם
יִחְיֶה מַדּוּעַ לֹא־יֵרְעוּ פָנַי אֲשֶׁר הָעִיר בֵּית־קִבְרוֹת אֲבֹתַי

ד חֲרֵבָה וּשְׁעָרֶיהָ אֻכְּלוּ בָאֵשׁ:   וַיֹּאמֶר לִי הַמֶּלֶךְ

ה עַל־מַה־זֶּה אַתָּה מְבַקֵּשׁ וָאֶתְפַּלֵּל אֶל־אֱלֹהֵי הַשָּׁמָיִם: וָאֹמַר
לַמֶּלֶךְ אִם־עַל־הַמֶּלֶךְ טוֹב וְאִם־יִיטַב עַבְדְּךָ לְפָנֶיךָ אֲשֶׁר

ו תִּשְׁלָחֵנִי אֶל־יְהוּדָה אֶל־עִיר קִבְרוֹת אֲבֹתַי וְאֶבְנֶנָּה: וַיֹּאמֶר
לִי הַמֶּלֶךְ וְהַשֵּׁגַל ׀ יוֹשֶׁבֶת אֶצְלוֹ עַד־מָתַי יִהְיֶה מַהֲלָכְךָ וּמָתַי

ז תָּשׁוּב וַיִּיטַב לִפְנֵי־הַמֶּלֶךְ וַיִּשְׁלָחֵנִי וָאֶתְּנָה לוֹ זְמָן: וָאוֹמַר לַמֶּלֶךְ
אִם־עַל־הַמֶּלֶךְ טוֹב אִגְּרוֹת יִתְּנוּ־לִי עַל־פַּחֲווֹת עֵבֶר הַנָּהָר

ח אֲשֶׁר יַעֲבִירוּנִי עַד אֲשֶׁר־אָבוֹא אֶל־יְהוּדָה: וְאִגֶּרֶת אֶל־אָסָף
שֹׁמֵר הַפַּרְדֵּס אֲשֶׁר לַמֶּלֶךְ אֲשֶׁר יִתֶּן־לִי עֵצִים לְקָרוֹת אֶת־
שַׁעֲרֵי הַבִּירָה אֲשֶׁר־לַבַּיִת וּלְחוֹמַת הָעִיר וְלַבַּיִת אֲשֶׁר־אָבוֹא

ט אֵלָיו וַיִּתֶּן־לִי הַמֶּלֶךְ כְּיַד־אֱלֹהַי הַטּוֹבָה עָלָי: וָאָבוֹא אֶל־
פַּחֲווֹת עֵבֶר הַנָּהָר וָאֶתְּנָה לָהֶם אֵת אִגְּרוֹת הַמֶּלֶךְ וַיִּשְׁלַח

י עִמִּי הַמֶּלֶךְ שָׂרֵי חַיִל וּפָרָשִׁים: וַיִּשְׁמַע סַנְבַלַּט
הַחֹרֹנִי וְטוֹבִיָּה הָעֶבֶד הָעַמֹּנִי וַיֵּרַע לָהֶם רָעָה גְדֹלָה אֲשֶׁר

יא בָּא אָדָם לְבַקֵּשׁ טוֹבָה לִבְנֵי יִשְׂרָאֵל: וָאָבוֹא אֶל־יְרוּשָׁלִָם
וָאֱהִי־שָׁם יָמִים שְׁלֹשָׁה: וָאָקוּם ׀ לַיְלָה אֲנִי וַאֲנָשִׁים ׀ מְעַט

יב עִמִּי וְלֹא־הִגַּדְתִּי לְאָדָם מָה אֱלֹהַי נֹתֵן אֶל־לִבִּי לַעֲשׂוֹת
לִירוּשָׁלִָם וּבְהֵמָה אֵין עִמִּי כִּי אִם־הַבְּהֵמָה אֲשֶׁר אֲנִי רֹכֵב

יג בָּהּ: וָאֵצְאָה בְשַׁעַר־הַגַּיְא לַיְלָה וְאֶל־פְּנֵי עֵין הַתַּנִּין וְאֶל־

שַׁעַר הָאַשְׁפֹּת וָאֱהִי שֹׂבֵר בְּחוֹמֹת יְרוּשָׁלִַם אֲשֶׁר־הַמְּפֹרוּצִים

יד וּשְׁעָרֶיהָ אֻכְּלוּ בָאֵשׁ: וָאֶעֱבֹר אֶל־שַׁעַר הָעַיִן וְאֶל־בְּרֵכַת

very corruptly against thee, and have not kept the commandments, or the statutes, or the judgments, which thou didst command thy servant Moshe. Remember, I pray thee, the word 8 that thou didst command thy servant Moshe, saying, If you transgress, I will scatter you abroad among the nations : but if 9 you turn to me, and keep my commandments, and do them ; though your outcasts be at the utmost parts of heaven, from there will I gather them, and I will bring them to the place which I have chosen to set my name there. Now these are thy 10 servants and thy people, whom thou hast redeemed by thy great power, and by thy strong hand. O LORD, I pray thee, let 11 now thy ear be attentive to the prayer of thy servant, and to the prayer of thy servants, who delight to fear thy name : and prosper, I pray thee, thy servant this day, and grant him mercy in the sight of this man. For I was the king's cupbearer.

And it came to pass in the month Nisan, in the twentieth **2** year of Artaḥshasta the king, that wine was before him : and I took up the wine, and gave it to the king. Now I had not been beforetime sad in his presence. Wherefore the king said to me, 2 Why is thy face sad, seeing thou art not sick ? this is nothing else but sorrow of heart. Then I was very much afraid, and I 3 said to the king, Let the king live for ever : why should not my face be sad, when the city, the place of the tombs of my ancestors lies waste, and its gates are consumed with fire ?

Then the king said to me, For what dost thou make request ? 4 So I prayed to the GOD of heaven. And I said to the king, If it 5 please the king, and if thy servant have found favour in thy sight that thou wouldst send me to Yehuda, to the city of the graves of my ancestors, that I may rebuild it. And the king said 6 to me, (the queen also sitting by him,) For how long shall thy journey be ? and when wilt thou return ? So it pleased the king to send me ; and I set him a time. Moreover I said to the king, 7 If it please the king, let letters be given me to the governors beyond the river, that they may let me pass through until I come into Yehuda ; and a letter to Asaf the keeper of the king's 8 forest, that he may give me timber to make beams for the gates of the fortress of the temple, and for the wall of the city, and for the house that I shall enter into. And the king granted me, according to the good hand of my GOD upon me. Then I came 9 to the governors beyond the river, and gave them the king's letters. Now the king had sent captains of the army and horsemen with me. When Sanvallat the Ḥoronite, and Toviyya 10 the servant, the 'Ammonite, heard of it, it displeased them greatly that there was come a man to seek the welfare of the children of Yisra'el. So I came to Yerushalayim, and was there three 11 days. And I arose in the night, I and some few men with me ; and 12 I told no one what my GOD had put in my heart to do at Yerushalayim : nor was there any beast with me, save the beast that I rode upon. And I went out by night by the gate of the valley, 13 even before the dragon's well, and to the dung gate, and viewed the walls of Yerushalayim, which were broken down, and its gates which had been destroyed by fire. Then I went on to 14

הַמֶּלֶךְ וְאֵין־מָקוֹם לַבְּהֵמָה לַעֲבֹר תַּחְתָּי: וָאֱהִי עֹלֶה בַנַּחַל ‏‏ יג

לַיְלָה וָאֱהִי שֹׁבֵר בַּחוֹמָה וָאָשׁוּב וָאָבוֹא בְּשַׁעַר הַגַּיְא וָאָשׁוּב:

וְהַסְּגָנִים לֹא יָדְעוּ אָנָה הָלַכְתִּי וּמָה אֲנִי עֹשֶׂה וְלַיְּהוּדִים ‏‏ יו

וְלַכֹּהֲנִים וְלַחֹרִים וְלַסְּגָנִים וּלְיֶתֶר עֹשֵׂה הַמְּלָאכָה עַד־כֵּן לֹא

הִגַּדְתִּי: וָאוֹמַר אֲלֵהֶם אַתֶּם רֹאִים הָרָעָה אֲשֶׁר אֲנַחְנוּ בָהּ ‏‏ יז

אֲשֶׁר יְרוּשָׁלַ‍ִם חֲרֵבָה וּשְׁעָרֶיהָ נִצְּתוּ בָאֵשׁ לְכוּ וְנִבְנֶה אֶת־

חוֹמַת יְרוּשָׁלַ‍ִם וְלֹא־נִהְיֶה עוֹד חֶרְפָּה: וָאַגִּיד לָהֶם אֶת־יַד ‏‏ יח

אֱלֹהַי אֲשֶׁר־הִיא טוֹבָה עָלַי וְאַף־דִּבְרֵי הַמֶּלֶךְ אֲשֶׁר אָמַר־לִי

וַיֹּאמְרוּ נָקוּם וּבָנִינוּ וַיְחַזְּקוּ יְדֵיהֶם לַטּוֹבָה: וַיִּשְׁמַע ‏‏ יט

סַנְבַלַּט הַחֹרֹנִי וְטֹבִיָּה ׀ הָעֶבֶד הָעַמּוֹנִי וְגֶשֶׁם הָעַרְבִי וַיַּלְעִגוּ

לָנוּ וַיִּבְזוּ עָלֵינוּ וַיֹּאמְרוּ מָה־הַדָּבָר הַזֶּה אֲשֶׁר אַתֶּם עֹשִׂים

הַעַל הַמֶּלֶךְ אַתֶּם מֹרְדִים: וָאָשִׁיב אוֹתָם דָּבָר וָאוֹמַר לָהֶם ‏‏ כ

אֱלֹהֵי הַשָּׁמַיִם הוּא יַצְלִיחַ לָנוּ וַאֲנַחְנוּ עֲבָדָיו נָקוּם וּבָנִינוּ

וְלָכֶם אֵין־חֵלֶק וּצְדָקָה וְזִכָּרוֹן בִּירוּשָׁלָ‍ִם:

וַיָּקָם אֶלְיָשִׁיב הַכֹּהֵן הַגָּדוֹל וְאֶחָיו הַכֹּהֲנִים וַיִּבְנוּ אֶת־שַׁעַר ‏‏ א ג

הַצֹּאן הֵמָּה קִדְּשׁוּהוּ וַיַּעֲמִידוּ דַּלְתֹתָיו וְעַד־מִגְדַּל הַמֵּאָה

קִדְּשׁוּהוּ עַד מִגְדַּל חֲנַנְאֵל: וְעַל־יָדוֹ בָּנוּ אַנְשֵׁי יְרֵחוֹ וְעַל־ ‏‏ ב

יָדוֹ בָנָה זַכּוּר בֶּן־אִמְרִי: וְאֵת שַׁעַר הַדָּגִים בָּנוּ בְּנֵי הַסְּנָאָה ‏‏ ג

הֵמָּה קֵרוּהוּ וַיַּעֲמִידוּ דַּלְתֹתָיו מַנְעוּלָיו וּבְרִיחָיו: וְעַל־יָדָם ‏‏ ד

הֶחֱזִיק מְרֵמוֹת בֶּן־אוּרִיָּה בֶּן־הַקּוֹץ וְעַל־יָדָם הֶחֱזִיק מְשֻׁלָּם

בֶּן־בֶּרֶכְיָה בֶּן־מְשֵׁיזַבְאֵל וְעַל־יָדָם הֶחֱזִיק צָדוֹק בֶּן־בַּעֲנָא:

וְעַל־יָדָם הֶחֱזִיקוּ הַתְּקוֹעִים וְאַדִּירֵיהֶם לֹא־הֵבִיאוּ צַוָּרָם ‏‏ ה

בַּעֲבֹדַת אֲדֹנֵיהֶם: וְאֵת שַׁעַר הַיְשָׁנָה הֶחֱזִיקוּ יוֹיָדָע בֶּן־פָּסֵחַ ‏‏ ו

וּמְשֻׁלָּם בֶּן־בְּסוֹדְיָה הֵמָּה קֵרוּהוּ וַיַּעֲמִידוּ דַּלְתֹתָיו וּמַנְעֻלָיו

וּבְרִיחָיו: וְעַל־יָדָם הֶחֱזִיק מְלַטְיָה הַגִּבְעֹנִי וְיָדוֹן הַמֵּרֹנֹתִי אַנְשֵׁי ‏‏ ז

גִבְעוֹן וְהַמִּצְפָּה לְכִסֵּא פַּחַת עֵבֶר הַנָּהָר: עַל־יָדוֹ הֶחֱזִיק ‏‏ ח

עֻזִּיאֵל בֶּן־חַרְהֲיָה צוֹרְפִים וְעַל־יָדוֹ הֶחֱזִיק חֲנַנְיָה בֶּן־

הָרַקָּחִים וַיַּעַזְבוּ יְרוּשָׁלַ‍ִם עַד הַחוֹמָה הָרְחָבָה: וְעַל־יָדָם ‏‏ ט

הֶחֱזִיק רְפָיָה בֶן־חוּר שַׂר חֲצִי פֶּלֶךְ יְרוּשָׁלָ‍ִם: וְעַל־יָדָם הֶחֱזִיק ‏‏ י

יְדָיָה בֶן־חֲרוּמַף וְנֶגֶד בֵּיתוֹ וְעַל־יָדוֹ הֶחֱזִיק חַטּוּשׁ בֶּן־

חֲשַׁבְנְיָה: מִדָּה שֵׁנִית הֶחֱזִיק מַלְכִּיָּה בֶן־חָרִם וְחַשּׁוּב בֶּן־ ‏‏ יא

פַּחַת מוֹאָב וְאֵת מִגְדַּל הַתַּנּוּרִים: וְעַל־יָדוֹ הֶחֱזִיק שַׁלּוּם ‏‏ יב

בֶּן־הַלּוֹחֵשׁ שַׂר חֲצִי פֶּלֶךְ יְרוּשָׁלָ‍ִם הוּא וּבְנוֹתָיו: אֵת שַׁעַר ‏‏ יג

הַגַּיְא הֶחֱזִיק חָנוּן וְיֹשְׁבֵי זָנוֹחַ הֵמָּה בָנוּהוּ וַיַּעֲמִידוּ דַּלְתֹתָיו

מַנְעֻלָיו וּבְרִיחָיו וְאֶלֶף אַמָּה בַּחוֹמָה עַד שַׁעַר הָשְׁפוֹת:

the fountain gate and to the king's pool: but there was no place for the beast that was under me to pass. Then I went 15 up in the night by the wadi, and viewed the wall, and turned back, and entered by the gate of the valley, and so returned. And the rulers knew not where I had gone or what I had 16 done; nor had I as yet told it to the Jews, or to the priests, or to the nobles, or to the rulers, or to the rest who did the work. Then said I to them, You see the distress that we are 17 in, how Yerushalayim lies waste, and its gates are burned with fire: come and let us build up the wall of Yerushalayim, so that we no longer suffer insult. Then I told them of the hand 18 of my GOD which was good upon me; as also the king's words that had spoken to me. And they said, Let us rise up and build. So they strengthened their hands for this good work.   But when Sanvallat the Ḥoronite, and Toviyya 19 the servant, the 'Ammonite, and Geshem the 'Arvian heard it, they laughed us to scorn, and despised us, and said, What is this thing that you do? will you rebel against the king? Then I answered them, and said to them, The GOD of heaven, 20 he will prosper us; therefore we his servants will arise and build: but you have no portion, or right, or memorial, in Yerushalayim.

Then Elyashiv the high priest rose up with his brethren the **3** priests, and they built the sheep gate; they sanctified it, and set up its doors; even to the tower of the hundred they sanctified it, as far as the tower of Ḥanan'el. And next to him 2 the men of Yereḥo built. And next to them Zakkur the son of Imri built. But the fish gate did the sons of Sena'a build; 3 they also laid its beams, and set up its doors, its bolts, and its bars. And next to them Meremot the son of Uriyya, the son 4 of Qoẓ repaired. And next to them Meshullam the son of Berekhya the son of Meshezav'el repaired. And next to them Ẓadoq the son of Ba'ana repaired. And next to them the Teqo'ites 5 repaired; but their nobles did not put their necks to the work of their LORD. And Yoyada the son of Paseaḥ, and Meshullam 6 the son of Besodya repaired the old gate; they laid its beams, and set up its doors, and its bolts, and its bars. And next 7 to them Melatya the Giv'onite and Yadon the Meronotite, the men of Giv'on and of Miẓpa repaired, as far as the seat of the governor beyond the river. Next to him 'Uzzi'el the son of 8 Ḥarhaya of the goldsmiths repaired. And next to him Ḥananya one of the perfumers repaired; and they restored Yerushalayim unto the broad wall. And next to them Refaya the son of 9 Ḥur, the ruler of the half district of Yerushalayim repaired. And next to them Yedaya son of Ḥarumaf repaired, even over 10 against his house. And next to him Ḥattush the son of Ḥashavneya repaired. Malkiyya the son of Ḥarim, and Ḥashshuv the 11 son of Paḥat-mo'av, repaired another section, and the furnace tower. And next to him Shallum the son of Halloḥesh, the 12 ruler of the half district of Yerushalayim repaired, he and his daughters. The valley gate did Ḥanun, and the inhabitants of 13 Zanoaḥ repair; they built it, and set up its doors, its bolts and its bars, and a thousand cubits on the wall as far as the

יד וְאֵ֣ת ׀ שַׁ֣עַר הָאַשְׁפּ֗וֹת הֶחֱזִיק֙ מַלְכִּיָּ֣ה בֶן־רֵכָ֔ב שַׂ֖ר פֶּ֣לֶךְ בֵּֽית־
טו הַכָּ֑רֶם ה֣וּא יִבְנֶ֔נּוּ וְיַעֲמִיד֙ דַּלְתֹתָ֔יו מַנְעֻלָ֖יו וּבְרִיחָֽיו׃ וְאֵת֩
שַׁ֨עַר הָעַ֜יִן הֶחֱזִ֨יק שַׁלּ֣וּן בֶּן־כָּל־חֹזֶה֮ שַׂ֣ר פֶּ֣לֶךְ הַמִּצְפָּה֒ ה֣וּא
יִבְנֶ֗נּוּ וִיטַֽלְלֶ֙נּוּ֙ ויעמידו דַּלְתֹתָ֔יו מַנְעֻלָ֖יו וּבְרִיחָ֑יו וְאֵ֨ת חוֹמַ֜ת וְיַֽעֲמִ֙ידוּ֙
בְּרֵכַ֤ת הַשֶּׁ֙לַח֙ לְגַן־הַמֶּ֔לֶךְ וְעַד־הַֽמַּעֲל֔וֹת הַיּֽוֹרְד֖וֹת מֵעִ֥יר
טז דָּוִֽיד׃ אַחֲרָ֣יו הֶחֱזִ֗יק נְחֶמְיָ֤ה בֶן־עַזְבּוּק֙ שַׂ֚ר חֲצִ֣י פֶּ֣לֶךְ בֵּית־
צ֑וּר עַד־נֶ֙גֶד֙ קִבְרֵ֣י דָוִ֔יד וְעַד־הַבְּרֵכָה֙ הָעֲשׂוּיָ֔ה וְעַ֖ד בֵּ֥ית
יז הַגִּבֹּרִֽים׃ אַחֲרָ֛יו הֶחֱזִ֥יקוּ הַלְוִיִּ֖ם רְח֣וּם בֶּן־בָּנִ֑י עַל־יָד֣וֹ הֶחֱזִ֗יק
יח חֲשַׁבְיָ֛ה שַֽׂר־חֲצִי־פֶ֥לֶךְ קְעִילָ֖ה לְפִלְכּֽוֹ׃ אַחֲרָ֣יו הֶחֱזִ֣יקוּ אֲחֵיהֶ֔ם
יט בַּוַּ֖י בֶּן־חֵנָדָ֑ד שַׂ֕ר חֲצִ֖י פֶּ֥לֶךְ קְעִילָֽה׃ וַיְחַזֵּ֨ק עַל־יָד֜וֹ עֵ֧זֶר בֶּן־
יֵשׁ֛וּעַ שַׂ֥ר הַמִּצְפָּ֖ה מִדָּ֣ה שֵׁנִ֑ית מִנֶּ֕גֶד עֲלֹ֖ת הַנֶּ֥שֶׁק הַמִּקְצֹֽעַ׃
כ אַחֲרָ֣יו הֶחֱרָ֣ה הֶחֱזִ֗יק בָּר֛וּךְ בֶּן־זבי מִדָּ֣ה שֵׁנִ֑ית מִן־הַמִּקְצ֕וֹעַ זַכַּ֖י
כא עַד־פֶּ֙תַח֙ בֵּ֣ית אֶלְיָשִׁ֔יב הַכֹּהֵ֖ן הַגָּדֽוֹל׃ אַחֲרָ֣יו הֶחֱזִ֗יק מְרֵמ֛וֹת
בֶּן־אוּרִיָּ֥ה בֶּן־הַקּ֖וֹץ מִדָּ֣ה שֵׁנִ֑ית מִפֶּ֙תַח֙ בֵּ֣ית אֶלְיָשִׁ֔יב וְעַד־
כב תַּכְלִ֖ית בֵּ֥ית אֶלְיָשִֽׁיב׃ וְאַחֲרָ֥יו הֶחֱזִ֖יקוּ הַכֹּהֲנִ֥ים אַנְשֵׁ֥י הַכִּכָּֽר׃
כג אַחֲרָ֗יו הֶחֱזִ֛יק בִּנְיָמִ֥ן וְחַשּׁ֖וּב נֶ֣גֶד בֵּיתָ֑ם אַחֲרָ֣יו הֶחֱזִ֗יק עֲזַרְיָ֛ה
כד בֶן־מַעֲשֵׂיָ֥ה בֶּן־עֲנָנְיָ֖ה אֵ֥צֶל בֵּיתֽוֹ׃ אַחֲרָ֣יו הֶחֱזִ֗יק בִּנּ֛וּי בֶּן־
חֵנָדָ֖ד מִדָּ֣ה שֵׁנִ֑ית מִבֵּ֣ית עֲזַרְיָ֔ה עַד־הַמִּקְצ֖וֹעַ וְעַד־הַפִּנָּֽה׃
כה פָּלָ֣ל בֶּן־אוּזַ֡י מִנֶּ֣גֶד הַֽמִּקְצ֡וֹעַ וְהַמִּגְדָּ֡ל הַיּוֹצֵא֩ מִבֵּ֨ית הַמֶּ֜לֶךְ
כו הָֽעֶלְי֗וֹן אֲשֶׁ֛ר לַחֲצַ֥ר הַמַּטָּרָ֖ה אַחֲרָ֥יו פְּדָיָ֥ה בֶן־פַּרְעֹֽשׁ׃ וְהַ֨נְּתִינִ֔ים
הָי֥וּ יֹשְׁבִ֖ים בָּעֹ֑פֶל עַ֠ד נֶ֜גֶד שַׁ֤עַר הַמַּ֙יִם֙ לַמִּזְרָ֔ח וְהַמִּגְדָּ֖ל
כז הַיּוֹצֵֽא׃ אַחֲרָ֛יו הֶחֱזִ֥יקוּ הַתְּקֹעִ֖ים מִדָּ֣ה שֵׁנִ֑ית מִנֶּ֗גֶד הַמִּגְדָּל֙
כח הַגָּד֣וֹל הַיּוֹצֵ֔א וְעַ֖ד חוֹמַ֥ת הָעֹֽפֶל׃ מֵעַ֣ל ׀ שַׁ֣עַר הַסּוּסִ֗ים הֶחֱזִ֙יקוּ֙
כט הַכֹּ֣הֲנִ֔ים אִ֖ישׁ לְנֶ֥גֶד בֵּיתֽוֹ׃ אַחֲרָ֛יו הֶחֱזִ֛יק צָד֥וֹק בֶּן־אִמֵּ֖ר נֶ֣גֶד
בֵּית֑וֹ וְאַחֲרָ֤יו הֶחֱזִיק֙ שְׁמַעְיָ֣ה בֶן־שְׁכַנְיָ֔ה שֹׁמֵ֖ר שַׁ֥עַר הַמִּזְרָֽח׃
ל אחרי הֶחֱזִ֡יק חֲנַנְיָ֣ה בֶן־שֶׁלֶמְיָ֡ה וְ֠חָנוּן בֶּן־צָלָ֤ף הַשִּׁשִּׁי֙ מִדָּ֣ה אַחֲרָ֣יו
לא שֵׁנִ֑י אחרי הֶחֱזִ֗יק מְשֻׁלָּם֙ בֶּן־בֶּ֣רֶכְיָ֔ה נֶ֖גֶד נִשְׁכָּתֽוֹ׃ אַחֲרָ֣י אַחֲרָ֣יו
הֶחֱזִ֞יק מַלְכִּיָּ֣ה בֶּן־הַצֹּרְפִ֗י עַד־בֵּ֛ית הַנְּתִינִ֖ים וְהָרֹכְלִ֑ים נֶ֚גֶד
לב שַׁ֣עַר הַמִּפְקָ֔ד וְעַ֖ד עֲלִיַּ֥ת הַפִּנָּֽה׃ וּבֵ֞ין עֲלִיַּ֤ת הַפִּנָּה֙ לְשַׁ֣עַר הַצֹּ֔אן
לג הֶחֱזִ֥יקוּ הַצֹּרְפִ֖ים וְהָרֹכְלִֽים׃ וַיְהִ֞י כַּאֲשֶׁ֨ר שָׁמַ֤ע
סַנְבַלַּט֙ כִּֽי־אֲנַ֣חְנוּ בוֹנִ֣ים אֶת־הַחוֹמָ֔ה וַיִּ֣חַר ל֔וֹ וַיִּכְעַ֖ס הַרְבֵּ֑ה
לד וַיַּלְעֵ֖ג עַל־הַיְּהוּדִֽים׃ וַיֹּ֣אמֶר ׀ לִפְנֵ֣י אֶחָ֗יו וְחֵיל֙ שֹׁמְר֔וֹן וַיֹּ֕אמֶר
מָ֛ה הַיְּהוּדִ֥ים הָאֲמֵלָלִ֖ים עֹשִׂ֑ים הֲיַעַזְב֨וּ לָהֶ֤ם הֲיִזְבָּ֙חוּ֙ הַיְכַלּ֣וּ
בַיּ֔וֹם הַיְחַיּ֧וּ אֶת־הָאֲבָנִ֛ים מֵעֲרֵמ֥וֹת הֶעָפָ֖ר וְהֵ֥מָּה שְׂרוּפֽוֹת׃
לה וְטוֹבִיָּ֥ה הָעַמֹּנִ֖י אֶצְל֑וֹ וַיֹּ֗אמֶר גַּ֤ם אֲשֶׁר־הֵם֙ בּוֹנִ֔ים אִֽם־יַעֲלֶ֣ה

dung gate. But the dung gate did Malkiyya the son of Rekhav, 14
the ruler of part of Bet-hakkerem repair ; he undertook to build
it, and set up its doors, its bolts, and its bars. But the fountain 15
gate did Shallun the son of Kol-ḫoze, the ruler of the district
of Mizpa repair ; he built it, and covered it, and set up its doors,
its bolts, and its bars, and the wall of the pool of Shelaḥ by
the king's garden, as far as the stairs that go down from the city
of David. After him did Neḥemya the son of 'Azbuq, the ruler of 16
the half district of Bet-ẕur repair, as far as a point opposite the
the tombs of the house of David, as far as the man made
pool, and as far as the house of the warriors. After him the 17
Levites repaired, Reḥum the son of Bani : next to him Ḥashavya,
the ruler of the half district of Qe'ila repaired for his area. After 18
him their brethren, Bavvay the son of Ḥenadad, the ruler of the
half district of Qe'ila repaired. And next to him 'Ezer the son 19
of Yeshua, the ruler of Mizpa, repaired another section over
against the ascent to the armoury at the corner. After him 20
Barukh the son of Zakkay earnestly repaired another section,
from the corner as far as the door of the house of Elyashiv
the high priest. After him did Meromot the son of Uriyya the 21
son of Qoẕ repair another section, from the door of the house
of Elyashiv even to the end of the house of Elyashiv. And 22
after him the priests, the men of the plain repaired. After him 23
Binyamin and Ḥashshuv repaired opposite their house. After
him 'Azarya the son of Ma'aseya the son of 'Ananya repaired
by his house. After him Binnuy the son of Ḥenadad repaired 24
another section, from the house of 'Azarya as far as the corner,
and up to the turning. Palal the son of 'Uzay, opposite the 25
corner, and the tower which projects from the king's high house,
that was by the court of the guard. After him Pedaya the son
of Par'osh. Moreover the temple servants dwelt in the 'Ofel, as 26
far as a point opposite the water gate towards the east, and the
projecting tower. After them the Teqo'ites repaired another 27
section, opposite the great projecting tower as far as the wall
of the 'Ofel. From above the horse gate the priests repaired every 28
one over against his house. After them Ẕadoq the son of Immer 29
repaired opposite his house. And after him Shema'ya the son
of Shekhanya, the keeper of the east gate, repaired. After 30
him Ḥananya the son of Shelemya, and Ḥanun the sixth son
of Ẕalaf repaired another section. After him Meshullam the
son of Berekhya repaired opposite his chamber. After him 31
Malkiyya one of the goldsmiths repaired as far as the house
of the temple servants and of the merchants, opposite the mus-
ter gate to the corner of the battlement. And between the corner 32
of the battlement and the sheep gate the goldsmiths and the
merchants repaired. But it came to pass, that when 33
Sanvallat heard that we were building the wall, he was angry,
and greatly enraged, and he mocked the Jews. And he spoke 34
before his brethren and the army of Shomeron, and said, What
are these feeble Jews doing? will they restore things? will
they sacrifice? will they make an end in a day? will they revive
the stones out of the heaps of the rubbish seeing they are
burned? Now Toviyya the 'Ammonite was by him, and he said, 35

לו שׁוּעָל וּפָרַץ חוֹמַת אַבְנֵיהֶם׃ שְׁמַע אֱלֹהֵינוּ כִּי־הָיִינוּ בוּזָה
לז וְהָשֵׁב חֶרְפָּתָם אֶל־רֹאשָׁם וּתְנֵם לְבִזָּה בְּאֶרֶץ שִׁבְיָה׃ וְאַל־
תְּכַס עַל־עֲוֺנָם וְחַטָּאתָם מִלְּפָנֶיךָ אַל־תִּמָּחֶה כִּי הִכְעִיסוּ
לח לְנֶגֶד הַבּוֹנִים׃ וַנִּבְנֶה אֶת־הַחוֹמָה וַתִּקָּשֵׁר כָּל־הַחוֹמָה עַד־ ו
חֶצְיָהּ וַיְהִי לֵב לָעָם לַעֲשׂוֹת׃

ד א וַיְהִי ׀ כַאֲשֶׁר שָׁמַע סַנְבַלַּט וְטוֹבִיָּה וְהָעַרְבִים וְהָעַמֹּנִים
וְהָאַשְׁדּוֹדִים כִּי־עָלְתָה אֲרוּכָה לְחֹמוֹת יְרוּשָׁלִַם כִּי־הֵחֵלּוּ
ב הַפְּרֻצִים לְהִסָּתֵם וַיִּחַר לָהֶם מְאֹד׃ וַיִּקְשְׁרוּ כֻלָּם יַחְדָּו לָבוֹא
ג לְהִלָּחֵם בִּירוּשָׁלִָם וְלַעֲשׂוֹת לוֹ תּוֹעָה׃ וַנִּתְפַּלֵּל אֶל־אֱלֹהֵינוּ
ד וַנַּעֲמִיד מִשְׁמָר עֲלֵיהֶם יוֹמָם וָלַיְלָה מִפְּנֵיהֶם׃ וַיֹּאמֶר
יְהוּדָה כָּשַׁל כֹּחַ הַסַּבָּל וְהֶעָפָר הַרְבֵּה וַאֲנַחְנוּ לֹא נוּכַל
ה לִבְנוֹת בַּחוֹמָה׃ וַיֹּאמְרוּ צָרֵינוּ לֹא יֵדְעוּ וְלֹא יִרְאוּ עַד אֲשֶׁר־
ו נָבוֹא אֶל־תּוֹכָם וַהֲרַגְנוּם וְהִשְׁבַּתְנוּ אֶת־הַמְּלָאכָה׃ וַיְהִי
כַּאֲשֶׁר־בָּאוּ הַיְּהוּדִים הַיֹּשְׁבִים אֶצְלָם וַיֹּאמְרוּ לָנוּ עֶשֶׂר פְּעָמִים
ז מִכָּל־הַמְּקֹמוֹת אֲשֶׁר־תָּשׁוּבוּ עָלֵינוּ׃ וָאַעֲמִיד מִתַּחְתִּיּוֹת
לַמָּקוֹם מֵאַחֲרֵי לַחוֹמָה בצחחיים וָאַעֲמִיד אֶת־הָעָם לְמִשְׁפָּחוֹת בַּצְּחִיחִים
ח עִם־חַרְבֹתֵיהֶם רָמְחֵיהֶם וְקַשְּׁתֹתֵיהֶם׃ וָאֵרֶא וָאָקוּם וָאֹמַר
אֶל־הַחֹרִים וְאֶל־הַסְּגָנִים וְאֶל־יֶתֶר הָעָם אַל־תִּירְאוּ מִפְּנֵיהֶם
אֶת־אֲדֹנָי הַגָּדוֹל וְהַנּוֹרָא זְכֹרוּ וְהִלָּחֲמוּ עַל־אֲחֵיכֶם בְּנֵיכֶם
ט וּבְנֹתֵיכֶם נְשֵׁיכֶם וּבָתֵּיכֶם׃ וַיְהִי כַּאֲשֶׁר שָׁמְעוּ
אוֹיְבֵינוּ כִּי־נוֹדַע לָנוּ וַיָּפֶר הָאֱלֹהִים אֶת־עֲצָתָם ונשוב כֻּלָּנוּ וַנָּשָׁב
י אֶל־הַחוֹמָה אִישׁ אֶל־מְלַאכְתּוֹ׃ וַיְהִי ׀ מִן־הַיּוֹם הַהוּא חֲצִי
נְעָרַי עֹשִׂים בַּמְּלָאכָה וְחֶצְיָם מַחֲזִיקִים וְהָרְמָחִים הַמָּגִנִּים
יא וְהַקְּשָׁתוֹת וְהַשִּׁרְיֹנִים וְהַשָּׂרִים אַחֲרֵי כָּל־בֵּית יְהוּדָה׃ הַבּוֹנִים
בַּחוֹמָה וְהַנֹּשְׂאִים בַּסֶּבֶל עֹמְשִׂים בְּאַחַת יָדוֹ עֹשֶׂה בַמְּלָאכָה
יב וְאַחַת מַחֲזֶקֶת הַשָּׁלַח׃ וְהַבּוֹנִים אִישׁ חַרְבּוֹ אֲסוּרִים עַל־מָתְנָיו
יג וּבוֹנִים וְהַתּוֹקֵעַ בַּשּׁוֹפָר אֶצְלִי׃ וָאֹמַר אֶל־הַחֹרִים וְאֶל־הַסְּגָנִים
וְאֶל־יֶתֶר הָעָם הַמְּלָאכָה הַרְבֵּה וּרְחָבָה וַאֲנַחְנוּ נִפְרָדִים
יד עַל־הַחוֹמָה רְחוֹקִים אִישׁ מֵאָחִיו׃ בִּמְקוֹם
אֲשֶׁר תִּשְׁמְעוּ אֶת־קוֹל הַשּׁוֹפָר שָׁמָּה תִּקָּבְצוּ אֵלֵינוּ אֱלֹהֵינוּ
טו יִלָּחֶם לָנוּ׃ וַאֲנַחְנוּ עֹשִׂים בַּמְּלָאכָה וְחֶצְיָם מַחֲזִיקִים בָּרְמָחִים
טז מֵעֲלוֹת הַשַּׁחַר עַד צֵאת הַכּוֹכָבִים׃ גַּם בָּעֵת הַהִיא אָמַרְתִּי
לָעָם אִישׁ וְנַעֲרוֹ יָלִינוּ בְּתוֹךְ יְרוּשָׁלִָם וְהָיוּ־לָנוּ הַלַּיְלָה מִשְׁמָר
יז וְהַיּוֹם מְלָאכָה׃ וְאֵין אֲנִי וְאַחַי וּנְעָרַי וְאַנְשֵׁי הַמִּשְׁמָר אֲשֶׁר

Even that which they build, if a fox go up, he shall break down their stone wall. Hear, O our God ; for we are despised : and turn their insolence upon their own head, and give them up for a prey in the land of captivity : and do not cover their iniquity, and do not let their sin be blotted out from before thee : for they have provoked thee to anger before the builders. So we built the wall ; and all the wall was joined together to half its height : for the people had a mind to work.

36

37

38

But it came to pass, that when Sanvallat, and Toviyya, and the 'Arvians, and the 'Ammonites, and the Ashdodites, heard that the walls of Yerushalayim were being repaired, and that the breaches began to be stopped, then they were very angry, and they conspired all of them together to come and to fight against Yerushalayim, and to cause confusion in it. Nevertheless we made our prayer to our God, and set a watch against them day and night, because of them. And Yehuda said, The strength of the bearers of burdens is failing, and there is much rubbish ; so that we are not able to build the wall. And our adversaries said, They shall neither know, nor see, until we come in the midst among them, and slay them, and cause the work to cease. And it came to pass, that when the Jews who dwelt by them came, they said to us ten times, From all places where you shall return, they will be upon us. Therefore in the lower places behind the wall on the bare face of the rock, I stationed the people ; I stationed them according to their families, with their swords, their spears, and their bows. And I looked, and rose up, and said to the nobles, and to the rulers, and to the rest of the people, Be not afraid of them : remember the Lord, who is great and awe inspiring, and fight for your brethren, your sons, and your daughters, your wives, and your houses.   And it came to pass, when our enemies heard that it was known to us, and God had brought their counsel to nought, that we returned all of us to the wall, everyone to his work. And it came to pass from that time onwards, that the half of my servants did the work, and the other half of them held the spears, the shields, and the bows, and the coats of mail ; and the rulers were behind all the house of Yehuda. They who built the wall, and they who bore burdens, loaded themselves in such a way that with one of his hands each laboured in the work, and with the other hand he held a weapon. For the builders, everyone had his sword girded by his side, and so he built. And he who sounded the shofar was by me. And I said to the nobles, and to the rulers, and to the rest of the people, The work is great and large, and we are separated upon the wall, far from one another.

4

2

3

4

5

6

7

8

9

10

11

12

13

In whatever place you hear the sound of the shofar, rally to us there : our God shall fight for us. So we laboured in the work : and half of them held the spears from the rising of the morning till the stars appeared. Likewise at the same time I said to the people, Let everyone with his servant lodge within Yerushalayim, so that in the night they may be a guard to us, and labour in the day. So neither I, nor my brethren, nor my servants, nor the men of the guard who followed me, none of us put off our clothes : everyone brought his weapon with him,

14

15

16

17

אַחֲרַי אֵין־אֲנַחְנוּ פֹשְׁטִים בְּגָדֵינוּ אִישׁ שִׁלְחוֹ הַמָּיִם׃
א וַתְּהִי צַעֲקַת הָעָם וּנְשֵׁיהֶם גְּדוֹלָה אֶל־אֲחֵיהֶם הַיְּהוּדִים׃
ב וְיֵשׁ אֲשֶׁר אֹמְרִים בָּנֵינוּ וּבְנֹתֵינוּ אֲנַחְנוּ רַבִּים וְנִקְחָה דָגָן
ג וְנֹאכְלָה וְנִחְיֶה׃ וְיֵשׁ אֲשֶׁר אֹמְרִים שְׂדֹתֵינוּ וּכְרָמֵינוּ וּבָתֵּינוּ
ד אֲנַחְנוּ עֹרְבִים וְנִקְחָה דָגָן בָּרָעָב׃ וְיֵשׁ אֲשֶׁר אֹמְרִים לָוִינוּ
ה כֶסֶף לְמִדַּת הַמֶּלֶךְ שְׂדֹתֵינוּ וּכְרָמֵינוּ׃ וְעַתָּה כִּבְשַׂר אַחֵינוּ
בְּשָׂרֵנוּ כִּבְנֵיהֶם בָּנֵינוּ וְהִנֵּה אֲנַחְנוּ כֹבְשִׁים אֶת־בָּנֵינוּ וְאֶת־
בְּנֹתֵינוּ לַעֲבָדִים וְיֵשׁ מִבְּנֹתֵינוּ נִכְבָּשׁוֹת וְאֵין לְאֵל יָדֵנוּ
ו וּשְׂדֹתֵינוּ וּכְרָמֵינוּ לַאֲחֵרִים׃ וַיִּחַר לִי מְאֹד כַּאֲשֶׁר שָׁמַעְתִּי
ז אֶת־זַעֲקָתָם וְאֵת הַדְּבָרִים הָאֵלֶּה׃ וַיִּמָּלֵךְ לִבִּי עָלַי וָאָרִיבָה
אֶת־הַחֹרִים וְאֶת־הַסְּגָנִים וָאֹמְרָה לָהֶם מַשָּׁא אִישׁ־בְּאָחִיו
ח אַתֶּם נשְׁאִים וָאֶתֵּן עֲלֵיהֶם קְהִלָּה גְדוֹלָה׃ וָאֹמְרָה לָהֶם נֹשִׁים
אֲנַחְנוּ קָנִינוּ אֶת־אַחֵינוּ הַיְּהוּדִים הַנִּמְכָּרִים לַגּוֹיִם כְּדֵי
בָנוּ וְגַם־אַתֶּם תִּמְכְּרוּ אֶת־אֲחֵיכֶם וְנִמְכְּרוּ־לָנוּ וַיַּחֲרִישׁוּ
ט וְלֹא מָצְאוּ דָּבָר׃ ויאמר לֹא־טוֹב הַדָּבָר אֲשֶׁר־אַתֶּם עֹשִׂים וָאֹמַר
י הֲלוֹא בְּיִרְאַת אֱלֹהֵינוּ תֵּלֵכוּ מֵחֶרְפַּת הַגּוֹיִם אוֹיְבֵינוּ׃ וְגַם־
אֲנִי אַחַי וּנְעָרַי נֹשִׁים בָּהֶם כֶּסֶף וְדָגָן נַעַזְבָה־נָּא אֶת־הַמַּשָּׁא
יא הַזֶּה׃ הָשִׁיבוּ נָא לָהֶם כְּהַיּוֹם שְׂדֹתֵיהֶם כַּרְמֵיהֶם זֵיתֵיהֶם
וּבָתֵּיהֶם וּמְאַת הַכֶּסֶף וְהַדָּגָן הַתִּירוֹשׁ וְהַיִּצְהָר אֲשֶׁר אַתֶּם
יב נֹשִׁים בָּהֶם׃ וַיֹּאמְרוּ נָשִׁיב וּמֵהֶם לֹא נְבַקֵּשׁ כֵּן נַעֲשֶׂה כַּאֲשֶׁר
אַתָּה אוֹמֵר וָאֶקְרָא אֶת־הַכֹּהֲנִים וָאַשְׁבִּיעֵם לַעֲשׂוֹת כַּדָּבָר
יג הַזֶּה׃ גַּם־חָצְנִי נָעַרְתִּי וָאֹמְרָה כָּכָה יְנַעֵר הָאֱלֹהִים אֶת־כָּל־
הָאִישׁ אֲשֶׁר לֹא־יָקִים אֶת־הַדָּבָר הַזֶּה מִבֵּיתוֹ וּמִיגִיעוֹ וְכָכָה
יִהְיֶה נָעוּר וָרֵק וַיֹּאמְרוּ כָל־הַקָּהָל אָמֵן וַיְהַלְלוּ אֶת־יהוה
יד וַיַּעַשׂ הָעָם כַּדָּבָר הַזֶּה׃ גַּם מִיּוֹם ׀ אֲשֶׁר־צִוָּה אֹתִי לִהְיוֹת
פֶּחָם בְּאֶרֶץ יְהוּדָה מִשְּׁנַת עֶשְׂרִים וְעַד שְׁנַת שְׁלֹשִׁים וּשְׁתַּיִם
לְאַרְתַּחְשַׁסְתְּא הַמֶּלֶךְ שָׁנִים שְׁתֵּים עֶשְׂרֵה אֲנִי וְאַחַי לֶחֶם
טו הַפֶּחָה לֹא אָכַלְתִּי׃ וְהַפַּחוֹת הָרִאשֹׁנִים אֲשֶׁר־לְפָנַי הִכְבִּידוּ
עַל־הָעָם וַיִּקְחוּ מֵהֶם בְּלֶחֶם וָיַיִן אַחַר כֶּסֶף־שְׁקָלִים אַרְבָּעִים
גַּם נַעֲרֵיהֶם שָׁלְטוּ עַל־הָעָם וַאֲנִי לֹא־עָשִׂיתִי כֵן מִפְּנֵי יִרְאַת
טז אֱלֹהִים׃ וְגַם בִּמְלֶאכֶת הַחוֹמָה הַזֹּאת הֶחֱזַקְתִּי וְשָׂדֶה
יז לֹא קָנִינוּ וְכָל־נְעָרַי קְבוּצִים שָׁם עַל־הַמְּלָאכָה׃ וְהַיְּהוּדִים
וְהַסְּגָנִים מֵאָה וַחֲמִשִּׁים אִישׁ וְהַבָּאִים אֵלֵינוּ מִן־הַגּוֹיִם אֲשֶׁר־
יח סְבִיבֹתֵינוּ עַל־שֻׁלְחָנִי׃ וַאֲשֶׁר הָיָה נַעֲשֶׂה לְיוֹם אֶחָד שׁוֹר
אֶחָד צֹאן שֵׁשׁ־בְּרֻרוֹת וְצִפֳּרִים נַעֲשׂוּ־לִי וּבֵין עֲשֶׂרֶת יָמִים
בְּכָל־יַיִן לְהַרְבֵּה וְעִם־זֶה לֶחֶם הַפֶּחָה לֹא בִקַּשְׁתִּי כִּי־כָבְדָה

even to the water.

And there was a great cry of the people and of their wives 1
against their brethren the Jews. For there were those who said, 2
We, our sons, and our daughters, are many : therefore let us get
corn, that we may eat, and live. Some also there were who said, 3
We have mortgaged our lands, our vineyards, and our houses,
that we might buy corn, because of the dearth. There were also 4
those who said, We have borrowed money for the king's tribute,
and that upon our lands and vineyards. Yet now our flesh is as 5
good as the flesh of our brethren, our children as good as their
children : and, lo, we press our sons and our daughters into
slavery, and some of our daughters are pressed into slavery
already : nor is it in our power to redeem them ; for other men
have our lands and vineyards. And I was very angry when I heard 6
their cry and these words. Then I took counsel with myself, 7
and I rebuked the nobles, and the rulers, and said to them, You
make claims for debt, everyone of his brother ! And I held a
great assembly against them. And I said to them, We after our 8
ability have redeemed our brethren the Jews, who were sold
to the heathen ; and will you nevertheless sell your brethren ? or
shall they be sold to us ? Then they held their peace, and found
nothing to answer. Also I said, That which you do is not good : 9
ought you not to walk in the fear of our GOD because of the
insult of the heathen our enemies ? I likewise, and my brethren, 10
and my servants, have lent them money and corn : I pray you,
let us release this debt. Restore, I pray you, to them, even this 11
day, their lands, their vineyards, their oliveyards, and their
houses, also the percentage of the money, and of the corn, the
wine, and the oil, that you exact of them. Then they said, We 12
will restore them, and will require nothing of them ; so will we
do as thou sayst. Then I called the priests, and took an oath
of them, that they should do according to this promise. Also I 13
shook out my lap, and said, So GOD shake out every man from
his house, and from his labour, who does not perform this
promise, even thus may he be shaken out, and emptied. And all
the congregation said, Amen, and praised the LORD. And the
people did according to this promise. Moreover from the time 14
that I was appointed to be their governor in the land of Yehuda,
from the twentieth year even to the thirty second year of
Artaḥshasta the king, that is, twelve years, I and my brethren
have not eaten the bread of the governor. But the former 15
governors who had been before me laid burdens upon the people,
and had taken of them for bread and wine, besides forty
shekels of silver ; even their servants bore rule over the people :
but I did not do so, because of the fear of GOD. For I also 16
continued in the work of this wall, nor did we buy any land :
and all my servants were gathered there to the work. Moreover 17
there were at my table a hundred and fifty of the Jews and
the rulers, besides those who came to us from among the nations
who were round about us. Now that which was prepared for one 18
day was one ox and six choice sheep ; also fowls were prepared
for me, and once in ten days store of all sorts of wine : yet for
all this I did not demand the bread of the governor, because the

יט הָעֲבֹדָה עַל־הָעָם הַזֶּה׃ זׇכְרָה־לִּי אֱלֹהַי לְטוֹבָה כֹּל אֲשֶׁר־
ו א עָשִׂיתִי עַל־הָעָם הַזֶּה׃ וַיְהִי כַאֲשֶׁר נִשְׁמַע
לְסַנְבַלַּט וְטוֹבִיָּה וּלְגֶשֶׁם הָעַרְבִי וּלְיֶתֶר אֹיְבֵינוּ כִּי בָנִיתִי
אֶת־הַחוֹמָה וְלֹא־נוֹתַר בָּהּ פָּרֶץ גַּם עַד־הָעֵת הַהִיא דְּלָתוֹת
ב לֹא־הֶעֱמַדְתִּי בַשְּׁעָרִים׃ וַיִּשְׁלַח סַנְבַלַּט וְגֶשֶׁם אֵלַי לֵאמֹר
לְכָה וְנִוָּעֲדָה יַחְדָּו בַּכְּפִירִים בְּבִקְעַת אוֹנוֹ וְהֵמָּה חֹשְׁבִים
ג לַעֲשׂוֹת לִי רָעָה׃ וָאֶשְׁלְחָה עֲלֵיהֶם מַלְאָכִים לֵאמֹר מְלָאכָה
גְדוֹלָה אֲנִי עֹשֶׂה וְלֹא אוּכַל לָרֶדֶת לָמָּה תִשְׁבַּת הַמְּלָאכָה
ד כַּאֲשֶׁר אַרְפֶּהָ וְיָרַדְתִּי אֲלֵיכֶם׃ וַיִּשְׁלְחוּ אֵלַי כַּדָּבָר הַזֶּה אַרְבַּע
ה פְּעָמִים וָאָשִׁיב אוֹתָם כַּדָּבָר הַזֶּה׃ וַיִּשְׁלַח אֵלַי סַנְבַלַּט
כַּדָּבָר הַזֶּה פַּעַם חֲמִישִׁית אֶת־נַעֲרוֹ וְאִגֶּרֶת פְּתוּחָה בְּיָדוֹ׃
ו כָּתוּב בָּהּ בַּגּוֹיִם נִשְׁמָע וְגַשְׁמוּ אֹמֵר אַתָּה וְהַיְּהוּדִים חֹשְׁבִים
לִמְרוֹד עַל־כֵּן אַתָּה בוֹנֶה הַחוֹמָה וְאַתָּה הֹוֶה לָהֶם לְמֶלֶךְ
ז כַּדְּבָרִים הָאֵלֶּה׃ וְגַם־נְבִיאִים הֶעֱמַדְתָּ לִקְרֹא עָלֶיךָ בִירוּשָׁלִַם
לֵאמֹר מֶלֶךְ בִּיהוּדָה וְעַתָּה יִשָּׁמַע לַמֶּלֶךְ כַּדְּבָרִים הָאֵלֶּה
ח וְעַתָּה לְכָה וְנִוָּעֲצָה יַחְדָּו׃ וָאֶשְׁלְחָה אֵלָיו לֵאמֹר לֹא נִהְיָה
כַּדְּבָרִים הָאֵלֶּה אֲשֶׁר אַתָּה אוֹמֵר כִּי מִלִּבְּךָ אַתָּה בוֹדָאם׃
ט כִּי כֻלָּם מְיָרְאִים אוֹתָנוּ לֵאמֹר יִרְפּוּ יְדֵיהֶם מִן־הַמְּלָאכָה
י וְלֹא תֵעָשֶׂה וְעַתָּה חַזֵּק אֶת־יָדָי׃ וַאֲנִי בָאתִי בֵּית שְׁמַעְיָה
בֶן־דְּלָיָה בֶּן־מְהֵיטַבְאֵל וְהוּא עָצוּר וַיֹּאמֶר נִוָּעֵד אֶל־בֵּית
הָאֱלֹהִים אֶל־תּוֹךְ הַהֵיכָל וְנִסְגְּרָה דַּלְתוֹת הַהֵיכָל כִּי בָּאִים
יא לְהָרְגֶךָ וְלַיְלָה בָּאִים לְהָרְגֶךָ׃ וָאֹמְרָה הַאִישׁ כָּמוֹנִי יִבְרָח
יב וּמִי כָמוֹנִי אֲשֶׁר־יָבוֹא אֶל־הַהֵיכָל וָחָי לֹא אָבוֹא׃ וָאַכִּירָה
וְהִנֵּה לֹא־אֱלֹהִים שְׁלָחוֹ כִּי הַנְּבוּאָה דִּבֶּר עָלַי וְטוֹבִיָּה
יג וְסַנְבַלַּט שְׂכָרוֹ׃ לְמַעַן שָׂכוּר הוּא לְמַעַן־אִירָא וְאֶעֱשֶׂה־כֵּן
יד וְחָטָאתִי וְהָיָה לָהֶם לְשֵׁם רָע לְמַעַן יְחָרְפוּנִי׃ זׇכְרָה
אֱלֹהַי לְטוֹבִיָּה וּלְסַנְבַלַּט כְּמַעֲשָׂיו אֵלֶּה וְגַם לְנוֹעַדְיָה הַנְּבִיאָה
טו וּלְיֶתֶר הַנְּבִיאִים אֲשֶׁר הָיוּ מְיָרְאִים אוֹתִי׃ וַתִּשְׁלַם הַחוֹמָה ז
טז בְּעֶשְׂרִים וַחֲמִשָּׁה לֶאֱלוּל לַחֲמִשִּׁים וּשְׁנַיִם יוֹם׃ וַיְהִי
כַּאֲשֶׁר שָׁמְעוּ כׇּל־אוֹיְבֵינוּ וַיִּרְאוּ כׇּל־הַגּוֹיִם אֲשֶׁר סְבִיבֹתֵינוּ
וַיִּפְּלוּ מְאֹד בְּעֵינֵיהֶם וַיֵּדְעוּ כִּי מֵאֵת אֱלֹהֵינוּ נֶעֶשְׂתָה
יז הַמְּלָאכָה הַזֹּאת׃ גַּם ׀ בַּיָּמִים הָהֵם מַרְבִּים חֹרֵי יְהוּדָה
אִגְּרֹתֵיהֶם הוֹלְכוֹת עַל־טוֹבִיָּה וַאֲשֶׁר לְטוֹבִיָּה בָּאוֹת אֲלֵיהֶם׃
יח כִּי־רַבִּים בִּיהוּדָה בַּעֲלֵי שְׁבוּעָה לוֹ כִּי־חָתָן הוּא לִשְׁכַנְיָה
יט בֶן־אָרַח וִיהוֹחָנָן בְּנוֹ לָקַח אֶת־בַּת־מְשֻׁלָּם בֶּן בֶּרֶכְיָה׃ גַּם
טוֹבֹתָיו הָיוּ אֹמְרִים לְפָנַי וּדְבָרַי הָיוּ מוֹצִיאִים לוֹ אִגְּרוֹת

bondage was heavy upon this people. Remember me, my GOD, 19
for good, according to all that I have done for this people.

Now it came to pass, when Sanvallat, and Toviyya, and Ge- 6
shem the 'Arvian, and the rest of our enemies, heard that I had
built the wall, and that there was no breach left in it ; (though at
that time I had not set up the doors upon the gates ;) then 2
Sanvallat and Geshem sent to me, saying, Come, let us meet
together in one of the villages in the plain of Ono. But they
thought to do me mischief. And I sent messengers to them, 3
saying, I am doing a great work, so that I cannot come down :
why should the work cease, whilst I leave it, and come down to
you ? So they sent to me four times after this sort ; and I 4
answered them after the same manner. Then Sanvallat sent his 5
servant to me in like manner the fifth time with an open letter
in his hand : in which was written, It is reported among the 6
nations, and Gashmu says it, that thou and the Jews think to
rebel : for which cause thou didst build the wall, that thou mayst
be their king, according to these words. And thou hast also 7
appointed prophets to proclaim of these at Yerushalayim, saying,
There is a king in Yehuda : and now shall it be reported to the
king according to these words. Come now therefore, and let us
take counsel together. Then I sent to him, saying, There are no 8
such things done as thou sayst, but thou dost invent them out
of thy own heart. For they all would have us afraid, saying, 9
Their hands shall be weakened from the work, that it shall not be
done. (Now therefore, strengthen my hands.) Afterwards I came 10
to the house of Shemaʻya the son of Delaya the son of Mehetavʼel,
who was shut up ; and he said, Let us meet together in the house
of GOD, within the temple, and let us shut the doors of the
temple : for they will come to slay thee ; yea, in the night they
will come to slay thee. And I said, Should such a man as I flee ? 11
and who such as I could go into the temple and live ? I will not
go in. And, lo, I perceived that GOD had not sent him ; but that 12
he pronounced this prophecy against me : for Toviyya and San-
vallat had hired him. For this cause was he hired, that I should 13
be afraid, and do so, and sin, and that they might have matter
for an evil report, that they might taunt me.　　My GOD, 14
remember Toviyya and Sanvallat according to these their works,
and also the prophetess Noʻadya, and the rest of the prophets,
who would have put me in fear. So the wall was finished in the 15
twenty fifth day of the month Elul, in fifty two days.　　And 16
it came to pass, that when all our enemies heard that, all the
nations that were about us were afraid and were much cast
down in their own eyes : for they perceived that this work was
done by our GOD. Moreover in those days the nobles of Yehuda 17
sent many letters to Toviyya, and the letters of Toviyya came
to them. For there were many in Yehuda sworn to him, because 18
he was the son in law of Shekhanya the son of Araḥ ; and his
son Yehoḥanan had taken the daughter of Meshullam the son
of Berekhya. Also they spoke of his good deeds before me, and 19
reported my words to him. And Toviyya sent letters to put me
in fear.

שָׁלַח טוֹבִיָּה לְיָֽרְאֵנִי׃
א וַיְהִי כַּאֲשֶׁר נִבְנְתָה הַחוֹמָה וָאַעֲמִיד הַדְּלָתוֹת וַיִּפָּֽקְדוּ
ב הַשּׁוֹעֲרִים וְהַמְשֹׁרְרִים וְהַלְוִיִּֽם׃ וָאֲצַוֶּה אֶת־חֲנָנִי אָחִי וְאֶת־
חֲנַנְיָה שַׂר הַבִּירָה עַל־יְרוּשָׁלָ͏ִם כִּי־הוּא כְּאִישׁ אֱמֶת וְיָרֵא
ג אֶת־הָאֱלֹהִים מֵרַבִּֽים׃ ויאמר לָהֶם לֹא יִפָּֽתְחוּ שַׁעֲרֵי יְרוּשָׁלַ͏ִם וָאֹמַר
עַד־חֹם הַשֶּׁמֶשׁ וְעַד הֵם עֹמְדִים יָגִיפוּ הַדְּלָתוֹת וֶאֱחֹזוּ וְהַעֲמֵיד
מִשְׁמְרוֹת יֹשְׁבֵי יְרוּשָׁלַ͏ִם אִישׁ בְּמִשְׁמָרוֹ וְאִישׁ נֶגֶד בֵּיתֽוֹ׃
ד וְהָעִיר רַחֲבַת יָדַיִם וּגְדֹלָה וְהָעָם מְעַט בְּתוֹכָהּ וְאֵין בָּתִּים
ה בְּנוּיִֽם׃ וַיִּתֵּן אֱלֹהַי אֶל־לִבִּי וָאֶקְבְּצָה אֶת־הַחֹרִים וְאֶת־
הַסְּגָנִים וְאֶת־הָעָם לְהִתְיַחֵשׂ וָאֶמְצָא סֵפֶר הַיַּחַשׂ הָעוֹלִים
ו בָּרִאשׁוֹנָה וָאֶמְצָא כָּתוּב בּֽוֹ׃ אֵלֶּה ׀ בְּנֵי הַמְּדִינָה
הָעֹלִים מִשְּׁבִי הַגּוֹלָה אֲשֶׁר הֶגְלָה נְבוּכַדְנֶצַּר מֶלֶךְ בָּבֶל
ז וַיָּשׁוּבוּ לִירוּשָׁלַ͏ִם וְלִיהוּדָה אִישׁ לְעִירֽוֹ׃ הַבָּאִים עִם־זְרֻבָּבֶל
יֵשׁוּעַ נְחֶמְיָה עֲזַרְיָה רַעַמְיָה נַחֲמָנִי מָרְדֳּכַי בִּלְשָׁן מִסְפֶּרֶת
ח בִּגְוַי נְחוּם בַּעֲנָה מִסְפַּר אַנְשֵׁי עַם יִשְׂרָאֵֽל׃ בְּנֵי פַרְעֹשׁ
ט אַלְפַּיִם מֵאָה וְשִׁבְעִים וּשְׁנָֽיִם׃ בְּנֵי שְׁפַטְיָה שְׁלֹשׁ מֵאוֹת
י, יא שִׁבְעִים וּשְׁנָֽיִם׃ בְּנֵי אָרַח שֵׁשׁ מֵאוֹת חֲמִשִּׁים וּשְׁנָֽיִם׃ בְּנֵֽי־
פַחַת מוֹאָב לִבְנֵי יֵשׁוּעַ וְיוֹאָב אַלְפַּיִם וּשְׁמֹנֶה מֵאוֹת שְׁמֹנָה
יב יג עָשָֽׂר׃ בְּנֵי עֵילָם אֶלֶף מָאתַיִם חֲמִשִּׁים וְאַרְבָּעָֽה׃ בְּנֵי זַתּוּא
יד שְׁמֹנֶה מֵאוֹת אַרְבָּעִים וַחֲמִשָּֽׁה׃ בְּנֵי זַכָּי שְׁבַע מֵאוֹת וְשִׁשִּֽׁים׃
טו טז בְּנֵי בִנּוּי שֵׁשׁ מֵאוֹת אַרְבָּעִים וּשְׁמֹנָֽה׃ בְּנֵי בֵבָי שֵׁשׁ מֵאוֹת
יז עֶשְׂרִים וּשְׁמֹנָֽה׃ בְּנֵי עַזְגָּד אַלְפַּיִם שְׁלֹשׁ מֵאוֹת עֶשְׂרִים
יח יט וּשְׁנָֽיִם׃ בְּנֵי אֲדֹנִיקָם שֵׁשׁ מֵאוֹת שִׁשִּׁים וְשִׁבְעָֽה׃ בְּנֵי בִגְוָי
כ אַלְפַּיִם שִׁשִּׁים וְשִׁבְעָֽה׃ בְּנֵי עָדִין שֵׁשׁ מֵאוֹת חֲמִשִּׁים וַחֲמִשָּֽׁה׃
כא כב בְּנֵי־אָטֵר לְחִזְקִיָּה תִּשְׁעִים וּשְׁמֹנָֽה׃ בְּנֵי חָשֻׁם שְׁלֹשׁ מֵאוֹת
כג עֶשְׂרִים וּשְׁמֹנָֽה׃ בְּנֵי בֵצָי שְׁלֹשׁ מֵאוֹת עֶשְׂרִים וְאַרְבָּעָֽה׃
כד כה בְּנֵי חָרִיף מֵאָה שְׁנֵים עָשָֽׂר׃ בְּנֵי גִבְעוֹן תִּשְׁעִים וַחֲמִשָּֽׁה׃
כו כז אַנְשֵׁי בֵית־לֶחֶם וּנְטֹפָה מֵאָה שְׁמֹנִים וּשְׁמֹנָֽה׃ אַנְשֵׁי עֲנָתוֹת
כח מֵאָה עֶשְׂרִים וּשְׁמֹנָֽה׃ אַנְשֵׁי בֵית־עַזְמָוֶת אַרְבָּעִים וּשְׁנָֽיִם׃
כט אַנְשֵׁי קִרְיַת יְעָרִים כְּפִירָה וּבְאֵרוֹת שְׁבַע מֵאוֹת אַרְבָּעִים
ל וּשְׁלֹשָֽׁה׃ אַנְשֵׁי הָרָמָה וָגָבַע שֵׁשׁ מֵאוֹת עֶשְׂרִים וְאֶחָֽד׃
לא לב אַנְשֵׁי מִכְמָס מֵאָה וְעֶשְׂרִים וּשְׁנָֽיִם׃ אַנְשֵׁי בֵֽית־אֵל וְהָעָי
לג לד מֵאָה עֶשְׂרִים וּשְׁלֹשָֽׁה׃ אַנְשֵׁי נְבוֹ אַחֵר חֲמִשִּׁים וּשְׁנָֽיִם׃ בְּנֵי
לה עֵילָם אַחֵר אֶלֶף מָאתַיִם חֲמִשִּׁים וְאַרְבָּעָֽה׃ בְּנֵי חָרִם שְׁלֹשׁ
לו לז מֵאוֹת וְעֶשְׂרִים׃ בְּנֵי יְרֵחוֹ שְׁלֹשׁ מֵאוֹת אַרְבָּעִים וַחֲמִשָּֽׁה׃ בְּנֵֽי־
לח לֹד חָדִיד וְאוֹנוֹ שְׁבַע מֵאוֹת וְעֶשְׂרִים וְאֶחָֽד׃ בְּנֵי סְנָאָה

1 Now it came to pass, when the wall was built, and I had set up
the doors, and the gatekeepers and the singers and the Levites
2 were appointed, that I gave my brother Ḥanani, and Ḥananya the
ruler of the palace, charge over Yerushalayim : for he was a
3 faithful man, and feared God above many. And I said to them,
Let not the gates of Yerushalayim be opened until the sun is
hot ; and while people are still standing there, let them shut the
doors, and bar them : and appoint watches among the inhabitants
of Yerushalayim everyone in his watch, and everyone to be
4 over against his house. Now the city was large and great : but
5 the people in it were few, and the houses were not yet built. And
my God put into my heart to gather together the nobles, and the
rulers, and the people, that they might be reckoned by genealogy.
And I found a register of the genealogy of those who came up
6 at the first, and found written there, These are the children
of the province, who went up out of the captivity, of the exile,
whom Nevukhadneẕẕar the king of Bavel had carried away,
and came back to Yerushalayim and to Yehuda, everyone to
7 his city, who came with Zerubbavel, Yeshua, Neḥemya, ʻAzarya,
Ra'amya, Naḥamani, Mordekhay, Bilshan, Misperet, Bigvay, Ne-
ḥum, Ba'ana. The number of the men of the people of Yisra'el :
8 the children of Par'osh, two thousand one hundred and seventy
9 two ; the children of Shefatya, three hundred and seventy two ;
10,11 the children of Araḥ, six hundred and fifty two ; the children
of Paḥat-mo'av, of the children of Yeshua and Yo'av, two
12 thousand eight hundred and eighteen ; the children of ʻElam,
13 one thousand two hundred and fifty four ; the children of Zattu,
14 eight hundred and forty five ; the children of Zakkay, seven
15 hundred and sixty ; the children of Binnuy, six hundred and forty
16 eight ; the children of Bevay six hundred and twenty eight ;
17 the children of ʻAzgad, two thousand three hundred and twenty
18 two ; the children of Adoniqam, six hundred and sixty seven ;
19,20 the children of Bigvay, two thousand and sixty seven ; the
21 children of ʻAdin, six hundred and fifty five ; the children of Ater
22 of Ḥizqiyya, ninety eight ; the children of Ḥashum, three hundred
23 and twenty eight ; the children of Beẕay, three hundred and
24,25 twenty four ; the children of Ḥarif, one hundred and twelve ; the
26 children of Giv'on, ninety five ; the men of Bet-leḥem and Netofa,
27 one hundred and eighty eight ; the men of ʻAnatot, one hundred
28,29 and twenty eight ; the men of Bet-ʻazmavet, forty two ; the men
of Qiryat-ye'arim, Kefira, and Be'erot, seven hundred and forty
30 three ; the men of Rama and Geva, six hundred and twenty one ;
31,32 the men of Mikhmas, one hundred and twenty two ; the men
33 of Bet-el and ʻAy, one hundred and twenty three ; the men of
34 the other Nevo, fifty two ; the children of the other ʻElam, one
35 thousand two hundred and fifty four ; the children of Ḥarim,
36 three hundred and twenty ; the children of Yereḥo, three hun-
37 dred and forty five ; the children of Lod, Ḥadid, and Ono, seven
38 hundred and twenty one ; the children of Sena'a, three thousand

לט שְׁלֹשֶׁת אֲלָפִים תְּשַׁע מֵאוֹת וּשְׁלֹשִׁים: הַכֹּהֲנִים בְּנֵי יְדַעְיָה
מ לְבֵית יֵשׁוּעַ תְּשַׁע מֵאוֹת שִׁבְעִים וּשְׁלֹשָׁה: בְּנֵי אִמֵּר אֶלֶף
מא חֲמִשִּׁים וּשְׁנָיִם: בְּנֵי פַשְׁחוּר אֶלֶף מָאתַיִם אַרְבָּעִים וְשִׁבְעָה:
מב מג בְּנֵי חָרִם אֶלֶף שִׁבְעָה עָשָׂר: הַלְוִיִּם בְּנֵי־יֵשׁוּעַ לְקַדְמִיאֵל
מד לִבְנֵי לְהוֹדְוָה שִׁבְעִים וְאַרְבָּעָה: הַמְשֹׁרְרִים בְּנֵי אָסָף מֵאָה
מה אַרְבָּעִים וּשְׁמֹנָה: הַשֹּׁעֲרִים בְּנֵי־שַׁלֻּם בְּנֵי־אָטֵר בְּנֵי־טַלְמֹן בְּנֵי־
מו עַקּוּב בְּנֵי חֲטִיטָא בְּנֵי שֹׁבָי מֵאָה שְׁלֹשִׁים וּשְׁמֹנָה: הַנְּתִינִים
מז בְּנֵי־צִחָא בְנֵי־חֲשֻׂפָא בְּנֵי טַבָּעוֹת: בְּנֵי־קֵירֹס בְּנֵי־סִיעָא בְּנֵי
מח מט פָדוֹן: בְּנֵי־לְבָנָה בְנֵי־חֲגָבָא בְּנֵי שַׁלְמָי: בְּנֵי־חָנָן בְּנֵי־גִדֵּל בְּנֵי־
נ נא גָחַר: בְּנֵי־רְאָיָה בְנֵי־רְצִין בְּנֵי נְקוֹדָא: בְּנֵי־גַזָּם בְּנֵי־עֻזָּא בְּנֵי
נב נג פָסֵחַ: בְּנֵי־בֵסַי בְּנֵי־מְעוּנִים בְּנֵי נְפוּשְׁסִים: בְּנֵי־בַקְבּוּק בְּנֵי־ נְפִישְׁסִים
נד נה חֲקוּפָא בְּנֵי חַרְחוּר: בְּנֵי־בַצְלִית בְּנֵי־מְחִידָא בְּנֵי חַרְשָׁא: בְּנֵי־
נו נז בַרְקוֹס בְּנֵי־סִיסְרָא בְנֵי־תָמַח: בְּנֵי נְצִיחַ בְּנֵי חֲטִיפָא: בְּנֵי
נח עַבְדֵי שְׁלֹמֹה בְּנֵי־סוֹטַי בְּנֵי־סֹפֶרֶת בְּנֵי פְרִידָא: בְּנֵי־יַעְלָא בְנֵי־
נט דַרְקוֹן בְּנֵי גִדֵּל: בְּנֵי שְׁפַטְיָה בְנֵי־חַטִּיל בְּנֵי פֹּכֶרֶת הַצְּבָיִים בְּנֵי
ס אָמוֹן: כָּל־הַנְּתִינִים וּבְנֵי עַבְדֵי שְׁלֹמֹה שְׁלֹשׁ מֵאוֹת תִּשְׁעִים
סא וּשְׁנָיִם: וְאֵלֶּה הָעוֹלִים מִתֵּל מֶלַח תֵּל חַרְשָׁא
כְּרוּב אַדּוֹן וְאִמֵּר וְלֹא יָכְלוּ לְהַגִּיד בֵּית־אֲבֹתָם וְזַרְעָם אִם
סב מִיִּשְׂרָאֵל הֵם: בְּנֵי־דְלָיָה בְנֵי־טוֹבִיָּה בְּנֵי נְקוֹדָא שֵׁשׁ מֵאוֹת
סג וְאַרְבָּעִים וּשְׁנָיִם: וּמִן־הַכֹּהֲנִים בְּנֵי חֳבַיָּה בְּנֵי
הַקּוֹץ בְּנֵי בַרְזִלַּי אֲשֶׁר לָקַח מִבְּנוֹת בַּרְזִלַּי הַגִּלְעָדִי אִשָּׁה
סד וַיִּקָּרֵא עַל־שְׁמָם: אֵלֶּה בִּקְשׁוּ כְתָבָם הַמִּתְיַחְשִׂים וְלֹא נִמְצָא
סה וַיְגֹאֲלוּ מִן־הַכְּהֻנָּה: וַיֹּאמֶר הַתִּרְשָׁתָא לָהֶם אֲשֶׁר לֹא־יֹאכְלוּ
סו מִקֹּדֶשׁ הַקֳּדָשִׁים עַד עֲמֹד הַכֹּהֵן לְאוּרִים וְתֻמִּים: כָּל־הַקָּהָל
סז כְּאֶחָד אַרְבַּע רִבּוֹא אַלְפַּיִם שְׁלֹשׁ־מֵאוֹת וְשִׁשִּׁים: מִלְּבַד
עַבְדֵיהֶם וְאַמְהֹתֵיהֶם אֵלֶּה שִׁבְעַת אֲלָפִים שְׁלֹשׁ מֵאוֹת שְׁלֹשִׁים
וְשִׁבְעָה וְלָהֶם מְשֹׁרְרִים וּמְשֹׁרְרוֹת מָאתַיִם וְאַרְבָּעִים וַחֲמִשָּׁה: *
סח גְּמַלִּים אַרְבַּע מֵאוֹת שְׁלֹשִׁים וַחֲמִשָּׁה חֲמֹרִים שֵׁשֶׁת אֲלָפִים
סט שְׁבַע מֵאוֹת וְעֶשְׂרִים: וּמִקְצָת רָאשֵׁי הָאָבוֹת
נָתְנוּ לַמְּלָאכָה הַתִּרְשָׁתָא נָתַן לָאוֹצָר זָהָב דַּרְכְּמֹנִים
אֶלֶף מִזְרָקוֹת חֲמִשִּׁים כָּתְנוֹת כֹּהֲנִים שְׁלֹשִׁים וַחֲמֵשׁ

* בקצת ספרים כתוב כאן
סוּסֵיהֶם שְׁבַע מֵאוֹת שְׁלֹשִׁים וְשִׁשָּׁה פִּרְדֵיהֶם מָאתַיִם אַרְבָּעִים וַחֲמִשָּׁה:

nine hundred and thirty. The priests: the children of Yeda'ya, 39
of the house of Yeshua, nine hundred and seventy three; the 40
children of Immer, one thousand and fifty two; the children 41
of Pashḥur, one thousand two hundred and forty seven; the 42
children of Ḥarim, one thousand and seventeen. The Levites: 43
the children of Yeshua, of Qadmi'el, and of the children of
Hodeya, seventy four. The singers: the children of Asaf, one 44
hundred and forty eight. The gatekeepers: the children of 45
Shallum, the children of Aṭer, the children of Talmon, the chil-
dren of 'Aqquv, the children of Ḥatita, the children of Shovay,
one hundred and thirty eight. The temple servants: the children 46
of Ẓiḥa, the children of Ḥasufa, the children of Tabba'ot, the 47
children of Qeros, the children of Si'a, the children of Padon,
the children of Levana, the children of Ḥagava, the children of 48
Salmay, the children of Ḥanan, the children of Giddel, the 49
the children of Gaḥar, the children of Re'aya, the children of 50
Reẓin, the children of Neqoda, the children of Gazzam, the 51
children of 'Uzza, the children of Paseaḥ, the children of 52
Besay, the children of Me'unim, the children of Nefishesim,
the children of Baqbuq, the children of Ḥaqufa, the children 53
of Ḥarḥur, the children of Baẓlit, the children of Meḥida, 54
the children of Ḥarsha, the children of Barqos, the children 55
of Sisera, the children of Temaḥ, the children of Neẓiaḥ, 56
the children of Ḥatifa. The children of the servants of Shelomo: 57
the children of Sotay, the children of Soferet, the children of
Perida, the children of Ya'ala, the children of Darqon, the 58
the children of Giddel, the children of Shefatya, the children of 59
Ḥattil, the children of Pokheret of Ẓevayim, the children of
Amon. All the temple servants and the children of the servants 60
of Shelomo were three hundred and ninety two. And 61
these were they who went up from Tel-melaḥ, Tel-ḥarsha,
Keruv, Addon, and Immer: but they could not tell their father's
houses, nor their seed, whether they were of Yisra'el. The 62
children of Delaya, the children of Toviyya, the children of
Neqoda, six hundred and forty two. And of the priests: 63
the children of Ḥavaya, the children of Qoẓ, the children of
Barzillay, who took one of the daughters of Barzillay the
Gil'adite to wife, and was called after their name. These sought 64
their register, that is, the genealogy, but it was not found:
therefore they were excluded from the priesthood as unfit.
And the Tirshata said to them, that they should not eat of the 65
most holy things, until there stood up a priest with Urim and
and Tummim. The whole congregation together was forty two 66
thousand three hundred and sixty, besides their men servants 67
and their women servants, of whom there were seven thousand
three hundred and thirty seven: and they had two hundred and
forty five singing men and singing women. [*This verse is
inserted in some versions*: Their horses, seven hundred and
thirty six: their mules, two hundred and forty five:]
their camels, four hundred and thirty five: six thousand seven 68
hundred and twenty asses: and some of the chiefs of 69
the fathers' houses gave for the work. The Tirshata gave to the
treasury a thousand drachmas of gold, fifty basins, five hundred

מֵאֽוֹת: וּמֵרָאשֵׁי הָֽאָב֗וֹת נָתְנוּ֙ לְאוֹצַ֣ר הַמְּלָאכָ֔ה זָהָ֜ב

ע

דַּרְכְּמוֹנִ֗ים שְׁתֵּ֤י רִבּוֹת֙ וְכֶ֣סֶף מָנִ֔ים אַלְפַּ֖יִם וּמָאתָ֑יִם: וַאֲשֶׁ֣ר

עא

נָתְנוּ֮ שְׁאֵרִ֣ית הָעָם֒ זָהָ֗ב דַּרְכְּמוֹנִים֙ שְׁתֵּ֣י רִבּ֔וֹא וְכֶ֖סֶף מָנִ֣ים

אַלְפָּ֑יִם וְכָתְנֹ֥ת כֹּהֲנִ֖ים שִׁשִּׁ֥ים וְשִׁבְעָֽה: וַיֵּשְׁב֣וּ הַכֹּהֲנִ֣ים וְהַלְוִיִּ֡ם

עב

וְהַשּׁוֹעֲרִים֩ וְהַמְשֹׁרְרִ֨ים וּמִן־הָעָ֜ם וְהַנְּתִינִ֗ים וְכָל־יִשְׂרָאֵ֖ל בְּעָרֵיהֶ֑ם

וַיִּגַּע֙ הַחֹ֣דֶשׁ הַשְּׁבִיעִ֔י וּבְנֵ֥י יִשְׂרָאֵ֖ל בְּעָרֵיהֶֽם:

וַיֵּאָסְפ֤וּ כָל־הָעָם֙ כְּאִ֣ישׁ אֶחָ֔ד אֶל־הָ֣רְח֔וֹב אֲשֶׁ֖ר לִפְנֵ֣י שַֽׁעַר־

א

ח

הַמָּ֑יִם וַיֹּֽאמְרוּ֙ לְעֶזְרָ֣א הַסֹּפֵ֔ר לְהָבִ֗יא אֶת־סֵ֙פֶר֙ תּוֹרַ֣ת מֹשֶׁ֔ה

אֲשֶׁר־צִוָּ֥ה יְהֹוָ֖ה אֶת־יִשְׂרָאֵֽל: וַיָּבִ֣יא עֶזְרָ֣א הַ֠כֹּהֵ֠ן אֶֽת־הַתּוֹרָ֞ה

ב

לִפְנֵ֤י הַקָּהָל֙ מֵאִ֣ישׁ וְעַד־אִשָּׁ֔ה וְכֹ֖ל מֵבִ֣ין לִשְׁמֹ֑עַ בְּי֖וֹם אֶחָ֥ד

לַחֹ֖דֶשׁ הַשְּׁבִיעִֽי: וַיִּקְרָא־ב֡וֹ לִפְנֵי֩ הָרְח֨וֹב אֲשֶׁ֤ר ׀ לִפְנֵ֣י שַֽׁעַר־

ג

הַמַּ֗יִם מִן־הָאוֹר֙ עַד־מַחֲצִ֣ית הַיּ֔וֹם נֶ֛גֶד הָאֲנָשִׁ֥ים וְהַנָּשִׁ֖ים

וְהַמְּבִינִ֑ים וְאָזְנֵ֥י כָל־הָעָ֖ם אֶל־סֵ֥פֶר הַתּוֹרָֽה: וַֽיַּעֲמֹ֞ד עֶזְרָ֣א

ד

הַסֹּפֵ֗ר עַל־מִגְדַּל־עֵץ֮ אֲשֶׁ֣ר עָשׂ֣וּ לַדָּבָר֒ וַיַּֽעֲמֹ֣ד אֶצְל֡וֹ

מַתִּתְיָ֡ה וְשֶׁ֡מַע וַ֠עֲנָיָ֠ה וְאוּרִיָּ֨ה וְחִלְקִיָּ֤ה וּמַעֲשֵׂיָה֙ עַל־יְמִינ֔וֹ

וּמִשְּׂמֹאל֑וֹ פְּדָיָ֨ה וּמִֽישָׁאֵ֤ל וּמַלְכִּיָּה֙ וְחָשֻׁ֣ם וְחַשְׁבַּדָּ֔נָה זְכַרְיָ֖ה

מְשֻׁלָּֽם: וַיִּפְתַּ֨ח עֶזְרָ֤א הַסֵּ֙פֶר֙ לְעֵינֵ֣י כָל־הָעָ֔ם

ה

כִּֽי־מֵעַ֥ל כָּל־הָעָ֖ם הָיָ֑ה וּכְפִתְח֖וֹ עָֽמְד֥וּ כָל־הָעָֽם: וַיְבָ֣רֶךְ

ו

עֶזְרָ֔א אֶת־יְהֹוָ֥ה הָאֱלֹהִ֖ים הַגָּד֑וֹל וַיַּעֲנ֨וּ כָל־הָעָ֜ם אָמֵ֤ן ׀ אָמֵן֙

בְּמֹ֣עַל יְדֵיהֶ֔ם וַיִּקְּד֧וּ וַיִּשְׁתַּחֲוֻ֛ לַיהֹוָ֖ה אַפַּ֥יִם אָֽרְצָה: וְיֵשׁ֡וּעַ

ז

וּבָנִ֡י וְשֵׁרֵבְיָ֣ה ׀ יָמִ֡ין עַקּ֣וּב שַׁבְּתַ֣י ׀ הֽוֹדִיָּ֡ה מַעֲשֵׂיָ֡ה קְלִיטָ֣א

עֲזַרְיָ֣ה יוֹזָבָ֗ד חָנָ֤ן פְּלָאיָה֙ וְהַלְוִיִּ֔ם מְבִינִ֥ים אֶת־הָעָ֖ם לַתּוֹרָ֑ה

וְהָעָ֖ם עַל־עָמְדָֽם: וַיִּקְרְא֥וּ בַסֵּ֛פֶר בְּתוֹרַ֥ת הָאֱלֹהִ֖ים מְפֹרָ֑שׁ

ח

וְשׂ֣וֹם שֶׂ֔כֶל וַיָּבִ֖ינוּ בַּמִּקְרָֽא: וַיֹּ֣אמֶר נְחֶמְיָ֣ה ה֣וּא

ט

הַתִּרְשָׁ֡תָא וְעֶזְרָ֣א הַכֹּהֵ֣ן ׀ הַסֹּפֵ֡ר וְהַלְוִיִּם֩ הַמְּבִינִ֨ים אֶת־הָעָ֜ם

לְכָל־הָעָ֗ם הַיּ֤וֹם קָדֹֽשׁ־הוּא֙ לַיהֹוָ֣ה אֱלֹֽהֵיכֶ֔ם אַל־תִּֽתְאַבְּל֖וּ

וְאַל־תִּבְכּ֑וּ כִּ֤י בוֹכִים֙ כָּל־הָעָ֔ם כְּשָׁמְעָ֖ם אֶת־דִּבְרֵ֥י הַתּוֹרָֽה:

וַיֹּ֣אמֶר לָהֶ֗ם לְכוּ֩ אִכְל֨וּ מַשְׁמַנִּ֜ים וּשְׁת֣וּ מַֽמְתַקִּ֗ים וְשִׁלְח֤וּ

י

מָנוֹת֙ לְאֵ֣ין נָכ֣וֹן ל֔וֹ כִּֽי־קָד֥וֹשׁ הַיּ֖וֹם לַאֲדֹנֵ֑ינוּ וְאַל־תֵּ֣עָצֵ֔בוּ

כִּֽי־חֶדְוַ֥ת יְהֹוָ֖ה הִ֥יא מָעֻזְּכֶֽם: וְהַלְוִיִּ֞ם מַחְשִׁ֤ים לְכָל־הָעָם֙

יא

לֵאמֹ֣ר הַ֔סּוּ כִּ֥י הַיּ֖וֹם קָדֹ֑שׁ וְאַל־תֵּעָצֵֽבוּ: וַיֵּלְכ֨וּ כָל־הָעָ֜ם

יב

לֶאֱכֹ֤ל וְלִשְׁתּוֹת֙ וּלְשַׁלַּ֣ח מָנ֔וֹת וְלַעֲשׂ֖וֹת שִׂמְחָ֣ה גְדוֹלָ֑ה כִּ֤י

הֵבִ֙ינוּ֙ בַּדְּבָרִ֔ים אֲשֶׁ֥ר הוֹדִ֖יעוּ לָהֶֽם: וּבַיּ֣וֹם הַשֵּׁנִ֡י

יג

נֶאֶסְפוּ֩ רָאשֵׁ֨י הָאָב֜וֹת לְכָל־הָעָ֗ם הַכֹּֽהֲנִים֙ וְהַלְוִיִּ֔ם אֶל־עֶזְרָ֖א

הַסֹּפֵ֑ר וּלְהַשְׂכִּ֖יל אֶל־דִּבְרֵ֥י הַתּוֹרָֽה: וַיִּמְצְא֖וּ כָּת֣וּב בַּתּוֹרָ֑ה

יד

and thirty priests' garments.   And some of the chiefs of 70
the fathers' houses gave to the treasury of the work twenty
thousand drachmas of gold, and two thousand and two hundred
minas of silver. And that which the rest of the people gave 71
was twenty thousand drachmas of gold, and two thousand minas
of silver, and sixty seven priests' garments. So the priests, and 72
the Levites, and the gatekeepers, and the singers, and some of
the people, and the temple servants, and all Yisra'el, dwelt in
their cities;   and when the seventh month came, and
the children of Yisra'el were in their cities, then all the people 8
gathered themselves together as one man into the open place
that was before the water gate; and they spoke to 'Ezra the
scribe to bring the book of the Tora of Moshe, which the LORD
had commanded to Yisra'el. And 'Ezra the priest brought the 2
Tora before the congregation both of men and women, and all
those who could hear with understanding, upon the first day of
the seventh month. And he read therein facing the open place 3
which was before the water gate from morning until midday,
before the men and the women, and those who could understand;
and the ears of all the people were attentive to the book of the
Tora. And 'Ezra the scribe stood upon a platform of wood, 4
which they had made for the purpose, and beside him stood
Mattitya, and Shema, and 'Anaya, and Uriyya, and Ḥilqiyya,
and Ma'aseya, on his right hand; and on his left hand, Pe-
daya and Misha'el, and Malkiyya, and Ḥashum, and Ḥash-
baddana, Zekhrya, Meshullam.   And 'Ezra opened 5
the book in the sight of all the people; (for he was above
all the people;) and when he opened it, all the people stood
up: and 'Ezra blessed the LORD, the great GOD. And all the 6
people answered, Amen, Amen, lifting up their hands: and
they bowed their heads, and worshipped the LORD with their
faces to the ground. Also Yeshua, and Bani, and Sherevya, 7
Yamin, 'Aqquv, Shabbetay, Hodiyya, Ma'aseya, Qelita, 'Azarya,
Yozaved, Ḥanan, Pelaya, and the Levites, caused the people to
understand the Tora: and the people stood in their place. So 8
they read in the book, in the Tora of GOD distinctly, and gave the
sense, and caused them to understand the reading.   And 9
Neḥemya, who is the Tirshata, and 'Ezra the priest the scribe,
and the Levites who taught the people, said to all the people,
This day is holy to the LORD your GOD; do not mourn, or weep.
For all the people wept, when they heard the words of the Tora.
Then he said to them, Go your way, eat sumptuously, and drink 10
sweet beverages, and send portions to those for whom nothing
is prepared: for this day is holy to our LORD: for the joy of the
LORD is your strength. So the Levites stilled all the people, saying, 11
Hold your peace, for the day is holy; and do not be grieved. And 12
all the people went their way to eat, and to drink, and to send
portions, and to make great mirth, because they had understood
the words that were declared to them.   And on the 13
second day, the chiefs of the fathers' houses of all the people,
the priests, and the Levites, were gathered to 'Ezra the scribe,
in order to study the words of the Tora. And they found written 14
in the Tora which the LORD had commanded by the hand of

אֲשֶׁר צִוָּה יהוה בְּיַד־מֹשֶׁה אֲשֶׁר יֵשְׁבוּ בְנֵי־יִשְׂרָאֵל בַּסֻּכּוֹת
בֶּחָג בַּחֹדֶשׁ הַשְּׁבִיעִי׃ וַאֲשֶׁר יַשְׁמִיעוּ וְיַעֲבִירוּ קוֹל בְּכָל־ טו
עָרֵיהֶם וּבִירוּשָׁלַ͏ִם לֵאמֹר צְאוּ הָהָר וְהָבִיאוּ עֲלֵי־זַיִת וַעֲלֵי־
עֵץ שֶׁמֶן וַעֲלֵי הֲדַס וַעֲלֵי תְמָרִים וַעֲלֵי עֵץ עָבֹת לַעֲשֹׂת
סֻכֹּת כַּכָּתוּב׃ וַיֵּצְאוּ הָעָם וַיָּבִיאוּ וַיַּעֲשׂוּ לָהֶם סֻכּוֹת אִישׁ טז
עַל־גַּגּוֹ וּבְחַצְרֹתֵיהֶם וּבְחַצְרוֹת בֵּית הָאֱלֹהִים וּבִרְחוֹב שַׁעַר
הַמַּיִם וּבִרְחוֹב שַׁעַר אֶפְרָיִם׃ וַיַּעֲשׂוּ כָל־הַקָּהָל הַשָּׁבִים מִן־ יז
הַשְּׁבִי ׀ סֻכּוֹת וַיֵּשְׁבוּ בַסֻּכּוֹת כִּי לֹא־עָשׂוּ מִימֵי יֵשׁוּעַ בִּן־
נוּן כֵּן בְּנֵי יִשְׂרָאֵל עַד הַיּוֹם הַהוּא וַתְּהִי שִׂמְחָה גְּדוֹלָה
מְאֹד׃ וַיִּקְרָא בְּסֵפֶר תּוֹרַת הָאֱלֹהִים יוֹם ׀ בְּיוֹם מִן־הַיּוֹם יח
הָרִאשׁוֹן עַד הַיּוֹם הָאַחֲרוֹן וַיַּעֲשׂוּ־חָג שִׁבְעַת יָמִים וּבַיּוֹם
הַשְּׁמִינִי עֲצֶרֶת כַּמִּשְׁפָּט׃
וּבְיוֹם עֶשְׂרִים וְאַרְבָּעָה לַחֹדֶשׁ הַזֶּה נֶאֶסְפוּ בְנֵי־יִשְׂרָאֵל ט א
בְּצוֹם וּבְשַׂקִּים וַאֲדָמָה עֲלֵיהֶם׃ וַיִּבָּדְלוּ זֶרַע יִשְׂרָאֵל מִכֹּל ב
בְּנֵי נֵכָר וַיַּעַמְדוּ וַיִּתְוַדּוּ עַל־חַטֹּאתֵיהֶם וַעֲוֹנוֹת אֲבֹתֵיהֶם׃
וַיָּקוּמוּ עַל־עָמְדָם וַיִּקְרְאוּ בְּסֵפֶר תּוֹרַת יהוה אֱלֹהֵיהֶם ג
רְבִעִית הַיּוֹם וּרְבִעִית מִתְוַדִּים וּמִשְׁתַּחֲוִים לַיהוה
אֱלֹהֵיהֶם׃ וַיָּקָם עַל־מַעֲלֵה הַלְוִיִּם יֵשׁוּעַ וּבָנִי ד
קַדְמִיאֵל שְׁבַנְיָה בֻּנִּי שֵׁרֵבְיָה בָּנִי כְנָנִי וַיִּזְעֲקוּ בְּקוֹל גָּדוֹל אֶל־
יהוה אֱלֹהֵיהֶם׃ וַיֹּאמְרוּ הַלְוִיִּם יֵשׁוּעַ וְקַדְמִיאֵל בָּנִי חֲשַׁבְנְיָה ה
שֵׁרֵבְיָה הוֹדִיָּה שְׁבַנְיָה פְתַחְיָה קוּמוּ בָּרְכוּ אֶת־יהוה אֱלֹהֵיכֶם
מִן־הָעוֹלָם עַד־הָעוֹלָם וִיבָרְכוּ שֵׁם כְּבֹדֶךָ וּמְרוֹמַם עַל־כָּל־
בְּרָכָה וּתְהִלָּה׃ אַתָּה־הוּא יהוה לְבַדֶּךָ אַתָּה עָשִׂיתָ אֶת־ ו
הַשָּׁמַיִם שְׁמֵי הַשָּׁמַיִם וְכָל־צְבָאָם הָאָרֶץ וְכָל־אֲשֶׁר עָלֶיהָ
הַיַּמִּים וְכָל־אֲשֶׁר בָּהֶם וְאַתָּה מְחַיֶּה אֶת־כֻּלָּם וּצְבָא הַשָּׁמַיִם
לְךָ מִשְׁתַּחֲוִים׃ אַתָּה הוּא יהוה הָאֱלֹהִים אֲשֶׁר בָּחַרְתָּ ז
בְּאַבְרָם וְהוֹצֵאתוֹ מֵאוּר כַּשְׂדִּים וְשַׂמְתָּ שְּׁמוֹ אַבְרָהָם׃ וּמָצָאתָ ח
אֶת־לְבָבוֹ נֶאֱמָן לְפָנֶיךָ וְכָרוֹת עִמּוֹ הַבְּרִית לָתֵת אֶת־אֶרֶץ
הַכְּנַעֲנִי הַחִתִּי הָאֱמֹרִי וְהַפְּרִזִּי וְהַיְבוּסִי וְהַגִּרְגָּשִׁי לָתֵת לְזַרְעוֹ
וַתָּקֶם אֶת־דְּבָרֶיךָ כִּי צַדִּיק אָתָּה׃ וַתֵּרֶא אֶת־עֳנִי אֲבֹתֵינוּ ט
בְּמִצְרָיִם וְאֶת־זַעֲקָתָם שָׁמַעְתָּ עַל־יַם־סוּף׃ וַתִּתֵּן אֹתֹת י
וּמֹפְתִים בְּפַרְעֹה וּבְכָל־עֲבָדָיו וּבְכָל־עַם אַרְצוֹ כִּי יָדַעְתָּ כִּי
הֵזִידוּ עֲלֵיהֶם וַתַּעַשׂ־לְךָ שֵׁם כְּהַיּוֹם הַזֶּה׃ וְהַיָּם בָּקַעְתָּ לִפְנֵיהֶם יא
וַיַּעַבְרוּ בְתוֹךְ־הַיָּם בַּיַּבָּשָׁה וְאֶת־רֹדְפֵיהֶם הִשְׁלַכְתָּ בִמְצוֹלֹת
כְּמוֹ־אֶבֶן בְּמַיִם עַזִּים׃ וּבְעַמּוּד עָנָן הִנְחִיתָם יוֹמָם וּבְעַמּוּד יב

Moshe, that the children of Yisra'el should dwell in booths in
15 the feast of the seventh month: and that they should publish
and proclaim in all their cities, and in Yerushalayim, saying, Go
out to the mountain, and fetch olive branches, and branches of
wild olive, and myrtle branches, and palm branches, and branches
16 of thick trees, to make booths, as it is written. So the people
went out, and brought them, and made themselves booths, every
one upon the roof of his house, and in their courts, and in the
courts of the house of God, and in the broad place of the water
17 gate, and in the broad place of the gate of Efrayim. And all the
congregation of those who were come back out of the captivity
made booths, and dwelt in the booths: for since the days of
Yeshua the son of Nun to that day the children of Yisra'el had
18 not done so. And there was very great gladness. Also day by day,
from the first day to the last day, he read in the book of the Tora
of God. And they kept the feast seven days; and on the eigth day
was a solemn assembly, according to the prescribed form.

9 Now on the twenty fourth day of this month the children of
Yisra'el were assembled with fasting, and with sackcloth, and
2 with earth upon them. And the seed of Yisra'el separated them-
selves from all foreigners, and stood and confessed their sins,
3 and the iniquities of their fathers. And they stood up in their
place, and read in the book of the Tora of the Lord their God
one fourth part of the day; and another fourth part they con-
fessed, and prostrated themselves before the Lord their God.

4 Then upon the stairs of the Levites stood Yeshua, and
Bani, Qadmi'el, Shevanya, Bunni, Sherevya, Bani, and Kenani;
5 and they cried with a loud voice to the Lord their God. Then
the Levites, Yeshua, and Qadmi'el, Bani, Ḥashavneya, Sherevya,
Hodiyya, Shevanya, and Petaḥya said, Rise up and bless the
Lord your God from everlasting to everlasting, and let them
bless thy glorious name, which is exalted above all blessing
6 and praise. Thou are Lord alone; thou hast made heaven, the
heaven of heavens, with all their host, the earth, and all things
that are in it, the seas, and all that is therein, and thou dost
7 preserve them all; and the host of heaven worships thee. Thou
art the Lord the God, who didst choose Avram, and didst bring
him out of Ur of the Kasdim, and didst give him the name of
8 Avraham; and didst find his heart faithful before thee, and didst
make a covenant with him to give the land of the Kena'ani, the
Ḥitti the Emori, and the Perizzi, and the Yevusi, and the Gir-
gashi, to give it to his seed, and thou hast performed thy words;
9 for thou art righteous: and thou didst see the affliction of our
fathers in Mizrayim, and didst hear their cry by the sea of Suf;
10 and didst show signs and wonders upon Par'o, and on all his
servants, and on all the people of his land: for thou didst know
that they dealt arrogantly against them. So didst thou make for
11 thyself a name, as it is this day. And thou didst divide the sea
before them, so that they went through the midst of the sea
on the dry land, and thou didst throw their pursuers into the
12 deeps, like a stone into the mighty waters. And thou didst lead
them with a pillar of cloud by day; and with a column of fire
by night, to give them light on the way wherein they should go.

יג אֵשׁ לַיְלָה לְהָאִיר לָהֶם אֶת־הַדֶּרֶךְ אֲשֶׁר יֵלְכוּ־בָהּ׃ וְעַל הַר־
סִינַי יָרַדְתָּ וְדַבֵּר עִמָּהֶם מִשָּׁמָיִם וַתִּתֵּן לָהֶם מִשְׁפָּטִים יְשָׁרִים
יד וְתוֹרוֹת אֱמֶת חֻקִּים וּמִצְוֹת טוֹבִים׃ וְאֶת־שַׁבַּת קָדְשְׁךָ הוֹדַעְתָּ
לָהֶם וּמִצְווֹת וְחֻקִּים וְתוֹרָה צִוִּיתָ לָהֶם בְּיַד מֹשֶׁה עַבְדֶּךָ׃
טו וְלֶחֶם מִשָּׁמַיִם נָתַתָּה לָהֶם לִרְעָבָם וּמַיִם מִסֶּלַע הוֹצֵאתָ לָהֶם
לִצְמָאָם וַתֹּאמֶר לָהֶם לָבוֹא לָרֶשֶׁת אֶת־הָאָרֶץ אֲשֶׁר־נָשָׂאתָ
טז אֶת־יָדְךָ לָתֵת לָהֶם׃ וְהֵם וַאֲבֹתֵינוּ הֵזִידוּ וַיַּקְשׁוּ אֶת־עָרְפָּם
יז וְלֹא שָׁמְעוּ אֶל־מִצְוֹתֶיךָ׃ וַיְמָאֲנוּ לִשְׁמֹעַ וְלֹא־זָכְרוּ נִפְלְאֹתֶיךָ
אֲשֶׁר עָשִׂיתָ עִמָּהֶם וַיַּקְשׁוּ אֶת־עָרְפָּם וַיִּתְּנוּ־רֹאשׁ לָשׁוּב
לְעַבְדֻתָם בְּמִרְיָם וְאַתָּה אֱלוֹהַּ סְלִיחוֹת חַנּוּן וְרַחוּם אֶרֶךְ־
יח אַפַּיִם וְרַב־וחסד וְלֹא עֲזַבְתָּם׃ אַף כִּי־עָשׂוּ לָהֶם עֵגֶל מַסֵּכָה חֶסֶד
וַיֹּאמְרוּ זֶה אֱלֹהֶיךָ אֲשֶׁר הֶעֶלְךָ מִמִּצְרָיִם וַיַּעֲשׂוּ נֶאָצוֹת
יט גְּדֹלוֹת׃ וְאַתָּה בְּרַחֲמֶיךָ הָרַבִּים לֹא עֲזַבְתָּם בַּמִּדְבָּר אֶת־
עַמּוּד הֶעָנָן לֹא־סָר מֵעֲלֵיהֶם בְּיוֹמָם לְהַנְחֹתָם בְּהַדֶּרֶךְ וְאֶת־
עַמּוּד הָאֵשׁ בְּלַיְלָה לְהָאִיר לָהֶם וְאֶת־הַדֶּרֶךְ אֲשֶׁר יֵלְכוּ־
כ בָהּ׃ וְרוּחֲךָ הַטּוֹבָה נָתַתָּ לְהַשְׂכִּילָם וּמַנְךָ לֹא־מָנַעְתָּ מִפִּיהֶם
כא וּמַיִם נָתַתָּה לָהֶם לִצְמָאָם׃ וְאַרְבָּעִים שָׁנָה כִּלְכַּלְתָּם בַּמִּדְבָּר
כב לֹא חָסֵרוּ שַׂלְמֹתֵיהֶם לֹא בָלוּ וְרַגְלֵיהֶם לֹא בָצֵקוּ׃ וַתִּתֵּן
לָהֶם מַמְלָכוֹת וַעֲמָמִים וַתַּחְלְקֵם לְפֵאָה וַיִּירְשׁוּ אֶת־אֶרֶץ
סִיחוֹן וְאֶת־אֶרֶץ מֶלֶךְ חֶשְׁבּוֹן וְאֶת־אֶרֶץ עוֹג מֶלֶךְ־הַבָּשָׁן׃
כג וּבְנֵיהֶם הִרְבִּיתָ כְּכֹכְבֵי הַשָּׁמָיִם וַתְּבִיאֵם אֶל־הָאָרֶץ אֲשֶׁר־
כד אָמַרְתָּ לַאֲבֹתֵיהֶם לָבוֹא לָרָשֶׁת׃ וַיָּבֹאוּ הַבָּנִים וַיִּירְשׁוּ אֶת־
הָאָרֶץ וַתַּכְנַע לִפְנֵיהֶם אֶת־יֹשְׁבֵי הָאָרֶץ הַכְּנַעֲנִים וַתִּתְּנֵם
בְּיָדָם וְאֶת־מַלְכֵיהֶם וְאֶת־עַמְמֵי הָאָרֶץ לַעֲשׂוֹת בָּהֶם כִּרְצוֹנָם׃
כה וַיִּלְכְּדוּ עָרִים בְּצֻרוֹת וַאֲדָמָה שְׁמֵנָה וַיִּירְשׁוּ בָּתִּים מְלֵאִים־
כָּל־טוּב בֹּרוֹת חֲצוּבִים כְּרָמִים וְזֵיתִים וְעֵץ מַאֲכָל לָרֹב
כו וַיֹּאכְלוּ וַיִּשְׂבְּעוּ וַיַּשְׁמִינוּ וַיִּתְעַדְּנוּ בְּטוּבְךָ הַגָּדוֹל׃ וַיַּמְרוּ
וַיִּמְרְדוּ בָּךְ וַיַּשְׁלִכוּ אֶת־תּוֹרָתְךָ אַחֲרֵי גַוָּם וְאֶת־נְבִיאֶיךָ
הָרָגוּ אֲשֶׁר־הֵעִידוּ בָם לַהֲשִׁיבָם אֵלֶיךָ וַיַּעֲשׂוּ נֶאָצוֹת גְּדוֹלֹת׃
כז וַתִּתְּנֵם בְּיַד צָרֵיהֶם וַיָּצֵרוּ לָהֶם וּבְעֵת צָרָתָם יִצְעֲקוּ אֵלֶיךָ
וְאַתָּה מִשָּׁמַיִם תִּשְׁמָע וּכְרַחֲמֶיךָ הָרַבִּים תִּתֵּן לָהֶם מוֹשִׁיעִים
כח וְיוֹשִׁיעוּם מִיַּד צָרֵיהֶם׃ וּכְנוֹחַ לָהֶם יָשׁוּבוּ לַעֲשׂוֹת רַע לְפָנֶיךָ
וַתַּעַזְבֵם בְּיַד אֹיְבֵיהֶם וַיִּרְדּוּ בָהֶם וַיָּשׁוּבוּ וַיִּזְעָקוּךָ וְאַתָּה

And thou didst come down upon mount Sinay, and didst speak 13
with them from heaven, and gavest them right judgments, and
true Torot, good statutes and commandments : and thou didst 14
make known to them thy holy sabbath, and didst command them
precepts, statutes, and Tora, by the hand of Moshe thy servant :
and thou didst give them bread from heaven for their hunger, 15
and didst bring forth water for them out of the rock for their
thirst, and didst promise them that they should go in to possess
the land which thou hadst sworn to give them. But they and 16
our fathers dealt arrogantly, and hardened their necks, and did
not hearken to thy commandments. And they refused to obey; 17
nor were they mindful of thy wonders that thou didst do among
them ; but they hardened their necks, and in their rebellion
appointed a captain to return to their bondage : but thou art
a GOD ready to pardon, gracious and merciful, slow to anger,
and great in love; so thou didst not forsake them. Even when 18
they had made for themselves a molten calf, and had said,
This is thy GOD who brought thee up out of Miẓrayim, and had
committed great blasphemies ; yet thou in thy manifold mercies 19
didst not forsake them in the wilderness : the pillar of cloud
departed not from them by day, to lead them in the way ; nor
did the column of fire by night, to show them light, and the
way in which they should go. And thou didst give thy good spirit 20
to instruct them, and didst not withhold thy manna from their
mouth, and didst give them water for their thirst. For forty 21
years thou didst sustain them in the wilderness, so that they
lacked nothing ; their clothes did not grow old, and their feet
did not swell. And thou didst give them kingdoms and nations, 22
and didst allot it to them piecemeal : so that they possessed
the land of Siḥon, and the land of the king of Ḥeshbon, and the
land of ʻOg king of Bashan. Their children also thou didst multi- 23
ply like the stars of heaven, and didst bring them into the land,
concerning which thou hadst promised to their fathers, that
they should go in to possess it. So the children went in and 24
possessed the land, and thou didst subdue before them the
inhabitants of the land, the Kenaʻanim, and didst give them
into their hands, with their kings, and the peoples of the land,
so that they might do with them as they pleased. And they took 25
fortified cities, and a fat land, and possessed houses full of all
goods, wells already hewn, vineyards, and oliveyards, and fruit
trees in abundance : so they did eat, and were sated, and became
fat, and delighted themselves in thy great bounty. Nevertheless 26
they were disobedient, and rebelled against thee, and cast thy
Tora behind their backs, and slew thy prophets who forewarned
them to turn them to thee, and they committed great blas- 27
phemies. Therefore thou didst deliver them into the hand of their
enemies, who vexed them : and in the time of their trouble,
when they cried to thee, thou didst hear them from heaven ;
and according to thy manifold mercies thou didst give them
rescuers, who rescued them out of the hand of their enemies.
But after they had rest, they did evil again before thee : there- 28
fore thou didst leave them in the hand of their enemies, so that
they had dominion over them : yet when they returned, and

כט מִשָּׁמַיִם תִּשְׁמַע וְתַצִּילֵם כְּרַחֲמֶיךָ רַבּוֹת עִתִּים׃ וַתָּעַד בָּהֶם
לַהֲשִׁיבָם אֶל־תּוֹרָתֶךָ וְהֵמָּה הֵזִידוּ וְלֹא־שָׁמְעוּ לְמִצְוֺתֶיךָ
וּבְמִשְׁפָּטֶיךָ חָטְאוּ־בָם אֲשֶׁר־יַעֲשֶׂה אָדָם וְחָיָה בָהֶם וַיִּתְּנוּ
ל כָתֵף סוֹרֶרֶת וְעָרְפָּם הִקְשׁוּ וְלֹא שָׁמֵעוּ׃ וַתִּמְשֹׁךְ עֲלֵיהֶם
שָׁנִים רַבּוֹת וַתָּעַד בָּם בְּרוּחֲךָ בְּיַד־נְבִיאֶיךָ וְלֹא הֶאֱזִינוּ
לא וַתִּתְּנֵם בְּיַד עַמֵּי הָאֲרָצֹת׃ וּבְרַחֲמֶיךָ הָרַבִּים לֹא־עֲשִׂיתָם
לב כָּלָה וְלֹא עֲזַבְתָּם כִּי אֵל־חַנּוּן וְרַחוּם אָתָּה׃ וְעַתָּה אֱלֹהֵינוּ
הָאֵל הַגָּדוֹל הַגִּבּוֹר וְהַנּוֹרָא שׁוֹמֵר הַבְּרִית וְהַחֶסֶד אַל־יִמְעַט
לְפָנֶיךָ אֵת כָּל־הַתְּלָאָה אֲשֶׁר־מְצָאַתְנוּ לִמְלָכֵינוּ לְשָׂרֵינוּ
וּלְכֹהֲנֵינוּ וְלִנְבִיאֵינוּ וְלַאֲבֹתֵינוּ וּלְכָל־עַמֶּךָ מִימֵי מַלְכֵי אַשּׁוּר
לג עַד הַיּוֹם הַזֶּה׃ וְאַתָּה צַדִּיק עַל כָּל־הַבָּא עָלֵינוּ כִּי־אֱמֶת עָשִׂיתָ
לד וַאֲנַחְנוּ הִרְשָׁעְנוּ׃ וְאֶת־מְלָכֵינוּ שָׂרֵינוּ כֹּהֲנֵינוּ וַאֲבֹתֵינוּ לֹא עָשׂוּ
תּוֹרָתֶךָ וְלֹא הִקְשִׁיבוּ אֶל־מִצְוֺתֶיךָ וּלְעֵדְוֺתֶיךָ אֲשֶׁר הַעִידֹתָ
לה בָּהֶם׃ וְהֵם בְּמַלְכוּתָם וּבְטוּבְךָ הָרָב אֲשֶׁר־נָתַתָּ לָהֶם וּבְאֶרֶץ
הָרְחָבָה וְהַשְּׁמֵנָה אֲשֶׁר־נָתַתָּ לִפְנֵיהֶם לֹא עֲבָדוּךָ וְלֹא־שָׁבוּ
לו מִמַּעַלְלֵיהֶם הָרָעִים׃ הִנֵּה אֲנַחְנוּ הַיּוֹם עֲבָדִים וְהָאָרֶץ אֲשֶׁר־
נָתַתָּה לַאֲבֹתֵינוּ לֶאֱכֹל אֶת־פִּרְיָהּ וְאֶת־טוּבָהּ הִנֵּה אֲנַחְנוּ
לז עֲבָדִים עָלֶיהָ׃ וּתְבוּאָתָהּ מַרְבָּה לַמְּלָכִים אֲשֶׁר־נָתַתָּה עָלֵינוּ
בְּחַטֹּאותֵינוּ וְעַל גְּוִיֹּתֵינוּ מֹשְׁלִים וּבִבְהֶמְתֵּנוּ כִּרְצוֹנָם וּבְצָרָה
גְדוֹלָה אֲנָחְנוּ׃
י א וּבְכָל־זֹאת אֲנַחְנוּ כֹּרְתִים אֲמָנָה וְכֹתְבִים וְעַל הֶחָתוּם שָׂרֵינוּ ט
ב לְוִיֵּנוּ כֹּהֲנֵינוּ׃ וְעַל הַחֲתוּמִים נְחֶמְיָה הַתִּרְשָׁתָא בֶּן־חֲכַלְיָה
ג ד וְצִדְקִיָּה׃ שְׂרָיָה עֲזַרְיָה יִרְמְיָה׃ פַּשְׁחוּר אֲמַרְיָה מַלְכִּיָּה׃
ה ו ז חַטּוּשׁ שְׁבַנְיָה מַלּוּךְ׃ חָרִם מְרֵמוֹת עֹבַדְיָה׃ דָּנִיֵּאל גִּנְּתוֹן
ח ט בָּרוּךְ׃ מְשֻׁלָּם אֲבִיָּה מִיָּמִן׃ מַעַזְיָה בִלְגַּי שְׁמַעְיָה אֵלֶּה
י הַכֹּהֲנִים׃ וְהַלְוִיִּם וְיֵשׁוּעַ בֶּן־אֲזַנְיָה בִּנּוּי מִבְּנֵי חֵנָדָד קַדְמִיאֵל׃
יא יב וַאֲחֵיהֶם שְׁבַנְיָה הוֹדִיָּה קְלִיטָא פְּלָאיָה חָנָן׃ מִיכָא רְחוֹב
יג יד חֲשַׁבְיָה׃ זַכּוּר שֵׁרֵבְיָה שְׁבַנְיָה׃ הוֹדִיָּה בָנִי בְּנִינוּ׃ רָאשֵׁי הָעָם
טו טז פַּרְעֹשׁ פַּחַת מוֹאָב עֵילָם זַתּוּא בָּנִי׃ בֻּנִּי עַזְגָּד בֵּבָי׃ אֲדֹנִיָּה
יז יח יט בִגְוַי עָדִין׃ אָטֵר חִזְקִיָּה עַזּוּר׃ הוֹדִיָּה חָשֻׁם בֵּצָי׃ חָרִיף
כ כא כב עֲנָתוֹת נובי׃ מַגְפִּיעָשׁ מְשֻׁלָּם חֵזִיר׃ מְשֵׁיזַבְאֵל צָדוֹק יַדּוּעַ׃ נֵיבָי
כג כד כה פְּלַטְיָה חָנָן עֲנָיָה׃ הוֹשֵׁעַ חֲנַנְיָה חַשּׁוּב׃ הַלּוֹחֵשׁ פִּלְחָא
כו כז כח שׁוֹבֵק׃ רְחוּם חֲשַׁבְנָה מַעֲשֵׂיָה׃ וַאֲחִיָּה חָנָן עָנָן׃ מַלּוּךְ חָרִם
כט בַּעֲנָה׃ וּשְׁאָר הָעָם הַכֹּהֲנִים הַלְוִיִּם הַשּׁוֹעֲרִים הַמְשֹׁרְרִים
הַנְּתִינִים וְכָל־הַנִּבְדָּל מֵעַמֵּי הָאֲרָצוֹת אֶל־תּוֹרַת הָאֱלֹהִים

cried to thee, thou didst hear them from heaven; and many
times didst thou deliver them according to thy mercies; and 29
didst forewarn them, that thou mightest bring them back to
thy Tora: yet they acted presumptously, and hearkened not
to thy commandments, but sinned against thy judgments,
(which if a man do, he shall live by them;) and they turned
a stubborn shoulder, and hardened their neck, and would not
hear. Yet many years didst thou bear with them, and didst 30
forewarn them by thy spirit in thy prophets: yet they would
not give ear: therefore thou didst give them into the hand of
the peoples of the lands. Yet for thy great mercies' sake thou 31
didst not utterly consume them, or forsake them; for thou
art a gracious and merciful God. Now therefore, our God, the 32
great, the mighty, and the terrible God, who keepest covenant
and troth, let not all the trouble seem little before thee, that
has come upon us, on our kings, on our princes, and on our
priests, and on our prophets, and on our fathers, and on all
thy people, since the time of the kings of Ashshur to this day.
Yet thou art just in all that is brought upon us; for thou hast 33
done right, but we have done wickedly: nor have our kings, 34
our princes, our priests, and our fathers, kept thy Tora, or
hearkened to thy commandments and thy testimonies, with
which thou didst testify against them. For they have not served 35
thee in their kingdom, and in thy great bounty that thou didst
give them, and in the large and fat land which thou didst give
before them, nor did they turn from their wicked works. Behold, 36
we are servants this day, and as for the land that thou didst
give to our fathers to eat its fruit and its bounty, behold, we
are servants in it; and its rich yield goes to the kings whom 37
thou hast set over us because of our sins: also they have power
over our bodies, and over our cattle, at their pleasure, and
we are in great distress.
And because of all this we make a firm covenant, and write it; **10**
and our princes, Levites, and our priests, set their seal to it. Now 2
those who set their seal are, Neḥemya the Tirshata, the son of
Ḥakhalya, and Ẓidqiyya, Seraya, 'Azarya, Yirmeya, Pashḥur, 3,4
Amarya, Malkiyya, Ḥattush, Shevanya, Mallukh, Ḥarim, Mere- 5,6
mot, 'Ovadya, Daniyyel, Ginneton, Barukh, Meshullam, Aviyya, 7,8
Miyyamin, Ma'azeya, Bilgay, Shema'ya: these were the priests. 9
And the Levites: both Yeshua the son of Azanya, Binnuy of the 10
sons of Ḥenadad, Qadmi'el; and their brothers, Shevanya, Hodiy- 11
ya, Qelita, Pelaya, Ḥanan, Mikha, Reḥov, Ḥashavya, Zakhur, She- 12,13
revya, Shevanya, Hodiyya, Bani, Beninu. The chiefs of the people; 14,15
Par'osh, Paḥat-mo'av, 'Elam, Zattu, Bani, Bunni, 'Azgad, Bevay, 16
Adoniyya, Bigvay, 'Adin, Ater, Ḥizqiyya, 'Azzur, Hodiyya, Ḥa- 17,18,19
shum, Beẓay, Ḥarif, 'Anatot, Nevay, Magpi'ash, Meshullam, 20,21
Ḥezir, Meshezav'el, Ẓadoq, Yaddua, Pelatya, Ḥanan, 'Anaya, 22,23
Hoshea, Ḥananya, Ḥashshuv, Halloḥesh, Pilḥa, Shoveq, Reḥum, 24,25,26
Ḥashavna, Ma'aseya, and Aḥiyya, Ḥanan, 'Anan, Mallukh, Ḥa- 27,28
rim, Ba'ana. And the rest of the people, the priests, the Levites, 29
the gate keepers, the singers, the temple servants, and all they
who have separated themselves from the peoples of the lands to
the Tora of God, their wives, their sons, and their daughters,

נְשֵׁיהֶם בְּנֵיהֶם וּבְנֹתֵיהֶם כֹּל יוֹדֵעַ מֵבִין: מַחֲזִיקִים עַל־ לּ
אֲחֵיהֶם אַדִּירֵיהֶם וּבָאִים בְּאָלָה וּבִשְׁבוּעָה לָלֶכֶת בְּתוֹרַת
הָאֱלֹהִים אֲשֶׁר נִתְּנָה בְּיַד מֹשֶׁה עֶבֶד־הָאֱלֹהִים וְלִשְׁמוֹר
וְלַעֲשׂוֹת אֶת־כָּל־מִצְוֺת יְהוָה אֲדֹנֵינוּ וּמִשְׁפָּטָיו וְחֻקָּיו: וַאֲשֶׁר לא
לֹא־נִתֵּן בְּנֹתֵינוּ לְעַמֵּי הָאָרֶץ וְאֶת־בְּנֹתֵיהֶם לֹא נִקַּח לְבָנֵינוּ:
וְעַמֵּי הָאָרֶץ הַמְבִיאִים אֶת־הַמַּקָּחוֹת וְכָל־שֶׁבֶר בְּיוֹם הַשַּׁבָּת לב
לִמְכּוֹר לֹא־נִקַּח מֵהֶם בַּשַּׁבָּת וּבְיוֹם קֹדֶשׁ וְנִטֹּשׁ אֶת־הַשָּׁנָה
הַשְּׁבִיעִית וּמַשָּׁא כָל־יָד: וְהֶעֱמַדְנוּ עָלֵינוּ מִצְוֺת לָתֵת עָלֵינוּ לג
שְׁלִשִׁית הַשֶּׁקֶל בַּשָּׁנָה לַעֲבֹדַת בֵּית אֱלֹהֵינוּ: לְלֶחֶם הַמַּעֲרֶכֶת לד
וּמִנְחַת הַתָּמִיד וּלְעוֹלַת הַתָּמִיד הַשַּׁבָּתוֹת הֶחֳדָשִׁים לַמּוֹעֲדִים
וְלַקֳּדָשִׁים וְלַחַטָּאוֹת לְכַפֵּר עַל־יִשְׂרָאֵל וְכֹל מְלֶאכֶת בֵּית־
אֱלֹהֵינוּ: וְהַגּוֹרָלוֹת הִפַּלְנוּ עַל־קֻרְבַּן הָעֵצִים לה
הַכֹּהֲנִים הַלְוִיִּם וְהָעָם לְהָבִיא לְבֵית אֱלֹהֵינוּ לְבֵית־אֲבֹתֵינוּ
לְעִתִּים מְזֻמָּנִים שָׁנָה בְשָׁנָה לְבַעֵר עַל־מִזְבַּח יְהוָה אֱלֹהֵינוּ
כַּכָּתוּב בַּתּוֹרָה: וּלְהָבִיא אֶת־בִּכּוּרֵי אַדְמָתֵנוּ וּבִכּוּרֵי כָּל־ לו
פְּרִי כָל־עֵץ שָׁנָה בְשָׁנָה לְבֵית יְהוָה: וְאֶת־בְּכֹרוֹת בָּנֵינוּ לז
וּבְהֶמְתֵּנוּ כַּכָּתוּב בַּתּוֹרָה וְאֶת־בְּכוֹרֵי בְקָרֵינוּ וְצֹאנֵינוּ לְהָבִיא
לְבֵית אֱלֹהֵינוּ לַכֹּהֲנִים הַמְשָׁרְתִים בְּבֵית אֱלֹהֵינוּ: וְאֶת־ לח
רֵאשִׁית עֲרִיסֹתֵינוּ וּתְרוּמֹתֵינוּ וּפְרִי כָל־עֵץ תִּירוֹשׁ וְיִצְהָר
נָבִיא לַכֹּהֲנִים אֶל־לִשְׁכוֹת בֵּית־אֱלֹהֵינוּ וּמַעְשַׂר אַדְמָתֵנוּ
לַלְוִיִּם וְהֵם הַלְוִיִּם הַמְעַשְּׂרִים בְּכֹל עָרֵי עֲבֹדָתֵנוּ: וְהָיָה לט
הַכֹּהֵן בֶּן־אַהֲרֹן עִם־הַלְוִיִּם בַּעְשֵׂר הַלְוִיִּם וְהַלְוִיִּם יַעֲלוּ אֶת־
מַעֲשַׂר הַמַּעֲשֵׂר לְבֵית אֱלֹהֵינוּ אֶל־הַלְּשָׁכוֹת לְבֵית הָאוֹצָר:
כִּי אֶל־הַלְּשָׁכוֹת יָבִיאוּ בְנֵי־יִשְׂרָאֵל וּבְנֵי הַלֵּוִי אֶת־תְּרוּמַת מ
הַדָּגָן הַתִּירוֹשׁ וְהַיִּצְהָר וְשָׁם כְּלֵי הַמִּקְדָּשׁ וְהַכֹּהֲנִים הַמְשָׁרְתִים
וְהַשּׁוֹעֲרִים וְהַמְשֹׁרְרִים וְלֹא נַעֲזֹב אֶת־בֵּית אֱלֹהֵינוּ: וַיֵּשְׁבוּ יא
שָׂרֵי־הָעָם בִּירוּשָׁלִָם וּשְׁאָר הָעָם הִפִּילוּ גוֹרָלוֹת לְהָבִיא ׀
אֶחָד מִן־הָעֲשָׂרָה לָשֶׁבֶת בִּירוּשָׁלִַם עִיר הַקֹּדֶשׁ וְתֵשַׁע הַיָּדוֹת
בֶּעָרִים: וַיְבָרְכוּ הָעָם לְכֹל הָאֲנָשִׁים הַמִּתְנַדְּבִים לָשֶׁבֶת ב
בִּירוּשָׁלִָם: וְאֵלֶּה רָאשֵׁי הַמְּדִינָה אֲשֶׁר יָשְׁבוּ ג
בִּירוּשָׁלִָם וּבְעָרֵי יְהוּדָה יָשְׁבוּ אִישׁ בַּאֲחֻזָּתוֹ בְּעָרֵיהֶם יִשְׂרָאֵל
הַכֹּהֲנִים וְהַלְוִיִּם וְהַנְּתִינִים וּבְנֵי עַבְדֵי שְׁלֹמֹה: וּבִירוּשָׁלִַם יָשְׁבוּ ד
מִבְּנֵי יְהוּדָה וּמִבְּנֵי בִנְיָמִן מִבְּנֵי יְהוּדָה עֲתָיָה בֶן־עֻזִּיָּה בֶן־זְכַרְיָה

everyone having knowledge, and having understanding; join 30
with their brethren, their nobles, and enter into a curse, and
into an oath, to walk in the Tora of GOD, which was given by
Moshe the servant of GOD, and to observe and do all the
commandments of the LORD our LORD, and his judgments and
his statutes; and that we will not give our daughters to the 31
peoples of the land, or take their daughters for our sons: and 32
if the peoples of the land bring in wares or any grain on the
sabbath day to sell, that we will not buy it of them on the
sabbath, or on the holy day: and that we will forego the prod-
uce of the seventh year, and the exaction of every debt. We 33
also lay ordinances on ourselves, to charge ourselves yearly
with the third part of a shekel for the service of the house of
our GOD; for the showbread, and for the continual meal offer- 34
ing, and for the continual burnt offering, of the sabbaths, of
the new moons, for the appointed seasons, and for the holy
things, and for the sin offerings to make atonement for Yisra'el,
and for all the work of the house of our GOD.   And we 35
have cast lots among the priests, the Levites, and the people,
for the wood offering, to bring it to the house of our GOD,
according to our fathers' houses, at times appointed, year by
year, to burn upon the altar of the LORD our GOD, as it is
written in the Tora: and to bring the firstfruits of our ground, 36
and the firstfruits of all fruit of all trees, year by year, to the
house of the LORD: also the firstborn of our sons, and of our 37
cattle, as it is written in the Tora, and the firstlings of our
herds and of our flocks, to bring to the house of our GOD,
to the priests who minister in the house of our GOD: and that 38
we shall bring the firstfruits of our dough, and our offerings,
and the fruit of all manner of trees, of wine and oil, to the
priests, to the chambers of the house of our GOD; and the tithes
of our ground to the Levites; for they, the Levites receive
the tithes in all the cities of our tillage. And the priest the son 39
of Aharon shall be with the Levites, when the Levites take
tithes: and the Levites shall bring up the tithe of the tithes
to the house of our GOD, to the chambers, into the treasure
house. For the children of Yisra'el and the children of Levi 40
shall bring the offering of the corn, of the new wine, and the
oil, to the chambers, where are the vessels of the sanctuary,
and the priests who minister, and the gate keepers, and the
singers: and we will not forsake the house of our GOD. And 11
the rulers of the people dwelt at Yerushalayim: the rest of
the people also cast lots, to bring one of ten to dwell in Yeru-
shalayim the holy city, and nine parts to dwell in other cities.
And the people blessed all the men, who willingly offered to 2
dwell in Yerushalayim.   Now these are the chiefs of the 3
province who dwelt in Yerushalayim: but in the cities of
Yehuda everyone dwelt in his possession in their cities: Yis-
ra'el, the priests, and the Levites, and the temple servants,
and the children of the servants of Shelomo. And at Yeru- 4
shalayim dwelt certain of the children of Yehuda, of the child-
ren of Binyamin. Of the children of Yehuda; 'Ataya the son of
'Uzziyya, the son of Zekharya, the son of Amarya, the son

ה בֶּן־אֲמַרְיָה בֶן־שְׁפַטְיָה בֶן־מַהֲלַלְאֵל מִבְּנֵי פָרֶץ׃ וּמַעֲשֵׂיָה
בֶן־בָּרוּךְ בֶּן־כָּל־חֹזֶה בֶּן־חֲזָיָה בֶן־עֲדָיָה בֶן־יוֹיָרִיב בֶּן־זְכַרְיָה בֶּן־
ו הַשִּׁלֹנִי׃ כָּל־בְּנֵי־פֶרֶץ הַיֹּשְׁבִים בִּירוּשָׁלִָם אַרְבַּע מֵאוֹת שִׁשִּׁים
ז וּשְׁמֹנָה אַנְשֵׁי־חָיִל׃ וְאֵלֶּה בְּנֵי בִנְיָמִן סַלֻּא בֶּן־
מְשֻׁלָּם בֶּן־יוֹעֵד בֶּן־פְּדָיָה בֶּן־קוֹלָיָה בֶּן־מַעֲשֵׂיָה בֶּן־אִיתִיאֵל
ח בֶּן־יְשַׁעְיָה׃ וְאַחֲרָיו גַּבַּי סַלָּי תְּשַׁע מֵאוֹת עֶשְׂרִים וּשְׁמֹנָה׃
ט וְיוֹאֵל בֶּן־זִכְרִי פָּקִיד עֲלֵיהֶם וִיהוּדָה בֶן־הַסְּנוּאָה עַל־הָעִיר
י מִשְׁנֶה׃ מִן־הַכֹּהֲנִים יְדַעְיָה בֶן־יוֹיָרִיב יָכִין׃
יא שְׂרָיָה בֶן־חִלְקִיָּה בֶּן־מְשֻׁלָּם בֶּן־צָדוֹק בֶּן־מְרָיוֹת בֶּן־אֲחִיטוּב
יב נְגִד בֵּית הָאֱלֹהִים׃ וַאֲחֵיהֶם עֹשֵׂה הַמְּלָאכָה לַבַּיִת שְׁמֹנֶה
מֵאוֹת עֶשְׂרִים וּשְׁנָיִם וַעֲדָיָה בֶּן־יְרֹחָם בֶּן־פְּלַלְיָה בֶּן־אַמְצִי
יג בֶּן־זְכַרְיָה בֶּן־פַּשְׁחוּר בֶּן־מַלְכִּיָּה׃ וְאֶחָיו רָאשִׁים לְאָבוֹת מָאתַיִם
אַרְבָּעִים וּשְׁנָיִם וַעֲמַשְׁסַי בֶּן־עֲזַרְאֵל בֶּן־אַחְזַי בֶּן־מְשִׁלֵּמוֹת בֶּן־
יד אִמֵּר׃ וַאֲחֵיהֶם גִּבֹּרֵי חַיִל מֵאָה עֶשְׂרִים וּשְׁמֹנָה וּפָקִיד עֲלֵיהֶם
טו זַבְדִּיאֵל בֶּן־הַגְּדוֹלִים׃ וּמִן־הַלְוִיִּם שְׁמַעְיָה בֶן־חַשּׁוּב
טז בֶּן־עַזְרִיקָם בֶּן־חֲשַׁבְיָה בֶּן־בּוּנִּי׃ וְשַׁבְּתַי וְיוֹזָבָד עַל־הַמְּלָאכָה
יז הַחִיצֹנָה לְבֵית הָאֱלֹהִים מֵרָאשֵׁי הַלְוִיִּם׃ וּמַתַּנְיָה בֶן־מִיכָא
בֶּן־זַבְדִּי בֶן־אָסָף רֹאשׁ הַתְּחִלָּה יְהוֹדֶה לַתְּפִלָּה וּבַקְבֻּקְיָה
יח מִשְׁנֶה מֵאֶחָיו וְעַבְדָּא בֶּן־שַׁמּוּעַ בֶּן־גָּלָל בֶּן־ידיתון׃ כָּל־הַלְוִיִּם יְדוּתוּן
יט בְּעִיר הַקֹּדֶשׁ מָאתַיִם שְׁמֹנִים וְאַרְבָּעָה׃ וְהַשּׁוֹעֲרִים
עַקּוּב טַלְמוֹן וַאֲחֵיהֶם הַשֹּׁמְרִים בַּשְּׁעָרִים מֵאָה שִׁבְעִים
כ וּשְׁנָיִם׃ וּשְׁאָר יִשְׂרָאֵל הַכֹּהֲנִים הַלְוִיִּם בְּכָל־עָרֵי יְהוּדָה
כא אִישׁ בְּנַחֲלָתוֹ׃ וְהַנְּתִינִים יֹשְׁבִים בָּעֹפֶל וְצִיחָא וְגִשְׁפָּא עַל־
כב הַנְּתִינִים׃ וּפְקִיד הַלְוִיִּם בִּירוּשָׁלִַם עֻזִּי בֶן־בָּנִי בֶּן־
חֲשַׁבְיָה בֶּן־מַתַּנְיָה בֶּן־מִיכָא מִבְּנֵי אָסָף הַמְשֹׁרְרִים לְנֶגֶד
כג מְלֶאכֶת בֵּית־הָאֱלֹהִים׃ כִּי־מִצְוַת הַמֶּלֶךְ עֲלֵיהֶם וַאֲמָנָה עַל־
כד הַמְשֹׁרְרִים דְּבַר־יוֹם בְּיוֹמוֹ׃ וּפְתַחְיָה בֶּן־מְשֵׁיזַבְאֵל
כה מִבְּנֵי־זֶרַח בֶּן־יְהוּדָה לְיַד הַמֶּלֶךְ לְכָל־דָּבָר לָעָם׃ וְאֶל־
הַחֲצֵרִים בִּשְׂדֹתָם מִבְּנֵי יְהוּדָה יָשְׁבוּ בְּקִרְיַת הָאַרְבַּע וּבְנֹתֶיהָ
כו וּבְדִיבֹן וּבְנֹתֶיהָ וּבִיקַּבְצְאֵל וַחֲצֵרֶיהָ׃ וּבְיֵשׁוּעַ וּבְמֹלָדָה וּבְבֵית־
כז כח פָּלֶט׃ וּבַחֲצַר שׁוּעָל וּבִבְאֵר שֶׁבַע וּבְנֹתֶיהָ׃ וּבְצִקְלַג וּבִמְכֹנָה
כט ל וּבִבְנֹתֶיהָ׃ וּבְעֵין רִמּוֹן וּבְצָרְעָה וּבְיַרְמוּת׃ זָנֹחַ עֲדֻלָּם וְחַצְרֵיהֶם
לָכִישׁ וּשְׂדֹתֶיהָ עֲזֵקָה וּבְנֹתֶיהָ וַיַּחֲנוּ מִבְּאֵר־שֶׁבַע עַד־גֵּיא

of Shefatya, the son of Mahalal'el, of the children of Pereẕ;
5 and Ma'aseya the son of Barukh, the son of Kol-ḥoze, the son
of Ḥazaya, the son of 'Adaya, the son of Yoyariv, the son of
6 Zekharya, the son of the Shilonite. All the sons of Pereẕ who
dwelt in Yerushalayim, were four hundred and sixty eight men
7 at arms. And these are the sons of Binyamin; Sallu the
son of Meshullam, the son of Yo'ed, the son of Pedaya, the son
of Qolaya, the son of Ma'aseya, the son of Iti'el, the son of
8 Yesha'ya. And after him Gabbay, Sallay, nine hundred and
9 twenty eight. And Yo'el the son of Zikhri was their overseer:
and Yehuda the son of Senu'a was second over the city.
10,11 Of the priests: Yeda'ya the son of Yoyariv, Yakhin, Seraya
the son of Ḥilqqiyya, the son of Meshshullam, the son of Ẕadoq,
12 the son of Merayot, the son of Aḥituv, ruler of the house of God.
And their brethren who did the work of the house were eight
hundred and twenty two: and 'Adaya the son of Yeroḥam, the
son of Pelalya, the son of Amẕi, the son of Zekharya, the son of
13 Pashḥur, the son of Malkiyya, And his brethren, heads of fa-
thers' houses, two hundred and forty two: and 'Amashsay the
son of 'Azar'el, the son of Aḥzay, the son of Meshillemot, the
14 son of Immer, and their brethren, mighty men of valour, a hun-
dred and twenty eight: and their overseer was Zavdi'el, the
15 son of Haggedolim. Also of the Levites: Shema'ya the
son of Ḥashshuv, the son of 'Azriqam, the son of Ḥashavya, the
16 son of Bunni; and Shabbetay and Yozavad, of the chief of the
Levites, had the oversight of the outside work of the house
17 of God. And Mattanya the son of Mikha, the son of Zavdi, the
son of Asaf, was the principal to begin the thanksgiving in pray-
er: and Baqbuqya the second among his brethren, and 'Avda the
18 son of Shammua, the son of Galal, the son of Yedutun. All the
Levites in the holy city were two hundred and eighty four.
19 Moreover the gate keepers, 'Aqquv, Talmon, and their
brethren who kept the gates, were a hundred and seventy
20 two. And the residue of Yisra'el, of the priests, and the Levites,
21 were in all the cities of Yehuda, everyone in his inheritance. But
the temple servants dwelt in 'Ofel: and Ẕiḥa and Gishpa were
22 over the temple servants. The overseer also of the Lev-
ities at Yerushalayim was 'Uzzi the son of Bani, the son of
Ḥashavya, the son of Mattanya, the son of Mikha, of the sons
of Asaf, the singers, over the business of the house of God.
23 For it was the king's commandment concerning them, and a
certain portion for the singers, as every day required.
24 And Pataḥya the son of Meshezav'el, of the children of
Zeraḥ the son of Yehuda, was at the king's hand in all matters
25 concerning the people. And for the settlements, with their fields,
some of the children of Yehuda dwelt at Qiryat-arba, and in its
hamlets, and at Divon, and in its hamlets, and at Yeqavẕe'el,
26 and in its hamlets, and at Yeshua, and at Molada, and at Bet-
27 pelet, and at Ḥaẕar-shu'al, and at Be'er-sheva, and in its hamlets,
28,29 and at Ẕiqlag, and at Mekhona, and in its hamlets, and at 'En-
30 rimmon, and at Ẕor'a, and at Yarmut, Zanoaḥ, 'Adullam, and
their settlements, Lakhish, and its fields, 'Azeqa, and its ham-
lets. And they dwelt from Be'er-sheva as far as the valley of

לא הַנָּם: וּבְנֵי בִנְיָמִן מִגָּבַע מִכְמָשׂ וְעַיָּה וּבֵית־אֵל וּבְנֹתֶיהָ:
לב לג לד עֲנָתוֹת נֹב עֲנָנְיָה: חָצוֹר ׀ רָמָה גִּתָּיִם: חָדִיד צְבֹעִים
לה לו נְבַלָּט: לֹד וְאוֹנוֹ גֵּי הַחֲרָשִׁים: וּמִן־הַלְוִיִּם מַחְלְקוֹת יְהוּדָה
יב א לְבִנְיָמִין: וְאֵלֶּה הַכֹּהֲנִים וְהַלְוִיִּם אֲשֶׁר עָלוּ עִם־
ב זְרֻבָּבֶל בֶּן־שְׁאַלְתִּיאֵל וְיֵשׁוּעַ שְׂרָיָה יִרְמְיָה עֶזְרָא: אֲמַרְיָה
ג ד ה מַלּוּךְ חַטּוּשׁ: שְׁכַנְיָה רְחֻם מְרֵמֹת: עִדּוֹא גִנְּתוֹי אֲבִיָּה: מִיָּמִין
ו ז מַעַדְיָה בִּלְגָּה: שְׁמַעְיָה וְיוֹיָרִיב יְדַעְיָה: סַלּוּ עָמוֹק חִלְקִיָּה
ח יְדַעְיָה אֵלֶּה רָאשֵׁי הַכֹּהֲנִים וַאֲחֵיהֶם בִּימֵי יֵשׁוּעַ: וְהַלְוִיִּם יֵשׁוּעַ
בִּנּוּי קַדְמִיאֵל שֵׁרֵבְיָה יְהוּדָה מַתַּנְיָה עַל־הֻיְּדוֹת הוּא וְאֶחָיו:
ט וּבַקְבֻּקְיָה וְעֻנּוֹ אֲחֵיהֶם לְנֶגְדָּם לְמִשְׁמָרוֹת: וְיֵשׁוּעַ הוֹלִיד וְעֻנִּי
אֶת־יוֹיָקִים וְיוֹיָקִים הוֹלִיד אֶת־אֶלְיָשִׁיב וְאֶלְיָשִׁיב אֶת־
יא יוֹיָדָע: וְיוֹיָדָע הוֹלִיד אֶת־יוֹנָתָן וְיוֹנָתָן הוֹלִיד אֶת־יַדּוּעַ:
יב וּבִימֵי יוֹיָקִים הָיוּ כֹהֲנִים רָאשֵׁי הָאָבוֹת לִשְׂרָיָה מְרָיָה לְיִרְמְיָה
יג יד חֲנַנְיָה: לְעֶזְרָא מְשֻׁלָּם לַאֲמַרְיָה יְהוֹחָנָן: לִמְלוּכִי יוֹנָתָן לִמְלִיכוּ
טו טז לִשְׁבַנְיָה יוֹסֵף: לְחָרִם עַדְנָא לִמְרָיוֹת חֶלְקָי: לַעֲדָיָא זְכַרְיָה לְעִדּוֹא
יז לְגִנְּתוֹן מְשֻׁלָּם: לַאֲבִיָּה זִכְרִי לְמִנְיָמִין לְמוֹעַדְיָה פִּלְטָי:
יח יט לְבִלְגָּה שַׁמּוּעַ לִשְׁמַעְיָה יְהוֹנָתָן: וּלְיוֹיָרִיב מַתְּנַי לִידַעְיָה עֻזִּי:
כ כא לְסַלַּי קַלָּי לְעָמוֹק עֵבֶר: לְחִלְקִיָּה חֲשַׁבְיָה לִידַעְיָה נְתַנְאֵל:
כב הַלְוִיִּם בִּימֵי אֶלְיָשִׁיב יוֹיָדָע וְיוֹחָנָן וְיַדּוּעַ כְּתוּבִים רָאשֵׁי
כג אָבוֹת וְהַכֹּהֲנִים עַל־מַלְכוּת דָּרְיָוֶשׁ הַפָּרְסִי: בְּנֵי לֵוִי
רָאשֵׁי הָאָבוֹת כְּתוּבִים עַל־סֵפֶר דִּבְרֵי הַיָּמִים וְעַד־יְמֵי יוֹחָנָן
כד בֶּן־אֶלְיָשִׁיב: וְרָאשֵׁי הַלְוִיִּם חֲשַׁבְיָה שֵׁרֵבְיָה וְיֵשׁוּעַ בֶּן־
קַדְמִיאֵל וַאֲחֵיהֶם לְנֶגְדָּם לְהַלֵּל לְהוֹדוֹת בְּמִצְוַת דָּוִיד אִישׁ־
כה הָאֱלֹהִים מִשְׁמָר לְעֻמַּת מִשְׁמָר: מַתַּנְיָה וּבַקְבֻּקְיָה עֹבַדְיָה
מְשֻׁלָּם טַלְמוֹן עַקּוּב שֹׁמְרִים שׁוֹעֲרִים מִשְׁמָר בַּאֲסֻפֵּי הַשְּׁעָרִים:
כו אֵלֶּה בִּימֵי יוֹיָקִים בֶּן־יֵשׁוּעַ בֶּן־יוֹצָדָק וּבִימֵי נְחֶמְיָה הַפֶּחָה
כז וְעֶזְרָא הַכֹּהֵן הַסּוֹפֵר: וּבַחֲנֻכַּת חוֹמַת יְרוּשָׁלִַם בִּקְשׁוּ י
אֶת־הַלְוִיִּם מִכָּל־מְקוֹמֹתָם לַהֲבִיאָם לִירוּשָׁלִָם לַעֲשֹׂת חֲנֻכָּה
כח וְשִׂמְחָה וּבְתוֹדוֹת וּבְשִׁיר מְצִלְתַּיִם נְבָלִים וּבְכִנֹּרוֹת: וַיֵּאָסְפוּ
בְּנֵי הַמְשֹׁרְרִים וּמִן־הַכִּכָּר סְבִיבוֹת יְרוּשָׁלִַם וּמִן־חַצְרֵי נְטֹפָתִי:
כט וּמִבֵּית הַגִּלְגָּל וּמִשְּׂדוֹת גֶּבַע וְעַזְמָוֶת כִּי חֲצֵרִים בָּנוּ לָהֶם
ל הַמְשֹׁרְרִים סְבִיבוֹת יְרוּשָׁלִָם: וַיִּטַּהֲרוּ הַכֹּהֲנִים וְהַלְוִיִּם וַיְטַהֲרוּ
לא אֶת־הָעָם וְאֶת־הַשְּׁעָרִים וְאֶת־הַחוֹמָה: וָאַעֲלֶה אֶת־שָׂרֵי
יְהוּדָה מֵעַל לַחוֹמָה וָאַעֲמִידָה שְׁתֵּי תוֹדֹת גְּדוֹלֹת וְתַהֲלֻכֹת
לב לַיָּמִין מֵעַל לַחוֹמָה לְשַׁעַר הָאַשְׁפֹּת: וַיֵּלֶךְ אַחֲרֵיהֶם הוֹשַׁעְיָה

Hinnom. And the children of Binyamin from Geva, at Mikhmash, 31
and 'Ayya, and Bet-el, and in its hamlets, and at 'Anatot, Nov, 32
'Ananya, Ḥazor, Rama, Gittayim, Ḥadid, Ẕevo'im, Nevallat, Lod, 33,34,35
Ono, Ge-ḥarashim. And of the Levites, certain sections in 36
Yehuda were attached to Binyamin. Now these are the **12**
priests and the Levites who went up with Zerubbavel the son
of She'alti'el, and Yeshua: Seraya, Yirmeya, 'Ezra, Amarya, 2
Mallukh, Ḥattush, Shekhanya, Reḥum, Meremot, 'Iddo, Ginne- 3,4
toy, Aviyya, Miyyamin, Ma'adya, Bilga, Shema'ya and Yoyariv, 5,6
Yeda'ya, Sallu, 'Amoq, Ḥilqiyya, Yeda'ya. These were the chiefs 7
of the priests and their brethren in the days of Yeshua. Moreover 8
the Levites: Yeshua, Binnuy, Qadmi'el, Sherevya, Yehuda, and
Mattanya, who was over the thanksgiving, he and his brethren.
Also Baqbuqya and 'Unni, their brethren, were over against 9
them in the duty watches. And Yeshua begot Yoyaqim and 10
Yoyaqim begot Elyashiv, and Elyashiv begot Yoyada, and Yo- 11
yada begot Yonatan, and Yonatan begot Yaddua. And in the 12
days of Yoyaqim were priests, heads of fathers' houses; of
Seraya, Meraya, of Yirmeya, Ḥananya; of 'Ezra, Meshullam; 13
of Amarya, Yehoḥanan; of Melikhu, Yonatan; of Shevanya, 14
Yosef; of Ḥarim, 'Adna; of Merayot, Ḥelqay; of 'Iddo, Zekhar- 15,16
ya; of Ginneton, Meshullam; of Aviyya, Zikhri; of Minyamin, 17
of Mo'adya, Piltay; of Bilga, Shammua; of Shema'ya, Yeho- 18
natan; and of Yoyariv, Mattenay; of Yeda'ya, 'Uzzi; of Sallay, 19,20
Qallay; of 'Amoq, 'Ever; of Ḥilqiyya, Ḥashavya; of Yeda'ya, 21
Netan'el. The Levites in the days of Elyashiv, Yoyada, and 22
Yoḥanan, and Yaddua, were recorded chiefs of the fathers'
houses: also the priests, to the reign of Daryavesh the Par-
sian. The sons of Levi, the chiefs 23
of the fathers' houses were written in the book of the chronicles,
even until the days of Yoḥanan the son of Elyashiv. And the 24
chiefs of the Levites: Ḥashavya, Sherevya, and Yeshua the son
of Qadmi'el, with their brethren over against them, to praise
and to give thanks, according to the commandment of David
the man of GOD, section by section. Mattanya, and Baqbuqya, 25
'Ovadya, Meshullam, Talmon, 'Aqquv, were gatekeepers,
standing guard at the storehouses of the gates. These were in 26
the days of Yoyaqim the son of Yeshua, the son of Yoẕadaq, and
in the days of Neḥemya the governor, and of 'Ezra the priest,
the scribe. And at the dedication of the wall 27
of Yerushalayim they sought the Levites out of all their
places, to bring them to Yerushalayim, to keep the dedication
with gladness, both with thanksgiving, and with singing, with
cymbals, with harps, and with lyres. And the sons of the singers 28
gathered themselves together, both out of the district round
about Yerushalayim, and from the settlements of the Netofati; 29
also from the house of Gilgal, and out of the fields of Geva and
'Azmavet: for the singers had built themselves settlements
round about Yerushalayim. And the priests and the Levites 30
purified themselves, and purified the people, and the gates, and
the wall. Then I brought up the princes of Yehuda upon the 31
wall, and appointed two great companies that gave thanks
and went in procession. One went on the right hand upon the
wall towards the dung gate: and after them went Hosha'ya, 32

לג לד וַחֲצִי שָׂרֵי יְהוּדָה׃ וַעֲזַרְיָה עֶזְרָא וּמְשֻׁלָּם׃ יְהוּדָה וּבִנְיָמִן
וּשְׁמַעְיָה וְיִרְמְיָה׃
לה וּמִבְּנֵי הַכֹּהֲנִים בַּחֲצֹצְרוֹת זְכַרְיָה בֶן־יוֹנָתָן בֶּן־שְׁמַעְיָה בֶּן־
לו מַתַּנְיָה בֶּן־מִיכָיָה בֶּן־זַכּוּר בֶּן־אָסָף׃ וְאֶחָיו שְׁמַעְיָה וַעֲזַרְאֵל
מִלֲלַי גִּלֲלַי מָעַי נְתַנְאֵל וִיהוּדָה חֲנָנִי בִּכְלֵי־שִׁיר דָּוִיד אִישׁ
לז הָאֱלֹהִים וְעֶזְרָא הַסּוֹפֵר לִפְנֵיהֶם׃ וְעַל שַׁעַר הָעַיִן וְנֶגְדָּם עָלוּ
עַל־מַעֲלוֹת עִיר דָּוִיד בַּמַּעֲלֶה לַחוֹמָה מֵעַל לְבֵית דָּוִיד וְעַד
לח שַׁעַר הַמַּיִם מִזְרָח׃ וְהַתּוֹדָה הַשֵּׁנִית הַהוֹלֶכֶת לְמוֹאל וַאֲנִי
אַחֲרֶיהָ וַחֲצִי הָעָם מֵעַל לְהַחוֹמָה מֵעַל לְמִגְדַּל הַתַּנּוּרִים וְעַד
לט הַחוֹמָה הָרְחָבָה׃ וּמֵעַל לְשַׁעַר־אֶפְרַיִם וְעַל־שַׁעַר הַיְשָׁנָה
וְעַל־שַׁעַר הַדָּגִים וּמִגְדַּל חֲנַנְאֵל וּמִגְדַּל הַמֵּאָה וְעַד שַׁעַר
מ הַצֹּאן וְעָמְדוּ בְּשַׁעַר הַמַּטָּרָה׃ וַתַּעֲמֹדְנָה שְׁתֵּי הַתּוֹדֹת בְּבֵית
מא הָאֱלֹהִים וַאֲנִי וַחֲצִי הַסְּגָנִים עִמִּי׃ וְהַכֹּהֲנִים אֶלְיָקִים מַעֲשֵׂיָה
מב מִנְיָמִין מִיכָיָה אֶלְיוֹעֵינַי זְכַרְיָה חֲנַנְיָה בַּחֲצֹצְרוֹת׃ וּמַעֲשֵׂיָה
וּשְׁמַעְיָה וְאֶלְעָזָר וְעֻזִּי וִיהוֹחָנָן וּמַלְכִּיָּה וְעֵילָם וָעָזֶר וַיַּשְׁמִיעוּ
מג הַמְשֹׁרְרִים וְיִזְרַחְיָה הַפָּקִיד׃ וַיִּזְבְּחוּ בַיּוֹם הַהוּא זְבָחִים גְּדוֹלִים
וַיִּשְׂמָחוּ כִּי הָאֱלֹהִים שִׂמְּחָם שִׂמְחָה גְדוֹלָה וְגַם הַנָּשִׁים
מד וְהַיְלָדִים שָׂמֵחוּ וַתִּשָּׁמַע שִׂמְחַת יְרוּשָׁלִַם מֵרָחוֹק׃ וַיִּפָּקְדוּ
בַיּוֹם הַהוּא אֲנָשִׁים עַל־הַנְּשָׁכוֹת לָאוֹצָרוֹת ׀ לַתְּרוּמוֹת
לָרֵאשִׁית וְלַמַּעַשְׂרוֹת לִכְנוֹס בָּהֶם לִשְׂדֵי הֶעָרִים מְנָאוֹת
הַתּוֹרָה לַכֹּהֲנִים וְלַלְוִיִּם כִּי שִׂמְחַת יְהוּדָה עַל־הַכֹּהֲנִים וְעַל־
מה הַלְוִיִּם הָעֹמְדִים׃ וַיִּשְׁמְרוּ מִשְׁמֶרֶת אֱלֹהֵיהֶם וּמִשְׁמֶרֶת
הַטָּהֳרָה וְהַמְשֹׁרְרִים וְהַשֹּׁעֲרִים כְּמִצְוַת דָּוִיד שְׁלֹמֹה בְנוֹ׃
מו כִּי־בִימֵי דָוִיד וְאָסָף מִקֶּדֶם רָאשׁ הַמְשֹׁרְרִים וְשִׁיר־תְּהִלָּה
מז וְהֹדוֹת לֵאלֹהִים׃ וְכָל־יִשְׂרָאֵל בִּימֵי זְרֻבָּבֶל וּבִימֵי נְחֶמְיָה
נֹתְנִים מְנָיוֹת הַמְשֹׁרְרִים וְהַשֹּׁעֲרִים דְּבַר־יוֹם בְּיוֹמוֹ וּמַקְדִּשִׁים
יג א לַלְוִיִּם וְהַלְוִיִּם מַקְדִּשִׁים לִבְנֵי אַהֲרֹן׃ בַּיּוֹם הַהוּא
נִקְרָא בְּסֵפֶר מֹשֶׁה בְּאָזְנֵי הָעָם וְנִמְצָא כָּתוּב בּוֹ אֲשֶׁר לֹא־
ב יָבוֹא עַמֹּנִי וּמֹאָבִי בִּקְהַל הָאֱלֹהִים עַד־עוֹלָם׃ כִּי לֹא קִדְּמוּ
אֶת־בְּנֵי יִשְׂרָאֵל בַּלֶּחֶם וּבַמָּיִם וַיִּשְׂכֹּר עָלָיו אֶת־בִּלְעָם לְקַלְלוֹ
ג וַיַּהֲפֹךְ אֱלֹהֵינוּ הַקְּלָלָה לִבְרָכָה׃ וַיְהִי כְּשָׁמְעָם אֶת־הַתּוֹרָה
ד וַיַּבְדִּילוּ כָל־עֵרֶב מִיִּשְׂרָאֵל׃ וְלִפְנֵי מִזֶּה אֶלְיָשִׁיב הַכֹּהֵן נָתוּן
ה בְּלִשְׁכַּת בֵּית־אֱלֹהֵינוּ קָרוֹב לְטוֹבִיָּה׃ וַיַּעַשׂ לוֹ לִשְׁכָּה גְדוֹלָה

and half of the princes of Yehuda, And 'Azarya, 'Ezra, and 33
Meshullam, Yehuda, and Binyamin, and Shema'ya, and Yir- 34
meya,

and certain of the priests' sons with trumpets ; namely, Zekhar- 35
ya the son of Yonatan, the son of Shema'ya, the son of Mat-
tanya, the son of Mikhaya, the son of Zakhur, the son of Asaf :
and his brethren, Shema'ya, and 'Azar'el, Milalay, Gilalay, Ma- 36
'ay, Netan'el, and Yehuda, and Hanani, with the musical instru-
ments of David the man of GOD, and 'Ezra the scribe before them.
And at the foundation gate, they went up straight before them by 37
the stairs of the city of David, at the going up of the wall, above
the house of David, even to the water gate eastward. And the 38
other company of those who gave thanks went to meet them, and
I after them, and half of the people upon the wall, above the
tower of the furnaces to the broad wall ; and above the gate of 39
Efrayim, and by the old gate, and by the fish gate, and the
tower of Hanan'el, and the tower of the hundred, as far as
the sheep gate : and they stood still in the gate of the guard.
So the two companies of those who gave thanks in the house 40
of GOD stood, and I and the half of the rulers with me : and the 41
priests ; Elyaqim, Ma'aseya, Minyamin, Mikhaya, Elyo'enay, Ze-
kharya, and Hananya, with trumpets ; and Ma'aseya, and She- 42
ma'ya, and El'azar, and 'Uzzi, and Yehohanan, and Malkiyya,
and 'Elam, and 'Ezer. And the singers sang loud, Yizrahya being
their overseer. And they offered great sacrifices that day, and 43
rejoiced : for GOD had made them rejoice with great joy : the
women also and the children rejoiced : so that the joy of Yeru-
shalayim was heard from afar off. And on that day were some 44
appointed over the chambers for the treasurers, for the heave
offerings, for the firstfruits, and for the tithes, to gather into
them out of the fields of the cities the portions assigned by the
Tora for the priests and Levites : for Yehuda rejoiced over the
priests and the Levites who ministered. And they kept the ser- 45
vice of their GOD, and the service of the purification, as did the
singers and the gatekeepers, according to the commandment
of David, and of Shelomo his son. For in the days of David 46
and Asaf of old there were chiefs of the singers, and songs of
praise and thanksgiving to GOD. And all Yisra'el in the days of 47
Zerubbavel, and in the days of Nehemya, gave the portions of
the singers and the gatekeepers, as every day required : and
they gave the holy portions to the Levites ; and the Levites
gave the holy portions to the children of Aharon.

On that day they read in the book of Moshe in the hearing of 13
the people ; and therein was found written, that the 'Ammonite
and the Mo'avite should not come into the congregation of GOD
forever ; because they did not meet the children of Yisra'el with 2
bread and with water, but hired Bil'am against them, that he
should curse them : but our GOD turned the curse into a blessing.
Now it came to pass, when they had heard that Tora, that they 3
separated from Yisra'el all the mixed multitude. And before 4
this, Elyashiv the priest, having the oversight of the chamber
of the house of our GOD ; being allied to Toviyya, prepared for 5
him a great chamber, where they had previously put the meal

וְשָׁ֨ם הָי֜וּ לְפָנִ֗ים נֹתְנִ֡ים אֶת־הַמִּנְחָה֩ הַלְּבוֹנָ֨ה וְהַכֵּלִ֜ים וּמַעְשַׂ֣ר
הַדָּגָ֗ן הַתִּיר֤וֹשׁ וְהַיִּצְהָר֙ מִצְוַת֙ הַלְוִיִּ֔ם וְהַמְשֹׁרְרִ֖ים וְהַשֹּׁוֹעֲרִ֑ים
וּתְרוּמַ֖ת הַכֹּהֲנִֽים׃ וּבְכָל־זֶ֕ה לֹ֥א הָיִ֖יתִי בִּירוּשָׁלִָ֑ם כִּ֡י בִּשְׁנַת֩ ו
שְׁלֹשִׁ֨ים וּשְׁתַּ֜יִם לְאַרְתַּחְשַׁ֤סְתְּא מֶֽלֶךְ־בָּבֶל֙ בָּ֣אתִי אֶל־הַמֶּ֔לֶךְ
וּלְקֵ֥ץ יָמִ֖ים נִשְׁאַ֥לְתִּי מִן־הַמֶּֽלֶךְ׃ וָאָב֖וֹא לִירֽוּשָׁלִָ֑ם וָאָבִ֣ינָה ז
בָרָעָ֗ה אֲשֶׁ֚ר עָשָׂ֣ה אֶלְיָשִׁיב֙ לְטֽוֹבִיָּ֔ה לַעֲשׂ֥וֹת לוֹ֙ נִשְׁכָּ֔ה בְּחַצְרֵ֖י
בֵּ֥ית הָאֱלֹהִֽים׃ וַיֵּ֥רַע לִ֖י מְאֹ֑ד וָאַשְׁלִ֜יכָה אֶת־כָּל־כְּלֵ֧י בֵית־ ח
טוֹבִיָּ֛ה הַח֖וּץ מִן־הַלִּשְׁכָּֽה׃ וָאֹ֣מְרָ֔ה וַֽיְטַהֲר֖וּ הַלְּשָׁכ֑וֹת וָאָשִׁ֣יבָה ט
שָּׁ֗ם כְּלֵי֙ בֵּ֣ית הָאֱלֹהִ֔ים אֶת־הַמִּנְחָ֖ה וְהַלְּבוֹנָֽה׃ וָאֵ֣דְעָ֔ה כִּֽי־ י
מְנָי֥וֹת הַלְוִיִּ֖ם לֹ֣א נִתָּ֑נָה וַיִּבְרְח֧וּ אִֽישׁ־לְשָׂדֵ֛הוּ הַלְוִיִּ֥ם וְהַמְשֹׁרְרִ֖ים
עֹשֵׂ֥י הַמְּלָאכָֽה׃ וָאָרִ֙יבָה֙ אֶת־הַסְּגָנִ֔ים וָאֹ֣מְרָ֔ה מַדּ֖וּעַ נֶעֱזַ֣ב יא
בֵּית־הָאֱלֹהִ֑ים וָֽאֶקְבְּצֵ֔ם וָאַעֲמִדֵ֖ם עַל־עָמְדָֽם׃ וְכָל־יְהוּדָ֗ה יב
הֵבִ֙יאוּ֙ מַעְשַׂ֣ר הַדָּגָ֔ן וְהַתִּיר֖וֹשׁ וְהַיִּצְהָ֑ר לָאוֹצָרֽוֹת׃ וָאוֹצְרָ֣ה יג
עַל־אֽוֹצָר֡וֹת שֶֽׁלֶמְיָה֩ הַכֹּהֵ֨ן וְצָד֜וֹק הַסּוֹפֵ֗ר וּפְדָיָה֙ מִן־הַלְוִיִּ֔ם
וְעַ֨ל־יָדָ֔ם חָנָ֥ן בֶּן־זַכּ֖וּר בֶּן־מַתַּנְיָ֑ה כִּ֤י נֶאֱמָנִים֙ נֶחְשָׁ֔בוּ וַעֲלֵיהֶ֖ם
לַחֲלֹ֥ק לַאֲחֵיהֶֽם׃ זָכְרָה־לִּ֥י אֱלֹהַ֖י עַל־זֹ֑את וְאַל־ יד
תֶּ֣מַח חֲסָדַ֗י אֲשֶׁ֧ר עָשִׂ֛יתִי בְּבֵ֥ית אֱלֹהַ֖י וּבְמִשְׁמָרָֽיו׃ בַּיָּמִ֣ים טו
הָהֵ֡מָּה רָאִ֣יתִי בִֽיהוּדָ֣ה ׀ דֹּֽרְכִים־גִּתּ֣וֹת ׀ בַּשַּׁבָּ֡ת וּמְבִיאִ֣ים
הָעֲרֵמ֣וֹת וְעֹמְסִ֣ים עַֽל־הַחֲמֹרִ֡ים וְאַף־יַ֜יִן עֲנָבִ֤ים וּתְאֵנִים֙ וְכָל־
מַשָּׂ֔א וּמְבִיאִ֥ים יְרוּשָׁלִַ֖ם בְּי֣וֹם הַשַּׁבָּ֑ת וָאָעִ֕יד בְּי֖וֹם מִכְרָ֥ם
צָֽיִד׃ וְהַצֹּרִים֙ יָ֣שְׁבוּ בָ֔הּ מְבִיאִ֥ים דָּ֖אג וְכָל־מֶ֑כֶר וּמֹכְרִ֤ים טז
בַּשַּׁבָּת֙ לִבְנֵ֣י יְהוּדָ֔ה וּבִירוּשָׁלִָֽם׃ וָאָרִ֕יבָה אֵ֖ת חֹרֵ֣י יְהוּדָ֑ה יז
וָאֹמְרָ֣ה לָהֶ֗ם מָֽה־הַדָּבָ֨ר הָרָ֤ע הַזֶּה֙ אֲשֶׁ֣ר אַתֶּ֣ם עֹשִׂ֔ים
וּֽמְחַלְּלִ֖ים אֶת־י֥וֹם הַשַּׁבָּֽת׃ הֲל֨וֹא כֹ֤ה עָשׂוּ֙ אֲבֹ֣תֵיכֶ֔ם וַיָּבֵ֨א יח
אֱלֹהֵ֜ינוּ עָלֵ֗ינוּ אֵ֚ת כָּל־הָֽרָעָ֣ה הַזֹּ֔את וְעַ֖ל הָעִ֣יר הַזֹּ֑את וְאַתֶּ֞ם
מוֹסִיפִ֤ים חָרוֹן֙ עַל־יִשְׂרָאֵ֔ל לְחַלֵּ֖ל אֶת־הַשַּׁבָּֽת׃ וַיְהִ֡י יט
כַּאֲשֶׁ֣ר צָלְל֩וּ שַׁעֲרֵ֨י יְרוּשָׁלִַ֜ם לִפְנֵ֣י הַשַּׁבָּ֗ת וָאֹמְרָה֙ וַיִּסָּגְר֣וּ
הַדְּלָת֔וֹת וָאֹ֣מְרָ֔ה אֲשֶׁ֣ר לֹ֣א יִפְתָּח֔וּם עַ֖ד אַחַ֣ר הַשַּׁבָּ֑ת וּֽמִנְּעָרַ֗י
הֶֽעֱמַ֙דְתִּי֙ עַל־הַשְּׁעָרִ֔ים לֹא־יָב֥וֹא מַשָּׂ֖א בְּי֥וֹם הַשַּׁבָּֽת׃ וַיָּלִ֜ינוּ כ
הָרֹֽכְלִ֗ים וּמֹכְרֵ֛י כָל־מִמְכָּ֖ר מִח֣וּץ לִירוּשָׁלִָ֑ם פַּ֖עַם וּשְׁתָּֽיִם׃
וָאָעִ֣ידָה בָהֶ֗ם וָאֹמְרָ֤ה אֲלֵיהֶם֙ מַדּ֜וּעַ אַתֶּ֤ם לֵנִים֙ נֶ֣גֶד הַֽחוֹמָ֔ה כא
אִם־תִּשְׁנ֕וּ יָ֖ד אֶשְׁלַ֣ח בָּכֶ֑ם מִן־הָעֵ֣ת הַהִ֔יא לֹא־בָ֖אוּ בַּשַּׁבָּֽת׃
וָאֹמְרָ֣ה לַלְוִיִּ֗ם אֲשֶׁ֨ר יִֽהְי֤וּ מִֽטַּהֲרִים֙ וּבָאִים֙ שֹׁמְרִ֣ים הַשְּׁעָרִ֔ים כב
לְקַדֵּ֖שׁ אֶת־י֣וֹם הַשַּׁבָּ֑ת גַּם־זֹאת֙ זָכְרָה־לִּ֣י אֱלֹהַ֔י וְח֥וּסָה עָלַ֖י
כְּרֹ֥ב חַסְדֶּֽךָ׃ גַּ֣ם ׀ בַּיָּמִ֣ים הָהֵ֗ם רָאִ֤יתִי אֶת־הַיְּהוּדִים֙ כג

offerings, the frankincense, and the vessels, and the tithes of
the corn, the new wine, and the oil, which were given by
commandment to the Levites, and the singers, and the gate-
keepers ; and the heave offerings of the priests. But in all this 6
time I was not at Yerushalayim : for in the thirty second year of
Artaḥshasta king of Bavel, I came to the king, and after certain
days I obtained leave of the king : and I came to Yerushalayim, 7
and understood of the evil that Elyashiv did for Toviyya, in
preparing him a chamber in the courts of the house of GOD.
And it vexed me very much : so I cast all the household arti- 8
cles of Toviyya out of the chamber. Then I commanded, and 9
they cleansed the chambers : and I brought back there the ves-
sels of the house of GOD, with the meal offerings and the fran-
kincense. And I perceived that the portions of the Levites had 10
not been given them : for the Levites and the singers, who did
the work, were fled everyone to his field. Then I contended 11
with the rulers, and said, Why is the house of GOD forsaken ?
And I gathered them together, and set them in their place. Then 12
all Yehuda brought the tithe of the corn and the new wine and
the oil to the treasuries. And I made treasurers over the trea- 13
suries, Shelemya the priest, and Ẓadoq the scribe, and of the
Levites Pedaya : and next to them was Ḥanan the son of Zak-
kur, the son of Mattanya : for they were counted faithful, and
their office was to distribute to their brethren.   Remember 14
me, O my GOD, concerning this, and do not wipe out my good
deeds that I have done for the house of my GOD, and for its ser-
vice. In those days I saw in Yehuda some treading winepresses 15
on the sabbath, and bringing in sheaves of corn, and lading as-
ses; as also wine, grapes, and figs, and all manner of burdens,
which they brought into Yerushalayim on the sabbath day : and
I forewarned them on the day on which they sold food. There 16
dwelt men of Ẓor there also, who brought fish, and all manner
of ware, and sold on the sabbath to the children of Yehuda, and
in Yerushalayim. Then I contended with the nobles of Yehuda, 17
and said to them, What evil thing is this that you do, and profane
the sabbath day ? Did not your father do thus, and did not our 18
GOD bring all this evil upon us, and upon this city ? and yet you
bring more wrath upon Yisra'el by profaning the sabbath.

And it came to pass, that when the gates of Yerushalayim 19
began to be dark before the sabbath, I commanded that the
gates should be shut, and charged that they should not be
opened till after the sabbath : and I set some of my servants
at the gates, so that no burden should be brought in on the
sabbath day. So the merchants and sellers of all kinds of ware 20
lodged outside Yerushalayim once or twice. Then I forewarned 21
them, and said to them, Why do you lodge about the wall ?
if you do so again, I will lay hands on you. From that time
on, they came no more on the sabbath. And I commanded the 22
Levites, that they should cleanse themselves, and that they
should come and guard the gates, to keep the sabbath day holy.
Remember me, O my GOD, concerning this also, and spare me
according to thy abundant love.   In those days also I 23
saw Jews who had married wives of Ashdod, of 'Ammon,

אַשְׁדֳּדִיּוֹת
עַמֳּנִיּוֹת

כד הֹשִׁיבוּ נָשִׁים אשדודיות עמוניות מוֹאֲבִיּוֹת׃ וּבְנֵיהֶם חֲצִי מְדַבֵּר
כה אַשְׁדּוֹדִית וְאֵינָם מַכִּירִים לְדַבֵּר יְהוּדִית וְכִלְשׁוֹן עַם וָעָם׃ וָאָרִיב
עִמָּם וָאֲקַלְלֵם וָאַכֶּה מֵהֶם אֲנָשִׁים וָאֶמְרְטֵם וָאַשְׁבִּיעֵם בֵּאלֹהִים
אִם־תִּתְּנוּ בְנֹתֵיכֶם לִבְנֵיהֶם וְאִם־תִּשְׂאוּ מִבְּנֹתֵיהֶם לִבְנֵיכֶם
כו וְלָכֶם׃ הֲלוֹא עַל־אֵלֶּה חָטָא־שְׁלֹמֹה מֶלֶךְ־יִשְׂרָאֵל וּבַגּוֹיִם
הָרַבִּים לֹא־הָיָה מֶלֶךְ כָּמֹהוּ וְאָהוּב לֵאלֹהָיו הָיָה וַיִּתְּנֵהוּ אֱלֹהִים
כז מֶלֶךְ עַל־כָּל־יִשְׂרָאֵל גַּם־אוֹתוֹ הֶחֱטִיאוּ הַנָּשִׁים הַנָּכְרִיּוֹת׃ וְלָכֶם
הֲנִשְׁמַע לַעֲשֹׂת אֵת כָּל־הָרָעָה הַגְּדוֹלָה הַזֹּאת לִמְעֹל בֵּאלֹהֵינוּ
כח לְהֹשִׁיב נָשִׁים נָכְרִיּוֹת׃ וּמִבְּנֵי יוֹיָדָע בֶּן־אֶלְיָשִׁיב הַכֹּהֵן הַגָּדוֹל
כט חָתָן לְסַנְבַלַּט הַחֹרֹנִי וָאַבְרִיחֵהוּ מֵעָלָי׃ זָכְרָה לָהֶם אֱלֹהָי עַל־
ל גָּאֳלֵי הַכְּהֻנָּה וּבְרִית הַכְּהֻנָּה וְהַלְוִיִּם׃ וְטִהַרְתִּים מִכָּל־נֵכָר
לא וָאַעֲמִידָה מִשְׁמָרוֹת לַכֹּהֲנִים וְלַלְוִיִּם אִישׁ בִּמְלַאכְתּוֹ׃ וּלְקֻרְבַּן
הָעֵצִים בְּעִתִּים מְזֻמָּנוֹת וְלַבִּכּוּרִים זָכְרָה־לִּי אֱלֹהַי לְטוֹבָה׃

and of Mo'av: and their children spoke half in the speech of 24
Ashdod, and could not speak in the language of Yehuda, but
according to the language of various other peoples. And I 25
contended with them, and cursed them, and beat some of them,
and pulled out their hair, and made them take oath by GOD,
saying, You shall not give your daughters to their sons, nor
take their daughters to your sons, or for yourselves. Did not 26
Shelomo king of Yisra'el sin by these things? and even though
among many nations there was no king like him, who was
beloved of his GOD, and GOD made him king over all Yisra'el:
nevertheless the foreign women cause even him to sin. Shall 27
we then hearken to you to do all this great evil, to transgress
against our GOD in marrying foreign wives? And one of the 28
sons of Yoyada, the son of Elyashiv the high priest, was son
in law to Sanvallat the Ḥoronite: therefore I chased him from
me. Remember them, O my GOD, because they have defiled 29
the priesthood, and the covenant of the priesthood, and of the
Levites. Thus I cleansed them from all foreigners, and appointed 30
duty watches for the priests and the Levites, everyone in his
business; and for the wood offering, at the times appointed, 31
and for the firstfruits. Remember me, O my GOD, for good.

דברי הימים

DIVRE HAYYAMIM
CHRONICLES

א
א ב ג אָדָם שֵׁת אֱנוֹשׁ׃ קֵינָן מַהֲלַלְאֵל יָרֶד׃ חֲנוֹךְ מְתוּשֶׁלַח לָמֶךְ׃
ד ה נֹחַ שֵׁם חָם וָיָפֶת׃ בְּנֵי יֶפֶת גֹּמֶר וּמָגוֹג וּמָדַי וְיָוָן וְתֻבָל וּמֶשֶׁךְ
ו ז וְתִירָס׃ וּבְנֵי גֹּמֶר אַשְׁכְּנַז וְדִיפַת וְתוֹגַרְמָה׃ וּבְנֵי יָוָן אֱלִישָׁה
ח וְתַרְשִׁישָׁה כִּתִּים וְרוֹדָנִים׃ בְּנֵי חָם כּוּשׁ וּמִצְרָיִם
ט פּוּט וּכְנָעַן׃ וּבְנֵי כוּשׁ סְבָא וַחֲוִילָה וְסַבְתָּא וְרַעְמָא וְסַבְתְּכָא
י וּבְנֵי רַעְמָא שְׁבָא וּדְדָן׃ וְכוּשׁ יָלַד אֶת־נִמְרוֹד הוּא הֵחֵל לִהְיוֹת
יא גִּבּוֹר בָּאָרֶץ׃ וּמִצְרַיִם יָלַד אֶת־לודיים וְאֶת־עֲנָמִים
לוּדִים
יב וְאֶת־לְהָבִים וְאֶת־נַפְתֻּחִים׃ וְאֶת־פַּתְרֻסִים וְאֶת־כַּסְלֻחִים
יג אֲשֶׁר יָצְאוּ מִשָּׁם פְּלִשְׁתִּים וְאֶת־כַּפְתֹּרִים׃ וּכְנַעַן יָלַד
יד אֶת־צִידוֹן בְּכֹרוֹ וְאֶת־חֵת׃ וְאֶת־הַיְבוּסִי וְאֶת־הָאֱמֹרִי וְאֵת
טו טז הַגִּרְגָּשִׁי׃ וְאֶת־הַחִוִּי וְאֶת־הָעַרְקִי וְאֶת־הַסִּינִי׃ וְאֶת־הָאַרְוָדִי וְאֶת־
יז הַצְּמָרִי וְאֶת־הַחֲמָתִי׃ בְּנֵי שֵׁם עֵילָם וְאַשּׁוּר וְאַרְפַּכְשַׁד
יח וְלוּד וַאֲרָם וְעוּץ וְחוּל וְגֶתֶר וָמֶשֶׁךְ׃ וְאַרְפַּכְשַׁד יָלַד
יט אֶת־שָׁלַח וְשֶׁלַח יָלַד אֶת־עֵבֶר׃ וּלְעֵבֶר יֻלַּד שְׁנֵי בָנִים שֵׁם
כ הָאֶחָד פֶּלֶג כִּי בְיָמָיו נִפְלְגָה הָאָרֶץ וְשֵׁם אָחִיו יָקְטָן׃ וְיָקְטָן
כא יָלַד אֶת־אַלְמוֹדָד וְאֶת־שָׁלֶף וְאֶת־חֲצַרְמָוֶת וְאֶת־יָרַח׃ וְאֶת־
כב הֲדוֹרָם וְאֶת־אוּזָל וְאֶת־דִּקְלָה׃ וְאֶת־עֵיבָל וְאֶת־אֲבִימָאֵל
כג וְאֶת־שְׁבָא׃ וְאֶת־אוֹפִיר וְאֶת־חֲוִילָה וְאֶת־יוֹבָב כָּל־אֵלֶּה
כד כה כו בְּנֵי יָקְטָן׃ שֵׁם ׀ אַרְפַּכְשַׁד שָׁלַח׃ עֵבֶר פֶּלֶג רְעוּ׃ שְׂרוּג
כז כח נָחוֹר תָּרַח׃ אַבְרָם הוּא אַבְרָהָם׃ בְּנֵי אַבְרָהָם יִצְחָק
כט וְיִשְׁמָעֵאל׃ אֵלֶּה תֹּלְדוֹתָם בְּכוֹר יִשְׁמָעֵאל נְבָיוֹת
ל וְקֵדָר וְאַדְבְּאֵל וּמִבְשָׂם׃ מִשְׁמָע וְדוּמָה מַשָּׂא חֲדַד וְתֵימָא׃
לא לב יְטוּר נָפִישׁ וָקֵדְמָה אֵלֶּה הֵם בְּנֵי יִשְׁמָעֵאל׃ וּבְנֵי
קְטוּרָה פִּילֶגֶשׁ אַבְרָהָם יָלְדָה אֶת־זִמְרָן וְיָקְשָׁן וּמְדָן
לג וּמִדְיָן וְיִשְׁבָּק וְשׁוּחַ וּבְנֵי יָקְשָׁן שְׁבָא וּדְדָן׃ וּבְנֵי
מִדְיָן עֵיפָה וָעֵפֶר וַחֲנוֹךְ וַאֲבִידָע וְאֶלְדָּעָה כָּל־אֵלֶּה בְּנֵי
לד קְטוּרָה׃ וַיּוֹלֶד אַבְרָהָם אֶת־יִצְחָק בְּנֵי יִצְחָק עֵשָׂו
לה וְיִשְׂרָאֵל׃ בְּנֵי עֵשָׂו אֱלִיפַז רְעוּאֵל וִיעוּשׁ וְיַעְלָם
לו וְקֹרַח׃ בְּנֵי אֱלִיפָז תֵּימָן וְאוֹמָר צְפִי וְגַעְתָּם קְנַז
לז וְתִמְנָע וַעֲמָלֵק׃ בְּנֵי רְעוּאֵל נַחַת זֶרַח שַׁמָּה
לח וּמִזָּה׃ וּבְנֵי שֵׂעִיר לוֹטָן וְשׁוֹבָל וְצִבְעוֹן וַעֲנָה וְדִישֹׁן
לט וְאֵצֶר וְדִישָׁן׃ וּבְנֵי לוֹטָן חֹרִי וְהוֹמָם וַאֲחוֹת לוֹטָן
מ תִּמְנָע׃ בְּנֵי שׁוֹבָל עַלְיָן וּמָנַחַת וְעֵיבָל שְׁפִי וְאוֹנָם
מא וּבְנֵי צִבְעוֹן אַיָּה וַעֲנָה׃ בְּנֵי עֲנָה דִּישׁוֹן וּבְנֵי
מב דִישׁוֹן חַמְרָן וְאֶשְׁבָּן וְיִתְרָן וּכְרָן׃ בְּנֵי־אֵצֶר בִּלְהָן
מג וְזַעֲוָן יַעֲקָן בְּנֵי דִישׁוֹן עוּץ וַאֲרָן׃ וְאֵלֶּה הַמְּלָכִים

Adam, Shet, Enosh, Qenan, Mahalal'el, Yered, Hanokh Metu- 1,2,3
sheląẖ, Lemekh, Noaẖ, Shem, H̱am, and Yefet. The sons of 4,5
Yefet; Gomer, and Magog, and Maday, and Yavan, and Tuval,
and Meshekh, and Tiras. And the sons of Gommer ; Ashkenaz, 6
and Difat, and Togarma. And the sons of Yavan; Elisha, and 7
Tarshisha, Kittim, and Rodanim. The sons of H̱am; Kush, 8
and Miẕrayim, Put, and Kena'an. And the sons of Kush; Seva, 9
and H̱avila, and Savta, and Ra'ma, and Savtekha. And the
sons of Ra'ma ; Sheva, and Dedan. And Kush begot Nimrod : 10
he began to be mighty upon the earth. And Miẕrayim 11
begot Ludim, and 'Anamim, and Lehavim, and Naftuẖim, and 12
Patrusim, and Kasluẖim, (of whom came to the Pelishtim,) and
Kaftorim. And Kena'an begot Ẕidon his firstborn, and 13
H̱et, and the Yevusi, and the Emori, and the Girgashi, and the 14,15
H̱ivvi and the Arqi, and the Sini, and the Arvadi, and the 16
Ẕemari, and the H̱amati. The sons of Shem ; 'Elam, and 17
Aṣhshur, and Arpakhshad, and Lud, and Aram, and 'Uẕ, and
H̱ul, and Geter, and Meshekh. And Arpakhshad begot 18
Shelaẖ, and Shelaẖ begot 'Ever. And to 'Ever were born two 19
sons: the name of the one was Peleg; because in his days the
earth was divided : and his brother's name was Yoqtan. And 20
Yoqtan begot Almodad, and Shelef, and H̱aẕarmavet, and
Yeraẖ, and Hadoram, and Uzal, and Diqla, and 'Eval, and 21,22
Avima'el, and Sheva, and Ofir, and H̱avila, and Yovav. All 23
these were the sons of Yoqtan. Shem, Arpakhshad, 24
Shelaẖ, 'Ever, Peleg, Re'u, Serug, Naẖor, Teraẖ, Avram; the 25,26,27
same is Avraham. The sons of Avraham; Yiẕhaq, and 28
Yishma'el. These are their generations: The firstborn of 29
Yishma'el, Nevayot; then Qedar, and Adbe'el, and Mivsam,
Mishma, and Duma, Massa, H̱adad, and Tema, Yetur, Nafish, 30,31
and Qedema. These are the sons of Yishma'el. Now the 32
sons of Qetura, Avraham's concubine: she bore Zimran, and
Yoqshan, and Medan, and Midyan, and Yishbaq, and Shuaẖ.
And the sons of Yoqshan; Sheva, and Dedan. And the 33
sons of Midyan ; 'Efa, and 'Efer, and H̱anokh, and Avida, and
Elda'a. All these are the sons of Qetura. And Avraham 34
begot Yiẕẖaq. The sons of Yiẕẖaq ; 'Esav and Yisra'el.

The sons of 'Esav ; Elifaz, Re'u'el, and Ye'ush, and Ya'lam, and 35
Qoraẖ. The sons of Elifaz; Teman, and Omar, Ẕefi, and 36
Ga'tam, Qenaz, and Timna, and 'Amaleq. The sons of 37
Re'u'el; Naẖat, Zeraẖ, Shamma, and Mizza. And the 38
sons of Se'ir; Lotan, and Shoval, and Ẕiv'on, and 'Ana, and
Dishon, and Eẕer, and Dishan. And the sons of Lotan; 39
H̱ori, and Homam: and Timna was Lotan's sister. The 40
sons of Shoval; 'Alyan, and Manaẖat, and 'Eval, Shefi, and
Onam. And the sons of Ẕiv'on; Ayya, and 'Ana. The sons 41
of 'Ana; Dishon. And the sons of Dishon; H̱amran, and
Eshban, and Yitran, and Keran. The sons of Eẕer; Bilhan, 42
and Za'avan, and Ya'aqan. The sons of Dishan ; 'Uz, and Aran.

Now these are the kings who reigned in the land of 43

אֲשֶׁר מָלְכוּ בְּאֶרֶץ אֱדוֹם לִפְנֵי מְלָךְ־מֶלֶךְ לִבְנֵי יִשְׂרָאֵל

מד   בֶּלַע בֶּן־בְּעוֹר וְשֵׁם עִירוֹ דִּנְהָבָה: וַיָּמָת בָּלַע וַיִּמְלֹךְ תַּחְתָּיו

מה   יוֹבָב בֶּן־זֶרַח מִבָּצְרָה: וַיָּמָת יוֹבָב וַיִּמְלֹךְ תַּחְתָּיו חֻשָׁם

מו   מֵאֶרֶץ הַתֵּימָנִי: וַיָּמָת חֻשָׁם וַיִּמְלֹךְ תַּחְתָּיו הֲדַד בֶּן־בְּדַד הַמַּכֶּה

מז   **עֲיוֹת**   אֶת־מִדְיָן בִּשְׂדֵה מוֹאָב וְשֵׁם עִירוֹ עֲיוֹת: וַיָּמָת הֲדָד וַיִּמְלֹךְ

מח   תַּחְתָּיו שַׂמְלָה מִמַּשְׂרֵקָה: וַיָּמָת שַׂמְלָה וַיִּמְלֹךְ תַּחְתָּיו שָׁאוּל

מט   מֵרְחֹבוֹת הַנָּהָר: וַיָּמָת שָׁאוּל וַיִּמְלֹךְ תַּחְתָּיו בַּעַל חָנָן בֶּן־

נ   עַכְבּוֹר: וַיָּמָת בַּעַל חָנָן וַיִּמְלֹךְ תַּחְתָּיו הֲדַד וְשֵׁם עִירוֹ פָּעִי

נא   וְשֵׁם אִשְׁתּוֹ מְהֵיטַבְאֵל בַּת־מַטְרֵד בַּת מֵי זָהָב: וַיָּמָת הֲדַד

עֲלָוָה

וַיִּהְיוּ אַלּוּפֵי אֱדוֹם אַלּוּף תִּמְנָע אַלּוּף עֲלָיָה אַלּוּף יְתֵת:

נב   אַלּוּף אָהֳלִיבָמָה אַלּוּף אֵלָה אַלּוּף פִּינֹן: אַלּוּף קְנַז אַלּוּף

נג   תֵּימָן אַלּוּף מִבְצָר: אַלּוּף מַגְדִּיאֵל אַלּוּף עִירָם אֵלֶּה

ב   אַלּוּפֵי אֱדוֹם: אֵלֶּה בְּנֵי יִשְׂרָאֵל רְאוּבֵן שִׁמְעוֹן

ב   לֵוִי וִיהוּדָה יִשָּׂשכָר וּזְבֻלוּן: דָּן יוֹסֵף וּבִנְיָמִן נַפְתָּלִי גָד

ג   וְאָשֵׁר: בְּנֵי יְהוּדָה עֵר וְאוֹנָן וְשֵׁלָה שְׁלוֹשָׁה נוֹלַד לוֹ

מִבַּת־שׁוּעַ הַכְּנַעֲנִית וַיְהִי עֵר | בְּכוֹר יְהוּדָה רַע בְּעֵינֵי יהוה

ד   וַיְמִיתֵהוּ: וְתָמָר כַּלָּתוֹ יָלְדָה לּוֹ אֶת־פֶּרֶץ וְאֶת־זָרַח כָּל־בְּנֵי

ה   יְהוּדָה חֲמִשָּׁה: בְּנֵי פֶרֶץ חֶצְרוֹן וְחָמוּל: וּבְנֵי זֶרַח

ז   זִמְרִי וְאֵיתָן וְהֵימָן וְכַלְכֹּל וָדָרַע כֻּלָּם חֲמִשָּׁה: וּבְנֵי

ח   כַּרְמִי עָכָר עוֹכֵר יִשְׂרָאֵל אֲשֶׁר מָעַל בַּחֵרֶם: וּבְנֵי

ט   אֵיתָן עֲזַרְיָה: וּבְנֵי חֶצְרוֹן אֲשֶׁר נוֹלַד־לוֹ אֶת־יְרַחְמְאֵל

י   וְאֶת־רָם וְאֶת־כְּלוּבָי: וְרָם הוֹלִיד אֶת־עַמִּינָדָב וְעַמִּינָדָב

יא   הוֹלִיד אֶת־נַחְשׁוֹן נְשִׂיא בְּנֵי יְהוּדָה: וְנַחְשׁוֹן הוֹלִיד אֶת־שַׂלְמָא

יב   וְשַׂלְמָא הוֹלִיד אֶת־בֹּעַז: וּבֹעַז הוֹלִיד אֶת־עוֹבֵד וְעוֹבֵד הוֹלִיד

יג   אֶת־יִשָׁי: וְאִישַׁי הוֹלִיד אֶת־בְּכֹרוֹ אֶת־אֱלִיאָב וַאֲבִינָדָב הַשֵּׁנִי

יד   וְשִׁמְעָא הַשְּׁלִישִׁי: נְתַנְאֵל הָרְבִיעִי רַדַּי הַחֲמִישִׁי: אֹצֶם הַשִּׁשִּׁי

טו   דָּוִיד הַשְּׁבִעִי: וְאַחְיֹתֵיהֶם צְרוּיָה וַאֲבִיגָיִל וּבְנֵי צְרוּיָה אַבְשַׁי

יז   וְיוֹאָב וַעֲשָׂה־אֵל שְׁלֹשָׁה: וַאֲבִיגַיִל יָלְדָה אֶת־עֲמָשָׂא וַאֲבִי

יח   עֲמָשָׂא יֶתֶר הַיִּשְׁמְעֵאלִי: וְכָלֵב בֶּן־חֶצְרוֹן הוֹלִיד אֶת־

עֲזוּבָה אִשָּׁה וְאֶת־יְרִיעוֹת וְאֵלֶּה בָנֶיהָ יֵשֶׁר וְשׁוֹבָב וְאַרְדּוֹן:

יט   וַתָּמָת עֲזוּבָה וַיִּקַּח־לוֹ כָלֵב אֶת־אֶפְרָת וַתֵּלֶד לוֹ אֶת־חוּר: וְחוּר

כ   הוֹלִיד אֶת־אוּרִי וְאוּרִי הוֹלִיד אֶת־בְּצַלְאֵל: וְאַחַר

בָּא חֶצְרוֹן אֶל־בַּת־מָכִיר אֲבִי גִלְעָד וְהוּא לְקָחָהּ וְהוּא בֶּן־

כב   שִׁשִּׁים שָׁנָה וַתֵּלֶד לוֹ אֶת־שְׂגוּב: וּשְׂגוּב הוֹלִיד אֶת־יָאִיר

כג   וַיְהִי־לוֹ עֶשְׂרִים וְשָׁלוֹשׁ עָרִים בְּאֶרֶץ הַגִּלְעָד: וַיִּקַּח

גְּשׁוּר־וַאֲרָם אֶת־חַוֹּת יָאִיר מֵאִתָּם אֶת־קְנָת וְאֶת־בְּנֹתֶיהָ

Edom before any king reigned over the children of Yisra'el;
Bela the son of Be'or: and the name of his city was Dinhava.
And when Bela was dead, Yovav the son of Zeraẖ of Boẕra 44
reigned in his place. And when Yovav was dead, H̱usham of 45
the land of the Temani reigned in his place. And when H̱usham 46
was dead, Hadad the son of Bedad, who smote Midyan in the
field of Mo'av, reigned in his place: and the name of his city
was 'Avit. And when Hadad was dead, Samla of Masreqa 47
reigned in his place. And when Samla was dead, Sha'ul of 48
Reẖovot by the river reigned in his place. And when Sha'ul 49
was dead, Ba'al-ẖanan the son of Akhbor reigned in his place.
And when Ba'al-ẖanan was dead, Hadad reigned in his place : 50
and the name of his city was Pa'i; and his wife's name was
Mehetav'el, the daughter of Matred, the daughter of Me-zahav.
Hadad died also. And the chiefs of Edom were; chief Timna, 51
chief 'Alva, chief Yetet, chief Aholivama, chief Ela, chief Pinon, 52
chief Qenaz, chief Teman, chief Mivẕar, chief Magdi'el, chief 53,54
'Iram. These are the chiefs of Edom. These are the sons **2**
of Yisra'el ; Re'uven, Shim'on, Levi, and Yehuda, Yissakhar, and
Zevulun, Dan, Yosef, and Binyamin, Naftali, Gad and Asher. 2
The sons of Yehuda ; 'Er, and Onan, and Shela : which 3
three were born to him of the daughter of Shua the Kena'anite
woman. And 'Er, the firstborn of Yehuda, was evil in the sight
of the Lord; and he slew him. And Tamar his daughter in law 4
bore him Pereẕ and Zeraẖ. All the sons of Yehuda were five.
The sons of Pereẕ ; H̱eẕron, and H̱amul. And the sons of 5,6
Zeraẖ; Zimri, and Etan, and Heman, and Kalkol, and Dara:
five of them in all. And the sons of Karmi; 'Akhar, the 7
troubler of Yisra'el, who transgressed in the devoted property.
And the sons of Etan; 'Azarya. And the sons of 8,9
H̱eẕron, that were born to him; Yeraẖme'el, and Ram, and
Keluvay. And Ram begot 'Amminadav ; and 'Amminadav begot 10
Naẖshon, prince of the children of Yehuda; and Naẖshon begot 11
Salma, and Salma begot Bo'az, and Bo'az begot 'Oved, and 12
'Oved begot Yishay, and Ishay begot his firstborn Eli'av, and 13
Avinadav the second, and Shim'a the third, Netan'el the fourth, 14
Radday the fifth, Oẕem the sixth, David the seventh : whose 15,16
sisters were Ẕeruya, and Avigayil. And the sons of Ẕeruya;
Avshay, and Yo'av, and Asa-el; three. And Avigayil bore 17
'Amasa : and the father of 'Amasa was Yeter the Yishme'elite.
And Kalev the son of H̱eẕron, begot children by 'Azuva 18
his wife, and by Yeri'ot: her sons are these; Yesher, and Sho-
vav, and Ardon. And when 'Azuva was dead, Kalev took to 19
him Efrat, who bore him H̱ur. And H̱ur begot Uri, and Uri 20
begot Beẕal'el. And afterwards H̱eẕron went in to the 21
daughter of Makhir the father of Gil'ad, whom he married
when he was sixty years old ; and she bore him Seguv. And 22
Seguv begot Ya'ir, who had twenty three cities in the land of
Gil'ad. And he took Geshur, and Aram, with H̱avvot- 23

כד שִׁשִּׁים עִיר כׇּל־אֵלֶּה בְּנֵי מָכִיר אֲבִי־גִלְעָד׃ וְאַחַר מוֹת־חֶצְרוֹן
בְּכָלֵב אֶפְרָתָה וְאֵשֶׁת חֶצְרוֹן אֲבִיָּה וַתֵּלֶד לוֹ אֶת־אַשְׁחוּר
כה אֲבִי תְקוֹעַ׃ וַיִּהְיוּ בְנֵי־יְרַחְמְאֵל בְּכוֹר חֶצְרוֹן הַבְּכוֹר ׀ רָם
כו וּבוּנָה וָאֹרֶן וָאֹצֶם אֲחִיָּה׃ וַתְּהִי אִשָּׁה אַחֶרֶת לִירַחְמְאֵל וּשְׁמָהּ
כז עֲטָרָה הִיא אֵם אוֹנָם׃ וַיִּהְיוּ בְנֵי־רָם בְּכוֹר יְרַחְמְאֵל
כח מַעַץ וְיָמִין וָעֵקֶר׃ וַיִּהְיוּ בְנֵי־אוֹנָם שַׁמַּי וְיָדָע וּבְנֵי שַׁמַּי נָדָב
כט וַאֲבִישׁוּר׃ וְשֵׁם אֵשֶׁת אֲבִישׁוּר אֲבִיהָיִל וַתֵּלֶד לוֹ אֶת־
ל אַחְבָּן וְאֶת־מוֹלִיד׃ וּבְנֵי נָדָב סֶלֶד וְאַפָּיִם וַיָּמָת סֶלֶד לֹא
לא בָנִים׃ וּבְנֵי אַפַּיִם יִשְׁעִי וּבְנֵי יִשְׁעִי שֵׁשָׁן וּבְנֵי שֵׁשָׁן
לב אַחְלָי׃ וּבְנֵי יָדָע אֲחִי שַׁמַּי יֶתֶר וְיוֹנָתָן וַיָּמָת יֶתֶר לֹא
לג בָנִים׃ וּבְנֵי יוֹנָתָן פֶּלֶת וְזָזָא אֵלֶּה הָיוּ בְּנֵי יְרַחְמְאֵל׃
לד וְלֹא־הָיָה לְשֵׁשָׁן בָּנִים כִּי אִם־בָּנוֹת וּלְשֵׁשָׁן עֶבֶד מִצְרִי וּשְׁמוֹ
לה יַרְחָע׃ וַיִּתֵּן שֵׁשָׁן אֶת־בִּתּוֹ לְיַרְחָע עַבְדּוֹ לְאִשָּׁה וַתֵּלֶד לוֹ
לו לז אֶת־עַתָּי׃ וְעַתַּי הוֹלִיד אֶת־נָתָן וְנָתָן הוֹלִיד אֶת־זָבָד׃ וְזָבָד
לח הוֹלִיד אֶת־אֶפְלָל וְאֶפְלָל הוֹלִיד אֶת־עוֹבֵד׃ וְעוֹבֵד הוֹלִיד
לט אֶת־יֵהוּא וְיֵהוּא הוֹלִיד אֶת־עֲזַרְיָה׃ וַעֲזַרְיָה הוֹלִיד אֶת־חָלֶץ
מ וְחֶלֶץ הוֹלִיד אֶת־אֶלְעָשָׂה׃ וְאֶלְעָשָׂה הוֹלִיד אֶת־סִסְמָי וְסִסְמַי
מא הוֹלִיד אֶת־שַׁלּוּם׃ וְשַׁלּוּם הוֹלִיד אֶת־יְקַמְיָה וִיקַמְיָה הוֹלִיד
מב אֶת־אֱלִישָׁמָע׃ וּבְנֵי כָלֵב אֲחִי יְרַחְמְאֵל מֵישָׁע בְּכֹרוֹ
מג הוּא אֲבִי־זִיף וּבְנֵי מָרֵשָׁה אֲבִי חֶבְרוֹן׃ וּבְנֵי חֶבְרוֹן קֹרַח וְתַפֻּחַ
מד וְרֶקֶם וָשָׁמַע׃ וְשֶׁמַע הוֹלִיד אֶת־רַחַם אֲבִי יָרְקְעָם וְרֶקֶם
מה מו הוֹלִיד אֶת־שַׁמָּי׃ וּבֶן־שַׁמַּי מָעוֹן וּמָעוֹן אֲבִי בֵית־צוּר׃ וְעֵיפָה
פִּילֶגֶשׁ כָּלֵב יָלְדָה אֶת־חָרָן וְאֶת־מוֹצָא וְאֶת־גָּזֵז וְחָרָן הוֹלִיד
מז אֶת־גָּזֵז׃ וּבְנֵי יָהְדָּי רֶגֶם וְיוֹתָם וְגֵישָׁן וָפֶלֶט וְעֵיפָה
מח מט וָשָׁעַף׃ פִּלֶגֶשׁ כָּלֵב מַעֲכָה יָלַד שֶׁבֶר וְאֶת־תִּרְחֲנָה׃ וַתֵּלֶד
שַׁעַף אֲבִי מַדְמַנָּה אֶת־שְׁוָא אֲבִי מַכְבֵּנָה וַאֲבִי גִבְעָא וּבַת־
נ כָּלֵב עַכְסָה׃ אֵלֶּה הָיוּ בְּנֵי כָלֵב בֶּן־חוּר בְּכוֹר אֶפְרָתָה שׁוֹבָל
נא אֲבִי קִרְיַת יְעָרִים׃ שַׂלְמָא אֲבִי בֵית־לָחֶם חָרֵף אֲבִי בֵית־
נב גָּדֵר׃ וַיִּהְיוּ בָנִים לְשׁוֹבָל אֲבִי קִרְיַת יְעָרִים הָרֹאֶה חֲצִי הַמְּנֻחוֹת׃
נג וּמִשְׁפְּחוֹת קִרְיַת יְעָרִים הַיִּתְרִי וְהַפּוּתִי וְהַשֻּׁמָתִי וְהַמִּשְׁרָעִי
נד מֵאֵלֶּה יָצְאוּ הַצָּרְעָתִי וְהָאֶשְׁתָּאֻלִי׃ בְּנֵי שַׂלְמָא בֵּית
לֶחֶם וּנְטוֹפָתִי עַטְרוֹת בֵּית יוֹאָב וַחֲצִי הַמָּנַחְתִּי הַצָּרְעִי׃
נה וּמִשְׁפְּחוֹת סוֹפְרִים ישבו יַעְבֵּץ תִּרְעָתִים שִׁמְעָתִים שׂוּכָתִים ישְׁבֵי
ג א הֵמָּה הַקִּינִים הַבָּאִים מֵחַמַּת אֲבִי בֵית־רֵכָב׃ וְאֵלֶּה
הָיוּ בְּנֵי דָוִיד אֲשֶׁר נוֹלַד־לוֹ בְּחֶבְרוֹן הַבְּכוֹר ׀ אַמְנֹן לַאֲחִינֹעַם
ב הַיִּזְרְעֵאלִית שֵׁנִי דָּנִיֵּאל לַאֲבִיגַיִל הַכַּרְמְלִית׃ הַשְּׁלִשִׁי

ya'ir, from them, with Qenat, and its hamlets, sixty cities. All
these belonged to the sons of Makhir the father of Gil'ad.
And after H̱eẕron had died in Kalev-efrata, then Aviyya, H̱eẕ- 24
ron's wife bore him Ashhur the father of Teqoa. And the sons 25
of Yeraẖme'el the firstborn of H̱eẕron were, Ram the firstborn,
and Buna, and Oren, and Oẕem, and Aẖiyya. Yeraẖme'el had 26
also another wife, whose name was 'Atara; she was the mother
of Onam. And the sons of Ram the firstborn of Yeraẖ- 27
me'el were, Ma'aẕ, and Yamin, and E'qer. And the sons of 28
Onam were, Shammay, and Yada. And the sons of Shammay;
Nadav, and Avishur. And the name of the wife of Avishur was 29
Avihayil, and she bore him Aẖban, and Molid. And the sons of 30
Nadav ; Seled, and Appayim ; but Seled died without children.

And the sons of Appayim; Yish'i, And the sons of Yish'i; 31
Sheshan. And the children of Sheshan; Aẖlay. And the 32
sons of Yada the brother of Shammay; Yeter, and Yonatan: and
Yeter died without children. And the sons of Yonatan; 33
Pelet, and Zaza. These were the sons of Yeraẖme'el. Now She- 34
shan had no sons, but only daughters. And Sheshan had a
slave, a Miẕrian, whose name was Yarẖa. And Sheshan gave 35
his daughter to Yarẖa his slave to wife; and she bore him
'Attay. And 'Attay begot Natan, and Natan begot Zavad. 36
and Zavad begot Eflal, and Eflal begot 'Oved, and 'Oved begot 37,38
Yehu, and Yehu begot 'Azarya, and 'Azarya begot H̱eleẕ, and 39
H̱eleẕ begot El'asa, and El'asa begot Sismay, and Sismay begot 40
Shallum, and Shallum begot Yeqamya, and Yeqamya begot 41
Elishama. Now the sons of Kalev the brother of Yeraẖ- 42
me'el were, Mesha his firstborn, who was the father of Zif; and
the sons of Maresha the father of H̱evron. And the sons of 43
H̱evron; Qoraẖ, and Tappuaẖ, and Reqem, and Shema. And 44
Shema begot Raẖam, the father of Yorqe'am: and Reqem
begot Shammay. And the son of Shammay was Ma'on: and 45
Ma'on was the father of Bet-ẕur. And 'Efa, Kalev's concubine, 46
bore H̱aran, and Moẕa, and Gazez : and H̱aran begot Gazez.

And the sons of Yohday ; Regem, and Yotam, and 47
Geshan, and Pelet, and 'Efa, and Sha'af. Ma'akha, Kalev's 48
concubine, bore Shever, and Tirẖana. She bore also Sha'af the 49
father of Madmanna, Sheva the father of Makhbena, and the
father of Giv'a : and the daughter of Kalev was 'Akhsa. These 50
were the sons of Kalev the son of H̱ur, the firstborn of Efrata ;
Shoval the father of Qiryat-ye'arim, Salma the father of Bet- 51
leẖem, H̱aref the father of Bet-gader. And Shoval the father of 52
Qiryat-ye'arim had sons; Haro'e, and half of the Menuẖot. And 53
the families of Qiryat-ye'arim; the Yitri, and the Puti, and the
Shumati, and the Mishra'i; of them came the Ẕare'ati, and the
Eshta'uli. The sons of Salma ; Bet-leẖem, and 54
the Netofati, 'Atrot-bet-yo'av, and half the Manaẖti, and the
Ẕor'i. And the families of the scribes who dwelt at Ya'beẕ; the 55
Tir'atim, the Shim'atim, the Sukhatim. These are the Qinim
who came of H̱amat, the father of the house of Rekhav.

Now these were the sons of David, who were born to him in 3
H̱evron ; the firstborn Amnon, of Aẖino'am the Yizre'elite wo-
man ; Daniyyel, of Avigayil the Karmelite woman : the third, 2

לְאַבְשָׁלוֹם בֶּן־מַעֲכָה בַּת־תַּלְמַי מֶלֶךְ גְּשׁוּר הָרְבִיעִי אֲדֹנִיָּה
בֶן־חַגִּית׃ הַחֲמִישִׁי שְׁפַטְיָה לַאֲבִיטָל הַשִּׁשִּׁי יִתְרְעָם לְעֶגְלָה ג
אִשְׁתּוֹ׃ שִׁשָּׁה נוֹלַד־לוֹ בְחֶבְרוֹן וַיִּמְלָךְ־שָׁם שֶׁבַע שָׁנִים וְשִׁשָּׁה ד
חֳדָשִׁים וּשְׁלֹשִׁים וְשָׁלוֹשׁ שָׁנָה מָלַךְ בִּירוּשָׁלָםִ׃ וְאֵלֶּה ה
נוּלְּדוּ־לוֹ בִּירוּשָׁלָיִם שִׁמְעָא וְשׁוֹבָב וְנָתָן וּשְׁלֹמֹה אַרְבָּעָה
לְבַת־שׁוּעַ בַּת־עַמִּיאֵל׃ וְיִבְחָר וֶאֱלִישָׁמָע וֶאֱלִיפָלֶט׃ וְנֹגַהּ ו ז
וְנֶפֶג וְיָפִיעַ׃ וֶאֱלִישָׁמָע וְאֶלְיָדָע וֶאֱלִיפֶלֶט תִּשְׁעָה׃ כֹּל בְּנֵי ח ט
דָוִיד מִלְּבַד בְּנֵי־פִילַגְשִׁים וְתָמָר אֲחוֹתָם׃ וּבֶן־שְׁלֹמֹה י
רְחַבְעָם אֲבִיָּה בְנוֹ אָסָא בְנוֹ יְהוֹשָׁפָט בְּנוֹ׃ יוֹרָם בְּנוֹ אֲחַזְיָהוּ יא
בְנוֹ יוֹאָשׁ בְּנוֹ׃ אֲמַצְיָהוּ בְנוֹ עֲזַרְיָה בְנוֹ יוֹתָם בְּנוֹ׃ אָחָז בְּנוֹ יב יג
חִזְקִיָּהוּ בְנוֹ מְנַשֶּׁה בְנוֹ׃ אָמוֹן בְּנוֹ יֹאשִׁיָּהוּ בְנוֹ׃ וּבְנֵי יֹאשִׁיָּהוּ יד טו
הַבְּכוֹר יוֹחָנָן הַשֵּׁנִי יְהוֹיָקִים הַשְּׁלִשִׁי צִדְקִיָּהוּ הָרְבִיעִי שַׁלּוּם׃
וּבְנֵי יְהוֹיָקִים יְכָנְיָה בְנוֹ צִדְקִיָּה בְנוֹ׃ וּבְנֵי יְכָנְיָה אַסִּר טז יז
שְׁאַלְתִּיאֵל בְּנוֹ׃ וּמַלְכִּירָם וּפְדָיָה וְשֶׁנְאַצַּר יְקַמְיָה הוֹשָׁמָע יח
וּנְדַבְיָה׃ וּבְנֵי פְדָיָה זְרֻבָּבֶל וְשִׁמְעִי וּבֶן־זְרֻבָּבֶל מְשֻׁלָּם וַחֲנַנְיָה יט
וּשְׁלֹמִית אֲחוֹתָם׃ וַחֲשֻׁבָה וָאֹהֶל וּבֶרֶכְיָה וַחֲסַדְיָה יוּשַׁב חֶסֶד כ
חָמֵשׁ׃ וּבֶן־חֲנַנְיָה פְּלַטְיָה וִישַׁעְיָה בְּנֵי רְפָיָה בְּנֵי אַרְנָן בְּנֵי כא
עֹבַדְיָה בְּנֵי שְׁכַנְיָה׃ וּבְנֵי שְׁכַנְיָה שְׁמַעְיָה וּבְנֵי שְׁמַעְיָה כב
חַטּוּשׁ וְיִגְאָל וּבָרִיחַ וּנְעַרְיָה וְשָׁפָט שִׁשָּׁה׃ וּבֶן־נְעַרְיָה כג
הוֹדַוְיָהוּ אֶלְיוֹעֵינַי וְחִזְקִיָּה וְעַזְרִיקָם שְׁלֹשָׁה׃ וּבְנֵי אֶלְיוֹעֵינַי הֹדַיְוָהוּ כד
וְאֶלְיָשִׁיב וּפְלָיָה וְעַקּוּב וְיוֹחָנָן וּדְלָיָה וַעֲנָנִי שִׁבְעָה׃ בְּנֵי ד א
יְהוּדָה פֶּרֶץ חֶצְרוֹן וְכַרְמִי וְחוּר וְשׁוֹבָל׃ וּרְאָיָה בֶן־שׁוֹבָל ב
הֹלִיד אֶת־יַחַת וְיַחַת הֹלִיד אֶת־אֲחוּמַי וְאֶת־לָהַד אֵלֶּה
מִשְׁפְּחוֹת הַצָּרְעָתִי׃ וְאֵלֶּה אֲבִי עֵיטָם יִזְרְעֶאל וְיִשְׁמָא ג
וְיִדְבָּשׁ וְשֵׁם אֲחוֹתָם הַצְּלֶלְפּוֹנִי׃ וּפְנוּאֵל אֲבִי גְדֹר וְעֵזֶר אֲבִי ד
חוּשָׁה אֵלֶּה בְנֵי־חוּר בְּכוֹר אֶפְרָתָה אֲבִי בֵּית לָחֶם׃ וּלְאַשְׁחוּר ה
אֲבִי תְקוֹעַ הָיוּ שְׁתֵּי נָשִׁים חֶלְאָה וְנַעֲרָה׃ וַתֵּלֶד לוֹ נַעֲרָה ו
אֶת־אֲחֻזָּם וְאֶת־חֵפֶר וְאֶת־תֵּימְנִי וְאֶת־הָאֲחַשְׁתָּרִי אֵלֶּה בְּנֵי
וְצֹחַר נַעֲרָה׃ וּבְנֵי חֶלְאָה צֶרֶת יִצְחָר וְאֶתְנָן׃ וְקוֹץ הוֹלִיד אֶת־עָנוּב ז ח
וְאֶת־הַצֹּבֵבָה וּמִשְׁפְּחוֹת אֲחַרְחֵל בֶּן־הָרוּם׃ וַיְהִי יַעְבֵּץ נִכְבָּד ט
מֵאֶחָיו וְאִמּוֹ קָרְאָה שְׁמוֹ יַעְבֵּץ לֵאמֹר כִּי יָלַדְתִּי בְּעֹצֶב׃
ב וַיִּקְרָא יַעְבֵּץ לֵאלֹהֵי יִשְׂרָאֵל לֵאמֹר אִם־בָּרֵךְ תְּבָרְכֵנִי וְהִרְבִּיתָ י
אֶת־גְּבוּלִי וְהָיְתָה יָדְךָ עִמִּי וְעָשִׂיתָ מֵּרָעָה לְבִלְתִּי עָצְבִּי וַיָּבֵא
אֱלֹהִים אֵת אֲשֶׁר־שָׁאָל׃ וּכְלוּב אֲחִי־שׁוּחָה הוֹלִיד יא
אֶת־מְחִיר הוּא אֲבִי אֶשְׁתּוֹן׃ וְאֶשְׁתּוֹן הוֹלִיד אֶת־בֵּית יב
רָפָא וְאֶת־פָּסֵחַ וְאֶת־תְּחִנָּה אֲבִי עִיר נָחָשׁ אֵלֶּה אַנְשֵׁי

Avshalom the son of Ma'akha the daughter of Talmay king of
Geshur: the fourth, Adoniyya the son of H̱aggit: the fifth, She- 3
fatya of Avital: the sixth, Yitre'am by 'Egla his wife. These six 4
were born to him in H̱evron; and there he reigned seven years
and six months: and in Yerushalayim he reigned thirty three
years. And these were born to him in Yerushalayim; 5
Shim'a, and Shovav, and Natan, and Shelomo; four, of Bat-Shua
the daughter of Ammi'el: and Yivẖar, and Elishama, and Eli- 6
felet and Noga, and Nefeg, and Yafia, and Elishama, and 7,8
Elyada, and Elifelet; nine. These were all the sons of David, 9
besides the sons of the concubines, and Tamar their sister.
And Shelomo's son was Reẖav'am, Aviyya his son, Asa 10
his son, Yehoshafat his son, Yoram his son, Aẖazyahu his son, 11
Yo'ash his son, Amaẕyahu his son, 'Azarya his son, Yotam his 12
son, Aẖaz his son, H̱izqiyyahu his son, Menashshe his son, Amon 13,14
his son, Yoshiyyahu his son. And the sons of Yoshiyyahu were, 15
the firstborn Yoẖanan, the second Yehoyaqim, the third
Ẕidqiyyahu, the fourth Shallum. And the sons of Yehoyaqim: 16
Yekhonya his son, Ẕidqiyya his son. And the sons of Yekhonya; 17
Assir, She'alti'el his son. and Malkiram, and Pedaya, and 18
Shen'aẕar, Yeqamya, Hoshama, and Nedavya. And the sons of 19
Padaya were, Zerubbavel, and Shim'i: and the sons of Zerub-
bavel; Meshullam, and H̱ananya and Shelomith their sister:
and H̱ashuva, and Ohel, and Berekhya, and H̱asadya, Yushav- 20
ẖesed; five. And the sons of H̱ananya; Pelatya, and Yesha'aya: 21
the sons of Refaya, the sons of Arnan, the sons of 'Ovadya, the
sons of Shekhanya. And the sons of Shekhanya; She- 22
ma'ya: and the sons of Shema'ya; H̱attush, and Yig'al, and
Bariaẖ, and Ne'arya; and Shafat, six. And the sons of Ne'arya; 23
Elyo'enay, and H̱izqiyya, and 'Azriqam; three. And the sons of 24
Elyo'enay were, Hodavyahu, and Elyashiv, and Pelaya, and
'Aqquv, and Yoẖanan, and Delaya and 'Anani; seven. The 4
sons of Yehuda; Pereẕ, Heẕron, and Karmi, and H̱ur, and Sho-
val. And Re'aya the son of Shoval begot Yaẖat; and Yaẖat 2
begot Aẖumay, and Lahad. These are the families of the Ẕora'ti.
And these were of the father of 'Etam; Yizre'el, and 3
Yishma, and Yidbash: and the name of their sister was Haẕẕelel-
poni; and Penu'el the father of Gedor, and 'Ezer the father of 4
H̱usha. These are the sons of H̱ur, the firstborn of Efrata, the
father of Bet-leẖem. And Ashshur the father of Teqoa had two 5
wives, H̱el'a and Na'ara. And Na'ara bore him Aẖuzzam, and 6
H̱efer, and Temeni, and Aẖashtari. These were the sons of
Na'ara. And the sons of H̱el'a were, Ẕeret, and Ẕoẖar, and 7
Etnan. And Qoẕ begot 'Anuv, and Ẕoveva, and the families of 8
Aẖarẖel the son of Harum. And Ya'beẕ was more honourable 9
than his brothers; and his mother called his name Ya'beẕ, say-
ing, Because I bore him with pain. And Ya'beẕ called on the 10
God of Yisra'el, saying, Oh that thou wouldst bless me indeed,
and enlarge my border, and that thy hand might be with me,
and that thou wouldst keep me from harm, that it may not
hurt me! And God granted him that which he requested.
And Keluv the brother of Shuẖa begot Meẖir, who was the 11
father of Eshton. And Eshton begot Bet-rafa, and Paseaẖ, and 12

יג רֵכָה׃ וּבְנֵי קְנַז עָתְנִיאֵל וּשְׂרָיָה וּבְנֵי עָתְנִיאֵל חֲתַת׃
יד וּמְעוֹנֹתַי הוֹלִיד אֶת־עָפְרָה וּשְׂרָיָה הוֹלִיד אֶת־יוֹאָב אֲבִי גֵּיא
טו חֲרָשִׁים כִּי חֲרָשִׁים הָיוּ׃ וּבְנֵי כָּלֵב בֶּן־יְפֻנֶּה עִירוּ
טז אֵלָה וָנָעַם וּבְנֵי אֵלָה וּקְנַז׃ וּבְנֵי יְהַלֶּלְאֵל זִיף וְזִיפָה תִּירְיָא
יז וַאֲשַׂרְאֵל׃ וּבֶן־עֶזְרָה יֶתֶר וּמֶרֶד וְעֵפֶר וְיָלוֹן וַתַּהַר אֶת־
יח מִרְיָם וְאֶת־שַׁמַּי וְאֶת־יִשְׁבָּח אֲבִי אֶשְׁתְּמֹעַ׃ וְאִשְׁתּוֹ הַיְהֻדִיָּה
יָלְדָה אֶת־יֶרֶד אֲבִי גְדוֹר וְאֶת־חֶבֶר אֲבִי שׂוֹכוֹ וְאֶת־
יְקוּתִיאֵל אֲבִי זָנוֹחַ וְאֵלֶּה בְּנֵי בִּתְיָה בַת־פַּרְעֹה אֲשֶׁר לָקַח
יט מָרֶד׃ וּבְנֵי אֵשֶׁת הוֹדִיָּה אֲחוֹת נַחַם אֲבִי קְעִילָה
כ הַגַּרְמִי וְאֶשְׁתְּמֹעַ הַמַּעֲכָתִי׃ וּבְנֵי שִׁימוֹן אַמְנוֹן וְרִנָּה בֶּן־חָנָן
כא ותולון וּבְנֵי יִשְׁעִי זוֹחֵת וּבֶן־זוֹחֵת׃ בְּנֵי שֵׁלָה בֶן־יְהוּדָה עֵר וְתִילוֹן
אֲבִי לֵכָה וְלַעְדָּה אֲבִי מָרֵשָׁה וּמִשְׁפְּחוֹת בֵּית־עֲבֹדַת הַבֻּץ
כב לְבֵית אַשְׁבֵּעַ׃ וְיוֹקִים וְאַנְשֵׁי כֹזֵבָא וְיוֹאָשׁ וְשָׂרָף אֲשֶׁר־בָּעֲלוּ
כג לְמוֹאָב וְיָשֻׁבִי לָחֶם וְהַדְּבָרִים עַתִּיקִים׃ הֵמָּה הַיּוֹצְרִים וְיֹשְׁבֵי
כד נְטָעִים וּגְדֵרָה עִם־הַמֶּלֶךְ בִּמְלַאכְתּוֹ יָשְׁבוּ שָׁם׃ בְּנֵי
כה שִׁמְעוֹן נְמוּאֵל וְיָמִין יָרִיב זֶרַח שָׁאוּל׃ שַׁלֻּם בְּנוֹ מִבְשָׂם בְּנוֹ
כו מִשְׁמָע בְּנוֹ׃ וּבְנֵי מִשְׁמָע חַמּוּאֵל בְּנוֹ זַכּוּר בְּנוֹ שִׁמְעִי בְנוֹ׃
כז וּלְשִׁמְעִי בָּנִים שִׁשָּׁה עָשָׂר וּבָנוֹת שֵׁשׁ וּלְאֶחָיו אֵין בָּנִים
כח רַבִּים וְכָל מִשְׁפַּחְתָּם לֹא הִרְבּוּ עַד־בְּנֵי יְהוּדָה׃ וַיֵּשְׁבוּ
כט בִּבְאֵר־שֶׁבַע וּמוֹלָדָה וַחֲצַר שׁוּעָל׃ וּבְבִלְהָה וּבְעֶצֶם וּבְתוֹלָד׃
ל לא וּבִבְתוּאֵל וּבְחָרְמָה וּבְצִיקְלָג׃ וּבְבֵית מַרְכָּבוֹת וּבַחֲצַר סוּסִים
וּבְבֵית בִּרְאִי וּבְשַׁעֲרָיִם אֵלֶּה עָרֵיהֶם עַד־מְלֹךְ דָּוִיד׃
לב לג וְחַצְרֵיהֶם עֵיטָם וָעַיִן רִמּוֹן וְתֹכֶן וְעָשָׁן עָרִים חָמֵשׁ׃ וְכָל־
חַצְרֵיהֶם אֲשֶׁר סְבִיבוֹת הֶעָרִים הָאֵלֶּה עַד־בָּעַל זֹאת מוֹשְׁבֹתָם
לד לה וְהִתְיַחְשָׂם לָהֶם׃ וּמְשׁוֹבָב וְיַמְלֵךְ וְיוֹשָׁה בֶּן־אֲמַצְיָה׃ וְיוֹאֵל
לו וְיֵהוּא בֶּן־יוֹשִׁבְיָה בֶּן־שְׂרָיָה בֶּן־עֲשִׂיאֵל׃ וְאֶלְיוֹעֵינַי וְיַעֲקֹבָה
לז וִישׁוֹחָיָה וַעֲשָׂיָה וַעֲדִיאֵל וִישִׂימִאֵל וּבְנָיָה׃ וְזִיזָא בֶן־שִׁפְעִי
לח בֶן־אַלּוֹן בֶּן־יְדָיָה בֶן־שִׁמְרִי בֶּן־שְׁמַעְיָה׃ אֵלֶּה הַבָּאִים
בְּשֵׁמוֹת נְשִׂיאִים בְּמִשְׁפְּחוֹתָם וּבֵית אֲבוֹתֵיהֶם פָּרְצוּ לָרוֹב׃
לט וַיֵּלְכוּ לִמְבוֹא גְדֹר עַד לְמִזְרַח הַגָּיְא לְבַקֵּשׁ מִרְעֶה לְצֹאנָם׃
מ וַיִּמְצְאוּ מִרְעֶה שָׁמֵן וָטוֹב וְהָאָרֶץ רַחֲבַת יָדַיִם וְשֹׁקֶטֶת
מא וּשְׁלֵוָה כִּי מִן־חָם הַיֹּשְׁבִים שָׁם לְפָנִים׃ וַיָּבֹאוּ אֵלֶּה הַכְּתוּבִים
בְשֵׁמוֹת בִּימֵי ׀ יְחִזְקִיָּהוּ מֶלֶךְ־יְהוּדָה וַיַּכּוּ אֶת־אָהֳלֵיהֶם וְאֶת־
המעינים אֲשֶׁר נִמְצְאוּ־שָׁמָּה וַיַּחֲרִימֻם עַד־הַיּוֹם הַזֶּה וַיֵּשְׁבוּ הַמְּעוּנִים

Teẖinna the father of 'Ir-naẖash. These are the men of Rekha.
And the sons of Qenaz; 'Otni'el, and Seraya: and the 13
sons of 'Otni'el: Ḥatat. And Me'onotay begot 'Ofra: and 14
Seraya begot Yo'av, the father of the Ge-ẖarashim; for they
were craftsmen. And the sons of Kalev the son of Ye- 15
funne; 'Iru, Ela, and Na'am: and the sons of Ela, even Qenaz.
And the sons of Yehallel'el; Zif, and Zifa, Tirya, and Asar'el. 16
And the sons of 'Ezra were, Yeter, and Mered, and 'Efer, and 17
Yalon: and she conceived Miryam, and Shammay, and Yish-
baẖ the father of Eshtemoa. And his wife Yehudiyya bore Yered 18
the father of Gedor, and Ḥever the father of Sokho, and
Yequti'el the father of Zanoaẖ. And these are the sons of Bitya
the daughter of Par'o whom Mered took. And the sons 19
of the wife of Hodiyya the sister of Naẖam, the father of
Qe'ila the Garmite, and Eshtemoa the Ma'akhatite. And the 20
sons of Shimon were, Amnon, and Rinna, Ben-ẖanan, and
Tilon. And the sons of Yish'i were, Zoẖet, and Ben-zoẖet. The 21
sons of Shela the son of Yehuda were, 'Er the father of Lekha,
and La'ada the father of Maresha, and the families of the house
of the linen workers, of the house of Ashbea, and Yoqim, and 22
the men of Kozeva, and Yo'ash, and Saraf, who ruled in Mo'av,
and Yashuvi-leẖem (But the records are ancient.) These were the 23
potters, and those who dwelt among plantations and hedges:
there they dwelt, occupied with the king's work. The 24
sons of Shim'on were, Nemu'el, and Yamin, Yariv, Zeraẖ and
Sha'ul: Shallum his son, Mivsam his son, Mishma his son. 25
And the sons of Mishma; Ḥammu'el his son, Zakkur his son, 26
Shim'i his son. And Shim'i had sixteen sons and six daughters; 27
but his brothers had not many children, nor did all their family
multiply, like the children of Yehuda. And they dwelt at Be'er- 28
sheva, and Molada, and Ḥaẕar-shu'al. and at Bilha, and at 29
'Eẕem, and at Tolad, and at Betu'el, and at Ḥorma, and at 30
Ẕiqlag, and at Bet-markavot, and Ḥaẕar-susim, and at Bet- 31
bir'i, and at Sha'arayim. These were their cities until the reign
of David. And their settlements were, 'Etam, and 'Ayin, Rim- 32
mon, and Tokhen, and 'Ashan; five cities: and all their settle- 33
ments that were round about the same cities as far as Ba'al.
These were their habitations, and their genealogy. And Mesho- 34
vav, and Yamlekh, and Yosha the son of Amaẕya. And Yo'el, 35
and Yehu the son of Yoshivya, the son of Seraya, the son
of 'Asi'el, and Elyo'enay, and Ya'aqova, and Yeshoẖaya, and 36
'Asaya, and 'Adi'el, and Yesimi'el, and Benaya. and Ziza the 37
son of Shif'i, the son of Allon, the son of Yedaya, the son of
Shimri, the son of Shema'ya; these mentioned by their names 38
were princes in their families: and the house of their fathers
increased greatly. And they went to the entrance of Gedor, 39
as far as the east side of the valley, to seek pasture for their
flocks. And they found rich, good pasture, and the land was 40
wide, and quiet, and peaceable; for they of Ḥam had dwelt
there of old. And these written by name came in the days of 41
Yeẖizqiyyahu king of Yehuda, and smote their tents, and the
Me'unim who were found there, and destroyed them utterly
unto this day, and dwelt in their stead: because there was

מב תַּחְתֵּיהֶם כִּי־מִרְעֶה לְצֹאנָם שָׁם׃ וּמֵהֶם ׀ מִן־בְּנֵי שִׁמְעוֹן
הָלְכוּ לְהַר שֵׂעִיר אֲנָשִׁים חֲמֵשׁ מֵאוֹת וּפְלַטְיָה וּנְעַרְיָה וּרְפָיָה
מג וְעֻזִּיאֵל בְּנֵי יִשְׁעִי בְּרֹאשָׁם׃ וַיַּכּוּ אֶת־שְׁאֵרִית הַפְּלֵטָה לַעֲמָלֵק
ה א וַיֵּשְׁבוּ שָׁם עַד הַיּוֹם הַזֶּה׃ וּבְנֵי רְאוּבֵן בְּכוֹר־יִשְׂרָאֵל
כִּי־הוּא הַבְּכוֹר וּבְחַלְּלוֹ יְצוּעֵי אָבִיו נִתְּנָה בְּכֹרָתוֹ לִבְנֵי יוֹסֵף
ב בֶּן־יִשְׂרָאֵל וְלֹא לְהִתְיַחֵשׂ לַבְּכֹרָה׃ כִּי יְהוּדָה גָּבַר בְּאֶחָיו
ג וּלְנָגִיד מִמֶּנּוּ וְהַבְּכֹרָה לְיוֹסֵף׃ בְּנֵי רְאוּבֵן בְּכוֹר
ד יִשְׂרָאֵל חֲנוֹךְ וּפַלּוּא חֶצְרוֹן וְכַרְמִי׃ בְּנֵי יוֹאֵל שְׁמַעְיָה בְנוֹ גּוֹג
ה ו בְּנוֹ שִׁמְעִי בְנוֹ׃ מִיכָה בְנוֹ רְאָיָה בְנוֹ בַּעַל בְּנוֹ׃ בְּאֵרָה בְנוֹ
אֲשֶׁר הֶגְלָה תִּלְּגַת פִּלְנְאֶסֶר מֶלֶךְ אַשֻּׁר הוּא נָשִׂיא לָראוּבֵנִי׃
ז וְאֶחָיו לְמִשְׁפְּחֹתָיו בְּהִתְיַחֵשׂ לְתֹלְדוֹתָם הָרֹאשׁ יְעִיאֵל
ח וּזְכַרְיָהוּ׃ וּבֶלַע בֶּן־עָזָז בֶּן־שֶׁמַע בֶּן־יוֹאֵל הוּא יוֹשֵׁב בַּעֲרֹעֵר
ט וְעַד־נְבוֹ וּבַעַל מְעוֹן׃ וְלַמִּזְרָח יָשַׁב עַד־לְבוֹא מִדְבָּרָה לְמִן־
י הַנָּהָר פְּרָת כִּי מִקְנֵיהֶם רָבוּ בְּאֶרֶץ גִּלְעָד׃ וּבִימֵי שָׁאוּל
עָשׂוּ מִלְחָמָה עִם־הַהַגְרִאִים וַיִּפְּלוּ בְּיָדָם וַיֵּשְׁבוּ בְּאָהֳלֵיהֶם
יא עַל־כָּל־פְּנֵי מִזְרָח לַגִּלְעָד׃ וּבְנֵי־גָד לְנֶגְדָּם יָשְׁבוּ
יב בְּאֶרֶץ הַבָּשָׁן עַד־סַלְכָה׃ יוֹאֵל הָרֹאשׁ וְשָׁפָם הַמִּשְׁנֶה וְיַעְנַי
יג וְשָׁפָט בַּבָּשָׁן׃ וַאֲחֵיהֶם לְבֵית אֲבוֹתֵיהֶם מִיכָאֵל וּמְשֻׁלָּם וְשֶׁבַע
יד וְיוֹרַי וְיַעְכָּן וְזִיעַ וָעֵבֶר שִׁבְעָה׃ אֵלֶּה ׀ בְּנֵי אֲבִיחַיִל
בֶּן־חוּרִי בֶּן־יָרוֹחַ בֶּן־גִּלְעָד בֶּן־מִיכָאֵל בֶּן־יְשִׁישַׁי בֶּן־יַחְדּוֹ
טו בֶּן־בּוּז׃ אֲחִי בֶּן־עַבְדִּיאֵל בֶּן־גּוּנִי רֹאשׁ לְבֵית אֲבוֹתָם׃
טז וַיֵּשְׁבוּ בַּגִּלְעָד בַּבָּשָׁן וּבִבְנֹתֶיהָ וּבְכָל־מִגְרְשֵׁי שָׁרוֹן עַל־
יז תּוֹצְאוֹתָם׃ כֻּלָּם הִתְיַחְשׂוּ בִּימֵי יוֹתָם מֶלֶךְ־יְהוּדָה וּבִימֵי
יח יָרָבְעָם מֶלֶךְ־יִשְׂרָאֵל׃ בְּנֵי־רְאוּבֵן וְגָדִי וַחֲצִי שֵׁבֶט־
מְנַשֶּׁה מִן־בְּנֵי־חַיִל אֲנָשִׁים נֹשְׂאֵי מָגֵן וְחֶרֶב וְדֹרְכֵי קֶשֶׁת
וּלְמוּדֵי מִלְחָמָה אַרְבָּעִים וְאַרְבָּעָה אֶלֶף וּשְׁבַע־מֵאוֹת וְשִׁשִּׁים
יט יֹצְאֵי צָבָא׃ וַיַּעֲשׂוּ מִלְחָמָה עִם־הַהַגְרִיאִים וִיטוּר וְנָפִישׁ
כ וְנוֹדָב׃ וַיֵּעָזְרוּ עֲלֵיהֶם וַיִּנָּתְנוּ בְיָדָם הַהַגְרִיאִים וְכֹל שֶׁעִמָּהֶם
כִּי לֵאלֹהִים זָעֲקוּ בַּמִּלְחָמָה וְנַעְתּוֹר לָהֶם כִּי־בָטְחוּ בוֹ׃
כא וַיִּשְׁבּוּ מִקְנֵיהֶם גְּמַלֵּיהֶם חֲמִשִּׁים אֶלֶף וְצֹאן מָאתַיִם וַחֲמִשִּׁים
כב אֶלֶף וַחֲמוֹרִים אַלְפָּיִם וְנֶפֶשׁ אָדָם מֵאָה אָלֶף׃ כִּי־חֲלָלִים
רַבִּים נָפָלוּ כִּי מֵהָאֱלֹהִים הַמִּלְחָמָה וַיֵּשְׁבוּ תַחְתֵּיהֶם עַד־
כג הַגֹּלָה׃ וּבְנֵי חֲצִי שֵׁבֶט מְנַשֶּׁה יָשְׁבוּ בָּאָרֶץ מִבָּשָׁן
כד עַד־בַּעַל חֶרְמוֹן וּשְׂנִיר וְהַר־חֶרְמוֹן הֵמָּה רָבוּ׃ וְאֵלֶּה רָאשֵׁי

pasture there for their flocks. And some of them, of the sons of 42
Shim'on, five hundred men, went to mount Se'ir, having as their
leaders Pelatya, and Ne'arya, and Refaya, and 'Uzzi'el, the sons
of Yish'i. And they smote the remnant of 'Amaleq who had 43
escaped, and dwelt there to this day. Now the sons of 5
Re'uven the firstborn of Yisra'el, (for he was the firstborn ; but,
since he defiled his father's bed, his birthright was given to the
sons of Yosef the son of Yisra'el : but not so as to have the
birthright attributed to him by genealogy. For Yehuda pre- 2
vailed over his brothers, and of him came the chief ruler;
though the birthright was Yosef's :) the sons of Re'uven 3
the firstborn of Yisra'el were, Ḥanokh, and Pallu, Ḥeẕron, and
Karmi. The sons of Yo'el ; Shema'ya his son, Gog his son, Shim'i 4
his son, Mikha his son, Re'aya his son, Ba'al his son, Be'era his 5.6
son, whom Tilgat-pilneser king of Ashshur carried away into
exile : he was prince of the Re'uveni. And his brothers by their 7
families, when the genealogy of their generations was reck-
oned, were the chief, Ye'i'el, and Zekharyahu, and Bela the son 8
of 'Azaz, the son of Shema, the son of Yo'el, who dwelt in
'Aro'er, as far as Nevo and Ba'al-me'on : and eastward he in- 9
habited as far as the entrance of the wilderness from the river
Perat : because their cattle had multiplied in the land of Gil'ad.
And in the days of Sha'ul they made war with the Hagri'im, 10
who fell by their hand : and they dwelt in their tents through-
out all the east land of Gil'ad. And the children of Gad 11
dwelt opposite them, in the land of the Bashan as far as Salkha:
Yo'el the chief, and Shafam the next, and Ya'nay, and Shafat 12
in the Bashan. And their brethren of the house of their fathers 13
were, Mikha'el, and Meshullam, and Sheva, and Yoray, and
Ya'kan, and Zia, and 'Ever; seven. These are the children 14
of Aviḥayil the son of Ḥuri, the son of Yaroaḥ, the son of
Gil'ad, the son of Mikha'el, the son of Yeshishay, the son of
Yaḥdo, the son of Buz; Aḥi the son of Avdi'el, the son of Guni, 15
chief of the house of their fathers. And they dwelt in Gil'ad in 16
the Bashan, and in its hamlets, and in all the pasture lands of
Sharon, to their limits. All these were reckoned by genealogies 17
in the days of Yotam king of Yehuda, and in the days of Yaro-
v'am king of Yisra'el. The sons of Re'uven, and the Gadi, 18
and half the tribe of Menashshe, of men at arms, able to bear
shield and sword, and to draw the bow, and skilful in war,
were forty four thousand seven hundred and sixty, who went
out to war. And they made war with the Hagri'im, with Yetur, 19
and Nafish, and Nodav. And they were helped against them, 20
and the Hagri'im were delivered into their hand, and all that
were with them : for they cried to God in the battle, and he
granted their entreaty : because they put their trust in him. And 21
they took away their cattle; of their camels fifty thousand, and
of sheep two hundred and fifty thousand, and of asses two
thousand, and of men a hundred thousand. For there fell down 22
many slain, because the war was from God. And they dwelt in
their stead until the exile. And the children of the half 23
tribe of Menashshe dwelt in the land : they increased from
Bashan to Ba'al-ḥermon and Senir, and to mount Ḥermon. And 24

בֵּית־אֲבוֹתָם וָעֵפֶר וְיִשְׁעִי וֶאֱלִיאֵל וְעַזְרִיאֵל וְיִרְמְיָה וְהוֹדַוְיָה
וְיַחְדִּיאֵל אֲנָשִׁים גִּבּוֹרֵי חַיִל אַנְשֵׁי שֵׁמוֹת רָאשִׁים לְבֵית
אֲבוֹתָם: וַיִּמְעֲלוּ בֵּאלֹהֵי אֲבֹתֵיהֶם וַיִּזְנוּ אַחֲרֵי   כה

אֱלֹהֵי עַמֵּי־הָאָרֶץ אֲשֶׁר־הִשְׁמִיד אֱלֹהִים מִפְּנֵיהֶם: וַיָּעַר   כו
אֱלֹהֵי יִשְׂרָאֵל אֶת־רוּחַ ׀ פּוּל מֶלֶךְ־אַשּׁוּר וְאֶת־רוּחַ תִּלְּגַת
פִּלְנֶסֶר מֶלֶךְ אַשּׁוּר וַיַּגְלֵם לָרֽאוּבֵנִי וְלַגָּדִי וְלַחֲצִי שֵׁבֶט
מְנַשֶּׁה וַיְבִיאֵם לַחְלַח וְחָבוֹר וְהָרָא וּנְהַר גּוֹזָן עַד הַיּוֹם
הַזֶּה: בְּנֵי לֵוִי גֵּרְשׁוֹן קְהָת וּמְרָרִי: וּבְנֵי קְהָת עַמְרָם   כז

יִצְהָר וְחֶבְרוֹן וְעֻזִּיאֵל: וּבְנֵי עַמְרָם אַהֲרֹן וּמֹשֶׁה   כח כט
וּמִרְיָם וּבְנֵי אַהֲרֹן נָדָב וַאֲבִיהוּא אֶלְעָזָר וְאִיתָמָר: אֶלְעָזָר   ל
הוֹלִיד אֶת־פִּינְחָס פִּינְחָס הוֹלִיד אֶת־אֲבִישׁוּעַ: וַאֲבִישׁוּעַ   לא
הוֹלִיד אֶת־בֻּקִּי וּבֻקִּי הוֹלִיד אֶת־עֻזִּי: וְעֻזִּי הוֹלִיד אֶת־זְרַחְיָה   לב
וּזְרַחְיָה הוֹלִיד אֶת־מְרָיוֹת: מְרָיוֹת הוֹלִיד אֶת־אֲמַרְיָה   לג
וַאֲמַרְיָה הוֹלִיד אֶת־אֲחִיטוּב: וַאֲחִיטוּב הוֹלִיד אֶת־צָדוֹק   לד
וְצָדוֹק הוֹלִיד אֶת־אֲחִימַעַץ: וַאֲחִימַעַץ הוֹלִיד אֶת־עֲזַרְיָה   לה
וַעֲזַרְיָה הוֹלִיד אֶת־יוֹחָנָן: וְיוֹחָנָן הוֹלִיד אֶת־עֲזַרְיָה הוּא   לו לז
אֲשֶׁר כִּהֵן בַּבַּיִת אֲשֶׁר־בָּנָה שְׁלֹמֹה בִּירוּשָׁלָ͏ִם: וַיּוֹלֶד עֲזַרְיָה   לח
אֶת־אֲמַרְיָה וַאֲמַרְיָה הוֹלִיד אֶת־אֲחִיטוּב: וַאֲחִיטוּב הוֹלִיד   לח
אֶת־צָדוֹק וְצָדוֹק הוֹלִיד אֶת־שַׁלּוּם: וְשַׁלּוּם הוֹלִיד אֶת־   לט
חִלְקִיָּה וְחִלְקִיָּה הוֹלִיד אֶת־עֲזַרְיָה: וַעֲזַרְיָה הוֹלִיד אֶת־שְׂרָיָה   מ
וּשְׂרָיָה הוֹלִיד אֶת־יְהוֹצָדָק: וִיהוֹצָדָק הָלַךְ בְּהַגְלוֹת יְהוָה   מא

אֶת־יְהוּדָה וִירוּשָׁלָ͏ִם בְּיַד נְבֻכַדְנֶאצַּר: בְּנֵי לֵוִי   א ו
גֵּרְשֹׁם קְהָת וּמְרָרִי: וְאֵלֶּה שְׁמוֹת בְּנֵי־גֵרְשׁוֹם לִבְנִי וְשִׁמְעִי: ב
וּבְנֵי קְהָת עַמְרָם וְיִצְהָר וְחֶבְרוֹן וְעֻזִּיאֵל: בְּנֵי מְרָרִי מַחְלִי   ג ד
וּמֻשִׁי וְאֵלֶּה מִשְׁפְּחוֹת הַלֵּוִי לַאֲבֹתֵיהֶם: לְגֵרְשׁוֹם לִבְנִי בְנוֹ   ה
יַחַת בְּנוֹ זִמָּה בְנוֹ: יוֹאָח בְּנוֹ עִדּוֹ בְנוֹ זֶרַח בְּנוֹ יְאָתְרַי בְּנוֹ:   ו
בְּנֵי קְהָת עַמִּינָדָב בְּנוֹ קֹרַח בְּנוֹ אַסִּיר בְּנוֹ: אֶלְקָנָה בְנוֹ   ז ח
וְאֶבְיָסָף בְּנוֹ וְאַסִּיר בְּנוֹ: תַּחַת בְּנוֹ אוּרִיאֵל בְּנוֹ עֻזִּיָּה בְנוֹ   ט
וְשָׁאוּל בְּנוֹ: וּבְנֵי אֶלְקָנָה עֲמָשַׂי וַאֲחִימוֹת: אֶלְקָנָה בְנוֹ   י יא
אֶלְקָנָה צוֹפַי בְּנוֹ וְנַחַת בְּנוֹ: אֱלִיאָב בְּנוֹ יְרֹחָם בְּנוֹ אֶלְקָנָה   יב
בְנוֹ: וּבְנֵי שְׁמוּאֵל הַבְּכֹר וַשְׁנִי וַאֲבִיָּה: בְּנֵי מְרָרִי מַחְלִי לִבְנִי   יג
בְנוֹ שִׁמְעִי בְנוֹ עֻזָּה בְנוֹ: שִׁמְעָא בְנוֹ חַגִּיָּה בְנוֹ עֲשָׂיָה בְּנוֹ:   יד
וְאֵלֶּה אֲשֶׁר הֶעֱמִיד דָּוִיד עַל־יְדֵי־שִׁיר בֵּית יְהוָה מִמְּנוֹחַ   טו
הָאָרוֹן: וַיִּהְיוּ מְשָׁרְתִים לִפְנֵי מִשְׁכַּן אֹהֶל־מוֹעֵד בַּשִּׁיר עַד־   טז
בְּנוֹת שְׁלֹמֹה אֶת־בֵּית יְהוָה בִּירוּשָׁלָ͏ִם וַיַּעַמְדוּ כְמִשְׁפָּטָם
עַל־עֲבוֹדָתָם: וְאֵלֶּה הָעֹמְדִים וּבְנֵיהֶם מִבְּנֵי הַקְּהָתִי הֵימָן   יז יח

these were the heads of the houses of their fathers, ‘Efer, and
Yish‘i, and Eli’el, and ‘Azri’el, and Yirmeya, and Hodavya, and
Yaḥdi’el, mighty men of valour, famous men, and heads of the
houses of their fathers. And they transgressed against 25
the God of their fathers, and went astray after the gods of the
peoples of the land, whom God destroyed before them. And the 26
God of Yisra’el stirred up the spirit of Pul king of Ashshur,
and the spirit of Tilgat-pilneser king of Ashshur, and he
carried them away, namely the Re’uveni, and the Gadi, and
the half tribe of Menashshe, and brought them to Ḥalaḥ, and
Ḥavor, and Hara, and to the river Gozan, to this day. The 27
sons of Levi; Gershon, Qehat, and Merari. And the sons of 28
Qehat; ‘Amram, Yiẓhar, and Ḥevron, and ‘Uzzi’el. And 29
the children of ‘Amram : Aharon, and Moshe, and Miryam. And
the sons of Aharon; Nadav, and Avihu, El‘azar, and Itamar.
El‘azar begot Pineḥas, Pineḥas begot Avishua, and Avishua be- 30,31
got Buqqi and Buqqi begot ‘Uzzi, and ‘Uzzi begot Zeraḥya, and 32
Zeraḥya begot Merayot; Merayot begot Amarya, and Amarya 33
begot Aḥituv, and Aḥituv, begot Ẓadoq, and Ẓadoq begot Aḥima- 34
‘aẓ, and Aḥima‘aẓ begot ‘Azarya, and ‘Azarya begot Yoḥa- 35
nan, and Yoḥanan begot ‘Azarya, (he it is who executed the 36
priest’s office in the temple that Shelomo built in Yerusha-
layim:) and ‘Azarya begot Amarya, and Amarya begot Aḥituv, 37
and Aḥituv begot Ẓadoq, and Ẓadoq begot Shallum, and Shal- 38,39
lum begot Ḥilqiyya, and Ḥilqiyya begot ‘Azarya, and ‘Azarya 40
begot Seraya, and Seraya begot Yehoẓadaq, and Yehoẓadaq 41
went into exile, when the Lord carried away Yehuda and
Yerushalayim by the hand of Nevukhadneẓẓar. The sons **6**
of Levi; Gershom, Qehat, and Merari. And these are the names 2
of the sons of Gershom; Livni, and Shim‘i. And the sons of 3
Qehat were, ‘Amram, and Yiẓhar, and Ḥevron, and ‘Uzzi’el.
The sons of Merari; Maḥli, and Mushi. And these are the fami- 4
lies of the Levites according to their fathers. Of Gershom; 5
Livni his son, Yaḥat his son, Zimma his son, Yoaḥ his son, 6
‘Iddo his son, Zeraḥ his son, Ye’ateray his son. The sons of 7
Qehat; ‘Amminadav his son, Qoraḥ his son, Assir his son,
Elqana his son, and Evyasaf his son and ‘Assir his son, Taḥat 8,9
his son, Uri’el his son, ‘Uzziyya his son, and Sha’ul his son.
And the sons of Elqana; ‘Amasay, and Aḥimot. As for Elqana: 10,11
the sons of Elqana; Ẓafay his son, and Naḥat his son. Eli’av 12
his son, Yeroḥam his son, Elqana his son. And the sons of 13
Shemu’el; the firstborn Vashni, and Aviyya. The sons of Merari; 14
Maḥli, Livni his son, Shim‘i his son, ‘Uzza his son, Shim‘a his 15
son, Ḥaggiyya his son, ‘Asaya his son. And these are they whom 16
David set over the service of song in the house of the Lord,
after the ark had rest. And they ministered before the dwelling 17
place of the Tent of Meeting with singing, until Shelomo had
built the house of the Lord in Yerushalayim: and then they
performed their office according to their order. And these are 18

יט הַמְשׁוֹרֵר בֶּן־יוֹאֵל בֶּן־שְׁמוּאֵל׃ בֶּן־אֶלְקָנָה בֶּן־יְרֹחָם בֶּן־
כ אֱלִיאֵל בֶּן־תּוֹחַ׃ בֶּן־צִיף בֶּן־אֶלְקָנָה בֶּן־מַחַת בֶּן־עֲמָשָׂי׃ צוף
כא כב בֶּן־אֶלְקָנָה בֶּן־יוֹאֵל בֶּן־עֲזַרְיָה בֶּן־צְפַנְיָה׃ בֶּן־תַּחַת בֶּן־אַסִּיר
כג בֶּן־אֶבְיָסָף בֶּן־קֹרַח׃ בֶּן־יִצְהָר בֶּן־קְהָת בֶּן־לֵוִי בֶּן־יִשְׂרָאֵל׃
כד וְאָחִיו אָסָף הָעֹמֵד עַל־יְמִינוֹ אָסָף בֶּן־בֶּרֶכְיָהוּ בֶּן־שִׁמְעָא׃
כה כו בֶּן־מִיכָאֵל בֶּן־בַּעֲשֵׂיָה בֶּן־מַלְכִּיָּה׃ בֶּן־אֶתְנִי בֶן־זֶרַח בֶּן־
כז כח עֲדָיָה׃ בֶּן־אֵיתָן בֶּן־זִמָּה בֶּן־שִׁמְעִי׃ בֶּן־יַחַת בֶּן־גֵּרְשֹׁם בֶּן־
כט לֵוִי׃ וּבְנֵי מְרָרִי אֲחֵיהֶם עַל־הַשְּׂמֹאול אֵיתָן בֶּן־
ל קִישִׁי בֶּן־עַבְדִּי בֶּן־מַלּוּךְ׃ בֶּן־חֲשַׁבְיָה בֶן־אֲמַצְיָה בֶּן־חִלְקִיָּה׃
לא לב בֶּן־אַמְצִי בֶן־בָּנִי בֶּן־שָׁמֶר׃ בֶּן־מַחְלִי בֶּן־מוּשִׁי בֶּן־מְרָרִי
לג בֶּן־לֵוִי׃ וַאֲחֵיהֶם הַלְוִיִּם נְתוּנִים לְכָל־עֲבוֹדַת מִשְׁכַּן
לד בֵּית הָאֱלֹהִים׃ וְאַהֲרֹן וּבָנָיו מַקְטִירִים עַל־מִזְבַּח הָעוֹלָה ג
וְעַל־מִזְבַּח הַקְּטֹרֶת לְכֹל מְלֶאכֶת קֹדֶשׁ הַקֳּדָשִׁים וּלְכַפֵּר עַל־
לה יִשְׂרָאֵל כְּכֹל אֲשֶׁר־צִוָּה מֹשֶׁה עֶבֶד הָאֱלֹהִים׃ וְאֵלֶּה
לו בְּנֵי אַהֲרֹן אֶלְעָזָר בְּנוֹ פִּינְחָס בְּנוֹ אֲבִישׁוּעַ בְּנוֹ׃ בֻּקִּי בְנוֹ עֻזִּי
לז לח בְנוֹ זְרַחְיָה בְנוֹ׃ מְרָיוֹת בְּנוֹ אֲמַרְיָה בְנוֹ אֲחִיטוּב בְּנוֹ׃ צָדוֹק
לט בְּנוֹ אֲחִימַעַץ בְּנוֹ׃ וְאֵלֶּה מוֹשְׁבוֹתָם לְטִירוֹתָם
בִּגְבוּלָם לִבְנֵי אַהֲרֹן לְמִשְׁפַּחַת הַקְּהָתִי כִּי לָהֶם הָיָה
מ הַגּוֹרָל׃ וַיִּתְּנוּ לָהֶם אֶת־חֶבְרוֹן בְּאֶרֶץ יְהוּדָה וְאֶת־מִגְרָשֶׁיהָ
מא סְבִיבֹתֶיהָ׃ וְאֶת־שְׂדֵה הָעִיר וְאֶת־חֲצֵרֶיהָ נָתְנוּ לְכָלֵב בֶּן־
מב יְפֻנֶּה׃ וְלִבְנֵי אַהֲרֹן נָתְנוּ אֶת־עָרֵי הַמִּקְלָט אֶת־
חֶבְרוֹן וְאֶת־לִבְנָה וְאֶת־מִגְרָשֶׁיהָ וְאֶת־יַתִּר וְאֶת־אֶשְׁתְּמֹעַ
מג וְאֶת־מִגְרָשֶׁיהָ׃ וְאֶת־חִילֵז וְאֶת־מִגְרָשֶׁיהָ אֶת־דְּבִיר וְאֶת־
מד מִגְרָשֶׁיהָ׃ וְאֶת־עָשָׁן וְאֶת־מִגְרָשֶׁיהָ וְאֶת־בֵּית שֶׁמֶשׁ וְאֶת־
מה מִגְרָשֶׁיהָ׃ וּמִמַּטֵּה בִנְיָמִן אֶת־גֶּבַע וְאֶת־מִגְרָשֶׁיהָ וְאֶת־עָלֶמֶת
וְאֶת־מִגְרָשֶׁיהָ וְאֶת־עֲנָתוֹת וְאֶת־מִגְרָשֶׁיהָ כָּל־עָרֵיהֶם שְׁלֹשׁ־
מו עֶשְׂרֵה עִיר בְּמִשְׁפְּחוֹתֵיהֶם׃ וְלִבְנֵי קְהָת הַנּוֹתָרִים
מִמִּשְׁפַּחַת הַמַּטֶּה מִמַּחֲצִית מַטֵּה חֲצִי מְנַשֶּׁה בַּגּוֹרָל עָרִים
מז עָשֶׂר׃ וְלִבְנֵי גֵרְשׁוֹם לְמִשְׁפְּחוֹתָם מִמַּטֵּה יִשָּׂשכָר
וּמִמַּטֵּה אָשֵׁר וּמִמַּטֵּה נַפְתָּלִי וּמִמַּטֵּה מְנַשֶּׁה בַּבָּשָׁן עָרִים
מח שְׁלֹשׁ עֶשְׂרֵה׃ לִבְנֵי מְרָרִי לְמִשְׁפְּחוֹתָם מִמַּטֵּה רְאוּבֵן
מט וּמִמַּטֵּה־גָד וּמִמַּטֵּה זְבוּלֻן בַּגּוֹרָל עָרִים שְׁתֵּים עֶשְׂרֵה׃ וַיִּתְּנוּ
נ בְנֵי־יִשְׂרָאֵל לַלְוִיִּם אֶת־הֶעָרִים וְאֶת־מִגְרְשֵׁיהֶם׃ וַיִּתְּנוּ
בַגּוֹרָל מִמַּטֵּה בְנֵי־יְהוּדָה וּמִמַּטֵּה בְנֵי־שִׁמְעוֹן וּמִמַּטֵּה

the men who served with their sons. Of the sons of the Qehati;
Heman the singer, the son of Yo'el, the son of Shemu'el, the 19
son of Elqana, the son of Yeroḥam, the son of Eli'el, the son
of Toaḥ, the son of Ẓuf, the son of Elqana, the son of Maḥat, 20
the son of 'Amasay, the son of Elqana, the son of Yo'el, the 21
son of 'Azarya, the son of Ẓefanya, the son of Taḥat, the son 22
of Assir, the son of Evyasaf, the son of Qoraḥ, the son of 23
Yiẓhar, the son of Qehat, the son of Levi, the son of Yisra'el,
and his brother Asaf, who stood on his right hand, Asaf the 24
son of Berekhyahu, son of Shim'a, the son of Mikha'el, the 25
son of Ba'aseya, the son of Malkiyya, the son of Etni, the son 26
of Zeraḥ, the son of 'Adaya, the son of Etan, the son of Zimma, 27
the son of Shim'i, the son of Yaḥat, the son of Gershom, the 28
son of Levi. And their brethren the sons of Merari stood 29
on the left hand: Etan the son of Qishi, the son of 'Avdi, the
son of Mallukh, the son of Ḥashavya, the son of Amaẓya, the 30
son of Ḥilqiyya, the son of Amẓi, the son of Bani, the son of 31
Shemer, the son of Maḥli, the son of Mushi, the son of Merari, 32
the son of Levi. And their brethren the Levites were 33
appointed to all manner of service of the tabernacle of the house
of God. But Aharon and his sons offered upon the altar of the 34
burnt offering, and on the altar of incense, for all the work of
the most holy place, and to make atonement for Yisra'el, accord-
ing to all that Moshe the servant of God had commanded.

And these are the sons of Aharon; El'azar his son, 35
Pineḥas his son, Avishua his son, Buqqi his son, 'Uzzi his son, 36
Zeraḥya his son, Merayot his son, Amarya his son, Aḥituv his 37
son, Ẓadoq his son, Aḥima'aẓ his son. Now these are their 38,39
dwelling places throughout their encampments in their borders,
of the sons of Aharon, of the families of the Qehati: for theirs
was the lot. And they gave them Ḥevron in the land of Yehuda, 40
and its pasture lands round about it. But the fields of the city, 41
and its farmsteads, they gave to Kalev the son of Yefunne.

And to the sons of Aharon they gave the cities of refuge, 42
Ḥevron, and Livna with its pasture lands, and Yattir, and
Eshtemoa, with its pasture lands, and Ḥilen with its pasture 43
lands, Devir with its pasture lands, and 'Ashan with its pasture 44
lands, and Bet-shemesh with its pasture lands: and out of the 45
tribe of Binyamin; Geva with its pasture lands, and 'Allemet
with its pasture lands, and 'Anatot with its pasture lands. All
their cities throughout their families were thirteen cities.

And to the rest of the sons of Kehat, were given by lot, out of 46
the family of that tribe, out of the half tribe, the half of Mena-
shshe, ten cities. And to the sons of Gershom according 47
to their families out of the tribe of Yissakhar, and out of the
tribe of Asher, and out of the tribe of Naftali, and out of the
tribe of Menashshe in the Bashan, thirteen cities. To the 48
sons of Merari were given by lot, according to their families,
out of the tribe of Re'uven, and out of the tribe of Gad, and out
of the tribe of Zevulun, twelve cities. And the children of Yisra- 49
'el gave to the Levites these cities with their pasture lands.

And they gave by lot out of the tribe of the children of 50
Yehuda and out of the tribe of the children of Shim'on, and

בְּנֵי בִנְיָמִן אֵת הֶעָרִים הָאֵלֶּה אֲשֶׁר־יִקְרְאוּ אֶתְהֶם
נא בְּשֵׁמוֹת: וּמִמִּשְׁפְּחוֹת בְּנֵי קְהָת וַיְהִי עָרֵי גְבוּלָם
נב מִמַּטֵּה אֶפְרָיִם: וַיִּתְּנוּ לָהֶם אֶת־עָרֵי הַמִּקְלָט אֶת־שְׁכֶם וְאֶת־
נג מִגְרָשֶׁיהָ בְּהַר אֶפְרָיִם וְאֶת־גֶּזֶר וְאֶת־מִגְרָשֶׁיהָ: וְאֶת־יָקְמְעָם
נד וְאֶת־מִגְרָשֶׁיהָ וְאֶת־בֵּית חוֹרוֹן וְאֶת־מִגְרָשֶׁיהָ: וְאֶת־אַיָּלוֹן וְאֶת־
נה מִגְרָשֶׁיהָ וְאֶת־גַּת־רִמּוֹן וְאֶת־מִגְרָשֶׁיהָ: וּמִמַּחֲצִית מַטֵּה מְנַשֶּׁה
אֶת־עָנֵר וְאֶת־מִגְרָשֶׁיהָ וְאֶת־בִּלְעָם וְאֶת־מִגְרָשֶׁיהָ לְמִשְׁפַּחַת
נו לִבְנֵי־קְהָת הַנּוֹתָרִים: לִבְנֵי גֵּרְשׁוֹם מִמִּשְׁפַּחַת חֲצִי
מַטֵּה מְנַשֶּׁה אֶת־גּוֹלָן בַּבָּשָׁן וְאֶת־מִגְרָשֶׁיהָ וְאֶת־עַשְׁתָּרוֹת
נז וְאֶת־מִגְרָשֶׁיהָ: וּמִמַּטֵּה יִשָּׂשכָר אֶת־קֶדֶשׁ וְאֶת־
נח מִגְרָשֶׁיהָ אֶת־דָּבְרַת וְאֶת־מִגְרָשֶׁיהָ: וְאֶת־רָאמוֹת וְאֶת־
נט מִגְרָשֶׁיהָ וְאֶת־עָנֵם וְאֶת־מִגְרָשֶׁיהָ: וּמִמַּטֵּה אָשֵׁר
ס אֶת־מָשָׁל וְאֶת־מִגְרָשֶׁיהָ וְאֶת־עַבְדּוֹן וְאֶת־מִגְרָשֶׁיהָ: וְאֶת־
סא חוּקֹק וְאֶת־מִגְרָשֶׁיהָ וְאֶת־רְחֹב וְאֶת־מִגְרָשֶׁיהָ: וּמִמַּטֵּה
נַפְתָּלִי אֶת־קֶדֶשׁ בַּגָּלִיל וְאֶת־מִגְרָשֶׁיהָ וְאֶת־חַמּוֹן וְאֶת־
סב מִגְרָשֶׁיהָ וְאֶת־קִרְיָתַיִם וְאֶת־מִגְרָשֶׁיהָ: לִבְנֵי
מְרָרִי הַנּוֹתָרִים מִמַּטֵּה זְבוּלֻן אֶת־רִמּוֹנוֹ וְאֶת־מִגְרָשֶׁיהָ
סג אֶת־תָּבוֹר וְאֶת־מִגְרָשֶׁיהָ: וּמֵעֵבֶר לְיַרְדֵּן יְרֵחוֹ לְמִזְרַח
הַיַּרְדֵּן מִמַּטֵּה רְאוּבֵן אֶת־בֶּצֶר בַּמִּדְבָּר וְאֶת־מִגְרָשֶׁיהָ
סד וְאֶת־יַהְצָה וְאֶת־מִגְרָשֶׁיהָ: וְאֶת־קְדֵמוֹת וְאֶת־מִגְרָשֶׁיהָ
סה וְאֶת־מֵיפַעַת וְאֶת־מִגְרָשֶׁיהָ: וּמִמַּטֵּה־גָד
אֶת־רָאמוֹת בַּגִּלְעָד וְאֶת־מִגְרָשֶׁיהָ וְאֶת־מַחֲנַיִם וְאֶת־
סו מִגְרָשֶׁיהָ: וְאֶת־חֶשְׁבּוֹן וְאֶת־מִגְרָשֶׁיהָ וְאֶת־יַעְזֵיר וְאֶת־
ז א מִגְרָשֶׁיהָ: וְלִבְנֵי יִשָּׂשכָר תּוֹלָע וּפוּאָה יָשִׁיב יָשׁוּב
ב וְשִׁמְרוֹן אַרְבָּעָה: וּבְנֵי תוֹלָע עֻזִּי וּרְפָיָה וִירִיאֵל וְיַחְמַי
וְיִבְשָׂם וּשְׁמוּאֵל רָאשִׁים לְבֵית־אֲבוֹתָם לְתוֹלָע גִּבּוֹרֵי חַיִל
לְתֹלְדוֹתָם מִסְפָּרָם בִּימֵי דָוִיד עֶשְׂרִים־וּשְׁנַיִם אֶלֶף וְשֵׁשׁ
ג מֵאוֹת: וּבְנֵי עֻזִּי יִזְרַחְיָה וּבְנֵי יִזְרַחְיָה מִיכָאֵל וְעֹבַדְיָה
ד וְיוֹאֵל יִשִּׁיָּה חֲמִשָּׁה רָאשִׁים כֻּלָּם: וַעֲלֵיהֶם לְתֹלְדוֹתָם לְבֵית
אֲבוֹתָם גְּדוּדֵי צְבָא מִלְחָמָה שְׁלֹשִׁים וְשִׁשָּׁה אָלֶף כִּי־הִרְבּוּ
ה נָשִׁים וּבָנִים: וַאֲחֵיהֶם לְכֹל מִשְׁפְּחוֹת יִשָּׂשכָר גִּבּוֹרֵי חֲיָלִים
ו שְׁמוֹנִים וְשִׁבְעָה אֶלֶף הִתְיַחְשָׂם לַכֹּל: בִּנְיָמִן בֶּלַע
ז וָבֶכֶר וִידִיעֲאֵל שְׁלֹשָׁה: וּבְנֵי בֶלַע אֶצְבּוֹן וְעֻזִּי וְעֻזִּיאֵל וִירִימוֹת
וְעִירִי חֲמִשָּׁה רָאשֵׁי בֵּית אָבוֹת גִּבּוֹרֵי חֲיָלִים וְהִתְיַחְשָׂם
ח עֶשְׂרִים וּשְׁנַיִם אֶלֶף וּשְׁלֹשִׁים וְאַרְבָּעָה: וּבְנֵי בֶכֶר
זְמִירָה וְיוֹעָשׁ וֶאֱלִיעֶזֶר וְאֶלְיוֹעֵינַי וְעָמְרִי וִירֵמוֹת וַאֲבִיָּה וַעֲנָתוֹת

out of the tribe of the children of Binyamin, these cities, which
are mentioned by names. And some of the families of 51
the sons of Qehat had cities of their borders out of the tribe
of Efrayim. For they gave to them the cities of refuge, Shekhem 52
in mount Efrayim with its pasture lands; and Gezer with its
pasture lands, and Yoqme'am with its pasture lands, and Bet- 53
ḥoron with its pasture lands, and Ayyalon with its pasture 54
lands, and Gat-rimmon with its pasture lands: and out of the 55
half tribe of Menashshe; 'Aner with its pasture lands, and
Bil'am with its pasture lands, for the family of the remnant of
the sons of Qehat. To the sons of Gershom were given 56
out of the family of the half tribe of Menashshe, Golan in the
Bashan with its pasture lands, and 'Ashtarot with its pasture
lands: and out of the tribe of Yissakhar; Qedesh with 57
its pasture lands, Daverat, with its pasture lands, and Ramot 58
with its pasture lands, and 'Anam with its pasture lands:
and out of the tribe of Asher; Mashal with its pasture 59
lands, and 'Avdon with its pasture lands, and Ḥuqoq with its 60
pasture lands and Reḥov with its pasture lands: and out 61
of the tribe of Naftali, Qedesh in the Galil with its pasture
lands, and Ḥammon with its pasture lands, and Qiryatayim with
its pasture lands. To the rest of the children of Merari 62
were given out of the tribe of Zevulun, Rimmono with its pasture
lands, Tavor with its pasture lands: and on the other side of 63
Yarden by Yeriḥo, on the east side of the Yarden, were given
them out of the tribes of Re'uven, Beẓer in the wilderness with
its pasture lands, and Yahẓa with its pasture lands, and Qede- 64
mot with its pasture lands, and Mefa'at with its pasture lands:
and out of the tribe of Gad; Ramot in the Gil'ad with its 65
pasture lands, and Maḥanayim with its pasture lands, and 66
Ḥeshbon with its pasture lands, and Ya'zer with its pasture
lands. Now the sons of Yissakhar were, Tola, and Pu'a, **7**
Yashuv, and Shimron, four. And the sons of Tola; 'Uzzi, and 2
Refaya, and Yeri'el, and Yaḥmay, and Yivsam, and Shemu'el,
heads of their father's houses, that is, of Tola; were valiant men
at arms in their generations: their number in the days of David
was twenty two thousand six hundred. And the sons of 3
'Uzzi; Yizraḥya: and the sons of Yizraḥya; Mikhal, and 'Ovadya
and Yo'el, Yishshiyya; five: all of them chief men. And with 4
them, by their generations, after the houses of their fathers,
were bands of soldiers for war; thirty six thousand men: for
they had many wives and sons. And their brethren among all 5
the families of Yissakhar, valiant men at arms, reckoned in all
by their genealogies, eighty seven thousand. The sons of 6
Binyamin; Bela, and Bekher, and Yedi'a'el; three. And the sons 7
of Bela; Eẓbon, and 'Uzzi, and 'Uzzi'el, and Yerimot, and 'Iri;
five; heads of the houses of their fathers, mighty men at arms;
and were reckoned by their genealogies, twenty two thousand
and thirty four. And the sons of Bekher; Zemira, and 8
Yo'ash, and Eli'ezer, and Elyo'enay, and 'Omri, and Yeremot,

וְעָלֶמֶת כָּל־אֵלֶּה בְּנֵי בָכֶר׃ וְהִתְיַחְשָׂם לְתֹלְדוֹתָם רָאשֵׁי ט
בֵּית אֲבוֹתָם גִּבּוֹרֵי חָיִל עֶשְׂרִים אֶלֶף וּמָאתָיִם׃ וּבְנֵי י
יְעוּשׁ יְדִיעֲאֵל בִּלְהָן וּבְנֵי בִלְהָן יעיש וּבִנְיָמִן וְאֵהוּד וּכְנַעֲנָה וְזֵיתָן
וְתַרְשִׁישׁ וַאֲחִישָׁחַר׃ כָּל־אֵלֶּה בְּנֵי יְדִיעֲאֵל לְרָאשֵׁי הָאָבוֹת יא
גִּבּוֹרֵי חֲיָלִים שִׁבְעָה־עָשָׂר אֶלֶף וּמָאתַיִם יֹצְאֵי צָבָא לַמִּלְחָמָה׃
וְשֻׁפִּם וְחֻפִּם בְּנֵי עִיר חֻשִׁם בְּנֵי אַחֵר׃ בְּנֵי נַפְתָּלִי יב יג
יַחֲצִיאֵל וְגוּנִי וְיֵצֶר וְשַׁלּוּם בְּנֵי בִלְהָה׃ בְּנֵי מְנַשֶּׁה יד
אַשְׂרִיאֵל אֲשֶׁר יָלָדָה פִּילַגְשׁוֹ הָאֲרַמִּיָּה יָלְדָה אֶת־מָכִיר אֲבִי
גִלְעָד׃ וּמָכִיר לָקַח אִשָּׁה לְחֻפִּים וּלְשֻׁפִּים וְשֵׁם אֲחֹתוֹ מַעֲכָה טו
וְשֵׁם הַשֵּׁנִי צְלָפְחָד וַתִּהְיֶנָה לִצְלָפְחָד בָּנוֹת׃ וַתֵּלֶד מַעֲכָה טז
אֵשֶׁת־מָכִיר בֵּן וַתִּקְרָא שְׁמוֹ פֶּרֶשׁ וְשֵׁם אָחִיו שָׁרֶשׁ וּבָנָיו
אוּלָם וָרָקֶם׃ וּבְנֵי אוּלָם בְּדָן אֵלֶּה בְּנֵי גִלְעָד בֶּן־מָכִיר יז
בֶּן־מְנַשֶּׁה׃ וַאֲחֹתוֹ הַמֹּלֶכֶת יָלְדָה אֶת־אִישׁ הוֹד וְאֶת־ יח
אֲבִיעֶזֶר וְאֶת־מַחְלָה׃ וַיִּהְיוּ בְּנֵי שְׁמִידָע אַחְיָן וָשֶׁכֶם וְלִקְחִי יט
וַאֲנִיעָם׃ וּבְנֵי אֶפְרַיִם שׁוּתָלַח וּבֶרֶד בְּנוֹ וְתַחַת כ
בְּנוֹ וְאֶלְעָדָה בְנוֹ וְתַחַת בְּנוֹ׃ וְזָבָד בְּנוֹ וְשׁוּתֶלַח בְּנוֹ כא
וְעֵזֶר וְאֶלְעָד וַהֲרָגוּם אַנְשֵׁי־גַת הַנּוֹלָדִים בָּאָרֶץ כִּי יָרְדוּ
לָקַחַת אֶת־מִקְנֵיהֶם׃ וַיִּתְאַבֵּל אֶפְרַיִם אֲבִיהֶם יָמִים רַבִּים כב
וַיָּבֹאוּ אֶחָיו לְנַחֲמוֹ׃ וַיָּבֹא אֶל־אִשְׁתּוֹ וַתַּהַר וַתֵּלֶד בֵּן וַיִּקְרָא כג
אֶת־שְׁמוֹ בְּרִיעָה כִּי בְרָעָה הָיְתָה בְּבֵיתוֹ׃ וּבִתּוֹ שֶׁאֱרָה כד
וַתִּבֶן אֶת־בֵּית־חוֹרוֹן הַתַּחְתּוֹן וְאֶת־הָעֶלְיוֹן וְאֵת אֻזֵּן שֶׁאֱרָה׃
וְרֶפַח בְּנוֹ וְרֶשֶׁף וְתֶלַח בְּנוֹ וְתַחַן בְּנוֹ׃ לַעְדָּן בְּנוֹ עַמִּיהוּד כה כו
בְּנוֹ אֱלִישָׁמָע בְּנוֹ׃ נוֹן בְּנוֹ יְהוֹשֻׁעַ בְּנוֹ׃ וַאֲחֻזָּתָם כז כח
וּמֹשְׁבוֹתָם בֵּית־אֵל וּבְנֹתֶיהָ וְלַמִּזְרָח נַעֲרָן וְלַמַּעֲרָב גֶּזֶר וּבְנֹתֶיהָ
וּשְׁכֶם וּבְנֹתֶיהָ עַד־עַיָּה וּבְנֹתֶיהָ׃ וְעַל־יְדֵי בְנֵי־מְנַשֶּׁה בֵּית־ כט
שְׁאָן וּבְנֹתֶיהָ תַּעְנַךְ וּבְנֹתֶיהָ מְגִדּוֹ וּבְנוֹתֶיהָ דּוֹר וּבְנוֹתֶיהָ בְּאֵלֶּה
יָשְׁבוּ בְּנֵי יוֹסֵף בֶּן־יִשְׂרָאֵל׃ בְּנֵי אָשֵׁר יִמְנָה וְיִשְׁוָה ל
וְיִשְׁוִי וּבְרִיעָה וְשֶׂרַח אֲחוֹתָם׃ וּבְנֵי בְרִיעָה חֶבֶר וּמַלְכִּיאֵל לא
בִּרְזָיִת הוּא אֲבִי ברזות׃ וְחֶבֶר הוֹלִיד אֶת־יַפְלֵט וְאֶת־שׁוֹמֵר וְאֶת־ לב
חוֹתָם וְאֵת שׁוּעָא אֲחוֹתָם׃ וּבְנֵי יַפְלֵט פָּסַךְ וּבִמְהָל וְעַשְׁוָת לג
וְרָהְגָּה וְחֻבָּה אֵלֶּה בְּנֵי יַפְלֵט׃ וּבְנֵי שָׁמֶר אֲחִי ורוהגה יחבה וַאֲרָם׃ וּבֶן־ לד לה
הֵלֶם אָחִיו צוֹפַח וְיִמְנָע וְשֵׁלֶשׁ וְעָמָל׃ בְּנֵי צוֹפַח סוּחַ וְחַרְנֶפֶר לו
וְשׁוּעָל וּבֵרִי וְיִמְרָה׃ בֶּצֶר וָהוֹד וְשַׁמָּא וְשִׁלְשָׁה וְיִתְרָן לז
וּבְאֵרָא׃ וּבְנֵי יֶתֶר יְפֻנֶּה וּפִסְפָּה וַאֲרָא׃ וּבְנֵי עֻלָּא אָרַח לח לט

and Aviyya, and ‘Anatot, and ‘Alemet. All these were the sons
of Bekher. And the number of them, after their genealogy by 9
their generations, heads of the houses of their fathers, mighty
men at arms, was twenty thousands two hundred. And 10
the sons of Yedi‘a’el; Bilhan: and the sons of Bilhan; Ye‘ush,
and Binyamin, and Ehud, and Kena‘ana, and Zetan, and Tar-
shish, and Aẖishaẖar. All these were the sons of Yedi‘a’el, by 11
the heads of their fathers, mighty men at arms, seventeen thou-
sand two hundred, fit to go out to war and battle. And Shuppim, 12
and H̱uppim, the children of ‘Ir, and H̱ushim, the sons of
Aẖer. The sons of Naftali; Yaẖẕi’el, and Guni, and Ye- 13
ẕer, and Shallum, the sons of Bilha. The sons of Menash- 14
she; Asri’el, whom she bore: (but his concubine, the Aram-
mian woman, bore Makhir the father of Gil‘ad: and Makhir 15
took to wife one of the family of H̱uppim and Shuppim, a sister,
whose name was Ma‘akha;) and the name of the second was
Ẕelofẖad: and Ẕelofẖad had daughters. And Ma‘akha the wife 16
of Makhir bore a son, and she called his name Peresh; and
the name of his brother was Sheresh; and his sons were Ulam
and Reqem. And the son of Ulam; Bedan. These were the sons 17
of Gil‘ad, the son of Makhir, the son of Menashshe. And his 18
sister Hammolekhet bore Ishhod, and Avi‘ezer, and Maẖla. And 19
the sons of Shemida were, Aẖyan, and Shekhem, and Liqẖi,
and Ani‘am. And the sons of Efrayim; Shutelaẖ, and 20
Bered his son, and Taẖat his son, and El‘ada his son, and Taẖat
his son, and Zavad his son, and Shutelaẖ his son, and ‘Ezer, 21
and El‘ad, whom the men of Gat that were born in that land
slew, because they came down to take away their cattle. And 22
Efrayim their father mourned many days, and his brothers came
to comfort him. And he went in to his wife, and she conceived, 23
and bore a son, and he called his name Beri‘a, because evil had
befallen his house. (And his daughter was She’era, who built 24
both the lower and the upper Bet-ẖoron, and Uzzen-she’era.)
And Refaẖ was his son, and Reshef, and Telaẖ his son, and 25
Taẖan his son, La‘dan his son, ‘Ammihud his son, Elishama 26
his son, Non his son, Yehoshua his son. And their posses- 27,28
sions and habitations were, Bet-el and its hamlets, and east-
ward Na‘aran, and westward Gezer, with its hamlets; and
Shekhem and its hamlets, as far as ‘Azza and its hamlets:
and by the borders of the children of Menashshe, Bet-she’an 29
and its hamlets, Ta‘nakh and its hamlets, Megiddo and its
hamlets, Dor and its hamlets. In these dwelt the children of
Yosef the son of Yisra’el. The sons of Asher; Yimna, and 30
Yishva, and Yishvi, and Beri‘a, and Seraẖ their sister. And the 31
sons of Beri‘a; H̱ever, and Malki’el, who is the father of Birzayit. 32
And H̱ever begot Yaflet, and Shomer, and H̱otam, and Shua their
sister. And the sons of Yaflet; Pasakh, and Bimhal, and ‘Ashvat. 33
These are the children of Yaflet. And the sons of Shemer; Aẖi, 34
and Rohga, and H̱ubba, and Aram. And the sons of his brother 35
Helem; Zofaẖ, and Yimna, and Shelesh, and ‘Amal. The sons 36
of Ẕofaẖ; Suaẖ, and H̱arnefer, and Shu‘al, and Beri, and Yimra,
Beẕer, and Hod, and Shamma, and Shilsha, and Yitran, and 37
Be’era. And the sons of Yeter; Yefunne, and Pispa, and Ara. 38

וְחַנִּיאֵל וְרִצְיָא׃ כָּל־אֵלֶּה בְנֵי־אָשֵׁר רָאשֵׁי בֵית־הָאָבוֹת מ
בְּרוּרִים גִּבּוֹרֵי חֲיָלִים רָאשֵׁי הַנְּשִׂיאִים וְהִתְיַחְשָׂם בַּצָּבָא
בַּמִּלְחָמָה מִסְפָּרָם אֲנָשִׁים עֶשְׂרִים וְשִׁשָּׁה אָלֶף׃
וּבִנְיָמִן הוֹלִיד אֶת־בֶּלַע בְּכֹרוֹ אַשְׁבֵּל הַשֵּׁנִי וְאַחְרַח הַשְּׁלִישִׁי׃ ח א
נוֹחָה הָרְבִיעִי וְרָפָא הַחֲמִישִׁי׃ וַיִּהְיוּ בָנִים לְבָלַע אַדָּר וְגֵרָא ב ג
וַאֲבִיהוּד׃ וַאֲבִישׁוּעַ וְנַעֲמָן וַאֲחוֹחַ׃ וְגֵרָא וּשְׁפוּפָן וְחוּרָם׃ ד ה
וְאֵלֶּה בְּנֵי אֵחוּד אֵלֶּה הֵם רָאשֵׁי אָבוֹת לְיוֹשְׁבֵי גֶבַע וַיַּגְלוּם ו
אֶל־מָנָחַת׃ וְנַעֲמָן וַאֲחִיָּה וְגֵרָא הוּא הֶגְלָם וְהוֹלִיד אֶת־עֻזָּא ז
וְאֶת־אֲחִיחֻד׃ וְשַׁחֲרַיִם הוֹלִיד בִּשְׂדֵה מוֹאָב מִן־שִׁלְחוֹ אֹתָם ח
חוּשִׁים וְאֶת־בַּעֲרָא נָשָׁיו׃ וַיּוֹלֶד מִן־חֹדֶשׁ אִשְׁתּוֹ אֶת־יוֹבָב ט
וְאֶת־צִבְיָא וְאֶת־מֵישָׁא וְאֶת־מַלְכָּם׃ וְאֶת־יְעוּץ וְאֶת־שָׂכְיָה י
וְאֶת־מִרְמָה אֵלֶּה בָנָיו רָאשֵׁי אָבוֹת׃ וּמֵחֻשִׁים הוֹלִיד אֶת־ יא
אֲבִיטוּב וְאֶת־אֶלְפָּעַל׃ וּבְנֵי אֶלְפַּעַל עֵבֶר וּמִשְׁעָם וָשָׁמֶד יב
הוּא בָּנָה אֶת־אוֹנוֹ וְאֶת־לֹד וּבְנֹתֶיהָ׃ וּבְרִעָה וָשֶׁמַע הֵמָּה יג
רָאשֵׁי הָאָבוֹת לְיוֹשְׁבֵי אַיָּלוֹן הֵמָּה הִבְרִיחוּ אֶת־יוֹשְׁבֵי גַת׃
וְאַחְיוֹ שָׁשַׁק וִירֵמוֹת׃ וּזְבַדְיָה וַעֲרָד וָעָדֶר׃ וּמִיכָאֵל וְיִשְׁפָּה יד טו טז
וְיוֹחָא בְּנֵי בְרִיעָה׃ וּזְבַדְיָה וּמְשֻׁלָּם וְחִזְקִי וָחָבֶר׃ וְיִשְׁמְרַי יז יח
וְיִזְלִיאָה וְיוֹבָב בְּנֵי אֶלְפָּעַל׃ וְיָקִים וְזִכְרִי וְזַבְדִּי׃ וֶאֱלִיעֵנַי יט כ
וְצִלְּתַי וֶאֱלִיאֵל׃ וַעֲדָיָה וּבְרָאיָה וְשִׁמְרָת בְּנֵי שִׁמְעִי׃ וְיִשְׁפָּן כא כב
וָעֵבֶר וֶאֱלִיאֵל׃ וְעַבְדּוֹן וְזִכְרִי וְחָנָן׃ וַחֲנַנְיָה וְעֵילָם וְעַנְתֹתִיָּה׃ כג כד
וּפְנוּאֵל וְיִפְדְיָה וּפניאל בְּנֵי שָׁשָׁק׃ וְשַׁמְשְׁרַי וּשְׁחַרְיָה וַעֲתַלְיָה׃ כה כו
וְיַעֲרֶשְׁיָה וְאֵלִיָּה וְזִכְרִי בְּנֵי יְרֹחָם׃ אֵלֶּה רָאשֵׁי אָבוֹת כז כח
לְתֹלְדוֹתָם רָאשִׁים אֵלֶּה יָשְׁבוּ בִירוּשָׁלִָם׃ וּבְגִבְעוֹן כט
יָשְׁבוּ אֲבִי גִבְעוֹן וְשֵׁם אִשְׁתּוֹ מַעֲכָה׃ וּבְנוֹ הַבְּכוֹר עַבְדּוֹן ל
וְצוּר וְקִישׁ וּבַעַל וְנָדָב׃ וּגְדוֹר וְאַחְיוֹ וָזָכֶר׃ וּמִקְלוֹת הוֹלִיד לא לב
אֶת־שִׁמְאָה וְאַף־הֵמָּה נֶגֶד אֲחֵיהֶם יָשְׁבוּ בִירוּשָׁלִַם עִם־
אֲחֵיהֶם׃ וְנֵר הוֹלִיד אֶת־קִישׁ וְקִישׁ הוֹלִיד אֶת־ לג
שָׁאוּל וְשָׁאוּל הוֹלִיד אֶת־יְהוֹנָתָן וְאֶת־מַלְכִּי־שׁוּעַ וְאֶת־
אֲבִינָדָב וְאֶת־אֶשְׁבָּעַל׃ וּבֶן־יְהוֹנָתָן מְרִיב בָּעַל וּמְרִיב בַּעַל לד
הוֹלִיד אֶת־מִיכָה׃ וּבְנֵי מִיכָה פִּיתוֹן וָמֶלֶךְ וְתַאֲרֵעַ וְאָחָז׃ לה
וְאָחָז הוֹלִיד אֶת־יְהוֹעַדָּה וִיהוֹעַדָּה הוֹלִיד אֶת־עָלֶמֶת וְאֶת־ לו
עַזְמָוֶת וְאֶת־זִמְרִי וְזִמְרִי הוֹלִיד אֶת־מוֹצָא׃ וּמוֹצָא הוֹלִיד לז
אֶת־בִּנְעָא רָפָה בְנוֹ אֶלְעָשָׂה בְנוֹ אָצֵל בְּנוֹ׃ וּלְאָצֵל שִׁשָּׁה לח
בָנִים וְאֵלֶּה שְׁמוֹתָם עַזְרִיקָם ׀ בֹּכְרוּ וְיִשְׁמָעֵאל וּשְׁעַרְיָה
וְעֹבַדְיָה וְחָנָן כָּל־אֵלֶּה בְּנֵי אָצֵל׃ וּבְנֵי עֵשֶׁק אָחִיו אוּלָם לט
ד בְּכֹרוֹ יְעוּשׁ הַשֵּׁנִי וֶאֱלִיפֶלֶט הַשְּׁלִשִׁי׃ וַיִּהְיוּ בְנֵי־אוּלָם מ

And the sons of 'Ulla ; Arah, and Hanni'el, and Rizya. All these **39,40** were the children of Asher, heads of their father's houses, choice and mighty men at arms, chiefs of the princes. And the number reckoned by genealogy of those who were apt for war and battle was twenty six thousand men.

Now Binyamin begot Bela his firstborn. Ashbel the second, and   **8** Ahrah the third, Noha the fourth, and Rafa the fifth. And the   **2,3** sons of Bela were, Addar, and Gera, and Avihud, and Avishua,   **4** and Na'aman, and Ahoah, and Gera, and Shefufan, and Huram.   **5** And these are the sons of Ehud: these are the heads of the   **6** fathers' houses of the inhabitants of Geva, and they were exiled into Manahat: and Na'aman, and Ahiyya, and Gera, he exiled   **7** them, and begot 'Uzza, and Ahihud. And Shaharayim begot   **8** children in the field of Mo'av, after he had sent away Hushim and Ba'ara his wives. And he begot of Hodesh his wife, Yovav,   **9** and Zivya, and Mesha, and Malkam, And Ye'uz, and Sokhya,   **10** and Mirma. These were his sons, heads of the fathers' houses. And of Hushim he begot Avituv, and Elpa'al. The sons of   **11,12** Elpa'al; 'Ever, and Mish'am, and Shemed, who built Ono, and Lod, with its hamlets : Beri'a also, and Shema, who were heads   **13** of the fathers' houses of the inhabitants of Ayyalon, who drove away the inhabitants of Gat: and Ahyo, Shashaq, and Yere-   **14** mot, and Zevadya, and 'Arad and 'Eder, and Mikha'el, and   **15,16** Yishpa, and Yoha, the sons of Beri'a ; and Zevadya, and   **17** Meshullam, and Hizqi, and Hever, and Yishmerary, and Yizli'a,   **18** and Yovav, the sons of Elpa'al ; and Yaqim, and Zikhri, and   **19** Zavdi, and Eli'esenay, and Zilletay, and Eli'el, and 'Adaya, and   **20,21** Beraya, and Shimrat, the sons of Shim'i ; and Yishpan, and   **22** 'Ever and Eli'el, and Avdon, and Zikhri, and Hanan, and Ha-   **23,24** nanya, and 'Elam, and 'Antotiyya, and Yifdeya, and Penu'el,   **25** the sons of Shashaq ; and Shamsheray, and Sheharya, and   **26,27** 'Atalya, and Ya'areshya, and Eliyya, and Zikhri, the sons of Yeroham. These were heads of the father's houses, by their   **28** generations, chief men. These dwelt in Yerushalayim.

And at Giv'on dwelt the father of Giv'on; whose wife's   **29** name was Ma'akha: and his firstborn son 'Avdon, and Zur, and   **30** Qish, and Ba'al, and Nadav, and Gedor, and Ahyo, and Zekher.   **31** And Miqlot begot Shim'a. And these also dwelt opposite their   **32** brethren in Yerushalayim, with their brethren.   And   **33** Ner begot Qish, and Qish begot Sha'ul, and Sha'ul begot Yeho- natan, and Malki-shua, and Avinadav, and Eshba'al. And the   **34** son of Yehonatan was Meriv-ba'al; and Meriv-ba'al begot Mikha. And the sons of Mikha were, Piton, and Melekh, and   **35** Ta'rea, and Ahaz. And Ahaz begot Yeho'adda; and Yeho'adda   **36** begot 'Alemet, and 'Azmavet, and Zimri ; and Zimri begot Moza, and Moza begot Bin'a : Rafa was his son, El'asa his son, Azel his   **37** son: and Azel had six sons, whose names are these, 'Azriqam,   **38** Bokheru, and Yishma'el, and She'arya, and 'Ovadya, and Hanan. All these were the sons of Azel. And the sons of 'Eseq his   **39** brother were, Ulam his firstborn, Ye'ush the second, and Eli- felet the third. And the sons of Ulam were mighty men at arms,   **40**

אַנְשִׁים גִּבּוֹרֵי־חַיִל דֹּרְכֵי קֶשֶׁת וּמַרְבִּים בָּנִים וּבְנֵי בָנִים
א מֵאָה וַחֲמִשִּׁים כָּל־אֵלֶּה מִבְּנֵי בִנְיָמִן: וְכָל־יִשְׂרָאֵל
הִתְיַחְשׂוּ וְהִנָּם כְּתוּבִים עַל־סֵפֶר מַלְכֵי יִשְׂרָאֵל וִיהוּדָה הָגְלוּ
ב לְבָבֶל בְּמַעֲלָם: וְהַיּוֹשְׁבִים הָרִאשֹׁנִים אֲשֶׁר בַּאֲחֻזָּתָם בְּעָרֵיהֶם
ג יִשְׂרָאֵל הַכֹּהֲנִים הַלְוִיִּם וְהַנְּתִינִים: וּבִירוּשָׁלַ͏ִם יָשְׁבוּ מִן־בְּנֵי
ד יְהוּדָה וּמִן־בְּנֵי בִנְיָמִן וּמִן־בְּנֵי אֶפְרַיִם וּמְנַשֶּׁה: עוּתַי בֶּן־
עַמִּיהוּד בֶּן־עָמְרִי בֶּן־אִמְרִי בֶּן־בנימן־בְּנֵי פֶרֶץ בֶּן־יְהוּדָה: בְּנֵי מִן
ה ו וּמִן־הַשִּׁילוֹנִי עֲשָׂיָה הַבְּכוֹר וּבָנָיו: וּמִן־בְּנֵי זֶרַח יְעוּאֵל וַאֲחֵיהֶם
ז שֵׁשׁ־מֵאוֹת וְתִשְׁעִים: וּמִן־בְּנֵי בִּנְיָמִן סַלּוּא בֶּן־מְשֻׁלָּם בֶּן־
ח הוֹדַוְיָה בֶּן־הַסְּנֻאָה: וְיִבְנְיָה בֶּן־יְרֹחָם וְאֵלָה בֶן־עֻזִּי בֶּן־מִכְרִי
ט וּמְשֻׁלָּם בֶּן־שְׁפַטְיָה בֶּן־רְעוּאֵל בֶּן־יִבְנִיָּה: וַאֲחֵיהֶם לְתֹלְדוֹתָם
תְּשַׁע מֵאוֹת וַחֲמִשִּׁים וְשִׁשָּׁה כָּל־אֵלֶּה אֲנָשִׁים רָאשֵׁי אָבוֹת
י לְבֵית אֲבֹתֵיהֶם: וּמִן־הַכֹּהֲנִים יְדַעְיָה וִיהוֹיָרִיב וְיָכִין:
יא וַעֲזַרְיָה בֶן־חִלְקִיָּה בֶּן־מְשֻׁלָּם בֶּן־צָדוֹק בֶּן־מְרָיוֹת בֶּן־אֲחִיטוּב
יב נְגִיד בֵּית הָאֱלֹהִים: וַעֲדָיָה בֶּן־יְרֹחָם בֶּן־פַּשְׁחוּר
בֶּן־מַלְכִּיָּה וּמַעְשַׂי בֶּן־עֲדִיאֵל בֶּן־יַחְזֵרָה בֶּן־מְשֻׁלָּם בֶּן־
יג מְשִׁלֵּמִית בֶּן־אִמֵּר: וַאֲחֵיהֶם רָאשִׁים לְבֵית אֲבוֹתָם אֶלֶף
וּשְׁבַע מֵאוֹת וְשִׁשִּׁים גִּבּוֹרֵי חֵיל מְלֶאכֶת עֲבוֹדַת בֵּית־
יד הָאֱלֹהִים: וּמִן־הַלְוִיִּם שְׁמַעְיָה בֶן־חַשּׁוּב בֶּן־עַזְרִיקָם בֶּן־
טו חֲשַׁבְיָה מִן־בְּנֵי מְרָרִי: וּבַקְבַּקַּר חֶרֶשׁ וְגָלָל וּמַתַּנְיָה בֶּן־
טז מִיכָא בֶּן־זִכְרִי בֶּן־אָסָף: וְעֹבַדְיָה בֶּן־שְׁמַעְיָה בֶּן־גָּלָל בֶּן־
יְדוּתוּן וּבֶרֶכְיָה בֶן־אָסָא בֶּן־אֶלְקָנָה הַיּוֹשֵׁב בְּחַצְרֵי נְטוֹפָתִי:
יז וְהַשֹּׁעֲרִים שַׁלּוּם וְעַקּוּב וְטַלְמֹן וַאֲחִימָן וַאֲחִיהֶם שַׁלּוּם הָרֹאשׁ:
יח וְעַד־הֵנָּה בְּשַׁעַר הַמֶּלֶךְ מִזְרָחָה הֵמָּה הַשֹּׁעֲרִים לְמַחֲנוֹת בְּנֵי
יט לֵוִי: וְשַׁלּוּם בֶּן־קוֹרֵא בֶּן־אֶבְיָסָף בֶּן־קֹרַח וְאֶחָיו לְבֵית־אָבִיו
הַקָּרְחִים עַל מְלֶאכֶת הָעֲבוֹדָה שֹׁמְרֵי הַסִּפִּים לָאֹהֶל וַאֲבֹתֵיהֶם
כ עַל־מַחֲנֵה יְהוָה שֹׁמְרֵי הַמָּבוֹא: וּפִינְחָס בֶּן־אֶלְעָזָר נָגִיד הָיָה
כא עֲלֵיהֶם לְפָנִים יְהוָה ׀ עִמּוֹ: זְכַרְיָה בֶּן מְשֶׁלֶמְיָה שֹׁעֵר פֶּתַח
כב לְאֹהֶל מוֹעֵד: כֻּלָּם הַבְּרוּרִים לְשֹׁעֲרִים בַּסִּפִּים מָאתַיִם וּשְׁנֵים
עָשָׂר הֵמָּה בְחַצְרֵיהֶם הִתְיַחְשָׂם הֵמָּה יִסַּד דָּוִיד וּשְׁמוּאֵל
כג הָרֹאֶה בֶּאֱמוּנָתָם: וְהֵם וּבְנֵיהֶם עַל־הַשְּׁעָרִים לְבֵית־יְהוָה
כד לְבֵית־הָאֹהֶל לְמִשְׁמָרוֹת: לְאַרְבַּע רוּחוֹת יִהְיוּ הַשֹּׁעֲרִים

archers, and had many sons, and sons' sons, a hundred and fifty.
All these were of the sons of Binyamin. So all Yisra'el 1
were reckoned by genealogies; and, behold, they were written
in the book of the kings of Yisra'el; and Yehuda was carried
away to Bavel for their transgresson. Now the first inhabitants 2
who dwelt in their possessions in their cities were, the Yisra'-
elites, the priests, Levites, and the temple servants. And in Ye- 3
rushalayim dwelt some of the children of Yehuda, and some
of the children of Binyamin, and some of the children of Ef-
rayim, and Menashshe; 'Utay the son of 'Ammihud, the son of 4
'Omri, the son of Imri, the son of Bani, of the children of
Pereẕ the son of Yehuda. And of the Shiloni; 'Asaya the first- 5
born, and his sons. And of the sons of Zeraḥ; Ye'u'el, and their 6
brethren, six hundred and ninety. And of the sons of Binyamin; 7
Sallu the son of Meshullam, the son of Hodavya, the son of
Senu'a, and Yivneya the son of Yeroḥam, and Ela the son of 8
'Uzzi, the son of Mikhri, and Meshullam the son of Shefatya,
the son of Re'u'el, the son of Yivniyya; and their brethren, 9
according to their generations, nine hundred and fifty six. All
these men were chiefs of the fathers in the houses of their
fathers. And of the priests; Yeda'ya, and Yehoyariv, and 10
Yakhin, and 'Azarya the son of Ḥilqiyya, the son of Meshullam, 11
the son of Ẕadoq, the son of Merayot, the son of Aḥituv, the
ruler of the house of God; and 'Adaya the son of Yeroḥam, 12
the son of Pashḥur, the son of Malkiyya, and Ma'asay the son
of 'Adi'el, the son of Yaḥzera, the son of Meshullam, the son of
Meshillemit, the son of Immer; and their brethren, heads of the 13
houses of their fathers, a thousand seven hundred and sixty;
very able men for the work of the service of the house of God.
And of the Levites; Shema'ya the son of Ḥashshuv, the son of 14
'Azriqam, the son of Ḥashavya, of the sons of Merari; and 15
Baqbaqqar, Ḥeresh, and Galal, and Mattanya the son of Mikha,
the son of Zikhri, the son of Asaf; and 'Ovadya the son of 16
Shema'ya, the son of Galal, the son of Yedutun, and Berekhya
the son of Asa, the son of Elqana, who dwelt in the settlements
of the Netofati. And the gatekeepers were; Shallum, and 'Aqquv, 17
and Talmon, and Aḥiman, and their brethren: (Shallum being
the chief;) who were hitherto stationed at the king's gate east- 18
ward; they were gatekeepers for the camp of the children of
Levi. And Shallum the son of Qore, the son of Evyasaf, the son 19
of Qoraḥ, and his brethren, of the house of his father, the Qor-
ḥim, were over the work of the service, keepers of the threshold
of the tabernacle: and their fathers, being over the camp
of the Lord, were keepers of the entry. And Pineḥas the son 20
of El'azar was the ruler over them in time past, and the Lord
was with him. And Zekharya the son of Meshelemya was 21
keeper of the door of the Tent of Meeting. All these who were 22
chosen to be keepers in the thresholds were two hundred and
twelve. These were reckoned by their genealogy in their settle- 23
ments, whom David and Shemu'el the seer did establish in
their office of trust. So they and their children had the oversight
of the gates of the house of the Lord, the house of the taber-
nacle, by watches. On the four sides were the gatekeepers; 24

כה מִזְרָח יָמָּה צָפוֹנָה וָנֶגְבָּה׃ וַאֲחֵיהֶם בְּחַצְרֵיהֶם לָבוֹא לְשִׁבְעַת
כו הַיָּמִים מֵעֵת אֶל־עֵת עִם־אֵלֶּה׃ כִּי בֶאֱמוּנָה הֵמָּה אַרְבַּעַת
גִּבֹּרֵי הַשֹּׁעֲרִים הֵם הַלְוִיִּם וְהָיוּ עַל־הַלְּשָׁכוֹת וְעַל־הָאֹצְרוֹת
כז בֵּית הָאֱלֹהִים׃ וּסְבִיבוֹת בֵּית־הָאֱלֹהִים יָלִינוּ כִּי־עֲלֵיהֶם
כח מִשְׁמֶרֶת וְהֵם עַל־הַמַּפְתֵּחַ וְלַבֹּקֶר לַבֹּקֶר׃ וּמֵהֶם עַל־כְּלֵי
כט הָעֲבוֹדָה כִּי בְמִסְפָּר יְבִיאוּם וּבְמִסְפָּר יוֹצִיאוּם׃ וּמֵהֶם מְמֻנִּים
עַל־הַכֵּלִים וְעַל כָּל־כְּלֵי הַקֹּדֶשׁ וְעַל־הַסֹּלֶת וְהַיַּיִן וְהַשֶּׁמֶן
ל וְהַלְּבוֹנָה וְהַבְּשָׂמִים׃ וּמִן־בְּנֵי הַכֹּהֲנִים רֹקְחֵי הַמִּרְקַחַת
לא לַבְּשָׂמִים׃ וּמַתִּתְיָה מִן־הַלְוִיִּם הוּא הַבְּכוֹר לְשַׁלֻּם הַקָּרְחִי
לב בֶּאֱמוּנָה עַל מַעֲשֵׂה הַחֲבִתִּים׃ וּמִן־בְּנֵי הַקְּהָתִי מִן־אֲחֵיהֶם
לג עַל־לֶחֶם הַמַּעֲרָכֶת לְהָכִין שַׁבַּת שַׁבָּת׃ וְאֵלֶּה
הַמְשֹׁרְרִים רָאשֵׁי אָבוֹת לַלְוִיִּם בַּלְּשָׁכֹת פטירים כִּי־יוֹמָם פְּטוּרִים
לד וָלַיְלָה עֲלֵיהֶם בַּמְּלָאכָה׃ אֵלֶּה רָאשֵׁי הָאָבוֹת לַלְוִיִּם לְתֹלְדוֹתָם
רָאשִׁים אֵלֶּה יָשְׁבוּ בִירוּשָׁלָםִ׃
לה לו וּבְגִבְעוֹן יָשְׁבוּ אֲבִי־גִבְעוֹן יעואל וְשֵׁם אִשְׁתּוֹ מַעֲכָה׃ וּבְנוֹ יְעִיאֵל
לז הַבְּכוֹר עַבְדּוֹן וְצוּר וְקִישׁ וּבַעַל וְנֵר וְנָדָב׃ וּגְדוֹר וְאַחְיוֹ וּזְכַרְיָה
לח וּמִקְלוֹת׃ וּמִקְלוֹת הוֹלִיד אֶת־שִׁמְאָם וְאַף־הֵם נֶגֶד אֲחֵיהֶם
לט יָשְׁבוּ בִירוּשָׁלַםִ עִם־אֲחֵיהֶם׃ וְנֵר הוֹלִיד אֶת־קִישׁ
וְקִישׁ הוֹלִיד אֶת־שָׁאוּל וְשָׁאוּל הוֹלִיד אֶת־יְהוֹנָתָן וְאֶת־
מ מַלְכִּי־שׁוּעַ וְאֶת־אֲבִינָדָב וְאֶת־אֶשְׁבָּעַל׃ וּבֶן־יְהוֹנָתָן מְרִיב
מא בָּעַל וּמְרִי־בַעַל הוֹלִיד אֶת־מִיכָה׃ וּבְנֵי מִיכָה פִּיתֹן וָמֶלֶךְ
מב וְתַחְרֵעַ׃ וְאָחָז הוֹלִיד אֶת־יַעְרָה וְיַעְרָה הוֹלִיד אֶת־עָלֶמֶת
מג וְאֶת־עַזְמָוֶת וְאֶת־זִמְרִי וְזִמְרִי הוֹלִיד אֶת־מוֹצָא׃ וּמוֹצָא
מד הוֹלִיד אֶת־בִּנְעָא וּרְפָיָה בְנוֹ אֶלְעָשָׂה בְנוֹ אָצֵל בְּנוֹ׃ וּלְאָצֵל
שִׁשָּׁה בָנִים וְאֵלֶּה שְׁמוֹתָם עַזְרִיקָם ׀ בֹּכְרוּ וְיִשְׁמָעֵאל וּשְׁעַרְיָה
וְעֹבַדְיָה וְחָנָן אֵלֶּה בְּנֵי אָצֵל׃
י א וּפְלִשְׁתִּים נִלְחֲמוּ בְיִשְׂרָאֵל וַיָּנָס אִישׁ־יִשְׂרָאֵל מִפְּנֵי פְלִשְׁתִּים
ב וַיִּפְּלוּ חֲלָלִים בְּהַר גִּלְבֹּעַ׃ וַיַּדְבְּקוּ פְלִשְׁתִּים אַחֲרֵי שָׁאוּל
וְאַחֲרֵי בָנָיו וַיַּכּוּ פְלִשְׁתִּים אֶת־יוֹנָתָן וְאֶת־אֲבִינָדָב וְאֶת־
ג מַלְכִּי־שׁוּעַ בְּנֵי שָׁאוּל׃ וַתִּכְבַּד הַמִּלְחָמָה עַל־שָׁאוּל וַיִּמְצָאֻהוּ
ד הַמּוֹרִים בַּקָּשֶׁת וַיָּחֶל מִן־הַיּוֹרִים׃ וַיֹּאמֶר שָׁאוּל אֶל־נֹשֵׂא
כֵלָיו שְׁלֹף חַרְבְּךָ ׀ וְדָקְרֵנִי בָהּ פֶּן־יָבֹאוּ הָעֲרֵלִים הָאֵלֶּה
וְהִתְעַלְּלוּ־בִי וְלֹא אָבָה נֹשֵׂא כֵלָיו כִּי יָרֵא מְאֹד וַיִּקַּח שָׁאוּל
ה אֶת־הַחֶרֶב וַיִּפֹּל עָלֶיהָ׃ וַיַּרְא נֹשֵׂא־כֵלָיו כִּי מֵת שָׁאוּל וַיִּפֹּל
ו גַּם־הוּא עַל־הַחֶרֶב וַיָּמֹת׃ וַיָּמָת שָׁאוּל וּשְׁלֹשֶׁת בָּנָיו וְכָל־
ז בֵּיתוֹ יַחְדָּו מֵתוּ׃ וַיִּרְאוּ כָּל־אִישׁ יִשְׂרָאֵל אֲשֶׁר־בָּעֵמֶק כִּי נָסוּ

east, west, north, and south. And their brethren, who were in 25
their settlements, were to come in every seven days from time
to time to be with them. For these Levites, the four chief gate- 26
keepers, were in an office of trust, and were appointed over the
chambers and treasuries of the house of God. And they lodged 27
round about the house of God, because the charge was upon
them, and they had the duty of opening it every morning. And 28
certain of them had the charge of the vessels of service, that
they should bring them in by number and out by number.
Some of them also were appointed to oversee the vessels, and 29
all the instruments of the sanctuary, and the fine flour, and
the wine, and the oil, and the frankincense, and the spices.
And some of the sons of the priests made the ointment of the 30
spices. And Mattitya, one of the Levites, who was the first- 31
born of Shallum the Qorẖite, was entrusted with that which
was prepared in the pans. And other of their brethren, of the 32
sons of the Qehati, were over the showbread, to prepare it
every sabbath. And these were the singers, chiefs of 33
the fathers' houses of the Levites, dwelling in the temple cham-
bers free from other duties : for they were employed in that
work day and night. These were chiefs of fathers' houses of 34
the Levites, chief men by their generations; these dwelt in
Yerushalayim.
And in Giv'on dwelt the father of Giv'on, Ye'i'el, whose wife's 35
name was Ma'akha: and his firstborn son 'Avdon, then Ẕur, 36
and Qish, and Ba'al, and Ner, and Nadav, and Gedor, and Aẖyo, 37
and Zekharya, and Miqlot. And Miqlot begot Shim'am. And 38
they also dwelt opposite their brethren in Yerushalayim, with
their brethren. And Ner begot Qish ; and Qish begot 39
Sha'ul ; and Sha'ul begot Yehonatan, and Malki-shua, and Avi-
nadav, and Eshba'al. And the son of Yehonatan was Meriv- 40
ba'al ; and Meriv-ba'al begot Mikha. And the sons of Mikha 41
were, Piton, and Melekh, and Taẖrea, and Aẖaz begot Ya'ra ; 42
and Ya'ra begot 'Alemet, and 'Azmavet, and Zimri; and Zimri
begot Moẕa; and Moẕa begot Bin'a; and Refaya his son, El'asa 43
his son, Aẕel his son. And Aẕel had six sons, whose names 44
were these, 'Azriqam, Bokheru, and Yishma'el, and She'arya,
and 'Ovadya, and H̱anan : these were the sons of Aẕel.
Now the Pelishtim fought against Yisra'el ; and the men of **10**
Yisra'el fled from before the Pelishtim and fell down slain on
mount Gilboa. And the Pelishtim followed hard after Sha'ul, 2
and after his sons; and the Pelishtim slew Yonatan, and Avi-
nadav, and Malki-shua, the sons of Sha'ul. And the battle went 3
hard against Sha'ul, and the archers hit him, and he was in
dread because of the archers. Then Sha'ul said to his armour- 4
bearer, Draw thy sword, and pierce me with it; lest these un-
circumcised ones come and abuse me. But his armourbearer
would not; for he was much afraid. So Sha'ul took a sword,
and fell upon it. And when his armourbearer saw that Sha'ul 5
was dead, he fell likewise on the sword, and died. So Sha'ul 6
died, and his three sons, and all his house died together. And 7

וְכִי־מֵתוּ שָׁאוּל וּבָנָיו וַיַּעַזְבוּ עָרֵיהֶם וַיָּנֻסוּ וַיָּבֹאוּ פְלִשְׁתִּים
ח וַיֵּשְׁבוּ בָּהֶם׃ וַיְהִי מִמָּחֳרָת וַיָּבֹאוּ פְלִשְׁתִּים לְפַשֵּׁט
אֶת־הַחֲלָלִים וַיִּמְצְאוּ אֶת־שָׁאוּל וְאֶת־בָּנָיו נֹפְלִים בְּהַר גִּלְבֹּעַ׃
ט וַיַּפְשִׁיטֻהוּ וַיִּשְׂאוּ אֶת־רֹאשׁוֹ וְאֶת־כֵּלָיו וַיְשַׁלְּחוּ בְאֶרֶץ־פְּלִשְׁתִּים
י סָבִיב לְבַשֵּׂר אֶת־עֲצַבֵּיהֶם וְאֶת־הָעָם׃ וַיָּשִׂימוּ אֶת־כֵּלָיו בֵּית
יא אֱלֹהֵיהֶם וְאֶת־גֻּלְגָּלְתּוֹ תָקְעוּ בֵית דָּגוֹן׃ וַיִּשְׁמְעוּ
יב כֹּל יָבֵישׁ גִּלְעָד אֵת כָּל־אֲשֶׁר־עָשׂוּ פְלִשְׁתִּים לְשָׁאוּל׃ וַיָּקוּמוּ
כָּל־אִישׁ חַיִל וַיִּשְׂאוּ אֶת־גּוּפַת שָׁאוּל וְאֵת גּוּפֹת בָּנָיו וַיְבִיאוּם
יָבֵישָׁה וַיִּקְבְּרוּ אֶת־עַצְמוֹתֵיהֶם תַּחַת הָאֵלָה בְּיָבֵשׁ וַיָּצוּמוּ
יג שִׁבְעַת יָמִים׃ וַיָּמָת שָׁאוּל בְּמַעֲלוֹ אֲשֶׁר מָעַל בַּיהוה עַל־דְּבַר
יד יהוה אֲשֶׁר לֹא־שָׁמָר וְגַם־לִשְׁאוֹל בָּאוֹב לִדְרוֹשׁ׃ וְלֹא־דָרַשׁ
בַּיהוה וַיְמִיתֵהוּ וַיַּסֵּב אֶת־הַמְּלוּכָה לְדָוִיד בֶּן־יִשָׁי׃
יא א וַיִּקָּבְצוּ כָל־יִשְׂרָאֵל אֶל־דָּוִיד חֶבְרוֹנָה לֵאמֹר הִנֵּה עַצְמְךָ
ב וּבְשָׂרְךָ אֲנָחְנוּ׃ גַּם־תְּמוֹל גַּם־שִׁלְשׁוֹם גַּם בִּהְיוֹת שָׁאוּל מֶלֶךְ
אַתָּה הַמּוֹצִיא וְהַמֵּבִיא אֶת־יִשְׂרָאֵל וַיֹּאמֶר יהוה אֱלֹהֶיךָ לְךָ
אַתָּה תִרְעֶה אֶת־עַמִּי אֶת־יִשְׂרָאֵל וְאַתָּה תִּהְיֶה נָגִיד עַל עַמִּי
ג יִשְׂרָאֵל׃ וַיָּבֹאוּ כָּל־זִקְנֵי יִשְׂרָאֵל אֶל־הַמֶּלֶךְ חֶבְרוֹנָה וַיִּכְרֹת
לָהֶם דָּוִיד בְּרִית בְּחֶבְרוֹן לִפְנֵי יהוה וַיִּמְשְׁחוּ אֶת־דָּוִיד לְמֶלֶךְ
ד עַל־יִשְׂרָאֵל כִּדְבַר יהוה בְּיַד־שְׁמוּאֵל׃ וַיֵּלֶךְ דָּוִיד
וְכָל־יִשְׂרָאֵל יְרוּשָׁלִַם הִיא יְבוּס וְשָׁם הַיְבוּסִי יֹשְׁבֵי הָאָרֶץ׃
ה וַיֹּאמְרוּ יֹשְׁבֵי יְבוּס לְדָוִיד לֹא תָבוֹא הֵנָּה וַיִּלְכֹּד דָּוִיד אֶת־מְצֻדַת
ו צִיּוֹן הִיא עִיר דָּוִיד׃ וַיֹּאמֶר דָּוִיד כָּל־מַכֵּה יְבוּסִי בָּרִאשֹׁנָה יִהְיֶה
לְרֹאשׁ וּלְשָׂר וַיַּעַל בָּרִאשׁוֹנָה יוֹאָב בֶּן־צְרוּיָה וַיְהִי לְרֹאשׁ׃
ז ח וַיֵּשֶׁב דָּוִיד בַּמְצָד עַל־כֵּן קָרְאוּ־לוֹ עִיר דָּוִיד׃ וַיִּבֶן הָעִיר
מִסָּבִיב מִן־הַמִּלּוֹא וְעַד־הַסָּבִיב וְיוֹאָב יְחַיֶּה אֶת־שְׁאָר הָעִיר׃
ט וַיֵּלֶךְ דָּוִיד הָלוֹךְ וְגָדוֹל וַיהוה צְבָאוֹת עִמּוֹ׃ ה
י וְאֵלֶּה רָאשֵׁי הַגִּבּוֹרִים אֲשֶׁר לְדָוִיד הַמִּתְחַזְּקִים עִמּוֹ בְמַלְכוּתוֹ
יא עִם־כָּל־יִשְׂרָאֵל לְהַמְלִיכוֹ כִּדְבַר יהוה עַל־יִשְׂרָאֵל׃ וְאֵלֶּה
מִסְפַּר הַגִּבֹּרִים אֲשֶׁר לְדָוִיד יָשָׁבְעָם בֶּן־חַכְמוֹנִי רֹאשׁ השלושים הַשָּׁלִישִׁים
הוּא־עוֹרֵר אֶת־חֲנִיתוֹ עַל־שְׁלֹשׁ־מֵאוֹת חָלָל בְּפַעַם אֶחָת׃
יב וְאַחֲרָיו אֶלְעָזָר בֶּן־דּוֹדוֹ הָאֲחוֹחִי הוּא בִּשְׁלוֹשָׁה הַגִּבֹּרִים׃
יג הוּא־הָיָה עִם־דָּוִיד בַּפַּס דַּמִּים וְהַפְּלִשְׁתִּים נֶאֶסְפוּ־שָׁם
לַמִּלְחָמָה וַתְּהִי חֶלְקַת הַשָּׂדֶה מְלֵאָה שְׂעוֹרִים וְהָעָם נָסוּ
יד מִפְּנֵי פְלִשְׁתִּים׃ וַיִּתְיַצְּבוּ בְתוֹךְ־הַחֶלְקָה וַיַּצִּילוּהָ וַיַּכּוּ אֶת־

when all the men of Yisra'el who were in the valley saw that
they fled, and that Sha'ul and his sons were dead, then they
forsook their cities, and fled: and the Pelishtim came and
dwelt in them. And it came to pass on the morrow, when 8
the Pelishtim came to strip the slain, that they found Sha'ul
and his sons fallen on mount Gilboa. And when they had stripped 9
him, they took his head, and his armour, and sent into the
land of the Pelishtim round about, to carry tidings to their
idols, and to the people. And they put his armour in the house 10
of their gods, and fastened his head in the temple of Dagon.
And when all Yavesh-gil'ad heard all that the Pelish- 11
tim had done to Sha'ul, they arose, all the men at arms, and 12
took away the body of Sha'ul, and the bodies of his sons, and
brought them to Yavesh, and buried their bones under the
terebinth in Yavesh, and fasted seven days. So Sha'ul died 13
for his transgression which he committed against the Lord,
against the word of the Lord, which he did not keep, and also
for asking counsel of a medium, to make inquiry; and he 14
inquired not of the Lord: therefore he slew him, and turned
the kingdom over to David the son of Yishay.
11 Then all Yisra'el gathered themselves to David to Ḥevron,
2 saying, Behold, we are thy bone and thy flesh. And moreover
in time past, even when Sha'ul was king, thou wast he who
didst lead out Yisra'el and bring them in: and the Lord thy
God said to thee, Thou shalt be shepherd over my people
Yisra'el, and thou shalt be ruler over my people Yisra'el.
3 Therefore all the elders of Yisra'el came to the king to Ḥevron;
and David made a covenant with them in Ḥevron before the
Lord; and they anointed David king over Yisra'el, according
to the word of the Lord by Shemu'el. And David and all 4
Yisra'el went to Yerushalayim, which is Yevus; where the
Yevusi were, the inhabitants of the land. And the inhabitants 5
of Yevus said to David, Thou shalt not come here. Nevertheless
David took the stronghold of Ẕiyyon, which is the city of David.
And David said, Whoever smites the Yevusi first shall be chief 6
and captain. So Yo'av the son of Ẕeruya went first up, and
became the chief. And David dwelt in the stronghold; there- 7
fore they called it the city of David. And he built the city round 8
about, even from the Millo round about: and Yo'av repaired
the rest of the city. So David grew greater and greater: for 9
the Lord of hosts was with him.
These also are the chiefs of the mighty men whom David had, 10
who held fast to him in his kingdom, together with all Yis-
ra'el, to make him king, according to the word of the Lord
concerning Yisra'el. And this is the number of the mighty 11
men whom David had; Yashov'am, the son of Ḥakhmoni, the
chief of the captains: he swung his spear over three hundred
slain at one time. And after him was El'azar the son of Dodo, 12
the Aḥoḥite, who was one of the three mighty men. He was 13
with David at Pas-dammim, and there the Pelishtim were gath-
ered together to battle, where there was a plot of ground
full of barley; and the people fled from before the Pelishtim.
And they set themselves in the midst of that plot, and deli- 14

טו פְלִשְׁתִּים וַיּוֹשַׁע יְהוָה תְּשׁוּעָה גְדוֹלָה׃ וַיֵּרְדוּ שְׁלוֹשָׁה
מִן־הַשְּׁלוֹשִׁים רֹאשׁ עַל־הַצֻּר אֶל־דָּוִיד אֶל־מְעָרַת עֲדֻלָּם
טז וּמַחֲנֵה פְלִשְׁתִּים חֹנָה בְּעֵמֶק רְפָאִים׃ וְדָוִיד אָז בַּמְּצוּדָה
יז וּנְצִיב פְּלִשְׁתִּים אָז בְּבֵית לָחֶם׃ וַיִּתְאָו דָּוִיד וַיֹּאמַר מִי יַשְׁקֵנִי
יח מַיִם מִבּוֹר בֵּית־לֶחֶם אֲשֶׁר בַּשָּׁעַר׃ וַיִּבְקְעוּ הַשְּׁלֹשָׁה בְּמַחֲנֵה
פְלִשְׁתִּים וַיִּשְׁאֲבוּ־מַיִם מִבּוֹר בֵּית לֶחֶם אֲשֶׁר בַּשַּׁעַר וַיִּשְׂאוּ
וַיָּבִאוּ אֶל־דָּוִיד וְלֹא־אָבָה דָוִיד לִשְׁתּוֹתָם וַיְנַסֵּךְ אֹתָם לַיהוָה׃
יט וַיֹּאמֶר חָלִילָה לִּי מֵאֱלֹהַי מֵעֲשׂוֹת זֹאת הֲדַם הָאֲנָשִׁים
הָאֵלֶּה אֶשְׁתֶּה בְנַפְשׁוֹתָם כִּי בְנַפְשׁוֹתָם הֱבִיאוּם וְלֹא אָבָה
כ לִשְׁתּוֹתָם אֵלֶּה עָשׂוּ שְׁלֹשֶׁת הַגִּבּוֹרִים׃ וְאַבְשַׁי
אֲחִי־יוֹאָב הוּא הָיָה רֹאשׁ הַשְּׁלוֹשָׁה וְהוּא עוֹרֵר אֶת־
כא חֲנִיתוֹ עַל־שְׁלֹשׁ מֵאוֹת חָלָל וְלֹא־שֵׁם בַּשְּׁלוֹשָׁה׃ מִן־ ולו־
הַשְּׁלוֹשָׁה בַשְּׁנַיִם נִכְבָּד וַיְהִי לָהֶם לְשָׂר וְעַד־הַשְּׁלוֹשָׁה
כב לֹא־בָא׃ בְּנָיָה בֶן־יְהוֹיָדָע בֶּן־אִישׁ־חַיִל רַב־
פְּעָלִים מִן־קַבְצְאֵל הוּא הִכָּה אֵת שְׁנֵי אֲרִיאֵל מוֹאָב
כג וְהוּא יָרַד וְהִכָּה אֶת־הָאֲרִי בְּתוֹךְ הַבּוֹר בְּיוֹם הַשָּׁלֶג׃ וְהוּא
הִכָּה אֶת־הָאִישׁ הַמִּצְרִי אִישׁ מִדָּה ׀ חָמֵשׁ בָּאַמָּה וּבְיַד
הַמִּצְרִי חֲנִית כִּמְנוֹר אֹרְגִים וַיֵּרֶד אֵלָיו בַּשָּׁבֶט וַיִּגְזֹל אֶת־
כד הַחֲנִית מִיַּד הַמִּצְרִי וַיַּהַרְגֵהוּ בַּחֲנִיתוֹ׃ אֵלֶּה עָשָׂה בְּנָיָהוּ בֶּן־
כה יְהוֹיָדָע וְלוֹ־שֵׁם בִּשְׁלוֹשָׁה הַגִּבֹּרִים׃ מִן־הַשְּׁלוֹשִׁים הִנּוֹ
נִכְבָּד הוּא וְאֶל־הַשְּׁלֹשָׁה לֹא־בָא וַיְשִׂימֵהוּ דָוִיד עַל־
כו מִשְׁמַעְתּוֹ׃ וְגִבּוֹרֵי הַחֲיָלִים עֲשָׂהאֵל אֲחִי יוֹאָב
כז אֶלְחָנָן בֶּן־דּוֹדוֹ מִבֵּית לָחֶם׃ שַׁמּוֹת הַהֲרוֹרִי
כח חֶלֶץ הַפְּלוֹנִי׃ עִירָא בֶן־עִקֵּשׁ הַתְּקוֹעִי אֲבִיעֶזֶר
כט ל הָעַנְּתוֹתִי׃ סִבְּכַי הַחֻשָׁתִי עִילַי הָאֲחוֹחִי׃ מַהְרַי
לא הַנְּטֹפָתִי חֵלֶד בֶּן־בַּעֲנָה הַנְּטוֹפָתִי׃ אִיתַי בֶּן־רִיבַי
לב מִגִּבְעַת בְּנֵי בִנְיָמִן בְּנָיָה הַפִּרְעָתֹנִי׃ חוּרַי מִנַּחֲלֵי
לג גָעַשׁ אֲבִיאֵל הָעַרְבָתִי׃ עַזְמָוֶת הַבַּחֲרוּמִי אֶלְיַחְבָּא
לד הַשַּׁעַלְבֹנִי׃ בְּנֵי הָשֵׁם הַגִּזוֹנִי יוֹנָתָן בֶּן־שָׁגֵה
לה הַהֲרָרִי׃ אֲחִיאָם בֶּן־שָׂכָר הַהֲרָרִי אֱלִיפַל בֶּן־
לו לז אוּר׃ חֵפֶר הַמְּכֵרָתִי אֲחִיָּה הַפְּלֹנִי׃ חֶצְרוֹ
לח הַכַּרְמְלִי נַעֲרַי בֶּן־אֶזְבָּי׃ יוֹאֵל אֲחִי נָתָן מִבְחָר בֶּן־
לט הַגְרִי׃ צֶלֶק הָעַמּוֹנִי נַחְרַי הַבֵּרֹתִי נֹשֵׂא כְּלֵי יוֹאָב בֶּן־
מ מא צְרוּיָה׃ עִירָא הַיִּתְרִי גָּרֵב הַיִּתְרִי׃ אוּרִיָּה
מב הַחִתִּי זָבָד בֶּן־אַחְלָי׃ עֲדִינָא בֶן־שִׁיזָא הָרְאוּבֵנִי
מג רֹאשׁ לָרְאוּבֵנִי וְעָלָיו שְׁלוֹשִׁים׃ חָנָן בֶּן־מַעֲכָה וְיוֹשָׁפָט

vered it, and slew the Pelishtim; and the LORD saved them by a
great deliverance. Now three of the thirty captains went down 15
to the rock to David, into the cave of 'Adullam; and the host
of the Pelishtim encamped in the valley of Refa'im. And David 16
was then in the stronghold, and the garrison of the Pelishtim
was then at Bet-leḥem. And David longed, and said, Oh that 17
someone would give me water of the well of Bet-leḥem, that
is by the gate, to drink! And those three broke through the 18
host of the Pelishtim, and drew water out of the well of Bet-
leḥem, that was by the gate, and took it, and brought it to
David: but David would not drink of it, but poured it out to
the LORD, and he said, far be it from me before my GOD, that 19
I should do this thing: shall I drink the blood of these men that
have put their lives in jeopardy? for with the jeopardy of their
lives have they brought it. Therefore he would not drink it. These
things did these three mightiest. And Avshay the brother 20
of Yo'av, he was chief among the three: and he swung his
spear over three hundred slain, and had a name among the
three. Of the three in the second rank he was most honourable; 21
therefore he was their captain: but he attained not to the first
three. Benaya the son of Yehoyada, the son of a valiant 22
man of Qavẕe'el, who had done many acts; he slew two lion-
hearted men of Mo'av: and he went down and slew a lion in a
pit in a time of snow. And he slew a Miẕrian man, a man of great 23
stature, five cubits high; and in the Miẕrian's hand was a spear
like a weaver's beam; and he went down to him with a staff,
and plucked the spear out of the Miẕrian's hand, and slew him
with his own spear. These things Benayahu the son of Yeho- 24
yada did, and he had a name among the three mighty ones.
Behold, he was renowned among the thirty, but did not at- 25
tain to the first three: and David set him over his guard.

And the valiant men of the armies were 'Asa'el the brother of 26
Yo'av, Elḥanan the son of Dodo of Bet-leḥem, Shammot 27
the Harorite, Ḥeleẕ the Pelonite, 'Ira the son of 'Iqqesh 28
the Teqo'ite, Avi'ezer the 'Antotite, Sibbekhay the Ḥu- 29
shatite, 'Ilay the Aḥohite, Maharay the Netofatite, Ḥeled 30
the son of Ba'ana the Netofatite, Itay the son of Rivay 31
of Giv'a of the children of Binyamin, Benaya the Pir'atonite,
Ḥuray of the wadis of Ga'ash, Avi'el the 'Arvatite, 32
'Azmavet the Baḥarumite, Elyaḥba the Sha'alvonite, 33
the sons of Hashem the Gizonite, Yonatan the son of 34
Shage the Hararite, Aḥi'am the son of Sakhar the Hararite, 35
Elifal the son of Ur, Ḥefer the Mekheratite, Aḥiyya the 36
Pelonite, Ḥeẕro the Karmelite, Na'aray the son of Ezbay, 37
Yo'el the brother of Natan, Mivḥar the son of Hagri, 38
Ẕeleq the 'Ammonite, Naḥray the Berotite, the armour- 39
bearer of Yo'av the son of Ẕeruya, 'Ira the Yitrite, Garev 40
the Yitrite, Uriyya the Ḥittite, Zavad the son of Aḥlay, 41
'Adina the son of Shiza the Re'uvenite, a captain of the 42
Re'uveni, and thirty with him, Ḥanan the son of Ma'akha, 43

וַיְעִיאֵל　　הַמַּתָּנִי　　עֲזָיֹא הָעַשְׂתְּרָתִי שָׁמַע וִיעוּאֵל בְּנֵי מד

חוֹתָם הָעֲרֹעֵרִי　　יְדִיעֲאֵל בֶּן־שִׁמְרִי וְיוֹחָא אָחִיו מה

הַתִּיצִי　　אֱלִיאֵל הַמַּחֲוִים וִירִיבַי וְיוֹשַׁוְיָה בְּנֵי אֶלְנַעַם מו

וְיִתְמָה הַמּוֹאָבִי : אֱלִיאֵל וְעוֹבֵד וְיַעֲשִׂיאֵל הַמְּצֹבָיָה : מז

וְאֵלֶּה הַבָּאִים אֶל־דָּוִיד לְצִיקְלַג עוֹד עָצוּר מִפְּנֵי שָׁאוּל בֶּן־ א יב

קִישׁ וְהֵמָּה בַּגִּבּוֹרִים עֹזְרֵי הַמִּלְחָמָה : נֹשְׁקֵי קֶשֶׁת מַיְמִינִים ב

וּמַשְׂמִאלִים בָּאֲבָנִים וּבַחִצִּים בַּקָּשֶׁת מֵאֲחֵי שָׁאוּל מִבִּנְיָמִן :

וַיְזִיאֵל　　הָרֹאשׁ אֲחִיעֶזֶר וְיוֹאָשׁ בְּנֵי הַשְּׁמָעָה הַגִּבְעָתִי וִיזוּאֵל וָפֶלֶט ג

בְּנֵי עַזְמָוֶת וּבְרָכָה וְיֵהוּא הָעֲנְתֹתִי : וְיִשְׁמַעְיָה הַגִּבְעוֹנִי גִּבּוֹר ד

בַּשְּׁלֹשִׁים וְעַל־הַשְּׁלֹשִׁים : וְיִרְמְיָה וְיַחֲזִיאֵל וְיוֹחָנָן וְיוֹזָבָד ה

הַגְּדֵרָתִי : אֶלְעוּזַי וִירִימוֹת וּבְעַלְיָה וּשְׁמַרְיָהוּ וּשְׁפַטְיָהוּ הַחֲרִיפִי : ו

אֶלְקָנָה וְיִשִּׁיָּהוּ וַעֲזַרְאֵל וְיוֹעֶזֶר וְיָשָׁבְעָם הַקָּרְחִים : וְיוֹעֵאלָה ז ח

וּזְבַדְיָה בְּנֵי יְרֹחָם מִן־הַגְּדוֹר : וּמִן־הַגָּדִי נִבְדְּלוּ אֶל־דָּוִיד לַמְצַד ט

מִדְבָּרָה גִּבֹּרֵי הֶחָיִל אַנְשֵׁי צָבָא לַמִּלְחָמָה עֹרְכֵי צִנָּה וָרֹמַח

וּפְנֵי אַרְיֵה פְּנֵיהֶם וְכִצְבָאִים עַל־הֶהָרִים לְמַהֵר :　　עֵזֶר י

הָרֹאשׁ עֹבַדְיָה הַשֵּׁנִי אֱלִיאָב הַשְּׁלִשִׁי : מִשְׁמַנָּה הָרְבִיעִי יִרְמְיָה יא

הַחֲמִשִׁי : עַתַּי הַשִּׁשִּׁי אֱלִיאֵל הַשְּׁבִעִי : יוֹחָנָן הַשְּׁמִינִי אֶלְזָבָד יב יג

הַתְּשִׁיעִי : יִרְמְיָהוּ הָעֲשִׂירִי מַכְבַּנַּי עַשְׁתֵּי עָשָׂר :　　אֵלֶּה יד

מִבְּנֵי־גָד רָאשֵׁי הַצָּבָא אֶחָד לְמֵאָה הַקָּטֹן וְהַגָּדוֹל לָאָלֶף :

אֵלֶּה הֵם אֲשֶׁר עָבְרוּ אֶת־הַיַּרְדֵּן בַּחֹדֶשׁ הָרִאשׁוֹן וְהוּא טו

מְמַלֵּא עַל־כָּל־גִּדוֹתָיו וַיַּבְרִיחוּ אֶת־כָּל־הָעֲמָקִים לַמִּזְרָח

וְלַמַּעֲרָב :　　וַיָּבֹאוּ מִן־בְּנֵי בִנְיָמִן וִיהוּדָה עַד־לַמְצָד טז

לְדָוִיד : וַיֵּצֵא דָוִיד לִפְנֵיהֶם וַיַּעַן וַיֹּאמֶר לָהֶם אִם־לְשָׁלוֹם בָּאתֶם יז

אֵלַי לְעָזְרֵנִי יִהְיֶה־לִּי עֲלֵיכֶם לֵבָב לְיָחַד וְאִם־לְרַמּוֹתַנִי לְצָרַי בְּלֹא

חָמָס בְּכַפַּי יֵרֶא אֱלֹהֵי אֲבוֹתֵינוּ וְיוֹכַח :　　וְרוּחַ לָבְשָׁה יח

הַשָּׁלִישִׁים　　אֶת־עֲמָשַׂי רֹאשׁ הַשָּׁלוֹשִׁים לְךָ דָוִיד וְעִמְּךָ בֶן־יִשַׁי שָׁלוֹם ׀

שָׁלוֹם לְךָ וְשָׁלוֹם לְעֹזְרֶךָ כִּי עֲזָרְךָ אֱלֹהֶיךָ וַיְקַבְּלֵם דָּוִיד וַיִּתְּנֵם

בְּרָאשֵׁי הַגְּדוּד :　　וּמִמְּנַשֶּׁה נָפְלוּ עַל־דָּוִיד בְּבֹאוֹ עִם־ כ

פְּלִשְׁתִּים עַל־שָׁאוּל לַמִּלְחָמָה וְלֹא עֲזָרֻם כִּי בְעֵצָה שִׁלְּחֻהוּ

סַרְנֵי פְלִשְׁתִּים לֵאמֹר בְּרָאשֵׁינוּ יִפּוֹל אֶל־אֲדֹנֵינוּ שָׁאוּל : בְּלֶכְתּוֹ כא

אֶל־צִיקְלַג נָפְלוּ עָלָיו ׀ מִמְּנַשֶּׁה עַדְנַח וְיוֹזָבָד וִידִיעֲאֵל וּמִיכָאֵל

וְיוֹזָבָד וֶאֱלִיהוּא וְצִלְּתַי רָאשֵׁי הָאֲלָפִים אֲשֶׁר לִמְנַשֶּׁה : וְהֵמָּה כב

עָזְרוּ עִם־דָּוִיד עַל־הַגְּדוּד כִּי־גִבּוֹרֵי חַיִל כֻּלָּם וַיִּהְיוּ שָׂרִים

and Yoshafat the Mitnite,   'Uzziyya the 'Ashteratite, Sha-   44
ma and Ye'i'el the sons of Ḥotam the 'Aro'erite,   Yedi'a'el   45
the son of Shimri, and Yoḫa his brother, the Tiẓite,   Eli'el   46
from Maḥavim, and Yerivay, and Yoshavya, the sons of El-
na'am, and Yitma the Mo'avite, Eli'el, and 'Oved, and Ya'asi'el   47
of Meẓovaya.

Now these are they who came to David to Ẕiqlag, while he yet   **12**
kept himself shut up because of Sha'ul the son of Qish: and
they were among the mighty men, his helpers in war. They   2
were armed with bows, and could use both the right hand and
the left in slinging stones and shooting arrows from the bow ;
they were of Sha'ul's brethren of Binyamin. The chief was Aḥi-   3
'ezer, then Yo'ash, the sons of Shema'a the Giv'atite; and
Yezi'el, and Pelet, the sons of 'Azmavet; and Berakhah, and
Yehu the 'Antotite, and Yishma'ya the Giv'onite, a mighty   4
man among the thirty, and over the thirty; and Yirmeya, and   5
Yaḥazi'el, and Yoḥanan, and Yozavad the Gederatite, El'uzay   6
and Yerimot, and Be'alya, and Shemaryahu, and Shefatyahu
the Ḥarufite, Elqana, and Yishshiyyahu, and 'Azar'el, and Yo-   7
'ezer, and Yashov'am, the Qorḥites, and Yo'ela, and Zevadya,   8
the sons of Yeroḥam of Gedor. And of the Gadi there separated   9
themselves to David into the stronghold to the wilderness men
of might, and men of war apt for battle, who could handle
shield and spear, whose faces were like the faces of lions, and
who were as swift as the roes upon the mountains ;   'Ezer   10
the first, 'Ovadya the second, Eli'av the third, Mishmanna the   11
fourth, Yirmeya the fifth, 'Attay the sixth, Eli'el the seventh,   12
Yoḥanan the eighth, Elzavad the ninth, Yirmeyahu the tenth,   13,14
Makhbannay the eleventh.   These were of the sons of   15
Gad, captains of the host: the least was over a hundred, and
the greatest over a thousand. These are they who went over   16
the Yarden in the first month, when it had overflowed all its
banks ; and they put to flight all those of the valleys, both to-
wards the east, and towards the west.   And there came of   17
the children of Binyamin and Yehuda to the stronghold, to
David. And David went out to meet them, and answered and   18
said to them, If you are come peaceably to me to help me, my
heart shall be knit to you: but if you are come to betray me
to my enemies, seeing there is no wrong in my hands, then
let the GOD of our fathers see, and rebuke you.   Then the   19
spirit came upon 'Amasay, who was chief of the captains, and
he said, Thine are we, David, and on thy side, thou son of
Yishay: peace, peace be to thee, and peace be to thy helpers;
for thy GOD helps thee. Then David received them, and made
them captains of the band.   And some of Menashshe   20
deserted to David, when he came with the Pelishtim against
Sha'ul to battle: but they did not help them: for the lords of
the Pelishtim took counsel and sent him away, saying, He will
desert to his master Sha'ul to the jeopardy of our heads. As he   21
went to Ẕiqlag, there deserted to him of Menashshe, 'Adnaḫ, and
Yozavad, and Yedi'a'el and Mikha'el, and Yozavad, and Elihu,
and Ẕilletay, captains of the thousands that were of Menashshe.
And they helped David against the troop of raiders: for they   22

כג בַצָּבָא׃ כִּי לְעֶת־יוֹם בְּיוֹם יָבֹאוּ עַל־דָּוִיד לְעָזְרוֹ עַד־לְמַחֲנֶה
כד גָּדוֹל כְּמַחֲנֵה אֱלֹהִים׃ וְאֵלֶּה מִסְפְּרֵי רָאשֵׁי הֶחָלוּץ
לַצָּבָא בָּאוּ עַל־דָּוִיד חֶבְרוֹנָה לְהָסֵב מַלְכוּת שָׁאוּל אֵלָיו כְּפִי
כה יְהוָה׃ בְּנֵי יְהוּדָה נֹשְׂאֵי צִנָּה וָרֹמַח שֵׁשֶׁת אֲלָפִים
כו וּשְׁמוֹנֶה מֵאוֹת חֲלוּצֵי צָבָא׃ מִן־בְּנֵי שִׁמְעוֹן גִּבּוֹרֵי
כז חַיִל לַצָּבָא שִׁבְעַת אֲלָפִים וּמֵאָה׃ מִן־בְּנֵי הַלֵּוִי
כח אַרְבַּעַת אֲלָפִים וְשֵׁשׁ מֵאוֹת׃ וִיהוֹיָדָע הַנָּגִיד לְאַהֲרֹן
כט וְעִמּוֹ שְׁלֹשֶׁת אֲלָפִים וּשְׁבַע מֵאוֹת׃ וְצָדוֹק נַעַר גִּבּוֹר
ל חַיִל וּבֵית־אָבִיו שָׂרִים עֶשְׂרִים וּשְׁנָיִם׃ וּמִן־בְּנֵי בִנְיָמִן
אֲחֵי שָׁאוּל שְׁלֹשֶׁת אֲלָפִים וְעַד־הֵנָּה מַרְבִּיתָם שֹׁמְרִים מִשְׁמֶרֶת
לא בֵּית שָׁאוּל׃ וּמִן־בְּנֵי אֶפְרַיִם עֶשְׂרִים אֶלֶף וּשְׁמוֹנֶה
לב מֵאוֹת גִּבּוֹרֵי חַיִל אַנְשֵׁי שֵׁמוֹת לְבֵית אֲבוֹתָם׃ וּמֵחֲצִי
מַטֵּה מְנַשֶּׁה שְׁמוֹנָה עָשָׂר אָלֶף אֲשֶׁר נִקְּבוּ בְּשֵׁמוֹת לָבוֹא
לג לְהַמְלִיךְ אֶת־דָּוִיד׃ וּמִבְּנֵי יִשָּׂשכָר יוֹדְעֵי בִינָה לָעִתִּים
לָדַעַת מַה־יַּעֲשֶׂה יִשְׂרָאֵל רָאשֵׁיהֶם מָאתַיִם וְכָל־אֲחֵיהֶם עַל־
לד פִּיהֶם׃ מִזְּבֻלוּן יוֹצְאֵי צָבָא עֹרְכֵי מִלְחָמָה בְּכָל־כְּלֵי
לה מִלְחָמָה חֲמִשִּׁים אָלֶף וְלַעֲדֹר בְּלֹא־לֵב וָלֵב׃ וּמִנַּפְתָּלִי
שָׂרִים אָלֶף וְעִמָּהֶם בְּצִנָּה וַחֲנִית שְׁלֹשִׁים וְשִׁבְעָה
לו אָלֶף׃ וּמִן־הַדָּנִי עֹרְכֵי מִלְחָמָה עֶשְׂרִים־וּשְׁמוֹנָה אֶלֶף
לז וְשֵׁשׁ מֵאוֹת׃ וּמֵאָשֵׁר יוֹצְאֵי צָבָא לַעֲרֹךְ מִלְחָמָה
לח אַרְבָּעִים אָלֶף׃ וּמֵעֵבֶר לַיַּרְדֵּן מִן־הָראוּבֵנִי וְהַגָּדִי
וַחֲצִי ׀ שֵׁבֶט מְנַשֶּׁה בְּכֹל כְּלֵי צְבָא מִלְחָמָה מֵאָה וְעֶשְׂרִים
לט אָלֶף׃ כָּל־אֵלֶּה אַנְשֵׁי מִלְחָמָה עֹדְרֵי מַעֲרָכָה בְּלֵבָב שָׁלֵם
בָּאוּ חֶבְרוֹנָה לְהַמְלִיךְ אֶת־דָּוִיד עַל־כָּל־יִשְׂרָאֵל וְגַם כָּל־
מ שֵׁרִית יִשְׂרָאֵל לֵב אֶחָד לְהַמְלִיךְ אֶת־דָּוִיד׃ וַיִּהְיוּ־שָׁם עִם־
דָּוִיד יָמִים שְׁלוֹשָׁה אֹכְלִים וְשׁוֹתִים כִּי־הֵכִינוּ לָהֶם אֲחֵיהֶם׃
מא וְגַם הַקְּרוֹבִים־אֲלֵיהֶם עַד־יִשָּׂשכָר וּזְבֻלוּן וְנַפְתָּלִי מְבִיאִים ו
לֶחֶם בַּחֲמוֹרִים וּבַגְּמַלִּים וּבַפְּרָדִים ׀ וּבַבָּקָר מַאֲכָל קֶמַח
דְּבֵלִים וְצִמּוּקִים וְיַיִן וְשֶׁמֶן וּבָקָר וְצֹאן לָרֹב כִּי שִׂמְחָה
יג א בְּיִשְׂרָאֵל׃ וַיִּוָּעַץ דָּוִיד עִם־שָׂרֵי הָאֲלָפִים וְהַמֵּאוֹת
ב לְכָל־נָגִיד׃ וַיֹּאמֶר דָּוִיד לְכֹל ׀ קְהַל יִשְׂרָאֵל אִם־עֲלֵיכֶם טוֹב
וּמִן־יְהוָה אֱלֹהֵינוּ נִפְרְצָה נִשְׁלְחָה עַל־אַחֵינוּ הַנִּשְׁאָרִים בְּכֹל
אַרְצוֹת יִשְׂרָאֵל וְעִמָּהֶם הַכֹּהֲנִים וְהַלְוִיִּם בְּעָרֵי מִגְרְשֵׁיהֶם
ג וְיִקָּבְצוּ אֵלֵינוּ׃ וְנָסֵבָּה אֶת־אֲרוֹן אֱלֹהֵינוּ אֵלֵינוּ כִּי־לֹא
ד דְרַשְׁנֻהוּ בִּימֵי שָׁאוּל׃ וַיֹּאמְרוּ כָל־הַקָּהָל לַעֲשׂוֹת כֵּן כִּי־יָשַׁר

were all mighty men at arms, and they were captains in the
host. For at that time day by day men came over to David 23
to help him, until it was a great host, like the host of God.

And these are the numbers of the bands of the 24
armed troops who came to David to Ḥevron, to turn the
kingdom of Sha'ul over to him, according to the word of the
Lord. The children of Yehuda who bore shield and spear 25
were six thousand eight hundred, armed troops. Of the 26
children of Shim'on mighty men at arms for the war, seven
thousand one hundred. Of the children of Levi four thou- 27
sand six hundred. And Yehoyada was the leader of the 28
house of Aharon, and with him three thousand seven hundred ;

and Ẕadoq, a young mighty man at arms, and of his 29
father's house, twenty two captains. And of the children 30
of Binyamin, the kindred of Sha'ul, three thousand : for hither-
to the greatest part of them had kept their allegiance to the
house of Sha'ul. And of the children of Efrayim were 31
twenty thousand eight hundred, mighty men at arms, famous
throughout the houses of their fathers. And of the half 32
tribe of Menashshe eighteen thousand, who were expressly
named, to come and make David king. And of the children 33
of Yissakhar, men who had understanding of the times, to know
what Yisra'el ought to do; the heads of them were two hundred;
and all their brethren were at their commandment. Of 34
Zevulun, such as went out to battle, expert in war, with all
weapons of war, fifty thousand; and who ranged themselves
with undivided loyalty. And of Naftali a thousand cap- 35
tains, and with them with shield and spear thirty seven thou-
sand. And of the Danites expert in war twenty eight 36
thousand six hundred. And of Asher, such as went forth 37
to battle, expert in war, forty thousand. And on the other 38
side of the Yarden, of the Re'uveni, and the Gadi, and of the
half tribe of Menashshe, with all manner of weapons of war
for the battle, a hundred and twenty thousand. All these men 39
of war, ranged in battle order, came with a perfect heart to
Ḥevron, to make David king over all Yisra'el: and all the rest
also of Yisra'el were of one heart to make David king. And 40
there they were with David three days, eating and drinking:
for their brethren had prepared for them. Also their neighbours 41
as far as Yissakhar and Zevulun and Naftali, brought bread on
asses, and on camels, and on mules, and on oxen, and provisions
of meal, cakes of figs, and bunches of raisins, and wine, and
oil, and oxen, and sheep in abundance: for there was joy in
Yisra'el. And David consulted with the captains of thou- **13**
sands and hundreds, and with every leader. And David said 2
to all the congregation of Yisra'el, If it seem good to you, and
that it be of the Lord our God, let us send abroad to our
brethren everywhere, who are left in all the land of Yisra'el,
and with them also to the priests and Levites who are in their
cities that have pasture lands that they may gather themselves
to us: and let us bring back the ark of our God to us: for 3
we did not inquire at it in the days of Sha'ul. And all the con- 4
gregation said that they would do so: for the thing seemed

ה הַדָּבָר בְּעֵינֵי כָל־הָעָם: וַיַּקְהֵל דָּוִיד אֶת־כָּל־יִשְׂרָאֵל מִן־
שִׁיחוֹר מִצְרַיִם וְעַד־לְבוֹא חֲמָת לְהָבִיא אֶת־אֲרוֹן הָאֱלֹהִים

ו מִקִּרְיַת יְעָרִים: וַיַּעַל דָּוִיד וְכָל־יִשְׂרָאֵל בַּעֲלָתָה אֶל־קִרְיַת
יְעָרִים אֲשֶׁר לִיהוּדָה לְהַעֲלוֹת מִשָּׁם אֵת אֲרוֹן הָאֱלֹהִים ׀ יְהוָה

ז יוֹשֵׁב הַכְּרוּבִים אֲשֶׁר־נִקְרָא שֵׁם: וַיַּרְכִּיבוּ אֶת־אֲרוֹן הָאֱלֹהִים
עַל־עֲגָלָה חֲדָשָׁה מִבֵּית אֲבִינָדָב וְעֻזָּא וְאַחְיוֹ נֹהֲגִים בָּעֲגָלָה:

ח וְדָוִיד וְכָל־יִשְׂרָאֵל מְשַׂחֲקִים לִפְנֵי הָאֱלֹהִים בְּכָל־עֹז וּבְשִׁירִים

ט וּבְכִנֹּרוֹת וּבִנְבָלִים וּבְתֻפִּים וּבִמְצִלְתַּיִם וּבַחֲצֹצְרוֹת: וַיָּבֹאוּ
עַד־גֹּרֶן כִּידֹן וַיִּשְׁלַח עֻזָּא אֶת־יָדוֹ לֶאֱחֹז אֶת־הָאָרוֹן כִּי

י שָׁמְטוּ הַבָּקָר: וַיִּחַר־אַף יְהוָה בְּעֻזָּא וַיַּכֵּהוּ עַל אֲשֶׁר־שָׁלַח

יא יָדוֹ עַל־הָאָרוֹן וַיָּמָת שָׁם לִפְנֵי הָאֱלֹהִים: וַיִּחַר לְדָוִיד כִּי־
פָרַץ יְהוָה פֶּרֶץ בְּעֻזָּא וַיִּקְרָא לַמָּקוֹם הַהוּא פֶּרֶץ עֻזָּא עַד

יב הַיּוֹם הַזֶּה: וַיִּירָא דָוִיד אֶת־הָאֱלֹהִים בַּיּוֹם הַהוּא לֵאמֹר

יג הֵיךְ אָבִיא אֵלַי אֵת אֲרוֹן הָאֱלֹהִים: וְלֹא־הֵסִיר דָּוִיד אֶת־
הָאָרוֹן אֵלָיו אֶל־עִיר דָּוִיד וַיַּטֵּהוּ אֶל־בֵּית עֹבֵד־אֱדֹם

יד הַגִּתִּי: וַיֵּשֶׁב אֲרוֹן הָאֱלֹהִים עִם־בֵּית עֹבֵד אֱדֹם בְּבֵיתוֹ
שְׁלֹשָׁה חֳדָשִׁים וַיְבָרֶךְ יְהוָה אֶת־בֵּית עֹבֵד־אֱדֹם וְאֶת־
כָּל־אֲשֶׁר־לוֹ:

חורם
א יד וַיִּשְׁלַח חִירָם מֶלֶךְ־צֹר מַלְאָכִים אֶל־דָּוִיד וַעֲצֵי אֲרָזִים וְחָרָשֵׁי

ב קִיר וְחָרָשֵׁי עֵצִים לִבְנוֹת לוֹ בָּיִת: וַיֵּדַע דָּוִיד כִּי־הֱכִינוֹ יְהוָה
לְמֶלֶךְ עַל־יִשְׂרָאֵל כִּי־נִשֵּׂאת לְמַעְלָה מַלְכוּתוֹ בַּעֲבוּר עַמּוֹ

ג יִשְׂרָאֵל: וַיִּקַּח דָּוִיד עוֹד נָשִׁים בִּירוּשָׁלָ͏ִם וַיּוֹלֶד

ד דָּוִיד עוֹד בָּנִים וּבָנוֹת: וְאֵלֶּה שְׁמוֹת הַיְלוּדִים אֲשֶׁר הָיוּ־לוֹ

ה בִּירוּשָׁלָ͏ִם שַׁמּוּעַ וְשׁוֹבָב נָתָן וּשְׁלֹמֹה: וְיִבְחָר וֶאֱלִישׁוּעַ

ו וְאֶלְפָּלֶט: וְנֹגַהּ וְנֶפֶג וְיָפִיעַ: וֶאֱלִישָׁמָע וּבְעֶלְיָדָע וֶאֱלִיפָלֶט:

ח וַיִּשְׁמְעוּ פְלִשְׁתִּים כִּי־נִמְשַׁח דָּוִיד לְמֶלֶךְ עַל־כָּל־יִשְׂרָאֵל
וַיַּעֲלוּ כָל־פְּלִשְׁתִּים לְבַקֵּשׁ אֶת־דָּוִיד וַיִּשְׁמַע דָּוִיד וַיֵּצֵא

ט לִפְנֵיהֶם: וּפְלִשְׁתִּים בָּאוּ וַיִּפְשְׁטוּ בְּעֵמֶק רְפָאִים: וַיִּשְׁאַל דָּוִיד

פלשתים
בֵּאלֹהִים לֵאמֹר הַאֶעֱלֶה עַל־פְּלִשְׁתִּיִּים וּנְתַתָּם בְּיָדִי וַיֹּאמֶר

יא לוֹ יְהוָה עֲלֵה וּנְתַתִּים בְּיָדֶךָ: וַיַּעֲלוּ בְּבַעַל־פְּרָצִים וַיַּכֵּם שָׁם
דָּוִיד וַיֹּאמֶר דָּוִיד פָּרַץ הָאֱלֹהִים אֶת־אוֹיְבַי בְּיָדִי כְּפֶרֶץ מָיִם

יב עַל־כֵּן קָרְאוּ שֵׁם־הַמָּקוֹם הַהוּא בַּעַל פְּרָצִים: וַיַּעַזְבוּ־שָׁם

יג אֶת־אֱלֹהֵיהֶם וַיֹּאמֶר דָּוִיד וַיִּשָּׂרְפוּ בָּאֵשׁ:   וַיֹּסִיפוּ

יד עוֹד פְּלִשְׁתִּים וַיִּפְשְׁטוּ בָּעֵמֶק: וַיִּשְׁאַל עוֹד דָּוִיד בֵּאלֹהִים
וַיֹּאמֶר לוֹ הָאֱלֹהִים לֹא תַעֲלֶה אַחֲרֵיהֶם הָסֵב מֵעֲלֵיהֶם

טו וּבָאתָ לָהֶם מִמּוּל הַבְּכָאִים: וִיהִי כְּשָׁמְעֲךָ אֶת־קוֹל הַצְּעָדָה

right in the eyes of all the people. So David gathered all Yis- 5
ra'el together, from Shiḥor of Miẕrayim as far as the entrance
of Ḥamat, to bring the ark of God from Qiryat-ye'arim. And 6
David went up, and all Yisra'el to Ba'ala, that is, to Qiryat-
ye'arim, which belonged to Yehuda, to bring up from there the
ark of God the Lord, who dwells above the keruvim, by whose
name it is called. And they carried the ark of God in a new 7
cart out of the house of Avinadav: and 'Uzza and Aḥyo drove
the cart. And David and all Yisra'el played before God with all 8
their might, and with singing, and with lyres, and with lutes,
and with timbrels, and with cymbals, and with trumpets. And 9
when they came to the threshing floor of Kidon, 'Uzza put out
his hand to hold the ark; for the oxen shook it. And the anger 10
of the Lord burned against 'Uzza, and he smote him, because
he put his hand to the ark: and there he died before God. And 11
David was vexed, because the Lord had broken out upon 'Uzza:
so that place is called Pereẕ-'uzza to this day. And David was 12
afraid of God that day, saying, How shall I bring the ark of
God home to me? So David did not bring the ark to himself 13
to the city of David, but carried it aside into the house of
'Oved-edom the Gittite. And the ark of God remained with the 14
family of 'Oved-edom in his house for three months. And the
Lord blessed the house of 'Oved-edom and all that he had.

14
Now Ḥuram king of Ẕor sent messengers to David, and timber
of cedars, with masons and carpenters, to build him a house.
And David perceived that the Lord had confirmed him king 2
over Yisra'el, for his kingdom was highly exalted, for the sake
of his people Yisra'el. And David took more wives at 3
Yerushalayim: and David begot more sons and daughters.
Now these are the names of his children whom he had in 4
Yerushalayim; Shammua, and Shovav, Natan, and Shelomo,
and Yivḥar, and Elishua, and Elpelet, and Noga, and Nefeg, 5,6
and Yafia, and Elishama, and Be'elyada, and Elifelet. And 7,8
when the Pelishtim heard that David was anointed king over
all Yisra'el, all the Pelishtim went up to seek David. And David
heard of it, and went out against them. And the Pelishtim came 9
and made a raid in the valley of Refa'im. And David inquired 10
of God, saying, Shall I go up against the Pelishtim? and wilt
thou deliver them into my hand? And the Lord said to him,
Go up; for I will deliver them into thy hand. So they came up 11
to Ba'al-peraẕim; and David smote them there. Then David
said, God has broken through my enemies by my hand like a
bursting flood of waters: therefore they called the name of that
place Ba'al-peraẕim. And they left their gods there and David 12
gave command, that they should be burned with fire.
And the Pelishtim once again made a raid in the valley. 13
So David inquired again of God; and God said to him, Do not 14
go up after them; turn away from them, and come upon them
opposite the bakha trees. And let it be, when thou shalt hear a 15
sound of marching in the tops of the bakha trees, then thou

בְּרָאשֵׁי הַבְּכָאִים אָז תֵּצֵא בַּמִּלְחָמָה כִּי־יָצָא הָאֱלֹהִים

לְפָנֶיךָ לְהַכּוֹת אֶת־מַחֲנֵה פְלִשְׁתִּים: וַיַּעַשׂ דָּוִיד כַּאֲשֶׁר צִוָּהוּ

הָאֱלֹהִים וַיַּכּוּ אֶת־מַחֲנֵה פְלִשְׁתִּים מִגִּבְעוֹן וְעַד־גָּזְרָה: וַיֵּצֵא

שֵׁם־דָּוִיד בְּכָל־הָאֲרָצוֹת וַיהוָה נָתַן אֶת־פַּחְדּוֹ עַל־כָּל־

הַגּוֹיִם:

טו וַיַּעַשׂ־לוֹ בָתִּים בְּעִיר דָּוִיד וַיָּכֶן מָקוֹם לַאֲרוֹן הָאֱלֹהִים

וַיֶּט־לוֹ אֹהֶל: אָז אָמַר דָּוִיד לֹא לָשֵׂאת אֶת־אֲרוֹן הָאֱלֹהִים

כִּי אִם־הַלְוִיִּם כִּי־בָם ׀ בָּחַר יְהוָה לָשֵׂאת אֶת־אֲרוֹן יְהוָה

וּלְשָׁרְתוֹ עַד־עוֹלָם: וַיַּקְהֵל דָּוִיד אֶת־כָּל־יִשְׂרָאֵל

אֶל־יְרוּשָׁלָ͏ִם לְהַעֲלוֹת אֶת־אֲרוֹן יְהוָה אֶל־מְקוֹמוֹ אֲשֶׁר־הֵכִין

לוֹ: וַיֶּאֱסֹף דָּוִיד אֶת־בְּנֵי אַהֲרֹן וְאֶת־הַלְוִיִּם: לִבְנֵי

קְהָת אוּרִיאֵל הַשָּׂר וְאֶחָיו מֵאָה וְעֶשְׂרִים: לִבְנֵי מְרָרִי

עֲשָׂיָה הַשָּׂר וְאֶחָיו מָאתַיִם וְעֶשְׂרִים: לִבְנֵי גֵּרְשׁוֹם

יוֹאֵל הַשָּׂר וְאֶחָיו מֵאָה וּשְׁלֹשִׁים: לִבְנֵי אֱלִיצָפָן

שְׁמַעְיָה הַשָּׂר וְאֶחָיו מָאתָיִם: לִבְנֵי חֶבְרוֹן אֱלִיאֵל

הַשָּׂר וְאֶחָיו שְׁמוֹנִים: לִבְנֵי עֻזִּיאֵל עַמִּינָדָב הַשָּׂר וְאֶחָיו

מֵאָה וּשְׁנֵים עָשָׂר: וַיִּקְרָא דָוִיד לְצָדוֹק וּלְאֶבְיָתָר

הַכֹּהֲנִים וְלַלְוִיִּם לְאוּרִיאֵל עֲשָׂיָה וְיוֹאֵל שְׁמַעְיָה וֶאֱלִיאֵל

וְעַמִּינָדָב: וַיֹּאמֶר לָהֶם אַתֶּם רָאשֵׁי הָאָבוֹת לַלְוִיִּם הִתְקַדְּשׁוּ

אַתֶּם וַאֲחֵיכֶם וְהַעֲלִיתֶם אֵת אֲרוֹן יְהוָה אֱלֹהֵי יִשְׂרָאֵל אֶל־

הֲכִינוֹתִי לוֹ: כִּי לְמַבָּרִאשׁוֹנָה לֹא אַתֶּם פָּרַץ יְהוָה אֱלֹהֵינוּ

בָּנוּ כִּי־לֹא דְרַשְׁנֻהוּ כַּמִּשְׁפָּט: וַיִּתְקַדְּשׁוּ הַכֹּהֲנִים וְהַלְוִיִּם

לְהַעֲלוֹת אֶת־אֲרוֹן יְהוָה אֱלֹהֵי יִשְׂרָאֵל: וַיִּשְׂאוּ בְנֵי־הַלְוִיִּם

אֵת אֲרוֹן הָאֱלֹהִים כַּאֲשֶׁר צִוָּה מֹשֶׁה כִּדְבַר יְהוָה בִּכְתֵפָם

בַּמֹּטוֹת עֲלֵיהֶם: וַיֹּאמֶר דָּוִיד לְשָׂרֵי הַלְוִיִּם לְהַעֲמִיד

אֶת־אֲחֵיהֶם הַמְשֹׁרְרִים בִּכְלֵי־שִׁיר נְבָלִים וְכִנֹּרוֹת וּמְצִלְתָּיִם

מַשְׁמִיעִים לְהָרִים־בְּקוֹל לְשִׂמְחָה:

וַיַּעֲמִידוּ הַלְוִיִּם אֵת הֵימָן בֶּן־יוֹאֵל וּמִן־אֶחָיו אָסָף בֶּן־בֶּרֶכְיָהוּ

וּמִן־בְּנֵי מְרָרִי אֲחֵיהֶם אֵיתָן בֶּן־קוּשָׁיָהוּ: וְעִמָּהֶם אֲחֵיהֶם

הַמִּשְׁנִים זְכַרְיָהוּ בֵּן וְיַעֲזִיאֵל וּשְׁמִירָמוֹת וִיחִיאֵל ׀ וְעֻנִּי אֱלִיאָב

וּבְנָיָהוּ וּמַעֲשֵׂיָהוּ וּמַתִּתְיָהוּ וֶאֱלִיפְלֵהוּ וּמִקְנֵיָהוּ וְעֹבֵד אֱדֹם

וִיעִיאֵל הַשֹּׁעֲרִים: וְהַמְשֹׁרְרִים הֵימָן אָסָף וְאֵיתָן בִּמְצִלְתַּיִם

נְחֹשֶׁת לְהַשְׁמִיעַ: וּזְכַרְיָה וַעֲזִיאֵל וּשְׁמִירָמוֹת וִיחִיאֵל וְעֻנִּי

וֶאֱלִיאָב וּמַעֲשֵׂיָהוּ וּבְנָיָהוּ בִּנְבָלִים עַל־עֲלָמוֹת: וּמַתִּתְיָהוּ

וֶאֱלִיפְלֵהוּ וּמִקְנֵיָהוּ וְעֹבֵד אֱדֹם וִיעִיאֵל וַעֲזַזְיָהוּ בְּכִנֹּרוֹת עַל־

הַשְּׁמִינִית לְנַצֵּחַ: וּכְנַנְיָהוּ שַׂר־הַלְוִיִּם בְּמַשָּׂא יָסֹר בַּמַּשָּׂא כִּי

מֵבִין הוּא: וּבֶרֶכְיָה וְאֶלְקָנָה שֹׁעֲרִים לָאָרוֹן: וּשְׁבַנְיָהוּ וְיוֹשָׁפָט

shalt go out to battle: for God has gone out before thee to
smite the camp of the Pelishtim. David therefore did as God 16
commanded him: and they smote the camp of the Pelishtim
from Giv'on as far as Gezer. And David's renown went out into 17
all the lands; and the Lord brought the fear of him upon all
nations. And David made houses for himself in the city of **15**
David, and prepared a place for the ark of God, and pitched
for it a tent. Then David said, None ought to carry the ark 2
of God but the Levites: for the Lord has chosen them to carry
the ark of God, and to minister to him forever. And 3
David gathered all Yisra'el together to Yerushalayim, to bring
up the ark of the Lord to its place, which he had prepared for
it. And David assembled the children of Aharon, and the 4
Levites: of the sons of Qehat; Uri'el the chief, and his 5
brethren a hundred and twenty: of the sons of Merari; 6
'Asaya the chief, and his brethren two hundred and twenty:
of the sons of Gershom: Yo'el the chief, and his brethren 7
a hundred and thirty: of the sons of Eliẕafan; Shema'ya 8
the chief, and his brethren two hundred: of the sons of 9
Ḥevron; Eli'el the chief, and his brethren eighty: of the 10
sons of 'Uzzi'el; 'Amminadav the chief, and his brethren a
hundred and twelve. And David called for Ẕadoq and 11
Evyatar the priests, and for the Levites, for Uri'el, 'Asaya, and
Yo'el, Shema'ya, and Eli'el, and 'Aminadav, and he said to 12
them, You are the chiefs of the fathers' houses of the Levites:
sanctify yourselves, you and your brethren, that you may bring
up the ark of the Lord God of Yisra'el to the place that I have
prepared for it. For because you did not do so at first, the 13
Lord our God made a breach upon us, because we did not seek
him according to the prescribed form. So the priests and the 14
Levites sanctified themselves to bring up the ark of the Lord
God of Yisra'el. And the children of the Levites bore the ark 15
of God upon their shoulders the bars being upon them, as Moshe
had commanded according to the word of the Lord.

And David spoke to the chiefs of the Levites to appoint their 16
brethren to be the singers with instruments of music, lutes and
lyres and cymbals, playing loudly to raise sounds of joy.
So the Levites appointed Heman the son of Yo'el; and of his 17
brethren, Asaf the son of Berekhyahu; and of the sons of Merari
their brethren, Etan the son of Qushayahu; and with them their 18
brethren of the second degree, Zekharyahu, Ben, and Ya'azi'el,
and Shemiramot, and Yeḥi'el, and 'Unni, Eli'av, and Benayahu,
and Ma'aseyahu, and Mattityahu, and Eliflehu, and Miqneyahu,
and 'Oved-edom, and Ye'i'el, the gatekeepers. So the singers, 19
Heman, Asaf, and Etan, were appointed to sound with cymbals
of brass; and Zekharya, and 'Azi'el, and Shemiramot, and Ye- 20
ḥi'el, and 'Unni, and Eli'av, and Ma'aseyahu, and Benayahu,
with lutes to 'Alamot; and Mattityahu, and Eliflehu, and Miqne- 21
yahu, and 'Oved-edom, and Ye'i'el, and 'Azazyahu, with lyres
to the Sheminit to lead. And Kenanyahu, chief of the Levites, 22
was over the song: he was master in the song, because he
was skilful. And Berekhya and Elqana were gatekeepers for 23
the ark. And Shevanyahu, and Yoshafat, and Netan'el, and 24

וּנְתַנְאֵל וַעֲמָשַׂי וּזְכַרְיָהוּ וּבְנָיָהוּ וֶאֱלִיעֶזֶר הַכֹּהֲנִים מחצרים מַחְצְרִים
בַּחֲצֹצְרוֹת לִפְנֵי אֲרוֹן הָאֱלֹהִים וְעֹבֵד אֱדֹם וִיחִיָּה שֹׁעֲרִים לָאָרוֹן׃
כה וַיְהִי דָוִיד וְזִקְנֵי יִשְׂרָאֵל וְשָׂרֵי הָאֲלָפִים הַהֹלְכִים לְהַעֲלוֹת אֶת־
כו אֲרוֹן בְּרִית־יהוה מִן־בֵּית עֹבֵד־אֱדֹם בְּשִׂמְחָה׃ וַיְהִי
בֶּעְזֹר הָאֱלֹהִים אֶת־הַלְוִיִּם נֹשְׂאֵי אֲרוֹן בְּרִית־יהוה וַיִּזְבְּחוּ
כז שִׁבְעָה־פָרִים וְשִׁבְעָה אֵילִים׃ וְדָוִיד מְכֻרְבָּל ׀ בִּמְעִיל בּוּץ
וְכָל־הַלְוִיִּם הַנֹּשְׂאִים אֶת־הָאָרוֹן וְהַמְשֹׁרְרִים וּכְנַנְיָה הַשַּׂר
כח הַמַּשָּׂא הַמְשֹׁרְרִים וְעַל־דָּוִיד אֵפוֹד בָּד׃ וְכָל־יִשְׂרָאֵל מַעֲלִים
אֶת־אֲרוֹן בְּרִית־יהוה בִּתְרוּעָה וּבְקוֹל שׁוֹפָר וּבַחֲצֹצְרוֹת
כט וּבִמְצִלְתָּיִם מַשְׁמִעִים בִּנְבָלִים וְכִנֹּרוֹת׃ וַיְהִי אֲרוֹן בְּרִית
יהוה בָּא עַד־עִיר דָּוִיד וּמִיכַל בַּת־שָׁאוּל נִשְׁקְפָה ׀ בְּעַד
הַחַלּוֹן וַתֵּרֶא אֶת־הַמֶּלֶךְ דָּוִיד מְרַקֵּד וּמְשַׂחֵק וַתִּבֶז לוֹ
טז א בְּלִבָּהּ׃ וַיָּבִיאוּ אֶת־אֲרוֹן הָאֱלֹהִים וַיַּצִּיגוּ אֹתוֹ בְּתוֹךְ
הָאֹהֶל אֲשֶׁר נָטָה־לוֹ דָוִיד וַיַּקְרִיבוּ עֹלוֹת וּשְׁלָמִים לִפְנֵי
ב הָאֱלֹהִים׃ וַיְכַל דָּוִיד מֵהַעֲלוֹת הָעֹלָה וְהַשְּׁלָמִים וַיְבָרֶךְ אֶת־
ג הָעָם בְּשֵׁם יהוה׃ וַיְחַלֵּק לְכָל־אִישׁ יִשְׂרָאֵל מֵאִישׁ וְעַד־אִשָּׁה
ד לְאִישׁ כִּכַּר־לֶחֶם וְאֶשְׁפָּר וַאֲשִׁישָׁה׃ וַיִּתֵּן לִפְנֵי אֲרוֹן יהוה
מִן־הַלְוִיִּם מְשָׁרְתִים וּלְהַזְכִּיר וּלְהוֹדוֹת וּלְהַלֵּל לַיהוה אֱלֹהֵי
ה יִשְׂרָאֵל׃ אָסָף הָרֹאשׁ וּמִשְׁנֵהוּ זְכַרְיָה יְעִיאֵל
וּשְׁמִירָמוֹת וִיחִיאֵל וּמַתִּתְיָה וֶאֱלִיאָב וּבְנָיָהוּ וְעֹבֵד אֱדֹם
וִיעִיאֵל בִּכְלֵי נְבָלִים וּבְכִנֹּרוֹת וְאָסָף בַּמְצִלְתַּיִם מַשְׁמִיעַ׃
ו וּבְנָיָהוּ וְיַחֲזִיאֵל הַכֹּהֲנִים בַּחֲצֹצְרוֹת תָּמִיד לִפְנֵי אֲרוֹן בְּרִית־
ז הָאֱלֹהִים׃ בַּיּוֹם הַהוּא אָז נָתַן דָּוִיד בָּרֹאשׁ לְהֹדוֹת לַיהוה
בְּיַד־אָסָף וְאֶחָיו׃
ח ט הוֹדוּ לַיהוה קִרְאוּ בִשְׁמוֹ הוֹדִיעוּ בָעַמִּים עֲלִילֹתָיו׃ שִׁירוּ לוֹ
י זַמְּרוּ־לוֹ שִׂיחוּ בְּכָל־נִפְלְאֹתָיו׃ הִתְהַלְלוּ בְּשֵׁם קָדְשׁוֹ יִשְׂמַח
יא יב לֵב מְבַקְשֵׁי יהוה׃ דִּרְשׁוּ יהוה וְעֻזּוֹ בַּקְּשׁוּ פָנָיו תָּמִיד׃ זִכְרוּ
יג נִפְלְאֹתָיו אֲשֶׁר עָשָׂה מֹפְתָיו וּמִשְׁפְּטֵי־פִיהוּ׃ זֶרַע יִשְׂרָאֵל
יד עַבְדּוֹ בְּנֵי יַעֲקֹב בְּחִירָיו׃ הוּא יהוה אֱלֹהֵינוּ בְּכָל־הָאָרֶץ
טו טז מִשְׁפָּטָיו׃ זִכְרוּ לְעוֹלָם בְּרִיתוֹ דָּבָר צִוָּה לְאֶלֶף דּוֹר׃ אֲשֶׁר
יז כָּרַת אֶת־אַבְרָהָם וּשְׁבוּעָתוֹ לְיִצְחָק׃ וַיַּעֲמִידֶהָ לְיַעֲקֹב לְחֹק
יח לְיִשְׂרָאֵל בְּרִית עוֹלָם׃ לֵאמֹר לְךָ אֶתֵּן אֶרֶץ־כְּנָעַן חֶבֶל
יט כ נַחֲלַתְכֶם׃ בִּהְיוֹתְכֶם מְתֵי מִסְפָּר כִּמְעַט וְגָרִים בָּהּ׃ וַיִּתְהַלְּכוּ
כא מִגּוֹי אֶל־גּוֹי וּמִמַּמְלָכָה אֶל־עַם אַחֵר׃ לֹא־הִנִּיחַ לְאִישׁ
כב לְעָשְׁקָם וַיּוֹכַח עֲלֵיהֶם מְלָכִים׃ אַל־תִּגְּעוּ בִּמְשִׁיחָי וּבִנְבִיאַי

'Amasay, and Zekharyahu, and Benayahu, and Eli'ezer, the
priests, did blow on the trumpets before the ark of GOD: and
'Oved-edom and Yeḥiyya were gatekeepers for the ark. So   25
David, and the elders of Yisra'el, and the captains over the
thousands, went to bring up the ark of the covenant of the
LORD out of the house of 'Oved-edom with joy.   And it   26
came to pass, when GOD helped the Levites who bore the ark
of the covenant of the LORD, that they offered seven bullocks
and seven rams. And David was clothed with a robe of fine linen,   27
and all the Levites who bore the ark, and the singers, and Kenan-
ya the master of the song with the singers : David also had upon
him an efod of linen. Thus all Yisra'el brought up the ark of the   28
covenant of the LORD with shouting, and with the sound of the
shofar, and with trumpets, and with cymbals, making a noise
with lutes and lyres. And it came to pass, as the ark of the cov-   29
enant of the LORD came to the city of David, that Mikhal the
daughter of Sha'ul looking through a window saw king David
dancing and playing : and she despised him in her heart.   So   **16**
they brought the ark of GOD, and set it in the midst of the tent
that David had set up for it: and they offered burnt sacrifices
and peace offerings before GOD. And when David had made an   2
end of offering the burnt offerings and the peace offerings, he
blessed the people in the name of the LORD. And he distributed   3
to every one of Yisra'el both men and women, to every one
a loaf of bread, and a good piece of meat, and a cake of raisins.
And he appointed certain of the Levites to minister before the   4
ark of the LORD, and to invoke, and to thank and praise the
LORD GOD of Yisra'el.   Asaf the chief, and next to him   5
Zekharya, Ye'i'el, and Shemiramot, and Yeḥi'el, and Mattitya,
and Eli'av, and Benayahu, and 'Oved-edom: and Ye'i'el with
lutes and with lyres ; but Asaf was to sound the cymbals ; and   6
Benayahu and Yaḥazi'el the priests with trumpets continually
before the ark of the covenant of GOD. Then on that day David   7
first delivered this psalm (to thank the LORD) into the hand of
Asaf and his brethren.
Give thanks to the LORD, call upon his name, make known his   8
deeds among the peoples. Sing to him, sing psalms to him, talk   9
of all his wondrous works. Glory in his holy name: let the heart   10
of those who seek the LORD rejoice. Seek the LORD and his   11
strength, seek his face continually. Remember his marvellous   12
works that he has done, his wonders, and the judgments of his
mouth ; O seed of Yisra'el his servant, you children of Ya'aqov,   13
his chosen ones. He is the LORD our GOD; his judgments are on   14
all the earth. Be mindful always of his covenant; the word   15
which he commanded to a thousand generations; which he   16
made with Avraham, and of his oath to Yiẓḥaq; and he con-   17
firmed the same to Ya'aqov for a law, and to Yisra'el for an
everlasting covenant, saying, To thee will I give the land of   18
Kena'an, the lot of your inheritance ; when you were but a few   19
men in number, of little account and sojourners there: when   20
they went from nation to nation, and from one kingdom to
another people; he suffered no man to do them wrong: but he   21
reproved kings for their sakes, saying, Do not touch any   22

כג אַל־תָּרֵעוּ: שִׁירוּ לַיהוָה כָּל־הָאָרֶץ בַּשְּׂרוּ מִיּוֹם־אֶל־יוֹם
כד יְשׁוּעָתוֹ: סַפְּרוּ בַגּוֹיִם אֶת־כְּבוֹדוֹ בְּכָל־הָעַמִּים נִפְלְאֹתָיו:
כה כִּי גָדוֹל יהוה וּמְהֻלָּל מְאֹד וְנוֹרָא הוּא עַל־כָּל־אֱלֹהִים:
כו כז כִּי כָּל־אֱלֹהֵי הָעַמִּים אֱלִילִים וַיהוָה שָׁמַיִם עָשָׂה: הוֹד וְהָדָר
כח לְפָנָיו עֹז וְחֶדְוָה בִּמְקֹמוֹ: הָבוּ לַיהוָה מִשְׁפְּחוֹת עַמִּים הָבוּ
כט לַיהוָה כָּבוֹד וָעֹז: הָבוּ לַיהוָה כְּבוֹד שְׁמוֹ שְׂאוּ מִנְחָה וּבֹאוּ
ל לְפָנָיו הִשְׁתַּחֲווּ לַיהוָה בְּהַדְרַת־קֹדֶשׁ: חִילוּ מִלְּפָנָיו כָּל־
לא הָאָרֶץ אַף־תִּכּוֹן תֵּבֵל בַּל־תִּמּוֹט: יִשְׂמְחוּ הַשָּׁמַיִם וְתָגֵל
לב הָאָרֶץ וְיֹאמְרוּ בַגּוֹיִם יהוה מָלָךְ: יִרְעַם הַיָּם וּמְלוֹאוֹ יַעֲלֹץ
לג הַשָּׂדֶה וְכָל־אֲשֶׁר־בּוֹ: אָז יְרַנְּנוּ עֲצֵי הַיָּעַר מִלִּפְנֵי יהוה כִּי־
לד בָא לִשְׁפּוֹט אֶת־הָאָרֶץ: הוֹדוּ לַיהוָה כִּי טוֹב כִּי לְעוֹלָם
לה חַסְדּוֹ: וְאִמְרוּ הוֹשִׁיעֵנוּ אֱלֹהֵי יִשְׁעֵנוּ וְקַבְּצֵנוּ וְהַצִּילֵנוּ מִן־
לו הַגּוֹיִם לְהֹדוֹת לְשֵׁם קָדְשֶׁךָ לְהִשְׁתַּבֵּחַ בִּתְהִלָּתֶךָ: בָּרוּךְ ז
יהוה אֱלֹהֵי יִשְׂרָאֵל מִן־הָעוֹלָם וְעַד־הָעֹלָם וַיֹּאמְרוּ כָל־
לז הָעָם אָמֵן וְהַלֵּל לַיהוָה: וַיַּעֲזָב־שָׁם לִפְנֵי אֲרוֹן
בְּרִית־יהוה לְאָסָף וּלְאֶחָיו לְשָׁרֵת לִפְנֵי הָאָרוֹן תָּמִיד לִדְבַר־
לח יוֹם בְּיוֹמוֹ: וְעֹבֵד אֱדֹם וַאֲחֵיהֶם שִׁשִּׁים וּשְׁמוֹנָה וְעֹבֵד אֱדֹם
לט בֶּן־יְדִיתוּן וְחֹסָה לְשֹׁעֲרִים: וְאֵת ׀ צָדוֹק הַכֹּהֵן וְאֶחָיו הַכֹּהֲנִים
מ לִפְנֵי מִשְׁכַּן יהוה בַּבָּמָה אֲשֶׁר בְּגִבְעוֹן: לְהַעֲלוֹת עֹלוֹת לַיהוָה
עַל־מִזְבַּח הָעֹלָה תָּמִיד לַבֹּקֶר וְלָעָרֶב וּלְכָל־הַכָּתוּב בְּתוֹרַת
מא יהוה אֲשֶׁר צִוָּה עַל־יִשְׂרָאֵל: וְעִמָּהֶם הֵימָן וִידוּתוּן וּשְׁאָר
הַבְּרוּרִים אֲשֶׁר נִקְּבוּ בְּשֵׁמוֹת לְהֹדוֹת לַיהוָה כִּי לְעוֹלָם
מב חַסְדּוֹ: וְעִמָּהֶם הֵימָן וִידוּתוּן חֲצֹצְרוֹת וּמְצִלְתַּיִם לְמַשְׁמִיעִים
מג וּכְלֵי שִׁיר הָאֱלֹהִים וּבְנֵי יְדוּתוּן לַשָּׁעַר: וַיֵּלְכוּ כָל־הָעָם אִישׁ
א יז לְבֵיתוֹ וַיִּסֹּב דָּוִיד לְבָרֵךְ אֶת־בֵּיתוֹ: וַיְהִי כַּאֲשֶׁר
יָשַׁב דָּוִיד בְּבֵיתוֹ וַיֹּאמֶר דָּוִיד אֶל־נָתָן הַנָּבִיא הִנֵּה אָנֹכִי
יוֹשֵׁב בְּבֵית הָאֲרָזִים וַאֲרוֹן בְּרִית־יהוה תַּחַת יְרִיעוֹת:
ב וַיֹּאמֶר נָתָן אֶל־דָּוִיד כֹּל אֲשֶׁר בִּלְבָבְךָ עֲשֵׂה כִּי הָאֱלֹהִים
ג עִמָּךְ: וַיְהִי בַּלַּיְלָה הַהוּא וַיְהִי דְּבַר־אֱלֹהִים אֶל־
ד נָתָן לֵאמֹר: לֵךְ וְאָמַרְתָּ אֶל־דָּוִיד עַבְדִּי כֹּה אָמַר יהוה לֹא
ה אַתָּה תִּבְנֶה־לִּי הַבַּיִת לָשָׁבֶת: כִּי לֹא יָשַׁבְתִּי בְּבַיִת מִן־
הַיּוֹם אֲשֶׁר הֶעֱלֵיתִי אֶת־יִשְׂרָאֵל עַד הַיּוֹם הַזֶּה וָאֶהְיֶה
ו מֵאֹהֶל אֶל־אֹהֶל וּמִמִּשְׁכָּן: בְּכֹל אֲשֶׁר־הִתְהַלַּכְתִּי בְּכָל־
יִשְׂרָאֵל הֲדָבָר דִּבַּרְתִּי אֶת־אַחַד שֹׁפְטֵי יִשְׂרָאֵל אֲשֶׁר צִוִּיתִי
לִרְעוֹת אֶת־עַמִּי לֵאמֹר לָמָּה לֹא־בְנִיתֶם לִי בֵּית אֲרָזִים:

anointed, and do my prophets no harm. Sing to the Lord, all   23
the earth; announce his salvation from day to day. Declare his   24
glory among the nations; his marvellous works among all
peoples. For great is the Lord, and greatly to be praised : and   25
he is to be feared above all gods. For all the gods of the peoples   26
are idols: but the Lord made the heavens. Honour and majesty   27
are before him; strength and gladness are in his place. Ascribe   28
to the Lord, you families of the peoples, ascribe to the Lord
glory and strength. Ascribe to the Lord the glory due to his   29
name: bring an offering, and come before him: worship the
Lord in the beauty of holiness. Tremble before him, all the earth: 30
the world also is established, so that it shall not be moved. Let   31
the heavens be glad, and let the earth rejoice : and let it be said
among the nations, The Lord reigns. Let the sea roar, and the   32
fulness thereof : let the field rejoice, and all that is in it. Then   33
shall the trees of the wood sing for joy at the presence of the
Lord, because he comes to judge the earth. O give thanks to   34
the Lord ; for he is good ; for his steadfast love endures for-
ever. And say, Save us, O God of our salvation, and gather us   35
together, and deliver us from the nations, that we may give
thanks to thy holy name, and glory in thy praise. Blessed be   36
the Lord God of Yisra'el for ever and ever. And all the people
said, Amen, and praised the Lord.   So he left there before   37
the ark of the covenant of the Lord Asaf and his brethren, to
minister before the ark continually, as every day's work re-
quired: and 'Oved-edom with their brethren, sixty eight; and   38
'Oved-edom the son of Yeditun and Ḥosa to be doorkeepers:
and Ẓadoq the priest, and his brethren the priests, before the   39
tabernacle of the Lord in the high place that was at Giv'on,
to offer burnt offerings to the Lord upon the altar of the burnt   40
offering continually morning and evening, and to do according
to all that is written in the Tora of the Lord, which he com-
manded Yisra'el ; And with them Heman and Yedutun, and the   41
rest who were chosen, who were expressly named, to give
thanks to the Lord, because his steadfast love endures for-
ever ; and with them Heman and Yedutun with trumpets and   42
cymbals for making a loud sound, and with musical instru-
ments of God. And the sons of Yedutun were posted at the
gate. And all the people departed every man to his house : and   43
David returned to bless his house.   Now it came to pass,   **17**
as David sat in his house, that David said to Natan the prophet,
Lo, I dwell in a house of cedar wood, but the ark of the cove-
nant of the Lord remains under curtains. Then Natan said to   2
David, Do all that is in thy heart; for God is with thee.

And it came to pass the same night, that the word of God   3
came to Natan, saying, Go and tell David my servant, Thus says   4
the Lord, Thou shalt not build me a house to dwell in : for I have   5
not dwelt in a house since the day that I brought up Yisra'el to
this day ; but have gone from tent to tent, and from one
tabernacle to another. Everywhere where I have walked   6
among all Yisra'el, did I speak a word to any of the judges of
Yisra'el whom I commanded to be shepherds to my people,
saying, Why have you not built me a house of cedar wood ?

ז וְעַתָּה כֹּה־תֹאמַר לְעַבְדִּי לְדָוִיד כֹּה אָמַר יְהֹוָה צְבָאוֹת אֲנִי
לְקַחְתִּיךָ מִן־הַנָּוֶה מִן־אַחֲרֵי הַצֹּאן לִהְיוֹת נָגִיד עַל עַמִּי
ח יִשְׂרָאֵל: וָאֶהְיֶה עִמְּךָ בְּכֹל אֲשֶׁר הָלַכְתָּ וָאַכְרִית אֶת־כָּל־
אוֹיְבֶיךָ מִפָּנֶיךָ וְעָשִׂיתִי לְךָ שֵׁם כְּשֵׁם הַגְּדוֹלִים אֲשֶׁר בָּאָרֶץ:
ט וְשַׂמְתִּי מָקוֹם לְעַמִּי יִשְׂרָאֵל וּנְטַעְתִּיהוּ וְשָׁכַן תַּחְתָּיו וְלֹא
יִרְגַּז עוֹד וְלֹא־יוֹסִיפוּ בְנֵי־עַוְלָה לְבַלֹּתוֹ כַּאֲשֶׁר בָּרִאשׁוֹנָה:
י וּלְמִיָּמִים אֲשֶׁר צִוִּיתִי שֹׁפְטִים עַל־עַמִּי יִשְׂרָאֵל וְהִכְנַעְתִּי
אֶת־כָּל־אוֹיְבֶיךָ וָאַגִּד לָךְ וּבַיִת יִבְנֶה־לְּךָ יְהֹוָה: וְהָיָה כִּי־
יא מָלְאוּ יָמֶיךָ לָלֶכֶת עִם־אֲבֹתֶיךָ וַהֲקִימוֹתִי אֶת־זַרְעֲךָ אַחֲרֶיךָ
אֲשֶׁר יִהְיֶה מִבָּנֶיךָ וַהֲכִינוֹתִי אֶת־מַלְכוּתוֹ: הוּא יִבְנֶה־לִּי
יב בַיִת וְכֹנַנְתִּי אֶת־כִּסְאוֹ עַד־עוֹלָם: אֲנִי אֶהְיֶה־לּוֹ לְאָב וְהוּא
יג יִהְיֶה־לִּי לְבֵן וְחַסְדִּי לֹא־אָסִיר מֵעִמּוֹ כַּאֲשֶׁר הֲסִירוֹתִי מֵאֲשֶׁר
הָיָה לְפָנֶיךָ: וְהַעֲמַדְתִּיהוּ בְּבֵיתִי וּבְמַלְכוּתִי עַד־הָעוֹלָם וְכִסְאוֹ
יד יִהְיֶה נָכוֹן עַד־עוֹלָם: כְּכֹל הַדְּבָרִים הָאֵלֶּה וּכְכֹל הֶחָזוֹן הַזֶּה
טו כֵּן דִּבֶּר נָתָן אֶל־דָּוִיד: וַיָּבֹא הַמֶּלֶךְ דָּוִיד וַיֵּשֶׁב לִפְנֵי
טז יְהֹוָה וַיֹּאמֶר מִי־אֲנִי יְהֹוָה אֱלֹהִים וּמִי בֵיתִי כִּי הֲבִיאֹתַנִי
עַד־הֲלֹם: וַתִּקְטַן זֹאת בְּעֵינֶיךָ אֱלֹהִים וַתְּדַבֵּר עַל־בֵּית־
יז עַבְדְּךָ לְמֵרָחוֹק וּרְאִיתַנִי כְּתוֹר הָאָדָם הַמַּעֲלָה יְהֹוָה אֱלֹהִים:
יח מַה־יּוֹסִיף עוֹד דָּוִיד אֵלֶיךָ לְכָבוֹד אֶת־עַבְדֶּךָ וְאַתָּה אֶת־
יט עַבְדְּךָ יָדָעְתָּ: יְהֹוָה בַּעֲבוּר עַבְדְּךָ וּכְלִבְּךָ עָשִׂיתָ אֵת כָּל־
כ הַגְּדוּלָּה הַזֹּאת לְהוֹדִיעַ אֶת־כָּל־הַגְּדֻלּוֹת: יְהֹוָה אֵין כָּמוֹךָ
כא וְאֵין אֱלֹהִים זוּלָתֶךָ בְּכֹל אֲשֶׁר־שָׁמַעְנוּ בְּאָזְנֵינוּ: וּמִי כְּעַמְּךָ
יִשְׂרָאֵל גּוֹי אֶחָד בָּאָרֶץ אֲשֶׁר הָלַךְ הָאֱלֹהִים לִפְדּוֹת לוֹ עָם
לָשׂוּם לְךָ שֵׁם גְּדֻלּוֹת וְנֹרָאוֹת לְגָרֵשׁ מִפְּנֵי עַמְּךָ אֲשֶׁר־
כב פָּדִיתָ מִמִּצְרַיִם גּוֹיִם: וַתִּתֵּן אֶת־עַמְּךָ יִשְׂרָאֵל ׀ לְךָ לְעָם
כג עַד־עוֹלָם וְאַתָּה יְהֹוָה הָיִיתָ לָהֶם לֵאלֹהִים: וְעַתָּה יְהֹוָה
הַדָּבָר אֲשֶׁר דִּבַּרְתָּ עַל־עַבְדְּךָ וְעַל־בֵּיתוֹ יֵאָמֵן עַד־עוֹלָם
כד וַעֲשֵׂה כַּאֲשֶׁר דִּבַּרְתָּ: וְיֵאָמֵן וְיִגְדַּל שִׁמְךָ עַד־עוֹלָם לֵאמֹר
יְהֹוָה צְבָאוֹת אֱלֹהֵי יִשְׂרָאֵל אֱלֹהִים לְיִשְׂרָאֵל וּבֵית־דָּוִיד
כה עַבְדְּךָ נָכוֹן לְפָנֶיךָ: כִּי ׀ אַתָּה אֱלֹהַי גָּלִיתָ אֶת־אֹזֶן עַבְדְּךָ
כו לִבְנוֹת לוֹ בָּיִת עַל־כֵּן מָצָא עַבְדְּךָ לְהִתְפַּלֵּל לְפָנֶיךָ: וְעַתָּה
יְהֹוָה אַתָּה־הוּא הָאֱלֹהִים וַתְּדַבֵּר עַל־עַבְדְּךָ הַטּוֹבָה הַזֹּאת:
כז וְעַתָּה הוֹאַלְתָּ לְבָרֵךְ אֶת־בֵּית עַבְדְּךָ לִהְיוֹת לְעוֹלָם לְפָנֶיךָ
כִּי־אַתָּה יְהֹוָה בֵּרַכְתָּ וּמְבֹרָךְ לְעוֹלָם: וַיְהִי אַחֲרֵי־ א יח
כֵן וַיַּךְ דָּוִיד אֶת־פְּלִשְׁתִּים וַיַּכְנִיעֵם וַיִּקַּח אֶת־גַּת וּבְנֹתֶיהָ

Now therefore thus shalt thou say to my servant David, Thus 7
says the LORD of hosts, I took thee from the pasture, from fol-
lowing the sheep, that thou shouldst be ruler over my people
Yisra'el: and I have been with thee wherever thou hast 8
walked, and have cut off all thy enemies from before thee, and
have made thee a name like the name of the great men who are
on the earth. And I will ordain a place for my people Yisra'el, 9
and I will plant them, and they shall dwell in their place, and
shall be moved no more; nor shall the children of wickedness
waste them any more, as at the beginning, and ever since the 10
time when I commanded judges to be over my people Yisra'el.
And I will subdue all thy enemies. Moreover I declare to thee
that the LORD will build thee a house. And it shall come to 11
pass, when thy days are fulfilled when thou must go to be with
thy fathers, that I will raise up thy seed after thee, who shall
be of thy sons; and I will establish his kingdom. He shall build 12
me a house, and I will establish his throne for ever. I will be his 13
father, and he will be my son: and I will not take my stead-
fast love away from him, as I took it from the one who was
before thee: but I will settle him in my house and in my king- 14
dom forever: and his throne shall be established for evermore.
According to all these words, and according to all this vision, 15
did Natan speak to David.   And David the king came and 16
sat before the LORD, and said, Who am I, O LORD GOD, and what
is my house, that thou hast brought me so far? And as though 17
this was too little in thy eyes, O GOD, thou hast also spoken
of thy servant's house for a great while to come, and hast re-
garded me as a man of high degree, O LORD GOD. What more 18
can David say to thee concerning the honour done to thy ser-
vant? for thou knowst thy servant. O LORD, for thy servant's 19
sake, and according to thy own heart, hast thou done all this
greatness, in making known all these great things. O LORD, 20
there is none like thee, nor is there any GOD besides thee, ac-
cording to all that we have heard with our ears. And who is 21
like thy people Yisra'el, a singular nation on the earth, whom
GOD went to redeem to be his own people, to make thee a name
of greatness and awesomeness, by driving out nations from be-
fore thy people, whom thou didst redeem out of Mizrayim? For 22
thy people Yisra'el didst thou make thy own people forever;
and thou, LORD, didst become their GOD. Therefore now, LORD, 23
let the thing that thou hast spoken concerning thy servant and
concerning his house be established forever, and do as thou
hast said. So let it be established, that thy name may be mag- 24
nified forever, saying, The LORD of hosts, the GOD of Yisra'el,
is a GOD to Yisra'el: and let the house of David thy servant
be established before thee. For thou, O my GOD, hast told thy 25
servant that thou wilt build him a house: therefore thy servant
has found in his heart to pray before thee. And now, LORD, thou 26
art GOD, and hast promised this goodness to thy servant: and 27
now it has pleased thee to bless the house of thy servant, that
it may be before thee forever: for thou, O LORD, hast blessed
it, and it shall be blessed forever.   Now after this it came **18**
to pass, that David smote the Pelishtim, and subdued them, and

מִיַּד פְּלִשְׁתִּים: וַיַּךְ אֶת־מוֹאָב וַיִּהְיוּ מוֹאָב עֲבָדִים לְדָוִיד ב
נֹשְׂאֵי מִנְחָה: וַיַּךְ דָּוִיד אֶת־הֲדַדְעֶזֶר מֶלֶךְ־צוֹבָה חֲמָתָה ג
בְּלֶכְתּוֹ לְהַצִּיב יָדוֹ בִּנְהַר פְּרָת: וַיִּלְכֹּד דָּוִיד מִמֶּנּוּ אֶלֶף רֶכֶב ד
וְשִׁבְעַת אֲלָפִים פָּרָשִׁים וְעֶשְׂרִים אֶלֶף אִישׁ רַגְלִי וַיְעַקֵּר דָּוִיד
אֶת־כׇּל־הָרֶכֶב וַיּוֹתֵר מִמֶּנּוּ מֵאָה רָכֶב: וַיָּבֹא אֲרַם דַּרְמֶשֶׂק ה
לַעְזוֹר לַהֲדַדְעֶזֶר מֶלֶךְ צוֹבָה וַיַּךְ דָּוִיד בַּאֲרָם עֶשְׂרִים־וּשְׁנַיִם
אֶלֶף אִישׁ: וַיָּשֶׂם דָּוִיד בַּאֲרַם דַּרְמֶשֶׂק וַיְהִי אֲרָם לְדָוִיד ו
עֲבָדִים נֹשְׂאֵי מִנְחָה וַיּוֹשַׁע יהוה לְדָוִיד בְּכֹל אֲשֶׁר הָלָךְ:
וַיִּקַּח דָּוִיד אֵת שִׁלְטֵי הַזָּהָב אֲשֶׁר הָיוּ עַל עַבְדֵי הֲדַדְעָזֶר ז
וַיְבִיאֵם יְרוּשָׁלִָם: וּמִטִּבְחַת וּמִכּוּן עָרֵי הֲדַדְעֶזֶר לָקַח דָּוִיד ח
נְחֹשֶׁת רַבָּה מְאֹד בָּהּ ׀ עָשָׂה שְׁלֹמֹה אֶת־יָם הַנְּחֹשֶׁת וְאֶת־
הָעַמּוּדִים וְאֵת כְּלֵי הַנְּחֹשֶׁת: וַיִּשְׁמַע תֹּעוּ מֶלֶךְ חֲמָת ט
כִּי הִכָּה דָוִיד אֶת־כׇּל־חֵיל הֲדַדְעֶזֶר מֶלֶךְ־צוֹבָה: וַיִּשְׁלַח אֶת־ י
לִשְׁאָל־ הֲדוֹרָם־בְּנוֹ אֶל־הַמֶּלֶךְ דָּוִיד לשאול־לוֹ לְשָׁלוֹם וּלְבָרְכוֹ עַל
אֲשֶׁר נִלְחַם בַּהֲדַדְעֶזֶר וַיַּכֵּהוּ כִּי־אִישׁ מִלְחֲמוֹת תֹּעוּ הָיָה
הֲדַדְעֶזֶר וְכֹל כְּלֵי זָהָב וָכֶסֶף וּנְחֹשֶׁת: גַּם־אֹתָם הִקְדִּישׁ יא
הַמֶּלֶךְ דָּוִיד לַיהוה עִם־הַכֶּסֶף וְהַזָּהָב אֲשֶׁר נָשָׂא מִכׇּל־הַגּוֹיִם
מֵאֱדוֹם וּמִמּוֹאָב וּמִבְּנֵי עַמּוֹן וּמִפְּלִשְׁתִּים וּמֵעֲמָלֵק: וְאַבְשַׁי יב
בֶּן־צְרוּיָה הִכָּה אֶת־אֱדוֹם בְּגֵיא הַמֶּלַח שְׁמוֹנָה עָשָׂר אָלֶף:
וַיָּשֶׂם בֶּאֱדוֹם נְצִיבִים וַיִּהְיוּ כׇל־אֱדוֹם עֲבָדִים לְדָוִיד וַיּוֹשַׁע יג
יהוה אֶת־דָּוִיד בְּכֹל אֲשֶׁר הָלָךְ: וַיִּמְלֹךְ דָּוִיד עַל־כׇּל־יִשְׂרָאֵל יד
וַיְהִי עֹשֶׂה מִשְׁפָּט וּצְדָקָה לְכׇל־עַמּוֹ: וְיוֹאָב בֶּן־צְרוּיָה עַל־ טו
הַצָּבָא וִיהוֹשָׁפָט בֶּן־אֲחִילוּד מַזְכִּיר: וְצָדוֹק בֶּן־אֲחִיטוּב טז
וַאֲבִימֶלֶךְ בֶּן־אֶבְיָתָר כֹּהֲנִים וְשַׁוְשָׁא סוֹפֵר: וּבְנָיָהוּ בֶּן־יְהוֹיָדָע יז
עַל־הַכְּרֵתִי וְהַפְּלֵתִי וּבְנֵי־דָוִיד הָרִאשֹׁנִים לְיַד הַמֶּלֶךְ:
וַיְהִי אַחֲרֵי־כֵן וַיָּמׇת נָחָשׁ מֶלֶךְ בְּנֵי־עַמּוֹן וַיִּמְלֹךְ בְּנוֹ תַּחְתָּיו: א יט
וַיֹּאמֶר דָּוִיד אֶעֱשֶׂה־חֶסֶד ׀ עִם־חָנוּן בֶּן־נָחָשׁ כִּי־עָשָׂה אָבִיו ב
עִמִּי חֶסֶד וַיִּשְׁלַח דָּוִיד מַלְאָכִים לְנַחֲמוֹ עַל־אָבִיו וַיָּבֹאוּ
עַבְדֵי דָוִיד אֶל־אֶרֶץ בְּנֵי־עַמּוֹן אֶל־חָנוּן לְנַחֲמוֹ: וַיֹּאמְרוּ ג
שָׂרֵי בְנֵי־עַמּוֹן לְחָנוּן הַמְכַבֵּד דָּוִיד אֶת־אָבִיךָ בְּעֵינֶיךָ כִּי־
שָׁלַח לְךָ מְנַחֲמִים הֲלֹא בַּעֲבוּר לַחְקֹר וְלַהֲפֹךְ וּלְרַגֵּל הָאָרֶץ
בָּאוּ עֲבָדָיו אֵלֶיךָ: וַיִּקַּח חָנוּן אֶת־עַבְדֵי דָוִיד וַיְגַלְּחֵם וַיִּכְרֹת ד
אֶת־מַדְוֵיהֶם בַּחֵצִי עַד־הַמִּפְשָׂעָה וַיְשַׁלְּחֵם: וַיֵּלְכוּ וַיַּגִּידוּ ה
לְדָוִיד עַל־הָאֲנָשִׁים וַיִּשְׁלַח לִקְרָאתָם כִּי־הָיוּ הָאֲנָשִׁים
נִכְלָמִים מְאֹד וַיֹּאמֶר הַמֶּלֶךְ שְׁבוּ בִירֵחוֹ עַד אֲשֶׁר־יְצַמַּח

took Gat and its hamlets out of the hand of the Pelishtim. And 2
he smote Mo'av; and Mo'av became David's servants, and
brought tribute. And David smote Hadad'ezer king of Ẕova as 3
far as Ḥamat, as he went to set up his dominion by the river
Perat. And David took from him one thousand chariots, and 4
seven thousand horsemen, and twenty thousand footmen: and
David lamed all the chariot horses, but reserved from them
enough for a hundred chariots. And when Aram of Darmeseq 5
came to help Hadad'ezer king of Ẕova, David slew of Aram
twenty two thousand men. Then David put garrisons in Aram 6
of Darmeseq; and the people of Aram became David's servants,
and brought tribute. Thus the Lord preserved David wherever
he went. And David took the shields of gold that were on the 7
servants of Hadad'ezer, and brought them to Yerushalayim.
Likewise from Tivḥat, and from Kun, cities of Hadad'ezer, 8
David took very much brass, with which Shelomo made the
brazen sea, and the pillars, and the vessels of brass. Now 9
when To'u king of Ḥamat heard how David had smitten all the
host of Hadad'ezer king of Ẕova; he sent Hadoram his son to 10
king David, to inquire of his welfare, and to congratulate him,
because he had fought against Hadad'ezer, and smitten him;
(for Hadad'ezer had wars with To'u;) and he had with him all
manner of vessels of gold and silver and brass. These also did 11
king David dedicate to the Lord, with the silver and the gold
that he carried away from all these nations; from Edom, and
from Mo'av, and from the children of 'Ammon, and from the
Pelishtim, and from 'Amaleq. Moreover Avshay the son of 12
Ẕeruya slew of Edom in the valley of salt eighteen thousand.
And he put garrisons in Edom; and all Edom became David's 13
servants. Thus the Lord preserved David wherever he went.
So David reigned over all Yisra'el, and executed judgment and 14
justice among all his people. And Yo'av the son of Ẕeruya was 15
over the host; and Yehoshafat the son of Aḥilud, was recorder.
And Ẕadoq the son of Aḥituv, and Avimelekh the son of Evya- 16
tar, were the priests; and Shavsha was scribe; and Benayahu 17
the son of Yehoyada was over the Kereti and the Peleti; and
the sons of David were chief ministers about the king.

Now it came to pass after this, that Naḥash the king of the **19**
children of 'Ammon died, and his son reigned in his stead.
And David said, I will deal loyally with Ḥanun the son of 2
Naḥash, because his father dealt loyally with me. And David
sent messengers to comfort him concerning his father. So the
servants of David came into the land of the children of 'Ammon
to Ḥanun, to comfort him. But the princes of the children of 3
'Ammon said to Ḥanun, Thinkst thou that David honours thy
father, that he has sent comforters to thee? are not his ser-
vants come to thee to search, and to overthrow, and to spy
out the land? So Ḥanun took David's servants, and shaved them, 4
and cut off their garments in the middle to their hips, and sent
them away. Then there went certain persons, and told David 5
how the men had been treated And he sent to meet them:
for the men were greatly ashamed. And the king said, Tarry
at Yeriḥo until your beards are grown, and then return.

ו זִקַּנְכֶם וְשַׁבְתֶּם׃ וַיִּרְאוּ בְּנֵי עַמּוֹן כִּי הִתְבָּאֲשׁוּ עִם־
דָּוִיד וַיִּשְׁלַח חָנוּן וּבְנֵי עַמּוֹן אֶלֶף כִּכַּר־כֶּסֶף לִשְׂכֹּר לָהֶם
מִן־אֲרַם נַהֲרַיִם וּמִן־אֲרַם מַעֲכָה וּמִצּוֹבָה רֶכֶב וּפָרָשִׁים׃
ז וַיִּשְׂכְּרוּ לָהֶם שְׁנַיִם וּשְׁלֹשִׁים אֶלֶף רֶכֶב וְאֶת־מֶלֶךְ מַעֲכָה
וְאֶת־עַמּוֹ וַיָּבֹאוּ וַיַּחֲנוּ לִפְנֵי מֵידְבָא וּבְנֵי עַמּוֹן נֶאֶסְפוּ מֵעָרֵיהֶם
ח וַיָּבֹאוּ לַמִּלְחָמָה׃ וַיִּשְׁמַע דָּוִיד וַיִּשְׁלַח אֶת־יוֹאָב
ט וְאֵת כָּל־צָבָא הַגִּבּוֹרִים׃ וַיֵּצְאוּ בְּנֵי עַמּוֹן וַיַּעַרְכוּ מִלְחָמָה
י פֶּתַח הָעִיר וְהַמְּלָכִים אֲשֶׁר־בָּאוּ לְבַדָּם בַּשָּׂדֶה׃ וַיַּרְא יוֹאָב
כִּי־הָיְתָה פְנֵי־הַמִּלְחָמָה אֵלָיו פָּנִים וְאָחוֹר וַיִּבְחַר מִכָּל־בָּחוּר
יא בְּיִשְׂרָאֵל וַיַּעֲרֹךְ לִקְרַאת אֲרָם׃ וְאֵת יֶתֶר הָעָם נָתַן בְּיַד
יב אַבְשַׁי אָחִיו וַיַּעַרְכוּ לִקְרַאת בְּנֵי עַמּוֹן׃ וַיֹּאמֶר אִם־תֶּחֱזַק
מִמֶּנִּי אֲרָם וְהָיִיתָ לִּי לִתְשׁוּעָה וְאִם־בְּנֵי עַמּוֹן יֶחֶזְקוּ מִמְּךָ
יג וְהוֹשַׁעְתִּיךָ׃ חֲזַק וְנִתְחַזְּקָה בְּעַד־עַמֵּנוּ וּבְעַד עָרֵי אֱלֹהֵינוּ ח
יד וַיהוָה הַטּוֹב בְּעֵינָיו יַעֲשֶׂה׃ וַיִּגַּשׁ יוֹאָב וְהָעָם אֲשֶׁר־עִמּוֹ לִפְנֵי
טו אֲרָם לַמִּלְחָמָה וַיָּנוּסוּ מִפָּנָיו׃ וּבְנֵי עַמּוֹן רָאוּ כִּי־נָס אֲרָם
וַיָּנוּסוּ גַם־הֵם מִפְּנֵי אַבְשַׁי אָחִיו וַיָּבֹאוּ הָעִירָה וַיָּבֹא יוֹאָב
טז יְרוּשָׁלִָם׃ וַיַּרְא אֲרָם כִּי נִגְּפוּ לִפְנֵי יִשְׂרָאֵל וַיִּשְׁלְחוּ
מַלְאָכִים וַיּוֹצִיאוּ אֶת־אֲרָם אֲשֶׁר מֵעֵבֶר הַנָּהָר וְשׁוֹפַךְ שַׂר־צְבָא
יז הֲדַדְעֶזֶר לִפְנֵיהֶם׃ וַיֻּגַּד לְדָוִיד וַיֶּאֱסֹף אֶת־כָּל־יִשְׂרָאֵל וַיַּעֲבֹר
הַיַּרְדֵּן וַיָּבֹא אֲלֵהֶם וַיַּעֲרֹךְ אֲלֵהֶם וַיַּעֲרֹךְ דָּוִיד לִקְרַאת אֲרָם
יח מִלְחָמָה וַיִּלָּחֲמוּ עִמּוֹ׃ וַיָּנָס אֲרָם מִלִּפְנֵי יִשְׂרָאֵל וַיַּהֲרֹג דָּוִיד
מֵאֲרָם שִׁבְעַת אֲלָפִים רֶכֶב וְאַרְבָּעִים אֶלֶף אִישׁ רַגְלִי וְאֵת
יט שׁוֹפַךְ שַׂר־הַצָּבָא הֵמִית׃ וַיִּרְאוּ עַבְדֵי הֲדַדְעֶזֶר כִּי נִגְּפוּ לִפְנֵי
יִשְׂרָאֵל וַיַּשְׁלִימוּ עִם־דָּוִיד וַיַּעַבְדֻהוּ וְלֹא־אָבָה אֲרָם לְהוֹשִׁיעַ
כ א אֶת־בְּנֵי־עַמּוֹן עוֹד׃ וַיְהִי לְעֵת תְּשׁוּבַת הַשָּׁנָה לְעֵת ׀
צֵאת הַמְּלָכִים וַיִּנְהַג יוֹאָב אֶת־חֵיל הַצָּבָא וַיַּשְׁחֵת ׀ אֶת־אֶרֶץ
בְּנֵי־עַמּוֹן וַיָּבֹא וַיָּצַר אֶת־רַבָּה וְדָוִיד יֹשֵׁב בִּירוּשָׁלִָם וַיַּךְ יוֹאָב
ב אֶת־רַבָּה וַיֶּהֶרְסֶהָ׃ וַיִּקַּח דָּוִיד אֶת־עֲטֶרֶת־מַלְכָּם מֵעַל רֹאשׁוֹ
וַיִּמְצָאָהּ ׀ מִשְׁקַל כִּכַּר־זָהָב וּבָהּ אֶבֶן יְקָרָה וַתְּהִי עַל־רֹאשׁ
ג דָּוִיד וּשְׁלַל הָעִיר הוֹצִיא הַרְבֵּה מְאֹד׃ וְאֶת־הָעָם אֲשֶׁר־בָּהּ
הוֹצִיא וַיָּשַׂר בַּמְּגֵרָה וּבַחֲרִיצֵי הַבַּרְזֶל וּבַמְּגֵרוֹת וְכֵן יַעֲשֶׂה דָוִיד
ד לְכֹל עָרֵי בְנֵי־עַמּוֹן וַיָּשָׁב דָּוִיד וְכָל־הָעָם יְרוּשָׁלִָם׃ וַיְהִי

6 And when the children of ʻAmmon saw that they had made
themselves odious to David, Ḥanun and the children of ʻAm-
mon sent a thousand talents of silver to hire for themselves
chariots and horsemen out of Aram-naharayim, and out of
7 Aram-maʻakha, and out of Ẕova. So they hired thirty two thou-
sand chariots, and the king of Maʻakha and his people; who
came and encamped before Medeva. And the children of ʻAm-
mon gathered themselves together from their cities, and came
8 to battle. And when David heard of it, he sent Yo'av,
9 and all the host of the mighty men. And the children of ʻAmmon
came out, and ranged themselves in battle before the gate of
the city: and the kings that were come were by themselves in
10 the field. Now when Yo'av saw that the battle was set against
him before and behind, he chose out of all the choice men of
11 Yisra'el, and ranged them against Aram. And the rest of the
people he delivered into the hand of Avshay his brother,
12 and they ranged themselves against the children of ʻAmmon. And
he said, If Aram is too strong for me, then thou shalt help me:
but if the children of ʻAmmon are too strong for thee, then I
13 will help thee. Be of good courage, and let us prove strong for
our people, and for the cities of our God: and let the Lord do
14 that which is good in his sight. So Yo'av and the people that
were with him drew near before Aram to the battle; and they
15 fled before him. And when the children of ʻAmmon saw that
Aram had fled, they likewise fled before Avshay his brother,
and entered the city. Then Yo'av came to Yerushalayim.

16 And when Aram saw that they were put to the worse before
Yisra'el, they sent messengers, and brought out the men of
Aram who were beyond the river: and Shofakh the captain of
17 the host of Hadad'ezer went before them. And it was told
David; and he gathered all Yisra'el, and passed over the Yarden,
and came upon them, and ranged himself against them. So
David put the battle in array against Aram, and they fought
18 with him. But Aram fled before Yisra'el; and David slew of
Aram seven thousand charioteers, and forty thousand footmen,
19 and killed Shofakh the captain of the host. And when the ser-
vants of Hadad'ezer saw that they were put to the worse before
Yisra'el, they made peace with David, and became his servants:
and Aram was not willing to help the children of ʻAmmon any
20 more. And it came to pass, at the time of the return of
the year, at the time when the kings go out to battle, that Yo'av
led forth the power of the army, and ravaged the country of
the children of ʻAmmon, and came and besieged Rabba. But
David remained at Yerushalayim. And Yo'av smote Rabba,
2 and destroyed it. And David took the crown of their king from
off his head, and found it to weigh a talent of gold, and there
were precious stones in it; and it was set upon David's head:
3 and he also brought very much spoil out of the city. And he
brought out the people who were in it, and set them to work
with saws, and with harrows of iron, and with axes. Even so
did David deal with all the cities of the children of ʻAmmon.
And David and all the people returned to Yerushalayim.

4 And it came to pass after this that there arose war at Gezer

אַחֲרֵי־כֵן וַתַּעֲמֹד מִלְחָמָה בְּגֶזֶר עִם־פְּלִשְׁתִּים אָז הִכָּה סִבְּכַי
ה הַחֻשָׁתִי אֶת־סִפַּי מִילִדֵי הָרְפָאִים וַיִּכָּנֵעוּ: וַתְּהִי־עוֹד
מִלְחָמָה אֶת־פְּלִשְׁתִּים וַיַּךְ אֶלְחָנָן בֶּן־יעור אֶת־לַחְמִי אֲחִי יָעִיר
ו גָּלְיַת הַגִּתִּי וְעֵץ חֲנִיתוֹ כִּמְנוֹר אֹרְגִים: וַתְּהִי־עוֹד
מִלְחָמָה בְּגַת וַיְהִי ׀ אִישׁ מִדָּה וְאֶצְבְּעֹתָיו שֵׁשׁ־וָשֵׁשׁ עֶשְׂרִים
ז וְאַרְבַּע וְגַם־הוּא נוֹלַד לְהָרָפָא: וַיְחָרֵף אֶת־יִשְׂרָאֵל וַיַּכֵּהוּ
ח יְהוֹנָתָן בֶּן־שִׁמְעָא אֲחִי דָוִיד: אֵל נוּלְּדוּ לְהָרָפָא בְּגַת וַיִּפְּלוּ
כא א בְיַד־דָּוִיד וּבְיַד־עֲבָדָיו: וַיַּעֲמֹד שָׂטָן עַל־יִשְׂרָאֵל
ב וַיָּסֶת אֶת־דָּוִיד לִמְנוֹת אֶת־יִשְׂרָאֵל: וַיֹּאמֶר דָּוִיד אֶל־יוֹאָב
וְאֶל־שָׂרֵי הָעָם לְכוּ סִפְרוּ אֶת־יִשְׂרָאֵל מִבְּאֵר שֶׁבַע וְעַד־דָּן
ג וְהָבִיאוּ אֵלַי וְאֵדְעָה אֶת־מִסְפָּרָם: וַיֹּאמֶר יוֹאָב יוֹסֵף יהוה
עַל־עַמּוֹ ׀ כָּהֵם מֵאָה פְעָמִים הֲלֹא אֲדֹנִי הַמֶּלֶךְ כֻּלָּם לַאדֹנִי
לַעֲבָדִים לָמָּה יְבַקֵּשׁ זֹאת אֲדֹנִי לָמָּה יִהְיֶה לְאַשְׁמָה לְיִשְׂרָאֵל:
ד וּדְבַר־הַמֶּלֶךְ חָזַק עַל־יוֹאָב וַיֵּצֵא יוֹאָב וַיִּתְהַלֵּךְ בְּכָל־יִשְׂרָאֵל
ה וַיָּבֹא יְרוּשָׁלִָם: וַיִּתֵּן יוֹאָב אֶת־מִסְפַּר מִפְקַד־הָעָם אֶל־דָּוִיד
וַיְהִי כָל־יִשְׂרָאֵל אֶלֶף אֲלָפִים וּמֵאָה אֶלֶף אִישׁ שֹׁלֵף חֶרֶב
ו וִיהוּדָה אַרְבַּע מֵאוֹת וְשִׁבְעִים אֶלֶף אִישׁ שֹׁלֵף חָרֶב: וְלֵוִי וּבִנְיָמִן
ז לֹא פָקַד בְּתוֹכָם כִּי־נִתְעַב דְּבַר־הַמֶּלֶךְ אֶת־יוֹאָב: וַיֵּרַע בְּעֵינֵי
ח הָאֱלֹהִים עַל־הַדָּבָר הַזֶּה וַיַּךְ אֶת־יִשְׂרָאֵל: וַיֹּאמֶר דָּוִיד
אֶל־הָאֱלֹהִים חָטָאתִי מְאֹד אֲשֶׁר עָשִׂיתִי אֶת־הַדָּבָר הַזֶּה וְעַתָּה
ט הַעֲבֶר־נָא אֶת־עֲוֺן עַבְדְּךָ כִּי נִסְכַּלְתִּי מְאֹד: וַיְדַבֵּר
י יהוה אֶל־גָּד חֹזֵה דָוִיד לֵאמֹר: לֵךְ וְדִבַּרְתָּ אֶל־דָּוִיד לֵאמֹר
כֹּה אָמַר יהוה שָׁלוֹשׁ אֲנִי נֹטֶה עָלֶיךָ בְּחַר־לְךָ אַחַת מֵהֵנָּה
יא וְאֶעֱשֶׂה־לָּךְ: וַיָּבֹא גָד אֶל־דָּוִיד וַיֹּאמֶר לוֹ כֹּה־אָמַר יהוה
יב קַבֶּל־לָךְ: אִם־שָׁלוֹשׁ שָׁנִים רָעָב וְאִם־שְׁלֹשָׁה חֳדָשִׁים נִסְפֶּה
מִפְּנֵי־צָרֶיךָ וְחֶרֶב אוֹיְבֶיךָ ׀ לְמַשֶּׂגֶת וְאִם־שְׁלֹשֶׁת יָמִים חֶרֶב
יהוה ׀ וְדֶבֶר בָּאָרֶץ וּמַלְאַךְ יהוה מַשְׁחִית בְּכָל־גְּבוּל יִשְׂרָאֵל
יג וְעַתָּה רְאֵה מָה־אָשִׁיב אֶת־שֹׁלְחִי דָּבָר: וַיֹּאמֶר דָּוִיד
אֶל־גָּד צַר־לִי מְאֹד אֶפְּלָה־נָּא בְיַד־יהוה כִּי־רַבִּים רַחֲמָיו
יד מְאֹד וּבְיַד־אָדָם אַל־אֶפֹּל: וַיִּתֵּן יהוה דֶּבֶר בְּיִשְׂרָאֵל וַיִּפֹּל
טו מִיִּשְׂרָאֵל שִׁבְעִים אֶלֶף אִישׁ: וַיִּשְׁלַח הָאֱלֹהִים ׀ מַלְאָךְ ׀
לִירוּשָׁלִַם לְהַשְׁחִיתָהּ וּכְהַשְׁחִית רָאָה יהוה וַיִּנָּחֶם עַל־הָרָעָה
וַיֹּאמֶר לַמַּלְאָךְ הַמַּשְׁחִית רַב עַתָּה הֶרֶף יָדֶךָ וּמַלְאַךְ יהוה
טז עֹמֵד עִם־גֹּרֶן אָרְנָן הַיְבוּסִי: וַיִּשָּׂא דָוִיד אֶת־עֵינָיו
וַיַּרְא אֶת־מַלְאַךְ יהוה עֹמֵד בֵּין הָאָרֶץ וּבֵין הַשָּׁמַיִם וְחַרְבּוֹ
שְׁלוּפָה בְּיָדוֹ נְטוּיָה עַל־יְרוּשָׁלִָם וַיִּפֹּל דָּוִיד וְהַזְּקֵנִים מְכֻסִּים

with the Pelishtim ; at which time Sibbekhay the Ḥushatite slew
Sippay, that was of the children of the Rafa; and they were
subdued.   And there was war again with the Pelishtim;   5
and Elḥanan the son of Ya'ir slew Laḥmi the brother of Golyat
the Gittite, the staff of whose spear was like a weaver's beam.

And yet again there was war at Gat, where there was a   6
man of great stature, whose fingers and toes were twenty four,
six on each hand, and six on each foot: and he also was the
son of the Rafa. And he insulted Yisra'el, so Yehonatan the son   7
of Shim'a, David's brother, slew him. These were born to the   8
Rafa in Gat; and they fell by the hand of David, and by the
hand of his servants.   And an adversary angel stood up   **21**
against Yisra'el, and provoked David to number Yisra'el. And   2
David said to Yo'av and to the rulers of the people, Go, number
Yisra'el from Be'er-sheva to Dan; and bring the number of them
to me, that I may know it. And Yo'av answered, The LORD   3
make his people a hundred times so many more as they are:
but, my lord the king, are they not all my lord's servants? why
then does my lord require this thing? why will he be a cause
of trespass to Yisra'el? But the king's word prevailed against   4
Yo'av. So Yo'av departed, and went throughout all Yisra'el,
and came to Yerushalayim. And Yo'av gave the sum of the   5
number of the people to David. In all Yisra'el there were one
million one hundred thousand men that drew sword: and Yehu-
da was four hundred and seventy thousand men that drew
sword. But he did not count Levi and Binyamin among them: 6
for the king's word was abhorrent to Yo'av. And GOD was   7
displeased with this thing; therefore he smote Yisra'el.

And David said to GOD, I have sinned greatly, because I have   8
done this thing: but now, I pray thee, take away the iniquity
of thy servant; for I have done very foolishly.   And the   9
LORD spoke to Gad, David's seer, saying, Go and tell David,   10
saying, Thus says the LORD, I offer thee three things: choose
one of them, that I may do it to thee. So Gad came to David,   11
and said to him, Thus say the LORD, Choose, either three years   12
famine ; or three months to be driven away before thy foes,
while the sword of thy enemies overtakes thee ; or else
three days of the LORD's sword, namely, pestilence in the land,
and the angel of the LORD destroying throughout all the border
of Yisra'el. Now therefore consider what word I shall bring
back to him who sent me.   And David said to Gad, I am in   13
great distress: let me fall rather into the hand of the LORD; for
very great are his mercies: but let me not fall into the hand of
man. So the LORD sent a plague upon Yisra'el : and there fell   14
of Yisra'el seventy thousand men. And GOD sent an angel to   15
Yerushalayim to destroy it: and as he was about to destroy,
the LORD beheld, and he relented of the evil, and said to the
angel that destroyed, It is enough, now hold thy hand. And
the angel of the LORD stood by the threshing floor of Ornan
the Yevusite.   And David lifted up his eyes, and saw the   16
angel of the LORD standing between the earth and the heaven,
with a drawn sword in his hand stretched out over Yerushala-
yim. Then David and the elders, who were clothed in sack-

יז בַּשַּׂקִּים עַל־פְּנֵיהֶם׃ וַיֹּאמֶר דָּוִיד אֶל־הָאֱלֹהִים הֲלֹא אֲנִי
אָמַרְתִּי לִמְנוֹת בָּעָם וַאֲנִי־הוּא אֲשֶׁר־חָטָאתִי וְהָרֵעַ הֲרֵעוֹתִי
וְאֵלֶּה הַצֹּאן מֶה עָשׂוּ יְהוָה אֱלֹהַי תְּהִי נָא יָדְךָ בִּי וּבְבֵית אָבִי
יח וּבְעַמְּךָ לֹא לְמַגֵּפָה׃ וּמַלְאַךְ יְהוָה אָמַר אֶל־גָּד
לֵאמֹר לְדָוִיד כִּי ׀ יַעֲלֶה דָוִיד לְהָקִים מִזְבֵּחַ לַיהוָה בְּגֹרֶן אָרְנָן
יט כ הַיְבֻסִי׃ וַיַּעַל דָּוִיד בִּדְבַר־גָּד אֲשֶׁר דִּבֶּר בְּשֵׁם יְהוָה׃ וַיָּשָׁב
אָרְנָן וַיַּרְא אֶת־הַמַּלְאָךְ וְאַרְבַּעַת בָּנָיו עִמּוֹ מִתְחַבְּאִים וְאָרְנָן
כא דָּשׁ חִטִּים׃ וַיָּבֹא דָוִיד עַד־אָרְנָן וַיַּבֵּט אָרְנָן וַיַּרְא אֶת־דָּוִיד
כב וַיֵּצֵא מִן־הַגֹּרֶן וַיִּשְׁתַּחוּ לְדָוִיד אַפַּיִם אָרְצָה׃ וַיֹּאמֶר דָּוִיד
אֶל־אָרְנָן תְּנָה־לִּי מְקוֹם הַגֹּרֶן וְאֶבְנֶה־בּוֹ מִזְבֵּחַ לַיהוָה
כג בְּכֶסֶף מָלֵא תְּנֵהוּ לִי וְתֵעָצַר הַמַּגֵּפָה מֵעַל הָעָם׃ וַיֹּאמֶר
אָרְנָן אֶל־דָּוִיד קַח־לָךְ וְיַעַשׂ אֲדֹנִי הַמֶּלֶךְ הַטּוֹב בְּעֵינָיו רְאֵה
נָתַתִּי הַבָּקָר לָעֹלוֹת וְהַמּוֹרִגִּים לָעֵצִים וְהַחִטִּים לַמִּנְחָה הַכֹּל
כד נָתָתִּי׃ וַיֹּאמֶר הַמֶּלֶךְ דָּוִיד לְאָרְנָן לֹא כִּי־קָנֹה אֶקְנֶה בְּכֶסֶף
מָלֵא כִּי לֹא־אֶשָּׂא אֲשֶׁר־לְךָ לַיהוָה וְהַעֲלוֹת עוֹלָה חִנָּם׃
כה כו וַיִּתֵּן דָּוִיד לְאָרְנָן בַּמָּקוֹם שִׁקְלֵי זָהָב מִשְׁקַל שֵׁשׁ מֵאוֹת׃ וַיִּבֶן
שָׁם דָּוִיד מִזְבֵּחַ לַיהוָה וַיַּעַל עֹלוֹת וּשְׁלָמִים וַיִּקְרָא אֶל־יְהוָה
כז וַיַּעֲנֵהוּ בָאֵשׁ מִן־הַשָּׁמַיִם עַל מִזְבַּח הָעֹלָה׃ וַיֹּאמֶר
כח יְהוָה לַמַּלְאָךְ וַיָּשֶׁב חַרְבּוֹ אֶל־נְדָנָהּ׃ בָּעֵת הַהִיא בִּרְאוֹת
כט דָּוִיד כִּי־עָנָהוּ יְהוָה בְּגֹרֶן אָרְנָן הַיְבוּסִי וַיִּזְבַּח שָׁם׃ וּמִשְׁכַּן
יְהוָה אֲשֶׁר־עָשָׂה מֹשֶׁה בַמִּדְבָּר וּמִזְבַּח הָעוֹלָה בָּעֵת הַהִיא
ל בַּבָּמָה בְּגִבְעוֹן׃ וְלֹא־יָכֹל דָּוִיד לָלֶכֶת לְפָנָיו לִדְרֹשׁ אֱלֹהִים
כב א כִּי נִבְעַת מִפְּנֵי חֶרֶב מַלְאַךְ יְהוָה׃ וַיֹּאמֶר דָּוִיד זֶה הוּא בֵּית
ב יְהוָה הָאֱלֹהִים וְזֶה־מִּזְבֵּחַ לְעֹלָה לְיִשְׂרָאֵל׃ וַיֹּאמֶר
דָּוִיד לִכְנוֹס אֶת־הַגֵּרִים אֲשֶׁר בְּאֶרֶץ יִשְׂרָאֵל וַיַּעֲמֵד חֹצְבִים
ג לַחְצוֹב אַבְנֵי גָזִית לִבְנוֹת בֵּית הָאֱלֹהִים׃ וּבַרְזֶל ׀ לָרֹב
לַמִּסְמְרִים לְדַלְתוֹת הַשְּׁעָרִים וְלַמְחַבְּרוֹת הֵכִין דָּוִיד וּנְחֹשֶׁת
ד לָרֹב אֵין מִשְׁקָל׃ וַעֲצֵי אֲרָזִים לְאֵין מִסְפָּר כִּי־הֵבִיאוּ הַצִּידֹנִים
ה וְהַצֹּרִים עֲצֵי אֲרָזִים לָרֹב לְדָוִיד׃ וַיֹּאמֶר דָּוִיד שְׁלֹמֹה
בְנִי נַעַר וָרָךְ וְהַבַּיִת לִבְנוֹת לַיהוָה לְהַגְדִּיל ׀ לְמַעְלָה לְשֵׁם
וּלְתִפְאֶרֶת לְכָל־הָאֲרָצוֹת אָכִינָה נָּא לוֹ וַיָּכֶן דָּוִיד לָרֹב לִפְנֵי
ו מוֹתוֹ׃ וַיִּקְרָא לִשְׁלֹמֹה בְנוֹ וַיְצַוֵּהוּ לִבְנוֹת בַּיִת לַיהוָה אֱלֹהֵי
ז יִשְׂרָאֵל׃ וַיֹּאמֶר דָּוִיד לִשְׁלֹמֹה בנו אֲנִי הָיָה עִם־ בְּנִי

cloth, fell upon their faces. And David said to God, Is it not I 17
who commanded the people to be numbered? so that it is I
who have sinned and done very wickedly; but as for these
sheep, what have they done? let thy hand, I pray thee, O Lord
my God, be on me, and on my father's house; but not on thy
people, that they should be plagued. Then the angel of 18
the Lord commanded Gad to say to David, that David should
go up, and set up an altar to the Lord on the threshing floor
of Ornan the Yevusite. And David went up at the saying of 19
Gad, which he spoke in the name of the Lord. And Ornan 20
turned back, and saw the angel; and his four sons with him hid
themselves. Now Ornan was threshing wheat. And as David 21
came to Ornan, Ornan looked and saw David, and went out of
the threshing floor, and bowed himself to David with his face
to the ground. Then David said to Ornan, Grant me the place 22
of this threshing floor, that I may build an altar on it to the
Lord: thou shalt give it me for the full price: that the plague
may be stayed from the people. And Ornan said to David, 23
Take it to thee, and let my lord the king do that which is good
in his eyes: lo, I give thee the oxen also for burnt offerings,
and the threshing instruments for wood, and the wheat for
the meal offering; I give it all. And king David said to Ornan, 24
No; but I will surely buy it for the full price: for I will not
take that which is thine for the Lord, nor offer burnt offerings
without payment. So David gave to Ornan for the place six 25
hundred shekels of gold by weight. And David built there an 26
altar to the Lord, and offered burnt offerings and peace of-
ferings, and called upon the Lord; and he answered him from
heaven by fire upon the altar of burnt offering. And the 27
Lord commanded the angel; and he put up his sword again
into its sheath. At that time when David saw that the Lord 28
had answered him on the threshing floor of Ornan the Yevusite,
then he sacrificed there. But the tabernacle of the Lord, which 29
Moshe made in the wilderness, and the altar of the burnt
offering, were at that time in the high place at Giv'on. And 30
David could not go before it to inquire of God: for he was
terrified because of the sword of the angel of the Lord. Then **22**
David said, This is the house of the Lord God, and this is the
altar of the burnt offering for Yisra'el. And David com- 2
manded to gather together the strangers who were in the land
of Yisra'el and he set masons to hew dressed stones to build
the house of God. And David prepared iron in abundance for 3
the nails for the doors of the gates, and for the joinings; and
brass in abundance without weight; and cedar trees in abun- 4
dance: for the men of Ẕidon and of Ẕor brought much cedar
wood to David. And David said, Shelomo my son is young 5
and tender, and the house that is to be built for the Lord must
be exceedingly magnificent, of fame and of glory throughout
all lands: I will therefore now make preparation for it. So
David provided abundant materials before his death. Then he 6
called for Shelomo his son, and charged him to build a house
for the Lord God of Yisra'el. And David said to Shelomo, 7
My son, as for me, it was in my mind to build a house to the

ח לְבָבִי לִבְנוֹת בַּ֫יִת לְשֵׁם יְהוָה אֱלֹהָ֑י׃ וַיְהִ֤י עָלַי֙ דְּבַר־יְהוָ֣ה
לֵאמֹ֔ר דָּ֤ם לָרֹב֙ שָׁפַ֔כְתָּ וּמִלְחָמ֥וֹת גְּדֹל֖וֹת עָשִׂ֑יתָ לֹֽא־תִבְנֶ֤ה

ט בַ֨יִת֙ לִשְׁמִ֔י כִּ֚י דָּמִ֣ים רַבִּ֔ים שָׁפַ֖כְתָּ אַ֥רְצָה לְפָנָֽי׃ הִנֵּה־בֵ֞ן
נוֹלָ֣ד לָ֗ךְ ה֚וּא יִהְיֶ֣ה אִ֣ישׁ מְנוּחָ֔ה וַהֲנִחֹ֥תִי ל֖וֹ מִכָּל־אוֹיְבָ֣יו
מִסָּבִ֑יב כִּ֤י שְׁלֹמֹה֙ יִהְיֶ֣ה שְׁמ֔וֹ וְשָׁל֥וֹם וָשֶׁ֛קֶט אֶתֵּ֥ן עַל־יִשְׂרָאֵ֖ל

י בְּיָמָֽיו׃ הֽוּא־יִבְנֶ֥ה בַ֨יִת֙ לִשְׁמִ֔י וְהוּא֙ יִהְיֶה־לִּ֣י לְבֵ֔ן וַאֲנִי־
ל֖וֹ לְאָ֑ב וַהֲכִינוֹתִ֗י כִּסֵּ֧א מַלְכוּת֛וֹ עַל־יִשְׂרָאֵ֖ל עַד־עוֹלָֽם׃

יא עַתָּ֣ה בְנִ֗י יְהִ֤י יְהוָה֙ עִמָּ֔ךְ וְהִצְלַחְתָּ֗ וּבָנִ֨יתָ֙ בֵּ֚ית יְהוָ֣ה אֱלֹהֶ֔יךָ

יב כַּאֲשֶׁ֖ר דִּבֶּ֣ר עָלֶ֑יךָ׃ אַ֣ךְ יִֽתֶּן־לְךָ֤ יְהוָה֙ שֵׂ֣כֶל וּבִינָ֔ה וִיצַוְּךָ֖ עַל־

יג יִשְׂרָאֵ֑ל וְלִשְׁמ֕וֹר אֶת־תּוֹרַ֖ת יְהוָ֥ה אֱלֹהֶֽיךָ׃ אָ֣ז תַּצְלִ֔יחַ אִם־
תִּשְׁמ֗וֹר לַעֲשׂוֹת֙ אֶת־הַֽחֻקִּ֣ים וְאֶת־הַמִּשְׁפָּטִ֔ים אֲשֶׁ֨ר צִוָּ֧ה
יְהוָ֛ה אֶת־מֹשֶׁ֖ה עַל־יִשְׂרָאֵ֑ל חֲזַ֣ק וֶאֱמָ֔ץ אַל־תִּירָ֖א וְאַל־תֵּחָֽת׃

יד וְהִנֵּ֨ה בְעָנְיִ֜י הֲכִינ֣וֹתִי לְבֵית־יְהוָ֗ה זָהָ֞ב כִּכָּרִ֣ים מֵאָֽה־אֶ֗לֶף
וְכֶ֨סֶף אֶ֤לֶף אֲלָפִים֙ כִּכָּרִ֔ים וְלַנְּחֹ֤שֶׁת וְלַבַּרְזֶל֙ אֵ֣ין מִשְׁקָ֔ל כִּ֥י

טו לָרֹ֖ב הָיָ֑ה וְעֵצִ֧ים וַאֲבָנִ֛ים הֲכִינ֖וֹתִי וַעֲלֵיהֶ֥ם תּוֹסִֽיף׃ וְעִמְּךָ֤
לָרֹב֙ עֹשֵׂ֣י מְלָאכָ֔ה חֹצְבִ֕ים וְחָרָשֵׁ֥י אֶ֖בֶן וָעֵ֑ץ וְכָל־חָכָ֖ם בְּכָל־

טז מְלָאכָֽה׃ לַזָּהָ֤ב לַכֶּ֨סֶף֙ וְלַנְּחֹ֣שֶׁת וְלַבַּרְזֶ֔ל אֵ֖ין מִסְפָּ֑ר ק֖וּם וַעֲשֵׂ֑ה

יז וִיהִ֥י יְהוָ֖ה עִמָּֽךְ׃ וַיְצַ֤ו דָּוִיד֙ לְכָל־שָׂרֵ֣י יִשְׂרָאֵ֔ל לַעְזֹ֖ר לִשְׁלֹמֹ֥ה

יח בְנֽוֹ׃ הֲלֹ֨א יְהוָ֤ה אֱלֹֽהֵיכֶם֙ עִמָּכֶ֔ם וְהֵנִ֥יחַ לָכֶ֖ם מִסָּבִ֑יב כִּ֣י ׀ נָתַ֣ן
בְּיָדִ֗י אֵ֚ת יֹשְׁבֵ֣י הָאָ֔רֶץ וְנִכְבְּשָׁ֥ה הָאָ֛רֶץ לִפְנֵ֥י יְהוָ֖ה וְלִפְנֵ֥י עַמּֽוֹ׃

ט
יט עַתָּ֗ה תְּנ֤וּ לְבַבְכֶם֙ וְנַפְשְׁכֶ֔ם לִדְר֖וֹשׁ לַיהוָ֣ה אֱלֹהֵיכֶ֑ם וְק֗וּמוּ
וּבְנוּ֙ אֶת־מִקְדַּשׁ֙ יְהוָ֣ה הָֽאֱלֹהִ֔ים לְהָבִ֞יא אֶת־אֲר֣וֹן בְּרִית־יְהוָ֗ה
וּכְלֵי֙ קֹ֣דֶשׁ הָֽאֱלֹהִ֔ים לַבַּ֖יִת הַנִּבְנֶ֥ה לְשֵׁם־יְהוָֽה׃

כג א וְדָוִ֥יד זָקֵ֖ן וְשָׂבַ֣ע יָמִ֑ים וַיַּמְלֵ֛ךְ אֶת־שְׁלֹמֹ֥ה בְנ֖וֹ עַל־

ב יִשְׂרָאֵֽל׃ וַיֶּאֱסֹף֙ אֶת־כָּל־שָׂרֵ֣י יִשְׂרָאֵ֔ל וְהַכֹּהֲנִ֖ים

ג וְהַלְוִיִּֽם׃ וַיִּסָּֽפְרוּ֙ הַלְוִיִּ֔ם מִבֶּ֛ן שְׁלֹשִׁ֥ים שָׁנָ֖ה וָמָ֑עְלָה וַיְהִ֤י

ד מִסְפָּרָם֙ לְגֻלְגְּלֹתָ֣ם לִגְבָרִ֔ים שְׁלֹשִׁ֥ים וּשְׁמוֹנָ֖ה אָ֑לֶף מֵאֵ֨לֶּה֙ לְנַצֵּ֨חַ֙
עַל־מְלֶ֣אכֶת בֵּית־יְהוָ֔ה עֶשְׂרִ֥ים וְאַרְבָּעָ֖ה אָ֑לֶף וְשֹׁטְרִ֥ים וְשֹׁפְטִ֖ים

ה שֵׁ֣שֶׁת אֲלָפִ֑ים וְאַרְבַּ֤עַת אֲלָפִים֙ שֹׁעֲרִ֔ים וְאַרְבַּ֥עַת אֲלָפִ֖ים

ו מְהַֽלְלִים֙ לַֽיהוָ֔ה בַּכֵּלִ֕ים אֲשֶׁ֥ר עָשִׂ֖יתִי לְהַלֵּֽל׃ וַיֶּחָלְקֵ֥ם דָּוִ֖יד

ז מַחְלְק֑וֹת   לִבְנֵ֣י לֵוִ֔י לְגֵרְשׁ֖וֹן קְהָ֥ת וּמְרָרִֽי׃   לַגֵּ֣רְשֻׁנִּ֔י

ח לַעְדָּ֖ן וְשִׁמְעִֽי׃   בְּנֵ֣י לַעְדָּ֗ן הָרֹ֧אשׁ יְחִיאֵ֛ל וְזֵתָ֖ם וְיוֹאֵ֑ל

ט שְׁלֹשָֽׁה׃   בְּנֵ֣י שִׁמְעִ֗י שְׁלֹמִית֙ וַחֲזִיאֵ֣ל וְהָרָ֔ן שְׁלֹשָׁ֑ה   שְׁלֹמִ֗ית

י אֵ֣לֶּה רָאשֵׁ֥י הָאָב֖וֹת לְלַעְדָּֽן׃   וּבְנֵ֣י שִׁמְעִ֔י יַ֥חַת זִינָ֖א

name of the LORD my GOD: but the word of the LORD came to 8
me, saying, Thou hast shed blood abundantly, and hast made
great wars: thou shalt not build a house to my name, because
thou hast shed much blood upon the earth in my sight. Behold, 9
a son shall be born to thee, who shall be a man of tranquillity;
and I will give him rest from all his enemies round about: for
his name shall be Shelomo, and I will give peace and quietness
to Yisra'el in his days. He shall build a house for my name; 10
and he shall be my son, and I will be his father; and I will
establish the throne of his kingdom over Yisra'el forever.
Now, my son, the LORD be with thee; and prosper thou, and 11
build the house of the LORD thy GOD, as he has said of thee.
Only the LORD give thee wisdom and understanding, and give 12
thee charge over Yisra'el that thou mayst keep the Tora of
the LORD thy GOD. Then shalt thou prosper, if thou takest heed 13
to fulfil the statutes and judgments which the LORD commanded
Moshe for Yisra'el: be strong, and of good courage; do not
dread, or be dismayed. Now, behold, in my trouble I have pre- 14
pared for the house of the LORD a hundred thousand talents
of gold, and a million talents of silver; and brass and iron
without weight; for it is in abundance: and timber and stone
have I prepared; and thou mayst add to it. Moreover there are 15
workmen with thee in abundance, hewers and workers of stone
and timber, and all manner of skilful men for every manner of
work. Of the gold, the silver, and the brass, and the iron,
there is no account. Arise therefore, and be doing, and the 16
LORD be with thee. And David commanded all the princes of 17
Yisra'el to help Shelomo his son, saying, Is not the LORD your 18
GOD with you? and has he not given you rest on every side?
for he has given the inhabitants of the land into my hand;
and the land is subdued before the LORD, and before his people.
Now set your heart and your soul to seek the LORD your GOD; 19
arise therefore, and build the sanctuary of the LORD GOD, to
bring the ark of the covenant of the LORD, and the holy vessels
of GOD, into the house that is to be built to the name of the
LORD.

So when David was old and full of days, he made Shelomo his 23
son king over Yisra'el.   And he gathered together all the 2
princes of Yisra'el, with the priests and the Levites. Now the 3
Levites were numbered from the age of thirty years and up-
wards: and their number by their polls, man by man, was thirty
eight thousand. Twenty four thousand of these were to oversee 4
the work of the house of the LORD ; and six thousand were offi-
cers and judges : and four thousand were gatekeepers ; and four 5
thousand praised the LORD with the instruments which I made
for praise. And David divided them into sections   accord- 6
ing to the sons of Levi ; Gershon, Qehat, and Merari.

Of the Gershoni there were : La'adan, and Shim'i.   The 7,8
sons of La'adan ; the chief was Yeḥi'el, and Zetam, and Yo'el
three.   The sons of Shim'i ; Shelomit, and Ḥazi'el, and 9
Haran ; three. These were the chief of the fathers' houses of
La'adan.   And the sons of Shim'i were, Yaḥat, Zina, 10
and Ye'ush, and Beri'a. These four were the sons of Shim'i.

יא וִיעוּשׁ וּבְרִיעָה אֵלֶּה בְנֵי־שִׁמְעִי אַרְבָּעָה׃ וַיְהִי־יַחַת הָרֹאשׁ
וְזִיזָה הַשֵּׁנִי וִיעוּשׁ וּבְרִיעָה לֹא־הִרְבּוּ בָנִים וַיִּהְיוּ לְבֵית אָב
יב לִפְקֻדָּה אֶחָת׃ בְּנֵי קְהָת עַמְרָם יִצְהָר חֶבְרוֹן וְעֻזִּיאֵל
יג אַרְבָּעָה׃ בְּנֵי עַמְרָם אַהֲרֹן וּמֹשֶׁה וַיִּבָּדֵל אַהֲרֹן
לְהַקְדִּישׁוֹ קֹדֶשׁ קָדָשִׁים הוּא־וּבָנָיו עַד־עוֹלָם לְהַקְטִיר לִפְנֵי
יד יְהוָה לְשָׁרְתוֹ וּלְבָרֵךְ בִּשְׁמוֹ עַד־עוֹלָם׃ וּמֹשֶׁה אִישׁ הָאֱלֹהִים
טו בָּנָיו יִקָּרְאוּ עַל־שֵׁבֶט הַלֵּוִי׃ בְּנֵי מֹשֶׁה גֵּרְשׁוֹם
טז יז וֶאֱלִיעֶזֶר׃ בְּנֵי גֵרְשׁוֹם שְׁבוּאֵל הָרֹאשׁ׃ וַיִּהְיוּ בְנֵי־אֱלִיעֶזֶר רְחַבְיָה
הָרֹאשׁ וְלֹא־הָיָה לֶאֱלִיעֶזֶר בָּנִים אֲחֵרִים וּבְנֵי רְחַבְיָה רָבוּ
יח יט לְמָעְלָה׃ בְּנֵי יִצְהָר שְׁלֹמִית הָרֹאשׁ׃ בְּנֵי
חֶבְרוֹן יְרִיָּהוּ הָרֹאשׁ אֲמַרְיָה הַשֵּׁנִי יַחֲזִיאֵל הַשְּׁלִישִׁי וִיקַמְעָם
כ כא הָרְבִיעִי׃ בְּנֵי עֻזִּיאֵל מִיכָה הָרֹאשׁ וְיִשִּׁיָּה הַשֵּׁנִי׃ בְּנֵי
כב מְרָרִי מַחְלִי וּמוּשִׁי בְּנֵי מַחְלִי אֶלְעָזָר וְקִישׁ׃ וַיָּמָת אֶלְעָזָר וְלֹא־
כג הָיוּ לוֹ בָּנִים כִּי אִם־בָּנוֹת וַיִּשָּׂאוּם בְּנֵי־קִישׁ אֲחֵיהֶם׃ בְּנֵי מוּשִׁי
כד מַחְלִי וְעֵדֶר וִירֵמוֹת שְׁלוֹשָׁה׃ אֵלֶּה בְנֵי־לֵוִי לְבֵית אֲבֹתֵיהֶם
רָאשֵׁי הָאָבוֹת לִפְקוּדֵיהֶם בְּמִסְפַּר שֵׁמוֹת לְגֻלְגְּלֹתָם עֹשֵׂה
כה הַמְּלָאכָה לַעֲבֹדַת בֵּית יְהוָה מִבֶּן עֶשְׂרִים שָׁנָה וָמָעְלָה׃ כִּי
אָמַר דָּוִיד הֵנִיחַ יְהוָה אֱלֹהֵי־יִשְׂרָאֵל לְעַמּוֹ וַיִּשְׁכֹּן בִּירוּשָׁלַםִ
כו עַד־לְעוֹלָם׃ וְגַם לַלְוִיִּם אֵין־לָשֵׂאת אֶת־הַמִּשְׁכָּן וְאֶת־כָּל־
כז כֵּלָיו לַעֲבֹדָתוֹ׃ כִּי בְדִבְרֵי דָוִיד הָאַחֲרוֹנִים הֵמָּה מִסְפַּר בְּנֵי־
כח לֵוִי מִבֶּן עֶשְׂרִים שָׁנָה וּלְמָעְלָה׃ כִּי מַעֲמָדָם לְיַד־בְּנֵי אַהֲרֹן
לַעֲבֹדַת בֵּית יְהוָה עַל־הַחֲצֵרוֹת וְעַל־הַלְּשָׁכוֹת וְעַל־טָהֳרַת
כט לְכָל־קֹדֶשׁ וּמַעֲשֵׂה עֲבֹדַת בֵּית הָאֱלֹהִים׃ וּלְלֶחֶם הַמַּעֲרֶכֶת
וּלְסֹלֶת לְמִנְחָה וְלִרְקִיקֵי הַמַּצּוֹת וְלַמַּחֲבַת וְלַמֻּרְבָּכֶת וּלְכָל־
ל מְשׂוּרָה וּמִדָּה׃ וְלַעֲמֹד בַּבֹּקֶר בַּבֹּקֶר לְהֹדוֹת וּלְהַלֵּל לַיהוָה
לא וְכֵן לָעָרֶב׃ וּלְכֹל הַעֲלוֹת עֹלוֹת לַיהוָה לַשַּׁבָּתוֹת לֶחֳדָשִׁים
לב וְלַמֹּעֲדִים בְּמִסְפָּר כְּמִשְׁפָּט עֲלֵיהֶם תָּמִיד לִפְנֵי יְהוָה׃ וְשָׁמְרוּ
אֶת־מִשְׁמֶרֶת אֹהֶל־מוֹעֵד וְאֵת מִשְׁמֶרֶת הַקֹּדֶשׁ וּמִשְׁמֶרֶת
כד א בְּנֵי אַהֲרֹן אֲחֵיהֶם לַעֲבֹדַת בֵּית יְהוָה׃ וְלִבְנֵי אַהֲרֹן
ב מַחְלְקוֹתָם בְּנֵי אַהֲרֹן נָדָב וַאֲבִיהוּא אֶלְעָזָר וְאִיתָמָר׃ וַיָּמָת
נָדָב וַאֲבִיהוּא לִפְנֵי אֲבִיהֶם וּבָנִים לֹא־הָיוּ לָהֶם וַיְכַהֲנוּ אֶלְעָזָר
ג וְאִיתָמָר׃ וַיֶּחָלְקֵם דָּוִיד וְצָדוֹק מִן־בְּנֵי אֶלְעָזָר וַאֲחִימֶלֶךְ מִן־
ד בְּנֵי אִיתָמָר לִפְקֻדָּתָם בַּעֲבֹדָתָם׃ וַיִּמָּצְאוּ בְנֵי־אֶלְעָזָר רַבִּים
לְרָאשֵׁי הַגְּבָרִים מִן־בְּנֵי אִיתָמָר וַיַּחְלְקוּם לִבְנֵי אֶלְעָזָר רָאשִׁים

And Yaḥat was the chief, and Ziza the second: but Ye'ush and 11
Beri'a had not many sons; therefore they became a father's
house in one reckoning. The sons of Qehat; 'Amram, 12
Yiẕhar, Ḥevron, and 'Uzzi'el; four. The sons of 'Amram; 13
Aharon and Moshe: and Aharon was separated, that he
should be sanctified as most holy, he and his sons forever,
to burn incense before the LORD, to minister to him, and to
bless in his name forever. Now concerning Moshe the man of 14
GOD, his sons were named of the tribe of Levi. The sons 15
of Moshe were, Gershom, and Eli'ezer. Of the sons of Gershom, 16
Shevu'el was the chief. And the sons of Eli'ezer were, Reḥavya 17
the chief. And Eli'ezer had no other sons; but the sons of
Reḥavya were very many. Of the sons of Yiẕhar; Shelo- 18
mit the chief. Of the sons of Ḥevron; Yeriyyahu the first, 19
Amarya the second, Yaḥazi'el the third, and Yeqam'am the
fourth. Of the sons of 'Uzzi'el; Mikha the first, and Yish- 20
shiyya the second. The sons of Merari; Maḥli, and Mushi. 21
The sons of Maḥli; El'azar, and Qish. And El'azar died, and had 22
no sons, but only daughters: and their brethren the sons of
Qish took them to wife. The sons of Mushi; Maḥli, and 'Eder, 23
and Yeremot, three. These were the sons of Levi according to 24
the houses of their fathers; the heads of father's houses, as they
were counted by number of names by their polls, who did the
work for the service of the house of the LORD, from the age
of twenty years and upwards. For David said, The LORD GOD 25
of Yisra'el has given rest to his people, that they may dwell
in Yerushalayim forever: and also to the Levites that they 26
shall no more need to carry the tabernacle, nor any vessels
of it for its service. For by the last ordinances of David the 27
Levites were numbered from twenty years old and above:
because their station was at the side of the sons of Aharon 28
for the service of the house of the LORD, in the courts, and in
the chambers, and in the purifying of all holy things, and the
work of the service of the house of GOD; both for the show- 29
bread, and for the fine flour for a meal offering, and for the
unleavened cakes, and for that which is baked in the pan, and
for that which is fried, and for all manner of measure and size;
and to stand every morning to thank and praise the LORD, and 30
likewise at evening; and whenever burnt sacrifices are offered 31
to the LORD on the sabbaths, on the new moons, and on the
appointed seasons, by number, according to the order com-
manded to them, continually before the LORD: and that they 32
should keep the charge of the Tent of Meeting, and the charge
of the holy place, and the charge of the sons of Aharon their
brethren, for the service of the house of the LORD. The 24
divisions of the sons of Aharon. The sons of Aharon; Nadav,
and Avihu, El'azar, and Itamar. But Nadav and Avihu died be- 2
fore their father, and had no children: therefore El'azar and
Itamar executed the priest's office. And David and Ẕadoq of 3
the sons of El'azar, and Aḥimelekh of the sons of Itamar, di-
vided them up according to their offices in their service. And 4
there were more chief men found of the sons of El'azar than
of the sons of Itamar; and thus they were divided. Among the

לְבֵית־אָבוֹת שִׁשָּׁה עָשָׂר וְלִבְנֵי אִיתָמָר לְבֵית אֲבוֹתָם שְׁמוֹנָה׃
ה וַיַּחְלְקוּם בְּגוֹרָלוֹת אֵלֶּה עִם־אֵלֶּה כִּי־הָיוּ שָׂרֵי־קֹדֶשׁ וְשָׂרֵי
ו הָאֱלֹהִים מִבְּנֵי אֶלְעָזָר וּבִבְנֵי אִיתָמָר׃ וַיִּכְתְּבֵם
שְׁמַעְיָה בֶן־נְתַנְאֵל הַסּוֹפֵר מִן־הַלֵּוִי לִפְנֵי הַמֶּלֶךְ וְהַשָּׂרִים וְצָדוֹק
הַכֹּהֵן וַאֲחִימֶלֶךְ בֶּן־אֶבְיָתָר וְרָאשֵׁי הָאָבוֹת לַכֹּהֲנִים וְלַלְוִיִּם
ז בֵּית־אָב אֶחָד אָחֻז לְאֶלְעָזָר וְאָחֻז ׀ אָחֻז לְאִיתָמָר׃ וַיֵּצֵא
ח הַגּוֹרָל הָרִאשׁוֹן לִיהוֹיָרִיב לִידַעְיָה הַשֵּׁנִי׃ לְחָרִם הַשְּׁלִשִׁי
ט י לִשְׂעֹרִים הָרְבִעִי׃ לְמַלְכִּיָּה הַחֲמִישִׁי לְמִיָּמִן הַשִּׁשִּׁי׃ לְהַקּוֹץ
יא הַשְּׁבִעִי לַאֲבִיָּה הַשְּׁמִנִי׃ לְיֵשׁוּעַ הַתְּשִׁעִי לִשְׁכַנְיָהוּ הָעֲשִׂרִי׃
יב יג לְאֶלְיָשִׁיב עַשְׁתֵּי עָשָׂר לְיָקִים שְׁנֵים עָשָׂר׃ לְחֻפָּה שְׁלֹשָׁה
יד עָשָׂר לְיֶשֶׁבְאָב אַרְבָּעָה עָשָׂר׃ לְבִלְגָּה חֲמִשָּׁה עָשָׂר לְאִמֵּר
טו שִׁשָּׁה עָשָׂר׃ לְחֵזִיר שִׁבְעָה עָשָׂר לְהַפִּצֵּץ שְׁמוֹנָה עָשָׂר׃
טז יז לִפְתַחְיָה תִּשְׁעָה עָשָׂר לִיחֶזְקֵאל הָעֶשְׂרִים׃ לְיָכִין אֶחָד
יח וְעֶשְׂרִים לְגָמוּל שְׁנַיִם וְעֶשְׂרִים׃ לִדְלָיָהוּ שְׁלֹשָׁה וְעֶשְׂרִים
יט לְמַעַזְיָהוּ אַרְבָּעָה וְעֶשְׂרִים׃ אֵלֶּה פְקֻדָּתָם לַעֲבֹדָתָם
לָבוֹא לְבֵית־יְהוָה כְּמִשְׁפָּטָם בְּיַד אַהֲרֹן אֲבִיהֶם כַּאֲשֶׁר צִוָּהוּ
כ יְהוָה אֱלֹהֵי יִשְׂרָאֵל׃ וְלִבְנֵי לֵוִי הַנּוֹתָרִים לִבְנֵי עַמְרָם שׁוּבָאֵל
כא לִבְנֵי שׁוּבָאֵל יֶחְדְּיָהוּ׃ לִרְחַבְיָהוּ לִבְנֵי רְחַבְיָהוּ הָרֹאשׁ יִשִּׁיָּה׃
כב כג לַיִּצְהָרִי שְׁלֹמוֹת לִבְנֵי שְׁלֹמוֹת יָחַת׃ וּבְנַי יְרִיָּהוּ אֲמַרְיָהוּ הַשֵּׁנִי
כד יַחֲזִיאֵל הַשְּׁלִישִׁי יְקַמְעָם הָרְבִיעִי׃ בְּנֵי עֻזִּיאֵל מִיכָה לִבְנֵי
כה כו מִיכָה שמור׃ אֲחִי מִיכָה יִשִּׁיָּה לִבְנֵי יִשִּׁיָּה זְכַרְיָהוּ׃ בְּנֵי מְרָרִי שָׁמִיר
כז מַחְלִי וּמוּשִׁי בְּנֵי יַעֲזִיָּהוּ בְנוֹ׃ בְּנֵי מְרָרִי לְיַעֲזִיָּהוּ בְּנוֹ וְשֹׁהַם
כח כט וְזַכּוּר וְעִבְרִי׃ לְמַחְלִי אֶלְעָזָר וְלֹא־הָיָה לוֹ בָּנִים׃ לְקִישׁ בְּנֵי־
ל קִישׁ יְרַחְמְאֵל׃ וּבְנֵי מוּשִׁי מַחְלִי וְעֵדֶר וִירִימוֹת אֵלֶּה בְּנֵי
לא הַלְוִיִּם לְבֵית אֲבֹתֵיהֶם׃ וַיַּפִּילוּ גַם־הֵם גּוֹרָלוֹת לְעֻמַּת ׀ אֲחֵיהֶם
בְּנֵי־אַהֲרֹן לִפְנֵי דָּוִיד הַמֶּלֶךְ וְצָדוֹק וַאֲחִימֶלֶךְ וְרָאשֵׁי הָאָבוֹת
כה א לַכֹּהֲנִים וְלַלְוִיִּם אָבוֹת הָרֹאשׁ לְעֻמַּת אָחִיו הַקָּטָן׃ וַיַּבְדֵּל
דָּוִיד וְשָׂרֵי הַצָּבָא לַעֲבֹדָה לִבְנֵי אָסָף וְהֵימָן וִידוּתוּן הנביאים הַנִּבְּאִים
בְּכִנֹּרוֹת בִּנְבָלִים וּבִמְצִלְתָּיִם וַיְהִי מִסְפָּרָם אַנְשֵׁי מְלָאכָה
ב לַעֲבֹדָתָם׃ לִבְנֵי אָסָף זַכּוּר וְיוֹסֵף וּנְתַנְיָה וַאֲשַׂרְאֵלָה בְּנֵי אָסָף
ג עַל יַד־אָסָף הַנִּבָּא עַל־יְדֵי הַמֶּלֶךְ׃ לִידוּתוּן בְּנֵי יְדוּתוּן גְּדַלְיָהוּ
וּצְרִי וִישַׁעְיָהוּ חֲשַׁבְיָהוּ וּמַתִּתְיָהוּ שִׁשָּׁה עַל יְדֵי אֲבִיהֶם יְדוּתוּן
ד בַּכִּנּוֹר הַנִּבָּא עַל־הֹדוֹת וְהַלֵּל לַיהוָה׃ לְהֵימָן

sons of El'azar there were sixteen heads of fathers' houses and
among the sons of Itamar eight for the houses of their fathers.
Thus were they divided by lot, one sort with another; for there 5
were officers of the sanctuary, and officers of God, among the
sons of El'azar, and of the sons of Itamar. And Shema'ya 6
the son of Netan'el the scribe, one of the Levites, recorded them
in the presence of the king, and the princes, and Ẕadoq the
priest, and Aẖimelekh the son of Evyatar, and the heads of
the fathers' houses of the priests and Levites: one father's
house being chosen for El'azar, and one chosen for Itamar.
Now the first lot fell to Yehoyariv, the second to 7
Yeda'ya, the third to H̱arim, the fourth to Se'orim, the fifth 8,9
to Malkiyya, the sixth to Miyyamin, the seventh to Haqqoẕ, the 10
eighth to Aviyya, the ninth to Yeshua, the tenth to Shekhan- 11
yahu, the eleventh to Elyashiv, the twelfth to Yaqim, the thir- 12,13
teenth to H̱uppa, the fourteenth to Yeshev'av, the fifteenth to 14
Bilga, the sixteenth to Immer, the seventeenth to H̱ezir, the 15
eighteenth to Happiẕẕeẕ, the nineteenth to Petaẖya, the twen- 16
tieth to Yeẖezqel, the twenty first to Yakhin, the twenty second 17
to Gamul, the twenty third to Delayahu, the twenty fourth 18
to Ma'azyahu. These were the orderings of them in their 19
service to come into the house of the Lord, according to the
form prescribed to them by the hand of Aharon their father,
as the Lord God of Yisra'el had commanded him. And the rest 20
of the sons of Levi were: of the sons of 'Amram; Shuva'el:
of the sons of Shuva'el; Yeẖdeyahu. Of Reẖavyahu: of the sons 21
of Reẖavyahu, the chief was Yishshiyya. Of the Yiẕhari; Shelo- 22
mot: of the sons of Shelomot; Yaẖat. And the sons of Yeri- 23
yyahu: Amaryahu the second, Yaẖazi'el the third, Yeqam'am
the fourth. Of the sons of 'Uzzi'el; Mikha: of the sons of Mikha; 24
Shamir. The brother of Mikha was Yishshiyya: of the sons 25
of Yishshiyya; Zekharyahu. The sons of Merari were Maẖli 26
and Mushi: the sons of Ya'aziyyahu; Beno. The sons of Merari 27
by Ya'aziyyahu; Beno, and Shoham, and Zakkur, and 'Ivri. Of 28
Maẖli came El'azar, who had no sons. Concerning Qish: the 29
son of Qish was Yeraẖme'el. And the sons of Mushi; Maẖli, 30
and 'Eder, and Yerimot. These were the sons of the Levites
according to the houses of their fathers. These also cast lots in 31
the same manner as their brethren the sons of Aharon, in the
presence of David the king, and Ẕadoq, and Aẖimelekh, and the
heads of the fathers' houses of the priests and Levites; the
head of each father's house in the same manner as his younger
brother. And David and the chaptains of the host **25**
separated for the service certain of the sons of Asaf, and of
Heman, and of Yedutun, who should prophesy with lyres, with
lutes, and with cymbals : and the number of the workmen ac-
cording to their service was : of the sons of Asaf ; Zekhur, 2
and Yosef, and Netanya, and Asar'ela, the sons of Asaf, under
the hands of Asaf, who prophesied according to the order of
the king. Of Yedutun : the sons of Yedutun ; Gedalyahu, and 3
Ẕeri, and Yesha'yahu, H̱ashavyahu, and Mattityahu ; six, under
the hands of their father Yedutun, who prophesied with a
lyre, to give thanks and to praise the Lord. Of He- 4

בְּנֵי הֵימָן בֻּקִּיָּהוּ מַתַּנְיָהוּ עֻזִּיאֵל שְׁבוּאֵל וִירִימוֹת חֲנַנְיָה
חֲנָנִי אֱלִיאָתָה גִדַּלְתִּי וְרֹמַמְתִּי עֶזֶר יָשְׁבְּקָשָׁה מַלּוֹתִי הוֹתִיר
ה מַחֲזִיאוֹת׃ כָּל־אֵלֶּה בָנִים לְהֵימָן חֹזֵה הַמֶּלֶךְ בְּדִבְרֵי הָאֱלֹהִים
לְהָרִים קָרֶן וַיִּתֵּן הָאֱלֹהִים לְהֵימָן בָּנִים אַרְבָּעָה עָשָׂר וּבָנוֹת
ו שָׁלוֹשׁ׃ כָּל־אֵלֶּה עַל־יְדֵי אֲבִיהֶם בַּשִּׁיר בֵּית יהוה בִּמְצִלְתַּיִם
נְבָלִים וְכִנֹּרוֹת לַעֲבֹדַת בֵּית הָאֱלֹהִים עַל יְדֵי הַמֶּלֶךְ
ז אָסָף וִידוּתוּן וְהֵימָן׃ וַיְהִי מִסְפָּרָם עִם־אֲחֵיהֶם מְלֻמְּדֵי־
ח שִׁיר לַיהוה כָּל־הַמֵּבִין מָאתַיִם שְׁמוֹנִים וּשְׁמוֹנָה׃ וַיַּפִּילוּ
גּוֹרָלוֹת מִשְׁמֶרֶת לְעֻמַּת כַּקָּטֹן כַּגָּדוֹל מֵבִין עִם־
ט תַּלְמִיד׃ וַיֵּצֵא הַגּוֹרָל הָרִאשׁוֹן לְאָסָף לְיוֹסֵף
י גְּדַלְיָהוּ הַשֵּׁנִי הוּא־וְאֶחָיו וּבָנָיו שְׁנֵים עָשָׂר׃ הַשְּׁלִשִׁי זַכּוּר
יא בָּנָיו וְאֶחָיו שְׁנֵים עָשָׂר׃ הָרְבִיעִי לַיִּצְרִי
יב בָּנָיו וְאֶחָיו שְׁנֵים עָשָׂר׃ הַחֲמִישִׁי נְתַנְיָהוּ
יג בָּנָיו וְאֶחָיו שְׁנֵים עָשָׂר׃ הַשִּׁשִּׁי בֻּקִּיָּהוּ
יד בָּנָיו וְאֶחָיו שְׁנֵים עָשָׂר׃ הַשְּׁבִעִי יְשַׂרְאֵלָה
טו בָּנָיו וְאֶחָיו שְׁנֵים עָשָׂר׃ הַשְּׁמִינִי יְשַׁעְיָהוּ
טז בָּנָיו וְאֶחָיו שְׁנֵים עָשָׂר׃ הַתְּשִׁיעִי מַתַּנְיָהוּ
יז בָּנָיו וְאֶחָיו שְׁנֵים עָשָׂר׃ הָעֲשִׂירִי שִׁמְעִי
יח בָּנָיו וְאֶחָיו שְׁנֵים עָשָׂר׃ עַשְׁתֵּי־עָשָׂר עֲזַרְאֵל
יט בָּנָיו וְאֶחָיו שְׁנֵים עָשָׂר׃ הַשְּׁנֵים עָשָׂר לַחֲשַׁבְיָה
כ בָּנָיו וְאֶחָיו שְׁנֵים עָשָׂר׃ לִשְׁלֹשָׁה עָשָׂר שׁוּבָאֵל
כא בָּנָיו וְאֶחָיו שְׁנֵים עָשָׂר׃ לְאַרְבָּעָה עָשָׂר מַתִּתְיָהוּ
כב בָּנָיו וְאֶחָיו שְׁנֵים עָשָׂר׃ לַחֲמִשָּׁה עָשָׂר לִירֵמוֹת
כג בָּנָיו וְאֶחָיו שְׁנֵים עָשָׂר׃ לְשִׁשָּׁה עָשָׂר לַחֲנַנְיָהוּ
כד בָּנָיו וְאֶחָיו שְׁנֵים עָשָׂר׃ לְשִׁבְעָה עָשָׂר לְיָשְׁבְּקָשָׁה
כה בָּנָיו וְאֶחָיו שְׁנֵים עָשָׂר׃ לִשְׁמוֹנָה עָשָׂר לַחֲנָנִי
כו בָּנָיו וְאֶחָיו שְׁנֵים עָשָׂר׃ לְתִשְׁעָה עָשָׂר לְמַלּוֹתִי
כז בָּנָיו וְאֶחָיו שְׁנֵים עָשָׂר׃ לְעֶשְׂרִים לֶאֱלִיָּתָה
כח בָּנָיו וְאֶחָיו שְׁנֵים עָשָׂר׃ לְאֶחָד וְעֶשְׂרִים לְהוֹתִיר
כט בָּנָיו וְאֶחָיו שְׁנֵים עָשָׂר׃ לִשְׁנַיִם וְעֶשְׂרִים לְגִדַּלְתִּי
ל בָּנָיו וְאֶחָיו שְׁנֵים עָשָׂר׃ לִשְׁלֹשָׁה וְעֶשְׂרִים לְמַחֲזִיאוֹת
לא בָּנָיו וְאֶחָיו שְׁנֵים עָשָׂר׃ לְאַרְבָּעָה וְעֶשְׂרִים לְרוֹמַמְתִּי עָזֶר
כו א בָּנָיו וְאֶחָיו שְׁנֵים עָשָׂר׃ לְמַחְלְקוֹת לְשֹׁעֲרִים לַקָּרְחִים
ב מְשֶׁלֶמְיָהוּ בֶן־קֹרֵא מִן־בְּנֵי אָסָף׃ וְלִמְשֶׁלֶמְיָהוּ בָּנִים זְכַרְיָהוּ
הַבְּכוֹר יְדִיעֲאֵל הַשֵּׁנִי זְבַדְיָהוּ הַשְּׁלִישִׁי יַתְנִיאֵל הָרְבִיעִי׃
ג ד עֵילָם הַחֲמִישִׁי יְהוֹחָנָן הַשִּׁשִּׁי אֶלְיְהוֹעֵינַי הַשְּׁבִיעִי׃ וּלְעֹבֵד

man: the sons of Heman; Buqqiyyahu, Mattanyahu, 'Uzzi'el,
Shevu'el, and Yerimot, Ḥananya, Ḥanani, Eli'ata, Giddalti, and
Romamti-'ezer, Yoshbeqasha, Malloti, Hotir, and Maḥazi'ot: all 5
these were the sons of Heman the king's seer according to
the word of God, who bade to lift up his horn. And God gave
to Heman fourteen sons and three daughters. All these were 6
under the hands of their father for song in the house of the
Lord, with cymbals, lutes, and lyres, for the service of the
house of God, according to the king's order
to Asaf, Yedutun, and Heman. So the number of them, with 7
their brethren who were instructed in the songs of the Lord,
all who were skilful, was two hundred and eighty eight. And 8
they cast lots, watch against watch, the small and the great
alike, the teacher together with the pupil. Now the first 9
lot came out for Asaf to Yosef: the second to Gedalyahu; he
with his brethren and sons were twelve: the third to 10
Zakkur, his sons and his brethren, twelve: the fourth to 11
Yiẕri, his sons, and his brethren, twelve: the fifth to 12
Netanyahu, his sons, and his brethren, twelve: the sixth 13
to Buqqiyyahu, his sons, and his brethren, twelve: the 14
seventh to Yesar'ela, his sons and his brethren, twelve.
the eighth to Yesha'yahu, his sons, and his brethren, twelve: 15
the ninth to Mattanyahu, his sons, and his brethren, 16
twelve: the tenth to Shim'i, his sons, and his brethren, 17
twelve: the eleventh to 'Azar'el, his sons, and his breth- 18
ren, twelve: the twelfth to Ḥashavya, his sons, and his 19
brethren, twelve: the thirteenth to Shuva'el, his sons, 20
and his brethren, twelve: the fourteenth to Mattityahu, 21
his sons, and his brethren, twelve: the fifteenth to Yere- 22
mot, his sons, and his brethren, twelve: the sixteenth, 23
to Ḥananyahu, his sons, and his brethren, twelve: the 24
seventeenth to Yoshbeqasha, his sons, and his brethren,
twelve: the eighteenth to Ḥanani, his sons, and his 25
brethren, twelve: the nineteenth to Malloti, his sons, 26
and his brethren, twelve: the twentieth to Eliyyata, his 27
sons, and his brethren, twelve: the twenty first to Hotir, 28
his sons, and his brethren, twelve: the twenty second to 29
Giddalti, his sons, and his brethren, twelve: the twenty 30
third to Maḥazi'ot, his sons, and his brethren, twelve: the 31
twenty fourth to Romamti-'ezer, his sons, and his brethren,
twelve. Concerning the divisions of the gatekeepers: of **26**
the Qorḥi was Meshelemyahu the son of Qore, of the sons of
Asaf. And the sons of Meshelemyahu were, Zekharyahu the 2
firstborn, Yedi'a'el the second, Zevadyahu the third, Yatni'el
the fourth, 'Elam the fifth, Yehoḥanan the sixth, Elyeho'enay 3
the seventh. And 'Oved-edom had sons, Shema'ya the firstborn, 4

אֱדֹם בָּנִים שְׁמַעְיָה הַבְּכוֹר יְהוֹזָבָד הַשֵּׁנִי יוֹאָח הַשְּׁלִשִׁי
ה וְשָׂכָר הָרְבִיעִי וּנְתַנְאֵל הַחֲמִישִׁי׃ עַמִּיאֵל הַשִּׁשִּׁי יִשָּׂשכָר י
ו הַשְּׁבִיעִי פְּעֻלְּתַי הַשְּׁמִינִי כִּי בֵרְכוֹ אֱלֹהִים׃ וְלִשְׁמַעְיָה
בְנוֹ נוֹלַד בָּנִים הַמִּמְשָׁלִים לְבֵית אֲבִיהֶם כִּי־גִבּוֹרֵי חַיִל
ז הֵמָּה׃ בְּנֵי שְׁמַעְיָה עָתְנִי וּרְפָאֵל וְעוֹבֵד אֶלְזָבָד אֶחָיו
ח בְּנֵי־חָיִל אֱלִיהוּ וּסְמַכְיָהוּ׃ כָּל־אֵלֶּה מִבְּנֵי ׀ עֹבֵד אֱדֹם הֵמָּה
וּבְנֵיהֶם וַאֲחֵיהֶם אִישׁ־חַיִל בַּכֹּחַ לַעֲבֹדָה שִׁשִּׁים וּשְׁנַיִם
ט לְעֹבֵד אֱדֹם׃ וְלִמְשֶׁלֶמְיָהוּ בָּנִים וְאַחִים בְּנֵי־חָיִל שְׁמוֹנָה
י עָשָׂר׃ וּלְחֹסָה מִן־בְּנֵי־מְרָרִי בָּנִים שִׁמְרִי הָרֹאשׁ
יא כִּי לֹא־הָיָה בְכוֹר וַיְשִׂימֵהוּ אָבִיהוּ לְרֹאשׁ׃ חִלְקִיָּהוּ הַשֵּׁנִי
טְבַלְיָהוּ הַשְּׁלִשִׁי זְכַרְיָהוּ הָרְבִעִי כָּל־בָּנִים וְאַחִים לְחֹסָה
יב שְׁלֹשָׁה עָשָׂר׃ לְאֵלֶּה מַחְלְקוֹת הַשֹּׁעֲרִים לְרָאשֵׁי הַגְּבָרִים
יג מִשְׁמָרוֹת לְעֻמַּת אֲחֵיהֶם לְשָׁרֵת בְּבֵית יְהוָה׃ וַיַּפִּילוּ גוֹרָלוֹת
יד כַּקָּטֹן כַּגָּדוֹל לְבֵית אֲבוֹתָם לְשַׁעַר וָשָׁעַר׃ וַיִּפֹּל
הַגּוֹרָל מִזְרָחָה לְשֶׁלֶמְיָהוּ וּזְכַרְיָהוּ בְנוֹ יוֹעֵץ בְּשֶׂכֶל הִפִּילוּ
טו גוֹרָלוֹת וַיֵּצֵא גוֹרָלוֹ צָפוֹנָה׃ לְעֹבֵד אֱדֹם נֶגְבָּה וּלְבָנָיו בֵּית
טז הָאֲסֻפִּים׃ לְשֻׁפִּים וּלְחֹסָה לַמַּעֲרָב עִם שַׁעַר שַׁלֶּכֶת בַּמְסִלָּה
יז הָעוֹלָה מִשְׁמָר לְעֻמַּת מִשְׁמָר׃ לַמִּזְרָח הַלְוִיִּם שִׁשָּׁה לַצָּפוֹנָה
לַיּוֹם אַרְבָּעָה לַנֶּגְבָּה לַיּוֹם אַרְבָּעָה וְלָאֲסֻפִּים שְׁנַיִם שְׁנָיִם׃
יח יט לַפַּרְבָּר לַמַּעֲרָב אַרְבָּעָה לַמְסִלָּה שְׁנַיִם לַפַּרְבָּר׃ אֵלֶּה
כ מַחְלְקוֹת הַשֹּׁעֲרִים לִבְנֵי הַקָּרְחִי וְלִבְנֵי מְרָרִי׃ וְהַלְוִיִּם אֲחִיָּה
עַל־אוֹצְרוֹת בֵּית הָאֱלֹהִים וּלְאֹצְרוֹת הַקֳּדָשִׁים׃
כא בְּנֵי לַעְדָּן בְּנֵי הַגֵּרְשֻׁנִּי לְלַעְדָּן רָאשֵׁי הָאָבוֹת לְלַעְדָּן הַגֵּרְשֻׁנִּי
כב יְחִיאֵלִי׃ בְּנֵי יְחִיאֵלִי זֵתָם וְיוֹאֵל אָחִיו עַל־אֹצְרוֹת בֵּית יְהוָה׃
כג כד לַעַמְרָמִי לַיִּצְהָרִי לַחֶבְרוֹנִי לָעָזִּיאֵלִי׃ וּשְׁבֻאֵל בֶּן־גֵּרְשׁוֹם בֶּן־
כה מֹשֶׁה נָגִיד עַל־הָאֹצָרוֹת׃ וְאֶחָיו לֶאֱלִיעֶזֶר רְחַבְיָהוּ בְנוֹ
כו וִישַׁעְיָהוּ בְנוֹ וְיֹרָם בְּנוֹ וְזִכְרִי בְנוֹ וּשְׁלֹמוֹת בְּנוֹ׃ הוּא שְׁלֹמוֹת וּשְׁלֹמִית
וְאֶחָיו עַל כָּל־אֹצְרוֹת הַקֳּדָשִׁים אֲשֶׁר הִקְדִּישׁ דָּוִיד הַמֶּלֶךְ
כז וְרָאשֵׁי הָאָבוֹת לְשָׂרֵי־הָאֲלָפִים וְהַמֵּאוֹת וְשָׂרֵי הַצָּבָא׃ מִן־
כח הַמִּלְחָמוֹת וּמִן־הַשָּׁלָל הִקְדִּישׁוּ לְחַזֵּק לְבֵית יְהוָה׃ וְכֹל הַהִקְדִּישׁ
שְׁמוּאֵל הָרֹאֶה וְשָׁאוּל בֶּן־קִישׁ וְאַבְנֵר בֶּן־נֵר וְיוֹאָב בֶּן־
כט צְרוּיָה כֹּל הַמַּקְדִּישׁ עַל יַד־שְׁלֹמִית וְאֶחָיו׃ לַיִּצְהָרִי
כְּנַנְיָהוּ וּבָנָיו לַמְּלָאכָה הַחִיצוֹנָה עַל־יִשְׂרָאֵל לְשֹׁטְרִים
ל וּלְשֹׁפְטִים׃ לַחֶבְרוֹנִי חֲשַׁבְיָהוּ וְאֶחָיו בְּנֵי־חַיִל אֶלֶף
וּשְׁבַע־מֵאוֹת עַל פְּקֻדַּת יִשְׂרָאֵל מֵעֵבֶר לַיַּרְדֵּן מַעְרָבָה

Yehozavad the second, Yo'aḥ the third, and Sakhar the fourth,
and Netan'el the fifth, 'Ammi'el the sixth, Yissakhar the se-   5
venth, Pe'ulletay the eighth: for GOD blessed him.   Also   6
to Shema'ya his son were sons born, who ruled throughout the
house of their father: for they were mighty men at arms.

The sons of Shema'ya ; 'Otni, and Refa'el, and 'Oved, Elzavad,   7
whose brethren were strong men, Elihu, and Semakhyahu. All   8
these of the sons of 'Oved-edom: they and their sons and their
brethren, able men for strength for the service, were sixty two
of 'Oved-edom. And Meshelemyahu had sons and brothers,   9
strong men, eighteen.   Also Ḥosa, of the children of Me-   10
rari, had sons; Shimri the chief, (for though he was not the
firstborn, yet his father made him the chief;) Ḥilqiyyahu the   11
second, Tevalyahu the third, Zekharyahu the fourth: all' the
sons and brothers of Ḥosa were thirteen. Among these were the   12
divisions of the gatekeepers, among the chief men, having
watches in the same manner as their brethren, to minister in
the house of the LORD. And they cast lots, the small as well   13
as the great, according to the houses of their fathers, for every
gate.   And the lot eastward fell to Shelemyahu. Then for   14
Zekharyahu his son, a wise counsellor, they cast lots; and his
lot came out northwards. To 'Oved-edom southwards; and to   15
his sons the house of Asuppim. To Shuppim and Ḥosa west-   16
wards, with the gate Shallekhet, by the causeway that goes up,
ward against ward. Eastwards were six Levites, northwards   17
four a day, southwards four a day, and towards Asuppim two
and two. At Parbar westwards, four at the causeway, and two   18
at Parbar. These are the divisions of the gatekeepers, among   19
the sons of Qoraḥ, and among the sons of Merari. And of the   20
Levites, Aḥiyya was over the treasures of the house of GOD,
and over the treasures of the holy things.

The sons of La'dan ; the sons of the Gershoni belonging to La'- 21
dan, the heads of father's houses, of La'dan the Gershonite, were
Yeḥi'eli. The sons of Yeḥi'eli ; Zetam, and Yo'el his brother, who 22
were over the treasures of the house of the LORD. Of the 'Am-   23
rami, and the Yiẓhari, the Ḥevroni, and the 'Ozzi'eli : and   24
Shevu'el the son of Gershom, the son of Moshe, was ruler of
the treasures. And his brethren by Eli'ezer; Reḥavyahu his son, 25
and Yesha'yahu his son, and Yoram his son, and Zikhri his
son, and Shelomot his son. This Shelomot and his brethren were   26
over all the treasures of the dedicated things, which David the
king, and the heads of the fathers' houses, the captains over
thousands and hundreds, and the captains of the host, had
dedicated. Out of the spoils won in battles did they dedicate   27
to maintain the house of the LORD. And all that Shemu'el the   28
seer, and Sha'ul the son of Qish, and Avner the son of Ner, and
Yo'av the son of Ẓeruya, had dedicated; and whoever had de-
dicated anything, it was under the hand of Shelomit, and of his
brethren.   Of the Yiẓhari, Kenanyahu and his sons were for   29
the outward business over Yisra'el, for officers and judges.

And of the Ḥevroni, Ḥashavyahu and his brethren, men   30
at arms, one thousand seven hundred, had the oversight of Yis-
ra'el on this side of the Yarden westward in all the business of

לְכֹל מְלֶאכֶת יְהוָה וְלַעֲבֹדַת הַמֶּלֶךְ׃ לַחֶבְרוֹנִי יְרִיָּה הָרֹאשׁ לא
לַחֶבְרוֹנִי לְתֹלְדֹתָיו לְאָבוֹת בִּשְׁנַת הָאַרְבָּעִים לְמַלְכוּת דָּוִיד
נִדְרָשׁוּ וַיִּמָּצֵא בָהֶם גִּבּוֹרֵי חַיִל בְּיַעְזֵיר גִּלְעָד׃ וְאֶחָיו בְּנֵי־ לב
חַיִל אַלְפַּיִם וּשְׁבַע מֵאוֹת רָאשֵׁי הָאָבוֹת וַיַּפְקִידֵם דָּוִיד הַמֶּלֶךְ
עַל־הָרְאוּבֵנִי וְהַגָּדִי וַחֲצִי שֵׁבֶט הַמְנַשִּׁי לְכָל־דְּבַר הָאֱלֹהִים
וּדְבַר הַמֶּלֶךְ׃ וּבְנֵי יִשְׂרָאֵל ׀ לְמִסְפָּרָם רָאשֵׁי כז א
הָאָבוֹת ׀ וְשָׂרֵי הָאֲלָפִים ׀ וְהַמֵּאוֹת וְשֹׁטְרֵיהֶם הַמְשָׁרְתִים אֶת־
הַמֶּלֶךְ לְכֹל ׀ דְּבַר הַמַּחְלְקוֹת הַבָּאָה וְהַיֹּצֵאת חֹדֶשׁ בְּחֹדֶשׁ
לְכֹל חָדְשֵׁי הַשָּׁנָה הַמַּחֲלֹקֶת הָאַחַת עֶשְׂרִים וְאַרְבָּעָה
אָלֶף׃ עַל הַמַּחֲלֹקֶת הָרִאשׁוֹנָה לַחֹדֶשׁ הָרִאשׁוֹן ב
יָשָׁבְעָם בֶּן־זַבְדִּיאֵל וְעַל מַחֲלֻקְתּוֹ עֶשְׂרִים וְאַרְבָּעָה
אָלֶף׃ מִן־בְּנֵי־פֶרֶץ הָרֹאשׁ לְכָל־שָׂרֵי הַצְּבָאוֹת לַחֹדֶשׁ ג
הָרִאשׁוֹן׃ וְעַל מַחֲלֹקֶת ׀ הַחֹדֶשׁ הַשֵּׁנִי דּוֹדַי הָאֲחוֹחִי ד
וּמַחֲלֻקְתּוֹ וּמִקְלוֹת הַנָּגִיד וְעַל מַחֲלֻקְתּוֹ עֶשְׂרִים וְאַרְבָּעָה
אָלֶף׃ שַׂר הַצָּבָא הַשְּׁלִישִׁי לַחֹדֶשׁ הַשְּׁלִישִׁי בְּנָיָהוּ ה
בֶן־יְהוֹיָדָע הַכֹּהֵן רֹאשׁ וְעַל מַחֲלֻקְתּוֹ עֶשְׂרִים וְאַרְבָּעָה
אָלֶף׃ הוּא בְנָיָהוּ גִּבּוֹר הַשְּׁלֹשִׁים וְעַל־הַשְּׁלֹשִׁים וּמַחֲלֻקְתּוֹ ו
עַמִּיזָבָד בְּנוֹ׃ הָרְבִיעִי לַחֹדֶשׁ הָרְבִיעִי עֲשָׂהאֵל אֲחִי ז
יוֹאָב וּזְבַדְיָה בְנוֹ אַחֲרָיו וְעַל מַחֲלֻקְתּוֹ עֶשְׂרִים וְאַרְבָּעָה
אָלֶף׃ הַחֲמִישִׁי לַחֹדֶשׁ הַחֲמִישִׁי הַשַּׂר שַׁמְהוּת ח
הַיִּזְרָח וְעַל מַחֲלֻקְתּוֹ עֶשְׂרִים וְאַרְבָּעָה אָלֶף׃ הַשִּׁשִּׁי ט
לַחֹדֶשׁ הַשִּׁשִּׁי עִירָא בֶן־עִקֵּשׁ הַתְּקוֹעִי וְעַל מַחֲלֻקְתּוֹ עֶשְׂרִים
וְאַרְבָּעָה אָלֶף׃ הַשְּׁבִיעִי לַחֹדֶשׁ הַשְּׁבִיעִי חֶלֶץ י
הַפְּלוֹנִי מִן־בְּנֵי אֶפְרָיִם וְעַל מַחֲלֻקְתּוֹ עֶשְׂרִים וְאַרְבָּעָה
אָלֶף׃ הַשְּׁמִינִי לַחֹדֶשׁ הַשְּׁמִינִי סִבְּכַי הַחֻשָׁתִי לַזַּרְחִי יא
וְעַל מַחֲלֻקְתּוֹ עֶשְׂרִים וְאַרְבָּעָה אָלֶף׃ הַתְּשִׁיעִי יב
(לְבֶן יְמִינִי) לַחֹדֶשׁ הַתְּשִׁיעִי אֲבִיעֶזֶר הָעַנְּתֹתִי לַבְּנִימִינִי וְעַל מַחֲלֻקְתּוֹ
עֶשְׂרִים וְאַרְבָּעָה אָלֶף׃ הָעֲשִׂירִי לַחֹדֶשׁ הָעֲשִׂירִי יג
מַהְרַי הַנְּטוֹפָתִי לַזַּרְחִי וְעַל מַחֲלֻקְתּוֹ עֶשְׂרִים וְאַרְבָּעָה
אָלֶף׃ עַשְׁתֵּי־עָשָׂר לְעַשְׁתֵּי עָשָׂר הַחֹדֶשׁ בְּנָיָה יד
הַפִּרְעָתוֹנִי מִן־בְּנֵי אֶפְרָיִם וְעַל מַחֲלֻקְתּוֹ עֶשְׂרִים וְאַרְבָּעָה
אָלֶף׃ הַשְּׁנֵים עָשָׂר לִשְׁנֵים עָשָׂר הַחֹדֶשׁ חֶלְדַּי הַנְּטוֹפָתִי טו
לְעָתְנִיאֵל וְעַל מַחֲלֻקְתּוֹ עֶשְׂרִים וְאַרְבָּעָה אָלֶף׃ וְעַל טז
שִׁבְטֵי יִשְׂרָאֵל לָרְאוּבֵנִי נָגִיד אֱלִיעֶזֶר בֶּן־זִכְרִי לַשִּׁמְעוֹנִי
שְׁפַטְיָהוּ בֶּן־מַעֲכָה׃ לְלֵוִי חֲשַׁבְיָה בֶן־קְמוּאֵל לְאַהֲרֹן יז
צָדוֹק׃ לִיהוּדָה אֱלִיהוּ מֵאֲחֵי דָוִיד לְיִשָּׂשכָר עָמְרִי יח

the LORD, and in the service of the king. Among the H̱evroni 31
was Yeriyya the chief, among the H̱evroni, according to the
generations of his fathers. In the fortieth year of the reign of
David they were sought for, and there were found among them
mighty men at arms at Ya'zer of Gil'ad. And his brethren, men 32
at arms, two thousand seven hundred heads of fathers' houses,
whom king David made rules over the Re'uveni, the Gadi, and
the half tribe of Menashshe, for every matter pertaining to
GOD, and for the affairs of the king. Now the children **27**
of Yisra'el after their number, namely, heads of fathers' houses
and captains of thousands and hundreds, and their officers who
served the king in any matter of the divisions, who came in
and went out month by month throughout all the months of the
year; in every division were twenty four thousand. Over 2
the first division for the first month was Yashov'am the son of
Zavdi'el: and in his division were twenty four thousand. Of the 3
children of Pereẕ the chief of all the captains of the host for
the first month. And over the division of the second 4
month was Doday an Aẖoẖite, and his division, and Miqlot
the ruler: in his division were twenty four thousand. The 5
third captain of the host for the third month was Benayahu the
son of Yehoyada, a chief priest: and in his division were twenty
four thousand. This is that Benayahu, who was the mighty one 6
of the thirty, and over the thirty: and in his division was 'Am-
mizavad his son. The fourth captain for the fourth month 7
was 'Asa'el the brother of Yo'av, and Zevadya his son after
him: and in his division were twenty four thousand. The 8
fifth captain for the fifth month was Shamhut of Yirzaẖ: and in
his division were twenty four thousand. The sixth captain 9
for the sixth month was Ira the son of 'Iqqesh the Teqo'ite: and
in his division, were twenty four thousand. The seventh 10
captain for the seventh month wes H̱eleẕ the Pelonite, of the
children of Efrayim: and in his division were twenty four thou-
sand. The eighth captain for the eighth month was Sib- 11
bekhay the H̱ushatite, of the Zarẖi: and in his division were
twenty four thousand. The ninth captain for the ninth 12
month was Avi'ezer the 'Antotite, of the Benyemini: and in his
division were twenty four thousand. The tenth captain for 13
the tenth month was Maharay the Netofatite, of the Zarẖi: and
in his division were twenty four thousand. The eleventh 14
captain for the eleventh month was Benaya the Pir'atonite, of
the children of Efrayim: and in his division were twenty four
thousand. The twelfth captain for the twelfth month was 15
H̱elday the Netofatite, of 'Otniel: and in his division were
twenty four thousand. Furthermore over the tribes of 16
Yisra'el: the ruler of the Re'uveni was Eli'ezer the son of
Zikhri: of the Shim'oni, Shefatyahu the son of Ma'akha:
of the Levites, H̱ashavya the son of Qemu'el: of the sons of 17
Aharon, Ẕadoq: of Yehuda, Elihu, one of the brothers of 18

יט בֶּן־מִיכָאֵל׃ לִזְבוּלֻן יִשְׁמַעְיָהוּ בֶּן־עֹבַדְיָהוּ לְנַפְתָּלִי
כ יְרִימוֹת בֶּן־עַזְרִיאֵל׃ לִבְנֵי אֶפְרַיִם הוֹשֵׁעַ בֶּן־עֲזַזְיָהוּ
כא לַחֲצִי שֵׁבֶט מְנַשֶּׁה יוֹאֵל בֶּן־פְּדָיָהוּ׃ לַחֲצִי הַמְנַשֶּׁה
כב גִּלְעָדָה יִדּוֹ בֶּן־זְכַרְיָהוּ לְבִנְיָמִן יַעֲשִׂיאֵל בֶּן־אַבְנֵר׃ לְדָן
כג עֲזַרְאֵל בֶּן־יְרֹחָם אֵלֶּה שָׂרֵי שִׁבְטֵי יִשְׂרָאֵל׃ וְלֹא־נָשָׂא דָוִיד
מִסְפָּרָם לְמִבֶּן עֶשְׂרִים שָׁנָה וּלְמָטָּה כִּי אָמַר יְהוָה לְהַרְבּוֹת
כד אֶת־יִשְׂרָאֵל כְּכוֹכְבֵי הַשָּׁמָיִם׃ יוֹאָב בֶּן־צְרוּיָה הֵחֵל לִמְנוֹת
וְלֹא כִלָּה וַיְהִי בָזֹאת קֶצֶף עַל־יִשְׂרָאֵל וְלֹא עָלָה הַמִּסְפָּר
כה בְּמִסְפַּר דִּבְרֵי הַיָּמִים לַמֶּלֶךְ דָּוִיד׃ וְעַל אֹצְרוֹת
הַמֶּלֶךְ עַזְמָוֶת בֶּן־עֲדִיאֵל וְעַל הָאֹצָרוֹת בַּשָּׂדֶה בֶּעָרִים
כו וּבַכְּפָרִים וּבַמִּגְדָּלוֹת יְהוֹנָתָן בֶּן־עֻזִּיָּהוּ׃ וְעַל עֹשֵׂי
כז מְלֶאכֶת הַשָּׂדֶה לַעֲבֹדַת הָאֲדָמָה עֶזְרִי בֶּן־כְלוּב׃ וְעַל־
הַכְּרָמִים שִׁמְעִי הָרָמָתִי וְעַל שֶׁבַּכְּרָמִים לְאֹצְרוֹת הַיַּיִן זַבְדִּי
כח הַשִּׁפְמִי׃ וְעַל־הַזֵּיתִים וְהַשִּׁקְמִים אֲשֶׁר בַּשְּׁפֵלָה בַּעַל
כט חָנָן הַגְּדֵרִי וְעַל־אֹצְרוֹת הַשֶּׁמֶן יוֹעָשׁ׃ וְעַל־הַבָּקָר
הָרֹעִים בַּשָּׁרוֹן שטרי הַשָּׁרוֹנִי וְעַל־הַבָּקָר בָּעֲמָקִים שָׁפָט בֶּן־ שִׁרְטַי
ל עַדְלָי׃ וְעַל־הַגְּמַלִּים אוֹבִיל הַיִּשְׁמְעֵלִי וְעַל־הָאֲתֹנוֹת
לא יֶחְדְּיָהוּ הַמֵּרֹנֹתִי׃ וְעַל־הַצֹּאן יָזִיז הַהַגְרִי כָּל־אֵלֶּה
לב שָׂרֵי הָרְכוּשׁ אֲשֶׁר לַמֶּלֶךְ דָּוִיד׃ וִיהוֹנָתָן דּוֹד־דָּוִיד
יוֹעֵץ אִישׁ־מֵבִין וְסוֹפֵר הוּא וִיחִיאֵל בֶּן־חַכְמוֹנִי עִם־בְּנֵי
לג הַמֶּלֶךְ׃ וַאֲחִיתֹפֶל יוֹעֵץ לַמֶּלֶךְ וְחוּשַׁי הָאַרְכִּי רֵעַ הַמֶּלֶךְ׃
לד וְאַחֲרֵי אֲחִיתֹפֶל יְהוֹיָדָע בֶּן־בְּנָיָהוּ וְאֶבְיָתָר וְשַׂר־צָבָא לַמֶּלֶךְ
כח א יוֹאָב׃ וַיַּקְהֵל דָּוִיד אֶת־כָּל־שָׂרֵי יִשְׂרָאֵל
שָׂרֵי הַשְּׁבָטִים וְשָׂרֵי הַמַּחְלְקוֹת הַמְשָׁרְתִים אֶת־הַמֶּלֶךְ וְשָׂרֵי
הָאֲלָפִים וְשָׂרֵי הַמֵּאוֹת וְשָׂרֵי כָל־רְכוּשׁ־וּמִקְנֶה לַמֶּלֶךְ וּלְבָנָיו
ב עִם־הַסָּרִיסִים וְהַגִּבּוֹרִים וּלְכָל־גִּבּוֹר חָיִל אֶל־יְרוּשָׁלָםִ׃ וַיָּקָם
דָּוִיד הַמֶּלֶךְ עַל־רַגְלָיו וַיֹּאמֶר שְׁמָעוּנִי אַחַי וְעַמִּי אֲנִי עִם־
לְבָבִי לִבְנוֹת בֵּית מְנוּחָה לַאֲרוֹן בְּרִית־יְהוָה וְלַהֲדֹם רַגְלֵי
ג אֱלֹהֵינוּ וַהֲכִינוֹתִי לִבְנוֹת׃ וְהָאֱלֹהִים אָמַר לִי לֹא־תִבְנֶה
ד בַיִת לִשְׁמִי כִּי אִישׁ מִלְחָמוֹת אַתָּה וְדָמִים שָׁפָכְתָּ׃ וַיִּבְחַר
יְהוָה אֱלֹהֵי יִשְׂרָאֵל בִּי מִכֹּל בֵּית־אָבִי לִהְיוֹת לְמֶלֶךְ עַל־
יִשְׂרָאֵל לְעוֹלָם כִּי בִיהוּדָה בָּחַר לְנָגִיד וּבְבֵית יְהוּדָה בֵּית
ה אָבִי וּבִבְנֵי אָבִי בִּי רָצָה לְהַמְלִיךְ עַל־כָּל־יִשְׂרָאֵל׃ וּמִכָּל־

David : of Yissakhar, 'Omri the son of Mikha'el :   of Zevulun,   19
Yishma'yahu the son of 'Ovadyahu: of Naftali, Yerimot the
son of 'Azri'el: of the children of Efrayim, Hoshea the   20
son of 'Azazyahu : of the half tribe of Menashshe, Yo'el the
son of Pedayahu: of the half tribe of Menashshe in Gil'ad,   21
Yiddo the son of Zekharyahu: of Binyamin, Ya'asi'el the son of
Avner: of Dan, 'Azar'el the son of Yeroham. These were   22
the princes of the tribes of Yisra'el. But David did not take the   23
number of them from twenty years old and under: because the
LORD had said he would increase Yisra'el like the stars of the
heavens. Yo'av the son of Zeruya began to count, but he did   24
not finish, because there fell wrath for it against Yisra'el; nor
was the number put in the account of the chronicles of king
David.   And over the king's treasures was 'Azmavet the   25
son of 'Adi'el: and over the storehouses in the fields, in the
cities, and in the villages, and in the towers, was Yehonatan the
son of 'Uzziyyahu :   and over those who did the work of   26
the field for the tillage of the ground was 'Ezri the son of
Keluv: and over the vineyards was Shim'i the Ramatite: 27
over the increase of the vineyards for the wine cellars was Zavdi
the Shifmite :   and over the olive trees and the sycamore   28
trees that were in the low plains was Ba'al-hanan the Gederite:
and over the cellars of oil was Yo'ash :   and over the   29
herds which fed in the Sharon was Shirtay the Sharonite: and
over the herds that were in the valleys was Shafat the son of
'Adlay :   and over the camels was Ovile the Yishme'elite :   30
and over the asses was Yehdeyahu the Meronotite :   and   31
over the flocks was Yaziz the Hagrite. All these were the ste-
wards of the property which belonged to king David.

And Yehonatan David's uncle was a counsellor, a wise man,   32
and a scribe: and Yehi'el the son of Hakhmoni was with the
king's sons: and Ahitofel was the king's counsellor: and Hu-   33
shay the Arkite was the king's companion : and after Ahitofel   34
came Yehoyada the son of Benayahu, and Evyatar : and the
general of the king's army was Yo'av.   And David as-   **28**
sembled all the princes of Yisra'el, the princes of the tribes, and
the captains of the companies that served the king by divisions,
and the captains over the thousands, and captains over the
hundreds, and the stewards over all the property and pos-
sessions of the king, and of his sons, with the officers, and with
the mighty men, and with all the men at arms to Yerushalayim.
Then David the king stood up upon his feet, and said, Hear me,   2
my brethren, and my people: As for me, I had it in my heart
to build a house of rest for the ark of the covenant of the LORD,
and for the footstool of our GOD, and I had made ready for
building: but GOD said to me, Thou shalt not build a house for   3
my name, because thou hast been a man of battles, and hast
shed blood. Yet the LORD GOD of Yisra'el chose me before all   4
the house of my father to be king over Yisra'el forever : for
he has chosen Yehuda to be the ruler; and out of the house of
Yehuda, the house of my father; and among the sons of my
father he took pleasure in me to make me king over all Yis-
ra'el: and of all my sons, (for the LORD has given me many   5

בָּנַי כִּי רַבִּים בָּנִים נָתַן לִי יְהוָה וַיִּבְחַר בִּשְׁלֹמֹה בְנִי לָשֶׁבֶת
ו עַל־כִּסֵּא מַלְכוּת יְהוָה עַל־יִשְׂרָאֵל׃ וַיֹּאמֶר לִי שְׁלֹמֹה בִנְךָ
הוּא־יִבְנֶה בֵיתִי וַחֲצֵרוֹתָי כִּי־בָחַרְתִּי בוֹ לִי לְבֵן וַאֲנִי אֶהְיֶה־
ז לּוֹ לְאָב׃ וַהֲכִינוֹתִי אֶת־מַלְכוּתוֹ עַד־לְעוֹלָם אִם־יֶחֱזַק לַעֲשׂוֹת
ח מִצְוֺתַי וּמִשְׁפָּטַי כַּיּוֹם הַזֶּה׃ וְעַתָּה לְעֵינֵי כָל־יִשְׂרָאֵל קְהַל־
יְהוָה וּבְאָזְנֵי אֱלֹהֵינוּ שִׁמְרוּ וְדִרְשׁוּ כָּל־מִצְוֺת יְהוָה אֱלֹהֵיכֶם
לְמַעַן תִּירְשׁוּ אֶת־הָאָרֶץ הַטּוֹבָה וְהִנְחַלְתֶּם לִבְנֵיכֶם אַחֲרֵיכֶם
ט עַד־עוֹלָם׃ וְאַתָּה שְׁלֹמֹה־בְנִי דַּע אֶת־אֱלֹהֵי אָבִיךָ וְעָבְדֵהוּ
בְּלֵב שָׁלֵם וּבְנֶפֶשׁ חֲפֵצָה כִּי כָל־לְבָבוֹת דּוֹרֵשׁ יְהוָה וְכָל־
יֵצֶר מַחֲשָׁבוֹת מֵבִין אִם־תִּדְרְשֶׁנּוּ יִמָּצֵא לָךְ וְאִם־תַּעַזְבֶנּוּ
יא י יַזְנִיחֲךָ לָעַד׃ רְאֵה ׀ עַתָּה כִּי־יְהוָה בָּחַר בְּךָ לִבְנוֹת־בַּיִת
יא לַמִּקְדָּשׁ חֲזַק וַעֲשֵׂה׃ וַיִּתֵּן דָּוִיד לִשְׁלֹמֹה בְנוֹ אֶת־
תַּבְנִית הָאוּלָם וְאֶת־בָּתָּיו וְגַנְזַכָּיו וַעֲלִיֹּתָיו וַחֲדָרָיו הַפְּנִימִים
יב וּבֵית הַכַּפֹּרֶת׃ וְתַבְנִית כֹּל אֲשֶׁר הָיָה בָרוּחַ עִמּוֹ לְחַצְרוֹת
בֵּית־יְהוָה וּלְכָל־הַלְּשָׁכוֹת סָבִיב לְאֹצְרוֹת בֵּית הָאֱלֹהִים
יג וּלְאֹצְרוֹת הַקֳּדָשִׁים׃ וּלְמַחְלְקוֹת הַכֹּהֲנִים וְהַלְוִיִּם וּלְכָל־
מְלֶאכֶת עֲבוֹדַת בֵּית־יְהוָה וּלְכָל־כְּלֵי עֲבוֹדַת בֵּית־יְהוָה׃
יד לַזָּהָב בַּמִּשְׁקָל לַזָּהָב לְכָל־כְּלֵי עֲבוֹדָה וַעֲבוֹדָה לְכֹל כְּלֵי
טו הַכֶּסֶף בְּמִשְׁקָל לְכָל־כְּלֵי עֲבוֹדָה וַעֲבוֹדָה׃ וּמִשְׁקָל לִמְנֹרוֹת
הַזָּהָב וְנֵרֹתֵיהֶם זָהָב בְּמִשְׁקַל־מְנוֹרָה וּמְנוֹרָה וְנֵרֹתֶיהָ וְלִמְנֹרוֹת
הַכֶּסֶף בְּמִשְׁקָל לִמְנוֹרָה וְנֵרֹתֶיהָ כַּעֲבוֹדַת מְנוֹרָה וּמְנוֹרָה׃
טז וְאֶת־הַזָּהָב מִשְׁקָל לְשֻׁלְחֲנוֹת הַמַּעֲרֶכֶת לְשֻׁלְחַן וְשֻׁלְחָן
יז וְכֶסֶף לְשֻׁלְחֲנוֹת הַכָּסֶף׃ וְהַמִּזְלָגוֹת וְהַמִּזְרָקוֹת וְהַקְּשָׂוֹת זָהָב
טָהוֹר וְלִכְפוֹרֵי הַזָּהָב בְּמִשְׁקָל לִכְפוֹר וּכְפוֹר וְלִכְפוֹרֵי הַכֶּסֶף
יח בְּמִשְׁקָל לִכְפוֹר וּכְפוֹר׃ וּלְמִזְבַּח הַקְּטֹרֶת זָהָב מְזֻקָּק בַּמִּשְׁקָל
וּלְתַבְנִית הַמֶּרְכָּבָה הַכְּרֻבִים זָהָב לְפֹרְשִׂים וְסֹכְכִים עַל־
יט אֲרוֹן בְּרִית־יְהוָה׃ הַכֹּל בִּכְתָב מִיַּד יְהוָה עָלַי הִשְׂכִּיל כֹּל
כ מַלְאֲכוֹת הַתַּבְנִית׃ וַיֹּאמֶר דָּוִיד לִשְׁלֹמֹה בְנוֹ חֲזַק
וֶאֱמַץ וַעֲשֵׂה אַל־תִּירָא וְאַל־תֵּחָת כִּי יְהוָה אֱלֹהִים אֱלֹהַי
עִמָּךְ לֹא יַרְפְּךָ וְלֹא יַעַזְבֶךָּ עַד־לִכְלוֹת כָּל־מְלֶאכֶת עֲבוֹדַת
כא בֵּית־יְהוָה׃ וְהִנֵּה מַחְלְקוֹת הַכֹּהֲנִים וְהַלְוִיִּם לְכָל־עֲבוֹדַת
בֵּית הָאֱלֹהִים וְעִמְּךָ בְכָל־מְלָאכָה לְכָל־נָדִיב בַּחָכְמָה לְכָל־
כט א עֲבוֹדָה וְהַשָּׂרִים וְכָל־הָעָם לְכָל־דְּבָרֶיךָ׃ וַיֹּאמֶר דָּוִיד
הַמֶּלֶךְ לְכָל־הַקָּהָל שְׁלֹמֹה בְנִי אֶחָד בָּחַר־בּוֹ אֱלֹהִים נַעַר וָרָךְ

sons), he has chosen Shelomo my son to sit upon the throne of the kingdom of the LORD over Yisra'el. And he said to me, 6 Shelomo thy son, he shall build my house and my courts: for I have chosen him to be my son, and I will be his father. More- 7 over I will establish his kingdom forever, if he be constant to do my commandments and my judgments, as at this day. Now 8 therefore in the sight of all Yisra'el the congregation of the LORD, and in the hearing of our GOD, observe and seek out all the commandments of the LORD your GOD: that you may pos- sess this good land, and leave it for an inheritance for your children after you forever. And thou, Shelomo my son, know 9 thou the GOD of thy father, and serve him with a perfect heart and with a willing mind: for the LORD searches all hearts, and understands all the imaginations of the thoughts: if thou seek him, he will be found by thee; but if thou forsake him, he will cast thee off forever. Take heed now ; for the LORD has chosen 10 thee to build a house for the sanctuary: be strong, and do it. Then David gave to Shelomo his son the pattern of 11 the porch, and of its houses and of its treasuries, and of its upper chambers, and of its inner rooms, and of the place of the ark with its covering, and the pattern of all that he had by 12 the spirit, of the courts of the house of the LORD, and of all the chambers round about, of the treasuries of the house of GOD, and of the treasuries of the holy things: also for the 13 divisions of the priests and the Levites, and for all the work of the service of the house of the LORD, and for all the vessels of service in the house of the LORD. He gave of gold by weight 14 for things of gold, for all instruments of all manner of service; silver also for all instruments of silver by weight, for all instru- ments of every kind of service: both the weight for the candle- 15 sticks of gold, and for their lamps of gold, by weight for every candlestick, and for its lamps: and for the candlesticks of silver by weight, for the candlestick, and for its lamps, according to the use of every candlestick. And by weight he gave gold for 16 the tables of showbread, for every table; and likewise silver for the tables of silver : also pure gold for the forks, and the basins, 17 and the jars : and for the golden bowls by weight for every bowl ; and likewise by weight for every bowl of the silver bowls : and 18 for the altar of incense refined gold by weight ; and gold for the pattern of the chariot, that is the keruvim, that spread out their wings, and cover the ark of the covenant of the LORD. All this, 19 said he, is put in writing by the hand of the LORD who instructed me, all the works of this pattern. And David said to Shelo- 20 mo his son, Be strong and of good courage, and do it: do not fear, or be dismayed: for the LORD GOD, my GOD, will be with thee; he will not fail thee, or forsake thee, until thou hast finished all the work for the service of the house of the LORD. And, 21 behold, the divisions of the priests and the Levites, for all the service of the house of GOD: and there shall be with thee for all manner of workmanship every willing skilful man, for any manner of service: also the princes and all the people will be wholly at thy commandment. And David the king said **29** to all the congregation, Shelomo my son, whom alone GOD has

וְהַמְּלָאכָה גְדוֹלָה כִּי לֹא לְאָדָם הַבִּירָה כִּי לַיהוָה אֱלֹהִים׃
ב וּכְכָל־כֹּחִי הֲכִינוֹתִי לְבֵית־אֱלֹהַי הַזָּהָב ׀ לַזָּהָב וְהַכֶּסֶף לַכֶּסֶף
וְהַנְּחֹשֶׁת לַנְּחֹשֶׁת הַבַּרְזֶל לַבַּרְזֶל וְהָעֵצִים לָעֵצִים אַבְנֵי־
שֹׁהַם וּמִלּוּאִים אַבְנֵי־פוּךְ וְרִקְמָה וְכֹל אֶבֶן יְקָרָה וְאַבְנֵי־
ג שַׁיִשׁ לָרֹב׃ וְעוֹד בִּרְצוֹתִי בְּבֵית אֱלֹהַי יֶשׁ־לִי סְגֻלָּה זָהָב
וָכָסֶף נָתַתִּי לְבֵית־אֱלֹהַי לְמַעְלָה מִכָּל־הֲכִינוֹתִי לְבֵית הַקֹּדֶשׁ׃
ד שְׁלֹשֶׁת אֲלָפִים כִּכְּרֵי זָהָב מִזְּהַב אוֹפִיר וְשִׁבְעַת אֲלָפִים
ה כִּכַּר־כֶּסֶף מְזֻקָּק לָטוּחַ קִירוֹת הַבָּתִּים׃ לַזָּהָב לַזָּהָב וְלַכֶּסֶף
לַכֶּסֶף וּלְכָל־מְלָאכָה בְּיַד חָרָשִׁים וּמִי מִתְנַדֵּב לְמַלֹּאות יָדוֹ
ו הַיּוֹם לַיהוָה׃ וַיִּתְנַדְּבוּ שָׂרֵי הָאָבוֹת וְשָׂרֵי ׀ שִׁבְטֵי יִשְׂרָאֵל
ז וְשָׂרֵי הָאֲלָפִים וְהַמֵּאוֹת וּלְשָׂרֵי מְלֶאכֶת הַמֶּלֶךְ׃ וַיִּתְּנוּ
לַעֲבוֹדַת בֵּית־הָאֱלֹהִים זָהָב כִּכָּרִים חֲמֵשֶׁת־אֲלָפִים וַאֲדַרְכֹנִים
רִבּוֹ וְכֶסֶף כִּכָּרִים עֲשֶׂרֶת אֲלָפִים וּנְחֹשֶׁת רִבּוֹ וּשְׁמוֹנַת
ח אֲלָפִים כִּכָּרִים וּבַרְזֶל מֵאָה־אֶלֶף כִּכָּרִים׃ וְהַנִּמְצָא אִתּוֹ
אֲבָנִים נָתְנוּ לְאוֹצַר בֵּית־יְהוָה עַל יַד־יְחִיאֵל הַגֵּרְשֻׁנִּי׃
ט וַיִּשְׂמְחוּ הָעָם עַל־הִתְנַדְּבָם כִּי בְּלֵב שָׁלֵם הִתְנַדְּבוּ לַיהוָה
י וְגַם דָּוִיד הַמֶּלֶךְ שָׂמַח שִׂמְחָה גְדוֹלָה׃ וַיְבָרֶךְ דָּוִיד
אֶת־יְהוָה לְעֵינֵי כָּל־הַקָּהָל וַיֹּאמֶר דָּוִיד בָּרוּךְ אַתָּה יְהוָה
יא אֱלֹהֵי יִשְׂרָאֵל אָבִינוּ מֵעוֹלָם וְעַד־עוֹלָם׃ לְךָ יְהוָה הַגְּדֻלָּה
וְהַגְּבוּרָה וְהַתִּפְאֶרֶת וְהַנֵּצַח וְהַהוֹד כִּי־כֹל בַּשָּׁמַיִם וּבָאָרֶץ
יב לְךָ יְהוָה הַמַּמְלָכָה וְהַמִּתְנַשֵּׂא לְכֹל ׀ לְרֹאשׁ׃ וְהָעֹשֶׁר וְהַכָּבוֹד
מִלְּפָנֶיךָ וְאַתָּה מוֹשֵׁל בַּכֹּל וּבְיָדְךָ כֹּחַ וּגְבוּרָה וּבְיָדְךָ לְגַדֵּל
יג וּלְחַזֵּק לַכֹּל׃ וְעַתָּה אֱלֹהֵינוּ מוֹדִים אֲנַחְנוּ לָךְ וּמְהַלְלִים
יד לְשֵׁם תִּפְאַרְתֶּךָ׃ וְכִי מִי אֲנִי וּמִי עַמִּי כִּי־נַעְצֹר כֹּחַ לְהִתְנַדֵּב
טו כָּזֹאת כִּי־מִמְּךָ הַכֹּל וּמִיָּדְךָ נָתַנּוּ לָךְ׃ כִּי־גֵרִים אֲנַחְנוּ
לְפָנֶיךָ וְתוֹשָׁבִים כְּכָל־אֲבֹתֵינוּ כַּצֵּל ׀ יָמֵינוּ עַל־הָאָרֶץ וְאֵין
טז מִקְוֶה׃ יְהוָה אֱלֹהֵינוּ כֹּל הֶהָמוֹן הַזֶּה אֲשֶׁר הֲכִינֹנוּ לִבְנוֹת־
יז לְךָ בַיִת לְשֵׁם קָדְשֶׁךָ מִיָּדְךָ היא וּלְךָ הַכֹּל׃ וְיָדַעְתִּי אֱלֹהַי הוּא
כִּי אַתָּה בֹּחֵן לֵבָב וּמֵישָׁרִים תִּרְצֶה אֲנִי בְּיֹשֶׁר לְבָבִי הִתְנַדַּבְתִּי
כָל־אֵלֶּה וְעַתָּה עַמְּךָ הַנִּמְצְאוּ־פֹה רָאִיתִי בְשִׂמְחָה לְהִתְנַדֶּב־
יח לָךְ׃ יְהוָה אֱלֹהֵי אַבְרָהָם יִצְחָק וְיִשְׂרָאֵל אֲבֹתֵינוּ שָׁמְרָה־
זֹּאת לְעוֹלָם לְיֵצֶר מַחְשְׁבוֹת לְבַב עַמֶּךָ וְהָכֵן לְבָבָם אֵלֶיךָ׃
יט וְלִשְׁלֹמֹה בְנִי תֵּן לֵבָב שָׁלֵם לִשְׁמוֹר מִצְוֹתֶיךָ עֵדְוֹתֶיךָ וְחֻקֶּיךָ

chosen, is yet young and tender, and the work is great: for
the palace is not for man, but for the LORD GOD. Now I have 2
prepared with all my might for the house of my GOD the gold
for things to be made of gold, and the silver for things of
silver, and the brass for things of brass, the iron for things of
iron, and wood for things of wood; Shoham stones, and stones
to be set, glistering stones, and coloured stones; and all manner
of precious stones, and marble stone in abundance. Moreover, 3
because I have set my affection on the house of my GOD, I have
given of my own private treasure, of gold and silver, to the
house of my GOD, over and above all that I have prepared for
the holy house, three thousand talents of gold, of the gold of 4
Ofir, and seven thousand talents of refined silver, with which
to overlay the walls of the houses: the gold for things of gold, 5
and the silver for things of silver, and for all manner of work
to be made by the hands of artificers. And who then is willing
to consecrate himself this day to the LORD? Then the chief of 6
the fathers' houses and princes of the tribes of Yisra'el, and the
captains of thousands and of hundreds, with the rulers of the
king's work, offered willingly, and gave for the service of the 7
house of GOD five thousand talents and ten thousand darics
of gold, and ten thousand talents of silver, and eighteen thou-
sand talents of brass, and one hundred thousand talents of
iron. And they with whom precious stones were found gave 8
them to the treasure of the house of the LORD, by the hand of
Yeḥi'el the Gershonite. Then the people rejoiced, for having 9
offered willingly, because with a perfect heart they offered
willingly to the LORD: and David the king also rejoiced with
great joy. Wherefore David blessed the LORD before all 10
the congregation: and David said, Blessed be thou, LORD GOD
of Yisra'el our father, forever and ever. Thine, O LORD, is the 11
greatness, and the power, and the glory, and the victory, and
the majesty: for all that is in heaven and on earth is thine;
thine is the kingdom, O LORD, and thou art exalted as head
above all. Both riches and honour come of thee, and thou 12
reignest over all; and in thy hand is power and might; and in
thy hand it is to make great, and to give strength to all.
Now therefore, our GOD, we thank thee, and praise thy glori- 13
ous name. But who am I, and what is my people, that we 14
should be able thus to offer willingly after this sort? for all
things come of thee, and of thy own have we given thee.
For we are strangers before thee, and sojourners, as were all 15
our fathers: our days on the earth are as a shadow, and there
is no abiding. O LORD our GOD, all this store that we have 16
prepared to build thee a house for thy holy name comes of
thy hand, and is all thy own. I know also, my GOD, that thou 17
triest the heart, and hast pleasure in uprightness. As for me,
in the uprightness of my heart I have willingly offered all these
things: and now I have seen thy people, who are present here,
offering joyfully and freely to thee. O LORD GOD of Avraham, 18
Yiẕḥaq and of Yisra'el, our fathers, keep this forever in the
imagination of the thoughts of the heart of thy people, and
direct their hearts to thee: And give to Shelomo my son a per- 19

דברי הימים א כט

כ וְלַעֲשׂוֹת הַכֹּל וְלִבְנוֹת הַבִּירָה אֲשֶׁר־הֲכִינוֹתִי׃ וַיֹּאמֶר
דָּוִיד לְכָל־הַקָּהָל בָּרְכוּ־נָא אֶת־יְהוָה אֱלֹהֵיכֶם וַיְבָרְכוּ כָל־
הַקָּהָל לַיהוָה אֱלֹהֵי אֲבֹתֵיהֶם וַיִּקְּדוּ וַיִּשְׁתַּחֲווּ לַיהוָה וְלַמֶּלֶךְ׃
כא וַיִּזְבְּחוּ לַיהוָה ׀ זְבָחִים וַיַּעֲלוּ עֹלוֹת לַיהוָה לְמָחֳרַת הַיּוֹם
הַהוּא פָּרִים אֶלֶף אֵילִים אֶלֶף כְּבָשִׂים אֶלֶף וְנִסְכֵּיהֶם וּזְבָחִים
כב לָרֹב לְכָל־יִשְׂרָאֵל׃ וַיֹּאכְלוּ וַיִּשְׁתּוּ לִפְנֵי יְהוָה בַּיּוֹם הַהוּא
בְּשִׂמְחָה גְדוֹלָה וַיַּמְלִיכוּ שֵׁנִית לִשְׁלֹמֹה בֶן־דָּוִיד וַיִּמְשְׁחוּ
כג לַיהוָה לְנָגִיד וּלְצָדוֹק לְכֹהֵן׃ וַיֵּשֶׁב שְׁלֹמֹה עַל־כִּסֵּא יְהוָה ׀
לְמֶלֶךְ תַּחַת־דָּוִיד אָבִיו וַיַּצְלַח וַיִּשְׁמְעוּ אֵלָיו כָּל־יִשְׂרָאֵל׃
כד וְכָל־הַשָּׂרִים וְהַגִּבֹּרִים וְגַם כָּל־בְּנֵי הַמֶּלֶךְ דָּוִיד נָתְנוּ יָד תַּחַת
כה שְׁלֹמֹה הַמֶּלֶךְ׃ וַיְגַדֵּל יְהוָה אֶת־שְׁלֹמֹה לְמַעְלָה לְעֵינֵי כָּל־
יִשְׂרָאֵל וַיִּתֵּן עָלָיו הוֹד מַלְכוּת אֲשֶׁר לֹא־הָיָה עַל־כָּל־מֶלֶךְ
כו לְפָנָיו עַל־יִשְׂרָאֵל׃ וְדָוִיד בֶּן־יִשָׁי מָלַךְ עַל־כָּל־יִשְׂרָאֵל׃
כז וְהַיָּמִים אֲשֶׁר מָלַךְ עַל־יִשְׂרָאֵל אַרְבָּעִים שָׁנָה בְּחֶבְרוֹן מָלַךְ
כח שֶׁבַע שָׁנִים וּבִירוּשָׁלִַם מָלַךְ שְׁלֹשִׁים וְשָׁלוֹשׁ׃ וַיָּמָת בְּשֵׂיבָה
טוֹבָה שְׂבַע יָמִים עֹשֶׁר וְכָבוֹד וַיִּמְלֹךְ שְׁלֹמֹה בְנוֹ תַּחְתָּיו׃
כט וְדִבְרֵי דָּוִיד הַמֶּלֶךְ הָרִאשֹׁנִים וְהָאַחֲרֹנִים הִנָּם כְּתוּבִים עַל־
דִּבְרֵי שְׁמוּאֵל הָרֹאֶה וְעַל־דִּבְרֵי נָתָן הַנָּבִיא וְעַל־דִּבְרֵי גָּד
ל הַחֹזֶה׃ עִם כָּל־מַלְכוּתוֹ וּגְבוּרָתוֹ וְהָעִתִּים אֲשֶׁר עָבְרוּ עָלָיו

דברי הימים ב

א א וְעַל־יִשְׂרָאֵל וְעַל כָּל־מַמְלְכוֹת הָאֲרָצוֹת׃ וַיִּתְחַזֵּק
שְׁלֹמֹה בֶן־דָּוִיד עַל־מַלְכוּתוֹ וַיהוָה אֱלֹהָיו עִמּוֹ וַיְגַדְּלֵהוּ
ב לְמָעְלָה׃ וַיֹּאמֶר שְׁלֹמֹה לְכָל־יִשְׂרָאֵל לְשָׂרֵי הָאֲלָפִים וְהַמֵּאוֹת
ג וְלַשֹּׁפְטִים וּלְכֹל נָשִׂיא לְכָל־יִשְׂרָאֵל רָאשֵׁי הָאָבוֹת׃ וַיֵּלְכוּ
שְׁלֹמֹה וְכָל־הַקָּהָל עִמּוֹ לַבָּמָה אֲשֶׁר בְּגִבְעוֹן כִּי־שָׁם הָיָה
אֹהֶל מוֹעֵד הָאֱלֹהִים אֲשֶׁר עָשָׂה מֹשֶׁה עֶבֶד־יְהוָה בַּמִּדְבָּר׃
ד אֲבָל אֲרוֹן הָאֱלֹהִים הֶעֱלָה דָוִיד מִקִּרְיַת יְעָרִים בַּהֵכִין לוֹ
ה דָּוִיד כִּי נָטָה־לוֹ אֹהֶל בִּירוּשָׁלִָם׃ וּמִזְבַּח הַנְּחֹשֶׁת אֲשֶׁר
עָשָׂה בְּצַלְאֵל בֶּן־אוּרִי בֶן־חוּר שָׂם לִפְנֵי מִשְׁכַּן יְהוָה וַיִּדְרְשֵׁהוּ
ו שְׁלֹמֹה וְהַקָּהָל׃ וַיַּעַל שְׁלֹמֹה שָׁם עַל־מִזְבַּח הַנְּחֹשֶׁת לִפְנֵי
ז יְהוָה אֲשֶׁר לְאֹהֶל מוֹעֵד וַיַּעַל עָלָיו עֹלוֹת אָלֶף׃ בַּלַּיְלָה
הַהוּא נִרְאָה אֱלֹהִים לִשְׁלֹמֹה וַיֹּאמֶר לוֹ שְׁאַל מָה אֶתֶּן־לָךְ׃
ח וַיֹּאמֶר שְׁלֹמֹה לֵאלֹהִים אַתָּה עָשִׂיתָ עִם־דָּוִיד אָבִי חֶסֶד
ט גָּדוֹל וְהִמְלַכְתַּנִי תַּחְתָּיו׃ עַתָּה יְהוָה אֱלֹהִים יֵאָמֵן דְּבָרְךָ עִם
י דָּוִיד אָבִי כִּי אַתָּה הִמְלַכְתַּנִי עַל־עַם רַב כַּעֲפַר הָאָרֶץ׃ עַתָּה

fect heart, to keep thy commandments, thy testimonies, and
thy statutes, and to do all these things, and to build the palace,
for which I have made provision. And David said to all 20
the congregation, Now bless the LORD your GOD. And all the
congregation blessed the LORD GOD of their fathers, and bowed
down their heads, and prostrated themselves before the LORD,
and the king. And they sacrificed sacrifices to the LORD, and 21
offered burnt offerings to the LORD, on the morrow after that
day, a thousand bullocks, a thousand rams, a thousand lambs,
with their drink offerings, and sacrifices in abundance for all
Yisra'el: and they did eat and drink before the LORD on that 22
day with great gladness. And they made Shelomo the son of
David king the second time, and anointed him to the LORD
to be the chief governor, and Ẕadoq to be priest. Then Shelomo 23
sat on the throne of the LORD as king instead of David his
father, and prospered; and all Yisra'el obeyed him. And all 24
the princes, and the mighty men, and all the sons likewise
of king David, submitted themselves to Shelomo the king.
And the LORD magnified Shelomo exceedingly in the sight 25
of all Yisra'el, and bestowed upon him such royal majesty
as had not been on any king before him in Yisra'el.
Thus David the son of Yishay reigned over all 26
Yisra'el. And the time that he reigned over Yisra'el was forty 27
years; seven years he reigned in Ḥevron, and thirty three
years he reigned in Yerushalayim. And he died in a good old 28
age, full of days, riches, and honour: and Shelomo his son
reigned in his stead. Now the acts of David the king, first and 29
last, behold, they are written in the book of Shemu'el the seer,
and in the book of Natan the prophet, and in the book of Gad
the seer, with all his reign and his might, and the times that went 30
over him, and over Yisra'el, and over all the kingdoms of the
countries.

CHRONICLES II

And Shelomo the son of David was strengthened 1
in his kingdom, and the LORD his GOD was with him, and magni-
fied him exceedingly. Then Shelomo spoke to all Yisra'el, to the 2
captains of thousands and of hundreds, and to the judges, and to
every governor in all Yisra'el, the heads of the fathers' houses.
So Shelomo, and all the congregation with him, went to the 3
high place that was at Giv'on ; for there was the Tent of Meeting
of GOD, which Moshe the servant of the LORD had made in the
wilderness. But the ark of GOD David had brought up from 4
Qiryat-ye'arim to the place which David had prepared for it :
for he had pitched a tent for it at Yerushalayim. Moreover the 5
brazen altar, that Beẕal'el the son of Uri, the son of Ḥur, had
made, he put before the tabernacle of the LORD : and Shelomo
and the congregation sought to it. And Shelomo went up there 6
to the brazen altar before the LORD, which was at the Tent of
Meeting, and offered a thousand burnt offerings upon it. In 7
that night did GOD appear to Shelomo, and said to him, Ask
what I shall give thee. And Shelomo said to GOD, Thou hast 8
shown great steadfast love to David my father, and hast made
me to reign in his stead. Now, O LORD, let thy promise to David 9
my father be fulfilled : for thou hast made me king over a people
like the dust of the earth in multitude. Give me now wisdom 10

חָכְמָה וּמַדָּע תֶּן־לִי וְאֵצְאָה לִפְנֵי הָעָם־הַזֶּה וְאָבוֹאָה כִּי־מִי
יִשְׁפֹּט אֶת־עַמְּךָ הַזֶּה הַגָּדוֹל:
יא וַיֹּאמֶר אֱלֹהִים ׀ לִשְׁלֹמֹה יַעַן אֲשֶׁר הָיְתָה זֹאת עִם־לְבָבֶךָ וְלֹא
שָׁאַלְתָּ עֹשֶׁר נְכָסִים וְכָבוֹד וְאֵת נֶפֶשׁ שֹׂנְאֶיךָ וְגַם־יָמִים רַבִּים
לֹא שָׁאָלְתָּ וַתִּשְׁאַל־לְךָ חָכְמָה וּמַדָּע אֲשֶׁר תִּשְׁפּוֹט אֶת־עַמִּי
יב אֲשֶׁר הִמְלַכְתִּיךָ עָלָיו: הַחָכְמָה וְהַמַּדָּע נָתוּן לָךְ וְעֹשֶׁר
וּנְכָסִים וְכָבוֹד אֶתֶּן־לָךְ אֲשֶׁר ׀ לֹא־הָיָה כֵן לַמְּלָכִים אֲשֶׁר
יג לְפָנֶיךָ וְאַחֲרֶיךָ לֹא יִהְיֶה־כֵּן: וַיָּבֹא שְׁלֹמֹה לַבָּמָה אֲשֶׁר־בְּגִבְעוֹן
יד יְרוּשָׁלִַם מִלִּפְנֵי אֹהֶל מוֹעֵד וַיִּמְלֹךְ עַל־יִשְׂרָאֵל: וַיֶּאֱסֹף
שְׁלֹמֹה רֶכֶב וּפָרָשִׁים וַיְהִי־לוֹ אֶלֶף וְאַרְבַּע־מֵאוֹת רֶכֶב וּשְׁנֵים־
עָשָׂר אֶלֶף פָּרָשִׁים וַיַּנִּיחֵם בְּעָרֵי הָרֶכֶב וְעִם־הַמֶּלֶךְ בִּירוּשָׁלִָם:
טו וַיִּתֵּן הַמֶּלֶךְ אֶת־הַכֶּסֶף וְאֶת־הַזָּהָב בִּירוּשָׁלִַם כָּאֲבָנִים וְאֵת־
טז הָאֲרָזִים נָתַן כַּשִּׁקְמִים אֲשֶׁר־בַּשְּׁפֵלָה לָרֹב: וּמוֹצָא הַסּוּסִים
אֲשֶׁר לִשְׁלֹמֹה מִמִּצְרָיִם וּמִקְוֵא סֹחֲרֵי הַמֶּלֶךְ מִקְוֵא יִקְחוּ
יז בִּמְחִיר: וַיַּעֲלוּ וַיּוֹצִיאוּ מִמִּצְרַיִם מֶרְכָּבָה בְּשֵׁשׁ מֵאוֹת כֶּסֶף
וְסוּס בַּחֲמִשִּׁים וּמֵאָה וְכֵן לְכָל־מַלְכֵי הַחִתִּים וּמַלְכֵי אֲרָם
יח בְּיָדָם יוֹצִיאוּ: וַיֹּאמֶר שְׁלֹמֹה לִבְנוֹת בַּיִת לְשֵׁם יְהוָה וּבַיִת
ב א לְמַלְכוּתוֹ: וַיִּסְפֹּר שְׁלֹמֹה שִׁבְעִים אֶלֶף אִישׁ סַבָּל וּשְׁמוֹנִים
אֶלֶף אִישׁ חֹצֵב בָּהָר וּמְנַצְּחִים עֲלֵיהֶם שְׁלֹשֶׁת אֲלָפִים וְשֵׁשׁ
מֵאוֹת:
ב וַיִּשְׁלַח שְׁלֹמֹה אֶל־חוּרָם מֶלֶךְ־צֹר לֵאמֹר כַּאֲשֶׁר עָשִׂיתָ עִם־
ג דָּוִיד אָבִי וַתִּשְׁלַח־לוֹ אֲרָזִים לִבְנוֹת־לוֹ בַיִת לָשֶׁבֶת בּוֹ: הִנֵּה יב
אֲנִי בוֹנֶה־בַּיִת לְשֵׁם ׀ יְהוָה אֱלֹהָי לְהַקְדִּישׁ לוֹ לְהַקְטִיר לְפָנָיו
קְטֹרֶת־סַמִּים וּמַעֲרֶכֶת תָּמִיד וְעֹלוֹת לַבֹּקֶר וְלָעֶרֶב לַשַּׁבָּתוֹת
וְלֶחֳדָשִׁים וּלְמוֹעֲדֵי יְהוָה אֱלֹהֵינוּ לְעוֹלָם זֹאת עַל־יִשְׂרָאֵל:
ד וְהַבַּיִת אֲשֶׁר־אֲנִי בוֹנֶה גָּדוֹל כִּי־גָדוֹל אֱלֹהֵינוּ מִכָּל־הָאֱלֹהִים:
ה וּמִי יַעֲצָר־כֹּחַ לִבְנוֹת־לוֹ בַיִת כִּי הַשָּׁמַיִם וּשְׁמֵי הַשָּׁמַיִם לֹא
יְכַלְכְּלֻהוּ וּמִי אֲנִי אֲשֶׁר אֶבְנֶה־לּוֹ בַיִת כִּי אִם־לְהַקְטִיר לְפָנָיו:
ו וְעַתָּה שְׁלַח־לִי אִישׁ־חָכָם לַעֲשׂוֹת בַּזָּהָב וּבַכֶּסֶף וּבַנְּחֹשֶׁת
וּבַבַּרְזֶל וּבָאַרְגְּוָן וְכַרְמִיל וּתְכֵלֶת וְיֹדֵעַ לְפַתֵּחַ פִּתּוּחִים עִם־
הַחֲכָמִים אֲשֶׁר עִמִּי בִּיהוּדָה וּבִירוּשָׁלִַם אֲשֶׁר הֵכִין דָּוִיד אָבִי:
ז וּשְׁלַח־לִי עֲצֵי אֲרָזִים בְּרוֹשִׁים וְאַלְגּוּמִּים מֵהַלְּבָנוֹן כִּי אֲנִי
יָדַעְתִּי אֲשֶׁר עֲבָדֶיךָ יוֹדְעִים לִכְרוֹת עֲצֵי לְבָנוֹן וְהִנֵּה עֲבָדַי
ח עִם־עֲבָדֶיךָ: וּלְהָכִין לִי עֵצִים לָרֹב כִּי הַבַּיִת אֲשֶׁר־אֲנִי בוֹנֶה
ט גָּדוֹל וְהַפְלֵא: וְהִנֵּה לַחֹטְבִים לְכֹרְתֵי הָעֵצִים נָתַתִּי חִטִּים ׀

and knowledge, that I may go out and come in before this people : for who can judge thy people that is so great ? And GOD said to Shelomo, because this was in thy heart, and 11 thou hast not asked riches, wealth, or honour, nor the life of thy enemies, nor even hast thou asked long life ; but hast asked wisdom and knowledge for thyself, that thou mayst judge my people, over whom I have made thee king : wisdom and knowl- 12 edge are granted to thee ; and I will give thee riches, and wealth, and honour, such as none of the kings who have been before thee have had, nor shall any after thee have the like. Then 13 Shelomo came to the high place that was at Giv'on to Yeru-shalayim, from before the Tent of Meeting, and reigned over Yisra'el.   And Shelomo gathered chariots and horsemen : 14 and he had one thousand four hundred chariots, and twelve thousand horsemen, whom he placed in the chariot cities, and with the king at Yerushalayim. And the king made silver and 15 gold to be in Yerushalayim as common as stones, and cedar trees he made as common as the sycamore trees that are in the lowland for abundance. And the horses that Shelomo had were 16 exported from Miẓrayim ; and from Qeve the merchants of the king would collect them, from Qeve, at a set price. And they 17 fetched up, and brought forth out of Miẓrayim a chariot for six hundred shekels of silver, and a horse for a hundred and fifty : and so they brought horses for all the kings of the Ḥittim, and for the kings of Aram, by their means. And Shelomo determined 18 to build a house for the name of the LORD, and a royal house for himself. And Shelomo counted seventy thousand men to **2** carry burdens, and eighty thousand to hew in the mountain, and three thousand six hundred to oversee them.

And Shelomo sent to Ḥuram the king of Ẓor, saying, As thou 2 didst deal with David my father, and didst send him cedars to build him a house to dwell in, even so deal with me. Behold, I 3 build a house to the name of the LORD my GOD, to dedicate it to him, and to burn before him sweet incense, and for the continual showbread, and for the burnt offerings morning and evening, on the sabbaths, and on the new moons, and on the appointed seasons of the LORD our GOD. This is an ordinance for ever to Yisra'el. And the house which I build is great : for 4 great is our GOD above all gods. But who is able to build him a 5 house, seeing the heaven and the heaven of heavens cannot contain him ? who am I then, that I should build him a house, except as a place to burn incense before him ? Send me now 6 therefore a man skilled for work in gold, and in silver, and in brass, and in iron, and in purple, and crimson, and blue, and who has skill to engrave with the skilful men that are with me in Yehuda and in Yerushalayim, whom David my father did provide. Send me also cedar trees, cypress trees, and algum 7 trees, out of the Levanon : for I know that thy servants know how to cut timber in the Levanon ; and, behold, my servants shall be with thy servants, to prepare me timber in abundance : 8 for the house which I am about to build shall be great and wonderful. And, behold, I will give to thy servants, the hewers 9 who cut timber, twenty thousand measures of beaten wheat,

מַכּוֹת לַעֲבָדֶיךָ כֹּרִים עֶשְׂרִים אֶלֶף וּשְׂעֹרִים כֹּרִים עֶשְׂרִים אָלֶף
וְיַיִן בַּתִּים עֶשְׂרִים אֶלֶף וְשֶׁמֶן בַּתִּים עֶשְׂרִים אָלֶף׃
י וַיֹּאמֶר חוּרָם מֶלֶךְ־צֹר בִּכְתָב וַיִּשְׁלַח אֶל־שְׁלֹמֹה בְּאַהֲבַת
יא יהוה אֶת־עַמּוֹ נְתָנְךָ עֲלֵיהֶם מֶלֶךְ׃ וַיֹּאמֶר חוּרָם בָּרוּךְ יהוה
אֱלֹהֵי יִשְׂרָאֵל אֲשֶׁר עָשָׂה אֶת־הַשָּׁמַיִם וְאֶת־הָאָרֶץ אֲשֶׁר
נָתַן לְדָוִיד הַמֶּלֶךְ בֵּן חָכָם יוֹדֵעַ שֵׂכֶל וּבִינָה אֲשֶׁר יִבְנֶה־בַּיִת
יב ליהוה וּבַיִת לְמַלְכוּתוֹ׃ וְעַתָּה שָׁלַחְתִּי אִישׁ־חָכָם יוֹדֵעַ בִּינָה
יג לְחוּרָם אָבִי׃ בֶּן־אִשָּׁה מִן־בְּנוֹת דָּן וְאָבִיו אִישׁ־צֹרִי יוֹדֵעַ
לַעֲשׂוֹת בַּזָּהָב־וּבַכֶּסֶף בַּנְּחֹשֶׁת בַּבַּרְזֶל בָּאֲבָנִים וּבָעֵצִים
בָּאַרְגָּמָן בַּתְּכֵלֶת וּבַבּוּץ וּבַכַּרְמִיל וּלְפַתֵּחַ כָּל־פִּתּוּחַ וְלַחְשֹׁב
כָּל־מַחֲשָׁבֶת אֲשֶׁר יִנָּתֶן־לוֹ עִם־חֲכָמֶיךָ וְחַכְמֵי אֲדֹנִי דָּוִיד
יד אָבִיךָ׃ וְעַתָּה הַחִטִּים וְהַשְּׂעֹרִים הַשֶּׁמֶן וְהַיַּיִן אֲשֶׁר־אָמַר
טו אֲדֹנִי יִשְׁלַח לַעֲבָדָיו׃ וַאֲנַחְנוּ נִכְרֹת עֵצִים מִן־הַלְּבָנוֹן כְּכָל־
צָרְכֶּךָ וּנְבִיאֵם לְךָ רַפְסֹדוֹת עַל־יָם יָפוֹ וְאַתָּה תַּעֲלֶה אֹתָם
טז יְרוּשָׁלִָם׃ וַיִּסְפֹּר שְׁלֹמֹה כָּל־הָאֲנָשִׁים הַגֵּירִים אֲשֶׁר
בְּאֶרֶץ יִשְׂרָאֵל אַחֲרֵי הַסְּפָר אֲשֶׁר סְפָרָם דָּוִיד אָבִיו וַיִּמָּצְאוּ
יז מֵאָה וַחֲמִשִּׁים אֶלֶף וּשְׁלֹשֶׁת אֲלָפִים וְשֵׁשׁ מֵאוֹת׃ וַיַּעַשׂ מֵהֶם
שִׁבְעִים אֶלֶף סַבָּל וּשְׁמֹנִים אֶלֶף חֹצֵב בָּהָר וּשְׁלֹשֶׁת אֲלָפִים
ג א וְשֵׁשׁ מֵאוֹת מְנַצְּחִים לְהַעֲבִיד אֶת־הָעָם׃ וַיָּחֶל שְׁלֹמֹה לִבְנוֹת
אֶת־בֵּית־יהוה בִּירוּשָׁלִַם בְּהַר הַמּוֹרִיָּה אֲשֶׁר נִרְאָה לְדָוִיד
ב אָבִיהוּ אֲשֶׁר הֵכִין בִּמְקוֹם דָּוִיד בְּגֹרֶן אָרְנָן הַיְבוּסִי׃ וַיָּחֶל
ג לִבְנוֹת בַּחֹדֶשׁ הַשֵּׁנִי בַּשֵּׁנִי בִּשְׁנַת אַרְבַּע לְמַלְכוּתוֹ׃ וְאֵלֶּה
הוּסַד שְׁלֹמֹה לִבְנוֹת אֶת־בֵּית הָאֱלֹהִים הָאֹרֶךְ אַמּוֹת בַּמִּדָּה
ד הָרִאשׁוֹנָה אַמּוֹת שִׁשִּׁים וְרֹחַב אַמּוֹת עֶשְׂרִים׃ וְהָאוּלָם אֲשֶׁר
עַל־פְּנֵי הָאֹרֶךְ עַל־פְּנֵי רֹחַב־הַבַּיִת אַמּוֹת עֶשְׂרִים וְהַגֹּבַהּ
ה מֵאָה וְעֶשְׂרִים וַיְצַפֵּהוּ מִפְּנִימָה זָהָב טָהוֹר׃ וְאֵת ׀ הַבַּיִת
הַגָּדוֹל חִפָּה עֵץ בְּרוֹשִׁים וַיְחַפֵּהוּ זָהָב טוֹב וַיַּעַל עָלָיו תִּמֹרִים
ו וְשַׁרְשְׁרוֹת׃ וַיְצַף אֶת־הַבַּיִת אֶבֶן יְקָרָה לְתִפְאָרֶת וְהַזָּהָב זְהַב
ז פַּרְוָיִם׃ וַיְחַף אֶת־הַבַּיִת הַקֹּרוֹת הַסִּפִּים וְקִירוֹתָיו וְדַלְתוֹתָיו
ח זָהָב וּפִתַּח כְּרוּבִים עַל־הַקִּירוֹת׃ וַיַּעַשׂ אֶת־בֵּית־
קֹדֶשׁ הַקֳּדָשִׁים אָרְכּוֹ עַל־פְּנֵי רֹחַב־הַבַּיִת אַמּוֹת עֶשְׂרִים
וְרָחְבּוֹ אַמּוֹת עֶשְׂרִים וַיְחַפֵּהוּ זָהָב טוֹב לְכִכָּרִים שֵׁשׁ מֵאוֹת׃
ט וּמִשְׁקָל לְמִסְמְרוֹת לִשְׁקָלִים חֲמִשִּׁים זָהָב וְהָעֲלִיּוֹת חִפָּה
י זָהָב׃ וַיַּעַשׂ בְּבֵית־קֹדֶשׁ הַקֳּדָשִׁים כְּרוּבִים שְׁנַיִם
יא מַעֲשֵׂה צַעֲצֻעִים וַיְצַפּוּ אֹתָם זָהָב׃ וְכַנְפֵי הַכְּרוּבִים אָרְכָּם
אַמּוֹת עֶשְׂרִים כְּנַף הָאֶחָד לְאַמּוֹת חָמֵשׁ מַגַּעַת לְקִיר הַבַּיִת

and twenty thousand measures of barley, and twenty thousand
bats of wine, and twenty thousand bats of oil.
Then H̱uram the king of Ẕor answered in a writing, which he 10
sent to Shelomo, Seeing that the LORD has loved his people, he
has made thee king over them. And H̱uram said, Blessed is the 11
LORD GOD of Yisra'el, who made heaven and earth, who has
given to David the king a wise son, endued with prudence and
understanding, who might build a house for the LORD, and a
royal house for himself. And now I have sent a skilful man, 12
endued with understanding, H̱uram-avi, the son of a woman of 13
the daughters of Dan, and his father was a man of Ẕor, skilful
to work in gold, and in silver, in brass, in iron, in stone, and
in timber, in purple, in blue, and in fine linen, and in crimson;
also to engrave any manner of engraving, and to work all kinds
of artistic work; to do whatever shall be put to him, with thy
skilful men, and with the skilful men of my lord David thy
father. Now therefore the wheat, and the barley, the oil, and the 14
wine, which my lord has spoken of, let him send to his servants:
and we will cut wood out of the Levanon, as much as thou shalt 15
need: and we will bring it to thee on rafts by sea to Yafo; and
thou shalt carry it up to Yerushalayim. And Shelomo 16
numbered all the strangers who were in the land of Yisra'el,
after the numbering wherewith David his father had numbered
them; and they were found to be a hundred and fifty three
thousand six hundred. And he set seventy thousand of them to 17
be bearers of burdens, and eighty thousand to be hewers in the
mountain, and three thousand six hundred overseers to set the
the people to work. Then Shelomo began to build the house of **3**
the LORD at Yerushalayim in mount Moriyya, where the LORD
appeared to David his father, in the place that David had
prepared in the threshing floor of Ornan the Yevusite. And he 2
began to build on the second day of the second month, in the
fourth year of his reign. Now, these are the foundations which 3
Shelomo laid for the building of the house of GOD. The length
by cubits after the ancient measure was sixty cubits, and the
breadth twenty cubits. And the porch that was in the front of 4
the house, the length of it was according to the breadth of the
house, twenty cubits, and the height was a hundred and twenty:
and he overlaid it within with pure gold. And the greater house 5
he covered with cypress wood, which he overlaid with fine gold,
and set on it shapes of palm trees and chains. And he garnished 6
the house with precious stones for beauty: and the gold was
gold of Parvayim. And he overlaid the house, the beams, the 7
posts, and its walls, and its doors, with gold; and engraved
keruvim on the walls. And he made the most holy place, 8
the length of which was according to the breadth of the house,
twenty cubits, and its breadth twenty cubits: and he overlaid
it with fine gold, amounting to six hundred talents. And the 9
weight of the nails was fifty shekels of gold. And he overlaid the
upper chambers with gold. And in the most holy place 10
he made two keruvim of figured work, and overlaid them with
gold. And the wings of the keruvim were twenty cubits long: 11
the wing of the one was five cubits, reaching to the wall of the

וְהַכָּנָף הָאַחֶרֶת אַמּוֹת חָמֵשׁ מַגִּיעַ לִכְנַף הַכְּרוּב הָאַחֵר׃
יב וּכְנַף הַכְּרוּב הָאֶחָד אַמּוֹת חָמֵשׁ מַגִּיעַ לְקִיר הַבָּיִת וְהַכָּנָף
יג הָאַחֶרֶת אַמּוֹת חָמֵשׁ דְּבֵקָה לִכְנַף הַכְּרוּב הָאַחֵר׃ כַּנְפֵי
הַכְּרוּבִים הָאֵלֶּה פֹּרְשִׂים אַמּוֹת עֶשְׂרִים וְהֵם עֹמְדִים עַל־
יד רַגְלֵיהֶם וּפְנֵיהֶם לַבָּיִת׃ וַיַּעַשׂ אֶת־הַפָּרֹכֶת תְּכֵלֶת
טו וְאַרְגָּמָן וְכַרְמִיל וּבוּץ וַיַּעַל עָלָיו כְּרוּבִים׃ וַיַּעַשׂ
לִפְנֵי הַבַּיִת עַמּוּדִים שְׁנַיִם אַמּוֹת שְׁלֹשִׁים וְחָמֵשׁ אֹרֶךְ וְהַצֶּפֶת
טז אֲשֶׁר־עַל־רֹאשׁוֹ אַמּוֹת חָמֵשׁ׃ וַיַּעַשׂ שַׁרְשְׁרוֹת
בַּדְּבִיר וַיִּתֵּן עַל־רֹאשׁ הָעַמֻּדִים וַיַּעַשׂ רִמּוֹנִים מֵאָה וַיִּתֵּן
יז בַּשַּׁרְשְׁרוֹת׃ וַיָּקֶם אֶת־הָעַמּוּדִים עַל־פְּנֵי הַהֵיכָל אֶחָד מִיָּמִין
וְאֶחָד מֵהַשְּׂמֹאול וַיִּקְרָא שֵׁם־הימיני יָכִין וְשֵׁם הַשְּׂמָאלִי [הַיְמָנִי]
ד א בֹּעַז׃ וַיַּעַשׂ מִזְבַּח נְחֹשֶׁת עֶשְׂרִים אַמָּה אָרְכּוֹ וְעֶשְׂרִים
ב אַמָּה רָחְבּוֹ וְעֶשֶׂר אַמּוֹת קוֹמָתוֹ׃ וַיַּעַשׂ אֶת־הַיָּם
מוּצָק עֶשֶׂר בָּאַמָּה מִשְּׂפָתוֹ אֶל־שְׂפָתוֹ עָגוֹל ׀ סָבִיב וְחָמֵשׁ
ג בָּאַמָּה קוֹמָתוֹ וְקָו שְׁלֹשִׁים בָּאַמָּה יָסֹב אֹתוֹ סָבִיב׃ וּדְמוּת
בְּקָרִים תַּחַת לוֹ סָבִיב ׀ סָבִיב סוֹבְבִים אֹתוֹ עֶשֶׂר בָּאַמָּה
מַקִּיפִים אֶת־הַיָּם סָבִיב שְׁנַיִם טוּרִים הַבָּקָר יְצוּקִים בְּמֻצַקְתּוֹ׃
ד עוֹמֵד עַל־שְׁנֵים עָשָׂר בָּקָר שְׁלֹשָׁה פֹנִים ׀ צָפוֹנָה וּשְׁלוֹשָׁה
פֹנִים ׀ יָמָּה וּשְׁלֹשָׁה ׀ פֹּנִים נֶגְבָּה וּשְׁלֹשָׁה פֹּנִים מִזְרָחָה וְהַיָּם
ה עֲלֵיהֶם מִלְמָעְלָה וְכָל־אֲחֹרֵיהֶם בָּיְתָה׃ וְעָבְיוֹ טֶפַח וּשְׂפָתוֹ
כְּמַעֲשֵׂה שְׂפַת־כּוֹס פֶּרַח שׁוֹשַׁנָּה מַחֲזִיק בַּתִּים שְׁלֹשֶׁת אֲלָפִים
ו יָכִיל׃ וַיַּעַשׂ כִּיּוֹרִים עֲשָׂרָה וַיִּתֵּן חֲמִשָּׁה מִיָּמִין
וַחֲמִשָּׁה מִשְּׂמֹאול לְרָחְצָה בָהֶם אֶת־מַעֲשֵׂה הָעוֹלָה יָדִיחוּ
ז בָם וְהַיָּם לְרָחְצָה לַכֹּהֲנִים בּוֹ׃ וַיַּעַשׂ אֶת־מְנֹרוֹת
הַזָּהָב עֶשֶׂר כְּמִשְׁפָּטָם וַיִּתֵּן בַּהֵיכָל חָמֵשׁ מִיָּמִין וְחָמֵשׁ
ח מִשְּׂמֹאול׃ וַיַּעַשׂ שֻׁלְחָנוֹת עֲשָׂרָה וַיַּנַּח בַּהֵיכָל חֲמִשָּׁה
ט מִיָּמִין וַחֲמִשָּׁה מִשְּׂמֹאול וַיַּעַשׂ מִזְרְקֵי זָהָב מֵאָה׃ וַיַּעַשׂ
חֲצַר הַכֹּהֲנִים וְהָעֲזָרָה הַגְּדוֹלָה וּדְלָתוֹת לָעֲזָרָה וְדַלְתוֹתֵיהֶם
י צִפָּה נְחֹשֶׁת׃ וְאֶת־הַיָּם נָתַן מִכֶּתֶף הַיְמָנִית קֵדְמָה מִמּוּל
יא נֶגְבָּה׃ וַיַּעַשׂ חוּרָם אֶת־הַסִּירוֹת וְאֶת־הַיָּעִים וְאֶת־
הַמִּזְרָקוֹת וַיְכַל חירם לַעֲשׂוֹת אֶת־הַמְּלָאכָה אֲשֶׁר עָשָׂה [חוּרָם]
יב לַמֶּלֶךְ שְׁלֹמֹה בְּבֵית הָאֱלֹהִים׃ עַמּוּדִים שְׁנַיִם וְהַגֻּלּוֹת וְהַכֹּתָרוֹת
עַל־רֹאשׁ הָעַמּוּדִים שְׁתָּיִם וְהַשְּׂבָכוֹת שְׁתַּיִם לְכַסּוֹת אֶת־
יג שְׁתֵּי גֻּלּוֹת הַכֹּתָרוֹת אֲשֶׁר עַל־רֹאשׁ הָעַמּוּדִים׃ וְאֶת־הָרִמּוֹנִים
אַרְבַּע מֵאוֹת לִשְׁתֵּי הַשְּׂבָכוֹת שְׁנַיִם טוּרִים רִמּוֹנִים לַשְּׂבָכָה
הָאֶחָת לְכַסּוֹת אֶת־שְׁתֵּי גֻּלּוֹת הַכֹּתָרוֹת אֲשֶׁר עַל־פְּנֵי

house: and the other wing was likewise five cubits, reaching
to the wing of the other keruv. And the wing of the other keruv 12
was five cubits, reaching to the wall of the house: and the
other wing was five cubits also, joining to the wing of the other
keruv. The wings of these keruvim spread themselves out to 13
twenty cubits: and they stood on their feet, and their faces
were inward. And he made the veil of blue, and purple, 14
and crimson, and fine linen, and worked keruvim on it.
Also he made before the house two pillars of thirty five 15
cubits high, and the capital that was on the top of each of them
was five cubits. And he made chains in the inner 16
sanctuary, and put them on the heads of the pillars; and made
a hundred pomegranates, and put them on the chains. And he 17
set up the pillars before the temple, one on the right hand, and
the other on the left; and called the name of that on the right
hand Yakhin, and the name of that on the left Bo'az. And 4
he made an altar of brass, twenty cubits its length, and twenty
cubits its breadth, and ten cubits its height. Also he made 2
a molten sea of ten cubits from brim to brim, round in compass,
and five cubits its height; and a line of thirty cubits did circle
it round about. And under it was the likeness of oxen, which 3
did circle it round about: ten in a cubit, compassing the sea
round about. Two rows of oxen were cast with it, when it was
cast. It stood upon twelve oxen, three looking towards the 4
north, and three looking towards the west, and three look-
ing towards the south, and three looking towards the east:
and the sea was set above upon them, and all their hinder
parts were inward. And the thickness of it was a handbreadth, 5
and the brim of it like the work of the brim of a cup, like
the petals of a lily; and it received and contained three thou-
sand bats. He made also ten lavers, and put five 6
on right hand, and five on the left, to wash in them: such
things as belonged to the burnt offering they washed in them;
but the sea was for the priests to wash in. And he made 7
ten candlesticks of gold according to their prescribed form, and
set them in the temple, five on the right hand, and five on the
left. He made also ten tables, and placed them in the 8
temple, five on the right side, and five on the left. And he made
a hundred basins of gold. And he made the court of the 9
priests, and the great court, and doors for the court, and overlaid
their doors with brass. And he set the sea on the right side of 10
the east end, over against the south. And Ḥuram made 11
the pans, and the shovels, and the basins. And Ḥuram finished
the work that he was to do for king Shelomo for the house of
God; the two pillars, and the two bowls, with the capitals that 12
were on the top of the two pillars, and the two networks to
cover the two bowls of the capitals which were on the top of the
pillars; and four hundred pomegranates on the two wreathen 13
chains; two rows of pomegranates on each wreath, to cover the

יד הָעַמּוּדִים׃ וְאֶת־הַמְּכֹנוֹת עָשָׂה וְאֶת־הַכִּיֹּרוֹת עָשָׂה עַל־
טו הַמְּכֹנוֹת׃ אֶת־הַיָּם אֶחָד וְאֶת־הַבָּקָר שְׁנֵים־עָשָׂר תַּחְתָּיו׃
טז וְאֶת־הַסִּירוֹת וְאֶת־הַיָּעִים וְאֶת־הַמִּזְלָגוֹת וְאֶת־כָּל־כְּלֵיהֶם
עָשָׂה חוּרָם אָבִיו לַמֶּלֶךְ שְׁלֹמֹה לְבֵית יְהוָה נְחֹשֶׁת מָרוּק׃
יז בְּכִכַּר הַיַּרְדֵּן יְצָקָם הַמֶּלֶךְ בַּעֲבִי הָאֲדָמָה בֵּין סֻכּוֹת וּבֵין
יח צְרֵדָתָה׃ וַיַּעַשׂ שְׁלֹמֹה כָּל־הַכֵּלִים הָאֵלֶּה לָרֹב מְאֹד כִּי
יט לֹא נֶחְקַר מִשְׁקַל הַנְּחֹשֶׁת׃ וַיַּעַשׂ שְׁלֹמֹה אֵת כָּל־
הַכֵּלִים אֲשֶׁר בֵּית הָאֱלֹהִים וְאֵת מִזְבַּח הַזָּהָב וְאֶת־הַשֻּׁלְחָנוֹת
כ וַעֲלֵיהֶם לֶחֶם הַפָּנִים׃ וְאֶת־הַמְּנֹרוֹת וְנֵרֹתֵיהֶם לְבַעֲרָם
כא כַּמִּשְׁפָּט לִפְנֵי הַדְּבִיר זָהָב סָגוּר׃ וְהַפֶּרַח וְהַנֵּרוֹת וְהַמֶּלְקָחַיִם
כב זָהָב הוּא מִכְלוֹת זָהָב׃ וְהַמְזַמְּרוֹת וְהַמִּזְרָקוֹת וְהַכַּפּוֹת
וְהַמַּחְתּוֹת זָהָב סָגוּר וּפֶתַח הַבַּיִת דַּלְתוֹתָיו הַפְּנִימִיּוֹת לְקֹדֶשׁ
הַקֳּדָשִׁים וְדַלְתֵי הַבַּיִת לַהֵיכָל זָהָב׃
ה א וַתִּשְׁלַם כָּל־הַמְּלָאכָה אֲשֶׁר־עָשָׂה שְׁלֹמֹה לְבֵית יְהוָה וַיָּבֵא
שְׁלֹמֹה אֶת־קָדְשֵׁי ׀ דָּוִיד אָבִיו וְאֶת־הַכֶּסֶף וְאֶת־הַזָּהָב וְאֶת־
ב כָּל־הַכֵּלִים נָתַן בְּאֹצְרוֹת בֵּית הָאֱלֹהִים׃ אָז יַקְהֵיל
שְׁלֹמֹה אֶת־זִקְנֵי יִשְׂרָאֵל וְאֶת־כָּל־רָאשֵׁי הַמַּטּוֹת נְשִׂיאֵי
הָאָבוֹת לִבְנֵי יִשְׂרָאֵל אֶל־יְרוּשָׁלִָם לְהַעֲלוֹת אֶת־אֲרוֹן בְּרִית־
ג יְהוָה מֵעִיר דָּוִיד הִיא צִיּוֹן׃ וַיִּקָּהֲלוּ אֶל־הַמֶּלֶךְ כָּל־אִישׁ
ד יִשְׂרָאֵל בֶּחָג הוּא הַחֹדֶשׁ הַשְּׁבִעִי׃ וַיָּבֹאוּ כֹּל זִקְנֵי יִשְׂרָאֵל
ה וַיִּשְׂאוּ הַלְוִיִּם אֶת־הָאָרוֹן׃ וַיַּעֲלוּ אֶת־הָאָרוֹן וְאֶת־אֹהֶל מוֹעֵד
וְאֶת־כָּל־כְּלֵי הַקֹּדֶשׁ אֲשֶׁר בָּאֹהֶל הֶעֱלוּ אֹתָם הַכֹּהֲנִים
ו הַלְוִיִּם׃ וְהַמֶּלֶךְ שְׁלֹמֹה וְכָל־עֲדַת יִשְׂרָאֵל הַנּוֹעָדִים עָלָיו
לִפְנֵי הָאָרוֹן מְזַבְּחִים צֹאן וּבָקָר אֲשֶׁר לֹא־יִסָּפְרוּ וְלֹא
ז יִמָּנוּ מֵרֹב׃ וַיָּבִיאוּ הַכֹּהֲנִים אֶת־אֲרוֹן בְּרִית־יְהוָה אֶל־
מְקוֹמוֹ אֶל־דְּבִיר הַבַּיִת אֶל־קֹדֶשׁ הַקֳּדָשִׁים אֶל־תַּחַת כַּנְפֵי
ח הַכְּרוּבִים׃ וַיִּהְיוּ הַכְּרוּבִים פֹּרְשִׂים כְּנָפַיִם עַל־מְקוֹם הָאָרוֹן
ט וַיְכַסּוּ הַכְּרוּבִים עַל־הָאָרוֹן וְעַל־בַּדָּיו מִלְמָעְלָה׃ וַיַּאֲרִיכוּ
הַבַּדִּים וַיֵּרָאוּ רָאשֵׁי הַבַּדִּים מִן־הָאָרוֹן עַל־פְּנֵי הַדְּבִיר וְלֹא
י יֵרָאוּ הַחוּצָה וַיְהִי־שָׁם עַד הַיּוֹם הַזֶּה׃ אֵין בָּאָרוֹן רַק שְׁנֵי
הַלֻּחוֹת אֲשֶׁר־נָתַן מֹשֶׁה בְּחֹרֵב אֲשֶׁר כָּרַת יְהוָה עִם־בְּנֵי
יא יִשְׂרָאֵל בְּצֵאתָם מִמִּצְרָיִם׃ וַיְהִי בְּצֵאת הַכֹּהֲנִים מִן־
הַקֹּדֶשׁ כִּי כָּל־הַכֹּהֲנִים הַנִּמְצְאִים הִתְקַדָּשׁוּ אֵין לִשְׁמוֹר
יב לְמַחְלְקוֹת׃ וְהַלְוִיִּם הַמְשֹׁרְרִים לְכֻלָּם לְאָסָף לְהֵימָן לִידֻתוּן
וְלִבְנֵיהֶם וְלַאֲחֵיהֶם מְלֻבָּשִׁים בּוּץ בִּמְצִלְתַּיִם וּבִנְבָלִים
וְכִנֹּרוֹת עֹמְדִים מִזְרָח לַמִּזְבֵּחַ וְעִמָּהֶם כֹּהֲנִים לְמֵאָה וְעֶשְׂרִים

two bowls of the capitals which were upon the pillars. He made 14
also bases, and he made lavers upon the bases ; one sea, and 15
twelve oxen under it. The pans also, and the shovels, and the 16
forks, and all their instruments, did Ḥuram his father make for
king Shelomo for the house of the LORD of burnished brass. In the 17
plain of the Yarden did the king cast them, in the clay ground
between Sukkot and Ẓeredata. Thus Shelomo made all these 18
vessels in great abundance : for the weight of the brass was not
found out.   And Shelomo made all the vessels that belonged 19
to the house of GOD, the golden altar also, and the tables upon
which the showbread was set ; and the candlesticks with their 20
lamps, that they should burn after the prescribed form before
the inner sanctuary of pure gold; and the flowers, and the lamps, 21
and the tongs, of gold, and that perfect gold; and the snuffers, 22
and the bowls, and the spoons, and the firepans, of pure gold:
and the entry of the house, its inner doors for the most holy
place, and the doors of the outer house, namely the temple, were
of gold.

Thus all the work that Shelomo did for the house of the LORD was 5
finished: and Shelomo brought in all the things that David his
father had dedicated; and the silver, and the gold, and all the
vessels he put in the treasures of the house of GOD.   Then 2
Shelomo assembled the elders of Yisra'el, and all the heads of the
tribes, the heads of the fathers' houses of the children of Yisra'el,
to Yerushalayim, to bring up the ark of the covenant of the LORD
out of the city of David, which is Ẓiyyon. So all the men of 3
Yisra'el assembled themselves to the king on the feast, namely,
that of the seventh month. And all the elders of Yisra'el came; 4
and the Levites took up the ark. And they brought up the ark, and 5
the Tent of Meeting, and all the holy vessels that were in the tent,
these did the priests and the Levites bring up. And king Shelomo, 6
and all the congregation of Yisra'el who were assembled to him
before the ark, sacrificed sheep and oxen, which could not be
counted or numbered for multitude. And the priests brought in 7
the ark of the covenant of the LORD to its place, to the inner sanc-
tuary of the house, to the most holy place, under the wings of
the keruvim: for the keruvim spread out their wings over the 8
place of the ark, and the keruvim covered the ark and its poles
from above. And they drew out the poles of the ark, so that the 9
ends of the poles were visible from the ark before the sanctuary;
but they were not seen outside. And there it is to this day. There 10
was nothing in the ark except the two tablets which Moshe put
there at Ḥorev, when the LORD made a covenant with the children
of Yisra'el, when they came out of Miẓrayim.   And it came 11
to pass, when the priests were come out of the holy place: (for
all the priests that were present had sanctified themselves, and
did not then keep to their duty watches: also the Levites who 12
were the singers, all of them of Asaf, of Heman, of Yedutun, with
their sons and their brethren, clothed in white linen, having cym-
bals and lutes and lyres, stood at the east end of the altar, and
with them a hundred and twenty priests sounding the trumpets:)

מַחְצְרִים
לְמַחְצְרִים

יג מַחְצְרִים בַּחֲצֹצְרוֹת: וַיְהִי כְאֶחָד לַמְחַצְּרִים וְלַמְשֹׁרֲרִים
לְהַשְׁמִיעַ קוֹל־אֶחָד לְהַלֵּל וּלְהֹדוֹת לַיהוָה וּכְהָרִים קוֹל
בַּחֲצֹצְרוֹת וּבִמְצִלְתַּיִם וּבִכְלֵי הַשִּׁיר וּבְהַלֵּל לַיהוָה כִּי טוֹב

יד כִּי לְעוֹלָם חַסְדּוֹ וְהַבַּיִת מָלֵא עָנָן בֵּית יְהוָה: וְלֹא־יָכְלוּ
הַכֹּהֲנִים לַעֲמוֹד לְשָׁרֵת מִפְּנֵי הֶעָנָן כִּי־מָלֵא כְבוֹד־יְהוָה אֶת־
בֵּית הָאֱלֹהִים:

ו א אָז אָמַר שְׁלֹמֹה יְהוָה אָמַר לִשְׁכּוֹן
ב בָּעֲרָפֶל: וַאֲנִי בָּנִיתִי בֵית־זְבֻל לָךְ וּמָכוֹן לְשִׁבְתְּךָ עוֹלָמִים:
ג וַיַּסֵּב הַמֶּלֶךְ אֶת־פָּנָיו וַיְבָרֶךְ אֵת כָּל־קְהַל יִשְׂרָאֵל וְכָל־קְהַל
ד יִשְׂרָאֵל עוֹמֵד: וַיֹּאמֶר בָּרוּךְ יְהוָה אֱלֹהֵי יִשְׂרָאֵל אֲשֶׁר דִּבֶּר
ה בְּפִיו אֵת דָּוִיד אָבִי וּבְיָדָיו מִלֵּא לֵאמֹר: מִן־הַיּוֹם אֲשֶׁר
הוֹצֵאתִי אֶת־עַמִּי מֵאֶרֶץ מִצְרַיִם לֹא־בָחַרְתִּי בְעִיר מִכֹּל
שִׁבְטֵי יִשְׂרָאֵל לִבְנוֹת בַּיִת לִהְיוֹת שְׁמִי שָׁם וְלֹא־בָחַרְתִּי
ו בְאִישׁ לִהְיוֹת נָגִיד עַל־עַמִּי יִשְׂרָאֵל: וָאֶבְחַר בִּירוּשָׁלַ͏ִם לִהְיוֹת
ז שְׁמִי שָׁם וָאֶבְחַר בְּדָוִיד לִהְיוֹת עַל־עַמִּי יִשְׂרָאֵל: וַיְהִי עִם־
ח לְבַב דָּוִיד אָבִי לִבְנוֹת בַּיִת לְשֵׁם יְהוָה אֱלֹהֵי יִשְׂרָאֵל: וַיֹּאמֶר
יְהוָה אֶל־דָּוִיד אָבִי יַעַן אֲשֶׁר הָיָה עִם־לְבָבְךָ לִבְנוֹת בַּיִת
ט לִשְׁמִי הֱטִיבוֹתָ כִּי הָיָה עִם־לְבָבֶךָ: רַק אַתָּה לֹא תִבְנֶה
י הַבָּיִת כִּי בִנְךָ הַיּוֹצֵא מֵחֲלָצֶיךָ הוּא־יִבְנֶה הַבַּיִת לִשְׁמִי: וַיָּקֶם
יְהוָה אֶת־דְּבָרוֹ אֲשֶׁר דִּבֵּר וָאָקוּם תַּחַת דָּוִיד אָבִי וָאֵשֵׁב ׀
עַל־כִּסֵּא יִשְׂרָאֵל כַּאֲשֶׁר דִּבֶּר יְהוָה וָאֶבְנֶה הַבַּיִת לְשֵׁם יְהוָה
יא אֱלֹהֵי יִשְׂרָאֵל: וָאָשִׂים שָׁם אֶת־הָאָרוֹן אֲשֶׁר שָׁם בְּרִית יְהוָה
יב אֲשֶׁר כָּרַת עִם־בְּנֵי יִשְׂרָאֵל: וַיַּעֲמֹד לִפְנֵי מִזְבַּח יְהוָה נֶגֶד
יג כָּל־קְהַל יִשְׂרָאֵל וַיִּפְרֹשׂ כַּפָּיו: כִּי־עָשָׂה שְׁלֹמֹה כִּיּוֹר נְחֹשֶׁת
וַיִּתְּנֵהוּ בְּתוֹךְ הָעֲזָרָה חָמֵשׁ אַמּוֹת אָרְכּוֹ וְחָמֵשׁ אַמּוֹת רָחְבּוֹ
וְאַמּוֹת שָׁלוֹשׁ קוֹמָתוֹ וַיַּעֲמֹד עָלָיו וַיִּבְרַךְ עַל־בִּרְכָּיו נֶגֶד כָּל־
יד קְהַל יִשְׂרָאֵל וַיִּפְרֹשׂ כַּפָּיו הַשָּׁמָיְמָה: וַיֹּאמַר יְהוָה אֱלֹהֵי
יִשְׂרָאֵל אֵין־כָּמוֹךָ אֱלֹהִים בַּשָּׁמַיִם וּבָאָרֶץ שֹׁמֵר הַבְּרִית
טו וְהַחֶסֶד לַעֲבָדֶיךָ הַהֹלְכִים לְפָנֶיךָ בְּכָל־לִבָּם: אֲשֶׁר שָׁמַרְתָּ
לְעַבְדְּךָ דָּוִיד אָבִי אֵת אֲשֶׁר־דִּבַּרְתָּ לוֹ וַתְּדַבֵּר בְּפִיךָ וּבְיָדְךָ
טז מִלֵּאתָ כַּיּוֹם הַזֶּה: וְעַתָּה יְהוָה ׀ אֱלֹהֵי יִשְׂרָאֵל שְׁמֹר לְעַבְדְּךָ
דָוִיד אָבִי אֵת אֲשֶׁר דִּבַּרְתָּ לוֹ לֵאמֹר לֹא־יִכָּרֵת לְךָ אִישׁ
מִלְּפָנַי יוֹשֵׁב עַל־כִּסֵּא יִשְׂרָאֵל רַק אִם־יִשְׁמְרוּ בָנֶיךָ אֶת־
יז דַּרְכָּם לָלֶכֶת בְּתוֹרָתִי כַּאֲשֶׁר הָלַכְתָּ לְפָנָי: וְעַתָּה יְהוָה אֱלֹהֵי
יח יִשְׂרָאֵל יֵאָמֵן דְּבָרְךָ אֲשֶׁר דִּבַּרְתָּ לְעַבְדְּךָ לְדָוִיד: כִּי הַאֻמְנָם
יֵשֵׁב אֱלֹהִים אֶת־הָאָדָם עַל־הָאָרֶץ הִנֵּה שָׁמַיִם וּשְׁמֵי הַשָּׁמַיִם
יט לֹא יְכַלְכְּלוּךָ אַף כִּי־הַבַּיִת הַזֶּה אֲשֶׁר בָּנִיתִי: וּפָנִיתָ אֶל־

and it came to pass when all at once the trumpeters and the 13
singers sounded a note in unison, in praise and thanksgiving
to the LORD; and when they lifted up their voice with the
trumpets and cymbals and instruments of music, and praised
the LORD, saying, For he is good; for his steadfast love endures
for ever: that then the house, the house of the LORD, was
filled with a cloud; so that the priests could not stand to 14
minister by reason of the cloud: for the glory of the LORD
had filled the house of GOD.   Then said Shelomo, 6
The LORD has said that he would dwell in the thick darkness.
But I have built a house of habitation for thee, and a place for 2
thee to dwell in for ever. And the king turned his face, and blessed 3
the whole congregation of Yisra'el: (and all the congregation of
Yisra'el stood :) and he said, Blessed is the LORD GOD of Yisra'el, 4
who has with his hands fulfilled that which he spoke with his
mouth to my father David, saying, Since the day that I brought 5
my people out of the land of Miẓrayim I chose no city among all
the tribes of Yisra'el to build a house in, that my name might be
there ; nor did I choose any man to be a ruler over my people
Yisra'el: but I have chosen Yerushalayim, that my name might 6
be there ; and have chosen David to be over my people Yisra'el.
Now it was in the heart of David my father to build a house for 7
the name of the LORD GOD of Yisra'el. But the LORD said to David 8
my father, Since it was in thy heart to build a house for my
name, thou didst well in that it was in thy heart: Yet thou shalt 9
not build the house; but thy son who shall come out of thy loins,
he shall build the house for my name. The LORD has performed 10
his word which he has spoken: for I am risen up in the place of
David my father, and I sit on the throne of Yisra'el, as the LORD
promised, and I have built the house for the name of the LORD
GOD of Yisra'el. And in it I have put the ark, in which is the 11
covenant of the LORD, that he made with the children of Yisra'el.
And he stood before the altar of the LORD in the presence of all 12
the congregation of Yisra'el, and spread out his hands: for 13
Shelomo had made a bronze scaffold, five cubits long, and five
cubits broad, and three cubits high, and had set it in the midst
of the court: and upon it he stood, and kneeled down upon his
knees before all the congregation of Yisra'el, and spread out his
hands towards heaven, and said, O LORD GOD of Yisra'el, there 14
is no GOD like thee in the heaven, or on the earth ; who keepest
covenant and troth with thy servants, who walk before thee
with all their hearts: thou who hast kept with thy servant David 15
my father that which thou hast promised him; and hast spoken
with thy mouth, and hast fulfilled it with thy hand, as it is this
day. Now therefore, O LORD God of Yisra'el, keep with thy ser- 16
vant David my father that which thou didst promise him, saying,
There shall never fail thee a man before me to sit upon the throne
of Yisra'el; if only thy sons take heed to their way to walk in my
Tora, as thou hast walked before me. Now then, O LORD GOD 17
of Yisra'el, let thy word be verified, which thou hast spoken to
thy servant David. But will GOD indeed dwell with mankind on 18
earth? behold, heaven and the heaven of heavens cannot contain
thee; how much less this house which I have built! Have consider- 19

תְּפִלַּת עַבְדְּךָ וְאֶל־תְּחִנָּתוֹ יְהוָה אֱלֹהָי לִשְׁמֹעַ אֶל־הָרִנָּה
כ וְאֶל־הַתְּפִלָּה אֲשֶׁר עַבְדְּךָ מִתְפַּלֵּל לְפָנֶיךָ׃ לִהְיוֹת עֵינֶיךָ
פְתֻחוֹת אֶל־הַבַּיִת הַזֶּה יוֹמָם וָלַיְלָה אֶל־הַמָּקוֹם אֲשֶׁר
אָמַרְתָּ לָשׂוּם שִׁמְךָ שָׁם לִשְׁמוֹעַ אֶל־הַתְּפִלָּה אֲשֶׁר יִתְפַּלֵּל
כא עַבְדְּךָ אֶל־הַמָּקוֹם הַזֶּה׃ וְשָׁמַעְתָּ אֶל־תַּחֲנוּנֵי עַבְדְּךָ וְעַמְּךָ
יִשְׂרָאֵל אֲשֶׁר יִתְפַּלְלוּ אֶל־הַמָּקוֹם הַזֶּה וְאַתָּה תִּשְׁמַע
כב מִמְּקוֹם שִׁבְתְּךָ מִן־הַשָּׁמַיִם וְשָׁמַעְתָּ וְסָלָחְתָּ׃ אִם־יֶחֱטָא
אִישׁ לְרֵעֵהוּ וְנָשָׁא־בוֹ אָלָה לְהַאֲלֹתוֹ וּבָא אָלָה לִפְנֵי מִזְבַּחֲךָ
כג בַּבַּיִת הַזֶּה׃ וְאַתָּה ׀ תִּשְׁמַע מִן־הַשָּׁמַיִם וְעָשִׂיתָ וְשָׁפַטְתָּ
אֶת־עֲבָדֶיךָ לְהָשִׁיב לְרָשָׁע לָתֵת דַּרְכּוֹ בְּרֹאשׁוֹ וּלְהַצְדִּיק
כד צַדִּיק לָתֶת לוֹ כְּצִדְקָתוֹ׃ וְאִם־יִנָּגֵף עַמְּךָ יִשְׂרָאֵל
לִפְנֵי אוֹיֵב כִּי יֶחֶטְאוּ־לָךְ וְשָׁבוּ וְהוֹדוּ אֶת־שְׁמֶךָ וְהִתְפַּלְלוּ
כה וְהִתְחַנְּנוּ לְפָנֶיךָ בַּבַּיִת הַזֶּה׃ וְאַתָּה תִּשְׁמַע מִן־הַשָּׁמַיִם
וְסָלַחְתָּ לְחַטַּאת עַמְּךָ יִשְׂרָאֵל וַהֲשֵׁיבוֹתָם אֶל־הָאֲדָמָה
כו אֲשֶׁר־נָתַתָּה לָהֶם וְלַאֲבֹתֵיהֶם׃ בְּהֵעָצֵר הַשָּׁמַיִם
וְלֹא־יִהְיֶה מָטָר כִּי יֶחֶטְאוּ־לָךְ וְהִתְפַּלְלוּ אֶל־הַמָּקוֹם הַזֶּה
כז וְהוֹדוּ אֶת־שִׁמְךָ מֵחַטָּאתָם יְשׁוּבוּן כִּי תַעֲנֵם׃ וְאַתָּה ׀ תִּשְׁמַע
הַשָּׁמַיִם וְסָלַחְתָּ לְחַטַּאת עֲבָדֶיךָ וְעַמְּךָ יִשְׂרָאֵל כִּי תוֹרֵם
אֶל־הַדֶּרֶךְ הַטּוֹבָה אֲשֶׁר יֵלְכוּ־בָהּ וְנָתַתָּה מָטָר עַל־אַרְצְךָ
כח אֲשֶׁר־נָתַתָּה לְעַמְּךָ לְנַחֲלָה׃ רָעָב כִּי־יִהְיֶה בָאָרֶץ
דֶּבֶר כִּי־יִהְיֶה שִׁדָּפוֹן וְיֵרָקוֹן אַרְבֶּה וְחָסִיל כִּי יִהְיֶה כִּי יָצַר־
כט לוֹ אֹיְבָיו בְּאֶרֶץ שְׁעָרָיו כָּל־נֶגַע וְכָל־מַחֲלָה׃ כָּל־תְּפִלָּה
כָל־תְּחִנָּה אֲשֶׁר יִהְיֶה לְכָל־הָאָדָם וּלְכֹל עַמְּךָ יִשְׂרָאֵל אֲשֶׁר
ל יֵדְעוּ אִישׁ נִגְעוֹ וּמַכְאֹבוֹ וּפָרַשׂ כַּפָּיו אֶל־הַבַּיִת הַזֶּה׃ וְאַתָּה
תִּשְׁמַע מִן־הַשָּׁמַיִם מְכוֹן שִׁבְתֶּךָ וְסָלַחְתָּ וְנָתַתָּה לָאִישׁ כְּכָל־
דְּרָכָיו אֲשֶׁר תֵּדַע אֶת־לְבָבוֹ כִּי־אַתָּה לְבַדְּךָ יָדַעְתָּ אֶת־
לא לְבַב בְּנֵי הָאָדָם׃ לְמַעַן יִירָאוּךָ לָלֶכֶת בִּדְרָכֶיךָ כָּל־
הַיָּמִים אֲשֶׁר־הֵם חַיִּים עַל־פְּנֵי הָאֲדָמָה אֲשֶׁר נָתַתָּה
לב לַאֲבֹתֵינוּ׃ וְגַם אֶל־הַנָּכְרִי אֲשֶׁר לֹא־מֵעַמְּךָ יִשְׂרָאֵל
הוּא וּבָא ׀ מֵאֶרֶץ רְחוֹקָה לְמַעַן שִׁמְךָ הַגָּדוֹל וְיָדְךָ הַחֲזָקָה
לג וּזְרוֹעֲךָ הַנְּטוּיָה וּבָאוּ וְהִתְפַּלְלוּ אֶל־הַבַּיִת הַזֶּה׃ וְאַתָּה תִּשְׁמַע
מִן־הַשָּׁמַיִם מִמְּכוֹן שִׁבְתֶּךָ וְעָשִׂיתָ כְּכֹל אֲשֶׁר־יִקְרָא אֵלֶיךָ
הַנָּכְרִי לְמַעַן יֵדְעוּ כָל־עַמֵּי הָאָרֶץ אֶת־שְׁמֶךָ וּלְיִרְאָה אֹתְךָ
כְּעַמְּךָ יִשְׂרָאֵל וְלָדַעַת כִּי־שִׁמְךָ נִקְרָא עַל־הַבַּיִת הַזֶּה אֲשֶׁר
לד בָּנִיתִי׃ כִּי־יֵצֵא עַמְּךָ לַמִּלְחָמָה עַל־אוֹיְבָיו בַּדֶּרֶךְ
אֲשֶׁר תִּשְׁלָחֵם וְהִתְפַּלְלוּ אֵלֶיךָ דֶּרֶךְ הָעִיר הַזֹּאת אֲשֶׁר

ation therefore to the prayer of thy servant, and to his supplica-
tion, O Lord my God, to hearken to the cry and the prayer which
thy servant prays before thee: that thy eyes may be open upon 20
this house day and night, upon the place of which thou hast said
that thou wouldst put thy name there; to hearken to the prayer
which thy servant prays towards this place. Hearken therefore 21
to the supplications of thy servant, and of thy people Yisra'el,
which they shall make towards this place: hear from thy dwell-
ing place, from heaven; and when thou hearest, forgive. If a man 22
sin against his neighbour, and an oath be laid upon him to make
him swear, and the oath come before thy altar in this house; then 23
hear from heaven, and do, and judge thy servants, by requiting
the wicked, by recompensing his way upon his own head ; and
by justifying the righteous, by rewarding him according to his
righteousness. And if thy people Yisra'el be smitten before 24
the enemy, because they have sinned against thee; and they
return and confess thy name, and pray and make supplication
before thee in this house; then hear from the heavens, and forgive 25
the sin of thy people Yisra'el, and bring them back to the land
which thou didst give to them and to their fathers. When 26
the heaven is shut up, and there is no rain, because they have
sinned against thee; if they pray toward this place, and confess
thy name, and turn from their sin, when thou dost afflict them ;
then hear from heaven, and forgive the sin of thy servants, and 27
thy people Yisra'el, that thou teach them the good way, in which
they should walk; and send rain upon thy land, which thou hast
given to thy people for an inheritance. If there should be 28
dearth in the land, if there should be pestilence, if there should
be blight, or mildew, locust, or caterpillar; if their enemies
besiege them in the cities of their land ; whatever sore or what-
ever sickness there be: then whatever prayer or whatever 29
supplication shall be made by any man, or by all thy people
Yisra'el, (for everyone shall know his own trouble and his own
grief,) and he spread out his hands towards this house: then 30
hear from heaven thy dwelling place, and forgive, and render to
every man, whose heart thou knowst, according to all his ways,
(for thou alone knowst the hearts of the children of men :) that 31
they may fear thee, to walk in thy ways, so long as they live on
the land which thou didst give to our fathers. Likewise 32
concerning the stranger who is not of thy people Yisra'el, but is
come from a far country for thy great name's sake, and thy
mighty hand, and thy outstretched arm; if they come and pray
in this house; then hear from the heavens, from thy dwelling 33
place, and do according to all for which the stranger calls to
thee; that all peoples of the earth may know thy name, and fear
thee, as do thy people Yisra'el, and may know that this house
which I have built is called by thy name. If thy people go 34
out to war against their enemies by the way that thou shalt send
them, and they pray to thee towards this city which thou hast

לה בָּחַרְתָּ בָּהּ וְהַבַּיִת אֲשֶׁר־בָּנִיתִי לִשְׁמֶךָ׃ וְשָׁמַעְתָּ מִן־הַשָּׁמַיִם
לו אֶת־תְּפִלָּתָם וְאֶת־תְּחִנָּתָם וְעָשִׂיתָ מִשְׁפָּטָם׃ כִּי יֶחֶטְאוּ־לָךְ
כִּי אֵין אָדָם אֲשֶׁר לֹא־יֶחֱטָא וְאָנַפְתָּ בָם וּנְתַתָּם לִפְנֵי אוֹיֵב
לז וְשָׁבוּם שׁוֹבֵיהֶם אֶל־אֶרֶץ רְחוֹקָה אוֹ קְרוֹבָה׃ וְהֵשִׁיבוּ אֶל־
לְבָבָם בָּאֶרֶץ אֲשֶׁר נִשְׁבּוּ־שָׁם וְשָׁבוּ ׀ וְהִתְחַנְּנוּ אֵלֶיךָ בְּאֶרֶץ
לח שִׁבְיָם לֵאמֹר חָטָאנוּ הֶעֱוִינוּ וְרָשָׁעְנוּ׃ וְשָׁבוּ אֵלֶיךָ בְּכָל־לִבָּם
וּבְכָל־נַפְשָׁם בְּאֶרֶץ שִׁבְיָם אֲשֶׁר־שָׁבוּ אֹתָם וְהִתְפַּלְלוּ דֶּרֶךְ
אַרְצָם אֲשֶׁר נָתַתָּה לַאֲבוֹתָם וְהָעִיר אֲשֶׁר בָּחַרְתָּ וְלַבַּיִת
לט אֲשֶׁר־בָּנִיתִי לִשְׁמֶךָ׃ וְשָׁמַעְתָּ מִן־הַשָּׁמַיִם מִמְּכוֹן שִׁבְתְּךָ
אֶת־תְּפִלָּתָם וְאֶת־תְּחִנֹּתֵיהֶם וְעָשִׂיתָ מִשְׁפָּטָם וְסָלַחְתָּ לְעַמְּךָ
מ אֲשֶׁר חָטְאוּ־לָךְ׃ עַתָּה אֱלֹהַי יִהְיוּ־נָא עֵינֶיךָ פְּתֻחוֹת וְאָזְנֶיךָ
מא קַשֻּׁבוֹת לִתְפִלַּת הַמָּקוֹם הַזֶּה׃ וְעַתָּה קוּמָה יְהוָה
אֱלֹהִים לְנוּחֶךָ אַתָּה וַאֲרוֹן עֻזֶּךָ כֹּהֲנֶיךָ יְהוָה אֱלֹהִים יִלְבְּשׁוּ
מב תְשׁוּעָה וַחֲסִידֶיךָ יִשְׂמְחוּ בַטּוֹב׃ יְהוָה אֱלֹהִים אַל־תָּשֵׁב
ז א פְּנֵי מְשִׁיחֶיךָ זָכְרָה לְחַסְדֵי דָּוִיד עַבְדֶּךָ׃ וּכְכַלּוֹת
שְׁלֹמֹה לְהִתְפַּלֵּל וְהָאֵשׁ יָרְדָה מֵהַשָּׁמַיִם וַתֹּאכַל הָעֹלָה
ב וְהַזְּבָחִים וּכְבוֹד יְהוָה מָלֵא אֶת־הַבָּיִת׃ וְלֹא יָכְלוּ הַכֹּהֲנִים
לָבוֹא אֶל־בֵּית יְהוָה כִּי־מָלֵא כְבוֹד־יְהוָה אֶת־בֵּית יְהוָה׃
ג וְכֹל ׀ בְּנֵי יִשְׂרָאֵל רֹאִים בְּרֶדֶת הָאֵשׁ וּכְבוֹד יְהוָה עַל־הַבָּיִת
וַיִּכְרְעוּ אַפַּיִם אַרְצָה עַל־הָרִצְפָה וַיִּשְׁתַּחֲווּ וְהוֹדוֹת לַיהוָה
ד כִּי טוֹב כִּי לְעוֹלָם חַסְדּוֹ׃ וְהַמֶּלֶךְ וְכָל־הָעָם זֹבְחִים זֶבַח
ה לִפְנֵי יְהוָה׃ וַיִּזְבַּח הַמֶּלֶךְ שְׁלֹמֹה אֶת־זֶבַח הַבָּקָר
עֶשְׂרִים וּשְׁנַיִם אֶלֶף וְצֹאן מֵאָה וְעֶשְׂרִים אָלֶף וַיַּחְנְכוּ אֶת־
ו בֵּית הָאֱלֹהִים הַמֶּלֶךְ וְכָל־הָעָם׃ וְהַכֹּהֲנִים עַל־מִשְׁמְרוֹתָם
עֹמְדִים וְהַלְוִיִּם בִּכְלֵי־שִׁיר יְהוָה אֲשֶׁר עָשָׂה דָּוִיד הַמֶּלֶךְ
לְהֹדוֹת לַיהוָה כִּי־לְעוֹלָם חַסְדּוֹ בְּהַלֵּל דָּוִיד בְּיָדָם וְהַכֹּהֲנִים
ז מחצצרים נֶגְדָּם וְכָל־יִשְׂרָאֵל עֹמְדִים׃ וַיְקַדֵּשׁ שְׁלֹמֹה מַחְצְרִים
אֶת־תּוֹךְ הֶחָצֵר אֲשֶׁר לִפְנֵי בֵית־יְהוָה כִּי־עָשָׂה שָׁם הָעֹלוֹת
וְאֵת חֶלְבֵי הַשְּׁלָמִים כִּי־מִזְבַּח הַנְּחֹשֶׁת אֲשֶׁר־עָשָׂה שְׁלֹמֹה
לֹא יָכוֹל לְהָכִיל אֶת־הָעֹלָה וְאֶת־הַמִּנְחָה וְאֶת־הַחֲלָבִים׃
ח וַיַּעַשׂ שְׁלֹמֹה אֶת־הֶחָג בָּעֵת הַהִיא שִׁבְעַת יָמִים וְכָל־יִשְׂרָאֵל
ט עִמּוֹ קָהָל גָּדוֹל מְאֹד מִלְּבוֹא חֲמָת עַד־נַחַל מִצְרָיִם׃ וַיַּעֲשׂוּ
בַּיּוֹם הַשְּׁמִינִי עֲצָרֶת כִּי ׀ חֲנֻכַּת הַמִּזְבֵּחַ עָשׂוּ שִׁבְעַת יָמִים
י וְהֶחָג שִׁבְעַת יָמִים׃ וּבְיוֹם עֶשְׂרִים וּשְׁלֹשָׁה לַחֹדֶשׁ הַשְּׁבִיעִי
שִׁלַּח אֶת־הָעָם לְאָהֳלֵיהֶם שְׂמֵחִים וְטוֹבֵי לֵב עַל־הַטּוֹבָה

chosen, and the house which I have built for thy name; then 35
hear from the heavens their prayer and their supplication, and
maintain their cause. If they sin against thee, (for there is no 36
man who does not sin) and thou art angry with them, and deliver
them over to the enemy, and they carry them away captives
to a land far off or near; yet if they take thought in the land 37
where they are carried captive, and turn and pray to thee in
the land of their captivity, saying, We have sinned, we have done
amiss, and have dealt wickedly; if they return to thee with all 38
their heart and with all their soul in the land of their captivity,
where they have been carried away captives, and pray towards
their land, which thou didst give to their fathers, and towards
the city which thou hast chosen, and towards the house which
I have built for thy name : then hear from the heavens, from thy 39
dwelling place, their prayer and their supplications, and maintain
their cause, and forgive thy people who have sinned against thee.
Now, my GOD, let thy eyes, I pray thee, be open, and thy ears 40
attentive to the prayer that is made in this place.   Now 41
therefore arise, O LORD GOD, into thy resting place, thou, and
the ark of thy strength : let thy priests, O LORD GOD, be clothed
with victory, and let thy pious ones rejoice in goodness. O LORD 42
GOD, do not turn away the face of thy anointed : remember the
faithful love of David thy servant.   Now when Shelomo **7**
had made an end of praying, the fire came down from heaven,
and consumed the burnt offering and the sacrifices; and the glory
of the LORD filled the house. And the priests could not enter into 2
the house of the LORD, because the glory of the LORD had
filled the LORD's house. And when all the children of Yisra'el 3
saw how the fire came down, and the glory of the LORD upon the
house, they bowed themselves with their faces to the ground
upon the pavement, and prostrated themselves, and praised
the LORD, saying, For he is good ; for his steadfast love endures
for ever. Then the king and all the people offered sacrifices 4
before the LORD.   And king Shelomo offered as a sacrifice 5
twenty two thousand oxen, and a hundred and twenty thousand
sheep: so the king and all the people consecrated the house of
GOD. And the priests stood at their posts : the Levites also with 6
the instruments of music of the LORD, which David the king
had made to praise the LORD, because his steadfast love
endures for ever ; with the praises of David in their hands ;
and the priests sounded trumpets before them, and all Yisra'el
stood.   Moreover Shelomo hallowed the middle of the 7
court that was before the house of the LORD : for there he offered
burnt offerings, and the fat of the peace offerings, because the
brazen altar which Shelomo had made was not able to contain
the burnt offerings, and the meal offerings, and the fat. Also 8
at that time Shelomo kept the feast for seven days, and all
Yisra'el with him, a very great congregation, from the entrance
of Ḥamat to the wadi of Miẓrayim. And on the eighth day they 9
made a solemn assembly: for they kept the consecration of the
altar for seven days, and the feast for seven days. And on 10
the twenty third day of the seventh month he sent the people
away to their tents, glad and merry in heart for the bounty

יד אֲשֶׁר עָשָׂה יְהֹוָה לְדָוִיד וְלִשְׁלֹמֹה וּלְיִשְׂרָאֵל עַמּוֹ: וַיְכַל

יא שְׁלֹמֹה אֶת־בֵּית יְהֹוָה וְאֶת־בֵּית הַמֶּלֶךְ וְאֵת כָּל־הַבָּא עַל־לֵב

שְׁלֹמֹה לַעֲשׂוֹת בְּבֵית־יְהֹוָה וּבְבֵיתוֹ הִצְלִיחַ: וַיֵּרָא

יב יְהֹוָה אֶל־שְׁלֹמֹה בַּלָּיְלָה וַיֹּאמֶר לוֹ שָׁמַעְתִּי אֶת־תְּפִלָּתֶךָ

וּבָחַרְתִּי בַּמָּקוֹם הַזֶּה לִי לְבֵית זָבַח: הֵן אֶעֱצֹר הַשָּׁמַיִם וְלֹא־

יג יִהְיֶה מָטָר וְהֵן־אֲצַוֶּה עַל־חָגָב לֶאֱכוֹל הָאָרֶץ וְאִם־אֲשַׁלַּח

דֶּבֶר בְּעַמִּי: וְיִכָּנְעוּ עַמִּי אֲשֶׁר נִקְרָא־שְׁמִי עֲלֵיהֶם וְיִתְפַּלְלוּ

יד וִיבַקְשׁוּ פָנַי וְיָשֻׁבוּ מִדַּרְכֵיהֶם הָרָעִים וַאֲנִי אֶשְׁמַע מִן־הַשָּׁמַיִם

וְאֶסְלַח לְחַטָּאתָם וְאֶרְפָּא אֶת־אַרְצָם: עַתָּה עֵינַי יִהְיוּ פְתֻחוֹת

טו וְאָזְנַי קַשֻּׁבוֹת לִתְפִלַּת הַמָּקוֹם הַזֶּה: וְעַתָּה בָּחַרְתִּי וְהִקְדַּשְׁתִּי

טז אֶת־הַבַּיִת הַזֶּה לִהְיוֹת־שְׁמִי שָׁם עַד־עוֹלָם וְהָיוּ עֵינַי וְלִבִּי

שָׁם כָּל־הַיָּמִים: וְאַתָּה אִם־תֵּלֵךְ לְפָנַי כַּאֲשֶׁר הָלַךְ דָּוִיד

יז אָבִיךָ וְלַעֲשׂוֹת כְּכֹל אֲשֶׁר צִוִּיתִיךָ וְחֻקַּי וּמִשְׁפָּטַי תִּשְׁמוֹר:

וַהֲקִימוֹתִי אֵת כִּסֵּא מַלְכוּתֶךָ כַּאֲשֶׁר כָּרַתִּי לְדָוִיד אָבִיךָ לֵאמֹר

יח לֹא־יִכָּרֵת לְךָ אִישׁ מוֹשֵׁל בְּיִשְׂרָאֵל: וְאִם־תְּשׁוּבוּן אַתֶּם

יט וַעֲזַבְתֶּם חֻקּוֹתַי וּמִצְוֹתַי אֲשֶׁר נָתַתִּי לִפְנֵיכֶם וַהֲלַכְתֶּם וַעֲבַדְתֶּם

אֱלֹהִים אֲחֵרִים וְהִשְׁתַּחֲוִיתֶם לָהֶם: וּנְתַשְׁתִּים מֵעַל אַדְמָתִי

כ אֲשֶׁר נָתַתִּי לָהֶם וְאֶת־הַבַּיִת הַזֶּה אֲשֶׁר־הִקְדַּשְׁתִּי לִשְׁמִי

אַשְׁלִיךְ מֵעַל פָּנָי וְאֶתְּנֶנּוּ לְמָשָׁל וְלִשְׁנִינָה בְּכָל־הָעַמִּים:

וְהַבַּיִת הַזֶּה אֲשֶׁר הָיָה עֶלְיוֹן לְכָל־עֹבֵר עָלָיו יִשֹּׁם וְאָמַר

כא בַּמֶּה עָשָׂה יְהֹוָה כָּכָה לָאָרֶץ הַזֹּאת וְלַבַּיִת הַזֶּה: וְאָמְרוּ

כב עַל אֲשֶׁר עָזְבוּ אֶת־יְהֹוָה ׀ אֱלֹהֵי אֲבֹתֵיהֶם אֲשֶׁר הוֹצִיאָם

מֵאֶרֶץ מִצְרַיִם וַיַּחֲזִיקוּ בֵּאלֹהִים אֲחֵרִים וַיִּשְׁתַּחֲווּ לָהֶם

וַיַּעַבְדוּם עַל־כֵּן הֵבִיא עֲלֵיהֶם אֵת כָּל־הָרָעָה הַזֹּאת:

ח וַיְהִי מִקֵּץ ׀ עֶשְׂרִים שָׁנָה אֲשֶׁר בָּנָה שְׁלֹמֹה אֶת־בֵּית יְהֹוָה

א וְאֶת־בֵּיתוֹ: וְהֶעָרִים אֲשֶׁר נָתַן חוּרָם לִשְׁלֹמֹה בָּנָה שְׁלֹמֹה

ב אֹתָם וַיּוֹשֶׁב שָׁם אֶת־בְּנֵי יִשְׂרָאֵל: וַיֵּלֶךְ שְׁלֹמֹה חֲמָת צוֹבָה

ג וַיֶּחֱזַק עָלֶיהָ: וַיִּבֶן אֶת־תַּדְמֹר בַּמִּדְבָּר וְאֵת כָּל־עָרֵי הַמִּסְכְּנוֹת

ד אֲשֶׁר בָּנָה בַּחֲמָת: וַיִּבֶן אֶת־בֵּית חוֹרוֹן הָעֶלְיוֹן וְאֶת־בֵּית

ה חוֹרוֹן הַתַּחְתּוֹן עָרֵי מָצוֹר חוֹמוֹת דְּלָתַיִם וּבְרִיחַ: וְאֶת־בַּעֲלָת

ו וְאֵת כָּל־עָרֵי הַמִּסְכְּנוֹת אֲשֶׁר הָיוּ לִשְׁלֹמֹה וְאֵת כָּל־עָרֵי

הָרֶכֶב וְאֵת עָרֵי הַפָּרָשִׁים וְאֵת ׀ כָּל־חֵשֶׁק שְׁלֹמֹה אֲשֶׁר חָשַׁק

ז לִבְנוֹת בִּירוּשָׁלַ͏ִם וּבַלְּבָנוֹן וּבְכֹל אֶרֶץ מֶמְשַׁלְתּוֹ: כָּל־הָעָם

הַנּוֹתָר מִן־הַחִתִּי וְהָאֱמֹרִי וְהַפְּרִזִּי וְהַחִוִּי וְהַיְבוּסִי אֲשֶׁר לֹא

ח מִיִּשְׂרָאֵל הֵמָּה: מִן־בְּנֵיהֶם אֲשֶׁר נוֹתְרוּ אַחֲרֵיהֶם בָּאָרֶץ אֲשֶׁר

ט לֹא־כִלּוּם בְּנֵי יִשְׂרָאֵל וַיַּעֲלֵם שְׁלֹמֹה לְמַס עַד הַיּוֹם הַזֶּה: וּמִן־

that the Lord had bestowed on David, and to Shelomo, and to
Yisra'el his people. Thus Shelomo finished the house of the   11
Lord, and the king's house: and all that came into Shelomo's
heart to make in the house of the Lord, and in his own house,
he carried out successfully.   And the Lord appeared to   12
Shelomo by night, and said to him, I have heard thy prayer, and
have chosen this place to myself for a house of sacrifice. If I shut 13
up the heaven so that there is no rain, or if I command the grass-
hopper to devour the land, or if I send pestilence among my
people; if my people, who are called by my name, shall humble   14
themselves, and pray, and seek my face, and turn from their
wicked ways; then I will hear from heaven, and I will forgive
their sin, and I will heal their land. Now my eyes shall be open   15
and my ears be attentive to the prayer that is made in this place.
For now I have chosen and sanctified this house, that my name   16
may be there for ever: and my eyes and my heart shall be there
perpetually. And for thee, if thou wilt walk before me, as David   17
thy father walked, and do according to all that I have commanded
thee, and shalt observe my statutes and my judgments; then I   18
will establish the throne of thy kingdom, as I have covenanted
with David thy father, saying, There shall not fail thee a man
to be ruler in Yisra'el. But if you turn away, and forsake my   19
statutes and my commandments, which I have set before you,
and shall go and serve other gods, and worship them: then I   20
will pluck them up from my land which I have given them;
and this house, which I have sanctified for my name, I will
cast out of my sight, and will make it to be a proverb and a
byword among all nations. And this house, which is high, shall   21
be an astonishment to every one who passes by it; so that he shall
say, Why has the Lord done thus to this land, and to this house?
Then they will say, Because they forsook the Lord God of their   22
fathers, who brought them out of the land of Miẓrayim, and
laid hold of other gods, and worshipped them, and served them :
therefore he brought all this evil upon them.

And it came to pass at the end of twenty years, during which   8
Shelomo had built the house of the Lord, and his own house,
that the cities which Ḥuram had given Shelomo, Shelomo built   2
them, and caused the children of Yisra'el to dwell there. And   3
Shelomo went to Ḥamat-ẓova, and prevailed against it. And he   4
built Tadmor in the wilderness, and all the store cities, which he
built in Ḥamat. And he built the upper Bet-ḥoron, and the lower   5
Bet-ḥoron, fortified cities, with walls, gates, and bars ; and Ba'alat 6
and all the store cities that Shelomo had, and all the chariot
cities, and the cities of the horsemen, and all that Shelomo
desired to build in Yerushalayim, and in the Levanon, and
throughout all the land of his dominion. As for all the people   7
who were left of the Ḥitti, and the Emori, and the Perizzi, and
the Ḥivvi, and the Yevusi, who were not of Yisra'el; of their   8
children, who were left after them in the land, whom the
children of Yisra'el did not wipe out, Shelomo raised a levy of
them until this day. But of the children of Yisra'el of whom   9
Shelomo did not make servants for his work, (for they were men

בְּנֵי יִשְׂרָאֵל אֲשֶׁר לֹא־נָתַן שְׁלֹמֹה לַעֲבָדִים לִמְלַאכְתּוֹ כִּי־הֵמָּה
י אַנְשֵׁי מִלְחָמָה וְשָׂרֵי שָׁלִישָׁיו וְשָׂרֵי רִכְבּוֹ וּפָרָשָׁיו׃ וְאֵלֶּה שָׂרֵי
הַנְּצִיבִים אֲשֶׁר־לַמֶּלֶךְ שְׁלֹמֹה חֲמִשִּׁים וּמָאתַיִם הָרֹדִים בָּעָם׃ הַנִּצָּבִים
יא וְאֶת־בַּת־פַּרְעֹה הֶעֱלָה שְׁלֹמֹה מֵעִיר דָּוִיד לַבַּיִת אֲשֶׁר בָּנָה־
לָהּ כִּי אָמַר לֹא־תֵשֵׁב אִשָּׁה לִי בְּבֵית דָּוִיד מֶלֶךְ־יִשְׂרָאֵל כִּי־
קֹדֶשׁ הֵמָּה אֲשֶׁר־בָּאָה אֲלֵיהֶם אֲרוֹן יְהוָה׃
יב אָז הֶעֱלָה שְׁלֹמֹה עֹלוֹת לַיהוָה עַל מִזְבַּח יְהוָה אֲשֶׁר בָּנָה
יג לִפְנֵי הָאוּלָם׃ וּבִדְבַר־יוֹם בְּיוֹם לְהַעֲלוֹת כְּמִצְוַת מֹשֶׁה
לַשַּׁבָּתוֹת וְלֶחֳדָשִׁים וְלַמּוֹעֲדוֹת שָׁלוֹשׁ פְּעָמִים בַּשָּׁנָה בְּחַג
יד הַמַּצּוֹת וּבְחַג הַשָּׁבֻעוֹת וּבְחַג הַסֻּכּוֹת׃ וַיַּעֲמֵד כְּמִשְׁפַּט דָּוִיד־
אָבִיו אֶת־מַחְלְקוֹת הַכֹּהֲנִים עַל־עֲבֹדָתָם וְהַלְוִיִּם עַל־
מִשְׁמְרוֹתָם לְהַלֵּל וּלְשָׁרֵת נֶגֶד הַכֹּהֲנִים לִדְבַר־יוֹם בְּיוֹמוֹ
וְהַשּׁוֹעֲרִים בְּמַחְלְקוֹתָם לְשַׁעַר וָשָׁעַר כִּי כֵן מִצְוַת דָּוִיד אִישׁ־
טו הָאֱלֹהִים׃ וְלֹא סָרוּ מִצְוַת הַמֶּלֶךְ עַל־הַכֹּהֲנִים וְהַלְוִיִּם לְכָל־
טז דָּבָר וְלָאֹצָרוֹת׃ וַתִּכֹּן כָּל־מְלֶאכֶת שְׁלֹמֹה עַד־הַיּוֹם מוּסַד
יז בֵּית־יְהוָה וְעַד־כְּלֹתוֹ שָׁלֵם בֵּית יְהוָה׃ אָז הָלַךְ
שְׁלֹמֹה לְעֶצְיוֹן־גֶּבֶר וְאֶל־אֵילוֹת עַל־שְׂפַת הַיָּם בְּאֶרֶץ אֱדוֹם׃
יח וַיִּשְׁלַח־לוֹ חוּרָם בְּיַד־עֲבָדָיו אוניות וַעֲבָדִים יוֹדְעֵי יָם וַיָּבֹאוּ אֳנִיּוֹת
עִם־עַבְדֵי שְׁלֹמֹה אוֹפִירָה וַיִּקְחוּ מִשָּׁם אַרְבַּע־מֵאוֹת וַחֲמִשִּׁים
ט א כִּכַּר זָהָב וַיָּבִיאוּ אֶל־הַמֶּלֶךְ שְׁלֹמֹה׃ וּמַלְכַּת־שְׁבָא
שָׁמְעָה אֶת־שֵׁמַע שְׁלֹמֹה וַתָּבוֹא לְנַסּוֹת אֶת־שְׁלֹמֹה בְחִידוֹת
בִּירוּשָׁלִַם בְּחַיִל כָּבֵד מְאֹד וּגְמַלִּים נֹשְׂאִים בְּשָׂמִים וְזָהָב
לָרֹב וְאֶבֶן יְקָרָה וַתָּבוֹא אֶל־שְׁלֹמֹה וַתְּדַבֵּר עִמּוֹ אֵת כָּל־
ב אֲשֶׁר הָיָה עִם־לְבָבָהּ׃ וַיַּגֶּד־לָהּ שְׁלֹמֹה אֶת־כָּל־דְּבָרֶיהָ וְלֹא־
ג נֶעְלַם דָּבָר מִשְּׁלֹמֹה אֲשֶׁר לֹא הִגִּיד לָהּ׃ וַתֵּרֶא מַלְכַּת־שְׁבָא
ד אֵת חָכְמַת שְׁלֹמֹה וְהַבַּיִת אֲשֶׁר בָּנָה׃ וּמַאֲכַל שֻׁלְחָנוֹ וּמוֹשַׁב
עֲבָדָיו וּמַעֲמַד מְשָׁרְתָיו וּמַלְבּוּשֵׁיהֶם וּמַשְׁקָיו וּמַלְבּוּשֵׁיהֶם
ה וַעֲלִיָּתוֹ אֲשֶׁר יַעֲלֶה בֵּית יְהוָה וְלֹא־הָיָה עוֹד בָּהּ רוּחַ׃ וַתֹּאמֶר
אֶל־הַמֶּלֶךְ אֱמֶת הַדָּבָר אֲשֶׁר שָׁמַעְתִּי בְּאַרְצִי עַל־דְּבָרֶיךָ
ו וְעַל־חָכְמָתֶךָ׃ וְלֹא־הֶאֱמַנְתִּי לְדִבְרֵיהֶם עַד אֲשֶׁר־בָּאתִי
וַתִּרְאֶינָה עֵינַי וְהִנֵּה לֹא הֻגַּד־לִי חֲצִי מַרְבִּית חָכְמָתֶךָ יָסַפְתָּ
ז עַל־הַשְּׁמוּעָה אֲשֶׁר שָׁמָעְתִּי׃ אַשְׁרֵי אֲנָשֶׁיךָ וְאַשְׁרֵי עֲבָדֶיךָ
ח אֵלֶּה הָעֹמְדִים לְפָנֶיךָ תָּמִיד וְשֹׁמְעִים אֶת־חָכְמָתֶךָ׃ יְהִי יְהוָה
אֱלֹהֶיךָ בָּרוּךְ אֲשֶׁר חָפֵץ בְּךָ לְתִתְּךָ עַל־כִּסְאוֹ לְמֶלֶךְ לַיהוָה

of war, and chiefs of his captains, and captains of his chariots
and horsemen,) even of these were the chiefs of king Shelomo's   10
officers, two hundred and fifty, who bore rule over the people.
And Shelomo brought up the daughter of Par'o out of the city   11
of David to the house that he had built for her: for he said, My
wife shall not dwell in the house of David, king of Yisra'el,
because the places to which the ark of the Lord has come are
holy.

Then Shelomo offered burnt offerings to the Lord, on the altar of   12
the Lord, which he had built before the porch, after a certain   13
rate every day, offering according to the commandment of
Moshe, on the sabbaths, and on the new moons, and on the
appointed seasons, three times in the year, on the feast of
unleavened bread, and on the feast of weeks, and on the
feast of booths. And according to the form prescribed by David   14
his father, he set the divisions of the priests to their service,
and the Levites to their charges, to praise and minister before
the priests, as the duty of every day required : the gatekeepers
also by their divisions at every gate : for so had David the
man of God commanded. And they did not depart from the   15
commandment of the king to the priests and Levites concerning
any matter, or concerning the treasures. So all the work of   16
Shelomo was accomplished from the day of the foundation
of the house of the Lord, until it was finished. So the house
of the Lord was completed.   Then Shelomo went to   17
'Ezyon-gever, and to Elot, at the sea side in the land of Edom.
And Ḥuram sent him by the hands of his servants ships, and   18
servants that had knowledge of the sea ; and they went with
the servants of Shelomo to Ofir, and took from there four
hundred and fifty talents of gold, and brought them to king
Shelomo.   And when the queen of Sheva heard of the   **9**
fame of Shelomo, she came to prove Shelomo with hard ques-
tions at Yerushalayim, with a very great retinue, and camels
that carried spices, and gold in abundance, and precious stones :
and when she was come to Shelomo, she spoke to him of all
that was in her heart. And Shelomo answered her all her   2
questions : and there was nothing hidden from Shelomo which
he did not tell her. And when the queen of Sheva had seen the   3
wisdom of Shelomo, and the house that he had built, and the   4
food at his table, and the sitting of his servants, and the
attendance of his ministers, and their apparel ; his cupbearers
also, and their apparel ; and his ascent by which he went up into
the house of the Lord ; there was no more spirit in her. And   5
she said to the king, It was a true report which I heard in my
own land of thy acts, and of thy wisdom : but I did not believe   6
their words, until I came, and my eyes had seen it : and, behold,
the one half of the greatness of thy wisdom was not told me :
for thou dost exceed the fame that I heard. Happy are thy men,   7
and happy are these thy servants, who stand continually before
thee, and hear thy wisdom. Blessed be the Lord thy God, who   8
delighted in thee to set thee on his throne, to be king for the

אֱלֹהֶיךָ בְּאַהֲבַת אֱלֹהֶיךָ אֶת־יִשְׂרָאֵל לְהַעֲמִידוֹ לְעוֹלָם וַיִּתֶּנְךָ

ט עֲלֵיהֶם לְמֶלֶךְ לַעֲשׂוֹת מִשְׁפָּט וּצְדָקָה: וַתִּתֵּן לַמֶּלֶךְ מֵאָה
וְעֶשְׂרִים ׀ כִּכַּר זָהָב וּבְשָׂמִים לָרֹב מְאֹד וְאֶבֶן יְקָרָה וְלֹא הָיָה

י כַּבֹּשֶׂם הַהוּא אֲשֶׁר נָתְנָה מַלְכַּת־שְׁבָא לַמֶּלֶךְ שְׁלֹמֹה: וְגַם

חוּרָם עַבְדֵי חִירָם וְעַבְדֵי שְׁלֹמֹה אֲשֶׁר־הֵבִיאוּ זָהָב מֵאוֹפִיר הֵבִיאוּ

יא עֲצֵי אַלְגּוּמִּים וְאֶבֶן יְקָרָה: וַיַּעַשׂ הַמֶּלֶךְ אֶת־עֲצֵי הָאַלְגּוּמִּים
מְסִלּוֹת לְבֵית־יְהוָה וּלְבֵית הַמֶּלֶךְ וְכִנֹּרוֹת וּנְבָלִים לַשָּׁרִים וְלֹא־

יב נִרְאוּ כָהֵם לְפָנִים בְּאֶרֶץ יְהוּדָה: וְהַמֶּלֶךְ שְׁלֹמֹה נָתַן לְמַלְכַּת־
שְׁבָא אֶת־כָּל־חֶפְצָהּ אֲשֶׁר שָׁאָלָה מִלְּבַד אֲשֶׁר־הֵבִיאָה אֶל־

יג הַמֶּלֶךְ וַתַּהֲפֹךְ וַתֵּלֶךְ לְאַרְצָהּ הִיא וַעֲבָדֶיהָ:   וַיְהִי מִשְׁקַל
הַזָּהָב אֲשֶׁר־בָּא לִשְׁלֹמֹה בְּשָׁנָה אֶחָת שֵׁשׁ מֵאוֹת וְשִׁשִּׁים

יד וְשֵׁשׁ כִּכְּרֵי זָהָב: לְבַד מֵאַנְשֵׁי הַתָּרִים וְהַסֹּחֲרִים מְבִיאִים
וְכָל־מַלְכֵי עֲרַב וּפַחוֹת הָאָרֶץ מְבִיאִים זָהָב וָכֶסֶף לִשְׁלֹמֹה:

טו וַיַּעַשׂ הַמֶּלֶךְ שְׁלֹמֹה מָאתַיִם צִנָּה זָהָב שָׁחוּט שֵׁשׁ מֵאוֹת זָהָב

טז שָׁחוּט יַעֲלֶה עַל־הַצִּנָּה הָאֶחָת: וּשְׁלֹשׁ־מֵאוֹת מָגִנִּים זָהָב
שָׁחוּט שְׁלֹשׁ מֵאוֹת זָהָב יַעֲלֶה עַל־הַמָּגֵן הָאֶחָת וַיִּתְּנֵם הַמֶּלֶךְ

יז בְּבֵית יַעַר הַלְּבָנוֹן: וַיַּעַשׂ הַמֶּלֶךְ כִּסֵּא־שֵׁן גָּדוֹל

יח וַיְצַפֵּהוּ זָהָב טָהוֹר: וְשֵׁשׁ מַעֲלוֹת לַכִּסֵּא וְכֶבֶשׁ בַּזָּהָב לַכִּסֵּא
מָאֳחָזִים וְיָדוֹת מִזֶּה וּמִזֶּה עַל־מְקוֹם הַשָּׁבֶת וּשְׁנַיִם אֲרָיוֹת

יט עֹמְדִים אֵצֶל הַיָּדוֹת: וּשְׁנֵים עָשָׂר אֲרָיוֹת עֹמְדִים שָׁם עַל־

כ שֵׁשׁ הַמַּעֲלוֹת מִזֶּה וּמִזֶּה לֹא־נַעֲשָׂה כֵן לְכָל־מַמְלָכָה: וְכֹל
כְּלֵי מַשְׁקֵה הַמֶּלֶךְ שְׁלֹמֹה זָהָב וְכֹל כְּלֵי בֵית־יַעַר הַלְּבָנוֹן

כא זָהָב סָגוּר אֵין כֶּסֶף נֶחְשָׁב בִּימֵי שְׁלֹמֹה לִמְאוּמָה: כִּי־אֳנִיּוֹת
לַמֶּלֶךְ הֹלְכוֹת תַּרְשִׁישׁ עִם עַבְדֵי חוּרָם אַחַת לְשָׁלוֹשׁ שָׁנִים
תָּבוֹאנָה ׀ אֳנִיּוֹת תַּרְשִׁישׁ נֹשְׂאוֹת זָהָב וָכֶסֶף שֶׁנְהַבִּים וְקוֹפִים

כב וְתוּכִּיִּים: וַיִּגְדַּל הַמֶּלֶךְ שְׁלֹמֹה מִכֹּל מַלְכֵי הָאָרֶץ לְעֹשֶׁר

כג וְחָכְמָה: וְכֹל מַלְכֵי הָאָרֶץ מְבַקְשִׁים אֶת־פְּנֵי שְׁלֹמֹה לִשְׁמֹעַ

כד אֶת־חָכְמָתוֹ אֲשֶׁר־נָתַן הָאֱלֹהִים בְּלִבּוֹ: וְהֵם מְבִיאִים אִישׁ
מִנְחָתוֹ כְּלֵי כֶסֶף וּכְלֵי זָהָב וּשְׂלָמוֹת נֵשֶׁק וּבְשָׂמִים סוּסִים

כה וּפְרָדִים דְּבַר־שָׁנָה בְּשָׁנָה: וַיְהִי לִשְׁלֹמֹה אַרְבַּעַת
אֲלָפִים אֻרְיוֹת סוּסִים וּמַרְכָּבוֹת וּשְׁנֵים־עָשָׂר אֶלֶף פָּרָשִׁים

כו וַיַּנִּיחֵם בְּעָרֵי הָרֶכֶב וְעִם־הַמֶּלֶךְ בִּירוּשָׁלִָם: וַיְהִי מוֹשֵׁל בְּכָל־
הַמְּלָכִים מִן־הַנָּהָר וְעַד־אֶרֶץ פְּלִשְׁתִּים וְעַד גְּבוּל מִצְרָיִם:

כז וַיִּתֵּן הַמֶּלֶךְ אֶת־הַכֶּסֶף בִּירוּשָׁלִַם כָּאֲבָנִים וְאֵת הָאֲרָזִים נָתַן

כח כַּשִּׁקְמִים אֲשֶׁר־בַּשְּׁפֵלָה לָרֹב: וּמוֹצִיאִים סוּסִים מִמִּצְרַיִם

כט לִשְׁלֹמֹה וּמִכָּל־הָאֲרָצוֹת: וּשְׁאָר דִּבְרֵי שְׁלֹמֹה הָרִאשֹׁנִים

LORD thy GOD : because thy GOD loved Yisra'el, to establish
them for ever, therefore he made thee king over them, to do
judgment and justice. And she gave the king a hundred and 9
twenty talents of gold, and of spices great abundance, and
precious stones : nor was there any such spice as the queen of
Sheva gave king Shelomo. And the servants also of Ḥuram, and 10
the servants of Shelomo, who brought gold from Ofir, brought
algum trees and precious stones. And of the algum trees the 11
king made steps for the house of the LORD, and for the king's
palace, and lyres and lutes for singers : and there were none
such seen before in the land of Yehuda. And king Shelomo gave 12
to the queen of Sheva all that she desired, whatever she asked,
besides that which she had brought to the king. So she turned,
and went away to her own land, she and her servants.

Now the weight of gold that came to Shelomo in one 13
year was six hundred and sixty talents of gold, besides that 14
which the traders and merchants brought. And all the kings of
'Arav and the governors of the country brought gold and silver
to Shelomo. And king Shelomo made two hundred targets of 15
beaten gold : six hundred shekels of beaten gold went to one
target. He made three hundred shields of beaten gold also : 16
three hundred shekels of gold went to one shield. And the king
put them in the house of the forest of the Levanon.   And 17
the king made a great throne of ivory, and overlaid it with
pure gold. And there were six steps to the throne, with a 18
footstool of gold, which were fastened to the throne, and arms
on each side of the place of the seat, and two lions standing
by the arms : and twelve lions stood there on the one side and 19
on the other upon the six steps. There was not the like made
in any kingdom. And all the drinking vessels of king Shelomo 20
were of gold, and all the vessels of the house of the forest of
the Levanon were of pure gold : none were of silver ; it was.
not valued in the least in the days of Shelomo. For the king's 21
ships went to Tarshish with the servants of Ḥuram : once every
three years came the ships of Tarshish bringing gold, and silver,
ivory, and apes, and peacocks. And king Shelomo surpassed all 22
the kings of the earth in riches and wisdom. And all the kings 23
of the earth sought the presence of Shelomo, to hear his wisdom,
that GOD had put in his heart. And they brought every man 24
his present, vessels of silver, and vessels of gold, and garments,
harness, and spices, horses, and mules, a rate year by year.

And Shelomo had four thousand stalls for horses and 25
chariots, and twelve thousand horsemen ; whom he bestowed
in the chariot cities, and with the king at Yerushalayim. And 26
he reigned over all the kings from the river as far as the land
of the Pelishtim, and to the border of Miẓrayim. And the king 27
made silver in Yerushalayim as common as stones, and cedar
trees he made as common as the sycamore trees that are in
the lowland for abundance. And they brought horses to Shelomo 28
out of Miẓrayim and out of all lands. Now the rest of the acts of 29

וְהָאַחֲרוֹנִים הֲלֹא־הֵם כְּתוּבִים עַל־דִּבְרֵי נָתָן הַנָּבִיא וְעַל־
נְבוּאַת אֲחִיָּה הַשִּׁילוֹנִי וּבַחֲזוֹת יֶעְדִּי הַחֹזֶה עַל־יָרָבְעָם בֶּן־נְבָט׃   יֶעְדּוֹ

לא   וַיִּמְלֹךְ שְׁלֹמֹה בִירוּשָׁלַ͏ִם עַל־כָּל־יִשְׂרָאֵל אַרְבָּעִים שָׁנָה׃ וַיִּשְׁכַּב
שְׁלֹמֹה עִם־אֲבֹתָיו וַיִּקְבְּרֻהוּ בְּעִיר דָּוִיד אָבִיו וַיִּמְלֹךְ רְחַבְעָם
בְּנוֹ תַּחְתָּיו׃   וַיֵּלֶךְ רְחַבְעָם שְׁכֶמָה כִּי שְׁכֶם בָּאוּ   א י

כָל־יִשְׂרָאֵל לְהַמְלִיךְ אֹתוֹ׃ וַיְהִי כִּשְׁמֹעַ יָרָבְעָם בֶּן־נְבָט   ב
וְהוּא בְמִצְרַיִם אֲשֶׁר בָּרַח מִפְּנֵי שְׁלֹמֹה הַמֶּלֶךְ וַיָּשָׁב יָרָבְעָם
מִמִּצְרָיִם׃ וַיִּשְׁלְחוּ וַיִּקְרְאוּ־לוֹ וַיָּבֹא יָרָבְעָם וְכָל־יִשְׂרָאֵל   ג
וַיְדַבְּרוּ אֶל־רְחַבְעָם לֵאמֹר׃ אָבִיךָ הִקְשָׁה אֶת־עֻלֵּנוּ וְעַתָּה   ד
הָקֵל מֵעֲבוֹדַת אָבִיךָ הַקָּשָׁה וּמֵעֻלּוֹ הַכָּבֵד אֲשֶׁר־נָתַן עָלֵינוּ
וְנַעַבְדֶךָּ׃ וַיֹּאמֶר אֲלֵהֶם עוֹד שְׁלֹשֶׁת יָמִים וְשׁוּבוּ אֵלָי וַיֵּלֶךְ   ה
הָעָם׃   וַיִּוָּעַץ הַמֶּלֶךְ רְחַבְעָם אֶת־הַזְּקֵנִים אֲשֶׁר־הָיוּ   ו
עֹמְדִים לִפְנֵי שְׁלֹמֹה אָבִיו בִּהְיֹתוֹ חַי לֵאמֹר אֵיךְ אַתֶּם נוֹעָצִים
לְהָשִׁיב לָעָם־הַזֶּה דָּבָר׃ וַיְדַבְּרוּ אֵלָיו לֵאמֹר אִם־תִּהְיֶה   ז
לְטוֹב לְהָעָם הַזֶּה וּרְצִיתָם וְדִבַּרְתָּ אֲלֵהֶם דְּבָרִים טוֹבִים
וְהָיוּ לְךָ עֲבָדִים כָּל־הַיָּמִים׃ וַיַּעֲזֹב אֶת־עֲצַת הַזְּקֵנִים אֲשֶׁר   ח
יְעָצֻהוּ וַיִּוָּעַץ אֶת־הַיְלָדִים אֲשֶׁר גָּדְלוּ אִתּוֹ הָעֹמְדִים לְפָנָיו׃
וַיֹּאמֶר אֲלֵהֶם מָה אַתֶּם נוֹעָצִים וְנָשִׁיב דָּבָר אֶת־הָעָם הַזֶּה   ט
אֲשֶׁר דִּבְּרוּ אֵלַי לֵאמֹר הָקֵל מִן־הָעֹל אֲשֶׁר־נָתַן אָבִיךָ
עָלֵינוּ׃ וַיְדַבְּרוּ אִתּוֹ הַיְלָדִים אֲשֶׁר גָּדְלוּ אִתּוֹ לֵאמֹר כֹּה   י
תֹאמַר לָעָם אֲשֶׁר־דִּבְּרוּ אֵלֶיךָ לֵאמֹר אָבִיךָ הִכְבִּיד אֶת־
עֻלֵּנוּ וְאַתָּה הָקֵל מֵעָלֵינוּ כֹּה תֹּאמַר אֲלֵהֶם קָטָנִּי עָבָה מִמָּתְנֵי
אָבִי׃ וְעַתָּה אָבִי הֶעְמִיס עֲלֵיכֶם עֹל כָּבֵד וַאֲנִי אֹסִיף עַל־עֻלְּכֶם   יא
אָבִי יִסַּר אֶתְכֶם בַּשּׁוֹטִים וַאֲנִי בָּעַקְרַבִּים׃   וַיָּבֹא   יב

יָרָבְעָם וְכָל־הָעָם אֶל־רְחַבְעָם בַּיּוֹם הַשְּׁלִשִׁי כַּאֲשֶׁר דִּבֶּר
הַמֶּלֶךְ לֵאמֹר שׁוּבוּ אֵלַי בַּיּוֹם הַשְּׁלִשִׁי׃ וַיַּעֲנֵם הַמֶּלֶךְ קָשָׁה   יג
וַיַּעֲזֹב הַמֶּלֶךְ רְחַבְעָם אֵת עֲצַת הַזְּקֵנִים׃ וַיְדַבֵּר אֲלֵהֶם כַּעֲצַת   יד
הַיְלָדִים לֵאמֹר אַכְבִּיד אֶת־עֻלְּכֶם וַאֲנִי אֹסִיף עָלָיו אָבִי
יִסַּר אֶתְכֶם בַּשּׁוֹטִים וַאֲנִי בָּעַקְרַבִּים׃ וְלֹא־שָׁמַע הַמֶּלֶךְ אֶל־   טו
הָעָם כִּי־הָיְתָה נְסִבָּה מֵעִם הָאֱלֹהִים לְמַעַן הָקִים יְהוָה אֶת־
דְּבָרוֹ אֲשֶׁר דִּבֶּר בְּיַד אֲחִיָּהוּ הַשִּׁילוֹנִי אֶל־יָרָבְעָם בֶּן־נְבָט׃
וְכָל־יִשְׂרָאֵל כִּי לֹא־שָׁמַע הַמֶּלֶךְ לָהֶם וַיָּשִׁיבוּ הָעָם ׀   טז
אֶת־הַמֶּלֶךְ ׀ לֵאמֹר מַה־לָּנוּ חֵלֶק בְּדָוִיד וְלֹא־נַחֲלָה בְּבֶן־
יִשַׁי אִישׁ לְאֹהָלֶיךָ יִשְׂרָאֵל עַתָּה רְאֵה בֵיתְךָ דָּוִיד וַיֵּלֶךְ
כָל־יִשְׂרָאֵל לְאֹהָלָיו׃   וּבְנֵי יִשְׂרָאֵל הַיֹּשְׁבִים בְּעָרֵי   יז
יְהוּדָה וַיִּמְלֹךְ עֲלֵיהֶם רְחַבְעָם׃ וַיִּשְׁלַח הַמֶּלֶךְ רְחַבְעָם   יח

Shelomo, first and last, are they not written in the book of Natan
the prophet, and in the prophecy of Aḥiyya the Shilonite, and in
the visions of Ye'do the seer against Yarov'am the son of Nevat?
And Shelomo reigned in Yerushalayim over all Yisra'el for forty 30
years. And Shelomo slept with his fathers, and he was buried in 31
the city of David his father: and Reḥav'am his son reigned in his
stead. And Reḥav'am went to Shekhem: for all Yisra'el **10**
came to Shekhem to make him king. And it came to pass, when 2
Yarov'am the son of Nevat, who was in Miẕrayim, where he
had fled from the presence of Shelomo the king, heard it, that
Yarov'am returned out of Miẕrayim. And they sent and called 3
him. So Yarov'am and all Yisra'el came and spoke to Reḥav'am
saying, Thy father made our yoke hard: now therefore ease 4
thou somewhat the grievous servitude of thy father, and his
heavy yoke that he put upon us, and we will serve thee. And 5
he said to them, Come back to me after three days. And the
people departed. And king Reḥav'am took counsel with 6
the old men who had stood before Shelomo his father while he
still lived, saying, What counsel do you give me to return
answer to this people? And they spoke to him, saying, If thou 7
art kind to this people, and please them, and speak good words
to them, they will be thy servants for ever. But he forsook 8
the counsel which the old men gave him, and took counsel with
the young men who were brought up with him, and who stood
before him. And he said to them, What advice do you give that 9
we may return answer to this people, who have spoken to me,
saying, Ease somewhat the yoke that thy father did put upon
us? And the young men who were brought up with him spoke 10
to him, saying, Thus shalt thou answer the people who spoke
to thee, saying, Thy father made our yoke heavy, but make
thou it somewhat lighter for us; thus shalt thou say to them, My
little finger shall be thicker than my father's loins. For whereas 11
my father put a heavy yoke upon you, I will add to your yoke:
my father chastised you with whips, but I will chastise you
with scorpions. So Yarov'am and all the people came to 12
Reḥav'am on the third day, as the king had spoken saying, Come
back to me on the third day. And the king answered them rough- 13
ly; and king Reḥav'am forsook the counsel of the old men, and he 14
answered them after the advice of the young men, saying, My
father made your yoke heavy, but I will add to it: my father
chastised you with whips, but I will chastise you with scorpions.
So the king did not hearken to the people: for it was brought 15
about by God, that the Lord might perform his word, which
he spoke by the hand of Aḥiyyahu the Shilonite to Yarov'am
the son of Nevat. And when all Yisra'el saw that the king would 16
not hearken to them, the people answered the king, saying,
What portion have we in David? and we have no inheritance
in the son of Yishay: every man to your tents, O Yisra'el:
and now, David, look to thy house. So all Yisra'el went to their
tents. But as for the children of Yisra'el who dwelt in 17
the cities of Yehuda, Reḥav'am reigned over them. Then king 18

אֶת־הֲדֹרָ֞ם אֲשֶׁ֣ר עַל־הַמַּ֗ס וַיִּרְגְּמוּ־ב֧וֹ בְנֵי־יִשְׂרָאֵ֛ל אֶ֖בֶן
וַיָּמֹ֑ת וְהַמֶּ֣לֶךְ רְחַבְעָ֗ם הִֽתְאַמֵּץ֙ לַעֲל֣וֹת בַּמֶּרְכָּבָ֔ה לָנ֖וּס
יט יְרוּשָׁלִָֽם׃ וַיִּפְשְׁע֤וּ יִשְׂרָאֵל֙ בְּבֵ֣ית דָּוִ֔יד עַ֖ד הַיּ֥וֹם
יא א הַזֶּֽה׃ וַיָּבֹ֤א רְחַבְעָם֙ יְר֣וּשָׁלִַ֔ם וַיַּקְהֵ֞ל אֶת־בֵּ֤ית יְהוּדָה֙
וּבִנְיָמִ֔ן מֵאָ֨ה וּשְׁמוֹנִ֥ים אֶ֛לֶף בָּח֖וּר עֹשֵׂ֣ה מִלְחָמָ֑ה לְהִלָּחֵם֙
ב עִם־יִשְׂרָאֵ֔ל לְהָשִׁ֥יב אֶת־הַמַּמְלָכָ֖ה לִרְחַבְעָֽם׃ וַֽיְהִי֙
ג דְּבַר־יְהוָ֔ה אֶל־שְׁמַֽעְיָ֥הוּ אִישׁ־הָאֱלֹהִ֖ים לֵאמֹֽר׃ אֱמֹ֕ר אֶל־
רְחַבְעָ֥ם בֶּן־שְׁלֹמֹ֖ה מֶ֣לֶךְ יְהוּדָ֑ה וְאֶל֙ כָּל־יִשְׂרָאֵ֔ל בִּיהוּדָ֥ה
ד וּבִנְיָמִ֖ן לֵאמֹֽר׃ כֹּ֣ה אָמַ֣ר יְהוָ֗ה לֹֽא־תַעֲל֞וּ וְלֹֽא־תִלָּחֲמ֤וּ עִם־
אֲחֵיכֶם֙ שׁ֚וּבוּ אִ֣ישׁ לְבֵית֔וֹ כִּ֥י מֵאִתִּ֖י נִהְיָ֣ה הַדָּבָ֣ר הַזֶּ֑ה וַֽיִּשְׁמְעוּ֙
ה אֶת־דִּבְרֵ֣י יְהוָ֔ה וַיָּשֻׁ֕בוּ מִלֶּ֖כֶת אֶל־יָרָבְעָֽם׃ וַיֵּ֥שֶׁב
ו רְחַבְעָ֖ם בִּירוּשָׁלִָ֑ם וַיִּ֧בֶן עָרִ֛ים לְמָצ֖וֹר בִּיהוּדָֽה׃ וַיִּ֧בֶן אֶת־
ז בֵּֽית־לֶ֛חֶם וְאֶת־עֵיטָ֖ם וְאֶת־תְּקֽוֹעַ׃ וְאֶת־בֵּית־צ֥וּר וְאֶת־
ח ט שׂוֹכ֖וֹ וְאֶת־עֲדֻלָּֽם׃ וְאֶת־גַּ֥ת וְאֶת־מָרֵשָׁ֖ה וְאֶת־זִֽיף׃ וְאֶת־
י אֲדוֹרַ֥יִם וְאֶת־לָכִ֖ישׁ וְאֶת־עֲזֵקָֽה׃ וְאֶת־צָרְעָה֙ וְאֶת־אַיָּל֔וֹן
יא וְאֶת־חֶבְר֔וֹן אֲשֶׁ֥ר בִּיהוּדָ֖ה וּבְבִנְיָמִ֑ן עָרֵ֖י מְצֻרֽוֹת׃ וַיְחַזֵּ֖ק אֶת־
הַמְּצֻר֑וֹת וַיִּתֵּ֤ן בָּהֶם֙ נְגִידִ֔ים וְאֹצְר֥וֹת מַאֲכָ֖ל וְשֶׁ֥מֶן וָיָֽיִן׃
יב וּבְכָל־עִ֣יר וָעִ֗יר צִנּ֣וֹת וּרְמָחִ֔ים וַֽיְחַזְּקֵ֖ם לְהַרְבֵּ֣ה מְאֹ֑ד וַֽיְהִי־
יג ל֖וֹ יְהוּדָ֥ה וּבִנְיָמִֽן׃ וְהַכֹּהֲנִים֙ וְהַלְוִיִּ֔ם אֲשֶׁ֖ר בְּכָל־
יד יִשְׂרָאֵ֑ל הִֽתְיַצְּב֥וּ עָלָ֖יו מִכָּל־גְּבוּלָֽם׃ כִּֽי־עָזְב֣וּ הַלְוִיִּ֗ם אֶת־
מִגְרְשֵׁיהֶם֙ וַאֲחֻזָּתָ֔ם וַיֵּלְכ֥וּ לִֽיהוּדָ֖ה וְלִירוּשָׁלִָ֑ם כִּֽי־הִזְנִיחָ֤ם
טו יָֽרָבְעָם֙ וּבָנָ֔יו מִכַּהֵ֖ן לַיהוָֽה׃ וַיַּֽעֲמֶד־לוֹ֙ כֹּֽהֲנִ֔ים לַבָּמ֖וֹת
טז וְלַשְּׂעִירִ֑ים וְלָעֲגָלִ֖ים אֲשֶׁ֥ר עָשָֽׂה׃ וְאַחֲרֵיהֶ֗ם מִכֹּל֙ שִׁבְטֵ֣י
יִשְׂרָאֵ֔ל הַנֹּֽתְנִים֙ אֶת־לְבָבָ֔ם לְבַקֵּ֕שׁ אֶת־יְהוָ֖ה אֱלֹהֵ֣י יִשְׂרָאֵ֑ל
יז בָּ֚אוּ יְר֣וּשָׁלִַ֔ם לִזְבּ֕וֹחַ לַיהוָ֖ה אֱלֹהֵ֥י אֲבוֹתֵיהֶֽם׃ וַֽיְחַזְּקוּ֙ אֶת־
מַלְכ֣וּת יְהוּדָ֔ה וַיְאַמְּצ֛וּ אֶת־רְחַבְעָ֥ם בֶּן־שְׁלֹמֹ֖ה לְשָׁנִ֣ים שָׁל֑וֹשׁ
יח כִּ֣י הָלְכ֗וּ בְּדֶ֨רֶךְ דָּוִ֧יד וּשְׁלֹמֹ֛ה לְשָׁנִ֖ים שָׁלֽוֹשׁ׃ וַיִּֽקַּֽח־
ל֤וֹ רְחַבְעָם֙ אִשָּׁ֔ה אֶֽת־מָחֲלַ֔ת בֶּן־יְרִימ֖וֹת בֶּן־דָּוִ֑יד אֲבִיהַ֕יִל בַּת־
יט בַּת־אֱלִיאָ֖ב בֶּן־יִשָֽׁי׃ וַתֵּ֥לֶד ל֖וֹ בָּנִ֑ים אֶת־יְע֥וּשׁ וְאֶת־שְׁמַרְיָ֖ה
כ וְאֶת־זָֽהַם׃ וְאַחֲרֶ֣יהָ לָקַ֔ח אֶֽת־מַעֲכָ֖ה בַּת־אַבְשָׁל֑וֹם וַתֵּ֣לֶד ל֗וֹ
כא אֶת־אֲבִיָּה֙ וְאֶת־עַתַּ֔י וְאֶת־זִיזָ֖א וְאֶת־שְׁלֹמִֽית׃ וַיֶּאֱהַ֨ב רְחַבְעָ֜ם
אֶת־מַעֲכָ֣ה בַת־אַבְשָׁל֗וֹם מִכָּל־נָשָׁיו֙ וּפִ֣ילַגְשָׁ֔יו כִּ֠י נָשִׁ֨ים
שְׁמוֹנֶֽה־עֶשְׂרֵ֤ה נָשָׂא֙ וּפִֽילַגְשִׁ֣ים שִׁשִּׁ֔ים וַיּ֗וֹלֶד עֶשְׂרִ֤ים וּשְׁמוֹנָה֙
כב בָּנִ֔ים וְשִׁשִּׁ֖ים בָּנֽוֹת׃ וַיַּעֲמֵ֨ד לָרֹ֧אשׁ רְחַבְעָ֛ם אֶת־אֲבִיָּ֥ה בֶן־
כג מַעֲכָ֖ה לְנָגִ֣יד בְּאֶחָ֑יו כִּ֖י לְהַמְלִיכֽוֹ׃ וַיָּ֜בֶן וַיִּפְרֹ֨ץ מִכָּל־בָּנָ֤יו
לְכָל־אַרְצ֤וֹת יְהוּדָה֙ וּבִנְיָמִ֔ן לְכֹל֙ עָרֵ֣י הַמְּצֻר֔וֹת וַיִּתֵּ֥ן לָהֶ֖ם

Reḥav'am sent Hadoram who was over the tribute ; and the children of Yisra'el stoned him with stones, that he died. But king Reḥav'am made speed to mount his chariot, to flee to Yerushalayim.   And Yisra'el rebelled against the house of 19 David to this day.   And when Reḥav'am was come to **11** Yerushalayim, he gathered of the house of Yehuda and Binyamin a hundred and eighty thousand chosen men, who were warriors, to fight against Yisra'el, that he might bring the kingdom back to Reḥav'am.   But the word of the LORD came to Shema'- 2 yahu the man of GOD, saying, Speak to Reḥav'am the son of 3 Shelomo, king of Yehuda, and to all Yisra'el in Yehuda and Binyamin, saying, Thus says the LORD, You shall not go up, 4 or fight against your brethren : return every man to his house : for this thing was done by me. And they obeyed the words of the LORD, and returned from going against Yarov'am.   And 5 Reḥav'am dwelt in Yerushalayim, and built cities for defence in Yehuda. For he built Bet-leḥem, and 'Etam, and Teqoa, and 6,7 Bet-zur, and Sokho, and 'Adullam, and Gat, and Maresha, and 8 Zif, and Adorayim, and Lakhish, and 'Azeqa, and Zor'a, and 9,10 Ayyalon, and Ḥevron, which are in Yehuda and in Binyamin, fortified cities. And he strengthened the fortresses, and put 11 commanders in them, and stores of food, and of oil and wine. And in every city he put shields and spears, and made them 12 exceedingly strong. And Yehuda and Binyamin were on his side.   And the priests and the Levites who were in all 13 Yisra'el resorted to him out of all their districts. For the Levites 14 left their pasture lands and their estates, and came to Yehuda and Yerushalayim : for Yarov'am and his sons had cast them out from serving as priests to the LORD : and he ordained for 15 himself priests for the high places, and for the satyrs, and for the calves which he had made. And after them out of all the 16 tribes of Yisra'el such as set their hearts to seek the LORD GOD of Yisra'el came to Yerushalayim, to sacrifice to the LORD GOD of their fathers. So they strengthened the kingdom of Yehuda, 17 and made Reḥav'am the son of Shelomo strong for three years : for three years they walked in the way of David and Shelomo.

     And Reḥav'am took for himself to wife Maḥalat the 18 daughter of Yerimot the son of David, and Avihayil the daughter of Eli'av the son of Yishay ; and she bore him children ; Ye'ush, 19 and Shemarya, and Zaham. And after her he took Ma'akha the 20 the daughter of Avshalom ; who bore him Aviyya, and 'Attay, and Ziza, and Shelomit. And Reḥav'am loved Ma'akha the 21 daughter of Avshalom more than all his wives and his concubines : (for he took eighteen wives, and sixty concubines ; and begot twenty eight sons, and sixty daughters.) And Reḥav'am 22 made Aviyya the son of Ma'akha the chief, to be prince among his brethren : for he thought to make him king. And he dealt wisely, 23 and dispersed of all his children throughout all the districts of Yehuda and Binyamin, to every fortified city : and he gave

הַמָּזוֹן לָרֹב וַיִּשְׁאַל הֲמוֹן נָשִׁים: וַיְהִי כְּהָכִין מַלְכוּת רְחַבְעָם ‏ א

וּכְחֶזְקָתוֹ עָזַב אֶת־תּוֹרַת יְהוָה וְכָל־יִשְׂרָאֵל עִמּוֹ: ‏ וַיְהִי ‏ ב
בַּשָּׁנָה הַחֲמִישִׁית לַמֶּלֶךְ רְחַבְעָם עָלָה שִׁישַׁק מֶלֶךְ־מִצְרַיִם
עַל־יְרוּשָׁלָ‍ִם כִּי מָעֲלוּ בַּיהוָה: בְּאֶלֶף וּמָאתַיִם רֶכֶב וּבְשִׁשִּׁים ‏ ג
אֶלֶף פָּרָשִׁים וְאֵין מִסְפָּר לָעָם אֲשֶׁר־בָּאוּ עִמּוֹ מִמִּצְרַיִם
לוּבִים סֻכִּיִּים וְכוּשִׁים: וַיִּלְכֹּד אֶת־עָרֵי הַמְּצֻרוֹת אֲשֶׁר ‏ ד
לִיהוּדָה וַיָּבֹא עַד־יְרוּשָׁלָ‍ִם: ‏ וּשְׁמַעְיָה הַנָּבִיא בָּא ‏ ה
אֶל־רְחַבְעָם וְשָׂרֵי יְהוּדָה אֲשֶׁר־נֶאֶסְפוּ אֶל־יְרוּשָׁלַ‍ִם מִפְּנֵי
שִׁישָׁק וַיֹּאמֶר לָהֶם כֹּה־אָמַר יְהוָה אַתֶּם עֲזַבְתֶּם אֹתִי וְאַף־
אֲנִי עָזַבְתִּי אֶתְכֶם בְּיַד־שִׁישָׁק: וַיִּכָּנְעוּ שָׂרֵי־יִשְׂרָאֵל וְהַמֶּלֶךְ ‏ ו
וַיֹּאמְרוּ צַדִּיק ׀ יְהוָה: וּבִרְאוֹת יְהוָה כִּי נִכְנָעוּ הָיָה דְבַר־ ‏ ז
יְהוָה אֶל־שְׁמַעְיָה ׀ לֵאמֹר נִכְנְעוּ לֹא אַשְׁחִיתֵם וְנָתַתִּי לָהֶם
כִּמְעַט לִפְלֵיטָה וְלֹא־תִתַּךְ חֲמָתִי בִּירוּשָׁלַ‍ִם בְּיַד־שִׁישָׁק:
כִּי יִהְיוּ־לוֹ לַעֲבָדִים וְיֵדְעוּ עֲבוֹדָתִי וַעֲבוֹדַת מַמְלְכוֹת ‏ ח
הָאֲרָצוֹת: ‏ וַיַּעַל שִׁישַׁק מֶלֶךְ־מִצְרַיִם עַל־יְרוּשָׁלַ‍ִם ‏ ט
וַיִּקַּח אֶת־אֹצְרוֹת בֵּית־יְהוָה וְאֶת־אֹצְרוֹת בֵּית הַמֶּלֶךְ אֶת־
הַכֹּל לָקָח וַיִּקַּח אֶת־מָגִנֵּי הַזָּהָב אֲשֶׁר עָשָׂה שְׁלֹמֹה: וַיַּעַשׂ ‏ י
הַמֶּלֶךְ רְחַבְעָם תַּחְתֵּיהֶם מָגִנֵּי נְחֹשֶׁת וְהִפְקִיד עַל־יַד שָׂרֵי
הָרָצִים הַשֹּׁמְרִים פֶּתַח בֵּית הַמֶּלֶךְ: וַיְהִי מִדֵּי־בוֹא הַמֶּלֶךְ ‏ יא
בֵּית יְהוָה בָּאוּ הָרָצִים וּנְשָׂאוּם וֶהֱשִׁבוּם אֶל־תָּא הָרָצִים:
וּבְהִכָּנְעוֹ שָׁב מִמֶּנּוּ אַף־יְהוָה וְלֹא לְהַשְׁחִית לְכָלָה וְגַם ‏ יב
בִּיהוּדָה הָיָה דְּבָרִים טוֹבִים: ‏ וַיִּתְחַזֵּק הַמֶּלֶךְ רְחַבְעָם ‏ יג
בִּירוּשָׁלַ‍ִם וַיִּמְלֹךְ כִּי בֶן־אַרְבָּעִים וְאַחַת שָׁנָה רְחַבְעָם בְּמָלְכוֹ
וּשְׁבַע עֶשְׂרֵה שָׁנָה ׀ מָלַךְ בִּירוּשָׁלַ‍ִם הָעִיר אֲשֶׁר־בָּחַר יְהוָה
לָשׂוּם אֶת־שְׁמוֹ שָׁם מִכֹּל שִׁבְטֵי יִשְׂרָאֵל וְשֵׁם אִמּוֹ נַעֲמָה
הָעַמֹּנִית: וַיַּעַשׂ הָרַע כִּי לֹא הֵכִין לִבּוֹ לִדְרוֹשׁ אֶת־ ‏ יד
יְהוָה: ‏ וְדִבְרֵי רְחַבְעָם הָרִאשֹׁנִים וְהָאַחֲרוֹנִים הֲלֹא־ ‏ טו
הֵם כְּתוּבִים בְּדִבְרֵי שְׁמַעְיָה הַנָּבִיא וְעִדּוֹ הַחֹזֶה לְהִתְיַחֵשׂ
וּמִלְחֲמוֹת רְחַבְעָם וְיָרָבְעָם כָּל־הַיָּמִים: וַיִּשְׁכַּב רְחַבְעָם עִם־ ‏ טז
אֲבֹתָיו וַיִּקָּבֵר בְּעִיר דָּוִיד וַיִּמְלֹךְ אֲבִיָּה בְנוֹ תַּחְתָּיו: ‏ בִּשְׁנַת ‏ יג א
שְׁמוֹנֶה עֶשְׂרֵה לַמֶּלֶךְ יָרָבְעָם וַיִּמְלֹךְ אֲבִיָּה עַל־יְהוּדָה: שָׁלוֹשׁ ‏ ב
שָׁנִים מָלַךְ בִּירוּשָׁלָ‍ִם וְשֵׁם אִמּוֹ מִיכָיָהוּ בַת־אוּרִיאֵל מִן־
גִּבְעָה וּמִלְחָמָה הָיְתָה בֵּין אֲבִיָּה וּבֵין יָרָבְעָם: וַיֶּאְסֹר אֲבִיָּה ‏ ג
אֶת־הַמִּלְחָמָה בְּחַיִל גִּבּוֹרֵי מִלְחָמָה אַרְבַּע־מֵאוֹת אֶלֶף
אִישׁ בָּחוּר ‏ וְיָרָבְעָם עָרַךְ עִמּוֹ מִלְחָמָה בִּשְׁמוֹנֶה

them provisions in abundance. And he sought many wives. And 1
it came to pass, when ḥav'am had established the king-
dom, and had strengthened himself, he forsook the Tora of the
Lord, and all Yisra'el with him. And it came to pass, 2
that in the fifth year of king Reḥav'am, Shishaq king of Mizrayim
came up against Yerushalayim, because they had transgressed
against the Lord, with twelve hundred chariots, and sixty 3
thousand horsemen: and the people were without number who
came with him out of Mizrayim; the Luvim, the Sukkiyyim,
and the Kushim. And he took the fortified cities which pertained 4
to Yehuda, and came to Yerushalayim. Then came 5
Shema'ya the prophet to Reḥav'am, and to the princes of
Yehuda, who were gathered together to Yerushalayim, because
of Shishaq, and he said to them, Thus says the Lord, You have
forsaken me, and therefore I have abandoned you to the hand
of Shishaq. Whereupon the princes of Yisra'el and the king 6
humbled themselves: and they said, The Lord is righteous.
And when the Lord saw that they humbled themselves, the 7
word of the Lord came to Shema'ya, saying, They have humbled
themselves; therefore I will not destroy them, but I will grant
them some deliverance; and my wrath shall not be poured out
upon Yerushalayim by the hand of Shishaq. Nevertheless they 8
shall be his servants; that they may know my service, and the
service of the kingdoms of the countries. So Shishaq king 9
of Mizrayim came up against Yerushalayim, and took away
the treasures of the house of the Lord, and the treasures of
the king's house; he took all: he carried away also the shields
of gold which Shelomo had made. Instead of which king Reḥav- 10
'am made shields of brass and committed them to the hands
of the officers of the guard, who kept the entrance of the king's
house. And when the king entered into the house of the Lord, 11
the guard came and fetched them, and brought them back into
the guard chamber. And when he humbled himself, the wrath 12
of the Lord turned from him, so that he did not destroy him
altogether: and also in Yehuda things went well. So king 13
Reḥav'am strengthened himself in Yerushalayim, and reigned:
for Reḥav'am was forty one years old when he began to reign,
and he reigned for seventeen years in Yerushalayim, the city
which the Lord had chosen out of all the tribes of Yisra'el to
put his name there. And his mother's name was Na'ama an
'Ammonite woman. And he did evil, because he did not set 14
his heart to seek the Lord. Now the acts of Reḥav'am, 15
first and last, are they not written in the book of Shema'ya the
prophet, and of 'Iddo the seer concerning genealogies? And
there were wars between Reḥav'am and Yarov'am continually.
And Reḥav'am slept with his fathers, and was buried in the 16
city of David: and Aviyya his son reigned in his stead.

13 Now in the eighteenth year of king Yarov'am Aviyya began
to reign over Yehuda. He reigned three years in Yerushalayim. 2
And his mother's name was Mikhayahu the daughter of Uri'el
of Giv'a. And there was war between Aviyya and Yarov'am. And 3
Aviyya set the battle in array with an army of valiant men of
of war, four hundred thousand chosen men: and Yarov-

מֵאוֹת אֶלֶף אִישׁ בָּחוּר גִּבּוֹר חָיִל: וַיָּקָם אֲבִיָּה   ד

מֵעַל לְהַר צְמָרַיִם אֲשֶׁר בְּהַר אֶפְרָיִם וַיֹּאמֶר שְׁמָעוּנִי יָרָבְעָם

וְכָל־יִשְׂרָאֵל: הֲלֹא לָכֶם לָדַעַת כִּי יְהוָה ׀ אֱלֹהֵי יִשְׂרָאֵל   ה

נָתַן מַמְלָכָה לְדָוִיד עַל־יִשְׂרָאֵל לְעוֹלָם לוֹ וּלְבָנָיו בְּרִית

מֶלַח: וַיָּקָם יָרָבְעָם בֶּן־נְבָט עֶבֶד שְׁלֹמֹה בֶּן־דָּוִיד וַיִּמְרֹד עַל־   ו

אֲדֹנָיו: וַיִּקָּבְצוּ עָלָיו אֲנָשִׁים רֵקִים בְּנֵי בְלִיַּעַל וַיִּתְאַמְּצוּ עַל־   ז

רְחַבְעָם בֶּן־שְׁלֹמֹה וּרְחַבְעָם הָיָה נַעַר וְרַךְ־לֵבָב וְלֹא הִתְחַזַּק

לִפְנֵיהֶם: וְעַתָּה ׀ אַתֶּם אֹמְרִים לְהִתְחַזֵּק לִפְנֵי מַמְלֶכֶת יְהוָה   ח

בְּיַד בְּנֵי דָוִיד וְאַתֶּם הָמוֹן רָב וְעִמָּכֶם עֶגְלֵי זָהָב אֲשֶׁר עָשָׂה

לָכֶם יָרָבְעָם לֵאלֹהִים: הֲלֹא הִדַּחְתֶּם אֶת־כֹּהֲנֵי יְהוָה אֶת־   ט

בְּנֵי אַהֲרֹן וְהַלְוִיִּם וַתַּעֲשׂוּ לָכֶם כֹּהֲנִים כְּעַמֵּי הָאֲרָצוֹת כָּל־

הַבָּא לְמַלֵּא יָדוֹ בְּפַר בֶּן־בָּקָר וְאֵילִם שִׁבְעָה וְהָיָה כֹהֵן לְלֹא

אֱלֹהִים: וַאֲנַחְנוּ יְהוָה אֱלֹהֵינוּ וְלֹא עֲזַבְנֻהוּ וְכֹהֲנִים מְשָׁרְתִים   י

לַיהוָה בְּנֵי אַהֲרֹן וְהַלְוִיִּם בַּמְּלָאכֶת: וּמַקְטִרִים לַיהוָה עֹלוֹת   יא

בַּבֹּקֶר־בַּבֹּקֶר וּבָעֶרֶב־בָּעֶרֶב וּקְטֹרֶת־סַמִּים וּמַעֲרֶכֶת לֶחֶם

עַל־הַשֻּׁלְחָן הַטָּהוֹר וּמְנוֹרַת הַזָּהָב וְנֵרֹתֶיהָ לְבָעֵר בָּעֶרֶב

בָּעֶרֶב כִּי־שֹׁמְרִים אֲנַחְנוּ אֶת־מִשְׁמֶרֶת יְהוָה אֱלֹהֵינוּ וְאַתֶּם

עֲזַבְתֶּם אֹתוֹ: וְהִנֵּה עִמָּנוּ בָרֹאשׁ הָאֱלֹהִים ׀ וְכֹהֲנָיו וַחֲצֹצְרוֹת   יב

הַתְּרוּעָה לְהָרִיעַ עֲלֵיכֶם בְּנֵי יִשְׂרָאֵל אַל־תִּלָּחֲמוּ עִם־יְהוָה

אֱלֹהֵי־אֲבֹתֵיכֶם כִּי־לֹא תַצְלִיחוּ: וְיָרָבְעָם הֵסֵב אֶת־הַמַּאְרָב   יג

לָבוֹא מֵאַחֲרֵיהֶם וַיִּהְיוּ לִפְנֵי יְהוּדָה וְהַמַּאְרָב מֵאַחֲרֵיהֶם:

וַיִּפְנוּ יְהוּדָה וְהִנֵּה לָהֶם הַמִּלְחָמָה פָּנִים וְאָחוֹר וַיִּצְעֲקוּ לַיהוָה   יד

וְהַכֹּהֲנִים מַחְצְרִים בַּחֲצֹצְרוֹת: וַיָּרִיעוּ אִישׁ יְהוּדָה וַיְהִי   טו

בְּהָרִיעַ אִישׁ יְהוּדָה וְהָאֱלֹהִים נָגַף אֶת־יָרָבְעָם וְכָל־יִשְׂרָאֵל

לִפְנֵי אֲבִיָּה וִיהוּדָה: וַיָּנוּסוּ בְנֵי־יִשְׂרָאֵל מִפְּנֵי יְהוּדָה וַיִּתְּנֵם   טז

אֱלֹהִים בְּיָדָם: וַיַּכּוּ בָהֶם אֲבִיָּה וְעַמּוֹ מַכָּה רַבָּה וַיִּפְּלוּ חֲלָלִים   יז

מִיִּשְׂרָאֵל חֲמֵשׁ־מֵאוֹת אֶלֶף אִישׁ בָּחוּר: וַיִּכָּנְעוּ בְנֵי־יִשְׂרָאֵל   יח

בָּעֵת הַהִיא וַיֶּאֶמְצוּ בְּנֵי יְהוּדָה כִּי נִשְׁעֲנוּ עַל־יְהוָה אֱלֹהֵי

אֲבוֹתֵיהֶם: וַיִּרְדֹּף אֲבִיָּה אַחֲרֵי יָרָבְעָם וַיִּלְכֹּד מִמֶּנּוּ עָרִים   יט

אֶת־בֵּית־אֵל וְאֶת־בְּנוֹתֶיהָ וְאֶת־יְשָׁנָה וְאֶת־בְּנוֹתֶיהָ וְאֶת־

עֶפְרַיִן וּבְנֹתֶיהָ: וְלֹא־עָצַר כֹּחַ יָרָבְעָם עוֹד בִּימֵי אֲבִיָּהוּ   כ

וַיִּגְּפֵהוּ יְהוָה וַיָּמֹת: וַיִּתְחַזֵּק אֲבִיָּהוּ וַיִּשָּׂא־לוֹ נָשִׁים   כא

אַרְבַּע עֶשְׂרֵה וַיּוֹלֶד עֶשְׂרִים וּשְׁנַיִם בָּנִים וְשֵׁשׁ עֶשְׂרֵה

בָּנוֹת: וְיֶתֶר דִּבְרֵי אֲבִיָּה וּדְרָכָיו וּדְבָרָיו כְּתוּבִים בְּמִדְרַשׁ   כב

הַנָּבִיא עִדּוֹ: וַיִּשְׁכַּב אֲבִיָּה עִם־אֲבֹתָיו וַיִּקְבְּרוּ אֹתוֹ בְּעִיר   כג

דָּוִיד וַיִּמְלֹךְ אָסָא בְנוֹ תַחְתָּיו בְּיָמָיו שָׁקְטָה הָאָרֶץ עֶשֶׂר

'am ranged himself in battle against him with eight hundred
thousand chosen men, mighty men at arms. And Aviyya 4
stood up upon mount Ẕemarayim, which is in mount Efrayim, and
said, Hear me, thou Yarov'am, and all Yisra'el; ought you not to 5
know that the LORD GOD of Yisra'el gave the kingdom over
Yisra'el to David for ever, to him and to his sons by a covenant
of salt? Yet Yarov'am the son of Nevat, the servant of Shelomo 6
the son of David, rose up, and rebelled against his lord. And 7
there gathered about him worthless men, wicked people, and
they strengthened themselves against Reḥav'am the son of
Shelomo, when Reḥav'am was young and tender-hearted, and
could not withstand them. And now you think to withstand the 8
kingdom of the LORD in the hand of the sons of David; and you
are a great multitude, and there are with you golden calves,
which Yarov'am made you for gods. Have you not cast out the 9
priests of the LORD, the sons of Aharon, and the Levites, and
have made yourselves priests after the manner of the nations of
other lands? so that whoever comes to consecrate himself with
a young bullock or seven rams, may become a priest of what are
no gods. But as for us, the LORD is our GOD, and we have not for- 10
saken him; and the priests who minister to the LORD are the
sons of Aharon, and the Levites do their work: and they burn 11
to the LORD every morning and every evening burnt sacrifices
and sweet incense: and set out the showbread upon the pure
table; and the candlestick of gold with its lamps to burn every
evening: for we keep the charge of the LORD our GOD; but you
have forsaken him. And, behold, GOD himself is with us at our 12
head, and his priests with sounding trumpets to sound an alarm
against you. O children of Yisra'el, do not fight against the
LORD GOD of your fathers; for you shall not prosper. But Yarov- 13
'am had set an ambush party to come on them from behind:
so they were in front of Yehuda and the ambush party was
behind them. And when Yehuda looked back, behold, the battle 14
was before and behind: and they cried to the LORD, and the
priests sounded with the trumpets. Then the men of Yehuda gave 15
a shout: and as the men of Yehuda shouted, it came to pass,
that GOD smote Yarov'am and all Yisra'el before Aviyya and
Yehuda. And the children of Yisra'el fled before Yehuda: and 16
GOD delivered them into their hand. And Aviyya and his people 17
slew them with a great slaughter: so there fell down slain of
Yisra'el five hundred thousand chosen men. Thus the children 18
of Yisra'el were brought under at that time, and the children
of Yehuda prevailed, because they relied upon the LORD GOD of
their fathers. And Aviyya pursued after Yarov'am, and took 19
cities from him, Bet-el with its hamlets, and Yeshana with its
hamlets, and Efrayim with its hamlets. Nor did Yarov'am recover 20
strength again in the days of Aviyyahu: and the LORD struck
him, and he died. But Aviyyahu grew mighty, and married 21
fourteen wives, and begot twenty two sons, and sixteen daugh-
ters. And the rest of the acts of Aviyya, and his ways, and his 22
sayings, are written in the commentary of the prophet 'Iddo. So 23
Aviyya slept with his fathers, and they buried him in the city
of David: and Asa his son reigned in his stead. In his days the

א שָׁנִים׃ וַיַּעַשׂ אָסָא הַטּוֹב וְהַיָּשָׁר בְּעֵינֵי יְהוָה אֱלֹהָיו׃
ב וַיָּסַר אֶת־מִזְבְּחוֹת הַנֵּכָר וְהַבָּמוֹת וַיְשַׁבֵּר אֶת־הַמַּצֵּבוֹת
ג וַיְגַדַּע אֶת־הָאֲשֵׁרִים׃ וַיֹּאמֶר לִיהוּדָה לִדְרוֹשׁ אֶת־יְהוָה
ד אֱלֹהֵי אֲבוֹתֵיהֶם וְלַעֲשׂוֹת הַתּוֹרָה וְהַמִּצְוָה׃ וַיָּסַר מִכָּל־עָרֵי
יְהוּדָה אֶת־הַבָּמוֹת וְאֶת־הַחַמָּנִים וַתִּשְׁקֹט הַמַּמְלָכָה לְפָנָיו׃
ה וַיִּבֶן עָרֵי מְצוּרָה בִּיהוּדָה כִּי־שָׁקְטָה הָאָרֶץ וְאֵין־עִמּוֹ מִלְחָמָה
ו בַּשָּׁנִים הָאֵלֶּה כִּי־הֵנִיחַ יְהוָה לוֹ׃ וַיֹּאמֶר לִיהוּדָה נִבְנֶה ׀
אֶת־הֶעָרִים הָאֵלֶּה וְנָסֵב חוֹמָה וּמִגְדָּלִים דְּלָתַיִם וּבְרִיחִים
עוֹדֶנּוּ הָאָרֶץ לְפָנֵינוּ כִּי דָרַשְׁנוּ אֶת־יְהוָה אֱלֹהֵינוּ דָּרַשְׁנוּ
ז וַיָּנַח לָנוּ מִסָּבִיב וַיִּבְנוּ וַיַּצְלִיחוּ׃ וַיְהִי לְאָסָא חַיִל
נֹשֵׂא צִנָּה וָרֹמַח מִיהוּדָה שְׁלֹשׁ מֵאוֹת אֶלֶף וּמִבִּנְיָמִן נֹשְׂאֵי
מָגֵן וְדֹרְכֵי קֶשֶׁת מָאתַיִם וּשְׁמוֹנִים אָלֶף כָּל־אֵלֶּה גִּבּוֹרֵי
ח חָיִל׃ וַיֵּצֵא אֲלֵיהֶם זֶרַח הַכּוּשִׁי בְּחַיִל אֶלֶף אֲלָפִים וּמַרְכָּבוֹת
ט שְׁלֹשׁ מֵאוֹת וַיָּבֹא עַד־מָרֵשָׁה׃ וַיֵּצֵא אָסָא לְפָנָיו וַיַּעַרְכוּ
י מִלְחָמָה בְּגֵיא צְפַתָה לְמָרֵשָׁה׃ וַיִּקְרָא אָסָא אֶל־יְהוָה אֱלֹהָיו
וַיֹּאמַר יְהוָה אֵין־עִמְּךָ לַעְזוֹר בֵּין רַב לְאֵין כֹּחַ עָזְרֵנוּ יְהוָה
אֱלֹהֵינוּ כִּי־עָלֶיךָ נִשְׁעַנּוּ וּבְשִׁמְךָ בָאנוּ עַל־הֶהָמוֹן הַזֶּה יְהוָה
יא אֱלֹהֵינוּ אַתָּה אַל־יַעְצֹר עִמְּךָ אֱנוֹשׁ׃ וַיִּגֹּף יְהוָה
יב אֶת־הַכּוּשִׁים לִפְנֵי אָסָא וְלִפְנֵי יְהוּדָה וַיָּנֻסוּ הַכֻּשִׁים׃ וַיִּרְדְּפֵם
אָסָא וְהָעָם אֲשֶׁר־עִמּוֹ עַד־לִגְרָר וַיִּפֹּל מִכּוּשִׁים לְאֵין־לָהֶם
מִחְיָה כִּי־נִשְׁבְּרוּ לִפְנֵי־יְהוָה וְלִפְנֵי מַחֲנֵהוּ וַיִּשְׂאוּ שָׁלָל הַרְבֵּה
יג מְאֹד׃ וַיַּכּוּ אֵת כָּל־הֶעָרִים סְבִיבוֹת גְּרָר כִּי־הָיָה פַחַד־
יְהוָה עֲלֵיהֶם וַיָּבֹזּוּ אֶת־כָּל־הֶעָרִים כִּי־בִזָּה רַבָּה הָיְתָה
יד בָהֶם׃ וְגַם־אָהֳלֵי מִקְנֶה הִכּוּ וַיִּשְׁבּוּ צֹאן לָרֹב וּגְמַלִּים וַיָּשֻׁבוּ
טו א יְרוּשָׁלָ͏ִם׃ וַעֲזַרְיָהוּ בֶּן־עוֹדֵד הָיְתָה עָלָיו רוּחַ אֱלֹהִים׃
ב וַיֵּצֵא לִפְנֵי אָסָא וַיֹּאמֶר לוֹ שְׁמָעוּנִי אָסָא וְכָל־יְהוּדָה וּבִנְיָמִן
יְהוָה עִמָּכֶם בִּהְיוֹתְכֶם עִמּוֹ וְאִם־תִּדְרְשֻׁהוּ יִמָּצֵא לָכֶם
ג וְאִם־תַּעַזְבֻהוּ יַעֲזֹב אֶתְכֶם׃ וְיָמִים רַבִּים לְיִשְׂרָאֵל
ד לְלֹא ׀ אֱלֹהֵי אֱמֶת וּלְלֹא כֹּהֵן מוֹרֶה וּלְלֹא תוֹרָה׃ וַיָּשָׁב
בַּצַּר־לוֹ עַל־יְהוָה אֱלֹהֵי יִשְׂרָאֵל וַיְבַקְשֻׁהוּ וַיִּמָּצֵא לָהֶם׃
ה וּבָעִתִּים הָהֵם אֵין שָׁלוֹם לַיּוֹצֵא וְלַבָּא כִּי מְהוּמֹת רַבּוֹת עַל
ו כָּל־יוֹשְׁבֵי הָאֲרָצוֹת׃ וְכֻתְּתוּ גוֹי־בְּגוֹי וְעִיר בְּעִיר כִּי־אֱלֹהִים
ז הֲמָמָם בְּכָל־צָרָה׃ וְאַתֶּם חִזְקוּ וְאַל־יִרְפּוּ יְדֵיכֶם כִּי יֵשׁ שָׂכָר
ח לִפְעֻלַּתְכֶם׃ וְכִשְׁמֹעַ אָסָא הַדְּבָרִים הָאֵלֶּה וְהַנְּבוּאָה
עֹדֵד הַנָּבִיא הִתְחַזַּק וַיַּעֲבֵר הַשִּׁקּוּצִים מִכָּל־אֶרֶץ יְהוּדָה

land was quiet for ten years.   And Asa did that which was 1
good and right in the eyes of the LORD his GOD : for he took away 2
the altars of the foreign gods, and the high places, and broke
down the pillars, and cut down the asherim : and he commanded 3
Yehuda to seek the LORD GOD of their fathers, and to carry out
the Tora and the commandment. Also he took away out of all 4
the cities of Yehuda the high places and the sun images : and
the kingdom was quiet before him. And he built fortified cities 5
in Yehuda : for the land had rest, and he had no war in those
years ; because the LORD had given him rest. Therefore he said 6
to Yehuda, Let us build these cities, and make about them walls,
and towers, gates, and bars, while the land is yet before us ;
because we have sought the LORD our GOD, we have sought him,
and he has given us rest on every side. So they built and pros-
pered.   And Asa had an army of men who bore targets 7
and spears, out of Yehuda three hundred thousand ; and out of
Binyamin, who bore shields and drew bows, two hundred and
eighty thousand : all these were mighty men at arms. And there 8
came out against them Zeraḥ the Kushite with an army of a
million men, and three hundred chariots; and he came to Mare-
sha. Then Asa went out against him, and they ranged the battle in 9
the valley of Ẕefata at Maresha. And Asa cried to the LORD his 10
GOD, and said, LORD, it is nothing with thee to help, whether with
many, or with those who have no power : help us, O LORD our
GOD ; for we rely on thee, and in thy name we go against this
multitude. O LORD, thou art our GOD ; let not man prevail against
thee.   So the LORD smote the Kushim before Asa, and 11
before Yehuda ; and the Kushim fled. And Asa and the people 12
who were with him pursued them to Gerar : and the Kushim
were overthrown, so that they could not recover themselves ;
for they were destroyed before the LORD, and before his host ;
and they carried away very much spoil. And they smote all the 13
cities round about Gerar ; for the fear of the LORD came upon
them : and they spoiled all the cities ; for there was very much
spoil in them. They smote also the tents of cattle, and carried 14
away sheep and camels in abundance, and returned to Yerushala-
yim.   And the spirit of GOD came upon ʿAzaryahu the son of **15**
ʿOded : and he went out to meet Asa, and said to him, Hear me, 2
Asa, and all Yehuda and Binyamin ; The LORD is with you, while
you are with him ; and if you seek him, he will be found by you ;
but if you forsake him, he will forsake you.   Now for a 3
long time Yisra'el has been without the true GOD, and without a
teaching priest, and without Tora. But when they in their trouble 4
did turn to the LORD GOD of Yisra'el and sought him, he was
found by them. And in those times there was no peace to him 5
who went out, nor to him who came in, but there were great
vexations upon all the inhabitants of the countries. And they 6
were broken in pieces ; nation against nation, and city against
city : for GOD did vex them with all manner of adversity. Be 7
strong therefore, and let not your hands be weak : for your work
shall be rewarded.   And when Asa heard these words, and 8
the prophecy of ʿOded the prophet, he took courage, and put
away the disgusting idols out of all the land of Yehuda and

וּבִנְיָמִן וּמִן־הֶעָרִים אֲשֶׁר לָכַד מֵהַר אֶפְרָיִם וַיְחַדֵּשׁ אֶת־מִזְבַּח
ט יְהוָה אֲשֶׁר לִפְנֵי אוּלָם יְהוָה: וַיִּקְבֹּץ אֶת־כָּל־יְהוּדָה וּבִנְיָמִן
וְהַגָּרִים עִמָּהֶם מֵאֶפְרַיִם וּמְנַשֶּׁה וּמִשִּׁמְעוֹן כִּי־נָפְלוּ עָלָיו
י מִיִּשְׂרָאֵל לָרֹב בִּרְאֹתָם כִּי־יְהוָה אֱלֹהָיו עִמּוֹ: וַיִּקָּבְצוּ
יְרוּשָׁלַ͏ִם בַּחֹדֶשׁ הַשְּׁלִישִׁי לִשְׁנַת חֲמֵשׁ־עֶשְׂרֵה לְמַלְכוּת אָסָא:
יא וַיִּזְבְּחוּ לַיהוָה בַּיּוֹם הַהוּא מִן־הַשָּׁלָל הֵבִיאוּ בָּקָר שְׁבַע מֵאוֹת
יב וְצֹאן שִׁבְעַת אֲלָפִים: וַיָּבֹאוּ בַבְּרִית לִדְרוֹשׁ אֶת־יְהוָה אֱלֹהֵי
יג אֲבוֹתֵיהֶם בְּכָל־לְבָבָם וּבְכָל־נַפְשָׁם: וְכֹל אֲשֶׁר לֹא־יִדְרֹשׁ
לַיהוָה אֱלֹהֵי־יִשְׂרָאֵל יוּמָת לְמִן־קָטֹן וְעַד־גָּדוֹל לְמֵאִישׁ
יד וְעַד־אִשָּׁה: וַיִּשָּׁבְעוּ לַיהוָה בְּקוֹל גָּדוֹל וּבִתְרוּעָה וּבַחֲצֹצְרוֹת
טו וּבְשׁוֹפָרוֹת: וַיִּשְׂמְחוּ כָל־יְהוּדָה עַל־הַשְּׁבוּעָה כִּי בְכָל־לְבָבָם יז
נִשְׁבָּעוּ וּבְכָל־רְצוֹנָם בִּקְשֻׁהוּ וַיִּמָּצֵא לָהֶם וַיָּנַח יְהוָה לָהֶם
טז מִסָּבִיב: וְגַם־מַעֲכָה אֵם ׀ אָסָא הַמֶּלֶךְ הֱסִירָהּ מִגְּבִירָה אֲשֶׁר־
עָשְׂתָה לַאֲשֵׁרָה מִפְלָצֶת וַיִּכְרֹת אָסָא אֶת־מִפְלַצְתָּהּ וַיָּדֶק
יז וַיִּשְׂרֹף בְּנַחַל קִדְרוֹן: וְהַבָּמוֹת לֹא־סָרוּ מִיִּשְׂרָאֵל רַק לְבַב־
יח אָסָא הָיָה שָׁלֵם כָּל־יָמָיו: וַיָּבֵא אֶת־קָדְשֵׁי אָבִיו וְקָדָשָׁיו בֵּית
יט הָאֱלֹהִים כֶּסֶף וְזָהָב וְכֵלִים: וּמִלְחָמָה לֹא הָיָתָה עַד שְׁנַת־
טז א שְׁלֹשִׁים וְחָמֵשׁ לְמַלְכוּת אָסָא: בִּשְׁנַת שְׁלֹשִׁים וָשֵׁשׁ
לְמַלְכוּת אָסָא עָלָה בַּעְשָׁא מֶלֶךְ־יִשְׂרָאֵל עַל־יְהוּדָה וַיִּבֶן
ב אֶת־הָרָמָה לְבִלְתִּי תֵּת יוֹצֵא וָבָא לְאָסָא מֶלֶךְ יְהוּדָה: וַיֹּצֵא
אָסָא כֶּסֶף וְזָהָב מֵאֹצְרוֹת בֵּית יְהוָה וּבֵית הַמֶּלֶךְ וַיִּשְׁלַח אֶל־
ג בֶּן־הֲדַד מֶלֶךְ אֲרָם הַיּוֹשֵׁב בְּדַרְמֶשֶׂק לֵאמֹר: בְּרִית בֵּינִי
וּבֵינֶךָ וּבֵין אָבִי וּבֵין אָבִיךָ הִנֵּה שָׁלַחְתִּי לְךָ כֶּסֶף וְזָהָב לֵךְ
ד הָפֵר בְּרִיתְךָ אֶת־בַּעְשָׁא מֶלֶךְ יִשְׂרָאֵל וְיַעֲלֶה מֵעָלָי: וַיִּשְׁמַע
בֶּן־הֲדַד אֶל־הַמֶּלֶךְ אָסָא וַיִּשְׁלַח אֶת־שָׂרֵי הַחֲיָלִים אֲשֶׁר־לוֹ
אֶל־עָרֵי יִשְׂרָאֵל וַיַּכּוּ אֶת־עִיּוֹן וְאֶת־דָּן וְאֵת אָבֵל מָיִם וְאֵת
ה כָּל־מִסְכְּנוֹת עָרֵי נַפְתָּלִי: וַיְהִי כִּשְׁמֹעַ בַּעְשָׁא וַיֶּחְדַּל מִבְּנוֹת
ו אֶת־הָרָמָה וַיַּשְׁבֵּת אֶת־מְלַאכְתּוֹ: וְאָסָא הַמֶּלֶךְ לָקַח
אֶת־כָּל־יְהוּדָה וַיִּשְׂאוּ אֶת־אַבְנֵי הָרָמָה וְאֶת־עֵצֶיהָ אֲשֶׁר בָּנָה
ז בַּעְשָׁא וַיִּבֶן בָּהֶם אֶת־גֶּבַע וְאֶת־הַמִּצְפָּה: וּבָעֵת
הַהִיא בָּא חֲנָנִי הָרֹאֶה אֶל־אָסָא מֶלֶךְ יְהוּדָה וַיֹּאמֶר אֵלָיו
בְּהִשָּׁעֶנְךָ עַל־מֶלֶךְ אֲרָם וְלֹא נִשְׁעַנְתָּ עַל־יְהוָה אֱלֹהֶיךָ עַל־
ח כֵּן נִמְלַט חֵיל מֶלֶךְ־אֲרָם מִיָּדֶךָ: הֲלֹא הַכּוּשִׁים וְהַלּוּבִים הָיוּ
לְחַיִל ׀ לָרֹב לְרֶכֶב וּלְפָרָשִׁים לְהַרְבֵּה מְאֹד וּבְהִשָּׁעֶנְךָ עַל־
ט יְהוָה נְתָנָם בְּיָדֶךָ: כִּי יְהוָה עֵינָיו מְשֹׁטְטוֹת בְּכָל־הָאָרֶץ
לְהִתְחַזֵּק עִם־לְבָבָם שָׁלֵם אֵלָיו נִסְכַּלְתָּ עַל־זֹאת כִּי מֵעַתָּה

Binyamin, and out of the cities which he had taken from mount
Efrayim, and renewed the altar of the LORD, that was before the
porch of the LORD. And he gathered all Yehuda and Binyamin,   9
and the strangers with them out of Efrayim and Menashshe, and
out of Shim'on : for they deserted to him out of Yisra'el in great
numbers, when they saw that the LORD his GOD was with him.

So they gathered themselves together at Yerushalayim in   10
the third month, in the fifteenth year of the reign of Asa. And   11
they offered to the LORD at the same time, of the spoil which
they had brought, seven hundred oxen and seven thousand
sheep. And they entered into a covenant to seek the LORD GOD   12
of their fathers with all their heart and with all their soul ; that   13
whoever would not seek the LORD GOD of Yisra'el should be put
to death, whether young or old, whether man or woman. And   14
they swore to the LORD with a loud voice, and with shouting,
and with trumpets, and with shofarot. And all Yehuda rejoiced   15
at the oath : for they had sworn with all their heart, and sought
him with their whole desire ; and he was found by them : and
the LORD gave them rest round about. And also Ma'akha the   16
mother of Asa the king, did he remove from being queen,
because she had made a monstrous image for an ashera : and
Asa cut down her image, and ground it, and burnt it in the wadi
Qidron. But the high places were not taken away out of Yisra'el :   17
nevertheless the heart of Asa was perfect all his days. And he   18
brought into the house of GOD the things that his father had
dedicated, and that he himself had dedicated, silver, and gold,
and vessels. And there was no more war until the thirty fifth   19
year of the reign of Asa.   In the thirty sixth year of the   **16**
reign of Asa Ba'sha king of Yisra'el came up against Yehuda,
and built Rama, so as to prevent anyone from going out or
coming in to Asa king of Yehuda. Then Asa brought out silver   2
and gold out of the treasures of the house of the LORD and of the
king's house, and sent to Ben-hadad king of Aram, who dwelt
at Darmeseq saying, There is a league between me and thee, as   3
there was between my father and thy father : behold, I have sent
thee silver and gold ; go, break thy alliance with Ba'sha king
of Yisra'el that he may depart from me. And Ben-hadad hear-   4
kened to king Asa, and sent the captains of his armies against
the cities of Yisra'el ; and they smote 'Iyyon, and Dan, and Avel-
mayim, and all the store cities of Naftali. And it came to pass,   5
when Ba'asha heard it, that he left off building Rama, and let his
work come to a halt.   Then Asa the king took all Yehuda ;   6
and they carried away the stones of Rama, and its timber, with
which Ba'asha was building ; and with it he built Geva and
Mizpa.   And at that time Ḥanani the seer came to Asa   7
king of Yehuda, and said to him, Because thou hast relied on
the king of Aram, and not relied on the LORD thy GOD, therefore
the host of the king of Aram has escaped out of thy hand. Were   8
not the Kushim and the Luvim a huge host, with very many
chariots and horsemen ? yet, because thou didst rely on the LORD,
he delivered them into thy hand. For the eyes of the LORD run   9
to and fro throughout the whole earth, to show himself strong
on behalf of those whose heart is perfect towards him. In this

י יֵשׁ עִמְּךָ מִלְחָמוֹת׃ וַיִּכְעַס אָסָא אֶל־הָרֹאֶה וַיִּתְּנֵהוּ בֵּית
הַמַּהְפֶּכֶת כִּי־בְזַעַף עִמּוֹ עַל־זֹאת וַיְרַצֵּץ אָסָא מִן־הָעָם בָּעֵת
יא הַהִיא׃ וְהִנֵּה דִּבְרֵי אָסָא הָרִאשׁוֹנִים וְהָאַחֲרוֹנִים הִנָּם כְּתוּבִים
יב עַל־סֵפֶר הַמְּלָכִים לִיהוּדָה וְיִשְׂרָאֵל׃ וַיֶּחֱלֶא אָסָא בִּשְׁנַת
שְׁלוֹשִׁים וָתֵשַׁע לְמַלְכוּתוֹ בְּרַגְלָיו עַד־לְמַעְלָה חָלְיוֹ וְגַם־
יג בְּחָלְיוֹ לֹא־דָרַשׁ אֶת־יְהוָה כִּי בָּרֹפְאִים׃ וַיִּשְׁכַּב אָסָא עִם־
יד אֲבֹתָיו וַיָּמָת בִּשְׁנַת אַרְבָּעִים וְאַחַת לְמָלְכוֹ׃ וַיִּקְבְּרֻהוּ
בְקִבְרֹתָיו אֲשֶׁר כָּרָה־לוֹ בְּעִיר דָּוִיד וַיַּשְׁכִּיבֻהוּ בַּמִּשְׁכָּב אֲשֶׁר
מִלֵּא בְּשָׂמִים וּזְנִים מְרֻקָּחִים בְּמִרְקַחַת מַעֲשֶׂה וַיִּשְׂרְפוּ־לוֹ
יז א שְׂרֵפָה גְּדוֹלָה עַד־לִמְאֹד׃ וַיִּמְלֹךְ יְהוֹשָׁפָט בְּנוֹ
ב תַּחְתָּיו וַיִּתְחַזֵּק עַל־יִשְׂרָאֵל׃ וַיִּתֶּן־חַיִל בְּכָל־עָרֵי יְהוּדָה
הַבְּצֻרוֹת וַיִּתֵּן נְצִיבִים בְּאֶרֶץ יְהוּדָה וּבְעָרֵי אֶפְרַיִם אֲשֶׁר לָכַד
ג אָסָא אָבִיו׃ וַיְהִי יְהוָה עִם־יְהוֹשָׁפָט כִּי הָלַךְ בְּדַרְכֵי דָּוִיד
ד אָבִיו הָרִאשֹׁנִים וְלֹא דָרַשׁ לַבְּעָלִים׃ כִּי לֵאלֹהֵי אָבִיו דָּרָשׁ
ה וּבְמִצְוֺתָיו הָלָךְ וְלֹא כְּמַעֲשֵׂה יִשְׂרָאֵל׃ וַיָּכֶן יְהוָה אֶת־
הַמַּמְלָכָה בְּיָדוֹ וַיִּתְּנוּ כָל־יְהוּדָה מִנְחָה לִיהוֹשָׁפָט וַיְהִי־לוֹ
ו עֹשֶׁר וְכָבוֹד לָרֹב׃ וַיִּגְבַּהּ לִבּוֹ בְּדַרְכֵי יְהוָה וְעוֹד הֵסִיר אֶת־
ז הַבָּמוֹת וְאֶת־הָאֲשֵׁרִים מִיהוּדָה׃ וּבִשְׁנַת שָׁלוֹשׁ
לְמָלְכוֹ שָׁלַח לְשָׂרָיו לְבֶן־חַיִל וּלְעֹבַדְיָה וְלִזְכַרְיָה וְלִנְתַנְאֵל
ח וּלְמִיכָיָהוּ לְלַמֵּד בְּעָרֵי יְהוּדָה׃ וְעִמָּהֶם הַלְוִיִּם שְׁמַעְיָהוּ
וּנְתַנְיָהוּ וּזְבַדְיָהוּ וַעֲשָׂהאֵל ושמרימות וִיהוֹנָתָן וַאֲדֹנִיָּהוּ וּשְׁמִירָמוֹת
וְטוֹבִיָּהוּ וְטוֹב אֲדוֹנִיָּה הַלְוִיִּם וְעִמָּהֶם אֱלִישָׁמָע וִיהוֹרָם
ט הַכֹּהֲנִים׃ וַיְלַמְּדוּ בִּיהוּדָה וְעִמָּהֶם סֵפֶר תּוֹרַת יְהוָה וַיָּסֹבּוּ
י בְּכָל־עָרֵי יְהוּדָה וַיְלַמְּדוּ בָּעָם׃ וַיְהִי ׀ פַּחַד יְהוָה עַל כָּל־
מַמְלְכוֹת הָאֲרָצוֹת אֲשֶׁר סְבִיבוֹת יְהוּדָה וְלֹא נִלְחֲמוּ עִם־
יא יְהוֹשָׁפָט׃ וּמִן־פְּלִשְׁתִּים מְבִיאִים לִיהוֹשָׁפָט מִנְחָה וְכֶסֶף מַשָּׂא
גַּם הָעַרְבִיאִים מְבִיאִים לוֹ צֹאן אֵילִים שִׁבְעַת אֲלָפִים וּשְׁבַע
יב מֵאוֹת וּתְיָשִׁים שִׁבְעַת אֲלָפִים וּשְׁבַע מֵאוֹת׃ וַיְהִי
יְהוֹשָׁפָט הֹלֵךְ וְגָדֵל עַד־לְמָעְלָה וַיִּבֶן בִּיהוּדָה בִּירָנִיּוֹת וְעָרֵי
יג מִסְכְּנוֹת׃ וּמְלָאכָה רַבָּה הָיָה לוֹ בְּעָרֵי יְהוּדָה וְאַנְשֵׁי מִלְחָמָה
יד גִּבּוֹרֵי חַיִל בִּירוּשָׁלִָם׃ וְאֵלֶּה פְקֻדָּתָם לְבֵית אֲבוֹתֵיהֶם
לִיהוּדָה שָׂרֵי אֲלָפִים עַדְנָה הַשָּׂר וְעִמּוֹ גִּבּוֹרֵי חַיִל שְׁלֹשׁ
טו מֵאוֹת אָלֶף׃ וְעַל־יָדוֹ יְהוֹחָנָן הַשָּׂר וְעִמּוֹ מָאתַיִם
טז וּשְׁמוֹנִים אָלֶף׃ וְעַל־יָדוֹ עֲמַסְיָה בֶן־זִכְרִי הַמִּתְנַדֵּב
יז לַיהוָה וְעִמּוֹ מָאתַיִם אֶלֶף גִּבּוֹר חָיִל׃ וּמִן־
בִּנְיָמִן גִּבּוֹר חַיִל אֶלְיָדָע וְעִמּוֹ נֹשְׁקֵי־קֶשֶׁת וּמָגֵן מָאתָיִם

thou hast done foolishly: therefore from henceforth thou shalt
have wars. Then Asa was angry with the seer, and put him in 10
a prison house; for he was in a rage with him because of this
thing. And Asa oppressed some of the people at the same time.
And, behold, the acts of Asa, first and last, lo, they are written 11
in the book of the kings of Yehuda and Yisra'el. And Asa in the 12
thirty ninth year of his reign was diseased in his feet, until his
disease became severe: yet in his disease he did not seek the
Lord, but the physicians. And Asa slept with his fathers, and 13
died in the forty first year of his reign. And they buried him in 14
his own tomb, which he had made for himself in the city of
David, and laid him on a bier which was filled with sweet odours
and divers kinds of spices prepared by the perfumer's art: and
they made a very great burning for him. And Yehoshafat **17**
his son reigned in his stead, and strengthened himself against
Yisra'el. And he placed forces in all the fortified cities of 2
Yehuda, and set garrisons in the land of Yehuda, and in the
cities of Efrayim, which Asa his father had taken. And the Lord 3
was with Yehoshafat, because he walked in the first ways of his
father David, and did not seek the Be'alim; but he sought the 4
God of his father, and followed his commandments, and not like
the doings of Yisra'el. Therefore the Lord established the king- 5
dom in his hand; and all Yehuda brought tribute to Yehoshafat;
and he had riches and honour in abundance. And his heart was 6
lifted up in the ways of the Lord: moreover he took away the
high places and the asherim out of Yehuda. Also in the 7
third year of his reign he sent to his princes, to Ben-ḥayil, and
to 'Ovadya, and to Zekharya, and to Netan'el, and to Mikhayahu,
to teach in the cities of Yehuda. And with them he sent Levites, 8
Shema'yahu, and Netanyahu, and Zevadyahu, and Asa'el, and
Shemiramot, and Yehonatan, and Adoniyyahu, and Toviyyahu,
and Tov-adoniyya, Levites; and with them Elishama and Yeho-
ram, priests. And they taught in Yehuda, and had the book of 9
the Tora of the Lord with them, and went about throughout all
the cities of Yehuda, and taught the people. And the fear of the 10
Lord fell upon all the kingdoms of the lands that were round
about Yehuda, so that they made no war against Yehoshafat.
Also some of the Pelishtim brought Yehoshafat presents, and 11
tribute of silver; and the 'Arvi'im brought him flocks, seven
thousand seven hundred rams, and seven thousand seven hun-
dred he goats. And Yehoshafat grew exceedingly great; 12
and he built castles and store cities in Yehuda. And he had much 13
business in the cities of Yehuda: and men of war, mighty men of
valour, were in Yerushalayim. And these are the numbers 14
of them according to the houses of their fathers: Of Yehuda, the
captains of thousands; 'Adna the chief, and with him mighty
men of valour three hundred thousand. And next to him 15
was Yehoḥanan the captain, and with him two hundred and
eighty thousand. And next to him was 'Amasya the son of 16
Zikhri, who volunteered for the service of the Lord; and with
him two hundred thousand mighty men of arms. And 17
of Binyamin; Elyada a mighty man at arms, and with him armed

יח אָלֶף׃ וְעַל־יָדוֹ יְהוֹזָבָד וְעִמּוֹ מֵאָה־וּשְׁמוֹנִים אֶלֶף
יט חֲלוּצֵי צָבָא׃ אֵלֶּה הַמְשָׁרְתִים אֶת־הַמֶּלֶךְ מִלְּבַד
א יח אֲשֶׁר־נָתַן הַמֶּלֶךְ בְּעָרֵי הַמִּבְצָר בְּכָל־יְהוּדָה׃ וַיְהִי
ב לִיהוֹשָׁפָט עֹשֶׁר וְכָבוֹד לָרֹב וַיִּתְחַתֵּן לְאַחְאָב׃ וַיֵּרֶד לְקֵץ
שָׁנִים אֶל־אַחְאָב לְשֹׁמְרוֹן וַיִּזְבַּח־לוֹ אַחְאָב צֹאן וּבָקָר לָרֹב
ג וְלָעָם אֲשֶׁר עִמּוֹ וַיְסִיתֵהוּ לַעֲלוֹת אֶל־רָמֹת גִּלְעָד׃ וַיֹּאמֶר
אַחְאָב מֶלֶךְ־יִשְׂרָאֵל אֶל־יְהוֹשָׁפָט מֶלֶךְ יְהוּדָה הֲתֵלֵךְ עִמִּי
רָמֹת גִּלְעָד וַיֹּאמֶר לוֹ כָּמוֹנִי כָמוֹךָ וּכְעַמְּךָ עַמִּי וְעִמְּךָ
ד בַּמִּלְחָמָה׃ וַיֹּאמֶר יְהוֹשָׁפָט אֶל־מֶלֶךְ יִשְׂרָאֵל דְּרָשׁ־נָא כַיּוֹם
ה אֶת־דְּבַר יְהוָה׃ וַיִּקְבֹּץ מֶלֶךְ־יִשְׂרָאֵל אֶת־הַנְּבִאִים אַרְבַּע
מֵאוֹת אִישׁ וַיֹּאמֶר אֲלֵהֶם הֲנֵלֵךְ אֶל־רָמֹת גִּלְעָד לַמִּלְחָמָה
ו אִם־אֶחְדָּל וַיֹּאמְרוּ עֲלֵה וְיִתֵּן הָאֱלֹהִים בְּיַד הַמֶּלֶךְ׃ וַיֹּאמֶר
ז יְהוֹשָׁפָט הַאֵין פֹּה נָבִיא לַיהוָה עוֹד וְנִדְרְשָׁה מֵאֹתוֹ׃ וַיֹּאמֶר
מֶלֶךְ־יִשְׂרָאֵל ׀ אֶל־יְהוֹשָׁפָט עוֹד אִישׁ־אֶחָד לִדְרוֹשׁ אֶת־
יְהוָה מֵאֹתוֹ וַאֲנִי שְׂנֵאתִיהוּ כִּי אֵינֶנּוּ מִתְנַבֵּא עָלַי לְטוֹבָה כִּי
כָל־יָמָיו לְרָעָה הוּא מִיכָיְהוּ בֶן־יִמְלָא וַיֹּאמֶר יְהוֹשָׁפָט אַל־
ח יֹאמַר הַמֶּלֶךְ כֵּן׃ וַיִּקְרָא מֶלֶךְ יִשְׂרָאֵל אֶל־סָרִיס אֶחָד וַיֹּאמֶר
ט מַהֵר מִיכָהוּ בֶן־יִמְלָא׃ וּמֶלֶךְ יִשְׂרָאֵל וִיהוֹשָׁפָט מֶלֶךְ־יְהוּדָה מִיכָיְהוּ
יוֹשְׁבִים אִישׁ עַל־כִּסְאוֹ מְלֻבָּשִׁים בְּגָדִים וְיֹשְׁבִים בְּגֹרֶן פֶּתַח
י שַׁעַר שֹׁמְרוֹן וְכָל־הַנְּבִיאִים מִתְנַבְּאִים לִפְנֵיהֶם׃ וַיַּעַשׂ לוֹ
צִדְקִיָּהוּ בֶן־כְּנַעֲנָה קַרְנֵי בַרְזֶל וַיֹּאמֶר כֹּה־אָמַר יְהוָה בְּאֵלֶּה
יא תְּנַגַּח אֶת־אֲרָם עַד־כַּלּוֹתָם׃ וְכָל־הַנְּבִאִים נִבְּאִים כֵּן לֵאמֹר
יב עֲלֵה רָמֹת גִּלְעָד וְהַצְלַח וְנָתַן יְהוָה בְּיַד הַמֶּלֶךְ׃ וְהַמַּלְאָךְ
אֲשֶׁר־הָלַךְ ׀ לִקְרֹא לְמִיכָיְהוּ דִּבֶּר אֵלָיו לֵאמֹר הִנֵּה דִּבְרֵי
הַנְּבִאִים פֶּה־אֶחָד טוֹב אֶל־הַמֶּלֶךְ וִיהִי־נָא דְבָרְךָ כְּאַחַד
יג מֵהֶם וְדִבַּרְתָּ טּוֹב׃ וַיֹּאמֶר מִיכָיְהוּ חַי־יְהוָה כִּי אֶת־אֲשֶׁר־
יד יֹאמַר אֱלֹהַי אֹתוֹ אֲדַבֵּר׃ וַיָּבֹא אֶל־הַמֶּלֶךְ וַיֹּאמֶר הַמֶּלֶךְ
אֵלָיו מִיכָה הֲנֵלֵךְ אֶל־רָמֹת גִּלְעָד לַמִּלְחָמָה אִם־אֶחְדָּל
טו וַיֹּאמֶר עֲלוּ וְהַצְלִיחוּ וְיִנָּתְנוּ בְּיֶדְכֶם׃ וַיֹּאמֶר אֵלָיו הַמֶּלֶךְ עַד־
כַּמֶּה פְעָמִים אֲנִי מַשְׁבִּיעֶךָ אֲשֶׁר לֹא־תְדַבֵּר אֵלַי רַק אֱמֶת
טז בְּשֵׁם יְהוָה׃ וַיֹּאמֶר רָאִיתִי אֶת־כָּל־יִשְׂרָאֵל נְפוֹצִים עַל־
הֶהָרִים כַּצֹּאן אֲשֶׁר אֵין־לָהֶן רֹעֶה וַיֹּאמֶר יְהוָה לֹא־אֲדֹנִים
יז לָאֵלֶּה יָשׁוּבוּ אִישׁ־לְבֵיתוֹ בְּשָׁלוֹם׃ וַיֹּאמֶר מֶלֶךְ־יִשְׂרָאֵל אֶל־
יְהוֹשָׁפָט הֲלֹא אָמַרְתִּי אֵלֶיךָ לֹא־יִתְנַבֵּא עָלַי טוֹב כִּי אִם־
יח לְרָע׃ וַיֹּאמֶר לָכֵן שִׁמְעוּ דְבַר־יְהוָה רָאִיתִי אֶת־ יח
יְהוָה יוֹשֵׁב עַל־כִּסְאוֹ וְכָל־צְבָא הַשָּׁמַיִם עֹמְדִים עַל־יְמִינוֹ

men with bow and shield two hundred thousand. And 18
next to him was Yehozavad, and with him a hundred and eighty
thousand ready prepared for the war. These waited 19
on the king, besides those whom the king put in the fortified
cities throughout all Yehuda. Now Yehoshafat had **18**
riches and honour in abundance, and he allied himself by
marriage with Aẖ'av. And after certain years he went down 2
to Aẖ'av to Shomron. And Aẖ'av killed sheep and oxen for him
in abundance, and for the people that he had with him, and
persuaded him to go up with him to Ramot-gil'ad. And Aẖ'av 3
king of Yisra'el said to Yehoshafat king of Yehuda, Wilt thou
go with me to Ramot-gil'ad? And he answered him, I am as
thou art, and my people are as thy people; and we will be with
thee in the war. And Yehoshafat said to the king of Yisra'el, 4
Inquire, I pray thee, of the word of the Lord to day. Therefore 5
the king of Yisrael gathered together prophets, four hundred
men, and said to them, Shall we go to Ramot-gil'ad to battle, or
shall I forbear? And they said, Go up; for God will deliver it
into the king's hand. But Yehoshafat said, Is there not here a 6
prophet of the Lord besides, that we might inquire of him? And 7
the king of Yisra'el said to Yehoshafat, There is yet one man,
by whom we may inquire of the Lord: but I hate him; for he
never prophesied good to me, but always evil: he is Mikhayehu
the son of Yimla. And Yehoshafat said, Let not the king say so.
So the king of Yisra'el called for one of his officers, and said, 8
Fetch quickly Mikhayehu the son of Yimla. And the king of 9
Yisra'el and Yehoshafat king of Yehuda sat each of them on
his throne, clothed in their robes, and they sat in a threshing
floor at the entrance of the gate of Shomeron; and all the
prophets prophesied before them. And Ẕidqiyyahu the son of 10
Kena'ana had made for himself horns of iron, and he said, Thus
says the Lord, With these thou shalt push Aram until they are
wiped out. And all the prophets prophesied in the same sense, 11
saying, Go up to Ramot-gil'ad, and prosper: for the Lord shall
deliver it into the hand of the king. And the messenger that went 12
to call Mikhayehu spoke to him, saying, Behold, the words of
the prophets declare good to the king with one assent; let thy
word therefore, I pray thee, be like one of theirs, and speak thou
good. And Mikhayehu said, As the Lord lives, even what my God 13
says, that will I speak. And when he was come to the king, the 14
king said to him, Mikha, shall we go to Ramot-gil'ad to battle,
or shall I forbear? And he said, Go up, and prosper, and they
shall be delivered into your hand. And the king said to him, How 15
many times shall I adjure thee that thou say nothing to me but
the truth in the name of the Lord? Then he said, I saw all 16
Yisra'el scattered upon the mountains, like sheep that have no
shepherd: and the Lord said, These have no master; let them
return therefore every man to his house in peace. And the king 17
of Yisra'el said to Yehoshafat, Did I not tell thee that he would
not prophesy good to me but only evil? And he said, 18
Therefore hear the word of the Lord; I saw the Lord sitting
upon his throne, and all the host of heaven standing on his right

יט וּשְׁמֹאלוֹ: וַיֹּאמֶר יְהוָה מִי יְפַתֶּה אֶת־אַחְאָב מֶלֶךְ־יִשְׂרָאֵל
וְיַעַל וְיִפֹּל בְּרָמוֹת גִּלְעָד וַיֹּאמֶר זֶה אֹמֵר כָּכָה וְזֶה אֹמֵר כָּכָה:
כ וַיֵּצֵא הָרוּחַ וַיַּעֲמֹד לִפְנֵי יְהוָה וַיֹּאמֶר אֲנִי אֲפַתֶּנּוּ וַיֹּאמֶר יְהוָה
כא אֵלָיו בַּמָּה: וַיֹּאמֶר אֵצֵא וְהָיִיתִי לְרוּחַ שֶׁקֶר בְּפִי כָּל־נְבִיאָיו
כב וַיֹּאמֶר תְּפַתֶּה וְגַם־תּוּכָל צֵא וַעֲשֵׂה־כֵן: וְעַתָּה הִנֵּה נָתַן
יְהוָה רוּחַ שֶׁקֶר בְּפִי נְבִיאֶיךָ אֵלֶּה וַיהוָה דִּבֶּר עָלֶיךָ
כג רָעָה: וַיִּגַּשׁ צִדְקִיָּהוּ בֶן־כְּנַעֲנָה וַיַּךְ אֶת־מִיכָיְהוּ עַל־
הַלֶּחִי וַיֹּאמֶר אֵי זֶה הַדֶּרֶךְ עָבַר רוּחַ־יְהוָה מֵאִתִּי לְדַבֵּר אֹתָךְ:
כד וַיֹּאמֶר מִיכָיְהוּ הִנְּךָ רֹאֶה בַּיּוֹם הַהוּא אֲשֶׁר תָּבוֹא חֶדֶר
כה בְּחֶדֶר לְהֵחָבֵא: וַיֹּאמֶר מֶלֶךְ יִשְׂרָאֵל קְחוּ אֶת־מִיכָיְהוּ וַהֲשִׁיבֻהוּ
כו אֶל־אָמוֹן שַׂר־הָעִיר וְאֶל־יוֹאָשׁ בֶּן־הַמֶּלֶךְ: וַאֲמַרְתֶּם כֹּה
אָמַר הַמֶּלֶךְ שִׂימוּ זֶה בֵּית הַכֶּלֶא וְהַאֲכִלֻהוּ לֶחֶם לַחַץ
כז וּמַיִם לַחַץ עַד שׁוּבִי בְשָׁלוֹם: וַיֹּאמֶר מִיכָיְהוּ אִם־שׁוֹב
תָּשׁוּב בְּשָׁלוֹם לֹא־דִבֶּר יְהוָה בִּי וַיֹּאמֶר שִׁמְעוּ עַמִּים
כח כֻּלָּם: וַיַּעַל מֶלֶךְ־יִשְׂרָאֵל וִיהוֹשָׁפָט מֶלֶךְ־יְהוּדָה
כט אֶל־רָמֹת גִּלְעָד: וַיֹּאמֶר מֶלֶךְ יִשְׂרָאֵל אֶל־יְהוֹשָׁפָט הִתְחַפֵּשׂ
וָבוֹא בַמִּלְחָמָה וְאַתָּה לְבַשׁ בְּגָדֶיךָ וַיִּתְחַפֵּשׂ מֶלֶךְ יִשְׂרָאֵל
ל וַיָּבֹאוּ בַּמִּלְחָמָה: וּמֶלֶךְ אֲרָם צִוָּה אֶת־שָׂרֵי הָרֶכֶב אֲשֶׁר־
לוֹ לֵאמֹר לֹא תִּלָּחֲמוּ אֶת־הַקָּטֹן אֶת־הַגָּדוֹל כִּי אִם־אֶת־
לא מֶלֶךְ יִשְׂרָאֵל לְבַדּוֹ: וַיְהִי כִּרְאוֹת שָׂרֵי הָרֶכֶב אֶת־יְהוֹשָׁפָט
וְהֵמָּה אָמְרוּ מֶלֶךְ־יִשְׂרָאֵל הוּא וַיָּסֹבּוּ עָלָיו לְהִלָּחֵם וַיִּזְעַק
לב יְהוֹשָׁפָט וַיהוָה עֲזָרוֹ וַיְסִיתֵם אֱלֹהִים מִמֶּנּוּ: וַיְהִי כִּרְאוֹת
לג שָׂרֵי הָרֶכֶב כִּי לֹא־הָיָה מֶלֶךְ יִשְׂרָאֵל וַיָּשׁוּבוּ מֵאַחֲרָיו: וְאִישׁ
מָשַׁךְ בַּקֶּשֶׁת לְתֻמּוֹ וַיַּךְ אֶת־מֶלֶךְ יִשְׂרָאֵל בֵּין הַדְּבָקִים וּבֵין
הַשִּׁרְיָן וַיֹּאמֶר לָרַכָּב הֲפֹךְ ידיך וְהוֹצֵאתַנִי מִן־הַמַּחֲנֶה כִּי יָדְךָ
לד הָחֳלֵיתִי: וַתַּעַל הַמִּלְחָמָה בַּיּוֹם הַהוּא וּמֶלֶךְ יִשְׂרָאֵל הָיָה
מַעֲמִיד בַּמֶּרְכָּבָה נֹכַח אֲרָם עַד־הָעָרֶב וַיָּמָת לְעֵת בּוֹא
יט א הַשָּׁמֶשׁ: וַיָּשָׁב יְהוֹשָׁפָט מֶלֶךְ־יְהוּדָה אֶל־בֵּיתוֹ
ב בְּשָׁלוֹם לִירוּשָׁלִָם: וַיֵּצֵא אֶל־פָּנָיו יֵהוּא בֶן־חֲנָנִי הַחֹזֶה וַיֹּאמֶר
אֶל־הַמֶּלֶךְ יְהוֹשָׁפָט הֲלָרָשָׁע לַעְזֹר וּלְשֹׂנְאֵי יְהוָה תֶּאֱהָב
ג וּבָזֹאת עָלֶיךָ קֶּצֶף מִלִּפְנֵי יְהוָה: אֲבָל דְּבָרִים טוֹבִים נִמְצְאוּ
עִמָּךְ כִּי־בִעַרְתָּ הָאֲשֵׁרוֹת מִן־הָאָרֶץ וַהֲכִינוֹתָ לְבָבְךָ לִדְרֹשׁ
ד הָאֱלֹהִים: וַיֵּשֶׁב יְהוֹשָׁפָט בִּירוּשָׁלִָם וַיָּשָׁב וַיֵּצֵא בָעָם מִבְּאֵר
שֶׁבַע עַד־הַר אֶפְרַיִם וַיְשִׁיבֵם אֶל־יְהוָה אֱלֹהֵי אֲבוֹתֵיהֶם:
ה וַיַּעֲמֵד שֹׁפְטִים בָּאָרֶץ בְּכָל־עָרֵי יְהוּדָה הַבְּצֻרוֹת לְעִיר וָעִיר:
ו וַיֹּאמֶר אֶל־הַשֹּׁפְטִים רְאוּ מָה־אַתֶּם עֹשִׂים כִּי לֹא לְאָדָם

hand and on his left. And the LORD said, Who will entice 19
Ah'av king of Yisra'el, that he may go up and fall at
Ramot-gil'ad? And one spoke saying after this manner, and
another saying after that manner. Then the spirit came for- 20
ward, and stood before the LORD, and said, I will entice
him. And the LORD said to him, With what? And he said, 21
I will go out, and be a lying spirit in the mouth of all his prophets.
And he said, Thou shalt entice him, and thou shalt also prevail:
go out, and do so. Now therefore, behold the LORD has put a 22
lying spirit in the mouth of these thy prophets, and the LORD
has spoken evil against thee. Then Ẕidqiyyahu the son of 23
Kena'ana came near, and smote Mikhayehu upon the cheek, and
said, Which way did the spirit of the LORD go from me to speak
to thee? And Mikhayehu said, Behold, thou shalt see on that day 24
when thou shalt go into an inner chamber to hide thyself. Then 25
the king of Yisra'el said, Take Mikhayehu, and carry him back
to Amon the governor of the city, and to Yo'ash the king's son;
and say, Thus says the king, Put this fellow in the prison, and 26
feed him with scant bread and with scant water, until I return
in peace. And Mikhayehu said, If thou at all return in peace, 27
then the LORD has not spoken by me. And he said, Hearken, all
you people. So the king of Yisra'el and Yehoshafat the 28
king of Yehuda went up to Ramot-gil'ad. And the king of Yisra'el 29
said to Yehoshafat, I will disguise myself, and will go to the
battle; but do thou put on thy robes. So the king of Yisra'el
disguised himself; and they went to the battle. Now the king of 30
Aram had commanded the captains of the chariots that were
with him, saying, Do not fight with small or great, but only
with the king of Yisra'el. And it came to pass, when the captains 31
of the chariots saw Yehoshafat, that they said, It is the king
of Yisra'el. Therefore they surrounded him to fight: but Yeho-
shafat cried out, and the LORD helped him; and GOD drew
them away from him. For it came to pass, that, when the 32
captains of the chariots perceived that it was not the king of
Yisra'el, they turned back from pursuing him. And a certain 33
man drew his bow at a venture, and smote the king of Yisra'el
between the joints of the armour: so he said to the driver of
his chariot, Turn thy hand, and carry me out of the host; for
I am badly wounded. And the battle increased that day: but 34
the king of Yisra'el propped himself up in his chariot against
Aram until evening: and about the time of sunset he died.

19 And Yehoshafat the king of Yehuda returned to his house
2 in peace to Yerushalayim. And Yehu the son of Ḥanani the seer
went out to meet him, and said to king Yehoshafat, Shouldst
thou help the wicked, and love those who hate the LORD?
therefore wrath is come upon thee from before the LORD.
3 Nevertheless there are good things found in thee, in that thou
hast taken away the asherot out of the land, and hast directed
4 thy heart to seek GOD. And Yehoshafat dwelt at Yerushalayim:
and he went out again among the people from Be'er-sheva to
mount Efrayim, and brought them back to the LORD GOD of
5 their fathers. And he set judges in the land throughout all the
6 fortified cities of Yehuda, city by city. And he said to the judges,

תִשְׁפְּטוּ כִּי לַיהוָה וְעִמָּכֶם בִּדְבַר מִשְׁפָּט: וְעַתָּה יְהִי פַחַד־ ז
יְהוָה עֲלֵיכֶם שִׁמְרוּ וַעֲשׂוּ כִּי־אֵין עִם־יְהוָה אֱלֹהֵינוּ עַוְלָה
ח וּמַשֹּׂא פָנִים וּמִקַּח־שֹׁחַד: וְגַם בִּירוּשָׁלִַם הֶעֱמִיד יְהוֹשָׁפָט
מִן־הַלְוִיִּם וְהַכֹּהֲנִים וּמֵרָאשֵׁי הָאָבוֹת לְיִשְׂרָאֵל לְמִשְׁפַּט
ט יְהוָה וְלָרִיב וַיָּשֻׁבוּ יְרוּשָׁלִָם: וַיְצַו עֲלֵיהֶם לֵאמֹר כֹּה תַעֲשׂוּן
י בְּיִרְאַת יְהוָה בֶּאֱמוּנָה וּבְלֵבָב שָׁלֵם: וְכָל־רִיב אֲשֶׁר־יָבוֹא
עֲלֵיכֶם מֵאֲחֵיכֶם ׀ הַיֹּשְׁבִים בְּעָרֵיהֶם בֵּין־דָּם ׀ לְדָם בֵּין־
תּוֹרָה לְמִצְוָה לְחֻקִּים וּלְמִשְׁפָּטִים וְהִזְהַרְתֶּם אֹתָם וְלֹא
יֶאְשְׁמוּ לַיהוָה וְהָיָה־קֶצֶף עֲלֵיכֶם וְעַל־אֲחֵיכֶם כֹּה תַעֲשׂוּן
יא וְלֹא תֶאְשָׁמוּ: וְהִנֵּה אֲמַרְיָהוּ כֹהֵן הָרֹאשׁ עֲלֵיכֶם לְכֹל ׀ דְּבַר
יְהוָה וּזְבַדְיָהוּ בֶן־יִשְׁמָעֵאל הַנָּגִיד לְבֵית־יְהוּדָה לְכֹל דְּבַר־
הַמֶּלֶךְ וְשֹׁטְרִים הַלְוִיִּם לִפְנֵיכֶם חִזְקוּ וַעֲשׂוּ וִיהִי יְהוָה עִם־
הַטּוֹב:

כ א וַיְהִי אַחֲרֵי־כֵן בָּאוּ בְנֵי־מוֹאָב וּבְנֵי עַמּוֹן וְעִמָּהֶם ׀ מֵהָעַמּוֹנִים
ב עַל־יְהוֹשָׁפָט לַמִּלְחָמָה: וַיָּבֹאוּ וַיַּגִּידוּ לִיהוֹשָׁפָט לֵאמֹר בָּא
עָלֶיךָ הָמוֹן רָב מֵעֵבֶר לַיָּם מֵאֲרָם וְהִנָּם בְּחַצְצוֹן תָּמָר הִיא
ג עֵין גֶּדִי: וַיִּרָא וַיִּתֵּן יְהוֹשָׁפָט אֶת־פָּנָיו לִדְרוֹשׁ לַיהוָה וַיִּקְרָא־
ד צוֹם עַל־כָּל־יְהוּדָה: וַיִּקָּבְצוּ יְהוּדָה לְבַקֵּשׁ מֵיְהוָה גַּם מִכָּל־
ה עָרֵי יְהוּדָה בָּאוּ לְבַקֵּשׁ אֶת־יְהוָה: וַיַּעֲמֹד יְהוֹשָׁפָט בִּקְהַל
ו יְהוּדָה וִירוּשָׁלִַם בְּבֵית יְהוָה לִפְנֵי הֶחָצֵר הַחֲדָשָׁה: וַיֹּאמַר
יְהוָה אֱלֹהֵי אֲבֹתֵינוּ הֲלֹא אַתָּה־הוּא אֱלֹהִים בַּשָּׁמַיִם וְאַתָּה
מוֹשֵׁל בְּכֹל מַמְלְכוֹת הַגּוֹיִם וּבְיָדְךָ כֹּחַ וּגְבוּרָה וְאֵין עִמְּךָ
ז לְהִתְיַצֵּב: הֲלֹא ׀ אַתָּה אֱלֹהֵינוּ הוֹרַשְׁתָּ אֶת־יֹשְׁבֵי הָאָרֶץ
הַזֹּאת מִלִּפְנֵי עַמְּךָ יִשְׂרָאֵל וַתִּתְּנָהּ לְזֶרַע אַבְרָהָם אֹהַבְךָ
ח לְעוֹלָם: וַיֵּשְׁבוּ־בָהּ וַיִּבְנוּ לְךָ ׀ בָּהּ מִקְדָּשׁ לְשִׁמְךָ לֵאמֹר:
ט אִם־תָּבוֹא עָלֵינוּ רָעָה חֶרֶב שְׁפוֹט וְדֶבֶר וְרָעָב נַעַמְדָה לִפְנֵי
הַבַּיִת הַזֶּה וּלְפָנֶיךָ כִּי שִׁמְךָ בַּבַּיִת הַזֶּה וְנִזְעַק אֵלֶיךָ מִצָּרָתֵנוּ
י וְתִשְׁמַע וְתוֹשִׁיעַ: וְעַתָּה הִנֵּה בְנֵי־עַמּוֹן וּמוֹאָב וְהַר־שֵׂעִיר
אֲשֶׁר לֹא־נָתַתָּה לְיִשְׂרָאֵל לָבוֹא בָהֶם בְּבֹאָם מֵאֶרֶץ מִצְרָיִם
יא כִּי סָרוּ מֵעֲלֵיהֶם וְלֹא הִשְׁמִידוּם: וְהִנֵּה־הֵם גֹּמְלִים עָלֵינוּ
יב לָבוֹא לְגָרְשֵׁנוּ מִיְּרֻשָּׁתְךָ אֲשֶׁר הוֹרַשְׁתָּנוּ: אֱלֹהֵינוּ הֲלֹא
תִשְׁפָּט־בָּם כִּי אֵין בָּנוּ כֹּחַ לִפְנֵי הֶהָמוֹן הָרָב הַזֶּה הַבָּא
יג עָלֵינוּ וַאֲנַחְנוּ לֹא נֵדַע מַה־נַּעֲשֶׂה כִּי עָלֶיךָ עֵינֵינוּ: וְכָל־יְהוּדָה
יד עֹמְדִים לִפְנֵי יְהוָה גַּם־טַפָּם נְשֵׁיהֶם וּבְנֵיהֶם: וְיַחֲזִיאֵל

take heed what you do: for you do not judge for man, but for
the LORD, who is with you in the judgment. And now let the 7
fear of the LORD be upon you; take heed and do it: for there
is no iniquity with the LORD our GOD, nor respect of persons,
nor taking of gifts. Moreover in Yerushalayim did Yehoshafat 8
set certain Levites, and priests, and heads of the fathers' houses
of Yisra'el, for the judgment of the LORD, and for controversies.
And they returned to Yerushalayim. And he charged them, 9
saying, Thus shall you do in the fear of the LORD, faithfully,
and with a perfect heart. And whatever cause shall come to 10
you from your brethren who dwell in their cities, between
blood and blood, concerning Tora and commandment, and
statutes and judgments, you shall warn them not to trespass
against the LORD, so as to bring wrath upon you, and upon
your brethren: this do, and you shall not trespass. And, behold, 11
Amaryahu the chief priest is over you in all matters of the LORD;
and Zevadyahu the son of Yishma'el, the ruler of the house of
Yehuda, for all the king's matters: also the Levites shall be
officers before you. Deal courageously, and the LORD shall be
with the good.
And it came to pass after this, that the children of Mo'av, **20**
and the children of 'Ammon, and with them some of the Me'u-
nim, came against Yehoshafat to battle. Then there came some 2
that told Yehoshafat, saying, There comes a great multitude
against thee from beyond the sea from Aram; and, behold,
they are in Ḥaẓeẓon-tamar, which is 'En-gedi. And Yehoshafat 3
was afraid, and set himself to seek the LORD, and proclaimed
a fast throughout all Yehuda. And Yehuda gathered themselves 4
together, to ask help of the LORD: even out of all the cities
of Yehuda they came to seek the LORD. And Yehoshafat stood 5
in the congregation of Yehuda and Yerushalayim, in the house
of the LORD, before the new court, And said, O LORD GOD of our 6
fathers, are not thou GOD in heaven? and dost thou not rule over
all the kingdoms of the nations? and in thy hand is there not
power and might, so that none is able to withstand thee?
Are thou not our GOD, who didst drive out the inhabitants of 7
this land before thy people Yisra'el, and didst give it to the
seed of Avraham thy friend for ever? And they dwelt in it, 8
and have built thee a sanctuary there for thy name, saying,
If, when evil come upon us, sword, judgment, or pestilence, or 9
famine, we stand before this house, and in thy presence, (for
thy name is in this house,) and cry to thee in our affliction,
then thou wilt hear and help. And now, behold, the children 10
of 'Ammon and Mo'av and mount Se'ir, whom thou wouldst
not let Yisra'el invade, when they came out of the land of
Miẓrayim, but they turned from them, and did not destroy
them; behold, they rewarded us, by coming to cast us out of 11
thy possession, which thou hast given us to inherit. O our GOD, 12
wilt thou not judge them? for we have no might against this
great company that comes against us; nor do we know what
to do: but our eyes are upon thee. And all Yehuda stood before 13
the LORD, with their little ones, their wives, and their children.

Then upon Yaḥazi'el the son of Zekharyahu, the son of 14

בֶּן־זְכַרְיָהוּ בֶּן־בְּנָיָה בֶּן־יְעִיאֵל בֶּן־מַתַּנְיָה הַלֵּוִי מִן־בְּנֵי אָסָף
טו הָיְתָה עָלָיו רוּחַ יהוה בְּתוֹךְ הַקָּהָל: וַיֹּאמֶר הַקְשִׁיבוּ כָל־
יְהוּדָה וְיֹשְׁבֵי יְרוּשָׁלַםִ וְהַמֶּלֶךְ יְהוֹשָׁפָט כֹּה־אָמַר יהוה לָכֶם
אַתֶּם אַל־תִּירְאוּ וְאַל־תֵּחַתּוּ מִפְּנֵי הֶהָמוֹן הָרָב הַזֶּה כִּי לֹא
טז לָכֶם הַמִּלְחָמָה כִּי לֵאלֹהִים: מָחָר רְדוּ עֲלֵיהֶם הִנָּם עֹלִים
בְּמַעֲלֵה הַצִּיץ וּמְצָאתֶם אֹתָם בְּסוֹף הַנַּחַל פְּנֵי מִדְבַּר
יז יְרוּאֵל: לֹא לָכֶם לְהִלָּחֵם בָּזֹאת הִתְיַצְּבוּ עִמְדוּ וּרְאוּ אֶת־
יְשׁוּעַת יהוה עִמָּכֶם יְהוּדָה וִירוּשָׁלַםִ אַל־תִּירְאוּ וְאַל־תֵּחַתּוּ
יח מָחָר צְאוּ לִפְנֵיהֶם וַיהוה עִמָּכֶם: וַיִּקֹּד יְהוֹשָׁפָט אַפַּיִם אָרְצָה
וְכָל־יְהוּדָה וְיֹשְׁבֵי יְרוּשָׁלַםִ נָפְלוּ לִפְנֵי יהוה לְהִשְׁתַּחֲוֺת לַיהוה:
יט וַיָּקֻמוּ הַלְוִיִּם מִן־בְּנֵי הַקְּהָתִים וּמִן־בְּנֵי הַקָּרְחִים לְהַלֵּל לַיהוה
כ אֱלֹהֵי יִשְׂרָאֵל בְּקוֹל גָּדוֹל לְמָעְלָה: וַיַּשְׁכִּימוּ בַבֹּקֶר וַיֵּצְאוּ
לְמִדְבַּר תְּקוֹעַ וּבְצֵאתָם עָמַד יְהוֹשָׁפָט וַיֹּאמֶר שְׁמָעוּנִי יְהוּדָה
וְיֹשְׁבֵי יְרוּשָׁלַםִ הַאֲמִינוּ בַּיהוה אֱלֹהֵיכֶם וְתֵאָמֵנוּ הַאֲמִינוּ
כא בִנְבִיאָיו וְהַצְלִיחוּ: וַיִּוָּעַץ אֶל־הָעָם וַיַּעֲמֵד מְשֹׁרְרִים לַיהוה
וּמְהַלְלִים לְהַדְרַת־קֹדֶשׁ בְּצֵאת לִפְנֵי הֶחָלוּץ וְאֹמְרִים הוֹדוּ
כב לַיהוה כִּי לְעוֹלָם חַסְדּוֹ: וּבְעֵת הֵחֵלּוּ בְרִנָּה וּתְהִלָּה נָתַן
יהוה ׀ מְאָרְבִים עַל־בְּנֵי עַמּוֹן מוֹאָב וְהַר־שֵׂעִיר הַבָּאִים
כג לִיהוּדָה וַיִּנָּגֵפוּ: וַיַּעַמְדוּ בְּנֵי עַמּוֹן וּמוֹאָב עַל־יֹשְׁבֵי הַר־שֵׂעִיר
לְהַחֲרִים וּלְהַשְׁמִיד וּכְכַלּוֹתָם בְּיוֹשְׁבֵי שֵׂעִיר עָזְרוּ אִישׁ בְּרֵעֵהוּ
כד לְמַשְׁחִית: וִיהוּדָה בָּא עַל־הַמִּצְפֶּה לַמִּדְבָּר וַיִּפְנוּ אֶל־הֶהָמוֹן
כה וְהִנָּם פְּגָרִים נֹפְלִים אַרְצָה וְאֵין פְּלֵיטָה: וַיָּבֹא יְהוֹשָׁפָט וְעַמּוֹ
לָבֹז אֶת־שְׁלָלָם וַיִּמְצְאוּ בָהֶם לָרֹב וּרְכוּשׁ וּפְגָרִים וּכְלֵי חֲמֻדוֹת
וַיְנַצְּלוּ לָהֶם לְאֵין מַשָּׂא וַיִּהְיוּ יָמִים שְׁלוֹשָׁה בֹּזְזִים אֶת־הַשָּׁלָל
כו כִּי רַב־הוּא: וּבַיּוֹם הָרְבִעִי נִקְהֲלוּ לְעֵמֶק בְּרָכָה כִּי שָׁם
בֵּרְכוּ אֶת־יהוה עַל־כֵּן קָרְאוּ אֶת־שֵׁם הַמָּקוֹם הַהוּא עֵמֶק
כז בְּרָכָה עַד־הַיּוֹם: וַיָּשֻׁבוּ כָּל־אִישׁ יְהוּדָה וִירוּשָׁלַםִ וִיהוֹשָׁפָט
בְּרֹאשָׁם לָשׁוּב אֶל־יְרוּשָׁלַםִ בְּשִׂמְחָה כִּי־שִׂמְּחָם יהוה
כח מֵאוֹיְבֵיהֶם: וַיָּבֹאוּ יְרוּשָׁלַםִ בִּנְבָלִים וּבְכִנֹּרוֹת וּבַחֲצֹצְרוֹת
כט אֶל־בֵּית יהוה: וַיְהִי פַּחַד אֱלֹהִים עַל כָּל־מַמְלְכוֹת הָאֲרָצוֹת
ל בְּשָׁמְעָם כִּי נִלְחַם יהוה עִם אוֹיְבֵי יִשְׂרָאֵל: וַתִּשְׁקֹט מַלְכוּת
לא יְהוֹשָׁפָט וַיָּנַח לוֹ אֱלֹהָיו מִסָּבִיב: וַיִּמְלֹךְ יְהוֹשָׁפָט יט
עַל־יְהוּדָה בֶּן־שְׁלֹשִׁים וְחָמֵשׁ שָׁנָה בְּמָלְכוֹ וְעֶשְׂרִים וְחָמֵשׁ

Benaya, the son of Ye'i'el, the son of Mattanya, a Levite of the sons of Asaf, came the spirit of the LORD in the midst of the congregation; and he said, Hearken, all Yehuda, and you inhabitants   15
of Yerushalayim, and thou king Yehoshafat, Thus says the LORD to you, Do not be afraid or dismayed by reason of this great multitude ; for the battle is not yours, but GOD's. To morrow go   16
down against them : behold, they come up by the cliff of Ẓiẓ ; and you shall find them at the end of the wadi, before the wilderness of Yeru'el. You shall not need to fight in this battle :   17
take up your positions, stand still, and see the salvation of the LORD with you, O Yehuda and Yerushalayim : do not fear, or be dismayed ; tomorrow go out against them : for the LORD will be with you. And Yehoshafat bowed his head with his face to the   18
ground : and all Yehuda and the inhabitants of Yerushalayim fell before the LORD, prostrating themselves before the LORD. And   19
the Levites, of the children of the Qehatim, and of the children of the Qorḥim, stood up to praise the LORD GOD of Yisra'el with a loud voice on high. And they rose early in the morning,   20
and went out into the wilderness of Teqoa : and as they went out, Yehoshafat stood and said, Hear me, O Yehuda, and you inhabitants of Yerushalayim ; Believe in the LORD your GOD, so shall you be established ; believe in his prophets, so shall you prosper. And when he had consulted with the people, he ap-   21
pointed singers to the LORD, who should praise in the beauty of holiness, as they went out before the army, and who should say, Give thanks to the LORD ; for his steadfast love endures for ever. And when they began to sing and to praise, the LORD   22
set an ambush against the children of 'Ammon, Mo'av, and mount Se'ir, who were come against Yehuda ; and they were routed. For the children of 'Ammon and Mo'av rose against the   23
inhabitants of mount Se'ir, utterly to slay and destroy them : and when they had made an end of the inhabitants of Se'ir, they all helped to destroy one another. And when Yehuda came   24
to the watchtower in the wilderness, they looked upon the multitude, and, behold, they were dead bodies fallen to the earth, and none had escaped. And when Yehoshafat and his people   25
came to take away their spoil, they found among them abundance of riches with the dead bodies, and precious jewels, which they stripped off for themselves, more than they could carry away : and they were three days in gathering the spoil, it was so much. And on the fourth day they assembled them-   26
selves in the valley of Berakha; (for there they blessed the LORD : therefore the name of that place was called, The valley of Berakha, unto this day.) Then they returned, every man   27
of Yehuda and Yerushalayim, and Yehoshafat at their head, to go back to Yerushalayim with joy ; for the LORD had made them rejoice over their enemies. And they came to Yerushalayim   28
with lutes and lyres and trumpets to the house of the LORD. And the fear of GOD was on all the kingdoms of those countries,   29
when they had heard that the LORD fought against the enemies of Yisra'el. So the realm of Yehoshafat was quiet : for his GOD   30
gave him rest round about.   And Yehoshafat reigned over   31
Yehuda : he was thirty five years old when he began to reign,

לב שָׁנָה מָלַךְ בִּירוּשָׁלָםִ וְשֵׁם אִמּוֹ עֲזוּבָה בַּת־שִׁלְחִי: וַיֵּלֶךְ בְּדֶרֶךְ
לג אָבִיו אָסָא וְלֹא־סָר מִמֶּנָּה לַעֲשׂוֹת הַיָּשָׁר בְּעֵינֵי יהוה: אַךְ
הַבָּמוֹת לֹא־סָרוּ וְעוֹד הָעָם לֹא־הֵכִינוּ לְבָבָם לֵאלֹהֵי
לד אֲבֹתֵיהֶם: וְיֶתֶר דִּבְרֵי יְהוֹשָׁפָט הָרִאשֹׁנִים וְהָאַחֲרֹנִים הִנָּם
כְּתוּבִים בְּדִבְרֵי יֵהוּא בֶן־חֲנָנִי אֲשֶׁר הֹעֲלָה עַל־סֵפֶר מַלְכֵי
לה יִשְׂרָאֵל: וְאַחֲרֵי־כֵן אֶתְחַבַּר יְהוֹשָׁפָט מֶלֶךְ־יְהוּדָה עִם אֲחַזְיָה
לו מֶלֶךְ־יִשְׂרָאֵל הוּא הִרְשִׁיעַ לַעֲשׂוֹת: וַיְחַבְּרֵהוּ עִמּוֹ לַעֲשׂוֹת
לז אֳנִיּוֹת לָלֶכֶת תַּרְשִׁישׁ וַיַּעֲשׂוּ אֳנִיּוֹת בְּעֶצְיוֹן גָּבֶר: וַיִּתְנַבֵּא
אֱלִיעֶזֶר בֶּן־דֹּדָוָהוּ מִמָּרֵשָׁה עַל־יְהוֹשָׁפָט לֵאמֹר כְּהִתְחַבֶּרְךָ
עִם־אֲחַזְיָהוּ פָּרַץ יהוה אֶת־מַעֲשֶׂיךָ וַיִּשָּׁבְרוּ אֳנִיּוֹת וְלֹא עָצְרוּ
כא א לָלֶכֶת אֶל־תַּרְשִׁישׁ: וַיִּשְׁכַּב יְהוֹשָׁפָט עִם־אֲבֹתָיו וַיִּקָּבֵר עִם־
ב אֲבֹתָיו בְּעִיר דָּוִיד וַיִּמְלֹךְ יְהוֹרָם בְּנוֹ תַּחְתָּיו: וְלוֹ־אַחִים בְּנֵי
יְהוֹשָׁפָט עֲזַרְיָה וִיחִיאֵל וּזְכַרְיָהוּ וַעֲזַרְיָהוּ וּמִיכָאֵל וּשְׁפַטְיָהוּ
ג כָּל־אֵלֶּה בְּנֵי יְהוֹשָׁפָט מֶלֶךְ יִשְׂרָאֵל: וַיִּתֵּן לָהֶם ׀ אֲבִיהֶם מַתָּנוֹת
רַבּוֹת לְכֶסֶף וּלְזָהָב וּלְמִגְדָּנוֹת עִם־עָרֵי מְצֻרוֹת בִּיהוּדָה וְאֶת־
ד הַמַּמְלָכָה נָתַן לִיהוֹרָם כִּי־הוּא הַבְּכוֹר: וַיָּקָם יְהוֹרָם
עַל־מַמְלֶכֶת אָבִיו וַיִּתְחַזַּק וַיַּהֲרֹג אֶת־כָּל־אֶחָיו בֶּחָרֶב וְגַם
ה מִשָּׂרֵי יִשְׂרָאֵל: בֶּן־שְׁלֹשִׁים וּשְׁתַּיִם שָׁנָה יְהוֹרָם בְּמָלְכוֹ
ו וּשְׁמוֹנֶה שָׁנִים מָלַךְ בִּירוּשָׁלָםִ: וַיֵּלֶךְ בְּדֶרֶךְ ׀ מַלְכֵי יִשְׂרָאֵל
כַּאֲשֶׁר עָשׂוּ בֵּית אַחְאָב כִּי בַּת־אַחְאָב הָיְתָה לּוֹ אִשָּׁה וַיַּעַשׂ
ז הָרַע בְּעֵינֵי יהוה: וְלֹא־אָבָה יהוה לְהַשְׁחִית אֶת־בֵּית דָּוִיד
לְמַעַן הַבְּרִית אֲשֶׁר כָּרַת לְדָוִיד וְכַאֲשֶׁר אָמַר לָתֵת לוֹ נִיר
ח וּלְבָנָיו כָּל־הַיָּמִים: בְּיָמָיו פָּשַׁע אֱדוֹם מִתַּחַת יַד־יְהוּדָה
ט וַיַּמְלִיכוּ עֲלֵיהֶם מֶלֶךְ: וַיַּעֲבֹר יְהוֹרָם עִם־שָׂרָיו וְכָל־הָרֶכֶב
עִמּוֹ וַיְהִי קָם לַיְלָה וַיַּךְ אֶת־אֱדוֹם הַסּוֹבֵב אֵלָיו וְאֵת שָׂרֵי
י הָרָכֶב: וַיִּפְשַׁע אֱדוֹם מִתַּחַת יַד־יְהוּדָה עַד הַיּוֹם הַזֶּה אָז
תִּפְשַׁע לִבְנָה בָּעֵת הַהִיא מִתַּחַת יָדוֹ כִּי עָזַב אֶת־יהוה אֱלֹהֵי
יא אֲבֹתָיו: גַּם־הוּא עָשָׂה בָמוֹת בְּהָרֵי יְהוּדָה וַיֶּזֶן אֶת־יֹשְׁבֵי
יב יְרוּשָׁלַםִ וַיַּדַּח אֶת־יְהוּדָה: וַיָּבֹא אֵלָיו מִכְתָּב מֵאֵלִיָּהוּ
הַנָּבִיא לֵאמֹר כֹּה ׀ אָמַר יהוה אֱלֹהֵי דָּוִיד אָבִיךָ תַּחַת אֲשֶׁר
לֹא־הָלַכְתָּ בְּדַרְכֵי יְהוֹשָׁפָט אָבִיךָ וּבְדַרְכֵי אָסָא מֶלֶךְ־יְהוּדָה:
יג וַתֵּלֶךְ בְּדֶרֶךְ מַלְכֵי יִשְׂרָאֵל וַתַּזְנֶה אֶת־יְהוּדָה וְאֶת־יֹשְׁבֵי
יְרוּשָׁלַםִ כְּהַזְנוֹת בֵּית אַחְאָב וְגַם אֶת־אַחֶיךָ בֵית־אָבִיךָ
יד הַטּוֹבִים מִמְּךָ הָרָגְתָּ: הִנֵּה יהוה נֹגֵף מַגֵּפָה גְדוֹלָה בְּעַמֶּךָ

and he reigned for twenty five years in Yerushalayim. And
his mother's name was Azuva the daughter of Shilẖi. And he 32
walked in the way of Asa his father, and did not depart from
it, doing that which was right in the sight of the Lord. But the 33
high places were not taken away: for as yet the people had
not directed their hearts to the God of their fathers. Now the 34
rest of the acts of Yehoshafat, first and last, behold, they are
written in the records of Yehu the son of H̱anani, which are
inserted in the book of the kings of Yisra'el. And after this 35
Yehoshafat king of Yehuda joined himself with Aẖazya king
of Yisra'el, who did very wickedly: and he joined himself with 36
him to make ships to go to Tarshish: and they made the ships
in 'Eẕyon-gever. Then Eli'ezer the son of Dodavahu of 37
Maresha prophesied against Yehoshafat, saying, Because thou
hast joined thyself with Aẖazyahu, the Lord will destroy what
thou hast done. And the ships were wrecked, so that they were
not able to go to Tarshish. Now Yehoshafat slept with his **21**
fathers, and was buried with his fathers in the city of David.
And Yehoram his son reigned in his stead. And he had brothers, 2
the sons of Yehoshafat, 'Azaryahu, and Yeẖi'el, and Zekharyahu,
and 'Azaryahu, and Mikha'el, and Shefatyahu: all these were
the sons of Yehoshafat king of Yisra'el. And their father gave
them great gifts of silver, and of gold, and of precious things, 3
with fortified cities in Yehuda: but he gave the kingdom to
Yehoram; because he was the firstborn. Now when 4
Yehoram was taken over the kingdom of his father, and had
strengthened himself, he slew all his brothers with the sword,
and also some of the princes of Yisra'el. Yehoram was thirty two 5
years old when he began to reign, and he reigned eight years
in Yerushalayim. And he walked in the way of the kings of 6
Yisra'el, as did the house of Aẖ'av: for he had a daughter of
Aẖ'av to wife: and he did that which was evil in the eyes of
the Lord. But the Lord did not desire to destroy the house of 7
David, because of the covenant that he had made with David,
and as he promised to give a lamp to him and to his sons for ever.
In his days Edom revolted from under the dominion of Yehuda, 8
and made themselves a king. Then Yehoram went out with his 9
princes, and all his chariots with him: and he rose up by night,
and smote the men of Edom who surrounded him, and the
captains of the chariots. So Edom revolted from under the 10
hand of Yehuda to this day. Then also did Livna revolt from
under his hand; because he had forsaken the Lord God of his
fathers. Moreover he made high places in the mountains of 11
Yehuda and caused the inhabitants of Yerushalayim to go
astray, and drew Yehuda away. And there came a writing 12
to him from Eliyyahu the prophet, saying, Thus says the Lord
God of David thy father, Because thou hast not followed the
ways of Yehoshafat thy father, nor the ways of Asa king of
Yehuda, but hast followed the way of the kings of Yisra'el 13
and hast made Yehuda and the inhabitants of Yerushalayim
to become unfaithful, like the unfaithfulness of the house of
Aẖ'av, and thou hast also slain thy brothers of thy father's
house, who were better than thyself: behold, with a great 14

ט וּבְבָנֶיךָ וּבְנָשֶׁיךָ וּבְכָל־רְכוּשֶׁךָ: וְאַתָּה בָּחֳלָיִים רַבִּים בְּמַחֲלֵה

טז מֵעֶיךָ עַד־יֵצְאוּ מֵעֶיךָ מִן־הַחֹלִי יָמִים עַל־יָמִים: וַיָּעַר יְהוָֹה
עַל־יְהוֹרָם אֵת רוּחַ הַפְּלִשְׁתִּים וְהָעַרְבִים אֲשֶׁר עַל־יַד כּוּשִׁים:

יז וַיַּעֲלוּ בִיהוּדָה וַיִּבְקָעוּהָ וַיִּשְׁבּוּ אֵת כָּל־הָרְכוּשׁ הַנִּמְצָא לְבֵית־
הַמֶּלֶךְ וְגַם־בָּנָיו וְנָשָׁיו וְלֹא נִשְׁאַר־לוֹ בֵּן כִּי אִם־יְהוֹאָחָז קְטֹן

יח בָּנָיו: וְאַחֲרֵי כָּל־זֹאת נְגָפוֹ יְהוָֹה ׀ בְּמֵעָיו לָחֳלִי לְאֵין מַרְפֵּא:

יט וַיְהִי לְיָמִים ׀ מִיָּמִים וּכְעֵת צֵאת הַקֵּץ לְיָמִים שְׁנַיִם יָצְאוּ
מֵעָיו עִם־חָלְיוֹ וַיָּמָת בְּתַחֲלֻאִים רָעִים וְלֹא־עָשׂוּ לוֹ עַמּוֹ

כ שְׂרֵפָה כִּשְׂרֵפַת אֲבֹתָיו: בֶּן־שְׁלֹשִׁים וּשְׁתַּיִם הָיָה בְמָלְכוֹ
וּשְׁמוֹנֶה שָׁנִים מָלַךְ בִּירוּשָׁלִָם וַיֵּלֶךְ בְּלֹא חֶמְדָּה וַיִּקְבְּרֻהוּ

כב א בְּעִיר דָּוִיד וְלֹא בְּקִבְרוֹת הַמְּלָכִים: וַיַּמְלִיכוּ יוֹשְׁבֵי יְרוּשָׁלִַם
אֶת־אֲחַזְיָהוּ בְנוֹ הַקָּטֹן תַּחְתָּיו כִּי כָל־הָרִאשֹׁנִים הָרַג הַגְּדוּד
הַבָּא בַעֲרָבִים לַמַּחֲנֶה וַיִּמְלֹךְ אֲחַזְיָהוּ בֶן־יְהוֹרָם מֶלֶךְ

ב יְהוּדָה: בֶּן־אַרְבָּעִים וּשְׁתַּיִם שָׁנָה אֲחַזְיָהוּ בְמָלְכוֹ
וְשָׁנָה אַחַת מָלַךְ בִּירוּשָׁלִָם וְשֵׁם אִמּוֹ עֲתַלְיָהוּ בַּת־עָמְרִי:

ג גַּם־הוּא הָלַךְ בְּדַרְכֵי בֵּית אַחְאָב כִּי אִמּוֹ הָיְתָה יוֹעַצְתּוֹ

ד לְהַרְשִׁיעַ: וַיַּעַשׂ הָרַע בְּעֵינֵי יְהוָֹה כְּבֵית אַחְאָב כִּי־הֵמָּה הָיוּ־
לוֹ יוֹעֲצִים אַחֲרֵי מוֹת אָבִיו לְמַשְׁחִית לוֹ: גַּם בַּעֲצָתָם הָלַךְ

ה וַיֵּלֶךְ אֶת־יְהוֹרָם בֶּן־אַחְאָב מֶלֶךְ יִשְׂרָאֵל לַמִּלְחָמָה עַל־חֲזָאֵל
מֶלֶךְ־אֲרָם בְּרָמוֹת גִּלְעָד וַיַּכּוּ הָרַמִּים אֶת־יוֹרָם: וַיָּשָׁב

ו לְהִתְרַפֵּא בְיִזְרְעֶאל כִּי הַמַּכִּים אֲשֶׁר הִכֻּהוּ בְרָמָה בְּהִלָּחֲמוֹ
אֶת־חֲזָהאֵל מֶלֶךְ אֲרָם וַעֲזַרְיָהוּ בֶן־יְהוֹרָם מֶלֶךְ יְהוּדָה יָרַד
לִרְאוֹת אֶת־יְהוֹרָם בֶּן־אַחְאָב בְּיִזְרְעֶאל כִּי־חֹלֶה הוּא:

ז וּמֵאֱלֹהִים הָיְתָה תְּבוּסַת אֲחַזְיָהוּ לָבוֹא אֶל־יוֹרָם וּבְבֹאוֹ יָצָא
עִם־יְהוֹרָם אֶל־יֵהוּא בֶּן־נִמְשִׁי אֲשֶׁר מְשָׁחוֹ יְהוָֹה לְהַכְרִית

ח אֶת־בֵּית אַחְאָב: וַיְהִי כְּהִשָּׁפֵט יֵהוּא עִם־בֵּית אַחְאָב וַיִּמְצָא
אֶת־שָׂרֵי יְהוּדָה וּבְנֵי אֲחֵי אֲחַזְיָהוּ מְשָׁרְתִים לַאֲחַזְיָהוּ וַיַּהַרְגֵם:

ט וַיְבַקֵּשׁ אֶת־אֲחַזְיָהוּ וַיִּלְכְּדֻהוּ וְהוּא מִתְחַבֵּא בְשֹׁמְרוֹן וַיְבִאֻהוּ
אֶל־יֵהוּא וַיְמִתֻהוּ וַיִּקְבְּרֻהוּ כִּי אָמְרוּ בֶּן־יְהוֹשָׁפָט הוּא אֲשֶׁר־
דָּרַשׁ אֶת־יְהוָֹה בְּכָל־לְבָבוֹ וְאֵין לְבֵית אֲחַזְיָהוּ לַעְצֹר כֹּחַ

י לְמַמְלָכָה: וַעֲתַלְיָהוּ אֵם אֲחַזְיָהוּ רָאֲתָה כִּי־מֵת
בְּנָהּ וַתָּקָם וַתְּדַבֵּר אֶת־כָּל־זֶרַע הַמַּמְלָכָה לְבֵית יְהוּדָה:

יא וַתִּקַּח יְהוֹשַׁבְעַת בַּת־הַמֶּלֶךְ אֶת־יוֹאָשׁ בֶּן־אֲחַזְיָהוּ וַתִּגְנֹב
אֹתוֹ מִתּוֹךְ בְּנֵי־הַמֶּלֶךְ הַמּוּמָתִים וַתִּתֵּן אֹתוֹ וְאֶת־מֵינִקְתּוֹ
בַּחֲדַר הַמִּטּוֹת וַתַּסְתִּירֵהוּ יְהוֹשַׁבְעַת בַּת־הַמֶּלֶךְ יְהוֹרָם אֵשֶׁת

plague will the LORD smite thy people, and thy children, and
thy wives, and all thy goods : and thou shalt have great sickness 15
by disease of thy bowels, until thy bowels fall out by reason
of the sickness day by day. And the LORD stirred up against 16
Yehoram the spirit of the Pelishtim, and of the ‘Arvim who
were near the Kushim : and they came up into Yehuda, and 17
broke into it, and carried away all the substance that was
found in the the king's house, and his sons also, and his wives ;
so that there was not a son left him, except Yeho'aẖaz, the
youngest of his sons. And after all this the LORD smote him in 18
his bowels with an incurable disease. And it came to pass, that 19
in process of time, after the end of two years, his bowels came
out by reasons of his sickness : so he died in great agony.
And his people made no burning for him, like the burning of
his fathers. Thirty two years old was he when began to reign, 20
and he reigned in Yerushalayim for eight years, and departed
joyless. And they buried him in the city of David, but not in
the tombs of the kings. And the inhabitants of Yerushalayim **22**
made Aẖazyahu his youngest son king in his stead : for the
band of men that came with the ‘Arvim to the camp had slain
all the eldest. So Aẖazyahu the son of Yehoram king of Yehuda
reigned. Forty two years old was Aẖazyahu when he began 2
to reign, and he reigned one year in Yerushalayim. And his
mother's name was ‘Atalyahu the daughter of ‘Omri. He also 3
walked in the ways of the house of Aẖ'av : for his mother was
his counsellor to do wickedly. So he did evil in the sight of the 4
LORD like the house of Aẖ'av : for they were his counsellors
after the death of his father to his destruction. He also followed 5
their counsel, and went with Yehoram the son of Aẖ'av king
of Yisra'el to war against H̱aza'el king of Aram at Ramot-
gil‘ad : and the Arammim smote Yoram. And he returned to 6
be healed in Yizre‘el because of the wounds which were given
him at Rama, when he fought with H̱aza'el king of Aram. And
‘Azaryahu the son of Yehoram king of Yehuda went down to
see Yehoram the son of Aẖ'av at Yizre‘el, because he was sick.
And the destruction of Aẖazyahu came from GOD in that he went 7
to Yoram : for when he was come, he went out with Yehoram
against Yehu the son of Nimshi, whom the LORD had anointed
to cut off the house of Aẖ'av. And it came to pass, that, when 8
Yehu was executing judgment upon the house of Aẖ'av, he
found the princes of Yehuda, and the sons Aẖazyahu's brothers,
who attended Aẖazyahu, and he slew them. And he sought 9
Aẖazyahu : and they caught him, (for he was hid in Shomeron,)
and they brought him to Yehu : and when they had slain him,
they buried him: Because, said they, he is the son of Yehoshafat,
who sought the LORD with all his heart. So the house of Aẖaz-
yahu had no one able to hold the kingdom. But when 10
‘Atalyahu the mother of Aẖazyahu saw that her son was dead,
she arose and destroyed all the royal seed of the house of
Yehuda. But Yehoshav‘at, the daughter of the king, took Yo'ash 11
the son of Aẖazyahu, and stole him from among the king's sons
who were slain, and put him and his nurse in a bedchamber.
So Yehoshav‘at, the daughter of king Yehoram, the wife of

יְהוֹיָדָע הַכֹּהֵן כִּי הִיא הָיְתָה אֲחוֹת אֲחַזְיָהוּ מִפְּנֵי עֲתַלְיָהוּ
יב וְלֹא הֱמִיתָתְהוּ׃ וַיְהִי אִתָּם בְּבֵית הָאֱלֹהִים מִתְחַבֵּא שֵׁשׁ שָׁנִים
כג א וַעֲתַלְיָה מֹלֶכֶת עַל־הָאָרֶץ׃ וּבַשָּׁנָה הַשְּׁבִעִית
הִתְחַזַּק יְהוֹיָדָע וַיִּקַּח אֶת־שָׂרֵי הַמֵּאוֹת לַעֲזַרְיָהוּ בֶן־יְרֹחָם
וּלְיִשְׁמָעֵאל בֶּן־יְהוֹחָנָן וְלַעֲזַרְיָהוּ בֶן־עוֹבֵד וְאֶת־מַעֲשֵׂיָהוּ
ב בֶן־עֲדָיָהוּ וְאֶת־אֱלִישָׁפָט בֶּן־זִכְרִי עִמּוֹ בַבְּרִית׃ וַיָּסֹבּוּ
בִּיהוּדָה וַיִּקְבְּצוּ אֶת־הַלְוִיִּם מִכָּל־עָרֵי יְהוּדָה וְרָאשֵׁי הָאָבוֹת
ג לְיִשְׂרָאֵל וַיָּבֹאוּ אֶל־יְרוּשָׁלִָם׃ וַיִּכְרֹת כָּל־הַקָּהָל בְּרִית בְּבֵית
הָאֱלֹהִים עִם־הַמֶּלֶךְ וַיֹּאמֶר לָהֶם הִנֵּה בֶן־הַמֶּלֶךְ יִמְלֹךְ
ד כַּאֲשֶׁר דִּבֶּר יְהוָה עַל־בְּנֵי דָוִיד׃ זֶה הַדָּבָר אֲשֶׁר תַּעֲשׂוּ
הַשְּׁלִשִׁית מִכֶּם בָּאֵי הַשַּׁבָּת לַכֹּהֲנִים וְלַלְוִיִּם לְשֹׁעֲרֵי הַסִּפִּים׃
ה וְהַשְּׁלִשִׁית בְּבֵית הַמֶּלֶךְ וְהַשְּׁלִישִׁית בְּשַׁעַר הַיְסוֹד וְכָל־הָעָם
ו בְּחַצְרוֹת בֵּית יְהוָה׃ וְאַל־יָבוֹא בֵית־יְהוָה כִּי אִם־הַכֹּהֲנִים
וְהַמְשָׁרְתִים לַלְוִיִּם הֵמָּה יָבֹאוּ כִּי־קֹדֶשׁ הֵמָּה וְכָל־הָעָם
ז יִשְׁמְרוּ מִשְׁמֶרֶת יְהוָה׃ וְהִקִּיפוּ הַלְוִיִּם אֶת־הַמֶּלֶךְ סָבִיב
אִישׁ וְכֵלָיו בְּיָדוֹ וְהַבָּא אֶל־הַבַּיִת יוּמָת וִהְיוּ אֶת־הַמֶּלֶךְ
ח בְּבֹאוֹ וּבְצֵאתוֹ׃ וַיַּעֲשׂוּ הַלְוִיִּם וְכָל־יְהוּדָה כְּכֹל אֲשֶׁר־צִוָּה
יְהוֹיָדָע הַכֹּהֵן וַיִּקְחוּ אִישׁ אֶת־אֲנָשָׁיו בָּאֵי הַשַּׁבָּת עִם יוֹצְאֵי
ט הַשַּׁבָּת כִּי לֹא פָטַר יְהוֹיָדָע הַכֹּהֵן אֶת־הַמַּחְלְקוֹת׃ וַיִּתֵּן
יְהוֹיָדָע הַכֹּהֵן לְשָׂרֵי הַמֵּאוֹת אֶת־הַחֲנִיתִים וְאֶת־הַמָּגִנּוֹת
וְאֶת־הַשְּׁלָטִים אֲשֶׁר לַמֶּלֶךְ דָּוִיד אֲשֶׁר בֵּית הָאֱלֹהִים׃
י וַיַּעֲמֵד אֶת־כָּל־הָעָם וְאִישׁ ׀ שִׁלְחוֹ בְיָדוֹ מִכֶּתֶף הַבַּיִת הַיְמָנִית
עַד־כֶּתֶף הַבַּיִת הַשְּׂמָאלִית לַמִּזְבֵּחַ וְלַבָּיִת עַל־הַמֶּלֶךְ
יא סָבִיב׃ וַיּוֹצִיאוּ אֶת־בֶּן־הַמֶּלֶךְ וַיִּתְּנוּ עָלָיו אֶת־הַנֵּזֶר וְאֶת־ כ
הָעֵדוּת וַיַּמְלִיכוּ אֹתוֹ וַיִּמְשָׁחֻהוּ יְהוֹיָדָע וּבָנָיו וַיֹּאמְרוּ יְחִי
יב הַמֶּלֶךְ׃ וַתִּשְׁמַע עֲתַלְיָהוּ אֶת־קוֹל הָעָם הָרָצִים
יג וְהַמְהַלְלִים אֶת־הַמֶּלֶךְ וַתָּבוֹא אֶל־הָעָם בֵּית יְהוָה׃ וַתֵּרֶא
וְהִנֵּה הַמֶּלֶךְ עוֹמֵד עַל־עַמּוּדוֹ בַּמָּבוֹא וְהַשָּׂרִים וְהַחֲצֹצְרוֹת עַל־
הַמֶּלֶךְ וְכָל־עַם הָאָרֶץ שָׂמֵחַ וְתוֹקֵעַ בַּחֲצֹצְרוֹת וְהַמְשׁוֹרְרִים
בִּכְלֵי הַשִּׁיר וּמוֹדִיעִים לְהַלֵּל וַתִּקְרַע עֲתַלְיָהוּ אֶת־בְּגָדֶיהָ
יד וַתֹּאמֶר קֶשֶׁר קָשֶׁר׃ וַיּוֹצֵא יְהוֹיָדָע הַכֹּהֵן אֶת־שָׂרֵי
הַמֵּאוֹת ׀ פְּקוּדֵי הַחַיִל וַיֹּאמֶר אֲלֵהֶם הוֹצִיאוּהָ אֶל־מִבֵּית
הַשְּׂדֵרוֹת וְהַבָּא אַחֲרֶיהָ יוּמַת בֶּחָרֶב כִּי אָמַר הַכֹּהֵן לֹא
טו תְמִיתוּהָ בֵּית יְהוָה׃ וַיָּשִׂימוּ לָהּ יָדַיִם וַתָּבוֹא אֶל־מְבוֹא
שַׁעַר־הַסּוּסִים בֵּית הַמֶּלֶךְ וַיְמִיתוּהָ שָׁם׃
טז וַיִּכְרֹת יְהוֹיָדָע בְּרִית בֵּינוֹ וּבֵין כָּל־הָעָם וּבֵין הַמֶּלֶךְ לִהְיוֹת

Yehoyada the priest, (for she was the sister of Aḥazyahu,) hid him from 'Atalyahu so that she could not slay him. And 12 he was with them hid in the house of GOD for six years : and 'Atalya reigned over the land.   And in the seventh year 23 Yehoyada strengthened himself, and took the captains of hundreds, 'Azarya the son of Yeroḥam, and Yishma'el the son of Yehoḥanan, and 'Azaryahu the son of 'Oved, and Ma'aseyahu the son of 'Adayahu, and Elishafat the son of Zikhri, into league with him. And they went about in Yehuda, and gathered the Levites 2 out of all the cities of Yehuda, and the heads of the fathers' houses of Yisra'el, and they came to Yerushalayim. And all the 3 congregation made a covenant with the king in the house of GOD. And he said to them, Behold, the king's son shall reign, as the LORD has said of the sons of David. This is the thing that you 4 shall do ; A third part of you who come in on the sabbath, of the priests and of the Levites, shall be on duty at the gates ; and 5 a third part shall be at the king's house ; and a third part at the bottom gate : and all the people shall be in the courts of the house of the LORD. But let none come into the house of the LORD, 6 except the priests, and those of the Levites who minister ; they may go in, for they are holy : but all the people shall keep the LORD's charge. And the Levites shall surround the king, every 7 man with his weapons in his hand ; and whoever else comes into the house, he shall be put to death : but be with the king when he comes in, and when he goes out. So the Levites and all 8 Yehuda did according to all the things that Yehoyada the priest had commanded, and every man took his men who were due to come in on the sabbath, with those who were due to go out on the sabbath : for Yehoyada the priest did not dismiss the duty watches.   And Yehoyada the priest delivered to the captains 9 of hundreds spears, and large and small shields, that had been king David's, which were in the house of GOD. And he set all 10 the people, every man having his weapon in his hand, from the right side of the temple to the left side of the temple, along by the altar and the temple, by the king round about. Then they brought 11 out the king's son, and put upon him the crown, and gave him the Testimony, and made him king. And Yehoyada and his sons anointed him, and said, Long live the king.   Now when 12 'Atalyahu heard the noise of the people running and praising the king, she came to the people into the house of the LORD : and she looked, and behold, the king stood at his pillar at the 13 entrance, and the princes and the trumpeters by the king : and all the people of the land rejoiced, and sounded trumpets, also the singers with instruments of music leading the celebration. Then 'Atalyahu rent her clothes, and cried, Treason, Treason.

Then Yehoyada the priest brought out the captains of 14 hundreds who were set over the host, and said to them, Bring her out between the ranks : and whoever follows her, let him be slain with the sword. For the priest said, Do not slay her in the house of the LORD. So they laid hands on her ; and when she 15 was come to the entrance of the horse gate by the king's house, they slew her there.

And Yehoyada made a covenant between him, and between all 16

יז לָעָם לַיהוָה: וַיָּבֹאוּ כָל־הָעָם בֵּית־הַבַּעַל וַֽיִּתְּצֻהוּ וְאֶת־
מִזְבְּחֹתָיו וְאֶת־צְלָמָיו שִׁבֵּרוּ וְאֵת מַתָּן כֹּהֵן הַבַּעַל הָרְגוּ
יח לִפְנֵי הַמִּזְבְּחוֹת: וַיָּשֶׂם יְהוֹיָדָע פְּקֻדֹּת בֵּית יְהוָה בְּיַד הַכֹּהֲנִים
הַלְוִיִּם אֲשֶׁר חָלַק דָּוִיד עַל־בֵּית יְהוָה לְהַעֲלוֹת עֹלוֹת יְהוָה
יט כַּכָּתוּב בְּתוֹרַת מֹשֶׁה בְּשִׂמְחָה וּבְשִׁיר עַל יְדֵי דָוִיד: וַיַּעֲמֵד
הַשּׁוֹעֲרִים עַל־שַׁעֲרֵי בֵּית יְהוָה וְלֹא־יָבֹא טָמֵא לְכָל־דָּבָר:
כ וַיִּקַּח אֶת־שָׂרֵי הַמֵּאוֹת וְאֶת־הָאַדִּירִים וְאֶת־הַמּוֹשְׁלִים בָּעָם
וְאֵת ׀ כָּל־עַם הָאָרֶץ וַיּוֹרֶד אֶת־הַמֶּלֶךְ מִבֵּית יְהוָה וַיָּבֹאוּ
בְּתוֹךְ־שַׁעַר הָעֶלְיוֹן בֵּית הַמֶּלֶךְ וַיּוֹשִׁיבוּ אֶת־הַמֶּלֶךְ עַל כִּסֵּא
כא הַמַּמְלָכָה: וַיִּשְׂמְחוּ כָל־עַם־הָאָרֶץ וְהָעִיר שָׁקָטָה וְאֶת־
כד א עֲתַלְיָהוּ הֵמִיתוּ בֶחָרֶב: בֶּן־שֶׁבַע שָׁנִים יֹאָשׁ בְּמָלְכוֹ
וְאַרְבָּעִים שָׁנָה מָלַךְ בִּירוּשָׁלָ͏ִם וְשֵׁם אִמּוֹ צִבְיָה מִבְּאֵר שָׁבַע:
ב וַיַּעַשׂ יוֹאָשׁ הַיָּשָׁר בְּעֵינֵי יְהוָה כָּל־יְמֵי יְהוֹיָדָע הַכֹּהֵן:
ג ד וַיִּשָּׂא־לוֹ יְהוֹיָדָע נָשִׁים שְׁתָּיִם וַיּוֹלֶד בָּנִים וּבָנוֹת: וַיְהִי אַחֲרֵי־
ה כֵן הָיָה עִם־לֵב יוֹאָשׁ לְחַדֵּשׁ אֶת־בֵּית יְהוָה: וַיִּקְבֹּץ אֶת־
הַכֹּהֲנִים וְהַלְוִיִּם וַיֹּאמֶר לָהֶם צְאוּ לְעָרֵי יְהוּדָה וְקִבְצוּ מִכָּל־
יִשְׂרָאֵל כֶּסֶף לְחַזֵּק ׀ אֶת־בֵּית אֱלֹהֵיכֶם מִדֵּי שָׁנָה בְּשָׁנָה
ו וְאַתֶּם תְּמַהֲרוּ לַדָּבָר וְלֹא מִהֲרוּ הַלְוִיִּם: וַיִּקְרָא
הַמֶּלֶךְ לִיהוֹיָדָע הָרֹאשׁ וַיֹּאמֶר לוֹ מַדּוּעַ לֹא־דָרַשְׁתָּ עַל־
הַלְוִיִּם לְהָבִיא מִיהוּדָה וּמִירוּשָׁלַ͏ִם אֶת־מַשְׂאַת מֹשֶׁה עֶבֶד־
ז יְהוָה וְהַקָּהָל לְיִשְׂרָאֵל לְאֹהֶל הָעֵדוּת: כִּי עֲתַלְיָהוּ הַמִּרְשַׁעַת
בָּנֶיהָ פָרְצוּ אֶת־בֵּית הָאֱלֹהִים וְגַם כָּל־קָדְשֵׁי בֵית־יְהוָה עָשׂוּ
ח לַבְּעָלִים: וַיֹּאמֶר הַמֶּלֶךְ וַיַּעֲשׂוּ אֲרוֹן אֶחָד וַיִּתְּנֻהוּ בְּשַׁעַר
ט בֵּית־יְהוָה חוּצָה: וַיִּתְּנוּ־קוֹל בִּיהוּדָה וּבִירוּשָׁלַ͏ִם לְהָבִיא
לַיהוָה מַשְׂאַת מֹשֶׁה עֶבֶד־הָאֱלֹהִים עַל־יִשְׂרָאֵל בַּמִּדְבָּר:
י וַיִּשְׂמְחוּ כָל־הַשָּׂרִים וְכָל־הָעָם וַיָּבִיאוּ וַיַּשְׁלִיכוּ לָאָרוֹן עַד־
יא לְכַלֵּה: וַיְהִי בְּעֵת יָבִיא אֶת־הָאָרוֹן אֶל־פְּקֻדַּת הַמֶּלֶךְ בְּיַד
הַלְוִיִּם וְכִרְאוֹתָם כִּי־רַב הַכֶּסֶף וּבָא סוֹפֵר הַמֶּלֶךְ וּפְקִיד
כֹּהֵן הָרֹאשׁ וִיעָרוּ אֶת־הָאָרוֹן וְיִשָּׂאֻהוּ וִישִׁיבֻהוּ אֶל־מְקֹמוֹ
יב כֹּה עָשׂוּ לְיוֹם בְּיוֹם וַיַּאַסְפוּ־כֶסֶף לָרֹב: וַיִּתְּנֵהוּ הַמֶּלֶךְ
וִיהוֹיָדָע אֶל־עוֹשֵׂה מְלֶאכֶת עֲבוֹדַת בֵּית־יְהוָה וַיִּהְיוּ שֹׂכְרִים
חֹצְבִים וְחָרָשִׁים לְחַדֵּשׁ בֵּית יְהוָה וְגַם לְחָרָשֵׁי בַרְזֶל וּנְחֹשֶׁת
יג לְחַזֵּק אֶת־בֵּית יְהוָה: וַיַּעֲשׂוּ עֹשֵׂי הַמְּלָאכָה וַתַּעַל אֲרוּכָה
לַמְּלָאכָה בְּיָדָם וַיַּעֲמִידוּ אֶת־בֵּית הָאֱלֹהִים עַל־מַתְכֻּנְתּוֹ
יד וַיְאַמְּצֻהוּ: וּכְכַלּוֹתָם הֵבִיאוּ לִפְנֵי הַמֶּלֶךְ וִיהוֹיָדָע אֶת־שְׁאָר

the people, and between the king, that they should be the LORD's
people. Then all the people went to the house of the Ba'al, and 17
broke it down, and broke his altars and his images in pieces, and
slew Mattan the priest of the Ba'al in front of the altars. And 18
Yehoyada appointed the offices of the house of the LORD under
the hand of the priests the Levites, whom David had given charge
over the house of the LORD, to offer the burnt offerings of the
LORD, as it is written in the Tora of Moshe, with rejoicing and
with singing, as ordained by David. And he set the gatekeepers 19
at the gates of the house of the LORD, so that no one who was
unclean in anything should enter in. And he took the captains 20
of hundreds, and the nobles, and the governors of the people,
and all the people of the land, and brought down the king from
the house of the LORD: and they came through the upper gate
into the king's house, and set the king upon the throne of the
kingdom. And all the people of the land rejoiced: and the city 21
was quiet, after they had slain 'Atalyahu with the sword.

Yo'ash was seven years old when he began to reign, and he **24**
reigned for forty years in Yerushalayim. And his mother's name
was Ẕivya of Be'er-sheva. And Yo'ash did that which was right in 2
the sight of the LORD all the days of Yehoyada the priest.
And Yehoyada took for himself two wives; and he begot sons 3
and daughters. And it came to pass after this, that Yo'ash was 4
minded to repair the house of the LORD. And he gathered the 5
priests and the Levites, and said to them, Go out to the cities of
Yehuda, and collect money of all Yisra'el to repair the house of
your GOD from year to year, and see that you hasten the matter.
But the Levites did not hasten it. And the king called for 6
Yehoyada the chief, and said to him, Why hast thou not required
of the Levites to bring in out of Yehuda and out of Yerushalayim
the tax of Moshe the servant of the LORD, and of the congregation
of Yisra'el, for the tabernacle of the Testimony? For the sons of 7
'Atalyahu, that wicked woman, had broken up the house of GOD;
and they had also bestowed all the dedicated things of the house
of the LORD upon the Be'alim. And at the king's commandment 8
they made a chest, and placed it outside at the gate of the house
of the LORD. And they made a proclamation through Yehuda and 9
Yerushalayim, to bring in to the LORD the tax that Moshe the
servant of GOD laid upon Yisra'el in the wilderness. And all the 10
princes and all the people rejoiced, and brought in, and cast into
the chest, until they had made an end. Now it came to pass, that 11
whenever the chest was brought to the king's officers by the
hand of the Levites, and when they saw that there was much
money, the king's scribe and the high priest's officer came and
emptied the chest, and took it, and carried it back to its place.
Thus they did day by day, and they gathered a great sum of
money. And the king and Yehoyada gave it to such as did the 12
work of the service of the house of the LORD, and hired masons
and carpenters to repair the house of the LORD, and also workers
in iron and brass to mend the house of the LORD. So the workmen 13
worked, and the work prospered in their hand, and they restored
the house of GOD to its proper condition, and strengthened it.
And when they had finished it, they brought the rest of the 14

הַכֶּסֶף וַיַּעֲשֵׂהוּ כֵלִים לְבֵית־יהוה כְּלֵי שָׁרֵת וְהַעֲלוֹת וְכַפּוֹת
וּכְלֵי זָהָב וָכָסֶף וַיִּהְיוּ מַעֲלִים עֹלוֹת בְּבֵית־יהוה תָּמִיד כֹּל יְמֵי
טו יְהוֹיָדָע׃ וַיִּזְקַן יְהוֹיָדָע וַיִּשְׂבַּע יָמִים וַיָּמֹת בֶּן־מֵאָה
טז וּשְׁלֹשִׁים שָׁנָה בְּמוֹתוֹ׃ וַיִּקְבְּרֻהוּ בְעִיר־דָּוִיד עִם־הַמְּלָכִים כִּי־
יז עָשָׂה טוֹבָה בְּיִשְׂרָאֵל וְעִם־הָאֱלֹהִים וּבֵיתוֹ׃ וְאַחֲרֵי
מוֹת יְהוֹיָדָע בָּאוּ שָׂרֵי יְהוּדָה וַיִּשְׁתַּחֲווּ לַמֶּלֶךְ אָז שָׁמַע
יח הַמֶּלֶךְ אֲלֵיהֶם׃ וַיַּעַזְבוּ אֶת־בֵּית יהוה אֱלֹהֵי אֲבוֹתֵיהֶם
וַיַּעַבְדוּ אֶת־הָאֲשֵׁרִים וְאֶת־הָעֲצַבִּים וַיְהִי־קֶצֶף עַל־יְהוּדָה
יט וִירוּשָׁלִַם בְּאַשְׁמָתָם זֹאת׃ וַיִּשְׁלַח בָּהֶם נְבִאִים לַהֲשִׁיבָם
כ אֶל־יהוה וַיָּעִידוּ בָם וְלֹא הֶאֱזִינוּ׃ וְרוּחַ אֱלֹהִים
לָבְשָׁה אֶת־זְכַרְיָה בֶּן־יְהוֹיָדָע הַכֹּהֵן וַיַּעֲמֹד מֵעַל לָעָם וַיֹּאמֶר
לָהֶם כֹּה ׀ אָמַר הָאֱלֹהִים לָמָה אַתֶּם עֹבְרִים אֶת־מִצְוֹת יהוה
כא וְלֹא תַצְלִיחוּ כִּי־עֲזַבְתֶּם אֶת־יהוה וַיַּעֲזֹב אֶתְכֶם׃ וַיִּקְשְׁרוּ
כב עָלָיו וַיִּרְגְּמֻהוּ אֶבֶן בְּמִצְוַת הַמֶּלֶךְ בַּחֲצַר בֵּית יהוה׃ וְלֹא־
זָכַר יוֹאָשׁ הַמֶּלֶךְ הַחֶסֶד אֲשֶׁר עָשָׂה יְהוֹיָדָע אָבִיו עִמּוֹ וַיַּהֲרֹג
כג אֶת־בְּנוֹ וּכְמוֹתוֹ אָמַר יֵרֶא יהוה וְיִדְרֹשׁ׃ וַיְהִי ׀
לִתְקוּפַת הַשָּׁנָה עָלָה עָלָיו חֵיל אֲרָם וַיָּבֹאוּ אֶל־יְהוּדָה
וִירוּשָׁלִַם וַיַּשְׁחִיתוּ אֶת־כָּל־שָׂרֵי הָעָם מֵעָם וְכָל־שְׁלָלָם שִׁלְּחוּ
כד לְמֶלֶךְ דַּרְמָשֶׂק׃ כִּי בְמִצְעַר אֲנָשִׁים בָּאוּ ׀ חֵיל אֲרָם וַיהוה
נָתַן בְּיָדָם חַיִל לָרֹב מְאֹד כִּי עָזְבוּ אֶת־יהוה אֱלֹהֵי אֲבוֹתֵיהֶם
כה וְאֶת־יוֹאָשׁ עָשׂוּ שְׁפָטִים׃ וּבְלֶכְתָּם מִמֶּנּוּ כִּי־עָזְבוּ אֹתוֹ
בְּמַחֲלֻיִים רַבִּים הִתְקַשְּׁרוּ עָלָיו עֲבָדָיו בִּדְמֵי בְּנֵי יְהוֹיָדָע
הַכֹּהֵן וַיַּהַרְגֻהוּ עַל־מִטָּתוֹ וַיָּמֹת וַיִּקְבְּרֻהוּ בְּעִיר דָּוִיד וְלֹא
כו קְבָרֻהוּ בְּקִבְרוֹת הַמְּלָכִים׃ וְאֵלֶּה הַמִּתְקַשְּׁרִים עָלָיו זָבָד
כז בֶּן־שִׁמְעָת הָעַמּוֹנִית וִיהוֹזָבָד בֶּן־שִׁמְרִית הַמּוֹאָבִית׃ וּבָנָיו
ירב וְרֹב הַמַּשָּׂא עָלָיו וִיסוֹד בֵּית הָאֱלֹהִים הִנָּם כְּתוּבִים עַל־מִדְרַשׁ
כה א סֵפֶר הַמְּלָכִים וַיִּמְלֹךְ אֲמַצְיָהוּ בְנוֹ תַּחְתָּיו׃ בֶּן־
עֶשְׂרִים וְחָמֵשׁ שָׁנָה מָלַךְ אֲמַצְיָהוּ וְעֶשְׂרִים וָתֵשַׁע שָׁנָה
ב מָלַךְ בִּירוּשָׁלִָם וְשֵׁם אִמּוֹ יְהוֹעַדָּן מִירוּשָׁלָיִם׃ וַיַּעַשׂ הַיָּשָׁר
ג בְּעֵינֵי יהוה רַק לֹא בְּלֵבָב שָׁלֵם׃ וַיְהִי כַּאֲשֶׁר חָזְקָה הַמַּמְלָכָה
ד עָלָיו וַיַּהֲרֹג אֶת־עֲבָדָיו הַמַּכִּים אֶת־הַמֶּלֶךְ אָבִיו׃ וְאֶת־
בְּנֵיהֶם לֹא הֵמִית כִּי כַכָּתוּב בַּתּוֹרָה בְּסֵפֶר מֹשֶׁה אֲשֶׁר־
צִוָּה יהוה לֵאמֹר לֹא־יָמוּתוּ אָבוֹת עַל־בָּנִים וּבָנִים לֹא־

money before the king and Yehoyada, and of it were made vessels for the house of the LORD, vessels for service and for offering, and spoons, and vessels of gold and silver. And they offered burnt offerings in the house of the LORD continually all the days of Yehoyada.   But Yehoyada grew old, and was 15 full of days, and he died ; a hundred and thirty years old was he when he died. And they buried him in the city of David among 16 the kings, because he had done good in Yisra'el, both towards GOD, and towards his house.   Now after the death of 17 Yehoyada the princes of Yehuda came, and prostrated themselves before the king. Then the king hearkened to them. And 18 they left the house of the LORD GOD of their fathers, and worshipped asherim and idols : and anger came upon Yehuda and Yerushalayim for this their crime. But he sent prophets to them, 19 to bring them back to the LORD ; and they forewarned them : but they would not give ear.   And the spirit of GOD came 20 upon Zekharya the son of Yehoyada the priest, and he stood above the people, and said to them, Thus says GOD, Why do you transgress the commandments of the LORD, though you cannot succeed ? because you have forsaken the LORD, he has also forsaken you. And they conspired against him, and stoned 21 him with stones at the commandment of the king in the court of the house of the LORD. Thus Yo'ash the king did not remem- 22 ber the faithful love which Yehoyada his father had shown him, but he slew his son. And when he died, he said, May the LORD see and revenge.   And it came to pass at the end of 23 the year, that the host of Aram came up against him : and they came to Yehuda and Yerushalayim, and destroyed all the princes of the people from among the people, and sent all their spoil to the king of Darmeseq. Though the army of Aram came with 24 a small company of men, the LORD delivered a very great host into their hand, because they had forsaken the LORD GOD of their fathers. So they executed judgment against Yo'ash. And 25 when they were departed from him, (for they left him in great diseases,) his own servants conspired against him for the blood of the sons of Yehoyada the priest, and slew him in his bed, and he died : and they buried him in the city of David, but they did not bury him in the tombs of the kings. And these are they 26 who conspired against him ; Zavad the son of Shim'at an 'Ammonite woman, and Yehozavad the son of Shimrit a Moavite woman. Now concerning his sons, and the greatness of the burdens laid 27 upon him, and the repairing of the house of GOD, behold, they are written in the commentary of the book of the kings. And Amazyahu his son reigned in his stead.   Amazyahu was **25** twenty five years old when he began to reign, and he reigned twenty nine years in Yerushalayim. And his mother's name was Yeho'addan of Yerushalayim. And he did that which was right 2 in the sight of the LORD, but not with a perfect heart. Now it 3 came to pass, when the kingdom was established to him, that he slew his servants who had killed the king his father. But he 4 did not slay their children, but did as it is written in the Tora, in the book of Moshe, where the LORD commanded, saying, Fathers shall not die for children, nor shall children die for fathers,

ה יָמוּתוּ עַל־אָבוֹת כִּי אִישׁ בְּחֶטְאוֹ יָמוּתוּ׃ וַיִּקְבֹּץ
אֲמַצְיָהוּ אֶת־יְהוּדָה וַיַּעֲמִידֵם לְבֵית־אָבוֹת לְשָׂרֵי הָאֲלָפִים
וּלְשָׂרֵי הַמֵּאוֹת לְכָל־יְהוּדָה וּבִנְיָמִן וַיִּפְקְדֵם לְמִבֶּן עֶשְׂרִים
שָׁנָה וָמַעְלָה וַיִּמְצָאֵם שְׁלֹשׁ־מֵאוֹת אֶלֶף בָּחוּר יוֹצֵא צָבָא
ו אֹחֵז רֹמַח וְצִנָּה׃ וַיִּשְׂכֹּר מִיִּשְׂרָאֵל מֵאָה אֶלֶף גִּבּוֹר חָיִל
ז בְּמֵאָה כִכַּר־כָּסֶף׃ וְאִישׁ הָאֱלֹהִים בָּא אֵלָיו לֵאמֹר הַמֶּלֶךְ
אַל־יָבוֹא עִמְּךָ צְבָא יִשְׂרָאֵל כִּי אֵין יהוה עִם־יִשְׂרָאֵל כֹּל
ח בְּנֵי אֶפְרָיִם׃ כִּי אִם־בֹּא אַתָּה עֲשֵׂה חֲזַק לַמִּלְחָמָה יַכְשִׁילְךָ
הָאֱלֹהִים לִפְנֵי אוֹיֵב כִּי יֶשׁ־כֹּחַ בֵּאלֹהִים לַעְזוֹר וּלְהַכְשִׁיל׃
ט וַיֹּאמֶר אֲמַצְיָהוּ לְאִישׁ הָאֱלֹהִים וּמַה־לַּעֲשׂוֹת לִמְאַת הַכִּכָּר
אֲשֶׁר נָתַתִּי לִגְדוּד יִשְׂרָאֵל וַיֹּאמֶר אִישׁ הָאֱלֹהִים יֵשׁ לַיהוה
י לָתֶת לְךָ הַרְבֵּה מִזֶּה׃ וַיַּבְדִּילֵם אֲמַצְיָהוּ לְהַגְּדוּד אֲשֶׁר־בָּא
אֵלָיו מֵאֶפְרַיִם לָלֶכֶת לִמְקוֹמָם וַיִּחַר אַפָּם מְאֹד בִּיהוּדָה
יא וַיָּשׁוּבוּ לִמְקוֹמָם בָּחֳרִי־אָף׃ וַאֲמַצְיָהוּ הִתְחַזַּק וַיִּנְהַג
אֶת־עַמּוֹ וַיֵּלֶךְ גֵּיא הַמֶּלַח וַיַּךְ אֶת־בְּנֵי־שֵׂעִיר עֲשֶׂרֶת אֲלָפִים׃
יב וַעֲשֶׂרֶת אֲלָפִים חַיִּים שָׁבוּ בְּנֵי יְהוּדָה וַיְבִיאוּם לְרֹאשׁ הַסָּלַע
יג וַיַּשְׁלִיכוּם מֵרֹאשׁ הַסֶּלַע וְכֻלָּם נִבְקָעוּ׃ וּבְנֵי הַגְּדוּד
אֲשֶׁר הֵשִׁיב אֲמַצְיָהוּ מִלֶּכֶת עִמּוֹ לַמִּלְחָמָה וַיִּפְשְׁטוּ בְּעָרֵי
יְהוּדָה מִשֹּׁמְרוֹן וְעַד־בֵּית חוֹרוֹן וַיַּכּוּ מֵהֶם שְׁלֹשֶׁת אֲלָפִים
יד וַיָּבֹזּוּ בִּזָּה רַבָּה׃ וַיְהִי אַחֲרֵי בּוֹא אֲמַצְיָהוּ מֵהַכּוֹת
אֶת־אֲדוֹמִים וַיָּבֵא אֶת־אֱלֹהֵי בְּנֵי שֵׂעִיר וַיַּעֲמִידֵם לוֹ לֵאלֹהִים
טו וְלִפְנֵיהֶם יִשְׁתַּחֲוֶה וְלָהֶם יְקַטֵּר׃ וַיִּחַר־אַף יהוה בַּאֲמַצְיָהוּ
וַיִּשְׁלַח אֵלָיו נָבִיא וַיֹּאמֶר לוֹ לָמָּה דָרַשְׁתָּ אֶת־אֱלֹהֵי
טז הָעָם אֲשֶׁר לֹא־הִצִּילוּ אֶת־עַמָּם מִיָּדֶךָ׃ וַיְהִי ׀ בְּדַבְּרוֹ אֵלָיו
וַיֹּאמֶר לוֹ הַלְיוֹעֵץ לַמֶּלֶךְ נְתַנּוּךָ חֲדַל־לְךָ לָמָּה יַכּוּךָ וַיֶּחְדַּל
הַנָּבִיא וַיֹּאמֶר יָדַעְתִּי כִּי־יָעַץ אֱלֹהִים לְהַשְׁחִיתֶךָ כִּי־עָשִׂיתָ
יז זֹּאת וְלֹא שָׁמַעְתָּ לַעֲצָתִי׃ וַיִּוָּעַץ אֲמַצְיָהוּ מֶלֶךְ
יְהוּדָה וַיִּשְׁלַח אֶל־יוֹאָשׁ בֶּן־יְהוֹאָחָז בֶּן־יֵהוּא מֶלֶךְ יִשְׂרָאֵל
יח לֵאמֹר לְךָ נִתְרָאֶה פָנִים׃ וַיִּשְׁלַח יוֹאָשׁ מֶלֶךְ־יִשְׂרָאֵל אֶל־
אֲמַצְיָהוּ מֶלֶךְ־יְהוּדָה לֵאמֹר הַחוֹחַ אֲשֶׁר בַּלְּבָנוֹן שָׁלַח אֶל־
הָאֶרֶז אֲשֶׁר בַּלְּבָנוֹן לֵאמֹר תְּנָה־אֶת־בִּתְּךָ לִבְנִי לְאִשָּׁה
וַתַּעֲבֹר חַיַּת הַשָּׂדֶה אֲשֶׁר בַּלְּבָנוֹן וַתִּרְמֹס אֶת־הַחוֹחַ׃
יט אָמַרְתָּ הִנֵּה הִכִּיתָ אֶת־אֱדוֹם וּנְשָׂאֲךָ לִבְּךָ לְהַכְבִּיד עַתָּה
שְׁבָה בְּבֵיתֶךָ לָמָּה תִתְגָּרֶה בְּרָעָה וְנָפַלְתָּ אַתָּה וִיהוּדָה
כ עִמָּךְ׃ וְלֹא־שָׁמַע אֲמַצְיָהוּ כִּי מֵהָאֱלֹהִים הִיא לְמַעַן תִּתָּם

5 but every man shall die for his own sin. Moreover
Amaẕyahu gathered Yehuda together, and made them captains
over thousands, and captains over hundreds, according to the
houses of their fathers, throughout all Yehuda and Binyamin:
and he numbered them from twenty years old and upwards, and
found them three hundred thousand choice men, able to go out
6 to war, that could handle spear and shield. He hired also
a hundred thousand mighty men at arms out of Yisra'el for
7 a hundred talents of silver. But there came a man of God to him,
saying, O king, let not the army of Yisra'el go with thee; for
the Lord is not with Yisra'el, with all these children of Efrayim.
8 But if thou wilt go, and even if thou engage valiantly in the
battle: God shall make thee fall before the enemy: for God has
9 power to help, and to cast down. And Amaẕyahu said to the man
of God, But what shall we do for the hundred talents which I
have given to the army of Yisra'el? And the man of God
answered, The Lord is able to give thee much more than this.
10 Then Amaẕyahu separated them, namely that army that was
come to him out of Efrayim, and bade them go home again: so
that their anger burned strongly against Yehuda, and they
11 returned home in great anger. And Amaẕyahu strength-
ened himself, and led his people, and went to the valley of salt,
12 and smote ten thousand of the children of Se'ir. And another
ten thousand did the children of Yehuda carry away alive captive,
and brought them to the top of the rock, and they cast them down
from the top of the rock, so that they all were broken in pieces.
13 But the soldiers of the army which Amaẕyahu sent back,
so that they should not go with him to battle, fell upon the cities
of Yehuda, from Shomeron as far as Bet-ḥoron, and smote three
14 thousand of them, and took much spoil. Now it came to
pass, after Amaẕyahu was come from the slaughter of the
Adomim, that he brought the gods of the children of Se'ir, and set
them up to be his gods, and prostrated himself before them, and
15 burned incense to them. So that the anger of the Lord burned
against Amaẕyahu, and he sent to him a prophet, who said to
him, Why hast thou sought after the gods of the people, who
16 could not deliver their own people out of thy hand? And it came
to pass, as he talked with him, that the king said to him, Have
we made thee of the king's counsel? forbear; why shouldst
thou be smitten? Then the prophet ceased, and said, I know that
God has determined to destroy thee, because thou hast done this,
17 and hast not hearkened to my counsel. Then Amaẕyahu
king of Yehuda took advice, and sent to Yo'ash, the son of
Yeho'aḥaz, the son of Yehu, king of Yisra'el, saying, Come, let us
18 see one another in the face. And Yo'ash king of Yisra'el sent to
Amaẕyahu king of Yehuda, saying, The thistle that was in the
Levanon sent to the cedar that was in the Levanon, saying, Give
thy daughter to my son to wife: and there passed by a wild
beast that was in the Levanon, and trampled down the thistle.
19 Thou sayst, Lo, thou hast smitten Edom; and thy heart has lifted
thee up to boast: stay now at home; why shouldst thou meddle
with evil, that thou shouldst fall, thou, and Yehuda with thee?
20 But Amaẕyahu would not hear; for it came of God, that he might

כא בְּיַד כִּי דָרְשׁוּ אֵת אֱלֹהֵי אֱדוֹם: וַיַּעַל יוֹאָשׁ מֶלֶךְ־יִשְׂרָאֵל
וַיִּתְרָאוּ פָנִים הוּא וַאֲמַצְיָהוּ מֶלֶךְ־יְהוּדָה בְּבֵית שֶׁמֶשׁ אֲשֶׁר
כב כג לִיהוּדָה: וַיִּנָּגֶף יְהוּדָה לִפְנֵי יִשְׂרָאֵל וַיָּנֻסוּ אִישׁ לְאֹהָלָיו: וְאֵת
אֲמַצְיָהוּ מֶלֶךְ־יְהוּדָה בֶּן־יוֹאָשׁ בֶּן־יְהוֹאָחָז תָּפַשׂ יוֹאָשׁ מֶלֶךְ־
יִשְׂרָאֵל בְּבֵית שָׁמֶשׁ וַיְבִיאֵהוּ יְרוּשָׁלִַם וַיִּפְרֹץ בְּחוֹמַת יְרוּשָׁלִַם
כד מִשַּׁעַר אֶפְרַיִם עַד־שַׁעַר הַפּוֹנֶה אַרְבַּע מֵאוֹת אַמָּה: וְכָל־
הַזָּהָב וְהַכֶּסֶף וְאֵת כָּל־הַכֵּלִים הַנִּמְצְאִים בְּבֵית־הָאֱלֹהִים עִם־
עֹבֵד אֱדוֹם וְאֶת־אוֹצְרוֹת בֵּית הַמֶּלֶךְ וְאֵת בְּנֵי הַתַּעֲרֻבוֹת
כה וַיָּשָׁב שֹׁמְרוֹן: וַיְחִי אֲמַצְיָהוּ בֶן־יוֹאָשׁ מֶלֶךְ יְהוּדָה
אַחֲרֵי מוֹת יוֹאָשׁ בֶּן־יְהוֹאָחָז מֶלֶךְ יִשְׂרָאֵל חֲמֵשׁ עֶשְׂרֵה שָׁנָה:
כו וְיֶתֶר דִּבְרֵי אֲמַצְיָהוּ הָרִאשֹׁנִים וְהָאַחֲרוֹנִים הֲלֹא הִנָּם כְּתוּבִים
כז עַל־סֵפֶר מַלְכֵי יְהוּדָה וְיִשְׂרָאֵל: וּמֵעֵת אֲשֶׁר־סָר אֲמַצְיָהוּ
מֵאַחֲרֵי יְהוָה וַיִּקְשְׁרוּ עָלָיו קֶשֶׁר בִּירוּשָׁלִַם וַיָּנָס לָכִישָׁה
כח וַיִּשְׁלְחוּ אַחֲרָיו לָכִישָׁה וַיְמִיתֻהוּ שָׁם: וַיִּשָּׂאֻהוּ עַל־הַסּוּסִים
כו א וַיִּקְבְּרוּ אֹתוֹ עִם־אֲבֹתָיו בְּעִיר יְהוּדָה: וַיִּקְחוּ כָּל־עַם יְהוּדָה
אֶת־עֻזִּיָּהוּ וְהוּא בֶּן־שֵׁשׁ עֶשְׂרֵה שָׁנָה וַיַּמְלִיכוּ אֹתוֹ תַּחַת
ב אָבִיו אֲמַצְיָהוּ: הוּא בָּנָה אֶת־אֵילוֹת וַיְשִׁיבֶהָ לִיהוּדָה אַחֲרֵי כא
שְׁכַב־הַמֶּלֶךְ עִם־אֲבֹתָיו:
ג בֶּן־שֵׁשׁ עֶשְׂרֵה שָׁנָה עֻזִּיָּהוּ בְמָלְכוֹ וַחֲמִשִּׁים וּשְׁתַּיִם שָׁנָה
ד מָלַךְ בִּירוּשָׁלִָם וְשֵׁם אִמּוֹ יכיליה מִן־יְרוּשָׁלִָם: וַיַּעַשׂ הַיָּשָׁר יְכָלְיָה
ה בְּעֵינֵי יְהוָה כְּכֹל אֲשֶׁר־עָשָׂה אֲמַצְיָהוּ אָבִיו: וַיְהִי לִדְרֹשׁ
אֱלֹהִים בִּימֵי זְכַרְיָהוּ הַמֵּבִין בִּרְאֹת הָאֱלֹהִים וּבִימֵי דָּרְשׁוֹ
ו אֶת־יְהוָה הִצְלִיחוֹ הָאֱלֹהִים: וַיֵּצֵא וַיִּלָּחֶם בַּפְּלִשְׁתִּים וַיִּפְרֹץ
אֶת־חוֹמַת גַּת וְאֵת חוֹמַת יַבְנֵה וְאֵת חוֹמַת אַשְׁדּוֹד וַיִּבְנֶה
ז עָרִים בְּאַשְׁדּוֹד וּבַפְּלִשְׁתִּים: וַיַּעְזְרֵהוּ הָאֱלֹהִים עַל־פְּלִשְׁתִּים
ח וְעַל־הערביים הַיֹּשְׁבִים בְּגוּר־בָּעַל וְהַמְּעוּנִים: וַיִּתְּנוּ הָעַמּוֹנִים הָעַרְבִים
מִנְחָה לְעֻזִּיָּהוּ וַיֵּלֶךְ שְׁמוֹ עַד־לְבוֹא מִצְרַיִם כִּי הֶחֱזִיק עַד־
ט לְמָעְלָה: וַיִּבֶן עֻזִּיָּהוּ מִגְדָּלִים בִּירוּשָׁלִַם עַל־שַׁעַר הַפִּנָּה
י וְעַל־שַׁעַר הַגַּיְא וְעַל־הַמִּקְצוֹעַ וַיְחַזְּקֵם: וַיִּבֶן מִגְדָּלִים
בַּמִּדְבָּר וַיַּחְצֹב בֹּרוֹת רַבִּים כִּי מִקְנֶה־רַב הָיָה לוֹ וּבַשְּׁפֵלָה
וּבַמִּישׁוֹר אִכָּרִים וְכֹרְמִים בֶּהָרִים וּבַכַּרְמֶל כִּי־אֹהֵב אֲדָמָה
יא הָיָה: וַיְהִי לְעֻזִּיָּהוּ חַיִל עֹשֵׂה מִלְחָמָה יוֹצְאֵי צָבָא
לִגְדוּד בְּמִסְפַּר פְּקֻדָּתָם בְּיַד יעואל הַסּוֹפֵר וּמַעֲשֵׂיָהוּ הַשּׁוֹטֵר יְעִיאֵל
יב עַל יַד־חֲנַנְיָהוּ מִשָּׂרֵי הַמֶּלֶךְ: כֹּל מִסְפַּר רָאשֵׁי הָאָבוֹת לְגִבּוֹרֵי
יג חַיִל אַלְפַּיִם וְשֵׁשׁ מֵאוֹת: וְעַל־יָדָם חֵיל צָבָא שְׁלֹשׁ מֵאוֹת
אֶלֶף וְשִׁבְעַת אֲלָפִים וַחֲמֵשׁ מֵאוֹת עוֹשֵׂי מִלְחָמָה בְּכֹחַ

deliver them into the hand of their enemies, because they sought
after the gods of Edom. So Yo'ash the king of Yisra'el went up; 21
so they looked one another in the face, both he and Amaẕyahu
king of Yehuda, at Bet-shemesh, which belongs to Yehuda. And 22
Yehuda was beaten before Yisra'el, and they fled every man to
his tent. And Yo'ash the king of Yisra'el took Amaẕyahu king 23
of Yehuda, the son of Yo'ash, the son of Yeho'aḥaz, at Bet-
shemesh, and brought him to Yerushalayim, and broke down the
wall of Yerushalayim from the gate of Efrayim to the corner
gate, four hundred cubits. And he took all the gold and the 24
silver, and all the vessels that were found in the house of God
with 'Oved-edom, and the treasures of the king's house, together
with the hostages, and returned to Shomeron. And Amaẕ- 25
yahu the son of Yo'ash king of Yehuda lived after the death of
Yo'ash son of Yeho'aḥaz king of Yisra'el fifteen years. Now 26
the rest of the acts of Amaẕyahu, first and last, behold, are
they not written in the book of the kings of Yehuda and Yis-
ra'el? Now after the time that Amaẕyahu turned away from 27
following the Lord they made a conspiracy against him in
Yerushalayim; and he fled to Lakhish: but they sent to Lakhish
after him, and slew him there. And they brought him upon 28
horses, and buried him with his fathers in the city of Yehuda.
Then all the people of Yehuda took 'Uzziyyahu, who was **26**
sixteen years old, and made him king in the place of his father
Amaẕyahu. He built Elot, and restored it to Yehuda, after the 2
king slept with his fathers.
Sixteen years old was 'Uzziyyahu when he began to reign, and 3
he reigned for fifty two years in Yerushalayim. And his mother's
name was Yekholya of Yerushalayim. And he did that which 4
was right in the sight of the Lord, according to all that his father
Amaẕyahu had done. And he sought God in the days Zekharyahu, 5
who had understanding in the visions of God: and as long as he
sought the Lord, God made him prosper. And he went forth 6
and warred against the Pelishtim, and broke down the wall of
Gat, and the wall of Yavne, and the wall of Ashdod, and built
cities about Ashdod, and among the Pelishtim. And God helped 7
him against the Pelishtim, and against the 'Arvim who dwelt in
Gur-ba'al, and the Me'unim. And the 'Ammonim rendered tribute 8
to 'Uzziyyahu, and his name spread abroad to the entrance of
Miẕrayim; for he strengthened himself exceedingly. Moreover 9
'Uzziyahu built towers in Yerushalayim, at the corner gate, and
at the valley gate, and at the angle of the wall, and fortified
them. And he built towers in the desert, and dug many wells: 10
for he had much cattle, both in the lowland, and in the plains:
he had farmers, and vinedressers in the mountains, and in the
Karmel: for he loved the soil. Moreover 'Uzziyyahu 11
had a host of fighting men, who went out to war by bands,
according to the number of their account by the hand of Ye'i'el
the scribe and Ma'aseyahu the ruler, under the hand of Ḥanan-
yahu, one of the king's captains. The whole number of the heads 12
of the fathers' houses of the mighty men at arms was two thou-
sand six hundred. And under their hand was an army, three 13
hundred and seven thousand five hundred, who made war with

יד חַיִל לַעְזֹר לַמֶּלֶךְ עַל־הָאוֹיֵב׃ וַיָּכֶן לָהֶם עֻזִּיָּהוּ לְכָל־הַצָּבָא
מָגִנִּים וּרְמָחִים וְכוֹבָעִים וְשִׁרְיֹנוֹת וּקְשָׁתוֹת וּלְאַבְנֵי קְלָעִים׃
טו וַיַּעַשׂ ׀ בִּירוּשָׁלַ͏ִם חִשְּׁבֹנוֹת מַחֲשֶׁבֶת חוֹשֵׁב לִהְיוֹת עַל־
הַמִּגְדָּלִים וְעַל־הַפִּנּוֹת לִירוֹא בַּחִצִּים וּבָאֲבָנִים גְּדֹלוֹת וַיֵּצֵא
טז שְׁמוֹ עַד־לְמֵרָחוֹק כִּי־הִפְלִיא לְהֵעָזֵר עַד כִּי־חָזָק׃ וּכְחֶזְקָתוֹ
גָּבַהּ לִבּוֹ עַד־לְהַשְׁחִית וַיִּמְעַל בַּיהוה אֱלֹהָיו וַיָּבֹא אֶל־הֵיכַל
יז יהוה לְהַקְטִיר עַל־מִזְבַּח הַקְּטֹרֶת׃ וַיָּבֹא אַחֲרָיו עֲזַרְיָהוּ
יח הַכֹּהֵן וְעִמּוֹ כֹּהֲנִים ׀ לַיהוה שְׁמוֹנִים בְּנֵי־חָיִל׃ וַיַּעַמְדוּ עַל־
עֻזִּיָּהוּ הַמֶּלֶךְ וַיֹּאמְרוּ לוֹ לֹא־לְךָ עֻזִּיָּהוּ לְהַקְטִיר לַיהוה כִּי
לַכֹּהֲנִים בְּנֵי־אַהֲרֹן הַמְקֻדָּשִׁים לְהַקְטִיר צֵא מִן־הַמִּקְדָּשׁ כִּי
יט מָעַלְתָּ וְלֹא־לְךָ לְכָבוֹד מֵיהוה אֱלֹהִים׃ וַיִּזְעַף עֻזִּיָּהוּ וּבְיָדוֹ
מִקְטֶרֶת לְהַקְטִיר וּבְזַעְפּוֹ עִם־הַכֹּהֲנִים וְהַצָּרַעַת זָרְחָה בְמִצְחוֹ
כ לִפְנֵי הַכֹּהֲנִים בְּבֵית יהוה מֵעַל לְמִזְבַּח הַקְּטֹרֶת׃ וַיִּפֶן אֵלָיו
עֲזַרְיָהוּ כֹהֵן הָרֹאשׁ וְכָל־הַכֹּהֲנִים וְהִנֵּה־הוּא מְצֹרָע בְּמִצְחוֹ
כא וַיַּבְהִלוּהוּ מִשָּׁם וְגַם־הוּא נִדְחַף לָצֵאת כִּי נִגְּעוֹ יהוה׃ וַיְהִי
עֻזִּיָּהוּ הַמֶּלֶךְ מְצֹרָע ׀ עַד־יוֹם מוֹתוֹ וַיֵּשֶׁב בֵּית החפשות מְצֹרָע הַחָפְשִׁית
כִּי נִגְזַר מִבֵּית יהוה וְיוֹתָם בְּנוֹ עַל־בֵּית הַמֶּלֶךְ שׁוֹפֵט אֶת־
כב עַם הָאָרֶץ׃ וְיֶתֶר דִּבְרֵי עֻזִּיָּהוּ הָרִאשֹׁנִים וְהָאַחֲרֹנִים כָּתַב
כג יְשַׁעְיָהוּ בֶן־אָמוֹץ הַנָּבִיא׃ וַיִּשְׁכַּב עֻזִּיָּהוּ עִם־אֲבֹתָיו וַיִּקְבְּרוּ
אֹתוֹ עִם־אֲבֹתָיו בִּשְׂדֵה הַקְּבוּרָה אֲשֶׁר לַמְּלָכִים כִּי אָמְרוּ
כז א מְצוֹרָע הוּא וַיִּמְלֹךְ יוֹתָם בְּנוֹ תַּחְתָּיו׃ בֶּן־עֶשְׂרִים
וְחָמֵשׁ שָׁנָה יוֹתָם בְמָלְכוֹ וְשֵׁשׁ־עֶשְׂרֵה שָׁנָה מָלַךְ בִּירוּשָׁלָ͏ִם
ב וְשֵׁם אִמּוֹ יְרוּשָׁה בַּת־צָדוֹק׃ וַיַּעַשׂ הַיָּשָׁר בְּעֵינֵי יהוה כְּכֹל
אֲשֶׁר־עָשָׂה עֻזִּיָּהוּ אָבִיו רַק לֹא־בָא אֶל־הֵיכַל יהוה וְעוֹד
ג הָעָם מַשְׁחִיתִים׃ הוּא בָּנָה אֶת־שַׁעַר בֵּית־יהוה הָעֶלְיוֹן
ד וּבְחוֹמַת הָעֹפֶל בָּנָה לָרֹב׃ וְעָרִים בָּנָה בְּהַר־יְהוּדָה וּבֶחֳרָשִׁים
ה בָּנָה בִּירָנִיּוֹת וּמִגְדָּלִים׃ וְהוּא נִלְחַם עִם־מֶלֶךְ בְּנֵי־עַמּוֹן וַיֶּחֱזַק
עֲלֵיהֶם וַיִּתְּנוּ־לוֹ בְנֵי־עַמּוֹן בַּשָּׁנָה הַהִיא מֵאָה כִּכַּר־כֶּסֶף
וַעֲשֶׂרֶת אֲלָפִים כֹּרִים חִטִּים וּשְׂעוֹרִים עֲשֶׂרֶת אֲלָפִים זֹאת
ו הֵשִׁיבוּ לוֹ בְּנֵי עַמּוֹן וּבַשָּׁנָה הַשֵּׁנִית וְהַשְּׁלִשִׁית׃ וַיִּתְחַזֵּק
ז יוֹתָם כִּי הֵכִין דְּרָכָיו לִפְנֵי יהוה אֱלֹהָיו׃ וְיֶתֶר דִּבְרֵי יוֹתָם
וְכָל־מִלְחֲמֹתָיו וּדְרָכָיו הִנָּם כְּתוּבִים עַל־סֵפֶר מַלְכֵי־יִשְׂרָאֵל
ח וִיהוּדָה׃ בֶּן־עֶשְׂרִים וְחָמֵשׁ שָׁנָה הָיָה בְמָלְכוֹ וְשֵׁשׁ־עֶשְׂרֵה
ט שָׁנָה מָלַךְ בִּירוּשָׁלָ͏ִם׃ וַיִּשְׁכַּב יוֹתָם עִם־אֲבֹתָיו וַיִּקְבְּרוּ אֹתוֹ

mighty power, to help the king against the enemy. And ‘Uzziyya- 14
hu prepared for them throughout all the host shields, and spears,
and helmets, and coats of mail, and bows, and stones for slinging.
And in Yerushalayim he made engines, invented by skilful men, 15
to be on the towers and upon the bulwarks, to shoot arrows and
great stones. And his name spread far abroad; for he was
marvellously helped, till he was strong. But when he was strong, 16
his heart was lifted up to his destruction: for he transgressed
against the LORD his GOD, and went into the temple of the LORD
to burn incense upon the altar of incense. And ‘Azaryahu the 17
priest went in after him and with him eighty priests of the
LORD, who were men of valour: and they withstood ‘Uzziyahu 18
the king, and said to him, It is not for thee, ‘Uzziyyahu, to burn
incense to the LORD, but for the priests the sons of Aharon, who
are consecrated to burn incense: go out of the sanctuary; for
thou hast trespassed; for it shall not be for thy honour from
the LORD GOD. Then ‘Uzziyyahu was angry, and had a censer 19
in his hand to burn incense: and while he was angry with the
priests, the ẕara‘at broke out on his forehead before the priests
in the house of the LORD, beside the incense altar. And ‘Azaryahu 20
the chief priest, and all the priests, looked upon him, and, behold,
he was diseased in his forehead, and they thrust him out quickly
from there; and he himself hastened to go out, because the LORD
had smitten him. And ‘Uzziyyahu the king was afflicted with 21
ẕara‘at to the day of his death, and dwelt in the house of
separation, being diseased; for he was cut off from the house
of the LORD: and Yotam his son was over the king’s house,
judging the people of the land. Now the rest of the acts of 22
‘Uzziyyahu, first and last, did Yesha‘yahu the prophet, the son of
Amoẕ, write. So ‘Uzziyyahu slept with his fathers, and they 23
buried him with his fathers in the field of burial which belonged
to the kings; for they said, He is diseased: and Yotam his son
reigned in his stead. Yotam was twenty five years old **27**
when he began to reign, and he reigned for sixteen years in
Yerushalayim. And his mother’s name was Yerusha, the daughter
of Ẕadoq. And he did that which was right in the sight of the 2
LORD, according to all that his father ‘Uzziyyahu had done: but
he did not enter into the temple of the LORD. and the people
still acted corruptly. He built the high gate of the house of the 3
LORD, and on the wall of the ‘Ofel he built much. And he built 4
cities in the mountains of Yehuda, and in the forests he built
castles and towers. And he fought with the king of the children 5
of ‘Ammon, and prevailed against them. And the children of
‘Ammon gave him in the same year a hundred talents of silver,
and ten thousand measures of wheat, and ten thousand of
barley. So much did the children of ‘Ammon pay to him, also
in the second year, and the third. So Yotam became 6
mighty, because he directed his ways aright before the LORD his
GOD. Now the rest of the acts of Yotam, and all his wars, and his 7
ways, lo, they are written in the book of the kings of Yisra’el and
Yehuda. He was twenty five years old when he began to reign, 8
and reigned for sixteen years in Yerushalayim. And Yotam slept 9
with his fathers, and they buried him in the city of David: and

בְּעִיר דָּוִיד וַיִּמְלֹךְ אָחָז בְּנוֹ תַּחְתָּיו: בֶּן־עֶשְׂרִים שָׁנָה אָחָז א
בְּמָלְכוֹ וְשֵׁשׁ־עֶשְׂרֵה שָׁנָה מָלַךְ בִּירוּשָׁלָ͏ִם וְלֹא־עָשָׂה הַיָּשָׁר
בְּעֵינֵי יְהוָה כְּדָוִיד אָבִיו: וַיֵּלֶךְ בְּדַרְכֵי מַלְכֵי יִשְׂרָאֵל וְגַם ב
מַסֵּכוֹת עָשָׂה לַבְּעָלִים: וְהוּא הִקְטִיר בְּגֵיא בֶן־הִנֹּם וַיַּבְעֵר ג
אֶת־בָּנָיו בָּאֵשׁ כְּתֹעֲבוֹת הַגּוֹיִם אֲשֶׁר הֹרִישׁ יְהוָה מִפְּנֵי בְּנֵי
יִשְׂרָאֵל: וַיְזַבֵּחַ וַיְקַטֵּר בַּבָּמוֹת וְעַל־הַגְּבָעוֹת וְתַחַת כָּל־עֵץ ד
רַעֲנָן: וַיִּתְּנֵהוּ יְהוָה אֱלֹהָיו בְּיַד מֶלֶךְ אֲרָם וַיַּכּוּ־בוֹ וַיִּשְׁבּוּ ה
מִמֶּנּוּ שִׁבְיָה גְדוֹלָה וַיָּבִיאוּ דַּרְמָשֶׂק וְגַם בְּיַד־מֶלֶךְ יִשְׂרָאֵל
נִתָּן וַיַּךְ־בּוֹ מַכָּה גְדוֹלָה: וַיַּהֲרֹג פֶּקַח בֶּן־רְמַלְיָהוּ ו
בִּיהוּדָה מֵאָה וְעֶשְׂרִים אֶלֶף בְּיוֹם אֶחָד הַכֹּל בְּנֵי־חָיִל בְּעָזְבָם
אֶת־יְהוָה אֱלֹהֵי אֲבוֹתָם: וַיַּהֲרֹג זִכְרִי ׀ גִּבּוֹר אֶפְרַיִם ז
אֶת־מַעֲשֵׂיָהוּ בֶּן־הַמֶּלֶךְ וְאֶת־עַזְרִיקָם נְגִיד הַבָּיִת וְאֶת־אֶלְקָנָה
מִשְׁנֵה הַמֶּלֶךְ: וַיִּשְׁבּוּ בְנֵי־יִשְׂרָאֵל מֵאֲחֵיהֶם מָאתַיִם ח
אֶלֶף נָשִׁים בָּנִים וּבָנוֹת וְגַם־שָׁלָל רָב בָּזְזוּ מֵהֶם וַיָּבִיאוּ אֶת־
הַשָּׁלָל לְשֹׁמְרוֹן: וְשָׁם הָיָה נָבִיא לַיהוָה עֹדֵד שְׁמוֹ ט
וַיֵּצֵא לִפְנֵי הַצָּבָא הַבָּא לְשֹׁמְרוֹן וַיֹּאמֶר לָהֶם הִנֵּה בַּחֲמַת יְהוָה
אֱלֹהֵי־אֲבוֹתֵיכֶם עַל־יְהוּדָה נְתָנָם בְּיֶדְכֶם וַתַּהַרְגוּ־בָם בְּזַעַף
עַד לַשָּׁמַיִם הִגִּיעַ: וְעַתָּה בְּנֵי־יְהוּדָה וִירוּשָׁלַ͏ִם אַתֶּם אֹמְרִים י
לִכְבֹּשׁ לַעֲבָדִים וְלִשְׁפָחוֹת לָכֶם הֲלֹא רַק־אַתֶּם עִמָּכֶם אֲשָׁמוֹת
לַיהוָה אֱלֹהֵיכֶם: וְעַתָּה שְׁמָעוּנִי וְהָשִׁיבוּ הַשִּׁבְיָה אֲשֶׁר שְׁבִיתֶם יא
מֵאֲחֵיכֶם כִּי חֲרוֹן אַף־יְהוָה עֲלֵיכֶם: וַיָּקֻמוּ אֲנָשִׁים יב
מֵרָאשֵׁי בְנֵי־אֶפְרַיִם עֲזַרְיָהוּ בֶן־יְהוֹחָנָן בֶּרֶכְיָהוּ בֶן־מְשִׁלֵּמוֹת
וִיחִזְקִיָּהוּ בֶּן־שַׁלֻּם וַעֲמָשָׂא בֶּן־חַדְלָי עַל־הַבָּאִים מִן־הַצָּבָא:
וַיֹּאמְרוּ לָהֶם לֹא־תָבִיאוּ אֶת־הַשִּׁבְיָה הֵנָּה כִּי לְאַשְׁמַת יְהוָה יג
עָלֵינוּ אַתֶּם אֹמְרִים לְהֹסִיף עַל־חַטֹּאתֵנוּ וְעַל־אַשְׁמָתֵנוּ
כִּי־רַבָּה אַשְׁמָה לָנוּ וַחֲרוֹן אָף עַל־יִשְׂרָאֵל: וַיַּעֲזֹב יד
הֶחָלוּץ אֶת־הַשִּׁבְיָה וְאֶת־הַבִּזָּה לִפְנֵי הַשָּׂרִים וְכָל־הַקָּהָל:
וַיָּקֻמוּ הָאֲנָשִׁים אֲשֶׁר־נִקְּבוּ בְשֵׁמוֹת וַיַּחֲזִיקוּ בַשִּׁבְיָה וְכָל־ טו
מַעֲרֻמֵּיהֶם הִלְבִּישׁוּ מִן־הַשָּׁלָל וַיַּלְבִּשׁוּם וַיַּנְעִלוּם וַיַּאֲכִלוּם
וַיַּשְׁקוּם וַיְסֻכוּם וַיְנַהֲלוּם בַּחֲמֹרִים לְכָל־כּוֹשֵׁל וַיְבִיאוּם יְרֵחוֹ
עִיר־הַתְּמָרִים אֵצֶל אֲחֵיהֶם וַיָּשׁוּבוּ שֹׁמְרוֹן: בָּעֵת טז
הַהִיא שָׁלַח הַמֶּלֶךְ אָחָז עַל־מַלְכֵי אַשּׁוּר לַעְזֹר לוֹ: וְעוֹד יז
אֲדוֹמִים בָּאוּ וַיַּכּוּ בִיהוּדָה וַיִּשְׁבּוּ־שֶׁבִי: וּפְלִשְׁתִּים פָּשְׁטוּ יח

Aḥaz his son reigned in his stead. Aḥaz was twenty years old 1
when he began to reign, and he reigned for sixteen years in
Yerushalayim: but he did not do that which was right in the
sight of the LORD, like David his father: for he followed the 2
ways of the kings of Yisra'el, and made also molten images
for the Be'alim. Moreover he burnt incense in the valley of the 3
son of Hinnom, and burnt his children in the fire, according to
the abominations of the nations whom the LORD had cast out
before the children of Yisra'el. And he sacrificed and burnt 4
incense in the high places, and on the hills, and under every
green tree. So that the LORD his GOD delivered him into the 5
hand of the king of Aram; and they smote him, and carried
away a great multitude of them captives, and brought them
to Darmeseq. And he was also delivered into the hand of the
king of Yisra'el, who smote him with a great slaughter.

For Peqaḥ the son of Remalyahu slew in Yehuda a 6
hundred and twenty thousand in one day, who were all valiant
men; because they had forsaken the LORD GOD of their fathers.

And Zikhri, a mighty man of Efrayim, slew Ma'aseyahu 7
the king's son, and 'Azriqam the governor of the house, and
Elqana who was next to the king. And the children of 8
Yisra'el carried away captive of their brethren two hundred
thousand, women, sons, and daughters, and took also away much
spoil from them, and brought the spoil to Shomeron.

But a prophet of the LORD was there, whose name was 9
'Oded: and he went out before the army that came to Shomeron,
and he said to them, Behold, because the LORD GOD of your
fathers was angry with Yehuda, he has delivered them into
your hand, and you have slain them in rage that reaches up
to heaven. And now you purpose to keep under the children 10
of Yehuda and Yerushalayim to be bondmen and bondwomen
to you: but are there not with you, even with you, crimes
against the LORD you GOD? Now hear me therefore, and release 11
the captives whom you have taken captive of your brethren:
for the fierce wrath of the LORD is upon you. Then certain 12
of the heads of the children of Efrayim, 'Azaryahu the son of
Yehoḥanan, Berekhyahu the son of Meshillemot, and Yeḥizqi-
yyahu the son of Shallum, and 'Amasa the son of Ḥadlay, stood
up against those who came from the war. And they said to 13
them, You shall not bring in the captives here: for whereas
we have offended against the LORD already, you intend to add
more to our sins and to our guilt: for our trespass is great,
and there is fierce wrath against Yisra'el. So the armed 14
men left the captives and the spoil before the princes and
all the congregation. And the men who were expressly named 15
rose up, and took the captives, and with the spoil clothed all
who were naked among them, and dressed them, and shod
them, and gave them to eat and to drink, and anointed them,
and carried all the feeble ones of them upon asses, and brought
them to Yereḥo, the city of palmtrees, to their brethren: then
they returned to Shomeron. At that time king Aḥaz sent 16
to the kings of Ashshur to help him. For again the Adomim 17
had come and smitten Yehuda, and carried away captives. And 18

בְּעָרֵי הַשְּׁפֵלָה וְהַנֶּגֶב לִיהוּדָה וַיִּלְכְּדוּ אֶת־בֵּית־שֶׁמֶשׁ וְאֶת־
אַיָּלוֹן וְאֶת־הַגְּדֵרוֹת וְאֶת־שׂוֹכוֹ וּבְנוֹתֶיהָ וְאֶת־תִּמְנָה וּבְנוֹתֶיהָ
יט וְאֶת־גִּמְזוֹ וְאֶת־בְּנֹתֶיהָ וַיֵּשְׁבוּ שָׁם׃ כִּי־הִכְנִיעַ יְהוָה אֶת־
יְהוּדָה בַּעֲבוּר אָחָז מֶלֶךְ־יִשְׂרָאֵל כִּי הִפְרִיעַ בִּיהוּדָה וּמָעוֹל
כ מַעַל בַּיהוָה׃ וַיָּבֹא עָלָיו תִּלְּגַת פִּלְנְאֶסֶר מֶלֶךְ אַשּׁוּר וַיָּצַר
כא לוֹ וְלֹא חֲזָקוֹ׃ כִּי־חָלַק אָחָז אֶת־בֵּית יְהוָה וְאֶת־בֵּית הַמֶּלֶךְ
כב וְהַשָּׂרִים וַיִּתֵּן לְמֶלֶךְ אַשּׁוּר וְלֹא לְעֶזְרָה לוֹ׃ וּבְעֵת הָצֵר לוֹ
כג וַיּוֹסֶף לִמְעוֹל בַּיהוָה הוּא הַמֶּלֶךְ אָחָז׃ וַיִּזְבַּח לֵאלֹהֵי דַרְמֶשֶׂק
הַמַּכִּים בּוֹ וַיֹּאמֶר כִּי אֱלֹהֵי מַלְכֵי־אֲרָם הֵם מַעְזְרִים אוֹתָם
לָהֶם אֲזַבֵּחַ וְיַעְזְרוּנִי וְהֵם הָיוּ־לוֹ לְהַכְשִׁילוֹ וּלְכָל־יִשְׂרָאֵל׃
כד וַיֶּאֱסֹף אָחָז אֶת־כְּלֵי בֵית־הָאֱלֹהִים וַיְקַצֵּץ אֶת־כְּלֵי בֵית־
הָאֱלֹהִים וַיִּסְגֹּר אֶת־דַּלְתוֹת בֵּית־יְהוָה וַיַּעַשׂ לוֹ מִזְבְּחוֹת
כה בְּכָל־פִּנָּה בִּירוּשָׁלָםִ׃ וּבְכָל־עִיר וָעִיר לִיהוּדָה עָשָׂה בָמוֹת
לְקַטֵּר לֵאלֹהִים אֲחֵרִים וַיַּכְעֵס אֶת־יְהוָה אֱלֹהֵי אֲבֹתָיו׃
כו וְיֶתֶר דְּבָרָיו וְכָל־דְּרָכָיו הָרִאשֹׁנִים וְהָאַחֲרוֹנִים הִנָּם כְּתוּבִים
כז עַל־סֵפֶר מַלְכֵי־יְהוּדָה וְיִשְׂרָאֵל׃ וַיִּשְׁכַּב אָחָז עִם־אֲבֹתָיו
וַיִּקְבְּרֻהוּ בָעִיר בִּירוּשָׁלַםִ כִּי לֹא הֱבִיאֻהוּ לְקִבְרֵי מַלְכֵי
כט א יִשְׂרָאֵל וַיִּמְלֹךְ יְחִזְקִיָּהוּ בְנוֹ תַּחְתָּיו׃ יְחִזְקִיָּהוּ מָלַךְ
בֶּן־עֶשְׂרִים וְחָמֵשׁ שָׁנָה וְעֶשְׂרִים וָתֵשַׁע שָׁנָה מָלַךְ בִּירוּשָׁלָםִ
ב וְשֵׁם אִמּוֹ אֲבִיָּה בַּת־זְכַרְיָהוּ׃ וַיַּעַשׂ הַיָּשָׁר בְּעֵינֵי יְהוָה כְּכֹל
ג אֲשֶׁר־עָשָׂה דָּוִיד אָבִיו׃ הוּא בַשָּׁנָה הָרִאשׁוֹנָה לְמָלְכוֹ
ד בַּחֹדֶשׁ הָרִאשׁוֹן פָּתַח אֶת־דַּלְתוֹת בֵּית־יְהוָה וַיְחַזְּקֵם׃ וַיָּבֵא
ה אֶת־הַכֹּהֲנִים וְאֶת־הַלְוִיִּם וַיַּאַסְפֵם לִרְחוֹב הַמִּזְרָח׃ וַיֹּאמֶר
לָהֶם שְׁמָעוּנִי הַלְוִיִּם עַתָּה הִתְקַדְּשׁוּ וְקַדְּשׁוּ אֶת־בֵּית יְהוָה
ו אֱלֹהֵי אֲבֹתֵיכֶם וְהוֹצִיאוּ אֶת־הַנִּדָּה מִן־הַקֹּדֶשׁ׃ כִּי־מָעֲלוּ
אֲבֹתֵינוּ וְעָשׂוּ הָרַע בְּעֵינֵי יְהוָה־אֱלֹהֵינוּ וַיַּעַזְבֻהוּ וַיַּסֵּבּוּ
ז פְנֵיהֶם מִמִּשְׁכַּן יְהוָה וַיִּתְּנוּ־עֹרֶף׃ גַּם סָגְרוּ דַּלְתוֹת הָאוּלָם
וַיְכַבּוּ אֶת־הַנֵּרוֹת וּקְטֹרֶת לֹא הִקְטִירוּ וְעֹלָה לֹא־הֶעֱלוּ בַקֹּדֶשׁ
ח לֵאלֹהֵי יִשְׂרָאֵל׃ וַיְהִי קֶצֶף יְהוָה עַל־יְהוּדָה וִירוּשָׁלָםִ וַיִּתְּנֵם
ט לזועה לְשַׁמָּה וְלִשְׁרֵקָה כַּאֲשֶׁר אַתֶּם רֹאִים בְּעֵינֵיכֶם׃ וְהִנֵּה לְזַעֲוָה
נָפְלוּ אֲבוֹתֵינוּ בֶּחָרֶב וּבָנֵינוּ וּבְנוֹתֵינוּ וְנָשֵׁינוּ בַּשְּׁבִי עַל־זֹאת׃
י עַתָּה עִם־לְבָבִי לִכְרוֹת בְּרִית לַיהוָה אֱלֹהֵי יִשְׂרָאֵל וְיָשֹׁב מִמֶּנּוּ
יא חֲרוֹן אַפּוֹ׃ בָּנַי עַתָּה אַל־תִּשָּׁלוּ כִּי־בָכֶם בָּחַר יְהוָה לַעֲמֹד כב
יב לְפָנָיו לְשָׁרְתוֹ וְלִהְיוֹת לוֹ מְשָׁרְתִים וּמַקְטִרִים׃ וַיָּקֻמוּ
הַלְוִיִּם מַחַת בֶּן־עֲמָשַׂי וְיוֹאֵל בֶּן־עֲזַרְיָהוּ מִן־בְּנֵי הַקְּהָתִי

the Pelishtim had invaded the cities of the coastal plain, and of
the south of Yehuda, and had taken Bet-shemesh, and Ayyalon,
and Gederot, and Sokho with its hamlets, and Timna and its
hamlets, and Gimzo and its hamlets: and they dwelt there. For 19
the LORD brought Yehuda low because of Aḥaz king of Yisra'el;
for he caused disorder in Yehuda, and transgressed greatly
against the LORD. And Tiglat-pilne'eser king of Ashshur came to 20
him, and distressed him, but did not strengthen him. For Aḥaz 21
took away a portion out of the house of the LORD, and out of
the house of the king, and of the princes, and gave it to
the king of Ashshur: but he did not help him. And in the 22
time of his distress he trespassed still more against the LORD:
this is that king Aḥaz. For he sacrificed to the gods of Darmeseq, 23
who smote him: and he said, Because the gods of the kings
of Aram help them, I will sacrifice to them, that they may help
me. But they were the ruin of him, and of all Yisra'el. And 24
Aḥaz gathered together the vessels of the house of GOD, and
cut in pieces the vessels of the house of GOD, and shut up the
doors of the house of the LORD, and he made himself altars in
every corner of Yerushalayim. And in every city of Yehuda 25
he made high places to burn incense to other gods, and provoked
to anger the LORD GOD of his fathers. Now the rest of his acts 26
and of all his ways, first and last, behold, they are written
in the book of the kings of Yehuda and Yisra'el. And Aḥaz slept 27
with his fathers, and they buried him in the city, in Yerushala-
yim: but they did not bring him into the tombs of the kings
of Yisra'el: and Yeḥizqiyyahu his son reigned in his stead.

Yeḥizqiyyahu began to reign when he was twenty five **29**
years old, and he reigned twenty nine years in Yerushalayim.
And his mother's name was Aviyya, the daughter of Zekhar-
yahu. And he did that which was right in the sight of the LORD, 2
according to all that David his father had done. He in the first 3
year of his reign, in the first month, opened the doors of the
house of the LORD, and repaired them. And he brought in the 4
priests and the Levites, and gathered them together into the
east street, and he said to them, Hear me, you Levites, sanctify 5
yourselves now, and sanctify the house of the LORD GOD of your
fathers, and carry out the filth from the holy place. For our 6
fathers trespassed, and did that which was evil in the eyes of
the LORD our GOD, and forsook him, and turned away their
faces from the habitation of the LORD, and turned their backs.
Also they shut up the doors of the porch, and put out the lamps, 7
and did not burn incense or offer burnt offerings in the holy
place to the GOD of Yisra'el. So that the fury of the LORD came 8
upon Yehuda and Yerushalayim, and he delivered them to horror,
to astonishment, and to hissing, as you see with your eyes.
For lo, our fathers fell by the sword, and our sons and our 9
daughters and our wives are in captivity for this. Now it is in 10
my heart to make a covenant with the LORD GOD of Yisra'el, that
his fierce wrath may turn away from us. My sons, be not now 11
negligent: for the LORD has chosen you to stand before him,
to serve him, and that you should minister to him, and burn
incense. Then the Levites arose, Maḥat the son of 'Ama- 12

וּמִן־בְּנֵי מְרָרִי קִישׁ בֶּן־עַבְדִּי וַעֲזַרְיָהוּ בֶּן־יְהַלֶּלְאֵל וּמִן־
יג הַגֵּרְשֻׁנִּי יוֹאָח בֶּן־זִמָּה וְעֵדֶן בֶּן־יוֹאָח׃ וּמִן־בְּנֵי אֱלִיצָפָן
יד וְיעִיאֵל שִׁמְרִי ויעואל וּמִן־בְּנֵי אָסָף זְכַרְיָהוּ וּמַתַּנְיָהוּ׃ וּמִן־
יְחִיאֵל בְּנֵי הֵימָן יחואל וְשִׁמְעִי וּמִן־בְּנֵי יְדוּתוּן שְׁמַעְיָה וְעֻזִּיאֵל׃
טו וַיַּאַסְפוּ אֶת־אֲחֵיהֶם וַיִּתְקַדְּשׁוּ וַיָּבֹאוּ כְמִצְוַת־הַמֶּלֶךְ בְּדִבְרֵי
טז יְהוָה לְטַהֵר בֵּית יְהוָה׃ וַיָּבֹאוּ הַכֹּהֲנִים לִפְנִימָה בֵית־יְהוָה
לְטַהֵר וַיּוֹצִיאוּ אֵת כָּל־הַטֻּמְאָה אֲשֶׁר מָצְאוּ בְּהֵיכַל יְהוָה לַחֲצַר
יז בֵּית יְהוָה וַיְקַבְּלוּ הַלְוִיִּם לְהוֹצִיא לְנַחַל־קִדְרוֹן חוּצָה׃ וַיָּחֵלּוּ
בְּאֶחָד לַחֹדֶשׁ הָרִאשׁוֹן לְקַדֵּשׁ וּבְיוֹם שְׁמוֹנָה לַחֹדֶשׁ בָּאוּ
לְאוּלָם יְהוָה וַיְקַדְּשׁוּ אֶת־בֵּית־יְהוָה לְיָמִים שְׁמוֹנָה וּבְיוֹם
יח שִׁשָּׁה עָשָׂר לַחֹדֶשׁ הָרִאשׁוֹן כִּלּוּ׃ וַיָּבוֹאוּ פְנִימָה
אֶל־חִזְקִיָּהוּ הַמֶּלֶךְ וַיֹּאמְרוּ טִהַרְנוּ אֶת־כָּל־בֵּית יְהוָה אֶת־
מִזְבַּח הָעוֹלָה וְאֶת־כָּל־כֵּלָיו וְאֶת־שֻׁלְחַן הַמַּעֲרֶכֶת וְאֶת־
יט כָּל־כֵּלָיו׃ וְאֵת כָּל־הַכֵּלִים אֲשֶׁר הִזְנִיחַ הַמֶּלֶךְ אָחָז בְּמַלְכוּתוֹ
כ בְּמַעֲלוֹ הֵכַנּוּ וְהִקְדָּשְׁנוּ וְהִנָּם לִפְנֵי מִזְבַּח יְהוָה׃ וַיַּשְׁכֵּם
יְחִזְקִיָּהוּ הַמֶּלֶךְ וַיֶּאֱסֹף אֵת שָׂרֵי הָעִיר וַיַּעַל בֵּית יְהוָה׃
כא וַיָּבִיאוּ פָרִים־שִׁבְעָה וְאֵילִים שִׁבְעָה וּכְבָשִׂים שִׁבְעָה וּצְפִירֵי
עִזִּים שִׁבְעָה לְחַטָּאת עַל־הַמַּמְלָכָה וְעַל־הַמִּקְדָּשׁ וְעַל־
יְהוּדָה וַיֹּאמֶר לִבְנֵי אַהֲרֹן הַכֹּהֲנִים לְהַעֲלוֹת עַל־מִזְבַּח יְהוָה׃
כב וַיִּשְׁחֲטוּ הַבָּקָר וַיְקַבְּלוּ הַכֹּהֲנִים אֶת־הַדָּם וַיִּזְרְקוּ הַמִּזְבֵּחָה
וַיִּשְׁחֲטוּ הָאֵלִים וַיִּזְרְקוּ הַדָּם הַמִּזְבֵּחָה וַיִּשְׁחֲטוּ הַכְּבָשִׂים
כג וַיִּזְרְקוּ הַדָּם הַמִּזְבֵּחָה׃ וַיַּגִּישׁוּ אֶת־שְׂעִירֵי הַחַטָּאת לִפְנֵי הַמֶּלֶךְ
כד וְהַקָּהָל וַיִּסְמְכוּ יְדֵיהֶם עֲלֵיהֶם׃ וַיִּשְׁחָטוּם הַכֹּהֲנִים וַיְחַטְּאוּ
אֶת־דָּמָם הַמִּזְבֵּחָה לְכַפֵּר עַל־כָּל־יִשְׂרָאֵל כִּי לְכָל־יִשְׂרָאֵל
כה אָמַר הַמֶּלֶךְ הָעוֹלָה וְהַחַטָּאת׃ וַיַּעֲמֵד אֶת־הַלְוִיִּם בֵּית יְהוָה
בִּמְצִלְתַּיִם בִּנְבָלִים וּבְכִנֹּרוֹת בְּמִצְוַת דָּוִיד וְגָד חֹזֵה־הַמֶּלֶךְ
וְנָתָן הַנָּבִיא כִּי בְיַד־יְהוָה הַמִּצְוָה בְּיַד־נְבִיאָיו׃
כו כז וַיַּעַמְדוּ הַלְוִיִּם בִּכְלֵי דָוִיד וְהַכֹּהֲנִים בַּחֲצֹצְרוֹת׃ וַיֹּאמֶר
חִזְקִיָּהוּ לְהַעֲלוֹת הָעֹלָה לְהַמִּזְבֵּחַ וּבְעֵת הֵחֵל הָעוֹלָה הֵחֵל
כח שִׁיר־יְהוָה וְהַחֲצֹצְרוֹת וְעַל־יְדֵי כְּלֵי דָּוִיד מֶלֶךְ יִשְׂרָאֵל׃ וְכָל־
מַחְצְרִים הַקָּהָל מִשְׁתַּחֲוִים וְהַשִּׁיר מְשׁוֹרֵר וְהַחֲצֹצְרוֹת מחצצרים הַכֹּל
כט עַד לִכְלוֹת הָעֹלָה׃ וּכְכַלּוֹת לְהַעֲלוֹת כָּרְעוּ הַמֶּלֶךְ וְכָל־

say, and Yo'el the son of 'Azaryahu, of the sons of the Qehati:
and of the sons of Merari, Qish the son of 'Avdi, and 'Azaryahu
the son of Yehallel'el: and of the Gershoni; Yo'aḥ the son of
Zimma, and 'Eden the son of Yo'aḥ: and of the sons of Eliẓafan; 13
Shimri, and Ye'i'el: and of the sons of Asaf; Zekharyahu, and
Mattanyahu: And of the sons of Heman; Yeḥi'el, and 14
Shim'i: and of the sons of Yedutun; Shema'ya, and 'Uzzi'el. And 15
they gathered their brethren, and sanctified themselves, and
came, according to the commandment of the king, by the words
of the Lord, to cleanse the house of the Lord. And the priests 16
went into the inner part of the house of the Lord, to cleanse it,
and they brought out all the uncleanness that they found in
the temple of the Lord into the court of the house of the Lord.
And the Levites took it, to carry it outside into the wadi of
Qidron. Now they began on the first day of the first month 17
to sanctify, and on the eighth day of the month they came to
the porch of the Lord: so they sanctified the house of the
Lord in eight days; and on the sixteenth day of the first month
they made an end. Then they went in to Ḥizqiyyahu the 18
king, and said, We have cleansed all the house of the Lord,
and the altar of burnt offering, with all its vessels, and the
showbread table, with all its vessels. Moreover all the vessels, 19
which king Aḥaz in his reign did cast away in his transgression,
we have prepared and sanctified, and behold, they are before
the altar of the Lord. Then Yeḥizqiyyahu the king rose 20
early, and gathered the rulers of the city, and went up to the
house of the Lord. And they brought seven bullocks, and seven 21
rams, and seven lambs, and seven he goats, for a sin offering
for the kingdom, and for the sanctuary, and for Yehuda.
And he commanded the priests the sons of Aharon to offer them
on the altar of the Lord. So they killed the bullocks, and the 22
priests received the blood, and sprinkled it on the altar: like-
wise, when they had killed the rams, they sprinkled the blood
upon the altar: and they slaughtered the lambs, and they
sprinkled the blood upon the altar. And they presented the he 23
goats for the sin offering before the king and the congregation;
and they laid their hands upon them: and the priests killed 24
them, and they made a sin offering with their blood upon the
altar, to make atonement for all Yisra'el: for the king
commanded that the burnt offering and the sin offering should
be made for all Yisra'el. And he set the Levites in the house 25
of the Lord with cymbals, with lutes, and with lyres, according
to the commandment of David, and of Gad the king's seer,
and Natan the prophet: for so was the commandment of the
Lord by his prophets.
And the Levites stood with the instruments of David, and the 26
priests with the trumpets. And Ḥizqiyyahu commanded 27
to offer the burnt offering upon the altar. And when the burnt
offering began, the song of the Lord began also with the
trumpets, and with the instruments of David king of Yisra'el.
And all the congregation prostrated themselves, and the singers 28
sang, and the trumpeters sounded: and all this continued
until the burnt offering was finished. And when they had made 29

הַנִּמְצְאִים אִתּוֹ וַיִּשְׁתַּחֲווּ: וַיֹּאמֶר יְחִזְקִיָּהוּ הַמֶּלֶךְ וְהַשָּׂרִים ל
לַלְוִיִּם לְהַלֵּל לַיהוָה בְּדִבְרֵי דָוִיד וְאָסָף הַחֹזֶה וַיְהַלְלוּ עַד־
לְשִׂמְחָה וַיִּקְּדוּ וַיִּשְׁתַּחֲווּ: וַיַּעַן יְחִזְקִיָּהוּ וַיֹּאמֶר עַתָּה לא
מִלֵּאתֶם יֶדְכֶם לַיהוָה גֹּשׁוּ וְהָבִיאוּ זְבָחִים וְתוֹדוֹת לְבֵית
יְהוָה וַיָּבִיאוּ הַקָּהָל זְבָחִים וְתוֹדוֹת וְכָל־נְדִיב לֵב עֹלוֹת:
וַיְהִי מִסְפַּר הָעֹלָה אֲשֶׁר הֵבִיאוּ הַקָּהָל בָּקָר שִׁבְעִים אֵילִים לב
מֵאָה כְּבָשִׂים מָאתָיִם לְעֹלָה לַיהוָה כָּל־אֵלֶּה: וְהַקֳּדָשִׁים לג
בָּקָר שֵׁשׁ מֵאוֹת וְצֹאן שְׁלֹשֶׁת אֲלָפִים: רַק הַכֹּהֲנִים הָיוּ לד
לִמְעָט וְלֹא יָכְלוּ לְהַפְשִׁיט אֶת־כָּל־הָעֹלוֹת וַיְחַזְּקוּם אֲחֵיהֶם
הַלְוִיִּם עַד־כְּלוֹת הַמְּלָאכָה וְעַד־יִתְקַדְּשׁוּ הַכֹּהֲנִים כִּי הַלְוִיִּם
יִשְׁרֵי לֵבָב לְהִתְקַדֵּשׁ מֵהַכֹּהֲנִים: וְגַם־עֹלָה לָרֹב בְּחֶלְבֵי לה
הַשְּׁלָמִים וּבַנְּסָכִים לָעֹלָה וַתִּכּוֹן עֲבוֹדַת בֵּית־יְהוָה: וַיִּשְׂמַח לו
יְחִזְקִיָּהוּ וְכָל־הָעָם עַל הַהֵכִין הָאֱלֹהִים לָעָם כִּי בְּפִתְאֹם
הָיָה הַדָּבָר: וַיִּשְׁלַח יְחִזְקִיָּהוּ עַל־כָּל־יִשְׂרָאֵל וִיהוּדָה א ל
וְגַם־אִגְּרוֹת כָּתַב עַל־אֶפְרַיִם וּמְנַשֶּׁה לָבוֹא לְבֵית־יְהוָה
בִּירוּשָׁלִַם לַעֲשׂוֹת פֶּסַח לַיהוָה אֱלֹהֵי יִשְׂרָאֵל: וַיִּוָּעַץ הַמֶּלֶךְ ב
וְשָׂרָיו וְכָל־הַקָּהָל בִּירוּשָׁלִַם לַעֲשׂוֹת הַפֶּסַח בַּחֹדֶשׁ הַשֵּׁנִי:
כִּי לֹא יָכְלוּ לַעֲשֹׂתוֹ בָּעֵת הַהִיא כִּי הַכֹּהֲנִים לֹא־הִתְקַדְּשׁוּ ג
לְמַדַּי וְהָעָם לֹא־נֶאֶסְפוּ לִירוּשָׁלִָם: וַיִּישַׁר הַדָּבָר בְּעֵינֵי ד
הַמֶּלֶךְ וּבְעֵינֵי כָּל־הַקָּהָל: וַיַּעֲמִידוּ דָבָר לְהַעֲבִיר קוֹל בְּכָל־ ה
יִשְׂרָאֵל מִבְּאֵר־שֶׁבַע וְעַד־דָּן לָבוֹא לַעֲשׂוֹת פֶּסַח לַיהוָה
אֱלֹהֵי־יִשְׂרָאֵל בִּירוּשָׁלִָם כִּי לֹא לָרֹב עָשׂוּ כַּכָּתוּב: וַיֵּלְכוּ ו
הָרָצִים בָּאִגְּרוֹת מִיַּד הַמֶּלֶךְ וְשָׂרָיו בְּכָל־יִשְׂרָאֵל וִיהוּדָה
וּכְמִצְוַת הַמֶּלֶךְ לֵאמֹר בְּנֵי יִשְׂרָאֵל שׁוּבוּ אֶל־יְהוָה אֱלֹהֵי
אַבְרָהָם יִצְחָק וְיִשְׂרָאֵל וְיָשֹׁב אֶל־הַפְּלֵיטָה הַנִּשְׁאֶרֶת לָכֶם
מִכַּף מַלְכֵי אַשּׁוּר: וְאַל־תִּהְיוּ כַּאֲבוֹתֵיכֶם וְכַאֲחֵיכֶם אֲשֶׁר ז
מָעֲלוּ בַּיהוָה אֱלֹהֵי אֲבוֹתֵיהֶם וַיִּתְּנֵם לְשַׁמָּה כַּאֲשֶׁר אַתֶּם
רֹאִים: עַתָּה אַל־תַּקְשׁוּ עָרְפְּכֶם כַּאֲבוֹתֵיכֶם תְּנוּ־יָד לַיהוָה ח
וּבֹאוּ לְמִקְדָּשׁוֹ אֲשֶׁר הִקְדִּישׁ לְעוֹלָם וְעִבְדוּ אֶת־יְהוָה
אֱלֹהֵיכֶם וְיָשֹׁב מִכֶּם חֲרוֹן אַפּוֹ: כִּי בְשׁוּבְכֶם עַל־יְהוָה ט
אֲחֵיכֶם וּבְנֵיכֶם לְרַחֲמִים לִפְנֵי שׁוֹבֵיהֶם וְלָשׁוּב לָאָרֶץ הַזֹּאת

an end of offering, the king and all who were present with him
bowed down, and prostrated themselves. Moreover Yeḥizqiyyahu 30
the king and the princes commanded the Levites to sing praise
to the LORD with the words of David, and of Asaf the seer.
And they sang praises with gladness, and they bowed their heads
and worshipped. Then Yeḥizqiyyahu answered and said, 31
Now you have consecrated yourselves to the LORD, come near
and bring sacrifices and thank offerings into the house of the
LORD. And the congregation brought in sacrifices and thank
offerings; and all who were of a willing heart brought burnt
offerings. And the number of the burnt offerings, which the 32
congregation brought, was seventy bullocks, a hundred rams,
and two hundred lambs: all these were for a burnt offering
to the LORD. And the consecrated things were six hundred oxen 33
and three thousand sheep. But the priests were too few, so 34
that they could not flay all the burnt offerings: so that their
brethren the Levites did help them, till the work was ended,
and until the other priests had sanctified themselves: for the
Levites were more upright in heart than the priests in sanctifying
themselves. And also the burnt offerings were in abundance, with 35
the fat of the peace offerings, and the drink offerings for every
burnt offering. So the service of the house of the LORD was 36
firmly established. And Yeḥizqiyyahu rejoiced, and all the peo-
ple, because of what GOD had prepared for the people: for the
thing was done suddenly. And Yeḥizqiyyahu sent to all **30**
Yisra'el and Yehuda, and wrote letters also to Efrayim and
Menashshe, that they should come to the house of the LORD at
Yerushalayim, to keep the passover to the LORD GOD of Yisra'el.
For the king had taken counsel, and his princes, and all the 2
congregation in Yerushalayim, to keep the passover in the
second month. For they could not keep it in its time, because 3
the priests had not sanctified themselves sufficiently, nor had
the people gathered themselves together to Yerushalayim. And 4
the thing pleased the king and all the congregation. So they 5
established a decree to make proclamation throughout all Yis-
ra'el, from Be'er-sheva as far as Dan, that they should come
to keep the passover to the LORD GOD of Yisra'el at Yerushala-
yim: for they had not done it for long as it was written. So 6
the runners went with the letters from the king and his princes
throughout all Yisra'el and Yehuda, and according to the
commandment of the king, saying, You children of Yisra'el,
turn back to the LORD GOD of Avraham, Yiẕḥaq, and Yisra'el,
and he will turn again to the remnant of you, who have escaped
out of the hand of the kings of Ashshur. And be not like your 7
fathers, and like your brethren, who trespassed against the LORD
GOD of their fathers, who therefore gave them up to desolation,
as you see. Now be not stiffnecked, as your fathers were, but 8
yield yourselves to the LORD, and enter into his sanctuary,
which he has sanctified for ever: and worship the LORD your
GOD, so that the fierceness of his anger may turn away from
you. For if you return to the LORD, your brethren and your 9
children shall find compassion before those who led them away
captive, so that they shall come back into this land: for the

כִּי־חַנּוּן וְרַחוּם יְהוָה אֱלֹהֵיכֶם וְלֹא־יָסִיר פָּנִים מִכֶּם אִם־
י תָּשׁוּבוּ אֵלָיו׃ וַיִּהְיוּ הָרָצִים עֹבְרִים מֵעִיר ׀ לָעִיר
בְּאֶרֶץ־אֶפְרַיִם וּמְנַשֶּׁה וְעַד־זְבֻלוּן וַיִּהְיוּ מַשְׂחִיקִים עֲלֵיהֶם
יא וּמַלְעִגִים בָּם׃ אַךְ אֲנָשִׁים מֵאָשֵׁר וּמְנַשֶּׁה וּמִזְּבֻלוּן נִכְנְעוּ
יב וַיָּבֹאוּ לִירוּשָׁלִָם׃ גַּם בִּיהוּדָה הָיְתָה יַד הָאֱלֹהִים לָתֵת לָהֶם
יג לֵב אֶחָד לַעֲשׂוֹת מִצְוַת הַמֶּלֶךְ וְהַשָּׂרִים בִּדְבַר יְהוָה׃ וַיֵּאָסְפוּ
יְרוּשָׁלִַם עַם־רָב לַעֲשׂוֹת אֶת־חַג הַמַּצּוֹת בַּחֹדֶשׁ הַשֵּׁנִי קָהָל
יד לָרֹב מְאֹד׃ וַיָּקֻמוּ וַיָּסִירוּ אֶת־הַמִּזְבְּחוֹת אֲשֶׁר בִּירוּשָׁלִָם וְאֵת
טו כָּל־הַמְקַטְּרוֹת הֵסִירוּ וַיַּשְׁלִיכוּ לְנַחַל קִדְרוֹן׃ וַיִּשְׁחֲטוּ הַפֶּסַח
בְּאַרְבָּעָה עָשָׂר לַחֹדֶשׁ הַשֵּׁנִי וְהַכֹּהֲנִים וְהַלְוִיִּם נִכְלְמוּ
טז וַיִּתְקַדְּשׁוּ וַיָּבִיאוּ עֹלוֹת בֵּית יְהוָה׃ וַיַּעַמְדוּ עַל־עָמְדָם
כְּמִשְׁפָּטָם כְּתוֹרַת מֹשֶׁה אִישׁ־הָאֱלֹהִים הַכֹּהֲנִים זֹרְקִים אֶת־
יז הַדָּם מִיַּד הַלְוִיִּם׃ כִּי־רַבַּת בַּקָּהָל אֲשֶׁר לֹא־הִתְקַדָּשׁוּ וְהַלְוִיִּם
יח עַל־שְׁחִיטַת הַפְּסָחִים לְכֹל לֹא טָהוֹר לְהַקְדִּישׁ לַיהוָה׃ כִּי
מַרְבִּית הָעָם רַבַּת מֵאֶפְרַיִם וּמְנַשֶּׁה יִשָּׂשכָר וּזְבֻלוּן לֹא
הִטֶּהָרוּ כִּי־אָכְלוּ אֶת־הַפֶּסַח בְּלֹא כַכָּתוּב כִּי הִתְפַּלֵּל
יט יְחִזְקִיָּהוּ עֲלֵיהֶם לֵאמֹר יְהוָה הַטּוֹב יְכַפֵּר בְּעַד׃ כָּל־לְבָבוֹ
הֵכִין לִדְרוֹשׁ הָאֱלֹהִים ׀ יְהוָה אֱלֹהֵי אֲבוֹתָיו וְלֹא כְּטָהֳרַת
כ הַקֹּדֶשׁ׃ וַיִּשְׁמַע יְהוָה אֶל־יְחִזְקִיָּהוּ וַיִּרְפָּא אֶת־
כא הָעָם׃ וַיַּעֲשׂוּ בְנֵי־יִשְׂרָאֵל הַנִּמְצְאִים בִּירוּשָׁלִַם אֶת־
חַג הַמַּצּוֹת שִׁבְעַת יָמִים בְּשִׂמְחָה גְדוֹלָה וּמְהַלְלִים לַיהוָה
כב יוֹם ׀ בְּיוֹם הַלְוִיִּם וְהַכֹּהֲנִים בִּכְלֵי עֹז לַיהוָה׃ וַיְדַבֵּר
יְחִזְקִיָּהוּ עַל־לֵב כָּל־הַלְוִיִּם הַמַּשְׂכִּילִים שֵׂכֶל־טוֹב לַיהוָה
וַיֹּאכְלוּ אֶת־הַמּוֹעֵד שִׁבְעַת הַיָּמִים מְזַבְּחִים זִבְחֵי שְׁלָמִים
כג וּמִתְוַדִּים לַיהוָה אֱלֹהֵי אֲבוֹתֵיהֶם׃ וַיִּוָּעֲצוּ כָּל־הַקָּהָל
לַעֲשׂוֹת שִׁבְעַת יָמִים אֲחֵרִים וַיַּעֲשׂוּ שִׁבְעַת יָמִים שִׂמְחָה׃
כד כִּי חִזְקִיָּהוּ מֶלֶךְ־יְהוּדָה הֵרִים לַקָּהָל אֶלֶף פָּרִים וְשִׁבְעַת
אֲלָפִים צֹאן וְהַשָּׂרִים הֵרִימוּ לַקָּהָל פָּרִים אֶלֶף וְצֹאן עֲשֶׂרֶת
כה אֲלָפִים וַיִּתְקַדְּשׁוּ כֹהֲנִים לָרֹב׃ וַיִּשְׂמְחוּ ׀ כָּל־קְהַל יְהוּדָה
וְהַכֹּהֲנִים וְהַלְוִיִּם וְכָל־הַקָּהָל הַבָּאִים מִיִּשְׂרָאֵל וְהַגֵּרִים
כו הַבָּאִים מֵאֶרֶץ יִשְׂרָאֵל וְהַיּוֹשְׁבִים בִּיהוּדָה׃ וַתְּהִי שִׂמְחָה
גְדוֹלָה בִּירוּשָׁלִָם כִּי מִימֵי שְׁלֹמֹה בֶן־דָּוִיד מֶלֶךְ יִשְׂרָאֵל לֹא
כז כָזֹאת בִּירוּשָׁלִָם׃ וַיָּקֻמוּ הַכֹּהֲנִים הַלְוִיִּם וַיְבָרְכוּ
אֶת־הָעָם וַיִּשָּׁמַע בְּקוֹלָם וַתָּבוֹא תְפִלָּתָם לִמְעוֹן קָדְשׁוֹ

Lord your God is gracious and merciful, and he will not turn away his face from you, if you return to him.   So the 10 runners passed from city to city through the country of Efrayim and Menashshe as far as Zevulun: but they laughed them to scorn, and mocked them. Nevertheless certain men of Asher 11 and Menashshe and of Zevulun humbled themselves, and came to Yerushalayim. The hand of God was also upon Yehuda to 12 give them one heart to do the commandment of the king and of the princes, by the word of the Lord. And there assembled 13 at Yerushalayim a numerous concourse to keep the feast of unleavened bread in the second month, a very great congregation. And they arose and took away the altars that were in Yeru- 14 shalayim, and all the altars for incense they took away, and cast them into the wadi of Qidron. Then they killed the paschal 15 lamb on the fourteenth day of the second month: and the priests and the Levites were ashamed, and they sanctified themselves, and brought in the burnt offerings into the house of the Lord. And they stood in their place according to the form prescribed 16 for them, according to the Tora of Moshe the man of God: the priests sprinkled the blood, which they received from the hand of the Levites. For there were many in the congregation 17 who were not sanctified: therefore the Levites had the charge of the killing of the paschal lambs for every one who was not clean, to sanctify them to the Lord. For a multitude of the 18 people, many of Efrayim, and Menashshe, Yissakhar, and Zevulun had not cleansed themselves, so that they did eat the passover otherwise than it was written. But Yeḥizqiyyahu prayed for them, saying, The good Lord pardon every one who directs 19 his heart to seek God, the Lord God of his fathers, though he be not cleansed according to the purification of the sanctuary.

And the Lord hearkened to Yeḥizqiyyahu, and healed the 20 people.   And the children of Yisra'el who were present at 21 Yerushalayim kept the feast of unleavened bread for seven days with great gladness: and the Levites and the priests praised the Lord day by day, singing with loud instruments to the Lord.

And Yeḥizqiyyahu spoke encouragement to all the Levites 22 who displayed good sense in the service of the Lord: and they did eat the food of the festival for seven days, offering peace offerings, and giving thanks to the Lord God of their fathers.

And the whole assembly took counsel to keep another 23 seven days: and they kept another seven days with gladness. For Ḥizqiyyahu king of Yehuda did give to the congregation a 24 thousand bullocks and seven thousand sheep; and the princes gave to the congregation a thousand bullocks and ten thousand sheep: and a great number of priests sanctified themselves. And all the congregation of Yehuda, with the priests and the 25 Levites, and all the congregation that came out of Yisra'el, and the strangers who came out of the land of Yisra'el, and who dwelt in Yehuda, rejoiced. So there was great joy in Yerushala- 26 yim: for since the time of Shelomo the son of David king of Yisra'el there was not the like in Yerushalayim.   Then the 27 priests the Levites arose and blessed the people: and their voice was heard, and their prayer came up to his holy dwelling place,

א   וּכְכַלּוֹת כָּל־זֹאת יָצְאוּ כָל־יִשְׂרָאֵל הַנִּמְצְאִים לֶעָרֵי יְהוּדָה וַיְשַׁבְּרוּ הַמַּצֵּבוֹת וַיְגַדְּעוּ הָאֲשֵׁרִים וַיְנַתְּצוּ אֶת־הַבָּמוֹת וְאֶת־הַמִּזְבְּחֹת מִכָּל־יְהוּדָה וּבִנְיָמִן וּבְאֶפְרַיִם וּמְנַשֶּׁה עַד־לְכַלֵּה וַיָּשׁוּבוּ כָּל־בְּנֵי יִשְׂרָאֵל אִישׁ לַאֲחֻזָּתוֹ לְעָרֵיהֶם:

ב   וַיַּעֲמֵד יְחִזְקִיָּהוּ אֶת־מַחְלְקוֹת הַכֹּהֲנִים וְהַלְוִיִּם עַל־מַחְלְקוֹתָם אִישׁ ׀ כְּפִי עֲבֹדָתוֹ לַכֹּהֲנִים וְלַלְוִיִּם לְעֹלָה וְלִשְׁלָמִים לְשָׁרֵת וּלְהֹדוֹת וּלְהַלֵּל בְּשַׁעֲרֵי מַחֲנוֹת יְהוָה:

ג   וּמְנָת הַמֶּלֶךְ מִן־רְכוּשׁוֹ לָעֹלוֹת לְעֹלוֹת הַבֹּקֶר וְהָעֶרֶב וְהָעֹלוֹת לַשַּׁבָּתוֹת וְלֶחֳדָשִׁים וְלַמֹּעֲדִים כַּכָּתוּב בְּתוֹרַת יְהוָה:

ד   וַיֹּאמֶר לָעָם לְיוֹשְׁבֵי יְרוּשָׁלַ͏ִם לָתֵת מְנָת הַכֹּהֲנִים וְהַלְוִיִּם לְמַעַן יֶחֶזְקוּ בְּתוֹרַת יְהוָה:

ה   וְכִפְרֹץ הַדָּבָר הִרְבּוּ בְנֵי־יִשְׂרָאֵל רֵאשִׁית דָּגָן תִּירוֹשׁ וְיִצְהָר וּדְבַשׁ וְכֹל תְּבוּאַת שָׂדֶה וּמַעְשַׂר הַכֹּל לָרֹב הֵבִיאוּ:

ו   וּבְנֵי יִשְׂרָאֵל וִיהוּדָה הַיּוֹשְׁבִים בְּעָרֵי יְהוּדָה גַּם־הֵם מַעְשַׂר בָּקָר וָצֹאן וּמַעְשַׂר קֳדָשִׁים הַמְקֻדָּשִׁים לַיהוָה אֱלֹהֵיהֶם הֵבִיאוּ וַיִּתְּנוּ עֲרֵמוֹת עֲרֵמוֹת:

ז   בַּחֹדֶשׁ הַשְּׁלִשִׁי הֵחֵלּוּ הָעֲרֵמוֹת לְיִסּוֹד וּבַחֹדֶשׁ הַשְּׁבִיעִי כִּלּוּ:

ח   וַיָּבֹאוּ יְחִזְקִיָּהוּ וְהַשָּׂרִים וַיִּרְאוּ אֶת־הָעֲרֵמוֹת וַיְבָרֲכוּ אֶת־יְהוָה וְאֵת עַמּוֹ יִשְׂרָאֵל:

ט   וַיִּדְרֹשׁ יְחִזְקִיָּהוּ עַל־הַכֹּהֲנִים וְהַלְוִיִּם עַל־הָעֲרֵמוֹת:

כג   וַיֹּאמֶר אֵלָיו עֲזַרְיָהוּ הַכֹּהֵן הָרֹאשׁ לְבֵית צָדוֹק וַיֹּאמֶר מֵהָחֵל הַתְּרוּמָה לָבִיא בֵית־יְהוָה אָכוֹל וְשָׂבוֹעַ וְהוֹתֵר עַד־לָרוֹב כִּי יְהוָה בֵּרַךְ אֶת־עַמּוֹ וְהַנּוֹתָר אֶת־הֶהָמוֹן הַזֶּה:

יא   וַיֹּאמֶר יְחִזְקִיָּהוּ לְהָכִין לְשָׁכוֹת בְּבֵית יְהוָה וַיָּכִינוּ:

יב   וַיָּבִיאוּ אֶת־הַתְּרוּמָה וְהַמַּעֲשֵׂר וְהַקֳּדָשִׁים בֶּאֱמוּנָה וַעֲלֵיהֶם נָגִיד כּוֹנַנְיָהוּ הַלֵּוִי וְשִׁמְעִי אָחִיהוּ מִשְׁנֶה:

יג   וִיחִיאֵל וַעֲזַזְיָהוּ וְנַחַת וַעֲשָׂהאֵל וִירִימוֹת וְיוֹזָבָד וֶאֱלִיאֵל וְיִסְמַכְיָהוּ וּמַחַת וּבְנָיָהוּ פְּקִידִים מִיַּד כּוֹנַנְיָהוּ וְשִׁמְעִי אָחִיו בְּמִפְקַד יְחִזְקִיָּהוּ הַמֶּלֶךְ וַעֲזַרְיָהוּ נְגִיד בֵּית־הָאֱלֹהִים:

יד   וְקוֹרֵא בֶן־יִמְנָה הַלֵּוִי הַשּׁוֹעֵר לַמִּזְרָחָה עַל נִדְבוֹת הָאֱלֹהִים לָתֵת תְּרוּמַת יְהוָה וְקָדְשֵׁי הַקֳּדָשִׁים:

טו   וְעַל־יָדוֹ עֵדֶן וּמִנְיָמִן וְיֵשׁוּעַ וּשְׁמַעְיָהוּ אֲמַרְיָהוּ וּשְׁכַנְיָהוּ בְּעָרֵי הַכֹּהֲנִים בֶּאֱמוּנָה לָתֵת לַאֲחֵיהֶם בְּמַחְלְקוֹת כַּגָּדוֹל כַּקָּטָן:

טז   מִלְּבַד הִתְיַחְשָׂם לִזְכָרִים מִבֶּן שָׁלוֹשׁ שָׁנִים וּלְמַעְלָה לְכָל־הַבָּא לְבֵית־יְהוָה לִדְבַר־יוֹם

1 to heaven. Now when all this was finished, all Yisra'el
that were present went out to the cities of Yehuda, and broke
the images in pieces, and cut down the asherim, and broke down
the high places and the altars out of all Yehuda and Binyamin,
in Efrayim also and Menashshe, until they had destroyed them
all. Then all the children of Yisra'el returned, every man to
2 his possession, to their own cities. And Yeḥizqiyyahu
appointed the duty watches of the priests and the Levites after
their divisions, every man according to his service, the priests
and the Levites for burnt offerings and for peace offerings, to
minister, and to give thanks, and to praise in the gates of the
3 tents of the Lord. He appointed also the king's portion of
his substance for the burnt offerings, that is, for the morning and
evening burnt offerings, and the burnt offerings for the sabbaths,
and for the new moons, and for the appointed seasons, as it is
4 written in the Tora of the Lord. Moreover he commanded the
people who dwelt in Yerushalayim to give the portion of the
priests and the Levites, that they might adhere firmly to the
5 Tora of the Lord. And as soon as the commandment came
abroad, the children of Yisra'el brought in abundance the first-
fruits of corn, wine, and oil, and honey, and of all the increase
of the field; and they brought in the tithe of all things in plenty.
6 And concerning the children of Yisra'el and Yehuda, who dwelt
in the cities of Yehuda, they also brought in the tithe of oxen
and sheep, and the tithe of holy things which were consecrated
7 to the Lord their God, and laid them up by heaps. In the
the third month the heaps began to pile up, and in the seventh
8 month they were finished. And Yeḥizqiyyahu and the
princes came and saw the heaps, and they blessed the Lord, and
9 his people Yisra'el. Then Yeḥizqiyyahu questioned the
10 priests and the Levites concerning the heaps. And 'Azaryahu the
the chief priest of the house of Ẓadoq answered him, and said,
Since the people began to bring the offerings into the house of
the Lord, we have had enough to eat, and have left plenty: for
the Lord has blessed his people; and that which is left is this
11 great store. Then Yeḥizqiyyahu commanded to prepare
chambers in the house of the Lord; and they prepared them.
12 And they brought in the offerings and the tithes and the dedica-
ted things faithfully: over which Kananyahu the Levite was
13 ruler, and Shim'i his brother was second. And Yeḥi'el, and
'Azazyahu, and Naḥat, and 'Asa'el, and Yerimot, and Yozavad,
and Eli'el, and Yismakhyahu, and Maḥat, and Benayahu, were
overseers under the hand of Kananyahu and Shim'i his brother,
at the commandment of Yeḥizqiyyahu the king, and 'Azaryahu
14 the ruler of the house of God. And Qore the son of Yimna the
Levite, the gatekeeper towards the east, was over the freewill
offerings of God, to distribute the offerings of the Lord, and
15 the most holy things. And next him, were 'Eden, and Minyamin,
and Yeshua, and Shema'yahu, Amaryahu and Shekhanyahu, in
the cities of the priests, faithfully entrusted to give their portions
16 to their brethren by divisions, old and young alike; besides
their duty to register the males for their service in their charges
according to their divisions, from three years old and upward,

בְּיוֹמוֹ לַעֲבוֹדָתָם בְּמִשְׁמְרוֹתָם כְּמַחְלְקוֹתֵיהֶם׃ וְאֵת הִתְיַחֵשׂ יז
הַכֹּהֲנִים לְבֵית אֲבוֹתֵיהֶם וְהַלְוִיִּם מִבֶּן עֶשְׂרִים שָׁנָה וּלְמָעְלָה
בְּמִשְׁמְרוֹתֵיהֶם בְּמַחְלְקוֹתֵיהֶם׃ וּלְהִתְיַחֵשׂ בְּכָל־טַפָּם נְשֵׁיהֶם יח
וּבְנֵיהֶם וּבְנוֹתֵיהֶם לְכָל־קָהָל כִּי בֶאֱמוּנָתָם יִתְקַדְּשׁוּ־קֹדֶשׁ׃
וְלִבְנֵי אַהֲרֹן הַכֹּהֲנִים בִּשְׂדֵי מִגְרַשׁ עָרֵיהֶם בְּכָל־עִיר וָעִיר יט
אֲנָשִׁים אֲשֶׁר נִקְּבוּ בְּשֵׁמוֹת לָתֵת מָנוֹת לְכָל־זָכָר בַּכֹּהֲנִים
וּלְכָל־הִתְיַחֵשׂ בַּלְוִיִּם׃ וַיַּעַשׂ כָּזֹאת יְחִזְקִיָּהוּ בְּכָל־יְהוּדָה כ
וַיַּעַשׂ הַטּוֹב וְהַיָּשָׁר וְהָאֱמֶת לִפְנֵי יהוה אֱלֹהָיו׃ וּבְכָל־מַעֲשֶׂה כא
אֲשֶׁר־הֵחֵל ׀ בַּעֲבוֹדַת בֵּית־הָאֱלֹהִים וּבַתּוֹרָה וּבַמִּצְוָה לִדְרֹשׁ
לֵאלֹהָיו בְּכָל־לְבָבוֹ עָשָׂה וְהִצְלִיחַ׃

אַחֲרֵי הַדְּבָרִים וְהָאֱמֶת הָאֵלֶּה בָּא סַנְחֵרִיב מֶלֶךְ־אַשּׁוּר וַיָּבֹא א לב
בִיהוּדָה וַיִּחַן עַל־הֶעָרִים הַבְּצֻרוֹת וַיֹּאמֶר לְבִקְעָם אֵלָיו׃
וַיַּרְא יְחִזְקִיָּהוּ כִּי־בָא סַנְחֵרִיב וּפָנָיו לַמִּלְחָמָה עַל־יְרוּשָׁלִָם׃ ב
וַיִּוָּעַץ עִם־שָׂרָיו וְגִבֹּרָיו לִסְתּוֹם אֶת־מֵימֵי הָעֲיָנוֹת אֲשֶׁר ג
מִחוּץ לָעִיר וַיַּעְזְרוּהוּ׃ וַיִּקָּבְצוּ עַם־רָב וַיִּסְתְּמוּ אֶת־כָּל־ ד
הַמַּעְיָנוֹת וְאֶת־הַנַּחַל הַשּׁוֹטֵף בְּתוֹךְ־הָאָרֶץ לֵאמֹר לָמָּה
יָבוֹאוּ מַלְכֵי אַשּׁוּר וּמָצְאוּ מַיִם רַבִּים׃ וַיִּתְחַזַּק וַיִּבֶן אֶת־כָּל־ ה
הַחוֹמָה הַפְּרוּצָה וַיַּעַל עַל־הַמִּגְדָּלוֹת וְלַחוּצָה הַחוֹמָה אַחֶרֶת
וַיְחַזֵּק אֶת־הַמִּלּוֹא עִיר דָּוִיד וַיַּעַשׂ שֶׁלַח לָרֹב וּמָגִנִּים׃ וַיִּתֵּן ו
שָׂרֵי מִלְחָמוֹת עַל־הָעָם וַיִּקְבְּצֵם אֵלָיו אֶל־רְחוֹב שַׁעַר הָעִיר
וַיְדַבֵּר עַל־לְבָבָם לֵאמֹר׃ חִזְקוּ וְאִמְצוּ אַל־תִּירְאוּ וְאַל־תֵּחַתּוּ ז
מִפְּנֵי מֶלֶךְ אַשּׁוּר וּמִלִּפְנֵי כָּל־הֶהָמוֹן אֲשֶׁר־עִמּוֹ כִּי־עִמָּנוּ
רַב מֵעִמּוֹ׃ עִמּוֹ זְרוֹעַ בָּשָׂר וְעִמָּנוּ יהוה אֱלֹהֵינוּ לְעָזְרֵנוּ ח
וּלְהִלָּחֵם מִלְחֲמֹתֵנוּ וַיִּסָּמְכוּ הָעָם עַל־דִּבְרֵי יְחִזְקִיָּהוּ מֶלֶךְ־
יְהוּדָה׃ אַחַר זֶה שָׁלַח סַנְחֵרִיב מֶלֶךְ־אַשּׁוּר עֲבָדָיו ט
יְרוּשָׁלַיְמָה וְהוּא עַל־לָכִישׁ וְכָל־מֶמְשַׁלְתּוֹ עִמּוֹ עַל־יְחִזְקִיָּהוּ
מֶלֶךְ יְהוּדָה וְעַל־כָּל־יְהוּדָה אֲשֶׁר בִּירוּשָׁלִַם לֵאמֹר׃ כֹּה אָמַר י
סַנְחֵרִיב מֶלֶךְ אַשּׁוּר עַל־מָה אַתֶּם בֹּטְחִים וְיֹשְׁבִים בְּמָצוֹר
בִּירוּשָׁלִָם׃ הֲלֹא יְחִזְקִיָּהוּ מַסִּית אֶתְכֶם לָתֵת אֶתְכֶם לָמוּת יא
בְּרָעָב וּבְצָמָא לֵאמֹר יהוה אֱלֹהֵינוּ יַצִּילֵנוּ מִכַּף מֶלֶךְ אַשּׁוּר׃
הֲלֹא־הוּא יְחִזְקִיָּהוּ הֵסִיר אֶת־בָּמוֹתָיו וְאֶת־מִזְבְּחֹתָיו וַיֹּאמֶר יב
לִיהוּדָה וְלִירוּשָׁלִַם לֵאמֹר לִפְנֵי מִזְבֵּחַ אֶחָד תִּשְׁתַּחֲווּ וְעָלָיו
תַּקְטִירוּ׃ הֲלֹא תֵדְעוּ מֶה עָשִׂיתִי אֲנִי וַאֲבוֹתַי לְכֹל עַמֵּי יג
הָאֲרָצוֹת הֲיָכוֹל יָכְלוּ אֱלֹהֵי גּוֹיֵ הָאֲרָצוֹת לְהַצִּיל אֶת־אַרְצָם

including everyone who entered into the house of the LORD
17 for the service of each day; and to register the priests by the
houses of their fathers, and the Levites from twenty years old
18 upwards, in their charges by their divisions; they had also the
duty of registering them by genealogy with all their little ones,
their wives, and their sons, and their daughters, through all the
congregation: for in their office of trust they sanctified them-
19 selves in holiness. Also for the sons of Aharon the priests, who
were in the fields of pasture land belonging to their cities, in
every city, there were men who were expressly named, to give
portions to all the males among the priests, and to all who were
20 reckoned by genealogies among the Levites. And thus did
Yeḥizqiyyahu do throughout all Yehuda, and he did that which
21 was good and right and true before the LORD his GOD. And in
every work that he began in the service of the house of GOD,
and in the Tora, and in the commandment, to seek his GOD, he
did it with all his heart, and he prospered.

32 After these things and these deeds of integrity, Sanḥeriv king of
Ashshur came, and entered into Yehuda, and encamped against
2 the fortified cities, and thought to win them for himself. And
when Yeḥizqiyyahu saw that Sanḥeriv was come, and that he
3 intended to fight against Yerushalayim, he took counsel with his
princes and his mighty men to stop the water of the springs
4 which were outside the city: and they helped him. So a great
many people were gathered together, who stopped up all the
springs, and also the wadi that ran through the midst of the land,
saying, Why should the kings of Ashshur come, and find much
5 water? Also he took courage, and built up all the wall that was
broken, and raised it up to the towers, and another wall outside
that, and he strengthened the Millo in the city of David, and
6 made weapons and shields in abundance. And he set captains of
war over the people, and gathered them together to him in the
road place at the gate of the city, and spoke encouragement to
7 them saying, Be strong and courageous, be not afraid or dis-
mayed on account of the king of Ashshur, or on account of the
multitude that is with him: for there are more with us than
8 with him: with him is an arm of flesh; but with us is the LORD
our GOD to help us, and to fight our battles. And the people took
confidence from the words of Yeḥizqiyyahu king of Yehuda.

9 After this Sanḥeriv king of Ashshur sent his servants to
Yerushalayim, (for he himself laid siege to Lakhish, and all his
power with him,) to Yeḥizqiyyahu king of Yehuda, and to all
10 Yehuda who were at Yerushalayim, saying, Thus says Sanḥeriv
king of Ashshur, On what do you trust, that you stand siege
11 in Yerushalayim? Is not Yeḥizqiyyahu persuading you to give
yourselves over to die by famine and by thirst, saying, The LORD
our GOD shall deliver us out of the hand of the king of Ashshur?
12 Has not the same Yeḥizqiyyahu taken away his high places and
his altars, and commanded Yehuda and Yerushalayim, saying,
You shall worship before one altar, and burn incense upon it?
13 Do you not know what I and my fathers have done to all the
peoples of other lands? were the gods of the nations of those
lands in any way able to deliver their lands out of my hand?

יד מִיָּדִי: מִי בְּכָל־אֱלֹהֵי הַגּוֹיִם הָאֵלֶּה אֲשֶׁר הֶחֱרִימוּ אֲבוֹתַי
אֲשֶׁר יָכוֹל לְהַצִּיל אֶת־עַמּוֹ מִיָּדִי כִּי יוּכַל אֱלֹהֵיכֶם לְהַצִּיל
טו אֶתְכֶם מִיָּדִי: וְעַתָּה אַל־יַשִּׁיא אֶתְכֶם חִזְקִיָּהוּ וְאַל־יַסִּית
אֶתְכֶם כָּזֹאת וְאַל־תַּאֲמִינוּ לוֹ כִּי־לֹא יוּכַל כָּל־אֱלוֹהַּ כָּל־
גּוֹי וּמַמְלָכָה לְהַצִּיל עַמּוֹ מִיָּדִי וּמִיַּד אֲבוֹתָי אַף כִּי אֱלֹהֵיכֶם
טז לֹא־יַצִּילוּ אֶתְכֶם מִיָּדִי: וְעוֹד דִּבְּרוּ עֲבָדָיו עַל־יְהוָה הָאֱלֹהִים
יז וְעַל יְחִזְקִיָּהוּ עַבְדּוֹ: וּסְפָרִים כָּתַב לְחָרֵף לַיהוָה אֱלֹהֵי יִשְׂרָאֵל
וְלֵאמֹר עָלָיו לֵאמֹר כֵּאלֹהֵי גּוֹיֵי הָאֲרָצוֹת אֲשֶׁר לֹא־הִצִּילוּ
יח עַמָּם מִיָּדִי כֵּן לֹא־יַצִּיל אֱלֹהֵי יְחִזְקִיָּהוּ עַמּוֹ מִיָּדִי: וַיִּקְרְאוּ
בְקוֹל־גָּדוֹל יְהוּדִית עַל־עַם יְרוּשָׁלִַם אֲשֶׁר עַל־הַחוֹמָה לְיָרְאָם
יט וּלְבַהֲלָם לְמַעַן יִלְכְּדוּ אֶת־הָעִיר: וַיְדַבְּרוּ אֶל־אֱלֹהֵי יְרוּשָׁלִָם
כ כְּעַל אֱלֹהֵי עַמֵּי הָאָרֶץ מַעֲשֵׂה יְדֵי הָאָדָם: וַיִּתְפַּלֵּל
יְחִזְקִיָּהוּ הַמֶּלֶךְ וִישַׁעְיָהוּ בֶן־אָמוֹץ הַנָּבִיא עַל־זֹאת וַיִּזְעֲקוּ
כא הַשָּׁמָיִם: וַיִּשְׁלַח יְהוָה מַלְאָךְ וַיַּכְחֵד כָּל־גִּבּוֹר חַיִל
וְנָגִיד וְשָׂר בְּמַחֲנֵה מֶלֶךְ אַשּׁוּר וַיָּשָׁב בְּבֹשֶׁת פָּנִים לְאַרְצוֹ
כב וַיָּבֹא בֵּית אֱלֹהָיו ומיציאו מֵעָיו שָׁם הִפִּילֻהוּ בֶחָרֶב: וַיּוֹשַׁע וּמִיצִיאֵי
יְהוָה אֶת־יְחִזְקִיָּהוּ וְאֵת ׀ יֹשְׁבֵי יְרוּשָׁלִַם מִיַּד סַנְחֵרִיב מֶלֶךְ־
כג אַשּׁוּר וּמִיַּד־כֹּל וַיְנַהֲלֵם מִסָּבִיב: וְרַבִּים מְבִיאִים מִנְחָה
לַיהוָה לִירוּשָׁלִַם וּמִגְדָּנוֹת לִיחִזְקִיָּהוּ מֶלֶךְ יְהוּדָה וַיִּנַּשֵּׂא לְעֵינֵי
כָל־הַגּוֹיִם מֵאַחֲרֵי־כֵן:
כד בַּיָּמִים הָהֵם חָלָה יְחִזְקִיָּהוּ עַד־לָמוּת וַיִּתְפַּלֵּל אֶל־יְהוָה
כה וַיֹּאמֶר לוֹ וּמוֹפֵת נָתַן לוֹ: וְלֹא־כִגְמֻל עָלָיו הֵשִׁיב יְחִזְקִיָּהוּ
כו כִּי גָבַהּ לִבּוֹ וַיְהִי עָלָיו קֶצֶף וְעַל־יְהוּדָה וִירוּשָׁלִָם: וַיִּכָּנַע
יְחִזְקִיָּהוּ בְּגֹבַהּ לִבּוֹ הוּא וְיֹשְׁבֵי יְרוּשָׁלִָם וְלֹא־בָא עֲלֵיהֶם
כז קֶצֶף יְהוָה בִּימֵי יְחִזְקִיָּהוּ: וַיְהִי לִיחִזְקִיָּהוּ עֹשֶׁר וְכָבוֹד הַרְבֵּה
מְאֹד וְאֹצָרוֹת עָשָׂה־לוֹ לְכֶסֶף וּלְזָהָב וּלְאֶבֶן יְקָרָה וְלִבְשָׂמִים
כח וּלְמָגִנִּים וּלְכֹל כְּלֵי חֶמְדָּה: וּמִסְכְּנוֹת לִתְבוּאַת דָּגָן וְתִירוֹשׁ
כט וְיִצְהָר וְאֻרָוֺת לְכָל־בְּהֵמָה וּבְהֵמָה וַעֲדָרִים לָאֲוֵרוֹת: וְעָרִים
עָשָׂה לוֹ וּמִקְנֵה־צֹאן וּבָקָר לָרֹב כִּי נָתַן־לוֹ אֱלֹהִים רְכוּשׁ
ל רַב מְאֹד: וְהוּא יְחִזְקִיָּהוּ סָתַם אֶת־מוֹצָא מֵימֵי גִיחוֹן הָעֶלְיוֹן
ויישרם לְמַטָּה־מַּעְרָבָה לְעִיר דָּוִיד וַיַּצְלַח יְחִזְקִיָּהוּ בְּכָל־ וַיַּשְּׁרֵם
לא מַעֲשֵׂהוּ: וְכֵן בִּמְלִיצֵי ׀ שָׂרֵי בָבֶל הַמְשַׁלְּחִים עָלָיו לִדְרֹשׁ
הַמּוֹפֵת אֲשֶׁר הָיָה בָאָרֶץ עֲזָבוֹ הָאֱלֹהִים לְנַסּוֹתוֹ לָדַעַת
לב כָּל־בִּלְבָבוֹ: וְיֶתֶר דִּבְרֵי יְחִזְקִיָּהוּ וַחֲסָדָיו הִנָּם כְּתוּבִים

Who among all the gods of those nations which my fathers 14
utterly destroyed, could deliver his people out of my hand, that
your God should be able to deliver you out of my hand? Now 15
therefore let not H̱izqiyyahu deceive you, or persuade you in
this manner, and do not believe him: for no god of any nation
or kingdom was able to deliver his people out of my hand, and
out of the hand of my fathers: how much less shall your God
deliver you out of my hand? And his servants spoke yet more 16
against the Lord God, and against his servant Yeẖizqiyyahu.
He also wrote letters to insult the Lord God of Yisra'el, and to 17
speak against him, saying, As the gods of the nations of other
lands have not delivered their people out of my hand, so shall
the God of Yeẖizqiyyahu not deliver his people out of my hand.
Then they cried with a loud voice in the language of Yehuda to 18
the people of Yerushalayim who were on the wall, to affright
them, and to terrify them; that they might take the city. And 19
they spoke against the God of Yerushalayim, as against the gods
of the peoples of the earth, which were the work of the hands
of man. And for this Yeẖizqiyyahu the king, and the 20
prophet Yesha'yahu the son of Amoẕ, prayed and cried to
heaven. And the Lord sent an angel, who cut off all the 21
mighty men at arms, and the leaders and captains in the camp
of the king of Ashshur. So he returned with shame of face to
his own land. And when he was come into the house of his god,
his own offspring slew him there with the sword. Thus the Lord 22
saved Yeẖizqiyyahu and the inhabitants of Yerushalayim from
the hand of Sanẖeriv the king of Ashshur, and from the hand
of all other, and guided them on every side. And many brought 23
tribute to the Lord to Yerushalayim, and presents to Yeẖizqiyya-
hu king of Yehuda: so that he was magnified in the sight of all
nations from thenceforth.
In those days Yeẖizqiyyahu fell mortally sick, and he prayed to 24
the Lord: and he spoke to him, and he gave him a sign. But 25
Yeẖizqiyyahu did not pay back according to the benefit done to
him; for his heart was proud: therefore wrath came upon him,
and upon Yehuda and Yerushalayim. Nevertheless Yeẖizqiyyahu 26
did humble himself for the pride of his heart, both he and the
inhabitants of Yerushalayim, so that the wrath of the Lord did
not come upon them in the days of Yeẖizqiyyahu. And Yeẖiz- 27
qiyyahu had very much riches and honour: and he made himself
treasuries for silver, and for gold, and for precious stones, and
for spices, and for shields, and for all manner of choice vessels;
storehouses also for the increase of corn, and wine, and oil; and 28
stables for all manner of beasts, and folds for sheep. Moreover 29
he provided cities, and possessions of flocks and herds for
himself in abundance: for God had given him very great
substance. This same Yeẖizqiyyahu also stopped up the upper 30
watercourse of Giẖon, and brought it straight down to the west
side of the city of David. And Yeẖizqiyyahu prospered in all his
works. Howbeit in the matter of the ambassadors of the princes 31
of Bavel, who sent to him to inquire of the wonder that was done
in the land, God left him, to try him, that he might know all that
was in his heart. Now the rest of the acts of Yeẖizqiyyahu, 32

בַּחֲזוֹן יְשַׁעְיָהוּ בֶן־אָמוֹץ הַנָּבִיא עַל־סֵפֶר מַלְכֵי־יְהוּדָה
לג וְיִשְׂרָאֵל׃ וַיִּשְׁכַּב יְחִזְקִיָּהוּ עִם־אֲבֹתָיו וַיִּקְבְּרֻהוּ בְּמַעֲלֵה
קִבְרֵי בְנֵי־דָוִיד וְכָבוֹד עָשׂוּ־לוֹ בְמוֹתוֹ כָּל־יְהוּדָה וְיֹשְׁבֵי
לג א יְרוּשָׁלִָם וַיִּמְלֹךְ מְנַשֶּׁה בְנוֹ תַּחְתָּיו׃ בֶּן־שְׁתֵּים עֶשְׂרֵה
שָׁנָה מְנַשֶּׁה בְמָלְכוֹ וַחֲמִשִּׁים וְחָמֵשׁ שָׁנָה מָלַךְ בִּירוּשָׁלִָם׃
ב וַיַּעַשׂ הָרַע בְּעֵינֵי יְהוָה כְּתוֹעֲבוֹת הַגּוֹיִם אֲשֶׁר הוֹרִישׁ יְהוָה
ג מִפְּנֵי בְּנֵי יִשְׂרָאֵל׃ וַיָּשָׁב וַיִּבֶן אֶת־הַבָּמוֹת אֲשֶׁר נִתַּץ יְחִזְקִיָּהוּ
אָבִיו וַיָּקֶם מִזְבְּחוֹת לַבְּעָלִים וַיַּעַשׂ אֲשֵׁרוֹת וַיִּשְׁתַּחוּ לְכָל־
ד צְבָא הַשָּׁמַיִם וַיַּעֲבֹד אֹתָם׃ וּבָנָה מִזְבְּחוֹת בְּבֵית יְהוָה אֲשֶׁר
ה אָמַר יְהוָה בִּירוּשָׁלִַם יִהְיֶה־שְּׁמִי לְעוֹלָם׃ וַיִּבֶן מִזְבְּחוֹת לְכָל־
ו צְבָא הַשָּׁמָיִם בִּשְׁתֵּי חַצְרוֹת בֵּית־יְהוָה׃ וְהוּא הֶעֱבִיר אֶת־
בָּנָיו בָּאֵשׁ בְּגֵי בֶן־הִנֹּם וְעוֹנֵן וְנִחֵשׁ וְכִשֵּׁף וְעָשָׂה אוֹב וְיִדְּעוֹנִי
ז הִרְבָּה לַעֲשׂוֹת הָרַע בְּעֵינֵי יְהוָה לְהַכְעִיסוֹ׃ וַיָּשֶׂם אֶת־פֶּסֶל
הַסֶּמֶל אֲשֶׁר עָשָׂה בְּבֵית הָאֱלֹהִים אֲשֶׁר אָמַר אֱלֹהִים אֶל־
דָּוִיד וְאֶל־שְׁלֹמֹה בְנוֹ בַּבַּיִת הַזֶּה וּבִירוּשָׁלִַם אֲשֶׁר בָּחַרְתִּי
ח מִכֹּל שִׁבְטֵי יִשְׂרָאֵל אָשִׂים אֶת־שְׁמִי לְעֵילוֹם׃ וְלֹא אוֹסִיף
לְהָסִיר אֶת־רֶגֶל יִשְׂרָאֵל מֵעַל הָאֲדָמָה אֲשֶׁר הֶעֱמַדְתִּי
לַאֲבֹתֵיכֶם רַק ׀ אִם־יִשְׁמְרוּ לַעֲשׂוֹת אֵת כָּל־אֲשֶׁר צִוִּיתִים
ט לְכָל־הַתּוֹרָה וְהַחֻקִּים וְהַמִּשְׁפָּטִים בְּיַד־מֹשֶׁה׃ וַיֶּתַע מְנַשֶּׁה
אֶת־יְהוּדָה וְיֹשְׁבֵי יְרוּשָׁלִָם לַעֲשׂוֹת רָע מִן־הַגּוֹיִם אֲשֶׁר
י הִשְׁמִיד יְהוָה מִפְּנֵי בְּנֵי יִשְׂרָאֵל׃ וַיְדַבֵּר יְהוָה אֶל־
יא מְנַשֶּׁה וְאֶל־עַמּוֹ וְלֹא הִקְשִׁיבוּ׃ וַיָּבֵא יְהוָה עֲלֵיהֶם אֶת־
שָׂרֵי הַצָּבָא אֲשֶׁר לְמֶלֶךְ אַשּׁוּר וַיִּלְכְּדוּ אֶת־מְנַשֶּׁה בַּחֹחִים
יב וַיַּאַסְרֻהוּ בַּנְחֻשְׁתַּיִם וַיּוֹלִיכֻהוּ בָּבֶלָה׃ וּכְהָצֵר לוֹ חִלָּה אֶת־
יג פְּנֵי יְהוָה אֱלֹהָיו וַיִּכָּנַע מְאֹד מִלִּפְנֵי אֱלֹהֵי אֲבֹתָיו׃ וַיִּתְפַּלֵּל
אֵלָיו וַיֵּעָתֶר לוֹ וַיִּשְׁמַע תְּחִנָּתוֹ וַיְשִׁיבֵהוּ יְרוּשָׁלִַם לְמַלְכוּתוֹ
יד וַיֵּדַע מְנַשֶּׁה כִּי יְהוָה הוּא הָאֱלֹהִים׃ וְאַחֲרֵי־כֵן בָּנָה חוֹמָה
חִיצוֹנָה ׀ לְעִיר־דָּוִיד מַעְרָבָה לְגִיחוֹן בַּנַּחַל וְלָבוֹא בְשַׁעַר
הַדָּגִים וְסָבַב לָעֹפֶל וַיַּגְבִּיהֶהָ מְאֹד וַיָּשֶׂם שָׂרֵי־חַיִל בְּכָל־
טו הֶעָרִים הַבְּצֻרוֹת בִּיהוּדָה׃ וַיָּסַר אֶת־אֱלֹהֵי הַנֵּכָר וְאֶת־הַסֶּמֶל
מִבֵּית יְהוָה וְכָל־הַמִּזְבְּחוֹת אֲשֶׁר בָּנָה בְּהַר בֵּית־יְהוָה
טז וּבִירוּשָׁלִָם וַיַּשְׁלֵךְ חוּצָה לָעִיר׃ וַיָּכֶן אֶת־מִזְבַּח יְהוָה וַיִּזְבַּח וַיִּבֶן
עָלָיו זִבְחֵי שְׁלָמִים וְתוֹדָה וַיֹּאמֶר לִיהוּדָה לַעֲבוֹד אֶת־יְהוָה
יז אֱלֹהֵי יִשְׂרָאֵל׃ אֲבָל עוֹד הָעָם זֹבְחִים בַּבָּמוֹת רַק לַיהוָה
יח אֱלֹהֵיהֶם׃ וְיֶתֶר דִּבְרֵי מְנַשֶּׁה וּתְפִלָּתוֹ אֶל־אֱלֹהָיו וְדִבְרֵי

and his goodness, behold, they are written in the vision of
Yesha'yahu the prophet, the son of Amoẕ, and in the book of the
kings of Yehuda and Yisra'el. And Yeḥizqiyyahu slept with his 33
fathers, and they buried him in the ascent of the tombs of the
sons of David : and all Yehuda and the inhabitants of Yerusha-
layim did him honour at his death. And Menashshe his son
reigned in his stead. Menashshe was twelve years old **33**
when he began to reign, and he reigned for fifty five years in
Yerushalayim : but he did that which was evil in the sight of the 2
Lord, like the abominations of the nations, whom the Lord had
cast out before the children of Yisra'el. For he built again the 3
high places which Yeḥizqiyyahu his father had broken down,
and he reared up altars for the Be'alim, and made asherot, and
worshipped all the host of heaven, and served them. Also he 4
built altars in the house of the Lord, of which the Lord had said,
In Yerushalayim shall my name be for ever. And he built altars 5
for all the host of heaven in the two courts of the house of the
Lord. And he caused his children to pass through the fire in 6
the valley of the son of Hinnom : also he practised divination,
and sorcery, and witchcraft, and dealt with mediums, and with
wizards : he did much evil in the sight of the Lord, to provoke
him to anger. And he sat up a carved idol, the image which he 7
had made, in the house of God, of which God had said to David
and to Shelomo his son, In this house, and in Yerushalayim,
which I have chosen before all the tribes of Yisra'el, will I put
my name for ever : nor will I remove the foot of Yisra'el again 8
from out of the land which I have appointed for your fathers ; if
only they will take heed to do all that I have commanded them,
according to the whole Tora and the statutes and the ordinances
by the hand of Moshe. So Menashshe made Yehuda and the 9
inhabitants of Yerushalayim to go astray, and to do worse than
the nations, whom the Lord had destroyed before the children
of Yisra'el. And the Lord spoke to Menashshe, and to his 10
people : but they would not hearken. So that the Lord brought 11
upon them the captains of the host of the king of Ashshur, who
took Menashshe among the thorns, and bound him with fetters,
and carried him to Bavel. And when he was in affliction, he be- 12
sought the Lord his God, and humbled himself greatly before
the God of his fathers, And prayed to him : and he received 13
his entreaty, and heard his supplication, and brought him back
to Yerushalayim into his kingdom. Then Menashshe knew that
the Lord was God. Now after this he built a wall outside the city 14
of David, on the west side of Giḥon, in the wadi, to the entrance
by the fish gate, and he built it round the 'Ofel, and raised it to
a very great height, and put captains of war in all the fortified
cities of Yehuda. And he took away the strange gods, and the 15
idol out of the house of the Lord, and all the altars that he had
built in the mountain of the house of the Lord, and in Yerusha-
layim, and cast them out of the city. And he repaired the altar of 16
the Lord, and sacrificed on it peace offerings and thank offerings,
and commanded Yehuda to serve the Lord God of Yisra'el.
Nevertheless the people still sacrificed in the high places, albeit 17
to the Lord their God only. Now the rest of the acts of 18

הַחֹזִים הַמְדַבְּרִים אֵלָיו בְּשֵׁם יְהוָה אֱלֹהֵי יִשְׂרָאֵל הִנָּם עַל־
יט דִּבְרֵי מַלְכֵי יִשְׂרָאֵל׃ וּתְפִלָּתוֹ וְהֵעָתֶר־לוֹ וְכָל־חַטָּאתוֹ וּמַעְלוֹ
וְהַמְּקֹמוֹת אֲשֶׁר בָּנָה בָהֶם בָּמוֹת וְהֶעֱמִיד הָאֲשֵׁרִים וְהַפְּסִלִים
כ לִפְנֵי הִכָּנְעוֹ הִנָּם כְּתוּבִים עַל דִּבְרֵי חוֹזָי׃ וַיִּשְׁכַּב מְנַשֶּׁה עִם־
אֲבֹתָיו וַיִּקְבְּרֻהוּ בֵּיתוֹ וַיִּמְלֹךְ אָמוֹן בְּנוֹ תַּחְתָּיו׃
כא בֶּן־עֶשְׂרִים וּשְׁתַּיִם שָׁנָה אָמוֹן בְּמָלְכוֹ וּשְׁתַּיִם שָׁנִים מָלַךְ
כב בִּירוּשָׁלִָם׃ וַיַּעַשׂ הָרַע בְּעֵינֵי יְהוָה כַּאֲשֶׁר עָשָׂה מְנַשֶּׁה אָבִיו
וּלְכָל־הַפְּסִילִים אֲשֶׁר עָשָׂה מְנַשֶּׁה אָבִיו זִבַּח אָמוֹן וַיַּעַבְדֵם׃
כג וְלֹא נִכְנַע מִלִּפְנֵי יְהוָה כְּהִכָּנַע מְנַשֶּׁה אָבִיו כִּי הוּא אָמוֹן
כד כה הִרְבָּה אַשְׁמָה׃ וַיִּקְשְׁרוּ עָלָיו עֲבָדָיו וַיְמִיתֻהוּ בְּבֵיתוֹ׃ וַיַּכּוּ
עַם־הָאָרֶץ אֵת כָּל־הַקֹּשְׁרִים עַל־הַמֶּלֶךְ אָמוֹן וַיַּמְלִיכוּ עַם־
הָאָרֶץ אֶת־יֹאשִׁיָּהוּ בְנוֹ תַּחְתָּיו׃
לד א בֶּן־שְׁמוֹנֶה שָׁנִים יֹאשִׁיָּהוּ בְמָלְכוֹ וּשְׁלֹשִׁים וְאַחַת שָׁנָה מָלַךְ
ב בִּירוּשָׁלִָם׃ וַיַּעַשׂ הַיָּשָׁר בְּעֵינֵי יְהוָה וַיֵּלֶךְ בְּדַרְכֵי דָּוִיד אָבִיו כד
וְלֹא־סָר יָמִין וּשְׂמֹאול׃
ג וּבִשְׁמוֹנֶה שָׁנִים לְמָלְכוֹ וְהוּא עוֹדֶנּוּ נַעַר הֵחֵל לִדְרוֹשׁ לֵאלֹהֵי
דָּוִיד אָבִיו וּבִשְׁתֵּים עֶשְׂרֵה שָׁנָה הֵחֵל לְטַהֵר אֶת־יְהוּדָה
ד וִירוּשָׁלִַם מִן־הַבָּמוֹת וְהָאֲשֵׁרִים וְהַפְּסִלִים וְהַמַּסֵּכוֹת׃ וַיְנַתְּצוּ
לְפָנָיו אֵת מִזְבְּחוֹת הַבְּעָלִים וְהַחַמָּנִים אֲשֶׁר־לְמַעְלָה מֵעֲלֵיהֶם
גִּדֵּעַ וְהָאֲשֵׁרִים וְהַפְּסִלִים וְהַמַּסֵּכוֹת שִׁבַּר וְהֵדַק וַיִּזְרֹק עַל־
ה פְּנֵי הַקְּבָרִים הַזֹּבְחִים לָהֶם׃ וְעַצְמוֹת כֹּהֲנִים שָׂרַף עַל־
ו מזבחותים וַיְטַהֵר אֶת־יְהוּדָה וְאֶת־יְרוּשָׁלִָם׃ וּבְעָרֵי מְנַשֶּׁה מִזְבְּחוֹתָם
ז וְאֶפְרַיִם וְשִׁמְעוֹן וְעַד־נַפְתָּלִי בחר בתיהם סָבִיב׃ וַיְנַתֵּץ אֶת־ בְּחַרְבֹתֵיהֶם
הַמִּזְבְּחוֹת וְאֶת־הָאֲשֵׁרִים וְהַפְּסִלִים כִּתַּת לְהֵדַק וְכָל־הַחַמָּנִים
ח גִּדַּע בְּכָל־אֶרֶץ יִשְׂרָאֵל וַיָּשָׁב לִירוּשָׁלִָם׃ וּבִשְׁנַת
שְׁמוֹנֶה עֶשְׂרֵה לְמָלְכוֹ לְטַהֵר הָאָרֶץ וְהַבָּיִת שָׁלַח אֶת־
שָׁפָן בֶּן־אֲצַלְיָהוּ וְאֶת־מַעֲשֵׂיָהוּ שַׂר־הָעִיר וְאֵת יוֹאָח בֶּן־
ט יוֹאָחָז הַמַּזְכִּיר לְחַזֵּק אֶת־בֵּית יְהוָה אֱלֹהָיו׃ וַיָּבֹאוּ אֶל־
חִלְקִיָּהוּ הַכֹּהֵן הַגָּדוֹל וַיִּתְּנוּ אֶת־הַכֶּסֶף הַמּוּבָא בֵית־אֱלֹהִים
אֲשֶׁר אָסְפוּ־הַלְוִיִּם שֹׁמְרֵי הַסַּף מִיַּד מְנַשֶּׁה וְאֶפְרַיִם וּמִכֹּל
י שְׁאֵרִית יִשְׂרָאֵל וּמִכָּל־יְהוּדָה וּבִנְיָמִן וישבי יְרוּשָׁלִָם׃ וַיִּתְּנוּ וַיָּשֻׁבוּ
עַל־יַד עֹשֵׂה הַמְּלָאכָה הַמֻּפְקָדִים בְּבֵית יְהוָה וַיִּתְּנוּ אֹתוֹ
עוֹשֵׂי הַמְּלָאכָה אֲשֶׁר עֹשִׂים בְּבֵית יְהוָה לִבְדּוֹק וּלְחַזֵּק

Menashshe, and his prayer to his God, and the words of the seers who spoke to him in the name of the Lord God of Yisra'el, behold, they are written in the book of the kings of Yisra'el. His prayer also, and how it was accepted, and all his sins, and 19 his trespass, and the places on which he built high places, and set up asherim and carved idols before he humbled himself : behold, they are written among the sayings of the seers. So 20 Menashshe slept with his fathers, and they buried him in his own house : and Amon his son reigned in his stead.

Amon was twenty two years old when he began to reign, and 21 he reigned two years in Yerushalayim. But he did that which was 22 evil in the sight of the Lord, as did Menashshe his father : for Amon sacrificed to all the carved idols which Menashshe his father had made, and served them ; and he did not humble 23 himself before the Lord, as Menashshe his father had humbled himself ; but Amon trespassed more and more. And his servants 24 conspired against him, and slew him in his own house. But the 25 people of the land slew all those who had conspired against king Amon ; and the people of the land made Yoshiyyahu his son king in his stead.

Yoshiyyahu was eight years old when he began to reign, and **34** he reigned in Yerushalayim for thirty one years. And he did 2 that which was right in the sight of the Lord, and followed in the ways of David his father, declining neither to the right hand, nor to the left.

For in the eighth year of his reign, while he was still young, 3 he began to seek after the God of David his father : and in the twelfth year he began to purge Yehuda and Yerushalayim of the highplaces, and the asherim, and the carved idols, and the molten images. And they broke down the altars of the Be'alim 4 in his presence ; and the sun images, that were on high above them, he cut down ; and the asherim, and the carved idols, and the molten images, he broke in pieces, and made dust of them, and strewed it upon the graves of those who had sacrificed to them. And he burnt the bones of the priests upon their altars, 5 and cleansed Yehuda and Yerushalayim. And so he did in the 6 cities of Menashshe, and Efrayim, and Shim'on even to Naftali, in their ruins round about. And when he had broken down the 7 altars and the asherim, and had beaten the carved idols into dust, and cut down all the sun images throughout all the land of Yisra'el, he returned to Yerushalayim.   Now in the eighteenth 8 year of his reign, when he had purged the land, and the house, he sent Shafan the son of Aẓalyahu, and Ma'aseyahu the governor of the city, and Yo'aḥ the son of Yo'aḥaz the recorder, to repair the house of the Lord his God. And when they came to 9 Ḥilqiyyahu the high priest, they delivered the money that was brought into the house of God, which the Levites who kept the doors had gathered from the hand of Menashshe and Efrayim, and from all the remnant of Yisra'el, and from all Yehuda and Binyamin ; and they returned to Yerushalayim. And they put 10 it in the hand of the workmen who had the oversight of the house of the Lord, and they gave it to the workmen who were employed in the house of the Lord, to repair and mend the

יא הַבָּיִת: וַיִּתְּנוּ לֶחָרָשִׁים וְלַבֹּנִים לִקְנוֹת אַבְנֵי מַחְצֵב וְעֵצִים
לַמְחַבְּרוֹת וּלְקָרוֹת אֶת־הַבָּתִּים אֲשֶׁר הִשְׁחִיתוּ מַלְכֵי
יב יְהוּדָה: וְהָאֲנָשִׁים עֹשִׂים בֶּאֱמוּנָה בַּמְּלָאכָה וַעֲלֵיהֶם ׀
מֻפְקָדִים יַחַת וְעֹבַדְיָהוּ הַלְוִיִּם מִן־בְּנֵי מְרָרִי וּזְכַרְיָה וּמְשֻׁלָּם
יג מִן־בְּנֵי הַקְּהָתִים לְנַצֵּחַ וְהַלְוִיִּם כָּל־מֵבִין בִּכְלֵי־שִׁיר: וְעַל
הַסַּבָּלִים וּמְנַצְּחִים לְכֹל עֹשֵׂה מְלָאכָה לַעֲבוֹדָה וַעֲבוֹדָה
יד וּמֵהַלְוִיִּם סוֹפְרִים וְשֹׁטְרִים וְשׁוֹעֲרִים: וּבְהוֹצִיאָם אֶת־הַכֶּסֶף
הַמּוּבָא בֵּית יהוה מָצָא חִלְקִיָּהוּ הַכֹּהֵן אֶת־סֵפֶר תּוֹרַת־יהוה
טו בְּיַד־מֹשֶׁה: וַיַּעַן חִלְקִיָּהוּ וַיֹּאמֶר אֶל־שָׁפָן הַסּוֹפֵר סֵפֶר הַתּוֹרָה
טז מָצָאתִי בְּבֵית יהוה וַיִּתֵּן חִלְקִיָּהוּ אֶת־הַסֵּפֶר אֶל־שָׁפָן: וַיָּבֵא
שָׁפָן אֶת־הַסֵּפֶר אֶל־הַמֶּלֶךְ וַיָּשֶׁב עוֹד אֶת־הַמֶּלֶךְ דָּבָר לֵאמֹר
יז כֹּל אֲשֶׁר־נִתַּן בְּיַד־עֲבָדֶיךָ הֵם עֹשִׂים: וַיַּתִּיכוּ אֶת־הַכֶּסֶף
הַנִּמְצָא בְּבֵית־יהוה וַיִּתְּנוּהוּ עַל־יַד הַמֻּפְקָדִים וְעַל־יַד עוֹשֵׂי
יח הַמְּלָאכָה: וַיַּגֵּד שָׁפָן הַסּוֹפֵר לַמֶּלֶךְ לֵאמֹר סֵפֶר נָתַן לִי
יט חִלְקִיָּהוּ הַכֹּהֵן וַיִּקְרָא־בוֹ שָׁפָן לִפְנֵי הַמֶּלֶךְ: וַיְהִי כִּשְׁמֹעַ הַמֶּלֶךְ
כ אֵת דִּבְרֵי הַתּוֹרָה וַיִּקְרַע אֶת־בְּגָדָיו: וַיְצַו הַמֶּלֶךְ אֶת־חִלְקִיָּהוּ
וְאֶת־אֲחִיקָם בֶּן־שָׁפָן וְאֶת־עַבְדּוֹן בֶּן־מִיכָה וְאֵת ׀ שָׁפָן
כא הַסּוֹפֵר וְאֵת עֲשָׂיָה עֶבֶד־הַמֶּלֶךְ לֵאמֹר: לְכוּ דִרְשׁוּ אֶת־יהוה
בַּעֲדִי וּבְעַד הַנִּשְׁאָר בְּיִשְׂרָאֵל וּבִיהוּדָה עַל־דִּבְרֵי הַסֵּפֶר
אֲשֶׁר נִמְצָא כִּי־גְדוֹלָה חֲמַת־יהוה אֲשֶׁר נִתְּכָה בָנוּ עַל אֲשֶׁר
לֹא־שָׁמְרוּ אֲבוֹתֵינוּ אֶת־דְּבַר יהוה לַעֲשׂוֹת כְּכָל־הַכָּתוּב
כב עַל־הַסֵּפֶר הַזֶּה: וַיֵּלֶךְ חִלְקִיָּהוּ וַאֲשֶׁר הַמֶּלֶךְ אֶל־
חֻלְדָּה הַנְּבִיאָה אֵשֶׁת ׀ שַׁלֻּם בֶּן־תוקהת בֶּן־חַסְרָה שׁוֹמֵר תָּקְהַת
הַבְּגָדִים וְהִיא יוֹשֶׁבֶת בִּירוּשָׁלִַם בַּמִּשְׁנֶה וַיְדַבְּרוּ אֵלֶיהָ
כג כָּזֹאת: וַתֹּאמֶר לָהֶם כֹּה־אָמַר יהוה אֱלֹהֵי יִשְׂרָאֵל אִמְרוּ
לָאִישׁ אֲשֶׁר־שָׁלַח אֶתְכֶם אֵלָי:
כד כֹּה אָמַר יהוה הִנְנִי מֵבִיא רָעָה עַל־הַמָּקוֹם הַזֶּה וְעַל־יוֹשְׁבָיו
אֵת כָּל־הָאָלוֹת הַכְּתוּבוֹת עַל־הַסֵּפֶר אֲשֶׁר קָרְאוּ לִפְנֵי
כה מֶלֶךְ יְהוּדָה: תַּחַת ׀ אֲשֶׁר עֲזָבוּנִי ויקטירו לֵאלֹהִים אֲחֵרִים וַיְקַטְּרוּ
לְמַעַן הַכְעִיסֵנִי בְּכֹל מַעֲשֵׂי יְדֵיהֶם וְתִתַּךְ חֲמָתִי בַּמָּקוֹם
כו הַזֶּה וְלֹא תִכְבֶּה: וְאֶל־מֶלֶךְ יְהוּדָה הַשֹּׁלֵחַ אֶתְכֶם לִדְרוֹשׁ
בַּיהוה כֹּה תֹאמְרוּ אֵלָיו כֹּה־אָמַר יהוה אֱלֹהֵי
כז יִשְׂרָאֵל הַדְּבָרִים אֲשֶׁר שָׁמָעְתָּ: יַעַן רַךְ־לְבָבְךָ וַתִּכָּנַע ׀ מִלִּפְנֵי
אֱלֹהִים בְּשָׁמְעֲךָ אֶת־דְּבָרָיו עַל־הַמָּקוֹם הַזֶּה וְעַל־יֹשְׁבָיו
וַתִּכָּנַע לְפָנַי וַתִּקְרַע אֶת־בְּגָדֶיךָ וַתֵּבְךְּ לְפָנָי וְגַם־אֲנִי שָׁמַעְתִּי
כח נְאֻם־יהוה: הִנְנִי אֹסִפְךָ אֶל־אֲבֹתֶיךָ וְנֶאֱסַפְתָּ אֶל־קִבְרֹתֶיךָ

house: to the carpenters and builders they gave it, to buy hewn 11
stone, and timber for couplings, and to make beams for the
houses which the kings of Yehuda had destroyed. And 12
the men did the work faithfully: and their overseers were
Yaḥat and 'Ovadyahu the Levites, of the sons of Merari; and
Zekharya and Meshullam, of the sons of the Qehatim, to super-
vise it; and other of the Levites, all who had skill in instruments
of music. Also they were over bearers of burdens, and they 13
had control over all who were employed in the work in any
manner of service: and of the Levites there were scribes, and
officers, and gatekeepers. And when they brought out the money 14
that was brought into the house of the LORD, Ḥilqiyyahu the
priest found a book of the Tora of the LORD given by Moshe.
And Ḥilqiyyahu answered and said to Shafan the scribe, I have 15
found a book of the Tora in the house of the LORD. And Ḥilqiyya-
hu delivered the book to Shafan. And Shafan carried the book to 16
the king, and further brought the king word back, saying, All
that was committed to thy servants they are doing. And they 17
have poured out the money that was found in the house of
the LORD, and have delivered it into the hand of the overseers,
and into the hand of the workmen. Then Shafan the scribe told 18
the king, saying, Ḥilqiyyahu the priest has given me a book. And
Shafan read it before the king. And it came to pass, when the 19
king had heard the words of the Tora, that he rent his clothes.
And the king commanded Ḥilqiyyahu, and Aḥiqam the son of 20
Shafan, and 'Avdon the son of Mikha, and Shafan the scribe, and
'Asaya a servant of the king's, saying, Go, inquire of the LORD 21
for me, and for those who are left in Yisra'el and in Yehuda,
concerning the words of the book that is found: for great is the
wrath of the LORD that is poured out upon us, because our fa-
thers have not kept the word of the LORD, to do according to all
that is written in this book. And Ḥilqiyyahu, and they 22
whom the king had appointed, went to Ḥulda the prophetess, the
wife of Shallum the son of Toqhat, the son of Ḥasra, keeper of
the wardrobe; (now she dwelt in Yerushalayim in the second
quarter:) and they spoke to her to that effect. And she said to 23
them, Thus says the LORD GOD of Yisra'el, Tell the man who
sent you to me,
Thus says the LORD, Behold, I will bring evil upon this place, 24
and upon its inhabitants, namely, all the curses that are written
in the book which they have read before the king of Yehuda:
because they have forsaken me, and have burned incense 25
to other gods, that they might provoke me to anger with all the
works of their hands; therefore my wrath shall be poured out
upon this place, and shall not be quenched. And as for the 26
king of Yehuda, who sent you to inquire of the LORD, so shall
you say to him, Thus says the LORD GOD of Yisra'el
concerning the words which thou hast heard; Because thy 27
heart was submissive, and thou didst humble thyself before
GOD, when thou didst hear his words against this place, and
against its inhabitants, and didst humble thyself before me,
and didst rend thy clothes, and weep before me; I also have
heard thee, says the LORD. Behold, I will gather thee to thy 28

בְּשָׁלוֹם וְלֹא־תִרְאֶינָה עֵינֶיךָ בְּכֹל הָרָעָה אֲשֶׁר אֲנִי מֵבִיא עַל־
הַמָּקוֹם הַזֶּה וְעַל־יֹשְׁבָיו וַיָּשִׁיבוּ אֶת־הַמֶּלֶךְ דָּבָר׃ וַיִּשְׁלַח כט
הַמֶּלֶךְ וַיֶּאֱסֹף אֶת־כָּל־זִקְנֵי יְהוּדָה וִירוּשָׁלָם׃ וַיַּעַל הַמֶּלֶךְ ל
בֵּית־יְהוָה וְכָל־אִישׁ יְהוּדָה וְיֹשְׁבֵי יְרוּשָׁלַם וְהַכֹּהֲנִים וְהַלְוִיִּם
וְכָל־הָעָם מִגָּדוֹל וְעַד־קָטָן וַיִּקְרָא בְאָזְנֵיהֶם אֶת־כָּל־דִּבְרֵי
סֵפֶר הַבְּרִית הַנִּמְצָא בֵּית יְהוָה׃ וַיַּעֲמֹד הַמֶּלֶךְ עַל־עָמְדוֹ לא
וַיִּכְרֹת אֶת־הַבְּרִית לִפְנֵי יְהוָה לָלֶכֶת אַחֲרֵי יְהוָה וְלִשְׁמוֹר
אֶת־מִצְוֺתָיו וְעֵדְוֺתָיו וְחֻקָּיו בְּכָל־לְבָבוֹ וּבְכָל־נַפְשׁוֹ לַעֲשׂוֹת
אֶת־דִּבְרֵי הַבְּרִית הַכְּתוּבִים עַל־הַסֵּפֶר הַזֶּה׃ וַיַּעֲמֵד אֵת כָּל־ לב
הַנִּמְצָא בִירוּשָׁלַם וּבִנְיָמִן וַיַּעֲשׂוּ יֹשְׁבֵי יְרוּשָׁלַם כִּבְרִית
אֱלֹהִים אֱלֹהֵי אֲבוֹתֵיהֶם׃ וַיָּסַר יֹאשִׁיָּהוּ אֶת־כָּל־הַתּוֹעֵבוֹת לג
מִכָּל־הָאֲרָצוֹת אֲשֶׁר לִבְנֵי יִשְׂרָאֵל וַיַּעֲבֵד אֵת כָּל־הַנִּמְצָא
בְּיִשְׂרָאֵל לַעֲבוֹד אֶת־יְהוָה אֱלֹהֵיהֶם כָּל־יָמָיו לֹא סָרוּ מֵאַחֲרֵי
יְהוָה אֱלֹהֵי אֲבוֹתֵיהֶם׃ וַיַּעַשׂ יֹאשִׁיָּהוּ בִירוּשָׁלַם פֶּסַח אלה
לַיהוָה וַיִּשְׁחֲטוּ הַפֶּסַח בְּאַרְבָּעָה עָשָׂר לַחֹדֶשׁ הָרִאשׁוֹן׃ וַיַּעֲמֵד ב
הַכֹּהֲנִים עַל־מִשְׁמְרוֹתָם וַיְחַזְּקֵם לַעֲבוֹדַת בֵּית יְהוָה׃ וַיֹּאמֶר ג
הַמְּבִינִים לַלְוִיִּם המבונים לְכָל־יִשְׂרָאֵל הַקְּדוֹשִׁים לַיהוָה תְּנוּ אֶת־
אֲרוֹן־הַקֹּדֶשׁ בַּבַּיִת אֲשֶׁר בָּנָה שְׁלֹמֹה בֶן־דָּוִיד מֶלֶךְ יִשְׂרָאֵל
אֵין־לָכֶם מַשָּׂא בַּכָּתֵף עַתָּה עִבְדוּ אֶת־יְהוָה אֱלֹהֵיכֶם וְאֵת
וְהָכִינוּ עַמּוֹ יִשְׂרָאֵל׃ והכונו לְבֵית־אֲבוֹתֵיכֶם כְּמַחְלְקוֹתֵיכֶם בִּכְתָב ד
דָּוִיד מֶלֶךְ יִשְׂרָאֵל וּבְמִכְתַּב שְׁלֹמֹה בְנוֹ׃ וְעִמְדוּ בַקֹּדֶשׁ ה
לִפְלֻגּוֹת בֵּית הָאָבוֹת לַאֲחֵיכֶם בְּנֵי הָעָם וַחֲלֻקַּת בֵּית־אָב
כה לַלְוִיִּם׃ וְשַׁחֲטוּ הַפָּסַח וְהִתְקַדְּשׁוּ וְהָכִינוּ לַאֲחֵיכֶם לַעֲשׂוֹת ו
כִּדְבַר־יְהוָה בְּיַד־מֹשֶׁה׃ וַיָּרֶם יֹאשִׁיָּהוּ לִבְנֵי ז
הָעָם צֹאן כְּבָשִׂים וּבְנֵי־עִזִּים הַכֹּל לַפְּסָחִים לְכָל־הַנִּמְצָא
לְמִסְפַּר שְׁלֹשִׁים אֶלֶף וּבָקָר שְׁלֹשֶׁת אֲלָפִים אֵלֶּה מֵרְכוּשׁ
הַמֶּלֶךְ׃ וְשָׂרָיו לִנְדָבָה לָעָם לַכֹּהֲנִים וְלַלְוִיִּם הֵרִימוּ ח
חִלְקִיָּה וּזְכַרְיָהוּ וִיחִיאֵל נְגִידֵי בֵּית הָאֱלֹהִים לַכֹּהֲנִים נָתְנוּ
וְכָנַנְיָהוּ לַפְּסָחִים אַלְפַּיִם וְשֵׁשׁ מֵאוֹת וּבָקָר שְׁלֹשׁ מֵאוֹת׃ וכונניהו ט
וּשְׁמַעְיָהוּ וּנְתַנְאֵל אֶחָיו וַחֲשַׁבְיָהוּ וִיעִיאֵל וְיוֹזָבָד שָׂרֵי הַלְוִיִּם
הֵרִימוּ לַלְוִיִּם לַפְּסָחִים חֲמֵשֶׁת אֲלָפִים וּבָקָר חֲמֵשׁ מֵאוֹת׃
וַתִּכּוֹן הָעֲבוֹדָה וַיַּעַמְדוּ הַכֹּהֲנִים עַל־עָמְדָם וְהַלְוִיִּם עַל־ י
מַחְלְקוֹתָם כְּמִצְוַת הַמֶּלֶךְ׃ וַיִּשְׁחֲטוּ הַפָּסַח וַיִּזְרְקוּ הַכֹּהֲנִים יא

fathers, and thou shalt be gathered to thy grave in peace, and
thy eyes shall not see all the evil that I will bring upon this place,
and upon its inhabitants. So they brought back word to the
king.   Then the king sent and gathered together all the   29
elders of Yehuda and Yerushalayim. And the king went up
into the house of the LORD, and all the men of Yehuda, and   30
the inhabitants of Yerushalayim, and the priests, and the Levites,
and all the people, old and young : and he read in their ears
all the words of the book of the covenant that was found in
the house of the LORD. And the king stood in his place, and made   31
the covenant before the LORD, to walk after the LORD, and to keep
his commandments, and his testimonies, and his statutes, with
all his heart, and with all his soul, to perform the words of
the covenant which are written in this book. And he caused   32
all who were present in Yerushalayim and Binyamin to stand to
it. And the inhabitants of Yerushalayim did according to the
covenant of GOD, the GOD of their fathers. And Yoshiyyahu   33
removed all the abominations out of all the territories that
belonged to the children of Yisra'el and he enforced all that
were present in Yisra'el to serve the LORD their GOD. And all his
days they departed not from following the LORD, the GOD of
their fathers.   Moreover Yoshiyyahu kept a passover to   **35**
the LORD in Yerushalayim : and they killed the paschal lamb
on the fourteenth day of the first month. And he set the priests   2
in their watches, and encouraged them to the service of the
house of the LORD, and he said to the Levites who taught all   3
Yisra'el, who were holy to the LORD, Put the holy ark in the
house which Shelomo the son of David king of Yisra'el did
build ; you need no longer carry it upon your shoulders : serve
now the LORD your GOD, and his people Yisra'el, and prepare   4
yourselves by the houses of your fathers, according to your
divisions, according to the writing of David king of Yisra'el,
and according to the writing of Shelomo his son. And stand in   5
the holy place according to the sections of the families of the
fathers' houses of your brethren the people, and according the
division of the families of the Levites. So kill the paschal lamb,   6
and sanctify yourselves, and prepare your brethren, that they
may do according to the word of the LORD by the hand of
Moshe.   And Yoshiyyahu gave to the people,   7
of the flock, lambs and kids, all for the paschal offerings,
for all who were present, to the number of thirty thousand,
and three thousand bullocks : these were of the king's sub-
stance.   And his princes gave willingly to the people,   8
to the priests, and to the Levites. Ḥilqiyya and Zekharya and
Yeḥi'el, rulers of the house of GOD, gave to the priests for the
paschal offerings two thousand six hundred small cattle, and
three hundred oxen. And Kananyahu, and Shema'yahu, and   9
Netan'el, his brethren, and Ḥashavyahu, and Ye'i'el, and Yozavad,
chiefs of the Levites, gave to the Levites for paschal offerings
five thousand small cattle, and five hundred oxen. So the service   10
was prepared, and the priests stood in their place, and the Levites
in their divisions, according to the king's commandment. And   11
they killed the paschal lambs, and the priests sprinkled the

יב מִיָּדָם וְהַלְוִיִּם מַפְשִׁיטִים׃ וַיָּסִירוּ הָעֹלָה לְתִתָּם לְמִפְלַגּוֹת
לְבֵית־אָבוֹת לִבְנֵי הָעָם לְהַקְרִיב לַיהוה כַּכָּתוּב בְּסֵפֶר
יג מֹשֶׁה וְכֵן לַבָּקָר׃ וַיְבַשְּׁלוּ הַפֶּסַח בָּאֵשׁ כַּמִּשְׁפָּט וְהַקֳּדָשִׁים
בִּשְּׁלוּ בַּסִּירוֹת וּבַדְּוָדִים וּבַצֵּלָחוֹת וַיָּרִיצוּ לְכָל־בְּנֵי הָעָם׃
יד וְאַחַר הֵכִינוּ לָהֶם וְלַכֹּהֲנִים כִּי הַכֹּהֲנִים בְּנֵי אַהֲרֹן בְּהַעֲלוֹת
הָעוֹלָה וְהַחֲלָבִים עַד־לָיְלָה וְהַלְוִיִּם הֵכִינוּ לָהֶם וְלַכֹּהֲנִים
טו בְּנֵי אַהֲרֹן׃ וְהַמְשֹׁרְרִים בְּנֵי־אָסָף עַל־מַעֲמָדָם כְּמִצְוַת דָּוִיד
וְאָסָף וְהֵימָן וִידֻתוּן חוֹזֵה הַמֶּלֶךְ וְהַשֹּׁעֲרִים לְשַׁעַר וָשָׁעַר
אֵין לָהֶם לָסוּר מֵעַל עֲבֹדָתָם כִּי־אֲחֵיהֶם הַלְוִיִּם הֵכִינוּ
טז לָהֶם׃ וַתִּכּוֹן כָּל־עֲבוֹדַת יהוה בַּיּוֹם הַהוּא לַעֲשׂוֹת הַפֶּסַח
וְהַעֲלוֹת עֹלוֹת עַל מִזְבַּח יהוה כְּמִצְוַת הַמֶּלֶךְ יֹאשִׁיָּהוּ׃
יז וַיַּעֲשׂוּ בְנֵי־יִשְׂרָאֵל הַנִּמְצְאִים אֶת־הַפֶּסַח בָּעֵת הַהִיא וְאֶת־
יח חַג הַמַּצּוֹת שִׁבְעַת יָמִים׃ וְלֹא־נַעֲשָׂה פֶסַח כָּמֹהוּ בְּיִשְׂרָאֵל
מִימֵי שְׁמוּאֵל הַנָּבִיא וְכָל־מַלְכֵי יִשְׂרָאֵל ׀ לֹא־עָשׂוּ כַּפֶּסַח
אֲשֶׁר־עָשָׂה יֹאשִׁיָּהוּ וְהַכֹּהֲנִים וְהַלְוִיִּם וְכָל־יְהוּדָה וְיִשְׂרָאֵל
יט הַנִּמְצָא וְיוֹשְׁבֵי יְרוּשָׁלָם׃ בִּשְׁמוֹנֶה עֶשְׂרֵה שָׁנָה
כ לְמַלְכוּת יֹאשִׁיָּהוּ נַעֲשָׂה הַפֶּסַח הַזֶּה׃ אַחֲרֵי כָל־זֹאת
אֲשֶׁר הֵכִין יֹאשִׁיָּהוּ אֶת־הַבַּיִת עָלָה נְכוֹ מֶלֶךְ־מִצְרַיִם
כא לְהִלָּחֵם בְּכַרְכְּמִישׁ עַל־פְּרָת וַיֵּצֵא לִקְרָאתוֹ יֹאשִׁיָּהוּ׃ וַיִּשְׁלַח
אֵלָיו מַלְאָכִים ׀ לֵאמֹר ׀ מַה־לִּי וָלָךְ מֶלֶךְ יְהוּדָה לֹא־
עָלֶיךָ אַתָּה הַיּוֹם כִּי אֶל־בֵּית מִלְחַמְתִּי וֵאלֹהִים אָמַר לְבַהֲלֵנִי
כב חֲדַל־לְךָ מֵאֱלֹהִים אֲשֶׁר־עִמִּי וְאַל־יַשְׁחִיתֶךָ׃ וְלֹא־הֵסֵב
יֹאשִׁיָּהוּ פָנָיו מִמֶּנּוּ כִּי לְהִלָּחֶם־בּוֹ הִתְחַפֵּשׂ וְלֹא שָׁמַע אֶל־
כג דִּבְרֵי נְכוֹ מִפִּי אֱלֹהִים וַיָּבֹא לְהִלָּחֵם בְּבִקְעַת מְגִדּוֹ׃ וַיֹּרוּ
הַיֹּרִים לַמֶּלֶךְ יֹאשִׁיָּהוּ וַיֹּאמֶר הַמֶּלֶךְ לַעֲבָדָיו הַעֲבִירוּנִי כִּי
כד הָחֳלֵיתִי מְאֹד׃ וַיַּעֲבִירֻהוּ עֲבָדָיו מִן־הַמֶּרְכָּבָה וַיַּרְכִּיבֻהוּ עַל
רֶכֶב הַמִּשְׁנֶה אֲשֶׁר־לוֹ וַיּוֹלִיכֻהוּ יְרוּשָׁלַם וַיָּמָת וַיִּקָּבֵר
בְּקִבְרוֹת אֲבֹתָיו וְכָל־יְהוּדָה וִירוּשָׁלַם מִתְאַבְּלִים עַל־
כה יֹאשִׁיָּהוּ׃ וַיְקוֹנֵן יִרְמְיָהוּ עַל־יֹאשִׁיָּהוּ וַיֹּאמְרוּ
כָל־הַשָּׁרִים ׀ וְהַשָּׁרוֹת בְּקִינוֹתֵיהֶם עַל־יֹאשִׁיָּהוּ עַד־הַיּוֹם
וַיִּתְּנוּם לְחֹק עַל־יִשְׂרָאֵל וְהִנָּם כְּתוּבִים עַל־הַקִּינוֹת׃
כו כז וְיֶתֶר דִּבְרֵי יֹאשִׁיָּהוּ וַחֲסָדָיו כַּכָּתוּב בְּתוֹרַת יהוה׃ וּדְבָרָיו
הָרִאשֹׁנִים וְהָאַחֲרֹנִים הִנָּם כְּתוּבִים עַל־סֵפֶר מַלְכֵי־יִשְׂרָאֵל
לו א וִיהוּדָה׃ וַיִּקְחוּ עַם־הָאָרֶץ אֶת־יְהוֹאָחָז בֶּן־יֹאשִׁיָּהוּ

blood from their hands, and the Levites flayed them. And before 12
they gave them to the divisions of the fathers' houses of the
people, they set aside the burnt offering, to offer to the LORD,
as it is written in the book of Moshe. And so they did with the
oxen. And they roasted the paschal lamb with fire according 13
to the ordinance : but the other holy offerings they boiled in
pots, and in cauldrons, and in pans, and carried them swiftly
among all the people. And afterwards they made ready for 14
themselves, and for the priests : because the priests the sons
of Aharon were busy offering the burnt offerings and the fat
until night ; therefore the Levites prepared for themselves, and
for the priests the sons of Aharon. And the singers the sons 15
of Asaf were in their place, according to the commandment
of David, and Asaf, and Heman, and Yedutun the king's seer ;
and the gatekeepers were posted at every gate ; they might not
depart from their service ; for their brethren the Levites prepared
for them. So all the service of the LORD was prepared on the 16
same day, to keep the passover, and to offer burnt offerings
upon the altar of the LORD, according to the commandment of
king Yoshiyyahu. And the children of Yisra'el who were present 17
kept the passover at that time, and the feast of unleavened bread
for seven days. And there was no passover like that kept in 18
Yisra'el from the days of Shemu'el the prophet; nor did any
of the kings of Yisra'el keep such a passover as Yoshiyyahu kept,
and the priests, and the Levites, and all Yehuda and Yisra'el that
were present, and the inhabitants of Yerushalayim.   In the 19
eighteenth year of the reign of Yoshiyyahu was this passover
kept. After all this, when Yoshiyyahu had prepared the temple, 20
Nekho king of Miẓrayim came up to fight against Karkemish
by Perat : and Yoshiyyahu went out against him. But he sent 21
ambassadors to him, saying, What have I to do with thee, thou
king of Yehuda ? I come not against thee this day, but against
the house with which I am at war : for GOD commanded me to
make haste : forbear from meddling with GOD, who is with me,
so that he does not destroy thee. Nevertheless Yoshiyyahu 22
would not turn his face from him, but he sought an opportunity
to fight with him, and he did not hearken to the words of Nekho
from the mouth of GOD, and came to fight in the valley of
Megiddo. And the archers shot at king Yoshiyyahu ; and the king 23
said to his servants, Get me away ; for I am grievously wounded.
So his servants took him out of that chariot, and put him in 24
the second chariot that he had ; and they brought him to Yeru-
shalayim, and he died, and was buried in the tombs of his
fathers. And all Yehuda and Yerushalayim mourned for Yoshi-
yyahu.   And Yirmeyahu lamented for Yoshiyyahu : 25
and all the singing men and the singing women spoke of
Yoshiyyahu in their laments to this day, and made them an
ordinance in Yisra'el : and, behold, they are written in the
laments. Now the rest of the acts of Yoshiyyahu, and his good- 26
ness, according to that which was written in the Tora of the LORD,
and his deeds, first and last, behold, they are written in the book 27
of the kings of Yisra'el and Yehuda.   Then the people of 36
the land took Yeho'aḥaz the son of Yoshiyyahu, and made him

ב וַיַּמְלִיכֻהוּ תַחַת־אָבִיו בִּירוּשָׁלִָם: בֶּן־שָׁלוֹשׁ וְעֶשְׂרִים שָׁנָה

ג יוֹאָחָז בְּמָלְכוֹ וּשְׁלֹשָׁה חֳדָשִׁים מָלַךְ בִּירוּשָׁלִָם: וַיְסִירֵהוּ
מֶלֶךְ־מִצְרַיִם בִּירוּשָׁלִָם וַיַּעֲנֹשׁ אֶת־הָאָרֶץ מֵאָה כִכַּר־כֶּסֶף

ד וְכִכַּר זָהָב: וַיַּמְלֵךְ מֶלֶךְ־מִצְרַיִם אֶת־אֶלְיָקִים אָחִיו עַל־יְהוּדָה
וִירוּשָׁלִָם וַיַּסֵּב אֶת־שְׁמוֹ יְהוֹיָקִים וְאֶת־יוֹאָחָז אָחִיו לָקַח נְכוֹ

ה וַיְבִיאֵהוּ מִצְרָיְמָה: בֶּן־עֶשְׂרִים וְחָמֵשׁ שָׁנָה יְהוֹיָקִים
בְּמָלְכוֹ וְאַחַת עֶשְׂרֵה שָׁנָה מָלַךְ בִּירוּשָׁלִָם וַיַּעַשׂ הָרַע בְּעֵינֵי

ו יְהוָה אֱלֹהָיו: עָלָיו עָלָה נְבוּכַדְנֶאצַּר מֶלֶךְ בָּבֶל וַיַּאַסְרֵהוּ

ז בַּנְחֻשְׁתַּיִם לְהֹלִיכוֹ בָּבֶלָה: וּמִכְּלֵי בֵּית יְהוָה הֵבִיא נְבוּכַדְנֶאצַּר
לְבָבֶל וַיִּתְּנֵם בְּהֵיכָלוֹ בְּבָבֶל: וְיֶתֶר דִּבְרֵי יְהוֹיָקִים וְתֹעֲבֹתָיו

ח אֲשֶׁר־עָשָׂה וְהַנִּמְצָא עָלָיו הִנָּם כְּתוּבִים עַל־סֵפֶר מַלְכֵי
יִשְׂרָאֵל וִיהוּדָה וַיִּמְלֹךְ יְהוֹיָכִין בְּנוֹ תַּחְתָּיו: בֶּן־

ט שְׁמוֹנֶה שָׁנִים יְהוֹיָכִין בְּמָלְכוֹ וּשְׁלֹשָׁה חֳדָשִׁים וַעֲשֶׂרֶת
יָמִים מָלַךְ בִּירוּשָׁלִָם וַיַּעַשׂ הָרַע בְּעֵינֵי יְהוָה: וְלִתְשׁוּבַת

י הַשָּׁנָה שָׁלַח הַמֶּלֶךְ נְבוּכַדְנֶאצַּר וַיְבִאֵהוּ בָבֶלָה עִם־כְּלֵי
חֶמְדַּת בֵּית־יְהוָה וַיַּמְלֵךְ אֶת־צִדְקִיָּהוּ אָחִיו עַל־יְהוּדָה

יא וִירוּשָׁלִָם: בֶּן־עֶשְׂרִים וְאַחַת שָׁנָה צִדְקִיָּהוּ בְמָלְכוֹ

יב וְאַחַת עֶשְׂרֵה שָׁנָה מָלַךְ בִּירוּשָׁלִָם: וַיַּעַשׂ הָרַע בְּעֵינֵי

יג יְהוָה אֱלֹהָיו לֹא נִכְנַע מִלִּפְנֵי יִרְמְיָהוּ הַנָּבִיא מִפִּי יְהוָה: וְגַם
בַּמֶּלֶךְ נְבוּכַדְנֶאצַּר מָרָד אֲשֶׁר הִשְׁבִּיעוֹ בֵּאלֹהִים וַיֶּקֶשׁ אֶת־

יד עָרְפּוֹ וַיְאַמֵּץ אֶת־לְבָבוֹ מִשּׁוּב אֶל־יְהוָה אֱלֹהֵי יִשְׂרָאֵל: גַּם
לְמַעַל־ כָּל־שָׂרֵי הַכֹּהֲנִים וְהָעָם הִרְבּוּ לִמְעוֹל־מַעַל כְּכֹל תֹּעֲבוֹת
הַגּוֹיִם וַיְטַמְּאוּ אֶת־בֵּית יְהוָה אֲשֶׁר הִקְדִּישׁ בִּירוּשָׁלִָם:

טו וַיִּשְׁלַח יְהוָה אֱלֹהֵי אֲבוֹתֵיהֶם עֲלֵיהֶם בְּיַד־מַלְאָכָיו הַשְׁכֵּם

טז וְשָׁלוֹחַ כִּי־חָמַל עַל־עַמּוֹ וְעַל־מְעוֹנוֹ: וַיִּהְיוּ מַלְעִבִים בְּמַלְאֲכֵי
הָאֱלֹהִים וּבוֹזִים דְּבָרָיו וּמִתַּעְתְּעִים בִּנְבִאָיו עַד עֲלוֹת

יז חֲמַת־יְהוָה בְּעַמּוֹ עַד־לְאֵין מַרְפֵּא: וַיַּעַל עֲלֵיהֶם אֶת־מֶלֶךְ
כַּשְׂדִּים־ כַּשְׂדִּים וַיַּהֲרֹג בַּחוּרֵיהֶם בַּחֶרֶב בְּבֵית מִקְדָּשָׁם וְלֹא חָמַל

יח עַל־בָּחוּר וּבְתוּלָה זָקֵן וְיָשֵׁשׁ הַכֹּל נָתַן בְּיָדוֹ: וְכֹל כְּלֵי בֵּית
הָאֱלֹהִים הַגְּדֹלִים וְהַקְּטַנִּים וְאֹצְרוֹת בֵּית יְהוָה וְאֹצְרוֹת

יט הַמֶּלֶךְ וְשָׂרָיו הַכֹּל הֵבִיא בָבֶל: וַיִּשְׂרְפוּ אֶת־בֵּית הָאֱלֹהִים
וַיְנַתְּצוּ אֵת חוֹמַת יְרוּשָׁלִָם וְכָל־אַרְמְנוֹתֶיהָ שָׂרְפוּ בָאֵשׁ וְכָל־

כ כְּלֵי מַחֲמַדֶּיהָ לְהַשְׁחִית: וַיֶּגֶל הַשְּׁאֵרִית מִן־הַחֶרֶב אֶל־בָּבֶל

כא וַיִּהְיוּ־לוֹ וּלְבָנָיו לַעֲבָדִים עַד־מְלֹךְ מַלְכוּת פָּרָס: לְמַלֹּאות
דְּבַר־יְהוָה בְּפִי יִרְמְיָהוּ עַד־רָצְתָה הָאָרֶץ אֶת־שַׁבְּתוֹתֶיהָ

king in his father's stead in Yerushalayim. Yeho'aẖaz was twenty 2
three years old when he began to reign, and he reigned for
three months in Yerushalayim. And the king of Miẕrayim 3
deposed him at Yerushalayim and mulcted the land a hundred
talents of silver and a talent of gold. And the king of Miẕrayim 4
made Elyaqim his brother king over Yehuda and Yerushalayim,
and turned his name to Yehoyaqim. And Nekho took Yeho'aẖaz
his brother, and carried him to Miẕrayim. Yehoyaqim was 5
twenty five years old when began to reign, and he reigned for
eleven years in Yerushalayim : and he did that which was evil
in the sight of the Lord his God. Against him came up Nevukhad- 6
neẕẕar king of Bavel, and bound him in fetters, to carry him to
Bavel. And Nevukhadneẕẕar carried some of the vessels of the 7
house of the Lord to Bavel, and put them in his temple at Bavel.
Now the rest of the acts of Yehoyaqim, and his abominations 8
which he did, and that which was found in him, behold, they are
written in the book of the kings of Yisra'el and Yehuda : and
Yehoyaqim his son reigned in his stead. Yehoyaqim was 9
eight years old when he began to reign, and he reigned for three
months and ten days in Yerushalayim : and he did that which was
evil in the sight of the Lord. And at the return of the year, king 10
Nevukhadneẕẕar sent, and brought him to Bavel, with the goodly
vessels of the house of the Lord, and made Ẕidqiyyahu his
brother king over Yehuda and Yerushalayim. Ẕidqiyyahu 11
was twenty one years old when he began to reign, and he reigned
for eleven years in Yerushalayim. And he did that which was 12
evil in the sight of the Lord his God, and did not humble himself
before Yirmeyahu the prophet speaking from the mouth of the
Lord. And he also rebelled against king Nevukhadneẕẕar, who 13
had made him swear by God : and he stiffened his neck, and
hardened his heart from turning to the Lord God of Yisra'el.
Moreover all the chiefs of the priests, and the people, trans- 14
gressed very much according to all the abominations of the
nations ; and polluted the house of the Lord which he had
hallowed in Yerushalayim. And the Lord God of their fathers 15
sent to them by his messengers, from morning till night ; because
he had compassion on his people, and on his dwelling place :
but they mocked the messengers of God, and despised his words, 16
and scoffed at his prophets, until the wrath of the Lord mounted
against his people, till there was no remedy. So he brought upon 17
them the king of the Kasdim, who slew their young men with
the sword in the house of their sanctuary, and had no compassion
either upon young men, or virgins, old men, or feeble : he gave
them all into his hand. And all the vessels of the house of God, 18
great and small, and the treasures of the house of the Lord, and
the treasures of the king, and of his princes ; all these he brought
to Bavel. And they burnt the house of God, and broke down the 19
wall of Yerushalayim, and burnt all its palaces with fire, and
destroyed all its choice vessels. And those who had escaped 20
from the sword he carried away into exile to Bavel ; where they
were servants to him and his sons until the reign of the kingdom
of Paras : to fulfil the word of the Lord by the mouth of Yirme- 21
yahu, until the land had made good her sabbaths : for as long

כָּל־יְמֵי הָשַּׁמָּה֙ שָׁבָ֔תָה לְמַלֹּ֖אות שִׁבְעִ֥ים שָׁנָֽה׃ וּבִשְׁנַ֣ת כב
אַחַ֗ת לְכ֙וֹרֶשׁ֙ מֶ֣לֶךְ פָּרַ֔ס לִכְל֥וֹת דְּבַר־יְהוָ֖ה בְּפִ֣י יִרְמְיָ֑הוּ
הֵעִ֣יר יְהוָ֗ה אֶת־רוּחַ֙ כּ֣וֹרֶשׁ מֶֽלֶךְ־פָּרַ֔ס וַיַּֽעֲבֶר־קוֹל֙ בְּכָל־
מַלְכוּת֔וֹ וְגַם־בְּמִכְתָּ֖ב לֵאמֹֽר׃ כֹּֽה־אָמַ֞ר כּ֣וֹרֶשׁ ׀ מֶ֣לֶךְ פָּרַ֗ס כג
כָּל־מַמְלְכ֤וֹת הָאָ֙רֶץ֙ נָ֣תַן לִ֗י יְהוָה֙ אֱלֹהֵ֣י הַשָּׁמַ֔יִם וְהֽוּא־פָקַ֤ד
עָלַי֙ לִבְנֽוֹת־ל֣וֹ בַ֔יִת בִּירוּשָׁלִַ֖ם אֲשֶׁ֣ר בִּֽיהוּדָ֑ה מִֽי־בָכֶ֣ם מִכָּל־
עַמּ֗וֹ יְהוָ֧ה אֱלֹהָ֛יו עִמּ֖וֹ וְיָֽעַל׃

as she lay desolate she kept sabbath, to fulfil seventy years.
22 Now in the first year of Koresh king of Paras, so that the
word of the LORD spoken by the mouth of Yirmeyahu might be
accomplished, the LORD stirred up the spirit of Koresh king of
Paras, that he made a proclamation throughout all of his kingdom,
23 and put it also in writing, saying, Thus says Koresh king of Paras,
The LORD GOD of heaven has given me all the kingdoms of the
earth ; and he has charged me to build him a house in Yerusha-
yim, which is in Yehuda. Whoever is among you of all his people
— the LORD his GOD be with him, and let him go up !

התנ״ך בהוצאת קורן ירושלים בא כדי להחזיר עטרה ליושנה

התנ"ך השלם הראשון יצא לאור בשנת רמ"ח (1488) בשונצינו. כל המדפיסים בזמן ההוא היו יהודים. החל בשנים 1514/17 החלו נוצרים להדפיס את ספרי המקרא, והגדיל מכולם המדפיס הווניציאני הנודע דניאל בומברג.
מהדורתו השניה רפ"ה/ו (1524/25), הידועה בשם "מקראות גדולות", יצאה לאור בתבנית גדולה עם פירושים ועניני מסורה, ובתבנית קטנה בלי פירושים, והיא יסוד לכל מהדורה חדשה כמעט עד ימינו, לרבות המהדורות שנדפסו בידי יהודים.

מאז יצאו הוצאות רבות של ספרי התנ"ך על ידי מדפיסים נוצריים, ולאחרונה על ידי החברה המיסיונרית "חברת מפיקי כתבי הקודש בבריטניה ובשאר הארצות".

התנ"ך שבהוצאת קורן, ירושלים תשכ"ב, עיקר סגולתה באות שנוצרה במיוחד לשמה, שהוגהה בדיוק רב עפ"י המסורה ע"י מומחים בני סמכא, ונדפסה בתיקונים ובשיפורים טכניים חשובים.

האות תוכננה במיוחד על פי מסורה קדומה והיא מצטיינת במקוריותה. היא נוחה ביותר לקריאה, הואיל והוכנה על סמך ניסיונותיהם של מדעני האופטיקה, וההבדלים שבין האותיות הדומות זו לזו (ב־כ, ג־נ, ס־ם ועוד) מובלטים היטב.
מהדורה זו החזירה לאות ל את צורתה המקורית: היא נדפסה בכל מקום עם צווארה הארוך. ברוב הספרים שנדפסו בדורות האחרונים שובשה האות ל וקולקלה צורתה האופינית. כדי להקטין את הרווח שבין השורות, מטעמים מסחריים, כפפו המדפיסים את צוואר ה ל, או שאף התיזו את ראשה כשהיה צורך לשים טעם מעליה.

סידור הניקוד והטעמים הוא מן הבעיות החמורות בהדפסת התנ"ך, הואיל וההרכבה של שלוש היחידות — האות, הניקוד והטעם — ליחידה אחת היא בעיה טכנית, שלא עלה בידי הטכניקה של הדפוס להתגבר עליה. ההוצאה עשתה הכול כדי להתגבר על קושי זה. בשיטה מיוחדת המכוונת לכך הצליחה ההוצאה לסדר את הנקודות והטעמים עם האותיות בנאמנות, בדיוק ובאמנות, שלא הגיעו אליהם כתבי־יד וספרי־דפוס עד כה. הובלט ההבדל בעובי הסימנים בין התנועות לבין הטעמים. סימני התנועות עבים יותר והטעמים דקים יותר מאשר בהדפסות הרגילות. שיפור זה מקל הרבה את לימוד הקריאה לתלמידים ואת עצם הקריאה לקטן ולמבוגר כאחד.

בכל הדפוסים הרגילים נדפסו האותיות שׁ — שׂ כשבא חולם לפניהן או אחריהן — והן פגומות, ועל ידי כך אינן ניתנות לקריאה נכונה לפי צורתן, ורק מתוך ידיעת המלה ומתוך הקשר הדברים מנחש הקורא מה לפניו.

למשל הסימן שׁ מציין את האות שׁ כשלעצמה (שָׁמַר), וגם את הצירוף חולם ואות שׁ אחריו (יִדְרשׁוּן, ישעיהו נח, ב; הוחסר כאן החולם של ר, ורק מתוך ניחוש ניתנת המלה לקריאה).
הסימן שׂ מציין גם את אות שׂ כשלעצמה (שָׂנֵא), וגם את האות שׂ המנוקדת חולם חסר וי"ו (שׂנֵא, דברים ד, מב; עֲשׂה, בראשית ג, כ; וְלַשֹּׂרֵקָה, בראשית מט, יא. מניין ידע הקורא כי האות שׂ מנוקדת חולם? — רק על ידי ניחוש).

הסימן שׁ֗ (שהוא כלאיים של שׁ — שׂ יחד) מציין גם שׁ֗ (ימנית) המנוקדת חולם (שֹׁמְרֵי), וגם שׂ֗ (שמאלית) שיש חולם לפניה (נֹשְׂאֵי), גם שׂ֗ (שמאלית שיש חולם לפניה ולאחריה (הָעֹשֹׂת — מי יודע לקרוא מלה זו, שיש בה שלוש אותיות ללא ניקוד ?).

בתנ״ך קורן נמצא

שֹׁמֵר · יִדְרֹשׁוּן · שֹׂנֵא · שֹׂנֵא · עֹשֵׂה · וְלַשֹּׂרֵקָה · שֹׁמְרֵי · נֹשְׂאֵי · הָעֹשֹׂת

— ואי אפשר להשתבש. והוא הדין גם בכתבי־יד קדמונים ובדפוס היהודי הראשון (שונצינו).

במיוחד הקפידה ההוצאה לדייק בהבחנה שבין סימן וֹ, המציין אות וֹ ההגויה בחולם, ובין סימן וֹ, המציין חולם השייך לאות שלפניו (מִצְוֹת — מַצּוֹת).

אף השווא שתחת ךְ הושם בגובה הראוי לו, כשאר התנועות.

הפתח הגנובה הוזזה לצד ימין, כראוי, כדי לסמן את הקריאה הנכונה : את התנועה לפני האות ה, ע, ח שבסוף התיבה. גם זה נעשה כדוגמת כתבי־היד הקדמונים.

הטעמים תלישא גדולה, תלישא קטנה, זרקא, סגול ופשטא מקומם בכתב אינו מעל להברה המוטעמת אלא התלישא הגדולה בתחילת האות הראשונה של התיבה, ושאר הטעמים האמורים בקצה האות האחרונה של התיבה. ע״י כך עלול הקורא לטעות בהטעמתה הנכונה של המלה, ומשום כך נהגו הדפוסים להדפיס שני סימני פשטא במלה שטעמה מלעיל, האחד מעל ההברה המוטעמת והשני בסוף התיבה. בהוצאתנו זו הלכנו בעקבות ר׳ וולף היידנהיים בחומשיו והדפסנו טעמים כפולים גם בזרקא, בסגול ובתלישא קטנה כשהמלה טעמה מלעיל, ובתלישא גדולה, כשהמלה טעמה מלרע.

השתפרה צורתם של סימני הניקוד והטעמים, המקלה הרבה על קריאה נוחה ונכונה. נעשו הבדלים עדינים בין הטעמים הדומים זה לזה, כגון, פשטא וקדמא, מהפך ויתיב. והעיקר — נשמרו במהדורה דקדוקי המסורת לפי טעמו של יהודי, שהתנ״ך הוא בית חייו.

סימון **הכתיב והקרי** תוקן במהדורה זו באופן יסודי ויעיל ביותר.

הכתיב מסמן כיצד כתובה המלה בגוף המקרא, והקרי — כיצד היא נקראת ; על־כן מסומן הכתיב בפנים המקרא בלי ניקוד, ובצד הגליון באותה השורה נדפסה המלה, כפי שהיא נקראת. הקורא ידע בנקל להבחין בין הכתיב לקרי, שכן מלה שלא נוקדה — אין לקראה. והמלה כפי קריאתה נמצאת ממש לצדה (אך לא בפנים).

בהוצאות האחרות נדפס הקרי ללא ניקוד ובאותיות קטנות בתחתית הגליון, והניקוד הוכנס לתוך הכתיב. כתוצאה מכך מקבלת המלה צורה משונה ומשמעות מסולפת, או שחסרה היא משמעות בכלל. על כל פנים קשה לקראה ואין צורך להביא כאן דוגמאות לכך.

שם הוי״ה בא בספר בלא ניקוד, כדי למנוע חילול השם על ידי קריאה לא נכונה, לפי הניקוד.

המהדורה מדויקת עפ״י המסורה, בעיון ובבדיקה מדוקדקת, עד כמה שיד אדם מגעת, וכל כך על יסוד חוות דעתם של בעלי המסורה ושל המדקדקים והמפרשים ועל פי מה שמצוי ברב כתבי־היד והדפוסים המוסמכים ולא כהעתקה משועבדת לדפוס או לכתב־יד מסוים.

גם **חלוקת התנ"ך** לפרשיות היא לפי המסורה. כלומר, התנ"ך אינו מחולק, כמקובל
בדפוסים, שיצאו על ידי הנוצרים ובעקבותיהם לפי "קפיטלים", אלא לפי פרשיות
פתוחות וסתומות לפי המסורה. סימון "הקפיטל" ומספרו של הפסוק בתוך ה"קפיטל"
נשתרש בכל הספרות היהודית ואי אפשר לבטלו כיום לחלוטין, ולכן הובא גם
במהדורה זו, אבל לא בהבלטה, אלא לצד המקרא כלפי פנים. החלוקה לפסקאות אינה
לפי "קפיטלים" אלה.

לעומת זאת הובא סימון החלוקה היהודית המקורית בהבלטה, כלומר, בראש העמוד
ובצד הרחב (החיצוני) של הגיליון. כאן מסומן גם בפעם הראשונה הסדר במספרים.
והרי דוגמה אחת מרבות: הפרק הראשון שבתורה מסתיים לפי החלוקה הנוצרית
אחרי פסוק לא ("ויהי ערב ויהי בקר יום הששי"), ולא כהלכה אחרי "אשר ברא א'
לעשות". לפי החלוקה המסורתית מתחיל סדר ב' כראוי "אלה תולדות השמים
והארץ".

IN WHAT DOES THE KOREN TENAKH DIFFER FROM ALL THE OTHERS?

THE LETTER : It excels in its originality, beauty and easy readability.

THE LETTER "SHIN" : In the Koren Tenakh it is printed so that the reader is enabled to distinguish eight variations of the "shin" and "sin" (s, sh, os, so, oso, sho, osho) without having to guess or depend on the context of the sentence. In other editions there exist for all these variations three signs only.

THE LETTER "LAMED" : It is always uniform ; its "head" is not "cut off" or "bent", as in many printings.

ACCENTS AND VOWELS : They are for the first time arranged properly. The differentiation between them (heavy signs for the vowels, thin signs for the accents) makes the reading easier — especially for children. Differentiations are also made for the accents "pashto-qadmo" and "mapaẖ-yetiv" which in all other editions have the same signs.
All vocals appear in their proper places ; the lower vocal signs are in the middle of the letter or at the "foot", if the letter extends downwards ; in the case of a "pataẖ ganuv" the sign is at the right of the letter.
The vocal "ẖolam" appears between the letters. Thus the confusion which exists elsewhere between "o" and "vo" when "vav-ẖolam" is concerned (the point ON the "vav" means the sound expressed by "o" and AFTER the "vav" means "vo") can be avoided.

"KETIV" AND "QERI" : In all other editions there are sources of misreading. The error is made by printing the vowel-points of the "qeri" in the "ketiv" form. Thus such words are read incorrectly. For example, in the Book of Esther, the "be'omram" is printed with vowel-points in the text, and is thus read "be'omram"; the correct reading is, however, "ke'omram". Or, in the Ten Commandments (Va'ethannan) the vowel-points are printed in all other editions in the word "mzvtv" and read, therefore, "mizvotav" instead of "mizvotay". Or, in Bereshit 8, 17 "havze", a word which does not exist, instead of "hayze"; etc.

In the Koren Tenakh, the "ketiv" always appears in the text without the vowels and the "qeri" with the proper vowels, at the outer margin of the pertinent line, and guarantees therefore the correct reading.

THE NAME OF THE LORD : In all other editions the name of the LORD JHVH is printed with nikkud (vowels) which may mislead the reader to read this name as it is strictly forbidden to do. This name of the LORD has to be read in the form of "Adonoot". In the Koren edition the name is printed without vowels : this eliminates the possibility of the forbidden reading and emphasizes the holiness of this name.

THE PATTERN OF THE PAGE : It is printed similarly to a Sefer Tora, according to the Masora, as to "petuha" and "setuma" and to all the other masoretic rules.

THE CHAPTERS AND SEDARIM : The "sedarim", based on the Masora, are for the first time marked and numbered (on the outer margin of the page) ; also the divisions for "aliyot" and "parshot hashshavua".

The chapters, introduced by Gentiles, are also noted (on the inside margin of the page), because of their universal acceptance as a reference method.

PROOFREADING : World-known Bible authorities have been occupied for decades correcting errors that have become part of the printed Bible throughout the ages. Based on these investigations, the Koren Tenakh is free of these blemishes.

THE ENGLISH TRANSLATION

is not essentially new : it is rather a thoroughly corrected, modernized and revised version of those Anglo-Jewish Bibles which have long been accepted for home and synagogue use throughout the English-speaking world. As a basis for this edition, the 'Jewish Family Bible' of M. Friedlander, published with the sanction of the Chief Rabbi of the British Empire, Dr. N. M. Adler in 1881, was selected. That version had two important merits : it was faithful to the *Masora*, or received Hebrew text, and it retained as much as Jewish sentiment permitted of the unsurpassed language and rhythm of the 'Authorized Version' of 1611. These advantages have been preserved in the present version.

In addition to the text of Friedlander, a comparison was made with the interesting nineteenth century Jewish Bible of Isaac Lesser, and with other later translations. As a result many fresh readings have been adopted. The language of the older versions has been modernized where it was felt that the ancient linguistic and grammatical forms would cause difficulty for the present-day reader. Also many points of detail have been corrected in the light of modern scholarship, or as a result of fresh application to the *Targumim* and the classical Jewish commentators.

THE DIVISIONS OF THE TEXT

A primary aim of the present Bible has been to offer a rendering of the English Bible which would match both in its spirit and in its outer appearance, the Hebrew text printed opposite. This text, that of the 'Koren Bible' first published in Jerusalem in the year 5722 (1962), is unique among Hebrew printed Bibles in rejecting Greek titles, Latin numerals, and Chapter divisions based on non-Jewish authority. Chapter divisions are relegated to the margin, whilst the text itself is divided up according to the traditional system of *petuḥot* (open line divisions) and *setumot* (closed spaces) as found in the ancient Hebrew manuscripts. The English text is now presented for the first time in this same form.

THE TRANSCRIPTION OF HEBREW NAMES

A special feature of the present English Bible which makes it unique among printed Bibles in the English language, is the systematic adoption of the Hebrew forms of Biblical personal and place names. Hitherto, the English reader has been accustomed to such Hellenized forms as Eve, Isaac, Moses, etc. ; he will now encounter for the first time the Hebrew forms, *H̱avva, Yiẕẖaq, Moshe*, etc.

The system of transliteration adopted is based (with some variations) on that recommended by the Hebrew Language Academy of Israel. The sign ʻ represents the letter *ʻAyin*, a stop consonant articulated against the uvula. In the Greek forms of Hebrew names it is sometimes wrongly represented as a 'g', thus Gaza, and Gomorrah, instead of ʻAzza and ʻAmora. The sign ʼ represents the *Alef*, a simple glottal stop, as heard in all English words beginning with a vowel. The underlined forms of the ẕ and ẖ as in the name Yiẕẖaq, represents the Hebrew consonants ẕadi and ẖet respectively, the former being pronounced almost like the ts in 'habits', and the latter resembling the 'ch' in the Scottish 'loch'. The 'kh' in Shekhem has a similar guttural sound, but is articulated somewhat deeper down in the throat.

By rejecting proper names and titles based on the Greek and Latin, the editors and publishers of this new English-Hebrew edition signify their desire to return to a more authentic reading of the Jewish Scriptures.

INDEX

of Names in the Holy Scriptures
in Alphabetical Order

KOREN EDITION	OTHER EDITIONS	KOREN EDITION	OTHER EDITIONS
Adalya	Adalia	Aẖira	Ahira
Adami nekev	Adami nekeb	Aẖiram	Ahiram
'Ada'ya	Adaiah	Aẖisamakh	Ahisamach
'Adayahu	Adaiah	Aẖishaẖar	Ahishahar
Adbe'el	Adbeel	Aẖishar	Ahishar
'Aditayim	Adithaim	Aẖitofel	Ahitophel
Admata	Admatha	Aẖituv	Ahitub
'Adnaẖ	Adnah	Aẖiyya	Ahiah, Ahijah
Adonay-Nissi	Jehovah-nissi	Aẖlav	Ahlab
Adonay-Shalom	Yehovah-Shalom	Aẖlay	Ahlai
Adoniqam	Adonikam	Aẖmeta	Achmetha
Adoni-ẕedeq	Adoni-zedec	Aẖoaẖ	Ahoah
Adoniyya	Adonyah	Aholi'av	Aholiab
Adoniyyahu	Adonijah	Aholiva	Aholibah
Adorayim	Adoraim	Aholivama	Aholibamah
Afarsatkhites	Apharsathchites	Aẖraẖ	Aharah
Afarsekhites	Apharsachites	Aẖasbay	Ahasbai
Afarsites	Apharsites	Aẖumay	Ahumai
Afiaẖ	Aphiah	Aẖuzzam	Ahuzam
Afiq	Aphik	Aẖuzzat	Ahuzzath
Afeq	Aphek	Aẖyan	Ahian
Age	Agee	Aẖyo	Ahio
Aẖarẖel	Aharhel	Aẖzay	Ahazai
Aharon	Aaron	'Akhbor	Achbor
Aẖashtari	Haahashtari	'Akhan	Achan
Aẖashverosh	Ahasuerus	'Akar	Achar
Aẖ'av	Ahab	Akhish	Achish
Aẖaz	Ahaz	'Akhsa	Achsah
Aẖazya	Ahazia	Akhshaf	Achshaph
Aẖazyahu	Ahazia	Akhziv	Achzib
Aẖban	Ahban	'Akko	Accho
Aẖer	Aher	Allammelekh	Alammelech
Aẖi	Ahi	'Alva	Alvah
Aẖi'am	Ahiam	'Alyan	Alian
Aẖi'ezer	Ahiezer	'Amaleq	Amalek
Aẖihud	Ahihud	'Amaleqi	Amalekites
Aẖiẖud	Ahihud	Amarya	Amariah
Aẖilud	Ahilud	Amaryahu	Amariah
Aẖima'aẕ	Ahimaaz	'Amasay	Amasai
Aẖiman	Ahiman	'Amashesay	Amashai
Aẖimelekh	Ahimelech	'Amasya	Amasiah
Aẖimot	Ahimoth	Amaẕya	Amaziah
Aẖinadav	Ahinadab	Amaẕyahu	Amaziah
Aẖino'am	Ahinoam	'Amihud	Ammihud
Aẖiqam	Ahikam	'Amminadav	Amminadab

‘Ammizavad	Ammizabad
‘Amoq	Amok
‘Amora	Gomorrah
Amoz̲	Amoz
Amz̲i	Amzi
Anah̲arat	Anaharath
‘Anammelekh	Anammelech
‘Ananya	Ananiah
‘Anat	Anath
‘Anatot	Anathoth
Anav	Anab
‘Anaya	Anaiah
‘Antotya	Antothijah
‘Anuv	Anub
Appayim	Appaim
‘Aqquv	Akkub
Arah̲	Arah
Aram-ma‘akha	Syria-maachah
Aram-naharayim	Mesopotamia
Aram of Z̲ova	Syrians of Zoba
Aram of Bet-reh̲ov	Syrians of Beth-rehob
Aram of Dammeseq	Syrians of Damascus
Darmeseq	Syrians of Damascus
Arav	Arab
Aravna	Araunah
Argov	Argob
Arpakhshad	Arphaxad
‘Arqi	Arkite
Artah̲shasta	Artaxerxes
‘Arvati	Arbathite
Arye	Arieh
Aryokh	Arioch
Arz̲a	Arza
‘Asa’el	Asahel
‘Asaya	Asahiah
Ashh̲ur	Ashur
Ashqelon	Ashkelon
Eshqeloni	Eshkalonites
Ashshur	Asshur, Assyria
‘Asvat	Ashvath
‘Atakh	Athach
‘Atalya	Athaliah
‘Ataya	Athaiah
‘Atrot-addar	Ataroth-addar
‘Atrot bet-yo’av	Ataroth, the house of Joab
Avim	Avites
Avagta	Abagtha
‘Avarim	Abarim
‘Avda	Abda
‘Avde’el	Abdeel
‘Avdi	Abdi
‘Avdi’el	Abdiel
‘Avdon	Abdon
‘Aved-nego	Abed-nego
Avel Bet-ma‘akha	Abel Beth-maachah
Avel-hashshittim	Abel-shittim
Avel-keramim	plain of the vineyards
Avel-meh̲ola	Abel-meholah
Avi	Abi
Aviyya	Abijah
Avi-Alvon	Abi-Albon
Avi’asaf	Abiasaph, Ebiasaph
Avida	Abidah
Avidan	Abidan
Aviel	Abiel
Avi‘ezer	Abiezer
Avigayil	Abigail
Avih̲ayil	Abihail
Avih̲ayiel	Abihail
Avihu	Abihu
Avihud	Abihud
Avima’el	Abimael
Avimelekh	Abimelech
Avinadav	Abinadab
Aviner	Abner
Avner	Abner
Avino‘am	Abinoam
Aviram	Abiram
Avishag	Abishag
Avishay	Abishai
Avishua	Abishua
Avishur	Abishur
Avital	Abital
Avituv	Abitub
Aviyya	Abia
Aviyyam	Abijam
Aviyyahu	Abijah
Avraham	Abraham
Avram	Abram
‘Avrona	Ebronah
Avshalom	Absalom
Avishalom	Abishalom
‘Ay	Hai, Ai
‘Ayin	Ain
Ayya	Aiah
Ayya	Aija
‘Ayyat	Aiath
Ayyalon	Aijalon
Az̲alyahu	Azaliah
‘Azazel	Scapegoat
‘Azazyahu	Azaziah
Az̲el	Azel
Az̲al	Azal
‘Az̲em	Azem
‘Ez̲em	Ezem
‘Azeqa	Azekah
‘Az̲mon	Azmon
‘Azuva	Azubah
‘Azza	Gaza
‘Azzati	Gazathites
‘Azzur	Azur

Ba'al-h̲az̲or	Baal-hazor
Ba'ale-yehuda	Baale of Judah
Ba'al-z̲efon	Baal-zephon
Ba'aseye	Baaseiah
Bah̲urim	Bahurim
Bamot-ba'al	high places of Baal
Baqbaqqar	Bakbakar
Baqbuqya	Bakbukiah
Barakh'el	Barachel
Basemat	Bashemath
Bat Sheva	Bath-Sheba
Bavel	Babel, Babylon
Bavlites	Babylonians
Baz̲lit	Bazlith
Be'erot	Beeroth
Be'erot-bene-ya'aqan	Beeroth of the children of Jaakan
Be'er Sheva	Beer Sheba
Belshaz̲z̲ar	Belshazzar
Belteshaz̲z̲ar	Beltshazzar
Benaya	Benaiah
Benayahu	Benaiah
Ben-h̲anan	Ben-hanan
Ben-h̲ayil	Ben-hail
Ben-zoh̲et	Ben-zoheth
Ber	Beri
Berekhya	Berechiah
Berekhyahu	Berechiah
Berim	Berites
Berota	Berothah
Besodya	Besodeiah
Betah̲	Betah
Bet-Bir'i	Beth-Birei
Bet-el	Beth-el
Bet-el-Berit	The house of the god Berith
Bet-ha'arava	Beth-arabah
Bet-ha'emeq	Beth-emek
Bet-haggan	The garden-house
Bet-ha'ez̲el	Beth-ezel
Bet-h̲anan	Beth hanan
Bet hashshitta	Beth-shittah
Bet hayshimot	Beth jeshimoth
Bet-h̲ogla	Beth-hogla
Bet h̲oron	Beth-horon
Bet-leh̲em	Beth-lehem
Bet-leva'ot	Beth-levaoth
Bet-markavot	Beth-marcaboth
Bet-nimra	Beth-nimrah
Bet-paz̲z̲ez̲	Beth-pazzez
Bet-pe'or	Beth peor
Bet-reh̲ov	Beth rehob
Bet-she'an	Beth-shemesh
Bet-shan	Beth-shan
Bet-shemesh	Beth-shemesh
Bet-tappuah̲	Beth-tappuah
Bet z̲ur	Beth-zur
Bevay	Bebai

Bez̲al'el	Bezaleel
Bez̲ay	Bezai
Bez̲er	Bezer
Bidgar	Bidkar
Bikhri	Bichri
Bil'am	Bileam
Yivle'am	Ibleam
Bin'a	Binea
Binyamin	Benjamin
Birzayit	Birzavith
Bitya	Bithiah
Bokhim	Bochim
Bokhru	Bocheru
Boz̲ez̲	Bozez
Boz̲qat	Bozkath
Boz̲ra	Bozrah
Buqqi	Bukki
Buqqyyahu	Bukkiah
Dabbeshet	Dabbaseth
Daniyyel	Daniel
Dammeseq	Damascus
Darmeseq	Damascus
Daryavesh	Darius
Daverat	Dabareh
Dehites	Dehavites
Delaya	Delaiah
Delayahu	Delaiah
Deger	Dekar
Devir	Debir
Devora	Deborah
Difat	Diphath
Dil'an	Dilean
Dina	Dinah
Dinhava	Dinhabah
Dinites	Dinaites
Diqla	Diklah
Divlata	Diblath
Divlayim	Diblaim
Divon	Dibon
Divri	Dibri
Dodavahu	Dodavah
Dofqa	Dophkah
'Efa	Ephah
'Efay	Ephai
'Efer	Epher
Efes-dammim	Ephes-dammim
Efod	Ephod
Eflal	Ephlal
Efrat	Ephrath
Efrayim	Ephraim
'Efron	Ephron
'Eqer	Eker
EHEYE	I AM
Eh̲i	Ehi
Eh̲ud	Ehud
El'ale	Elealeh

‘Elam aẖer	other Elam
El‘azar	Eleazar
Elqana	Elkanah
Elẖanan	Elhanan
Eli’av	Eliab
Elifelet	Eliphelet
Eliflehu	Elipheleh
Eliho‘enay	Elihoenai
Eliẖoref	Elihoreph
Elisheva	Elisheba
Eliyya	Elijah
Eliyyahu	Elijah
Eliẕur	Elizur
‘Elmon-divlayema	Almon-diblathaim
Elteque	Eltekeh
Elyada	Eliada
Elyaqim	Eliakim
Elyaẖba	Eliahba
Elyasaf	Eliasaph
Elyashiv	Eliashib
Elya‘enay	Elioenai
Elẕafan	Elzaphan
Eliẕafan	Elizaphan
Elzavad	Elzabad
Emori	Amorites
‘Enayim	an open place
‘En-ẖadda	En-hadda
‘En-haqqore	En-hakkora
‘En-ẖaẕor	En-hazor
Enosh	Enos
‘En-tannin	dragon well
‘En-tappu’aẖ	En-tappuah
‘Eqron	Ekron
Erekh	Erech
Arkevites	Archevites
Ester	Esther
Etam	Etham
Etan	Ethan
‘Et-qaẕin	Ittah-kazin
‘Eval	Ebal
‘Eved	Ebed
‘Eved-Melekh	Ebed-melech
Even-ha‘ezer	Eben-ezer
‘Ever	Eber
Eveẕ	Abez
Evil-merodakh	Evil-merodach
‘Evron	Hebron
Evyatar	Abiathar
Eẕer	Ezer
‘Eẕyon gever	Ezion-gaber
Gaẖam	Gaham
Gaẖar	Gahar
Galil	Galilee
Galon	Golan
Golan	Golan
Garev	Gareb
Gat	Gath
Gitti	Gittites
Gat-ẖefer	Gath-hepher
Gat-rimmon	Gath-rimmon
Gavri’el	Gabriel
Gay	Valley
Ge-ẖarashim	The valley of Charashim
Geẖazi	Gehazi
Gemarya	Gemariah
Gemaryahu	Gemariah
Genuvat	Genubath
Geshuri	Geshurites
Geter	Gether
Geva	Gibeah
Geval	Gebal
Givli	Giblites
Gever	Geber
Gevim	Gebim
Giaẖ	Giah
Gid‘on	Gideon
Gid‘oni	Gideoni
Giẖon	Gihon
Gil‘ad	Gilead
Ginnetoy	Ginnetho
Girgashi	Girgasite
Gittayim	Gittaim
Giv‘a	Gibeah
Giv‘atite	Gibeathite
Giv‘on	Gibeon
Giv‘oni	Gibeonite
Golyat	Goliath
Gov	Gob
H̱adad	Hadar
H̱adrakh	Hadrach
H̱afarayim	Haphraim
H̱agav	Hagab
H̱agava	Hagabah
H̱aggay	Haggai
H̱aggi	Haggi
H̱aggit	Haggith
H̱aggiya	Haggiah
Hagri	Haggeri
H̱akhalya	Hachaliah
H̱akhila	Hachilah
H̱akhmoni	Hachmonite
Taẖkemoni	Tachmonite
Halaẖ	Halah
H̱alaq	Halak
Halẖul	Halhul
H̱ali	Hali
H̱am	Ham
H̱amat	Hamath
H̱amat-Ẕova	Hamath-Zovah
H̱ammat	Hammath
H̱ammot-dor	Hammoth-dor
H̱amor	Hamor
H̱amu’el	Hamuel

H̱amul	Hamul
H̱amutal	Hamutal
H̱anam'el	Hanameel
H̱anan	Hanan
H̱anan'el	Hananeel
H̱anani	Hanani
H̱ananya	Hananiah
H̱ananyahu	Hananiah
H̱anes	Hanes
H̱anna	Hannah
H̱annaton	Hannathon
H̱anni'el	Hanniel
H̱anokh	Enoch
H̱anokh	Hanoch
H̱anokhi	Hanochites
H̱anun	Hanun
Hapizez	Apheses
H̱aqufa	Hakupha
H̱arada	Haradah
H̱aran	Haran
Harari	Hararite
H̱aref	Hareph
H̱arẖaya	Harhaiah
H̱arẖur	Harhur
H̱arif	Hariph
H̱arufite	Haruphite
H̱arim	Harim
H̱arnefer	Harnepher
H̱arod	Harod
H̱arodi	Harodite
Haro'e	Haroeh
H̱aroshet-haggoyim	Harosheth of the Gentiles
H̱arsit (gate of...)	eastgate
H̱arumaf	Harumaph
H̱aruẕ	Haruz
H̱arvona	Harbona
H̱asadya	Hasadiah
H̱ashavna	Hashabnah
H̱ashavniya	Hashabniah
H̱ashavya	Hashabiah
H̱ashavyahu	Hashabiah
Hashbaddana	Hashbadan
H̱ashmona	Hashmonah
H̱ashum	Hashum
H̱ashuva	Hashubah
H̱asra	Hasrah
H̱arẖas	Harhas
H̱asufa	Hasupha
H̱ashuv	Hashub
Hatakh	Hatach
H̱atat	Hathath
H̱atifa	Hatipha
H̱atita	Hatita
H̱attil	Hattil
H̱attush	Hattush
H̱avaqquq	Habakkuk
H̱avaya	Habaiah

H̱avaẕẕinya	Habaziniah
H̱avila	Havilah
H̱avor	Habor
H̱avran	Havran
H̱avva	Eve
H̱aza'el	Hazael
H̱aẕar-addar	Hazar-addar
H̱aẕar-gadda	Hazar-gaddah
H̱aẕar-'enan	Hazar-enan
H̱aẕar-'enon	Hazar-enan
H̱aẕarmavet	Hazarmaveth
H̱aẕar-shu'al	Hazar-shual
H̱aẕar-susa	Hazar-susah
H̱aẕar-susim	Hazar-susim
H̱azaya	Hazaiah
H̱aẕaẕon-tamar	Hazezon-tamar
H̱aẕerim	Hazerim
H̱aẕerot	Hazeroth
H̱azi'el	Haziel
H̱azo	Hazo
H̱aẕor	Hazor
H̱aẕor, H̱adatta	Hazor, Hadattah
H̱efer	Hepher
H̱efẕi-ba	Hephzi-bah
H̱el'a	Helah
H̱elam	Helam
H̱elba	Helbah
H̱elbon	Helbon
H̱elday	Heldai
H̱eled	Heled
H̱elef	Heleph
H̱elem	Helem
H̱elon	Helon
H̱elqi	Helekites
H̱elev	Heleb
H̱eleẕ	Helez
H̱elqat	Helkath
H̱elqat-Haẕẕurim	Helkath-Hazzurim
H̱elqay	Helkai
H̱emdan	Hemdan
H̱amran	Amran
H̱en	Hen
H̱endad	Hendad
H̱eres	Heres
H̱eresh	Heresh
H̱ermon	Hermon
H̱esed	Hesed
H̱eshbon	Heshbon
H̱eshmon	Heshmon
H̱et	Heth
H̱itti	Hittites
H̱ittim	Hittites
H̱etlon	Hethlon
Hevel	Abel
H̱evel	Coast
H̱ever	Heber
H̱evri	Hebrite

H̱evron	Hebron
H̱evroni	Hebronites
H̱eẕir	Hezir
H̱eẕro	Hezro
H̱eẕron	Hezron
H̱eẕyon	Hezion
H̱iddeqel	Hiddekel
H̱i'el	Hiel
H̱ilen	Hilen
H̱ilqiyya	Hilkiah
H̱ilqiyyahu	Hilkiah
H̱iram	Hiram
H̱uram	Huram
H̱ivvi	Hivite
H̱izqi	Hezeki
H̱izqiyya	Hezekiah
H̱izqiyyahu	Hezekiah
Yeẖizqiyya	Hezekiah
Yeẖizqiyyahu	Hezekiah
Halloẖesh	Halohesh
Hoddu	India
H̱odesh	Hodesh
Hodiyya	Hodija
Hodavya	Hodaviah
Hodavyahu	Hodaiah
H̱ofni	Hophni
H̱ofra	Hophra
H̱ogla	Hoglah
H̱olon	Holon
H̱orev	Horeb
H̱or-haggidgad	Hor-hagidgad
H̱ori	Hori
H̱orim	Horims
H̱orma	Hormah
H̱oronayim	Horonaim
H̱osa	Hosah
Hosha'ya	Hoshaiah
Hoshea	Hosea, Oshea
H̱otam	Hotham
H̱ova	Hobah
H̱ovav	Hobab
H̱ubba	Jehubbah
H̱ufam	Hupham
H̱ufami	Huphamites
H̱uppim	Huppim
H̱ul	Hul
H̱ulda	Huldah
H̱umta	Humtah
H̱uppa	Huppah
H̱uqoq	Hukok
H̱ur	Hur
H̱uram	Huram
H̱uray	Hurai
H̱uri	Huri
H̱usha	Hushah
H̱usham	Husham
H̱ushay	Hushai
H̱ushim	Hushim

'Iqqesh	Ikkesh
'I'ezer	Jeezer
'I'ezri	Jeezerite
I-khavod	I-chabod
'Ir David	city of David
'Ir-hammelaẖ	city of salt
'Ir-shamesh	Ir shemesh
'Iti'el	Ithiel
'Ivẕan	Ibzan
'Iyye 'avarim	Ije-abarim
'Iyyim	Iim
'Iyyon	Ijon
'Iyyov	Job
'Izevel	Jezebel
Kaftor	Caphtor
Kaftorim	Caphtorim
Kalev	Caleb
Kalev-efrata	Caleb-ephratah
Keluvay	Chelubai
Kalkol	Chalcol
Kananya	Chenaniah
Kananyahu	Cononiah
Kenanyahu	Chenaniah
Karkas	Carcas
Karkemish	Charchemish
Karmel	Carmel
Karmelit	Carmelite
Kasday	Chaldean
Kasdaya	Chaldean
Kasda'in	Chaldeans
Kasifya	Casiphia
Kasluẖim	Casluhim
Kavul	Cabul
Kedor la'omer	Chedorlaomer
Kefar-ha'amona	Chephar-haammonai
Kefira	Chephirah
Kefirim	Some one of the villages
Kelal	Chelal
Kelaẖ	Calah
Keluhu	Chelluh
Kelub	Chelub
Kemoham	Chimham
Kimham	Chimham
Kimhan	Chimham
Kemosh	Chemosh
Kena'an	Canaan
Kena'anim	Canaanites
Kena'anite	Canaanite
Kena'ana	Chenaanah
Kenany	Chenani
Keran	Cheran
Kereti	Cherethites
Keretim	Cherethims
Kerit	Cherith
Keruv	Cherub
Kesalon	Chesalon

Kesed	Chesed
Kesil	Chesil
Kesullot	Chesulloth
Kislot-tavor	Chisloth-tabor
Kevar	Chebar
Keziv	Chezib
Kil'av	Chilab
Kilmad	Chilmad
Kilyon	Chilion
Kinneret	Chinnereth
Kinnarot	Chinneroth
Kislon	Chislon
Kislev	Chislev
Kitlish	Kithlish
Kittim	Kittim
Kittiyyim	Chittim
Kol-ẖoze	Col-hozeh
Kor-'ashan	Chor-ashan
Koresh	Cyrus
Kozbi	Cozbi
Kozeva	Chozeba
Kun	Chun
Kush	Ethiopia
Kushi	Cushi
Kushim	Ethiopians
Kushiyyim	Ethiopians
Kushite	Ethiopian woman
Kut	Cuth
Kuta	Cuthah
Kuv	Chub
Laẖish	Lachish
Laẖmas	Lahmam
Laẖmi	Lahmi
Lavan	Laban
Layish	Laish
Le'a	Leah
Lehavim	Lehabim
Leẖi	Lehi
Lekha	Lecah
Lemekh	Lamech
Lemo'el	Lemuel
Levana	Lebanah
Levanon	Lebanon
Leva'ot	Lebaoth
Lev-qamay	that rise up against me
Levona	Lebonah
Liqẖi	Likhi
Livna	Libnah
Livni	Libni
Lo-devar	Lo-debar
Lo-ruẖama	Lo-ruhamah
Luẖit	Luhith
Luvim	Lubims
Ma'akha	Maachah
Ma'akhat	Maachathites
Ma'akhatite	Maachathites

Ma'ale-'aqrabim	ascent of Akrabim
Ma'okh	Maoch
Ma'akha	Maachah
Ma'asay	Maasiai
Ma'ay	Maai
Ma'aẕ	Maaz
Ma'azya	Maaziah
Ma'azyahu	Maaziah
Maday	Medes
Madian	Mede, Median
Maẖalat	Mahalath
Maẖanayim	Mahanaim
Maẖane-dan	Mahaneh-dan
Mahavay	Mahavai
Maẖat	Mahath
Maẖavim	Mahavite
Maẖzi'ot	Mahazioth
Maẖla	Mahla
Maẖli	Mahali
Maẖlon	Mahlon
Maẖol	Mahol
Maẖseya	Maaseiah
Makhbannay	Machbanai
Makhbena	Machbenah
Makhnadvay	Machnadebai
Makhi	Machi
Makhir	Machir
Makhiri	Machirites
Makhpela	Machpelah
Makhtesh	Maktesh
Mal'akhi	Malachi
Malkam	Malcham
Malki'el	Malchiel
Malki'eli	Malchielites
Malkiram	Malchiram
Malkiyya	Melchiah
Malkiyyahu	Malchiah
Malki-ẕedek	Melchizedek
Mallukh	Malluch
Manaẖat	Manahath
Menuẖot	Manahethites
Manaẖtite	Manahethites
Manoaẖ	Manoah
Maqaẕ	Makaz
Maqhelot	Makheloth
Maqqeda	Makkedah
Mashmanna	Mishmannah
Masreqa	Masrekah
Mattanya	Mattaniah
Mattanyahu	Mattaniah
Mattatta	Mattathah
Mattitya	Mattithiah
Mattityahu	Mattithiah
Maẕor	besieged places
Me'ara	Mearah
Medeva	Medeba
Mefa'at	Mephaath
Mefiboshet	Mephibosheth

Mehetav'el	Mehetabel
Meẖida	Mehida
Meẖir	Mehir
Meẖolati	Meholathite
Meẖuya'el	Mehujael
Meẖiyya'el	Mehujael
Mekheratite	Mecherathite
Melatya	Melatiah
Melekh	Melech
Melikhu	Melicu
Melki-shua	Melchi-shua
Memukhan	Memucan
Menaẖem	Menahem
Menashshe	Manasseh
Menashshi	of Manasseh
Me'onotay	Meonothai
Meratayim	Merathaim
Merav	Merab
Meraya	Meriah
Merayot	Meraioth
Meri-ba'al	Merib-baal
Meriv-ba'al	Meribbaal
Meriva	Meribah
Merivat-qadesh	Meribah in Kadesh
Merodakh	Merodach
Berodakh-bal'odan	Berodach baladan
Meronotite	Meronothite
Meshakh	Meshach
Meshelemya	Meshelemiah
Meshelemyahu	Meshelemia
Mesheq	Meshech
Meshezav'el	Meshezabeel
Meshovav	Meshobab
Me'unim	Mehunim
Mevunnay	Mebunnai
Me-yarqon	Me-jarkon
Me-zahav	Mezahab
Meẕovaya	Mesobaite
Metusha'el	Methusael
Metushelaẖ	Methuselah
Midyan	Midian
Midyanite	Midianite
Midyanim	Midianites
Mikha	Micah
Mikhayehu	Micaiah, Michaiah
Mikhal	Michal
Mikha'el	Michael
Mikhmas	Michmas
Mikhmash	Michmash
Mikhmetat	Michmethah
Mikhri	Michri
Milka	Milcah
Milkom	Milcom
Miqlot	Mikloth
Miqneyahu	Mikneiah
Miryam	Miriam
Mishra'i	Mishraites
Mispar	Mizpar
Misperet	Mispereth
Misrefot-mayim	Misrephoth-maim
Mitni	Mithnite
Mitqa	Mithcah
Mitredat	Mithredath
Mivẖar	Mibhar
Mivsam	Mibsam
Mivẕar	Mibzar
Miyyamin	Miamin
Minyamin	Miniamin
Miẕ'ar	Mizar
Miẕpe	Mizpeh
Miẕpa	Mizpah
Miẕrayim	Egypt
Miẕrian	Egyptian
Mo'av	Moab
Mo'avite	Moabite
Mo'avi	Moabitish
Mo'avit	Moabitess
Mof	Memphis
Molekh	Molech
Mordekhay	Mordecai
Moriyya	Moriah
Moshe	Moses
Moẕa	Mozah
Na'ara	Naarah
Na'araṭa	Naarath
Na'aray	Naarai
Nadav	Nadab
Nafish	Naphish
Naftali	Naphtali
Naftuẖim	Naphtuhim
Naẖali'el	Nahaliel
Naẖam	Naham
Naẖamani	Nahamani
Naẖaray	Nahari
Naẖash	Nahash
Naẖat	Nahath
Naẖbi	Nahbi
Naẖor	Nahor
Naẖshon	Naashon
Naẖum	Nahum
Na'omi	Naomi
Natan	Nathan
Naval	Nabal
Navot	Naboth
Nayot	Naioth
Ne'a	Neah
Ne'arya	Neariah
Nefto'aẖ	Nephtoah
Nekho	Nechoh
Neẖelami	Nehelamite
Neẖemya	Nehemiah
Neẖum	Nehum
Neẖushta	Nehushta
Netan-Melekh	Nathan-melech

Netan'el	Nethaneel
Netanya	Nethaniah
Netanyahu	Nethaniah
Nevalat	Neballat
Nevat	Nebat
Nedavya	Nedabiah
Nevayot	Nebaioth
Nevo	Nebo
Nevukhadneẕar	Nebuchadnezzar
Nevushazban	Nebushasban
Nevuzar'adan	Nebuzar-adan
Neẕi'aẖ	Neziah
Neẕiv	Nezib
Ninve	Nineveh
Nivay	Nebai
Niv'ẖaz	Nibhaz
Nivshan	Nibshan
No'a	Noah
Noaẖ	Noah
Nodav	Nodab
Nofaẖ	Nophah
Noẖa	Nohah
Nov	Nob
Nove	to Nob
Novaẖ	Nobah
Ofrat	Ophrah
'Orev	Oreb
'Ovadya	Obadiah
'Ovadyahu	Obadiah
'Oval	Obal
'Eval	Ebal
'Oved	Obed
'Oved-'edom	Obed-edom
Ovil	Obil
Ovot	Oboth
Pa'aray	Paarai
Paẖat-mo'av	Pahath-moab
Paras	Persia
Parsian	Persian
Par'o	Pharaoh
Paru'aẖ	Paruah
Parvayim	Parvaim
Pase'aẖ	Paseah
Pashẖur	Pashur
Pedaya	Pediah
Pedayahu	Pedaiah
Pedaẕur	Pedahzur
Pelalya	Pelaliah
Pelatya	Pelatiah
Pelatyahu	Pelatiah
Pelaya	Pelaiah
Peleshet	Palestina
Pelishti	Philistine
Pelishtim	Philistim
Penina	Peninnah
Peqaẖ	Pekah

Peqaẖya	Pekahiah
Perat	Euphrates
Pereẕ	Pharez
Parẕi	Pharzites
Pereẕ-uzza	Perez-uzzah
Pesilim	quarries
Petaẖya	Pethahiah
Pikhol	Phichol
Pileẖa	Pilha
Pineẖas	Phinehas
Pishon	Pison
Pokheret-haẕevayim	Pochereth of Zebaim
Pura	Phurah
Qadmoni	Kadmonites
Qare'aẖ	Careah
Qatan	Hakkatan
Qavẕe'el	Kabzeel
Qayin	Cain
Qeni	Kenite
Qinim	Kenites
Qehat	Kohath
Qe'ila	Keilah
Qenan	Cainan
Qeriyyot	Kerioth
Qeẕi'a	Kezia
Qivrot-hatta'ava	Kibroth-hattaavah
Qivẕa'im	Kibzaim
Qoraẖ	Korah
Qorẖi	Korhites
Qoshyon	Kishon
Qoẕ	Coz
Haqqoẕ	Hakkoz
Qushayahu	Kushaiah
Raẖam	Raham
Raẖav	Rahab
Ra'ma	Raamah
Ramat-Negev	Ramath of the South
Ramot-Negev	South Ramoth
Rav-mag	Rab-mag
Rav-saris	Rab-saris
Ravshaqe	Rab-shakeh
Re'aya	Reaia
Re'elaya	Reelaiah
Refaẖ	Rephah
Refa'im	giants
Reẖav'am	Rehoboam
Reẖav	Rechab
Reẖavim	Rechabites
Reẖavya	Rehabiah
Reẖavyahu	Rehabiah
Raẖel	Rachel
Reẖov	Rehob
Reẖovot	Rehoboth
Reẖum	Rehum
Re'i	Rei

Remalyahu	Remaliah
Re'u	Reu
Re'u'el	Reuel
Re'uven	Reuben
Reva	Reba
Reẕef	Rezeph
Reẕin	Rezin
Rivay	Ribai
Rivla	Riblah
Rivqa	Rebekah
Riẕpa	Rizpah
Riẕya	Rezia
Roglim	Rogelim
Rosh	Chief
Rut	Ruth
Salkha	Salchah
Salmay	Shalmai
Sanẖeriv	Sennacherib
Sara	Sarah
Saray	Sarai
Sar'eẕer	Sharezer
Savta	Sabtah
Savtekha	Sabtechah
Sedom	Sodom
Seguv	Segub
Se'irata	Seirath
Semaẖyahu	Semachiah
Senir	Shenir
Senne	Seneh
Senu'a	Hasennah
Seraẖ	Serah
Seraya	Seraiah
Serayahu	Seraiah
Seva	Seba
Seva'im	Sabeans
Sevam	Shebam
Sivma	Shibmah
Sha'alim	Shalim
Sha'alvim	Shaalbim
Sha'arayim	Shaaraim
Shaderakh	Shadrach
Shafir	Saphir
Shaẖarayim	Shaharaim
Shaẖaẕima	Shahazimah
Shalem	Salem
Sharesh	Shereth
Sharuẖen	Sharuhen
Sha'ul	Saul, Shaul
Sha'uli	Shaulites
Shave-qiryatayim	Shaveh Kiriathaim
She'ar-yashuv	Shear-jashub
She'era	Sherah
Shefamot	Siphmoth
Shefatyahu	Shephatiah
Shefufam	Shupham
Shufami	Shuphamites
Sheẖarya	Shehariah
Shekhem	Sichem
Shikhmi	Shechemites
Shelaẖ	Salah
Shelomo	Solomon
Shemaryahu	Shemariah
Shemaya	Shemaiah
Shemayahu	Shemaiah
Shem'ever	Shemeber
Shemu'el	Samuel
Shen'aẕẕar	Shenazar
Sherevya	Sherebiah
Sheshbaẕẕar	Sheshbazzar
Shet	Seth
Sheva	Sheba
Sheva'im	Sabeans
Shevat	Sebat
Shevanya	Shebaniah
Shevanyahu	Shebaniah
Shever	Sheber
Shevna	Shebna
Shevu'el	Shebuel
Shiẖor	Sihor
Shiẖor-livnat	Shihor-libnath
Shikrona	Shicron
Shilẖi	Shilhi
Shilẖim	Shilhim
Shillem	Shillem
Shillemi	Shillemites
Shim'a	Shimeah
Shim'i	Shimeah
Shim'atim	Shimeathites
Shim'am	Shimeam
Shim'a	Shimeah
Shim'at	Shimeath
Shim'i	Shimei
Shim'on	Simeon
Shimshon	Samson
Shin'av	Shinab
Shi'on	Shihon
Shiv'a	Shebah
Shovakh	Shobach
Shomron	Samaria
Shoval	Shobal
Shovav	Shobab
Shovay	Shobai
Shoveq	Shobek
Shovi	Shobi
Shuaẖ	Shuah
Shuẖi	Shuhite
Shuẖa	Shuah
Shuẖam	Shuham
Shuẖami	Shuamites
Shumati	Shumathites
Shutelaẖ	Shuthelah
Shutalẖi	Shuthalhites
Shuva'el	Shubael
Siẖon	Sihon
Sikkut	tabernacle

Sinay	Sinai
Sini	Sinite
Sinim	Sinim
Sisera	Sisra
Sivray	Sibraim
Su'aẖ	Suah
Suf	Red Sea
Sukhatim	Suchathites
Sukkiyyim	Sukkiims
Ta'nakh	Taanach
Ta'are'a	Tarea
Taẖre'a	Tahrea
Taẖan	Tahan
Taẖash	Thahash
Taẖat	Tahath
Taẖpanẖes	Tahpanhes
Taẖpenes	Tahpenes
Taẖtim-ẖodshi	Tahtim-hodshi
Takhkemoni	Tachmonite
Tamaẖ	Thamah
Tanẖumet	Tanhumeth
Tappuaẖ	Tappuah
Tav'el	Tabeel
Tav'al	Tabeal
Tav'era	Taberah
Tavor	Tabor
Tavrimon	Tabrimon
Teẖinna	Tehinnah
Telaẖ	Telah
Tel-aviv	Tel-abib
Tel-ẖarsha	Tel-harsa
Tel-melakh	Tel-melah
Teraẖ	Terah
Tevaẖ	Tebah
Tevalyahu	Tebaliah
Tevet	Tebeth
Teveẕ	Thebez
Tivni	Tibni
Tifsaẖ	Tiphsah
Timni	Temeni
Tir'atim	Tirathites
Tirẖana	Tirhanah
Tirẕa	Tirzah
Tishbi	Tishbite
Tivẖat	Tibhath
Tiẕi	Tizite
To'aẖ	Toah
Toẖu	Tohu
To'u	Tou
To'i	Toi
Tov	Tob
Tov-adoniyya	Tob-adonijah
Toviya	Tobijah
Toviyyahu	Tobijah
Tuval	Tubal
Tuval-qayin	Tubal-cain

Uriyya	Uriah
Uriyyahu	Urijah
Ur-kasdim	Ur of the Chaldees
'Uẕ	Uz
'Uzziyyahu	Uzziah
Vayzata	Vajezatha
Yo'aẖ	Joah
Ya'aqova	Jaakobah
Ya'aqov	Jacob
Ya'areshya	Jaresiah
Ya'asay	Jaasan
Ya'aziyyahu	Jaaziah
Ya'azanya	Jaazaniah
Ya'azanyahu	Jaazaniah
Yezanya	Jezaniah
Yezanyahu	Jezaniah
Yabeẕ	Jabez
Yadday	Jadan
Ya'el	Jael
Yo'ela	Joelah
Ya'fi'a	Japhia
Yaflet	Japhlet
Yafleti	Japhleti
Yafo	Japho
Yagur	Jagur
Yaẖat	Jahath
Yahaẕ	Jahaz
Yahaẕa	Jahaza
Yaẖazi'el	Jahaziel
Yaẖdi'el	Jahdiel
Yaẖle'el	Jahleel
Yaẖle'eli	Jahleelites
Yaẖmay	Jahmai
Yaẖzera	Jahzerah
Yaẖzeya	Jahaziah
Yaẖziel	Jahziel
Yaẖẕe'el	Jahzeel
Yaẖẕe'eli	Jahzeelites
Ya'ir	Jair
Ya'ir	Jair
Ya'kan	Jachan
Yake	Jakeh
Yakhin	Jachin
Yakim	Jakim
Ya'lam	Jaalam
Yalon	Jalon
Yamlekh	Jamlech
Yamin	Jamin
Ya'nay	Jaanai
Yano'aẖ	Janoah
Yanoẖa	Janohah
Yanum	Janum
Ya'qan	Jakan
'Aqan	Akan
Ya'ra	Jarah
Yarden	Jordan

Yarev	Jareb
Yarẖa	Jarha
Yariv	Jarib
Yarmut	Jarmuth
Yaro'aẖ	Jaroah
Yarov'am	Jeroboam
Yarqe'am	Jorkoam
Yashen	Jashen
Yashov'am	Jashobeam
Yashuv	Jashub
Yashuvi-leẖem	Jashubi-lehem
Yatni'el	Jathniel
Yattir	Jattir
Yaval	Jabal
Yavan	Javan
Yevanim	Grecians
Yavesh	Jabesh
Yavesh-gil'ad	Jabesh-gilead
Yavin	Jabin
Yavne	Jabneh
Yavne'el	Jabneel
Ya'zer	Jaazer
Yaziz	Jaziz
Ye'arim	Jearim
Ye'ateray	Jeaterai
Yedaya	Jedaiah
Yedi'a'el	Jediael
Yedida	Adidiah
Yedidya	Jedidiah
Ye'do	Iddo
Yedutun	Jeduthun
Yeditun	Jeduthun
Yefet	Japheth
Yefunne	Jephunneh
Yegar-Sahaduta	Jegar-sahadutha
Yehallel'el	Jehaleleel
Yeẖdeyahu	Jehdeiah
Yeẖezqel	Ezekiel, Jehezekel
Yeẖi'el	Jehiel
Yeẖie'li	Jehieli
Yeẖiyya	Jehiah
Yeho'adda	Jehoadah
Yeho'addan	Jehoaddan
Yeho'aẖaz	Jehoahaz
Yo'aẖaz	Jehoahaz
Yehonadav	Jonadab
Yonadav	Jonadab
Yehonatan	Jonathan
Yonatan	Jonathan
Yehoram	Jehoram
Yoram	Joram
Yehoshafat	Jehoshaphat
Yoshafat	Joshaphat
Yehosheva	Jehosheba
Yehoshav'at	Jehoshabeath
Yehoshua	Joshua
Yeshua	Jeshua
Yehoyada	Jehoiada

Yoyada	Joiada
Yehoyaqim	Jehoiakim
Yoyaqim	Joiakim
Yehoyakhin	Jehoiachin
Yoyakhin	Johoiachin
Yekhonya	Jeconiah
Yekhonyahu	Jeconiah
Konyahu	Coniah
Yehoyariv	Jehoiarib
Yoyariv	Joiarib
Yeho'ẕadaq	Jehozadak
Yoẕadaq	Jozadak
Yehu	Jehu
Yehud	Jehud
Yehuda	Judah
Yehudit	Judith
Yehukhal	Jehucal
Yukhal	Jucal
Ye'i'el	Jeiel
Yekavẕe'el	Jekabzeel
Yekholya	Jecoliah
Yekuti'el	Jekuthiel
Yemima	Jemima
Yemu'el	Jemuel
Yeqam'am	Jekameam
Yeqamya	Jekamiah
Yeraẖme'el	Jerahmeel
Yeraẖ	Jerah
Yered	Jared
Yeriẖo	Jericho
Yeremay	Jeremai
Yeremot	Jeremoth
Yerimot	Jerimoth
Yeri'ot	Jerioth
Yerivay	Jeribai
Yeriyya	Jerijah
Yeriyyahu	Jeriah
Yeroẖam	Jeroham
Yeruba'al	Jerubbaal
Yerubeshet	Jerubbesheth
Yeru'el	Jeruel
Yerusha	Jerushah
Yesar'ela	Jesharelah
Yeshana	Jeshanah
Yesha'ya	Jeshaiah
Yesha'yahu	Isaiah
Yesher	Jesher
Yeshev'av	Jeshbeab
Yeshishay	Jeshishai
Yeshoẖaya	Jeshohaiah
Yeshurun	Jeshurun
Yesimi'el	Jesimiel
Yeter	Jether, Jethro
Yitra	Ithra
Yitran	Ithran
Yitri	Ithrite
Yitro	Jethro
Yetet	Jetheth

Yetur	Jetur
Ye'uel	Jeuel
Ye'ush	Jeush
Yeuẕ	Jeuz
Yeverekhyahu	Jeberechiah
Yevus	Jebus
Yevusi	Jebusites
Yezanya	Jezaniah
Yeẕer	Jezer
Yiẕri	Jezerites
Yezi'el	Jeziel
Yid'ala	Idalah
Yidbash	Idbash
Yiddo	Iddo
Yifdeya	Iphedeiah
Yiftaẖ	Jephthah
Yidlaf	Jidlaph
Yig'al	Igal
Yigdalyahu	Igdaliah
Yimla	Imlah
Yimna	Imna, Jimnah
Yimra	Imrah
Yirmeya	Jeremiah
Yirmeyahu	Jeremiah
Yir'on	Iron
Yirp'el	Irpeel
Yishay	Jesse
Yishbaẖ	Ishbah
Yishbaq	Ishbak
Yishbi-benov	Ishbi-benob
Yish'i	Ishi
Yishma	Ishma
Yishma'el	Ishmael
Yishme'elim	Ishmaelites
Yishma'ya	Ismaiah
Yishma'yahu	Ishmaiah
Yishmeray	Ishmerai
Yishpa	Ispah
Yishpan	Ishpan
Yishshiyya	Ishijah
Yishshiyyahu	Jesiah
Yishva	Ishuah
Yishvi	Isvi
Yiska	Iscah
Yismakhyahu	Ismachiah
Yisra'el	Israel
Yissakhar	Issachar
Yitla	Jethlah
Yitma	Ithmah
Yitnan	Ithnan
Yitre'am	Ithream
Yivẖar	Ibhar
Yivneya	Ibneiah
Yivsam	Jibsam
Yiẕẖaq	Isaac
Yiẕhar	Izhar
Yiẕari	Izeharites
Yizli'a	Jezliah

Yizraẖya	Izrahiah
Yizre'el	Jezreel
Yizziyya	Jeziah
Yo'av	Joab
Yo'ash	Joash
Yo'ash	Joash
Yeho'ash	Jehoash
Yo'ed	Joed
Yo'el	Joel
Yoezer	Joezer
Yogbeha	Jogbehah
Yogli	Jogli
Yoẖa	Joha
Yoẖanan	Johanan
Yohday	Johdai
Yokde'am	Jokdeam
Yokheved	Jochebed
Yoktan	Joktan
Yona	Jonah
Yoqim	Jokim
Yoqme'am	Jokmeam
Yoqne'am	Jokneam
Yoqshan	Jokshan
Yoqte'el	Joktheel
Yora	Jorah
Yoray	Jorai
Yosef	Joseph
Yehosef	Joseph
Yosifya	Josiphiah
Yosha	Joshah
Yoshavya	Joshaviah
Yoshbeqasha	Joshbekashah
Yoshev-bashshevet	that sat in the seat
Yoshivya	Josibiah
Yoshiyyahu	Josiah
Yotam	Jotham
Yotva	Jotbah
Yotvata	Jotbath
Yov	Job
Yovav	Jobab
Yozakhar	Jozachar
Yozavad	Josabad
Yehozavad	Jehosabad
Yushav-ẖesed	Jushab-heased
Yutta	Juttah
Yuval	Jubal
Ẕa'ananim	Zaanaim
Za'avan	Zaavan
Zabbay	Zabbai
Ẕadoq	Zadok
Ẕafenat pa'neaẖ	Zaphnath-paaneah
Ẕafon	Zaphon
Ẕa'ir	Zair
Zakkay	Zaccai, Zabbai
Zakkur	Zaccur
Zavod	Zabbud

Ẕalaf	Zalaph
Ẕalmon	Zalmon
Ẕalmona	Zalmonah
Ẕalmunna	Zalmunna
Zanoaẖ	Zanoah
Ẕartan	Zaretan
Zavad	Zabad
Zavdi	Zabdi
Zavdi'el	Zabdiel
Zavud	Zabud
Ẕedad	Zedad
Ze'ev	Zeeb
Ẕefanya	Zephaniah
Ẕefanyahu	Zephaniah
Ẕefat	Zephath
Ẕefo	Zepho
Ẕefi	Zephi
Ẕeri	Zeri
Iẕri	Izri
Zekharya	Zechariah
Zekharyahu	Zachariah
Ẕela	Zelah
Ẕeleq	Zelek
Ẕelofẖad	Zelophehad
Ẕelẕaẖ	Zelzah
Ẕemaẖ	Branch
Ẕemarayim	Zemaraim
Ẕenan	Zenan
Ẕa'anan	Zaanan
Ẕer	Zer
Zeraẖya	Zerahiah
Ẕereda	Zereda
Ẕeredata	Zeredathah
Ẕererata	Zererath
Ẕeret	Zereth
Ẕeret-Shaẖar	Zareth-Shahar
Ẕeror	Zeror
Zerubbavel	Zerubbabel
Ẕeru'ya	Zeruiah
Ẕeru'a	Zeruah
Zevadya	Zebadiah
Zevadyahu	Zebadiah
Zevaẖ	Zebah
Zevina	Zebina
Ẕevo'im	Zeboim
Ẕevoyim	Zeboiim
Zevuda	Zebudah
Zevul	Zebul

Zevulun	Zebulun
Zevuloni	Zebulunites
Ẕi'or	Zior
Ẕiddim	Ziddim
Ẕidon	Zidon
Ẕidoni	Zidonian
Ẕidonim	Zidonians
Ẕidon raba	great Zidon
Ẕidqiyya	Zedekiah
Ẕidqiyyahu	Zedekiah
Ẕifyon	Ziphion
Ẕefon	Zephon
Ẕefoni	Zephonites
Ẕiẖa	Ziha
Zikhri	Zichri
Ẕilla	Zillah
Ẕiltay	Zilthai
Ẕin	Zin
Ẕippor	Zippor
Ẕippora	Zipporah
Ẕiqlag	Ziklag
Ẕiva	Ziba
Ẕiv'on	Zibeon
Ẕivya	Zibia
Ẕiyyon	Zion
Ẕiẕ	Ziz
Ẕo'an	Zoan
Ẕo'ar	Zoar
Ẕofaẖ	Zophah
Ẕofar	Zophar
Ẕofay	Zophai
Ẕoẖar	Zohar
Ẕoẖet	Zoheth
Ẕor	Tyre
Ẕori	of Tyre
Ẕor'a	Zorah
Ẕor'ati	Zorathites
Ẕor'i	Zorites
Ẕorfat	Zarephath
Ẕova	Zobah
Ẕoveva	Zobebah
Ẕu'ar	Zuar
Ẕuf	Zuph
Ẕur	Zur
Ẕuri'el	Zuriel
Ẕurishadday	Zurishaddai
Ẕur-orev	rock Oreb

תורה נביאים כתובים

THE
HOLY
SCRIPTURES

KOREN PUBLISHERS JERUSALEM

THE HOLY SCRIPTURES

THE HOLY SCRIPTURES